UNICORN
ENGLISH-JAPANESE
DICTIONARY
ユニコン英和辞典

【編集主幹】
末永國明・山田泰司・川端一男

文英堂

まえがき

　新しい世紀になり，経済や文化の国際化が勢いを増している．国際間のコミュニケーションが盛んとなり，世界共通語としての英語の役割はますます重要になっている．小学校への英語教育の導入が始まるなど，英語学習の意欲が高まってきている中，ここに新しい学習英和辞典を刊行する運びとなった．

　「英語でこんな本が読めるようになりたい」とか，「英語を使って海外で仕事をしたい」という夢を抱いている人が多いことだろう．英語の学習を始めてみて「早く相手の英語がわかるようになりたい」とか，「自分の考えを英語で相手に伝えたい」と願っている方々に，本書が大いに役に立てば幸いである．

1. 見やすく，引きやすい辞典

　辞典はいつも手元に置いて何度も引くものだけに，見やすく，引きやすいものを選ぶことが大切である．また，たくさんの情報が詰まっているので，要点がわかりやすく示されたものでなければならない．

　本書は，大活字や2色刷りを効果的に使って，見やすいように工夫をこらしてある．多義［多機能］語については，見出し語のすぐあとで代表的な語義・機能をまとめて，要点をわかりやすく示している．

2. 基本語には豊富な用例

　言いたいことがあるのに，英語が口をついて出てこない，書きたいことがたくさんあってもうまく文章にならない，といったことがよくあるだろう．そんなときに役立つのが，日頃から身につけておいた表現や文である．本書には，基本となる重要語を中心に豊富な生きた用例を収録してあるので，それらを活用すれば学習者がかねがね抱いている夢をかなえることができるだろう．

3. 動詞の働きをていねいに解説

　動詞の働きをていねいに解説した学習辞典を手元に用意しておきたい．動詞ごとに目的語・補語のとり方にパターンがあり，それらは文型や文の構造を知るうえで欠かせない．

　本書では，基本動詞を中心として文型をていねいに示し，文型に合わせた訳語

を付けてある．また，語法の解説を充実させるとともに，文法のコラムを設けて基本のルールを体系的に理解できるようにした．

4. 辞書を活用するコツ

どんなに記憶力に自信があっても，すみからすみまで英和辞典を覚え込もうとするのは適切な方法とは言えない．辞書を活用するコツは，これまで断片的に覚えていた単語を整理し，役立つ情報をどんどん広げていくことである．

単に知らない単語を調べるために本書を利用するだけでなく，ふだんから気軽に引いて，派生関係にある語をまとめて覚えるようにしよう．

5. 便利な和英索引 11,000 項目

本書の巻末には，見出し語と応用表現をあわせて 11,000 項目におよぶ充実した和英索引を設けている．これによって日本語でいついた単語や表現を英和辞典の本文で引くことができる．本書の豊富な用例くわしい解説をあますところなく活用するのに役立てよう．

本書の執筆・編集にあたっては，別記の編集委・編集協力者・校閲者・執筆者の方々に多大なご苦労をおかけした．ここに深く感謝の意を表する．また，本書の制作には専門家を含むさまざまな方のご協力を得た．校正者・制作協力者・デザイナーや，製版・印刷関係の方々などからいただいた多大なご尽力に心から感謝申し上げる．最後になったが，文英堂編集部諸氏の労を心からねぎらうものである．

今後とも本書を利用された方々からのご指摘を取り入れ，よりよい辞書を目指して改善の努力を続けていくつもりである．ぜひご意見をお寄せくださるようにお願いしたい．

2002 年 11 月

編　　者

編集主幹

末永國明　　山田泰司　　川端一男

編集委員

大西光興　　岡野昌雄　　中地　晃
中村　豊　　馬場信明　　吉川敏夫
薄井良夫

編集協力者

江野澤一嘉　　田部滋　　樋口時弘

校閲者

飯塚茂　　深井宏一
John R. Hestand　　Glyndon Townhill

執筆者

青山照男	池田紅玉	池田隆夫	伊藤典子
岩崎重雄	氏家文昭	薄井良夫	江野澤一嘉
江原美明	大西光興	大和田栄	岡島良之
岡田善明	岡野昌雄	熊井信弘	黒田光男
河内忠弘	小竹一男	小林一見	小松朝夫
笹島　茂	沢村　実	菅原喜一	瀬戸武雄
田中慎也	谷岡淑郎	田村　茂	鳥居士郎
中地　晃	中村　豊	難波和子	長谷川淳一
馬場信明	樋口時弘	樋口陽子	平井軍治
古屋文吾	松村厚子	宮坂　一	宗形賢二
元木恵子	吉川敏夫		（アイウエオ順）

● **校正・制作協力者**
　大木敦子　　大島知子　　奥　葉子　　オプティマ企画編集室　　葛城敦子
　喜多朗平　　佐田一郎　　ジャレックス　　白井香澄　　高橋真理子
　パーソナルリンク　　長谷川さつき　　文章工房・句読点　　増田都希　　群企画
　山田詩津夫　　緑風舎

● **装丁・デザイン**
　白尾隆太郎

● **（ケースの）イラストレーション**
　門馬朝久

● **さし絵**
　しながわデザイン事務所　　瀧原愛治　　よしのぶもとこ

● **写真提供**
　アフロフォトエージェンシー　　オリオンプレス　　ジェイティービーフォト
　世界文化フォト

● **見返し**
　ソーケンレイアウトスタジオ

目　次

《コラム・図表一覧》
- LET'S TALK 一覧 ……………………………………… viii(8)
- PICTURE BOX 一覧 ……………………………………… viii(8)
- コロケーション一覧 …………………………………… ix(9)
- 句動詞一覧 ……………………………………………… xi(11)
- 機能語のまとめ一覧 ………………………………… xii(12)
- 語義のまとめ一覧 …………………………………… xiii(13)
- 文法一覧 ………………………………………………… xiv(14)
- 主な背景一覧 ………………………………………… xiv(14)
- 主なさし絵・図一覧 ………………………………… xv(15)
- 表一覧 …………………………………………………… xv(15)
- 類義語一覧 ……………………………………………… xvi(16)

《この辞典の使い方》
1. 見出し語 …………………………………………… xx(20)
2. 発　音 ……………………………………………… xxi(21)
3. 品　詞 ……………………………………………… xxi(21)
4. 語形変化 …………………………………………… xxii(22)
5. 語　義 ……………………………………………… xxii(22)
6. 文型・連語 ………………………………………… xxiii(23)
7. CとU・語法 ……………………………………… xxiv(24)
8. 用　例 ……………………………………………… xxv(25)
9. 成句・句動詞 ……………………………………… xxv(25)
10. 複合語 ……………………………………………… xxv(25)
11. 派生語 ……………………………………………… xxvi(26)
12. コラム・図表 ……………………………………… xxvii(27)
- 発音記号表 …………………………………………… xxxi(31)
- 主な記号の用法 ……………………………………… xxxii(32)

本文（ユニコン英和辞典） …………………………………… 1–1740

《巻末付録》
- 発音解説 ……………………………………………………… 1741
- 文型について ………………………………………………… 1744
- 句動詞について ……………………………………………… 1747
- 変化形の作り方 ……………………………………………… 1749
- 不規則動詞活用表 …………………………………………… 1752
- 度量衡 ………………………………………………………… 1757

和英索引 …………………………………………………… 1758–1855

コラム・図表一覧

●LET'S TALK一覧 〈CD収録〉

afraid	[断りの表現: I'm afraid ....]	30
agree	[同意の言葉: I agree.]	35
bad	[同情の言葉: That's too bad.]	115
congratulation	[お祝いの言葉: Congratulations!]	327
excuse	[注意の引き方: Excuse me.]	542
get	[道の尋ね方: How do I get to ...?]	658
good	[称賛の表現: You are a good ....]	676
goodness	[驚きの言葉: My goodness!]	679
guest	[おごるときの言葉: Be my guest.]	699
happy	[喜びを表す表現: I'm happy to help ....]	713
how	[提案・勧誘の表現: How about ...?]	762
let¹	[ためらいの言葉: Let me see.]	891
like¹	[希望の表し方: I'd like to send ...]	900
look	[期待の表し方: I'm looking forward to ....]	919
matter	[気づかいの言葉: What's the matter?]	953
may	[許可の求め方: May [Can] I ...?]	955
mean¹	[言い換えの表現: I mean ....]	958
nice	[出会いのあいさつ: Nice to meet you.]	1037
pardon	[聞き返しの言葉: Pardon?]	1116
plan	[予定の述べ方: I'm planning to get ....]	1160
really	[相づちの言葉: Really?]	1254
right¹	[確認の言葉: ..., right?]	1299
see	[別れのあいさつ: See you.]	1354
should	[助言の仕方: I think you should ....]	1386
sorry	[謝罪の言葉: I'm sorry.]	1434
sure	[確信の表し方: I'm sure ....]	1506
thank	[感謝の言葉: Thank you.]	1545
think	[意見の表し方: I think ....]	1557
worry	[励ましの言葉: Don't worry.]	1721
would	[依頼の表現: Would [Could] you ...?]	1724

●PICTURE BOX一覧 〈CD収録〉

airport	(空港)	40
baseball	(野球)	127
basketball	(バスケットボール)	129
bathroom	(浴室)	130
bedroom	(寝室)	140
car	(車)	234
classroom	(教室)	279
computer	(コンピュータ)	318
department store	(デパート)	415
fast-food restaurant	(ファーストフード店)	571
hotel	(ホテル)	758
house	(家)	760
kitchen	(台所)	858
living room	(居間)	911
orchestra	(オーケストラ)	1086
rock²	(ロック音楽)	1307
soccer	(サッカー)	1424
station	(駅)	1465
telephone	(電話)	1536
tennis	(テニス)	1540
theater	(劇場)	1550

●コロケーション（**コロケーション**）一覧

accident	（事故）	10
account	（口座）	12
advice	（助言）	27
ambition	（野心）	51
anger	（怒り）	59
apartment	（アパート）	70
application	（申し込み）	74
arm¹	（腕）	82
attention	（注意）	100
away	（…し去る）	108
ball¹	（ボール）	118
belt	（ベルト）	149
bicycle	（自転車）	156
bill¹	（勘定）	159
bond	（きずな）	179
book	（本）	180
brain	（頭）	190
breakfast	（朝食）	195
breath	（息）	195
budget	（予算）	207
bus	（バス）	214
call	（電話）	225
cap	（帽子）	231
car	（車）	234
chance	（チャンス）	255
check	（小切手）	262
claim	（要求）	277
class	（授業）	278
clothes	（服）	289
club	（クラブ）	290
cold	（かぜ）	296
college	（大学）	298
condition	（体調）	323
confidence	（自信）	325
contact lens	（コンタクトレンズ）	337
conversation	（会話）	345
crime	（罪）	369
crisis	（危機）	370
curtain	（カーテン）	381
custom	（慣習）	382
danger	（危険）	389
data	（データ）	392
date¹	（デート）	392
debt	（借金）	398
demand	（要求）	411
disease	（病気）	441
door	（ドア）	462
egg¹	（卵）	497
election	（選挙）	500
engine	（エンジン）	514
evidence	（証拠）	536
examination	（試験）	538
explanation	（説明[弁明]）	549
eye	（目）	555
fact	（事実）	559
fashion	（流行）	570
feeling	（感情）	578
film	（フィルム）	587

flag¹	(旗)	597
floor	(床)	604
flower	(花)	605
game	(試合)	644
garden	(庭)	646
glasses	(眼鏡)	665
gun	(銃)	701
hair	(髪)	704
hand	(手)	708
head	(首)	724
health	(健康)	726
honor	(名誉)	752
hope	(望み)	754
hotel	(ホテル)	758
house	(家)	759
information	(情報)	805
interest	(興味)	818
issue	(問題)	832
job	(仕事)	841
knowledge	(知識)	863
leg	(足)	885
letter	(手紙)	891
life	(命)	896
light¹	(明かり)	898
lock¹	(鍵)	913
mail	(郵便物)	933
meal¹	(食事)	957
meeting	(会議)	962
message	(メッセージ)	969
mistake	(間違い)	986
money	(金)	993
motion	(動議)	1002
mouth	(口)	1004
movie	(映画)	1007
music	(音楽[楽曲])	1013
newspaper	(新聞)	1035
nose	(鼻)	1046
opinion	(意見)	1082
order	(命令)	1087
package	(小包)	1107
pain	(痛み)	1108
paint	(ペンキ)	1109
party	(パーティー)	1122
picture	(写真)	1151
plan	(計画)	1160
play	(劇)	1163
policy¹	(政策)	1172
price	(値段)	1198
problem	(問題)	1203
promise	(約束)	1209
record	(記録)	1260
relation	(関係)	1271
resource	(資源[資産])	1287
responsibility	(責任)	1288
right¹	(権利)	1299
room	(部屋)	1310
rule	(規則)	1317
salary	(給料)	1327
school¹	(学校)	1341
seat	(席)	1349

secret	(秘密)	1351
shoes	(靴)	1382
song	(歌)	1431
tax	(税金)	1530
test	(試験)	1543
thought	(考え)	1560
train	(列車)	1590
truth	(真実)	1603
view	(意見)	1654
wage	(賃金)	1664
water	(水[湯])	1674
window	(窓)	1706

●句動詞(句動詞)一覧

act	17
add	19
allow	45
answer	64
argue	81
ask	91
back	112
bear[1]	135
beat	136
blow[1]	172
boil[1]	178
break	193
bring	199
brush[1]	205
build	208
burn	212
burst	213
buy	218
call	224
carry	239
cast	242
catch	245
check	262
choke	269
clean	281
clear	282
close[1]	287
come	302
count[1]	357
cover	361
crack	363
cross	372
cry	376
cut	383
deal[2]	397
die[1]	429
dig	431
do[1]	456
drag	469
draw	471
dress	473
drink	475
drive	476
drop	477
dry	480
eat	491
end	511
enter	518
face	558
fade	559
fall	563
fight	584
fill	587
find	589
finish	590
fit[1]	595
fix	596
follow	610
get	656
give	663
go	670
grow	696
hand	709
hang	711
have	721
hear	727
help	733
hit	744
hold	746
hunt	768
inquire	809
join	843
jump	847
keep	851
kick	854
knock	861
laugh	875
lay[1]	878
lead[1]	879
leave[1]	884
let[1]	890
level	893
lie[1]	895
light[1]	898

live[1]	909
lock[1]	913
look	917
make	936
mark[1]	946
meet	962
mix	987
move	1006
open	1080
pack	1107
pass	1123
pay	1129
pick	1150
play	1163
pull	1220
push	1226
put	1227
read[1]	1251
ring[2]	1301
roll	1308
rub	1315
run	1319
see	1354
sell	1358
send	1360
set	1367
settle	1369
shake	1372
show	1388
shut	1391
sign	1395
sit	1402
sleep	1408
speak	1441
stand	1459
start	1462
stay[1]	1466
step	1469
stick	1470
stop	1476
strike	1484
swear	1512
take	1523
talk	1526
tear[1]	1533
think	1556
throw	1564
tie	1568
turn	1607
wait	1665
walk	1666
wash	1672
wear	1679
weigh	1682
wipe	1708
work	1718
write	1728

●機能語のまとめ一覧

a	1
all	43
and	58
any	67
as	87
be	132
but	216
can[1]	227
could	355
do[1]	454
every	534
few	581
for	613
have	719
how	761
if	777
it	833
little	907
many	943
may	955
might[1]	973
much	1008
must[1]	1014
no	1040
not	1047
one	1075
or	1084
shall	1373
should	1385
so[1]	1422
some	1429
that	1546
the	1549
there	1552
to	1575
what	1687
when	1690
where	1691
which	1692
who	1697
whose	1699
why	1700
will[1]	1702
would	1724

●語義のまとめ一覧

break	193
call	224
carry	239
catch	244
charge	258
come	301
company	311
course	359
cover	361
dark	390
dead	395
draw	470
drive	475
ever	533
exercise	543
fair[1]	561
fall	563
feel	577
fix	596
form	619
free	627
gather	648
get	655
give	662
go	669
good	676
great	688
hand	708
hard	714
head	724
heart	728
heavy	730
help	733
hold	746
idea	774
in	789
into	823
keep	851
know	862
lay[1]	877
learn	881
leave[1]	883
life	896
make	935
mean[1]	957
meet	962
mind	977
miss	984
of	1064
off	1066
on	1073
open	1079
order	1086
out	1093
over	1098
play	1162
put	1226
raise	1243
rise	1303
run	1318
say	1335
see	1353
sense	1361
serve	1365
set	1367
sharp	1375
shoot	1382
show	1388
sit	1401
stand	1459
stop	1475
straight	1478
take	1522
tell	1537
term	1542
think	1556
this	1559
through	1563
throw	1564
time	1570
touch	1584
turn	1607
under	1619
view	1653
way[1]	1676
with	1710
work	1717

コラム・図表一覧　　　　　　　　xiv(14)

●文法(文法)一覧

adjective	[形容詞]	21
adverb	[副　詞]	26
article	[冠　詞]	86
auxiliary	[助動詞 (auxiliary verb)]	105
clause	[節]	280
comparison	[比　較]	312
conjunction	[接続詞]	329
ellipsis	[省略・挿入 (insertion)・同格 (apposition)]	503
gerund	[動名詞]	654
indefinite	[不定代名詞 (indefinite pronoun)]	797
infinitive	[不定詞]	803
interjection	[間投詞]	819
interrogative	[疑問詞]	822
inversion	[倒置・強調 (emphasis)]	827
narration	[話　法]	1021
negation	[否　定]	1029
noun	[名　詞]	1051
part	[品　詞 (parts of speech)]	1119
participial	[分詞構文 (participial construction)]	1120
participle	[分　詞]	1121
perfect	[完了形]	1138
personal	[人称代名詞 (personal pronoun)]	1143
phrase	[句]	1148
preposition	[前置詞]	1191
progressive	[進行形 (progressive form)]	1207
pronoun	[代名詞]	1210
question	[疑問文]	1235
relative	[関係詞]	1272
sentence	[文]	1362
subjunctive	[仮定法 (subjunctive mood)]	1492
tense	[時　制]	1541
verb	[動　詞]	1649
verbal	[準動詞]	1649
voice	[態]	1660

●主な背景(◀背景▶)一覧

baby-sitter	(ベビーシッター)	110
bed and breakfast	(朝食付きの民宿)	139
car	(車)	234
Christmas	(クリスマス)	271
disability	(身体障害)	436
garage sale	(ガレージセール)	645
Halloween	(ハロウィーン)	707
King	(Martin Luther King 牧師)	857
lunch	(アメリカの高校生のランチ事情)	927
musical	(劇・音楽・踊りの融合)	1013
present[2]	(贈り物)	1193
recycling	(リサイクル)	1262
smoking	(喫煙に厳しいアメリカ社会)	1417
tea	(イギリス人と紅茶)	1531
television	(アメリカのテレビ事情)	1537
Thanksgiving	(感謝祭)	1546
volunteer	(ボランティア)	1661

●主なさし絵・図一覧

aircraft	(いろいろな航空機: airplane, balloon, glider, helicopter など)	39
arm¹	(腕: elbow, forearm, hand, upper arm, wrist など)	82
bags	(いろいろなかばん: handbag, suitcase, tote bag, wallet など)	116
beard	(いろいろなひげ: beard, mustache, whiskers)	135
beef	(牛肉: chuck, fillet, rib, sirloin, rump など)	141
bicycle	(自転車: chain, hub, pedal, rim, saddle, spoke, tire など)	157
body	(体: arm, back, foot, head, leg, neck, shoulder, waist など)	176
bread	(いろいろなパン: bagel, bun, loaf, roll)	192
chess	(チェス盤と駒: bishop, king, knight, pawn, queen, rook [castle])	264
cooking	(いろいろな料理道具: cutting board, kitchen knife, ladle, whisk)	347
cricket²	(クリケット: batsman, bowler, fielder)	369
day	(1日の区分: afternoon, evening, midnight, morning, night など)	393
dishes	(いろいろな皿: bowl, dish, plate, saucer)	443
dogs	(いろいろな犬: beagle, bulldog, dachshund, Pomeranian など)	459
door	(ドア: doorbell, doormat, doorplate, knob, mail drop)	462
eye	(目: eyebrow, eyelash, eyelid, iris, pupil)	555
family tree	(家系図: aunt, brother, cousin, daughter, father, mother など)	566
figures	(いろいろな図形: circle, cone, cube, cylinder, square など)	586
floor	((米)(英)の階の表示)	604
gallop	(馬の足並み: amble, canter, gallop, trot)	643
golf	(ゴルフ: bunker, fairway, green, hole, rough, tee)	675
hand	(手: forefinger, little finger, middle finger, palm, thumb など)	708
head	(頭部: chin, ear, eye, forehead, jaw, lip, neck, nose, temple)	724
leg	(脚: ankle, calf, foot, heel, knee, sole, thigh, toe など)	885
moon	(月の名称: crescent, full moon, half-moon, new moon)	997
nuts	(いろいろなナッツ: chestnut, coconut, peanut, pistachio, walnut)	1056
patterns	(いろいろな模様: gingham, herringbone, paisley)	1128
pots	(いろいろなポット: coffeepot, flowerpot, jam pot, metal pot)	1181
ships	(いろいろな船: ferry, hovercraft, motorboat, submarine, yacht など)	1380
shoes	(いろいろな靴: boot, loafer, pump, sandal, slipper, sneaker など)	1381
stationery	(いろいろな文房具: eraser, glue stick, scissors, stapler など)	1464
zodiac	(黄道十二宮: Aquarius, Cancer, Gemini, Libra, Scorpio, Virgo など)	1739

●表一覧

America	[米国の50州]	53
be	[be動詞の語形変化]	132
birthstone	[主な誕生石]	162
Congress	[日米英の議会]	328
cry	[主な動物の鳴き声]	376
film	[映画の観客指定表示]	587
god	[神話の神]	673
goddess	[神話の女神]	674
grade	[米国の成績評価]	682
Greek	[ギリシャ語アルファベット]	689
holiday	[英米の公休日]	748
meat	[動物とその肉]	960
month	[月名の由来]	996
number	[数詞]	1054
president	[米国の歴代大統領]	1194
school¹	[米英の初等・中等教育制度]	1341
wedding	[結婚記念日]	1681
week	[曜日名の由来]	1681

●類義語（[類義語]）一覧

見出し語	類義語
able	[able, capable, competent: 有能な] …4
accept	[accept, receive: 受け入れる] …10
achieve	[achieve, attain, accomplish: 成し遂げる] …14
act	[act, action, deed, conduct: 行為] …17
admit	[admit, acknowledge, confess: (しぶしぶ)認める] …23
agree	[agree, coincide, correspond: 一致する] …36
almost	[almost, nearly, about: 近い] …46
alone	[alone, solitary, lonely, lonesome: 単独である] …47
answer	[answer, reply, respond: 答える] …64
appear	[appear, look, seem: …のように見える] …72
appearance	[appearance, look, aspect: 様子, 外観] …73
appointment	[appointment, engagement, date: 会う約束] …75
appreciate	[appreciate, value, prize, esteem, cherish, treasure: (高い価値を)認める] …75
attract	[attract, charm, fascinate, enchant: 魅了する] …101
aware	[aware, conscious, sensible: 気づいている] …108
bad	[bad, evil, wicked, ill: 悪い] …114
bake	[bake, roast: 焼く] …117
bare	[bare, naked: 裸の] …124
base¹	[base, basis, foundation: 基礎, 基準] …127
bear¹	[bear, stand, endure: 耐える] …135
beat	[beat, strike, hit, knock, tap, pat, whip: たたく] …137
beautiful	[beautiful, handsome, lovely, pretty, cute: 美しい] …137
begin	[begin, start, commence: 始める, 始まる] …144
borrow	[borrow, use, hire, rent: 借りる] …184
brave	[brave, courageous, bold: 勇敢な] …191
break	[break, crush, crash, smash, shatter: 壊す, 砕く] …194
bright	[bright, brilliant, radiant, light: 明るい] …198
bring	[bring, take, fetch: 持って来る[行く]] …200
broad	[broad, wide: 幅が広い] …202
but	[but, however, still, yet: しかし] …217
cabin	[cabin, hut, shed: 小屋] …221
cake	[cake, cookie, biscuit, candy, sweet(s): (甘い)菓子] …223
care	[care, concern, anxiety, worry: 心配] …236
careful	[careful, cautious: 用心深い] …237
carry	[carry, bear, convey, transport: 運ぶ] …240
case¹	[case, instance, occasion: 場合] …241
catch	[catch, capture, trap: 捕まえる] …245
celebrate	[celebrate, observe, keep, commemorate, congratulate: 祝う] …248
chair	[chair, stool, bench, sofa, seat: いす] …253
change	[change, alter, convert, transform, vary: 変える, 変わる] …256
character	[character, personality, individuality, quality: 性格, 特性] …258
chief	[chief, main, principal, leading: 主要な] …265
choose	[choose, select, pick, elect: 選ぶ] …270
cigarette	[cigarette, cigar, tobacco: たばこ] …273
clever	[clever, bright, intelligent, smart, wise: 利口な] …284
comfortable	[comfortable, easy, restful, cozy, snug: 心地よい] …305
common	[common, ordinary, average, usual, normal, general: 普通に見かける] …309
complete	[complete, perfect, whole, entire, total: 完全な] …315
complex	[complex, complicated, intricate, involved: 複雑な] …315
consent	[consent, agree, assent: 同意する] …332
country	[country, nation, state: 国, 国家] …358
crazy	[crazy, mad, insane: 正気でない] …366
cure	[cure, heal, remedy: 治す] …379
danger	[danger, peril, risk, hazard: 危険] …389
dark	[dark, dim, gloomy, dusky: 暗い] …390
decide	[decide, determine, settle, conclude: 決める] …400
defeat	[defeat, beat, conquer, overcome: …を負かす] …405
demand	[demand, require, claim: 要求する] …411

desert²	[desert, abandon, forsake, quit: …を捨てる]	419
destroy	[destroy, ruin, wreck: 破壊する]	422
die¹	[die, decease, perish: 死ぬ]	429
disappear	[disappear, vanish, fade: 消える]	437
discuss	[discuss, argue, debate, dispute: 話し合う, 議論する]	441
dish	[dish, plate, saucer, bowl: 皿]	443
doubt	[doubt, suspect: 疑う]	465
eager	[eager, anxious, keen: 熱望している]	486
eat	[eat, have, take: 食べる]	491
effort	[effort, attempt, endeavor, exertion, pains: 努力]	496
empty	[empty, vacant: からの]	508
end	[end, finish, complete, conclude: 終わる, 終える]	511
enough	[enough, sufficient, adequate: 十分な]	517
error	[error, mistake: 誤り]	525
event	[event, happening, occurrence, incident, accident: 出来事]	533
examination	[examination, test, quiz: 試験]	538
examine	[examine, investigate, inspect: 調べる]	538
example	[example, instance, case, sample: 例]	538
expect	[expect, anticipate, hope: 予期する]	547
expensive	[expensive, costly, dear: 高価な]	548
fair¹	[fair, just, impartial: 公平な]	561
fairly	[fairly, rather, pretty: かなり]	562
famous	[famous, famed, noted, distinguished, eminent: 有名な]	566
far	[far, faraway, far-off, distant, remote: 遠い]	568
fast¹	[fast, rapid, quick, swift, speedy: 速い]	570
fear	[fear, dread, fright, terror, alarm, panic: 恐れ]	575
fight	[fight, struggle, strife, combat, conflict, quarrel, contest: 戦闘, 争い]	585
firm²	[firm, hard, solid, stiff: 堅い, 頑丈な]	592
fit¹	[fit, suitable, proper, appropriate: 適した]	595
flower	[flower, blossom: 花]	605
follow	[follow, chase, pursue: 追いかける]	610
foolish	[foolish, stupid, silly, dull: ばかな]	611
force	[force, compel, oblige, constrain: …させる]	616
forgive	[forgive, pardon, excuse: 許す]	619
frank¹	[frank, open, candid: 率直な]	626
friend	[friend, acquaintance, companion, comrade, pal: 友人]	631
frighten	[frighten, scare, terrify, alarm: 怖がらせる]	632
garden	[garden, yard, court: 庭]	646
get	[get, gain, obtain, acquire, procure: 手に入れる]	659
govern	[govern, rule, reign: 支配する]	681
grateful	[grateful, thankful: 感謝して]	687
grave¹	[grave, tomb, cemetery: 墓]	687
group	[group, herd, flock, school, flight, swarm, pack: 群れ]	695
guide	[guide, lead, direct: 案内する]	699
habit	[habit, custom, practice: 習慣]	703
healthy	[healthy, well, sound: 健康な]	726
help	[help, aid, assist: 手伝う, 助力する]	734
house	[house, home, residence, dwelling: 家]	760
huge	[huge, enormous, immense, vast, giant, gigantic, tremendous: 非常に大きい]	764
idea	[idea, concept, thought, notion: アイディア, 考え]	775
illness	[illness, sickness, disease: 病気]	780
imitate	[imitate, copy, mimic: 模倣する]	782
impress	[impress, touch, move, affect: 感動させる]	787
include	[include, contain: 含む]	793
influence	[influence, affect: …に影響する]	804
information	[information, knowledge: 情報, 知識]	805
injure	[injure, hurt, harm, wound, damage: 傷つける, 損なう]	807
insect	[insect, bug, worm: 虫]	810
join	[join, connect, link, unite, combine: 結合する]	843

judge	[judge, referee, umpire: 審査員, 審判]	845
kill	[kill, murder, assassinate, slay, slaughter: …を殺す]	855
kind²	[kind, kindly: 親切な]	856
large	[large, big, great: 大きい]	871
laugh	[laugh, chuckle, giggle, smile, grin, sneer: 笑う]	875
lawyer	[lawyer, counselor, attorney: 弁護士]	877
learn	[learn, study: 学ぶ]	882
lend	[lend, loan, rent, lease, let: 貸す]	887
likely	[likely, apt, liable: ありそうな]	901
map	[map, atlas, chart: 地図]	944
match¹	[match, game: 試合]	951
medicine	[medicine, pill, tablet, powder, liquid, capsule, ointment: 薬]	961
meeting	[meeting, conference, assembly, convention, gathering: 会合]	963
melt	[melt, dissolve, thaw: 溶ける]	964
mend	[mend, repair, fix, patch: 修理する]	965
method	[method, manner, fashion, way: 方法]	970
middle	[middle, center, heart: 中央]	972
mind	[mind, heart, soul, spirit: 心]	979
mix	[mix, mingle, blend: 混ぜる]	988
modern	[modern, contemporary, recent, current: 現代の]	990
movement	[movement, motion: 動き]	1006
near	[near, close: 近い]	1026
occupation	[occupation, profession, work, job, business: 職業]	1062
old	[old, aged, elderly: 年老いた]	1072
order	[order, command, direct, instruct: 命令する]	1088
pack	[pack, package, packet, bundle: 包み, 荷物]	1107
pain	[pain, ache: 痛み]	1109
pair	[pair, couple: 2つのもの]	1110
parliament	[Parliament, Congress, Diet: 議会]	1118
pay	[pay, wage, salary, fee: 給料]	1129
period	[period, era, epoch, age: 時期, 時代]	1139
personal	[personal, private: 個人的な]	1142
pity	[pity, sympathy, compassion: 同情]	1157
plan	[plan, scheme, project, schedule: 計画]	1160
pleasure	[pleasure, delight, joy, enjoyment: 喜び]	1166
polite	[polite, courteous, civil: 礼儀正しい]	1173
power	[power, force, strength: 力]	1184
practice	[practice, exercise, drill, training: 練習, けいこ]	1185
present²	[present, gift, donation, souvenir: 贈り物]	1193
previous	[previous, former, prior, preceding: 前の, 先の]	1197
prize	[prize, award: 賞]	1202
profit	[profit, benefit, advantage: 利益]	1206
pull	[pull, draw, drag, haul, tug: 引っ張る]	1221
pupil¹	[pupil, student: 生徒]	1223
quiet	[quiet, silent, still, peaceful, calm: 静かな]	1236
race²	[race, nation, people, tribe: 民族]	1240
real	[real, actual, genuine, true: 真の, 現実の]	1253
refuse¹	[refuse, reject, decline: 断る]	1267
result	[result, consequence, effect, outcome, issue: 結果]	1290
rich	[rich, wealthy: 金持ちの]	1297
right¹	[right, correct, accurate, exact, precise: 正しい]	1300
ripe	[ripe, mature, mellow: 熟した]	1302
river	[river, stream, brook: 川]	1304
road	[road, street, avenue, highway: 道]	1305
same	[same, identical, similar, equal, equivalent: 同じ]	1330
save	[save, rescue: 救う]	1334
say	[say, tell: 言う]	1336
see	[see, look, watch: 見る]	1355
separate	[separate, divide, part: 分ける]	1363
serious	[serious, grave, sober, solemn: まじめな]	1365

shake	[shake, tremble, quiver, shiver, quake, shudder: 揺れる]	1373
shore¹	[shore, coast, beach: 岸]	1383
short	[short, brief: 短い]	1384
shout	[shout, cry, scream, shriek, yell: 叫ぶ]	1387
situation	[situation, state, condition: 立場, 状態]	1403
skin	[skin, hide, peel, bark: 皮]	1405
small	[small, little, minor, tiny, minute: 小さい]	1415
smell	[smell, odor, scent, aroma, perfume, fragrance: 香り]	1416
soft	[soft, gentle, mild: 優しい, 穏やかな]	1426
soon	[soon, presently, shortly: すぐに]	1432
sorrow	[sorrow, grief, sadness: 悲しみ]	1433
sound¹	[sound, noise, tone: 音]	1436
speak	[speak, talk: 話す]	1441
special	[special, particular, specific: 特別の]	1442
speech	[speech, address, oration, talk: 演説, 話]	1443
stair	[stair, step: 階段]	1457
stop	[stop, cease, halt: 止まる; やめる]	1476
strange	[strange, peculiar, odd, queer, quaint: 風変わりな]	1480
subject	[subject, theme, topic: 主題]	1492
suggest	[suggest, imply, hint, intimate: ほのめかす]	1498
surprised	[surprised, astonished, amazed, astounded: 驚いた]	1508
take	[take, seize, grab, grasp, snatch: 手に取る, つかむ]	1525
teach	[teach, educate, train, instruct: 教える]	1532
thin	[thin, lean, slim, slender, skinny: やせた]	1555
think	[think, suppose, guess: 思う]	1557
throw	[throw, toss, cast, fling, hurl, pitch: 投げる]	1565
tie	[tie, bind, fasten: 縛る, 束ねる]	1568
tired	[tired, weary, exhausted: 疲れた]	1574
trip	[trip, travel, journey, tour: 旅行]	1599
university	[university, college, institute: 大学]	1628
valuable	[valuable, precious, priceless, invaluable: 価値のある, 貴重な]	1643
various	[various, different: いろいろな]	1645
visitor	[visitor, guest, caller: 客, 訪問者]	1658
war	[war, battle, warfare: 戦争]	1669
weep	[weep, cry, sob: 泣く]	1682
wet	[wet, damp, moist: ぬれた]	1687
wind¹	[wind, breeze, gale, blast, gust: 風]	1705
wit	[wit, humor: 機知]	1710
work	[work, job, business: 仕事]	1719
worry	[worry, annoy, bother: 悩ませる, いらいらさせる]	1722

この辞典の使い方

*本書は次の編集方針に基づいて制作されています。

1. 見出し語

重要語の表示
(1) 見出し語には重要度に応じて以下の4つのランクを設ける。ランクは＊印をつけて表示し,そのうち⁂と⁑ランクの語については,見出し語を大活字の色文字にする.

⁂(中学で学習する基本語)………約1,000語(大活字)
⁑(高校基本語)………………約2,000語(大活字)
＊(高校必修語)………………約2,000語
・＊(高校重要語)………………約3,000語

配列
(2) 見出し語はABC順に配列し,同じつづりで大文字・小文字の違いのあるときは,小文字を先にする.

収録範囲
(3) 変化形については,不規則変化の語のほかに学習上間違いやすい規則変化の語も見出し語とする.
(例) dying, earlier, leaves, skies など.
(4) 接頭辞・接尾辞や短縮形・略語も学習上重要なものは見出し語とする.
(接頭辞・接尾辞の例) ab-, inter-; -ful, -ness
(短縮形の例) isn't (=is not), there's (=there is)
(略語の例) ATM (=automated [automatic] teller machine), Port. (=Portugal)

つづり
(5) 同じつづりの語でも語源の異なるものは,別の見出し語とする. その場合,見出し語の右上に肩番号を付けて番号順に配列する.
(例) **bank**¹(銀行)　　**bank**²(川岸)　　**bank**³(キーの列)
(6) 2つ以上のつづりを並べて見出し語とするときは,使用頻度の高いほうのつづりから順に並べる. また,《米》と《英》のつづりでは,《米》を先に置いて並べる.
(例) **disk, disc**
　　　color, 《英》**colour**

別語の参照
(7) 同一の語に2つ以上のつづりがあり,それぞれを別の見出し語とする場合は,使用頻度の高いほうや《米》を主要見出しとし,それ以外の見出し語はそこを参照させる.
(8) 別の語を参照させるとき,一般には矢印(→, ↑, ↓)を用いるが,同一の語の場合は等号(=)を用いる. どちらの場合も参照先はスモールキャピタルで示す. ただし,複合語についてはスモールキャピタルにしない.
(例) **colour**《英》=COLOR(↑).

音節の示し方
(9) 見出し語の音節は・(中点)で区切って示す. 行末で切ってよい切れ目には大きな・を,行末で切らないほうがよい切れ目には小さな・を使用する.
(例) ap・ple　　a・bil・i・ty　　nec・es・sar・y　　Rich・ard・son

2. 発 音

発音記号	(1) 記号は国際音声字母(IPA)を用いる(→ p. xxxi(31)「発音記号表」).
アクセント符号	(2) 第1アクセントは[´]を,第2アクセントは[`]を母音に付けて示す (→巻末 p. 1741「発音解説」). **at·om** [ǽtəm] **ra·di·o** [réidiòu]
示し方	(3) 発音は見出し語の直後に[ ]に入れて示す. ただし,品詞や語義によって発音に違いがあるときは,品詞や語義ごとに発音を示す. **com·bine** [kəmbáin] (☆图との発音の違いに注意) ── 图 [kámbain / kɔ́m-]
米音/英音	(4) 米音を先にして[米音/英音]の順に表示する. **Feb·ru·ar·y** [fébruèri, fébjuèri / fébruəri] **laugh** [lǽf / lάːf] (5) [r]は母音を発音するときに[r]音を響かせる米音特有の音声を表す. 米音から[r]をのぞいたものが英音になるときは英音を別に示さない. **au·thor** [ɔ́ːθər]
音の省略	(6) 省略可能な音は,斜字体の記号で示す. **def·i·nite** [défənət] **emp·ty** [émpti]
発音記号の省略	(7) 変化形や派生語の発音が見出し語と同じになるときには,発音記号の全部または一部を省略することがある. 全部の省略は〜,一部の省略は - を用いる. **hand·ker·chief** [hǽŋkərtʃif, -tʃiːf] ── 图 (複 **hand·ker·chiefs** [〜s], **hand·ker·chieves** [-tʃiːvz]) **tac·ti·cal** [tǽktikəl] 形 **tac·ti·cal·ly** [-kəli] 副
複合語の発音	(8) 複合語については,それぞれが見出し語にあれば発音は示さず,アクセント記号だけを示す(→ **9**. (3)). **fámily Bíble** Ⓒ
弱形と強形	(9) 同じ語でも強く発音されるときと弱く発音されるときとで発音が異なるものは,それぞれ(強)(弱)を付けてその形を示す. **he** [(弱) hi, i; (強) híː]

3. 品 詞

品詞の記号	(1) 品詞は,次の記号で示す. 图=名詞　　代=代名詞 形=形容詞　冠詞　　副=副詞 動=動詞　　助動=助動詞 前=前置詞　接=接続詞　間=間投詞 また,動詞には自=自動詞,他=他動詞を表示し,名詞のうち固有名詞には固=固有名詞を示す.
	(2) 見出し語の分類を,次のような記号で示すこともある.

	(接頭)=接頭辞　(接尾)=接尾辞　(結合)=結合辞 《短縮》=短縮形　《略語》《郵略語》=郵便に用いる米国の州名の略記 《記号》《元素記号》
棒見出し	(3)　改行して新たに品詞の解説を始めるときと, 2番目以降の品詞には棒見出し(━)を付ける. また, 動詞の⾃⾃の別を示すときも棒見出し(━)を用いる. **at・tack** [ətǽk] 　━ 動 他 …を攻撃する, 襲う… 　━ 動 攻撃する… 　━ 名 攻撃, 襲撃…
[…詞的に] の表示	(4)　表示の品詞とは異なる品詞に転用される場合には, その用法を[…詞的に]と表示する. **film** [film] … 名 …　**3** [形容詞的に] 映画の…

4. 語形変化

語形変化の 表示	(1)　品詞表示のあとに(　)に入れて, つづりを略さずに示す. (2)　変化形の発音が見出し語と同じになるときには, 発音記号の全部または一部を省略する(→**2**.(7)). (3)　名詞の複数形は(複　)で示す. 動詞は(三単現; 過去; 過分; 現分), 形容詞・副詞は(比較; 最上)の順に変化形を示す.
重要語の 語形変化	(4)　大活字の重要語(‡と‡ランクの語)については, 原則として規則変化を含め, すべての語形変化を示す. **cost** [kɔ́ːst/ kɔ́st] 　━ 名 (複 **costs** [kɔ́ːsts/ kɔ́sts]) 　━ 動 (三単現 **costs** [kɔ́ːsts/ kɔ́sts]; 過去・過分 **cost**; 現分 **cost・ing** [〜iŋ])
規則変化と 不規則変化	(5)　不規則変化の語については, 原則としてすべての語形変化を示す(→巻末 p.1752「不規則動詞活用表」). (6)　規則変化形であっても間違いやすいものや例外にあたるものは, 大活字の重要語以外でも, 変化形を示す(→巻末 p.1749「変化形の作り方」). ①　「子音字＋y」で終わる名詞・動詞・形容詞・副詞 ②　「1母音字＋1子音字」で終わる動詞・形容詞・副詞 ③　-o, -f, -fe で終わる名詞 ④　-ie で終わる動詞 ⑤　2音節以上の語のうち-er, -est の変化をする形容詞・副詞 (7)　比較変化をしない形容詞・副詞には, 必要に応じて[比較なし]と表示する.

5. 語　義

語義の区分	(1)　語義区分は **1, 2, 3,** …を基準とし, 成句の語義もこれに準ずる. その上位区分には **I, II, III,** …を用いる. (2)　語義をさらに細かく分け, 文型を示すときは**(a)(b)(c)**…を用いる (→**6**.(4)).
語義[機能語] のまとめ	(3)　学習上特に重要な多義語には「語義のまとめ」を, 多機能・多品詞の語には「機能語のまとめ」を設ける(→**12**).

基本的意味	(4) 基本的意味, 英文定義, 原義, 語構成は【 】に入れ, 発音記号の直後に置く. また,【 】を外来語のもとの言語名を示すのにも用いる.
太字の訳語	(5) 訳語のうち重要なものは, 太字体にする.
	(6) 大活字の重要語については, 特に重要な訳語を色刷りの大活字にして示す.
訳語の補足	(7) 訳語に意味・説明を補足するときには( )を用いる.
	(8) 訳語の中で, 動詞の目的語にあたる部分を示すときには〈 〉を用いる. **fight** … ⑯ **1**〈敵など〉と戦う, 交戦する;〈戦い〉を交える.
同意語・反意語	(9) 同意語は同じ語義をもつ他の語であり, 訳語の直後に( )に入れて示す.
	(10) 反意語・対義は(↔), 参考にすべき語については(cf.)で示す.
関連語	(11) 関連する語・語句は, 必要に応じて 関連語 にまとめて示す.
語義の注意点	(12) 語義についての用法上の注意点は(◇)で示す. 特に日本語と比較して注意すべき点は(比較)で解説する.

6. 文型・連語

文型の表示	(1) 動詞の文型は語義の直前に [ ] に入れて示す. It 以外の主語(S)は省略して動詞から始め, あとに続く要素を次の記号を用いて示す. O=目的語(名詞・代名詞)　　C=補語(名詞・代名詞・形容詞) to do=to 不定詞　　doing=-ing 形　　do=動詞の原形 現分=現在分詞　　動名=動名詞 that 節=that で始まる節 疑問詞節=疑問詞・whether [if] で始まる節 疑問詞句=疑問詞・whether+to 不定詞の句
	(2) 文型は形容詞・名詞にも必要に応じて示す. 示し方は動詞の文型に準ずる(→巻末 p. 1744「文型について」).
	(3) 文型は原則として語義番号ごとに示す.
	(4) 1つの語義に2つ以上の文型があるときはセミコロン(;)で区切って列記するか, (a)(b)(c)…の下位区分を設ける.
文型と訳語	(5) 文型があれば訳語は文型に合わせたものにする. したがって, 1つの語義に2つ以上の文型があるときは訳語も文型ごとに付ける. **bake** … ⑯ **1**(a) [bake+O]〈パン・菓子など〉を焼く… 　(b) [bake+O+O / bake+O+for …]〈人〉に〈パン・菓子など〉を焼いてやる… **2** [bake+O]〈かわら・れんがなど〉を焼く, 焼き固める; [bake+O+C] …を〜(の状態)に焼き固める…
連語に用いる語(句)	(6) その語と一緒によく用いられる前置詞・句・節などを補うときには, 訳語のあとに [ ] に入れて示す. また, それに対応する訳語も [ ] に入れる. **em·i·grate** … ⑯ [自国から / 他国へ] 移住する, 出稼ぎに行く [*from* / *to*] **gen·er·ous** … ⑱ **1** […について] 気前のよい, 物惜しみしない [*with*]
	(7) 動詞と一緒によく用いられる副詞を補うときには, 訳語のあとの( )に斜字体で入れる.
	(8) 特に重要な「動詞+名詞」の連語については「コロケーション」欄にまとめて示す(→ **12**).

7. [C]と[U]・語法

名詞の[C][U]

(1) 名詞には,数えられるものと数えられないものとがあり,この区別を[C](=countable)と[U](=uncountable)の記号を用いて表示する.

[C] **数えられる[可算]名詞:** 1つ,2つと数詞を用いて数えられ,したがって不定冠詞 a, an を付けたり,複数形にすることができる.

[U] **数えられない[不可算]名詞:** 数詞を用いては数えられず,したがって不定冠詞 a, an を付けることも,複数形にすることもない.常に単数形で用いられる.

(2) 原則として語義番号ごとに[C]か[U]かを示す.ただし,次のように組み合わせて表示することがある.

[C][U], [U][C]: 同じ語義でも場合によって[C]にも[U]にも用いられることを示す.

[U] [または a [an] ～]: [U]の性質を持っているが,文中では a, an を付けて用いられる場合もあることを示す.

knowl·edge ... **1** [U][または a ～] 知識

or·i·gin ... **1** [C][U] 起源,発端,始まり; 由来,原因

(3) 固有名詞には,原則として[C][U]を付けず,[固]と表示する.

(4) [C][集合的に]の表示は,「集合,グループ」を表す名詞(集合名詞)であることを示す.集合名詞は単数形のまま複数扱いすることがある.

fam·i·ly ... **1** [C][集合的に] 家族,世帯; 家族の者たち

用法の注記

(5) [C][U]のほか,さまざまな用法・文法上の注記を[ ]に入れて示す.この[ ]内では～で見出し語全体を, -(ハイフン)で見出し語の一部を略記する.

(6) 名詞に関する主な注記

[a ～][an ～][the ～]: 名詞に a, an, the を付けて用いる.

[one's ～]: 名詞に my, your, his など所有格を付けて用いる.

[～s][～es][複数形で]: 名詞を複数形で用いる(逆に,単数形で用いるときには[単数形で]と表示する)

[単数扱い][複数扱い][単数・複数扱い]: 名詞・代名詞が単数・複数のいずれに扱われるかを示す.

(7) 形容詞・副詞に関する主な注記

[限定用法]: 形容詞が名詞を直接修飾する.

[叙述用法]: 形容詞が be 動詞などの補語になる.

[文修飾]: 副詞が文全体を修飾する.

(8) 動詞・助動詞に関する主な注記

[受け身で]: 受動態(be+過去分詞)で用いる.

[進行形不可]: 進行形(be+現在分詞)では用いない.

[否定文・疑問文で]: 否定文・疑問文で用いる.

[副詞(句)を伴って]: 文中で副詞(句)を伴う.

スピーチレベル

(9) 文体上の違いや使用される社会的・地域的差異(スピーチレベル)は《 》に入れて示す.主なものは,次の通り.

《米》 アメリカ語法　《英》 イギリス語法　《スコット》 スコットランド語法

	《格式》	改まった話し言葉や堅い書き言葉
	《口語》	くだけた話し言葉やくだけた書き言葉
	《文語》	改まった文章に用いられる書き言葉
	《俗語》	非常にくだけた話し言葉, 俗語
	《詩語》	詩に用いられる言葉
	《古》	今は使われない古い時代の言葉
	《古風》	最近はあまり使われなくなった古めかしい言葉
	《まれ》	まれにしか使われない言葉

用法指示	(10) 語義のスピーチレベルについては, 必要に応じて次のような注記を《 》に入れて示す. 《ほめ言葉》　《婉曲》　《丁寧》 《軽蔑》　《こっけい》　《皮肉》
専門分野	(11) 語義の専門分野については, 必要に応じて次のように〚 〛に入れて示す. 〚 〛は訳語の直前に置く. 〚史〛〚商〛〚医〛〚薬〛〚ギ神〛〚コンピュータ〛など(→次ページ表).

8. 用　例

用　例	(1) 用例は語義の記述のあとに, コロン(:)で区切って示す. 用例が2つ以上あるときは, 用例と用例の間を斜線(/)で区切る.
斜字体	(2) 用例中では, 見出し語や文型の要素となる語(句)など, 注意すべき部分は斜字体で示す.
用例の注記	(3) 用例に関する語法説明は(◇　), 関連情報は《　》に入れて示す.

9. 成句・句動詞

成句の示し方	(1) 成句欄には■印を付け, そのあとに成句を太字の斜字体にして掲載する. (2) 成句は, 品詞ごとにまとめて示し, アルファベット順(単語ごとではなく, 全体を通してのアルファベット順)に並べる.
成句の発音	(3) 成句には発音記号は付けず, 語群としてのアクセントを示す.
成句に用いる記号	(4) one's は成句の主語と同じものが代名詞(my, your, his など)になって入ることを示す. ただし, 主語と別のものであれば...'s を用いる. **mind** ... ■*tàke one's mínd òff*... ...のことを忘れる. 　　　　　*tàke ...'s mínd òff* 〜 〜のことを〈人〉から忘れさせる.
句動詞の示し方	(5) 重要な句動詞については, 成句とは別に 句動詞 欄を設ける(→ **12.**). (6) 句動詞 欄では, 圎圍の区別を明示し, 句動詞が1語の動詞と同じ働きをすることを示す(→巻末 p. 1747「句動詞について」).

10. 複合語

複合語の示し方	(1) 2語(以上)からなる複合語(「名詞＋名詞」「形容詞＋名詞」など)は, 原則として見出し語とせず, 複合語欄にまとめて示す. (2) 複合語欄には◆印を付け, そのあとに見出し語で始まる複合語をアルファベット順に並べる.

(3) ただし, ハイフン付きの複合語は, 見出し語として扱う. また, ハイフン付きの複合語と2語(以上)からなる複合語の両方があるときは, どちらも見出し語として掲載し, この順に並べる.
tést-drìve 動 他〈車〉を試乗する, 試験走行をする.
tést drìve 名 C (車の)試乗, 走行試験.
(4) 複合語欄では, 原則として複合語の U C を明示する.
test … **tést càse** C 〖法〗試訴《判例となる訴訟》; (一般に)テストケース.
  tést pàper C 答案用紙; U 〖化〗試験紙.

| 複合語の発音 | (5) 複合語は原則として発音記号は付けず, 語群としてのアクセントを示す. |

11. 派生語

| 派生語の示し方 | (1) 派生語も学習上重要なものはすべて見出し語とする.
(2) ただし, -ly, -ness などの接尾辞を付けてできた派生語は見出し語としないで, もとの語の末尾にまとめて掲げる場合がある. この派生語にも品詞や語義を明示する. |
| 他の品詞形 | (3) 見出し語と派生関係にある語で重要なものは(▷　)に入れて示す. この派生語には品詞を明示し, アクセントを付ける. |

主な専門分野の略語

〖アメフト〗	アメリカンフットボール	〖植〗	植物(学)
〖医〗	医学・医療	〖新約〗	新約聖書
〖英国教〗	英国国教会	〖聖〗	聖書
〖化〗	化学	〖生化〗	生化学
〖海〗	海事・航海	〖鋳〗	鋳造・精錬
〖化工〗	化学工業	〖哲〗	哲学
〖ギ神〗	ギリシャ神話	〖陶〗	陶(磁)器・陶芸
〖ギ正〗	ギリシャ正教	〖バスケ〗	バスケットボール
〖旧約〗	旧約聖書	〖美〗	美術(史)・美学
〖建〗	建築(学・術)	〖プロテ〗	プロテスタント
〖言〗	言語学	〖紋〗	紋章
〖工〗	工業・工学	〖郵〗	郵便
〖古ギ〗	古代ギリシャ	〖力〗	力学
〖古生〗	古生物学	〖林〗	林業・林学
〖磁〗	磁気(学)	〖倫〗	倫理学
〖射〗	射撃	〖ロ神〗	ローマ神話
〖写〗	写真	〖論〗	論理学
〖醸〗	醸造(学)		

12. コラム・図表

●**LET'S TALK** | 英会話にすぐ使える表現を会話例をもとに解説. 実際に使う場面を想定して30テーマを取り上げてあり, とっさのひと言としても活用できる (→ p. viii(8)「LET'S TALK 一覧」).

LET'S TALK　出会いのあいさつ

[基本] **Nice to meet you.**

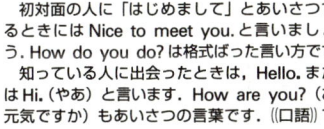

Jenny: **Emily, this is Miho, my friend from Japan.**
（エミリー，こちらは私の友人で日本から来たミホよ）
Emily: **Nice to meet you.**（はじめまして）
Miho: **Nice to meet you, too.**（こちらこそ,はじめまして）

　初対面の人に「はじめまして」とあいさつするときには Nice to meet you. と言いましょう. How do you do? は格式ばった言い方です.
　知っている人に出会ったときは，Hello. または Hi. (やあ) と言います. How are you? (お元気ですか) もあいさつの言葉です.《口語》では How are you doing? / What's up? / How are things? とも言います. これらに対する答えは, Fine, thank you. / All right. / I'm OK. (元気です) などです. そのあとに, And you? (あなたはどうですか) などの相手を気づかう言葉を加えるとよいでしょう.

[類例] A: Hi, John. How are you doing?（ジョン，元気ですか）
　　　 B: Not bad at all. How about you?（元気だよ. あなたはどうですか）

●**PICTURE BOX** | コミュニケーションに役立つ単語・語句を絵で覚える図解. 場面を図解するとともに, そこで行う動作も絵と英文で具体的に示してある (→ p. viii(8)「PICTURE BOX 一覧」).

PICTURE BOX　soccer

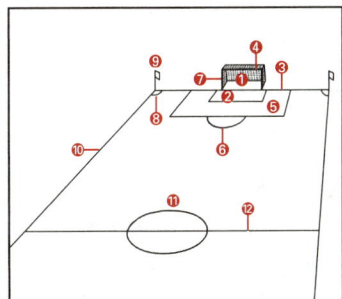

❶goal ゴール　❷goal area ゴールエリア　❸goal line ゴールライン　❹crossbar クロスバー　❺penalty area ペナルティーエリア　❻penalty arc ペナルティーアーク　❼goalpost ゴールポスト　❽corner arc コーナーアーク　❾corner flag コーナーフラッグ　❿touchline タッチライン　⓫center circle センターサークル　⓬halfway line ハーフウェーライン

pass（パスする）　dribble（ドリブルする）

shoot（シュートする）　take a penalty kick（ペナルティーキックをする）

make a diving catch（ダイビングキャッチする）　throw in（スローインをする）

この辞典の使い方

●コロケーション	キーワード130について「動詞＋名詞」の連語をまとめたコラム．和英式になっているので，和文から英語の表現を知ることができ，日常の会話・作文に役立つ（→ p. ix(11)「コロケーション一覧」）．

> **コロケーション** 試験を[に]…
> 試験を受ける: *take* [《英》*sit for*] *a test*
> 試験を行う: *give* [*conduct*] *a test*
> 試験に落ちる: *fail a test*
> 試験に合格する: *pass a test*

●句動詞	基本動詞の句動詞をまとめたコラム．成句とは別に句動詞だけをまとめてあり，日常会話などにすぐ応用できる句動詞表現をまとめて身につけることができる（→p. xi(11)「句動詞一覧」）．

> **句動詞** *jóin ín* 🈊 参加する，加わる: We're playing a game of cards, do *join in*! これからトランプをするところです，ご一緒にどうぞ．
> *jóin ín* ... 🈩 …に参加する，加わる: Karen wouldn't *join in* our conversation. カレンは私たちの会話に加わろうとしなかった．
> *jóin úp* 🈊 組織の一員になる；(軍隊に)入隊する．
> *jóin úp with* ... 🈩 …の仲間に加わる；…と一緒になる，合併[協同，提携]する．
> *jóin with* ... *in* 〜 …と一緒に〜をする: She *joined with* her classmates *in* decorating the classroom. 彼女はクラスメートに協力して教室の飾り付けをした．

●機能語のまとめ	学習者にとって特に使い方の難しい多機能・多品詞の語には「機能語のまとめ」を設けて，基本の用法を用例付きでわかりやすくまとめてある（→p. xii(12)「機能語のまとめ一覧」）．

> ❶ 疑問副詞「いつ」(→ 副 **1**)
> When did the accident happen?
> （事故はいつ起きたのですか）
> ❷ 関係副詞「…する[である](日・時など)」(→ 副 **2**)
> I remember the day when I first met her.
> （私は彼女に初めて会った日を覚えている）
> ❸ 従属接続詞「…するときに」(→ 接)
> It was already dark when I arrived there. （そこに着いたときはもう暗かった）

（**when** の項）

●語義のまとめ	学習上特に重要な多義語については「語義のまとめ」を設け，主要語義が一目でわかるように語義番号を付けてまとめて示してある（→ p. xiii(13)「語義のまとめ一覧」）．

> ① 手；手渡す．　　　　　　　名 **1**；動 **1**
> ② 所有，支配．　　　　　　　名 **2**
> ③ 手助け．　　　　　　　　　名 **3**
> ④ 人手．　　　　　　　　　　名 **4**
> ⑤ 手腕，技量．　　　　　　　名 **5**

（**hand** の項）

●**文 法** | コミュニケーションに役立つ基礎的な文法解説. 下線・矢印などでわかりやすく図解してあり,基本のルールがどのように使われるか,体系的に知ることができる(→ p. xiv(14)「文法一覧」).

文法 動 名 詞 (gerund)

動名詞は,動詞の原形に -ing を付けた形で,文中で名詞と同じ働きをします.

【動名詞の用法】

■**文の主語**
Keeping early hours is hard for me.
(私は早寝早起きが苦手です)

■**動詞の目的語**
She stopped playing the piano.
(彼女はピアノを弾くのをやめた)

■**動詞の補語**
Her job was selling flowers.
(彼女の仕事は花を売ることだった)

■**前置詞の目的語**
She is good at playing the violin.
(彼女はバイオリンを弾くのがうまい)

【動名詞の形】

動名詞には,単に動詞の原形に -ing を付けたもののほかに,次のような形があります.

■**否定形**「**not**[**never**] + -**ing**」
He always complains of not having time to read.
(彼はいつも読書する暇がないとこぼしている)

■**受け身の形**「**being** + 過去分詞」
He just avoided being hit by a car.
(彼はかろうじて車にひかれるのを免れた)

■**完了形**「**having** + 過去分詞」
He denied having written that letter.
(彼はその手紙を書いたことを否定した)

【動名詞の意味上の主語】

■**主語を示さない場合**
❶文の主語と同じ場合
He succeeded in solving the problem.
　　　　　　　　　主語=he
(彼はその問題を解くのに成功した)

❷文の目的語と同じ場合
Thank you for coming to see me.
　　　　　　　　主語=you
(会いに来てくれてありがとう)

■**主語を示す場合** 文の主語と動名詞の主語が異なる場合
I'm looking forward to my cousin writing to me.
(いとこが手紙を書いてくれる
のを私は楽しみにしている)
Do you mind my[me] smoking?
(たばこを吸ってもかまいませんか)

●**背 景** | 英米の生活習慣や単語の文化的背景を解説. 興味深い 17 のテーマについてわかりやすく解説し,写真も添えてあるので,英米人のものの考え方を知り,文化の違いについての知識を広げることができる(→ p. xiv(14)「背景一覧」).

【**背景**】 自宅のガレージ・庭などを利用して行う中古(不要)品セールは,地元の新聞にも掲載され,地域の交流の場として人気がある. **garage sale** のほか,庭で行う **yard sale**, 値札を付けた **tag sale**, 近所と共同で開く **block sale**, 引っ越し前の **moving sale** などもある.

garage sale

- ●さし絵・図・表 | 具体的なイメージを示すさし絵のほか,ものの部分を示す分解図やいろいろな種類のものを集めた集合図・表など.分解図・集合図や表では,関連する単語をまとめて覚え,整理するのに役立つ(→ p. xv(15)「主なさし絵・図一覧」「表一覧」).

[いろいろな料理道具]

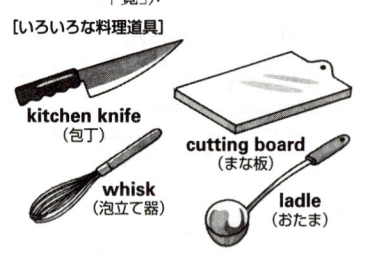

kitchen knife (包丁)
cutting board (まな板)
whisk (泡立て器)
ladle (おたま)

主な誕生石		
1月	garnet	ガーネット
2月	amethyst	アメジスト
3月	bloodstone / aquamarine	ブラッドストーン/ アクアマリン
4月	diamond	ダイヤモンド
5月	emerald	エメラルド
6月	pearl / moonstone	真珠/ムーンストーン
7月	ruby	ルビー
8月	sardonyx / peridot	サードニックス/ペリドット
9月	sapphire	サファイア
10月	opal / tourmaline	オパール/トルマリン
11月	topaz	トパーズ
12月	turquoise / zircon	トルコ石/ジルコン

- ●類義語 | 気になる類義語の使い分けを用例を示して解説.まず共通の意味を和文と英文の両方で示し,類義語の徴妙なニュアンスの違いを用例を通してわかりやすく解説してある(→p. xvi(16)「類義語一覧」).

> **[類義語] discuss, argue, debate, dispute**
> 共通する意味▶話し合う,議論する (talk with others in order to settle a problem or decide on a course of action)
> **discuss** は通例,問題を解決するために「形式ばらずに友好的に話し合う」の意: I *discussed* my plans for the future with my parents. 私は将来の計画について両親と話し合った. **argue** はある主張を支持するか反論するか,論拠を挙げて「説得するように論じる」の意: He *argued* that a new municipal parking lot was necessary. 彼は新しい市営駐車場が必要だと論じた. **debate** は公開の場で一定の規則・手順に従って,「ある問題について討論する」の意: They *debated* whether a new expressway should be built or not. 彼らは新しい高速道路を建設すべきかどうか討論した. **dispute** は「感情的に議論する,言い争いをする」の意: The representative of the employees *disputed* hotly with their employer. 従業員の代表は雇い主と激しく言い争った.

(**discuss** の項)

⟨**CD** 収録⟩

発音記号表

■母音の発音記号

記 号	例 語
[i]	b<u>i</u>g, h<u>i</u>t, d<u>i</u>sh
[iː]	<u>ea</u>t, p<u>ea</u>ce, s<u>ee</u>
[e]	b<u>e</u>d, dr<u>e</u>ss, m<u>a</u>ny
[æ]	<u>a</u>pple, b<u>a</u>d, c<u>a</u>p
[æ/ɑː]	<u>a</u>sk, <u>a</u>fter, l<u>au</u>gh
[ɑː]	c<u>a</u>lm, f<u>a</u>ther, g<u>a</u>rage
[ɑːr]	<u>ar</u>m, p<u>ar</u>k, st<u>ar</u>t
[ɑ/ɔ]	l<u>o</u>t, b<u>o</u>x, w<u>a</u>tch
[ɔː/ɔ]	cl<u>o</u>th, l<u>o</u>ng, s<u>o</u>ft
[ɔː]	l<u>a</u>w, st<u>o</u>ry, th<u>ou</u>ght
[ɔːr]	d<u>oor</u>, f<u>or</u>ce, n<u>or</u>th
[ʌ]	c<u>u</u>p, l<u>o</u>ve, s<u>u</u>n
[u]	b<u>oo</u>k, g<u>oo</u>d, p<u>u</u>t
[uː]	bl<u>ue</u>, g<u>oo</u>se, tw<u>o</u>
[juː]	d<u>ue</u>, n<u>ew</u>, purs<u>ue</u>
[ə]	<u>a</u>bout, comm<u>o</u>n, s<u>u</u>ppose
[ər]	east<u>er</u>n, teach<u>er</u>, pict<u>ure</u>
[əːr]	<u>ear</u>ly, n<u>ur</u>se, st<u>ir</u>
[ei]	d<u>ay</u>, f<u>a</u>ce, s<u>ay</u>
[ai]	b<u>uy</u>, h<u>igh</u>, pr<u>i</u>ce
[ɔi]	b<u>oy</u>, ch<u>oi</u>ce, enj<u>oy</u>
[ou]	g<u>oa</u>t, n<u>o</u>te, sh<u>ow</u>
[au]	n<u>ow</u>, m<u>ou</u>th, t<u>ow</u>n
[iər]	d<u>eer</u>, h<u>ere</u>, n<u>ear</u>
[eər]	c<u>are</u>, h<u>air</u>, sq<u>uare</u>
[uər]	s<u>ure</u>, p<u>oor</u>, t<u>our</u>

■子音の発音記号

記 号	例 語
[p]	<u>p</u>en, co<u>p</u>y, ha<u>pp</u>en
[b]	<u>b</u>ad, <u>b</u>u<u>bb</u>le, jo<u>b</u>
[t]	<u>t</u>ea, <u>t</u>igh<u>t</u>, bu<u>tt</u>on
[d]	<u>d</u>ay, la<u>dd</u>er, o<u>dd</u>
[k]	<u>c</u>at, <u>c</u>lo<u>ck</u>, s<u>ch</u>ool
[g]	<u>g</u>et, <u>g</u>i<u>ggl</u>e, <u>gh</u>ost
[tʃ]	<u>ch</u>urch, ma<u>tch</u>, na<u>t</u>ure
[dʒ]	<u>j</u>udge, a<u>g</u>e, sol<u>d</u>ier
[ts]	ca<u>ts</u>, pu<u>ts</u>, tas<u>t</u>es
[dz]	bir<u>ds</u>, nee<u>ds</u>, rea<u>ds</u>
[f]	<u>f</u>all, co<u>ff</u>ee, rou<u>gh</u>
[v]	<u>v</u>ery, hea<u>v</u>y, mo<u>v</u>e
[θ]	<u>th</u>ing, au<u>th</u>or, pa<u>th</u>
[ð]	<u>th</u>is, o<u>th</u>er, smoo<u>th</u>
[s]	<u>s</u>oon, cea<u>s</u>e, <u>s</u>ister
[z]	<u>z</u>one, bu<u>zz</u>, ro<u>s</u>es
[ʃ]	<u>sh</u>ip, <u>s</u>ure, <u>s</u>tation
[ʒ]	u<u>s</u>ual, plea<u>s</u>ure, vi<u>s</u>ion
[m]	<u>m</u>an, ha<u>mm</u>er, su<u>m</u>
[n]	<u>n</u>ice, fu<u>nn</u>y, <u>kn</u>ow
[ŋ]	si<u>ng</u>, lo<u>ng</u>, tha<u>n</u>ks
[l]	<u>l</u>ight, va<u>ll</u>ey, fee<u>l</u>
[r]	<u>r</u>ed, so<u>rr</u>y, a<u>rr</u>ange
[j]	<u>y</u>ard, <u>y</u>ear, <u>y</u>es
[w]	q<u>u</u>een, <u>w</u>et, <u>w</u>in
[h]	<u>h</u>ow, <u>wh</u>ole, be<u>h</u>ind

(注)「この辞典の使い方」(p. xxi(20)) の「2. 発音」および「巻末付録 発音解説」(p. 1741) を参照.

主な記号の用法

かっこ類	
( )	・語義の補足・説明
	・見出し語と共によく用いられる語句
	・省略可能な語句
《 》	・スピーチレベル
	・語義の用法指示
	・文化的背景などの百科的解説
[ ]	・発音
	・用法の注記
	・言い換え可能な語句
[ ]	・文型表示
〈 〉	・動詞の目的語・補語などに対応する訳語
【 】	・基本的意味・英文定義・原義・語構成
	・外来語のもとの言語名
〔 〕	・見出し語と共によく用いられる前置詞・句・節およびその訳語
〖 〗	・語義の専門分野
その他	
/	・米音と英音・用例・文型などの区切り
～	・見出し語または見出し語の発音の全体
-	・見出し語または見出し語の発音の一部
↔	・反意語・対語
→↑↓	・別語(句)の参照の指示
cf.	・参考にすべき語(句)
◇	・語法・関連情報の補足・説明
■	・成句の開始
◆	・複合語の開始
☆	・発音の注記

A a

a, A [éi] 图(複 a's, as, A's, As [～z]) **1** |C||U|エイ《英語アルファベットの1番目の文字》. **2** |C|[大文字で]A字形のもの. **3** |U|[大文字で][音楽]イ音《ドレミ音階のラの音》; イ調: *A* major [minor] イ長 [短] 調. **4** |U|[大文字で]一流 [一級] のもの,《米》(学業成績などの) A, 優 (→ GRADE 表): She got straight [all] *A's*. 彼女は全優を取った. **5** |U|[大文字で][(血液型の) A型. **6** |U|[大文字で](紙の大きさの) A判: *A*4 A4判《297 mm×210 mm》.
■ *Á óne*《古風》一流の, 優秀な; 健康な.
from Á to Ź 初めから終わりまで, すっかり.

a [(弱) ə; (強) éi]
冠詞[不定冠詞]

❶ 初出の名詞の単数形に付けて (→**1**)
There is a stranger at the door.
(戸口に知らない人がいる)

❷ 総称 「…というものは」(→**2**)
A dog is a faithful animal.
(犬(というもの)は忠実な動物です)

❸ 数を表して 「1つの…」(→**3**)
He'll be back in a day or two.
(彼は1日か2日で戻ってくるでしょう)

❹ 単位を表して 「…につき」(→**4**)
We have three meals a day.
(私たちは1日に3度食事をする)

❺ 漠然と 「ある…」(→**5**)
We met at a place in Rome.
(私たちはローマのある場所で会った)

❻ 固有名詞に付けて 「…のような人」(→**6**)
His dream is to become a Pelé.
(彼の夢はペレのような人になることです)

[語法] (1) a を付けて, 名詞であることを示す: *a friendly* 親善大会 (→ AN¹, THE, ARTICLE [文法]).
(2) 数えられる名詞|C|の単数形の前に付け, 複数形のあることを想定する. 通例 a を付けない, 数えられない名詞|U|の前にも付けることもある (→ ❻~❾).
(3) 子音で始まる語の前ではなく, 母音で始まる語の前では an を用いる (→ AN¹): *a year* 1年《◇ [jiər] のように半母音で始まるので *an year* とはならない》/ *an ear* [íər] 耳.
(4) 語順は原則として「**a [an]**(+形容詞)+名詞」となる: *a kind nurse* 優しい看護師. ただし, 次のような場合のaの位置に注意. (a) so, too, as などと共に用いるときは「～+形容詞+ **a [an]** +名

詞」の語順となる: *so busy a day* 非常に忙しい日 / *too hard a question* 難しすぎる問題.
(b) such, half, quite, rather などと共に用いるときは「～+ **a [an]**(+形容詞)+名詞」の語順となる: *such a new machine* とても新しい機械 / *half an hour* 30分《◇《米》では a half hour とも言う》. (c) 間投詞 what, how と共に用いるときは「**What** + **a [an]**(+形容詞)+名詞…!」「**How** +形容詞+ **a [an]** +名詞…!」の語順: *What a tall building!* なんて高いビルだ / *How noisy a street!* なんてうるさい通りだろう.
(5) a [an]は指示代名詞(this, that)・代名詞の所有格(my, your など)と共に用いることはできない: *a friend of mine* 私の友人の1人.

1 [**a [an]**+|C|単数名詞] (ある) 1つの, 1人の: I got *a* new wristwatch. 私は新しい腕時計を買った / He has *a* friend in Brazil. 彼はブラジルに友人がいる / Do you have *a* dog? あなたは犬を飼っていますか.

[語法] (1) 初めて話題に上るもの [人], または不特定のあるもの [人]をさし, 複数形になる. 日本語には特に訳さない場合が多い (→ THE **1**).
(2) 地位・役職などを表す語が補語として用いられる場合は, 通例, 冠詞を付けない: We chose Jim captain. 私たちはジムを主将に選んだ.
(3) and で結んだ名詞が対をなす場合, a [an] は最初の名詞にだけ付ける (→ AND **1**[語法] (3)): *a cup and saucer* 受け皿付きのカップ.

2 [総称] …というものは, どの…も: *A computer* is a very useful machine. コンピュータ(というもの)は大変役に立つ機器である / *A dolphin* is an intelligent animal. イルカは賢い動物です.

[語法] (1) ある種類全体をさし, そのものについての定義・一般論などを述べるときに用いる (→ THE **3**).
(2) 総称には無冠詞の複数形を用いるほうが一般的: *Dolphins* are intelligent animals. = *The dolphin* is *an* intelligent animal. 《◇ the を用いるのは《格式》》.
(3) この用法は通例, 主語に用い, その他は通例, 無冠詞の複数形: I like cats. 私は猫が好きです.

3 1…, 1つ [1人] の (one) 《◇数量としての「1」を強調するときは one を用いる》: Nobody can get the knack of it in *a* month or two. 1か月や2か月ではだれもそのコツは覚えられない.

[語法] (1) **a** は「1つ」を表すほか, 1以上の概念を表す語(「12」を表す dozen)や, 1以下の数値を表す小数点(a tenth=0.1)にも付くことがある. 従って必ずしも a=1 ではない: *a dozen [two dozen] pencils* 鉛筆1 [2] ダース / *a quarter* 4分の1 / *a tenth of a second* 0.1秒.
(2) 複数概念の数量詞にも a が付く: *a few days* 数日 / *a lot [lots] (of ...)* たくさん(の...).

4 [単位を表す語に付けて] …につき(each), …ごとに(every): twice *a* month 月2回 (cf. by *the* hour 時間ぎめで→ THE **10**) / at ten meters *a* second 秒速10メートルで / Admission is two thousand yen *a* [per] person. 入場料は1人2千円です(◇ thousand は複数形にしない).

[語法] a は1以上の複数概念を持つ数詞に付くが、数詞は単位としての機能を持つので、複数を表すときも -s を付けない: *a* hundred [two hundred] (and) fifty 150 [250] / *a* million and a half dollars 150万ドル.

5 …ある[*in a sense* ある意味で]: I first met my wife on *a* Sunday in April in Paris. 私はある4月の日曜日にパリで今の妻に初めて出会った.

6 [固有名詞に付けて] …という人; …家の人(→ THE **9**); …のような人; …の作品[製品](◇ two Chinas「2つの中国」のように複数形も可能): drive a BMW BMWを運転する / *a* van Gogh on the wall 壁のゴッホの絵 / *A* Miss Carrie has called you at the door. キャリーさんという女の人がお見えになっています / My wife was *a* Kennedy. 私の妻はケネディ家の出です / I want to be *a* Bill Gates. ビル=ゲイツみたいな人になりたい.

7 [U の名詞に対する形容詞・節などによる限定]: *a* beautiful summer 美しい夏 (◇ three summer*s* ago「3年前の夏」と言う場合は [C] の例) / *a* happiness *that* she can't quite hide 彼女の隠し切れないばかりの幸せ / *an* America *that* is increasingly dividing 急速に分裂の進んでいるアメリカ / I found *a* vivacious Jane at the party. パーティーでのジェーンははつらつとしていた.

8 [U の物質名詞に付けて] …の一種[1個]; 1杯の…: *a* fire 火事 / *an* iron アイロン / *a* cheese チーズ1個 / *a* juice ジュース1杯 / *a* German wine ドイツ産ワイン / Give me *a* coffee [two coffees], please. コーヒーを1 [2] 杯ください (◇ *a* cup of coffee の例).

9 [U の抽象名詞や動名詞に付けて] …の実例 [存在], …の行為; 一種の…: *a* kindness (特定の・1回の)親切 / catch *a* cold かぜをひく / *a* temperature 熱 (◇ temperature*s* とすると,「(大気・気候の)温度」) / He has *a* liking for playing tennis. 彼はテニスが好きです (◇スポーツ名は無冠詞) / I didn't get much of *an* education. 私はたいした教育を受けなかった.

10 [C の集合名詞に付けて]: *a* jury 陪審(員団) (◇複数の陪審を言うときは juries. 個々の陪審員は juror) / *a* committee 委員会.

[語法] 集合名詞は普通、単数扱い、構成員の1人1人について言う場合は複数扱い: There was *a* big audience. They were mostly young people. 大観衆だった. 観衆の大部分は若い人たちだった.

11 [ひとまとまりと考えられる「形容詞＋数詞＋複数形名詞」の前に付けて]: *an* additional ten days さらに10日.

12 同一の (the same): Two of *a* trade never agree. 《ことわざ》同業の2人は決して合意しない ⇒ 商売がたきは気が合わぬもの.

A 《略語》 = *a*cre(s) エーカー; *a*mpere アンペア; *a*nswer.

a- [ə]《接頭》(◇母音の前では an- となる) **1** 名詞に付けて「…で」「…に, …へ」の意を表す形容詞・副詞を作る: *a*foot 歩いて / *a*sleep 眠って / *a*shore 浜に (◇ *a*sleep, *a*wake など a- の付く形容詞は補語として叙述用法にのみ用いる). **2** 名詞・形容詞・副詞に付けて「非…, 無…」の意を表す: *a*pathy 無気力 / *a*social 非社交的な.

a. 《略語》= *a*bout; *a*cre(s); *a*djective; *a*re[2].

@ [ət]《◇ *a*t の省略形 (記号)》 **1**《商》単価…で: @ $10 a doz. 1ダース10ドルで. **2**《インターネット》アットマーク《電子メールのアドレスでドメイン名の前に付ける記号. 英語では at sign と言う》.

AA 《略語》《英》 *A*utomobile *A*ssociation 自動車協会; *A*lcoholic *A*nonymous → ALCOHOLIC.

AAA [trípəl éi] 《略語》 = *A*merican *A*utomobile *A*ssociation 米国自動車協会.

Aar·on [éərən] 名 《聖》 アロン《モーセの兄で, ユダヤ教最初の祭司長》.

AB [éibí:] 名 U 《血液型の》 AB型.

ab- [əb, æb]《接頭》「離れて」の意を表す: *ab*normal 異常な / *ab*olish 廃止する / *ab*sorb 吸収する.

A.B. 《略語》《米》文学士 (*B*achelor of *A*rts, B.A.) (◇ラテン語の *A*rtium *B*accalaureus の略).

a·back [əbǽk] 副 [通例, 次の成句で]

■ *be táken abáck at [by]* … …で(不意を打たれて)面食らう, びっくりする.

ab·a·cus [ǽbəkəs] 名 (複 **ab·a·cus·es** [~iz], **ab·a·ci** [-sài]) C 《子供が数を覚えるための》そろばん.

a·baft [əbǽft / əbá:ft] 副 [名詞のあとで]《海》船尾に, 船の後部に: the wind *abaft* 追い風.

ab·a·lo·ne [æbəlóuni] 名 C U アワビ.

※**a·ban·don** [əbǽndən] 動 他 **1** …を捨てる, 放棄[放置]する (→ DESERT[2] [類語囲]); 〈土地など〉を見捨てる: The people of Pompeii *abandoned* their city in A.D. 79. ポンペイの人々は西暦79年に町を見捨てた. **2**《計画・習慣など》をやめる; 〈権利〉を放棄する (give up): *abandon* a research project 研究計画を中止する.

■ *abándon onesélf to* … 《文語》〈激情・衝動など〉に身を任せる, おぼれる.

── 名 U 《格式》勝手気まま, 放縦, 奔放 (氣).

■ *with abándon* 羽目を外して, 思い切り.

a·ban·doned [əbǽndənd] 形 [通例, 限定用法] **1** 捨てられた, 見捨てられた: an *abandoned* house 廃屋. **2**《行為が》恥知らずの, 勝手気ままな: *abandoned* behavior 破廉恥行為.

a·ban·don·ment [əbǽndənmənt] 名 U **1** 見捨てること; 放棄; 断念. **2** 自暴自棄, 奔放さ.

a·base [əbéis] 動 他 《文語》〈人〉の評判 [地位] を落とす, 下げる, 卑しめる.

■ *abáse onesélf* へりくだる; かしこまる.

a·base·ment [əbéismənt] 名 U《文語》(評判・地位・品位の)低下, 失墜(ﾂｲ); 屈辱.

a·bashed [əbǽʃt] 形 [叙述用法] […に] とまどった, 赤面した, きまり [ばつ] の悪い [*by, at*].

a·bash·ment [əbǽʃmənt] 名 U とまどい, 赤面.

a‧bate [əbéit] 動《格式》…を減じる;〈痛みなど〉を和らげる: *abate* a tax 減税する.
— 自 〈風・あらし・痛みなど〉弱まる;〈波が〉なぐ.

a‧bate‧ment [əbéitmənt] 名 U《格式》減少, 減退, 緩和 (で)の減額, 減価 (額), 減少額.

ab‧bess [ǽbəs, ǽbes] 名 C 女子修道院長, 大僧院長 (cf. abbot (男子) 大修道院長).

***ab‧bey** [ǽbi] 名 **1** C 大修道院 (abbot または abbess が管理した僧院. 現在では monastery (僧院), convent (尼僧院) が普通). **2** C [the A-] ウエストミンスター寺院 (Westminster Abbey). **3** [the ~; 集合的に] 単数・複数扱い 修道士 [女] たち. **4** C [しばしば A-] 大寺院, 大邸宅.

ab‧bot [ǽbət] 名 C 大修道院長, 僧院長 (cf. abbess 女子修道院長).

***ab‧bre‧vi‧ate** [əbríːvièit] 動 他 **1** 〈語などを〉[…に]略して書く, 短縮[省略]する [*to*]: "Compact disc" is *abbreviated to* "CD." コンパクトディスクはCDと略す. **2** 〈物語・称号など〉を短くする;〈行事・滞在など〉を予定より早く切り上げる.

‡ab‧bre‧vi‧a‧tion [əbrìːviéiʃən] 名 **1** U 短縮, 省略. **2** C 省略 (した語) 形, 短縮形, 略語: "PE is an *abbreviation* for [of] "physical education." PEは physical education (体育) の略語である.

[語法] (1) 略語には普通, 末尾にピリオドを付ける: Apr. 4月 / ans. = answer 答え.
(2) 各語の最初の1文字をとって大文字で表す略語はピリオドを付けないことが多い: the UN [U.N.] = the United Nations 国連.
(3) そのまま1語として用いるようになった略語には普通ピリオドを付けない: ad = advertisement 広告 / TV = television テレビ.
(4) 《英》ではピリオドを付けないことが多い: Dr. [Dr] … = Doctor … …博士 / Mr. [Mr] … = Mister … …氏 / Ltd. [Ltd] = Limited《英》有限責任の.
(5) ROM など, 連語の頭部を組み合わせて作った語を特に acronym と呼ぶ (→ ACRONYM).

ABC¹ 名 (複 ABC's, ABCs) **1** [通例 the ~('s)] アルファベット. **2** [通例 the ~('s)] 初歩, 「いろは」: the *ABC('s)* of physics 物理学の初歩 / (as) easy as *ABC* 非常にやさしい.

ABC² 《略語》= American Broadcasting Company ABC放送 《NBC, CBS と並ぶ米国の3大テレビ局の1つ》.

ab‧di‧cate [ǽbdikèit] 動 他《格式》〈王位・権利など〉を捨てる, 放棄する.
— 自 〈王が〉退位する, 辞任する.

ab‧di‧ca‧tion [ǽbdikéiʃən] 名 U C《格式》**1** (王の) 退位; (高官の) 辞任. **2** (権利・責任などの) 放棄.

ab‧do‧men [ǽbdəmən, æbdóu-] 名 C (動物・昆虫の) 腹部 (◇ belly や stomach の婉曲語としても用いる).

ab‧dom‧i‧nal [æbdɑ́minəl / -dɔ́m-] 形《解剖・動物》腹部の: *abdominal* muscles 腹筋.

ab‧duct [æbdʌ́kt] 動 他 …を誘拐する (kidnap).

ab‧duc‧tion [æbdʌ́kʃən] 名 U C 誘拐, 拉致.

Abe [éib] 名 固 エイブ (◇男性の名; Abraham の愛称).

A‧bel [éibəl] 名 固《聖》アベル 《アダムとイブ[イブ]の第2子. 兄カインに殺された》.

ab‧er‧rant [æbérənt] 形《格式》(行動・考え方が) 異常な, 常軌を逸する.

ab‧er‧ra‧tion [æbəréiʃən] 名 U C《格式》**1** (正常からの) 逸脱, 正道から外れること, 脱線; (一時的な) 精神錯乱; 奇行: in a moment of *aberration* 一時の出来心で, 魔がさして. **2** 《天文》光行差;《光》収差;《生物》変形, 異形.

a‧bet [əbét] 動 (三単現 **a‧bets** [əbéts]; 過去・過分 **a‧bet‧ted** [~id]; 現分 **a‧bet‧ting** [~iŋ]) 他《法》…を扇動する;〈人〉をそそのかして […ing] させる [*in*].
■ **áid and abét**《法》…の犯行を幇助(ほう)する.

a‧bey‧ance [əbéiəns] 名 U《格式》(一時的な) 中止, 休止; 失効; 未定: fall [go] into *abeyance* (規則などが) 一時停止になる, (習慣などが) すたれる / be in *abeyance* 停止中 [未確定] である.
■ **hóld** [**léave**] **…** *in abéyance* …を棚上げ [未定] にしておく.

ab‧hor [æbhɔ́ːr, əb-/əb-] 動 (三単現 **ab‧hors** [~z]; 過去・過分 **ab‧horred** [~d]; 現分 **ab‧hor‧ring** [-hɔ́ːriŋ]) 他《格式》(道徳的見地から) …をひどく嫌う, 嫌悪する (◇ hate よりも強い感情を表す): We *abhor* war. 私たちは戦争を憎む.

ab‧hor‧rence [æbhɔ́ːrəns, əb-/əbhɔ́r-] 名 U C《格式》憎悪, 嫌悪 (感) (hatred): He has a great *abhorrence* of alcohol. 彼は酒が大嫌いにしている.

ab‧hor‧rent [æbhɔ́ːrənt, əb-/əbhɔ́r-] 形《格式》**1** (人にとって) 大嫌いな, 嫌悪感を起こさせる [*to*]: Dispute is *abhorrent* to her. 彼女は議論をするのが大嫌いです. **2** […と] 対立する [*to*].

***a‧bide** [əbáid] 動 (三単現 **a‧bides** [əbáidz]; 過去・過分 **a‧bode** [əbóud], **a‧bid‧ed** [~id]; 現分 **a‧bid‧ing** [~iŋ]) 他 (通例 can, could を伴って; 否定文・疑問文で) …を我慢する, 耐える (endure): I cannot *abide* his rudeness. 私は彼の無礼な態度に我慢ができない.
— 自 [副詞 (句) を伴って]《古風》**1** (ある状態に) とどまる, そのままでいる. **2** 滞在する; 住む.
■ *abíde by …* [受け身不可; 過去・過分 abided] **1** 〈規則・約束・決定など〉を忠実に守る, …に従う: *abide by* the umpire's decision 審判の判定に従う. **2** 〈(悪い) 結果など〉を甘受する, 受け入れる.

a‧bid‧ing [əbáidiŋ] 形 [限定用法] 長続きする: their *abiding* friendship 彼らの不変の友情.

***‧a‧bil‧i‧ty** [əbíləti]
【基本的意味は「能力 (the skill or the power to do something)」】
— 名 (複 **a‧bil‧i‧ties** [~z]) (↔ inability, disability) **1** U [ability + to do] (具体的に) …する [できる] 能力, 力量: He has the *ability* to solve the problem. 彼にはその問題を解決する能力がある / They are proud of their *ability* to make homemade pasta. 彼らは自家製パスタを作ることができるのを自慢している.
2 U C [しばしば複数形で] […の] 才能, 手腕 [*in*, *at*]: leadership *ability* 指導能力 / He has

ab・ject [ǽbdʒekt] 形 [限定用法] **1** (暮らし・状態などが) 惨めな, みすぼらしい (miserable). **2** (行為・態度などが) 卑しむべき, 軽蔑に値する.

ab・ju・ra・tion [æbdʒuəréiʃən] 名 [U[C]] 《格式》 (信仰・主義・権利などの) 放棄を宣言すること; 放棄.

ab・jure [æbdʒúər, əb-/əb-] 他 《格式》〈信仰・主義・権利などを〉宣誓して捨てる; 〈公式に〉…を破棄 [放棄, 撤回] する.

a・blaze [əbléiz] 形 **1** [叙述用法] 燃え上がって, 明るく輝いて. **2** (気持ちが) 燃えて; かっとなって.

a・ble [éibl] ★★★
—— 形 (比較 a・bler [～ər], more a・ble; 最上 a・blest [～ist], most a・ble) **1** [be able to do] …できる (can do) (↔ be unable to do) (◇比較変化については→語法 (2)): She *is able to* speak English and Chinese. 彼女は英語と中国語を話すことができる.

語法 (1) **be able to** と **can**
(a) 現在時制では同じ意味を表すが, can を用いるほうが一般的で, be able to を用いるとやや格式ばった表現になる.
(b) 過去時制では, could は主に「…する能力があった」ことを表し, was [were] able to は主に「(実際に達成) できた」ことを表す: Two years ago we *were able to* climb Mt. Fuji thanks to his help. 2年前私たちは彼に助けてもらったおかげで富士山に登ることができた.
(c) 未来時制では通例 will be able to を, 完了時制では have been able to を用いる: You *will be able to* drive a car next year. 来年あなたは車の運転ができるようになる / He *has not been able to* get necessary information. 彼は必要な情報がずっと得られていない.
(d) あとに受け身が来る場合は通例 can を用いる: The reservation *can* be canceled. その予約は取り消し可能です.
(e) 助動詞のあとに来る場合は be able to を用いる (→ (c)).

(2) **be able to** の強調: be able to を強めるには well, quite を用いる: He *is well* [*quite*] *able* to look after himself. 彼なら自分のことは自分で十分にできる. なお, 比較変化には better [more] able to, best [most] able to, 否定の場合は less able to, least able to を用いる: Thanks to modern medicine, we *are now better* [*more*] *able to* cure more diseases. 現代医学のおかげで, 今や私たちはより多くの病気を今まで以上に治すことができる.

2 有能な, 才能のある (→ 類義語): a very *able* and intelligent student 非常に有能で知能の高い学生 / Tom is *abler* [*more able*] than I expected. トムは予想以上に有能です.
(▷ 名 ability; 動 enable)

類義語 able, capable, competent
共通する意味な有能な (having power or fitness to do something, especially work)
able は潜在的な能力をも含めて「並外れた能力を持つ」こと: an *able* boy 才能ある少年. **capable** は「専門家などに要求される能力を実際に発揮できる」こと: a *capable* teacher 実力のある教師. **competent** は特定の仕事や場面に必要な「技能や資格を備えている」こと: a *competent* nurse 有能な看護婦 [師].

-a・ble [əbl] 接尾 他動詞に付けて「…できる」「…するのに適した」の意を表す形容詞を作る: bear*able* 我慢できる / eat*able* 食べられる.

á・ble-bód・ied [-bádid/-bɔ́did] 形 (体の) 丈夫な; 熟練した: an *able-bodied* seaman 熟練船員.

a・ble・ism [éiblizəm] 名 [U] 障害者への差別.

ab・lu・tion [əblúːʃən] 名 **1** [C] [通例～s] 《格式》 (身体・聖器具を) 洗い清めること, 沐浴 (式). **2** [C] [通例～s] (こっけい) 入浴, 洗顔.

a・bly [éibli] 副 有能に [上手, 立派] に.

ab・nor・mal [æbnɔ́ːrməl] 形 (性格・態度が) 異常な, 普通でない; 変則の (↔ normal): *abnormal* behavior 異常な行動 / He had an *abnormal* interest in butterflies. 彼はチョウに異常な関心を抱いていた. ★
ab・nor・mal・ly [-məli] 副 異常に; 変則的に.

ab・nor・mal・i・ty [æbnɔːrmǽləti, -nər-] 名 (複 **ab・nor・mal・i・ties** [～z]) **1** [U] 異常; 変則. **2** [C] 異常なもの [こと].

a・board [əbɔ́ːrd] 副 **1** (飛行機・船・列車・バスに) 乗って, 搭乗して: The plane crashed, killing everyone *aboard*. その飛行機は墜落し, 乗客乗員全員が亡くなった. **2** 《俗語》《野球》塁上に, 出塁して. ★
■ *All abóard!* **1** 皆さんお乗りください, 発車いたします (◇船・バスなどの乗客に). **2** 全員乗車, 発車オーライ (◇乗員の出発合図).
gò abóard 乗車 [乗船, 搭乗] する.
Wélcome abóard! ご搭乗 [乗船] ありがとうございます (◇乗客へのあいさつ); ようこそ (◇新入社員 [社員] などに対するあいさつ).
—— 前 〈飛行機・船・列車・バス〉の中へ [に]: go *aboard* a ship [train, bus] 乗船 [乗車] する.
■ *còme* [*gèt*] *abóard …* 《米口語》〈計画など〉に加わる, 参画する.

a・bode¹ [əbóud] 動 abide の過去形・過去分詞.

a・bode² 名 **1** [C] 《古風》住居. **2** [U] 《法》住所, 居住.

a・bol・ish [əbáliʃ/-bɔ́l-] 他 〈法律・制度・習慣などを〉廃止 [撤廃] する (cf. establish 設立する): *abolish* slavery [apartheid] 奴隷制度 [アパルトヘイト] を廃止する / The death penalty should be *abolished*. 死刑 (制度) は廃止すべきである.
(▷ 名 abólition)

ab・o・li・tion [æbəlíʃən] 名 [U] **1** (法律・制度・習慣などの) 廃止, 撤廃: the *abolition* of nuclear weapons 核兵器の廃絶. **2** [時に A-] 《米史》奴隷制度廃止.
(▷ 動 abólish)

ab·o·li·tion·ist [æbəlíʃənist] 名 C 1 死刑廃止論者. 2 [時に A-] (米史) 奴隷制度廃止論者.

A-bomb [éibàm / -bɔ̀m] 名 C 原子爆弾 (◇ atomic bomb から; cf. H-bomb 水素爆弾).
— 動 他 …を原爆で攻撃する, …に原爆を落とす.

a·bom·i·na·ble [əbámɪnəbl / -bɔ́m-] 形
1 [人に] 嫌悪感を引き起こす, いまわしい, 縁起が悪い (disgusting) [to]: a reputation *abominable to* her 彼女にとっていまわしい評判. 2 (口語・誇張) ひどい, いやな (感じの): *abominable* weather ひどい天候 / *abominable* manners 不作法な態度.
◆ Abóminable Snówman C (ヒマラヤ山中に住むという) 雪男 (yeti).
a·bom·i·na·bly [-bli] 副 いまわしいほど.

a·bom·i·nate [əbámɪnèit / əbɔ́m-] 動 他 (進行形不可) (格式) …をひどく嫌う, 憎悪する.

a·bom·i·na·tion [əbàmɪnéiʃən / əbɔ̀m-] 名 U (格式) 嫌悪, 憎しみ; C 不快なもの, 嫌悪の対象.

ab·o·rig·i·nal [æbərídʒənəl] 形 1 先住民の; [A-] (特に) オーストラリア先住民の. 2 (格式) (動植物が) 土着の, 自生 [原生] の; (習慣・性質などが) 原始的な. — 名 = ABORIGINE (↓).

ab·o·rig·i·ne [æbərídʒəni] 名 C 1 先住民. 2 [通例 A-] オーストラリア先住民, アボリジニ (ブーメランや木皮絵画などの民族文化を持つ). 3 [通例 the ～s] 原生の動植物.

a·bort [əbɔ́ːrt] 動 他 1 (妊娠) を中絶する, (胎児) を流産する. 2 (計画) を中止する, やめる.
— 自 1 流産する. 2 (計画などが) 中止になる, 失敗する.

a·bor·tion [əbɔ́ːrʃən] 名 1 U C 妊娠中絶; (医) have [get] an *abortion* 妊娠中絶手術を受ける. 2 C 流産された胎児. 3 C (計画などの) 失敗; 実現しなかった案 [計画].
a·bor·tion·ist [～ist] 名 C 妊娠中絶医.

a·bor·tive [əbɔ́ːrtiv] 形 1 (計画などが) 失敗に終わった, 不成功の. 2 (医) 流産 [早産] の; (生物) 発育不全の. 3 妊娠中絶用の.

*****a·bound** [əbáund] 動 自 (格式) (生物・資源などが) 多い, いっぱいある [いる] (*in, on*); [abound in [with] …] (場所などが) …に富む, 豊富である: Natural resources *abound in* this district. = This district *abounds in* [*with*] natural resources. この地域は天然資源に富んでいる. (▷ 名 abúndance; 形 abúndant)

*****a·bout** [əbáut]
— 前 1 …について (の), …に関する (◇この米での最も一般的な語. 専門的な内容については on のほうをよく用いる): This is a book *about* a famous actor's life. これはある有名な俳優の生涯についての本です / Let's talk *about* the plan. その計画について話し合おう.
2 (主に英) …のあちこちに [で, を], …のほうぼうで [に] ((米) around): He was walking *about* the streets looking for a house for rent. 彼は貸し家を探しながら通りを歩き回っていた.
3 [しばしば somewhere を前に置いて] (主に英) …の近くで [に], …のあたりに ((米) around): I think I have lost my pen somewhere *about* here. 私はこのあたりでペンをなくしたと思う.
4 (主に英) …のまわりに [で, を], …の周辺に [で, を] (◇今では around, round のほうが一般的): build a fence *about* the pond 池の周りに柵(さく)を作る.
5 (格式) (さいふなどの小物を) …の身につけて (with, (主に米) on) (◇かさなどの少し大きめのものは with を用いる): I have no money *about* me. 今私はお金を持ち合わせていない.
6 …の身辺には, …の様子 [雰囲気] には (◇通例 There is で始まる文に用いる): There is a touch of sadness *about* him. 彼にはどことなくさびしげなところがある.
7 …に従事して, …にかかわって: Call him, please, and be quick *about* it. あの人に電話してください. 急いで!
■ *be abòut to dó* (人・ことが) まさに…しようとしている (◇ be going to do よりも近い未来を表し, 通例 tomorrow など未来を表す副詞 (句) を伴わない): The game *was about to* begin. その試合はまさに始まろうとしていた / I got a phone call when I *was about to* leave. 出かけようとしていたら (ちょうどその時に) 電話がかかって来た.
be nót abóut to dó (口語) …するつもりはない: I'm *not about to* attend the party. 私はそのパーティーに出席するつもりはない (◇強い意志を表す).
Thàt's abóut it [*áll*]. (口語) これで終わり; こんなところにしておこう (話の結び).
Whát [*Hów*] *abòut ...?* → WHAT, HOW 成句.
— 副 1 およそ…, 約…, …ほど; (口語) ほとんど (→ ALMOST 類義語): drive *about* fifty miles 50 マイルほど車で行く / We arrived there at *about* noon. 私たちは昼頃そこに着いた / My piece of cake is *about* half the size of yours. 僕のケーキは君の半分くらいです / Well, it's *about* time for you to get married. あのね, もうそろそろあなたは結婚してもいい頃だよ.
2 (主に英) あちこちに [で] ((米) around): There were a lot of deer roaming *about* in the park. 公園の中をたくさんのシカがあちこち歩き回っていた.
3 (主に英) 近くに [で]; まわりに [で] ((米) around): Is anyone *about*? 近くにだれかいますか.
4 (格式) ぐるりと回って; 反対の方向に [で, へ]; 回り道をして: turn *about* ぐるっと向きを変える.
5 [be ～の形で] (特に病気から回復して) 動き回っている, 活動している: My father *is* up and *about* again. 父は病気から回復して再び働き出している.
6 [be ～の形で] (病気・うわさなどが) 広まっている.
■ *Abòut fáce* [(英) *túrn*] *!* (軍) 回れ右.

a·bout-face, (英) **a·bout-turn** 名 C (通例, 単数形で) 回れ右 (の号令); (主義・態度などの) 180度転換, 転向.
— 動 自 回れ右をする; 転向 [転換] する.

*****a·bove** [əbʌ́v] 前 副 形 名
【基本的意味は「…よりも上に (higher than …)」】
— 前 1 (場所・位置) …の上に, …より高い; …より上流の; …より北に (↔ below) (→ ON 前 1

［語法］: We are flying *above* the clouds. 私たちは雲の上を飛行している / The water came *above* my knees. 水がひざの上まで来た / Two old wooden bridges *above* this town were washed away by the flood. 洪水のためにこの町の北にある古い木の橋が2つ流された.

The bird is **above** the bridge.

The dog is **below** the bridge.

2 ［程度・重要度］…より上の, …を越えて, …以上の (↔ below); (音が) …より高い［大きい］の: The snowfall was *above* average this winter. この冬の積雪は平均を上回っていた / Health is *above* wealth, as the proverb says. ことわざに言う通り, 健康は富にまさる.

3 ［数量・年齢・温度］…より多い, …より上の (↔ below)(◇この意では over のほうが一般的): My mother is *above* 50 years old. 母は50歳を越えている.

4 ［地位・階級］…より高い, …より上で (↔ below): He has three relatives *above* him in this company. この会社には彼の上役に親類が3人いる.

5 〈人の理解・力など〉が及ばない: His book on physics is *above* me. 物理学に関する彼の本は私には理解できない.

6 (人が善良・高潔で) …などするはずがない, ［…するのを］恥とする (*doing*); 〈疑惑・非難などを〉受けない: She is *above* telling lies. 彼女はうそなどつくはずはない(= She never tells lies.) / Her behavior this time is *above* criticism. 彼女の今回の行動は非の打ちようがない.

■ *abòve áll* (*élse*) 特に, とりわけ, 何よりもまず: *Above all*, take care not to catch (a) cold. 何よりも, かぜを引かないように気をつけなさい.

abóve and beyónd ... …に加えて, …を越えて.

gèt [*be*] *abóve onesèlf*〈英〉うぬぼれる, 思い上がる.

— 副 **1** 上(の方)に (↔ below): Have you ever seen an eagle flying *above* in the sky? ワシが上空を飛んでいるのを見たことがありますか / I heard their footsteps from the room *above*. 上の部屋から彼らの足音が聞こえてきた.

2 (年齢・地位などが) それより多い, それ以上, (over) (↔ below): This class is for children of six and *above*. このクラスは6歳以上が対象です / He invited section chiefs and *above*. 彼は課長以上の者を招待した.

3 ［論文などで］前述の, 上記の (↔ below): For this point see the definition cited *above*. この点に関しては先に引用した定義を参照のこと.

■ *from abóve* 上から (の); 天から (の): orders *from above* 上 [上司] からの命令.

— 形［限定用法］〈格式〉(論文などで) 上述の, 先に述べた: See the *above* examples. 上述の例を参照のこと.

— 名 [the 〜; 単数・複数扱い]〈格式〉上述のこと［人］, 上記のこと［人］.

a·bóve-mèn·tioned 形［限定用法］前述の, 上記の. — 名 [the 〜; 複数扱い] 上記の人々.

ab·ra·ca·dab·ra [æbrəkədǽbrə] 名 U **1** アブラカダブラ《魔よけ・手品などの呪文(じゅもん)》; 呪文.
2〈軽蔑〉訳のわからない言葉.

a·brade [əbréid] 動 他 **1** 〈皮膚など〉をすりむく; 〈岩など〉をすり減らす, 研磨する. **2**〈人の神経〉をすり減らす.

A·bra·ham [éibrəhæm] 名 固 **1** エイブラハム(◇男性の名;〈愛称〉Abe). **2**［聖］アブラハム《ユダヤ人の始祖》.

a·bra·sion [əbréiʒən] 名 **1** U (皮膚の) すりむけ; (岩の) 浸食, (機械などの) 摩滅. **2** C すり傷.
3 U いら立ち.

a·bra·sive [əbréisiv] 形 **1** 研磨用の. **2** (神経を) いら立たせる; 不快な; がさつな.
— 名 U C 研磨材《金剛砂(こんごうしゃ)・軽石など》.

a·breast [əbrést] 副 […と] 肩を並べて, 並んで, 並行して (*of, with*): He ran *abreast of* a man on a bicycle. 彼は自転車に乗った人と並んで走った.

■ *kèep* [*be*] *abréast of* [*with*] ...〈時勢・進歩など〉に遅れずについて行く: *Keep abreast of* [*with*] the times. 時勢に遅れないようにしなさい.

a·bridge [əbríʤ] 動 他 **1**〈本・話・記事など〉を要約する: an *abridged* edition 簡約版. **2**〈時間・距離など〉を短縮する.

a·bridg·ment,〈主に英〉**a·bridge·ment** [əbríʤmənt] 名 **1** C 簡約［縮約］版. **2** U 要約, 抄録(しょうろく); 抜粋.

*** a·broad** [əbrɔ́:d]
［基本的意味は「外国へ［に］(to or in a foreign country)」］

— 副 **1** 外国へ［に, で］, 海外へ (overseas) (↔ at home): travel *abroad* 海外旅行をする / study *abroad* 海外へ留学する / Living *abroad* makes us think of our own country. 海外で生活をすると自国について考えさせられる / This type of computer is used both at home and *abroad*. このタイプのコンピュータは国の内外で使用されている. **2**〈格式〉(うわさなどが) 広まって; 流布して, 四方に: The news soon spread [got] *abroad*. そのニュースはすぐに広まった.

■ *from abróad* 海外から (の): return *from abroad* 帰国する.

ab·ro·gate [ǽbrəgèit] 動 他〈格式〉〈法律・制度など〉を (公式に) 廃止する, 無効にする (abolish).

ab·ro·ga·tion [æbrəgéiʃən] 名 U C〈格式〉廃止, 撤廃.

*** a·brupt** [əbrʌ́pt] 形 (比較 **a·brupt·er** [〜ər], **more a·brupt**, 最上 **a·brupt·est** [〜ist], **most a·brupt**) **1**［通例, 限定用法］突然の, 不意の, 急な (◇ sudden より急激で, 予想外の変化を示す): an *abrupt* death from overwork 過労による突然死. **2**（態度・言葉づかいが）不作法な, ぶっきらぼうな: The clerk had a rather *abrupt* manner. その店員はかなり無愛想だった. **3**（坂・がけなどが）険しい, 急な (steep).

a·brupt·ly [əbrʌ́ptli] 副 **1** 急に, 突然に, 不意

に、出し抜けに；あわただしく． **2** ぶっきらぼうに、荒々しく．

Ab・sa・lom [ǽbsələm] 名 **1** 〔聖〕アブサロム《イスラエル王ダビデの三男で、父に反逆して殺された》． **2** 反抗的な息子．

ab・scess [ǽbses] 名 C 〔医〕膿瘍（のう）、はれもの．

ab・scond [əbskánd, æb- / -skɔ́nd] 動 自《格式》 **1** […から]逃亡する、姿をくらます(run away) [from]. **2** […を]持ち逃げする[with].

⁂ab・sence [ǽbsəns]

— 名（複 **ab・senc・es** [～iz]）

1 U 不在, 留守, 欠席 (↔ presence): *absence* without leave 無届け欠席 [欠勤] / Your aunt came during [in] your *absence*. あなたの留守中におばさんがやって来ましたよ．

2 C (1回の)不在(期間), 欠席(期間): I returned home after my [an] *absence* of five years. 私は5年ぶりに帰国［帰郷］した / His repeated *absences* from school worried his mother. 彼がよく学校を休むので母親は心配した．

3 U […の]欠如, 欠乏(lack); 存在しないこと[*of*]: The *absence of* enough rainfall made it difficult for the farmers to plant seeds that year. その年は雨量が十分でなかったため、農民たちは種をまくのに苦労した．

■ **ábsence of mínd** 放心状態, うわの空．

in ...'s ábsence 1 …のいないときに[ところで]: Don't speak ill of others *in their absence*. 当人のいない所で悪口を言うな． **2** …の留守中に．

in the ábsence of ... …がいないときに；…がいないために: *In the absence of* their parents, the boys stayed with their uncle. 両親がいない間、その少年たちはおじさんの家に泊まった / The police were not able to arrest the man *in the absence of* sufficient proof. 確たる証拠がないため警察はその男を逮捕できなかった．(▷ 形 ábsent)

⁂ab・sent 形 動
【基本的意味は「不在の(not present; not there)」】

— 形 [ǽbsənt] (☆ 動 との発音の違いに注意)[比較なし] **1** [いるべき場所に]不在の, 欠席の (↔ present) [*from*]: Who is *absent* today? きょう来ていないのはだれですか / About a third of my class was *absent* with the flu. 流感のためにクラスの約3分の1が欠席した / I was *absent from* the athletic meet last week. 私は先週の運動会を休んだ / My father has never been *absent from* work. 父は一度も仕事を休んだことがない．

2《格式》(あるべきものが) […に] ない, 欠けている [*from*]: Sincerity was totally *absent from* the management's attitude. 経営者側の態度には誠実さがまったく欠けていた．

3 [限定用法]ぼんやりした, 注意(力)が欠けた: an *absent* look ぼんやりとした顔つき．

— 動 [æbsént] 他 [～ oneself で]《格式》(意図的に) […を]欠席［欠勤］する, […に]居合わせない [*from*]: She *absented* herself from the conference. 彼女はその会議を欠席した (◇普通は、She didn't come to the conference. のように言う). (▷ 名 ábsence)

ab・sen・tee [æbsəntíː] 名 C **1** […の]欠席者, 欠勤者, 不在者 [*from*]: an *absentee* ballot 不在者投票． **2** = absentée lándlord [lándowner] 不在地主《自分の所有地から離れた所に住んでいる地主》． **3**《主に米》= absentée vóter 不在投票者 (absent voter).

ab・sen・tee・ism [æbsəntíːizəm] 名 U (学校・会社への)サボり癖; (労働争議の)計画的欠勤．

ab・sent・ly [ǽbsəntli] 副 ぼんやりして．

áb・sent-mínd・ed 形 ぼんやりした, うわの空の．
ab・sent-mind・ed・ly [～li] 副 ぼんやりして．
ab・sent-mind・ed・ness [～nəs] 名 U ぼんやり (している状態)．

⁂ab・so・lute [ǽbsəlùːt / ǽbsəlúːt] 形 名
【基本的意味は「完全な (free from imperfection or lack)」】

— 形 [比較なし; 通例, 限定用法] **1** 完全な, 欠けたところのない(complete), まったくの, 純粋な: She has *absolute* confidence [trust] in her husband. 彼女は夫を完全に信頼している / His remark was *absolute* nonsense. 彼の意見は実にばかげていた．

2 絶対の, 絶対的な (↔ relative): *absolute* truth 絶対的真理．

3 独裁の, 専制の: an *absolute* monarch 専制君主． **4** 無制限の, 無条件の: an *absolute* agreement 無条件の同意． **5** 確実な, 明白な: an *absolute* fact 明白な事実．

— 名 C 絶対的なもの(存在); [the A-] 神(God).

◆ **ábsolute majórity** C 絶対多数, 過半数.
ábsolute zéro U 〔物理〕絶対零度 (◇−273.15℃. 考えられる最低の温度).

⁂ab・so・lute・ly [ǽbsəlùːtli / ǽbsəlúːtli] 副

1 絶対に, まったく, 完全に (◇比較の余地がないことを強調する): It is *absolutely* impossible for us to get there on time. 私たちが時間通りにそこに到着することは絶対に不可能です / You are *absolutely* right. まさにおっしゃる通りです． **2**〔強意語として〕断固として, きっぱり: I refused his proposal *absolutely*. 私は彼の申し出をきっぱり断った． **3**《口語》まったくその通り, そうですとも (◇ certainly, quite so よりも強意的): Do you agree? — *Absolutely*. よろしいですか—もちろんです(◇強意または単独で用いる場合のアクセントは通例 [æbsəlúːtli] となる). **4** [否定語と共に用いて] 部分否定]まったく…というわけではない: I'm *not absolutely* sure of the information. 私はその情報をまったく正しいと確信しているわけではない．

ab・so・lu・tion [æbsəlúːʃən] 名 **1** U [罪・責任・義務からの]免除, 解除 [*from*]． **2** U C 〔キリスト〕[…の] (罪の) 許し (の言葉), 免罪(式), 赦免 [*of, from*].

ab・so・lut・ism [ǽbsəlùːtizəm] 名 U **1**〔政治〕専制［独裁]政治, 絶対主義． **2**〔哲〕絶対論.
ab・so・lut・ist [-ist] 名 C 絶対論 [専制]主義者．

ab・solve [əbzálv, -sálv / -zɔ́lv] 動 他 **1**〈人〉を[罪・責任・義務から]免除する, 解除する [*from, of*]． **2**〔キリスト〕〈人〉を[罪などから]赦免する [*from, of*].

ab·sorb [əbsɔ́ːrb, -zɔ́ːrb] 動 他 **1** [absorb +O]〈熱・光・液体など〉を吸収する, 吸い込む;〈知識・情報・学問などを〉吸収する, 自分のものにする: Dry sand *absorbs* water well. 乾いた砂は水をよく吸収する / He *absorbed* new information from the newspaper. 彼は新聞で新しい情報を得た. **2** [absorb +O]〈もの・ことが〉〈人〉を夢中にさせる;〈関心など〉を奪う;〈金・時間など〉を使い切る: The research *absorbed* all of my time. 私はその調査にすべての時間を取られた. **3**(通例, 受け身で)〈会社・市町村など〉を[…に]吸収合併する, 併合する [into, by]: The small village *was absorbed into* [*by*] the city. その小さな村は市に併合された.

■ *be absórbed in ...* …に夢中になっている, 没頭している: I *was absorbed in* reading then. 私はその時, 読書に夢中だった. (▷名 absórption)

ab·sor·bent [əbsɔ́ːrbənt, -zɔ́ːrb-]形 吸湿[吸水]力のある, 吸収性の.
— 名 U C 吸収性の物質, 吸収[吸湿]剤.
◆ absórbent cótton U(米) 脱脂綿((英) cotton wool).

ab·sorb·ing [əbsɔ́ːrbiŋ, -zɔ́ːrb-]形〈本などが〉夢中にさせる, 心を奪う; 非常に興味深い[面白い].

*ab·sorp·tion [əbsɔ́ːrpʃən, -zɔ́ːrp-]名 U **1** 吸収(作用);(栄養の)摂取. **2**[…への]没頭, 一心不乱[on, with]: total *absorption* in one's study 研究への没頭. **3**[…への]併合, 編入, 合併 [into]. (▷動 absórb)

*ab·stain [əbstéin]動 自 **1**(格式)[…を]慎む, 控える, やめる [from]: *abstain from* smoking 禁煙する(◇ abstain が自分の意志で「長期的にやめる」のに対し, refrain¹ は「一時的にある行為を控える」の意を表す). **2** 〈投票〉を棄権する [from]: *abstain from* voting 投票を棄権する.
ab·stain·er [~ər]名 C 禁酒主義者, 禁煙家.

ab·ste·mi·ous [əbstíːmiəs, æb-]形(格式)〈飲食・享楽などを〉節制する, 控えめにした [in];〈人柄・習慣などが〉慎ましい, 禁欲的な.

ab·sten·tion [əbsténʃən]名 **1** U(投票での)棄権; C 棄権者(数). **2** U[…を]慎むこと,[…の]節制 [from]: *abstention from* drinking 禁酒.

ab·sti·nence [ǽbstinəns]名 U 〈飲食などの〉節制; 禁欲; 禁酒 [from]: total *abstinence* (*from* alcohol) 絶対禁酒, 完全禁酒主義.

ab·sti·nent [-nənt]形 節制した; 禁欲的な.

‡**ab·stract** [ǽbstrækt, æbstrǽkt / ǽbstrækt]形 [比較なし] **1** 〈考えなどが〉抽象的な, 観念的な (↔ concrete). **2** 空想的な, 非現実的な (↔ practical). **3** (抽象的で)難解な. **4** (米) 抽象(派)の.
— 名 [ǽbstrækt] C **1** 抽象芸術作品, アブストラクト. **2**(格式)摘要, 抜粋, 要旨: make an *abstract* of the article 論文を要約する. **3**(通例 the ~)抽象(観念, 概念).
■ *in the ábstract* **1** 一般的に[な]. **2** 抽象的に[な], 理論的に[な].
— 動 [æbstrǽkt]他 **1**〈論文など〉を要約する, 抜粋する (summarize). **2** …を[…から]抽出する, 分離する [from]. **3**〈注意など〉を[…から]そらす [from]. **4** (口語・婉曲) …を[…から]盗む, ひそかに抜き取る [from].
◆ ábstract nóun C 『文法』抽象名詞 (↔ concrete noun) ▶ NOUN 文法

ab·stract·ed [æbstrǽktid]形 心を奪われた, もの思いに沈んだ, ぼんやりした: with an *abstracted* air 放心した様子で.
ab·stract·ed·ly [~li]副 心奪われて; ぼんやりと.

ab·strac·tion [æbstrǽkʃən]名 **1** U抽象化, 抽象[抽出]作用. **2** C 抽象的な概念 (cf. fact 事実). **3** U もの思いに沈んだ状態, 放心(状態): in one's *abstraction* ぼんやりして(いて). **4** U(美)抽象主義; C 抽象派の作品. **5** U […からの]抽出, 分離 [from].

ab·struse [æbstrúːs]形 (格式・時にこっけい)(思想・理論・問題などが必要以上に)難解な; 深遠な.

*ab·surd [əbsɔ́ːrd, -zɔ́ːrd]形 **1** ばかみたいな, 愚かな; こっけいな (ridiculous): You are quite *absurd* to do such a thing. = It is *absurd* of you to do such a thing. そんなことをするなんて君はまったくばかげている. **2** 理屈に合わない (unreasonable); 途方もない. (▷名 absúrdity)

ab·surd·i·ty [əbsɔ́ːrdəti, -zɔ́ːrd-]名(複 **absurd·i·ties** [~z]) **1** U ばかばかしさ; 不合理, 矛盾. **2** C ばかげた行為[言葉]. (▷形 absúrd)

ab·surd·ly [əbsɔ́ːrdli, -zɔ́ːrd-]副 **1** ばかばかしく; 途方もなく. **2**[文修飾]ばかげたことに.

*a·bun·dance [əbʌ́ndəns]名 U 豊富, 多数, 大量; [an ~]豊富[な…], たくさん[の…]*of*]: Africa is blessed with an *abundance* of natural resources. アフリカは天然資源に恵まれている.
■ *in abúndance* 豊富に, あり余るほどに, 裕福に: The country possesses oil *in abundance*. その国は石油が豊富である.
(▷動 abóund; 形 abúndant)

*a·bun·dant [əbʌ́ndənt]形[…の]豊富な, 十二分な, あり余るほどの [in]: an *abundant* harvest 豊作 / This area is *abundant in* minerals. = Minerals are *abundant* in this area. この地域は鉱物が豊富です (= Minerals abound in this area.). (▷動 abóund; 名 abúndance)

a·bun·dant·ly [əbʌ́ndəntli]副(あり余るほど)豊かに; [強意語として] とても, 非常に.

‡**a·buse** [əbjúːz; (☆名 との差の発音の違いに注意)] 【「ab (逸脱して) + use (用いる)」から】動 他 **1**〈人・動物〉を虐待する, 酷使する: *abuse* a pet ペットを虐待する. **2**〈薬・アルコールなど〉を(過度に)常用する. **3**〈権力・地位など〉を乱用する, 悪用する, 誤用する (misuse);〈信頼・親切など〉につけ込む,〈人〉を裏切る: *abuse* one's privilege 特権を乱用する.
4 …をののしる, …に悪態をつく.
— 名 [əbjúːs] **1** C 虐待, 酷使: child *abuse* 児童虐待. **2** U(薬物などの)乱用, 誤用, 悪用: drug *abuse* = abuse of drugs 薬の乱用. **3** U 悪態, 毒舌: personal *abuse* 人身攻撃 / He gave me much *abuse*. 彼は私をひどくののしった. **4** U C (権力などの)乱用. **5** C [しばしば~s](長期の)悪習, 悪弊, 弊害: get over *abuses* 悪習をやめる.
(▷形 abúsive)

a·bu·sive [əbjúːsiv] 形 **1** 虐待する,乱暴な,酷使する。 **2** 口ぎたない,毒舌の: use *abusive* language to ... …に悪態をつく. **3** 乱用の,悪用の,誤用の: an *abusive* use of ...'s authority [privileges, power] …の権力[特権]の乱用.
(▷ 動 abúse)

a·bu·sive·ly [~li] 副 乱用して; 口汚く.

a·but [əbʌ́t] 動 (三単現 **a·buts** [əbʌ́ts]; 過去・過分 **a·but·ted** [~id]; 現分 **a·but·ting** [~iŋ]) 《格式》(土地・建物が)[…と]境を接する,隣接する [*on*, *upon*]; [○…に] 接触する,寄りかかる [*on*, *against*]. ━ 他 …に接する,隣接する.

a·bys·mal [əbízməl] 形 どん底の; ひどく悪い.

a·byss [əbís] 名 C 《文語》**1** 深い淵(ふち),底なしの穴. **2** 《比喩》どん底,奈落.

AC, ac 《略語》**1** = *a*lternating *c*urrent 〖電気〗交流 (↔ DC, dc). **2** = *a*ir *c*onditioning 空調.

a/c, A/C 《略語》= *a*ccount.

a·ca·cia [əkéiʃə] 名 (複 **a·ca·cias** [~z], **a·ca·cia**) C〖植〗**1** アカシア(の木). **2** ニセアカシア(の木), ハリエンジュ (locust, false acacia).

‡ac·a·dem·ic [ækədémik] 形 **1** 〖通例,限定用法〗大学の,学校の (◇通例,大学以上の高等教育機関をさす): *academic* background 学歴 / an *academic* degree 学位. **2** 〖通例,限定用法〗学問の,学術的な: *academic* freedom 学問の自由. **3** 学問的な,理論的な; 非現実的な,架空の (↔ practical). **4** 勉強ができる. **5** 一般教養の,一般教育の. ━ C **1** 大学教員. **2** 大学(院)生,学究肌の人.
(▷ 名 acádemy)

◆ académic yéar C 学年度 (school year) 《英米では通例9月から6月まで,オーストラリア・ニュージーランドでは2月から11月まで》.

ac·a·dem·i·cal [ækədémikəl] 形 = ACADEMIC **1** (↑).

ac·a·dem·i·cal·ly [ækədémikəli] 副 **1** 学問的に,理論的に. **2** 現実離れして,非実用的に.

a·cad·e·mi·cian [əkædəmíʃən, ækəd-] 名 C **1** 学士院〖芸術院〗会員. **2** (学者・芸術家など) 学問的〖芸術的〗伝統を尊重する人.

‡a·cad·e·my [əkǽdəmi] 〖プラトンが学校を開いた庭園の名 Akademeia から〗名 (複 **a·cad·e·mies** [~z]) **1** C (特殊な教育をする) 専門学校,学院; (大学以上の) 高等教育機関: the *Academy* of Music 高等音楽院 / a police *academy* 警察学校. **2** C〖通例 the A-〗芸術院,学士院, (芸術家) 協会: the Royal *Academy* 英国王立美術院. **3** C《米・スコット》(私立) 高校.
(▷ 形 acádemic)

◆ Acádemy Awárd C アカデミー賞《米国の Academy of Motion Picture Arts and Sciences (映画芸術科学アカデミー) が映画人に授与する賞;→ OSCAR ²》.

a·can·thus [əkǽnθəs] 名 (複 **a·can·thus·es** [~iz], **a·can·thi** [-θai]) C **1**〖植〗アカンサス,ハアザミ. **2**〖建〗アカンサス (をかたどった) 葉飾り《ギリシャのコリント式円柱の飾り》.

ac·cede [æksíːd, æk-] 動 自《格式》**1** 〖…に〗同意する,〖…を〗承諾する (agree)〖*to*〗. **2** 〖…に〗加入する,〖…の〗一員となる〖*to*〗. **3** 〖地位・職などを〗引き継ぐ,継承する〖*to*〗.
(▷ 名 accéssion)

‡ac·cel·er·ate [æksélərèit, æk-] 動 他 **1**〈車・機械〉を加速する; 〈仕事など〉を急ぐ,速める: *accelerate* a car 車を加速する / *accelerate* building of the bridge 橋の建設を急ぐ. **2** …(の進歩・発展) を助長する,促進する, …に拍車をかける.
━ 自 加速する; 進歩を速める.

ac·cel·er·a·tion [æksèləréiʃən] 名 **1** 加速,促進. **2**〖物理〗加速度.

ac·cel·er·a·tor [æksélərèitər] 名 C **1** (車の) アクセル,加速装置: put one's foot [step] on the *accelerator* アクセルを踏む. **2**〖化〗反応促進剤;〖物理〗粒子加速装置.

‡ac·cent 名 動

━ 名 [ǽksent / -sənt] (☆動 との発音の違いに注意) (複 **ac·cents** [-sents / -sənts]) **1** C U アクセント,強勢: the primary [secondary] *accent* 第1〖第2〗アクセント / In this word the primary *accent* is put [placed] on the second syllable. この単語の第1アクセントは第2音節にある. **2** C アクセント記号 (◇ ´, `など). **3** C なまり: David has a very strong Australian *accent*. デイビッドはオーストラリアなまりが強い / Jose speaks English with a Spanish *accent*. ホセはスペイン語なまりの英語を話す. **4** U 強調,重点 (emphasis): the *accent* in the speech 演説の要点. **5**〖通例~s〗口調,言葉づかい: speak in mild *accents* 穏やかな口調で話す.
━ 動 [æksént] **1** 〈音節・語〉にアクセントを置く,アクセント記号を付ける. **2** …を強調する (◇この意味では accentuate のほうが普通).

ac·cen·tu·ate [əksèntʃuèit] 動 他 **1** …を目立たせる; 強調する: Her sun-tanned face *accentuated* her white teeth. 日焼けした顔が彼女の白い歯を引き立てていた. **2** …を強勢を置いて発音する; アクセント記号を付ける.

ac·cen·tu·a·tion [æksèntʃuéiʃən] 名 **1** U 強調,力説. **2** C アクセント (記号) の付け方.

‡ac·cept [æksépt, ək-]
【基本的意味は「受け入れる」】

━ 動 (三単現 **ac·cepts** [-sépts]; 過去・過分 **ac·cept·ed** [~id]; 現分 **ac·cept·ing** [~iŋ])
━ 他 **1** [accept+O]〈贈り物などを(喜んで)受け取る,〈申し出などを〉受け入れる,受諾する (↔ refuse, reject) (→ 類義語): He *accepted* our gift. 彼は私たちの贈り物を受け取った / She would not *accept* my invitation to dinner. 彼女は食事への招待を受け入れようとしなかった. **2** (a) [accept+O]〈説明・事実などを〉(妥当なもの・真実として)認める,容認する: He *accepted* our decision. 彼は私たちの決定を認めた. (b) [accept+O+as ...]〈説明などを〉…だと認める: I *accepted* her story *as* true. 私は彼女の話が本当だと認めた. (c) [accept+that節]「…である〖する〗ことを認める: He *accepted* that he was responsible. 彼は自分に責任があることを認めた. **3** [accept+O]〈人〉を(一員・仲間として)喜ん

acceptability / accident

で迎え入れる,歓待する;〈入会など〉を認める: Our school *accepts* two exchange students every year. 私たちの学校は毎年交換留学生を2名受け入れる / I was *accepted* as a member of the society. 私はその会の一員として迎え入れられた. **4**〈謝罪・辞任・職務・責任など〉を引き受ける,受け入れる: We *accepted* his apology. 私たちは彼の謝罪を受け入れた. **5**[商]〈手形〉を引き受ける. ― 圓 〈贈り物・申し出などを〉受け入れる. (▷ 名 accéptance; 形 accéptable)

類義語 accept, receive
共通する意味 ▶ 受け入れる (take or get something given or offered)

accept はさし出された物や申し出などを「進んで[積極的に]受け入れる」ことを示すが,「不本意に受け入れる」こともある. **receive** は「単に受動的に受け取る」こと: I *received* an invitation from her, but didn't *accept* it. 私は彼女から招待されたが応じなかった.

---

ac‧cept‧a‧bil‧i‧ty [əksèptəbíləti, æk-] 名 U **1**(新しい思想・製品などが)(快く)受け入れる気持ち,歓迎,歓待. **2** 受容(力,性),許容(度).

*‡**ac‧cept‧a‧ble** [əkséptəbl, æk-] 形 **1** […にとって]受け入れられる,我慢できる [*to*]: *acceptable risk* 許容範囲内の危険(度) / John's behavior at the party wasn't *acceptable* to us. パーティーでのジョンの態度は許しがたかった. **2** […にとって]ありがたい,満足できる;そこそこの [*to*]: *acceptable* working conditions まあまあの労働条件. **3** […に]受け入れ可能な [*to*]: Is this credit card *acceptable*? このクレジットカードは使えますか. (▷ 動 accépt)

ac‧cept‧a‧bly [əkséptəbli] 副 まずまず,無難に,受け入れられる程度に.

*‡**ac‧cept‧ance** [əkséptəns, æk-] 名 **1** UC 受け入れ(の返答),承諾(書)(↔ rejection): gain [find, meet with] wide *acceptance* (法律・思想などが)広く受け入れられる / an *acceptance* speech 大統領候補などの)受諾演説. **2** U 賛成,容認;好評: enjoy [win, gain] *acceptance* 好評を博す. **3** U[商]手形引受. (▷ 動 accépt)

*‡**ac‧cept‧ed** [əkséptid, æk-] 形[限定用法](一般に)受け入れられている,容認された.

‡**ac‧cess** [ǽkses] 名 U **1** […に]近づく手段[方法], […の]利用法,アクセス;[…への]経路 [*to*]: get *access* through the back door 裏口を通って中に入る / The island is difficult [easy] of *access*. その島は近づきにくい[やすい] / This road gives *access to* the lake. この道を行くと湖に出る / This is the only *access to* the aquarium. 水族館へ行くにはこの道しかない. **2** […への](接近・利用の)機会,権利 [*to*]: Children need *access to* books. 子供には本にふれる機会が必要です / The insiders only have [gain] *access to* the library. 部内者だけがその図書室を利用できる. **3**[コンピュータ][コンピュータシステムへの]アクセス [*to*].

― 動 他[コンピュータ]〈システム〉にアクセスする;〈データ〉を取り出す.

■ **gèt** [**gáin**] **áccess to ...** **1** …に近づく. **2** …を利用する.

within éasy [**quíck**] **áccess of ...** …のすぐ近くに.

◆ **áccess pòint** [コンピュータ]アクセスポイント 《インターネット接続用の窓口回線》

áccess ròad C (高速道路・特定の地域などへの)連絡道路.

áccess tìme U[コンピュータ]アクセスタイム《データを出力するのにかかる呼び出し時間》.

*‡**ac‧ces‧si‧ble** [əksésəbl, æk-] 形[通例,叙述用法](↔ inaccessible) **1**(もの・ことが)[…に]手が届く,手に入れやすい;利用しやすい;理解しやすい [*to*]: The data is *accessible to* all students. このデータはすべての学生が利用できる. **2**[場所・人に][…から]行ける [*to / from*];(人が)[…にとって]近づきやすい,つき合いやすい,面会可能な [*to*]: The town is *accessible* only on foot *from* here. ここからその町へは徒歩でしか行けない.

ac‧ces‧si‧bil‧i‧ty [əksèsəbíləti, æk-] 名 U 近づきやすさ;入手[理解]しやすいこと.

ac‧ces‧sion [əkséʃən, æk-] 名 **1** U[地位・権利・権力などの]継承,就任;[…への]即位 [*to*]. **2** UC […への]同意,承認;加盟 [*to*]. **3** UC (博物館・図書館などの)新規収蔵品[図書].

*‡**ac‧ces‧so‧ry** [əksésəri, æk-] 名(複 **ac‧ces‧so‧ries** [~z]) **1**[通例,複数形で](機械・家具などの)付属品,付属物. **2**[通例,複数形で]装飾品,アクセサリー《◇帽子・かばんなどの小物類を含む》. **3**[法][犯罪の]従犯者,幇助者,(主犯でない)共犯者(↔ principal) [*to*]《◇《英》では accessary とつづることが多い》: an *accessory to* robbery 強盗従犯 / an *accessory* after [before] the fact 事後[事前]共犯者《犯行に直接参加はしないが,事前に計画したり,事後に犯行を隠す手伝いをする人》.

― 形 **1** 付属の,補助的な. **2**[法][犯罪の]従犯の,共犯の [*to*]《◇《英》では通例 accessary》.

[ǽksidənt]
***ac‧ci‧dent**

【基本的意味は「偶然の出来事 (something that happens by chance)」】

― 名(複 **ac‧ci‧dents** [-dənts]) **1** C 事故,災難: a serious [slight] *accident* 重大な[軽い]事故 / Many people were killed or injured in the traffic *accident*. その交通事故で多くの人が死傷した / *Accidents* will happen.《ことわざ》事故は起こるもの《◇災難やちょっとしたミスで責任を感じている人を慰める場合に用いる》.

▶ コロケーション 事故を [に]
- 事故にあう: **have** [**meet with**] **an accident**
- 事故を引き起こす: **cause an accident**
- 事故を防ぐ: **prevent accidents**

2 UC 偶然(の出来事)、思いがけない出来事(→ EVENT 類義語): My finding his lost key was a pure *accident*. 彼がなくしたかぎを私が見つけたのはまったくの偶然であった.

■ **by áccident** 偶然に (by chance, accidentally): I caught sight of my son (quite) *by accident*. (まったく)偶然息子の姿を見かけた.

by áccident of ... (偶然の)…のため,…の巡り合わ

accidental 11 **accomplish**

without áccident 無事に. (▷形 àccidéntal)

*ac·ci·den·tal [æ̀ksidéntəl] 形 1 偶然の、たまたまの (↔ intentional, deliberate): an *accidental* death 不慮の死. 2 本質的でない、付随的な (↔ essential).
—名 C 〖音楽〗臨時記号 (◇ ♯ (シャープ), ♭ (フラット), ♮ (ナチュラル) など). (▷名 áccident)

ac·ci·den·tal·ly [æ̀ksidéntəli] 副 偶然に、たまたま、誤って: *accidentally* on purpose 《こっけい》偶然わざと.

ác·ci·dent-pròne 形 (人が) 事故にあいやすいたちの、事故を起こしがちな.

ac·claim [əkléim] 動 他 《格式》 1 [acclaim + O] …を大声で称賛する、歓呼して迎える (praise); [acclaim+O+C]〈人を〉…として絶賛する: The audience *acclaimed* the prize winner. 観客は拍手かっさいして受賞者を迎えた / The people *acclaimed* him hero. 人々は彼を英雄としてほめたたえた. 2 [しばしば受け身で]…(のよさ・偉大さなど) を […であると] 公言する、ほめたたえる [as]: The computer *is* highly [widely] *acclaimed as* one of the best inventions of the 20th century. コンピュータは20世紀最高の発明の1つと高く [広く] たたえられている.
—名 U 称賛、拍手かっさい、歓呼 (の声): with *acclaim* 称賛して、歓呼して.

ac·cla·ma·tion [æ̀kləméiʃən] 名 《格式》
1 U (承認・賛成の意を表す) 拍手; 発声投票.
2 U [通例~s] 声援、歓呼.

ac·cli·mate [ǽkləmèit] 動 他 《米》〈生物を〉〈気候・環境に〉適応 [順応] させる [to] (◇語幹は climate (気候)): *acclimate* oneself *to* cold weather = become *acclimated to* cold weather 寒さに慣れる.
—自 〈新しい環境・気候に〉慣れる、順応する [to].

ac·cli·ma·tion [æ̀kləméiʃən] 名 U 順応、順化.

ac·cli·ma·tize [əkláimətàiz] 動 = ACCLIMATE (↑).

ac·cli·ma·ti·za·tion [əklàimətəzéiʃən / -tai-] 名 = ACCLIMATION (↑).

ac·co·lade [ǽkəlèid] 名 C 1 爵位授与 (儀式) 《国王が、爵位を授与する者の肩を剣で軽くたたく儀式》. 2 [通例~s] 称賛; 承認.

*ac·com·mo·date [əkámədèit / əkɔ́m-] 動 他 1 [accommodate+O]〈人・施設が〉〈…人分の〉収容能力 [施設] がある: This motel can *accommodate* thirty guests. このモーテルには30人泊まれる. 2 [accommodate+O+ to ...]〜を…に適応させる、合わせる: I *accommodated* my schedule *to* hers. 私はスケジュールを彼女に合わせた. 3〈人〉に便宜をはかる [必要なものを] 融通する [with]: Mr. Sato *accommodated* me *with* one million yen. 佐藤さんが私に100万円を用立ててくれた. 4〈争いなど〉を和解させる、収める.
—自 [環境などに] 順応する [to]: My son hasn't *accommodated to* his new school. 息子は新しい学校になかなか慣れない.
■ *accómmodate onesélf to* ... …に順応する.

ac·com·mo·dat·ing [əkámədèitiŋ / əkɔ́m-] 形 親切な、好意的な、気軽に面倒を見てくれる: The clerk was very *accommodating* to me. その事務員は私にとても親切にしてくれた.

*ac·com·mo·da·tion [əkàməméiʃən / əkɔ̀m-] 名 1 U 〖米〗 通例~s] 宿泊設備 (ホテルなどの) 収容能力、収容スペース: This hotel has *accommodations* for 1,500 guests. このホテルは1,500人が泊まれる. 2 U C (意見などの) 一致、妥協、調整: reach [come to] an *accommodation* 妥協する、意見が一致する. 3 U C 便利なもの (こと); 融通、融資.

*ac·com·pa·ni·ment [əkʌ́mpənimənt] 名
1 C […の] 付属物、添え物 [to, for]: Shredded cabbage is the best *accompaniment to* breaded pork. 千切りキャベツはとんかつの付け合わせとして最高です. 2 C U 〖音楽〗 伴奏 (部): piano *accompaniment* ピアノ伴奏 / sing to [with] the *accompaniment* of orchestra オーケストラの伴奏で歌う. (▷動 accómpany)

ac·com·pa·nist [əkʌ́mpənist] 名 C 〖音楽〗(楽器の) 伴奏者.

***ac·com·pa·ny** [əkʌ́mpəni]
[基本的意味は「…と一緒に行く (go with someone)」]
—動 (三単現 **ac·com·pa·nies** [〜z]; 過去・過分 **ac·com·pa·nied** [〜d]; 現分 **ac·com·pa·ny·ing** [〜iŋ])
—他 1 [accompany+O]…と一緒に行く、同行する: Will you *accompany* her to the bank? 銀行まで彼女に付きそってくれませんか / The president was *accompanied* by two ministers. 大統領には2人の大臣が同行した.
2 [accompany+O][しばしば受け身で] (現象などが) …に伴う、…を併発する: The earthquake *was accompanied* by a tsunami. その地震の影響で津波が起きた / Flu *is* sometimes *accompanied* by pneumonia. インフルエンザは時に肺炎を併発することがある.
3 [accompany+O+with...]〜に…を伴わせる; 〜に…をそえる [付ける]: an *accompanying* leaflet 同封のリーフレット / Mr. Kuroda *accompanied* his explanation *with* gestures. 黒田氏は身ぶり手ぶりを交えて説明した.
4 [accompany+O] 〖音楽〗〖楽器で〗…の伴奏をする [on, at]: *accompany* oneself *on* the guitar ギターを弾きながら歌う / *accompany* the chorus *on* [at] the piano 合唱のピアノ伴奏をする.

ac·com·plice [əkámpləs, əkʌ́m- / əkʌ́m-, əkɔ́m-] 名 C 共犯者 (cf. complicity 共犯).

***ac·com·plish** [əkámpliʃ / əkɔ́m-]
—動 (三単現 **ac·com·plish·es** [〜iz]; 過去・過分 **ac·com·plished** [〜t]; 現分 **ac·com·plish·ing** [〜iŋ]) 他〈仕事・目標など〉を (苦労の末) 成し遂げる、やり遂げる (→ ACHIEVE 類義語): *accomplish* one's aims 自分の目標を達成する / They *accomplished* the construction of the bridge in two years. 2年でその橋は完成した.

accomplished / account

*ac・com・plished [əkámpliʃt, əkǽm-/əkǽm-, əkɔ́m-] 形 1 [...に]才能豊かな、熟練した[at, in]: an *accomplished* violinist 名バイオリニスト. 2 既成の、確定した: an *accomplished* fact 既成事実. 3 [C]社交上の]ある.

*ac・com・plish・ment [əkámpliʃmənt, əkǽm-/əkǽm-, əkɔ́m-] 名 1 [U]完成、達成、成就: the *accomplishment* of ...'s aims 目標達成. 2 [C][...の]業績、功績、成果[in]: a remarkable *accomplishment* in plastic technology プラスチック技術上の注目すべき業績. 3 [C][しばしば~s]才能; 教養、たしなみ.

‡ac・cord [əkɔ́ːrd] 動 [...と]一致する、調和する(agree) [with]: His words don't *accord* with his actions. 彼は言行が一致しない男だ.
— 他 《格式》〈人〉に...を許す、与える: They *accorded* some students scholarships. = They *accorded* scholarships to some students. 彼らは何人かの学生に奨学金を与えた.
— 名 1 [U](意見などの)一致、調和. 2 [C][国家・会社などの](相互)協定[with]: a trade *accord* with Russia ロシアとの貿易協定 / The two countries reached [came to] an *accord* on peace. 両国は平和の合意に達した. 3 [C][U][音楽]和音 (↔ discord); (色の)一致.
■ **in [out of] accórd (with ...)** (...と)一致して[しないで]、調和して[しずに]: City life is in [out of] *accord* with my way of living. 都会の生活は私のライフスタイルに合う[合わない].
of one's ówn accórd 進んで、喜んで: My sister takes part in charities *of her own accord*. 妹は進んで慈善活動に参加している.
with óne accórd 《格式》一斉に; 満場一致で、全会一致で. (▷ 名 accordance)

‡ac・cord・ance [əkɔ́ːrdəns] 名 [U]《格式》一致、調和.[主に次の成句で]
■ **in accórdance with ...** ...に一致して、従って: *in accordance* with the old customs [rules] 古い慣習[規則]にのっとって. (▷ 動 accord)

‡ac・cord・ing [əkɔ́ːrdiŋ] 副 [次の成句で]
■ ***accórding as ...*** [節を伴って]《英・格式》...に従って、...に応じて: You will be rewarded *according as* you work hard or not. 一生懸命に働くかどうかによってあなたの報酬は決まる.
accórding to ... 1 [通例、文頭で]〈予報・ニュース・発言など〉によれば: *According to* the weather forecast, it will rain hard this evening. 天気予報によれば、今夜は大雨です / *According to* Tom, Mr. Smith is a good teacher. トムによれば、スミス先生はよい先生だそうです.
[語法] (1)主に第三者から得た情報について言う表現なので、me, you, us と共には用いない。その場合は in my [your, our] opinion などと言う.
(2) view, opinion などと共には用いない。その場合は ...'s view [opinion] などと言う.
2 ...に従って、応じて: The children were grouped *according to* height. 子供たちは身長によってグループ分けされた / Everything went *according to* plan. すべてが計画通りに進んだ.

*ac・cord・ing・ly [əkɔ́ːrdiŋli] 副 1 [前文に呼応して; 動詞のあとに用いて]それに応じて、それ相応に: Tell me what you want me to do, and I will act *accordingly*. どうしてもらいたいか言ってくれれば、私はその通りに行動するよ. 2 [前文を受けて、接続詞的に]だから、したがって (therefore): I missed a train, and *accordingly* I had to wait for the next one. 私は列車に乗り遅れ、次の列車を待たなくてはならなかった.

ac・cor・di・on [əkɔ́ːrdiən] 名 [C][楽器]アコーディオン.

ac・cost [əkɔ́ːst / əkɔ́st] 動 他〈知らない人〉に大胆に[なれなれしく]話しかける.

***ac・count [əkáunt] 名 動
【「ac (...に)+count (計算して入れる)」から】
— 名 (複 **ac・counts** [əkáunts]) 1 [C]説明; 報告、記事: He gave an *account* of what he had done. 彼は自分のしたことを説明した / an unbelievable newspaper *account* 信用しがたい新聞記事.
2 [C](銀行などの)預金口座; 預金残高 《略語》 a/c, A/C): I have an *account* with this bank. 私はこの銀行に口座を持っている.
[コロケーション] 口座を[に、から]...
口座から金を下ろす: *withdraw [draw] money from one's account*
口座に金を振り込む: *pay money into one's account*
口座を閉じる: *close an account*
口座を開く: *open an account*
3 [C](顧客などの)つけ、信用取引(《米》charge account, 《英》credit account).
4 [C](金銭の)計算(書)、勘定(書き)、請求書: send an *account* 請求書を送る / keep household *accounts* 家計簿をつける / The *accounts* show that business is getting better. 決算書は商売がよくなっていることを示している.
5 [U]考慮、配慮; 評価、価値; 重要性: They hold him in great [small, no] *account*. 彼らは彼を重視[軽視, 無視]している. 6 [U]理由、根拠: on this [that] *account* この[その]ために、だからといって. 7 [C]顧客、得意先. 8 [C][コンピュータ]アカウント《ネットワークの情報サービスの使用権》.
■ **by [from] áll accóunts** だれに聞いても、皆の話では: *By all accounts* he was an honest man. だれに聞いても彼は正直な男だった.
càll [brìng] ... to accóunt 《格式》...に(公に)[...の]説明を求める、責任を問う; [...のことで]...を責める[for]: He *called* her *to account for* her failure. 彼は彼女に失敗した理由の説明を求めた.
give a góod [póor] accóunt of oneself 《格式》立派に行う[失敗する].
léave ... òut of accóunt ...を考慮しない、無視する.
of nó [líttle] accóunt 《格式》取るに足らない[あまり重要でない].
of sóme accóunt 《格式》かなり重要な.
on accóunt 内金として; (即金でなく)つけで.
on accóunt of ... ...のために、...の理由で: We

put off our departure *on account of* rain. 私たちは雨のために出発を延期した.
on áll accòunts ぜひとも; いずれにせよ.
on nó accòunt = nót on ány accòunt 決して〔どんな理由があっても〕…ない: *On no account* must you swim in this pond. = Do*n't* swim in this pond *on any account*. 決してこの池で泳いではいけない.
on one's ówn accòunt **1** 自分(の利益)のために. **2** 自分の責任[判断]で. **3** 独力で, 自己資金で.
on ...'s accóunt **1** …のつけで. **2** …のために(特別に): Please don't wait *on my account*. 私のためにお待ちにならないでください.
páy [séttle] an [one's] accóunt 〔…との〕勘定を清算する〔*with*〕.
pùt [tùrn] ... to góod accóunt 《格式》…を活用する, 利用する: She *put* her linguistic ability *to good account*. 彼女は語学の才能を生かした.
tàke accóunt of ... = tàke ... ìnto accóunt (判断の際に)…を考慮に入れる: We must *take account of* his illness. = We must *take* his illness *into account*. 私たちは彼の病気を考慮に入れないといけない.
tàke nó accóunt of ... …を無視する, 考慮しない.
— 動 他 [account + O + C]《格式》…を〜と見なす, 考える: I *accounted* him rich. 私は彼が金持ちだと思った.
■ ***accóunt for ...*** **1** …の理由を(十分に)説明する; …の説明となる, …の原因となる: He *accounted for* his behavior. 彼は自分の行動を説明した / This will *account for* his failure. これで彼が失敗したわけに納得がいく / There's no *accounting for* tastes. 《ことわざ》人の好みは一概に説明できない ⇨ たで食う虫も好き好き. **2** 〈金銭の出納〉を詳細に報告する: You must *account* to your boss *for* all the money you spent. 君は自分が使ったすべてのお金について上司に詳しく報告しなくてはならない. **3** …の割合を占める, 〈…%など〉にあたる: The rent *accounts for* a third of his salary. 彼の給料の3分の1を家賃が占めている. **4** (事故などのあと)…の所在がわかる.

ac·count·a·bil·i·ty [əkàuntəbíləti] 名 U 責任(のあること); (行政・企業などの) 説明責任 (cf. responsibility (一般の) 責任).

ac·count·a·ble [əkáuntəbl] 形 [叙述用法] **1** 〔人に / 説明の〕責任[義務]がある (responsible) 〔*to* / *for*〕: You are *accountable to* me *for* being late. あなたは私に遅刻の理由を言わなければならない. **2** 〈行為などが〉説明できる, もっともな.

ac·count·an·cy [əkáuntənsi] 名 U 経理, 会計業務.

*__ac·count·ant__ [əkáuntənt] 名 C 会計士, 出納(すいとう)係: a certified public *accountant* 《米》公認会計士 (《略語》CPA) (《英》a chartered *accountant*).

ac·count·ing [əkáuntiŋ] 名 U **1** 経理, 会計. **2** 会計学.

ac·cou·ter·ment, 《英》 **ac·cou·tre·ment** [əkúːtərmənt] 名 [〜s; 複数扱い]《格式・こっけい》装身具, 身の回り品, 用具.

ac·cred·it [əkrédit] 動 他 [通例, 受け身で] **1** 〔…に関して〕…(の功績など)を公に認める〔*with*〕; 〔人のしわざと〕見なす〔*to*〕: The biologist *was accredited with* the discovery of the virus. その生物学者はそのウイルスを発見したことを公式に認められた / This painting *is accredited to* Rembrandt. この絵はレンブラントの作とされている. **2** (大使・使節などに)…を指名する (appoint), 〔…へ〕…を派遣する〔*to*〕. **3** 〔…に関して〕〈人・学校など〉を認定する; …(の品質)を保証する (authorize) 〔*to, with*〕.

ac·cred·it·ed [əkréditid] 形 (学校などが) 認可された; (製品が) 品質を保証された: an *accredited* school 認可校 / *accredited* products 品質保証製品.

ac·cre·tion [əkríːʃən] 名 **1** U (付加・堆積(たいせき)などによる) 増大, 成長. **2** C 増大したもの.

ac·crue [əkrúː] 動 自 (利益・力などが) 増える, (利息などが) 次第につく.

acct. 《略語》= *account*; *accountant* (↑).

*__ac·cu·mu·late__ [əkjúːmjəlèit] 動 他 …を蓄積する, 蓄える: *accumulate* a fortune 財産を築く.
— 自 たまる, 積もる: Leaves had *accumulated* on the ground. 木の葉が地面に積もっていた.

ac·cu·mu·la·tion [əkjùːmjəléiʃən] 名 U C 蓄積, 堆積(たいせき); 蓄積[堆積]物: an *accumulation* of dioxin ダイオキシンの蓄積.

ac·cu·mu·la·tive [əkjúːmjəlèitiv / -lətiv] 形 蓄積する, たまる, 累積の.

ac·cu·mu·la·tor [əkjúːmjəlèitər] 名 C **1** 【コンピュータ】累算器, アキュムレータ. **2** 蓄財家, (ものを) 蓄える人[装置]. **3** 《主に英》【電気】蓄電池 (storage battery).

*__ac·cu·ra·cy__ [ǽkjərəsi] 名 U 正確さ, 精密さ, 的確さ (↔ inaccuracy): with *accuracy* 正確に (accurately). (▷ 形 áccurate)

**__ac·cu·rate__ [ǽkjərət] 形 (情報・把握などが)〔…の点で〕正確な (correct) (↔ inaccurate); (計器などが) 間違いのない, 精密な〔*in, at*〕(→ RIGHT[1] 類義語): an *accurate* scale 正確な秤(はかり) / My brother is *accurate in* [*at*] calculating. 私の兄は計算が正確です / The plans for the space station had to be *accurate* to within half a millimeter. 宇宙ステーションの設計図では, 0.5ミリ以内の正確さが必要とされた.
■ ***to be áccurate*** 正確[厳密]に言うと.
(▷ 名 áccuracy)

**__ac·cu·rate·ly__ [ǽkjərətli] 副 正確に, 精密に.

ac·curs·ed [əkə́ːrsid, -kə́ːst] 形 [通例, 限定用法]《口語》ひどい; 《文語》のろわれた.

*__ac·cu·sa·tion__ [æ̀kjuzéiʃən] 名 **1** 【法】U 起訴, 告発; C 罪名, 告発理由. **2** C U 非難, 責め.
■ ***brìng [màke, lày] an accusátion (of ...) agàinst ～*** 〜を(…の罪で) 告発する.
ùnder an accusátion (of ...) (…の罪で) 非難されて, 告発されて.

ac·cu·sa·tive [əkjúːzətiv] 形 【文法】対格の: *accusative* case 対格《直接目的語となる格》.
— 名 U 【文法】対格 (cf. dative 与格).

accuse

‡**ac·cuse** [əkjúːz] 動 他 **1** (a) [accuse + O]〈人〉を訴える, 告発する. (b) [accuse + O of ...]〈人〉を…で訴える, 告発 [告訴] する: The salesman was *accused of* fraud. そのセールスマンは詐欺罪で訴えられた. **2** (a) [accuse + O]〈人〉を非難する. (b) [accuse + O of ...]〈人〉を…について非難する, 責める: His teacher *accused* him *of* laziness [for being lazy]. 先生は彼を怠け者だと責めた.

ac·cused [əkjúːzd] 形 **1** 告発された; 非難された. **2** [法] [the ~; 名詞的に; 単数・複数扱い] (刑事事件の) 被告人(たち) (↔ accuser).

ac·cus·er [əkjúːzər] 名 C [法] 原告, 訴追者 (↔ the accused); 非難する人.

ac·cus·ing [əkjúːzɪŋ] 形 非難がましい, 問い詰めるような.

ac·cus·ing·ly [əkjúːzɪŋli] 副 非難するように, 問い詰めるように.

‡**ac·cus·tom** [əkʌ́stəm] 動 他〈人・動物〉を […に / …するのに〉慣らす [to / to doing]: *accustom* one's eyes *to* the darkness in the room 部屋の暗さに目を慣らす. (▷ 名 cústom)
■ *accústom onesèlf to ...*〈格式〉…に慣れる: Have you *accustomed yourself to* the new job? 新しい仕事にはもう慣れましたか.

*ac·cus·tomed** [əkʌ́stəmd] 形 **1** [叙述用法] […に] 慣れた, 慣れている (used) [to] (→成句 be accustomed to). **2** [比較なし; 限定用法] 〈格式〉いつもの, 習慣的な (usual): He has a drink at his *accustomed* bar every Friday. 彼は毎週金曜日, いつものバーで一杯やる.
■ *be accústomed to ...*…に慣れている (◇ to のあとは通例, 名詞・動名詞が来る. be used to ... より堅い表現): Bob *is accustomed to* staying up late at night. ボブは夜更かしには慣れている.
gèt [*becòme, gró̌w*] *accústomed to ...*…に慣れる: You will soon *get accustomed to* the humid climate here. あなたはすぐにここの土地の湿っぽい気候に慣れるだろう.

*ace** [éis] 名 C **1** (トランプの)1の札, 1; 切り札: the *ace* of diamonds [hearts] ダイヤ [ハート] の 1 (◇さいころ・ドミノなどの「1 (の目)」も ace と言う). **2** (技能などが) 抜きんでた人, 名手: Jim is an *ace* at fishing. ジムは釣りの名手です. **3** [球技] (相手が返せないような) 鋭い打球, エース: a service *ace* サービスエース. **4** [形容詞的に] 最高の, 優秀な: an *ace* pitcher エース (投手) / an *ace* pilot 優秀なパイロット. **5** [ゴルフ] ホールインワン.
■ *be* [*còme*] *withìn an áce of ...* [*doing*]…しそうになる, もう少しで…するところだ: I was *within an ace of* being injured. 私はあやうくけがをするところだった.
hàve an áce ùp one's sléěve =〈米口語〉*hàve an áce in the hóle* 切り札を取っておく.
plày one's áce 奥の手を使う, 最善の方策をとる.
plày one's áce wéll 駆け引きがうまい.

a·cer·bic [əsə́ːrbɪk] 形 (言葉・態度が) 辛らつな.
a·cer·bi·ty [əsə́ːrbəti] 名 (*pl*. **a·cer·bi·ties** [~z]) 〈格式〉 **1** U 辛らつさ, 鋭さ; C 辛らつな言葉 [態度]. **2** U 酸味, 苦味, 渋さ.

ac·er·o·la [æ̀sərółlə] 名 C [植] アセロラ《バルバドスザクラの実で, ビタミン C を多く含む果実》.
ac·e·tate [ǽsətèɪt] 名 U [化] 酢酸塩. **2** = ácetate fiber アセテート《化学繊維の一種》.
a·ce·tic [əsíːtɪk] 形 酢の, すっぱい.
◆ acétic ácid U [化] 酢酸.
ac·et·y·lene [əsétəlìːn, -lɪn] 名 U [化] アセチレン《◇切断・溶接などに用いるガス》.

‡**ache** [éɪk] 動 自 **1** (体の一部が継続的に) 痛む, うずく: My head often *aches*. 私はよく頭痛がする. **2** […に] 同情する, 心を痛める [for]: I *ache for* your failure in business. あなたの事業の失敗には同情します. **3** 〈口語〉 […を] 切望する [for]; [ache + to do]…したいと思う: The child *ached for* affection. その子は愛情に飢えていた / My wife is *aching to* go abroad. 妻はしきりに外国へ行きたがっている.
— 名 C **1** (継続的な, 鈍い) 痛み, うずき (→ PAIN) [類義語]: I have an *ache* in my knees. ひざが痛い [うずく]. ([関連語]) headache 頭痛 / stomachache 腹痛 / toothache 歯痛) **2** 渇望, 切望.
■ *áches and páins* 体じゅうの痛み. (▷ 形 áchy)

Ach·er·on [ǽkərɑ̀n, -ərən, -rɑ̀n] 名 **1** 固 [ギ神・ロ神] アケロン川《黄泉(よみ)の国 (Hades) を流れる川》. **2** U 地獄; 霊界, 黄泉の国 (Hades).

a·chiev·a·ble [ətʃíːvəbl] 形 達成 [成就] できる.

‡**a·chieve** [ətʃíːv]
【基本的意味は「成し遂げる」】
— 動 (三単現 **a·chieves** [~z]; 過去・過分 **a·chieved** [~d]; 現分 **a·chiev·ing** [~ɪŋ])
— 他 **1** …を成し遂げる, (努力して) 達成する (→ [類義語]): Bob *achieved* his sales targets after hardships of several months. ボブは数か月の辛苦の末, 売上目標を達成した.
2 (努力して)〈名声・成功など〉を得る, 勝ち取る: *achieve* fame [peace of mind] 名声 [心の安らぎ] を得る / *achieve* success 成功を収める.
(▷ 名 achievement)

[類義語] **achieve, attain, accomplish**
共通する意味▶成し遂げる (do a task successfully; reach a planned goal)
achieve は「たゆまぬ努力によって障害を乗り越え成し遂げる」こと, また「意義や価値のある偉大なことを成し遂げる」の意: *achieve* a permanent peace 恒久平和を達成する. **attain** は熱意や野心によって「望みや高い目標を達成する」の意: He *attained* his goal. 彼は目標を達成した. **accomplish** は「忍耐強く使命・計画を完遂する」の意: *accomplish* a difficult task 難しい仕事を成し遂げる.

‡**a·chieve·ment** [ətʃíːvmənt] 名 **1** U 達成, 成功, 成就: the *achievement* of ...'s goal …の目標の達成 / a sense of *achievement* 達成感.
2 C 業績, 功績, 成果; 学業成績: the *achievements* of the government 政府の業績.
◆ achíevement tèst C 学力検査, アチーブメントテスト《学習到達度をみる試験》.

A·chil·les [əkíliːz] 名 固 [ギ神] アキレス《ホメロス

Achilles

作の『イリアッド』(*Iliad*) に登場するトロイ戦争の英雄. 唯一の弱点であるかかとを矢で射られて戦死した).
◆ Achílles(') héel □[an~ / one's ~] 唯一の弱点 [欠点],「アキレスのかかと」《特に破滅につながりかねない ものをいう》.
Achílles' téndon C【解剖】アキレス腱(けん).

a·choo [ətʃúː] 間《米》= AHCHOO はくしょん.

ach·ro·mat·ic [ækrəmǽtik] 形【光】無色の, 色消しの: an *achromatic* lens 色消しレンズ.

ach·y [éiki] 形 (比較 **ach·i·er** [~ər]; 最上 **ach·i·est** [~ist]) 痛みのある. (▷ 名 áche)

‡**ac·id** [ǽsid] 形 **1** 酸味のある, すっぱい (sour): *acid* fruit すっぱい果物. **2**【化】酸(性)の (↔ alkaline). **3** (皮肉などが) 手厳しい; 気難しい: an *acid* remark 手厳しい意見.
— 名 **1** UC【化】酸 (↔ alkali): carbonic [nitric] *acid* 炭酸 [硝酸]. **2** UC すっぱいもの; 酸味. **3** U《俗語》= LSD.
◆ ácid ráin U 酸性雨《大気汚染によって生じる高濃度の酸を含む雨》.
ácid tést [単数形で] 吟味; 試練, 試金石.

a·cid·i·fy [əsídifài] 動 (三単現 **a·cid·i·fies** [~z]; 過去・過分 **a·cid·i·fied** [~d]; 現分 **a·cid·i·fy·ing** [~iŋ]) 他 …をすっぱくする, 酸性にする.
— 自 すっぱくなる, 酸性になる.

a·cid·i·ty [əsídəti] 名 U **1**【化】酸性(度) (↔ alkalinity). **2** 酸味. **3** 辛らつさ.

‡**ac·knowl·edge** [əknάlidʒ, æk- / -nɔ́l-] 動 他 **1** …を (本当だと, 事実と) 認める, 自認する (→ ADMIT 類義語): The president *acknowledged* bankruptcy of the company. 社長は会社の倒産を認めた / He *acknowledged* it to be true. = He *acknowledged* that it was true. 彼はそれが本当であると認めた. **2** [通例, 受け身で] …を [であると] 認める [as, to be]: Mary is *acknowledged* [to be] the best pianist. メアリーは一番ピアノがうまいと認められている. **3** …に礼を言う, 感謝の意を表す: *acknowledge* …'s kindness [help, favor] …の親切 [手助け, 好意] に感謝する. **4** 〈手紙・お金など〉の受領を認める, 受け取ったことを知らせる: She *acknowledged* the receipt of the letter. 彼女は手紙を受け取ったことを知らせた. **5**【法】…の有効性を是認する, 請求(権)を認める. **6** 〈人やあいさつなど〉に気づいて返事 [反応] をする: I waved to Yumi, but she didn't *acknowledge* me. 由美に手を振ったが気づかなかった.

*****ac·knowl·edg(e)·ment** [əknάlidʒmənt, æk- / -nɔ́l-] 名 **1** U (事実などの) 是認, 承認. **2** (a) UC […に対する] 感謝 (のしるし), お礼 (の品) [of]: This is a small *acknowledg(e)ment* of your help. これはあなたのご援助に対するささやかなお礼のしるしです. (b) [通例 ~s] 謝辞 (◇本の巻頭または巻末で, 著者から協力者への). **3** C […の] 受領通知, 受け取り (の手紙) [of]; 礼状.
■ *in acknówledg(e)ment of* … **1** … (の功績) にこたえて [を認めて]; …のお礼に: I'd like to give you this watch *in acknowledg(e)ment of* your kindness. ご親切のお礼にこの時計をさし上げましょう. **2** …に気づいて.

ac·me [ǽkmi] 名 C [通例 the ~]《格式》絶頂, 頂点 (summit): the *acme* of beauty 美の極致.

ac·ne [ǽkni] 名 U にきび (cf. pimple 吹き出物).

ac·o·lyte [ǽkəlàit] 名 C **1** [カトリック] 侍者《ミサなどの祭壇奉仕者》. **2**《格式》助手, 信奉者.

ac·o·nite [ǽkənàit] 名 **1** C【植】トリカブト《毒草》. **2** U【薬】アコニット《トリカブトの根から作る鎮痛剤》.

a·corn [éikɔːrn] 名 C オーク (oak) の実, ドングリ: an *acorn* cup (おわん形の) ドングリのへた.

a·cous·tic [əkúːstik], **a·cous·ti·cal** [-kəl] 形 [通例, 限定用法] **1** 聴覚の; 音響 (学) の: *acoustic* education 音感教育. **2** (楽器が) 自然音の, エレキでない, 生(き)の: an *acoustic* guitar アコースティックギター《アンプを使わない生ギター; ↔ electric guitar》.

a·cous·ti·cal·ly [-kəli] 副 音響学上.

a·cous·tics [əkúːstiks] 名 U **1** [単数扱い] 音響学. **2** [複数扱い] (劇場などの) 音響効果.

*****ac·quaint** [əkwéint] 動 他《格式》**1** 〈人〉を […と] 知り合いにさせる; 〈人〉に […に] 熟知させる, […についての] 知識を与える [*with*] (→成句 *be acquainted with …*): I tried to *acquaint* Betty *with* Japanese traditional customs. 私はベティーに日本の伝統的習慣を知ってもらおうとした.
2 〈人〉に […を] 知らせる, 連絡する (inform) [*with*]: The police *acquainted* Robert's mother *with* the news of his death. 警察はロバートが死んだという知らせを彼の母親に伝えた.
■ *acquáint onesélf with* … …をよく知る, …に精通する: The nurse hasn't yet *acquainted herself with* the disease. 看護師はその病気のことがまだよくわかっていなかった.
be acquáinted with … …を知っている; …を熟知している: I am *acquainted with* Ms. Eliot. 私はエリオットさんと知り合いです.
gèt [*becòme*] *acquáinted with* … …と知り合いになる; …がわかる: Through that lesson I *got* [*became*] well *acquainted with* the use of computers. その講習によってコンピュータの使い方がよくわかるようになった. (▷ 名 acquáintance)

‡**ac·quaint·ance** [əkwéintəns] 名 **1** C 知人, 知り合い (→ FRIEND 類義語): I have few *acquaintances* in this city. 私はこの町にほとんど知り合いがいない. **2** U [または an ~]《格式》(人との) (浅い) 交友関係, 面識; […についての] (少々の) 知識, 心得 [*with*]: begin [drop, cut] *acquaintance with* … …と交際を始める [やめる] / Susan has some *acquaintance with* the tea ceremony. スーザンは茶道のことを多少知っている.
■ *hàve a nódding* [*bówing*] *acquáintance with* … 〈人〉とは会えば会釈する程度の知り合いである; 〈人・物事〉を少し知っている.
màke …'s acquáintance = *màke the acquáintance of* … …と知り合いになる: I am glad to *make your acquaintance*. 私はあなたと知り合いになれてうれしいです.
on fúrther [*clóser*] *acquáintance* さらによく知ると; 知り合いになると. (▷ 動 acquáint)

ac·quaint·ance·ship [əkwéintənsʃip] 名 U

[または an ～]《格式》 **1** […との](浅い)知人関係, 面識[*with*]. **2** […についての](わずかな)知識, 心得[*with*].

ac·qui·esce [ækwiés]《☆発音に注意》**動 自**《格式》[…に](やむをえず)同意する,〔…を〕(しぶしぶ)受け入れる[*in*].

ac·qui·es·cence [ækwiésəns] **名 U**《格式》同意すること, 黙従.

ac·qui·es·cent [ækwiésənt] **形** 従順な, 黙って従う.

‡ac·quire [əkwáiər]【基本的意味は「努力して得る (get by one's own efforts)」】
— **動**(三単現 **ac·quires** [～z]; 過去・過分 **ac·quired** [～d]; 現分 **ac·quir·ing** [əkwáiəriŋ])
— **他 1**(努力して)〈技術・知識など〉を<u>習得する</u>, 身につける;〈評判など〉を得る(→ GET <u>類義語</u>): You will *acquire* polite manners through the tea ceremony. 茶道で品のある作法が身につきますよ / He has *acquired* a reputation as a skilled carpenter. 彼は腕のいい大工と評判である.

2《格式》〈財産・品物など〉を手に入れる, 取得する: Bill *acquired* the land from his uncle. ビルはおじさんから土地を譲ってもらった / At last I *acquired* the book which I had been looking for. 私はずっと探していた本をついに手に入れた.
(▷ **名** àcquisition; **形** acquísitive)

ac·quired [əkwáiərd] **形** 獲得した, 身につけた; 後天的な(↔ innate): an *acquired* taste (たばこ・酒など)習慣で覚えた嗜好(ʃ̇́); / *acquired* immune deficiency [immunodeficiency] syndrome 後天性免疫不全症候群, エイズ(AIDS).

‡ac·qui·si·tion [ækwizíʃən] **名 1 U** 獲得, 習得, 手に入れること. **2 C** 手に入れたもの[人], 入手物, 購入物(◇主に有益なものをいう): This painting is the museum's recent *acquisition*. この絵は美術館が最近購入したものです. **3 C U** (会社などの)買収.
(▷ **動** acquíre)

ac·quis·i·tive [əkwízətiv] **形**《格式・しばしば軽蔑》欲ばりな(greedy); しきりに […を] 得たがっている[*of*]: be *acquisitive of* knowledge 知識欲が盛んである.
(▷ **動** acquíre)

ac·quit [əkwít] **動**(三単現 **ac·quits** [-wíts]; 過去・過分 **ac·quit·ted** [～id]; 現分 **ac·quit·ting** [～iŋ])**他**〈義務・責任などから〉〈人〉を解放する, 〈債務・義務〉を免除する;〈人〉に無罪を言い渡す(↔ convict)[*of*]: *acquit* ... *of* heavy duties〈人〉を激務から解放する.

■ *acquít onesèlf* ふるまう(◇通例 well, badly, bravely などの副詞(句)を伴う): The students *acquitted themselves* well [bravely]. 学生たちは立派に[勇敢に]ふるまった.
acquít onesèlf of ... 〈職務・責任など〉を果たす.

ac·quit·tal [əkwítl] **名 U C 1**《法》無罪(判決), 無罪放免(↔ conviction). **2**(義務・責任などの)免除, 解放.

‡a·cre [éikər] **名 C 1** エーカー(◇土地の面積の単位; 1エーカー≒4,047 m²; 《略語》a., A; →巻末「度量衡」). **2** [～s] 土地, 地所.

a·cre·age [éikəridʒ] **名 U C** エーカー数, (エーカーで表示される)面積.

ac·rid [ækrid] **形 1**(においが)きつい, 刺すような; (味が)苦い, 辛い. **2**《やや軽蔑》(言葉や態度が)厳しい, とげのある; 嫌みな.

ac·ri·mo·ni·ous [ækrimóuniəs] **形**《格式》(話し方・態度などが)とげとげしい, 怒気を含んだ.

ac·ri·mo·ny [ækrəmòuni / -rìməni] **名 U**《格式》(話し方・態度などの)とげとげしさ, 怒気.

ac·ro·bat [ǽkrəbæt] **名 C**(綱渡りなどの)曲芸師, アクロバット芸人.

ac·ro·bat·ic [ækrəbǽtik] **形** 曲芸の, 軽業(がる)的な, アクロバットの.

ac·ro·bat·ics [ækrəbǽtiks] **名 1** [複数扱い] 曲芸(の演技) (cf. acrobat 曲芸をする人): do [perform] *acrobatics* 曲芸をする.
2 [単数扱い] 曲芸の技, 軽業.

ac·ro·nym [ǽkrənìm] **名 C** 頭字語, アクロニム (◇いくつかの語の頭文字を組み合わせて作った語: ROM = read-only memory ロム, 読み出し専用記憶装置; → ABBREVIATION 【語法】).

a·crop·o·lis [əkrάpəlis / -krɔ́p-] **名 1 C** (古代ギリシャ都市の丘の上の)城塞(じょうさい). **2** [the A-](アテネの)アクロポリス(パルテノン(Parthenon)の神殿の遺跡が残っている).

‡a·cross [əkrɔ́(ː)s / əkrɔ́s] **前 副**【基本的意味は「横切って」】
— **前 1** [方向・運動] …を横切って, 横断して, 渡って(→ ALONG 図): About seven o'clock many people walk *across* the road. 7時頃たくさんの人がその道路を横断する / We swam *across* the river. 私たちは川を泳いで渡った / Is there a bridge *across* this river near here? この川にかかる橋が近くにありますか.

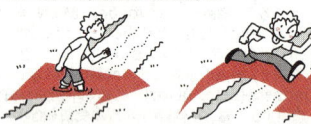

across the river   *over* the river

2 [位置] …の向こう側に: The city hall is *across* the river. 市役所は川の向こう側にあります / My parents live *across* the street. 両親は通りの向こう側に住んでいます.

3 …と交差して: Draw two lines *across* each other. 2本の線を交差するように引きなさい / He was standing there with his arms *across* his chest. 彼は腕組みをしてそこに立っていた.

4 …の至る所に, …じゅうで(throughout); (顔などの)全面に: He traveled all *across* the country by car. 彼は車で全国各地を旅行した.

— **副 1** 横切って, 渡って: Can you swim *across*? 泳いで渡れますか / Yesterday I helped a blind man *across*. きのう私は目の見えない人が道路を渡るのを手伝ってあげた.

2 向こう側に: We will be *across* in ten minutes. 私たちは10分で向こう側に着くだろう.

3 幅が(…), 直径が(…)(wide): This road is 80

across-the-board

meters *across*. この道路は幅が80メートルある.
■ *acróss from* ... 《主に米》…の反対側に, 向かい側に (opposite): The theater is just *across from* the station. 劇場は駅の真向かいにある.

acròss-the-bóard [形]【限定用法】全面的な;(昇給などが) 一律の: a ten percent *across-the-board* wage cut 一律10パーセントの賃金カット.

a・cryl・ic [əkrílik] [形]【化】アクリル(酸)の.
― [名] [U][C] =acrylic fíber [résin] アクリル繊維[樹脂]; アクリル絵の具 [画].

***act [ǽkt] [動][名]
【基本的意味は「行動する (do something)」】
― [動] (三単現 **acts** [ǽkts]; 過去・過分 **act・ed** [~id]; 現分 **act・ing** [~iŋ])
― [自] **1** 行う, 行動する, [...の] 職務を行う, 役目を務める [*as*]: You must *act* at once. すぐに行動しなければならない / He *acted as* interpreter. 彼は通訳を務めた (◇ as のあとの名詞はしばしば無冠詞).
2 [副詞(句)を伴って] ふるまう (◇《米》では副詞(句)の代わりに形容詞を伴うことがある): She *acted* wisely [《米》wise]. 彼女は賢くふるまった / Tom *acts* like a child when he is at home. トムは家では子供のようにふるまっている.
3 (薬などが) 効く, 作用する (→ [句動詞] act on); (機械が) 動く: The drug *acts* quickly. その薬は早く効く / The car brakes refused to *act*. その車のブレーキは利かなかった.
4 出演する, 演技をする: He *acted* well in the play. 彼はその劇で立派な演技をした.
― [他] **1** 《役》を演じる: He *acted* (the part of) Romeo. 彼はロミオの役を演じた. **2** ...のようにふるまう: Don't *act* the fool. ばかな真似はよせ.
[句動詞] **áct for ...** [他] ...を代行する, ...の代わりを務める: Mary *acted for* her mother because she was sick. 母親が病気だったので, メアリーはその代わりを務めた.
áct on [*upòn*] ... [他] **1** ...に基づいて行動する: Tina *acted on* his advice. ティナは彼の忠告に基づいて行動した. **2** ...に作用する: Alcohol *acts on* the brain. アルコールは脳に作用する.
áct óut [他] [act out + O / act + O + out] ...を演技する, 実演する; 《考え・感情など》を行動で表す.
áct úp [自]《口語》うまく働かない;行儀が悪い, いたずらをする: My car is always *acting up*. 私の車はいつも調子が悪くなる / The child was *acting up*. その子供は悪さをしていた.
áct úp to ... [他] ...に反しない行動をとる, 従う (live up to): You should *act up to* your father's expectations. 君はお父さんの期待にそった行動をとるべきです.
― [名] (複 **acts** [ǽkts]) [C] **1** 《格式》行い, 行為 (→ [類義語]): an *act* of kindness 親切な行い / do [perform] an *act* of violence 暴力行為をする.
2 [しばしば A-] 法律, 法令 (cf. bill 議案, 法案): the Gun Control *Act* 銃regulation法 / The *act* was passed by Congress. その法令は議会を通過した.
3 [しばしば A-] (劇などの) 幕: *Act* 1, Scene 2 第1幕第2場 /"Hamlet" is a play in five *acts*.『ハムレット』は5幕の劇です.

4 (劇場・放送番組などの) 出し物, 寸劇: The next *act* will be a comedy. 次の番組は喜劇です.
5 [通例, 単数形で]《口語・軽蔑》見せかけ, 演技: She pretended to be kind, but it was all an *act*. 彼女は親切そうなふりをしていたが, それはすべて見せかけだった.
6 [the Acts] 使徒行伝《新約聖書中の1書》.
■ *an áct of Gód* [法] 不可抗力, 天災.
gèt ín on the áct《口語》(利益のため) 他人の活動に加わる, ひと口乗る.
gèt one's áct togéther《口語》(物事がうまくいくように) 手はずを整える, てきぱきと進める.
in the (*véry*) *áct of dóing* ...をしているときに, ...をしている最中に (◇「よくないことをしているとき」の場合に用いることが多い): She was caught *in the* (*very*) *act of cheating*. 彼女はカンニングの現場を押さえられた.
pùt on an áct《口語・軽蔑》心にもない行動をしてみせる, 演技をする. (▷ [名] áction; [形] áctive)

> [類義語] **act, action, deed, conduct**
> 共通する意味▶行為 (something done)
> **act** は「1回ごとの行為」を表す: an *act* of charity 慈善行為. **action** は「行動の過程 (全体)」を表す: Rapid *action* is needed. 迅速な行動 [迅速に行動すること] が必要です. **deed** は「偉大な [顕著な, 感銘深い] 行為」の意: Everybody praised his *deed*. だれもが彼の功績をたたえた. **conduct** は「道徳的基準から判断した人の行動」の意: He reformed his shameful *conduct*. 彼は自分の恥ずべき行動を改めた.

*act・ing [ǽktiŋ] [形]【限定用法】**1** 代理の, 代行の; 臨時の (temporary): the *acting* mayor 市長代理.
― [名] [U] **1** 演出 (法); 演技. **2** 演劇.

***ac・tion [ǽkʃən]
― [名] (複 **ac・tions** [~z]) **1** [U] 実行, 行動, 活動: a person of *action* 行動力のある人 / All you need is not thought but *action*. あなたに必要なのは考えることではなく行動することです.
2 [C] 行為, 行い (→ ACT [類義語]; [~s] (日常的な) ふるまい, 行動: a kind *action* 親切な行為 / We should be responsible for our own *actions*. 自分の行動には責任を持つべきです / *Actions* speak louder than words. 《ことわざ》行動は言葉にまさる. **3** [C][U] [通例, 単数形で] 動き, 動作, (俳優・運動選手などの) アクション, 立ち回り: The film has a lot of *action*. この映画には立ち回りの場面がたっぷりある / *Action*! アクション《撮影での演技開始の合図》.
4 [U] [...への] 作用, 効果; 働き [*on*]: the *action* of the new medicine *on* the kidneys 腎臓への新薬の作用.
5 [C][U] 戦闘, 交戦; (スポーツの) 戦い. **6** [U] [通例 the ~] 《口語》面白いこと, 興奮, 刺激. **7** [the ~] (物語などの) 展開, 筋. **8** [C] [法] [...の] 訴訟 [*for*]: an *action for* fraud 詐欺罪での訴訟.
9 [C] (機械・ピアノなどの) 作動装置, 可動部.

■ **bríng [táke] (an) áction agàinst ...** ...に対して訴訟を起こす.
bring [càll, pùt] ... in [ìnto] áction 〈機械など〉を使い始める, 動かす; 〈計画など〉を実行に移す.
gò into áction 戦闘に移る; 動き始める.
in áction 活動して; 演技して, 演技中の; 戦闘中で: The engine isn't *in action*. エンジンが動いていない.
òut of áction 動かない, 機能しない, 故障の[で]; (けがで)プレーできない.
pùt ... òut of áction 〈機械など〉を使えなく[動かなく]する; …の戦闘力を失わせる: A serious injury put the soccer player *out of action*. 大けがでそのサッカー選手はプレーできなくなった.
swíng into áction 手際よく行動する.
tàke áction [...に対して]行動を起こす, 対応する [*in, on*]: The government took immediate *action* on the disaster. 政府はその災害にすばやく対処した.
whère the áction ìs 《口語》面白い[刺激的な, 華やかな]場所. (▷ 名 áct)
◆ áction pàinting ⓤⓒ《米》アクションペインティング《キャンバスに絵の具をぶつけたり, したたらせたりする抽象画法の一種》.

ac·tion·a·ble [ǽkʃənəbl] 形 告訴できる, 訴訟を起こせる.

ac·ti·vate [ǽktivèit] 動 他 **1** 〈機械など〉を作動[始動]させる, 動かす (actuate): The fire alarm was suddenly *activated*. 火災報知機が突然鳴った. **2** ...を活性化させる; 〔化〕...の(化学)反応を促進する: *activate* carbon 炭素を活性化する.
3 〔物理〕...に放射能を与える.

****ac·tive** [ǽktiv] 形 名

— 形 **1** 活動的な, 活発な (↔ inactive); 多忙な: an *active* person 活動的な人 / *active* discussion 活発な議論 / The child has an *active* mind. その子供は頭の回転が速い.
2 積極的な, 自発的な (↔ passive): take [play] an *active* part in voluntary work 積極的にボランティア活動をする.
3 活動中の, 現役の: an *active* volcano 活火山 / Mr. Jones is still on *active* service [duty]. ジョーンズ氏はまだ(軍隊で)現役です.
4 【比較なし】【文法】能動態の (↔ passive).
5 【化】化学反応を起こす.
— 名 [the ~]【文法】= áctive vóice 能動態 (→ VOICE 文法). (▷ 動 áct; 名 activity)

***ac·tive·ly** [ǽktivli] 副 **1** 活動的に, 積極的に. **2** 【文法】能動的に.

ac·tiv·ist [ǽktivist] 名 ⓒ 活動家, 行動隊員: an environmental *activist* 環境保護活動家.

*****ac·tiv·i·ty** [æktívəti]

— 名 (複 **ac·tiv·i·ties** [~z]) **1** ⓤ 活動, 働き; 活気, 盛況(さ); 活動的なこと, 積極性 (↔ inactivity): brain *activity* 脳の働き / stimulate economic *activity* 経済を活性化させる / There is a lot of *activity* in the station. 駅は(人の往来などで)活気にあふれている.

2 ⓒ[通例, 複数形で](いろいろな)活動, 事業, 行事: extracurricular *activities* 課外活動 / club *activities* クラブ活動 / social *activities* 社会事業. (▷ 形 áctive)

‡**ac·tor** [ǽktər] 名 ⓒ **1** 俳優(◇女性形は actress だが, 現在では男女とも actor を用いることが多い): a film [screen] *actor* 映画俳優.
2 行為者, (事件などの)関係者.

‡**ac·tress** [ǽktrəs] 名 ⓒ 女優.

*****ac·tu·al** [ǽktʃuəl]

— 形 【比較なし】【限定用法】**1** **実際の**, 現実の (→ REAL 類義語): *actual* life 現実(の)生活 / the *actual* election results (予想や理論ではない)実際の選挙結果 / the *actual* construction cost of the bridge 橋の建設に実際にかかった費用.
2 現在の: the *actual* state of affairs 現状.
■ *in áctual fáct* 実際には, 実のところ. (▷ 名 actuálity)

ac·tu·al·i·ty [æktʃuǽləti] 名 (複 **ac·tu·al·i·ties** [~z])《格式》**1** ⓤ 現実, 現実性, 現実味: in *actuality* 現実問題として, 実際上. **2** ⓒ[複数形で]実情, 現状. (▷ 形 áctual)

*****ac·tu·al·ly** [ǽktʃuəli, -tʃəli]

— 副 **1** (名目上・形式上だけでなく)**実際に**, 実に, 本当に (really, in fact): Clint *actually* manages the theater. 実際はクリントが劇場を取り仕切っている / He *actually* jumped off the bridge into the river. 彼は本当に橋から川へ飛び込んだ.
2 【文修飾】《口語》(まさかと思うだろうが)実は, 本当は, なんと (◇相手の予想・想像, 発言をやんわり否定する場合などに用いる): Ned is *actually* 48. (そうは見えないが)ネッドは実は48歳です / They say it's a good picture. *Actually*, I don't like it. 彼らはいい映画だと言うが, 実のところ僕は好きじゃない.
3 【文修飾】《口語》そうそう(忘れるところだったが).

ac·tu·ar·y [ǽktʃuèri / -əri] 名 (複 **ac·tu·ar·ies** [~z]) ⓒ 保険計理士.

ac·tu·ar·i·al [æktʃuéəriəl] 形 保険計理(士)の.

ac·tu·ate [ǽktʃuèit] 動 他 **1** 《格式》〈機械〉を作動させる. **2** 〈衝動・欲望などが〉〈人〉を駆り立てる; 駆り立てて […] させる [*to do*].

a·cu·i·ty [əkjúːəti] 名 ⓤ 《格式》(視力・聴力などの)鋭さ, (感覚の)鋭敏さ.

a·cu·men [əkjúːmən] 名 ⓤ (鋭い)判断力, 理解力, 明晰(めいせき)さ: have [show, display] business *acumen* 商才がある[を示す].

ac·u·pres·sure [ǽkjuprèʃər] 名 ⓤ 指圧(療法).

ac·u·punc·ture [ǽkjəpʌ̀ŋktʃər] 名 ⓤ はり治療, 鍼術(しんじゅつ).

ac·u·punc·tur·ist [-tʃərist] 名 ⓒ はり治療士.

***a·cute** [əkjúːt] [原義は「鋭い」] 形 **1** (問題・痛みなどが)激しい, ひどい; 重大な: *acute* pain 激痛 / an *acute* oil shortage 深刻な石油不足 / 〔病気に〕急性の (↔ chronic): an *acute* tuberculosis 急性結核. **3** (理解力・感覚などが)鋭い, 鋭敏

acutely

な: an *acute* power of observation 鋭い観察力. **4**【数学】鋭角の: an *acute* angle (→ ANGLE 図).

a·cute·ly [əkjúːtli] 副 激しく, 鋭く.

a·cute·ness [əkjúːtnəs] 名 U 激しさ, 鋭さ.

‡**ad** [ǽd] (☆[同音] add)(◇ *ad*vertisement の略) 名 (複 **ads** [ǽdz]) C《口語》広告, 宣伝: an *ad* agency 広告代理店 / classified *ads* (新聞などの)項目別広告,(求人・求職などの)案内広告.

ad. (略語) = adverb.

*A.D., A.D.** (略語) 西暦 [キリスト紀元] …年 (↔ B.C.)(◇ラテン語 *A*nno *D*omini (= in the year of our Lord) の略).

語法 (1) A.D. は年号の前にもあとにも置くことができるが, B.C. は年号のあとに置く: A.D. 70 《時に》70 A.D. 西暦70年. ただし the 7th century A.D. (7世紀) の場合は常にあとに置く (◇A.D., B.C. は通例スモールキャピタル (small capital; → SMALL 複合語) になる).

(2) 普通 A.D. は B.C. と対比される古い年代にしか用いない: from 55 B.C. to A.D. 25 紀元前55年から西暦25年まで.

ad·age [ǽdidʒ] 名 C 格言, 金言, ことわざ.

a·da·gio [ədάːdʒou]《イタリア》形 副【音楽】アダージョの[で], ゆるやかな [に] (→ TEMPO).
— 名 C (複 **a·da·gios** [~z])【音楽】アダージョの楽章 [楽曲].

*Ad·am** [ǽdəm]【語源は古代ヘブライ語で「男」の意】名 固 **1**【聖】アダム(「創世記 (Genesis)」に出てくる, 神が初めて造った男で, 人間の祖先; cf. Eve エバ [イブ]). **2** アダム (◇男性の名).
◆ **Ádam's ápple** C (特に男性の) のどぼとけ《Adam が禁断の木の実であるリンゴを食べたとき, のどにつかえてできたとされる》.

ad·a·mant [ǽdəmənt] 形 [叙述用法]《格式》(人・態度・決意などが)[…の点で] 非常に固い, 揺るがない [*in, about*]: She was *adamant* in her opinion. 彼女は頑として意見を変えなかった.

Ad·ams [ǽdəmz] 名 固 **1** John Adams 《1735 – 1826; 米国の政治家; → PRESIDENT 表》. **2** John Quincy [kwínzi, -si] Adams 《1767 – 1848; **1** の子; 米国の政治家; → PRESIDENT 表》. **3** William Adams 《1564–1620; 英国生まれの航海士. 日本に帰化して三浦按針 (あんじん) と称した》.

‡**a·dapt** [ədǽpt] 動 他 (cf. adopt 採用する)
1 [adapt+O+to [for] …]〈人・ものを〉…に適合[順応]させる: This machine is *adapted for* use under water. この機械は水中で使用するようにできている.
2 [adapt+O+for …]〈ものを〉…(向き)に改造する; 書き直す, 翻案 [改作] する: This story has been *adapted for* broadcasting. この話は放送用に脚色したものです.
— 自[…に] 適応する, 順応する [*to*]: The children soon *adapted to* their new environment. 子供たちは新しい環境にすぐ慣れた.
■ *adápt onesélf to* … …に順応する: Mary soon *adapted herself to* school life. メアリーはすぐに学校生活に順応したのです. (▷ 名 **àdaptátion**)

a·dapt·a·bil·i·ty [ədæptəbíləti] 名 U **1** […への] 適応性, 順応性; 融通性 [*to*]. **2** 翻案 [改作] できること.

a·dapt·a·ble [ədǽptəbl] 形 **1** 適応できる, 融通の利く. **2** 手直しの利く, 改造できる.

*ad·ap·ta·tion** [æ̀dəptéiʃən] 名 **1** U […への] 適応, 順応 [*to*]. **2** U 改造, 脚色. **3** C […用の] 翻案 [改作] 物 [*for*]. (▷ 動 **adápt**)

a·dapt·er, a·dap·tor [ədǽptər] 名 C【機械】アダプター, 調整器; 改作者, 編曲者, 翻案者.

a·dap·tive [ədǽptiv] 形 適応 [順応] できる, 適応 [順応] 性のある.

★★★ **add** [ǽd]
【基本的意味は「…を加える (put something together with something else)」】
— 動 (三単現 **adds** [ǽdz]; 過去・過分 **add·ed** [~id]; 現分 **add·ing** [~iŋ])
— 他 **1** [add+O] […に] …を**加える**, 付け加える [*to*]: He *added* milk *to* his coffee. 彼はコーヒーにミルクを入れた.
2 [add+O] …を合計する, 足し算する (*together*)(↔ subtract): *Add* two and [to] two. 2と2を足しなさい / *Add* these figures *together*. これらの数を合計しなさい.
3 [add+O [that 節]] …と付け加えて言う, 言い足す (◇ O にはしばしば引用節が入る): He *added that* he would go there, too. 彼は自分もそこへ行く, と付け加えた / "I hope you will come," he *added*. 「あなたに来てもらいたい」と彼は言い足した.
— 自 足し算をする (↔ subtract).

句動詞 ***ádd ín*** 他 [add in+O / add+O+in] …を含める, 加える.
ádd ón 他 [add on+O / add+O+on] …を付け加える; 増築する.
ádd to … 他 …を増す, 増やす: His help only *added to* our difficulties. 彼の助けはやっかいなことをさらにやっかいにさせただけだった.
ádd úp 他 [add up+O / add+O+up] …を合計する: I *added up* all the money I spent. 私は使った全金額を合計した. — 自 **1** 足し算をする. **2** [通例, 否定文で]《口語》つじつまが合う, 合点がいく: What he said did not *add up*. 彼の言ったことはつじつまが合わなかった.
ádd úp to … 他 **1** 合計 … となる: The money I spent *added up to* 100 dollars. 私の使った金は合計100ドルとなった. **2**《口語》…となる; …を生む; 結局 … を意味する: These rumors *added up to* her conviction that he was a thief. これらのうわさから彼がどろぼうであると彼女は確信するようになった.

■ *ádd fúel to the fíre* [*fláremes*]《口語・比喩》火に油を注ぐ, 状況をさらに悪化させる.
to ádd ínsult to ínjury さらに悪いことには.
to ádd to … [通例, 文頭で] …に加えて: *To add to* her poverty, she fell ill. 貧しさに加えて, 彼女は病いに倒れた.
(▷ 名 **addítion**; 形 **addítional**)

add·ed [ǽdid] 形 [比較なし; 限定用法] 付け加えられた, 付加された: *added* value 付加価値.

ádd·ed-vál·ue táx 名 =value-added tax 付加価値税.

ad·den·dum [ədéndəm] 名 (複 **ad·den·da** [-də]) ⓒ 追加物; (書籍の) 補遺, 付録.

ad·der [ǽdər] 名 ⓒ 〖動物〗クサリヘビ, アダー《ヨーロッパ産のクサリヘビ科の毒ヘビ; アメリカ産は無毒》.

***ad·dict** [ǽdikt] 名 ⓒ (麻薬などの) 常用者, 中毒者: a drug *addict* 麻薬の常用者.

ad·dict·ed [ədíktid] 形 〖叙述用法〗 **1** 〖麻薬などを〗常用して, 〖…に〗中毒になって; 〖…に〗夢中になって 〔*to*〕. **2** 〖賭(か)け事などに〗ふける〔*to*〕: He was *addicted to* gambling in those days. その頃彼はギャンブルにおぼれていた.

ad·dic·tion [ədíkʃən] 名 UC 〖麻薬などの〗常用 (癖), 〖…に〗ふけること〔*to*〕: an *addiction to* chocolate チョコレートに目がないこと.

ad·dic·tive [ədíktiv] 形 **1** (麻薬などが) 中毒性の, 習慣になる. **2** (楽しいことが) やみつきになる.

‡**ad·di·tion** [ədíʃən]

— 名 (複 **ad·di·tions** [~z]) **1** U 〖…への〗付け加え, 付加, 追加〔*to*〕: the *addition of* sugar *to* tea 紅茶に砂糖を入れること.

2 ⓒ 付け加えられたもの, 新たに加わった者, 《米》 建て増し 〖増築〗 (部分): He put an *addition* on the house. 彼は家を増築した / He has a new *addition* to his family. 彼の家にまた 1 人子供が生まれた.

3 UC 〖数学〗足し算, 加法. ((関連語)) subtraction 引き算 / multiplication 掛け算 / division 割り算)

■ *in addition* さらに, その上, 加えて (besides, moreover): He had to pay five dollars *in addition*. 彼はさらに 5 ドル払わなければならなかった. *in addition to ...* …に加えて, …の性かに (besides): She works *in addition to* going to school. 彼女は学校に通いながら働いている.

(▷ 動 ádd; 形 addítional)

‡**ad·di·tion·al** [ədíʃənəl] 形 〖比較なし〗付加の, 追加の: an *additional* charge 追加料金.

(▷ 動 ádd; 名 addítion)

ad·di·tion·al·ly [ədíʃənəli] 副 そのうえ, さらに.

ad·di·tive [ǽdətiv] 形 (ガソリンなどへの) 添加剤; (食品などへの) 添加物 (food additive).
— 形 付加の, 追加の; 〖数学〗加法の, 加算の.

ad·dle [ǽdl] 動 他 **1** (卵)を腐らせる. **2** 《口語》〈頭〉を混乱させる (confuse): *addle* ...'s head [brain(s), mind] …の頭を混乱させる.
— 自 **1** (卵が) 腐る. **2** 《口語》(頭が) 混乱する.

ad·dled [ǽdld] 形 **1** (卵が) 腐った (rotten): an *addled* egg 腐った卵. **2** (頭が) 混乱した.

add-on [ǽdàn, -ɔ̀:n / -ɔ̀n] 名 ⓒ (コンピュータ接続するモデムなどの) 増設機器, 付属装置.

‡**ad·dress** [ədrés, 《米》 ǽdres] 名 動

— 名 (複 **ad·dress·es** [~iz]) **1** ⓒ 住所, あて先 《▷ 相手の名は含まない》: Tell me your name and *address*. あなたの名前と住所を教えてください. **2** ⓒ 演説, あいさつ (→ SPEECH ((類義語))): an opening [closing] *address* 開会 〖閉会〗 の辞 / deliver [give, make] an *address* 演説をする.

3 ⓒ 〖コンピュータ〗アドレス, 番地 《記憶装置内のデータの所在位置》. **4** ⓒ 〖インターネット〗(メール) アドレス. **5** U 呼びかけ方: a form of *address* (呼びかけなどに用いる) 敬称 《◇ Mr., Sir など》.
— 動 (三単現 **ad·dress·es** [~iz]; 過去・過分 **ad·dressed** [~t]; 現分 **ad·dress·ing** [~iŋ])
— 他 **1** [address + O] …にあて先を書く; 〖…にあてて〗〈郵便物〉を出す, 〖…の住所に〗送る〔*to*〕: You should *address* your mail clearly and correctly. 郵便のあて先ははっきりと正確に書かなければならない.

2 …に話しかける, 演説する 《◇ speak to より 《格式》》: The mayor *addressed* the citizens. 市長が市民に話しかけた / The President *addressed* the nation on television. 大統領がテレビで国民に演説した.

3 《格式》〈問題・仕事など〉に取り組む, 専念する: This book *addresses* the problems of air pollution. この本は大気汚染の問題を扱っている.

4 …を 〖…と〗(敬称・呼称などで) 呼ぶ 〔*as*〕: He should be *addressed as* "Captain." 彼に声をかけるときは船長と呼ばなければならない.

5 〈文書・言葉〉を〖…に〗あてる, 向ける; 〖…に〗…を申し入れる, 提出する〔*to*〕: You have to *address* your request *to* the boss. 要求は上司までにしなければならない.

6 〖ゴルフ〗〈ボールに対して〉クラブの位置を定める.

7 〖コンピュータ〗〈データ・記憶装置〉をアドレス指定する 《アドレスを用いて情報を出し入れすること》.

■ *addréss onesélf to ...* 《格式》 **1** …に取り組む, 専念する: He *addressed himself to* the difficult task. 彼はその困難な仕事に取り組んだ. **2** …に話しかける, 言及する.

ad·dress·ee [ædrəníː] 名 ⓒ 受信人, 名あて人; 受取人 (↔ addresser).

ad·dress·er, ad·dres·sor [ədrésər] 名 ⓒ 発信人, 差出人 (↔ addressee).

ad·duce [ədjúːs / ədjúːs] 他 〈実例・理由・証拠など〉を挙げる, 提示する: *adduce* reasons [proof] 理由 〖証拠〗を挙げる.

-ade [eid] 〖接尾〗「果実などから作る甘い飲料」の意を表す名詞を作る: lemon*ade* レモネード / orange*ade* オレンジエード.

ad·e·noid [ǽdənɔ̀id] 名 U C 〖通例 ~s〗〖医〗アデノイド 《咽頭上部が肥大し呼吸困難になる》.

a·dept [ədépt] 《☆ 名 との発音の違いに注意》 形 〖通例, 叙述用法〗〖…に〗熟練した; 精通した〔*at, in*〕: Tom is *adept at* [*in*] playing the trumpet. トムはトランペットを吹くのが上手です.
— 名 **ad·ept** [ǽdept] ⓒ 〖…の〗名人, 達人, 熟練者 (expert) 〔*at, in*〕.

ad·e·qua·cy [ǽdikwəsi] 名 U **1** (ある目的に) 十分 (であること). **2** 適当, 妥当 (性).

(▷ 形 ádequate)

‡**ad·e·quate** [ǽdikwət] 形 (↔ inadequate) 〖比較なし〗 **1** 〖ある目的に, …のために 〖…するのに〗〕十分 (な量) の, ちょうどの (enough) 〔*for / to do*〕 (→ ENOUGH ((類義語))): Tom's salary is not *ade-*

quate for his family. = Tom's salary is not *adequate to* support his family. トムの給料は家族を養うのに十分ではない．　**2**〔…に〕適した，向いた〔*to, for*〕: He isn't *adequate to* the job. 彼はその仕事に不向きです．　**3**（すばらしいというほどでもないが）まずまずの: The actor's performance was (only) *adequate*. その俳優の演技はまあまあの出来だった．（▷ 名 ádequacy）

ad·e·quate·ly [ǽdikwətli] 副 **1** 十分に．
2 適切に，適当に．

*ad·here [ədhíər, æd-] 動 (自) **1**〔…に〕くっつく，付着［粘着］する (stick)〔*to*〕: Chewing gum *adheres to* your fingers. チューインガムは指にこびり付く．　**2**〔主義などに〕従う〔自説を〕曲げない，〔…に〕固執する〔*to*〕: I *adhered to* my resolution. 私は決心を変えなかった．
（▷ 名 adhérence, adhésion）

ad·her·ence [ədhíərəns, æd-] 名 U C **1**〔…への〕付着〔*to*〕．　**2**〔…への〕忠実 (さ)，固守〔*to*〕．
（▷ 動 adhére）

ad·her·ent [ədhíərənt, æd-] 名 C〔…の〕支持者，信奉者，味方〔*of*〕．

ad·he·sion [ədhíːʒən, æd-] 名 **1** U 粘着，粘着力．　**2** U C〔医〕癒着 (ゆちゃく)．（▷ 動 adhére）

ad·he·sive [ədhíːsiv, æd-] 形〔通例，限定用法〕粘着性の，べとつく (sticky)．
— 名 U C **1** 粘着性物質；接着剤．
2 = adhésive tàpe 粘着テープ；ばんそうこう．

ad hoc [ǽdhɑ́k / -hɔ́k]【ラテン】形 副〔通例，限定用法〕特別の目的のための〔に〕，特別の〔に〕；臨時の〔に〕，その場限りの〔で〕: an *ad hoc* committee 特別委員会．

a·dieu [ədjúː / ədjúː]【フランス】間《文語》さらば，さようなら，ごきげんよう (good-by(e))．
— 名 (複 a·dieus, a·dieux [～z]) C《文語》別れ (のあいさつ)，告別．

ad in·fi·ni·tum [ǽd ìnfináitəm]【ラテン】副 無限に，果てしなく，永遠に．

a·di·os [àːdióus / -ɔ́s]【スペイン】間 さようなら．

adj.《略語》= *adj*ective (↓)．

*ad·ja·cent [ədʒéisənt] 形〔…に〕隣接した，近くの〔*to*〕: The building is *adjacent to* the church. その建物は教会の隣にある（◇ adjoining とは異なり，必ずしも隣接しているとは限らない）．

ad·jec·ti·val [ædʒiktáivəl] 形〘文法〙形容詞的な，形容詞的の，形容詞の働きをする (→ ADJECTIVE)．
— 名 C〘文法〙形容詞相当語句．

ad·jec·ti·val·ly [-vəli] 副 形容詞的に．

***ad·jec·tive** [ǽdʒiktiv]
— 名 (複 ad·jec·tives [～z]) C〘文法〙**形容詞**（《略語》a., adj.）(→ 文法)．（▷ 形 àdjectíval）
◆ ádjective cláuse C〘文法〙形容詞節 (→ CLAUSE 文法)．
ádjective phráse C〘文法〙形容詞句 (→ PHRASE 文法)．

*ad·join [ədʒɔ́in] 動 (他) …に隣接する: Her room *adjoins* mine. 彼女と私の部屋は隣り合っている．
— (自) 隣接する: Canada and the United States *adjoin*. カナダとアメリカ合衆国は隣接している．

ad·join·ing [ədʒɔ́iniŋ] 形 隣接した: the *adjoining* rooms 隣り合った部屋 (→ ADJACENT)．

*ad·journ [ədʒə́ːrn] 動 (他) **1**〈会議などを〉休会する（◇試合などを「延期する」は put off, postpone）: *adjourn* the court for an hour 1時間休廷する．　**2**〈決定・判決〉を延期する．
— (自) **1** 休会する: *adjourn* for a week 1週間休会する．　**2**《こっけい》(会合・食事・酒場などの) 場所を移動する，場所替えする．

ad·journ·ment [ədʒə́ːrnmənt] 名 U C 休会 (期間)．

ad·judge [ədʒʌ́dʒ] 動 (他)《格式》[adjudge + O]〈事件〉を裁く；〈人〉を〔…であると〕判決する，宣告する (sentence)〔*to be*〕; [adjudge + that 節]…と判決 [判定] する: The court *adjudged* her (*to be*) guilty. = The court *adjudged that* she was guilty. 法廷は彼女を有罪 (である) と判決を下した．

文法 形 容 詞 (adjective)

形容詞は，人やものの性質・状態・数量などを表す語で，名詞・代名詞を修飾したり，動詞の補語になる働きをします．

【形容詞の用法】
❶ 限定用法：名詞・代名詞を直接修飾します．
■ 形容詞＋名詞
I like red roses.（私は赤いバラが好きです）
　　　↑名詞を修飾

■ 名詞［代名詞］＋形容詞
I know a man poor but contented.
　　　　↑名詞を修飾
（私は貧しいが満ち足りた人を知っている）
I want something cold to drink.
　　　　　　　↑代名詞を修飾
（私は何か冷たい飲み物が欲しい）

❷ 叙述用法：動詞の補語になります．
■ 主語＋動詞＋補語（＝形容詞）
She is beautiful.（彼女は美しい）
　　　　↑主語を説明

■ 主語＋動詞＋目的語＋補語（＝形容詞）
He always keeps his room clean.
　　　　　　　　　↑目的語を説明
（彼はいつも部屋をきれいにしている）

【形容詞の順序】
形容詞は通例，次の順序で並べます．

| 数量 | → | 大小 | → | 形 | → | 性質 | → | 新旧 | → | 色 | → | 国籍 材料 |

I found some little round old copper coins.
　　　　数量　大小　形　　新旧　材料
（私は何枚かの小さな円い古い銅貨を見つけた）

ad·ju·di·cate [ədʒúːdikèit] 動《格式》他〈裁判所・裁判官が〉〈事件を〉裁く〈judge〉;〈人〉に〔…だと〕判決[宣告]を下す〔to be〕: adjudicate a case ある事件を裁く / adjudicate ... (to be) guilty〈人〉を有罪と宣告する.
— 自〈人〉を裁く; 審判[審査]する〔on, upon〕.

ad·ju·di·ca·tion [ədʒùːdikéiʃən] 名 U C
1 裁決, 裁断; 判決. **2** 破産宣告.

ad·junct [ǽdʒʌŋkt] 名 C **1** [⋯への]添加物, 付属[補助]物〔to, of〕. **2** 助手〈assistant〉.
3《文法》付加詞, 修飾語句.
— 形 付属する, 補助の.
◆ ádjunct proféssor C《米》(一部の大学で)準教授〈associate professor〉; 非常勤講師 (→ PROFESSOR 関連語).

ad·jure [ədʒúər] 動 他《やや文語》…に〔…するように〕厳命する; 懇願する〔to do〕.

*__ad·just__ [ədʒʌ́st] 動 他 **1** …を〔…に合わせて〕調節する, 調整する〈adapt〉〔to〕: adjust the TV picture テレビの画面を調整する / He adjusted the sound to a comfortable volume. 彼は心地よい音量に調整した. **2**〈人・もの〉を〔環境などに〕適合させる, 順応させる〔to〕.
— 自 〔環境などに〕順応する〔to〕: She adjusted very quickly to the heat of the country. 彼女はその国の暑さに非常に早く順応した.

ad·just·a·ble [ədʒʌ́stəbl] 形 調節[調整]できる.

ad·just·er, ad·jus·tor [ədʒʌ́stər] 名 C
1 調整[調停]者. **2** (機械の) 調節[調整]装置.

*__ad·just·ment__ [ədʒʌ́stmənt] 名 U C **1** 調節, 調整; 適合, 順応; 精算. **2** (紛争の) 調停: An adjustment was reached. 調停が成立した.

ad·ju·tant [ǽdʒutənt] 名 C **1**《軍》副官.
2 助手〈assistant〉. **3**《鳥》ハゲコウ (コウノトリの一種. adjutant bird〈crane, stork〉とも言う).

ad-lib [ǽdlíb] 動 (三単現 **ad-libs** [~z]; 過去・過分 **ad-libbed** [~d]; 現分 **ad-lib·bing** [~iŋ]) 他 〈台本にないせりふを〉即興的にしゃべる[演じる]; アドリブで歌う[演奏する].
— 自 即興的にしゃべる, アドリブで演奏する.
— 形 [限定用法] 即興的な, アドリブの.

ad lib [ǽd líb]【ラテン】副 即興的に, アドリブで; 自由に: speak ad lib アドリブで話す.
— 名 (複 **ad libs** [~z]) C 即興的なせりふ [演奏], アドリブ.

ad·man [ǽdmæn] 名 (複 **ad·men** [-men]) C《口語》広告業者; 広告係, 広告会社員.

*__ad·min·is·ter__ [ədmínistər] 動 他 **1**〈会社など〉を経営[運営]する, 管理する;〈国など〉を治める: administer a country 国を治める. **2**〈法など〉を施行[適用]する,〈式典・治療・処罰など〉を行う. **3** [⋯に]〈薬・打撃など〉を与える〔to〕(◇ give より《格式》;「administer +O+O」の文型にすることもある): administer medicine to the patient 患者に薬を与える / administer a blow to his head 彼の頭に一撃を食らわす. **4**《格式》[⋯に]〈宣誓〉させる〔to〕: administer an oath to him 彼に宣誓させる.
— 自 [⋯に] 役立つ, 助けになる〔to〕: The doctor administered to the wounded. その医師は負傷者のためにつくした.
(▷ 名 **administrátion**; 形 **admínistrative**)

*__ad·min·is·tra·tion__ [ədmìnəstréiʃən]
— 名 (複 **ad·min·is·tra·tions** [~z]) **1** U 管理, 経営, 運営; [the ~] 経営陣: business administration 業務管理; 経営学.
2 U 統治, 政治, 行政 (管理); [the ~] 行政機関: give good administration よい政治をする.
3 C [しばしば the A-]《主に米》政府, 政権 (◇時の大統領と閣僚をいう.《英》では通例 Government を用いる): the Bush Administration ブッシュ政権.
4 U《格式》(法の) 適用, 施行;(儀式などの) 執行; (薬などの) 投与: the administration of justice 法の執行; 司法の運営.
5 U [C] 遺産管理. (▷ 動 **admínister**)

*__ad·min·is·tra·tive__ [ədmínəstrèitiv / -mínistrə-] 形 [比較なし] **1** 管理(上)の, 運営上の: administrative responsibilities 管理責任.
2 行政(上)の: administrative reforms 行政改革. (▷ 動 **admínister**)

ad·min·is·tra·tive·ly [~li] 副 管理上; 行政上.

*__ad·min·is·tra·tor__ [ədmínəstrèitər] 名 C
1 管理者, 理事; 行政官. **2**《法》遺産管理人, 管財人.

*__ad·mi·ra·ble__ [ǽdmərəbl] (☆ アクセントに注意) 形 称賛すべき, すぐれた, 見事な.

ad·mi·ra·bly [ǽdmərəbli] 副 立派に, 見事に.

*__ad·mi·ral__ [ǽdmərəl] 名 C [しばしば A-]《海軍》大将, 司令長官; 提督 (《略題》Adm.).

ad·mi·ral·ty [ǽdmərəlti] 名 **1** U 海軍大将の職 [権限]. **2** [the A-]《英》(昔の) 海軍本部 [省, 局]. **3** U 海事法.

*__ad·mi·ra·tion__ [ædməréiʃən] 名 U 〔人・ものに対する〕感嘆, 称賛〔for, of〕: with admiration 感心 [感嘆] して / I have admiration for her talent. 私は彼女の才能に感心している (= I admire her for her talent.) / They stood silent in admiration of the beauty of the sea. 彼らはその海の美しさに見とれたまま黙って立ちつくした. **2** [the ~] 感嘆 [称賛] の的: Tom is the admiration of all the students. トムは全学生の称賛の的です. (▷ 動 **admíre**)

*__ad·mire__ [ədmáiər]
— 動 (三単現 **ad·mires** [~z]; 過去・過分 **ad·mired** [~d]; 現分 **ad·mir·ing** [-máiəriŋ])
— 他 **1** [⋯の] …に感嘆する, 感心 [敬服] する, …をほめる, 称賛する〔for〕: I admire her for her honesty. 私は彼女の素直さに感心する / I admire your ignorance.《皮肉》君の無知にはあきれぼれするよ.
2 …を感心して眺める, …に見とれる: We admired the lovely rural scene. 私たちはその美しい田園風景に見とれた.
3《お世辞に》…をほめる: Don't forget to admire his performance. 彼の演奏[演技]をほめるのを忘れないようにね. (▷ 名 **àdmirátion**)

ad·mir·er [ədmáiərər] 名 C (特に芸術の) 称賛

者, 崇拝者, ファン；(特定の女性を)崇拝する男性: He is a great *admirer* of Whitman's poetry. 彼はホイットマンの詩の大の崇拝者である.

ad・mir・ing [ədmáiəriŋ]形《通例, 限定的用法》感心した, 称賛の念に満ちた: an *admiring* glance うっとりしたまなざし.

ad・mir・ing・ly [～li]副 感心して, 感嘆して.

ad・mis・si・ble [ədmísəbl]形《格式》 **1** (証拠・根拠が)承認できる, 許される. **2** [...に]入る資格がある；[地位などに]つく資格[権利]のある [to].

***ad・mis・sion** [ədmíʃən]名 **1** [U][C][...への]入場を許す[許される]こと, 入会, 入学, 入国, 加入 [to, into]: *Admission* to the theater is by ticket only. 劇場へ入場できるのは切符をお持ちの方だけです. **2** [U] = admíssion fèe [chàrge] [...への]入場料, 入会金, 入学金 [to]: *admission* to the museum 博物館の入館料 / *Admission* Free. 《掲示》入場無料. **3** [U][C][...の/...であるという]承認；自白 [of / that 節]: He made an *admission that* he had stolen it. 彼は自分がそれを盗んだと白状した. **4** [～s]入学[入会]者数；入学者選抜: the *admissions* office [officer] (大学の)入学選抜事務所[事務官].

■ **by** [**on**] **...'s ówn admíssion** ...が自分でも認めているように, ...の自白[告白]で(◇通例よくないことに使う). (▷名 admít).

*****ad・mit** [ədmít]
【基本的意味は「...を認める」】
— 動 (三単現 **ad・mits** [ədmíts]；過去・過分 **ad・mit・ted** [～id]；現分 **ad・mit・ting** [～iŋ])
— 他 **1** (a) [admit + O] ...を(しぶしぶ)認める(→類義語): He *admitted* his mistake. 彼は誤りを認めた. (b) [admit + O + to be ...] ～が...であると認める: He *admitted* math *to* be his weak point. 彼は数学が弱いことを認めた. (c) [admit + that 節 [動名]] ...である [する]ことを認める: He *admitted that* he was wrong. 彼は自分が間違っていると認めた / He won't *admit* having done it. = He won't *admit that* he did it. 彼はそれをやったことを認めないだろう.

2 ...に [...への]入場[入学, 入会, 加入]を許す, ...を [...に]入れる [to, into]: He was *admitted to* (the) hospital. 彼は入院した / This ticket *admits* one person *to* the theater. このチケットでその劇場へ1人入れる.

3 (場所などに)...を収容できる: The theater *admits* 500 people. その劇場は500人収容できる.
— 自 **1** 《格式》[...の]可能性がある, [...の]余地がある [of]: What he did *admits of* no excuse. 彼のしたことに弁解の余地はない. **2** [...に](しぶしぶ)認める [to]: She *admitted to* being wrong. 彼女は間違っていることを認めた. **3** (入り口などが)[場所へ]通じる, 入場を可能にする [to]: The door *admitted to* the dining room. ドアを開けると食堂だった. (▷名 admíssion, admíttance)

[類義語] **admit, acknowledge, confess**
共通する意味は「(しぶしぶ)認める (say the truth, usually against one's will or inclination)

admit は周囲の状況から, それまで認めなかった事実も, 否定していたことを「しぶしぶ認める」こと: I *admit* you're right. あなたの言う通りだと認めます. **acknowledge** は admit ほど周囲の影響は強くないが, それまで隠していたことや, 自分に責任があることを「しぶしぶ認める」こと: He *acknowledged* the child as his. 彼はその子が自分の子だと認めた [認知した]. **confess** は「自ら進んで罪を告白する」こと: He *confessed* theft. 彼は窃盗を自白した.

ad・mit・tance [ədmítəns]名 [U]《やや格式》[...への]入場, 入場許可 [to, into]《◇ admission のほうが一般的》: I had free *admittance*. 私は無料で入場した / No *admittance* except on business. 《掲示》無用の者立入り禁止. (▷ 動 admít)

ad・mit・ted・ly [ədmítidli]副《しばしば文修飾》確かに...は認めるにしても；世間[本人]が認めているように: She is a good linguist, *admittedly*, but she is weak in Italian. 彼女は確かに外国語はよくできるが, イタリア語はそれほどでもない.

ad・mix・ture [ædmíkstʃər]名《格式》[U] 混合；[C] 混合物 (mixture).

***ad・mon・ish** [ədmáníʃ, æd-/-mɔ́n-]動 他《格式》**1** 〈人〉に [危険などを] **警告する** [*against*]；〈人〉を [...のことで] (厳しく)しかる [*for*]: She *admonished* him *against* driving too fast. = She *admonished* him not to drive too fast. 彼女は彼にあまりスピードを出して運転しないよう警告した. **2** 〈人〉に [...するように / ...することを] 忠告する, 勧告する [to do / that 節]: The teacher *admonished* her to be more cautious. 先生は彼女にもっと慎重になるよう忠告した.

ad・mo・ni・tion [ædmaníʃən]名 [U][C]《格式》警告, 注意；忠告, 勧告.

ad・mon・i・to・ry [ədmánətɔ̀:ri/-mɔ́nitəri]形《格式》警告的な, 注意の；忠告の.

a・do [ədú:]名 [U]《古風》(不必要な)騒ぎ, 騒動 (fuss)；骨折り, 面倒 (trouble): with much *ado* 大騒ぎして / make much *ado* (to do [in doing]) (...するのに)大騒ぎする / much *ado* about nothing 空(むな)騒ぎ《シェイクスピアの劇の題名にもなっている》.

a・do・be [ədóubi]【スペイン】名 **1** [U] アドーベれんが《粘土と植物の茎などを混ぜて作る》；日干しれんが. **2** [C] アドーベれんがで造りの家 [建物].

ad・o・les・cence [ædəlésəns]名 [U] [または an ～] 青年期, 思春期 (youth)《◇幼児期 (childhood) と成人 (adulthood) の中間期で, 主に10代 (teenage) がこれにあたる》.

ad・o・les・cent [ædəlésənt]形 思春 [青春]期の, 若々しい；《口語・軽蔑》未熟な, 不安定な.
— 名 [C] **1** 青年期 [思春期]の男 [女]《◇特に10代の少年 [少女]》. **2** 《口語・軽蔑》子供っぽい人.

A・do・nis [ədóunis, -dá-/-dóu-]名 **1** 個《ギ神》アドニス《女神アフロディテが愛した美少年》. **2** [C] 美少年, 美青年.

*****a・dopt** [ədápt/ədɔ́pt] (cf. adapt 適合させる)
— 動 (三単現 **a・dopts** [ədápts/ədɔ́pts]；過去・

A

過分 a·dopt·ed [~id]; 現分 a·dopt·ing [~iŋ])
— [他] **1** 〈考え·方針など〉を**採用する**, 取り入れる; 〈態度など〉をとる; 〈外国語〉を借用する: *adopt* a new idea 新しい考えを採用する.
2 〈人〉を**養子** [**養女**] **にする**; 〔…として〕受け入れる〔*as*〕; 〔…に〕引き取る〔*into*〕: We *adopted* the child *as* our heir. 私たちはその子を跡取りとして養子に迎えた / Tom was *adopted into* the mayor's family. トムは市長の家族に引き取られた.
3 (投票により) 〈決議など〉を採択する.
4 《英》〈人〉を〔…として〕選ぶ, 指定する〔*as*〕.
(▷ [名] adóption)

a·dopt·ed [ədɑ́ptid / ədɔ́pt-] [形] **1** 養子 [養女] になった: an *adopted* child 養子 [養女].
2 選ばれた, 採用された.

*__a·dop·tion__ [ədɑ́pʃən / -dɔ́p-] [名] [U] [C] **1** 採用, 採択. **2** 養子縁組. (▷ [動] adópt)

a·dop·tive [ədɑ́ptiv / -dɔ́p-] [形] [限定用法] 養子関係の: an *adoptive* son [father] 養子 [養父].

a·dor·a·ble [ədɔ́ːrəbl] [形] **1** 愛らしい; すてきな (charming): an *adorable* baby [kitten] かわいらしい赤ん坊 [子猫].
2 崇拝すべき, 敬愛すべき.

ad·o·ra·tion [æ̀dəréiʃən] [名] [U] **1** 〔…への〕あこがれ; 熱愛〔*for*〕. **2** 崇拝, 礼拝. (▷ [動] adóre)

*__a·dore__ [ədɔ́ːr]【「ad (…に) + ore (話しかける)」で,「…を崇拝する」の意】[動] [他] [進行形不可] **1** …に**あこがれる**, …を**敬慕** [**敬愛**] **する**: They *adore* their teacher. 彼らは先生を敬愛している.
2 《口語》…が大好きである: I *adore* swimming. 私は水泳が大好きです. **3** 〈神〉を**崇拝する**; …をあがめる (◇ worship のほうが一般的).
(▷ [名] àdorátion)

a·dor·ing [ədɔ́ːriŋ] [形] [通例, 限定用法] 崇拝 [敬慕, 熱愛] する, あこがれている.
a·dor·ing·ly [~li] [副] あこがれて.

*__a·dorn__ [ədɔ́ːrn] [動] 《格式》[他] **1** …を〔花などで〕飾る〔*with*〕(◇この意では decorate が一般的. 主に adorn は人·服装·場所について, decorate は場所·建物について用いる): She *adorned* the room *with* flowers. 彼女はその部屋を花で飾った.
2 …に美しさ [光彩] をそえる, 引き立たせる.

a·dorn·ment [ədɔ́ːrnmənt] [名] [U] 飾ること, 装飾; [C] 装飾品, 飾り.

a·dre·nal [ədríːnəl] [形] 〖解剖〗副腎の.
— [名] [C] = adrénal glànd 〖解剖〗副腎 (◇2つあるので複数形で用いることが多い).

a·dren·a·lin, a·dren·a·line [ədrénəlin] [名] [U] 〖生化〗アドレナリン《興奮·怒りなどを覚えたとき副腎(ふくじん)が分泌するホルモン》.

A·dri·at·ic [èidriǽtik] [形] アドリア海の.
— [名] [固] [the ~] = the Adriátic Séa アドリア海《イタリアとバルカン半島の間の地中海の一部》.

a·drift [ədríft] [副] [形] [叙述用法] **1** (ボート·人が) 漂流して. **2** (人が) さまよって, あてもない.
■ ***gò adríft*** **1** 漂流する. **2** 《比喩》〔…から〕脱線する〔*from*〕.
tùrn ... adríft …を家から追い出す, 〈人〉を (追い出して) 路頭に迷わす.

a·droit [ədrɔ́it] [形] (言葉·議論が) 巧みな, 器用な; 気が利いた; 機敏な, 巧妙な.
a·droit·ly [~li] [副] 巧みに, 器用に.
a·droit·ness [~nəs] [名] [U] 巧みさ, 器用さ.

ADSL 《略語》= *a*symmetric *d*igital *s*ubscriber *l*ine [*l*oop] 非対称デジタル加入者線《高速通信システム》.

ad·u·la·tion [æ̀dʒəléiʃən / æ̀dju-] [名] [U] へつらい, お世辞, 称賛 (◇ flattery より過度なもの).

__a·dult__ [ədʌ́lt, ǽdʌlt] [形] **1 [通例, 限定用法] **成人の**, 大人の, 成熟した; (動植物などが) 成長した: an *adult* man [woman] 成人男子 [女子]. **2** (対処のしかたが) 大人っぽい, 大人らしい: He made an *adult* decision. 彼は大人らしい決定をした. **3** 大人用の, 成人向きの.
— [名] [C] **1** **成人**, **大人** (◇《口語》では grown-up を用いる): *Adults* Only. 《掲示》成人向き [未成年者お断り]. **2** (動植物の) 成体.
◆ adúlt educátion [U] 成人教育.

a·dul·ter·ate [ədʌ́ltərèit] [動] [他] 〈食物など〉に〔…の〕混ぜ物をする, 〔…を〕混ぜて…の品質を落とす〔*with*〕.

a·dul·ter·a·tion [ədʌ̀ltəréiʃən] [名] [U] 混ぜ物をすること, 粗悪化; [C] 粗悪品.

a·dul·ter·er [ədʌ́ltərər] [名] [C] 《古風》男の不倫者 (◇女性形は adulteress).

a·dul·ter·ess [ədʌ́ltərəs] [名] [C] 《古風》女の不倫者 (◇男性形は adulterer).

a·dul·ter·ous [ədʌ́ltərəs] [形] [通例, 限定用法] 不倫の, 不義の, 姦通(かんつう)の.

a·dul·ter·y [ədʌ́ltəri] [名] (複 **a·dul·ter·ies** [~z]) [U] [C] 不倫, 不義, 姦通(かんつう).

a·dult·hood [ədʌ́lthùd, ǽdʌlt-] [名] [U] 成人 (であること); 成人期.

adv. 《略語》= *adv*erb 副詞; *adv*erbial 副詞の.

***__ad·vance__ [ədvǽns / ədvɑ́ːns] [動] [名] [形]
【基本的意味は「前へ進む (move forward)」】
— [動] (三単現 **ad·vanc·es** [~iz]; 過去·過分 **ad·vanced** [~t]; 現分 **ad·vanc·ing** [~iŋ])
— [自] **1** 〔…に向かって〕**進む**, **前進する**〔*to*, *toward(s)*〕; (軍隊が)〔敵·町などに向かって〕進撃する〔*on*, *upon*, *against*〕: A big snake *advanced toward* me. 大きな蛇が私の方へ向かって来た / The army *advanced on* [*against*] the capital. 軍は首都に向かって進撃した.
2 〔…の点で〕**進歩する**; 昇進する〔*in*〕: *advance in* one's position 地位が上がる / *advance in* life [the world] 出世する / After the war Japan has *advanced* greatly *in* science and technology. 戦後日本は科学とテクノロジーにおいて非常に進歩した.
3 時がたつ: He grew mellower as he *advanced* in years [age]. 年を取るにつれて彼は人間的に練れてきた.
4 (値段·価値が) 上がる (rise): The price of land has been *advancing*. 地価が上がり続けている.
— [他] **1** 〔…へ〕…を**進める**, **前進させる**〔*to*〕: Napoleon *advanced* his army *to* Russia. ナ

advanced — Advent

ポレオンは軍隊をロシアに進めた. **2**〈事業・方針などを〉促進する, 推進する, 押し進める; …を[…に]昇進させる[to]: It's mean of him to always try to *advance* his own interests. いつも自分の利益をはかろうとするとは彼はあさましいやつだ / She was *advanced* to floor manager. 彼女は売り場主任に昇進した.

3[advance＋O＋to ... / advance＋O＋O]…に~を前払いする, 前貸しする: I asked the company to *advance* a month's salary *to* me.＝I asked the company to *advance* me a month's salary. 会社に1か月分の給料を前貸ししてくれるよう頼んでみた.

4 …を繰り上げる, 早める (↔ postpone);〈時計・テープなどを〉先に進める: They *advanced* the wedding date by two weeks. 彼らは結婚式の日取りを2週間繰り上げた.

5《格式》〈意見・計画などを〉提出[提起]する (propose): Various theories have been *advanced* to account for global warming. 地球の温暖化の原因を説明するためにさまざまな説が提起されている.

6〈値段・価値を〉上げる (raise).

— 名 (複 **ad·vanc·es** [~iz]) **1** C 前進: They stopped the *advance* of the enemy. 彼らは敵の前進を阻止した.

2 U C […などの]進歩 [*in, on*]; 昇進; (病気などの)進行: rapid technological *advance* 科学技術の急速な進歩 / Remarkable *advances* have been made *in* information technology in recent years. 近年情報技術において目ざましい進歩が遂げられている.

3 C […の]前払い, 前金, 前貸し金 [*on*]: Could I have an *advance on* my salary? 給料の前借りはできないでしょうか.

4 [通例~s]〔人に〕取り入ること; 〔異性に〕言い寄ること [*to*]: make *advances to* a woman 女性に言い寄る.

5 C 値上げ, 値上がり.

■ *in advánce* **1** あらかじめ, 前もって: I had sent my baggage a week *in advance*. 手荷物は1週間前に先に送っておいた. **2** 前金で, 前払いで: pay the rent *in advance* 家賃を前払いする.

in advánce of ... **1** …より前に: They walked 500 meters *in advance of* us. 彼らは私たちより500メートル先を歩いた. **2** …より進んで, すぐれて: His ideas were far *in advance of* the age. 彼の考えは時代にはるかに先んじていた.

— 形[限定用法]前もっての, 事前の: an *advance* notice 予告, 事前通告 / an *advance* party 先発隊 / an *advance* payment 前払い / an *advance* ticket 前売り券.

*ad·vanced [ədvǽnst / -váːnst] 形 **1**(国家・文明などが)進歩した, (思想・科学技術などが)進歩的な, 進んだ: *advanced* ideas 進歩的な考え.

2(教育に関して)上級の, 高等な (↔ elementary); (技能などが)進んだ; (病気などが)進行した: an *advanced* course 上級コース / *advanced* cancer [医] 進行癌(がん).

3《格式》年を取った, 高齢の: at an *advanced* age 高齢で / a person *advanced* in years《婉曲》高齢の人. **4** 夜が更けた.

ad·vance·ment [ədvǽnsmənt / -váːns-] 名 《格式》**1** U C […の]促進, 奨励 [*of*]: the *advancement of* foreign language education 外国語教育の奨励. **2** U […への]昇進, 進級 [*to*]. **3** U C […の]進歩, 発達; 成功 [*in*]: *advancement(s) in* technology 科学技術の進歩. **4** U 前払い(金), (金の)融通.

***ad·van·tage** [ədvǽntidʒ / ədváːn-tidʒ] 名 動
【基本的意味は「利点 (something that helps a person)」】

— 名 (複 **ad·van·tag·es** [~iz]) **1** C […より]有利な点, 利点, メリット, 優位 [*over*]: gain [get] an *advantage over* ... …より有利な立場に立つ, …をしのぐ / He makes good use of the *advantage* of city life. 彼は都会生活の利点をうまく活用している.

2 U 利益, 得, 好都合, 便利 (→ PROFIT [類義語]): There is no *advantage* in changing your job. 職を変えてもあなたには何の利益もない.

3 C 〔テニス〕アドバンテージ《ジュース(deuce)のあとの得点》.

■ *be of gréat [nó] advántage to ...* …に非常に利益がある [利益がまったくない].

hàve the advántage of ... **1** …という強みを持つ: You *have the advantage of* a year's study in Rome. あなたにはローマで1年勉強したという強みがある. **2** …より有利な立場にいる.

tàke advántage of ... **1** 〈機会などを〉十分利用する: We *took advantage of* the fine weather to dry our wet clothes. 好天を利用してぬれた服を乾かした. **2** …を悪用する, …につけ込む: They *took advantage of* his kindness. 彼らは彼の親切につけ込んだ.

to advántage 最もよく, 有利に; 引き立つように: This frame will show off your picture *to good advantage*. この額縁に入れるとあなたの絵はぐっと引き立つよ.

to ...'s advántage ＝ to the advántage of ... …に役立つ, 利益がある: It is *to your advantage* to learn English. 英語を学んでおけばあなたのためになりますよ.

túrn ... to (one's) advántage 〈悪い状況などを〉(逆に)役立てる, 逆手にとって利用する.

— 動 他《格式》…に役立つ, …のためになる.

(▷ **advantágeous**)

*ad·van·ta·geous [ædvəntéidʒəs, -væn-] 形 […にとって]有利な, 都合のいい; もうかる, 有益な (profitable, useful) (↔ disadvantageous) [*to*]: an *advantageous* job もうけ仕事 / Things are getting more *advantageous* to our company. 状況はわが社に有利になりつつある.

(▷ **advantage**)

ad·van·ta·geous·ly [ædvəntéidʒəsli] 副 有利に, 都合よく.

Ad·vent [ǽdvent, -vənt] 名 **1**[単]《キリスト》キリストの降誕; 降臨節, 待降節《クリスマス前の4週間》. **2** U[the a-]《格式》(重要な人物・事件などの)到

来, 出現.

ad·ven·ti·tious [ædvəntíʃəs] 形《格式》 **1** 偶然の, 付随的な (accidental). **2** 異常発生の.

ad·ven·ture [ədvéntʃər]

— 名 (複 **ad·ven·tures** [~z]) **1** U C (個々の) 冒険, 冒険心: have [meet with] a bold *adventure* 大胆な冒険をする / Tom is full of *adventure*. トムは冒険心に富んでいる.
2 C 思いがけない体験, 予期しない出来事; 冒険的な旅: On my way home I had a strange *adventure*. 帰宅途中, 珍しい出来事に遭遇した.
(▷ 形 advénturous)

ad·ven·tur·er [ədvéntʃərər] 名 C **1** 冒険家, 冒険好き (な人). **2**《古風》一発屋, 山師.

ad·ven·tur·ess [ədvéntʃərəs] 名 C 女性冒険家; 女山師 (◇ adventurer の女性形).

ad·ven·tur·ous [ədvéntʃərəs] 形 **1** (人が) 大胆な; 意欲的な; 冒険好きな. **2** (行為・行動が) 危険を恐れない, 冒険的な, 進取の気性に富む: *adventurous* investment 大胆な投資.
(▷ 名 advénture)

ad·verb [ǽdvəːrb]

— 名 (複 **ad·verbs** [~z]) C【文法】副詞 (《略語》adv.) (→ 文法). (▷ 形 advérbial)
◆ **ádverb cláuse** C【文法】副詞節 (→ CLAUSE 文法).
ádverb phràse C【文法】副詞句 (→ PHRASE 文法).

ad·ver·bi·al [ədvə́ːrbiəl] 形【文法】副詞の, 副詞の働きをする, 副詞的な. (▷ 名 ádverb)
◆ **advèrbial cláuse [phráse]** C【文法】副詞節 [句] (→ CLAUSE 文法; PHRASE 文法).
ad·ver·bi·al·ly [~li] 副 副詞として, 副詞的に.

ad·ver·sar·y [ǽdvərsèri, -səri] 名 (複 **ad·ver·sar·ies** [~z]) **1** C 敵 (enemy); 対戦相手 (opponent). **2** [the A-] サタン, 魔王.

ad·verse [ædvə́ːrs, ǽdvəːrs / ǽdvəːs] 形 [通例, 限定用法] **1** (意見・考え方などが) 反対の: an *adverse* opinion 反対意見. **2** (風・流れ・状況などが) 逆の: *adverse* winds 逆風. **3** […に] 不利な, 不都合な; 有害な [to]: *adverse* economic conditions 不況 / *adverse* effects 悪影響, 逆効果. (▷ 名 advérsity)

ad·verse·ly [~li] 副 反対に, 逆に; 不利に.

ad·ver·si·ty [ædvə́ːrsəti] 名 (複 **ad·ver·si·ties** [~z]) **1** U 困難 (な状況), 逆境, 不幸: overcome *adversity* 困難を乗り越える / face *adversity* 困難に直面する. **2** C [しばしば ~s] 不幸な出来事, 災難: meet with many *adversities* さまざまな困難に直面する. (▷ 形 advérse)

ad·vert¹ [ædvə́ːrt / əd-, æd-] 動 自 […に] 注意を向ける, 言及する [to].

ad·vert² [ǽdvəːrt] 名 C 《英口語》広告 (◇ *advertisement* の略; 通例 ad と略す).

ad·ver·tise [ǽdvərtàiz] 動 他 **1** (a) [advertise+O] …を [新聞・テレビなどで / …であると] 広告する, 宣伝する, …の広告を出す [*in*, *on* / *as*]: *advertise* a new car 新車の広告を出す / *advertise* jobs 求人広告を出す / This is the car that was *advertised on* TV. これがテレビで宣伝していた車です / He *advertised* him-

---

文法 副詞 (adverb)

副詞は, 時・場所・程度・様態・頻度などを表す語です. 文中で動詞・形容詞・他の副詞を修飾します. また, 句・節・文全体を修飾することもあります.

【副詞の位置】
■ 動詞を修飾 「動詞+(目的語+)副詞」
She <u>walked</u> <u>slowly</u>. (彼女はゆっくり歩いた)

He <u>read</u> the poem <u>carefully</u>.

(彼はその詩を注意深く読んだ)

■ 形容詞を修飾 「副詞+形容詞」
I'm <u>very</u> <u>sleepy</u>. (私はとても眠い)

■ 他の副詞(句)を修飾 「副詞+副詞(句)」
Don't work <u>too</u> <u>hard</u>.

(働きすぎてはいけない)

He arrived <u>exactly</u> <u>at seven</u>.

(彼はちょうど7時に着いた)

■ 頻度を表す副詞
❶「副詞+動詞」「be動詞+副詞」
He <u>often</u> <u>gets up</u> before dawn.
(彼はしばしば夜明け前に起きる)
She <u>is</u> <u>always</u> cheerful.
(彼女はいつも陽気です)

❷「助動詞+副詞+動詞」
I <u>have</u> <u>often</u> <u>been</u> there.
完了形
(私は何度もそこへ行ったことがある)
This song <u>is</u> <u>usually</u> <u>sung</u> by young girls.
受け身
(この歌は普通若い女の子たちに歌われる)

■ 文全体を修飾
<u>Fortunately</u> he passed the examination.
(幸運にも彼はその試験に合格した)

【場所・時の副詞の順序】
「場所→時」の順で並べます.
I put the book <u>here</u> <u>yesterday</u>.
　　　　　　　　場所　時
(私はきのうその本をここに置いた)

advertisement 27 **advocate**

self *as* an expert in politics. 彼は自分が政治学の専門家だと吹聴した. (b) [advertise + that 節] …であると広告する: The company decided to *advertise that* it would sell a new video game. その会社は新しいビデオゲームの発売を広告することにした. **2** 《秘密にしておくべきこと》を公表する, 広める. ── (自)[…を求める] 広告を出す [*for*]: *advertise for* a driver 運転士募集の広告を出す / Tim *advertised for* back numbers of the magazine. ティムはその雑誌のバックナンバーを求める広告を出した.

‡**ad·ver·tise·ment** [ædvərtáizmənt, ədvə́ːrtəz-/ ədvə́ːtis-] 名 **1** ⓊⒸ […の] 広告(をすること), 宣伝, 公示 [*for*]: run an *advertisement for* the new beer 新しいビールの宣伝をする / put an *advertisement* 広告を出す(◇通例, 新聞・雑誌などに出すものを advertisement と言い, テレビ・ラジオに出すものは commercial と言う) / *Advertisement* is an effective means of making new products known to many people. 広告は新製品を多くの人に知ってもらうのに効果的な手段です. **2** [形容詞的に] 広告の: an *advertisement* column 広告欄.

ad·ver·tis·er [ǽdvərtàizər] 名 Ⓒ 広告主, 広告業者, 宣伝者.

***ad·ver·tis·ing** [ǽdvərtàiziŋ] 名 Ⓤ 広告, 宣伝, 広告業. ── 形 [限定用法] 広告の, 広告を扱う: an *advertising* agency 広告代理店[業者].

‡****ad·vice** [ədváis] (☆アクセントに注意)
── 名 (複 **ad·vic·es** [〜iz]) **1** Ⓤ […についての] 忠告, 助言; (専門家の) 診断, 鑑定 [*on, about*]: a piece [bit] of *advice* 1つの忠告 / a great deal of *advice* 多くの助言(◇ an advice, many advices とは言わない) / My grandfather gave me some good *advice on* [*about*] what I should do. 祖父は私が何をすべきかについてよい助言をしてくれた / He went there on [against] my *advice*. 彼は私の忠告に従って[忠告を聞かずに] そこへ行った / You should take legal [medical] *advice*. 君は弁護士[医師] に相談すべきです.

┃コロケーション┃ 助言を [に] …
助言に従う: *take* [*follow, act on*] …'s *advice*
助言する: *give advice*
助言を無視する: *ignore* …'s *advice*
助言を求める: *ask* …'s *advice*

2 Ⓒ 【商】通知(書); (政治・外交上の) 報告: We received a shipping *advice*. 出荷通知を受け取った. (▷ 動 advíse)

ad·vis·a·ble [ədváizəbl] 形 [通例, 叙述用法] 賢明な, 好ましい; 得策の(↔ inadvisable)(◇ It is advisable to do [that …] の構文で用いることが多い): It is not *advisable* for you to lend money to him. 彼に金を貸すのはやめたほうがよい. (▷ 動 advíse)

ad·vis·a·bly [-bli] 副 賢明に; [文修飾] 賢明にも.

‡****ad·vise** [ədváiz] (☆発音に注意)
【基本的意味は「…に忠告する(tell someone what you think he/she should do)」】

── 動 (三単現 **ad·vis·es** [〜iz]; 過去・過分 **ad·vised** [〜d]; 現分 **ad·vis·ing** [〜iŋ])
── (他) **1** (a) [advise + O] […について]〈人〉に忠告する, 助言する [*on, about*]: He will *advise* you *on* your studies. 彼は研究について助言してくれるでしょう. (b) [advise + O + to do]〈人〉に…するように忠告する, 助言する: I *advised* her *to* come back soon. 私は彼女に早く戻るように助言した / He *advised* me not *to* eat too much. 彼は私にあまり食べすぎるなと忠告した. (c) [advise (+ O) + that 節]〈人〉に…ということを忠告する, 助言する: He *advised* (me) *that* I (should) take a rest. 彼は私に休息を取るべきだと忠告した(= He advised me to take a rest.)(◇ should を用いるのは《主に英》). (d) [advise + O + 疑問詞 [句]]〈人〉に…すべきかを助言する: He *advised* me (about) *what to do* [*what* I should do]. 彼は私が何をすべきかを助言してくれた. (e) [advise + 動名] …することを勧める, 助言する: I would *advise your getting up early in the morning*. あなたには朝早く起きることをお勧めしたい(= I would advise you to get up early in the morning.). (f) [advise + O + against …] 〜に…しないように忠告する, 助言する: She *advised* us *against* swimming in the lake. 彼女は私たちにその湖で泳がないようにと言った(= She advised us not to swim in the lake.).

2 《格式》〈人〉に […を / …ということを / …かを] 知らせる, 通知する (tell, inform) [*of / that* 節 / 疑問詞節](◇主に商業文などで用いる): He *advised* me *of* his address. 彼は住所を知らせてくれた / He *advised* me *that* he would call on me later. 彼はあとで私の所を訪れると知らせてくれた / Please *advise* us *of* the dispatch of the new goods. 新商品の発送をご通知ください.

── (自) **1** […について] 助言する, 勧告する [*on, upon*]. **2** 《米》[…と] 相談する [*with*].
(▷ 名 advíce)

ad·vis·ed·ly [ədváizidli] (☆発音に注意) 副 熟慮の末, 慎重に; 故意に (on purpose).

‡**ad·vis·er, ad·vi·sor** [ədváizər] 名 Ⓒ **1** […への / …についての] 忠告者, 助言者, 顧問 [*to / on*]: a special *adviser to* the committee 委員会特別顧問.
2 《米》指導教官.

***ad·vi·so·ry** [ədváizəri] 形 [通例, 限定用法]
1 助言を与える, 顧問の: an *advisory* committee [board, council] 諮問(＜しもん＞)委員会.
2 示唆(＜しさ＞)に富んだ, 忠告的な.
── 名 (複 **ad·vi·so·ries**) Ⓒ (公式の) 注意報, (専門家による) 状況報告; 《米》気象予報.

ad·vo·ca·cy [ǽdvəkəsi] 名 Ⓤ **1** […の] 支持, 弁護, 擁護 [*of*]: in *advocacy of* human rights 人権を擁護して. **2** 弁護士の職業 [仕事].

***ad·vo·cate** [ǽdvəkət](☆ 動との発音の違いに注意) 名 Ⓒ **1** […の] 擁護者, 主唱者; 支持者 [*of*]: She is an *advocate of* recycling campaigns. 彼女はリサイクル運動家[運動の支持者]です. **2** 《主にスコット》弁護士(◇《米》では attor-

advt.

ney(-at-law), 《英》では barrister, solicitor と言う).
——動 [-kèit] 他 〈主義・説などを〉擁護する, 主張[支持]する (support): *advocate* free trade 自由貿易を主張する.

advt. 《略語》= *ad*ver*t*isement 広告 (◇ ad が一般的).

adze, adz [ǽdz] 名 C 手おの, 手斧(ちょうな).

AEC, A.E.C. 《略語》《米》= *A*tomic *E*nergy *C*ommission 原子力委員会.

Ae·ge·an [i(ː)dʒíːən] 形 エーゲ海の.
——名 [the ~]= the Aegéan Séa エーゲ海《地中海の一部でギリシャとトルコの間にある》.

ae·gis [íːdʒis] 名 U **1** 《ギ神》神盾(かみたて)《ゼウスが女神アテナに護身用として与えた盾》. **2** 《格式》保護, 後援.
■ *ùnder the ǽgis of ...* …の庇護(ひご)[保護]を受けて: The city flourished *under the aegis of* the king. その都市は王の庇護のもとに繁栄した.

Ae·ne·as [iːníːəs, níːæs] 名 《ギ神・ロ神》アイネイアース《アフロディテ[ビーナス]の子で, トロイの勇士》.

Ae·o·lus [íːələs] 名 《ギ神》アイオロス《風の神》.

ae·on [íːən] 名 C 《英》永遠に長い期間 (eon).

a·er·ate [éəreit] 動 他 **1** …を空気にさらす; 空気で酸化させる. **2** 〈水・液体などに〉炭酸ガスを含ませる: *aerated* water 《英》炭酸水.

***aer·i·al** [éəriəl] 形 [比較なし; 限定用法] **1** 空気の, 大気の: *aerial* currents 気流. **2** 空中の: an *aerial* ropeway ロープウェー. **3** 航空(機から)の: an *aerial* photograph 航空写真.
——名 **1** C 《英》アンテナ (antenna). **2** [~s]《スキー》エアリアル《空中回転競技》. (▷ 名 áir)

aer·o- [ɛərou] 《結合》「空気, 空中」「航空」などの意を表す: *aero*dynamics 空気力学 / *aero*nautics 航空工学.

aer·o·bat·ics [èərəbǽtiks] 名 U **1** [複数扱い] 曲技[曲芸]飛行. **2** [単数扱い] 曲技[曲芸]飛行術.

aer·o·bics [eəróubiks] 名 U [単数・複数扱い] エアロビクス《酸素を多量に消費して心肺機能を強化する運動》.

aer·o·drome [éərədròum] 名 C 《英・古風》(小型の) 飛行場 (airfield).

aer·o·dy·nam·ics [èəroudainǽmiks] 名 U [単数・複数扱い] 空気力学, 航空力学.

aer·o·gram, aer·o·gramme [éərəgrǽm] 名 C **1** 航空書簡 (air letter). **2** 無線電報.

aer·o·naut [éərənɔ̀ːt] 名 C 気球[飛行船]の操縦者[搭乗者].

aer·o·nau·tic [èərənɔ́ːtik], **aer·o·nau·ti·cal** [-tikəl] 形 航空学の, 航空(術)の.

aer·o·nau·tics [èərənɔ́ːtiks] 名 U [単数扱い] 航空工学, 航空術: the National *Aeronautics* and Space Administration 《米国》航空宇宙局, ナサ 《略語》NASA.

***aer·o·plane** [éərəplèin]
——名 (複 **aer·o·planes** [~z]) C 《英》飛行機 (→ AIRPLANE).

aer·o·sol [éərəsɑ̀l / -sɔ̀l] 名 **1** U 《化》エーロゾル《気体中に分散している微粒子》. **2** C = áerosol bómb 《殺虫剤などの》噴霧器, スプレー.

aer·o·space [éərouspèis] 名 U **1** (大気圏内外の) 航空宇宙(空間); [形容詞的に] 航空宇宙(産業)の: an *aerospace* industry 航空宇宙産業.

Ae·sop [íːsɑp / -sɔp] 名 イソップ《紀元前6世紀頃のギリシャの寓話(ぐうわ)作家》.
◆ **Áesop's Fábles** [単数扱い] イソップ物語.

aes·thete, 《米》es·thete [ésθiːt / íːs-] 名 C 唯美主義者; 審美家.

***aes·thet·ic, 《米》es·thet·ic** [esθétik / iːs-] 形 審美的な; 美学の.

aes·thet·ics, 《米》es·thet·ics [esθétiks / iːs-] 名 U [単数扱い] 美学.

ae·ther [íːθər] 名《英》= ETHER エーテル.

a·far [əfɑ́ːr] 副《文語》遠くに[で], はるかに: *afar* off はるかかなたに / go *afar* 遠くに行く.
■ *from afár*《文語》遠くから.

af·fa·bil·i·ty [æfəbíləti] 名 U 愛想[感じ]のよさ.

af·fa·ble [ǽfəbl] 形 **1** [人に] 愛想のよい, もの柔らかな [*to*]. **2** 丁寧な, 丁重な.
af·fa·bly [-bli] 副 愛想よく.

***af·fair** [əféər]
——名 (複 **af·fairs** [~z]) C **1** 出来事, 事件: a terrible *affair* 恐ろしい出来事 / the Watergate *affair* ウォーターゲート事件.

2 [しばしば~s] 事務, 業務; 事態, 事情: private [public] *affairs* 私事 [公務] / world *affairs* 世界情勢 / The prime minister is kept busy with the *affairs* of state. 総理大臣は国務に忙殺されている.

3 (個人的な) 関心事, 用事, 問題: That's your *affair*. それは君の問題だ (私の知ったことではない) / That's no *affair* of yours. 余計なお世話だ (君の知ったことではない).

4 情事 (love affair): have an *affair* with a person 人と浮気する. **5** [通例, 形容詞を伴って]《口語》こと (matter), もの (thing): This computer is a general-purpose *affair*. このコンピュータは幅広いニーズにこたえるものです.

***af·fect**[1] [əfékt]
◆【基本的意味は「…に影響する」】
——動 (三単現 **af·fects** [əfékts]; 過去・過分 **af·fect·ed** [~id]; 現分 **af·fect·ing** [~iŋ])
——他 **1** …に影響を及ぼす, 作用する (→ INFLUENCE 類義語): His words *affected* my decision. 彼の言葉は私の決定に影響を与えた / Is gold *affected* by acid? 金は酸に侵食されますか. **2** [しばしば受け身で] 〈人〉を (ある感情で) 揺り動かす (→ IMPRESS 類義語): The sight *affected* us deeply. その光景は私たちをひどく感動した / I was *affected* by his tears. 私は彼の涙に心を動かされた. **3** 〈病気が〉〈体〉を侵す: The cancer *affected* his lung. 癌(がん)が彼の肺を侵した.

af·fect[2] 動 他 **1** …のふりをする, …を装う (pretend): *affect* not to hear 聞こえないふりをする / He *affected* contentment. 彼は満足そうなふりをしていた. **2** …を好んで用いる.

af·fec·ta·tion [æfektéiʃən] 名 UC 《軽蔑》ふりをすること, 見せかけ; きざ: an *affectation* of seriousness まじめなふり / without *affectation* 気取らず, 率直に.

af·fect·ed [əféktid] 形 見せかけの, 気取った: an *affected* politeness 見せかけの丁寧さ.

af·fect·ed·ly [~li] 副 気取って.

af·fect·ing [əféktiŋ] 形 《格式》人を感動させる, 感動的な; 哀れな, 痛ましい.

***af·fec·tion** [əfékʃən] 名 UC […に対する]愛情, 思いやり; 愛 (love) [*for, toward*]: All mothers have deep *affection for* [*toward*] their children. 母親は皆自分の子供に深い愛情を抱く / He wants to win her *affection*. 彼は彼女の愛情を得たいと思っている. (▷ 形 afféctionate)

***af·fec·tion·ate** [əfékʃənət] 形 [人に対して]情愛の深い, 優しい, 愛情のこもった [*to, toward*]. (▷ 名 afféction)

af·fec·tion·ate·ly [əfékʃənətli] 副 優しく, 愛情をこめて: Yours *affectionately*, ... 《米》 *Affectionately* (yours), ... 親愛なる…より (◇手紙の結びの文句; → LETTER).

af·fi·da·vit [æfidéivit] 名 C《法》《宜誓》供述書: swear [《口語》make, take] an *affidavit* (証人が)供述書に偽りのないことを宜誓する.

***af·fil·i·ate** [əfílièit] 動 他《通例,受け身または~oneself で》[…に]加入させる, 入会させる; […の]傘下に置く, 合併する [*with, to*]: The TV station *is affiliated with* [*to*] BBC. そのテレビ局はBBCの傘下にある / Why don't you *affiliate yourself to* [*with*] our group? 私たちのグループに入りませんか.

— 自 […に]加入する; […と]提携する [*with, to*].
— 名 [əfíliət] C; 子会社, 支店; 関係[支持]団体; 付属校, 提携校.

***af·fil·i·a·tion** [əfìliéiʃən] 名 UC **1** 加入, 入会, 加盟. **2** […との]提携, 友好[協力]関係 [*with*].

af·fin·i·ty [əfínəti] 名《複 **af·fin·i·ties** [~z]》
1 UC […との/…の間の](構造上の)類似(点); 密接な関係 [*with / between*]: There are many *affinities* between the two writers. その2人の作家には多くの類似点がある. **2** UC […への]親近感, 強い好み [*to, for*]: Do you feel an *affinity for* Bach? バッハはお好きですか. **3** C (血縁ではなく)姻戚(いんせき)関係.

***af·firm** [əfə́ːrm] 【*af* (…に対して) + *firm* (確かな)】で, 「確かなものにする」の意] 動 他 [affirm + O] …を断言する; [affirm + that 節] …であると断言する, 肯定する: He *affirmed* the truth of my words. 彼は私の言うことは本当だと断言した / She *affirmed* that he was innocent. 彼は彼が潔白だと断言した.

— 自 (宜誓に代えて法廷で) 誓う.
(▷ 名 affirmátion) 形 affírmative)

af·fir·ma·tion [æfərméiʃən] 名 UC 断言, 肯定 (↔ negation); 主張; (宜誓代わりの法廷での)誓い, 確約. (▷ 動 affírm)

af·firm·a·tive [əfə́ːrmətiv] 形《格式》断定的な; 肯定的な (↔ negative).
— 名 UC《格式》断定; 肯定 (↔ negative).

■ *in the affirmative* 肯定的に: He answered *in the affirmative*. 彼は肯定的に[そうだと]答えた (= He said, "Yes."). (▷ 動 affírm)

◆ affírmative áction 名 U《米》(人種・性・障害などによる)差別撤廃措置; 公民権推進運動 (cf. positive discrimination《英》差別是正).

af·firm·a·tive·ly [~li] 副 肯定して, 肯定的に.

af·fix [əfíks] (☆名の発音の違いに注意) 動 他
《格式》**1** […に]付着させる, 添付する [*to, on*]:
Please *affix* this label *to* the document. その書類にこのラベルをはってください. **2** […に]〈名前などを書きそえる; 〈印鑑〉を押す [*to*]: You have not *affixed* your signature *to* the agreement yet. あなたはまだ同意書に署名をしていない.
— 名 [æfiks] C **1** 付加物. **2**《文法》接辞
(◇接頭辞 (prefix) や接尾辞 (suffix) などの総称).

***af·flict** [əflíkt] 動 他《通例,受け身で》《格式》…を […で]苦しめる, 悩ます [*with, by, at*]: She *is afflicted with* rheumatism. 彼女はリューマチで苦しんでいる / The fear of death *afflicted* him. 死の恐怖が彼を苦しめた.

af·flic·tion [əflíkʃən] 名 **1** U《格式》苦労, 悩み. **2** C 悩みの種, 苦しみの種, 災難.

af·flu·ence [æfluəns] 名 U 豊富(さ), 豊かさ, 裕福(さ): live in *affluence* 裕福に暮らす.

af·flu·ent [æfluənt] 形 […の]豊かな, 豊富な (abundant) [*in*]; […が]裕福な (rich) [*with*]: an *affluent* society 豊かな社会 / This region is *affluent in* natural resources. この地域は天然資源が豊富である.

*****af·ford** [əfɔ́ːrd]
— 動 (三単現 **af·fords** [əfɔ́ːrdz]; 過去・過分 **af·ford·ed** [~id]; 現分 **af·ford·ing** [~iŋ])
— 他 **1** [can, be able to と共に用いて; 通例, 否定文・疑問文で; 受け身不可] [afford + O] …の 余裕[ゆとり]がある; [afford + to do] …する余裕がある: *Can* you *afford to* buy the book? その本を買うだけのお金がありますか / I *cannot afford* such an expensive jewel. = I *cannot afford to* buy such an expensive jewel. 私にはそんな高価な宝石を買う余裕はない / We *cannot afford* time for swimming this summer. この夏は泳ぎに行く暇がない.

2《格式》…を与える, 供給する; 産出する, 生ずる: Music *affords* pleasure. 音楽は喜びを与える / It *afforded* me great pleasure to talk with you. あなたと話をして実に楽しかった.

af·for·est·a·tion [əfɔ̀ːrəstéiʃən / əfɔ̀r-] 名 U 植林, 造林 (cf. deforestation 森林伐採).

af·fray [əfréi] 名 C《格式》(特に公共の場での)騒動, 乱闘.

af·fri·cate [ǽfrikət] 名 C《音声》破擦(はさつ)音 (◇ [tʃ], [dʒ] など破裂音＋摩擦音の音).

af·front [əfrʌ́nt] 動 他《通例, 受け身で》…を(故意に)侮辱する, …に無礼を働く: She felt deeply *affronted at* [*by*] his remark. 彼女は彼の言動にひどく侮辱を感じた. — 名 C […に対する]侮辱, あなどり [*to*]: an *affront to* her pride 彼女のプライドをきずつける侮辱.

Afghan / afraid

Af・ghan [ǽfgæn] 形 アフガニスタンの; アフガニスタン人[語]の.
— 名 C アフガニスタン人; U アフガニスタン語.

Af・ghan・i・stan [æfgǽnəstæn] 名 固 アフガニスタン《南西アジアの共和国; 首都カブール(Kabul)》.

a・fi・cio・na・do [əfìʃiənάːdou] 【スペイン】名 (複 **a・fi・cio・na・dos** [~z]) C (特に闘牛の)熱愛者; (スポーツ・映画などの)熱烈な) ファン, 凝り屋.

a・field [əfíːld] 副 **1** (家を) 遠く離れて; 野に[で], 畑に[で], 戦場に[で]. **2** 的を外れて.
■ *fár afíeld* 遠くに[へ]; (話題などが) 的外れで.

a・fire [əfáiər] 副 形 [通例, 叙述用法] 燃えて; […で](心が)燃え立って, 興奮して [*with*]: set the cottage *afire* 小屋に放火する / *afire with* patriotism 愛国心に燃えて.

a・flame [əfléim] (cf. flame 炎, 火炎) 副 形 [文語] […で] 燃えて, (明るく)輝いて; [比喩] (人・心が)非常に興奮して [*with*].

a・float [əflóut] 副 形 [叙述用法] **1** (水上・空中に)浮かんで, 漂って; (人が)船に乗って, 海上に: enjoy life *afloat* 海上生活を楽しむ. **2** (不安定に)揺らいで. **3** (うわさなどが)広まって. **4** (会社などが)赤字に陥らずに. **5** 浸水して.
■ *gét* [*sét*] ... *aflóat* **1** …を浮かばせる. **2** (うわさなどを)広める; …を発足させる.
kéep ... *aflóat* **1** …を浮かばせておく. **2** …を(破産[経営危機]に)陥らせない.

a・foot [əfút] 副 形 (物事が) 起こって, 進行中で.

a・fore・men・tioned [əfɔːrmènʃənd] 形 [限定用法]《格式》先に述べた, 前記の (aforesaid).
— 名 [the ~] 前述の人[もの].

a・fore・said [əfɔːrsèd] 形 [限定用法] 前述の.

Afr. [略語] =Africa; African.

★★★a・fraid [əfréid] 【基本的意味は「恐れて (feeling fear)」】
— 形 [叙述用法] **1** (a) 恐れて, 怖がって: I was very *afraid* on my first flight. 初めて飛行機に乗ったときとても怖かった (◇ afraid の強調には very, very much, much, much too などを用いる). (b) [be afraid of ...] …を恐れる, 怖がる: I *am* very *afraid of* spiders. 私はクモがとても怖い. (c) [be afraid+to do] 怖くて…することができない: At first she *was afraid to* drive on the expressway. 彼女は初めは怖くて高速道路を運転できなかった.

[語法] be afraid to do は「怖くて…できない」, be afraid of doing は「…しないかと恐れている」の意を表す(→ **2** (b)).《米》では be afraid of doing を「怖くて…できない」の意で用いることもある: I'm *afraid of driving* in the snow. 私は怖くて雪の中を運転できない.

2 (a) […のことを]心配して, 気づかって [*for*]: I'm *afraid for* my friend traveling alone. 私は1人旅をしている友人のことが気がかりです. (b) [be afraid of+動名 / be afraid+that 節] …ではないかと心配する, 恐れる: The old man *was afraid of troubling* others. = The old man *was afraid that* he might trouble others. 老人は他人に迷惑をかけはしないかと恐れていた / I *was afraid (that)* I might be late again. 私はまた遅れるのではないかと心配した / Don't *be afraid of making* mistakes. 間違うことを恐れるな.

■ *I'm afráid (that)* ...《口語》(残念[失礼]ながら) …ではないかと思う (◇ 好ましくないことを述べたり, ぶしつけな表現を和らげるときに用いる; ➡ [**LET'S TALK**]): *I'm afraid* you have the wrong number. 電話番号をおまちがえのようですが / You are a little too excited, *I'm afraid*. (失礼ですが)あなたはちょっと興奮しすぎていますね.

[語法] that 節の代わりに so, not を用いることがある: Do you have a cold? — *I'm afraid* so. かぜを引いているのですか — どうやらそのようです / Is he coming? — *I'm afraid* not. 彼は来ますか — 無理のようです.

LET'S TALK 断りの表現

[基本] I'm afraid ....

Bill: Would you like to come to my birthday party on Saturday?
(土曜日にぼくの誕生日パーティーに来ませんか)

Miho: I'm afraid I have other plans.
(あいにくほかの予定があります)

相手の誘いなどを断るときには, I'm afraid を付けて言いえます. これはあからさまに断るのを避ける丁寧な表現です. I'm sorry, (but) I can't. (あいにく行けません) と言ってもかまいません.

食べ物などの勧めを断る場合は, No, thank you. (いいえ, 結構です) と言いましょう. 単に No ではぶしつけな言い方になりかねません.

どちらの場合も相手の好意を断るのですから, 「相手の意にそえなくて残念だ」という気持ちを伝えることが大切です. 断らなければならない理由をあとに付けると, さらに丁寧になります.

[類例] A: More coffee? (コーヒーをもう少しどうですか)
B: No, thank you. I've had plenty. (結構です. もう十分いただきました)

a·fresh [əfréʃ] 副 新たに; 再び (again): We started *afresh*. 私たちは(気分を新たに)再出発した.

Af·ri·ca [ǽfrikə]
— 名 アフリカ; アフリカ大陸 (《略語》Afr.).

Af·ri·can [ǽfrikən] 形 アフリカの; アフリカ人の.
— 名 アフリカ人.
◆ **African Américan** C アフリカ系アメリカ人 (→ BLACK 名 [語法]).
African Únion [the ~] アフリカ連合《2002年, OAU が改組発展した組織; 《略語》AU》.

Af·ri·kaans [ӕfrikɑ́ːns] 名 U アフリカーンス語《南アフリカ共和国の公用語の1つ》.

Af·ri·ka·ner [ӕfrikɑ́ːnər] 名 C (特にオランダ系の) 南アフリカ生まれの白人.

Af·ro [ǽfrou] 名 (複 **Af·ros** [~z]) C アフロヘアー《縮れた髪を丸くふくらませた髪型》.

Af·ro- [ǽfrou-] 結合「アフリカ(人)の」「アフリカ(人, 語)と…との」の意を表す.

Àf·ro-A·mér·i·can 《古風》形 アフリカ系アメリカ人の. — 名 C アフリカ系アメリカ人.

aft [ǽft / ɑ́ːft] 副 船尾へ[に]; 〖航空〗尾翼の方に; 〖海〗船尾 (の方) へ[に] (↔ fore).
— 形 〖限定用法〗後部の, 尾翼[船尾]の方にある.

af·ter [ǽftər / ɑ́ːftə] 前 接 副 形
【基本的意味は「…のあとに」】
— 前 **1** [時間] …**のあとに**[で], …が終わってから (↔ before): the day *after* tomorrow 明後日(に) / the week *after* next 再来週(に) / *after* the election 選挙のあとで / It's twenty (minutes) *after* eight. 《米》8時20分です(=《英》It's twenty past eight.) / He returned home *after* three days. 彼は3日後に帰宅した(◇未来を表す文では in three days となる; → IN 前 **4** [語法]) / My father came home three days *after* the conference in Bonn. 父はボンでの会議から3日後に帰国した(◇「~から…後に」と言う場合は, 時間・期間を表す語句は after の前に置く) / *After* jogging [having jogged], I took a shower. ジョギングをしてからシャワーを浴びた.

2 [順序] …**のあとに**[で], 次に: Read *after* me. 私のあとについて読みなさい / S comes just *after* R. SはRの次です / Your name comes *after* mine on the list. 名簿では君の名前は僕のあとになっている / *After* tennis, baseball is my favorite sport. テニスの次に野球が私の好きなスポーツです / Shut the door *after* you. 入ったら[出たら]ドアを閉めなさい(cf. Shut the door behind you. あなたのうしろのドアを閉めなさい).

3 [追求・追跡] …を求めて, 追って: I ran *after* the bus. 私はバスを追いかけた / The police are *after* him. 警察は彼を追っている / He is always seeking *after* fame. 彼はいつも名声を求めている.

4 [模倣・順応] …にならって; …にちなんで: a novel *after* Hemingway's style ヘミングウェーばりの小説 / a painting *after* Rembrandt レンブラントの模写 / He was named Winston *after* Churchill. 彼はチャーチルにちなんでウィンストンと名付けられた.

5 [因果関係] …のあとなので; …にもかかわらず(→成句 after all [every] …): *After* what has happened to my brother, I won't drive again. 兄があああいうことになったので, 私は二度と車を運転しない / *After* all my efforts, I failed. かなり努力したがだめだった.

6 [関心] …に関して, …について: I asked [inquired] *after* her mother. 彼女のお母さんが元気かどうか尋ねた.

7 [反復・継続] …も…も, 次々に: week *after* week 毎週毎週 / Car *after* car passed me by. 車が次々に私を通り越していった.
[語法] (1) 同じ名詞を前後に置いて用いる. 名詞に冠詞は付かない.
(2) … after … が同じことの繰り返しを表すのに対し, … by … は少しずつ変化する様子を表す: day *after* day 来る日も来る日も / day *by* day 日を追って, 日増しに.

■ *àfter áll* **1** [通例, 文尾で](しかし)結局, やはり: She changed her mind and went to the party *after all*. 彼女は思い直して, 結局パーティーに行った / So you see I was right *after all*! やっぱり私が正しかっただろう. **2** [通例, 文頭で]何といっても, とにかく(◇前文の補足・理由などを示す): It's not surprising you are sleepy. *After all*, you stayed up all last night. 君が眠いのも無理はない. なにしろ昨夜は徹夜したのだから.

àfter áll [*évery*] … …にもかかわらず (in spite of): *After* all my care in packing it, the clock arrived broken. 十分注意して荷造りしたにもかかわらず, 着いたときその時計は壊れていた / *After* everything I've done for him, he still ignores me. 彼にはいろいろしてあげたのに, 彼はまだ私を無視している.

Àfter yóu. お先にどうぞ(◇ Go ahead. より丁寧な言い方).

Àfter yóu with …. …を使い終わったら(貸してください): *After you with* the sugar, please. 砂糖をお使いになったら回してください.

— 接 **1** [時間・順序] …**したあとに**[で], …してから (↔ before): I found your umbrella *after* you left [had left]. お帰りになってからあなたの傘を見つけました.
[語法] (1) after で始まる副詞節では, 未来のことでも現在形で表す: I'll write you *after* I arrive in Paris. パリに着いてからお手紙をさし上げます.
(2) after は時の前後関係を明確にする語なので, after で始まる節では過去完了の代わりに過去形を用いることが多い: She started the job soon *after* she graduated from the university. 彼女は大学を卒業してまもなくその仕事を始めた.

2 [因果関係] …したあとなので; …したあとなのに: I'll have to take him to the movies, *after* I said I would. 連れて行くと言ったからには彼を映画に連れて行かなければなるまい.

■ *àfter áll is sáid and dóne* 結局は, やっぱり (after all).

— 副 **1** [時間] **あとで**, あとに (↔ before) (◇ afterward, later のほうが一般的): three years *after* その3年後に(◇ three years later のほうが一般的)/ the day *after* その翌日(◇ the next [following] day のほうが一般的)/ We had another earthquake soon *after*. それからまもなくまた地震があった / They lived happily ever *after*. 彼らはその後ずっと幸せに暮らしましたとさ(◇おとぎ話などの結びの文句).

2 [順序] あとに, 続いて: Let's follow on *after* for a while. しばらくあとを追ってみよう.
　── 形 《限定用法》あとの, 次の: in *after* years 《文語》後年に(なって).

af·ter- [ǽftər / ɑ́ːftə] 接頭「あとの, のちの」の意を表す.

af·ter·birth [ǽftərbə̀ːrθ / ɑ́ːf-] 名 U 〔通例 the 〜〕後産(ごさん)《出産後排出される胎盤をさす》.

áf·ter·cáre 名 U アフターケア; 病後 [産後] の健康管理; 〔刑期満了後の〕更生補導.

af·ter·ef·fect [ǽftərifèkt / ɑ́ːf-] 名 C 〔しばしば 〜s〕**1** 余波, 名残. **2** [医] (薬などの) 副作用.

af·ter·glow [ǽftərglòu / ɑ́ːf-] 名 U **1** (日没後の) 夕焼け, 夕映え. **2** (過去の経験・栄光などの) 追想, 楽しい思い出, 余韻.

af·ter·im·age [ǽftərìmidʒ / ɑ́ːf-] 名 C [心理] 残像.

af·ter·life [ǽftərlàif / ɑ́ːf-] 名 〔the 〜〕来世, あの世; 〔通例 one's 〜〕晩年, 余生.

af·ter·math [ǽftərmæ̀θ / ɑ́ːf-] 名 C 〔通例 単数形で〕(災害・事件・戦争などの) 余波, 結果; 直後の影響, 余波が続いている間.

af·ter·noon [ǽftərnúːn / ɑ́ːftə-]

【「after(…のあと) + noon (正午)」から】
── 名 (複 a·fter·noons [〜z]) **1** U C 午後《正午から日没頃まで; → DAY 図》= EVENING 語法》: all *afternoon* 午後の間ずっと / She was born on Sunday *afternoon*. 彼女は日曜の午後に生まれた / They work as volunteers every *afternoon*. 彼らはボランティアとして毎日午後働いている.
2 [形容詞的に] 午後の: an *afternoon* sleep 昼寝.
3 [〜s; 副詞的に]《主に米》午後に, 午後にいつも.
■ **gòod afternóon** こんにちは (→見出し).
◆ **áfternoon téa** U C《英》アフタヌーンティー《午後3–5時にとる紅茶と軽食; → TEA 背景》.

af·ters [ǽftərz / ɑ́ːf-] 名 《英口語》デザート.

af·ter-shave, áf·ter·shave [ǽftərʃèiv / ɑ́ːf-] 名 U C = **áftershave lòtion** アフターシェーブローション《ひげそりあとに付けるローション》.

af·ter·shock [ǽftərʃὰk / ɑ́ːftəʃɔ̀k] 名 **1** C 余震. **2** = AFTERMATH (↑).

af·ter·taste [ǽftərtèist / ɑ́ːf-] 名 U C 後味(あじ);《比喩》(不愉快な経験などの) 名残, しこり.

af·ter·thought [ǽftərθɔ̀ːt / ɑ́ːf-] 名 U C あとからの思いつき; 後(あと)知恵, つけ足し.

af·ter·ward [ǽftərwərd / ɑ́ːftə-]

── 副 のちに, (その) あとで(《主に英》 *afterwards*): three days *afterward* (何らかの出来事から) 3日後 / Let's go to the opera first and have dinner *afterward*. まずオペラへ行って, そのあとで食事をしよう.

af·ter·wards [ǽftərwərdz / ɑ́ːftə-]

副《主に英》= AFTERWARD (↑)

Ag《元素記号》銀 (silver)《◇ラテン語 *argentum* から》.

a·gain [əgén, əgéin]

── 副 **1** 再び, もう一度: Try it *again* tomorrow. あしたもう一度やってみなさい / Please come *again*. どうぞまた来てください / I'll never see her *again*. 彼女とは二度と会わないつもりです.
2 [əgén] 元のように, 元の状態[場所]に: Put the scissors back *again*. はさみを元の所に置きなさい / Your father will be well [himself] *again* next month. お父さんは来月には元のように元気になりますよ.
3 [しばしば then, and then, but then, there などに付けて] そのうえ, さらにまた; ところが, また一方で: *Again*, that's very doubtful. そのうえ, それは非常に疑わしい / Then *again*, I am not so sure about it. でも, 私はそれについてあまり確信がない / It may snow, and then *again*, it may not. 雪になるかもしれないし, ならないかもしれない.
4 答えて, 応じて: echo [ring] *again* こだまする.
■ ***agáin and agáin*** = ***tíme and (tíme) agáin*** 何度も何度も: Little children want to listen to their favorite stories *again and again*. 幼い子供は好きな物語を何度も聞きたがる.
àll óver agáin (初めから) もう一度.
as mány [múch] agáin (as ...) (…の) 2倍の数 [量] の (◇ many [much] の代わりに large, long, heavy などの形容詞・副詞を用いることもある): dictionaries *as many again as* his 彼の辞書の2倍の冊数の辞書.
(èvery) nów and agáin 時々 (→ NOW 名 成句).
hálf as mány [múch] agáin as ... …の1倍半の (cf. half as many [much] (...) as 〜 → HALF 名 成句).
ònce agáin もう一度 (→ ONCE 名 成句).
óver and óver agáin 何度も (→ OVER 名 成句).

a·gainst [əgénst, əgéinst]

【原義は「向かい合って」】
── 前 **1** …に反対して, 対抗 [抵抗] して; (流れ・意向に) 反して, 逆らって (↔ for): She struggled *against* the fatal disease for three years. 彼女は3年間不治の病と闘った / He was forced to retire *against* his will. 彼は意に反して引退させられた / Four voted *against* the plan. 4人がその計画に反対票を投じた / Such an act is *against* the law. そんなことをしたら法律違反だよ / He swam *against* the current. 彼は流れに逆らって泳いだ / The yen continued to rise *against* the dollar. 円はドルに対して上がり続けた.
2 …にぶつかって; もたれて, 寄りかかって: A car ran *against* the wall. 1台の車が壁に衝突した / Very tired, he was leaning *against* the door. 彼は非常に疲れたのでドアにもたれかかっていた.

3 …に備えて, …しないように: You had better carry some insurance *against* unexpected accidents. 予期せぬ事故に備えて保険に入ったほうがいいですよ.

4 …を背景にして, …と対照して: Why don't we take pictures *against* that mountain? あの山を背景に写真を撮ってはどうかね.

5 …に敵対する, 不利な: All the evidence was *against* him. 証拠はどれも彼にとって不利だった.

■ **as agàinst …** …に比べて, …に対して: He scored 20 goals this year *as against* 45 last year. 彼のゴール数は昨年の45に対して今年は20だった.

Ag·a·mem·non [ǽɡəmémnɑn / -nən] 名 固【ギリシャ神】アガメムノン《トロイ戦争におけるギリシャ軍の総指揮官》.

a·gape [əɡéip] 形 副《叙述用法》(驚きなどで) 口を(あんぐり)あけて; あっけにとられて.

ag·ate [ǽɡət] 名 U【鉱】メノウ.

***age [éidʒ] 名 動

— 名 (複 **ag·es** [~iz]) **1** U C **年齢** (◇動植物・無生物にも用いる): the retiring *age* 定年 / at the *age* of 18 = at *age* 18 18歳で / What is his *age*? 彼は何歳ですか (= How old is he?) / He is eighteen years of *age*. 彼は18歳です (◇ He is eighteen (years old). のほうが普通) / He has a daughter (of) your *age*. 彼には君ぐらいの年の娘がいる / Her mother looks younger than her *age*. 彼女の母親は年より若く見える / It is possible to know the *age* of a tree by counting its growth rings. 樹齢は年輪を数えれば知ることができる / What is the *age* of this theater? この劇場は築何年ですか / The TV program is popular with people of all *ages*. そのテレビ番組はあらゆる年齢層に人気がある. **2** U 成年 (◇《米》では21歳,《英》では18歳); (法律上の)規定年齢: be over [of] *age* 成年[規定年齢]に達している / He wasn't admitted because he was under *age*. 彼は未成年なので入場できなかった. **3** U 高齢, 老齢 (◇通例65歳以上);[集合的に]老人たち (↔youth): feel one's *age* 自分の年を痛感する / be weak with *age* 高齢のために弱っている. **4** C (通例,単数形で;しばしば A-)時代,世代,時期 (→PERIOD 類義語): the Stone [Bronze, Iron] *Age* 石器[青銅器, 鉄器]時代 / the Middle *Ages* 中世 / We are living in the space *age*. 私たちは宇宙時代に生きている. **5** U 寿命, 一生; U C (一生の)一時期, 年代: full [middle, old] *age* 成年[中年, 老年]. **6** [an ~/~s]《口語》長い間 (a long time): It's *ages* [an *age*] since I saw you last. 本当に久しぶりですね / We've been waiting here for you for *ages*. ここでずっと待っていたんですよ.

■ **áct** [**be**] **one's áge**《通例, 命令文で》年相応にふるまう.

Áge befòre béauty. 美しさよりも年が先 ⇨ どうぞお先に (◇道などを譲るときに用いるおどけた表現).

cóme [**be**] **of áge 1** 成年に達する. **2** 十分に発達する; (問題などが) 成熟する.

for one's áge 年の割には: My father looks old *for his age*. 父は年の割には老けて見える.

— 動 (三単現 **ag·es** [~iz]; 過去・過分 **aged** [~d]; 現分 **ag·ing, age·ing** [~iŋ]) 自 (人が) 年を取る, 老ける; (ものが) 古くなる; (酒などが) 熟成する: My grandmother *aged* quickly after her illness. 祖母は病気をしたあと急に老け込んだ.

— 他〈人〉を老けさせる; …を古くさせる;〈酒など〉を熟成させる.

◆ **áge gròup** [**bràcket**] C[単数・複数扱い]同一[特定]年齢層 (の人々), 年齢集団.

áge lìmit C 年齢制限; 定年.

-age [idʒ]接尾「集合」「行為」「料金」「住居」などの意を表す名詞をつくる: vill*age* 村 / marri*age* 結婚 / post*age* 郵便料金 / orphan*age* 孤児院.

*a·ged [éidʒid; **2, 3** では éidʒd] 形 **1** [限定用法](年)老いた, 老齢の (→OLD 類義語); [the ~; 集合的に; 複数扱い] 老人: He takes care of the *aged*. 彼はお年寄りの世話をしている. **2** …歳の: a boy *aged* six 6歳の男の子. **3** (ワイン・チーズなどが) 熟成した; 年を経てまろやかになった: *aged* wine まろやかなワイン.

age·ing [éidʒiŋ] 名 形《英》= AGING (↓).

age·ism, ag·ism [éidʒizəm] 名 U 年齢による差別, (特に)老人差別; 老齢者排除思想.

age·less [éidʒləs] 形 常に若い; 永遠の.

**a·gen·cy [éidʒənsi]

— 名 (複 **a·gen·cies** [~z]) **1** C **代理店**, 特約店, あっせん機関 (→AGENT **1**): an advertising *agency* 広告代理店 / an employment *agency* 職業紹介所 / an insurance *agency* 保険代理店 / a news *agency* 通信社 / a travel *agency* 旅行代理店. **2** C《主に米》(政府などの)機関, …庁, …局: the Central Intelligence *Agency* 米国中央情報局 (《略語》CIA). **3** U 世話; 仲介; あっせん: He's got a good job through [by] the *agency* of his friend. 彼は友人の仲介でよい仕事についた. **4** U 作用, 働き, 力: the *agency* of Fate 運命の女神の摂理.

*a·gen·da [ədʒéndə] 名 (複 **a·gen·da, a·gen·das** [~z]; agendas のほうが一般的) C 議題, 政治課題, 議事日程(表); (業務の) 覚書: the next item on the *agenda* 議事日程の次項.

**a·gent [éidʒənt]

— 名 (複 **a·gents** [-dʒənts]) C **1 代理人**; あっせん人[業者], 仲介人 (◇通例 agent は「人」, agency は「業務 (を行う機関)」を表す): a real estate [《英》an estate] *agent*《米》不動産業者 / an insurance *agent* 保険代理人 / a shipping *agent* 海運業者 / a travel *agent* 旅行業者. **2** 手先; スパイ: a secret *agent* 秘密諜報(ちょうほう)部員 / a double *agent* 二重スパイ. **3**《格式》力; 働き; 作用するもの;【化】作用物質: natural *agents* 自然力《雨・風など》 / The sun is an essential *agent* for plant growth. 太陽は植物の生育に不可欠です.

age-old 形 [限定用法] 長年の, 年を経た.
ag·glom·er·ate [əglɑ́mərèit / əglɔ́m-] 動 他 …をかたまりにする, 固める; 集める. — 自 かたまりになる, 固まる; 集まる.
— 形 [-mərət] かたまりの, かたまり状の, 集まった.
— 名 [-mərət] 1 ⓤ [または an ~] (乱雑な) かたまり, 集まり. 2 ⓒⓤ《地質》集塊岩.
ag·glom·er·a·tion [əglɑ̀məréiʃən / əglɔ̀m-] 名 ⓤ かたまりにする [なる] こと, 集塊状態; ⓒ かたまり; (密集した) 集団.
ag·glu·ti·na·tion [əglùːtənéiʃən] 名 ⓤ 1 膠着(ちゃく), 接着. 2 《医》(傷口の) 癒着(ゆちゃく).
ag·gran·dize [əgrǽndaiz, ǽgrən-] 動 他 …を拡大 [増大] する; 〈個人·国家など〉を強大にする.
ag·gran·dize·ment [əgrǽndizmənt] 名 ⓤ 《通例, 軽蔑》(権力·富などの) (好ましくない) 拡大 [増大], 強化; 出世.
ag·gra·vate [ǽgrəveit] 動 他 1 〈病気·悩み·負担など〉をさらに悪化させる, さらに重くする: Her disease was *aggravated* by anxiety. 彼女の病気は心痛でさらに悪化した. 2 《口語》〈人〉を怒らせる, 悩ます (annoy).
ag·gra·va·tion [ǽgrəvèiʃən] 名 1 ⓤ (病気·悩み·苦痛などの) 悪化, 激化. 2 ⓤⓒ《口語》腹の立つこと [もの], 悩み事, いら立ち.
ag·gre·gate [ǽgrigèit] (☆ 名 形 との発音の違いに注意) 動 《格式》 他 1 …に達する, 総計で …になる. 2 (通例, 受け身で) …を集める.
— 自 集まる; 達する.
— 名 [-gət] 1 ⓤⓒ《格式》合計, 総計; 集合体. 2 ⓤ (コンクリートを作る) 骨材 (砂·砂利など).
in (the) *aggregate* 全体として, 総計で [の].
— 形 [-gət] [限定用法]《格式》集合的な, 総計の.
ag·gre·ga·tion [ǽgrigéiʃən] 名 ⓒ 集合体, 集団.
ag·gres·sion [əgréʃən] 名 1 ⓤⓒ 侵略, 攻撃; [権利などへの] 侵害 [*on*].
2 ⓤ《心理》反抗的な態度, 攻撃性.
* **ag·gres·sive** [əgrésiv] 形 1 攻撃的な, けんか好きな, 侵略的な (↔ *defensive*): an *aggressive* manner 攻撃的な態度 / an *aggressive* nation 侵略的国家. 2 《ほめ言葉》積極的な, 活動的な, 精力的な: an *aggressive* marketing campaign 積極的なマーケティング活動 / She is *aggressive* in business. 彼女はビジネスにおいて積極的である.
ag·gres·sive·ly [~li] 副 攻撃的に; 積極的に.
ag·gres·sive·ness [~nəs] 名 ⓤ 攻撃性; 積極性.
ag·gres·sor [əgrésər] 名 ⓒ 侵略者 [国].
ag·grieved [əgríːvd] 形 [不当な扱いで] 不平を抱いた, 憤慨した [*at, by, over*].
ag·gro [ǽgrou] 名 ⓤ《英俗語》もめ事, けんか.
a·ghast [əgǽst / əgάːst] 形 [叙述用法] […に] びっくり仰天して, あっけにとられて [*at*]: She stood *aghast at* the sight. 彼女はその光景にあっけにとられていた.
ag·ile [ǽdʒəl / ǽdʒail] 形 機敏な, すばやい; 〈頭の回転が〉速い.
ag·ile·ly [~li] 副 すばやく; 鋭敏に.

---

a·gil·i·ty [ədʒíləti] 名 ⓤ 機敏(さ), 軽快(さ).
ag·ing [éidʒiŋ] 名 ⓤ 1 年を取ること, 老化.
2 (ワイン·チーズなどの) 熟成.
— 形 [限定用法] 老(齢) 化してきた, 古くなってきた.
ag·ism [éidʒizm] 名 = AGEISM (↑).
* **ag·i·tate** [ǽdʒitèit] 動 他 1 〈人·世間など〉を動揺させる, かき乱す; 〈群衆〉を扇動する: She was *agitated* by the news of her husband's disappearance. 夫が失踪したとの知らせに彼女は動揺した. 2 〈液体など〉をかき混ぜる, 撹拌(かくはん)する. — 自 […のために / …に対して] 扇動する, アジる, 政治活動をする [*for / against*]: *agitate for* higher wages 賃上げを要求して扇動する.
ag·i·tat·ed [ǽdʒitèitid] 形 動揺した, 心配した.
ag·i·tat·ed·ly [~li] 副 動揺して, 心配して.
* **ag·i·ta·tion** [ǽdʒitéiʃən] 名 1 ⓤ (心の) 動揺, 興奮, 不安: in great *agitation* とても動揺して / be in a state of *agitation* 動揺 [興奮] した状態にある. 2 ⓤⓒ 扇動, アジ (演説); 世論に訴えること. 3 ⓤ (液体の) 撹拌(かくはん).
ag·i·ta·tor [ǽdʒitèitər] 名 ⓒ 1 (特に政治的な) 扇動者, 政治運動家. 2 撹拌(かくはん)器.
a·gleam [əglíːm] 副 形 [叙述用法] […で] きらめいて (いる), 輝いて (いる) [*with*].
a·glow [əglóu] 副 形 [叙述用法] […で] 燃えて (いる), ほてって (いる) [*with*]; [興奮などで] 輝いて [*with*].
AGM 《略語》= *a*nnual *g*eneral *m*eeting《英》(会社などの) 年次総会.
Ag·nes [ǽgnis] 名 固 アグネス (◇女性の名;《愛称》 Aggie, Aggy).
ag·nos·tic [ægnɑ́stik / -nɔ́s-] 名 ⓒ《哲·神学》不可知論者 (cf. *atheist* 無神論者).
— 形 不可知論(者)の (cf. *atheistic* 無神論(者)の).
ag·nos·ti·cism [ægnɑ́stisizəm / -nɔ́s-] 名 ⓤ《哲·神学》不可知論 (cf. *atheism* 無神論).

* **a·go** [əgóu]
— 副 (今から) …前に: three days *ago* 3日前に / not long *ago* つい先頃 / I first met her five years *ago*. 私は5年前に初めて彼女と会った / My uncle visited the Great Wall of China long *ago* [a long time *ago*]. 私のおじはずっと前に万里の長城を訪れたことがある / How long *ago* did your grandfather visit the British Museum? あなたのおじいさんが大英博物館を訪れたのはどのくらい前ですか.
[語法] (1) *ago* は現在を基準として過去のある時点を示す語で, 通例, 過去形と共に用いる. 完了時制·間接話法などで, 過去のある時点を基準としてそれよりも前のことを示す場合には before を用いる (→ BEFORE 副 1 [語法]).
(2) *ago* は常に期間を表す語句と共に用いる. 漠然と「以前に」の意を表す場合には before を用いる (→ BEFORE 副 1 [語法]).
■ *lóng, lóng agò* 昔々 (◇物語の初めに使われる語句): *Long, long ago*, there lived an old man and his wife. 昔々, おじいさんとおばあさんが住んでいました.

a·gog [əgág / əgɔ́g] 形 [叙述用法]《口語》[期待・興奮などで] わくわくして, 熱狂して [*with*]; [...したくて] うずうずして [*to do*] (◇ all agog の形で用いることが多い): He found the audience (all) *agog with* expectation. 彼は聴衆が期待にわき返っているのがわかった / They were (all) *agog to* know what would happen. 彼らは何が起こるのかを知りたくてうずうずしていた.

ag·o·nize,《英》**ag·o·nise** [ǽgənàiz] 動 自《口語》[困難な決定などに] ひどく悩む [*over*]; [...しようと] 必死に努力する [*to do*].
— 他〈人〉をひどく悩ます: *agonize* oneself 苦悩 [苦闘] する.

ag·o·nized [ǽgənàizd] 形 [限定用法] 苦しそうな, 苦痛にさいなまれた.

ag·o·niz·ing [ǽgənàiziŋ] 形 苦しめる, 苦痛 [苦痛] を与える, 苦痛に満ちた.

ag·o·niz·ing·ly [~li] 副 苦しんで, 痛ましくも.

*__ag·o·ny__ [ǽgəni] 名 (複 __ag·o·nies__ [~z]) UC **1** [しばしば複数形で] (精神的・肉体的な) ひどい苦しみ, 苦痛, 苦悩: lie in *agony* 苦しんでのたうち回る, 苦しみもがく / He was in *agonies* [an *agony*] of death. 彼は死の苦しみの渦中にあった. **2** (感情の) 激発, (激情の) 極み.
■ *píle* [*pút*] *on the agóny* 悲惨なことを大げさに話す.
◆ **ágony àunt** C《英》人生相談の回答者.
ágony còlumn C《新聞・雑誌の》読者相談欄, 人生相談欄; 私事広告欄.

ag·o·ra [ǽgərə] 名 (複 __ag·o·rae__ [-ri:]) C アゴラ《古代ギリシャの政治的な集会およびそれが行われた広場》; (一般に) 広場.

ag·o·ra·pho·bi·a [ǽgərəfóubiə] 名 U 《心理》広場恐怖症 (cf. agora 《古代ギリシャの》集会場, 広場; claustrophobia 閉所恐怖症).

ag·o·ra·pho·bic [ǽgərəfóubik] 形 名 C 広場恐怖症 (の人).

a·grar·i·an [əgréəriən] 形 農地の, 耕地の; 農業の: an *agrarian* reformer 農地改革者.

★★a·gree [əgríː]
【基本的意味は「一致する」】
— 動 (三単現 **a·grees** [~z]; 過去・過分 **a·greed** [~d]; 現分 **a·gree·ing** [~iŋ])
— 自 **1** (a) 意見が一致する (↔ disagree) (→ 類義語; → [LET'S TALK]). (b) [agree with ...] 〈人〉と意見が一致する: I *agree with* the other doctors. 他の医師の皆さんと私は同意見です / That's exactly where I don't *agree with* you. まさにその点で君と意見が違うのです. (c) [agree about [on] ...] ...について意見が一致する, 同意見である: All of them *agreed about* it. 彼らはそれについて皆意見が一致した / We did not *agree on* the price. 私たちは値段について意見が合わなかった / We couldn't *agree* (*about* [*on*]) where to go. 私たちはどこへ行くかについて意見が合わなかった / We couldn't *agree* (*about* [*on*]) where to go.《疑問詞節 [句] の前の about, on は省略されることがある). (d) [agree + to do] ...することに意見が一致する, 同意見である: We *agreed to* go there at once. 私たちはすぐそこに行くことで意見が一致した. **2** (a) (申し出などに) 同意する, 賛成する, 承諾する (→ CONSENT 類義語): I asked her to go there, and she *agreed*. 彼女にそこへ行ってくれと頼んだところ, 承諾しました. (b) [agree to [with] ...] 〈申し出など〉に同意する, 賛成する: He *agreed to* the proposal. 彼はその提案に同意した / I don't *agree with* your opinion. あなたの意見には賛成できない. (c) [agree + to do] ...することに同意する, 承諾する: He *agreed to* let us start early. 彼は私たちを早く出発させることに同意した.
3 [進行形不可] (物事が) [...と] 一致する [*with*]: Their explanations didn't *agree with* the report. 彼らの説明は報告書とくい違っていた.
4 [通例, 疑問文・否定文で] (気候・食物などが) (人の) 性(ｼｮｳ)に合う, 体質に合う [*with*]: The climate

---

LET'S TALK 同意の言葉

[基本] **I agree.**

Bill: **It's important to recycle our household trash.**
（家庭のごみをリサイクルすることが大切です）

Kenji: **I agree.**
（ぼくも君と同じ意見です）

　相手の意見にはっきりと「同意」の意向を伝えるには, I agree (with you). (あなたと同じ意見です) と言いましょう. I think so, too. と言ってもかまいません. Absolutely. または Exactly. (その通りです) と言えば,「同意」の意向を強調することになります.
　相手の意見に同意できない場合は, I disagree (with you). (あなたとは意見が違います), または I don't think so. (そうは思いません) と言います. I know what you mean, but I think .... (そうですね. でも私は...だと思います) と言えば, 相手の意見を尊重することになります.
　相手の提案に賛成する場合は, That sounds great. または Good idea! (それはいい考えだ) などと言います.

[類例] A: Why don't we go for a drive? (ドライブに行きませんか)
B: That sounds great. (それはいいですね)

agreeable

here does not *agree with* me. この土地の気候は私の体に合わない. **5** 仲がよい: The man and his wife do not *agree*. その夫婦は仲が悪い. **6**〖文法〗(数・格・人称・性が)〔…と〕一致する〔*with*〕.
─⑩ **1** 〔*agree*＋*that* 節〕…ということに意見が一致する, 同意見である: They all *agreed that* he was the brightest boy in the class. 彼らは皆彼がクラスで一番頭のよい少年だということで意見が一致した.
2《主に英》〈提案など〉を受け入れる, …に合意する: They have *agreed* the company's proposal. 彼らは会社側の提案を受け入れた.
■ *agrée to díffer* [*disagrée*] 見解の相違を認める《◇議論をやめる決まり文句》.
I couldn't agrée (with ...) móre.《口語》(…に)大賛成だ, まったく同感だ.
（▷图 agréement; 形 agréeable）

〖類義語〗**agree, coincide, correspond**
共通する意味―一致する(come into or be in harmony)
agree は「一致する」の意を表す最も一般的な語で「不一致, 不統一のないこと」の意: His theory *agreed* with the experiment results. 彼の理論は実験結果と一致した. **coincide** は 2 つのものの性質・性格が微細な点まで (ぴったり) 一致する」の意: The birthdays of my parents *coincide*. 私の両親の誕生日は同じです. **correspond** は 2 つのものが「相当する, 匹敵する」の意: The leaves of a tree *correspond* to the lungs of an animal. 木の葉は動物の肺に相当する.

*a·gree·a·ble [əgríːəbl] 形 **1** 〔…にとって〕快い, 心地よい, 感じのよい〔*to*〕(↔ disagreeable): *agreeable* weather 心地よい天気 / Her voice is *agreeable* to the ear. 彼女の声は耳に心地よい.
2 〖叙述用法〗〔…に〕快く同意する, 乗り気である〔*to*〕: She was *agreeable to* the proposal. 彼女はその提案に快く同意してくれた.
■ *màke oneself agréeable to ...* …に愛想よくする, 調子を合わせる. （▷動 agrée）

a·gree·a·bly [əgríːəbli] 副 快く, 楽しく, 愉快に: be *agreeably* surprised うれしい驚きを感じる.

a·greed [əgríːd] 形 **1** 〖限定用法〗協定した, 決められた: We met at the *agreed* time. 私たちは約束の時間に会った. **2** 〖叙述用法〗〔…と / …ということに〕意見が一致している〔*on, about / that* 節〕: All the members are *agreed on* this point. 全会員がこの点では同じ意見である / We were *agreed that* he should be honored. 彼が表彰されるべきだということで私たちの意見は一致していた.
3 〖間投詞的に〗賛成, 同感: *Agreed!* 賛成!

a·gree·ment [əgríːmənt]
─图（複 **a·gree·ments** [-mənts]）**1** Ⓒ 協定, 協約, 契約, 合意書: a labor *agreement* 労働協定 / a collective *agreement* 団体協約, 労働協約 / conclude [arrive at, come to, enter into, reach] an *agreement* with ... …と協定を結ぶ / They made an *agreement* to rent the house. 彼らは家の賃貸契約を結んだ.
2 Ⓤ (意見などの) 一致, 調和; 同意, 合意, 承諾 (↔ disagreement): by mutual *agreement* 双方の合意のもとで / She reached *agreement* with the boss on her new salary. 彼女は新しい給与のことで上司と話し合いがついた[意見の一致をみた] / There was so much *agreement* between the two theses. その 2 つの論文には見解の一致点が非常に多くあった.
3 Ⓤ 〖文法〗(数・格・人称・性の) 一致, 呼応 (concord).
■ *in agréement with ...* …に同意して, 一致して, 従って: I am *in* complete *agreement with* what you say. あなたのおっしゃることにまったく同感です. （▷動 agrée）

ag·ri·busi·ness [ǽgribìznəs] 图 Ⓒ Ⓤ 農業関連産業《農産物の生産・流通や農業機械の製造など》.

*ag·ri·cul·tur·al [ægrikʌ́ltʃərəl] 形 〖限定用法〗
1 農業の, 農芸の; 農業用の: *agricultural* products 農産物 / *agricultural* chemicals 農薬.
2 農業を主とする, 農耕の: *agricultural* societies 農村.

‡ag·ri·cul·ture [ǽgrikʌ̀ltʃər]【「agri (畑) + culture (耕作)」から】图 Ⓤ **1** 農業, 農芸, 農耕: the Department [Secretary] of *Agriculture*《米》農務省 [長官]. **2** 農学《◇畜産・林業を含む》.

ag·ri·cul·tur·ist [ægrikʌ́ltʃərist] 图 Ⓒ **1** 農業者, 農場経営者. **2** 農学者, 農業専門家.

a·ground [əgráund] 副 形 〖叙述用法〗(船が)座礁(しょう)して[た], 浅瀬に乗り上げて[た]: go (strike, run) *aground* (船が)座礁する, 浅瀬に乗り上げる.

a·gue [éigjuː] 图 [the ～]〖医〗マラリア熱. **2** 《古風》悪寒(おかん).

ah [ɑ́ː]
─間 ああ, あれ, おお《◇喜び・称賛・驚き・遺憾(いかん)・悲しみ・苦痛・同意などを表す》: *Ah*, you poor thing! ああ, かわいそうに / *Ah* well... ああ, しかたがない.

a·ha [ɑːhɑ́ː, əhɑ́ː] 間 ははあ, ほほう, へえ《◇勝利・発見・驚き・満足などを表すが, 時に皮肉の意を含む》.

ah·choo, ach·oo [ɑːtʃúː] 間 はくしょん《◇くしゃみの音》.

a·head [əhéd]
─副 **1** (位置・方向) 前方に, 前に (in front) (↔ behind); 先頭に立って (forward) (↔ backward): Would you move *ahead*? (少し)前に詰めていただけますか / The stone is three meters *ahead*. その石は 3 メートル前方にある / Danger *ahead*!《掲示》前方に危険物あり, 前方注意.
2 (時間) 先に, 前に, 将来に向けて, あらかじめ (in advance): look *ahead* 将来を見すえる / Plan *ahead*. 将来の計画を立てなさい / Read your textbook ten pages *ahead* for next week. 来週のために教科書をあらかじめ 10 ページ読んでおきなさい.

3 [優位・進歩] まさって, 進んで, 成功して; (得点で) リードして: Japan is *ahead* in robotics. 日本はロボット工学において (他国より) まさっている / We are four points *ahead*. = We are *ahead* by four points. 私たちは4点リードしている.
■ ***ahéad of ...*** **1** (位置が) …の前方に, 前に: There were two trailers *ahead of* us. 私たちの前にキャンピングカーが2台走っていた. **2** (時間的に) …より先に, 前に: The plane arrived twenty minutes *ahead of* time. 飛行機は定刻より20分早く着いた. **3** …よりまさって: She is far *ahead of* us in French. 彼女はフランス語が私たちよりはるかにまさっている.
be ahéad 《米口語》 もうける; まさっている.
gèt ahéad of ... …にまさる, …より先に出る: He *got ahead of* the rest of his class in mathematics. 彼はクラスのだれよりも数学ができた.
gò ahéad **1** 〔話・仕事などを〕 続ける, 進める 〔*with*〕. **2** (ことが) 進行する.
Gò ahéad. 《口語》 **1** お先にどうぞ (After you.). **2** それ行け, 頑張れ. **3** どうぞ: Can I use this PC? — Sure, *go ahead*. このパソコン使ってもいいですか — もちろんどうぞ. **4** [話の続きを促して] それから?

a·hem [mhm, əhém] [間] えへん, ふむ (◇せき払いの音. 人の注意を引いたり, 疑いを示したり, 言葉に詰まったりしたときに用いる).

a·hoy [əhɔ́i] [間] 〔海〕 おーい (◇ほかの船に呼びかける言葉).

AI 《略語》 = *a*rtificial *i*ntelligence 人工知能; *a*rtificial *i*nsemination 人工受精 [授精].

***aid** [éid] (☆ [同音] aide) [動] 《格式》 [他] **1** …を〔…のことで〕 **援助する**, 助ける, 手伝う 〔*with, in*〕 (→ HELP [類義語]): *aid* the earthquake victims 地震の被災者を援助する / Tom *aided* me *with* my assignment. トムは私の宿題を手伝ってくれた / This videotape will *aid* us *in* studying Chinese. このビデオは私たちの中国語学習の助けになるだろう.
2 〈物事〉を助成する, 促進する: This medicine *aids* digestion. この薬は消化を助ける.
— [自] 助力する, 援助をする.
■ ***áid and abét*** 〔法〕 …の犯行を幇助(ほうじょ)する.
— [名] **1** [U] (精神的・肉体的・財政的な) 援助, 救援, 助力: economic *aid* 経済的援助 / military *aid* 軍事援助 / give first *aid* to the wounded 負傷者に応急手当を施す / He came quickly to our *aid*. 彼はすぐに私たちを助けに来てくれた.
2 [C] 助手, 助力者, 援助者. **3** [C] 補助器具, 補助物: a hearing *aid* 補聴器 / audio-visual *aids* 視聴覚教材. **4** [U] 補助金.
■ ***càll ... in áid*** …に援助を求める.
in áid of ... …を助けるために [の].
Whát is ... in áid òf? 《英口語》 …はいったい何のためか, …をどうしようというのか.

aide [éid] (☆ [同音] aid) [名] [C] **1** 《主に米》 (政府高官などの) 側近, 補佐官: a presidential *aide* 大統領補佐官. **2** 〔軍〕 副官 (aide-de-camp).

aide-de-camp [èiddəkǽmp / -kɑ́:mp] 【フランス】 [名] (複 **aides-de-camp** [èidz-]) [C] 〔軍〕 副官.

AIDS, Aids [éidz] [名] [U] 〔医〕 エイズ, 後天性免疫不全症候群 (◇ *a*cquired *i*mmune *d*eficiency *s*yndrome の略. HIV infectious disease (エイズ感染症) の末期状態; → HIV): contract [get] *AIDS* エイズにかかる.

ail [éil] [動] 《古風》 [他] 〈人〉を苦しめる, 悩ます.
— [自] 病む, 患う, 調子が悪い (→ AILING).

ai·le·ron [éilərɑ̀n / -rɔ̀n] 【フランス】 [名] [C] 〔航空〕 補助翼, エルロン (→ AIRCRAFT 図).

ail·ing [éiliŋ] [形] [限定用法] 病気の, 病弱の; 悩んでいる.

ail·ment [éilmənt] [名] [C] (軽症の) 病気, 疾患.

*****aim** [éim] [動] [名] 【基本的意味は「…を目指す (plan to do something)」】
— [動] (三単現 **aims** [~z]; 過去・過分 **aimed** [~d]; 現分 **aim·ing** [~iŋ])
— [自] **1** (a) [aim at [for] ...] …を**目指す**, 志す: *aim for* promotion 昇進を目指す / Susan is *aiming at* a scholarship. スーザンは奨学金をもらおうと頑張っている / You don't have to *aim at* speaking English like an American. アメリカ人のように英語を話すことを目指す必要はない. (b) [aim + to do] …することを目指す, …するつもりである: We *aim to* save enough money to go on vacation. 私たちは休みに旅行できるだけのお金をためるつもりです.
2 〔…を〕(銃などで) **ねらう**, 〔…に〕ねらいを定める 〔*at*〕: I *aimed at* the rabbit but hit a tree. ウサギをねらったが, 木に当たってしまった.
— [他] **1** 〔…に〕〈銃など〉を**向ける** 〔*at*〕: He *aimed* his gun *at* the target. 彼は銃を的に向けた.
2 …を対象とする, …を 〔…に〕 向ける 〔*at*〕: a magazine *aimed at* young office workers 若い会社員を対象とする雑誌.
■ ***áim hígh*** [*lów*] 高い [低い] 望みを抱く.
— [名] (複 **aims** [~z]) **1** [C] 目標 (goal); 目的, 意図: an *aim* in life 人生の目標 / go to Italy with the *aim* of studying vocal music 声楽を勉強する目的でイタリアへ行く. **2** [U] ねらい; 的, 標的: take wrong *aim* 間違ったところをねらう / I missed my *aim*. ねらいを外した.
■ ***tàke áim at ...*** …にねらいを定める, …をねらう.

aim·less [éimləs] [形] [通例, 限定用法] 《しばしば軽蔑》 目的のない, あてのない.
aim·less·ly [~li] [副] 目的もなく, あてもなく.
aim·less·ness [~nəs] [名] [U] 目的 [あて] のないこと.

***ain't** [éint] 《短縮》 《口語》 **1** am [is, are] not の短縮形; 助動詞用法の have [has] not の短縮形 (◇誤用とされ, 書き言葉や改まった会話では避ける): You *ain't* seen it yet. 君はそれをまだ見てないね. **2** [付加疑問文で] am not? の短縮形: I'm right, *ain't* I? おれの言う通りじゃないか.

******air** [éər / éə] (☆ [同音] heir) [名] [動]
— [名] (複 **airs** [~z]) **1** [U] **空気**: clean [foul] *air* きれいな [汚れた] 空気 / dry [humid] *air* 乾いた [湿った] 空気 / breathe fresh *air* 新鮮な空気を吸い込む.

2 [U] [the ～] 空中, 大気; 空: in the open *air* 戸外で / The typhoon has carried away all the dust in the *air*. 台風は大気中のごみをすっかり運び去った / We threw our hats high up into the *air*. 私たちは帽子を空中高くほうり上げた.
3 [C] [通例 an ～] 態度, そぶり, 様子; [～s]《軽蔑》気取った態度: What a cheerful *air* he has about him! 彼の態度はなんと快活なのだろう / The minister spoke with an *air* of superiority. 大臣は偉そうな態度で話した / This park has an exotic *air*. この公園にはエキゾチックな雰囲気が漂う.
4 [形容詞的に] 航空の, 飛行機の: *air* travel 飛行機旅行 / an *air* pageant [show] 航空ショー.
5 [C]《古風》旋律 (tune), 節, メロディー, 歌曲.
■ *a chánge of áir* 転地 (療養).
áirs and gráces 気取り, もったいぶった態度.
by áir **1** 飛行機で: Traveling *by air* is fast and pleasant. 空の旅は速くて楽しい. **2** 航空便で (by airmail).
cléar the áir **1** (部屋の) 換気をする. **2** 疑惑を晴らす, 誤解を解く.
give onesèlf áirs 気取る, いばる.
in the áir **1** 空中に [の] (→ 图 **2**). **2**《口語》(ある空気・存在が) 感じられる; (うわさなどが) ささやかれて: Some funny rumors about her are *in the air*. 彼女についておかしなうわさが広まっている.
3《口語》(計画などが) 未決定で: My family may be going abroad in summer, but it's still *in the air*. 夏に家族で海外旅行をするかもしれないが, まだ決定してはいない.
into thín áir (口語) 影も形もなく.
òff (the) áir (テレビ・ラジオで) 放送 [放映] されないで; 放送をやめて [終了して] (↔ on (the) air).
òn (the) áir (テレビ・ラジオで) 放送 [放映] されて; 放送中で (↔ off (the) air): The baseball game is *on the air* now. その野球の試合は今テレビ [ラジオ] でやっている.
pùt òn áirs 気取る, いばる.
táke the áir **1**《古風》外気に当たる; 散歩する. **2** 放送を始める. **3** (飛行機が) 離陸する. **4**《米口語》そそくさと立ち去る, 逃げる.
ùp in the áir **1** 空高く. **2** 未決定で: Is your plan of studying abroad still *up in the air*? 留学する計画はまだ決まりませんか.
3《米口語》怒って, 取り乱して.
wálk [tréad] on áir (通例, 進行形で) (うれしくて) 足が地に着かなく, うきうきしている.
— 勔 ⓗ **1** 〈服など〉を空気にさらす, 乾かす: This is a good day to *air* the blankets. きょうは毛布を干すのにもってこいの日です. **2** 〈部屋〉に風を入れる, 換気する: Why don't you *air* (out) this stuffy room? この部屋はむっとするから風を通したら. **3**《米》(テレビ・ラジオに) 〈番組〉を放送 [放映] する [on]: The prime minister's speech will be *aired on* NHK this evening. 首相の演説が今夜NHKで放送される. **4** 〈見解〉を発表 [公表] する, 〈意見・不平など〉を言いまくる; 〈衣装など〉を見せびらかす: He often *airs* his opinions carelessly. 彼は自分の意見を軽々しく吹聴(ふいちょう)することが多い.

— ⓘ **1** (服などが) (風・熱などで) 乾く. **2** (部屋などの) 換気をする. **3** 放送される.
(▷ 圏 áerial, áiry)

◆ **áir bàg** [C] エアバッグ《自動車衝突時に自動的にふくらみ, 乗っている人の衝撃を和らげる袋》.
áir bàse [C] 空軍基地.
áir blàdder [C] (魚の) 浮き袋, 空気袋.
áir bràke [C] エアブレーキ.
áir condìtioner [C] エアコン, 空調 [冷暖房] 装置, (特に) 冷房装置 (▶ LIVING [PICTURE BOX]).
áir condìtioning [U] 空調, (特に) 冷房.
áir cùrrent [C] 気流 (current).
áir cùshion [C] 空気入り座ぶとん [まくら].
áir fòrce [C] 空軍.
áir fréshener [C][U] 芳香剤, 消臭剤.
áir gùn [C] 空気銃, エアガン.
áir hòstess [C]《英》エアホステス, スチュワーデス (→ STEWARD).
áir làne [C] 航空路.
áir lètter [C] 航空郵便 (の手紙), 航空書簡.
áir màss [C][気象] 団気: a cold *air mass* 寒気団.
áir màttress [C]《米》空気マットレス.
áir pìracy [C][U] 航空機乗っ取り (hijacking).
áir pòcket [C] エアポケット.
áir pollùtion [U] 大気汚染.
áir prèssure [U] 気圧.
áir ràid [C] 空襲.
áir rìfle [C] 空気銃.
áir sèrvice [U] 空輸, 航空便; 空軍.
áir tèrminal [C] **1** (空港の) ターミナルビル.
2 エアターミナル (◇空港へ行く乗客の集合場所).
áir tùrbulence [U][気象] 乱気流.
air・bed [éərbèd] 名 [C]《英》空気入りベッド [マットレス] (《米》air mattress).
air・borne [éərbɔ̀ːrn] 形 **1** [軍] (部隊が) 空輸の.
2 [叙述用法] (飛行機が) 離陸した, 飛行中の.
3 (花粉・種などが) 空気で運ばれる, 風媒の.
air・brush [éərbrʌ̀ʃ] 图 [C] エアブラシ《塗料吹きつけ用・写真修整用の噴霧器, スプレー》.
— 勔 ⓗ …をエアブラシで塗る [仕上げる].
air・bus [éərbʌ̀s] 图 [C] **1** エアバス《中・短距離用の大型ジェット旅客機》.
2 [A-]《商標》エアバス.
áir-con・di・tioned 形 エアコン [空調設備] 付きの.
áir-cóoled 形 (エンジンが) 空冷式の (cf. water-cooled 水冷式の).
‡**air・craft** [éərkræft / -krɑ̀ːft] 图 (複 **air・craft**) [C] 航空機《飛行機・ヘリコプター・グライダー・飛行船・気球などの総称; → p. 39 図》.

◆ **áircraft càrrier** [C] 空母, 航空母艦.
air・crew [éərkrùː] 图 [C] [集合的に]; 単数・複数扱い] (1機の) 航空機乗員《全乗本》.
air・fare [éərfèər] 图 [C] 航空運賃.
air・field [éərfìːld] 图 [C] (小規模の) 飛行場 (◇ airport より小さく, 設備の劣る離着陸場).
air・flow [éərflòu] 图 [U] [または an ～] (車・飛行機の) 走行 [飛行] による) 気流.
air・i・ly [éərəli] 副 軽快に, 陽気に, うわついて.

air·ing [éəriŋ] 名 **1** ⓊⒸ 空気[風]に当てること, 干すこと; 換気, 通風: He gave his suit an *airing*. 彼はスーツを虫干しした. **2** Ⓒ [通例, 単数形で] (健康増進のための) 戸外運動, 散歩, ドライブ. **3** Ⓒ [通例, 単数形で] (討議などで意見の) 公表, 発表. **4** Ⓒ 放送, オンエアになること.

air·less [éələs] 形 **1** 空気のない. **2** 風通しの悪い, 風のない.

air·lift [éərlìft] 名Ⓒ (特に緊急時の) 空輸.
— 動 他 …を空輸する.

*__air·line, air line__ [éərlàin] 名 **1** 航空路, 定期航空(路線). **2** [~s; 複数形で通例, 単数扱い] 航空会社 (《英》 airways): Japan *Airlines* 日本航空.

air·lin·er [éərlàinər] 名Ⓒ 大型定期旅客機.

*__air·mail, air mail__ [éərmèil] 名 **1** Ⓤ 航空郵便, エアメール: by *airmail* 航空便で. **2** [形容詞的に] 航空便の: an *airmail* envelope 航空便用封筒.
— 副 航空便で. — 動 他 …を航空便で送る.

air·man [éərmən] 名 (複 **air·men** [-mən]) Ⓒ **1** 飛行士[家], 飛行機乗組員. **2** 《米》 空軍兵.

*****air·plane** [éərplein]
— 名 (複 **air·planes** [~z]) Ⓒ 《米》 飛行機 (《口語》 plane, 《英》 aeroplane) (→ AIRCRAFT 図): get on [in] an *airplane* 飛行機に乗る[乗り込む] / get off [out of] an *airplane* 飛行機から降りる / travel by *airplane* = travel in an *airplane* 飛行機で旅行する / pilot an *airplane* 飛行機を操縦する.

*****air·port** [éərpɔːrt]
— 名 (複 **air·ports** [-pɔːrts]) Ⓒ 空港, 飛行場 (→ p.40 [PICTURE BOX]): a domestic [an international] *airport* 国内[国際]空港 / John F. Kennedy International *Airport* ケネディ国際空港.

air·ship [éərʃip] 名Ⓒ 飛行船 (dirigible) (→ AIRCRAFT 図).

air·sick [éərsìk] 形 飛行機に酔った.
air·sick·ness [~nəs] 名Ⓤ 飛行機酔い.

air·space [éərspèis] 名Ⓤ 領空, 空域.

air·speed [éərspìːd] 名Ⓤ [または an ~] 〖航空〗対気速度 (cf. ground speed 対地速度).

air·strip [éərstrìp] 名Ⓒ (臨時の) 滑走路.

air·tight [éərtàit] 形 **1** 空気の通らない, 密閉した. **2** 《米》 (議論・警備などに) すきのない, 完全な.

air-to-air [éərtəəər] 形 [限定用法] 空対空の, (飛行中の) 飛行機から飛行機への: an *air-to-air* missile 空対空ミサイル.

*__air·way__ [éərwèi] 名Ⓒ **1** 航空路. **2** [通例 ~s; 単数扱い] 《英》 航空会社 (《米》 airlines): British *Airways* 英国航空. **3** 《米》 (テレビの) チャンネル. **4** (鉱山の) 通風口; 〖解剖〗 気道.

air·wom·an [éərwùmən] 名 (複 **air·wom·en** [-wìmin]) Ⓒ (特に空軍の) 女性空兵, 女性パイロット, 女性飛行家.

air·wor·thy [éərwɜːrðı] 形 (飛行機が) 飛行に耐える, 飛行に適した; 飛行準備ができている.

air·y [éəri] 形 (比較 **air·i·er** [~ər]; 最上 **air·i·est** [~ist]) **1** 風通しのよい: an *airy* room 風通しのよい部屋. **2** 軽やかな, 快活な; 気楽そうな. **3** とりとめのない; 実のない, 架空の, うわべだけの; 気取った. (▷ 名 air)

***aisle** [áil] (☆発音に注意; 同音語 isle) 名Ⓒ **1** (劇場・列車・教室・教会などの) 通路, (スーパーマーケットなどの) 棚の間のスペース[通路]; = **áisle sèat** (飛

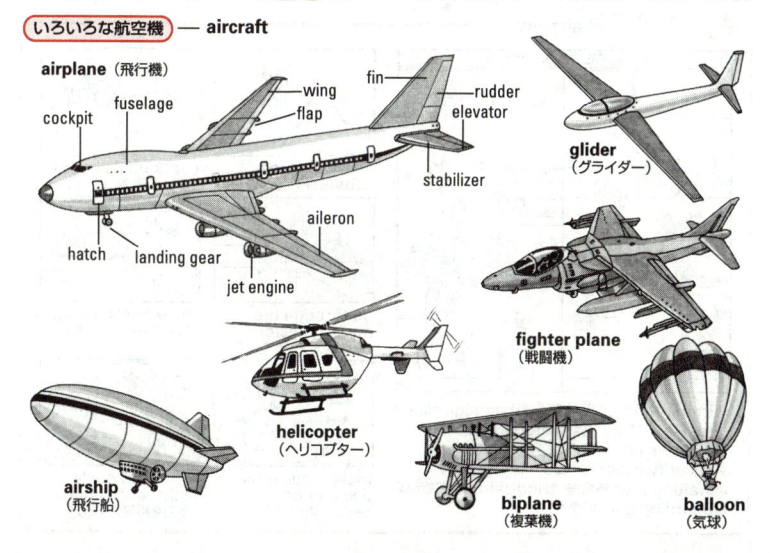

いろいろな航空機 — aircraft

airplane (飛行機)
cockpit / fuselage / wing / flap / fin / rudder / elevator / stabilizer / aileron / hatch / landing gear / jet engine

glider (グライダー)

fighter plane (戦闘機)

helicopter (ヘリコプター)

airship (飛行船)

biplane (複葉機)

balloon (気球)

行機・劇場の)通路側の席. **2** (教会の)側廊.
■ *róll in the áisles* 《口語》笑い転げる, 面白がる.
wálk [*gó*] *dówn the áisle* 《口語》結婚する(◇新婦が父親と一緒に新郎の待つ祭壇に向かって教会の通路を歩くことから).

aitch [éitʃ] 名 C H [h] の字 [字形, 音]: drop one's *aitches* h音を落として発音する(◇語頭のh音の脱落はロンドンなまり(Cockney)の特徴).

a·jar [ədʒɑ́:r] 副 形 [叙述用法](戸・門・カーテンなどが)少し開いて, 半開きで: leave the door *ajar* ドアを半開きにしておく.

AK 《郵略語》= *Al*as*k*a.

a.k.a., AKA [éikə, éikéiéi] 《略語》= *al*so *k*nown *a*s 別名, またの名を.

a·kim·bo [əkímbou] 形 副 《通例, 次の成句で》
■ *with árms akímbo* 両手を腰に当ててひじを張って(◇通例, 相手に対する挑戦的なしぐさ).

a·kin [əkín] 形 [叙述用法] **1** […と]血族の, 同族の[to]. **2** […と]類似の, 同質の[to]: Some customs in Hawaii are *akin to* those in Samoa. ハワイのいくつかの風習はサモアのものに類似している.

Al 《元素記号》= aluminum アルミニウム.

AL 《郵略語》= *Al*abama.

-al [əl] 接尾 **1** 名詞に付けて「…の性質の, …に関する」の意を表す形容詞を作る: post*al* 郵便の / natur*al* 自然の. **2** 動詞に付けて「…すること」の意を表す名詞を作る: refus*al* 拒否 / reviv*al* 復活.

Ala. 《略記》= *Al*abama.

Al·a·bam·a [æ̀ləbǽmə] 名 固 アラバマ《米国南東部にある州;《略語》Ala.;《郵略語》AL; → AMERICA 表》.

al·a·bas·ter [ǽləbæstər / -bàːs-] 名 U 《鉱》アラバスター, 雪花石こう《花びんや彫像を作るのに用いる白色半透明の鉱物》.
── 形 雪花石こう製の, 白くなめらかな.

à la carte [ὰː lɑː kɑ́ːrt / æ̀ lɑ̀ː-]《フランス》副 (定食でなく)一品料理の[で], アラカルトで.
── 形 一品料理の, メニューによる, アラカルトの.

a·lac·ri·ty [əlǽkrəti] 名 U 《格式》機敏, 活発: with *alacrity* 快く, てきぱきと.

A·lad·din [əlǽdin] 名 固 アラジン《『アラビアンナイト』の1話「アラジンと魔法のランプ」の主人公》.
◆ **Aláddin's cáve** C 宝物がたくさんある場所. **Aláddin's lámp** C アラジンの魔法のランプ(のように望みを何でもかなえてくれるもの).

à la mode, a la mode [ὰː lɑː móud / æ̀ lɑ̀ː-]《フランス》形 **1** 《通例, 名詞のあとに置いて》《主に米》《料理》アイスクリームをのせた[そえた]: an apple pie *à la mode* アイスクリームをのせたアップルパイ. **2** 《古風》流行の, 当世風の.

Al·an [ǽlən] 名 固 アラン《◇男性の名》.

‡**a·larm** [əlɑ́ːrm] 名 **1** C 警報, 警報装置: give the *alarm* 警報を発する / a fire *alarm* 火災警報[報知器]. **2** C = alárm clòck 目覚まし時計. **3** U (何か危険なことが起こるかもしれないという)不安, 恐れ(→ FEAR 類義語): in *alarm* 驚いて, あわてて. **4** C 《フェンシング》アラーム(1歩足を踏み出しての挑戦動作). ── 動 他 **1** 〈人〉を不安にする, 驚かす(→ FRIGHTEN 類義語). **2** 〈人〉に警告を発する.

a·larmed [əlɑ́ːrmd] 形 **1** […に]驚いて, 心配して, 警戒して[at, by, over]: We were quite *alarmed at* the news. 私たちはそのニュースに大変びっくりした. **2** 警報装置で守られた.

a·larm·ing [əlɑ́ːrmiŋ] 形 不安にさせる; 驚くべき.
a·larm·ing·ly [-li] 副 不安になるほど, 驚くほど.

a·larm·ist [əlɑ́ːrmist] 名 C 《軽蔑》必要以上に不安をあおる人. ── 形 人騒がせな.

PICTURE BOX airport

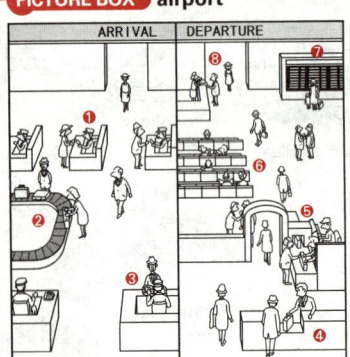

check in at the counter (チェックインする)

check one's bag (荷物を預ける)

go through the metal detector (金属探知ゲートを通る)

show one's passport (パスポートを見せる)

❶ immigration 入国審査所 ❷ baggage claim (area) 手荷物受取所 ❸ customs 税関
❹ check-in counter 搭乗手続カウンター
❺ security check セキュリティー チェック
❻ waiting area 待合室 ❼ indicator 発着表示板
❽ boarding gate 搭乗ゲート

make a customs declaration (税関で申告する)

reconfirm one's flight reservation (予約を再確認する)

alas / Algiers

*a・las [əlǽs, əlάːs] 間《文語》ああ, 哀れ (◇悲しみ・哀れみ・後悔などを表す).

Alas.《略語》= *Alas*ka.

A・las・ka [əlǽskə] 图圃 アラスカ《米国北西部の州;《略語》Alas.;《郵略語》AK; → AMERICA 表》.
 ◆ **Aláska (Stándard) Time** [the ~] アラスカ標準時《◇グリニッジ標準時より10時間遅い》.

A・las・kan [əlǽskən] 形 アラスカ州(人)の.
 ── 图 C アラスカ州人.

Al・ba・ni・a [ælbéiniə] 图圃 アルバニア《バルカン半島にある共和国; 首都ティラナ (Tirana)》.

Al・ba・ni・an [ælbéiniən] 形 アルバニアの; アルバニア人[語]の.
 ── 图 **1** C アルバニア人. **2** U アルバニア語.

Al・ba・ny [ɔ́ːlbəni] 图圃 オールバニー《米国 New York 州の州都》.

al・ba・tross [ǽlbətrɑ̀s, -trɔ̀ːs / -trɔ̀s] 图 (複 **al・ba・trosses** [~iz]; **al・ba・tross**) C **1**【鳥】アホウドリ. **2**【ゴルフ】アルバトロス《par (基準打数)より3打少なく1ホールを終えること》.

al・be・it [ɔːlbíːit] 接《文語》…にもかかわらず, たとえ…であろうとも.

Al・bert [ǽlbərt] 图圃 アルバート《◇男性の名;《愛称》Al, Bert》.

al・bi・no [ælbáinou / -bíː-] 图 C (複 **al・bi・nos** [~z])【医・動物】アルビノ《先天的に皮膚などの色素が欠けている人や動物》.

Al・bi・on [ǽlbiən] 图圃 アルビオン《Great Britain の古名で, 「白い国」(White Land) の意》.

***al・bum [ǽlbəm]
 ── 图 (複 **al・bums** [~z]) C **1** (写真・サインなどの) **アルバム** / a photo *album* 写真集 / an autograph *album* サイン帳 / a stamp *album* 切手帳 / I got the singer's autograph in my *album*. 私はその歌手のサインをもらった.
 2 (CD・テープなどの) **アルバム**, 全集: His new *album* is to be released in April. 彼の新しいアルバムは4月に発売される.

al・bu・men, al・bu・min [ælbjúːmən / ǽlbjumin] 图 U **1** 卵の白身, 卵白. **2**【生化】アルブミン《血清・卵白に含まれるたんぱく質の一種》.

al・che・mist [ǽlkəmist] 图 C 錬金術師.

al・che・my [ǽlkəmi] 图 U **1** 錬金術《卑金属を金・銀に変えることや, 万能薬の発見を目的とした中世の化学》;《文語》魔力.

*al・co・hol [ǽlkəhɔ̀ːl / -hɔ̀l] 图 U **1**【化】アルコール: ethyl [methyl] *alcohol* エチル[メチル]アルコール. **2** アルコール飲料, 酒.

*al・co・hol・ic [ælkəhɔ́ːlik, -hɔ́ːl- / -hɔ́l-] 形 **1** アルコール入りの: *alcoholic* drinks [liquors] アルコール飲料. **2** アルコール中毒[依存]の.
 ── 图 C アルコール中毒者.
 ◆ **Alcohólics Anónymous**《米》アルコホーリクス・アノニマス《アルコール依存からの回復を目指す自助グループ;《略語》AA》.

al・co・hol・ism [ǽlkəhɔ̀ːlizəm, -hɔ̀l- / -hɔ̀l-] 图 U アルコール中毒(症), アルコール依存(症).

Al・cott [ɔ́ːlkət] 图圃 オールコット Louisa May Alcott《1832–88; 米国の女流作家. 主著『若草物語』(*Little Women*)》.

al・cove [ǽlkouv] 图 C **1** アルコーブ《壁の一部を引っ込ませて作った凹所. 花びんなどを飾る》. **2** 庭の奥まった所; あずまや. **3**(日本の)床(ƚ)の間.

al den・te [æl dénti]【イタリア】形 (パスタに歯ごたえがある) 固ゆでの, (野菜などが) 固めに調理された.

al・der [ɔ́ːldər] 图 C【植】ハンノキ《湿地で育つ落葉樹. 建築や家具の材料になる》.

al・der・man [ɔ́ːldərmən] 图 (複 **al・der・men** [-mən]) C **1**《米・豪・カナダ》市評議会会員. **2**《英》(市町村の) 助役, 参事会員.

ale [éil] (☆同音 ail) 图 U エール《ビールの一種で特にアルコール分が多く苦(½)みが強い; → HOP²》.

*a・lert [ələ́ːrt]【原義は「見張り台に上がって」】形 **1**[…に] 用心深い, 油断のない [to, for]: be always *alert to* … 常に…に対して用心する.
 2《ほめ言葉》[…の点で] 機敏な, 抜け目のない [in]; 頭のさえた. ── 图 C 警報, 警戒警報; 警戒態勢.
 ■ **on (the) alért** […に対して […ができるように] 切迫なく警戒して, 待機して [for, against / to do].
 ── 動 他 **1** …に警報を出す. **2** …に […に対する] 警告 [注意, 行動の準備] を与える [to].

a・lert・ly [~li] 副 用心深く, 油断なく; 機敏に.

a・lert・ness [~nəs] 图 U 油断のなさ; 機敏さ.

A・leu・tian [əlúːʃən, əljúː-] 形 アリューシャン列島の. ── 图 圃 [the ~] the **Aléutian Islands** アリューシャン列島《米国 Alaska 州からロシアのカムチャツカ半島に連なる島々》.

A-level [éiləvl] 图 C《英》A級試験, A レベル《英国の大学入学資格を認定する上級試験; **advanced level** の略》.

Al・ex・an・der [æligzǽndər / -άːn-] 图圃 **1** アレキサンダー《◇男性の名;《愛称》Alec(k), Alex》. **2** [~ the Great] アレキサンドロス [アレキサンダー] 大王《356–323 B.C.; マケドニアの王 (336–323 B.C.)》.

Al・ex・an・dri・a [æligzǽndriə / -άːn-] 图圃 アレクサンドリア《エジプト北部にある港湾都市》.

al・fal・fa [ælfǽlfə] 图 U【植】アルファルファ, ムラサキウマゴヤシ《《英》lucerne》《牧草・緑肥用》.

Al・fred [ǽlfrid] 图圃 **1** アルフレッド《◇男性の名;《愛称》Al, Alf, Alfie, Fred》. **2** [~ the Great] アルフレッド大王《849–899; 古代英国の Wessex の王 (871–899)》.

al・fres・co [ælfréskou]【イタリア】副 戸外で.
 ── 形 戸外の: an *alfresco* meal 戸外での食事.

al・gae [ǽldʒiː] [ǽlgə] 图《**alga** [ǽlgə] の複数形》《通例, 複数扱い》【植】藻(ᵒ), 藻(ᵒ)類.

*al・ge・bra [ǽldʒibrə] 图 U 代数(学).
 (関連語) **arithmetic** 算数 / **geometry** 幾何学 / **mathematics** 数学 **2** C 代数学書 [論文].

al・ge・bra・ic [ældʒibréiik], **al・ge・bra・i・cal** [-kəl] 形 代数(学)の.

Al・ge・ri・a [ældʒíəriə] 图圃 アルジェリア《アフリカ北部にある共和国; 首都アルジェ (Algiers)》.

Al・ge・ri・an [ældʒíəriən] 形 アルジェリア(人)の.
 ── 图 C アルジェリア人.

Al・giers [ældʒíərz] 图圃 アルジェ《アルジェリアの首都》.

AL·GOL, Al·gol [ǽlgɑl / -gɔl] 名 U 〖コンピュータ〗アルゴル《主に科学計算用のプログラム言語の一種; *algorithmic language* の略》.

al·go·rithm [ǽlgəriðəm] 名 C 〖コンピュータ〗アルゴリズム《計算や問題を解決するための一連の命令または過程》.

Al·ham·bra [ælhǽmbrə] 名 固 (the ~) アルハンブラ宮殿《スペインのグラナダにあるイスラム様式の宮殿》.

a·li·as [éiliəs, -æs] 副 別名は, 通称は《◇特に犯罪者や俳優の使う偽名に用いる》: Jack Jones *alias* Edward Gilbert エドワード=ギルバートこと(本名)ジャック=ジョーンズ.
— 名 (複 **a·li·as·es** [~iz]) C (通例, 犯罪者などの使う) 別名, 通称, 偽名.

A·li Ba·ba [ǽli bάːbɑː] 名 固 アリババ《『アラビアンナイト』の1話「アリババと40人の盗賊」の主人公》.

al·i·bi [ǽləbài] 名 C **1** 〖法〗アリバイ, (現場)不在証明: establish [break] an *alibi* アリバイを立証する[崩す] / He didn't have an *alibi* for the murder. 彼にはその殺人事件のアリバイがなかった. **2**《口語》言い訳, 弁解, 口実 (excuse).
— 自 〔…の〕言い訳をする, 弁解をする〔*for*〕.
— 他 …のアリバイを証明する.

Al·ice [ǽlis] 名 固 アリス《◇女性の名; 《愛称》 Allie, Ally, Elsie》.

*__al·ien__ [éiliən] 名 C **1** 〖法〗(市民権のない) 外国人; 在留外国人《◇ foreigner のほうが一般的》. **2** 部外者 (outsider). **3** (地球人に対して) 異星人, エイリアン.
— 形 **1** 外国の; 外国人の: an *alien* culture 外国の文化. **2**〔…と〕異質の〔*from*〕;〔…に〕反する,〔…と〕相いれない〔*from, to*〕: Luxury is *alien* to my nature. ぜいたくは私の性分に合わない. **3** 異星の, 地球外(から)の.

*__al·ien·ate__ [éiliənèit] 動 他 **1** …を〔…から〕疎外する, 仲間外れ〔の仲間にする〔*from*〕: She was *alienated from* her friends. 彼女は友人たちに仲間外れにされた. **2** 〈感情・信頼などを〉そらす, ほかに向ける;〈心を〉遠ざける. **3** 〖法〗〈財産・不動産の権利など〉を譲渡する.

al·ien·a·tion [èiliənéiʃən] 名 U **1** 疎外(感), 疎外されること. **2** 疎遠, 仲間外れ(にされること); 仲たがい. **3** 〖法〗(財産・不動産の権利などの) 譲渡.

a·light[1] [əláit] 動 (三単現 **a·lights** [əláits]; 過去過分 **a·light·ed** [~id], **a·lit** [əlít]; 現分 **a·light·ing** [~iŋ]) 自《格式》(車・馬などから) 降りる〔*from*〕.
■ *alight on* [*upòn*] ... (鳥などが) …の上に降りて止まる.

a·light[2] 形〔叙述用法〕燃えて;〔…で〕(明るく)輝いて〔*with*〕: set the paper *alight* 紙に火をつける / His face was *alight with* happiness. 彼の顔は幸せで輝いていた.

a·lign [əláin] 動 他 **1** …を一直線[1列, 並行]に並べる, 整列させる. **2** 〈団体・党・国家などを〉〔…と〕提携 [同盟] させる〔*with*〕.
— 自 **1** 1列に整列する. **2** 提携する.
■ *align onesèlf with* ... …と提携する, 手を結ぶ.

a·lign·ment [əláinmənt] 名 **1** U 一直線[1列, 並行]にする[なる]こと, 整列: in [out of] *alignment* with ... …と1列に並んで [並ばずに].
2 U C 提携.

***a·like** [əláik] 形 副
— 形〔叙述用法〕よく似ている, 同様で, 等しい《◇強調には very much [《口語》very] を用いる》: They are very (much) *alike* in the way they walk. 彼らは歩き方がそっくりだ.
— 副 同様に, 等しく, 同等に (equally): young and old *alike* 老いも若きも / Teachers should treat all students *alike*. 教師はすべての学生を分け隔てなく扱うべきである.

al·i·men·ta·ry [æləméntəri] 形 **1** 栄養になる, 栄養の, 食物の. **2** 扶養の.
◆ aliméntary canál C (the ~)〖解剖〗消化管《消化・吸収を行う口から肛門(ɔ̀ɔ)までの管》.

al·i·mo·ny [ǽləmòuni / -mə-] 名 U 〖法〗(別居・離婚した配偶者に与える) 生活費, 別居 [離婚] 手当.

a·lit [əlít] 動 *alight*[1] の過去形・過去分詞.

***a·live** [əláiv]
— 形 〔比較なし; 通例, 叙述用法〕**1** (死なずに) 生きている (↔ dead): come back *alive* 生還する / be buried *alive* 生き埋めにされる.
語法 「生きている」の意で, alive, live[2] [láiv], living の用法の違いに注意. (1) alive は叙述用法で用いる: This crab is still *alive*. このカニはまだ生きている. (2) live は限定用法で用いる: a *live* crab 生きたカニ. (3) living は叙述用法・限定用法のいずれにも用いるが,「死なずに」の意はない: The crab is still *living*. そのカニはまだ生きている / a *living* crab 生きているカニ.
2 活発で, 生き生きして, 元気で: John seems very much *alive* when he sings songs. 歌を歌っているときジョンはとても生き生きしている.
語法 この意での alive を限定用法に用いることもできる. その場合は通例 alive の前に修飾語を伴う: Mary is a really *alive* student. メアリーは本当に元気のいい生徒です.
3 (習慣・伝統・計画などが) 存続して, (希望・記憶が) 消えないで, (権利などが) 有効で: We should keep the custom *alive*. 私たちはその風習を存続させるべきである.
4 〔名詞のあとに付けて〕《強調》この世の, 現存者の中で: the best pianist *alive* 当代随一のピアニスト.
5 にぎやかで, 満ちて, 活気づいて: The beach was *alive* with surfers. 浜辺はサーファーでいっぱいだった. **6** 〔…に〕気づいている, 敏感で〔*to*〕: Good writers are *alive* to the mood of the times. よい書き手は時代の風潮に敏感です.
■ *alíve and kícking* 元気でぴんぴんして.
còme alíve 生き返る, 生き生きとしてくる.

al·ka·li [ǽlkəlài] 名 (☆発音に注意) 名 (複 **al·ka·lis**, **al·ka·lies** [~z]) U C 〖化〗アルカリ (↔ acid).

al·ka·line [ǽlkəlàin] 形 〖化〗アルカリ(性)の, アルカリを含んだ 関連語 acid 酸性の / neutral 中性の): an *alkaline* battery アルカリ電池.

al·ka·lin·i·ty [æ̀lkəlínəti] 名 U 〖化〗アルカリ性, アルカリ度 (↔ acidity).

all

all [ɔ́ːl] (☆[同音] awl)
形 代 副 名

❶ 形容詞「すべての」(→ 形)
All the singers sang in chorus.
↑「All the＋名詞」の順
(すべての歌手が合唱した)

❷ 不定代名詞「すべての人[もの]」(→ 代)
All of us were at the party.
　　　　　複数扱い
(私たちはみんなパーティーに参加していた)
All is well with me.
　　　単数扱い
(私にとって万事がうまくいっている)

❸ 副詞「完全に」(→ 副)
The bottle is all empty.
(そのびんは完全にからです)

— 形 **1** [複数名詞に付いて] **すべての**, 全部の, …は全部; どの…も皆: *All* the students are present today. きょうは生徒全員が出席している / *All* children must be treated equally. どの子供に対しても平等にしなければならない / I have read *all* the books on that shelf. あの棚にある本は全部読みました.

[語法] 名詞が定冠詞・指示代名詞および人称代名詞の所有格を伴うときは, all はその前に置く.

2 [単数名詞に付いて] 全部の, …全体 [全部]: I've lost *all* the money I had. 私は持ち金を全部なくしてしまった / *All* the town was destroyed by the earthquake. 地震で町全体が壊滅した.

3 [時を表す単数名詞に付いて] …じゅうずっと: *all* (the) morning [night, day, year] 午前中 [ひと晩, 1日, 1年] じゅうずっと (◇ the はしばしば省略される).

4 [抽象名詞に付いて] 完全な, 全面的な; できる限りの: with *all* speed 全速力で / I waited for Sarah with *all* patience. 私はじっと我慢してサラを待った.

■ *for áll ...* …にもかかわらず (→ FOR 成句).
nòt áll ... [部分否定] すべての…が〜というわけではない: *Not all* the players are excellent. 選手全員が優秀というわけではない.
nòt so [*as*] *... as áll thát* 《口語》 そんなに…ではない: He is *not so* weak *as all that*. 彼はそんなに体が弱いわけではない.
of áll ... 数ある…の中で, よりによって: *Of all* days, I got a cold on the day before the entrance examination. こともあろうに入学試験の前日にかぜを引いてしまった.
with áll ... …があるのに [あるので] (→ WITH 成句).

— 代 [不定代名詞] **1** [複数扱い] **すべての人 [もの]**: I know *all* of the committee members. 私は委員全員を知っている / *All* looked happy that came to the party. パーティーに来た人は皆楽しそうだった.

2 [名詞・代名詞と同格に用いて] …はすべて [全部]: We *all* saw that movie. 私たちは皆あの映画を見た (＝*All* of us saw that movie.) / You may eat them *all*. あなたはそれを全部食べてよい (◇ 目的語の位置では代名詞と同格に用いることはできるが, 名詞と同格に用いることはできない).

3 [単数扱い] すべて (のこと [もの]): He spoke as if he knew *all* about the accident. まるで彼はその事故についてすべて知っているかのような話しぶりだった / *All* is OK with us. 私たちはすべて順調です / *All* that I had was lost in the war. 私は戦争で何もかも失った / *All* you have to do is (to) go there. あなたはそこに行きさえすればよい / *All's* well that ends well. 《ことわざ》終わりよければすべてよし.

■ *abòve áll* 特に, 何よりも (→ ABOVE 成句).
àfter áll 結局は, やはり (→ AFTER 成句).
áll but ... …を除いてみな (◇ …には名詞・代名詞が来る): *All but* Jack agreed. ジャック以外はみんな同意した.
áll in áll 全般的に見て: Sometimes he gets angry, but, *all in all*, he is gentle. 時には怒ることもあるけれどおしなべて彼は穏やかな人です.
áll of ... **1** …の全部の, …はみな. **2** [数詞を伴って] 《口語》少なくとも…, たっぷり…: It will take *all of* ten days to finish this work. この仕事を終えるには少なくとも10日はかかるだろう.
áll or nóthing すべてか無か; イチかバチか.
àll togéther みんな一緒に.
... and áll …ごと全部: The cat ate the fish, bones *and all*. その猫は魚を骨ごと食べてしまった.
at áll **1** [否定文で] 全然…ない: I am not worried *at all* about it. 私はそのことについては全然心配していない / Are you tired? – Not *at all*. 疲れましたか – いいえ, 少しも.

2 [疑問文で] いったい, そもそも: Why did you take part in that party *at all*? いったいどうしてあのパーティーに参加したのですか.

3 [条件節で] いやしくも: If he knew the fact *at all*, why didn't he tell us? 仮にも彼がその事実を知っていたのなら, どうして私たちに言ってくれなかったのだろう. **4** [肯定文で] とにかく; まさか: I'm relieved to hear that *at all*. 何はともあれそれを聞いてほっとしました.
in áll 全部で: Our club has 100 members *in all*. 私たちのクラブには全部で100人の部員がいる.
nòt áll [部分否定] すべてが…というわけではない: *Not all* were tired out. 全員が疲れ切っていたわけではなかった.
Thát's áll (*there ís to it*). それですべて (終わり) です, ただそれだけのことです.

— 副 **1** 完全に, 非常に (◇ 形容詞・副詞・前置詞句を強調する): *all* too soon あまりにあっけなく / *all* of a sudden 不意に / live *all* alone たった1人で生活する / We are *all* lost. 私たちはすっかり道に迷ってしまった.

2 [the ＋ 比較級の前に付けて] なおさら, 余計に (◇ 通例, 理由を表す副詞句 [節] を伴う): I like her *all the better* for her faults. 欠点があるのでかえって彼女のことが好きです / His cold was *all the*

A

worse because he was thinly dressed. 薄着をしていたせいで彼はかぜをこじらせてしまった. **3** [数詞のあとに付けて]〖競技〗両方とも, …オール: The score was two *all* at the end of the first half. 前半を終わって得点は2対2だった.
■ ***áll alóng*** 《口語》その時まで[今まで]ずっと, 最初から.
áll aróund ぐるっと回って(→ AROUND 成句).
áll but ほとんど(almost): He *all but* fell off the cliff. 彼は危うく崖(がけ)から落ちるところだった.
áll ín **1** 《口語》疲れ切って, へとへとで. **2** 全部(込み)で.
áll óut 《口語》全力で, 徹底的に.
áll óver 一面に(→ OVER 成句).
àll ríght 結構で; 無事で(→ RIGHT[1] [副] 成句).
áll thróugh 始終.
be áll for (dóing) ... 《口語》…(すること)に大賛成である.
be áll thére 《口語》 **1** 利口である, 抜け目がない. **2** [否定文・疑問文で]正気である.
nòt áll thát ... 《口語》それほど[思っているほど]…でない: He is *not all that* young. 彼はそれほど若くはない.
── [名] [one's ~]《文語》全財産, 所有物一切: He was cheated of his *all*. 彼は全財産をだまし取られた.
◆ **áll cléar** [the ~] **1** 空襲[危険]警報解除の合図. **2** 計画実行許可(の合図), ゴーサイン.
Áll Fóols' Dày [U] エイプリルフール(April Fools' Day).
Áll Sáints' Dày [U] 諸聖人の祝日, 万聖節《11月1日; → HALLOWEEN》.

all- [ɔːl] [結合] **1**「純…の」の意を表す: *all*-wool 純毛の. **2**「全…(代表)の」「…同士の」.

Al·lah [ǽlə, əlɑ́ː] [名] [固] アラー《イスラム教の神》.

Al·lan [ǽlən] [名] [固] アラン(◇男性の名; Alan, Allen ともつづる).

àll-A·mer·i·can [形] 全アメリカ人の; (スポーツなどで)全米代表の; 米国選手同士の.

áll-a·róund [形] [限定用法]《米》万能の, 多才な, 多用途の(《英》all-round): an *all-around* player オールラウンドプレーヤー, 万能選手.

al·lay [əléi] [動] [他]《格式》 **1**〈恐怖心・怒りなど〉を静める(calm). **2**〈痛み・悲しみなど〉を和らげる(relieve).

al·le·ga·tion [æ̀ləgéiʃən] [名] [C]《格式》(十分な証拠のない)断言, 主張; 申し立て. (▷ [動] allége)

***al·lege** [əlédʒ] [動] [他]《格式》 **1** (a) [allege＋O] [しばしば受け身で](十分な証拠なしに)…と断言する, 主張する; [allege＋that 節] …だと断言する: Tommy *alleged that* I had broken the mirror. トミーは私が鏡を割ったと言い張った. (b) [be alleged＋to do] …すると言われている: Betty *is alleged to* smoke. (本当かどうかはわからないが)ベティーはたばこを吸うそうだ(＝It *is alleged* that Betty smokes.).
2 (理由・弁解として)…を持ち出す, 言い訳にする. (▷ [名] allegátion)

***al·leged** [əlédʒd] [形] [限定用法]《格式》(十分な証拠なしに)…と断言されている, いわゆる; 未確認の: the *alleged* criminal 被疑者.

***al·leg·ed·ly** [əlédʒidli] [副] [文修飾](真偽はわからないが)伝えられるところでは(◇通例, 本動詞の前に置かれる. 特にニュース報道で用いる): They were *allegedly* divorced last month. 彼らは先月離婚したそうである(＝It is alleged that they were divorced last month.).

Al·le·ghe·ny [æ̀ligéini] [名] [固] [the Alleghenies]＝the Állegheny Móuntains アレゲニー山脈《米国アパラチア山脈の支脈》.

al·le·giance [əlíːdʒəns] [名] [U] [C] **1** 〔君主・国家・団体などへの〕支持, 忠誠〔*to*〕: swear (an oath of) *allegiance to* the king 王に忠誠を誓う.
2 〔個人・主義への〕献身, 忠節, 信奉〔*to*〕.

al·le·gor·ic [æ̀ləgɔ́ːrik / -gɔ́r-], 《主に英》**al·le·gor·i·cal** [-kəl] [形] 寓話(ぐう)的な, 比喩的な, たとえ話の.

al·le·go·ry [ǽləgɔ̀ːri / -gəri] [名] (複 **al·le·go·ries** [~z]) [U] [C] (風刺的な)寓話(ぐう), たとえ話.

al·le·gret·to [æ̀ləgrétou]【イタリア】[形] [副]〖音楽〗アレグレットの[で], やや急速な[に], 少し軽快な[に]. ── [名] (複 **al·le·gret·tos** [~z]) [C] アレグレットの曲[楽章].

al·le·gro [əlégrou]【イタリア】[形] [副]〖音楽〗アレグロ, 急速な[に], 軽快な[に].
── [名] (複 **al·le·gros** [~z]) [C] アレグロの曲[楽章].

al·le·lu·ia [æ̀ləlúːjə] [間] [名] ＝HALLELUJAH.

al·ler·gic [ələ́ːrdʒik] [形] **1**〖医〗アレルギー性[体質]の; 〔…で〕アレルギー反応を起こす〔*to*〕: an *allergic* reaction アレルギー反応 / My son is *allergic to* raw fish. うちの息子は生魚を食べるとアレルギーが出る. **2** 《口語》〔…が〕大嫌いな, 〔…に〕拒絶反応を示す〔*to*〕: She is *allergic to* swimming. 彼女は水泳が大嫌いです.

al·l·er·gy [ǽlərdʒi] [名] (複 **al·ler·gies** [~z]) [C]
1〖医〗〔…に対する〕アレルギー〔*to*〕: I have an *allergy to* eggs [pollens, dust]. 私は卵[花粉, ほこり]アレルギーです. **2** 《口語》〔…に対しての〕嫌悪感, 拒絶反応〔*to*〕.

al·le·vi·ate [əlíːvièit] [動] [他]《格式》〈苦痛・退屈など〉を和らげる, 軽くする.

al·le·vi·a·tion [əlìːviéiʃən] [名] [U] [C]《格式》(苦痛などの)緩和, 軽減; 緩和剤, 緩和するもの.

***al·ley** [ǽli] [名] [C] **1** (公園・庭園などの)小道, 遊歩道. **2** 裏通り, 路地《歩行者用の狭い通路》: a blind *alley* 袋小路(こう), 行き止まり. **3** (ボウリング場の)レーン(bowling alley); [~s] ボウリング場. **4**〖テニス〗アレー《シングルス用とダブルス用のサイドラインの間; ➡ TENNIS [PICTURE BOX]》.
■ ***be (rìght) úp [dówn] ...'s álley*** 《米》…の好みや能力に合っている, お手のものである.
◆ **álley càt** [C] 野良猫.

al·ley·way [ǽliwei] [名] ＝ALLEY **2** (↑).

al·li·ance [əláiəns] [名] **1** [U] [C] 〔…との / …間の〕同盟, 連合(関係); 提携, 協力〔*with* / *between*〕: break off an *alliance with* ... …との協力[同盟]関係を解消する / enter into [form] an *alliance with* ... …と協力[同盟]関係を結ぶ, 提携する / a multiple [dual, triple] *alliance* 多国間[2国間, 3国間]同盟. **2** [C] 同盟国; 提携者[会社].

***al·lied** [əláid, ǽlaid] 形 **1** [限定用法]同盟の,連合の;関連の;同類の: the *Allied* (Forces [Powers])(第1次・第2次世界大戦・湾岸戦争での)連合軍 / the *allied* armies 連合[同盟]軍.
2 [叙述用法][…と]関連して;同類で [to, with].

al·li·ga·tor [ǽligèitər] 名 **1** C アリゲーター《米国・中国に生息するワニで, crocodile ほど口先がとがっていない》. **2** U ワニ皮.

all-im·pór·tant 形 非常に重要な,不可欠な.

all-ín 形 **1** [限定用法]《英》(値段・請求書などが)全部込みの: an *all-in* price 全部込みの値段.
2 【レスリング】フリースタイルの.

all-in·clú·sive 形 すべてを含む, 包括[総括]的な.

al·lit·er·a·tion [əlìtəréiʃən] 名 U 【修辞】頭韻(いん)(法)(◇ Sing a song of sandwich. のように同じ音で始まる語を連ねる修辞法).

al·lit·er·a·tive [əlítərətiv, -rèit-] 形 頭韻(いん)法の, 頭韻法を用いた(文章の).

al·lo·cate [ǽləkèit] 動 他 **1** […に]…をあてる, 取っておく [for]: *allocate* $1,000 *for* repair work 修繕のために1,000ドル取っておく. **2** […に]…を配分する, 割り当てる (allot) [to]: Mr. Fujimoto *allocated* a task *to* each student. = Mr. Fujimoto *allocated* each student a task. 藤本先生は生徒1人1人に課題を割り当てた.

al·lo·ca·tion [ǽləkéiʃən] 名 **1** U 配分, 割り当て;配置. **2** C […への]分け前, 分配品[金];配分量 [for, to].

áll-or-nóth·ing 形 絶対的な,妥協を許さない;すべてか無かの, イチかバチかの.

*****al·lot** [əlát / əlɔ́t] 動 (三単現 **al·lots** [-láts / -lɔ́ts]; 過去・過分 **al·lot·ted** [~id]; 現分 **al·lot·ting** [~iŋ]) 他 **1** [allot+O+O / allot+O+to …] 〈人に〉…を配分する, 割り当てる (allocate): The president *allotted* us a week to finish it. = The president *allotted* a week *to* us to finish it. 社長はそれを完成するのに私たちに1週間くれた. **2** 〈時間・金など〉を […に]あてる, 充当する [for]: The manager *allotted* fifteen minutes *for* their musical performance. 支配人は彼らの演奏に15分を割り当てた.

al·lot·ment [əlátmənt / əlɔ́t-] 名 **1** U 配分, 割り当て. **2** C 配分[割り当て]量[品], 分け前.
3 C 《英》市民農園《市などが市民に貸し出す》.

áll-óut 形 [限定用法]《口語》総力を挙げての, 全面的な;徹底的な: make an *all-out* effort 全力をつくす / an *all-out* attack 総攻撃.

all-o·ver [ɔ́ːlòuvər] 形 全面的な;全面を覆った;すべて同じ柄[模様]の.

*****al·low** [əláu] (☆ 発音に注意) 【基本的意味は「…を許す (let someone do something)」】
—— 動 (三単現 **al·lows** [~z]; 過去・過分 **al·lowed** [~d]; 現分 **al·low·ing** [~iŋ])
—— 他 **1** (a) [allow+O] …を許す: They don't *allow* music after 10 at night in this apartment house. このアパートでは夜の10時以降音楽は禁止されている / This hotel does not *allow* dogs. 当ホテルでは犬の連れ込みを認めておりません. (b) [allow+O+to do] …が〜することを許す, …に〜させる: Her parents *allowed* her *to* go to the movies. 彼女の両親は彼女が映画へ行くのを許した / Please *allow* me *to* introduce Mr. Smith to you.《丁寧》スミスさんをご紹介いたします (= Let me introduce Mr. Smith to you.) / You are not *allowed* to see patients in the morning. 午前中は患者との面会が許されていない.

2 [allow+O+O] 〈人〉に…を与える, 支給する: Her father *allows* him ten dollars a week as spending money. 彼の父親は彼に毎週10ドルを小遣いとして与えている / The company *allows* employees 50,000 yen for housing. その会社は住宅手当として従業員に5万円を支給する / I *allow* myself no alcohol. 私はアルコールを控えている.

3 […に/…するために]〈時間・金など〉を取っておく, 割り当てる [for / to do]: You should *allow* twenty minutes *to* make 1,000 copies of it. 千部コピーするのに20分は見ておくべきです / I *allowed* 300 dollars *for* rent. 私は家賃に300ドルを取っておいた.

4 [allow+O] …を認める, 承認する; [allow+that 節]《格式》…する[である]ことを認める (◇ admit のほうが普通): He *allowed that* he had been careless. 彼は軽率だったことを認めた.

句動詞 **allów for …** 他 …を考慮に入れる, さし引く: You have to start early, *allowing for* traffic congestion. 交通渋滞を見越して, 早めに出発しなければいけません.

allów of … 他《格式》(規則・言動などが)…を許す, 許容する: Your late arrival *allows of* no excuse. 君の遅刻は言い訳が立たない.

(▷ 名 allówance)

al·low·a·ble [əláuəbl] 形 **1** 法的に許された, 法の許容範囲内の.
2 正当な, さしつかえない.

*****al·low·ance** [əláuəns] 名 **1** C (普通, 定期的に支給される)手当, 費用;《米》(主に子供の)小遣い(《英》pocket money): a travel(ing) *allowance*(s) 旅費 / a family *allowance*《英》家族手当.
2 C 割引, 値引き;減免: make [get] an *allowance* of 10 percent 10パーセント割引する[してもらう].
3 U C 許容(限度), 大目に見ること: a luggage *allowance* (飛行機の) 荷物持込許容限度.
■ **màke allówances [(an) allówance] for …** …を大目に見る, 〈事情など〉を考慮する.

(▷ 動 allów)

al·loy [ǽlɔi, əlɔ́i] 名 U C 合金.
—— 動 [əlɔ́i] 他 **1** […と]…を混ぜて合金にする [with].
2 …の価値や質を損なう.

áll-pów·er·ful 形 全能の, 全権を持つ.

áll-púr·pose 形 [限定用法]多目的の;万能の.

all-róund 形《英》＝ALL-AROUND.
all-róund・er 名《英》器用な人, 万能選手.
all-spice [ɔ́ːlspàis] 名 **1** Ⓤオールスパイス《西インド諸島の常緑高木の果実から作る香辛料》.
2 Ⓒ(植) オールスパイスの木.
áll-stàr 形 [限定用法] スター総出演 [一流選手総出場] の: a film with an *all-star* cast スター総出演の映画.
áll-tíme 形 [限定用法] (物事が) 空前の: an *all-time* high [low] record 過去最高 [最低] 記録.

*al・lude [əljúːd] 動 ⾃ […を] ほのめかす, […に] (遠回しに) 言及する [to] (cf. refer はっきり (直接的に) 言及する): Jane *alluded to* her engagement to Bob. ジェーンはボブと婚約したことをそれとなく口にした. (▷ 名 allusion)

al・lure [əljúər] 動 他〈人〉を […で] 魅惑する;〈人〉を誘う, 釣る [*with*];〈人〉をそそのかせて […] させる [*to do*]. — 名 ⓊⒸ 魅力.

al・lure・ment [əljúərmənt] 名 Ⓤ 誘惑, 甘い言葉; Ⓒ 魅惑するもの.

al・lur・ing [əljúəriŋ] 形 非常に魅力的な, うっとりさせる: an *alluring* voice うっとりさせる声.

*al・lu・sion [əlúːʒən] 名 ⓊⒸ […への] ほのめかし (の言葉), (間接的な) 言及する [*to*]: make an *allusion to* his laziness 彼の怠惰をそれとなく言う / This book has a lot of *allusions to* Shakespeare. この本は暗にシェイクスピアをさす所に満ちている.
■ *in allúsion to* ... (暗に) …をさして.
(▷ 動 allúde)

al・lu・sive [əlúːsiv] 形 […のことを] ほのめかした, あてこすった; […に] 言及した [*to*].

al・lu・vi・al [əlúːviəl] 形 [限定用法] (地質) 沖積(せき)[堆積(たいせき)] した; 沖積世 [期] の: *alluvial* deposits (三角州, 河岸などの) 沖積層.

al・lu・vi・um [əlúːviəm] 名 (複 **al・lu・vi・ums** [~z], **al・lu・vi・a** [-viə]) ⓊⒸ (地質) 沖積(せき)層, 沖積土.

‡**al・ly** [əlái, ǽlai] 動 (三単現 **al・lies** [~z]; 過去・過分 **al・lied** [~d]; 現分 **al・ly・ing** [~iŋ]) 他
1 […と] …を同盟させる, 連合させる; 提携させる [*with*, *to*]: Britain was then *allied with* Portugal. 当時イギリスはポルトガルと同盟関係にあった (◇ be allied with ..., ally oneself with ... の形で用いることが多い).
2 […と] 縁組みさせる [*with*, *to*].
— ⾃ (国・会社が) […と] 同盟する; 提携する; (人・家が) 縁組みする [*with*].
— 名 [ǽlai, əlái] (複 **al・lies** [~z]) Ⓒ **1** 同盟国; 支持者, 味方. **2** [the Allies] (第1次・第2次世界大戦・湾岸戦争における) 連合国 (軍).
(▷ 名 alliance)

al・ma ma・ter [ǽlmə máːtər] 【ラテン】名 Ⓒ (通例, 単数形で) 《格式》 **1** 母校. **2** (通例 A-M-) 《米》校歌.

al・ma・nac [ɔ́ːlmənæk] 名 Ⓒ **1** 暦《星占い・月の満ち欠け・潮の干満などのカレンダー》. **2** アルマナック, 年鑑 (yearbook).

‡**al・might・y** [ɔːlmáiti] 形 (比較 **al・might・i・er** [~ər]; 最上 **al・might・i・est** [~ist]) **1** [比較なし; しばしば A-] 全能の. **2** [the A-; 名詞的に] 全

能者, 神: *Almighty* God ＝ God *Almighty* 全能の神. **3** [限定用法] 《口語》 非常に, ひどい: an *almighty* din ひどい騒音.

al・mond [áːmənd] 名 Ⓒ (植) アーモンド (の木).

al・mon・er [ǽlmənər / áː-] 名 Ⓒ 《主に英・今はまれ》 (病院の) ソーシャルワーカー (◇今は medical social worker と言う).

***al・most** [ɔ́ːlmoust, ɔːlmóust /
— 副 (◇通例, 修飾する語の直前に置く) **1** [形容詞・副詞などを修飾して] **ほとんど**, たいてい (→ 類義語): My grandmother is *almost* 100 years old. 私の祖母はもうすぐ100歳です / *Almost* all the students attended the ceremony. ほとんどの生徒がその式典に出席した (◇ *almost* the students とは言わない) / Do you know cats are *almost* color-blind? 猫は色がほとんどわからないのを知っていましたか / She has been to *almost* every country in Europe. 彼女はヨーロッパのほとんどすべての国に行ったことがある.
2 [動詞を修飾して] 危うく [もう少しで] …するところで: I have *almost* forgotten about the party. そのパーティーのことをもう少しで忘れるところだった / The child was *almost* hit by a car. その子は危うく車にはねられるところだった / The elderly man slipped and *almost* fell down on the icy road. その老人は凍った路上で滑って危うく転びそうになった.
3 [否定語を修飾して] ほとんど…しない: He ate *almost* nothing this morning. 彼はけさほとんど何も食べなかった (＝He ate hardly [scarcely] anything this morning.) / She trusted *almost* nobody. 彼女はほとんどだれも信用しなかった (＝She trusted hardly anybody.).

> **類義語** **almost, nearly, about**
> 共通する意味▶ (質・程度・数量などが) 近い (close to, as in quality, degree, quantity, etc.)
> **almost** と **nearly** はある数値や状態に「まだ達していないがきわめて近い」ことを表す. 区別なしに用いこともあるが, 強いて言えば **almost** のほうが近接の度合いが強い: It is *almost* [*nearly*] five o'clock. もうすぐ5時です. **about** はある数値・状態を上回る場合にも下回る場合にも用いる: It was *about* five o'clock. 5時前後でした.

alms [áːmz] 名 (☆発音に注意) (複 **alms**;◇単複同形) Ⓒ (古風) (衣服・食料など貧者への) 施し物.

alms・house [áːmzhàus] 名 Ⓒ 《英史》私設救貧院, 養老院《貧者・老人のための慈善施設》.

al・oe [ǽlou] 名 (☆発音に注意) **1** Ⓒ (植) アロエ《アフリカ原産でユリ科の薬用・観賞用植物》.
2 ~s; 単数扱い] アロエ汁《下剤・強壮剤》.

a・loft [əlɔ́ːft, əlɔ́ːft / əlɔ́ft] 副《格式》空高く, 頭上に (overhead).

a・lo・ha [əlóuhɑː / -hə] 【ハワイ】間 ようこそ; さようなら《ハワイ語で「愛」の意》.
◆ **alóha shírt** Ⓒ アロハシャツ.
Alóha Státe 名 ⓟ [the ~] アロハ州《米国

alone / aloof

Hawaii 《州の愛称》; → AMERICA 表》.

***a·lone** [əlóun] 形 副

― 形 **1** [叙述用法] ただ1人の, 単独の (→ 類義語): She didn't want to be *alone* that night. 彼女はその夜1人でいたくなかった / I had never felt so *alone* in my life. 私はそれまでそんなに寂しいと感じたことはなかった.

[語法] alone を2人以上について用いることもある: I was *alone* with the police officer in the room. 私は部屋の中で警官と2人きりだった / We are not *alone* in this expectation. このような期待を抱いているのは私たちだけではない.

2 [名詞・代名詞のあとに付けて] ただ…だけ (only) (◇この用法は 副 とも考えられる): Remember that you *alone* can persuade him. 君だけが彼を説得できることを忘れるな / Pride *alone* made him continue the hard work. 誇りだけが彼がそのつらい仕事を続ける理由だった.

■ **lèt alóne ...** [通例, 否定文のあとで] …はもちろんのこと, 言うまでもなく: She never speaks to him, *let alone* goes out with him. 彼女は決して彼に話しかけないし, ましてや一緒に出かけたりはしない.

lèt [lèave] ... alóne 〈人・物〉をそのままほうっておく; …に触れないでおく: Please *let me alone* for a while. しばらく1人にしておいてください / He *left* the matter *alone*. 彼はその件に触れないでいた.

stànd alóne 抜きんでている, 抜群である.

― 副 **1人で**; 独力で: Bob came *alone* late at night. ボブは夜遅く1人でやって来た / They spent a long happy time *alone* together. 彼らは自分たちだけで長く幸せな時を共に過ごした / It was not easy for her to bring up her three children *alone*. 3人の子供を女手ひとつで育てるのは彼女にとって容易ではなかった.

■ **áll alóne** たった1人で.

[類義語] **alone, solitary, lonely, lonesome**
共通する意味▶単独である (isolated from others)
alone は「単独である」という客観的な事実を表すだけで, 必ずしもさびしいという気持ちは含まない: I'm *alone* in the room. 部屋にいるのは私だけです. **solitary** は仲間・同類のものから離れて「単独である」ことを表すだけで, alone 同様, 必ずしもさびしさは伴わず, それどころか「自ら好んで選ぶ孤独状態」を意味することもある: a *solitary* house 一軒家 / He enjoyed his *solitary* journey. 彼は1人旅を楽しんだ. **lonely** は仲間がなく「独りぼっちでさびしい」の意: She felt *lonely*. 彼女は独りぼっちでさびしかった. **lonesome** は「独りぼっちでさびしい」と思う気持ちが lonely よりも強い: She lives alone in a rooming house, and sometimes feels *lonesome*. 彼女は独りで下宿住まいをしていて, 時々さびしい気になる.

***a·long** [əlɔ́(ː)ŋ / əlɔ́ŋ] 前 副 【基本的意味は「…に沿って」】

― 前 **1** [方向・運動] …**を通って**, …に沿って: go *along* a corridor 通路を進む / We walked *along* a path through the woods. 私たちは森を抜ける小道を歩いた / There are cherry trees *along* the river. 川沿いに桜の木が植えられている / They planted flowers *along* the street. 彼らは通りに沿って花を植えた.

along a path　**across** a path

2 [位置] …の途中に, …をずっと行った所に; 〈旅行などの〉間に: Is there a post office *along* this street? この通りの先に郵便局がありますか.

― 副 **1** (休まず, 続けて) 前へ, どんどん先へ; 進んで (◇動詞に付けて単にその動作を強調することもある): He walked *along* without looking back. 彼は振り返ることなく歩き続けた / Move *along*, please! (立ち止まらないで) どんどん先に進んでください / Come *along*, children. さあ, みんな, いらっしゃい.

2 (人と) 一緒に, (ものを) 持って: Do bring your sister *along*. 妹さんをぜひご一緒にどうぞ.

3 《米口語》(時・仕事などが) かなり進んで: The meeting was well *along* when a fax came in. その会合がかなり進んでいたとき, ファックスが入った.

■ **àll alóng** 《口語》最初から, ずっと, いつも: I knew the answer *all along*, but I kept quiet. 私は初めから答えはわかっていたが, 黙っていた.

alóng abòut ... 《米口語》(時間・年齢などが) …頃に: I called her *along about* seven. 私は7時頃彼女に電話した.

alóng with ... …に加えて, …と一緒に; …と協力して: A letter was delivered *along with* the parcel. 荷物と一緒に手紙が届けられた.

be alóng こちらへ来る, そちらへ行く: They'll *be along* soon. 彼らはまもなくやって来ます.

*a·long·side [əlɔ̀(ː)ŋsáid / əlɔ̀ŋ-] 前 副 並んで, そばに, 一緒に, 横づけに; 【海】舷側(げん)に.

― 前 **1** …のそばに: park a car *alongside* the curb 歩道のへり沿いに駐車する.

2 …と並んで, …と同時に.

*a·loof [əlúːf] 前 [...から] 離れて, 遠ざかって [*from*].

― 形 よそよそしい, 冷淡な, 無関心な, 非友好的な: an *aloof* manner よそよそしい態度.

■ **kèep [remàin, stày] alóof (from ...)** (…に) 加わらない, (…から) 遠ざかっている, 孤高を保つ: Mary *kept* herself *aloof from* her classmates. メアリーはクラスメートによそよそしい態度をとった.

a·loof·ness [〜nəs] 名 U よそよそしさ, 無関心.

‡a·loud [əláud] (☆ 同音 allowed)
— 副 [比較なし] **1** (普通の大きさの) 声を出して (↔ silently): think *aloud* 考えていることを (思わず) 口に出す; 独り言を言う.
2 大声で (loudly): Read the poem *aloud*. その詩を大きな声で読みなさい.

alp [ælp] 名 C **1** (特にスイスの) 高い山. **2** (スイスのアルプスの山腹にある) 牧場.

al·pac·a [ælpǽkə] 名 **1** C 〖動物〗アルパカ《南米産の毛の長い家畜》. **2** U アルパカの毛; その毛織物.

al·pen·horn [ǽlpənhɔ̀ːrn] 名 C アルペンホルン《スイスの牛飼いが用いる木製の長い笛》.

al·pha [ǽlfə] 名 **1** CU アルファ (α, A)《ギリシャ語アルファベットの1番目の文字; → GREEK 表》.
2 U [the 〜] 第1番目, (物事の) 最初. **3** U [しばしば A-]〖天文〗(星座で) 一番明るい星, アルファ星.
■ the álpha and oméga 《文語》始まりと終わり, (物事の) 主要部分.

‡al·pha·bet [ǽlfəbet]【ギリシャ語の「alpha (α) + beta (β)」から】名 **1** C アルファベット, ABC. **2** [the 〜] 初歩, 入門.

al·pha·bet·i·cal [ælfəbétikəl], **al·pha·bet·ic** [-tik] 形 アルファベットの, アルファベット順の: in *alphabetical* order アルファベット順 [の].

al·pha·bet·i·cal·ly [-kəli] 副 アルファベット順に.

al·pha·bet·ize [ǽlfəbətàiz] 動 他 …をアルファベット順にする; …をアルファベットで表す.

al·pha·nu·mer·ic [ælfənjuːmérik / -njuː-] 形 アルファベットと数字から成る;〖コンピュータ〗英数字の.

al·pine [ǽlpain] 形 **1** [限定用法] 高山 (性) の; 高山植物 [動物] の. **2**〖スキー〗アルペン競技の. **3** [A-] [限定用法] アルプス (山脈) の.
— 名 C álpine plánt 高山植物.

al·pin·ist [ǽlpinist] 名 C **1** [しばしば A-] アルプス登山家, アルピニスト; (一般に) 登山家.
2 [A-] アルペン競技のスキーヤー.

***Alps** [ælps] 名 複 [the 〜; 複数扱い] アルプス山脈《ヨーロッパ南部の山脈で, 最高峰がモンブラン》.

‡al·read·y [ɔːlrédi]
— 副 **1** [肯定文で] すでに, もう, とっくに: We are *already* ten minutes behind. = We are ten minutes late *already*. 私たちはすでに10分遅れている / The sun has *already* set. 太陽はとっくに沈んでしまった / Mary has *already* gone to bed. メアリーはもう寝てしまった.
語法 (1) 疑問文・否定文では通例, yet を用いる. (2) already は通例, be 動詞・助動詞のあと, または動詞の前に置く. ただし, 次の場合の already の位置に注意. (a) 省略文では be 動詞・助動詞の前に置く: Has he returned home yet? - Yes, he *already* has. 彼はもう帰宅しましたかー ええ, とっくに帰ってますよ. (b) 強調の意は文頭・文尾に置く: *Already* John has left home. もうジョンはとっくに家を出た. (c)《口語》では文尾に置くことが多い: I've had tea *already*. お茶はもういただきました.

2 [疑問文・否定文で] もう, そんなに早く (◇意外・驚きを表し, しばしば文尾に置かれる): Is the match over *already*? おや, もう試合は終わったの (早いね) / Oh, are you leaving *already*? おや, もうお帰りですか.

al·right [ɔːlráit] 副 形 《口語》= all right (→ RIGHT[1] 成句).

Al·sa·tian [ælséiʃən] 名 C 《英》= Alsátian dòg (ドイツ種の) シェパード犬 (《米》German shepherd).

‡al·so [ɔ́ːlsou]
— 副 [通例, 肯定文で] (…も) また, 同様に: Twice a month I phone to my mother, and she *also* calls me. 私は月に2回母に電話するし, 母もまた月に2回電話をくれる / He is a fine sportsman; he is *also* known as a good pianist. 彼は優秀なスポーツマンであり, またすぐれたピアニストとしても知られている / She speaks French well; she can *also* speak Russian. 彼女はフランス語をうまく話すし, ロシア語も話せる.
語法 (1) also は通例, 動詞の前, または be 動詞・助動詞のあとに置かれる. 文の意味は also が修飾する語を強く発音することで区別する. ただし, 書き言葉では修飾される語の近くに also を置いて意味を区別することがある: She can *also* play the guitar. = She can play *also* the guitar. 彼女はギターもひける / Shé can *also* play the guitar. = She *also* can play the guitar. 彼女もギターがひける.
(2)《口語》では as well や too のほうが好まれる.
(3) 否定文では not … either または neither を用いる.
— 接《口語》そしてまた, そのうえ (and also): He gave me good advice, *also* a word of encouragement. 彼はよい忠告をしてくれたうえに励ましの言葉までかけてくれた.

ál·so-ràn 名 C (競馬で) 等外馬《3着以内に入らなかった馬》; 落選者; 落後者; 凡人.

ALT《略記》= *a*ssistant *l*anguage *t*eacher (日本の) 外国語指導助手.

Al·ta·ir [æltéər, -tái- / ǽltɛə] 名〖天文〗アルタイル, 牽牛 (ゖんぎゅう) 星, 彦星 (ひこぼし)《わし座の α 星》.

***al·tar** [ɔ́ːltər] (☆ 同音 alter) 名 C 〖宗教〗
1 (教会・寺院の) 祭壇. **2** (いけにえ・供物 (くもつ) をささげ, 香 (こう) をたくための) 置き台, 供物台.
■ léad … to the áltar《口語》〈女性〉と結婚する.

‡al·ter [ɔ́ːltər] (☆ 同音 altar) 動 他 **1** …を変える, 変更 [修正] する (→ CHANGE 類義語);〈衣服など〉の寸法を直す, 縫い直す: The company *altered* its sales plans. その会社は販売計画を変更した.
2《主に米・婉曲》…を去勢する.
— 自 変わる, 変更になる. (▷ 名 àlterátion)

al·ter·a·tion [ɔ̀ːltəréiʃən] 名 UC **1** 修正, 変更. **2**(衣服の) 寸法直し, 縫い直し. (▷ 動 álter)

al·ter·ca·tion [ɔ̀ːltərkéiʃən] 名 UC《格式》言い合い, 白熱した口論; 激論, 論争.

al·ter e·go [ɔ́ːltər iːgou / ǽltər-]【ラテン】名 (複 **al·ter e·gos** [〜z]) C **1** (ふだんとは別の性格の) もう1人の自分, 分身. **2**《格式》(考え方の似た

*al·ter·nate [ɔ́ːltərnət / ɔːltəːr-] (☆動との発音の違いに注意) 形 [比較なし;限定用法] **1** 交互の,交替で行う[起こる]: We have had a week of *alternate* rain and sunshine. 雨と晴れとが交互に代わる1週間だった. **2** 1つおきの,互い違いの: on *alternate* Mondays 隔週月曜日に / on *alternate* lines 1列 [行] おきに (= on every other line). **3** [限定用法] 《米》代わりの, (すでにあるものに代わる) もう一方の: an *alternate* plan 代案.
— 動 [ɔ́ːltərnèit] 他 …を […と] 交替で行う, 順番に使う 〈*with*〉: *alternate* study *with* sleep 勉強したり眠ったりを繰り返す.
— 自 **1** […と] 交替する; 交互に行う [起こる] 〈*with*〉: Good luck will *alternate* with bad luck. = Good luck and bad luck will *alternate*. 《ことわざ》幸運と不運は交互に訪れる ⇨ 禍福(ふく)は糾(あざな)える縄のごとし. **2** […との間を] 行きつ戻りつする; 交互に繰り返す 〈*between*〉: She *alternates* between joy and grief. 彼女は喜びと悲しみの間で揺れ動いている.
 (▷ 名 àlternátion; 形 altérnative)

al·ter·nate·ly [ɔ́ːltərnətli / ɔːltə́ːr-] 副 交互に, 交替で; 1つおきに.

al·ter·nat·ing [ɔ́ːltərnèitiŋ] 形 **1** 交互の, 交替の. **2** 〖電気〗交流の.

♦ **álternating cúrrent** U 〖電気〗交流 《略語》 AC, ac) (↔ direct current).

al·ter·na·tion [ɔ̀ːltərnéiʃən] 名 UC 交互, 交替; 1つおき: *alternation* of generations 〖生物〗世代交代 / the *alternation* of success and failure 成功と失敗の繰り返し. (▷ 動 álternate)

*al·ter·na·tive [ɔːltə́ːrnətiv] 形 [比較なし;限定用法] **1** 代わりの [になる], 別の, 代替の: *alternative* means of transportation 別の [代替] 輸送手段.
2 (2つ以上から) 択一の, どちら [どれ] か1つを選ぶべき: *alternative* courses 選択 (できる) コース.
3 非慣習 [非伝統] 的な, 既存のものとは異なる: an *alternative* school (既成の教育制度にのっとらない) 新しい方式の学校 / an *alternative* lifestyle (慣習にとらわれない) 新しい生き方.
— 名 C **1** […に対する] 代わり [ほか] の手段 [方法], 代案 〈*to*〉: I had no *alternative* but to tell him the truth. 私は彼に本当のことを話すほかなかった. **2** 2つ (以上) からの選択: We are faced with the *alternative* of death or submission. 私たちは死か降伏か二者択一を迫られている / You have the *alternative* of staying at home or going shopping. 家にいるのも買い物に行くのもあなたの自由です. **3** (2つ以上) ある中から) 選べるもの; 選択肢: You should consider all the *alternatives* before you act. あなたは行動を起こす前にあらゆる方法 [選択肢] についてよく考えるべきです. (▷ 動 álternate)

♦ **altérnative énergy** U 代替エネルギー 《石炭・石油などに代わる太陽熱・風力・原子力など》.

altérnative médicine U (西洋医学によらない) 代替医療 《◇漢方薬, 鍼灸(しんきゅう), 整体など》.

altérnative quéstion C 〖文法〗選択疑問 《◇Is she a singer or a dancer? など; → QUESTION 〖文法〗》.

altérnative technólogy U 代替テクノロジー 《環境破壊を起こさない技術》.

al·ter·na·tive·ly [ɔːltə́ːrnətivli] 副 **1** 二者択一的に; 代わりに. **2** [文修飾] あるいはまた, その代わりに.

al·ter·na·tor [ɔ́ːltərnèitər] 名 C 〖電気〗交流発電機, 交流電源.

al·though [ɔːlðóu]
— 接 [従属接続詞] **1** …であるけれども, …にもかかわらず, たとえ…でも (◇ though よりも《やや格式》; 用法については→ THOUGH 〖語法〗): *Although* he is old, he works harder than anyone else. 彼は年を取っているが, ほかのだれよりもよく働く / *Although* (they are) poor, they are happy. 彼らは貧乏だが, 幸せです / *Although* it was snowing, it was not very cold. 雪は降っていたが, あまり寒くなかった.
2 しかし.

al·tim·e·ter [æltímətər / æltimi:tə] 名 C 〖航空〗高度計.

*al·ti·tude [ǽltitjùːd / -tjùːd] 名 **1** UC [しばしば an 〜] 高度, 高さ; (山などの) 標高: at an *altitude* of 1,000 meters 高度[海抜]1,000メートルで (◇ height は単に「高さ」を意味するが, altitude は通例,「非常に高い」の意を含む).
2 [通例〜s] 高地, 高所. **3** UC 〖天文〗高角, 高度; 〖幾何〗(垂直の) 高さ.

*al·to [ǽltou] 名 (複 al·tos [〜z]) **1** 〖音楽〗アルト, アルトのパート 《女性の最低声域 (contralto), 男性の最高声域 (countertenor)》. **2** C アルト歌手; アルト楽器 《ビオラ (viola) などアルト音域の楽器》. — 形 アルトの.

al·to·geth·er [ɔ̀ːltəgéðər]
— 副 **1** 完全に, 全部: The summit meeting was *altogether* successful. 首脳会談は大成功を収めた / What she said was not *altogether* true. 彼女の話はすべてが真実なわけではなかった (◇否定文で用いると部分否定を表す).
2 [文修飾] 全体として, 総合的に見て (on the whole): *Altogether* we had a happy holiday. 全体としては楽しい休日だった / *Altogether* [Taken *altogether*], George's new drama is a success. 全体として, ジョージの新作の芝居は成功です.
3 全部で (in all): I paid 10,000 yen *altogether* for the meal with Jane. 私はジェーンとの食事に全部で1万円払った.
— 名 [次の成句で]
■ *in the altogéther* 《こっけい》裸で.

al·tru·ism [ǽltruizəm] 名 U 利他主義 《他人の幸福・利益を第一とする考え方; ↔ egoism》.

al·tru·ist [ǽltruist] 名 C 利他主義者 (↔ egoist).

al·tru·is·tic [æ̀ltruístik] 形 他人思いの, 気配りのできる, 利他(主義)的な (↔ egoistic).

al·tru·is·ti·cal·ly [æ̀ltruístikəli] 副 利他的に.

a·lu·mi·num [əlúːminəm], 《英》**al·u·min·i·um** [æljumíniəm] 名 U 〖化〗アルミニウム(《元素記号》Al); [形容詞的に] アルミニウム製の.

a·lum·na [əlámnə] 【ラテン】名 (複 **a·lum·nae** [-niː]) C 《米》女性の卒業生 [同窓生] (《英》old girl) (→ ALMNUS).

a·lum·ni [əlámnai] 名 C 《米》alumnus の複数形; *alumni* association 同窓会.

a·lum·nus [əlámnəs] 【ラテン】名 (複 **a·lum·ni** [-nai]) C 《米》男性の卒業生 [同窓生] (《英》old boy) (◇男女の卒業生を含めて言うときは alumni を用いる).

al·ve·o·lar [ælvíːələr / ælvióulə] 形 **1**〖音声〗歯茎(はぐき)音の, 歯茎子音の: an *alveolar* consonant 歯茎子音(◇[t, d, s, z, n, l] の上前歯の裏の口蓋(こうがい)に舌を付けて発する音). **2**〖解剖〗歯茎の.

※al·ways [ɔ́ːlweiz, -wəz, -wiz]
— 副 **1** いつも, 常に; [完了形と共に用いて] ずっと, 前々から: She is *always* full of smiles. 彼女はいつもにこにこしている / He *always* did something new. 彼はいつでも何か新しいことに手をそめた / I've *always* wanted to go to Egypt. 私は以前からエジプトに行きたいと思っている.

語法 always, often などの頻度を表す副詞は通例, 動詞の前, または be 動詞・助動詞のあとに置く. ただし, be 動詞・助動詞を強調するときはその前に置く: He *always* is lazy. 彼は本当にいつも怠けている.

2 [進行形と共に用いて] いつも…(ばかり)している(◇通例, 不満・非難・軽蔑などを表す): It *is always snowing* in February. 2月はいつも雪が降ってばかりいる / You *are always looking* for faults. 君はいつもあら探しばかりしている.

3 いつまでも, 永遠に (forever): I'll treasure this *always*. 私はいつまでもこれを大切にします.

4 [通例 can, could と共に用いて] 《口語》いつでも, いざとなれば: I can *always* come back here. 私はいざとなればここへ帰って来ることができる.

■ **as álways** いつもと同じように, 例のように.
nòt álways [部分否定] いつも [必ずしも] …とは限らない: Doctors do *not always* tell their patients the facts. 医師は患者にいつも事実を話すというわけではない / The rich are *not always* happy. 金持ちが必ずしも幸せとは限らない.

Álz·hei·mer's disèase [áːltshaimərz-, ǽlts-] 名 U 〖医〗アルツハイマー病《初老期に発症する. 発見者のドイツ人医師の名から》.

※am [(弱) əm; (強) ǽm]
助 [助動] (◇ be の1人称・単数・現在形; → BE 表)
— 動 ⓐ **1** [am + C] (私は)…である (◇ C は名詞・代名詞・形容詞; → BE 動 ⓐ 1): I *am* a high school student from Japan. 私は日本から来た高校生です / I'm not tired. 私は疲れていません / Are you happy? — Yes, I *am*. あなたは幸せですか. ええ, 幸せです (◇この場合 I am を I'm と短縮形で表すことはできない).

2 [副詞(句) を伴って] (私は)…にいる; 存在する (→ BE 動 ⓐ 2): Where are you, Bob? — I'm here on the porch. ボブ, どこにいるの — 玄関だよ.
— [助動] **1** [現在進行形; am + 現分] (私は)…しているところだ; もうすぐ…する予定だ (→ BE [助動] 1): I'm *working* now. 今仕事中です / I'm *going* to London next week. 来週ロンドンに行く予定です.

2 [受け身; am + 過分] (私は)…される, …されている (→ BE [助動] 2): I'm not *appreciated* by my family. 私は家族に十分理解されていない.

3 [am + to do] (私は)…することになっている; …するべきである (→ BE [助動] 3): When *am* I *to* leave? 私はいつ出かけたらよいでしょうか.

AM, a.m.¹, **A.M.**¹ (略語) = *a*mplitude *m*odulation 〖通信〗AM放送, 振幅変調方式.

Am. 《略語》= *A*merica; *A*merican.

※a.m.², A.M.² [èiém]
【ラテン語の *a*nte *m*eridiem (= before noon) の略】
《略語》午前 (↔ p.m.², P.M.²): 6 *a.m.* 午前6時 / School begins at 8:30 *a.m.* 学校は午前8時半に始まる (◇ eight thirty a.m. と読む).

語法 (1) 数字のあとに付ける. o'clock と一緒には用いない.
(2) 通例, 小文字を用いる. また, am, AM とつづることもある.
(3) 会話では通例 in the morning を用いる.

A.M.³, a.m.³ 【ラテン】《略語》= *A*rtium *M*agister (= Master of Arts, MA) 文学修士(号) (◇ MA のほうが普通).

a·mal·gam [əmǽlgəm] 名 **1** U C 〖化〗アマルガム《水銀とほかの金属との合金》. **2** C 《格式》混合物; 合成物 (mixture, combination).

a·mal·ga·mate [əmǽlgəmèit] 動 ⓗ **1**〈会社など〉を […と] 合併 [合同] する (join, unite) [*with*]; 〈思想など〉を融合する (mix). **2**〈金属〉をアマルガムにする.
— ⓐ **1**〈会社・政党・学校など〉が […と] 合併する; 融合する [*with*]. **2**〈金属〉がアマルガムになる.

a·mal·ga·ma·tion [əmæ̀lgəméiʃən] 名 U C (会社・政党・学校などの)合併; 融合.

a·man·u·en·sis [əmæ̀njuénsis] 名 (複 **a·man·u·en·ses** [-siːz]) C 《格式》(口述)筆記者, 書記.

am·a·ryl·lis [æ̀mərílis] 名 C 〖植〗アマリリス《ヒガンバナ科の観賞用植物》.

a·mass [əmǽs] 動 ⓗ 〈財産・知識など〉を蓄積する, ため込む; …を積む, 集める (gather).

※am·a·teur [ǽmətər, -tər / -tʃuə] 《☆アクセントに注意》【原義は「愛する」】名 C **1** (プロに対して) アマチュア, 素人(しろうと) (↔ *professional*): an *amateur* in art 素人画家. **2** (通例, 軽蔑) 未熟者, 下手な人. **3** […の]愛好家, 熱愛者 [*of*]: an *amateur* of the theater 演劇ファン.
— 形 **1** [比較なし; 限定用法] アマチュアの, 素人の (↔ *professional*): an *amateur* golfer アマチュアゴルファー. **2** 未熟で, 下手な.

am·a·teur·ish [æ̀mətə́ːriʃ / ǽmətəriʃ] 形 アマチュアくさい, 素人(しろうと)の; 未熟な, 下手な: an *amateurish* actor 大根役者.

am·a·teur·ism [ǽmətərìzm] 名 U アマチュア精神, 素人(しろうと)芸; アマチュア資格: The *amateur*-

amatory

ism of the actor was obvious. その俳優の演技が素人芸なのは明らかだった.

am·a·to·ry [ǽmətɔ̀ːri / -təri] 形《文語》恋愛の; 愛欲の, 好色の: *amatory* verse 恋愛詩.

‡**a·maze** [əméiz] 動 他 …をびっくりさせる, 驚かす (→ SURPRISE 類義語): Your knowledge *amazes* me. あなたの知識(の豊富さ)には驚かされる / His rapid progress *amazed* everyone. 彼の上達の早さにはだれもが舌を巻いた.

‡**a·mazed** [əméizd] 形 **1** びっくりした, 驚嘆した (→ SURPRISED 類義語): an *amazed* look [expression] びっくりした表情. **2** (a) [be amazed at [by] …] …に驚く: They *were* amazed at [by] the beauty of the sight. 彼らはその光景の美しさに息をのんだ. (b) [be amazed + to do] …して驚く: He *was* amazed to hear of her car accident. 彼は彼女が車の事故にあったと聞いて気が動転した. (c) [be amazed+that 節] …ということに驚嘆する: I *was* amazed (*that*) he had left Japan so soon. 彼があんなに早く日本を去ってしまったのには驚いた.

a·maz·ed·ly [əméizidli] 副 びっくりして, 驚いて.

*****a·maze·ment** [əméizmənt] 名 U 驚き, 動転: in *amazement* びっくりして.

■ **to …'s amázement** = **to the amázement of …**《文修飾》…が驚いたことに: *To our amazement*, our teacher appeared on TV. 私たちの先生がテレビに出ていたのには驚いた.

‡**a·maz·ing** [əméizɪŋ] 形《通例, ほめ言葉》驚くべき, びっくりするような, すばらしい: The concert was *amazing*. そのコンサートはすばらしくよかった / It is quite *amazing* that she has mastered Spanish in half a year. 彼女が半年でスペイン語をマスターしたとは実に驚きだ.

a·maz·ing·ly [əméizɪŋli] 副 驚くほど に; 《文修飾》驚いたことに: She's *amazingly* good at cooking. 彼女は驚くほど料理がうまい.

Am·a·zon [ǽməzɑ̀n, -zən / -zən] 名 **1** 固 [the ~] アマゾン川《南米北部を流れ, 世界最大の流域を持つ川. 長さは約 6,300 キロメートル》. **2** C《ギ神》アマゾン《黒海沿岸に住んだという勇猛な女人族》. **3** C 《しばしば a-》男まさりの女性, 女傑.

Am·a·zo·ni·an [æ̀məzóuniən] 形 **1** アマゾン川の. **2** 《しばしば a-》(女性が) 男まさりの.

‡**am·bas·sa·dor** [æmbǽsədər] 《原義は「使者」》名 C **1** […駐在の] 大使 (*to*)《◇女性形は ambassadress》: the American *ambassador* to Japan 在日米国大使. 関連語 consul 領事 / embassy 大使館 / minister 公使》. **2** 使節; 代表: an *ambassador* of goodwill 親善使節.

am·bas·sa·do·ri·al [æmbæ̀sədɔ́ːriəl] 形 大使の; 使節の.

am·bas·sa·dress [æmbǽsədrəs / -dres] 名 C **1** 女性大使[使節]《◇通例, 女性でも ambassador を使う》. **2** 大使夫人.

am·ber [ǽmbər] 名 U こはく《装身具などに用いる薄黄色の樹脂の化石》; こはく色; 《英》(交通信号の) 黄色《◇ yellow とも言う》.
— 形 こはく製 [色] の.

am·bi- [ǽmbi] 接頭「両側」「周囲」の意を表す: *ambi*dextrous 両手利きの / *ambi*ent 周囲の.

am·bi·ance [ǽmbiəns] 名《米》= AMBIENCE (↓).

am·bi·dex·trous [æ̀mbidékstrəs] 形 両手利きの; 非常に器用な.

am·bi·ence, am·bi·ance [ǽmbiəns] 名 U [または an ~]《格式》環境, 雰囲気 (atmosphere).

am·bi·ent [ǽmbiənt] 形《限定用法》《文語》(気温・音などが) 周囲を取り巻く, 環境の, あたり一面の (surrounding): *ambient* music (人をリラックスさせる) 環境音楽.

am·bi·gu·i·ty [æ̀mbigjúːəti] 名《複 am·bi·gu·i·ties [~z]》 **1** U (意味などの) あいまいさ, 多義性. **2** C あいまいな表現 [箇所]: a statement full of *ambiguities* あいまいな表現の多い声明. **3** U 不明瞭(めいりょう) (さ). (▷ 形 ambíguous)

*****am·big·u·ous** [æmbígjuəs] 形 **1** あいまいな, 多様 [いろいろ] に解釈できる: an *ambiguous* message あいまいなメッセージ. **2** 疑わしい, 不確かな; 理解しにくい. (▷ 名 àmbigúity)

am·big·u·ous·ly [~li] 副 あいまいに.

am·bit [ǽmbit] 名 C 《通例, 単数形で》《格式》勢力範囲; 活動領域.

‡**am·bi·tion** [æmbíʃən]
— 名《複 am·bi·tions [~z]》U C 野心, 大望, 野望, 渇望; C 野心の的, 野望の対象: have a burning *ambition* to be successful 成功しようという強烈な野心を抱く / The boy is full of *ambition*. その少年は野心に満ちている / What is your *ambition*? 君がやろうと思っていることは何ですか.

コロケーション 野心を…
野心を抱く: *have* (*an*) ambition
野心を抑える: *limit* [*restrain*] one's ambition
野心を達成する: *achieve* [*attain, fulfill, realize*] one's ambition

(▷ 形 ambitious)

‡**am·bi·tious** [æmbíʃəs] 形 **1** 大望を抱いた, 野心的な: He is a really *ambitious* businessman. 彼は実に野心に満ちた実業家である / Boys, be *ambitious*! 少年よ, 大志を抱け《札幌農学校で教えたクラーク博士の言葉》.
2 […を/…することを] 熱望している, 熱心な [*for, of / to do*]: The boxer is *ambitious for* [*of*] fame [wealth]. そのボクサーには名声を手に入れたい [富を築きたい] という野心がある / He is *ambitious to* be a great statesman. 彼は立派な政治家になることを熱望している.
3 (仕事・計画などが) 大がかりの, 大胆な: an *ambitious* project 大がかり [野心的] な計画.

(▷ 名 ambítion)

‡**am·bi·tious·ly** [~li] 副 大望を抱いて, 野心的に.

am·biv·a·lence [æmbívələns] 名 U C **1** 《心理》アンビバレンス, 両面感情, 両面価値《同一対象に愛と憎しみのような相反する感情を同時に抱くこと》. **2** […に対する] 相反する感情, 心のゆれ [*toward, about*].

am·biv·a·lent [æmbívələnt] 形 [...に対して]相反する感情[気持ち]を抱いている,態度を決めかねている[*toward, about*].

am·ble [ǽmbl] 動 (自) **1** ゆっくり[ぶらぶら]歩く. **2** 《馬などの動物が》側対歩(ﾎﾞ)で歩く[アンブル]で歩く《左右交互に同じ側の前後の脚を同時に上げて歩く》; → GALLOP 図.
— 名 [an ~] **1** 側対歩,アンブル. **2** ゆっくりとした足取り.

am·bro·si·a [æmbróuʒə / -ziə] 名 U **1** 《ギ神/ロ神》神々の食物《食べると不老不死になるという; cf. nectar 体酒》. **2** 《文語》非常においしいもの.

‡am·bu·lance [ǽmbjələns] 名 C
1 救急車 (ambulance car) 《◇アメリカでは民営》; 傷病者[兵]輸送機[車], 病院船: The injured were taken to a hospital by [in an] *ambulance*. けが人は救急車で病院へ運ばれた.
2 (移動式)野戦病院.

am·bush [ǽmbuʃ] 名 **1** CU 待ち伏せ, 奇襲攻撃: fall into an *ambush* 待ち伏せにあう / lie [hide] in *ambush* for ... …を待ち伏せする.
2 C 待ち伏せの場所.
— 動 (他) 〈敵〉を待ち伏せする,待ち伏せして襲う.

a·me·ba [əmíːbə] 名 (米) = AMOEBA アメーバ.
a·me·bic [əmíːbik] 形 (米) = AMOEBIC アメーバの.
a·me·lio·rate [əmíːljəreit] 動 《格式》他 …を改善する,向上させる (improve).
— 自 よくなる,向上する (↔ deteriorate).

a·me·lio·ra·tion [əmìːljəréiʃən] 名 UC 《格式》改善,改良,向上 (↔ deterioration).

*a·men [àːmén, èi-] 間 アーメン《キリスト教徒が祈りや賛美歌の終わりに唱える言葉》.
— 名 CU アーメンと唱えること; 同意, 賛成.
■ **sày amén to ...** 〈意見など〉に同意[賛成]する.

a·me·na·ble [əmíːnəbl] 形 **1** 〔叙述用法〕[…に]快く従う,〔…を〕受け入れやすい [to]. **2** [...に](法的に)従う義務がある [to, for].

*a·mend [əménd] 動 **1** 〈法律・規則など〉を修正する,改正する,変更する: Both parties agreed to *amend* the contract. 双方がその契約の変更に同意した. **2** 〈行い・言動など〉を改める.

*a·mend·ment [əméndmənt] 名 **1** UC 修正,改正,訂正: make [propose] an *amendment*. 法律を修正する[提案する]. **2** C 〈法令の〉修正[改正]案; [the Amendments] 米国憲法の修正条項.

a·mends [əméndz] 名 〔単数・複数扱い〕償い,埋め合わせ,賠償.
■ **màke améndz (for ...)** […に対して][…の]償いをする [to].

a·men·i·ty [əménəti, əmíːn-] 名 (複 **a·men·i·ties** [~z]) **1** U〔he ~〕快適さ: the *amenity* of the place その場所の快適さ. **2** [通例,複数形で]生活を快適にするもの[設備]《公園・図書館など》; 娯楽設備: Here we miss the *amenities* of the town. ここには町の便利な施設がない.
3 〔通例,複数形で〕感じのよい態度;礼儀.

Amer. 《略語》= America; American.

Am·er·a·sian [æ̀məréiʒən, -ʃən] 名 C アメラジアン《アメリカ人とアジア人の混血の人》.

***A·mer·i·ca [əmérikə]
— 名 個 **1** アメリカ合衆国,米国《◇正式名は the United States of America; 《略語》Am., Amer.; アメリカ人は the United States または the States と呼ぶことが多い; → p.53 表》: *America* is a democratic country. 米国は民主主義の国です.
2 アメリカ(大陸); 北アメリカ, 北米 (North America); 南アメリカ, 南米 (South America).
3 [the ~s] アメリカ大陸全体《北アメリカ・南アメリカに中央アメリカ (Central America) を含めた大陸全体》.

[語源] コロンブスがアメリカ大陸を発見したのは1492年であるが,彼はこの大陸をインドの一部と考えていた. 一方,同じ頃この大陸に潜んだイタリアの航海者アメリゴ＝ベスプッチ (Amerigo Vespucci) は,これをまったく新しい大陸だと主張した. そこで新大陸は Amerigo のラテン名 Americus にちなんで「アメリカ」と呼ばれるようになった.

***A·mer·i·can [əmérikən]
— 形 **1** アメリカ合衆国の, 米国の; アメリカ人の; アメリカ風の; アメリカ製の: *American* movies アメリカ映画 / *American* ways of thinking アメリカ人的な考え方 / My wife is *American*. 私の妻はアメリカ人です.
2 アメリカ大陸の, 北米の, 南米の.
— 名 (複 **A·mer·i·cans** [~z]) **1** C アメリカ人, 米国人; [the ~s] アメリカ国民, 米国民: *Americans* have faith in democracy. アメリカ人は民主主義を信じている / For the *Americans* the 4th of July is the most important holiday. 米国民にとって7月4日は一番大切な休日です《7月4日は独立記念日》.
2 C アメリカ大陸の住民: Native *Americans* アメリカ先住民.
3 = American English (→複合語).

◆ **Américan dréam** [the ~] アメリカンドリーム《米国ではだれでも平等に社会的・物質的な成功の機会が得られるという考え》.

Américan éagle C 〔鳥〕ハクトウワシ (bald eagle) 《アメリカの国鳥》.

Américan Énglish U アメリカ英語, 米語.

Américan fóotball U アメリカンフットボール, アメフト《(米) football》《米国で最も人気のあるスポーツの1つ; → FOOTBALL 図》.

Américan Índian C アメリカ先住民《◇ Native American という呼び名が普通になっている》.

Américan Léague [the ~] アメリカンリーグ《米国プロ野球の2大リーグの1つ; cf. National League ナショナルリーグ》.

Américan plàn [the ~] アメリカ方式《部屋代に食事代・サービス料が合算されるホテルの料金請求方式; cf. European plan ヨーロッパ方式》.

Américan Revolútion [the ~] (米史)アメリカ独立革命[戦争] 《1775-83; the Revolutionary War, (英)では the War of American Independence とも言う》.

Américan Sígn Lànguage U アメリカ手話言

語 (《略語》ASL).
Amèrican Stándard Vérsion [the ～] アメリカ標準訳聖書 (◇1901年完成; 《略語》ASV).
A·mer·i·can·a [əmèrikάːnə] 名 U アメリカーナ《アメリカの地理・文化・風物などに関する文献》; アメリカの風物 [事情].
A·mer·i·can·ism [əmérikənìzəm] 名 **1** C アメリカ語法 (◇ **Briticism** (イギリス語法)) に対する米国特有の語句・表現・発音など). **2** U アメリカ人気質; アメリカびいき; C U アメリカ風 (のもの).

[米国の50州]

州名	略語	郵略語	州都	州の愛称
Alabama	Ala.	AL	Montgomery モントゴメリー	Yellowhammer State イエローハンマー州
Alaska	Alas.	AK	Juneau ジュノー	The Last Frontier 最後のフロンティア
Arizona	Ariz.	AZ	Phoenix フェニックス	Grand Canyon State グランドキャニオン州
Arkansas	Ark.	AR	Little Rock リトルロック	Land of Opportunity 機会の地
California	Cal.	CA	Sacramento サクラメント	Golden State 黄金の州
Colorado	Colo.	CO	Denver デンバー	Centennial State 100周年祭の州
Connecticut	Conn.	CT	Hartford ハートフォード	Constitution State 憲法州
Delaware	Del.	DE	Dover ドーバー	First State 第一番目の州
Florida	Fla.	FL	Tallahassee タラハシー	Sunshine State 陽光州
Georgia	Ga.	GA	Atlanta アトランタ	Peach State 桃州
Hawaii	Haw.	HI	Honolulu ホノルル	Aloha State アロハ州
Idaho	Id.	ID	Boise ボイシ	Gem State 宝石州
Illinois	Ill.	IL	Springfield スプリングフィールド	Prairie State プレーリー州
Indiana	Ind.	IN	Indianapolis インディアナポリス	Hoosier State フージャー州
Iowa	Ia.	IA	Des Moines デモイン	Hawkeye State タカの目州
Kansas	Kans.	KS	Topeka トピーカ	Sunflower State ヒマワリ州
Kentucky	Ken.	KY	Frankfort フランクフォート	Bluegrass State ブルーグラス州
Louisiana	La.	LA	Baton Rouge バトンルージュ	Pelican State ペリカン州
Maine	Me.	ME	Augusta オーガスタ	Pine Tree State 松の木州
Maryland	Md.	MD	Annapolis アナポリス	Old Line State オールドライン州
Massachusetts	Mass.	MA	Boston ボストン	Bay State 湾岸州
Michigan	Mich.	MI	Lansing ランシング	Wolverine State クズリ州
Minnesota	Minn.	MN	St. Paul セントポール	North Star State 北極星州
Mississippi	Miss.	MS	Jackson ジャクソン	Magnolia State モクレン州
Missouri	Mo.	MO	Jefferson City ジェファソンシティ	Show Me State 証拠を見せろ州
Montana	Mont.	MT	Helena ヘレナ	Treasure State 宝の州
Nebraska	Neb.	NE	Lincoln リンカーン	Cornhusker State トウモロコシ皮むき州
Nevada	Nev.	NV	Carson City カーソンシティ	Silver State 銀州
New Hampshire	N.H.	NH	Concord コンコード	Granite State みかげ石州
New Jersey	N.J.	NJ	Trenton トレントン	Garden State ガーデン州
New Mexico	N.Mex.	NM	Santa Fe サンタフェ	Land of Enchantment 魅惑の地
New York	N.Y.	NY	Albany オールバニー	Empire State 帝国州
North Carolina	N.C.	NC	Raleigh ローリー	Tarheel State ターヒール州
North Dakota	N.Dak.	ND	Bismarck ビズマーク	Peace Garden State 静かな庭園州
Ohio	O.	OH	Columbus コロンバス	Buckeye State トチノキ州
Oklahoma	Okla.	OK	Oklahoma City オクラホマシティ	Sooner State 早い者勝ちの州
Oregon	Ore.	OR	Salem セーレム	Beaver State ビーバー州
Pennsylvania	Pa.	PA	Harrisburg ハリスバーグ	Keystone State かなめ石の州
Rhode Island	R.I.	RI	Providence プロビデンス	Little Rhody リトルロディー
South Carolina	S.C.	SC	Columbia コロンビア	Palmetto State パルメット州
South Dakota	S.Dak.	SD	Pierre ピア	Coyote State コヨーテ州
Tennessee	Tenn.	TN	Nashville ナッシュビル	Volunteer State 義勇軍州
Texas	Tex.	TX	Austin オースティン	Lone Star State 1つ星州
Utah	Ut.	UT	Salt Lake City ソルトレークシティ	Beehive State ミツバチの巣州
Vermont	Vt.	VT	Montpelier モントピーリア	Green Mountain State グリーンマウンテン州
Virginia	Va.	VA	Richmond リッチモンド	Old Dominion State 古い領土州
Washington	Wash.	WA	Olympia オリンピア	Evergreen State 常緑州
West Virginia	W.Va.	WV	Charleston チャールストン	Mountain State 山岳州
Wisconsin	Wis.	WI	Madison マディソン	Badger State アナグマ州
Wyoming	Wyo.	WY	Cheyenne シャイアン	Equality State 平等州
District of Columbia	D.C.	DC		

A·mer·i·can·i·za·tion [əmèrikənəzéiʃən / -kənai-] 名 U アメリカ化.

A·mer·i·can·ize [əmérikənàiz] 動 他〈言葉・習慣・様式〉をアメリカ風[式]にする, アメリカナイズする.
— 自 アメリカ風[式]になる.

Am·er·in·di·an [æməríndiən] 名 C = American Indian (→ AMERICAN 複合語).

am·e·thyst [æməθist] 名 C U アメジスト, 紫水晶《2月の誕生石; → BIRTHSTONE 表》; U 紫色.
— 形 紫水晶の; 紫色の.

a·mi·a·bil·i·ty [èimiəbíləti] 名 U 愛想[気立て]のよさ, 優しさ, 愛らしさ.

a·mi·a·ble [éimiəbl] 形 愛想のよい, 人に好かれる; 温和な: an *amiable* manner 感じのよい態度.

am·i·ca·ble [æmikəbl] 形 友好的な, 平和的な, 協調的な, 円満な: An *amicable* agreement was reached. 友好的な協定が結ばれた.

am·i·ca·bly [-bli] 副 友好[平和]的に.

*****a·mid** [əmíd], **a·midst** [əmídst] 前《文語》…の真ん中に[で], 間に (→ AMONG); …に囲まれて; …の最中に: I live *amid* the din and bustle of the city. 私は都会の喧騒(けんそう)の真っただ中に住んでいる.

a·mid·ships [əmídʃips] 副【海】船の真ん中に.

a·mi·go [əmí:gou]《スペイン》名 (複 **a·mi·gos** [~z]) C《米口語》友達 (friend).

a·mí·no ácid [əmí:nou-] 名 C【化】アミノ酸《たんぱく質を構成する有機化合物》.

a·mir [əmíər] 名 = EMIR《イスラム教国の》首長.

a·miss [əmís] 副《文語》誤って; 不適当に, 具合悪く.

■ *gò*《英》*còme*》*amíss* [通例, 否定文で] うまくいかない, 具合が悪くなる: If nothing *goes amiss*, the spacecraft will reach the moon tomorrow. 順調にいけば, 宇宙船はあした月に到着する.

tàke ... *amíss*〈他人の言葉など〉を悪くとる,〈ものごと〉に腹を立てる.

— 形 [比較なし; 叙述用法] **1** 間違った; 不都合な;〔…の〕具合の悪い, 正常でない (wrong) [with]: There is something *amiss* with the engine. エンジンの具合が悪い. **2** [否定文で] 不適当な: It would not be *amiss* to discuss the problem carefully. その問題についてはじっくりと討論しても悪くはないだろう.

am·i·ty [æməti] 名 U《格式》(人・国などの間の) 友好, 親善(関係): a treaty of *amity* 友好条約.

■ *in ámity with ...* …と友好関係にある.

am·me·ter [æmì:tər] 名 C 電流計.

am·mo·ni·a [əmóunjə] 名 U【化】アンモニア, アンモニア水.

am·mo·nite [æmənàit] 名 C【古生】アンモナイト, アンモン貝, 巻き貝の化石.

*****am·mu·ni·tion** [æmjəníʃən] 名 U **1** 弾薬. **2**《比喩》攻撃[防衛]手段[材料];(自分の意見や主張に) 有利な情報: The speaker had plenty of *ammunition* for the argument. その発言者は議論に必要な情報を十分に持っていた.

am·ne·si·a [æmní:ʒə / -ziə] 名 U【医】記憶喪失; 健忘症.

*****am·nes·ty** [æmnəsti] 名 (複 **am·nes·ties** [~z]) C U《格式》**1** (特に政治犯への) 恩赦, 特赦: The dissidents were granted an *amnesty*. 反体制派たちは恩赦を受けた. **2** (過去の罪を) 大目に見ること.

◆ **Ámnesty Internátional** 名 アムネスティーインターナショナル《政治・思想犯の人権を擁護する民間の国際的支援団体》.

am·ni·o·cen·te·sis [æmniousentí:sis] 名 U【医】羊水穿刺(せんし)《羊水を採取して胎児の性別・染色体異常を調べる》.

a·moe·ba, **a·me·ba** [əmí:bə] 名 (複 **a·moe·bas**, **a·me·bas** [~z]; **a·moe·bae**, **a·me·bae** [-bi:]) C【動物】アメーバ.

a·moe·bic, **a·me·bic** [əmí:bik] 形 アメーバの, アメーバによる, アメーバ性の.

a·mok [əmʌ́k / əmɔ́k] 副 = AMUCK (↓).

*****a·mong** [əmʌ́ŋ]

— 前 **1** [位置] …の間に[で, を], …の中に[で, を], …に囲まれて: He found his pen *among* the papers on the desk. 彼は机の上の書類の間にペンを見つけた / The girl was walking aimlessly *among* the crowd. その少女は人込みをあてもなく歩いていた.

語法 (1) 複数名詞または集合名詞と共に用いる. (2) 通例, 3つ以上のものの間にあることも, 3つ以上から成る群の中に含まれている状態を表す場合に用いる. 2つのものの間にあることを表す場合には between を用いる (→ BETWEEN 語法).

2 [範囲] …の間で[に], …の中で: This singer is popular *among* teenagers. この歌手は10代の間で人気がある / There was an air of discontent *among* the students. 学生たちの間には不満感があった.

3 [包含; 通例, 最上級を伴って] …のうちの1つ[1人]で: Bob is *among* the best in this school. ボブはこの学校で最も優秀な学生の中に入る / This mountain is *among* the highest in the world. この山は世界で最も高い山の1つである / Nancy was *among* those who came to the party. ナンシーはパーティーの出席者の1人だった.

4 [分配] …の間で: The fortune that the banker left was divided *among* his children. その銀行家の遺産は子供たちの間で分割された.

■ *amòng óthers* = *amòng óther thìngs* 特に, とりわけ: I like tennis, *among other things*. 私はいろいろテニスが好きです.

amòng ourselves《*yourselves*, *themselves*》内輪(同士)で, 内緒で; 協力して: The girls quarreled *among themselves*. 少女たちは仲間同士で口論した.

amóng us [*you*, *them*] みんなで, 協力して;《軽蔑》寄ってたかって.

from amóng ... …の中から: You can choose one *from among* these ten books. あなたはこの10冊の本から1冊を選ぶことができる.

a·mongst [əmʌ́ŋst] 前《主に英・文語》= AMONG (↑).

a·mor·al [èimɔ́:rəl / -mɔ́r-] 形 道徳観念のない; 道徳と無関係の (cf. immoral 不道徳な).

am·o·rous [ǽmərəs] 形 **1** 好色の; 恋多き, 多情な. **2** 恋愛の [を描いた]; [人に] 恋している [*of*]. **3** 色っぽい, なまめかしい.

a·mor·phous [əmɔ́ːrfəs] 形 **1**《格式》無定形の; あいまいな. **2**《格式》特色のない; 組織立っていない. **3**〖鉱〗非結晶の, アモルファスの.

am·or·ti·za·tion [æ̀mərtəzéiʃən / əmɔ̀ːrtai-] 名 U〖法〗(不動産の) 譲渡;〖債務などの〗清算, 償却.

am·or·tize [ǽmərtàiz / əmɔ́ːrtaiz] 動 他〖経済〗〈債務〉を分割払いで償却する.

***a·mount [əmáunt]

— 名(複 **a·mounts** [əmáunts]) **1** C U [形容詞を伴って]〖…の〗額, 量 [*of*]: a large *amount of* money = large *amounts of* money 多額のお金 / a certain *amount of* influence ある程度の影響 / No *amount of* advice could make him change his mind. どんなに忠告しても彼の決意を変えることはできなかった.

〖語法〗 amount は量を表し, 不可算名詞と共に用いる. 可算名詞と共に用いる場合は通例 number を用いる. ただし, 可算名詞が1つのまとまりを表している場合には amount を用いることもある: There is a large *amount* of pencils in the box. 箱には大量の鉛筆が入っている.

2 [the ~]〖金銭・量・重さの〗総計, 総額: Sam paid half the *amount* he owed. サムは借金の半額を払った.

3 [the ~] 全体的な価値, 意義; 要旨.

■ *ány amóunt of …* **1** どれだけの額 [量] の…でも: He will lend me *any amount of* money I need. 彼は私が必要な額の金をいくらでも貸してくれるだろう. **2** 無限の…, たくさんの….

in amóunt 総計で; 結局, 要するに.

— 動(三単現 **a·mounts** [əmáunts]; 過去・過分 **a·mount·ed** [~id]; 現分 **a·mount·ing** [~iŋ]) 自 [進行形不可] **1** [amount to …] 総計…になる, 達する: The bill *amounted* to a thousand dollars. 勘定は1,000ドルに達した.

2 [amount to …] …に等しい, 結局…になる: His act *amounted* to betrayal. 彼は結局裏切ることになってしまった / That boy will never *amount to* anything; he's too lazy. あの子はひどいなまけ者だから, ろくなものにならないだろう.

a·mour [əmúər / əmúə, æ-]〖フランス〗名 C《文語》恋愛 (事件); 情事, 浮気.

amp [ǽmp] 名 C《口語》= AMPLIFIER (↓).

amp.《略記》= ampere(s) (↓); *amp*erage (↓).

am·per·age [ǽmpəridʒ] 名 U [または an ~]〖電気〗アンペア数, 電流量 (《略記》amp.).

am·pere, am·père [ǽmpiər / -peə] 名 C〖電気〗アンペア (◇ 電流の強さの単位;《略記》A, amp.; フランスの物理学者の名から).

am·per·sand [ǽmpərsæ̀nd] 名 C アンパサンド (◇ and を意味する記号 (&) の呼び名).

am·phet·a·mine [æmfétəmìːn] 名 C U〖薬〗アンフェタミン (覚醒剤).

am·phib·i·an [æmfíbiən] 名 C **1**〖動物〗両生類 (カエル・イモリなど). **2** 水陸両用車 [飛行機].

am·phib·i·ous [æmfíbiəs] 形 **1** (水陸) 両生の. **2** [限定用法] 水陸両用の. **3**〖軍〗陸海軍共同作戦の.

am·phi·the·a·ter,《英》**am·phi·the·a·tre** [ǽmfəθìːətər / -fiθìətə] 名 C **1** (古代ローマの) 円形競技場 (Colosseum), 円形劇場. **2** (一般に) 円形競技場. **3** (丘に囲まれた) 盆地.

*am·ple [ǽmpl] 形 (比較 **am·pler** [~ər], more **am·ple**; 最上 **am·plest** [~ist], **most am·ple**)

1 [通例, 限定用法] [… のために / … するのに] (余るほど) 十分な, 豊富な [*for* / *to do*] (◇ enough より意味が強く堅い語): *ample* funds 十分な資金 / I have *ample* money *for* a trip this summer. = I have *ample* money *to* take a trip this summer. 私は今夏の旅行の資金は十分にある / No more for me, thank you. I've had *ample*. すみませんがもう結構です. 十分いただきましたから.

2 広い, 広大な; (場所が) 十分ゆとりのある: an *ample* house [garden] 広々とした家 [庭]. **3** (胸・体つきなどが) 豊かな: an *ample* bosom 豊かな胸.

am·pli·fi·ca·tion [æ̀mplifikéiʃən] 名 U [または an ~] **1** 拡大, 拡張. **2**〖電気〗増幅. **3** 補足 [補充] された記述 [物語], 敷衍(ふえん).

am·pli·fi·er [ǽmpləfàiər] 名 C **1**〖電気〗増幅器, アンプ, 拡声器 (◇《口語》では略して amp とも言う; → ROCK PICTURE BOX). **2** 拡大する物, 拡大鏡.

am·pli·fy [ǽmpləfài] 動 (三単現 **am·pli·fies** [~z]; 過去・過分 **am·pli·fied** [~d]; 現分 **am·pli·fy·ing** [~iŋ]) 他 **1** …を拡大する, 増大する. **2**《格式》〈説明・話〉を詳しく説明する. **3**〖電気〗…を増幅する. — 自《格式》[… について] 詳しく説明する [*on, upon*].

am·pli·tude [ǽmplətjùːd / -tjùːd] 名 U

1《格式》広さ, 大きさ; 多量, 十分 (なこと).

2〖物理・電気〗(音波などの) 振幅.

♦ **ámplitude modulátion** U AM 放送 (《略語》AM) (↔ FM);〖電気〗振幅変調方式.

am·ply [ǽmpli] 副 十分に, たっぷり; 詳細に.

am·poule [ǽmpuːl],《米》**am·pule** [-pjuːl] 名 C アンプル (注射液などを入れた密封容器).

am·pu·tate [ǽmpjətèit] 動 他〈手足・指など〉を (外科手術で) 切断する.

am·pu·ta·tion [æ̀mpjətéiʃən] 名 U C (手足・指などの) 切断 (手術).

am·pu·tee [æ̀mpjətíː] 名 C (手足・指などの) 切断手術を受けた人.

Am·ster·dam [ǽmstərdæ̀m] 名 固 アムステルダム (オランダの憲法上の首都. 実質上の首都は行政の中心地であるハーグ (The Hague)).

Am·trak [ǽmtræk] 名 固 アムトラック (◇ 全米鉄道旅客公社. その旅客列車. 名称は *American Travel on Track* に由来する. 略称ではなく正式名称. 1971 年設立).

a·muck [əmʌ́k], **a·mok** [əmʌ́k / əmɔ́k] 副 [次の成句で]

■ *rùn amúck* (殺意をもって) 暴れ狂う; 取り乱す.

am·u·let [ǽmjulət] 名 C お守り, 護符, 魔よけ.

A·mund·sen [áːmundsən] 名 固 アムンゼン Roald [róuɑːl] Amundsen《1872-1928; ノルウェーの探検家. 1911年, 初めて南極点に到達した》.

a·muse [əmjúːz]

— 動 (三単現 **a·mus·es** [～iz]; 過去・過分 **a·mused** [～d]; 現分 **a·mus·ing** [～iŋ]) 他 [しばしば受け身で] …を**楽しませる**, 楽しく過ごさせる, 面白がらせる, 笑わせる (→ AMUSED): His magic *amused* the kids. 彼の手品で子供たちは楽しんだ (= The kids *were amused* at [by] his magic.) / The comedian *amused* the audience with his jokes. コメディアンは冗談を言って聴衆を笑わせた.

■ *amúse onesèlf* […で / …して] 楽しむ, 遊ぶ [*with* / (*by*) *doing*]: We *amused* ourselves (*by*) *playing* cards. 私たちはトランプをして楽しんだ.

a·mused [əmjúːzd] 形 **1** (表情などが) 楽しそうな, 面白がっている, おかしそうな. **2** (a) [be amused at [with, by] …] …を面白がる, 楽しむ: They *were amused* at the joke. 彼らはその冗談を面白がった. (b) [be amused+to do] …して面白がる.

■ *be not amúsed* 不機嫌である, 腹が立つ; 困惑する.

kéep ... amúsed 〈人〉を楽しませる, 楽しく過ごさせる: The parade *kept* the children *amused*. 子供たちはパレードを見て楽しんだ.

***a·muse·ment** [əmjúːzmənt] 名 **1** U 楽しみ, 面白さ; 気晴らし: a place of *amusement* 娯楽場 / We listened in *amusement*. 私たちは感心して聴き入った. **2** C 楽しみごと, 娯楽; [～s] 娯楽設備: There are a lot of *amusements* for kids in the room. その部屋には子供向きの遊び用具がたくさんある.

■ *to* ...*'s amúsement* [文修飾] …にとって面白い [面白かった] ことに.

◆ amúsement arcáde C《英》ゲームセンター (《米》video [penny] arcade).

amúsement pàrk C《米》遊園地 (playground, 《英》funfair).

***a·mus·ing** [əmjúːziŋ] 形 〈人を〉楽しくさせる, おかしい: an *amusing* drama 面白いドラマ.

a·mus·ing·ly [～li] 副 楽しく, 面白く.

*****an**¹ [(弱) ən; (強) ǽn]

— 冠詞 [不定冠詞] (**ある**) **1つの, 1人の**(◇意味・用法などについては→ A).

語法 (1) 母音で始まる語の前に用いる: *an* apple リンゴ / *an* egg 卵 / *an* umbrella 傘.
(2) あとに続く語が子音字で始まっていても, 発音が母音で始まるときは an を用いる: *an* heir [éər] 相続人 / *an* hour [áuər] 1時間 / *an* SOS [ésòués] 遭難信号 / *an* X-ray [éksrèi] エックス線.
(3) あとに続く語が母音字で始まっていても, 発音が子音で始まるときは a を用いる: *a* European [jùərəpíːən] ヨーロッパ人 / *a* unit [júːnit] 単位 / *a* useful [júːsfəl] tool 役に立つ道具.
(4) [h] 音で始まる語で最初の音節にアクセントがない場合, an を用いることがある: *a* [*an*] hótel ホテル / *a* [*an*] históric play 歴史劇.

an², **an'** [ən] 接 **1**《口語》= AND. **2**《古語》= IF.

-an [ən] 接尾 名詞に付けて「…に関する」「…の性質を有する」「…生まれの」「…に属する」などの意を表す形容詞・名詞を作る: Américan アメリカの / histórian 歴史家.

an·a·bol·ic [ænəbálik / -ból-] 形【生化】同化作用の, 同化による (cf. catabolic 異化作用の).

◆ anabólic stéroid U アナボリックステロイド《筋肉増強剤》.

a·nach·ro·nism [ənǽkrənìzəm] 名 **1** U C アナクロニズム, 時代錯誤; 時代考証の誤り. **2** C 時代遅れの人 [物].

a·nach·ro·nis·tic [ənæ̀krənístik] 形 時代錯誤の; 時代遅れの, 古風な.

an·a·con·da [æ̀nəkándə / -kón-] 名 C【動物】アナコンダ《南米産の無毒の大蛇》;《一般に》大蛇.

a·nae·mi·a [əníːmiə] 名《英》= ANEMIA 貧血.

a·nae·mic [əníːmik] 形《英》= ANEMIC.

an·aes·the·sia [æ̀nəsθíːʒə / -ziə]《英》= ANESTHESIA 麻酔.

an·aes·the·si·ol·o·gy [æ̀nəsθìːziáləʤi / -ólədʒi]《英》= ANESTHESIOLOGY 麻酔学.

an·aes·thet·ic [æ̀nəsθétik] 形名《英》= ANESTHETIC 麻酔の; 麻酔薬.

an·aes·the·tize, an·aes·the·tise [ənésθətàiz / əníːs-] 動《英》= ANESTHETIZE …に麻酔をかける.

an·a·gram [ǽnəgræ̀m] 名 **1** U アナグラム, 語句のつづり換え; C つづり換えた語《たとえば meat → team, tame → mate など》. **2** [～s] 語句のつづり換え遊び.

a·nal [éinəl] 形 **1**【解剖】肛門部の. **2**《口語》取るに足らなくつことにこだわる. (▷ 名 ánus).

an·al·ge·sic [æ̀nəldʒíːzik]【医】形 無痛の; 鎮痛の.

— 名 U C 鎮痛剤.

an·a·log [ǽnəlɔ̀ːg / -lɔ̀g] 形 アナログ式 [型] の, 相似型の (↔ digital): an *analog* watch アナログ時計《文字盤上の針で時を示す時計》.

— 名《米》= ANALOGUE (↓).

◆ ánalog compúter C アナログ型コンピュータ (↔ digital computer).

a·nal·o·gous [ənǽləgəs] 形〈格式〉[…に] 似ている, 類似している [*with, to*].

an·a·logue [ǽnəlɔ̀ːg / -lɔ̀g] 名 C〈格式〉[…の] 類似物, 相似物 [*of*].

***a·nal·o·gy** [ənǽləʤi] 名 (複 **a·nal·o·gies** [～z]) **1** C […との / …の] 類似 (性) [*to, with / between*]: Draw an *analogy* between the family and the State. 家族と国家の類似性を挙げなさい.

2 U 類推, 比較. **3** U【生物】相似 (関係); 【言】類推 (作用); 【数学】類比, 等比.

■ *on the análogy of* ... = *by análogy with* ... …から類推して.

***an·a·lyse** [ǽnəlàiz] 動《英》= ANALYZE (↓).

****a·nal·y·sis** [ənǽlisis]

— 名 (複 **a·nal·y·ses** [-sìːz]) U C **1 分析**, 分解, 解明; 分析結果: an *analysis* of the politi-

analyst / **ancillary**

cal situation 政治情勢の分析 / You should make a close [detailed] *analysis* of the cause of the experiment's failure. あなたはこの実験が失敗した原因を詳細に分析すべきで.
2〘化〙分析; 分解;〘数学〙解析;〘言・文法〙分析.
3〘心理〙精神分析 (psychoanalysis).
■ *in the final* [*lást, últimate*] *análysis* 結局は, つまるところ. (▷ 形 ànalýtic(al); 動 ánalỳze)

‡**an‧a‧lyst** [ǽnəlist]名C **1**（政治・経済・社会などの）分析家, 解説者, アナリスト: a political *analyst* 政治評論家. **2**〘医〙精神分析医［学者］(psychoanalyst). **3** システム分析家, システムアナリスト (systems analyst).

an‧a‧lyt‧ic [æ̀nəlítik], **an‧a‧lyt‧i‧cal** [-kəl] 形 分析の, 分解の, 分析的な. (▷ 名 análysis)
◆ analýtic(al) geómetry U 解析幾何学.

an‧a‧lyt‧i‧cal‧ly [æ̀nəlítikəli] 副 分析的に, 分解して.

‡**an‧a‧lyze**,《英》**an‧a‧lyse** [ǽnəlàiz] 動 他
1 …を分析する, 細かく調べる: *analyze* the food その食べ物を分析する / *analyze* the political situation in detail 政治情勢を綿密に分析する.
2 …を［…に］分解する [*into*]: Water is *analyzed* into the two elements of oxygen and hydrogen. 水は酸素と水素の2元素に分解される.
3〘数学〙…を解析する;〘化〙…を分析する;〘文法〙〈文〉を文法的要素に分解する. **4**〘心理〙〈人〉の精神分析を行う (psychoanalyze). (▷ 名 análysis)

an‧a‧pest,《主に英》**an‧a‧paest** [ǽnəpèst / -pìːst, -pèst]名C〘韻律〙弱弱強格 (－－´) (cf. dactyl 強弱弱格).

an‧ar‧chic [ænάːrkik], **an‧ar‧chi‧cal** [-kikəl]形 無政府（状態）の, 無法な; 無政府主義の.

an‧ar‧chism [ǽnərkìzəm]名U アナーキズム, 無政府主義, 無政府（状態）.

an‧ar‧chist [ǽnərkist]名C **1** アナーキスト, 無政府主義者. **2**《口語・軽蔑》テロリスト.

an‧ar‧chis‧tic [æ̀nərkístik] 形 アナーキストの, 無政府主義（者）の.

an‧ar‧chy [ǽnərki] (☆アクセントに注意) 名 U
1 無政府状態. **2** 無秩序, 混乱.

a‧nath‧e‧ma [ənǽθəmə]名 **1**〘C〙U〙〘キリスト〙（教会からの）破門;（一般に）のろい. **2** Cのろわれた人［もの］;〘U〙〘C〙〘…に〙ひどく嫌われた人［もの］[*to*].

a‧nath‧e‧ma‧tize [ənǽθəmətàiz] 動 他〘キリスト〙〈人〉を破門する;…をのろう;…を非難する.

an‧a‧tom‧i‧cal [æ̀nətάmikəl / -tɔ́m-] 形
1 解剖の, 解剖学（上）の. **2** 構造上の.

a‧nat‧o‧mist [ənǽtəmist]名C 解剖学者.

a‧nat‧o‧mize [ənǽtəmàiz] 動 他 **1** …を解剖する, 細かく調べる. **2** 〈動植物〉を解剖する.

a‧nat‧o‧my [ənǽtəmi]名（複 **a‧nat‧o‧mies** [~z]）**1**〘U〙解剖学; C 解剖, 分析. **2**〘U〙〘C〙（動植物・人体の）構造, 組織. **3**〘C〙〘通例 one's ~〙《しばしばこっけい》（人の）体 (body).

-ance [əns]接尾 **1** 動詞に付けて「行動」「状態」「性質」などの意を表す名詞を作る: appear*ance* 現れること / convey*ance* 運搬. **2** -ant で終わる形容詞に対応する名詞を作る: import*ance* 重要性 / eleg*ance* 優雅さ.

‡**an‧ces‧tor** [ǽnsestər]名C **1** 先祖, 祖先 (◇通例, 祖父母よりも古い人をさす; ↔ descendant) (→ ANCESTRY): *ancestor* worship 祖先崇拝. **2** 原型, 先駆者: the *ancestor* of today's helicopter 現在のヘリコプターの原型.

an‧ces‧tral [ænséstrəl] 形 **1** 先祖（代々）の.
2 先駆をなす; 原型の.

an‧ces‧try [ǽnsestri]名（複 **an‧ces‧tries** [~z]）〘U〙〘C〙**1**〘集合的に〙祖先, 先祖 (↔ posterity) (◇個人をさす場合は ancestor). **2** 家柄, 家系.

*****an‧chor** [ǽŋkər]名C **1** 錨(いかり): cast [drop] (the) *anchor* 錨を下ろす, 投錨(とうびょう)する / lie [ride] at *anchor* 停泊中である, 投錨している / weigh *anchor* 錨を上げる, 出帆する. **2** 力になるもの, 頼り (になる人), 大黒柱. **3**《米》= ANCHORPERSON (↓), ANCHORMAN (↓), ANCHORWOMAN (↓).

■ *còme to* (*an*) *ánchor* 錨を下ろす, 停泊する.
── 動 他 **1**〈船〉を停泊させる. **2** …をしっかり固定する, 定着させる;《比喩》〈心・注意など〉をつなぎとめる: The airship was *anchored* to the ground. 飛行船は地面にしっかり固定された.
3〈人・組織〉を支える. **4**〘放送〙（ニュース番組）のニュースキャスターを務める;〘スポーツ〙（リレーなど）の最終走者［泳者］を務める.
── 自 **1** 停泊する, 投錨する. **2** 定着する.

an‧chor‧age [ǽŋkəridʒ]名 **1**〘C〙停泊地.
2 U 停泊; 停泊料［税］. **3**〘U〙〘C〙よりどころ.

An‧chor‧age [ǽŋkəridʒ]名固 アンカレッジ《米国 Alaska 州南部の都市》.

an‧chor‧man [ǽŋkərmæ̀n]名（複 **an‧chor‧men** [-mèn]）〘C〙（◇単に anchor とも言う）**1** アンカー;（リレーなどの）最終走者［泳者］. **2**〘放送〙《米》（ニュース番組などの）ニュースキャスター. **3** 重要な役割をする人; 大黒柱.

an‧chor‧per‧son [ǽŋkərpə̀ːrsən]名C〘放送〙《米》（ニュース番組などの）ニュースキャスター (anchor)（◇性差別を避ける言い方）.

an‧chor‧wom‧an [ǽŋkərwùmən]名（複 **an‧chor‧wom‧en** [-wìmin]）C〘放送〙《米》（ニュース番組などの）女性のニュースキャスター (anchor).

an‧cho‧vy [ǽntʃouvi / -tʃəvi]名（複 **an‧cho‧vies** [~z], **an‧cho‧vy**)〘C〙〘魚〙アンチョビー《地中海に多いカタクチイワシ科の小魚. ソースと塩漬けにする》.

*****an‧cient** [éinʃənt] 形 名

【基本的意味は「ずっと昔の (very old)」】

── 形 **1**〘通例, 限定的用法〙古代の, 昔の (↔ modern): the *ancient* Greek civilization 古代ギリシャ文明.
2 古来の, 古い, 昔からの: *ancient* customs 古来の習慣. **3**〘通例 ~〙年老いた; 古びた: an *ancient* hut 古びた小屋.
── 名 C〘the ~s〙《文語》（特に古代ギリシャ・ローマの）古代文明人.

◆ áncient hístory〘U〙**1**（特にギリシャ・ローマの）古代史. **2**《こっけい》古い話, 周知の事実（忘れたくない）とっくに済んだこと.

an‧cil‧lar‧y [ǽnsəlèri / ænsíləri] 形〘…に〙付属

-ancy / and

的な, 補助的な[to].
── 名 [C] 助手; 協力者; 副次[付随]物.
-an·cy [ənsi] (接尾)「性質」「形態」を表す名詞を作る: inf**ancy** 幼少 / expect**ancy** 期待.

✱**and** [(弱) ən(d), n; (強) ǽnd]

❶ 対等の働きの語・句・節を結んで「…と〜」(→**1**)
I know his name **and** his address.
(私は彼の名前と住所を知っている)

❷ 時間的前後関係を示して「それから」(→**3**)
He washed his shirts **and** hung them out to dry.
(彼はシャツを洗って, 干した)

❸ 結果・理由を示して「だから」(→**5**)
The weather was good, **and** we decided to go.
(天気がよかったので私たちは行くことにした)

❹ 命令文のあとで「そうすれば」(→**6**)
Hurry up, **and** you'll be in time.
命令文 (急ぎなさい. そうすれば間に合います)

── 接 [対等接続詞] **1** [文法的に対等の働きをするものを結んで] …と〜, …や〜, …および〜: Jack *and* Betty ジャックとベティー (◇名詞と名詞) / between you *and* me ここだけの話だが (◇代名詞と代名詞) / young *and* old 老いも若きも (◇形容詞と形容詞) / by day *and* by night 昼も夜も (◇句と句) / We ate *and* drank here. 私たちはここで飲み食いした (◇動詞と動詞) / She played the piano *and* I sang. 彼女がピアノを弾き, 私が歌った (◇節と節) / She walked slowly *and* with utmost care. 彼女はゆっくりと最大の注意を払って歩いた (◇副詞と副詞句) / Show me your ID card *and* what you have in your bag. あなたの身分証明書とかばんの中の物を見せなさい (◇動詞の目的語となる語と節).

語法 (1) 3つ以上の要素を結ぶ場合, and は通例, 最後の要素の前にのみ用い, その他の位置にはコンマを用いる. 最後の and の前にもコンマを置く ((英)では置かない): I can play the piano, the guitar(,) *and* the bass. 私はピアノとギターとベースが弾ける.
(2) 人称代名詞は通例, 2人称→3人称→1人称の順で並べる: You, Mary, *and* I are friends. あなたとメアリーと私は友達です.
(3) 結び付きの強い組み合わせでは, 通例 and のあとに冠詞・所有代名詞などは付けない: a black *and* white dog 白黒ぶちの犬 (cf. a black *and* a white dog 白い犬と黒い犬) / a knife *and* fork ナイフとフォーク (1組) / a cup *and* saucer 受け皿付きカップ / my mother *and* father 私の両親 / Dr. Tanaka is a doctor *and* poet. 田中博士は医師であり詩人です.

2 [同一語を結んで多数・多量・連続などを示して] …も…も, どんどん…: We waited for hours *and* hours. 私たちは何時間も待った / The police car came nearer *and* nearer. パトカーがどんどん近づいて来た / There are politicians *and* politicians. 政治家にもいろいろある.

3 [時間的前後関係を示して] そして, それから (and then): A girl came in *and* sat down next to me. 少女が入って来て私の隣の席に座った / I watched TV for an hour *and* went to bed. 私はテレビを1時間見てから寝た.

4 [ǽnd] [対照的な内容を導いて] しかし, それなのに (yet): My friend promised to come, *and* didn't. 友達は来ると約束したのに来なかった / I meant to buy some stamps *and* I forgot. 私は切手を買うつもりだったのに忘れてしまった.

5 [結果・理由を示して] そうしたら; したがって, だから (so): Ali Baba cried "Open Sesame," *and* the door opened. アリババが「開けゴマ」と叫んだ. すると扉が開いた / I was very tired, *and* went to bed as soon as I arrived home. とても疲れていたので私は帰宅するとすぐに寝た.

6 [ǽnd] [命令文 (に準ずる文) のあとで] **そうすれば** (↔ or): Work hard, *and* you will pass your examinations. 一生懸命勉強すれば試験に通るよ (= If you work hard, you will pass your examinations.) / One more step, *and* you are dead. もう1歩動いたら命はないぞ.

7 [ǽnd] [補足・強調などのために説明などを追加・挿入して] **それも**, しかも; つまり, すなわち: Bill finally apologized to her, *and* in all sincerity. ビルはついに彼女にわびたが, それも心からだった.

8 [ən, n] [go [come, try など] + and + 動詞] ((口語)) …しに行く [しに来る], …して [行って, 来て] …する, …しようとする: *Come and* have a cup of tea with me. お茶を飲みにいらっしゃい / *Try and* get there before noon. 昼までに向こうに着くようにしなさい (◇ try and …で「〜するようにする」の意) / Let's *wait and* see. 様子を見ることにしよう.

語法 (1) 通例, 命令形で用いる.
(2) ((米口語)) では come, go のあとの and をしばしば省く: Go (and) help him. 彼を手伝ってきなさい.

9 [ən, n] [nice [good, fine など] + and + 形容詞] とても, 非常に… で (◇前の形容詞はあとの形容詞を修飾する副詞の働きをする): It's *nice and* cool. とても涼しくて気持ちがよい (= It's nicely cool.) / It's raining *good and* hard. 雨がとても激しく降っている (= It's raining very hard.).

10 [文頭で] それで (◇あとに疑問文を伴い, 話の続きなどを促すときに用いる); 本当に, まったく (◇驚き・疑念・非難などを表す): I really enjoyed my trip. ─ *And* where did you go? 旅行は実に楽しかったよ─それでどこに行ってきたの / *And* you did it by yourself this time! 今回君は1人でやったんだね.

11 [ən, n] [料理の名前に用いて] …付きの, …をそえた (→ **1語法** (3)): bread *and* butter [brédn-

bátər] バターを塗ったパン (◇ [bréd ənd bátər] とすれば「パンとバター (2品)」) / **bacon [ham]** *and* **eggs** ベーコン [ハム] エッグ / **(a) whisk(e)y** *and* **water** 水割りウイスキー.

12 [数詞を結んで] …と〜, そして (in addition to, plus): **Two** *and* **three make(s) five.** 2足す3は5 (◇ 2 + 3 = 5) / **three hundred** *and* **forty-five** 345 / **one million, two hundred** *and* **thirty-four thousand, five hundred** *and* **sixty** 1,234,560 (◇ **hundred** のあとの **and** は《米》ではしばしば省略される. **thousand** のあとには **and** を入れないが, 百の位が欠けているときは入れる: **one thousand** *and* **three** 1,003) / **two** *and* **a half years** 2年半 / **three hours** *and* **ten minutes** 3時間10分 / **nine dollars** *and* **fifty cents** 9ドル50セント (◇《口語》では **nine fifty** と言うことが多い). 参考 一般に《年号は, **nineteen ninety-nine** 1999年のように **and** は用いないが, 2001年は **two thousand** *and* **one** と言う》)

■ *… and áll* …ごと全部 (→ ALL 代 成句).
And hów!《米口語》その通りだ (→ HOW 副 成句).
and só それで (→ SO¹ 副 成句).
and só òn [fòrth] …など (→ SO¹ 副 成句).
and thát しかも (→ THAT 代 成句).
and whát nòt …など (→ WHAT 代 成句).
and yét けれども (→ YET 副 成句).

an·dan·te [ɑːndάːntei, ændǽnti / ændǽnti]【イタリア】形【音楽】アンダンテの[で], ゆるやかな[に], 歩くような速さの[で].
— 名 C アンダンテの曲[楽節].

an·dan·ti·no [ɑ̀ːndɑːntíːnou / ændæn-]【イタリア】【音楽】形 副 アンダンティーノの[で], アンダンテより少し速い[速く].
— 名 (複 **an·dan·ti·nos** [〜z]) C アンダンティーノの曲[楽節].

An·der·sen [ǽndərsən] 名 固 アンデルセン《Hans Christian Andersen《1805-75; デンマークの童話作家》.

An·des [ǽndiːz] 名 固 [the 〜; 複数扱い] アンデス山脈《南米西部の大山脈》.

and·i·ron [ǽndàiərn] 名 C (暖炉の)まき載せ台 (firedog)《鉄または真ちゅう製. 2脚1組で用いる》.

and/or [ǽnd5ːr] 接 …と〜の両方あるいはそのどちらか (◇主に商業・法律関係に用いる): **personal** *and/or* **real estate** 動産と不動産またはそのどちらか一方.

An·drew [ǽndruː] 名 固 **1** アンドリュー《男性の名》. **2** [Saint 〜]【聖】聖アンデレ《キリストの十二使徒の1人》.

an·drog·y·nous [ændrάdʒənəs / -drɔ́dʒ-] 形 **1** (男女)両性の, 両性具有の; 特に男とも女とも見えない, 中性的な. **2**【植】雌雄(ひしゆう)同株[花]の.

an·droid [ǽndrɔid] 名 C アンドロイド, 人造人間.

An·drom·e·da [ændrάmidə / -drɔ́m-] 名 **1**【ギ神】アンドロメダ《カシオペアの娘で怪物の人身御供(ごくう)にされたが, ペルセウスに救われてその妻となった》. **2**【天文】アンドロメダ座.

An·dy [ǽndi] 名 固 アンディー (◇男性の名; Andrew の愛称).

an·ec·dot·al [ǽnikdòutəl] 形 **1** (調査などが)必ずしも信頼できない; 個人的な見解の. **2** 逸話の多い, 逸話のような.

***an·ec·dote** [ǽnikdout]【原義は「発表されていない(話)」】(複 **an·ec·do·ta** [-dòutə], **an·ec·dotes** [-dòuts]) C **1** (著名人などの)逸話, こぼれ話, 秘話. **2** (確かでない)個人的見解.

a·ne·mi·a,《英》**a·nae·mi·a** [əníːmiə] 名 U【医】貧血(症); 無気力さ.

a·ne·mic,《英》**a·nae·mic** [əníːmik] 形【医】貧血(症)の; 無気力な.

an·e·mom·e·ter [ǽnimάmətər / -mɔ́m-] 名 C 風速計, 風力計 (wind gauge).

a·nem·o·ne [ənéməni] 名 C **1**【植】アネモネ. **2**【動物】イソギンチャク (sea anemone).

an·er·oid [ǽnərɔ̀id] 形 液体を用いない.
— 名 C = áneroid barómeter アネロイド気圧[晴雨]計《金属の弾性を利用している. 主に携帯用》.

an·es·the·sia,《英》**an·aes·the·sia** [ǽnəsθíːʒə / -ziə] 名 U【医】麻酔, 麻酔状態, 無感覚.

an·es·the·si·ol·o·gy,《英》**an·aes·the·si·ol·o·gy** [ǽnəsθìːziάlədʒi / -ɔ́l-] 名 U 麻酔学.

an·es·thet·ic,《英》**an·aes·thet·ic** [ǽnəsθétik] 名 C 麻酔剤【薬】: **administer [give] an** *anesthetic* **to the patient** 患者に麻酔をかける.
— 形 麻酔の, 麻酔による.

an·es·the·tist,《英》**an·aes·the·tist** [ənésθətist / əníːs-] 名 C 麻酔医, 麻酔士.

an·es·the·tize,《英》**an·aes·the·tize** [ənésθətàiz / əníːs-] 動 他【医】…に麻酔をかける.

a·new [ənjúː / ənjúː] 副【文語】再び (again); 新たに: **begin the investigation** *anew* 捜査を初めからやり直す.

‡**an·gel** [éindʒəl]【原義は「神の使者」】名 C **1** 天使; 天使像《通例, 翼を持ち, 白衣を着ている》. **2** [通例 an 〜] 天使のような人, 愛らしい人 (◇特に女性・子供に対して用いる): **She is an** *angel* **of a child.** 彼女は天使のようにかわいい子供です / **Be an** *angel* **and bring my bag here.** いい子だから私のバッグをここに持って来てちょうだい (◇主に女性が子供に対して用いる). **3**《俗語》(演劇・映画などの)後援者, パトロン. (▷ **angélic, angélical**)
◆ **ángel** (《主に米》) **fòod) càke** U C《米》エンゼルケーキ《白いカステラ風のスポンジケーキ》.

an·gel·fish [éindʒəlfìʃ] 名 (複 **an·gel·fish, an·gel·fish·es** [〜iz]) C【魚】**1** エンゼルフィッシュ《観賞用の熱帯魚》. **2** カスザメ.

an·gel·ic [ændʒélik], **an·gel·i·cal** [-kəl] 形 天使の; 天使のような, 愛らしい: **her** *angelic* **smile** 彼女の天使のようなほほ笑み. (▷ **ángel**)

*****an·ger** [ǽŋgər] 名 動
— 名 U […への] 怒り [at, for, against]: **She tore up his letter in** *anger.* 彼女は怒って彼の手紙を引き裂いた / **He was beside himself with** *anger.* 彼は腹を立ててかれを忘れた.

> コロケーション　怒りを…
> 怒りを抑える: **control [repress, swallow] one's anger**

怒りを買う: *arouse* [*stir up*] ...'s anger
怒りを静める: *calm* ...'s anger
怒りをぶちまける: *vent one's anger*
— 動 他 [しばしば受け身で] …を怒らせる, 立腹させる: Tom *was angered* at [by] John's attitude. =John's attitude *angered* Tom. ジョンの態度はトムを怒らせた (=John's attitude made Tom angry.).   (▷ 形 ángry)

an·gi·na pec·to·ris [ændʒáinə péktəris] 名 U [医] 狭心症《心臟病. 単に angina とも言う》.

Ang·kor Wat [ǽŋkɔːr wát / -wɔ́t] 名 固 アンコールワット《カンボジアにある石造寺院の遺跡》.

***an·gle[1] [ǽŋgl] 名 動

— 名 C (複 **an·gles** [~z]) **1** 【数学】角(⑀), 角度: an acute [obtuse] *angle* 鋭角 [鈍角] / at an *angle* of 40 degrees to [with] ... …と40度の角度で / The two straight lines cross each other at right *angles*. 2つの直線は直角に交わっている.

acute angle obtuse angle right angle
(鋭角)   (鈍角)   (直角)

2 角(⑀) (corner): I hit my elbow against the *angle* of the desk. 私はひじを机の角にぶつけた.
3 観点, 見方 (viewpoint): from different [other] *angles* 異なった [別の] 観点から.
■ *at an ángle* 傾いて, 傾斜して.
— 動 他 **1** 〜を (ある角度に) 曲げる, 置く, 動かす, …の角度を変える.
2 〈報道など〉を (ある観点から) ゆがめて伝える.
— 自 曲がって進む.   (▷ 形 ángular)

an·gle[2] 動 自 **1** 魚釣りをする: go *angling* 魚釣りに行く.
2 (しばしば軽蔑)〈策を用いて〉〔…を〕得ようとする〔*for*〕.

an·gler [ǽŋglər] 名 C **1** 釣り師, 釣り人《◇特に娯楽で釣りをする人; cf. fisherman 漁師》.
2 【魚】チョウチンアンコウ.

An·gles [ǽŋglz] 名 [the ~; 複数扱い] アングル族《5世紀以降, ドイツから英国に渡ったゲルマン民族; → ANGLO-SAXON》.

an·gle·worm [ǽŋglwə̀ːrm] 名 C 《釣り餌(⑀)にする》ミミズ (earthworm).

An·gli·can [ǽŋglikən] 形 英国国教会《聖公会》の.
— 名 C 英国国教徒.
◆ **Anglican Chúrch** [the ~] 英国国教会 (Church of England); 聖公会 (Episcopal Church).

An·gli·cism [ǽŋgləsìzəm] 名 U C 《時に a-》英国《特にイングランド》特有の語 [語法] (Briticism); 《英語以外の言語で用いる》英語の語句 [語法].

An·gli·cize, 《英》**An·gli·cise** [ǽŋgləsàiz] 動 他 《時に a-》**1** 〈習慣・様式〉を英国風にする.
2 〈言葉〉を英語化する, 英語に借入する.

— 自 英国風になる; 英語化する.

an·gling [ǽŋgliŋ] 名 U 魚釣り《◇特に趣味としての「釣り」. 一般的には fishing を用いる》.

An·glo- [ǽŋglou] 結合 「英国 (の), 英語 (の)」の意を表す.

Án·glo-A·mér·i·can 形 **1** 英米 (間) の.
2 英国系米国人の.
— 名 C 英国系米国人.

Án·glo-Cáth·o·lic 形 アングロカトリック派の.
— 名 C アングロカトリック派教徒.

An·glo·phile [ǽŋgləfàil], **An·glo·phil** [-fil] 名 C [《主に英》a-] 英国びいきの人, 親英派の人.

An·glo-Sax·on [ǽŋglousǽksən] 名 **1** C アングロサクソン系の人;《米》英国系の米国人 (→ WASP).
2 C アングロサクソン人; [the ~s] アングロサクソン族《英国の英国人の主な祖先で5, 6世紀にドイツから英国に移住したゲルマン民族》. **3** U アングロサクソン語, 古 (期) 英語 (Old English).
— 形 アングロサクソン人 [語] の; アングロサクソン的な; 英国系の.

An·go·ra [æŋgɔ́ːrə] 名 [しばしば a-] **1** C = Angóra cát アンゴラネコ. **2** C = Angóra rábbit アンゴラウサギ. **3** C = Angóra góat アンゴラヤギ. **4** U = Angóra wóol モヘア, アンゴラ織《アンゴラヤギまたはアンゴラウサギの毛で作る》.

an·gri·ly [ǽŋgrəli] 副 怒って, 腹立たしげに.

***an·gry [ǽŋgri]
— 形 (比較 **an·gri·er** [~ər]; 最上 **an·gri·est** [~ist]) **1** (a) [〈人に / もの·ことに〉怒った, 腹を立てた 〔*with*, *at* / *about*, *at*, *over*〕: an *angry* look 怒った顔つき / get [become] *angry* 怒る, 腹を立てる / He looks *angry*. 彼は怒った (ような) 顔をしている / She is *angry* with [at] him. 彼女は彼のことを怒っている / Some people get *angry over* trifles. つまらないことに腹を立てる人もいる / He is *angry about* [at] your behavior. 彼はあなたのふるまいに腹を立てている / He was *angry at* finding his store broken into. 彼は自分の店がどろぼうに入られたと知って腹を立てていた / Mary is *angry about* [at] what I said. メアリーは私が言ったことに怒っている.
(b) [**be angry+*that* 節**] …だと怒っている: Robert *was angry that* he was left alone in the room. ロバートは部屋に独りぼっちにされたと怒っていた.
(c) [**be angry+*to* *do***] …して怒る: Ann *was angry to* hear the news. アンはその知らせを聞いて怒った.
2 《文語》〈風·海·波などが〉激しい: *angry* winds 烈風.
3 〈傷が〉炎症を起こしている, ずきずき痛む.   (▷ 名 ánger)

angst [áːpst / ǽpst]《ドイツ》名 U 《未来や人生を考えて生じる》不安, 苦悩.

*an·guish [ǽŋgwiʃ] 名 U 《特に心の》苦痛, 苦悶(⑀): She is in *anguish* over her sick mother. 彼女は病気の母親のことで苦悩している.

an·guished [ǽŋgwiʃt] 形 悲痛な, 苦悩に満ちた.

an·gu·lar [ǽŋgjələr] 形 **1** 角(%)のある、角ばった. **2** 角(度)の. **3** (体が)骨ばった、やせた. **4** (動作・態度が)ぎこちない、ぎくしゃくした.
(▷ 名 ángle¹)

an·gu·lar·i·ty [æ̀ŋgjəlǽrəti] 名 (複 **an·gu·lar·i·ties** [~z]) **1** ⓤ 角(%)のあること、やせて骨ばっていること；ぎこちないこと. **2** ⓒ [複数形で] 角, とがった部分.

★★★ an·i·mal [ǽnəməl]
— 名 (複 **an·i·mals** [~z]) ⓒ **1** (人間以外の) 動物, (特に) 四足獣, 性乳類: wild *animals* 野生動物 / domestic *animals* 家畜. [関連語] beast けだもの, (大きな) 四足獣 / brute 野獣
2 (植物・鉱物に対して) 動物: the lower [higher] *animals* 下等 [高等] 動物.
3 けだもの(のような人), 人でなし；粗暴な人.
4 [形容詞を伴って] (ある性質が備わった) 人, もの, 組織；主義；タイプ: He is not a social *animal*. 彼は社交的な人ではない.
— 形 **1** [限定用法] 動物の, 動物性の: *animal* fats 動物性脂肪. [関連語] mineral 鉱物性の / vegetable 植物性の)
2 (精神的に対して) 動物的な；(通例, 軽蔑) けだもののような: *animal* instinct 動物的本能.
◆ ánimal compánion ⓒ 〘婉曲〙ペット (pet).
ánimal húsbandry ⓤ 畜産, 畜産学.
ánimal kíngdom [the ~] 動物界.
ánimal ríghts ⓤ 動物の権利 〘動物は人間によって虐待されてはならないという考え〙.
ánimal thérapy ⓤⓒ 〘医〙アニマルセラピー 〘動物との交流を通じて行う心理療法〙.

an·i·mal·ism [ǽnəməlìzəm] 名 ⓤ **1** 動物的生活. **2** 獣欲, 獣的行動. **3** 人間動物説 〘人間には霊性がないとする説〙.

an·i·mate [ǽnəmèit] 動 他 〘格式〙 **1** …に生命 [活気] を与える；…を元気 [勇気] づける, 励ます.
2 ⟨人⟩ を (行動などに) 駆り立てる. **3** ⟨おとぎ話など⟩ をアニメ [動画] 化する.
— 形 [-mət] **1** 生きている, 生命を有する. **2** 生き生きした, 元気な (↔ inanimate).

an·i·mat·ed [ǽnəmèitid] 形 **1** 生き生きした, 活気に満ちた, 元気な. **2** アニメの, 動画の.
◆ ánimated cartóon ⓒ アニメ, 動画 (cartoon).

an·i·mat·ed·ly [~li] 副 生き生きと, 元気に.

an·i·ma·tion [æ̀nəméiʃən] 名 **1** ⓤ アニメ (ーション) 製作. **2** ⓒ 動画, アニメ (映画). **3** ⓤ 活発, 生気.

an·i·mism [ǽnəmìzəm] 名 ⓤ アニミズム 〘自然に存在するものすべてに霊魂があるとする信仰〙.

an·i·mos·i·ty [æ̀nəmάsəti / -mɔ́s-] 名 (複 **an·i·mos·i·ties** [~z]) ⓤⓒ […への / …の間の] 激しい憎しみ, 敵意 [*against, toward / between*].

an·i·mus [ǽnəməs] 名 **1** ⓤ [または an ~] […への] 敵意, 悪意 (animosity) [*against*].
2 ⓤ 〘心理〙アニムス 〘女性の無意識の中に存在する男性的要素〙.

an·ise [ǽnis] 名 ⓒ 〘植〙アニス 〘セリ科の一年草〙；アニスの実 (aniseed).

an·i·seed [ǽnisìːd] 名 ⓤ アニスの実 〘香味料〙.

An·ka·ra [ǽŋkərə] 名 固 アンカラ 〘トルコの首都〙.

★ an·kle [ǽŋkl] 名 ⓒ 足首, くるぶし (→ LEG 図).
◆ ánkle sóck ⓒ [通例 ~s] 〘英〙(足首までの) 短いソックス (〘米〙anklet).

an·klet [ǽŋklət] 名 **1** ⓒ 足首の飾り, アンクレット. **2** [通例 ~s] 〘米〙(足首までの) 短いソックス.

Ann, Anne [ǽn] 名 固 アン 〘◇女性の名；〘愛称〙 Annie, Nancy, Nanny〙.

An·na [ǽnə] 名 固 アンナ, アナ 〘◇女性の名；〘愛称〙 Ann, Annie, Nancy, Nanny〙.

an·nals [ǽnəlz] 名 [複数扱い] **1** 年代記, 年史. **2** (学会などの) 紀要, 年報.

An·nap·o·lis [ənǽpəlis] 名 固 アナポリス 〘米国 Maryland 州の州都で, 海軍兵学校のある所；cf. West Point ウエストポイント〙.

Anne [ǽn] 名 固 **1** = ANN (↑).
2 [Queen ~] アン女王 〘1665-1714；英国の女王 (1702-14)〙.

an·neal [əníːl] 動 他 **1** ⟨ガラス・金属など⟩ を焼きなまず, 焼き戻す. **2** ⟨精神⟩ を強くする, 鍛える.

＊an·nex [ənéks] (☆ 名 との発音の違いに注意)
動 他 **1** ⟨領土・国⟩ を […に] 併合する [*to*].
2 …を […に] 付加する, そえる [*to*].
— 名 [ǽneks] ⓒ **1** […の] 別館, 建て増し部分 [*to*]: a hospital [hotel] *annex* = an *annex* to a hospital [hotel] 病院 [ホテル] の別館.
2 […への] 付録, 付属文書 [*to*].

an·nex·a·tion [æ̀neksèiʃən] 名 ⓒⓤ 〘格式〙併合；付加, 添付；ⓒ 併合された国 [領土]；付加 [添付] 物.

an·nexe [ǽneks] 名 ⓒ 〘英〙= ANNEX (↑).

An·nie [ǽni] 名 固 アニー 〘◇女性の名；Ann, Anna, Anne の愛称〙.

an·ni·hi·late [ənáiəlèit] (☆ 発音に注意) 動 他 ⟨敵・町など⟩ を全滅 [絶滅] させる (destroy)；…を完ぺきに負かす, 完敗させる.

an·ni·hi·la·tion [ənàiəléiʃən] 名 ⓤ 全滅, 絶滅.

★ an·ni·ver·sa·ry [æ̀nəvə́ːrsəri] 名 (複 **an·ni·ver·sa·ries** [~z]) ⓒ (毎年の) 記念日, …周年記念日, 記念祭；[形容詞的に] …記念の, …周年祭の: a golden [silver] wedding *anniversary* 金婚 [銀婚] 記念日 / an *anniversary* gift 記念品 / We'll celebrate our third wedding *anniversary* next Sunday. 今度の日曜日に私たちは結婚3周年のお祝いをします.

An·no Do·mi·ni [ǽnou dάməni/ -dɔ́minai] 〘ラテン〙 副 〘格式〙 西暦…, キリスト紀元で 〘〘略語〙A.D.〙.

an·no·tate [ǽnətèit] 動 他 ⟨本・文学作品など⟩ に注釈 [注解] を付ける: an *annotated* text 注解付きのテキスト.

an·no·ta·tion [æ̀nətéiʃən] 名 ⓒ 注釈, 注解；ⓤ 注釈 [注解] を付けること.

★★ an·nounce [ənáuns] 【基本的意味は「…を公に知らせる (say something in public)」】
— 動 (三単現 **an·nounc·es** [~iz], 過去・過分 **an·nounced** [~t]；現分 **an·nounc·ing** [~iŋ])
— 他 **1** (a) [announce + O] …を […に]

知らせる, 発表する, 公表する [to]: The singer *announced* his engagement to a young actress. その歌手は若手女優との婚約を公表した. (b) [announce + that 節 [疑問詞節]] …ということを[…かを][…に]発表[公表]する [to]: The company *announced that* they would ally themselves with an American company. その会社は米国の会社との提携を発表した / It was *announced when* the rocket would be launched. ロケットがいつ打ち上げられるか発表された. (c) [announce + O + as [to be] ...] ~ を…であると発表[公表]する: He *announced* himself *as* the new coach. 彼は新しいコーチは自分であると発表した.
2 (駅・空港などで) …をアナウンスする, 放送する; 〈客などの〉到着を(大声で)知らせる; 〈食事の〉用意ができたことを告げる: *announce* the arrival of Flight 153 from Chicago シカゴ発153便の到着をアナウンスする / The servant *announced* Mr. Johnson. 使用人はジョンソン氏の到着を大声で知らせた / Dinner was *announced*. 夕食の用意ができたと大声で告げられた.
3 …を示す, …の知らせとなる: The cherry blossoms *announced* the coming of spring. 桜の花が春の訪れを告げた.
4 (テレビ・ラジオなどで) (番組の)アナウンサーを務める; 〈ゲストなど〉を紹介する.
— 自 **1** (テレビ・ラジオなどで)アナウンサーを務める. **2** […への] 立候補を表明する [for].

‡**an‧nounce‧ment** [ənáunsmənt] 名 **1** ⓒ 重大発表, 公式発表: There has been no official *announcement* of [about] his resignation. 彼の辞任について公式発表はまだない. **2** ⓤ 通知, アナウンス; 公示. **3** ⓒ (新聞などの)(短い)広告: a death *announcement* 死亡告知.

‡**an‧nounc‧er** [ənáunsər] 名 ⓒ **1** アナウンサー; 発表者; 告知者. **2** (テレビ番組などの) 司会者.

an‧noy [ənói]
— 動 (三単現 **an‧noys** [~z]; 過去・過分 **an‧noyed** [~d]; 現分 **an‧noy‧ing** [~iŋ]) 他 …をいらいらさせる, 悩ませる, しつこくじゃまする, …に迷惑をかける, …を不愉快な気持ちにさせる (→ WORRY [類義語]): The alley cats *annoy* me. = I am *annoyed* by [with] the alley cats. あの野良猫たちにはいらいらするよ / It *annoyed* Susan to have to wait another 15 minutes for the next bus. 次のバスが来るまでもう15分待たなければならないのでスーザンはいらいらした / It *annoys* me when people forget to say "Thank you." 人が「ありがとう」と言うのを忘れると私は不愉快になる / The mosquitoes *annoyed* me so much that I couldn't sleep well. 蚊がうるさくてよく眠れなかった. (▷ 名 annóyance)

*an‧noy‧ance** [ənóiəns] 名 **1** ⓤ いら立たしさ, わずらわしさ, いらいらする[させる]こと, 不愉快: He replied to my question with *annoyance*. 彼は私の質問にいら立って答えた. **2** ⓒ […にとっての]うるさい [迷惑な]もの [こと, 人], […の] 悩みの種 [to]: The heavy traffic is a great *annoyance* to the inhabitants. 交通量の多いことが住民にとって大きな悩みの種です. (▷ 動 annóy)

an‧noyed [ənóid]
— 形 〔もの・ことに/人に/…して/…ということに〕**いらいらして**, 腹を立てて, 不快感を抱いて [at, about, by / with / to do / that 節]: Karen was *annoyed at* my coming late. カレンは私が遅れて来たことに腹を立てた / I became *annoyed with* the salesman. 私はそのセールスマンがわずらわしくなった / She was *annoyed to* find *that* the train was delayed. 列車が遅れていることを知って彼女はいらいらした / Tom is *annoyed that* she forgot the promise. トムは彼女が約束を忘れたことを不快に思っている.

an‧noy‧ing [ənóiiŋ] 形 わずらわしい, うるさい, 迷惑な, 不愉快な: an *annoying* restriction [rule] わずらわしい制約 [規則] / How *annoying*! なんてうるさいんだ.

an‧noy‧ing‧ly [~li] 副 うるさく; [文修飾] 腹立たしいことに.

***an‧nu‧al** [ǽnjuəl]
— 形 [比較なし; 通例, 限定用法] **1 毎年の**, 例年の, 年1回の (cf. biannual 年2回の): an *annual* event 年中行事 / an *annual* report 年報. **2** 1年(分)の, 1年間の: *annual* rainfall 年間降雨量 / an *annual* income 年収 / *annual* revenue [expenditure] 歳入[出]. **3** 〘植〙一年生の (cf. biennial 二年生の / perennial 多年生の).
— 名 ⓒ **1** 年報, 年鑑, 年刊誌 (yearbook).
2 〘植〙一年生植物, 一年草.

*an‧nu‧al‧ly** [ǽnjuəli] 副 毎年, 1年ごとに; 年1回.

an‧nu‧i‧ty [ənjú:əti / ənjú:-] 名 (複 **an‧nu‧i‧ties** [~z]) ⓒ **1** 年金 (pension). **2** 年金受給資格.

an‧nul [ənʌ́l] 動 (三単現 **an‧nuls** [~z]; 過去・過分 **an‧nulled** [~d]; 現分 **an‧nul‧ling** [~iŋ]) 他〈命令・婚約・法など〉を取り消す, 無効にする, 廃棄する (cancel).

an‧nul‧ment [ənʌ́lmənt] 名 ⓤⓒ 取り消し, 無効.

an‧nun‧ci‧a‧tion [ənʌ̀nsiéiʃən] 名 **1** ⓤⓒ 〘文語〙告知, 布告. **2** [the A-] 〘キリスト〙受胎告知 《聖母マリアへのキリスト懐妊の知らせ》; 受胎告知の祭日 (Lady Day) 《3月25日》.

an‧ode [ǽnoud] 名 ⓒ 〘電気〙陽極 (positive pole) (↔ cathode): *anode* rays 陽極線.

an‧o‧dyne [ǽnədàin] 名 ⓒ 鎮痛剤; (気持ち・感情などを)和らげるもの.
— 形 鎮痛の; (気持ち・感情などを)和らげる; あたりさわりのない.

a‧noint [ənóint] 動 他 **1** …に油を塗る; […を]塗る, すり込む [with]. **2** 〘キリスト〙…を聖油で清める. **3** …を […として] 指名する [as].

a‧noint‧ment [~mənt] 名 ⓤⓒ 塗油.

a‧nom‧a‧lous [ənɑ́mələs / ənɔ́m-] 形 〘格式〙異常な, 異例の; 変則的な.

a‧nom‧a‧ly [ənɑ́məli / ənɔ́m-] 名 (複 **a‧nom‧a‧lies** [~z]) 〘格式〙 **1** ⓒ 異例な人 [もの, こと]; 変

わり種. **2** [U] 異例; 変則, 例外.
anon. 《略語》= anonymous (↓).
an·o·nym·i·ty [æ̀nəníməti] 图 [U] **1** 匿名(性). **2** 無名; 作者[筆者]不詳.
***a·non·y·mous** [ənɑ́niməs / ənɔ́n-] 形 **1** 匿名の, 名を伏せた; 作者不詳の(《略語》anon.): an *anonymous* letter 匿名の手紙 / an *anonymous* book [poem] 作者不詳の本 [詩].
2 特徴のない, ありふれた, 平凡な.
a·non·y·mous·ly [ənɑ́niməsli / ənɔ́n-] 副 匿名で.
a·no·rak [ǽnəræk]《英》アノラック, フード付き防寒用上着《米》parka].
an·o·rex·i·a [æ̀nəréksiə] 图 [U] [医] **1** 食欲不振; 拒食症. **2** 神経性拒食症 [食欲不振症] (◇ anorexia nervosa [nɑːrvóusə] とも言う).
an·o·rex·ic [æ̀nəréksik] 形 [医] 拒食症の; 食欲のない, 食欲を減退させる.
— 图 [C] 拒食症の患者; [薬] 食欲減退剤.

an·oth·er [ənʌ́ðər]
代 [「an (1つの) + other (ほかの)」から] (◇冠詞 (a, the)・指示代名詞 (this, that)・人称代名詞の所有格と一緒には用いない)
— 形 [限定用法] **1 もう1つの, もう1人の** (one more): Would you like *another* cup of tea? お茶をもう1杯いかがですか / At first she was behind me, and in *another* instant she was in front. 彼女は初め私のうしろにいたのに, 次の瞬間には私の前にいた / It is going to be *another* hot day. また暑い1日になりそうだ / I took *another* look around. 私はもう一度周りを見回した.
|語法| 数えられる名詞の単数形と共に用いる. ただし, 共に用いる名詞に数詞や few が付いて1つの単位と考えられる場合は, 複数形と共に用いることもできる: I need *another* few days before I can decide. 決心がつくまでさらに数日必要です / I waited *another* thirty minutes before asking. 私は質問するまでにさらに30分待った.
2 ほかの, 別の: Now let us consider *another* point. さてもう1つ別の点を考えてみよう / Let's talk about that problem on *another* occasion. その問題についてはまたの機会に話そう / From that moment my son became quite *another* person. その時から私の息子はまったくの別人になった [人が変わった] / That is *another* story. それはまた別の話だ ⇒ そうなると話は別だ / One man's meat is *another* man's poison. 《ことわざ》 ある人の食べ物は別の人の毒になる ⇒ 甲の薬は乙の毒.
3 [固有名詞に付けて] 第2の…, …によく似た: That man thinks he is *another* Picasso. あの男は自分が第2のピカソだと思っている.
■ *júst anóther* 《米口語》 ごくありふれた, 平凡な: She was *just another* girl. 彼女は平凡な少女だった.

— 代 [不定代名詞]
|語法| (1) 単数扱い. 複数形には others を用いる.
(2) one と相関的に用いることが多い (→ ONE 代 **2**).

1 もう1つ(のもの), もう1人の人: The girl finished her doughnut and reached out for *another*. 少女はドーナツを食べ終えると, もう1つに手を伸ばした.
2 別のもの [人], 他人: This hat is a little too big for me. Please show me *another*. この帽子は私には少々大きすぎる. 別のを見せてください / What appears boring to one person may be even enjoyable for *another*. ある人には退屈なことでも他の人には楽しいことがある / To know is one thing, to teach *another*. 知っていることと教えることは別のものである.
■ *óne àfter anóther* 交互に, 順々に (→ ONE 代 成句).
òne anóther お互い (→ ONE 代 成句).
óne wày or anóther どうにかして (→ WAY¹ 成句).

***an·swer** [ǽnsər / ɑ́ːn-]
動 图 [基本的意味は「答える」]
— 動 (三単現 **an·swers** [~z]; 過去・過分 **an·swered** [~d]; 現分 **an·swer·ing** [-sərɪŋ])
— 他 **1** (a) [**answer + O**] 〈人・質問・手紙など〉に**答える**, 返事をする (↔ ask) (→ 類義語): Please *answer* me [my question]. 私の言うこと [質問] に答えてください / You never *answered* my letters. 君は一度も手紙の返事をくれなかった. (b) [**answer** (+O)+ **that 節**] (…に) ~と答える: Mary *answered* (me) *that* she could not come. 行けません, とメアリーは答えた / "I don't know," *answered* the girl. 「知りません」と少女は答えた. (c) [**answer+O+O**] 〈人〉に…について答える 《◇この文型のみ次のような表現でのみ用いる》: *Answer* me this [that] question. この [その] 質問に答えなさい.
2 〈電話・ノックなど〉に出る; 〈求め〉に応じる: Please *answer* the telephone. 電話に出てください / I'll *answer* the door. 私が玄関に (応対しに) 出ます / Nobody *answered* my call for help. 私が助けを求めてもだれも応じてくれなかった.
3 〈問題・質問〉を解く (solve): Can you *answer* this problem? この問題が解けますか.
4 〈非難など〉に […で] 応じる, 応酬する, やり返す [*with*]: How will you *answer* their criticism? 彼らの批判にどう応じるつもりですか / I *answered* his blows *with* my blows. 彼に殴られたので殴り返した.
5 〈格式〉〈目的・要求など〉にかなう, 役立つ (serve); 〈記述〉に合致する: Your prayer will surely be *answered* in the near future. 君の願いはきっと近い将来かなえられるでしょう.
— 自 **1 答える**, 返事をする: Please *answer* in English. 英語で返答してください / Think carefully before you *answer*. 返事をする前によく考えなさい.
2 (電話・ノックなどに) 応答する, 応じる: I telephoned, but nobody *answered*. 電話をしたがだれも出なかった.
3 〈非難などに〉応じる, 応酬する: The speaker *answered* with an angry look. 講演者は怒った顔でにらみ返した.

answerable — **ante-**

4 [《格式》] [目的・必要・要求などに] かなう, 役立つ [*to*]: This type of personal computer will *answer* to the needs of the public. このタイプのパソコンは一般人の要求を満たすだろう. **5** […に] 合う, 合致する [*to*]: The man *answers* to the description given by the police. その男は警察の手配書に一致する.

[句動詞] **ánswer báck** 《口語》 ⓐ […に] 口答えする [*to*]; 自己弁護する: Don't *answer back to* your parents when they scold you. 親にしかられているときは口答えしてはいけない. — ⓑ [answer＋O＋back] …に口答えする: Tom was always *answering* his aunt *back*. トムはいつもおばさんに口答えばかりしていた.

ánswer for ... ㊑ **1** …の償いをする, 埋め合わせをする: You will have to *answer for* your bad behavior one day. 君はいずれ不品行の償いをしなくてはならないだろう / That politician seems to have a lot to *answer for*. あの政治家は感心しないことをいろいろやっているようだ. **2** …を保証する; …に責任を持つ: I can certainly *answer* (to you) *for* her honesty. 彼女が正直であることは間違いなく保証できます. **3** [通例, 否定文で] …に代わって答える, 代弁する. **4** …に役立つ.

■ **ánswer to the náme of ...** 《こっけい》(ペットなどが) …という名前である.

── 图 (複 **an·swers** [~z]) C **1** […の] 答え, 返事, 回答 [*to*] ((略語) A) (↔ question): The *answer* is no! 答えはノーだ / The boy gave a quick *answer to* my question. その少年は私の質問に速やかに答えた / Have you had an *answer to* your letter? 手紙の返事はもらいましたか. **2** 応答; 応酬, 報復: I rang the doorbell, but there was no *answer*. 私は呼び鈴を鳴らしたが応答はなかった / Her *answer* was to slap him across the face. 彼女は答える代わりに彼の横っ面をたたいた. **3** [問題などの] 解答, 解決策 [*to*] (solution): The *answer to* 3×4 is 12. 3×4の答えは12です / There is no easy *answer to* this problem. この問題にたやすい解決法はない.

4 […に] 相当する人 [もの] [*to*].
5 《法》申し開き, 答弁.

■ **in ánswer to ...** …に答えて, 応じて: No one came *in answer to* the boy's shouts. その少年の叫び声に応じてやって来た人はだれもいなかった.

◆ **ánswering machine** C 留守番電話.

[類義語] **answer, reply, respond**
共通する意味▶ (口頭・文書・行為などで) 答える (say, write, or do something in return)
answer は「答える」の意を表す最も一般的な語: *answer* the phone 電話に出る. **reply** は answer と性格同じように使われるが, やや格式ばった語で, 「質問・要求にきちんと答える」の意も含む: He answered my letter, but did not *reply* to my questions. 彼は私の手紙に返事はくれたが, 私の疑問に答えてはくれなかった. **respond** は意識的にせよ無意識的にせよ「刺激となるもの [言葉・呼びかけ・行為・要求など] に対して即座に反応する」の意: They *responded* at once to a cry for help. 彼らは助けを求める叫び声にただちに応じた.

an·swer·a·ble [ǽnsərəbl / ɑ́ːn-] 形 **1** [叙述用法] [人に対して / 行為に対して] 責任のある [*to* / *for*]: You are *answerable to* her *for* your conduct. あなたは彼女に対して自分の行為の責任を取るべきです. **2** (問題などに) 答えられる.

‡**ant** [ǽnt] 图 C [昆] アリ: a white *ant* 白アリ / an army *ant* 軍隊アリ / a queen *ant* 女王アリ / work like an *ant* アリのように働く.

■ **hàve ánts in one's pánts** 《口語》むずむずしている, いらいらしている.

◆ **ánt bèar** C [動物] オオアリクイ《南米産》.

-ant [ənt] 接尾 **1** 「…性の」「…する」の意を表す形容詞を作る: pleas*ant* 楽しい / repent*ant* 後悔している / compli*ant* 素直な. **2** 「…する人」「…の働きをする人 [もの]」の意を表す名詞を作る: serv*ant* 使用人 / assist*ant* 助手 / inhabit*ant* 住民.

an·tag·o·nism [æntǽgənìzm] 图 U […間の / …への] 敵対 (心), 敵意, 反対 [*between* / *to*, *toward*]: From that time there has been a state of *antagonism between* Jack and his boss. その時以来ジャックと上司とは対立状態にある.

an·tag·o·nist [æntǽgənist] 图 C 敵対者, 対立者, (敵となる) 相手 (↔ protagonist).

an·tag·o·nis·tic [æntæ̀gənístik] 形 **1** […に] 敵対する, 相反する; […に] 反対の, 敵意を持つ [*to*, *toward*]. **2** (新しい考えなどに) 反感を持つ.

an·tag·o·nize, 《英》**an·tag·o·nise** [æntǽgənàiz] 動 ㊑ …を敵にまわす, …に反感 [敵意] を買う.

*****ant·arc·tic** [æntɑ́ːrktik] 【「ant (反対) ＋arctic (北極の)」から】形 [比較なし; 限定用法; しばしば A-] 南極 (地方) の: an *antarctic* expedition 南極探検 (隊).

── 图 [the A-] 南極 (地方) の (↔ the Arctic).

◆ **Antárctic Círcle** [the 〜] 南極圏《南緯66度33分の線およびそれより南方の総称》.

Antárctic Cóntinent [the 〜] 南極大陸 (Antarctica).

Antárctic Ócean [the 〜] 南極海, 南氷洋.
Antárctic Zòne [the 〜] 南極帯《南極圏以南》.

Ant·arc·ti·ca [æntɑ́ːrktikə] 图 固 南極大陸 (◇無冠詞) (the Antarctic Continent).

An·tar·es [æntéəriːz] 图 固 アンタレス《さそり座の主星で一番明るい星》.

an·te [ǽnti] 图 C [通例, 単数形で] **1** [トランプ] アンティー《ポーカーで新しい札を引く前に出す賭 (か) け金》: up [raise] the *ante* 賭け金をつり上げる; 要求を増やす. **2** [the 〜] 《米口語》分担金, 代金.

── 動 (三単現 **an·tes** [~z]; 過去・過分 **an·ted**, **an·teed** [~d]; 現分 **an·te·ing** [~iŋ]) ㊑ **1** (ポーカーで)〈賭け金〉を出す, 賭ける. **2** 《米口語》〈分担金〉を払う (*up*).

── ⓐ (三単現) 分担金を払う (*up*).

an·te- [ǽnti] 接頭 「…の前の, …より前の」の意を表す (↔ post-): *ante*cedent 先行する / *ante*cham-

ant・eat・er [ǽntìːtər] 名C《動物》アリクイ《細長い舌でアリを捕食する南米産の動物の総称》.

an・te・ced・ent [æntisíːdənt] 形《格式》[…に]先立つ, 先行する [*to*].
— 名C **1** 《格式》先行するもの [事件]; 前例, 先行例. **2** 《文法》先行詞 (→ RELATIVE 文法)
3 [~s] 《格式》祖先; 経歴, 素性.

an・te・cham・ber [ǽntitʃèimbər] 名C 控えの間, 次の間 (anteroom).

an・te・date [ǽntidèit] 動 他 **1** (事件などが)…より月日 [時代] が前である (↔ postdate).
2 《手紙・小切手など》の日付を実際よりも前にする.

an・te・di・lu・vi・an [æntidilúːviən] 形 **1** ノアの大洪水以前の. **2** 《こっけい》大昔の; 時代遅れの.

an・te・lope [ǽntəlòup] 名 (複 **an・te・lopes** [~s], **an・te・lope**) C 《動物》アンテロープ, レイヨウ《主にアジア・アフリカ産のカモシカに似た動物》.

an・te・na・tal [æntinéitəl] 形《英》出生 [出産] 前の, 誕生前の (《米》prenatal); 妊婦の.
— 名C 妊産婦検診.

*__an・ten・na__ [ænténə] 名C **1** (複 **an・ten・nas** [~z])《米》アンテナ, 空中線 (《英》aerial).
2 (複 **an・ten・nae** [-niː])《動物》触角 (カタツムリなどの) 角(つの);《植》触毛.

an・te・ri・or [æntíəriər] 形《格式》(場所が)[…より] 前方の, 前部の; (時間・順序などが)[…より] 前の, 以前の (↔ posterior) [*to*].

an・te・room [ǽntirùːm] 名C 控えの間, 次の間 (antechamber); 待合室.

an・them [ǽnθəm] 名C **1** 祝歌, 賛歌: the national *anthem* 国歌.
2 聖歌, 賛美歌.

an・ther [ǽnθər] 名C《植》葯(やく)《花の雄しべの一部で, 花粉を作る器官》.

ant・hill [ǽnthìl], **ánt hìll** 名C アリ塚.

an・thol・o・gy [ænθálədʒi / -θɔ́l-] 名 (複 **an・thol・o・gies** [~z]) C アンソロジー, (名文) 選集, 名詩選集; 名曲集; 名画集.

an・thol・o・gist [-dʒist] 名C 選集の編者.

An・tho・ny [ǽnθəni, -tə-] 名 固 アンソニー, アントニー《◇男性の名;《愛称》Tony》.

an・thra・cite [ǽnθrəsàit] 名U 無煙炭.

an・thrax [ǽnθræks] 名U《医》炭疽(たんそ)病《家畜がかかる伝染病で, 人間も感染する》; 炭疽菌.

an・thro・poid [ǽnθrəpɔ̀id] 形《限定用法》(動物が) 人間に似た;《口語・軽蔑》(人が) 猿に似た.
— 名C = ánthropoid ápe 類人猿《チンパンジー・ゴリラ・オランウータンなど人間に近い猿》.

an・thro・po・log・i・cal [æ̀nθrəpəládʒikəl / -lɔ́dʒ-] 形 人類学 (上) の.

an・thro・pol・o・gist [æ̀nθrəpálədʒist / -pɔ́l-] 名C 人類学者.

an・thro・pol・o・gy [æ̀nθrəpálədʒi / -pɔ́l-] 名U 人類学: cultural [social] *anthropology* 文化 [社会] 人類学.

an・ti- [ǽntai, -ti / -ti] 名C《口語》反対 (論) 者.
— 前《口語》…に反対の [で] (against).

an・ti- [ǽnti, -tai / -ti] 接頭 名詞・形容詞に付けて「反対」「敵対」「排斥」などの意を表す (↔ pro-): *anti*cancer 抗癌(がん)性の / *anti*government 反政府の / *anti*nuclear 核に反対の, 反核の.

an・ti・air・craft [æ̀ntiéərkræft / -krɑ̀ːft] 形《限定用法》対空の, 防空用の: an *antiaircraft* gun 高射砲《高空の飛行機を射撃するのに用いる》.

an・ti・bi・ot・ic [æ̀ntibaiátik / -ɔ́t-] 形《生化》抗生 (物質) の.
— 名C (通例 ~s) 抗生物質《微生物の発育・機能を阻害する物質. ペニシリンなど》.

an・ti・bod・y [ǽntibàdi / -bɔ̀di] 名 (複 **an・ti・bod・ies** [~z]) C《生理》抗体.

an・ti・can・cer [æ̀ntikǽnsər] 形 抗癌(がん)性の.

*__an・tic・i・pate__ [æntísipèit]《原義は「前に取る」》
動 他 **1** (a) [anticipate + O] …を予想する, 予期する; 楽しみに [心配して] 待つ (→ EXPECT 類義語): He *anticipates* an increase in salary. 彼は給料の増額を期待している. (b) [anticipate + doing] …することを予想する; [anticipate + that 節] …だと予想する: We all *anticipated that* it would be very hot this summer. 私たちはみな今年の夏はとても暑くなると予期した.
2 …の先手を打つ, …を予見する;[…ということ / …か] を先読みして対処 [処理] する《*that* 節 / 疑問詞節》: We *anticipated* a typhoon and bought plenty of food. 私たちは台風を予想してたくさんの食料を買った.
3《格式》…を人より先に行う [言う].
4《収入など》をあてにして使う: You shouldn't *anticipate* your future earnings. あなたは将来の収入をあてにするべきではありません.

*__an・tic・i・pa・tion__ [æntìsipéiʃən] 名U **1** […に対する] 予想, 予期;[…を] 期待して待つこと [*of*].
2 先手を打つこと; 先取り, 予見.
■ *in anticipátion* 前もって; 期待して: Thanking you *in anticipation*. 前もってお礼申し上げます《◇依頼状などの結びの句》.
in anticipátion of ... …を期待 [予期] して, 見越して.

an・tic・i・pa・to・ry [æntísəpətɔ̀ːri / -təri] 形 **1** 予想 [予期] しての, (先を) 見越しての. **2**《文法》先行の, 予備の.

an・ti・cli・max [æ̀ntikláimæks] 名 **1** C《しばしばこっけい》みじめな結末, 期待外れ; 拍子抜け: The performance of a new government is often an *anticlimax*. 新政府のやることはしばしば期待外れのである.
2 U《修辞》漸降(ぜんこう)法《強い文勢を次第に弱めていく表現法; cf. climax 漸層法》.

an・ti・clock・wise [æ̀ntiklákwaiz / -klɔ́k-] 形《英》時計と反対回りの, 左回りの (《米》counterclockwise) (↔ clockwise).
— 副《英》時計と反対回りに, 左回りに.

an·tics [ǽntiks] 图[複数扱い] ばかげたふるまい、とっぴな行動.

an·ti·cy·clone [æ̀ntisáikloun] 图C【気象】高気圧(圏) (↔ cyclone).

an·ti·dote [ǽntidòut] 图C《…の》解毒剤; 矯正手段, 対策 [to, for, against].

an·ti·freeze [ǽntifrì:z] 图U 不凍液, 不凍剤.

an·ti·gen [ǽntidʒən] 图C【生理】抗原《生体内で抗体 (antibody) の形成を促す物質》.

an·ti·he·ro [ǽntihìərou, -hì:rou / -hìərou] 图 (複 an·ti·he·roes [~z]) C【文学】アンチヒーロー《英雄的でなく平凡な主人公》.

an·ti·his·ta·mine [æ̀ntihístəmìn] 图CU【薬】(感冒・アレルギー治療用の) 抗ヒスタミン剤.

an·ti·knock [ǽntinák / -nɔ́k] 图U (エンジンの) アンチノック剤《異常爆発を防ぐ添加剤》.

an·ti·ma·cas·sar [æ̀ntiməkǽsər] 图C いすの背 [ひじ] カバー.

an·ti·mis·sile [ǽntimísəl / -sàil] 形 対ミサイルの, ミサイル迎撃用の.

an·ti·mo·ny [ǽntimòuni / -məni] 图U【物理】アンチモン《金属元素;《元素記号》Sb》.

an·ti·nu·cle·ar [æ̀ntinjú:kliər / -njú:-] 形 1 反核の, 核兵器反対の. 2 原子力発電反対の, 反原発の.

an·ti·nuke [æ̀ntinjú:k / -njú:k] 形《口語》= ANTINUCLEAR (↑).

an·ti·pa·thet·ic [æ̀ntipəθétik] 形《…に》反感を持っている, 虫の好かない, 〔人の〕性に合わない [to].

*__an·tip·a·thy__ [æntípəθi] 图 (複 an·tip·a·thies [~z]) 1 UC《…への》反感, 嫌悪 (↔ sympathy) [to, toward, against]: He had [felt] a great [strong] antipathy toward my cat. 彼は私の猫をひどく嫌っていた. 2 C 虫の好かないこと [もの]. 3 U 《または an ~》《…の間の》反発, 相違 [between].

an·ti·per·son·nel [æ̀ntipə:rsənél] 形《軍》(施設破壊ではなく) 兵士の殺傷が目的の, 対人の.

An·tip·o·des [æntípədì:z] 图 [the ~; 複数扱い] (英国から見て) オーストラリアとニュージーランド.

an·ti·pol·lu·tion [æ̀ntipəlú:ʃən] 形 汚染防止の; 公害反対の.
— 图U 汚染防止; 公害反対.

an·ti·quar·i·an [æ̀ntəkwéəriən] 形《通例, 限定用法》骨董(ː)趣味の, 古物研究 [収集] の.
— 图C 骨董 [古物] 研究 [収集] 家.

an·ti·quar·y [ǽntəkwèri / -kwəri] 图 (複 an·ti·quar·ies [~z]) C 古物研究 [収集] 家; 古物商, 骨董(ː)商.

an·ti·quat·ed [ǽntəkwèitid] 形《通例, 軽蔑》時代遅れの, 旧式の, 古風な.

*__an·tique__ [æntí:k] 图C 骨董(ː)品, アンティーク, 古器, 古物.
— 形 1 骨董の, アンティークの.
2《格式》古代 (ギリシャ・ローマ) の.
3《しばしば軽蔑》古くさい, 骨董的な.

an·tiq·ui·ty [æntíkwəti] 图 (複 an·tiq·ui·ties [~z]) 1 U 古いこと, 古さ. 2 U (ギリシャ・ローマの) 古代; 大昔. 3 C《通例, 複数形で》古代の遺物; 古代の風習 [制度].

an·ti-Sem·ite [æ̀ntisémait / -sí:m-] 图C 反ユダヤ主義者.

an·ti-Se·mit·ic [æ̀ntisəmítik] 形 反ユダヤ主義の.

an·ti-Sem·i·tism [æ̀ntisémətìzəm] 图U 反ユダヤ主義《運動》.

an·ti·sep·tic [æ̀ntəséptik] 形 1 殺菌 [消毒] 用の. 2 防腐性の; 無菌の.
— 图C 防腐剤; 消毒剤.

an·ti·so·cial [æ̀ntisóuʃəl] 形 1 反社会的な: antisocial behavior 反社会的行為. 2 非社交的な, 社交嫌いの.

an·tith·e·sis [æntíθəsis] 图 (複 an·tith·e·ses [-sì:z])《格式》 1 U《…の /…の間の》正反対 (であること), 対照 [of, to / between]; UC《…と》正反対のもの, 対照物 [of, to]: Joy is the antithesis of sorrow. 喜びと悲しみは正反対のものである. 2 U【修辞】対照法; C 対句.

an·ti·thet·i·cal [æ̀ntiθétikəl] 形《文語》正反対の, 対照的な.

an·ti·tox·in [æ̀ntitáksən / -tɔ́ksin] 图CU 抗毒素, 抗毒薬.

an·ti·trust [æ̀ntitrÁst] 形《限定用法》反トラストの, 独占禁止 (法) の: the antitrust laws 独占禁止法.

ant·ler [ǽntlər] 图C《通例 ~s》(シカの) 枝角(ː) (cf. horn《羊・ヤギなどの》角).

An·toi·nette [æ̀ntwənét] 图 = MARIE ANTOINETTE.

An·to·ni·o [æntóuniòu] 图固 アントニオ《男性の名》.

An·to·ny [ǽntəni] 图固 1 アントニー《男性の名;《愛称》Tony》. 2 アントニウス Mark Antony (83?–30 B.C.;古代ローマの軍人・政治家).

‡**an·to·nym** [ǽntənìm] 图C 反意語, 反義語 (↔ synonym).

Ant·werp [ǽntwə:rp] 图固 アントワープ《ベルギー北部の港湾都市》.

a·nus [éinəs] 图C【解剖】肛門(ːː). (▷ 形 ánal)

an·vil [ǽnvil] 图C 鉄床(ːː), 鉄敷(ːː).

‡**anx·i·e·ty** [æŋzáiəti] 图 (☆ 発音に注意) (複 anx·i·e·ties [~z]) 1 U《…についての》心配, 不安 [about, for] (→ CARE 類義語): She was waiting for her daughter with anxiety. 彼女は娘を心配しながら待っていた / We feel anxiety about [for] the future of Japan. 私たちは日本の将来について心配している.
2 C 心配事, 心配 [不安] の種: It seemed that he had some anxieties. 彼には何か心配事があるようだった. 3 U《…に対する》切望, 熱望 [for];《…したいという /…という》切望, 熱望 [to do / that 節] 《◇したいけれどもできないかもしれないという不安を伴う》: She was earnest in her anxiety to please her guests. 彼女は来客を喜ばそうと必死だった.
(▷ 形 ánxious)

‡**anx·ious** [ǽŋkʃəs]
— 形 1 心配な, 不安な, 気にかかる; [be anxious about [for] ...] …を心配している:

an *anxious* matter 心配事 / an *anxious* feeling 不安な気持ち / He became *anxious* that he might lose his way. 彼は道に迷うのではないかと不安になった / I'm *anxious* about [for] her safety [health]. 彼女の安否[健康]が気がかりです．

2 (a) [be anxious for ...] …を切望[熱望]している (→ EAGER **類義語**): All of us *are anxious for* peace. 私たちはみな平和を切望している．(b) [be anxious + to do] …したいと切望している, …したがっている: John *is anxious to* know the result. ジョンはしきりに結果を知りたがっている．(c) [be anxious for ... + to do] 〈人〉が…するように切望している; [be anxious + that 節] …することを切望している: His father *was anxious for* his son *to* succeed to his business. = His father *was anxious that* his son (should) succeed to his business. 彼の父親は息子が彼の仕事を継ぐことを切望していた (◇ should を用いるのは《主に英》).

(▷ **名** anxiety)

anx・ious・ly [ǽŋkʃəsli] **副** 心配そうに; (不安な気持ちで) 切望して．

＊＊＊ an・y [(弱) əni; (強) éni]
形 代 副

❶ **形容詞**

■ 疑問文で「いくらかの」，否定文で「少しも」(→ **形** 1, 2)

Were there any lions in the cage?
　　　　　　　　↑ 疑問文中
(そのおりの中にライオンがいましたか)

I don't have any girl friends.
　　　　　　↑ 否定文中
(私には女友達がいない)

■ 肯定文で「どんな…でも」(→ **形** 3)

Any child can play this game.
↑
(このゲームはどんな子供でも遊べる)

❷ **代名詞**

■ 疑問文で「いくらか」，否定文で「どれも」(→ **代** 1, 2)

I have no pets. Do you have any?
(私はペットを飼っていません．　疑問文中
あなたは飼っていますか)

I don't want any of these stamps.
　　　　　　　↑ 否定文中
(私はこれらの切手のどれも欲しくない)

■ 肯定文で「どれでも」(→ **代** 3)

You can have any of these ties.
(これらのネクタイをどれでもあげます)

❸ **副詞**「いくらか；少しも」(→ **副**)

Is he any better today?
↑
(彼はきょう少しは具合がいいですか)

── **形** 1 [疑問文で] 何か, いくらか, だれか, どれか: Do you have *any* brothers? ご兄弟はいらっしゃいますか / Is there *any* problem about the proposal? その提案に何か問題がありますか．

語法 (1) 可算名詞の複数形または不可算名詞の前に付ける．
(2) 日本語に訳さない場合が多い．
(3) some との使い分けについては → SOME **形** **語法**．

2 [否定文で] 少しも, 何も, どれも: I don't have *any* children. 私には子供がいない / I cannot think of *any* solution. 私には解決方法が思いつかない．

語法 (1) 可算名詞の複数形または不可算名詞の前に付ける．
(2) without, hardly などの否定語を含む文でも用いる: You will be able to do the work without *any* difficulty. あなたはこの仕事を何の苦労もせずに (楽に) できるでしょう / I had hardly *any* trouble during my stay in London. ロンドンに滞在中ほとんど何の問題もなかった．
(3) any は否定語のあとに置く．
(4) not any は no に置き換えることができる: I don't have *any* questions. = I have *no* questions. 質問はありません．

3 [肯定文で] どんな…でも, どれでも, だれでも, 何でも: You can take *any* book you like. 気に入った本があったらどれでも持って行っていいよ / *Any* doctor would tell you that smoking is bad for you. 医師ならばだれでも喫煙が体に悪いと言うだろう / *Any* pencil is better than none. どんな鉛筆でもないよりはましです / Which printer do you want? ―*Any* printer will do. どのプリンターが欲しいですか ― どんなプリンターでもかまいません．

語法 (1) この意味では [éni] と強く発音される．
(2) 通例, 可算名詞の単数形または不可算名詞の前に付けるが, 可算名詞の複数形の前に付けることもある: Take *any* two cookies you like, please. どれでも好きなクッキーを2つお取りください．

4 [条件節で] どれでも, だれでも, 少しでも (→ SOME **形** **語法**): If there is *any* cake, can I have some? ケーキがあればいただきたいのですが．

■ **ány óne** **1** どれか1つ, だれか1人: You can use *any one* of these three dictionaries. この3冊の辞書のうちどれか1冊を使っていいよ．
2 = ANYONE.

── **代** **1** [疑問文で] (…のうちの) いくらか, 何人か, どれか (◇ 可算名詞を受けるときは単数・複数扱い, 不可算名詞を受けるときは単数扱いとなる): I want some coffee. Is there *any* in the pot? コーヒーが飲みたいのだけれど, ポットの中にありますか / I have some pencils. Do you need *any*? 私は鉛筆を持っていますが, あなたは何本か必要ですか / Are *any* of the victims Japanese? 被害者に日本人はいますか．

2 [否定文で] (…のうちの) どれも, だれも: I don't like *any* of these scarves. 私はこれらのスカーフ

はどれも嫌いです / I didn't meet *any* of my classmates at the party. 私はパーティーでクラスメートのだれとも会わなかった.

[語法] (1) any は否定語のあとに置く.
(2) not any は none に置き換えることができる: I don't know *any* of these guitarists. = I know *none* of these guitarists. 私はこのギター奏者たちを1人も知らない.

3 [肯定文で](…のうち) **どれでも**, 何でも, だれでも (◇2つのうち, 「どちらか」と言う場合には either を用いる): *Any* of these cameras will do. これらのカメラのうちのどれでもいい.

4 [条件節で] どれでも, だれでも, 少しでも: If you lose *any* of the ballpoints I lent you, don't care a bit. 私が貸したボールペンをなくしても, 少しも気にしないでね.

■ *if ány* **1** たとえあるとしても: There are few mistakes, *if any*. たとえミスがあったとしてもごくわずかである ⇒ ミスはないも同然である.
2 もしあれば: Correct errors, *if any*. 誤りがあれば正しなさい.

— [副] **1** [疑問文・条件節で] 少しでも, 多少は; [否定文で] 少しも (◇比較級, different, too などと共に用いる): Are the two proposals *any* different from each other? その2つの提案に違いなんてあるのですか / Do you feel *any* better this morning? – No, I don't feel *any* better. けさはいくらか気分がいいですか – いいえ, 少しもよくなっていません.

2 [動詞を修飾して][《米口語》][疑問文で] 少しは; [否定文で] 少しも (at all): Have you eaten *any*? – No, I haven't eaten *any*. 少しは食べましたか – いいえ, 少しも食べていません.

■ *àny móre* [否定文・疑問文で]《英》もはや, これ以上 (《米》anymore): I can't stand this heat *any more*. この暑さにはもうこれ以上我慢できない.

nòt ... àny lónger → LONG¹ [副] 成句.

an·y·bod·y [énibɑ̀di, -bədi / énibɔ̀di] [代][名]

— [代][不定代名詞][単数扱い] **1** [疑問文・条件節で] **だれか** (anyone): Can *anybody* answer the question? だれか質問に答えられますか / If there is *anybody* that can speak Spanish, please let me know. スペイン語が話せる人がいたら, 申し出てください.

[語法] (1) anyone と同じ意味だが, anybody のほうがやや口語的.
(2) anybody [anyone] と somebody [someone] の使い分けは, any と some の使い分けと同じ (→ SOME [形] [語法](2)).
(3) anybody [anyone] は単数扱いだが,《口語》では they で受けることが多い: If *anybody* visits me, make them wait. だれかが私に会いに来たら待たせておいてください.

2 [否定文で] **だれも**, だれにも (…ない): There was not *anybody* in the room. その部屋にはだれもいなかった (= There was nobody in the room.)/ He left without saying good-by to *anybody*. 彼はだれにもさよならを言わないで去った.

3 [肯定文で] だれでも: *Anybody* can answer an easy question like that. そんなやさしい質問にはだれでも答えられる / He is taller than *anybody* else in our class. 彼はクラスのほかのだれよりも背が高い.

— [名][U][通例, 疑問文・否定文・条件節で] 立派な人物, 重要な人物: He was not *anybody* before he won the prize. 彼はその賞を取るまでは普通の人だった.

an·y·how [énihàu] [副][比較なし]《口語》 **1** とにかく, いずれにしても: *Anyhow*, let's try it again. とにかくもう一度やってみよう.
2 [肯定文で] どうしても, 絶対に; [否定文で] どうしても (どうやっても)(…ない): I must finish this work in a few days *anyhow*. 私は何としても数日中にこの仕事を終えなければならない / I could not open the window *anyhow*. 私はどうしてもその窓を開けられなかった.
3 いいかげんに, ぞんざいに (carelessly).

an·y·more [ènimɔ́ːr] [副]《主に米》 **1** [否定文・疑問文で] 今は(…ない), もはや(…ない)(◇《英》では any more とつづる): He does not live here *anymore*. 彼はもうここには住んでいない.
2《口語》最近は, 今では (nowadays).

an·y·one [éniwʌ̀n, -wən]

— [代][不定代名詞](◇用法については→ ANYBODY [語法]) **1** [疑問文・条件節で] **だれか** (any person): Was there *anyone* in the room? 部屋にだれかいましたか / If *anyone* want to see my pictures, show him [her,《口語》them] this. だれか私の写真を見たい人がいたら, これを見せてあげてください.
2 [否定文で] **だれも** (…ない): I don't want to see *anyone* today. きょうはだれにも会いたくない.
3 [肯定文で] だれでも: *Anyone* can join the parade. だれでもパレードに参加できる.

an·y·place [éniplèis] [副]《米口語》 = ANYWHERE (↓).

an·y·thing [éniθìŋ] [代][副]

— [代][不定代名詞][単数扱い] **1** [疑問文・条件節で] **何か**: Do you have *anything* to tell me? 何か私に話すことがありますか / If there is *anything* you don't understand, ask me. もし何かわからないことがあったら, 私に尋ねなさい.

[語法] (1) anything と something の使い分けは, any と some の使い分けと同じ (→ SOME [形] [語法](2)).
(2) anything を修飾する形容詞はそのあとへ置く: I did not find *anything* new. 新しいものは何も発見しなかった / Has there been *anything* interesting these days? 最近何か面白いことはありましたか.

2 [否定文で] 何も: She doesn't know *anything* about the project. 彼女はその計画について何も知らない (= She knows nothing about the project.)/ I haven't had *anything* to eat since then. その時から食べるものが何もなかった (= I have had nothing to eat since then.).

3 [肯定文で] 何でも: What do you want to

eat? — *Anything* is OK. 何が食べたいの一何だっていいさ / I will do *anything* for you. あなたのためなら何だってします。

■ *ánything but ...* **1** 決して…ない, 少しも…でない, …どころではない: This article is *anything but* interesting. この記事は全然面白くない / He is *anything but* lazy. 彼が怠け者だなんてとんでもない。 **2** …のほかは何でも: I can do *anything but* that. それ以外なら私は何でもできます。

Ánything góes. 《口語》何をやってもかまわない, 何でもありだ。

ánything of a ... [疑問文・否定文・条件節で] 少しは…: Is he *anything of a* statesman? 彼は少しは政治家と言えるのだろうか / She is not *anything of a* mother. 彼女には母親らしいところが少しもない。

as ... as ánything 《口語》とても…, 非常に…: The dog ran away from me *as* fast *as anything*. 犬は私から全速力で逃げて行った。

for ánything [通例 would not と共に用いて]《口語》どんなことがあろうとも, 決して: I *would not* swim in the sea *for anything*. 私は決して海で泳がない。

hàve ánything to dò with ... …と関係がある (→ HAVE 成句).

if ánything **1** どちらかと言えば: He was not hungry, *if anything*, he was a little sleepy. 彼は空腹ではなく, むしろ少し眠かった。 **2** もしあるとしても: The man knew little, *if anything*, about the accident. 男はその事故のことをほとんど知らなかった。

lìke ánything [動詞のあとに付けて] ひどく, 激しく。

màke ánything of ... [疑問文・否定文で; can を伴って] …を理解する: Can you *make anything of* what he said? 彼の言ったことがわかりますか。

... or ánything [通例, 疑問文・否定文・条件節で]《口語》…か何か, …とか何とか: If you want to talk with me *or anything*, call me at my office. 私に話か何かしたくなったら, 事務所に電話してください。

— 副 とにかく, 少しでも. [通例, 次の成句で]

■ *ánything like ...* [否定文・疑問文・条件節で] …に近い, 似た: His new book isn't *anything like* his former books. 彼の新しい本は前の著書とはまったく似ていない。

an·y·time [énitàim] 副《主に米》いつでも, 常に (at any time).

***an·y·way** [éniwèi]

— 副 **1** とにかく, 何はともあれ, いずれにしても: Thank you very much for your advice *anyway*. とにかくご忠告ありがとう / Let's go on to the next topic, *anyway*. とにかく次の話題に移ろう / *Anyway*, we returned from our trip safe and sound. 何はともあれ, 私たちは無事に旅行から戻った。 **2** 何としても, どんなことをしても, 是が非でも: I'll succeed in this project *anyway*. 私は何としてもこの事業で成功するつもりです。 **3** それでも, にもかかわらず (nevertheless): It has got dark, but she continued to work *anyway*. 暗くなってしまっても彼女は仕事を続けた。 **4** (会話を打ち切って) いずれにしても。 **5** [通例 just 〜] 不注意に, いいかげんに, ぞんざいに (carelessly): Tom wiped the windows *just anyway*. トムの窓のふき方はぞんざいだった。

***an·y·where** [énihwèər]

— 副 **1** [疑問文・条件節で] どこかで, どこかへ: Did you go *anywhere* last holiday? この前の休日はどこかへ行きましたか / If you want to go *anywhere* else, let me know. どこか他の所に行きたいのなら, 私に知らせてください。

[語法] (1) anywhere と somewhere の使い分けは, any と some の使い分けと同じ (→ SOME 形 [語法](2)).
(2) 名詞的に扱い, 主語・目的語になったり修飾語句を伴うことがある: Do you know *anywhere* to buy a cheap airplane ticket? 航空券を安く買える所を知りませんか。

2 [否定文で] どこにも(…ない): You can't buy a good jacket like this *anywhere* else. こんないいジャケットは他のどこでも買えないよ。
3 [肯定文で] どこへでも, どこにでも: Put the chair down *anywhere*. いすはどこにでも置いてください。
4 [接続詞的に] …ならどこへでも (wherever): I will take you *anywhere* you like. どこでも好きな所へ連れて行ってあげよう。

■ *ánywhere betwèen ... and 〜 = ánywhere from ... to 〜*《口語》(量・金額・時間などが)…から…の間くらいで。

ánywhere nèar [clòse to] *...* [否定文・疑問文で]《口語》少しは…に近い: Did his answer come *anywhere near* the right one? 彼の答えは少しは正解に近いものでしたか / The movie wasn't *anywhere near* as interesting as she (had) expected. その映画は彼女の期待に反して一向に面白くなかった。

gèt [*gò*] *ánywhere* [通例, 否定文で] (いくらかでも) 成功する, 成果が上がる。

gèt ... ánywhere [通例, 否定文で] …を (いくらかでも) 成功させる。

if ánywhere どこかにあるとすれば: *If anywhere*, he may stay at the hotel. いるとすれば彼はそのホテルに泊まっているかもしれない。

... or ánywhere [通例, 疑問文・否定文・条件節で] …かどこかに。

ANZUS, An·zus [ǽnzəs]《略語》= *A*ustralia, *N*ew *Z*ealand, and the *U*nited *S*tates アンザス (オーストラリア・ニュージーランド・米国の太平洋共同防衛条約による安全保障機構).

A-1, A-one [éiwʌ́n] 形 一流の, 優秀な; 飛び切り上等の, すばらしい; 健康な。

a·or·ta [eiɔ́ːrtə] 名 (複 **a·or·tas** [〜z], **a·or·tae** [-tiː]) C【解剖】大動脈。

AP《略語》= *A*ssociated *P*ress AP通信 (社).

Ap.《略語》= *A*pril; *A*postle 使徒。

a·pace [əpéis] 副《文語》速やかに, 速く (quickly): Ill news runs *apace*.《ことわざ》悪い知らせはすぐに広まる ⇨ 悪事千里を走る。

A·pach·e [əpǽtʃi]【スペイン】图 (複 **A·pach·e, A·pach·es** [～z]) © アパッチ族(の人)《米国南西部に住む先住民の1部族》.

＊＊＊a·part [əpáːrt]

— 副 **1** 離れて (away): start 5 minutes *apart* 5分ごとに出発する / Many small cottages stand 20 meters *apart* near the lake. 湖の近くには20メートルおきに小さなコテージがたくさん建っている / The employers and the unions are still miles *apart*. 労使の合意にはまだほど遠い.

2 ばらばらに, 粉々に: come *apart* ばらばらになる / The angry man tore the paper *apart*. 怒った男は書類を細かく引き裂いた.

3 [名詞・動名詞のあとに付けて] …は別にして, …はともかく: joking *apart* 冗談はさておき.

■ *apart from …* **1** …から離れて: After leaving high school she decided to live *apart from* her parents. 彼女は高校卒業後親元を離れることにした. **2** …を除いて, 別にして(《米》 aside from): *Apart from* a few showers we had fine weather on our trip. 2,3度雨に降られたほかは, 旅行中天気に恵まれた. **3** …のほかに, …だけでなく.

fáll apárt → FALL 句動詞.
knów … apárt = tell … apart.
sèt [pùt] … apárt **1** […のために]…を蓄える, 取っておく [for]: Jimmy *set* some of the money *apart for* the comic book. ジミーは漫画の本を買うためにそのお金の一部を取っておいた. **2** […と比べて]…を目立たせる [from]: Her ways of singing *set* her *apart from* other singers. ほかの歌手と比べて彼女の歌い方は際立っていた.
tàke … apárt **1** …を分解する, ばらばらにする: My son likes *taking* broken toys *apart*. うちの息子は壊れたおもちゃを分解するのが好きです. **2**《口語》…を厳しく批判する, 酷評する;〈人〉をひどくしかる, 罰する.
téll … apárt [通例 can と共に用いて] …を区別[識別]する《◇目的語は複数名詞): *Can* you *tell* the twins *apart*? その双子を見分けられますか.

a·part·heid [əpáːrteit / -heit, -hait] 图 U アパルトヘイト《南アフリカ共和国で1948–91年に行われていた黒人・有色人種に対する人種隔離[差別]政策》.

＊＊a·part·ment [əpáːrtmənt]

— 图 (複 **a·part·ments** [-mənts]) © **1**《米》アパート, マンション(《英》flat)《◇1室または1世帯分の教室をさす): The Browns moved into a new five-bedroom *apartment*. ブラウン一家は寝室が5つある新しいアパートへ引っ越した.

コロケーション	アパートを…
アパートを借りる	rent an apartment
アパートを共同で使う	share an apartment
アパートを探す	look for an apartment
アパートを引き払う	vacate the apartment

2 = apártment hòuse [building]《米》アパート, マンション(◇建物全体をさす).
3 [通例 ～s]《宮殿・官邸などの》豪華な部屋.
4 部屋, 室 (room).

◆ **apártment hotél** © 《米》アパート式ホテル (《英》service flat)《長期滞在者向けに家具付きの部屋を提供する. 食事などのサービスも付く》.

ap·a·thet·ic [æpəθétik] 形 無関心な, 冷淡な; 無感動な.

ap·a·thet·i·cal·ly [-kəli] 副 無関心で, 冷淡に.

ap·a·thy [ǽpəθi] 图 U 無関心, 冷淡; 無感動: be sunk in *apathy* やる気をなくしている.

ape [éip] 图 © **1**《尾がないか短い》猿;《特に》類人猿 (cf. monkey 尾の長い小型の猿);《一般に》猿. **2**《通例, 軽蔑》人のまねをする者.
■ *gò áp*e《口語》**1**《かんかんになって》怒る. **2** 熱狂する.
*pláy the áp*e 人まねをする; 悪ふざけをする.
— 動 他 《軽蔑》…の（下手な）まねをする.

APEC [éipek]《略語》= *A*sia-*P*acific *E*conomic *C*ooperation *C*onference [*F*orum] アジア太平洋経済協力会議.

Ap·en·nines [ǽpənàinz] 图 (the ～; 複数扱い) アペニン山脈《イタリア半島を縦断する山脈》.

a·pe·ri·tif [əpèrətíːf]【フランス】图 (複 **a·pe·ri·tifs** [～s]) © アペリチフ《食欲を増すための食前酒》.

ap·er·ture [ǽpərtʃuər / -tʃə] 图 © **1**《格式》穴, すき間. **2**《カメラ・望遠鏡の》絞り.

a·pex [éipeks] 图 (複 **a·pex·es** [～iz], **a·pi·ces** [éipisiːz, ǽp-]) © 《格式》**1**《三角形・円錐(ネ)形・山などの》頂点: the *apex* of a triangle 三角形の頂点. **2** 絶頂, 最高潮 (climax): be at the *apex* of one's career 人生の絶頂期[全盛期]にある.

a·pha·si·a [əféiʒiə] 图 U《医》失語症.

a·phid [éifid, ǽ-] 图 © 《昆》アリマキ, アブラムシ.

a·phis [éifis, ǽ-] 图 (複 **a·phi·des** [-fidiːz]) © = APHID (↑).

aph·o·rism [ǽfərìzəm] 图 © 警句, アフォリズム; 金言, 格言.

aph·o·ris·tic [æfərístik] 形 警句的な; 格言の.

aph·ro·dis·i·ac [æfrədíziæk] 图 © U 催淫(ネネ)剤, 媚(ビ)薬. — 形 性欲を促す, 催淫性の.

Aph·ro·di·te [æfrədáiti] 图 《ギ神》アフロディテ《愛と美の女神; → GODDESS 表》.

a·pi·ar·y [éipièri / -piəri] 图 (複 **a·pi·ar·ies** [～z]) © 養蜂場.

ap·i·ces [éipisiːz, ǽp-] 图 apex の複数形.

a·piece [əpíːs] 副 個々に, めいめいに; 1人 [1個] につき: I gave them two dollars *apiece*. 私は1人に2ドルずつ与えた.

ap·ish [éipiʃ] 形《通例, 軽蔑》猿のような; 猿まねをする; 愚かな.

a·plen·ty [əplénti] 形 [名詞のあとに付けて] たくさんの, 豊富な.
— 副 たくさん, 豊富に.

a·plomb [əplʌ́m / -plɔ́m]【フランス】图 U《危機に直面した場合の》沈着, 冷静, 落ち着き, 自信: with *aplomb* 落ち着き払って, 自信満々で.

a·poc·a·lypse [əpákəlips / əpɔ́k-] 图 ©
1 [the A-]《新約聖書の》ヨハネの黙示録 (Revelation); 黙示, 啓示. **2** [the ～] 世界の終末; 大惨事.

a·poc·a·lyp·tic [əpɑ̀kəlíptik / əpɔ̀k-] 形
1 黙示の; 黙示録の. 2 将来の災害[不幸]を予言する; 世界の終末のような.

a·poc·ry·phal [əpɑ́krəfəl / əpɔ́k-] 形
1 [A-] 〖聖〗外典(の). 2 (話・人物などが)(有名だが) 典拠[真偽]の疑わしい, まゆつばの.

ap·o·gee [ǽpədʒiː] 名 C 《通例, 単数形で》
1 〖天文〗遠地点 (↔ perigee)《月・人工衛星などが軌道上で地球から最も遠ざかる点》.
2 《格式》(勢力・成功などの)絶頂, 最高点.

a·po·lit·i·cal [èipəlítikəl] 形 1 政治に無関心な, ノンポリの. 2 政治[政党]に無関係な.

*__A·pol·lo__ [əpɑ́lou / əpɔ́l-] 名 1 〖ギリ・ロ神〗アポロン, アポロ《光・詩・音楽・予言などの神; → GOD 表》.
2 C アポロ宇宙船《米国の月探査計画に使われた宇宙船》.

a·pol·o·get·ic [əpɑ̀lədʒétik / əpɔ̀l-] 形 […に対して] 謝罪する, わびの; 申し訳なさそうな [for, about]: an apologetic letter わび状 / She was deeply apologetic for being late. 彼女は遅れたことを深くわびた. (▷ 名 apólogy)
a·pol·o·get·i·cal·ly [-kəli] 副 わびるように; 申し訳なさそうに.

ap·o·lo·gi·a [æ̀pəlóudʒiə] 名 C 弁明(書).

a·pol·o·gist [əpɑ́lədʒist / əpɔ́l-] 名 C 《格式》
1 […に対する]弁護者, 弁解者 [for]. 2 《キリスト》護教論者.

‡**a·pol·o·gize**, 《英》 **a·pol·o·gise** [əpɑ́lədʒàiz / əpɔ́l-] 動 (自) [人に / …について] 謝る, わびる, 謝罪する [to / for] (⇒ SORRY [LET'S TALK]): He apologized to his friend for coming late. 彼は友達に遅刻をわびた. (▷ 名 apólogy)

‡**a·pol·o·gy** [əpɑ́lədʒi / əpɔ́l-] 名 (複 a·pol·o·gies [~z]) 1 C U [人への / についての] 謝罪, 陳謝, わび(状) [to / for]: a written apology わび状 / demand an apology 謝罪を要求する / I made an apology to her for breaking my promise. = I offered her an apology for breaking my promise. 私は彼女に約束を破ったことをわびた / Please accept our apologies for not replying to your letter sooner. お手紙の返事が遅れて申し訳ございません / I owe you an apology. 私はあなたにおわびすべきことがある.
2 C 〖文語〗 [...についての] 弁護, 弁解 [for].
3 C 《通例 an ~》 〖口語・しばしばこっけい〗 [...としての] 間に合わせのもの [for]: They gave us a mere apology for a dinner. 彼らは私たちに食事とは名ばかりのものを出した. (▷ 形 apològétic; 動 apólogize)

ap·o·plec·tic [æ̀pəpléktik] 形 1 〖口語〗怒りっぽい; 真っ赤になって怒った. 2 〖古風〗〖医〗卒中(性)の.

ap·o·plex·y [ǽpəplèksi] 名 U 1 〖古風〗〖医〗(脳)卒中. 2 《格式》激しい怒り.

a·pos·ta·sy [əpɑ́stəsi / əpɔ́s-] 名 U 《格式》背信; (政治的)変節.

a·pos·tate [əpɑ́steit / əpɔ́s-] 名 C 《格式》背信者; (政治的)変節者.

a pos·te·ri·o·ri [ɑ̀ː pousti̇̀əriɔ́ːri / èi pɔstèriɔ́ː-

---

rai] 〖ラテン〗 (↔ a priori) 形 副 1 〖論〗帰納的な[に]. 2 後天的な[に], 経験的な[に].

a·pos·tle [əpɑ́sl / əpɔ́sl] 名 C 1 《しばしば A-》使徒《キリストの12人の弟子の1人》: the Apostles 十二使徒. 2 (改革運動・主義などの)主唱者.

ap·os·tol·ic [æ̀pəstɑ́lik / -tɔ́l-] 形 《通例, 限定用法》 1 使徒の; 十二使徒の. 2 《時に A-》ローマ教皇の (papal).

*__a·pos·tro·phe__ [əpɑ́strəfi / əpɔ́s-] 名 C アポストロフィ (').
__語法__ アポストロフィは次の場合に用いる.
(a) 名詞の所有格: boy's, boys'.
(b) 文字・数字の省略形・短縮形: can't (= cannot), he's (= he is, he has), '98 (= 1998).
(c) 文字・数字の複数形: three B's 3つのB / two 7's 2つの(数字の)7 / 1980's 1980年代.

a·poth·e·car·y [əpɑ́θəkèri / əpɔ́θəkəri] 名 (複 a·poth·e·car·ies [~z]) C 〖古風〗薬剤師 (druggist, pharmacist); 薬局.

a·poth·e·o·sis [əpɑ̀θióusis, æ̀pəθ- / əpɔ̀θi-, æ̀pəθ-] 名 (複 a·poth·e·o·ses [-siːz]) 《格式》
1 U (人を)神として祭ること, 神格化. 2 U C 理想, 極致.

Ap·pa·la·chi·an [æ̀pəléitʃiən, -tʃən] 名 (the ~s; 複数扱い) = the Appaláchian Móuntains アパラチア山脈《北米東部の山脈》.
— 形 アパラチア山脈の.

ap·pall, 《英》 **ap·pal** [əpɔ́ːl] 動 (三単現 ap·palls, 《英》 ap·pals [~z]; 過去・過分 ap·palled [~d]; 現分 ap·pall·ing [-iŋ]) 他 《しばしば受け身で》…をぞっとさせる, …に衝撃を与える: I was appalled at [by] the news of the accident. 私はその事故のニュースを聞いてぞっとした.

ap·pall·ing [əpɔ́ːliŋ] 形 1 ぞっとする, 恐ろしい, 衝撃的な. 2 《口語》ひどい, あきれた: appalling behavior ひどいふるまい.

ap·pall·ing·ly [əpɔ́ːliŋli] 副 ぞっとするほど; ひどく.

*__ap·pa·ra·tus__ [æ̀pərǽtəs, -réi- / -réi-] 名 (複 ap·pa·ra·tus, ap·pa·ra·tus·es [~iz]) U C
1 〖集合的に〗器具[機械](一式); 装置《◇複数形としては pieces of apparatus を用いるのが普通》: a piece of apparatus 器具一式 / a heating apparatus 暖房装置. 2 《通例 the ~》〖生理〗(一連の)器官: the digestive [respiratory] apparatus 消化[呼吸]器官. 3 《通例 the ~》(政治などの)機関, 組織.

ap·par·el [əpǽrəl] 名 U 1 《通例, 修飾語を伴って》《主に米》衣服, (商品としての)衣料, アパレル: ladies' apparel 婦人衣料 / ready-to-wear apparel 既製服. 2 《文語》(特別な)衣服, 服装.

‡**ap·par·ent** [əpǽrənt, -péər-] 形 1 […にとって] 明らかな, 明白な, はっきりした [to]: for no apparent reason はっきりした理由もなく / a fact which is apparent to everyone だれの目にも明白な事実 / It was apparent that she was sick. 彼女が病気なのは明らかだった. 2 見せかけの, 外見上の, 一見…らしい: His affluence is more apparent than real. 彼は一見裕福に見えるが実際はそうではない. (▷ 動 appéar)

ap·par·ent·ly [əpǽrəntli]

— 副 [文修飾] **1** (実際はともかく)**外見的には**, 見たところ (seemingly): *Apparently* Susan is suffering from headache. = Susan is *apparently* suffering from headache. スーザンは見たとこ頭痛で苦しんでいるようだ (= It appears [seems] that Susan is suffering from headache).

2 明らかに, 明白に (◇この意味では通例, evidently, obviously, clearly などを用いる).

ap·pa·ri·tion [æpəríʃən] 名 **1** ⓒ 幽霊, 亡霊; 突然現れた人[もの]. **2** Ⓤ (幽霊などの)出現.

ap·peal [əpíːl] 動 名 【基本的意味は「懇願する」(ask for something strongly)】

— 動 (三単現 **ap·peals** [~z]; 過去・過分 **ap·pealed** [~d]; 現分 **ap·peal·ing** [~iŋ])

— 自 **1** (a) [**appeal to [for]** ...+**to do**] 〈人に〉~するよう**呼びかける**, 求める: The city government is *appealing to* the people *to* save water. 市当局は人々に節水を呼びかけている.

(b) [**appeal (to ...) for ~**] (人に)〈援助・同情など〉を懇願する, 要請する: He *appealed to* his friend *for* help. 彼は友達に助けを求めた / We are *appealing for* money to help the victims of the earthquake. 私たちは地震の被災者のために募金をしている.

2 〔理性・世論などに〕**訴える** [*to*]: *appeal to* public opinion [arms] 世論[武力]に訴える.

3 (進行形・受け身不可) [〈…の〉**心に訴える**, 〈…に〉受ける [*to*]: The music *appealed to* young people. その曲は若者に受けた.

4 〔法〕[〈…に〉〈…〉を不服として〕**控訴する**, 上告する; 〔スポーツ〕〔審判に〕〈判定を不服として〕抗議する〔*to / against*〕: I will *appeal to* the high court *against* the sentence. 私は判決に不服なので高等裁判所に控訴します.

— 他 〔法〕…を控訴する, 上告する.

— 名 (複 **ap·peals** [~z]) **1** Ⓤⓒ 〔…に対する / …への〕**訴え**, 懇願; 呼びかけ 〔*for / to*〕: the *appeal for* donations 募金の呼びかけ / an *appeal to* the public 世間への訴え / The mayor made an *appeal to* the president *for* help. 市長は大統領に支援を要請した.

2 Ⓤ 〔…に対する〕**魅力**, 人気 〔*for*〕: sex *appeal* 性的魅力 / Comic books no longer have any *appeal for* me. 私は漫画にもう興味がない.

3 ⓒⓊ 〔法〕控訴, 上告: the right of *appeal* 上告の権利, 上訴権 / a court of *appeals* 控訴院, 上告裁判所.

4 ⓒ 〔スポーツ〕(審判への) 抗議, アピール.

ap·peal·ing [əpíːliŋ] 形 **1** (通例, 限定用法)訴えるような, 哀願的な. **2** 人の心を引きつける, 魅力的な: an *appealing* smile 魅力的な微笑.

ap·peal·ing·ly [~li] 副 訴えるように.

ap·pear [əpíər] 【基本的意味は「現れる (become able to be seen)」】

— 動 (三単現 **ap·pears** [~z]; 過去・過分 **ap·peared** [~d]; 現分 **ap·pear·ing**)

— 自 **1** **現れる**, 見えてくる, 出現する (↔ disappear); やって来る, (会合などに)出席する: A ship suddenly *appeared* out of the mist. 霧の中から船が1隻(せき)突然現れた / A lizard *appeared* from [out of] nowhere. トカゲがどこからともなく現れた / Tom did not *appear* at the appointed time. トムは約束の時間に来なかった / Airplanes did not *appear* until early in the 20th century. 飛行機は20世紀初頭まで登場しなかった.

2 (a) [**appear + (to be)** ⓒ] …の**ように見える, 思われる** (→ 類義語): My father *appeared* very tired that night. その晩父はとても疲れているように見えた / His mother *appears* much younger than she really is. 彼の母親は実際の年よりずっと若く見える / He *appeared to* be very frightened. 彼はとてもおびえているように見えた.

(b) [**appear + to do**] …らしい, …すると思われる: His company *appears to* be doing very well. 彼の会社はとても業績がいいようです / He *appeared to* know a lot about this subject. 彼はこの件についてよく知っているらしい.

(c) [**It appears + that** 節 [**as if ...**]] …であるように見える, …らしい: *It appears that* nobody came to his aid. だれも彼を助けに来なかったらしい / *It appears as if* our plane might be delayed by fog. どうやら霧で飛行機が遅れるらしい.

3 (本などが)出版される, (記事などが)掲載される, 発表される: The news *appeared* in the New York Times on February 10. そのニュースは2月10日のニューヨークタイムズ紙に載った / The weekly *appears* on Wednesdays. その週刊誌は毎週水曜日に出る / His second book *appeared* in 1990. 彼の2冊目の本は1990年に出版された / My name does not *appear* on the list. 私の名前は名簿に載っていない.

4 (映画・舞台などに) **出演する**: The actor has *appeared* in a lot of films. その俳優は今までにたくさんの映画に出演してきた.

5 出頭する; (証人[弁護士]として)出廷する: He has to *appear* in court on a charge of theft. 彼は窃盗の容疑で法廷に出廷しなければならない. (▷ 名 appéarance; 形 appárent)

類義語 **appear, look, seem**
共通する意味▶…のように見える (give the impression of being ...)

appear はしばしば「外見上はそのように見える」が, 実際は違うという含みを持つ: He *appears to* be pleased. 彼は喜んでいるように見える (しかし実際はそうではないかもしれない). **look** は実際も外見通りであろうという含みを持つ: He *looks* happy. 彼は幸せそうに見える (実際もそうであろう). **seem** は心に浮かぶ主観的な判断を表し「(私には) …のように思える[見える]」の意: He *seems* sick. 彼は病気のようである.

***ap・pear・ance** [əpíərəns]
— 名 (複 **ap・pear・anc・es** [~iz]) **1** ⓒ **現れること**, 姿を見せること; 出演, 出場; 出廷, 出頭; 世に出ること, 出版, 掲載: The sudden *appearance* of the bear terrified the hikers. クマが突然現れたのでハイカーたちはおびえた / This is my first *appearance* on TV. 私がテレビに出るのはこれが初めてです.
2 Ⓤⓒ 外見, 外観, 様子, 容姿 (→ 類義語); 体裁, 見栄: in *appearance* 外見は, 見たところは / When you are interviewed for a job, you should have a neat *appearance*. 就職面接を受けるときは, 身なりをきちんとすべきです / His sunglasses gave him the *appearance* of a gangster. サングラスをかけると彼はギャングのようだった.
3 [~s] 情勢, 形勢, 状況: *Appearances* are against our team. 状況はわがチームに不利である.
■ *for appéarances' sàke* = *for the sáke of appéarance* 体面を保つために, 体裁上.
kèep ùp appéarances (立場が悪くなっても)体面をつくろう, 見栄をはる.
màke [pùt ín] an appéarance (会合などに)ちょっと顔を出す, 出席する.
to [by, from] áll appéarance(s) 見たところ, どう見ても: He is *to all appearances* a gentleman. 彼はどう見ても紳士です. (▷ 動 appéar).

[類義語] **appearance, look, aspect**
共通する意味▶様子, 外観 (outward visual impressions)
appearance は人やものの全体的な外観をさし, しばしば内面・実質とは異なるうわべの「見せかけ」を暗示する: Don't judge people by *appearances*. 人を外見で判断するな. **look** は特に人の「表情, 目つき」など細かい部分の様相を強調する: a sullen *look* 不機嫌な顔 / the *look* of the sky 空模様. **aspect** は主に時間・環境の変化や観点の変化に応じた「外観, 様相」を表す: The *aspect* of Mt. Fuji is very beautiful early in the morning. 早朝の富士山の姿はとても美しい.

ap・pease [əpíːz] 動 他 **1** (何かをしてやって)〈人〉をなだめる; 〈怒り・悲しみなど〉を和らげる, 静める: He tried to *appease* her by giving her a lot of presents. 彼はプレゼントをたくさんあげて彼女をなだめようとした. **2** 〈食欲・好奇心など〉を満たす; 〈渇き〉をいやす: *appease* one's hunger [curiosity] 空腹 [好奇心] を満たす.
ap・pease・ment [əpíːzmənt] 名 **1** Ⓤⓒ なだめること, 鎮静, 緩和; 譲歩. **2** Ⓤ 宥和(ゆうわ)政策.
ap・pel・lant [əpélənt] 形 [法] 上訴の.
— 名 ⓒ 上訴人.
ap・pel・la・tion [æpəléiʃən] 名 《格式》 **1** ⓒ 名称, 呼称, 称号 (title); 異名. **2** Ⓤ 命名.
ap・pend [əpénd] 動 他 《格式》〈データ・付録など〉を[…に]付加する, 追加する [to]: *append* notes *to* a book 本に注を付ける.
ap・pend・age [əpéndidʒ] 名 ⓒ **1** […の] 付属

物, 付加物 [to]. **2** 【生物】付属器官《動物の手足・尾, 植物の枝など》.
ap・pen・dec・to・my [æpəndéktəmi] 名 (複 **ap・pen・dec・to・mies** [~z]) Ⓤⓒ 【医】虫垂切除(手術).
ap・pen・di・ces [əpéndisìːz] 名 appendix の複数形の1つ.
ap・pen・di・ci・tis [əpèndəsáitis] 名 Ⓤ【医】虫垂炎 (◇ いわゆる「盲腸炎」のこと).
*ap・pen・dix** [əpéndiks] 名 (複 **ap・pen・dix・es** [~iz], **ap・pen・di・ces** [-disìːz]) ⓒ **1** (本の) 付録, 付加物. **2** 【解剖】虫垂 (◇ 俗に言う盲腸 (blind gut) をさす).
ap・per・tain [æpərtéin] 動 自 《格式》 […に]属する; 関連がある [to]: the responsibilities *appertaining to* the post 地位について回る責任.
*ap・pe・tite** [æpitàit] 名 Ⓤⓒ **1** 食欲: have a good [poor] *appetite* 食欲がある [あまりない] / have no *appetite* 食欲がない / increase [spoil] …'s *appetite* (運動などが)〈人〉の食欲を増進する [失わせる] / with a good *appetite* うまそうに / lose one's *appetite* 食欲をなくす. **2** 欲望; [… に対する] 欲求; 好み [for]: sexual *appetites* 性的欲求 / She has a great *appetite for* knowledge. 彼女は知識欲が旺盛(おうせい)である.
■ *whét …'s áppetite* 〈人〉の興味をそそる, 欲求を満足させる; 〈人〉の気を起こさせる.
ap・pe・tiz・er [æpitàizər] 名 ⓒ 食欲を促進するもの; アペタイザー《食前酒・前菜など》.
ap・pe・tiz・ing [æpitàiziŋ] 形 食欲 [欲望] をそそる, おいしそうな.
ap・pe・tiz・ing・ly [~li] 副 食欲 [欲望] をそそって.
*ap・plaud** [əplɔ́ːd] 動 他 **1** 〈人・行為〉に拍手を送る: The audience *applauded* the actor [speaker]. 観客 [聴衆] はその俳優 [講演者] に拍手を送った. **2** …を称賛する, ほめる (praise): We *applauded* his courage. 私たちは彼の勇気をたたえた. — 自 拍手する; 称賛する. (▷ 名 appláuse).
*ap・plause** [əplɔ́ːz] 名 Ⓤ 拍手, 拍手かっさい; 称賛: win *applause* 拍手かっさい [称賛] を得る / greet the pianist with *applause* ピアニストを拍手かっさいで迎える. (▷ 動 appláud).

***ap・ple** [æpl]
— 名 (複 **ap・ples** [~z]) ⓒ **1** **リンゴ**: a slice of *apple* ひと切れのリンゴ / peel *apples* [an *apple*] リンゴの皮をむく / An *apple* a day keeps the doctor away. 《ことわざ》 1日1個のリンゴで医者いらず. **2** = áppletrèe リンゴの木.
■ *the ápple of díscord* 《文語》 争い [不和] の種.
(由来) ギリシャ神話で, 黄金のリンゴをめぐる3人の女神の争いがトロイ戦争の原因となったことから)
the ápple of …'s éye [口語] …が非常に大切にしているもの [人], 目に入れても痛くないほどかわいい子.
◆ **ápple brándy** Ⓤ アップルブランデー (《米》 applejack) 《リンゴ酒から作る蒸留酒》.
ápple càrt ⓒ リンゴ売りの手押し車: upset the […'s] *apple cart* [口語] 〈人〉の計画をだめにする.
ápple píe → 見出し.
ápple pòlisher ⓒ [米口語] ご機嫌取り, ごますり

(◇人; → APPLE-POLISH).

ap・ple・jack [ǽpldʒæk] 名《米》= apple brandy (→ APPLE 複合語)(↑).

áp・ple-píe 形《通例，次の成句で》
■ *in ápple-pie órder*《口語》きちんと(して)，整然と(して): She always keeps her files *in apple-pie order*. 彼女はいつもファイルをきちんと整とんしている.

ápple píe 名 C U アップルパイ: (as) American as *apple pie*《米》非常にアメリカ的な.《由来》アップルパイが米国の代表的なデザートであることから)

áp・ple-pòl・ish 動《米口語》他〈人〉にごまをする，おべっかを使う.《由来》生徒がご機嫌取りのためにぴかぴかに磨いたリンゴを先生に贈った風習から)
— 自 ごまをする.

ap・ple・sauce [ǽplsɔːs] 名 U アップルソース《リンゴをつぶして甘く煮たもの. 豚肉料理に用いる》.

‡**ap・pli・ance** [əpláiəns] 名 C **1**《特定の目的のための》器具，道具；装置，設備；家電製品 (household appliances)(→ TOOL 関連語): medical *appliances* 医療器具[機器]. **2**《知識・技術の》応用，利用.

*****ap・plic・a・ble** [əplíkəbl, ǽpli-] 形 […に]適用できる，効力がある；あてはまる，適切な [to](↔ inapplicable): This rule is not *applicable to* foreigners. この規則は外国人には適用されない(= This rule does not apply to foreigners.).

*****ap・pli・cant** [ǽplikənt] 名 C […への]志願者，申込者，応募者 [for]: an *applicant for* a job 求職者 / an *applicant for* admission to a university 大学入学志願者.

***ap・pli・ca・tion** [ǽplǝkéiʃən]
— 名《複 ap・pli・ca・tions [~z]) **1** U C 申し込み(をすること)，申請，出願；申込書，願書: Have you made an *application* for a passport? パスポートの申請はしましたか / Please fill out this *application*. この申込書に記入してください.

┃コロケーション┃ 申し込みを…
申込みを却下する: *reject* [*turn down*] *an application*
申込みを受理する: *accept an application*
申込みを審査する: *process* [*screen*] *an application*
申込みをする: *make* [*put in, send in, submit*] *an application*

2 U C 応用，利用，適用；妥当性: The law has no *application* to this case. その法律はこの事件には適用できない / The *application* of science to industry has been making humankind economically richer. 産業への科学の応用がこれまで人類を経済的に豊かにしてきた.
3 C 《コンピュータ》アプリケーション《基本ソフト(OS)上で実行するソフト. ワープロ，ゲームなど》.
4 U 没頭［専念］すること；勤勉.
5 C U 塗ること，塗布；外用薬.
■ *on application* 申し込みがあり次第: Our sample will be sent to you *on application*. ご請求次第見本をお送りします. (▷ 動 apply)
◆ applicátion fòrm C 申込用紙，願書.

ap・plied [əpláid] 形《限定用法》応用の (↔ pure, theoretical): *applied* chemistry [science] 応用化学［科学］ / *applied* linguistics 応用言語学.

ap・pli・qué [ǽplǝkéi / əplíːkei]《フランス》名 U アップリケ《布地に布切れ・革などを縫い付ける手芸》.

***ap・ply** [əplái]
「ap (…に) + ply (くっつける)」から
— 動 (三単現 ap・plies [~z]; 過去・過分 ap・plied [~d]; 現分 ap・ply・ing [~iŋ])
— 自 **1** […に／…を]申請する，応募する，志願する，申し込む [to / for]; […に]問い合わせる [to]: I have *applied for* a scholarship. 私は奨学金を申請した / We're going to *apply to* the government *for* help. 私たちは政府に援助を求めるつもりです / For particulars, *apply to* the office. 詳しくは事務所にお問い合わせください.
2 [進行形不可][…に]適用される，あてはまる [to]: Which rule *applies to* this case? どの規則がこの場合にあてはまりますか / These regulations *apply* only *to* adults. これらの規則は成人にのみ適用される.
— 他 **1** [進行形不可]〜を[…に]適用する，応用する [to]: The results of this study will be *applied to* English teaching. この研究の結果は英語教育に応用されるだろう.
2 〈薬など〉を[…に]塗る，付ける；〈熱・力など〉を[…に]加える [to]: *apply* the brakes ブレーキをかける / Would you *apply* the paint *to* both sides of the door? ドアの両側にペンキを塗ってくれませんか / He *applied* a bandage *to* the cut. 彼は切り傷に包帯を巻いた.
■ *applý oneself to ... = applý one's mínd to ...* …に精力を集中する，没頭する: He *applied himself to* the observation of stars. 彼は星の観測に没頭した. (▷ 名 àpplicátion)

***ap・point** [əpɔ́int]
— 動 (三単現 ap・points [əpɔ́ints]; 過去・過分 ap・point・ed [~id]; 現分 ap・point・ing [~iŋ])
— 他 **1** (a) [appoint + O]〈委員・役職者など〉を任命する，指名する: The committee will *appoint* a new chairperson tomorrow. 委員会はあす新議長を任命する予定です. (b) [appoint + O + as ... / appoint + O + (to be) C]〈人〉を〈地位・役職など〉に任命する，指名する: He will be *appointed as* a new branch manager. 彼は新しい支店長に任命されるだろう / The mayor *appointed* him (*to be*) chairperson of the reform committee. 市長は彼を改革委員長に任命した. (c) [appoint + O + to ...]〈人〉を〈役職〉に指名［任命］する: She will be *appointed to* the post of director. 彼女は部長に任命されるだろう. (d) [appoint + O + to do]〈人〉を…するのに任命する［選ぶ］: I was *appointed to* investigate the case. 私はその事件を調査するよう任命された.
2 《格式》[…の]〈日時・場所など〉を決める，指定する [for]: We must *appoint* a date *for* the next meeting. 私たちは次の会合の日時を決めなければならない.

ap·point·ed [əpɔ́intid] 形 **1**〖限定用法〗定められた,指定の: at the *appointed* time 約束の時間に / one's *appointed* task 決められた仕事.
2 任命された. **3**〖通例,副詞を伴って〗(…の)設備のある: a well-*appointed* hotel 設備のよいホテル.

ap·point·ee [əpɔ̀intí:] 名 C 任命された人; 〖法〗被指定人.

‡ap·point·ment [əpɔ́intmənt] 名 **1** C〖…との / …する〗(面会・会合などの)約束,予約〖*with* / *to do*〗(→類義語): make an *appointment*〖*with* …〗(…と)会う日時を決める / keep〖break〗one's *appointment*〖*with* …〗(…との)約束を守る〖破る〗/ I have an *appointment with* my friend at two. = I have an *appointment to* see my friend at two. 私は友達と2時に会う約束がある.
2 U 任命,指名: They approved of the *appointment* of John as chairperson. 彼らはジョンを議長に任命することに賛成した.
3 C (任命された)職,(責任ある)仕事.
4〖～s〗(建物・部屋などの)設備,備品.
■ **by *appointment*** (日時・場所を)約束〖指定〗したうえで, 予約したうえで: The doctor will see you only *by appointment*. その医師には予約をしないと診てもらえない.

類義語	**appointment, engagement, date**

共通する意味▶会う約束 (an arrangement to meet someone or to be somewhere at a certain time)
appointment は通常,仕事の関係で時間・場所を決めて「会う約束」の意.「診察・美容院などの予約」もこれで表す: Remember your *appointment* with Mr. Smith tomorrow. あすのスミスさんとのアポを忘れないでください / I have an *appointment* with my dentist for〖at〗two o'clock. 私は2時に歯科医の予約がある.
engagement は「会う約束」の意では **appointment** より〖格式〗: I have a previous *engagement*〖*appointment*〗. 私には先約がある.
date は〖口語〗で用いる: He has a *date*〖an *appointment*〗with his lawyer. 彼は弁護士と会う約束がある.

ap·por·tion [əpɔ́:rʃən] 動 他 …を〖…の間で / …に〗配分する,割り当てる (divide)〖*between*, *among* / *to*〗.

ap·por·tion·ment [əpɔ́:rʃənmənt] 名 C U 分配,配当,割り当て.

ap·po·site [ǽpəzit] 形〖格式〗〖…に〗適切な,ぴったりした〖*to*, *for*〗.

ap·po·si·tion [æ̀pəzíʃən] 名 U **1** 並置.
2〖文法〗同格 (→ ELLIPSIS 文法): in *apposition* to〖with〗... ...と同格で.

ap·pos·i·tive [əpázətiv / əpɔ́z-] 形〖文法〗同格の. ― 名 C 同格語〖句, 節〗.

ap·prais·al [əpréizl] 名 U C (価格・価値などの)評価; 鑑定; 評価〖査定〗額.

ap·praise [əpréiz] 動 他 〖格式〗**1**〈財産・物品など〉を評価する; 鑑定する: *appraise* property for taxation 課税のために財産を査定する.
2〈人・能力など〉を評価する.

ap·pre·cia·ble [əpríːʃəbl] 形〖格式〗感知できる,目に見える(ほど大きな); かなりの.

ap·pre·cia·bly [əpríːʃəbli] 副 感知できるほど; かなり.

‡ap·pre·ci·ate [əpríːʃièit]
― 動 (三単現 **ap·pre·ci·ates** [-èits]; 過去・過分 **ap·pre·ci·at·ed** [～id]; 現分 **ap·pre·ci·at·ing** [～iŋ])〖進行形不可〗
― 他 **1**〖appreciate +O〗…のよさを味わう〖理解する〗,…を高く〖正しく〗評価する (↔ deprecate)(→類義語);〈芸術作品など〉を鑑賞する: I hope you *appreciate* these old china teacups. あなたにはこの磁器製の古いティーカップのよさをわかってほしい.
2〖appreciate +O〖*that* 節〗〗…(であること)を〖正しく〗認識〖理解〗する,…に〖…ということに〗気がつく (↔ deprecate): I *appreciate* that you don't like computers, but we all use them in this office. あなたがコンピュータ嫌いなことは承知していますが,この会社ではみんな使っています.
3〖appreciate +O〗〈人の好意など〉に感謝する,ありがたい〖うれしい〗と思う;〖appreciate + 動名〗…することに感謝する: I would *appreciate* it if you would help me. ご助力いただければありがたいのですが / We *appreciate* your cooperation with this project. この事業へのあなたの協力に感謝します / I deeply *appreciate* your coming to my concert. 私のコンサートにおいでくださって本当にありがとうございます.

― 自 (土地などの)価値〖価格〗が上がる (↔ depreciate). (▷ 名 apprèciátion; 形 appréciative)

類義語	**appreciate, value, prize, esteem, cherish, treasure**

共通する意味▶〈高い価値を〉認める (hold in high estimation)
appreciate は「真価を正当に理解し認める」の意: They *appreciated* his abilities. 彼らは彼の才能を高く評価した. **value** は「価値を高く買って尊重する」の意: We *valued* his opinion. 私たちは彼の意見を尊重した. **prize** も value とほぼ同じであるが,「(それを)所有することに満足している」という含みがある: She *prizes* her big pearl. 彼女は大きな真珠を大切にしている.
esteem は「高い価値を認めて尊敬・尊重する」の意: We *esteem* him highly. 私たちは彼を非常に尊敬している / The old method is *esteemed* here. ここでは古くからのやり方が尊重されている. **cherish** は「特別な愛情・心づかいをもって大事にする」の意: Some people *cherish* money more than love. 愛情よりもお金を大事にする人たちもいる. **treasure** は「貴重なものをなくさないように大事にする」の意: She *treasures* the ring as a memento of her mother. 彼女はその指輪を母親の形見として大切にしている.

‡**ap·pre·ci·a·tion** [əprìːʃiéiʃən] 名 U《または an ～》 **1**《(正しい)理解, 認識; 評価: an *appreciation* of the seriousness of the situation 事態の深刻さの認識.

2 鑑賞（力）: She shows no *appreciation* of music. 彼女は音楽がわからない.

3 感謝: I got a letter of *appreciation* from her. 私は彼女から感謝の手紙をもらった. **4**（価格などの）値上がり, 騰貴（＝）(↔ depreciation).

■ **in appreciátion of[for] ...** …に感謝して; …を認めて, 評価して: They promoted him *in appreciation of* his efforts. 彼は努力を認められて昇進した. (▷ 動 àppréciate)

ap·pre·cia·tive [əpríːʃətiv / -ʃiə-] 形 **1**〔…について〕鑑賞力［眼］がある, 真価［すぐれていること］がわかる〔of〕: an *appreciative* audience 鑑賞力のある聴衆. **2**〔…に〕感謝した〔of〕: He is very *appreciative of* her support. 彼は彼女の支援にとても感謝している.

ap·pre·hend [æprihénd] 動 他 **1**《格式》〈犯人〉を逮捕する, 捕える (arrest). **2**《古》〈意味など〉を理解する, 把握する. (▷ 名 àpprehénsion)

＊**ap·pre·hen·sion** [æprihénʃən] 名 **1** U C《しばしば～s》《格式》(未来のことについての)心配, 不安, 気づかい (fear): have no *apprehension(s)* of failure 失敗を恐れない / feel *apprehension* for [about] her safety 彼女の安否を気づかう.

2 U C《格式》(犯人の)逮捕 (arrest). **3** U《または an ～》《古》理解(力). (▷ 動 àpprehénd)

＊**ap·pre·hen·sive** [æprihénsiv] 形〔…ということを〕心配して, 懸念（びくびく）して, 気づかって〔of, for, about / that 節〕: He is *apprehensive of* danger. 彼は危険を恐れている / I am *apprehensive for*［about］my husband's safety. 私は夫の安否を心配している.

ap·pre·hen·sive·ly [～li] 副 心配そうに.

ap·pren·tice [əpréntis] 名 C **1**（昔の）徒弟, 年季奉公人 (cf. journeyman 一人前の職人).

2 見習い(工), 実習生; 初心者.
—— 動 他《通例, 受け身で》〈人〉を〔…へ〕奉公［見習い修業］に出す, 徒弟にやる〔to〕.

ap·pren·tice·ship [əpréntisʃip] 名 **1** U C 見習い［徒弟］の身分. **2** C 見習い［徒弟］期間.

ap·prise [əpráiz] 動 他《通例, 受け身で》《格式》〈人〉に〔…を〕知らせる (inform)〔of〕: He *was apprised of* the decision. 彼はその決定を知らされていた.

＊＊＊**ap·proach** [əpróutʃ] 動名【基本的意味は「…に近づく (come near to...)」】

—— 動（三単現 **ap·proach·es** [～iz]; 過去・過分 **ap·proached** [～t]; 現分 **ap·proach·ing** [～iŋ]）
—— 他 **1**（距離的・時間的に）…に近づく, 接近する: Slowly the hunter *approached* the deer. 猟師はそのシカにゆっくり近づいた / My father is *approaching* fifty years old. 私の父は50歳間近です.

2〔特定の目的のために〕…に近づく, 接近する〔for〕,〔…について〕…に話を持ちかける〔about, on〕: The boy *approached* his classmates *for* information about the examination. その少年は試験の情報を得るため級友に近づいた / An old friend of mine *approached* me *about* offering me a job. 旧友が私に仕事があると話を持ちかけてきた.

3〈問題など〉を取り上げる,〈仕事など〉に取りかかる, 取り組む: *approach* the problem from various angles さまざまな角度から問題を取り上げる / *approach* a task 仕事に取りかかる.

4（性質などが）…に近づく, 匹敵する, …の域に達する: Your works are *approaching* perfection. 君の作品は完璧（なが）に近づきつつある.
—— 自 近づく, 接近する;〔…に〕近いものとなる〔to〕: Children look happy, for Christmas is *approaching*. クリスマスが近づいてきたので子供たちは楽しそうです.
—— 名（複 **ap·proach·es** [～iz]）**1** U（距離的・時間的に）〔…へ〕近づくこと,〔…への〕接近〔to〕: Our *approach to* the monkeys made them nervous. 私たちが近づいたので猿たちはびくびくした / The cold wind reminded us of the *approach* of winter. 冷たい風が私たちに冬の接近を気づかせた.

2 C〔…に〕近づく(通じる)道,〔…への〕入り口, 通路; 進入路〔to〕: There used to be two *approaches to* the castle. 以前その城へ行く道は2つあった.

3 C《しばしば～es》〔人への〕接近, 言い寄り〔to〕: No one has made an *approach to* me about the job. だれも仕事のことで私に近づいて来なかった / Tom is good at making *approaches to* girls. トムは女の子に言い寄るのがうまい.

4 C〔問題などの〕取り上げ方, 研究方法, 扱い方, 対処法〔to〕: an *approach to* modern art 現代美術入門 / This issue requires a scientific *approach*. この問題は科学的に扱う［科学的アプローチの］必要がある.

5 C（性質などが）近いもの, 似ているもの.

6 C《ゴルフ》アプローチ《グリーンに球を打ち寄せること》.

■ **éasy[dífficult] of appróach**（場所・人が）近づきやすい［にくい］.

ap·proach·a·ble [əpróutʃəbl] 形 **1**（人が）つき合いやすい, 親しみやすい, 気さくな. **2**（場所が）近づくことのできる, 近づきやすい;（テキストなどが）理解しやすい.

ap·pro·ba·tion [æprəbéiʃən] 名 U《格式》称賛 (praise); 許可, 承認 (approval).

‡**ap·pro·pri·ate** [əpróupriət]（☆ 動 との発音の違いに注意）形〔…に〕適切な, ふさわしい (suitable)〔to, for〕(↔ inappropriate) (→ FIT¹ 類義語): a dress [speech] *appropriate to*［*for*］the occasion その場にふさわしい服装［スピーチ］/ They sell articles *appropriate for* Christmas gifts at that shop. その店ではクリスマスの贈り物にふさわしい品物を売っている.

—— 動 [əpróuprièit] 他《格式》**1**〈金・ものなど〉を〔特定の用途に〕あてる, 充当する, 使用する〔for〕: Public money was *appropriated for* building the hospital. 公金がその病院の建設にあてられ

た. **2** …を(不法に)占有する, 私物化する; …を着服する, 盗む(◇ steal の婉曲表現): *appropriate* money to oneself 金を横領する.

ap·pro·pri·ate·ly [əpróupriətli] 副 **1** 適切[適当]に. **2** [文修飾] 認切なことに.

ap·pro·pri·a·tion [əpròupriéiʃən] 名《格式》 **1** Ｕ[…への] 充当, 割り当て; Ｃ 充当金 [for].
2 Ｕ 占有, 私物化; 《婉曲》横領, 着服.

‡**ap·prov·al** [əprúːvəl] 名 Ｕ **1** 承認, 賛成 (↔ disapproval): meet with ...'s *approval* …の賛成を得る / show one's *approval* 賛成の意を表す. **2** (正式の)認可.

■ **on appróval** 《英》《商》商品が気に入らなければ返品できるという条件で. (▷ 動 appróve)

‡**ap·prove** [əprúːv]
— 動 (三単現 **ap·proves** [~z]; 過去・過分 **approved** [~d]; 現分 **ap·prov·ing** [~iŋ])
(↔ disapprove)
— 自 [approve of ...] [しばしば否定文で] …を**好意的に考える**, いいと思う, …に賛成する: The committee didn't *approve of* our opinion. 委員会は私たちの意見を受け入れなかった / My parents will never *approve of* my working part-time after school. 両親は私が放課後にアルバイトをすることを決して賛成してくれないだろう.
— 他 **1** …を承諾する, …に同意する. **2**《人・製品・法案など》を(正式に)承認する: The parliament *approved* the new tax increase bill. 議会は新増税法案を承認した. (▷ 名 appróval)

ap·proved [əprúːvd] 形 定評のある; 認可[承認]された.
◆ appróved schòol Ｕ Ｃ《英》(非行少年少女を収容する)更生施設, 養護院(◇1971年に廃止. 現在では community home と言う).

ap·prov·ing [əprúːviŋ] 形 賛成の, 是認する; 満足そうな.

ap·prov·ing·ly [~li] 副 賛成して; 満足そうに.

approx. 《略語》= *approx*imate(ly) (↓).

‡**ap·prox·i·mate** [əpráksimət / -róks-]
(☆ 動 との発音の違いに注意) 形 [比較なし] (数・量が) おおよその, 近似の, (…に) ごく近い: an *approximate* number 概数 / an *approximate* estimate 概算 / an *approximate* price 概算価格.
— 動 [-mèit] 他 **1** …に近似する, 近づく; …を概算する: The total income will *approximate* 20,000 dollars. 総収入は2万ドル近くになるだろう. **2** …を接近させる, 近づける.
— 自 […に] 近似する, 近づく; 同程度になる [to].

‡**ap·prox·i·mate·ly** [əpráksimətli / -róks-] 副 およそ, 約, ほぼ: It will cost *approximately* 200 dollars. それはおよそ200ドルかかるだろう.

ap·prox·i·ma·tion [əpràksiméiʃən / -ròks-] 名 **1** Ｕ Ｃ […に] 近いこと [もの], 近似, 接近(すること) [to, of]: an *approximation* to the truth 真実に極めて近いこと. **2** Ｃ 概算, 見積もり. **3** Ｃ【数学】近似値.

ap·pur·te·nance [əpə́ːrtənəns / -ti-] 名 Ｃ [通例~s] **1**《格式》付属品 [物]. **2**【法】従物

《主たる財産に附属している物》; 資産所有に伴う権利 [責任].

***Apr.** (略語) = *April* (↓).

ap·ri·cot [éiprikàt, ǽp- / éiprikɔ̀t] 名 **1** Ｃ アンズ (の木). **2** Ｕ アンズ色, 黄赤.

‡**A·pril** [éiprəl]
【→ MONTH 表】
— 名 Ｕ 4月 (《略語》Ap., Apr.) (→ JANUARY 語法): In Japan school begins in *April*, when cherry blossoms bloom. 日本では学校は4月に始まり, その頃には桜の花が咲きます / March winds and *April* showers bring forth May flowers. 《ことわざ》3月の風と4月の雨が5月の花を連れて来る《英国の春の訪れを説明した言葉》.

◆ Ápril fóol Ｃ 4月ばか《4月1日(の午前中)に(うそで)かつがれた人, またはそのすそ[いたずら]のこと》.
[比較] 日本語の「エイプリルフール」は日を表すので April Fools' Day と言う.
Ápril Fóols' Dày Ｕ エイプリルフール, 万愚節 (All Fools' Day)《4月1日. 人をかついでも許される》.

a pri·o·ri [à: prió:ri / èi praió:rai] 【ラテン】
形 副 (↔ a posteriori) **1**【論】演繹(浴)的な[に], 先験的な[に]. **2** 先天的な[に].

‡**a·pron** [éiprən] (☆ 発音に注意)
— 名 (複 **a·prons** [~z]) Ｃ **1** エプロン, 前掛け: put on an *apron* エプロンをかける.
2 (空港の)駐機場, エプロン《格納庫やターミナルビルの前の舗装された場所・飛行機が停留する》. **3** = ápron stàge (劇場の)張り出し舞台 (→ THEATER [PICTURE BOX]).

■ **be tíed to one's móther's [wífe's] ápron stríngs** (口語) 母[妻]の言いなりになっている.

ap·ro·pos [æ̀prəpóu]【フランス】副 **1** 適切に, 折よく, 都合よく. **2** ところで (by the way).

■ **apropós of ...** 《格式》…に関して, …と言えば.
— 形《格式》適切な, 折のよい.

apse [æps] 名 Ｃ【建】後陣(ヒン)《教会の祭壇後方の半円形または多角形で丸屋根の部分》.

‡**apt** [æpt] 形 (比較 **apt·er** [~ər], **more apt**; 最上 **apt·est** [~ist], **most apt**) **1** [be apt + to do] …しがちである, …する傾向がある: People are *apt to* speak ill of others. 人はとかく他人の悪口を言いがちである. **2** [be apt + to do] 《米口語》…しそうである (→ LIKELY [類義語]): It *is apt to* rain. 雨になりそうだ. **3** […に] 適切な, ぴったりな (suitable) [for]: an *apt* remark 適切な言葉. **4**《格式》理解の早い, 利発な; […が] 得意な [at]: an *apt* student よくできる生徒 / He is *apt at* math. 彼は数学が得意です (◇ be good at のほうが普通). (▷ 名 áptitude)

ap·ti·tude [ǽptitjùːd / -tjùːd] 名 Ｕ Ｃ […に対する] 才能, 素質, 適性 [for]: She has an *aptitude for* learning languages. 彼女には語学の才能がある. (▷ 形 ápt)

◆ áptitude tèst Ｃ 適性検査.

apt·ly [ǽptli] 副 [通例, 文修飾] 適切に, うまく.

apt·ness [ǽptnəs] 名 Ｕ 傾向; 適切さ; 才能.

aq·ua·cul·ture [ɑ́ːkwəkʌ̀ltʃər / ǽk-] 名 Ｕ

(水産物の) 養殖.

aq·ua-lung [á:kwəlʌŋ / æk-] 名C アクアラング (scuba)《潜水用の水中呼吸器.もと商標名》.

aq·ua·ma·rine [à:kwəmərí:n / æk-] 名
1 C[鉱] 藍玉《☆》《アクアマリン《青い宝石.3月の誕生石》;→ BIRTHSTONE 表》. **2** U 淡青緑色(緑がかった青色).

aq·ua·naut [á:kwənɔ̀:t / æk-] 名C **1** アクアノート《海中施設で海洋観測やデータ収集をする潜水技術者》. **2** スキンダイバー (skin diver).

aq·ua·plane [á:kwəplèin / æk-] 名C 水上スキー用の波乗り板》(cf. surfboard サーフボード).
—動 (自) **1** 水上スキーをする. **2** 《主に英》(ぬれた路上で自動車の)ブレーキ〔ハンドル〕が利かなくなる (《米》hydroplane).

a·quar·i·um [əkwéəriəm] 名(複 **a·quar·i·ums** [~z], **a·quar·i·a** [-iə]) C **1** (養魚・水生植物用の)水槽. **2** 水族館.

A·quar·i·us [əkwéəriəs] 名 **1** 《天文》水瓶(ぬ)座 (the Water Bearer). **2** 《占星》水瓶座,宝瓶(ぬ)宮 (→ ZODIAC 図). **3** C 水瓶座生まれの人(1月20日-2月18日生まれ).

a·quat·ic [əkwætik / əkwét-] 形 **1** 水生の,水中にすむ (↔ terrestrial): *aquatic* animals [plants] 水生動物〔植物〕. **2** 水中の,水上の: *aquatic* sports 水上〔水中〕競技.

aq·ua·tint [á:kwətint, æk- / æk-] 名 **1** U アクアチント《エッチングの一種》.
2 C = áquatinted pìcture アクアチント版画.

aq·ue·duct [ǽkwidʌ̀kt] 名C 《建》水路(橋),(高架式)水道.

a·que·ous [éikwiəs, æk-] 形 **1** 水の,水溶性の: an *aqueous* solution 水溶液. **2** 《地質》水成の: *aqueous* rocks 水成岩.

aq·ui·line [ǽkwilàin] 形 **1** ワシの(ような) (→ EAGLE). **2** (鼻が)ワシのくちばしのような: an *aquiline* nose ワシ鼻,かぎ鼻.

AR 〈郵略語〉= Arkansas.

-ar [ər, ɑːr] 接尾 **1** 「…の,…の性質」の意を表す形容詞を作る: nucl*ear* 核の / popul*ar* 人気のある. 《◇ -er よりも》. **2** 「…する人」の意を表す名詞を作る 《◇ -er よりも》: li*ar* うそつき / schol*ar* 学者.

* **Ar·ab** [ǽrəb] 名C **1** アラブ人《中東や北アフリカに多く住む》;[the ~s; 集合的に] アラブ民族, アラブ語を話す民族. **2** アラビア馬, アラブ(種の馬) (Arabian horse). —形 アラブ人の.

Arab. 〈略語〉= *Arabi*a(n); *Arab*ic.

ar·a·besque [ærəbésk] 名C **1** アラベスク《イスラム美術の唐草風の装飾文様》. **2** 〈バレエ〉アラベスク《基本姿勢の1つ.片足立ちで,他方の足をうしろに伸ばす》. —形 アラベスク風の,(意匠が)奇抜な.

A·ra·bi·a [əréibiə] 名 (☆発音に注意) アラビア (半島) 《紅海とペルシャ湾の間にある》.

A·ra·bi·an [əréibiən] 形 (☆発音に注意) **1** アラビア (半島) の; サウジアラビアの. **2** アラブ人の.
—名C **1** アラブ人 (◇ Arab のほうが普通).
2 アラビア馬 (Arab).

◆ **Arábian Níghts' Entertáinments** 名
[The ~]『アラビアンナイト』,『千夜一夜物語』《10世紀頃のアラビア・ペルシャ・インドなどの民話集》.

Ar·a·bic [ǽrəbik] (☆アクセントに注意) 形 **1** アラビア語〔文字〕の. 〈関連語〉Arab アラブ人の / Arabian アラビアの **2** アラブ(人)の.
—名 U アラビア語.

◆ **Árabic númerals [fígures]** C アラビア数字, 算用数字《1, 2, 3…》(cf. Roman numerals ローマ数字《I, II, III…》).

ar·a·ble [ǽrəbl] 形 耕作に適した: *arable* land 耕(作)地. —名 U 耕(作)地.

ar·bi·ter [á:rbətər / -bi-] 名C **1** (運命などの)決定者; (ある分野での)最高の権威.
2 (紛争・争議などの)仲裁者, 調停者.

ar·bi·trar·i·ly [à:rbətrérəli / á:rbitrər-] 副 任意に, 気まぐれに, 勝手に; 独断的に.

ar·bi·trar·i·ness [á:rbətrèrinəs / -trəri-] 名 U 任意; 気まぐれ (なこと); 独断.

* **ar·bi·trar·y** [á:rbətrèri / -trəri] 形 **1** 《しばしば軽蔑》任意の; 気まぐれな, 勝手な: an *arbitrary* request 勝手な要求. **2** [限定用法] 専制的な, 独断的な: *arbitrary* government 専制政治.

ar·bi·trate [á:rbitrèit] 動 (自) […の間を] 仲裁〔調停〕する [*between*]: He has *arbitrated* between the management and the unions. 彼は経営者と組合の間を仲裁した.
— (他) 〈紛争・争議など〉を仲裁〔調停〕する: It's difficult to *arbitrate* disputes between two countries. 二国間紛争の仲裁は難しい.

ar·bi·tra·tion [à:rbitréiʃən] 名 UC 仲裁, 調停, 裁定 (◇ mediation よりも法的強制力がある): a court of *arbitration* 仲裁裁判所.
■ *gò* [*be tàken*] *to arbitrátion* (紛争・争議などが)仲裁にゆだねられる; (当事者が)争議を仲裁にゆだねる.

ar·bi·tra·tor [á:rbətrèitər] 名C (紛争・争議などの)仲裁者, 調停者.

ar·bor[1], 《英》**ar·bour** [á:rbər] 名C 木陰の休憩所, あずまや (bower) 《木の枝やツタなどをからませた格子で造る》.

ar·bor[2] 名(複 **ar·bo·res** [-bəri:z]) C [植](低木と区別して) 樹木, 高木 (◇ 一般的には tree).

◆ **Árbor Dày** 〈米〉植樹祭(の日)《通例, 4月下旬から5月上旬に米国・カナダの各州で植樹を行う日》.

ar·bo·re·al [a:rbɔ́:riəl] 形 樹木の; 樹上に住む: *arboreal* animals 樹上性の動物《猿・リスなど》.

ar·bo·re·tum [à:rbərí:təm] 名 (複 **ar·bo·re·tums, ar·bo·re·ta** [-tə]) C 樹木園, 植物園.

ar·bour [á:rbər] 名 (英) = ARBOR[1] (↑).

arc [á:rk] (☆同音語 ark) 名C **1** 弓形, 弧状(のもの). **2** 《幾何》弧,円弧. **3** 《天文》弧. **4** 《電気》アーク, 電弧 (electric arc) 《向かい合った2本の電極の間に起こる放電》: *arc* light [lamp] アーク灯.
— 動 (三単現 **arcs** [~s]; 過去・過分 **arced, arcked** [~t]; 現分 **arc·ing, arck·ing** [~iŋ]) (自) **1** 弓形〔弧状〕を描く. **2** 電弧を形成する.

ar·cade [a:rkéid] (☆アクセントに注意) 名C
1 アーケード (roofed-in street) 《アーチ形の屋根付き街路》: a shopping *arcade* 商店街.
2 ゲームセンター (《英》amusement arcade).
◆ **árcade gàme** C (ゲームセンターの) コンピュータゲーム, テレビゲーム.

Ar·ca·di·a [ɑːrkéidiə] 名 1 ⓖ アルカディア《ギリシャのペロポネソス半島中央部の地域. 古代に理想郷があったという伝説で有名》. 2 [時に a-] 平和で牧歌的な理想郷, 桃源郷.

Ar·ca·di·an [ɑːrkéidiən] 形 1 アルカディアの. 2 [時に a-] 牧歌的な; 純朴な.
— 名 1 ⓒ アルカディア人. 2 ⓒ [時に a-] 純朴な生活者, 田園生活(の愛好)者.

ar·cane [ɑːrkéin] 形 《文語》秘密の; 不可解な.

***arch**¹ [ɑːrtʃ]
— 名 (複 arch·es [~iz]) ⓒ 1 【建】アーチ, 迫持(せり); アーチ[弓形]門: a triumphal *arch* 凱旋(がいせん)門.
2 アーチ形[弓形]のもの: the *arch* of the sky [heavens] 天空. 3 (足の)土踏まず(the *arch* of the foot). 4 アーチ道(archway).
— 動 他 …をアーチ形[弓形]に曲げる;〈背中〉を丸める: The cat *arched* its back in anger. その猫は怒って背中を弓なりに曲げた.
— 自 […の上に] アーチ形[弓形]にかかる[*over, across*]: The trees *arched* over the road. 並木が道を弓なりに覆っていた.

arch² 形 1 [限定用法] いたずらっぽい, おちゃめな: give an *arch* smile いたずらっぽく笑う.
2 [通例, 複合語で] 主要な(→ ARCH-).

arch- [ɑːrtʃ] 接頭 名詞に付けて「首位の, 第一の」の意を表す: *arch*bishop 大主教 / *arch*enemy 大敵.

ar·chae·o·log·i·cal, ar·che·o·log·i·cal [ɑ̀ːrkiəlɑ́dʒikəl / -lɔ́dʒ-] 形 考古学の, 考古学的な.

ar·chae·ol·o·gist, ar·che·ol·o·gist [ɑ̀ːrkiɑ́lədʒist / -ɔ́l-] 名 ⓒ 考古学者.

ar·chae·ol·o·gy, ar·che·ol·o·gy [ɑ̀ːrkiɑ́lədʒi / -ɔ́l-] 名 Ⓤ 考古学.

ar·cha·ic [ɑːrkéiik] 形 1 (思想・風習などが)古風な(old-fashioned); (語句などが)古めかしい: an *archaic* word 古語. 2 古代の.

ar·cha·ism [ɑ́ːrkiizəm / -kei-] 名 1 ⓒ 古語(用法); 古文体. 2 Ⓤ 擬古主義; 古風(なもの).

arch·an·gel [ɑ́ːrkèindʒəl] 名 ⓒ 【キリスト】大天使, 天使長.

arch·bish·op [ɑ̀ːrtʃbíʃəp] 名 ⓒ [しばしば A-]【カトリック】大司教; 【プロテ】大監督 《英国教・ギ正》大主教《◇ bishop の中での最高位》.

arch·dea·con [ɑ̀ːrtʃdíːkən] 名 ⓒ 【キリスト】大助祭, 大執事 《bishop の補佐役》.

arch·duke [ɑ̀ːrtʃdjúːk / -djúːk] 名 ⓒ 《◇女性形は archduchess [ɑ̀ːrtʃdʌ́tʃis]》ⓒ 大公《旧オーストリア帝国の皇子の称号》.

arched [ɑ́ːrtʃt] 形 アーチのある, アーチ形の: an *arched* bridge そり橋.

arch·en·e·my [ɑ̀ːrtʃénəmi] 名 (複 arch·en·e·mies [~z]) 1 ⓒ 大敵. 2 [the ~; しばしば the A-] 魔王, サタン(Devil, Satan).

ar·che·o·log·i·cal [ɑ̀ːrkiəlɑ́dʒikəl / -lɔ́dʒ-] 形 = ARCHAEOLOGICAL(↑).

ar·che·ol·o·gist [ɑ̀ːrkiɑ́lədʒist / -ɔ́l-] 名 = ARCHAEOLOGIST(↑).

ar·che·ol·o·gy [ɑ̀ːrkiɑ́lədʒi / -ɔ́l-] 名 = ARCHAEOLOGY(↑).

arch·er [ɑ́ːrtʃər] 名 1 ⓒ 弓の射手, 弓術家. 2 ⓖ [the A-]【天文】射手(いて)座(Sagittarius).

arch·er·y [ɑ́ːrtʃəri] 名 Ⓤ アーチェリー, 弓術.

ar·che·typ·al [ɑ̀ːrkitáipəl] 形 原型の; 典型的な.

ar·che·type [ɑ́ːrkitaip] 名 ⓒ (☆ 発音に注意) 1 原型(prototype). 2 典型, 模範(model).

Ar·chi·me·des [ɑ̀ːrkimíːdiːz] 名 アルキメデス《287? - 212 B.C.; 古代ギリシャの数学者・物理学者》.

ar·chi·pel·a·go [ɑ̀ːrkəpéləgòu] 名 (複 **ar·chi·pel·a·go(e)s** [~z]) ⓒ 1 群島, 列島: the Japanese *archipelago* 日本列島. 2 [the A-] エーゲ海《Aegean Sea の別名》.

‡**ar·chi·tect** [ɑ́ːrkitèkt] 名 ⓒ 1 建築家, 設計者. 2 [通例 the ~]《しばしば比喩》製作者, 創造者: He is the main *architect* of our new school rules. 彼が新しい校則の中心的立案者です.
— 動 他 1 …を設計する. 2 …を構成する.

ar·chi·tec·tur·al [ɑ̀ːrkitéktʃərəl] (☆ アクセントに注意) 形 建築(学)の. (▷ árchitècture)

ar·chi·tec·tur·al·ly [-əli] 副 建築(学)上.

‡**ar·chi·tec·ture** [ɑ́ːrkətèktʃər / -ki-] 名
1 Ⓤ 建築(学), 建築技術: domestic *architecture* 住宅建築. 2 Ⓤ 建築様式: modern *architecture* 現代建築 / Gothic [Romanesque] *architecture* ゴシック[ロマネスク]建築.
3 Ⓤ [通例 the ~] (格式) 構成(structure), 構造: the *architecture* of a novel 小説の構成[筋立て].
4 【コンピュータ】アーキテクチャー《ハードウェアの基本設計》. (▷ 形 àrchitéctural)

ar·chi·val [ɑːrkáivəl] (☆ 発音に注意) 形 1 古文書(もんじょ)の, (公)文書の. 2 (公)文書保管所の.

*ar·chive** [ɑ́ːrkaiv] (☆ 発音に注意) 名 1 ⓒ (公)文書保管所, (公)文書館.
2 [~s; 複数扱い] (広範囲にわたる)記録類, 古文書(もんじょ), 公文書《◇個々の「文書」は document》.
3 ⓒ 【コンピュータ】アーカイブ《ファイルの収納場所または通例, 圧縮してあるファイル》.

ar·chi·vist [ɑ́ːrkivist] 名 ⓒ (公)文書保管係.

arch·way [ɑ́ːrtʃwèi] 名 ⓒ 【建】アーチ道, アーチのある通路, アーチ形の入り口(arch).

*arc·tic** [ɑ́ːrktik] 形 [原義は「大くま座」] 形 [比較なし]
1 [限定用法; 通例 A-] 北極の, 北極地方の(↔ Antarctic): the *Arctic* Pole 北極(点)(the North Pole) / the *Arctic* Zone 北極帯.
2 《口語》厳寒の(frigid); (態度などが)冷淡な: *arctic* weather 厳寒.
— 名 1 [the A-] 北極(地方)(↔ the Antarctic). 2 ⓒ 《米》[通例 ~s] (ゴム製の)防寒用オーバーシューズ.
◆ Árctic Círcle [the ~] 北極圏.
Árctic Ócean [Séa] [the ~] 北極海, 北氷洋.

ar·dent [ɑ́ːrdənt] 形 情熱的な, 熱烈な(passionate), 熱狂的な《◇ eager より強意》: *ardent* love 熱烈な愛 / an *ardent* patriot 熱狂的な愛国者.

ar·dent·ly [~li] 副 情熱的に, 熱烈に.

ar·dor,《英》**ar·dour** [ɑ́ːrdər] 名 Ⓤ ⓒ […への]

情熱 (passion), 熱心, 熱意 [*for*]: *ardor for* study 研究への情熱 / with *ardor* 熱心に.

ar·du·ous [ɑ́ːrdʒuəs, -dju-] 形 **1** (格式)(仕事・練習などが) 骨の折れる, 困難な (difficult): an *arduous* task 骨の折れる仕事. **2** (古)(山・坂道などが) 険しい, 急な.

are[1] (弱) ər; (強) ɑ́ːr
助動 (◇ be の2人称単数現在形, 1人称・2人称・3人称複数現在形; → BE 表)
— 動 (自) **1** [are+C] …である (◇ C は名詞・代名詞・形容詞; → BE 動 (自) 1): We *are* high school students. 私たちは高校生です / *Are* you ready? 準備ができましたか.
2 [副詞(句)を伴って] …にいる, 存在する (→ BE 動 (自) 2): Where *are* the children? – They *are* out in the garden. 子供たちはどこにいるのですか—庭にいます.
— 助動 **1** [現在進行形; are+現分] …しているところだ, もうすぐ…するはずだ (→ BE 助動 1): What *are* you *looking* for? 何を探しているのですか / You'*re leaving* tomorrow, *aren't* you? あなたはあす出発するのですね.
2 [受け身; are+過分] …される, …されている (→ BE 助動 2): The Olympic Games *are held* every four years. オリンピックは4年ごとに開催される.
3 [are+to do] …することになっている; …すべきである (→ BE 助動 3): We *are to* meet at noon. 私たちは正午に会うことになっている / You *are* not to throw rubbish away here. ここにごみを捨ててはいけない.

are[2] [éər, ɑ́ːr] 名 C アール (◇ 面積の単位; 1アール = 100 m²; (略語) a; → 巻末「度量衡」).

ar·e·a [éəriə]
— 名 (複 ar·e·as [~z]) **1** C (ある特定の) 地域, 地方 (◇広さに関係なく用いる; → REGION): an industrial *area* 工業地区 / the metropolitan *area* 首都圏.
2 C (特定の目的のための) 場所, 区域: a parking *area* 駐車場 / a nonsmoking *area* 禁煙エリア / a service *area* (英)(高速道路の) サービスエリア.
3 U C 面積, 床面積: England is small in *area*. イングランドは面積が狭い / Seventy percent of Japan's land *area* is mountainous. 日本は国土の70パーセントが山地である.
4 C (学問・研究・活動などの) 範囲, 分野, 領域: My main interest is in various *areas* of mathematics. 私の主な関心は数学のさまざまな分野にある. **5** C (英) 地下勝手口.
◆ área còde C (米)(電話の) 地域番号, 市外局番 (英) dialling code).

*a·re·na [ərí:nə] 名 C **1** (古代ローマの) 円形競技場. **2** (周囲を囲まれた) 競技場, アリーナ. **3** (比喩) 闘争の場所, 活動の舞台: the political *arena* = the *arena* of politics 政界.

aren't [ɑ́ːrnt, ɑ́ːnt] (短縮)(口語) **1** are not の短縮形: These shoes *aren't* new. この靴は新しくない (◇ are は助動詞) / Why *aren't* you going with us? どうして私たちと一緒に行かないのですか (◇ は助動詞) / You are hungry, *aren't* you? お腹がすいたでしょう (◇付加疑問文).
2 [通例, 疑問文・付加疑問文で] am not の短縮形: I'm a good artist, *aren't* I? 私は絵が上手でしょう.

[語法] (1) am not の短縮形はほかに ain't があるが, aren't に比べると俗語的. また格式ばった表現では疑問文・付加疑問文として am I not? を用いることもある.
(2) 付加疑問文の aren't I? の代わりに単に right? や OK? などを用いることもある.

Ar·es [éəriːz] 名 (ギ神) アレス (戦争の神; → GOD 表).

a·rête [əréit] (フランス) 名 C やせ尾根 (主として氷河の浸食によって切り立った山の尾根).

ar·gent [ɑ́ːrdʒənt] (フランス) 名 U (詩語) 銀 (silver); (紋) 銀色, 銀白色.
— 形 銀の, 銀色の, 銀白色の.

Ar·gen·ti·na [ɑ̀ːrdʒəntíːnə] 名 アルゼンチン (南米南東部の共和国; 首都ブエノスアイレス (Buenos Aires)).

Ar·gen·tine [ɑ́ːrdʒəntàin, -tìːn] 形 アルゼンチン (人) の.
— 名 **1** (the ~) アルゼンチン (Argentina). **2** C アルゼンチン人.

ar·gon [ɑ́ːrɡɑn / -ɡɔn] 名 U (化) アルゴン (元素記号 Ar).

ar·got [ɑ́ːrɡou, -ɡət] (フランス) 名 U C (盗賊・犯罪者・子供同士などの) 隠語, 仲間内の言葉.

ar·gu·a·ble [ɑ́ːrɡjuəbl] 形 **1** 議論の余地がある, 疑わしい.
2 論証 (証明) できる, もっともな.

ar·gu·a·bly [ɑ́ːrɡjuəbli] 副 [文修飾] 論証できることが; おそらく, たぶん.

ar·gue [ɑ́ːrɡjuː]
[基本的意味は「議論する (fight in words)」]
— 動 (三単現 ar·gues [~z]; 過去・過分 ar·gued [~d]; 現分 ar·gu·ing [~iŋ])
— (他) **1** (a) [argue+O] …を (理由などを挙げて) 論じる, 議論する, 論争する (→ DISCUSS 類語). A lawyer *argued* the case. 弁護士はその事件の弁論をした. (b) [argue+that節] (論争などで理論立てて) …であると主張する, 論じる: Galileo *argued that* the earth goes around the sun. ガリレオは地球が太陽の周りを回ると主張した.
2 [argue+O] 〈人〉を […するように / …しないように] 説得する [*into* / *out of*]: *argue* him *out of* his plan 彼を説得して計画を思いとどまらせる / He *argued* me *into* getting a physical check. 彼は健康診断を受けるよう私を説得した.
3 (格式) [argue+O] …を示す, 証明する; [argue+O (+to be) = argue+that節] 〈人〉が…であることを示す, 証明する.
— (自) **1** [人 / …のことで] 議論する, 論争する; 口論する, 言い争う [*with* / *about*, *over*]: We *argued with* him *about* politics. 私たちは政治について彼と議論した / Don't *argue* about the

argument | **Arlington**

umpire's decision. 審判の判定に異議を申し立てるな. **2** 《…に賛成の / …に反対の》意見を述べる〔*for, in favor of / against*〕: They *argued for* [*against*] having a party. 彼らはパーティーを開くことに賛成[反対]した.

句動詞 *árgue awáy* 自 議論し続ける. — 他 [argue + away + O / argue + O + away] …を言いくるめる: He *argued away* the difficult problem. 彼は困難な問題をうまく言い抜けた.
árgue ... dówn 他 …を論破する.
árgue óff = argue away.
árgue óut 他 [argue + out + O / argue + O + out] …を徹底的に論じ合う.

(▷ 名 árgument)

ar·gu·ment [ɑ́ːrɡjəmənt / -gju-]
— 名 (複 **ar·gu·ments** [-mənts]) **1** UC 《人との / …についての》論争, 議論; C 口論, ろげんか 〔*with / about, over*〕: without *argument* 異(論)を唱えずに / We got into an *argument with* him *about* this problem. 私たちはこの問題について彼と議論になった / It is beyond *argument*. それは議論の余地がない / He had an *argument with* his brother *about* the accident. 彼は事故のことで兄と口論した.
2 C 《…に賛成する / …に反対する》論拠, 理由〔*for / against*〕: a powerful *argument against* war 強力な戦争反対論 / He gave a good *argument for* the project. 彼は計画に賛成の理由を見事に述べた.
3 C 《文語》(物語などの) 要旨, 筋. (▷ 動 árgue)

ar·gu·men·ta·tion [ɑ̀ːrɡjəmentéɪʃən] 名 UC 《格式》 **1** 論争, 討論. **2** 論証, 推理.

ar·gu·men·ta·tive [ɑ̀ːrɡjəméntətɪv] 形 《軽蔑》 **1** (人が) 論争 [議論] 好きな, 理屈っぽい.
2 (発言などが) 議論を巻き起こす, 論争的な.

Ar·gus [ɑ́ːrɡəs] 名 **1** ⦅ギ神⦆アルゴス《100の目を持つ巨人》. **2** ⦅比喩⦆見張り人.

a·ri·a [ɑ́ːriə] 《イタリア》 名 ⦅音楽⦆アリア, 詠唱《オペラなどの叙情的な独唱曲》.

-ar·i·an [eəriən] 接尾 「…派[主義]の(人)」「…の職業の(人)」「…歳の(人)」などの意を表す形容詞・名詞を作る: humanit*arian* 人道[博愛]主義者 / veget*arian* 菜食主義者 / libr*arian* 司書.

ar·id [ǽrɪd] 形 **1** (土地が) 乾燥した, 不毛の; (空気などが) 湿気のない: an *arid* region 乾燥地帯.
2 (話題が) 退屈な, (思想などが) 貧弱な.

a·rid·i·ty [ərídəti] 名 U **1** (土地の) 乾燥 (状態), 不毛. **2** (話題の) 退屈さ, 単調さ; (思想などの) 貧弱さ.

Ar·ies [éəriːz] 名 **1** ⦅天文⦆牡羊(ቃ)座 (the Ram). **2** C ⦅占星⦆白羊宮, 牡羊座 (→ ZODIAC 図). **3** C 牡羊座生まれの人《3月21日-4月19日生まれ》.

a·right [əráɪt] 副 《古風》正しく (rightly).

a·rise [əráɪz]
— 動 (三単現 **a·ris·es** [~ɪz]; 過去 **a·rose** [əróʊz]; 過分 **a·ris·en** [ərízən]; 現分 **a·ris·ing** [~ɪŋ])

— 自 **1** (問題・困難などが) 起こる, 発生する; (結果などが)〔…から〕生じる,〔…に〕起因する〔*from, out of*〕: A big problem has *arisen*. 大きな問題が発生した / Call me when the need *arises*. 必要なら私を呼んでください / Accidents will *arise from* carelessness. 事故は不注意から生じるものである / A mist is beginning to *arise from* the lake. 霧が湖から立ち始めている.
2 《文語》起き上がる (get up), 立ち上がる (rise).
3 《文語》(権利などを要求して) 決起する.

a·ris·en [ərízən]
動 *arise* の過去分詞.

ar·is·toc·ra·cy [ærɪstɑ́krəsi / -tɔ́k-] 《☆アクセントに注意》名 (複 **ar·is·toc·ra·cies** [~z])
1 C (通例 the ~; 集合的に) 貴族 (社会) (nobility).
2 C (集合的に) 《格式》上流[特権] 階級.
3 U 貴族政治.
4 C (集合的に) (ある分野での) 一流の人々.

a·ris·to·crat [ərístəkræt / ǽrɪs-] 名 C
1 貴族; 上流[特権] 階級の人.
2 貴族的な人, 高貴な人.
3 (the ~) 最高級(品).

a·ris·to·crat·ic [ərìstəkrǽtɪk / ǽrɪs-] 形
1 貴族の; 上流[特権] 階級の; 貴族的な, 高貴な.
2 貴族政治の, 貴族主義の.

Ar·is·tot·le [ǽrɪstɑ̀tl / -tɔ̀tl] 名 ⦅個⦆アリストテレス《384-322 B.C.; 古代ギリシャの哲学者》.

a·rith·me·tic [əríθmətɪk] 名 《☆形 との発音の違いに注意》 **1** U 算数, 算術; 計算 (能力) (cf. mathematics 数学): mental *arithmetic* 暗算 / I am good [poor] at *arithmetic*. 私は計算が得意[苦手]です.
2 C 算数の教科書.
— 形 [ærɪθmétɪk] 算数の, 算術の.

ar·ith·met·i·cal [ærɪθmétɪkəl] 形 算数の, 算術の, 算数に関する: *arithmetical* progression 等差数列.

ar·ith·met·i·cal·ly [-kəli] 副 算数で, 算術的に.

a·rith·me·ti·cian [ərìθmətɪʃən, æriθ-] 名 C 算数の得意な人.

Ariz. ⦅略語⦆ = *Ari*zona (↓).

Ar·i·zo·na [ærɪzóʊnə] 名 ⦅個⦆アリゾナ《米国南西部にある州; ⦅略語⦆ Ariz.; ⦅郵略語⦆ AZ; → AMERICA 表》.

ark [ɑ́ːrk] 《☆同音 arc》名 **1** (しばしば the A-) ⦅聖⦆ノアの箱舟 (Noah's ark) 《ノアが家族と家畜を乗せ, 洪水から逃れた船》. **2** (しばしば the A-) ⦅聖⦆契約の箱 (the Ark of the Covenant) 《十戒が刻まれている石板を納めた木の箱》. **3** C 避難所.

Ark. ⦅略語⦆ = *Ark*ansas (↓).

Ar·kan·sas [ɑ́ːrkənsɔ̀ː] 《☆ 発音に注意》名 ⦅個⦆
1 アーカンソー《米国中南部にある州; ⦅略語⦆ Ark.; ⦅郵略語⦆ AR; → AMERICA 表》.
2 [ɑ́ːrkənsɔ̀ː, ɑːrkǽnzəs] [the ~] アーカンソー川《ミシシッピ川の支流》.

Ar·ling·ton [ɑ́ːrlɪŋtən] 名 ⦅個⦆アーリントン《米国 Virginia 州北東部の郡. 米国最大の軍人墓地であるアーリントン国立墓地 (Arlington National Cemetery) の所在地》.

arm¹

arm¹ [ɑːrm]

— 名(複 arms [~z]) C **1** 腕《◇肩から手首までの部分．肩からひじまでをさすこともあり，通例，手は含まない；→図；→ BODY 図》: She was walking with a handbag under her *arm*. 彼女はハンドバッグを小わきに抱えて歩いていた / A cute baby was sleeping in her *arms*. かわいい赤ちゃんが彼女の腕に抱かれて眠っていた / He suddenly took her by the *arm*. 彼は急に彼女の腕をつかんだ．

コロケーション 腕を…
腕を組む: *fold* [*cross*] *one's arms*
腕を伸ばす: *stretch one's arms*
腕を広げる: *spread out one's arms*
腕を振る: *swing one's arms*
腕をまくる: *bare one's arm*
腕をねじり上げる: *twist ...'s arm*

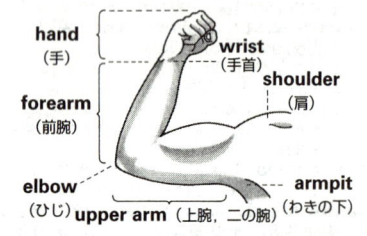

hand (手)
wrist (手首)
shoulder (肩)
forearm (前腕)
elbow (ひじ)
upper arm (上腕，二の腕)
armpit (わきの下)

2 腕の形をしたもの，腕を乗せる所；(服の)袖(そで)，(木の)大枝，(めがねの)つる，(機械の)アーム: an *arm* of a river 川の支流 / The *arms* of his chair are worn out. 彼のいすのひじ掛けはすり切れている / The *arm* of my coat was torn off. 上着のそでが引きちぎられた．

3 部門[局]，支庁，【軍】隊: a special *arm* of the government 政府の特別部隊．

■ *árm in árm* 腕を組んで: The young couple looked happy walking *arm in arm*. 若い2人は腕を組んで幸せそうに歩いていた．

at árm's léngth **1** 《腕を伸ばせば届くほど》すぐ近くに: Please call me any time. I'll be at *arm's length*. いつでも呼んでください．近くにおりますよ． **2** ある距離を置いて；よそよそしく: keep [hold] ... *at arm's length* …を遠ざける，…によそよそしくする．

with one's árms fólded = *with fólded árms* **1** 腕を組んで． **2** 傍観して，手をこまねいて: He came as he had promised, but all he did was (to) stand there *with his arms folded*. せいぜい傍観しているだけだった．

with ópen árms 両手を広げて，温かく歓迎して: Let us welcome our new friends *with open arms*. 私たちの新しい友達を心から歓迎しましょう．

‡arm² 名[~s] **1**《格式》(特に戦争用の)武器，兵器: nuclear *arms* 核兵器 (nuclear weapons) / small *arms* 小型武器 / To *arms*! 戦闘準備!《号令》.

2 戦争，戦闘；兵役． **3** 紋章: a coat of *arms* (盾形の)紋章．

■ *bèar árms* **1** 武器を携行する． **2**《文語》兵役に服する．
lày dówn one's árms《文語》降伏する．
tàke úp árms **1** 武器を取る；[…と]戦闘を開始する [*against*]． **2** 兵士になる．
ùnder árms 戦時配備して，武装して．
úp in árms《口語》**1** [… に]反旗をひるがえして [*against*]． **2** […に]憤慨して [*about, over*]．

— 動 他 **1** …を[…で]武装させる (↔ disarm) [*with*]: He *armed* himself *with* a gun. 彼は銃で武装した． **2** […に必要なものを]備えさせる，身につけさせる [*with*]: She is *armed with* a knowledge of computer. 彼女はコンピュータの知識を身につけている．

— 自 **1** 武装する． **2** […に]備える，身を固める [*against*]．

◆ árms contról U 軍備縮小，軍縮．
árms ráce C (通例，単数形で) 軍拡競争．

ar·ma·da [ɑːrmɑ́ːdə, -méi-] 名 **1** C《時に複数扱い》艦隊，(軍用船・戦車などの)編成部隊．
2 [the A-]【史】無敵艦隊 (the Spanish [Invincible] Armada)《16世紀スペインが世界に誇った大艦隊》．

ar·ma·dil·lo [ɑ̀ːrmədílou] 名 (複 ar·ma·dil·los [~z]) C【動物】アルマジロ《硬い甲羅(こうら)を持つ南米産の夜行性哺乳(ほにゅう)動物》．

Ar·ma·ged·don [ɑ̀ːrməɡédən] 名 **1** U【聖】ハルマゲドン《世界の終末に起こるとされる善と悪との大決戦(場)》． **2** C 最終的な大決戦(場)．

ar·ma·ment [ɑ́ːrməmənt] 名《格式》**1** C (通例~s; 集合的に)(一国の)軍備，軍事力: increase [reduce] *armaments* 軍備を増強[縮小]する．

2 C (集合的に)(兵器・軍艦などの)装備，兵器: light *armaments* 小型兵器．

3 U 軍備増強，武装化 (↔ disarmament)．

ar·ma·ture [ɑ́ːrmətʃùər, -tʃə] 名 C
1【電気】電機子《発電機・電動機の回転部分》．
2【生物】防禦器官《歯・つめ・とげ・外皮など》．
3【彫刻】時輪，骨組み．

arm·band [ɑ́ːrmbæ̀nd] 名 C 腕章 (armlet)．

‡arm·chair [ɑ́ːrmtʃɛ̀ər] 名 C ひじ掛けいす (→ LIVING **PICTURE BOX**)
— 形《しばしば軽蔑》実際の経験を持たない: an *armchair* critic 観念的批評家，机上の空論をする人 / an *armchair* sportsman 口だけのスポーツマン，スポーツに詳しいが実際にプレーをできない人．

‡armed [ɑːrmd] 形 武装した，(道具・必要なものを)備えた: *armed* neutrality [peace] 武装中立[平和] / *armed* conflict 武力衝突 / an *armed* robber 凶器を持った強盗．

■ *ármed to the téeth* 完全武装の[で]．

◆ ármed fórces [sérvices] [the ~; 複数扱い](通例，陸・海・空軍から成る)軍隊．

Ar·me·ni·a [ɑːrmíːniə] 名 アルメニア《西アジアにある共和国．1991年旧ソ連から独立；首都エレバン (Yerevan)》．

Ar·me·ni·an [ɑːrmíːniən] 形 アルメニアの；アルメニア人[語]の．

— 名 **1** [C]アルメニア人. **2** [U]アルメニア語.
arm·ful [ɑ́ːrmfùl] 名[C](片腕または両腕)いっぱい, ひと抱え: an *armful* of books ひと抱えの本.
arm·hole [ɑ́ːrmhòul] 名[C][服]袖ぐり[腕を通したり袖を付けるための衣服の穴].
ar·mi·stice [ɑ́ːrmistis] 名[C](一時的な)休戦,停戦: declare an *armistice* 休戦を布告する.
◆ Ármistice Dày (第1次, 第2次世界大戦の)休戦記念日〔11月11日. 現在米国では Veterans Day, 英国では Remembrance Sunday と改称〕.

‡**ar·mor**, 《英》**ar·mour** [ɑ́ːrmər] 名[U] **1** よろい(かぶと): a suit of *armor* よろい一式. **2** (軍艦・戦車などの)装甲(板). **3** [集合的に][軍]装甲部隊. **4** [生物]甲(羅),防護器官(うろこ・殻(ᵏ)など).

ar·mored, 《英》**ar·moured** [ɑ́ːrmərd] 形[限定用法] **1** よろい(かぶと)を付けた, 装甲した: an *armored* car 装甲車. **2** 装甲車を持った: an *armored* division 機甲(師)師団.

ar·mor·er, 《英》**ar·mour·er** [ɑ́ːrmərər] 名[C] **1** 兵器[武器]製造者. **2** [軍]兵器管理[整備]係.

ar·mo·ri·al [ɑːrmɔ́ːriəl] 形 紋章の: *armorial* bearings (盾(たて)形の)紋章(coat of arms).

ar·mor·y, 《英》**ar·mour·y** [ɑ́ːrməri] 名(複 **ar·mor·ies**, 《英》**ar·mour·ies** [~z])[C]兵器庫; 重要な物資[資材など]の蓄積, 《米》兵器工場.

ar·mour [ɑ́ːrmər] 名[英] = ARMOR (↑).
arm·pit [ɑ́ːrmpìt] 名[C]わきの下(→ ARM¹ 図).

‡**ar·my** [ɑ́ːrmi]
— 名(複 **ar·mies** [~z])[C] **1** (通例 the ~)(一国の) 陸軍 [関連語] the air force 空軍 / the navy 海軍: the Department of the *Army* 米陸軍省 / be drafted into the *army* 徴兵される / enter [join, go into] the *army* (陸軍に)入隊する / an officer in the *army* 陸軍将校 / retire from the *army* (陸)軍から退役する / raise an *army* 兵を募る / serve in the *army* 兵役に服する.
2 (一国の) 軍隊, 軍勢, 兵力(armed forces): an occupation *army* 占領軍 / a regular *army* 正規軍 / a reserve *army* 予備軍.
3 (ある目的のために組織された) 団体, …軍: the Salvation *Army* 救世軍 / an ~[…の]大軍, 多数[*of*]: an *army of* ants アリの大群 / an *army of* demonstrators 大勢のデモ隊. **5** [軍]方面軍.
◆ ármy còrps [C][軍]軍団(corps).

Ar·nold [ɑ́ːrnəld] 名 アーノルド(◇男性の名).
a·ro·ma [əróumə] 名 **1** [U|C]よい香り, 芳香(→ SMELL [類義語]). **2** [U](芸術作品の)気品, 風格, 趣(ᵍ): His poems have a delicate *aroma*. 彼の詩には繊細な気品がある.

a·ro·ma·ther·a·py [əròumaθérəpi] 名[U] 芳香療法, アロマセラピー.
ar·o·mat·ic [ærəmǽtik] 形 香りのよい(sweet), こうばしい.

‡**a·rose** [əróuz] 動 arise の過去形.

‡**a·round** [əráund] 前 副 [基本的意味は「…の周りに」]
[語法] 前 副 とも, 《米》では around を, 《英》では round を用いるのが一般的. ただし「運動」を表す用法では《英》でも around を用いる傾向にある.
— 前 **1** [位置] …の周りに, …を囲んで;〈角など〉を曲がった所に: We gathered *around* the campfire. 私たちはキャンプファイアーを囲んで集まった / He put his arms *around* the tree. 彼は木に両腕を回した / The bus stop is just *around* the corner. バス停は角を曲がってすぐです.
2 [運動] …の周りを, …を回って;〈角など〉を曲がって: The moon moves *around* the earth. 月は地球の周りを回る / We ran *around* the flag. 私たちは旗の周りを走った / We went *around* the corner, not knowing what was there. 何があるのかも知らずに私たちは角を曲がって行った.

3 …のあちこちに[で,を], …の中を(《英》about): look *around* the room 部屋の中を見回す / His dream is to travel *around* the world. 彼の夢は世界一周旅行です.
4 …の近くに, …のあたりに(◇この意味では《英》でも around を用いる傾向にある): The post office is *around* the station. 郵便局は駅の近くにある.
5 だいたい…, 約…, およそ…, …頃(about): *around* fifty thousand yen 約5万円 / I leave for school *around* half past seven every morning. 私は毎朝7時半頃学校に出かける.
6 …を避けて.
7 …に基づいて, …を中心にして.
■ **áll aróund ...** …をぐるりと回って(◇ around の強調); …の至る所に[を]; …のあたり一面に.

— 副 **1** 周囲に, 近くに; 周り[円周]が(…ある): I saw nothing *around*. あたりには何も見えなかった / A lot of people began gathering *around*. たくさんの人が集まり始めた / This pond is a mile *around*. この池は周囲が1マイルある.
2 ぐるりと回って, (反対側に) 振り向いて; (順番などが)巡って: When I suddenly heard my name called, I looked *around*. 不意に名前を呼ばれて私はぐるりと見回した / Spring has come *around* again. また春が巡って来た.
3 あちこちを[に]: go *around* and *around* ぐるぐる回る / I'd like to travel *around*. 私はあちこちを旅行してみたい.
4 近くを, あたりを, ぶらぶらと: Walk *around* for a while. しばらくその辺を歩いてきなさい.
5 およそ, 約: It took me *around* two hours to finish my homework. 私は宿題を終えるのに2時間くらいかかった.

6 回り道をして: I went *around* not to come across the dog. 私はその犬に出くわさないように回り道をした.

7 始めから終わりまで; 行き渡るように, 回して: all the year *around* 1年じゅう / Please pass the dish *around*. 料理を回してください.

8 動き回って, 活動して: My father, who was sick in bed yesterday, is up and *around* today. 父は, きのうは病気で寝ていたが, きょうは起きて動き回っています.

9 現在生きている: He is one of the best guitarists *around*. 彼は現在生きている最高のギター奏者の1人です.

■ *áll aróund* **1** ぐるっと回って (◇ around の強調). **2** あたり一面に, 至る所に. **3** まんべんなく.

have been aróund 《口語》(人が) 幅広い経験がある, 世慣れている: He *has been around* and knows how to handle people like her. 彼は世慣れているので彼女のような人間をどう扱ったらよいかわかっている.

a·round-the-clock 形 [限定用法]《米》24時間連続の, 休みなく続く; 24時間営業の (《英》round-the-clock).

‡**a·rouse** [əráuz] 動 他 **1**〈感情〉を刺激する; 呼び起こす (excite): His speech *aroused* my interest in politics. 彼の話は政治に対する私の関心を呼び起こした. **2**《文語》〈眠りから〉〈人〉を目覚めさせる [*from*]: She *aroused* him *from* his deep sleep. 彼女は彼を深い眠りから目ざめさせた (◇ awake のほうが一般的). **3**〈人〉を性的に興奮させる.

ar·peg·gi·o [ɑːrpédʒiòu]《イタリア》名 (複 **ar·peg·gi·os** [～z]) C《音楽》アルペッジョ《和音の各音を連続して連続して演奏すること》.

arr.《略語》= arranged; arrival; arrive(d).

ar·raign [əréin] 動 他 **1**《法》(裁判のため)〈人〉を [...の理由で] 法廷に呼ぶ, 召喚する [*for, on*]: be *arraigned on* a charge of smuggling 密輸の罪で召喚される.

2《文語》...を非難する (criticize).

ar·raign·ment [əréinmənt] 名 U C **1**《法》(被告の) 罪状認否. **2**《文語》非難.

‡**ar·range** [əréindʒ]

【基本的意味は ① 取り決める (make plans for something) ② 整える (put into order)】

— 動 (三単現 **ar·rang·es** [～iz]; 過去・過分 **ar·ranged** [～d]; 現分 **ar·rang·ing** [～ŋ])

— 他 **1** (a) [arrange+O] を**取り決める**, 準備する, 手配する, (細かく) 計画する: We have *arranged* a dinner party to celebrate our president's birthday. 私たちは社長の誕生日を祝う晩餐(ばん)会を手配した / Have you *arranged* the next meeting? 次の会合の手配はしましたか. (b) [arrange+that節] ...することを取り決める, 手配する: We have *arranged that* we should help one another. 私たちは互いに助け合う取り決めをした. (c) [arrange+疑問詞節(句)] ...をどうするか取り決める: I need to *arrange when* to start. いつ出発するかを取り決めなければならない.

2 ...を**整える**, 整頓(とん)する, きれいに配列する: *arrange* the books on the shelves 棚に本をきちんと並べる / The technical terms are *arranged* in alphabetical order. 専門用語はアルファベット順に配列されている / Who *arranged* these flowers so beautifully? だれがこんなに見事に花を生けたのですか.

3《音楽》...を [...用に] 編曲する [*for*]: *arrange* folk songs *for* choruses フォークソングを合唱曲に編曲する. **4**《古》〈紛争など〉を調停する, 解決する (settle): *arrange* the differences between the coach and the players コーチと選手との間のいざこざを解決する.

— 自 **1** [...の / ...する] **手はずを整える**, 準備する, 手配する, 都合する [*for / to do*]: *arrange for* a room for the meeting 会合のために部屋を用意する / I have *arranged for* my brother *to* meet you at the station. 弟があなたを駅で迎えるよう手配しました. **2** […と / …について] 打ち合わせる, 取り決める [*with / for, about*]: He *arranged with* the airline *about* (buying) the tickets. 彼は航空券の購入を航空会社に手配した.

‡**ar·range·ment** [əréindʒmənt]

— 名 (複 **ar·range·ments** [-mənts]) **1** C [通例 ～s] [...の / ...する] **用意**, 手はず, 計画 [*for / to do*]: Have you made *arrangements for* the concert? コンサートの準備はできましたか / We made *arrangements* to have Tom's surprise birthday party. 私たちはトムのびっくり誕生パーティーを開く準備をした.

2 C U [...との] 協定, 取り決め; 解決, 調停 [*with*]: The parents' *arrangement* ended the argument between the brothers. 両親のとりなしで兄弟の間のいさかいは解決した / I came to [arrived at] an *arrangement with* the owner about the contract for the next year. 来年の契約についてオーナーと話し合いがついた.

3 U 整理, 整頓(とん), 配列, 配置; C 整理したもの: a flower *arrangement* 生け花 / I changed the *arrangement* of the books on the shelf. 私は棚の上の本を並べ換えた.

4 C U 編曲, (作品の) 脚色, アレンジ.

(▷ 動 arránge)

ar·rang·er [əréindʒər] 名 C 編曲者; 整える人.

ar·rant [ǽrənt] 形 [限定用法]《古風・軽蔑》まったくの, 途方もない: an *arrant* liar 大うそつき.

ar·ray [əréi] 動 他 《通例, 受け身で》《格式》**1**〈軍隊など〉を整列させる, 配備 [配置] する (arrange): The soldiers *were arrayed* on the hill. 兵隊が丘の上に配置された. **2**〈人〉を [...で] 着飾らせる, 盛装させる [*in*]: She *was arrayed in* kimono. 彼女は和服を着ていた.

— 名 **1** U C (軍隊などの) 整列, (ものの) 陳列. **2** U《文語》衣装, 美服. **3** U《コンピュータ》配列.

ar·rears [əríərz] 名 《複数扱い》 **1** 滞納金, 未払い金: *arrears* of rent 家賃の滞納金.

2 (未完了の) 仕事.

■ *fáll into arréars* (支払い・仕事が) 遅れる.

in arréars [支払い・仕事が]遅れて, 滞って [*with*].

ar・rest [ərést] 動 名
— (三単現 **ar・rests** [ərésts]; 過去・過分 **ar・rest・ed** [~id]; 現分 **ar・rest・ing** [~iŋ])
— 他 **1** […の容疑で] …を**逮捕する**, 検挙する [*for*]: The police *arrested* the thief. 警察はどろぼうを逮捕した / He was *arrested for* speeding. 彼はスピード違反で捕まった.
2 《格式》〈動き・進行など〉を引き止める, 遅らせる, 妨げる: The new medicine *arrested* the spread of the disease. 新薬のおかげでその病気は蔓延(まんえん)しなかった.
3 《格式》〈人の注意・興味など〉を引く (attract): All her pictures *arrested* my attention. 彼女の絵はどれも私の興味を引いた.
— 名 (複 **ar・rests** [əréstsz]) UC **1** 逮捕, 検挙: make many [several] *arrests* 多くの人 [数人] を逮捕する. **2** 止まること, 停止: a cardiac *arrest* 心臓停止.
■ *be ùnder arrést* 逮捕されている: You *are under arrest*. あなたを逮捕します.
pùt [*pláce*] ... *ùnder arrést* …を逮捕する.
ar・rest・ing [əréstiŋ] 形 注意を引く, 目ざましい.

ar・riv・al [əráivəl] 名
— 名 (複 **ar・riv・als** [~z]) **1** U […への] **到着**, 到達 [*at, in, on*] (《略語》arr.) (↔ departure) (◇前置詞の使い分けについては→ ARRIVE 語法); [形容詞的に] 到着の: an *arrival* lobby (空港の)到着ロビー / the *arrival* time 到着時刻 / We were waiting for the *arrival* of the train. 私たちは列車の到着を待っていた / Your *arrival* at our house will cheer him up. あなたがうちに来てくれると彼も元気が出るだろう / On his *arrival* at the hotel, he called his children. 彼はホテルに着くとすぐに子供たちに電話した.
2 U 出現, 登場; 出生: the *arrival* of the space shuttle スペースシャトルの登場.
3 C 到着した [する] もの [人], 新加入者; 《こっけい》新生児: They went out to welcome the new *arrivals*. 彼らは新しく到着した人たちを歓迎するために出て行った / Best wishes to the new *arrival*. ご出産おめでとうございます (◇電報文).
(▷ 動 arríve)

ar・rive [əráiv] 動
— 動 (三単現 **ar・rives** [~z]; 過去・過分 **ar・rived** [~d]; 現分 **ar・riv・ing** [~iŋ])
— 自 **1** […に] **到着する**, 着く [*at, in, on*] (get to, reach) (《略語》arr.) (↔ depart, leave): He *arrived* home just after midnight. 彼は夜の12時直後に帰宅した / The parcel *arrived* yesterday. 小包はきのう届いた.
語法 arrive のあとの前置詞は通例, 次のように使い分ける.
(1) 到着場所が狭いと感じられる場合や一時的な到着を示す場合は at: They *arrived at* the station five minutes late. 彼らは5分遅れて駅に着いた.
(2) 到着場所が広いと感じられる場合や自分が滞在したり住んでいる場所を示す場合は in: We will *arrive in* London late at night. 私たちは夜遅くロンドンに着く.
(3) 大陸・島・岸・事件現場などの場合は on [upon]: The police *arrived on* the scene. 警察は現場に到着した.
2 [arrive at …] 〈結論・年齢など〉に**達する**: *arrive at* manhood [womanhood] 成年に達する, 大人になる / We both *arrived at* the same conclusion. 私たち2人とも同じ結論に達した.
3 (時などが) 来る, 到来する (come): Summer has *arrived* at last. やっと夏になった / Our social habits have rapidly changed since computers *arrived*. コンピュータの登場以来私たちの社会的習慣は急激に変化した.
4 (赤ん坊が) 生まれる: The baby finally *arrived* at six. 赤ん坊は6時にやっと生まれた.
5 《口語》成功する, 名声を得る: Finally he has *arrived* as a pianist. とうとう彼はピアニストとして芽が出た.
(▷ 名 arríval)

ar・ro・gance [ǽrəgəns] 名 U ごう慢, 横柄.
*ar・ro・gant** [ǽrəgənt] 形 (人・態度などが) ごう慢な, 横柄な.
ar・ro・gant・ly [~li] 副 ごう慢に, 横柄に.
ar・ro・gate [ǽrəgèit] 動 他 《格式》 **1** …を横取りする; 〈権利など〉を […のものだと] 主張する [*to*].
2 …を (不当に) [人の] せいにする [*to*].

ar・row [ǽrou] 名
— 名 (複 **ar・rows** [~z]) C **1** **矢** (cf. bow²弓): William Tell shot an *arrow* at the apple on his son's head. ウィリアム=テルは息子の頭上にあるリンゴをねらって矢を放った.
2 矢印 (→など): Follow the *arrows*. 矢印に従って進んでください.
■ *(as) stráight as an árrow* 矢のようにまっすぐに; (人が) とても正直な.
ar・row・head [ǽrouhèd] 名 C 矢じり.
ar・row・root [ǽrourù:t] 名 **1** C [植] クズウコン (根茎) からでんぷんをとる). **2** U くず粉.
arse [ɑ́:rs] 名 《英俗語》= ASS² しり.
ar・se・nal [ɑ́:rsənəl] 名 C **1** 兵器庫, 兵器工場. **2** (一般的に) 蓄え, 宝庫.
ar・se・nic [ɑ́:rsənik] 名 U [化] ヒ素 (《元素記号》As).
— 形 [ɑːrsénik] ヒ素の.
ar・son [ɑ́:rsən] 名 U [法] 放火 (罪).

art [ɑ́:rt] 名
— 名 (複 **arts** [ɑ́:rts]) **1** UC **芸術**, 美術; [形容詞的に] 芸術の: a work of *art* 芸術品 / fine *arts* 美術 / *arts* and crafts 工芸美術 / plastic *arts* 造形美術 / an *art* gallery 美術館 / I am studying *art* at school. 私は学校で美術を学んでいる / *Art* is long, life is short. 《ことわざ》芸術は長く人生は短い (◇元来は「技術 [医術] を習得するには長い時間がかかるがそれに比べて人生は短い」の意).
2 CU 技術, 技法, こつ (skill): the *art* of print-

ing 印刷術 / the *art* of writing English 英語を書くこつ / She has an *art* for making people feel at ease. 彼女は人を落ち着かせるこつを心得ている.
3 [～s](自然科学に対して)人文科学(humanities)《文学・言語学・歴史学など》;(大学の)一般教養科目(liberal arts). **4** Ⓤ(自然に対して)人工,人為(↔ nature). **5** Ⓤ《古風》こうかつさ,ずるさ;[～s] 術策,策略. (▷ 形 artístic, àrtifícial).

art.《略語》= *art*icle(↓); *art*illery 大砲; *art*ist.

art dec·o [á:rt deikóu / -dékou] [フランス] Ⓤ 《しばしば A-D-》アールデコ《20世紀前半,欧米で流行した装飾美術様式. 鮮やかな色彩と直線的な幾何学模様が特徴》.

ar·te·fact [á:rtifækt] 名 = ARTIFACT (↓).

Ar·te·mis [á:rtimis] 名 固 【ギリ神】アルテミス《月と狩猟の女神; → GODDESS 表》.

ar·te·ri·al [a:rtíəriəl] 形 [限定用法] **1**【解剖】動脈の(↔ venous): *arterial* blood 動脈血.
2 (鉄道・道路などが)幹線の,主要な: an *arterial* road 幹線道路.

ar·te·ri·o·scle·ro·sis [a:rtìəriousklǝróusis] 名 Ⓤ【医】動脈硬化(症).

****ar·ter·y** [á:rtəri] 名 (複 **ar·ter·ies** [～z]) Ⓒ
1【解剖】動脈 (↔ vein): the main *artery* 大動脈. **2** (交通・輸送・水路などの)幹線,主要路.

ar·té·sian wéll [a:rtí:ʒən- / -ziən-] 名 Ⓒ《アルトワ式》掘り抜き井戸《地下水圧で水が自噴する》.

art·ful [á:rtfəl] 形 [通例, 限定用法] **1** (人・言動などが)こうかつな,ずるい. **2** 巧妙な: an *artful* reply 巧みな答弁.

art·ful·ly [-fəli] 副 こうかつに; 巧妙に.

ar·thrit·ic [a:rθrítik] 形 関節炎の.
—— 名 Ⓒ 関節炎患者.

ar·thri·tis [a:rθráitis] 名 Ⓤ 関節炎.

Ar·thur [á:rθər] 名 固 **1** アーサー《◇男性の名》.
2 アーサー王(King Arthur)《5, 6世紀頃の伝説的な英国王》. **3** アーサー Chester Alan Arthur《1829–86; 米国の政治家; → PRESIDENT 表》.

ar·ti·choke [á:rtət∫òuk] 名 Ⓒ Ⓤ 【植】チョウセンアザミ《キク科の多年草. つぼみは食用》.

*******ar·ti·cle** [á:rtikl]
—— 名 (複 **ar·ti·cles** [～z]) Ⓒ **1** (新聞・雑誌の)記事, 論説: an *article* on [about] nuclear weapons 核兵器に関する記事 / an editorial [《英》a leading] *article* 社説 / Did you find any interesting *articles* in today's paper? きょうの新聞に何か面白い記事がありましたか.
2 品物, 物, 品目; (同種の品物の)1つ, 1個 (piece)《◇不可算名詞を数えるときに用いる》: toilet *articles* 化粧品 / an *article* of furniture 家具1点 / five *articles* of food 食料品5点.
3 (法律・契約などの)条項, 項目;[～s] 規約, 契約: the ninth *article* of the Constitution 憲法第9条 / the *articles* of partnership 組合規約 / *articles* of association (会社の)定款(ﾃｲｶﾝ).
4【文法】冠詞 (→ 文法).

ar·tic·u·late [a:rtíkjələt]《☆ 動 との発音の違いに注意》形 **1** (言葉が)はっきり発音された, 分節的な.
2 (考えなどが)明瞭(ﾒｲﾘｮｳ)な, はっきりした: He is a very *articulate* student. 彼はとてもはきはきした学生です. **3**【生物】関節のある.
—— 動 [-lèit] 他《言葉・考えなどをはっきり述べる》: *articulate* each word 1語1語はっきり言う.
—— 自 はっきり発音する.

ar·tic·u·lat·ed [a:rtíkjǝlèitid] 形《主に英》連結された, 連結式の.
◆ artículated lórry Ⓒ《英》トレーラートラック (《米》trailer truck).
artículated véhicle Ⓒ《英》連結式車両.

ar·tic·u·la·tion [a:rtìkjǝléi∫ən] 名 Ⓤ **1** 発音;(感情・思想などの)表現: clear *articulation* 明瞭(ﾒｲﾘｮｳ)な発音.
2【音声】調音, 言語音.

ar·ti·fact,《主に英》**ar·te·fact** [á:rtifækt] 名 Ⓒ 工芸品, 製作物.

ar·ti·fice [á:rtifis] 名《格式》**1** Ⓒ 工夫, 考案.
2 Ⓒ Ⓤ 策略, ペテン: He used every *artifice* to win [get] the post. 彼はその地位を得るためにあらゆる策略を用いた.

文法 冠詞 (article)

冠詞には不定冠詞(a, an)と定冠詞(the)の2種類があります(詳しくは各語参照).

【冠詞の使い分け】

		初 出	既 出
可算名詞	単数形	a, an	the
	複数形	×	
不可算名詞		×	

【可算名詞の単数形で冠詞を付けない場合】

■ 呼びかけの語
Waiter, two coffees, please.
(ボーイさん, コーヒーを2つください)

■ 地位・身分を表す語が補語・同格として用いられる場合
They made Mike captain.
　　　　 目的語　目的格補語
(彼らはマイクをキャプテンにした)

■ 場所・建物などが本来の目的で使用される場合
I go to school by bus.
(私はバスで学校に通う)

■ 食事・遊戯・スポーツ名など
We had lunch in the garden.
(私たちは庭で昼食を食べた)
I like to play basketball.
(私はバスケットボールをするのが好きです)

ar・ti・fi・cial [ɑ̀ːrtifíʃəl] 形 **1** [比較なし] 人工の, 人造の (↔ natural); 模造の: *artificial* snow [turf] 人工雪 [芝] / an *artificial* flower 造花 / an *artificial* tooth [leg] 入れ歯 [義足].
2 不自然な, わざとらしい, 人為的な: an *artificial* smile 作り笑い. (▷ 名 árt)
◆ artificial ínsemination 🅄🄲 人工授[受] 精.
artificial intélligence 🅄 《コンピュータ》人工知能 (《略語》AI).
artificial respirátion 🅄 人工呼吸.

ar・ti・fi・ci・al・i・ty [ɑ̀ːrtəfìʃiǽləti] 名 (複 **ar・ti・fi・ci・al・i・ties** [~z]) **1** 🅄 人工的[人為的] なこと; 不自然さ, わざとらしさ. **2** 🄲 人工的なもの, 人造品.

ar・ti・fi・cial・ly [ɑ̀ːrtifíʃəli] 副 **1** 人工的に, 人為的に. **2** 不自然に, わざとらしく.

ar・til・ler・y [ɑːrtíləri] 名 🅄 **1** [集合的に] 大砲. **2** [the ~] 砲兵(隊).

ar・ti・san [ɑ́ːrtəzən / ɑ̀ːtizǽn] 名 🄲 職人 (craftsman, craftwoman), 熟練工.

★★★ art・ist [ɑ́ːrtist]
──名 (複 **art・ists** [-ists]) 🄲 **1** <u>芸術家</u>, (特に) 画家: Picasso is one of the greatest *artists* in the world. ピカソは世界で最も偉大な芸術家の1人です / Mary is a very good *artist*. メアリーは絵にとても上手です.
2 《口語》名人, 達人: a rip-off *artist* 詐欺(⸘)師 / an *artist* at cooking 料理の名人.
3 芸能人 (artiste).

ar・tiste [ɑːrtíːst] 《フランス》名 🄲 芸能人, アーチスト《歌手・俳優・ダンサーなど》.

★ar・tis・tic [ɑːrtístik] 形 **1** [ほめ言葉] 芸術的な; 趣のある: *artistic* performance 芸術的な演技 [演奏].
2 [比較なし] 芸術(家)の: *artistic* talent 芸術的才能. (▷ 名 árt)

ar・tis・ti・cal・ly [ɑːrtístikəli] 副 **1** 芸術(家)的に, 美しく. **2** [文修飾] 芸術的に見れば.

art・ist・ry [ɑ́ːrtistri] 名 🅄 芸術的手腕 [技巧]; 芸術的効果, 芸術性.

art・less [ɑ́ːrtləs] 形 素朴な, 無邪気な: an *artless* question 素朴な疑問 / She is just an *artless* girl. 彼女は無邪気な子供にすぎない.

art nou・veau [ɑ̀ːrt nuːvóu] 【フランス】 名 🅄 🄲 しばしば A- N-] アールヌーボー《1890–1910年頃に流行した装飾美術様式. 植物のような曲線が特徴》.

art・sy-craft・sy [ɑ̀ːrtsikrǽftsi / -krɑ́ːftsi] 形 《米口語》= ARTY(↓).

art・y [ɑ́ːrti] 形 (比較 **art・i・er** [~ər]; 最上 **art・i・est** [~ist]) 《口語・しばしば軽蔑》(人が) 芸術家気取りの; (ものが) 芸術品まがいの, やたらに凝った.

art・y-craft・y [ɑ̀ːrtikrǽfti / -krɑ́ːfti] 《口語》= ARTY (↑).

-ar・y [əri, eri] 接尾 **1** 名詞に付けて「…の」「…に関する」の意を表す形容詞を作る: milit*ary* 軍隊の / plan*etary* 惑星の. **2**「…に属する[と関係する] 人 [もの, 場所]」などの意を表す名詞を作る: diction*ary* 辞書 / libr*ary* 図書館 / secret*ary* 秘書.

Ar・y・an [éəriən] 形 アーリア人の, アーリア語族の.
──名 🄲 アーリア人《紀元前15世紀頃, 中央アジアか らインドに移住した古代民族》.

★★ as [(弱) əz; (強) ǽz]
接 副 前 代

❶ 従属接続詞
■時 「…のときに;…しながら」(→ 接 **1**)
He called me <u>as</u> I was going to bed.
(彼は私が寝ようとしたときに電話してきた)
They ate <u>as</u> they walked.
(彼らは歩きながら食べた)

■比例 「…するにつれて」(→ 接 **2**)
<u>As</u> we advanced, the slope became steeper and steeper.
(進むにつれて坂はだんだん険しくなった)

■比較 「〜と同じくらい…」(→ 接 **3**)
She is just <u>as</u> tall <u>as</u> Taro.　　相関接続詞
(彼女はちょうど太郎と同じ背丈です)

■様態 「…と同じように」(→ 接 **4**)
She did <u>as</u> she was told.
(彼女は言われた通りにした)

❷ 前置詞 「…として」(→ 前 **1**)
He is known <u>as</u> a designer.
(彼はデザイナーとして知られている)

──接 [従属接続詞] **1** [時] …**のときに**, …すると (when); …しながら (while): I saw him *as* I was getting off the train. 電車から降りようとしたときに彼を見た / I'll explain it to you *as* we go along. 歩きながら説明いたします.
2 [比例] …**するにつれて**: *As* our scientific knowledge increases, we'll have more opportunities to contribute to society. 科学知識が増すにつれて社会に貢献する機会も多くなる.
3 [比較] [as … as 〜] 〜**と同じくらい**…, 〜ほど…: I can no longer run *as* fast *as* I used to. 私はもう以前ほど速く走れない / Jane is *as* beautiful *as* her mother was 20 years ago. ジェーンは20年前の彼女の母親と同じくらい美しい.
[語法] (1) 前の as は副詞 (→ 副 **1**).
(2) あとの as に続く節は省略された形になることがある: He swims *as* well *as* I (do) [《口語》me]. 彼は私と同じくらい泳ぐのがうまい.
(3) 否定文では前の as が so になることもある (→ not so … as 〜 (so¹ 成句)): She is *not as* [*so*] skillful *as* his sister. 彼は妹ほど器用ではない.
4 [様態] …と同じように, …の通りに: I'm sure you will find the restaurant soon if you go *as* I've told you. 私が言った通りに行けば, そのレストランはきっとすぐ見つかるよ / *As* you know, Jane writes novels. ご存じのように, ジェーンは小説家です.
5 [理由・原因] …**なので**, …だから《◇しばしば文頭で用いる. この意では as よりも because や since が好

まれる): As I was sick in bed, I couldn't attend the meeting. 病気で寝ていたので, 会合に出られなかった.

6 [譲歩]《文語》…ではあるが, いくら…しても (though, although)(◇ as の前に形容詞・副詞・動詞・名詞が来る): Poor *as* he is, he is happy. 彼は貧しいが幸せです / Try *as* he will, the chances are against his success. いくら頑張ってみても, 彼が成功する可能性は低い / Child *as* she is, she can read difficult books. 彼女は子供だが, 難しい本も読める (◇ as の前に来る名詞には冠詞を付けない).

7 [限定] …するような, …した場合の (◇直前の名詞を限定する節を導く): Tokyo *as* we know it 私たちが知っているような東京 / the English language *as* (it is) spoken in India インドで話されているような英語.

— 副 **1** [形容詞・副詞の前に付けて] 同じくらいに, 同じように: John can run fast, and I can run just *as* fast. ジョンは速く走れるが, 私も同じように速く走れる / She has twenty friends, and I have *as* many. 彼女には友達が20人いるが, 私にも同じくらいいる (◇ as ... as ~ については→ 慣 **3**).

2 たとえば…のような (◇ such as のほうが一般的; この as は前置詞とも接続詞とも考えられる): pets *as* dogs and cats 犬や猫のようなペット

— 前 **1** …として: She has enough ability *as* a pianist. 彼女はピアニストとしての才能を十分に持っている / I used to work *as* secretary to the president. 以前私は社長秘書として働いていた (◇ as のあとの名詞が1人しかいない役職名を表す場合, 通例その名詞には冠詞を付けない).

2 …だと, …として (◇動詞＋目的語＋as ... の形で用いる; as のあとには形容詞・分詞が来ることもある): I think of him *as* a good guitarist. 私は彼をすぐれたギター奏者だと思っている / I regard him *as* honest. 彼は正直だと私は思う.

3 …のときに, …の頃に: *as* a child 子供の頃に.

— 代 [関係代名詞] **1** [制限用法; 通例 such, the same, as などと呼応して] …のような, …という: I have read *the same* book *as* she read last week. 私は彼女が先週読んだのと同じ本を読んだとする / I have never seen *such* a fast computer *as* he has. 彼が持っているような高速のコンピュータは見たことがない / She is *as* good a cook *as* I have ever met. 私が出会った中で彼女は最も料理がうまい.

2 [非制限用法; 先行する節またはあとに続く節の内容を受けて] それは…だが, …のように, …の通りで: *as* is often the case (*with* ...) (…には) よくあることだが / She is a teacher, *as* is clear from her manner. 態度からわかるように彼女は学校の先生です / He is tired, *as* anyone can see. だれもがわかるように彼は疲れている.

■ *as ... as άny* (~) だれ[どれ]にも劣らず…で: He practiced the piano *as* hard *as any* student. 彼はどの生徒よりも一生懸命ピアノを練習した.

as ... as póssible [~ *cán*] できるだけ…: Always be *as* frank *as possible* [*you can*]. いつ

もできるだけ率直でありなさい / He ran *as* fast *as possible* [*he could*]. 彼はできるだけ速く走った.

às for ... [文頭で] …に関しては (◇ as to... と異なり, 軽蔑の意を含むことがある): *As for* John, he isn't interested in what's going on. ジョンはどうかと言えば, 彼は今起こっていることに関心がない.

às from ... …以降, …から (as of).

as if [*thòugh*] ... まるで…のように: Jim spoke *as if* he had seen it. ジムはまるでそれを見たのように話した / He talks to me *as if* he were [《口語》was] my teacher. 彼はまるで私の先生であるかのような口を利く.

語法 (1) as if [though] に続く節では通例, 仮定法を用いる.
(2) 仮定法過去を用いると主節の動詞と同時の事柄を, 仮定法過去完了を用いると主節の動詞よりも前の事柄を表す.
(3) 実際に起こりそうなこと, または実際に起こったことを言う場合には直説法を用いる: It looks *as if* it is going to rain. 雨が降りそうだ.

às ís 《口語》(商品などを) そのままで, 現状のままで: buy a used bike *as is* 中古自転車を(修理せず)のまま買う.

às it ís [*wás*] **1** [文尾で] そのまま(に), 現状のままに: He left the work *as it was*. 彼は仕事をそのままにしておいた. **2** [文頭・文中で] (しかし) 実際は…: Japan's climate is said to be mild, but, *as it is*, the temperature ranges from about −20℃ to 35℃ in a year. 日本の気候は温和だと言われている. しかし実際には年間の気温の幅が約−20℃から35℃に及ぶ.

as it wére いわば (→ WERE 成句).

as lóng as ... → LONG¹ 成句.

ás of ... **1** …現在で: *as of* now 現在のところ / *as of* July 1 7月1日現在で. **2** …以降, …から (◇主に法律・契約などに用いる): It is valid *as of* May 3. それは5月3日以降有効である.

às ..., sò ~ …と同じように~, …と同様に~ (◇ as, so のあとには節が来る): *As* sports are everything to you, *so* music is everything to me. あなたにとってスポーツがすべてであるように, 私にとっては音楽がすべてなのです.

ás to ... **1** [文頭で]《格式》…に関しては, …について言えば (as for): *As to* the schedule, let's decide about it later. 日程については後日決めましょう. **2** …について, …に関して: I have no complaints *as to* the way we are treated. 私たちの待遇について不満はない.

as wéll (*as* ...) → WELL¹ 成句.

as yét → YET 成句.

AS, A.S.《略語》= Anglo-Saxon.

asap《略語》= as soon as possible (◇ ASAP ともつづり, [éisæp] とも発音する. Eメールなどで使う; → SOON 成句).

as·bes·tos, as·bes·tus [æsbéstəs, æz-] 名 U 石綿 (布), アスベスト【発癌(がん)性がある】.

*****as·cend** [əsénd] 動 自 **1**《しばしば文語》登る, 上がる (climb); (道などが) 上りになる[なっている] (↔ descend): A thick fog began to *ascend* from the lake. 濃い霧が湖から立ち上り始めた.

2(地位・名声が)上がる,高くなる;(物価が)上がる;(時代・系図を)さかのぼる: He *ascended* to the country's highest office: that of Prime Minister. 彼は国の最高職,首相の職に上りつめた.
— 他〈山・階段など〉を登る,上がる (climb) (↔ descend);〈川〉をさかのぼる (go up);〈王位など〉につく: *ascend* the throne 王位につく / *ascend* the stairs 階段を上がる. (▷ 名 ascént)

as·cend·an·cy, as·cend·en·cy [əséndənsi] 名 ⓊⒾ《時に an ~》《格式》《…に対する》優越,優勢;支配 (control) 〘in, over〙: He gradually gained (an [the]) *ascendancy* over his rivals. 彼はライバルたちを抑え徐々に支配権を握った.

as·cend·ant, as·cend·ent [əséndənt] 形《格式》上向く,上昇する (rising);優勢な;支配力の.
— 名 Ⓤ《通例 the ~》優位,優勢;支配力.
■ **in the ascéndant** 日の出の勢いで,隆盛で;支配権を握って: The new party is now *in the ascendant*. 新政党は今や日の出の勢いである.

as·cen·sion [əsénʃən] 名 **1** Ⓤ《格式》上昇,上がる[登る]こと;昇進 (ascent). **2** Ⓤ 昇天;《the A-》キリストの昇天.

***as·cent** [əsént] (☆同音 assent) 名 **1** ⒸⓊ 上昇,上がること;登山,登はん (↔ descent): His party made a successful *ascent* of Mt. McKinley. 彼の隊はマッキンリー登頂に成功した.
2 Ⓒ 進歩,向上;(階級などの)昇進: His *ascent* to the presidency was rapid. 彼の社長昇進は早かった.
3 Ⓒ 上り坂,上り勾配(窮): a gentle [steep] *ascent* ゆるい[急な]坂道.
(▷ 動 ascénd)

***as·cer·tain** [æsərtéin] (☆アクセントに注意) 動 他《格式》…を確かめる,突き止める: [ascertain + that 節 [疑問詞節]] …であること […かどうか] を確かめる《 that は省略できない》: They are trying to *ascertain* the facts. 彼らはその事実を確かめようとしている / We *ascertained* that he was not at home. 私たちは彼が家にいないことを確認した / We have to *ascertain whether* the news is true or not. 私たちはそのニュースが真実かどうか確かめなければならない.

as·cer·tain·a·ble [~əbl] 形 確かめられる.

as·cet·ic [əsétik, æs-] 形《通例,限定用法》苦行の;禁欲(主義)的な.
— 名 Ⓒ 修道僧,修行者;禁欲主義者.

as·cet·i·cal·ly [-ikəli] 副 禁欲的に.

as·cet·i·cism [əsétisìzm] 名 Ⓤ 苦行;禁欲主義[生活].

ASCII [æski] 名 Ⓤ《コンピュータ》アスキー(コード)《米国規格協会の決めた情報交換用標準コード; *A*merican *S*tandard *C*ode for *I*nformation *I*nterchange の略》.

as·cot [æskət] 名 **1** Ⓒ《米》アスコットタイ(《英》cravat)《スカーフ状で幅の広いネクタイ》.
2 形 《A-》アスコット《英国南部の町. 毎年6月に競馬が行われる》.

as·crib·a·ble [əskráibəbl] 形 […の]結果と考えられる,[…に]帰することのできる〘to〙.

***as·cribe** [əskráib] 動 他 …(の原因)を[…に]せい

にする;…を[…の]作品とする;[…に]帰属させる (attribute) 〘to〙: He *ascribed* his success to many years of hard work. 彼は自分が成功したのは長年にわたる熱心な研究のおかげだと考えた[言った] / This song is usually *ascribed to* Schubert. この歌は一般にシューベルト作曲とされている.

ASEAN [æsiən, eiʒí:ən] 名 固 アセアン,東南アジア諸国連合 (◇ *A*ssociation of *S*outheast *A*sian *N*ations の略; 1967年設立).

a·sep·tic [eiséptik] 形【医】無菌の;消毒済みの,防腐処置の.

a·sex·u·al [eisékʃuəl, æ-] 形 **1**【生物】性別のない,無性(生殖)の: *asexual* reproduction 無性生殖. **2** 性に無関心な,性的興味がない.

***ash**[1] [æʃ] 名 Ⓤ **1** 灰;《しばしば ~es;複数扱い》燃えがら,灰がら: cigarette *ash*(*es*) たばこの灰 / The house was burnt to *ashes*. その家は焼けて灰になった.
2《~es》遺骨,亡きがら (remains): Her *ashes* rest in this tomb. 彼女はこの墓に葬られている.
3 灰色;(顔色などの)蒼白(莨).
◆ **Ásh Wédnesday** ⓊⒸ 聖灰水曜日《カトリック教徒がざんげのため頭に灰をかける日》.

ash[2] [æʃ] 名 Ⓒ【植】(セイヨウ)トネリコ《落葉高木》; Ⓤ トネリコ材《スキー板や野球のバットの材料》.

a·shamed [əʃéimd]

— 形《叙述用法》**1**《…を》恥じて,恥ずかしくて (↔ proud) 〘of, about, for〙;[be ashamed of + 動名詞] …したことを恥じている;[be ashamed + that 節] …であることを恥じる: He is *ashamed of* his carelessness. = He is *ashamed of being* careless. 彼は自分の不注意を恥じている / You should be *ashamed of* yourself. 恥を知りなさい / I am poor at swimming, but I'm not *ashamed about* it. 私は水泳が苦手だがそれを恥ずかしいとは思わない / She was *ashamed that* she had made such a mistake. = She was *ashamed of having* made such a mistake. 彼女はそんな間違いをしたことを恥じた.
2 [be ashamed + to do] …するのが気が引ける,恥ずかしくて…したくない: Tom was *ashamed to* tell his mother (that) he had lied. トムは母親にうそをついたことを母親に言えなかった / I'm *ashamed to* say (that) I have lost that document. お恥ずかしい話ですが,その書類を紛失してしまったのです.

a·sham·ed·ly [əʃéimidli] (☆発音に注意) 副 恥ずかしがって,恥じて.

ash·en [æʃən] 形 **1** (顔面が) 蒼白(窮)の,青白い (pale). **2** 灰色の.

***a·shore** [əʃɔ́:r] 副 岸に,浜に,陸上に (↔ aboard): go *ashore* from a ferry フェリーから上陸する / The ship ran [was driven] *ashore*. その船は座礁した[浅瀬に乗り上げた].

ash·tray [æʃtrèi] 名 Ⓒ 灰皿.

ash·y [æʃi] 形《比較 **ash·i·er** [~ər];最上 **ash·i·est** [~ist]》**1** 灰まみれの;灰の(ような). **2** 灰色の;青白い (pale).

Asia

‡A·sia [éiʒə / éiʃə]
—名 **アジア**, アジア大陸. (▷形 Ásian)
◆ Ásia Mínor 名 小アジア《黒海と地中海にはさまれた西アジアの半島地域. トルコの大部分が含まれる》.

‡A·sian [éiʒən, -ʃən / -ʃən, -ʒən] 形 アジア(大陸)の; アジア人の: *Asian* countries アジア諸国.
—名 C アジア人. (▷ 名 Ásia)

A·si·at·ic [èiʒiǽtik / èiʃi-] 形 = ASIAN (◇特に人種について言う場合軽蔑的な意味合いがあるので, 普通は Asian を使う).

‡a·side [əsáid]
—副 **1 わきに**, 横に, 離れて: We moved the chairs *aside* to make some space in the center. 中央に少し場所を作るために私たちはいすをわきへ動かした / The boys stepped *aside* to let the girls pass. 女の子たちを通すために男の子たちはわきにどいた.
2(ある目的のために)取っておいて, 保管して: I have to put some money *aside* for a trip. 私は旅行のためにお金を取っておかなければならない.
3 [名詞・動名詞のあとに付けて] …は別にして (apart): joking *aside* 冗談はさておき.
4 考えないで, 無視して: put some fear *aside* 恐怖心を振り払う.
■ *aside from* ... 《米》 **1** …を除いて, …を別にして (apart from): *Aside from* some news programs, I scarcely watch TV. ニュース番組を除けば, 私はテレビをほとんど見ない. **2** …のほかに (besides): *Aside from* the thirty killed, there were many wounded. 死者30名のほか, 負傷者が多数出た. **3** 〈核心・問題点など〉からそれて, 外れて, 離れて.
—名 C **1** 〖演劇〗傍白《ほかの役者には聞こえないことになっているせりふ》; ひそひそ話.
2 余談, 脱線話.

as·i·nine [ǽsinàin] 形 《格式》愚かな; 頑固な, 石頭の.

‡ask [ǽsk / ɑ́ːsk]
【基本的意味は ① 尋ねる (put a question) ② 求める (try to get something)】
—動(三単現 **asks** [~s]; 過去・過分 **asked** [~t]; 現分 **ask·ing** [~iŋ])
—他 **1** (a) [ask + O] 〈もの・こと〉を**尋ねる**, 聞く; 〈人〉に […について] 尋ねる, 質問する [*about*] (↔ answer): Did you *ask* the price? 値段を聞きましたか / If there is anything you don't understand, please *ask* me. わからないことがあれば, どうぞ私にお聞きください / *Ask* him *about* the schedule. 予定のことは彼に聞きなさい.
(b) [ask + O + O] 〈人〉に〈もの・こと〉を尋ねる, 質問する: They *asked* him several questions. 彼らは彼にいくつか質問をした / I *asked* him his name. 私は彼に名前を聞いた / Let's *ask* the policeman the way to the subway station. お巡りさんに地下鉄の駅へ行く道を聞いてみよう.
〖語法〗(1) この文型の受け身は2通り可能. 最初の用例を受け身にすると次のようになる: He *was asked* several questions. = Several questions *were asked* (of) him.
(2) ただし, この文型を「ask+O+of ...」に言い換えるのは《まれ》で, 目的語が question のような語の場合に限られる: May I *ask* you a question? = May I *ask* a question *of* you? 質問してもいいですか.
(c) [ask + 疑問詞節 [句]] …かどうかを尋ねる, 聞く: He *asked* if [*whether*] we were students. 彼は私たちが学生かと尋ねた (= "Are you students?" he asked.). (d) [ask + O + 疑問詞節[句]] 〈人〉に…するかを尋ねる, 聞く: *Ask* the teacher *what* to do next. 今度は何をするのか先生に尋ねなさい / I *asked* him *what* he wanted. 私は彼に何が欲しいのかと聞いた (= I said to him, "What do you want?").
2 (a) [ask + O] 〈こと・もの〉を求める, 頼む (request): I *asked* his advice [permission]. 私は彼に助言 [許可] を求めた.
(b) [ask + O + for ...] 〈人〉に…を求める, 頼む: She *asked* him *for* (his) help. 彼女は彼に助けを求めた (= She asked his help.) / This is what he *asked* me *for*. これが彼が私に要求したものです.
(c) [ask + O + of ... / ask + O + O] 〈人〉に…を頼む, 要求する: Can I *ask* a favor *of* you? = Can I *ask* you a favor? あなたにお願いしたいことがあるのですが / You are *asking* too much *of* him. あなたは彼に無理な注文をつけている.
(d) [ask + O + to do] 〈人〉に…してほしいと頼む, 言う: I *asked* him *to* wake me up at 6 o'clock. 私は彼に6時に起こしてくれるように頼んだ (= I said to him, "Please wake me up at 6 o'clock.") / He *asked* me not *to* touch the papers on the desk. 彼は私に机の上の書類に手を触れないようにと頼んだ (= He said to me, "Please don't touch the papers on the desk.").
(e) [ask + that 節] …してほしいと頼む, 言う: She *asked that* he (should) leave the room. 彼女は彼に部屋から出て行ってほしいと言った (= She asked him to leave the room.) (◇ should を用いるのは《主に英》) (f) [ask + to do] …させてほしい [したい] と頼む: I *asked to* see the manager. 私は支配人に会わせてほしいと頼んだ (= I asked that I might be allowed to see the manager. = I asked if I could [might] see the manager.).
3 [ask + O] 〈人〉を […に] 招待する, 招く, 呼ぶ (invite) [*to, for*] (→ 類義語) ask out 他: She *asked* some friends to tea. 彼女は何人かの友達をお茶に招いた / He *asked* himself *to* the party. 呼ばれもしないのに彼はそのパーティーに押しかけた.
4 […に対する]〈代金〉を要求する, 請求する [*for*]: He *asked* $100 *for* that old record. 彼はその古いレコードの代金として100ドル要求した.
—自 **1** […について] **尋ねる**, 聞く [*about*]: *Ask* at the information desk. 受付で聞きなさい / He *asked about* my brother. 彼は兄の近況を尋ねた. **2** 求める, 頼む (→ 類義語) ask for): *Ask*,

and it shall be given you. 求めよ、さらば与えられん（◇聖書の「マタイによる福音書」7章7節から）.

[句動詞] **ásk áfter ...** ⑯《人》の安否［健康状態］を尋ねる (inquire after).

ásk aróund [róund] ⓐ いろいろと聞いて回る.

ásk for ... ⑯ **1** ...を求める, 頼む: *ask for* help [money] 援助［お金］を求める / She *asked for* a new piano. 彼女は新しいピアノが欲しいと言った. **2**《人》に面会を求める;《人》に話したいと言う: I *asked for* the manager. 私は支配人に面会を求めた / When he called, he *asked for* you. 電話をかけてきたとき、彼は君を出してくれと言った.

ásk óut ⓐ《米》退職する, 辞める. ― ⑯ [ask ＋out＋O / ask＋O＋out] ...を[食事などへ]招待する, 誘う [*to, for*]: *ask* her *out to* lunch 彼女を昼食に誘う.

■ **ásk for tróuble** [*it*]《口語》自ら災いを招く, 自業自得である: You're really *asking for* trouble criticizing him like that. そんなふうにあいつにけちをつけると, とんだことになるぞ.

Don't ásk me!《口語》(そんなこと) 私に聞くな, 知らないよ（◇質問に対する当惑・いら立ちを表す）.

for the ásking 請求しさえすれば: The old computer is yours *for the asking.* ご希望ならばその古いコンピュータをさし上げますよ.

I ásk you! それはひどい, けしからん.

if you ásk me〘文修飾〙言わせてもらえば, 私の見たところ (in my opinion): *If you ask me,* you are not serious about your studies. こう言っちゃなんだが, 君は勉強に真剣ではない.

a·skance [əskǽns], **a·skant** [əskǽnt] 副
[次の成句で]

■ **lóok askánce** [**askánt**] ***at ...*** ...を疑い[非難]の目で見る: The boss *looked askance* [*askant*] *at* the schedule I gave (to) him. 上司は私が提出した予定表を疑いの目で見た.

a·skew [əskjúː] 副形 ゆがんで, ゆがんだで: He drew a line *askew.* 彼は1本の線を斜めに引いた.

ásking price C 言い値, 提示価格.

a·slant [əslǽnt / əslɑ́ːnt] 副 斜めに, 傾いて.

‡a·sleep [əslíːp]
― 形 [比較なし; 叙述用法] **1** 眠って (↔ awake)《◇限定用法には sleeping を用いる》: The boy is fast [sound] *asleep.* その少年はぐっすり眠っている（◇ very asleep とは言わない）.
2 (手足などが) しびれて, 無感覚で; ぼんやりで: Her legs were *asleep.* 彼女は足がしびれていた.

■ ***fàll asléep*** **1** 眠り込む: I *fell asleep* while reading the novel. 私はその小説を読んでいるうちに眠り込んでしまった. **2**《婉曲》永眠する, 死ぬ.
(▷ 動 sléep)

Á/S lével [éiés-] 名《英》A/S級試験（◇ Advanced Supplementary *level* の略; 中等教育修了試験の1つ; → GCE, GCSE）.

asp [ǽsp] 名 C【動物】**1** エジプトコブラ《北アフリカ産の毒蛇》. **2**《ヨーロッパ産の》マムシ.

as·par·a·gus [əspǽrəgəs] 名 U【植】アスパラガス (の芽)《その若い芽は食用》: a piece [bunch] of *asparagus* アスパラガス1本 [1束].

‡as·pect [ǽspekt] 名 **1** C 局面, 側面; 見方, 見地: We have looked at every *aspect* of that problem. 私たちはその問題をあらゆる面から見てきた / Things took on a new *aspect.* 事態は新局面を迎えた. **2** C U《格式》(ものの) 外観; 顔つき, 容貌 (ﾖｳﾎﾞｳ) (→ APPEARANCE [類義語]): be serious in *aspect* 深刻そうな顔つきをしている. **3** C《格式》(家などの) 向き, 方位, 方向 (direction). **4** U C【文法】相, アスペクト（◇動詞が表す動作を瞬間的か, 継続的か, 反復的かなどととらえる概念）.

as·pen [ǽspən] 名 C【植】＝ áspen trèe ハコヤナギ, ポプラ《ヤナギ科の落葉高木》.

as·per·i·ty [æspérəti] 名《複 as·per·i·ties** [-z]》《格式》**1** U (言動・気質の) 荒々しさ; C (通例, 複数形で) 辛らつな言葉. **2** (通例, 複数形で) (境遇・気候などの) 厳しさ, 辛さ.

as·per·sion [əspə́ːrʒən, -ʃən] 名 C《格式》《...に対する》非難, 中傷 [*on, upon*]: cast aspersions on [*upon*] a person 人を中傷する.

‡as·phalt [ǽsfɔːlt / -fælt] 名 U アスファルト: an *asphalt* pavement アスファルト(舗装)道路.

◆ **ásphalt júngle** C アスファルトジャングル《生存競争の厳しい大都会》.

as·phyx·i·ate [æsfíksièit] 動《格式》⑯《人》を窒息(死)させる (suffocate). ― ⓐ 窒息(死)する.

as·phyx·i·a·tion [æsfíksiéiʃən] 名 U 窒息(させること), 仮死(状態); 気絶.

as·pic [ǽspik] 名 U【料理】アスピック《肉・魚の煮汁で作るゼリー》.

as·pi·dis·tra [æspidístrə] 名 C【植】ハラン《ユリ科の多年草; 観葉植物》.

as·pi·rant [ǽspərənt, əspáiər-] 名 C《格式》《...という》大望を抱く人, [地位・名誉を] 熱望する人 [*to, for*]. ― 形 大志を抱いた; 向上心のある.

as·pi·rate [ǽspərèit] 動〘音声〙〈音・語〉を h の音で発音する.
― 名 [-pərət] C h の音, 帯気音《◇語頭の p 音, t 音の直後にある [h] に似た音. pen, ten など》.

‡as·pi·ra·tion [ǽspəréiʃən] 名 **1** U C 《...に対する / ...したいという》抱負, 大志, 熱望 [*to, for* / *to do*]: She has an *aspiration* to become a writer. 彼女は作家になることを熱望している.
2 U h 音が入った発音, 帯気音. (▷ 動 aspíre)

‡as·pire [əspáiər] 動 ⓐ《...を》熱望する, 求める, あこがれる [*for, to, after*]《...したいと》熱望する [*to do*]: Many young musicians *aspire after* fame [*to* become famous]. 多くの若いミュージシャンたちは有名になりたいと思っている.
(▷ 名 àspirátion)

as·pi·rin [ǽspərin] 名《複 as·pi·rin, as·pi·rins** [-z]》U【薬】アスピリン《解熱・鎮痛薬》; C アスピリン錠《もと商標》.

as·pir·ing [əspáiəriŋ] 形 [限定用法] 大志を抱いている, 熱望している.

‡ass¹ [ǽs] 名 C **1**《古》ロバ《◇一般には donkey を用いる》: an *ass* in a lion's skin 《ことわざ》強そうにふるまう憶病者 ⇒ トラの威を借るキツネ《イソップ物語で, ライオンの皮を着てほかの動物を怖がらせたロバの話から》. (関連語) jackass, he-ass 雄ロバ /

she-ass 雌ロバ 2 《口語・軽蔑》ばか者, 愚か者 (fool): Don't be an *ass*. ばかなことを言うな.
■ màke an áss of ... …をばかにする: They *made an ass of* me. 彼らは私をばかにした.
màke an áss (out) of onesèlf 《口語》ばかなこと〔まね〕をする: Don't *make* such *an ass of yourself*. そんなばかなまねをするな.

ass² 名 C 《米俗語》しり, けつ; しりの穴 《英俗語》arse).

*as·sail [əséil] 動 他 《格式》…を［…で］激しく攻撃する, 攻める; 困らせる (attack) [*with, by*]: I was *assailed with* questions. 私は質問ぜめにあった.

as·sail·ant [əséilənt] 名 C 襲撃〔攻撃〕者.

As·sam [æsém, ǽsæm] 名 固 アッサム《インド北東部にある州. 紅茶の産地》.

as·sas·sin [əsésin] 名 C 暗殺者, 刺客 《特に政治家や著名人を政治的な理由で殺害する者》.

as·sas·si·nate [əsésinèit] 動 他 《支配者・政治家などを》暗殺する (→ KILL 類義語): a plot to *assassinate* the President 大統領暗殺計画.

as·sas·si·na·tion [əsǽsinéiʃən] 名 UC 暗殺.

as·sas·si·na·tor [əsésinèitər] 名 C 暗殺者.

‡as·sault [əsɔ́ːlt] 名 UC 1 ［…に対する］（突然の）襲撃, 強襲, 攻撃 [*on, upon*]: They took the city by *assault*. 彼らはその町を襲撃して占領した / The enemy made an *assault on* the fortress. 敵は要塞を強襲した.
2 【法】暴行; 脅迫.
— 動 他 …を（突然）襲撃［非難, 暴行］する.
— 自 ［…を］襲撃［非難, 暴行］する [*on, upon*].
◆ assáult and báttery U 【法】暴力行為; 不法な身体的接触.

as·say [əséi, ǽs-] 動 他 1 《金属・鉱石などを》分析試験〔試金〕する. 2 《困難なことを》試みる.
— [ǽsei, æséi, æs-] 名 C 《鉱石などの成分の》分析, 試金; 分析物.

as·sem·blage [əsémblidʒ] 名 1 C 《人・ものなどの》集まり, 集会, 集合. 2 U 《機械部品などの》組み立て; 寄せ集め.

‡**as·sem·ble** [əsémbl]
— 動 （三単現 **as·sem·bles** [~z]; 過去・過分 **as·sem·bled** [~d]; 現分 **as·sem·bling** [~iŋ]）
— 他 1 〈人・ものを〉《ある目的のために》集める, 集合させる; （集めて）整理する: *assemble* evidence for the case その事件の証拠集めをする / The coach *assembled* all the players in the room. コーチは全選手を部屋に集めた / Most of his books are *assembled* on the shelves in his study. 彼の本は大部分が書斎の棚に並んでいる.
2 〈機械などを〉組み立てる: *assemble* a bookcase 本棚を組み立てる.
3 《コンピュータ》〈プログラムを〉アセンブルする《アセンブリー言語で書かれたプログラムを機械語に翻訳する》.
— 自 集まる, 集合する: A large crowd *assembled* for the school festival. 学園祭にとても多くの人が集まった. （▷ 名 asémbly）

‡**as·sem·bly** [əsémbli]
— 名 （複 **as·sem·blies** [~z]）1 UC 《ある目的のための》集まり, 集合, （討議のための）集会, 会議 (→ MEETING 類義語): a city *assembly* 市議会 / the General *Assembly* 国連総会;《米》州議会 / the right [freedom] of *assembly* 集会の自由 / The student *assembly* is held every Thursday afternoon. 生徒集会は毎週木曜の午後に開かれる.
2 U 《機械などの》組み立て; C 組み立て部品: the *assembly* of a TV set テレビの組み立て.
3 [the A-] 《米》(州議会の) 下院.
4 U 《コンピュータ》アセンブリー《アセンブリー言語で書かれたプログラムを機械語に翻訳〔変換〕すること》. （▷ 動 assémble）

◆ assémbly làuguage UC アセンブリー［アセンブラ］言語《人にわかりやすい形でプログラムを記述する記号言語》.
assémbly lìne C 流れ作業(の列), 生産ライン.

as·sem·bly·man [əsémblimən] 名 （複 as·sem·bly·men [-mən]）C 《米》議員; [A-]《州議会の》下院議員 《◇女性形は assemblywoman》.

*as·sent [əsént] 名 《☆ 同音 ascent》動 自 《格式》［提案・要求・意見などに／…することに］同意する, 賛成する, 応じる [*to / to do*] (↔ dissent) (→ CONSENT 類義語): We *assented to* his proposal. 私たちは彼の提案に同意した / He will not *assent to* go there with us. 彼は私たちとそこへ行くことに応じないだろう.
— 名 U 《格式》［…に対する］同意, 賛成, 承諾 [*to*] (↔ dissent): He gave his *assent to* the plan. 彼はその計画に同意した.

‡as·sert [əsə́ːrt] 動 他 1 ［assert＋O］…を断言する, はっきり言い切る; ［assert＋that節］…と断言する; ［assert＋O＋to be ...］〜が…であると断言する: Many people *asserted* his innocence.＝Many people *asserted that* he was innocent.＝Many people *asserted* him *to be* innocent. 多くの人が彼の無実を断言した.
2 〈権利・要求などを〉主張する, 認めさせる: You ought to *assert* your rights. あなたは自分の権利を主張すべきです.
■ assért onesèlf 自己主張する, 堂々とふるまう.

*as·ser·tion [əsə́ːrʃən] 名 UC 断言; 主張: We believe his *assertion* that he is not guilty. 自分に罪はないという彼の主張を私たちは信じる.

as·ser·tive [əsə́ːrtiv] 形 《意見・希望などが》しっかり自信のある, 自己主張のはっきりした: He usually speaks in an *assertive* tone. 彼はいつも自信に満ちた口調で話す.

as·ser·tive·ly [~li] 副 自信を持って; 自己主張して.

as·ser·tive·ness [əsə́ːrtivnəs] 名 U 自己主張(的なこと).

‡as·sess [əsés] 動 他 1 〈財産・収入などを〉［…と］査定する; 〈被害・土地・環境などを〉［…と］評価する (estimate) [*at*]: Her fortune was *assessed at* five billion yen. 彼女の財産は50億円と査定された.
2 〈税金・罰金などを〉［人に］課す, 割り当てる [*on, upon*]: *assess* a tax *on* a ...'s property〈人〉の財産に課税する.

3〈価値・能力など〉を評価する(evaluate).

*as・sess・ment [əsésmənt]名 **1** Ⓤ(税額・損害額などの)査定,(財産・能力などの)評価: environmental *assessment* 環境アセスメント,環境影響評価《埋め立て・工場建設・道路開発などが自然環境に与える影響を事前に調査すること》. **2** Ⓒ 査定額,評価額; 税額: make an *assessment* of ... ...を査定[評価]する.

as・ses・sor [əsésər]名 Ⓒ(税額・財産などの)課税額査定人;《英》《保険》損害査定人;《法》(判事の)補佐官.

‡as・set [æset]名 Ⓒ **1**[...にとって]貴重なもの[人材][*to, for*]: He is a tremendous *asset to* the company. 彼は会社にとって非常に貴重な人材です. **2**[通例〜s](個人・会社の)資産,財産: *assets and liabilities* 資産と負債 / *cultural assets* 文化財.

◆ ásset strìpping Ⓤ資産収奪《業績不振の会社を買い,その資産を売って利益を得ること》.

as・sev・er・ate [əsévərèit]動 他《格式》...を[...だと]主張[断言]する《*that*節》.

ass・hole [ǽshòul / ɑ́ːs-]名 Ⓒ《米俗語》ばか者; しりの穴《◇非常に下品な言葉》.

as・sid・u・ous [əsídʒuəs / -dju-]形《格式》
1《配慮・気配りが》よく行き届いた. **2**勤勉な.

‡as・sign [əsáin]動 他 **1**[assign＋O]〈もの・仕事など〉を割り当てる,与える; [assign＋O＋O / assign＋O＋to ...]〈もの・仕事など〉を...に割り当てる: The dark room was *assigned to* us. その日当たりの悪い部屋が私たちに割り当てられた / Our teacher *assigned* us a lot of homework. ＝ Our teacher *assigned* a lot of homework *to* us. 先生は私たちに宿題をたくさん出した. **2**[...の]〈日時・場所などを〉指定する,決める[*for, to*]: They have already *assigned* a day *for* the meeting. 彼らはすでに会合の日を決めてしまった. **3**〈人〉を[地位・任務などに]任命[指名]する[*to*];〈人〉に[...するように]命じる《*to do*》: The president *assigned* him *to* a new job. 社長は彼を新しい職務に任命した / He *assigned* me *to* wash his car. 彼は自分の車の洗車を私に命じた. **4** ...の原因[理由など]が[...の]せいだとする[*to*]: He *assigned* his failure *to* illness. 彼は失敗の原因を病気のせいにした. **5**《法》〈財産など〉を[...に]譲渡[委託]する[*to*]: He *assigned* his whole estate *to* his son. ＝ He *assigned* his son his whole estate. 彼は息子に全財産を譲った.

as・sign・a・ble [əsáinəbl]形 **1**割り当てられる; 指定される. **2**(原因などを)[...に]帰すべき[*to*]: His failure is *assignable* to several causes. 彼の失敗にはいくつかの原因がある.

as・sig・na・tion [æsignéiʃən]名 Ⓒ《格式》(特に恋人同士の)密会.

as・sign・ee [əsàiníː / æsain-]名 Ⓒ《法》(財産・権利などの)譲り受け人(↔ assignor).

‡as・sign・ment [əsáinmənt]名 **1** Ⓒ(割り当てられた)仕事,任務; Ⓤ(仕事などの)割り当て,任命. **2** Ⓒ 宿題,研究課題: do an *assignment* 宿題をする / work on a history *assignment* 歴史の宿

題に取り組む. **3** Ⓤ(場所・日時の)指定,指示.
4 Ⓤ《法》(財産の)譲渡.

as・sign・or [əsàinɔ́ːr / æsin-]名 Ⓒ《法》(財産・権利などの)譲渡人(↔ assignee).

*as・sim・i・late [əsíməlèit]動 他 **1**〈民族・集団など〉を[...に]同化する,融合する《*to, into*》: Many people from Asia have been *assimilated into* the American society. アメリカ社会はアジアから来た多くの人々を同化してきた. **2**〈知識など〉を理解「吸収]する;〈食物など〉を吸収する,消化する(digest): Japan has *assimilated* many elements of Western civilization. 日本は西洋文明の多くの要素を吸収してきた.

— 自 [...に[と]]同化する,溶け込む《*to, into, with*》: They soon *assimilated into* their new environment. 彼らはまもなく新しい環境に溶け込んだ. **2**〈食物などが〉消化吸収される.

as・sim・i・la・tion [əsìməléiʃən]名 Ⓤ **1**同化[消化]作用,融合. **2**《音声》同化,類化.

as・sist [əsíst]
動 名

— 動(三単現 **as・sists** [əsísts]; 過去・過分 **as・sist・ed** [〜id]; 現分 **as・sist・ing** [〜iŋ])

— 他 **1** (a)[assist＋O][...の面で]〈人〉を援助する,手伝う,補佐する[*at, in, with*](→ HELP 類義語): Jane *assisted* them *at* the charity concert. ジェーンは彼らのチャリティーコンサートを手伝った / Will you *assist* me *with* my work? 私の仕事を手伝ってくれませんか.
(b)[assist＋O＋in＋動名]〈人が〉...するのを手伝う: John *assisted* me *in repairing* the bicycle. ジョンは私が自転車の修理をするのを手伝ってくれた.

2 ...を促進する: A good rest *assists* our power of concentration. 十分な休息は集中力を高める.

— 自 **1**[...を]援助する,補佐する[*with, in*]: She *assists with* his duties. 彼女は彼の仕事を補佐している. **2**《球技》(得点の)アシストをする;《野球》補殺する.

— 名 Ⓒ **1**援助. **2**《野球》補殺《ランナーをアウトにする送球》;《球技》アシスト《サッカー・バスケットボールなどで得点の手助けとなるプレー》.
(▷ 名 assístance)

as・sist・ance [əsístəns]

— 名 Ⓤ《格式》援助,手伝い,助力: medical *assistance* 医療援助 / The government decided to give economic *assistance* to Laos. 政府はラオスに経済援助をすることにした.

■ *be of assistance to* ... ...の役に立つ: Can I *be of* any *assistance to* you? 何かお手伝いできることがありますか(＝Can I help you?).

còme [gò] to ...'s assistance ...を助けに来る[行く]; ...を援助する行動を起こす. (▷ 動 assist)

as・sist・ant [əsístənt]
名 形

— 名(複 **as・sist・ants** [-tənts])Ⓒ
1[...の]助手,補佐役,アシスタント[*to*]: an *assistant to* a director 監督の助手 / a per-

assize

sonal *assistant* 個人秘書.
2《英》店員 (shop assistant).
— 形 [限定用法] 補助の, 副の, 助手の: an *assistant* manager 副支配人, 助監督.
◆ assístant proféssor C《米》助教授.

as·size [əsáiz] 名 C [通例 ~s; 複数扱い]《英史》巡回裁判(1971年まで定期的に England と Wales の各州に裁判官を派遣して行った. 現在は Crown Court がこれに代わる; → CROWN); 巡回裁判開廷日 [開廷地].

assoc.《略語》= association (↓).

★★★as·so·ci·ate 動 名 形
【基本的な意味は「結び付けて考える (connect two things or ideas in one's mind)」】
— 動 [əsóuʃièit] (☆ 名 形 との発音の違いに注意)
(三単現 **as·so·ci·ates** [-èits]; 過去・過分 **as·so·ci·at·ed** [-id]; 現分 **as·so·ci·at·ing** [-iŋ])
— 他 **1** [associate+O+with ...] …で…を**連想する**, …を…と結び付けて考える: We *associate* Lucy with a tomboy. ルーシーと言うとおてんば娘を連想する / That song is *associated with* Scotland. あの歌を聴くとスコットランドを思い出す.
2 [しばしば受け身で] …を […の] 仲間にする, 関係させる, 連合させる [*with*]: We will *be associated with* them in business. 彼らと仕事上つき合っていくことになるだろう / She *is associated with* charities. = She *associates* herself *with* charities. 彼女は慈善事業に参加している.
— 自 [特に好ましくない人・集団と] 仲間になる, つき合う [*with*].
— 名 [əsóuʃiət] C **1** (仕事の) 同僚, 仲間; 提携者, 組合員: *associates* in crime 共犯者.
2 準会員.
3 = associate degree [しばしば A-]《米》準学士(短大卒業生または4年生大学短期課程修了生に与えられる資格;《略語》A).
— 形 [əsóuʃiət] [比較なし; 限定用法] **1** 仲間の, 関係のある: *associate* organizations 関係諸団体.
2 準…, 副…: an *associate* member of a club クラブの準会員.　(▷ 名 assòciátion)
◆ Assóciated Préss 商 [The ~] AP通信(社)《米国の通信社;《略語》AP》.
assóciate proféssor C《米》准教授.

★★★as·so·ci·a·tion [əsòusiéiʃən, -ʃi-]
— 名 (複 **as·so·ci·a·tions** [~z]) **1** C [単数・複数扱い] **団体**, 会, 組合, 協会, 会社: form an *association* 団体を結成する / the *Association* of Southeast Asian Nations 東南アジア諸国連合(《略語》ASEAN).
2 U 会 連合, 共同, 提携; […との] つき合い, 交際 [*with*]: There used to be a close *association* between these two banks. これら2つの銀行の間には, かつて密接な提携があった / You will learn a lot from your *association* with him. 彼とつき合うといろいろなことが学べるでしょう.
3 C 連想(されるもの), 思い出: The word

assumed

'breeze' has pleasant *associations*. 「そよ風」という言葉は心地よさを連想させる.
■ *in* associátion *with* ... …と共同して, 関連して.　(▷ 動 assóciàte)
◆ assóciàtion fóotball U《英・格式》サッカー (soccer).

as·so·nance [ǽsənəns] 名 U **1** 音の類似.
2《韻律》母音押韻(忍)(母音だけの一致; world と learn の [ər], cat と back の [æ] など).

as·sort [əsɔ́ːrt] 動 他《格式》…を […に] 分類する, 組み合わせる [*into*].
— 自 […と] 同類である; つり合う, 調和する [*with*].

as·sort·ed [əsɔ́ːrtid] 形 **1** 組み合わされた, 各種取りそろえた: *assorted* cakes ケーキの詰め合わせ / shirts of *assorted* sizes いろいろな大きさのシャツ. **2** つり合った, 調和した(◇通例 well, ill などの副詞を伴った複合語になる): a well-*assorted* couple 似合いの夫婦.

as·sort·ment [əsɔ́ːrtmənt] 名 C 各種取りそろえたもの; 混合; [通例 an ~] 各種 [の…] [*of*]: an *assortment of* candies キャンディー詰め合わせ.

asst.《略語》= assistant.

as·suage [əswéidʒ] 動 他《格式》〈苦痛・悲しみなど〉を和らげる;〈空腹・のどの渇きなど〉をいやす.

★★★as·sume [əsúːm / əsjúːm]
— 動 (三単現 **as·sumes** [~z]; 過去・過分 **as·sumed** [~d]; 現分 **as·sum·ing** [~iŋ])
— 他 **1** (a) [assume+O] (確証はないが) …と**思う**, 推測する, 仮定 [想定] する: I can't *assume* his diligence. 彼が勤勉だとは思えない.
(b) [assume+that節] …ということを思う, 推測する, 仮定する; [assume+O (+to be) +C] …が…であると思う, 推測する, 仮定する: I *assume that* he is honest. = I *assume* him *to be* honest. 彼は正直だと私は思う (= I *assume* his honesty.) / She *assumed that* the party would be over by midnight. パーティーは夜の12時までに終わるだろうと彼女は思った.
2〈義務・責任など〉を引き受ける, 負う, 担う (undertake): *assume* the obligation [responsibilities] 義務を負う [責任を担う] / *assume* office 就任する / *assume* the team leadership チームリーダーを引き受ける.
3 …の様相を呈する, …を帯びる: The problem began to *assume* enormous importance. その問題は大変な重要性を持ち始めた.
4 …のふりをする, …のように見せる (pretend): *assume* (an air of) confidence [indifference] 自信がある [無関心の] ふりをする.
5〈権力など〉を掌握する; …をわがものとする, 横領する: *assume* control 支配権を握る.
■ *assúming* [*assúme*] (*that*) ... 仮に…なら…だとすれば: *Assuming* (*that*) it is rainy tomorrow, will you put off going fishing in the river? あす雨なら川へ釣りに行くのを延期しますか.　(▷ 名 assúmption).

as·sumed [əsúːmd / əsjúːmd] 形 **1** 仮の, 仮定した. **2** 見せかけの, 装った, 偽りの: under an *assumed* name 偽名を使って.

‡**as・sump・tion** [əsʌ́mpʃən]图 U C **1** 仮定 [推測](すること): mere *assumption* based on circumstantial evidence 状況証拠に基づく単なる推測. **2** 引き受けること, 就任；(権力などの)奪取；横領. **3** 見せかけ: He only puts on an *assumption* of indifference. 彼は無関心を装っているだけだ.

■ *on the assúmption that* ... という仮定[推測]のもとに: I went to his house *on the assumption that* he would be there after six. 私は彼が6時以降は家にいるだろうと思って訪問した. (▷ 動 assúme)

***as・sur・ance** [əʃúərəns / əʃɔ́ːr-, əʃúər-]图 **1** C […についての / …という]保証, 請け合い [*of / that* 節]: In spite of all his *assurances*, the computer he sold me didn't work. 彼の確約にもかかわらず彼が私に売ったコンピュータは動かなかった / He gave every *assurance* that they would succeed. 彼は彼らの成功を請け合った.
2 U 自信, 確信 (confidence); 《軽蔑》厚かましさ, ずうずうしさ: The young man answered the question with *assurance*. 若者はその質問に自信を持って答えた. **3** U 《主に英》保険: life *assurance* 生命保険. (▷ 動 assúre)

‡‡**as・sure** [əʃúər / əʃɔ́ː]
【基本の意味は「…に保証する (tell someone that something is true)」】

— 動 (三単現 **as・sures** [~z]; 過去・過分 **as・sured** [~d]; 現分 **as・sur・ing** [əʃúərɪŋ]) 他 **1** (a) [assure＋O]〈人〉を確信させる, 納得させる, 安心させる: I *assure* you! 大丈夫ですよ.
(b) [assure＋O＋of ...]〈人〉に…を確信させる: By winning the race, he *assured* himself *of* his ability to compete in the Olympics. そのレースに勝って彼はオリンピックに出場する力があることを確信した / We are *assured of* her winning the contest. 私たちは彼女がコンテストで優勝することを確信している.
(c) [assure＋O＋*that* 節]〈人〉に…であると確信させる, 保証する: I can *assure* you *that* the train will be on time. 大丈夫, 列車は定刻に着きますよ / Even though we lost the game, we *assured* ourselves *that* we had done our best. 試合には負けたが私たちは最善をつくしたと納得した.
2 (a) [assure＋O]〈人〉に保証する, 自信を持って言う, 確約する; [assure＋O＋of ...]〈人〉に…を保証する: The coach *assured* me *of* my position as a regular. 監督は私にレギュラーのポジションを保証した.
(b) [assure＋O＋*that* 節]〈人〉に…ということを保証する: I *assure* you *that* I'll be back by three. 3時までには必ず戻ります / Tom *assured* me *that* the raft was safe. そのいかだは安全だとトムは保証した (＝Tom assured me of the raft's safety.).
3 〈物事〉を確実にする, 確かなものにする: The invention of the new machine *assured* his reputation. 新しい機械の発明によって彼の名声は確固たるものとなった. **4** 《主に英》…に保険をかける (insure). (▷ 图 assúrance)

*as・sured [əʃúərd / əʃɔ́ːd, əʃúəd]形 **1** 保証された, 確実な: an *assured* income [position] 保証された収入[地位]. **2** 自信のある (confident), 自信たっぷりの: an *assured* manner 自信ありげな態度.

as・sur・ed・ly [əʃúərɪdli / əʃɔ́ːr-, əʃúər-](☆発音に注意)副 **1** [文修飾][格式]確かに, 確実に. **2** 自信を持って, ずうずうしく.

As・syr・i・a [əsíriə]图 アッシリア《紀元前7世紀初頭に南西アジアを統一した古代王国》.

As・syr・i・an [əsíriən]形 アッシリア(人)の, アッシリア語の. —图 C アッシリア人; U アッシリア語.

AST 《略語》＝*A*tlantic *S*tandard *T*ime《米》大西洋標準時.

as・ter・isk [æstərɪsk]图 C 星印, アステリスク(＊). —動 …に星印を付ける.

a・stern [əstə́ːrn]副 飛行機の後尾に, 船尾に; (船・飛行機の)後方に[へ].

as・ter・oid [æstərɔ̀ɪd]图 C 【天文】小惑星, 小遊星《主に火星と木星の軌道間に散在する》.
2【動物】ヒトデ (starfish).

asth・ma [ǽzmə / ǽs-] 图 U【医】ぜんそく.

asth・mat・ic [æzmǽtɪk / æs-]形【医】ぜんそく(性)の, ぜんそくにかかった.
—图 C ぜんそく患者.

a・stig・ma・tism [əstígmətɪ̀zəm]图 U【医】乱視.

a・stir [əstə́ːr]形〔叙述用法〕《文語》 **1** (ベッドから)起き出て; 〈人・風などが〉動いて. **2** […で]興奮して, ざわめいて [*with, at*].

‡**as・ton・ish** [əstánɪʃ / -tɔ́n-]動 他〔通例, 進行形不可〕〈人〉を(ひどく)驚かす, びっくりさせる (◇ surprise より強意的): The news *astonished* us. そのニュースは私たちをびっくりさせた.

‡**as・ton・ished** [əstánɪʃt / -tɔ́n-]形 **1** 〔限定用法〕(ひどく)驚いた (→ SURPRISED 類義語): with an *astonished* look びっくりした顔つきで.
2 (a) [be astonished]〔…に〕驚く [*at, by*]; [be astonished＋to do] …して驚く: I *was astonished to* hear the news.＝I *was astonished at* [*by*] the news. 私はそのニュースを聞いて驚いた. (b) [be astonished＋*that* 節] …ということに驚く: We *were* all *astonished that* he had become a mayor. 彼が市長になったのにはみんな驚いた.

*as・ton・ish・ing [əstánɪʃɪŋ / -tɔ́n-]形 驚くばかりの, びっくりする, 目ざましい: an *astonishing* discovery in archaeology 考古学上の驚くべき発見.

as・ton・ish・ing・ly [əstánɪʃɪŋli / -tɔ́n-]副〔しばしば文修飾〕驚いたことに.

*as・ton・ish・ment [əstánɪʃmənt / -tɔ́n-]图 U (非常な)驚き: His rudeness was a great *astonishment* to us. 彼の無礼さに私たちはあきれ返った / The little girl looked at me in [with] *astonishment*. 女の子は驚いて私を見つめた.

■ *to ...'s astónishment*＝*to the astónishment of* ... [文修飾] …が驚いたことに: *To my astonishment* he failed in the preliminary.

驚いたことに, 彼は予選で落ちた. (▷ 動 astónish).

as・tound [əstáund] 動 他 …をびっくり仰天させる, …の肝をつぶさせる.

as・tound・ed [əstáundid] 形 […に] びっくりした [*by*, *at*]; […して] びっくりした [*to do*] (→ SURPRISED 類義語): I was *astounded at* [*to* hear *of*] his sudden death. 私は彼の突然の死(の知らせ)にびっくりした.

as・tound・ing [əstáundiŋ] 形 驚くべき.

as・tra・khan [æstrəkən, -kǽn] 名 U アストラカン《ロシア南部アストラカン地方産の子羊の毛皮》; アストラカン織(の布).

as・tral [ǽstrəl] 形 星の(ような), 星形の; 星からの.

a・stray [əstréi] 形 [叙述用法] 道に迷った, 道を外れた, 堕落した (◇限定用法では stray を用いる).
— 副 道に迷って; 堕落して.
■ *gò astráy* 道に迷う; ものが見当たらなくなる; (ふるまいなどが) 道を外れる: *go astray* in the woods 森の中で道に迷う.
léad ... astráy …の判断を誤らせる, …をまどわせる; …を堕落させる.

a・stride [əstráid] 副 またがって: He was riding *astride*. 彼は馬にまたがっていた.
— 前 (馬に)またがって: A boy sitting *astride* a pony 子馬にまたがっている少年.

as・trin・gen・cy [əstríndʒənsi] 名 U 収斂(しゅうれん)性; (批評などの)厳しさ.

as・trin・gent [əstríndʒənt] 形 [叙述用法] 収斂(しゅうれん)性の, 収縮させる; (批評などが)厳しい, 痛烈な; (味が)渋い: *astringent* criticism 痛烈な批評.
— 名 C U 収斂剤《止血用》; アストリンゼン《汗や皮脂の分泌を抑える化粧水》.

as・tro- [ǽstrə, ǽstrou] 結合 「星, 宇宙, 天体」の意を表す: *astro*naut 宇宙飛行士 / *astro*nomy 天文学 / *astro*logy 占星術.

as・tro・dome [ǽstrədòum] 名 C 1 [航空] 天測窓《飛行機や宇宙船の上部にあるドーム型の天体観測用窓》. 2 [the A-] アストロドーム《米国 Houston にある丸屋根の付いた競技場》.

as・trol・o・ger [əstrάlədʒər / -trɔ́l-] 名 C 占星術師.

as・tro・log・i・cal [ǽstrəlάdʒikəl / -lɔ́dʒ-] 形 占星術の.

as・trol・o・gy [əstrάlədʒi / -trɔ́l-] 名 U 占星術.

*__**as・tro・naut** [ǽstrənɔ̀ːt] 名 C 宇宙飛行士 (cf. cosmonaut (ロシアの)宇宙飛行士).

as・tro・nau・tic [ǽstrənɔ́ːtik], **as・tro・nau・ti・cal** [-kəl] 形 宇宙飛行(士)の.

as・tro・nau・tics [ǽstrənɔ́ːtiks] 名 U [単数扱い] 宇宙航法(学), 宇宙飛行.

as・tron・o・mer [əstrάnəmər / -trɔ́n-] 名 C 天文学者.

as・tro・nom・i・cal [ǽstrənάmikəl / -nɔ́m-] 形 1 [比較なし; 通例, 限定用法] 天文の, 天文学(上)の: an *astronomical* telescope 天体望遠鏡 / an *astronomical* observatory 天文台.
2 《口語》(数・量などが)けた外れに膨大な: *astronomical* figures 天文学的数字.

as・tro・nom・i・cal・ly [-kəli] 副 天文学上, 天文学的に; けた外れに.

*__**as・tron・o・my** [əstrάnəmi / -trɔ́n-] 名 U 天文学 (cf. astrology 占星術).

as・tro・phys・ics [ǽstrəfíziks] 名 U [単数扱い] 天体物理学.

as・tute [əstjúːt / -tjúːt] 形 機敏な, ずるい, 抜け目ない.

as・tute・ly [〜li] 副 機敏に; 抜け目なく.

as・tute・ness [〜nəs] 名 U 機敏さ; 抜け目なさ.

a・sun・der [əsʌ́ndər] 副 《文語》 離れて, 別々に; ことなどなに, 真っ二つになって.

*__**a・sy・lum** [əsáiləm] 名 1 U [法] (政治犯・亡命者などの)一時的な保護; 亡命: ask for political *asylum* 政治亡命を求める. 2 U C (安全な)隠れ場, 避難所. 3 C 収容所, 養護(保護)施設: an *asylum* for the aged 養老院. 4 《古》精神病院.

a・sym・met・ric [èisimétrik, æs-], **a・sym・met・ri・cal** [-kəl] 形 非対称的な, 不均衡の (↔ symmetric(al)).

a・sym・me・try [eisímətri / æs-] 名 (複 **a・sym・me・tries** [〜z]) C 非対称 (↔ symmetry).

at (弱) ət; (強) ǽt]
【基本的意味は「…の一点に」】
— 前 1 [場所・地点・位置] …に, …で; …から: He was standing *at* the corner of the street when the accident happened. 事故が起きたとき, 彼は街角に立っていた / She sat down *at* the piano and began playing. 彼女はピアノの前に座って, 弾き始めた / The washroom is *at* the far end of the corridor. お手洗いは廊下の奥にある / We arrived *at* our destination before dark. 私たちは日没前に目的地へ着いた / I placed the camera *at* the bottom of my trunk. 私はカメラをトランクの底にしまった / The official residence of Britain's Prime Minister is *at* 10 Downing Street. 英国の首相官邸はダウニング街10番地にある / My jeans are worn out *at* the knees. 私のジーンズはひざの所がすり切れている / How long did you stay *at* the hotel? あなたはホテルに何泊しましたか / *At* the press conference he began his remarks with a joke. 記者会見の席で彼はまずジョークを飛ばして発言を始めた / Someone broke in *at* the kitchen window. 何者かが台所の窓から侵入した.

[語法] (1) at は場所を「点」として見る場合に, in は広がりを意識してその中にいる[ある]ことを示す場合に用いる.
(2) 一方が他方に含まれる大小2つの地名を並べて言うときは, 小さいほうに at, 大きいほうに in を用いる: *at* Kanda *in* Tokyo 東京の神田に.
(3) 場所の心理的なとらえ方によって, 実際の面積の広さに関係なく at, in を用いることもある. たとえば, 自分が住んでいる場所は心理的に広がりを感じるので in を用いるが, 地図上の位置や旅行の通過点などを示す場合だと, 大都市でも at を用いる: He lives *in* a small house. 彼は小さな家に住んでいる / Our plane stopped *at* Paris on its way to Athens. 私たちの乗った飛行機はアテネへ行く途中パリに立ち寄った.

2 [所属] …の, …に所属して: His sister is a student *at* Princeton University. 彼の姉はプ

リンストン大学の学生です《◇ *at* の代わりに *of* を用いることはできない》/ He teaches chemistry *at* a high school in Seattle. 彼はシアトルの高校で化学を教えている / I studied *at* Harvard for two years. 私はハーバード大学で2年間学んだ.

3 [時間・年齢]…に: *at* dawn 夜明けに / *at* night 夜に / *at* the beginning [end] of March 3月の初め[末]に / I got up *at* about six this morning. けさは6時頃起きた / It may begin to rain *at* any moment. いつ雨が降り出してもおかしくない / He got married *at* (the age of) thirty-three. 彼は33歳で結婚した / School begins *at* 8:30. 学校は8時半から始まる《◇この場合, at の代わりに from を用いることはできない》.

[語法] at は時刻など時を「点」として見る場合に, in は月・年・季節など比較的幅のある時間を示す場合に用いる. また, on は特定の日時を示す場合に用いる: I'm going home *at* Christmas. クリスマス(休暇)には帰省します / We held a party *on* Christmas (Day). 私たちはクリスマスの日にパーティーを開いた / I will be seventeen *in* May. 私は5月に17歳になります.

4 [目標・方向]…を目がけて, …に向かって: The hunter aimed his gun *at* the bear. ハンターはクマに銃のねらいをつけた / He pointed *at* me without a word. 彼は無言で私を指さした / He glanced *at* his watch and stood up. 彼は時計に目をやってから立ち上がった / Someone threw a stone *at* the signboard. だれかが看板目がけて石を投げつけた / He snatched *at* my bag. 彼は私のカバンをひったくろうとした / What are you driving *at*? 君は何をしよう[言おう]としているんだ.

[語法] (1) at はしばしば敵意・攻撃の対象を暗示する. 単に方向の意を示す場合は to を用いる: The old man shouted *at* me for stepping on his foot. 老人は足を踏んだと言って私をどなりつけた (cf. He shouted *to* me. 彼は私に向かって叫んだ).

(2) at は目標を示すだけで実際に行為が遂行されたのかは不明. at がないと行為が遂行されたことを表す: He shot *at* the crow, but he missed it. 彼はカラスをねらって撃ったが, 外してしまった / He shot the crow. 彼はカラスを撃ち落とした.

5 [原因・理由]…を見て[聞いて, 知って]; …に応じて: I was surprised *at* the sight of the big waves. 私は大きな波を見て驚いた / We were delighted *at* the happy news. 私たちはそのうれしいニュースを聞いて喜んだ / Can you imagine his anger *at* my excuse? 私の言い訳を聞いたとき彼がどんなに腹を立てたか想像できますか / He will make a speech *at* our request. 彼は私たちの求めに応じてスピーチをしてくれるだろう.

6 [割合・程度・方法]…(の割合)で, …のやり方で: *at* full speed 全速力で / *at* a glance 一目見て / *at* one gulp ひと飲みに[で] / We were driving westward *at* 50 miles an hour. 私たちは時速50マイルで西に向かってドライブしていた / I bought the dishes *at* a cost of $10 each. 私はその皿を1枚10ドルで買った / Everything is for sale *at* 50% off. 全品5割引きで販売中です / Water boils *at* 100°C. 水はセ氏100度で沸騰する.

7 [従事]…をしていて, …に従事して: We were *at* breakfast when there was an earthquake. 地震があったとき私たちは朝食中だった / He was hard *at* work on the project. 彼はその事業に一心に取り組んでいた / She watched the children *at* play. 彼女は子供たちが遊んでいるのを見守った / I have seen a great deal during my life *at* sea. 私は船乗りの生活で多くの経験をしてきた.

8 [状態] …(の状態)で: *at* war [peace] 戦争中[平和]で / Children and old people are most *at* risk. 子供たちとお年寄りが最も危険にさらされている / The cherry blossoms in the park are *at* their best now. 公園の桜の花は今が盛りです.

9 [関連] …に関しては, …(するの)が: He is good [bad] *at* math. 彼は数学が得意 [苦手] です / She is quick [slow] *at* learning. 彼女は覚えが速い [遅い] / He's an expert *at* training dogs. 彼は犬の訓練にかけては専門家です.

■ **be át it** (仕事などに) 精を出している, 忙しくしている; (よくないことを) やっている.

at·a·vis·tic [ætəvístik] 形 隔世遺伝(的)の, 先祖返りの.

a·tchoo [ətʃúː] 間 はくしょん《くしゃみの音》.

※**ate** [éit / ét] (☆[同音]《米》eight) 動 **eat** の過去形.

-ate [eit, ət] 接尾 **1**「…させる」「…する」の意を表す動詞を作る: communic*ate* 伝達する / associ*ate* 連想させる / investig*ate* 調査する. **2**「…された」「…を持つ, …に満ちた」の意を表す形容詞を作る: separ*ate* ばらばらの / fortun*ate* 幸運な.

3「…の地位・職 (の人)」の意を表す名詞を作る: candid*ate* 候補者 / magistr*ate* 行政官.

at·el·ier [ǽtəljéi / ətéljei] 【フランス】 名 C アトリエ, (芸術家の) 仕事場, スタジオ.

a·the·ism [éiθiɪzm] 名 U 無神論.
a·the·ist [éiθiɪst] 名 C 無神論者.
a·the·is·tic [èiθiɪstik] 形 無神論(者)の.
A·the·na [əθíːnə] 名 固 【ギリシャ神話】アテナ《知恵・芸術などの女神; Athene ともつづる; → GODDESS 表》.
A·the·ne [əθíːni] 名 = ATHENA (1).
Ath·e·ne·um,《主に英》**Ath·e·nae·um** [æ̀θɪníːəm] 名 **1** 固 [the ~] アテナイオン《古代ギリシャの神殿》. **2** C [a-] 学術 [文芸] 振興機関.
A·the·ni·an [əθíːniən] 形 アテネの, アテネ人の.
— 名 C アテネ人.
Ath·ens [ǽθɪnz] 名 固 アテネ《ギリシャの首都. 古代ギリシャ文明の中心地》.

※**ath·lete** [ǽθliːt] 名 C **1** 運動選手; 運動家, スポーツマン (→ SPORTSMAN);《主に英》(特に) 陸上競技選手. **2** 運動能力のある人. (▷ 形 athlétic)
◆ áthlete's fóot U 水虫.

※**ath·let·ic** [æθlétik] 形 [比較なし; 通例, 限定的用法]
1 陸上 [運動] 競技の; 運動選手の, スポーツマンらしい. **2** (身体的に) 強健な, 活発な; 運動能力のある: a person of *athletic* build がっちりとした体格の人. **3** 運動 [競技] 用の. (▷ 名 áthlete)

※**ath·let·ics** [æθlétiks] 名 **1** [通例, 複数扱い]《英》陸上競技《《米》track and field》;《米》運動

競技. **2** [通例, 単数扱い] (科目としての) 体育.
a‧thwart [əθwɔ́ːrt] 副 (斜めに) 横切って.
-a‧tion [eiʃən] 接尾 動詞に付けて「行為」「状態」「結果」などを表す名詞を作る: education 教育 / examination 試験 / operation 作用.
a‧tish‧oo [ətíʃuː] 間 《英》= ATCHOO (↑).
-a‧tive [ətiv, eitiv] 接尾 動詞に付けて「傾向」「性質」「関係」などを表す形容詞を作る: imaginative 想像力のある / talkative 話好きの.
At‧lan‧ta [ətlǽntə, æt-] 名 固 アトランタ 《米国 Georgia 州の州都》.

‡**At‧lan‧tic** [ətlǽntik] 形 名

— 形 大西洋の: the *Atlantic* islands 大西洋の島々 / an *Atlantic* liner 大西洋航路定期船.
— 名 [the ～] = Atlántic Ócean 大西洋.
◆ Atlántic Stándard Tìme 🅄 《米》大西洋標準時 (◇米国の標準時の1つ; 《略語》AST).

At‧lan‧tis [ətlǽntis] 名 固 アトランティス島 《大西洋の海底に没したとされる伝説の島》.

‡**at‧las** [ǽtləs] 名
1 🅒 地図帳, 地図書 (→ MAP 類義語). (由来) 昔の地図帳の巻頭にアトラスの絵が載っていたことから)
2 [A-] 《ギ神》 アトラス 《オリンポスの神々に反抗した罰として, 天を背負うよう宣告された巨人》.

ATM 《略語》《米》= *a*utomated [*a*utomatic] *t*eller *m*achine 現金自動預け入れ・支払い機: an *ATM* card キャッシュカード.

Atlas

‡**at‧mos‧phere** [ǽtməsfìər] (☆アクセントに注意)

— 名 (複 **at‧mos‧pheres** [～z]) **1** 🅒 [通例 the ～] (地球・天体を取り巻く) 大気; 大気圏: pollution of the *atmosphere* 大気汚染 / the testing of nuclear weapons in the *atmosphere* 大気圏での核 (兵器) 実験.
2 🅒 [通例, 単数形で] (特定の場所の) 空気: the polluted *atmosphere* of towns and cities 都会の汚染された空気.
3 🅒 🅄 雰囲気, 気分, ムード (→ MOOD 比較): a warm, homely *atmosphere* 暖かい家庭的な雰囲気 / After Bob quarreled with the boss, there has been an unpleasant *atmosphere* in the office. ボブが上司とけんかをしてから事務所の雰囲気が悪くなった / The *atmosphere* of the alumni association was very friendly. 同窓会の雰囲気はとてもなごやかだった.
(▷ 形 àtmosphéric)

at‧mos‧pher‧ic [ætməsférik / -fér-] 形
1 [限定用法] 大気の, 大気中の: *atmospheric* disturbances (空電によるラジオなどの) 雑音 / *atmospheric* pollution 大気汚染. **2** ムードのある, 雰囲気に富んだ: *atmospheric* music ムード音楽.
◆ atmosphéric préssure 🅄 気圧.

at‧mos‧pher‧ics [ætməsfíəriks / -fér-]

名 [複数扱い] **1** 空電 (雷など大気中の放電によって起こる電気);(空電によるラジオなどの) 雑音, 空電障害. **2** (会議・交渉などの) ムード, 雰囲気.
at‧oll [ǽtɔːl / ǽtɔl] 名 🅒 環状サンゴ礁.

‡‡‡**at‧om** [ǽtəm]

— 名 (複 **at‧oms** [～z]) 🅒 **1** 《物理》原子: A molecule of water has two hydrogen *atoms* and one oxygen *atom*. 水の分子は水素原子2つと酸素原子1つを持つ.
2 微粒子; 微小なもの: The hijacked plane was blown to *atoms*. ハイジャックされたその飛行機はこっぱみじんに爆破された.
3 [an ～; 否定語を伴って] 少し, 少量: There is not an *atom* of truth in that book. あの本には本当のことが何ひとつ書かれていない.
◆ átom bòmb 🅒 原子爆弾 (atomic bomb, A-bomb).

a‧tom‧ic [ətámik / ətɔ́m-] 形 [比較なし; 限定用法] **1** 原子の; 原子力の; 原子爆弾の. **2** きわめて小さい, 極小の, 微小の.
◆ atómic bòmb 🅒 原子爆弾 (atom bomb, A-bomb).
atómic énergy 🅄 原子力 (nuclear energy).
atómic píle [reáctor] 🅒 原子炉.
atómic wéight 🅄 🅒 原子量.

at‧om‧ize, 《英》**at‧om‧ise** [ǽtəmàiz] 動 他 **1** …を原子化する. **2** 〈固体〉を粉砕する.
at‧om‧iz‧er [ǽtəmàizər] 名 🅒 噴霧器, 霧吹き.
a‧ton‧al [eitóunəl] 形 《音楽》無調の: *atonal* music 無調音楽.
a‧tone [ətóun] 動 🅐 〈罪などの〉償いをする, 罪滅ぼしをする [*for*]: *atone for* one's sins 罪を償う.
a‧tone‧ment [ətóunmənt] 名 🅄 **1** 〈罪などの〉償い, あがない [*for*]. **2** [通例 the A-] 《神学》贖罪 (しょくざい) 《キリストが十字架にかかり, 人類の罪の償いをしたこと》.
■ màke atónement for ... …の償いをする.

a‧top [ətáp / ətɔ́p] 前 《文語》…の頂上に (on top of): A crow perched *atop* a tree. 木のてっぺんにカラスが止まった.

a‧tro‧cious [ətróuʃəs] 形 **1** [限定用法] 極悪な, 残忍な: *atrocious* crimes 残忍な犯罪.
2 《口語》 まったくひどい, 不愉快な: The weather was *atrocious*. 天気がひどく悪かった.
a‧tro‧cious‧ly [～li] 副 残忍に, ひどく.
a‧troc‧i‧ty [ətrásəti / ətrɔ́s-] 名 (複 **a‧troc‧i‧ties** [～z]) **1** 🅄 極悪, 残忍; 🅒 残虐行為.
2 🅒 不快なもの, ひどいもの.

at‧ro‧phy [ǽtrəfi] 動 (三単現 **at‧ro‧phies** [～z]; 過去・過分 **at‧ro‧phied** [～d]; 現分 **at‧ro‧phy‧ing** [～iŋ]) 🅐 《医》(身体機能が) 弱まる, 衰える, 萎縮 (いしゅく) する.
— 他 《医》〈身体機能〉を弱める, 〈足など〉を細くする.
— 名 🅄 **1** 《医》萎縮 (症); 無栄養症.
2 (勢力などの) 衰退.

At‧ro‧pos [ǽtrəpàs / -pɔ̀s] 名 固 《ギ神》アトロポス 《運命の3女神 (the Fates) の1人》.

at‧ta‧boy [ǽtəbɔ̀i] 間 《主に米口語・ほめ言葉》いいぞ, うまい, よくやった (◇ That's the boy! のなま

った形. 女性に対しても使う).

at・tach [ətǽtʃ]【基本的意味は「…を付ける (put something on)」】
— 動 (三単現 **at・tach・es** [~iz]; 過去・過分 **at・tached** [~t]; 現分 **at・tach・ing** [~iŋ])
— 他 **1** [attach＋O＋to ...]〈もの〉を…に取り付ける, はり付ける, くっつける, そえる (↔ detach): *attach* a label *to* a cassette カセットにラベルを付ける / *attach* a file *to* an E-mail Eメールにファイルを添付する / He *attached* his photograph *to* the application paper. 彼は願書に写真をはり付けた.
2 [attach＋O＋to ...] [通例, 受け身で]〈人〉を…に愛情を抱かせる, なつかせる (→ ATTACHED); [attach oneself to ...] …になつく: The little boy *attached himself to* his grandmother. その男の子はおばあさんになついていた.
3 [attach＋O＋to ...] [通例, 受け身で]〈人〉を…に [参加] 所属させる (→ ATTACHED); [attach oneself to ...] …に参加 [所属] する: John *attaches himself to* the Republican Party. ジョンは共和党に入っている.
4 [attach＋O＋to ...] …に〈重要性・価値など〉を置く: Do you *attach* much importance *to* his words? あなたは彼の言葉に重きを置いていますか. **5** 《法》〈人〉を逮捕する;〈財産〉を差し押さえる.
— 自《格式》[…に] 付着する; 付随する [*to*]: Misery *attaches to* such a way of life. そのような生き方には不幸が伴う.

at・ta・ché [æ̀tǝʃéi / ətæʃéi]【フランス】名 C (専門分野を担当する) 大 [公] 使館員: a cultural *attaché* 文化担当官.

◆ **attaché càse** C アタッシェケース《書類を入れる硬質の手さげかばん》(= BAG 図).

*__at・tached__ [ətǽtʃt] 形 **1** 取り付けられた; 付属の: an *attached* school 付属学校. **2** […に] 愛着 [愛情] のある [*to*]: He is *attached to* the old clock. 彼はその古時計に愛着がある. **3** […に] 配属 [所属] の [*to*]《◇主に一時的な配属に用いる》: She was *attached to* the sales department. 彼女は販売部門に配属された.

*__at・tach・ment__ [ətǽtʃmənt] 名 **1** U 取り付け, 付着. **2** C […への] 愛着, 愛情 (affection) [*to, for*]: form a profound *attachment to* ...〈人〉を深く愛するようになる. **3** C 付属品; 留め金, 締め具: the *attachments* of a pair of skis スキーの締め具. **4** U《法》逮捕; 差し押さえ. **5** C (Eメールの) 添付ファイル, 添付書類.

at・tack [ətǽk]【基本的意味は「…を攻撃する (start a fight against ...)」】
— 動 (三単現 **at・tacks** [~s]; 過去・過分 **at・tacked** [~t]; 現分 **at・tack・ing** [~iŋ]) 他
1 …を攻撃する, 襲う (↔ defend): He *attacked* me with his bare hands. 彼は素手で私にかかってきた / The bombers began to *attack* the capital. 爆撃機が首都を攻撃し始めた.
2 …を非難する, 攻撃する: She *attacked* sexism in the strongest language. 彼女は強い語調で性差別を非難した.
3〈仕事など〉に (敢然と) 取りかかる, 着手する: *attack* a hard problem 難問に取り組む. **4** (病気・化学作用が) …を侵す: be *attacked* by gout 痛風に侵される / Acid *attacks* metal. 酸は金属を腐食する. **5**〈女性〉を襲う, 暴行する.
— 自 攻撃する: Let the enemy *attack* first. まず敵に攻撃させよう.
— 名 (複 **at・tacks** [~s]) **1** U C 攻撃, 襲撃, 攻撃陣 (↔ defense): There is no defense against nuclear *attack*. 核攻撃に対する防御のすべはない / Three *attacks* were made during the week. 1週間に3回襲撃された.
2 C (言論による) 非難, 攻撃: The speaker made a violent *attack* on the government's policies. 演説者は政府の政策を激しく非難した / The book was written as an *attack* on idealism. その本は理想主義を批判するために書かれた.
3 C (病気の) 発作, 発病: a heart *attack* 心臓病の発作 / have an *attack* of asthma ぜんそくの発作を起こす. **4** U C (仕事への) 取り組み, 着手.
■ *be [còme] ùnder attáck* 攻撃を受けている.
màke an attáck on ... …を攻撃する.

at・tack・er [ətǽkər] 名 C 攻撃する人, 襲う人;【競技】アタッカー.

*__at・tain__ [ətéin] 動 他《格式》**1**〈目標・理想など〉を達成する, 成就する(→ ACHIEVE 類義語): She *attained* her ambition of becoming an actress. 彼女は女優になる夢をかなえた. **2**〈時間・場所など〉に到達する (reach): *attain* the top of the mountain 山頂に到達する.
— 自《格式》(努力・成長によって) […に] 達する, なる [*to*]: *attain to* a very great age 大変な老齢に達する / *attain to* power 権力を握る.

at・tain・a・ble [ətéinəbl] 形 到達できる.

at・tain・ment [ətéinmənt] 名《格式》**1** U 到達, 成就 (じょう): the *attainment* of one's goal 目標の達成. **2** C [通例 ~s] 学識, 才芸: a scholar of varied *attainments* 学識豊かな人.

at・tar [ǽtər] 名 U (花からとれる) 香油.

at・tempt [ətémpt] 動 名【基本的意味は「試みる (make an effort to do something)」】
— 動 (三単現 **at・tempts** [ətémpts]; 過去・過分 **at・tempt・ed** [~id]; 現分 **at・tempt・ing** [~iŋ])
— 他 (a) [attempt＋O] …を試みる, 企てる (◇ try よりも《格式》で, しばしば失敗や未遂の意を含む) / *attempt* a small jest ちょっとした冗談を言ってみる / *attempted* murder [suicide]《法》殺人 [自殺] 未遂 / He *attempted* a very difficult task. 彼は非常な難題に取り組んだ.
(b) [attempt＋to do] …しようと試みる, 努める: I *attempted to* encourage her. 私は彼女を励まそうと努力した.
— 名 (複 **at・tempts** [ətémpts]) C [… する/… の] 試み, 企て [*to do, at doing / at*] (≒ EFFORT 類義語): She made no *attempt to* hide [*at hiding*] the fact that she had been an actress. 彼女は女優だったという事実を隠そうと

しなかった / His *attempt at telling* a joke failed. 彼は冗談を言おうとしたがうまくいかなかった. **2** 攻撃, 襲撃; 〔人の命を〕ねらうこと〔*on*〕: the enemy's *attempt* against our line わが前線に向けての敵の攻撃 / They made an *attempt on* the speaker's life. 彼らは講演者の命をねらった.

at‧tend [əténd] 〘基本的意味は「…に出席する (be present at …)」〙

— **動** (三単現 **at‧tends** [əténdz]; 過去・過分 **at‧tend‧ed** [~id]; 現分 **at‧tend‧ing** [~iŋ])

— **他 1** […に]**出席する**, 参列する; (定期的に) 行く, (学校に) 通う: *attend* church 教会へ行く / She *attends* Lincoln High School. 彼女はリンカーン高校へ通っている / How many people *attended* the meeting yesterday? きのうその会合に何人出席しましたか / Her first concert was well *attended*. 彼女の初めてのコンサートには多数の人が集まった.

2 …の世話をする; 看護する: He *attended* his sick mother for a week. 彼は1週間病気の母親の介護をした / I'm being *attended* by Dr. Miles. 私はマイルズ先生に診てもらっている.

3 〘格式〙…に仕える, 付きそう, 随行する: The king was *attended* by several chamberlains. 王には数人の侍従が付きそっていた.

4 〘格式〙(結果などが) …に伴う, 付随する: The task was *attended* by a lot of difficulties. その仕事には多くの困難が伴っていた.

— **自 1** […に]注意する, 配慮する; 〔仕事などに〕専念する, 精を出す〔*to*〕: I did not *attend to* what my parents said. 私は両親の言うことに注意を払わなかった / You have to *attend to* your work. あなたは仕事に専念しなければいけない.

2 […の]世話をする, 看護 [介護] する〔*on, upon, to*〕: Three doctors are *attending on* the sick President. 3人の医師が病気の大統領に付いている / Are you being *attended to*? (店員が客に対して) ご用は承っておりますか.

3 […に]出席する〔*at*〕: Let me know if you cannot *attend*. 出席できなければ連絡してください. (▷ 图 attendance, attention; 形 atténdant)

***at‧tend‧ance** [əténdəns] **图 1** [U]C] […への] 出席, 参列〔*at*〕; C 出席回数: *Attendance at* the meeting is voluntary. 会合への出席は自由です. **2** 〘集合的に〙(単数形で) […の] 出席者(数), 参列者(数)〔*at*〕: There was a large *attendance at* the meeting. 会合には多数の出席者があった. **3** U […への] 付き添い, 世話, 介護, 看護〔*on, upon*〕: medical *attendance* 医療 / She was in *attendance on* her sick mother. 彼女は病気の母親の介護にあたっていた. (▷ 動 atténd)

***at‧tend‧ant** [əténdənt] **形** 〘比較なし〙〘格式〙

1 […の] 付き添いの, お供の〔*on, upon*〕: an *attendant* nurse 付き添いの看護師 / servants *attendant on* the guest 客に付きそう使用人.

2 […に] 伴う, 付随する, 関連する〔*on, upon*〕: poverty and its *attendant* hardships 貧困とそれに伴う苦難 / some problems *attendant on* [*upon*] air pollution 大気汚染に伴ういくつかの問題.

— **图** C **1** 付添人, 随行員: the prince and his *attendants* 王子と随行員. **2** 接客係, 案内係, 従業員: a car park *attendant* 駐車場の案内係. **3** 出席者, 参列者. (▷ 動 atténd)

at‧ten‧tion [ətén∫ən]

— **图** (複 **at‧ten‧tions** [~z]) **1** U 注意; 注目: the center of *attention* 注目の的 / I was all *attention* while you were speaking. 私はあなたが話している間全神経を集中して聴いていた / His behavior came to his boss's *attention*. 彼のふるまいが上司の目にとまった.

【コロケーション】 注意を…
注意を促す: *call* …*'s attention to* …
注意を引く: *attract* [*catch, get*] …*'s attention*
注意を向ける: *turn one's attention to* …

2 U 配慮, 考慮; 世話, 手当て: We will give our full *attention* to your proposal. 私たちはあなたの提案を十分に考慮します / Jim needs medical *attention*. ジムには医師の手当てが必要です.

3 C 〘通例 ~s〙〘まれ〙(特に女性に対する男性の) 親切, 心づかい. **4** U 〘軍〙気をつけの姿勢: come to [stand at] *attention* 気をつけの姿勢をとる / *Attention*! 〘号令〙気をつけ! (◇ [ətèn∫ʌ́n] と発音する. 'shun [∫ʌ́n]! と略すこともある).

■ *Attention, plèase!* お知らせいたします, 申し上げます, お聞きください (◇アナウンスなどで人の注意を引くときに用いる).

pày [*gìve*] *atténtion to …* …に注意する, 留意する, …を気にとめる: The child did not *pay attention to* traffic lights. その子供は信号に注意を払わなかった. (▷ 動 atténd; 形 atténtive)

***at‧ten‧tive** [əténtiv] **形 1** […に] 注意深い, 気をつける〔*to*〕: Be *attentive to* what your teacher says in class. 授業中に先生が言うことを注意して聴きなさい / She is always *attentive to* her dress. 彼女はいつも服装に気を配っている.

2 […に] 思いやりのある, 親切な〔*to*〕: He was very *attentive to* his sick sister. 彼は病身の姉をとても気づかっていた. (▷ 图 atténtion)

at‧ten‧tive‧ly [~li] **副** 注意深く, 丁寧に.

at‧ten‧u‧ate [əténjuèit] **動** 〘格式〙**他** …を弱める, 減ずる; …を細くする, 〈人〉をやせ細らせる.
— **自** 細くなる; 弱まる, 減少する.

at‧ten‧u‧a‧tion [ətènjuéi∫ən] **图** U 弱めること, 細くすること.

at‧test [ətést] 〘格式〙**動 自** […を] 証明する, […の] 証言となる〔*to*〕: Her first novel *attested to* her literary genius. 最初の小説で彼女は文学的天分を証明した.

— **他** …を証明する, 証言する: His ability was *attested* by his rapid promotion. 彼の能力は昇進の早さによって証明された.

at‧tes‧ta‧tion [æ̀testéi∫ən] **图** 〘格式〙U 証明; C 証拠.

***at‧tic** [ǽtik] **图** C 屋根裏, 屋根裏部屋 〘主に寝室・子供部屋・物置きとして利用される〙.

At‧tic [ǽtik] **形 1** (古代) アッティカの; (古代) アテネの; アテネ人の. **2** 〘時に a-〙アテネ風の; 典雅な.

At・ti・ca [ǽtikə] 名 固 アッティカ《アテネを中心とする古代ギリシャの地域》.

at・tire [ətáiər] 《格式》動 他 (通例，受け身で) …に服を着せる，…を「…で」盛装させる [*in*].
— 名 U 衣服，服装.

at・ti・tude [ǽtətjùːd / ǽtitjùːd]
— 名 (複 **at・ti・tudes** [-tjùːdz]) C **1** 《…に対する》**態度**，心構え；考え方，意見 [*to, toward*]: one's *attitude* of mind 心構え，考え方 / What is the company's *attitude toward* this idea? この案に対する会社の考えはいかがですか / We must maintain a firm *attitude to* this situation. この事態には断固とした態度を保たなければならない.
2 《格式》(身体の) 姿勢，身構え: He stood there in a threatening *attitude*. 彼は威嚇(いかく)するような身構えでそこに立っていた.
■ *strike an attitude*《格式》気取ったポーズをとる，わざとらしいそぶりをする.

*****at・tor・ney** [ətə́ːrni] 名 C **1**《米》弁護士 (◇ attorney at law とも言う；→ LAWYER 類義語). **2** 法定代理人: a letter [warrant] of *attorney*（代理）委任状 / power(s) of *attorney* 代理権限，代表権.
◆ **attórney géneral** (複 **attorneys general, attorney generals**) C (通例 the A- G-)《米》司法長官；《英》法務総裁.

at・tract [ətrǽkt]
【基本的意味は「引きつける」】
— 動（三単現 **at・tracts** [ətrǽkts]；過去・過分 **at・tract・ed** [〜id]；現分 **at・tract・ing** [〜iŋ]）
— 他 **1** 〈注意・関心など〉を [〜に] **引きつける** [*to*]，…を魅了する (→ 類義語): His new book *attracted* a lot of attention. 彼の新しい本は大いに注目された / Youth is *attracted* by idealism. 若者は理想主義に魅せられる.
2（物理的な力で）…を引きつける，引き寄せる: A magnet *attracts* iron sand. 磁石は砂鉄を引きつける.
(▷ 名 attráction; 形 attráctive)

類義語 attract, charm, fascinate, enchant
共通する意味▶魅了する (draw another through an irresistible or powerful influence)
attract は磁石が鉄を引きつけるように「人の心を引きつける」の意: He was *attracted* by her intelligence. 彼は彼女の知性に心を引かれた.
charm は美しいものやすぐれたものが魔法をかけるように「人を魅了する」の意: She was *charmed* by the beauty of the night scene. 彼女は夜景の美しさに魅せられた. **fascinate** は抵抗できないような強い魅力で「心を奪う」の意: He was *fascinated* by her beauty. 彼は彼女の美しさに心を奪われた. **enchant** は「心に喜び・感嘆の念を呼び覚ます」の意: They were all *enchanted* by her beautiful voice. 彼らはみな彼女の美声に魅せられた.

---

at・trac・tion [ətrǽkʃən] 名 **1** U 魅力，人を引きつける力: The movie has little *attraction* for young people. その映画は若者にとってほとんど魅力がない.
2 C 人を引きつけるもの，魅力あるもの；呼びもの，アトラクション: Kyoto has a lot of tourist *attractions*. 京都には観光名所がたくさんあります.
3 U 引きつけること；《物理》引力: magnetic *attraction* 磁力.
(▷ 動 attráct)

at・trac・tive [ətrǽktiv]
— 形 **1** 人を引きつける，魅力ある: an *attractive* smile 魅力ある笑顔 / an *attractive* offer 魅力的な申し出 [つけ値] / I don't find the singer particularly *attractive*. 私はその歌手が特に魅力的だとは思わない.
2《物理》引力のある. (▷ 動 attráct)

at・trac・tive・ly [ətrǽktivli] 副 魅力的に.

at・trib・ut・a・ble [ətríbjutəbl] 形 (原因などが) […に] ある，起因する；[…の] 作品である [*to*]: This accident is *attributable to* the driver's carelessness. この事故は運転手の不注意が原因で.

*****at・trib・ute** [ətríbjuːt] 動 (☆名との発音の違いに注意) 他 [attribute＋O＋to …] **1**〈結果など〉を…のせいにする，…に原因があるとする: He *attributed* his success to his teacher's encouragement. 彼は自分の成功を先生の激励のおかげと考えた. **2**〈性質・性格など〉が…に属すると考える. **3**〔通例，受け身で〕〈作品など〉を…の作だと考える: This melody is usually *attributed to* Bach. この曲はバッハの作品だと通常考えられている.
— 名 [ǽtribjuːt] C **1** 属性，特質: Punctuality is an *attribute* of a good student. 時間厳守がいい生徒であることのしるしです. **2** (人・地位を) 象徴するもの，付属物. (▷ 名 attribútion)

at・tri・bu・tion [ætribjúːʃən] 名 **1** U (原因などを)[…に] 帰すること [*to*]；(性質などの) 帰属，所属.
2 C 属性 (attribute)；(付属の) 機能. (▷ 動 attríbute)

at・trib・u・tive [ətríbjutiv] 形 **1** 属性を表す.
2《文法》限定的な (↔ predicative) (→ ADJECTIVE 文法) (◇本辞典では「限定用法」と表示): an *attributive* adjective 限定形容詞.

at・tri・tion [ətríʃən] 名 U **1** 摩擦. **2** 摩滅，消耗；(人員などの) 減少 (◇特に退職などによる自然減): a war of *attrition* 消耗戦.

at・tune [ətjúːn / ətjúːn] 動 他 (通例，受け身で) …を […に] 適合させる，調和させる，慣れさせる [*to*]: I am not *attuned to* his way of thinking yet. 私は彼のものの考え方に慣れない.

a・typ・i・cal [èitípikəl] 形 型にはまらない，変則的な.

AU《略語》＝ African Union アフリカ連合.

Au《元素記号》＝ gold 金 (◇ラテン語の *aurum* から).

au・ber・gine [óubərʒìːn] 名 U C《英》《植》ナス(の実)(《米》eggplant).

au・burn [ɔ́ːbərn] 名 U 赤褐色，とび色.
— 形 (毛髪が) 赤褐色の，とび色の.

auction

*auc·tion [ɔ́ːkʃən] 图 U C 競売, 競(*ょぅ)り (売り): sell [buy] ... at [《英》by] *auction* …を競売で売る[買う] / put ... up for *auction* …を競売にかける.
— 動 他 …を競売にかける, 競り売りする (*off*).

auc·tion·eer [ɔ̀ːkʃəníər] 图 C 競売人.

au·da·cious [ɔːdéiʃəs] 形 1 (人・行動が) 大胆な, 勇敢な: an *audacious* warrior 勇敢な戦士. 2 (法律・習慣などを無視して) ずうずうしい, 無礼な.

au·dac·i·ty [ɔːdǽsəti] 图 U 厚かましさ, 大胆不敵: He had the *audacity* to tell me I was a liar. 彼は生意気にも私をうそつきだと言った.

au·di·bil·i·ty [ɔ̀ːdəbíləti] 图 U 可聴度, はっきり聞き取れること.

*au·di·ble [ɔ́ːdəbl] 形 聞き取れる, 聞こえる (↔ inaudible): speak in a scarcely *audible* voice ほとんど聞き取れない声で話す.

au·di·bly [ɔ́ːdəbli] 副 聞き取れるように; 聞き取れるくらいに.

*****au·di·ence** [ɔ́ːdiəns]
— 图 (複 au·di·enc·es [~iz]) 1 C《集合的に》**聴衆**, 観客, 観衆; 読者 (テレビの) 視聴者; (ラジオの) 聴取者: The *audience* applauded loudly at the end of the concert. 聴衆は音楽会の終わりに大きな拍手を送った / There was a large [small] *audience* in the movie theater. 映画館は大入り[がらがら]だった / He had an *audience* of ten million readers. 彼には1千万人の読者があった.
[語法] 聴衆を構成する個々人に重点が置かれる場合は単数形でも複数扱いとなる: The *audience* were moved by his performance. 聴衆は彼の演奏に感動した.
2 U C (身分の高い人との) 公式会見, 謁見(*ぇっ*): The lady was received in *audience* by the Queen. その女性は女王に拝謁を許された.
3 U C《法》意見陳述; 聴聞, 意見聴取.

au·di·o [ɔ́ːdiòu] 形《限定用法》1 (テレビ・映画の) 音声の (cf. video 映像の). 2 可聴周波の.
— 图 (複 au·di·os [~z]) U C 1 音響機器, オーディオ; (テレビ・映画などの) 音声部分. 2 可聴周波《耳が音として感じる周波数域の音》.

au·di·o- [ɔ́ːdiou]「音 (sound)」「聴 (hearing)」の意を表す: *audio*tape 録音テープ.

au·di·o·book [ɔ́ːdiòubùk] 图 C オーディオブック《小説などの朗読をカセットテープなどに録音したもの》.

àu·di·o·vís·u·al 形 視聴覚の (《略語》AV): *audio-visual* education 視聴覚教育.
— 图《~s》= audio-vísual áids 視聴覚教材.

au·dit [ɔ́ːdit] 動 他 1 …の会計監査をする. 2《米》〈大学の講義〉を聴講する.
— 图 1 C 会計監査 [検査]. 2 監査報告 (書).

au·di·tion [ɔːdíʃən] 图 C オーディション《出演俳優・歌手などを選抜するためのテスト》; 試演, 試聴.
— 動 自 […の] オーディションを受ける [*for*]: He *auditioned for* the role of Julius Caesar. 彼はジュリアス=シーザー役のオーディションを受けた.
— 他 …にオーディションを行う.

aunt

au·di·tor [ɔ́ːdətər] 图 C 1 会計監査官, 監査役. 2《米》(大学の) 聴講生.

au·di·to·ri·um [ɔ̀ːdətɔ́ːriəm] 图 C 1 (教会・劇場などの) 聴衆席, 観客席 (➡ THEATER [PICTURE BOX]). 2《米》公会堂, 講堂 (hall).

au·di·to·ry [ɔ́ːdətɔ̀ːri / -təri] 形 耳の, 聴覚の: the *auditory* nerve 聴神経.

*Aug.《略語》= *August* (↓).

au·ger [ɔ́ːgər] 图 C (木工用の) きり《比較的大きな穴用; cf. gimlet 小さな穴用のきり》.

aught [ɔːt]《古》何か (anything).

aug·ment [ɔːgmént]《格式》他 …を増大させる, 増す (increase): The population of the country was *augmented* by refugees. その国の人口は難民によって増加した. — 自 増大する.

aug·men·ta·tion [ɔ̀ːgmentéiʃən] 图 1 U 増加, 増大 (increase). 2 C 添加物, 付加物.

au·gur [ɔ́ːgər] 图 C 1 卜占(ﾎﾞｸｾﾝ)官《古代ローマで公事の吉凶を占った神官》. 2 (一般に) 占い師, 予言者.
— 動《文語》他 …の前兆を示す; …を占う, 予言する.
— 自 前兆 [きざし] となる; 占う, 予言する.
■ *áugur wéll* [*íll*] *for* ... …にとって縁起がよい [悪い], よい [悪い] 前兆である.

au·gu·ry [ɔ́ːgjəri] 图 (複 au·gu·ries [~z])《文語》1 U 占い, 占い術. 2 C 前兆, きざし, 徴候.

au·gust [ɔːgʌ́st] 形《限定用法》《文語》立派な, 身分の高い: an *august* figure 威厳のある人物.

*****Au·gust** [ɔ́ːgəst]
[→ MONTH 表]
— 图 U 8月 (《略語》Aug.) (→ JANUARY [語法]): *August* is the hottest month in Japan. 8月は日本で一番暑い月です.

Au·gus·ta [ɔːgʌ́stə] 图 固 1 オーガスタ《米国 Georgia 州東部の都市. ゴルフのマスターズトーナメント (Masters Tournament) が開かれる; → MASTER》. 2 オーガスタ《米国 Maine 州の州都》.

Au·gus·tan [ɔːgʌ́stən] 形 アウグストゥスの, アウグストゥス帝時代の (→ AUGUSTUS); 古典の.

Au·gus·tine [ɔːgʌ́stin / ɔːgʌ́stin] 图 固 [Saint ~] 1 聖アウグスティヌス《354-430; 初期キリスト教の指導者》. 2 聖アウグスティヌス, 聖オーガスティン (Saint Austin) 《?-604; 初代カンタベリー大司教》.

Au·gus·tus [ɔːgʌ́stəs] 图 固 アウグストゥス《63 B.C.-A.D. 14; ジュリアス=シーザーの後継者で, ローマ帝国初代皇帝 (27 B.C.-A.D. 14)》.

auk [ɔːk] 图 C ウミスズメ《北半球に生息する羽が短い海鳥》.

auld [ɔːld] 形《スコット》= OLD.
◆ áuld làng sýne [-læ̀ŋ záin / -sáin] 1 なつかしい昔. 2 [A- L- S-] オールドラングサイン《スコットランドの詩人ロバート=バーンズの詩. 日本の「蛍の光」はこの詩に付けた曲を借用した》.

****aunt** [ǽnt / ɑ́ːnt] (☆ [同音]《米》ant)
— 图 (複 aunts [ǽnts / ɑ́ːnts]) C 1 《しばしば A-》**おば**《◇父母の姉妹; おじの妻; → FAMILY 図》: My *aunt* sat sewing by the fire. おばは暖炉のそばに座って縫い物をしていた / I have three

aunts on my mother's side. 私には母方のおばが3人いる.

2 [しばしば A-] おばさん (◇親しい年配の女性に対する敬称): *Aunt* Helen ヘレンおばさん.

aunt·ie, aunt·y [ǽnti / ɑ́ːnti] 名 (複 **aunt·ies** [~z]) C《口語》おばちゃん (◇ aunt の親愛をこめた言い方. 呼びかけも可).

au pair [òu péər]【フランス】名 C オペア《住み込みで語学を勉強しながら家事を手伝う外国人女子留学生. au pair girl とも言う》.

au·ra [ɔ́ːrə] 名 (複 **au·ras** [~z], **au·rae** [-riː]) C《人・場所・ものが発散する》独特の雰囲気, 気配; 霊気, オーラ: There was an *aura* of mystery in the room. その部屋には神秘的な雰囲気が漂っていた.

au·ral [ɔ́ːrəl] 《同音 oral》形《限定用法》耳の, 聴覚の: *aural* comprehension tests 聴解力テスト.

au·re·o·la [ɔːríːələ] 名 = AUREOLE (↓).

au·re·ole [ɔ́ːrioul] 名 C **1** 後光, (聖像の) 光背(話) 《頭や全身を包む金色の光》. **2**《天文》コロナ (→ CORONA).

au re·voir [òu rəvwɑ́ːr] 【フランス】間 さよなら.

au·ri·cle [ɔ́ːrikl] 名 C 《解剖》耳介, 外耳; (心臓の) 心耳(ﾋ-ﾝ).

au·ro·ra [ərɔ́ːrə] 名 (複 **au·ro·ras** [~z], **au·ro·rae** [-riː]) **1** C オーロラ, 極光. **2** C あけぼのの空. **3** [A-]《ローマ神話》アウロラ, オーロラ《あけぼのの女神; → GODDESS 表》.

Aus.《略語》= *A*ustralia; *A*ustria; *A*ustralian; *A*ustrian.

aus·pice [ɔ́ːspis] 名 (複 **aus·pic·es** [~iz, -ìːz]) C [~s]《格式》保護, 援助, 主催 (patronage).

■ **ùnder the áuspices of ... = ùnder ...'s áuspices** …の後援で: The party was held *under the auspices of* the Japanese Embassy. パーティーは日本大使館の後援で開かれた.

aus·pi·cious [ɔːspíʃəs] 形《格式》幸先(き)よい, 幸運な (lucky) (↔ inauspicious).

aus·pi·cious·ly [~li] 副 幸先よく, 幸運にも.

Aus·sie [ɔ́ːsi / ɔ́zi] 名 C《口語》オーストラリア人.
— 形 オーストラリア (人) の.

*****aus·tere** [ɔːstíər]《☆アクセントに注意》形 (比較 **aus·ter·er** [-tíərər], **more aus·tere**; 最上 **aus·ter·est** [-tíərist], **most aus·tere**) **1** (人・態度が) 厳格な, 厳粛な. **2** (生活などが) 質素な, 禁欲的な; (様式・衣服などが) 簡素な. (▷ austérity)

aus·tere·ly [~li] 副 厳しい態度で; 質素に.

aus·ter·i·ty [ɔːstérəti] 名 (複 **aus·ter·i·ties** [~z]) **1** U 厳格さ; 簡素さ; 耐乏, 禁欲. **2** (通例, 複数形で) (宗教的な) 禁欲 [耐乏] 生活. **3** U 耐乏生活; 緊縮経済. (▷ 形 austére)

Aus·tin [ɔ́ːstin] 名 固 オースティン《米国 Texas 州の州都》.

Aus·tral·a·sia [ɔ̀ːstrəléiʒə / -s-] 名 固 オーストララシア, 南洋州《オーストラリア・ニュージーランドおよびその付近の南太平洋諸島の総称》.

***** **Aus·tral·ia** [ɔːstréiliə / -s-]

— 名 固 **1** オーストラリア, 豪州《正式名は the Commonwealth of Australia (オーストラリア連邦); 首都キャンベラ (Canberra)》.《略語》Aus.》. **2** オーストラリア大陸.

***** **Aus·tral·i·an** [ɔːstréiliən / -s-] 形 名
— 形 オーストラリアの, 豪州の; オーストラリア人の, 豪州人の.
— 名 (複 **Aus·tral·i·ans** [~z]) **1** C オーストラリア人, 豪州人. **2** U オーストラリア英語 (Australian English).

***Aus·tri·a** [ɔ́ːstriə / ɔ́s-] 名 固 オーストリア《ヨーロッパ中部の共和国; 首都ウィーン (Vienna)》.

Áus·tri·a-Hún·ga·ry 名 固 オーストリアハンガリー《オーストリア・ハンガリー両国を中心とした中欧のもと王国 (1867-1918)》.

Aus·tri·an [ɔ́ːstriən / ɔ́s-] 形 オーストリアの; オーストリア人の.
— 名 C オーストリア人.

au·tar·chy [ɔ́ːtɑːrki] 名 (複 **au·tar·chies** [~z]) **1** U 専制 [独裁] 政治; C 専制 [独裁] 国家. **2** = AUTARKY (↓).

au·tar·ky [ɔ́ːtɑːrki] 名 (複 **au·tar·kies** [~z]) U 経済的自給自足; 経済自立; C 経済自立国家.

***au·then·tic** [ɔːθéntik] 形 **1** (作品・署名などが) 本物の, 真正の (genuine): an *authentic* signature 本人 [自筆] のサイン. **2** (情報などが) 信頼できる, 確実な (reliable): an *authentic* source 信頼すべき筋. (▷ àuthentícity)

au·then·ti·cal·ly [-kəli] 副 本物として; 正式に.

au·then·ti·cate [ɔːθéntikèit] 動 他《事物》が本物であることを証明する, 確証する.

au·then·ti·ca·tion [ɔːθèntikéiʃən, əθ-] 名 **1** 証明, 確証. **2**《コンピュータ》認証《アクセス権の確認手続き》.

au·then·tic·i·ty [ɔ̀ːθentísəti] 名 U **1** 真正 [本物] であること. **2** 確実性. (▷ 形 authéntic)

***** **au·thor** [ɔ́ːθər] 名 動

— 名 (複 **au·thors** [~z]) C **1** 著者, 作者; 作家: Who is the *author* of this romance? この恋愛物語の作者はだれですか / Who is your favorite *author*? 君の一番好きな作家はだれですか.

2《格式》創造者; 立案者; (悪事などの) 張本人: the *author* of an idea アイディアの提案者.
— 動 他 **1**《本など》を書く, 著す. **2**〈計画など〉を立案する; 創始する.

au·thor·ess [ɔ́ːθərəs] 名 C 女流作家 (◇現在では男女にかかわらず author が一般的).

au·thor·i·tar·i·an [əθɔ̀ːrətéəriən, -θɑ̀r- / ɔːθɑ̀ri-] 形 権威 [権力] 主義の, 高圧的な.
— 名 C 権威 [権力] 主義者, ワンマン.

au·thor·i·tar·i·an·ism [əθɔ̀ːrətéəriənìzəm, -θɑ̀r- / ɔːθɑ̀ri-] 名 U 権威主義.

au·thor·i·ta·tive [əθɔ́ːrətèitiv, -θɑ́r- / ɔːθɑ́ri-] 形 **1** 権威的な, いばった; 断固とした: in an *authoritative* manner 高圧的な態度で. **2** 権威ある, 信ずべき (reliable): I got the information from an *authoritative* source. その情報は確かな筋から得た. (▷ 名 authórity)

au·thor·i·ta·tive·ly [~li] 副 権威を持って; 高圧的に.

authority

***au·thor·i·ty** [əθɔ́ːrəti, ɔː·θɔ́-/ɔː·θɔ́r-, əθɔ́-]
【基本的意味は「権威 (the power to make people do what you want)」】
— 名 (複 au·thor·i·ties [～z]) **1** U[…に対する] (地位などによる) **権威**, 権力; 影響力 [*over, with*]: a person in *authority* 権力を持っている人 / exercise one's *authority* 権威を行使する / Parents now have no *authority over* their children. 今の親は自分の子供ににらみが利かない.
2 U[…する] 権限; 許可, 承認 [*to do, for doing*]: The principal has the *authority* to expel students. 校長は生徒を退学させる権限を持っている / We entered the room on the mayor's *authority*. 私たちは市長の許可を得てその部屋に入った.
3 C[通例 the authorities; 複数扱い] 当局, 官庁, 官憲, その筋; [the A-] 公社: the school *authorities* 学校当局 / the *authorities* concerned 関係当局.
4 C[…の] 権威者, 大家 [*on*]: He is an *authority* on economics. 彼は経済学の大家です.
5 UC […に対する] 典拠, よりどころ [*on, for*]: What's your *authority for* this information? この情報のよりどころは何ですか.
■ *by the authority of ... = by ...'s authority* …の権威によって; …の許可を得て.
on [from] good authority 確かな筋から: I have it *on good authority* that he will soon announce his candidacy. 私は彼が近々立候補を表明すると確かな筋から聞いている.
on ...'s ówn authority …の独断[一存]で.
under the authority of ... = under ...'s authority …の権限[管轄]のもとで.
with authority 権威を持って; 厳然と.
without authority 無断で, 独断で.
(▷ 形 authóritàtive, (▷) áuthorize).

au·thor·i·za·tion, (英) **au·thor·i·sa·tion** [ɔ̀ːθərəzéiʃən / -rai-] 名 UC […する / …に対する] 権限の授与, 委任; 許可, 許可証 [*to do / for*]: the *authorization to* do …してもよいという許可.

***au·thor·ize**, (英) **au·thor·ise** [ɔ́ːθəràiz] 動 他 **1** 〈人〉に[…する]権限を与える, 委任する [*to do*]: The king *authorized* him to sell weapons. 王は彼に武器を売る権限を与えた. **2** 〈物事〉を許可する (approve): The president *authorized* the plan. 大統領はその計画を認可した.
3 〈語法などを〉(正当と)認める. (▷ 名 authority).

au·thor·ized, (英) **au·thor·ised** [ɔ́ːθəràizd] 形 権限を与えられた; 公認された; 認定の.
◆ **Áuthorized Vérsion** [the ～] 欽定(訳)聖書《1611年英国王ジェームズ1世の裁可を得て編集された英訳聖書; 《略語》AV》.

au·thor·ship [ɔ́ːθərʃìp] 名 U **1** (作品の)作者[著者]である(こと); 原作者: a novel of unknown *authorship* 作者不明の小説.
2 著述業.

au·tism [ɔ́ːtizəm] 名 U (子供の)自閉症.

au·tis·tic [ɔːtístik] 形 自閉症の.

automatic

***au·to** [ɔ́ːtou] 名 (複 au·tos [～z]) C (米) 自動車 (◇ *auto*mobile の略; car のほうが一般的).

au·to- [ɔ́ːtə, -tou] 結合 **1**「自身の, 自らの」の意を表す: *auto*biography 自叙伝 / *auto*matic 自動的な. **2**「自動車の」の意を表す: *auto*maker 自動車製造会社.

au·to·bahn [ɔ́ːtoubɑ̀ːn, áutou-] (ドイツ) 名 (複 au·to·bahns [～z], au·to·bahn·en [～ən]) C [時に A-] アウトバーン《ドイツの高速道路》.

au·to·bi·o·graph·ic [ɔ̀ːtəbàiəgrǽfik], **au·to·bi·o·graph·i·cal** [-kəl] 形 自叙伝の; 自伝風の.

***au·to·bi·og·ra·phy** [ɔ̀ːtəbaiágrəfi / -ɔ́g-] 名 (複 au·to·bi·og·ra·phies [～z]) **1** C 自叙伝, 自伝. **2** U 自伝文学.

au·to·bi·og·ra·pher [-fər] C 自叙伝の作者.

au·toc·ra·cy [ɔːtákrəsi / -tɔ́k-] 名 (複 au·toc·ra·cies [～z]) **1** U 独裁権; 独裁政治. **2** C 独裁国家[政府].

au·to·crat [ɔ́ːtəkrǽt] 名 C 独裁者, 専制君主.

au·to·crat·ic [ɔ̀ːtəkrǽtik], **au·to·crat·i·cal** [-kəl] 形 独裁(者)の; 専制(者)的な; 横暴な.

au·to·cross [ɔ́ːtoukrɔ̀ːs /-krɔ̀s] 名 U (英) オートクロス《(米) gymkhana》《自動車・オートバイによるクロスカントリーレース》.

***au·to·graph** [ɔ́ːtəgrǽf /-grà:f] 名 C **1** 自筆; 自署 (signature): sign an *autograph* 自筆の署名をする. **2** (特に有名人にしてもらう)サイン: May I have your *autograph*, please? サインをくださいませんか. (比較) 日本語の「サイン」は sign (署名する) を名詞に転じたもの)
— 動 他 …にサイン[署名]する: an *autographed* book 著者のサイン入りの本.

au·to·mat [ɔ́ːtəmæ̀t] 名 C (米) オートマット《自動販売装置によるセルフサービスの食堂》; 自動販売機.

au·to·mate [ɔ́ːtəmèit] 動 他 〈工場・作業など〉を自動化[オートメ化]する.

au·to·mat·ed [ɔ́ːtəmèitid] 形 自動化した: an *automated* factory オートメーション工場.
◆ **áutomated [áutomatic] téller machìne** C 現金自動預け入れ・支払い機《《略語》ATM》.

***au·to·mat·ic** [ɔ̀ːtəmǽtik] 形 **1** (機械などが)自動(式)の, 自動的な (↔ manual): an *automatic* door 自動ドア / an *automatic* ticket dispenser 自動券売機. **2** (動作が)無意識の, 機械的な, 習慣的な: an *automatic* response 無意識的な反応. **3** 必然的な, 自動的に生ずる: *automatic* promotion ところてん式の昇進.
— 名 C **1** 自動拳銃(けんじゅう) [小銃]. **2** オートマ(チック)車《自動変速装置付きの自動車》. **3** 自動機械.
◆ **áutomatic drive** = automatic transmission (↓).
áutomatic péncil C シャープペンシル.
áutomatic pílot C 《航空・船舶》自動操縦装置.
áutomatic téller machìne = automated teller machine.
automátic transmíssion UC (自動車の) 自

動変速装置.
áutomatic wícket C 自動改札 (→ STATION [PICTURE BOX]).

au・to・mat・i・cal・ly [ɔ̀ːtəmǽtikəli] 副 **1** 自動的に: This door opens and shuts *automatically*. このドアは自動的に開閉する.
2 無意識(的)に, 思わず, 機械的に: I stood up *automatically* when I heard my name called. 自分の名前が呼ばれるのを聞いて私は思わず立ち上がった.

*au・to・ma・tion [ɔ̀ːtəméiʃən]【*automa*tic op*eration の合成語】名 U オートメーション, 自動操作, (作業・工場などの)自動化: factory *automation* 工場のオートメーション化.

au・tom・a・ton [ɔːtámətən / -tɔm-] 名 C (複 **au・tom・a・tons** [~z], **au・tom・a・ta** [-tə]) **1** (人間型)ロボット; 自動機械. **2** (考えずに)機械的に行動する人.

***au・to・mo・bile** [ɔ́ːtəmoubìːl, ɔ̀ːtəmoubíːl]
【「auto(自分で)+mobile(動ける)」から】
— 名 (複 **au・to・mo・biles** [~z]) **1** C 《主に米・格式》**自動車**, 車 (《英》motorcar, 《米口語》auto)(◇ car を用いるのが一般的): drive an *automobile* 車を運転する. **2** [形容詞的に] 自動車の: an *automobile* carrier 自動車運搬車.

au・to・mo・tive [ɔ̀ːtəmóutiv] 形 **1** (機械・車などが)自動の, 自動推進の. **2** 自動車の.

au・to・nom・ic [ɔ̀ːtənámik / -nɔ́m-] 形 **1** 自治の. **2**【生理】自律(性)の: the *autonomic* nervous system 自律神経系.

*au・ton・o・mous [ɔːtánəməs / -tɔ́n-] 形
1 (国・団体などが) **自治の**, 自治権のある (self-governing); 自律的な: an *autonomous* body 自治体.
2 《格式》(人が)独立心のある, 自立的な.

au・ton・o・my [ɔːtánəmi / -tɔ́n-] 名
U **1** 自治 (self-government), 自治権; 自主性. **2** 《格式》自立, 独立の決定権.

au・top・sy [ɔ́ːtɑpsi, -tɔp-] 名 (複 **au・top・sies** [~z]) C 検死, 死体解剖 (postmortem).

au・to・sug・ges・tion [ɔ̀ːtousəgdʒéstʃən / -sədʒés-] 名 U【心理】自己暗示.

au・to・work・er [ɔ́ːtouwə̀ːrkər] 名 C 自動車製造労働者.

***au・tumn** [ɔ́ːtəm] (☆ 発音に注意)
— 名 (複 **au・tumns** [~z]) **1** U C 秋 (《米》fall) (◇《詩語・文語》では《米》でも autumn を用いる; → SPRING 語法): early [late] *autumn* 初[晩]秋 / We usually have fine weather in *autumn*. 秋はたいてい天気がよい.
2 [形容詞的に] 秋の, 秋用の: *autumn* flowers 秋に咲く花.
3 [the ~] 《文語》成熟期; (人生などの)下り坂, 晩年: the *autumn* of life 初老期.

au・tum・nal [ɔːtʌ́mnəl] 形 **1** 秋の, 秋らしい (◇日常語では autumn を形容詞に用いる; cf. vernal 春の): the *autumnal* equinox 秋分.
2 秋に咲く[実る].

aux., auxil. 《略語》= *auxil*iary (verb) (↓).

aux・il・ia・ry [ɔːgzíljəri] 形 [限定用法] 補助の, 予備の, 付加的な.
— 名 (複 **aux・il・ia・ries** [~z]) C **1** = auxíliary vérb【文法】助動詞 (→ 文法). **2** 補助する人[もの]. **3** [複数形で] 援軍, 外人部隊.

AV 《略語》= *A*uthorized *V*ersion 欽定(きんてい)訳聖書; *a*udio-*v*isual 視聴覚の.

av. 《略語》= *av*enue; *av*erage.

*a・vail [əvéil] 動 自 [通例, 否定文・疑問文で]《文語》(もの・ことが)役に立つ, 用が足りる, 助けになる.
— 他 (もの・ことが)〈人・こと〉に役立つ.
■ *aváil* onesèlf of ... [受け身不可] …を利用する; …に乗ずる (make use of).
— 名 U《文語》利益 (advantage), 効能 (use).
■ *be* of nó [líttle] *aváil* まったく[ほとんど]役に立たない: My efforts *were of no avail*. 私の努力はまったくむだだった.
to nó [líttle] *aváil* = *withòut aváil* むだに, かいなく: He tried hard, but *to no avail*. 彼は熱心に試みたがむだだった.

a・vail・a・bil・i・ty [əvèiləbíləti] 名 U 利用 [使用] できること, 役立つこと, 有効性; (入手の) 可能性.
(▷ 形 available)

文法 助動詞 (auxiliary verb)

助動詞は, 動詞の意味を補ったり, 時制・態などを作ったりする語です (詳しくは各語参照).

❶ **意味を補う助動詞**

主な語	主な働き
can	能力・可能・許可など
may	推量・許可など
must	義務・確信のある推量など
will	未来・意志・推量・習性など
shall	未来・意志・予言など

■ 主語の人称・数による語形変化はない
■ 動詞の原形と共に用いる

■「助動詞+主語...?」の語順で疑問文,「助動詞+not...」で否定文を作る

❷ **時制・態などを作る助動詞**

主な語	主な働き
be (am,are,is,was,were)	進行形・受け身を作る
do (do,does,did)	疑問文・否定文を作る
have (have,has,had)	完了形を作る

■ 主語の人称・数によって語形変化が起こる
■ be は現在分詞または過去分詞, do は動詞の原形, have は過去分詞と共に用いる
■「助動詞+主語...?」の語順で疑問文,「助動詞+not...」で否定文を作る

a‧vail‧a‧ble [əvéiləbl]

— 形 [比較なし] **1** [...に] 利用 [使用] できる, 役に立つ [*for, to*]: the hall *available for* concerts コンサートに使用できるホール / This computer is *available to* anyone. このコンピュータはだれでも利用できます.
2 入手できる, 得られる: tickets *available* on the day 当日売りの切符, 当日券 / This hat is not *available* in Japan. この帽子は日本では手に入らない.
3 (人が) 手があいている, 忙しくない (free); 会うことができる: Are you *available* now? 今, 手が離せますか / He is too busy to be *available* for the meeting tomorrow. 彼は忙しくてあすの会合に出られません / The foreign minister was not *available* for comment. 外務大臣の意見は (不在 [多忙] のために) 聞けなかった.
(▷ 動 aváil; 名 avàilabílity)

av‧a‧lanche [ǽvəlæntʃ / -lɑ̀ːntʃ] 名 **1** C 雪崩(なだれ). **2** C [an ~] [...の] 殺到 [*of*]: an *avalanche of* fan mail 殺到したファンレター.

a‧vant-garde [ɑ̀ːvɑːŋɡɑ́ːrd / ǽvɒŋ-] [フランス] 名 [the ~; 集合的に; 単数・複数扱い] 前衛芸術家たち, アバンギャルド《既成の形式・観念を否定し, 革新的な芸術を主張する》.
— 形 (作家・作品などが) 前衛的な.

av‧a‧rice [ǽvəris] 名 U 《格式》(金銭に対する) 強欲, 貪欲(どんよく) (greed).

av‧a‧ri‧cious [æ̀vəríʃəs] 形 《格式》貪欲(どんよく)な, 欲の強い (greedy).

*****ave., Ave.** [略語] = avenue (↓).

A‧ve Ma‧ri‧a [ɑ́ːvei məríːə] 名 [カトリック] アベマリア (の祈り) 《聖母マリアにささげる祈り》.

***a‧venge** [əvéndʒ] 動 他 《文語》...の復讐(ふくしゅう)をする, かたきを討つ, ...に仕返しをする 《◆目的語は殺人・敗北などの行為で人には来ないが, revenge は両方可能; → REVENGE》: Hamlet *avenged* the murder of his father. ハムレットは父親殺害の復讐をした.
■ *avénge onesélf on ...* ...に復讐 [仕返し] する.

a‧veng‧er [əvéndʒər] 名 C 復讐(ふくしゅう)者, かたきを討つ人.

av‧e‧nue [ǽvənjùː / -njùː]

— 名 (複 **av‧e‧nues** [~z]) C **1** 大通り, ...街 《略語》 av., ave., Ave.; → ROAD 類義語》: Fifth *Avenue* 五番街《New York の繁華街》.
2 並木道.《英》(本道から大邸宅の正門へ続く) 並木道. **3** [...への] 手段, 道 [*to*]: an *avenue to* success 成功への道 / explore [pursue] every *avenue* あらゆる手をつくす.

a‧ver [əvə́ːr] 動 (三単現 **a‧vers** [~z]; 過去・過分 **a‧verred** [~d]; 現分 **a‧ver‧ring** [əvə́ːriŋ]) 他 《格式》...を (真実であると) 断言 [主張] する; [...だと] 証言する [*that* 節].

av‧er‧age [ǽvəridʒ]
名 形 動

— 名 (複 **av‧er‧ag‧es** [~iz]) **1** C [通例, 単数形で] 平均, 平均値 《略語》 av.): the Dow Jones *average* ダウ平均株価 / take [strike] an *average* 平均 (値) をとる / The *average* of 4, 6, and 8 is 6. 4と6と8の平均値は6です / At present his batting *average* stands at .399. 現在彼の打率は3割9分9厘です 《◇ at .399 は at three ninety-nine と読む》.
2 U C 標準, 並, 普通.
■ *abòve [belòw] (the) áverage* 平均 (点) 以上 [以下] で (→ GRADE 表): His work at school was far *above* [*below*] *average*. 学校での彼の成績は平均よりはるかに高かった [低かった].
on (the [an]) áverage 平均して, 概して: He studies two hours *on average* at home. 彼は家で平均2時間勉強する.
— 形 [比較なし] **1** [限定用法] 平均の: The *average* span of life is now about eighty years. 平均寿命は現在80歳ぐらいです.
2 普通の, 平均的な, 並の (→ COMMON 類義語): a person of *average* height and weight 中肉中背の人.
— 動 他 **1** [受け身不可] 平均して...する, 平均して...を得る: He *averages* two goals a game. 彼は1試合平均2得点を挙げる.
2 〈数〉を平均する: If you *average* 3, 6, and 9, you get 6. 3と6と9を平均すると6になる.
— 自 [*average* + C] 平均...となる: His weekly income *averages* eight hundred dollars. 彼の週給は平均800ドルです.
■ *áverage óut* 自 平均すると [...に] なる [*at*]; 平均的な線に落ち着く. — 他 ...の平均を出す.

a‧verse [əvə́ːrs] 形 《格式》[...を] 嫌って, [...に] 反対して (opposed) [*to*]: 《◇ to のあとには人は来ない》: We are *averse to* war. 私たちは戦争に反対です / He is not *averse to* making money. 彼は金もうけがいやなのではない.

a‧ver‧sion [əvə́ːrʒən / -ʃən] 名 **1** U [または an ~] [...への] 嫌悪, 憎悪 (*to, for*): She has an *aversion to* dogs. 彼女は犬が嫌いです.
2 C [通例 ...'s pet ~] 大嫌いなもの [人]: Gambling is *his pet aversion*. 彼はギャンブルが大嫌いです 《◇ pet aversion は「大嫌いなもの」の意》.

***a‧vert** [əvə́ːrt] 動 他 《格式》 **1** 〈危険・不快など〉を避ける, 防ぐ (prevent): *avert* a strike ストライキを避ける.
2 〈目・視線・考えなど〉を [...から] そらす, そむける (turn away) [*from*]: She *averted* her eyes *from* the terrible sight. 彼女はその恐ろしい光景から目をそらした.

a‧vi‧ar‧y [éivièri / -viəri] 名 (複 **a‧vi‧ar‧ies** [~z]) C (動物園などの大型の) 鳥小屋, 鳥のおり.

***a‧vi‧a‧tion** [èiviéiʃən] 名 U **1** 飛行 (術), 航空 (技術); 航空機産業. **2** [集合的に] (特に軍用の) 航空機.

a‧vi‧a‧tor [éivièitər] 名 C 《古風》(初期の) 飛行家, 航空士, 航空機操縦士 (pilot).

av‧id [ǽvid] 形 **1** [...に] 貪欲(どんよく)な, 飢えている (greedy) [*for, of*]: She is *avid for* knowledge. 彼女は知識欲旺盛(おうせい)です. **2** [限定用法] 熱心な (eager): an *avid* reader of romances

avidity / award

恋愛小説の愛読者.
av·id·ly [~li] 副 貪欲に; 熱心に.
a·vid·i·ty [əvídəti] 名 U [...に対する] 強い欲求, 渇望; 熱意 [for]: have *avidity for* knowledge 知識欲がある.
av·o·ca·do [ævəká:dou] 名 (複 **av·o·ca·dos**, **av·o·ca·does** [~z]) C アボカド (avocado pear) 《熱帯アメリカ原産の食用果実》;〖植〗アボカドの木.
av·o·ca·tion [ævəkéiʃən] 名 C《格式》趣味, 道楽, 余技 (hobby); 副業.

‡a·void [əvɔ́id]
— 動 (三単現 **a·voids** [əvɔ́idz]; 過去・過分 **a·void·ed** [~id]; 現分 **a·void·ing** [~iŋ])
— 他 (a) [avoid + O]〈望ましくない人・もの・こと〉を避ける; よける: You should *avoid* coffee for a while. あなたはしばらくの間コーヒーを控えたほうがよい / You'd better *avoid* the crowd at the mall. 商店街の人込みは避けなさい.
(b) [avoid + doing]…するのを避ける, しないようにする: I cannot *avoid* meeting her. 私は彼女に会わないわけにはいかない.
(▷ 名 avóidance)
a·void·a·ble [əvɔ́idəbl] 形 避けられる.
a·void·ance [əvɔ́idəns] 名 U [...を] 避けること, 回避 [of]; 逃避. (▷ 動 avóid)
av·oir·du·pois [ævərdəpɔ́iz]【フランス】名 U = avoirdupois weight 常衡(ほう)《米で通用いる重さの単位. 16オンスを1ポンドとする;《略記》av., avdp.》.

A·von [éivən] 名 ① 1 [the ~] エーボン川《England 中部の川で, シェイクスピアの生地 Stratford-upon-Avon を流れる》: the Swan of *Avon* エーボン川の白鳥《シェイクスピアの別称》. 2 エーボン州《England 南西部の州; 州都ブリストル (Bristol)》.
a·vow [əváu] 動 他《格式》…を公言する, 率直に認める (admit) (↔ disavow); […であると] 公言する [that 節]: *avow* one's fault = *avow that* one is at fault 自分の過失を認める.
a·vow·al [əváuəl] 名 UC《格式》公言, 告白; 承認: a frank *avowal* 正直な告白.
a·vowed [əváud] 形《限定用法》公言した, 自認した: an *avowed* atheist 無神論者を自認する人.
a·vun·cu·lar [əvʌ́ŋkjələr] 形《文語》おじの(ような);〈おじさんのように〉優しい.
AWACS [éiwæks]《略記》*A*irborne *W*arning *a*nd *C*ontrol *S*ystem 空中警戒管制システム.

‡a·wait [əwéit] 動 他 1 …を待つ, 待ち受ける (◇ wait for より《格式》): I will *await* your reply. ご返事をお待ちします.
2〈もの・ことが〉〈人〉を待ちかまえる,〈人〉のために用意されている: A warm welcome *awaited* him at the party. 彼はパーティーで暖かい歓迎を受けた.

‡a·wake [əwéik]
— 形 [比較なし; 叙述用法] 1 目が覚めて, 眠らずに (↔ asleep)《◇限定用法には waking を用いる》: *awake* or asleep 寝ても覚めても / I stayed *awake* reading the book. 私は寝ずにその本を読んでいた / The noise kept me *awake* all night. その音で私はひと晩じゅう眠れなかった.
2 […に] 気づいて [to]; 油断なく (aware of): He became *awake to* the danger of a shark's attack. 彼はサメが襲ってくる危険に気づいた.
■ *be wíde awáke* すっかり目が覚めている, 眠れない; 警戒を怠らない.
— 動 (三単現 **a·wakes** [~s]; 過去 **a·woke** [əwóuk], **a·waked** [~t]; 過分 **a·wok·en** [əwóukən], **a·waked** [~t]; 現分 **a·wak·ing** [~iŋ])
1《文語》目が覚める, 起きる (wake): He *awoke* to find himself lying on the bench in the park. 目が覚めると, 彼は公園のベンチに寝ていた.
2《比喩》[迷いなどから] 覚める [from];[危険などに]気づく,[…を]意識する [to]: At last he *awoke from* the illusion. 彼はやっと迷いから覚めた / They *awoke to* the risks involved in the adventure. 彼らはその冒険に伴う危険に気づいた.
— 他 1《文語》…を目覚めさせる (wake up): The alarm clock *awoke* me. 目覚まし時計が私を起こした.
2《比喩》[…から]〈人〉を目覚めさせる [from];[…を]〈人〉に気づかせる, 目覚めさせる [to]: He *awoke* me *from* ignorance. 彼は私を無知から目覚めさせてくれた / That book *awoke* her *to* a sense of women's right. その本によって彼女は女性の権利意識に目覚めた.
3〈記憶・興味など〉を呼び起こす: This photo *awoke* my old memories. この写真で私は昔の記憶を呼び戻した.

‡a·wak·en [əwéikən] 動 他 1 〈人〉に […を] 気づかせる, 自覚させる (arouse) [to]: The incident *awakened* him *to* the need to learn English. その出来事で彼は英語を学ぶ必要を自覚した. 2〈人〉を目覚めさせる (awake): be *awakened* from … …から目覚める / The sound *awakened* the sleeper. 眠っていた人はその音で目覚めた. — 自 目が覚める; […に] 気づく [to].
a·wak·en·ing [əwéikəniŋ] 名 C《通例, 単数形で》目覚め, 覚醒(かくせい); […に対する] 自覚, 認識 [to]: the *awakening* of the sexual impulse 性の目覚め / have a rude *awakening* (いやな事に) 突然気づく.

‡a·ward [əwɔ́ːrd]《☆発音に注意》
名 動
— 名 (複 **a·wards** [əwɔ́ːrdz]) 1 C 《審査による》賞, 賞品, 賞金 (→ PRIZE 類義語): the Academy *Award* for Best Actor アカデミー主演男優賞 / She won the highest *award*. = The highest *award* went to her. 彼女は最高の賞を取った. 2 U 審判, 裁定; C 裁定額. 3 C《英》奨学金.
— 動 他 [award + O + O / award + O + to …] 1《審査によって》〈人〉に〈賞・名誉・契約など〉を与える, 贈る: The principal *awarded* her (the) first prize. The principal *awarded* (the) first prize *to* her. 校長は彼女に1等賞を与えた / A silver medal is *awarded* (to) him. = He is *awarded* a silver medal. 彼に銀メダルが贈られる.
2〖法〗(裁判所が)〈人〉に〈損害賠償など〉を裁定する,

認定する: The court *awarded* him $10,000 compensation. 裁判所は彼に1万ドルの損害賠償金が支払われるよう裁定した.
3《英》《人》〈奨学金など〉を与える.

a‧ware [əwéər]
【基本的意味は「気づいている」】
— 形 **1** (a) [be aware of ...] **…に気がついている**, …を知っている (↔ unaware) (→ 類義語): He *was aware of* her talent for painting. 彼は彼女の絵の才能に気づいていた / They *are* well [fully] *aware of* the dangers of smoking. 彼らは喫煙の危険性をよく[十分に]知っている(◇強調には much, well, fully, quite などを用いる).
(b) [be aware+that 節] …であることに気がついている: She *was aware that* you were absent. 彼女はあなたがいないことに気づいていた(= She was aware of your absence.).
(c) [be aware+疑問詞節] …かどうかに気づいている: I *was aware (of) how* much she loved me. 彼女がどんなに私を愛していたかに私は気づいていた.
2 [副詞を伴って] …の意識が高い, 意識を持った: a politically *aware* person 政治意識の高い人.
3 理解[知識]がある, よくわきまえた.

> 類義語 **aware, conscious, sensible**
> 共通する意味▶気づいている (having knowledge of something)
> **aware** は見たり, 聞いたり, 感じたりして「感覚的に気づいている」の意: He is *aware* of the slightest change in temperature. 彼はごくわずかな気温の変化にも気がつく. **conscious** は感覚・感情・事実・状態などに「意識的に注意を集中している」の意: We are not usually *conscious* of our breathing. 私たちはふだん自分の呼吸を意識していない. **sensible** は「あからさまにはなっていないものに気づく」の意だが, aware のほうが一般的: He is *sensible* of his responsibility. 彼は自分の責任を自覚している.

a‧ware‧ness [əwéərnəs] 名 U [または an ~] […を/…だと]気づいていること [*of* / *that* 節]: 知っていること, 認識: He has no *awareness of* what is lacking in him. 彼は自分に欠けているものが何であるか自覚していない.

a‧wash [əwɑ́ʃ, əwɔ́ːʃ / əwɔ́ʃ] 形 [叙述的用法]
1 (暗礁・沈没船などが)水面すれすれで, 波に洗われて. **2** […で]満ちあふれて [*with*].

a‧way [əwéi]
副 形 【基本的意味は「離れて」】
— 副 **1** [場所・時間] […から] **離れて**, 遠くへ [*from*]: She stood near the window, *away from* her father. 彼女は父親から離れて窓の近くに立った / It's a beautiful resort about ten miles *away from* the city. そこは町から約10マイル離れた美しいリゾートです / The famous stadium is just a mile *away*. その有名な競技場はちょうど1マイル離れた所にある / The opening of the Olympic Games is only a month *away*. オリンピックの開幕まであとわずかひと月です.
2 [不在](人が) **不在**で, 留守で(◇行く場所が遠く, 不在が長い場合に用いる. ちょっとした外出による不在には out を用いる): My parents have been *away* from home for a week. 両親はこの1週間不在です / We'll be *away* during the summer vacation. 私たちは夏休みには出かけて留守にする.
3 [移動] **あちらへ**, 向こうへ; […から] 別の方向へ [*from*]: In an instant the children ran *away*. あっという間に子供たちは走り去った / The cranes will soon fly *away* to Siberia. ツルはまもなくシベリアへ飛び立つだろう / He got angry and turned his head *away*. 彼は怒って顔をそむけた.
4 [消失・除去] (消え)去って, なくなって(◇動詞と共に用いることが多い; → コロケーション): The old bridge was washed *away* by the storm. その古い橋はあらしで押し流されてしまった.

| コロケーション …し去る(動詞＋**away**)
| 片づける: *clear away*
| 消え去る: *fade away*
| すり減る: *wear away*
| 溶ける: *melt away*
| 燃えつきる: *burn away*

5 [継続動作] どんどん, せっせと: Though he was tired, he worked *away* like an ant. 彼は疲れていたがアリのようにせっせと働いた.
6 (スポーツの試合が) アウェーで, 遠征先で (↔ home): Last season our soccer team played *away* five times. 昨シーズン私たちのサッカーチームは5回遠征試合をした. **7** [通例, 命令文で] ただちに, 遠慮なく: Fire *away*! それ撃て. **8** [前置詞・副詞を強めて]《米口語》はるかに, ずっと (◇ way を用いるのが普通): She is running *away* behind. 彼女は, はるかうしろを走っている.

■ *Awáy with ...!*《文語》…を追い払え, 取り除け.
fár [*óut*] *and awáy* はるかに, 抜群に (by far).
ríght awáy すぐに (→ RIGHT¹ 成句).
wéll awáy《英》**1** 順調に進んで. **2**《口語》ほろ酔い気分で.
— 形 [限定用法] (スポーツの試合が) アウェーでの, 遠征先での (↔ home): We are going to have an *away* game [match] next Saturday. 来週の土曜日はアウェー[遠征]の試合です.

*awe [ɔ́ː] 名 U《格式》畏敬(いけい), 尊敬しながらも恐れる気持ち: be struck with *awe* 畏敬の念に打たれる / He stared at the sight in *awe*. 彼は畏敬の念に打たれてその光景を見つめた / I held my grandfather in *awe*. 私は祖父に畏敬の念を抱いていた.

■ *stánd* [*be*] *in áwe of ...* 〈人〉に畏敬の念を抱く.
— 動 [通例, 受け身で]《格式》〈人〉に畏敬の念を起こさせる; 〈人〉に畏敬の念を起こさせて[…の状態に]する [*into*]: The students *were awed into* silence by their teacher's words. 学生たちは先生の言葉に威圧されて沈黙した.
(▷ 形 áwful, áwesome)

áwe-in‧spìr‧ing 形《格式》畏敬(いけい)の念を起こさせる, 荘厳な.

awe・some [ɔ́ːsəm] 形 **1**《格式》畏敬(ぃ)の念を起こさせる (awe-inspiring); (光景などが) 威圧的な. **2**《米口語》すてきな, すごい. (▷ 名 áwe)

awe-struck [ɔ́ːstrʌ̀k], **awe・strick・en** [ɔ́ːstrìkən] 形《格式》畏敬(ぃ)の念に打たれた.

aw・ful [ɔ́ːfəl] 形 副
— 形 **1** ひどい, とても悪い (very bad): What *awful* weather! なんてひどい天気だ / He has *awful* manners. 彼はひどく不作法です / The soup tasted *awful*. そのスープはひどい味がした / What's the matter? You look *awful*. どうしたの — ひどい顔色をしているよ.
2 [限定用法]《口語》(量・程度が) すごい, 非常な: an *awful* lot of magazines ものすごく多くの雑誌.
3《文語》恐ろしい (dreadful), すさまじい (terrible): *awful* sight 恐ろしい光景.
— 副《米口語》ひどく, すごく (very): He was *awful* tired. 彼はひどく疲れていた. (▷ 名 áwe)

aw・ful・ly [ɔ́ːfəli] 副 **1**《口語》非常に, とても (very): It's *awfully* hot today, isn't it? きょうはとても暑いですね / It's *awfully* kind of you to show me the way. 道案内をしてくださって本当にありがとう / Thanks *awfully*. どうもありがとう. **2** とてもまずく.

a・while [əʰwáil] 副《米》少しの間, しばらく: We rested *awhile* on the riverbank. 私たちは川岸でしばらく休んだ.

awk・ward [ɔ́ːkwərd] 形 **1** 気まずい, ばつの悪い: I felt *awkward*. 私はまずい思いをした / There was an *awkward* silence for a while. しばらく気まずい沈黙があった. **2** [...に関して] 不器用な, 下手な; ぎこちない [*at, in, with*]: He is an *awkward* soccer player. 彼はサッカーが下手です (= He is poor at playing soccer.). **3**《物事が》[...するのに] 扱いづらい, やっかいな [*to do*]: an *awkward* situation やっかいな事態 / an *awkward* window *to* open 開けにくい窓 / That tool is *awkward* to use. その道具は使いにくい. **4** [...にとって] 都合が悪い, 不便な [*for*]: Saturday is *awkward* for her. 土曜日は彼女にとって都合が悪い.

◆ **áwkward àge** [the ~] 反抗期, 世慣れていない年頃.

áwkward cùstomer C《口語》手ごわい相手.

awk・ward・ly [ɔ́ːkwərdli] 副 **1** 決まり悪そうに; ぎこちなく, 不器用に, 下手に. **2** ぶざまに.

awk・ward・ness [ɔ́ːkwərdnəs] 名 U **1** 気まずさ; 不器用 (さ). **2** 扱いにくさ.

awl [ɔ́ːl] ((同音) all) 名 C (皮などに穴をあける) 突きぎり, 千枚通し.

awn・ing [ɔ́ːniŋ] 名 C (店先や窓に突き出た) 日よけ, 雨覆い, 天幕.

a・woke [əwóuk] 動 **awake** の過去形の1つ.

a・wok・en [əwóukən] 動 **awake** の過去分詞の1つ.

AWOL, a・wol [éiwɔl, -wɑl/ -wɔl] (☆文字通りに発音することもある) 形 [叙述用法]《軍》無届け外出で [欠勤] で;《口語》いなくなって (◇ *absent without leave* の略): go *AWOL* 無断外出する; いなくなる.
— 名 C《口語》《軍》無届け外出 [欠勤] 者.

a・wry [ərái] (☆発音に注意) 形 [叙述用法] **1** 間違った, 誤った. **2** 曲がった, ゆがんだ. — 副 間違って; 曲がって.

ax,《英》**axe** [æks] 名 (複 **ax・es** [~iz]) **1** C おの, まさかり (cf. hatchet 手おの). **2** [the ~]《口語》解雇, 首切り, (経費などの) 削減.
■ **gèt the áx**《口語》**1** 解雇される, 首になる; 退学になる. **2** (計画などが) 打ち切りになる. **3** (恋人) にふられる.
gíve ... the áx《口語》**1** ...を解雇する, 首にする. **2** (計画などを) 打ち切りにする.
hàve an áx to grìnd [通例, 否定文で]《口語》下心がある, 腹に一物(ぃ)ある.
— 動 **1** ...をおので切る. **2**《口語》...を解雇する, 首にする;《経費など》を削減する;《計画・番組など》を打ち切る.

ax・el [æksəl] 名 C《フィギュアスケート》アクセル《ジャンプ中の回転技》.

ax・es[1] [æksiz] 名 **ax, axe** の複数形.

ax・es[2] [æksiːz] 名 **axis** の複数形.

ax・i・om [æksiəm] 名 C《格式》**1** 原理, 自明の理. **2**《数学》公理 (cf. theorem 定理). **3** 格言.

ax・i・o・mat・ic [æksiəmǽtik] 形《格式》自明の, 公理の (ような).

ax・is [æksis] 名 (複 **ax・es** [æksiːz]) C **1** 軸, (グラフの) 縦軸 [横軸], 中心線: the *axis* of the earth 地軸.
2 (国家間の) 枢軸(⁇): the *Axis* 枢軸国《第2次世界大戦における日本・ドイツ・イタリアをさす; cf. the Allies 連合国》.

ax・le [æksl] 名 C **1** 軸, 心棒. **2** 車軸 (棒).

a・ya・tol・lah [aiətóulə / -tɔ́lə] 名 C アヤトラ《イスラム教シーア派の高僧に対する尊称》.

aye, ay [ái] 副 はい, 賛成 (yes) (↔ nay) (◇口頭による採決で yes の代わりに用いる): *Aye, aye, sir!* アイアイサー, はい (◇船長が命令を確認したときの返事)
— 名 (複 **ayes** [áiz]) C 賛成者, 賛成票 (↔ nay): The *ayes* have it! 賛成多数 (◇議案の成立を告げる言葉).

AZ《郵略語》= *Ari*zona.

a・za・lea [əzéiljə] 名 C《植》アザレア, ツツジ.

Az・er・bai・jan [ɑ̀ːzərbaidʒɑ́ːn / æz-] 名 アゼルバイジャン《西アジアの共和国; 首都バクー (Baku)》.

az・i・muth [æziməθ] 名 C《天文》方位 (角).

AZT《略語》= *az*ido*t*hymidine [æ̀zədouθáimədín] アジドチミジン《エイズ治療薬. 商標》.

Az・tec [æztek] 名 **1** C アステカ人《メキシコ中部に古代文明を築いたメキシコ先住民族. 16世紀初めに滅亡》. **2** U アステカ語.
— 形 アステカ (人・語) の.

az・ure [æʒər] 《詩語》形 空色の, (海・空の) 青い. — 名 U 空色 (sky blue)《希望の象徴》.

B b   B b ℬ ℓ

b, B [bí:] 名(複 **b's, bs, B's, Bs** [~z]) **1** CU ビー《英語アルファベットの2番目の文字》. **2** C [大文字で] B字型のもの. **3** U [大文字で] [音楽] ロ音《ドレミ音階のシの音》; ロ調. **4** C [大文字で] 二流 [B級] の, B級; 《米》(学業成績などの) B, 良の上(→ GRADE 表). **5** U [大文字で] (血液型の) B型. **6** U [大文字で] (紙の大きさの) B判; *B5* B5判《182×257mm》.

B 《略語》= *b*lack 《鉛筆の軟度を示す. B → BB → BBB の順で軟度が高い; ↔ H》;《チェス》= *b*ishop;《元素記号》= boron ホウ素.

b. 《略語》= *b*. 1967 1967年生まれ / *b*. Sonora, Tex. テキサス州ソノーラで誕生.

B. 《略語》= *B*ay 湾; *B*ible; *B*ritish.

Ba 《元素記号》= barium バリウム.

BA¹ 《略語》= *B*ritish *A*irways 英国航空.

BA², B.A. 《略語》= *B*achelor of *A*rts 文学士(→ BACHELOR **2**).

baa [bǽ(:), bɑ́:/ bɑ́:] 《擬声語》名 C めー(bleat)《羊・ヤギの鳴き声; → CRY 表》.
— 動 自 (三単現 **baas** [~z]; 過去・過分 **baaed** [~d]; 現分 **baa·ing** [~iŋ]) (羊などが) めーと鳴く.

***bab·ble** [bǽbl] 名 自 (☆ **bubble** [bʌ́bl] との発音の違いに注意》**1** 意味のわからないことを [ばかげたこと] を早口で話す;（乳幼児が）ばぶばぶ言う. **2**（川などが）ざわざわと音を立て(て流れ)る.
— 他 …を回らぬ舌で話す (*out*).
— 名 U **1** [しばしば a ~] (群衆の)ざわめき, がやがや言う声; たわ言; 赤ちゃん言葉. **2**（川の）ざわざわいう音.

babe [béib] 名 C **1** 赤ん坊(baby). **2** 世間知らず, うぶな人. **3** 《米口語》女の子, かわい子ちゃん(baby)《◇親しい女性への呼びかけ》.
■ *a bábe in árms* 乳飲み児.
a bábe in the wóods 世事に疎い人.

Ba·bel [béibəl] 名 **1** 単 《聖》バベル(の都); バベルの塔(the Tower of Babel). 参考 昔, バベルの都の人々が天まで達する塔を建て始めたのを神が怒り, 人々の言葉を混乱させて建設を中止させたと言われる》 **2** U [または a b-] 騒然とした状態 [場所].

ba·boon [bæbúːn / bə-] 名 C 〔動物〕ヒヒ, マントヒヒ.

*****ba·by** [béibi] 名 動
— 名(複 **ba·bies** [~z]) C **1** 赤ん坊, 赤ちゃん: have a *baby* 赤ん坊が生まれる / How cute your *baby* is! なんてかわいいの, あなたの赤ちゃんは.

語法 性別が不明の場合や性別を特に問題にしない場合には, 代名詞に it を用いる: A *baby* often cries when *it* feels lonely. 赤ん坊はさびしく感じるとき泣くことが多い.

2 [形容詞的に] 赤ん坊の(ような); 小型の: *baby* powder ベビーパウダー / a *baby* car 小型[豆]自動車(→ baby carriage 比較). **3** 末っ子, 最年少者: He is the *baby* of our team. 彼が私たちのチームの最年少者です. **4** [通例 a ~] 《軽蔑》赤ん坊みたいな人: Don't be a *baby*. 赤ん坊みたいなまねはやめなさい. **5** [しばしば呼びかけ]《米口語》女の子, かわい子ちゃん; 恋人; 野郎. **6** [one's ~]《口語》苦心の労作;（人の）責任.

■ *be léft hólding the báby* → BAG 成句.
thrów the báby òut with the báthwater《口語》大切なものを不要なものと一緒に捨ててしまう.

— 動 (三単現 **ba·bies** [~z]; 過去・過分 **ba·bied** [~d]; 現分 **ba·by·ing** [~iŋ]) 他《口語》…を(赤ん坊のように) 大事にする, 大切に扱う.

◆ **báby bòom** C《口語》ベビーブーム.
báby bòomer C《口語》ベビーブーム世代の人.
báby bùst C《口語》出生率の急落, 少子化.
báby càrriage [bùggy] C《米》ベビーカー, 乳母車(《英》pram). 比較「ベビーカー」は和製英語.
báby dòll C《俗語》かわいい女性, 無邪気な女性.
báby tàlk U 赤ちゃん言葉.
báby tòoth C [主に米] 乳歯(《英》milk tooth).

bá·by-fàced 形 童顔の.

ba·by·hood [béibihùd] 名 U 乳(幼)児期: since *babyhood* 赤ん坊のときから.

ba·by·ish [béibiiʃ] 形《通例, 軽蔑》赤ん坊のような, 大人げない.

Bab·y·lon [bǽbələn / -ilən] 名 **1** 単 バビロン《古代バビロニアの首都》. **2** C 悪徳の栄える退廃的な町.

Bab·y·lo·ni·a [bæbilóuniə] 名 単 バビロニア《古代メソポタミアに栄えた帝国》.

Bab·y·lo·ni·an [bæbilóuniən] 形 **1** バビロンの; バビロニアの. **2** 華美で悪徳の.
— 名 **1** C バビロニア人. **2** U バビロニア語.

bá·by-mìnd·er [-màindər] 名 C《英》= BABY-SITTER (↓).

bá·by-sit 動 (三単現 **ba·by-sits** [-sits]; 過去・過分 **ba·by-sat** [-sæt]; 現分 **ba·by-sit·ting** [~iŋ]) 自 […の] ベビーシッター [子守] をする [*for*]《◇過去形は baby-sat より did baby-sitting が普通》: She *baby-sits for* us every Friday. 彼女は毎週金曜日にうちのベビーシッターをしている.
— 他 …のベビーシッターをする.

bá·by-sit·ter 名 C ベビーシッター(《米》sitter)《両親の留守や就労中に乳幼児の世話をする人》.

背景 アメリカでは11歳以下の子供だけで留守番をさせることは禁じられており, 子供だけで留守番をさせると幼児虐待容疑で取り調べを受けることもある. そのため, 子供を家に置いて出かけるときはベビー

bá·by-sìt·ting 名 U ベビーシッターの仕事: do *baby-sitting* ベビーシッターをする.

bac·ca·lau·re·ate [bækəlɔ́:riət] 名 C **1** 学士号(bachelor's degree). **2** (フランスなどの)大学入学資格(試験).

bac·ca·rat, bac·ca·ra [bà:kərá: / bǽkərà:]【フランス】名 U バカラ(トランプ賭博〈と〉の一種).

Bac·chus [bǽkəs] 名 固 《ロ神》バッカス, バッコス《酒の神; → GOD 表》.

bac·cy [bǽki] 名 U《英口語》たばこ(tobacco).

Bach [bá:k] 名 固 バッハ Johann Sebastian [jouhá:n səbǽstʃən] Bach (1685-1750; ドイツの作曲家).

***bach·e·lor** [bǽtʃələr] 名 C **1** 未婚[独身]の男性 (cf. spinster 未婚の女性).
2 [しばしば B-]学士(cf. master 修士, doctor 博士): a *Bachelor* of Arts 文学士 (《略語》BA, B.A., A.B.) / a *Bachelor* of Science 理学士 (《略語》B.S.).

ba·cil·lus [bəsíləs] (☆アクセントに注意)名《複 **ba·cil·li** [-lai]》C **1** バチルス, 桿菌《棒状の細菌》. **2** [複数形で](一般に)バクテリア, 細菌.

****back** [bǽk] 副 名 形 動

— 副 [比較なし] **1** うしろに, 後方へ, 引っ込んで: Scared by the dog the boy moved *back* toward the door. 犬を怖がって少年はドアの方へあとずさりした / Our school stands *back* from the road. 私たちの学校は道から引っ込んで建っている / The old woman was sitting *back* in the chair. 老婦人はいすに深く腰かけていた.
2 (場所・状態が) 元に戻って: He went *back* to his seat. 彼は自分の席へ戻った / You have to put the book *back* where it was. あなたは本を元の場所に戻さなければならない / My father came *back* to Japan yesterday. 父はきのう日本へ帰ってきた / I'll be *back* by 9:00 p.m. 私は午後9時までに帰ります.
3 以前に, ずっと前に: a few years *back* 数年前に / The first World Cup took place *back* in 1930. 最初のワールドカップはずっとさかのぼって1930年に行われた.
4 お返しに, 返事として, …し返す: write *back* (手紙で)返事を出す / I smiled at the girl, and she smiled *back*. 私の少女にほほえみかけたら, 彼女はほほえみ返した.
5 抑えて; 隠して: He tried to hold *back* his tears. 彼は涙をこらえようとした.
■ *báck and fórth* あちらこちらに, 前後[左右]に: A dog was running *back and forth* in the garden. 犬が庭を行ったり来たり走っていた.
báck of ... 《米口語》…のうしろに; …を支持して.
to ... *and báck* …まで往復して: the fare *to* Kyoto *and back* 京都までの往復料金.

— 名 (複 **backs** [~s]) **1** C 背中, 背中 (◇肩からしりに及ぶ胴体のうしろ側全体をさす; → BODY 図): A friend of mine tapped me on the *back*. 友人が私の背中をたたいた / The firefighter fell off the ladder and broke his *back*. 消防士ははしごから落ちて背骨を折った / The girl stroked her dog's *back*. その少女は犬の背中をなでた.
2 C [通例 the ~] 後部, 奥, 裏; (舞台の)背景(↔ front);《比喩》(事の)真相: We were sitting in the *back* of the car. 私たちは車の後部に座っていた / Write your name and address on the *back* of the envelope. 封筒の裏に自分の住所と名前を書きなさい / The book has an index in the *back*. その本は最後に索引がある / He has such an idea in the *back* of his mind. 彼は心の奥にそういった考えを持っている.
3 C [通例 the ~] (手・足の)甲, (いすの)背もたれ, (山の)尾根, (本の)背表紙, (ナイフなどの)背: The boy wiped off the tears with the *back* of his hand. 少年は手の甲で涙をふいた.
4 U|C [球技] 後衛, バック(ス).
■ *at* ...*'s báck* …を支持して: I'll always be *at your back*. 私はいつでも君を支持します.
at the báck of ... **1** …のうしろに, …の奥に: Keep the meat *at the back of* the refrigerator. その肉を冷蔵庫の奥へ入れておきなさい. **2** …の背後で. **3** …を支持して.
báck to báck **1** […と]背中合わせに [*with*]: My seat is *back to back with* hers. 私の席は彼女の席と背中合わせです. **2**《主に米》連続して.
báck to frónt **1** 前後逆さまに, うしろ前に.
2 完全に, すっかり.
behìnd ...*'s báck* = *behìnd the báck of* ... …のいない所で, かげで: Don't speak ill of others *behind their backs*. 他人のかげ口をたたくな.
bréak one's báck 背骨を折る;《口語》[…しようと]骨を折る, 一生懸命働く [*to do*].
bréak the báck of ... 《口語》〈仕事など〉をだいたい片づける, 峠を越す.
gèt óff ...*'s báck*《口語》〈人〉を悩ます[じゃまする]のをやめる.
gèt [*pùt*] *one's báck ùp*《口語》怒る.
gèt [*pùt*] ...*'s báck ùp*《口語》…を怒らせる.
hàve one's báck to the wàll《口語》追い詰められている, 非常に困っている.
in báck of ...《米口語》= at the back of.
knów ... *lìke the báck of one's hánd*《口語》〈場所など〉を非常によく知っている.
on one's báck **1** あお向けに; 病床について: She has been flat *on her back* for a week. 彼女は1週間病床についている. **2** 背負って, おんぶして.
3 万策つきて; 困窮して.
on ...*'s báck*《口語》…を悩ませて, …に文句を言って.
pùt one's báck ìnto [*to*] ...《口語》…を一生懸命やる.
sèe the báck of ...《口語》…を追い払う,〈仕事など〉を片づける.
túrn one's báck on [*upòn*] ... …に背を向ける; 無視する: He *turned his back on* civilization. 彼は文明に背を向けた.
with one's báck to [*agàinst*] *the wàll*《ロ

語）追い詰められて.

—[形][比較なし;限定用法] **1 うしろの**, 裏の, 奥の: a *back* street 裏通り / a *back* entrance 裏口 / *back* teeth 奥歯.

2 逆の, 逆方向の; 反対の: The *back* current carried the boat away. 逆流が小舟を押し流した.

3 過去の, 昔の. **4** 未払いの, 未納の: *back* pay 未払い賃金. **5**(中心地から)離れた; へんぴな: the *back* country《米・豪》奥地. **6**《音声》(母音が)後舌の: *back* vowels 後舌母音 (◇ [ɔ] [u] など).

—[動](三単現 **backs** [~s]; 過去・過分 **backed** [~t]; 現分 **back·ing** [~iŋ])(他) **1** ...を後退させる, バックさせる: He *backed* his car into the garage. 彼は車をバックさせてガレージに入れた.

2 ...を支持する, 後援する: We all *backed* his idea. 私たちはみんなで彼の考えを支持した / The governor is *backed* by the Socialist Party. その知事は社会党に支持されている.

3 ...が勝つと賭(か)ける. **4**《通例, 受け身で》...を裏打ちする, ...に背を付ける. **5**〈手形など〉に裏書きする (endorse). **6**《通例, 受け身で》〈歌手など〉のバックで演奏する[歌う].

—(自) **1** 後退する, バックする: The car *backed* out of the garage. 車が車庫からバックして出て来た. **2**(裏が)[...と]背中合わせである, [...に]隣接する [on, onto]: Our house *backs* on a park. 私たちの家の裏は公園です.

[句動詞] ***báck awáy*** (自)[...から]あとずさりする; 遠ざかる [*from*]: The girl *backed away* from the dog. 少女は子犬からあとずさりした.

báck dówn (自) 主張を取り下げる, 譲歩する; [...から]手を引く [*from*]《米》back off).

báck óff《主に米》 **1** 後退する: Do you mind *backing off* a bit? 少々下がってください ませんか. **2**[...から]手を引く [*from*]. **3**《通例, 命令文で》《口語》(干渉・いじめを)やめる.

—(他)[back + off + O / back + O + off] ...を後退[バック]させる.

báck óut (自)[...から]手を引く [*of, from*]; 約束を破る.

báck úp (他) [back + up + O / back + O + up]
1 ...を支援する, 後援する: No one *backed up* my opinion. だれも私の意見を支持してくれなかった. **2**《コンピュータ》〈ディスク・ファイルなど〉のコピーを作る, バックアップする. **3** ...を後退させる. **4**《米》〈交通〉を渋滞させる. —(自) **1**《コンピュータ》〈ディスク・ファイルなど〉のコピーを作る, バックアップする. **2** 後退する. **3**《米》〈交通〉が渋滞する; 〈列〉が延々とつながる.

◆ **báck còurt** [C] **1**《テニス》バックコート《コートのサービスラインより後方; ➡ TENNIS [PICTURE BOX]》. **2**《バスケ》バックコート《センターラインより自軍バスケット側のコート》.

báck íssue [C] バックナンバー《雑誌などの既刊号》.

báck númber [C] **1** = back issue. **2**《口語》時代遅れ[の人・もの].

báck óffice [C] (金融機関などの)事務部門.

báck tàlk [U]《米口語》生意気な口答え(《英》backchat).

back·ache [bǽkèik] [名] [U][C] 背中の痛み, 腰痛.

back·bench [bækbéntʃ] [名]《英》下院の後方席《平議員が座る; ↔ frontbench》; [U][the ~; 集合的に] 平議員.

back·bench·er [bækbéntʃər] [名]《英》(下院の)平議員 (↔ frontbencher).

back·bite [bǽkbàit] [動] (三単現 **back·bites** [-bàits]; 過去 **back·bit** [-bìt]; 過分 **back·bit·ten** [-bìtn], 《口語》 **back·bit**; 現分 **back·bit·ing** [-iŋ]) (他)(いない人の)悪口を言う, かげ口をたたく, (...を)中傷する.

back·bit·ing [bǽkbàitiŋ] [名] [U] 陰口.

back·board [bǽkbɔ̀rd] [名] [C] **1**(家具・額縁などの)背板, 裏板.
2《バスケ》バックボード《バスケットを取り付けた板; ➡ BASKETBALL [PICTURE BOX]》.

****back·bone** **1** [C] [the ~]《解剖》背骨, 脊柱(梁きちゅう). **2** [C] [the ~] 主な支柱; 中堅, 主力: They are the *backbone* of this company. 彼らはこの会社の中心的な存在です.

3 [U]《通例, 否定文で》気骨, 勇気: My son has no *backbone*. 息子には気骨というものがない.

4 [C]《通信》バックボーン《ネットワークの基幹となる大容量の高速通信回線》.

■ ***to the báckbone*** 徹底的に, まったく.

back·break·ing [bǽkbrèikiŋ] [形](仕事などが)ひどく骨の折れる.

back·chat [bǽktʃæt] [名] [U]《英口語》生意気な口答え(《米口語》back talk).

back·cloth [bǽkklɔ̀θ - klɔ̀θ] [名] [C]《英》= BACK-DROP (↓).

back·comb [bǽkkòum] [動] (他)〈髪〉を逆立てる.

back·date [bǽkdèit] [動](他) ...の日付を[...まで]さかのぼらせる; ...を[...まで]さかのぼって有効にする[実施する];〈昇給〉を遡及(そきゅう)する.

back·door [bǽkdɔ̀r] [形] **1** 裏口の. **2** 不正な, 秘密の: He is using *backdoor* methods. 彼は不正な手段を使っている.

báck dóor [C] **1** 裏口. **2** 不正な手段.

back·drop [bǽkdrɑ̀p - drɔ̀p] [名] [C]《劇》背景幕(《英》backcloth); (事件などの)背景.

back·er [bǽkər] [名] [C] **1** 後援者, 支持者.
2(競馬などで)賭(か)ける人.

back·fire [bǽkfàiər] [名] [C](内燃機関の)逆火(か), 異常燃焼, バックファイア《エンジン故障の一種》.
—[動] **1** 逆火を起こす. **2** [意図した人にとって]予想に反した結果となる [*on*].

back·gam·mon [bǽkgæmən] [名] [U] バックギャモン《2人で行う西洋すごろく. 2つのサイコロを振り, 各15個の駒(こま)を早く敵陣に進めることを競う》.

***back·ground** [bǽkgràund]
[基本的意味は「背景 (something behind something else)」]
—[名](複 **back·grounds** [-gràundz]) **1** [C](風景・写真・絵画・舞台の)背景, 遠景 (↔ foreground): I took a picture of her against the *background* of the blossoming cherry tree. 私は咲いている桜の木を背景にして彼女の写真を撮った.

2 [C](人の)経歴, 学歴, 教育; 素養; 家柄: a wom-

an with a college *background* 大学出の女性 / a statesman from a working-class *background* 労働者階級出身の政治家. **3** Ⓒ (事件・状況の) 遠因, 背景: the political *background* of the war その戦争の政治的背景. **4** Ⓤ = báckground informàtion 予備 [背景] 知識. **5** Ⓤ = báckground mùsic (映画などの) 背景音楽; バックグラウンドミュージック 《◇デパート・レストランなどで流すムード音楽. BGMと略すのは和製英語》. **6** Ⓒ (織物などの) 地.
■ *in the báckground* **1** 背景に. **2** (重要だが) 目立たない所で, 表に出ないで.

back·hand [bǽkhænd] 名Ⓒ (テニスなどの) バックハンド (↔ forehand).
— 形 バックハンドの (backhanded): a *backhand* stroke バックハンド. — 副 バックハンドで.

back·hand·ed [bǽkhændid] 形 **1** バックハンドの. **2** (お世辞などが) 皮肉な; あいまいな: a *backhanded* compliment 皮肉っぽいお世辞.

back·hand·er [bǽkhændər] 名Ⓒ **1** バックハンド (ストローク). **2** 《英口語》 わいろ.

back·ing [bǽkiŋ] 名 **1** Ⓤ 後援, 支援; [a ~; 集合的に] 後援者グループ, 支持団体. **2** Ⓤ (絵画用の) 裏張り, 裏板 [材]. **3** Ⓒ (ポピュラーミュージックの) 伴奏 (音楽); バックコーラス.

back·lash [bǽklæʃ] 名Ⓒ (政治・改革などに対する) 強い反発 [反動] [*against*].

back·less [bǽkləs] 形 背部のない; (ドレスが) 背の開いた.

back·log [bǽklɔ̀ːg / -lɔ̀g] 名Ⓒ **1** (通例, 単数形で) 未処理の仕事 (の山); 受注残高. **2** 《主に米》 (炉の奥に焚く) 太いまき.

back·pack [bǽkpæk] 名Ⓒ 《主に米》 バックパック, リュックサック (《主に英》 rucksack).
— 自 バックパックを背負って旅行 [登山] する.
back·pack·er [-ər] 名Ⓒ バックパッカー.

back·ped·al [bǽkpèdəl] 動 (過去・過分 《英》 back·ped·alled; 現分 《英》 back·ped·al·ling) 自 **1** 《口語》 前言 [約束] を取り消す; (腰くだけになって) 方針を変える. **2** (自転車などの) ペダルを逆にこぐ.

back·room, back room [bǽkrúːm] 名Ⓒ 奥の間; 密室, 裏工作の場; 秘密の研究所.
◆ báckroom bóy Ⓒ [しばしば ~s] 《英口語》 日陰の技術 [科学] 者, 裏方; 機密の研究をする科学者.

báck-seat drív·er 名Ⓒ 《軽蔑》 後部座席から運転の指図をする人; 無責任に口を出す人.

back·side [bǽksàid] 名 [時に ~s] 《口語》 しり (buttocks).

back·slap·ping [bǽkslæ̀piŋ] 名Ⓤ (お互いの背中をたたいて) 大げさに称賛し合う [親愛を示す] こと.

back·slide [bǽkslàid] 動 (三単現 back·slides [-slàidz]; 過去 back·slid [-slíd]; 過分 back·slid, back·slid·den [-sǽklslídn]; 現分 back·slid·ing [~iŋ]) 自 (以前の悪い習慣などへ) 逆戻りする.

back·space [bǽkspèis] 動 自 (コンピュータのキーボードで) 1字分戻す.
— 名Ⓒ 後退キー, BSキー.

back·spin [bǽkspìn] 名Ⓤ 《球技》 (球の) 逆回転, バックスピン.

back·stage [bǽkstéidʒ] 副 **1** 舞台裏で, 楽屋で [に]. **2** 内密に.
— 形 [限定用法] **1** 舞台裏の. **2** 舞台を離れての; (芸能人の) 私生活の. **3** 内密の, 秘密の.

back·stair [bǽkstèər / bǽkstéə] 形 = BACK-STAIRS (↓).

back·stairs [bǽkstèərz / bǽkstéəz] 名 [単数・複数扱い] 裏階段.
— 形 [限定用法] 秘密の, 陰で行われる; 遠回しの.

back·stop [bǽkstàp / -stɔ̀p] 名Ⓒ 《野球》 バックネット (比較 「バックネット」 は和製英語); 捕手.

back·street [bǽkstrìːt] 名Ⓒ 裏通り, 裏道.
— 形 秘密の, 違法の.

back·stretch [bǽkstrètʃ] 名Ⓒ 《陸上競技・競馬》 バックストレッチ 《ゴールと反対側の直線コース; ↔ homestretch》.

back·stroke [bǽkstròuk] 名Ⓤ 《水泳》 背泳; [the ~] 背泳競技.

báck-to-báck 形 [限定用法] **1** 連続した. **2** 背中合わせの.

back·track [bǽktræk] 動 自 **1** (道を) 引き返す; 退却する. **2** 前言 [約束] を取り消す, (腰くだけになって) 方針を変える (backpedal).

back·up, back-up [bǽkʌp] 名 **1** Ⓤ 支援, バックアップ; Ⓒ 代わりの人 [もの]; 《コンピュータ》 バックアップ 《ファイルやプログラムの予備コピー》. **3** Ⓒ 《米》 (交通の) 渋滞. **4** [形容詞的に] 予備の, 支援の.

***back·ward [bǽkwərd] 形 **1** [比較なし; 通例, 限定用法] 後方 (へ) の; 元 [過去] へ戻る; 逆の (↔ forward): a *backward* movement 後退, あと戻り / He took a *backward* step. 彼は1歩さしろへ下がった / Without a *backward* glance, he walked away. 彼は振り向きもせずに歩いて行ってしまった. **2** (知能の) 遅れた; (進歩・発達の) 遅れた (↔ developed): a *backward* child 遅進児. **3** [通例, 叙述用法] […の点で] 内気な, 気おくれのする [*in*]: He is rather *backward in* expressing his ideas. 彼は自分の考えを言いたがらない.
— 副 **1** 後方へ, うしろ向きに; 逆に, うしろから (↔ forward(s)): go *backward* 後退する / She looked *backward* over her shoulder. 彼女は肩越しに振り返った / He moved *backward*. 彼はあとずさりした. **2** (過去を) 振り返って, さかのぼって (◇普通は back を使う): look *backward* over the past year 1年間を振り返って考える. **3** (状況などが) 退歩 [後退] して.
■ *báckward and fórward* 前後に, 行ったり来たり (back and forth).
knów ... báckward …を知りつくす.
báck·ward-lòok·ing 形 前向きでない.

***back·wards [bǽkwərdz] 副 《主に英》 = BACK-WARD (↑).

back·wash [bǽkwɔ̀ʃ / -wɔ̀ʃ] 名Ⓒ **1** 返し波, 逆流 《オールやスクリューなどから生じる波》. **2** (災害などの) 余波, 影響.

back·wa·ter [bǽkwɔ̀ːtər] 名Ⓒ **1** (ダムなどで) せき止められた水; よどみ. **2** 沈滞, 《軽蔑》 へき地: a cultural *backwater* 文化的後進地域.

back·woods [bǽkwùdz] 名 [the ~; しばしば単数扱い] 未開拓の森林地, 奥地.

back・woods・man [bǽkwúdzmən/-wùdz-] 名 (複 **back・woods・men** [-mən]) C《米》奥地[へき地]の住人.

***back・yard** [bækjάːrd] 名 C **1** 裏庭 (◇《米》では芝生や菜園を含み, 単に yard とも言う): We all sat on the grass in the *backyard*. 私たちはその裏庭の芝生の上に座った. **2** (one's ~)(自分に利害関係のある)近隣; 自国の裏庭ともいうべき地域 (→ NIMBY).

‡**ba・con** [béikən] 名 U ベーコン《豚肉の塩漬けまたは薫製(:う)): a piece [slice, strip] of *bacon* ベーコン1切れ.

■ **bácon and éggs** [béikənəndégz] ベーコンエッグ《薄く切ったベーコンに目玉焼きを載せた料理. 英国の朝食に多い; cf. ham and eggs ハムエッグ》.
bríng hóme the bácon《口語》生活費を稼ぐ, 一家の大黒柱である; 事業に成功する.
sáve ...'s bácon《英口語》(人を)危機から救う; 危機を脱する.

Ba・con [béikən] 名 フランシス=ベーコン Francis Bacon (1561-1626; 英国の哲学者・政治家).

‡**bac・te・ri・a** [bæktíəriə] 名《複数扱い》(◇ bacterium [-riəm] の複数形だが, 単数形は《まれ》) バクテリア, 細菌.

bac・te・ri・al [bæktíəriəl] 形 バクテリア[細菌]の.
bac・te・ri・cide [bæktíərəsàid] 名 U C 殺菌剤.
bac・te・ri・ol・o・gy [bæktìəriάlədʒi / -ɔ́l-] 名 U 細菌学.
《☆アクセント注意》
bac・te・ri・ol・o・gist [-dʒist] 名 C 細菌学者.
bac・te・ri・um [bæktíəriəm] 名 (複 **bac・te・ri・a** [-riə]) bacteria の単数形.

Bác・tri・an cámel [bæktriən-] 名《動物》フタコブラクダ《中央アジア産》.

bad [bǽd]
*** 形 副 名 【基本的意味は「悪い」】

— 形 (比較 **worse** [wə́ːrs]; 最上 **worst** [wə́ːrst])

1 (道徳的に)悪い, 不正な; 行儀の悪い (↔ good) (→ 類義語): It's easy to form a *bad* habit. 悪い習慣は簡単に身についてしまう / To tease animals is *bad*. 動物をいじめるのは悪いことだ.

2 不快な, いやな; 好ましくない, 不運な: *bad* news 悪い知らせ; よくない人 / a *bad* smell いやなにおい / a *bad* day for hiking ハイキングには向かない日 / The weather will be *bad* this evening. 今夜は天気が悪くなるだろう.

3 [健康などに]悪い, 有害な [for]: Too much eating and drinking is *bad for* your health. 食べすぎ飲みすぎは体に悪い.

4 (もの・ことの状態が)悪い, よくない; (食べ物などが)腐った: *bad* eggs 腐った卵 / The traffic in the center of Tokyo is always *bad*. 東京都心の交通はいつもひどい.

5 (体調が)悪い; 痛む, 病気の: *bad* teeth 虫歯 / The patient's condition is *bad* this morning. 患者の具合がは悪い / This bed is good for my *bad* back. このベッドは私の腰痛にいい.

6 (程度が)ひどい, 激しい: a *bad* mistake ひどい間違い / a *bad* defeat 大敗 / He had a *bad* cold [headache] this morning. 彼はきさはひどい [頭痛] だった.

7 (質・内容などが)悪い, 粗末な, 不完全な; 間違った: a *bad* translation 悪訳 / *bad* service 不十分なサービス / *bad* plumbing 手抜きの配管工事.

8 (a) 下手な, 未熟な (poor) (↔ good): At first his pronunciation was *bad*. 最初彼の発音は下手だった. (b) [be bad at ...] ...が下手である: She *was bad at* drawing when she was a child. 彼女は子供の頃絵をかくのが下手だった / I *am* so *bad at* figures. 私は計算がとても苦手です.

■ ***feel bád* 1** 気分が悪い: I *feel bad* in the morning. 朝は気分が悪い. **2** [口語] [...を] 後悔する; 気の毒に思う [*about*]: She *felt bad about* the careless accident. 彼女は不注意による事故を後悔した.

gò bád 腐る, 悪くなる: Don't drink the milk; it has *gone bad*. その牛乳は飲まないでください. 悪くなっていますから.

nòt bád = nòt so [hálf, tóo] bád《口語》まんざら悪くない, なかなかよい: How was his performance? — *Not bad* for a beginner. 彼の演奏はどうだった — 初心者にしてはなかなかよかった.

tóo bád 困ったことで, 気の毒で(→次ページ **LET'S TALK**): It's *too bad* she hardly cooks. 彼女がほとんど料理をしないのは困ったことです.

— 副《米口語》ひどく, とても (**badly**).
— 名 U 悪い状態[状態].

■ **be in bád**《米口語》**1** 困っている. **2** [...に] 受け[評判]が悪い, [...と] 仲が悪い [*with*].
gò from bád to wórse (状況などが)悪化する, ますます悪くなる.
to the bád《口語》赤字で; 借金して.

◆ **bád blóod** U (互いに抱く)敵意, 憎しみ.
bád débt C 貸し倒れ, 不良貸付 [債権].

類義語 **bad, evil, wicked, ill**
共通する意味▶ (道徳的に) 悪い (not morally good nor ethically acceptable)
bad は「悪い」の意を表す最も一般的な語: a *bad* guy 悪人. **evil** と **wicked** は共に「故意に道徳に反するようなことをする」の意で, 罪深さ・腹黒さを含む: an *evil* thought よこしまな考え / a *wicked* heart 邪心. bad < evil < wicked の順で意味が強くなる. **ill** は evil よりも意味が弱く, 主に慣用表現に用いる: *ill* deeds 悪行 / *ill* nature ひねくれた性格 / an *ill* turn 意地悪な仕打ち.

---

‡**bade** [bǽd, béid] 動 **bid** の過去形の1つ.
***badge** [bǽdʒ] 名 C バッジ, 記章 (《米》button); 象徴, 印(し): a school *badge* 校章 / wear a *badge* バッジを付ける.

badg・er [bǽdʒər] 名 C アナグマ《穴居(;)性の肉食獣》.

— 動 他 **1** [...で] ...をいじめる, 悩ます; しつこく...に [質問などを] する [*with*]: He *badgered* his teacher *with* questions. 彼は教師にうるさく質問した.

2 ...に [...するように] うるさくせがむ [*to do, into*

doing]: Chris *badgered* his father *to* buy a camera. = Chris *badgered* his father *into* buying a camera. クリスはカメラを買ってくれと父親にうるさくせがんだ.

◆ **Bádger Státe** [the ～] アナグマ州 (◇米国 Wisconsin 州の愛称; → AMERICA 表).

bad·i·nage [bǽdinɑːʒ, bæ̀dinɑ́ːʒ]【フランス】 名 U《格式》からかい; 冗談.

bad·lands [bǽdlændz] 名《複数扱い》《米》荒れ地, 不毛地帯.

***bad·ly** [bǽdli]

── 副 (比較 **worse** [wə́ːrs]; 最上 **worst** [wə́ːrst])
1 悪く, まずく, 下手に; 不当に (↔ **well**): I'm afraid I sang *badly*. 私の歌は下手だったろうなあ / Don't think *badly* of her. 彼女のことを悪く思わないで / Mike was *badly* treated at the party. マイクはパーティーで不当な扱いを受けた.
2 ひどく: He was *badly* hurt [injured]. 彼はひどいけがをした [重傷を負った] / Japan was *badly* beaten by Italy. 日本はイタリアに完敗した.
3 非常に, とても (◇通例 want, need, in need of など「欲望・必要」を表す語と共に用いる): We *badly* need the money. 私たちにはそのお金がぜひとも必要です.

■ *bádly óff for ...* → BADLY-OFF (↓).

bad·ly-off, bad·ly off [bǽdliɔ́(ː)f, -ɔ́f] 形 (比較 **worse-off, worse off** [wə́ːrs-]; 最上 **worst-off, worst off** [wə́ːrst-]) [通例, 叙述用法] (↔ **well-off**) **1** 貧乏な, (暮らしに) 困っている (poor). **2** […が] 不足している; […がなくて] 困っている [*for*]: The library is really *badly off for* books. その図書館は本がなくて本当に困っている.

bad·min·ton [bǽdmintən] 名 U 《スポーツ》バドミントン. (関連語) shuttlecock バドミントンの羽根).

bád-mouth [-màuθ, -màuð] 動 他 《主に米俗》

語》…の悪口を言う, …を中傷する.

bad·ness [bǽdnəs] 名 U 悪い状態 [こと], 不良; 劣悪; 有害; 不吉 (なこと).

bad-tem·pered [bǽdtémpərd] 形 機嫌が悪い; 怒りっぽい, 気難しい; 意地の悪い.

***baf·fle** [bǽfl] 動 他 **1** 〈人〉を困惑させる, 困らせる (puzzle): I was *baffled* by his question. 彼の質問には参ってしまった. **2** 〈人〉の [計画・努力などを] 妨げる, 失敗させる [*in*]: He was *baffled in* his attempt. 彼の試みは失敗した.

baf·fling [bǽfliŋ] 形 (人を) 当惑させる, 不可解な: a *baffling* case 怪事件.

***bag** [bǽg]
名 動

── 名 (複 **bags** [～z]) C **1 袋**; かばん 《袋状の入れ物の総称; →次ページ図》: She took out a handkerchief out of the *bag*. 彼女は手さげからハンカチを取り出した.

関連語 いろいろな **bag**

doggie bag (食べ残しの) 持ち帰り袋 / litter bag (車の中などで使う) ごみ袋 / mailbag 郵袋 / overnight bag (1 泊旅行用の) 旅行かばん / schoolbag 通学用かばん / shopping bag 買い物袋 / shoulder bag ショルダーバッグ / sleeping bag 寝袋 / tea bag ティーバッグ

2 1 袋の量, 1 俵: two *bags* of potatoes ジャガイモ 2 袋分.
3 (目の下の) たるみ. **4** [～s] 《英》大量 [の…] [*of*]. **5** 《俗語・軽蔑》魅力のない女. **6** 《狩》獲物の全量. **7** [one's ～] 《古風》…の好きなこと, 十八番. **8** 《野球》ベース, 塁 (base).

■ *a bág of bónes* 《口語》やせこけた人 [動物].
bág and bággage 荷物を全部まとめて; 何もかも.
be in the bág 《口語》**1** (結果が) 望み通りになる, (成功などが) 確実である. **2** 《米》酔っ払った.
be léft hólding the bág [《英》*báby*] 《口語》(人の) 責任を負わされる.

LET'S TALK 同情の言葉

[基本] That's too bad.

Miho: I've got a headache. (頭が痛いわ)
Jenny: Oh, that's too bad. Perhaps you should take some aspirin. (まあ, それはお気の毒に. アスピリンを飲んだらいかがですか)

病気にかかったり, 事故にあったりして困っていると打ち明けられたときには, まず That's too bad. (それはお気の毒に) と言って同情の気持ちを表しましょう. 相手の悩みや病気が深刻な場合には, I'm sorry to hear that. (それは残念です) と言うほうがよいでしょう. aw-fully を付けて, I'm awfully sorry to hear that. (本当にお気の毒です) と言えば, より深い同情の気持ちを伝えることができます.

同情の気持ちを表したあとには, 慰めの言葉を付けましょう. そうすることで相手にあなたの気持ちがさらによく伝わるはずです.

[類例] A: Our dog died yesterday. (きのううちの犬が死んでしまいました)
B: I'm sorry to hear that. I know you'll miss him a lot.
(それは残念です. とてもさびしくなるでしょうね)

bagatelle

[いろいろなかばん]

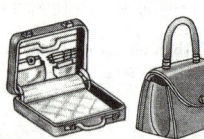

attaché case (アタッシェケース)
handbag (ハンドバッグ) ((米))では **purse** とも言う)
tote bag (大型手さげ袋)
suitcase (スーツケース)
wallet (財布)
shopping bag (買い物袋)

páck one's bágs 《口語》(けんかなどのあと、荷物をまとめて)立ち去る、出て行く.

— 動 (三単現 **bags** [~z]; 過去・過分 **bagged** [~d]; 現分 **bag·ging** [~iŋ]) 他 **1** …を袋に入れる[詰め込む](*up*).
2 《口語》(悪気なしに) …をちょっと失敬する.
3 《英口語》(よい場所など)を確保する、先取りする.
4 《獲物》を捕まえる、殺す.
— 自 (袋のように)だぶだぶに見える、たるむ(*out*).
◆ **bág làdy** C 女性のホームレス (◇所持品を紙袋に入れて持ち歩くことから).

bag·a·telle [bӕɡətél] 名 C **1** つまらないもの、はした金 (trifle). **2** バガテル(玉突きゲームの一種).
3 〖音楽〗バガテル(ピアノ用の小曲).

ba·gel [béiɡəl] 名 C ベーグル《ドーナツ型の硬いパン; → BREAD 図》.

bag·ful [bӕɡfùl] 名 (複 **bag·fuls** [~z], **bags·ful** [bӕɡz-]) C 袋1杯(の分量): three *bagfuls* of wheat 3袋の小麦.

***bag·gage** [bӕɡidʒ]

— 名 U **1** 《主に米》(旅行時の) 手荷物(類) (《主に英》luggage): a piece of *baggage* 手荷物 1 個 / four pieces of *baggage* 手荷物4個 (◇ four baggages とは言わない) / excess *baggage* 重量超過手荷物 / check *baggage* to the destination 目的地まで荷物を預ける.

語法 (1) baggage は中身を含む荷物全体に、luggage は入れ物に重点が置かれる.
(2)《英》では主に luggage を用いるが、船や航空機の「手荷物」には baggage を用いる.

2 《口語》固定観念、偏見 (◇主に人間関係の円滑さを妨げるものをいう).
3 〖軍〗携帯装備.
◆ **bággage càr** C 《米》(列車の)手荷物車 (《英》luggage van).
bággage chèck C 《米》手荷物引換券 [預かり証]《《英》luggage ticket》.
bággage clàim (àrea) C (空港の)手荷物引き渡し所 (➡ AIRPORT PICTURE BOX).

bággage ròom C 《米》(駅・空港などの)手荷物一時預かり所《《英》left-luggage office》.
bággage tàg C 《米》手荷物の荷札《《英》luggage label》.

bag·gy [bӕɡi] 形 (比較 **bag·gi·er** [~ər]; 最上 **bag·gi·est** [~ist]) (袋のように)ふくらんだ,(ズボンなどが)だぶだぶの: a *baggy* gray sweater だぶだぶのグレーのセーター.

Bagh·dad [bӕɡdӕd / bæɡdǽd] 名 固 バグダッド《イラク共和国の首都》.

bag·pipe [bӕɡpàip] 名 C 〖しばしば the ~s〗バグパイプ、風笛《スコットランド人が使う革袋で作った笛.《英口語》では単に **pipes** とも言う》: play the *bagpipes* バグパイプを吹く.

bag·stuff·er [bӕɡstʌ̀fər] 名 C (路上で配られる)宣伝ビラ、景品.

bah [báː] 間 ふん! ばかな! (◇軽蔑・不信を表す).

Ba·ha·mas [bəháːməz] 名 固 **1** [the ~; 単数扱い] バハマ《キューバの北東に位置する国. 公用語は英語; 首都ナッソー (Nassau)》.
2 [the ~; 複数扱い] バハマ諸島《西インド諸島の一部》.

Bah·rain, Bah·rein [baːréin] 名 固 バーレーン《ペルシャ湾内の島国; 首都マナマ (Manama)》.

Bai·kal [baikǽl, -káːl] 名 固 = Láke Baikál バイカル湖《シベリア南東部にある世界最深の湖》.

***bail¹** [béil] (☆同音 bale) 名 U 保釈; 保釈金.
■ *gò [stànd] báil (for ...)* (…の)保釈保証人になる; (…に) 保釈金を出す.
júmp [skíp] báil 保釈中に出廷しない.
(òut) on báil 保釈(出所)中である.
— 動 [次の成句で]
■ *báil óut* 他 (判事が)〈被告〉の保釈を許す; …を保釈してもらう.

bail² [béil] 動 [次の成句で]
■ *báil óut* 他 **1** 〈船〉から水をかい出す; 〈水〉をかい出す. **2** 〈会社など〉を財政的危機から救う.
— 自 **1** (船の)水をかい出す. **2** 《米》(飛行機から)パラシュートで脱出する. **3** (財政危機から)逃れる[*of*]. **4** 《米》(場所から)去る.(◇ 2,4 は《英》では通例 bale out とつづる).

bai·ley [béili] 名 C (中世の城の)外壁; 中庭.

bail·iff [béilif] 名 (複 **bail·iffs** [~s]) C **1** 廷吏(ていり) (《英》usher) 《法廷の秩序を守る》.
2 《英》執行吏《執行官の助手》; 土地管理人.

bairn [béərn] 名 C 《スコット》子供; 息子, 娘.

***bait** [béit] 名 U 〖または a ~〗 **1** えさ, 餌(え): put a *bait* on a hook 釣り針にえさを付ける.
2 おびき寄せるもの、おとり、わな、誘惑.
■ *ríse to the báit* 誘惑に負ける; 誘い[挑発]に乗る.
táke the báit (魚が)えさに食いつく.
— 動 他 **1** 〈釣り針・わな〉に[…の]えさを付ける

[with]: bait a hook *with* a worm 釣り針に(えさの)虫を付ける. **2**〈人・動物〉をいじめる,(ひどい言葉で)怒らせる.
baize [béiz] 名 U ベーズ《玉突き台などに張るウールの布. 普通は緑色》.

***bake** [béik]

— 動 (三単現 **bakes** [~s]; 過去・過分 **baked** [~t]; 現分 **bak·ing** [~iŋ])

— 他 **1** (a) [bake＋O]〈パン・菓子など〉を焼く(→[類義語]): *bake* bread and cakes in the oven パンとケーキをオーブンで焼く / a *baked* apple 焼きリンゴ / a *baked* potato ベークドポテト《ジャガイモの丸焼き》. (b) [bake＋O＋O] bake＋O＋for ...]〈人〉に…を焼いてやる: She *baked* me a birthday cake.＝She *baked* a birthday cake *for* me. 彼女は私の誕生祝いにケーキを焼いてくれた.
2 [bake＋O]〈かわら・れんがなど〉を焼く, 焼き固める; [bake＋O＋C] …を～ (の状態)に焼き固める: The sun *baked* the clay hard. 太陽に焼かれて粘土は固くなった.
3 (太陽などで)〈肌〉を焼く.
— 自 **1** (パンなどが)焼ける; (れんがなどが)焼け固まる; 日焼けする. **2**《口語》(部屋などが)とても暑い; 熱くなる.

[類義語] **bake, roast**
共通する意味▶ 焼く (cook by dry heat)
bake は直火(ﾋﾞﾉ)ではなくオーブンや熱した鉄板の上で「(肉以外のものを)焼く」の意: *bake* bread [cake, potatoes] パン[ケーキ, ジャガイモ]を焼く.
roast はオーブンまたは直火で「(大きな肉の塊を)焼く」の意: *roast* meat 肉を焼く / *roast* a chicken 鶏を丸焼きにする.

Ba·ke·lite [béikəlàit] 名 U《商標》ベークライト《絶縁体などに使う合成樹脂. 発明者の名から》.

***bak·er** [béikər]

— 名 (複 **bak·ers** [~z]) C パン屋(◇人); パンを焼く人, パン製造業者: the *baker's* (shop)《主に英》パン屋 (bakery) (◇店) / She is a good *baker*. 彼女はパンを焼くのがうまい (＝She bakes bread well.).
■ *a báker's dózen*《古風》パン屋の1ダース, 13個 (由来 昔, パン屋が量目不足の罰を恐れて1ダースに1個おまけを付けたことから): *a baker's dozen* of pens ペン13本.

***bak·er·y** [béikəri] 名 (複 **bak·er·ies** [~z]) C
1 パン屋《主に英》baker's (shop)), パン焼き職人; 製パン所.
2 パン・ケーキ類販売店 (cf. confectionery 菓子店).
bak·ing [béikiŋ] 名 U (パンなどを) 焼くこと.
— 形《口語》焼きつくような, すごく暑い; [副詞的に] 焼けつくように: It's *baking* hot here. ここは焼けつくように暑い.
◆ **báking pòwder** U ベーキングパウダー, ふくらし粉.

báking shéet C (料理で使う) 鉄板.
báking sòda U 重曹(ﾞｿｳ)《医薬品・洗浄・料理などに使う. 単に soda とも言う》.
bal·a·lai·ka [bæləláikə]【ロシア】名 C バラライカ《ギターに似た3弦のロシアの楽器》.

bal·ance [bǽləns] (☆ アクセントに注意) 名 動【基本的意味は「つり合い (a condition that is steady or equal)」】

— 名 (複 **bal·anc·es** [~iz]) **1** U つり合い, 平衡, (体の)バランス; (心の)安定, 落ち着き (↔ imbalance): Cyclists need a good sense of *balance*. 自転車に乗るにはバランス感覚がよくなければならない / His mother's sudden death upset the *balance* of his mind. 母親が突然死んだので彼は心の落ち着きを失った.
2 U [または a ~] (力・勢力などの) つり合い, 均衡, バランス; 調和: Try to acquire a better *balance* between study and leisure. 勉強と遊びをもっとうまく両立させるようにしなさい / This dance music has a pleasing *balance* of rhythm and melody. このダンス曲はリズムとメロディーの調和がよくとれている.
3 C 天秤(ﾋﾞﾝ), はかり: Weigh the gold foil on the *balance*. 金箔(ﾊﾟｸ)の目方を天秤で量りなさい.
4 C U (預金などの)残高; (収支の)差額, 貸借勘定: the *balance* of accounts 勘定残高 / the *balance* at the bank 銀行預金残高.
5 [the ~]《口語》残り, 残余 (rest): The *balance* of the team is on tour now. チームの残りの者は現在遠征中です.
6 自 [the B-]【天文】天秤座 (Libra).
■ *be [háng] in the bálance* (どっちつかずの)不安定な状態にある, 揺れ動いている, (結果・先行きなどが)決まっていない.
hóld the bálance 決定権を握っている.
kéep [lóse] one's bálance 体の平衡を保つ[失う]; 冷静さを保つ[失う].
òff bálance 体の平衡を失って; 冷静さを失って: The failure of his plan threw him *off balance*. 計画の失敗で彼は動揺した.
on bálance すべてを考慮すると, 結局.
strike a bálance **1** [2つのものの] バランスをとる [between]. **2** (貸借などを) 清算[決算]する.
típ [swíng] the bálance 均衡をくずす, 結果に決定的な影響を与える: Your support *tipped the balance* in my favor. あなたの支持のおかげで私に有利になりました.
— 動 (三単現 **bal·anc·es** [~iz]; 過去・過分 **bal·anced** [~t]; 現分 **bal·anc·ing** [~iŋ])
— 他 **1** [balance＋O] …のつり合いをとる, 平衡 [バランス] を保つ (↔ unbalance): Can you *balance* yourself on one foot? あなたは片足で体のバランスがとれますか⇨ 片足で立てますか / He *balanced* a plate on the stick. 彼は皿を棒の上に載せてバランスを保った.
2 [balance＋O] …を [~で] つり合わせる, 均衡 [調和] させる; 両立させる; …を [~で] 埋め合わせる, 相殺(ﾞｻｲ)する [*with*]: *balance* work and family life 仕事と家庭を両立させる / *balance* work *with* relaxation 仕事と休養とのバランスを保つ.

3 …を〔…と〕比較する〔*against, with*〕: *balance* the need for training *against* the money it costs 練習の必要性とそれにかかる費用をはかりにかける.
4 …を清算[決算]する, …の収支を合わせる: *balance* one's accounts 決算する.
— [自] **1** 〔…と〕つり合う, 平衡を保つ〔*with*〕.
2 (計算が)合う.
◆ **bálance bèam** [C]〖体操〗平均台.
bálance of páyments [the ～] 国際収支.
bálance of pówer [the ～] (国家間などの)勢力の均衡; 勢力拮抗(きっこう)の中で小勢力がもつ決定力.
bálance of tráde [the ～] 貿易収支.
bálance shèet [C]〖商〗バランスシート, 貸借対照表 (《略語》 b.s., B.S., B/S).

bal·anced [bǽlənst] [形] **1** つり合いのとれた; 調和のとれた (↔ unbalanced): a *balanced* diet 栄養のバランスがとれた食事.
2 分別のある (sensible).

*__bal·co·ny__ [bǽlkəni] [名] (複 **bal·co·nies** [～z]) [C]
1 バルコニー, テラス.
2 (劇場の) 桟敷(さじき).

*__bald__ [bɔ́ːld] (☆ bold [bóuld] との発音の違いに注意) [形] **1** (頭が)はげた, (人が)はげ頭の; (山・平野が)木[草]がない; (鳥・動物が)羽根[毛]がない: a *bald* head はげ頭 / He is *bald*. 彼は頭がはげている.
2 (タイヤが) すり減った, つるつるの.
3 飾り気のない; むき出しの: a *bald* statement of unpleasant facts 不愉快な事実のありのままの申し立て.
◆ **báld éagle** [C]〖鳥〗ハクトウワシ《米国の国鳥. 国章・貨幣の模様に使われている》.

bald eagle

アメリカの国章

bal·der·dash [bɔ́ːldərdæʃ] [名] [U] 《古風》 でたらめ, ナンセンス, たわ言 (nonsense).

bald·head·ed [bɔ́ːldhédid] [形] はげ頭の.

bald·ing [bɔ́ːldiŋ] [形] (人の頭が) はげかけた: My uncle is *balding*. 私のおじは頭がはげかかっている.

bald·ly [bɔ́ːldli] [副] 露骨に; 率直に, ありのままに.

bald·ness [bɔ́ːldnəs] [名] [U] **1** はげていること.
2 露骨さ; (文体などの) 味気なさ.

bale[1] [béil] (☆ [同音] bail) [名] [C] (運搬用に荷造りした)梱(こり), 俵 (◇荷物の数量を表す単位): a *bale* of cotton 1俵の綿 / a *bale* of hay 1梱の干し草.
— [動] [他] …を梱[俵]にする, 梱包(こんぽう)する.

bale[2] [動] 《英》 = BAIL[2] (↑).

bale·ful [béilfəl] [形] [通例, 限定用法] 《文語》 (態度・言動などが) 悪意のある; 有害な (harmful).

Ba·li [báːli] [名] [固] バリ島《ジャワ島の東にあるインドネシア領の島. 国際的観光地》.

balk, 《主に英》 **baulk** [bɔ́ːk] [動] [自] **1** 〔…に〕しり込みする, たじろぐ〔*at, in*〕; (馬が)〔…に〕立ち止まって動かない〔*at*〕: He *balked at* making a speech. 彼は演説するのをしり込みした / The horse *balked at* the hedge. 馬は障害物を跳び越そうとしなかった. **2** 〖野球〗(投手が)ボークを犯す.
— [他] …を妨げる, じゃまする: The accident *balked* his attempt. その事故で彼は企てをあきらめた.
— [名] [C] **1** [通例 a ～]〔…への〕妨害, 障害〔*to*〕.
2 〖野球〗ボーク《走者がいるとき投手が反則動作をすること》.

Bal·kan [bɔ́ːlkən] [形] **1** バルカン諸国 (民) の.
2 バルカン半島[山脈] の.
— [名] [固] [the ～s] = the Bálkan Státes バルカン諸国.
◆ **Bálkan Península** [固] [the ～] バルカン半島《黒海とアドリア海の間にある東ヨーロッパの半島》.

****__ball__[1] [bɔ́ːl] (☆ [同音] bawl) [名] [動]
— [名] (複 **balls** [～z]) **1** [C] 玉, 球, ボール: a tennis [golf] *ball* テニス[ゴルフ]のボール.

[コロケーション] ボールを…
ボールを打つ: **hit a ball**
ボールをける: **kick a ball**
ボールをドリブルする: **dribble a ball**
ボールを捕る: **catch a ball**
ボールを投げる: **pitch [throw] a ball**
ボールをパスする: **pass a ball**
ボールをトスする: **toss a ball**

2 [C] 球形のもの, 丸めたもの: the *ball* of the eye 目玉, 眼球 (eyeball) / The moon is a *ball*. 月は球体である.
3 [U] 球技; 《米》 野球.
4 [C] 投球, 打球; 〖野球〗ボール (↔ strike): a fast *ball* 速球 / a foul *ball* ファウル / three *balls* and two strikes 〖野球〗ツーストライクスリーボール. ([比較] 日本語とは逆でボール数を先に言う)
5 [C] 弾丸, 砲丸.
6 [通例 ～s] 《俗語》 睾丸(こうがん). **7** [～s] 《俗語》 勇気, 根性. **8** [～s; 間投詞的に] 《俗語》 ばかな! くだらん!
■ ***a báll of fíre*** 精力的な人.
be òn the báll 《口語》 **1** 有能である, 機転の利く. **2** 最新の情報 [事情] に明るい.
cárry the báll 《米口語》 責任を持って仕事をする, 率先してやる.
hàve the báll at one's féet 成功のチャンスをつかんでいる, 成功が目前である.
kèep the báll rólling (行為・会話などが中断しないように) うまく音頭をとる; (チームなどの) ムードメーカーになる.
pláy báll **1** [Play ball! で] (球技の) ゲームを開始[再開]する. **2** 《米》 野球[球技]をする. **3** 《口語》〔…に〕協力する (cooperate)〔*with*〕.
stárt [sét] the báll rólling (活動などを) 始める; (話などの) 口火を切る.
The báll is in yóur còurt. 今度はあなたの番です, ここから先はあなたの責任です.
the báll of the fóot [the thúmb] 足 [手] の親指の付け根のふくらみ, 母指球.

ball²   **ban**

— 動 他 自 …を丸める，球にする[なる]，固まる．
■ *ball úp* 他 **1** …を丸める．**2** 《米俗語》…をめちゃくちゃにする．
◆ báll béaring C【機械】ボールベアリング(の玉)．
báll bòy C (テニス・野球で球拾いの)ボールボーイ．
báll còck C 浮き玉コック，玉栓《水槽の水量を自動的に調節する装置》．
báll gàme C **1** 球技；《米》野球．**2**《口語》状況，事態: It is a (whole) new *ball game* for me to use a computer. コンピュータを使うのは私にとってまったく新しい経験です．
báll gìrl C (テニスで球拾いの)ボールガール．
*ball² [bɔ́ːl]《特に正式で盛大なものを言う; cf. dance (私的な)ダンスパーティー》: A *ball* was given last night. 昨晩舞踏会が開かれた．
■ *hàve a báll* 《口語》楽しい時を過ごす．
bal·lad [bǽləd] 名 C **1**《フランス》物語風の詩または曲《バラッド《主としてポピュラー音楽のスローで感傷的なラブソング》．
bal·lade [bəláːd, bæl-]【フランス】名 C **1**《詩》バラード《中世ヨーロッパの自由形式の小叙事詩》．**2**《音楽》バラード《短くてロマンチックな歌曲・ピアノ楽曲》．
bal·last [bǽləst] 名 U **1**《海》バラスト，底荷《船の安定を保つために積む砂利・水など》．**2**《航空》(気球の)砂袋．**3**《鉄道·道路》の敷砂利，バラスト．
— 動 他 **1** 〈船〉に底荷を積む；〈気球〉に砂袋を積む．**2**《鉄道・道路》に砂利[バラスト]を敷く．
bal·le·ri·na [bæ̀lərí:nə]【イタリア】名 C バレリーナ《女性のバレエダンサー》．
‡**bal·let** [bæléi, bǽlei / bǽlei] (☆tは発音しない)【フランス】名 **1** バレエ，舞踊劇: a *ballet* dancer バレエダンサー．**2** C バレエ曲，バレエ作品．**3** C バレエ団: a member of the Bolshoi *Ballet* (ロシアの)ボリショイバレエ団の一員．
bal·lis·tic [bəlístik] 形 弾道(学)の．
◆ ballístic míssile C 弾道ミサイル．
‡**bal·loon** [bəlú:n] 名 C **1** 気球 (→ AIRCRAFT 図): a hot-air *balloon* 熱気球 / an ad [advertising] *balloon* アドバルーン．**2** 風船玉，ゴム風船: The child was blowing up a *balloon*. その子はゴム風船をふくらませていた．**3** 吹き出し《漫画でせりふを入れた囲み》．
■ *(when) the ballóon gòes úp*《口語》事が起こる(ときは)，やっかいな事が始まる(ときは)．
— 動 自 **1** 気球に乗る，気球で上昇する: go *ballooning* 気球飛行をする．**2** 風船のようにふくらむ；増大する，拡大する．
— 他 〈風船〉をふくらませる．
bal·loon·ist [bəlú:nist] 名 C 気球飛行をする人； (熱)気球飛行家．
‡**bal·lot** [bǽlət] 名 **1** C (無記名の)投票用紙；投票: cast a *ballot* for [against]... …に賛成[反対]の投票をする．**2** C (無記名の)投票(secret voting): elect by *ballot* 投票で選ぶ / hold [take] a *ballot* 投票を行う．**3** C 投票数；投票総数．**4** U くじ引き．
— 動 自 (無記名で)[…に賛成 / 反対]投票する (vote)[*for* / *against*]; […に]くじで決める[*for*]: *ballot for* [*against*] the resolution 決議案に賛成[反対]投票する．
ball·park [bɔ́:lpà:rk] 名 C **1**《米》野球場．**2**[単数形で]《米口語》妥当な範囲；[形容詞的に]概算の: a *ballpark* figure 概数．
■ *in the* (*right*) *bállpark* ほぼ正確に；おおよそ．
ball·play·er [bɔ́:lplèiər] 名 C《米》野球選手．
*ball·point [bɔ́:lpɔ̀int] 名 C ボールペン (*ballpoint pen*;《英》Biro)．
ball·room [bɔ́:lrù:m] 名 C (ホテルなどの広い)舞踏室，ダンス場《◇一般的には dance hall と言う》: *ballroom* dancing 正式な社交ダンス；競技ダンス．
bal·ly·hoo [bǽlihù: / bæ̀lihú:] 名 U《口語》**1** 騒々しく低俗な宣伝，誇大広告．**2** ばか騒ぎ．
balm [bá:m] 名 U C **1** 芳香性樹脂；香油，鎮痛剤．**2**《文語》(心の)慰め．
balm·y [bá:mi] 形 (比較 **balm·i·er** [~ər]；最上 **balm·i·est** [~ist]) (空気·天気などが)快い，穏やかな；芳香のある: a *balmy* morning 快い朝．
ba·lo·ney [bəlóuni] 名 C = BOLONEY たわ言．
bal·sa [bɔ́:lsə] 名 C【植】バルサ《中南米産の常緑高木》；U バルサ材 (*balsa wood*)《軽くて丈夫なので，救命具やいかだに使う》．
bal·sam [bɔ́:lsəm] 名 **1** U C バルサム《液体樹脂》；香油；鎮痛剤．**2** C 香油 (*balm*) をとる木．**3** C【植】ホウセンカ．
Bal·tic [bɔ́:ltik] 形 **1** バルト海の．**2** バルト諸国の(略語)．**3** バルト語派の．
— 名 U バルト語派《リトアニア語・ラトビア語など》．
◆ Báltic Séa 固 [the ~] バルト海《ヨーロッパ大陸とスカンジナビア半島の間にある》．
Báltic Státes 固 [the ~] バルト3国《エストニア・リトアニア・ラトビア》．
Bal·ti·more [bɔ́:ltəmɔ̀:r] 名 固 ボルティモア《米国 Maryland 州の港湾都市》．
bal·us·ter [bǽləstər] 名 **1** (手すり・欄干 (*balustrade*) の) 短い柱．**2** [~s] = BALUSTRADE (↓)．
bal·us·trade [bæ̀ləstréid / bǽləstréid] 名 C 手すり，欄干 (*banister*)．
Bal·zac [bɔ́:lzæk, bǽl- / bǽl-] 名 固 バルザック Honoré de [ònəréi də] Balzac《1799–1850；フランスの小説家》．
bam·bi·no [bæmbí:nou]【イタリア】名 (複 **bam·bi·nos** [~z], **bam·bi·ni** [-ni:]) C **1** 赤ん坊，子供．**2** 幼いキリストの像《絵》．
‡**bam·boo** [bæmbú:] 名 (複 **bam·boos** [~z]) **1** U C【植】竹: *bamboo* shoots [sprouts] 竹の子 / Sagano is famous for its beautiful *bamboo* forest. 嵯峨野は美しい竹林で有名です．**2** U 竹材；[形容詞的に]竹(製)の: *bamboo* work 竹細工 / This basket is made of *bamboo*. このかごは竹でできている．
bam·boo·zle [bæmbú:zl] 動 他《俗語》**1** …をだます；煙にまく，迷わす．**2** …をだまして[…]させる [*into*]; …をだまして[…を]巻き上げる [*out of*]．
‡**ban** [bǽn] 名 C (法律による)禁止，禁制 [*on*]: under the *ban* 禁止されて / put [place] a *ban on* smoking = put [place] smoking under a *ban* 禁煙にする / a *ban on* the use of

banal

nuclear weapons 核兵器使用禁止 / lift the *ban on* fishing 漁を解禁する.
— 動 (三単現 **bans** [~z]; 過去・過分 **banned** [~d]; 現分 **ban·ning** [~iŋ]) 他 (法的に)…を禁止する;〈人〉が[…するのを]禁止する[*from doing*]: The military government *banned* demonstrations. 軍事政権がデモを禁止した / We *banned* him *from driving* for a week. 私たちは彼に1週間車の運転を禁じた.

ba·nal [bənǽl, -nάːl] 形《軽蔑》ありふれた, 陳腐な; つまらない.

ba·nal·i·ty [bənǽləti] 名 (複 **ba·nal·i·ties** [~z]) U 平凡さ, 陳腐; C つまらない言葉[考え].

**ba·nan·a [bənǽnə / -nάːnə]
(☆ アクセントに注意)
— 名 (複 **ba·nan·as** [~z]) C バナナ; バナナの木: a bunch [two bunches] of *bananas* バナナ1房[2房].
■ *gò banánas*《口語》頭がおかしくなる; 怒る.
◆ banàna repúblic C《軽蔑》『バナナ共和国』《外貨依存度の高い政情不安定な中南米の小国》.
banána pèel [《英》skín] C《米》 **1** バナナの皮. **2**《口語》(政治家などの)失態, 失言.
banána split C バナナスプリット《縦半分に割ったバナナにアイスクリーム, ナッツ, チョコレートソースなどをかけたデザート》.

**band¹ [bǽnd] 名
— 名 (複 **bands** [bǽndz]) C **1** 楽団, 楽隊, バンド《◇主に軽音楽を演奏する楽団. 通例, 弦楽器を含むが, cf. orchestra 管弦楽団》: a brass *band* ブラスバンド / a jazz *band* ジャズバンド.
2 一団, 一隊, 一群: a *band* of robbers 盗賊の一団 / a *band* of wolves オオカミの群れ.
— 動 他 …を団結させる, 結び付ける (*together*).
— 自 団結する (*together*).

*band² C **1** (ものを縛る)ひも, なわ, 帯; (おけの)たが; (帽子の)リボン: a hair *band* ヘアバンド / a rubber *band* 輪ゴム. **2** (色・光の)しま, 筋, 帯. **3** 周波数帯 (wave band).
— 動 他 …をひもで縛る;…に帯[バンド]を付ける.

*ban·dage [bǽndidʒ] 名 (複 ~s [~iz]) C 包帯 (目隠しの)布: a roll of *bandage* 1巻きの包帯 / The nurse put a *bandage* on my injured hand. 看護師はけがをした私の手に包帯をした / He put a *bandage* over my eyes. 彼は私に目隠しをした.
— 動 他 …に包帯をする (*up*): a *bandaged* arm 包帯をした腕 / She *bandaged* (*up*) my finger. 彼女は私の指に包帯をした.

Band-Aid [bǽndèid] 名 **1** U C《米》《商標》バンドエイド. **2** U C《時に band-aid》(一般に)救急用のばんそうこう; C 応急策[措置]. **3** [形容詞的に] 応急の, 間に合わせの.

ban·dan·na, ban·dan·a [bændǽnə] 名 C バンダナ《首や頭などに巻く絞り染めのスカーフ》.

b&b, B&B [略語]《英》= *bed and breakfast* Bアンド B《◇朝食付き宿泊. ホテルや民宿の広告・看板などの表示に使われ, BB, B.B., b. & b., B and B などともつづる》.

band·box [bǽndbὰks / -bɔ̀ks] 名 C (帽子などを入れる)円形の紙箱.

ban·dit [bǽndit] 名 (複 **ban·dits** [-dits], **ban·dit·ti** [-díti]) C 山賊, 追いはぎ《山野に武装して出没する》; 無法者: a gang of *bandits* 山賊の一団.

band·mas·ter [bǽndmæstər / -mὰːstə] 名 C バンドマスター, 楽団指揮者《特にブラスバンドの指揮者》.

ban·do·leer, ban·do·lier [bændəlíər] 名 C《軍》(肩にかける)弾丸帯.

bands·man [bǽndzmən] 名 (複 **bands·men** [-mən]) C 楽団員, バンドマン.

band·stand [bǽndstænd] 名 C 野外音楽堂, 野外ステージ《レストランなどの》演奏用ステージ.

band·wag·on [bǽndwægən] 名 C **1**《米》(パレードの)楽隊車. **2**《口語》時流に乗った政党[側, 運動].
■ *gét* [*hóp, clímb, júmp*] *on the bándwagon*《口語》時流に乗る; 優勢な側につく.《由来》優勢な候補者の楽隊車に飛び乗る様子から）

ban·dy [bǽndi] 動 (三単現 **ban·dies** [~z]; 過去・過分 **ban·died** [~d]; 現分 **ban·dy·ing** [~iŋ]) 他 **1** 〈言葉・悪口など〉を[…と]やり取りする [*with*]: I won't *bandy* words *with* you. 私はあなたと言い合いをするつもりはない. **2** 〈ボールなど〉を打ち合う, 投げ合う.
■ *bándy abóut* [*aróund*] 他 [しばしば受け身で]〈悪いうわさなど〉を言いふらす: She has her name *bandied about*. 彼女の名前が取りざたされている.
— 形 (比較 **ban·di·er** [~ər]; 最上 **ban·di·est** [~ist]) O脚の, がにまたの (bandylegged).

ban·dy·leg·ged [bǽndilégid] 形 O脚の, がにまたの (cf. knock-kneed X脚の).

bane [béin] 名 C [the ~] 破滅のもと, 災い.

bane·ful [béinfəl] 形《文語》有害な, 悪い.

*bang¹ [bǽŋ]《擬声語》動 他 **1** …をどん[がん, がたん]とたたく, 強く打つ;…をばたん[がちゃん]と置く: He *banged* the table with his fist. = He *banged* his fist on the table. 彼はこぶしでテーブルをどんとたたいた.
2 […に]…をどん[ごつん]とぶつける; (偶然に)[…に]…をぶつける [*against, into, on*]: He *banged* his head *on* the low ceiling. 彼は低い天井に頭をごつんとぶつけた.
3 〈戸など〉をばたんと閉める (slam): You must not *bang* the door. ドアをばたんと閉めてはいけない. **4**《大砲など》を(ずどんと)発砲する. **5** 〈知識など〉を[…に]たたき込む [*into*].
— 自 **1** […を]どん[がん]と打つ[たたく], 強く打つ [*on, at*]: Someone *banged on* the front door. だれかが玄関のドアをどんどんたたいた.
2 […に]どん[ごつん]とぶつかる [*against, into*]: The poor girl *banged against* the tree. かわいそうな女の子は木にぶつかった. **3** [副詞(句)を伴って]〈戸などが〉ばたんと音を立て[閉まる]: The door *banged* shut in the wind. 戸が風でばたんと閉まった. **4** (ばん[がん]と)大きな音を出す (*about*): We can hear children *banging about* upstairs. 子供たちが2階で大きな音を立てているのが聞こえる.
■ *báng awáy* 自 **1** [タイピングなどを]がむしゃら

bang² にやる[*at*]. **2** 連続的に弾を撃つ.
báng one's héad agàinst a brick wáll (不可能なことをしようとして)むだな努力をする.
báng óut 他《口語》**1**《音楽》をがんがん演奏する. **2**（パソコンで）急いで作成する；書きなぐる.
báng úp 他《口語》…を壊す，傷つける.
── 名 C **1** どん［がん, ずどん, ばたん］という音: There was a *bang* outside. 外でどんという音がした. **2** 強打: I got a *bang* on the head. 私は頭をがんと打った. **3**《米口語》大喜び.
■ *gò óver* [《英》*óff*] *with a báng* 大成功を収める.
with a báng **1** どん［がん, ばたん］と. **2** いきなり，出し抜けに；《口語》見事に，うまく.
── 副 **1** どん［ばん, がん］と，ぱたんと（◇ Bang! Bang! など開口副詞としても用いる）: The gun went *bang*. 鉄砲がばーんと鳴った. **2**《口語》ちょうど，ずばり，まさに.
■ *báng góes ...*《口語》それで…の終わりだ: It's started to rain. — Oh, well, *bang goes* our picnic. 雨が降り出したよ — やれやれ, これでピクニックもおじゃんだ.
báng ón ぴったりで，まったく正しい: Your answer is *bang on*. ご名答です.
gò báng ばたんと閉まる，ぱんと破裂する.
bang² [bǽŋ] 名 C［しばしば ~s］切り下げた［おかっぱにした］前髪.
── 動 他〈前髪〉を切り下げ［おかっぱ］にする.
bang·er [bǽŋər] 名 C《英口語》**1** ポークソーセージ. **2**（音うるさい）ぽんこつ車. **3** 爆竹花火.
Bang·kok [bǽŋkɑk / bǽŋkɔ́k] 名 固 バンコク《タイの首都》.
Ban·gla·desh [bɑ̀ːŋɡlədéʃ / bæ̀ŋ-] 名 固 バングラデシュ《南アジアにある共和国. 1971 年にパキスタンから独立；首都ダッカ (Dhaka, Dacca)》.
Ban·gla·desh·i [bɑ̀ːŋɡlədéʃi] 形 バングラデシュ(人)の. ── 名 C バングラデシュ人.
ban·gle [bǽŋɡl] 名 C 腕輪；足首飾り: gold *bangles* 金の腕輪.
báng·ùp 形《限定用法》《米口語》すばらしい，最高の；一流の.
＊ban·ish [bǽniʃ] 動 他 **1**〈人〉を〈国など〉から追放する (exile)［*from*］: The King *banished* him *from* the country. 王は彼を国内から追放した. **2** …を［…から］追い払う；〈心配など〉を［…から］払いのける［*from*］.
ban·ish·ment [bǽniʃmənt] 名 U 追放；流刑；排斥: go into *banishment* 追放になる.
ban·is·ter [bǽnistər] 名 C［しばしば ~s］(階段の)手すり，欄干 (balustrade).
ban·jo [bǽndʒou] 名（複 **ban·joes**, **ban·jos** [~z]）C《音楽》バンジョー《ギターに似た弦楽器》.

＊＊＊bank¹ [bǽŋk] 名
── 名（複 **banks** [~s]）**1 銀行**《略語》bk.）: the *Bank* (of England) イングランド銀行 / the *Bank* of Japan 日本銀行 / She has a lot of money in the *bank*. 彼女は銀行に多額の預金をしている / I put [deposited] 50,000 yen in the *bank*. 私は銀行に5万円預けた.

2 貯蔵所，…銀行: a blood *bank* 血液銀行 / a data *bank* データバンク / an eye *bank* アイバンク.
3《口語》小型貯金箱 (piggy bank).
4《賭博》胴元();胴元の金.
── 動 他〈金〉を銀行に預ける.
── 自 (銀行に) 預金する；(銀行と) 取り引きする[*with*].
■ *bánk on* [*upòn*] ...《受け身不可》《口語》…をあてにする，頼りにする；…が［…するのを］あてにする［*to do, doing*］: Don't *bank on* her *to help* [*helping*] you with your homework. 彼女があなたの宿題を手伝ってくれるとあてにするな.
◆ **bánk accòunt** C 銀行預金口座；預金残高.
bánk bàlance C 銀行預金残高.
bánk bìll C **1**《米》紙幣 (bank note).
2《英》銀行手形 (bank draft).
bánk càrd C **1**《米》(銀行発行の) キャッシュカード. **2**《英》小切手保証カード (banker's card, cheque card).
bánk clèrk C 銀行員 (→ BANKER).
bánk dràft C 銀行手形 (banker's draft;《略語》B/D).
bánk hóliday C **1**《米》(一般公休日以外の) 銀行休業日. **2**《英》一般公休日 (→ HOLIDAY 表).
bánk nòte C 紙幣，銀行券.
bánk ràte C 公定歩合.
bánk stàtement C 銀行口座明細書.
＊bank² 名 C **1** 川岸，湖岸；[~s] 川の両岸: My school is on the left *bank* of the Sumida. 私の学校は隅田川の左岸にある（◇川の右岸・左岸は川下に向かって言う）. **2** 土手, 堤(); (畑などの境の) 盛り土: This river overflowed its *banks* last fall. 昨年の秋にこの川は (堤を越えて) 氾濫()した. **3**（土・雪・雲などの）かたまり，層. **4** 浅瀬；州() (sandbank). **5**（丘などの）傾斜面；(高速道路などの) バンク《外側が高くなっているかーブ》.
── 動 自 **1**（方向を変えるために飛行機・バイクが）傾く. **2**〈砂・雪など〉が積み重なる (*up*). ── 他 **1** …に土手を築く (*up*). **2**〈砂・雪など〉を積み重ねる (*up*). **3**（長持ちさせるために灰などで）〈火〉を埋める (*up*). **4**（方向を変えるために）〈飛行機・バイク〉を傾ける.
bank³ 名 C（同種のものの）1列，1群；(ピアノなどの) キーの列: a *bank* of switches スイッチの列.
bank·a·ble [bǽŋkəbl] 形《口語》成功確実な，確実にヒットする［利益を生む］.
bank·book [bǽŋkbùk] 名 C 銀行の預金通帳 (《英》passbook).
＊bank·er [bǽŋkər] 名 C **1** 銀行家，銀行経営者. 《◇経営者・重役をさし；「行員」は bank clerk と言う》. **2**（トランプ・賭博の）胴元，親元.
◆ **bánker's càrd** C《英》(銀行発行の) 小切手保証カード (bank [cheque] card).
bánker's dràft C 銀行手形 (bank draft [《英》bill]).
bánker's òrder C《英》(口座からの) 自動振替(の依頼) (standing order).
bank·ing [bǽŋkiŋ] 名 U 銀行業；銀行業務:

banking hours 銀行の窓口営業時間.

bank·roll [bǽŋkròul] 名 C 《米》 **1** 札束. **2** (手持ち)資金, 財源. ── 他 《米口語》〈事業など〉に資金を出す, 財政援助をする.

***bank·rupt** [bǽŋkrʌpt] 形 [比較なし] **1** 破産した, 支払い能力のない: go [become] *bankrupt* 破産する (= go into bankruptcy) / They have been declared *bankrupt*. 彼らは破産宣告を受けている. **2** (道徳的・性格的に)破綻(はたん)した. **3** [叙述用法] [...を] 欠いた, [...が] ない 《*of*, *in*》. ── 動 他 〈人・会社〉を破産させる, だめにする. ── 名 C **1** 〖法〗破産者, 債務支払い不能者. **2** (道徳的・性格的)破綻者. (▷ 名 **bánkruptcy**)

***bank·rupt·cy** [bǽŋkrʌptsi] 名 (複 **bank·rupt·cies** [~z]) **1** U C 破産(状態), 倒産: result in *bankruptcy* 破産に終わる. **2** U (計画などの)破綻(はたん); (名声などの)失墜. (▷ 形 **bánkrupt**)

***ban·ner** [bǽnər] 名 C **1** 〖文語〗旗《国旗・校旗・軍旗などに比喩的に使う.「旗」の意味では **flag** が普通》: a school *banner* 校旗. **2** のぼり, 垂れ幕;(スローガンなどを掲げた)横断幕. **3** 旗印: join [follow] the *banner* of ... の旗印の下に加わる. **4** = **bánner line**, 《英》 **bánner héadline** (新聞の)全段抜き大見出し. **5** 〖インターネット〗バナー広告《ホームページ上のはり出し広告》.
■ **únder the bánner of ...** ...の旗印 [名] の下に, ...の大義名分で (in the name of ..., for the cause of ...): fight *under the banner of* freedom 自由の名の下に戦う.
── 形 [限定用法] 《米》際立った, すばらしい, 一流の: a *banner* crop [year] 豊作 [豊作の年].

banns [bænz] 名 [複数扱い] 婚姻の予告《挙式前に教会で結婚を公告し, 異議の有無を世間に問う》: publish [put up] the *banns* (教会で)婚姻の予告をする.

***ban·quet** [bǽŋkwit] 名 C **1** 宴会《◇乾杯やテーブルスピーチがあって, **dinner** や **feast** より儀式ばっている》: give [hold] a *banquet* 宴会を開く. **2** ごちそう, 豪華な食事. ── 動 自 宴会に出る. ── 他 ...のために宴会を催す.

ban·shee [bǽnʃi] 名 C 《アイ》バンシー《泣き声で家族の死を予告するアイルランド民話の女の妖精(ようせい)》.

ban·tam [bǽntəm] 名 C **1** 〖鳥〗バンタム鶏, チャボ《雄は闘鶏用》. **2** 小柄でけんか好きな人.

ban·tam·weight [bǽntəmwèit] 名 C 〖ボクシング・レスリング〗バンタム級の選手.

ban·ter [bǽntər] 名 U (軽い)冗談, 冷やかし. ── 動 他 冗談を言う, 軽口をたたいてからかう.

ban·yan [bǽnjən] 名 C = **bányan trèe** 〖植〗ベンガルボダイジュ《インド産の常緑樹で, ヒンドゥー教で聖木とされる》.

ba·o·bab [béiəbæb] 名 C 〖植〗バオバブ《熱帯アフリカ産の巨木で, 果実は食用》.

***bap·tism** [bǽptizəm] 名 C U **1** 〖キリスト教〗洗礼(を行うこと), 洗礼式: the *baptism* of the baby 赤ん坊の洗礼.
(〖解説〗キリスト教の入信者が頭に水を振りかけられたり, 身を水に浸す儀式. 宗派によっては洗礼時に名 (first name) を付ける. この名を洗礼名 (Christian name) または baptismal name という)
2 初めての試練 [経験]; 〖比喩〗洗礼: a *baptism* of fire (新兵の受ける)砲火の洗礼;(新しい仕事などでの)最初の試練.

bap·tis·mal [bæptízməl] 形 [限定用法] 洗礼の.
◆ **baptísmal nàme** C 洗礼名 (Christian name) (→ BAPTISM **1** 〖解説〗).

Bap·tist [bǽptist] 名 **1** C 〖キリスト教〗バプテスト派(の人)《洗礼の意味がわかる大人になってからの浸礼 (immersion) を主張する》. **2** [the ~] 聖 洗礼者ヨハネ (John the Baptist). **3** C [通例 b-] 洗礼を授ける人.

***bap·tize**, 《英》 **bap·tise** [bǽptaiz, bæptáiz] 動 **1** [baptize + O] ...に洗礼を授ける. **2** [baptize + O + C] 〈人〉に...という洗礼名を付ける;(洗礼を授けて)〈人〉を...の教徒にする: *baptize* him a Catholic 洗礼を授けて彼をカトリック教徒にする. ── 自 洗礼を行う.

*****bar** [bɑ́ːr]
名 動 前
── 名 (複 **bars** [~z]) C **1** バー, 酒場《◇《英》ではパブの中の一室をさすこともある》(cf. **cocktail lounge** (ホテルなどの)バー);(バーの)カウンター. **2** [複合語で] (カウンター式の)軽食堂;(デパートなどの)売り場;(食品・料理の)コーナー: a snack *bar* 軽食堂 / a coffee *bar* コーヒースタンド / a salad *bar* サラダバー / a bag *bar* かばん売り場. **3** (木・金属の)棒;横棒, バー;棒状のもの: a *bar* of gold = a gold *bar* 金の延べ棒 / a *bar* of chocolate = a chocolate *bar* 板チョコ / cross the *bar* (高跳びなどで)バーを越える. **4** (門・戸などの)かんぬき, 横木, 格子;〖バレエ〗(練習用の)バー: There are iron *bars* on the windows. その窓には鉄格子が付いている. **5** [...への] 障害, 妨害 (barrier) [*to*];(昔の道路・通行料徴収所の)遮断棒: a *bar* to promotion 昇進の障害 / a color *bar* 皮膚の色による人種差別. **6** [通例 the ~] (法廷内の)手すり;被告席;法廷裁き(の場): a case at the *bar* 係争中の事件 / the *bar* of public opinion 世論の審判. **7** [the ~, the B-] 《米》弁護士 (lawyer) の職, 《英》法廷弁護士 (barrister) の職;[集合的に;単数・複数扱い] 《米》弁護団, 《英》法廷弁護士;弁護士界: practice at the *bar* 弁護士を開業する. **8** 〖音楽〗(小節を分ける)縦線;小節: play a few *bars* 2, 3 小節を演奏する. **9** 〖文語〗(光・色などの)筋(すじ), 縞(しま). **10** (河口の)砂州(さす) (sandbar). **11** 《米》線章《軍人の階級などを表す線の縫い取り》.
■ **at the bár** 法廷で [の]; 被告席で [の].
be admítted [《英》 **cálled**] **to the bár** 弁護士の資格を得る.
behìnd bárs 《口語》獄中で [で].
gò to the bár 弁護士になる.
── 動 (三単現 **bars** [~z]; 過去・過分 **barred** [~d]; 現分 **bar·ring** [bɑ́ːriŋ]) 他 **1** 〈戸など〉にか

んぬきをかける, …を閉じる[up]; …を[…から]除外する, 締め出す[from]: *bar* the gate 門扉にかんぬきをかける / Ms. Brown *barred* her naughty son *from* the house. ブラウンさんはわんぱく息子を家から閉め出した.
2〈通行など〉を妨げる;〈道〉をふさぐ; …を妨害する: *bar* the way to success 成功への道を妨害する / A fallen rock *barred* the path. 落石が道をふさいでいた.
3…を禁じる;〈人〉が[…するのを]禁じる, 妨げる[*from doing*]: *bar* the use of nuclear weapons 核兵器の使用を禁止する / We have *barred* smoking in this room. この部屋は禁煙です / Some urgent business *barred* me *from going* to the party. 急用のため私はパーティーに行けなかった.
4[通例, 受け身で][…で]…に線[縞]を付ける[*with, in*].
■ *bár ín* 他〈人・動物〉を閉じ込める.
bár óut 他〈人・動物〉を閉め出す.
— 前《格式》…を除いて(except).
■ *bár nóne* 例外なく, 文句なく.
◆ *bár còde* C バーコード《商品名・価格などを太さの異なる棒状の縦線の組み合わせで示している記号》.
bár gràph C《米》棒グラフ(cf. pie chart 円グラフ).

barb [bɑ́ːrb] 名 C **1**(釣り針などの)あご, かかり, かえし; (有刺鉄線の)とげ. **2** とげのある言葉, 嫌み.
— 動 他〈釣り針・矢じりなど〉にあご[かかり]を付ける.

Bar·ba·ra [bɑ́ːrbərə] 名 固 バーバラ《◇女性の名; 《愛称》Bab, Babs, Barb, Barby》.

bar·bar·i·an [bɑːrbéəriən] 名 C **1** 未開人. **2** 無教養な人, ふるまいの野蛮な人. **3** 異邦人《特に古代ギリシャ・ローマの人々から見て》.
— 形 [通例, 限定用法] **1** 未開の, 野蛮な. **2** 無教養な. **3** 異邦(人)の.

bar·bar·ic [bɑːrbǽrik] 形 **1** 未開人のような. **2** 未開の, 野蛮な: *barbaric* customs 野蛮な風習. **3**(処罰などが)残酷な(cruel).

bar·ba·rism [bɑ́ːrbərizəm] 名《通例, 軽蔑》
1 U 未開(状態), 野蛮(な状態)(↔ civilization);
C 野蛮な行為[慣習]. **2** C(文法的に)標準的でない言葉づかい. **3** U 残酷, 残虐.

bar·bar·i·ty [bɑːrbǽrəti] 名 (複 **bar·bar·i·ties** [~z]) **1** U 残忍, 野蛮, 粗野. **2** C 残忍な行為.

bar·ba·rous [bɑ́ːrbərəs] 形《格式, 通例, 軽蔑》
1 未開の, 野蛮な.
2 粗野な, 無教養な(↔ civilized).
3 残酷な, 残忍な(cruel): a *barbarous* murderer 残忍な殺人犯.
4(文法的に)標準的でない.

bar·be·cue [bɑ́ːrbikjùː] 名 **1** U C バーベキュー, 串焼き[あぶり焼き]の肉; (牛・豚などの)丸焼き.
2 C バーベキュー台. **3** C バーベキューパーティー: have a *barbecue* on the beach 浜辺でバーベキューパーティーをする《◇ barbecue party とは言わない. 《口語》では BBQ と略す》.
— 動 他〈肉〉をバーベキューにする, 丸焼きにする.

barbed [bɑ́ːrbd] 形 **1** とげのある;(釣り針などが)あごのある. **2**(言葉などが)とげのある, 辛らつな: a *barbed* remark とげのある意見.
◆ *bárbed wíre* U 有刺鉄線: *barbed wire* entanglements 鉄条網.

bar·bell [bɑ́ːrbel] 名 C (重量挙げの)バーベル(cf. dumbbell ダンベル).

bar·ber [bɑ́ːrbər] 名 C 理髪師, 床屋: go to the *barber('s)* 理髪店へ(散髪しに)行く《《比較》英米では通例, 男性対象の理髪師をさし, 女性を対象とする場合は hairdresser と言う》
◆ *bárber's pòle* C 床屋の看板柱《看板柱に赤と白を用いるのは床屋が昔, 外科医を兼ねていた名残で, 赤は血を, 白は包帯を表す》.
bárber's (shòp) C《英》理髪店, 床屋(《米》barbershop): at a *barber's (shop)* 床屋で《◇ at a barber* とは言わない》.

bar·ber·shop [bɑ́ːrbərʃɑ̀p / -ʃɔ̀p] 名 C《米》理髪店, 床屋(《英》barber's (shop)).

bar·bi·can [bɑ́ːrbikən] 名 C **1**(城の)外防備《楼門(ないもん)・塔など》. **2**(城門上の)物見やぐら.

bar·bi·tu·rate [bɑːrbítʃərət] 名 U C《化》バルビツル酸塩《精神安定剤・睡眠薬の原料》.

Bar·ce·lo·na [bɑ̀ːrsəlóunə] 名 固 バルセロナ《スペイン東部の地中海に臨む港湾都市》.

bard [bɑ́ːrd] 名 C(ケルトの)吟遊詩人《各地を旅して自作の詩を朗読した》;《文語》詩人(poet).
■ *Bárd of Avon* [the ~] エイボンの詩人《シェイクスピアのこと; → STRATFORD-UPON-AVON》.

***bare** [béər](☆同音 bear) 形 動《基本的意味の「裸の」》
— 形 (比較 **bar·er** [béərər]; 最上 **bar·est** [béərist]) **1** 裸の, むき出しの, 露出した (→ 関義語): a *bare* tree 葉の落ちた木 / a *bare* mountain はげ山 / with (one's) *bare* hands (武器を持たず)素手で / We'd better hang up some paintings on those *bare* walls. あの何もない壁には絵をかけたほうがよい.
2 空の; […が]ない[*of*](empty): a *bare* room (家具のない)がらんとした部屋 / The refrigerator is *bare*. 冷蔵庫は空っぽです / His thoughts seem *bare of* any strong beliefs. 彼の考えには確固たる信念がないように思える.
3[限定用法] ありのままの, 赤裸々な, 偽りのない: the *bare* facts ありのままの事実.
4[限定用法] 最低限の, ぎりぎりの, ほんのわずかの: the *bare* necessities of life どうにか生活していくだけの必需品 / The *bare* thought of getting on a boat makes me ill. 船に乗ると考えただけで私は気分が悪くなる / We escaped with our *bare* lives. 私たちは命からがら逃げて来た.
5(衣服・じゅうたんなどが)すり切れた.
■ *láy báre* 他 …をむき出しにする;暴露する.
— 動 他 **1** …を露出する, むき出しにする: *bare* one's head (特に男性が敬意を表して)脱帽する / The dog *bared* its teeth at me. その犬は私に牙(きば)をむいた.
2 …を暴露する, 打ち明ける: *bare* one's heart [soul] 心の内を明かす.
◆ *báre bónes* [the ~] 骨子, 要点.
báre infinitive C《文法》原形不定詞 (→ INFINI-

TIVE (文法)).

[類義語] bare, naked
共通する意味▶裸の (without clothing or the usual covering)
bare は「体の一部が露出している」の意: She walked on the sands in *bare* feet. 彼女は素足で砂浜を歩いた / Don't go outside with your head *bare*. 帽子をかぶらないで外出してはいけない. **naked** は「全裸」か「体の一部がむき出し」になっていることを表し, 風紀上の含みを伴うこともある: *naked* shoulders あらわに出した肩 / The body was *naked* when discovered. 発見されたとき死体は(丸)裸だった.

bare·back [béərbæk], **bare·backed** [-bækt] 形 [限定用法] 鞍(くら)を置かない, 裸馬の.
— 副 鞍を置かないで, 裸馬で: ride *bareback* 裸馬に乗る.

bare·faced [béərfèist] 形 [限定用法] **1** 厚かましい, 恥知らずな, ずうずうしい (shameless): a *barefaced* lie ずうずうしいうそ. **2** ひげをそった.

bare·foot [béərfùt], **bare·foot·ed** [-fútid] 形 副 はだしの[で], 素足の[で].

bare·hand·ed [béərhǽndid] 形 副 (道具・武器などを使わず) 素手の[で].

bare·head·ed [béərhédid] 形 副 帽子なしの[で].

bare·leg·ged [béərlégid] 形 副 靴下[ストッキング]をはかない[はかないで], 素足の[で].

※**bare·ly** [béərli] 副 **1** かろうじて, なんとか, わずかに (only just): I *barely* avoided the worst. 私はかろうじて最悪の事態を免れた / She had *barely* enough money to buy bread and milk. 彼女にはパンと牛乳を買えるだけのお金はなんとかあった (◇ hardly, scarcely は「ほとんど…ない」という否定的意味であるが, barely は通例,「かろうじて…する」という肯定的意味になる).
2 (家具などが) 不十分である, 欠乏して, 貧弱に: a *barely* furnished room 家具が乏しい部屋.
■ *barely ... when* ~ 〜するとすぐ〜: I had *barely* got into my room *when* the telephone rang. 私が部屋に入るとすぐ電話が鳴った.

※bar·gain [báːrgin] 名 動
— 名 (複 **bar·gains** [~z]) C **1** 安い買い物, お買い得品: *bargains* in shoes 靴のお買い得品 / make a good [bad] *bargain* 上手[下手]な買い物をする / This camera is a *bargain* at such a low price. そんなに安い値段だったらこのカメラはお買い得です.
2 (売買) 契約, 取引, 協定; 交渉: She tried to make a *bargain* with my company. 彼女は私の会社と契約を結ぼうとした / A *bargain* is a *bargain*. 《ことわざ》契約は契約 ⇒ 約束は守らなければならない.
3 [形容詞的に] 格安の, 特売の: *bargain* goods 特価品 / at a *bargain* price 特価で, バーゲン価格で.
■ *at a (góod) bárgain* 格安で.

drive a hárd bárgain とても有利な取引をする, (自分に)都合のいいように交渉する.
into [《米》*in*] *the bárgain* そのうえ, おまけに (besides, in addition).
màke [*strìke*] *a bárgain* 契約[協定]を結ぶ.
màke the bést of a bád bárgain 逆境の中でベストをつくす.
— 動 自 **1** [...と / ...について] 交渉する, 商談をする; 値切る [*with* / *for*, *about*, *over*]: Did you *bargain with* the clerk *for* the price of the television set? あなたは店員とそのテレビの値段について値引きするよう交渉しましたか. **2** (売買)の契約をする. — 他 ...を交渉で決める, 契約する; [...ということを] 交渉で決める; 《米》期待する [*that* 節].
■ *bárgain awáy* ...を安く手放す.
bárgain for [《米》*on*] *...* (通例, 否定文で)...を予期する, あてにする, 期待する (expect): I didn't *bargain for* such a heavy rain. こんなにひどい雨が降るとは思いもしなかった.
◆ **bárgain bàsement** C (デパートなどの) 地階特売場, (地下の) バーゲン会場.
bárgain còunter C バーゲン品売場.
bárgain húnter C バーゲン品をあさる人.

bar·gain·ing [báːrginiŋ] 名 U 取引, 交渉: a *bargaining* chip [《英》counter] (交渉の)切り札, 取引材料 / collective *bargaining* 労使間の団体交渉.

※**barge** [báːrdʒ] 名 動 **1** はしけ, 平底荷船, 伝馬(てんま)船《川・港内で使う平底船》: Coal was carried on *barges* here those days. ここでは当時石炭を平底船で運んでいた. **2** (儀式用の) 飾り船, (大型) 遊覧船. **3** 《軍》司令官艇.
— 動 自 (人込みなどを) かき分けて進む [動く] (*about*, *around*). — 他 ...をはしけで運ぶ.
■ *bárge ín* 自 《英口語》(乱暴に)押し入る; (会話などに)口出しする, じゃまする.
bárge into ... 《口語》**1** ...にぶつかる (bump into). **2** (乱暴に)...に入り込む; 〈会話など〉に割り込む, 口をはさむ.
◆ **bárge pòle** C (はしけ用の)舟竿(さお).

※**bar·i·tone** [bǽrətòun] 名 **1** 《音楽》バリトン《男声の中音域》. **2** C バリトン歌手[楽器].
— 形 バリトン(歌手)の.

bar·i·um [béəriəm] 名 U 《化》バリウム《金属元素;《元素記号》Ba》.
◆ **bárium méal** C バリウム粥(がゆ)《消化器のレントゲン撮影用造影剤. 硫酸バリウムの粉を水で溶く》.

※bark¹ [báːrk] 動 名
— 動 (三単現 **barks** [~s]; 過去・過分 **barked** [~t]; 現分 **bark·ing** [~iŋ])
— 自 **1** (犬・キツネなどが)[...に] ほえる [*at*]: That dog always *barks at* strangers. あの犬は必ず知らない人にほえる / *Barking* dogs seldom bite. 《ことわざ》ほえる犬はめったにかみつかない ⇒ やたら脅しを言う人は怖くない.
2 [...に] どなる [*at*]: Don't *bark at* me just because you are irritated. いらいらするからといって私にどならないで. **3** (銃などが) ばん[どすん]と鳴る. **4** 《口語》せきをする (cough).

— 他 …をどなって言う (*out*): *bark* (*out*) an order どなって命令をする.
■ *bárk úp the wróng trée* [通例,進行形で][口語] 考え違いをする; 見当違いなことをする.
— 名 C **1** (犬・キツネなどの) ほえる声: My dog gave a short *bark*. 私の飼い犬がわんとほえた.
2 (人の) どなる声: His *bark* is worse than his bite. 《ことわざ》彼のほえ声はかみつきよりもひどい ⇨ 彼は口ほどに悪い人間ではない. **3** 銃声, 砲声.
4 [口語] せき (cough).

***bark**² [báːrk] 名 U 木の皮, 樹皮 (→ SKIN 類義語).
— 動 他 **1** 〈木〉の皮をはぐ, むく. **2** 〈ひざなど〉をすりむく.

bark³, **barque** 名 C **1** バーク型帆船《通例,3本マストの帆船》. **2** [文語] 小型帆船.

bar·keep·er [báːrkìːpər], **bar·keep** [-kìːp] 名 C [米] 酒場[バー] の店主; バーテン (bartender).

bark·er [báːrkər] 名 C (商店・劇場などの) 客引き, 呼び込み.

***bar·ley** [báːrli] 名 U 大麦, 大麦の粒《飼料・ビール・ウイスキーなどに用いる; cf. wheat 小麦》: Beer is made from *barley*. ビールは大麦から作られる.
◆ bárley sùgar C U 大麦糖《ねじり棒形のあめ》.
bárley wàter U [英] 大麦湯《大麦から作る飲み物で普通レモン果汁などで味付けする》.
bárley wìne U [英] バーレーワイン《強いビール》.

bar·maid [báːrmèid] 名 C [主に英] 女性のバーテン (《米》bartender) (↔ barman); バーのホステス.

bar·man [báːrmən] 名 (複 bar·men [-mən]) C [主に英] bartender).

bar mitz·vah [baːr mítsvə] 名 C [しばしば B-M-] [ユダヤ教] バルミツバー《13歳に達したユダヤ教徒男子の成人式》; 成人式の少年.

barm·y [báːrmi] 形 (比較 barm·i·er [~ər], 最上 barm·i·est [~ist]) [英口語] ばかな, いかれた (crazy).

***barn** [báːrn] 名 C **1** 《農家の》納屋, 物置: carry hay into the *barn* 干し草を納屋に運び込む.
2 [米] 家畜小屋. **3** [米] 《市電やトラックなどの》車庫. **4** [口語] 大きくて簡素[殺風景] な建物.
◆ bárn dànce C フォークダンス《のパーティー》《もとは納屋で行われた》.

bar·na·cle [báːrnəkl] 名 C [生物] フジツボ, エボシガイ《岩や船底に付着する貝》.

bar·ney [báːrni] 名 C [通例, 単数形で] [主に英口語] 騒がしいけんか [口論].

barn·storm [báːrnstɔ̀ːrm] 動 自 [主に米] 《劇団が》地方巡業する; 《政治家が》地方を遊説して回る.
(由来) 納屋 (barn) を会場に利用したことから
— 他 …を巡業する; …を遊説して回る.

barn·yard [báːrnjàːrd] 名 C 《農家の》納屋の周り [の土地].

***ba·rom·e·ter** [bərámətər / -róm-] 《☆アクセントに注意》 [「baro (圧力) + meter (測るもの)」から] 名 C **1** 気圧計, 晴雨計. **2** 《世論などの動向を示す》指標, バロメーター (indicator): Stock prices are a *barometer* of business conditions. 株価は景気の動向を示す.

bar·o·met·ric [bærəmétrik] 形 [限定用法] 気圧の; 気圧計の: *barometric* pressure 気圧.

***bar·on** [bǽrən] 名 C **1** 男爵 (◇英国で最下位の貴族. 姓と併用するとき英国では Lord …, 英国以外では Baron … と呼ぶ). **2** 《主に米》大実業家; 大物, …王: a newspaper *baron* 新聞王 (◇前に修飾語を伴う).

bar·on·ess [bǽrənəs] 名 C 男爵夫人, 女男爵 (◇姓と併用するとき英国では Lady …, 英国以外では Baroness … と呼ぶ).

bar·on·et [bǽrənət] 名 C [英] 准男爵 (◇男爵 (baron) に次ぐ爵位. 世襲されるが貴族ではない. 名前の前に Sir を付ける; 《略題》Bart).

bar·on·et·cy [~z] C U [英] 准男爵の位 [身分, 特権].

ba·ro·ni·al [bəróuniəl] 形 [限定用法] **1** 男爵 (領) の, 男爵にふさわしい. **2** 《建物などが》豪壮な, 堂々とした.

bar·o·ny [bǽrəni] 名 (複 bar·o·nies [~z]) C 男爵領; 男爵の位.

ba·roque [bəróuk, -rák / -rɔ́k] 形 **1** [美・建] バロック様式の; [音楽] バロック風の. **2** 装飾過剰の; 《文体などが》凝りすぎた.
— 名 [the ~] **1** U [美・建] バロック様式《16世紀後半から18世紀初にヨーロッパで流行した美術・建築様式. 凝った装飾と誇張された曲線が特色》. **2** U [音楽] バロック音楽《17世紀から18世紀中頃にヨーロッパで流行した音楽様式. バッハやヘンデルに代表される. 装飾音や対位法の多い音楽》. **3** C バロック様式の作品.

ba·rouche [bərúːʃ] 名 C バルーシュ型馬車《4輪の馬車で通例2頭立て》.

barque [báːrk] 名 = BARK³ (↑).

***bar·rack**¹ [bǽrək] 名 C **1** [~s; 単数・複数扱い] 《基地の》兵舎, 兵営. **2** [~s; 単数扱い] にわか造りの建物, バラック (◇なりひと大きな建物を言う).

bar·rack² 動 自 [英] …をやじる.

bar·ra·cu·da [bærəkúːdə / -kjúː-] 名 (複 bar·ra·cu·da, bar·ra·cu·das [~z]) C [魚] バラクーダ《どう猛な熱帯魚で, カマスの一種》.

bar·rage¹ [bərɑ́ːʒ / bǽrɑːʒ] 名 C
1 [軍] 集中砲火, 弾幕. **2** 《質問・手紙などの》集中, 殺到: a *barrage* of questions 矢つぎ早の質問.

bar·rage² [báːridʒ / bǽrɑːʒ] 名 C 《川の水をせき止める》ダム, せき.

barred [báːrd] (☆ [同音] bard) 形 **1** かんぬきのかかった, 横木のある. **2** 締め出された, 禁止された.
3 縞(½)のある, 縞模様の; 線を引いた.

***bar·rel** [bǽrəl] 名 C **1** 《胴のふくれた》たる (cf. cask 酒だる): This *barrel* contains beer. このたるにはビールが入っている. **2** 1たるの量: a *barrel* of beer ビール1たる分. **3** バレル (◇容量の単位. よく使われる石油の単位としては42米ガロン (約159リットル); 《略題》bbl., bl.). **4** 銃身, 《機械の》円筒; 《時計の》ぜんまい箱; 《万年筆の》インク室.
■ *háve* [*gét*] … *òver a* [*the*] *bárrel* [口語]
1 〈人〉を窮地に陥れる. **2** 〈人〉を意のままにする.
— 動 (過去・過分 ~ed / [英] bar·relled; 現分 [英] bar·rel·ling) 他 …をたるに詰める.
— 自 [米口語] 疾走する.
◆ bárrel òrgan C 手回しオルガン (hand or-

barrelful

gan)《大道芸人がハンドルを手で回して演奏する》.
bar·rel·ful [bǽrəlfùl]名C 1たるの量 (barrel).
*__**bar·ren** [bǽrən](☆[同意] baron)形 (比較 more
   bar·ren, bar·ren·er [~ər];最上 most **bar·ren,
   bar·ren·est** [~ist]) 1 (土地が)不毛の,荒涼とし
   た(↔ fertile): *barren* soil 不毛の土壌. 2 [比較
   なし](植物が)実を結ばない (unfruitful);《古風》
   (動物が)子が生まない,(女性が)不妊の (infertile):
   This old tree is *barren*. この老木には実がならな
   い. 3 [比較なし;限定用法] 無益な,むなしい: a
   barren discussion むだな話し合い. 4 [比較な
   し;叙述用法] […の]ない,欠けた [*of*]: He is
   barren of a sense of humor. 彼にはユーモアの
   センスがない.
bar·ren·ness [~nəs]名U 不毛;不妊;無益.
bar·rette [bərét]名C《米》(女性用の)髪留め,バ
レッタ (cf.《英》hair slide ヘアクリップ).
*__**bar·ri·cade** [bǽrəkèid, bærəkéid]名C(市街
戦などの)バリケード,妨害物: put up a *barricade*
across the road 道路にバリケードを築く.
　—動他 1〈道路など〉にバリケードを築く,〈場所
など〉をバリケードで防ぐ: The students *barri-
caded* off the entrance. 学生は入り口にバリケー
ドを築いた. 2 バリケードを築いて〈人など〉を［…に］
閉じ込める [*in*]: Five terrorists *barricaded*
themselves *in* the embassy. 5人のテロリストが
バリケードを築いて大使館に立てこもった.
*__**bar·ri·er** [bǽriər]名C 1 障壁,防壁,柵(ᵉ);(駅
の)改札口(《米》gate);(競馬の)ゲート: put up
barriers to control the crowd 群衆を整理する
ために柵を設ける. 2 […に対する] 障害,妨げ [*to,
against*]: the language *barrier* 言葉の壁 /
trade *barriers* 貿易障壁.
　◆ **bárrier crèam** U C 肌荒れ防止クリーム.
bárrier rèef C 【地理】堡礁(ᵇ);《海岸に並行する
サンゴ礁》.
bár·ri·er-frèe 形 (建物・歩道などが) 障害物を除い
た,バリアフリーの.
bar·ring [báːriŋ] 前 …を除いて (except); …がな
ければ (except for).
bar·ris·ter [bǽristər]名C《英》法廷弁護士
(《米》counselor) (cf. solicitor 事務弁護士).
bar·room [báːrrùːm]名C《米》(ホテル・レストラ
ンなどの)酒場,バー.
bar·row¹ [bǽrou]名C 1 手押しの1輪車
(wheelbarrow). 2 手押しの2輪 [4輪] 車.
bar·row² [bǽrou] 名 C 【考古】塚,古墳 (tumulus).
Bart.《略語》《英》= *Baronet*.
bar·tend·er [báːtèndər]名C《米》バーテン
(《主に英》barman, barmaid).
bar·ter [báːrtər]名他〈もの〉を［…と］交換する
[*for*]: They *bartered* dairy products *for*
clothes. 彼らは酪農製品を衣服と交換した.
　—自 […と] 物々交換する [*with*]; [...を] (物々交換
で) 手に入れる [*for*]: They decided to *barter
with* the natives *for* vegetables. 彼らは現地人
から物々交換で野菜を手に入れることにした.
　■ *bárter awáy* 他 …を安値で売り渡す;〈自由・地
位など〉を [つまらないものと引き換えに] 手離す [*for*].
　—名 1 U 物々交換,バーター (制);決済交換.

2 C 物々交換の品.
Bar·thol·o·mew [baːrθáləmjùː / -θɔ́l-]名
《Saint ~》【聖】聖バルトロマイ《十二使徒の1人》.
bas·al [béisəl]形 基部の;基礎 [根本] 的な.
　　　　　　　　　　　　　　　　　（▷ 名 báse¹)
ba·salt [bəsɔ́ːlt / bǽsɔːlt]名U 玄武岩.
base¹ [béis](☆[同意] bass¹)
*** 名 動　【基本的意味は「基礎,基準」】
　— 名 (複 **bas·es** [~iz])
1 C 土台;基部,基底
(→[類義語]);(木の)根元,(山の)ふもと: the *base* of
a statue 彫像の台座 / the *base* of a thumb 親
指の付け根 / at the *base* of a mountain 山のふ
もとに.
2 C (組織・計画などの)基礎,基盤;根拠,根底
(◇ basis のほうが一般的): the *base* of the
Japanese economy 日本経済の基盤.
3 C (特に軍用の)基地;(活動などの)本部,本拠地:
an air [a naval] *base* 空軍 [海軍] 基地 / a *base*
of operations 作戦基地 / return to *base* 基地
に帰る(◇無冠詞).
4 U C 【野球】塁,ベース: home *base* 本塁 /
first [second, third] *base* 一[二,三]塁(◇通例,
無冠詞) / a *bases*-loaded home run 満塁ホーム
ラン / The *bases* are loaded [filled]. 満塁だ.
(比較「フルベース」は和製英語)
5 C (通例 a ~) 基礎となるもの;主成分,基剤;
(化) 塩基,(カクテルなどの) ベース.
6 C (通例 a ~) 【数学】(図形の)底辺,底面;基数,
基線;(対数の)底(ᵗ).
　■ *a báse on bálls* 【野球】四球(による出塁).
(比較「フォアボール」は和製英語)
　gét to fírst báse 1 【野球】一塁に出る. 2 《通
例,否定文で》《米口語》［…で］成功への第一歩を踏み
出す [*with*].
　òff báse 1 【野球】塁を離れて,離塁して.
2《米口語》まったくの見当違いで(◇しばしば way
off base で).
　tóuch báse《米口語》［…と］連絡を取る [*with*].
　—動 (三単現 **bas·es** [~iz]; 過去・過分 **based**
[~t]; 現分 **bas·ing** [~iŋ])
　—他 1 [base + O + on [upon] ...] [通例,
受け身で] ...に…の基礎[根拠]を置く: My
opinion *is based on* facts. 私の意見は事実に基
づいたものです / That opera *is based on* an
actual occurence. そのオペラは実際の出来事をも
とにしている.
2 […に] …の本拠地を置く [*at, in, on*]: Our
group *is based in* Canada. 私たちの団体はカナ
ダが本拠地にです.
　■ *báse onesélf on ...* …に頼る,…を支えにする.
　　　　　　　　　　　　　　（▷ 形 básic, básal)
　◆ **báse càmp** C (登山隊などの) ベースキャンプ.
báse hít C 【野球】安打, ヒット (hit).
báse líne C 1 【野球・テニスなど】 ベースライン
(➔ TENNIS [PICTURE BOX]). 2 (測量などの) 基準
線, 基線.
báse páy U 基本給.
báse ráte U 基本賃金;《英》(銀行の) 基準利率.
báse rùnner C 【野球】走者.
báse rùnning U 【野球】走塁.

base² 127 **basic**

[類義語] **base, basis, foundation**
共通する意味▶基礎, 基準 (something on which another thing is built up and by which it is supported)
base は主に柱・壁など比較的小さいものの基底部をさす: the *base* of a column 円柱の基部.
basis は抽象的な事柄について用いる: Equality is the *basis* of democracy. 平等が民主主義の基礎である. **foundation** は「堅固な土台, 建物全体を支える土台」の意: the *foundation* of a tower [building] 塔[ビル]の土台.

base² [béis]形 **1**《文語》(人・行為などが)下劣な, 卑劣な: a *base* conduct 卑劣な行為. **2**(金属が)品質の劣る; にせの: a *base* coin にせ硬貨, 悪貨.
◆ **báse métal** [C][U]卑金属《鉄・銅・スズなど; cf. precious metal 貴金属》.

***base·ball** [béisbɔ̀ːl]
— 名(複 **base·balls** [~z]) **1** [U]野球(《米》ball)(→ [PICTURE BOX]): play *baseball* 野球をする / a *baseball* game 野球の試合 / a *baseball* player 野球選手 / a *baseball* cap 野球帽.
2 [C]野球用のボール.

[関連語] 野球の守備
pitcher 投手 / catcher 捕手 / first baseman 一塁手 / second baseman 二塁手 / third baseman 三塁手 / shortstop ショート / left fielder レフト / center fielder センター / right fielder ライト

base·board [béisbɔ̀ːrd]名[C]《米》幅木(ばき), すそ板(《英》skirting board)《壁の床に接する部分にはる化粧用の横板》.

-based [beist][結合]名詞・副詞に付けて「…に基礎を置いた, …に基づく; …に本拠地を置く」の意を表す: a Paris-*based* company パリに本社のある会社.
Báse·dow's disèase [báːzədouz-][U]《医》バセドー病《甲状腺(芯)の疾患》.
base·less [béisləs]形《格式》根拠[理由]のない.
base·man [béismən]名(複 **base·men** [-mən])[C][通例, 序数を伴って]《野球》…塁手, 内野手: a third *baseman* 三塁手.
‡**base·ment** [béismənt]名[C](建物の)地階,(半)地下室《採光用の窓が地面よりやや下がった所にある. 米国ではボイラー室や貯蔵庫, 英国では主に台所や食堂に使う; cf. cellar 地下貯蔵室》.
bas·es¹ [béisiz]名 base¹の複数形.
ba·ses² [béisiːz]名 basisの複数形.
*bash [bǽʃ]動 他《口語》 **1** …を殴りつける, 強打する; …を[…で]打ち壊す[with]; …を[…に]ぶつける[against]. **2** …を激しく非難する, バッシングをする.
— 自[…に]衝突する[into]: The truck *bashed into* the utility pole. トラックは電柱に激突した.
— 名[C]《口語》 **1** 強打(すること), 殴りつけること. **2** にぎやかなパーティー: a birthday *bash* 誕生パーティー.
bash·ful [bǽʃfəl]形 内気な, 人見知りする.
bash·ful·ly [-fəli]副 内気で, 人見知りをして.
bash·ful·ness [~nəs]名[U]内気, 人見知り.
bash·ing [bǽʃiŋ]名[通例, 複合語で]…をたたく[攻撃する]こと, バッシング: Japan-*bashing* 日本たたき[いじめ].
‡**bas·ic** [béisik]形 名
— 形 **1**[…にとって]基礎の, 基本の, 基本的な; 不可欠な[to]: *basic* data 基礎資料[データ] /

PICTURE BOX baseball

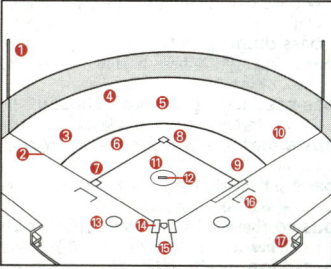

❶foul pole ファウルポール ❷foul line ファウルライン ❸left field 左翼 ❹outfield 外野 ❺center field 中堅 ❻infield 内野 ❼third base 三塁 ❽second base 二塁 ❾first base 一塁 ❿right field 右翼 ⓫mound マウンド ⓬pitcher's plate ピッチャープレート ⓭on-deck circle ウェイティングサークル ⓮batter's box バッターボックス ⓯catcher's box キャッチャーボックス ⓰coach's box コーチャーボックス ⓱dugout ダッグアウト

pitch(投げる)
bunt(バントする) 
hit a home run(ホームランを打つ) 
catch a fly(フライを捕る) 
field a grounder(ゴロを捕る) 
steal(盗塁する)

basic human rights 基本的人権 / A knowledge of computer is *basic* to working in that office. あの事務所で働くにはコンピュータの知識が不可欠です.
2 初歩的な;必要最低限の: Her skill in cooking is pretty *basic*. 彼女の料理の腕前はごく初歩のレベルです / That team lacks even *basic* equipment. あのチームは必要最低限の備品にも事欠いている. **3**【化】塩基[アルカリ]性の(alkaline).
——名 (the 〜s; 複数扱い) 基礎, 原点, 基準: get back to the *basics* 原点に帰る. (▷ 名 báse¹)

BASIC, Basic [béisik] 名 U 【コンピュータ】ベーシック(パソコン用の対話型プログラム言語の一種; *B*eginner's *A*ll-purpose *S*ymbolic *I*nstruction *C*ode の略).

*bas·i·cal·ly** [béisikəli] 副 **1** 基本的に, 根本的に, 基礎として. **2** [文修飾]【口語】基本的には, 要するに: *Basically*, I agree with your opinion. 基本的には, 私はあなたの意見に賛成です.

Básic Énglish 名 U ベーシックイングリッシュ《英国人オグデンが国際補助語として考案した850語を基本とする簡易英語. *Basic* (基礎の) には *B*ritish, *A*merican, *S*cientific, *I*nternational, *C*ommercial の意味が含まれている》.

bas·il [bǽzəl] 名 U **1**【植】メボウキ. **2** バジル《メボウキの葉. 香辛料》.

ba·sil·i·ca [bəsílikə / -zíl-] 名 C **1** バジリカ《古代ローマで裁判や集会に用いた長方形の建物》. **2** (初期キリスト教の)バジリカ風の教会堂.

*ba·sin** [béisən] 名 C **1** 洗面器; 水鉢(��), たらい; 《英》洗面台(washbasin).
2 (主に英) 鉢, ボウル《料理用のやや深い容器》.
3 洗面器[たらい, 鉢] 1 杯の分量: a *basin* of water 洗面器1杯の水. **4** (河川の) 流域(river basin): the Thames *basin* テムズ川流域. **5** 盆地, くぼ地. **6** ため池, 水たまり; (陸地に囲まれた) 入り江, (内湾の) 船だまり, ドック.

***ba·sis** [béisis]
——名 (複 ba·ses [béisiːz]) C **1** [...の] 基礎, 土台 [*of, for*] (→ BASE¹ 類義語): Trust is the *basis* of friendship. 信頼が友情の基礎となる.
2 [...の] 基準, 原則; 根拠, 理由 [*of, for*]: There was no *basis for* believing that story. その話を信用する根拠はなかった / His theory has no scientific *basis*. 彼の説には科学的根拠がない.
3 (食品・薬などの) 主成分, 主薬.
■ *on a ... básis* ...の基準で, ...方式で, 原則...で: *on an equal basis* 対等に / *on a five-day-week basis* 週5日(勤務)制で / We do business *on a cash basis*. うちは現金主義で商売をしております.
on the básis of ... ...に基づいて: Promotion should not be made only *on the basis of* seniority. 昇進は年功だけに基づいて[年功序列で]なされるべきではない.

bask [bǽsk / báːsk] 動 (自) **1** [...で] 暖まる [*in*]: *bask in* the sunshine [sun] 日なたぼっこをする.
2 [恩恵・愛情などに] 浸る [*in*]: *bask in* ...'s favor ...の恩恵に浴す.

***bas·ket** [bǽskit / báːskit]
——名 (複 bas·kets [-kits]) C **1** かご, バスケット: a laundry *basket* 洗濯物入れかご / a shopping *basket* 買い物かご / a wastepaper *basket* (紙) くずかご (wastebasket).
2 ひとかご分, かご1杯 (basketful): two *baskets* of bananas バナナふたかご. **3**【バスケ】バスケット(のネット) (➡ BASKETBALL [PICTURE BOX]); 得点: make a *basket* 得点する.
◆ básket càse C 【口語】(緊張・興奮などで) 何もできなくなった人; 財政の苦しい国[会社].

***bas·ket·ball** [bǽskitbɔ̀ːl / báːskit-bɔ̀ːl]
——名 (複 bas·ket·balls [〜z]) **1** U バスケットボール (➡次ページ [PICTURE BOX]): play *basketball* バスケットボールをする / a *basketball* game バスケットボールの試合.
2 C バスケットボール用のボール.

bas·ket·ful [bǽskitfùl / báːs-] 名 C かご1杯(の分量), ひとかご.

bas·ket·ry [bǽskitri / báːs-] 名 U かご細工; [集合的に] かご細工品.

bas·ket·work [bǽskitwə̀ːrk / báːs-] 名 U かご細工(品).

Basque [bǽsk] 名 **1** C バスク人 《ピレネー山脈西部に住む民族》. **2** U バスク語.

bas·re·lief [bɑ̀ːriːlíːf, bæs-] 【フランス】名 (複 bas·re·liefs [〜s]) U 浅浮き彫り; C 浅浮き彫りの作品 (low relief) (↔ high relief).

*bass¹ [béis] (☆発音に注意; 【伊語】 base) 名【音楽】
1 U バス, ベース《男声の最低声域》; (楽譜の) 最低音部. **2** C バス[ベース]歌手; 低音楽器; コントラバス (double bass); ベースギター (bass guitar) (➡ ROCK [PICTURE BOX]).
——形 バスの, 低音(部)の.
◆ báss clèf C 【音楽】低音部記号, ヘ音記号 (F clef).
báss drúm C 大太鼓.

bass² [bǽs] 名 (複 bass, bass·es [〜iz]) C【魚】バス《スズキ類の魚》.

bas·set [bǽsit] 名 C = básset hòund バセットハウンド《短脚胴長で耳の垂れた猟犬》.

bas·si·net [bæ̀sinét] 名 C フード付き揺りかご[乳母(ば)車].

bass·ist [béisist] 名 C ベース[コントラバス, ベースギター] 奏者 (➡ ROCK [PICTURE BOX]).

bas·so [bǽsou, báːs-] 【イタリア】名 (複 bas·sos [〜z], bas·si [-siː]) C 【音楽】バス(歌手); 低音(部).

bas·soon [bəsúːn] 名 C バスーン, ファゴット《低音木管楽器》.

bas·soon·ist [〜ist] 名 C バスーン奏者.

bast [bǽst] 名 U = bást fiber 靱皮(じんぴ)繊維《麻などの茎の周辺部で, かご・ござ・ロープなどの材料》.

bas·tard [bǽstərd / báːs-] 名 C **1** 《古風・やや軽蔑》婚外子, 私生児, 庶子 (◇ illegitimate child のほうが軽蔑的な意味が弱い).
2 【英口語】にせもの; 困りもの, やっかいなもの.
3 《俗語・軽蔑》いやな[無礼な]やつ, (...な)やつ; [しばしば You 〜!] おい, 君《◇主に男性への呼びかけに

用いる): **You** *bastard*! こんちくしょう / **The poor** *bastard*! かわいそうに.
— 形 [限定用法] **1** 婚外子の, 私生児の, 庶子の. **2** にせの, 擬似の; 雑種の.

bas・tard・ize [bǽstərdàiz / báːs-] 動 他 **1** …の品質を落とす, 不純にする. **2** 〈子供〉を私生児と認定する.

bas・tar・dy [bǽstərdi / báːs-] 名 U 《古》私生児(であること), 非嫡出.

baste¹ [béist] 動 他 (焼きながら)〈肉など〉にバター[たれ]を塗る[かける].

baste² 動 他 …を仮縫いする; …にしつけをかける.

bas・tille [bæstíːl] 名 **1** [the B-]《仏史》(パリの)バスティーユ監獄《1789年のフランス革命が始まった場所》. **2** C (一般に)牢獄.

bas・tion [bǽstʃən / -tiən] 名 **1** 《城》稜堡(りょうほう)《城壁・要塞(さい)の突き出た部分》; 要塞. **2**《比喩》(思想などの)とりで, かなめ: a *bastion* of democracy 民主主義のとりで.

★★★bat¹ [bǽt] (☆ **but** [bʌt] との発音の違いに注意) 名 動
—名 (複 **bats** [bǽts]) C **1** 〔野球・クリケットの〕バット; (卓球・バドミントンなどの)ラケット; こん棒: hit a ball with a *bat* バットでボールを打つ. **2**《口語》(クリケットの)打者, バッター (◇正式には batsman と言う). **3** 打順.
■ *at bát* 〔野球〕 **1** 打席について; 打撃側になって. **2** [名詞的に]打数: two hits in three *at bats* 3打数2安打.
óff one's ówn bát《英口語》独力で; 自発的に.
(right) óff the bát《米口語》すぐに, ただちに.
— 動 (三単現 **bats** [bǽts]; 過去・過分 **bat・ted** [~id]; 現分 **bat・ting** [~iŋ])
— 自 バットで打つ; 打席に立つ: John *bats* left-handed. ジョンは左で打つ.
— 他 **1** …をバットで打つ, (こん棒などで)殴る: He *batted* the ball 200 feet. 彼はボールを200フィート飛ばした.
2【野球】打って〈走者〉を進ませる: Tom *batted* two runners home. トムはヒットを打って2人の走者をホームインさせた.
3【野球】…の打率を得る: He *batted* .328 this season. 彼は今シーズン3割2分8厘の打率を挙げた (◇ .328 は three twenty-eight と読む).
■ *bát aróund* 他《米口語》〈計画・構想など〉をあれこれ考える, 論じる.
gò to bát for ...《米口語》…を後援する, 支持する.

*****bat**² 名 C 【動物】コウモリ.
■ *(as) blínd as a bát*《口語》まったく目が見えない(で).
like a bát out of héll《口語》すばやく.

bat³ 動 他 〈目〉をまばたきさせる; …に色目を使う.
■ *nót bát an éye* [《英》*éyelid*]《口語》一睡もしない; 驚かない, 平然としている.

batch [bǽtʃ] 名 C **1** (パンなどの)ひとかま分, ひとかまど分 [*of*]: a *batch* of loaves パンひとかま分. **2** […の]1回分の量; 1束; 一群 [*of*]: a *batch* of letters 1束の手紙. **3**【コンピュータ】バッチ《一括処理される作業のグループ》.
◆ **bátch prócessing** U【コンピュータ】バッチ処理, 一括処理.

bat・ed [béitid] 形 [次の成句で]
■ *with báted bréath* (不安・興奮で)かたずをのんで.

***bath** [bǽθ / báːθ] (☆ **bathe** [béið] との発音の違いに注意) 名 動
—名 (複 **baths** [bǽðz, bǽθs / báːðz, báːθs]) C

PICTURE BOX basketball

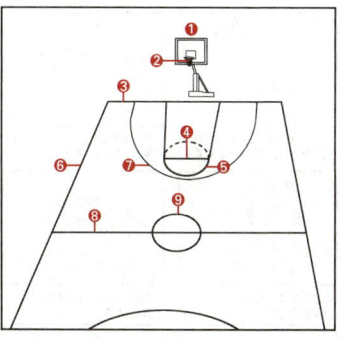

toss a jump ball up
(ジャンプボールを上げる)

dribble a ball
(ボールをドリブルする)

pass a ball
(ボールをパスする)

make a shot
(シュートする)

make a dunk shot
(ダンクシュートをする)

make a free throw
(フリースローをする)

❶backboard バックボード ❷basket バスケット ❸end line エンドライン ❹free throw line フリースローライン ❺free throw circle フリースローサークル ❻sideline サイドライン ❼three-point line スリーポイントライン ❽center line センターライン ❾center circle センターサークル

Bath 　　　　　　　　　　130　　　　　　　　　　**bathroom**

1 入浴, 水浴; 日光浴: a hot [cold] *bath* 温[冷]水浴 / a sun *bath* = a *bath* of sunshine 日光浴 / a steam *bath* 蒸し風呂 / give ... a *bath* …をふろに入れる.
2 浴室, ふろ場 (bathroom); 《英》浴槽 (《米》bathtub); ふろの水[湯]: run [fill, draw] a *bath* 浴槽に水を張る / let out a *bath* ふろの水[湯]を落とす.
3 [通例 ~s; しばしば単数扱い] ふろ屋, 浴場; [the ~s]《英・古風》屋内プール (swimming bath): (the) public *baths* 公衆浴場.
4 [通例 ~s] 温泉地, 湯治(とうじ)場.
5 溶液;(写真の)現像液;溶液器, 電解槽.
■ **táke a báth 1** ふろに入る (◇《英》では have a bath). **2**《米口語》大損をする.
── **動**《英》他《病人・子供など》を入浴させる (《米》bathe).
── **自**《英・古風》入浴する (《米》bathe).
◆ **báth màt** C バスマット (→ BATHROOM [PICTURE BOX]).
báth tòwel C バスタオル.
Bath [bǽθ / báːθ] **名 固** バース (England の Avon 州の都市. 温泉地として有名).

***bathe** [béið] **動名**

── **動** (三単現 **bathes** [~z]; 過去・過分 **bathed** [~d]; 現分 **bath·ing** [~iŋ])
── **自 1**《米》**ふろに入る**, 入浴する (《英》bath): My father usually *bathes* after dinner. 私の父はたいてい夕食後にふろに入る.
2《英・古風》泳ぐ, 水浴び[海水浴]する, 水に入る: go *bathing* in the sea 海水浴に行く.
── **他 1**《米》《病人・子供など》をふろに入れる, 入浴させる (《英》bath): *bathe* the old man 老人をふろに入れる.
2〈傷など〉を[…に]つける, 浸す [*in*], […で]洗う [*with*]: *bathe* one's cold feet *in* hot water 冷えた足をお湯につける.
3 [しばしば受け身で]《文語》…を[…で]包み込む, 満たす; …が[…に]包まれる [*in, with*]: Her face *was bathed in* tears. 彼女の顔は涙にぬれていた / The mountaintop *is bathed in* sunlight. 山頂は陽光をいっぱいに浴びている.
── **名** [a ~]《英・古風》水浴, 海水浴, ひと泳ぎ: go for a *bathe* ひと泳ぎしに行く / have [take] a *bathe* ひと泳ぎする.

bath·er [béiðər] **名** C 水浴[入浴]する人; 海水浴客; 湯治(とうじ)客.
bath·ing [béiðiŋ] **名** U 《英》水浴, 水浴び; 入浴.
◆ **báthing càp** C 水泳帽 (《英》swimming cap).
báthing sùit [《英》**còstume**] C (主に女性用) 水着 (swimsuit) (◇男性用は bathing trunks).
bath·robe [bǽθròub / báːθ-] **名** C **1** バスローブ (robe)《入浴の前後に着るガウン》.
2《米》部屋着, ガウン (dressing gown) 《主に男性用》.

***bath·room** [bǽθrùːm / báːθ-]

── **名** (複 **bath·rooms** [~z]) C **1 浴室**, ふろ場 (→ [PICTURE BOX]).
参考 不動産広告などでは, 浴槽・シャワー・便器・洗面台の4つをすべて備えている浴室を full bathroom, 浴槽を欠くものを 3/4 bathroom (◇ 3/4は three quarter と読む), 便器と洗面台の2つだけのものを 1/2 bathroom (◇1/2は a half と読む) と言う.
2《米・婉曲》お手洗い, トイレ (→ TOILET **参考**):

PICTURE BOX **bathroom**

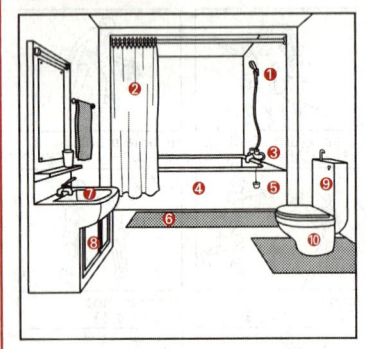

❶ shower シャワー
❷ shower curtain シャワーカーテン
❸ faucet 蛇口　❹ bathtub バスタブ
❺ plug 栓　❻ bath mat バスマット
❼ sink 洗面台　❽ cabinet キャビネット
❾ flush tank 水洗タンク　❿ toilet 便器

run hot water into a bathtub (浴槽に湯を張る)

sit [lie] in a hot bath (熱いふろに入る)

wash oneself (体を洗う)

shampoo one's hair (髪を洗う)

take [have] a shower (シャワーを浴びる)

dry oneself with a towel (タオルで体をふく)

bath・tub [bǽθtÀb / bɑ́ːθ-] 名 浴槽, 湯ぶね (《英口語》tub, bath; 《米口語》tub) (→ BATHROOM [PICTURE BOX]).

bath・wa・ter [bǽθwɔ̀ːtər] 名 U 浴槽の湯 [水].

bath・y・sphere [bǽθisfiər] 名 C バチスフェア 《深海調査用潜水球》.

ba・tik [bətíːk, bǽtik] 名 U ろうけつ染め(の布).
— 形 ろうけつ染めの.

bat・man [bǽtmən] 名 (複 **bat・men** [-mən])
1 C 《英》(陸軍将校付きの)当番兵, 従卒.
2 (固 [B-]) バットマン 《米国の漫画の主人公》.

ba・ton [bətán / bǽtən] 名 C **1** 《英》(警官の)警棒. **2** 《音楽》指揮棒, バトン (→ ORCHESTRA [PICTURE BOX]).
3 (競技)(リレーの)バトン. **4** (パレードの)バトン.
5 (元帥などの)官位を象徴する棒, 官杖(ʦ̱ᷓ₎).
◆ **batón twírler** C 《米》バトントワラー《バトンを回して楽隊を指揮する人; 単に twirler とも言う》.

bats・man [bǽtsmən] 名 (複 **bats・men** [-mən]) C 【クリケット】打者 (→ CRICKET 図).

bat・tal・ion [bətǽljən] 名 C **1** [集合的に; 単数・複数扱い] 【軍】大隊. **2** [〜s または a 〜] 大群, 多数.

bat・ten [bǽtən] 名 C 《英》(床板を固定する)小割り板; (継ぎ目をふさぐ)目板, 補強用板; 【海】当て木.
— 動 他 …に目板をする, 当て木をする.

*__bat・ter__¹ [bǽtər] 名 C 【野球・クリケット】バッター, 打者 《◇クリケットでは batsman が一般的. 野球では hitter とも言う》: the *batter*'s box バッターボックス, 打者席 (→ BASEBALL [PICTURE BOX]).
(比較)「バッターボックス」は和製英語)

bat・ter² 動 他 **1** …を乱打する. **2** …をたたきつぶす;〈人・理論など〉をこきおろす.
— 自 乱打する.
— 名 C U [料理] (牛乳・卵・小麦粉などの)バッター《マフィン・パンケーキなどの生地》.

bat・tered [bǽtərd] 形 **1** 形のくずれた, 壊れた.
2 暴力をふるわれる, 暴行を受けた: *battered* wives 夫に暴力をふるわれる妻たち.

‡**bat・ter・y** [bǽtəri] 名 (複 **bat・ter・ies** [〜z]) C
1 電池, バッテリー: a dry *battery* 乾電池 / a solar *battery* 太陽電池 / charge a *battery* 電池を充電する / This *battery* is dead 《英》flat). =This *battery* has run out of electricity. この電池は切れている. **2** [軍]砲列, 砲台; 砲兵隊.
3 [野球]バッテリー《投手と捕手》. **4** [通例, 単数形で](器具などの)ひとそろい; 一連の事物: a *battery* of knives and forks ひとそろいのナイフとフォーク. **5** [法]殴打, 暴行: assault and *battery* → ASSAULT 複合語. **6** (養鶏場の)連続したケージ: a *battery* farm 養鶏場.

bat・ting [bǽtiŋ] 名 U **1** バッティング, 打撃.
2 詰め綿《夜具などに入れる綿・毛》.
◆ **bátting àverage** C **1** [野球]打率: a *batting average* of .285 [.300] 打率2割8分5

厘 [3 割] (◇ .285 は two eighty-five, .300 は three hundred と読む). **2** 《米口語》成功率.
bátting òrder C [the 〜] [野球]打順.

***__bat・tle__** [bǽtl] 名 動
— 名 (複 **bat・tles** [〜z]) **1** C [… との] 戦闘; U 交戦, 参戦 [with, against] (→ WAR (類義語)): a close *battle* 接戦 / a street *battle* 市街戦 / a decisive *battle* 決戦 / win [lose] a *battle* 戦闘に勝つ[負ける] / go into *battle* 参戦する / fall [be killed] in *battle* 戦死する / fight a losing *battle* 勝利する見込みのない戦いを挑む / A fierce *battle* took place in Hastings. ヘイスティングズでは激しい戦いがあった.
2 C [… との / … への] 戦い, 闘争; 競争 [with, against / for]: a *battle* for existence 生存競争 / a *battle* against illness 病気との闘い.
■ **be hálf the báttle** 勝利につながる; 勝ったも同然: Love and devotion *are half the battle.* 愛と献身があれば勝利は固い.
dò báttle […と]戦う; 口論する [with].
— 動 自 […と / …のために / …するために] 戦う [with, against / for / to do]: *battle* with [against] bad weather 悪天候と戦う / *battle* for [to get] freedom 自由のために戦う.
— 他 …と戦う.
■ **báttle it óut** 戦い抜く, 徹底的に戦う; 決戦する.
◆ **báttle crùiser** C 巡洋艦.
báttle crỳ 鬨(ㅌ)の声 (war cry), スローガン.
báttle drèss C 戦闘服, 軍服.
báttle róyal (複 **battles royal, battle royals**) C 《格式》大乱戦, 乱闘; 大論戦.
bát・tle-àx, 《英》**bát・tle-àxe** 名 C **1** 戦斧(ᵇ₎)《昔, 武器として用いた長柄の斧(⸄)》. **2** 《口語》がみがみ言う女性.
bat・tle・dore [bǽtldɔ̀ːr] 名 C ラケット, 羽子板; U 羽根つき: play *battledore* (and shuttlecock) 羽根つきをする.
bat・tle・field [bǽtlfìːld] 名 C 戦場 《◇単に field とも言う》; 闘争の場.
bat・tle・front [bǽtlfrʌ̀nt] 名 C (最)前線; 戦闘の行われている地区.
bat・tle・ground [bǽtlgràund] 名 C **1** 戦場 (battlefield). **2** 意見の相違が顕著な事柄 [分野, 場所].
bat・tle・ment [bǽtlmənt] 名 C [通例 〜s] 銃眼付きの胸壁.
bat・tle・ship [bǽtlʃìp] 名 C 戦艦.
bat・ty [bǽti] 形 (比較 **bat・ti・er** [〜ər]; 最上 **bat・ti・est** [〜ist]) 《口語》頭のおかしい (crazy); […に] 夢中の [*about*].
bau・ble [bɔ́ːbl] 名 C 安物の宝石; くだらないもの.
baud [bɔ́ːd] 名 C 【コンピュータ】ボー《モデムの変調速度の単位》.
Bau・de・laire [bòudəlέər / bóudəlὲə] 名 固 ボードレール Charles [ʃɑ́ːrl] Baudelaire 《1821-67; フランスの詩人・批評家. 主著『悪の華』》.
baulk [bɔ́ːk] 動 自 《主に英》= BALK.
baux・ite [bɔ́ːksait] 名 U 【鉱】ボーキサイト《アルミニウムの原鉱石》.

Ba·var·i·a [bəvéəriə] 名 固 バイエルン, バパリア《ドイツ南部にある州》.

bawd·y [bɔ́ːdi] 形 (比較 **bawd·i·er** [~ər]; 最上 **bawd·i·est** [~ist]) みだらな, わいせつな.

bawl [bɔ́ːl] (☆ 同音 ball; bowl との発音の違いに注意) 動 自 […に向かって] どなる, 大きな声で歌う [叫ぶ]; (子供が) 泣きわめく [at].
■ **báwl óut** @ わめき立てる. — 他《主に米口語》〈人〉をしかり飛ばす: The chief *bawled* her *out* for being late. 課長は彼女が遅刻したのでしかり飛ばした.

‡**bay**¹ [béi] 名 C [しばしば B-] 湾, 入り江《◇ cove より大きく, gulf より小さい; 《略記》B.》: Tokyo *Bay* = the *Bay* of Tokyo 東京湾.
◆ **Báy State** [the ~] 湾岸州《米国 Massachusetts 州の愛称; → AMERICA 表》.

bay² 名 C 【植】= báy trèe 月桂樹 (laurel tree).
◆ **báy lèaf** C ローリエ《乾燥させた月桂樹の葉で, 香辛料として用いる》.

bay³ 名 C **1**【建】柱間(はしらま)《柱と柱の間の壁の部分》; (建物・駐車場の) 区画. 【航空】(飛行機の胴体の)隔室, 仕切り室: a cargo *bay* 荷物室.
3 = **báy wíndow** 出窓, 張り出し窓. **4**《英》(駅の) 発着用引込線(ホーム); (バス発着場の) 番線乗り場.

bay⁴ 名 U **1** (獲物を追い詰めた猟犬の) ほえ声, うなり声. **2** どたん場, 苦境.
■ **be** [**stánd**] **at báy** 追い詰められている, 窮地に立っている.
bríng ... to báy …を追い詰める.
hóld [**kéep**] **... at báy**〈いやな人・病気など〉を寄せつけない.
— 動 自 (犬・オオカミが) […に] ほえ立てる [at].
■ **báy** (**at**) **the móon** 月に向かってほえる; むだなことをする.

bay⁵ 名 C 鹿毛(かげ)の馬 (cf. chestnut くり毛の馬).
— 形【限定用法】鹿毛の.

bay·o·net [béiənət] 名 C 銃剣.
— 動《格式》…を銃剣で突く.

bay·ou [báiou, báiuː / báijuː] 名 C (米南部の沼の) 水のよどんだ場所 [入り江], バユー.
◆ **Báyou State** [the ~] 入り江州《米国 Mississippi 州の愛称》.

ba·zaar [bəzɑ́ːr] (☆ アクセントに注意)《ペルシャ》名 C **1** バザー, 慈善市: hold a *bazaar* バザーを催す / a charity *bazaar* チャリティーバザー.
2 (アジアの) 商店街, 市場, バザール: an open-air *bazaar* 青空市場.

ba·zoo·ka [bəzúːkə] 名 C【軍】バズーカ砲《持ち運びできる対戦車用ロケット砲》.

BBC《略語》= **B**ritish **B**roadcasting **C**orporation 英国放送協会.

bbl.《略語》= **b**arrel(s).

BBQ《略語》《口語》= **b**ar**b**ecue.

BC《略語》= **B**ritish **C**olumbia (カナダの) ブリティッシュコロンビア州.

*B.C., BC《略語》= before Christ 紀元前《← A.D.》《◇753 B.C. のように年号や世紀の数字のあとに付け, 普通, 小文字の高さの大文字で印刷される. 最近では, B.C.E. (before common era) を使うこともある》.

bcc, BCC《略語》= **b**lind **c**arbon **c**opy【インターネット】(Eメールの) ブラインドコピー, BCCメール.

bdrm.《略語》= **b**e**d**roo**m**.

‡**be** [(弱) bi; (強) bíː]
動 助動

❶ 動詞
■「…である」(→ 動 1)
The rumor <u>is</u> true.
(そのうわさは本当です)
■「…にいる, ある」(→ 動 2)
They <u>are</u> in the concert hall.
(彼らは演奏会場にいる)

❷ 助動詞
■ 進行形「…しているところだ」(→ 助動 1)
He <u>is</u> <u>sleeping</u> now.
be+現分 (彼は今眠っている)
■ 受け身「…される」(→ 助動 2)
Bill <u>is</u> <u>liked</u> by everybody.
be+過分 (ビルはみんなに好かれている)
■ 予定「…する予定である」(→ 助動 3)
We <u>are</u> <u>to meet</u> her at noon.
be+to do (私たちは正午に彼女と会うことになっている)

— 動 自
[語法] be 動詞は通例, 語形変化した形で用いる. ただし, 以下の場合には原形の be を用いる.
(1) 助動詞のあと: I will *be* sixteen next month. 私は来月で16歳になります.
(2) 不定詞: I want to *be* a pilot when I grow up. 私は大きくなったらパイロットになりたい.
(3) 命令文: *Be* kind to elderly people. お年寄りには親切にしなさい.
(4) 仮定法現在 (→ 動 自 3).

[be動詞の語形変化]

主語			現在形 (短縮形)	過去形	現在分詞	過去分詞
1人称	単数	I	am (I'm)	was		
	複数	we	are (we're)	were		
2人称	単数	you	are (you're)	were	be-ing	been
	複数	you	are (you're)	were		
3人称	単数	he she it	is (he's) (she's) (it's)	was		
	複数	they	are (they're)	were		

1 (a) [be+C] …である, …です: Mary *is* kind to everyone. メアリーはだれにでも親切です / I *am* a student here. 私は本校の生徒です /

be-

How *are* you? — I*'m* fine, thank you. お元気ですか — おかげさまで元気です / It*'s* a lovely day, *isn't* it? いい天気ですね / What *is* the time? — It *is* three thirty. 今何時ですか — 3時半です / I*'m* hungry. — So *am* I. おなかがすいたよ — 私も.

[語法] be は通例, 助動詞 do と共に用いない. ただし, 以下の場合には用いることができる.
(1) 否定の命令文: *Don't be* afraid of making mistakes. 間違うことを恐れるな.
(2) 命令文の強調: *Do be* quiet, please. どうか静かにしてください.

(b) [be + 動名 [to do]] …することである, …することになる (◇この不定詞は名詞的用法; → [動名] 3): My hobby *is collecting* [*to* collect] coins. 私の趣味はコインを集めることです / All you have to do *is* (*to*) call me. あなたがすべきことは私に電話をかけることです (◇主語が do で終わる名詞節の場合, be のあとの不定詞の to はしばしば省かれる).

(c) [be + that 節] …ということである: The only trouble *is* (*that*) I have no money. ただ1つ困ったことは私にはお金がないことです.

(d) [be + 疑問詞節 [句]] …かということである: The question *is who* should say it to him. 問題はだれが彼にそれを言うかである.

2 (a) [場所・時を表す副詞 (句) を伴って] …にいる, ある; 行く, 来る: The book *is* on the shelf. その本は棚にある / Here *is* your umbrella. Where *is* mine? あなたの傘はここにある. 私のはどこだろう / Please put the book back where it *was*. 本は元あった所にお戻しください / Stay where you *are*. I'll *be* over there in a minute. 今いる所を離れるな. すぐそちらへ行くから.

(b) [There + be ...] …がいる, ある (◇不特定のもの・人の存在を表す; → THERE [代名]): *There is* a book on the desk. 机の上に本がある / *Is there* anybody there? そこにだれかいますか.

(c) [文語] 存在する (exist) (◇「There + be ...」を用いるのが一般的): God *is*. 神は存在する (= God exists.) / To *be* or not to *be*, that is the question. この世に在(あ)るか, 在らぬか, それが問題だ《シェイクスピアの『ハムレット』の中のせりふ》.

3 [仮定法現在; 原形で] (◇仮定法現在については→ SUBJUNCTIVE [文法]) (a) [《米》提案・要求・命令などを表す動詞・形容詞・名詞に続く節中で] (◇《英》では通例 should be を用いる): I suggest that the meeting *be* postponed. 会議を延期することを提案します. (b) [仮定・条件などを表す節中で] (◇現在では直接法を用いるのが一般的): If this report *be* true, anything can happen. もしこの報告が本当なら何が起こってもおかしくない.

— [助動] **1** [進行形; be + 現分] [動作] (◇進行形については→ PROGRESSIVE [文法]) (a) …しているところである: What *are* you *doing* here? — I*'m looking* for my contact lense. ここで何をしているのかって — コンタクトレンズを探しているんです / It*'s getting* dark. 暗くなってきた.

(b) [未来を表す副詞 (句) を伴って] …するつもり [予定] である: We*'re leaving* tomorrow. 私たちは明日出発の予定です / I'll *be seeing* you. じゃあ, また.

た. (c) [通例 always, continually などを伴って] いつも…してばかりいる (◇非難の気持ちが含まれることが多い): My sister *is* always *finding* fault with me. 姉は私のあら探しばかりしている.

2 [受け身; be + 過分] [動作] …される, [状態] …されている (◇受け身については→ VOICE [文法]): The bridge *is painted* red, not gold. その橋は金色ではなく赤く塗られている / My brother *was* seriously *injured* in a traffic accident. 兄は交通事故で大けがをした.

3 [be + to do] (a) [予定] …することになっている: We *are to* go to a dance after dinner. 私たちは夕食後ダンスパーティーに行く予定です.

(b) [義務] …すべきである, …しなければならない: You *are to* be home by ten. 10時までには帰宅しなければいけないよ / You *are* not *to* smoke here. ここは禁煙です (= You must not smoke here.).

(c) [可能; 通例, 否定文で] …できる (◇ to 以下通例, 受け身が多い): The key was nowhere *to* be found. 鍵(かぎ)はどこを探しても見つからなかった.

(d) [運命; 通例, 過去形で] …する運命である: The soldier *was* never *to* see his wife again. その兵士は再び自分の妻に会えない運命だった.

(e) [意図; 条件節で] …するつもりなら: If you *are to* win, you need to train harder. 勝つつもりならもっと厳しい訓練が必要です.

(f) [目的] …するためである: This meeting *is to* talk about environmental problems. この会合は環境問題を話し合うものです.

(g) [If + 主語 + **were** + to do] 仮に…としたら (→ WERE [助動] 成句).

4 [完了形; be + 過分] [古] …した, …してしまっている (◇動詞は運動・変化を表す自動詞; 現在では be gone [come] 以外は [まれ] で): Winter *is gone* and spring *is come*. 冬が去り, 春になった.

be- [bi, bə] [接頭] **1** 「全面的に」「すっかり, まったく」の意を表す (◇動詞に付ける): *be*cloud 包囲する. **2** 自動詞に付けて他動詞を作る: *be*moan を嘆き悲しむ. **3** 「…にする」「…として扱う」の意の他動詞を作る (◇形容詞・名詞に付ける): *be*little …を小さくする. **4** 「…で囲う, 覆う」の意の他動詞を作る (◇名詞に付ける): *be*cloud …を雲で覆う. **5** 「…を持った」「…で飾った」の意の形容詞を作る (◇名詞に付けて語尾 -ed と共に): *be*ribboned リボンで飾った.

***beach** [bíːtʃ] (☆[同音] beech) [名]

— [名] (複 **beach·es** [~iz]) [C] **1** 砂浜, 磯, 波打ち際 (→ SHORE [類義語]): Children are playing on the *beach*. 子供たちが浜辺で遊んでいる.

2 海水浴場, 海岸地帯: We spent our summer vacation at the *beach*. 私たちは海水浴場で夏休みを過ごした.

— [動] [他] 〈船〉を浜に引き上げる; [~ oneself で] 〈鯨が〉〈船が〉座礁する; 〈鯨が方向感覚を失い〉浜に乗り上げる.

◆ **béach bàll** [C] ビーチボール.
béach bùggy [C] ビーチバギー《砂浜用軽自動車》.
béach umbrèlla [C] 《米》ビーチパラソル. ([比較]

beachchair / bear

béach vólleyball 名U【スポーツ】ビーチバレー.

beach・chair [bíːtʃtʃèər] 名C《米》ビーチチェア (deck chair).

beach・comb・er [bíːtʃkòumər] 名C **1** 浜辺の漂流物などを拾う人. **2**(浜辺に打ち寄せる)大波.

beach・head [bíːtʃhèd] 名C【軍】(海岸の)上陸拠点, 橋頭堡(きょうとうほ);(出発点となる)足がかり.

beach・wear [bíːtʃwèər] 名U ビーチウェア《浜辺で着用するものの総称. 水着以外も含む》.

***bea・con** [bíːkən] 名C **1** 信号灯; 立標; 灯台. **2** =béacon fire かがり火, のろし. **3**《英》《横断歩道を示す赤黄色の》交通標識《歩行者用. Belisha [bəlíːʃə] beacon とも言う》. **4** 無線標識《◇航空機用. radio beacon とも言う》.

bead [bíːd] 名C **1** ビーズ, ガラス玉, じゅず玉. **2** [〜s] (ビーズの)ネックレス;ロザリオ(rosary). **3**(汗などの)しずく: *beads* of sweat 玉の汗.
■ **dráw [gét] a béad on ...** ...にねらいをつける.

bead・ing [bíːdiŋ] 名U (服・小物などの)ビーズ細工[飾り];【建】(壁などの)玉縁(たまべり)(飾り).

bea・dle [bíːdl] 名C《英史》教区吏員《牧師を補佐する役人》.

bead・y [bíːdi] 形 (比較 **bead・i・er** [〜ər];最上 **bead・i・est** [〜ist]) ビーズのような;ビーズで飾った: *beady* eyes 小さくてきらきら輝く丸い目《◇興味または疑惑を示す》.

bea・gle [bíːgl] 名C ビーグル犬《ウサギ狩り用の脚の短い小型の猟犬;→ DOG 図》.

***beak** [bíːk] 名C **1** くちばし《◇特にワシ・タカなど猛禽(もうきん)類のかぎ形にとがったくちばし. 水鳥などの細長く平たいのは bill》. **2** くちばし状のもの;《こっけい》(人の)わし鼻;(水差しの)注ぎ口.

beak・er [bíːkər] 名C **1** (化学実験用の)ビーカー. **2**《英》広口の大型コップ;その1杯分の量.

be・all [the 〜] 名C かなめ, 重要な要素;全部.
■ **the bé-all and (the) énd-all** [*of*] ...の最も大事なもの[人, こと],すべて《◇シェイクスピアの「マクベス」に出てくる言葉から》.

***beam** [bíːm] 名C **1** 光線,(ランプなどの)光《◇通例「光線の束」を言う; cf. ray 一条(ひとすじ)の光線》: a moon *beam* 月光 / a laser *beam* レーザー光線. **2**【建】梁(はり),桁(けた);【海】甲板梁(こうはんばり)《船の甲板を支えるもの》;船幅. **3**(天秤(てんびん)ばかりの)さお, 鋤(すき)のさお: Recently land prices here kicked the *beam*. 最近当地の地価は暴落した《◇「軽すぎてはかりのさおの一方がはね上がる」ことから》. **4** [a 〜]《喜びなどの》顔の輝き, 笑顔;[...の]光 [*of*]: a *beam* of hope 希望の光 / Her mother welcomed me with a *beam* of delight. 彼女の母親はとてもうれしそうな顔で私を迎えてくれた. **5**【無線】信号電波, 誘導電波. **6**【体操】平均台.
■ **bróad in the béam**《口語》(人の)しりが大きい.
òff (the) béam 方向がそれて[た];《口語》見当違いの, 間違った.
òn (the) béam 正しい方向に[の];《口語》的を射た: You're *on the beam*. まったくその通りです.
― 動 自 **1**(通例, 副詞(句)を伴って)(太陽などが)輝く(*down*), [...に]光を発する [*on*]. **2** [...に]

っこりほほ笑む [*at, on, upon*]: Jane beamed at [*on, upon*] me. ジェーンは私に愛想笑いかけた.
― 他 **1**〈光・信号〉を放つ, 発する: *beam* a distress signal 救難信号を発する. **2**〈光・放送〉を[...に]向ける, 送る [*at, to*]: *beam* a TV broadcast *to* Japan 日本向けにテレビ放送を送る. **3**...に明るくほほ笑む.

béam・énds 名 [複数扱い]【海】(船の)梁(はり)の端.
■ **on one's [the] béam-énds**《英・古風》(人・商売が)金に困って.

***bean** [bíːn] 名C **1**(通例 〜s)豆《マメ科, 特にインゲンマメ属の植物の実. エンドウの類は pea》;マメ科植物,(豆の)さや: broad *beans* ソラ豆 / soy(a) *beans* 大豆 / kidney *beans* インゲン豆. **2**[通例 〜s](豆に似た)実: coffee *beans* コーヒー豆. **3**[通例, 否定文で]《口語》わずかな金: I don't have a *bean*. 私は一文なしである.
■ **fúll of béans**《口語》元気いっぱいで[な].
spíll the béans《口語》[秘密にすべきことを]うっかり漏らす [*about*].
◆ **béan báll** C【野球】ビーンボール《投手がわざと打者の頭の近くを目がけて投げるボール》.
béan cúrd U 豆腐.
béan spróut [〜s]【植】モヤシ.

bean・bag [bíːnbæg] 名C お手玉;(プラスチック片の入った)クッション.

bean・pole [bíːnpòul] 名C《口語》のっぽの人.

bean・stalk [bíːnstɔːk] 名C 豆の茎: "Jack and the *Beanstalk*"『ジャックと豆の木』《童話》.

*****bear**[1] [béər] 《☆同音 bare》
【基本的意味は「耐える」】
― 動 (三単現 **bears** [〜z];過去 **bore** [bɔːr];過分 **borne** [bɔːrn];現分 **bear・ing** [béəriŋ])
― 他 **1**[通例 can と共に用いて;疑問文・否定文で](a)[bear+O]〈人が〉...に**耐える**, 我慢する(→ 類義語): I could not *bear* the pain. 私は痛みに耐えられなかった. (b)[bear+to do [doing]]...するのを耐える, 我慢する: I cannot *bear* to tell you about it. = I cannot *bear* telling you about it. そのことについてあなたに話すのは耐えられない / I cannot *bear* being kept waiting for a long time. = I cannot *bear* to be kept waiting for a long time. 長い間待たされるのは耐えられない. (c)[bear+O+to do [doing]]〈人〉が...するのに耐える, 我慢する: I can't *bear* him *to* live with us. 彼が私たちと同居するのは耐えられない(= I can't bear his living with us.).
2[bear+O]〈重さ〉を**支える**;〈費用・責任など〉を負担する: The ice of this pond cannot *bear* your weight. この池の氷はあなたの体重を支え切れない / Who will *bear* the expense for the new building? だれが新しい建物の費用を負担するのですか.

3[bear+O]《文語》...を運ぶ(→ CARRY 類義語): Camels *bear* goods for us in the desert. 砂漠ではラクダが品物を運んでくれる.

4[bear+O]《格式》〈武器などを〉身につける, 携行する;〈印・特徴・関係など〉を持つ, 示す: His leg *bears* the scars of his childhood. 彼の足には

少年時代の傷跡がある / The letter *bears* the date of May 10, 1995. その手紙には1995年5月10日の日付がある / It *bears* no relation to the affair. それはその事件とは関係がない.

5 [bear+O]《格式》〈恨み・悪意など〉を[…に]抱く, 持つ[*toward*, *against*, *for*]; [bear+O+O]〈人〉に〈恨みなど〉を抱く: He *bore* no ill will *toward* us.＝He *bore* us no ill will. 彼は私たちに悪意を持たなかった.

6(過分 **borne, born** [bɔ́ːrn])[bear+O]《格式》〈子供〉を産む; [bear+O+O]…の〈子供〉を産む: She *bore* (him) three daughters. 彼女は(彼との間に)娘3人をもうけた.

[語法]「生まれた」の意の受け身には be born を用いる(→ BORN). ただし by ... を伴う場合には過去分詞に borne を用いる: He *was born* in 1960. 彼は1960年に生まれた / He *was borne* by Elizabeth. 彼はエリザベスの子として生まれた.

7〈植物が〉〈実〉を結ぶ,〈花〉を咲かせる;〈利子・結果など〉を生み出す: This tree *bears* a lot of apples every year. この木には毎年たくさんのリンゴがなる / The bonds *bear* 5 percent interest. その債券は5パーセントの利子を生む.

8〔通例, 否定文で〕〈物事が〉…に耐えうる, 適する: The plan does not *bear* examination [examining]. その計画は調べればぼろが出る.

9《格式》…を必要とする, 正当とする.

— 自《副詞(句)を伴って》 **1**(…に)向かう, 進む: *Bear* right when you come to the end of the street. 通りのつきあたりに来たら右折しなさい.

2 実を結ぶ: This cherry tree *bore* well last year. このサクランボの木は昨年よく実をつけた.

[句動詞]*béar dówn* 自 全力をつくす. — [bear down+O / bear+O+down]《格式》…を圧倒する, 破る.

béar dówn on [*upòn*] ... 他 **1** …に(勢いよく)近づく: The boar was *bearing down on* me. そのイノシシは私にぐんぐん迫って来た.

2 …にのしかかる, …を圧迫する.

béar on [*upòn*] ... 他《格式》 **1** …と関係がある: The argument does not *bear on* the subject. その議論はテーマに関係がない.

2 [hard, heavily などを伴って]…にのしかかる, …を圧迫する: The new taxes *bore* hard *on* the poor. 新税は貧しい人々の重荷となった.

béar óut 他 [bear out+O / bear+O+out]…を支持する, 確証する: The test results will *bear out* our theory. 実験結果は私たちの理論が正しいことを証明するだろう.

béar úp 自 頑張る: He *bore up* well during a long illness. 彼は長い病気の間よく頑張った.

béar with ... 他 …を我慢する, 我慢して聞く: You have to *bear with* him, because he speaks very slowly. 彼はのんびり話すから我慢して聞くしかない.

■ *béar frúit*〈植物が〉実を結ぶ;〈計画などが〉うまくいく.

béar ... in mínd → MIND 成句.

béar onesèlf《格式》ふるまう: He *bore* himself like a king. 彼は王様のようにふるまった.

be bórne ín on [*upòn*] ...《格式》〈事実などが〉…に理解される: The truth *was borne in on* us. 事の真相が私たちにもわかってきた.

brìng ... to béar[…に]〈圧力など〉をかける, 向ける[*on*]: The politician *brought* pressure *to bear on* the mayor to settle the matter. その政治家は市長に事態を収拾するよう圧力をかけた.

[類義語] **bear, stand, endure**
共通する意味▶耐える (put up with something trying or painful)
bear は「耐える, 我慢する」の意を表す一般的な語: He could not *bear* his lonely life. 彼は孤独な生活に耐えられなかった. **stand** は bear より口語的: How can you *stand* this heat? よくこの暑さを我慢できますね. **endure** は bear, stand よりも意味が強く,「長期の試練に耐える辛抱強さ」を強調する語: They *endured* the famine. 彼らはその飢饉(ﾞﾝ)に耐えた.

‡**bear**² [béər] 名 C **1** クマ: a polar *bear* 白クマ / a brown *bear* ヒグマ / a teddy *bear* テディーベア, クマのぬいぐるみ. **2**《株式》売り方, 弱気筋(cf. bull 買い方, 強気筋): a *bear* market 下落相場, 売り手市場. **3**《口語》乱暴者, 無作法者.

4 固 [the B-]《天文》くま座: the Great [Little] *Bear* 大ぐま[小ぐま]座.

■ *like a béar with a sóre héad*《口語》不機嫌な, 怒りっぽい, 人にあたる.

◆ béar hùg C (親愛を示す)力強い抱きしめ.

bear・a・ble [béərəbl] 形 我慢できる, 耐えられる, (寒暑などが)しのげる (↔ unbearable).

‡**beard** [bíərd](☆ 発音に注意)名 C **1** あごひげ(→図): grow a *beard* ひげを生やす / have [wear] a *beard* ひげを生やしている / a man with a heavy *beard* 濃いあごひげを生やした人.

2 ひげ状のもの;(ヤギなどの)ひげ;(麦などの)のぎ;(矢じり・釣り針などの)あご, かかり (barb).

beard (あごひげ)　**mustache** (口ひげ)　**whiskers** (ほおひげ)

[いろいろなひげ]

— 動 他 **1** …のひげをつかむ[引っ張る]; …にひげを付ける. **2** …に敢然と立ち向かう.

■ *béard the líon in his dén*《文語》手ごわい相手に敢然と立ち向かう, 敵地に乗り込む.

beard・ed [bíərdid] 形 (あご)ひげのある;(麦などの)のぎのある.

beard・less [bíərdləs] 形 **1** ひげのない;(麦などが)のぎのない. **2** 青二才の.

bear・er [béərər] 名 C **1**《格式》運ぶ人, 運搬人. **2**(小切手・手形などの)持参人, 所有者: a note payable to the *bearer* 持参人払い手形.

◆ béarer chèck [C] 持参人払い小切手.

bear・ing [béəriŋ] [名] **1** [U][または a ~][文語] 態度, ふるまい (manner); 姿勢: a proud *bearing* 高慢な態度 / a person of dignified *bearing* 態度に威厳のある人. **2** [U][または a ~][...との]関係, 関連 [*on*]; (…の)面, 意味: It has no *bearing on* this matter. それは本件と何の関係もない. **3** [C][通例 ~s][機械] ベアリング, 軸受け. **4** [C] 方向; [しばしば ~s] 方角, 方位. **5** [U] 忍耐, 我慢: This is beyond all *bearing*. こんなことはとても我慢できない. **6** [C] 紋章.

■ **gèt** [**find, tàke**] **one's béarings** 自分の位置[方向]を確かめる; すべきことを見きわめる.
lóse one's béarings 方角を見失う, 道に迷う; 途方に暮れる.

bear・ish [béəriʃ] [形] **1** 乱暴な, 不作法な; 不機嫌な. **2** [株式] (相場が) 弱気の, 下がり気味の (↔ bullish).

bear・skin [béərskìn] [名] **1** [U] クマの毛皮; [C] クマの毛皮製品. **2** [C] (英国の近衛(このえ)兵がかぶる)黒毛皮高帽.

‡**beast** [bíːst] [C] **1** [文語] (人間以外の)動物, 獣; けだもの, 畜生 (◇特に四足獣をさすが, 他の animal の性うが一般的): a wild *beast* 野獣 / man and *beast* 人獣. **2** (運搬・労役の)家畜, 牛馬. **3** [口語・軽蔑] 人でなし, 意地悪な人; 扱いにくい人[もの]: a *beast* of a man 不愉快なやつ / You *beast*! この野郎!.

■ *a béast of búrden* [古] 荷物運搬用の動物 [牛・馬・ロバ・ラクダなど].
a béast of préy 猛獣, 肉食獣.

beast・ly [bíːstli] [形] (比較 **beast・li・er** [~ər]; 最上 **beast・li・est** [~ist]) **1** けだもののような; 残酷な. **2** [口語] ひどい, いやな; [◇主に英口語] *beastly* weather ひどい天気 / a *beastly* headache ひどい頭痛.
— [副] [強意的に][主に英口語] ひどく: It's *beastly* hot today. きょうはいやに暑い.

‡**beat** [bíːt] ☆ [同音] beet
[動][名][形] [基本的意味は「打つ, たたく」]
— [動] (三単現 **beats** [bíːts]; 過去 **beat**; 過分 **beat・en** [bíːtn], **beat**; 現分 **beat・ing** [~iŋ])
— [他] **1** (a) [beat+O] …を(続けて)打つ, たたく (→[類義語]): *beat* a blanket 毛布をはたく / The child was *beating* the bucket with a stick. その子はバケツを棒でたたいていた.
(b) [beat+O+C] ~を殴って…にする: The robber *beat* the guard unconscious. 強盗はガードマンを殴って気絶させた.
2 [beat+O] …を**打ち負かす**, 勝つ (→ DEFEAT [類義語]); 〈記録など〉を破る: They *beat* us in the baseball game today. きょう野球の試合で私たちは彼らに負けた / I was *beaten* 6-1, 6-0 at tennis. 私はテニスの試合で6-1, 6-0で敗れた / We must *beat* racism. 私たちは人種差別を打ち破らなければならない.
3 [口語] …よりまさる: Nothing *beats* cherry blossoms in spring. 春は桜にまさるものはない.
4 [口語] …を悩ます, 困らせる; …の理解を超える: (It) *Beats* me! そんなこと知るもんか / It *beats* me where he got it. 彼がそれをどこで手に入れたかはわからない.
5 [口語] …より先に着く, …を出し抜く: I *beat* him to the appointed place. 私は彼より先に約束の場所に着いた.
6 …を強くかき混ぜる, 泡立てる: *beat* cream quickly すばやくクリームを泡立てる. **7** 〈鳥などが〉〈羽〉をばたばたさせる: The hawk was *beating* her wings. タカは羽をばたばたさせていた. **8** 〈道など〉を踏み固める: *beat* a path through the snow 雪を踏み固めて通り道を造る. **9** 〈金属〉を打ち延ばす: He *beat* the metal flat. 彼はその金属をたたいて平らくした.
— [自] **1** [...を](続けて) **打つ**, たたく [*at, on, against*]: keep *beating at* the door 戸をたたき続ける / The high waves were *beating against* the rocks. 高波が岩に打ちつけていた.
2 (心臓が) 鼓動する. **3** (ドラムなどが) どんどん音を立てる; (鳥の羽が) ばたばたする: Drums were *beating* in the distance. 遠くでドラムがどんどん鳴っているのが聞こえた.

[句動詞] **béat abóut** [自] [...を] 探し回る, 見つけようとする [*for*]: *beat about for* a way of escape 逃げ道を探し求めようとする.
béat báck [他] [beat back+O / beat+O+back] …を打ち払う, 撃退する: They were soon *beaten back*. 彼らはすぐに撃退された.
béat dówn [自] (太陽が) 照りつける; (雨が) 激しく降る: The sun was *beating down* on us all day. 太陽が1日じゅう私たちに照りつけていた.
— [他] [beat down+O / beat+O+down] **1** 〈人〉に値引きさせる, 〈価格〉を値切る: I *beat* him *down* from $100 to $80. 私は彼に100ドルを80ドルに負けさせた. **2** …を打ち倒す.
béat óff [他] [beat off+O / beat+O+off] …を撃退する (beat back).
béat óut [他] [beat out+O / beat+O+out] **1** (ドラムなどで)〈音・リズムなど〉を打ち鳴らす: He *beat out* sounds on the drum. 彼はたいこをたたいて音を出した. **2** 〈火〉を(毛布などで)たたいて消す. **3** [米] (競技などで) …を打ち負かす.
béat úp [他] [beat up+O / beat+O+up] **1** …を打ちのめす: The soldiers *beat up* the young man. 兵士たちはその青年を殴打した. **2** …をかき混ぜる, 泡立てる.
béat úp on … [米] …を殴打する.

■ *béat … hóllow* …を完璧(かんぺき)に負かす.
Béat it! [俗語] うせろ, 行ってしまえ.
béat tíme 拍子をとる.
béat … to it […を]出し抜く, …より先を越す.
Cán you béat it [*that*]? [口語] 驚いたな, 参ったな.

— [名] [C] **1** (続けて)打つこと [音]; (心臓の)鼓動: They heard the *beat* of a drum. 彼らは太鼓の音を聞いた / I could feel the *beat* of her heart. 私は彼女の心臓の鼓動を感じることができた. **2** [通例, 単数形で][音楽] 拍子: We heard the *beat* of a tap-dancer's feet. 私たちはタップダンサーのステップの音を聞いた / This music has a good *beat*. この曲はビートが利いている. **3** (警官などの)巡回路, 受け持ち区域: We saw a police-

man on his *beat*. 私たちは巡回中の警官を見かけた.
■ **be òff [òut of] one's béat**《口語》…の専門外である.
òn [òff] (the) béat テンポが合って[外れて].
— 形《叙述用法; しばしば dead を伴って》《口語》疲れ切った (very tired): I am dead *beat* after walking all the way. ずっと歩いてもうへとへとだ.

|類義語| **beat, strike, hit, knock, tap, pat, whip**
共通する意味▶たたく (deliver a blow or blows)
beat は「手や道具で続けざまにたたく」の意: *beat* a drum 太鼓をたたく. **strike** は握りこぶしや手に持った堅いもので「強くたたく」の意: *strike* a nail with a hammer 金づちでくぎを打つ. **hit** は strike と置き換えられるが, ねらいを定めて「力を入れて打つ」の意を含む: He *hit* me on the nose. 彼は私の鼻を殴った. **knock** は hit, strike とほぼ同義だが,「たたいて位置や姿勢を変化させる」の意を含む: I *knocked* him to the floor. 私は彼を床に殴り倒した. **tap** は注意をひくためや合図として「軽くたたく」の意: *tap* the desk with a pencil 鉛筆で机をこつこつたたく. **pat** はほめたり, 励ましたりするために「愛情を込めて軽くたたく」の意: She *patted* her son on the back. 彼女は息子の背中をぽんとたたいてほめてやった. **whip** は「革ひも・むちなどで打つ」の意: He *whipped* the horse into a quicker pace. 彼は馬にむちをくれて足を速めさせた.

****beat・en** [bíːtən]
— 動 beat の過去分詞.
— 形《限定用法》 **1**(道が)よく踏みならされた, 踏み固めた: a *beaten* road よく踏みならされた道. **2**(金属が)打ち延ばした: *beaten* gold 金箔(はく). **3** 打ち負かされた, 打ちひしがれた: a *beaten* dog 負け犬. **4**(卵などが)かき混ぜた.
■ **òff the béaten tráck [páth]** よく知られていない, 穴場の; 人里離れた;《通例 off-the-beaten-track で》普通でない, 奇妙な.

beat・er [bíːtər] 名 C **1**《しばしば複合語で》打ちたたく[かき混ぜる]器具, 泡立て器: an egg *beater* 卵の泡立て器. **2** 打つ人, 殴る人; 勢子(せこ)《狩りで獲物を駆り立てる人》.

be・a・tif・ic [bìːətífik] 形 **1**《文語》(笑顔などに)至福を与える. **2** 幸せに満ちた.

be・at・i・fi・ca・tion [biæːtifikéiʃən] 名 U 授福, 受福; U C《カトリック》列福(式).

be・at・i・fy [biǽtifài] 動 (三単現 be・at・i・fies [～z]; 過去・過分 be・at・i・fied [～d]; 現分 be・at・i・fy・ing [～iŋ]) ⑲ **1** …を幸福にする, 祝福する. **2**《カトリック》〈死者〉を列福する.

***beat・ing** [bíːtiŋ] 名 **1** U C 打つこと, たたくこと; 殴打, むち打ち(の刑罰): be given a good *beating* ひどく殴られる. **2** C《通例 a ～》打ち負かすこと; 敗北, ひどい目にあうこと. **3** C〈心臓の〉鼓動. **4** C 羽ばたき.

■ **tàke a béating** ひどい敗北を喫する,(選挙・競技で)大敗する; ひどい損害を受ける.
tàke sòme [a lòt of] béating《すぐれていて》打ち負かすのは難しい: Her cooking *takes some beating*. 彼女の料理は天下一品です.

be・at・i・tude [biǽtətjùːd / -tjùːd] 名
1 U《文語》至福, 無上の幸福.
2 [the Beatitudes]《聖》八福(の教え)《キリストが山上の垂訓の中で説いた8つの幸福の教え》.

Beat・les [bíːtlz] 名 圑 [the ～; 複数扱い] ビートルズ《英国の4人組のロックグループ (1962-70)》.

beat・nik [bíːtnik] 名 C ビート族《世代》の人《1950-1960年代に既存の道徳に反逆した若者》.

Be・a・trice [bíːətrəs / bíətris] 名 圑 **1** ベアトリス《◇女性の名》. **2** ベアトリーチェ《ダンテが『神曲』の中で理想とした女性》.

beau [bóu]【フランス】名(複 beaus, beaux [～z]) C **1**《古・文語》おしゃれな男, だて男. **2**《主に米》ボーイフレンド, 求婚者, 愛人《◇男性》.

Beau・jo・lais [bòuʒəléi / bóuʒəlèi] 名 U C ボージョレ(ワイン)《フランスのボージョレ産の赤ワイン》.
◆ **Beaujoláis Nouvéau** [nuːvóu] U ボージョレヌーボー《ボージョリワインの新酒》.

beau・te・ous [bjúːtiəs] 形《限定用法》《詩語》美しい, 麗しい (beautiful).

beau・ti・cian [bjuːtíʃən] 名 C 美容師.

*****beau・ti・ful** [bjúːtifəl]
【基本的意味は「美しい」】
— 形 **1** 美しい, きれいな (↔ ugly) (→ |類義語|): Mary is a *beautiful* woman. メアリーは美人です / Look at those *beautiful* flowers. あのきれいな花をご覧なさい / She sang in a very *beautiful* voice. 彼女はとても美しい声で歌った.
2《口語》見事な, すばらしい: *beautiful* weather 快晴 / That was a *beautiful* shot. すばらしいショット[打球]だった / They serve really *beautiful* pasta dishes at this restaurant. このレストランではとてもおいしいパスタ料理を出す.
3 [the ～; 名詞的に; 単数扱い] 美 (beauty); [集合的に; 複数扱い] 美しい人[もの], 美人たち.
(▷ 名 béauty; 動 béautify)

|類義語| **beautiful, handsome, lovely, pretty, cute**
共通する意味▶美しい (pleasing in appearance)
beautiful は均整のとれた目鼻立ちの「優雅で, 気品のある」美しさを表す: a *beautiful* woman 美しい女性. **handsome** は主に男性に用いる語.「男らしくて, たくましい」美しさを表す. また, 女性に用いると「きりっとした, りりしい」の意を表す: a *handsome* youth 美青年 / a *handsome* actress りりしい女優. **lovely** は「いとしい」美しさを表す: a *lovely* girl 愛らしい少女. **pretty** は「外見が明るくて愛らしい」の意. 男性に用いると「めめしい」の意を表す: a *pretty* girl かわいい少女 / a *pretty* guy にやけた奴. **cute** は《口語》で, pretty には及ばないまでも「明るくて魅力的である」ことを表す: a *cute* girl かわいい少女.

***beau・ti・ful・ly** [bjúːtəfəli] 副 **1** 美しく. **2**《口語》見事に, 鮮やかに: He played the guitar *beautifully*. 彼は見事にギターを弾いた.

beau・ti・fy [bjúːtəfài] 動 (三単現 **beau・ti・fies** [~z]; 過去・過分 **beau・ti・fied** [~d]; 現分 **beau・ti・fy・ing** [~iŋ]) 他 …を美しくする, 美化する; 飾る.
(▷ 形 béautiful)

*****beau・ty** [bjúːti]
— 名 (複 **beau・ties** [~z]) **1** U 美しさ, 美; 美貌(ぼう): a city of great *beauty* とても美しい町 / His wife is a woman with *beauty* and intelligence. 彼の妻は才色兼備の女性です / *Beauty* is but [only] skin-deep.《ことわざ》美貌も皮一重 ⇨ 外見よりも中身が大切.
2 C 美人, 美女; 美しいもの: "*Beauty* and the Beast"『美女と野獣』《民話・童話・映画などの題名》/ My grandmother used to be a *beauty*. 私の祖母は昔は美人でした / The Castle of Himeji is an absolute *beauty*. 姫路城は実に優美です.
3 C [the ~]《口語》長所, 美点, 取りえ: One of the *beauties* of this system is its simplicity. この方式の利点の1つその単純明快さである.
4 C 《口語・時に皮肉》すばらしいもの, たいしたもの: Your watch is a real *beauty*. 君の時計は本当にすばらしいね.
(▷ 形 béautiful)
◆ béauty còntest C 美人コンテスト.
béauty pàrlor [《主に英》sàlon, 《米》shòp] C 美容院.
béauty quèen C 美人コンテストの女王.
béauty slèep U (こっけい)(美容・健康のための)その日のうちの就寝.
béauty spòt C **1** 景勝地, 名所. **2** ほくろ (mole); 付けぼくろ (《米》 beauty mark).

bea・ver [bíːvər] 名 **1** C《動物》ビーバー《働き者の動物とされる》: work like a *beaver* せっせと働く, 頑張る. **2** U ビーバーの毛皮. **3** C 働き者 (《口語》 eager beaver).
— 動 自 《主に英口語》せっせと働く (*away*): He *beavered away* at work. 彼はせっせと仕事に取り組んだ.
◆ Béaver Státe [the ~] ビーバー州《米国 Oregon 州の愛称》; → AMERICA 表》.

be・bop [bíːbɑp / -bɔp] 名 U《音楽》ビーバップ《1940年代に米国で流行したジャズ. bop とも言う》.

be・calmed [bikɑ́ːmd] 形《通例, 叙述用法》(帆船が無風のために)止まっている; 進展しない.

*****be・came** [bikéim] 動 become の過去形.

*****be・cause** [bikɔ́ːz / bikɔ́z]
【基本的な意味は「…だから (for the reason that …)」】
— 接《従属接続詞》**1**[原因・理由を表す副詞節を導いて] なぜなら…だから; …だから, …なので(◇《口語》では (米) 'cause, (英) 'cos とも言う): He was late this morning *because* he stayed up late last night. 彼はきのう夜更かししたのできさは遅れて来た. / I stayed longer *because* I wanted to help him. 私は彼の手伝いをしたかったので, 長く滞在した / *Because* I was so tired yesterday, I went to bed earlier than usual. きのうはとても疲れていたので, いつもより早く寝た / She must have been sick, *because* she looked so pale. 彼女は顔色がとても青かったから具合が悪かったに違いない / Why didn't you come last night? – *Because* I was so busy doing my homework. ゆうべはどうして来なかったの – だって宿題でとても忙しかったから (◇ why で始まる疑問文の答えには, 通例 because で始まる文を用いる; → WHY 副 **1** 語法).
2[否定文を主節にして](…)(…ではない): You should not look down on a man simply *because* he is poor. 人が単に貧乏だからといってさげすむべきではない / I didn't go there just *because* I wanted to get it. 私はただそれが欲しくてそこへ行ったわけではない.

語法 この用法では, 主節の否定は because で始まる節全体にもかかるので, because の前にコンマ[休止] は入らない. コンマ[休止]が入ると **1** の意になる: I don't like him *because* he is handsome. 彼がハンサムだから好きなのではない / I don't like him, *because* he often tells lies. 彼はよくうそをつくからきらいです.

3[名詞節を導いて](《口語》)…ということ(◇正式には that を用いる): The reason I told you that is *because* she asked me to tell you. あなたにそれを話したわけは, 彼女にそう頼まれたからです / Just *because* he made an error doesn't mean he is poor at baseball. 1回エラーをしたからといって彼が野球が下手だとは言えない.

■ *because of* … [前置詞的に] …のために, …が原因で: I couldn't attend the meeting *because of* illness. 私は病気のため会合に出席できなかった (= I couldn't attend the meeting, because I was ill.) / I couldn't come on time *because of* a flat tire. 私はタイヤがパンクしたので時間通りに来られなかった.

beck [bék] 名《通例, 次の成句で》
■ *at …'s béck and cáll* …の言いなりになって.

***beck・on** [békən] 動 他 **1**(身ぶりで)〈人〉を招き寄せる, 手招きする; 〈人〉に […するように] 手招き[合図] する [*to do*]《親しい人に対して手のひらを自分の方に向け人さし指を前後に動かす》: She *beckoned* me into the room. 彼女は私に部屋へ入れと手招きした / He *beckoned* me *to* follow him. 彼は私にあとについて来るよう合図した.
2(こと・ものが)〈人など〉を誘う; 引き寄せる (*in, on, over*): City life *beckons* many young people in the country. 田舎の若者の多くにとって都会生活はあこがれの対象だ.
— 自 […に] 手招きする, 合図する [*to*].

beckon

*****be・come** [bikʌ́m]
— 動 (三単現 **be・comes** [~z]; 過去 **be・came** [bikéim]; 過分 **be・come**; 現分 **be・com・ing** [~iŋ])

becoming   139   **bedfellow**

━ ⓐ (a) [become+C] …に**なる**, …の状態になる: Andy *became* a comic actor. アンディーは喜劇俳優になった / We *became* good friends during our stay at the hotel. 私たちはホテル滞在中に仲よくなった / Air pollution has *become* a serious problem in large cities. 大気汚染は大都市で深刻な問題になっている / The sky *became* dark and the wind (*became*) stronger. 空が暗くなり風がいっそう強くなった.
(b) [become + 過分] …(されるよう)になる: Janet has *become* widely *known* as a pianist. ジャネットはピアニストとして広く知られるようになった / This idea *became fixed* in his mind. この考えが彼の頭から離れなくなった.

[語法] (1) 未来を表す文では be を用いるのが一般的: What do you want to *be* when you grow up? 君は大きくなったら何になりたいですか.
(2)「…するようになる」は come [get, learn] to do と言い, become to do とは言わない: They *came to* love each other. 彼らは互いに愛し合うようになった.
(3) get を用いるほうが口語的. ただし, become は永続的な状態を, get は一時的な状態を表す. get も進行形にすれば永続的な状態を表すことができる.

━ ⓗ [受け身不可]《格式》(服装などが)〈人〉に似合う, 適する;《古》〈人・立場など〉にふさわしい (suit): That coat really *becomes* you. そのコートは実によくあなたに似合うわ / It does not *become* you to complain. ぐちをこぼすなんてあなたらしくない.

■ *becóme of ...* [通例 what, whatever を主語として] …は(いったい)どうなるのか: What has *become of* the car I parked here yesterday? きのうここに駐車しておいた車はどうなったのだろう / Whatever will *become of* the children left behind? あとに残された子供たちはどうなるのだろう.

*be・com・ing [bikʌ́miŋ] 囲 **1**《古風·ほめ言葉》(衣服·色などが)[…に]似合う [*to, on*]: Green looks *becoming* on her. 緑色は彼女に似合う / It's a very *becoming* dress you're wearing. とてもお似合いのドレスをお召しですね. **2** (言動などが)[…に]ふさわしい, 適当な [*to, in, for*]: His behavior is not *becoming to* [*in*] a gentleman. 彼のふるまいは紳士にふさわしくない.

be・com・ing・ly [~li] 副《格式》似つかわしく; ふさわしく; 上品に.

bec・que・rel [békərəl, bèkəréɪ] 图 C 【理化】ベクレル(◇放射能の強さを表す単位).

****
bed [béd]

━ 图(復 **beds** [bédz]) **1** C ベッド, 寝台, 寝床(マットレス・寝具を含む; ➡ BEDROOM [PICTURE BOX]); U [無冠詞で] 寝ること, 睡眠, 休息: get into *bed* 就寝する / get out of *bed* 起床する / lie down on the *bed* and have a rest ベッドに横になって休息する / She is sick in *bed*. 彼女は病気で寝ている / It's time for *bed*. もう寝る時間ですよ / She sat up in *bed*. 彼女は(寝ていた姿勢から)ベッドの上で上体を起こした.

[関連語] いろいろな **bed**
single bed シングルベッド / double bed ダブルベッド / twin bed ツインベッド / bunk bed (子供用)2段ベッド / folding bed 折りたたみベッド / sofa bed ソファーベッド / water bed ウォーターベッド

2 C 花壇, 苗床 (flowerbed): a pansy *bed* パンジーの花壇. **3** C 川床, 湖床, 海底;(カキなどの)養殖場. **4** C 土台, 基盤, (鉄道などの)路盤; 鉱床. **5** C【地質】地層, 層: a *bed* of coal 石炭層. **6** U 夫婦関係;《口語》性関係, 性行為.

■ *a béd of róses* 楽しいもの, 安楽[幸福]な暮らし.
gèt úp [*óut*] *on the wróng síde of the béd* = *gèt óut of béd on the wróng síde* 朝から(1日じゅう)機嫌が悪い; 寝起きが悪い.[由来]ベッドの左側から起き出すのは縁起が悪いとされたことから.
gò to béd **1** ベッドに入る, 就寝する. **2** 《口語》[異性と]寝る, セックスする.
máke the [*a, one's*] *béd* ベッドメーキングをする.
pùt ... to béd 〈子供など〉を寝かしつける.
tàke [*kèep*] *to one's béd* (病気で)寝込む.

━ 動(三単現 **beds** [bédz]; 過去·過分 **bed・ded** [~id]; 現分 **bed・ding** [~iŋ]) ⓗ **1** 〈苗〉を花壇に植える (*out*). **2** 〈石·れんがなど〉を平らに積む; 固定する; はめ込む. **3** 《古風》…と寝る, セックスする.
■ *a béd dówn*〈人·家畜〉に寝床を作ってやる.
━ⓐ 寝床を作って寝る.

◆ **béd and bóard** U **1** 食事付き宿泊. **2** 結婚生活, 夫婦関係.

béd and bréakfast C 朝食付きの民宿 [旅館]; U 朝食付きの宿泊((略語)) b&b, B&B).

《背景》 特に英国の地方によく見られるベッドと朝食を提供する宿. 子供の独立した老夫婦が空いた寝室を旅行者向けに開放している場合が多く, 家庭的な雰囲気が味わえる. 市内ではホテルよりも格安である.

béd línen U ベッドリネン《シーツと枕カバー》.

be・daub [bidɔ́ːb] 動 ⓗ《文語》…を[…で]塗り[飾り]立てる; (泥などで)汚す [*with*].

bed・bug [bédbʌ̀g] 图 C【昆】ナンキンムシ, トコジラミ.

***bed・clothes** [bédklòuðz] 图 [複数扱い] 寝具, 夜具《シーツ·毛布·枕など》.

bed・cov・er [bédkʌ̀vər] 图 = BEDSPREAD (↓).

***bed・ding** [bédiŋ] 图 U **1** 寝具 (bedclothes). **2** (牛馬の)寝わら.

be・deck [bidék] 動 ⓗ [通例, 受け身で]《文語》…を[宝石·花などで]飾る [*with, in*]: a window *bedecked with* flowers 花で飾った窓.

be・dev・il [bidévəl] 動 (過去·過分《英》**be・dev・iled**;現分《英》**be・dev・il・ling**)ⓗ [通例, 受け身で]《格式》…をひどく苦しめる, 悩ませる; 混乱させる: The company *is bedeviled* by strikes. その会社はストライキで混乱している.

bed・fel・low [bédfèlou] 图 C [通例 ~s] **1** 寝床を共にする人. **2** 密接な[何らかの]かかわりのある人[もの], 仲間: Misery makes strange *bedfellows*.《ことわざ》不幸になると妙な人とも仲間になる ⇒ 不幸は奇縁を取り持つ.

bed・lam [bédləm] 名 U 《口語》 **1** 大騒ぎ, 混乱. **2** [a ～] (騒々しい)混乱の場所.

Bed・ou・in [béduin] 名 (複 **Bed・ou・ins** [～z]; [集合的に] **Bed・ou・in**) C ベドウィン《アラブ系の遊牧民》; (一般に)遊牧民, 放浪者.
— 形 ベドウィンの(ような); 遊牧(民)の.

bed・pan [bédpæn] 名 C (病人用)差し込み式便器, おまる.

bed・post [bédpòust] 名 C (旧式ベッドの四隅にある)寝台柱.

be・drag・gled [bidrǽgld] 形 (衣服・髪などが雨や泥で)ぬれて汚れた; だらしのない, 乱れた.

bed・rid・den [bédridən] 形 (病人・老人などが)寝たきりの.

bed・rock [bédràk / -rɔ̀k] 名 U **1** 【地質】基盤, (最下層の)岩盤, 岩床: reach [get down to] *bedrock* 岩盤に達する ⇨ 真相を究める. **2** 基盤, 基本的事実; 根本(原理). **3** 最低(の状態), 底: *bedrock* price 底値.

bed・roll [bédròul] 名 C 《米》携帯用寝具, 寝袋.

*bed・room** [bédrù(ː)m] 名 形
— 名 (複 **bed・rooms** [～z]) C 寝室 (➡ PICTURE BOX): *Bedrooms* are generally upstairs in a two-storied house. 2階建ての家では寝室は普通2階にある.
— 形 情事を扱った, セックスの: a *bedroom* scene ベッドシーン. (比較「ベッドシーン」は和製英語)
◆ **bédroom sùburb** [commùnity, tòwn] C 《米》ベッドタウン, 郊外住宅地(《英》dormitory suburb [town]). (比較「ベッドタウン」は和製英語)

*bed・side** [bédsàid] 名 **1** C [通例, 単数形で]寝床 [寝台]のそば, (病人の)枕(まくら)元: be at [by] ...'s *bedside* …の枕元に付きそう. **2** [形容詞的に] 枕元(用)の: a *bedside* lamp 枕元に置く電気スタンド (➡ BEDROOM [PICTURE BOX]) / a *bedside* table ナイトテーブル.
◆ **bédside mánner** C (医師の)患者の扱い方.

béd-sìt・ter, béd-sìt 名《英口語》= BED-SITTING ROOM(↓).

béd-sít・ting ròom 名 C 《英》(主に貸間・下宿などの)居間寝室兼用のワンルームアパート.

bed・sore [bédsɔ̀ːr] 名 C (病人の)床ずれ.

bed・spread [bédsprèd] 名 C ベッドカバー《ベッドを使わないときにかける装飾用のカバー; ➡ BED-ROOM [PICTURE BOX]》.

bed・stead [bédstèd] 名 C ベッドの骨組み.

bed・time [bédtàim] 名 **1** U C 就寝時間. **2** [形容詞的に] 寝る前の: a *bedtime* story (子供を寝かしつけるために聞かせる)おとぎ話.

bed・wet・ting, bed-wet・ting [bédwètiŋ] 名 U おねしょ, 寝小便; 夜尿症.

*bee** [bíː]
— 名 (複 **bees** [～z]) C **1** 【昆】ミツバチ (honeybee); ハチ: a queen *bee* 女王バチ / a working [worker] *bee* 働きバチ / a swarm of *bees* ミツバチの群れ / *Bees* gather honey from flowers. ミツバチは花からみつを集める.
2 勤勉な人, よく働く人. **3** 《米口語》(仕事・娯楽・競技などの)集まり, 会合.
■ *(as) búsy as a bée*《口語》とても忙しい.
hàve a bée in one's bónnet《口語》[…について]こだわりを持っている, 取りつかれている [*about*].
◆ **bée's knées** [the ～] 《古風・口語》飛び切り上等なもの [人].

PICTURE BOX bedroom

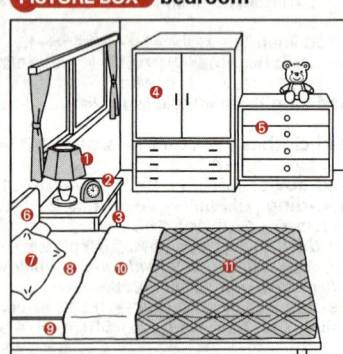

- ❶ bedside lamp スタンド ❷ alarm clock 目覚まし時計 ❸ night table ナイトテーブル ❹ wardrobe 洋服だんす ❺ chest of drawers たんす ❻ bed ベッド ❼ pillow まくら ❽ sheets シーツ ❾ mattress マットレス ❿ blanket 毛布 ⓫ bedspread ベッドカバー

- put on one's pajamas (パジャマを着る)
- write in one's diary (日記を書く) 
- set the alarm clock (目覚まし時計をセットする) 
- draw the curtain (カーテンを引く) 
- turn out the light (明かりを消す) 
- have a dream (夢を見る)

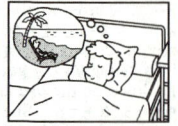

Beeb [bíːb] 名 [the ~]《口語》BBC 放送.
beech [bíːtʃ] (☆ [同音] beach) 名 **1** C = béech trèe 〖植〗ブナの木. **2** U ブナ材.

***beef** [bíːf] 名 動

— 名 (複 **beefs** [~s]) **1** U 牛肉 (→図; MEAT 表): roast *beef* ローストビーフ / corned *beef* コンビーフ.

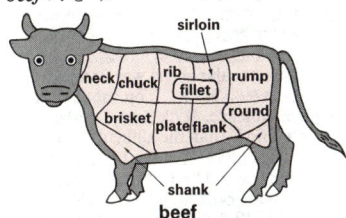

[牛の部位図: sirloin, rib, fillet, rump, round, neck, chuck, brisket, plate, flank, shank]
beef

2 (複 **beeves** [bíːvz], 《米》**beefs** [~s]) C 肉牛; (1頭分の) 牛肉. **3** U 《口語》筋肉, 筋力; 肉付き. **4** (複 **beefs** [~s]) C 《口語》不平: I have many *beefs* about my job. 私は仕事に多くの不満がある.

— 動 自《口語・しばしば軽蔑》[…について] ぐちをこぼす, ぶつぶつ言う [*about*].
■ *béef úp*《口語》…を強化する[補強する].
◆ **béef càttle** U [集合的に; 複数扱い] 肉牛 (cf. dairy cattle 乳牛).
béef téa U (病弱者用の) 牛肉スープ.
beef·eat·er [bíːfìːtər] 名 C [通例 B-] ロンドン塔の守衛 (yeoman of the guard).
beef·steak [bíːfstèik] 名 C U **1** ビーフステーキ (→ STEAK). **2** (ビーフステーキ・カツに用いる) 牛肉の厚い切り身.
beef·y [bíːfi] 形 (比較 **beef·i·er** [~ər]; 最上 **beef·i·est** [~ist]) 牛肉の(ような); 《口語》筋骨たくましい, 力の強い; 肥満した.
bee·hive [bíːhàiv] 名 C **1** ミツバチの巣 (箱) (hive). **2** 大勢の人が忙しげに活動している場所.
◆ **Béehive Státe** [the ~] ハチの巣州 (◇米国 Utah 州の愛称; → AMERICA 表).
bee·keep·er [bíːkìːpər] 名 C 養蜂(家)《ミツバチを飼う人》.
bee·line [bíːlàin] 名 C (ミツバチが巣に帰る進路のような) 直線 [最短] コース. [通例, 次の成句で]
■ *màke a béeline for …* 《口語》…へまっしぐらに行く, 直行する, 飛んで行く.

***been** [bín / 《強》bíːn, (弱) bin]
動 助動《◇ be の過去分詞; → BE 表》
— 動 自 **1** [現在完了; have+been] ずっと…である[にいる]; …にいた[行った] ことがある (→ HAVE 表): He's *been* sick in bed for three days. 彼は3日間ずっと病気で寝ている / How long *have* you *been* here? — I've *been* here for ten minutes. いつからここにいるのですか —10分前からです / I *have* never *been* abroad. 私は外国へ行ったことがない.
2 [過去完了; had+been] ずっと…であった [にいた] (→ HAD 助動 **1**): He *had been* ill for a week when I saw him yesterday. きのう彼に会ったが, 彼は1週間ずっと病気だった / She *had* never *been* abroad before she was sixty. 彼女は60歳になるまで海外へ出かけたことがなかった.
3 [未来完了; will [shall] +have+been] ずっと…だろう […にいるだろう] (→ HAVE 助動 **3**): By next Sunday, he *will have been* sick in bed for ten days. 今度の日曜日で彼は10日間寝込んだことになる.
■ *have béen*《英》もう来ている: *Has* the paperboy *been* yet? 新聞配達はもう来ましたか.
have béen in … **1** …にいた[行った] ことがある: *Have* you *been in* France? フランスに住んだことがありますか. **2** ずっと…にいる: By next April, he will *have been in* Japan for ten years. 今度の4月で彼の日本滞在は10年になる.
have béen to … **1** …に行ったことがある (◇経験を表す; → HAVE 助動 [語法]): I *have* never *been to* Africa. 私はアフリカに行ったことがない. **2** …に行って来たところである (◇完了を表す): She *has* just *been to* the shopping mall. 彼女はショッピングセンターに行って来たところです.
have bèen to dó …しに行って来たところである.

— 助動 [bin] **1** [進行形] (→ BE 助動 **1**)
(a) [現在完了進行形; have+been+現分] ずっと…している: I *have been teaching* at this school for five years. 私はこの学校で5年間教えている / You *haven't been listening* to what I've been telling you about. あなたは今まで私が話していたことを聞いていなかったのですね. (b) [過去完了進行形; had+been+現分] ずっと…していた: Ms. Green *had been teaching* at a high school for five years before she came to Japan. グリーンさんは来日前に高校で5年間教えていた. (c) [未来完了進行形; will [shall] +have+been+現分] …しているだろう: By next March, I *will have been teaching* for ten years. 今度の3月で教師生活が10年になる.
2 [受け身] (→ BE 助動 **2**) (a) [受け身の現在完了; have+been+過分] …されてしまった, …されたことがある: The project *has been* shelved. その計画は棚上げになった. (b) [受け身の過去完了; had+been+過分] …されてしまっ (てい) た: They found that the bridge *had been washed* away in the heavy rain the night before. 彼らは前夜の豪雨で橋が流されてしまっ(てい)たことを知った. (c) [受け身の未来完了; will [shall] +have+been+過分] …されているだろう, …され (たことに) なるだろう: Our new house *will have been built* by the end of this year. 年末までに新居は完成しているだろう.

beep [bíːp] 名 C (警笛・ブザーなどの) ピーッという音; (話し中の電話の) プープーいう音; (人工衛星・無線などの) 発信音.
— 動 自 ピー[ピー]という音を出す.
beep·er [bíːpər] 名 C ポケットベル (pager).

***beer** [bíər] (☆ [同音] bier)
— 名 (複 **beers** [~z]) **1** U (◇種類を言うときは C) ビール, 麦酒: canned [bottled] *beer* 缶 [び

ん]) ビール / flat *beer* 気の抜けたビール / a bottle of *beer* ビール1本 / two glasses of *beer* ビール2杯 / He bought three cans of *beer*. 彼は缶ビールを3本買った.
2 [C] [単数 1本, 1缶]: Waiter, two *beers*, please. ボーイさん, ビールを2杯ください.
3 [U] [複合語で] (通例, アルコール分を含まない) 発泡性飲料: ginger *beer* ジンジャービール.
◆ béer bèlly [C] [《口語》] [gùt] [C] ビール腹, 太鼓腹.
béer gàrden [C] (パブの) ビアガーデン.
béer hàll [C] ビアホール.

beer·y [bíəri] [形] (比較 **beer·i·er** [~ər]; 最上 **beer·i·est** [~ist]) (味·においが) ビールのような; ビール臭い; ビールに酔った.

bees·wax [bí:zwæks] [名] [U] みつろう (wax) 《ミツバチの分泌物で, ろうそくの原料や光沢剤になる》.

beet [bí:t] (☆[同音] beat) [名] [C][U] **1** [植] ビート: a red *beet* (サラダ用の) アカカブ / a white [sugar] *beet* 砂糖大根, 甜菜(てんさい). **2** 《米》(食用の) ビートの根 (《英》beetroot).
■ (as) réd as a béet 《米口語》(恥ずかしさで) 赤くなった.
◆ béet sùgar [U] 甜菜糖 (cf. cane sugar 甘蔗(かんしょ)糖).

Bee·tho·ven [béitouvən / -thou-] [名] [固] ベートーベン Ludwig van [lú:dwig væn] Beethoven 《1770-1827; ドイツの作曲家》.

bee·tle [bí:tl] [名] [C] **1** [昆] 甲虫(こうちゅう) 《カブトムシ·テントウムシなど前羽が堅い昆虫》. **2** [B-] ビートル 《ドイツの小型大衆車》.
— [動] [自] 《英口語》急ぐ, 急いで帰る.

beet·root [bí:trù:t] [名] [C][U] 《英》ビートの根, アカカブ (《米》 beet).
■ (as) réd as a béetroot (恥ずかしさで) 赤くなった.

be·fall [bifɔ́:l] [動] (三単現 **be·falls** [~z]; 過去 **be·fell** [-fél]; 過分 **be·fall·en** [-fɔ́:lən]; 現分 **be·fall·ing** [~iŋ]) 《格式》 [他] (不幸な事が) 〈人〉に起こる, 降りかかる: A great misfortune *befell* her. 大きな不幸が彼女の身に降りかかった. — [自] (よくない事が) [人に] 起こる, 降りかかる (happen) to.

be·fall·en [bifɔ́:lən] [動] befall の過去分詞.

be·fell [bifél] [動] befall の過去形.

be·fit [bifít] [動] (三単現 **be·fits** [-fits]; 過去·過分 **be·fit·ted** [~id]; 現分 **be·fit·ting** [~iŋ]) [他] 〈受け身不可; しばしば It を主語にして〉 [格式] …にふさわしい, 似合う: It ill *befits* him to cheat on an exam. = It does not *befit* him to cheat on an exam. 試験でカンニングするとは彼らしくない.

be·fit·ting [bifítiŋ] [形] […に] 適切な, ふさわしい [to]: in a manner *befitting to* a lady 女性にふさわしい態度で.

★★★★ **be·fore** [bifɔ́:r, bə-, 《弱》 bifə́r] [前][接][副]
【基本的意味は「…の前に」】
[前] **1** [時間] …の前 [先] に, …にならないうちに (↔ after): the day *before* yesterday おととい / five *before* seven 7時5分前 (= five to seven) / I usually go to bed *before* eleven. 私はたいてい11時前に寝る / Wash your hands *before* meals. 食事の前には手を洗いなさい / I finished my homework three days *before* the second term. 私は2学期が始まる3日前に宿題を終えた / Please call me *before* leaving. 出発前にお電話ください / We managed to arrive at our destination *before* dark. 私たちは何とか暗くならないうちに目的地へ着いた.
2 [位置] …の前に, 面前に, 眼前に, …に直面して (↔ behind) 《◇建物など具体的なものの前を表す場合は通例 in front of を用いる》; (審議のため) 提出されて: A spectacular scene was *before* us. 眼前に雄大な風景が広がった / You should not bow *before* violence. 暴力に屈するべきではない / We didn't know that the difficult times were *before* us. 困難な時代が私たちを待ち受けているとは思わなかった / The proposal is *before* the committee. その提案は委員会で審議中です.
3 [順序·優先] …より前に; 優先して, まさって: My name is *before* yours on the list. リストでは私の名前があなたの名前よりも前にある / Ladies *before* gentlemen. 女性優先 / Safety must be put *before* efficiency. 安全は効率に優先すべきである. **4** [will, would と共に用いて] …よりむしろ: I would leave this team *before* obeying that coach. あのコーチの言うことを聞くくらいならこのチームをやめたほうがましだ.
■ *before áll* (*thíngs*) = *befòre éverything* (*èlse*) とりわけ.
befòre lóng まもなく (soon).
— [接] [従属接続詞] **1** …する前に, …しないうちに (↔ after): Please let me know *before* you leave for New York. ニューヨークへご出発の前にお知らせください / Be sure to come home *before* it gets dark. 暗くならないうちに必ず帰って来なさい / It would be better for you to make a note *before* you forget. 忘れないうちにメモしたほうがよい.
[語法] (1) before で始まる副詞節では, 未来のことでも現在形で表す.
(2) 時の前後関係を明確に示す語なので, 主節では過去完了の代わりに過去形を用いることが多い: It was not long *before* my parents came home. 両親が帰って来るまでに長くはかからなかった.
(3) 動作の前後関係を明確に示す語なので, He took a cold shower *before* he put on fresh clothes. のような文は,「冷たいシャワーを浴びたあと, 新しい服を着た」と訳すほうが自然.
2 [will, would と共に用いて] …するよりは: I would jump from a highrise *before* I told a lie. うそをつくくらいなら高層ビルから飛び降りるよ.
— [副] **1** 以前に, 先に: I had attended the party on the day *before*. 私はその前日パーティーに出席していた / She had gone to Paris long *before*. 彼女はずっと前にパリへ行ってしまった / He had received her letter two days *before*. 彼はその2日前に彼女の手紙を受け取った.
[語法] (1) 過去のある時点を基準としてそれよりも前のことを示す語で, 通例, 過去完了で用いる. また, 直

接話法中の ago は間接話法では before となる (→ AGO [語法]): He said, "I met Mary two weeks *ago*." = He said that he had met Mary two weeks *before*. 彼は「2週間前にメアリーに会った」と言った.

(2) ago と異なり, 単独で漠然と「以前に」の意を表すことができる. その場合, 動詞は過去完了・過去・現在完了・未来のいずれの時制にもなり得る: I am not quite sure I've seen you *before*. 以前お会いしたことがあるかどうかわかりません / You will eat this cake at three, not *before*. このケーキは3時になるまで食べてはだめよ.

2《文語》(位置などが)前に, 前方に.
■ *as befóre* 以前のように, 前と同じに.

be·fore·hand [bifɔ́ːrhænd] 形 副 前もって, あらかじめ (↔ afterward): Please let me know *beforehand*. 前もって私に知らせてください.
■ *be befórehand with ...* …に先手を打つ.

be·friend [bifrénd] 動 他《格式》〈年下の人・困っている人〉の味方 [友] になる, 手助けをする.

be·fud·dle [bifʌ́dl] 動 他 [しばしば受け身で]
1〈人〉を […で] 困惑させる, 混乱させる [*with*].
2 …を酔わせる.

***beg** [bég]
【基本的意味は「懇願する (ask for something strongly)」】

— 動 begs [~z]; 過去・過分 **begged** [~d]; 現分 **beg·ging** [~iŋ]
— 他 **1** (a) [beg+O][人に]〈恩恵・許可など〉を懇願する, 求める, 頼む [*of*];〈人〉に […を] 懇願する [*for*]: I'd like to *beg* a favor of you. あなたにお願いしたいことがあります / He *begged* me *for* help. 彼は私に助けを求めた.
(b) [beg+O+to do] …に~するように頼む: I *begged* my teacher to attend the party. 私は先生にそのパーティーへの出席をお願いした.
(c) [beg+that 節] …するようにと頼む: He *begged* that he should be allowed to enter the room. 彼はその部屋に入れてくださいと頼んだ (◇ should を用いるのは《主に英》).
(d) [beg+to do] …するように頼む: He *begged* to be allowed to go there. 彼はそこへ行く許可をお願いした.
2 [beg+O][人に]〈金・食べ物など〉の施しを求める [*of, from*];〈人〉に〈金・食べ物など〉を求める [*for*]: The children were *begging* money *of* [*from*] tourists. = The children were *begging* tourists *for* money. 子供たちは観光客に金をねだっていた.
— 自 **1** (a) [恩恵・許可などを] 懇願する, 求める, 頼む [*for*]: *beg for* another chance もう一度チャンスをくださいとお願いする.
(b) [beg+of ...+to do]《格式》〈人〉に…してくれるよう頼む: I *beg of* you not *to* go there. お願いだからそこに行かないでください (= I beg you not to go there.).
2 [金・食べ物などの] 施しを求める, 物ごいする [*for*]: He *begged for* money on the street. 彼は街で金の無心をした / They lived by *begging*. 彼らは物ごい生活をしていた.

3〈犬が〉ちんちんする: *Beg*! ちんちん!
■ *bég óff* 自《約束》を言い訳して断る, 願い下げにする. — 他〈人〉を〈義務などから〉免除してもらう [*from*].
be going bégging《口語》(ものを) だれも欲しがらない: I'll have one, if those apples *are going begging*. だれもあのリンゴを欲しがらないのなら私が1つもらおう.
bég the quéstion **1** 論点を巧みに避ける; 論点を自明とみなして論じる. **2** 問題を提起する (◇誤用とみなす人もいる).
gò bégging 物ごいをして歩く.
I bég to díffer.《格式》失礼ですが, 私は意見が違います《同意できないことを丁寧に言う》.
I bég your párdon. → PARDON 成句.

***be·gan** [bigǽn] 動 **begin** の過去形.

be·get [bigét] 動 (三単現 **be·gets** [-géts]; 過去 **be·got** [-gát / -gɔ́t]; 過分 **be·got·ten** [-gátn / -gɔ́t-],《米》**be·got**; 現分 **be·get·ting** [-iŋ]) 他
1《古》〈父親が〉〈子供〉をもうける, …の父親となる (◇母親には bear を用いる). **2**《文語》…を生じさせる, 生む; …の原因となる.

***beg·gar** [bégər] 名 C **1** こじき; 貧乏人: *Beggars* cannot [must not] be choosers.《ことわざ》人から物をもらうのに好き嫌いは言えない. **2**《慈善などの》寄付募集者. **3**《口語・こっけい》やつ: You little *beggar*! こいつめ!
— 動 他《格式》〈人〉を貧困に陥れる.
■ *béggar descríption* [*belíef*]《文語》筆舌につくしがたい [信じがたい].

beg·gar·ly [bégərli] 形 [通例, 限定用法] こじきのような, ひどく貧しい; 乏しい, ごくわずかな.

beg·gar·y [bégəri] 名 U 極貧; こじきの身分.

***be·gin** [bigín]
【基本的意味は「始める」】

— 動 (三単現 **be·gins** [~z]; 過去 **be·gan** [bigǽn]; 過分 **be·gun** [bigʌ́n]; 現分 **be·gin·ning** [~iŋ])
— 他 **1** (a) [begin+O] …を始める, …に着手する (↔ end) (→[類義語]): Let's *begin* the party at 6:00. パーティーは6時から始めよう.
(b) [begin+to do [doing]] …し始める, …し出す: The child *began to* cry [*began crying*] when he was left alone. 1人にされるとその子は泣き出した / It *began to* rain [*began raining*] toward evening. 夕方近く雨が降り始めた.

[語法] 次の場合には to do のほうが好まれる.
(1) 主語が無生物の場合: The mercury *began to* fall. 水銀柱が下がり始めた.
(2) 進行形の場合: It is *beginning to* snow. 雪が降り出している.
(3) understand, realize, feel など, 感覚・感情を表す動詞があとに続く場合: I *began to* understand the difficulty of his position as I listened to him. 彼の話を聞いているうちに, 私は彼の苦しい立場がわかり出した.

2 [begin+to do][否定文で]《口語》とても…しそうでない, …どころではない: I can't *begin to* imagine such situation. 私はそのような状況をとても想像できない.

― 自 **1** (ことが) 始まる; (人が) 始める, 着手する: School *begins* at 8:30. 学校は8時半から始まる (◇ from 8:30 とは言わない) / It all *began* on a summer morning. すべてはある夏の朝に始まった / Let's *begin* at [on] page 30. 30ページから始めよう / I *began* by introducing myself. まず最初に私は自己紹介をした.

2 〈人が〉[…として] 出発する [*as*]: George *began as* a newspaper reporter. ジョージは新聞記者として出発した.

■ *begin on ...* 他 〈仕事など〉に取りかかる, 着手する: They *began on* the new design yesterday. 彼らはきのう新しいデザインに取りかかった.

begin with ... 他 …から […で] 始まる: The concert *began with* a violin solo. コンサートはバイオリンのソロから始まった / The alphabet *begins with* A and ends with Z. アルファベットはAから始まりZで終わる.

to begin with **1** [通例, 文頭で] まず第一に (◇理由を並べるときなどに用いる): I'm not going. *To begin with*, I'm busy, and besides I don't have enough money. 私は行きません. まず第一に忙しいし, そのうえお金もありません.

2 最初 (のうち) は (at first): All went well for him *to begin with*. 最初のうちは彼にとってすべてがうまくいっていた.

> [類義語] **begin, start, commence**
> 共通する意味▶始める, 始まる (take the first step in a course, process, or operation)
> **begin** と **start** は互いに置き換え可能な場合が多い: School *begins* [*starts*] at 8:00. 学校は8時に始まる / They *began* [*started*] to run. 彼らは走り出した. ただし, 「機械が動き出す」の意では start を用い, begin を用いることはできない: The engine *started*. エンジンが動き出した. **commence** は《格式》で, 法律上の手続きや公式行事などの開始について用いる: *commence* a lawsuit 訴訟を起こす.

‡**be·gin·ner** [bigínər] 名 C 初心者, 初学者: a *beginners'* class 初級 [入門] クラス / *beginner's* luck (賭けごとなどで) 初心者に訪れる幸運.

***be·gin·ning** [bigíniŋ]

― 名 (複 **be·gin·nings** [~z]) **1** C [単数形で] 初め, 最初; 最初の部分 (↔ end): make a good [bad] *beginning* 好調な出だしを切る [出だしでつまずく] / We reached our seats at the very *beginning* of the movie. 私たちはまさに映画が始まろうとするときに席に着いた.

2 C 起源, 起こり; 発端, 始まり: The *beginning* of the scandal was just a small item in the newspaper. スキャンダルの発端は小さな新聞記事だった.

3 C [通例 ~s; 単数扱い] 初期, 初めの頃; 幼少の頃: the *beginnings* of biotechnology バイオテクノロジーの揺籃 (ようらん) 期 / He has risen from humble *beginnings*. 彼は低い身分から出世した.

4 [形容詞的に] 初心者の; 初歩の, 基礎の: a *beginning* driver 運転初心者.

■ *at* [*in*] *the beginning* まず最初に, 手始めに: *In the beginning* I didn't like physics, but later on it became interesting. 初めは物理が好きではなかったが, あとになって面白くなった.

from beginning to end 最初から最後まで: She was in high spirits *from beginning to end*. 彼女は最初から最後まで元気いっぱいだった.

the beginning of the end (物事の) 衰退し始める時期, (悪い) 結末のきざし.

be·go·ni·a [bigóunjə] 名 C [植] ベゴニア, シュウカイドウ (熱帯原産の観賞用植物).

be·got [bigát / -gót] 動 beget の過去形・過去分詞の1つ.

be·got·ten [bigátən / -gót-] 動 beget の過去分詞の1つ.

be·grudge [bigrʌ́dʒ] 動 他 **1** 〈人〉の…をねたむ, うらやむ: She *begrudged* (him) his success. 彼女は彼の成功をねたんだ. **2** […することを] いやがる [*doing*]: No one *begrudges aiding* him in the enterprise. 彼の事業への援助をだれもいやがらない. **3** 〈人〉に…を出し渋る: He *begrudged* his child money to buy books. 彼は子供に本を買う金を出し渋った.

be·guile [bigáil] 動 他 **1** 〈人〉を […で] 魅了する; 〈物事が〉〈人〉を魅了する, 引きつける. [*with, by*].

2 〈人〉をだます, 欺く; だまして […に] する [*into*]; 〈人〉をだまして […を] 取る [*of, out of*]: He *beguiled* me into buying the watch. 彼は私をだましてその時計を買わせた / He *beguiled* her (*out*) *of* her money. 彼は彼女から金をだまし取った. **3** 〈古風〉〈時など〉を紛らす, 楽しく過ごす: I *beguiled* the tedious hours with cards. 私は退屈な時間をトランプで過ごした.

be·gun [bigʌ́n]
動 begin の過去分詞.

‡**be·half** [bihǽf / -háːf] 名 [次の成句で]

■ *in* 《英》 *on*] *behalf of ...* **1** 《格式》 …のために: We raised money *in behalf of* the victims of the earthquake. 私たちは地震の被災者のために (募金して) 金を集めた. **2** …に代わって, …の代理として; …の代表として: I attended the meeting *on behalf of* my father. 私が父の代理としてその会合に出席した.

> 語法 《口語》では「人」が代名詞の場合には in [on] behalf of ... ではなく in [on] ...'s behalf の形を用いることが多い: I want to thank you *on his behalf*. 彼に代わって皆様方に謝意を表したい / He said so *in your behalf*. 彼はあなたのためにそう言ったのだ.

***be·have** [bihéiv]
【基本的意味は「ふるまう (act in a certain way)」】

― 動 (三単現 **be·haves** [~z]; 過去・過分 **be·haved** [~d]; 現分 **be·hav·ing** [~iŋ])

― 自 **1** [副詞 (句) を伴って] 〈人が〉 […に対して] ふるまう [*to, toward*]: The boy *behaves* badly [well] in school. その子は学校で素行が悪

い[よい]/ She *behaved* like a tomboy. 彼女はおてんばにふるまった / She *behaved* kindly *toward* the elderly man. 彼女はそのお年寄りの男性に親切にした.
2 (子供などが) 行儀よくする: Did you *behave* today? きょうはいい子にしましたか.
3 [副詞(句)を伴って](機械などが)動く,作用する: How is your new computer *behaving*? 新しいコンピュータの調子はどうですか.
■ *beháve onesélf* 行儀よくする; ふるまう: Students! *Behave yourselves* in class! みなさん, 授業中は行儀よくしなさい / The girl *behaved herself* like a real lady. その少女は本物の淑女のように礼儀正しくふるまった. (▷ 图 behávior)

*be·hav·ior,
《英》be·hav·iour [bihéivjər]
— 图 ⓤ **1** […に対する] **ふるまい**, 態度, 行儀 [*toward*]; 品行: Tim's *behavior* at the ceremony was admirable. 式典でのティムのふるまいは見事だった / Bill's *behavior toward* his father was not respectful. 父親に対するビルの態度は敬意のこもったものではなかった.
2 (機械などの) 動き具合, 調子: the *behavior* of the compass 羅針盤の動き.
3 (動物の) 習性, 生態; (人の) 行動; 〔心理〕行動; 反応, 作用.
■ *on one's bést [góod] behávior* 行儀よくしようと努めて; 謹慎中で. (▷ 動 beháve)
be·hav·ior·ism [bihéivjərìzəm] 图 ⓤ 〔心理〕行動主義《意識より行動を研究対象とする心理学》.
be·hav·ior·ist [-ist] 图 ⓒ 行動主義心理学者.

*be·hav·iour [bihéivjər]
图《英》= BEHAVIOR(↑).
be·head [bihéd] 動 〈人〉の首を切る.
be·held [bihéld] 動 behold の過去形・過去分詞.

*be·hind [biháind, bə-]
前 副 名 形
【基本的意味は「…のうしろに」】
— 前 **1** [場所] **…のうしろに**, …の背後に, 裏側に; …の向こうに (↔ in front of): There is a large garden *behind* the house. その家の裏手には広い庭がある / The mother stood *behind* her child. その母親は子供のうしろに立っていた / Who is hiding *behind* the tree? 木のうしろに隠れているのはだれですか / Jerry rushed out from *behind* the wall. ジェリーは壁のうしろから飛び出して来た / He was running ten meters *behind* me. 彼は私の10メートル後方を走っていた / Shut the door *behind* you. (あなたのうしろの) ドアを閉めなさい (cf. Shut the door after you. 入ったらドアを閉めなさい).
2 [行為・事件・計画などの] …の背後に, …の裏側に; …の原因となる: There may be something *behind* his behavior. 彼の行動の裏には何かあるかもしれない / I wonder what's *behind* this incident. この事件の背後には何があるのだろうか.
3 …に味方して, …を支持して: I'm always *behind* you. 私はいつもあなたの味方です / He is said to have a lot of voters *behind* him. 彼は多くの有権者に支持されていると言われる.
4 [進歩・能力などが] …に遅れて, …より劣って [*in*]: She is *behind* her sister *in* mathematics. 彼女は数学で妹に負けている / We are far *behind* them *in* developing information technology. 私たちはIT技術の開発において彼らよりはるかに遅れている.
5 [予定・時間] …に遅れて: Trains are always *behind* schedule in this country. この国では列車がしょっちゅう遅れる. The bus arrived an hour *behind* time. バスは1時間遅れて到着した.
6 [財産・業績など]〈人〉のあとに(残して)(◇ leave, remain, stay などの動詞と共に用いる): He left a vast fortune *behind* him. 彼はばく大な財産を残して死んだ.

— 副 **1 うしろに**, 後方に, 背後に (↔ ahead): look *behind* うしろを見る / He didn't notice me following him close *behind*. 彼は私がすぐうしろをつけているのに気がつかなかった / She shouted at me from *behind*. 彼女は私の背後から大声で呼びかけた.
2 あとに (残して), 元いた場所に (とどまって) (◇ leave, remain, stay などの動詞と共に用いる): I left my umbrella *behind* on the train. 私は傘を列車に置き忘れた / They went for a walk, but I stayed *behind* to look after the baby. 彼らは散歩に出かけたが, 私は赤ん坊の世話のために残った.
3 (時間が) 遅れて; [仕事などが] 遅れて [*in, with*]: My alarm clock was ten minutes *behind*. 私の目覚まし時計は10分遅れていた / I'm two weeks *behind in [with]* the paper. 私はレポート提出が2週間遅れている.

— 图 ⓒ《口語・婉曲》しり (buttocks): fall on one's *behind* しりもちをつく.

be·hind·hand [biháindhænd, bə-] 形 〔叙述用法〕《格式》**1** [時間・進歩・考えなどが] 遅れている [*in*]: be *behindhand* in one's ideas 考え方が遅れている. **2** [支払い・仕事などが] 滞って, 遅れて [*with, in*].

be·hind-the-scénes 形 舞台裏の, 陰の; 秘密の.

be·hold [bihóuld, bə-] 動 (三単現 **be·holds** [-hóuldz]; 過去・過分 **be·held** [-héld]; 現分 **be·hold·ing** [~iŋ]) 他《文語》**1** [進行形不可] …を見る, 注視する(◇特に珍しいものや不思議なものを見る). **2** [命令形で] (注意を促して) 見よ! (Look!).
be·hold·er [~ər] 图 ⓒ 見る人, 見物人.

be·hold·en [bihóuldən, bə-] 形《文語》[It を主語にして]《格式》[…について] 恩を受けて, 世話になって (obliged) [*to / for*].

be·hoove [bihúːv, bə-],《英》**be·hove** [bihóuv, bə-] 動 他《格式》[…する のが] …に必要 [義務] である [*to do*]: *It behooves* us *to* be kind to the old. 私たちは老人に対して親切にすべきである.

beige [béiʒ] 图 ⓤ ベージュ色, 灰色がかった明るいオレンジ色, 薄い褐色. — 形 ベージュ色の.

*Bei·jing [bèidʒíŋ] 图 固 ペキン(北京)《中国の首都. 以前は Peking とつづることもあった》.

be・ing [bíːiŋ]

動 [助動] (◇ be の現在分詞；→ BE 表)

― **動** (自) (→ BE 動) **1** [進行形; be+being] …(になろうと)している (◇一時的な状態・動作を表す時に用いる): Satomi *is being* a good girl today. サトミはきょうはいい子にしている / She *was being* nervous yesterday. きのう彼女はずっとぴりぴりしていた.

2 [分詞構文] …なので (→ PARTICIPIAL 文法): *Being* hungry [Because I was hungry], I didn't want to stand up. 空腹なので立ち上がりたくなかった / There *being* nothing else to do [Because there was nothing else to do], she spent the afternoon reading. ほかに何もすることがなかったので, 彼女は読書をして午後を過ごした.

3 [動名詞] …であること: *Being* honest is the most important thing in life. 正直であることは人生で最も大切なことです / You should be ashamed of *being* idle. あなたはなまけていることを恥じるべきです.

■ *for the tíme béing* さしあたり, 当分の間.

― [助動] (→ BE [助動]) **1** [受け身の進行形; be+being+過分] …されているところである: The bicycle *is being repaired* by him now. その自転車は今彼が修理しているところです (= He is repairing the bicycle now.).

2 [受け身の分詞構文; being+過分] …される[された]ので (◇この being は通例, 省略される; → PARTICIPLE 文法): *Being written* in Japanese, the notice didn't make sense to foreigners. 日本語で書かれていたので, 外国人にはその掲示の意味がわからなかった.

3 [受け身の動名詞; being+過分] …される[された]こと: Little Joe dislikes *being neglected*. 幼いジョーは無視されるのがいやです.

― 名 **1** U 存在(すること), 生存; 人生: What is the purpose of your *being*? あなたにとって生きる目的は何ですか.

2 C 人間; 生き物, 存在するもの: a human *being* 人類, 人間 / the Supreme *Being* 絶対者, 神 / *beings* from outer space 宇宙から来た生物.

3 U 本質; 人間性, 人格.

■ *bríng [cáll] ... into béing* …を生み出す.

cóme into béing 始まる, 生まれる, 誕生する: Since she joined the orchestra, her talent *came into* full *being*. オーケストラに入ってから彼女の才能はいかんなく発揮された.

Bei・rut [bèirúːt] 名 固 ベイルート《レバノンの首都》.

be・jew・eled [bidʒúːəld] 形 宝石で飾った.

be・la・bor,〔英〕**be・la・bour** [biléibər, bə-] 動 **1** …を長々と論じる. **2**〔古〕…を強く打つ.

Bel・a・rus [bjelarúːs] 名 固 ベラルーシ《東ヨーロッパの共和国；首都ミンスク (Minsk)》.

be・lat・ed [biléitid] 形 遅れた, 遅れて到着した; 手遅れの: *belated* efforts 手遅れの努力.

be・lat・ed・ly [〜li] 副 手遅れで, 遅ればせながら.

belch [béltʃ] 動 (自) げっぷをする.

― (他) 〈火・煙など〉を噴出する (*out, forth*).

― 名 C **1** げっぷ. **2** (火・煙などの)噴出; 爆発.

be・lea・guered [bilíːgərd] 形 《格式》包囲された, 取り囲まれた.

Bel・fast [bélfæst / bèlfáːst] 名 固 ベルファスト《英国の Northern Ireland の首都》.

bel・fry [bélfri] 名 (複 **bel・fries** [〜z]) C (教会などの)鐘楼(しょうろう), 鐘塔 (bell tower).

Bel・gian [béldʒən] 形 ベルギー(人)の.

― 名 C ベルギー人.

Bel・gium [béldʒəm] 名 固 ベルギー《ヨーロッパ北西部にある王国；首都ブリュッセル (Brussels)》.

Bel・grade [bélgreid / belgréid] 名 固 ベオグラード《セルビア・モンテネグロの首都》.

be・lie [bilái, bə-] 動 (三単現 **be・lies** [〜z]; 過去・過分 **be・lied** [〜d]; 現分 **be・ly・ing** [〜iŋ])(他)《格式》**1** …を偽って[誤って]伝える[示す]; 〈感情など〉を隠す: Her cheerful behavior *belied* her true feeling of disappointment. 彼女の元気なふるまいからは落ち込んでいた本心がうかがえなかった.

2 〈約束・期待など〉を裏切る.

3 …の反証となる.

be・lief [bilíːf]

― 名 (複 **be・liefs** [〜s]) **1** U [または a 〜] […を] 信じること (↔ doubt) [*in*]; […という] 確信, 信念; 意見, 考え [*that* 節]: Her *belief in* ghosts prevented her from visiting the grave alone. 彼女は幽霊の存在を信じていたので 1 人で墓参りに行けなかった / It is my *belief that* people are basically good. 人間は本来善良であるというのが私の信念です / My *belief is that* offense is the best defense. 攻撃こそ最大の防御なりというのが私の信念です.

2 U C [しばしば 〜s] […への] (宗教的・政治的な)信仰, 信心, 信条 [*in*]: a *belief in* God 神への信仰 / It will be difficult for you to discard your political *beliefs*. あなたが自分の政治的信条を捨てることは難しいだろう.

3 U […に対する] 信用, 信頼 (trust) [*in*]: I have great *belief in* my classmates. 私は級友たちをとても信頼している.

■ *beyònd belíef* 信じられないほどの [に]: His words were *beyond belief*. 彼の言うことは信じられなかった.

in the belíef that ... …と信じて, …と思い込んで: She confided the secret to him *in the belief that* he was tight-lipped. 彼女は彼の口は堅いと信じて彼に秘密を打ち明けた.

to the bést of my belíef 私の信じる限りでは (as far as I believe). (▷ 動 believe)

be・liev・a・ble [bilíːvəbl, bə-] 形 信じられる, 信用[信頼]できる (↔ unbelievable).

be・lieve [bilíːv, bi-]

【基本的意味は「…を信じる(think that something is true)」】

― 動 (三単現 **be・lieves** [〜z]; 過去・過分 **be・lieved** [〜d]; 現分 **be・liev・ing** [〜iŋ])

― (他) [通例, 進行形不可] **1** (a) [believe +O] …を信じる, 本当だと思う: I *believe* my friend [what my friend says]. 私は友人の言う

ことを信じる（◇「友人を信じる」なら believe in my friend; →成句 believes in **2**）/ I cannot *believe* anything till I see it with my own eyes. 私は自分の目で見るまでは何も信じられない / I could hardly *believe* my eyes when I saw her wearing a kimono. 彼女が着物を着ているのを見て私は目を疑った．(b) [believe＋that 節] …ということを信じる, 本当だと思う: I cannot *believe that* your father is forty. 君のお父さんが40歳だなんて信じられない．
2 (a) [believe＋that 節 [疑問詞節]] …と […だろうか と] 考える, 思う: The jury *believed that* Tom was not guilty. 陪審（員）団はトムが無罪だと考えた / Nobody will *believe how* sad I felt then. あの時私がどんなに悲しかったか決してだれにも想像がつかないさ．(b) [believe＋O＋(to be) C] …は…であると思う: I *believe* the girl (*to be*) honest. その少女は正直だと思う (=I believe that the girl is honest.).
語法 (1) that 節を用いるほうが一般的．
(2) to be は省略されることが多いが, 受け身の場合は省略できない: The coach is *believed* to be reliable. そのコーチは信頼できると思われている．
3 確かに…と思う（◇通例 I believe の形で挿入的に用いる）: Mary went to the disco last night, I *believe*. 確かメアリーは昨夜そのディスコへ行ったと思う / A Mr. White, I *believe*, has come. 確かホワイトさんとおっしゃる方がお見えになっています．
— 自 信じる; 信仰を持つ: Seeing is *believing*. 《ことわざ》見ることは信じることである ⇨ 百聞は一見にしかず, 論より証拠.
■ *believe in ...* ❶ …（の存在）を信じる; 信仰する: I don't *believe in* ghosts. 私は幽霊の存在を信じない / Mr. Brown *believes in* Buddhism. ブラウンさんは仏教を信仰している．**2** …を信用する, 信頼する, 信じる: I *believe in* my secretary. 私は自分の秘書を信用している．**3** …をよい [正しい] と思う: I *believe in* taking a walk regularly. 私は定期的に散歩するのはよいことだと思っている．
believe it or not 《口語》まさかと思うだろうが, うそみたいに聞こえるだろうが: *Believe it or not*, she has become a policewoman. まさかと思うだろうけど, 彼女は警察官になったんだよ．
believe (*you*) *mé* [挿入的に] 本当に, 本当ですよ: *Believe me*, this is very important. 本当にこれはすごく大切なんですよ．
Don't [*Would*] *you believe it!* 《口語》《述べたことに驚きを示して》とんでもない, 冗談じゃない．
màke believe […する / …という] ふりをする [*to do / that* 節]: At first, she *made believe* not *to* be interested in the picture. 初めのうち彼女はその写真に関心がないふりをした / The soldiers *made believe* that they were peasants. 兵士たちは農民に偽装した． (▷ 名 belief)

be·liev·er [bilíːvər, bə-] 名 C […を] 信じる人; […の] 信者 (*in*) (↔ unbeliever) [*in*]: a *believer* in vegetarianism 菜食主義の信奉者 / a *believer in* Christianity キリスト教信者.

be·lit·tle [bilítl, bə-] 動 他《格式》**1** …を見

びる, けなす. **2** …を小さくする [見せる].
■ *belíttle onesèlf* 卑下する.

bell [bél] 名 動
— 名 《複 bells [~z]》C **1** ベル, 鈴, 呼び鈴; 鐘, 釣り鐘; ベル [鈴, 鐘] の音: school *bells* 学校の始業ベル / sleigh *bells* そりの鈴 / He was awakened by a telephone *bell* late last night. 彼は昨夜遅く電話のベルで起こされた / The church *bells* are rung at the beginning of the service. 礼拝の初めに教会の鐘が鳴る / There's the *bell*. (玄関の) ベルが鳴った; お客さんですよ．
2 釣り鐘形のもの; (管楽器などの) 広がった口; 花冠(ふん); クラゲのかさ．
■ *ánswer the béll* (ベルに応じて) 玄関に出る．
(*as*) *cléar as a béll* とても聞きやすい [理解しやすい]; 澄み切った．
(*as*) *sóund as a béll* 《口語》健康そのもので; (物事が) 完璧(かんぺき)で．
gíve ... a béll 《英口語》〈人〉に電話をかける．
ríng a béll 《口語》(おぼろげな) 記憶を呼び覚ます; 以前に聞いた覚えがある．
— 動 他 …にベル [鈴] を付ける． — 自 **1** 鐘のような音を立てる． **2** 鐘のような形になる．
■ *béll the cát* 進んで困難な仕事をする. (由来 ネズミが猫が近づくとわかるように猫の首に鈴を付けようとするイソップの話から)
◆ béll càptain C 《米》(ホテルの) ボーイ長.
béll pùsh C (ベルの) 押しボタン.
béll tòwer C (教会などの) 鐘楼(しょうろう).

Bell [bél] 名 **1** ベル (◇女性の名; Isabel の愛称). **2** ベル Alexander Graham [gréiəm] Bell (1847-1922; 米国の発明家で1876年に電話を発明した).

bell-bót·toms 名 [複数扱い] ベルボトム, らっぱズボン (すその広がったズボン).

bell·boy [bélbɔ̀i] 名 = BELLHOP (↓).

belle [bél] 【フランス】名 C 《古風》**1** 美人, 美女. **2** [the ~] (パーティーなどの) 一番の美人: the *belle* of the ball 舞踏会の花.

belles-let·tres [bèllétrə] 【フランス】名 U 純文学.

bell·flow·er [bélflàuər] 名 C 《植》ホタルブクロ, ツリガネソウ, フウリンソウ.

bell·hop [bélhàp / -hɔ̀p] 名 C (ホテル・クラブなどの) ボーイ, ベルボーイ (page (boy), bellboy) (⇨ HOTEL [PICTURE BOX]).

bel·li·cose [bélikòus] 形《格式》好戦的な (warlike); けんか好きな.

bel·lig·er·ence [bəlídʒərəns, bi-] 名 U
1 好戦的な態度 [性格], けんか腰. **2** 戦争行為, 交戦.

bel·lig·er·en·cy [bəlídʒərənsi, bi-] 名 U
1 交戦国であること; 交戦状態. **2** = BELLIGERENCE (↑).

bel·lig·er·ent [bəlídʒərənt, bi-] 形 **1** 好戦的な; けんか腰の. **2** 交戦中の; 交戦国の.
— 名 C 《格式》交戦国; 交戦者.

bel·low [bélou] 動 自 **1** (牛などが) 大声で鳴く [ほえる]. **2** (人が) [苦痛・怒りなどで] うめく, どなる, わめく (*out*) [*with*]: *bellow with* pain 苦痛でう

めく.
── 他 …をどなるように言う, わめく (*out, forth*).
── 名 C **1** (牛などの) 鳴き声, ほえ声. **2** (人の) どなり声, うなり声, わめき声.

bel・lows [bélouz] 名 C 《複数形で, 単数・複数扱い》
1 ふいご《火を起こすのに用いる送風器; 両手で使うのを通例 a pair of *bellows*, すえ付けのものを (the) *bellows* と言う》. **2** (オルガンなどの) 送風器. **3** (カメラの) 蛇腹(じゃ).

bell・weth・er [bélweðər] 名 C **1** 鈴付き羊 (群れを先導する). **2** 先導者; (陰謀などの) 首謀者. **3** [単数形で] (変化の) 兆し, 指標.

****bel・ly** [béli] 名 (複 **bel・lies** [〜z]) C **1** 《口語》腹, おなか, 腹部 (◇やや下品な語で, 通例は stomach と言う. 専門語では abdomen): a beer *belly* ビール腹 / have a *belly* 腹が出ている / lie on one's *belly* 腹ばいになる. **2** 《口語》胃.
3 (バイオリン・びんなどの) ふくらんだ部分, 胴.
── 動 (三単現 **bel・lies** [〜z]; 過去・過分 **bel・lied** [〜d]; 現分 **bel・ly・ing** [〜iŋ]) 自 (帆などが) ふくらむ (*out*). ── 他 (帆など) をふくらませる (*out*).
◆ **bélly bùtton** C 《口語》へそ (navel).
bélly dànce C ベリーダンス《中近東発祥の踊りで, 腰をくねらせて踊る》.
bélly flòp C 《口語》腹打ち飛び込み.
bélly làugh C 《口語》(腹を抱えるような) 大笑い.

bel・ly・ache [bélièik] 名 **1** U C 腹痛. **2** C 《俗語・しばしば軽蔑》ぐち, 不平.
── 動 自 《俗語・しばしば軽蔑》 […について] (大声で) ぐちをこぼす, 不平を言う [*about*].

bel・ly・ful [béliful] 名 **1** 腹いっぱい. **2** [通例 a 〜] 《口語》[…が] (いやというほど) たくさん [*of*]: I've had a *bellyful of* his boasts. 彼の自慢話はもううんざりだ.

bél・ly・lànd・ing, bélly lànding 名 C 《口語》胴体着陸.

*******be・long** [bəlɔ́ːŋ, bi-/bilɔ́ŋ]

── 動 (三単現 **be・longs** [〜z]; 過去・過分 **be・longed** [〜d]; 現分 **be・long・ing** [〜iŋ])
── 自 [進行形不可] **1** [belong to ...] 〈人〉の**ものである**, 所有である: This ship *belongs to* Mr. Brown. この船はブラウン氏のものです (= This ship is Mr. Brown's.) / This is the collie *belonging to* her. = This is the collie which *belongs to* her. これが彼女の飼っているコリー犬です / Who does that car *belong to*? あの車はだれのですか (= Whose car is that?).
2 [belong to ...] …に**所属する**, …の一員である: What club do you *belong to*? ― I *belong to* the ski club. 君は何部に入っているのですか ― 私はスキー部に所属しています.
3 [ある (いる)] べきところに [ある (いる)] [*among, in, on, with*]; […に] ぴったりである [*to, with*]: This chair *belongs in* my room. このいすは私の部屋のものです / The belt *belongs with* this coat. そのベルトはこのコートに付けるものです / I always feel that I don't *belong* anywhere. 私はいつもどこにも居場所がないように感じている / Cheese *belongs with* wine. チーズはワインと合う.

4 (分類上) […に] 入る, 属する [*among, in, to, under, with*]: It *belongs with* the classical music. それはクラシック音楽のジャンルに入る.

****be・long・ings** [bilɔ́ːŋiŋz, bə-/-lɔ́ŋ-] 名 《複数扱い》所持品, 身の回り品; 所有物, 財産《金銭以外の持ち運びできるもの》: personal *belongings* 私物.

****be・lov・ed** [bilʌ́vid, bə-] 形 **1** [限定用法] 最愛の, かわいい; 大切な, 愛用の: my *beloved* son 最愛の息子. **2** [bilʌ́vd] [叙述用法] 〈人〉に愛された [*by, of*]: She is *beloved by* [*of*] all her friends. 彼女は友達みんなから愛されている.
── 名 [通例 one's 〜] 《古風》最愛の人: my *beloved* おまえ, あなた 《◇恋人・夫・妻などへの呼びかけ》.

******be・low** [bəlóu, bi-]
前 副

【基本的意味は「…よりも下に」】

── 前 **1** [場所・位置] **…の下に**, …より低い; …より下流の; …より南に (↔ above) (→ ON 前)
[語法] → ABOVE 図: The sun has sunk *below* the horizon. 太陽が地平線の下に沈んだ / I saw a big fish swimming about a foot *below* the surface of the pond. 大きな魚が池の水面下1フィートのあたりを泳いでいるのが見えた / There is a bridge just *below* the dam. ダムのすぐ下流に橋がある.
2 [程度・重要度] …**より下の**, …より劣って (↔ above): Who is *below* you in math? 数学であなたより成績の悪い人はだれなの / His performance was *below* average yesterday. きのうの彼の演技の出来は平均以下だった.
3 [数量・年齢・温度] …**より少ない**, …未満の (↔ above): The number of the dead was *below* 100. 死者の数は100人未満だった / You look *below* 50. あなたは50歳より若く見える / The temperature read ten degrees *below* zero this morning. けさの気温は氷点下10度だった.
4 [地位・階級] …**より低い**, …より下で (↔ above): I am *below* [under, beneath] him. 私は彼より地位が下です 《◇ *below* は単に地位・階級の上下関係を示し, under は支配・隷属の意を含む. また beneath は地位力・地位が劣ることを示す》.
5 …にふさわしくない, 値しない 《◇この意では beneath のほうが一般的》: Such an act would be *below* your dignity. そんなことをするとあなたの品位にかかわるだろう.

── 副 **1 下 (の方) に** (↔ above): My little brother lives on the floor *below*. 弟は下の階に住んでいる / We looked down on the lake *below*. 私たちは湖を見下ろした.
2 (年齢・地位などが) それより低い, それ以下で (↔ above): Children of six and *below* are free of charge. 6歳以下 (6歳とそれ未満) の子供は無料です.
3 [論文などで] 下の欄に, 以下に (↔ above): See the note *below*. 下の注を見よ / The explanation will be given *below*. 説明は以下でする [後述する].
4 (温度が) 氷点下 [零下] で: It is now 20 degrees *below*. 現在氷点下20度です.

5 《文語》(天上に対して)地上に, この世に; 地獄に.
■ **dòwn belów** ずっと下に, 階下で; 墓に; 地獄に.

***belt [bélt] 名

— 名 (複 **belts** [bélts]) C **1** ベルト, バンド, 帯:
a seat *belt* シートベルト / a safety *belt* 安全ベルト.

▶ コロケーション ベルトを…
ベルトを締める: *fasten one's belt*
ベルトをはずす: *undo* [*unfasten*] *one's belt*
ベルトをゆるめる: *loosen one's belt*

2 (ある特色を持つ)分布地帯, 帯状の広がり: a forest *belt* 森林地帯 / an earthquake *belt* 地震帯 / a wheat *belt* 小麦地帯.
3 【機械】ベルト.
4 《口語》強く殴ること, 殴打.
5 (柔道・空手の)帯.
■ **belòw the bélt** 《口語》卑きょうな, 不正な.
tíghten one's bélt 《口語》耐乏生活をする.
ùnder one's bélt 1 (食べ物が)胃に納まって.
2 経験を身につけて; (勝利などを)手中にして.
— 動 他 **1** …を皮帯で打つ; 《口語》…をひっぱたく. **2** …をベルトで締める (*up*); 帯で巻く (*on*).
— 自 《英口語》突っ走る, 飛び回る (*along, off*).
■ **bélt óut** 他 《口語》(歌)を大きな声で歌う.
bélt úp 自 **1** 《口語》シートベルトを締める.
2 (通例, 命令文で)黙る, 静かにする.
◆ **bélt convèyor** C ベルトコンベヤー (◇ *conveyor belt* のほうが一般的).
bélt lìne C 《米》(交通機関の)環状線 (《英》 loop line).

belt·ed [béltid] 形 [限定用法] ベルトを付けた, ベルト付きの; (身分を示す)礼帯を付けた.
belt·way [béltwèi] 名 C 《米》(都市の)環状道路 (《英》 ring road).
be·moan [bimóun] 動 他 …を嘆き悲しむ.
be·mused [bimjúːzd] 形 困惑した, 混乱した.

***bench [béntʃ] 名

— 名 (複 **bench·es** [~iz]) **1** C ベンチ, 長いす (→ CHAIR 類語); ボートのこぎ座: a park *bench* 公園のベンチ / sit on a *bench* ベンチに座る.
2 C (大工・靴屋などの)作業台; 陳列台.
3 C 《英》議員席: the government *benches* 政府与党議員席.
4 [the ~] 法廷; 判事席; 裁判官の職; [集合的に] 裁判官: the *bench* and bar 裁判官と弁護士.
5 C 【スポーツ】選手控え席, ベンチ.
■ **be** [**sìt**] **on the bénch 1** 裁判官[判事]を務める, 審理中である. **2** 【スポーツ】ベンチ入りしている, 控えの選手である.
— 動 他 《米》【スポーツ】…をベンチに下げる.
◆ **bénch màrk** C **1** (判断などの)基準.
2 【測】水準点. **3** 【コンピュータ】ベンチマーク, 評価基準.
bénch wàrmer C 《米》補欠[控え]選手.

***bend [bénd] 動 名

【基本的意味は「曲げる (turn curved)」】

— 動 (三単現 **bends** [béndz]; 過去・過分 **bent** [bént]; 現分 **bend·ing** [~iŋ])
— 自 **1** [副詞(句)を伴って](体)を **曲げる**, かがむ: The policeman *bent* forward to listen to the child. 警官はその子の話を聞くために身をかがめた / He *bent* down to tie up his shoes. 彼は靴のひもを結ぶために身をかがめた.
2 (ものが)曲がる, たわむ: Bamboos don't *bend* so easily. 竹はそんなに簡単には曲がらない / A willow tree *bent* over the stream. 1本の柳の木が小川に垂れ下がっていた.
3 (道路・川などが)[…の方向に]向かう [*to*]: The road *bends* sharply *to* the left there. 道路はそこで急に左へカーブしている.
4 […に]屈服する [*to, before*]: The president refused to *bend* to the workers' demands. 社長は従業員の要求に屈することを拒否した.
— 他 **1** 〈長くまっすぐなもの〉を曲げる; 〈頭〉を下げる: It is easy even for a child to *bend* the wire. その針金を曲げるのは子供でもできます / Can you touch the ground without *bending* your knees? ひざを曲げないで地面に手がつきますか / The old man *bent* his head before the shrine. その老人は神社の前で一礼した.
2 〈意志・規則など〉を曲げる, 〈人〉を[…に]屈服させる [*to*]: *bend* the rules [laws] 規則[法律]をねじ曲げる《法律を都合のいいように解釈する》/ The politician would not *bend* his opinion. その政治家は自説を曲げようとしなかった / He tried to *bend* his employees *to* his will. 彼は従業員たちを自分の思い通りに従わせようとした.
3 …を[…に]向ける [*toward*] 〈注意・努力など〉を[…に]向ける, 傾ける, 集中する [*to, on, upon*]: He *bent* his steps *toward* his house. 彼は足の向きを変えて自分の家に向かった / My son is now *bending* himself [his mind] to his homework. 私の息子は今宿題に精を出している.
■ **bénd** [**léan**] **òver báckward(s)** […しようと]できるだけ努力する, 全力をつくす [*to do*].
bénd ...'s éar …に悩み事をえんえんとまくし立てる, …がうんざりするほどしゃべりまくる.
on bénded knée(s) 《文語》(嘆願するときなどに)ひざまずいて.
— 名 **1** C (道路・川などの) カーブ, 曲がった所: The car was out of sight round the *bend* in the road. その車は道路のカーブを回って見えなくなった. **2** C 曲げること. **3** [the ~s] ケーソン病, 潜水病 (caisson disease) 《急激な減圧によって起こる》. **4** C 【海】ロープの結び目.
■ **be** [**gò**] **aròund** [《英》 **ròund**] **the bénd** 《口語》気が変になって[なる].
drive ... ròund the bénd 《英口語》…をいらいらさせる: The work *drove* me *round the bend*. その仕事は私をいらいらさせた.

bend·er [béndər] 名 C 《口語》(酒を)飲んで騒ぐこと: go on a *bender* 飲み騒ぐ.

***beneath [biníːθ] 前

— 前 《格式》 **1** [場所・位置] …の下に, …の真下に (below, under); …のふもとに: The plane was flying *beneath* the clouds. 飛行機は雲の

下を飛んでいた / The policemen on duty wore bulletproof vests *beneath* their uniforms. 勤務中の警官は制服の下に防弾チョッキを着ていた / The hospital stands *beneath* the hill. その病院は丘のふもとに建っている.
2 (地位・能力などが)…より劣って, (身分が)…より低い (→ BELOW 動 4): She married *beneath* her. 彼女は自分より身分が低い者と結婚した.
3 …にふさわしくない, 値しない: Doris is working *beneath* her ability in her office. ドリスは会社で実力を発揮できない仕事についている / It is *beneath* my father to complain about food. 食べ物のことで不平を言うなんて父らしくない.
4 …に影響されて: buckle *beneath* the weight of … …の重みでつぶれる [へこむ].
— 副《格式》下(の方)に, 真下に (below): from *beneath* 下から / Janet looked out of the window at the swimming pool *beneath*. ジャネットは窓から下のプールを見た.

Ben·e·dic·tine [bènidíktin] 名 **1** [C]《カトリック》ベネディクト(修道)会の修道士. **2** [U][C]《時に b-》ベネディクティン《甘いリキュール酒》.
ben·e·dic·tion [bènidíkʃən] 名 [U][C]《キリスト》祝福, 感謝の祈り《特に食前の祈りをさす》.
ben·e·fac·tion [bènifǽkʃən] 名《格式》
1 [U] 慈善, 善行. **2** [C] 施し物, 寄付(金).
*__ben·e·fac·tor__ [bènifǽktər] 名 [C] 恩恵を与える人; (学校・病院・慈善事業などの)寄付者, 後援者.
ben·e·fice [bénifis] 名 [C] **1**《キリスト》聖職禄(?)《牧師の収入》. **2** 禄付きの聖職.
be·nef·i·cence [bənéfisəns] 名 **1** [U] 善行, 慈善. **2** [C] 施し物, 寄付.
be·nef·i·cent [bənéfisənt] 形《格式》親切な, 慈善深い; 善行[慈善]の.
*__ben·e·fi·cial__ [bènifíʃəl] 形《人・ものに》役立つ, 有益な (useful) [to]. (▷ 動 bénefit)
ben·e·fi·ci·ar·y [bènifíʃièri / -ʃəri] 名《複 ben·e·fi·ci·ar·ies [~z]》[C] **1** 利益を受ける人.
2《法》受益者; (遺産・年金などの)受取人.

***ben·e·fit** [bénifit] 名 動
— 名《複 ben·e·fits [-fits]》**1** [U][C] 利益, 得, 利点; 恩恵 (→ PROFIT 類義語): The *benefits* of learning a foreign language are many. 外国語の学習から得られる利点は多い / He has a *benefit* of a good education. 彼はよい教育の恩恵を受けている / I got several *benefits* from this book. この本はいろいろ役に立った.
2 [U][C]《しばしば ~s》(保険・年金などの)給付金, 手当: unemployment *benefits* 失業手当 / old-age *benefits* 老齢年金.
3 [C] 慈善[募金]興行: a *benefit* concert 慈善コンサート.
■ *be of bénefit to …* = *be to …'s bénefit* …にとって役に立つ: It *is of benefit to* you to do this job. = It *is to your benefit* to do this job. この仕事をすれば自分のためになる.
for …'s bénefit = *for the bénefit of …* …のために: John repeated the story *for my benefit*. ジョンは私のためにその話をくり返してくれた.

give … the bénefit of the doúbt《証拠不十分のため》…の言うことを認める, (疑わしくても)…をそのまま信用する, …に有利に解釈する ⇒ 疑わしきは罰せず.
— 動 他 …のためになる, 役に立つ: Exercising regularly *benefits* your health. 定期的に運動するのは健康のためになる.
— 自 […から] 利益を得る《*from, by*》: They will certainly *benefit from* this project. 彼らはこの企画できっと利益を得るだろう.
(▷ 形 bèneficial)
◆ **bénefit socìety [associàtion]** [C]《米》共済組合, 互助会 (《英》friendly society).
Be·ne·lux [bénilʌks] 名 固 ベネルクス《ベルギー(Belgium)・オランダ (the Netherlands)・ルクセンブルグ (Luxembourg) 3国の総称》.
be·nev·o·lence [bənévələns] 名《格式》
1 [U] 慈悲(心); 善意. **2** [U][C] 善行, 慈善.
be·nev·o·lent [bənévələnt] 形 **1** […に]慈悲深い, 親切な (kind) [*to, toward*]. **2** 慈善の(ための): a *benevolent* society 共済会; 慈善団体.
Ben·gal [beŋgɔ́ːl, beŋ-] 名 固 ベンガル《インド北東部とバングラデシュから成る地域の名称》.
be·night·ed [bináitid] 形 無知な.
be·nign [bináin] 形《格式》**1** 親切な, 優しい: *benign* neglect 好意の傍観, 見て見ぬふり. **2** (気候などが)温和な (mild). **3**《医》良性の (↔ malignant): a *benign* tumor 良性腫瘍[らしゅ].
Ben·ja·min [béndʒəmin] 名 固 ベンジャミン《◇男性の名;《愛称》Ben, Benny》.

***bent** [bent] 動 形 名
— 動 bend の過去形・過去分詞.
— 形 **1** 曲がった (↔ straight): a *bent* stick 曲がったつえ《?》/ a *bent* kettle へこんだやかん / His legs and back were *bent* with age. 彼の足腰は老齢のために曲がっていた. **2** [叙述用法]《…を》固く決心している, 《…に》熱中している《*on, upon*》: He is *bent on* soccer. 彼はサッカーに夢中です / She is *bent on* becoming a champion. 彼女は優勝しようと心に決めている. **3**《主に英俗語》不正な, わいろの効く, 腐敗した.
— 名 [C]《通例, 単数形で》《格式》《…の》好み, 傾向, 適性《*for*》: She has a natural *bent for* singing. 彼女は生まれつき歌が好きです.
■ *to the tóp of one's bént* 力の限り.

be·numbed [binʌ́md] 形《格式》(寒さ・恐怖などで)凍えた; 感覚を失った, 麻痺(ひ)した.
ben·zene [bénziːn, benzíːn] 名 [U]《化》ベンゼン《石炭・石油からとれる液体で, 燃料などに用いる》.
ben·zin, ben·zine [bénziːn, benzíːn] 名 [U]《化》ベンジン《石油からとれる揮発性の液体》.
ben·zol [bénzoul, -zɔl] 名 [U][C]《化》ベンゾール《◇ベンゼン (benzene) の一般名》.
Be·o·wulf [béiəwùlf] 名 固 ベーオウルフ《8世紀に書かれた英国最古の叙事詩. またその主人公の名》.
be·queath [bikwíːð] 動 他《格式》
1 他 […に] 遺言によって残す, 遺贈する [*to*].
2《知識などを》[後世に] 伝える, 残す [*to*].
be·quest [bikwést] 名《格式》**1** [U] (不動産・動産の)遺贈. **2** [C] 《人への》遺産; 形見 [*to*].

be·rate [biréit, bə-] 動 他 《格式》〈人〉を〔…のことで〕ののしる, 厳しくしかる [*for*].

be·reave [birí:v, bə-] 動 (三単現 **be·reaves** [~z]; 過去・過分 **be·reaved** [~d]《◇ **2** では **be·reft** [-réft]》; 現分 **be·reav·ing** [~iŋ])他 [通例, 受け身で]《格式》 **1** (事故・死などが) …から〔肉親などを〕奪う [*of*]: The air crash *bereaved* him *of* his family. = He *was bereaved of* his family in the air crash. 彼は飛行機の墜落事故で家族を失った. **2** …から〔希望・能力・理性などを〕奪う, 失わせる [*of*].

be·reaved [birí:vd, bə-] 形《格式》 **1** [限定用法] (肉親などに) 死なれた, あとに残された: the *bereaved* family 遺族. **2** [the ~; 名詞的に; 単数・複数扱い] 肉親を亡くした人 [人々], 遺族.

be·reave·ment [birí:vmənt, bə-] 名 U C (肉親などに) 先立たれること, 死別.

be·reft [biréft, bə-] 動 bereave の過去形・過去分詞の一つ. ━ 形 [叙述用法]《格式》〔希望・能力などを〕失った [*of*]: Now she is *bereft of* all hope. 今や彼女はすべての希望を失った.

be·ret [bəréi / bérei] (☆ 発音に注意)【フランス】名 C ベレー帽.

berg [bə́:rg] 名 C 氷山 (◇ ice*berg* の略).

ber·i·ber·i [bèribéri] 名 U 《医》脚気(ゖっ)《ビタミンB₁の欠乏による病気》.

Be·ring [bíəriŋ / béər-] 名 図 **1** = the Béring Séa ベーリング海《アリューシャン列島・シベリア・アラスカに囲まれた海》. **2** = the Béring Stráit ベーリング海峡.
◆ **Béring (Stándard) Tìme** U ベーリング標準時《米国 Alaska 州西端部の標準時》.

berk [bə́:rk] 名 C 《英俗語》ばか, 間抜け.

Berke·ley [bə́:rkli] 名 バークレー《カリフォルニア大学の本部がある米国 California 州西部の市》.

Berk·shire [bə́:rkʃər / bá:k-] 名 **1** 図 バークシャー《英国南部の州; (略記) Berks.》. **2** C バークシャー《原産の白いぶちのある黒豚》.

***Ber·lin** [bə:rlín] 名 図 ベルリン《ドイツの首都; 第2次世界大戦後「ベルリンの壁」 (Berlin Wall) によって分断されていたが, 旧東独と旧西独が1990年に統合されたのに伴い分断は解消》.

Ber·li·oz [béərliòuz] 名 図 ベルリオーズ Louis Hector [lú:i ektɔ́:r] Berlioz [1803–69; フランスの作曲家].

Ber·mu·da [bə(:)rmjú:də] 名 図 バミューダ諸島《英領で北大西洋西部にある. Bermuda Islands, Bermudas とも言う》.
◆ **Bermúda shórts** [複数扱い] バミューダ (ショーツ) 《ひざ上までの半ズボン》.
Bermúda Tríangle [the ~] バミューダ三角地域《海難・航空事故の多発地帯》.

Bern, Berne [bə́:rn] 名 図 ベルン, ベルヌ《スイスの首都》.

***ber·ry** [béri] (☆ 同音 bury) 名 (複 **ber·ries** [~z]; 植) C **1** ベリー, 漿果(ڵょ)《イチゴ・ブドウ・バナナなど果肉の柔らかい果実; cf. nut 堅い木の実》: We picked *berries* yesterday. 私たちは野のベリーを摘んだ. (関連語) blackberry ブラックベリー / blueberry ブルーベリー / raspberry ラズベリー / strawberry イチゴ. **2** (コーヒー・小麦などの) 乾燥した種子.

ber·serk [bərsə́:rk / -zə́:k] 形 狂暴な: go [run] *berserk* 怒り狂う; 突然怒り出す.

berth [bə́:rθ] (☆ 同音 birth) 名 C **1** (船・列車などの) 寝台: an upper [a lower] *berth* 上段 [下段] の寝台. **2** (船の) 停泊位置, 停泊所. **3**《口語》(チームの) 仕事, 職, ポジション.
■ *give ... a wíde bérth* = *gíve a wíde bérth to ...* 〈人〉を避ける, 敬遠する; 〈危険なものなど〉に近づかないようにする.
━ 動 他 〈船〉を停泊させる; …に寝場所を与える.
━ 自 停泊する.

ber·yl [bérəl] 名 U C 〔鉱〕緑柱石《エメラルド・アクアマリンなど緑色の宝石》.

be·seech [bisí:tʃ] 動 (三単現 **be·seech·es** [~iz]; 過去・過分 **be·sought** [bisɔ́:t], **be·seeched** [~t]; 現分 **be·seech·ing** [~iŋ]) 他《格式》〈人〉に […を /…するように] 嘆願 [懇願] する [*for / to do*]: She *besought* the judge *for* mercy. 彼女は裁判官に慈悲を懇願した.

be·seech·ing [bisí:tʃiŋ] 形 嘆願するような.

***be·set** [bisét] 動 (三単現 **be·sets** [-sets]; 過去・過分 **be·set**; 現分 **be·set·ting** [~iŋ]) 他 [通例, 受け身で]《格式》 **1** [with] …を取り囲む [*with*]. **2** …を 〔…で〕悩ます [*by, with*]: Life *is beset with* difficulties. 人生には困難がつきまとう.

*****be·side** [bisáid]

━ 前 **1** …のそばに, …の隣に: I was glad to walk *beside* her. 私は彼女と並んで歩けてうれしかった / I parked my car *beside* the city hall. 私は車を市庁舎のわきに止めた.
2 …と比べて: My score looks bad *beside* yours. あなたの点に比べて私の点は悪い.
3 〈的・本題〉を外れて: Don't you think his remarks are always *beside* the point? 彼の言うことはいつも的外れだと思いませんか.
■ *besíde onesélf* [怒り・喜び・悲しみなどで] われを忘れて [*with*]: When Bob lost the race, he was *beside* himself *with* rage. 競走に破れたときボブは怒りのあまり逆上した.

*****be·sides** [bisáidz]

━ 前 **1** …に加えて, …と同様に, …のうえに (in addition to): *Besides* the teachers, that topic was discussed by all the students at our school. 先生だけでなく私たちの学校の生徒全員がそのことを話し合った / *Besides* being very expensive, this dress is out of fashion. 値段がとても高いうえに, このドレスは流行遅れです.
2 [否定文・疑問文で] …以外に, …のほかに (except): Since then I haven't heard from anyone *besides* her. それ以来彼女以外だれからも手紙をもらっていない.
━ 副 **1** [接続副詞的に] そのうえ, 同様に: Father has quitted smoking; *besides* he began to jog. 父はたばこをやめたうえにジョギングを始めた.
2 それ以外に, ほかに, さらに: She wants to buy two more expensive necklaces *besides*. 彼

女は高価なネックレスをさらに2つも買いたがっている.

be·siege [bisíːdʒ] 動 他 《通例, 受け身で》 **1** (軍隊が) …を包囲する, 取り囲む (surround): The town *was besieged* by thousands of soldiers. 町は何千人もの兵士に包囲された. **2** 《質問などで》…を攻める, 悩ます 〔*with*〕: The speaker *was besieged with* questions from the audience. 話し手は聴衆から質問攻めにあった.

be·smirch [bismə́ːrtʃ] 動 他《文語》…を汚す; 〈名声・人格などを〉傷つける.

be·som [bíːzəm] 名 C 竹ぼうき, ほうき (broom).

be·sot·ted [bisátid / -sɔ́t-] 形《恋な心で》ぼうっとなった, おぼれた 〔*by, with*〕; (酒に) 酔った.

be·sought [bisɔ́ːt] beseech の過去形・過去分詞の1つ.

be·span·gled [bispǽŋgld] 形 《叙述用法》〔きらきら光るものが〕ちりばめられた 〔*with*〕.

be·spat·tered [bispǽtərd] 形 (泥水などを) はねかけられた; 汚れた.

be·speak [bispíːk] 動 (三単現 **be·speaks** [~s]; 過去 **be·spoke** [-spóuk]; 過分 **be·spo·ken** [-spóukən], **be·spoke**; 現分 **be·speak·ing** [~iŋ]) 他《格式》…の証拠となる; …を示す.

be·spec·ta·cled [bispéktəkld] 形《格式》めがねをかけた.

be·spoke [bispóuk] 動 bespeak の過去形・過去分詞. ― 形《限定用法》《英・格式》〈服・靴が〉オーダーメイドの, あつらえの; (店が) あつらえ専門の.

★★★ **best** [bést] 形 副 名

― 形 ※名は着物姿が多い **1** [good の最上級] (a) 最もよい, 最高の, (↔ worst): Sid was my *best* friend when I was in elementary school. シドは私の小学校時代の最も仲のよい友人だった / The *best* way to go there is (to go) by subway. そこへ行く最善の方法は地下鉄を使うことです / I think he is one of the three *best* strikers in this country. 彼はこの国のベストストライカー3人のうちの1人だと私は思う (◇通例 the best three strikers とは言わない) / He is the *best* guitarist of the two. 2人のうちでは彼の方がギターがうまい (◇2つのものの比較に best を用いるのは《口語》) / July is (the) *best* to travel in London. ロンドンの旅行には7月が一番よい (◇叙述用法では the を省略することが多い). (b) [It is best (for …) to do / It is best + that 節] …するのが最もよい: On such a cold day *it is best for* you *to* stay indoors. ＝On such a cold day *it is best that* you (should) stay indoors. こんな寒い日は家の中にいるのが一番よい (◇ should を用いるのは《主に英》).
2 《叙述用法》(体調・気分などが) 最もよい: I usually feel *best* in the morning. 私はたいてい朝が一番気分がいい. **3** 《口語・反語》とてもひどい: a *best* liar ひどいうそつき.

■ *pùt one's bést fóot fórward* できるだけ急ぐ; 全力をつくす.

the bést pàrt of … 〈時間・分量など〉の大部分 (most of …): I spent *the best part of* a year writing the book. 私はその本を書くのに1年の大半を費やした.

― 副 **1** [well の最上級] 最もよく, 最も上手に (↔ worst): Saturday will suit me *best*. 私は土曜日が一番都合いい / I think he knows *best*. 彼が一番よく知っていると思う / He is the operator *best* able to use the crane. 彼がクレーンを一番上手に使える運転手です.
2 [very much の最上級] 最も多く, 一番: I like spring in Kyoto *best*. 私は京都の春が一番好きです. **3** [複合語で] 最も…, 一番…: He is the *best*-known actor in Japan. 彼は日本で最も有名な俳優である.

■ *as bést one cán* 《口語》できるだけ (うまく): He tried to explain it *as best he could*. 彼は精いっぱいうまく説明しようとした.

bést bèfore (énd) 賞味期限: *Best before*: May 3, 2010 賞味期限 2010年5月3日.

bést of áll 何よりもまず: He loves chess *best of all*. 彼が何よりもチェスが好きです.

had bést do 《口語》…すべきだ, …したほうがよい (◇ had better の強意形): You *had best* call him now. 今, 彼に電話をするに越したことはない.

― 名 **1** [the ~/ one's ~] 最もよいもの [人], 最良, 最善: I want you to have the *best* of everything. あなたには何でも最高のものを持たせたい / That was the *best* I could do for you. あれがあなたのために私がしてあげられた限界でした / She is among the *best* of students. 彼女は模範的な学生の1人です / She looks her *best* in kimono. 彼女は着物姿が一番きれいに見える.
2 [one's ~] 晴れ着 (Sunday best): She was dressed in her *best*. 彼女は晴れ着を着ていた.

■ *(áll) for the bést* 最後はうまくいくように; (初めは悪く見えても) 結局は: I can only pray *for the best*. うまくいくようにお祈りするばかりです / Hope *for the best*. 悲観するな.

Áll the bést! お元気で, ごきげんよう; ご健康を祈って (◇別れるときや手紙の最後などに用いる).

at one's bést 最もよい状態で, 見頃 [食べ頃] で: Takao is *at its best* in autumn. 高尾は秋が一番見頃です / He was *at his best* in the race. そのレースで彼は絶好調だった.

at (the) bést 最もよい場合でも, せいぜい (↔ at (the) worst): He will win (the) second prize *at best*. 彼はせいぜい2位にしかなれないだろう.

dò [trý] one's bést 全力をつくす: I will *do my best* to finish it before dark. 暗くなる前に終えるよう全力をつくします.

(èven) at the bést of tìmes 最も状況のよいときでも.

gèt [hàve] the bést of … 《口語》…に勝つ, 成功する; だます, 出し抜く.

màke the bést of … 〈不利な状況など〉を何とか乗り切る, 我慢する; …をできるだけ利用する: It is not what we wanted, but we will *make the best of* it. 私たちの望んでいた状況ではありませんが, これを何とか最大限に生かそうと思います.

to the bést of … …の限り (では): I will do it *to the best of* my ability. 私は力の限りそれをやります / *To the best of* my knowledge he is not

bestial

in Japan. 私の知る限りでは彼は日本にいません.
with the bést (of them) だれにも負けずに.
◆ **bést mán** [the ~ / one's ~] (結婚式での) 新郎の付添人.

bes·tial [béstʃəl / -tiəl] 形《文語》(人・行為が)獣のような; 残酷な (brutal).

bes·ti·al·i·ty [bèstʃiǽləti / -ti-] 名 (複 **bes·ti·al·i·ties** [~z]) **1** U《文語・軽蔑》獣性, 凶暴性. **2** U C 獣姦(かん); 変態 (行為).

bes·ti·ar·y [béstʃièri / -tiəri] 名 (複 **bes·ti·a·ries** [~z]) C (中世の) 動物寓話(ぐうわ) 集.

be·stir [bistə́ːr] 動 (三単現 **be·stirs** [~z]; 過去・過分 **be·stirred** [~d]; 現分 **be·stir·ring** [-stə́ːriŋ]) 他 [次の成句で]
■ ***bestír onesélf*** 《格式》奮起する.

‡**bést-knówn** [◇ **well-known** の最上級] 形 最もよく知られた, 一番有名な.

bést-óff, bést óff [◇ **well-off, well off** の最上級] 形 最も裕福な.

*****be·stow** [bistóu] 動 他《格式》〈称号・称賛などを〉 […に] 与える, 授ける [**on, upon**]: The Queen *bestowed* a medal *on* [*upon*] him. 女王は彼に勲章を授けた.

be·stride [bistráid] 動 (三単現 **be·strides** [-stráidz]; 過去 **be·strode** [-stróud], **be·strid** [-strid]; 過分 **be·strid·den** [-strídən], **be·strid**; 現分 **be·strid·ing** [~iŋ]) 他《格式》〈馬・いす・柵(さく)など〉にまたがる, またいで越す.

best·sell·er [béstsélər] 名 C **1** ベストセラー (◇爆発的によく売れる本, CD など. best seller, best-seller ともつづる; cf. blockbuster 大ヒット作). **2** ベストセラーの作者.

bést-séll·ing 形 [限定用法] ベストセラーの.

‡**bet** [bét] 動 (三単現 **bets** [~ts]; 過去・過分 **bet, bet·ted** [~id]; 現分 **bet·ting** [~iŋ]) 他
1 (a) [**bet**+O+**on** ...] …に〈金など〉を賭ける: She *bet* $50 *on* the last race. 彼女は最終レースに50ドル賭けた. (b) [**bet**+O+**on** ...] 〈人〉と…について賭けをする: I'll *bet* anybody *on* that. そのことならだれとでも賭けをしよう.
2 [**bet**+O+**that** 節] …であることに〈金など〉を賭ける, 予想する: I *bet* $10 *that* our team will win. 私はうちのチームの勝ちに10ドル賭ける.
— 自 […(であること) に / …(でないこと) に] 賭ける [**on** / **against**]: The police arrested them for *betting on* games. 警察は試合で賭けをしたとして彼らを逮捕した / I *bet against* his winning. 彼が勝てないほうに賭ける ⇨ 彼が勝ったら金を出そう.
■ ***bét one's bóots*** [***lífe, néck***] 《口語》 […を / …だと] 確信する [**on** / **that** 節].
bét one's bóttom dóllar (最後の1ドル [有り金全部] を賭けてもよいほど) 確信している.
I bét ... 《口語》きっと…だと思う: *I bet* you'll get a great job. きっといい仕事だろうよ.
You bét! 《口語》確かに, もちろんだよ: Could you help me next Sunday? — *You bet!* 今度の日曜日に手伝ってもらえるかい — もちろんいいよ.
— 名 C **1** […に対する] 賭け; 賭け金, 賭けの対象 [**on**]: win [lose] a *bet* 賭けに勝つ [負ける] / put a *bet on* a horse 馬に金を賭ける / I made a *bet*

that the black horse would win. 私はその黒い馬が勝つと賭けた. **2** 《口語》予想; 意見, 選択.

be·ta [béitə / bíːtə] 名 C U ベータ (β, B) 《ギリシャ語アルファベットの2番目の文字; → GREEK 表》.
◆ **béta rày** C 《通例, 複数形で》《物理》 ベータ線.

be·ta·car·o·tene [béitəkǽrətìːn] 名 《生化》ベータカロテン 《緑黄色野菜に多く含まれ, 体内でビタミンAに転換される》.

be·take [bitéik] 動 (三単現 **be·takes** [~s]; 過去 **be·took** [-túk]; 過分 **be·tak·en** [-téikən]; 現分 **be·tak·ing** [~iŋ]) 他 [次の成句で]
■ ***betáke onesélf to ...***《こっけい》…へ行く.

be·tel [bíːtl] 名 C 《植》キンマ 《東南アジア産のコショウ科の植物》.

Beth [béθ] 名 圃 ベス (◇女性の名; Elizabeth の愛称).

be·think [biθíŋk] 動 (三単現 **be·thinks** [~s]; 過去・過分 **be·thought** [-θɔ́ːt]; 現分 **be·think·ing** [~iŋ]) 他 [**oneself** を伴って] 《古》〈人が〉 […を] 思い出す, 思いつく (remember) [**of**].

Beth·le·hem [béθlihèm] 名 圃 ベツレヘム 《エルサレム南方の町. キリストの生誕地》.

be·tide [bitáid] 動《文語》動 他 (不幸などが)…(の身)に降りかかる.
— 自 (ことが) 起こる (happen).
■ ***Wóe betíde ...!***《こっけい》…に災いあれ.

be·times [bitáimz] 副《古》早く; まもなく.

be·to·ken [bitóukən] 動 他《格式》 **1** (顔つきなどが) …を示す. **2** …の前兆となる.

*****be·tray** [bitréi] 動 他 **1** …を裏切る; 〈味方・国などを〉敵に売り渡す: His men *betrayed* him to the enemy. 部下は彼を敵に売った / He *betrayed* his own country. 彼は祖国を裏切った.
2 〈秘密などを〉漏らす; 密告する: Nobody knew who had *betrayed* the top secret. 最高機密を漏らしたのがだれか知る者はいなかった.
3 [進行形・受け身不可] 〈弱点・無知など〉をさらけ出す [もらす], 示す: Her calm voice did not *betray* the uneasiness she was feeling. 物静かな声からは彼女の抱いた内心の不安はうかがい知れなかった.
■ ***betráy onesélf*** うっかり本性を表す: The gentle boss sometimes *betrays himself* by drinking too much. あの温和な上司は飲みすぎると本性を表す. (▷ 名 **betráyal**)

be·tray·al [bitréiəl] 名 U C 裏切り, 背信 (行為); 密告; 暴露. (▷ 動 **betráy**)

be·tray·er [bitréiər] 名 C 裏切り者, 密告者, 売国奴.

be·troth·al [bitróuðəl] 名 U C《古風》婚約 (engagement).

be·trothed [bitróuðd]《古風》形 婚約した.
— 名 **1** [one's ~] 婚約者. **2** [the ~; 複数扱い] 婚約中の男女.

‡**bet·ter** [bétər] 形 副 動
— 形 **1** [**good** の比較級] (a) **よりよい**, よりすぐれた (↔ worse): He is a *better* speaker of English than any other student [students] in his class. 彼はクラスで一番英会話が上手です /

This method is *better* than that one. この方法はあの方法よりよい / Your watch is much [far] *better* than mine. あなたの時計は私のよりずっとよい(◇ better の強調には much, far などを用いる) / Which is the *better* guitarist of the two? 2人のうちどちらがよいギター奏者ですか / *Better* late than never. ((ことわざ))遅くなっても来ない[しない]よりはましである / Something is *better* than nothing. ((ことわざ))わずかでもましより. (b) [It is better (for ...) to do / It is better + that 節] …するほうがよい: *It is better for* him *to* go there by bus. = *It is better that* he (should) go there by bus. 彼はそこにバスで行ったほうがよい(◇ should を用いるのは((主に英))).

2 [叙述用法](体調・気分などが)**よりよく**; (病気が)全快して: I feel *better* this morning than last night. けさは昨晩よりも気分がいい / She is getting *better* day by day. 彼女の病気は日に日によくなっている / Don't go out until you are quite [completely] *better*. すっかりよくなるまで外に出てはいけません.

■ *àll the bétter (for ...)* (…(のせい)で)いっそうよくなる, …が役立つ(→ ALL 形 **2**): You will feel *all the better for* telling them the truth. 彼らに真実を話せばずっと気が楽になりますよ.

Bétter lúck néxt tíme! この次はうまくやれよ.

have séen [knówn] bétter dáys ((口語))(人が)もう盛りを過ぎている, (ものが)昔の面影がない.

líttle [nò] bétter than ... …も同然: The town, once a lively mining center, is now *little* [*no*] *better than* a ghost town. その町はかつて活気ある採鉱中心地だったが, 今はゴーストタウンも同然です.

nòne the bétter for ... …だからといってよりよくなるわけではない(→ NONE 副).

nòt àny bétter than ... …よりも(少しも)よくない, せいぜい…である.

so múch the bétter それだけ[なおさら]よくなる: If you come with me, *so much the better*. あなたが一緒に来られればなおさらよい.

That's bétter. いいよ, よくなっているよ, そのほうがいいね(◇人を励ますときなどに用いる).

The sóoner, the bétter. 早ければ早いほどよい.

— 副 **1** [well の比較級]**よりよく**, より上手に(↔ worse): I know him *better* than you. 私は彼のことならあなたより知っている / He speaks French *better* than I. 彼は私より上手にフランス語を話す / He is *better* qualified as a teacher than anybody else. 彼は教師としてだれよりも適任である / His opinion is *better* ignored. 彼の意見は無視したほうがよい.

2 [very much の比較級] **より多く, より以上に**: She likes roses *better* than lilies. 彼女はユリよりバラのほうが好きです.

■ *àll the bétter for ...* …のためにいっそうよく(→ ALL 形 **2**): I like him *all the better for* his few faults. (彼には)欠点があるから(なおさら)私は彼が好きです.

dò bétter to dó …するほうがよい: You would *do better to* call him once in a while. たまには彼に電話したほうがよい.

gò óne bétter ((口語))(人より)一枚上手(₂₆)をいく, (人に)まさる; 1段階よくなる.

had bètter dó ...する[した]ほうがよい (➡ SHOULD [LET'S TALK]): We *had better* start before 6. 6時間に出発するほうがいい / She *had better* have attended the party. 彼女はパーティーに参加すべきだった.

[語法] (1) 否定文では had better not do, 疑問文では Had ... better do? となる: You *had better not* talk back. 君は口答えをしないほうがいい / *Hadn't* you *better* go there right now? 今すぐそこへ行ったほうがいいのではありませんか.
(2) 付加疑問文には had [hadn't] ...? を用いる: He *had better* take a rest, *hadn't* he? 彼はひと休みしたほうがいいよね.
(3) ((口語))では 'd better do, better do となることが多い. また, 主語を省略して Better do とすることもある: You'*d better* get out of this car at once. = (You) *Better* get out of this car at once. さっさとこの車から降りたほうがいい.
(4) 特に2人称主語の You had better ... は押しつけがましい命令や, 脅迫にも聞こえる表現なので, 通例, 目下の者に対して用いる(→ MUST¹ **1** [語法](4).).

knów bétter (than to dó) → KNOW 成句.

nòt àny bétter = *nò bétter* せいぜいその程度まで. → NO 成句.

thínk bétter of ... → THINK 成句.

— 名 C **1** [単数形で] よりよいこと[人, もの]: This is the *better* of the two. 2つのうちではこちらのほうがいい. **2** [通例 one's 〜s]((古風))自分よりすぐれた[目上の]人々.

■ *for bétter or (for) wórse* = *for bétter, for wórse* よかれ悪しかれ, よい時も悪い時も, 健やかな時も病める時も((≪結婚式の宣誓の言葉から)).

for the bétter よりよい方へ: The international situation has taken a turn *for the better*. 国際情勢は好転してきた.

gèt [hàve] the bétter of ... ((口語))…を打ち負かす, 打ち破る: Sleepiness *got the better of* me though I wanted to study all night. 私は徹夜で勉強したかったのだが, 眠気に負けてしまった.

— 動 他 …をよりよくする, 改善する; (記録)を更新する(↔ worsen): The runner might *better* his own world record. そのランナーは自分の持つ世界記録を更新するかもしれない.

— 自 よりよくなる, 改善される(↔ worsen).

■ *bétter onesélf* 出世する; 向上する.

◆ bétter hálf [one's 〜]((口語・こっけい)) 妻; 夫, 伴侶(拡).

‡**bét·ter-knówn** (◇ well-known の比較級) 形 よく知られた.

bet·ter·ment [bétərmənt] 名 U ((格式)) 改善, 改良 (improvement); 向上.

bét·ter-óff, bét·ter óff (◇ well-off, well off の比較級) 形 よりよい状態の, 暮らし向きがよくなった.

bet・ting [bétiŋ] 名 ᴜ 賭(か)け.
Bet・ty [béti] 名 固 ベティー(◇女性の名; Elizabeth の愛称).

***be・tween** [bitwíːn] 前 副

【基本的意味は「…の間に」】

— 前 **1** [位置・関係] **…の間に[で, を]**: a treaty *between* Japan and the U.S. 日米間の条約 / a quarrel *between* Jim and John ジムとジョンの口論 / I sat *between* John and Nancy. 私はジョンとナンシーの間に座った / Is there any difference *between* the two proposals? 2つの提案に違いはありますか.

[語法] (1) 通例, 2つのものの間にあることを表す場合に用いる. 3つ以上の場合には among を用いる.
(2) 3つ以上のものの場合でも, 個々の相互関係を述べるときには between を用いる: a security treaty *between* the three countries 3国間の安全保障条約 / Shiga lies *between* Kyoto, Mie, Gifu, and Fukui. 滋賀は京都, 三重, 岐阜, 福井に囲まれている.

2 [時間・数量・年齢] …の間に: eat *between* meals 間食をする / I will be in my office *between* 4 and 7. 私は4時から7時までは事務所にいます / It may cost *between* five and ten thousand yen to go there by bus. バスでそこへ行くには5,000円から1万円くらいかかるだろう.

3 [程度・性質] …の間[中間]に: The color of the sea was *between* blue and black yesterday. きのう海は青とも黒とも言えない色をしていた.

4 [分割・選択] …の間で, …のうち1つを: the choice *between* life and death 生か死の選択 / Let's divide the cake *between* the two of us. ケーキを私たち2人で分けようよ.

5 [協力] …で協力して(◇3人以上の場合にも用いる): We did the job *between* us. 私たちは協力して仕事をした.

■ *between ... and* ~ …やら~やらで, …や~のため: *Between* cooking, cleaning, *and* nursing, she is very busy every day. 料理やら掃除やら育児やらで, 彼女は毎日とても忙しい.

betwèen yóu and mé = *betwèen oursélves* 《口語》ここだけの話だが, 内緒だけど: *Between you and me*, Mary will be married soon. ここだけの話なんだけど, メリーはもうすぐ結婚するんだ.

in betwéen ... …の中間に, 合間に.

— 副 中間に, 合間に(→成句 in between): lie [fall] *between* 中間にある[落ちる] / I can see nothing (in) *between*. 私には間に何も見えません.

■ *ín betwéen* 中間に, 合間に: He ran for two hours with a ten minutes' rest *in between*. 彼は10分の休憩をはさんで2時間走り続けた.

bev・el [bévəl] 名 ᴄ (額縁・ガラスの端などの)傾斜, 斜面.
— 動 他 〈木材など〉の端を斜面にする.

***bev・er・age** [bévəridʒ] 名 ᴄ [しばしば ~s] 《格式》(水以外の)飲み物, 飲料(drink): refreshing [cooling] *beverages* 清涼飲料水.

Bév・er・ly Hílls [bévərli-] 名 固 ビバリーヒルズ 《米国 Los Angeles 市近郊の高級住宅地》.

bev・y [bévi] 名 (複 **bev・ies** [~z]) ᴄ (少女などの)群れ, 一団; (ウズラなど小鳥の)群れ.

be・wail [biwéil] 動 他 《格式》…を嘆き悲しむ.
— 自 […のことで] 嘆き悲しむ [*for, about*].

***be・ware** [biwéər] 動 《◇命令法・不定詞として用い, 語形変化しない》自 […に] 用心する, 注意する(be careful) [*of*]: *Beware of* oncoming traffic. 対向車に注意しなさい.
— 他 …に気をつける, 注意する; […するように / …かどうかに] 気をつける [*that* 節 / 疑問詞節]: *Beware what* you say and do. 言動には気をつけなさい.

be・wigged [biwígd] 形 《格式》かつらをつけた.

***be・wil・der** [biwíldər] 動 他 …を当惑させる, うろたえさせる: His remark *bewildered* her. = She was *bewildered* by his remark. 彼の言葉は彼女を当惑させた.

be・wil・der・ing [biwíldəriŋ] 形 (人を)当惑させる(ような), うろたえさせる(ような), 途方もない.

be・wil・der・ing・ly [~li] 副 当惑して, とまどって.

be・wil・der・ment [biwíldərmənt] 名 ᴜ 当惑, ろうばい, うろたえ.
■ *in bewíldermernt* 当惑して, うろたえて.

***be・witch** [biwítʃ] 動 他 **1** …に魔法をかける; …に魔法をかけて […に] する(*into*).
2 …を […で] 魅惑[魅了]する, うっとりさせる(*with*).

be・witch・ing [biwítʃiŋ] 形 魅惑的な, うっとりさせる.

be・witch・ing・ly [~li] 副 魅了されて, 魔法にかけたように.

***be・yond** [bijánd / -jɔ́nd] 前 副 名

【基本的意味は「…を越えて」】

— 前 **1** [位置] **…の向こうに[へ]**: The residential areas of our city spreads *beyond* the river. 私たちの都市の住宅地は川の向こう側まで広がっている / Columbus believed that India lay *beyond* the horizon. コロンブスは水平線のかなたにインドがあると確信していた.

2 [範囲・限度] …(の理解・能力)を越えて, …以上に: Professor Brown's lectures are *beyond* me [my understanding]. ブラウン教授の講義は私には理解できない / He was well *beyond* 50 when he started mountain climbing. 彼が登山を始めたのは50歳をはるかに過ぎてからであった / He achieved success far *beyond* our expectations. 彼は私たちの予想をはるかに超える成功を収めた / His performance was *beyond* (all) comparison. 彼の演技は抜群だった / The miseries of the people were *beyond* (all) description. 人々の悲惨さは(とうてい)筆舌につくせるものではなかった.

3 [時間] …(の時刻[時点])を越えて(after): The party went on *beyond* midnight. パーティーは真夜中を過ぎても続いた.

4 [除外] [疑問文・否定文で] …以上 [以外] に (except): *Beyond* this, I'm afraid I cannot say anything. 残念ながら, これ以上は何も申し上げられません.

—副 向こうに, かなたに; それ以上に; (もっと)先まで: You see that hill over there? There is a small village *beyond*. あそこに丘が見えるでしょう. その向こうに小さな村があるんです / The boy can count up to ten, but not *beyond*. その男の子は10まで数えられるが, それ以上は数えられない.

—名 [the (great) ～]《文語》あの世, 来世.

be·zique [bizíːk] 名 U《トランプ》ベジーク《2人または4人でするゲーム》.

Bhu·tan [buːtáːn, -téːn] 名 固 ブータン《ヒマラヤ山中にある王国; 首都ティンプー (Thimphu)》.

bi- [bai] 接頭「2, 双, 複, 重」などの意を表す: *bi*annual 年2回の, 半年ごとの / *bi*cycle 自転車 / *bi*lingual 2か国語を話す人.

bi·an·nu·al [bàiǽnjuəl] 形 年2回の, 半年ごとの (cf. biennial 2年に1度の).

bi·an·nu·al·ly [-əli] 副 年2回, 半年ごとに.

*__bi·as__ [báiəs] 名 U C **1** 先入観 (◇ prejudice と異なりよい意味にも用いる); [⋯への] 思い入れ, えこひいき [*for, toward*]; [⋯に対する] 偏見 [*against*]; without *bias* 偏見のない, 公平な / He has a *bias toward* [*against*] rock music. 彼はロック音楽に好感[反感]を抱いている / She showed (an) obvious *bias against* his long hair. 彼女は彼の長髪にあらわさまな反感を示した. **2** 性向, 好み: a man of old-fashioned *bias* 昔気質(かたぎ)の人. **3**［通例 the ～］斜線;《服飾》バイアス.

■ *cút ... on the bías*《布など》を斜めに裁断する.

—動（三単現 **bi·as·es**, **bi·as·ses** [～iz]; 過去・過分 **bi·ased**, **bi·assed** [～t]; 現分 **bi·as·ing**, **bi·as·sing** [～iŋ]) 他［しばしば受け身で］《人》に［⋯に対して］先入観を持たせる, 偏向させる［*against, toward, in favor of*］: My sister *is biased against* [*toward*] him. 妹は彼に偏見を抱いている［彼を買いかぶっている］/ Her father *is* extremely *biased against* entertainers. 彼女の父親は芸能人に対して極端な偏見を持っている.

bi·ased（主に英）**bi·assed** [báiəst] 形 偏向した, 偏(かたよ)った, えこひいきした: a *biased* view 偏見 / *biased* education 偏向教育.

bi·ath·lon [baiǽθlən] 名 C バイアスロン《クロスカントリースキーと射撃の複合競技》.

bib [bíb] 名 C **1**（幼児の）よだれ掛け. **2**（エプロンなどの）胸当て.

■ *...'s bést bíb and túcker*《口語》晴れ着.

*****Bi·ble** [báibl]

—名（複 **Bi·bles** [～z]）**1**［the ～]《キリスト教の》聖書, バイブル (the Holy Bible)《旧約聖書 (the Old Testament) と新約聖書 (the New Testament) の2つから成る》; C （1冊の）聖書: An English student should have a *Bible*. 英語を勉強する人なら聖書を持っておくべきです.
2 C （キリスト教以外の宗教の）聖典.
3 C [b-]《口語》権威のある書物, 必携書: Mother uses this book as a cooking *bible*. 母はこの本を料理のバイブルとして使っている.

bib·li·cal [bíblikəl] 形［時に B-］聖書の, 聖書にある: a *biblical* quotation 聖書からの引用.

bib·li·o- [biblia / -liou] 結合 「本の」の意を表す: *biblio*graphy 書誌学 / *biblio*phile 愛書家.

bib·li·og·ra·pher [bìbliágrəfər / -ɔ́g-] 名 C 書誌学者; 書誌編さん者.

bib·li·og·ra·phy [bìbliágrəfi / -ɔ́g-] 名（複 **bib·li·og·ra·phies** [～z]）**1** C 書籍目録; 著者目録;（巻末の）参考文献一覧表. **2** U 書誌学《書籍・印刷物を研究する》.

bib·li·o·graph·i·cal [-əgrǽfikəl] 形 書誌学の.

bib·li·o·phile [bíbliəfàil] 名 C 愛書家, 蔵書家.

bib·u·lous [bíbjələs / -juləs] 形 酒好きの.

bi·cam·er·al [bàikǽmərəl] 形（議会が）二院制の (cf. unicameral 一院制の): a *bicameral* legislature 二院制議会.

bi·car·bon·ate [bàikáːrbənèit, -bənət] 名 U 【化】重炭酸塩.

bi·cen·ten·a·ry [bàisenténəri / -tíːn-] 形 名《英》= BICENTENNIAL (↓).

bi·cen·ten·ni·al [bàisenténiəl] 形《米》200年ごとの; 200年（記念）祭の; 200年続く: a *bicentennial* anniversary 200年祭《記念》祭.

—名 C 200年祭, 200年目（の年, 日）.

bi·ceps [báiseps] 名 C ［単数・複数扱い］【解剖】二頭筋,「力こぶ」.

bick·er [bíkər] 動 自 (ささいなことで) 口げんかする, 言い争う［*about, over, with*］.

*****bi·cy·cle** [báisikl]

【bi (2つの) + cycle (車輪) から】

—名（複 **bi·cy·cles** [～z]）C 自転車（《口語》bike）（→次ページ図）関連語 unicycle 一輪車 / tricycle 三輪車: My sister sometimes goes to school by [on a] *bicycle*. 妹は時々自転車で通学します.

コロケーション　自転車を[に]…
自転車を降りる: *get off a bicycle*
自転車をこぐ: *pedal a bicycle*
自転車に乗る: *ride a bicycle*
自転車にまたがる: *get on* [*mount*] *a bicycle*
自転車に2人乗りする: *ride double on a bicycle*

—動 自《格式》自転車に乗る[で出かける] (cycle).

bi·cy·clist [báisiklist] 名 C 自転車に乗る人, サイクリングする人 (◇ cyclist のほうが一般的).

‡**bid** [bíd] 動（三単現 **bids** [bídz]; 過去 **bid**, **bade** [bǽd, béid]; 過分 **bid**, **bid·den** [bídn]; 現分 **bid·ding** [～iŋ]) 他 **1**, **2** では過去・過分とも **bid** のみ, そのほかでは過去 **bade**, 過分 **bidden** を使うこともある) 他 **1** [bid + O]［⋯に］⋯の値段を付ける,［⋯を］⋯で手に入れようとする［*for*］: The president *bid* one million yen *for* that old vase. 社長はその古いつぼに100万円の値を付けた.

2 [bid + O + O / bid + O + to ...]《人》に《あいさつの言葉など》を言う, 述べる: The mayor *bid* us a hearty welcome. = The mayor *bid* a hearty welcome *to* us. 市長は私たちに心からの歓迎の意を表した.

3 [⋯に]《人》を招待する [*to*]（◇ invite のほうが普通）: They were not *bidden to* the party. 彼らはパーティーに招待されなかった. **4**《トランプ》(ブリッジで)《札》をビッドする. **5**《古》[⋯するように]

biddable

〈人〉に命令する [(*to*) *do*].
— 自 **1** [...に] 競(ボ)り値を付ける, [...の] 入札をする [*for*]. **2** [トランプ] (ブリッジで) ビッドする, 切り札を指定する.

■ *bíd fáir to dó* 《口語》…しそうな可能性がある.
bíd ín (売り手が)…を自分に競り落とす (◇期待通りの値が付かないため).
bíd on ... 他《米口語》…の入札に参加する.
bíd úp 他 …の競り値を上げる.
— 名 UC **1** [...の, ...に対する] 入札, 入札価格, 付け値 [*for*]: make a *bid* of $500 *for* the old book その古書に500ドルの値を付ける. **2** (特に新聞の見出しで) 勝利や獲得のための (...しようとする) 努力, 試み [*for* / *to do*]: make a *bid for* the Presidency 大統領選に名乗りを上げる / in a *bid to* overthrow the government 政府を倒そうとはかって. **3** [トランプ] ビッド, 競(ボ)り.

bid・da・ble [bídəbl] 形 **1** 《主に英》(人・動物が)従順な, 言いなりになる. **2** [トランプ] ビッド [競(ボ)り] 札宣言] できる.

‡**bid・den** [bídən] 動 bid の過去分詞の1つ.

bid・der [bídər] 名 C 命令者; 入札者, 競(ボ)り手《競売で値を付ける人》.

bid・ding [bídiŋ] 名 U **1** 入札(すること), 付け値. **2** [トランプ] ビッド, 競(ボ)り札宣言. **3** 命令, 言いつけ: do ...'s *bidding* 《格式》…の命令通りにする.

■ *at ...'s bídding* = *at the bídding of ...*《格式》…の命令 [言いつけ] に従って: We gave up going camping *at our parents' bidding*. 私たちは親の言いつけに従ってキャンプに行くのをやめた.

bide [báid] 動 (三単現 bides [báidz]; 過去 bode [bóud], bid・ed [~id]; 過分 bid・ed [~id]; 現分 bid・ing [~iŋ]) 他 [次の成句で]

■ *bíde one's tíme* (長期間) 好機の訪れをじっと待つ.

bi・det [bidéi / bíːdei] 【フランス】名 C ビデ《局部洗浄器》.

bi・en・ni・al [bàiéniəl] 形 [通例, 限定用法] **1** 2年に1度の, 隔年の (cf. biannual 年2回の). **2** [植] 二年生の, 2年続く (cf. annual 一年生の).
— 名 C **1** [植] 二年生植物. **2** ビエンナーレ(展)《隔年で開かれる美術展などの行事》.

bier [bíər] 名 C 棺(ポボ)台, 遺体を置く台.

biff [bíf] 名 C [通例 a ~]《俗語》(こぶしによる) 鋭い一撃, パンチ: give a *biff* to ... …に一撃を加える.
— 動 他 …に (こぶしによる) 一撃を加える.

bi・fo・cal [bàifóukəl] 形 二重焦点の, 遠近両用の.
— 名 C [~s] (遠近両用の) 二重焦点めがね.

bi・fur・cate [báifə(ː)rkèit] 動 自《格式》(道・川・枝などが) ふたまたに分かれる.

***big** [bíg] 形 副

— 形 (比較 **big・ger** [~ər]; 最上 **big・gest** [~ist]) **1** (形・重量・数量などが) 大きい, 広い (→ LARGE 類義語): *big* weight ものすごい重量 / a *big* crowd 大群衆 / a *big* garden 広い庭 / a *big* voice 大声 / with a *big* smile 満面の笑みで / He is not so *big* as a wrestler. 彼はレスラーとしてはそれほど大きくない.

2 重要な, 重大な; 偉い: a *big* change 大きな変化 / a *big* game[match] 大試合 / He is a *big* man in this town. 彼はこの町では名士 [大物] だ.

3《口語》成長した; [限定用法] 年上の (↔ little): He is *big* enough to do the job by himself. 彼は十分大きくなったのでその仕事はだれの助けも借りずに1人でできる / She is my *big* sister. 彼女は私の姉です.

4《口語》人気がある (popular); (事業・芸能界などで) 成功した: He is still *big* in the theatrical world. 彼は演劇界でいまだに人気がある.

5《口語》大げさな; 野心的な, 偉そうな: a *big* word ほら, 大言壮語 / He seems to have *big* ideas. 彼は野望を抱いているようです.

6 [限定用法]《口語》ものすごい, とんでもない; ひどい: a *big* eater 大食漢 / a *big* liar 大うそつき /

自転車 — bicycle

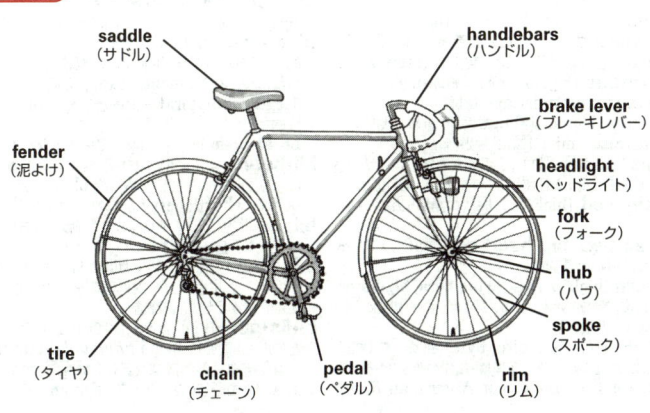

- saddle (サドル)
- handlebars (ハンドル)
- brake lever (ブレーキレバー)
- fender (泥よけ)
- headlight (ヘッドライト)
- fork (フォーク)
- hub (ハブ)
- spoke (スポーク)
- tire (タイヤ)
- chain (チェーン)
- pedal (ペダル)
- rim (リム)

a *big* spender 浪費家.
7《口語》寛大な, 親切な (generous): a *big* heart 寛大な心 / That's *big* of you.《しばしば皮肉》どうもご親切様.
8《…で》いっぱいの[*with*];《古》(動物が子をはらんで) 腹が大きい: Her heart was *big with* grief. 彼女の心は悲しみでいっぱいだった.
■ *be bíg on …*《米口語》…に熱中している, 夢中である.
be [gèt] tóo bíg for one's bóots《口語》うぬぼれている.
in a bíg wáy《口語》大々的に; 熱狂的に.
Whát's the bíg idéa?《口語》どうしてそんなことをしたんだ (説明しなさい).
──副《口語》大いに; 偉そうに, 自慢して; 野心的に; 首尾よく: think *big* 大それたことを考える / How *big* he talks! 彼はなんという大ぼら吹きをやるのだろう.
■ *máke it bíg*《口語》大成功する; 有名になる.
◆ **Bíg Ápple** [the ~]《米口語》ビッグアップル (the Apple) (New York 市の愛称).
bíg báng [the ~] **1**《天文》ビッグバン《宇宙の起源とされる大爆発》. **2**《経済》ビッグバン《金融制度の抜本的改革》.
Bíg Bén 固 ビッグベン《英国議会議事堂時計塔の鐘. またその塔・時計》.
bíg bróther C **1**《口語》兄. **2**《通例 B- B-》(全体主義国家の) 独裁者; 独裁政権.
bíg búsiness U 大きな取引; 大企業, 財閥.
bíg cát C 大形のネコ科の動物《◇トラ, ライオンなど》.
bíg déal [間投詞的に]《米俗語》そりゃたいしたもんだ, すごいね.《皮肉》なんだそれだけか.
Bíg Dípper [the ~]《米》《天文》北斗七星 (Dipper, 《英》Plough, Charles's Wain).
bíg gáme **1** U《集合的に》(狩りや釣りなどの) 大きな獲物. **2** C《特に危険を伴う》重要な目的.
bíg shòt [nóise] C《口語・軽蔑》(組織の中の) 実力者, 大物 (bigwig).
bíg síster C 姉.
bíg stíck [the ~]《特に政治的・軍事的な》圧力.
bíg tóe C 足の親指.
bíg tóp C《サーカスの》大テント;[the ~]サーカス.
bíg whéel C **1**《英》大観覧車《《米》Ferris wheel》. **2**《米俗語》大物, 実力者 (bigwig).
big·a·mous [bígəməs] 形 重婚罪の, 重婚している: a *bigamous* marriage 重婚.
big·a·my [bígəmi] 名 U 重婚罪, 重婚《状態》.
big·a·mist [-mist] 名 C 重婚者.
big·gie [bígi] 名 C《口語》重要な人物[もの], 大物.
big·head 名 C《口語》うぬぼれ屋.
big·head·ed [bíghédid] 形《口語》うぬぼれの強い.
big·heart·ed, big-heart·ed [bíghɑ́ːrtid] 形 寛大な, 親切な; 気前のいい.
big·horn [bíghɔ̀ːrn] 名《複 big·horn, big·horns [~z]》C《動物》オオツノヒツジ《ロッキー山脈にすむ角の大きい野生の羊》.
bight [báit] (☆同音 bite, byte) 名 C **1**《綱が ゆるんでできる》輪. **2**《海岸線・川岸のゆるやかな》湾曲部, 入り江, 湾: the Great Australian *Bight* オーストラリア湾《オーストラリア南岸》.

bíg·mouth [bígmàuθ] 名 C《口語》おしゃべり(な人).
bíg-náme 形 [限定用法]《口語》有名な, 一流の.
bíg náme 名 C 有名人, 大物; 一流企業.
big·ness [bígnəs] 名 U 大きいこと, 大きさ; 偉さ.
big·ot [bígət] 名 C《政治・宗教・人種などについて》頑固な偏見を持つ人.
big·ot·ed [bígətid] 形 偏屈な, 心の狭い, 排他的な.
big·ot·ry [bígətri] 名 U《異なる意見に対する》頑固な偏見, 排他性.
bíg-tíck·et 形《米口語》高価な.
bíg-tíme 形 [限定用法]《口語》一流の, 最高水準の; 大物の: a *big-time* player 一流選手.
bíg tíme 名 [the ~]《口語》(地位・収入などの) 一流, 最高水準: be in the *big time*《スポーツ・芸能界などで》一流である, トップクラスにいる.
bíg-tím·er [bígtáimər] 名 C《口語》**1**《スポーツ・芸能界などで》一流の人; 大物. **2**《野球》大[メジャー]リーガー, 大リーグの選手.
big·wig [bígwìg] 名 C《口語・軽蔑》大物, お偉方.
bi·jou [bíːʒuː]《フランス》名《複 **bi·joux** [~z]》C **1** 宝石; 装飾物. **2** 小型で優美なもの.
──形 [限定用法]《建物などが》小さくて品のある.

***bike** [báik] 名 動
──名《複 **bikes** [~s]》C《口語》**1** 自転車 (bicycle): The boys went there by *bike*, not on foot. 少年たちは徒歩ではなく自転車でそこへ行った.《比較》日本語の「バイク」は軽オートバイをさすが, 英語の *bike* は通例, 自転車をさす》**2** オートバイ (motorcycle).
──動 自《口語》**1** 自転車に乗る[で出かける]. **2** オートバイに乗る[で出かける].

bike·way [báikwèi] 名《米》自転車(専用)道路, サイクリングコース.
Bi·ki·ni [bikíːni, bə-] 名 **1** 固 ビキニ(環礁) (Bikini Atoll)《北太平洋マーシャル諸島にある. 米国が原水爆実験を行った》. **2** [b-] ビキニ《女性用水着》; 《女性用》ビキニ型パンティー.
bi·la·bi·al [bàiléibiəl] 形《音声》両唇(りょうしん)の.
──名 C 両唇音《◇[p], [b], [m] など》.
bi·lat·er·al [bàilǽtərəl] 形 [通例, 限定用法] 二面的な, 両面的な; 2者[国]間の;《法》双務的な, 相互の: a *bilateral* agreement [trade] 相互協定[貿易].
《関連語》unilateral 一面的な / multilateral 多面的な.
bi·lat·er·al·ly [~li] 副 二面的に; 双務的に.
bil·ber·ry [bílbèri / -bəri] 名《複 **bil·ber·ries** [~z]》C《植》コケモモ(の実) (blueberry, blaeberry, whortleberry などの呼び方もある》.
bile [báil] 名 U **1** 胆汁(たんじゅう)《肝臓で作られる脂肪消化液》. **2**《文語》かんしゃく, 不機嫌.
bilge [bíldʒ] 名 **1** U =**bílge wàter** 船底にたまる汚水. **2** C 船底《◇内外両側面をさす》. **3** U《古・俗語》ばかげたこと, ばか話.
bi·lin·gual [bàilíŋgwəl] 形 2か国語を話す; (辞書などが) 2か国語併用の: a *bilingual* dictionary 2か国語辞典《英和辞典など》.《関連語》monolingual 1か国語しか話さない / trilingual 3か国語を

話し / multilingual 多言語を話す)
— 名 C 2か国語使用者 (bilingual speaker).
bi·lin·gual·ism [bàilíŋgwəlìzəm] 名 U 2か国語使用.
bil·ious [bíljəs] 形 1 【生理】胆汁(%)の, 胆汁症の. 2 《文語》気難しい, 怒りっぽい; 意地の悪い. (▷ 名 bíle)
bilk [bílk] 動 他 〈借金［勘定〕〉を踏み倒す; 〈人〉をだまして [...に] 巻き上げる [of, out of].

***bill[1] [bíl] 名 動
— 名 (複 bills [~z]) C 1 **請求書**, 勘定(書), つけ; 《英》(レストランなどでの)伝票《米》check): a phone *bill* 電話料請求書 / (Bring me) The *bill*, please. お勘定をお願いします / We'll send the *bill* later. 請求書はのちほどお送りいたします.

コロケーション 勘定を…
勘定を合計する: *add up a bill*
勘定をためる: *run up bills*
勘定を取り立てる: *collect a bill*
勘定を払う: *pay [settle] a bill*
勘定を割り勘にする: *split a bill*

2 法案, 議案, 草案 (draft) (cf. act (可決された)法令): introduce [propose] a *bill* 法案を提出する / The *bill* to decrease taxes passed [was rejected] in the parliament. 減税法案は議会で可決[否決]された.
3 《米》紙幣 (《英》note): Do you have two five-dollar *bills*? 5ドル札を2枚持っているかい.
4 ちらし, ビラ, ポスター: (Post [Stick]) No *Bills* 《掲示》張り紙禁止.
5 (映画・コンサートなどの)番組表, プログラム; 一覧[明細]表.
6 為替(%)証書, 手形 (bill of exchange): draw a *bill* (on ...) (人に)手形を振り出す.
■ *fíll* [*fít*] *the bíll* 必要な条件を満たす, 期待にこたえる.
fóot the bíll for ... …の勘定を払う; 責任を負う.
tóp [*héad*] *the bíll* (名簿・プログラムなどの) 筆頭に名前が載る; 主役を演ずる.

— 動 他 1 [...の] 請求書を〈人〉に送る [for]: They *billed* her for the earrings. 店は彼女にそのイヤリングの請求書を送った. 2 《通例, 受け身》…を[…であると / …すると]ビラ[掲示物]で広告[宣伝]する [as / to do]: He was *billed* (to appear) *as* a promising pianist. 彼は将来有望なピアニストとして売り出された.

◆ *bíll of exchánge* C 《商》為替証書[手形].
bíll of fáre C 《古風》メニュー, 献立(表).
bíll of héalth 健康証明書: give a clean *bill of health* (医師などが)完全に健康であると証明する.
bíll of láding C 《商》船荷証券.
bíll of ríghts 1 [the ~] 基本的人権宣言.
2 [the B- of R-] 権利宣言(《米》1791年発効の合衆国憲法の修正10か条, 《英》1689年の権利典).
bíll of sále C 売り渡し証書.

bill[2] 名 C 1 (鳥の)くちばし (→ BEAK). 2 くちばし状のもの.
— 動 自 〈ハトが〉くちばしを交わし合う.

■ *bíll and cóo* 《文語》(恋人同士が)いちゃつく.
Bill [bíl] 名 固 ビル (◇男性の名; William の愛称).
bill·board [bílbɔrd] 名 C 《主に米》(屋外の大きな)掲示板, 広告板 (《英》hoarding).
bil·let [bílit] 名 C 1 (兵員用の一時的な) 宿舎; (兵員宿泊用に徴用された)民家. 2 仕事, 地位.
— 動 他 [...に]〈兵員〉を泊まらせる [*on, in*]: Two soldiers were *billeted on* us [*in* our house]. 私の家に兵士が2人泊まった.
bill·fold [bílfòuld] 名 C 《米》(通例, 皮製の)札入れ, 紙幣入れ (wallet).
bill·hook [bílhùk] 名 C (枝を払う)なた鎌(ぎ).
bil·liard [bíljərd] 形 [限定用法] ビリヤードの, 玉突きの: a *billiard* table ビリヤード台.
bil·liards [bíljərdz] 名 U [単数扱い] ビリヤード, 玉突き: play (at) *billiards* ビリヤードをする.

***bil·lion [bíljən] 名 形
— 名 (複 bil·lions [~z]) C 1 **10億** (《略語》bn) 《数詞・数量を表す形容詞を伴う場合は -s を付けない; → MILLION [関連語]): eleven *billion* 110億.
2 [~s] たくさん, 何十億: *billions* of stars 何十億もの星. **3** C 《英・古》1兆.
— 形 [限定用法] **10億の**: nine *billion* dollars 90億ドル.

bil·lion·aire [bìljənéər] 名 C 億万長者 (cf. millionaire 百万長者).
bil·lionth [bíljənθ] 名 C 1 10億番目の; 10億分の1の.
1 [通例 the ~] 10億番目の(人, もの).
2 C 10億分の1.
bil·low [bílou] 名 C [通例 ~s] 1 《文語》大波.
2 (炎・煙・音などの) うねり: *billows* of cheering 大歓声.
— 動 自 大波が立つ; (大波のように)うねる, ふくれる (*out*): Her skirt *billowed out* in the breeze. 風で彼女のスカートがふくらんだ.
bill·post·er [bílpòustər], **bill·stick·er** [bílstìkər] 名 C ビラをはる人.
bil·ly [bíli] 名 (複 bil·lies [~z]) C 1 = bílly gòat (小兒) 雄ヤギ (cf. nanny goat 雌ヤギ).
2 《米口語》= bílly clùb (警官の)警棒. 3 (キャンプ用の)なべ, 湯わかし.
Bil·ly [bíli] 名 固 ビリー (◇男性の名; William の愛称).
bi·month·ly [bàimánθli] 形 [比較なし; 限定用法] 1 2か月に1回の, 隔月の. 2 月に2回の(◇1 との混同を避けて semimonthly を用いることが多い).
— 副 [比較なし] 1 隔月に. 2 1か月に2回.
bin [bín] 名 C 1 (パン・小麦粉などを入れるふた付きの)容器, 収納ケース; (穀物・石炭などの)貯蔵場: a bread *bin* (主にプラスチックの)パン入れ. 2 《英》ごみ箱 (dustbin).
bi·na·ry [báinəri] 形 1 2つの部分[要素]から成る. 2 《数学》2進法の, 2進の; 『コンピュータ』バイナリ(の): *binary* digit 2進数(字)(◇0と1で表現する) / *binary* (number) system [notation] 2進法 (cf. decimal 10進法の).

*****bind** [báind] 動名【基本的意味は「縛る (tie something together)」】

— 動 (三単現 **binds** [báindz]; 過去・過分 **bound** [báund]; 現分 **bind·ing** [~iŋ])
— 他 **1** (a) [bind+O] [ひも・ロープなどで]…を縛る;〈髪など〉を束ねる,まとめる (*up*) [*with*] (→ TIE 類義語): Will you *bind* these sticks *with* a cord? この棒切れをひもで束ねてくれませんか / She wants to *bind* her hair (*up*) because it is hot. 暑いので彼女は髪を束ねたいと思っている. (b) [bind+O+to ~]…を~に縛り[結び]付ける: She *bound* the doll to the chair. 彼女は人形をいすに縛り付けた. (c) [bind+O+into ~]…を縛って[束ねて]~にする: *bind* thin strings *into* a strong rope 細いひもを束ねて丈夫なロープにする.
2 [bind+O]…を[…に]巻く,巻きつける [*around*];〈傷など〉に包帯をする (*up*): She *bound* a ribbon *around* his wrist. 彼女は彼の手首にリボンを巻いた / The nurse *bound* my wounds. 看護師が傷に包帯をしてくれた.
3 [bind+O]〈人〉を (精神的に) 結び付ける,団結させる (*together*): A sense of crisis *bound* the country *together*. 危機意識が全国民を結束させた.
4《格式》(a) [bind+O] [通例,受け身で]〈義務・約束など〉…を束縛[拘束]する (*down*): I *am bound* by the rule. 私はそのルールに縛られている. (b) [bind+O+to ~]…を~に拘束する: be *bound* to secrecy 秘密保持を義務づけられている. (c) [bind+O+to do]…を~するように拘束する,強制する: The contract *binds* me *to work* 40 hours a week. 契約では私は週に40時間働くことになっている.
5 […で]〈本・雑誌〉を製本する,装丁する [*in*, *with*]: I like this dictionary *bound in* leather. 私はこの革装の辞書が好きです. **6** […で] …に縁〈ど〉を付ける [*with*]. **7** …を固める;〈氷など〉を閉ざす.
— 自 **1** 〈雪・セメントなど〉が固まる,固くなる: Clay *binds* when it is dry. 粘土は乾くと固くなる. **2** 拘束力がある. **3**〈衣服など〉がきつい.

■ *bínd onesèlf to dó*《格式》~することを誓う,保証する.
bínd ... óver《英》《法》〈犯罪者など〉に改心を誓わせる;[…すると] 誓約させる [*to do*].

— 名 [単数形で]《口語》困った[やっかいな]こと.
■ *in a bínd*《口語》やっかいな状態になって.

bind·er [báindər] 名 **1** [C] 縛るもの (ロープ・ひもなど);(ルーズリーフの) バインダー,紙ばさみ. **2** [C] 製本業者,製本機 (bookbinder). **3** [U] 接合剤《セメント・ゴムなど》. **4** [C]《農》刈り取り結束機.

bind·er·y [báindəri] 名 (複 **bind·er·ies** [~z])[C] 製本所.

bind·ing [báindiŋ] 名 **1** [U] 綴〈と〉じること;製本 (bookbinding);装丁. **2** [C] (本の) 表紙,カバー. **3** [C] 縁〈ふ〉付け用の材料. **4** [C] ビンディング《スキー板に靴を固定する装置》.
— 形 [通例,叙述用法][…に] 拘束する,[…にとって] 義務となっている [*on*]: The office regulations are *binding on* all the employees. 就業規則は全従業員に適用される.

bind·weed [báindwì:d] 名 [U]《植》つる状植物,(特に) サンシキヒルガオ属の植物 (の総称).

binge [bíndʒ] 名 [C]《俗語》(飲み食いしての) どんちゃん騒ぎ;過度に何かをすること (spree): have [go on] a *binge* どんちゃん騒ぎをする / go on a shopping *binge* ものを買いまくる,衝動買いする.

bin·go [bíŋgou] 名 [U] ビンゴ《5×5のます目に数を記したカードを使うゲーム》.
— 間 **1** やった!,当たり!《◇思いがけない結果に対する喜びを表す》. **2** ビンゴ《ビンゴで数字がそろった人が叫ぶ語》.

bín·lin·er [C]《英》(ごみ箱用の) ごみ袋,ポリ袋.

bin·oc·u·lar [bàinákjələr, bin- / -ɔ́kju-] 形 両眼 (用) の (cf. monocular 単眼の): a *binocular* telescope 双眼鏡.
— 名 [bin-] [C] [通例 ~s; 複数扱い] 双眼鏡: a pair of *binoculars* 双眼鏡1個.

bi·no·mi·al [bàinóumiəl] 形《数学》2項 (式) の.
— 名 [C]《数学》2項 (式) (x+1, a+b など2つの数字・文字を+や-でつないだ数式).

bio- [baiou, baiə] 結合「生命」「生物」「生活」などの意を表す: *bio*graphy 伝記 (文学) / *bio*logy 生物学 / *bio*technology 生命工学.

bi·o·chem·i·cal [bàiouk émikəl] 形 生化学の,生化学的な.
◆ biochemical óxygen demànd [U] 生化学的酸素要求量《◇水質の汚染度を示す数値;《略語》BOD》.

bi·o·chem·ist [bàiouk émist] 名 [C] 生化学者.

bi·o·chem·is·try [bàiouk émistri] 名 [U] 生化学.

bi·o·da·ta [báioudǽtə / -dèi-] 名 [U]《米》履歴書 (curriculum vitae);経歴.

bi·o·de·grad·a·ble [bàioudigréidəbl] 形 (ごみなどが) 生物分解性のある《微生物の作用によって無害な物質に分解される》.
◆ biodegrádable plástics [U] 生物分解性プラスチック.

bi·o·di·ver·si·ty [bàioudivə́ːrsəti, -dai-] 名 [U] 生物多様性 (biological diversity).

bi·o·en·gi·neer·ing [bàiouèndʒiníəriŋ] 名 [U] 生体[生物] 工学.

*****bi·og·ra·pher** [baiágrəfər / -ɔ́g-] 名 [C] 伝記作家[作者].

bi·o·graph·i·cal [bàiəgrǽfikəl], **bi·o·graph·ic** [-fik] 形 伝記 (体) の;伝記上の,伝記的な: a *biographical* dictionary 人名辞典.

*****bi·og·ra·phy** [baiágrəfi / -ɔ́g-] 名 (複 **bi·og·ra·phies** [~z]) **1** [C] 伝記. **2** [U] 伝記文学.

*****bi·o·log·i·cal** [bàiəládʒikəl / -lɔ́dʒ-] 形 **1** 生物学の,生物学的な. **2**《武器・戦争などに》細菌を用いる: *biological* weapons 細菌兵器. **3** (親が) 血のつながりのある,実の.
◆ biological clóck [C] 生物時計,体内時計. biological wárfare [U] 細菌戦,生物戦《毒性のある微生物を用いて人畜を殺害する戦争行為》.

bi·o·log·i·cal·ly [~i] 副 生物学的に.

bi·ol·o·gist [baiálədʒist / -ɔ́l-] 名 [C] 生物学者.

bi·ol·o·gy [baiálədʒi / -ól-] 名 U **1** 生物学. **2** (ある生物の)生態. 関連語 zoology 動物学 / botany 植物学)

bi·o·mass [báioumæs] 名 U バイオマス《エネルギー源として利用される生物体. 特に植物体》.

bi·o·me·chan·ics [bàioumikǽniks] 名 U《単数扱い》生物[生体]力学.

bi·on·ic [baiánik / -ón-] **1** 生体[生物]工学の; サイボーグ的な. **2**《口語》超人的な.

bi·on·ics [baiániks / -ón-] 名 U《単数扱い》バイオニクス, 生物[生体](情報)工学《生体の機能を電子工学的に分析・再現する学問》.

bi·o·phys·ics [bàioufíziks] 名 U《単数扱い》生物物理学.

bi·op·sy [báiapsi / -óp-] 名 (複 **bi·op·sies** [~z]) C U 《医》生体組織検査, 生検.

bi·o·rhythm [báiouríðəm] 名 U C (通例 ~s) 生体[生物]リズム, バイオリズム《肉体・感情・知性などの周期的変動》.

bi·o·sci·ence [bàiousáiəns] 名 U 生物科学.

bi·o·sphere [báiəsfiər] 名 [the ~] 生物圏.

bi·o·tech·nol·o·gy [bàiouteknálədʒi / -nól-] 名 U バイオテクノロジー, 生物工学《生物の化学反応を工学的に利用する技術. biotech ともつづる》.

bi·par·ti·san [bàipáːrtəzən / bàipəːtəzæn] 形 2政党の, 連立の, 2政党が支持する; 超党派の: *a bipartisan committee* 超党派委員会.

bi·par·tite [bàipáːrtait] 形〔限定用法〕〔格式〕**1** 2部から成る;《契約書などが》2部作成の. **2** 2者間の, 相互の: *a bipartite* agreement 相互協定.

bi·ped [báiped] 名 C《動》2(本)足(の)動物《◇人間・鳥など; cf. quadruped 4本足の動物》.

bi·plane [báiplèin] 名 C 複葉(飛行)機《機体の上下に翼がある; → AIRCRAFT 図》《cf. monoplane 単葉飛行機》.

birch [bəːrtʃ] 名 **1** C《植》= **bírch trèe** 樺(かば)の木《カバノキ科》: *a silver [paper, white] birch* 白樺《「白樺」の意》. **2** U 樺材(がば). **3** C = **bírch ròd** (樺材の)むち《昔, 学校で教師が生徒を罰するために用いた》.
— 動 …を樺のむちで打つ.

bird [bəːrd]

— 名 (複 **birds** [bəːrdz]) C **1** 鳥, 小鳥: She keeps a *bird*. 彼女は小鳥を飼っている / A *bird* in the hand is worth two in the bush.《ことわざ》手の中の1羽はやぶの中の2羽に値する ⇨ あすの百よりきょうの五十 / *Birds* of a feather flock together.《ことわざ》同じ羽根の鳥は一緒に集まる ⇨ 類は友を呼ぶ / The early *bird* catches the worm.《ことわざ》早起きの鳥は虫を捕らえる ⇨ 早起きは三文の得.
2《英・古風》若い女性. **3**《古風》やつ, 人間: a queer [rare] *bird* 変なやつ.
■ *A little bírd tóld me.*《口語》風の便りに聞いた《◇どこからの情報を明言したくないときのおどけた言い方》.
be (strictly) for the birds《米口語》つまらない, 価値がない.

dó bírd《英俗語》刑務所暮らしをする, 刑に服す.
éat like a bírd とても少食である.
gèt the bírd《英口語・古風》やじられる.
kíll twó bírds with óne stóne 一石二鳥《一挙両得》である.
like a bírd《口語》軽快に; やすやす[すんなり]と. *The bírd has flówn.*《口語》相手[犯人]は逃げた[ずらかった].
the bírds and (the) bées《婉曲・こっけい》性に関する基本的な知識.《由来》子供に性を説明するとき, 例として鳥やハチの交尾の話をすることから)

◆ **bírd dòg** C **1**《米》(鳥猟用の) 猟犬 《《英》gun dog). **2** スカウト. **3** 捜査員.

bírd of párádise C 極楽鳥.

bírd of pássage C (複 **birds of passage**) 渡り鳥 (migratory bird); 渡り者, 放浪者.

bírd of préy C (複 **birds of prey**)(タカ・ワシなどの) 猛禽(きん), 肉食鳥.

bird·cage [bəːrdkèidʒ] 名 C 鳥かご.

bird·ie [bəːrdi] 名 C **1**《ゴルフ》バーディー《パーより1打少なく1ホールを終えること》. 関連語 par パー, 基準打数 / eagle イーグル / albatross アルバトロス / bogey ボギー》 **2**《口語》小鳥ちゃん《◇ bird の愛称》: Watch the *birdie*! はい, こっち見て《◇写真を撮るとき小さな子に言う》.

bird·lime [bəːrdlàim] 名 U 鳥もち《◇単に lime とも言う》.

bird·seed [bəːrdsiːd] 名 U (鳥の)粒餌(つぶえ).

bird's-eye [bəːrdzài] 形 **1** 鳥瞰(かん)の, 上から見た. **2** 概観的な, 大まかな. **3** 鳥目模様の.

◆ **bírd's-eye víew** **1** C (通例, 単数形で) 鳥瞰図《上空から見下ろした全景図》; 全景. **2** C 概観, 要約.

bird·song [bəːrdsɔ̀ːŋ / -sɔ̀ŋ] 名 C 鳥の鳴き声, さえずり.

bírd-wàtch·er 名 C 野鳥観察家.

bírd-wàtch·ing 名 U 野鳥観察, バードウォッチング.

bi·ret·ta [bərétə] 名 C《カトリック》ビレッタ帽《聖職者がかぶる四角い帽子》.

Bir·ming·ham [bəːrmiŋəm] 名 固 **1** バーミンガム《England 中部の工業都市》.
2 [bəːrmiŋhæm] バーミンガム《米国 Alabama 州中北部の都市》.

Bi·ro [báiərou] 名 (複 **Bi·ros** [~z]) C《英》《商標》ボールペン (ballpoint).

birth [bəːrθ] (☆同音 berth)

— 名 (複 **births** [~s]) **1** U C (生物の) 誕生, 出生; 出産 (↔ death): from one's *birth* 生まれたときから / I don't know the date of his *birth*. 私は彼の生年月日を知らない / I weighed 4,200 grams at *birth*. 私は生まれたとき体重が4,200グラムだった / Usually dogs have several young ones at a *birth*. 普通, 犬は一度に数匹子供を産む.
2 U 生まれ, 家柄, 血統: He said he was of noble *birth*. 彼は自分が貴族の出であると言った.
3 U (物事の)起こり, 起源, 発祥(地) (origin): The *birth* of football was in England. サッカー発

■ *by bírth* **1** 生まれは: Ken is British *by birth*. ケンは英国生まれです. **2** 生まれながらに: He is a poet *by birth*. 彼は生まれながらの詩人です.

give bírth to ... **1** …を産む: She *gave birth to* twins. 彼女は双子を産んだ. **2** …を生み出す, 作り出す: His unceasing efforts at writing *gave birth to* a best-seller. 彼は絶え間ない努力によってベストセラーを書き上げた.

◆ bírth certìficate [C] 出生証明書 《日本の戸籍抄本にあたる》.

bírth contròl [U] 産児制限; 避妊.

*****birth·day** [bə́ːrθdèi]

—名 (複 birth·days [~z]) **1** [C] 誕生日: (Let me wish a) Happy *birthday* (to you)! 《口語》誕生日おめでとう / Today is her seventeenth *birthday*. きょうは彼女の17歳の誕生日です / My parents gave me a CD player for my *birthday*. 両親は誕生日のプレゼントにCDプレーヤーをくれた / When is your *birthday*? — It's (on) April 6. お誕生日はいつですか — 4月6日です. **2** [形容詞的に] 誕生日の: a *birthday* cake [card] バースデーケーキ[カード] / a *birthday* party [bash] 誕生パーティー[会] / a *birthday* present [gift] 誕生日のプレゼント.

◆ bírthday sùit [C] 《口語・こっけい》(生まれたときのままの) 素肌, 裸: in one's *birthday suit* 素裸で.

birth·mark [bə́ːrθmɑ̀ːrk] 名 [C] (生まれつきの) あざ, ほくろ, 母斑(はん).

birth·place [bə́ːrθplèis] 名 [C] **1** (人の) 出生地, (生まれ) 故郷. **2** (製品・制度などの) 発祥地: England is the *birthplace* of rugby. イングランドはラグビーの発祥地である.

birth·rate [bə́ːrθrèit] 名 [C] 出生率.

birth·right [bə́ːrθrài t] 名 [U] 《通例, 単数形で》生得権 《人権・自由権などが生まれながら持っているとされる権利》; 長子相続権.

birth·stone [bə́ːrθstòun] 名 [C] 誕生石 《生まれた月を象徴する宝石; → 表》.

主な誕生石

1月	garnet ガーネット
2月	amethyst アメジスト
3月	bloodstone ブラッドストーン／aquamarine アクアマリン
4月	diamond ダイヤモンド
5月	emerald エメラルド
6月	pearl 真珠／moonstone ムーンストーン
7月	ruby ルビー
8月	sardonyx サードニックス／peridot ペリドット
9月	sapphire サファイア
10月	opal オパール／tourmaline トルマリン
11月	topaz トパーズ
12月	turquoise トルコ石／zircon ジルコン

BIS, B.I.S. 《略語》 = *B*ank for *I*nternational *S*ettlements 国際決済銀行; *B*ritish *I*nformation *S*ervice 英国情報部.

***bis·cuit** [bískit] 《☆発音に注意》名 (複 **bis·cuits** [-kits], **bis·cuit**) **1** [C] 《英》ビスケット, クラッカー, クッキー (《米》 cracker, cookie) (→ CAKE [類義語]). **2** [C] 《米》小型の柔らかな丸いパン (《英》scone). **3** [U] ビスキット色, 明るい茶色.
4 [U] (陶器の) 素焼き.

■ *tàke the bíscuit* 《米》 *cáke*》《英口語》(これまで経験した中でも) びっくりするほどよい[悪い].

bi·sect [baisékt, báisèkt] 動 他 《主に数学》〈線・角度など〉を2等分する.

bi·sec·tion [baisékʃən, báisek-] 名 [U] 2 (等) 分.

bi·sex·u·al [baisékʃuəl] 形 **1** (男女・雌雄) 両性の; 《生物》両性器官を有する. **2** 《心理》両性愛の (cf. heterosexual 異性愛の).
—名 [C] 両性愛の人; 《生物》両性体.

***bish·op** [bíʃəp] 名 [C] **1** 《ギ正・英国教》主教; 《カトリック》司教; 《プロテ》主教, 監督 (→ ARCHBISHOP). **2** 《チェス》ビショップ 《bishop の帽子の形をした駒で将棋の角に相当する; → CHESS 図》.

bish·op·ric [bíʃəprik] 名 [C] 司教[主教]職; 司教[主教]の管轄区.

Bis·marck [bízmɑːrk] 名 固 **1** ビスマルク Otto von 《átou van / ə́utou van》 Bismarck 《1815-98; ドイツ第二帝国の初代宰相. 鉄血宰相 (Iron Chancellor) と呼ばれた》. **2** ビスマーク 《米国 North Dakota 州の州都》.

bis·muth [bízməθ] 名 [U] 《化》 蒼鉛(含), ビスマス 《金属元素, 薬品・化粧品用; 《略語》 Bi》.

bi·son [báizən / -sən] 名 [C] **1** 野牛, バイソン 《アメリカバイソン (buffalo) とヨーロッパバイソン (wisent) の2種がある》.

bisque [bísk] 名 [U] ビスク 《貝・肉などから作る濃いクリームスープ》.

bis·tro [bí:strou] 《フランス》名 (複 **bis·tros** [~z]) [C] (フランス風の) 小さなレストラン [居酒屋], ビストロ.

****bit¹** [bít]
【基本的意味は「小片, 少量 (a small piece or amount)」】

—名 (複 **bits** [bíts]) [C] **1** 小片, かけら; ひと口, 一部分, 少量: a *bit* of cheese チーズの1かけら [ひと口] / a *bit* of food ひと口の食べ物 / *bits* of bread パン少々 / I dropped the glass and broke [smashed] it to *bits*. 私はコップを落として粉々に割ってしまった.

2 [a bit of ...] 《口語》少し[少量]の…, ちょっとした…; 1つの…: a *bit of* money わずかなお金 / a *bit of* advice ちょっとした忠告 / a *bit of* news 1つのニュース.

3 [a ~; 副詞的に] 《口語》少し, ちょっと: I feel a *bit* lonely. 私は少しさびしい / Speak a little *bit* slowly, please. もう少しゆっくり話してください / The book is a *bit* too expensive. その本はちょっと高すぎる.

4 [a ~] 《口語》短い時間[距離]: Please wait (for) a *bit*. ちょっと待ってください.

5 《米・古》12.5セント 《◇2の倍数と共に用いる》; 《英・古》小銭: two *bits* 25セント.

bit²

■ ***a bìt múch*** ひどすぎる: It is *a bit much* asking me to work on Sundays. 私に日曜日にも働けと言うのはあんまりだ.
a bit of a ... 《口語》少し…な: He is *a bit of a* coward. 彼はちょっと憶病です.
bít by bít = ***a bít at a tíme*** 《口語》少しずつ, 徐々に (gradually).
bits and píeces [***bóbs***] 《口語》がらくた, はんぱ物.
dò one's bít 《口語》本分をつくす, 責任を果たす.
évery bít 《口語》 **1** 〔…を, …の〕全部, すっかり〔*of*〕. **2** 〔比較の文で〕どこから見ても, まさに: He is *every bit* as bright as his brother. 彼は彼の兄とまったく同じように頭がよい.
nòt a bít 少しも…でない (not at all): I am *not a bit* sleepy. 私は全然眠くない.
quìte a bít 《口語》かなりの(量): I spent *quite a bit* of time reading this book. この本を読むのにかなり時間がかかった / He was away for *quite a bit*. 彼はずいぶん長い間不在だった.

***bit² 動 bite の過去形, 過去分詞の1つ.

bit³ [名][C] [コンピュータ] ビット《情報量の最小単位》.

bit⁴ 名[C] **1** (馬のくつわなどの)はみ. **2** (かんなの)刃, (ドリルの)刃先.
■ ***tàke*** [《英》***gèt***] ***the bít betwèen one's téeth*** 《米》決意をもって取り組む; (人が)手に負えなくなる.(由来)(馬が)はみをかんで言うことを聞かなくなることから)

bitch [bítʃ] 名[C] **1** 雌犬; (オオカミ・キツネなどの)雌. **2** 《口語・軽蔑》あばずれ, 意地悪な女. **3** 《米口語》難問, やっかいなこと.
■ ***a són of a bítch*** → SON 成句.
── 動 自《口語》[…について]《口汚く》文句[不平, ぐち]を言う, 悪口を言う〔*about*〕.

bitch・y [bítʃi] 形 (比較 **bitch・i・er** [~ər]; 最上 **bitch・i・est** [~ist]) 《口語》(通例, 女性が)意地の悪い; (言動が)悪意のある.

***bite [báit]
動 名 【基本的意味は「かむ(cut, wound, or hold with the teeth)」】
── 動 (三単現 **bites** [báits]; 過去 **bit** [bít]; 過分 **bit・ten** [bítn]; 現分 **bit・ing** [báitiŋ])
── 他 **1** …を**かむ**, かじる; かみ切る(*off*, *away*): The dog used to *bite* people. その犬はよく人をかんだ / She is in the habit of *biting* her nails. 彼女は爪(3)をかむ癖がある / The meat was so tough that I couldn't *bite* it *off*. その肉はとても硬くてかみ切れなかった / Once *bitten* twice shy. 《ことわざ》一度かまれれば用心深くなる ⇒ あつものに懲りてなますを吹く.
2 (蚊・ノミなどが)…を刺す, 食う; (カニが)はさむ: They were *bitten* by mosquitoes in the woods. 彼らは森の中で蚊に食われた.
3 (寒さなどが)…にしみる, 痛みを与える; (酸が)…を腐食する; (香辛料などが)…をぴりぴりさせる, 刺激する; (悪口などが)…にこたえる: His fingers were *bitten* by the frost. 彼の指はしもやけだった / What's *biting* you? 《口語》何を悩んでいるの.
── 自 **1** 〔…に〕**かみつく**, 食いつく〔*at*, *on*〕; (果物などを〕かじる〔*into*〕; (虫が)刺す: Barking dogs seldom *bite*. 《ことわざ》ほえる犬はめったにかみつかない / The boy *bit into* the apple given to him. 少年はもらったリンゴにかじりついた.
2 (魚が)餌(ヘ)に食いつく; (人が)誘惑[うまい話]に乗る, 引っかかる: The fish are not *biting* today. きょうは魚が餌に食いつかない / I tried to sell my car to him, but he did not *bite*. 私は彼に車を売ろうとしたが, 彼は話に乗ってこなかった.
3 (歯車などが)かみ合う, ブレーキが利く: The tires did not *bite* on the ice. タイヤは氷の上で滑った.
4 (香辛料など)が利く, (酸が)腐食する; (寒さが)身にしみる; (法律・政策などが)悪い影響を与える.
■ ***be bítten with*** [*by*] ... …に強い興味を持つ, 熱中する, 取りつかれる: He *is bitten with* collecting stamps. 彼は切手集めに熱中している.
bíte báck 他〈言葉〉を唇をかんで抑える; 反撃する.
bíte óff móre than one can chéw 手に余ることをしようとする.
bíte one's tóngue [*líp(s)*] (唇をかんで)心の内を言わないように努める, 感情[怒り]などを抑える.
bíte ...'s héad òff 《口語》…にけんか腰で言う.
bíte ...'s héad òff → DUST 成句.
bíte the dúst → DUST 成句.
bíte the bùllet 《口語》(いやなことを)歯をくいしばって耐える, 敢然と立ち向かう.
bíte the hánd that féeds one 飼い主の手をかむ, 恩を仇(ぎ)で返す.
── 名 **1** [C] かむこと; ひとかじり: I took a *bite* out of my bread. 私はパンをひとかじりした.
2 [C] かみ傷, 刺し傷: insect *bites* 虫刺されの跡 / My legs are covered with mosquito *bites*. 私の足には蚊に刺された跡がたくさんある.
3 [C] 《口語》食べ物, 軽い食事: I'm going out for a *bite*. ちょっと食事に行って来る. **4** [U] 《通例 a ~》ぴりっとした味, 身にしみる寒さ, (表現などの)辛らつさ: The air has a *bite* today. きょうは寒い / His satire had no *bite*. 彼の風刺にはパンチがなかった. **5** [C] (魚が)餌に食いつくこと: Can you get a *bite* in this river? この川では魚が餌に食いつかますか. **6** [U] (機械)(歯車などの)かみ合わせ.
■ ***a second bíte at the chérry*** 2回目の試み.
pùt the bíte on ... 《米俗語》〈人〉に金をたかる.

bit・ing [báitiŋ] 形 [限定用法] **1** (寒さ・風が)刺すような, 痛い. **2** (皮肉・風刺が)きつい, 辛らつな.

bit・ing・ly [~li] 副 鋭く, 手厳しく, 痛烈に; (寒さが)身を切るように.

***bit・ten [bítn]
動 bite の過去分詞の1つ.

***bit・ter [bítər]
形 名
── 形 (比較 **bit・ter・er** [-ərər]; 最上 **bit・ter・est** [-rist]) **1** (飲食物が)**苦い** (↔ sweet): *bitter* coffee 苦いコーヒー / Good medicine tastes *bitter*. 《ことわざ》良薬は口に苦し.
2 (議論・戦いなどが)激しい, 強烈な; (批評などが)痛烈な, 鋭い: a *bitter* argument 激しい口論 / *bitter* remarks 毒舌.
3 〔人に / …のことで〕敵意[恨み]のある; 憤慨して, 怒って〔*toward*, *against* / *about*〕: a *bitter* enemy 憎い敵 / Why is my teacher *bitter to*-

bitterly

ward me? どうして先生は僕につらくあたるのだろう / I was *bitter about* the breakup of my marriage. 私は結婚が破たんしたことを苦々しく思っていた.
4 つらい, 苦しい: a *bitter* experience [memory] 苦い経験[思い出] / a *bitter* pain 鋭い痛み / learn a *bitter* lesson 手痛い失敗から教訓を学ぶ.
5 (寒さなどが) 厳しい, 身を切るような: a *bitter* wind 身を切るような寒風.
■ *to the bitter énd* 最後の最後まで, とことん.
──名 **1** ⓊⒸ(英)ビター《苦味の強いビール》.
2 [~s; 単数扱い] ビターズ《カクテルに加える苦味酒》.
■ *tàke the bítter with the swéet* 苦も楽[幸も不幸]も甘受する.
*bit·ter·ly [bítərli] 副 ひどく, 痛烈に; 苦々しく: He *bitterly* regrets his carelessness. 彼は不注意だったことをひどく後悔している.
bit·tern [bítərn] 名(複 bit·terns [~z], bit·tern) Ⓒ〖鳥〗サンカノゴイ《サギの一種》.
*bit·ter·ness [bítərnəs] 名 Ⓤ 苦さ; 苦しみ, 悲しみ; 厳しさ, 辛らつさ.
bit·ter·sweet [bítərswìːt] 形 **1** [通例, 限定用法]《味が》苦みのある甘さの, ほろ苦い: *bittersweet* chocolate 苦みのあるチョコレート / *bittersweet* pop 苦みのある炭酸飲料. **2** (気持ち・気分が) 甘く悲しい, ほろ苦い: *bittersweet* memories of one's lost love 失恋の甘くせつない思い出.
bi·tu·men [bətjúːmən / bítjumin] 名 Ⓤ〖鉱〗ビチューメン, 瀝青(れきせい)《道路舗装などに用いるアスファルトなど》.
bi·tu·mi·nous [bətjúːminəs] 形 瀝青(れきせい)質の, タールのような, 黒く粘つく: *bituminous* coal 瀝青炭, 軟炭《粘結性が高くコークス原料になる》 / a *bituminous* road アスファルト道路.
bi·valve [báivælv] 名 Ⓒ 二枚貝《カキ・ハマグリ・ホタテガイなどの総称》.
biv·ou·ac [bívuæk, -vwæk / -vuæk] 名 Ⓒ〖兵〗(兵員の露営(地), 野営; 〖登山〗のビバーク《テントを用いずに寝袋などで野宿すること》.
── 動 (三単現 biv·ou·acs [~s]; 過去・過分 biv·ou·acked [~t]; 現分 biv·ou·ack·ing [~iŋ]) ⃝ 露営[野営]する; ビバークする.
bi·week·ly [bàiwíːkli] 形 [比較なし; 限定用法] **1** (出版物などが) 隔週の, 2 週間に 1 回の《(英) fortnightly). **2** 週2回の《◇**1** の混同を避けるため semiweekly を用いることが多い》.
──副 [比較なし] **1** 隔週に. **2** 週に2回.
biz [bíz]《◇ business の略》名 Ⓤ[単数形で]《口語》職業, 商売《◇特に音楽・映画など娯楽産業に用いる》: show *biz* ショービジネス.
bi·zarre [bizáːr] 形 風変わりな, 奇妙な, 異様な (strange).
bi·zarre·ly [~li] 副 奇妙に.
bk, bk. 《略語》= bank; book.
bl. 《略語》= barrel.
B.L. 《略語》= Bachelor of Laws 法学士.
blab [blæb] 動 ⃝《口語》(秘密など)を漏らす; ぺらぺらしゃべる (*out*). ── ⃝《口語》(秘密など)を漏らす; ぺらぺらしゃべる.

black

── 名 Ⓤおしゃべり; Ⓒおしゃべりな人.
blab·ber [blǽbər] ([口語]) 動 (つまらない[くだらない] ことを)しゃべりまくる (*on*): She always *blabbers* (*on*) about her boyfriends. 彼女はいつでもボーイフレンドのことをぺらぺらしゃべる.
── 名 Ⓤおしゃべり; Ⓒおしゃべりな人.
blab·ber·mouth [blǽbərmàuθ] 名 Ⓒ《俗語・軽蔑》おしゃべりな人.

****black** [blǽk]
── 形 名 動
── 形 (比較 black·er [~ər]; 最上 black·est [~ist]) **1** 黒い, 黒色の (↔ white): *black* shoes 黒い靴 / I like her long *black* hair. 私は彼女の長い黒髪が好きです / That cat was (as) *black* as ink [pitch]. その猫は真っ黒だった.
2 真っ暗な: It was *black* inside the cave. ほら穴の中は真っ暗だった.
3 [比較なし] (皮膚の色が) 黒い, 黒人の: the *black* races 黒色人種 / *black* culture 黒人文化 / I like *black* music. 私は黒人音楽が好きです.
4 (コーヒー・紅茶が) ブラックの《ミルクやクリームを入れない》 (↔《英》white): I like my coffee *black*. コーヒーはブラックが好きです.
5 汚れた, 汚い (dirty): After painting, his hands were *black*. 絵をかいた彼の手は汚れていた. **6** 不吉な, 暗い; 悲観的な, 悲しい: a *black* future 暗い未来 / Yesterday was a *black* day to me. きのうは私にとって悲しい日だった. **7** [限定用法] 怒った, むっとした (angry); 悪意に満ちた: give a *black* look にらみつける / The director was in a *black* mood. 監督はかんかんに怒っていた. **8** [限定用法]《文語》邪悪な, 有害な: a *black* heart 腹黒い心 / a *black* deed 悪行. **9**《英》(仕事などが) ボイコットされた, 取り扱いを拒否された.
■ *bláck and blúe* (殴られて) 傷 [あざ] だらけの.
gò bláck 意識を失う; 目の前が真っ暗になる.
lóok bláck (事態が) 険悪である; 不機嫌な顔をする: Things *look black* at present. 事態は目下のところ険悪である.
nòt as bláck as òne is páinted (人が) うわさほどは悪くない: That politician is *not as black as he is painted* (to be). その政治家はうわさほど腹黒くない.
── 名 (複 blacks [~s]) **1** ⓊⒸ 黒, 黒色の (↔ white): *Black* is my favorite color. 黒は私の好きな色です.
2 Ⓒ [しばしば B-] 黒人.
語法 black は黒人を表す最も一般的な語で, 黒人自身も好んで用いる. また,《米》では African-American を用いるのが一般的. Negro, colored は軽蔑的な意を含むので用いない.
3 Ⓤ 黒い服; 喪服: She was dressed in *black*. = She wore *black*. 彼女は喪服を着ていた.
4 ⓊⒸ 黒の染料 [絵の具, ペンキ]: Please write in *black*. 黒インクで書いてください. **5** Ⓒ 黒い斑点(はん), すす, しみ. **6** Ⓒ 青毛(あおげ)の馬《全身真っ黒で, たてがみや尾も黒い馬》.
■ *be in the bláck* (経営などが) 黒字である (↔ be in the red).
──動 ⃝ **1** …を黒くする, 〈靴など〉を黒く磨く.

2 《英》《労働組合がストライキなどで》〈仕事〉をボイコットする, 商品の取り扱いを拒否する.
◆ *bláck ...'s éyes* 《殴って》…の目の周りにあざを作る.

bláck óut 自 **1** 失神する, 気絶する. ― 他 **1** …に灯火管制をしく; [通例, 受け身で] …を停電させる. **2**〈ニュースなど〉を放送禁止にする, 規制する. **3**〈記事など〉を黒インクで塗りつぶす. **4**〈演劇〉〈舞台〉を暗くする.
◆ *bláck árt* = *black magic* (↓).

bláck bélt C《柔道・空手の》黒帯; 有段者.
bláck bóx C《飛行機の》ブラックボックス《フライトレコーダーなどの入った箱》; フライトレコーダー.
Bláck Cúrrent [the ~] 黒潮, 日本海流.
Bláck Déath [the ~] 黒死病, ペスト《14世紀にヨーロッパ・アジアで大流行した伝染病》.
bláck ecónomy《単数扱い》不法経済活動, アングラ経済《税制などの政府規制に従わずに行われる経済活動》; 不正雇用.
bláck Énglish U《米国の》黒人英語.
bláck éye [a ~]《殴られて》目の周りにできたあざ.
bláck hóle C《天文》ブラックホール《高密度で重力が強大なため, 光も物質も外へ放出されない天体》;《比喩》財産などを食いつぶすもの.
bláck húmor U ブラックユーモア《人を冷たく皮肉る不気味なユーモア》.
bláck mágic U 黒魔術, 妖術 (cf. *white magic* 白魔術).
bláck márk C《履歴などの》罰点, 汚点.
bláck márket C 闇(やみ)市場, 闇《取引》.
bláck marketéer C 闇商人.
bláck pépper U 黒こしょう.
bláck pówer U [しばしば B- P-] ブラックパワー《政治的・経済的権利を自ら獲得することを主張する黒人勢力. そのスローガン》.
Bláck Séa 《固》[the ~] 黒海.
bláck shéep C《家族・集団の》やっかい者, 嫌われ者; 異端者.
bláck spót C《主に英》《交通》事故多発地点; 危険地域.
bláck téa U 紅茶 (→ TEA).

bláck-and-blúe 形《殴られて》あざになった, あざのできるほど殴られた (→ BLACK 形 成句).
bláck-and-white 形 **1** 黒と白のまだらの. **2** ペン書きの, 印刷された; 単色の. **3**《写真・映画などが》白黒の, モノクロの. **4** 割り切った, 二者択一の.
bláck and white 名 U **1** 書き物, 印刷物: in *black and white* 《口頭でなく》文書[印刷物]で. **2** モノクロ写真[映画].

bláck・ball [blǽkbɔ̀ːl] 他〈候補者など〉に反対の投票をする.
bláck・ber・ry [blǽkbèri / -bəri] 名《複 **black・ber・ries** [~z]》C《植》クロイチゴ《黒い実のなる木イチゴ》, ブラックベリー: (as) plentiful as *blackberries* うんざりするほどたくさんある.
― 自 クロイチゴを摘む.
bláck・bird [blǽkbə̀ːrd] 名 C《鳥》**1**《英》クロウタドリ《ツグミ科の黒色の鳴鳥(なきどり)》. **2**《米》ムクドリモドキ科の鳥.

***bláck・board** [blǽkbɔ̀ːrd]
― 名《複 **black・boards** [-bɔ̀ːrdz]》C 黒板 (board,《米》chalkboard) (cf. *whiteboard* 白板); (⇒ CLASSROOM PICTURE BOX): clean (off) the *blackboard* 黒板をふく.

bláck・cur・rant [blǽkkə̀ːrənt / blǽkkʌ́rənt] 名 C《植》クロフサスグリ《の実》《ユキノシタ科の低木で, 実は食用》.
bláck・en [blǽkən] 他 **1** …を黒くする;…を暗くする. **2**〈性格など〉を悪く言う, 傷つける.
― 自 黒くなる; 暗くなる. (▷ 形 *bláck*)
bláck・face [blǽkfèis] 名 **1** U《白人の役者がする》黒人のメーキャップ; C 黒人に扮(ふん)した役者. **2** U《印刷》ボールド体 (boldface)《肉太の活字体》.
bláck・head [blǽkhèd] 名 C [通例 ~s]《先が黒くなった》にきび.
bláck・ish [blǽkiʃ] 形 黒みがかった.
bláck・jack [blǽkdʒæ̀k] 名 **1** U ブラックジャック, 21《米》twentyone《トランプゲームの一種》. **2** C 自在こん棒《黒皮を巻いたこん棒状の武器》.
bláck・leg [blǽklèg] 名 C **1**《主に英・軽蔑》スト破り (strikebreaker). **2** 詐欺師, ペテン師.
bláck・list, black list [blǽklìst] 名 C ブラックリスト《要注意の人物[団体]の一覧表》: She is on the *blacklist*. 彼女はブラックリストに載っている.
― 他 ブラックリストに載せる.
bláck・mail [blǽkmèil] 名 U 恐喝, ゆすり《で得た金》, おどし.
― 他 …を恐喝[脅迫]する, ゆする.
bláck・mail・er [blǽkmèilər] 名 C 脅迫者, 恐喝者, ゆすり屋.
bláck・ness [blǽknəs] 名 U **1** 黒いこと, 黒さ. **2**《人について》腹黒いこと, 険険さ. **3** 陰うつ.
bláck・out [blǽkàut] 名 C **1** 停電;《空襲下の》灯火管制. **2**《一時的な》記憶喪失, 意識不明. **3** 報道管制, 発表禁止. **4**《舞台の》消灯.
bláck・smith [blǽksmìθ] 名 C かじ屋, 蹄鉄(ていてつ)工 (smith): a village *blacksmith* 村のかじ屋.
bláck-tíe 形《パーティーなどが》準正装の, セミフォーマルの《黒の蝶(ちょう)ネクタイとタキシードを着用する》; cf. *white-tie* 正装の.
bláck tíe 名 **1** C 黒の蝶(ちょう)ネクタイ《タキシードに用いる男性の準正装用ネクタイ》. **2** U タキシード.
blad・der [blǽdər] 名 C **1**《解剖》嚢(のう)《特に》膀胱(ぼうこう). **2** 皮[ゴム]の袋《浮き袋など中に空気・水などを満たす》;《魚の》浮き袋.

‡**blade** [bléid] 名 C **1**《刃物の》刃, 刀《◇刃の全体をさす; cf. *edge* 刃先》;《スケートの》ブレード: sharpen the *blade* of a knife ナイフの刃を研ぐ. **2**《長く平らな草の》葉: a *blade* of grass 草の葉《◇木の葉は leaf, 松葉は needle》. **3**《オール・プロペラなどの》平らな幅広の部分. **4** 剣士;《まれ》威勢のいい若者.

blah [bláː] 名 U《口語》ナンセンス, ばかげたこと[話], くだらぬこと[話].
■ *bláh, bláh, bláh* …などなど, …うんぬん《◇会話で不要部分や引用部分を省略するときに用いる》.

Blair [bléər] 名 固 ブレア Tony Blair《1953- ; 英国の政治家・首相(1997-)》.

Blake [bléik] 名 固 ブレイク William Blake《1757-1827; 英国の詩人・画家》.

***blame [bléim]

— 動 (三単現 **blames** [~z]; 過去・過分 **blamed** [~d]; 現分 **blam·ing** [~iŋ])
— 他 **1** [blame+O+for ...]〈人〉に…の責任を負わせる, …を〈人〉のせいにする; [blame+O+on ...]〈罪など〉を…のせいにする: He *blamed* them *for* the failure.＝He *blamed* the failure *on* them. 彼は失敗を彼らのせいにした / Cinderella was *blamed for* everything her sisters did. 姉たちのしたことは何でもシンデレラのせいにされた.
2 [blame+O] […のことで]〈人〉を非難する, 責める, とがめる (↔ praise) [*for*]: Don't *blame* her. It isn't her mistake. 彼女のミスじゃないのだから非難しないで. / I don't *blame* you for having been tricked by his glib talk. 私はあなたが彼の巧みな話術にだまされたのを責めません.
■ **be to bláme** […のことで] 責任がある; 非難に値する(*for*): Who is to *blame for* the accident? その事故の責任はだれにあるのですか.
— 名 U […に対する] 責任; 非難 [*for*]: They laid [put, placed] the *blame for* the accident on him. 事故は彼のせいだと彼らは非難した. / They were unwilling to take [bear] the *blame for* the failure of the project. 彼らはそのプロジェクトの失敗の責任を取りたがらなかった.

blame·less [bléimləs] 形 (生活・行動などが)非の打ちどころがない, 清廉潔白な.

blame·wor·thy [bléimwə̀ːrði] 形 《叙述用法》《格式》(人・行動などが)非難されるべき, とがめるべき.

blanch [blæntʃ / bláːntʃ] 動 他 …を熱湯に浸す, 湯がく, 湯むきする;(日光に当てずに栽培して)〈セロリなどの野菜〉を白くする; 軟化栽培する.
— 自 (恐怖・寒さなどで) 顔色が青ざめる [*with, at*].

blanc·mange [bləmáːndʒ / -mɔ́ndʒ]【フランス】名 U C 《英》ブランマンジュ《牛乳をコーンスターチなどで固めた甘い冷たいデザート》.

bland [blænd] 形 **1** (態度・行動などが)丁寧な, 穏やかな (◇ gentle より否定的な意味合いが強い); 感情を表さない;《軽蔑》どっちつかずの. **2** (味が)淡白な, 薄味の. **3** 平凡な, 退屈な, 面白味のない.

blan·dish·ment [blændiʃmənt] 名 C《通例~s》《格式》おべっか, ご機嫌取り; 甘言.

bland·ly [blændli] 副 穏やかに, 丁寧に.

***blank** [blæŋk] 形 **1** 白紙の, 何も書かれて [印刷されて]いない: a *blank* page 白紙のページ / a *blank* sheet of paper 1枚の白紙. **2** 空(から)の; 何もない, がらんとした: a *blank* cassette 空のカセットテープ(◇何も録音されていない) / a *blank* wall 飾りや窓のない壁. **3** (人・表情が)ぼんやりした, 無表情の: a *blank* face 無表情な顔 / He looked *blank*. 彼はぼかんとしていた. **4**《限定用法》まったくの, 完全な.
— 名 **1** C空所, 空欄: Please fill out [in, up] the *blank*s on the form. 書類の空欄に記入してください. **2** C《米》(空欄のある)記入用紙(*form*): an application *blank* 申し込み用紙. **3** [a ~] 空虚, 空白: When I looked at the examination paper, my mind was a complete *blank*. 試験用紙を見たとき私の頭は真っ白になった. **4** C (省略した文字・数字に代わる)ダッシュ(—): Dr. ― 某博士 (◇ Dr. *Blank* と読む). **5** C ＝blánk càrtridge 空包《音だけ出る弾薬》.
■ **dráw a blánk**《口語》失敗 [むだ] に終わる, 反応を得られない(◇「空くじを引く」の意から).
— 動 他 **1** 隠す, 消す, 見えないようにする. **2**《米口語》完勝する, 完封する. **3**《英口語》(わざと)〈人〉を無視する.
— 自 **1**《米口語》度忘れする, 失念する (*out*). **2** (画面が)消える (*out*).
◆ blánk vérse U 無韻詩.

blank·ness [blæŋknəs] 名 U 空白; から; 白紙状態.

**blan·ket [blǽŋkət]

名 動 形
— 名 (複 **blan·kets** [-kəts]) **1** C 毛布 (◆ BEDROOM [PICTURE BOX]): Will you get me another *blanket*? 私にもう1枚毛布を持って来てくれませんか.
2 [a ~] 一面を覆うもの, 一面 [の…] (*of*): The field was covered with a *blanket of* snow. 野は一面の雪に覆われていた.
— 動 他 (通例, 受け身で) …を […で] 覆う (*with, in*): The valley *was blanketed with* a thick fog. 谷は濃い霧で覆われていた.
— 形 《限定用法》包括 [総括] 的な, 一律の: *blanket* permission 一律許可 / a *blanket* agreement [ban] 全面的合意 [禁止].

blank·ly [blǽŋkli] 副 ぼんやりと.

blare [bléər] 動 自 (ラジオ・サイレンなどが)やかましく鳴り響く (*out*). — 他〈ラジオなど〉を鳴り響かせる, 鳴り響かせる, がんがん鳴らす; …を大声で叫ぶ (*out*): The radio *blared out* the news. ラジオはそのニュースをがんがん伝え立てた.
— 名 U《単数形で》(騒々しく)不快な音.

blar·ney [bláːrni] 名 U お世辞, おべっか (flattery).《由来》アイルランドの Blarney 城にある石にキスするとお世辞がうまくなるといわれる.

bla·sé [blɑːzéi, bláːzei]【フランス】形 (快楽に飽きて)退屈した; […に]無感動な (*about*).

blas·pheme [blæsfíːm] 動 他〈神聖なもの〉を冒とくする, …に罰当たりな言葉を吐く. — 自〈神聖なものに〉罰当たりな言葉を吐く (*against*).

blas·phem·er [blæsfíːmər] 名 C 冒とく者.

blas·phe·mous [blǽsfəməs] 形 (神聖なものに)不敬な言葉を吐く, 冒とくの.

blas·phe·my [blǽsfəmi] 名 (複 **blas·phe·mies** [~z]) U (神聖なものへの)冒とく, 不敬; C 神を冒とくする行為, (口汚い)ののしり.

***blast** [blǽst / blɑ́ːst] 名 **1** C(風の)強いひと吹き, 突風 (→ WIND¹ 類義語): an icy *blast* 冷たい突風. **2** C 爆発; U 爆風: A lot of people were hurt in the *blast*. 爆発で多数の人が負傷した. **3** C(管楽器などの)大きな音;(車の)警笛. **4** C《米口語》盛大なパーティー.
■ **(at) fúll blást** 全力で;(ラジオなどが)最大の音

blasted

量で, ボリュームを上げて: They worked *at full blast*. 彼らは全力で仕事をした.
― 動 **1** …を(ダイナマイトなどで)爆破する, 爆撃する (*away*); (爆破して)〈トンネル〉を造る: *blast away* a rock 岩を爆破する / *blast* a tunnel 爆破してトンネルを造る / The enemy planes *blasted* the factory. 敵の飛行機が工場を爆撃した. **2** 〈大きな音〉を立てる; 〈音楽〉をがなり立てる. **3** 《口語》…を激しく責める, 非難する. **4** 《俗語》…をのろう (◇ damn の婉曲表現): *Blast* it (all)! ちくしょう! / *Blast* you! この野郎! **5** 《文語》(熱・寒さなどが)〈植物〉を枯らす; 〈希望・評判など〉をくじく, 台なしにする.
― 自 **1** 爆発する. **2** 大きな音を立てる (*away*).
■ *blást óff* 自 (ロケットなどが) 発進[離陸] する.

blast・ed [blǽstid / blɑ́ːst-] 形 《限定用法》《口語》いまいましい, しゃくな, ひどい (◇ damned の婉曲表現).

blast-off, blast-off [blǽstɔ̀ːf / blɑ́ːstɔ̀f] 名 ⓊC (ロケット・ミサイルなどの) 発射, 打ち上げ.

bla・tant [bléitənt] 形 露骨な, 見えすいた: a *blatant* discrimination 明らかな差別.

blath・er [blǽðər] 名Ⓤ ナンセンス, ばか話, たわ言.
― 動 自 ばか話をする, むだ口をたたく.

*‡**blaze**¹ [bléiz] 名 **1** C《通例, 単数形で》(激しく燃え上がる) 炎, 火炎 (◇ flame より火勢が強い): The building was in a *blaze*. ビルは激しく燃え上がっていた. **2** C (大きな) 火事: put out a *blaze* 火事を消す. **3** C《しばしば a ~》(明るい色の) 燃えるような輝き; 〈名声などの〉 輝き: a *blaze* of light まばゆいばかりの輝き / a *blaze* of color 燃え立つ色. **4** C《通例 a ~》(感情などが) 激しく表れること, 激発: in a *blaze* of anger 急に怒り出して, かっとなって. **5** [~s]《俗語》地獄 (◇ hell の婉曲表現): Go to *blazes*! くたばれ, 消え失せろ!
― 動 自 **1** 燃え上がる: The house was *blazing* when the firefighters arrived. 消防士が到着したとき, その家は激しく燃えていた. **2** (太陽が) ぎらぎら照りつける. **3** (怒りで)(目が) 燃える, かっとする [*with*]: Her eyes were *blazing with* anger. 彼女の目は怒りで燃えていた.
■ *bláze awáy* 自 […に向かって](銃を)一斉に[連続的に] 発射する [*at*].
bláze úp 自 **1** ぱっと燃え出す. **2** (怒りで) かっとなる [*with*].

blaze² C **1** (牛・馬の顔面にある) 白毛の部分. **2** (境界線・道路用の) 目印.
― 動 他 〈樹木など〉に目印を付ける.
■ *bláze a tráil* (樹皮をはいで) 目印を付ける. **2** (ある分野において) 先駆者となる [*in*].

blaze³ 動 《通例, 受け身で》…を広く知らせる.

blaz・er [bléizər] 名 C ブレザー《スポーティーな上着》.

blaz・ing [bléiziŋ] 形 《比較なし; 限定用法》 **1** 激しく燃え(てい)る; 焼きつくような: a *blazing* sun 灼熱の太陽. **2**《口語》明白な, あからさまな: a *blazing* lie 真っ赤なうそ.

bla・zon [bléizən] 名 C 紋章 (*特に盾形のもの*).
― 動 他 **1** 〈紋章〉を描く, 飾る (emblazon). **2** …を公表する, 言いふらす.

bldg. 《略語》= building.

bleach [bliːtʃ] 動 他 (薬品で) …を脱色する, 漂白する; (日光が)〈ものの色〉を薄くする (*out*).
― 自 (薬品・日光で)(色が)あせる, 薄くなる (*out*).
― 名 ⓊC 脱色剤, 漂白剤; 漂白.

bleach・er [bliːtʃər] 名 **1** C《通例 the ~s》《米》(屋外競技場・野球場などの) 屋根のない観覧席. **2** Ⓤ 漂白剤; C 漂白する人.

*‡**bleak** [bliːk] 形 **1** (場所が) 荒涼とした; (天候が) 寒々とした, 寒く不快な: a *bleak* winter day 寒々とした冬の日. **2** (状況・見通しが) 悪い, 暗い; (生活が) わびしい: Our company's prospects look very *bleak*. わが社の前途はきわめて暗いようである.

blear・y [blíəri] 形 (比較 **blear・i・er** [~ər]; 最上 **blear・i・est** [~ist]) (目が) かすんだ, (ものの輪郭が) かすんだ, ぼんやりした.

bleat [bliːt] 《擬声語》動 自 **1** (羊・ヤギなどが) 鳴く. **2**《口語》泣き言を言う.
― 名 C《通例, 単数形で》めーという鳴き声.

*‡**bled** [bléd] 動 bleed の過去形・過去分詞.

*‡**bleed** [bliːd] 動 (三単現 **bleeds** [bliːdz]; 過去・過去分詞 **bled** [bléd]; 現分 **bleed・ing** [~iŋ]) 自 **1** […から] 出血する [*at, from*]; [国家・主義のために] 血を流す [*for*]: *bleed for* the revolution 革命のために血を流す / His foot was *bleeding* profusely. 彼の足は激しく出血していた / Your nose is *bleeding*. 鼻血が出ている. **2** 《しばしば皮肉》[…のために] 心が痛む [*for*]: My heart *bleeds for* her. 私は彼女に深く同情する. **3** (樹木が) 樹液を出す. **4** (色・染料などが) にじむ.
― 他 **1** (医師が)〈患者〉から採血する, 〈患者〉に放血させる《昔の治療法》.
2《口語》〈人〉から[金銭を] しぼり取る, 巻き上げる [*of, for*]: He *bled* me *of* [*for*] ¥5,000. 彼は私から5千円巻き上げた. **3** (機械などが作動すること) 〈容器・装置など〉から[水・空気などを] 抜き取る [*of*]: *bleed* a machine *of* gas 機械からガスを抜く. **4** 〈木から〉〈樹液を〉とる [*of*].
■ *bléed … whíte* [*drý*]《人》から全財産をしぼり取る. (▷ 名 blóod)

bleed・er [blíːdər] 名 C **1** 出血しやすい人; 血友病患者 (hemophiliac). **2**《修飾語を伴って》《英俗語》やつ, いやなやつ: You poor [lucky] *bleeder*! この哀れな[運のいい]やつめ!

bleed・ing [blíːdiŋ] 形 出血している, 血まみれの. **2** 《限定用法》《英俗語》いまいましい, ひどい.
― 名 Ⓤ 出血.

bleep [bliːp] 名 C **1** (電子機器などの) ぴーっという音. **2** (主に英) = BLEEPER (↓).
― 動 自 ぴーっという(信号)音を出す.
― 他 《口語》**1** 〈人〉をぴーっという(信号)音で呼び出す. **2** (放送で) 〈不適当な言葉など〉を信号音で消す (*out*).

bleep・er [blíːpər] 名 C《英口語》ポケットベル (pager, beeper).

blem・ish [blémiʃ] 名 C (美しさ・名声などを損う) 欠点, 傷.
― 動 他 〈美しさ・人格・名声など〉を汚(けが)す, 傷つける: The scandal has *blemished* his reputation. 彼の評判はそのスキャンダルで台なしになった.

blench [bléntʃ] 圓 ひるむ, しり込みする.

blend [blénd] 画 (三単現 **blends** [bléndz]; 過去・過分 **blend·ed** [~id], 《文語》**blent** [blént]; 現分 **blend·ing** [~iŋ]) 働 **1** [blend+O]《ものを混ぜる, 混合する (*together*) 《類義語》: *blend* the paints *together* 絵の具を混ぜ合わせる / *blend* the milk, flour, and eggs (*together*) 牛乳と小麦粉と卵を混ぜ合わせる. **2** [blend+O+with [into] ...]《...を[に]混ぜる: *blend* the white paint *with* the black paint 白と黒の絵の具を混ぜ合わせる / *blend* whiskey *into* tea ウイスキーを紅茶に入れる.
— 圓 **1** (ものが)[...と]溶け合う, 一体となる [*with*, *into*]: The sky appears to *blend with* the ocean. 空は海と一体化したかのように見える. **2** (もの・ことが)[...に]調和する, [...に]溶け込む [*with*]: This chandelier does not *blend* well *with* my room. このシャンデリアは私の部屋には合わない.
■ **blénd ín** 圓 [...と] 調和する [*with*]: The carpet *blends in* well *with* the curtains. そのじゅうたんはカーテンとよく調和している. — 働 《もの》を混ぜる; 《もの》を調和させる.
— 名 C **1** 混合(物), 《コーヒー・ウイスキーなどの》ブレンド: a special *blend* of tea 紅茶の特製ブレンド. **2**[言] 混成語 《◇ brunch (=*br*eakfast+l*unch*), smog (=*sm*oke+f*og*) などのように2語の要素を混合して作る語》.

blend·er [bléndər] 名 C **1** 混ぜる人[機械]. **2** (米) (台所用) ミキサー (《英》 liquidizer) (→ MIXER).

***blent** [blént] 働 blend の過去形・過去分詞の1つ.

‡bless [blés] 働 (三単現 **bless·es** [~iz]; 過去・過分 **blessed, blest** [~t]; 現分 **bless·ing** [~iŋ]) 働 **1** 《聖職者が》〈人〉を祝福する, 〈人〉のために神の加護を祈る: The priest *blessed* the young couple. 司祭は若い二人を祝福した. **2**〔間投詞的に〕《まれ》〈人〉を守る: (God) *Bless* me! おやおや!, しまった! / (God) *Bless* you! あなたに神のご加護がありますように!; ありがとう!; おやまあ, お大事に (くしゃみをした相手に言う. bless は仮定法現在なので, blesses とはしない). **3**〈神〉を賛美する, あがめる; 〈もの・こと〉に感謝する. **4**〈人〉を恵む [*with*]. **5** 《儀式で》〈もの〉を神聖にする, 清める, 聖別する: *bless* the bread and wine パンとワインを聖別する.
■ **bléss onesèlf** (十字を切り) 自分の幸福を喜ぶ.

bless·ed [blésid] 形 **1** [blést] [...に] 恵まれた; [...の] 恩恵を受けている [*with*]: I am *blessed with* good health. 私は幸い健康に恵まれている. **2** 《文語》神聖な (holy); 神から祝福された, 幸いな. **3** 〔限定用法〕望ましい, 喜ばしい. **4** 〔限定用法; 強意〕《古風・口語》いまいましい (◇ damned の反語的表現).
◆ Bléssed Vírgin [the ~] 聖母マリア.
bless·ed·ly [~li] 副 幸いにも.
bless·ed·ness [blésidnəs] (☆ 発音に注意) 名 U 幸い, 幸運, 幸福.

‡bless·ing [blésiŋ] 名 **1** C [...への] 神の恵み [祝福] (を祈ること); (神の) 加護; 神の祈り (の言葉) [*on, upon*]: ask [say] a *blessing* before a meal 食事の前のお祈りをする / The *blessing* of God be *upon* you. あなたに神のご加護がありますように. **2** C ありがたいもの, 幸運, 恩恵: It was a *blessing* that you did not get hurt. あなたがけがをしなかったのは幸運だった. **3** C 〔通例 the ~ / one's ~〕《口語》 賛成, 同意; 奨励.
■ *a bléssing in disgúise* 不運に見えるが実は幸運であること.
a míxed bléssing よい面と悪い面のあること.
cóunt one's bléssings (不幸な時に) 自分の今までの幸運について考える.

‡blest [blést] 働 bless の過去形・過去分詞.
— 形 《古風》= BLESSED (↑).
bleth·er [bléðər] 名 = BLATHER ばか話.
★blew [blúː] (《同音》 blue)
働 blow¹ の過去形.

blight [bláit] 名 **1** C 〔通例 a ~〕 [希望・計画などに対する] 悪い影響, 暗い影, 不幸の原因 [*on, upon*]: cast [put] a *blight on* [*upon*] ... ...に暗い影を投げかける. **2** U [植] 胴枯れ病.
— 働 働 **1** 〈希望・計画など〉を損なう, 挫折させる. **2** 〈植物〉を枯らす.

blight·er [bláitər] 名 C 《英・古風》 **1** いやなやつ. **2** 〔修飾語を伴って〕 やつ, 人.
bli·mey [bláimi] 間《英俗語》しまった, これは驚いた (◇ God blind me! のなまった形).
blimp [blímp] 名 C **1** 小型飛行船《観測・広告などに用いる》. **2** [B-] 《英古風》= Colonel Blimp (→ COLONEL 複合語).

★blind [bláind]
形 働 名
【基本的意味は「目の見えない (not able to see)」】
— 形 (比較 **blind·er** [~ər]; 最上 **blind·est** [~ist]) **1** 目の見えない, 盲目の; 目の不自由な人のための; [the ~; 名詞的に; 複数扱い] 目の不自由な人たち〔関連語〕 deaf 耳の聞こえない / dumb 口の利けない: a school for the *blind* = a *blind* school 盲学校 / go [become] *blind* 失明する. **2** ものを見る目がない; [be blind to ...] ...に気づかない, ...がわからない: She seems to be *blind to* his faults. 彼女は彼の欠点がわからないらしい. **3** 盲目的な, 無謀な, 分別がない: a *blind* guess 当てずっぽう / a *blind* purchase 衝動買い. **4** 〔限定用法〕 (道路などが) 見通しの悪い; 行き止まりの; (建物などが) 窓のない: a *blind* corner 見通しの利かない曲がり角. **5** [航空] (離着陸などが) 計器によって行われる: a *blind* landing [flying] 計器離着陸 [飛行].
■ *túrn a blínd éye* [...を] 見て見ぬふりをする [*to*].
— 働 働 **1** (一時的に) 〈人〉の目を見えなくさせる, 目をくらます; 〈人〉を失明させる: I was *blinded* by the headlights for a moment. 私はヘッドライトに一瞬目がくらんだ. **2** [...に対する] 〈人〉の分別をなくさせる; 〈人〉に [...を] 見えなくさせる [*to*]: Love *blinded* him to her faults. 愛するあまり彼は彼女の欠点が見えなかった.
— 名 C **1** [しばしば ~s] ブラインド, 日よけ (《米》 shade): pull down [lower] the *blinds* ブラインドを降ろす / draw up [raise] the *blinds* ブライン

ドを上げる. **2**《口語》(事実を隠す)ごまかし,口実.
◆ blínd álley [C] **1** 袋小路,行き止まり. **2** 見込みのないもの[こと].
blínd dáte [C] ブラインドデート(の相手)《第三者の紹介による面識のない男女のデート》.
blínd gút [C] 盲腸.
blínd spòt [C] **1**〖解剖〗(眼球の)盲点. **2** 盲点,本人の気づかない弱点. **3**《車の運転手などの》死角.
blind·er [bláindər] [名][C] **1** [〜s]《米》(馬の)遮眼帯(《英》blinkers《前方しか見えないようにする側面目隠し》. **2**《英口語》《クリケット・サッカーなどの》すばらしいプレー;妙奏.
blind·fold [bláindfòuld] [動][他] …に目隠しをする.
— [名] 目隠しの布. — [形] 目隠しした[された].
— [副] 目隠しして[されて].
blind·ing [bláindiŋ] [形] 目をくらます(ような);猛烈な: *blinding* sunlight 猛烈なまぶしい日の光.
blind·ly [bláindli] [副] やみくもに,手探りで,盲目的に;よく理解しないで.
blínd·man's búff [bláindmænz-] [名][U] 目隠し鬼《目隠しした鬼が捕まえた人の名を当てる》.
blind·ness [bláindnəs] [名][U] **1** 目の見えないこと; color *blindness* 色覚異常 / night *blindness* 夜盲症. **2** 無知;無分別.
*****blink** [blíŋk] [動][自] **1**《まぶしさなどで無意識に》まばたきする;《…を見て》(驚いて)目をぱちくりさせる[*at*]: He *blinked* at a stranger. 彼は知らない人を見て目をぱちくりさせた. **2**《星・灯が》ちらちらする,明滅する;《信号灯などが》点滅する. **3**《誤り・欠点などを》わざと見逃す;無視する[*at*].
— [他] **1**《目》をまばたかせる;[…に驚いて]《目》をぱちくりさせる[*at*]: Mary did not even *blink* an eye *at* the sight. メアリーはその光景にまばたきひとつしなかった[まったく驚かなかった].
2 …を考えない,無視する.
— [名][C]《単数形で》まばたき;きらめき,閃光(奨): in a [the] *blink* of an eye またたく間に.
■ **on the blínk**《口語》《機械などが》調子が狂って,故障して.
blink·er [blíŋkər] [名][C] **1**《通例〜s》《主に英》《馬の》遮眼帯(《英》blinders). **2**《交差点・踏切などの》点滅信号;[〜s]《米》《自動車の》ウインカー,方向指示器(《英》winkers).
blink·ered [blíŋkərd] [形] **1**《馬に》遮眼帯をつけた. **2**《軽蔑》《人が》視野の狭い,偏見を持った;愚鈍な.
blink·ing [blíŋkiŋ] [形]《英口語》ひどい(◇ bloody の婉曲表現).
blip [blíp] [名] **1** ぴっという音. **2** ブリップ《レーダーのスクリーンに現れる点滅する光点》.
*****bliss** [blís] [名][U] この上ない喜び,至福: domestic *bliss* 家庭の喜び.
bliss·ful [blísfəl] [形] この上なく幸福な.
bliss·ful·ly [-fəli] [副] この上なく幸福に.
blis·ter [blístər] [名][C] **1**《やけど・すり傷などによる》水[火]ぶくれ,《手足の》まめ. **2**《ペンキ・ガラス・植物などの表面にできる》気泡.
— [動][他] **1**《皮膚》に水[火]ぶくれを生じさせる.
2 …を酷評する. — [自]《皮膚に》水[火]ぶくれになる;まめができる.

blis·ter·ing [blístəriŋ] [形] ひどく熱い;痛烈な.
blithe [bláiθ, bláið / bláið] [形]《文語・時に軽蔑》快活な,楽しそうな;のんきな,気楽な.
blithe·ly [〜li] [副] 快活に;のんきに.
blith·er·ing [blíðəriŋ] [形]《限定用法》《俗語》
1 くだらないことを話す. **2** まったくの,どうしようもない: a *blithering* idiot 底抜けのばか.
blitz [blíts] [名][C] **1** 急襲;猛爆;[the B-]《ドイツ空軍による1940–41年のロンドン大空襲》.
2《口語》集中的な取り組み;大がかりな活動.
— [動][他]《通例,受け身で》…を電撃的に猛攻撃する.
blitz·krieg [blítskri:g] [ドイツ] [名][C] 電撃戦,急襲,電撃爆撃.
*****bliz·zard** [blízərd] [名][C]《猛》吹雪,ブリザード.
bloat [blóut] [動][自]《ものが》[…で]ふくれる(*out*);《人が》[…に]増長する,思い上がる[*with*, *from*].
— [他] **1**《もの》をふくらませる(*out*);《人》を増長させる(*out*). **2**《魚》を薫製(祭)にする.
bloat·ed [blóutid] [形]《ものが》[…で]ふくれた,でぶでぶした;《病気などで》はれた[*with*, *from*];《人が》[…で]増長した[*with*].
bloat·er [blóutər] [名][C] 薫製(祭)ニシン[サバ].
blob [bláb / blɔ́b] [名][C]《インクなどの》しみ;《ろう・絵の具などの》小さなかたまり,ひとしずく.
bloc [blák / blɔ́k] 【フランス】[名][C] 連合,ブロック,圏《政治・経済上の共通利益のために結成された国・団体の結合体》: the former Communist *bloc* 旧共産圏.

block [blák / blɔ́k]
☆☆☆ [名][動] 【原義は「木塊,切り株」】

— [名](複 **blocks** [〜s]) [C] **1**《木・石などの》**かたまり**;《建築用の》木材,石材: a *block* of stone [ice] 石[氷]のかたまり / a building *block* 建築用ブロック / The wall is made of concrete *blocks*. その塀はコンクリートブロックでできている.
2《米》街区,ブロック《四方を道路で囲まれた市街地の一画》: The station is three *blocks* away from here. 駅はここから3区画行った所にある.
3《英》大きな建物,棟: an office *block* オフィスビル / a *block* of flats (1棟の)アパート(《米》an apartment house).
4《座席などの》区画,《株券などの》ひと組: a *block* of seats ひと組の席 / a *block* of stamps 1シートの切手.
5《通例,単数形で》障害(物),じゃま(物);《思考などの》中断: a *block* in the pipe by a piece of wood 木片による管の詰まり / Their campaign was a *block* to [against] the passage of the bill. 彼らの運動がその法案の成立を阻んだ / I have a mental *block* about mathematics. 私は数学に苦手意識がある. **6** 積み木. **7**【スポーツ】《陸上の》スターティングブロック. **8** 台木,作業台,まな板;《帽子の》木型;【印刷】版木. **9** (組み合わせ)滑車: a *block* and tackle 滑車装置.

— [動][他] **1**《道路・流れなど》を**ふさぐ**,妨げる: They *blocked* the road with barricades. 彼らは道路をバリケードで封鎖した / The road was *blocked* by a landslide. 道路は土砂崩れのために不通だった.
2《視界》をさえぎる: The building *blocks* the

view of the park. その建物がじゃまで公園が見えない.

3《計画など》をじゃまする, 妨害する: Some executives *blocked* his appointment as president. 何人かの重役が彼の社長任命を妨害した.
4《スポーツ》…をブロックする, 妨害する;〈ボールなど〉を止める. **5**《経済》〈通貨など〉の使用を凍結[封鎖]する.

■ *blóck ín* ㊗ **1** …を封じ込める;〈車〉を出られないようにする. **2** …の大まかな設計を立てる[図をかく].

blóck óff ㊗《通路・窓など》をふさぐ, 遮断する.

blóck óut ㊗ **1** …を締め出す. **2** …の大まかな設計を立てる[図をかく].

blóck úp ㊗ …を完全にふさぐ.

◆ blóck càpital [lètter][~s]《印刷》ブロック体《ひげ飾りがなく全部同じ太さの大文字の字体》.

*block·ade [blɑkéid / blɔk-] 名C《軍による港・岸などの》封鎖, 閉鎖: raise [lift] a *blockade* 封鎖を解除する / break a *blockade* 封鎖を破る / run a *blockade* 封鎖をくぐり抜ける.
— 動他 …を封鎖する; 妨げる. (▷ 動 block).

block·age [blákidʒ / blɔ́k-] 名C 封鎖[閉塞(ʰ˜)]状態; 妨害物. (▷ 動 block).

block·bust·er [blákbʌstər / blɔ́k-] 名C
1《口語》強烈なもの, 注目すべきもの; 大ヒット《映画・本など; cf. bestseller ベストセラー》.
2 超大型爆弾.
3 地上げをする悪徳不動産屋.

block·head [blákhèd / blɔ́k-] 名C《口語》大ばか者: You *blockhead*! このばかめ!

block·house [blákhàus / blɔ́k-] 名C **1** 防塞(ら); 銃眼の付いた小さな要塞. 昔は丸太で作った》.
2《ロケット発射基地の》管制[避難]所.

block·y [bláki / blɔ́ki] 形(比較 block·i·er [~ər]; 最上 block·i·est [~ist]) **1**《体が》ずんぐりした, がっしりした. **2**《写真が》濃淡むらのある.

bloke [blóuk] 名C《英口語》やつ, 男 [仲間].

‡blond, blonde [blánd / blɔ́nd]《◇もともと blond は男性形, blonde は女性形だが現在では男女の区別なく blond を使う傾向にある》形 **1** 金髪の, ブロンドの. **2** 金髪で肌が白い.
— 名C ブロンド(髪)の人.

***blood [blʌ́d]《☆発音に注意》
— 名U **1** 血, 血液; 生命: give [donate] one's *blood* 献血する / The criminal's hands were covered with *blood*. 犯人の両手は血まみれだった.
2 血統, 血縁, 家系: *Blood* will tell. 血は争えない / Those two singers are of the same *blood*. あの2人の歌手は親類同士です / Mathematical talent is [runs] in his *blood*. 彼の数学的才能は血筋による / *Blood* is thicker than water.《ことわざ》血は水より濃い ⇨ 他人より身内.
3 情熱, 激情, 血気: a man of hot [cold] *blood* かっとなりやすい[冷酷な]男 / Her *blood* is up. 彼女はかんかんに怒っている.

■ *be áfter ...'s blóod* …に怒っている, …を痛い目にあわせようとしている.

in cóld blóod 平然と, 冷酷に.

màke ...'s blóod bóil …を激怒させる.

màke ...'s blóod frèeze [rùn cóld] …をぞっとさせる, 恐怖に陥れる.

néw [frésh, yóung] blóod 新しい[新鮮な, 若い]血《ある分野・組織などに導入される新鮮な活力, またはそれを持った人》.

swéat blóod[…のために]一生懸命頑張る[働く][for]. (▷ 動 bleed).

◆ blóod bànk C 血液銀行.
blóod bàth C 大量殺人, 大虐殺《massacre》.
blóod bróther C **1**《血を分けた》兄弟. **2**《血盟した》兄弟分, 義兄弟.
blóod cèll C 血球.
blóod cóunt C 血球数; 血球数測定.
blóod donàtion U 献血, 供血.
blóod dònor C 献血者, 供血者.
blóod gròup C《英》血液型《《米》blood type》.
blóod hèat U《人の》血温《平均37℃》.
blóod mòney U 殺人報酬金; 死刑犯通報者への報奨金; 近親を殺された遺族への慰謝料.
blóod pòisoning U 敗血症.
blóod prèssure UC 血圧: take one's *blood pressure* 血圧を測る.
blóod relátion [rélative] C 血縁, 肉親, 血族.
blóod spòrt C 血を見るスポーツ《狩猟・闘牛など》.
blóod sùgar U 血糖.
blóod tèst C 血液検査.
blóod transfùsion C 輸血.
blóod týpe C《米》血液型《《英》blood group》.
blóod vèssel C 血管《cf. artery 動脈, vein 静脈》.

blóod-and-thúnder 形[限定用法]《映画・小説などが》暴力や流血場面の多い, 活劇的な.

blood-cur·dling [blʌ́dkə̀ːrdliŋ] 形[限定用法]ぞっとするような, 身の毛もよだつ.

blood·ed [blʌ́did] 形 **1**[複合語で]…の血[気質]を持った: cold-*blooded* 冷血の; 冷淡な / warm-*blooded* 温血の; 熱烈な, 熱血の. **2**《米》《馬などが》純血の: a *blooded* horse 純血種の馬.

blood·hound [blʌ́dhàund] 名C ブラッドハウンド《嗅覚(ʰ˜)が鋭い大型の猟犬; 警察犬》.

blood·less [blʌ́dləs] 形 **1**[通例, 限定用法]流血を見ない, 無血の: a *bloodless* coup 無血クーデター. **2** 血の気のない, 青ざめた; 貧血の. **3** 元気がない, 活気がない. **4** 非情の, 冷酷な.
blood·less·ly [~li] 副 青ざめて; 冷酷に.

blood·let·ting [blʌ́dlètiŋ] 名U **1** 流血, 殺りく; 抗争. **2**《医》瀉血(˜っ), 放血《患者の血液の一部を体外に出す昔の治療法》. **3**《人員・予算の》削減.

blood·line [blʌ́dlàin] 名U《通例, 動物の》血統.
blóod-réd [blʌ́dréd] 形《血のような》色をした; 血染めの.
blood·shed [blʌ́dʃèd] 名U 虐殺, 殺人; 流血.
blood·shot [blʌ́dʃɑ̀t / -ʃɔ̀t] 形《目が》血走った, 充血した.
blood·stain [blʌ́dstèin] 名C 血痕(ɴ˜).

blood·stained [blʌ́dstèind] 形 **1** 血痕(こん)が付いた, 血まみれの: *bloodstained* clothing 血まみれの服. **2**《比喩》血生臭い, 流血の.

blood·stock [blʌ́dstɑ̀k / -stɔ̀k] 名 U 《集合的に》(競馬用の)純血種, サラブレッド (thoroughbred).

blood·stone [blʌ́dstòun] 名 U C《鉱》ブラッドストーン, 血石(3月の誕生石; → BIRTHSTONE 表).

blood·stream [blʌ́dstrì:m] 名 U《通例 the ~》(体内の)血液循環.

blood·suck·er [blʌ́dsʌ̀kər] 名 C **1** 吸血動物《特にヒル》. **2**《口語・軽蔑》人の金をしぼり取る人.

blood·thirst·y [blʌ́dθə̀ːrsti] 形 **1** 血に飢えた, 残忍な. **2**《映画・本などの》殺人[暴力]を描いた, 殺人[暴力]が好きな.

***blood·y** [blʌ́di] 形 (比較 **blood·i·er** [~ər]; 最上 **blood·i·est** [~ist]) **1** 血だらけの, 血まみれの; 血で汚している: *bloody* clothes 血まみれの衣服. **2** 血生臭い, 残虐な; 死傷者の多い: a *bloody* battle 血生臭い戦闘. **3**[比較なし;限定用法;強意]《口語》ひどい, いやな, まったくの: a *bloody* fool 大ばか者 / *Bloody* hell! ちくしょう.
— 副[比較なし, 強意]《主に英口語》ひどく, まったく, やけに: It's *bloody* hot here! ここはやけに暑いな.
— 動 (三単現 **blood·ies** [~z]; 過去・過分 **blood·ied** [~d]; 現分 **blood·y·ing** [~iŋ]) 他 ~を血で汚す, 血まみれにする.

blóod·y-mínd·ed 形《英口語》へそ曲がりの, 意固地な, 意地の悪い.

*****bloom** [blú:m]
— 名 (複 **blooms** [~z]) **1** C《観賞用の》花 (flower): That plant has a big white *bloom*. その植物には大きな白い花が1つ咲いている. **2** U 開花(期), 花盛り: burst into *bloom*(花が)ぱっと咲く / The roses are in full *bloom* now. バラは今満開です / The cherry blossoms are out of *bloom*. 桜の花は盛りを過ぎている. **3**[the ~]《文語・比喩》盛り, 最盛期: She is in the *bloom* of youth now. 彼女は今青春真っ盛りです. **4** U (肌などの)つや, 光沢; (果物などの表面に出る)白い粉.
■ **tàke the blóom òff** ... …の新鮮味をそぐ.
— 動 自 **1** 花が咲く, 開花する: Chrysanthemums *bloom* in fall. 菊は秋に咲く. **2**《比喩》開花する, 栄える, 最盛期である: Musical talent usually *blooms* at an early age. 音楽の才能は普通若くして開肌く.

bloom·er [blú:mər] 名 C **1**[修飾語を伴って](人生の)最盛期にある人: a late *bloomer* 遅咲きの人. **2**《英俗語・こっけい》大失敗, へま.

bloom·ers [blú:mərz] 名《複数扱い》ブルマー《以前, 着用されていた女性用体操ズボン》.

bloom·ing [blú:miŋ] 形 **1** 花盛りの; 健康な. **2**[限定用法]《英俗語》ひどい (◇ **bloody** の婉曲表現).

bloop·er [blú:pər] 名 C **1**《米俗語》大失敗, へま. **2**《野球》ぽてんヒット, テキサスヒット.

*****blos·som** [blɑ́səm / blɔ́səm] 名 動
— 名 (複 **blos·soms** [~z]) **1** C (樹木, 特に果樹の)花 (→ FLOWER [類義語]); U《集合的に》(1本の木の)花(全体): apple [cherry] *blossoms* リンゴ[桜]の花 / Orange *blossoms* have a lovely smell. オレンジの花はいい香りがする / The tree is covered in *blossom*. その木は花につつまれている. **2** U 開花(期), 花盛り: come [burst] into *blossom* (花が)咲き出す / The cherry trees are in full *blossom*. 桜は満開です. **3** U《比喩》盛り, 最盛期.
— 動 自 **1**(樹木の)花が咲く: The apple trees have not *blossomed* yet. リンゴの花はまだ咲かない. **2**《比喩》開化する, 栄える; (人が)快活になる (*out*); 発達[発展]して […に](なる) (*out*) [*into*]: She will *blossom into* a great pianist. 彼女はやがてすばらしいピアニストになるだろう.

***blot** [blɑ́t / blɔ́t] 名 動 **1** […に付いた]しみ, 汚れ [*on*]: an ink *blot on* the paper 紙に付いたインクのしみ. **2**《比喩》[…への]汚点, 傷, 恥となるもの [*on*]: a *blot on* the landscape 景観を損なうもの (◇看板・目ざわりなビルなど) / That slip of the tongue left a *blot on* his name. その失言で彼の名に傷が付いた.
— 動 (三単現 **blots** [blɑ́ts / blɔ́ts]; 過去・過分 **blot·ted** [~id]; 現分 **blot·ting** [~iŋ]) 他 **1** …に[インクなどで]しみを付ける, 汚す [*with*]: *blot* the paper *with* ink spots 紙にインクのしみを付ける / She dropped a toner cartridge and *blotted* the carpet. 彼女はトナーカートリッジを落としてカーペットにしみを付けてしまった. **2**《名声など》を傷つける, 損なう (*out*). **3**[ティッシュなどで]〈インク〉を吸い取る, 乾かす [*with*].
— 自 (紙・インクが)にじむ.
■ **blót óut** 他 **1**〈文字・記憶など〉を抹消する (erase); ぬぐい去る. **2**〈景色など〉を覆い隠す, 見えなくする (hide).
◆ **blótting pàper** U 吸い取り紙.

blotch [blɑ́tʃ / blɔ́tʃ] 名 C (皮膚の)大きなしみ, あざ; (衣類などの)[…に付いた]大きなしみ, 汚れ [*on*]; できもの, 腫(は)れもの.

blotch·y [blɑ́tʃi / blɔ́tʃi] 形 (比較 **blotch·i·er** [~ər]; 最上 **blotch·i·est** [~ist]) しみ[できもの]だらけの.

blot·ter [blɑ́tər / blɔ́tə] 名 C **1** 吸い取り紙. **2**《米》(取引・事件の)記録簿, 控え帳.

blot·to [blɑ́tou / blɔ́t-] 形[叙述用法]《英俗語》へべれけに酔った.

***blouse** [bláus / bláuz] 名 C ブラウス: She wore a pink *blouse*. 彼女はピンクのブラウスを着ていた.

*****blow**[1] [blóu] 動 名
— 動 (三単現 **blows** [~z]; 過去 **blew** [blú:]; 過分 **blown** [blóun]; 現分 **blow·ing** [~iŋ])
— 自 **1**(風が)吹く: It is *blowing* hard today. きょうは風が強い. **2** (a)(ものが)風に吹かれる: The flag was *blowing* in the wind. 旗は風にはためいていた.

(b) [blow＋C] 風に吹かれて…になる: The door *blew* open. ドアは風に吹かれて開いた.
3 〔…に〕 **息を吹きかける**; 風を送る 〔*on*〕: He *blew on* his soup to cool it down. 彼はスープを吹いてさました.
4 (楽器・汽笛などが) **鳴る**; 吹き鳴らす: The trumpet *blew* softly. トランペットが静かに鳴った.
5 (ヒューズが) **飛ぶ**; (タイヤが) **パンクする**: One of the tires has *blown*. タイヤが1つパンクした.
6 《俗語》 急いで出発する, 逃げ出す.
— [他] **1** (a) [blow＋O] …**を吹き飛ばす**, 吹き動かす: The wind *blew* the roof off the house. 風で家の屋根が吹き飛んだ. (b) [blow＋O＋C] …を吹き動かして～にする: The strong wind *blew* the window open. 強風で窓が開いた.
2 [blow＋O] …を吹く, …に息を吹きかける: After touching the ice, I *blew* my hands to warm them. 氷を触ったあと私は手に息を吹きかけて暖めた.
3 [blow＋O] 〈楽器・汽笛など〉を吹く, 吹き鳴らす: The policeman *blew* his whistle. 警官は笛を吹いた.
4 〈鼻〉をかむ: I can't stand her way of *blowing* her nose. 私は彼女の鼻のかみ方が我慢ならない. **5** …を吹いて作る: *blow* bubbles シャボン玉を吹く. **6** …を爆破する; 〈ヒューズ〉を飛ばす; 〈タイヤ〉をパンクさせる: I have *blown* a fuse by mistake. 私は誤ってヒューズを飛ばした. **7** 《口語》〔…に〕〈大金〉を使う 〔*on*〕: He *blew* 100 dollars *on* a meal. 彼は食事に100ドル使った.
8 《口語》〈機会など〉を失う, ふいにする: He has *blown* a chance to make money. 彼は金もうけのチャンスを逸した. **9** (過分 **blowed** [～d]) 《英口語・婉曲》 …をのろう (damn): *Blow* it! ちくしょう / *Blow* the expense. 費用はいくらかかってもよい / *Blow* him! 彼などどうでもよい / *Blow* me! ＝I'm *blowed*! これは驚いた.
[句動詞] ***blów awáy*** [他] [blow away＋O / blow＋O＋away] **1** …を吹き飛ばす: The fallen leaves were *blown away* by the wind. 落ち葉は風で吹き飛ばされた. **2** 《米口語》 …を射ち殺す.
blów dówn [他] [blow down＋O / blow＋O＋down] …を吹き倒す. — [自] (風で) 倒れる.
blów ín [自] 《主に米口語》 突然やって来る.
blów into ... [他] …に不意にやって来る.
blów óff [他] [blow off＋O / blow＋O＋off] …を吹き飛ばす: The wind has *blown* his hat *off*. 風が彼の帽子を吹き飛ばした. — [自] 吹き飛ぶ.
blów óut [他] [blow out＋O / blow＋O＋out] **1** …を吹き消す: He *blew out* the candle. 彼はローソクを吹き消した. **2** 〈タイヤ〉をパンクさせる; 〈ヒューズ〉を飛ばす. — [自] **1** (炎が) 風で消える. **2** (ガス・石油が) 噴出する.
3 (タイヤが) パンクする; (ヒューズが) 飛ぶ.
blów óver [自] **1** (あらしが) 収まる. **2** (悩み・うわさなどが) 忘れられる.
blów úp [他] [blow up＋O / blow＋O＋up] **1** …を爆破する (explode): The telephone booth was *blown up*. その電話ボックスは爆破された. **2** …をふくらませる; 〈タイヤ・風船〉に空気を入れる; [通例, 受け身で] 〈写真〉を引き伸ばす.
3 …を誇張する.
— [自] **1** 爆発する. **2** (あらしなどが) 吹き始める, 吹き荒れる. **3** 《口語》〔人に〕 怒る 〔*at*〕.
4 (問題などが) 突然起こる.
■ ***blów hót and cóld*** 《口語》〔…について〕 意見が変わりやすい 〔*about*〕.
— [名] [C] **1** (息などの) ひと吹き: He gave the fire a hard *blow*. 彼は火を強く吹いた. **2** (鼻を) かむこと: Give your nose a good *blow*. 鼻をよくかみなさい. **3** 《口語》 一陣の風; 強風.
■ ***gò for*** [***hàve***] ***a blów*** 外に出て風に当たる, 散歩に出る.

‡blow² [blóu] [名] [C] **1** 強打, 殴打 (◇ hit より《格式》): He got a *blow* on the head. 彼は頭を強く殴られた.
2 (精神的な) 打撃, 痛手: His death was a great *blow* to her. ＝ She suffered a great *blow* at [by] his death. 彼の死は彼女にとって大打撃だった / The strong yen was a hard *blow* to our company. 円高はわが社にとって大打撃だった.
■ ***at*** [***with***] ***a*** [***óne***] ***blów*** 一撃で, 一発で.
còme to blóws 〔…のことで〕 殴り合いになる 〔*over*〕.
exchánge blóws 殴り合う.
gèt a blów ín うまく一撃する.
stríke a blów **1** 〔…に〕 一撃を加える 〔*at, to*〕.
2 〔…のために / …に反対して〕 行動を起こす 〔*for* / *against*〕: They *struck a blow for* civil rights. 彼らは市民権のために立ち上がった.
withòut (***stríking***) ***a blów*** 戦わずして, 難なく.

blów-by-blów [形] [限定用法] (説明などが) 細部にわたる, 詳細な. ([由来] ボクシングの実況で1打1打を細かく伝えることから)

blów-drỳ [動] (三単現 **blow-dries**; 過去・過分 **blow-dried**; 現分 **blow-dry·ing**) [他] 〈髪〉をブローする, ドライヤーで乾かしながら整える.
— [名] [U] [または a ～] (髪を) ブローすること, ドライヤーで乾かしながら整えること.

blow·er [blóuər] [名] **1** [C] 吹く人; ガラス吹き工.
2 [C] 送風機[装置]. **3** [the ～] 《英俗語・古風》 電話.

blow·fly [blóuflài] [名] (複 **blow·flies** [～z]) [C] 【昆】 クロバエ, キンバエ 《死肉や傷口に卵を産む》.

blow·hole [blóuhòul] [名] [C] **1** (鯨などの) 噴水孔. **2** (トンネル・坑道などの) 通風孔. **3** 凍った海面の穴 《鯨・アザラシなどが呼吸する》.

blow·lamp [blóulæ̀mp] [名] [C] 《英》 ＝ BLOWTORCH (↓).

*****blown** [blóun] [動] **blow¹** の過去分詞.

blow·out [blóuàut] [名] [C] **1** (タイヤの破裂などによる) パンク; 【電気】 ショート, (ヒューズが) 飛ぶこと.
2 《俗語》 大宴会; 大変なごちそう. **3** (原油・ガスなどの突然の) 噴出.

blow·pipe [blóupàip] [名] [C] **1** 吹き矢筒.

2 火吹き竹, (ガラス細工の) 吹管.

blow·torch [blóutɔ̀ːrtʃ] 名C《米》(溶接用の)バーナー, トーチランプ (《英》blowlamp).

blow-up [blóuʌp] 名C **1** 爆発, 破裂. **2**《口語》(写真の)引き伸ばし; 引き伸ばし写真. **3** むかっ腹, 激怒.

blow·y [blóui] 形 (比較 blow·i·er [~ər]; 最上 blow·i·est [~ist])《口語》風の強い (windy).

blowz·y [bláuzi] 形 (比較 blowz·i·er [~ər]; 最上 blowz·i·est [~ist]) **1**(女性が)赤ら顔の; 下品な. **2**(女性の服装などが)だらしない.

blub·ber[1] [blʌ́bər] 名U (鯨などの) 脂肪.

blub·ber[2] [blʌ́bər] 名《a ~》泣きじゃくり, おいおい泣くこと: be in a *blubber* 泣きじゃくる.
— 動自 (通例, 軽蔑)(子供などが)泣きじゃくる, おいおい泣く.
— 他 …を泣きながら言う (*out*).

bludg·eon [blʌ́dʒən] 名C (先に重みを付けた)こん棒 (◇武器).
— 動他 **1** …をこん棒で打つ;〈人〉を(こん棒などで) 殴って[…の] 状態にする [*to*]: *bludgeon* … to death …を殴り殺す. **2**〈人〉を脅して[無理やりに][…を]させる [*into*]: They *bludgeoned* her *into* buying it. 彼らは彼女を脅してそれを買わせた.

***blue [blúː]
— 形 (比較 blu·er [~ər]; 最上 blu·est [~ist])
1 青い, 青色の: the cloudless *blue* sky 雲ひとつない青空 / She looks very nice in the *blue* dress. その青いドレスは彼女によく似合っています.
2 (怒り・寒さなどで) 青ざめた, 青白い (pale): Her face was *blue* with fear [cold]. 彼女の顔は恐怖[寒さ]で青ざめていた.
3《口語》憂うつな, 陰気な, 悲しい: *blue* Monday 憂うつな月曜日 / He looks *blue* today. きょうの彼は暗い顔をしている / I am feeling *blue*. 私は憂うつです. **4**《口語》わいせつな, 好色の: a *blue* movie [film] わいせつ映画, ブルーフィルム.
■ *scréam* [*shóut*] *blúe múrder*《口語》大声で激しく抗議する.
till one is blúe in the fáce《口語》どんなに…しても, くたくたになるまで…しても (◇努力がむだになるという文脈で用いる): You can shout *till you are blue in the face*, but nobody will come to help you. 君がどんなに叫んでもだれも助けに来ないよ.
— 名 (複 blues [~z]) **1** C U 青, 青色: light [sky] *blue* 空色 / dark *blue* 紺色.
2 U 青い服: He is always dressed in *blue*. 彼はいつも青い服を着ている.
3 U C 青の染料[絵の具, ペンキ].
4 [the ~s; 複数扱い]《口語》憂うつ, 悲しい: I have an attack of the *blues* today. 私はきょう気が滅入っている. **5** [the ~; 複数扱い]《了》ブルース《米国南部の黒人の間から起こった静かな物悲しい調子のジャズ》: a *blues* singer ブルース歌手.
6 C [通例 B-]《英》(オックスフォード大学とケンブリッジ大学の)代表選手. **7** [the ~]《文語》空, 海.
■ *óut of the blúe* 突然, 不意に (→ BOLT).
— 動他 **1** …を青く染める. **2**《英口語》〈金〉を浪費する.

◆ **Blúe Bírd** [the ~] 青い鳥; 幸福の象徴.
blúe blóod U 貴族の生まれ[血統]; 名門の出.
blúe bóok **1** [B- B-] 青書《英国議会などの公式報告書》. **2**《米》(大学の) 答案冊子.
blúe chèese U C ブルーチーズ《青かびチーズ》.
blúe chíp C《株式》優良株.
blúe jày C《鳥》アオカケス《北米産》.
blúe jèans [複数扱い] ジーンズ (jeans).
Blue·beard [blúːbìərd] 名 **1** 青ひげ《6人の妻を次々に殺した伝説上の男のあだ名》. **2** C [時に b-] 妻を次々に殺す男.
blue·bell [blúːbèl] 名C《植》ブルーベル《青いつり鐘形の花をつける草》.
blue·ber·ry [blúːbèri / -bəri] 名 (複 blue·ber·ries [~z]) C《植》ブルーベリー, コケモモ《コケモモ属の総称. その実はジャムなどにする》.
blue·bird [blúːbə̀ːrd] 名C《鳥》ブルーバード《ツグミ類の青い鳴鳥 (ɴ̀ɴ̂). 北米産》.
blúe-bláck 形 濃い藍(ᴀ̀)色の.

blueberry

blue·bot·tle [blúːbàtl / -bɔ̀tl] 名C = blúebottle flý《昆》クロバエ.
blue·coat [blúːkòut] 名C《米》紺色の制服を着た人《警察官や南北戦争時の北軍兵士など》.
blúe-cól·lar 形《限定用法》肉体[工場]労働(者)の, ブルーカラーの (↔ white-collar): a *blue-collar* worker 肉体[工場]労働者.
blúe-èyed bóy 名C《one's ~》《英口語・通例, 軽蔑》お気に入り(の男性).
blue·fish [blúːfìʃ] 名 (複 blue·fish, blue·fish·es [~iz]) C《魚》アミキリ《ハツ科の食用魚. 北米大西洋岸産》; (一般に) 青い魚.
blue·grass [blúːɡræs / -ɡrɑ̀ːs] 名 **1** U C《米》《植》イチゴツナギ《牧草・芝生用》. **2** U《音楽》ブルーグラス《米国南部のカントリーミュージックの一種》. **3** [the B-] = Bluegrass Státe ブルーグラス州 (◇ Kentucky 州の愛称; → AMERICA 表).
blue·jack·et [blúːdʒæ̀kit] 名C《口語》水兵.
blue·ness [blúːnəs] 名U 青いこと; 青さ.
blue·print [blúːprìnt] 名C **1** […の] 詳細な計画 [*for*]. **2** (建築・機械などの設計図の) 青写真.
blúe-ríb·bon 形《米》最優秀の, 特選の, 精選された (◇《英》では blue-riband).
blúe ríb·bon 名C **1** (英国の) ガーター勲章の青リボン (→ GARTER **2**). **2**《米》(品評会・コンクールなどの) 最高賞, ブルーリボン賞 (◇《英》blue riband [ríbənd] ともつづる).
blue·stock·ing [blúːstɑ̀kiŋ / -stɔ̀k-] 名C《軽蔑》学問好き[文学かぶれ]の女性. 由来 18世紀中頃のロンドンの文芸サロンで女性会員が青い靴下をはいていたことによる》.

*bluff[1] [blʌ́f] 名U C はったり, 脅し.
■ *cáll* …*'s blúff* (相手に対して) 開き直る, やれるものならやってみろと挑発する.
— 動他〈人〉をはったりでだます[脅す]; だまして[脅して][…を] させる [*into doing*]: He *bluffed* the

bluff² taxi driver *into thinking* that he was a famous actor. 彼ははったりでそのタクシー運転手に自分が有名な俳優であると信じ込ませた.
― 圓 はったりをかける, からいばりする.
■ *blúff it óut* 《口語》(困難な状況を)はったりで切り抜ける, だまして切り抜ける.

****bluff**² [blʌ́f] 图 C (海・川などに面する幅の広い)絶壁, 断崖(%); 切り立った岬.
― 圏 絶壁の, 切り立った.

****bluff**³ 圏 ぶっきらぼうな, 粗野な, がさつな(◇「相手の気持ちに鈍感な」blunt に対し, 「根は実直で悪意はない」ことを示す).
bluff·ly [~li] 圓 ぶっきらぼうに, 粗野に.
bluff·ness [~nəs] 图 Ü 粗野.

blu·ish, blue·ish [blúːɪʃ] 圏 青みがかった.

****blun·der** [blʌ́ndər] 图 C (不注意などによる)大失敗, どじ, へま: make [commit] a *blunder* 大失敗をする.
― 動 圓 1 (不注意などから)大失敗をする, しくじる. 2 まごつく (*along, about*); […に]ぶつかる, つまずく (*into, against*); […に]うっかり入り込む [*into, in*]: She *blundered* into the sideboard. 彼女は食器棚にうっかりぶつかった.
― 動 他 1 …をやり損なう; むざむざ逃す, 失敗して…を失う (*away*).

blun·der·er [blʌ́ndərər] 图 C へまをする人, うっかり屋.

****blunt** [blʌ́nt] 圏 1 (刃・先端などが)鈍い(↔ sharp, keen): a *blunt* instrument 鈍器 / a *blunt* knife 切れないナイフ / a *blunt* pencil 先の丸い鉛筆(→ BLUFF³); ありのままの: a *blunt* reply そっけない返事. 2 (態度・言葉などが)ぶっきらぼうな, そっけない(→ BLUFF³); ありのままの: a *blunt* reply そっけない返事.
― 動 他 1 〈刃・先端など〉を鈍くする, 切れなくする. 2 〈感覚・思考力など〉を鈍くする.
blunt·ness [~nəs] 图 Ü 鈍さ; そっけなさ.

blunt·ly [blʌ́ntli] 圓 ぶっきらぼうに, そっけなく, 無遠慮に; [文修飾] 遠慮なく言えば.

****blur** [blə́ːr] 图 C [a ~]かすんで[ぼんやり]見えるもの, ぼやけた状態: The mountains were a *blur* in the mist. その山々は霧にかすんでいた.
― 動 (三単現 **blurs** [~z]; 過去・過分 **blurred** [~d]; 現分 **blur·ring** [blə́ːrɪŋ]) 他〈光景・記憶など〉をぼかす, あいまいにする; 〈目〉を曇らせる: Heavy fog *blurred* the landscape. 濃霧のために景色がかすんでいた.
― 動 圓 […で]ぼんやりする, 曇る; 〈目〉が […で] かすむ [*with*]: Her eyes *blurred* with tears. 彼女の目は涙でかすんだ.

blurb [blə́ːrb] 图 C (本のカバー・帯などの)宣伝文, 短い広告.

blurt [blə́ːrt] 動 他 …をうっかり口を滑らして言う, 出し抜けに言う (*out*): He *blurted out* the secret. 彼はうっかり秘密を漏らした.

****blush** [blʌ́ʃ] 動 圓 1 […で]顔を赤らめる, 〈顔が〉赤くなる [*at, for, with*]: She *blushed for* [*with*] shame. 彼女は恥ずかしさで顔を赤らめた / He *blushed at* his stupid mistake. 彼は自分のばかげたミスに赤面した. 2 (a)[…を/…して]恥じる, 赤面する [*for / to do*]: I *blush for* your ignorance. 君の無知にはこちらが恥ずかしくなる / I *blushed* to hear it. 私はそれを聞いて赤面した.
(b) [blush + C]恥ずかしくて…になる: She *blushed* red. 彼女は真っ赤になった.
― 图 1 C 顔を赤らめること, 赤面, 恥じらい: put …to the *blush*《古》…を赤面させる, …の面目を失わせる / Spare my *blushes*! おだてるなよ(恥ずかしくなるから) / turn away to hide one's *blushes* 恥じらいを隠そうと顔をそむける. 2 Ü C ほお紅.
■ *at fírst blúsh*《文語》一見したところ.

blush·er [blʌ́ʃər] 图 Ü C ほお紅.
blush·ing·ly [blʌ́ʃɪŋli] 圓 赤面して, 恥ずかしげに.
blus·ter [blʌ́stər] 動 圓 1 〈風・波〉が荒れ狂う. 2 どなり[いばり]散らす.
― 图 Ü 1 荒れ狂う風[波](の音). 2 どなり散らすこと, 脅し, からいばり.
blus·ter·y [blʌ́stəri] 圏 風の吹きすさぶ, 〈天候が〉荒れた.

blvd., Blvd《略語》= *boulevard* 大通り.
bn《略語》billion 10億.

bo·a [bóʊə] 图 C 1 = bóa constrìctor 【動】ボア《南米産の大蛇で無毒. 獲物を絞め殺す》. 2 ボア《女性用の毛皮[羽毛]の襟(%)巻き》.

boar [bɔ́ːr] 图 (☆ 同音 bore) 1 C (繁殖用で去勢しない)雄豚; Ü 雄豚の肉. 2 C イノシシ (wild boar); Ü イノシシの肉.

*****board** [bɔ́ːrd] 图
― 图 (複 **boards** [bɔ́ːrdz]) 1 C 板, 板材 (→ PLANK): He nailed the *boards* to the windows before the typhoon hit his town. 彼は台風が町を襲う前に窓に板を打ち付けた.
2 C 〔通例, 複合語で〕(特定の用途の)板, 台, 盤; 黒板 (blackboard); 掲示板: She wrote some words on the *board*. 彼女は黒板に単語をいくつか書いた.

【関連語】いろいろな **board**
blackboard 黒板 / breadboard パン切り台 / bulletin board《米》掲示板 / chessboard チェス盤 / diving board 飛び込み台 / ironing board アイロン台 / message board 伝言板 / notice board《英》掲示板 / scoreboard スコアボード / signboard 看板 / surfboard サーフボード

3 C 委員会, 会議; (官庁などの)庁, 局: a *board* of directors 役員会 / the Education *Board* 教育委員会 / the Tourist *Board* 観光局.
4 Ü 食事, 賄(%)い, 食事代: *board* and lodging 賄い付きの下宿.
5 C 〔通例 ~s〕(本の装丁に用いる)ボール紙: This book is bound in cloth *boards*. この本はクロス装丁です. 6 C 〔the ~s〕《古》劇場, 舞台.
■ *abòve bóard* (取引などが)公明正大な[に].
(由来)トランプをするとき, 手が見えるようにテーブルの上に置くことから)
acròss the bóard 一律に, 全面的に (→ ACROSS-THE-BOARD): There will be a pay cut *across the board*. 全員の給料がカットされるだろう.
gò by the bóard 1 (計画などが)放棄される, だ

めになる；（習慣・要求などが）無視される: The plan has *gone by the board*. その計画はだめになった. **2**（人・マストが）船から落ちる.
on bóard **1**（飛行機・列車・船などに）乗って(aboard): go [get] *on board*（飛行機などに）乗り込む. **2**［前置詞的に］…に乗って: Everybody was *on board* the train. 全員が乗車していた.
swéep the bóard（競技などで）全勝［圧勝］する；大成功する.（由来）トランプなどで勝者が卓上の賭(ホ)け金を独り占めしたところから）
táke ... on bóard …を十分理解する，受け入れる.
― 動 **1**（飛行機・列車・船などに）乗り込む，乗船［乗車，搭乗］する: *board* a plane 飛行機に搭乗する. **2** …を（賄(ポゥ)い付きで）下宿させる. **3** …に板を張る，…を板で覆う: a *boarded* floor 板張り［フローリング］の床.
― 自 **1**（飛行機・列車・船などに）乗り込む，（乗り物が）乗客を乗せる. **2**［…に］下宿する［*at*, *with*］: I am *boarding at* my uncle's［*with* my uncle］. 私はおじの家に下宿している.
■ *bóard óut* 他 …を下宿させる；〈ペット・子供など〉を預ける. ― 自 外食する.

board·er [bɔ́ːrdər] ［同音］border] 名 C
1（賄(ぁ)い付きの）下宿人 (cf. lodger, roomer 賄いなしの下宿人). **2** 寮生 (cf. dayboy (寄宿学校の）男子通学生).

*****board·ing** [bɔ́ːrdiŋ] 名 U **1** 板張り，板囲い；［集合的に］板. **2** 下宿，賄(ぁ)い. **3** 乗船，乗車，搭乗.
◆ **bóarding càrd** [**pàss**] C 搭乗券，乗船券.
bóarding gàte C 搭乗ゲート（→ AIRPORT [PICTURE BOX]）.
bóarding schòol C U 寄宿学校，全寮制の学校 (cf. day school 通学学校).

board·ing·house [bɔ́ːrdiŋhàus] 名 C **1**（賄(ぁ)い付きの）下宿屋 (cf. lodging house,《米》rooming house（賄いなしの下宿屋). **2**（寄宿学校の）寄宿舎，寮.

board·room [bɔ́ːrdrùːm] 名 C（役員の）会議室.

board·walk [bɔ́ːrdwɔ̀ːk] 名 C《米》（海岸などの）板張りの遊歩道.

*****boast** [bóust] 動 自（通例，軽蔑）［…を］自慢する，鼻にかける［*of*, *about*］（◇ be proud of より「自慢」の意が強い）: She never *boasts of* [*about*] her beauty. 彼女は決して美貌(ぼょ)を鼻にかけない／He *boasted* to me *about* having won the race. 彼はその競走に勝ったことを私に自慢した.
― 他 **1**［*boast*＋*that* 節］（人が）…であることを自慢する，誇りを持って言う: He *boasts that* his father is a famous writer. 彼は父親が有名な作家であることを自慢する. **2** …を誇る，誇りとする（◇通例「場所・もの」が主語になる）: Our city *boasts* a splendid public park. わが町にはすばらしい公園がある.
― 名 C《軽蔑》自慢（の種）；［…という］自慢［*that* 節］；《ほめ言葉》誇り（とするもの）: The swimming pool is the *boast* of our school. そのプールは私たちの学校の自慢です.

boast·er [bóustər] 名 C 自慢屋，ほら吹き.

boast·ful [bóustfəl] 形 […の］自慢をする，鼻にかけた

［*of*, *about*］；（言葉などが）自慢に満ちた: He is *boastful of* [*about*] his strength. 彼は腕力が自慢です.

boast·ful·ly [-fəli] 副 自慢そうに.

*********boat** [bóut]（☆ **bought** との発音の違いに注意）名 動
― 名（複 **boats** [bóuts]）C **1** ボート，小型船，客船 (passenger ship): a fishing *boat* 漁船／a pleasure *boat* 遊覧船／a sailing *boat* 帆船，ヨット／row a *boat* ボートをこぐ／We crossed the river in a *boat*. 私たちは舟でその川を横断した.
2《口語》（一般に）船，汽船 (steamboat): We boarded [got on board] the *boat* at Kobe. 私たちは神戸で乗船した.（関連語）ferryboat フェリーボート／lifeboat 救命ボート）
3 舟形の容器（ソース・肉汁などを入れる）.
■ *be* (*áll*) *in the sáme bóat*《口語》同じ境遇［運命・危険・困難など］にある，運命共同体である.
bùrn one's bóats 後戻りできないようなことをする，背水の陣を敷く.
miss the bóat（二度とないような）好機を逃がす（◇船に乗り遅れることから）.
púsh the bóat óut《英口語》［…の］お祝いのために大金を使う［*for*］.
róck the bóat《口語》騒ぎを起こす，平和を乱す（◇船を揺らして不安定にすることから）.
táke to the bóats **1** 救命ボートに乗り移る.
2 引き受けた仕事を放棄する.
― 動 自 ボートをこぐ，舟遊びをする.
◆ **bóat pèople**［集合的に；複数扱い］ボートピープル《戦争・政変などのために船で国外へ出る難民》.
bóat ràce C ボートレース，競艇.
bóat tràin C（船便と接続する）臨港列車.

boat·er [bóutər] 名 C **1** かんかん帽（◇昔，舟遊びのときにかぶった. 今でも社交行事などにかぶる）.
2 船［ボート］に乗る人.

boat·house [bóuthàus] 名 C ボート小屋；艇庫.

boat·ing [bóutiŋ] 名 U ボートこぎ，舟遊び.

boat·man [bóutmən] 名（複 **boat·men** [-mən]）C 貸しボート屋（の主人）；ボートのこぎ手；船頭.

boat·swain [bóusən]（☆ 発音に注意）名 C《海》（商船の）甲板(筬)長；（軍艦の）掌帆(筬)長（◇ **bo·sun, bo'sun, bo's'n** [bóusən] ともつづる）.

bob[1] [báb/bɔ́b] 動（三単現 **bobs** [~z]；過去・過分 **bobbed** [~d]；現分 **bob·bing** [~iŋ]）自
1（頭・体などが）ひょっと動く；上下にすばやく動く［揺れる，跳ねる］. **2**（女性が）［…に］膝(ʰ)を少し曲げてお辞儀する［*to*, *at*］.
― 他〈頭・体など〉を（上下に）ひょいと動かす.
■ *bób a cúrtsy* (*to* ...)（女性が）（…に）膝を軽く曲げてお辞儀する.
bób úp 突然（再び）現れる；浮上する.
― 名 C **1**（上下に）ひょいと動くこと. **2**（女性が）膝を少し曲げてするお辞儀；軽い会釈.

bob[2] 名 C（女性・子供の）ショートヘア，ボブ，断髪《襟(ネ)首あたりまでの短い髪形》.
― 動〈髪〉をショートヘア［ボブ，断髪］にする.

Bob [báb/bɔ́b] 名 C ボブ（◇男性の名；Robert の愛称）.

bob·bin [bábən / bɔ́b-] 名C (筒形の)糸巻き, ボビン《ミシンなどの機械に用いる》.

bob·ble [bábl / bɔ́bl] 名C **1**《英》(装飾用)毛糸玉. **2**《米口語》へま, しくじり;《球技》ファンブル (fumble). ── 動他《米口語》…をしくじる;《球技》〈ボール〉をファンブルする.

bob·by [bábi / bɔ́bi] 名(複 **bob·bies** [~z]) C《英口語》警官.《由来》19世紀にロンドン警察を組織した Sir Robert Peel の愛称 Bobby から.

bób·by pìn 名C《米》ボビーピン(《英》hairgrip)《ヘアピンの一種》.

bób·by sòcks, bób·by sòx 名《複数扱い》《米》(足首までの)白い短いソックス.

bob·cat [bábkæt / bɔ́b-] 名(複 **bob·cats** [-kæts], [集合的に] **bob·cat**) C《動物》アカオオヤマネコ, ボブキャット《北米産》.

bob·sled [bábslèd / bɔ́b-]《主に米》名C ボブスレー; 二連ぞり.
── 動 (三単現 **bob·sleds** [-slèdz]; 過去・過分 **bob·sled·ded** [~id]; 現分 **bob·sled·ding** [~iŋ]) 自 ボブスレーに乗る, ボブスレーで滑る.

bob·sled·ding [~iŋ] 名U ボブスレー競技.

bob·sleigh [bábslèi / bɔ́b-] 名動《主に英》= BOBSLED(↑).

bob·tail [bábtèil / bɔ́b-] 名C (馬・犬などの)切り尾, 短い尾; 切り尾の馬[犬].

bod [bád / bɔ́d] 名C《英口語》人;《米口語》身体《◇ *body* から》.

bode¹ [bóud] 動他 [受け身不可]《文語》…の前兆となる;〈人〉にとって…の前兆となる: This *bodes* us no good. これは私たちにとって縁起がよくない.
■ **bóde wéll [íll] for ...** …にとってよい[悪い]前兆である, 縁起がよい[悪い].

bode² 動 bide の過去形の1つ.

bod·ice [bádis / bɔ́d-] 名C **1** ボディス《前をひもで締める女性用ベスト》. **2** (婦人服の)胴部, 身ごろ《腰から上部》. **3**《古》コルセット.

*bod·i·ly [bádəli / bɔ́d-] 形 [比較なし; 限定用法] 肉体[身体](上)の; 肉体的な (physical): *bodily* organs 体の諸器官 / *bodily* suffering 肉体的苦痛. ── 副 体ごと, 丸ごと, 一斉に: carry the child *bodily* to bed 子どもを体ごと抱き上げてベッドへ運ぶ.

bod·kin [bádkin / bɔ́d-] 名C ひも通し針, 大針; 千枚通し, 目打ち.

***bod·y** [bádi / bɔ́di]

── 名(複 **bod·ies** [~z]) **1** C 体, 肉体 (→図)《関連語》mind 心 / soul 魂 / spirit 精神: a strong [weak] *body* 丈夫な[ひ弱な]体 / strengthen [build up] one's *body* 体を鍛える / A sound mind in a sound *body*.《ことわざ》健全な精神は健全な身体に宿る.

2 C (頭・手足を除いた)胴体 (cf. limb 手足): A big stone suddenly hit the animal on the *body*. 突然大きな石がその動物の胴体に当たった.

3 C 死体, 遺体 (corpse): We found his (dead) *body* in the forest. 私たちは森で彼の死体を見つけた.

4 C 本体, 主要部分;(車・飛行機などの)ボディー;(木の)幹 (trunk);(衣服の)胴部: the *body* of a car 車体 / the *body* of an airplane 機体 / the *body* of a theater 劇場の観客席 / the *body* of a letter 手紙の本文.

5 C 団体, 機関: the student *body* 学生自治会 / a diplomatic *body* 外交団 / a governing

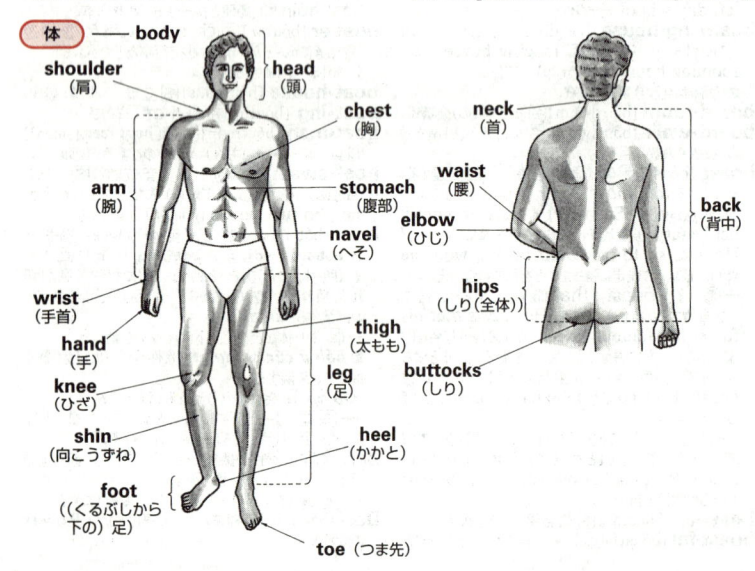

体 ── body
- shoulder (肩)
- head (頭)
- chest (胸)
- neck (首)
- arm (腕)
- stomach (腹部)
- waist (腰)
- navel (へそ)
- elbow (ひじ)
- back (背中)
- wrist (手首)
- hips (しり(全体))
- hand (手)
- thigh (太もも)
- knee (ひざ)
- leg (足)
- buttocks (しり)
- shin (向こうずね)
- heel (かかと)
- foot ((くるぶしから下の)足)
- toe (つま先)

bodybuilding

body 理事会 / a legislative *body* 立法機関.
6 [a ~]《…の》一団, 一群; 多量, 集積《*of*》: a *body of* kindergarteners 幼稚園児の集団 / a *body of* facts 一連の事実 / A lake is a large *body of* water surrounded by land. 湖は陸地に囲まれた大きな水たまりである. **7**《C》天体, 物体: a heavenly *body* 天体 / a solid [liquid, gaseous] *body* 固体[液体, 気体]. / The doctor found a foreign *body* in the patient's eye. 医師は患者の目に異物を見つけた. **8**《U》(ウイスキー・ワインなどの)こく, 濃度: This wine has plenty of *body*. このワインは非常にこくがある. **9**《C》《口語》人間, (特にセクシーな)女性.
■ **bódy and sóul 1** 肉体と精神. **2** [副詞的に] 全力で, 完全に.
in a bódy 一丸となって, 一斉に.
kèep bódy and sóul togéther やっと生きていく.
òver my déad bódy《口語》絶対に(そんなことは)させない: My son will gamble *over my dead body*. 息子には絶対ギャンブルはやらせないぞ(させるものか).

◆ **bódy ármor**《U》防弾チョッキ.
bódy blòw《C》**1**【ボクシング】ボディーブロー. **2** 大打撃.
bódy chèck《C》【アイスホッケー】ボディーチェック《相手の動きを体で阻止すること》.
bódy clòck《C》体内時計 (biological clock).
bódy lànguage《U》身体言語, ボディーランゲージ《身ぶり・表情などによる意思伝達方法》.
bódy òdor《C》体臭, わきが《《略語》BO》.
bódy polític [the ~]《文語》(政治統一体としての)国家, 国民.
bódy sèarch《C》(空港などでの)身体検査, ボディーチェック (security check).《比較》この意味での「ボディーチェック」は和製英語.
bódy stòcking《C》ボディーストッキング《シャツとストッキングがひと続きになったタイツ》.
bod·y·build·ing [bádibìldiŋ / bádi-]《名》《U》ボディービル.
bod·y·build·er [-ər]《名》《C》ボディービルダー.
bod·y·guard [bádigà:rd / bɔ́di-]《名》《C》ボディーガード, 護衛員; [集合的に] 単数・複数扱い] 護衛隊.
bod·y·suit [bádisù:t / bɔ́disjù:t]《名》《C》ボディースーツ《胴体にぴったりした女性用衣類》.
bod·y·work [bádiwə̀:rk / bɔ́di-]《名》《U》(乗り物の)車体; 車体の製造[修理].
Boer [bɔ́:r]《名》《C》ボーア人《南アフリカのオランダ系住民. 現在では通例 Afrikaner と呼ぶ》.
—《形》限定用法》ボーア人の.
◆ **Bóer Wár** [the ~] ボーア戦争《1899–1902; 英国とボーア人の戦争》.
bof·fin [báfin / bɔ́f-]《名》《C》《英口語》科学者, (特に) 軍事研究員.

*****bog** [bág / bɔ́g]《名》**1**《C|U》沼地, 湿地, 泥沼. **2**《C》《英俗語》便所 (lavatory).
—《動》(三単現 **bogs** [~z]; 過去・過分 **bogged** [~d]; 現分 **bog·ging** [~iŋ])《自》泥沼にはまり込む;《比喩》泥沼[苦境]にはまり込む《*down*》: *bog down* in the mud ぬかるみにはまる.
—《他》[通例, 受け身で] …を泥沼にはまり込ませる

boil¹

《*down*》;《比喩》[…にはまって] 動きをとれなくさせる《*down*》《*in*, *into*》: We got bogged down in details. 私たちは細かい点で行き詰まった.
bo·gey¹ [bóugi]《名》《C》**1** お化け, 幽霊; 悪魔 (bogeyman). **2** 怖い[いやな]もの, 悩みの(種). **3**《英》(鉄道)のボギー台車; トロッコ.
bo·gey²《名》《C》【ゴルフ】ボギー《パーより1打多くホールを終えること; → BIRDIE》.
bo·gey·man [bóugimæ̀n]《名》《複 bo·gey·men [-mèn]》= BOGEY¹ **1**, **2**(↑).
bog·gle [bágl / bɔ́gl]《動》《自》《口語》**1**《驚き・恐怖などで》[…に]ぎょっとする《*at*》. **2**[…に]しり込みする, ためらう《*at*, *about*》: I *boggled at* accepting their proposal. 私は彼らの申し出を受け入れることをためらった.
—《他》…を驚かす, とまどわせる.
bog·gy [bági / bɔ́gi]《形》《比較 **bog·gi·er** [~ər]; 最上 **bog·gi·est** [~ist]》沼地の, 湿地の, 沼の多い.
bo·gie [bóugi]《名》= BOGEY²(↑).
Bo·go·tá [bòugətá: / bɔ̀-]《名》《固》ボゴタ《コロンビア共和国の首都》.
bo·gus [bóugəs]《形》にせの, いんちきの.
bo·gy [bóugi]《名》《複 bo·gies [~z]》= BOGEY¹ **1**, **2**(↑).
Bo·he·mi·a [bouhí:miə]《名》《固》ボヘミア《チェコ西部にある地方. もと王国》.
Bo·he·mi·an [bouhí:miən]《形》**1** ボヘミアの; ボヘミア人[語]の. **2**[しばしば **b-**](芸術家などが)自由奔放な, 伝統や因襲にとらわれない.
—《名》**1**《C》ボヘミア人;《U》ボヘミア語. **2**《C》[しばしば **b-**] ボヘミアン《芸術家など自由奔放に生きる人》.

*****boil¹** [bɔ́il]
《動》【基本的意味は「沸く (become very hot and start to steam)」】
—《動》(三単現 **boils** [~z]; 過去・過分 **boiled** [~d]; 現分 **boil·ing** [~iŋ])
—《自》**1**(容器に入った液体が)**沸騰する**, 沸く: Water *boils* at 100°C. 水はセ氏100度で沸騰する / I dozed off and didn't notice the kettle *boiling*. 私はうとうとしてやかんの湯が沸いているのに気づかなかった.
2(食べ物が)煮える, ゆだる: The beans have been *boiling* for ten minutes. 豆は10分前から煮立っている.
3 激怒する, 煮えくり返る: Your boss is *boiling* with anger. 上司がかんかんに怒っているぞ / His bad behavior made my blood *boil*. 彼の態度の悪さに私の腹は煮えくり返った.
—《他》**1**[boil+O]…を沸かす, 沸騰させる: He *boiled* water to make tea. 彼はお茶を入れるために湯を沸かした / He *boiled* the kettle on the stove. 彼はこんろでやかんの湯を沸かした.
2(a)[boil+O]…をゆでる, 煮る: He doesn't know how to *boil* rice. 彼はご飯の炊き方を知らない. (b)[boil+O+O /boil+O+for ~]《人》に…をゆでてやる: She *boiled* me the spaghetti. = She *boiled* the spaghetti *for* me. 彼女は私にスパゲッティをゆでてくれた. (c) [boil+O+C]《卵など》を…(の状態)にゆでる:

He *boiled* the eggs hard. 彼は卵を固ゆでにした. 句動詞 **bóil awáy** (自) 沸騰してなくなる, 蒸発する. **bóil dówn** (自) **1** 煮詰まる. **2** 《口語》《…に》要約される《*to*》: All his talk *boiled* down to the fact that he didn't want to go. 彼はいろいろ話していたけれど要するに行きたくないのです. — (他) [boil down + O / boil + O + down] …を煮詰める; 要約する.
bóil óver (自) **1** 沸騰してこぼれる. **2** 激昂する. **3** 収拾がつかなくなる; 〔…に〕発展する《*into*》.
bóil úp (自) (紛争などが)激化する. — (他) [boil up + O / boil + O + up] …を沸かす, 煮立てる.
■ **bóil drý** (水分が)沸騰してなくなる.
— 名 [a ~ / the ~] **1** 沸かすこと, 煮ること: Please give it a *boil*. それを煮てください. **2** 沸騰; 沸点: come to a [《英》the] *boil* 沸騰する / be on the *boil* 沸騰している.
■ **cóme to the bóil** (危機などが)頂点に達する.
boil² [bóil] 名 C (皮膚の)できもの.
boiled [bóild] 形 [限定用法] 煮沸した, ゆでた: *boiled* egg ゆで卵. 関連語 hard-*boiled* 固ゆでた / soft-*boiled* 半熟の.
***boil・er** [bóilər] 名 C ボイラー, (家庭用)給湯器; 煮炊き用器具《かま・なべなど》.
◆ **bóiler sùit** C《英》(胸当て付きの)作業服, オーバーオール, つなぎ C 《米》overalls.
boil・ing [bóiliŋ] 形 **1** 沸騰している; ひどく暑い[熱い]: *boiling* water 熱湯 / a *boiling* sun 灼(しゃく)熱の太陽. **2** [副詞的に] 沸き返るほど, ぐらぐらと; 猛烈に: *boiling* hot 猛烈に暑い [熱い].
◆ **bóiling pòint** C [しばしば the ~] 沸点. 関連語 freezing point 氷点 / melting point 融点. **2** [単数形で] 《口語》(興奮・怒りなどの)頂点; 《忍耐の》限界.
bois・ter・ous [bóistərəs] 形 **1** 《人・言動などが》乱暴な, 荒々しい; 騒々しい: a *boisterous* party にぎやかな/天候などが》大荒れの.
bois・ter・ous・ly [~li] 副 騒々しく; 荒れ狂って.
***bold** [bóuld] 形 **1** 《人・行為などが》大胆な, 勇敢な (→ BRAVE 類義語): a *bold* plan 大胆な計画 / It is *bold* of you to refuse his request. = You are *bold* to refuse his request. 彼の頼みを断るとは大胆ですね. **2** 《軽蔑》《人・行為などが》ずうずうしい, 厚かましい (impudent): How *bold* of him! 彼はなんてずうずうしいのだろう. **3** (見た目が)際立った, 目立つ; (描写などが)力強い: a *bold* outline of a mountain くっきりした山の輪郭. **4** [比較なし][印刷] 太字 [ボールド体] の (→ BOLDFACE).
■ **(as) bóld as bráss** 《口語》図太い, 鉄面皮の. **màke [be] so bóld as to dó = màke [be] bóld to dó**《古風》失礼しながら…する, あえて…する. **màke bóld with** … …を勝手に使う 《◇ make free with … のほうが一般的》.
bold・face [bóuldfèis] 名 U [印刷] = **bóldface týpe** 太字(体), ボールド体 (↔ lightface).
bold・faced [bóuldfèist] 形 **1** ずうずうしい, 厚かましい. **2** [比較なし][印刷] 太字の, ボールド体の (→ BOLDFACE).

***bold・ly** [bóuldli] 副 **1** 大胆に. **2** ずうずうしく, 厚かましく. **3** くっきりと, 際立って; 太く.
bold・ness [bóuldnəs] 名 U **1** 大胆さ; 厚かましさ, 図太さ. **2** 目立つこと.
bole [bóul] 名 C (樹)木の幹.
bo・le・ro [bəléərou] 名 (複 **bo・le・ros** [~z]) C **1** ボレロ《スペイン舞踊》; ボレロの曲. **2** [bəléərou / bólərou]《英》ボレロ《前開きの短い女性用上着. スペインの闘牛士の服装が原型といわれる》.
Bo・liv・i・a [bəlíviə] 名 (固) ボリビア《南米中西部の共和国; 首都ラパス (La Paz)》.
boll [bóul] 名 C (綿花・亜麻などの)丸いさや.
bol・lard [bálərd / bóːlɑːrd] 名 C **1** [海] 係船柱. **2** 《英》保護柱《車の侵入を防ぐ柱》.
bol・locks [báləks / bóːl-] 名《英俗語》**1** [複数扱い] 睾丸(こうがん). **2** [単数・複数扱い] くだらないこと.
Bo・lo・gna [bəlóunjə] 名 **1** (固) ボローニャ《イタリア北部の都市》. **2** [C U] [b-] 《米》= **bológna sàusage** ボローニャソーセージ《大型のスモークソーセージ》.
bo・lo・ney [bəlóuni] 名 U **1** 《俗語》ばかげたこと, たわ言. **2** 《米口語》= BOLOGNA 2 (↑).
Bol・she・vik [bóulʃəvik / báʃ-] 名 (複 **Bol・she・viks** [~s], **Bol・she・vi・ki** [-víːki]) C **1** [史] ボルシェビキ《ロシア社会民主労働党(1903–17)の多数派で過激派の人》. **2** (1918年以降の)旧ソ連共産党員. **3** 《軽蔑》過激主義者.
— 形 ボルシェビキの.
bol・ster [bóulstər] 動 (他) **1** …を枕(まくら)(もの)で支える(*up*). **2** 〈人・運動・考えなど〉を支持する, 強化する (*up*).
— 名 C **1** 長枕《通例, シーツの下に入れ, その上に枕 (pillow) を載せる》. **2** 当て物, 支え.
***bolt** [bóult] [☆発音に注意] 名 C **1** ボルト, 締めくぎ (cf. nut ナット): fasten a *bolt* ボルトを締める. **2** かんぬき. **3** 稲妻, 電光. **4** (布などの)ひと巻き.
■ **a bólt from [òut of] the blúe** 青天の霹靂(へきれき), 思いがけない(不愉快な)出来事.
màke a bólt for it 突然逃げ出す.
shóot one's [lást] bólt《口語》全力を出し切る, 最善をつくす 《通例, 完了形で》.
— 動 (他) **1** 〈戸など〉にかんぬきをかける. **2** …をボルトで締める (*together*). **3** 〈食物〉をかまずに飲み込む, 大急ぎで食べる (*down*): He *bolted* (*down*) his breakfast. 彼は朝食を大急ぎで食べた. **4** 《米》〈政党などを離脱する, 離党する.
— (自) **1** 〈戸など〉かんぬきで閉まる. **2** ボルトで固定される. **3** (人が)突然逃げ出す; (馬が驚いて)急に走り出す. **4** 《米》離脱する, 離党する.
— 副 突然に; まっすぐに, 直立して.
■ **bólt upríght**《人が》まっすぐに背を伸ばして: sit *bolt upright* 《背を伸ばして》きちんと座る.
bolt-hole, bolt・hole [bóulthòul] 名 C 安全な隠れ場所, 避難所.

*****bomb** [bám / bóm] [☆発音に注意. 語尾の b は発音しない] 名 動
— 名 (複 **bombs** [~z]) C **1 爆弾**: a hydrogen *bomb* 水爆 / a time *bomb* 時限爆弾 / plant [place] a *bomb* 爆弾を仕掛ける / An

atomic *bomb* was dropped on Hiroshima in 1945. 1945年に原爆が広島に落とされた. **2** [the ～] 核兵器; 水爆. **3** 《米口語》大失敗: His latest movie was a *bomb*. 彼の最新の映画は大失敗だった. ■ *gó (líke) a bómb* 《英口語》**1** (車などが)速く走る. **2** とてもうまくいく.
— 動 他 **1** …を爆撃する; …に爆弾を投下する: The city was heavily *bombed* during the war. その市は戦時中激しい爆撃を受けた. **2** 《米口語》(試験など)に落ちる, 失敗する.
— 自 **1** 爆撃する; 爆弾を投下する. **2** 《米口語》大失敗をしでかす (*out*). **3** 《英口語》(車などを)猛スピードで飛ばす (*along, down, up*).
■ *bómb óut* 他 《受け身で》…を爆撃で焼き払う. *bomb úp* 自 爆弾を積み込む. — 他 〈爆撃機〉に爆弾を積み込む.
◆ *bómb dispósal* Ⓤ 不発弾処理.

bom·bard [bɑmbɑ́ːrd / bɔm-] 動 他 **1** …を砲撃する [爆撃]する. **2** 〈人〉を[質問などで]攻め立てる [*with*]. **3** 《物理》〈原子〉に高速粒子を衝突させる.

bom·bar·dier [bɑ̀mbərdíər / bɔ̀m-] 名 Ⓒ **1** (爆撃機の)爆撃手. **2** 《英》砲兵下士官.

bom·bard·ment [bɑmbɑ́ːrdmənt / bɔm-] 名 ⓊⒸ (通例, 単数形で) 砲撃, 爆撃; 質問攻め.

bom·bast [bɑ́mbæst / bɔ́m-] 名 Ⓤ 《軽蔑》(内容のない)大言壮語, 大言壮語.

bom·bas·tic [bɑmbǽstik / bɔm-] 形 大げさな; (人が)大言壮語する.

Bom·bay [bɑmbéi / bɔm-] 名 圖 ボンベイ《インドの港湾都市. 現在のムンバイ (Mumbai)》.

bómb-bày 名 Ⓒ (爆撃機の)爆弾搭載室.

*bomb·er [bɑ́mər / bɔ́mə] (☆発音に注意) 名 Ⓒ **1** 爆撃機 (cf. fighter 戦闘機). **2** 爆破犯人; 爆撃手.

*bomb·ing [bɑ́miŋ / bɔ́m-] (☆発音に注意) 名 ⓊⒸ 爆撃, 爆破.

bomb·proof [bɑ́mprùːf / bɔ́m-] 形 防弾の: a *bombproof* shelter 防空壕(ごう).

bomb·shell [bɑ́mʃèl / bɔ́m-] 名 Ⓒ **1** 爆弾, 砲弾. **2** (通例, 単数形で)《口語》突発的な事件, ショッキングな事件. **3** 《口語》すごい美人.
■ *dróp a bómbshell* 《口語》爆弾発言をする.

bomb·site [bɑ́msàit / bɔ́m-] 名 Ⓒ 被爆区域.

bo·na fi·de [bóunə fáidi] 《ラテン》《格式》形 《通例, 限定用法》善意の, 真実の, 誠実な; 本物の.
— 副 善意で; 誠意を持って.

bo·nan·za [bənǽnzə] 名 Ⓒ 《主に米》**1** (掘り当てた)豊富な鉱脈. **2** 《口語》(事業などの)大当たり, 大もうけ; [形容詞的に]大当たりの.

Bo·na·parte [bóunəpɑ̀ːrt] 名 圖 → NAPOLEON.

bon·bon [bɑ́nbɑ̀n / bɔ́nbɔ̀n] 《フランス》名 Ⓒ ボンボン《果汁・ブランデーなどが入った砂糖菓子》; (一般に)キャンディー.

***bond** [bɑ́nd / bɔ́nd] 名
— 名 (複 *bonds* [bɑ́ndz / bɔ́ndz]) **1** Ⓒ [しばしば ～s](愛情・利害などの) きずな; 結束: *bonds* of friendship 友情のきずな / a *bond* between father and son 父と息子のきずな.

┏ コロケーション ┓ きずなを…
きずなを断つ: *break* [*dissolve*] *the bonds*
きずなを強める: *strengthen* [*tighten*] *the bonds*
きずなを結ぶ: *form* [*knit*] *the bonds*

2 [～s]《文語》束縛; 足かせ: be in *bonds* 拘束されている / try to break the *bonds* of convention 因習のしがらみを断とうと試みる.
3 Ⓒ (借用)証書; 公債, 社債; 証券: a public *bond* 公債 / a government *bond* 国債.
4 Ⓒ 契約, 約定; 契約[約定]書: enter into a *bond* with … …と契約を結ぶ / His word is (as good as) his *bond*. 彼の約束は契約書も同然である ⇨ 彼の約束は信用できる. **5** ⓊⒸ 接着剤, 接合剤; [a ～] 結合, 接着. **6** Ⓤ《税関》保税(倉庫)留置. **7** Ⓒ《化》化学結合.
— 動 **1** …ときずなを結ぶ, 結束する. **2** …を[…に]接着する (*together*) [*to*]. **3** …を保税倉庫に入れる. **4** …を担保に入れる.
— 自 **1** […と]きずなを結ぶ, 結束する [*with*]. **2** […に]くっつく, つながる (*together*) [*to*].

*bond·age [bɑ́ndidʒ / bɔ́n-] 名 Ⓤ《文語》束縛; 奴隷状態, とらわれの身; 結び付き, きずな: in *bondage* 奴隷となって, とらわれの身で.

bond·hold·er [bɑ́ndhòuldər / bɔ́nd-] 名 Ⓒ 公債[社債]所有者.

bonds·man [bɑ́ndzmən / bɔ́ndz-] 名 (複 **bonds·men** [-mən]) Ⓒ 保証人, 保釈(保証)人.

***bone** [bóun] 名
— 名 (複 *bones* [～z]) **1** Ⓒ 骨; Ⓤ 骨質: fracture a *bone* 骨を折る / set a broken *bone* 接骨する / She broke a *bone* in her foot when she fell. 彼女は転んで足の骨を折った / Protein and minerals are principal constituents of *bone*. たんぱく質とミネラルが骨の主成分である.
2 [～s] 身体 (body), 骨格 (skeleton); 死体: old *bones* 老体, 老骨.
3 [～s] 骨組み; (小説などの) 骨子, 構成: the *bones* of a house 家の骨組み / the *bones* of the novel [play] 小説[劇]の構成.
4 Ⓒ 骨(象牙(ぞう)など)で作ったもの; 傘の骨; (コルセットなどの)張り骨; [～s] (口語) 骨製のさいころ.
■ *a bóne of conténtion* 紛争の種.《由来》犬が骨をめぐってけんかすることから》
(*as*) *drý as a bóne* 《口語》干からびた, からからに乾いた.
clóse to the bóne (発言などが)痛いところをついている; (冗談などが)きわどい, 下品な.
féel [*knów*] (*it*) *in one's bónes that* … …ではないかと直感的に思う, …と肌で感じる: He *felt it in his bones that* something bad would occur that evening. 彼はその晩何か悪いことが起こるだろうと直感した.
hàve a bóne to pìck with … 《口語》〈人〉に言いたいことで[文句, 苦情]がある.
màke nó bónes about … 《口語》…を隠し立てしない; …をためらわない, 気にしない: He makes no

bones about his contempt for art. 彼は平気で芸術なんかくだらないと言う.
néar the bóne = close to the bone.
to the bóne 骨の髄まで; 徹底的に: be chilled [frozen] *to the bone* 体のしんまで冷え切っている.
— 動 他 《魚・肉など》の骨を取り除く: She *boned* the fish for the child. 彼女は子供のために魚の骨を取ってやった.
■ ***bòne úp on ...*** 《口語》《…に備えて》…を猛勉強する《*for*》: John is *boning up on* math *for* the exam. ジョンは試験に備えて数学を猛勉強している. (▷ 形 **bóny**)
◆ **bóne chína** U ボーンチャイナ, 骨灰(ﾎﾞﾈﾊｲ)磁器.
bóne màrrow U 骨髄.
bóne mèal U 《肥料・飼料用の》骨粉.

bóne-drý 形 《口語》からからに乾いた, 干からびた.

bone·head [bóunhèd] 名 C 《口語》ばか者, 間抜け: a *bonehead* play 〖野球〗まずいプレー, ボーンヘッド.

bone·less [bóunləs] 形 骨のない, 骨を抜いた.

bon·er [bóunər] 名 C 《米口語》とんでもない失敗, へま.

bone·shak·er [bóunʃèikər] 名 C 《口語・しばしばこっけい》がたがたする乗り物《特に自転車》.

bon·fire [bánfàiər / bɔ́n-] 名 C **1** 《祝賀の》大かがり火. **2** 《野外の》たき火.
■ ***màke a bónfire of ...*** …を焼き払う.

bong [báŋ / bɔ́ŋ] 名 《鐘などの》ごーんという音.

bon·go [báŋgou / bɔ́ŋ-] 名 (複 **bon·gos, bon·goes** [~z]) C ボンゴ《ラテン音楽に用いる小太鼓. 2個1組を膝ではさむ》.

bon·ho·mie [bànəmíː / bɔ́nəmí] 【フランス】名 U 感じのよさ, 気さくさ.

bo·ni·to [bəníːtou / bɔ-] 名 (複 **bo·ni·tos** [~z], **bo·ni·to**) C 魚 カツオ.

bonk [báŋk / bɔ́ŋk] 動 他 《口語》…を軽く《ぽんと, かんと》たたく. — 自 軽く《ぽんと, かんと》たたく[打つ]. — 名 C 《口語》軽く《ぽんと》たたくこと.

bonk·ers [báŋkərz / bɔ́ŋ-] 形 《叙述用法》《俗語》狂気の; 夢中の.

Bonn [bán / bɔ́n] 名 ボン《ドイツ中西部の都市で, ドイツ統一前の旧西ドイツの首都 (1945–90)》.

***bon·net** [bánit / bɔ́n-] 名 C **1** ボンネット《あごの下でひもを結ぶ小児用の帽子. もと女性用》. **2** 《英》《自動車の》**ボンネット**《《米》**hood**》(◆ CAR [PICTURE BOX]). **3** 《スコットランドの男性用》縁なし帽.

bon·ny, bon·nie [báni / bɔ́ni] 形 (比較 **bon·ni·er** [~ər]; 最上 **bon·ni·est** [~ist]) 《主にスコット・ほめ言葉》美しい, 愛らしい; 健康な.

***bo·nus** [bóunəs] 名 C **1** 特別手当, 賞与, ボーナス: a Christmas *bonus* クリスマス〖年末〗手当. (比較) 英米の bonus は日本と異なり優秀な社員や役員に臨時に支給する》. **2** 《英》《株主への》特別配当金; 《保険加入者への》利益配当金. **3** 《通例, 単数形で》《思いがけない》楽しみ, 贈り物; おまけ.

bon vi·vant [bàn viːvɑ́ːnt / bɔ̀n viːvɔ́ŋ], 《英》**bon vi·veur** [-viːvə́ːr]【フランス】名 (複 **bons vi·vants** [~], **bons vi·veurs** [~]) C 美食家; 陽気な仲間.

bon voy·age [bɔ̀ː nvwaiɑ́ːʒ, -vwɑːjɑ́ːʒ]【フランス】間 よい旅を!, お達者で!《◇特に長い旅の無事を祈る言葉》.

bon·y [bóuni] 形 (比較 **bon·i·er** [~ər]; 最上 **bon·i·est** [~ist]) **1** 骨太の; 骨ばった, やせた. **2** 《魚が》骨の多い. **3** 骨の《ような》. (▷ 名 **bóne**)

boo [búː] 《擬声語》 間 **1** ぶーぶー!《◇観衆が発する非難・不満・反対の声》. **2** ばあ, お化けだぞう《◇人・子供を驚かす声》: Peek-a-*boo*! いないいない, ばあ!
— 名 C ぶー[ばあ]という声; ブーイング.
— 動 他 …にぶーと言って非難する, ブーイングを浴びせる. — 自 ぶーという声を出して非難する, ブーイングをする.

boob [búːb] 名 C **1** 《口語》間抜け, とんま. **2** 《英》愚かなミス. **3** 《~s》《俗語》女性の胸.
— 動 自 愚かなミスをする, しくじる.

boo·by [búːbi] 名 (複 **boo·bies** [~z]) C **1** 《米口語》どじ, 間抜け (boob). **2** 最下位.
◆ **bóoby prìze** C 《こっけい》最下位賞. (比較) びりから2番目に与えられる日本の「ブービー賞」とは異なる》

bóo·by-tràp 動 他 《隠しわな・擬装爆弾》を仕掛ける.

bóo·by tràp 名 C 隠しわな《戸を開けると頭上にものが落ちるようなたずら》; 擬装爆弾.

boo·dle [búːdl] 名 C **1** 《米俗語》賄賂(ﾜｲﾛ) (bribe), 買収金. **2** 《不正に得た》大金.

boo·gie [búgi / búːgi], **boo·gie-woog·ie** [búgiwúgi / búːgiwúːgi] 名 U 《音楽》ブギウギ《テンポの速いジャズピアノ曲またはダンス》.

boo·hoo [bùːhúː] 名 (複 **boo·hoos** [~z]) C 《口語》泣きわめく声, えーんえーん《わあわあ》と泣く声.
— 動 自 《口語》えーんえーん《わあわあ》と泣く.

*****book** [búk]
— 名 (複 **books** [~s]) **1** C **本**, 書籍; 《原稿段階の》著作: a first *book* in psychology 心理学の入門書 / The *book* deals with one of the pressing problems of the day. その本は今日のさし迫った問題の1つを扱っている.

〖関連語〗いろいろな **book**
comic (book) 漫画本 / cookbook 料理本 / guidebook 案内書 / handbook 手引き / picture book 絵本 / reference book 参考書 / rulebook ルールブック / textbook 教科書 / white book 白書 / workbook 練習帳 / yearbook 年鑑

〖コロケーション〗本を[に] …
本を返す: *return a book*
本を書く: *write a book*
本にカバーをかける: *put a jacket on a book*
本を借りる: *borrow a book*
本を出す: *publish* [*bring out, put out*] *a book*
本を注文する: *order a book*
本を読み終える: *read through a book*

2 C 帳面 (notebook); 《切手・切符などの》とじ込み帳: an autograph *book* サイン帳 / an address *book* 住所録 / a *book* of stamps 切手帳 / a check *book* 小切手帳.

bookable / **boom²**

3 [~s] 帳簿, 会計簿; 名簿: keep *books* 帳簿[会計簿]をつける / The *books* balance exactly. 帳簿は帳尻がきちんと合っている. **4** ⓒ (書物の)巻, 部, 編 (◇ book は内容上の分, volume は外形上の分冊をさす): *Book* One 第1巻[部, 編] / "Genesis" is the first *book* of the "Old Testament."『創世記』は旧約聖書の第1書である. **5** ⓒ (オペラなどの)歌詞, 台本. **6** [the B-] 聖書.

■ **be in ...'s góod** [**bád**] **bóoks** 《口語》…に好かれて[嫌われて]いる.

be on [***off***] ***the bóoks*** 名簿に載っている[名簿から除外されている].

bríng [***cáll***] ***... to bóok*** 《主に英》…について〈人〉に弁明[釈明]をさせる, …を罰する [*for*].

by [***accórding to***] ***the bóok*** 《口語》規則通りに: He likes to do everything *by the book*. 彼は何でも規則通りにするのが好きです.

in mý bòok 《口語》私の意見では.

kèep [***màke***] ***a bóok*** 《口語》(競馬などの)胴元になる; […に] 賭(ゕ)ける [*on*].

knów [***réad***] ***... like a bóok*** …を詳しく知っている[理解する], …の心が手に取るようにわかる.

òne for the bóoks 注目すべきこと.

súit one's bóok 《英口語》…に都合がよい.

thrów the bóok at ... 《口語》…を厳しく罰する.

—— 動 (三単現 **books** [~s]; 過去・過分 **booked** [~t]; 現分 **book·ing** [~ɪŋ]) 他

1 (a) [book+O] 《主に英》〈部屋・座席・切符など〉を予約する (reserve): *book* a seat on the flight for Beijing 北京行きの飛行機の座席を予約する / The hotel is fully *booked*. そのホテルは予約で満室です. (b) [book+O+O / book+O+for ...] …のために〈部屋・座席など〉を予約する: I *booked* her a room at Hilton Hotel. = I *booked* a room at Hilton Hotel *for* her. 私は彼女のためにヒルトンホテルに部屋を予約してやった. **2** [通例, 受け身で] …を記帳する, 記録する; 《口語》[…の違反で] 調書を取られる [*for*]: He *was booked for* speeding. 彼はスピード違反で調書を取られた. **3** [通例, 受け身で] …と出演予約[契約]をする.

—— 自 (部屋・座席などを) 予約する: *book* for the play その劇の予約をする.

■ ***be bòoked úp*** **1** (ホテル・劇場などが) 満席[満室]である: The theater *is booked up*. 劇場は満席です. **2** (人が)(予約・予定で)ふさがっている: He *is booked up* all next week. 彼は来週ずっと予定が詰まっている.

bóok ín 《英》 自 (ホテル・空港で) 名前を記帳する, チェックインする (《米》 check in). —— 他 〈人〉に[ホテルを] 予約してやる [*at, into*].

◆ **bóok clùb** ⓒ ブッククラブ (会員に本を安く提供する).

bóok jàcket ⓒ 本のカバー (jacket) (◇ book cover は「本の表紙」).

bóok lèarning Ⓤ 書物から得た知識, 机上の学問.

bóok revìew ⓒ (新刊の)書評; 書評欄.

book·a·ble [búkəbl] 形 予約できる.

book·bind·er [búkbàɪndər] 名 ⓒ 製本業者, 製本工; 製本所 (binder).

book·bind·ing [búkbàɪndɪŋ] 名 Ⓤ 製本業[術]; 装丁 (binding).

*****book·case** [búkkèɪs] 名 ⓒ 本箱, 本棚 (棚 (shelves) が複数で扉付きもある). ➡ LIVING [**PICTURE BOX**].

book·end [búkènd] 名 ⓒ [通例 ~s] ブックエンド, 本立て (◇ book end ともつづる).

book·ie [búki] 名 ⓒ 《口語》 = BOOKMAKER 1 (↓).

*****book·ing** [búkɪŋ] 名 Ⓤⓒ 《主に英》 予約 (reservation); 出演契約.

◆ **bóoking clèrk** ⓒ 《英》(駅の) 出札係; (ホテルなどの) 部屋予約係.

bóoking òffice ⓒ 《英》(駅の) 出札所, 切符売り場 (ticket office).

book·ish [búkɪʃ] 形 (しばしば軽蔑) **1** 読書好きの, 理論好きの. **2** 堅苦しい. **3** (実質的でなく)書物の上での.

book·keep·er [búkkìːpər] 名 ⓒ 簿記[帳簿]係.

book·keep·ing [búkkìːpɪŋ] 名 Ⓤ 簿記.

*****book·let** [búklət] 名 ⓒ パンフレット, 小冊子.

book·mak·er [búkmèɪkər] 名 ⓒ **1** (競馬の) 賭(ゕ)け屋, 呑み屋; (公認の) 賭け屋, ブックメーカー (《英・格式》 turf accountant, 《口語》 bookie). **2** 《米》 本の製作者 (印刷・製本業者, デザイナーなど).

book·mark [búkmɑ̀ːrk] 名 ⓒ **1** (本の) しおり. **2** 【コンピュータ】 しおり, ブックマーク (頻繁にアクセスするサイトのURLを登録したもの).

book·mo·bile [búkmoubìːl] 名 ⓒ 《米》 移動図書館 (《英》 mobile [traveling] library).

book·plate [búkplèɪt] 名 ⓒ 蔵書票 (書物の表紙裏にはって所有者を示す紙片).

book·rack [búkrǽk] 名 ⓒ 書架, 本立て; 書見台.

book·sell·er [búksèlər] 名 ⓒ 書店, 書籍商.

*****book·shelf** [búkʃèlf] 名 (複 **book·shelves** [-ʃèlvz]) ⓒ 本棚, 書棚.

book·shop [búkʃɑp / -ʃɔp] 名 ⓒ 《英》 書店, 本屋 (《米》 bookstore); 《米》 小書店.

book·stall [búkstɔ̀ːl] 名 ⓒ **1** (古)本・雑誌の露店[屋台]. **2** 《英》(駅・空港などの)新聞・雑誌売店 (《米》 newsstand).

book·stand [búkstǽnd] 名 **1** = BOOKRACK (↑). **2** = BOOKSTALL (↑).

book·store [búkstɔ̀ːr] 名 ⓒ 《米》 書店, 本屋 (《英》 bookshop).

book·worm [búkwɜ̀ːrm] 名 ⓒ **1** 《口語》 読書家, 「本の虫」, 勉強家. **2** 【昆】 シミ (紙を食害する).

‡**boom¹** [búːm] 名 ⓒ **1** (雷・大砲などの) とどろき; (ハチなどが) ぶーんと鳴る[響く] 音. **2** にわか景気, ブーム; (都市などの) 急発展; (人気などの) 急激な増加: a war *boom* 軍需景気 / a *boom* town 新興都市 / a baby *boom* ベビーブーム.

—— 動 自 **1** とどろく; ぶーんと鳴る[響く]. **2** 好景気になる; (経済などが) 急成長する.

◆ **bóom bòx** ⓒ 《米口語》 大型ラジカセ.

boom² [búːm] 名 ⓒ **1** 【土木】 ブーム (クレーンの腕木); 【船舶】 ブーム, 帆桁(ゖた). **2** 防材, 流木止め. **3** (カメラ・マイクを取り付けて移動させる長い) アーム.

boom·er [búːmɚ] 名 C **1** ブームを作る人[もの];《口語》新興都市へ移り住む人. **2**《口語》ベビーブーム世代の人 (baby boomer).

boom·er·ang [búːməræŋ] 名 C **1** ブーメラン《オーストラリア先住民の投具》. **2** 提起者に戻ってくる非難[攻撃], やぶへび.
── 動 自《非難・攻撃が》提起者に戻ってくる, やぶにらむ, 予想に反する結果をもたらす (backfire).

boon [búːn] 名 C《通例 a ~》《…にとって》ありがたいもの, 恩恵, 利益 [to, for].

boon·docks [búːndɑks / -dɔks] 名《the ~;複数扱い》《米口語》荒地, (未開拓の)森林地帯;へき地, 奥地.

boor [búɚr] 名 C 不作法な人, 粗野な[がさつな]男.

boor·ish [búɚriʃ] 形 不作法な, 粗野な, がさつな.

‡**boost** [búːst] 動 他 **1**〈生産など〉を増やす,〈値段など〉をつり上げる: *boost* sales 売り上げを伸ばす / *boost* production by 20% 生産を2割増やす. **2** …を(下から)押し上げる (push) (*up*). **3**《米口語》…を後援する, 支援する; …を宣伝する. **4**〈士気など〉を高める: *boost* their spirits 彼らの士気を高める.
── 名《通例, 単数形で》**1**《売上・生産などの》上昇, 増加;《物価の》つり上げ: a *boost* in prices 物価の上昇. **2** 押し上げること. **3**《米》後援; 宣伝. **4** 励まし, 景気づけ: The news of his survival gave his wife a great *boost*. 彼が生きているという知らせは彼の妻を大いに元気づけた.

boost·er [búːstɚ] 名 C **1**《米》後援者, 支持者; 元気づけるもの. **2**《電気》ブースター, 昇圧機. **3** = bóoster shòt [injection]《最初の注射の効力を強めるための》2度目の注射.
◆ bóoster ròcket C《ロケットの》補助推進装置.

‡**boot**[1] [búːt]
── 名《複 boots [búːts]》C **1**《通例 ~s》《米》長靴, ブーツ,《英》《くるぶしの上まで達する》深靴 (→ SHOE 図): ski *boots* スキー靴 / high *boots*《英》長靴 / football *boots*《英》サッカーシューズ(《米》soccer shoes) / a pair of (rubber) *boots* 1足の(ゴム)長靴 / pull on [off] one's *boots* ブーツをはく[脱ぐ]. **2**《英》《車の》トランク (《米》trunk) (➡ CAR [PICTURE BOX]). **3**《通例 a ~》《口語》キック, ひとけり: He gave the can a *boot*. 彼は缶をけとばした. **4**《the ~》《口語》解雇, 首切り. **5**《コンピュータ》ブート,《システムの》起動.
■ díe with one's bóots on = díe in one's bóots《口語》仕事中に死ぬ; 戦死する.
gèt [be gìven] the bóot《口語》首になる.
gíve … the bóot《口語》…を首にする.
líck …'s bóots《口語》…にへつらう, おべっかを使う.
pùt the bóot ìn = pùt ìn the bóot《英口語》《倒れている人を》ひどくける; 追い打ちをかける.
The bóot is on the óther lég [fóot].《英口語》事態が逆転してしまった.
── 動 他 **1**《口語》…をける (kick). **2**《口語》…を追い出す; …を解雇する (*out*). **3**《コンピュータ》〈コンピュータ〉を起動する, 立ち上げる.

boot[2] 名《次の成句で》
■ to bóot おまけに, そのうえ.

boot·ee [búːtiː / búːtí] 名 C **1**《通例 ~s》《幼児用の》毛糸編みの靴;《女性用》ショートブーツ (→ SHOE 図).

*****booth** [búːθ / búːð] 名《複 booths [búːðz, búːθs / búːðz]》C **1** 小さく仕切った部屋, 小間, ブース;《レストランなどの》仕切り席: a listening *booth* 試聴室 / a voting *booth* 投票用紙記入所. **2** 売店; 屋台; 《展示会の》展示ブース; 仮小屋. **3** 公衆電話ボックス 《◇ phone [telephone] booth [《英》box] とも言う》.

boot·lace [búːtleis] 名 C《通例 ~s》ブーツ用靴ひも (shoelace).

boot·leg [búːtleg] 動《三単現 boot·legs [~z]; 過去・過分 boot·legged [~d]; 現分 boot·leg·ging [~iŋ]》他 **1**〈酒類〉を密造[密売, 密輸]する. **2** コンサートなどを録画した海賊版を売る.
── 自 酒類を密造[密売, 密輸]する.
── 形 **1**《酒類》密造[密売, 密輸]の. **2** 海賊版の.
boot·leg 名 C《特に音楽の》海賊版.

boot·leg·ger [búːtlegɚr] 名 C **1**《酒類の》密造[密売, 密輸]者. **2** 海賊版製作者.

boot·less [búːtləs] 形《文語》無益な.

boot·strap [búːtstræp] 名 C《通例 ~s》《ブーツ上部うしろの》つまみ皮.
■ púll [hául] onesélf úp by one's (ówn) bóotstraps《口語》自力で苦境を乗り切る.

boo·ty [búːti] 名 U 戦利品, 獲物; もうけ.

booze [búːz] 動 自《俗語》大酒を飲む (*up*).
── 名《俗語》U 酒;《酒盛り》= be on the *booze* 酔っ払っている.

booz·er [búːzɚr] 名 C **1**《俗語》大酒飲み. **2**《英俗語》パブ, 飲み屋.

bóoze-úp 名 C《英俗語》酒盛り, 飲み会.

booz·y [búːzi] 形《比較 booz·i·er [~ɚr]; 最上 booz·i·est [~ist]》酔っ払った; 大酒飲みの.

bop[1] [bɑp / bɔp] 名《口語》= BEBOP ビーバップ.
── 動 自《ディスコなどで》音楽に合わせて踊る.

bop[2] [bɑp / bɔp] 名《口語》《軽く》たたくこと.
── 動《三単現 bops [~s]; 過去・過分 bopped [~t]; 現分 bop·ping [~iŋ]》他 …を《軽く》たたく.

bor.《略語》= borough.

bo·rax [bɔːræks] 名 U《化》硼砂(ほうしゃ), ホウ酸ナトリウム.

Bor·deaux [bɔːrdóu] 名 **1** 固 ボルドー《フランス南西部の港湾都市》. **2** U ボルドー産ワイン《◇赤ワインを特に claret と言う》.

‡‡‡**bor·der** [bɔːrdɚr] 名 動
── 名《複 bor·ders [~z]》C **1** 境界; 国境; 国境地方: within [out of] *borders* 領域内[外]に / cross the *border* 国境を越える / the *border* between Canada and the U.S. カナダと合衆国との国境. **2** へり, 縁, 端. **3**《服・絵・本などの》縁飾り: a lace *border* レースの縁飾り. **4**《庭園などの縁取りの》花壇, 植え込み, 茂み.

5 [the ~]《米》米国とメキシコの国境; [the B-]《英》イングランドとスコットランドの境界地帯.
■ *on the bórder of ...* **1** …の縁に, ほとりに.
2 …の瀬戸際で; まさに…しそうで: Ned was *on the border of* a nervous breakdown. ネッドは今にもノイローゼになってしまいそうだった.
──動 他 **1** …と境界を成す, 接する, …に面する: Mexico *borders* the United States. メキシコは米国に接している. **2** …を[…で]縁取る[*with*]: *border* a curtain *with* lace カーテンをレースで縁どる.
──自 **1** (土地などが)[…に]接する[*on, upon*]: Portugal *borders on* Spain. ポルトガルはスペインに接している. **2** [...の]状態に近い[*on, upon*]: The weather *bordered on* the ideal. 天気は理想的と言ってよかった.

bor・der・land [bɔ́ːrdərlænd]图C **1** 国境地帯, 境界地. **2** [the ~] どっちつかずの領域[状態]: I was in the *borderland* between sleeping and waking. 私は夢うつつの状態にあった.

bor・der・line [bɔ́ːrdərlàin]图C [通例, 単数形で][…の間の] 国境線, 境界線[*between*].
──形 [限定用法] **1** 国境[境界]線上の. **2** 不明確な; きわどい: a *borderline* joke きわどい冗談.
◆ bórderline càse C どちらとも言えないケース.

***bore**[1] [bɔ́ːr](☆[同音] boar)
── **bear**[1]の過去形.

***bore**[2] 動 他 (行動・会話などが)(人)を退屈させる, 困らせる: The movie *bored* me. その映画は退屈だった / You are *boring* us!(演者などに対して)面白くないぞ.
■ *bóre ... to déath* [*téars*] = *bóre ... stíff* 〈人〉を非常に退屈させる: The novel *bored* me *to death*. その小説はひどく退屈だった.
──图 C (軽蔑) 退屈な人; [通例 a ~] 退屈なもの[こと]: At first I felt he was a *bore*. 私は初め彼を退屈な男だと感じていた / What a *bore* today! きょうはなんて退屈なんだ. (▷ 图 bóredom)

***bore**[3] 動 他 […に]〈穴〉をあける; 〈トンネル・井戸などを〉掘る[*in*]: *bore* a tunnel トンネルを掘る / He *bored* a hole in the board. 彼は板に穴をあけた.
──自 **1** 穴があく; […に] 穴をあける[*through*]: This wall *bores* easily. この壁は簡単に穴があく / This drill can *bore through* steel. このドリルは鋼鉄でも穴をあけられる.
2 [...を求めて]試掘する, ボーリングする[*for*]: They *bored for* oil. 彼らは石油の試掘をした.
3 […を]押し分けて進む[*through*].
■ *bóre one's wáy* **1** 穴を掘って進む. **2** [...を]押し分けて進む[*through*].
──图 **1** C 掘った穴 (borehole). **2** [しばしば複合語で](パイプ・筒・管の)穴, 口径: a small-*bore* water pipe 小口の水道パイプ / a 12-*bore* shotgun 12ゲージのショットガン (口径約18ミリ).

***bored** [bɔ́ːrd] 形 退屈した, うんざりした: a *bored* look うんざりした顔つき / The students were *bored with* [*by*] his speech. 生徒は彼の演説にうんざりした.

bore・dom [bɔ́ːrdəm] 图 U 退屈, 倦怠.
bore・hole [bɔ́ːrhòul] 图C (水・石油などの)試掘坑, ボーリングで掘った立坑.
bor・er [bɔ́ːrər] 图C **1** 穴をあける人; 穴開け道具 《きり・ドリル・たがねなど》. **2** 木食い虫.

***bor・ing** [bɔ́ːriŋ] 形 退屈な, うんざりする: a *boring* job 退屈な仕事 / The movie was deadly *boring*. その映画は死ぬほど退屈だった.
bor・ing・ly [~li] 副 うんざりするほど.
bor・ing[2] 图 **1** UC 穴(をあけること), 穿孔; [鉱]ボーリング. **2** [~s] 錐(きり)くず.

***born** [bɔ́ːrn]
── **bear**[1] の過去分詞の1つ 《◇「生む」の意でのみ用いる》; → BEAR[1] **6** [語法].
──形 **1** (a) [be born] […に](人・動物が)生まれる[*to*]; (組織・団体などが)できる: Their baby *was born* at seven on the morning of November 9 in 1993. 彼らの赤ちゃんは1993年11月9日の朝7時に生まれた / I *was born* in Kyoto. 私は京都で生まれた / Twins were *born to* Mr. and Mrs. Ito. 伊藤さん夫妻に双子が生まれた / The new political workshop will *be born* at the beginning of April. 新しい政策研究会は4月の初めに発足の予定です. (b) [be born + C] …として生まれる: Steve *was born* American, but grew up in Scotland. スティーブはアメリカ国籍だが, スコットランドで育った / Cathy was *born* poor. キャシーは貧しい家庭に生まれた. (c) [be born + to do] …するように生まれつく: He *was born to* be a painter. 彼は画家になるように生まれついた. (d) [be born + of ...] (...の下)に生まれる: He *was born of* rich parents. 彼は金持ちの両親の下に生まれた.
2 [限定用法] 生来の, 天性の, 生まれながらの: a *born* leader [athlete] 生まれながらの指導者[スポーツ選手]. **3** [通例, 複合語で] …に生まれた: a Dublin-*born* musician ダブリン生まれの音楽家.
■ *be bórn agáin* 生まれ変わる, 更生する.
be bórn yésterday (経験不足で)だまされやすい, 愚かである: I *was* not *born yesterday*. (そう簡単にだまされるほど)私は愚かではありませんよ.
bórn and bréd 生まれ育って; 生来の: She was *born and bred* in Hokkaido. 彼女は北海道で生まれ育った.
in áll my bórn dáys《古風》生まれてこのかた.

bórn-a・gáin 形 生まれ変わった, 心を入れ替えた.

***borne** [bɔ́ːrn](☆[同音] born)
── **bear**[1]の過去分詞の1つ.

Bor・ne・o [bɔ́ːrniòu] 图 固 ボルネオ《マレー諸島にある世界第3の島. インドネシア領のカリマンタン(Kalimantan), マレーシア領とブルネイ(Brunei)に分かれる》.

bo・ron [bɔ́ːrɑn / -rɔn] 图 U [化] ホウ素《元素記号 B》.

***bor・ough** [bɔ́ːrou / bʌ́rə](☆発音に注意)图C **1**《米》(New York 市の)行政区《Manhattan, the Bronx, Brooklyn, Queens, Staten Island の5区;《略語》bor.》.**2**《米》自治町村《いくつかの州で city より小さい自治体をさす》; (Alaska 州で) 郡 (county). **3**《英》(ロンドンの)自治区《the City と共に Greater London (→ GREAT-

borrow — both

***bor・row** [bɔ́ːrou / bɔ́rou]
— 動 (三単現 **bor・rows** [~z]; 過去・過分 **bor・rowed** [~d]; 現分 **bor・row・ing** [~iŋ])
— 他 **1** …を[…から](無料で)借りる (↔ lend) [*from*] (→ 類義語): *borrow* a pen [book, camera] ペン[本, カメラ]を借りる / Sam *borrowed* some money *from* her sister. サムは姉からお金を少し借りた / May I *borrow* your calculator? 電卓をお借りできますか.
2 […から](言語・考え・文章など)を取り入れる, 採用[借用, 盗用]する [*from*]: Japan has *borrowed* various ideas *from* abroad. 日本は外国からさまざまなアイディアを取り入れてきた.
— 自 […から]借用する, 借金する [*from*]: Can I *borrow from* you? I'll pay you back tomorrow. お金を貸してくれないかなあ, あした返すから.
■ *bórrow tróuble* 《米口語》余計な心配をする.
líve on bórrowed tíme (予想に反して)生き長らえる.

> **類義語** borrow, use, hire, rent
> 共通する意味▶借りる (take and use something belonging to someone else with the intention of returning it)
> **borrow** は移動可能なものを「無料で一時的に借りる」の意: *borrow* a camera カメラを借りる.
> 「その場にあるものを借りる」ときには **use** を用いる: May I *use* the bathroom [your phone]? お手洗い[電話]をお借りできますか. **hire** は建物・乗り物などを「有料で短期間借りる」の意. そして rent が一般的: *hire* an assembly hall 集会所を借りる. **rent** は土地・家・車などを《英》では比較的長期間,《米》では期間の長短に関係なく「賃借する」の意: *rent* a cottage for the summer 夏の間別荘を借りる.

bor・row・er [bɔ́ːrouər, bɑ́r- / bɔ́r-] 名 C 借り手, 借用者 (↔ lender).

bor・row・ing [bɔ́ːrouiŋ, bɑ́r- / bɔ́r-] 名 **1** U 借りること, 借用. **2** C 借用物; 借入金, 借款(かん). **3** C (他言語からの)借用語 (loanword).

bor・stal [bɔ́ːrstəl] 名 C [しばしば B-]《英》少年院.

borsch [bɔ́ːrʃ], **borscht** [bɔ́ːrʃt] 【ロシア】名 U ボルシチ《赤カブ入りのロシア風スープ》.

bosh [bɔ́ʃ / bɔ́ʃ] 《主に英口語》名 U たわ言.
— 間 ばかな!

Bos・ni・a and Her・ze・go・vi・na [bázniə ənd hèrtsəgouvíːnə / bɔ́z-] 名 固 ボスニア=ヘルツェゴビナ《ヨーロッパ南部にある共和国で, 旧ユーゴスラビア連邦から独立. 首都サラエボ (Sarajevo)》.

*****bos・om** [búzəm] 《☆発音に注意》名 C **1** 胸 《◇特に女性の胸を言う. breast より文語的》: She held the baby to her *bosom*. 彼女はその赤ん坊を胸に抱きかかえた. **2** [通例, 単数形で](衣服の)胸の部分; ふところ,《米》(シャツの)胸. **3** [通例, 単数形で]胸のうち, 心: speak one's *bosom* 胸のうちを明かす / keep ... in one's *bosom* …を胸に秘めておく. **4** [形容詞的に]親しい, 愛する; 胸に秘めた: a *bosom* friend 親友. **5** [通例 the ~]《文語》内部, 奥;(家族などの)内輪;(海・湖などの)表面, 真ん中: in the *bosom* of the earth 地球の内部で / in the *bosom* of one's family 家族で, 一家水入らずで.

bos・om・y [búzəmi] 形《口語》(女性が)胸の豊かな.

Bos・po・rus, Bos・pho・rus [báspərəs / bɔ́s-] 名 固 [the ~] ボスポラス海峡《トルコ北西部で黒海とマルマラ海を結ぶ. アジアとヨーロッパの境界》.

***boss** [báːs / bɔ́s, bɔ́ːs] 名 動 形
— 名 (複 **boss・es** [~iz]) C **1**《口語》(直属の)長, 上司《◇女性にも用いる. 日本語の「ボス, 顔役」とは異なり悪い意味はない》: The new *boss* is a nice guy, right? 今度の所長はいい人でしょ.
2《口語》決定権を持つ人: He is the *boss* in that group. あのグループの実権は彼が握っている.
3《米口語・軽蔑》(政界・政党の)ボス, 実力者; 黒幕.
— 動《口語》(人)にあれこれ指示する (*around*,《英》*about*); …を管理する, 牛耳る: Don't *boss* me *around*. 私にあれこれ指示しないでくれ.
— 形《俗語》飛び切りの, かっこいい.

bos・sa no・va [básə nóuvə / bɔ́sə-] 名 U【音楽】ボサノバ《ブラジル起源のジャズ風サンバ》.

boss・y [bɔ́ːsi / bɔ́si] 形 (比較 **boss・i・er** [~ər]; 最上 **boss・i・est** [~ist])《口語・軽蔑》人にあれこれ指示する, 横暴な.
 boss・i・ness [~nəs] 名 U いばった態度, 横暴.

Bos・ton [bɔ́ːstən / bɔ́s-] 名 固 ボストン《米国 Massachusetts 州の州都》.
◆ **Bóston Téa Párty** [the ~]《米史》ボストン茶会事件《1773年にボストンの愛国派が英国政府の茶条例に抗議して英船を襲い, 船中の茶箱を海に投げ捨てた事件. アメリカ独立戦争のきっかけとなる》.

Bos・to・ni・an [bɔːstóuniən / bɔs-] 名 C ボストン市民.
— 形 ボストンの.

bo・sun [bóusən] 名 = BOATSWAIN 甲板(ばん)長.

bo・tan・i・cal [bətǽnikəl] 形 [限定用法] 植物の; 植物学(上)の; 植物からとった[作った].
◆ **botánical gárden(s)** C 植物園.

bot・a・nist [bátənist / bɔ́t-] 名 C 植物学者.

bot・a・ny [bátəni / bɔ́t-] 名 **1** U 植物学.《関連語》zoology 動物学 / ornithology 鳥類学. **2** [集合的に](一地方の)植物(相), 植物の生態 (flora).

botch [bátʃ / bɔ́tʃ] 動《口語》…をやり損なう, だめにする; …を下手に直す[修理する] (*up*).
— 名 C (普通 a ~) やり損ない; 下手な仕事; 下手な修理: make a *botch* of ... …をやり損なう.

bótch-úp 名 = BOTCH (↑).

***both** [bóuθ] 形 代 接
— 形 **1** [肯定文で] 両方の…, どちらの…も: I like *both* (the) countries. 私はどちらの国も好きです / *Both* my parents love books. 私の両親は2人とも本が大好きです / *Both* these guitars

are mine. このギターは2本とも私のものです / There were a lot of people on *both* sides of the marathon course. マラソンコースの両側には人垣ができていた.

[語法] (1)複数名詞の前に付ける.
(2)定冠詞・指示代名詞・人称代名詞の所有格と共に用いるときは,前置する.ただし定冠詞は通例,省略する.

2 [否定文で] 両方の〜が…というわけではない; どちらの〜も…というわけではない (◇部分否定; → NEGATION [文法]): I don't like *both* novelists. 私はどちらの小説家も好きだというわけではない ⇒ 私は一方の小説家は好きだが,もう一方は好きではない.

[語法] 全部否定には not ... either, neither を用いる: I don't like *either* novelist. = I like *neither* novelist. 私はどちらの小説家も好きではない.

— 代 **1** [肯定文で] 両方とも, 2人[2つ]とも: *Both* of my brothers can play the piano. 私の兄は2人ともピアノが弾けます / *Both* (of them) are good artists. 彼らは2人とも立派な画家です / I read *both* (of them). 私はどちらも読んだ.

2 [名詞・代名詞と同格に用いて] …は両方とも, どちらも: My sisters *both* love dogs. 私の姉は2人とも犬が大好きです (= Both my sisters love dogs.) / They *both* are running in the park. = They are *both* running in the park. 彼らは2人とも公園を走っている / I respect them *both*. 私は彼らを2人とも尊敬している.

3 [否定文で] 両方[2人, 2つ] とも…というわけではない, どちらも…というわけではない (◇部分否定): I did *not* read *both* (of the books). 私はその本を2冊とも読んだわけではない ⇒ 私は一方の本は読んだが, もう一方は読んでいない.

[語法] 全部否定には not ... either, neither を用いる: He didn't read *either* (of the books). = He read *neither* (of the books). 彼はその本のどちらも読んでいない.

— 接 [both ... and 〜] …と〜の両方とも: *Both* John *and* Ann belong to this club. ジョンもアンもこのクラブに入っている / That author writes *both* in English *and* (in) French. = That author writes in *both* English *and* French. その作家は英語とフランス語の両方で作品を書く / He *both* reads *and* writes English very well. 彼は大変上手に英語を読み書きする.

[語法] (1) both A and B の A, B には,文法的に対等の働きをする語(句)が入る.
(2)「…も〜もどちらも…ない」と両方を否定するきには not either ... or 〜, neither ... nor 〜 を用いる: That author doesn't write *either* in English or (in) French. = That author writes *neither* in English *nor* in French. その作家は作品を英語でもフランス語でも書かない.

***both·er** [báðər / bɔ́ðə]

— 動 (三単現 **both·ers** [〜z]; 過去・過分 **both·ered** [〜d]; 現分 **both·er·ing** [-ərɪŋ])

— 他 **1** [bother + O] […で]〈人〉を悩ます, 困らせる, いらいらさせる;〈人〉に迷惑[心配]をかける [with, about] (→ WORRY [類義語]): A bad headache *bothered* her yesterday. = She was *bothered* with a bad headache yesterday. きのう彼女はひどい頭痛に悩まされた / Don't *bother* me *with* so many questions. あれこれ質問して私を困らせないでくれ / I'm sorry to *bother* you, but could you help me for a moment? 《丁寧》ご迷惑でしょうが, ちょっと手伝っていただけませんか.

2 […を/…してくれと]〈人〉にせがむ, ねだる [for/to do]: My daughter *bothered* me *to* buy a dress. 娘はドレスを買ってよと私にうるさくせがんだ / My son is always *bothering* me *for* money. 息子は私にしょっちゅう金をせびる.

— 自 [しばしば否定文で] **1** [bother + to do [doing]] わざわざ…する: Don't *bother* to iron this shirt. = Don't *bother ironing* this shirt. このシャツにわざわざアイロンをかけなくていいよ.

2 […を]気にかける, 心配する, 悩む [about, with]: Don't *bother about* my breakfast. 私の朝食ならご心配なく / Don't *bother about* [*with*] that. そんなことでくよくよするなよ.

■ *cán't be bóthered* 面倒だから […]しない, わざわざ […]したくない [to do, doing].

— 名 **1** [U] 面倒, やっかい, 大騒ぎ: I had much *bother* in explaining how to make this dish. 私はこの料理の作り方を説明するのにとても苦労した / Thank you for your coming over. — It was no *bother* at all. 来てくださってありがとう — 何でもありませんよ. **2** [U] [または a 〜]: 〔…にとっての〕悩みの種, やっかいな人[こと] [to]: Jack was a *bother to* the teachers. ジャックは教師たちの悩みの種だった / What a *bother*! なんてやっかいなことだろう.

— 間 《英・古風》ちぇっ; うるさい.

(▷ 形 **bóthersome**)

both·er·some [báðərsəm / bɔ́ðə-] 形 うるさい, やっかいな, 面倒な. (▷ 名 **bóther**)

Bot·swa·na [bɑtswɑ́ːnə / bɔts-] 名 ボツワナ《アフリカ南部にある共和国. 首都ガボローネ (Gaborone)》.

****bot·tle** [bátl / bɔ́tl] 名 動

— 名 (複 **bot·tles** [〜z]) **1** [C] びん, ボトル: a hot water *bottle* 湯たんぽ / a milk *bottle* 牛乳びん / a wine *bottle* ワインボトル.

2 [C] びん1本の量: We discussed the matter over a *bottle* of wine. 私たちはワインを飲みながらその問題を討論した.

3 [the 〜] 酒; [単数形で] 飲酒: He is fond of the *bottle*. 彼は酒が好きです. **4** [C] 哺乳(にゅう)びん(《米》nursing [baby] bottle, 《英》feeding [baby's] bottle); (哺乳びんの)ミルク: He was brought up [raised] on the *bottle* instead of mother's milk. 彼は母乳でなくミルクで育った.

5 [U] 《英口語》勇気, 度胸: He has got a lot of *bottle*. 彼はすごく度胸がある.

■ *be on the bóttle* 酒びたりである.

hít the bóttle 《俗語》(常習的に)大酒を飲む; (不

幸なことがあったあと)酒に慰めを求める.
— 動 ⓣ …을びんに詰める:〈果物・野菜〉を(保存のために)びん詰めにする: *bottle* apple juice リンゴジュースをびんに入れる.
■ *bóttle óut* 《英口語》(どたん場で)おじけづく.
bóttle úp ⓣ〈怒りなどの感情〉を抑える.
◆ *bóttle òpener* ⓒ (びんの)栓抜き.

bot·tled [bάtld / bɔ́t-] 形 びん詰めの,びん入りの: *bottled* beer びんビール.

bót·tle-fèed 動 (三単現 **bot·tle-feeds** [-fiːdz]; 過去・過分 **bot·tle-fed** [-fèd]; 現分 **bot·tle-feed·ing** [~iŋ]) ⓣ〈赤ん坊〉をミルク[人工栄養]で育てる (cf. breast-feed 母乳で育てる).

bot·tle·neck [bάtlnèk / bɔ́t-] 名 ⓒ **1** びんの首. **2** 狭い道[通路],隘路(ᵃⁱʳᵒ). **3** (生産・活動などの)障害,ネック.

bot·tler [bάtlər / bɔ́t-] 名 ⓒ びん詰め業者.

***bot·tom** [bάtəm / bɔ́təm]
名 形 動【基本的意味は「底 (the lowest part of something)」】
— 名 (複 **bot·toms** [~z]) **1** ⓒ 《通例 the ~》底,底面 (↔ top) (◇容器について言う場合は内側・外側のどちらもさすことができる): the *bottom* of a glass [缶] グラス[缶]の底 / Some chewing gum has stuck to the *bottom* of my shoe. チューインガムが私の靴の裏にくっついた.
2 ⓒ 《通例 the ~》(川・海・湖などの)底,水底: My hometown lies buried at the *bottom* of the dam. 私の故郷はダムの底に沈んでいる / The ship sank to the *bottom* (of the sea). 船は海底に沈んだ.
3 ⓒ 《通例 the ~》(ものの)下部,底部 (↔ top): the *bottom* of a tree 木の根元 / the *bottom* of a mountain 山のふもと (= the foot of a mountain) / the notes at the *bottom* of each page 各ページの下の注.
4 ⓒ 《通例 the ~》最下位,びり;(地位・組織などの)最下部,下積み;(景気などの)底: He was at the *bottom* of his class in math. 彼は数学ではこのクラスで最下位だった.
5 ⓒ (いすの)座部; 《口語》(人の)しり (buttocks). **6** [the ~] 起源, 原因; 真相: Who is at the *bottom* of this affair? だれがこの事件の黒幕なのですか. **7** [~s] (パジャマ・ビキニなどの)下,ズボン,ボトム. **8** ⓒ《野球》(回の)裏 (↔ top): the *bottom* of the sixth inning 6回の裏. **9** [the ~] 《英》(道・庭の)奥,行き止まり;(ベッド・テーブルの)奥,末席: sit at the *bottom* of the table テーブルの末席に座る. **10** Ⓤⓒ = **bóttom géar**.
■ *at bóttom* 心の底は,実は;根本は.
Bóttoms úp! 《口語》乾杯!
bóttom úp [*úpward*] 逆さまに;下から上へ (↔ top down).
from the bóttom of one's héart 心の底から.
from the bóttom úp 初めから;完全に.
gèt to the bóttom of ... …の真相をつきとめる.
knóck the bóttom òut of ... 《口語》〈議論など〉を根底からくつがえす;〈計画など〉を台なしにする.
stárt at the bóttom of the ládder 《口語》下

積みから始める,ゼロからスタートする.
The bóttom dróps [*fálls*] *óut* (*of ...*). (相場・市場が)暴落する,底をつく;(体制などが)崩れ去る.
to the bóttom 底まで; 徹底的に.
tóuch bóttom 〈足が〉水底に届く;〈値段・相場など が〉底をつく;どん底に至る.
— 形 《限定用法》底の,下部[底部]の: the *bottom* shelf 一番下の棚 / the *bottom* price 底値.
■ *bóttom óut* **1** 最低である. **2** (値段・相場などが)底をつく.
◆ *bóttom dráwer* ⓒ《英》嫁入り道具 (《米》 hope chest).
bóttom líne [the ~] **1** (最終の)収益額,損失額;最終結果. **2** 肝心なこと,結論;本音: The *bottom line* is that I hate his company. 要は彼と同席するのがいやだということです.

bot·tom·less [bάtəmləs / bɔ́t-] 形 **1** 底のない. **2** 底の知れない,非常に深い;測り知れない.

bot·tom·most [bάtəmmòust / bɔ́t-] 形 《限定用法》一番下の,最深部の.

bot·u·lism [bάtʃəlìzəm / bɔ́tju-, bɔ́tʃu-] 名 Ⓤ《医》ボツリヌス中毒《ボツリヌス菌による食中毒》.

bouf·fant [buːfάːnt / búːfɒŋ]【フランス】形 (髪・衣服などが)ふっくらした,ふくれた.

bou·gain·vil·le·a, bou·gain·vil·lae·a [bùːgənvíliə] 名 ⓒ《植》ブーゲンビリア《オシロイバナ科,つる性で赤い花の咲く熱帯植物》.

***bough** [báu] (☆発音に注意; 同音 bow¹,³) 名 ⓒ 《文語》(木の)大枝 (→ BRANCH).

***bought** [bɔ́ːt] (☆発音に注意) 動 buy の過去形・過去分詞.

bouil·la·baisse [bùːjəbéːs, -béis]【フランス】名 ⓒⓊ ブイヤベース《魚・貝などの煮込み料理》.

bouil·lon [búːljɑn / búːjɔŋ, bwíː-]【フランス】名 Ⓤ《料理》ブイヨン《香辛料を加えた牛肉・鶏肉などの澄ましスープ》.

boul·der [bóuldər] 名 ⓒ (大きな)丸石,玉石(ᵗᵃᵐᵃ) 《風雨・水流などの作用で丸くなった大石》.

bou·le·vard [búləvὰːrd / búːl-]【フランス】名 ⓒ **1** 広い並木道. **2** [しばしば B-]《米》大通り 《◇街路の名に用いる;《略語》blvd.》: Sunset *Boulevard* サンセット大通り.

‡**bounce** [báuns] 動 ⓘ **1** (通例,副詞(句)を伴って)(ボールなどが)弾む,バウンドする,はね上がる: The ball *bounced* over the wall. ボールが弾んで塀を越えた. **2** (副詞(句)を伴って)(人が)跳び上がる,元気よく歩く: *bounce* up 跳び上がる / *bounce* into [out of] the room 部屋に飛び込む[部屋を飛び出す] / The boy *bounced* up and down on the sofa. その少年はソファーの上でぴょんぴょん跳びはねた. **3** 《口語》(小切手が)不渡りで戻ってくる. **4**《コンピュータ》(インターネットで)(Eメールが)届かずに戻って来る.
— ⓣ〈ボールなど〉を弾ませる,バウンドさせる,はねさせる.
■ *bóunce báck* ⓘ **1** (ボールなどが)はね返る. **2**《口語》(失敗・打撃などから)立ち直る.
— 名 **1** ⓒ 弾むこと,はね返り,バウンド: catch a ball on the *bounce* 弾んだ[バウンドした]ボールを

捕る. **2** U 弾力(性). **3** U《口語》活力, 元気.
bounc·er [báunsər] 名 C **1** 跳びはねる人 [もの]; 高く弾んだ [バウンドした] ボール. **2** 《口語》(バー・ナイトクラブなどの) 用心棒.
bounc·ing [báunsiŋ] 形 (ボールが) 弾む; [限定用法] [ほめ言葉] (特に赤ん坊が) 元気のよい, 健康な.
bounc·y [báunsi] 形 (比較 **bounc·i·er** [~ər]; 最上 **bounc·i·est** [~ist]) **1** よく弾む [バウンドする], 弾力がある. **2** (人・態度などが) 快活な, 活気のある; 弾むような.

***bound**[1] [báund] 動 形

— 動 **bind** の過去形・過去分詞 (cf. bound[2] 動).
— 形 (cf. bound[4] 形) **1** [be bound+to do] 確実に…するはずである, きっと…する, …するに違いない: Your team *is bound to* win. 君のチームは間違いなく勝てるよ.
2 [be bound+to do] …する義務 [責任] がある: He *is bound* by duty *to* report on the results. 彼は職務としてその結果を報告しなければならない / You're not *bound to* join us if you don't want to. あなたが望まなければ私たちに加わる必要はない.
3 [be bound+to do] 《口語》…する決心 [覚悟] をしている: She *was bound to* go and see her real mother. 彼女は実の母親に会いに行く決心をしている.
4 縛られた, 結ばれた: There were two men *bound* with rope in the room. その部屋にはロープで縛られた男が2人いた. **5** […に] 拘束された; (法的に) 束縛された, 責任がある [*to*]: Drivers are *bound to* traffic rules. ドライバーは交通規則を守らなければならない. **6** […で] 製本した [*in*]: a book *bound in* cloth [leather] 布 [革] 装丁の本.
■ *be bóund úp in ...* **1** …に専念する, …に夢中になっている: Tom *is bound up in* his new job. トムは新しい仕事に熱中している. **2** …と密接な関係がある.
be bóund úp with ... …と密接な関係がある: Success *is bound up with* constant efforts. 成功は不断の努力と密接な関係がある.
I'm bóund to sáy ... 《格式》…と言わざるをえない.

***bound**[2] 動 (動物が) はねる, (ボールなどが) 弾む, はね返る; 跳躍する; (心が) 躍る: The volleyball *bounded* back from the wall. そのバレーのボールは壁に当たってはね返ってきた / The squirrel *bounded* through the trees. リスは木々の間をぴょんぴょん跳びはねて行った / His heart *bounded* with expectation. 彼の心は期待で弾んだ.
— 名 C はね, はね返り, バウンド; 跳躍: at a *bound* ひとっ跳びで.

bound[3] 名 C 《通例 ~s》 **1** 限界, 範囲 (limit): within the given *bounds* 与えられた範囲内で. **2** 境界 (線): within the *bounds* of the territory [territorial waters] 領土 [領海] 内で.
■ *gò beyónd the bóunds of ...* …の限度を越える.
in [òut of] bóunds 立入許可 [禁止] 区域で; 《スポーツ》コート [区域] 内 [外] で.
knòw no bóunds 《格式》果てしない, 切りがない.
— 動 他 **1** [通例, 受け身で] …の境界を設定する, …に境界線を引く: The zoo *is bounded* on the west by the pond. 動物園は西側の境界が池になっている. **2** …を制限する.

bound[4] 形 **1** [叙述用法] […] 行きの, […へ] 行く予定 [途中] の [*for*]: the passenger plane *bound for* Singapore シンガポール行きの旅客機 / Where is she *bound* (*for*)? 彼女はどこへ行くのですか. **2** [名詞のあとで] …行きの: Paris-*bound* パリ行きの / east*bound* 東方面行きの.

***bound·a·ry** [báundəri]

— 名 (複 **bound·a·ries** [~z]) C **1** 境界, 境界線, 国境 《図面・地図上に精密に引かれた線》: The Tama River forms the *boundary* between Tokyo and Kanagawa. 多摩川は東京と神奈川の境界線になっている. **2** 《通例, 複数形で》限界, 範囲: It is beyond the *boundaries* of science. それは科学の範囲を超えている.

bound·en [báundən] 形 《通例, 次の成句で》
■ *one's bóunden dúty* …の義務, 本分.
bound·er [báundər] 名 C 《英・古風・俗語》無作法者; ならず者, どろつき.
***bound·less** [báundləs] 形 限りない, 果てしない.
bound·less·ly [~li] 副 限りなく, 果てしなく.
boun·te·ous [báuntiəs] 形 《文語》= BOUNTIFUL (↓).
boun·ti·ful [báuntifəl] 形 《文語》 **1** (人が) 気前のよい, 物惜しみしない. **2** 豊富な, たくさんの.
***boun·ty** [báunti] 名 (複 **boun·ties** [~z])
1 U 《文語》気前のよさ; 寛大 (generosity).
2 C 施しもの, 恵み. **3** C (政府の) 奨励金, 助成金, 報奨金; (犯人発見などの) 賞金.
◆ **bóunty hùnter** C 賞金稼ぎ《◇人》.
***bou·quet** [boukéi, bu:-] 【フランス】 名 **1** C (手に持つ) 花束, ブーケ. **2** C (ブランデー・ワインなどの) 香り. **3** C お世辞, ほめ言葉.
◆ **bouquét gar·ní** [-gɑ:rníː] (複 **bouquets garnis** [~]) C ブーケガルニ《タイム・パセリなどの香草の束, フランス料理で用いる》.
bour·bon [báːrbən] 名 U バーボン (ウイスキー)《米国産トウモロコシから作る》; C 1杯のバーボン.
bour·geois [búərʒwɑː, bùərʒwá:] 【フランス】 名 (複 **bour·geois** [~, ~]) C 《通例, 軽蔑》
1 (主に商工業者など) 中産階級の人. **2** (マルクス主義理論で) 資本家, 有産階級の人, ブルジョア (↔ proletarian). **3** 俗物, 保守的な人.
— 形 《通例, 軽蔑》 **1** 中産階級の; 資本家 [有産階級] の. **2** ブルジョア根性の, 俗物的な, 保守的な.
bour·geoi·sie [bùərʒwɑːzíː] 【フランス】 名 U 《通例 the ~》; 単数・複数扱い》《通例, 軽蔑》 **1** 中産階級 (全体). **2** (マルクス主義理論で) 資本家 [有産] 階級 (↔ proletariat).
bout [báut] 名 C **1** (格闘技の) ひと勝負 [試合]: have a *bout* with ... …と勝負する.
2 (一時的な) 活動, 熱中: a *bout* of work ひと働き. **3** (病気などの) 感染, 発病.
bou·tique [buːtíːk] 【フランス】名 C ブティック

《女性用の衣服・装身具などの高級小売店［売り場］》.
◆ boutíque fàrm [C] 新種を栽培［飼育］する農場.

bo·vine [bóuvain] 形 **1** ウシ科［属］の. **2** 牛のような; 《軽蔑》《頭の働きが》のろい, 鈍感な.

[báu] (☆ bow² との発音の違いに注意)
***bow¹ 動 名 【基本的意味は「おじぎをする (bend one's body forward to show respect)」】
— 動 (三単現 **bows** [~z]; 過去・過分 **bowed** [~d]; 現分 **bow·ing** [~iŋ])
— 自 **1** ［…に］**おじぎをする**, 頭を下げる; 曲がる, 垂れる 《*down*》《*to*》: The conductor *bowed* to the audience on behalf of the orchestra. オーケストラを代表して指揮者が聴衆に一礼した / A big branch *bowed down* over the stream. 大きな枝が川面に垂れ下がっていた.
2 ［…に］屈服する, 服従する 《*to*》: I *bowed to* his order [opinion]. 私は彼の命令［意見］に従った.
— 他 **1** 〈頭などを〉下げる, 垂れる; 〈膝などを〉かがめる: *bow* one's head in regret [prayer] 悔いて［折って］頭(๑ⁿ)を垂れる / walk with one's back *bowed* 背中を丸めて歩く. **2** (頭を下げて)…の(気持ち)を表す, 認める: I *bowed* my thanks [respect] to them. 私はおじぎをして彼らに感謝［敬意］を表した. **3** (通例, 受け身で)［…で］…を曲げる; …をくじけさせる 《*down*》《*with*》: The old man *was bowed* with age. 老人は年のせいで腰が曲がっていた / Her heart *was bowed down with* worry. 彼女の心は心配で打ちひしがれていた.
4 …に《…を》案内する 《*in, out*》.
■ **bów and scrápe 1** 両足をうしろに引いて頭を下げる［おじぎする］. **2** (通例, 軽蔑) (必要以上に)［…に］ペこぺこする 《*to*》.
bów óut 1 礼をして退出する. **2** ［…から］身を引く, 退場する 《*of*》.
bów to nóbody in ... …の点ではだれにも引けを取らない, 人後に落ちない.
— 名 [C] おじぎ, 頭を垂れること: make a deep *bow* to ... …に深々とおじぎをする / exchange *bows* おじぎを交わす.
■ **táke a bów** (声援・紹介などにこたえ)おじぎをする.

*bow² [bóu] (☆ bow¹, bow³ との発音の違いに注意) 名 (複 **bows** [~z]) [C] **1** 弓: a *bow* and arrows 弓矢.
2 (弦楽器の)弓 (➡ ORCHESTRA [PICTURE BOX]): Many stringed instruments are played with a *bow*. 弦楽器の多くは弓で弾く. **3** ちょう結び; = **bów tíe** 蝶(ͥ⁰)ネクタイ: tie shoelaces in a *bow* 靴ひもをちょう結びにする.
4 弓形をしたもの, 湾曲部. **5** 虹(¢) (rainbow).
— 動 他 **1** (弦楽器を)弓で弾く. — 自 **1** 弓形になる. **2** 弓で弾く.
◆ **bów wíndow** [C] 弓形の張り出し窓.

bow³ [báu] (☆ bow² との発音の違いに注意)
1 ［しばしば ~s］船首, 舳先(˄ˢⁿ); (飛行機の)機首. **2** 船首のこぎ手.

Bów bélls [bóu-] 名 [複数扱い] ボウ教会の鐘 《London 旧市内 (the City) にある St. Mary-le-Bow 教会の鐘. この鐘が聞こえる所で生まれ育った者が生粋(ⁿㅅ)のロンドン子 (Cockney) とされる》.
■ **be bórn within the sóund of Bów bélls** 生粋のロンドン子である.

bowd·ler·ize [báudlərάiz] 動 他 〈本〉の不穏当［わいせつ］な箇所を削除［修正］する.

*bow·el [báuəl] 名 [C] **1** ［しばしば ~s］[医] 腸 (の一部); (通例 ~s) 内臓, 腸(全体): the large [small] *bowel*(s) 大［小］腸 / have loose *bowels* 下痢をする 《◇通例は have diarrhea [intestinal trouble] と言う》. **2** ［~s］内部, 中心部: the *bowels* of the earth 地球の内部［核], 地の底.
◆ **bówel mòvement** [mòʃʃən] [U][C] 便通, 排便, 大便 《◇婉曲的に BM と略す》.

bow·er [báuər] 名 [C] **1** 《文語》 木陰 (の休息所); (庭園の)あずまや. **2** 《古風》(上流) 婦人の私室.

*bowl¹ [bóul] 名 [C] **1** わん, 茶わん, 鉢; (料理用の)ボウル (→ DISH [類義語]): a salad *bowl* サラダボウル / a sugar *bowl* 砂糖入れ / a finger *bowl* フィンガーボウル (→ FINGER). **2** わん［ボウル］1杯の量 (bowlful): a *bowl* of soup スープ1杯.
3 (スプーンなどの)くぼみ, (はかりの)皿; (地面の)くぼみ. **4** [主に米] (すり鉢型の)野外競技場［音楽堂, 劇場]. **5** = **bówl gàme** 《米》(シーズン終了後, 選抜チームで行われる)フットボール試合, ボウル.

bowl² 名 [C] **1** ボウルズ (bowls) の木球 《重心が偏っている》; (ボウリング)の)ボール. **2** (ボウリングなどの)一投. **3** ［~s］《英》 ボウルズ 《芝生で行うボウリング》(《米》 lawn bowling): play *bowls* ボウルズをする.
— 動 他 **1** (ボウリングなどで)〈ボール〉を転がす. **2** 【クリケット】〈球〉を投げる;〈打者〉をアウトにする. — 自 **1** ボウリング［ボウルズ］をする. **2** 【クリケット】投球する. **3** (車・仕事などが)すいすい進む (*along*).
■ **bówl óver** 他 **1** …を打ち倒す. **2** (通例, 受け身で)［口語］…を圧倒する, びっくりさせる: I *was bowled over* by the news of her marriage. 私は彼女が結婚したとの知らせに仰天(ఇ⁰ⁿ)した.

bowl·der [bóuldər] 名 = BOULDER 大きな岩.
bow·leg [bóulèg] 名 ［通例 ~s］がにまた, O脚.
bow·leg·ged [bóulègid] 形 がにまたの, O脚の.
bowl·er¹ [bóulər] 名 [C] **1** ボウリング［ボウルズ］をする人, ボウラー.
2 【クリケット】投手 (→ CRICKET 図).
bow·ler² 名 [C] 《英》 = **bówler hàt** 山高帽 (《米》 derby).
bowl·ful [bóulfùl] 名 = BOWL¹ **2** (↑).
bowl·ing [bóuliŋ] 名 [U] **1** ボウリング 《◇《米》では tenpins, 《英》では tenpin bowling とも言う》; ボウルズ. **2** 【クリケット】投球.
◆ **bówling àlley 1** ボウリング場.
2 ボウリングのレーン.
bow·man [bóumən] 名 (複 **bow·men** [-mən]) [C] 《古》 弓術家, 弓の射手 (archer).
bow·sprit [báusprit, bóu-] 名 [C] 【船舶】第1斜檣(ʃ˄ⁿ) 《船首から突き出た丸材》.
bow·wow [báuwáu] 名 《擬声語》動 わんわん 《犬の鳴き声; → CRY 表》.

box¹

— 名 © 犬の鳴き声; 《小児》わんわん, 犬.

box¹ [bάks / bɔ́ks] 名 動【基本的意味は「箱 (a container with straight sides, often with a lid)」】

— 名 (複 **box·es** [~iz]) © **1 箱**: He packed the *box* with books. = He packed books in the *box.* 彼は本を箱に詰めた.

関連語 いろいろな box
cardboard box ボール紙の箱 / corrugated (paper) box 段ボール箱 / lunch box 弁当箱 / mailbox, 《英》letter box 郵便受け / matchbox マッチ箱 / music box オルゴール / toolbox 道具箱

2 1箱の分量: I sent her a *box* of oranges. 私は彼女にオレンジを1箱送った.
3（劇場などの）ます席, ボックス (席)（➡ THEATER PICTURE BOX]): the royal *box* 貴賓席 / reserve a *box* at the Kabukiza Theater 歌舞伎座にます席を予約する. **4** 小さく仕切った空間, 番小屋, 詰所: a telephone *box* 《英》電話ボックス / the witness *box*《英》証人席. **5**《野球》バッター [コーチャーズ] ボックス; マウンド;《サッカー》ペナルティーエリア. **6**（書類・新聞などの）欄, 囲み.
7 [the ~]《口語》テレビ. **8** 郵便局の）私書箱.
■ *be in a bóx* 苦しい立場にいる, 困っている.

— 動 他 …を箱に入れる [詰める].
■ *bóx ín* 他 …の進路を妨害する; …を取り囲む, 閉じ込める.
bóx óff 〈空間〉を壁で仕切る.
bóx úp …を箱に入れる; 取り囲む, 閉じ込める.
◆ *bóx nùmber* ©《英》(新聞の) 広告番号; 私書箱番号.
bóx séat © 桟敷( )席, ボックスシート.

box² 動 自[…と] ボクシングをする [*with, against*]: I enjoyed *boxing with* my brother. 私は弟とボクシングをやって楽しんだ.
— 他 …とボクシングをする; …を殴る: He *boxed* the boy's ears. 彼はその少年の横つらを張った.
— 名 ©平手 [こぶし] で横つらを張ること, びんた: He gave the boy a *box* on the ears. 彼は少年の横つらを張り飛ばした.

box³ 名 © U《植》ツゲ(の木)《生け垣に用いる》; U ツゲ材.

box·car [bάkskὰːr / bɔ́ks-] 名 ©《米》有蓋( )貨車(《英》van).

box·er [bάksər / bɔ́ksə] 名 © **1** ボクサー, ボクシングの選手. **2** ボクサー犬《中型犬, ➡ DOG 図》.

box·ful [bάksfùl / bɔ́ks-] 名 © ひと箱(の分量).

box·ing [bάksiŋ / bɔ́ks-] 名 U ボクシング, 拳闘( ).
◆ *bóxing glòve* © ボクシング用グラブ.

Bóxing Dày 名 U《英》クリスマスの贈り物の日《クリスマスの翌日の公休日で, 12月26日が日曜のときは 27 日になる. 郵便配達人や使用人に贈り物 (Christmas box) をする; → HOLIDAY 表》.

bóx-òf·fice [形] [限定用法] 興行上の; 興行的に成功した: a *box-office* hit [success] 大ヒット.

bóx òffice 名 ©（劇場などの）切符売り場.

box·room [bάksrù(ː)m / bɔ́ks-] 名 ©《英》（スーツケースなどを入れる）小部屋, 納戸( ).

box·wood [bάkswùd / bɔ́ks-] 名 ©《植》ツゲ(の木)(box³); U ツゲ材.

boy [bɔ́i] 名 間

— 名 (複 **boys** [~z]) © **1 男の子**, 少年; 青年, 若者 (↔ girl); 未熟者: He is really a good *boy.* 彼は本当にいい子です / You are no longer a *boy.* 君はもう子供ではない / *Boys* will be *boys.*《ことわざ》男の子は男の子 → 男の子のいたずらはしかたがない.
2《口語》息子 (son): I have two *boys* and two girls. 私には息子と娘が2人ずついる.
3 [形容詞的に] 男の; 少年の: a *boy* student 男子学生. **4** [複合語で] …係の青年, …ボーイ: a delivery *boy* 配達係の青年 / an elevator *boy* エレベーターボーイ. **5**《米口語》（年齢に関係なく）男: The President is a city *boy.* 大統領は都会育ちの男です. **6**《軽蔑》男の使用人.（比較）レストランの「ボーイ」は waiter, ホテルの「ボーイ」は《米口語》で bellhop,《英》で bellboy と言う）**7** [the ~s]《口語》遊び仲間; 仕事仲間, 同僚.
— 間《主に米口語》やあ, まあ（◇驚き・困惑などを表す）: Oh *boy,* we won the game! やあ, 勝ったぞ.
◆ *bóy scòut* **1** [the Boy Scouts]; 単数・複数扱い ボーイスカウト, 少年団. **2** © ボーイスカウトの一員.

boy·cott [bɔ́ikɑt / -kɔt] 動 他 **1**〈人など〉と関係を断つ. **2**〈商品など〉をボイコットする, 不買運動をする: *boycott* foreign goods 外国製品をボイコットする. **3**《会など》への参加を拒否する.
— 名 © ボイコット, 不買 [排斥] 運動: place foreign goods under a *boycott* 外国製品の不買運動をする.（由来）小作人に過酷であったため排斥されたアイルランドの地主 Boycott の名から）

boy·friend [bɔ́ifrènd]
— 名 (複 **boy·friends** [-frèndz]) © ボーイフレンド, 恋人（◇女性の親密な交際相手としての男性; ↔ girlfriend): Betty has gone to the movies with her *boyfriend.* ベティーはボーイフレンドと映画を見に行っている.

boy·hood [bɔ́ihùd] 名 U 少年時代, 少年期: in one's *boyhood* 少年時代に.

boy·ish [bɔ́iiʃ] 形 男の子 [少年] らしい;（女の子が）ボーイッシュな, 男の子のような: her *boyish* figure 男の子のような女の子の体つき.
boy·ish·ly [~li] 副 男の子らしく; 男の子のように.

bps《略語》= *bits per second* ビット毎秒《データ伝送の速度を表す単位》.

Br《元素記号》= bromine 臭素.

BR, B.R.《略語》= *British Rail* 英国国有鉄道.

Br.《略語》= *Britain; British.*

bra [brάː] 名 ©《口語》**ブラジャー**, ブラ（◇ *brassiere* の短縮形》.

brace [bréis] 動 他 **1** …を強固にする, 補強する; […で] 支える [*with*];〈弓など〉をぴんと張る. **2** …を元気づける; 身がまえる.
■ *bráce onesélf* **1** 元気を出す. **2** […に備えて] 身がまえる [*for*].
bráce úp 自《主に米》元気を出す.

bracelet

—名 C **1** 留め金, かすがい; 突っ張り, 支柱. **2** (体の部分を固定・補強する) 装具, 添え木; [しばしば~s] 歯列矯正具. **3** [~s] (《英》ズボンつり (《米》suspenders). **4** (複 brace) (鳥・動物の) つがい (couple): two *brace* of pheasants キジの2つがい. **5** [通例 ~s] 中かっこ ({ }) (→ BRACKET 関連語). **6**《音楽》ブレース《2つ以上の五線をつなぐかっこ》. **7** (ドリル・きりなどの) 曲がり柄.
■ *bráce and bít* 曲がり柄ドリル, くりしぎり.

brace·let [bréislət] 名 C 腕輪, ブレスレット; [~s; 複数扱い] (《口語》手錠 (handcuffs).

brac·ing [bréisiŋ] 形 (空気などが) 身が引き締まるような, さわやかな, すがすがしい.

brack·en [brǽkən] 名 U 《植》ワラビ (の茂み).

brack·et [brǽkit] 名 C **1** (棚などを支える) 腕木, 腕金; (腕木・腕金で支えられた) 張り出し棚; ブラケット《壁面から突き出た電灯などを支える腕木》. **2** [通例 ~s] 角かっこ ([ ]) (square brackets). (関連語) parentheses 丸かっこ (( )) / angle [pointed] brackets 山形かっこ (《 》) / braces 中かっこ ({ }) **3** [単数形で;複数扱い] 同階層 (の人々): the high-income *bracket* 高所得層 / people in the 30-39 age *bracket* 30代の人々.
— 動 他 **1** …を腕木で支える. **2** …を [… に] 分類する [*into*]; …を […と] ひとまとめにする (*together*) [*with*]; …をかっこでくくる (*off*).

brack·ish [brǽkiʃ] 形 (水が) 塩気のある.

brad [brǽd] 名 C《木工》坊主 [無頭] 釘 (ぎ); [頭が小さい].

brag [brǽg] 動 (三単現 **brags** [~z]; 過去・過分 **bragged** [~d]; 現分 **brag·ging** [~iŋ]) (自《通例, 軽蔑》[… を] 自慢する, […について] ほらを吹く (*of, about*): be nothing to *brag about* たいしたもの [こと] ではない / He is always *bragging about* his friendship with famous actors. 彼は有名な俳優と交友関係があることを自慢してばかりいる.
— 他 […であると] 自慢する (*that* 節).
— 名 U C 自慢話; 自慢 (の種).

brag·gart [brǽgərt] 名 C《軽蔑》自慢屋, ほら吹き.

Brah·ma [bráːmə] 名 **1** 梵天 (ぼん), ブラフマー《ビシュヌ (Vishnu)・シバ (Shiva) と並ぶヒンドゥー教三大神の第1神で創造の神》. **2** U 宇宙の根本原理. **3** [bréimə] C ブラマ鶏《大形の肉用種》.

Brah·man [bráːmən], **Brah·min** [-min] 名 (複 **Brah·mans, Brah·mins** [~z])《宗教》 (ヒンドゥー教の) バラモン《カーストの最高位である僧族の人; → CASTE》.

Brahms [bráːmz] 名 固 ブラームス Johannes [jouhǽnis] Brahms (1833-97; ドイツの作曲家).

braid [bréid] 名 **1** C《通例 ~s》 (《主に米》編んだ髪, お下げ髪 (《英》plait). **2** U 組みひも, さなだひも, モール《特に衣服の縁飾りに用いる》.
— 動 他 **1** (《主に米》〈髪・ひもなど〉を編む (《英》plait); 〈衣服など〉を (リボン・モールなどで) 飾る.

Braille [bréil] 名 U [しばしば b-] (ブライユ式) 点字 (法) 《◇フランスの教育家 Louis Braille が考案》.

***brain**
[bréin] 名 動
— 名 (複 **brains** [~z]) **1** C (器官としての) 脳,

脳髄: a disease of the *brain* 脳病. **2** C [しばしば ~s] 頭脳, 知力: have a quick *brain* 頭の回転が早い / He doesn't have much of a *brain*. 彼はあまり知的ではない.

コロケーション 頭を [が] …
頭を悩ます: *tax one's brain*
頭を働かせる: *use one's brain(s)*
頭がよい: *have a (good) brain*
頭が悪い: *have a weak brain*

3 C 《口語》秀才: There are many *brains* in this university. この大学には多くの秀才がいる. **4** [the ~s] 知的指導者, ブレーン《◇1人にも複数の人についても用いる》: He is the *brains* of this project. 彼はこの企画のブレーンです.
■ *béat [ráck, cúdgel] one's bráin(s)* […に] 頭を悩ます, 知恵をしぼる (*about, over*).
háve ... on the bráin《口語》…が頭から離れない, …のことばかり考えている.
píck ...'s bráin(s)〈人〉の知恵を借りる.
— 動 他 〈人〉の頭を打ち割る; 頭を殴る.

◆ **bráin cèll** C 脳 (神経) 細胞.
bráin dèath U 脳死.
bráin dràin [単数形で] 頭脳流出《有能な人材が他国に流出すること》.
bráin scàn [a ~] 脳のレントゲン断層写真.
bráin sùrgery U《医》脳外科.
bráins trùst《英》= brain trust.
bráin trùst C《米》ブレーントラスト《政策立案などを行う学識経験者の顧問団》.
bráin wàve **1** [~s]《医》脳波. **2** C《英》突然のひらめき, 名案 (《米》brainstorm).

brain·child [bréintʃàild] 名 [単数形で]《口語》新構想, 新案, 妙案; 発明.

bráin-dèad 形 脳死 (状態) の.

brain·less [bréinləs] 形 愚かな, 頭の悪い [鈍い].

brain·storm [bréinstɔ̀ːrm] 名 C **1**《英口語》(突然の) 精神錯乱. **2**《米》霊感, (突然の) 名案, インスピレーション (《英》brain wave).

brain·storm·ing [bréinstɔ̀ːrmiŋ] 名 U《米》ブレーンストーミング《会議などで各人が吟味を前提とせず自由にアイディアを出し合う問題解決法》.

brain-teas·er [bréintìːzər] 名 C 難問, なぞ.

brain·wash [bréinwɑ̀ʃ, -wɔ̀ːʃ / -wɔ̀ʃ] 動 他〈人〉を洗脳する;〈人〉を洗脳して […] させる (*into*).

brain·wash·ing [bréinwɑ̀ʃiŋ, -wɔ̀ːʃ- / -wɔ̀ʃ-] 名 U 洗脳, 強制的思想改造.

brain·y [bréini] 形 (比較 **brain·i·er** [~ər]; 最上 **brain·i·est** [~ist])《口語》頭のよい, 賢い.

braise [bréiz] 動 他〈肉・野菜〉を (油でいため, とろ火で) 蒸し煮にする.

*brake[1] [bréik]《☆同音 break》 名 C ブレーキ, 制動装置 (→ BICYCLE 図); 抑制, 歯止め: put on the *brake(s)* ブレーキをかける / take off the *brake* ブレーキを外す [緩める] / This *brake* didn't work. このブレーキが利かなかった / They put a *brake* on our investigation. 彼らは私たちの調査を中断させた.
— 動 他 …にブレーキをかける.
— 自 ブレーキをかける, 歯止めをかける.

◆ **bráke lìght** C (自動車後尾の) ブレーキランプ.

brake[2] 名C やぶ, 茂み.
brake・man [bréikmən] 名（複 **brake・men** [-men]）C《米》(列車の) ブレーキ係; 車掌助手.
bra・less [bráːləs] 形《口語》ブラジャーを着けていない, ノーブラの.（比較「ノーブラ」は和製英語）
bram・ble [bræmbl] 名 イバラ, 野イバラ; キイチゴ, (特に) クロイチゴ (**blackberry**) (の茂み).
bran [brǽn] 名 U (穀物の) もみがら, ふすま, ぬか.

****branch** [bræntʃ / brɑ́ːntʃ]

— 名（複 **branch・es** [～iz]）C **1** (樹木の) 枝
(◇大小を問わず木の枝一般をさす; cf. **bough** 大枝, **twig** 小枝): *branches* of a cherry tree 桜の木の枝 / a dead *branch* 枯れ枝.
2 支店, 支社, 支局, 支部, 出張所: This office is a *branch*; our main office is in New York. ここは支店で, 本社はニューヨークにあります.
3 部門, 分科: a *branch* of learning 学問の1分野 / The Diet is a legislative *branch* of the government. 国会は政治の立法部門である.
4 分家;（川の）支流;=**bránch líne** (道路・鉄道の) 支線.
— 動 自 枝を出す〔広げる〕; (川・道路・鉄道などが) 分かれる, 分岐する.
■ *bránch óff* 自 (川・道路・鉄道などが) […から] 分かれる, 分岐する [*from*].
bránch óut 自 **1** 枝を出す. **2** (会社などが) […に] 手を広げる, 進出する [*into*]: The company has *branched out into* many new areas of business. その会社は多くの新事業に手を広げた.

‡brand [brǽnd] 名C **1** (商品の) 銘柄, 商標, ブランド: the best *brand* of coffee 最高級ブランドのコーヒー / What is your favorite *brand* of tea? 紅茶のブランドでお気に入りは何ですか.
2 種類, タイプ: his own *brand* of humor 彼独特のユーモア.
3 (家畜・商品などに付けた) 焼き印, 烙(ﾗｸ)印: cattle marked with *brands* 焼き印を押された牛.
— 動 他 **1**〈家畜に〉焼き印を押す. **2**…に [… と] 汚名を着せる〈as〉: He was *branded* (*as*) a troublemaker. 彼はトラブルメーカーの汚名を着せられた. **3**〔しばしば受け身で〕〈経験などを〉 […に] 焼きつける, 印象づける〔*on, in*〕: Her name *is branded on* [*in*] my memory. 彼女の名は私の脳裏に刻まれている.
◆ **bránd náme** C ブランド名, 銘柄名; 商標名.
brand・ed [brǽndid] 形 ブランド (商品) の.
bran・dish [brǽndiʃ] 動 他〈刀など〉を振り回す.
***brand-new** [brǽndnjúː] 形 真新しい, 新品の (↔ **used**).
bran・dy [brǽndi] 名（複 **bran・dies** [～z]）**1** U ブランデー《ワインなどから作る蒸留酒》. **2** C ブランデー1杯.
brash [bræʃ] 形《軽蔑》**1** 生意気な, 自信過剰の.
2 (経験不足から)軽率な, せっかちな.
brash・ly [～li] 副 生意気に; 軽率に.
brash・ness [～nəs] 名 U 生意気; 軽率.
Bra・si・lia [brəzíljə] 名 ブラジリア《ブラジルの首都. 1960年にリオデジャネイロから遷都された》.

‡brass [brǽs / brɑ́ːs] 名 **1** U 真鍮(ｼﾝﾁｭｳ), 黄銅. **2**〔形容詞的に〕真鍮製の: a *brass* plate 真鍮製の表札. **3** U〔集合的に〕真鍮製器具〔装飾〕; C 真鍮の記念碑《壁や床にはめ込む》. **4** C〔しばしば ～es〕金管楽器; [the ～] (オーケストラの) 金管楽器部. **5** U《口語》厚かましさ, ずうずうしさ: He came into my room as bold as *brass*. 彼は厚かましくも私の部屋に入って来た. **6** [the ～; 集合的に; 単数・複数扱い]《口語》高級将校, 幹部.
（▷ 形 **brássy**, **brázen**; 動 **brázen**）
◆ **bráss bánd** C ブラスバンド, 吹奏楽団.
bráss knúckles〔単数・複数扱い〕《米》メリケンサック《格闘のとき指にはめる金属製のこぶし当て》.
bráss tácks〔複数扱い〕《俗語》(問題の) 核心, 要点: get [come] down to *brass tacks* 本題に入る, 問題の核心に触れる.
bras・se・rie [brǽsəriː]《フランス》 名 C (大衆的な) レストラン.
bras・siere [brəzíər / brǽziə]《フランス》名 C ブラジャー（◇略して **bra** とも言う）.
brass・y [brǽsi / brɑ́ːsi] 形（比較 **brass・i・er** [～ər]; 最上 **brass・i・est** [～ist]）**1** 真鍮(ｼﾝﾁｭｳ)(色)の; 真鍮製の; 真鍮で飾った. **2** 金属音の.
3《口語》ずうずうしい, 厚かましい. （▷ 名 **bráss**）
brat [brǽt] 名 C《口語・軽蔑》子供, がき, 小僧.
bra・va・do [brəvɑ́ːdou] 名 U 虚勢, からいばり.

****brave** [bréiv]

【基本的意味は「勇敢な」】
— 形（比較 **brav・er** [～ər]; 最上 **brav・est** [～ist]）**1** 勇敢な, 勇ましい; 勇気のある, 大胆な (→ 類義語) (↔ **cowardly**): a *brave* act 勇敢な行為 / A *brave* firefighter rescued the child from the burning house. 勇敢な消防士がその子供を炎上中の家から救出した.
2 [be brave + to do] …するとは勇気がある; [It is brave of ... to do] …するとは〈人〉は勇気がある: She *is brave to* come here alone. = *It is brave of* her *to* come here alone. 1人でここへやって来るとは彼女は勇気がある.
— 動 他〈困難〉に立ち向かう: *brave* danger 危険をものともせず立ち向かう.
■ *bráve it óut* (嫌疑などに対して) 平然とかまえる.
— 名 C 勇敢な人, 勇士; (北米先住民の) 戦士.

【類義語】 **brave, courageous, bold**
共通する意味▶勇敢な (having or showing no fear when faced with something dangerous, difficult, or unknown)
brave は「危険・脅威・困難などに憶することなく冷静に立ち向かう不屈さ」を表す: a *brave* firefighter 勇敢な消防士. **courageous** は **brave** よりも格式ばった語で「道徳的信念に基づいた勇気」の意を含む: He was *courageous* enough to jump into the turbulent waves to save the drowning man. 彼は勇敢にもおぼれている人を救うために逆巻く波に飛び込んだ. **bold** は「大胆かつ挑戦的で結果を恐れない勇気, 向こう見ずな」の意を含む: He had a *bold* plan to swim across the channel in winter. 彼は大胆にも冬季の海峡を泳いで渡ろうと計画していた.

brave・ly [bréivli] 副 勇敢に(も), 勇気を持って.
brav・er・y [bréivəri] 名 U 勇敢さ, 勇気(ある行為).
(▷ 形 bráve)
bra・vo [brá:vou]【イタリア】間 ブラボー, うまいぞ
(◇演者を称賛する叫び声).
— 名 C (複 **bra・vos** [～z]) C ブラボーの叫び.
brawl [brɔ́:l] 名 C (人前での)派手なけんか[口論].
— 動 自 大声でけんか[口論]する, がなり立てる；(水が)ごうごうと音を立てて流れる.
brawl・er [brɔ́:lər] 名 C 大声でけんか[口論]する人.
brawn [brɔ́:n] 名 U **1** (たくましい)筋肉；筋力, 腕力. **2**《英》ブローン《豚の頭などを煮て塩漬けにしたゼリー》(《米》head cheese).
brawn・y [brɔ́:ni] 形 (比較 **brawn・i・er** [～ər]；最上 **brawn・i・est** [～ist]) 筋骨たくましい, 屈強な.
bray [bréi] (擬声語) 名 C ロバの鳴き声；(らっぱなどの)けたたましい音.
— 動 自 (ロバが)いななく；耳ざわりな音[声]を出す；らっぱが鳴り響く.
Braz.《略記》= *Braz*il; *Braz*ilian.
bra・zen [bréizən] 形 **1** 真鍮(しんちゅう)製の.
2 耳ざわりな, やかましい.
3 厚かましい, ずうずうしい.
— 動〔次の成句で〕
■ *brázen it óut* [*thróugh*] (非難されても)ずうずうしく押し通す. (▷ 名 bráss)
bra・zen・ly [～li] 副 厚かましく, ずうずうしく.
bra・zier [bréiʒər / -zjə] 名 C (金属製の)火ばち；火ばち, 焼肉コンロ.
*__**Bra・zil**__ [brəzíl] 名 固 ブラジル《南米東部の共和国；首都ブラジリア(Brasilia), 《略記》Braz.》.
Bra・zil・ian [brəzíljən] 形 ブラジルの；ブラジル人[語]の.
— 名 **1** C ブラジル人. **2** U ブラジル語《ブラジルで用いられるポルトガル語》.
*__**breach**__ [brí:tʃ] (☆同音 breech) 名 **1** C|U 違反, 不履行, 無視；侵害: be in *breach* of ... …に違反している / a *breach* of the peace 治安妨害 / a *breach* of privacy プライバシーの侵害 / a *breach* of promise 契約違反；婚約不履行.
2 U|C [… の]決裂, 不和 [*in*]: The incident caused a *breach* in relations between the two companies. その事件は両社間の関係に不和をもたらした.
3 C (壁・堤防などの)穴, 開口部；《比喩》突破口: make a *breach* 穴をあける, 開口部を作る.
■ *stép into the bréach* = *fíll the bréach* = *thrów onesélf into the bréach* 危急の際に援助する.
— 動 他 **1**〈壁など〉に穴を開ける,〈敵など〉を突き破る.
2〈約束・契約など〉を破る, 守らない.

***bread [bréd]
— 名 U **1** パン (→図): a slice [piece] of *bread* 1切れのパン / a loaf of *bread* ひとかたまりのパン / bake *bread* パンを焼く / toast *bread* パンをトーストする / spread *bread* with butter = spread butter on *bread* パンにバターを塗る.

関連語 いろいろな bread
bread and jam ジャムの付いたパン / brown bread 黒パン / French bread フランスパン, バゲット / raisin bread レーズンパン / rye bread ライ麦パン / whole-wheat bread 全粒粉(ぜんりゅうふん)パン《ふすま入り小麦粉で作る》

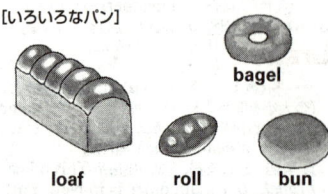

[いろいろなパン]

bagel
loaf   roll   bun

2 生計；命の糧(かて), 生きるための食物: He earns his daily *bread* as a farmhand. 彼は農場労働者として生計を立てている / Man shall not live by *bread* alone.《ことわざ》人はパンのみにて生くるにあらず ⇒ 人が生きていくには精神的な糧が必要である. **3**《俗語》お金, ぜに.
■ *bréad and wáter* 粗末[簡素]な食事.
bréak bréad with ...《古風》…と食事を共にする.
cást [*thrów*] *one's bréad upòn the wáters*《文語》報酬をあてにせずに善行をする.
know which síde one's bréad is búttered (*on*)《口語》抜け目がない, 自らの利にさとい.
táke the bréad òut of ...'s móuth〈人〉の生計の道を奪う.
◆ bréad lìne C 施しの食料の配給を待つ人の列: on the *bread line* 非常に貧乏で.
bread-and-but・ter [brédənbʌ́tər] (☆発音に注意) 形〔限定用法〕**1** 生活の, 生計のための；基本的な. **2** (もてなしに対する)お礼の: a *bread-and-butter* letter (もてなしてくれた人への)礼状.
bréad and bút・ter [brédkrʌ́m] 名 U **1** バターを塗ったパン. **2** [one's ～]《口語・比喩》生計(の手段)；主要な収入源: Fishing is his *bread and butter*. 彼は漁業で生計を立てている.
bread・bas・ket [brédbæ̀skit / -bà:s-] 名
1 C (食卓用の)パンかご. **2** [the ～] 穀倉地帯. **3** [the ～]《口語》胃(袋).
bread・board [brédbɔ̀:rd] 名 C パン切り台.
bread・crumb [brédkrʌ̀m] 名 C **1** パンの柔らかい部分. **2**〔通例 ～s〕パン粉, パンくず.
bread・fruit [brédfrù:t] 名 C [植] = bréadfruit trèe パンの木《熱帯産の常緑高木》; U パンの木の実《焼くとパンのような味になる食用果実》.
*__**breadth**__ [brédθ, brétθ]【「broad (広い) + -th (名詞語尾)」から】名 **1** U|C 幅, 横幅 (width): The board is ten centimeters in *breadth*. その板は幅が10センチです. **2** U (知識・経験などの)広さ, 範囲: the ample *breadth* of her experience 彼女の経験の豊かさ. **3** U 寛容さ: one's *breadth* of mind 心の広さ. **4** C (土地・海などの)広がり (expanse). (関連語) deep → depth 深さ / high → height 高さ / long → length 長さ / wide → width 広さ)

breadth・ways [brédθwèiz, brétθ-],
breadth・wise [-wàiz] 副 横に, 横切って.
― 形 横の, 横からの, 横切っての.
bread・win・ner [brédwìnər] 名 C 一家の稼ぎ手, 大黒柱.

****break [bréik] (☆同音 brake) 動 名

■ *by a háir('s) bréadth* 間一髪, わずかの差で.
the léngth and bréadth of ... ...の隅から隅まで全部. (▷ 形 bróad)

> 基本的意味は「壊す」.
> ① 壊す, 壊れる; 壊される. 動 1, 自 1; 名 1
> ② 故障させる; 故障する. 動 2, 自 2
> ③ 中断させる; 中断する; 中断; 休憩.
> 動 4, 自 3; 名 2, 3

― 動 (三単現 **breaks** [～s]; 過去 **broke** [bróuk]; 過分 **bro・ken** [bróukən]; 現分 **break・ing** [～iŋ])
― 他 **1** 壊す, 割る, 砕く, ちぎる;〈骨など〉を折る;〈皮膚〉を傷つける (→類義語): *break* a glass コップを割る / *break* the skin 皮膚を傷つける / *break* a tape テープを切る / Who's *broken* the windowpane with a ball? ボールで窓ガラスを割ったのはだれですか / She *broke* a fingernail when she was opening a box. 彼女は箱を開けるときにつめを割ってしまった / The mirror was *broken* to [into] pieces. 鏡は粉々に砕けた / Don't *break* a branch off [from] the trees. 木の枝を折ってはいけません / He *broke* his leg in the soccer game. 彼はサッカーの試合中に脚を骨折した.
2 [break+O] ...を故障させる: Our TV is *broken* and has to be repaired. うちのテレビは故障しているから修理しなくてはいけない.
3 [break+O]〈約束・規則など〉を破る, 犯す: *break* a promise 約束を破る / *break* the law 法律に違反する / He *broke* his appointment with me yesterday. 彼はきのう私と会う約束をすっぽかした.
4 [break+O]〈行為〉を中断させる, 終わらせる;〈人〉に[習慣などを]やめさせる [*of*];〈静けさなど〉を破る: We *broke* our journey to Spain. 私たちはスペイン旅行を途中でやめた / He cannot *break* his smoking habit. ＝He cannot *break* himself *of* smoking. 彼はたばこがやめられない / At last she *broke* the silence. ついに彼女は沈黙を破って発言した.
5 (a) [break+O] ...を壊して開ける, こじ開ける; 突破する: *break* jail [prison] 脱獄する / The river *broke* the bank. 川は堤防を破った.
(b) [break+O+C]〈もの〉を壊して...にする: *break* a safe open 金庫をこじ開ける.
6〈力など〉を弱める, 抑える;〈人・気持ち〉をくじけさせる, 打ちのめす: The hedge *broke* the child's fall. 落ちた子の落下の衝撃を生け垣が和らげた / Working too much *broke* his health. 働き過ぎで健康は損なわれた / The scandal *broke* his political career. スキャンダルで彼の政治家としての経歴に傷がついた. **7**〈悪いこと〉を打ち明ける, 漏らす: The police *broke* the news of his death to his parents. 警察は両親に彼が死亡したことを知らせた. **8**〈記録〉を破る, 更新する: He will *break* the world record in the high jump. 彼は走り高跳びの世界記録を破るだろう. **9**〈まとまっているもの〉を分ける, 分割する;〈金〉をくずす: *break* a ten-dollar bill 10ドル札をくずす.
10〈馬など〉をならす. **11** ...を破産させる.
12【テニス】〈相手のサービスゲーム〉を破る, ブレークする. **13**〈事件など〉を解明する;〈暗号〉を解読する.
― 自 **1** (a) 壊れる, 割れる, 砕ける; 折れる, ちぎれる: Glassware *breaks* easily. ガラスの食器は壊れやすい / The branch *broke* under his weight. 彼の体重で枝が折れた / The rope *broke* when I took hold of it. 私がつかまるとロープは切れてしまった. (b) [break+C] 壊れて...になる: The package *broke* open when it fell. 包みは落ちたときに壊れて開いた.
2 故障する, 動かなくなる: Our computer system has *broken*. コンピュータシステムがダウンした.
3 中断する, 終わりになる; 休憩する: The cold weather will *break* at the end of the month. 寒気も月末には破れるでしょう / Let's *break* for coffee. 休憩してコーヒーを飲もう.
4〈物事〉が急に起こる[始まる];〈天候など〉が急変する: Clapping *broke* from the crowd. 群衆から拍手が起こった / The storm *broke* while I had a nap. 昼寝をしているうちにあらしになった.
5〈夜〉が明ける: Day [Dawn] is *breaking*. 夜が明けてきた (◇ night が主語でないことに注意).
6〈体力など〉が衰える, 弱る: His health *broke*. 彼は健康を害した / Her heart *broke*. 彼女は悲しみに沈んだ. **7**〈ニュースなど〉が発表される. **8**〈声・楽器の〉調子が変わる; 声変わりする. **9** 破産する.
10【ボクシング】ブレークする, クリンチを解く.
句動詞 **brèak awáy** 自 **1** 壊れる,[...から]外れる [*from*]. **2** [...から]急に逃げる, つながりを絶つ; 脱退する [*from*]: The dog *broke away from* its owner. 犬は飼い主を振り切って逃げた. **3** [習慣などを]急に改める [*from*]. **4** (競技で)リードする. ― 他 [break away + O / break+O+away] ...をはがす, 取り離す.
brèak dówn **1** 故障する, 壊れる: My car has *broken down*. 車が故障してしまった.
2 〈交渉など〉が行き詰まる: The trade negotiations between Japan and the United States have *broken down*. 日米間の貿易交渉が暗礁に乗り上げた. **3** (人が)感情を抑え切れなくなる, 取り乱す: She *broke down* and cried when she heard the news. 彼女はその知らせを聞いて泣き崩れた. **4** (体力などが)衰える. **5** 分解[分類]される. ― 他 [break down +O / break+O+down] **1** ...を壊す, 解体する, 押しつぶす: We *break* the door *down* because we had lost the key. かぎをなくしたので私たちはドアを壊した. **2** 〈障害物〉を取り除く, 乗り越える, 打破[克服]する: *break down* the cultural barrier between the two countries 両国間の文化面の障害を乗り越える.

B

3 …を〔…に〕**分解する**, 分類する〔*into*〕: *break down* water *into* hydrogen and oxygen 水を水素と酸素に分解する.

brèak ín [自] **1**（どろぼうなどが）**押し入る**, 侵入する. **2**〔会話などに〕**突然口をはさむ**, 割り込む; 〔思考などを〕妨げる〔*on, upon*〕: I'm sorry to *break in on* you so abruptly. 突然おじゃましてすみません. **—** [他] [break in＋O / break＋O＋in] **1**〈人・動物〉を訓練する: Her job is *breaking* new workers *in*. 彼女の仕事は新入社員教育です. **2**〈靴など〉をはき慣らす;〈新車など〉を慣らし運転する: *break in* a new pair of boots 新しいブーツをはき慣らす.

bréak ìnto ... [他] **1**〈家・店など〉**に侵入する**, 押し入る: Our store was *broken into* by a burglar last night. 昨夜うちの店はどろぼうに入られた. **2 急に…し始める**: *break into* laughter 急に笑い出す / She *broke into* tears when I told her the news. 私がその知らせを伝えると彼女は泣き出した. **3** 壊れて…になる: The vase *broke into* pieces. 花びんは割れて粉々になった. **4**〈話など〉に口をはさむ. **5**〈仕事など〉につく, 進出する: His daughter *broke into* the movies. 彼の娘は映画界に入った.
6〈紙幣〉をくずす;〈貯金など〉に手をつける;（残業などが）〈余暇など〉にくい込む.

brèak óff [他] [break off＋O / break＋O＋off] **1** …**を折り取る**, ちぎり取る: *break off* a branch 枝を折り取る. **2**〈話など〉**を急にやめる**, 打ち切る: When the girl came in, everybody *broke off* talking and stared at her. その少女が入って来るとみんなは話をやめて彼女をじっと見た. **3**〈関係など〉を絶つ, 打ち切る: The two countries *broke off* relations with each other. 両国は国交を断絶した. **—** [自] **1 折れて取れる**, 外れる. **2**（話などを）急にやめる; 休憩する. **3**〔…と〕関係を絶つ〔*with*〕.

brèak óut [自] **1**（火事・戦争などが）**急に起きる**, 勃発(ぼっ)する: Fire *broke out* during the night. 夜中に火事が起きた / The Korean War *broke out* in 1950. 朝鮮戦争は1950年に起こった. **2**〔…から〕脱する〔*of*〕: *break out of* prison 脱獄する / *break out of* the vicious circle 悪循環を脱する. **3**〔汗・発疹(ほっしん)で〕いっぱいになる〔*in, with*〕: He *broke out in* (a) sweat. 彼は全身汗びっしょりになった.

bréak óut doing 突然…し始める.

brèak thróugh [自] **1**（軍隊などが）突破する, 打ち破る. **2**（科学者などが）新発見をする, 新事実を解明する. **3**（太陽・月が）雲間から現れる. **—** [他] **1**〈困難など〉**を突破する**. **2**〈内気・遠慮など〉をなくす, 克服する. **3**（太陽などが）…から現れる.

brèak úp [自] **1**（ものが）**ばらばらになる**.
2（会合などが）**散会する**, 解散する: The party has just *broken up*. パーティーはたった今終わったところです. **3**（友情などが）**破れる**,〔恋人などと〕別れる〔*with*〕: She has *broken up with* her boyfriend. 彼女はボーイフレンドと別れた.
4（人が）参る, 衰弱する. **5**《英》（学校・学生が）休暇に入る. **—** [他] [break up＋O / break＋O＋up] **1** …**をばらばらにする**, 解体する: *break up* an old building 古い建物を解体する.
2〈会合・群衆など〉**を解散させる**: We had to *break up* the party ahead of schedule. 会を予定より早く切り上げなければならなかった.
3〈けんかなど〉**をやめさせる**: *Break* it *up*!（けんかを）やめろ. **4**〈人〉をがっくりさせる, 参らせる.
5《米》〈人〉を笑いこけさせる.

bréak with ... [他]〈友人など〉と別れる;〈政党など〉から脱退する;〈習慣など〉を捨てる: He *broke with* the union over the new policy. 彼は新方針をめぐって組合を脱退した.

■ ***brèak éven*** → EVEN² 成句.

brèak frée [***lóose***]〔…から〕逃れる, 逃亡する〔*from*〕.

— [名] **1** [C] **破壊**, 破損; 割れ目, 裂け目: a *break* in the wall 壁の割れ目 / a *break* in the clouds 雲の切れ間. **2** [C] **中断**, **断絶**: a *break* with tradition 伝統との断絶 / She made a clean *break* with Koji. 彼女は浩二ときっぱり別れた.
3 [C] **休憩**, **休み時間**: a *break* for coffee = a coffee *break* コーヒーブレイク, 休憩時間 / Let's take [have] a five-minute *break*. 5分間休憩しよう. **4** [C]（天候などの）急変, 突然の出現: a *break* in the weather 天候の急変. **5** [U] 夜明け, 始まり: at (the) *break* of day 夜明けに.
6 [C] 突進; 脱走: make a *break* from prison 脱獄する. **7** [C]《口語》運, 機会: a lucky [big] *break* 好運, 好機.

■ ***Gíve me a bréak!***《口語》もう一度チャンスをくれ; かんべんしてよ, 冗談はよせ.

withòut a bréak 絶え間なく.

◆ **bréak dàncing** [U] ブレークダンス《リズムに合わせて激しい動きをするダンス》.

> [類義語] **break, crush, crash, smash, shatter**
> **共通する意味▶壊す, 砕く**
> **break** は「壊す, 砕く」の最も一般的な語で, 衝撃や圧力によって比較的堅いものを「ばらばらにする, 折る」の意: *break* a vase 花びんを割る. **crush** は比較的軟らかいものを「ぐしゃっと押しつぶす」または堅いものを「粉々に砕く」の意: *crush* grapes to make wine ワインを作るためにブドウをつぶす / *crush* a stone 石を砕く. **crash** は,「がちゃん・どかん・がらがら」など「すさまじい音を立てて壊す, 砕く」の意: *crash* a glass against the floor コップを床にたたきつけて割る. **smash** はもろいものに「強い衝撃を与えて砕く, つぶす」の意: He *smashed* the bottle against the rock. 彼はびんを岩にぶつけて粉々にした. **shatter** は薄く壊れやすいものを「破片を飛び散らせながら激しく砕く」の意: He *shattered* the thin ice with a stone. 彼は薄氷を石で粉々に砕いた.

break·a·ble [bréikəbl] [形] 壊れ [破れ] やすい, もろい; 壊すことのできる.
— [名] [C] [〜s] 壊れやすいもの, 割れ物.

break·age [bréikidʒ] [名] **1** [U] 破損; [C] 破損箇

所[部分]: a *breakage* in the water pipe 水道管の破損箇所. **2** [C] [通例 ~s] 壊れたもの, 破損物; [U][C] 破損額[数, 量].

break·a·way [bréikəwèi] [名][C] 脱走(者); 脱退(者); 離脱; 『スポーツ』急なリード.
—[形] [限定用法] 脱走[脱退]した; 離脱の.

*__break·down__ [bréikdàun] [名][C] **1** (機械・車などの)故障: I had a *breakdown* on the street yesterday. きのう車が通りで故障した. **2** (健康・精神の)衰弱, 挫折(ざっ)：a nervous *breakdown* ノイローゼ. **3** (交渉・話し合いの)決裂, 失敗: a *breakdown* of the summit meeting 首脳会談の決裂. **4** 分類(=詳細的)分析; 内訳(書).
◆ bréakdown trùck [vàn] [C] 《英》レッカー車 (《米》wrecker).

break·er [bréikər] [名][C] **1** [しばしば複合語] 壊す人[もの], 破る人[もの] / a heart*breaker* 胸が張り裂けるような思いをさせる人[もの]. **2** (岩などにぶつかって)砕け散る波. **3** 『電気』ブレーカー, 回路遮断器 (circuit breaker).

bréak·é·ven [名][U] 損益なしの状態, 収支とんとん.
—[形] 損益なしの, 収支とんとんの.

***break·fast** [brékfəst] (☆発音に注意) [名][動]
【「break(破る)＋fast(断食)」から】
—[名] (複 **break·fasts** [-fəsts]) [C][U] 朝食: He was at *breakfast* when I arrived. 私が到着したとき彼は朝食を食べていた / I have ham and eggs for *breakfast*. 私は朝食にハムエッグを食べる / I had a hasty *breakfast* this morning. けさは急いで朝食をとった.

[コロケーション] 朝食を…
朝食を作る: *make* [*prepare*] *breakfast*
朝食をとる[食べる]: *have* [*eat*] *breakfast*
朝食を抜く: *skip breakfast*

《背景》 いろいろな朝食
(1) 米国式: ジュース[果物]・シリアル・トースト・卵料理・コーヒー[牛乳]などから成るのが一般的.
(2) 英国式 (English breakfast): ジュース[果物]・トースト・卵料理・ベーコン・焼きトマト・紅茶など、かなりのボリュームがある.
(3) ヨーロッパ大陸式 (continental breakfast): パン, ジャムとコーヒー[紅茶, ジュース]だけの簡単なメニュー.

—[動][自]《文語》[…の]朝食をとる,[…を]朝食に食べる [on].

*__bréak-in__ [名][C] (建物などへの)侵入, 不法侵入.

break·ing [bréikiŋ] [名][U] 破壊.
■ *bréaking and éntering*〖法〗家宅侵入(罪).
◆ bréaking póint [U] 我慢の限界, 限界点.

break·neck [bréiknèk] [形] [限定用法] (速くて)危険きわまる, 無謀な: at (a) *breakneck* speed (車が)猛烈なスピードで.

break·out [bréikàut] [名][C] **1** (集団)脱獄, 脱走. **2** (敵軍の包囲などからの)強行突破.

break·through [bréikθrù:] [名][C] **1** (難関などの)突破, 解決. **2** 〖軍〗(敵の防御線の)突破(作戦). **3** (科学技術・産業などの)大躍進, 飛躍的進歩.

*__break·up__ [bréikʌp] [名][C] [通例, 単数形で] **1** 絶

交; (結婚・婚約などの)解消. **2** 分解, 解体; 分割. **3** 解散, 散会; (学期の)終業.

break·wa·ter [bréikwɔ̀:tər] [名][C] 防波堤.

***breast** [brést] [名][動]

—[名](複 **breasts** [brésts]) **1** [C] 乳房; 乳: give a baby the *breast* 赤ん坊に乳を飲ませる / a baby at the *breast* 乳飲み子. **2** [C] 胸, 胸部 (chest); (衣服の)胸の部分; [C][U] (食用の)胸肉: a *breast* pocket 胸ポケット / clasp a baby to the *breast* 赤ん坊を胸に抱きしめる. **3** [C]《文語》胸のうち, 気持ち, 心: a troubled *breast* 思い悩む胸のうち.
■ béat one's bréast《文語》(悲しみ・怒りなどを)大げさに表す.
màke a cléan bréast of …《特に自分にとって不快なことを》ありのままに述べる, 打ち明ける.
—[動][他] **1** …を胸で受ける; …に敢然と立ち向かう: *breast* the tape ゴールのテープを切る. **2** 〈坂など〉を登る.
◆ bréast cáncer [U][C]〖医〗乳癌(がん).
bréast milk [U] 母乳.
bréast stròke [the ~] 平泳ぎ, ブレスト (ストローク)(◇breaststroke ともつづる).

breast·bone [bréstbòun] [名][C]〖解剖〗胸骨 (sternum).

bréast-fèed [動] (三単現 breast-feeds [-fì:dz]; 過去・過分 breast-fed [-féd]; 現分 breast-feed·ing [~iŋ]) [他]〈赤ん坊〉を母乳で育てる (cf. bottle-feed ミルクで育てる).

breast·pin [bréstpìn] [名][C] (胸・えり元に付ける)飾りピン, ブローチ.

***breath** [bréθ]

—[名] (複 **breaths** [~s]) **1** [U] 息, 呼吸; [C] ひと息, 1回の呼吸: take a deep *breath* 深呼吸する / It's so cold I can see my *breath*. とても寒いので吐く息が白く見える / His *breath* smelled of whiskey. 彼の息はウイスキーのにおいがした.

[コロケーション] 息を…
息を切らす: *lose one's breath*
息を吸う: *take in a breath*
息を止める: *hold one's breath*
息を吐く: *give out a breath*

2 [C] [単数形で; 通例, 否定文で] 風のそよぎ: There was not a *breath* of wind [air] that day. その日は風が少しもなかった. **3** [C] [単数形で] 気配, におい: I felt a *breath* of spring in the wind. 私は風に春の息吹を感じた. **4** [U]〖音声〗無声音 (cf. voice 有声音).
■ *a bréath of frésh áir* 新鮮な空気を吸うこと; 新鮮さをもたらす人[もの], 新風.
at a bréath 一気に, ひと息に.
belòw one's bréath =under one's breath.
cátch one's bréath (驚き・恐怖で)はっとする.
dráw [táke] bréath ひと息つく.
gèt one's bréath báck [agáin] 普通の呼吸に戻る, ひと息つく.
hóld one's bréath (水中などで)息を止める; かたずをのむ: We *held* our *breath* at the sight. 私

たちはその光景にかたずをのんだ.
in óne [a] bréath ひと息に, 一気に.
in the sáme [néxt] bréath (あることを言った)すぐあとで(逆のことを言う), 舌の根も乾かないうちに.
òut [shórt] of bréath 息切れして.
sáve one's bréath (言ってもむだと思って)黙る, ものを言わない.
táke ...'s bréath awáy ...をはっとさせる.
the bréath of lífe 生命;〔人にとって〕必要[大切]なもの〔to, for〕.
ùnder one's bréath 声をひそめて.
(▷ 動 **bréathe**)

◆ bréath tèst C (ドライバーに対する)酒気検査.
Breath・a・lyz・er,《英》**Breath・a・lys・er** [bréθəlàizər] 名 C 《商標》酒気検知器.

breathe [bríːð] ★★★
【基本的意味は「呼吸する(take air into and out of the lungs)」】
— 動 (三単現 **breath・es** [~z]; 過去・過分 **breathed** [~d]; 現分 **breath・ing** [~iŋ])
— 自 **1 呼吸する**, 息をする: We cannot *breathe* under water. 私たちは水中では呼吸できない / He is still *breathing*. 彼にはまだ息がある. **2** 息をつく, ひと息入れる, 休む; ほっとする: Now back on the ground, he could *breathe* again. 彼は地上に戻ってほっと息をつくことができた. **3**《文語》生きている. **4**(風が)そよぐ. **5**(ワインなどが)香りを放つ.
— 他 **1** ...を呼吸する, 吸い込む〔*in*〕: Let's go out and *breathe* some fresh air. 外へ出て新鮮な空気を吸おう.
2〈息などを〉吐く〔*out*〕: The driver *breathed* a sigh of relief. 運転手はほっとため息をついた / He was *breathing out* cigar smoke. 彼は葉巻の煙を吐いていた. **3**〈言葉〉をささやく: He *breathed* sweet words into her ear. 彼は彼女の耳元に甘い言葉をささやいた / Didn't I tell you not to *breathe* a word of this to anyone? これについてはだれにも話すなと言ったではないか. **4**〔...に〕〈生気・興奮・勇気など〉を吹き込む〔*into*〕: The teacher *breathed* new life *into* their school. その教師は彼らの学校に新しい活力を吹き込んだ.
■ *bréathe agàin [fréely]* ほっとする: The exam is over, and I can *breathe* again. 試験が終わってほっとしている.
bréathe ín 他 **1** ...を吸い込む. **2**〈言葉など〉に耳を傾ける.
bréathe one's lást《文語》息を引き取る, 死ぬ.
(▷ 名 **bréath**)

breath・er [bríːðər] 名 C《口語》短い休憩, ひと休み: take [have] a *breather* ひと休みする.
breath・ing [bríːðiŋ] 名 U **1** 呼吸, 息づかい: deep *breathing* 深呼吸. **2** [a ~] ひと息つく(短い)間; ひと休み, 中憩.
◆ bréathing spàce U [または a ~] 息をつく暇, 猶予期間; 休息[熟考]の機会.
*****breath・less** [bréθləs] 形 **1 息を切らした.**
2[限定用法]かたずをのむ, 緊張した: a *breathless* encounter 息詰まる交戦. **3** 呼吸のない, 死んだ.
breath・less・ness [~nəs] 名 U 息を切らすこと[の

む]こと.
breath・less・ly [bréθləsli] 副 **1** 息を切らして, 苦しそうに. **2** かたずをのんで, 緊張して.
breath・tak・ing [bréθtèikiŋ] 形 はっとさせる, びっくりするような; すばらしい.
breath・tak・ing・ly [~li] 副 はっと息をのむほど.
breath・y [bréθi] 形 (比較 **breath・i・er** [~ər]; 最上 **breath・i・est** [~ist])(声が)かすれた; 息づかいが聞こえる.

*****bred** [bréd] 動 **breed** の過去形・過去分詞.
breech [bríːtʃ] (☆[同音] breach) 名 C 銃尾(ᵝ°ᵇ)《銃筒の最後尾で銃弾を込める部分》; (ものの)後部, 下部.
*****breech・es** [brítʃiz],《米口語》**britch・es** [brítʃiz] 名《複数扱い》**1** 半ズボン(ひざ(の下)で締める): riding *breeches* 乗馬ズボン.
2《口語・こっけい》ズボン (trousers).
*****breed** [bríːd] 動 (三単現 **breeds** [bríːdz]; 過去・過分 **bred** [bréd]; 現分 **breed・ing** [~iŋ])
— 他 **1** (動物が)〈子〉を産む,〈卵〉をかえす(◇「人」の場合は通例 bear を用いる). **2** (人が)〈動物など〉を育てる, 飼育する; 繁殖させる: They are *breeding* milk cows on the ranch. その牧場では乳牛を育てている. **3** [breed + O + (to be) C / breed + O + as ...] (通例, 受け身で)〈人・動物〉を...として調教する, 仕込む; 育てる: The horse will *be bred as [to be]* a racing horse. その馬は競走馬として仕込まれることになる. **4** ...の原因となる, ...を生み出す: Poverty *breeds* crime. 貧困は犯罪の温床である.
— 自 (動物が)子を産む, 卵をかえす: Our hen never *breeds*. うちのめんどりは全然卵を産まない.
■ *bórn and bréd* → BORN 成句.
— 名 **1** C (動植物の改良された)品種, 種類.
2 生まれ, 育ち.
breed・er [bríːdər] 名 C **1** 動物[植物]を育てる人, 飼育家, 栽培家《特に利潤を目的とする人》.
2《物理》増殖(型原子)炉 (breeder reactor): a fast-*breeder* reactor 高速増殖炉.
*****breed・ing** [bríːdiŋ] 名 U **1** (動植物の)飼育, 養殖, 繁殖; 養殖業, 畜産業. **2** しつけ; 育ち,(立派な)行儀作法: Mary is a girl of fine *breeding*. メアリーは育ちのよい女の子です.
◆ bréeding gròund C **1** (動植物の)繁殖地, 培養地. **2** (犯罪などの)温床.
*****breeze** [bríːz] 名 **1** C そよ風, 微風 (→ WIND¹ [類義語]). **2** C [通例 a ~]《米俗語》楽にできること, 朝飯前の仕事: in a *breeze* 楽々と (easily) / Learning Spanish is a *breeze* for Paul. ポールにとってスペイン語を覚えることなど朝飯前である.
■ *shóot [bát] the bréeze*《米俗語》雑談[むだ話]をする, だべる.
— 動 自 **1**《口語》(通例, 副詞(句)を伴って)さっと来る[行く], 軽やかに歩く; 気楽にやる〔*along*〕: He *breezed* into the office. 彼はさっそうと事務所に入ってきた. **2** [It を主語にして]《やや古》そよ風が吹く.
breez・y [bríːzi] 形 (比較 **breez・i・er** [~ər]; 最上 **breez・i・est** [~ist]) **1** そよ風の吹く, 微風の; 風通しのよい: It is *breezy* today. きょうは風がさわやか

です. **2** (人・態度が) 陽気な, 元気のよい; 軽薄な: Everyone likes his *breezy* manner. みんな彼の陽気な態度が好きです. (▷ 名 bréeze)
breez・i・ly [～li] 副 そよ風が吹いて; 陽気に.
***breth・ren** [bréðrən] 名《複数扱い》同胞, 同志; 信者仲間; 同業者 (◇ brother の古い複数形).
breve [brí:v] 名 C **1** 短音記号 (˘) (ǎ, ě, ŏのように短母音の上に付ける; cf. macron の長音記号 (¯)). **2**《音楽》2全音符《全音符の2倍の長さを持つ》.
brev・i・ty [brévəti] 名 U **1** (時間的な) 短さ. **2** (表現の) 簡潔さ, 手短さ. (▷ 形 brief)
brew [brú:] 動 他 **1** 〈ビールなど〉を醸造する (cf. distill 蒸留する); 〈紅茶など〉を入れる (*up*). **2** 〈混乱〉を引き起こす, 〈陰謀など〉をたくらむ (*up*).
— 自 **1** ビールを醸造する. **2** 〈紅茶などが〉入る, 飲み頃になる. **3**《しばしば進行形で》〈あらし・混乱が〉起ころうとしている, 〈陰謀などが〉計画されている.
— 名 **1** (1回分の) 醸造量. **2** 醸造物 (の種類)《特にビールまたは茶をさす》. **3** (異なった思想などの) ごたまぜ.
brew・er [brú:ər] 名 C 醸造業者, ビール生産者.
brew・er・y [brú:əri] 名 (複 **brew・er・ies** [～z]) C (ビール) 醸造所 [工場] (cf. distillery 蒸留酒製造場).
bri・ar [bráiər] 名 = BRIER¹,².
***bribe** [bráib]《原義は「施し物」》名 C わいろ (の品): offer [give] a *bribe* わいろを贈る / take [accept] a *bribe* わいろを受け取る.
— 動 他 **1** 〈人〉にわいろを提供する [贈る]; 〈人〉を [...で] 買収する, 〔金品で〕釣る (*with*). **2** [bribe +O+to do / bribe+O+into ...] 〈人〉を買収して...させる: They tried to *bribe* the politician *to* give [*into* giving] them some profitable information. 彼らはその政治家に賄賂を贈って有利な情報を得ようとした / He *bribed* her *into* silence. 彼はわいろを使って彼女を黙らせた.
— 自 わいろ (の品) を贈る. (▷ 名 bríbery)
brib・er・y [bráibəri] 名 U 贈賄 (ぞうわい), 収賄; 贈収賄; 汚職 (行為). (▷ 動 bribe)
bric-a-brac [bríkəbræk] 名 U《集合的》装飾的な小物, 室内装飾品, (あまり価値のない) 骨董 (こっとう) 品.

*****brick** [brík] 名 動
— 名 (複 **bricks** [～s]) **1** U C れんが; 〔形容詞的に〕(作り)の: lay *bricks* れんがを積む / a wall built of *brick* = a *brick* wall れんが (造り) の壁. **2** C れんが状のもの; 《主に英》積み木 (《米》block). **3** C《古風》頼もしい人, 実直で親切な人.
■ **báng** [**béat, rún**] *one's héad agàinst a brìck wáll*《口語》不可能なことを試みる, むだ骨を折る.
drób a brìck《英口語》不用意なことを言う.
like a tón of brícks《口語》猛烈に, 激しく.
máke brícks withòut stráw 十分な準備 [材料] なしに仕事をする; むだ骨を折る. (由来) 昔はれんがを造りにわらをつなぎとして用いたことから)
— 動 他 ...をれんがでふさぐ [囲む] (*in, up*), れんがで仕切る (*off*).
brick・bat [bríkbæt] 名 C **1** (人に投げつける) れんがなどのかけら. **2**《口語》罵声 (ばせい), ののしり.

brick・lay・er [bríklèiər] 名 C れんが積みの職人, (道路の) 敷石工.
brick・work [bríkwə̀:rk] 名 U **1** れんがで造られたもの《塀など》. **2** れんが積み (の仕事).
brick・yard [bríkjà:rd] 名 C れんが工場.
***brid・al** [bráidəl] 形《限定用法》花嫁の; 結婚 (式) の: a *bridal* gown 花嫁衣装. (▷ 名 bride)
‡**bride** [bráid] 名 C 花嫁, 新婦 (↔ bridegroom): the *bride* and groom 新郎新婦. (▷ 形 bridal)
***bride・groom** [bráidgrù:m, -grùm] 名 C 花婿 (はなむこ), 新郎 (groom) (↔ bride).
brides・maid [bráidzmèid] 名 C **1** (結婚式での) 花嫁の付き添い《通例, 花嫁の友人の若い女性が数名で務める》. **2** 他人の引き立て役.
bride-to-be [bráidtəbí:] 名 (複 **brides-to-be** [bráidz-]) C まもなく花嫁になる [結婚する] 女性, 花嫁候補.

*****bridge**¹ [brídʒ] 名 動
— 名 (複 **bridg・es** [～iz]) C **1** 橋: a suspension *bridge* つり橋 / build a *bridge* over [across] ... ...に橋をかける / A lot of water has flowed under the *bridge* since we last met. 私たちが最後に会ってからたくさんの水が橋の下を流れた ⇒ 私たちは長いこと会わなかった / Don't cross your *bridges* before you come [get] to them.《ことわざ》橋にたどり着くまで橋を渡るな ⇒ 取り越し苦労をするな.
2 […間の] 橋渡し, かけ橋 [*between*]: This student-exchange program will be a *bridge between* the two countries. この交換留学プログラムは両国のかけ橋となるだろう. **3** 艦橋, 船橋, ブリッジ. **4** 橋状のもの; 鼻柱;《めがね・義歯の》ブリッジ;《弦楽器の弦を支える》こま, ブリッジ.
■ *búrn one's brídges* (*behìnd one*)《口語》大事な絆 (きずな) を断ち切って後戻りできなくなる; 背水の陣を敷く.
— 動 他 **1** ...に橋をかける. **2** ...の橋渡しをする, 〈ギャップなど〉を埋める: *bridge* the generation gap 世代間の溝を埋める.
bridge² [brídʒ] 名 U《トランプ》ブリッジ (→ CONTRACT).
bridge・head [brídʒhèd] 名 C **1**《軍》橋頭堡 (きょうとうほ)《渡河・上陸のため敵地に確保する拠点》;《比喩》《進歩・前進への》足場, 足がかり [*for*].
bridge・work [brídʒwə̀:rk] 名 U **1**《米》《歯》ブリッジ (技工). **2** 架橋工事.
bri・dle [bráidl] 名 C 馬勒 (ばろく)《馬の頭部に付ける馬具. 口にかませる bit (くつわのはみ), 頭にかける headstall (おもがい), reins (手綱) から成る》.
— 動 他 **1** 〈馬〉に馬勒を付ける. **2** 〈感情など〉を抑える.
— 自 (人が) 頭を上げてそり返る (*up*) (〈怒り・軽蔑・傲慢 (ごうまん) を示す〉; 〔...を見て [聞いて]〕ぷんと怒る [*at*].
◆ **brídle pàth** C 乗馬 (専用の) 道, 乗馬コース.
Brie [brí:] 名 U = **Bríe chéese** ブリーチーズ《フランス Brie 地方原産の白くて柔らかいチーズ》.

*****brief** [brí:f] 形 名 動
— 形 (比較 **brief・er** [～ər]; 最上 **brief・est** [～ist]) **1** 短時間の, 短い (→ SHORT [類義語]): a

brief visit 短期滞在 / This train will make a *brief* stop at Kyoto. この列車は京都駅で数分停車します. **2** 簡潔な, 手短な: His comment was *brief* and to the point. 彼の意見は簡潔で的を射ていた. ■ *to be brief* 要するに, 手短に言うと.

— 名 **1** [～s] ブリーフ《男性・女性用の短いパンツ》. **2** 要約, 大意 (summary). **3** C《法》訴訟事件摘要書, 準備書面, 弁論趣意書. **4** C《英》(権限などを規定した) 指示.

■ *hóld a* [*no*] *brief for* ... …を支持する[しない]. *in brief* 要するに, 手短に言うと.

— 動 他 **1** …を要約する. **2** …に十分な情報を与える, 事前の指示を出す.

brief·case [brí:fkèis] 名 C 書類かばん, ブリーフケース.

brief·ing [brí:fiŋ] 名 C U **1** 《軍》(作戦会議での) 戦況説明, 指示. **2** 状況説明《報道官が新聞記者などに対して行う》.

*brief·ly [brí:fli] 副 **1** 簡潔に, 手短に: I told him *briefly* what had happened. 私は何が起こったのか彼に手短に伝えた. **2** [文修飾] 手短に言えば, 要するに. **3** ちょっとの間: He stopped *briefly* on the corner. 彼は角でしばらく立ち止まった.

■ *to pùt it bríefly* = *bríefly spéaking* 手短[簡潔]に言えば.

bri·er[1], 《英》**bri·ar**[1] [bráiɚ] 名 **1** C《植》野バラ, イバラ. **2** U 野バラの茂み.

bri·er[2], 《英》**bri·ar**[2] 名 **1** C《植》ブライア《地中海沿岸に生えるツツジ科の低木》. **2** U ブライアの根; C ブライアの根で作ったパイプ.

brig [bríg] 名 C **1** 《海》(2本マストの) 帆船, ブリッグ. **2** 《米口語》(軍艦内の) 営倉, 留置所.

bri·gade [brigéid] 名 C **1** [集合的に; 単数・複数扱い] 《軍》旅団. **2** (軍隊式の) 団体, 隊: a fire *brigade* 消防隊.

brig·a·dier [brìgədíɚ] 名 C **1** 《英陸軍》准 (ぜ) 将. **2** 《米陸軍・空軍・海兵隊》= *brigadier général* 准将.

brig·and [brígənd] 名 C《古・文語》追いはぎ, 山賊《強盗団》の一員.

***bright [bráit] 形 副【基本的意味は「明るい」】

— 形 (比較 **bright·er** [～ɚ]; 最上 **bright·est** [～ist]) **1** 輝いている, 明るい (↔ *dark*) (→ 類義語): The sun is *bright* in the sky. 太陽が空に輝いている / Here in the mountains the stars are *bright* at night. こんな山の中だと夜の星が明るい / It was a *bright* morning. 晴れた朝だった / She has *bright* eyes. 彼女の瞳は輝いている.

2 (色が) 鮮やかな, 派手な (↔ *dull*): Who is that girl in the *bright* red dress? 派手な赤いドレスを着たあの少女はだれですか.

3 頭のよい, 利口な; (考えなどが) 気の利いた (→ *clever*): a *bright* idea うまい考え / She was so *bright* that she could pass the exam without any difficulty. 彼女はとても頭がよかったのでその試験に楽々パスできた.

4 快活な, 朗らかな: He has a cheerful and *bright* personality. 彼は元気で快活な人柄です.

5 有望な, 希望に満ちた: A *bright* future lay before him. 彼の前途には輝かしい未来があった.

■ *lóok on* [*at*] *the bríght síde* (*of thìngs*) (物事の悪い面ばかりでなく) 明るい面も見る.

— 副 明るく (*brightly*) (◇通例 *shine* と共に用いる): The sun is shining *bright*. 太陽が明るく輝いている.

■ *bríght and éarly* 朝早く (から).

(▷ 動 brighten)

◆ **bríght líghts** [the ～] (華やかな) 都会生活.
bríght spárk C《口語・皮肉》賢い [利口な] 人.

類義語 **bright, brilliant, radiant, light**[1]
共通する意味▶明るい (shining or glowing with light)

bright は「明るい」の意を表す最も一般的な語: a *bright* star 輝く星 / as *bright* as day 昼間のように明るい. **brilliant** は *bright* よりも「光がいっそう強烈である」ことを表すほか, *bright* にはない叙情味があり,「美しく, すぐれている」の意を含む: *brilliant* achievements 輝かしい業績. **radiant** はそれ自体が四方に光を放っているかのように, そう見えることを暗示する. 光の強さには重きを置かず,「穏やかで, ほどよく暖かい」の意を含む: a *radiant* spring day 明るい春の日 / a *radiant* sun 輝く太陽. **light** は本来は「自然の光によって明るい」ことだが,「人工照明により明るい」ことも表す: a *light* reading room 明るい読書室 / In summer it is still *light* outside at 8:00 p.m. 夏は午後8時でも外はまだ明るい.

*bright·en [bráitən] 動 他 **1** …を明るくする; 輝かせる (*up*). **2** (気分などを) 明るくする, 楽しくする (*up*): The news *brightened up* us all. その知らせで私たちはみな気分が晴れた.

— 自 **1** 明るくなる, よくなる (*up*): The weather is *brightening up*. 天候は回復しつつある. **2** (主に人が) 楽しくなる, 元気になる (*up*): The weeping child *brightened up* when he saw his mother. めそめそしていた子は母親の姿を見て元気になった.

(▷ 形 bright)

*bright·ly [bráitli] 副 **1** (光などが) 明るく: The sun is shining *brightly*. 太陽が明るく輝いている. **2** 快活に, はきはきと: smile *brightly* 明るく笑う.

*bright·ness [bráitnəs] 名 U **1** (光の) 明るさ, 輝き: The *brightness* of the sun made him blink. 彼は太陽がまぶしくてまばたきをした. **2** 利発さ, 賢さ. **3** 快活さ.

Brigh·ton [bráitən] 名 固 ブライトン《England 南東部の町. 海辺の保養地》.

brill [bríl] 名 (複 **brill**, **brills** [～z]) C《魚》ブリル《ヨーロッパ産のヒラメの一種》.

bril·liance [bríljəns], **bril·lian·cy** [-ljənsi] 名 U **1** 輝き; 華麗さ. **2** 聡明さ.

*bril·liant [bríljənt] 形 **1** (宝石・日光などが) 光り輝く, 輝くばかりの, 光沢のある (→ bright) 類義語: *brilliant* jewels 光り輝く宝石 / *brilliant* beauty 輝くばかりの美しさ. **2** (人・考えなどが) すばらしい; (人が) […において] すぐれている, 才能がある [*at*];

brilliantly

(業績などが) 立派な, 華々しい: a *brilliant* idea すばらしいアイディア / a *brilliant* artist 才能がある芸術家. ── 名 C ブリリアントカットをした宝石.

bril·liant·ly [bríljəntli] 副 きらきらと; 見事に, 華々しく.

*__brim__ [brím] 名 C **1** (コップ・皿などの) 縁(ふち), へり.
2 (帽子の) つば.
■ (*fúll*) *to the brím* あふれるほど, なみなみと.
── 動 (三単現 **brims** [~z]; 過去・過去分 **brimmed** [~d]; 現分 **brim·ming** [~iŋ]) 自 **1** 縁までいっぱいになる; (容器などの) […が] あふれそうになる [*with*]: The glass was *brimming* over with water. コップは水があふれそうだった. **2** (通例, 進行形で) (人が) 〈希望などに〉 あふれる (*over*) [*with*]: The freshmen *are brimming over with* hope for the future. 新入生は未来への希望に満ちあふれている.

brim·ful, brim·full [brímful, brímfúl] 形 (叙述的用法) […が] 縁(ふち)までいっぱいの, あふれんばかりの (*of*, *with*): *brimful* of confidence 自信たっぷりの / a glass *brimful with* beer ビールがあふれるほど注がれたコップ.

brin·dled [bríndld] 形 (犬・猫・牛などが, 茶色または灰色の地に) まだらのある, ぶちの.

brine [bráin] 名 U **1** (漬け物用の) 塩水.
2 [the ~] (文語) 海水; 海. (▷ 形 bríny)

****bring** [bríŋ]
【基本的意味は「…を持って来る」】
── 動 (三単現 **brings** [~z]; 過去・過去分 **brought** [brɔ́ːt]; 現分 **bring·ing** [~iŋ])
── 他 **1** (a) [bring+O] 〈ものを〉持って来る [行く] (→ 類義語): Please *bring* your slippers with you. 上履きをご持参ください / You can't *bring* any food or drinks into the room. 室内に飲食物を持ち込んではいけません. (b) [bring+O+O / bring+O+to [for] ...] 〈人に〉〈ものを〉持って来る [行く]: Will you *bring* me a glass of water? = Will you *bring* a glass of water *to* [*for*] me? 私に水を1杯持って来てくれませんか / I'll *bring* you the papers tomorrow. 書類はあすそちらへ持参します.

2 [bring+O] 〈人を〉連れて来る [行く], 導く: *Bring* your friends home with you. 友達を家に連れて来なさい / The secretary *brought* me into the reception room. 秘書は私を応接室へ案内した / What has *brought* you here again? どうしてまたここへ来たのですか / The fireworks display will *bring* lots of people to the amusement park. 花火大会で大勢の人が遊園地にやって来るだろう / This avenue will *bring* you to the plaza. この大通りを行けば広場に出ます.

3 [bring+O] 〈もの・ことが〉 […に] …をもたらす [*to*]: Do you think money *brings* happiness? お金は幸福をもたらすと思いますか / The smoke *brought* tears to her eyes. 煙のせいで彼女の目から涙が流れた / The news *brought* applause from the audience packed in the hall. 会場を埋めた聴衆はそのニュースに拍手した.

4 (a) [bring+O] …を […の状態に] 至らせる [*to*, *into*, *under*]: He *brought* the car *to* a sudden stop. 彼は車を急に止めた / A new system will soon be *brought into* force. 新しい制度がまもなく施行される / The firefighters *brought* the fire *under* control. 消防士のおかげで火事が鎮火した.
(b) [bring+O+C] …を ~ (の状態) にする (◇ C は形容詞・現分): Her cries *brought* some neighbors rushing to help her. 彼女の叫び声で近所の人が数人助けに駆けつけた.

5 [bring+O+to do] (通例, 否定文・疑問文で) 〈人を〉…する気にさせる: I can't *bring* myself *to* eat that soup. あのスープは飲む気になれない / What *brought* her *to* tell you the truth? どうして彼女はあなたに真実を話す気になったのかな.

6 (a) [bring+O] 〈利益などを〉もたらす, 〈値段〉で売れる: The picture *brought* $80,000 at auction yesterday. きのうの競売でその絵は8万ドルで売れた. (b) [bring+O+O] 〈人〉に〈利益などを〉もたらす, 得させる: My part-time job at the gas station *brings* me $50 a day. ガソリンスタンドのアルバイトは1日50ドルになる. **7** (法) 〈人に対して〉〈訴訟〉を起こす [*against*]: I'm going to *bring* a suit *against* him. 私は彼を告訴するつもりです. **8** (通例, 受け身で) 〈番組〉を放送 [提供] する: This program *is brought* to you by these companies. この番組をご覧の各社の提供でお送りいたします.

(句動詞) *bring abóut* (他) [bring about+O / bring+O+about] **1** 〈変化・病気などを〉引き起こす, もたらす: The Internet has *brought about* many changes in our life. インターネットは私たちの生活に多くの変化をもたらした.
2 〈船〉の向きを変える.

bring alóng (他) [bring along+O / bring+O+along] 〈ものを〉持って来る [行く]; 〈人を〉連れて来る [行く]: You can *bring* your friends *along* to the party. パーティーには友達を連れて来てもいいですよ.

bring ... aróund (他) **1** 〈人を〉 […に] 同意するよう説得する [*to*]: We managed to *bring* him *around* to our point of view. 何とか彼を私たちの意見に同調させることができた. **2** 〈人〉の意識を回復させる. **3** 〈人を〉連れて来る.

bring báck (他) [bring back+O / bring+O+back] **1** 〈人に〉…を返す [*to*]; 持って [買って] 帰る [*for*]; [bring+O+back+O / bring+O+O+back] 〈人に〉…を返す, 持って [買って] 帰る: When you go to the stationery shop, will you *bring back* a notebook *for* me [*bring* me *back* a notebook]? 文房具屋に行ったらノートを1冊買ってきてくれませんか. **2** …を思い出させる: The song *brought back* pleasant memories of our friendship. その歌を聞いて私たちの友情の楽しい思い出がよみがえった. **3** 〈制度など〉を復活 [回復] させる: They are planning to *bring back* the former election system. 彼らは以前の選挙制度を復活させるつもりです.

bring dówn (他) [bring down+O / bring+O

B

+down] **1** 〈鳥・飛行機など〉を**撃ち落とす**,〈獲物など〉を撃ち倒す, しとめる: He *brought* the bird *down* with one shot. 彼は1発でその鳥を撃ち落とした. **2** …を下ろす;〈飛行機〉を着陸させる: The pilot *brought* the plane *down* successfully. パイロットは飛行機を無事着陸させた. **3** 〈政府など〉を倒す, 転覆させる: The scandal will *bring down* the present administration. そのスキャンダルで現政権は倒れるだろう. **4** 〈物価・経費など〉を下げる, 減少させる;〈売り手〉に〔…まで〕値引きさせる〔*to*〕. **5** 《口語》〈人〉をがっかりさせる;〈人〉のうぬぼれをくじく: Gloomy weather really *brings* me *down*. うっとうしい天気で気がめいる. **6** 〈災難など〉を〔人に〕もたらす〔*on*〕.

brìng fórth [他] [bring forth + O / bring + O + forth] 《格式》 **1** …をもたらす;〈花〉を咲かせる,〈実〉を結ぶ. **2** 〈提案・証拠など〉を提出する.

brìng fórward [他] [bring forward + O / bring + O + forward] **1** 〈日程〉を繰り上げる;〈時計〉を早める: The meeting will be *brought forward* to Friday afternoon. 会議は金曜の午後に繰り上がります. **2** 〈提案・計画・証拠など〉を提出する: He *brought forward* a new proposal. 彼は新しい提案を出した. **3** 【簿記】〈利益など〉を次期[次頁]に繰り越す.

brìng ín [他] [bring in + O / bring + O + in] **1** …を**持ち込む**;〈収穫〉を取り入れる: We have to *bring in* a crop. 作物を取り入れなければならない. **2** 〈利益・収入〉を**もたらす**, 生み出す: His novels *brought in* fifty thousand dollars last year. 彼の小説は昨年1年で5万ドルを稼ぎ出した. **3** …を紹介する, 導入する, 参加させる;〈議案など〉を提出する: *bring in* a new fashion 新しいファッションを紹介する / They will *bring in* a new tax bill. 新税法案が提出される予定である. **4** 〈評決〉を答申する: The jury *brought in* a verdict of guilty. 陪審員は有罪の評決を下した. **5** 〈容疑者〉を警察に連行する. **6** 【野球】〈走者〉を生還させる.

brìng óff [他] [bring off + O / bring + O + off] **1** 《口語》〈大仕事〉をやってのける: Our team *brought off* an amazing victory. 私たちのチームは見事な勝利を収めた. **2** 〈人〉を救助する.

brìng ón [他] [bring on + O / bring + O + on] **1** 〈病気・戦争など〉を**起こす** (cause): Overwork *brought on* his heart disease again. 過労で彼の心臓病が再発した. **2** 〈植物など〉を成長させる;〔…の点で〕〈人〉を向上させる〔*in*〕.

***bríng ... on* [*upòn*] ～** [他] 〈人〉に〈面倒など〉をかける, もたらす: You've *brought* this trouble *on* yourself. このトラブルはあなた自身が招いたものです.

brìng óut [他] [bring out + O / bring + O + out] **1** …を**世に出す**;〈新製品など〉を売り出す;〈本〉を出版する: *bring out* a new product 新製品を発売する / When will the publisher *bring* your book *out*? その出版社はあなたの本をいつ出す予定ですか. **2** 〈性格など〉を**はっきり出す**;〈才能〉を引き出す;〈真相など〉を明らかにする: His parents tried to *bring out* the best in him. 彼の両親は彼のよいところを引き出そうとした. **3** …を持ち出す, 連れ出す. **4** 〈内気な人〉を打ち解けさせる, しゃべらせる.

brìng óver [他] [bring over + O / bring + O + over] **1** 〈人〉を**連れて来る**; 呼び寄せる: He wants to *bring* his family *over* next year. 彼は来年家族を呼び寄せたいと思っている.
2 〔…に〕同意するよう〈人〉を説得する〔*to*〕.

brìng ... róund = bring ... around.

brìng ... thróugh [他] 〈人〉を (病気・困難から) 切り抜けさせる, 救う (save, recover): The doctors did their best to *bring* the baby *through*. 医師団は赤ん坊を救おうと最善をつくした.

bríng ... thròugh ～ [他] 〈人〉を～から切り抜けさせる, 救う: The doctor *brought* him *through* a serious illness. 医師は彼の重病を治した.

brìng ... tó [他] 〈人〉を正気づかせる, 生き返らせる (◇ to は副詞): Her voice *brought* him *to*. 彼女の声で彼はわれに返った.

brìng togéther [他] [bring together + O / bring + O + together] **1** …を呼び集める; 寄せ集める. **2** 〈人〉を接触させる, 結び合わせる, 和解させる.

brìng ... únder [他] 〈暴動・反乱〉を鎮圧する, 抑える.

brìng úp [他] [bring up + O / bring + O + up] **1** 〈子供〉を**育てる**, 養育する, しつける: She *brought up* six children. 彼女は6人の子供を育てた / We were *brought up* to be thrifty. 私たちはつましく暮らすようしつけられました. **2** 〈問題など〉を**持ち出す**, 提出する: We'll *bring up* this question at the next meeting. この問題は次の会議に提出しよう.
3 [しばしば short, sharp を伴って]〈人〉を急に立ち止まらせる,〈人〉に話をやめさせる: As he was walking down the street, a noise *brought* him *up* short. 彼は通りを歩いていたが, 物音で突然立ち止まった. **4** 《英口語》〈食べた物など〉を吐く (vomit). **5** [通例, 受け身で]〈人〉を〔問題などに〕直面させる;〈不利なこと〉を〔人に対して〕持ち出す〔*against*〕. **6** 〈人〉を裁判所に召喚する.

[類義語] **bring, take, fetch**
共通する意味▶持って来る [行く] (carry or lead something to a place)
bring と take の関係は come と go の関係に似ている. **bring** は通例「持って [連れて] 来る」の意だが, 離れた場所から電話や手紙で話し相手に伝えるような状況では,「持って [連れて] 行く」と訳される: He *brought* his daughter to the party. 彼はパーティーに娘を連れて来た / I'll *bring* it to you tomorrow. あすそれをお手元に持参します. **take** は話者から離れていく動きを表し,「持って [連れて] 行く」の意: Father *took* us to the zoo. 父は私たちを動物園へ連れて行ってくれた. **fetch**

bring / take

bring·ing-úp 名 ⓤ (子供の)養育, しつけ, 教育 (upbringing).

*__brink__ [bríŋk] 名 Ⓒ **1** [the ~] (絶壁・がけなどの)縁(ふち); 川岸, 水辺 (brim). **2** [the ~] (通例, 比喩)瀬戸際, 境界線(の上): on [at] the *brink* of death [bankruptcy, war] 生死の境で [破産の瀬戸際で, 開戦寸前の状態で] / to the *brink* of ... …の瀬戸際へ, …の寸前まで.

brink·man·ship [bríŋkmənʃìp] 名 ⓤ 瀬戸際政策《事態を有利にするため危険な状態の限界まで押し進める政策》.

brin·y [bráini] 形 (比較 **brin·i·er** [~ər]; 最上 **brin·i·est** [~ist]) 塩水の, 塩辛い.
— 名 [the ~] 《口語》海.   (▷ 名 **brine**).

bri·quette, bri·quet [brikét] 【フランス】 名 Ⓒ ブリケット《粉炭や木炭を固めたれんが形の練炭》.

Bris·bane [brízbən, -bein] 名 ブリスベーン《オーストラリア東岸にある Gold Coast の中心都市; Queensland 州の州都》.

*__brisk__ [brísk] 形 **1** (人・動作などが)活発な, きびきびした, 元気のよい: work in a *brisk* manner てきぱきと働く / at a *brisk* pace きびきびした歩調で. **2** (空気・風などが)さわやかな; 身の引き締まるような: a *brisk* wind すがすがしい風, 涼風.
 brisk·ness [~nəs] 名 ⓤ 活発さ.

bris·ket [brískit] 名 ⓤ (動物の)胸部, 牛の胸肉 (→ BEEF 図).

*__brisk·ly__ [brískli] 副 活発に, きびきびと, 元気よく.

bris·tle [brísl] (☆発音に注意) 名 ⒸⓊ (豚などの)剛毛, (歯ブラシなどの)硬い毛.
— 動 ⓐ **1** (怒り・恐怖などで動物の体毛が)逆立つ (up); (人が)(怒りで)いら立つ, 怒る [with]. **2** [特に困難・問題などが] たくさんある, 充満する [with]: This program *bristles* with difficulties. この計画にはいろいろ困難な問題が多い.

bris·tly [brísli] (☆発音に注意) 形 (比較 **bris·tli·er** [~ər]; 最上 **bris·tli·est** [~ist]) **1** 剛毛の(多い), 毛の多い. **2** (人が)怒りっぽい, 扱いにくい.

Bris·tol [brístəl] 名 ブリストル《England 南西部の港市. Avon 州の州都》.

Brit [brít] 名 Ⓒ 《口語・通例, 軽蔑》英国人.

Brit. 《略語》= Britain; British.

***__Brit·ain__** [brítn]
— 名 ⓐ **1** イギリス, 英国《正式名は the United Kingdom of Great Britain and Northern Ireland; → UNITED 複合語》. **2** 大ブリテン島 (Great Britain)《England, Wales, Scotland の3地域から成る》.

Bri·tan·ni·a [britǽnjə] 名 ⓐ **1** ブリタニア《◇大ブリテン島 (Great Britain) の古代ローマにおける呼称》. **2** 《詩語》ブリタニア《◇英国 (Great Britain) または大英帝国 (the British Empire) を女性として擬人化した名称》. **3** ブリタニア像《2 を象徴する女神; 英国の硬貨に使用されている》.

Bri·tan·nic [britǽnik] 形 英国の: His [Her] *Britannic* Majesty 英国国王[女王]陛下の《略語》H.B.M.

britch·es [brítʃiz] 名 《米口語》= BREECHES 半ズボン.

Brit·i·cism [brítisìzəm] 名 ⓤⒸ イギリス語法《英国特有の語句・表現・発音など. 《米》の elevator に対して lift と言うなど; cf. Americanism アメリカ語法》.

***__Brit·ish__** [brítiʃ]
— 形 イギリス[英国]の; イギリス[英国]人の《略語》Br., Brit.); 英連邦の: the *British* government 英国政府 / Our ALT [assistant language teacher] is *British*. 本校の外国語指導補助教員はイギリス人です.
— 名 **1** [the ~; 複数扱い] イギリス[英国]人, イギリス[英]国民. **2** ⓤ = Brítish Énglish イギリス英語 (→ BRITICISM).

◆ **Brítish Áirways** 名 英国航空《略語》BA.
Brítish Bróadcasting Corporàtion 名 [the ~] 英国放送協会《略語》BBC.
Brítish Colúmbia 名 ブリティッシュコロンビア《カナダ西部の州》.
Brítish Cóuncil 名 [the ~] 英国文化振興会《海外への英国文化の普及を行う機関》.
Brítish Émpire 名 [the ~] 大英帝国《英連邦の前身》.
Brítish Ísles 名 [the ~] イギリス諸島《Great Britain 島, Ireland 島と周辺の島々から成る》.
Brítish Muséum 名 [the ~] 大英博物館《London にある世界最大級の博物館. ロゼッタストーン, パルテノン神殿の彫刻などを展示する》.
Brítish Ráil 名 英国国有鉄道《略語》BR.

Brit·ish·er [brítiʃər] 名 Ⓒ 《米》英国人《大ブリテン島, 特に England で生まれた人をさす》.

Brit·on [brítən] 名 Ⓒ **1** ブリトン人《紀元1世紀のローマ人侵入時に英国南部に住んでいたケルト系の民族》. **2** 英国人《特にイングランド人 (Englishman, Englishwoman)》.

Brit·ta·ny [brítəni] 名 ⓐ ブルターニュ(地方・半島)《フランス北西部のブルターニュ半島とその周辺》.

brit·tle [brítl] 形 (比較 **brit·tler** [~ər], more **brit·tle**; 最上 **brit·tlest** [~ist], most **brit·tle**) **1** (固いが)もろい, 傷つき[壊れ]やすい; 不安定な: *brittle* friendship もろい友情. **2** (性格などが)冷淡な; 怒りっぽい, 気難しい; (音などが)耳ざわりな: a *brittle* manner 冷淡な態度 / *brittle* in tone 音[響き]が耳ざわりな.

broach [bróutʃ] 動 ⓗ **1** 〈たる・容器など〉の口を開ける. **2** 〈人に〉〈話題など〉を持ち出す, 〈話〉を切り

broad **broiler**

出す〔**with, to**〕: He *broached* a personal topic in public. 彼は人前で個人的な話題を持ち出した. ― 名《米》= BROOCH ブローチ.

‡***broad** [brɔ́ːd]
[形][名][副]【基本的意味は「幅が広い」】

― 形 (比較 **broad·er** [~ər]; 最上 **broad·est** [~ist]) **1** (幅が)**広い** (↔ narrow)(→ [類義語]): a *broad* street [river] 広い通り[川] / He has *broad* shoulders. 彼は肩幅が広い.

2 [長さを表す語句のあとに付けて] 幅が…の: The bridge is six meters *broad*. その橋は6メートルの幅がある.

3 (面積などが)広々とした, 広大な: *broad* plains 広い平野 / There is a *broad* expanse of sea in front of his house. 彼の家の前には海が広がっている.

4 (心が)広い, 寛大な; (視野が)広い, (知識などが)広範囲に及ぶ: The president enjoys *broad* popular support. 大統領は国民の支持を幅広く得ている / He is a man of *broad* views. 彼は視野が広い人です.

5 一般的な, 大ざっぱな: in a *broad* sense 広い意味で, 大ざっぱに言えば / Give me a *broad* outline of your plan. あなたの計画の概略を教えてください. **6** 明らかな, はっきりした; 満面の: He gave me a *broad* hint as to what I should do. 何をするべきかについて彼ははっきりしたヒントを与えてくれた / He greeted her with a *broad* smile on his face. 彼は満面に笑みをたたえて彼女にあいさつした. **7** (方言・なまりが)丸出しの: She spoke in a *broad* Yorkshire accent. 彼女は強いヨークシャーなまりで話した. **8** 下品な, 露骨な: a *broad* comedy [joke] 下品な喜劇[冗談].

■ *in bróad dáylight* 真っ昼間に.
It's as bróad as it's lóng. 《英口語》どちらでも変わりはない, 五十歩百歩だ.

― 名 **1** [the ~] 広い部分. **2** [the Broads] 《英》水郷地帯《特にノーフォーク地方の水郷をさす》. **3** [C]《米俗語・軽蔑》女.
― 副 完全に. (▷ 形 **bréadth**; 動 **bróaden**)

◆ **bróad bèan** [C] ソラマメ.
bróad gáuge [C] 《鉄道》広軌.
bróad jùmp [the ~] 《米》走り[立ち]幅跳び (《英》long jump).

[類義語] broad, wide
共通する意味▶幅が広い (large in extent from side to side)
broad は「端と端の間に広がる平面が大きい」ことに重点がある: a *broad* door (扉板の)幅の広いドア / *broad* shoulders 広い肩幅. **wide** は「端と端の間の距離が長い」ことに重点がある: a *wide* doorway (両側の円柱が大きく離れている)幅の広い戸口 / a *wide* gap 大きな隔たり.

---

‡**broad·cast** [brɔ́ːdkæ̀st / -kɑ̀ːst] 動 (三単現 **broad·casts** [-kæ̀sts/-kɑ̀ːsts]; 過去・過分 **broad·cast, broad·cast·ed** [~id]; 現分 **broad·cast·ing** [~iŋ]) 他 **1** (テレビ・ラジオで)〈番組〉を放送[放映]する: *broadcast* a press conference [a baseball game] 記者会見[野球の試合]を放送する. **2** (口語)…を広く知らせる, くうわさ〉をばらまく.

― 自 **1** 放送[放映]する. **2** (番組に)出演する.
― 名 **1** [U] (テレビ・ラジオの)放送: an overseas *broadcast* 海外放送. **2** [C] (放送)番組; (番組の)出演.

***broad·cast·er** [brɔ́ːdkæ̀stər / -kɑ̀ːstə] 名 [C] アナウンサー, 番組出演者; 放送会社.

***broad·cast·ing** [brɔ́ːdkæ̀stiŋ / -kɑ̀ːst-] 名 [U] **1** 放送(業): shortwave [letter, satellite] *broadcasting* 短波[文字, 衛星] 放送. **2** [形容詞的に] 放送の, 放送用の: a *broadcasting* station 放送局 / a *broadcasting* network 放送網.

*****broad·en** [brɔ́ːdn] 動 他 〈川・道路など〉を広げる; 〈知識・視野など〉を広める (*out*): *broaden* (*out*) the road 道幅を広げる / *broaden* the mind 知識[関心, 視野]の幅を広げる.

― 自 (川・道路などが)広くなる; (知識・視野などが)広がる (*out*). (▷ 形 **bróad**)

broad·ly [brɔ́ːdli] 副 **1** 大ざっぱに; [文修飾] 概して: *broadly* speaking 大ざっぱに言えば. **2** 広く, 広範囲に: The idea is *broadly* accepted. その考えは広く受け入れられている. **3** はっきり; 露骨に: frown *broadly* 露骨にいやな顔をする.

bróad-mínd·ed 形 寛大な, 心の広い, 偏見のない (↔ narrow-minded).
bróad-mínd·ed·ness [~nəs] 名 [U] 寛大さ.

broad·ness [brɔ́ːdnəs] 名 [U] 広いこと, 広さ; 露骨(さ), 下品(さ); 明白なこと.

broad·side [brɔ́ːdsàid] 名 [C] **1** 〔比喩〕 〔人への〕 (言葉による) 一斉攻撃 [*on*]. **2** (軍艦の) 舷側(ʲ)砲の一斉射撃. **3** (船の)側面, 舷側.
― 副 側面に, (真)横に: *broadside* on (to ...) (…に)側面を向けて (cf. head-on 正面から).

broad·sword [brɔ́ːdsɔ̀ːrd] [☆発音に注意] 名 [C] 《古・文語》(主に両刃の)幅広の剣[刀].

Broad·way [brɔ́ːdwèi] 名 固 ブロードウェー 《New York 市を南北に走る大通り. 一般には劇場の多い商業娯楽街部分をさす》.

bro·cade [broukéid / brə-] 名 [U][C] (金銀の浮き出し模様のある)絹布, 金襴(ぴん), 錦(ぴん)織.
― 形 絹布の, 金襴の, 錦織の.
― 動 他 〈布〉を錦織にする.

broc·co·li [brákəli / brɔ́k-] 名 (複 **broc·co·li**) [C][U] 《植》 ブロッコリー.

bro·chure [brouʃúər / bróuʃə] 名 [C] (主に宣伝・業務用の) 小冊子, パンフレット (booklet, pamphlet).

brogue [bróug] 名 [C] (通例 a ~) (方言の)なまり, (方言特有の)発音; (特に)アイルランドなまり.

broil [brɔ́il] 動 他 **1** 《主に米》(直火(ぷ)で)〈肉・魚など〉を焼く, 網焼きにする (《英》grill): *broil* beef [a chicken] 牛肉を[鶏を1羽]焼く / a *broiled* lobster イセエビの網焼き. **2** (太陽が)…を熱くする, …にじりじり照りつける: get *broiled* on the beach 浜辺で太陽に焼かれる.

― 自 **1** 直火で料理する. **2** (日ざしなどに)焼かれる, 熱くなる.

broil·er [brɔ́ilər] 名 [C] **1** 《米》肉を焼く人; 肉[網]焼き器 (《英》grill). **2** (食用の若い)鶏, ブロイ

broiling

ラー; 鶏肉. **3**《口語》焼けるように暑い日: Today is a *broiler*. きょうは本当に暑い日です.

broil·ing [bróiliŋ] 形 焼けるように暑い; [副詞的に] 焼けるように: a *broiling* day 焼けつくように暑い日 / It's really *broiling* today. きょうは本当に暑い.

broke [bróuk] 動 形
— 動 break の過去形.
— 形 [叙述用法]《口語》無一文の; 破産した (bankrupt): He is flat [《英》stony] *broke*. 彼はまったくの文なしです.
■ *gó bróke*《口語》文なしになる, 破産する.
gó for bróke《口語》(目的を達成するために) 大きな危険を冒す, とことんまでやる.

bro·ken [bróukən] 動 形
— 動 break の過去分詞.
— 形 **1** 壊れた, 折れた, 割れた: a *broken* cup 壊れた茶わん / a *broken* window 割れた窓 / have a *broken* leg 脚を骨折する.
2 故障した, 動かない: a *broken* computer 故障したコンピュータ. **3** 破られた, 犯された: a *broken* promise 破られた約束. **4** 破られた, 崩壊した, 破産した: a *broken* marriage 破たんした結婚生活 / a *broken* home 崩壊した家庭. **5** 打ちひしがれた, 落胆した; 衰えた: a *broken* man 失意の人 / a *broken* heart 失意, 失恋. **6** 切れ切れの, 断続的な; (表面が) でこぼこの; 不ぞろいの: give a *broken* sob とぎれとぎれに泣きじゃくる / *broken* ground でこぼこの地面. **7** (言葉が) 不完全な, ブロークンの: *broken* English 片言の英語. **8** 半端の, はしたの: a *broken* number 端数 / *broken* time 半端な時間.
◆ *bróken líne* C 破線《----》.

bró·ken-dówn 形 [限定用法] **1** (機械などが) 故障した, 壊れた: a *broken-down* car ポンコツ車. **2** (人・動物が) 健康を損ねた, 衰弱した; くたくたに疲れた: a *broken-down* old horse 老いぼれ馬.

bro·ken-heart·ed [bróukənháːrtid] 形 悲嘆にくれた, 傷心の: Little Tommy was *broken-hearted* when his bird died. 飼っていた鳥が死んで幼いトミーは悲しみに沈んでしまった.

*****bro·ker** [bróukər] 名 C ブローカー, 仲買人, 代理業者; 株式仲買人 (stockbroker);《英》(差し押さえ物件の) 評価売却人.

bro·ker·age [bróukəridʒ] 名 U **1** 仲介業 (務), 代理業. **2** 仲介 (手数) 料, 斡旋(あっせん)料.

bro·mide [bróumaid] 名 **1** C U《化》臭化物;《特に》臭化カリウム《鎮静剤用》; 臭化銀《写真の印画紙に用いる. 日本語の「ブロマイド」の語源》.
2 C《口語》(新鮮味のない) 退屈な話; 古くさい言葉 [考え].

bro·mine [bróumiːn] 名 U《化》臭素《元素記号 Br》.

bron·chi·al [bráŋkiəl / bróŋ-] 形 [限定用法]《解剖》気管支の: *bronchial* tubes 気管支 / *bronchial* asthma 気管支ぜんそく.

bron·chi·tis [braŋkáitəs, brɑn- / brɔŋ-] 名 U《医》気管支炎.

bron·co [bráŋkou / bróŋ-] 名 (複 **bron·cos** [~z]) C ブロンコ《北米西部産の半野生の小馬. 広義にはムスタング (mustang) を含む》.

bron·co·bust·er [bráŋkoubÀstər / bróŋ-] 名 C《米》ブロンコ (bronco) を飼ってロうカウボーイ.

Bron·të [bránti / brón-] 名 ブロンテ.
1 Charlotte Brontë《1816–55; 英国の小説家. 主著『ジェーン・エア』. ブロンテ三姉妹の長女》.
2 Emily Brontë《1818–48; 英国の小説家. 主著『嵐が丘』. 次女》. **3** Anne Brontë《1820–49; 英国の小説家. 三女》.

bron·to·sau·rus [bràntəsɔ́ːrəs / bròn-] 名 (複 **bron·to·sau·ri** [-rai], **bron·to·sau·rus·es** [~iz]) C《古生》ブロントサウルス, 雷竜《ジュラ紀・白亜紀の草食恐竜》.

Bronx [bráŋks / bróŋks] 名 (通例 the ~) ブロンクス《New York 市最北端の区; → BOROUGH》.
◆ *Brónx chéer* C《米口語》やじ, あざけり.

*****bronze** [bránz / brónz] 名 **1** U ブロンズ, 青銅《銅とすずの合金》; 銅の合金: a statue in [made of] *bronze* ブロンズ像. **2** C ブロンズ像《作品, 製品》. **3** U ブロンズ色《黄褐色から赤褐色までを含む茶系の色》.
— 形 [比較なし. 限定用法] **1** ブロンズの, 青銅の: a *bronze* medal (オリンピックなどの) 銅メダル.
2 ブロンズ製の. **3** ブロンズ色の, 赤褐色の, 日焼け色の.
— 動 他 [主に受け身で] …をブロンズ色 [赤銅(しゃくどう)色] にする; 日焼けさせる: His face was *bronzed* by the sun. 彼の顔は日に焼けていた.
◆ *Brónze Áge* [the ~] 青銅器時代《石器時代と鉄器時代との間の時代》.

bronzed [bránzd / brónzd] 形 (魅力的に) 日焼けした.

brooch [bróutʃ] (☆ 発音に注意) 名 C ブローチ (pin,《米》broach).

*****brood** [brúːd] (☆ 発音に注意) 名 C **1** [集合的に; 単数・複数扱い] 同時にかえったひな; ひと腹の動物の子: a *brood* of chickens [ducklings] 同時にかえったひよこ [アヒルのひな].
2 《口語・とっけい》一家の子供たち.
— 動 自 **1** (鳥が) 卵を抱く, 巣につく. **2** […を] じっと考える, 考え込む; くよくよする [*on, over, about*]: She was *brooding on* her failure. 彼女は自分の失敗に思い悩んでいた. **3** (雲・静寂・悲しみなどが) […に] 立ち込める, 覆いかぶさる [*on, over*]: Dark clouds were *brooding over* the village. 暗雲が村を覆っていた.

brood·y [brúːdi] 形 (比較 **brood·i·er** [~ər], more **brood·y**; 最上 **brood·i·est** [~ist], most **brood·y**) **1** (鳥が) 巣につきたがる, 卵を抱きたがる;《比喩》(女性が) 子供を欲しがる. **2** (人が) ふさぎこんだ, 考え込んだ.

*****brook** [brúk] 名 C (流れの急な) 小川 (→ RIVER 類義語).

Brook·lyn [brúklin] 名 ブルックリン《Long Island 南西端に位置する New York 市内の1区; → BOROUGH》.

*****broom** [brúːm, brúm] 名 **1** C (長い柄の付いた)

ほうき, ブラシ: A new *broom* sweeps clean.《ことわざ》新しいほうきはよく掃ける ⇨ 新任者は改革に熱心だ.
2 [U]【植】エニシダ《マメ科の落葉低木》.

broom·stick [brúːmstìk, brúm-] [名] [C] ほうきの柄《魔女 (witch) はこれに乗って空を飛ぶとされる》.

bros., Bros. [brʌ́ðərz]《略語》【商】= *brothers* …兄弟商会 (◇兄弟で経営する会社名に付ける): Marx *Bros.* & Co. マルクス兄弟商会 (◇ Bros. & Co. は brothers and company と読む).

broth [brɔ́ːθ / brɔ́θ] [名] [U] (肉・野菜などのだしでとった) 薄いスープ: Too many cooks spoil the *broth*.《ことわざ》料理人が多すぎるとスープが台なしになる ⇨ 船頭多くして船山に登る.

broth·el [brɑ́θəl / brɔ́θ-] [名] [C] 売春宿.

****broth·er** [brʌ́ðər] [名] [間]
— [名] (複 **broth·ers** [~z]) [C] **1** 兄, 弟, 兄弟 (↔ sister) (◇通例「兄」と「弟」を区別せずに brother と言う. 特に区別する場合,「兄」は an older [big,《主に英》elder] brother,「弟」は a younger [little] brother と言う; → FAMILY 図): the Wright *brothers* ライト兄弟 / I have two *brothers* and two sisters. 私には2人の兄弟と2人の姉妹がいる / Tom and Jack are *brothers*. トムとジャックは兄弟です / His *brother* Bill is ill in bed. 彼の兄 [弟] のビルは病気で寝ている.
2 仲間, 同僚, 同胞; [形容詞的に] 仲間の, 同僚の: *brother* doctors 同僚の医師 / We are all *brothers*. 私たちはすべて仲間である.
3 (複 **breth·ren** [bréðrən]) [しばしば B-] 修道士; 信者仲間 (◇しばしば称号・呼びかけとして用いる): *Brother* Alan アラン修道士.
4 [呼びかけ]《口語》君, 兄弟, だんな: Hey, *brother*, what are you doing? おい君, 何をしているんだい.
— [間] [通例 Oh ~]《米》おやおや, ちくしょう, なんてこった, やつめ (◇驚き・怒り・失望を表す. 男女に関係なく用いる).
◆ bróther in árms [C] (複 **brothers in arms**) 戦友.

broth·er·hood [brʌ́ðərhùd] [名] **1** [U] 兄弟の間柄; 兄弟愛; 同胞愛. **2** [C] [the ~] 組合, 団体, 協会. **3** [通例 the ~; 集合的に] 同業者, 仲間.

bróth·er-in-làw [名] (複 **brothers-in-law, brother-in-laws**) [C] 義理の兄 [弟], 義兄 [弟] (↔ sister-in-law) (→ FAMILY 図).

broth·er·ly [brʌ́ðərli] [形] 兄弟の (ような), 兄弟にふさわしい: *brotherly* affection [love] 兄弟愛.

****brought** [brɔ́ːt] (☆ 発音に注意)
[動] **bring** の過去形・過去分詞.

***brow** [bráu] (☆ 発音に注意) [名] [C] **1** [通例 ~s] まゆ, まゆ毛 (eyebrow): strong [thick] *brows* 太い [濃い] まゆ毛.
2 額(ひたい) (forehead): a wrinkled *brow* しわが寄った額.
3 [the ~] がけっぷち; (険しい) 坂の上部.
■ *knít* [*bénd*] *one's bróws* 額をしかめる, まゆをひそめる: Why did he *knit his brows*? 彼はなぜ額をしかめたのか.

brow·beat [bráubìːt] [動] (三単現 **brow·beats** [-bìːts]; 過去 **brow·beat**; 過分 **brow·beat·en** [-bìːtən]; 現分 **brow·beat·ing** [~iŋ]) [他] (顔つき・言葉で)〈人〉をおどす;〈人〉をおどして〔…〕させる〔*into*〕; おどして〔…〕させない〔*out of*〕: They *browbeat* the suspect *into* confessing. 彼らは容疑者をおどして白状させた.

****brown** [bráun] [形] [名] [動]
— [形] (比較 **brown·er** [~ər]; 最上 **brown·est** [~ist]) **1** 茶色の, 褐色の: *brown* eyes 茶色い目 / I bought two pairs of *brown* shoes yesterday. 私はきのう茶色の靴を2足買った.
2 (皮膚が) 黒い, 日焼けした: He is as *brown* as a berry after his holidays in Hawaii. 彼はハワイの休暇のあとで真っ黒に日焼けしている.
— [名] **1** [U] [C] 茶色, 褐色, ブラウン: The color of coffee is *brown*. コーヒーの色は茶色です.
2 [U] 茶色の服: He is dressed in *brown*. 彼は茶色の服を着ている. **3** [U] [C] 茶色 [褐色] の染料 [絵の具, ペンキ].
— [動] [自] [他] 茶色になる [する]; 日焼けする [させる]: Toast the slices of bread till they *brown*. 食パンはキツネ色になるまで焼いてください.
■ *be brówned óff*《英口語》〔…に〕飽きる, いやになる〔*with*〕.
◆ brówn béar [C]【動物】ヒグマ.
brówn bréad [U] 黒パン.
brówn páper [U] (茶色の) 包装紙.
brówn ríce [U] 玄米.
brówn súgar [U] 黒砂糖, ざらめ.

brówn-bág [動] [他]《米》**1** 〈弁当〉を (茶色の紙袋に入れて) 持って行く. **2** (アルコールを置いていないレストランなどに)〈酒〉を持ち込む.

brówn bág [名] [C]《米》(弁当を入れる) 茶色の紙袋 (→ LUNCH【背景】).

brown·ie [bráuni] [名] [C] **1**《スコット》【伝説】ブラウニー《夜間ひそかに家事を手伝う茶色の小妖精》.
2《米》ブラウニー《ナッツ入りチョコレートケーキ》.
3 [B-] = Brównie Gùide ブラウニーガイド (◇《米》Girl Scouts,《英》Girl Guides の年少組).

Brown·ing [bráuniŋ] [名] [固] ブラウニング Robert Browning《1812-89; 英国の詩人》.

brown·ish [bráuniʃ] [形] 茶色 [褐色] がかった.

brown·stone [bráunstòun] [名] [U] 褐色砂岩《建築材料》; [C] 褐色砂岩を用いた建物.

browse [bráuz] [動] [自] **1** 〔本などを〕拾い読みする, 立ち読みする〔*through*〕; (商品・店内を) 見て回る: *browse through* books in the library 図書館で本をあれこれ拾い読みする.
2【インターネット】(ブラウザを使って)〔ホームページを〕閲覧する〔*through*〕.
3 (家畜などが) 草 [木の芽] を食べる.
— [名] [C] [通例 a ~] (本の) 拾い読み; 見て回ること: have a *browse* in a bookstore 本屋で立ち読みする.

brows·er [bráuzər] [名] [C] **1** (本などを) 拾い読みする人. **2**【コンピュータ】ブラウザ《インターネットを閲覧するためのソフト》.

bru·cel·lo·sis [brùːsilóusis] 名 U【医】ブルセラ症《動物の流産や人の波状熱を引き起こす伝染病》.

‡bruise [brúːz] ☆ 発音に注意 動 **1** (人が)に打撲傷を与える;〈果物などを〉傷つける,いためる: He fell down the stairs and *bruised* his knees. 彼は階段から落ちて両膝(%)を打った.
2 [通例,受け身で]〈感情など〉を傷つける(◇この意味では hurt のほうが一般的): Your words *bruised* his pride. あなたの言葉が彼のプライドを傷つけた.
—自 打った跡がつく,あざになる;〈心などが〉傷つく(◇通例 easily など様態の副詞を伴う): My skin *bruises* easily. 私の肌は傷つきやすい.
—名 C **1** 打撲傷,打ち身;(野菜・果物などの)傷. **2** (心の)傷,痛み.

bruis·er [brúːzər] 名 C《口語》強い大男;乱暴者.

brunch [brʌ́ntʃ] [*breakfast*+*lunch* から] 名 C U《口語》(昼食兼用の)遅い朝食,ブランチ.

Bru·nei [brunái, brúːnai] 名 固 ブルネイ《ボルネオ島北西部の君主国;首都バンダルスリブガワン(Bandar Seri Begawan)》.

bru·net [bruːnét] 形 (髪が)黒(茶)色の;(肌が)小麦色の;(人が)ブルネットの《髪と目が黒(茶)色》.
—名 C ブルネットの人《◇女性形は brunette だが,最近は男女とも brunet を用いる傾向にある》.

bru·nette [bruː(ː)nét] 形 名 brunet の女性形.

brunt [brʌ́nt] 名 C (攻撃の)矛先(録),主力.[通例,次の成句で]
■ *bear the brúnt of ...* 《格式》〈非難・攻撃〉の矢面(瀬)に立つ.

‡‡‡brush¹ [brʌ́ʃ] 名 動
—名 (複 **brush·es** [~iz]) C **1** [しばしば複合語で] ブラシ,はけ;毛筆,画筆: a tooth*brush* 歯ブラシ / a hair*brush* ヘアブラシ / a paint*brush* 絵筆 / a scrubbing *brush* たわし.
2 [通例,単数形で] ブラシをかけること,ブラッシング;[the ~] 筆法,画法: Give your shoes a good *brush*. 靴をよく磨きなさい.
3 [通例,単数形で] 軽く触れること;[…との] 小競り合い,口論,衝突 [*with*]: He had a *brush* with his boss. 彼は社長と口論した.
4 (キツネの)尾.
5 [the ~]《口語》拒絶.
—動 (三単現 **brush·es** [~iz]; 過去・過分 **brushed** [~t]; 現分 **brush·ing** [~iŋ])
—他 **1** (a) [brush+O] …にブラシをかける,…を(ブラシで)磨く,こする: You have to *brush* your clothes. あなたは服にブラシをかけなければならない.
(b) [brush+O+C] …にブラシをかけて~にする,…を(ブラシで)磨いて~にする: *Brush* the floor clean. 床をきれいに磨きなさい.
2 …を(ブラシ・手で)払い,払いのける,払い落とす: She *brushed* back the hair from her face. 彼女は顔から髪の毛を払いのけた.
3 …に軽く触れる,かすめる: The wind *brushed* my face. 風が私の顔をなでた.
—自 […を] かすめる,かすって行く [*against, by, past*]: The car *brushed* by me. その車が私のそばをかすめた.

▶句動 *brúsh aside* 他 [brush aside+O / brush+O+aside] **1** …を押しのける,無視する: He *brushed aside* my advice. 彼は私の忠告を無視した. **2** …をブラシで払う.
brúsh awáy = brush aside.
brúsh dówn 他 [brush down+O / brush+O+down] …にブラシをかけてきれいにする.
brúsh óff 他 [brush off+O / brush+O+off] **1**《口語》…を無視する,相手にしない: He spoke to her, but she *brushed* him *off*. 彼は彼女に声をかけたが,彼女は相手にしなかった.
2 …をブラシで払う.
brúsh úp (on) ... 他〈外国語・知識など〉を磨き直す,復習する: I would like to *brush up* my English. 私は英語をやり直したい.

brush² [brʌ́ʃ] 名 **1** しば,そだ. **2**《主に米》(低木の)やぶ,茂み. **3** [the ~]《米》未開拓地.

brush-off [brʌ́ʃɔ̀ːf / -ɔ̀f] 名 [通例 the ~]《口語》すげない拒絶;解雇.
■ *give ... the brúshoff*《口語》…をすげなく断る,はねつける;首にする: She *gave* my proposal *the brushoff*. 彼女は私の提案をすげなく断った.

brush-up [brʌ́ʃʌp] 名 C **1**《英》身づくろい.
2 (忘れかけていた知識・技能の)復習,やり直し: You should give your Japanese a *brushup*. あなたはもう一度日本語をやり直すべきです.

brush·wood [brʌ́ʃwùd] 名 U **1** しば,そだ,折った小枝. **2** やぶ,低木の茂み,下ばえ.

brush·work [brʌ́ʃwə̀ːrk] 名 U 筆づかい;画風.

brusque [brʌ́sk / brúːsk, brúːsk] 形 ぶっきらぼうな,無愛想な.

Brus·sels [brʌ́səlz] 名 固 ブリュッセル《ベルギーの首都.EU(欧州連合)の本部がある》.
◆ Brússels spróuts [複数扱い] 芽キャベツ.

‡bru·tal [brúːtəl] 形 **1** 残忍な,野蛮な,無慈悲な.
2 (気候が)厳しい: *brutal* weather 過酷な気候.
3 (事実などが)紛れもない,冷厳な: a *brutal* fact 冷厳な事実.

bru·tal·ly [-təli] 副 残酷に,野蛮に.

bru·tal·i·ty [bruː(ː)tǽləti] 名 (複 **bru·tal·i·ties** [~z]) **1** U 残忍性,残酷(さ),野蛮(さ).
2 C 残忍 [野蛮] な行為.

bru·tal·ize,《英》**bru·tal·ise** [brúːtəlàiz] 動 他《格式》(人が)〈人〉を残忍に扱う,虐待する;(物事が)〈人〉を残忍化させる.

‡brute [brúːt] 名 C **1**《時に軽蔑》けだもの,野獣;(人間に対して)動物.
2 残酷な人,けだもののような人,人でなし.
3《時にこっけい》いやなやつ,鈍感で不作法な人.
4 やっかいなもの.
—形 [比較なし;限定用法] けだもののような;残忍な,粗暴な;理性のない.

brut·ish [brúːtiʃ] 形《軽蔑》けだもののような;残酷 [残忍] な,野蛮な;理性のない.

Bru·tus [brúːtəs] 名 固 ブルータス Marcus [máːrkəs] Brutus《85–42 B.C.;古代ローマの政治家.シーザー(Caesar)暗殺の首謀者》: You too, *Brutus*. ブルータス,お前もか《シーザーが最後に言ったとされる言葉》.

bs, B.S., B/S 《略語》=*balance sheet* 〖商〗貸借対照表.

BS, B.S. 《略語》=《米》*Bachelor of Science* 理学士《英》B.Sc.);《英》*Bachelor of Surgery* 外科学士; *British Standard* 英国工業規格.

BSc, B.Sc. 《英》=*Bachelor of Science*《米》BS, B.S.).

BSE《略語》=*bovine spongiform encephalitis* [*encephalopathy*] ウシ海綿状脳症, 狂牛病 (mad cow disease).

B-side 名 C (レコード・カセットテープの) B面.

BST, B.S.T. 《略語》= *British Summer Time* 英国夏時間.

bu.《略語》=*bushel(s)* ブッシェル (◇容積の単位).

***bub·ble** [bʌ́bl] 名 C **1** (通例 ~s) 泡, あぶく; 気泡 (◇ bubble の集まったものを foam と言う): soap *bubbles* シャボン玉, せっけんの泡.
2 すぐ破れる (泡のような) もの, すぐに消えるもの: *bubble* economy バブル経済 (◇ economic bubbles とも言う).
■ *blów búbbles* シャボン玉を吹く; 空論にふける.
— 動 自 **1** (音を立てて) 泡立つ, 沸騰する; (泉などが) ぶくぶくわく (*over*): The water may be *bubbling over* in the kitchen. 台所でお湯がふきこぼれているかもしれない. **2** (興奮して) わき返る, はしゃぐ; (ものなどが) […で] あふれる (*over*) [*with*]: The schoolgirls were *bubbling* (*over*) *with* joy. 女生徒たちは喜んではしゃいでいた.
◆ **búbble and squéak** U《英》ジャガイモと野菜 (特にキャベツ)・肉を油でいためた料理.
búbble báth U (風呂の) 泡立て剤.
búbble gùm U 風船ガム.

bub·bly [bʌ́bli] 形 (比較 **bub·bli·er** [~ər]; 最上 **bub·bli·est** [~ist]) **1** 泡立つ, 泡の多い. **2** 陽気な, 活発な.

bu·bon·ic [bju(ː)bánik / -bɔ́n-] 形〖医〗横根(にさ)の, リンパ腺(さ)の炎症によって腫(は)れた.
◆ **bubónic plágue** U 腺ペスト.

buc·ca·neer [bʌ̀kəníər] 名 C **1** バカニーア, 海賊 (pirate)《16-17世紀に西インド諸島を荒らした海賊》. **2** 山師; やり手の政治家 [実業家].

Bu·chan·an [bjuːkǽnən] 名 固 ブキャナン James Buchanan 《1791-1868; 米国の政治家》; → PRESIDENT 表.

Bu·cha·rest [búːkərest / bjùːkərést] 名 固 ブカレスト《ルーマニアの首都》.

buck¹ [bʌ́k] 名 C **1** 雄ジカ (→ DEER 関連語); (カモシカ・ヤギ・ウサギなどの) 雄 (↔ doe) (→ COW 表). **2**《口語》(威勢のいい) 若者;《英・古風》だて男.

buck² 動 自 **1** 急に跳ねる; (馬が背を丸めて) 跳ね上がる. — 他 **1** (馬が)〈人〉を振り落とす.
2《口語》…に反対 [反抗] する, 抵抗する.
■ *búck for ...*《米俗語》〈昇進など〉を目指してがむしゃらに張り切る.
búck úp **1** 元気を出す. **2** [主に命令形で]《口語》急ぐ. — 他《口語》**1**〈人〉を元気づける, 励ます. **2** …を改める努力をする.

buck³ 名 C《米口語》ドル (dollar); 金: make a fast [quick] *buck* (不正に) 手っ取り早く稼ぐ.

buck⁴ 名 C (ポーカーで次の親を示すために置く) 札

《昔, シカ (buck¹) の角製ナイフを用いた》.
■ *páss the búck to ...*《口語》…に責任を転嫁する: He *passed the buck to* me. 彼は私に責任をなすりつけた.
The búck stòps hére. 私が最終的に責任をとる.

Buck [bʌ́k] 名 固 バック Pearl [pə́ːrl] S. Buck《1892-1973; 米国の女流作家. 主著『大地』》.

buck·board [bʌ́kbɔ̀ːrd] 名 C《米》(19世紀に使用された, ばね無しの) 軽四輪馬車.

buck·ed [bʌ́kt] 形〖叙述用法〗《英口語》[…に] 喜んだ, 元気づいた; 得意になった [*by*, *at*].

***buck·et** [bʌ́kit]
— 名 (複 **buck·ets** [-its]) C **1** バケツ; 手おけ《主に米》pail); つるべ.
2 バケツ1杯の量 (bucketful): a *bucket* of water バケツ1杯の水.
3 [~s]《口語》多量: *buckets* of blood 多量の血液 / It's raining *buckets* out there. 外はどしゃ降りです.
◆ *gíve the búcket to ...*〈人〉を解雇する.
kíck the búcket《俗語》死ぬ.
— 動 自 **1**《英口語》どしゃ降りになる (*down*).
2 (車などが) 急いで進む, 疾走する.
◆ **búcket sèat** C バケットシート《背の部分が体を包むように丸くなった, 車や飛行機などの1人用座席》.

buck·et·ful [bʌ́kitfùl] 名 C バケツ1杯 (の量)《単に bucket とも言う》: a *bucketful* [two *bucketfuls*] of water バケツ1杯 [2杯] の水.

buck·eye [bʌ́kài] 名 C **1** 〖植〗トチノキ (の実).
2 [B-]《米口語》米国 Ohio 州の人 (の俗称).
◆ **Búckeye Státe** [the ~] トチノキ州《Ohio 州の愛称》; → AMERICA 表.

Búck·ing·ham Pálace [bʌ́kiŋəm-] 名 固 バッキンガム宮殿《London にある英王室の住居》.

buck·le [bʌ́kl] 名 C (靴・バッグの) 締め金, (ベルトの) バックル: fasten [unfasten, undo] a *buckle* バックルを締める [外す].
— 動 他 **1** …を締め金 [バックル] で締める.
2 (熱・圧力などが) …を曲げる, ゆがめる. — 自 **1** 締め金 [バックル] で締まる (*up*). **2** (熱・圧力などで) 曲がる. **3**〔権威・攻撃などに〕負ける, 屈する (*under*) [*to*].
■ *búckle* (*dówn*) *to ...* …に本気で取りかかる.

buck·ler [bʌ́klər] 名 C《主に文語》小型の丸い盾(に); 防護 [防御] 物.

buck·ram [bʌ́krəm] 名 U バックラム《のり・にかわで固めた粗い麻 [綿] 布. 製本や製地の芯(み)に用いる》.

buck·shot [bʌ́kʃɑ̀t / -ʃɔ̀t] 名 U シカ弾(は)《大粒の鉛の散弾. 狩猟用》.

buck·skin [bʌ́kskìn] 名 **1** U バックスキン, もみ革《もともとはシカ皮だが, 現在はヤギ・羊の皮を使う》.

Buckingham Palace

buck·wheat [bʌ́khwìːt] 名 U【植】ソバ(の実). ソバ粉《英米では家畜・家禽(かきん)の飼料にする. 米国ではパンケーキの原料にも用いる》.

bud [bʌ́d] 名 C **1** [枝・葉の] 芽; [花の] つぼみ: a flower *bud* つぼみ, 花芽(がめ) / a leaf *bud* 葉芽(がめ) / put forth *buds* 芽を出す / The new *buds* appear in spring. 新芽は春に出て来る. **2** 未成熟のもの; 未成年, 子供. **3** = BUDDY (↓).
■ *còme ìnto búd* (木などが)芽を出す.
in búd 生えて, 芽を出して, つぼみを付けて.
— 動 (三単現 **buds** [bʌ́dz]; 過去・過分 **bud·ded** [~id]; 現分 **bud·ding** [~iŋ]) 自 芽を出す, 芽が出る; つぼみをつける.

Bu·da·pest [búːdəpèst / bjùːdəpést] 名 固 ブダペスト《ハンガリーの首都》.

*Bud·dha** [búːdə, búdə / búdə] 名 **1** 固 [時に the ~] 仏陀(ぶっだ), 釈迦牟尼(しゃかむに), 釈尊《563?-483? B.C.; 仏教の開祖》.
2 C 仏像.

*Bud·dhism** [búːdizəm, búd- / búd-] 名 U 仏教.

*Bud·dhist** [búːdist, búd- / búd-] 名 C 仏教徒; [形容詞的に] 仏教(徒)の, 仏陀(ぶっだ)の: a *Buddhist* temple 仏教寺院 / a *Buddhist* monk 僧侶, 仏教僧.

bud·ding [bʌ́diŋ] 形 [限定用法] **1** 〔植物が〕芽〔つぼみ〕を出しかけた; 発育中の. **2** 新進(気鋭)の, 売り出し中の: a *budding* architect 新進の建築家.

bud·dy [bʌ́di] 名 (複 **bud·dies** [~z]) C **1** 《口語》仲間; 親友. **2** 〔呼びかけで〕《米》おい君; 若いの; 坊や《◇怒りやいら立ちを表す場合に用いることもある》. **3** エイズ患者支援のボランティア.
◆ **búddy sỳstem** [the ~] (安全確保のため)2人ひと組で作業すること.

budge [bʌ́dʒ] 動 《通例, 否定文で》《口語》自 **1** (少し)動く, 身動きする: I tried to lift the stone, but it wouldn't *budge*. その石を持ち上げようとしたがびくともしなかった. **2** [...について] 〔意見を〕譲る, 〔態度を〕変える [on].
— 他 ...を(少し)動かす; 〈人〉に意見を変えさせる.

budg·er·i·gar [bʌ́dʒərigàːr] 名 C【鳥】セキセイインコ《オーストラリア原産; 《口語》budgie》.

budg·et [bʌ́dʒit] 名 C **1** (国などの) 予算(案): the *budget* for the 2003 fiscal year 2003年度予算(案) / within [below] *budget* 予算内で, 安く / on a (tight) *budget* 切り詰めた予算で.

┌─ コロケーション ─ 予算を… ────
│ 予算を超過する: *exceed a budget*
│ 予算を増やす: *increase a budget*
│ 予算を減らす: *cut* [*reduce*] *a budget*
│ 予算を守る: *keep to a budget*
└───────────────────

2 経費, 家計: a family *budget* 家計 / the education *budget* 教育費 / balance one's *budget* 収支バランスを保つ. **3** [形容詞的に] 予算に合った; 安い, 経済的な《◇ cheap の婉曲表現》: a *budget* hotel 安ホテル / a *budget* tour 安上がりの旅行.
— 動 自 [...の] 予算を組む [立てる] [*for*].
— 他 ...を [...に] 割り当てる, 予算に組む [*for*]; ...の使用計画を立てる: *budget* ¥10,000 a month *for* books 月1万円を本代にあてる.
(▷ 形 búdgetàry)
◆ **búdget accòunt** C 《英》自動振り込み口座 [勘定].

budg·et·ar·y [bʌ́dʒətèri / -təri] 形 (格式)予算(上)の. (▷ 名 búdget)

budg·ie [bʌ́dʒi] 名 C 《口語》= BUDGERIGAR (↑).

Bud·wei·ser [bʌ́dwaizər] 名 C U 《商標》バドワイザー《米国産のビール; 愛称 Bud》.

Bue·nos Ai·res [bwèinəs éəriːz / bwènəs áiəriːz] 名 固 ブエノスアイレス《アルゼンチンの首都》.

buff [bʌ́f] 名 **1** U 淡黄色, 黄褐色. **2** U 牛・水牛の淡黄色(黄褐色)のもみ革. **3** C 《口語》...マニア, ...通(つう): a film *buff* 〔熱狂的な〕映画通.
■ *in the búff* 《口語》(人が)すっ裸で[の].
— 動 他 〈金属・靴など〉を(布などで)磨く.
— 形 [限定用法] 淡黄色[黄褐色]の; もみ革製の.

*buf·fa·lo** [bʌ́fəlòu] 名 (複 **buf·fa·lo(e)s** [~z], **buf·fa·lo**) C バッファロー, 水牛《アジア・アフリカ産で water buffalo とも言う》; 《米》アメリカバイソン, アメリカ野牛 (→ BISON).

buff·er [bʌ́fər] 名 C **1** (困難・衝撃などを)和らげるもの[人]. **2** 【コンピュータ】バッファ, 緩衝記憶装置《データを一時的に蓄える記憶領域》. **3** 《英》(通例, 鉄道車両などの)緩衝器[装置]《《米》bumper》.
— 動 他 **1** 〈衝撃など〉を緩和する; ...の緩衝地帯となる. **2** ...をかばう, 保護する.
◆ **búffer stàte** C 緩衝国《強国にはさまれ, 両国間の衝突の危険を和らげる役目をする国》.
búffer zòne C 緩衝地帯《紛争回避のための中立地帯》.

buf·fet¹ [bəféi / búfei] 《フランス》名 C **1** (飲食店などの)カウンター, 立食テーブル; カウンター形式[立食式]の簡易食堂. **2** 《主に英》ビュッフェ, 列車食堂 (cf. dining car 食堂車). **3** 立食料理: a *buffet* party = a party in *buffet* style 立食パーティー.
◆ **buffét càr** 《英》(簡易)食堂車, ビュッフェ《《米》dining car》.

buf·fet² [bʌ́fit] 動 他 **1** ...を(繰り返し)殴る, 打つ. **2** [しばしば受け身で]〈風波・あらし〉が〈船〉を弄ろうする; 〈運命など〉が〈人〉をもてあそぶ [*about*]: be buffeted about by fate 運命にもてあそばれる.
— 名 C **1** 打撃, 殴打 (blow). **2** (風波などに)もまれること; (運命などに)もてあそばれること; (風波などの)衝撃.

buf·foon [bəfúːn] 名 C《古風》ばか者; 道化師, おどけ者: play the *buffoon* おどける.

buf·foon·er·y [bəfúːnəri] 名 U 愚かな行為; 道化, おどけ.

*bug** [bʌ́g] 名 C **1** 《主に米》小さな虫, 昆虫 (→ INSECT 類義語). **2** 《口語》ばい菌; 細菌による病気: a flu *bug* インフルエンザ(ウイルス). **3** 《主に英》ナンキンムシ (bedbug). **4** (機械などの)故障, 欠陥;【コンピュー

タ]《プログラムの》欠陥, バグ. **5** 盗聴器, 隠しマイク. **6** 《口語》…マニア, 《…の》熱中者; [the ～] 熱中[熱狂]《すること》, …熱: a camera *bug* カメラマニア / He's got the soccer *bug*. 彼はサッカーに夢中になっている.
— **動** 《三単現 **bugs** [～z]; 過去・過分 **bugged** [～d]; 現分 **bug·ging** [～iŋ]》**他** **1** …に盗聴器を仕掛ける; …を盗聴する: We found our office had been *bugged*. 私たちは事務所に盗聴器が仕掛けられていることに気づいた. **2** 《口語》〈人〉を悩ます, 困らせる (annoy).

bug·a·boo [bʌ́gəbùː] **名**《複 **bug·a·boos** [～z]》[C] 《米口語》(⇒BUGBEAR).

bug·bear [bʌ́gbèər] **名**[C] 恐怖[心配]の種;《古》お化け.

bug·gy [bʌ́gi] **名**《複 **bug·gies** [～z]》[C] **1** 1頭立ての軽装馬車. **2**《米》小型の乳母車 (《英》pram); 《英》《腰かけ式の》バギー (《米》stroller). **3** バギー 《丈夫な小型の自動車》.

bu·gle [bjúːgl] **名**[C] 軍隊らっぱ 《トランペットより短く, 弁やキーがない》.

bu·gler [bjúːglər] **名**[C] らっぱを吹く人.

build [bíld] 動 名

【基本的意味は「建てる (make something by putting pieces together)」】

— **動** 《三単現 **builds** [bíldz]; 過去・過分 **built** [bílt]; 現分 **build·ing** [～iŋ]》
— **他** **1** (a) [build+O] 〈建物などを〉**建てる**, 建設する, 作る: He *built* a new house on the hill. 彼は丘の上に家を新築した《自分で建てる場合にも, 業者に建ててもらう場合にも用いる》. He had a new house *built* on the hill. と言えば後者の意味になる》/ In 1862 the Congress decided to *build* a railroad from coast to coast. 議会は1862年に大陸横断鉄道の敷設を決定した / A new airport is being *built*. = They are *building* a new airport. 新しい空港が建設中である 《◇ A new airport is *building*. とも言えるが, 今は《まれ》》 / A couple of birds are *building* their nest in the chimney. つがいの鳥が煙突に巣を作っている / We *built* a fire to warm ourselves. 私たちは暖まるためにたき火をした. (b) [build+O+of [out of]] ～ 〈材料〉から…を作る, 組み立てる: That bridge is *built of* wood. あの橋は木造です / He *built* a motorcycle *out of* junked parts. 彼はポンコツ部品からバイクを組み立てた. (c) [build+O+O / build+O+for ～] …に…を建ててやる, 作ってやる: His father *built* him a new house. = His father *built* a new house *for* him. 彼の父親は彼に新しい家を建ててやった.
2 [build+O] 〈事業・名声などを〉築き上げる, 確立する; 〈身体・人格など〉を形成する, 作り上げる: *build* a reputation 名声を確立する / We must try to *build* a more peaceful society. 私たちはもっと平和な社会を築くよう努めなくてはならない / We should *build* confidence between ourselves. 私たちはお互いの信頼を確立する必要がある / Rome was not *built* in a day. 《ことわざ》ローマは1日にして成らず.
3 [build+O+on [upon]] ～] ～に基づいて…を形成する, …の基礎を～に置く: Don't *build* your hopes *on* his promise. 彼の約束に望みを託すな / Their argument is not *built on* facts. 彼らの議論は事実に基づいていない.
— **自** 《建物などを》建てる; 建築業に従事する: A developer is planning to *build* on that site. 開発業者がその土地に建築を計画している.

[句動詞] *build* **in 他** [build in+O / build+O+in] 《通例, 受け身で》〈家具などを〉作り付けにする, 組み込む: We had a wardrobe *built in*. 洋服だんすが作り付けにしてもらった.

build **...** **into** ～ **他** 《通例, 受け身で》…を～に作り付けにする; …を〈組織・契約など〉に組み込む: *build* a bookcase *into* the wall 本棚を壁に作り付けにする / An allowance for travel *was built into* the budget. 予算には旅行手当が組み込まれていた.

build **on 他** [build on+O / build+O+on] **1** [しばしば受け身で] …を増築する. **2** […の成功に] 乗じる, 付け込む.

build **on** [**upon**] ... **他** …を頼りにする; 足場とする: You can *build on* your success in China. あなたは中国での成功を将来の発展の足掛かりにすることができる.

build **up 他** [build up+O / build+O+up] **1** …を増す, 強める; 〈軍などを〉増強する; 〈体を〉鍛え上げる: *build up* speed スピードを増す / *build up* one's body 体を鍛える. **2** 〈事業・名声などを〉築き上げる; 〈人格などを〉形成する: He *built up* his forwarding business from nothing. 彼は運送業をゼロから立ち上げた.
3 [通例, 受け身で] 〈場所を〉立て込ませる: This neighborhood has *been built up*. このあたりは家が立て込んできている. **4** …をほめそやす, 宣伝する; 〈人を〉激励する, 慰める: The media *built up* his book, but I think it's a poor novel. マスコミは彼の小説を持ち上げたが, 私は駄作だと思う. — **自** **1** 《ちり・ほこりなどが》たまる; 増える, 集まる: If you take too much fat, cholesterol will *build up* in your blood vessels. 脂肪をとりすぎると血管にコレステロールがたまる. **2** 《交通が》渋滞する, 混雑する. **3** 《緊張・圧力が》増強される[する], 高まる.

·*build* **up to** ... **他** …に《徐々に》心の準備をさせる.

— **名** [U][C] **1** 体格: He has a good *build*. 彼は立派な体格をしている. **2** 《機械などの》構造.

*build·er [bíldər] **名**[C] **1** 建築業者, 建設者. **2** [複合語で] 《時に比喩》…を建てる人; 形成するもの: a ship*builder* 造船業者 / Experience is a great character-*builder*. 経験は人格形成に大きく影響する.

build·ing [bíldiŋ]

— **名** 《複 **build·ings** [～z]》**1** [C] 建物, 建築物, ビル (《略語》bldg.): a high [tall] *building* 高い建物 / a historic *building* 歴史的建造物 / a thirty-story[storey] *building* 30階建てのビル /

We have to pull down the old *building* and build a new one. 私たちは古い建物を壊して新しい建物を建てなければならない。
2 ⓤ 建築(すること); [形容詞的に] 建築の: *building* materials 建築資材 / the *building* industry 建設業.
◆ búilding blòck ⓒ **1** 建築用ブロック.
2 (おもちゃの)積み木. **3** 基本的な要素[成分].
búilding sìte ⓒ 建築現場, 建築用地.
búilding socìety ⓒ《英》住宅金融組合(cf.《米》savings and loan association 貯蓄貸付組合).

build·up, build-up [bíldʌp] 名 ⓒ **1**(力・兵力などの)増強, 増加; (緊張などの)高まり. **2** (新製品などの事前の)宣伝; 前評判.

*****built** [bilt] 動 **build** の過去形・過去分詞.
— 形 [副詞(句)を伴って](…の)体つきをした: heavily *built* がっしりした体つきの.

built-ín 形 [限定用法]作り付けの, はめ込みの;(性質・特徴などが)固有の, 本来備わった.

built-úp 形 [限定用法](土地が)立て込んだ: a *built-up* area 家屋密集地域.

*****bulb** [bʌlb] 名 ⓒ **1** 電球 (light bulb);(温度計などの)球; 真空管(◇《米》では vacuum tube,《英》では valve のほうが一般的).
2 (植物の)球根, 球茎: a lily *bulb* ユリの球根, ユリ根. (▷ 形 búlbous)

bul·bous [bʌ́lbəs] 形 **1** [通例, 限定用法]球根の; 球根から生ずる: a *bulbous* plant 球根植物.
2 球根の形をした;《しばしば軽蔑》太った: He has a *bulbous* nose. 彼はだんご鼻の. (▷ 名 bulb)

Bul·gar·i·a [bʌlgéəriə, bul-] 名 ブルガリア《ヨーロッパ南東部の共和国. 首都ソフィア(Sofia)》.

Bul·gar·i·an [bʌlgéəriən, bul-] 形 ブルガリアの; ブルガリア人[語]の.
— 名 **1** ⓒ ブルガリア人. **2** ⓤ ブルガリア語.

bulge [bʌldʒ] 動 圓 **1** […で]ふくれる, ふくらむ, 丸くなる [with]. **2** (腹などが)突き出る, 出っぱる (out).
— 名 ⓒ **1** ふくらみ, 出っぱり. **2** 膨張;[単数形で](価格の)急騰;(数・量などの)一時的増加: the *bulge* in the birthrate of the 1950s 1950年代の出生率の上昇.

bulg·y [bʌldʒi] 形 (比較 **bulg·i·er** [~ər], **more bulg·y**; 最上 **bulg·i·est** [~ist], **most bulg·y**) ふくらんだ, ふくれた.

bu·lim·i·a [bjulímiə] 名 ⓤ 過食症(◇ bulimia nervosa [nəːrvóusə] とも言う).

*****bulk** [bʌlk] 名 **1** ⓤ 容積, かさ; 巨大さ: We couldn't move the box because of its *bulk*. その箱はかさばっていて私たちには動かせなかった.
2 ⓒ 巨体, 巨大なもの. **3** [the ~][…の]大半, 大部分 [of]: He left the *bulk* of his vast fortune to his children. 彼はばく大な財産の大部分を子供たちに残した. **4** ⓤ (船の)積み荷, ばら荷. **5** ⓤ 繊維質食品.
■ *in búlk* (荷造りせず)ばらで, ばら荷で; 大量に.
— 動 圓 (ものが)出る, ふくれる (up).
— 他 …をかさばらせる.

■ *búlk lárge*《文語》大きく[重要に]見える.
búlk óut [*úp*] (ものが)かさばる. (▷ 形 búlky)

bulk·head [bʌlkhèd] 名 ⓒ [しばしば ~s] (飛行機・船舶などの)隔壁(浸水や火災の広がりを防ぐ).

*****bulk·y** [bʌ́lki] 形 (比較 **bulk·i·er** [~ər]; 最上 **bulk·i·est** [~ist]) かさばった, 大きい; 大きくて扱いにくい;(衣服が)ゆったりした: The parcel is *bulky*. その包みはかさばる. (▷ 名 bulk)

*****bull** [bul] 名 ⓒ **1** (去勢されていない)雄牛.
2 (鯨・象などの)雄(↔ cow): a *bull* elephant 雄の象.
3 (雄牛のように)がっしりした男: a great *bull* of a man 大きくたくましい男. **4** 《株式》買い方, 強気筋 (cf. bear 売り方, 弱気筋). **5** 圓 [the B-] 【天文】牡牛座 (Taurus). **6** = BULL'S-EYE.
7 《米》警官.
■ *like a búll in a chína shóp* 無神経な, がさつな.(由来「瀬戸物屋に飛び込んだ雄牛」の意から)
táke the búll by the hórns 危険や困難を恐れずに立ち向かっていく.
◆ búll márket ⓒ《株式》強気市場, 上げ相場 (↔ bear market).
búll sèssion ⓒ《米》少人数の自由討論.

bull·dog [búldɔ̀(ː)g, -dɑ̀g] 名 ⓒ **1** ブルドッグ《英国産の中型犬; → DOG 図》. **2** 頑固者.

bull·doze [búldouz] 動 他 **1** 〈土地を〉ブルドーザーでならす[掘り起こす]. **2** 〈客などを〉強引に説得[脅して[…]させる [*into*]: *bulldoze* one's way 無理やり押し通す, 強引に進む.

bull·doz·er [búldouzər] 名 ⓒ **1** ブルドーザー, 地ならし機. **2** 《米口語》(案などを)強引に通す人; 脅迫者, いじめ屋.

*****bul·let** [búlit] [原義は「小さな球」] 名 ⓒ 弾丸, (小)銃弾.(関連語 shell 砲弾, 破裂弾 / shot 散弾)
◆ búllet tràin ⓒ《口語》高速[弾丸]列車《◇日本の新幹線など》.

*****bul·le·tin** [búlətən, -tin] 名 ⓒ **1** (テレビ・ラジオの)速報.
2 (官庁の)公報, 告示, 揭示.
3 (学会の)紀要, 会報; 社内報; 小冊子.
◆ búlletin bòard ⓒ **1**《米》揭示板(《英》notice board) (▶ CLASSROOM [PICTURE BOX]).
2 【コンピュータ】(電子)掲示板 (electronic bulletin board).

bul·let·proof [búlitprùːf] 形 防弾の.
bull·fight [búlfàit] 名 ⓒ 闘牛.
bull·fight·er [búlfàitər] 名 ⓒ 闘牛士.
bull·fight·ing [búlfàitiŋ] 名 ⓤ 闘牛.
bull·finch [búlfìntʃ] 名 ⓒ 【鳥】ウソ《アトリ科の鳴鳥(なきとり); 雄は胸が赤い》.
bull·frog [búlfrɔ̀(ː)g, -frɑ̀g] 名 ⓒ 【動物】(北米産の)ウシガエル, 食用ガエル.
bull·head·ed [búlhédid] 形 《軽蔑》頑固[強情]な.
bull·horn [búlhɔ̀ːrn] 名 ⓒ《米》拡声器, メガホン; ハンドマイク(《英》loudhailer).
bul·lion [búljən] 名 ⓤ 金[銀]の延べ棒; 金[銀]塊.
bull·ish [búliʃ] 形 **1** 雄牛のような; 頑固な.
2 《株式》強気の (↔ bearish).
búll-nécked 形 首が太くて短い[ずんぐりした].

bull·ock [búlək] 名 C 去勢牛 (◇通例4歳以下をさし, 5歳以上は ox と言う).
bull·pen [búlpen] 名 C 《米》 **1** 牛の囲い場. **2** 【野球】 ブルペン 《救援投手が登板前にウォーミングアップをする場所》; [集合的に] 控え投手陣. **3** 《口語》 仮留置場.
bull·ring [búlrìŋ] 名 C 闘牛場.
búll's-èye 名 C (アーチェリー・ダーツの) 標的の中心, 金的; center cut.
■ **hít the búll's-eye** 的中する; 核心をつく.
bull·shit [búlʃit] 名 U たわ言, ばかなこと [話], ナンセンス. — 間 ばかな! うそつけ!
— 動 (三単現 **bull·shits** [-ʃits]; 過去・過分 **bull·shit·ted** [~id]; 現分 **bull·shit·ting** [~iŋ]) 自 でたらめを言う. — 他 …にぬけぬけとうそをつく.
bull·ter·ri·er [búltériər] 名 C ブルテリア 《ブルドッグ (bulldog) とテリア (terrier) の交配種》.
*__**bul·ly**__ [búli] 名 (複 **bul·lies** [~z]) C いじめっ子, 乱暴者, がき大将: play the bully 弱い者いじめをする. — 動 (三単現 **bul·lies** [~z]; 過去・過分 **bul·lied** [~d]; 現分 **bul·ly·ing** [~iŋ]) 他 〈弱い者〉をいじめる, 脅す: bully ... into [out of] ~ …を脅して~させる [やめさせる].
◆ **búlly bòy** C 《口語》 乱暴者; 用心棒.
bul·ly·ing [búliiŋ] 名 U (学校などの) いじめ.
bul·wark [búlwərk] 名 C **1** [しばしば ~s] 防壁; 土塁. **2** [比喩] […に対する] 防波堤, […の] 盾 [against]. **3** [しばしば ~s] 【海】 舷墻 (げんしょう) 《上甲板にある波よけの手すり》.
bum[1] [bám] 名 《米俗語・軽蔑》 **1** C 浮浪者; 怠け者, ぐうたら. **2** [the ~] 放浪生活. **3** [複合語で] …マニア, (…に) 熱中している人: a golf bum ゴルフに熱中している人.
— 動 (三単現 **bums** [~z]; 過去・過分 **bummed** [~d]; 現分 **bum·ming** [~iŋ]) 《俗語》 他 …をたかる, ねだる.
— 自 ぶらぶら暮らす, 放浪する (around, about).
— 形 [比較なし; 限定用法] 《俗語》 **1** 一文の値打ちもない, 役に立たない, お粗末な. **2** 誤った.
bum[2] 名 C 《主に英口語》 おしり.
búm-bàg 名 C 《英》 ウエストポーチ (《米》 fanny pack).
bum·ble [bámbl] 動 **1** もぐもぐ言う; ぶんぶん音を立てる. **2** もたもたする, へまをする (around); よろめく (along).
bum·ble·bee [bámblbìː] 名 C 【昆】マルハナバチ.
bumf, bumph [bámf] 名 U 《英俗語》つまらない記事 (広告); (退屈な) 公文書, 書類.
*__**bump**__ [bámp] 動 他 にごつん [どすん, どん] とぶつかる, 突き当たる; …を […に] ぶつける [against, on]: Her car bumped the tree. 彼女の車はその木にどんとぶつかった / John bumped his head against [on] the low ceiling. ジョンは低い天井に頭をごつんとぶつけた.
— 自 **1** [...に] どすんと当たる, 衝突する [against, into] (→bump into). **2** 〈車などが〉がたがた走る [進む] (up, down) [along]: Our car bumped along the mountain road. 私たちの車は山道をがたがた揺れながら進んだ.

■ **búmp ìnto ...** 他 **1** …にぶつかる, 突き当たる: The car bumped into a utility pole. 車は電柱に衝突した. **2** 《口語》 …に偶然出会う: I bumped into an old friend on the street. 通りで旧友にばったり出会った.
búmp óff 他 《口語》 《俗語》 〈人〉を殺す (kill).
búmp úp 他 《口語》 〈値段・給料など〉を上げる.
— 名 C **1** ごつん [どすん] と当たること [音], 衝突 (の音): I surely heard a loud bump last night. 昨晩確かにどすんという大きな音を聞いた. **2** (ぶつかってできた) こぶ. **3** (地面・道路の) 隆起, でこぼこ, こぶ. **4** 衝突事故 (collision).
— 副 どすんと, ばたんと; いきなり.
bump·er[1] [bámpər] 名 C **1** (自動車の) バンパー (→ CAR **PICTURE BOX**). **2** 《米》(鉄道車両の) 緩衝器 (《英》 buffer).
bump·er[2] 形 [限定用法] 豊作の, 特大の, 大量の.
búmp·er-to-búmp·er 形 〈車が〉渋滞した, 数珠 (じゅず) つなぎの. — 副 数珠つなぎになって.
bump·kin [bámpkin] 名 C 《口語・軽蔑》田舎者.
bump·tious [bámpʃəs] 形 《軽蔑》横柄な, 傲慢 (ごうまん) な; 出しゃばりな.
bump·tious·ness [~nəs] 名 U 横柄, 傲慢.
bump·y [bámpi] 形 (比較 **bump·i·er** [~ər]; 最上 **bump·i·est** [~ist]) 〈道が〉でこぼこの, 〈車が〉がたがたする, 揺れが多い.
bun [bán] 名 C **1** 《米》パン 《ハンバーガー用の丸いパン; → BREAD 図》; 《英》(丸くて小さい) 菓子パン. **2** 束髪 (そくはつ).
*__**bunch**__ [bántʃ] 名 C **1** (果物などの) 房: a bunch of bananas バナナ1房 / two bunches of grapes ブドウ2房. **2** [通例 a ~ of ...] (花・鍵 (かぎ) などの) 束, 山; かたまり: a bunch of keys 鍵の束. **3** 《口語》群れ, 一団 (group): a bunch of thieves 窃盗団.
— 動 自 **1** 束になる; かたまりになる (up, together). **2** (スカートなどが) ひだが寄る.
— 他 **1** …を束にする; …を一団に集める (up, together). **2** 〈スカートなど〉のひだを寄せる.
*__**bun·dle**__ [bándl] 名 C **1** (手紙などの) 束, 包み (→ PACK [類義語]): a bundle of sticks [letters] 棒切れ [手紙] 1束.
2 [a ~] 《口語》 [...の] かたまり; ひとかたまり [の...] [of]: He's just a bundle of nerves. 彼は神経過敏になっている.
3 [a ~] 《口語》大金.
— 動 他 **1** …を束ねる, 束にする (up, together). **2** …を […に] 乱暴に [いいかげんに] 押し込む [into]: She bundled her clothes into the closet. 彼女は自分の衣類を押し入れに乱雑にしまい込んだ. **3** 《口語》…を追い立てる.
— 自 急ぐ, ぐずぐずせず行動する.
■ **búndle ... óff** …を […へ] 追いやる [to].
búndle onesélf úp [毛布などに] くるまる [in].
búndle úp 他 **1** …を束にする, 束ねる, ひとつにまとめる. **2** 厚着させる. — 自 厚着する.
bung [báŋ] 名 C (たるの) 栓; たる口.
— 動 他 **1** …に […で] 栓をする, …を […で] ふさぐ [with]. **2** [通例, 受け身で] 《英口語》〈鼻・管な

ど〉を詰まらせる (*up*): My nose *is bunged up*. 私は鼻が詰まっている. **3** ((英口語)) …を投げる; 乱暴に押し込む.

***bun·ga·low** [bʌ́ŋgəlòu] [名][C] **1** ((英)) **バンガロー**, 平屋 ((((米)) ranch house) ((通例ベランダのある平屋建て住宅)). **2** ((米)) (通例, 平屋建ての) 小さな家. ([比較] 日本で言う「バンガロー」は cottage あるいは cabin, hut と言う)

bun·gee [bʌ́ndʒi] [名][C] バンジー ((両側に止めかぎの付いた丈夫なゴムひも)).

◆ **búngee jùmping** [U] バンジージャンプ ((足首にバンジーを結び付けて, 高い所から逆さに飛び降りる遊び)).

bung·hole [bʌ́ŋhòul] [名][C] (たるの) 口, つぎ口.

bun·gle [bʌ́ŋgl] [動][他]〈仕事など〉をしくじる, へまをする, 下手にやる: *bungle* a job 仕事に失敗する.
— [名][C] しくじり, へま; 不手際.

bun·gler [bʌ́ŋglər] [名][C] 不器用な人.

bun·ion [bʌ́njən] [名][C]【医】バニオン, 腱膜瘤(けんまくりゅう), 底豆(そこまめ) ((足の親指の関節にできるはれもの)).

bunk [bʌ́ŋk] [名][C] (船・列車などの壁にすえ付けられた) 寝台 (berth).

◆ **búnk bèd** [C] [通例, 複数扱い] 2段ベッド.

bunk·er [bʌ́ŋkər] [名][C] **1**【軍】(地下にある) バンカー, 掩蔽壕(えんぺいごう) ((コンクリートの防空壕など)). **2**【ゴルフ】バンカー ((((米)) sand trap) ((コースの障害として設けられた砂地; → GOLF 図)). **3** (船内の) 燃料庫, (屋外の) 燃料置き場.
— [動][他] **1**〈ボール・ショット〉をバンカーに入れる. **2**〈船〉に燃料を補給する.

bunk·house [bʌ́ŋkhàus] [名][C] (季節労働者などの) 宿泊所, 飯場(はんば).

búnk-ùp [名][C] [通例, 単数形で] ((英口語)) (登るときの) 下からの押し上げ: give … a *bunk-up*〈人〉をうしろから押し上げてやる.

***bun·ny** [bʌ́ni] [名] (複 **bun·nies** [~z]) [C] = **búnny ràbbit** ((幼児)) ウサ(ギ)ちゃん: (as) cute as a *bunny* (ウサギみたいに) かわいい.

Bún·sen búrner [bʌ́nsən-] [名][C] ブンゼン灯 ((化学実験用のガスバーナー. 単に Bunsen とも言う)).

bunt [bʌ́nt] [名][C]【野球】バント: a sacrifice *bunt* 犠牲バント.
— [動][他]〈球〉をバントする; バントして〈走者〉を進める: *bunt* … to third バントして…を三塁に進める.
— [自] バントをする.

bun·ting[1] [bʌ́ntiŋ] [名][U] (祝祭などで飾りに用いる) 一連の万国旗.

bun·ting[2] [名][C]【鳥】ホオジロ科の小鳥.

Bun·yan [bʌ́njən] [名][固] バニヤン. **1** John Bunyan ((1628-88; 英国の説教師. 主著『天路歴程』)). **2** = Paul Bunyan (→ PAUL 複合語).

buoy [búːi, bɔ́i / bɔ́i] (☆ 発音に注意) [名][C] **1** ブイ, 浮標(ふひょう): an anchor *buoy* 錨(いかり)ブイ. **2** 救命ブイ, 救命浮き袋 (life buoy): catch hold of a *buoy* ブイをつかむ.
— [動][他] [通例, 受け身で] **1** …にブイを付ける; …を浮かべておく (*up*). **2** …を[…で] 元気づける (*up*) [*with, by*]; …を支持する, 維持する.

buoy·an·cy [bɔ́iənsi] [名][U] **1** 浮力; 揚力. **2** (価格・景気・市場の) 上昇傾向, (景気・物価の) 回復力. **3** (失望から) すぐ立ち直る能力, 楽天的な性格.

buoy·ant [bɔ́iənt] [形] **1** 浮力のある, (ものを) よく浮かせる. **2** (価格・景気・市場が) 上昇傾向にある, 上向きの. **3** すぐ立ち直る, 楽天的な, 快活な.

bur, ((主に英)) **burr** [bə́ːr] [名][C] (クリなどの) いが; いがのある実を付ける植物.

bur·ble [bə́ːrbl] [動][自] **1** (川などが) ぶくぶく音を立てる. **2** ぺらぺら話す (*on, away*).
— [他] …をぺらぺら[ぶつぶつ] 言う.

‡**bur·den** [bə́ːrdən] [名][動]
— [名] (複 **bur·dens** [~z]) **1** [C] […に対する] (精神的な) **重荷**, 負担, 義務 [*on, to, for*]: the *burden* of guilt [responsibility] 罪[責任] の重さ / The problem became a heavy *burden on* me. その問題は私の重大な心配事となった / He doesn't want to be a *burden to* anybody. 彼はだれのやっかいにもなりたくないのです.
2 [C] (重い) 荷物: carry *burdens* 荷を運ぶ.
3 [U] (船の) 積載量: a ship of 1,000 tons *burden* 千トン積みの船.
4 [the ~] ((格式)) (話などの) 要旨, 要点.
■ ***the búrden of próof***【法】立証 [挙証] 責任.
— [動][他] […で] …に**重荷を負わせる**, 悩ます [*with*]: Please don't *burden* me *with* your troubles. あなたの問題で私を悩ませないでください / He was *burdened with* her heavy bag. 彼は彼女の重いかばんを持たされた. (▷ [形] búrdensome)

bur·den·some [bə́ːrdənsəm] [形] 重荷[負担] となる, やっかいな, わずらわしい. (▷ [名] búrden)

bur·dock [bə́ːrdɑ̀k / -dɔ̀k] [名][C]【植】ゴボウ ((実には, いが (bur) がある. 欧米では食用にしない)).

‡**bu·reau** [bjúərou]【フランス】[名] (複 ((米)) **bu·reaus** [~z], ((英)) **bu·reaux** [~z]) [C] **1** [通例 B-] ((主に米)) (官庁の) 局; 部 (→ DEPARTMENT [関連語]): the Mint *Bureau* 造幣局.
2 (新聞社などの) 支局; 案内所; 事務所: a travel *bureau* 旅行案内所.
3 ((米)) (鏡付きの) 整理だんす.
4 ((英)) ライティングビューロー ((引き出し付きの大きい机)) (writing desk).

***bu·reauc·ra·cy** [bjuərɑ́krəsi / -rɔ́k-] [名] (複 **bu·reauc·ra·cies** [~z]) ((しばしば軽蔑)) **1** [U] [集合的に; 単数扱い] 官僚, (企業の) 官僚的グループ.
2 [C][U] 官僚制度[政治]; 官僚国家; お役所主義.

***bu·reau·crat** [bjúərəkræ̀t] [名][C] ((通例, 軽蔑)) 官僚; 官僚主義者.

***bu·reau·crat·ic** [bjùərəkrǽtik] [形] ((通例, 軽蔑)) 官僚政治の; 官僚的な, お役所 (仕事) 的な.

bu·reaux [bjúərouz] [名] bureau の複数形の1つ.

bur·geon [bə́ːrdʒən] [動][自] ((格式)) **1** (木が) 芽生える, もえ出る (*out, forth*). **2** 急速に発展[成長] する (*out*).

bur·ger [bə́ːrgər] [名][C] **1** ((米口語)) ハンバーガー (hamburger). **2** [複合語で] …バーガー: a cheese*burger* チーズバーガー.

burgh [bə́ːrou / bʌ́rə] [名][C] **1** ((スコット)) 自治都市 (◇イングランドの borough に相当).
2 ((米口語)) (小さな) 町.

burgh・er [bə́ːrgər] 名 C 《古》(中産階級の)市民.

*bur・glar [bə́ːrglər] 名 C (特に夜間に侵入する)どろぼう, 夜盗 (→ THIEF 関連語).
◆ **búrglar alàrm** C 侵入報知[警報]器.

bur・gla・ry [bə́ːrgləri] 名 C 夜盗事件, 押し込み.
1 U 不法侵入(罪). **2** C 夜盗事件, 押し込み.

Bur・gun・dy [bə́ːrgəndi] 名 **1** 回 ブルゴーニュ《フランス南東部地方. ワインの産地》. **2** U 〔しばしば b-〕ブルゴーニュ産ワイン《◇種類を言うときは C》. **3** U バーガンディー(色)《◇赤ワイン色》.

*bur・i・al [bériəl] 《☆発音に注意》名 U C 埋葬; 埋葬式. (▷ 動 búry)
◆ **búrial grònd** C 埋葬地, 墓地.
búrial sèrvice C 埋葬式, 葬式.

bur・lesque [bərlésk] 名 **1** C U バーレスク《芸術作品などを茶化した劇・小説など》; パロディー, 戯作, 戯画. **2** U 《米》ボードビルショー《ストリップなどを含んだコメディーショー》.

bur・ly [bə́ːrli] 形 (比較 **bur・li・er** [~ər]; 最上 **bur・li・est** [~ist])(人が)たくましい, がっしりした.

Bur・ma [bə́ːrmə] 名 回 ビルマ《◇ミャンマーの旧称; → MYANMAR》.

Bur・mese [bəːrmíːz] 形 ビルマの; ビルマ人[語]の.
― (複 **Bur・mese**) C ビルマ人; U ビルマ語.

****burn [bə́ːrn] 動 名
【基本的意味は「燃える (be on fire)」】
― 動 (三単現 **burns** [~z]; 過去・過分 **burned** [~d], **burnt** [bə́ːrnt]; 現分 **burn・ing** [~iŋ])《◇通例, 《米》では burned, 《英》では自動詞には burned, 他動詞に burnt を用いる》
― 自 **1** 燃える, 焼ける: Paper *burns* easily. 紙はすぐ燃える / A fire was *burning* in the hearth. 炉の中で火が燃えていた / The building *burned* for a long time. 建物は長い間燃えた.
2 焦げる; 日焼けする: The toast has *burned*. トーストは焦げてしまった / My skin *burns* easily. 私の肌はすぐ日焼けする.
3 輝く, 光る: Stars were *burning* in the winter sky. 星が冬空に輝いていた.
4 ほてる, ひりひりする: My cheeks are *burning*. 私のほおはほてっている / The wound will *burn* a little. その傷は少しひりひりするだろう.
5 [通例, 進行形で][熱意・怒りなどで](心の中が)興奮する, 燃える[*with*]: He *is burning with* rage. 彼は怒りに燃えている.
6 [通例, 進行形で][〔を / …しようと〕熱望する [*for* / *to do*]: He was *burning to* tell the truth. 彼は本当のことを言いたくてたまらなかった.
7 《口語》猛スピードで走る.
― 他 **1** [burn＋O] …を燃やす, 焼く; …に点火する: He is *burning* waste paper. 彼は紙くずを燃やしている / His house was *burned* to ashes. 彼の家は全焼した / Please *burn* these candles. このろうそくをつけてください / Do you *burn* coal in this stove? ─ No, we *burn* oil. このストーブでは石炭をたくのですか─いいえ, 石油をたきます.
2 …をやけどさせる《◇しばしば be burnt, burn oneself の形で用いる》; 日焼けさせる《◇皮膚に炎症・痛みを伴う場合に用いる; → TAN¹》; 〈のど〉をひりひりさせる; 焼死させる: I *burned* my tongue by drinking hot milk. 私は熱いミルクを飲んで舌をやけどした / His face is *burned* by the sun. 彼の顔は日焼けしている / He was *burned* to death in the fire. 彼は火事で焼死した.
3 …を焦がす, 焼き焦がす: She has *burned* the toast. 彼女はトーストを焦がしてしまった / He *burned* a hole in his coat with a cigarette. 彼はたばこで上着に穴をあけてしまった.
4 〈陶磁器・れんがなど〉を焼く; …を焼いて作る: They are *burning* bricks in the big oven. 彼らは大きなかまどでれんがを焼いている.
5 [通例, 受け身で]…を[心などに]焼きつける [*into*]: The scene *was burned into* her memory. その光景は彼女の記憶に焼きついた.
6 [通例, 受け身で]《米口語》〈事業などに〉…を手痛い目に合わせる, 「やけど」させる.

句動詞 **búrn awáy** 自 **1** 燃え続ける. **2** 燃えつきる. ─ 他 [burn away＋O / burn＋O＋away] …を焼き払う.
búrn dówn 他 [burn down＋O / burn＋O＋down] …を燃やしつくす, 全焼させる: The hotel was *burned down* in a fire last year. そのホテルは去年火事で全焼した. ─ 自 **1** 燃え[焼け]落ちる[つきる], 全焼する. **2** 火が弱くなる.
búrn óff 他 [burn off＋O / burn＋O＋off] **1** …を燃やして除く. **2** 焼き捨てる, 焼き払う.
búrn óut 自 **1** 燃えつきる, 全焼する. **2** (エンジンなどが)焼き切れる, 熱で動かなくなる. **3** (熱意がなくなって)燃えつきる. ─ 他 [burn out＋O / burn＋O＋out] **1** …を焼きつくす **2** 〈エンジンなど〉を焼き切る, 熱で動かなくする.
búrn onesèlf óut 燃えつき(てなくな)る. **2** 疲れ果てる, 過労で健康を損ねる.
búrn úp 自 **1** 燃え上がる, 燃えつきる. **2** 《口語》かんかんに怒る. ─ 他 [burn up＋O / burn＋O＋up] **1** …を焼き払う; 〈火が〉焼きつくす; 〈燃料〉を使いつくす. **2** 《米口語》…を怒らせる.

― 名 C **1** (火・熱などによる)やけど (cf. scald 熱湯・蒸気などによるやけど); 焼け焦げ: He suffered severe *burns* in the fire. 彼は火事でひどいやけどを負った / The rug had cigar *burns* here and there. 敷物にはたばこの焼け焦げがあちこちにあった.
2 (ロープがこすれて)手が焼けるような感じ.
3 (ロケットの)噴射.

búrned-óut 形 [限定用法] **1** 燃えつきた, (機械などが)焼き切れた. **2** (熱意を失って)燃えつきた; 疲れ切った, 精力を使い果たした.

burn・er [bə́ːrnər] 名 C **1** 燃やす[焼く]人. **2** (ガスコンロ・ストーブなどの)火口(ﾛ), 燃焼部, バーナー: a gas *burner* ガスバーナー.
■ **pút ... on the báck búrner** …を後回しにする.

*burn・ing [bə́ːrniŋ] 形 [限定用法] **1** 燃えて[焼けて]いる; 焼けつくう[燃える]ように熱い.
2 (怒り・欲望などが)激しい, 強烈な.
3 (問題などが)非常に重大な, 緊急を要する: a *burning* issue 緊急課題.

bur・nish [bə́ːrniʃ] 動 他 1 〈イメージ〉を改善する. 2 (主に)〈金属〉を磨く,…のつやを出す.

burn-out [bə́ːrnàut] 名 C U 1 (ロケットの)燃料切れ, 燃えつき. 2 (心身の)消耗, 燃えつきること; 燃えつき症候群, バーンアウト.

Burns [bə́ːrnz] 名 固 バーンズ Robert Burns 《1759-96; Scotland の農民詩人》.

***burnt** [bə́ːrnt]
— 動 burn の過去形・過去分詞の1つ.
— 形 焼けた; 焦げた; やけどをした: a burnt potato 焦げた[焦げすぎの]ジャガイモ / A burnt child dreads the fire.《ことわざ》やけどをした子供は火を怖がる ⇨ あつものに懲りてなますを吹く.

búrnt-óut 形 = BURNED-OUT (↑).

burp [bə́ːrp] 名 C 《口語》げっぷ (belch).
— 動《口語》自 げっぷをする.
— 他〈赤ん坊〉に (背中をさすって)げっぷをさせる.

burr [bə́ːr] 名 C 1 ぶんぶん[ぶーん]という音; ぴーという音. 2 (英国北部に見られる)喉(ºº)音のr音; 田舎なまりの発音.

bur・ri・to [bəríːtou] 名 (複 bur・ri・tos [~z]) C ブリート《肉・チーズなどをトルティーヤ (tortilla) に載せて焼いたメキシコ料理》.

bur・ro [bə́ːrou, búːr-/búːr-] 名 (複 bur・ros [~z]) C 《主に米》(荷物運搬用の)小さなロバ.

bur・row [bə́ːrou/bʌ́r-] 名 C 1 (ウサギなどの巣である地中の)穴, 隠れ穴; (一般に)隠れ場所.
— 動 他 1 (動物が)[…に]〈穴〉を掘る (in), 〈道〉を掘り進む. 2 …を隠す, 埋める; すり寄せる.
— 自 1 […に]穴を掘る (in); 身を隠す. 2 (手を入れて)探す; […を]突っ込んで調査する, 探す (into). 3 (暖まるために)[毛布などに]もぐりこむ (into).

bur・sar [bə́ːrsər] 名 C 1 (大学の)会計係, 経理係. 2 (大学の)奨学生.

bur・sa・ry [bə́ːrsəri] 名 (複 bur・sa・ries [~z]) C 1 (大学の)会計課. 2《英》奨学金.

***burst** [bə́ːrst]
動 C 【基本的意味は「破裂する (break open suddenly)」】
— 動 (三単現 bursts [bə́ːrsts]; 過去・過分 burst; 現分 burst・ing [~iŋ])
— 自 1 破裂する, 爆発する, 突然ばらばらになる; (ダム・堤防が)決壊する: I put so much air in the balloon that it burst. 空気を入れすぎたので風船は割れてしまった.
2 (つぼみが)ほころびる, (花が)ぱっと開く, (クリなどが)はじける: The buds will begin to burst in early March. 3月上旬にはつぼみがほころび始めるだろう.
3 […から](突然)飛び出す (out of): The dolphin burst out of the water. イルカが突然水中から姿を見せた.
4 [be bursting] […で]あふれそうである, いっぱいである (with): The train was bursting with tourists. 列車は旅行客であふれかえっていた / She was bursting with confidence. 彼女は自信に満ちあふれていた / I'm bursting! 《俗語》もう腹いっぱいだよ; トイレが我慢できないよ.
5 [be bursting + to do] 《口語》しきりに…

しようとしている, …したくてむずむずする: Johnny was bursting to tell his mother that he got first prize in the race. ジョニーは競走で1位を取ったことを母親に伝えたくてうずうずしていた.
— 他 1 …を破裂させる, 爆発させる, 壊す: burst a chain [rope] 鎖[ロープ]をぶった切る / burst a balloon 風船を割る / The flood burst the dam. 洪水でダムが決壊した. 2 …を押して開ける: They burst the door open. 彼らはドアを押して開けた.

句動詞) búrst fórth 自 突然現れる, 飛び出す; (事件などが)突発する.

búrst ín on ... 他 1 …に割り込む, …のじゃまをする. 2 …に急に入る, 乱入する.

búrst ìnto ... 他 1 急に…し始める: burst into bloom ぱっと花が咲く / The woman burst into laughter when she saw me. その女性は私を見るなり笑い出した. 2 …に(突然)飛び込む, 乱入する: News reporters burst into the room soon after the meeting was over. 会議が終わるとすぐに新聞記者が部屋になだれ込んで来た.

búrst on [upòn] ... 他 1 …に突然現れる, …を襲う: The light went down and the singer burst on the stage. 照明が暗くなり, 歌手がステージに突然現れた. 2 (真相・考えなどが)…にひらめく, 急にわかる.

búrst óut 自 1 […を]突然…し始める [doing]: She burst out singing. 彼女は突然歌い始めた (= She burst into song.). 2 突然現れる, 飛び出す. 3 (事件などが)突発する. — 他 […と]突然叫ぶ [that 節].

■ **búrsting at the séams**《口語》(場所などが)はちきれんばかりにいっぱいだ, きつい.

búrst ópen 他 …を押し開ける. — 自 (花が)ぱっと咲く, (ドアなどが)ぱっと開く.

— 名 C 1 破裂, 爆発; 破裂箇所: the burst of a balloon [bomb] 風船[爆弾]の破裂 / the burst of the bubble economy バブル経済の崩壊.
2 突発, 突然の出現, 急上昇, 急な増加: a burst of anger [tears] 突然わき出す怒り[涙] / a burst of laughter [applause] どっと起こる笑い声[かっさい] / a burst of speed 急な加速.

***bur・y** [béri] (☆発音に注意; 同音 berry)
【基本的意味は「…を埋める (put … under the earth)」】
— 動 (三単現 bur・ies [~z]; 過去・過分 bur・ied [~d]; 現分 bur・y・ing [~iŋ])
— 他 1 …を埋める, 隠す: The treasure is said to have been buried on the island. 宝はその島に埋められているという話です / He buried the money under the bed. 彼はお金をベッドの下に隠した.
2 …を埋葬する; …の葬式を行う; 《婉曲》…と死別する: The poet was buried in his hometown, as he wished. その詩人は望み通り故郷の町に葬られた / She has buried all her children. 彼女は子供を皆亡くした.
3 〈顔など〉を […で] 覆い隠す (in): Sally buried her face in her handkerchief. サリーはハンカチ

で顔を覆った / The boy went on crying with his face *buried* in the sofa. 少年は顔をソファーに埋めて泣き続けた.
4 〈過去の思い出など〉を取り払う, 忘れ去る; 〈感情・過去など〉を隠す: *bury* old painful memories 昔の痛々しい思い出を葬り去る.
5 [bury oneself in ... / be buried in ...](通例, 何かを忘れるために)...に熱中する, 没頭する, 忙しい: My father *buries himself* in work all the time. =My father *is buried* in work all the time. 父はいつも仕事に没頭している. (▷ 名 búrial)

****bus** [bás]
名 動
—— 名 (複 bus·es, 《時に米》 bus·ses [~iz]) C
バス: a *bus* driver バス運転士 / go by *bus* = go on [in] a *bus* バスで行く (◇ by bus は特に交通手段としてのバスに重点を置いた言い方) / travel by *bus* バスで旅行する / I saw him on the *bus*. バスの中で彼に会った.

コロケーション バスに[を] ...
バスを降りる: *get off a bus*
バスに乗って行く: *take a bus*
バスに乗り遅れる: *miss a bus*
バスに乗る: *get on a bus*
バスに間に合う: *catch a bus*

関連語 いろいろなバス
coach 《英》遠距離用観光バス / double-decker (ロンドンの)2階建てバス (→ DOUBLE-DECKER 図) / limousine 《米》リムジンバス (空港の送迎) / long-distance bus 長距離バス / microbus マイクロバス / school bus スクールバス / shuttle bus 近距離往復バス / sightseeing bus 観光バス / trolley bus トロリーバス

■ cátch [míss] the bús《口語》好機をとらえる[逸する], 時流に乗る[乗り損なう] (◇ 文字通りの意では「(その)バスに間に合う[乗り遅れる]」).
—— 動 (三単現 bus·es, bus·ses [~iz]; 過去・過分 bused, bussed [~t]; 現分 bus·ing, bus·sing [~iŋ]) 他 **1** ...をバスで運ぶ. **2** 《米》(食堂で) 〈皿・盆など〉を運ぶ.
—— 自 **1** バスで行く. **2** 《米》給仕見習いとして働く.
◆ bús làne C バス専用車線, バスレーン.
bús sèrvice U バスの便 [運行].
bús shèlter C 屋根付きバス停.
bús stàtion C バスターミナル.
bús stòp C バス停.

*****bush** [búʃ]
—— 名 (複 bush·es [~iz]) C **1** 低木, 灌(かん)木 (shrub) (◇ tree より小さい); (灌木の)茂み, やぶ: The yard was bordered by rose *bushes*. その庭はバラの茂みに縁取られていた.
2 [しばしば the ~](アフリカ・オーストラリアなどの)未開地, 奥地. **3** もじゃもじゃの髪の毛.
■ béat aròund [《英》abòut] the búsh 遠回しに言う, なかなか核心に触れない, さぐりを入れる: Tell me the truth; don't *beat around the bush*. 遠回しに言ってないで本当のことを言いなさい. (由来
「やぶをたたいて獲物を狩り出す」の意から)
béat the búshes […を]くまなく探す, 八方手をつくして探す [for]. (▷ 形 búshy)
◆ búsh lèague C 《米俗語》【野球】マイナーリーグ (minor league); (一般に) 二流のもの.
búsh tèlegraph C **1** (太鼓・のろしなどによる)ジャングル通信(法). **2** 《英・こっけい》(情報・うわさの)速い伝達(方法); 口(くち)コミ.

Bush [búʃ] 名 固 **1** George (Herbert Walker) Bush 《1924- ; 米国の政治家; → PRESIDENT 表》. **2** George (Herbert Walker) Bush 《1946- ; 米国の政治家. **1**の息子; 通例 George W. Bush と書く; → PRESIDENT 表》.

bushed [búʃt] 形 《叙述用法》《口語》疲れ切った.

***bush·el** [búʃəl] 名 C ブッシェル (◇容積の単位: 1ブッシェル=4ペック (4 pecks) =《米》約35リットル, 《英》約36リットル, 《略記》bu.).

bush·man [búʃmən] 名 (複 bush·men [-men])
1 C 《豪》奥地の住民. **2** C [the B-] ブッシュマン族(の人) 《アフリカ南部の狩猟民族. 現在はサン族と言う》.

bush·y [búʃi] 形 (比較 bush·i·er [~ər]; 最上 bush·i·est [~ist]) **1** 《やぶの多い, 低 (灌(かん))木の茂った; 〈植物が〉葉の多い. **2** 〈毛が〉もじゃもじゃした, 毛深い. (▷ 名 búsh)

***bus·i·ly** [bízəli] 副 忙しく, せっせと.

******busi·ness** [bíznəs]
【「busi (=busy 手がふさがっている) +ness (状態)」から】
—— 名 (複 busi·ness·es [~iz]) **1** U 商売, 取引, 実業 (界); 景気: He is now in *business*. 彼は今商売をやっている / Our store does *business* with that supplier. 私たちの店はあの仕入れ業者と取引している / How's *business*? 景気はどうですか / *Business* is good [bad]. 商売はうまくいっている[いない] / *Business* is improving. 商売はよくなっている.

2 C 店, 会社, 事業所; 企業: a big *business* 大企業 / open [close] a *business* 開店 [閉店] する / He has a small *business* in town. 彼は町に小さな店を持っている.

3 U C 職業, 仕事 (→ OCCUPATION 類義語): What *business* are you in? — I'm in an import-export *business*. あなたの職業は何ですか—貿易関係の仕事をしています.

4 U 本分, 務め, 役目, 仕事 (→ WORK 類義語): It is a teacher's *business* to help his/her pupils learn. 生徒の学習を助けるのが教師の仕事です.

5 U [しばしば否定文で] 関係のあること, […する]権利 [*doing, to do*]: You have no *business* opening this letter. あなたにこの手紙を開封する権利はない.

6 U 用件, 議題: We have some important *business* to discuss at the meeting. その会議で討議すべき重要な議題がある.

7 [単数形で] 事柄, 事件; やっかいなこと: It is an awful *business* to have a traffic accident on the expressway. 高速道路で事故にあうのは恐ろしいことです.

8 U 【劇】(せりふに対して)しぐさ, 所作.

businesslike / **busy**

■ **be nòt in the búsiness of dóing** …するのが目的ではない.
búsiness as úsual 平常通り営業(◇掲示などに用いる); (惰性的な)日常生活.
Bùsiness is búsiness.《ことわざ》商売は商売⇨人情に左右されてはならない.
còme [gèt] dówn to búsiness なすべき仕事にとりかかる, 本論に入る.
gò abòut one's búsiness 自分の仕事をする.
gó ìnto búsiness 実業界に入る, 商売を始める.
like nóbody's búsiness《口語》非常に速く[上手に].
màke it one's búsiness to dó 責任を持って…する, …することを引き受ける.
méan búsiness《口語》本気である: You must be kidding! ― I *mean business*. ご冗談でしょう―いや, 本気だよ.
Mínd your ówn búsiness. = ***Nóne of yóur búsiness.***《口語》大きなお世話だ.(由来「他人の仕事より自分の仕事を気にしていろ」の意から)
on búsiness 商用で, 用事で (↔ for pleasure): He went to China *on business*. 彼は仕事で中国へ行った.
òut of búsiness 破産して, 廃業して: go [be put] *out of business* 破産する.
tálk búsiness《口語》まじめに(商売の)話をする.
◆ **búsiness administràtion** U 経営(学); 経営管理.
búsiness càrd C (業務用)名刺(◇英米人は日本人ほど多くは使わない).
búsiness clàss C (航空機の)ビジネスクラス(席)[エコノミークラスとファーストクラスの中間のランク, またその座席]; [副詞的に]ビジネスクラスで.
búsiness còllege C 実務[実業]学校(簿記・速記など実務を教える).
búsiness ènd [the ~]《口語》(道具などの)使うほうの部分: the *business end* of brush ブラシの先端.
búsiness Ènglish U 商業英語.
búsiness hòurs [複数扱い] 営業[勤務]時間.
búsiness lètter C 商業通信文.
búsiness schòol 1 実務学校 (business college). **2**《米》ビジネススクール, 経営学大学院.
búsiness sùit C《米》背広, スーツ(《英》lounge suit).
búsi·ness·like [bíznəslàik] 形 効率的な, てきぱきと事務的に処理する; 実際的な, 事務的な.(比較)日本語の「ビジネスライク」と違って,「事務的で冷たい, 人情味がない」などの意はない.
***búsi·ness·man** [bíznəsmæn] 名 (複 **búsi·ness·men** [-mèn]) C **1** (主として経営者・企業主・管理職などの)実業家 (→ BUSINESSPERSON).(比較)日本で言う「ビジネスマン」と違って, 通例, 一般の「会社員」の意にない. **2** 実務家, 経済に強い人.
búsi·ness·per·son [bíznəspə̀ːrsn] 名 (複 **búsi·ness·peo·ple** [-pìːpl])《米》実業家(◇性差別を避けるために businessman, businesswoman の代わりに用いる).
búsi·ness·wom·an [bíznəswùmən] 名 (複 **búsi·ness·wom·en** [-wìmin]) C 女性実業家.

BUSINESSPERSON).
búsk·er [báskər] 名 C《英口語》大道芸人.
***bust**¹ [bást] 名 C **1** 胸像, 半身像. **2** (女性の)胸部, バスト; 胸囲; (婉曲)(女性の)乳房.
***bust**² [bást《破裂する》から] 動 (三単現 **busts** [básts]; 過去・過分 **bust·ed** [~id], **bust**; 現分 **bust·ing** [~iŋ]) 他 **1** 《口語》…を壊す, 破裂する. **2**《俗語》(警察が)…を逮捕する; 手入れする.
― 名 C《俗語》(警察の)手入れ, 逮捕.
― 形《口語》壊れた; 破産した: go *bust* 破産する.
bus·tard [bástərd] 名 C《鳥》(ヨーロッパ・アフリカ産の)ノガン科の鳥.
***bust·er** [bástər] 名 C **1** [複合語で]破壊する人[もの], 破る人: a copyright-*buster* 著作権侵害者. **2** [複合語で](…と)闘う者, 摘発者: a crime-*buster* 犯罪摘発者. **3** [通例 B-; 呼びかけ]《米俗語》おい, おいこら.
***bus·tle** [básl] 動 自 **1** せわしく[あわただしく]動き回る (*about, around*): Mother was *bustling about* in the kitchen. 母は台所でせわしく働いていた. **2** (町などが)[活気などで]にぎわう, やかましい[*with*]: The office was *bustling with* activity. その会社は活気に満ちあふれていた.
― 名 U [または a~] ざわめき, 活気, にぎわい: The place is in a *bustle*. そこは騒がしい.
bus·tling [báslɪŋ] 形 忙しそうな; 活気のある.
búst·up 名 C **1** (騒々しい)けんか. **2** (結婚生活などの)破たん, 離別.

***bus·y** [bízi] 形 動 【基本的意味は「忙しい(having a lot of things to do)」】
― 形 (比較 **bus·i·er** [~ər]; 最上 **bus·i·est** [~ist]) **1** (a)[…で]忙しい, 多忙な[*with, at, about, on, over*]: a *busy* person 多忙な人 / My father is now *busy with* [*at, about*] his job. 父は今仕事で忙しい / Are you *busy with* your homework? あなたは宿題で忙しいですか. (b)[**be busy** (**in**) + **doing**]…するのに忙しい(◇通例 in は省かれる): I *am busy* (*in*) *writing* letters. 私は手紙を書くのに忙しい / We *are busy in preparing* for our tour. 私たちは旅行の準備で多忙です.
2 (場所が)にぎやかな; 往来が多い: This street is very *busy* on Sunday afternoons. この通りは日曜日の午後はとてもにぎやかです / Near Fifth Avenue is the *busiest* part of New York City. 5番街付近はニューヨーク市一の繁華街です.
3《米》(電話が)話し中で (《英》engaged): The line is *busy*. 話し中です.
4 (絵・デザインが)細かく描きすぎる, ごてごてした: This wallpaper is too *busy*. この壁紙の模様は細かすぎる.
■ **gèt búsy** (仕事に)取りかかる.
― 動 (三単現 **bus·ies** [~z]; 過去・過分 **bus·ied** [~d]; 現分 **bus·y·ing** [~iŋ]) 他 [**busy oneself**]…で / …するのに] 忙しい[*with* / (*in*) *doing*]: I busied myself *with* cleaning the house. 私は家の掃除で忙しく働いた.
◆ **búsy sìgnal** C《米》(電話の)「話し中」の信号音(《英》engaged tone).

busybody

bus・y・bod・y [bízibàdi / -bɔ̀di] 名 (複 **bus・y・bod・ies** [~z]) C《軽蔑》おせっかい屋, 出しゃばり.

***but [(弱) bət; (強) bʌ́t]
接副前代名動

❶ 対等接続詞「しかし, だが」(→接 **1**)
He is small but brave.
　　　　　　語　　　　語
(彼は体は小さいが勇敢です)
I'd like to go, but I'm too busy.
　　　　節　　　　　　節
(私は行きたいのだがとても忙しい)

❷ [not ... but ~]「…ではなく~」(→接 **2**)
He is not at home but at the office now.
　　　　　　句　　　　　句
(彼は今自宅ではなく会社にいる)

❸ 前置詞「…を除いて」(→前)
She eats nothing but vegetables.
(彼女は野菜以外は何も食べない)

❹ 副詞「ほんの…, …にすぎない」(→副 **1**)
He was but a child at that time.
(彼は当時はほんの子供だった)

—接 I [対等接続詞]
1 しかし, だが, けれども (◇意味的に対立関係にあり, 文法的に対等の働きをするものを結ぶ; →類義語): They are poor *but* honest. 彼らは貧しいけれども正直です / They came, *but* (they) didn't stay long. 彼らは来たけれども, 長居はしなかった / I wanted to say something, *but* I remained silent. 私は言いたいことがあったが黙っていた.
2 [前出の否定語句に対応して] …ではなく~ (◇通例 not ... but ~ の形で用いる): This is *not* a book *but* a notebook. これは本ではなくノートです / I did*n't* walk, *but* ran to school. ぼくは歩いてではなく走って登校した / I did*n't* mean to criticize, *but* (rather) to praise him. 私は彼をけなすつもりはなく, (むしろ) ほめるつもりだった.
3 [文頭で] でも, いや (◇単独または間投詞のあとに用い, 反対・驚き・不賛成などの意を表すが, ほとんど意味を持たないことも多い): I don't think he's so attractive. — Really? *But* you like him, don't you? 彼ってあまり魅力的じゃないと思うわ — そうかな. でも彼のこと好きなんでしょ / Oh, dear, *but* you didn't go, did you? おやまあ, 君は行かなかったんだね.
4 [文頭で] ところで, さて (◇話題を変えるときに用いる): Excuse me, *but* you dropped your handkerchief. もしもし, ハンカチを落としましたよ.
II [従属接続詞] 《文語》
5 (a) [but + that 節] [前出の否定語句に対応して] (…すれば) 必ず~する, …せずに (…ない) (◇この that 節は結果・付帯状況を表す): She *never* listens to this music *but* (*that*) she thinks of her school days. 彼女はこの曲を聞くと必ず学校時代を思い出す / It *never* rains *but* it pours. 《ことわざ》降れば必ずしゃ降り⇒2度あることは3度ある (◇時によい事についても言う). (b) [not so [such] ... but + that 節] ~できないほど…ではない: He is *not so* busy *but* (*that*) he can telephone me once in a while. 彼がどんなに忙しくてもたまには私に電話をくれるぐらいのことはできるはずです.
6 [条件を表す副詞節を導いて] …しなければ, …でなければ: I would have failed *but* that you advised me. あなたが忠告してくれなかったら私は失敗していただろう / No one will know the truth *but* (that) you yourself tell them. あなた自身が話さなければだれにも真実はわからないだろう.
7 [通例 doubt, question, deny, wonder などを含む否定文・疑問文のあとで] …である [する] と (◇ but のあとには that 節,《口語》what 節が続く): I have no *doubt but* (*that*) he will come. 彼はきっと来ると思う.
8 [be sure, believe, expect, think, know などを含む否定文・疑問文のあとで] …ではない [しない] と (◇ but のあとには that 節,《口語》what 節が来る): I do not *know but* (*that*) he may succeed. 私は彼が成功しないということはわからない⇒彼はたぶん成功するだろう.
9 …を除いて, …のほかは: No one *but* I was on the platform. ホームには私のほかにだれもいなかった (◇ but me とすると but は前置詞. 現在では前置詞用法が一般的; →前).

—前 **1** …を除いて, …のほかは (except) (◇ no ..., no one, nothing, any ..., anyone, anything, all, everybody, everything や疑問詞の who, where, what のあとに用いる): No one *but* a fool would say such nonsense. 愚か者しかそんなつまらないことを言わない / The joke was clear to all [everybody] *but* him. そのジョークは彼以外の人間には通じた / Where could such bliss be found *but* in heaven? そのような至福は, 天国以外のどこに見いだされるだろうか.
2 …を含まないで (《米》except) (◇ first, next, last のあとに用いて): I have to get off at the *next* stop *but* one. 私は2つ先の停留所で降りなければならない.
■ **bút for ...** [仮定法で] …がなければ (without): *But for* your financial help, I would have gone bankrupt. あなたの財政的援助がなかったら, 私は倒産したことだろう (= If I had not had your financial help, I would ....).
bùt thén《口語》 **1** [すでに述べたことを否定して] 一方, しかし (however) (◇ but then again とも言う). **2** [すでに述べたことが驚くにあたらない理由を説明して] それもそのはず, 何たって.

—副 **1**《文語》ほんの…, …にすぎない (just): He was *but* a beardless boy then. 彼は当時はだひげも生えてない少年にすぎなかった.
2 [can と共に用いて] …するだけ: You *can but* try. ともかくやってみるしかない.
3 [強意]《米口語》まさに: He was here *but* now. 彼は今しがたここにいたのだが.

—代 [関係代名詞; 否定を表す語を先行詞にして]

《文語》…でない(もの[人])(that [who, which] ... not): There was not a single person *but* lamented his premature death. 彼の早世を嘆かぬ者は1人としていなかった (＝There was not a single person who did not lament his premature death.).

— 名 C「しかし」という言葉: (There are) No *buts* (about it). 《口語》(命令などで)つべこべ言うんじゃない.

— 動 他《まれ》…に「しかし」と言ってさえぎる: *But* me no buts. 私に「しかし」,「しかし」と言うな(◇あとの but は名詞).

類義語 but, however, still, yet
共通する意味▶しかし (in spite of that)

but は「しかし,けれども」の意を表す最も一般的な語: You're young, *but* I'm old. あなたは若いが,私はもう年です. **however** は but より格式ばった語で,対照的に述べるときに,文中または文頭で用いる: I believed her; she, *however*, betrayed me. 私は彼女の言葉を信じた.それなのに彼女は私を裏切った. **still** はあることを述べたあと,それとは反対のことを暗示する時に用いる: Everything went against him; *still* he persisted. 何もかもが彼に不利だったが,それでもなお彼は頑張った. **yet** は still よりも文頭的である. It sounds strange, *yet* it is true. 不思議な話だが,本当です.

---

bu·tane [bjúːtein] 名 U《化》ブタン《燃料ガス》.

butch [bútʃ] 形《口語》 **1**《しばしば軽蔑》(女性が)男っぽい;(レズビアンで)男役の. **2**(男性が)男らしい,荒々しい.

*****butch·er** [bútʃər]《原義は「雄ヤギの肉を売る者」》
名 C **1** 肉屋, 精肉店, 精肉店の主人: at the *butcher*'s (shop) 肉屋で.
2 殺人鬼, 残忍な殺し屋.
3《米》(列車・競技場などの)売り子, 物売り(◇街頭では vendor).
— 動 他 **1**〈家畜などを〉食肉にする. **2**〈人〉を虐殺する. **3** …を台なしにする, ぶち壊す.

butch·er·y [bútʃəri] 名 U **1** 食肉処理(業).
2 虐殺; 大量殺人.

***but·ler** [bátlər] 名 C 執事, 使用人頭(がしら).

butt¹ [bát]《☆同音 but》 **1** 太い方の端, (銃の)床尾(しょうび), 台じり; (釣りざおの)ハンドル; (やりの)石突き. **2** たばこの吸いがら, (ろうそくの)燃えさし. **3**《俗語》しり (buttocks).

butt² [bát] 名 **1**(的のうしろの)土盛り; [the ～s] 射撃場. **2**(批判・あざけりなどの)的(になる人).

butt³ 動 他〈ヤギなどが〉…を頭[角]で突く; …に頭突きを食わせる;〈頭〉を […に] ぶつける [*against*]: The goat was *butting* its head against the fence. そのヤギは頭を柵(さく)に打ちつけていた.
— 自 **1** 頭[角]で突く; 頭突きを食わす. **2** […に]口をさしはさむ, 干渉する [*into*].
■ *bútt ín* 自《口語》[話などに]口をさしはさむ, 干渉する [*on*].
bútt óut 自《口語》干渉をやめる.
— 名 C 頭突き: The goat gave me a *butt* in the stomach. ヤギが僕の腹を角で一突きした.

butte [bjúːt] 名 C《米西部・カナダ》ビュート《平原に孤立する, 周囲が絶壁で山頂が平らな丘》.

*****but·ter** [bátər]
— 名 U **1** バター: unsalted *butter* 無塩バター / bread and *butter* バターを塗ったパン(◇[brédnbátər]と発音する)/ two pounds of *butter* バター2ポンド / spread *butter* on bread＝spread bread with *butter* パンにバターを塗る.
2[複合語で]バター状のもの: peanut *butter* ピーナッツバター / apple *butter*《米》リンゴジャム.
■ *lóok as if bútter wouldn't mélt in one's móuth*《口語》虫も殺さぬような顔をしている, ねこをかぶっている.(由来)物静かでおとなしい人は体温が低く, 口の中にバターを入れても溶けないと考えられたことから)
— 動 他〈パンなど〉にバター(状のもの)を塗る.
■ *bútter úp* 他《口語》〈人〉におべっかを使う.

but·ter·cup [bátərkʌp] 名 C《植》キンポウゲ, ウマノアシガタ《英国の春を象徴する黄色い花》.

but·ter·fat [bátərfæt] 名 U 乳脂肪.

but·ter·fin·gers [bátərfiŋɡərz] 名 C [単数扱い]《口語》物をよく落とす人; 不器用な人; へま.

*****but·ter·fly** [bátərflài] 名(複 **but·ter·flies** [～z]) **1** C チョウ. **2** 軽薄な人, 浮気者.
3 U[the ～]＝bútterfly stróke《水泳》バタフライ (泳法).
■ *háve* [*gét*] *bútterflies* (*in one's stómach*)《口語》(何かする前に)あがる, 落ち着かない, どきどきする, 緊張する, びびる.

but·ter·milk [bátərmilk] 名 U バターミルク《バターをとったあとの牛乳》.

but·ter·scotch [bátərskɔtʃ / -skɔtʃ] 名 U バタースコッチ《バターと赤砂糖で作るキャンディー》.

but·ter·y [bátəri] 形 **1** バターのような; バターを塗った. **2**《口語》お世辞たらたらの (flattering).

but·tock [bátək] 名 C [通例～s] (人・動物の)しり, 臀部(でんぶ)《腰かけるときにいすに触れる部分. これに対し hips はしり全体をさす; ➡ BODY 図》.

but·ton [bátn]《☆発音に注意》
名
— 名(複 **but·tons** [～z]) C **1**(衣服の)ボタン: a collar *button*襟(えり)ボタン / fasten [do up] a *button* ボタンをかける / undo a *button* ボタンを外す / A *button* came off my jacket. ジャケットのボタンが取れてしまった.
2 押しボタン (push button): Push [Press] this *button* in an emergency. 非常の場合にはこのボタンを押してください.
3《米》(ピン)バッジ, 襟章(《英》badge).
■ *(as) bríght as a bútton* とても賢い, 利発な.
nót cáre a bútton《口語》全然気にしない.
on the bútton《米口語》どんぴしゃり, きっかり.
— 動 他 …のボタンをかける, …をボタンでとめる (*up*) (↔ unbutton): She taught the child how to *button* (*up*) his clothes. 彼女はその子供に服のボタンのかけ方を教えた.
— 自 ボタンがかかる, ボタンでとまる (*up*): This

button-down / **buzzword**

jacket doesn't *button* (*up*) easily. このジャケットのボタンはかけにくい.
■ *bútton úp* 《口語》動〔通例, 命令文で〕黙っている. ― 他 〔通例, 受け身で〕〈仕事など〉を片づける.

bút·ton-dówn 形〔限定用法〕(ワイシャツの襟(ぇり)などに)ボタンでとめた, ボタンダウンの: a *button-down* shirt ボタンダウン式のワイシャツ.

but·ton·hole [bátnhòul] 名C **1** ボタン穴.
2 《英》(上着の襟)穴にさす)花, 花房.
― 動 他 (無理やり)…を引きとめて長話をする.

but·tress [bátrəs] 名C **1**《建》(壁を補強する)控え壁. **2** 支えとなる人[もの].
― 動 他 …を支える, 支持する; 〈主張など〉を［…で］強化する, 強固にする [*with, by*].

bux·om [báksəm] 形《ほめ言葉》(女性が)肉付きがよい; 胸が豊かな; ふくよかで健康そうな.

***buy [bái] 動 名《基本的意味は「…を買う (get something by paying money for it)」》
― 動 (三単現 **buys** [~z]; 過去・過分 **bought** [bɔ́ːt]; 現分 **buy·ing** [~iŋ])
― 他 **1** (a) [buy+O] …を買う, 購入する (↔ sell): He *bought* a used car from [off] his neighbor for $1,000. 彼は近所の人から中古車を1,000ドルで買った / I *bought* the oranges at 50 cents each. 私はそのオレンジを1個50セントで買った / She *bought* her skiwear cheap at that shop. 彼女はあの店でスキーウエアを安く買った. (b) [buy+O+O / buy+O+for ...] 〈人〉〈くもの〉を買ってやる; おごる: He *bought* her a ring. =He *bought* a ring *for* her. 彼は彼女に指輪を買ってやった（◇受け身には次の2つが可能: A ring *was bought for* her (by him).=She *was bought* a ring (by him).）/ I must *buy* myself a new racket. 自分用に新しいラケットを買わなくてはならない / Let me *buy* you lunch.=Let me *buy* lunch *for* you. 昼食は私がおごります.
2 (金が) …に相当する, …を買える: Money cannot *buy* happiness. 幸福は金で買えない / A 1,000-yen bill can't *buy* much these days. 近頃は千円札ではたいした物は買えない.
3 (代償・犠牲を払って)〈名声など〉を手に入れる, 獲得する: I *bought* peace with my freedom. 私は自由を犠牲にして平和を得た / His position was *bought* at the cost of his health. 彼の地位は健康を犠牲に得られたものだった.
4 (わいろで)〈人〉を買収する, 抱き込む (bribe): He tried to *buy* some government officials. 彼は政府の役人を買収しようとした.
5《口語》〈意見など〉を受け入れる, 信じる; 真に受ける: Nobody will *buy* your story. だれもあなたの話を信じないだろう.
― 自 買う, 買い物をする: *buying* and selling 売買（◇語順に注意）/ I usually *buy* with my credit card. 私はたいていクレジットカードで買い物をする.
句動詞 *búy báck* 他 [buy back+O / buy+O+back] …を買い戻す.
búy ín 他 [buy in+O / buy+O+in] **1** …

を買い込む, 仕入れる: You should *buy* in kerosene for the winter. 冬用の灯油を仕入れなさい. **2** (競売で)〈自分のもの〉を買い戻す.
búy into ... 他 **1** (金を払って)…の会員になる, 地位を手に入れる: They *bought into* the tennis club. 彼らは入会金を払ってテニスクラブの会員になった. **2**《口語》〈意見など〉を受け入れる, 信じる; 真に受ける.
búy óff 他 [buy off+O / buy+O+off] 〈人〉を買収する (bribe): They tried to *buy off* the jury. 彼らは陪審団を買収しようとした.
búy óut 他 [buy out+O / buy+O+out] **1**〈会社・事業〉を買い取る, 〈人〉の株〔権利〕を買い上げる: That company *bought* all its competitors *out*. その会社はライバル会社をすべて買い取った. **2**〈人〉を金を払って〔軍隊などから〕除隊させる [*of*].
búy óver 他 [buy over+O / buy+O+over] 〈人〉を買収する (bribe).
búy úp 他 [buy up+O / buy+O+up] …を買い占める; 〈会社・土地など〉を買収する: He is *buying up* shares in that company. 彼はあの会社の株を買い占めようとしている.
■ *búy it*《口語》**1** (クイズが解けずに)降参する: I'll *buy it*. 参った, 答えを教えて. **2** (事故・戦争などで)殺される, 死ぬ.
― 名C《口語》買い物, 格安品, 掘り出し物: It's a good *buy* at that price. その値段はお買い得です.

***buy·er** [báiər] 名C **1** 買い手, 購買者 (↔ seller).
2 仕入れ係, バイヤー.
◆ *búyer's* [*búyers'*] *màrket* C〔通例, 単数形で〕買い手市場《供給が上回り, 買い手に有利》(↔ *seller's* [*sellers'*] *market*).

buy·out [báiàut] 名C (株の)買い占め, (企業の)乗っ取り.

*buzz [báz]《擬声語》動 名 **1** (ハチ・ハエ・機械などが) ぶんぶんいう, ぶんぶん飛ぶ.
2 (場所・群衆などが) […で] ざわつく, ざわめく [*with*]; (人が) がやがやいう: The courtroom *buzzed with* excitement. 法廷は興奮でどよめいた.
3 せかせか〔忙しく〕動き回る (*around, about*).
4 (電話・ブザーが) 鳴る; […を] 内線〔ブザー〕で呼ぶ [*for*].
― 他 **1** 〈羽など〉をぶんぶん鳴らす. **2** 〈人〉を内線〔ブザー〕で呼ぶ. **3**《口語》〈人〉に電話をかける.
4《口語》(飛行機が) …のすれすれに飛ぶ.
■ *Búzz óff!*《口語》あっちへ行け!
― 名C **1** (ハチ・ハエ・機械などの) ぶんぶんいう音. **2** 〔単数形で〕(人の) ざわめき, がやがやいう声. **3** 内線・ブザーの音. **4** [a ~]《口語》電話をかけること, 電話の呼び出し(の音): I'll give her a *buzz*. 彼女に電話しよう. **5** 〔単数形で〕《口語》興奮, 喜び.

buz·zard [bázərd] 名C **1**《鳥》《米》アメリカハゲタカ;《英》ノスリ《タカの一種》.

buzz·er [bázər] (☆ 発音注意) 名C **1** ブザー: press a *buzzer* ブザーを押す. **2** ブザーの音.

buzz·word [bázwə̀ːrd] 名C **1** 《時に軽蔑》も

ったいぶった専門用語《専門家が素人を感心させるために使う用語》. **2** 今流行の専門用語.

****by** [(弱) bəi; (強) bái]
――前副
――前 1 [行為者][通例，受け身と共に用いて] …**によって**: Radium was discovered *by* Mr. and Mrs. Curie. ラジウムはキュリー夫妻によって発見された / That stadium is surrounded *by* the watercourse. あの競技場は水路で囲まれている / I read some plays (written) *by* Shakespeare. 私はシェイクスピアの戯曲をいくつか読んだ.
語法 by は動作を行う人[もの]を示す. 道具・手段を示す場合は with を用いる: His leg was broken *by* a bat. バットが彼の足を折った (= A bat broke his leg.) / His leg was broken *with* a bat. 彼の足はバットで折られた (= Somebody broke his leg with a bat.).

2 [交通・通信の手段] **…によって**, …で: *by* air [land, sea] 空路 [陸路, 海路]で / travel *by* car [bus, train, boat] 車 [バス, 列車, 船]で旅行する / send ... a message *by* e-mail …にEメールでメッセージを送る.
語法 (1) by のあとの名詞には無冠詞の単数形を用いる. ただし, 出発時刻などで修飾される場合には冠詞を付ける: I will go there *by* the 8:30 train. 私は8時半の列車でそこに行きます.
(2) 手段を特に強調しない場合は on, in を用いる: I like to travel *on* a train. 私は列車に乗って旅行するのが好きです.

3 [手段・方法・原因] **…によって**, …を用いて; …が原因で: I still write personal letters *by* pen and ink. 私は今でも私信をペンとインクで書く / Their project failed *by* lack of funds. 彼らの計画は資金不足で失敗した / I met her *by* chance on the shore. 私は海岸で偶然彼女に会った / Let me begin *by* making a few preliminary remarks about the subject. まず最初に主題についてあらかじめ2, 3所見を述べたいと思います.

4 [位置] **…のそばに[を]**: The hotel stands *by* the river. ホテルは川のそばにある / A cat is sleeping *by* the window. 猫が窓際で寝ている / Keep your bag *by* you. かばんは手元に置いておきなさい.
語法 by が「…のすぐそば」を示すのに対して, near は漠然と「…の近く」を示す: Our school is *by* the sea. 私たちの学校は海のすぐそばにある (◇海が見える) / Our school is *near* the sea. 私たちの学校は海の近くにある (◇海が見えるかは不明).

5 [通過・経由] …(のそば)**を通って**: I walk *by* the florist shop on my way home. 私は帰宅途中に花屋のそばを通る. / We flew to Paris *by* the northern route. 私たちは北回りでパリへ飛んだ.

6 [期限] **…までに** (→ UNTIL **前1語法**(1)): I'll be back *by* ten. 私は10時までに戻ります / She had fallen asleep *by* the time I was back home. 私が家に戻ったときには彼女は寝入っていた.

7 [準拠] **…によって**, …に従って: You should play sports *by* the rule. スポーツはルールに従ってしなければならない / Judging *by* the look of the sky, there will be rain tonight. 空模様から判断すると, 今晩は雨になる / *By* my watch, it is eight o'clock. 私の時計では8時です.

8 [動作を受ける部分] **…を** (◇ by のあとの名詞には the を付ける): He grabbed me *by* the wrist. 彼は私の手首をつかんだ.

9 [程度差] **…だけ**: His salary increased *by* five percent last year. 昨年彼の給料は5%上がった / The conservative party won the election *by* a small margin. その保守政党は僅(わず)差で選挙に勝った.

10 [単位] **…単位で**, …決めで: They'll be paid *by* the hour [day, week]. 彼ら(の賃金)は時給 [日給, 週給]です / People gathered in the square *by* the hundred(s) [*by* hundreds]. 広場には何百人という人々が集まった.

11 [連続] **…ずつ**, …ごとに (→ AFTER **前7 語法**): It's getting warmer day *by* day. 日増しに暖かくなってきた / Try to approach your goal step *by* step. 一歩一歩目標に近づくように努めなさい.

12 [乗除・寸法] **…で掛けて [割って]**; (長さ・幅などが) **…の**, …かける (×) …: Multiply 2 *by* 3. 2と3を掛けなさい / Divide the number *by* three. その数を3で割りなさい / This card is four inches *by* two inches. このカードの大きさは4インチ×2インチです.

13 [関係] **…については**, …に関しては: I am a novelist *by* profession. 私の職業は小説家です / She is kind *by* nature. 彼女は生まれながらに優しい.

14 《米口語》〈人の家など〉**に** (◇ come, drop などと共に用いる): Come *by* my house when you visit Tokyo. 東京へお越しの際は私の家にお寄りください.

15 …の間に: *by* day 昼間に / work *by* night 夜に働く.

16 …にかけて: I swear *by* God. 神にかけて誓います.

――副 1 そばに: I tend to get nervous when there is some pretty woman *by*. 私は美人がそばにいるとあがってしまう傾向がある.

2 (通り) **過ぎて**, そばを (通って): She turned to smile at me when I walked *by*. 私が通りかかると, 彼女は私のほうを振り向いてにっこりとほほ笑んだ.

3 (備えのために)**わきへ**, 取っておいて (◇ keep, put, lay などと共に用いる): Put some money *by* for an emergency. 緊急時に備えてお金をいくらか取っておきなさい.

4 《米口語》(人の家などに)**立ち寄って** (◇ come, drop などと共に用いる): Drop *by* and have a drink with us. ちょっと寄って一緒に1杯飲んでいかないか.

■ *bý and bý* 《文語》やがて, まもなく.
bý and lárge 《口語》概して, 全般的に.

by-, bye- [bai] **接頭 1** 名詞・動詞に付けて「副次的な」の意を表す: *by*-product 副産物.

2 「そばの, 近くの」「横に」「本道をそれた」の意を表す: *by*stander 傍観者, 見物人 / *by*pass バイパス.

****bye**[1] [bái] **間** 《口語》さよなら, バイバイ (bye-bye; ➡ SEE **LET'S TALK**]).

bye[2]

■ *Býe nòw.*《主に米口語》じゃあね, さよなら.
bye[2] 名C《スポーツ》バイ, 対戦なし(の位置)(◇トーナメントで1回戦の対戦相手なしのこと.「不戦勝」とは異なる).

***bye-bye** [báibái] 間名
― 間《口語》さよなら, バイバイ (goodby(e)).
― 名 [báibài] UC [しばしば ~s]《幼児》おねんね.
■ *gó (to) býe-býes* 寝る, ねんねする.

bý(e)·e·lèc·tion 名C《主に英》補欠選挙.
by·gone [báigɔ̀ːn / -gɔ̀n] 形 [比較なし; 限定用法] 過去の: *bygone* days 過ぎ(去り)し日々, 昔.
― 名C [~s] 過去(のいやなこと): Let *bygones* be *bygones*.《ことわざ》過去のことは過去のこととしよう ⇒ 昔のことは水に流そう.
by·law, bye·law [báilɔ̀ː] 名C **1**《米》(会社などの)内規; 規定. **2**《英》(地方自治体の)条例.
by·line [báilàin] 名C (新聞・雑誌の記事の)筆者名を記す行 (◇記事タイトル下に by ... と書く).
***by·pass** [báipæ̀s / -pɑ̀ːs] 名C **1** バイパス, 迂回(うかい)路; (水道などの)側管. **2**《医》バイパス手術.
― 動 他 **1** …を(バイパスで)迂回する; …にバイパスを建設する. **2**〈問題など〉を回避する; …を(わざと)無視する.
by·play [báiplèi] 名U (芝居の本筋と同時に進行する)副筋, わき役の演技.

bý·pròd·uct 名C **1** 副産物. **2** 副作用.
by·road [báiroud] 名C わき道, 間道(かんどう) (by·way;《米》back road).
By·ron [báiərən] 名 固 バイロン George Gordon Byron (《1788-1824》英国ロマン派の詩人).
by·stand·er [báistæ̀ndər] 名C 傍観者, 見物人.
byte [báit] 名C《コンピュータ》バイト (◇情報量の単位; 普通1バイトは8ビットから成る. 半角英数字1文字に相当).
by·way [báiwèi] 名C **1** わき道, 抜け道, 間道(かんどう) (byroad). **2** [the ~s] (学問・研究などの)あまり知られていない分野 (側面).
by·word [báiwə̀ːrd] 名C **1** [a ~] […の]見本, 典型 [*for*]. **2** 決まり文句, ことわざ.
Byz·an·tine [bízntìːn / bizǽntain] 形 **1** ビザンチウム (Byzantium) の; ビザンチン帝国の.
2《建・美》ビザンチン様式の: *Byzantine* architecture ビザンチン式建築.
3 [時に b-] 《文語・しばしば軽蔑》権謀術数をめぐらす; 陰険な.
◆ **Býzantine Émpire** [the ~]《史》ビザンチン帝国 (《東ローマ帝国の別名》).
By·zan·ti·um [bizǽnʃiəm / -tiəm] 名 固 ビザンチウム《東ローマ帝国の首都. コンスタンチノープル (Constantinople) の旧称. 現在のイスタンブール (Istanbul)》.

C c

C c *C c*

c, C [síː] 名 (複 **c's, cs, C's, Cs** [～z])
1 Ｕ シー《英語アルファベットの3番目の文字》．
2 Ｃ [大文字で] C字形のもの． **3** Ｕ [大文字で]【音楽】ハ音《ドレミファ音階のドの音》；ハ調． **4** Ｃ [大文字で] 三流のもの，C級；《米》(学業成績などの) C, 良 (→ GRADE 表). **5** Ｕ (ローマ数字の)100：CVII 107 / CC 200.
C¹《元素記号》＝ carbon 炭素．
C², **C.**《略語》＝ Cape¹; Celsius; Centigrade.
c.《略語》＝ cent(s); center; centimeter(s); century; chapter;【ラテン】circa およそ… (年).
¢《略語》＝ cent(s) セント《◇通貨単位》: 2¢ 2セント．
©《略語》＝ copyright 著作権．
ca《略語》【ラテン】＝ circa およそ… (年).
Ca《元素記号》＝ calcium カルシウム．
CA¹《郵略語》＝ California.
CA²《略語》＝ Central America 中央アメリカ．

*cab [kǽb] 名 Ｃ **1** タクシー (taxi, taxicab) (→ TAXI): take a *cab* ＝ go by *cab* タクシーに乗って行く．
2 辻(？)馬車《1頭立て二輪または四輪の馬車》．
3 (トラック・クレーン・列車などの) 運転台, 運転室．
◆ **cáb ránk** Ｃ《英》タクシー乗り場《《米》cabstand》.

ca·bal [kəbǽl / kəbǽl] 名 Ｃ (政府・権力者に反対する) 秘密結社, 陰謀団．

cab·a·ret [kǽbərèi / kǽbərèi]【フランス】名
1 Ｃ キャバレー (nightclub)《音楽やダンスなどのショーが楽しめるレストラン》． **2** Ｃ Ｕ《英》(ナイトクラブ・レストランの) フロアーショー(《米》floor show).

*cab·bage [kǽbidʒ] 名 **1** Ｃ Ｕ【植】キャベツ；Ｕ (料理した)キャベツ(の葉): a head of *cabbage* ＝ a *cabbage* キャベツ1個． **2** Ｃ《英口語》無気力な人． **3** Ｕ《米俗語》ドル札, 紙幣．
◆ **cábbage bútterfly** Ｃ【昆】モンシロチョウ．

cab·by, cab·bie [kǽbi] 名 (複 **cab·bies** [～z]) Ｃ《米口語》タクシーの運転士 (cabdriver).

cab·driv·er [kǽbdràivər] 名 Ｃ タクシー運転士．

***cab·in [kǽbin]
—名 (複 **cab·ins** [～z]) Ｃ **1** (船の) 客室, 船室: They were sleeping in their *cabins* at that time. その時彼らは船室で眠っていた．
2 (飛行機の) キャビン《客室・乗務員室・貨物室》．
3 (丸太) 小屋 (→ 類義語): Abraham Lincoln was born in a log *cabin*. アブラハム＝リンカーンは丸太小屋で生まれた．
◆ **cábin attèndant** Ｃ (旅客機の) 客室乗務員．
cábin bòy Ｃ キャビンボーイ《船客・高級船員付きの給仕》．
cábin clàss Ｕ (客船などの) 特別2等．
cábin crúiser Ｃ キャビンクルーザー (cruiser)《居室・宿泊設備が備わった大型モーターボート》．

類義語 **cabin, hut, shed**
共通する意味▶小屋 (a small, rude house or building)
cabin は簡素に建てられた「丸太小屋」の意．
hut は平屋建てで通例, 1部屋だけの粗末な「掘っ立て小屋, あばら屋」． **shed** は通例, 物置や仕事場として使う粗造りの木造やトタンの「(差し掛け)小屋」．

**cab·i·net [kǽbinit]
【「cabin(部屋)＋-et(小さな)」から】
—名 (複 **cab·i·nets** [-nits]) Ｃ **1** キャビネット (→ BATHROOM [PICTURE BOX]), 整理棚, (ガラス戸付きの) 飾り棚: Put this CD back in the *cabinet*. このCDを棚に戻しなさい．
2 [しばしば the C-；単数・複数扱い] 内閣；《米》大統領顧問団；《英》閣議: a *cabinet* meeting 閣僚会議, 閣議．

*ca·ble [kéibl] 名 **1** Ｃ Ｕ (針金・麻などの) 太綱(々)． **2** Ｃ (電話・電気などの) ケーブル線, 海底 [地下] 電線． **3** Ｕ ケーブルテレビ (cable television): on *cable* ケーブルテレビで [の]． **4** Ｃ Ｕ 海外電報, 外電 (cablegram): by *cable* 海外電報で．
—動 他 [cable＋O＋to do [that 節]] …に〜するように [〜であると] (海外) 電報を打つ．
—自 (海外) 電報を打つ．
◆ **cáble càr** Ｃ ケーブルカー．
cáble ràilway Ｃ《英》ケーブル鉄道．
cáble stìtch Ｕ Ｃ ケーブルステッチ《◇縄編みの刺しゅう》．
cáble télevision [TV] Ｕ ケーブルテレビ《(略語) CATV》．

ca·ble·gram [kéiblgræm] 名 Ｕ Ｃ 海外電報, 外電．

ca·boose [kəbúːs] 名 Ｃ **1**《米》(貨物列車の後尾の) 車掌車《《英》guard's van》. **2**《英》【船舶】(上甲板の) 調理室．

cab·stand [kǽbstænd] 名 Ｃ《米》タクシー乗り場 (taxi stand)《《英》taxi rank, cab rank》.

ca·ca·o [kəkáu] 名 (複 **ca·ca·os** [～z]) Ｃ カカオの実 (cacao bean)《ココア・チョコレートの原料》；カカオの木．

cache [kǽʃ] (☆ 同音語 cash) 名 Ｃ **1** (食料・武器・宝物などの) 隠し場所． **2** 隠した物． **3** ＝ **cáche mèmory**【コンピュータ】キャッシュメモリー《データアクセスを高速化させるメモリー》．
—動 他 …を隠しておく, 隠し場所に置く．

ca·chet [kæʃéi / kǽʃei]【フランス】名 **1** Ｃ 特徴; すぐれた特質． **2** Ｕ 名声, 威信．

cack·le [kǽkl]《擬声語》名 **1** ⓤ(めんどりの)こっこっという鳴き声. **2** ⓤくだらないおしゃべり, むだ話. **3** ⓒきゃっきゃっという笑い声.
— 動 ⓘ **1** (めんどりが)こっこっと鳴く. **2** (人が)きゃっきゃっと笑う; ぺちゃくちゃしゃべる.

ca·coph·o·ny [kækáfəni / kəkɔ́f-]名(複 **ca·coph·o·nies** [~z])ⓤⓒ[通例, 単数形で]不協和音; 不快[耳ざわり]な音(↔ **euphony** 快い音).

*****cac·tus** [kǽktəs]名(複 **cac·tus·es** [~iz], **cac·ti** [-tai])ⓒ【植】サボテン.

CAD [kǽd]《略語》= computer-*a*ided *d*esign キャド, コンピュータ援用設計[デザイン]: *CAD/CAM* コンピュータ援用設計・製造システム.

ca·dav·er [kədǽvər]名ⓒ【医】(人間の)死体.

ca·dav·er·ous [kədǽvərəs]形《格式》(死人のように)青ざめてやつれた.

cad·die, cad·dy[1] [kǽdi]名(複 **cad·dies** [~z]) ⓒ **1** (ゴルフ場の)キャディー. **2** = **cáddie càrt** ゴルフカート.
— 動(三単現 **cad·dies** [~z]; 過去・過分 **cad·died** [~d]; 現分 **cad·dy·ing** [~iŋ])ⓘキャディーとして働く, (人の)キャディーを(担当)する.

cad·dy[2] [kǽdi]名(複 **cad·dies** [~z])ⓒ《英》茶缶(だ) (tea caddy).

ca·dence [kéidəns]名ⓤⓒ **1** 拍子, リズム. **2** 抑揚, 律動, 調子. **3** (文末などの)声の下げ調子. **4**【音楽】(楽章などの)終止形, 終止法, カデンツ.

ca·den·za [kədénzə]《イタリア》名ⓒ【音楽】カデンツァ《技巧的な独奏[独唱]用の楽節》.

ca·det [kədét]名ⓒ(軍の)士官学校生; 警察学校の生徒; (主に)[幹部]候補生.

cadge [kǽdʒ]《口語·軽蔑》動ⓘ(…を)[人に]ねだる, たかる; 物ごいする [*for*]. — ⓣ…を[人に]たかる, ねだって手に入れる [*from, off*].

cadg·er [~ər]名ⓒたかり屋, 物ごいする人.

Ca·dil·lac [kǽdilæk]名ⓒ《商標》キャデラック《米国製の高級大型乗用車》.

cad·mi·um [kǽdmiəm]名ⓤ【化】カドミウム《元素記号 Cd》.
◆ **cádmium pòisoning** ⓤカドミウム中毒.

ca·dre [kǽdri / káːdə]名ⓒ **1** [集合的に](軍隊・政党・企業などの)組織の幹部, 中核グループ.
2 幹部[中核グループ]の一員.

Cae·sar [síːzər]名 **1** ⓐ カエサル, シーザー Gaius Julius [gáiəs dʒúːljəs] Caesar (100–44 B.C.; ローマの将軍・政治家). **2** ⓒローマ皇帝.
3 ⓒ [しばしば c-] (一般に)皇帝; 暴君, 独裁者.

Cae·sar·e·an, Cae·sar·i·an [sizéəriən]形 カエサル[シーザー]の; (ローマ)皇帝の.
— 名ⓤⓒ[時に c-] = **Caesárean séction** [**operátion**]【医】帝王切開(術).

*****ca·fé, ca·fe** [kæféi / kǽfei]《フランス》名 (複 **café·s** [~z], **cafes** [~z]) **1** ⓒ(酒類も出す)軽食堂, 料理店;《英》(酒類を出さない)軽食堂.
2 ⓒ カフェ《カフェテラス付きの喫茶店・レストラン》. **3** ⓤⓒ コーヒー. **4** ⓒ《米》酒場, キャバレー, ナイトクラブ.
◆ **café au láit** [-ou léi] ⓤ カフェオレ《コーヒーとほぼ同量のミルクを入れる飲み物》.

*****caf·e·te·ri·a** [kæfətíəriə]《スペイン》名ⓒカフェテリア, セルフサービスの食堂; (学校の)食堂.

caf·feine [kæfíːn / kǽfiːn]名ⓤ【化】カフェイン《コーヒーや茶に含まれる刺激性成分》.

caf·tan [kǽftən / -tæn]名ⓒ **1** カフタン《中近東に住む人が着る帯付きで長袖(袂)・たけ長の服》.
2 カフタン風の(ゆるやかな女性用)ドレス.

*****cage** [kéidʒ]
名【原義は「ほら穴, おり」】
— 名(複 **cag·es** [~iz])ⓒ **1** 鳥かご, (獣の)おり: The lion is pacing back and forth in the *cage*. ライオンがおりの中を行ったり来たりしている.
2 捕虜収容所. **3** (エレベーターの)箱; (鉱山の)巻き上げかご. **4** (銀行の)窓口. **5**《米》バスケット[ホッケー]ゴール;【野球】バッティングケージ.
— 動ⓣ…をかご[おり]に入れる; 監禁する (*in*).

ca·gey [kéidʒi]形(比較 **ca·gi·er** [~ər]; 最上 **ca·gi·est** [~ist])《口語》用心[注意]深い, 隠し立てをする; 口が重い.

ca·gi·ly [~li]副用心[注意]して.

ca·goule [kəgúːl]名ⓒカグール《ひざまであるフード付きの軽い防水ジャケット》.

ca·hoots [kəhúːts]名[次の成句で]
■ *in cahoots* (*with* …)《口語》(…と)共謀して, ぐるになって.

CAI《略語》= computer-*a*ided [-*a*ssisted] *i*nstruction コンピュータ援用学習システム.

Cain [kéin]名 **1** ⓐ《同音 **cane**》カイン《旧約聖書のアダムとイブの長男で, 嫉妬(しっと)のあまりに弟のアベルを殺した》. **2** ⓒ 殺人者, 兄弟殺し.
■ *ráise Cáin*《口語》大騒ぎをする.

cairn [kéərn]名ⓒ ケルン《山の頂上などにピラミッド状に積み上げた石塚》.

Cai·ro [káiərou]名ⓐ カイロ《エジプトの首都》.

cais·son [kéisən / kéisən]名ⓒ **1** 【軍】弾薬箱[車], 地雷箱. **2** 【土木】ケーソン, 潜函(せんかん)《水中作業に用いる鉄またはコンクリートの箱》.

ca·jole [kədʒóul]動ⓣ **1**〈人〉を甘い言葉でだます;〈人〉をおだてて […] させる [*into doing*];〈人〉をおだてて […するのを] やめさせる [*out of doing*]: He *cajoled* his grandfather *into buying* a new bike. 彼は祖父をおだてて新しい自転車を買ってもらった. **2** …をだまし取る [*out of*].

ca·jol·er·y [kədʒóuləri]名(複 **ca·jol·er·ies** [~z])ⓤⓒ 甘言(かんげん), 口車, おべっか.

*****cake** [kéik]
— 名(複 **cakes** [~s]) **1** ⓤⓒ ケーキ, 洋菓子 (→ 類義語): two slices of *cake* ケーキ2切れ / bake a *cake* ケーキを焼く / Would you like some *cake*? ケーキはいかがですか / Mary cut the *cake* and gave me a piece. メアリーはケーキを切って私に1切れくれた / You can't have your *cake* and eat it (, too). = You can't eat your *cake* and have it (, too).《ことわざ》ケーキは食べたら残らない ⇨ 同時に2つのうまいことはできない.

> 関連語 いろいろな **cake**
> birthday cake 誕生祝いのケーキ / cheesecake チーズケーキ / chocolate cake チョコレートケーキ / Christmas cake クリスマスケーキ / fruitcake フルーツケーキ / fancy cake デコレー

ションケーキ（◇ decoration cake とは言わない）/ pound cake パウンドケーキ / sponge cake スポンジケーキ / wedding cake ウエディングケーキ.

2 [C] 丸く平たい形の食べ物: a rice *cake* もち.
3 [C] かたまり, 固形物: two *cakes* of soap せっけん2個.

■ *a piece of cáke*《口語》容易にできること,「朝飯前」《◇文字通り「ケーキ1個」もさす》.
tàke the cáke《米口語》ずば抜けてよい［悪い］.
— 動 他 ［泥などで］…を覆う, 固める［*with, in*］: My shoes were *caked* with mud. 私の靴には泥がこびり付いていた. — 自 固まる, こびりつく.

【類義語】**cake, cookie, biscuit, candy, sweet(s)**
共通する意味▶ (甘い) 菓子 (sweet food; confectionery)
cake は小麦粉・牛乳・砂糖・卵・バターなどを混ぜて焼く「軟らかい菓子」の総称で, パイやタルトは含まない. **cookie** は《米》で,「小さい固形の甘い菓子」の意. 日本で言う「クッキー」もこれにあたる. **biscuit** は《米》でベーキングパウダーを入れて焼くふっくらした甘味のない小型の「薄焼きパン」,《英》では日本で言う「クッキー」をさす. **candy** は砂糖かシロップを主原料とし, チョコレート・ナッツ・果物などを加えて作る. **sweet(s)** は《英》では《米》の candy とさすほかに,「食後のデザートとしての甘い菓子」の意にも用いる.

CAL [kæl, síːèièl]《略語》= computer-*a*ided [-*a*ssisted] *l*earning コンピュータ援用学習.
cal.《略語》= (small) *cal*orie(s) (小) カロリー.
Cal.《略語》= *Cal*ifornia; (large) *cal*orie(s) (大) カロリー.
cal·a·bash [kǽləbæʃ] 名 [C] **1** 〖植〗ヒョウタン; ヒョウタンの実［木］. **2** ヒョウタンでできた製品.
Ca·lais [kælèi, kæléi] 名 固 カレー《ドーバー海峡に面したフランス北部の港湾都市》.
ca·lam·i·tous [kəlǽmətəs] 形 不幸な, 悲惨な; 災難を招く.
*__**ca·lam·i·ty**__ [kəlǽməti] 名 (複 **ca·lam·i·ties** [~z]) [U][C] (地震・火事・洪水などの) 大災害; 災難, 不幸な出来事.
cal·ci·fy [kælsifài] 動 (三単現 **cal·ci·fies** [~z]; 過去・過分 **cal·ci·fied** [~d]; 現分 **cal·ci·fy·ing** [~iŋ]) 自 他 石灰を加えて硬化する［させる］.
*__**cal·ci·um**__ [kælsiəm] 名 [U]〖化〗カルシウム《《元素記号》Ca》.
cal·cu·la·ble [kǽlkjələbl] 形 計算［予測］できる; 信頼できる, あてになる.
*__**cal·cu·late**__ [kǽlkjəlèit] 動 他 **1** …を計算する, 算出する; […と］見積もる［*that* 節］: *calculate* the cost of a trip 旅費を計算する / We *calculated that* the trip would take five days. 私たちはその旅行が5日かかると見積もった. **2**《米口語》［…だと］思う, 推定する［*that* 節］: I *calculate (that)* it's a nice plan. それはすてきな計画だと思うよ.
— 自 **1** 計算する; 見積もる. **2** […に］あてにする, […に］依存する［*on*］《◇depend on より格式ばった

表現》: You should not *calculate on* his help. 彼の援助をあてにすべきではない.
cal·cu·lat·ed [kælkjəlèitid] 形 **1**《限定用法》計算された; 計画的な, 故意の: a *calculated* crime 計画的犯罪. **2**《叙述用法》［…に］適している, 向いている［*for*］; ［…するように］意図［計画］された, ［…する］見込みのある《*to do*》: This movie is *calculated for* young women. この映画は若い女性向きである / This dish is *calculated to* appeal to elderly people. この料理はお年寄り向けに作られている.
cal·cu·lat·ing [kælkjəlèitiŋ] 形《通例, 軽蔑》打算的な; 抜け目のない.
*__**cal·cu·la·tion**__ [kælkjəléiʃən] 名 **1** [U] 計算; [C] 計算結果: make a *calculation* 計算する. **2** [U][C] 見積もり; 推定. **3** [U][C] 熟慮; ずる賢さ.
cal·cu·la·tor [kælkjəlèitər] 名 [C] **1** 電卓, (小型) 計算器. **2** 計算者.
cal·cu·lus [kælkjələs] 名 (複 **cal·cu·li** [-lài], **cal·cu·lus·es** [~iz]) **1** [U]〖数学〗微積分学: differential *calculus* 微分学 / integral *calculus* 積分学. **2** [C]〖医〗結石.
Cal·cut·ta [kælkʌ́tə] 名 固 カルカッタ《インド北東部にある港湾都市》.
cal·de·ra [kældéərə] 名 [C]〖地質〗カルデラ《火山の爆発や陥没によってできた円形の窪地 (${}^{くぼ}_{ち}$)》.

***__**cal·en·dar**__** [kæləndər]《☆アクセントに注意》
— 名 (複 **cal·en·dars** [~z]) [C] **1 カレンダー**, こよみ; 暦法: a desk *calendar* 卓上カレンダー / the solar [lunar] *calendar* 太陽［太陰］暦 / turn over the *calendar* カレンダーをめくる.
2 日程表, 年中行事表;〖法〗訴訟事件表;《米》(議会の) 議事日程表.
3《英》履修要覧 (《米》catalog).
◆ *cálendar mónth* [C] 暦月《1日からその月の最終日まで》; 丸ひと月.
cálendar yéar [C] 暦年《1月1日から12月31日まで》; 丸1年.
cal·en·der [kæləndər] 名 [C] カレンダー《紙・布の光沢を出すロール機械》. — 動 他 …のつやを出す.
*__**calf¹**__ [kæf / káːf] 名 (複 **calves** [kævz / káːvz])
1 [C] (特に雌の) 子牛 (→ MEAT 表).
2 [C] (象・アザラシ・鯨などの) 幼獣.
3 [U] 子牛皮, 子牛のなめし革 (calfskin).
◆ *cálf lòve* [U] 幼い恋, 淡い初恋 (puppy love).
calf² [kæf] 名 ふくらはぎ (→ LEG 図).
calf·skin [kæfskìn / káːf-] 名 [U] 子牛皮, 子牛のなめし革 (calf).
cal·i·ber,《英》**cal·i·bre** [kæləbər] 名 **1** [C] (円筒の) 内径; (銃砲の) 口径, (弾丸の) 直径: a .22 *caliber* gun 22口径の銃《◇100分の22インチの口径, 約5.5ミリ》. **2** [U] 度量, 特質.
cal·i·brate [kæləbrèit] 動 他 **1** 〈銃砲の口径など〉を測定する. **2** 〈計器〉の目盛りを調整する.
cal·i·bra·tion [kæləbréiʃən] 名 **1** [U] (銃砲などの) 口径［目盛り］の測定. **2** [~s] 目盛り.
cal·i·bre [kæləbər] 名《英》= CALIBER (↑).
cal·i·co [kælikòu] 名 (複 **cal·i·co(e)s** [~z]) [U][C]《米》サラサ (更紗);《色模様を染めた綿布》;《英》キャ

Calif.

ラコ《白色無地の綿布》.
Calif. 《略語》= *Cali*fornia.
*__Cal·i·for·ni·a__ [kæləfɔ́ːrnjə] 名 固 カリフォルニア《米国西海岸にある州;《略語》Cal., Calif.; 《郵略語》CA; → AMERICA 表》.
Cal·i·for·ni·an [kæləfɔ́ːrnjən] 名 C カリフォルニア州人. ── 形 カリフォルニア州(人)の.
cal·i·per,《英》**cal·li·per** [kǽlipər] 名 C
 1 《通例~s》カリパス, 測径両脚器《コンパス状で厚さ・内径・外径などを測る》: **a pair of** *calipers* カリパス1丁. **2** 《医》キャリパー《歩行を助けるため脚に取り付ける金属の装具》.
ca·liph, ca·lif [kéilif, kæ-] 名 C カリフ《モハメッドの継承者. イスラム教国首長 (の称号)》.
ca·liph·ate [kéilifèit, kæ-] 名 U C カリフ (caliph) の地位 [統治, 領国].
cal·is·then·ics [kæləsθéniks] 名 [単数・複数扱い] 《米》美容 [柔軟] 体操.

***call** [kɔ́ːl] 動 名

基本的意味は「呼ぶ」.
① 呼ぶ, 名づける. 他 **1**
② 考える, みなす. 他 **2**
③ (大声で)呼ぶ, 叫ぶ. 他 **3**; 自 **1**
④ 電話する. 他 **4**; 自 **2**
⑤ 呼ぶ, 呼び寄せる 5

── 動 (三単現 **calls** [~z]; 過去・過分 **called** [~d]; 現分 **call·ing** [~iŋ]).
── 他 **1** [call+O+C] ...を~と呼ぶ, ...を~と名づける: **My name is Robert, but you can** *call* **me Bob.** 私の名前はロバートだけど、ボブと呼んでいいよ 《◇ Bob は Robert の愛称》 / **They decided to** *call* **the baby Diana.** 彼らは赤ん坊をダイアナと名づけることにした / **Tolstoy wrote a novel** *called* **"War and Peace."** トルストイは『戦争と平和』という題の小説を書いた.
2 [call+O+O] ...を~だと言う, ...を~と考える, みなす (consider): **He** *called* **me a liar.** 彼は私をうそつき呼ばわりした / **I** *call* **that careless.** それは不注意というものです / **How about her new song? ─ Well, I wouldn't** *call* **it a good song.** 彼女の新曲はどうですか─うーん, いい曲とは思えないよ.
3 [call+O] (大声で) ...に呼びかける; ...と叫ぶ: **Listen! Someone is** *calling* **you outside the room.** 聞いてごらん, だれかが部屋の外で君を呼んでいるよ / **"Be careful!" I** *called* **to a small boy crossing the street.** 通りを横断している男の子に私は「気をつけて」と声をかけた.
4 [call+O] ...に電話する: **I'll** *call* **you later.** 後で電話します / **If you need our help,** *call* **1234-5678.** 私たちの援助が必要になったら 1234-5678へ電話してください / **Don't** *call* **us; we'll** *call* **you.** 電話をかけないで. こちらから電話しますから 《◇採用面接などの最後に面接官などが言う》.
5 (a) [call+O] ...を呼ぶ, 呼び寄せる: **I'm not feeling very well, so could you** *call* **a doctor?** 気分があまりよくないので, 医者を呼んでもらえませんか. (b) [call+O+O / call+O+for ~] 〈人〉に...を呼んでやる, 呼び寄せる: **Please** *call* **me a taxi. = Please** *call* **a taxi** *for* **me.** タクシーを呼んでください.
6 [call+O+C]《スポーツ》...を~と判定 [宣告]する: **The umpire** *called* **the runner out [safe].** 審判はその走者をアウト [セーフ] と判定した.
7 《スポーツ》(悪天候などのため) 〈試合〉の中止を宣言する: **a** *called* **game** 【野球】雨天中止ゲーム.
8 ...を命じる, 指令する: *call* **a general meeting** 総会を招集する / **A strike was** *called* **early this morning.** けさ早くストの指令が出た. **9** 〈眠っている人〉を呼んで起こす (wake up): *Call* **me at six o'clock tomorrow morning.** 明朝6時に起こしてください. **10** 〈名簿の名〉を呼ぶ, 〈出欠〉をとる: *call* **the roll** 出欠をとる. **11** 【トランプ】〈持ち札の公開〉を要求する.
── 自 **1** (大声で) 呼ぶ, 叫ぶ; [...に / ...するよう] 呼びかける [to / to do]: **I** *called* **many times, but no one answered.** 私は何度も呼んだが, だれも答えなかった / **The girl** *called* **to the cat, but it didn't even turn to her.** 少女は猫を呼んだが, 猫は振り向きさえしなかった / **My father** *called* **to me to come down into the garden.** 父は私に庭へ下りて来いと叫んだ.
2 電話をかける: **I** *call* **home every weekend.** 私は週末ごとに郷里へ電話する / **She** *called* **from Paris as soon as she arrived there.** 彼女はパリに到着するとすぐに電話をかけてきた / **Who's** *calling*, **please?** (電話で) どちら様でしょうか.
3 訪問する; 立ち寄る: **The newsboy** *called* **while you were sleeping.** 君が寝ている間に新聞配達が集金に来たよ.

句動詞 **cáll at ...** 他 〈場所〉に (ちょっと) 立ち寄る (→ **call on [upon]** ...**1**); 〈船が〉...に寄港する; 〈列車が〉...に停車する: **I must** *call at* **the baker's on my way home.** 帰りがけにパン屋に寄らなくてはなりません.

cáll awáy 他 [call away + O / call + O + away] [しばしば受け身で] 〈人〉を呼び出す: **All the doctors were** *called away* **to an accident.** 事故のために医師は全員呼出されていた.

cáll báck 他 [call back + O / call + O + back] **1** ...にこちらから電話をかけ直す; また電話をする: **I'll** *call* **you** *back* **tomorrow.** あすこちらからお電話します. **2** ...を呼び返す [戻す]: **The singers were** *called back* **for two encores.** 歌手たちは2回のアンコールに呼ばれた. ── 自 **1** あとで [折り返し] 電話をする: **Can you** *call back* **in half an hour?** 30分後にまたお電話いただけますか. **2** 再度訪問する.

cáll bý 自《英口語》(通りすがりに) [...に] 立ち寄る [at].

cáll dówn 他 [call down + O / call + O + down] **1** ...に降りて来いと叫ぶ. **2** 《文語》[...に] 〈悪いこと〉が降りかかるように祈る [on]. **3** 《米口語》...をどなりつける.

cáll for ... **1** ...を求めて叫ぶ, 要求する: **He** *called for* **help.** 彼は大声で助けを求めた / **After the meal I** *called for* **the check.** 食

事のあと私は勘定書を持って来てくれと頼んだ. **2** …を呼び[取り]に立ち寄る: I'll *call for* her at your office by noon. 正午までに事務所へあなたをお迎えにまいります. **3** …を必要とする: This situation *calls for* prompt action. この事態は迅速な行動を必要とする.

cáll fórth 他 [call forth＋O / call＋O＋forth]《格式》…を引き起こす.

cáll ín 他 [call in＋O / call＋O＋in] **1** …を呼び入れる; 〈医師など〉を呼ぶ; 〈援助など〉を求める: You must *call in* a doctor for your sick baby. 病気の赤ん坊のために医者に来てもらわなくてはならない. **2** 〈借金・欠陥品など〉を回収する. ─ 自 **1** 電話を入れる: Bob *called in* to say that he would be late. ボブは遅刻すると電話してきた. **2**《英》〈場所に〉立ち寄る〔*at*〕; 〈人を〉訪ねる〔*on*〕.

cáll óff 他 [call off＋O / call＋O＋off] **1** …を取り消す; 中止[中断]させる: The game was *called off* because it began to rain. 雨が降り出したので試合は中止された. **2**〈犬など〉をおとなしくさせる; 攻撃をやめさせる.

cáll on [upòn] … 他 **1** …を訪問する(◇ call on のあとには人が, call at のあとには場所が来る): The doctor *called on* my mother yesterday. きのう医師が母を往診してくれた. **2**〈人に〉[…を/…するよう]求める, 頼む〔*for / to do*〕: We *called on* him *for* a speech. = We *called on* him *to* make a speech. 私たちは彼に演説してくれるように頼んだ.

cáll óut 他 [call out＋O / call＋O＋out] **1** …と大声で呼ぶ[言う]: "Hurry up," our teacher *called out* to us. 「急いで」と先生が私たちに大声で叫んだ. **2**〈軍隊など〉を召集する, (緊急用務に)〈人など〉を呼ぶ. **3**〈人に〉ストライキ指令を出す. ─ 自 大声で叫ぶ, 呼び求める: When the girl saw a policeman, she *called out* for help. 警官を見るとその少女は助けを求めて叫んだ.

cáll óver 他 [call over＋O / call＋O＋over] **1** …を呼び寄せる. **2**〈名簿など〉を読み上げる, 点呼する.

cáll róund 自《英》[…に]立ち寄る, 訪ねる〔*at*〕.

cáll úp 他 [call up＋O / call＋O＋up] **1**《米》…に電話する, …を電話口に呼び出す(《英》ring up): I *called up* Mike to ask his schedule. 予定を尋ねるために私はマイクに電話をかけた. **2**【コンピュータ】〈情報〉にアクセスする, 呼び出す. **3**〈力・勇気など〉を呼び起こす;〈記憶〉を呼び戻す. **4**《英》〈人〉を〈軍隊などに〉召集する(《米》draft). ─ 自《米》電話をかける.

■ ***whát is cálled*** = ***whát you [we, they] cáll*** いわゆる: That's *what is called* democracy. それがいわゆる民主主義というものです.

─ 名(複 **calls** [〜z]) **1** ⓒ 呼び声, 叫び声(cry, shout); (鳥などの)鳴き声; (鳥などをおびき寄せるための)呼び笛: I heard a *call* for help. 私は助けを求める叫び声を聞いた.

2 ⓒ 電話をかけること; (電話の)呼び出し, 通話: a long-distance *call* 長距離電話 / return ...'s *call* …に折り返し電話する / I have to give her a *call* at ten. 私は10時に彼女へ電話をかけなければならない.

▶ コロケーション 電話を[に] …
電話をかける: **make** [**place**] a call
電話に出る: **take** [**answer**] a call
電話をつなぐ: **put** a call **through**
電話をもらう: **get** [**receive**] a call

3 ⓒ (短い)訪問, 立ち寄り; (医師の)往診; 寄港: I must make [pay] a *call* on the mayor tomorrow. 私はあす市長を訪問しなくてはならない / The doctor makes several *calls* every day. その医師は毎日数軒往診している.
4 Ⓤ 〔主に疑問文・否定文で〕《口語》[…の/…する]理由, 必要(need)〔*for / to do*〕: There was no *call for* you to remain silent. = You had no *call to* remain silent. 黙っている必要はなかったのに. **5** Ⓤ […の]需要〔*for*〕; ⓒ […への]要求, 要請〔*on*〕: There isn't much *call for* men's hats nowadays. 近頃は男性用の帽子の需要はあまりない / I realized there are lots of *calls on* your time. あなたはいろいろ時間をとられることが多いのですね. **6** Ⓤ 〔通例 the 〜〕魅力: the *call* of the sea 海の魅力. **7** ⓒ 呼び出し, 招集;(神の)お召し; 使命: a [the] *call* of nature《口語・婉曲》便意をもよおすこと. **8** ⓒ【スポーツ】(審判の)判定.
9 ⓒ 点呼.

■ ***at cáll*** = on call.

on cáll 呼べばいつでも応じられる, 待機している; いつでも自由に使える: a doctor *on call* いつでも往診してくれる医師.

within cáll 呼べば聞こえる所に,(無線・電話などで)連絡の取れる範囲内に; 待機して.

◆ **cáll bòx** ⓒ **1**《米》(高速道路わきなどの)警察・消防署連絡用)非常電話. **2**《英》公衆電話ボックス(《米》telephone booth).

cáll gìrl ⓒ コールガール《電話で呼び出す売春婦》.

cáll lètters [複数扱い]《米》コールサイン《放送局・無線局の呼び出し符号》.

cáll nùmber ⓒ (図書館の)図書整理番号.

cáll sìgn ⓒ《英》= call letters(↑).

call·back [kɔ́ːlbæk] 名 ⓒ **1** (欠陥製品の)回収, リコール. **2** 折り返しの電話.

call·er [kɔ́ːlər] 名 ⓒ **1** 呼び出し人; 電話をかける人. **2** (短時間の公式)訪問者(→ VISITOR **類義語**).

cal·lig·ra·pher [kəlígrəfər] 名 ⓒ 達筆な人; 書(道)家.

cal·li·graph·ic [kæləgrǽfik] 形 達筆の; 書道の.

cal·lig·ra·phy [kəlígrəfi] 名 Ⓤ **1** 能筆, 達筆. **2** 書道, 書法, 筆跡.

cáll-ìn 名 ⓒ《米》【放送】視聴者が電話で参加する番組(《英》phone-in).

*****call·ing** [kɔ́ːliŋ] 名 ⓒⓊ **1** […への/…したい]強い衝動, 欲求; 義務感〔*for / to do*〕: He has a *calling to* become a preacher. 彼は説教師になりたいと思っている. **2**《格式》天職(vocation), 職業. **3** 招集, 呼び出し. **4** 呼ぶこと, 叫び声.

◆ **cálling càrd** ⓒ《米》名刺(《英》visiting card).

cal·i·per [kǽləpər] 名《英》= CALIPER(↑).

cal・lis・then・ics [kælisθéniks] 名《英》=CALISTHENICS. 柔軟体操.

cal・los・i・ty [kəlάsəti / kælɔ́s-] 名 U 無感覚.

cal・lous [kǽləs] 形 1 […に対して] 無感覚な, 無神経な [to]; 冷淡な. 2 医 (皮膚が) 硬化した.

cal・low [kǽlou] 形 (軽蔑) 未熟な, 青二才の.

cáll・ùp 名 C 《英》 徴兵 [召集] 令 (《米》 draft): *call-up* papers 召集令状.

cal・lus [kǽləs] 名 C 医 皮膚硬結(ひ), たこ.

*calm [kάːm] (☆発音に注意) 形 名 動

— 形 (比較 **calm・er** [~ər]; 最上 **calm・est** [~ist]) 1 (気分・態度などが) 平静な, 落ち着いた: The defendant remained *calm* throughout the trial. 被告は裁判の間ずっと平静を保っていた / He answered in a *calm* voice. 彼は落ち着いた声で答えた / Be *calm*! 落ち着いて.
2 (天候・海などが) 穏やかな, 静かな (↔ rough) (→ QUIET 類義語): The sea was as *calm* as glass. 海は鏡のように穏やかだった.
3 (社会情勢などが) 平穏な, 平和な.

— 名 1 U [または a ~] 平穏, 平静, 静けさ; なぎ; U 冷静, 落ち着き: the *calm* before the storm あらしの前の静けさ / After a storm comes a *calm*. (ことわざ) あらしのあとにはなぎが来る ⇒ 待てば海路の日和(ひ)あり.
2 U 気象 静穏.

— 動 他 …を静める, 落ち着かせる, なだめる: This ointment will *calm* the pain. この軟膏(なんこう)が痛みを鎮めてくれるだろう. — 自 落ち着く, 静まる.

■ *cálm dówn* 自 (気分・天気・情勢などが) 静まる, 落ち着く: *Calm down*. 気を落ち着けなさい.
— 他 …を静める, 落ち着かせる: The teacher tried to *calm down* the excited students. 先生は興奮した生徒たちの気持ちを静めようとした.

calm・ly [kάːmli] 副 静かに, 穏やかに; 落ち着いて.

*calm・ness [kάːmnəs] 名 U 静けさ; 冷静さ, 落ち着き.

Cal・or gas [kǽlər gǽs] 名 U 《英》《商標》キャラーガス 《キャンプ用などのブタンガス》.

cal・o・rie, cal・o・ry [kǽləri] 名 (複 **cal・o・ries** [~z]) C 物理・化学 〈◇熱量単位で, (1) 水 1g を 1℃ 高めるのに必要な熱量 (small calorie 小カロリー; 略語 cal.) と (2) 水 1kg を 1℃ 高めるのに必要な熱量 (large calorie 大カロリー; 略語 Cal.) がある. 食品の栄養価には (2) を用いる》.

cal・o・rif・ic [kæ̀lərífik] 形 1 熱を生じる; 熱の, 熱に関する: *calorific* value 熱量. 2 (口語) (食物が人を) 太らせるような, カロリーの高い.

cal・um・ny [kǽləmni] 名 (複 **cal・um・nies** [~z]) U C (格式) 中傷 (すること), 悪口.

Cal・va・ry [kǽlvəri] 名 (複 **cal・va・ries** [~z]) 1 地名 カルバリ《キリストがはりつけにされた丘. Golgotha とも言う》. 2 C [c-] (屋外の) キリストはりつけの像. 3 C [c-] 受難, 試練.

calve [kǽv / kάːv] (☆発音に注意) 動 自 (牛・鯨などが) 子供を産む (→ CALF1,2).

calves [kǽvz / kάːvz] 名 calf1,2 の複数形.

Cal・vin [kǽlvin] 名 人名 カルバン John Calvin 《1509–64; スイスの宗教改革を指導した神学者》.

Cal・vin・ism [kǽlvənìzəm] 名 U カルバン主義《神の絶対性・聖書の権威・救いの予定などを説く》.

ca・lyp・so [kəlípsou] 名 (複 **ca・lyp・so(e)s** [~z]) C 音楽 カリプソ 《西インド諸島の民謡》.

ca・lyx [kéiliks, kǽ-] 名 (複 **ca・lyx・es** [~iz], **ca・ly・ces** [-lisìːz]) C 植 (花の) がく.

cam [kǽm] 名 C 機械 カム 《回転運動を往復運動や前後運動に変える装置》.

CAM [kǽm] 《略語》=computer-*a*ided *m*anufacturing コンピュータを利用した製造システム.

ca・ma・ra・de・rie [kὰːmərάːdəri, -dri/kæ̀m-] 名 U 仲間意識, 結束, 友情.

cam・ber [kǽmbər] 名 U C 1 (タイヤの) キャンバ. 2 (道路の) 湾曲.

Cam・bo・di・a [kæmbóudiə] 名 地名 カンボジア 《インドシナ半島南東部にある王国. 首都プノンペン (Phnom Penh)》.

Cam・bo・di・an [kæmbóudiən] 形 カンボジアの; カンボジア人 [語] の.
— 名 1 C カンボジア人. 2 U カンボジア語.

Cam・bridge [kéimbridʒ] 名 地名 1 ケンブリッジ 《England 東部にある Cambridgeshire 州の州都. ケンブリッジ大学の所在地》. 2 ケンブリッジ《米国東部 Massachusetts 州にある市. ハーバード大学やマサチューセッツ工科大学の所在地》.

◆ **Cámbridge Univérsity** 固 ケンブリッジ大学《オックスフォード大学と並ぶ英国の代表的大学》.

cam・cord・er [kǽmkɔ̀ːrdər] 名 C (家庭用) ビデオカメラ, カムコーダー.

*came [kéim] 動 come の過去形.

cam・el [kǽməl] 名 1 C ラクダ 《服従や従順の象徴である一方, 愚鈍で強情なイメージもある》(関連語) Arabian *camel* ヒトコブラクダ / Bactrian [bǽktrian] *camel* フタコブラクダ / hump ラクダのこぶ}: It is the (last) straw that breaks the *camel*'s back. 《ことわざ》ラクダの背を折るのは最後の1本のわらである ⇒ 苦難が重なると最後にはちょっとしたことで破綻(はたん)をきたす.
2 U キャメル, らくだ色, 淡黄褐色.
— 形 (色が) キャメルの, ラクダ色の.

◆ **cámel('s) háir** U 1 ラクダの毛. 2 ラクダの毛の織物. 3 (絵筆用の) 細い毛.

ca・mel・li・a [kəmíːliə] 名 C 植 ツバキ.

Cam・e・lot [kǽməlὰt / -lɔ̀t] 名 固 英史 キャメロット《英国の伝説でアーサー王の宮廷があった町》.

Cam・em・bert [kǽməmbèər] 《フランス》 名 U C =Cámembert chéese カマンベール 《柔らかくて味の濃厚なチーズ. フランスの原産地名から》.

cam・e・o [kǽmiòu] 名 (複 **cam・e・os** [~z]) C 1 カメオ (細工)《貝殻やめのうなどに横顔を浮き彫りにした装身具》. 2 (名優が演じる) 名場面, 見せ場; 名文.

*cam・er・a [kǽmərə]

— 名 (複 **cam・er・as** [~z]) C カメラ, 写真機, 撮影機: load a *camera* カメラにフィルムを入れる / a single [twin] lens reflex *camera* 一眼 [二眼] レフカメラ / a TV *camera* テレビカメラ / a video *camera* ビデオカメラ / a foolproof *camera* (全

cam·era·man [kǽmərəmæn, -mən] 名 (複 **cam·er·a·men** [-mèn, -mən]) C (映画・テレビの) 撮影技師; 報道カメラマン (◇スチール写真など静止画の「カメラマン」は通例 **photographer** と言う).

自動の [だれにでも撮れる] コンパクトカメラ.
■ *in cámera* (裁判が)非公開で; 秘密に.
on cámera 生放送中で; 撮影中で.

Cam·e·roon, Cam·er·oun [kæmərúːn] 名 国 カメルーン《西アフリカの共和国; 首都ヤウンデ (Yaoundé)》.

cam·i·sole [kǽmisòul] 名 C キャミソール《肩ひもの付いた腰までの女性用下着》.

cam·o·mile [kǽməmàil, -mì(ː)l] 名 U C 【植】カミツレ, カモミール《キク科の植物. 花はせんじて健胃剤などに使用》.

cam·ou·flage [kǽməflɑ̀ːʒ] 名 U 1 (動物の)擬態; 見せかけ, ごまかし. 2 【軍】カムフラージュ, 擬装, 迷彩.
— 動 自 カムフラージュする, 擬装する.
— 他 …を […で] ごまかす, 擬装で隠す [*with*].

***camp**¹ [kǽmp] 名 動
— 名 (複 **camps** [~s]) 1 U キャンプ, 野営, (強化)合宿; C キャンプ場, 駐屯地: make *camp* キャンプ[野営]する / be in *camp* キャンプ[野営]中である / have [hold] a training *camp* (スポーツ強化練習の)合宿をする / The army *camp* isn't far from town. 軍隊の野営地は町から遠くない.
2 U C (キャンプ・野営用の)テント, 仮設小屋: break [strike] *camp* テントをたたむ / The mountaineering party set up [pitched] *camp* for the night. 登山隊はその夜のためにテントを張った.
3 C (捕虜などの) 収容所, キャンプ: a concentration *camp* 強制収容所 / a refugee *camp* 難民キャンプ.
4 C [集合的に] (政治・宗教などの)同志, グループ: We are in the same *camp*. 私たちは同志だ.
— 動 自 キャンプする, 野営する: go *camping* キャンプに行く / We *camped* at Nobeyama this summer. 私たちはこの夏, 野辺山でキャンプをした.
■ *cámp óut* 1 キャンプする. 2 《主に英口語》仮住まいする.
◆ **cámp béd** C 《英》(折りたたみ式の)簡易ベッド (《米》cot).
cámp chàir C 折りたたみ式のいす.
Cámp Fire 形 《米》キャンプファイアー《青少年の育成を目的とする団体》. (→ CAMPFIRE)
cámp fòllower C 1 《しばしば軽蔑》(団体・主義などへの)同調者. 2 (軍隊に同行する)民間人.

camp² 形 《口語》 1 (男が)めめしい; ホモの(ような). 2 (服装などが)奇抜な, わざとらしい; 古くさい.

***cam·paign** [kæmpéin] 名 動
— 名 (複 **cam·paigns** [~z]) C 1 キャンペーン 《ある目的のために組織的に行われる運動》; 選挙戦, 遊説: a sales *campaign* 販売促進運動 (比較)「キャンペーンセール」は和製英語 / a political *campaign* 政治運動 / a *campaign* for traffic safety 交通安全運動 / a fund-raising *campaign* = a *campaign* to raise funds 募金運動 / a presidential *campaign* 大統領選挙戦 / a *campaign* poster 選挙ポスター / conduct a *campaign* against nuclear power generation 原子力発電の反対運動をする.
2 【軍】作戦, 軍事行動.
— 動 自 […に賛成の/反対の]運動を起こす [*for* / *against*]; 選挙運動をする; […に]出馬する [*for*]: They *campaigned for* women's right. 彼女らは女性の権利を獲得するための運動を起こした.

cam·paign·er [kæmpéinər] 名 C (社会・政治・選挙などの)運動家.

camp·er [kǽmpər] 名 C 1 キャンパー, キャンプをする人. 2 《主に米》キャンピングカー. (比較)「キャンピングカー」は和製英語.

camp·fire [kǽmpfàiər] 名 C 1 キャンプファイアー. 2 たき火を囲む集まり.

camp·ground [kǽmpgràund] 名 C 《主に米》キャンプ場 [地] (campsite).

cam·phor [kǽmfər] 名 U 【薬・化】樟脳(しょうのう), カンフル《防虫剤・局所刺激剤として使う》.

camp·ing [kǽmpiŋ] 名 U キャンプ(すること); [形容詞的に] キャンプ用の: *camping* equipment キャンプ用品.

camp·site [kǽmpsàit] 名 C キャンプ場 [地].

***cam·pus** [kǽmpəs]
— 名 (複 **cam·pus·es** [~iz]) 1 U C キャンパス, (大学などの)構内; [形容詞的に] 学内の, 学園の: a *campus* festival 学園祭 / *campus* life 学園生活 / A tall new building is being built on the university *campus*. 大学の構内に新しい高層ビルが建設中です. 2 C (大学の)分校.
■ *òn [òff] cámpus* 構内 [外] で, 学内 [学外] で.

cam·shaft [kǽmʃæft, -ʃɑ̀ːft] 名 C 【機械】カム軸, カムシャフト《カム (cam) を回転させる軸》.

***can**¹ [(弱) kən; (強) kǽn]

❶ 能 力 「…できる」(→1)
She *can* swim very fast.
(彼女はとても速く泳げる)

❷ 可 能 「…できる」(→2)
I *can* go with you tomorrow.
(あす私はあなたと一緒に行けます)

❸ 許 可 「…してもよい」(→3)
Can I come in? — Sure.
(入ってもいいかい — いいとも)

❹ 可能性 「…でありうる」(→4)
Staying up late *can* harm your health. 肯定文
(夜更かしは体を害することがある)
He *cannot* be over thirty.
  否定文
(彼は30歳を越えているはずがない)

can²

— 助動 (過去形 **could** [kəd, kúd]; 否定形 **cannot** [kǽnɑt, kænɑ́t / -nɔt], 〔短縮〕 **can't** [kǽnt / kɑ́:nt]) **1** [能力] …(することが)**できる** (◇ **be able to** との使い分けについては → ABLE 語法) (1): My father *can* play the piano. 私の父はピアノが弾ける / This stadium *can* hold 50,000 people. この競技場は5万人を収容できる / This child *cannot* [*can't*] walk yet. この子はまだ歩くことができない / *Can* you understand? わかりますか(◇ *can* を用いると相手の能力を露骨に問うことになり、相手の気持ちを害する恐れがあるので Do you understand? と言うのが一般的).

語法 see, hear, feel などの知覚動詞と共に用いると、「能力」の意は弱くなり、「一時的な状態」の意を表す: I *can* see a seagull flying over the sea. カモメが1羽海の上を飛んでいるのが見える.

2 [可能] …できる: I've finished my homework. Now I *can* play. 宿題が済んだ. もう遊べるよ / *Can* you attend the next meeting? 次の会合に出席できますか.

3 [許可] …してもよい (◇ may よりも口語的; → MAY **2** 語法 (1); ➡ MAY LET'S TALK): *Can* I use your bike? – Certainly [No, I'm afraid you *can't*]. 君の自転車を使ってもいいですか — いいよ [いいや, 困るよ] / You *can't* [*cannot*] smoke in this room. この部屋でたばこを吸ってはいけない.

4 [可能性] (a) [肯定文で] …でありうる, …する場合がある (→ MIGHT¹ **6** 語法): Smoking *can* cause lung cancer. 喫煙は肺癌の原因となりうる / Even expert drivers *can* make mistakes. 熟練したドライバーでも間違いをする. (b) [否定文で] …であるはずがない (↔ must): Her story *cannot* be true. 彼女の話は本当のはずがない (= It is impossible that her story is true.) / He *cannot* fail the examination. 彼が試験に落ちるはずがない. (c) [疑問文で] (いったい) …だろうか (◇強い疑問・驚き・いら立ちを表す): *Can* the rumor be true? そのうわさはいったい本当だろうか (= Is it possible that the rumor is true?).

5 [過去の可能性] (a) [**cannot have done**] …であった [した] はずがない: He *cannot have said* such a thing. 彼がそんなことを言ったはずはない (= It is impossible that he said such a thing.). (b) [**can have done**] [疑問文で] …であった, …した: *Can* she have told a lie? 彼女がいったいうそをついたはずがあろうか (= Is it possible that she told a lie?).

6 [**Can you do?**] [依頼] …してくれませんか (◇ Could you do? のほうが丁寧な言い方): *Can you* tell me the time, please? 時間を教えていただけませんか.

7 [**Can I do?**] [申し出] …しましょうか (◇ May I do? のほうが丁寧な言い方): *Can I* take you to the library? 図書館までご案内しましょうか.

8 [勧告・命令] …しなさい: If you won't keep quiet, you *can* go outside! 静かにしていないのなら, 出て行ってもらいますよ.

■ *áll one cán* できる限り: I will help him *all I can*. できる限り彼を助けましょう.

as … as ~ cán できるだけ… (→ AS 成句).

as … as (…) can bé この上なく…: Our team won the championship, so everyone is *as* happy *as* (happy) *can be*. 私たちのチームが優勝したのでみんな最高に喜んでいる.

càn but dó 〔文語〕ただ…するのみである: I *can but do* my best. 私はただ最善をつくすのみです.

cannót but dó 〔文語〕…しないではいられない; どうしても…してしまう (cannot help doing): She *cannot but* burst into laughter at (the) sight of him. 彼女は彼を見ると思わずふき出してしまう.

cannót … enóugh いくら…してもし足りない (→ ENOUGH 成句).

cannòt … tóo ~ いくら~してもしすぎることはない: You *cannot* be *too* careful when driving your car. 車を運転するのにいくら注意してもしすぎることはない.

✲can² [kǽn] 名 C **1** (缶詰の)缶, 缶詰 (〔英〕tin); 缶1杯(の量): two *cans* of beer 缶ビール2つ / open a *can* 缶詰を開ける.

2 (液体・ごみなどを入れる)缶 (通例, ふた・取っ手が付いている): a trash [garbage] *can* 〔米〕ごみ入れ. **3** [the ~] 〔俗語〕刑務所 (prison). **4** [the ~] 〔米俗語〕便所.

■ *a cán of wórms* 解決困難な問題 [状況].
be in the cán **1** 〔口語〕(映画などで)撮影が完了して. **2** 〔俗語〕刑務所にぶち込まれて.
cárry [*táke*] *the cán* 〔英口語〕(他人の代わりに)責めを負う, 責任を取らされる.

— 動 (三単現 *cans* [~z]; 過去・過分 **canned** [~d]; 現分 **can·ning** [~iŋ]) 他 (主に米)

1 …を缶詰にする (〔英〕tin).

2 〔口語〕…を解雇する. **3** 〔口語〕…をやめる: *Can* it! よせ.

◆ *cán òpener* C 〔米〕缶切り (〔英〕tin opener).

Can. 〔略語〕 = *Can*ada; *Can*adian.

Ca·naan [kéinən] 名 **1** 〔聖〕カナン (神がアブラハムとその子孫に与えると約束した土地. 現在のパレスチナにあたる). **2** C 〔比喩〕理想の地, 約束の地.

✲✲✲Can·a·da [kǽnədə]

— 名 固 カナダ (北アメリカ大陸の北部にある英連邦内の独立国; 首都オタワ (**Ottawa**); 〔略語〕 **Can.**).

✲✲✲Ca·na·di·an [kənéidiən]

— 形 カナダの; カナダ人の (〔略語〕 **Can.**).

— 名 (複 **Ca·na·di·ans** [~z]) C カナダ人.

✲ca·nal [kənǽl] [☆ アクセントに注意] 〔**channel** (海峡)と同語源〕名 C **1** [しばしば C-] 運河, 水路: the Suez *Canal* スエズ運河.

2 〔解剖〕(動植物の体内の)管, 導管.

◆ *canál bòat* C (運河で使う)細長い船.
Canál Zòne 固 [the ~] パナマ運河地帯 (2000年に米国よりパナマに返還).

ca·nal·ize [kǽnəlàiz] 動 他 **1** …に運河 [水路] を作る, 河川を改修する. **2** …を [1つの目的に] 向ける [*into*].

ca·na·pé [kǽnəpi, -pèi]【フランス】名C【料理】カナッペ《クラッカーやひと口大のパンの上にチーズ・ハム・キャビアなどをのせたオードブル》.

ca·nard [kənάːrd / kænάːd]【フランス】名Cデマ, 虚報, 根も葉もない作り話.

Ca·nar·ies [kənέəriz]名複(複数扱い; the ~) = the Canary Islands (→ CANARY 複合語).

‡**ca·nar·y** [kənέəri]名(複 **ca·nar·ies** [~z])
1 C【鳥】カナリア.
2 U = canáry yéllow カナリア色, 明るい[穏やかな]黄色. **3** C《俗語》密告者.
— 形 カナリア色の.
◆ **Canáry Íslands** 名(the ~) カナリア諸島 (the Canaries)《北西アフリカ沖のスペイン領の島々》.

‡**Can·ber·ra** [kǽnbərə]名 キャンベラ《オーストラリアの首都》.

can·can [kǽnkæn]【フランス】名C(フレンチ)カンカン《足を高くけり上げて踊るショーダンス》.

‡**can·cel** [kǽnsl]【基本的意味は「…を取り消す (put an end to something planned)」】
— 動 (三単現 **can·cels** [~z]; 過去・過分 **can·celed**, 《英》**can·celled** [~d]; 現分 **can·cel·ing**, 《英》**can·cel·ling** [~iŋ])
— 他 **1** 〈約束・注文・決定など〉を**取り消す**, 中止する, キャンセルする: Will you *cancel* my hotel reservations? 私のホテルの予約を取り消してくれますか / The outing was *canceled* because of rain. 遠足は雨で中止になった.
2 (線を引いて) …を削除する; 〈切手など〉に消印を押す: a *canceled* stamp 使用済みの切手.
3【数学】…を約分する; 消去する.
■ *cáncel óut* 他 … (の効果)を相殺する: Her bad character *cancels out* her good looks. 彼女の性格の悪さで彼女の美貌(ぼう)も帳消しだ.

can·cel·la·tion [kænsəléiʃən]名 **1** U キャンセル, 取り消し, 中止; 削除, 消去. **2** C【郵】消印 (されたもの); キャンセルされた切符.

‡**can·cer** [kǽnsər]名 **1** UC【医】癌(がん), 悪性腫瘍(しゅよう): get [have] (a) *cancer* 癌にかかる[かかっている].
2 C 悪の根源, (社会上・道徳上の) 害悪.
3 名[C-]【天文】かに座 (the Crab).
4 名[C-]【占星】巨蟹(きょかい)宮, かに座 (→ ZODIAC 図). **5** [C-] C かに座生まれの人《6月22日-7月22日生まれ》.
◆ **Trópic of Cáncer** [the ~] 北回帰線 (→ TROPIC).

can·cer·ous [kǽnsərəs]形 癌(がん)の, 癌にかかった.

can·de·la·brum [kændəlάːbrəm]名(複 **can·de·la·brums** [~z], **can·de·la·bra** [-brə]) C (装飾的な) 枝付き燭台(しょくだい).

can·did [kǽndid]形 **1** うそのない, 率直な, 正直な (→ FRANK[1] 類義語): a *candid* opinion 率直な意見. **2**【限定用法】気取りのない, 自然な.
■ *to be (quìte) cándid (with you)*[文修飾] 率直に言えば.

can·di·da·cy [kǽndidəsi]名(複 **can·di·da·cies** [~z])UC[…への]立候補 [for] (candidature): announce one's *candidacy for* mayor 市長選への立候補を表明する.

‡**can·di·date** [kǽndidèit, kǽndidit]
— 名(複 **can·di·dates** [-dèits, -dits])C **1** […への] **候補者**, 立候補者 [for]: Who will be the presidential *candidate* of the Democratic Party? 民主党の大統領候補はだれになるだろうか / Seven *candidates* are running for the governor of Tokyo. 7人の候補者が東京都知事選に立候補している.
2 […への] 志願者, 受験者 [for]: There are over fifty *candidates for* the job. その仕事に対する応募者は50人を超えている.
3 […に] なりそうな人 [もの] [for].

can·di·da·ture [kǽndidətʃùər]名《主に英・格式》= CANDIDACY (↑).

can·did·ly [kǽndidli]副 率直に; ざっくばらんに; 公平に; [文修飾] 率直に言えば.

can·died [kǽndid]形【限定用法】**1** 砂糖漬けの. **2** 砂糖状に結晶した.
3 (言葉などが) 口先のうまい, うわべだけの: *candied words* 甘い言葉.

‡**can·dle** [kǽndl]
— 名(複 **can·dles** [~z])
C **ろうそく**: put out a *candle* ろうそくを消す / blow out a *candle* ろうそくを吹き消す / He scratched a match and lighted the *candle*. 彼はマッチをすってろうそくをともした.
■ *búrn the [one's, a] cándle at bóth énds* 体を酷使する, 無理をする.
cán't [be nòt fít to] hóld a cándle to ...《口語》…の足元にも及ばない.
nót wòrth the cándle (活動・計画などが) わざわざする[見る]価値がない, 割に合わない: The game was *not worth the candle*. その勝負は骨折り損のくたびれもうけだった.

can·dle·light [kǽndllàit]名U ろうそくの明かり[光]: by *candlelight* ろうそくの明かりで.

can·dle·stick [kǽndlstìk]名C 燭(しょく)台, ろうそく立て.

can·dle·wick [kǽndlwìk]名 **1** C ろうそくの芯(しん)(wick). **2** U キャンドルウィック《刺しゅうを施した布》.

can-do [kændúː]形【限定用法】(態度などが) 自信に満ちた, やる気満々の.

can·dor, 《英》**can·dour** [kǽndər]名U
1 正直(さ), 率直(さ). **2** 公平.

C&W, C and W《略語》【音楽】= country and western (→ COUNTRY 複合語).

‡**can·dy** [kǽndi] 名 動
— 名(複 **can·dies** [~z])**1** UC《主に米》**キャンディー**, 砂糖菓子 (《英》**類義語**) = CAKE **類義語**): mixed *candies* 詰め合わせキャンディー / Santa Claus filled the children's stockings with *candy*. サンタクロースは子供たちの靴下にキャンディーを詰めた.

2 ⓤ《英》氷砂糖(《米》rock candy).
— 動 (三単現 can·dies [~z]; 過去・過分 can·died [~d]; 現分 can·dy·ing [~iŋ]) 他 …を砂糖煮にする, 砂糖漬けにする.
◆ cándy àpple ⓒ《米》キャンディーアップル《リンゴに棒を刺してあめでくるんだ菓子》.
cándy stòre ⓒ《米》菓子屋《英》sweet shop)《新聞・清涼飲料・たばこなども売る》.
cándy strìper ⓒ《米口語》キャンディーストライパー《看護師の助手をする十代のボランティア》.(由来 白にピンクの縞(½)柄の制服を着ることから)
cándy wédding ⓒ キャンディー婚《結婚3周年; → WEDDING 表》.
can·dy·floss [kǽndiflɑ̀s / -flɔ̀s] 名 ⓤ ⓒ《英》綿(½)菓子《米》cotton candy.

‡**cane** [kéin] 名 **1** ⓒ (サトウキビ・竹などの) 茎(½); サトウキビ (sugar cane).
2 ⓤ 籐(½): a cane chair 籐いす.
3 ⓒ (体罰用の) むち.
— 動 他 **1** …をむちで打つ; むちで打って […に] 教え込む [into]. **2** 打ち負かす. **3** …を籐で編む.
◆ cáne sùgar ⓤ 甘蔗(½)糖《サトウキビからとった砂糖》; cf. beet sugar 甜菜(½)糖.

can·ful [kǽnfùl] 名 ⓒ 缶1杯 (の量) (can).
ca·nine [kéinain] 形《限定用法》犬の; イヌ科の (cf. feline ネコ科の).
— 名 **1** 犬; イヌ科の動物. **2** = cánine tòoth 犬歯.
can·ing [kéiniŋ] 名 ⓒ むち打ち: give ... a caning《人》をむちで打つ.
can·is·ter [kǽnistər] 名 ⓒ **1** (茶・コーヒーなどを入れるふた付きの) 小さな缶, 小箱. **2**《軍》(催涙ガスなどの) カプセル.
can·ker [kǽŋkər] 名 ⓤ ⓒ **1**《医》(口内の) 潰瘍(½); 口内炎 (canker sore). **2**《獣医》(馬のひづめにできる) 蹄癰(½), (犬・猫の) 外耳潰瘍.
3《植》根癌(½)病. **4**《通例 a ~》(癌のようにまん延する) 悪, 害毒.
can·na [kǽnə] 名 ⓒ《植》カンナ (の木・花).
can·na·bis [kǽnəbis] 名 ⓤ 大麻《麻薬の一種》.
*****canned** [kǽnd] 動 can² の過去形・過去分詞.
— 形 **1** 缶詰にした: canned beer 缶ビール.
2《しばしば軽蔑》録音 [録画] された, (演説などが) 前もって準備された: canned music テープ [CD] (などによる) 音楽 / canned laughter (効果音として) 録音された笑い声.
3《俗語》酔った.
◆ cánned góods [複数扱い] 缶詰製品.
can·ner·y [kǽnəri] 名 (複 can·ner·ies [~z]) ⓒ 缶詰工場.
Cannes [kǽn, kǽnz] 名 カンヌ《地中海に面したフランスのリゾート地. 映画祭で有名》.
can·ni·bal [kǽnibəl] 名 ⓒ 人肉を食べる人; 共食いする動物.
— 形《限定用法》人肉を食べる; 共食いの.
can·ni·bal·ism [kǽnibəlìzəm] 名 ⓤ 人肉を食べる風習; 共食いの習性; 野蛮な行為.
can·ni·bal·is·tic [kǽnibəlìstik] 形 人肉を食べる; 共食いの (習性を持つ); 残忍な, 野蛮な.
can·ni·bal·ize [kǽnibəlàiz] 動 他 **1**〈古い機械・中古車など〉から使える部品を取り外す; …を解体 (して再利用) する. **2** (新商品などが) 〈自社商品〉と競合する; …の売れ行きを悪くする.

‡**can·non** [kǽnən] (☆同音 canon) 名 ⓒ **1** カノン砲; (旧式の) 大砲 (◇今では gun が普通); 機関砲.
2【ビリヤード】キャノン《続けて2つの的玉(t²)に当てること》.
— 動 ⓐ […に] 激しくぶつかる [against, into].
can·non·ade [kǽnənéid] 名 ⓒ **1** 連続砲撃.
2 砲声. **3** (言葉による) 攻撃.
can·non·ball [kǽnənbɔ̀:l] 名 ⓒ カノン砲弾, 砲丸, 砲弾.

‡‡‡**can·not** [(強) kǽnɑt, -nət, kænát; (弱) kənət / -nɔt]
— 助動 can¹ の否定形 (《口語》can't) (◇分離した can not の形は否定の強調など特別の場合にのみ用い, 普通は cannot を用いる): I cannot help laughing. 私は笑わずにはいられない.
can·ny [kǽni] 形 (比較 can·ni·er [~ər]; 最上 can·ni·est [~ist]) **1** 利口な, 用心深い. **2** ずるい, 抜け目ない (shrewd).

‡**ca·noe** [kənú:] (☆アクセントに注意) 名 ⓒ カヌー: by canoe カヌーで.
— 動 ⓐ カヌーをこぐ, カヌーで行く, カヌーに乗る.
ca·noe·ing [kənú:iŋ] 名 ⓤ カヌー競技.
ca·noe·ist [kənú:ist] 名 ⓒ カヌーのこぎ手 [選手].
can·on [kǽnən] (☆同音 cannon) 名 ⓒ **1**【キリスト】教会法, 教会法令集; 正典. **2** (思想・行動などの) 規範, 規範. **3** (偽作に対する) 真作.
4【音楽】カノン, 輪唱曲.
◆ cánon láw ⓤ ⓒ 教会法, 教会法規.
ca·non·i·cal [kənánikəl / -nɔ́n-] 形 **1** 教会法の; 正典の. **2** 規範的な, 規範的な. **3** 正統の, 権威のある. **4**【音楽】カノン形式の.
— 名 [~s; 複数扱い] 法衣.
can·on·ize [kǽnənàiz] 動 他《キリスト》…を聖人の列に入れる.
can·o·py [kǽnəpi] 名 (複 can·o·pies [~z]) ⓒ
1 天蓋(½)《王座・入り口・寝台などの上を覆うもの》. **2**《文語》(天蓋のように) 覆うもの; 日よけ. **3**《文語》空. **4** (パラシュートの) 傘体(½). **5** (森林の) 林冠, 樹冠.
cant¹ [kǽnt] 名 ⓤ **1** うわべだけの言葉; 偽善.
2 専門語, 隠語.
cant² 名 ⓒ《格式》(堤防などの) 傾斜斜面.
— 動 ⓐ 傾く; ひっくり返る. — 他 …を傾ける; (急に) …の方向を変える.

‡‡‡**can't** [kǽnt / kɑ́:nt]
— 短縮《口語》cannot, can not の短縮形: I can't speak German. 私はドイツ語が話せない / You can swim, can't you? 君は泳げるよね / Can hens fly? –No, they usually can't. 鶏は飛べますか — いいえ, 普通は飛べません.
can·ta·bi·le [kɑːntáːbilèi / kæntáːbilei]【イタリア】形 副《音楽》カンタービレの [で], 歌うような [に]. — 名 ⓒ カンタービレの楽章 [曲].
Can·ta·brig·i·an [kæ̀ntəbrídʒiən] 形 **1** (英国の) ケンブリッジ (大学) の (cf. Oxonian オックスフォード (大学) の). **2** (米国 Massachusetts 州

ケンブリッジの; (同地の) ハーバード大学の.
— 名 C **1** ケンブリッジの人 [住民]. **2** ケンブリッジ [ハーバード] 大学の学生 [卒業生].

can·ta·loupe, can·ta·loup [kǽntəlòup / -lùːp] 名 C カンタロープ《マスクメロンの一種》.

can·tan·ker·ous [kæntǽŋkərəs] 形 **1** けんか好きな, 怒りっぽい (bad-tempered). **2** 《ものや動物が》扱いにくい.

can·ta·ta [kəntáːtə, kæn-] 《イタリア》名 C 《音楽》カンタータ《独唱・重唱・合唱で構成する声楽曲》.

can·teen [kæntíːn] 名 C **1** (学校・会社などの) 食堂. **2** 水筒; 食器入れ.

can·ter [kǽntər] 名 C 《通例 a ~》 《乗馬》 キャンター《普通の駆け足; → GALLOP 図》, キャンターでの乗馬.
— 動 自 《馬が》普通の駆け足で進む. — 他 《馬》を普通の駆け足で進ませる.

Can·ter·bur·y [kǽntərbèri, -bəri] 名 固 カンタベリー《England 南東部にある古都. 英国国教会の総本山の寺院がある》.

can·ti·le·ver [kǽntəlìːvər] 名 C 《建》片持ち梁(り)《一方だけが壁や柱に固定されている梁》.

can·to [kǽntou] 名 C (複 **can·tos** [~z]) 《文》長編詩の編《小説の章 (chapter) にあたる》.

can·ton [kǽntən, kæntán / kǽntən] 名 C (特にスイスの) 州.

Can·ton [kæntán / kæntán] 名 固 カントン (広東)《中国南東部にある広州市の旧称》.

Can·ton·ese [kæntəníːz] 形 カントン (広東) 語 [人] の.

can·ton·ment [kæntánmənt, -tóun- / -túːn-] 名 C 《軍》軍隊の宿営, 兵舎, 冬期用営舎.

Ca·nute [kənjúːt] 名 固 カヌート《994?–1035; イングランド王 (1016–35)・デンマーク王 (1018–35)・ノルウェー王 (1028–35) を兼ねたデーン人の首長》.

*__can·vas__ [kǽnvəs] 名 (複 **can·vas·es** [~iz])
1 U キャンバス地, ズック; C 《時に集合的に用いて》帆布(塹), テント. **2** C U カンバス, 画布; C (カンバスに描いた) 絵, 油絵. **3** [the ~] (ボクシングなどの) カンバス, マット. **4** U (歴史や物語などの) 背景.
■ **ùnder cánvas** 野営で; 帆を張って.

can·vass [kǽnvəs] 動 自 **1** 支持を求めて歩く, 遊説する. **2** 討論する.
— 他 **1** …に投票を依頼して回る, 勧誘して回る. **2** …の意見を聴く; 世論調査をする. **3** …を詳しく調べる; 討論する. **4** 《英》提案する.
— 名 **1** 調査; 討論. **2** 依頼, 勧誘. **3** 選挙運動.

can·vass·er [kǽnvəsər] 名 C 勧誘員; (選挙の) 運動員, 遊説者.

*__can·yon__ [kǽnjən] 名 C 峡谷, 深い峡谷 (→ VALLEY 関連語): the Grand *Canyon* グランドキャニオン.

can·zo·ne [kænzóuni, kɑːntsóunei] 《イタリア》名 (複 **can·zo·nes** [kænzóuniz], **can·zo·ni** [kɑːntsóuniː]) C 《音楽》 カンツォーネ《民謡風の歌曲》.

***cap** [kǽp]
— 動 《原義は「頭」》
— 名 (複 **caps** [~s]) C **1** (縁のない) 帽子; (階級・職業などを示す) 制帽, 式帽: a nurse's *cap* ナースキャップ / a baseball *cap* 野球帽.

▶ コロケーション ◀ 帽子を…
| 帽子をかぶっている: wear a cap
| 帽子をかぶる: put on a cap
| 帽子をとる: take off a cap

2 (びん・カメラのレンズ・万年筆などの) ふた, キャップ; (靴の) つま先 (toecap); (キノコの) かさ; (ひざの) さら: Put the *cap* back on the bottle of whiskey. ウイスキーのびんにふたをしておきなさい.
3 [賃金・税額などの] 上限 [*on*]: urge a *cap* on wage increases of only 2% 賃上げの上限をわずか2%とすることを勧告する.
4 頂上, 最高. **5** 雷管; (おもちゃのピストルの) 紙火薬. **6** 《英》《スポーツ》国代表選手(歴).

■ *cáp in hánd* 脱帽して, うやうやしく.
If the cáp fíts (, *wéar it*). 《口語》(今言ったことが) 自分にあてはまると思ったら行いを正しなさい.
páss [*sénd*] *the* [*a*] *cáp aróund* [*róund*] (寄付金・献金を集めるために) 帽子を回す.
pùt ón one's thínking cáp 《口語》じっくり考える.

— 動 (三単現 **caps** [~s]; 過去・過分 **cap·ped** [~t]; **cap·ping** [~iŋ]) 他 **1** …に帽子をかぶせる, ふたをする: *cap* a bottle びんにふたをする.
2 …の頂上を覆う: The roof was *capped* with snow. 屋根は雪に覆われていた. **3** …を凌駕(禽)する, …よりさらにすぐれたものを出す. **4** …を仕上げる, 完成させる. **5** 《英》…を代表選手に選ぶ.

■ *to cáp it áll* [文修飾] 《口語》あげくの果てに.

cap. 《略記》= ca*p*acity; ca*p*ital; ca*p*tain; ca*p*ital letter 大文字.

*__ca·pa·bil·i·ty__ [kèipəbíləti] 名 (複 **ca·pa·bil·i·ties** [~z]) **1** U C […の/…する] 能力, 才能, 手腕 (ability) [*for*, *in*, *of, of doing, to do*]: nuclear *capability* 核開発能力 / It is quite beyond his *capability*. それはまったく彼の手に余るものだ / He has the *capability of doing* [*to do*] this job. 彼にはじの仕事をこなす能力がある. **2** U C […に対する] 可能性, 性能; […への] 耐久力 [*for*]. **3** [複数形で] 素質, 将来性; 潜在能力: adequate *capabilities* as a statesman 政治家としての十分な素質. (▷ 形 cápable)

***ca·pa·ble** [kéipəbl]
— 形 (比較 **more ca·pa·ble**; 最上 **most ca·pa·ble**) **1** [be capable of …] …する(潜在)能力がある, …ができる: Tom *is* not *capable of* learning such a long poem by heart. トムにはそんなに長い詩を暗記する能力がない / This elevator *is capable of* going to the topfloor in less than a minute. このエレベーターは1分足らずで最上階まで行ける / The concert hall *is capable of* seating about five hundred. このコンサートホールは約500人収容できる.

2 有能な, 力量のある, 才能のある (→ ABLE 類義語): Jody is a very *capable* secretary. ジョディーは大変有能な秘書です.

3 [be capable of …] …される可能性がある, …されやすい: His statement *was capable of*

two interpretations. 彼の声明は2通りに解釈できた.
4 [be capable of ...] …をやりかねない: They *are capable of* any crime. 彼らはどんな犯罪でも犯しかねない. (▷ càpability)

ca·pa·bly [kéipəbli] 副 巧みに, 上手に.

ca·pa·cious [kəpéiʃəs] 形《格式》広々とした, 収容力のある; 包容力のある; 記憶力のよい.

ca·pac·i·tor [kəpǽsətər] 名 C 《電気》蓄電器, コンデンサー.

***ca·pac·i·ty** [kəpǽsəti] 【基本的意味は「能力(the ability to do something)」】
— 名 (複 **ca·pac·i·ties** [~z]) **1** U C (a)(潜在的な) 能力, 才能: a man of great *capacity* すぐれた才能の男 / work at full *capacity* 能力いっぱいに努力する. **b**) [*capacity* for ... / *capacity* to do] …する能力, 度量: She has a great *capacity* for playing the piano. 彼女にはピアノ演奏のすばらしい能力があります / His *capacity* to remember names is astonishing. 名前を覚える彼の能力は驚くべきものです / Steel has a high *capacity* to withstand pressure. 鋼鉄は圧力に耐える高い性能を持っている.
2 U [または a ~] 収容能力, 定員; 容積, 容量: This hall has a seating *capacity* of 1,000. このホールは1,000人の収容能力がある.
3 U [または a ~] 生産能力, 産出能力: This power plant does not have the *capacity* to meet the demands of the whole city. この発電所は全市の需要にこたえる発電能力を持っていない.
4 C《格式》地位, 資格, 立場;《法》法定資格: in the *capacity* as adviser 顧問の資格で.
5 [形容詞的に] 最大限の, 満員の: a *capacity* audience 満員の聴衆.
■ *to capácity* いっぱいに: The theater was filled *to capacity*. 劇場は満員だった.

***cape¹** [kéip] [cap と同語源》 名 **1** C 岬.
2 [the C-] = Cápe Cód コッド岬《米国 Massachusetts 州南東部の岬》.
3 [the C-] = the Cápe of Gòod Hópe 喜望峰《アフリカ最南端の岬》.
◆ **Cápe Canáveral** [-kənǽvərəl] 图 ケープカナベラル《米国 Florida 州東岸の岬. ミサイル・人工衛星の基地. 旧名 Cape Kennedy (1963-73)》.
Cápe Hórn 图 ホーン岬《南米最南端の岬. the Horn とも言う》.

cape² [kéip] 名 C《婦人服の》ケープ;《軍服などの》肩マント《短い袖(*そで*)なし外衣》.

ca·per¹ [kéipər] 動 @ 《陽気に》はね回る, 飛び回る《*about*》.
— 名 C **1** 《陽気な》はね回り, 飛び回り. **2** 《口語》悪ふざけ; 犯罪行為, 悪だくみ.
■ *cút cápers* [*a cáper*] **1** 《陽気に》はね回る, 飛び回る. **2** 悪ふざけをする.

ca·per² 名 C [~s] 《料理》ケイパー《セイヨウフウチョウボクのつぼみの酢漬け. 風味料》.

Cape Town, Cape·town [kéiptàun] 名 ケープタウン《南アフリカ共和国南部の港湾都市で立法上の首都. 行政上の首都は Pretoria》.

cap·il·lar·y [kǽpəlèri / kəpílləri] 名 (複 **cap·il·lar·ies** [~z]) C **1** 毛(細)管 (capillary tube). **2**《解剖》毛細血管.
— 形 毛状の; 毛(細)管の, 毛(細)管現象の.
◆ **càpillary áction** U《物理》毛(細)管現象.

***cap·i·tal** [kǽpitl]
— 名 (複 **cap·i·tals** [~z]) C **1** 首都 *b* ;(産業などの)中心地《略語》cap.): I live in Lisbon, the *capital* of Portugal. 私はポルトガルの首都リスボンに住んでいる.
2 U [または a ~] 資本, 資本金, 元金, 資産: *capital* and interest 元利《元金と利子》/ circulating [floating] *capital* 流動資本 / fixed *capital* 固定資本 / foreign *capital* 外国資本 / My father has enough *capital* to start his own business. 父は自分の事業を始めるのに十分な資金を持っている.
3 C = cápital létter 大文字; 頭(*かしら*)文字 (↔ small letter): A sentence begins with a *capital*. 文は大文字で始まる.
4 U [しばしば C-; 集合的に] 資本家, 資本家階級 (↔ labor). **5**《建》柱頭《円柱の上の部分》.
■ *màke cápital (òut) of ...* …を利用する, 食いものにする.
— 形 [比較なし; 通例, 限定用法] **1** 《犯罪・刑罰が》死(刑)に値する. **2** 最も重要な, 主な (chief): the *capital* city 首都. **3** 大文字の, 頭文字の.
4 資本の, 元金の: *capital* fund 資本金 / *capital* investment 資本投資. **5** 《古風・口語》すぐれた, 一流の.
■ *... with a cápital ~*《口語》まったく(の) …《◇ ~ には … に入る語の頭文字の大文字》: This room is stuffy *with a capital* S. この部屋はまったく暑苦しい.
◆ **cápital ássets** [複数扱い] 《商》固定資産.
cápital gáins [複数扱い] キャピタルゲイン, 資本利得, 資産売却益.
cápital góods [複数扱い] 《経済》資本財.
cápital púnishment U 極刑, 死刑.

cáp·i·tal-in·tén·sive 形《経済》多くの資本を必要とする, 資本集約的な (cf. labor-intensive 労働集約的な).

***cap·i·tal·ism** [kǽpətəlìzəm] 名 U 資本主義, 資本主義制度.

cap·i·tal·ist [kǽpətəlist] 名 C《しばしば軽蔑》 **1** 資本家; 金持ち. **2** 資本主義者.
— 形 = CAPITALISTIC (↓).

cap·i·tal·is·tic [kæ̀pətəlístik] 形 **1** 資本の, 資本家の. **2** 資本主義の, 資本主義に基づく.

cap·i·tal·i·za·tion [kæ̀pətələzéiʃən / -təlai-] 名 **1** U 資本化(すること); 投資. **2** [a ~] 資本総額. **3** U 大文字の使用.

cap·i·tal·ize [kǽpətəlàiz] 動 他《英》大文字で書く [印刷する], 大文字で始める. **2** …を資本化する, 資本として使う; 資本を出す. — @ […を] 利用する, […に] つけ込む 《*on*》.

cap·i·ta·tion [kæ̀pətéiʃən] 名 **1** U《料金・税などの》均等割り. **2** C 頭割り料金; 人頭税.

Cap・i・tol [kǽpətəl] 名 [the ～]《米国の》連邦議会議事堂《Washington, D.C. にある；英国の議事堂は the Houses of Parliament》; C [通例 c-]《米国の》州議会議事堂.
◆ Cápitol Híll 名 キャピトルヒル《米国の連邦議会議事堂のある丘．議会そのものをさすこともある》; U 米国議会《◇単に the Hill とも言う》.

Capitol

ca・pit・u・late [kəpítʃəlèit / kəpítju-] 自
1《条件付きで》[…に]降伏［屈服］する《to》．**2** 抵抗をやめる，同意する．

ca・pit・u・la・tion [kəpìtʃəléiʃən / kəpìtju-] 名
1 U 条件付き降伏; C 降伏文書．**2** C 要項，要約，一覧表．

ca・pon [kéipən] 名 ケイポン《去勢した食用おんどり》．

cap・puc・ci・no [kæpətʃíːnou] 名 CU (複 cap・puc・ci・nos [～z]) 《イタリア》カプチーノ《クリーム入りエスプレッソコーヒー》．

cap・ric・cio [kəpríːtʃiou] 《イタリア》名 (複 ca・pric・cios [～z]) C《音楽》カプリッチオ，奇想曲《自由な形式で気ままな気分を盛り込んだ楽曲》．

ca・price [kəpríːs] 名 **1** CU 気まぐれ，移り気．**2** U 気まぐれな性格．**3** ＝CAPRICCIO (↑).

ca・pri・cious [kəpríʃəs] 形 **1** 気まぐれな，移り気な．**2**《天気などが》急変する，不安定な．
ca・pri・cious・ly [～li] 副 気まぐれに．
ca・pri・cious・ness [～nəs] 名 U 気まぐれ．

Cap・ri・corn [kǽprikɔːrn] 名 **1**《天文》やぎ座 (the Goat). **2**《占星》[十二宮の] 磨羯(まっ)宮，やぎ座 (→ZODIAC 図). **3** C やぎ座生まれの人《12月22日－1月19日生まれ》．
◆ Trópic of Cápricorn [the ～] 南回帰線 (→TROPIC).

cap・si・cum [kǽpsikəm] 名 UC《植》トウガラシ(の実)．

cap・size [kǽpsaiz / kæpsáiz] 動 他《船などが》転覆する，ひっくり返る．── 自《船など》を転覆させる．

cap・stan [kǽpstæn / -tən] 名 C **1**《海》車地(しゃち)《錨(いかり)などの巻き上げ機》．**2**《電気》キャプスタン《テープを一定の速度にする回転体》．

***cap・sule** [kǽpsl / kǽpsjuːl] 名 C **1** カプセル (→MEDICINE 類義語); 小さな容器．
2 宇宙カプセル．**3**《植》蒴(さく)果《実が熟すとはじける覆い》．

Capt.《略語》＝*Capt*ain.

*****cap・tain** [kǽptən] 名 動《原義は「頭(かしら)」》
── 名 (複 cap・tains [～z]) C **1** 船長，機長: *Captain* Scott スコット船長 / The *captain* of this flight is Tom Miller. 当便の機長はトム=ミラーです．

2《チームの》キャプテン，主将;《英》級長，生徒会長: Susan was (the) *captain* of the lacrosse team. スーザンはラクロス部のキャプテンだった．
3《海軍》大佐;《陸軍》大尉;《米空軍》大尉．
4 首領，長，大立者(おおだてもの): a *captain* of industry 産業界の大立者．
5《米》警部;《警察署の》分署長;《消防署の》分隊長．**6**《米》《ホテルなどの》ボーイ長．
── 動 他 …を統率［指揮］する; …のキャプテンになる，…の長を務める．

cap・tain・cy [kǽptənsi] 名 (複 cap・tain・cies [～z]) UC キャプテン (captain) の地位［任期］．

***cap・tion** [kǽpʃən] 名 C **1**《新聞記事・章・節などの》見出し，表題．**2**《写真・図版の》説明文，キャプション，ネーム．**3**《映画の》字幕．
── 動 他 …に見出し［字幕，見出し］を付ける．

cap・tious [kǽpʃəs] 形《格式》あら探しの．

cap・ti・vate [kǽptəvèit] 動 他《しばしば受け身で》…をうっとりさせる，魅惑する．

cap・ti・vat・ing [kǽptəvèitiŋ] 形 うっとりさせる，魅力的な．

cap・ti・va・tion [kæptəvéiʃən] 名 U 魅惑(すること); 魅力，うっとりとした状態．

***cap・tive** [kǽptiv] 名 (複 cap・tives [～z]) C
1 捕虜，囚人．**2**《恋などの》とりこになった人．
── 形 [比較なし] **1** 捕虜になった; 閉じ込められた;《宣伝などを》無理に聞かされた: take [hold] … *captive*《人》を捕虜にする［しておく］/ *captive* audience 受け身で聞く［見る］しかない聴衆［観衆］．
2 心を奪われた，とりこになった．
3 他者掌握の，他社に保有された．
◆ cáptive ballóon C 係留気球《観測・広告のために綱でつなぎ止めてある気球》．

cap・tiv・i・ty [kæptívəti] 名 U とらわれの身［状態］，奴隷［人質］の身分，監禁; 束縛: in *captivity* とらわれの身で．

cap・tor [kǽptər] 名 C 捕らえる人，捕獲者．

*****cap・ture** [kǽptʃər] 動 名
── 動 (三単現 cap・tures [～z]; 過去・過分 cap・tured [～d]; 現分 cap・tur・ing [-tʃəriŋ]) 他
1《人・動物など》を**捕らえる**，逮捕する (→CATCH 類義語): The police *captured* the thief. 警察はそのどろぼうを逮捕した．
2《建物・場所など》を占領する，占拠する，攻略する: The radical students *captured* the building. 過激派の学生がその建物を占拠した．
3《人》の心をとらえる，…を魅了する: The play *captured* the hearts [imagination] of the audience. その芝居は聴衆の心をとらえた．
4《映像・文章などに》…をとどめる，保存［表現］する: Her charm is *captured* forever on screen. 彼女の魅力はスクリーンに永遠にとどめられている．
5《賞品・タイトル・票など》を獲得する: He *captured* the tennis championship. 彼はテニスの選手権を獲得した．
6《コンピュータ》《データ》をメモリーに取り込む．
── 名 **1** U 捕獲する［される］こと，逮捕，略奪: the *capture* of stray dogs 野犬の捕獲．
2 C 捕獲物，捕虜．

***car [ká:r]

— 名 (複 cars [~z]) C **1** 車, 自動車, 乗用車 (《米》automobile, 《英》motorcar) (◇トラック・バス・タクシーは含まない; ➡ [PICTURE BOX]): a family *car* 中型自家用車 / a racing *car* レース用自動車 / a touring *car* ツーリングカー / a used *car* 中古車 / My father goes to work in his *car*. 私の父は(自家用)車で仕事に行く.

コロケーション 車を [に, から] …
車を洗う: *wash a car*
車を運転する: *drive a car*
車に乗る: *get into a car*
車から降りる: *get out of a car*
車を駐車する: *park a car*

【背景】 アメリカでは, 車は生活するうえで欠かせないものになっている. 高校では16歳になると車の運転を教える所もあり, 自分で車を運転して通学する生徒もいる.

2 《米》(鉄道の)車両 (《英》carriage); [複合語で] …車: a dining *car* 食堂車 / a freight *car* 貨車 / a sleeping *car* 寝台車 / Every train has sixteen *cars*. どの列車も16両編成である. **3** (エレベーター・ロープウェー・飛行船などの)ゴンドラ, 客の乗る箱.

4 市内電車 (《米》streetcar, 《英》tramcar).

■ **by cár** 車で (◇ by car は特に交通手段としての車に重点を置いた言い方): He went to Nikko *by car*. 彼は車で日光へ行った.

◆ **cár párk** C 《英》 **1** 駐車場 (《米》parking lot). **2** 屋内駐車場 (《米》parking garage).
cár phòne [tèlephone] C 自動車電話.
cár poòl C カープール (《通勤・買い物の際にガソリン代節約などのために1台の車に数人が相乗りすること》).

Ca·ra·cas [kərá:kəs / kərǽkəs] 名 固 カラカス (《ベネズエラの首都》).
*car·a·mel [kǽrəməl / kǽrəmèl] 名 **1** C キャラメル. **2** U キャラメル(ソース) (《砂糖を煮詰めた液体》). **3** U キャラメル色, うす茶色.
car·at [kǽrət] 名 C **1** カラット (◇宝石の重量単位; 1カラット=200mg; 《略語》c., ct., car.).
2 《英》=KARAT (◇金の純度の単位. 純金を24カラットとする).
*car·a·van [kǽrəvæ̀n] 名 C **1** (砂漠などを行く)隊商, キャラバン. **2** 《英》幌(ほろ)馬車. **3** 《英》移動住宅, トレーラーハウス (《米》trailer).
car·a·van·ning [kǽrəvænɪŋ] 名 U 《英》トレーラーハウスで旅行すること (trailer camping).
car·a·way [kǽrəwèi] 名 C 《植》キャラウェー, ヒメウイキョウ (《セリ科の草花》); U = cáraway sèeds [集合的に] キャラウェーの実 《香料》.
car·bide [ká:rbaid] 名 U 《化》カーバイド, 炭化物.
car·bine [ká:rbi:n / ká:rbain] 名 C カービン銃 (《軽量の自動小銃》).
car·bo·hy·drate [kà:rbouháidreit] 名 **1** C U 《化》炭水化物. **2** C [通例~s] 炭水化物食品.
car·bol·ic [ka:rbá:lik / -bɔ́lik] 形 《化》石炭酸の.
◆ **carbólic ácid** U 《化》石炭酸, フェノール.
*car·bon [ká:rbən] 【原義は「石炭」】 名 **1** U 《化》炭素 (《元素記号》C). **2** U C = cárbon pàper カーボン紙. **3** C 《電気》(電池などに用いる)炭素棒, 炭素板.
◆ **cárbon cópy** C **1** カーボン紙でとった写し. **2** 非常によく似た人[もの], うりふたつ. **3** (Eメールで)あて先人以外に参考として送信すること (《略語》cc, cc., c.c.).
cárbon dáting U 放射性炭素年代測定法.
cárbon dióxide U 《化》二酸化炭素, 炭酸ガス

PICTURE BOX car

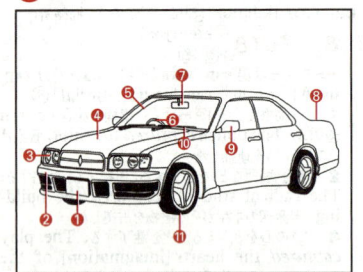

❶ license plate [《英》numberplate] ナンバープレート ❷ bumper バンパー ❸ headlight ヘッドライト ❹ hood [《英》bonnet] ボンネット ❺ windshield [《英》windscreen] フロントガラス ❻ steering wheel ハンドル ❼ rearview mirror バックミラー ❽ trunk [《英》boot] トランク ❾ side [《英》wing] mirror サイドミラー ❿ wiper ワイパー ⓫ tire [《英》tyre] タイヤ

fasten one's seat belt (シートベルトを締める)
start the engine (エンジンをかける) 
step on the clutch (クラッチを踏む) 
shift gears (ギアを切り替える) 
step on the accelerator (アクセルを踏む) 
turn the steering wheel (ハンドルを切る)

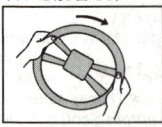

(CO_2).

cárbon monóxide 名U【化】一酸化炭素 (CO).

car·bon·at·ed [káːrbənèitid] 形 (飲料が)炭酸(ガス)に飽和された, 炭酸入りの: *carbonated drinks* 炭酸飲料.

car·bon·ic [kɑːrbánik / -bɔ́n-] 形【化】炭素の, 炭素を含んだ: *carbonic* acid 炭酸.

car·bon·ize [káːrbənàiz] 動 他 …を炭化する, (焼いて)炭にする.

cár-boot sàle 名C《英》= garage sale.

car·bun·cle [káːrbʌŋkl] 名C 1 【医】癰(よう), 疔(ちょう)《悪性の吹き出物》. 2 ざくろ石, ガーネット.

car·bu·ret·or, 《英》**car·bu·ret·tor** [káːrbərèitər / kàːbəréta, -bju-] 名C 【機械】(車·オートバイのエンジンの)キャブレター, 気化器.

car·cass, 《英》**car·case** [káːrkəs] 名C 1 (動物などの)死骸(がい), (殺した食用獣の)胴体. 2 (車·船などの)残骸, 形骸 (cf. corpse (人の)死体). 3 《俗語》(人の)死体; (生きている)人体.

car·cin·o·gen [kɑːrsínədʒən] 名C【医】発癌(がん)物質.

car·ci·no·gen·ic [kàːrsənoudʒénik] 形【医】発癌(がん)性の.

***card [káːrd]

— 名 (複 **cards** [káːrdz]) C 1 カード, 券, 札; クレジットカード (credit card): a *card* of admission 入場券 / Write your address on this *card*, please. このカードにご住所をお書きください.

関連語 いろいろな card
boarding card 搭乗券 / identification [identity, ID] card 身分証明書 / library card 図書館利用カード / membership card 会員証 / name card 名札 / prepaid card プリペイドカード / time card タイムカード

2 あいさつ状, 案内状; はがき (postcard): a birthday *card* 誕生日祝いのカード / a Christmas *card* クリスマスカード / an invitation *card* 招待状 / a greeting *card* あいさつ状 / a get-well *card* 見舞カード / Here is a *card* from your friend in London. ロンドンの友人からはがきが来ました.

3 トランプの札, かるた (playing card) (cf. trump (トランプの)切り札); [~s] トランプ遊び: a pack of *cards* トランプ1組《52枚》/ deal [shuffle] the *cards* カードを配る[切る] / play *cards* トランプをする (◇ do card とは言わない).

4 (訪問用の)名刺 (《英》visiting card, 《米》calling card) (cf. name card 名札): Here's my *card*. (相手にさし出して)私の名刺です (◇英米人はビジネス以外ではあまり名刺を使わない).

5 (スポーツなどの)カード, プログラム, 番組; 呼び物.
6 切り札的手段, 決め手, 適切なもの[こと].
7 《古風》変わり者, 面白いやつ.

■ **be in** [《英》**on**] **the cárds** (物事が)起こりそうである.《由来》「占いのカードに出ている」の意から》
gèt one's cárds 《英口語》首になる, 解雇される.
hàve a [**anòther**] **cárd ùp one's sléeve** 奥の手[秘策]がある.
hóld áll the cárds 《口語》きわめて有利な立場にある. (《由来》「(トランプで)有利なカードを全部持っている」の意から)
kéep [**pláy**] **one's cárds clóse to one's chést** 手の内を見せない, 秘密にしておく.
lày [**pùt**] **one's cards on the táble** 手の内をはっきり見せる; 計画を公開する.
pláy one's bést [**stróngest**] **cárd** 取っておきの手を使う, 切り札を出す.
pláy one's cárds ríght [**wéll**] 物事をうまく処理する.
shów one's cárds 手の内を見せる, 計画を明かす.
thrów úp [**ín**] **one's cárds** 負けを認める; 計画を放棄する.

◆ **cárd càtalog** [**file**] C 《米》(図書館の)カード目録[索引](《英》card index).
cárd gàme C トランプ (遊び).
cárd índex 《英》= card catalog.
cárd tàble C (トランプをする折りたたみ式の)台.

card·board [káːrdbɔ̀ːrd] 名U ボール紙, 厚紙, 板紙, 段ボール.
— 形 1 ボール紙製の, 厚紙の: a *cardboard* box (段)ボール箱. 2 不自然な, 名ばかりの.

cárd-càrry·ing 形【限定用法】会員証を持った, 正式の.

card·hold·er [káːrdhòuldər] 名C クレジット[キャッシュ]カード保持者, 会員証所持者.

car·di·ac [káːrdiæk] 形【限定用法】【医】心臓(病)の, 心臓に関する: a *cardiac* arrest 心臓停止.
— 名 C 1 心臓病患者. 2 【医】強心剤.

◆ **cárdiac fáilure** U C 【医】心不全.

Car·diff [káːrdif] 名 固 カーディフ《英国 Wales 南西部にある港湾都市. Wales の首都》.

car·di·gan [káːrdigən] 名C カーディガン.

*car·di·nal [káːrdənəl] 形【限定用法】1 基本的な, 主要な. 2 緋(ひ)色の, 深紅色の.
— 名 1 C【カトリック】枢機卿(きょう)《ローマ教皇の最高顧問》. 2 C【鳥】ショウジョウコウカンチョウ《北米産の深紅色の鳥》. 3 C = cárdinal númber 基数 (↔ ordinal number 序数) (→ NUMBER 表). 4 U 緋(ひ)色, 深紅色, カーディナル.

◆ **cárdinal póints** [複数扱い] 基本方位《東·西·南·北. 英語では north, south, east, west (北南東西)の順に呼ぶ》.

car·di·(o·) [káːrdi(ou), -diə] 結合 「心臓」の意を表す: *cardio*graph 心電計.

car·di·o·gram [káːrdiəgræm] 名C【医】心電図 (electrocardiogram).

card·phone [káːrdfòun] 名C カード式公衆電話.

card·sharp [káːrdʃɑːrp], **card·sharp·er** [~ər] 名C いかさまトランプ師.

***care [kéər / kéə] 名 動

— 名 (複 **cares** [~z]) 1 U 世話, 介護, 保護, 手当て; 管理, 監督: the *care* of the elderly 老人介護 / give medical *care* to the injured けが人に手当てを施す / The orphan was left in the *care* of a rich woman. その孤児はある金持ちの女性に世話をされることになった / Mr. Barber is under his doctor's *care*. バーバーさんは医師の手

当てを受けている.
2 [U]（細心の）注意, 配慮: Drive your car with much more *care*. もっと注意して車を運転しなさい / Handle with *care*. 取り扱い注意（◇荷物の表示）.
3 [U] 心配, 気苦労（→[類義語]）; [C]［しばしば～s］心配事, 悩みの種: Few people are free from *care*. 心配が何もない人はほとんどいない / I have many *cares*. 私には心配事がたくさんある / This naughty boy is a *care* to his parents. このわんぱく少年は彼の親にとって悩みの種です.
4 [C]《格式》責任の対象, 関心事.
■ ***cáre of ...*** …方, …気付（《略語》c/o): Mr. Taro Yamada *c/o* Mr. John Smith ジョン＝スミス様方山田太郎様.
in cáre of ... 《米》＝care of ....
tàke cáre〔…するように〕**気をつける**, 注意する〔*to do, that*節〕: *Take care* not *to* drink too much. ＝*Take care that* you don't drink too much. 酒を飲みすぎないように気をつけなさい / Bye. — *Take care*. See you tomorrow. じゃあね — 気をつけてね. それじゃあ, またあした（◇別れのあいさつにも用いる）.
tàke cáre of ... [他] **1** …**の世話をする**; …に気をつける: The students *take* good *care of* the rabbits. 生徒たちはウサギの世話をよくする / You should *take care of* your health. あなたは健康に気をつけるべきです. **2** …を処理する, 引き受ける.
tàke cáre of onesèlf **1** 体を大切にする: Please *take care of yourself*. どうかお体を大切に. **2** 自分のことを自分でする.
tàke ... into cáre（施設などが）〈特に子供〉を預かる, 引き取る.
— [動]（三単現 **cares** [～z]; 過去・過分 **cared** [～d]; 現分 **car·ing** [kéəriŋ]）
— [自]［通例, 否定文・疑問文・条件節で］〔…を〕**気にする**, 関心を持つ〔*about*〕: Who *cares*? だれがかまうものか ⇨ だれも気にしない / A selfish person does not *care about* other people's feelings. 自分勝手な人は他人の感情など気にしない.
— [他]［通例, 否定文・疑問文・条件節で］ **1** [care＋疑問詞節] …かを気にする, …かに関心がある: I don't *care what* they will say. 彼らが何を言おうと私は気にしない.
2 [care＋to do] …したいと思う: A cat doesn't *care to* be washed. 猫は体を洗われるのをいやがる / Would you *care to* come and see me tomorrow? あすうちへいらっしゃいませんか.
■ ***cáre for ...*** [他] **1** …**の世話をする**: Who will *care for* the dog while he's in Hawaii? 彼がハワイにいる間, だれがその犬の世話をするのですか.
2 ［通例, 否定文・疑問文・条件節で］《格式》…を好む; …が欲しい: I don't *care for* classical music. クラシック音楽は嫌いです / Would you *care for* a cup of tea? 紅茶を1杯いかがですか.
còuldn't cáre léss 《口語》一向に平気である, 全然無関心である.
for àll ... cáre 《口語》…の知ったことではない（◇通例 can や may を用いた文の文頭・文尾に付ける）: You may go out *for all* I *care*. あなたが出て行っても私はちっともかまわないよ.
◆ **cáre wòrker** [C] 介護をする人; 介護福祉士.

> [類義語] **care, concern, anxiety, worry**
> 共通する意味▶心配 (a troubled state of mind)
> **care** は重い責任からくる「精神的重圧」や他人に対する愛着に由来する「心配, 恐怖, 不安」を表す: He always has financial *cares*. 彼はいつもお金の心配をしている. **concern** は個人的な関心や愛着のため無関心でいられないことからくる「気づかい, 心配」の意: Her illness caused him great *concern*. 彼は彼女の病気のことがとても心配だった. **anxiety** は将来起こるかもしれない不幸・災いに対する「懸念, 不安, 心配」の意: His *anxiety* about the examination results kept him awake all night. 彼は試験の結果が心配でひと晩じゅう眠れなかった. **worry** は心配する気持ちが anxiety よりも強い「苦悩, 精神的動揺」を表し,「実際には根拠のない心配」も表す: His chief *worry* was that he might fail in getting a job. 彼の一番の心配は仕事にありつけないかもしれないことだった.

ca·reen [kəríːn] [動] [自] **1**〔海〕（船などが）傾く, 転覆する. **2**《米》（車が）横揺れしながら疾走する（*along*）. — [他] **1**〔海〕〈船〉を傾ける, 傾かせる. **2**《米》〈車〉を（左右に）揺らして疾走させる.

⁑ca·reer [kəríər]（☆ アクセントに注意）[名][動]

— [名]（複 **ca·reers** [～z]） **1** [C]（専門的な訓練を必要とする）**職業**,（生涯の）仕事: make a *career* of ... …を一生の仕事にする / give up one's *career* 仕事を辞める / Eva chose a *career* as a nurse. エバは看護師を職業に選んだ.
2 [C] 経歴, 生涯, キャリア: He has a brilliant *career* as a conductor. 彼は指揮者として輝かしいキャリアを持っている.
3 ［形容詞的に］専門の, 職業的な; 生粋(きっ)の: a *career* soldier 職業軍人 / a *career* teacher 教師一筋の人 / a *career* path 出世街道.
4 [U] 全速力, 疾走: at [in] (the) full *career* まっしぐらに, 全速力で.
— [動] [自]［副詞(句)を伴って］突っ走る, 疾走する.
◆ **caréer wòman** [gìrl] [C] キャリアウーマン《生涯の専門職を持つ働く女性》.

ca·reer·ist [kəríərist] [名] [C]《通例, 軽蔑》立身出世主義者, 出世第一主義者.

care·free [kéərfrìː] [形]（人が）のんきな, 苦労のない,（旅行などが）気ままな.

⁑care·ful [kéərfəl]

— [形]（↔ careless） **1** (a) **注意深い**, 用心深い;〔…に〕注意する, 気をつける〔*about, of, in*〕（→[類義語]）: a *careful* driver 慎重な運転をする人 / He is very *careful about* [*of*] his health. 彼は健康にとても注意している / Be *careful* (*in*) crossing the street. 道の横断には注意しなさい（◇ in は省略されることが多い）.
(b) [be careful with ...] …（の扱い）に注意す

る: You have to *be careful with* the vase. そ
の花びんの扱いには注意してください.
(c) [be careful+to do [that節]] …するよう
に注意する (◇ that 節中の動詞には現在形を用い
る): *Be careful* not *to make* any noise. 音を
立てないように注意しなさい / *Be careful that*
you don't hurt his feelings. 彼の感情を害さな
いように注意しなさい.
(d) [be careful+疑問詞節] …に注意する: *Be
careful how* you behave at the party. パーテ
ィーではふるまいに気をつけなさい.

2 [限定用法] 念入りな, 綿密な: I gave *careful*
attention to the matter. 私はそのことに念入りな
注意を払った / I gave him an answer after
careful consideration. じっくり考えてから彼に
返事をした.

【類義語】 **careful, cautious**
共通する意味▶用心深い (using great care
and attention)
careful は間違いが起こらないように「注意する」こ
と, 仕事などに「慎重に取り組んでいる」ことを表す:
She was *careful* not to break the vase. 彼
女は花びんを割らないように気をつけた. **cau-
tious** は起こりうる危険を警戒して「行為を抑制す
る」ことで, ためらいや憶病を暗示することもある: a
cautious investor 用心深い投資家.

***care・ful・ly [kéərfəli]
——副 注意深く, 入念に [丁寧] に (↔ carelessly):
Drive *carefully*. 注意して運転しなさい / His
report was a *carefully* researched one. 彼の
報告書は綿密に調査されたものだった.

care・ful・ness [kéərfəlnəs] 名U 注意深いこと,
慎重, 入念.

care・giv・er [kéərgìvər] 名C 《米》(病人・子供の)
介護者, 看護人.

***care・less [kéərləs]
——形 (↔ careful) **1** (a) [...に] 不注意な,
軽率な [*about, in*]: The accident was caused
by *careless* driving. 事故は不注意な運転のため
に起こった / Don't be *careless about* your
language. 言葉づかいに注意しなさい. (b) [be
careless with ...] 〈...の扱い〉に不注意である:
You must not *be* so *careless with* electrici-
ty. 電気を扱うときは不注意であってはいけない.
(c) [be careless+to do / It is careless
of ... to do] 〈人〉が…するのは不注意である: You
were careless to drive without wearing a
seat belt. =*It was careless of* you *to* drive
without wearing a seat belt. シートベルトを締
めないで運転したのはあなたの不注意だった.
2 [叙述用法] [...に] 無頓着(とんちゃく)な, 気にかけない
[*of, about, with*]: He is *careless about* [*of*]
his appearance. 彼は身なりに無頓着です.
3 [限定用法]《文語》のんきな, 気楽な: a *careless*
little laugh 屈託のないちょっとした笑い.

care・less・ly [kéərləsli] 副 不注意にも, うっかりし

care・less・ness [kéərləsnəs] 名U 不注意, 軽
率; 無頓着(とんちゃく); のんき, 気楽さ.

car・er [kéərər] 名C《英》介護人 (《米》care-
giver).

*ca・ress [kərés] 名C 愛撫(あいぶ), 抱擁; キス.
——動 他 **1** …を愛撫する, 抱擁する, 優しくなでる.
2 (音)が〈耳〉に快く響く;〈風〉が〈肌〉に快く当たる.

ca・ress・ing [kərésiŋ] 形 愛撫(あいぶ)する; 愛情を込
めた; なだめるような.

car・et [kærət] 名C (校正用の) 脱字記号, 挿入記
号 《抜けた文字を挿入する場所を示す記号》.

care・tak・er [kéərtèikər] 名C **1** (建物・土地な
どの) 管理人. **2** 世話をする人 (◇教師・看護師な
ど). **3** 《英》(学校・公共建造物などの) 管理人
(《米》janitor).
◆ cáretaker gòvernment C 暫定政府 [内閣].

care・worn [kéərwɔ̀ːrn] 形 心配でやつれた.

car・fare [káːrfɛ̀ər] 名C《米・古風》(乗り物の) 料
金, 運賃; 電車賃, バス代.

*car・go [káːrgou] 名 (複 car・go(e)s [~z]) UC 船
荷;(飛行機・列車の) 積み荷, 貨物.
◆ cárgo bòat [shìp] C 貨物船.

car・hop [káːrhɑ̀p] 名C《米古風》ドライ
ブイン食堂の給仕《料理を自動車まで運ぶ》.

Car・ib・be・an [kèrəbí(ː)ən, kəríbiən / kærə-]
形 カリブ (海) の.
◆ Caribbéan Séa 名 [the ~] カリブ海《中南米
と西インド諸島に囲まれた海》.

car・i・bou [kærəbùː] 名 (複 car・i・bous [~z],
[集合的に] car・i・bou) C 【動物】カリブー, シンリント
ナカイ《北米北部産》.

*car・i・ca・ture [kærikətʃùər] 名 **1** C 風刺画
[文], 風刺漫画, 戯画《人物や物の特徴を過度に強調
したもの》: make a *caricature of* ... …を風刺的に
表現する, 漫画に描く.
2 U 風刺画法.
3 C 戯画化したもの, 下手な模倣, まね事.
——動 他 …を戯画化する; …を風刺的に描く.

car・i・ca・tur・ist [kærikətʃùərist] 名C 風刺画
家 [漫画家]; 風刺文作家.

car・ies [kæriz] 名U 【医】カリエス《骨・歯などの腐
食》; (特に) 虫歯: dental *caries* 虫歯.

car・il・lon [kærəlɑ̀n / kəríljən] 名C **1** カリヨ
ン《教会の鐘楼の組み鐘》. **2** カリヨンで奏でる曲.

car・ing [kéəriŋ] 形 (高齢者・病人などの) 日常の世
話をする, 介護する; 福祉 (関係) の; 思いやりのある:
the *caring* professions 福祉関係の職業.

car・jack・ing [káːrdʒækiŋ] 名UC 自動車強奪.

Carl [káːrl] 名 固 カール《男性の名》.

car・load [káːrlòud] 名C《米》**1** 貨車1両分の
貨物. **2** 貨車貸切りに必要な貨物の最低重量.
3 自動車の乗車定員.

Car・mel・ite [káːrməlàit] 名C 【カトリック】カル
メル会修道士 [修道女].

Car・men [káːrmən / -men] 名 固 カルメン《メリ
メの小説とその熱情的な女主人公の名》.

car・mine [káːrmin, -main] 名U えんじ色, 深紅
色, カーマイン. ——形 えんじ色の, 深紅色の.

car・nage [káːrnidʒ] 名U (戦争などによる) 大虐

car·nal [káːrnəl] 形《通例, 限定用法》《格式》
1 肉体の. **2** 肉欲的な, 官能的な: *carnal desires* 肉欲. **3** 世俗的な, 物欲の.

car·na·tion [kɑːrnéiʃən] 名 **1** C《植》カーネーション(の花). **2** U 淡紅色, カーネイション.

Car·ne·gie [káːrnəgi, kɑːrnéigi] 名 固 カーネギー — Andrew Carnegie 《1835-1919; 米国の製鉄業者・慈善家》.
◆ **Càrnegie Háll** 固 カーネギーホール《米国 New York 市にあるコンサートホール》.

***car·ni·val** [káːrnəvəl] 名 **1** U 謝肉祭, カーニバル《カトリック教国で復活祭の前の四旬節 (Lent) の直前に数日間行われる祝祭. 四旬節には肉食を断つので, その直前に肉をたくさん食べて楽しむ行事》.
2 C《パレードを伴う》祭り, お祭り騒ぎ;《競技や展示などの》大会, 行事.
3 C《米》移動遊園地, 巡回見世物.

car·ni·vore [káːrnəvɔ̀ːr] 名 C **1** 肉食動物 (cf. herbivore 草食動物). **2**《こっけい》肉を食べる人. **3** 食虫植物.

car·niv·o·rous [kɑːrnívərəs] 形《動物が》肉食性の (cf. herbivorous 草食性の, omnivorous 雑食性の);《植物が》食虫の.

car·ob [kǽrəb] 名 C《植》イナゴマメ (の木) 《地中海沿岸原産》.

car·ol [kǽrəl] 名 C 聖歌, 賛美歌; 喜びの歌, 祝歌: a Christmas *carol* クリスマスキャロル.
— 動《過去・過分》《英》**car·olled**; 現分《英》**car·ol·ling**）自《家から家へ》クリスマスキャロルを歌って回る; 楽しく歌う.

Car·ol [kǽrəl] 名 固 キャロル《♂男性・女性の名》.

Car·o·li·na [kæ̀rəláinə] 名 固 カロライナ《米国東部の North Carolina と South Carolina の 2 州を含めた地方》; [the ~s] 南北カロライナ州.

Car·o·line [kǽərəlin, -làin] 名 固 キャロライン《♀女性の名;《愛称》Carrie》.

car·o·tene [kǽrətìːn] 名 C U《生化》カロチン《動植物に含まれる暗赤色の色素. 体内でビタミン A になる》.

ca·rot·id [kərátid, -rɔ́tid] 名 C 頸(はい)動脈 (carotid artery).
— 形 頸動脈の.

ca·rouse [kəráuz] 動 自《文語》大酒を飲む; 飲み騒ぐ, どんちゃん騒ぎをする.

car·ou·sel, car·rou·sel [kæ̀rəsél] 名 C
1《米》回転木馬, メリーゴーラウンド (merry-go-round;《英》roundabout). **2**《流れ作業用の》円形コンベヤー,《空港の》手荷物引き渡し用円形ベルトコンベヤー.

carp¹ [káːrp] 名《複 carps [~s],《集合的》carp》 C《魚》コイ, コイ科の魚.

carp² [káːrp] 動 自《通例, 進行形で》《人に / …について》けちをつける, あら探しする [*at* / *about*]: She's always *carping at* her friends *about* their hairstyles. 彼女はいつも友達の髪型にけちをつける.

‡**car·pen·ter** [káːrpəntər] 名 C 大工; 建具(ぐ)屋: the *carpenter's* son 大工の息子《♢イエス=キリストを指す》.

car·pen·try [káːrpəntri] 名《複 car·pen·tries [~z]》 **1** U 大工職; 大工仕事. **2** U C 木工(品).

‡**car·pet** [káːrpit] 名 動
— 名《複 car·pets [-pits]》 **1** C U カーペット, じゅうたん (→ RUG): lay a *carpet* カーペットを敷く / The living room floor is covered with a *carpet*. 居間の床にはカーペットが敷かれている.
2 C《文語》一面の広がり: a *carpet* of flowers [snow] 一面に咲いた花 [積もった雪].
■ **on the cárpet** **1**《ひどく》しかられて,《叱責(はい)のために》呼びつけられて. **2** 審議中で.
swéep [brúsh, púsh] ... ùnder the cárpet [rúg]《恥になるようなものを》隠す.
— 動他 **1** …にカーペットを敷く. **2**《文語》《…で》…を一面に覆う, 敷きつめる [*with*]. **3**《主に英口語》《使用人などを》呼びつけてしかる.
◆ **cárpet slippers**《複数扱い》じゅうたん地のスリッパ《室内ばき》.
cárpet swèeper C《手動の》じゅうたん掃除機.

car·pet·ing [káːrpitiŋ] 名 U **1** 敷物材料, じゅうたん地. **2**《集合的》敷物類.

car·port [káːrpɔ̀ːrt] 名 C カーポート《建物の側面から屋根を張り出した簡易車庫》.

car·rel, car·rell [kǽrəl] 名 C《図書館の》個人閲覧席 [室].

‡**car·riage** [kǽridʒ]
— 名《複 car·riag·es [~iz]》 **1** C 四輪馬車; 乗り物, 車: a baby *carriage* 乳母車 / a *carriage* and pair [four] 四頭 [4頭] 立て四輪馬車.
2 C《英》《鉄道の》客車, 車両《《米》car》.
3 U《主に英・格式》運送, 輸送, 運搬; 運賃, 運送費: the *carriage* of goods by sea 海運 / *carriage* forward [paid, free] 運賃受取人払い [前払い, 無料]で. **4** U《または a ~》《格式》態度, 身のこなし: a woman of graceful *carriage* 身のこなしの上品な女性. **5** C《機械の》運び台,《タイプライターの》キャリッジ《用紙を動かす部分》.

car·riage·way [kǽridʒwèi] 名 C《英》 **1**《中央分離帯のある》高速道路の片側車線. **2** 車道.

***car·ri·er** [kǽriər] 名 C **1** 運ぶ人 [もの], 運搬人;《米》郵便配達人 (mail carrier). **2** 運送業者, 運送 [運輸] 会社《鉄道・バス・汽船・航空を含む》.
3 航空母艦; 輸送車 [船, 機]. **4**《自動車・自転車などの》荷台. **5**《医》《病原体の》保菌者, キャリアー, 媒介物.
◆ **cárrier bàg** C《英》= shopping bag (→ SHOPPING 複合語).
cárrier pìgeon C 伝書バト (homing pigeon).

car·ri·on [kǽriən] 名 U 腐肉, 死肉; 汚物.
◆ **cárrion cròw** C《鳥》ハシボソガラス《欧州・アジア産》; クロコンドル《米国南部産》.

Car·roll [kǽrəl] 名 固 キャロル Lewis Carroll 《1832-98; 英国の童話作家・数学者. 主著『不思議の国のアリス』》.

‡**car·rot** [kǽrət] 名 **1** C《植》ニンジン. **2** C U 《調理された》ニンジン. **3** C《口語》《約束された》ほうび,《成功》報酬.

■ *(the) cárrot and (the) stíck* あめとむち, ほうび

car·rou·sel [kæərəsél] 名 = CAROUSEL (↑).

car·ry [kǽri] 動名

基本的意味は「運ぶ」.
① 持って行く. 他1
② 持ち運ぶ. 他2
③ 伝える. 他3

——動 (三単現 **car·ries** [~z]; 過去・過分 **car·ried** [~d]; 現分 **car·ry·ing** [~iŋ])
——他 **1** [carry＋O] …を**持って[乗せて]行く**, 運ぶ (→[類義語]): This bus *carries* you to Rockefeller Center. このバスに乗ればロックフェラーセンターまで行けます / He *carried* the boy out of the burning house. 彼は燃えている家からその少年をかかえて救出した / This type of truck is used for *carrying* gasoline. この型のトラックはガソリンを運ぶために用いられる.
2 [carry＋O] …を(身につけて) **持ち運ぶ**, 持ち歩く, 携帯する: I always *carry* a cell phone in my breast pocket. 私は胸のポケットにいつも携帯電話を入れている / The newsboy *carried* newspapers under his arm. 新聞配達の少年は新聞をわきに抱えて運んだ / Each policeman *carries* a pistol with him. 警官は各自ピストルを携帯している / You must not *carry* too much cash on you when you travel. 旅行をするときにあまりたくさん現金を持ち歩いてはいけない.
3 [carry＋O] 〈音・知らせ・話など〉を**伝える**; 〈水・空気など〉を通す, 導く; 〈病気など〉を伝染させる: Water *carries* sound faster than air. 水中では空気中よりも音が速く伝わる / The president's death was immediately *carried* to all the people by radio and television. 大統領死去の知らせはラジオとテレビによってただちに全国民に伝えられた / These pipes *carry* hot water to every room. このパイプで各室に給湯している / A certain kind of mosquito *carries* malaria. ある種の蚊はマラリアを伝染させる.
4 (仕事・旅費など)〈人〉を行かせる, 導く; …を押し進める: Urgent business *carried* my father to London. 急用ができて父はロンドンへ行った / Will fifty dollars be enough to *carry* me to Seattle? 50ドルでシアトルまで行けますか.
5 〈もの・重さ〉を支える; 〈人・会社など〉を支える, 維持する (support): These stone columns *carry* the roof. この石の円柱が屋根を支えている / He is *carrying* this shop. 彼がこの店を支えている.
6 (ある姿勢に)〈体〉を保つ (hold): He *carried* his head high after winning the race. 彼はレースに勝ったあと胸を張っていた. **7** 〈義務・責任・罰など〉を伴う, 含む: Freedom *carries* responsibility with it. 自由は責任を伴う. **8** 〈主張〉を通す; [しばしば受け身で]〈議案など〉を通過させる: The motion *was carried* by 252 to 238. その動議は252対238で可決された. **9** [受け身不可] …の支持[同情]を得る; 《米》〈選挙〉に勝つ: Their performance *carried* the show. 彼らの演技がショーを盛り上げた. **10** (新聞・雑誌が)〈記事〉を載せる: This newspaper *carries* a lot of sports news. この新聞はスポーツニュースをたくさん載せている. **11** (店が)〈商品〉を置く, 扱う: I'm afraid we don't *carry* clothing. 申し訳ありません. うちでは衣類は扱っておりません. **12** 〈道路・建物など〉を延ばす, 拡大する. **13** (通例, 進行形で)〈子〉をはらんでいる; 〈家畜〉を養う. **14** (足し算などで)〈数〉を1桁(炒)繰り上げる.

——自 **1** (音などが)伝わる, 達する; 《ゴルフ》(ボールが)飛距離が出る: The lecturer's voice didn't *carry* well. あの講師の声はよく通らなかった.
2 持ち運びできる.

[句動詞] **cárry abóut** 他 [carry about＋O / carry＋O＋about] …を持ち歩く: That gentleman always *carries* his umbrella *about* with him. あの紳士はいつも傘を持ち歩いている.
cárry awáy 他 [carry away＋O / carry＋O＋away] **1** …を運び去る; (洪水などが)押し流す: The flood *carried away* all the houses along the banks. 洪水が土手沿いの家をすべて押し流した. **2** [通例, 受け身で] …を夢中にさせる, われを忘れさせる: We got *carried away* by her Ophelia. 私たちは彼女の演じるオフィーリアにうっとりとなった.
cárry báck 他 [carry back＋O / carry＋O＋back] **1** …を(元の所へ)戻す, 連れ戻す: Please *carry* this bag *back* to where it was. このバッグを元あった所へ戻してください.
2 (もの・ことが)〈人〉に[…を] 思い出させる [*to*]: The doll *carried* me *back to* my childhood. その人形を見て私は子供時代を思い出した.
cárry fórward 他 [carry forward＋O / carry＋O＋forward] **1** …を先へ進める, 進行させる. **2** 《簿記》〈次のページへ〉…を繰り越す [*to*].
cárry óff 他 [carry off＋O / carry＋O＋off] **1** …を運び[連れ] 去る. **2** 〈行為・役などを)うまくやってのける. **3** 〈賞・名誉など〉を勝ち取る. **4** 〈病気などが〉…の命を奪う.
•cárry it óff (*wéll*) (困難を)うまく切り抜ける.
cárry ón 他 [carry on＋O / carry＋O＋on] **1** 《主に英》…し続ける (continue): We *carried on* a correspondence for ten years. 私たちは10年間文通を続けた / I *carried on* reading the novel all night. 私はその小説を夜通し読み続けた. **2** 〈商売など〉を営む.
——自 **1** 《主に英》[…を] 続ける [*with*]: *Carry on with* the work. その仕事を続けなさい.
2 《口語》わめき立てる. **3** 《口語》[…と] 浮気をする [*with*].

cárry óut 他 [carry out＋O / carry＋O＋out] **1** 〈計画など〉を実行する; 〈実験など〉を行う: Here's your assignment. Now *carry* it *out*. これがあなたの任務です. さあ, やりなさい / The gym was closed while they *carried out* the repairs. 改修を行う間体育館は閉められた. **2** …を運び出す.

cárry óver 他 [carry over＋O / carry＋O＋

over]〈仕事など〉を持ち越す; 延期する. ―[自] [...から] 持ち越される, 続いている [*from*].
cárry thróugh [他] [carry through＋O / carry＋O＋through] **1** 〈目的·計画など〉を達成する. **2** ...に〈困難など〉を切り抜けさせる.
―[自] **1** [...を] 達成する [*with*]. **2** [...まで] 存続している [*to*].
cárry ... thróugh ～ [他] ...に〈困難など〉を切り抜けさせる: Her tact *carried* us *through* the crisis. 彼女の機転のおかげで私たちは危機を切り抜けることができた.
■ ***cárry áll*** [***éverything***] ***befòre one*** 完全な成功 [勝利] を収める.
cárry onesèlf ふるまう: You must *carry yourself* with dignity in his presence. あなたは彼の前では威厳をもってふるまわなくてはいけない.
cárry the dáy 勝利を得る.
cárry ... tóo fár ...をやりすぎる,〈冗談·態度など〉の度がすぎる.
― [名] [U] [または a ～] **1** (銃·ミサイルなどの) 射程; 【ゴルフ】(打球の) 飛距離. **2** 運搬.

> [類義語] **carry, bear, convey, transport**
> 共通する意味▶運ぶ (move something from one place to another)
> **carry** は「運ぶ」の意の最も一般的な語で,「ものを人が持って, または車などで移動させる」ことを表す: A bus *carries* passengers. バスは乗客を運ぶ / She always *carries* an umbrella [handbag] with her. 彼女はいつも傘 [ハンドバッグ] を持ち歩く. **bear** は運ばれるものの重みに耐えることや, しばしばその重要性や威厳を強調することがある: the carriage *bearing* a national guest to the Imperial Palace 国賓を皇居まで乗せて行く馬車. **convey** は carry とほぼ同義だが, 特に「規則的·連続的に流れるように運ぶ」の意で使われる: *convey* boxes on a belt conveyor ベルトコンベアで箱を運ぶ. **transport** は交通機関を使って貨物や乗客を目的地まで「(長距離を) 輸送する」の意: *transport* farm produce to market by truck 農産物をトラックで市場へ輸送する.

car·ry·all [kǽriɔ̀ːl] [名] [C] 《米》大型手さげ袋; 旅行用大型かばん (《英》holdall).
cár·ry-òn [形] [限定用法] 機内に持ち込める.
― [名] **1** [C] (飛行) 機内持ち込み手荷物.
2 [U] [通例 a ～]《主に英口語》ばかげたふるまい.
car·ry·out [kǽriàut]《米·スコット》[形] (料理などが) 持ち帰り用の (《米》takeout,《英》takeaway).
― [名] [C] 持ち帰り用料理 (店).
cár·ry-ò·ver [名] [C] [通例, 単数形で] **1** 【簿記】繰り越し (額). **2** (次期への) 持ち越し商品; 残り物.
car·sick [kάːrsìk] [形] 車 [乗り物] に酔った.
car·sick·ness [～nəs] [名] [U] 車 [乗り物] 酔い.

***cart** [kάːrt] [名] [動]
― [名] (複 **carts** [kάːrts]) [C] **1** 《米》手押し車, カート (《英》trolley): a shopping *cart* ショッピングカート / a golf *cart* ゴルフカート / carry golf clubs in a *cart* ゴルフクラブをカートで運ぶ.
2 (2輪の) 荷車, 荷馬車 (cf. wagon 4輪の荷馬車); 二輪馬車: *Carts* are pulled by horses and oxen. 荷馬車は馬や牛が引く.
■ ***pùt the cárt befòre the hórse*** 本末転倒する. ([由来] 馬の前に荷車を付けることから)
― [動] [他] **1** ...を荷車で運ぶ, ...を荷車で片づける (*away*). **2** 《口語》...を乱暴に運ぶ.
■ ***cárt óff*** [他]《口語》...を乱暴に連れ去る.
carte blanche [kάːrt blάːnʃ, -blάːntʃ] 【フランス】[名] (複 **cartes blanches** [kάːrts-]) **1** [U] 白紙委任, 全権委任. **2** [C] 白紙委任状.
car·tel [kaːrtél] [名] [C] 【経済】カルテル, (競争を避けるための) 企業連合; 【政治】党派連合.
cart·er [kάːrtər] [名] [C] 《古》荷(馬)車の御者.
Car·ter [kάːrtər] [名] [固] カーター Jimmy Carter 《1924- ; 米国の政治家; → PRESIDENT 表》.
Car·thage [kάːrθidʒ] [名] [固] カルタゴ 《フェニキア人がアフリカの地中海沿岸に建設した古代都市国家》.
cart·horse [kάːrthɔ̀ːrs] [名] [C] 荷馬車の馬.
car·ti·lage [kάːrtəlidʒ] [名] [U] [C] 【解剖】軟骨; 軟骨組織.
cart·load [kάːrtlòud] [名] [C] 荷(馬)車1台の荷, 荷(馬)車1台の積載量.
car·tog·ra·phy [kaːrtάgrəfi / -tɔ́g-] [名] [U] 地図製作 (法).
car·tog·ra·pher [-fər] [名] [C] 地図製作者.
***car·ton** [kάːrtən] [名] [C] カートン, 段ボール箱; (ジュース·牛乳などの) 紙 [プラスチック] の容器: a *carton* of milk 牛乳1パック.
***car·toon** [kaːrtúːn] [名] [C] **1** (新聞·雑誌などの) (時事) 風刺漫画 《通例1コマ》; 連続漫画 (comic strip). **2** 漫画映画, 動画, アニメ (animated cartoon). **3** (壁画などの) 実物大の下絵.
car·toon·ist [kaːrtúːnist] [名] [C] 漫画家.
car·tridge [kάːrtridʒ] [名] [C] **1** (銃の) 弾薬筒, (発破用爆薬などの) 火薬筒. **2** (筆記具の) カートリッジ, スペア; 【写】(フィルムの) カートリッジ; (磁気テープの) カセット; (レコードプレーヤーの) ピックアップ.
◆ cártridge bèlt [C] 弾薬帯.
cártridge pàper [U] 薬莢(やっきょう)紙; 画用紙.
cart·wheel [kάːrt*h*wìːl] [名] [C] **1** (荷 (馬) 車の) 車輪. **2** [通例 ～s] 側転: turn *cartwheels* 側転をする. **3** 《口語》大型硬貨; 1ドル銀貨.
― [動] [自] 側転をする.
‡**carve** [kάːrv] [動] [他] **1** [carve＋O] ...を彫る, 彫刻する: The couple *carved* their initials on the tree. 2人は木にイニシャルを刻んだ.
2 [carve＋O＋O / carve＋O＋for ...] ...に～を彫ってやる; ...に〈肉など〉を切り分ける: He *carved* the girl a brooch. = He *carved* a brooch *for* the girl. 彼はその女の子にブローチを彫ってあげた / She *carved* me a piece of turkey. 彼女は私に七面鳥の肉をひと切れ切り分けてくれた. **3** 〈道·運命など〉を切り開く, 開拓する.
― [自] **1** 彫る, 彫刻する. **2** (肉などを) 切り分ける.
■ ***cárve óut*** [他] **1** ...を切り分ける. **2** 〈名声·地位など〉を努力して得る: He *carved out* a career for himself. 彼は自分の力で出世した.

cárve úp 他 **1** …を小さく切り分ける. **2** 《通例, 軽蔑》〈金など〉を山分けする, 分配する.

carv・er [káːrvər] 名 C **1** 彫刻者. **2** (肉などを)切り分ける人. **3** 肉切りナイフ;[〜s](ひと組の)肉切り用ナイフとフォーク.

carv・ing [káːrviŋ] 名 **1** U 彫刻;彫刻術. **2** C 彫り物, 彫刻作品. **3** U (肉を)切り分けること.

◆ **cárving fòrk** C 肉切り用大型フォーク.
cárving knìfe C 肉切り用大型ナイフ.

car・wash [káːrwɑ̀ʃ, -wɔ̀ːʃ / -wɔ̀ʃ] 名 C **1** 洗車場, 洗車機. **2** 洗車.

Ca・sa・no・va [kæ̀zənóuvə] 名 **1** 個 カサノバ Giovanni Jacopo [dʒiouváːni jáːkoupou] Casanova 《1725-98; プレイボーイで有名なイタリアの作家》. **2** C [しばしば c-] 女たらし.

cas・cade [kæskéid] 名 C **1** 小滝 (cf. cataract 大滝);分かれ滝. **2** 滝状のもの《レース飾り・髪など》. **3** ブーケのカスケードスタイル.
— 動 自 滝になる, (滝のように)流れ落ちる.

★★★ **case**¹ [kéis] 《原義は「個々の出来事・事情」》
— 名 (複 **cas・es** [〜iz]) **1** C **場合**, 状況, 《類義語》): I will make an exception in your *case*. あなたの場合は例外としよう / In all *cases* honesty is the best policy. どんな場合でも正直は最良の策である.

2 C **実例**, 事例 (→ EXAMPLE《類義語》): a *case* in point 適切な例 / Let's talk about the *case* of Africa. アフリカの場合について話し合いましょう / I will take one more *case* to illustrate the situation. 状況を説明するもう1つの例を挙げます.

3 [the 〜] 事実, 実情: That is not the *case* with him. 彼に関してそれは正しくない / If that's the *case*, you'd better have an operation right away. そういうことでしたら, 今すぐ手術を受けなさい.

4 C 症例, 病状;患者: The doctor said that the patient's *case* was serious. 患者の病状は深刻であると医師は言った / Today very few *cases* of cholera occur in Japan. 現在日本でコレラ患者が出ることは非常に少ない.

5 C 事件: a murder *case* 殺人事件.

6 C 訴訟, 訴訟事件: He won [lost] the *case*. 彼は訴訟に勝った[負けた].

7 C [通例, 単数形で] 主張, 言い分: the *case* for the defendant 被告側の申し立て / He has a good *case*. 彼には立派な言い分がある.

8 U|C 《文法》格. (→ PERSONAL《文法》)

9 C 《口語》変わり者.

■ ***as is óften the cáse*** […には]よくあることだが [with].

as the cáse may bé 場合によって, 事情次第で.

as the cáse stánds 現状では, こういうわけで.

cáse by cáse 1件ずつ.《比較》日本語の「ケースバイケース」で「事情によっては」は as the case may be, あるいは it [that] depends などと言う.

in ány cáse とにかく: It is expensive, but *in any case* we have to buy it. それは高価だが, とにかく買わなければならない.

***in cáse* ...** [接続詞的に] **1** 《主に米》…の場合の, …ならば: *In case* he does not come, we will start without him. 彼が来ない場合, 彼がいなくても出かけます. **2** …の場合に備えて, …するといけないから: Take an umbrella with you *in case* it rains. 雨が降るといけないから傘を持って行きなさい.

***in cáse of* ...** [前置詞的に] …の場合に: *In case of* emergency, press this button. 非常の場合はこのボタンを押してください.

in éither cáse どっちにしても.

in níne cáses òut of tén きっと, 十中八九は.

in nó cáse どんな場合でも[決して] …でない.

(jùst) in cáse 万一に備えて: Let's take the flashlight *just in case*. 万一に備えて懐中電灯を持って行こう.

***màke (óut) a cáse for* [*agàinst*] ...** …を弁護[…に反論]する.

súch [thís] bèing the cáse そういうわけで[事情]で.

◆ **cáse hístory** C 病歴;(ケースワークのための)個人歴, 事例史.

cáse làw U 《法》判例法.

cáse stúdy U 事例研究, ケーススタディー.

《類義語》 **case, instance, occasion**

共通する意味▶場合 (a particular situation)

case は「話題になっている事柄[状況]」のこと: in such *cases* そんな場合に / His *case* is a peculiar one. 彼の場合は特殊です. **instance** は「証明のために持ち出す事件[状況, 人]」のこと: There are *instances* where honesty does not pay. 正直者がばかを見ることもある. **occasion** は何かを行うための「特別の時」のこと: What would you do on a similar *occasion*? 同じような場合にあなたならどうしますか.

★★★ **case**² [kéis] 名 動
— 名 (複 **cas・es** [〜iz]) C **1 入れ物**, ケース, 箱;[複合語で] …入れ, …ケース: She put the glasses into the *case*. 彼女はめがねをケースにしまった.

《関連語》**いろいろな case**

attaché case 手さげかばん, アタッシェケース / bookcase 本箱 / briefcase 書類かばん / jewel case 宝石箱 / packing case 荷箱 / pencil case 筆箱 / pillowcase まくらカバー / showcase 陳列用ガラスケース

2 1箱 (の量): a *case* of wine ワイン1箱.
3 (ガラスの)戸棚;覆い;(窓の)外枠.
4 《英》旅行かばん, スーツケース (suitcase).
— 動 他 **1** …を箱[ケース]に入れる.
2 《俗語》(盗みなどの目的で) …を下見する.

case・book [kéisbùk] C (法律・医学・心理学などの) 事例[判例, 症例] 集.

ca・se・in [kéisiːn / kéisiin] 名 U 《生化》カゼイン, 乾酪(かんらく)素《牛乳のたんぱく質でチーズの原料》.

case・ment [kéismənt] C 開き窓 (casement window)《両側のちょうつがいで観音開きになる》.

case・work [kéiswə̀ːrk] 名 U ケースワーク《困難に直面した個人や家族の相談・指導・援助を行う社会

福祉事業).
case・work・er [kéiswə̀ːrkər] 名 C ケースワーカー《ケースワークに従事する人》.

***cash** [kǽʃ]
【原義は「金銭箱」】
― 名 U **1** 現金《◇紙幣と硬貨》;(支払い方法としての)キャッシュ,即金: hard *cash* 現金 / pay (in) *cash* 即金で支払う / I seldom carry much *cash* with me. 私はめったに大金を持ち歩かない.
2《口語》金,富(wealth): I am out of *cash*. 私は一文なしです.
■ *cásh dówn* 即金で.
cásh on delívery 代金引換え払い(《略語》COD, C.O.D.).
― 動 他 …を現金にする,現金に換える: Can you *cash* this check for me? この小切手を現金化してくれますか / I'd like to get this check *cashed*, please. この小切手を現金にしたいのです.
■ *cásh ín* 他《小切手など》を現金に換える.
cásh ín on …《口語》…につけ込む: *cash in on* a boom ブームに便乗する.
◆ **cásh càrd** C キャッシュカード(ATM card).
cásh còw C もうかる商売[商品],ドル箱.
cásh cróp C 換金作物.
cásh dèsk C (店の)レジ,勘定台.
cásh díscount C U 現金割引.
cásh dispènser C《英》現金自動支払機.
cásh flòw U [または a 〜] キャッシュフロー,現金流出入.
cásh machìne C 現金自動支払機.
cásh règister C 金銭登録器,レジスター
(➡ FAST-FOOD PICTURE BOX).
cásh and cárry 名 **1** C 現金払いの(大型)安売り店. **2** U 現金払い(制度).
cash・book [kǽʃbùk] 名 C 現金出納簿[帳].
cash・ew [kǽʃuː, kəʃúː] 名 C **1**〖植〗カシュー《熱帯アメリカ産ウルシ科の常緑樹》. **2** =*cáshew nùt* [kǽʃuː- / kəʃúː-] カシューの実(食用).
***cash・ier** [kæʃíər] 名 C (商店などの)現金出納係,レジ係;(会社・銀行の)出納[会計]係.
cash・less [kǽʃləs] 形 現金のない;現金のいらない: a *cashless* society 現金不要の社会,キャッシュレス[カード万能]社会.
cash・mere [kǽʒmiər, kæʃ-] U カシミヤ織[毛]《インド Kashmir 地方のヤギの毛(の織物)》.
cash・point [kǽʃpòint] 名 C《英》現金自動支払機(cash machine).
cas・ing [kéisiŋ] 名 C 包装,覆い《箱・袋・筒などの総称》;(ソーセージの)皮(タイヤの)外皮.
ca・si・no [kəsíːnou] 名 (複 **ca・si・nos** [〜z]) C 賭博(ば)場,カジノ《◇賭博場・ダンスホールなどを含めた複合娯楽施設をさす場合もある》.
cask [kǽsk / káːsk] 名 C **1** (酒を入れる)たる《◇一般的な「たる」は barrel》. **2** 1たるの量: a *cask* of wine 1たるのワイン.
***cas・ket** [kǽskit / káːsk] 名 C **1** (宝石などを入れる)小箱,手箱. **2**《米》棺(ひつ),ひつぎ(coffin).
Cás・pi・an Séa [kǽspiən-] 名 固 [the 〜] カスピ海《アジアとヨーロッパの境にある世界最大の湖》.
Cas・san・dra [kəsǽndrə] 名 **1**〖ギ神〗カッ

サンドラ《トロイの王女》. **2** C 凶事の予言者.
cas・sa・va [kəsáːvə] 名 **1**〖植〗キャッサバ《熱帯産の低木》. **2** U (キャッサバの根からとる)キャッサバでんぷん《タピオカの原料》.
cas・se・role [kǽsəròul] 名 **1** C キャセロール《ガラスや陶製のふた付き蒸し焼きなべ》. **2** C U キャセロール料理《料理してなべごと食卓に出す》.
‡**cas・sette** [kəsét, kæs-] 名 C (録音・録画用の)カセット(テープ);(写真フィルムの)カートリッジ《フィルム容器》: a *cassette* tape カセットテープ / a *cassette* deck カセットデッキ.
Cas・si・o・pe・ia [kæ̀siəpíːə] 名 固〖天文〗カシオペア座《北天のW字形星座》.
cas・sock [kǽsək] 名 C カソック,司祭[牧師]の平服(ぷく)《たけが長い黒の法衣》.
‡**cast** [kǽst / káːst]《☆ 同音 caste》 動 (三単現 **casts** [kǽsts / káːsts]; 過去・過分 **cast**; 現分 **cast・ing** [〜iŋ]) 他 **1** …を投げる,ほうる (➡ THROW 類義語): The die is *cast*. さいは投げられた《「シーザーが言ったと伝えられる.「もう事は始まった.あとには引けない」の意」》/ They *cast* their nets into the sea. 彼らは海に網を打った. **2** …を脱ぐ;除く,落とす: Snakes *cast* their skins every year. 蛇は毎年脱皮する. **3**〈視線・注意など〉を向ける,注ぐ;〈疑惑・影など〉を投げかける;〈魔法など〉をかける: Her eyes were *cast* downward. 彼女は目をふせた / His report *cast* doubts on the fact. 彼の報告はその事実に疑いを投げかけた. **4**〈票〉を〔…に〕投じる [for]: I *cast* a vote *for* a newcomer candidate. 私は新人候補者に投票した. **5**〖映画・劇〗…に〔…の〕役を割り当てる [as]: He was *cast as* Shylock. 彼はシャイロック役に選ばれた. **6** …を〔…で〕鋳造する [in], …を(型に入れて)[…に]造る [into]: *cast* bronze *into* a statue ブロンズを鋳造して像を造る.
― 自 **1** (さいころ・釣り糸などを)投げる. **2** 役を割り当てる. **3** (金属が)鋳型にはまる.

句動詞 *cást abóut [aróund]* 自 周囲を探し回る;[手段などを]探し求める [for]: We *cast about [around] for* a suitable place to camp in. 私たちはキャンプするのに適当な場所を探し回った.
cást asíde 他 [cast aside + O / cast + O + aside] **1** …を捨て去る;〈友人など〉と関係を絶つ;〈不安など〉を振り払う;〈衣服など〉を脱ぎ捨てる. **2**〈習慣など〉をやめる.
cást awáy 他 [cast away + O / cast + O + away] **1** …を投げ捨てる: *cast away* all prejudices すべての偏見を捨て去る. **2** [通例,受け身で]〈船の難破で〉〈人〉を漂流させる.
cást dówn 他 [cast down + O / cast + O + down] **1**〈目・視線〉を下に向ける,伏せる. **2** …を打ち破る. **3** [通例,受け身で] …をがっかりさせる,落胆させる: She *wasn't cast down* by the news. 彼女はその知らせに落胆しなかった.
cást óff 他 **1** (乗員など)の網を解き放つ. **2** 編み目を止める. ― 自 [cast off + O / cast + O + off] **1**〈船の網〉を解き放つ. **2**〈人・関係など〉を捨て去る,見捨てる;〈不要な服など〉を脱ぎ捨てる. **3**〈編み目〉を止める.

cást ón (他) [cast on＋O / cast＋O＋on]〈編み始める目〉を作る. ― (自) 編み始める.

cást óut (他) [cast out＋O / cast＋O＋out] [しばしば受け身で]《文語》[…から]…を追い出す, 追い払う[*of, from*]: He *was cast out from that group*. 彼はそのグループから追放された.

cást úp (他) [cast up＋O / cast＋O＋up]
1〈船・海草など〉を[岸などに] 打ち上げる[*on*].
2〈頭・目〉を上げる: He *cast up* his eyes. 彼は視線を上げた. **3**〈土〉を盛り上げる, 築き上げる.
4〈不快なことなど〉を[人に] 思い出させる[*at, to*].
5〈食べ物〉を吐き出す, もどす.

― 名 **1** [the ～; 集合的に]映画・劇 出演俳優 (全員), 配役, キャスト. **2** © 投げること; (さいころ・釣り糸などを) 投げること, ひと投げ: within a stone's *cast* 石を投げれば届くくらいの距離に. **3** © [医] ギプス (plaster cast). **4** © 鋳型 (に入れて作った物). **5** © [通例 a ～] 色合い, 気味: blue with a purple *cast* 紫がかった青. **6** U 《格式》性癖, 傾向; 様子; タイプ (type): He is of a serious *cast*. 彼はきまじめなタイプです.

cas·ta·net [kæstənét] 名 © [通例 ～s] [音楽] カスタネット.

cast·a·way [kǽstəwèi / kɑ́ːst-] 名 © **1** 難破して島に残された人, 漂流者. **2** (世間から) 見捨てられた人.

caste [kǽst / kɑ́ːst] (☆同音 cast) 名 **1** © カースト《インドのヒンドゥー教徒の世襲的階級. 僧族・士族・商人 [職人] など, 隷属民の4階級》; U カースト制度. **2** © 特権階級. **3** U 社会的地位: lose *caste* 社会的地位を失う, 面目を失う, 恥をかく.

cast·er [kǽstər / kɑ́ːst-] 名 © **1** (家具類の下部に付けた) キャスター. **2** 投げる人; 投票者; 配役を決める人; 鋳造者. **3** 《英》薬味入れ.
◆ **cáster sùgar** U 《英》精製糖, グラニュー糖 (granulated sugar).

cas·ti·gate [kǽstəgèit] 動 他 《格式》 **1** …を罰する, 懲戒する. **2** …を厳しく批評する, 酷評する.

cas·ti·ga·tion [kæ̀stəgéiʃən] 名 U © 《格式》 **1** 懲戒, こらしめ. **2** 酷評.

cast·ing [kǽstiŋ / kɑ́ːstiŋ] 名 **1** © U [劇] 配役 (すること). **2** © 鋳物(もの); U 鋳造. **3** U 釣り糸の投げ込み, キャスティング.
◆ **cásting vóte** © 決定票《賛否同数のとき議長が投じる票》.《比較》日本語で言う「キャスティングボート」は議決を左右する少数派の投票のこと.

cást íron 名 U 鋳(い)鉄.

cást-í·ron 形 **1** 疑問の余地のない, 反論不能な: a *cast-iron* rule 厳しい規則. **2** 鋳(い)鉄 (製) の.
3 鈍感な, 丈夫な.

cas·tle [kǽsl / kɑ́ːsl] (☆発音に注意)
― 名 (複 **cas·tles** [～z]) © **1** 城, 城郭: An Englishman's house is his *castle*.《ことわざ》英国人の家は彼の城である《○プライバシーを尊重する英国人の考え方》.
2 大邸宅. **3** [チェス] ルーク (→ ROOK²).
■ **búild cástles in the áir** [*in Spáin*] 空中楼閣(かく)を築く, 非現実的な空想にふける.

cast·off [kǽstɔ̀ːf / kɑ́ːstɔ̀f] 形 [限定用法] (着なくして) 脱ぎ捨てられた; (人が) 見捨てられた.
― 名 © [通例 ～s] (不用な) 古着; 捨てられたもの, 見捨てられた人.

cas·tor [kǽstər / kɑ́ːst-] 名 ＝CASTER (↑).

cas·trate [kǽstreit / kæstréit] 動 他 …を去勢する.

cas·tra·tion [kæstréiʃən] 名 U © 去勢.

Cas·tro [kǽstrou] 名 (姓) カストロ Fidel [fidél] Castro《1927-; キューバの首相 (1959-76), 76年から国家評議会議長》.

**cas·u·al [kǽʒuəl]
― 形 **1** [限定用法] 何げない, 思いつきの, ふとした: a *casual* remark 思いつきの言葉 / I gave a *casual* glance at her. 私は彼女を何げなく見た.
2 普段着の, カジュアルな, 略式の; くつろいだ, 打ち解けた (↔ *formal*): *casual* clothes [wear] 普段着 / He acts *casual* even at a formal party. 彼は格式ばったパーティーでも打ち解けたふるまいをする.
3 表面的な, おざなりの, いいかげんな: a *casual* inspection おざなりな点検 / He is *casual* about his job. 彼は仕事がいいかげんです.
4 [通例, 限定用法] 偶然の, 不慮の, 思いがけない: a *casual* encounter 偶然の出会い.
5 [限定用法] 臨時の, 不定期の: *casual* expenses 臨時支出 / a *casual* laborer 臨時労働者.
― 名 **1** © 臨時労働者. **2** [～s] 普段着.

cas·u·al·ly [kǽʒuəli] 副 偶然に, 思いがけなく, 何げなく, ふらりと; (服装が) 普段着で.

cas·u·al·ty [kǽʒuəlti] 名 (複 **cas·u·al·ties** [～z]) **1** © [通例, 複数形で] (事故・戦争による) 死傷者; 被害者, 犠牲者; 被害を受けた物: heavy [slight] *casualties* 多数 [少数] の死傷者. **2** U 《英》救急治療室 《米》emergency room.

cas·u·ist·ry [kǽʒuistri] 名 U 詭弁(きべん), こじつけ.

**cat [kǽt]
― 名 (複 **cats** [kǽts]) © **1** 猫 (→ CRY 表)《関連語》tomcat, he-cat 雄猫 / she-cat 雌猫 / kitten 子猫).
【参考】**cat** を含むことわざ: A *cat* has nine lives. 猫は九生を持つ ⇒ 猫はしぶとい / Care killed the *cat*. 心配は (九生を持つ) 猫を殺した ⇒ 心配は身の毒 / Curiosity killed the *cat*. 好奇心が猫を殺した ⇒ 好奇心は身を誤る / When the *cat* is away, the mice will play. 猫のいない間にネズミは遊ぶ ⇒ 鬼のいぬ間に洗濯.
2 ネコ科の動物《ライオン・トラ・ヒョウなど. big cat とも言う》. **3**《古風・俗語》人, やつ.
■ **béll the cát** → BELL 成句.
lèt the cát óut of the bág《口語》うっかり秘密を漏らす.
like a cát on a hót tín róof [《英口語》*on hót bricks*] びくびくして, そわそわして.
nó róom [*nót enòugh róom*] **to swíng a cát**《口語》非常に狭い, 非常に混雑している.
pláy cát and móuse with ...《口語》…をもて遊ぶ, …を追いかけっこをする.
pùt [*sèt*] **the cát amòng the pígeons**《口語》

騒ぎの原因を作る.
ráin cáts and dógs 《口語》(雨が)どしゃ降りになる.
sée whích wáy the cát júmps 《口語》日和見(ﾋﾞ)する, 形勢を見守る.
◆ **cát's crádle** Ⓤ あやとり(遊び).

CAT [kǽt]《略語》= computerized axial tomography コンピュータ断層撮影.
◆ **CÁT scànner** Ⓒ コンピュータ断層撮影装置(◇ CT scanner とも言う).

cat・a・clysm [kǽtəklìzm] 名 Ⓒ《格式》**1** (政治的・社会的な)大変動, 大変革. **2** 大洪水; 地殻の激変《地震・噴火など》.
cat・a・clys・mic [kǽtəklízmik] 形 大変動の.
cat・a・comb [kǽtəkòum] 名 Ⓒ **1** 《通例~s》地下埋葬所《墓地》. **2** [the Catacombs]《ローマの》カタコンベ《初期キリスト教徒の地下墓地》.

*‡**cat・a・log**, 《主に英》**cat・a・logue** [kǽtəlɔ̀ːg/-lɔ̀g] 名 Ⓒ **1** カタログ, 目録; 一覧, リスト: a library *catalog* 図書目録 / a card *catalog* 《図書館の》カード目録. **2** 《米》大学(履修)要覧(《英》calendar). **3** (失敗・災害などが)次々と起こること: a *catalog* of failures 失敗の連続.
— 動 他 …の目録を作成する; …を目録に載せる.

Cat・a・lo・ni・a [kæ̀təlóunjə] 名 ⑪ カタルーニャ, カタロニア《スペイン東部の地中海沿岸地方》.
ca・tal・y・sis [kətǽləsis] 名 《複 **ca・tal・y・ses** [-sìːz]》 Ⓤ Ⓒ《化》触媒作用〔現象〕; 接触反応.
cat・a・lyst [kǽtəlist] 名 Ⓒ **1** 《化》触媒. **2** 触発する人〔もの〕, 変化の誘因, 刺激.
cat・a・lyt・ic [kæ̀təlítik] 形 触媒(作用)の.
◆ **catalytic convérter** Ⓒ《自動車の》触媒浄化装置.

cat・a・ma・ran [kæ̀təmərǽn] 名 Ⓒ **1** 双胴船《2つの船体を並べてつないだ船》. **2** いかだ舟《丸太を数本並べて縛ったもの》.
cát-and-dóg 形 《限定用法》《英口語》《犬と猫のように》仲の悪い, 犬猿の仲の: lead a *cat-and-dog* life けんかばかりして暮らす.

cat・a・pult [kǽtəpʌ̀lt] 名 Ⓒ **1** 石弓《石・矢などを射出する古代兵器》. **2** カタパルト《航空母艦の飛行機・ミサイルの発射装置》. **3** 《英》《石などを飛ばすおもちゃの》ぱちんこ(《米》slingshot).
— 動 他 **1** 〈飛行機・ミサイルなど〉をカタパルトで発射する. **2** 《英》…をぱちんこで打つ, 飛ばす.
3 (通例, 受け身で)…を勢いよく放つ; 〈人〉を〔上の地位などへ〕突然押し上げる〔*to, into*〕: He *was catapulted into* fame. 彼は一躍有名になった.
— 自 勢いよく動く〔飛ぶ, falls〕.

cat・a・ract [kǽtərækt] 名 Ⓒ **1** 《文語》瀑布(ﾊﾞ), 大滝. (cf. cascade 小滝). **2** 《医》白内障.
ca・tarrh [kətάːr] 名 Ⓤ Ⓒ《医》カタル《鼻・のどなどの粘膜に起こる炎症》; 鼻水.

****ca・tas・tro・phe** [kətǽstrəfi] 名 Ⓒ **1** (突然の)大災害, 大惨事, 大異変. **2** 不幸, 災難; 大失敗. **3** (悲劇的な)大詰め, 結末, 破局.
cat・a・stroph・ic [kæ̀təstráfik / -strɔ́f-] 形 **1** 大災害の. **2** 破滅的な, 悲劇的な. **3** 大詰めの.
cat・a・stroph・i・cal・ly [-kəli] 副 破滅的に.

cat・call [kǽtkɔ̀ːl] 名 Ⓒ《集会・劇場などで不満を示す》やじ, 鋭い口笛. — 動 自 不満の口笛を吹く.

*‡**catch** [kǽtʃ] 動 名

基本的意味は「捕まえる」.
① …を捕まえる. 他 **1**
② …に間に合う. 他 **2**
③ …を見つける. 他 **3**
④ …を理解する. 他 **4**

— 動 《三単現 **catch・es** [~iz]; 過去・過分 **caught** [kɔ́ːt]; 現分 **catch・ing** [~iŋ]》
— 他 **1** (a) [catch + O]〈動物・人など〉**を捕まえる**(→類義語); つかむ, 取る: This cat is good at *catching* mice. この猫はネズミを捕まえるのがうまい / He climbed the fence and *caught* the ball. 彼はフェンスによじ登って捕球した / The policemen *caught* the thief. 警官はそのどろぼうを逮捕した.
(b) [catch + O + by the …]〈人〉の〈体の部分〉をつかむ, 取る: The child *caught* me *by the hand* and asked for some money. その子供は私の手をつかんで, お金をくれとせがんだ(◇「人の…をつかむ」と言うときには通例この文型を用いる. The child *caught* my hand. ではつかんだのが足などでなく「手」だということが強調される).
2 [catch + O]〈列車・バスなど〉に**間に合う**(↔ miss); …に追いつく; …と接触する: Run to the station, and you'll *catch* the train. 駅まで走れば列車に間に合うよ / I have to *catch* her before she leaves for Milan. 彼女がミラノへたつ前に連絡を取らなければならない / *Catch* you later. 《口語》じゃあ, またあとで(◇別れのあいさつ).
3 (a) [catch + O]〔…の最中の〕〈人〉を(たまたま)**見つける**〔*in*〕: The policeman *caught* a boy *in* the act of stealing. 警官は少年が盗みを働いているのを見つけた.
(b) [catch + O + doing] …が~しているのを見つける: I happened to *catch* Bill *cheating* on the exam. 私はビルがカンニングをしているのを偶然見つけた.
4 [catch + O] 《進行形不可; 通例, 疑問文・否定文で》…を**理解する**, 意味をとらえる, (聞いて)わかる: Nobody will *catch* your odd idea. あなたのとっぴな考えを理解する人などいない / Did you *catch* what he told you? 彼の言ったことがわかりましたか.
5 《病気など》に**かかる**, 感染する; 《感情などが》…を襲う; 〈火〉がつく: *catch* (a) cold かぜをひく / Paper *catches* fire easily. 紙は火がつきやすい.
6 〔くぎなどに〕…を**引っかける**, からませる; 〔ドアなどに〕はさむ〔*on, in*〕: I *caught* my new suit *on* that nail. = That nail *caught* my new suit. 新しいスーツをあのくぎに引っかけてしまった / Be careful not to *catch* your fingers *in* the door. ドアに指をはさまれないように注意しなさい.
7 (打撃・落下物などが)…に**当たる**; 〈打撃など〉を受ける, くらう: While walking in the garden something *caught* me on the head. = While walking in the garden I *caught* something

on the head. 庭を歩いていると何かが頭に当たった. **8**〈注意・関心など〉を引く,〈目〉にとまる: Meg's red dress *caught* the attention of her classmates. メグの赤いドレスは級友の目を引いた. **9**〈映像・番組など〉を見る,聞く. **10**〈文・写真などが〉をうまくとらえる,描写する (capture).
— 自 **1**〈服などが〉[…に]引っかかる [on]: My apron *caught on* a nail. エプロンがくぎに引っかかった. **2**〈火が〉つく;〈エンジンが〉かかる: At last the engine of my car *caught*. やっと車のエンジンがかかった. **3**[野球]捕手を務める.
[句動詞] ***be cáught in ...*** 他〈あらし・雨など〉にあう: The climbers *were caught in* a snowstorm. 登山者たちは吹雪にあった.
be cáught úp in ... 他 **1** …に夢中になる: The girls *were caught up in* chattering. 少女たちはおしゃべりに夢中だった. **2**〈不本意にも〉〈陰謀など〉に巻き込まれる,…のとばっちりを受ける: He *was caught up in* the plot against his will. 彼は心ならずもその陰謀に巻き込まれた.
cátch at ... 他 **1** …をつかもうとする: A drowning man will *catch at* a straw. 《ことわざ》おぼれる者はわらをもつかむ. **2**〈申し出など〉に飛びつく: He *caught at* my offer. 彼は私の申し出に飛びついた.
cátch ón 自〔口語〕**1**[…の]意味がわかる [わかってくる] [to]: He won't *catch on to* your joke. 彼には君のジョークがわからないだろう. **2** 人気が出る, はやる: This color will *catch on* this fall. 今年の秋はこの色がはやるだろう.
cátch óut 他 [catch out + O / catch + O + out]《主に英》〈人〉の誤り [うそ] を見破る.
cátch úp 他 [catch up + O / catch + O + up] **1** …に追いつく. **2** を〈さっと〉つかむ.
cátch úp on ... 他 **1** …の遅れを取り戻す: I was sick for a few days. Now I have to *catch up on* my study. 私は何日か病気だったので,これから勉強の遅れを取り戻さなければならない. **2**〈流行など〉に通じる, ついていく.
cátch úp with ... 他 …に追いつく, …と対等になる: My car will *catch up with* his in a few minutes. 私の車は数分で彼の車に追いつくだろう / Those Asian countries will *catch up with* the U.S. in trade. それらのアジア諸国は貿易で合衆国と対等になるだろう.
■ ***cátch it***〔口語〕しかられる,罰を受ける.
cátch onesèlf **1**〈しようとしていたことを〉急にやめる,思いとどまる. **2**[…していることに]突然気づく [doing].
— 名 **1** C 捕らえること;[野球]捕球: make a running *catch* 走りながら捕球する.
2 C 捕らえたもの;漁獲高: good [poor] *catch* 大漁 [不漁].
3 C (戸などの) 留め金, 取っ手. **4** C 《口語》わな, 策略: What's the *catch*? この話には何かわなにがあるのではないか / There must be a *catch* somewhere in his proposal. 彼の提案にはどこかわなにがあるはずだ. **5** C 《古風》いい結婚相手,掘り出し物. **6** C (声の) つかえ. **7** U キャッチボール (比較 「キャッチボール」は和製英語): play *catch* キャッチボールをする. **8** U 追いかけっこ (tag).

[類義語] **catch, capture, trap**
共通する意味▶捕まえる (come to possess or control by or as if by seizing)
catch は「捕まえる」の意を表す最も一般的な語で,逃げるものや動いているものを「〈追いかけて〉捕まえる」の意: *catch* a flying fly 飛んでいるハエを捕まえる. **capture** は激しく抵抗するものや捕まえにくいものを「力ずくや策略によって捕まえる」の意: *capture* a robber 強盗を捕まえる. **trap** は人・動物を「わなや策略にかけて捕まえる」の意: *trap* a bear クマをわなで捕らえた.

catch・all [kǽtʃɔ̀ːl] 名 C **1** 全部ひっくるめたもの. **2** がらくた入れ. — 形〔限定用法〕包括的な.
‡**catch・er** [kǽtʃər] 名 C **1**[野球]キャッチャー,捕手: play *catcher* キャッチャーをする. **2** 捕らえる人 [もの].
catch・ing [kǽtʃiŋ] 形〔通例, 叙述用法〕〔口語〕**1**〈病気などが〉伝染性の, うつりやすい. **2**〈感情などが〉広まる; 目を引く, 魅力のある.
catch・ment [kǽtʃmənt] 名 **1** U (雨水の) 集水 (量). **2** C 貯水 [集水] 池.
◆ **cátchment àrea** C 《英》学区 (域); (病院の患者の) 通院区域. **2** C (川などの) 流域.
‡**catch・phrase** [kǽtʃfrèiz] 名 C キャッチフレーズ, 標語, うたい文句.
catch-22 [kǽtʃtwèntiú] 名 U〔しばしば C-〕《口語》逃れようのない八方ふさがりの状況 (◇米国の作家ジョーゼフ=ヘラーの小説 (1961) の題名から).
catch・up [kǽtʃəp] 名 = KETCHUP ケチャップ.
catch・word [kǽtʃwə̀ːrd] 名 C **1** (政党などの) 標語, スローガン, うたい文句. **2** (辞書などの) 欄外見出し語, 柱.
catch・y [kǽtʃi] 形 (比較 **catch・i・er** [~ər]; 最上 **catch・i・est** [~ist]) **1** 面白くて覚えやすい: a *catchy* tune 覚えやすい曲. **2** (問題などが) 引っかかりやすい, わなのある.
cat・e・chism [kǽtəkìzəm] 名 U 〔宗教〕教義問答; C 教義 [信仰] 問答集; 宗教教育用問答集.
cat・e・chize [kǽtəkàiz] 動 他 …に (教義などを) 問答式で教える.
cat・e・gor・i・cal [kæ̀təgɔ́ːrikəl / -gɔ́r-] 形 **1** (陳述・答えなどが) 無条件の, 断定的な; 明確な. **2** 分類別の, 範疇 (ちゅう) に属する.
cat・e・gor・i・cal・ly [-kəli] 副 断定的に, 頭から.
cat・e・go・rize [kǽtigəràiz] 動 他 …を […として] 分類する [as].
‡**cat・e・go・ry** [kǽtəgɔ̀ːri / -gəri] 名 (複 **cat・e・go・ries** [~z]) C **1** 部門, 区分, 種類. **2** 〔論・哲〕範疇 (ちゅう), カテゴリー.
ca・ter [kéitər] 動 自 **1** [宴会などの] 料理 [サービスなど] を提供する, まかなう [for, at]: We *cater for* weddings and parties. 結婚式・宴会のご用命を承ります. **2** [娯楽・必要品などを] 供給する; […の] 要求を満たす [to, 《主に英》for]: The new magazine *caters to* [*for*] young people. その新しい雑誌は若者をターゲットにしている.

— 他《宴会など》の料理［サービス］を提供する.

ca·ter·er [kéitərər] 名C《宴会などの料理の》仕出し業者, 宴会業者;《ホテルなどの》支配人.

ca·ter·ing [kéitəriŋ] 名U《宴会などの》仕出し, ケータリング（サービス）.

*__cat·er·pil·lar__ [kǽtərpìlər] 名C **1** 毛虫, いも虫《チョウ・ガの幼虫》. **2** [C-]《商標》（戦車・ブルドーザーなどの）無限軌道装置. **3**《キャタピラー》トラクター (caterpillar tractor).

cat·er·waul [kǽtərwɔ̀ːl] 動@ **1**《発情期の猫が》ぎゃあぎゃあ鳴く. **2** わめく, いがみ合う.
— 名 [a ~] **1**《猫の》発情期の鳴き声. **2** わめき声, いがみ合い（の声）.

cat·fish [kǽtfìʃ] 名《複 cat·fish·es [~iz], 集合的 cat·fish》C《魚》ナマズ.

cat·gut [kǽtgʌ̀t] 名U ガット, 腸線《羊などの腸で作った糸. 楽器の弦・テニスラケットのガット・手術用縫い糸などに用いる》.

Cath.《略語》= Catholic カトリックの.

ca·thar·sis [kəθάːrsis] 名《複 ca·thar·ses [-siːz]》U C《格式》**1** カタルシス《芸術作品, 特に悲劇を見ることで, 精神を浄化すること》;《医》（精神療法の）カタルシス, 浄化法;《感情の》浄化.
2《医》（下剤による）便通.

ca·thar·tic [kəθάːrtik] 形 **1**《格式》カタルシスの. **2** 下剤の; 下痢の. —名C 下剤.

‡**ca·the·dral** [kəθíːdrəl] 名 C《キリスト》大聖堂, 司教［主教］座聖堂, カテドラル《司教区を代表する聖堂》: Salisbury *Cathedral* ソールズベリー大聖堂.

Cath·er·ine [kǽθərin] 名⑯ キャサリン《◇女性の名;《愛称》Cathy, Cathie, Kate, Kitty》. **2** エカテリーナ 2 世 Catherine II [ðə sékənd] (Catherine the Great)《1729–96》; ロシアの女帝 (1762–96)》.

cath·e·ter [kǽθətər] 名C《医》カテーテル《液の排出用などに体内に挿入する管》,《特に》導尿管.

cath·ode [kǽθoud] 名C《電気》カソード, 陰極 (negative pole) (↔ anode).
◆ cáthode ràys [複数扱い] 陰極線.

cáth·ode-ray tùbe 名C《電気》ブラウン管, 陰極線管《《略語》CRT》.

‡**Cath·o·lic** [kǽθəlik] 形《☆ アクセントに注意》
1《ローマ》カトリック（教会）の, 旧教の《新教 (Protestant) に対してローマカトリック教会をさす》. **2** 全キリスト教会［教徒］の. **3** [c-]《格式》普遍的な;（趣味・関心などが）幅広い: a person with *catholic* tastes 広い趣味を持った人.
— 名C カトリック教徒, 旧教徒《《略語》Cath.》.
◆ Cátholic Chùrch [the ~]《ローマ》カトリック教会.

Ca·thol·i·cism [kəθάləsìzm / -θɔ́l-] 名U《ローマ》カトリック教, 旧教; カトリック信仰［教義］.

cat·kin [kǽtkin] 名C《植》尾状花序（ｶｼｮ）《ヤナギ・ハシバミなど猫の尾のように垂れた花》.

cat·nap [kǽtnæp] 名C《口語》うたた寝, 仮眠.

Ca·to [kéitou] 名⑯ カトー **1** Marcus Porcius [máːrkəs pɔ́ːrʃiəs] Cato. — (Cato the Elder)《234–149 B.C.; 古代ローマの政治家》.
2 小カトー (Cato the Younger)《95–46 B.C.; 古代ローマの政治家・哲学者. 大カトーの曾孫（ﾋﾏｺﾞ）》.

cát's-èye 名C **1** 猫目石, キャッツアイ《◇宝石》.
2（道路の）夜間反射装置《自動車のヘッドライトを反射させる道路鋲（ﾋﾞｮｳ）》.

cát's-pàw 名C **1**《古風》手先［だし］として使われる人.《由来》『イソップ物語』で, 猿が火中の栗を拾うのに猫の手を借りたことから》: make a *cat's-paw* of ... …をだしに使う.

cat·suit [kǽtsjùːt] 名C キャットスーツ, ジャンプスーツ《首から足首まである体にぴったりした服》.

*__cat·sup__ [kǽtsəp, kétʃ-] 名U《米》ケチャップ (ketchup).

***cat·tle** [kǽtl]
— 名U［集合的に, 通例, 複数扱い]（家畜としての）牛《◇ cows, bulls, oxen などの総称;⇒ MEAT 表》: a herd of *cattle* 牛の群れ / fifty (head of) *cattle* 50頭の牛 / beef *cattle* 肉牛 / dairy *cattle* 乳牛 / The *cattle* are grazing in the pasture. 牛が牧場で草をはんでいる.

cat·tle·man [kǽtlmən] 名《複 cat·tle·men [-mən]》C《米》**1** 牛の世話をする人, 牛飼い.
2（肉牛の）大牧場主, 大牧畜業者.

catt·le·ya [kǽtliə] 名C《植》カトレア《熱帯アメリカ産のラン》.

cat·ty [kǽti] 形《比較 cat·ti·er [~ər]; 最上 cat·ti·est [~ist]》**1**《口語・軽蔑》意地の悪い, 悪口を言う. **2** 猫のような, 猫に似た; 敏しょうな.

CATV《略語》= *c*able *TV* 有線［ケーブル］テレビ; *c*ommunity *a*ntenna *t*elevision 共同アンテナテレビ.

cat·walk [kǽtwɔ̀ːk] 名C **1**（ファッションショーの）客席に突き出た細長い舞台. **2**（工場・鉄橋などの）歩行用の狭い通路;（ビルをつなぐ）空中通路.

Cau·ca·sia [kɔːkéiʒə] 名⑯ カフカス, コーカサス《黒海とカスピ海の間にある地方》.

Cau·ca·sian [kɔːkéiʒən, -ʒiən] 形 **1** カフカス［コーカサス］地方［山脈］の. **2** コーカサス人の; 白色人種の. — 名C コーカサス人; 白人 (white).

Cau·ca·sus [kɔ́ːkəsəs] 名⑯ **1** [the ~] カフカス［コーカサス］山脈 (the Caucasus Mountains). **2** = CAUCASIA.

cau·cus [kɔ́ːkəs] 名C［集合的に; 単数・複数扱い］
1（政党の）幹部会, 党員集会《（候補者などを決定する》. **2**《英》（政党の）地方幹部会.

cau·dal [kɔ́ːdəl] 形《動物・解剖》尾の, 尾部の.

***caught** [kɔ́ːt]《☆ 同音《英》court》
動 catch の過去形・過去分詞.

caul·dron [kɔ́ːldrən] 名C《古・文語》大釜（ﾅｰﾏ）.

cau·li·flow·er [kɔ́ːliflàuər, ká- / kɔ́-] 名C
《植》カリフラワー; カリフラワーの花球《食用》.
◆ cáuliflower éar C（ボクサー・レスラーの）（打た）

caulk [kɔ́ːk] 動 他《船板の継ぎ目・すき間など》に防水物質を詰める;（割れ目）に（粘着物を）詰める.

caus·al [kɔ́ːzəl] 形《格式》**1** 原因の, 原因となる; 因果関係の. **2**《文法》原因を表す.

cau·sal·i·ty [kɔːzǽləti] 名U《格式》因果関係, 因果律.

cau·sa·tion [kɔːzéiʃən] 名U《格式》**1** 原因.
2 因果関係.

caus·a·tive [kɔ́ːzətiv] 形《格式》 **1** [⋯の] 原因となる, [⋯を] 引き起こす [*of*]. **2**《文法》使役の, 使役を表す.

— 文法 C = cáusative vèrb《文法》使役動詞《ほかの人・ものにある行為をさせることを表す動詞. make, have, get, let など》.

****cause [kɔ́ːz] 名 動【基本的意味は「原因 (a thing or person that makes something happen)」】

— 名 (複 caus·es [~iz]) **1** C 原因, 原因となる人 [もの] (↔ effect, result): the root *cause* 根本原因 / a *cause* of anxiety 心配の種 / The *cause* of the accident is unknown. その事故の原因は不明です / Smoking is considered to be one of the *causes* of lung cancer. 喫煙は肺癌(ﾊｲｶﾞﾝ)の1つと考えられている.

2 U [⋯の / ⋯する] 理由, 根拠 [*for / to do*]: There is no *cause for* alarm. 驚く理由はない / She has no *cause for* complaining [*to complain*]. 彼女が文句を言う筋合いはない.

3 C 大義, 主義, 主張; (主義・主張のための) 運動: fight for the *cause* of democracy 民主主義のために戦う / He devoted his life to the *cause* of world peace. 彼は世界平和の運動に命をささげた. **4** C 《法》訴訟事件 [理由].

■ **màke cómmon cáuse with ...**《格式》…と協力する, 提携する.

— 動 (三単現 caus·es [~iz]; 過去・過分 caused [~d]; 現分 caus·ing [~iŋ])

— 他 **1** (a) [cause + O] …を引き起こす, …の原因となる (◇通例, よくないことに用いる): Too much drinking is said to *cause* liver trouble. 酒の飲みすぎは肝臓病の原因になると言われている / The accident was *caused* by carelessness. その事故は不注意から起こった. (b) [cause + O + O / cause + O + to [for] ...]〈人〉に〜を引き起こす: His careless words *caused* me a lot of trouble. = His careless words *caused* a lot of trouble *for* me. 彼の不注意な言葉が私にとって非常な迷惑となった.

2 [cause + O + to do] …に〜させる: What *caused* him to change his view? どうして彼は自分の考えを変えたのですか.

'cause [kɔ́ːz] 接《米口語》= BECAUSE.

cause·way [kɔ́ːzwèi] 名 C (低湿地などに土を盛り上げて作った) 土手道.

caus·tic [kɔ́ːstik] 形 **1** 《通例, 限定用法》《化》腐食性の, 苛性(ｶｾｲ)の: *caustic* soda 苛性ソーダ.

2 痛烈な, 辛らつな: *caustic* remarks 辛らつな批評.

*cau·tion [kɔ́ːʃən] 名 **1** U 用心, 注意(すること), 慎重さ: treat [use] ... with *caution* 注意して…を扱う [使う]. **2** C (警察官などの) 警告, 注意, 戒告 (◇ warning より弱い): give a *caution* to ... …に注意を与える. **3**《通例 a 〜》《古風》風変わりな人 [もの], 面白い人 [もの].

■ **thrów cáution to the wínds** 大胆に行動する, 無謀な行動をする.

— 動 他 **1** [caution + O]〈人〉に [⋯を / ⋯について] 警告する, 注意する [*for / about*];〈人〉に [⋯しないように] 注意する [*against*]: The policeman *cautioned* him *about* parking. 警官は駐車のことで彼に注意した / The doctor *cautioned* him *against* eating too much. 医師は彼に食べすぎないように注意した. **2** (a) [caution + O + to do]〈人〉に…するよう忠告する (◇ not to do の形で用いることが多い): We *cautioned* her not *to* walk in the dark. 私たちは彼女に暗い所を歩かないよう注意した (= We *cautioned* her against walking in the dark.). (b) [caution (+O) + that 節] (人に) …であると注意する: The waitress *cautioned* him *that* she was not allowed to smoke in the restaurant. ウエートレスは彼にレストラン内は禁煙ですと注意した.

(▷ 形 cáutious)

cau·tion·ar·y [kɔ́ːʃənèri- / -ʃənəri] 形《通例, 限定用法》《こっけい》警戒を促す, 警告的な, 戒めの: a *cautionary* tale 教訓となる話.

*cau·tious [kɔ́ːʃəs] 形 [⋯に] 用心した, 慎重な, 注意を払う [*of, about, with*]; [⋯しないように] 気をつける [*not to do*] (→ CAREFUL 頻義語): a *cautious* driver 慎重に運転をする人 / My uncle is *cautious* with medicine. 私のおじは薬について用心深い / When you invest money, you should be very *cautious*. お金を投資するときは十分に用心するべきです. (▷ 名 cáution)

cau·tious·ly [kɔ́ːʃəsli] 副 用心深く, 慎重に.

cav·al·cade [kæ̀vəlkéid] 名 C 《単数・複数扱い》(儀式などの) 騎馬行進; (人・車などの) 行列, パレード.

cav·a·lier [kæ̀vəlíər] 形 横柄な, そっけない, ぞんざいな: a *cavalier* manner 横柄な態度.

— 名 C 騎士.

cav·al·ry [kǽvəlri] 名 (複 cav·al·ries [~z]) [the 〜; 単数・複数扱い] 騎兵隊; 戦車隊.

cav·al·ry·man [kǽvəlrimən] 名 (複 cav·al·ry·men [-mən]) C 騎兵 (隊員);《米》装甲部隊員.

*cave [kéiv] 名 C ほら穴, 洞くつ, 横穴; (ワインなどの) 地下貯蔵室.

— 動 他 …にほら穴を掘る;〈斜面など〉をくりぬく.

— 自 (スポーツとして) ほら穴を探検する: go *caving* ほら穴を探検しに行く.

■ **cáve in** 自 **1** 崩れ落ちる, 陥没する. **2** 失敗する. **3** (人が) [⋯に] 降参する, 屈服する [*to*].

◆ **cáve dwèller** C **1** 洞穴生活者 (caveman). **2**《口語》(大都市の) アパート [マンション] 居住者.

ca·ve·at [kɑ́ːviàːt / kǽviæ̀t] 名 C 《格式》警告.

◆ **cáveat émp·tor** [-émptɔːr]《ラテン》U《商》買い手の危険負担.

cáve-in 名 C **1** (土地・鉱山などの) 陥没, 崩落, 落盤 (箇所). **2** 屈服, 譲歩.

cave·man [kéivmæ̀n] 名 (複 cave·men [-mèn]) C **1** (石器時代の) 洞穴生活者. **2**《口語》荒くれ男, (特に女性に対して) 粗野な男.

*cav·ern [kǽvərn] 名 C (大きな) ほら穴, 洞くつ (◇ cave より大きい).

cav·ern·ous [kǽvərnəs] 形 **1** ほら穴のような. **2** (目・性おなどが) くぼんだ. **3** (音が) うつろな.

cav·i·ar, cav·i·are [kǽviɑ̀ːr] 名 U キャビア《チョウザメの卵を塩漬けにした高級珍味》.

cav·il [kǽvəl] 動《過去・過分《英》**cav·illed**；現分《英》**cav·il·ling**》自 やたらに《…の》欠点を探す，《…に》けちをつける，文句を言う《*at*, *about*》.

cav·ing [kéiviŋ] 名 U 洞くつ《ほら穴》探検.

cav·i·ty [kǽvəti] 名《複 **cav·i·ties** [~z]》C **1**《格式》くぼみ，空洞. **2**《解剖》腔(ﾞ)：the mouth *cavity* 口腔. **3** 虫歯(の穴).

ca·vort [kəvɔ́ːrt] 動 自《口語》(人が)とび回る，うかれ騒ぐ；(馬が)はね回る.

caw [kɔ́ː]《擬声語》名 C かーかー《カラスの鳴き声；→ CRY 表》. ━ 動 自 (カラスが)かーかー鳴く.

cay·enne [kàièn, kèi-] 名 **1** U カイエンヌペッパー (**cayenne pepper**)《カイエンヌの実を粉にした香辛料，トウガラシの一種》. **2** C カイエンヌの実.

CB《略語》= *c*itizens' *b*and 市民バンド；*c*hemical and *b*iological 生物化学(兵器).

CBS《略語》= *C*olumbia *B*roadcasting *S*ystem コロンビア放送会社《米国3大テレビ局の1つ》.

cc, cc., c.c.《略語》= *c*arbon *c*opy [*c*opies] カーボン紙でとった写し；(Eメールで)あて先人以外に参考として送信すること；*c*ubic *c*entimeter(s) 立方センチメートル.

CCTV《略語》= *c*losed-*c*ircuit *t*ele*v*ision 有線テレビ，閉回路テレビ.

Cd《元素記号》= *c*a*d*mium カドミウム.

CD《略語》= *c*ompact *d*isc コンパクトディスク.

CD-R《略語》= *c*ompact *d*isc *r*ecordable 《コンピュータ》CD-R《一度だけ書き込みが可能なCD》.

CD-ROM [síːdìːrám / -rɔ́m]《略語》= *c*ompact *d*isc *r*ead-*o*nly *m*emory《コンピュータ》CD-ROM《読み出し専用のCD；➡ COMPUTER [PICTURE BOX]》.

CD-RW《略語》= *c*ompact *d*isc *r*e*w*ritable《コンピュータ》CD-RW《データの書き込み・消去が可能なCD》.

‡**cease** [síːs] 動 自他《格式》**1** やむ，終わる (stop)：The war *ceased* in 1945. 第2次世界大戦は1945年に終わった. **2**《英》やめる《*from*》. ━ 他 …をやめる，中止する，終える：〔**cease**+**to** *do* / **cease**+**doing**〕…するのをやめる(→ STOP 類義語)：She *ceased* writing to him. 彼女は彼に手紙を書くのをやめた / It has *ceased* to snow [*snowing*]. 雪が降りやんだ.　(▷ 名 cessátion)
━ 名〔次の成句で〕*without cease*《格式》絶え間なく.

céase-fìre 名 C《軍》戦闘中止，停戦；「打ち方やめ」の号令，停戦命令.

cease·less [síːsləs] 形《格式》絶え間ない，不断の. **céase·less·ly** [~li] 副 絶え間なく.

*****ce·dar** [síːdər] 名 **1** C《植》ヒマラヤスギ. **2** U 杉材，シーダー材 (cedarwood).

cede [síːd]《☆ **ceed** と同音》seed》動 他《格式》《領土》を《…に》割譲する；《権利・土地》を《…に》譲渡する《*to*》.

***ceil·ing [síːliŋ]
━ 名《複 **ceil·ings** [~z]》C **1** 天井，天井板 (↔ floor)：a high [low] *ceiling* 高い [低い] 天井 / Watch your head because the *ceiling* is low. 天井が低いので頭上に注意してください.
2 (価格・賃金などの)最高限度，上限 (↔ floor)：

The government fixed [set, put] a *ceiling* on defense spending. 政府は防衛費の上限を定めた. **3**《航空》上昇限度，シーリング；《気象》雲高(ﾞ)《地上から雲底までの高さ》.
■ *hit the céiling* かんかんに怒る (hit the roof).

ce·leb [səléb] 名 C《口語》有名人，セレブ (celebrity).

Cel·e·bes [séləbìːz] 名 固 セレベス島《インドネシア東部の島；スラウェシ島の英語名》.

cel·e·brant [séləbrənt] 名 C **1** (ミサなどを行う)司祭. **2** 祝賀者.

*****cel·e·brate** [séləbrèit]
━ 動《三単現 **cel·e·brates** [-brèits]；過去・過分 **cel·e·brat·ed** [~id]；現分 **cel·e·brat·ing** [~iŋ]》
━ 他 **1**〔**celebrate**+**O**〕…を祝う (→ 類義語)：Her birthday was *celebrated* with a big party. 彼女の誕生日は盛大なパーティーで祝福された / We will *celebrate* our tenth wedding anniversary on October 26. 10月26日に私たちは10回目の結婚記念日を祝います.
2〈儀式・式典〉を挙行する：*celebrate* Mass ミサを行う / The War Memorial Ceremony was *celebrated* in the park today. きょう戦争追悼記念式典がその公園で行われた.
3《格式》〈著作・発言などで〉…を称賛する，たたえる：The principal *celebrated* John's diligence in the morning assembly. 校長先生はジョンの勤勉さを朝礼の場でたたえた.
━ 自 **1** 祝う；儀式 [式典] を行う. **2**《口語》楽しく過ごす，浮かれ騒ぐ.

[類義語] **celebrate, observe, keep, commemorate, congratulate**
共通する意味▶祝う (notice or honor a day, occasion, or deed)
celebrate は喜ばしい出来事・記念日・祝祭日などを「儀式や祭りなどによって祝う」の意：Let's *celebrate* his promotion. 彼の昇進祝いをしよう. **observe** と **keep** は祝祭日・記念日を「しきたりにのっとって祝う」の意. **keep** の方はやや口語的：*observe* [*keep*] a harvest festival 収穫祭を行う. **commemorate** は過去の出来事を「儀式や祭典によって祝う」の意：They *commemorated* the 200th anniversary of the great composer's birth. 彼らはその大作曲家の生誕200年祭を催した. **congratulate** は人の成功や幸運など「個人的なことについて祝う」の意：He *congratulated* me on my graduation. 彼は私に卒業おめでとうと言ってくれた.

*****cel·e·brat·ed** [séləbrèitid] 形 **1**《…で / …として》有名な，名高い《*for* / *as*》：a *celebrated* historian 著名な歴史家 / He is *celebrated for* his studies in ancient history. 彼は古代史の研究で有名だ. **2** 〔the ~；名詞的に〕名士たち.

*****cel·e·bra·tion** [sèləbréiʃən] 名 **1** U 祝賀，祝典. **2** C (祝賀の)儀式，祝賀会：have [hold] a silver wedding *celebration* 銀婚式の祝賀会を催す. **3** U 称賛，称揚.

ce·leb·ri·ty [səlébrəti] 名 (複 **ce·leb·ri·ties** [~z]) **1** ⓒ 有名人, 名士. **2** Ⓤ《格式》高名, 名声: gain [attain] *celebrity* 有名になる.

ce·ler·i·ty [səlérəti] 名 Ⓤ《格式》すばやさ, 機敏さ (quickness).

cel·er·y [séləri] 名 Ⓤ《植》セロリ《セリ科の一年草. 食用》.

ce·les·tial [səléstʃəl / -tiəl] 形《格式》**1** 天空の, 天上界の (↔ terrestrial): a *celestial* body 天体. **2** すばらしい; 神聖な, 神々しい (divine).
◆ celéstial sphére ⓒ《天文》天球《観測者を中心として天体を描いた半径無限大の球面》.

cel·i·ba·cy [séləbəsi] 名 Ⓤ (特に宗教上の理由による) 独身 (主義), 独身 [禁欲] 生活.

cel·i·bate [séləbət] 形 **1** 独身の. **2** 独身 [禁欲] 主義を守っている.
— 名 ⓒ (特に宗教上の理由による) 独身 (主義) 者.

***cell** [sél] (☆ 同音 sell)
— 名 (複 **cells** [~z]) ⓒ **1**【生物】細胞: red blood *cells* 赤血球 / *cell* division 細胞分裂 / The human body consists of trillions of *cells*. 人間の体は何兆もの細胞から成り立っている.
2 (刑務所の) 独房, (修道院の) 個室: He was imprisoned in a *cell*. 彼は独房に入れられた.
3 電池 (◇ cell の集合体が battery): a dry *cell* 乾電池 / a solar *cell* 太陽電池. **4** 小部屋 (ハチの巣の) 巣室(ホッ). **5** (政党などの) 支部, (運動組織などの)「細胞」, 下部組織. **6**【コンピュータ】セル《表計算ソフトのます目》.
◆ céll phòne ⓒ 携帯電話 (cellular phone).

‡**cel·lar** [sélər] (☆ 同音 seller) 名 ⓒ **1** (主に食料・燃料などを貯蔵する) 地下室; 穴蔵: a wine *cellar* (地下にある) ワイン貯蔵室. **2** ワインの貯蔵: keep a good *cellar* いいワインを貯蔵している.
3 [the ~](順位の)最下位.

cel·list [tʃélist] 名 ⓒ チェロ奏者, チェリスト.

cel·lo [tʃélou] 名 (複 **cel·los** [~z]) ⓒ【音楽】チェロ《弦楽器の一種; violoncello の短縮形; ➡ ORCHESTRA [PICTURE BOX]》.

cel·lo·phane [séləfèin] 名 Ⓤ セロハン (◇もと《商標》).

cel·lu·lar [séljulər] 形 **1** 細胞の; 細胞から成る. **2** 小区画の (布地の) 目の粗い. **4** 穴のいっぱい開いた, 吸水 [吸湿] 性の. **5** 携帯電信の.
◆ céllular phóne [télephone] ⓒ 携帯電話 (◇基地局のエリアを細胞 (cell) にたとえたことから. cell phone, mobile phone とも言う; ➡ TELEPHONE [PICTURE BOX]).

cel·lu·loid [séljulòid] 名 Ⓤ **1**《商標》セルロイド. **2** 映画 (用フィルム).

cel·lu·lose [séljulòus] 名 Ⓤ《化》セルロース, 繊維素.
◆ cèllulose ácetate Ⓤ《化》アセテート [酢酸] セルロース《合成繊維・写真フィルムなどの生産に使用》.

Cel·si·us [sélsiəs] 形 セ氏の, 摂氏の (centigrade) 《◇セ氏温度計の創案者 Anders [ændərs] Celsius の名から;《略語》C; → 巻末「度量衡」》: eighteen degrees *Celsius* セ氏18度《◇ 18℃ とも

す).

Celt [kélt, sélt] 名 ⓒ ケルト人; [the ~s] ケルト族《ヨーロッパの先住民族; その子孫は現在 Ireland, Wales, Scotland などに住む》.

Celt·ic [kéltik, sélt-] 形 ケルト族 [人] の.
— 名 Ⓤ ケルト語 (派).

‡**ce·ment** [simént] (☆ 発音に注意) 名 Ⓤ **1** セメント. **2** 接着 [接合] 剤;【歯科】(充てん用) セメント. **3** 結合するもの; (友情などの) きずな, 結束.
— 動 他 **1** …をセメントで固める, 接合する (*together*); …にセメントを塗る (*over*): *cement* the blocks *together* ブロックをセメントで接合する.
2《友情・人間関係など》を固める, 強める.
◆ cemént mìxer ⓒ コンクリートミキサー (車) (concrete mixer).

*ce**m·e·ter·y** [sémətèri / -təri] 名 (複 **cem·e·ter·ies** [~z]) ⓒ (教会に属さない) 墓地, (大規模な) 共同墓地 (cf. churchyard 教会付属の墓地; → GRAVE[1] [類義語]).

cen.《略語》= central; century.

cen·o·taph [sénətæf / -tà:f] 名 ⓒ (特に戦死者・死没者のための) 記念碑, 慰霊碑.

cen·sor [sénsər] 名 ⓒ (出版物・映画などの) 検閲官. — 動 他《出版物・放送など》を検閲する.

cen·so·ri·ous [sensɔ́:riəs] 形《格式》批判的な, あら探しの好きな; […に] 口やかましい [*of*].

cen·sor·ship [sénsərʃip] 名 Ⓤ 検閲; 検閲制度.

*c**en·sure** [sénʃər]《格式》名 Ⓤ 非難, 叱責(ホロ); 酷評; 不信任: pass a vote of *censure* on … …に対する不信任案を可決する.
— 動 他《人・行為など》を […のことで] 非難する, 叱責する (blame); 酷評する [*for*]: The judge was *censured for* the unfair judgment. その裁判官は不公平な判決を非難された.

*c**en·sus** [sénsəs] 名 ⓒ 国 [市] 勢調査, 人口調査, (政府の) 統計調査: take a *census* 人口調査を行う.

‡**cent** [sént] (☆ 同音 scent, sent)
【原義は「100(分の1)」】
— 名 (複 **cents** [sénts]) **1** ⓒ セント《◇米国・カナダ・オーストラリアなどの補助通貨単位; 1セント = 100分の1ドル;《記号》¢;《略語》c., ct.); セント (◇ユーロ (euro) の補助通貨単位》.
2 ⓒ 1セント銅貨 (penny).
3 Ⓤ (単位としての) 100: per *cent* 100につき (→ PERCENT). **4** [通例 a ~; 否定文で]《米》少し, びた一文: I won't give you a *cent*. あなたにはびた一文あげませんよ / I don't care a (red) *cent*. 一向にかまわない.

cent.《略語》= cen**t**igrade セ氏の; cen**t**imeter; cen**t**ral; cen**t**ury.

cen·taur [séntɔ:r] 名 **1** ⓒ《ギ神》ケンタウロス《上半身は人間で, 下半身は馬の怪物》.
2 固 [the C-]《天文》ケンタウルス座.

cen·ta·vo [sentá:vou] 名 ⓒ センターボ《◇メキシコ・フィリピン・キューバなどの補助通貨単位; 1ペソ (peso) の100分の1; 1センターボ硬貨》.

cen·te·nar·i·an [sèntənéəriən] 形 100歳 [年] (以上) の. — 名 ⓒ 100歳 (以上) の人.

cen·te·nar·y [senténəri]《主に英》名 (複 **cen·te·**

nar·ies [~z] 形 = CENTENNIAL (↓).

cen·ten·ni·al [senténiəl]《米》名 C 100周年(記念, 祭): the *centennial* anniversary 100周年記念(祭) / the *Centennial* State 100周年祭の州《独立宣言100周年の年にできた Colorado 州の愛称; → AMERICA 表》.
── 形 100周年(記念, 祭)の; 100年ごとの.

***cen·ter,《英》cen·tre** [séntər]
── 名(複 **cen·ters,**《英》**cen·tres** [~z]) **1** [the ~] 中心, 中央 (→ MIDDLE 類義語; → FIGURE 図): (at) the *center* of a circle 円の中心 (に) / a round table in the *center* of the room 部屋の中央の丸テーブル / His office is in the *center* of the city. 彼の事務所は市の中心部にある.
2 C (活動の) 中心地: a *center* for commerce [trade] 商業[貿易]の中心地.
3 C (社会事業などの) 施設, センター; 商店街: a free medical *center* 無料の医療センター / a community *center* 公民館 / an amusement *center* 娯楽センター.
4 C (興味・活動などの集中する) 中心; 中心人物: Tom was the *center* of attention at the party. トムはそのパーティーで注目の的だった.
5 C [通例 the C-] (政治) 中道派, 穏健派.
6 C (野球・サッカーなどの) センター, 中堅手.
── 動 他 **1** […に] …を集中させる, …の中心を置く [*on, upon, around*]: My interest is *centered on* the geography of the island. 私はその島の地理的位置に興味を引かれる / Bob *centered* his hope *on* his son's success. ボブは息子の成功に望みをかけていた. **2** …を中心に置く: Please *center* the vase on the table. 花びんをテーブルの真ん中に置いてください. **3** (球技) (ボール) をセンタリングする. ── 自 […に] 集中する, 中心を置く [*on, upon, around*]: The discussion *centered around* shorter working hours. 議論は労働時間の短縮に集中した. (▷ 名 céntral)

◆ **cénter field** U (野球) センター, 中堅 (→ BASEBALL PICTURE BOX).
cénter fíelder C (野球) センター, 中堅手.
cénter of grávity [the ~] (複 **centers of gravity**) C **1** (物理) 重心. **2** 最重要な部分; 重要人物.
cénter spréad C (新聞・雑誌の) 中央見開き記事 [広告].

cen·ter·fold,《英》**cen·tre·fold** [séntərfòuld] 名 C (雑誌などの) 中央見開きページ; (全面写真などの) 大型折り込みページ.

cen·ter·piece,《英》**cen·tre·piece** [séntərpìːs] 名 C **1** センターピース《主に食卓の中央に置く生け花・レースなどの装飾品》. **2** 最重要部, 一番目立つ部分.

cen·ti- [sentə] 接頭 「100」「100分の1」の意を表す《◇母音の前では cent-》: *centi*liter センチリットル / *centi*meter センチメートル.

‡**cen·ti·grade** [séntəgrèid] 【「centi (100) + grade (段階)」から】形 セ氏の, 摂氏の《略語》C) 《◇正式には Celsius を用いる;《米》では Fahrenheit (カ氏) 温度目盛りを用いることが多い》: twenty degrees *centigrade* セ氏20度 [20°C].
── 名 C セ氏 (摂氏) 温度.

cen·ti·gram,《英》**cen·ti·gramme** [séntəgræm] 名 C センチグラム《◇重量の単位; 100分の1グラム;《略語》cg; →巻末「度量衡」》.

cen·ti·liter,《英》**cen·ti·li·tre** [séntəlìːtər] 名 C センチリットル《◇容積の単位; 100分の1リットル;《略語》cl; →巻末「度量衡」》.

cen·time [sáːntiːm / sɔ́n-] 【フランス】名 C サンチーム《◇フランス・ベルギーなどの旧補助通貨単位; 1フラン (franc) の100分の1》; 1サンチーム硬貨.

***cen·ti·me·ter,《英》cen·ti·me·tre** [séntimìːtər]
── 名(複 **cen·ti·me·ters** [~z]) C センチメートル《◇長さの単位; 100分の1メートル;《略語》cm; →巻末「度量衡」》: She is 170 *centimeters* tall. 彼女の身長は170センチです.

cen·ti·pede [séntəpìːd] 名 C (動物) ムカデ.

‡**cen·tral** [séntrəl]
── 形 **1** [主に限定用法] 中心の, 中央の; 中心部の: The city hall is in the *central* part of the city. 市役所は市の中心部にある / My father's office is more *central* compared to my school. 父の会社は私の学校より中心部に近い.
2 中心となる, 主な: the *central* government 中央政府 / the *central* theme in this novel この小説の主要テーマ / Einstein's discoveries were *central* to modern physics for decades. アインシュタインの発見は何十年もの間現代物理学の中核を成すものだった. (▷ 名 cénter)

◆ **Céntral América** 固 中央アメリカ, 中米《略語》CA).
Céntral Ásia 固 中央アジア.
céntral héating U セントラルヒーティング, 集中暖房方式.
Céntral Intélligence Àgency 固 [the ~] (米国の) 中央情報局《略語》CIA).
céntral nérvous sỳstem C (解剖) 中枢神経系.
Céntral Párk 固 セントラルパーク《New York 市の中央部にある公園》.
céntral prócessing ùnit C (コンピュータ) 中央演算処理装置《略語》CPU).
céntral reservátion C《英》中央分離帯《米》median).
Céntral (Stándard) Tìme U《米》中部標準時《略語》CST).

Céntral Áfrican Repúblic 名 固 [the ~] 中央アフリカ共和国《首都バンギ (Bangui)》.

cen·tral·ism [séntrəlìzm] 名 U 中央集権主義.
cen·tral·i·ty [sentrǽləti] 名 U (格式) 中心 [中央] にあること.
cen·tral·i·za·tion [sèntrələzéiʃən / -lai-] 名 U 集中 (化); 中央集権 (化).
cen·tral·ize,《英》**cen·tral·ise** [séntrəlàiz] 動 他 …を中央に集める, 集中させる; (政治など) を中央集権化する.
── 自 中央に集まる; 中央集権化する.

cen·tral·ly [séntrəli] 副 中央に, 中心(的)に.

cen·tre [séntər] 名 動 《英》= CENTER (↑).

cen·trif·u·gal [sentrífəgəl / sèntrifjúːgəl] 形 【物理】遠心性の, 遠心力の; 遠心力を用いた (↔ centripetal): *centrifugal* force 遠心力 / a *centrifugal* machine 遠心分離機 (centrifuge).

cen·tri·fuge [séntrifjùːdʒ] 名 C 遠心分離機《遠心力を利用して, 比重の異なる2つの液体, または液体と固体を分離する装置. ろ過・精製などに使用》.

cen·trip·e·tal [sentrípətəl] 形【物理】求心性の, 求心力の; 求心力を用いた (↔ centrifugal): *centripetal* force 求心力.

cen·trist [séntrist] 名 C 中道〔穏健〕派(議員).
—形 中道〔穏健〕派の.

cen·tu·ri·on [sentjúəriən] 名 C (古代ローマの) 百人隊の隊長.

cen·tu·ry [séntʃəri]
—名 (複 cen·tu·ries [~z]) C 1 世紀《略記 C., cent.》; (任意の)100年間: the twenty-first *century* 21世紀《2001年から2100年まで》/ during the last *century* 前世紀に / This concert hall was built half a *century* ago. このコンサートホールは50年前に建てられた.

CEO 《略語》= chief executive officer 最高経営責任者.

ce·ram·ic [sərǽmik] 形 陶磁器の, 陶製 [セラミック]の (in ceramic); 窯業の, 窯業の(*ようぎょう*): *ceramic* tile 陶製タイル.
—名 C 陶磁製物質, セラミック.

ce·ram·ics [sərǽmiks] 名 1 [単数扱い] 陶芸, 窯業(*ようぎょう*). 2 [複数扱い] 陶磁器, 陶芸品.

‡ce·re·al [síəriəl] (☆ 同音 serial) 名 1 C 穀物, 穀類《小麦 (wheat)・大麦 (barley)・オート麦 (oats)・米 (rice)・トウモロコシ (corn, 《英》 maize) など》. 2 C U シリアル《コーンフレークス (cornflakes) など穀物加工食品》.

cer·e·bel·lum [sèrəbéləm] 名 (複 cer·e·bel·lums [~z], cer·e·bel·la [-bélə]) C 【解剖】小脳.

cer·e·bral [sərí:brəl, sérə-] 形 1 【医】大脳の, 脳の: *cerebral* cortex 大脳皮質 / *cerebral* palsy 脳性小児麻痺(*まひ*). 2 《格式》 知性的な.

cer·e·bra·tion [sèrəbréiʃən] 名 U《格式》大脳作用〔機能〕; 精神活動.

cer·e·brum [sərí:brəm, sérə-] 名 (複 cer·e·brums [~z], cer·e·bra [-brə]) C 【解剖】大脳, 脳.

*cer·e·mo·ni·al [sèrəmóuniəl] 形 《通例, 限定用法》儀式の, 儀礼の; 儀式用の; 公式の: a *ceremonial* costume [robe] 式服 / a *ceremonial* visit 公式訪問.
—名 C 儀式, 式典; U 儀式次第: a religious *ceremonial* 宗教儀式. (▷ 名 cérèmòny)

*cer·e·mo·ni·ous [sèrəmóuniəs] 形 1 儀式ばった, 儀式に従った, 堅苦しい: a *ceremonious* speech 堅苦しいスピーチ. 2 非常に礼儀正しい [丁寧な]; 正式の (formal).

cer·e·mo·ni·ous·ly [~li] 副 儀式ばって.

***cer·e·mo·ny [sérəmòuni / -məni]
—名 (複 cer·e·mo·nies [~z]) 1 C 儀式, 式典: a marriage [wedding] *ceremony* 結婚式 / religious [church] *ceremonies* 宗教〔教会〕儀式 / The opening *ceremony* began at eight. 開会式は8時に始まった.
2 U (社交上の) 儀礼, 礼儀; 形式ばること; 堅苦しさ: I don't like *ceremony*. 私は堅苦しいのが嫌いです.
■ *stánd on [upòn] céremony* [否定文で] 形式ばる, 堅苦しくする: Let's not *stand on ceremony*. ざっくばらんにやりましょう.
withòut céremony 儀式ばらずに, 気軽に.
(▷ 形 cèremónial, cèremónious)

Ce·res [síəriːz] 名 固 [ローマ神話] ケレス《農業の女神; → GODDESS 表》.

ce·rise [sərí:s, -rí:z] 【フランス】 名 U サクランボ色, 鮮紅色, スリーズ, チェリーピンク.
—形 サクランボ色の, 鮮紅色の.

ce·ri·um [síəriəm] 名 U 【化】セリウム《◇希土(*きど*)類元素; 《元素記号》Ce》.

cert [sáːrt] (◇ certainty の略) 名 C [通例, 単数形で]《英口語》 1 確実なこと. 2 (競馬の) 本命馬.

cert. (略語) = *cert*ificate 証明書; *cert*ified 保証された.

***cer·tain [sáːrtn] 形 代
—形 1 (a) [be certain of [about] ...] ...を**確信している**: Sam *was certain* of winning first prize. サムは1位になれると確信していた / I *am* not *certain* about the spelling. 私はそのつづりに自信がない. (b) [be certain+that 節] ...と確信している: I *am certain that* she will be a good pianist. 私は彼女が立派なピアニストになると確信している. (c) [be certain+疑問詞節〔句〕] [通例, 否定文・疑問文で] ...かを確信している: I *am* not *certain when* he will come. 彼がいつ来るか私にはよくわからない.
2 [be certain+to do] 必ず〔きっと〕...する: He *is certain to* succeed. 彼は必ず成功する (= It is certain that he will succeed.).
3 (a) 確かな, 明白な: There is no *certain* evidence of his guilt. 彼の有罪については確証がない. (b) [It is certain+that 節] ...は確かである: *It is certain that* he will come. 彼が来ることは確実です (= He is certain to come.).
4 [限定用法] (明言を避けて) **ある**..., 例の...; ...という: I met him at a *certain* party. 私はあるパーティーで彼に会った / She has a *certain* charm about her. 彼女には何とも言いようのない魅力がある / A *certain* Mr. Smith has come to see you. スミスさんという人がお見えになっています.
5 [限定用法; a ~も] 少し, わずかの; ある程度の, 一定の: save a *certain* sum of money ある程度のお金をためる / What you say is true to a *certain* extent. あなたの言うことはある程度は正しい.
■ *for cértain* はっきりと, 確実に (surely) 《◇通例 know, say と共に用いる》: I don't know *for*

certain when Bob comes. ボブがいつ来るかはっきりとは知らない.

màke cértain 1 [...を/...ということを/...かを]確かめる [*of* / *that* 節/疑問詞節]: You may as well *make certain of* his intention. 彼の意向を確かめたほうがよい / Let's *make certain when* the next train arrives. 次の列車がいつ到着するか確かめておこう. **2** 確実に[...するように]する[*that* 節]; [...を]確保する[*of*]: We went early to *make certain that* we got front seats. 私たちは確実に前列の席が取れるように早く行った.

—**代** [複数扱い] [...の中の] いく人かの人, いくつかのもの [*of*]: *Certain* of these articles are difficult to understand. これらの論文のいくつかは理解しにくい. (▷ **名** cértainty)

cer·tain·ly [sə́ːrtnli]

—**副** (◇疑問文には用いない) **1** [文修飾] **きっと**, 絶対に, 間違いなく: Leave right now, or you will *certainly* be late for school. すぐ出発しなさい, さもないと学校に間違いなく遅刻しますよ / He *certainly* did not attend the class. 彼は確かに授業に出席していなかった (◇否定語の前に置く).

2 [依頼・質問に対する返事として] **もちろんです**, いいですとも, その通り: Do you agree with me? — Oh, *certainly*. 私の意見に賛成ですか—はい, もちろん.

3 [強意語として] 実に, まったく: He was *certainly* kind. 彼は実に親切だった.

■ *Cértainly nót.* [強い否定の返事として] (もちろん) そんなことないよ: Will you date me? — *Certainly not.* デートしてくれる?—もちろんいやよ.

cer·tain·ty [sə́ːrtnti] **名** (複 **cer·tain·ties** [~z]) **1** **Ⓤ** [...のことでの / ...という] 確実(性), 確信 [*of* / *that* 節]: She has little *certainty of* attaining her goal [*that* she will attain her goal]. 彼女は目的を達成する確信はほとんどない. **2** **Ⓒ** 確実なこと[もの], 確信を持てること: It is a *certainty* that the team will win. そのチームの勝利は絶対確実である.

■ *for [to] a cértainty* 確かに, 間違いなく.
with cértainty 確信を持って: I can say *with certainty* that they are not here. 彼らがここにいないと私は確信を持って言える. (▷ **形** cértain)

cer·ti·fi·a·ble [sə́ːrtifáiəbl] **形 1** 保証できる, 保証付きの; (公式に)証明できる. **2** 《古風》(人が) 正気でない.

*__**cer·tif·i·cate**__ [sərtífikət] (☆ との発音の違いに注意) **名 Ⓒ 1** 証明書: a birth [death] *certificate* = a *certificate* of birth [death] 出生[死亡]証明書 / a health [marriage] *certificate* 健康[結婚]証明書. **2** 免許状, 免状: a teaching [teacher's] *certificate* 教員免許状.

—**動** [sərtífikèit] **他** ...に証明書[免許(状)]を与える.

cer·tif·i·cat·ed [sərtífikèitid] **形** 《主に英》免許[資格]を取得した, 免許[資格]を持った.

cer·ti·fi·ca·tion [sə̀ːrtifikéiʃən] **名 1** **Ⓒ** 証明書, 免許書. **2** **ⓊⒸ** 証明, 保証; 認定; 証明書の交付.

cer·ti·fied [sə́ːrtifàid] **形** 証明された, 保証された; 公認の, 認定された.

◆ **cértified chéck** [《英》**chéque**] **Ⓒ** 支払い引受[銀行保証] 小切手.

cértified máil **Ⓤ** 《米》配達証明郵便 (《英》recorded delivery).

cértified mílk **Ⓤ** 《米》(衛生基準合格の) 保証牛乳.

cértified públic accóuntant **Ⓒ** 《米》公認会計士 (《略語》 CPA).

*__**cer·ti·fy**__ [sə́ːrtifài] **動** (三単現 **cer·ti·fies** [~z], 過去・過分 **cer·ti·fied** [~d]; 現分 **cer·ti·fy·ing** [~iŋ]) **他 1** [...ということを] (文書で)証明する, 保証する [*that* 節]: a paper *certifying that* he has paid his debts 彼が借金を返済したことを証明する書類 / I hereby *certify that* .... = This is to *certify that* ....であることを証明する (◇証明書の決まり文句) / The bank *certified* my accounts. 銀行は私の口座を保証した. **2** ...を[~であると] 証明[認定]する [*to be, as*]: The cause of death is *certified as* cancer. 死亡の原因は癌(がん)とされている / His uncle was *certified* (*to be*) insane. 彼のおじは精神に障害があると診断された. **3** 〈人に〉証明書[免許状]を与える.

cer·ti·tude [sə́ːrtitjùːd] **名 Ⓤ** 《格式》確信, 確実(性) (certainty).

Cer·van·tes [sə(ː)rvǽnti(ː)z] **名 固** セルバンテス Miguel de [migél də] *Cervantes* 《1547-1616; スペインの作家. 主著『ドン=キホーテ』》.

cer·vi·cal [sə́ːrvikəl] **形** 《解剖》首の, 頸部(けいぶ)の; 子宮頸部の.

cer·vix [sə́ːrviks] **名** (複 **cer·vi·ces** [sərváisiːz, sə́ːrvəsiːz], **cer·vix·es** [~iz]) **Ⓒ** 《解剖》(子宮などの)頸部(けいぶ).

Ce·sar·e·an, Ce·sar·i·an [sizéəriən] **形 名** 《米》= CAESAREAN.

ce·si·um [síːziəm] **名 Ⓤ** 《化》セシウム (◇金属元素; 《元素記号》 Cs).

ces·sa·tion [seséiʃən] **名 ⓊⒸ** 《格式》中止, 停止, 休止: a temporary *cessation* of hostilities 一時的な休戦[停戦] / a *cessation* of production 製造中止. (▷ **動** céase)

ces·sion [séʃən] (◇ 同音 session) **名 ⓊⒸ** 《格式》(権利・土地などの) 譲渡; 領土の割譲.

Cess·na [sésnə] **名 Ⓒ** 《商標》セスナ 《小型飛行機》.

cess·pit [séspit] **名** = CESSPOOL (↓).

cess·pool [séspùːl] **名 Ⓒ** (流し・便所などの) 汚物[汚水]だめ; 汚(けが)れた場所.

ce·su·ra [sizúərə / sizjúərə] **名 Ⓒ** 《音楽》(楽節中の) 中間休止.

ce·ta·cean [sitéiʃən] **名 Ⓒ** 《通例, 複数形で》クジラ目(もく)の動物 《鯨・イルカなど水中にすむ哺乳(ほにゅう)動物》. —**形** クジラ目の.

Cey·lon [silán, sei- / silɔ́n] (☆ 発音に注意) **名 固** セイロン (島) 《インド洋上の島. スリランカの旧名》.

Cé·zanne [seizɑ́ːn / sizǽn] **名 固** セザンヌ Paul *Cézanne* 《1839-1906; フランスの印象派の画家》.

cf. [kəmpéər, síːéf] 【ラテン】《略語》比較せよ, 参照

CFC (《略語》) =chlorofluorocarbon フロンガス.
cg, cg. (《略語》) =centigram(s) センチグラム.
ch., Ch. (《略語》) =chapter; church.
cha-cha [tʃɑ́ːtʃɑ̀ː], **cha-cha-cha** [tʃɑ́ːtʃɑ̀ːtʃɑ́ː] 名C チャチャチャ《南米起源のテンポの速いダンス(音楽)》.
Chad [tʃæd] 名 固 チャド《アフリカ中央部の共和国; 首都ンジャメナ(**N'Djamena**[èndʒəméinə])》.
chafe [tʃéif] 動 他 **1** 〈手足など〉をこすって暖める: *chafe* cold hands 冷たい手をこすって暖める.
2 〈皮膚など〉をすりむく: His collar *chafed* his neck. 彼は(シャツの)カラーで首をすりむいた.
3 …をいらいらさせる, 悩ませる.
― 自 **1** […に] 体をこすりつける [*against*].
2 〈皮膚などが〉こすれてひりひり痛む. **3** […に / …のために] いら立つ, じれる [*at* / *under*].
chaff[1] [tʃæf / tʃɑ́ːf] 名 U **1** もみがら, (飼料用)切りわら. **2** つまらないもの, くず.
chaff[2] 《古・口語》名 U (悪意のない)冷やかし, 冗談.
― 動 他 …を冷やかす, からかう.
chaf·finch [tʃǽfintʃ] 名 C 《鳥》ズアオアトリ《ヨーロッパ産の鳴鳥(なきどり)》.
cha·grin [ʃəgrín / ʃǽgrin] 名 U (格式)(期待通りでないための)残念, 無念: feel *chagrin* at... …を無念に思う / to one's *chagrin* 悔しいことに.
― 動 他 (通例, 受け身で) …を […のことで] 悔しがらせる, 残念に思わせる [*at, by*]: John *was* [felt] *chagrined at* [*by*] his failure. ジョンは自分の失敗を悔しいと思った.

***chain** [tʃéin]

― 名 (複 **chains** [~z]) **1** CU 鎖, チェーン (cf. link (鎖の1つ1つの)輪): a watch *chain* 時計の鎖 / a bicycle *chain* 自転車のチェーン (→ BICYCLE 図) / That dog was kept on a *chain*. その犬は鎖につながれて飼われていた.
2 [a ~] 一連[の…], ひと続き[の…] [*of*]: a *chain of* mountains = a mountain *chain* 山脈, 山並み / a *chain of* events 一連の出来事.
3 C (ホテル・レストランなどの)チェーン《同一経営者による系列店》: a restaurant *chain* レストランチェーン. **4** C (通例~s) 束縛(するもの), 拘束; 監禁.
■ ***in cháins*** 拘束されて; 監禁されて.
― 動 他 …を鎖で […に] つなぐ, 拘束する (*up, together, down*) [*to*]: Mary *chains* her dog *up to* the pole in the yard. メアリーは自分の犬を中庭の柱に鎖でつないでいる.
◆ **cháin gàng** C 鎖に一緒につながれている囚人.
cháin lètter C 連鎖手紙《受取人が別の何人かに同一内容の手紙を出すように要求される》.
cháin máil U 鎖かたびら.
cháin reàction UC 連鎖反応; 連続して起こる事件, 一連の出来事.
cháin sàw C 電動のこぎり, チェーンソー.
cháin smòker C 立て続けにたばこを吸う人.
cháin stìtch CU 鎖縫い, 鎖編み.
cháin stòre C チェーンストア.
cháin-smoke 動 他 〈たばこ〉を続けざまに吸う.
― 自 たばこを続けざまに吸う.

***chair** [tʃéər]

― 名 (複 **chairs** [~z]) **1** C いす (→ 類義語):
sit on [in] a *chair* いすに座る《◇通例, 柔らかいいすに沈むように座る場合は in, 固いいすは on を用いる》/ Take a *chair*, please. どうぞいすにおかけください.

関連語 いろいろな chair
armchair ひじ掛けいす / deck chair デッキチェア / easy chair 安楽いす / folding chair 折りたたみいす / rocking chair 揺りいす / swivel chair 回転いす / wheelchair 車いす

2 [the ~] 議長席[職], 会長席[職]; 議長, 司会者 (→ CHAIRMAN 語法): be in the *chair* 議長席に着いている, 司会[議長]を務めている / take [leave] the *chair* 議長席に着く[を去る]; 開会[閉会]する / pass the *chair* 議長[会長]の任期を終える.
3 C (大学の)講座; 主任教授の地位: He holds the *chair* in the department of economics at this university. 彼はこの大学の経済学部の主任教授である. **4** [the ~] 《米口語》(死刑用の)電気いす (electric chair).
― 動 他 …の議長[司会]を務める: *chair* a conference 会議の議長を務める.

類義語 **chair, stool, bench, sofa, seat**
共通する意味▶いす (a thing to sit on)
chair は「背のある1人掛けのいす」で, ひじ掛け付きもある. **stool** は「ひじ掛けも背もない(あっても小さい)1人用の腰掛け」. **bench** は2人以上座れる「長い固い腰掛け」で, 背のあるものもないものもある. **sofa** はスプリングが入っていて布または革張りで「背もひじ掛けも付いている長いす」. **seat** は「座席」の意で, 腰かけるもの一般を表す.

chair·lift [tʃéərlìft] 名 C スキーリフト.

***chair·man** [tʃéərmən]

― 名 (複 **chair·men** [-mən]) C **1** 議長, 司会者: He was elected (as) *chairman* of this conference. 彼はこの会議の議長に選出された.
語法 (1)男性への呼びかけには Mr. Chairman, 女性への呼びかけには Madam Chairman を用いる.
(2) chairman の代わりに男女共通の chair, chairperson を用いる傾向にある. また女性であることを明示する場合には chairwoman と言う.
2 委員長, (会社などの)会長.
3 《米》(大学の)学部長, 学科主任.
chair·man·ship [tʃéərmənʃìp] 名 **1** C 議長の職[任期, 地位]. **2** U 議長の能力[素質].
chair·per·son [tʃéərpə̀ːrsən] 名 議長, 委員長, 会長 (→ CHAIRMAN **1** 語法 (2)).
chair·wom·an [tʃéərwùmən] 名 C 女性の議長[委員長] (→ CHAIRMAN **1** 語法 (2)).
chaise [ʃéiz] 名 C 《史》軽装馬車《2人乗りで1頭引きの幌(ほろ)付き二輪[四輪]馬車》.
◆ **cháise lòngue** [-lɔ́(ː)ŋ] C (複 **chaise longues, chaises longues** [~]) シェーズロング《背とひじのある長いす》.

cha·let [ʃæléi / ʃælei]【フランス】名C **1** シャレー《スイス山地の農家》. **2** シャレー風の家.

chal·ice [tʃælis]名C《キリスト》聖杯, カリス《聖餐(ミサ)などのときにワインを入れる杯》.

chalk [tʃɔ́ːk]

— 名(複 **chalks** [~s]) **1** UC **チョーク**: a piece [stick] of *chalk* 1本のチョーク《◇〖口語〗では a chalk と言うこともある》/ French [tailor's] *chalk* (洋裁用の)チャコ / write in *chalk* = write with a *chalk* チョークで書く / *chalks* of different colors さまざまな色のチョーク.
2 U〖地質〗白亜(質), 石炭質の岩石.
■ *(as) different as chálk and [from] chéese* 〖口語〗見かけは似ているが内容はまったく異なる.
by a lóng chàlk = by (lóng) chàlks 〖英口語〗**1** ずっと, はるかに (by far). **2** 〖否定文で〗全然[まったく]《…ない》.
— 動他 …をチョークで書く; …にチョークを塗る.
■ *chálk óut* (他) **1** …の輪郭を描く. **2** …の概要をつくる; 計画を立てる.
chálk úp (他) **1** …をチョークで書く, 記録する.
2 〖口語〗《得点・勝利など》を得る, あげる: We *chalked up* three runs in the first inning. 私たちは初回に3点をあげた. **3** 〖口語〗…を〖…の〗勘定につける; せいにする [*to, against*]: Don't *chalk up* that bad episode *to* lack of experience. その時の経験不足のせいにしてはいけない.

*****chalk·board** [tʃɔ́ːkbɔ̀ːrd]名C《米》(特に緑色の)黒板 (cf. blackboard 黒板).

chalk·y [tʃɔ́ːki]形(比較 **chalk·i·er** [~ər]; 最上 **chalk·i·est** [~ist]) **1** 白亜質の, 白亜質に富む; 灰白(色)色の. **2** チョークの付いた.

chal·lenge [tʃælindʒ]

名動
【基本的意味は「挑戦 (an offer to fight or play against someone)」】
— 名(複 **chal·leng·es** [~iz]) **1** C〖対決・競技会などへの / …するという〗**挑戦** [*to* / *to do*]: accept the *challenge* 挑戦を受ける / a *challenge* of climbing [*to* climb] mountains in winter 冬の山登りへの挑戦.
2 CU難事, やりがい(のある仕事), 努力目標: face a *challenge* 難事に直面する / A volunteer activity is really a *challenge* to me. ボランティア活動は私にとって本当にやりがいがあります.
3 C反論, 異議. **4** C身分証明要求; 説明要求.
5 C誰何(すいか)《番兵などが不審者を「だれか」と呼び止めること》. **6** C〖法〗(陪審員の)忌避(ひ).
— 動(三単現 **chal·leng·es** [~iz]; 過去・過分 **chal·lenged** [~d]; 現分 **chal·leng·ing** [~iŋ])
— 他 **1** (a) [challenge+O]〖人に〖…で〗**挑戦する**, 挑む [*to*]: He *challenged* the champion. 彼はチャンピオンに挑戦した / She *challenged* Jane *to* a game of badminton. 彼女はジェーンにバドミントンの試合を申し入れた.
(b) [challenge+O+to do] …するように挑む: My son *challenged* me *to play* chess. 息子がチェスの勝負を挑んできた.
2 [challenge+O] …について論争する, …に異議を唱える: I must *challenge* your opinion about women's rights. 女性の権利についてのあなたの意見には異議があります.
3 (a) [challenge+O]〖注意・興味など〗を喚起する, 引き起こす;〖説明・努力など〗を要求する, 試す: Does a journey to Hawaii *challenge* your interest? ハワイ旅行には興味がわきませんか / The hard job will *challenge* his ability. その困難な仕事で彼の能力が試されるだろう.
(b) [challenge+O+to do]〖人〗に…するよう要求する: Mike *challenged* her *to* give a detailed explanation about it. マイクはそれに関する詳しい説明を彼女に求めた. **4**〖人〗を〖名前・素性を答えるように〗呼び止める, 見とがめる, 誰何(すいか)する. **5**〖法〗(陪審員)を忌避する.

chal·lenged [tʃælindʒd]形《米》身体に障害のある (○ **disabled, handicapped** の婉曲語. 時に《皮肉》で用いられるので注意): *visually challenged* 目の不自由な.

chal·leng·er [tʃælindʒər]名C(競技などの)挑戦者 (↔ defender).

chal·leng·ing [tʃælindʒiŋ]形 **1** 挑戦的な.
2 (困難であるために)意欲をそそる, やりがいのある: He was left a *challenging* job. 彼にやりがいのある仕事が残された. **3** 挑発的な, 魅力的な.

cham·ber [tʃéimbər]

— 名(複 **cham·bers** [~z])C **1 会議所**, 会館 (hall): a *chamber* of commerce 商工会議所.
2 [the ~]議院: the upper and lower *chambers* of a legislature 立法府の上院と下院.
3 (通例 ~s)《裁判所内の》判事室. **4**〖生物〗(動植物の体内の)小室, 房;(心臓の)心室;(銃の)薬室.
5《古》部屋, (特に)寝室.
◆ chámber còncert C室内楽演奏会.
chámber mùsic U室内楽.
chámber òrchestra C室内楽団.
chámber pòt C しびん, (室内用)便器.

cham·ber·lain [tʃéimbərlin]名C(宮廷の)侍従;(貴族の)執事, 家令.

Cham·ber·lain [tʃéimbərlin]名固 チェンバレン《Arthur Neville [névil] Chamberlain《1869-1940; 英国の政治家・首相 (1937-40)》.

cham·ber·maid [tʃéimbərmèid]名C(ホテルなどの)客室係の女性.

cha·me·le·on [kəmíːliən]名C **1**〖動物〗カメレオン. **2** 無節操な人, 気まぐれな人.

cham·ois [ʃæmwá: / ʃæmwai]名(複 **cham·ois** [~(z)]) **1** C〖動物〗シャモア《アルプス地方や小アジアの山地にすむカモシカ》. **2** [ʃæmi] UC セーム革, シャミ革《シャモアなどの加工革》.

cham·o·mile [kǽməmàil]名C〖植〗カミツレ (camomile).

champ[1] [tʃǽmp]動他(馬・人などが)…をむしゃむしゃ食べる;(馬が立って)《くつわ》をばりばりかむ.
— 自 **1** 〖…を〗むしゃむしゃ食べる;(馬が立って)《くつわを》ばりばりかむ [*at*]. **2**〖口語〗(人が)…で〖…したくて〗いらいら[うずうず]している [*at* / *to do*].
■ *chámp at the bít* 〖…しようと〗いら立つ《*to do*》.

champ² 名《口語》= CHAMPION (↓).
cham・pagne [ʃæmpéin]【フランス】名 U
1 シャンパン《フランスのシャンパーニュ地方原産の発泡性ワイン》. **2** シャンパン色《淡黄色》.

cham・pi・on [tʃǽmpiən]

— 名 (複 **cham・pi・ons** [~z]) C **1** 優勝者, 選手権保持者, チャンピオン《《口語》champ》: a golf *champion* ゴルフのチャンピオン.
2 (主義・運動などの)擁護者, 闘士: a *champion* of the civil rights movement 公民権運動の闘士. **3** [形容詞的に] 優勝した, 選手権保持の: the *champion* flag [cup, team] 優勝旗 [杯, チーム].
— 動 他 〈主義・運動など〉を擁護する, 支持する, …のために戦う (fight for).

‡cham・pi・on・ship [tʃǽmpiənʃip] 名 **1** C 選手権; 優勝《の地位》: win [hold] the world basketball *championship* バスケットボール世界選手権を獲得[保持]する.
2 C [時に ~s; 単数扱い] 選手権大会, 決勝戦.
3 U (主義・権利などの)擁護, 支持: *championship* of human rights 人権擁護.

Champs É・ly・sées [ʃɑ̀nzeilizéi / ʃɔ̀nzɑ́li:zei] 名 @ [the ~] シャンゼリゼ《パリの大通り》.

chance [tʃǽns / tʃɑ́:ns, tʃǽns] 名

— 名 (複 **chanc・es** [~iz]) **1** C U […の / …する / …という] 可能性, 見込み [*of* / *of doing, to do* / *that* 節]: an outside *chance* 万に1つの可能性 / Is there any *chance* of getting tickets for tonight's concert? 今晩の音楽会の切符が手に入る見込みはありますか / There is still a good *chance* of finding [to find] the explorer alive. その探険家が生存している可能性はまだ十分ある / There is little *chance that* he will succeed. =There is little *chance* of his success. 彼が成功する見込みはほとんどない / She has an even *chance* of winning the next game. 彼女が次の試合に勝つ可能性は五分五分です.
2 C […の / …する] 機会, 好機, チャンス [*of, for* / *of doing, to do*]: the *chance* of a lifetime 一生にまたとないチャンス / You will have a *chance* to go abroad. あなたには海外へ行く機会があるでしょう / The scholarship gave me a *chance* of studying abroad. その奨学金が私に留学の機会を与えてくれた.

▶ コロケーション チャンスを[に] …
チャンスをうかがう: **wait** for a chance
チャンスをつかむ: **get** [**seize**] a chance
チャンスに飛びつく: **jump at** the chance
チャンスを逃す: **miss** [**pass up**] a chance

3 U C 偶然, 運, 偶然の出来事: *Chance* plays no small part in life. 人生では偶然が少なからぬ役割を果たす / He left nothing to *chance*. 彼はどんなことも運任せにしなかった / Our meeting was a mere *chance*. 私たちの出会いはまったくの偶然だった.
4 [形容詞的に] 偶然の, 不意の: It was just a *chance* meeting. それは偶然の出会いだった.
5 C U 危険, 冒険 (→成句 take a chance).

■ *as chánce would háve it* 偶然, たまたま.
by ány chánce《口語》ひょっとして, もしかして: Are you *by any chance* Mr. Smith? もしかしてスミスさんではないですか.
by chánce 偶然に: I was there *by chance*. 私はたまたまそこにいた.
Chánces [*The chánces*] *áre* (*that*) ...《口語》たぶん…だろう: *The chances are that* she has already left. たぶん彼女は出かけてしまっているだろう.
on the óff chánce that ... may dó もしかしたら…かもしれないので: I will let you know *on the off chance that* it *may* be useful. お役に立つかもしれないと思うのでお知らせします.
stànd a (*góod* [*fáir*]) *chánce* […の]見込みが(かなり)ある [*of*]: He *stands a good chance of* winning first prize. 彼が1位になる見込みはかなりある.
tàke a chánce = *tàke chánces* 危険を覚悟でやる, イチかバチかやってみる《◇「チャンスをつかむ」の意ではない》: You should not *take chances* while driving a car. 車の運転では危険を冒してはならない.
tàke one's chánce 自分の運を天に任せてやってみる.

— 動 @《文語》[chance+to do] たまたま…する; [It chances+that 節] …が偶然起こる: I *chanced* to see a snake crawling on the grass. 私は芝生の上を蛇が這(は)っているのを偶然見かけた / *It chanced that* Isaac was walking under an apple tree. アイザックはたまたまリンゴの木の下を歩いていた.
— 他《口語》…を賭(か)ける, 〈危険〉を冒す.
■ *chánce it* = *chánce one's lúck* [*árm*]《口語》運を天に任せる, 失敗を恐れずやってみる.
chánce on [*upòn*] ...《文語》偶然会う [見つける].

chan・cel [tʃǽnsəl / tʃɑ́:n-] 名 C (教会堂の)内陣《東側の端にあって, 牧師と合唱隊の席になる》.

chan・cel・ler・y [tʃǽnsələri / tʃɑ́:n-] 名 (複 **chan・cel・ler・ies** [~z]) **1** U 大臣 [学長] の地位 [職]. **2** C 大臣官房, 学長の執務室; その職員. **3** C 大使 [領事] 館の事務局; [集合的に; 単数・複数扱い] 大使 [領事] 館の事務職員.

*chan・cel・lor [tʃǽnsələr / tʃɑ́:n-] 名 C
1 [しばしば C-]《英》(大蔵)大臣, 司法官; (ドイツなどの)首相.
2《英》(名誉職の)大学総長《実務は vice-chancellor (副総長)が行う》;《米》(一部の大学の)学長《◇全体の学長・総長は president》; 事務長.
3《米》衡平法裁判所判事.
■ *the Cháncellor of the Exchéquer*《英》大蔵大臣《◇《米》の the Secretary of the Treasury に相当》.

chan・cer・y [tʃǽnsəri / tʃɑ́:n-] 名 C **1** [the C-]《英》(英国の)大法官庁(裁判所)《高等法院 (the High Court of Justice)の一部》. **2**《米》衡平法裁判所 (court of equity). **3** 公文書館. **4** 大使館, 領事館.

chanc・y [tʃǽnsi / tʃɑ́:n-] 形 (比較 **chanc・i・er**

chan·de·lier [ʃændəlíər] 名 シャンデリア.
chan·dler [tʃǽndlər / tʃɑ́ːn-] 名 C《古》1 ろうそく屋. 2 船具商人 (ship chandler).

change [tʃéindʒ]
【基本的意味は「変える」】

— 動 (三単現 **chang·es** [~iz]; 過去・過分 **changed** [~d]; 現分 **chang·ing** [~iŋ])
— 他 1 (a) [change + O] …を**変える**, 変化させる (→類義語): You don't have to *change* your plans. あなたは計画を変更しなくてもよい / I won't *change* my mind whatever may happen. 何が起こっても私は決心を変えません.
(b) [change + O + to [into] …] ~を…に変える: Alchemists tried to *change* iron *into* gold. 錬金術師は鉄を金に変えようとした.
2 (a) [change + O] [人と] 〈同種のもの同士〉を取り替える, 交換する [*with*] (◇ O は複数名詞): *change* the lightbulbs 電球を取り替える / I *changed* seats *with* her. 私は彼女と席を交換した / *Change* your clothes before going to the party. パーティーに行く前に服を着替えなさい / *Change* trains at Ueno. 上野で電車を乗り換えなさい. (b) [change + O + for …] ~を…と取り替える: May I *change* this book *for* that one? この本をあの本と取り替えてもいいですか.
3 …を[…に] 両替する; くずす [*into, for*]: I'd like to *change* this ten-dollar bill. この10ドル紙幣を小銭にくずしたいのですが / Can I *change* yen *into* [*for*] dollars at the airport? 空港で円をドルに両替できますか. 4 …を着替えさせる; 〈赤ん坊などのおむつ〉を替える,〈ベッド(のシーツ)〉を取り替える: *change* a baby 赤ん坊のおむつを替える. 5《英》〈ギア〉を入れ替える《米》shift).

— 自 1 […から / …に] 変わる, 変化 [変貌] する [*from / to, into*]: The water in the glass *changed into* ice during the night. コップの中の水は夜の間に氷に変わった / Wait until the traffic light *changes to* green. 交通信号が青に変わるまで待ちなさい / Bob *changed from* shy *to* outgoing after living abroad. 内気だったボブは外国で暮らしてから社交的になった.
2 […から / …に] 乗り換える [*from / to*]: We *changed from* a car *to* a boat there. 私たちはそこで車から船に乗り換えた.《英》All *change*. 皆さま, お乗り換えです〈◇終着駅でのアナウンス〉.
3 […から / …に] 着替える [*from, out of / to, into*]: *Change out of* those wet clothes. そのぬれた服を着替えなさい. 4《英》[…に] ギアを入れ換える (*up, down*) [*into*] (《米》shift up [down]).

■ *chánge óver* […から / …へ] 移行する, 切り替わる [*from / to*]: Will the source of energy in Japan *change over to* nuclear power? 日本のエネルギー資源は原子力に切り替わるのだろうか.
chánge róund 1 = change over (↑).
2 〈風が〉向きを変える.

— 名 (複 **chang·es** [~iz]) 1 C U **変化**, 変更, 移り変わり: have a *change* of heart 態度が変化する, 心変わりする / Don't make a *change* in your plans. 計画を変更してはいけない / There have been many *changes* in fashion recently. 最近はファッションがさまざまに移り変わっている / There has been little *change* in life in this rural area. この田園地域の生活はほとんど変わっていない.
2 C 取り替え, 交換; 乗り換え; [a ~] (着) 替え: This car needs an oil *change*. この車はオイルの交換が必要です / Take this bus, and make a *change* at the third stop. このバスに乗って3つ目の停留所で乗り換えなさい / Take a *change* of clothes with you. 着替えを持って行きなさい.
3 U つり銭; 小銭: You can keep the *change*. つり銭は取っておいてください / Have you got *change* for tips? チップ用の小銭をお持ちですか / Here's ten dollars. Could I have *change*? 10ドルお渡しします. おつりをいただけますか.
4 C [通例 a ~] 気分転換; 転地 (→成句 for a change): You'll need to go for a *change* of air. あなたは転地療養が必要でしょう.

■ *a chánge for the bétter* [*wórse*] 事態の好転 [悪化].
chánge of life [the ~] 更年期, 閉経期 (menopause).
for a chánge 変化をつけるために, いつもと変えて: He watched TV *for a change* of pace. 彼は気分転換にテレビを見た / Shall we eat out *for a change* this evening? 今晩は気分を変えて外で食事しようか.
gèt nó chánge òut of …《口語》…から情報を何も聞き出せない; 援助を得られない.
ríng the chánges 手を替え品を替えて [… を] する [*on*].
◆ **chánge pùrse** C 《主に米》財布, 小銭入れ (《主に英》purse).

類義語 change, alter, convert, transform, vary
共通する意味▶変える, 変わる (make or become different)

change は「変える, 変わる」の意の最も一般的な語で, 元の形が失われるまでに本質的または全体的に外見を変えること, または部分的に置き換えることを表す: *change* the desert into farmland 砂漠を農地に変える / The gas *changed* into a solid. 気体は固体に変わった / He *changed* his shoes. 彼は靴をはき替えた. **alter** は本質は保ったままで「外見や特殊な点を部分的に変える」の意: *alter* a bookstore into an art gallery 書店を画廊に改装する / The blond wig completely *altered* her appearance. 金髪のかつらで彼女は外見がすっかり変わった. **convert** は「新しい用途や機能に適するように変える」の意: An oil refinery *converts* crude oil into gasoline. 製油所は原油をガソリンに変える. **transform** は「形・性質・機能などを大きく変える」の意だが, 特に外形の変化に重点が置かれる: The caterpillar was *transformed* into a butterfly. 毛虫はチョウに変わった. **vary** は「

かのものの変化に応じて断続的に変わる」の意. 意図的にも形・外観・性質などを部分的に変えることも表す: The weather *varies* from hour to hour. 天気が時々刻々と変わる / They *varied* the rules. 彼らは規則を改定した.

change·a·bil·i·ty [tʃèindʒəbíləti] 名U 変わりやすさ, 不安定(な状態).

*__change·a·ble__ [tʃéindʒəbl] 形 **1** (天候などが)変わりやすい, 不安定な;(性格などが)気まぐれな.
2 (契約などが)変更可能な, 変えられる. **3** (色・外見が光線の具合や視点で)変化して見える.

changed [tʃéindʒd] 形 (以前とくらべ)変わった.
change·less [tʃéindʒləs] 形《文語》不変の.
change·ling [tʃéindʒlɪŋ] 名C 取り替えっ子《民話で妖精(はい)がさらった子の代わりに残す醜い子》.
change·o·ver [tʃéindʒòuvər] 名C (設備などの)転換;(政策・内閣などの)転換, 改造, 切り替え.
chánge-ùp 名C 高速への切り替え;『野球』チェンジアップ《速球と同じフォームで投げるスローボール》.

***chan·nel** [tʃǽnəl] 名動

―― 名 (複 **chan·nels** [~z]) C **1** (テレビ・ラジオの)**チャンネル**, 周波数帯;『コンピュータ』経路: a *channel* guide (新聞などの)テレビ欄 / change *channels* チャンネルを切り替える / We watched the news on *Channel* 6. 私たちは6チャンネルでそのニュースを見た.
2 [通例 ~s] (情報などの)伝達経路[手段], 道筋, ルート: diplomatic *channels* 外交ルート / I got information through official *channels*. 私は公式筋から情報を得た.
3 (広い)海峡 (cf. strait (狭い)海峡): the (English) *Channel* イギリス海峡.
4 水路: We crossed the *channel* to another island. 私たちはその水路を渡って別の島へ行った.
5 川底, 河床(ゕぅ). **6** (行動・思考の)筋道, 方向.
―― 動 (三単現 **chan·nels** [~z]; 過去・過分 **chan·neled**,《英》**chan·nelled** [~d]; 現分 **chan·nel·ing**,《英》**chan·nel·ling** [~ɪŋ]) 他 **1**〈関心・資金など〉を[…に]向ける[*into*]: *channel* all one's energies *into* the new scheme 新しい計画に全精力を傾ける. **2**〈情報など〉を[…に]流す, 伝える[*to*]. **3** …に水路を開く, 溝を掘る.

◆ **Chánnel Íslands** 固 [the ~] チャネル諸島《イギリス海峡にある英領の諸島》.
Chánnel Túnnel 固 [the ~] 英仏海峡トンネル.
chan·son [ʃɑːnsɔ́ːn / ʃɔ́nsən] 【フランス】 名C シャンソン《フランスの大衆的な歌》.

chant [tʃǽnt / tʃɑ́ːnt] 名C **1** (聖書の歌などの)単調な歌;(詠唱用の)聖歌. **2** シュプレヒコール《デモ行進や集会でスローガンを一斉に唱えること》.
―― 動 他 〈聖歌など〉を歌う, 詠唱する. **2** …をシュプレヒコールする.
―― 自 歌う, 詠唱する.

*__cha·os__ [kéiɑs / -ɔs] 《☆発音に注意》 名U **1** [時に ~] 無秩序, 大混乱, (↔ cosmos): cause *chaos* 混乱を引き起こす / The stadium was in complete *chaos* by the fire. 競技場は火事で大混乱に陥った. **2**『聖』(天地創造以前の世界の)混沌(ぃん). (▷ 形 chaótic)

cha·ot·ic [keiɑ́tɪk / -ɔ́t-] 形 無秩序の, 大混乱の; 混沌(ぃん)とした. (▷ 形 cháos)

*__chap__¹ [tʃǽp] 名C《親しみをこめて》《主に英口語》男, やつ (boy, fellow).

chap² 動 (三単現 **chaps** [~s]; 過去・過分 **chapped** [~t]; 現分 **chap·ping** [~ɪŋ]) 他 …にあかぎれ[しもやけ]を作る, 手[唇]を荒れさせる.
―― 自 あかぎれ[しもやけ]ができる, 手[唇]が荒れる.

chap. 《略記》= *chapter*(↓).
cha·peau [ʃæpóu] 【フランス】 名(複 **cha·peaus** [~z], **cha·peaux** [ʃæpóu, ~z]) C 帽子.

*__chap·el__ [tʃǽpəl] 名 **1** C チャペル, (教会の)付属礼拝堂, (学校・病院・私邸などの)簡易礼拝堂. **2** U C 礼拝(式). **3** C《英》(英国国教会に属さない)プロテスタントの教会(堂) (cf. church 英国国教会の教会(堂)). **4** C《集合的に》(新聞社・印刷会社などの)労働組合;(クラブ・団体の)地方支部.

chap·er·on, chap·er·one [ʃǽpərðun] 名C 付添婦《社交場などで若い未婚女性に付きそう年配の女性》; お目付け役, 監督役.
―― 動 …に付き添い[お目付け役]をする.

chap·lain [tʃǽplɪn] 名C 礼拝堂 (chapel) の牧師[司祭]; 従軍牧師, (刑務所の)教戒師.

chap·lain·cy [tʃǽplənsi] 名(複 **chap·lain·cies** [~z]) C **1** 礼拝堂の牧師[司祭]の職[任期].
2 礼拝堂の牧師[司祭]が働く建物.

chap·let [tʃǽplət] 名C《文語》(髪に飾る)花[葉, 宝石]の冠.

Chap·lin [tʃǽplɪn] 名 固 チャップリン Charlie Chaplin《1889-1977; 英国生まれの喜劇映画俳優・監督; 正式には Sir Charles Spencer Chaplin》.

chapped [tʃǽpt] 形 (手・唇などが)荒れた.
chaps [tʃǽps] 名《複数扱い》チャップス《カウボーイがズボンの上にはく保護用ズボン》.

***chap·ter** [tʃǽptər]

―― 名 (複 **chap·ters** [~z]) C **1** (書物・論文の)**章**(《略記》chap., ch., c.): Have you finished reading *Chapter* 5? 第5章は読み終わりましたか.
2 (人生・歴史などの)一時期, 出来事: the happiest *chapter* in my life 私の生涯で一番幸せな時期. **3** [主に米] (協会などの)(地方)支部, 分会.
4 [集合的に] 集会, 総会;『キリスト』聖堂参事会.
■ **a chápter of áccidents**《英》不運の連続.
chápter and vérse (情報の)正確な出典 [典拠]. (由来) 「(聖書の)章と節」の意から)

char [tʃɑ́ːr] 動 (三単現 **chars** [~z]; 過去・過分 **charred** [~d]; 現分 **char·ring** [-rɪŋ]) 他 (火が)〈木など〉を炭にする, 黒焦げにする.
―― 自 炭になる, 黒焦げになる.

***char·ac·ter** [kǽrəktər]

―― 名 (複 **char·ac·ters** [~z]) **1** C U (人の)性格, 性質 (→ 類義語): She has a lovable *character*. 彼女は愛すべき性格の持ち主です / Industry is part of the Japanese national *character*. 勤勉は日本の国民性の一部である.
2 C U (もの・場所などの)特徴, 特色: the liberal

character of this school この学校の自由な校風 / The tiny pond gives a charming *character* to the garden. 小さな池がその庭園に魅力的な特色を与えている.

3 Ⓤ 人格, 品性: a person of *character* 人格者 / In education it is important to form good moral *character*. 教育において大切なのは立派な道徳的品性を形成することです.

4 Ⓒ (小説・劇などの) 登場人物: the main *characters* in "Of Mice and Men" 『はつかねずみと人間』の中心人物. **5** Ⓒ (通例, 修飾語句を伴って) (…な) 人, 人物;《口語》変人, 面白い人: He is a strange *character*. 彼は変な人です / She is quite a *character*, isn't she? 彼女はなかなか傑出した人物ですね. **6** Ⓒ (表意)文字, 記号 (cf. letter 表音文字): Arabic *characters* アラビア文字 / Chinese *characters* 漢字. **7** Ⓒ《格式》評判, 名声. **8** Ⓤ《格式》資格, 地位.

■ *in cháracter* 柄に合って; (役が) ぴったりして.
òut of cháracter 柄に合わない; (役が) 不向きな.
(▷ 形 chàracterístic; 動 cháracterize)

◆ cháracter áctor Ⓒ 性格俳優.

[類義語] **character, personality, individuality, quality**
共通する意味▶性格, 特性 (a certain feature by which someone or something may be identified or understood)
character は特に「知能・能力・才能以外の道徳的基準から見た性格, 品性, 品位」の意: a man of mean *character* 品性の下劣な人. **personality** は「他人に与える印象の決定要素となる強い個性, 人格, 性格」の意で, 時に感情的側面をさす: a person with little *personality* 個性に乏しい人. この2つは形容詞を付けずに単独で用いる場合, それぞれ「道徳的品性」「感情的魅力」をさす: He has *character* but no *personality*. 彼には品性はあるが個性がない. **individuality** はほかの character とはっきり区別される「際立った特性, 個性」の意: a work of great *individuality* 非常に個性的な作品. **quality** は「人・ものそれ自体を特徴づける性質」の意: Sweetness is a *quality* of sugar. 甘さが砂糖の特性です.

***char·ac·ter·is·tic** [kærəktərístik] 名形

— 名 (複 **char·ac·ter·is·tics** [~s]) Ⓒ 特色, 特性, 特質: physical [mental] *characteristics* 肉体的[精神的]特徴 / individual *characteristics* 個性 / Thoughtfulness is one of her nicest *characteristics*. 思いやりは彼女の最もいいところの1つです.

— 形 […に] 特有の, 独特の [*of*]: his *characteristic* kindness 彼特有の優しさ / Humid weather is *characteristic of* our country. 湿気の多い気候はわが国特有のものです. (▷ 名 cháracter)

char·ac·ter·is·ti·cal·ly [kærəktərístikəli] 副 **1** よく特徴を表して. **2** [文修飾] いかにも…らしいことだが: He made a *characteristically* decisive response. 彼はいかにも彼らしい決然とした返答をした.

char·ac·ter·i·za·tion [kærəktərəzéiʃən / -raiz-] 名 Ⓤ Ⓒ 特性を表示すること, 特色づけ;(劇・小説などでの) 性格描写.

***char·ac·ter·ize**,《英》**char·ac·ter·ise** [kærəktəràiz] 動 他 **1** …を特徴 [特色] づける, …に特徴 [特性] を与える: His stories are *characterized* by happy endings. 彼の物語はハッピーエンドが特徴である. **2** …の特徴を […である] と述べる [*as, to be*]: The chairperson *characterized* the meeting *as* friendly and positive. 議長はその会議は友好的かつ建設的なものであったと形容した. (▷ 名 cháracter)

char·ac·ter·less [kærəktərləs] 形《軽蔑》平凡な, 個性 [特徴] のない.

cha·rade [ʃəréid / -ráːd] 名 **1** (通例 ~s; 単数扱い) シャレード《身ぶりや手ぶりによるジェスチャーゲーム. ジェスチャーゲームは和製英語》.
2 Ⓒ (シャレードの) 動作; (シャレードのなぞかけの) 言葉. **3** (偽りの) ポーズ, 茶番劇.

***char·coal** [tʃɑ́ːrkòul] 名 **1** Ⓤ 炭, 木炭. **2** Ⓒ = chárcoal dráwing 木炭画. **3** Ⓤ = charcoal gráy チャコールグレー《濃い灰色》.

****charge** [tʃɑ́ːrdʒ] 動 名

原義は「重荷 (を負わせる)」
① 代金 (を請求する) 動 他 **1**; 名 **1**
② 非難 (する) 動 他 **3**; 名 **3**
③ 責任 (を課する) 動 他 **4**; 名 **3**

— 動 (三単現 **charg·es** [~iz]; 過去・過分 **charged** [~d]; 現分 **charg·ing** [~iŋ])
— 他 **1** (a) [charge + O] […の] 〈代金〉を請求する [*for*]: How much will you *charge for* repairing this watch? この時計を修理するのにいくらかかりますか / They *charge* no tuition at public schools. 公立学校では授業料を取らない. (b) [charge + O + O] 〈人〉に […の] 〈代金〉を請求する, 課する [*for*]: They *charged* me 50 dollars *for* a bottle of wine. 私はワイン1本で50ドル請求された.

2 [charge + O] …を […の] つけで買う, 〈代金〉を […の] つけにする [*to*]: Please *charge* the bill *to* my account. 勘定はつけにしてください.

3 (a) [charge + O] 〈人〉を […で] 非難する, 責める;告発する (accuse) [*with*]: The boy was *charged with* cheating on the examination. その少年はカンニングをしたと責められた / He was *charged with* murder. 彼は殺人罪で告発された. (b) [charge + that 節] …だと (公然と) 非難する: They *charged that* the police were responsible for his death. 彼らは彼の死の責任は警察にあると非難した.

4 〈事故・罪など〉を […の] せいにする [*on, to, against*]. **5**《格式》〈人〉に命令する, 指示する; [仕事・責任など] を課する [*with*]: He *charged* me to take care of the dog. 彼は私にその犬の世話を命じた / He is *charged with* the task. 彼はその仕事を任されている. **6** …を充電する: *charge* a

car battery 車のバッテリーを充電する. **7**《古》〈銃〉に弾を装填(ｿｳﾃﾝ)する;《格式》〈グラスなど〉を[…で]満たす[*with*]. **8** …に突進する, 襲いかかる;【スポーツ】…に体当たりする, チャージする.
— ⓐ **1**《代金を》請求する: They don't *charge* for delivery at the store. その店では配達料を取らない. **2** 襲いかかる, 突進する: Suddenly a dog *charged* at us. 突然犬が私たちに襲いかかって来た.
— 名《複 *charg*·*es* [～iz]》 **1** ⒸⓊ 代金, 料金 (cf. fare 運賃); つけ: rooming *charges* 部屋代 / traveling *charges* 旅行費用 / 10 percent service *charge* 10パーセントのサービス料 / No *charge* for admission.《掲示》入場は無料です / The museum is open to the public free of *charge*. その博物館は無料で公開されている.
2 Ⓒ 非難; 告発; 容疑, 罪: a murder *charge* 殺人容疑 / face a *charge* of [for] theft 盗みの嫌疑を受ける / bring a *charge* of credit card fraud against the man その男をクレジットカード詐欺で告発する / He denied the *charge* that he was dishonest. 彼は不正行為をしたという非難を否定した.
3 Ⓤ 責任; 管理; 世話; 担当: a person in *charge* looking after his [her] young *charges*. 彼女は預けられた子供の世話で忙しい. **5** Ⓒ 突撃, 攻撃: a *charge* against the enemy 敵への攻撃. **6** Ⓒ《1回分の》爆薬; 充電;【電気】電荷. **7** Ⓒ《格式》命令.
■ **brìng a chárge agàinst** ... …を告発する.
gèt a chárge òut of ... 《米》…に夢中になる.
gìve ... **in chárge**《主に英》…を警察に引き渡す.
in chárge of ... …を管理 [担当, 世話] して: He was left *in charge of* the shop. 彼は店番を任された.
in [**ùnder**] ...**'s chárge** = **in** [**ùnder**] **the chárge of** ... …に管理 [担当, 世話] されて: Those pupils are *under his charge*. その生徒たちは彼の受け持ちの生徒である.
lày ... **to ～'s chárge** …のことで～を非難する; を～の責任にする.
on chárges of ... = **on the** [**a**] **chárge of** ... …の罪で: He is wanted *on a charge of* robbery. 彼は強盗容疑で手配されている.
tàke chárge of ... …を管理 [担当, 世話] する, 引き受ける: She *took charge of* our children during the trip. 旅行の間彼女が私たちの子供の世話をした.
◆ **chárge accòunt** Ⓒ《米》掛け勘定, つけ (《英》credit account).
chárge càrd Ⓒ クレジットカード (credit card).
charge·a·ble [tʃɑ́ːrdʒəbl] 形《通例, 叙述用法》《格式》**1**《費用・負担などが》〈人〉に負わされるべき [*on*], 〈人〉に つけられるべき [*to*]: These debts are *chargeable on* me [*to* my account]. この借金は私が払います [私の勘定につけてください]. **2**《人が》 [… の] 責任を負うべき, […で] 告

発されるべき [*with*]. **3**《税などが》〈ものに〉課せられるべき [*on, upon*];《ものが》〈税などを〉課せられる [*with*].
charged [tʃɑːrdʒd] 形 **1** 緊張した, 感情の高まった;《論争が》白熱した. **2**【物理】荷電[帯電]した.
char·gé d'af·faires [ʃɑːrʒèi dæféə/ ʃɑːʒei dæféa]【フランス】 名《複 char·gés d'af·faires [～]》Ⓒ 代理大使 [公使].
charg·er [tʃɑ́ːrdʒər] 名 Ⓒ **1**【電気】充電器. **2**《古・文語》軍馬.
Chár·ing Cróss [tʃǽriŋ-] 名Ⓑ チャリングクロス《London 中央部, トラファルガー広場 (Trafalgar Square) 付近の繁華街》.
char·i·ot [tʃǽriət] 名 Ⓒ《史》《古代ギリシャ・ローマの》二輪戦車《戦闘・行進用で, 御者は立つ》.
char·i·ot·eer [tʃæ̀riətíər] 名 Ⓒ chariot の御者.
cha·ris·ma [kərízmə] 名 Ⓤ カリスマ (的才能)《大衆を引きつける強力な指導力や魅力》.
char·is·mat·ic [kæ̀rizmǽtik] 形 カリスマ的な, カリスマ性のある.
char·i·ta·ble [tʃǽrətəbl] 形 **1** 慈悲深い, 寛大な (generous). **2**《限定用法》慈善 (活動) の.
char·i·ta·bly [-bli] 副 慈悲深く, 寛大に.
‡**char·i·ty** [tʃǽrəti] 名《複 **char·i·ties** [～z]》 **1** Ⓤ 慈善, 施し; ⒸⓊ 施し物, 寄付品[金]: live on *charity* 施しを頼りに生きる / ask *charity* 施しを請う /《as》 cold as *charity* とても冷淡な《◇「形式的な慈善のように冷たい」という意味》/ Charity begins at home.《ことわざ》慈善はわが家から始まる. **2** ⒸⓊ 慈善団体 [施設], 養育院; 《複数形で》慈善事業 [行為]. **3**《形容詞的に》慈善の: a *charity* organization 慈善団体 / a *charity* bazaar [concert] チャリティーバザー [コンサート].
4《キリスト》神の慈愛, 同胞愛, 人間愛. **5** Ⓤ《格式》思いやり, 慈悲 (心), 寛大さ: in [out of, with] *charity* 慈悲心から, 哀れんで思って.
char·la·tan [ʃɑ́ːrlətən] 名 Ⓒ ペテン師, はったり屋.
Char·le·magne [ʃɑ́ːrləmèin] 名Ⓑ シャルルマーニュ, カール大帝 (Charles the Great)《742-814; フランク王国の国王. 西ローマ帝国を復興し, 皇帝の地位についた》.
Charles [tʃɑːrlz] 名Ⓑ **1** チャールズ《◇男性の名;《愛称》Charley, Charlie). **2** チャールズ1世 Charles I [the first]《1600-49; 英国王 (1625-49); ピューリタン革命で処刑された》. **3** チャールズ2世 Charles II [the second]《1630-85; **2** の子で, 後の英国王 (1660-85)》. **4** チャールズ皇太子 (Prince Charles)《1948-; 英国の現皇太子. Prince of Wales とも呼ばれる》.
Charles·ton [tʃɑ́ːrlstən] 名 **1** Ⓑ チャールストン《米国 South Carolina 州の港湾都市. **2** の発祥地》. **2** Ⓒ《また c-》 チャールストン《ダンス》《1920年代に流行した軽快なテンポのダンス》.
Char·ley, Char·lie [tʃɑ́ːrli] 名Ⓑ チャーリー《◇男性の名; Charles の愛称》.
‡**charm** [tʃɑːrm] 名 動
— 名《複 **charms** [～z]》 **1** ⓊⒸ 魅力 (→ ATTRACT 類義語);《通例 ～s》《女性の》色香, 容色:

the *charms* of rural life 田舎暮らしの魅力 / The actress displayed a lot of *charm*. その女優は自分の魅力をあますところなく見せた. **2** ⓒ まじない, お守り, 魔よけ: a *charm* against disease 病気のお守り / a lucky *charm* 幸運のお守り(蹄鉄(⸌⸍)など). **3** ⓒ (鎖・腕輪などに付ける)小さな飾り.

■ **áct [wórk] like a chárm** (計画などが)魔法のようにうまくいく; (薬が)不思議なほどよく効く.

— 動 他 **1** 〈人〉を […で]魅了する [*with*]: She *charms* every man she meets *with* her intelligence. 彼女はその知性で会う男性を皆魅了してしまう. **2** 〈魔力・魅力などで〉〈人〉を操る, 誘惑する: The witch *charmed* her into sleep. = The witch *charmed* her asleep. 魔女は彼女に魔法をかけて眠らせた.

■ **béar [léad, háve] a chármed life** 不死身である. (由来 「魔力で守られた命を持つ」の意から)

charm·er [tʃáːrmər] 名 ⓒ **1** 魅惑者, 魅力的な人. **2** 蛇使い (snake charmer).

***charm·ing [tʃáːrmiŋ]
— 形 魅力的な, 魅惑的な, チャーミングな; とても面白い, 感じがよい: a *charming* smile [story] 魅力的なほほ笑み [面白い話] / What a *charming* guy! なんて感じのいい男だろう / She is more *charming* than she used to be. 彼女は以前にも増して魅力的になった.

charm·ing·ly [~li] 副 魅力的に.

charred [tʃáːrd] 形 黒こげになった. (▷ 動 chár)

***chart [tʃáːrt]
— 名
— 名 (複 **charts** [tʃáːrts]) **1** ⓒ 図表, グラフ: a weather *chart* 天気図 / a bar *chart* 棒グラフ / a pie *chart* 円グラフ / draw [make] a *chart* of ... ...の図表を作成する.
2 ⓒ 海図; 空図; 白地図 (→ MAP 類義語).
3 [the ~s] ヒットチャート《CDなどの売り上げ順位表》.
— 動 他 **1** ...の海図 [図表] を作る; ...を図表で表す [記録する]. **2** ...を大まかに計画する.

*char·ter [tʃáːrtər] 名 **1** ⓒ [通例 the C-] (国家などが目的・綱領などを宣言した)憲章, 宣言書: the *Charter* of the United Nations = the United Nations *Charter* 国連憲章 / the Great *Charter* マグナカルタ (→ Magna Carta). **2** ⓒ 勅許(状); 法人団体設立許可(書); 特権, 免許. **3** ⓤⓒ (船・車・飛行機などの)チャーター, 借り [貸し] 切り (契約); [形容詞的に] チャーターした (chartered): a *charter* bus チャーターしたバス. — 動 他 **1** 〈船・車・飛行機など〉をチャーターする, 借り [貸し] 切る: *charter* three buses for the trip その旅行にバスを3台チャーターする.
2 ...に特権 [特許, 許可] を与える.

◆ **chárter mèmber** ⓒ《米》(組織などの)設立メンバー (《英》founder member).

chárter schòol ⓒ《米》チャータースクール《公費の支出を受け, 民有民営団体が運営する学校》.

char·tered [tʃáːrtərd] 形 **1** チャーターした, 借り [貸し] 切った: a *chartered* bus 貸し切りバス.

2《英》特権を受けた; 公認された.
◆ **chártered accóuntant** ⓒ《英》公認会計士 (《米》certified public accountant).

char·wom·an [tʃáːrwùmən] 名 (複 **char·wom·en** [-wìmin])《英・古》(家・ビルなどの)掃除婦.

char·y [tʃéəri] 形 (比較 **char·i·er** [~ər]; 最上 **char·i·est** [~ist])《格式》**1** […に]用心深い, 慎重な (careful) [*of*]: You should be *chary* of walking on icy sidewalks. 凍った歩道は歩かないように気をつけなさい. **2** […を]出し惜しむ [*of*], 容易に […し] ない [*of doing*]: My father was *chary* of giving praise. 私の父はなかなか人をほめなかった.

*chase¹ [tʃéis] 動 他 **1** ...を追いかける, 追跡する; 追い求める, 探し求める (*down*) (→ FOLLOW 類義語): The cat *chased* the mouse. 猫がネズミを追いかけた / He has been *chasing* that job for years. 彼は何年もの間その仕事をねらっている. **2** 〈人・動物など〉を […から] 追い払う, 追い立てる (*away, out*) [*from, out of*]: We *chased* the sparrows (*away*) *out of* our vegetable garden. 私たちはスズメを菜園から追い払った.

— 自 **1** [...を] 追いかける [*after*]: The police *chased after* the thief. 警察はどろぼうを追いかけた. **2**《口語》急ぐ, 駆け回る (*about, around*).
■ **cháse úp** 他《英口語》〈人・情報・金など〉を探し求める; 〈もの〉を催促する.

— 名 **1** ⓤⓒ 追跡, 追撃; 追求; [映画] 追跡場面: a car *chase* カーチェイス / The children caught the puppy after a long *chase*. 子供たちは子犬を長いこと追いかけてやっと捕まえた. **2** ⓒ 追われる人 [もの]; 獲物; [the ~] 狩猟 (hunting).
■ **give cháse** […を]追う, 追跡 [追撃] する [*to*]. **in (full) cháse (of ...)** (...を)(必死に)追って, 追跡して.

chase² 他〈金属〉に浮き彫りを施す, 彫金を施す.

chas·er [tʃéisər] 名 ⓒ **1**《口語》チェーサー《強い酒のあとに飲む軽い飲み物》. **2** 追っ手, 追跡 [追撃] 者. **3** 狩人, 狩猟家; 追撃機 [艇].

chasm [kæzm] (☆ 発音に注意) 名 ⓒ **1** (地面・氷河などの)深い裂け目, 亀裂(⸌⸍). **2** (意見・価値観などの)隔たり, くい違い.

chas·sis [tʃǽsi, ʃǽsi / ʃǽsi] (☆ 発音に注意) 名 (複 **chas·sis** [~(z)]) ⓒ 車体, シャシー, シャーシー《自動車などのボディーを載せるフレーム》; (飛行機の)主脚; (コンピュータなどの)筐体(きょう); ◇箱形の容器).

chaste [tʃéist] 形 **1**《古風》(性的に)純潔な, 貞淑(⸌⸍)な, 汚(⸌⸍)れのない (pure); しとやかな. **2**(言動・考えなどが)純粋な. **3**(文体などが)簡素な.

chas·ten [tʃéisn] (☆ 発音に注意) 動 他《格式》改心 [向上] させるために〈人〉を懲(⸌⸍)らしめる;〈苦労などが〉〈人〉を改心させる.

chas·tise [tʃæstáiz, tʃǽstaiz] 動 他 **1**《格式》...を厳しく非難する, 厳しく罰する (punish).
2《古》〈人〉を折檻(⸌⸍)する.

chas·tise·ment [tʃæstáizmənt, tʃǽstaiz-] 名 **1**《格式》厳罰. **2** ⓤⓒ《古風》体罰.

chas·ti·ty [tʃǽstəti] 名 ⓤ 純潔, 貞淑.

*chat [tʃǽt] (◇ *chatter* の略) 動 (三単現 **chats**

[tʃǽts]; 過去・過分 **chat·ted** [～id]; 現分 **chat·ting** [～iŋ]) [自] **1** 〔人と〕(打ち解けて) **おしゃべりする, 雑談する** (*away*)〔*with*〕;〔…を飲み食いしながら〕おしゃべりする〔*over*〕: I *chatted with* her about the movie. 私は彼女とその映画について話をした. **2** 〖インターネット〗チャットする (◇ネットワーク上で文字を送受信して会話を楽しむ).

■ ***chát úp*** [他]《英口語》〈異性〉を口説く,〈異性〉に声をかける, 親しそうに話す.

— [名] **1** [C] [U] **おしゃべり, 雑談**: Let's have a *chat* over (a cup of) coffee. コーヒーでも飲みながら話をしよう. **2** [U] [C]〖インターネット〗チャット (→ [動] **2**). (▷ [形] chátty)

◆ chát shòw [C]《英》対談番組, トーク番組 (《米》talk show).

cha·teau [ʃætóu / ʃǽtou]【フランス】[名] (複 **cha·teaus, cha·teaux** [～z]) [C] (フランスの) 城; 大邸宅.

chat·tel [tʃǽtəl] [名] [C] [通例 ～s]〖法〗家財; 動産: goods and *chattels* 家財道具《家具・現金など一切の動産》.

***chat·ter** [tʃǽtər] [動] [自] **1** ぺちゃくちゃしゃべる (*away, on*): Stop *chattering* and finish your work. ぺらぺらしゃべるのはやめて仕事をやってしまいなさい. **2** (鳥が) ちゅんちゅん鳴く; (猿が) きいきいと叫ぶ; (木の葉・小川などが) ざわざわと音を立てる; (機械・歯などが) かたかた音を立てる: Sparrows *chattered* in the tree. スズメが木でちゅんちゅん鳴いた / My teeth were *chattering* with cold. 寒さで歯ががたがた鳴っていた.

— [名] [U] **1** くだらない [やかましい] おしゃべり. **2** (鳥・猿の) 鳴き声; (木の葉・小川などの) ざわざわという音; (機械・歯などが) かたかた鳴る音.

chat·ter·box [tʃǽtərbɑ̀ks / -bɔ̀ks] [名] [C]《口語》おしゃべりな人 (◇特に子供・女性について言う).

chat·ty [tʃǽti] [形] (比較 **chat·ti·er** [～ər]; 最上 **chat·ti·est** [～ist])《口語》おしゃべりな, 話好きの; (文章などが) くだけた. (▷ [動] [名] chát)

Chau·cer [tʃɔ́ːsər] [名] [固] チョーサー Geoffrey [dʒéfri] Chaucer《1340? – 1400; 英国の詩人. 主著『カンタベリー物語』》.

***chauf·feur** [ʃóufər / ʃoufə́ː] (☆ 発音に注意)【フランス】[名] [C] (自家用車の) **お抱え運転手** (◇女性形は chauffeuse [～z]).

— [動] [他] …のお抱え運転手を勤める;〈人〉を自動車で案内する (*around, about*).

— [自] お抱え運転手として働く.

chau·vin·ism [ʃóuvənìzəm] [名] [U] **1** ショービニズム《狂信的愛国主義》; 身びいき. **2** 極端な性差別: male *chauvinism* 男性優越思想.

chau·vin·ist [ʃóuvənist] [名] [C] **1** 狂信的愛国主義者. **2** 極端な性差別主義者.

chau·vin·is·tic [ʃòuvənístik] [形] 狂信的愛国主義の; 極端な性差別の.

*****cheap** [tʃíːp] [形] [副] [名]

【基本的意味は「安い (costing little)」】

— [形] (比較 **cheap·er** [～ər]; 最上 **cheap·est** [～ist]) **1** (値段が) **安い**, (店が) 安く売る (↔ expensive) (◇「安っぽい」の意もあるので, 価格の安さを言う場合は inexpensive を使うほうがよい): *cheap* lunch 安い昼食 / a *cheap* shop 安売り店 / Bananas are dirt *cheap* today. きょうはバナナがものすごく安い / The car is really *cheap* at this price. この値段ならその車は実に安い.

2 安っぽい, 安物の, 質の悪い; 下品な, 卑しい: a *cheap* novel 低俗な小説 / This watch may be expensive but it looks *cheap*. この時計は高いのかもしれないが安っぽく見える / Speaking ill of others behind their backs is a *cheap* thing to do. 他人のかげ口を言うのはいやしい行為である.

3 (人件費などが) 低い: *cheap* labor 低賃金労働.

4 楽に手に入る: a *cheap* victory 楽勝.

5 《米口語》けちな, 締まり屋の (stingy).

■ ***fèel chéap*** 《口語》恥ずかしく思う, ばつが悪い.

hòld ... chéap …を軽視する, 見くびる.

màke onesèlf chéap 自分を安っぽく見せる, 軽々しくふるまう.

— [副] **安く**: sell [buy] things *cheap* ものを安く売る [買う].

— [名] [次の成句で]

■ ***on the chéap*** 《口語》安上がりに, 安く.

cheap·en [tʃíːpən] [動] [他]〈品物〉を安くする; 安っぽくする;〔…で / …することで〕〈人〉の品位 [評判] を下げる〔*with* / *by doing*〕.

— [自] (品物が) 安くなる.

cheap·ly [tʃíːpli] [副] 安く; 安っぽく; 下品に: a room furnished *cheaply* 安っぽい家具の部屋.

cheap·ness [tʃíːpnəs] [名] [U] 安価; 安っぽさ.

cheap·skate [tʃíːpskèit] [名] [C]《主に米口語・軽蔑》けちん坊, しみったれ.

****cheat** [tʃíːt] [動] [他] **1** (a) [cheat + O]〈人〉**をだます, 欺く**: Don't *cheat* the taxman. 税金逃れをするな. (b) [cheat + O + out of ...]〈人〉をだまして…を取る, 詐取する; [cheat + O + into ...]〈人〉をだまして…させる: He *cheated* her *out of* her money. 彼は彼女から金をだまし取った / She was *cheated into* believing his story. 彼女はだまされて彼の話を信用してしまった.

2 …をうまく逃れる, 免れる: *cheat* the draft 兵役を逃れる.

— [自] **1** 〔…で〕**不正をする, ごまかしをする**; 詐欺を働く〔*at*, 《米》*on*, 《英》*in*〕: Don't *cheat at* [*on*, *in*] examinations. 試験でカンニングをするな.

2 《米口語》〔…に対して〕不貞を働く,〔…を〕裏切る〔*on*〕.

— [名] **1** [C] 詐欺師, いかさま師. **2** [U] [C] 詐欺, いかさま; 不正 (行為); カンニング (◇ cheating のほうが一般的; cf. cunning ずる賢さ): a *cheat* sheet カンニングペーパー.

*****check** [tʃék] [動] [名]

— [動] (三単現 **checks** [～s]; 過去・過分 **checked** [～t]; 現分 **check·ing** [～iŋ])

— [他] **1** (a) [check + O] …を**調べる**, 点検する; **照合する**, チェックする; 《米》照合して印 (✓) を付ける: He *checked* the paper for spelling mistakes. 彼は論文につづりミスがないか調べた / *Check* the tires before you start. 出かける前にタイヤを点検しなさい / He *checked* his an-

swer with [against] mine. 彼は自分の答えを私のと照らし合わせた / *Check* the correct answer. 正解に印を付けなさい.　(b) [check + that 節 [疑問詞節]] …かどうかを調べる: I am going to *check whether* [*if*] there are letters in the mailbox. 郵便受けに手紙が来ているかどうか見てきます.
2 [check+O] …を妨げる, 阻止する;〈感情など〉を抑える: *check* oneself 自制する / take some measures to *check* inflation インフレ抑制策を講じる / Our advance was *checked* by the river. 私たちの前進は川に阻まれた / I could not *check* my anger. 私は怒りを抑えることができなかった.
3《米》〈預かり札と引き替えに〉〈荷物など〉を一時預かりにする;〈発送のため〉〈荷物〉を預ける: *check* a coat at the reception desk コートを受付で預ける. **4**『チェス』…に王手をかける.
── **1** 調べる, 点検する, チェックする: He *checked* through the paper. 彼は論文を通して点検した.　**2** […と] 一致する, 符合する [*with*]: Her statement *checked with* the fact. 彼女の陳述は事実と合致していた. **3**〈人・車などが〉突然止まる. **4**『チェス』王手をかける.
句動詞 *check in* (自)〈ホテル・空港で〉**チェックインする**, 宿泊[搭乗] 手続きをする;〈出社して〉タイムカードを押す [*at*]: What time can I *check in at* your hotel? おたくのホテルは何時にチェックインできますか. ── (他) [check in+O / check+O+in] **1**〈人〉に[ホテルの] 予約を取ってやる [*at*]. **2**〈空港などで〉〈品物〉を預ける. **3**《米》〈本などの〉返却手続きをする.
check off (他) [check off + O / check + O+off] …にチェック [照合済み] の印を付ける: Please *check off* the names of people present. 出席者の名前に印を付けてください.
check on …= check up on ….
check out **1** チェックアウトする,〈ホテルなどを〉料金を払って出る [*of*]: I'll *check out of* the hotel tomorrow morning. 私は明朝, ホテルをチェックアウトします. **2**〈調査の結果〉事実と判明する, 事実通りである. ── (他) [check out +O / check+O+out] **1**《口語》…を調査する. **2**《米》〈手続きをして〉…を借り出す [受け取る]. **3** 小切手で〈金〉を引き出す.
check over (他) [check over + O / check + over] …を調べる, 点検する: Will you *check over* my report? 私の報告書に目を通してもらえますか.
check up on … (他) …を詳しく調べる; …の身元調査をする: You'd better let your doctor *check up on* your health. あなたは医師に体の具合を詳しく調べてもらったほうがいい.
── (名) (複 **checks** [〜s]) **1** © 調査, 点検; 照合, チェック;《米》照合の印 (✓)《英》tick): He started without giving a *check* on the tires. 彼はタイヤの点検をせずに出かけた / The police made a *check* on the people present. 警察は現場にいた人々を取り調べた.
2 [単数形で] 阻止, 抑制, 停止: keep a *check* on …を監視[管理]する / The desert acted as a *check* on our advance. 砂漠が私たちの前進を阻んだ.

3 © 《米》小切手《英》cheque): a traveler's *check* トラベラーズチェック, 旅行者用小切手 / write a check for $50 50ドルの小切手を書く.

コロケーション 小切手を [で] …
小切手を現金に換える: *cash a check*
小切手で支払う: *pay by check*
小切手を振り出す: *draw* [*issue*] *a check*

4 © (レストランなどの) 勘定書, 会計伝票《英》bill): Can I have the *check*, please? お勘定をお願いします. **5** © 《米》〈手荷物の〉預かり札, 引換証, チッキ: a baggage *check* 手荷物の預かり札. **6** [U] 格子, 格子縞く. **7** ©『チェス』王手.
■ *keep* [*hòld*] … *in chéck* …を阻止する, 抑制する: He managed to *hold* his temper *in check*. 彼は何とか怒りを抑えることができた.

◆ chécking accòunt © 《米》当座預金口座《英》current account).
chécks and bálances [複数扱い]〈権力の〉抑制と均衡 (の原理)《各部門の行きすぎを抑制して均衡を保つという米国政治の基本原理》.

check・book,《英》**cheque・book** [tʃékbùk] (名) © 小切手帳.
checked [tʃékt] (形) 格子縞の, チェックの.
check・er¹ [tʃékɚ] (名) © **1** 検査 [照合] する人. **2**《米》〈携帯品の〉一時預かり係, クローク; レジ係.
check・er²,《英》**cheq・uer** [tʃékɚ] (名) © **1** チェック模様, 格子模様. **2** [〜s; 単数扱い]《米》チェッカー(《英》draughts)《12の駒を取り合うゲーム》; チェッカーの駒 (checkerman).
── (動) (他) [しばしば受け身で] …を格子縞にする.
check・er・board [tʃékɚbɔ̀ɚd] (名) © 《米》チェッカー盤《英》draughtboard)《チェッカー (checkers) に用いる白黒交互で64ますの盤. チェスにも使う》.
check・ered,《英》**cheq・uered** [tʃékɚd] (形) **1** [限定用法] 波乱 [変化] に富んだ: a *checkered* life 波乱万丈の人生. **2** 格子縞の, チェック模様の.
*check・in, check-in** [tʃékìn] (名) [U][C] チェックイン,〈ホテルでの〉宿泊手続き,〈飛行機の〉搭乗手続き (↔ checkout); チェックインを行う場所.
check・list [tʃéklìst] (名) © 〈持ち物・予定の〉照合表, 一覧表; 目録.
check・mate [tʃékmèit] (名) [U][C] **1**『チェス』チェックメイト, 詰み: Checkmate! チェックメイト! (◇今は Mate! が一般的). **2**〈計画などの〉行き詰まり, 失敗, 敗北.
── (動) (他) **1**『チェス』〈相手のキング〉を詰める. **2**〈計画など〉を行き詰まらせる, 失敗させる.
*check・out, check-out** [tʃékàut] (名) **1** © チェックアウト (↔ checkin)《ホテルなどで料金を精算して出ること》. **2** [U] = checkout tìme チェックアウトの時刻. **3** © = chéckout còunter チェックアウトカウンター, 精算台, レジ.
check・point [tʃékpɔ̀int] (名) © 〈公道・国境などの〉検問所.

check・room [tʃékrùːm]《米》名 C **1** (ホテル・劇場などの)クローク,携帯品預かり所(《英》cloakroom). **2** (駅などの)手荷物一時預かり所(《英》left-luggage office).

check・up [tʃékʌp] 名 C **1** 《口語》健康診断(physical [medical] checkup): get [have] a *checkup* 健康診断を受ける. **2** 検査,点検.

ched・dar [tʃédər]【原産地である英国のCheddarから】名 U 《しばしば C-》チェダーチーズ(cheddar cheese).

cheek [tʃiːk]
名 動

— 名 (複 **cheeks** [~s]) **1** C ほお: dance *cheek* to *cheek* ほおを寄せ合って踊る,チークダンスをする / Sara's *cheeks* blushed. サラがほおが真っ赤になった.
2 U 《口語》生意気,ずうずうしさ,厚かましさ: Bob has plenty of *cheek*, doesn't he? ボブはつらの皮が厚いね / None of your *cheek*. 生意気言うな. **3** C (通例 ~s)《口語》しり,けつ(buttocks).
■ *chéek by jówl* […と]ぴったりくっついて; 親密で[*with*]. (由来 もとはjowl = cheek の意だった)
háve the chéek to dó 生意気にも…する.
túrn the óther chéek (ひどい仕打ちに)耐え忍ぶ,寛大に許す. (由来「一方のほおを打たれたら他方のほおも向けよ」という聖書の言葉から)
— 動 他 《英口語》cheek 〈人〉に生意気な態度をとる[ことを言う],はむかう.

cheek・bone [tʃíːkbòun] 名 C 《解剖》ほお骨.
cheek・y [tʃíːki] 形 (比較 **cheek・i・er** [~ər];最上 **cheek・i・est** [~ist]) 生意気な,無作法な.
cheek・i・ly [~li] 副 生意気に.
cheek・i・ness [~nəs] 名 U 生意気さ.
cheep [tʃíːp] 《擬声語》動 自 (ひな・ネズミなどが)ぴよぴよ[ちゅうちゅう]鳴く.
— 名 C ぴよぴよ[ちゅうちゅう]鳴く声.

cheer [tʃíər]
動 名

— 動 (三単現 **cheers** [~z];過去・過分 **cheered** [~d];現分 **cheer・ing** [tʃíəriŋ])
— 他 **1** …に歓声を上げる,かっさいする;…を声援[応援]する(*on*): *cheer* the player (*on*) 選手に声援を送る / Our visit *cheered* my old parents. 私たちが訪問すると年老いた両親は大喜びした / We were greatly *cheered* by the news of the victory of our team. うちのチームが勝ったというニュースを知って私たちは大喜びした.
2 …を励ます,元気づける(*up*): When I get depressed, my roommate always *cheers* me *up*. 私が落ち込んでいるときにはルームメートがいつも励ましてくれる.
— 自 **1** 歓声を上げる: The audience *cheered* loudly when the singer turned up on the stage. 歌手が舞台に上ると聴衆は大歓声を上げた.
2 元気づく(*up*): *Cheer up!* 元気を出せ,頑張れ(⇒ worry **LET'S TALK**).
— 名 (複 **cheers** [~z]) **1** C 歓声,かっさい;声援: the *cheers* of the crowd 群衆の歓声 / give three *cheers* for ... …のために万歳を三唱する(《Hip, hip, hurray [hooray]! を3度繰り返す》).
2 U 励まし,激励: words of *cheer* 激励の言葉.
3 U 喜び,元気;気分,機嫌: be of good *cheer* 元気いっぱいである.
■ *Chéers!* **1** 乾杯! **2** 《英口語》ありがとう.
3 《英口語》じゃあまた,さよなら.

cheer・ful [tʃíərfəl]
形

— 形 **1** 機嫌のいい,元気のいい (↔ cheerless): a *cheerful* boy 元気のいい少年 / She's always *cheerful*. 彼女はいつも元気です.
2 楽しい,愉快な,気持ちのよい: a *cheerful* song 楽しい[愉快な]歌 / It's a very *cheerful* day, isn't it? 実に気持ちいいお天気ですね / Flowers made the room look *cheerful*. 花が飾ってあったのでその部屋は明るく見えた.
3 [限定用法]喜んでする: He is a *cheerful* helper. 彼は喜んで人助けをする人です.

cheer・ful・ly [tʃíərfəli] 副 快活に;上機嫌で.
cheer・ful・ness [tʃíərfəlnəs] 名 U 上機嫌,快活,気持ちよさ.
cheer・i・ly [tʃíərəli] 副 元気よく,快活に;愉快に.
cheer・ing [tʃíəriŋ] 形 励ましになる,元気づける(ような): *cheering* news うれしい知らせ.
cheer・i・o [tʃìərióu] 《英口語》 **1** さようなら,じゃあまた (good-bye). **2** 《古風》乾杯!
cheer・lead・er [tʃíərlìːdər] 名 C 《主に米》チアリーダー(ガール) (比較 「チアガール」は和製英語).
cheer・less [tʃíərləs] 形 元気のない;陰気な(↔ cheerful).
cheer・less・ly [~li] 副 わびしく.
cheer・y [tʃíəri] 形 (比較 **cheer・i・er** [~ər];最上 **cheer・i・est** [~ist]) (あいさつなどが)上機嫌の,陽気な;活気づける.

cheese [tʃíːz]
名

— 名 (複 **chees・es** [~iz]) U C チーズ(◇種類をいう場合や一定の形の製品についていう場合は C): a piece [slice] of *cheese* チーズひと切れ / grated *cheese* 粉チーズ / Go and get two *cheeses*. チーズを2個買って来て.
■ *Sày chéese!* はい,チーズ(◇写真を撮る人が言う).(由来 cheese [tʃíːz] の [iː] を発音しようとすると自然な笑顔に見えるところから)

cheese・burg・er [tʃíːzbəːrgər] 名 C U チーズバーガー(《チーズをはさんだハンバーガー》).
cheese・cake [tʃíːzkèik] 名 **1** U C チーズケーキ. **2** U 《古風》(女性の)セミヌード写真.
cheese・cloth [tʃíːzklɔ̀ːθ / -klɔ̀ð] 名 U 目の粗い薄地の綿布(《昔はチーズを包むのに使われた》).
chees・y [tʃíːzi] 形 (比較 **chees・ier** [~ər];最上 **chees・iest** [~ist]) チーズのにおいのする;安っぽい.
chee・tah [tʃíːtə] 名 C 《動物》チータ(《アフリカ・南アジア産のヒョウに似た足の速い獣》).
chef [ʃéf] 《フランス》名 C (ホテル・レストランなどの)コック長,シェフ; (一般に)料理人,コック.
chef-d'oeu・vre [ʃèidʌ́v / ʃèidʌ́vrə] 《フランス》名 (複 **chefs-d'oeu・vre** [~]) C 《格式》(特に美術・文学・音楽の)傑作,名作.
Che・khov [tʃékɔːf / -kəf] 名 固 チェーホフ Anton Pavlovich [ɑːntɔ́ːn páːvləvitʃ] Che-

khov《1860-1904; ロシアの劇作家・小説家》.

chem·i·cal [kémikəl] 形名
— 形 [限定用法] 化学の, 化学的な; 化学薬品の: *chemical* changes 化学変化 / *chemical* combination 化合 / *chemical* fiber 化学繊維 / *chemical* reaction 化学反応 / *chemical* weapons 化学兵器 / a *chemical* works 製薬工場.

— 名 C (通例~s) 化学製品 [薬品].

◆ chémical engineéring U 化学工学 [工業].
chémical wárfare U (化学兵器を用いる) 化学戦.

chem·i·cal·ly [kémikəli] 副 化学的に; 化学作用によって.

che·mise [ʃəmíːz] 名 C シュミーズ《スリップ (slip) に似た女性用下着》; シフトドレス《肩からすそまでがまっすぐで、ウエストのゆったりした婦人服》.

chem·ist [kémist] 名 C 1 化学者. 2 (英) 薬剤師; 薬局員 (pharmacist, (米) druggist): a *chemist*'s (shop) 薬局 ((米) drugstore).

chem·is·try [kémistri] 名 U 1 化学: applied *chemistry* 応用化学 / organic [inorganic] *chemistry* 有機 [無機] 化学. 2 化学的性質; 化学作用: the *chemistry* of oxygen 酸素の化学的性質. 3 (口語) (人との) 相性; (恋愛などの) 神秘的な働き.

che·mo·ther·a·py [kìːmouθérəpi, kèm-] U [医] 化学療法.

cheque [tʃék] 名 C (英) 小切手 ((米) check).
◆ chéque cárd C (英) 小切手保証カード (bank [banker's] card).

cheque·book [tʃékbùk] 名 (英) = CHECK-BOOK 小切手帳.

chequ·er [tʃékər] (英) 名 動 = CHECKER[2].
chequ·ered [tʃékərd] 形 (英) = CHECKERED.

*cher·ish [tʃériʃ] 動 他 1 [進行形不可] …を大事 [大切] にする, かわいがる (→ APPRECIATE [類義語]): *cherish* the old clock 古い時計を大事にする / They *cherished* the girl as if she were their own daughter. 彼らはその少女を自分たちの娘のようにかわいがった. 2 〈希望・思い出など〉を(大切に) 心に抱く, 胸に秘める: He still *cherishes* the memory of his dead father. 彼はいまだに亡父の思い出を胸に秘めている.

Cher·o·kee [tʃérəkìː] 名 (複 Cher·o·kees [~z], [集合的に] Cher·o·kee) 1 C チェロキー族 (の人) 《北米先住民の一部族》. 2 U チェロキー語.

che·root [ʃərúːt] 名 C 両切り葉巻たばこ.

cher·ry [tʃéri] 名 形
— 名 (複 cher·ries [~z]) 1 C サクランボ: a bowl of *cherries* ボールひと盛りのサクランボ.
2 C [植] =chérry trèe 桜の木. 3 U 桜材.
4 U サクランボ色, 深紅色.
■ another [a sécond] bíte at the chérry 2度目のチャンス.
— 形 サクランボ色の.
◆ chérry blòssom C (通例~s) 桜の花.

cher·ub [tʃérəb] 名 C 1 (複 cher·u·bim [-əb-

im]) [聖] ケルビム, 智天使 《知識をつかさどる》; [美] ケルビムの絵 [像]. 2 (複 cher·ubs [~z]) (口語) 丸々太った愛らしい子供.

che·ru·bic [tʃərúːbik] 形 かわいらしい, (顔つきが) ふくよかな; ケルビム (cherub) の.

cher·u·bim [tʃérəbìm] 名 cherub 1 の複数形.

Chesh·ire [tʃéʃər] 名 ⓖ チェシャー 《England 西部の州; 州都チェスター (Chester); [略語] Ches.》.
■ grín like a Chéshire cát (口語) (訳もなく) にたにた笑う.《[参考] Cheshire cat は『不思議の国のアリス』に出て来るにたにた笑う猫》

‡**chess** [tʃés] 名 U チェス 《盤上で2人がそれぞれ16個の駒 (ら) (chessman) を動かすゲーム. 盤と駒の配置・駒の種類は→図》: play (at) *chess* チェスをする / win [lose] a game at *chess* チェスに勝つ [負ける].

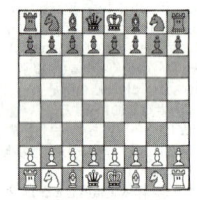

king
queen
rook [castle]
bishop
knight
pawn

chess·board [tʃésbɔ̀ːrd] 名 C チェス盤 《◇チェッカー盤 (checkerboard) としても用いる》.

chess·man [tʃésmæ̀n] 名 (複 chess·men [-mèn, -mən]) C チェスの駒 (ら) 《1人が持つ駒は, king, queen 各1個, bishop, knight, rook[2] [castle] 各2個, pawn 8個の計16個; → 上の図》.

chest [tʃést] 名
[原義は「箱」]
— 名 (複 chests [tʃésts]) 1 C 胸, 胸部《◇肋骨 (ɔ̀) と胸骨に囲まれた, 肺や心臓のある部分》; → BODY 図》: raise a hand to one's *chest* (敬意をはらうために) 胸に手を置く / throw [stick] one's *chest* out (威厳などを示すために) 胸を張る / I have a pain in my *chest*. 胸に痛みがある.
2 C (ふたの付いた大きな) 箱, 容器, ひつ: a tool [medicine] *chest* 道具 [薬] 箱. 3 C (米) (公共の) 金庫; U 資金: the community *chest* 共同募金.
■ gèt … óff one's chést (口語) 〈悩み・心配事〉を打ち明けて楽になる.
◆ chést of dráwers (複 chests of drawers) C たんす (→ BEDROOM PICTURE BOX).

*chest·nut [tʃésnʌ̀t] (☆ 発音に注意) 名 1 C クリの実 (→ NUT 図); クリの木 (chestnut tree).
2 C トチの実; トチの木. 3 U クリ材. 4 U くり色, チェスナットブラウン《赤茶色》. 5 C くり毛の馬 (cf. bay[5] 鹿毛(ウ)の馬). 6 C (口語) 陳腐な話; 古くさい冗談.
■ púll …'s chéstnuts òut of the fíre 〈人〉の手先として危険を冒す《◇「火中のクリを拾う」の意》.
— 形 くり色 [チェスナットブラウン] の; くり毛の.

chest·y [tʃésti] 形 (比較 chest·i·er [~ər]; 最上 chest·i·est [~ist]) 1 (声が) 胸の奥から出るよう

che·vál glàss [ʃəvǽl-] 名C 大型鏡, 大姿見（前後に傾けることができ, 全身が映る）.

Chev·ro·let [ʃèvrəléi / ʃévrəlèi] 名C《商標》シボレー《米国GM社製の大衆車》.

chev·ron [ʃévrən] 名C シェブロン《V字形［山形］のそで章や紋様など》.

＊**chew** [tʃúː] 動 他 1〈食物など〉をかんで食べる, かみくだく;〈たばこ・ガムなど〉をかむ (up): You must *chew* food well. 食物はよくかまなければならない. 2《口語》…をじっくり考える.
— 自 1〈食物などを〉かむ [on]. 2《口語》［…を］熟考する, 徹底的に論じる [on, over].
■ *chéw óut* (他)《主に米口語》…をしかりつける.
chéw óver《口語》…をじっくり考える.
chéw the fát《口語》…をじっくり考える.
— 名C かむこと［もの］, ひと口; 菓子, かみ煙草.

＊**chéw·ing gùm** [tʃúːiŋ-] 名U チューインガム (gum): a piece [stick] of *chewing gum* ガム1つ [1枚].

chew·y [tʃúːi] 形（比較 **chew·i·er** [~ər]; 最上 **chew·i·est** [~ist]）（食物が）よくかむ必要のある, かみごたえのある, 柔らかない.

Chey·enne [ʃaién, -én] 名（複 **Chey·ennes** [~z], [集合的に] **Chey·enne**）1 C シャイアン族（の人）《北米先住民の一部族》. 2 U シャイアン語.

chi [kái] 名C カイ (x, X)《ギリシャ語アルファベットの22番目の文字》; → GREEK 表.

Chi·an·ti [kiá:nti / -éen-] 名U キャンティ《イタリア産の辛口赤ワイン》.

chic [ʃiːk]《フランス》形（服装などが）上品な, シックな, あか抜けた. — 名U 上品さ, 優雅.

＊**Chi·ca·go** [ʃiká:gou, -kɔ́ː-] 名 シカゴ《米国Illinois州ミシガン湖に臨む大都市》.

chi·can·er·y [ʃikéinəri] 名（複 **chi·can·er·ies** [~z]）U|C《格式》ごまかし, 言い逃れ.

Chi·ca·no [tʃiká:nou] 名（複 **Chi·ca·nos** [~z]）C《米》メキシコ系米国人（◇女性形は Chicana [-nə]）.

chi·chi [ʃíːʃiː] 形《口語・やや軽蔑》（服装などが）派手な, でてでてに飾り立てた; 気取った.

chick [tʃík] 名C 1 ひな, ひよこ (→ CRY 表); ひな鳥. 2《俗語・時に軽蔑》娘, 女の子.

chick·a·dee [tʃíkədìː] 名C《鳥》（北米産の）シジュウカラ属の小鳥（総称）;（特に）アメリカコガラ.

chick·en [tʃíkən] 名 形

— 名（複 **chick·ens** [~z]）1 C 鶏 (cf.《米》rooster おんどり,《英》cock おんどり, hen めんどり); ひよこ; ひな鳥: a *chicken* yard 養鶏場 / Which came first, the *chicken* or the egg? 鶏が先か卵が先か《2つの因果関係が不明な状況［問題］を言う》/ Don't count your *chickens* (before they are hatched).《ことわざ》（かえる前にひなを数えるな ⇒ 捕らぬタヌキの皮算用をするな）.
2 U 鶏肉, チキン (→ MEAT 表): sliced *chicken* 薄切りの鶏肉 / fried *chicken* フライドチキン.
3 C《口語》青二才, 若僧, 小娘: You are no spring *chicken*. 君はもう青二才なんかじゃない.
4 C《俗語・軽蔑》臆病者 (coward).

5 U《口語》（青少年の）度胸だめし, (遊び): play *chicken* 度胸だめしをする.
— 形《叙述用法》《口語》臆病な (cowardly): I got *chicken*. 私はおじけづいてしまった.
— 動 自《次の成句で》
■ *chicken óut*《口語・軽蔑》おじけづく, びびる; ［…から］しり込みする [of].
◆ **chícken fèed** U 鳥のえさ;《口語》はした金.
chicken nùgget C《料理》チキンナゲット.

chíck·en-héart·ed 形 臆病な, 小心な, 内気な.
chíck·en-lív·ered 形 = CHICKEN-HEARTED.
chick·en·pox [tʃíkinpàks / -pɔ̀ks] 名U《医》水痘, 水ぼうそう.
chick·weed [tʃíkwìːd] 名U《植》ハコベ.
chic·le [tʃíkl] 名U チクル《熱帯アメリカ産の植物からとれるチューインガムの原料》.
chic·o·ry [tʃíkəri] 名U《植》チコリ, キクニガナ《ヨーロッパ原産. 葉はサラダ用, 根はコーヒーの代用品》.
chide [tʃáid] 動（三単現 **chides** [tʃáidz]; 過去 **chid·ed** [tʃáidid],《古》**chid** [tʃíd]; 過分 **chid·ed**,《古》**chid·den** [tʃídən]; 現分 **chid·ing** [~iŋ]）《文語》自（穏やかに）しかる (scold).
— 他 …を［…の理由で］しかる, …に小言を言う [for].

＊＊**chief** [tʃíːf] 名 形《原義は「頭 (かしら)」》
— 名（複 **chiefs** [~s]）C 1（団体・集団・組織の）長, チーフ; 首領, 族長: the *chief* of a police station 警察署長 / the *chief* of a section = the section *chief* 部長［課長］.
2《英・古風》《呼びかけ》親分, ボス; だんな.
■ *in chief*《名詞のあとに置いて》最高位の, …長: the commander *in chief* 司令長官 / the editor *in chief* 編集主幹, 編集長. 2《文語》主に, 特に.
— 形《限定用法》1 最高位の, 第1位の, 長の: the *chief* cook コック長 / the *chief* engineer 機関（技師）長.
2 主要な, 主な, 重要な (→ 類義語): He is one of the *chief* players on this team. 彼はこのチームの主力選手の1人です.
◆ **Chíef Exécutive** [the ~]《米》1 大統領.
2 [c- e-] 行政長官《州知事・市長など》.
chíef exécutive ófficer C《企業・団体の》最高（経営）責任者（《略語》CEO）.
chíef inspéctor C《英》警部.
chíef jústice [the ~] 裁判長; [the C- J-]《米》最高裁判所長官.
chíef of stáff [the ~] 参謀長; [the C- of S-]《陸軍・空軍》参謀総長;（ホワイトハウスの）大統領首席補佐官.

類義語 chief, main, principal, leading
共通する意味▶ 主要な (most important)
chief は「ランク・権威・重要度などが筆頭の」の意で, 下の者は従わなければならないという含みがある: a *chief* pilot 機長 / the *chief* rivers of the world 世界の主要河川. **main** は「1つの体系あるいは全体の中で「大きさ・勢力・重要度において抜きんでている」ことを表す. 人には用いない: the *main* building 本館 / a *main* road 幹線道路.

principal は人・ものの「大きさ・地位・重要度が性かのすべてより優位にある」の意: the *principal* cause 主因 / the *principal* actor 主演俳優.
leading は「先頭に立つ,率いる」の原義から「首位の,一流の,主要な」などの意を表す: a *leading* composer 一流の作曲家 / the *leading* industrial countries 先進工業国.

***chief·ly** [tʃíːfli]

— 副 **1 主**に, 主として (mainly): This novel is written *chiefly* for high school students. この小説は主に高校生向けに書かれている.
2《文修飾》まず第一に, 何にもまして (above all): *Chiefly*, we want our children to be honest. 何にもまして子供たちには正直であってほしい.

chief·tain [tʃíːftən] 名 C **1**（盗賊などの）首領, 頭(かしら); 指導者. **2**（部族の）長.
chif·fon [ʃifǽn / ʃífɔn]【フランス】名 U シフォン《絹・ナイロンなどのごく薄い生地》.
chi·hua·hua [tʃiwɑ́ːwə] 名 C チワワ《メキシコ原産の小型犬》.
chil·blain [tʃílblèin] 名 C《通例 ~s》しもやけ《◇凍傷 (frostbite) より軽い》.

child [tʃáild]

— 名（複 **chil·dren** [tʃíldrən]）C **1**（大人に対して）子供, 児童: a naughty *child* いたずらっ子 / a five-year-old *child* 5歳児 / a stray *child* 迷子 / *Children* under six years old are not charged. 6歳未満の子供は無料です / The *child* is father of [to] the man.《ことわざ》子供は大人の父である ⇨ 三つ子の魂百まで.
[語法] 性別が不明の場合や性別をあまり問題にしない場合、代名詞 it を用いる: That *child* is an orphan, isn't *it*? あの子供は孤児ですね.
2（親に対して）**子供**, 子: My aunt has two *children*. 私のおばには2人の子供がいる / Ted is an only *child*. テッドは1人っ子です.
3《軽蔑》子供じみた人: Mozart was a *child* in money matters. モーツァルトは金銭的なことでは子供だった. **4**（時代・場所・環境に）強く影響された人;（空想などの）所産: We are *children* of the materialistic age. 私たちは物質主義時代の申し子である. **5** 子孫, 弟子, 崇拝者: a *child* of the Devil 悪人.
■ **be with chíld**《古》妊娠している.
◆ **chíld abúse** U 児童虐待.
chíld lábor U 年少者就労, 児童労働.
chíld pródigy C 神童, 天才児.
chíld's pláy U《口語》容易なこと,「朝飯前」.
child·bear·ing [tʃáildbèəriŋ] 名 U 出産.
child·bed [tʃáildbèd] 名 U 分娩(べん), 産褥(じょく)《出産前後のベッドにいる状態・期間》.
child·birth [tʃáildbə̀ːrθ] 名 U 出産, 分娩(べん).

***child·hood** [tʃáildhùd]

— 名 U《または a ~》幼年時代, 子供時代, 児童期; 子供らしさ: from [since] *childhood* 幼いときから / in one's *childhood* 子供のときに / have [spend] a happy *childhood* 楽しい子供時代を過ごす.
[関連語] **babyhood** 乳幼児期 / **boyhood** 少年時代 / **girlhood** 少女時代 / **manhood**（男性の）壮年[成年]期 / **womanhood**（女性の）成年期.
■ *in one's sécond chíldhood*《こっけい》（年老いて）童心にかえって; もうろくして.

***child·ish** [tʃáildiʃ] 形 **1** 子供らしい, 子供の: a *childish* face 子供らしい顔. **2**《軽蔑》（主に大人が）子供っぽい; 幼稚な, ばかげた: *childish* behavior 大人げない行動.
child·ish·ly [~li] 副 子供っぽく, 子供じみて.
child·ish·ness [~nəs] 名 U 子供っぽさ.
child·less [tʃáildləs] 形 子供のない.
child·like [tʃáildlàik] 形《しばしばほめ言葉》子供らしい; 純真な (cf. childish《軽蔑》).
child·mind·er [tʃáildmàindər] 名 C《主に英》（通例,共働き夫婦の）子供を預かる人《米 **baby-sitter**》.
child·mind·ing [-màindiŋ] 名 U 子供の世話.
child·proof [tʃáildprùːf] 形（器具などが）子供が操作[いたずら]できないようになっている: a *childproof* gun《米》子供に安全な銃《子供がいたずらしても暴発しない》.

chil·dren [tʃíldrən]
名 **child** の複数形.
◆ **chíldren's hòme**《英》児童養護施設.
chil·e [tʃíli] 名 副 = CHILI.
Chi·le [tʃíli] 名 固 チリ《南米太平洋岸にある共和国; 首都サンティアゴ (Santiago)》.
chil·i [tʃíli] 名（複 **chil·ies** [~z]） **1** U C チリ《トウガラシの一種》; チリの実から作った香辛料. **2** U = **chíli còn cár·ne** [-kàn káːrni] チリコンカルネ《肉・豆をチリ・トマトソースなどで煮込んだシチュー》.
◆ **chíli dòg** C チリドッグ《チリをかけたホットドッグ》.
chíli pòwder U チリパウダー《香辛料》.
chíli sàuce U チリソース《チリなどの香辛料が入ったトマトソース》.

***chill** [tʃíl] 動 他 **1** …を冷やす, 冷却する;（食料品など）を冷蔵[氷蔵]する《◇ **freeze**（冷凍する）までいかない》: *chill* meat 肉を冷蔵する / a *chilled* beef 冷蔵牛肉 / put the wine in the refrigerator to *chill* ワインを冷やすため冷蔵庫に入れる / I was *chilled* to the bone. 私は体の芯(しん)まで冷え切っていた. **2** …に恐怖を与える, …をぞっとさせる.
3《主に文語》（熱意などを）くじく,（興）をさます, がっかりさせる. — 自 冷える; 寒けがする, ぞくぞくする.
■ *chíll óut*《自》《口語》（心労のあと）リラックスする, くつろぐ.

— 名 C **1**《通例, 単数形で》冷気, 冷え, 冷たさ: the *chill* of the night 夜の冷え込み / There was a *chill* in the air yesterday morning. きのうの朝は肌寒かった. **2**（寒さ・身ぶるいによって引き起こされる）寒け, 悪寒(おかん);（寒けを伴う）かぜ: have a *chill* 寒けがする, かぜをひいている / catch [take, get] a *chill* かぜをひく. **3**《通例, 単数形で》暗い感じ, 不安感; 挫折感: cast a *chill* over [on] ... …をしらけさせる, 暗い気分にする. **4** 冷戦; 不和,（関係の）冷却.

— 形 1 冷え冷えとした, ひんやりする: a *chill* wind ひんやりとした風. 2 冷淡な, よそよそしい (◇この意味では普通 chilly を用いる).

chill·er [tʃílər] 名 C 1 ぞっとさせるもの[人];《口語》スリラー《スペンス》小説[映画]. 2 冷却装置.

chil·li [tʃíli] 名《主に英》= CHILI (↑).

chill·ing [tʃíliŋ] 形 ぞっとするような.

‡**chill·y** [tʃíli] 形 (比較 **chill·i·er** [~ər]; 最上 **chill·i·est** [~ist]) 1 冷たい, 冷え冷えとした (◇ cold ほど寒くはない) 寒けがする: a *chilly* day うすら寒い日 / feel *chilly* 寒けがする / It became *chilly* when the sun set. 太陽が沈むと寒くなった. 2 冷淡な, よそよそしい. 3 ぞっとさせる.

chi·mae·ra [kaimíərə] 名 = CHIMERA (↓).

*****chime** [tʃáim] 名 C (通例 ~s) 1 (ひと組の)鐘;【音楽】チャイム《管状の鐘を並べた打楽器》;(玄関・時計の)チャイム(装置): ring the *chimes* チャイムを鳴らす. 2 鐘の音, チャイムの音.

— 動 他 1《鐘・チャイムなど》を鳴らす. 2《鐘などが》鳴って《時刻》を知らせる: The clock *chimed* eight o'clock. 時計は8時を打った.

— 自 1《鐘・チャイムなどが》鳴る. 2《口語》《物事が》[…と]調和[一致]する[*with*].

■ *chíme ín* [ ] 1 (人の話に)口をはさむ, 話に加わる. 2 調和する, 一致する.

chi·me·ra, chi·mae·ra [kaimíərə] 名 1《the C-》【ギリシャ神話】キメラ, キマイラ《ライオンの頭, ヤギの胴, 蛇の尾を持つ, 火を吐く怪獣》. 2 C 《一般に》怪物. 3 C《格式》非現実的な考え, 空想, 幻想. 4 C【生物】キメラ《2個以上の遺伝的に異なる組織から成る生物体》.

chi·mer·i·cal [kaimérikəl] 形《しばしば軽蔑》想像上の, 空想的な; 非現実的な.

‡**chim·ney** [tʃímni]

— 名 (複 **chim·neys** [~z]) C 1 **煙突** (➡ HOUSE [PICTURE BOX]): The *chimney* is sooty and needs sweeping. 煙突はすすがたまっていて掃除が必要です.

2 (ランプの)火屋(ほや). 3【登山】チムニー《登るときに使う縦に通っている岩壁の裂け目》.

◆ **chímney còrner** C 炉辺内, 炉ばた.

chímney pòt C 煙出し《通風用に煙突の上端部に取り付けた土器または金属製の管》.

chímney stàck C《英》組み合わせ煙突《数本の煙突をまとめて屋根の上外へ出したもの》;《工場などの》大煙突《《米》smokestack》.

chímney swèep [swèeper] C 煙突清掃作業員《《口語》sweep》.

chimp [tʃímp] 名《口語》= CHIMPANZEE (↓).

chim·pan·zee [tʃìmpænzí:] 《☆発音に注意》名 C【動物】チンパンジー《《口語》chimp》.

‡**chin** [tʃín]

— 名 (複 **chins** [~z]) C あご, 下あご, あごの先 (→ HEAD 図): a double *chin* 二重あご / Robert rested his *chin* on his hand. ロバートはあごを手にのせた / A beard grows on the *chin*. あごひげはあごに生える.

■ (*kéep one's*) *chín úp* [しばしば命令文で]《口語》元気を出す, くじけない.

táke it on the chín《口語》(不幸・打撃などに)じっと耐える.

*****chi·na** [tʃáinə]【原産地の「中国 (China)」から】 名 U 1 磁器: a piece of *china* 1個の磁器 / a *china* dish 磁器の皿. 2《集合的に》陶磁器(類), 瀬戸物 (chinaware) (cf. japan 漆器).

◆ **chína wédding** C 陶(器)婚式《結婚20周年; → WEDDING 表》.

*****Chi·na** [tʃáinə]

— 名 固 **中国**《正式名は中華人民共和国 (the People's Republic of China). 首都はペキン(北京) (Beijing)》. (▷ 形 **Chinése**)

Chi·na·town [tʃáinətàun] 名 C U (中国以外の都市にある)中国人地区, 中華街, チャイナタウン.

chi·na·ware [tʃáinəwèər] 名 U《集合的に》陶磁器(類), 瀬戸物 (china).

chin·chil·la [tʃintʃílə] 名 1 C【動物】チンチラ《リスに似た小動物. 南米産》. 2 U チンチラの毛皮.

*****Chi·nese** [tʃàiní:z] 形 名

— 形 中国の; 中国人[語]の: *Chinese* food 中華料理 / *Chinese* characters 漢字 / *Chinese* classics 中国古典, 漢文 / *Chinese* medicine 漢方(医学).

— 名 (複 **Chinese**) 1 C 中国人; [the ~; 集合的に] 複数扱い] 中国人, 中国国民. 2 U 中国語. (▷ 名 **Chína**)

◆ **Chínese lántern** C (紙張り)ちょうちん.
Chínese púzzle C 難解なパズル; 難問.
Chínese Wáll 1 固 [the ~] 万里の長城 (the Great Wall of China). 2 C [C- w-]《情報の流れなどへの》大きな障害.

chink[1] [tʃíŋk] 名 C 1 すき間; 裂け目, 割れ目; すき間からの光線: a *chink* of light ひとすじの光. 2 小さな欠点 [弱点]: a *chink* in the [...'s] armor 弱み, 弱点.

chink[2] [tʃíŋk]《擬声語》名 C (通例, 単数形で) ちん, かちん《ガラス・金属などの触れる音》.

— 動 自 ちんと鳴る. — 他 …をちんと鳴らす.

chin·less [tʃínləs] 形 1 猪首(いくび)の. 2《英語》意志薄弱な, 憶病な.

chi·no [tʃínou] (複 **chi·nos** [~z]) 名 1 U チノクロス《カーキ色の綿布》. 2 [~s] チノパン(ツ)《◇ズボンの一種. chino pants とも言う》.

chin·strap [tʃínstræp] 名 C (ヘルメットなどの)あごひも.

chintz [tʃínts] 名 U 更紗(さらさ)木綿, チンツ《カーテンなどに使用する厚手の更紗》.

‡**chip** [tʃíp] 名 C 1 (木・石・ガラスなどの) **切れ端, かけら**: a *chip* of glass ガラスのかけら. 2 (瀬戸物などの)欠けた跡, 傷. 3 [通例 ~s]《英・豪》ポテトチップス (potato chips,《英》crisps);《英》ポテトフライ, フライドポテト《《米》French fries》. 4 (ポーカー・ルーレットなどの)数取り札, 賭(か)け札, チップ (counter)《現金の代用》. 5【電子】 (シリコン)チップ, 集積回路 (microchip, silicon chip).

6《米》役に立たないもの, くず. 7 (ゴルフなどの)チップ (ショット).

■ **a chíp off [of] the óld blóck**《口語》(性格などが)親にそっくりの子供.
hàve a chíp on one's shóulder《口語》(無教育や貧乏のために軽視されてきたという気持ちから生じる)恨み[不満]を持っている.
when the chíps are dówn《口語》いざというときに,切羽詰まったときに.
— 動 (三単現 **chips** [~s]; 過去・過分 **chip·ped** [~t]; 現分 **chip·ping** [~iŋ])他 **1**〈瀬戸物など〉の縁(ふち)を欠く,端を割る. **2**〈木など〉を削る,そぐ;[…から]〈小片〉をはがす,削り取る [*off, from, out of*]: He *chipped* the paint *off* the wall. 彼は壁からペンキを削り取った. **3**《主に英》〈ジャガイモ〉を細切りにする. **4**〈像・文字などを刻む,作る.
5(ゴルフなどで)チップショットをする.
— 自 (瀬戸物・ガラスなどの)縁が欠ける;(ペンキなどが)はげ落ちる (*off*).
■ **chíp awáy** 自 […を]少しずつ削り取る [*at*].
— 他 …を少しずつ削り取る,少しずつ壊す.
chip ín《口語》**1**(金・労力などを)出し合う,寄付する: We *chipped in* to build a day-care center. 私たちは保育所を建てるために寄付をした.
2[自分の意見を]横からさしはさむ [*with*].
— 他〈金〉を出し合う,寄付する.
chip·board [tʃípbɔ̀ːrd]名 U チップボード《木くずを圧縮した合成建材》.
chip·munk [tʃípmʌŋk]名 C《動物》シマリス《北米・アジア産》.
chip·o·la·ta [tʃìpəláːtə]名 C《英》チポラータ《小さな豚肉のソーセージ》.
chip·per [tʃípər]形《米口語》元気な (lively), 快活な, 陽気な (cheerful); さっぱりした.
chi·rop·o·dist [kərápədist, kirɔ́p-]名 C《英》(まめ,たこなどの)手足治療医 (《米》podiatrist).
chi·ro·prac·tic [kàiərəpræktik / kàiərouprǽktik]名 U 脊椎(せきつい)矯正療法, カイロプラクティック.
chi·ro·prac·tor [káiərəpræktər / kàiərouprǽktər]名 C 脊椎矯正療法師.
*****chirp** [tʃə́ːrp]《擬声語》動 自 **1**(小鳥・虫が)ちゅっちゅっ[ちいちい]鳴く[さえずる](*away*).
2(人が)高い声で言う (*out*).
— 他 …を高い[明るい]声で話す (*out*).
— 名 C ちゅっちゅっ[ちいちい]と鳴く声.
chirp·y [tʃə́ːrpi]形(比較 **chirp·i·er** [~ər]; 最上 **chirp·i·est** [~ist])《主に英口語》陽気な,楽しげな.
chirr [tʃə́ːr]《擬声語》動 自 (コオロギ・キリギリスなどが)ちりっちりっ[ぎいぎい]と鳴く.
— 名 C ちりっちりっ[ぎいぎい]と鳴く声.
chir·rup [tʃə́ːrəp / tʃírəp]動 自 (小鳥・虫が)ちゅっちゅっ[ちいちい]鳴く[さえずる].
— 名 C ちゅっちゅっ[ちいちい]と鳴く声.
chis·el [tʃízəl]名 C のみ,たがね;彫刻刀.
— 動 (過去・過分《主に英》**chis·elled**; 現分《主に英》**chis·el·ling**)他 **1**〈木・石など〉をのみで彫る,削る;〈木・石など〉を彫って[…を]作る [*into*]: *chisel* a stone *into* a figure = *chisel* a figure out of a stone 石を彫って像を作る. **2**《俗語》〈人〉をだます;〈人〉をだまして〈もの〉を取る [*out of*].
chit[1] [tʃít]名 C **1**(飲食・買い物の)伝票《客が署名してあとで料金を払う》. **2** 短い手紙, メモ.
chit[2] 名 C **1**《口語》子供. **2**[通例 a ~ of a girl で]《古》(生意気な)小娘.
chit-chat [tʃíttʃæ̀t]名 U《口語》雑談; うわさ話.
chi·tin [káitin]名 U キチン質《カニの甲らなどの主成分》.
chiv·al·ric [ʃívəlrik]形 = CHIVALROUS (↓).
chiv·al·rous [ʃívəlrəs]形 **1** 騎士的な, 騎士道の, 騎士らしくふるまって; 礼儀を重んじる: the *chivalrous* spirit 騎士道精神. **2** 女性に優しい.
chiv·al·rous·ly [~li]副 騎士らしく; 優しく.
*****chiv·al·ry** [ʃívəlri]名 U **1**(中世の)騎士道; 騎士道精神《忠君・武勇・礼儀を重んじ, 弱い者に優しい》. **2**(女性・弱者への)優しい態度.
chive [tʃáiv]名 C《植》エゾネギ, チャイブ; [通例 ~s]エゾネギの葉《薬味》.
chiv·y, chiv·vy [tʃívi]動 (三単現 **chiv·ies, chiv·vies** [~z]; 過去・過分 **chiv·ied, chiv·vied** [~d]; 現分 **chiv·y·ing, chiv·vy·ing** [~iŋ])他《英》《口語》**1**〈人〉を[…するよう]せかす, せき立てる [*to do*].
chlo·rel·la [kləréla]名 U C《植》クロレラ《単細胞の緑藻(りょくそう)で, 汚水浄化・飲料・食品に利用》.
chlo·ride [klɔ́ːraid]名 U C《化》塩化物.
chlo·ri·nate [klɔ́ːrənèit]動 他《化》…を塩素で処理[消毒]する.
chlo·rine [klɔ́ːriːn]名 U《化》塩素《元素記号》Cl》.
chlo·ro·flu·o·ro·car·bon [klɔ̀ːroufluərouká:rbən]名 U C《化》クロロフルオロカーボン, フロン(ガス)《(略語》CFC》《オゾン層破壊物質》.
chlo·ro·form [klɔ́ːrəfɔ̀ːrm]名 U《化》クロロホルム《無色揮発性の液体. 麻酔剤》.
— 動 他 …にクロロホルムで麻酔をかける.
chlo·ro·phyl(l) [klɔ́ːrəfil / klɔ́ːrə-]名 U《植・生化》クロロフィル, 葉緑素.
choc-ice [tʃákais / tʃɔ́k-]名 C《英》チョコアイスキャンディー.
chock [tʃák / tʃɔ́k]名 C 輪止め, 止め木《ドア・車輪などが動くのを防ぐ》.
— 動 他 …を止め木で固定する.
chock·a·block, chock-a-block [tʃákəblàk / tʃɔ́kəblɔ̀k]形《口語》[…で]ぎっしり詰まった, 混雑した [*with*].
chòck-fúll 形《口語》[…で]ぎっしり詰まった, いっぱいの, 満員の [*of*].

*****choc·o·late** [tʃákələt, tʃɔ́ːk- / tʃɔ́k-]
— 名(複 **choc·o·lates** [-lits]) **1** U C チョコレート: a bar of *chocolate* = a *chocolate* bar 板チョコ / a box of *chocolates* チョコレート1箱 / I prefer bitter *chocolate* to milk *chocolate*. 私はミルクチョコよりビターチョコのほうが好きです. **2** U チョコレート飲料, ココア (cocoa); C ココア1杯: I drink a cup of *chocolate* every day. 私は毎日ココアを1杯飲む. **3** U チョコレート色; [形容詞的に]チョコレート色の: *chocolate* shoes チョコレート色の靴.

*****choice** [tʃɔ́is]
名 形
— 名(複 **choic·es** [~iz]) **1** U C 選択, 選ぶこ

と, えり好み: He guided us in the *choice* of tennis racket. 彼は私たちがテニスラケットを選ぶときにアドバイスをしてくれた / You should make a careful *choice* of the personnel. 職員の人選は慎重にすべきである / I'm not sure whether it is a right *choice*. それが正しい選択かどうか私には自信がない.

2 ⓤ ⓒ 選択権, 選択の機会 [自由]: Did your father give you a free *choice*? お父さんはあなたが自由に選んでよいと言いましたか / I had no *choice* but to agree. 私は同意するしかなかった.

3 ⓒ 選ばれた人[もの]: Take your *choice*. お好きなものをどうぞ / Ice cream is my *choice* for dessert. デザートはアイスクリームにします / Who is your *choice* for the mayor? 市長にはだれを選びますか.

4 ⓒ 選択の範囲[種類]: The shoestore has a wide [large, big] *choice* of sizes. その靴屋はサイズを豊富にそろえている.

■ *at* (*one's* (*own*)) *chóice* 好みで, 自由に: At school they can study Spanish or French *at their own choice*. 学校で彼らは自分の好みでスペイン語かフランス語を学ぶことができます.

by [*for*] *chóice* 選ぶとすれば; 好きで, 自ら進んで: She took the computer class *by choice*. 彼女は自ら進んでコンピュータの授業を受けた.

of chóice えり抜きの: wine *of choice* 極上ワイン.

of one's (*own*) *chóice* 自分で選んだ; 好き好んで: This is the job *of my own choice*. これは私が自分で選んだ仕事です.

— 形 (比較 **choic·er** [~ər]; 最上 **choic·est** [~ɪst]) **1** 〔格式〕精選した, 優良の, 最上等の: We only deal in *choice* wines. 私どもでは極上のワインしか扱いません. **2** (言葉が) 怒りを含めた, 痛烈な. **3** (言葉が) 適切な. (▷ 動 chóose)

*choir [kwáɪər] (☆発音に注意) 名 ⓒ **1** [集合的に; 単数・複数扱い] (教会の) 聖歌隊; (一般に) 合唱団. **2** [通例, 単数形で] 聖歌隊席, 内陣.

choir·boy [kwáɪərbɔɪ] 名 ⓒ 少年聖歌隊員.
choir·mas·ter [kwáɪərmæstər / -mà:stə] 名 ⓒ 聖歌隊指揮者.

‡**choke** [tʃóuk] 動 ⓣ **1** …を窒息させる; 息苦しくさせる: *choke* ... to death 〈人〉を絞め殺す / The smoke almost *choked* me. 私は煙のためにもう少しで窒息するところだった (= I was almost *choked* with [by] the smoke.).

2 [しばしば受け身で] 〈細長い場所・管〉をいっぱいにする [ふさぐ] (*up*): The street *was choked* (*up*) with cars. 通りは車でいっぱいで動きがとれなかった / The drain *was choked* (*up*) with leaves. 木の葉で排水管が詰まった. **3** 〈植物〉を枯らす; (空気を遮断して) 〈火〉を消す. **4** 〈エンジン〉のチョークを絞る.

— ⓘ **1** […で] 息が詰まる; 窒息する [*on, over*]: *choke on* one's food 食べ物でのどが詰まる.

2 (管などが) […で] 詰まる (*up*) [*with*]. **3** [激情・緊張などで] 口が利けなくなる [*with*]: He *choked with* rage. 彼は激怒のあまり口が利けなかった.

4 《口語》《スポーツ》(プレッシャーで) しくじる.

句動詞 *chóke báck* 他 〈感情・涙など〉をぐっと抑える: *choke back* one's anger 怒りをこらえる.
chóke dówn 他 **1** 〈食べ物〉をやっと飲み込む. **2** 〈感情など〉を抑える (choke back).
chóke óff 他 《口語》 **1** 抑える, …を妨害する, 排除する. **2** しかる.
chóke úp ⓘ […に感応して] 口が利けなくなる [*with*]. —他 [通例, 受け身で] …の口を利けなくする, 動揺させる.

— 名 **1** ⓒ 窒息させる [する] こと. **2** ⓒ 《機械》(内燃機関の) チョーク, 空気調節弁; ⓤ 空気調節.

choked [tʃóukt] 形 **1** […で] 息が詰まった, むせた [*with*]: in a *choked* voice 詰まった声で / His voice was *choked* with emotion. 彼は感動で声が詰まった.

2 〔叙述用法〕《英》怒った, 驚いた.

chok·er [tʃóukər] 名 ⓒ **1** チョーカー《首にぴったり巻き付ける短いネックレス》. **2** 《スポーツ》(試合で) あがる人, ビビる人.

chol·er [kálər / kólə] 名 ⓤ **1** 《文語》怒り (anger); 短気, かんしゃく. **2** 《古》《生理》胆汁《中世医学における四体液の1つ. 多すぎると短気になると考えられていた; → HUMOR 名 **4**》.
chol·er·ic [kálərɪk / kól-] 形 怒りっぽい, 短気な.
chol·er·a [kálərə / kól-] 名 ⓤ 《医》コレラ.
cho·les·ter·ol [kəléstəròul / -rɔ̀l] 名 ⓤ 《生化》コレステロール.

chomp [tʃámp / tʃɔ́mp] 動 = CHAMP¹.

***choose** [tʃúːz]

— 動 (三単現 **choos·es** [~ɪz]; 過去 **chose** [tʃóuz]; 過分 **cho·sen** [tʃóuzn]; 現分 **choos·ing** [~ɪŋ])

— 他 **1** (a) [choose+O] [いくつかある中から] …を選ぶ, 選択する [*between, among, from, out of*] (→ 類義語): You may *choose* the fruit you like best. 一番好きな果物を選んでください / *Choose* one between these two books. この2冊の中から1冊選びなさい / It is difficult for me to *choose* only one *from* many computers. たくさんのコンピュータの中から1台だけ選ぶのは難しい. (b) [choose+O+O / choose+O+for ...] 〈人〉に~を選んでやる: She *chose* me a printer. = She *chose* a printer *for* me. 彼女は私にプリンターを選んでくれた.

2 [choose+O+(as [to be]) C] 〈人〉を〈役職など〉に選ぶ 《◇ O は人, C はしばしば無冠詞の名詞》: They *chose* Bill (the) captain. みんなはビルを主将に選んだ / Who will be *chosen* (*as*) the most valuable player this year? 今年はだれが最優秀選手に選ばれるのでしょうか.

3 (a) [choose+to do] …することに決める: I have *chosen* to study abroad for three years. 私は3年間海外で勉強することにした.
(b) [choose+疑問詞 [句]] … (かどうか) を決める: You should *choose what* to study first. あなたは何を最初に勉強するか決めるべきです.

— ⓘ **1** […から] 選ぶ, 選択する [*between, among, from*]: You can *choose between* sushi and sukiyaki. すしとすき焼きのどちらか選んでください. **2** 望む, 好む (please): You may [can] do as you *choose*. 好きなようにしてよろしい / Please join us if you *choose*. よかったら私たちの仲間に入ってください.

■ **cannòt chóose but dò** 《文語》…せざるをえない.

There is nóthing [nót múch, líttle] to chóose betwèen … …の間に優劣はない [たいしてない, ほとんどない]. (▷ 名 chóice).

[類義語] **choose, select, pick, elect** 共通する意味▶選ぶ (take one or more from a larger ones)
choose は「選ぶ」の意を表す最も一般的な語で,「自分の好みで2つ以上から選ぶ」ことを表す: *choose* between tea and coffee 紅茶かコーヒーを選ぶ / He *chose* this book from among many. 彼はたくさんの本の中からこの本を選んだ. **select** は慎重に調べて「複数の中から選抜する」の意で, 二者択一には用いない: They *selected* three from among the 2,000 applicants. 彼らは2,000人の応募者の中から3人を選んだ. **pick** は select よりも口語的で,「特に選別の意識なく無作為に選ぶ」ことに用いる: I *picked* a card within reach. 彼は手近なカードを1枚選んだ. **elect** は「選挙によって選ぶ」こと: They *elected* John chairperson of the committee. 彼らは委員長にジョンを選出した.

choos·y, choos·ey [tʃúːzi] 形 (比較 **choos·i·er** [~ər]; 最上 **choos·i·est** [~ist])《口語》(人が)[…について] えり好みする, やかましい, 気むずかしい [*about*].

***chop*[1]** [tʃɑ́p / tʃɔ́p] 動 (三単現 **chops** [~s]; 過去・過分 **chopped** [~t]; 現分 **chop·ping** [~iŋ]) **1** [おのなどで] …をたたき切る, 細かく割る (*down, off*) (*with*): He *chopped* (*down*) the tree with an ax. 彼はおので木を切り倒した. **2** 〈野菜・肉などを〉細かく刻む (mince) (*up*). **3** [通例 ~ one's way で]〈道など〉を切り開いて進む. **4** 〖テニス〗〈ボール〉をチョップで打つ. **5** 中止する, 削減する.
— 自 **1** たたき切る, 切り刻む. **2** [人・ものに] 切りつける [*at*].
— 名 C **1** (おのなどでの) 一撃, 切りつけること. **2** (肉などの) 細かく切った [切り取った] 1片《通例, 骨付き》: pork *chops* ポークチョップ. **3** 〖テニス・ボクシング・空手〗チョップ. **4**《英口語》解雇; 中止.

chop[2] 名 [~s]《口語》あご (jaws).

■ ***lick one's chóps*** [*líps*] (ごちそうや楽しいことを期待して) 舌なめずりをする.

chop[3] 動 自 **1** (風が) 急に変わる, 風向きが変わる (*about, around*). **2** (意見などが) ぐらつく; (心が) 変わる.

■ ***chóp and chánge***《英口語》ころころ気が変わる(考え)をころころ変える(◇ change の強調表現).
chóp lógic へ理屈をこねる [言う].

chóp-chóp 副 間《英口語》早く早く, 急いで.

Cho·pin [ʃóupæn / ʃɔ́pæŋ] 名 個 ショパン Frederic François [frédərik frɑːnswɑ́ː] Chopin《1810–49; ポーランド生まれの作曲家》.

chop·per [tʃɑ́pər / tʃɔ́p-] 名 C **1** 切る人 (もの). **2** (木や肉を切る) おの, 刻み包丁. **3**《口語》ヘリコプター. **4**《改造》オートバイ [自転車]. **5** [~s]《俗語》歯; 入れ歯.

chop·py [tʃɑ́pi / tʃɔ́pi] 形 (比較 **chop·pi·er** [~ər]; 最上 **chop·pi·est** [~ist]) **1** (水面が) 波立った, 荒れた (◇「さざ波」のような小さいものではない). **2** (急な) むらのある.

***chop·stick** [tʃɑ́pstik / tʃɔ́p-] 名 C [通例 ~s] 箸(はし): a pair of *chopsticks* 箸1膳(ぜん).

chop su·ey [tʃɑ̀p súːi / tʃɔ̀p-] 名 U チャプスイ《炒(いた)め煮した肉・野菜を米飯にかけて食べる米国式中国料理》.

cho·ral [kɔ́ːrəl] 形 [限定用法] 聖歌隊の, 合唱隊の; 合唱の: a *choral* society 合唱団.
— 名 [kərǽl] = CHORALE (↓). (▷ 名 chórus).

cho·rale [kərǽl / kɔrɑ́ːl] 名 C **1** コラール《聖歌隊と会衆が合唱する賛美歌》. **2** 合唱隊.

‡**chord[1]** [kɔ́ːrd] (☆ [同音] cord, cored) 名 C (複 **chords** [kɔ́ːrdz]) 〖音楽〗和音, コード《同時に鳴る2つ以上の互いに調和する音の組み合わせ》.

chord[2] 名 C **1**〖数学〗弦. **2**《詩語》(楽器の) 弦 (string). **3** (心の) 琴線, 感情, 情緒.

■ ***strìke*** [***tóuch***] ***a chórd*** 共感を呼び起こす.
strìke [***tóuch***] ***the ríght chórd*** 心情を揺り動かす, 同情を誘う.

*****chore** [tʃɔ́ːr] 名 C **1** 雑用, 半端仕事; 日常の決まった仕事《家庭の洗濯・掃除, 農作業など》: the daily *chores* of cleaning, cooking, and shopping 日々の洗濯・料理・買い物 (の家事など). **2** [通例 a ~] 退屈な仕事.

chor·e·o·graph [kɔ́ːriəɡræ̀f / kɔ́ːriəɡrɑ̀ːf] 動 他 **1**〈バレエなど〉の振り付けをする. **2** 管理する, 取り仕切る.

chor·e·og·ra·pher [kɔ̀ːriɑ́ɡrəfər / kɔ̀riɔ́ɡ-] 名 C (バレエなどの) 振付師, 演出家.

chor·e·og·ra·phy [kɔ̀ːriɑ́ɡrəfi / kɔ̀riɔ́ɡ-] 名 U (バレエなどの) 振り付け (法), 演出 (法); 舞踊術.

chor·is·ter [kɔ́ːrəstər / kɔ́ristə] 名 C (主に少年の) 聖歌隊員.

chor·tle [tʃɔ́ːrtl] 〔「chuckle (くすくす笑う)+snort (ふんと鼻を鳴らす)」から. ルイス=キャロルの造語〕動 自 満足げに [うれしそうに] 笑う.
— 名 C [a ~] 満足げな [うれしそうな] 笑い.

***cho·rus** [kɔ́ːrəs] 名 C **1**〖音楽〗合唱; 合唱曲; 歌の合唱部分. **2** [集合的に; 単数・複数扱い] 合唱団 [隊], コーラス;(ミュージカルなどの) コーラス, 合唱舞踊団《主役のバックで歌い踊る》. **3** [単数形で] 声をそろえて [異口同音に] 発する言葉 [音声].

■ ***in chórus*** 合唱して; 声をそろえて.
— 動 他 …を合唱する; …を口 [声] をそろえて言う.
— 動 自 合唱する; 声をそろえて言う. (▷ 形 chóral).
◆ **chórus bòy** [**gìrl**] C コーラスボーイ [ガール]《ミュージカルなどのコーラスの一員》.

***chose** [tʃóuz] 動 **choose** の過去形.

***cho·sen** [tʃóuzn] 動 形
— 動 **choose** の過去分詞.

chow¹

— 形 [限定用法] **1** 選ばれた, 限られた: the *chosen* few 選ばれた少数の人々. **2** 好きな: my *chosen* profession 私が好きで選んだ職業.

chow¹ [tʃáu] 名 U《俗語》食べ物 (food).

chow², **chów chòw** 名 C《動物》チャウチャウ《中国原産の毛むくむくした犬》.

chow·der [tʃáudər] 名 U チャウダー《魚介類・野菜・ベーコンなどを牛乳で煮込んだスープ》.

chow mein [tʃàu méin] 名 U チャーメン《米国式焼きそば》.

Chris [krís] 名 固 クリス《◇ Christopher, Christina, Christine の愛称》.

Christ [kráist] 名 固

— 名 **1** 固 **イエス゠キリスト** (Jesus Christ)《Christ はイエスの称号だったのが, のちに固有名詞化した》. **2** [the ~] 救世主.
— 間《俗語》ちぇっ, ひどい, とんでもない, 畜生《◇ Jesus Christ! とも言う》: *Christ*, it's irritating. くそっ, むしゃくしゃする.

*****chris·ten** [krísən] (☆ 発音に注意) 動 他 **1**《人》に洗礼を授ける;(洗礼を授けて) …をキリスト教徒にする. **2**《しばしば受け身で》…に洗礼を授けて~と命名する;(進水式などで)《船》に~と命名する: The baby *was christened* John. = We *christened* the baby John. その赤ん坊はジョンという洗礼名を付けられた. **3**《口語》…を初めて使う, …のけちを落とさせる.

Chris·ten·dom [krísəndəm] (☆ 発音に注意) 名 U《古風》**1** [集合的に] 全キリスト教徒. **2** キリスト教世界, 世界のキリスト教国《の全体》.

chris·ten·ing [krísəniŋ] (☆ 発音に注意) 名 U C 洗礼(式), 命名(式).

Chris·tian [krístʃən] 形 名

— 形 **1 キリスト(教)の**;キリスト教徒の: the *Christian* religion キリスト教 / the *Christian* church キリスト教会 / the *Christian* countries キリスト教国. (関連語) Buddhist 仏教の / Muslim イスラム教の / Hindu ヒンドゥー教の)
2 キリスト教(徒)らしい;《口語》善良な, 尊敬に値する: *Christian* charity キリスト教的博愛 / He acted in a *Christian* fashion. 彼は立派にふるまった.
— 名 C **1** キリスト教徒, クリスチャン. **2**《口語》善良な人. (▷ Christiánity)
◆ **Chrístian Éra** [the ~] キリスト紀元, 西暦紀元 (the Common Era).
Christian name C 洗礼名;(姓に対して) 名《◇ first name, given name のほうが一般的》.

Chris·ti·an·i·a [krìstʃiǽniə / -tiǽn-] 名 C [スキー] クリスチャニア回転《◇ Christie とも言う》.

Chris·ti·an·i·ty [krìstʃiǽnəti / kristi-] 名
1 キリスト教;キリスト教の信仰[精神];キリスト教の教義. (関連語) Buddhism 仏教 / Islamism イスラム教 / Hinduism ヒンドゥー教) **2** = CHRISTENDOM (1). (▷ Chrístian)

Chris·tian·ize [krístʃənàiz] 動 他 …をキリスト教徒にする;キリスト教化する.

Chris·tie [krísti] 名 固 クリスティー — Agatha [ǽgəθə] Christie《1890–1976;英国の女性推理小説家》.

Christ·like [kráistlàik] 形《ほめ言葉》(心・行為などが)キリストのような.

Christ·mas [krísməs]

— 名(複 **Christ·mas·es** [~iz]) **1** U C **クリスマス**, キリスト降誕祭 (Christmas Day)《12月25日; Xmas ともつづる; → HOLIDAY 表》: a white [green] *Christmas* 雪の降る [降らない] クリスマス / celebrate *Christmas* クリスマスを祝う / A merry *Christmas* to you! クリスマスおめでとう / Children are given *Christmas* presents on *Christmas*. 子供たちはクリスマスの日にクリスマスプレゼントをもらう《◇ on Christmas はクリスマス当日, at Christmas はクリスマスシーズンにもらうことを言う (→ **2**)》.
(背景) クリスマスはイエス゠キリストの生誕を祝う日で, 英米では祝日となっている. 日本の正月のように家族や親戚(ﾞ)が集まり, プレゼントを交換したり一緒に食事をしたりして家庭的なひとときを過ごす. 英国では一般に宗教色が強く厳粛な雰囲気であるのに対し, 米国では宗教色はそれほど強くない.
2 U クリスマスシーズン (Christmastime)《クリスマス前後の1～2週間》.
◆ **Chrístmas bòx** C《英》クリスマスの贈り物 (→ BOXING DAY).
Chrístmas càke C U《主に英》クリスマスケーキ《プラムケーキなど, 外側を砂糖の衣で覆ったフルーツケーキ》.
Chrístmas càrd C クリスマスカード.
Chrístmas Dáy U クリスマスの日《12月25日》.
Chrístmas Éve U クリスマス前夜[イブ].
Chrístmas hólidays [the ~]《英》クリスマス休暇;冬休み《《米》 Christmas vacation》.
Chrístmas pùdding U C《英》プラムプディング, クリスマスプディング《干し果物入りプディング》.
Chrístmas stócking C クリスマスプレゼント用の長い靴下.
Chrístmas trèe C クリスマスツリー.
Chrístmas vacátion [the ~]《米》クリスマス休暇;冬休み《《英》 Christmas holidays》.

Christ·mas·time [krísməstàim], **Christ·mas·tide** [-tàid] 名 U クリスマスの時期《Christmas Eve (12月24日) から New Year's Day (1月1日)《又》Epiphany (1月6日) まで》.

chro·mat·ic [kroumǽtik / krə-] 形 **1** 色彩の. **2** 着色した. **3**【音楽】半音階の.
◆ **chromátic scále** U 半音階.

chrome [króum] 名 U **1**【化】クロム (chromium). **2** クロム染料.
◆ **chróme yéllow** U クロムイエロー, 黄鉛(ﾞ)《黄色の顔料》.

chro·mi·um [króumiəm] 名 U【化】クロム《《元素記号》Cr》: *chromium*-plated クロムめっきした.

chro·mo·some [króuməsòum] 名 C【生物】染色体: X [Y] *chromosome* X [Y] 染色体.

*****chron·ic** [kránik / krɔ́n-] 形 **1**【医】慢性の (↔ acute): a *chronic* disease 慢性病. **2** 慢性的な, 常習的な, 年来の: *chronic* inflation 慢性的

chron·i·cal·ly [kránikəli / krɔ́n-] 副 慢性的に; 習慣的に.

*__chron·i·cle__ [kránikl / krɔ́n-] 名 C **1** 年代記, 編年史《事件を年代順に示した記録》. **2** 記録, 物語. **3** [the C-] …新聞《◇新聞名に用いる》.
— 動 他 …の年代記を作る, (年代順に)記録する.

chron·i·cler [kránikələr / krɔ́n-] 名 C 年代記編者[作者]; 記録者.

chron·o- [kranə / krɔnə] 結合 「時」の意を表す《◇母音の前では chron- とつづる》: *chrono*scope クロノスコープ《微小な時間を測る計測装置》.

chron·o·graph [kránəgræf / krɔ́nəgrɑ̀ːf] 名 C クロノグラフ《時間の経過を測定・記録する装置》.

chron·o·log·i·cal [krànəládʒikəl / krɔ̀nəlɔ́dʒ-] 形 **1** 年代順の; 時系列の: in *chronological* order 年代順に, 起きた順に. **2** 年代の; 年表の.
◆ chronológical táble C 年表.
chron·o·log·i·cal·ly [-li] 副 年代順に.

chron·ol·o·gist [krənálədʒist / -nɔ́l-] 名 C 年代学者.

chron·ol·o·gy [krənálədʒi / -nɔ́l-] 名 (複 **chron·ol·o·gies** [〜z]) **1** U 年代学. **2** C 年代記; 年表.

chron·om·e·ter [krənámətər / -nɔ́mitə] 名 C **1** 《海》クロノメーター《経度測定用の精密時計》. **2** 《一般に》高精度の時計.

chrys·a·lis [krísəlis] 名 (複 **chrys·a·lis·es** [〜iz], **chry·sal·i·des** [krisǽlidìːz]) C 《昆》 (チョウ・ガの) さなぎ (pupa).

chrys·an·the·mum [krəsǽnθəməm] 名 C 《植》キク(菊) (《口語》mum).

Chrys·ler [kráislər / kráiz-] 名 C 《商標》クライスラー《Daimler-Chrysler 社の自動車》.

chub·by [tʃʌ́bi] 形 (比較 **chub·bi·er** [〜ər]; 最上 **chub·bi·est** [〜ist]) 丸々と太った; ふっくらした《◇特に子供について言う》.

chuck¹ [tʃʌ́k] 動 他 **1** 《口語》〈軽く〉…を投げる, 投げ捨てる: *Chuck* me the keys [ball]. = *Chuck* the keys [ball] to me. その鍵[ボール]を放ってくれ. **2** 《口語》〈仕事〉を急にやめる, 断念する. **3** 〈(あごの下)を軽くたたく[なでる]. **4** 《口語》〈恋人〉を捨てる.
■ *chúck awáy* 他 《口語》 **1** …を投げ捨てる; 処分する; 〈好機など〉を逃す. **2** 浪費する; 処分する; 〈好機など〉を逃す.
chúck it áll 《英》 in [up]) さっさとやめる; すべてを投げ捨ててほかのことをする[ほかへ行く].
chúck óut **1** 《口語》 (不要なので)捨てる. **2** 《通例, 受け身で》〈仕事・場所・家〉から追い出す.
— 名 C **1** 〈あごの下などを〉軽くたたくこと. **2** 《口語》ぽいと投げること (toss). **3** [the 〜] 《口語》解雇: give … the *chuck* 〈人〉を首にする.

chuck² 名 **1** U チャック《牛の首の周りの肉; → BEEF 図》: *chuck* steak チャックステーキ. **2** C 《機械》 (旋盤・ドリルなどの) つかみ, チャック《工具・加工材などを固定する装置》.

*__chuck·le__ [tʃʌ́kl] 名 C くすくす笑い, 含み笑い: She gave a *chuckle*. 彼女はほくそ笑んだ.
— 動 自 **1** くすくす笑う, ほくそ笑む (→ LAUGH 類義語): She *chuckled* to herself over my stupid blunder. 彼女は私のへまを1人でくすくす笑っていた. **2** […に] 面白がる [*at*, *over*].

chuffed [tʃʌ́ft] 形 《英俗語》非常に喜んだ.

chug [tʃʌ́g] 《擬声語》名 C [通例, 単数形で]《機関車などで》のしゅっしゅっ[ぽっぽっ, だだだっ] という音.
— 動 自 (三単現 **chugs** [〜z]; 過去・過分 **chugged** [〜d]; 現分 **chug·ging** [〜iŋ]) しゅっしゅっ[ぽっぽっ, だだだっ]と音を立てる[立てて進む].

chum [tʃʌ́m] 名 C 《口語》 **1** (特に男同士の) 仲よし; 親友. **2** (大学の寮などの) 同室者.
— 動 (三単現 **chums** [〜z]; 過去・過分 **chummed** [〜d]; 現分 **chum·ming** [〜iŋ]) 《口語》〔人と〕親しくなる (*up*) 〔*with*〕.

chum·my [tʃʌ́mi] 形 (比較 **chum·mi·er** [〜ər]; 最上 **chum·mi·est** [〜ist]) 《口語》〔…と〕仲のよい, 親しい〔*with*〕.

chump [tʃʌ́mp] 名 C **1** 《口語》ばか(者), 間抜け(な人). **2** 《口語》厚く短い木切れ. **3** 《英》(骨のついた)肉の厚切り (chump chop).

chunk [tʃʌ́ŋk] 名 C **1** (パン・肉などの) 大きな塊: a *chunk* of cheese チーズの塊. **2** [a 〜]《口語》かなりの量[額][の…], 広大な広さ《の土地など》 *of*.

chunk·y [tʃʌ́ŋki] 形 (比較 **chunk·i·er** [〜ər]; 最上 **chunk·i·est** [〜ist]) **1** (人が) ずんぐりした, がっしりした. **2** (食べ物が) かたまりのごろごろ入った; 〈衣類などが〉厚ぼったい.

Chun·nel [tʃʌ́nəl] 名 他 [the 〜] 英仏海峡トンネル《◇ Channel (イギリス海峡) と tunnel の合成語》.

★★★ church [tʃə́ːrtʃ]

— 名 (複 **church·es** [〜iz]) **1** C (キリスト教の) 教会(堂)《◇英国では英国国教会の教会を church, 他教派のを chapel と呼んで区別することがある》: St. Peter's is the largest *church* in the Christian world. サンピエトロ大聖堂はキリスト教世界で最大の教会である.
2 U 〔無冠詞で〕(教会での) 礼拝 (service): Did you attend [go to] *church* last Sunday? この前の日曜に教会へ行きましたか《◇ go to the church は「(礼拝以外の目的で)教会へ行く」の意》/ He is at [in] *church* now. 彼は今礼拝中です.
3 C (キリスト教の) 宗派, 教派; 〔宗教としての〕教会: I belong to the Catholic *Church*. 私はカトリック教会の信者です. **4** [the C-; 集合的に] 全キリスト教徒[教会]: the *Church* and the world 教会と世俗. **5** [the 〜] 聖職, 牧師 (clergy): enter [go into, join] the *church* 聖職につく.
◆ Chúrch of Éngland [the 〜] 英国国教会 (Anglican Church) (《略記》 C of E).

church·go·er [tʃə́ːrtʃgòuər] 名 C (規則正しく) 教会へ通う人.

Church·ill [tʃə́ːrtʃil] 名 他 チャーチル Sir Winston [wínstən] Churchill (1874–1965; 英国の政治家・首相 (1940–45, 1951–55)).

church·war·den [tʃə̀ːrtʃwɔ́ːrdən] 名 C 教区委員《教区 (parish) を代表して教会の世話をする》.

*__church·yard__ [tʃə́ːrtʃjɑ̀ːrd] 名 C (教会の) 境内; (教会の敷地内にある) 墓地 (→ CEMETERY).

churl·ish [tʃə́ːrliʃ] 形 粗野な; 不作法な.

churn [tʃə́ːrn] 名 C **1** (バター製造用の)攪乳(こうにゅう)器. **2** 《英》ミルクを入れる大きな容器.
— 動 他 **1** (バターを作るために)〈牛乳〉を攪乳器でかき回す, 攪乳器で〈バター〉を作る. **2** …を激しくかき回す, 動揺させる.
— 自 **1** 攪乳器を操作する. **2** (波などが)激しく動く, 泡立つ. **3** (胃が)不快である, むかつく
■ *chúrn óut* 他《口語》〈特に粗雑な製品〉を大量に作る,(粗製)濫造する.

chute [ʃúːt]《☆同音 shoot》名 C **1** シュート《穀物・石炭・郵便物などを滑り落とす装置》;(飛行機などの)緊急脱出用のシュート. **2**《口語》パラシュート(parachute). **3** 急流; 滝.

chut·ney [tʃʌ́tni] 名 U チャツネ《果実・酢・スパイスで作るインド料理の薬味》.

chutz·pah [hútspə] 名 U《口語》たいした度胸, 自信満々.

CIA, C.I.A.《略語》[the ~] = Central Intelligence Agency(米国の)中央情報局.

ciao [tʃáu]《イタリア》間《口語》さよなら; やあ.

ci·ca·da [sikéidə / -káː-] 名(複 **ci·ca·das** [~z], **ci·ca·dae** [-diː]) C 昆 セミ(《米》locust).

cic·a·trice [síkətris], **cic·a·trix** [-triks] 名(複 **cic·a·trices** [sikətráisiːz]) C 医 瘢痕(はんこん), 傷の跡《傷やできものの跡》.

Cic·e·ro [sísərou] 名 固 キケロ Marcus Tullius [máːrkəs tʌ́liəs] Cicero(106-43 B.C.);古代ローマの哲学者・政治家・著述家・雄弁家》.

CID《略語》[the ~] = Criminal Investigation Department(ロンドン警視庁の)刑事捜査部.

-cide [said] 接尾 「…を殺す人[もの], …を殺すこと」の意を表す: su*icide* 自殺 / insectic*ide* 殺虫剤.

ci·der [sáidər] 名 U **1**《米》リンゴジュース(sweet cider). **2**《英》リンゴ酒(《米》hard cider).(比較)日本語の「サイダー」は soda pop.

CIF, cif《略語》= 《商》cost, insurance, and freight 運賃・保険料込み価格.

***ci·gar** [sigáːr]《☆アクセントに注意》名 C(→ CIGARETTE 類義語)葉巻(→ cigarette 類義語).
◆ cigár hòlder C 葉巻用パイプ.

*cig·a·rette, cig·a·ret
[sìgərét, sígərèt / sìgərét]
【「cigar(葉巻) + et(小さな)」から】
— 名(複 **cig·a·rettes, cig·a·rets** [-réts]) C 紙巻きたばこ(→ 類義語): a pack [packet] of (20) *cigarettes* (20本入りの)たばこ1箱 / light a *cigarette* たばこに火をつける.
◆ cígarette càse C たばこ入れ.
cígarette hòlder C 巻きたばこ用パイプ.
cígarette lìghter C たばこ用ライター.

> 類義語 **cigarette, cigar, tobacco**
> 共通する意味▶たばこ (the leaves of tobacco plant, prepared for smoking)
> **cigarette** は「紙巻きたばこ」, **cigar** は「葉巻」.
> **tobacco** は「たばこ」の総称.

C-in-C, C in C《略語》= Commander in Chief 最高司令官.

cinch [síntʃ] 名 C **1** [a ~]《口語》たやすいこと, 朝飯前のこと. **2** [a ~]《口語》確実なこと;(スポーツなどの)優勝確実と予想される人, 本命. **3**《米》馬の腹帯(はらおび).
— 動 他《米》…をしっかりつかむ, 確実にする.

Cin·cin·nat·i [sìnsənǽti] 名 固 シンシナティ《米国 Ohio 州南西部にある都市》.

cin·der [síndər] 名 C **1**(まき・石炭などの)燃えがら, 燃え残り: burn the cake to a *cinder* ケーキを黒焦げにする. **2** [~s] 灰.

Cin·der·el·la [sìndərélə] 名 **1** 固 シンデレラ《おとぎ話の主人公》. **2** C 美しさ[才能]が認められていない人[もの]. **3** C 無名から一躍有名になった人[もの, 地域].

cin·e- [sini, -nə] 接頭《英》「映画の」の意を表す: *cine*film 映画フィルム / *cine*-projecter 映写機.

cin·e·cam·er·a [sínikæ̀mərə] 名 C《英》映画用カメラ(《米》movie camera).

***cin·e·ma** [sínəmə]
— 名(複 **cin·e·mas** [~z]) **1** C《主に英》映画館(《米》movie theater): What's on at this *cinema* now? 今この映画館では何を上映していますか.
2 [the ~; 集合的に]《英》映画(の上映)(《米》the movies): go to the *cinema* 映画を見に行く.
3 [the ~] 映画産業(《米》the movies); 映画製作; 映画芸術.

cin·e·ma·tog·ra·phy [sìnəmətágrəfi / -tɔ́g-] 名 U 映画撮影技術.
cin·e·ma·tog·ra·pher [-fər] 名 C 映画撮影技師; 映写技師.

cin·na·mon [sínəmən] 名 **1** U シナモン《ニッケイ(肉桂)の樹皮から作る香辛料》. **2** C 植 ニッケイの木. **3** U シナモン色《黄褐色》.

ci·pher,《英》**cy·pher** [sáifər] 名 **1** U 暗号; C 暗号文: in *cipher* 暗号で. **2** C = cípher kèy 暗号を解くかぎ. **3** C 取るに足らない《つまらない》人. **4** C アラビア数字. **5** C《文語》ゼロ.
— 動 他 …を暗号で書く, 暗号化する.

CIQ《略語》= customs, immigration, and quarantine 入国手続.

cir·ca [sə́ːrkə] 前《格式》およそ…, …の頃(about)《◇特に年代・日付に用いる; 略語》c., ca., cir(c).): *circa* 1950 1950年頃.

cir·ca·di·an [sərkéidiən / səː-] 形[限定用法]《生物》(体調のリズムなどが)約24時間周期の.
◆ circádian clóck C 体内時計.

***cir·cle** [sə́ːrkl]
名 動《原義は「小さな輪」》
— 名(複 **cir·cles** [~z]) C **1** 円, 丸(→ FIGURE 図); 輪, 円形のもの: a double *circle* 二重丸(◎) / a black *circle* 黒丸(●) / an open *circle*(中ぬきの)円, 白丸(○) / draw a *circle* 輪[円]をかく / The girls danced around in a *circle*. 少女たちは輪になって踊った.
2 [しばしば~s] 仲間, 団体, 輪;[複合語で]…界(比較)日本語の「(学校などの)サークル, 同好会」は club と言う): a social *circle* 社交界 / political

circles 政界 / literary *circles* 文壇 / a family *circle* 家族の輪. **3**(活動・勢力の)範囲: have a large [wide] *circle* of friends 交際範囲が広い. **4**(劇場・映画館などの)円形桟敷(さじき): a dress *circle* 正面桟敷《劇場の2階にある》. **5** 周期;循環: the *circle* of the seasons 季節の移り変わり / a vicious *circle* 悪循環. **6**[地理] 緯線, 緯度(圏): the Arctic [Antarctic] *Circle* 北[南]極圏.
■ **còme [tùrn] fúll círcle** ひと巡りする, (一巡して)振り出しに戻る.
gò aróund [róund] in círcles(議論・話などで)堂々巡りをする, むだ骨を折る.
—[動] 他 **1** …を丸で囲む, 取り巻く: *Circle* the right [correct] answer. 正解を丸で囲みなさい. **2** …を回る: The satellite is *circling* the earth. その衛星は地球を回っている.
—[自] 回る, 旋回する (*around*, *round*, *over*): The helicopter *circled* over the mountain. ヘリコプターはその山の上[上空]を旋回した.

cir·clet [sə́ːrklət] 名 [C] **1** 小円, 小環. **2**(頭・腕・指などを飾る)飾り輪;指輪.

‡**cir·cuit** [sə́ːrkit] 名 **1** [C] 一周[一巡](すること): make a *circuit* of ... …を一周する (*The circuit* of the satellite around the earth 人工衛星が地球を一周すること. **2** [C] 周囲, 円周. **3** [C](牧師・裁判官・セールスマンなどの定期的な)巡回;巡回区域;(プロ選手の)ツアー, サーキット: The judge is on *circuit* all the year round. その裁判官は1年じゅう巡回裁判をしている. **4** [C] [電気] 回路, 回線: an integrated *circuit* 集積回路《(略語) IC》. **5** [C](自動車レース用の)サーキット, 環状コース. **6** [U][C](劇場・映画館などの)チェーン, 興行系列.
(▷ 形 circúitous)

◆ círcuit brèaker [C] [電気] ブレーカー, 回路遮断器《単に breaker とも言う》.
círcuit cóurt [C] 《米》(州の)巡回裁判所.

cir·cu·i·tous [səːrkjúːətəs] 形 《格式》 **1** 回り道の. **2** 遠回しの, 回りくどい. (▷ circuit)

‡**cir·cu·lar** [sə́ːrkjələr] 形 《4 以外は比較なし》 **1** 円形の: a *circular* table 円卓. **2** 環状の; 円を成す, 周遊の: a *circular* movement 円周運動 / a *circular* tour [trip] 周遊旅行. **3** 回覧の, 多くの人にあてた: a *circular* letter 回状;案内状, (広告用の)ちらし. **4** 回りくどい, 遠回しの: a *circular* expression 回りくどい表現.
—名 [C] 案内状, ビラ広告;回状.
(▷ [動] círculàte)

◆ círcular sáw [C] 丸のこ.

*‡**cir·cu·late** [sə́ːrkjəlèit] [動] [自] **1**(血液などが)[…を]循環する, 回る[*through*]. **2**(うわさなどが)広まる, 伝わる;(印刷物などが)流通する;(貨幣などが)流通する: The rumor *circulated* all over the village. そのうわさは村じゅうに広まった. **3**(人が)移動する, […の間を]歩き回る[*among*]: He *circulated* among the guests during the party. 彼はパーティーの間じゅう客の間を歩き回った. —他 **1** …を循環させる. **2**〈うわさなど〉を広める;…を印刷物で知らせる;流通させる.
(▷ 形 círcular)

◆ círculating décimal [C] [数学] 循環小数.
círculating líbrary [C] 《移動》巡回図書館.

*‡**cir·cu·la·tion** [sə̀ːrkjəléiʃən] 名 **1** [U](血液・空気・水などの)循環;血行;運行: have a good [bad, poor] *circulation* 血行がよい[悪い] / the *circulation* of air 通気. **2** [U](貨幣などの)流通;(うわさなどが)広まり: the *circulation* of the rumor うわさの流布. **3** [U] [または a ~](雑誌・新聞の)発行部数;売れ行き: have a large [small] *circulation* 発行部数が多い[少ない] / What is the *circulation* of this magazine? この雑誌の発行部数は何部ですか.
■ **in [òut of] círculátion** 流通[普及]している[していない];(人が)公の場に姿を見せて[見せないで].
pùt ... in [ìnto] círculátion …を流通させる, …を広める.

cir·cu·la·to·ry [sə́ːrkjələtɔ̀ːri / sə̀ːrkjuléitəri] 形 (血液・空気・水などの)循環(上)の, 循環をつかさどる: the *circulatory* system 循環系統《心臓・血管など》.

cir·cum- [sə́ːrkəm] 結合 「…の周りに」「…のあちこちに」の意を表す: *circum*polar 極周辺の.

cir·cum·cise [sə́ːrkəmsàiz] [動] 他 性器の一部を切除する;(宗教的儀式として)〈人〉に割礼を施す.

cir·cum·ci·sion [sə̀ːrkəmsíʒən] 名 [U][C] 性器の一部切除;(ユダヤ・イスラム教徒などが宗教的儀式として施す)割礼.

*‡**cir·cum·fer·ence** [səːrkʌ́mfərəns] 名 [U][C] 円周, 周囲(の長さ): The *circumference* of the park is about 10 km. = The park is about 10 km in *circumference*. 公園は周囲約10キロです.

cir·cum·flex [sə́ːrkəmflèks] 名 [C](フランス語などに使う)曲折アクセント記号(ˆ など)(◇ circumflex accent とも言う).

cir·cum·lo·cu·tion [sə̀ːrkəmloukjúːʃən / -lə-] 名 《格式》 [U] 遠回しな言い方; [C] 回りくどい表現, 逃げ口上.

cir·cum·loc·u·to·ry [-lákjətɔ̀ːri / -lɔ́kjutəri] 形 (表現が)遠回しの, 回りくどい.

cir·cum·nav·i·gate [sə̀ːrkəmnǽvəgèit] [動] 他 《格式》 …を周航する, 船で〈世界〉を一周する.

cir·cum·nav·i·ga·tion [sə̀ːrkəmnæ̀vəgéiʃən] 名 [U][C] 《格式》 周航(すること), 世界一周航海.

cir·cum·scribe [sə́ːrkəmskràib] [動] 他 **1** 《格式》 …を制限する, 抑える. **2** [幾何] (図形が) …に外接する;…の周囲に線を引く: *circumscribed* circle 外接円.

cir·cum·scrip·tion [sə̀ːrkəmskrípʃən] 名 [U] **1** 《格式》 囲む[囲まれる]こと;制限;輪郭.
2 [幾何] 外接.

cir·cum·spect [sə́ːrkəmspèkt] 形 《格式》(人・行動が)用心深い, 慎重な.

cir·cum·spec·tion [sə̀ːrkəmspékʃən] 名 [U] 《格式》用心深さ, 用意周到さ.

***cir·cum·stance** [sə́ːrkəmstæns, -stəns]
【基本的意味は「事情 (a condition that affects another person or thing)」】
—名 (複 **cir·cum·stanc·es** [~iz]) **1** [C] [通例

～s] (周囲の) 事情, 状況: according to the *circumstances* 状況に応じて / He was self-possessed under any *circumstances*. 彼はどんな場合でも冷静だった / It depends on various *circumstances* whether I will go to graduate school next year. 私が来年大学院へ行けるかどうかは状況次第です.
2 [～s] 境遇, 身上, 暮らし向き: They were in good *circumstances* in those days. 当時彼らは暮らし向きがよかった.
3 [U] (人の手で変えられない) 環境.
4 [C] 事柄, 出来事: His illness is a rare *circumstance*. 彼が病気になるなんてめったにない.
5 [U] 詳細, 細部, 次第: He told us about the event with much *circumstance*. 彼は事件について詳しく話してくれた.
■ ***ùnder* [*in*] *nó círcumstances*** どんなことがあっても…しない: *Under no circumstances* will I accept his offer. 私は彼の申し出はどんなことがあっても受け入れません.
ùnder* [*in*] *the círcumstances そういう事情なので; 現状では: *Under the circumstances* we are content with things as they are. 事情が事情だから私たちは現状で満足している.
(▷ [形] cìrcumstántial)

cir·cum·stan·tial [sə̀ːrkəmstǽnʃəl] [形] **1** (証拠などが) 状況的な, 状況による. **2** 付随的な, 重要でない. **3** 《格式》(記述などが) 詳しい.
(▷ [名] círcumstànce)
◆ circumstàntial évidence [U] 【法】 状況証拠 《犯罪を間接的に推測させる証拠; cf. direct evidence 直接証拠》.

cir·cum·vent [sə̀ːrkəmvént] [動] [他] 《格式》 **1** 〈問題点・困難など〉を回避する; (法律などの) 抜け道を見つける. **2** …を出し抜く, 欺く, …の裏をかく.

cir·cum·ven·tion [sə̀ːrkəmvénʃən] [名] [U] (法律などの) 抜け道を見つけること; 回避, 迂回(うかい).

‡**cir·cus** [sə́ːrkəs] [名] [C] **1** サーカス (団). **2** サーカス小屋 [場]; (古代ローマの) 円形競技場. **3** 《英》(いくつかの街路が集中する) 円形広場 (cf. square (四角い) 広場): Piccadilly *Circus* ピカデリー広場 (サーカス). **4** [単数形で] 《口語・軽蔑》 ばか騒ぎ, どんちゃん騒ぎ; 愉快な人 [事件]: a media *circus* マスコミの過熱報道.

cirque [sə́ːrk] [名] [C] 【地学】 圏谷(けんこく), カール 《氷河の侵食によって山地の斜面に生じた半円形のくぼ地》.

cir·rho·sis [səróusis] [名] [U] 【医】 肝硬変.

cir·rus [sírəs] [名] (複 **cir·ri** [-rai]) [U] [C] 【気象】 巻(けん)雲, 絹(けん)雲 《高空に生じる細い羽毛状の雲》.

CIS 《略語》= *C*ommonwealth of *I*ndependent *S*tates 独立国家共同体.

cis·sy [sísi] [名] (複 **cis·sies** [～z]) [形] 《英口語》= SISSY.

cis·tern [sístərn] [名] [C] (屋上に設けた) 貯水槽, (水洗トイレの) 貯水タンク.

cit·a·del [sítədəl] [名] [C] **1** (市街を見下ろす) とりで, 城. **2** 《文語》(最後の) よりどころ, 拠点.

ci·ta·tion [saitéiʃən] [名] **1** [U] 引用; [C] 引用文. **2** 《米》[C] 【法】 召喚状 (《英》 summons). **3** [C] 【軍】 表彰状.

‡**cite** [sáit] [動] [他] **1** …を引用する, 例証する (quote). **2** 【法】 …を [法廷に] 召喚する [*for*]. **3** 《格式》 …を称賛[表彰]する.

‡cit·i·zen [sítizən]

―[名] (複 **cit·i·zens** [～z]) [C] **1** (ある国家の市民権を持つ) 国民, 市民, 人民: He was naturalized as a Japanese *citizen*. 彼は日本に帰化した.
2 市民, 町民, 住民: the *citizens* of Tokyo 東京都民 / a senior *citizen* お年寄り (◇ an old person [man, woman] の婉曲表現).
3 《米》(軍人・警官などに対して) 一般市民, 民間人 (civilian).
◆ cítizens(') bànd [時に C- B-] [U] 市民バンド 《民間人の無線通信用に割り当てた周波数帯; 《略語》 CB》.

cit·i·zen·ry [sítizənri] [名] [U] [通例 the ～; 集合的に] 《格式》(軍人・公務員などと区別して) (一般) 市民, 庶民.

cit·i·zen·ship [sítizənʃip] [名] [U] 市民権, 公民権, 国籍; 市民としての身分: dual *citizenship* 二重国籍 / He applied for U.S. *citizenship*. 彼はアメリカの市民権 [国籍] を申請した / She gained [was granted] French *citizenship*. 彼女はフランスの市民権 [国籍] を得た [認められた].

cit·ric [sítrik] [形] 【化】 クエン酸の.
◆ cítric ácid [U] クエン酸.

cit·ron [sítrən] [名] **1** [C] 【植】 シトロンの木 [実] 《ミカン科の低木》. **2** [U] (砂糖漬けの) シトロンの皮.

cit·rus [sítrəs] [名] [C] 【植】 柑橘(かんきつ)類 (の果物).
― [形] 柑橘類の.

‡cit·y [síti]

―[名] (複 **cit·ies** [～z]) [C] **1** 都市, 都会: I'd rather live in a small town than in a big *city*. 私は大都市よりも小さな町に住みたい / The news spread rapidly throughout the *city*. そのニュースはまたたく間に町じゅうに広まった.
2 (行政区画としての) 市: New York *City* ニューヨーク市 / the *City* of Chicago シカゴ市.
[語法] 《米》では州の認可を受け, 市長と市議会の行政下にある自治体をさす. 《英》では国王の勅許を受けた都市をさす.
3 [形容詞的に] 都市の (urban), 市の, 市街の: the *city* police 市警察 / a *city* map 市街地図.
4 [the ～; 単数扱い; 集合的に] (全) 市民: The entire *city* joined the celebration. 全市民がその祝典に参加した. **5** [the C-] 《英》 シティー 《London 中心部にある英国の金融・商業の中心地域》; 金融機関.
(▷ [形] cívic)
◆ cíty cóuncil [C] 市議会.
cíty éditor [C] 《米》(新聞社の) 地方版編集長; 《英》(新聞社の) 経済記事編集長.
cíty háll **1** [C] 《米》 市役所, 市庁舎 (◇ municipal office, town hall とも言う). **2** [U] 市当局.
cíty plánning [U] 《米》 都市計画 (《英》 town planning).
cìty slícker [C] すれっからしの都会人.

cít·y-státe [名] [C] (シンガポールなどの) 都市国家.

civ・ic [sívik] 形 [限定用法] **1** 都市の, 市の, 町の: *civic* problems 都市問題. **2** 市民の, 市民[公民]としての: *civic* duties 市民の義務 / *civic* rights 公民[市民]権. (▷ 名 cíty)

civ・ics [síviks] 名 U [単数扱い] **1** 市民論, 市政論. **2** 《米》(学科としての) 公民科, 社会科.

※civ・il [sívəl]
— 形 (比較 **civ・il・er** [～ər], **more civ・il**; 最上 **civ・il・est** [～ist], **most civ・il**) [**5** 以外は比較なし; 限定用法] **1** 市民の, 市民 [国民] としての: Paying taxes is a *civil* duty. 納税は国民の義務です. **2** 国内の, 国家の (↔ foreign): *civil* affairs 国内問題.
3 (軍人などに対して) 民間の, 一般人の, 文官の (↔ military); (聖職者に対して) 世俗の: a *civil* airport 民間空港 / a *civil* official 文官.
4 [法] 民事の (↔ criminal): a *civil* case 民事事件. **5** [格式] (なれなれしくない程度で) 礼儀正しい, 丁寧な (→ POLITE 類義語).
■ **kèep a cívil tóngue** (**in one's héad**) 丁寧な言い方をする.
◆ **cívil defénse** U (空襲・天災などに対する) 民間防衛 (体制).
cívil disobédience U 市民的不服従 《納税拒否などの非暴力的手段による政策への抗議》.
cívil enginéer C 土木技師.
cívil enginéering C 土木工学 [工事].
cívil láw U **1** 民法 (↔ criminal law). **2** 国内法 (↔ international law).
cívil líberty U C [通例, 複数形で] 市民的自由《言論・思想の自由など》.
cívil líst C [時に C- L-] (英国の) 王室費.
cívil márriage C U 届け出結婚《宗教的儀式によらない結婚》.
cívil ríghts [複数扱い] 公民権, 市民権: the *civil rights* movement 公民権運動.
cívil sérvant C 公務員 (public servant), 文官.
cívil sérvice [the ～] 行政機関, 官庁; [the C-S-; 集合的に] 文官, 公務員《軍隊以外の公務員》.
cívil wár 1 C 内戦, 内乱. **2** [the C- W-] [米史] 南北戦争 (1861 – 65); [英史] 清教徒革命 (1642–46, 1648–52); スペイン内乱 (1936–39).

※ci・vil・ian [sivíljən] 名 C (軍人・警官に対して) 民間人, 一般人, 文民.
— 形 民間 (人) の, 一般人の, 文民の; 非軍事的な.
◆ **civílian contról** U 文民統制《軍人でなく文民が軍隊を統率すること》.

ci・vi・li・sa・tion 名 《英》= CIVILIZATION (↓).
ci・vil・i・ty [sivíləti] 名 (複 **ci・vil・i・ties** [～z])
1 U 礼儀正しさ, 丁寧: She greeted our arrival with *civility*. 彼女は丁寧に私たちの到着を迎えてくれた. **2** [複数形で] 丁寧な言葉 [態度]: exchange *civilities* あいさつを交わす.

※civ・i・li・za・tion, 《英》**civ・i・li・sa・tion** [sìvələzéiʃən / sìvəlai-]
— 名 (複 **civ・i・li・za・tions** [～z]) **1** C U 文明 《◇通例, 物質的な面に重点が置かれる; → CULTURE》: material *civilization* 物質文明 / primitive *civilizations* 原始文明 / the development of *civilization* 文明の発達 / The Incas had a high *civilization*. インカ民族は高度な文明を持っていた.
2 U 文明の発達した地域, 文明社会 [世界].
3 U 《口語》文化的な生活, 都会生活. **4** U 文明化 (すること), 文明開化. (▷ 動 cívilize)

※civ・i・lize, 《英》**civ・i・lise** [sívəlàiz] 動 他 **1** …を文明化する; 教化する. **2** 〈人〉を上品にする, 洗練させる. (▷ 名 civilizátion)

※civ・i・lized, 《英》**civ・i・lised** [sívəlàizd] 形
1 文明化した (↔ barbarous): a *civilized* nation 文明国. **2** 礼儀正しい, 上品な: *civilized* behavior 礼儀正しい態度.

civ・il・ly [sívəli] 副 **1** 礼儀正しく. **2** 民法上, 民法に従って.

civ・vies, civ・ies [síviz] 名 [複数扱い] 《口語》(軍服に対して) 平服, 私服.

CJD (略語) = *C*reutzfeldt-*J*akob *d*isease [krɔ́itsfelt-jɑ́:koub-] クロイツフェルトヤコブ病.

cl, cl. (略語) = *centiliter*(s) センチリットル; *cl*ass.
Cl [元素記号] = *chlorine* 塩素.

clack [klǽk] [擬声語] 名 C [通例, 単数形で] **1** かたん[かちっ, かたかた, かちかち, こつこつ] という音. **2** おしゃべり. — 動 自 **1** かたん[かたかた] と音がする. **2** 《口語》ぺちゃくちゃしゃべる. — 他 …にかたっという音をさせる.

clad [klǽd] 動 《文語》 clothe の過去形・過去分詞.
— 形 [しばしば複合語で] 《文語》 …を着た, …で覆われた: an ivy-*clad* cottage ツタで覆われたコテージ / a man *clad* in rags ぼろを着た男.

※claim [kléim]
動 名 【基本的意味は「主張する (say that something is true)」】
— 動 (三単現 **claims** [～z]; 過去・過分 **claimed** [～d]; 現分 **claim・ing** [～iŋ])
— 他 **1** (a) [claim + O] …を主張する, 言い張る; 公言する, 豪語する: He *claimed* innocence. 彼は無実を主張した. (b) [claim + to do [that 節]] …すると […であると] 主張する; 公言する: The suspect *claims* (*that*) he knows nothing about that. = The suspect *claims to* know nothing about that. 容疑者はそれについて何も知らないと言い張っている / Mr. Wilson *claimed* (*that*) he would run in the next election. ウィルソン氏は次の選挙に立候補すると宣言した. (c) [claim + O + to be + C] …が…であると主張する: She *claimed* the girl *to be* her daughter. 彼女はその少女は自分の娘だと主張した.
2 [claim + O] …を (当然の権利として) 要求する, 請求する, …の所有権を主張する (→ DEMAND 類義語); 〈責任・功績など〉が自分にあると言う, …を認める: He *claimed* the insurance from the company. 彼はその会社に保険金を請求した / Where do I *claim* my baggage? (空港などで) 手荷物はどこで受け取れますか / The terrorists *claimed* responsibility for the explosion of the airplane. テロリスト集団は飛行機の爆破の犯行声明を出した.

3 …が必要である, …に値する: *claim* one's attention 人の注目[配慮, 心づかい]を要求する / Education *claims* patience. 教育には忍耐が必要です. **4**〈戦争・病気・災害などが〉〈生命〉を奪う: The tidal wave after the earthquake *claimed* the lives of hundreds of people on the island. 地震のあとの津波のために島の何百人もの人命が奪われた.

— 🅐 [… に対して] 権利を要求する [on, for].

— 🅝 (複 claims [~z]) **1** 🅒 […という]主張, 断言 [to be, that 節]: I can't believe her *claim* to be an actress. 女優だと言う彼女の言葉は文字通り受け取れない / They neglected our *claim* that we need more money for refugees. 難民のためにもっと資金が必要だという私たちの主張は無視された.

2 🅒 […に対する](権利としての)要求, 請求; 補償請求 [for, on]; 請求金額; [所有権などの]主張 [to] (比較) 日本語の「クレーム, 苦情」は complaint と言う): He has a *claim to* this field 彼にはこの畑の所有権がある.

> 🟥 コロケーション 要求を [に]…
> 要求に応じる: *meet with a claim*
> 要求を拒む: *reject a claim*
> 要求を出す: *make [put in] a claim*
> 要求を撤回する: *withdraw [give up] a claim*
> 要求を認める: *accept a claim*

3 🅤🅒 […に対する]権利, 資格; [領有・所有権の]主張 [to, on]: He has a rightful *claim to* this house. 彼はこの家に対する正当な権利を所有している / She has no *claims on* my time [purse]. 彼女は私に時間[お金]を要求する権利はない.

4 🅒 請求物; 払い下げ請求地.

■ *láy cláim to ...*《格式》…に対する権利を主張する; …であると主張する.

◆ *cláim tàg [chèck]* 🅒 手荷物引換券[預かり証].

claim・ant [kléimənt] 🅝 🅒 (損害賠償などの)請求[要求]者 [for]; (法) 原告; [王位などの]主張者 [to].

clair・voy・ance [kleərvɔ́iəns] 🅝 🅤 透視力, 千里眼; 洞察力.

clair・voy・ant [kleərvɔ́iənt] 🅕 千里眼の.

— 🅝 🅒 洞察力[透視力]を持った人, 千里眼の人.

clam [klǽm] 🅝 🅒 **1**《生物》ハマグリ; (一般に食用の)二枚貝. **2**《米口語》恥ずかしがり屋.

— 🅞 (三現 clams [~z]; 過去・過分 clammed [~d]; 現分 clam・ming [~iŋ]) 🅐 ハマグリをとる: go *clamming* 貝をとりに行く.

■ *clám úp* 🅐《口語》(恥ずかしくて, または秘密をもらさないため)急に黙り込む.

clam・bake [klǽmbèik] 🅝 🅒《米》(ハマグリなどを焼いて食べる)海辺のパーティー.

clam・ber [klǽmbər] 🅞 よじ登る (up, over): *clamber up [over]* a wall 壁をよじ登る.

— 🅝 🅒 よじ登ること.

clam・my [klǽmi] 🅕 (比較 clam・mi・er [~ər], 最上 clam・mi・est [~ist]) 冷たくてべとべとする; じっとりした: *clammy* hands 汗ばんだ手 / *clammy* weather じとじとした天候.

* **clam・or,**《英》**clam・our** [klǽmər] 🅝 🅤《通例, 単数形で》(不平・抗議などの)叫び, 騒ぎ声; 喧噪(災): The government ignored a *clamor* against higher taxes. 政府は増税反対の声を無視した.

— 🅞 🅐 […を求めて / …に反対して]騒ぎ立てる, 大声を出す [for / against]: They *clamored for* higher wages. 彼らは賃上げを声高に要求した.

clam・or・ous [klǽmərəs] 🅕 騒々しい (noisy); うるさや要求の.

clamp [klǽmp] 🅝 🅒 **1** クランプ, 留め金, 締め金. **2**《英》車両固定具, 車輪止め《駐車違反の車に取り付ける》.

— 🅞 🅒 …を(クランプなどで)締める (together).

■ *clámp dówn on ...* …を取り締まる, 弾圧する.

clamp・down [klǽmpdàun] 🅝 🅒 […に対する]弾圧, 取り締まり [on]: put [impose] a *clampdown on* drugs 麻薬を取り締まる.

clan [klǽn] 🅝 🅒 **1**《特にスコットランドの》氏族, 一族. **2**《口語・こっけい》大家族; 仲間, グループ.

clan・des・tine [klændéstin] 🅕《格式》秘密の, 内密の: a *clandestine* meeting 秘密集会.

clang [klǽŋ]《擬声語》🅝 🅒《通例, 単数形で》(鐘・武器などの)がちゃん[かちん, かーん]という音.

— 🅞 🅐 (…が)がちゃん[かーん]と鳴る[鳴らす].

clang・er [klǽŋər] 🅝 🅒《英口語》大失敗, へま.

■ *dróp a clánger* 大失敗をしでかす.

clang・or,《英》**clang・our** [klǽŋər]《擬声語》🅝 🅤《通例, 単数形で》がらんがらん[ちゃりんちゃりん]という音《金属性の騒々しい音》.

— 🅞 🅐 がらんがらん[ちゃりんちゃりん]と鳴る.

clang・or・ous [klǽŋgərəs] 🅕 (鐘などが)鳴り響く.

clank [klǽŋk]《擬声語》🅞 🅐 (鎖などが)がちゃがちゃ鳴る. — 🅝 🅒 (鎖などが)がちゃがちゃ鳴らす音.

clan・nish [klǽniʃ] 🅕《しばしば軽蔑》排他的な, 党派的な; 氏族の.

clans・man [klǽnzmən] 🅝 (複 clans・men [-mən])(◇女性形は clanswoman) 🅒 氏族 (clan) の一員; 同族の人.

* **clap** [klǽp] 🅞 (三単現 claps [~s]; 過去・過分 clapped [~t]; 現分 clap・ping [~iŋ]) 🅒

1〈手〉をたたく,〈演奏者など〉に拍手する: The audience *clapped* their hands at the end of his speech. 聴衆は彼の演説が終わると拍手をした. **2**〈人の〉〈背中などを〉(親しみを込めて)ぽんとたたく [on]: He *clapped* me *on* the shoulder. 彼は私の肩をぽんとたたいた(◇「clap + 人 + on the + 体の部分」の文型に注意. He clapped my shoulder. よりも慣用的な表現). **3**《口語》手早く…を動かす[置く]; ぶち込む: *clap* a man in jail 人を監獄にぶち込む. — 🅐 拍手する; 鋭い音を立てる; 〈ドアが〉ばたんと閉まる (to): The door *clapped to*. ドアがばたんと閉まった.

■ *cláp éyes on ...*《口語》…を見る.

cláp hóld of ... …をつかまえる.

— 🅝 🅒 **1**《通例, 単数形で》突然の大きな音《◇タイヤの破裂・雷など》: We heard a *clap* of thunder then. 私たちはその時雷を聞いた. **2** [a ~] 拍手(の音); (親しみを込めて)ぽんとたたくこと:

Give them a *clap*, everyone! 皆さん、彼らに拍手をお願いします.

clap·board [klǽbərd, klǽpbɔ̀:rd / klǽpbɔ̀:d] 名 C《米》下見板, 羽目板 (《英》weatherboard) 《家の外壁・ドアに張る》.

clap·per [klǽpər] 名 C **1** 鐘 [鈴] の舌(ᒪ). **2**《英》鳴子(ᓴが) 《田畑から鳥を追い払う道具》.
■ *like the cláppers*《英口語》とても速く.

clap·trap [klǽptræp] 名 U《口語》たわ言; その場しのぎの言葉, はったり.

clar·et [klǽrət] 名 U **1** (グラス何杯というときは C) クラレット《ボルドー産の赤ワイン》. **2** U 深い赤紫色, クラレット. ── 形 深い赤紫色の.

clar·i·fi·ca·tion [klæ̀rəfikéiʃən] 名 C U **1**《格式》(問題・意味などの)明確化, 解明. **2** 清めること, 浄化.

*__clar·i·fy__ [klǽrəfài] 動 (三単現 **clar·i·fies** [~z]; 過去・過分 **clar·i·fied** [~d]; 現分 **clar·i·fy·ing** [~iŋ]) 他 **1**《格式》〈意味など〉を明らかにする; 理解しやすくする: Would you *clarify* what you said? お話をわかりやすく説明していただけませんか. **2**〈液体・バターなど〉から不純物を除く, 澄ませる, 清澄にする. (▷ 形 cléar)

clar·i·net [klærənét] 名 C《音楽》クラリネット《木管楽器》. ➡ ORCHESTRA [PICTURE BOX]》.

clar·i·net·ist, clar·i·net·tist [klærənétist] 名 C クラリネット奏者.

clar·i·on [klǽriən] 名 C クラリオン《明るく澄んだ音を出す昔のラッパ》; クラリオンの音. ── 形 高らかに鳴り響く: a *clarion* call 熱烈な要請.

clar·i·ty [klǽrəti] 名 U **1** (空気・液体などの) 透明さ; 清澄さ. **2** (論理・思想などの) 明快さ, 明瞭: He has *clarity* of mind. 彼は頭脳明晰(ᒪᒪ)である. (▷ 形 cléar)

*__clash__ [klǽʃ] 動 自 **1** [...と] 衝突する《利害・勢力などが》ぶつかり合う; 〈意見などが〉くい違う [*with*]: The demonstrators *clashed with* the police. デモ隊は警察隊と衝突した. **2** (色などが) [...に] 合わない [*with*]: This hat *clashes with* my shirt. この帽子(の色)は私のシャツに合わない. **3** (行事・日程が) [...と] かち合う [*with*]: The party *clashed with* the wedding I was going to. そのパーティーは私の出る結婚式とかち合っていた. **4** (スポーツチームが) 対戦 [対決] する. **5** がちゃん [じゃーん] と (音を立てて) ぶつかり合う: The cymbals *clashed*. シンバルがじゃーんと鳴った. ── 他 〈金属など〉をがちゃがちゃ [じゃーんと] 鳴らす. ── 名 C **1** 衝突; (意見・勢力などの) 対立, 不一致: There were violent *clashes* between police and students. 警察と学生との間で激しい衝突があった. **2** (通例, 単数形で) がちゃん [じゃーん] という音. **3** (行事などの) かち合うこと. **4** (色などの) 不調和, ミスマッチ.

*__clasp__ [klǽsp / klɑ́:sp] 名 C **1** (ブローチ・ハンドバッグなどの) 留め金, ホック. **2** (通例, 単数形で) しっかり握ること (grip); 握手 (handclasp); 抱擁. ── 動 他《格式》**1** ...を握りしめる, (しっかり) 抱きしめる: The man *clasped* my hands firmly. その人は私の両手を握りしめた. **2** ...を (留め金・びょうなどで) とめる, 締める.

****class** [klǽs / klɑ́:s] 名 動
── 名 (複 **class·es** [~z]) **1** C 学級, 組, クラス; [集合的に; 単数・複数扱い] クラスの生徒 [学生]: Our school has eight *classes* in each grade. 私たちの学校には各学年に8クラスある / Tom and Jerry are in the same *class*. トムとジェリーは同級生です / The *class* is [are] all interested in science. そのクラスの生徒はみんな理科に興味を持っている (◇《英》では複数扱いになることがある) / Good morning, *class*. (クラスの) みなさん、おはよう / Who is in charge of your *class*? ― Mr. Smith is. あなたのクラスの担任はだれですか ― スミス先生です.

2 C U 授業, 講義, 講習; 授業 [講習] 時間 (lesson): a computer *class* = a *class* in computers コンピュータの授業 / No *Class* Today《掲示》本日休講 / How many *classes* do you have in a week? 授業は週に何時間ですか.

┃**コロケーション**┃ 授業を [に] …
┃授業を受ける: *take a class*
┃授業をさぼる: *cut* [*skip*] *a class*
┃授業をする: *give a class*
┃授業に出る: *attend* [*go to*] *class*
┃授業を欠席する: *miss a class*

3 C [時に ~es] (社会の) 階級, 階層; U 階級制度; [形容詞的に] 階級の: the upper [middle, lower] *class*(es) 上流 [中流, 下層] 階級 / *class* barriers 階級の壁 / the ruling *class* 支配階級.

4 C 部類, 種類 (sort, kind); (人・もの・乗り物などの) 等級, 格, ランク; (郵便物の)…種: a first-*class* surgeon 一流の外科医 / Teachers can be divided into two *classes*: full-timers and part-timers. 教師は専任と非常勤講師の2種類に分けられる / We used to travel (by) second *class*. 昔は2等車で旅行したものだ (◇通例 by を省いて副詞的に用いる). **5** U《口語・ほめ言葉》高級, 上流 (high class); (衣装・挙動の) 上品さ, 気品; [形容詞的に] 高級な, 優秀な: She has some *class*. 彼女は気品がある / He works for a *class* trading company. 彼は一流商社に勤めている. **6** C [集合的に; 単数・複数扱い]《米》同期生, 同年組: the *class* of 2000 2000年 (卒業) 組. **7** C《英》(大学の) 試験の等級. **8** C《生物》綱(ᑱ) (→ CLASSIFICATION).

■ *be* [*stánd*] *in a cláss by onesélf* = *be in a cláss of* ...*'s ówn* 他に類を見ない: She *is in a class by herself* as a pianist. = She *is in a class of her own* as a pianist. 彼女はピアニストとして群を抜いている.

in cláss 授業中で: Don't talk *in class*. 授業中におしゃべりするな.

nót in the sáme cláss as [*with*] ... …とは比べものにならない (ほどすばらしい).

── 動 **1** ...を [...と / …の同類と] 見なす [*as* / *with*, *among*]: He was *classed as* a national hero. 彼は国民的英雄と見なされた. **2** ...を分類する (classify).

◆ **cláss áction** C《米》集団 [集合代表] 訴訟.

cláss cónsciousness ⓤ 階級意識.
cláss strúggle [wár] [the ~] 階級闘争.
cláss-cón·scious 形 階級意識を持った.

clas·sic [klǽsik] 形 [比較なし; 通例, 限定用法]
1 古典の《古代ギリシャ・ローマをさす》; 伝統的な, 由緒ある: *classic* culture 古典文化. (比較) 日本語の「クラシック音楽」は classical music と言う)
2 (芸術・文学などの分野で) 第一級の, 一流の, 代表的な: "Wuthering Heights" is Emily Brontë's *classic* work. 『嵐が丘』はエミリー=ブロンテの代表的作品である. **3** 模範的な, 典型的な: a *classic* case of lost love 失恋の典型的な例.
─ 名 C **1** (芸術・文学などの分野で) 古典, 古典的作品, 一流の作品, 代表的作品: the *classics* of Italian literature イタリア文学の古典[代表的作品]. **2** [(the) ~s, しばしば Classics; 単数扱い] (西洋) 古典文学《古代ギリシャ・ローマの文学》; 古典語《古代ギリシャ語とラテン語》.
3 (スポーツなどの)伝統の一戦[対戦].

clas·si·cal [klǽsikəl] 形 [比較なし; 限定用法]
1 (古代ギリシャ・ローマの) 古典文学の; 古典語の.
2 古典主義の, 古典派の;『音楽』クラシックの: *classical* music クラシック音楽 (↔ popular music). (比較)「クラシック(音楽)」は和製英語)
3 伝統的な, 正統的な.
4 (様式が) 素朴で調和のとれた.

clas·si·cism [klǽsisizəm] 名 ⓤ **1** [しばしば C-] (文学・芸術における) 古典主義 (↔ romanticism)《形式の簡素・調和・均整を重んじる》.
2 (古代ギリシャ・ローマの) 古典様式[精神].

clas·si·cist [klǽsisist] 名 C 古典学者; 古典主義者 (↔ romanticist).

*clas·si·fi·ca·tion** [klæsifikéiʃən] 名 **1** ⓤ 分類, 区分. **2** C 種類, 範ちゅう, 等級. **3** ⓤ 〖生物〗

分類《分類順序は, 門 (phylum (動物), division (植物))> 綱 (class)> 目 (order)> 科 (family)> 属 (genus)> 種 (species)> 変種 (variety)》.
4 ⓤ (図書などの) 分類法.

clas·si·fied [klǽsifàid] 形 **1** 分類された.
2 (文書などが) 機密の, 極秘の.
◆ **clássified ád [advertísement]** C [集合的に] 案内広告, 三行広告《項目別に分類されている;《英》small ad, 《米》want ad とも言う》.

*clas·si·fy** [klǽsifài] 動 (三単現 **clas·si·fies** [~z]; 過去・過分 **clas·si·fied** [~d]; 現分 **clas·si·fy·ing** [~iŋ]) 他 **1** …を分類する, 等級に分ける: The books in our library are *classified* under twelve heads. うちの図書館にある書物は12の部門に分類されている.
2 《米》〈情報・文書など〉を機密扱いにする.

class·ism [klǽsizəm / klɑ́ːs-] 名 ⓤ 階級主義, 階級差別による偏見.

class·less [klǽsləs / klɑ́ːs-] 形 階級[差別]のない, 無階級の; 特定の階級に属さない.

class·mate [klǽsmèit / klɑ́ːs-]
─ 名 (複 **class·mates** [-mèits]) C 級友, 同級生, クラスメート;《米》同期生: He and his wife were *classmates* at college. 彼と彼の奥さんは大学の同級生だった.

class·room [klǽsrùːm / klɑ́ːs-]
─ 名 (複 **class·rooms** [~z]) C 教室 (schoolroom) (➡ [PICTURE BOX]); [形容詞的に] 教室の: *classroom* English 教室英語 / The door of the *classroom* opened and Ms. Brown hurried in. 教室のドアが開いてブラウン先生があわてて入って来た.

PICTURE BOX classroom

❶wall clock 壁掛け時計 ❷loudspeaker スピーカー ❸locker ロッカー ❹blackboard 黒板
❺platform 教壇 ❻teacher's desk 教卓
❼bulletin board 掲示板
❽wastebasket くずかご

call the roll (出欠をとる)
read the textbook (教科書を読む) 
take notes (ノートを取る)  
ask a question (質問する) 
look up a word in the dictionary (辞書で単語を調べる) 
doze off (居眠りする)

class·y [klǽsi / klá:si] 形 (比較 **class·i·er** [~ər]; 最上 **class·i·est** [~ist])《口語》高級な, 上品な: a *classy* store [car] 高級な店 [車].

*__**clat·ter**__ [klǽtər]《擬音語》動 ⓐ **1** (堅いものがぶつかって)がたがた[がちゃがちゃ]音を立てる;(タイプライターが)かちゃかちゃ音を立てる. **2** ぺちゃくちゃしゃべる: The women were *clattering* on the street. 女性たちは通りでしきりにおしゃべりしていた.
— ⓑ …をかたかた[がたがた]鳴らす.
■ *clátter alóng* ⓐ かたかた音を立てて進む.
clátter dówn ⓐ かたかた音を立てて落ちる[降りる].
— 名 U [または a ~] かたかた[がたがた]という音; 騒々しい話し[笑い]声.

*__**clause**__ [klɔ́:z] 名 C **1**【文法】節 (→ 文法). **2** (条約・法律などの)条項, 箇条.

claus·tro·pho·bi·a [klɔ̀:strəfóubiə] 名 U 閉所恐怖症 (cf. agoraphobia 広場恐怖症).

claus·tro·pho·bic [klɔ̀:strəfóubik] 形 閉所恐怖症の, 閉所恐怖症を起こさせる.
— 名 C 閉所恐怖症の人.

clav·i·chord [klǽvikɔ̀:rd] 名 C【音楽】クラビコード《ピアノの前身》.

clav·i·cle [klǽvikl] 名 C【解剖】鎖骨 (collarbone).

*__**claw**__ [klɔ́:] 名 C **1** (鳥獣の) かぎづめ; (昆虫の)つめ; (エビ・カニなどの) はさみ. **2** (金づちの)くぎ抜きの部分; (つかんで持ち上げる) 機械装置.
— 動 ⓑ [ドアなどを]つめで引っかく; [獲物を]裂く, つかむ [at].
— ⓐ …をつめで引っかく[裂く,つかむ]; …を手を使って取り除く (away).
■ *cláw báck* ⓑ …を苦労して取り戻す.

cláw one's wáy **1** [...へ]道をかき分けて[つめで引っかくようにして]進む [to]. **2** 苦労してたどりつく.

*__**clay**__ [kléi] 名 U **1** 粘土; 土: a lump of *clay* ひとかたまりの(粘)土. **2** [形容詞的に] 粘土の, 粘土で作った: a *clay* elephant 粘土で作った象 / a *clay* court (テニスの) クレーコート《赤土や砕いたれんがで造ったコート》.
◆ **cláy pígeon** C クレー《クレー射撃で空中に投げる粘土製の皿状標的》.
cláy pígeon shòoting U クレー射撃 (競技).

clay·ey [kléii] 形 粘土質の, 粘土のような; 粘土を塗った: *clayey* soil 粘土質の土壌.

*__***clean**__ [klí:n]
形 動 副 名【基本的意味は「清潔な (free from dirt or dust)」】
— 形 (比較 **clean·er** [~ər]; 最上 **clean·est** [~ist]) **1** 清潔な, きれいな, 汚れていない (↔ dirty): *clean* air 澄んだ空気 / The child even licked the plate *clean*. その子は皿まできれいになめてしまった / Always keep yourself *clean*. いつも身ぎれいにしておきなさい.
2 真新しい, 未使用の, 洗いたての: He put on a *clean* shirt. 彼は洗いたての[新しい]シャツを着た / Get me a *clean* cup. 新しい[きれいな]カップを取ってください / He asked for a *clean* sheet of paper. 彼は白紙を1枚くれと言った.
3 (道徳的に) 汚れのない, 純潔な, 潔白な; (言葉・冗談も)卑わいでない: He leads a *clean* life. 彼は清廉潔白な人生を歩んでいる / The candidate has a *clean* record. その候補者の経歴には汚点[前科]がない.
4 (スポーツ選手などが)ルールを守る, フェアな, 公明正大な (fair): a *clean* fight 正々堂々の戦い / The

---

文法 節 (clause)

文の中にあって,「主語+述語動詞」を含む語群を節と言います.

【節の種類】

❶ **対等節** and, but, or などの接続詞で結ばれる節
Mother went out, but I stayed home.
　対等節　　　　　　　　　対等節
（母は外出したが, 私は家にいた）

❷ **従属節** 従属接続詞・疑問詞・関係詞で始まる節

❸ **主節** 従属節に対し, 文の中心になるほうの節
I don't know what he wants.
　主節　　　　　従属節
（私は彼が欲しいものがわからない）

【従属節の種類】

❶ **名詞節** 文の主語・目的語・補語になります.
What she said was not true.
主語　　　（彼女の言ったことは本当ではなかった）

Some people say that Napoleon was poisoned.
　　　　　　　　　　　目的語
（ナポレオンは毒殺されたという人がいる）

This is where he was born.
　　　　補語
（ここが彼の生まれた所です）

❷ **形容詞節** 先行する名詞を修飾します.
This is the park (that) she often visited.
　　　　　　↑
（ここが彼女がよく訪れた公園です）

❸ **副詞節** 時・理由・目的・結果・条件・譲歩・様態・比較・比例などを表します.
Though it was cold, he didn't wear an overcoat. 譲歩
（寒かったのに, 彼はコートを着なかった）

He ate quickly because he was very hungry. 理由
（腹ぺこだったので, 彼は急いで食べた）

team won praise for its *clean* play. チームはフェアプレーで称賛を博した.
5 《切り口などが》でこぼこでない, 滑らかな: He made a *clean* cut in the bamboo with his sword. 彼はその竹を刀ですぱっと切った.
6 形の整った, 格好のよい: The car has a *clean* shape. その車はすっきりした形をしている.
7 鮮やかな, 見事な, 巧みな (skillful): a *clean* hit 〈野球の〉快打, クリーンヒット / a *clean* trick 巧妙な手口. **8** 完全な (complete), 徹底した: It is time we made a *clean* break with the money politics. 今こそ金権政治ときっぱり手を切る時です. **9** 〈食物が〉宗教的に不浄でない, けがれていない. **10** 〖限定用法〗きれい好きな, 身ぎれいな.
11 《口語》〈核兵器が〉放射性降下物の少ない; 公害を起こさない: *clean* energy きれいなエネルギー.
12 《俗語》〈銃や麻薬を〉隠し持っていない, 潔白な.
■ **còme cléan** 《口語》〖人に / …について〗本当のことをすっかり言う, 一切を白状する [*with / about*].
— 動 (三単現 **cleans** [~z]; 過去・過分 **cleaned** [~d]; 現分 **clean·ing** [~iŋ]) 他 **1** …を清潔[きれい]にする, 掃除する, 洗濯する: Don't forget to *clean* your room [teeth, socks]. 自分の部屋を掃除する[歯を磨く, 靴下を洗う]のを忘れないで / The doctor *cleaned* my wound. 医師は私の傷を消毒した / She asked me to *clean* the inside of the oven. 彼女は私にオーブンの内側を掃除するようにと言った.
2 (調理のために)〈鳥・魚など〉の内臓を除く.
— 自 清潔[きれい]になる: This windowpane *cleans* easily. この窓ガラスは簡単にきれいになる.
〖句動詞〗 **cléan dówn** 他 [clean down+O / clean+O+down]〈壁・車など〉を洗う, 掃除する.
cléan óut 他 [clean out+O / clean+O+out] **1** 〈部屋・引き出しなどの〉〈内部〉をきれいにする, 掃除する, 片づける: *Clean out* your desk drawers. 机の引き出しの中を片づけなさい.
2 《口語》…から〈金などを〉全部盗む[奪う]; 〈人〉を無一文にする.
cléan úp 他 [clean up+O / clean+O+up] **1** …をきれいに掃除する, 片づける: You are supposed to *clean up* the classroom by turns. 君たちは当番で教室を掃除することになっている. **2** 〈町・政界など〉を浄化する, うみを出す: The new mayor vowed to *clean up* the municipal administration. 新市長は市政を浄化すると誓った. **3** 《口語》〈大金〉をもうける. **4** 《口語》〈仕事など〉を片づける. — 自 **1** きれいに掃除する: It's your turn to *clean up*. 君が掃除当番だ. **2** きちんと身支度する: I must *clean up* before dinner. 晩さんの前に私はきちんと身支度をしなくてはならない.
・**cléan úp on ...** 他 《口語》 **1** …を負かす, やっつける (defeat). **2** …で大もうけする: He *cleaned up on* the horses. 彼は競馬で大もうけした.
— 副 **1** すっかり, まったく (completely): She was *clean* mad with terror. 彼女は恐怖ですっかりおびえていた / I've *clean* forgotten. 私はすっかり忘れていた. **2** 清潔に, きれいに; 正々堂々と, 公

明正大に: sweep *clean* きれいに掃く / Let's play the game *clean*. 正々堂々と試合をしよう.
— 名 [a ~] 清潔[きれい]にすること, 掃除: Give your room a *clean*. 部屋をきれいにしなさい.

cléan-cút 形 **1** すっきりとした, 〈形の〉整っている: a *clean-cut* hairstyle すっきりしたヘアスタイル.
2 身だしなみがよい. **3** 明確な.

cléan·er [klí:nər] 名 C **1** 掃除人; 清掃作業員.
2 クリーニング店の主人[職人]; 〖通例 the ~'s, the ~s〗 ドライクリーニング店. **3** 〈電気〉掃除機.
4 洗剤, クレンザー.
■ **táke ... to the cléaner's [cléaners]** 《口語》
1 〈賭(*)け・詐欺・商売で〉〈人〉のあり金を残らず巻き上げる, 〈人〉をすってんてんにする. **2** 〈相手〉を徹底的に負かす. **3** 〈人〉をひどくけなす.

‡**cléan·ing** [klí:niŋ] 名 U きれいにすること; 掃除, 洗濯; クリーニング.
◆ **cléaning wòman [làdy]** C 掃除婦.

cléan-limbed [klí:nlímd] 形 (特に若者が)(すらりとして)均整のとれた, すらっとした.

cléan·li·ness [klénlinəs] (☆ 発音に注意) 名 U 清潔; きれい好き; 潔癖: He didn't have any passion for *cleanliness*. 彼はとてもきれい好きとは言えなかった.

*__cléan·ly__ [klénli] (☆ **clean** との発音の違いに注意) 形 (比較 **clean·li·er** [~ər]; 最上 **clean·li·est** [~ist]) きれいな; きれい好きな, 清潔な.
— 副 [klí:nli] きれいに, 清潔に; 簡単に, きちんと.

cléan·ness [klí:nnəs] 名 U 清潔(さ); 潔白.

cleanse [klénz] (☆ 発音に注意) 動 他 **1** 〈傷口など〉をきれいにする; 清潔にする. **2** 《格式》〈罪〉を清める, 浄化する.

cléans·er [klénzər] 名 C U 洗剤, クレンザー.

cléan-shàv·en [klí:nʃéivən] 形 きれいにひげをそった, ひげのない.

*__cléan·up__ [klí:nʌp] 名 C **1** 掃除.
2 〈腐敗・汚職などの〉浄化, 一掃; 〈汚染の〉除去: a *cleanup* campaign against environmental pollution 環境汚染浄化運動. **3** 《米俗語》大もうけ. **4** 〖野球〗(打順の) 4 番; 〖副詞的に〗4 番で: bat *cleanup* 4 番を打つ.
◆ **cléanup hítter** C 4 番打者 (◇ 塁上のランナーを一掃するようなバッター. 日本の「クリーンナップ(3〜5番打者)」とは異なる).

***clear** [klíər] 形 動 副 名
【原義は「澄んで視界がさえぎられない」】
— 形 (比較 **clear·er** [klíərər]; 最上 **clear·est** [klíərist]) **1** 〈形・輪郭が〉はっきりした; 〈声などが〉よく聞こえる; 〈説明などが〉わかりやすい: The police found five *clear* footmarks. 警察は鮮明な足跡を5つ見つけた / This TV doesn't have a *clear* picture. このテレビは映りが悪い / He tried to speak in a *clear* voice. 彼ははっきりとした声で話そうとした / Her explanation was so *clear* that I could see it at once. 彼女の説明がとてもわかりやすかったので私はすぐに理解できた.
2 〈物事が〉[…であることが] 明らかな, 明白な, 疑う余地のない [*that* 節, 疑問詞節]: The distinction is *clear*. その違いははっきりしている / It was

clear

clear where he was. 彼の居場所ははっきりしていた / It is *clear that* they are plotting a crime. 彼らが悪事をたくらんでいることは明白である / Do I make myself *clear*? 私の言っていることがわかりましたか.

3 [叙述用法] (人が) [⋯について / ⋯であると] 確信している, はっきり知っている [*about, on* / *that* 節, 疑問詞節]: I am *clear about* the principal points. 主要な点についてはよくわかっています / They were *clear that* every door was fastened on the inside. ドアはすべて内側から鍵(かぎ)がかかっていると彼らは確信していた / I am not *clear* yet *what* she wants me to do. 彼女が私に何をしてもらいたいのかまだよくわからない.

4 澄んだ, 透明な; (色彩が) 鮮やかな: *clear* air 澄んだ空気 / The spring water is (as) *clear* as crystal. 泉は(水晶のように)澄んでいる / I heard a high *clear* whistle. 私は高く澄んだ口笛を聞いた / I saw a *clear* red welt across his neck. 彼の首には真っ赤なみみずばれが走っていた.

5 晴れた (fine); 明るい (bright): a *clear* sky 晴れた空 / *clear* sunshine 明るい日ざし / On a *clear* day, we can see Mt. Fuji from here. 晴れた日にはここから富士山が見える.

6 (困難・危険など) じゃまもののない; [⋯から] 自由な, 離れて [*of*]: a *clear* space 空き地 / Stay *clear* of the door! ドアの所に立ち止まらないでください / The yard is *clear of* snow. 庭には雪がない / Keep *clear* of the dog, for it bites. かみつくからその犬に近寄るな.

7 (頭脳・思考などが) 明晰(めいせき)な, 冴(さ)えた: Jim has a *clear* head [brain] and a ready tongue. ジムは頭脳明晰で口達者です. **8** やましいところのない, 潔白な: I'll make a fresh start with a *clear* conscience. さわやかな気持ちで新しくやり直します. **9** (肌が) きれいな, 傷[しみ]のない: My grandmother's skin is *clear* for her age. 祖母の肌は年の割にきれいです. **10** [比較なし; 限定用法] 純粋の, 正味の; 《口語》まったくの, 文句なしの: a *clear* profit 純益 / win a *clear* victory 圧勝する / We have only three *clear* days before the deadline. 締め切りまで丸3日しかない. **11** 《英》(レース・競争などで) [相手を] リードして [*of*]: three points [seconds] *clear of* ... を3ポイント [秒] リードして.

— 動 (三単現 **clears** [~z]; 過去・過分 **cleared** [~d]; 現分 **clear‧ing** [klíəriŋ])

— 他 **1** [clear+O] ⋯を**きれいにする**, 澄ませる: A lot of charcoal was put in the tank to *clear* the water in it. 水槽内の水をきれいにするために大量の炭が水槽内に入れられた.

2 [clear+O] 〈意味・問題などを〉はっきりさせる, 明らかにする; 〈心など〉をすっきりさせる: Holmes would *clear* this mystery with ease. ホームズならこのなぞをやすやすと解くだろう / Swimming helps me to *clear* my mind. 水泳は気分をすっきりさせるのに役立つ.

3 (a) [clear+O] ⋯を片づける, きれいにする: *clear* the data (コンピュータなどの) データを消去する / *Clear* the table. 食卓の上を片づけなさい /

The man *cleared* his throat. 男はせきばらいをした. (b) [clear+O+of ~ / clear+O+from ...] ⋯から~を取り除く, 片づける, どかす; (借金を) 清算する: *Clear* the road *of* snow. =*Clear* snow *from* the road. 道路の雪をきれいにしなさい / It took him ten years to *clear* himself *of* debt. 彼は借金を完済するのに10年かかった.

4 [殺人などの] 疑いを晴らす, ⋯の身のあかしを立てる [*of*]: The man has finally been *cleared of* murder. その男はついに殺人容疑が晴れた.

5 (触れずに) ⋯を通過する, 跳び越える, (スポーツなどで) 〈バー〉をクリアする; [⋯するために] 〈道〉を開く [*for*]; 〈税関など〉を通過する: John *cleared* the bar on his third attempt. ジョンは3度目にバーをクリアした / All except the fat man were able to *clear* the hole in the wall. 太った男以外は全員が壁の穴を通り抜けることができた / Did your baggage *clear* (the) customs? あなたの荷物は税関を通りましたか.

6 (検閲などをして) ⋯を認可 [許可] する; ⋯に離陸 [着陸] を許可する: The plane can't take off until it is *cleared*. 管制塔の許可が下りるまで飛行機は離陸できません. **7** 〈手形・小切手〉を清算する, 現金化する. **8** 《口語》⋯の純益を上げる, 正味⋯を上げる. **9** 〈球技〉〈ボール〉をクリアする.

— 自 **1** (空などが) 晴れる; 明るくなる; 澄む: The sky finally *cleared*. ついに空が晴れ上がった / Her sullen face gradually *cleared*. 彼女の不機嫌な顔が次第に明るくなった. **2** (小切手が) 清算される.

句動詞 **cléar awáy** 他 [clear away+O / clear+O+away] ⋯を片づける; 〈疑念などを〉一掃する, 排除する: *Clear away* the books on the desk. 私は机の上の本を片づけた.
— 自 (雲などが) 晴れる.

cléar óff 他 [clear off+O / clear+O+off] **1** 〈じゃまなもの〉を取り除く, 片づける: Will you help me *clear off* the table? 食卓の片づけを手伝ってくれますか. **2** 〈仕事など〉を仕上げる, 片づける; 〈借金〉を完済する, 返す. — 自 **1** (雲などが) 晴れる. **2** 《口語》(すぐに) 立ち去る; 逃げる: You have no business here. *Clear off*! ここはお前の用のある所ではない. とっとと立ち去れ.

cléar óut 他 [clear out+O / clear+O+out] 〈中のもの〉を掃き出す, 掃除する, 〈不要なもの〉を片づける, 取り除く: I *clear* the trash *out* every Wednesday. 私は毎週水曜日ごとにごみをまとめて捨てます. — 自 《口語》(すぐに) 立ち去る: We have to *clear out* of this apartment within a month. 私たちは1か月以内にこのアパートを引き払わなくてはなりません.

cléar úp 他 [clear up+O / clear+O+up] **1** ⋯を片づける, 整理する: *Clear up* the empty bottles and throw them away. 空きびんを整理して捨てなさい. **2** 〈問題などを〉解明する: *clear up* the misunderstanding 誤解を解く. — 自 **1** 晴れ上がる; (悩み・病気が) 消える, 治る. **2** 片づける, 整理する.

— 副 **1** はっきりと (clearly), くっきりと; 明るく

(brightly): Speak loud and *clear.* 大きな声ではっきり話しなさい / The moon was shining *clear* and bright. 月が明るく輝いていた.

2 [〜から] 離れて, […を] よけて [*of*]: Stand *clear of* the door. ドアから離れて立ちなさい.

■ *cléar to ...* …までずっと: My brother jogs *clear to* school and back every day. 兄は毎日学校の行き帰りをずっとジョギングしている.

—名 [次の成句で]

■ *in the cléar* **1** 容疑が晴れて. **2** 危険がない, 自由で. **3** (通信文・伝言などが) 暗号を使わずに, 平文で (▷ 名 clárity; 動 clárify)

*clear·ance [klíərəns] 名 **1** UC (不用物の) 除去, 撤去; 整理. **2** UC (ものの間の) 空間, ゆとり, すき間で: The *clearance* between the bridge and the top of the truck was about twenty centimeters. 橋とトラックの上端の間のすき間は約20センチだった. **3** UC (船の) 通関手続き, (航空機の) 離陸 [着陸] 許可; 就業許可. **4** U (手形の) 決済. **5** CU 秘密事項取扱許可, (厳重なチェックのうえの) 建物立入り許可 (security clearance).
6 C 『サッカー』クリア《自陣ゴール近くからボールをけり出しピンチを脱すること》.

◆ cléarance sàle C 在庫品一掃 [処分] セール.

cléar-cút 形 輪郭のはっきりした; 明らかな; 歯切れのよい.

clear·eyed [klíəráid] 形 **1** きれいな目をした, 澄んだ目をした. **2** 目がよい; 洞察力のある.

clear·head·ed [klíərhédid] 形 (頭の) さえた.

*clear·ing [klíəriŋ] 名 **1** U 清掃, (障害物の) 除去, 撤去. **2** C (森林の) 開墾地, 木や下草を刈った所, 林間の空き地.

clear·ing·house [klíəriŋhàus] 名 (複 **clear·ing·hous·es** [-hàuziz]) C **1** 手形交換所.
2 情報センター, 情報交換所.

★clear·ly [klíərli]

—副 **1** はっきりと, きちんと: think *clearly* 理路整然と考える / Will you pronounce each word more *clearly*? 1語1語をもっとはっきり発音してくれませんか.
2 [文修飾] 明らかに, 疑いもなく: *Clearly* the professor is absent-minded. その教授は明らかにぼんやりしている (=It is clear that the professor is absent-minded). **3** [返答として] そうですとも, その通り: Is he innocent? — *Clearly.* 彼は無実ですか — もちろんです.

clear·ness [klíərnəs] 名 U 明るさ, 透明; 明快; じゃまがないこと.

clear·out, clear-out [klíəràut] 名 U [通例 a 〜] (主に英口語) (不要品の) 処分, 片づけ: We need to give the house a good *clearout.* その家はきれいに掃除して片づける必要がある.

clear·sight·ed [klíərsáitid] 形 **1** 明敏な, 先見の明がある. **2** よく目が見える.

clear·way [klíərwéi] 名 C (主に英) 駐停車禁止道路《緊急非常時にのみ停車できる》.

cleat [klí:t] 名 C **1** (ロープを巻きつける) V字型の棒 [くさび]. **2** [通例 〜s] (靴の底の) 滑り止め, スパイク.

cleav·age [klí:vidʒ] 名 C **1** 《格式》裂け目 (split), 亀裂, 断絶. **2** 《口語》女性の乳房の間のくぼみ [谷間].

cleave¹ [klí:v] 動 (三単現 **cleaves** [〜z]; 過去 **cleaved** [〜d], **cleft** [kléft], **clove** [klóuv]; 過分 **cleaved, cleft, clo·ven** [klóuvən]; 現分 **cleav·ing** [〜iŋ])《格式》他 **1** (おのなどで) …を (まっぷたつに) 切り裂く, 割る. **2** …を切り開く, かき分けて進む. **3** 〈水・風〉を切って進む. — 自 **1** 裂ける, 割れる. **2** […を] 切って進む [*through*].

cleave² 動 自 **1** […に] 付着する [*to*]. **2** 《格式》《思想などに》執着する, 忠実である [*to*].

cleav·er [klí:vər] 名 C (精肉店用の) 大包丁.

clef [kléf] 名 (複 **clefs** [〜s]) C 『音楽』 音部記号《楽譜上で音符の位置と音の高さの関係を示す記号》: an F [a bass] *clef* ヘ音 [低音部] 記号 / a G [treble] *clef* ト音 [高音部] 記号.

cleft [kléft] 動 **cleave**¹ の過去形・過去分詞の1つ.
— 形 裂けた, 割れた.
■ *in a cléft stíck* 《英》進退窮まって.
— 名 C 裂け目, 割れ目.

clem·a·tis [klémətis] 名 CU 〖植〗クレマチス《テッセン・センニンソウなどのつる性植物》.

clem·en·cy [klémənsi] 名 U 《格式》 **1** (気候の) 温暖さ; (性格の) 穏やかさ. **2** (特に刑罰の) 寛大さ, 慈悲.

clem·ent [klémənt] 形 《格式》 **1** (気候が) 温和な, 温暖な; (性格が) 穏やかな. **2** 寛大な, 情け深い.

clench [kléntʃ] 動 他 **1** (怒りで) 〈歯〉をきしらせる; 〈手・こぶしなど〉を固く握りしめる: *clench* one's teeth (怒りで) 歯ぎしりする / *clench* one's fist and grit one's teeth (怒りや決意で) こぶしを固め, 歯じしりする. **2** 〈もの〉をしっかりと握る.

Cle·o·pa·tra [klì:əpǽtrə] 名 固 クレオパトラ《69 -30 B.C.; 古代エジプトの女王》.

*cler·gy [klə́:rdʒi] 名 [the 〜; 集合的に; 複数扱い] 聖職者, 牧師 《1人のときは clergyman と言う; cf. laity 平信徒》.

★cler·gy·man [klə́:rdʒimən] 名 (複 **cler·gy·men** [-mən]) C 聖職者, 牧師《《米》では聖職者一般, 《英》では通例, 英国国教会の主教 (bishop) 以下の聖職者; → MINISTER **3**》.

cler·ic [klérik] 名 C 《古風》 聖職者 (clergyman).

cler·i·cal [klérikəl] 形 [比較なし] **1** 書記の, 事務 (員) の: *clerical* work 事務, 書記の仕事 / a *clerical* error 書き [写し] 誤り. **2** 聖職 (者) の.

***clerk** [klə́:rk / klá:k]

— 名 (複 **clerks** [〜s]) C **1** (銀行・会社などの) 事務員, 社員; (官庁の) 職員; (裁判所の) 書記: a bank *clerk* 銀行員 / a file *clerk* 文書整理係.
2 (米) 店員 (salesclerk; (英) shop assistant); (ホテルの) 従業員, フロント係, 客室係 (→ HOTEL [PICTURE BOX]): a grocery *clerk* 食料品店員.
— 動 自 《主に米口語》 […の] 店員 [事務員] として働く [*at, for*].

Cleve·land [klí:vlənd] 名 固 **1** クリーブランド《米国 Ohio 州北東部, エリー湖畔の都市》. **2** クリーブランド Grover [gróuvər] Cleveland《1837- 1908; 米国の政治家; → PRESIDENT 表》.

clev・er [klévər]

— 形 (比較 clev・er・er [-ərər]; 最上 clev・er・est [-ərist]) (→類義語) ① 利口な, 賢い, 頭のよい (↔ dull) (→類義語; → CUNNING): a *clever* boy 利口な少年 / Crows are *clever* birds. カラスは利口な鳥です. (b) [It is *clever* of ... +to do / be *clever* +to do] ～すると…で利口である: *It is clever of* you *to* see through the trick. = You *are clever to* see through the trick. そのからくりを見破るとはあなたも頭がいい.

② […が / …の扱いが] 器用な, 上手な [*at, in / with*]: John was *clever at* leading people on to talk. ジョンは人に話をさせるのがうまかった. ③ (考え・言葉などが) うまい, 巧妙な: a *clever* speech 巧みなスピーチ / a *clever* trick 巧妙なトリック.

類義語 clever, bright, intelligent, smart, wise

共通する意味▶利口な (mentally keen or quick)

clever は「利口な, 賢い」の意で, 頭の回転の速さを強調するが,「ずる賢い」という悪い意を含むこともある: Her son is very *clever*. 彼女の息子はとても頭がよい. **bright** は「はきはきとして賢い」の意で, 通例, 子供に用いる: a *bright* reply 気の利いた返答. **intelligent** は初めての事態でもうまく対処できるすぐれた知力を表す: an *intelligent* leader 聡明な指導者. **smart** は「頭が切れてすきのない」ことを強調し, 時として「小生意気な, 抜け目のない」など悪い意を含む: a *smart* student 頭の切れる学生 / That salesman looks *smart*. あのセールスマンは抜け目がなさそうです. **wise** は「知識・経験が豊か」で, 正しい判断力を表す: a *wise* old man 賢い老人.

---

clev・er・ly [klévərli] 副 利口に; 巧みに, 器用に.
clev・er・ness [klévərnəs] 名 U 利口さ; 器用さ.
cli・ché, cli・che [kli:féi / klí:fei] [フランス] 名 C (軽蔑) 陳腐な表現 [考え]; ありきたりのやり方.
cli・chéd [～d] 形 陳腐な, 言い古された.

*click [klík] 名 C [擬声語] ① かちっ [かしゃっ] という音を立てる音: The key turned with a *click*. 鍵がかちっと音を立てて回った. ② [音声] 舌打ち音.
— 動 ① かちっ [かしゃっ] と音がする [音を立てる]; 舌打ちする: The front door *clicked* shut. 玄関のドアがかちっと音を立てて閉まった. ② (口語) (劇・映画などが) (観客などに) 受ける, ヒットする [*with*]: The film *clicked with* teenagers twenty years ago. 20年前, その映画は十代の若者に受けた. ③ (口語) [特に異性と] 気が合う, ぴんとくる [*with*]: Bob and Nancy *clicked* (*with* each other) as soon as they met. ボブとナンシーは会った瞬間気持ちが通じた. ④ (口語) (ことが) [人に] 急にわかる, ぴんとくる [*with*]: It suddenly *clicked* that I had taken the wrong way. 私は道を間違えたことに突然気がついた / His mind *clicked* and he figured a way out. 彼は一瞬ひらめいて脱出法を見つけた.

⑤ [コンピュータ] [アイコンを] クリックする [*on*].
— 他 ① …をかちっと鳴らす; 〈舌〉をちっと鳴らす: He *clicked* the light switch on. 彼はかちっという音を立てて電灯をつけた.
② [コンピュータ] 〈マウスのボタン〉をクリックする.

*cli・ent [kláiənt] 名 C ① (弁護士・会計士・建築家などへの) 依頼人.
② (商店などの) 顧客, 得意先. ③ (社会福祉) サービスを受ける人. ④ [コンピュータ] クライアント《サーバーから情報を受け取るコンピュータ》.

cli・en・tele [klàiəntél / klìːən-] [フランス] 名 C [集合的に] 単数・複数扱い ① 訴訟依頼人, (医師の) 患者. ② (ホテル・劇場・商店などの) 顧客, 常連.

*cliff [klíf] 名 (複 cliffs [～s]) C (特に海岸の) がけ, 断崖絶壁.
◆ clíff dwèller [C] (米口語) 高層アパートの住人.
cliff・hang・er [klífhæŋər] 名 C (口語)
① (最後まで結果のわからない) はらはらする試合, 接戦.
② (次回に興味を持たせる場面で終わる) 連続ドラマ.
cliff・hang・ing [-hæŋiŋ] 形 (試合などが) 手に汗を握る; (ドラマなどが) はらはら [どきどき] させる.
cli・mac・tic [klaimǽktik] 形 (格式) クライマックスの, 頂点の, 絶頂の. (▷ 名 climax)

cli・mate [kláimət]

— 名 (複 cli・mates [-məts]) ① UC (年間を通じての) 気候 (cf. weather (特定の日の天気)): a hot *climate* 暑い気候 / a harsh *climate* 厳しい気候 / How do you like the *climate* of California? カリフォルニアの気候はいかがですか.
② C (気候上から見た) 地帯, 地域, 風土: I want to live in a warm *climate* like Okinawa. 私は沖縄のように温暖な土地に住みたい.
③ UC (時代・社会の) 風潮, 傾向, 雰囲気; (政治的) 風土: the current *climate* of opinion 最近の世論の動向 / a city with an intellectual *climate* 知的雰囲気のある町.

cli・mat・ic [klaimǽtik], **cli・mat・i・cal** [-kəl] 形 気候 (上) の, 風土的な. (▷ 名 climate)
cli・ma・tol・o・gy [klàimətálədʒi / -tɔ́l-] 名 U 気候学, 風土学.

*cli・max [kláimæks] 名 ① C 頂点, 絶頂, 最高潮: He was at the *climax* of his career. 彼は生涯の絶頂期にあった. ② C (劇・小説・映画などの) 最高の山場, クライマックス. ③ C オーガズム (orgasm). ④ U [修辞] 漸層法《徐々に文勢を強め, 最後に最高潮に持っていく方法》.
— 動 […で] 絶頂 [頂点] に達する [*in*].
— 他 …を […で] 絶頂 [頂点] に到達させる [*with*]. (▷ 形 climáctic)

climb [kláim] (☆ b は発音しない)

動 名
【基本的意味は「…に登る (go up something, especially by using hands and feet)」】
— 動 (三単現 climbs [～z]; 過去・過分 climbed [～d]; 現分 climb・ing [～iŋ])
— 他 ① (特に手足を使って) …に登る, よじ登る (◇「苦労して登る」という意味が強く, 乗り物を利用して登るときには用いない): He *climbs* two

mountains every summer. 彼は毎年夏に2つの山に登る / We *climbed* a tree to get a better view. 私たちはもっとよく見るために木に登った / The train was able to *climb* the steep slope with the help of two locomotives. 列車は機関車2両の力で急な坂を登ることができた.
2 (植物が)…に巻きついて登る, はい上がる.
— ⓐ **1** […を / …に] 登る, よじ登る [*up / onto, on*]; […を] 登って越える, 乗り越える [*over*]: They often go *climbing*. 彼らはよく山登りに行く / The old man *climbed up* the stairs with difficulty. その老人は苦労して階段を上がった / The baby *climbed onto* the sofa. 赤ん坊がソファーにはい上った / The monkey *climbed over* the fence. 猿が垣根を乗り越えた.
2 (太陽・煙・飛行機などが) 昇る, 上昇する; (道が)上り坂になる: The sun was *climbing* in the sky. 太陽が空へ上昇しつつあった / The road *climbs* steeply. 道は急な上り坂になっている.
3 (物価・温度・数値などが) 上がる, 上昇する: The GDP has been *climbing* steadily. 国内総生産は着実に増大してきた.
4 (苦労・努力して)[…にまで] 地位が上がる, 出世する [*to*]: Sam has *climbed* to a high position in the office. サムは会社で出世した.
5 (植物が) 巻きついて登る.
■ *clímb dówn* ⓐ **1** (手足を使って, はって) 降りる, 下る: He *climbed down* from the truck. 彼はトラックから降りた. **2** 《口語》誤りを認める, 引き下がる, 譲歩する. — ⓗ …を (手足を使って) 降りる, 下る.
clímb ìnto ... ⓗ **1** …にもぐり込む, 乗り込む.
2 《口語》〈衣服〉をあわてて着る.
clímb òut of ... ⓗ **1** …から出る, 降りる.
2 《口語》〈衣服〉をあわてて脱ぐ.
— 图 ⓒ (通例, 単数形で) **1** 登ること; 登山: I was tired after the long *climb*. 長い登り [登山] のあとで私は疲れていた / That peak is quite a *climb*. あの峰は登るのが大変である. **2** 急坂, 急斜面. **3** (物価などの) 上昇; 出世.

clímb-dówn 图 ⓒ《口語》非を認めること, (主張・要求などの) 撤回, 譲歩.

climb·er [kláɪmər] 图 ⓒ **1** よじ登る人; 登山者; (ロック) クライマー. **2** つる性の植物《ツタなど》.
3 《口語》立身出世主義者 (social climber).

climb·ing [kláɪmɪŋ] 图 ⓤ よじ登ること; 登山; (ロック) クライミング. — 形 よじ登る; つる性の: a *climbing* rose つるバラ.
◆ **clímbing fràme** ⓒ 《英》ジャングルジム (《米》jungle gym).
clímbing ìron ⓒ (通例, 複数形で)(登山靴などに付ける) アイゼン, スパイク.

clime [kláɪm] 图《詩語》 **1** 気候, 風土 (climate). **2** 地方, 国.

clinch [klíntʃ] 動 **1** 〈くぎなど〉を打ち曲げてとめる, …の先をたたきつぶす. **2** 《口語》〈議論・取引など〉に決着をつける: *clinch* a deal 取引をまとめる.
— ⓐ **1** 《ボクシング》クリンチする. **2** 《口語》(恋人同士が) しっかり抱きつく, 抱擁する.
— 图 ⓒ **1** [a ~] 《ボクシング》クリンチ《攻撃を防ぐために相手に組みつくこと》. **2** [a ~]《口語》(恋人たちの) 激しい抱擁.

clinch·er [klíntʃər] 图 ⓒ **1** 《口語》決定的な要因, 決め手; とどめを刺す言葉.
2 (ボルトなどの) 締め具.

‡**cling** [klíŋ] 動 (三単現 **clings** [~z]; 過去・過分 **clung** [kláŋ]; 現分 **cling·ing** [~ɪŋ]) ⓐ **1** […に] くっつく, 付着 [粘着] する [*to*]: It was so humid that my undershirt *clung* to my body. 蒸し暑くてシャツが体にはりついていた. **2** […に] しがみつく, すがりつく [*to*]; (お互いに) 抱き合う (*together*): The boy *clung to* his mother's skirt. 少年は母親のスカートにしがみついた. **3** [希望・意見・所有物などに] 執着する, 固執する [*to*]: They still *cling to* the last hope. 彼らはまだ最後の望みを捨てていない.

cling·film [klíŋfìlm] 图 ⓤ (主に英)(食品包装用の) ラップ (《米》 plastic wrap).

cling·ing [klíŋɪŋ] 形 **1** (衣服などが) 体にぴったりの. **2** (子供などが) まといつく, 甘える.

‡**clin·ic** [klínɪk] 图 ⓒ **1** (病院付属の) 診療所; 個人医院, クリニック: a dental *clinic* 歯科診療所 / an eye *clinic* 眼科医院. **2** 臨床講義 [実習].
3 診察, 治療. **4** 《米》相談所《(技能・趣味などの)教室》.

clin·i·cal [klínɪkəl] 形 **1** 《限定用法》臨床 (講義) の: a *clinical* lecture 臨床講義 / *clinical* training 臨床訓練. **2** 《限定用法》診療所の, 病院の.
3 (判断などが) 客観的な, 分析的な, 冷静な; (行動が) 感情を交えない. **4** 《口語》(スポーツのプレーなどが) 正確な.
◆ **clínical thermómeter** ⓒ 体温計.
clin·i·cal·ly [-li] 副 臨床的に; 客観的に, 冷静に.

clink[1] [klíŋk] 图 ⓒ《擬声語》 [単数形で] (グラス・金属などの) ちりん [かちん] と鳴る音.
— 動 ⓗ 〈グラス・金属など〉をちりん [かちん] と鳴らす.
— ⓐ ちりん [かちん] と鳴る.

clink[2] [klíŋk] 图 ⓒ [the ~] 《俗語》刑務所, 拘置所 (prison).

clink·er [klíŋkər] 图 ⓒⓤ クリンカー, 金くそ《燃焼後に溶鉱炉に残る不純物の塊》.

Clin·ton [klíntən] 图 クリントン William Clinton (1946–); 米国の政治家; 通称 Bill Clinton (→ PRESIDENT 表).

*clip[1] [klíp] 图 ⓒ クリップ, 紙 [書類] ばさみ; (万年筆などの) 止め金具; (ばね付きクリップ留めの装身具): a paper *clip* (金属製の) 紙ばさみ / a tie *clip* ネクタイ留め.
— 動 (三単現 **clips** [~s]; 過去・過分 **clipped** [~t]; 現分 **clip·ping** [~ɪŋ]) ⓗ …を […に] (しっかり) とめる, クリップでとめる (*together*) [*to, onto*]: *clip* two sheets of paper *together* 2枚の紙をクリップでとめる.
— ⓐ しっかりとまる, クリップでとまる (*on*).

*clip[2] [klíp] 動 (三単現 **clips** [~s]; 過去・過分 **clipped** [~t]; 現分 **clip·ping** [~ɪŋ]) ⓗ **1** 〈毛・枝など〉を切る, 刈る; 刈り込む: My father *clipped* the hedge. 父は生け垣を刈り込んだ.
2 〈記事・写真など〉を […から] 切り取る, 切り抜く [*from, out of*]: I *clipped* a picture *out of*

the magazine. 私は雑誌から写真を切り取った. **3**〈切符〉にはさみを入れる. **4**《口語》〈金額〉をぶん取る. **5**〈話の一部〉を省略する;〈記録など〉を縮める.
— 名 C **1** 切ること, 刈り込み. **2**(1シーズン[1回]に)刈り込む)羊毛の量. **3** 短編[カット]した映画フィルム; ビデオクリップ;《米》(新聞)の切り抜き.
4《口語》すばやい一撃, 強打. **5** [a ~]《口語》速度; 足早.

clip・board [klípbɔ̀:rd] 名 C **1** クリップボード《クリップが付いた筆記板》. **2**《コンピュータ》クリップボード《データの一時的格納用の記憶領域》.

clip・on 形 [限定用法] クリップでとめる: *clip-on* earrings クリップ式イヤリング.

clipped [klípt] 形 **1** (話し方が)早口の, 歯切れのよい. **2** (単語が)短縮された: a *clipped* word 短縮語(◇ photograph に対する photo など).

clip・per [klípər] 名 C **1** [通例 ~s](木・針金などを切る)はさみ; バリカン; つめ切り: a pair of hedge *clippers* 植木ばさみ1丁. **2** クリッパー, 快速船.

clip・ping [klípiŋ] 名 C **1**《米》(新聞・雑誌の)切り抜き(《英》 cutting). **2** U 切る[刈る]こと; 刈り込み; C [通例 ~s] 切り取ったもの《毛・草など》.

clique [klí:k] 名 C《単数・複数扱い》《軽蔑》(排他的な)小集団, 徒党, 派閥.

clit・o・ris [klítəris] 名 C《解剖》陰核, クリトリス.

cloak [klóuk] 名 **1** C (通例, 袖(そで)なしの)外套(がいとう), マント. **2** [単数形で] 覆い隠すもの; 仮面, 偽装; 口実: a *cloak* for espionage スパイ工作のための偽装.
■ *under the clóak of* ... ...という口実で; ...に名を借りて; 〈夜・闇(やみ)に〉に乗じて: *under the cloak of* charity 慈善という名目で.
— 動 他 〈...〉を[...で] 覆い隠す《with, in》.

clóak-and-dág・ger 形 [限定用法] (小説・映画などが)スパイものの, 陰謀[冒険など]との.

*__**cloak・room** [klóukrù(:)m] 名 C **1** (ホテル・劇場などの)クローク, 携帯品預かり所(《米》 checkroom). **2** 《英》(公園・ビルなどの)トイレ(◇ lavatory の婉曲語).

clob・ber [klábər / klɔ́b-] 動 他《口語》**1**〈人〉をぶん殴る; ...を徹底的に負かす. **2** ...を酷評する.

cloche [klóuʃ / klɔ́ʃ] 名 C **1** (園芸植物用の)ガラス[プラスチック]の覆い. **2** クロッシュ《つり鐘形婦人帽》.

***clock [klák / klɔ́k] 名 動【原義は「鐘, ベル」】
— 名 (複 clocks [~s]) C **1 時計**《◇ 置き時計・掛け時計など; cf. watch(携帯用の)時計》: This *clock* is ten minutes fast [slow]. この時計は10分進んでいる[遅れている] / This *clock* gains [loses] two minutes a day. この時計は1日に2分進む[遅れる] / Does this *clock* keep good time? この時計は正確に動いていますか / The *clock* struck ten. 時計は10時を打った / I set the alarm *clock* for six. 私は目覚まし時計を6時にセットした.
2《口語》タイムレコーダー; タクシーメーター; 走行距離計; 速度計; ストップウォッチ.
■ *agàinst the clóck* 時計とにらめっこで; 締め切り[期限]に追われて.
aróund[*róund*] *the clóck* 1日中, 24時間ずっと.
like a clóck (時計のように)正確に.
pùt[*sèt*] *the clóck ahéad*[*fórward*, *òn*] (夏時間のために)時計を進める.
pùt[*sèt*] *the clóck bàck* 夏時間を元に戻す.
pùt[*tùrn*] *the clóck back* 昔(のよかった時)に戻す; 時勢に逆行する.
wátch the clóck《口語》終業時刻ばかり気にする.
— 動 他 **1** (ストップウォッチなどで)...の時間を計る: He was *clocked* at 10.2 seconds in the 100 meters. 彼の100メートルのタイムは10秒2だった. **2**〈時間・速度など〉を記録する. **3** ...を殴る, ひっぱたく.
■ *clóck ín*[*ón*](タイムレコーダーで)出勤時刻を記録する, 出勤する(《米》 punch in); 仕事を始める.
clóck óut[*óff*](タイムレコーダーで)退出時刻を記録する, 退社する(《米》 punch out); 仕事を終える.
clóck úp 他《口語》**1**〈走行距離・速度など〉を記録する. **2**〈成功など〉を手に入れる, 達成する.
◆ clóck rádio C タイマー付きラジオ.
clóck tòwer C 時計台[塔].

clóck-wátch・er 名 C《口語》終業時刻ばかり気にする勤め人[学生], 規定時間しか働かない人.

clock・wise [klákwàiz / klɔ́k-] 副 形 時計回りに[の], 右回りに[の](↔《米》 counterclockwise, 《英》 anticlockwise).

clock・work [klákwə̀:rk / klɔ́k-] 名 U 時計仕掛け, ぜんまい仕掛け; [形容詞的に] 時計仕掛けの: (as) regular as *clockwork* 規則正しく.
■ *like clóckwork* 規則正しく; スムーズに.

clod [klád / klɔ́d] 名 C **1**(粘土・土の)塊.
2《口語》のろま, ばか.

clog [kláɡ / klɔ́ɡ] 名 C **1** [通例 ~s] 木靴, 木底の靴[サンダル]. **2** 足[首]かせ; じゃま物, 障害物.
— 動 (三単現 clogs [~z]; 過去・過分 clogged [~d]; 現分 clog・ging [~iŋ]) 他 [...で]〈動き〉を妨げる; 〈管など〉を詰まらせる, ふさぐ《up》《with》: The downspout is *clogged up* with dead leaves. 下水管が枯葉で詰まっている / The road to the station was *clogged with* cars. 駅へ行く道路は車で動きがとれなかった.
— 自 動きが悪くなる; 詰まる, ふさがる《up》.

clois・ter [klɔ́istər] 名 C **1** [通例 ~s]《建》(寺院・校舎などの)回廊, 柱廊. **2** [the ~] 修道院(生活).

clois・tered [~d] 形 [限定用法] 世を捨てた, 修道院に閉じこもった; 回廊で囲まれた.

clone [klóun] 名 C **1** [集合的に]《生物》クローン《単一個体から無性生殖で生じた, 遺伝的に同一の個体》.
2《口語》そっくりの人[もの]《◇ 通例, 個性のなさをけなして言う》: a Lennon *clone* (ジョン=)レノンのそっくりさん. **3**《コンピュータ》クローン, 互換機《オリジナルの製品と同じ性能のコンピュータ》.
— 動 他〈動物〉のクローンをつくる.

clop [kláp / klɔ́p] 動《擬声語》(三単現 clops [~s]; 過去・過分 clopped [~t]; 現分 clop・ping [~iŋ]) 自 (馬のひづめが)ぱかぱかという音を立てる.
— 名 C [通例, 単数形で] ぱかぱかという音.

close¹

close¹ [klóuz]（◇ close² との発音の違いに注意）**動 名**

— **動**（三単現 **clos·es** [～iz]; 過去・過分 **closed** [～d]; 現分 **clos·ing** [～iŋ]）

— ⦿ **1** [close＋O]〈開いているもの〉を**閉じ る**, 閉める;〈すき間など〉をふさぐ;〈間隔など〉を詰める (shut)（↔ open）（◇ close は「ゆっくり静かに閉じる」, shut は「すばやくしっかり閉じる」ことを表す）: She *closed* her eyes and prayed. 彼女は目を閉じて祈った / *Close* the door softly, please. ドアは静かに閉めてください / He *closed* the hole with a board. 彼は穴を板でふさいだ.

2 [close＋O]〈店などを〉**閉める**,〈事業・営業 など〉をやめる;〈工場・道路など〉を閉鎖する: They *close* this store at six every day. この店は毎日6時に閉店する / Due to the deep depression, this textile factory will be *closed* next month. 深刻な不況でこの繊維工場は来月閉鎖される / This road is *closed* to traffic while it is under repair. この道路は補修中は通行止めです.

3〈話・仕事など〉を**終える**；締め切る: He *closed* his speech with words of thanks. 彼は感謝の言葉で演説を終えた / The meeting was *closed* yesterday. 大会はきのう閉会となった.

4〈契約など〉を結ぶ.

— ⦾ **1**〈戸などが〉**閉じる**, 閉まる, ふさがる (↔ open): This door opens and *closes* automatically. このドアは自動的に開閉する / She looks sleepy. Her eyelids are *closing*. 彼女は眠そうで, まぶたが閉じかかっている.

2〈店などが〉**閉まる**;〈施設などが〉閉鎖される: This store *closes* at eight on weekdays. この店は平日 8 時に閉まる / School *closed* for the summer yesterday. 学校はきのうで夏休みになった. **3**〈話・会などが〉**終わる**: The lecturer *closed* with a quotation from Shakespeare. 講師はシェイクスピアの言葉を引用して話を締めくくった.

句動詞 **clóse abóut** [**aróund, róund**] **...** ⦿ …を取り囲む, 取り巻く.

clóse dówn ⦿ [close down＋O / close＋O ＋down]〈店・工場など〉を**閉鎖する**: After his father died, he had to *close* the business *down*. 父親が亡くなって彼は店をたたまなければならなかった. — ⦾ **1**〈店・工場などが〉閉鎖される. **2**《英》〈当日の放送を〉終了する. **3**《米》〈霧などが〉立ち込める.

clóse ín ⦾ **1**〈じわじわと〉取り囲む;〈敵などが〉四方から迫って来る: The enemy *closed in* around us. 敵が四方から迫って来た. **2**〈昼間が〉短くなる;〈夜が〉迫る.

clóse óff ⦿ [close off＋O / close＋O＋off]〈道路・部屋など〉を閉鎖[封鎖]する.

clóse óut ⦿ [close out＋O / close＋O＋out]《米》〈在庫品〉を見切り売りする.

clóse úp ⦿ [close up＋O / close＋O＋up] **1** …を(完全に)**閉ざす**, 閉鎖する: This tunnel is now *closed up*. このトンネルは今閉鎖されている. **2**〈間隔〉を詰める. — ⦾ **1**〈店などが〉閉まる, 閉鎖される. **2**〈傷口などが〉ふさがる. **3** 間隔を詰める.

— **名 1** [単数形で]《格式》**終わり**, 終結, 終末: This symphony was composed at the *close* of his life. この交響曲は彼の晩年に作曲された.

2 Ⓒ（手紙の）結辞 (complimentary close)（◇「敬具」に相当する言葉. Yours truly, など; → LETTER).

■ **bríng ... to a clóse** …を終わらせる.
cóme to a clóse 終わる.
dráw to a clóse 終わりに近づく.

close²

close² [klóus]（☆ close¹ との発音の違いに注意）**形 副**

— **形**（比較 **clos·er** [～ər]; 最上 **clos·est** [～ist]）**1** […に] **すぐ近い**, 接近した [*to*]（→ NEAR 類義語）: Our camp is *close* to the lake. 私たちのキャンプは湖のすぐ近くにある / It's *close to* midnight. もうすぐ夜の12時です / My sister and I are *close* in age. 姉と私は年が近い / We had a *close* view of Mt. Fuji. 私たちは富士山を真近にながめた.

2 親しい, 親密な;〈関係などが〉近い, 似ている: a *close* friend 親友 / One of my *close* relatives lives in my neighborhood. 近親者の1人が私の近所に住んでいる / His style of painting is *close* to Monet's. 彼の画風はモネによく似ている / I never felt *close* to that actor. 私はあの俳優に親しみを感じることはなかった.

3 [通例, 限定用法] 綿密な; 厳重な: a *close* examination 綿密な検査 / Pay *close* attention to the cars when crossing the road. 道を横断するときは車に十分気をつけなさい.

4（競技・選挙などが）接戦の, 互角の: We had a *close* game with their team. 私たちは彼らのチームと接戦を演じた.

5 [通例, 限定用法] 密集した, 目の詰まった: a *close* printing 活字が詰まった印刷 / a *close* knit 細かく編んだニット.

6 [通例, 限定用法]〈衣類が〉ぴったりとした;〈芝などが〉短く刈られた: The players have all *close* haircuts. 選手たちはみんな短髪です.

7（場所が）狭苦しい, 窮屈な; 風通しの悪い, 蒸し暑い: live in *close* quarters 狭苦しい所に住む / It's very *close* in here. ここはとても暑苦しい.

8 隠された, 秘密の; 秘密にしたがる: keep [lie] *close* 姿を現さない, 隠れている / Cathy was very *close* about her parents. キャシーは自分の両親についてほとんど話したがらなかった.

9 [通例, 叙述用法]《口語》[…に] けちな [*with*].

— **副 1** […の] **すぐ近くに** [*to*]: I want to live *close* to the sea. 私は海辺に住みたい / Please don't stand so *close to* me. お願いだからそんなに私のそばに立たないで. **2** ぴったりと: fit *close*〈衣服などが〉ぴったり合う.

■ **clóse at hánd** すぐ近くに[の].
clóse bý すぐそばに; 近所に.
clóse bý ... …のすぐそばに.
clóse on [**upón**] **...** ＝close to ....
clóse tó ... …の近く[そば]に; …近くの, ほぼ…の: There were *close to* 20,000 people at the concert. そのコンサートには2万人近い聴衆がいた.
clóse togéther（互いに）接近して; 緊密に.

còme clóse to dóing …しそうになる: She *came close to fainting* when she heard the news. その知らせを聞いて彼女は気絶しそうになった.

◆ **clóse cáll** C《口語》危機一髪.

clóse séason U《英》**1**(スポーツの)シーズンオフ. **2** 禁猟期《米》closed season.

clóse sháve C《口語》危機一髪.

clóse-bý 形《限定用法》すぐ近くの, 隣接した.

clóse-crópped 形《髪・芝生などを》短く刈った.

*closed [klóuzd] 形《比較なし》(↔ open) **1** 閉じた; 閉店の, 休業の: *Closed* Today.《掲示》本日休業.

2 閉鎖的な, 排他的な: a *closed* society 閉鎖社会.

■ **behìnd clósed dóors** 内密に, 非公開で.

◆ **clósed bóok** C《単数形で》《口語》**1** まるで理解のできないこと. **2** すでに決着のついたこと.

clósed cáption C クローズドキャプション(○せりふ以外の聴覚障害者用の字幕).

clósed círcuit C **1**《電気》閉回路. **2** 有線[閉回路]テレビ(方式)《特定の受像機だけに送信する》.

clósed séason C《米》禁猟期(《英》close season) (cf. open season 狩猟(解禁)期間).

clósed shóp C クローズドショップ (↔ open shop)《労働組合員だけを雇う工場・会社》.

clósed-círcuit télevision 名 U/C 有線[閉回路]テレビ(方式)(《略記》CCTV).

close·down [klóuzdàun] 名 **1** C (工場などの)閉鎖, 操業停止; 店じまい. **2** C/U《主に英》放送(時間)終了.

close-fit·ting [klòusfítiŋ] 形《通例, 限定用法》(衣服が)体にぴったり合った (↔ loosefitting).

close-grained [klòusgréind] 形 木目の細かい.

clòse-knít 形《集団が社会的・政治的・宗教的に》緊密に結びついた, 厳格に組織された.

***close·ly [klóusli](☆ 発音に注意)

— 副 **1** 綿密に, 詳しく; 慎重に, 注意深く: look *closely* at the map 地図を入念に見る / Now listen *closely*. さあ, よく聞いてください.

2 ぎっしりと(詰まって), ぴったりと: a *closely*-built area 住宅密集地帯.

3(関係などが)密接に, 親密に, 接近した(◇場所が接近しているときは通例 close を用いる): be *closely* related with ... …と密接な関係がある / Judy's way of walking *closely* resembles her mother's. ジュディーは歩き方が母親によく似ている. **4**(競技などで)接戦で, 互角に: The debate will be *closely* carried on between them. 彼らの討論は互角になるだろう.

close·ness [klóusnəs] 名 U **1** 近いこと, 接近. **2** 緊密さ, 緊密さ. **3** 厳密さ, 精密さ. **4** 密閉, 閉鎖; 息苦しさ.

close·out [klóuzàut] 名 C《米》〖商品の〗大安売り, 見切り売り〖on〗; 見切り品.

*clos·et [klázit / klɔ́z-] 名 C **1**《米》押し入れ, 戸棚(《英》cupboard)《床から天井まで作り付けのもの》.

2《古》(祈り・応接などのための)私室, 小部屋.

3《古》トイレ (water closet).

■ **còme óut of the clóset 1**(隠していた)本心を明かす, 信念や習慣を公表する; 同性愛者であると公言する. **2**(問題が)明るみに出て議論される.

— 形《限定用法》秘密の, 人に知られていない: a *closet* homosexual 隠れた同性愛者.

— 動 他《しばしば受け身で》…を小部屋にこもらせる; 閉じ込める.

■ **be clóseted = clóset onesélf**〖…と〗小部屋に閉じこもる, 密談する〖with〗: He *is closeted with* the lawyer. 彼は弁護士と密室で協議している.

close-up [klóusÀp](☆ 発音に注意)名 C (映像の)クローズアップ, 大写し: a picture of her face in *close-up* 彼女の顔のクローズアップ写真.

clos·ing [klóuziŋ] 名 **1** U 閉じること, 閉鎖.

2 U/C 終結, 終了; 締め切り; C (演説・手紙などの)結び, 結句, 終わりの部分 (complimentary close).

— 形《限定用法》終わりの, 締めくくりの; 閉会[閉店]の (↔ opening): the *closing* day 締め切り日 / a *closing* address 閉会の辞.

◆ **clósing cèremony** C 閉会式 (↔ opening ceremony).

clósing price〖通例 ~s〗〖株式〗終値, 引け値.

clósing time U/C 終業[閉店]時間,「看板」.

clo·sure [klóuʒər] 名 **1** U/C 閉鎖; 閉店, 閉会.

2 U/C 終結, 終了, 終止. **3** C《通例, 単数形で》《英》(議会の採決による)討議打ち切り(《米》cloture). (▷ 動 close¹)

clot [klát / klɔ́t] 名 C **1**(血などの)凝固した塊.

2《英俗語》ばか, 間抜け.

— 動 (三単現 **clots** [kláts / klɔ́ts]; 過去・過分 **clot·ted** [~id]; 現分 **clot·ting** [~iŋ]) 他 …を凝固させる, 固まらせる: *clotted* cream 濃縮クリーム.

— 自 凝固する, 固まる.

***cloth [klɔ́:θ / klɔ́θ]

— 名 (複 **cloths** [klɔ́:θs, klɔ́:ðz / klɔ́θs]) **1** U 布, 布地; 織物: a roll of *cloth* ひと巻の布 / a *cloth* bag 布製の袋 / She bought two yards of *cloth* to make a skirt. 彼女はスカートを作るために布を2ヤード買った / This *cloth* wears well. この布は長持ちする.

2 C《しばしば複合語で》(特定の用途の)布切れ(ふきん (dishcloth)・ぞうきん (dustcloth) など); テーブル掛け (tablecloth): lay [remove] the *cloth* 食卓の用意[片づけ]をする / He used an old *cloth* to clean the bike. 彼は自転車をきれいにするのに古布を使った.

3 U〖the ~〗《文語・こっけい》聖職(服);〖集合的に〗聖職者.

*clothe [klóuð] 動 (三単現 **clothes** [~z]; 過去・過分 **clothed** [~d],《文語》**clad** [klǽd]; 現分 **cloth·ing** [~iŋ]) 他 **1**《通例, 受け身で》…に〖衣服〗を着せる〖in〗(◇ dress より堅い語): She *was clothed in* elegant finery. = She *clothed* herself *in* elegant finery. 彼女は上品な服を着ていた (◇ be clothed = clothe oneself).

2〈人〉に衣服を与える[あてがう]: feed and *clothe* one's family 家族を養う. **3**《文語》…を〖…で〗

clothes [klóuz / klóuðz] (☆発音に注意)

— 名 [集合的に; 複数扱い] **1 衣服**, 身に着けるもの (→ CLOTHING): plain *clothes* 平服 / every-day *clothes* 普段着 / ready-made *clothes* 既製服 / a suit of *clothes* 洋服1着 / I have many [much] *clothes* 衣服をたくさん持っている (◇ many のほうが一般的です) / He usually wears Japanese *clothes* at home. 彼は家にいるときはたいてい和服を着ている.

┃コロケーション┃ 服を…
┃ 服を着替える: *change clothes*
┃ 服を着ている: *wear clothes*
┃ 服を着る: *put on clothes*
┃ 服をたたむ: *fold clothes*
┃ 服を脱ぐ: *take off clothes*

2 寝具 (bedclothes). **3** 洗濯物.
◆ clóthes bàsket C 洗濯物かご.
clóthes hànger C 洋服掛け, ハンガー (coat hanger).
clóthes pèg C《英》洗濯ばさみ (《米》clothespin).
clóthes trèe C《米》(柱状の) 帽子[コート]掛け.
clothes-horse [klóuzhɔ̀ːrs] 名 C **1** (通例, 室内用の) 物干し掛け. **2** 《主に米口語》服装に凝る人, 着道楽の人.
clothes-line [klóuzlàin] 名 C (通例, 屋外の) 物干しロープ (比較 英米では物干し竿(ᵈᵃᵒ)は用いず, 2本のポールの間にロープを張って洗濯物を干す)
clothes-pin [klóuzpìn] 名 C《米》洗濯ばさみ (《英》clothes peg).
cloth-ier [klóuðiər] 名 C《古風》(男物の) 服地[衣服]商; 紳士服製造[販売]業者.

clothing [klóuðiŋ]

— 名 U [集合的に] **衣類**, 衣料品 (◇ clothes より意味が広く, 帽子・靴を含めた身に着けるもの全体をさす): an article of *clothing* 衣類1点 / food, *clothing*, and shelter 衣食住 (◇日本語との語順の違いに注意) / waterproof *clothing* 防水性の衣類 / a *clothing* store 衣料品店.
Clo·tho [klóuθou] 名 固《ギ神》クロト《運命の3女神 (the Fates) の1人; → FATE **4**》.
clo·ture [klóutʃər] 名 C [通例, 単数形で]《米》(議会の採決による) 討論打ち切り (《英》closure).

cloud [kláud] 名 動

— 名 (複 clouds [kláudz]) **1** C U **雲**: There was not a *cloud* in the sky. 空には雲1つなかった / The moon is behind the *clouds*. 月は雲の陰に隠れている / The black *clouds* parted, and the sun came through. 黒雲が切れて日がさしてきた / Every *cloud* has a silver lining.《ことわざ》どんな雲にも銀の裏張りが付いている ⇒ 苦は楽の種, どんな不幸にも光明がある.

2 C 雲状のもの; 煙: He was blowing great *clouds* (of smoke) from his cigar. 彼は葉巻の煙をもうもうと吹き出していた. **3** C (昆虫・鳥などの) 大群 (crowd): Our crops were damaged by a *cloud* of locusts. うちの作物はイナゴの大群に荒らされた. **4** C U (不安・疑惑などの) 暗い影, 心の曇り: The misfortune cast a *cloud* on her. その不幸な出来事は彼女に暗い影を投じた. **5** C U (ガラスなどの) 曇り; しみ, きず; (液体の) 濁り.
■ **in the clóuds**《口語》現実離れして; うわの空で: He has his head *in the clouds*. = His mind is *in the clouds*. 彼は空想にふけっている.
on clóud níne《口語》浮き浮きして, 有頂天で.
ùnder a clóud《口語》嫌われて; 疑われて, 信用[信頼] を失って.

— 動 他 **1** …を曇らせる; 雲で覆う; 〈水など〉を濁らせる: The top of Mt. Fuji was *clouded* over. 富士山頂は雲で覆われていた. **2** …をぼやけさせる; 〈判断など〉を鈍らせる, 混乱させる: Anger *clouded* his judgment. 怒りのせいで彼の判断力は鈍った. **3** …を暗くする, …に暗い影を投げかける; 〈顔など〉を曇らせる: Those fears and anxieties *clouded* their lives. そのような不安や心配が彼らの生活に暗い影を投げかけた. **4** 〈名声など〉を傷つける. **5** 〈鏡・ガラスなど〉を曇らせる.
— 自 **1** 〈空・表情など〉が曇る, 暗くなる (over): His face *clouded over* at the news. その知らせを受けて彼の顔は曇った. **2** 〈鏡・ガラスが〉(湿気・蒸気で) 曇る. (▷ 形 clóudy)
cloud-burst [kláudbə̀ːrst] 名 C どしゃ降り, (突然の) 豪雨.
cloud-capped 形《文語》(山などが) 雲を頂いた.
cloud-ed [kláudid] 形 **1** 雲に覆われた, 曇った. **2** (気が) ふさいだ. **3** (考え・意味などが) あいまいな.
cloud-i-ness [kláudinəs] 名 U 曇り, 曇天.
cloud-less [kláudləs] 形 雲がない, 晴れわたった (→ cloudy): a *cloudless* sky 晴れわたった空.

cloud·y [kláudi]

— 形 (比較 cloud·i·er [~ər]; 最上 cloud·i·est [~ist]) **1** 曇りの, 曇天の (関連語 clear 晴れた / rainy 雨の / snowy 雪の / windy 風の強い): It is *cloudy* today. きょうは曇りです / *Cloudy* skies drove the bathers off the beach. 空が曇っていたので海水浴客は浜辺に出ていなかった.
2 〈液体などが〉濁った: a *cloudy* lake 濁った湖. **3** 〈考えなどが〉はっきりしない, ぼやけた: She had only a *cloudy* memory of the accident. 彼女は事故のことはぼんやりとしか覚えていなかった. (▷ 名 clóud)
clout [kláut] 名《口語》**1** C (手・硬いもので) 殴る[強くたたく] こと (blow). **2** U (政治的な) 権力, 影響 (力). — 動 他《口語》…を (手・硬いもので) 殴る[強くたたく].
clove¹ [klóuv] 名 C《植》クローブ《ユリ根・ニンニクなどの1片》.
clove² 名 C **1**《植》チョウジノキ《フトモモ科の熱帯産常緑高木》. **2** 丁子(ᶜʰᵒᵘʲⁱ)《チョウジノキのつぼみを乾燥させて作った香辛料》.
clove³ 動 cleave¹ の過去形.
clo-ven [klóuvən] 動 cleave¹ の過去分詞の1つ.
◆ clóven hóof C (牛・シカ・羊などの) 割れたひづめ, 偶蹄(ᵍᵘᵘᵗᵉⁱ); 悪魔の足: show the *cloven hoof* (悪魔が) 本性を現す.

clo·ver [klóuvər] 名 U C 〖植〗クローバー, シロツメクサ《家畜の飼料となる》.
■ *be* [*live*] *in clóver*《口語》安楽[裕福]に暮らす.

clo·ver·leaf [klóuvərlìːf] 名 (複 **clo·ver·leafs** [~s], **clo·ver·leaves** [-lìːvz]) C **1** クローバーの葉. **2** (四つ葉の)クローバー型立体交差路.

clown [kláun] 名 C **1** (サーカスなどの)道化師[役], ピエロ. **2** おどけ者; 悪ふざけをする人.
— 動 自 **1** 道化役を務める. **2** ふざける, ばかなまねをする (*about, around*).

clown·ish [kláuniʃ] 形 道化役者の; 道化じみた, ばかげた, こっけいな.

cloy [klɔ́i] 動《文語》他 …を[ごちそう・快楽などで]飽き飽きさせる, うんざりさせる [*with*].
— 自 飽き飽きする, うんざりする.

cloze [klóuz] 形 穴埋め式の: a *cloze* test 穴埋めテスト.

＊club [kláb] 名 動
— 名 (複 **clubs** [~z]) C **1** (スポーツ・社交・研究の)**クラブ**, (同好)会, 部, サークル; (プロの)スポーツチーム《◇ side とも言う》: a tennis [drama] *club* テニス[演劇]部 / the Rotary *Club* ロータリークラブ / There are fifty *clubs* in our school. 私たちの学校には50のクラブを.

コロケーション クラブを[に] …
クラブを解散する: *break up* [*disband*] *a club*
クラブに所属する: *belong to* [*be in*] *a club*
クラブを作る: *form* [*organize*] *a club*
クラブに入る: *join a club*
クラブをやめる: *leave* [*quit*] *a club*

2 クラブ室; クラブ会館 (clubhouse). **3** ナイトクラブ (nightclub). **4** こん棒, 警棒. **5** (ゴルフの)**クラブ** (golf club); (ホッケーの)スティック: a set of golf *club* ゴルフクラブ一式. **6** 〖トランプ〗クラブのカード; [~s] クラブの組: the king of *clubs* クラブのキング.
■ *Wélcome to* [*Jóin*] *the clúb!*《口語》こっちも同様さ, お互いさまだ《◇悪い状態に陥ったことを慰め合うときに用いる》.
— 動 (三単現 **clubs** [~z]; 過去・過分 **clubbed** [~d]; 現分 **club·bing** [~iŋ]) 他 …をこん棒で打つ, 殴る.
— 自 […するために]協力する, 資金を出し合う (*together*) [*to do*]: The students *clubbed together* to contribute money to the poor. 学生たちは貧しい人々にお金を寄付するため協力した.
◆ **clúb sándwich** C《主に米》クラブサンドイッチ《3枚重ねのトーストに鳥肉・ハム・レタスなどをはさむ》.
clúb sóda U C《米》ソーダ水《《英》soda water》.

club·foot [klábfùt] 名 (複 **club·feet** [-fìːt]) C 内反足《足の裏が内側に曲がった足》; U 足の内反.
club·foot·ed [klábfútid] 形 内反足の.
club·house [klábhàus] 名 C **1** クラブハウス, クラブ会館. **2**《米》(運動選手用の)更衣室, ロッカー室.

cluck [klák] (擬声語) 動 自 **1** (めんどりが)こっこっと鳴く (cf. cackle (卵を産んだあと)くわっくわっと鳴く). **2** 不賛成の舌打ちをする.

— 他〈不賛成・不満など〉を舌打ちをして表す.
— 名 C (めんどりが)こっこっと鳴く声.

＊clue [klúː] 名 C **1** (なぞを解く)**手がかり**, [調査・研究などの]糸口 [*to*]: find [get] a *clue to* the solution of a problem 問題解決への手がかりを見つける[得る]. **2** (クロスワードパズルの)鍵(ぎ). **3** 毛玉 (clew).
■ *nót hàve a clúe*《口語》見当もつかない, さっぱりわからない; まったく無能[無知]である.
— 動《口語》他〈人〉に手がかり[情報]を与える (*in*).
■ *be* (*all*) *clúed úp about* [*on*] ... 《口語》…についてよく知っている, …に精通している.

clue·less [klúːləs] 形 **1** 手がかりがない. **2**《口語》知らない, 無知な; ばかな (stupid).

clump [klámp] 名 C **1** 木立ち, やぶ, 茂み: a *clump* of trees 木立ち. **2** (土・泥などの)かたまり (lump). **3** [単数形で] どしんどしん(という足音); 重い足取り.
— 動 自 **1** (重い足取りで)どしんどしんと歩く (*around, about*). **2** 1か所に集まる, かたまる.
— 他 …を1か所に集める, かたまらせる.

clum·si·ly [klámzili] 副 不器用に, ぎこちなく.

＊clum·sy [klámzi] 形 (比較 **clum·si·er** [~ər]; 最上 **clum·si·est** [~ist]) **1**[…が]不器用な, 下手な; ぎこちない [*at, with*]: She is *clumsy* at playing tennis. 彼女はテニスが下手です. **2** (弁解・表現などが)下手な, まずい: He made a *clumsy* excuse to me. 彼は私に下手な言い訳をした. **3** (道具などが)使いにくい; 不細工な, 不格好な.
clum·si·ness [~nəs] 名 U 不器用さ, ぎこちなさ.

＊clung [kláŋ] 動 cling の過去形・過去分詞.

＊clus·ter [klástər] 名 C **1** (花・果実などの)房(ふ), かたまり: a *cluster* of grapes 1房のブドウ. **2** (人・動植物などの)群れ, 集団: a *cluster* of bees 一群のハチ / a *cluster* of stars 星団 / in *clusters* 群がって[集団]で.
— 動 自 […の周りに]群がる, 群れを成す; 密集する (*together*) [*around, round*]: We *clustered around* the notice board. 私たちは掲示板の周りに集まった.
— 他 [通例, 受け身で] …を[…の周りに]群がらせる, 集める (*together*) [*around, round*].

＊clutch[1] [klátʃ] 動 他〈もの・人〉を**ぐいとつかむ**, しっかり抱く, 握る: She *clutched* her bag and rushed out. 彼女はハンドバッグをつかむなり, 外へ飛び出した.
— 自〈もの・人〉に**つかみかかる**[*at*]: A drowning man will *clutch at* a straw.《ことわざ》おぼれる者はわらをもつかむ.
— 名 **1** C [通例 a ~] ぐいとつかむこと, 握ること: make a *clutch* at ... …をつかもうとする.
2 [複数形で] (敵などの)支配(力), 手中: escape the *clutches* of the law 法の手を逃れる.
3 C 〖機械〗クラッチ, 連動器, クラッチペダル.
4 C《米》危機, ピンチ; 重大な局面: a *clutch* hitter チャンスに強い打者. **5** C = **clútch bàg**《米》クラッチバッグ《ひもも取っ手もなく抱えて持つ》.

clutch[2] [klátʃ] 名 [a ~] 一団 [一群] [の…] [*of*].

clut·ter [klátər] 名 U [または a ~] 散らかった状

cm《略語》= centimeter(s).

cm²《記号》平方センチメートル (◇ square centimeter と読む).

CM《略語》= command module 宇宙船の司令船.

CND《略語》《英》= Campaign for Nuclear Disarmament 核兵器廃絶運動.

CNN《略語》= Cable News Network シーエヌエヌ《アメリカのニュース専門のテレビ局》.

Co《元素記号》= cobalt コバルト.

CO《郵略語》= Colorado.

co- [kou]《接頭》「共同 (の, で)」「共に, 相互 (の, に)」の意を表す: coheir 共同法定相続人 / coauthor 共著者.

‡**c.o., c/o**《郵略語》…気付, …方 (◇ care of の略): Miss Ann Thomas c/o Mr. Smith スミス様方アン=トーマス様.

Co., co.《略語》 **1** [kóu, kʌ́mpəni] = Company 会社, 商会: Charles & Co. チャールズ商会. **2** [kóu] = county 郡.

‡**coach** [kóutʃ]《名》C **1**《運動競技の》コーチ, 指導員 (◇ coach は, サッカー・バスケットボールなどは「監督」, 野球では「マネージャー」); 家庭教師: a baseball coach 野球のコーチ / a French coach フランス語の家庭教師.
2《英》《観光用の》大型長距離バス;《米》乗合バス. **3** 大型四輪馬車《箱型で屋根付きの馬車》. **4**《鉄道》客車 (◇《米》では car,《英》では carriage とも言う). **5**《形容詞的に》《米》《飛行機・列車で》エコノミークラスの.
— 《動》他 **1**《人》を指導する: I coached him in Chinese. 私は彼に中国語を教えた. **2**《スポーツ》…のコーチをする: He coached the baseball team. 彼は野球チームのコーチをした.
— 《自》指導する; コーチ[監督] をする.

◆ cóach stàtion C《英》長距離バスのターミナル (《米》bus station).

coach·man [kóutʃmən]《名》《複 coach·men [-mən]》C 馬車の御者.

co·ag·u·late [kouǽɡjəlèit]《動》他《溶液・血》を凝固させる. — 《自》《溶液・血》が凝固する.

co·ag·u·la·tion [kouæ̀ɡjəléiʃən]《名》U 凝結, 凝固《作用》.

‡**coal** [kóul] (☆ call [kɔ́:l] との発音の違いに注意) 《名》《動》【原義は「燃える石」】
— 《名》《複 coals [~z]》 **1** U 石炭; [~s]《英》《燃料用に砕いた》石炭: mine coal 採炭する / burn coal 石炭をたく / put coal in a stove ストーブに石炭をくべる.
2 C《1個の》石炭.
3 C《燃えている》石炭の塊;《古風》燃えさし: a hot [live] coal 燃えている石炭.
4 U 木炭 (charcoal).

■ **cárry** [**táke**] **cóals to Néwcastle**《古風》むだ骨を折る; 余計なことをする.《由来》「(採炭の中心地である) イングランドの Newcastle にわざわざ石炭を運ぶ」の意から)

hául [**drág, ráke**] ... **òver the cóals**《口語》[…のことで] 〈人〉をこっぴどくしかる [for].
— 《動》他《船など》に石炭を積み込む[補給する].
— 《自》《船》が石炭を積み込む, 石炭の補給を受ける.

◆ cóal gàs U 石炭ガス.
cóal mìne C 炭鉱.
cóal mìner C 炭鉱夫.
cóal òil U《米》石油, 灯油 (petroleum).
cóal scùttle C 石炭入れ, 石炭バケツ.
cóal tàr U コールタール.

co·a·lesce [kòuəlés]《動》自《格式》 **1**《人・政党など》が […と] 合体する, 合併する; 連合する [with]. **2**《傷口・折れた骨など》が癒合(ゆごう) する; 癒着する.

co·a·les·cence [kòuəlésəns]《名》U 合体, 合同; 癒合(ゆごう); 癒着.

coal·face [kóulfèis]《名》 **1** C 採炭切羽(きりは), 露出した石炭層. **2** [the ~] C《英》仕事の現場.

coal·field [kóulfì:ld]《名》C 炭田, 石炭埋蔵地.

co·a·li·tion [kòuəlíʃən]《名》U C **1** 一体化, 合同. **2**《政党などの》提携, 連立, 連合: form a coalition cabinet [government] 連立内閣 [政権] をつくる.

***coarse** [kɔ́:rs] (☆ 同音 course)《形》 **1**《生地・肌などが》きめの粗い, ざらざらした (↔ fine): coarse fabric [cloth] 目の粗い布地 / coarse sand 粗い砂 / coarse skin 荒れた肌. **2** 粗末な, 質の悪い: coarse food 粗食. **3**《言葉・態度などが》下品な, 粗野な: a coarse joke 下品なジョーク / coarse taste 下品な趣味.

coarse·ly [~li]《副》粗く, 荒っぽく; 粗末に; 下品に.

coars·en [kɔ́:rsən]《動》他 …を粗くする, 荒れさせる; …をざらざらにする; 下品 [粗野] にする.
— 《自》粗くなる; ざらざらになる; 下品 [粗野] になる.

coarse·ness [kɔ́:rsnəs]《名》U 目の粗さ, 粗雑; 下品さ, 粗野.

***coast** [kóust]《名》《動》
— 《名》《複 coasts [kóusts]》C **1** 沿岸, 海岸 (→ shore 《類義語》); [the C-]《米》米国太平洋沿岸地方; [the C-]《英》《米》米国太平洋沿岸地方: the West Coast 米国西海岸 / off the east coast of Africa アフリカ東海岸沖で / There are many houses on the coast. 沿岸には多くの家がある.
2《米》《そりなどの》滑降; 滑降斜面.

■ **from cóast to cóast**《米》東海岸から西海岸まで; 全国(的)に.

The cóast is cléar.《口語》障害はない, じゃまものはいない. (由来) 密貿易船の見張りの言葉から)
— 《動》自 **1** 滑降する; 惰性で走る (along, down). **2** 苦労せずに進む, 楽に勝つ;《努力せずに》うまくやっていく. **3** 海岸沿いに航行する.

◆ cóast gùard《米》[the C- G-] 沿岸警備隊; C 沿岸警備隊員.

***coast·al** [kóustəl]《形》[比較なし; 限定用法] 海岸(沿い)の, 沿岸の; 近海の: coastal fishing 沿岸漁業 / a coastal town 沿岸都市.

coast·er [kóustər]《名》C **1**《コップやびんの下に敷く》コースター. **2** 沿岸航行船 [者]; 沿岸貿易船 [者]. **3**《米》ジェットコースター (《英》roller coaster).

coast·line [kóustlàin] 名C (海から見た)海岸線.

****coat [kóut]
— 名 (複 **coats** [kóuts]) C **1** コート, 外套: a fur *coat* 毛皮のコート / She put on [took off] her *coat*. 彼女はコートを着た[脱いだ] / Turn up the collar of your *coat*. コートのえりを立てなさい.
2 《米》(背広・スーツの)上着(jacket): a *coat* and trousers [skirt] 紳士用(婦人用)スーツ. **3** (動物の)毛, 外被, 羽毛; (果物・木などの)皮, 殻: The dog's furry *coat* shone like a sheen of silk. その犬のふさふさした毛は絹のような光沢があった.
4 (ペンキなどの)塗り, メッキ, (ほこりなどの)層.
■ *cút one's cóat accórding to one's clóth* 収入に合わせて生活する, 分相応のくらしをする.
— 動 他 **1** 〈もの〉を […で] 塗る, 覆う [*with, in*]: When the biscuits are cool, *coat* them *with* chocolate. ビスケットが冷えたらチョコレートを塗りなさい. **2** 《格式》…に上着を着せる.
◆ **cóat hànger** C 洋服掛け, ハンガー (hanger).
cóat of árms (複 **coats of arms**) C (盾形の)紋章.

coat·ed [kóutid] 形 **1** 上塗りした; (紙が)光沢のある; (布が)防水加工した; 〚写・光〛(レンズが)コーティングした: *coated* paper コート紙.
2 コート[上着]を着た. **3** (油などに)まみれる.

-coat·ed [koutid] 結合 〔「…で覆われた, …のコーティングをした」「…を塗った」の意を表す〕: sugar-*coated* 糖衣の《錠剤など》.

coat·ing [kóutiŋ] 名UC **1** 上塗り, 塗装, コーティング: a cake with a thick *coating* of chocolate [a thick chocolate *coating*] チョコレートを厚く塗ったケーキ. **2** (ほこりなどの)薄い膜. **3** 上着用布地.

coat·tail [kóuttèil] 名C(通例~s)(えんび服などの)上着のすそ; 上着の後ろすそ.
■ *on ...'s cóattails* 《米俗語》〈人の名声・政治力など〉に便乗して, …のおかげで.

coax [kóuks] 動 他 **1** 〈人・動物など〉をなだめて[説き伏せて] […] させる [*to do, into doing*]; なだめて[説き伏せて] […] させない [*out of doing*]: She *coaxed* the child to take his medicine. = She *coaxed* the child *into taking* his medicine. 彼女は子供をなだめすかして薬を飲ませた / The man *coaxed* the boy *out of going* to the river. その男は少年を説得して川に行くのを思いとどまらせた. **2** 説き伏せて[人から]…を手に入れ, 引き出す [*out of, from*]: He *coaxed* a smile *from* the baby. 彼は赤ん坊をあやして笑わせた.

coax·ing [kóuksiŋ] 名Uなだめすかすこと.

cob [káb / kɔ́b] 名C **1** (足が短く頑丈な)乗用馬. **2** 雄のハクチョウ. **3** トウモロコシの穂軸 (corncob). **4** ハシバミの実.

co·balt [kóubɔːlt] 名U **1** 〚化〛コバルト《元素記号 Co》. **2** コバルト(ブルー)色; コバルト絵の具.
◆ **cóbalt blúe** U コバルトブルー(の絵の具 [顔料]); 濃青色.
cóbalt 60 U コバルト60《癌(がん)治療に用いる放射性同位元素》.

cob·ber [kábər / kɔ́b-] 名C〖男性間の呼びかけ〗《豪口語》親友, 仲間, 相棒.

cob·ble [kábl / kɔ́bl] 動 他 **1** 〈道路〉に丸石[玉石]を敷く[で舗装する]. **2** …をでっち上げる, 急ごしらえする (*together*). **3** 《古風》〈靴など〉を修繕する.
4 = COBBLESTONE (↓).

cob·bled [kábld / kɔ́b-] 形 (道路が)丸石の敷かれた.

cob·bler [kábəlr / kɔ́b-] 名C コブラーパイ《フルーツパイの一種》.

cob·ble·stone [káblstòun / kɔ́bl-] 名C(通例~s) 丸石, 玉石《鉄道に使う. 昔は道路に使った》.

CO·BOL, Co·bol [kóubɔːl / -bɔl] 名U《コンピュータ》コボル《事務処理用のプログラム言語; *c*ommon *b*usiness *o*riented *l*anguage の略》.

co·bra [kóubrə] 名C〚動物〛コブラ《インド・アフリカ産の毒蛇》.

cob·web [kábwèb / kɔ́b-] 名C **1** クモの巣(◇ web, 《米・豪》spiderweb とも言う). **2** クモの糸; (人を陥れる)わな, たくらみ. **3** (気持ちの)もやもや; 入り組んだもの, 混乱.
■ *blów [cléar] awáy the cóbwebs* 《口語》頭の中のもやもやを取り払う, 気分をすっきりさせる.

Co·ca-Co·la [kóukəkóulə] 名C〚商標〛コカコーラ《米口語》Coke) コカコーラ1本 [1杯].

co·caine, co·cain [koukéin] 名U〚化〛コカイン《《口語》coke》《麻薬の一種. 麻酔剤にも用いる》.

coc·cyx [káksiks / kɔ́k-] 名 (複 **coc·cy·ges** [kaksáidʒiːz / kɔk-], 《英》**coc·cyx·es** [-siːz]) C〚解剖〛尾骨, 尾てい骨.

coch·i·neal [kátʃəníːl / kɔ̀tʃi-] 名U コチニール《エンジムシから とる鮮紅色の染料・着色料》.

coch·le·a [kóuklia, kák- / kɔ́k-] 名C(複 **coch·le·ae** [-liː], **coch·le·as** [~z]) 〚解剖〛(内耳の)蝸牛殻(かぎゅう).

*cock [kák / kɔ́k] 名 **1** C 《(主に英)おんどり, 雄鶏 (◇《米》では **5** の意の連想を避けて rooster を使うことが多い; → CRY 表). 《関連語》cockerel 雄の若鶏 / hen めんどり / chicken, chick ひよこ / chicken 鶏肉) **2** C (一般に)雄鳥; 〔形容詞的に〕雄の: a *cock* turkey 雄のシチメンチョウ. **3** C (樽(たる)・水道などの)栓, コック(◇通例《米》faucet, 《英》tap を用いる) turn on [off] a *cock* 栓をひねって開ける[閉める]. **4** C (銃の)打ち金, 撃鉄.
5 C《俗語》ペニス. **6** U《英俗語》ばかげたこと.
■ *gó óff at hálf cóck* 準備不足のため失敗する.
líve líke fíghting cócks 《英口語・軽蔑》(美食して)ぜいたく[優雅]に暮らす.
the cóck of the wálk 《古風》親分気取りの人, お山の大将(◇ walk は「鶏小屋」の意).
— 動 他 **1** 〈体の一部〉を[ある方向・角度に]傾ける [*to*]; 〈犬〉〈耳〉をぴんと立てる: *cock* one's head *to* one side 頭を片側に傾ける / The dog *cocked* its ears. 犬は両耳を立てた. **2** 〈銃の〉打ち金[撃鉄]を起こす. **3** (気取って)〈帽子〉のふちを反り返らせる; 傾ける. — 自 ぴんと立つ.
■ *cóck one's éar* (聴こうとして)耳を傾ける.
cóck úp 他《英俗語》(ばかなことをして)…を台なしにする, しくじる.
◆ **cócked hát** C 三角帽《つばが上に反った帽子》

cock・ade [kɑkéid / kɔk-] 名 C 花形帽章《階級や会員などの印として帽子に付けるリボンなど》.

cock-a-doo・dle-doo [kákədù:dldú: / kɔ́k-] 名 C 《擬声語》こけこっこー《おんどりの鳴き声; → CRY 表》.

cock-a-hoop [kàkəhú:p / kɔ̀k-] 形《古風》
1〔…について〕大喜びの, 意気揚々とした; 大いばりの [*about*]. **2**《米》(部屋などが)乱雑な.

cock-a-leek・ie [kàkəlí:ki / kɔ̀k-] 名 U 《スコット》コッカリーキ《鶏肉とニラネギ (leek) のスープ》.

cóck-and-búll stòry [kákənbúl- / kɔ́k-] 名 C 《口語》ばかげた話, でたらめな話.

cock-a-too [kákətù: / kɔ̀kətú:] 名 C 《鳥》バタインコ《オーストラリア産で, 頭の上に冠羽(ﾜ)を持つオウム》.

cock-chaf・er [káktʃèifər / kɔ́k-] 名 C 《昆》コフキコガネ《コガネムシの一種で, 植物の害虫》.

cock-crow [kákkròu / kɔ́k-] 名 U 《文語》おんどりの鳴く朝の時刻, 夜明け.

cock・er [kákər / kɔ́k-] 名 C = cócker spániel コッカースパニエル《狩猟・愛玩(ﾀﾞﾝ)用の小型犬》.

cock・er・el [kákərəl / kɔ́k-] 名 C 雄の若鶏 (cf. cock (成長した)おんどり).

cock-eyed [kákàid / kɔ́k-] 《口語》形 **1** ゆがんだ; 曲がった, 傾いた. **2** ばかげた (foolish).

cock-fight [kákfàit / kɔ́k-] 名 C 闘鶏.

cock・le [kákl / kɔ́kl] 名 C **1** トリガイ(の殻)《食用の二枚貝》. **2** トリガイ形の小舟.
■ *wárm* [*delíght*] *the cóckles of ...'s* [*the*] *héart* (…の)心を(ほのぼのと)暖める: Your son's return will *warm the cockles of your heart.* 息子さんが戻ればあなたは幸福な気分になる.

cock-le-shell [káklʃèl / kɔ́kl-] 名 C **1** トリガイの貝殻. **2**《文語》= COCKLE 2 (↑).

Cock・ney, cock・ney [kákni / kɔ́k-]
1 C ロンドン子《London の Bow bells (ボウ教会の鐘)の聞こえる場所で生まれ育った人; → BOW BELLS》. **2** U コクニー方言, ロンドンなまり.
──形 ロンドンなまりの.

cock-pit [kákpìt / kɔ́k-] 名 C **1**《航空》コックピット, 操縦席 (→ AIRCRAFT 図) 《(レーシングカーの)コックピット, 運転席, (ヨット・ボートの)操船席. **2** 闘鶏場. **3**《通例, 単数形で》《古》戦場.

cock-roach [kákròutʃ / kɔ́k-] 名 C 《昆》ゴキブリ (《米口語》roach).

cocks-comb [kákskòum / kɔ́ks-] 名 C
1(おんどりの)とさか. **2**《植》ケイトウ (鶏頭).

cock-sure [káksúər / kɔ̀kʃɔ́:, -ʃúə] 形《古風》自信過剰な, 尊大な;〔…を〕信じ切った [*of, about*].

***cock-tail** [káktèil / kɔ́k-] 名 **1** C カクテル《ジン・ブランデーなどをベースにした混合酒》: make [mix] a *cocktail* カクテルを作る. **2** C|U (前菜としての)カクテル《ソースをかけたカキ・エビなど》.
◆ **cócktail drèss** C カクテルドレス《カクテルパーティーなどで着る女性のセミフォーマルドレス》.
cócktail lòunge C (ホテル・レストランなどの)バー, カクテルラウンジ.
cócktail pàrty C カクテルパーティー《通例, 夕食前のカクテルや軽食が出る立食パーティー》.
cócktail stìck C カクテルスティック《チーズなどの食べ物に刺すつまよう枝(ﾖｳ)風の細い棒》.

cóck-ùp 名 C 《英俗語》混乱(状態), 大失敗.

cock・y [káki / kɔ́ki] 形 (比較級 *cock・i・er* [~ər]; 最上級 *cock・i・est* [~ist])《口語》生意気な, 横柄な, 自信過剰な, うぬぼれた.

co・coa [kóukou] 名 **1** U ココア《カカオ (cacao) の実の粉末》. **2** C カカオの木 (◇通例は cacao). **3** U (飲料の)ココア (chocolate); C ココア 1 杯. **4** U ココア色, 茶色.

***co・co・nut** [kóukənʌ̀t] 名 **1** C ココヤシの実, ココナッツ (→ NUT 図). **2** U ココヤシの果肉.
◆ **cóconut mìlk** U ココヤシの果汁.
cóconut òil U ココナッツオイル, ヤシ油《せっけん・洗剤などの原料》.
cóconut pàlm [**trèe**] C ココヤシ(の木).
cóconut shỳ C ヤシの実落とし《ボールを投げて実を落とすゲーム》.

co・coon [kəkú:n] 名 C **1** (カイコなど昆虫の)繭(ﾏﾕ). **2** 居ごこちのいい場所; 保護してくれるもの.
──動 他 《通例, 受け身で》…を保護する, 包む.

cod [kɑd / kɔd] 名 (複 **cod, cods** [kɑdz / kɔdz]) C 《魚》タラ (codfish); U タラの身.

COD, cod《略記》= *cash*《米》*collect*] *on delivery* 代金引換え払い: send a parcel *COD* 小包を代金引換え払いで送る.

co・da [kóudə] 名 C **1**《音楽》コーダ, (楽章・楽曲の)終結部. **2** (小説・劇などの)結末部分.

cod-dle [kɑ́dl / kɔ́dl] 動 他 **1**〈人・動物〉を大事に世話する, 甘やかす. **2**…をとろ火で煮る[ゆでる].

***code** [kóud] 名 C **1** 暗号; 符号, 記号, コード: the Morse *code* モールス信号 / a zip *code*《米》郵便番号 (《英》a postal *code*) / break [crack] a *code* 暗号を解読する / a letter written in *code* 暗号で書かれた手紙《◇ in のあとでは無冠詞》. **2** 法典; the *code* of civil procedure 民事訴訟法. **3** きまり, 慣例, 規則: a *code* of honor (社交上の)作法, 慣例 / a *code* of practice (ある職業の)規約, 慣例 / the *code* of the school 校則.
──動 他 **1**〈情報〉を符号[暗号]にする, 符号[コード]化する.《コンピュータ》〈プログラム〉をコード化する. **2**《法》…を法典に編む.
◆ **códe bòok** C コードブック, 暗号一覧表.
códe nàme C コード名, 暗号名.
códe nùmber C コード番号; 暗証番号.
códe wòrd C **1** コード名 (code name).
2 合い言葉.

cod-ed [kóudid] 形 暗号の, 暗号化された; 秘密の.

co・deine [kóudi:n] 名 U 《薬》コデイン《アヘンを原料とする鎮痛・睡眠剤》.

códe-nàme 動 他 《通例, 受け身で》〈軍事作戦など〉にコードネームを付ける.

co・dex [kóudeks] 名 (複 **co・di・ces** [-dəsì:z]) C (古典・聖書などの)写本.

cod-fish [kɑ́dfìʃ / kɔ́d-] 名 (複 **cod・fish, cod・fishes** [~iz]) = COD (↑).

codg・er [kɑ́dʒər / kɔ́dʒ-] 名 C 《通例 old ~》《口語》変わり者, じいさん.

cod-i-cil [kɑ́disil / kóud-] 名 C 《法》遺言補足書, 追加条項.

cod-i-fi-ca-tion [kɑ̀difikéiʃən / kòud-] 名 U

cod·i·fy [kádifài / kóud-] 動 (三単現 **cod·i·fies** [~z]; 過去·過分 **cod·i·fied** [~d]; 現分 **cod·i·fy·ing** [~iŋ]) 他 《法律など》を法律に編む; 成文化する.
cod·ling [kádliŋ] 名 C 《魚》小ダラ, タラの幼魚.
cód·liv·er óil [kòudítər] (タラの) 肝油.
cod·piece [kádpì:s / kɔ́d-] 名 C 股(も)袋 《ズボンの前あきを隠すために装飾的に付けた袋》.
co·ed, co-ed [kóuèd] (◇ coeducation, co-educational の略) 名 C 《米·古風》(男女共学校の) 女子学生.
— 形 1 男女共学の: go coed 男女共学になる.
2 《米》(スポーツ施設などが) 男女ともに使える.
co·ed·i·tor [kòuéditər] 名 C 共同編集者.
co·ed·u·ca·tion [kòuedʒəkéiʃən / -edju-] 名 U 男女共学.
co·ed·u·ca·tion·al [kòuedʒəkéiʃənəl / -èdju-] 形 男女共学の, 共学校の.
co·ef·fi·cient [kòuifíʃənt] 名 C 1 《数学》係数. 2 《物理》係数, 率: a *coefficient* of expansion 膨張係数, 膨張率.
coe·la·canth [sí:ləkænθ] 名 C シーラカンス 《中生代の硬骨魚類の一種で絶滅したと考えられていたが, 1938年に現生種が発見された》.
co·e·qual [kòuí:kwəl] 形 《格式》(地位·能力·力などが) [...と] 同等の, 同格の 《with》 (◇ equal の強調形). — 名 C 同格 [同等] の人 [もの].
co·erce [kouə́:rs] 動 他 1 《人》を強制して [...] させる 《force》 《into》: He *coerced* her *into* signing that document. 彼は無理やり彼女にその書類に署名させた. 2 《しばしば受け身で》(権力や恐怖などを利用して)《人》を支配する, 抑圧する.
co·er·cion [kouə́:rʃən] 名 U 《格式》 1 強制 (力), 強要: I think Bob has made the confession under *coercion*. ボブが自白を強要されたのだと私は思う. 2 圧制; 弾圧政治.
co·er·cive [kouə́:rsiv] 形 強制的な, 威圧的な: use *coercive* measures 強制手段を用いる.
co·e·val [kouí:vəl] 形 《格式》同年齢の, 同時代の. — 名 C 同年輩 [同年輩] の人; 同時代の人 [もの].
co·ex·ist [kòuigzíst] 動 自 [...と] 同時 [同所] に存在する; [...と] (平和) 共存する 《with》.
co·ex·ist·ence [kòuigzístəns] 名 U [...との] 共存, (平和) 共存 (政策) 《with》: peaceful *coexistence* 平和共存 (政策).
co·ex·ten·sive [kòuikstɛ́nsiv] 形 [...と] (時間·空間における) 同一の広がりを持つ 《with》.
C of E 《略語》= Church of England 英国国教会.

***cof·fee** [kɔ́:fi, káfi / kɔ́fi]

— 名 (複 **cof·fees** [~z]) 1 U コーヒー: strong [weak] *coffee* 濃い [薄い] コーヒー / a cup of *coffee* 1杯のコーヒー / Would you have some more *coffee*? コーヒーをもう少しいかがですか / How would you like your *coffee*? — Black [With milk], please. コーヒーはどのようにしましょうか―ブラックで [ミルク入りで] お願いします / We chatted away over one thing and another over *coffee*. 私たちはコーヒーを飲みながらいろいろおしゃべりをした / Let's make some *coffee* and have sandwiches. コーヒーをいれてサンドイッチを食べよう.
2 C 1杯のコーヒー (a cup of coffee): Five *coffees*, please. コーヒーを5つお願いします.
3 U = cóffee bèan コーヒー豆. 4 C = cóffee trèe コーヒーの木. 5 U コーヒー色.
◆ **cóffee bàr** C 《英》軽食喫茶 《アルコール以外の飲み物と軽食を出す》.
cóffee brèak C 《主に米》コーヒーブレイク 《《主に英》tea break》 《仕事中に取る休憩》.
cóffee cùp C コーヒーカップ.
cóffee grìnder C コーヒーひき (coffee mill).
cóffee màker C コーヒーわかし器.
cóffee mìll C コーヒーひき (coffee grinder).
cóffee shòp C 1 (ホテルなどの) 軽食喫茶. 2 喫茶店 《特にコーヒー豆も売っている店》.
cóffee tàble C コーヒーテーブル 《ソファーなどの前に置く低いテーブル》; ➔ LIVING **PICTURE BOX**.
cof·fee·house [kɔ́:fihàus, káfi- / kɔ́fi-] 名 C コーヒー店; 喫茶店 《参考》17-18世紀頃の英国では文人などの社交場だった》.
cof·fee·pot [kɔ́:fipàt, káfi- / kɔ́fipɔ̀t] 名 C コーヒーポット [わかし] (→ POT 図).
cóffee-tàble bòok 名 C (さし絵·写真の多い) 大型豪華本.
cof·fer [kɔ́:fər, káf- / kɔ́fə] 名 C 1 《古風》貴重品箱. 2 [~s] (銀行などの) 金庫; 財源, 資金.
‡**cof·fin** [kɔ́:fən, káf- / kɔ́fin] 名 C 棺, ひつぎ.
cog [kág / kɔ́g] 名 C 1 《機械》(歯車の) 歯; 歯車 (cogwheel). 2 《口語》(大きな組織の) 歯車, あまり重要でない一員: I'm just a *cog* in the machine [wheel]. 私は組織の歯車にすぎない.
co·gen·cy [kóudʒənsi] 名 U 《格式》(議論や理由の) 説得性, 説得力のあること.
co·gent [kóudʒənt] 形 《格式》(理論や理由などが) 説得力のある.
cog·i·tate [kádʒətèit / kɔ́dʒ-] 動 自 《格式》 [...について] 熟慮 [熟慮] する 《about, on, over》.
cog·i·ta·tion [kàdʒətéiʃən / kɔ̀dʒ-] 名 《格式》 1 U 熟考, 瞑想(認); 思考 [考察] 力. 2 C 《しばしば ~s》思いつき, 着想.
co·gnac [kóunjæk, kán / kɔ́n-] 名 U コニャック 《フランス産のブランデー》. コニャック1杯.
cog·nate [kágneit / kɔ́g-] 形 1 [...と] 同族の; 同祖先の; 同起源の, 同系統の 《with, to》.
2 [言] [...と] 同語源の, 同語族の 《with》.
— 名 C [言] 同族の言語, 同一語源の語.
◆ **cógnate óbject** C 《文法》同族目的語 《◇ live, laugh, dream, fight など自動詞が同じ語源の名詞を目的語にとったもの》: live a happy *life* 幸せな人生を送る / dream a terrible *dream* 怖い夢を見る》.
cog·ni·tion [kagníʃən / kɔg-] 名 U 《心理》認識 (行為), 認知.
cog·ni·tive [kágnətiv / kɔ́g-] 形 《心理》認識の, 認識に関した.
cog·ni·zance, 《英》**cog·ni·sance** [kágnizəns / kɔ́g-] 名 U 1 認識, 認知, 理解. 2 認識 [理解] の範囲. 3 《法》裁判所による顕著な事実の認

cog·ni·zant, 《英》**cog·ni·sant** [kágnizənt / kóg-] 形 […を]認識した, […に]気づいた [*of*].

cog·wheel [kágʰwìl / kóg-] 名 C 歯車.

co·hab·it [kouhǽbit] 動 《格式》(未婚の人同士が)[…と]同棲(どうせい)する; 共存する [*with*].

co·hab·i·ta·tion [kouhæbitéiʃən] 名 U 《格式》同棲(どうせい), 同居.

co·here [kouhíər] 動 自 1 (論理などが)整然としている, 首尾一貫している. 2 接着する, 結合する (stick together). 3 (考え・利害などが)[…に]一致する [*with*]. (▷ 形 cohérent)

co·her·ence [kouhíərəns], **co·her·en·cy** [-si] 名 U 1 (文体・論理などの)まとまり, 一貫性: His opinion lacks *coherence*. 彼の意見は一貫性に欠けている. 2 密着(性), 統合力.

co·her·ent [kouhíərənt] 形 1 (論理・政策などが)首尾一貫した, (話の)筋の通った, 明確な. 2 互いに密着する, 凝集性の. (▷ 動 cohére)

co·her·ent·ly [~li] 副 首尾一貫して.

co·he·sion [kouhíːʒən] 名 U 1 結合(力); 団結(力), 結束; (文章などの)つながり, 緊密性. 2 《物理》(分子などの)凝集力.

co·he·sive [kouhíːsiv] 形 1 結合力のある; 団結した, 結束した: a *cohesive* group まとまりのあるグループ. 2 《物理》(分子など)凝集力のある.

co·hort [kóuhɔːrt] 名 C 1 [one's ~]《しばしば軽蔑》仲間, 一味. 2 《統計》集団, コホート; 同一年齢層. 3 《単数・複数扱い》(古代ローマの)歩兵隊.

coif·feur [kwɑːfə́ːr] 《フランス》名 C 《誇張》美容師, 理容師.

coif·fure [kwɑːfjúər] 《フランス》名 C ヘアスタイル, 髪型.

*__coil__ [kɔ́il] 名 C 1 (綱・針金などの)輪, とぐろ巻き, 巻き毛: a *coil* of rope ひと巻きのロープ. 2 《電気》コイル, 巻き線. 3 避妊リング.
— 動 他 …をぐるぐる巻く; […に]巻きつける [*around, round*] (*up*): The girl *coiled* the scarf *around* her neck. その女の子は首にスカーフを巻いた / I saw a snake *coiling* itself *up* in the garden. 私は庭で蛇がとぐろを巻いているのを見た.
— 自 ぐるぐる巻く, 輪を作る: Smoke *coiled* up the chimney. 煙が煙突から輪を描いて上っていった.

***coin** [kɔ́in] 名 動
— 名 (複 **coins** [~z]) C **硬貨**, コイン; U 《集合的に》硬貨; 貨幣; 《口語》お金: a current *coin* 現行通貨 / a silver *coin* 銀貨 / drop *coins* in a vending machine 自動販売機に硬貨を入れる / toss [flip] a *coin* 硬貨を投げる, コイントスする《表・裏どちらが出るかで順番などを決める》/ pay in *coin* 硬貨で支払う.
■ *páy ... (báck) in ...'s ówn [the sáme] cóin* 《英・古風》…にしっぺ返しをする.
the óther sìde of the cóin 反対の見方; (物事の)裏面.

— 動 他 1 《金属》を硬貨に鋳造する; 《貨幣》を鋳造する. 2 《新語・表現など》をつくり出す.
■ *cóin móney = cóin it (in)* 《通例, 進行形で》《英口語》金をどんどん稼ぐ, 大もうけする.
◆ **cóin bòx** C 1 (自動販売機・電話などの)料金受箱. 2 《英》公衆電話, 電話ボックス.

coin·age [kɔ́inidʒ] 名 1 U 貨幣の鋳造. 2 《集合的に》(鋳造された)硬貨, 通貨; U 貨幣制度. 3 U (新語などを)つくり出すこと; C 新語.

***co·in·cide** [kòuinsáid] 動 自 1 (事件などが)[…と]同時に起こる; 同一の場所を占める [*with*]: My holidays *coincided with* hers. 私の休暇は彼女の休暇と重なった. 2 (意見・趣味などが)[…と]一致する [*with*](→ AGREE 類義語): His opinion doesn't *coincide with* ours. 彼の意見は私たちの意見と合わない.
(▷ 名 coíncidence; 形 coíncident)

***co·in·ci·dence** [kouínsidəns] 名 U C 1 同時[同じ場所]に起こること; (偶然の)一致: By a curious *coincidence* they have the same birthday. 彼らの誕生日が同じなのは奇妙な偶然の一致です / I don't think it was a *coincidence* that the two incidents occurred at the same time. 私はその2つの事件が同時に起こったのは偶然ではなかったと思う. 2 同一性, 合致: the *coincidence* of their opinions 彼らの意見の一致.
(▷ 動 còincíde)

co·in·ci·dent [kouínsidənt] 形 1 […と]同時に起こった [*with*]: My birth was *coincident with* my father's death. 私が生まれたのと時を同じくして父が亡くなった. 2 […と]一致した [*with*].

co·in·ci·den·tal [kouìnsidéntəl] 形 偶然の, (偶然に)一致した (coincident); 同時発生の.

co·in·ci·den·tal·ly [-li] 副 偶然にも.

coir [kɔ́iər] 名 U コイア《ココヤシ皮の繊維. ロープやマットなどを作る材料》.

co·i·tus [kóuitəs] 名 U 《医》性交, 交接.

coke¹ [kóuk] 名 U コークス.
— 動 他 《石炭》をコークスにする.

coke² [kóuk] 名 U 《俗語》コカイン (cocaine).

Coke 名 U C 《米口語》《商標》= COCA-COLA.

col [kɑ́l / kɔ́l] 名 C 《地学》鞍部(あんぶ), コル《峰の間のくぼみ》.

col- [kəl] 接頭 「共に」の意を表す (co-)《◇通例 l- の前に使う》: *col*league 同僚 / *col*laborate 協力する.

col. 《略語》= *col*lege; *col*or(ed); *col*umn.

Col. 《略語》= *Col*onel 大佐; *Col*orado.

co·la [kóulə] 名 1 U コーラ(飲料); C コーラ1本[杯]. 2 《植》コラの木 (kola).

col·an·der, cul·len·der [kʌ́ləndər] 名 C (料理用の)水切り(ボウル)《野菜の水切りなどに用いる》.

***cold** [kóuld] 形 名 副【基本的意味は「冷たい (having a low temperature)」】
— 形 (比較 **cold·er** [~ər]; 最上 **cold·est** [~ist]) 1 **冷たい, 寒い**, 寒冷な; 冷えた; 冷やした (↔ hot): It's very *cold* this morning, isn't it? けさはとても寒いですね / Citrus trees do

not grow well in a *cold* climate. 柑橘(㌔)類の木は寒冷な気候ではよく育たない / I feel *cold*. 私は寒けがする / We were made to stay in the *cold* room until the ambulance arrived. 救急車が到着するまで私たちは冷え切った部屋に置き去りにされた / Come downstairs right now, your soup is getting *cold*. すぐ下りて来なさい. スープが冷めますよ.
2 (人・心などが) 冷たい, 冷淡な, つれない; 無情な (↔ warm): Her stepmother was always *cold* to her. 継母(㌔)はいつも彼女に対して冷たかった / He got a *cold* reply from her. 彼は彼女からつれない返事をもらった / She had to face the *cold* fact that her husband suffered from cancer. 彼女は夫が癌(㌔)に冒されているという無情な事実に直面しなければならなかった.
3 (色が) 寒色の (cool) (↔ warm). **4** つまらない: a *cold* joke つまらない冗談. **5** [叙述用法]《口語》死んで; (頭を殴られて) 気を失って, 無意識で (unconscious): He was knocked out *cold*. 彼は殴られて気を失った. **6** [叙述用法] (探し物・解答が) なかなか見つからないで (↔ hot): You are getting *colder*. あなたは正解からどんどん遠ざかっています. **7** (獲物の臭跡が) かすかな (↔ hot).
■ gèt [hàve] cóld féet《口語》おじけづく, 嫌気がさす.
lèave ... cóld 〈人〉に何の興味[印象]も与えない; 〈人〉を失望させる.
— 名 **1** [U] [通例 the ~] 寒さ, 冷たさ (↔ heat): shiver with *cold* 寒さに震える / die from *cold* 凍死する / Don't go out in the *cold* without gloves. 手袋をしないで寒い所へ出て行ってはいけません. **2** [C][U] [通例 a ~] かぜ, 感冒: a *cold* in [on] the chest せきかぜ / the common *cold* (インフルエンザでない) 普通のかぜ / I have a head *cold* [a *cold* in the head]. 私は鼻かぜを引いている.

┌─ コロケーション ─ かぜを… ─────────┐
かぜを…からうつされる: get a cold from ...
かぜを…にうつす: give ... one's cold
かぜを引いている: have a cold
かぜを引く: catch (a) cold
かぜを治す: cure [get over] a cold
└─────────────────────────┘

■ be léft óut in the cóld《口語》のけ者にされる.
còme in from the cóld **1** 再び世間と交際するようになる. **2** 亡命生活から解放される.
— 副《米》 **1** 完全に: I know him *cold*. 私は彼をよく知っている. **2** 突然, 何の準備もなしに: She quit the job *cold* yesterday. 彼女はきのう急に仕事を辞めた.
◆ **cóld cómfort** [U] 取るに足りないもの; おざなりの同情, (少しも) 慰めにならないもの.
cóld créam [U] コールドクリーム《化粧用》.
cóld cùts [複数扱い]《主に米》冷肉の薄切り.
cóld físh [C] [a ~] 冷淡な人, 冷血漢.
cóld fràme [C] (園芸用の) 冷床《加温せずに苗を冷気から守る苗床》.
cóld frònt [C]『気象』寒冷前線 (↔ warm front).
cóld méat [C] (料理してから冷やした) 冷肉.
cóld snàp [C] (短期間の急激で厳しい) 寒波.
cóld sòre [C]『医』口唇ヘルペス (《米》fever blister).
cóld stórage [U] 冷蔵, (計画などの) 凍結, 棚上げ.
cóld stòre [C] 冷蔵[冷凍] 倉庫.
cóld swéat [a ~] 冷や汗: He was in a *cold sweat*. 彼は冷や汗をかいていた.
cóld wár [U] [通例 the C- W-] 冷戦《戦争には至らないが核兵器開発競争に象徴される緊迫した対立状態にあること; ↔ hot war》.
cóld wàve [C] **1**『気象』寒波. **2** コールドパーマ.
cóld·blóod·ed [形] **1** (人が) 冷酷[冷血]な, 残忍な: a *cold-blooded* murderer 冷酷非情な殺人者. **2**『動物』冷血の. **3** 冷え症の, 寒がりの.
cold·heart·ed [kóuldhɑ́ːrtɪd][形] 思いやりのない, 無情な; 冷淡な: a *coldhearted* reply 無情な[つれない] 返事.
****cold·ly** [kóuldli][副] **1** 寒く, 冷たく. **2** 冷淡に, 冷ややかに. **3** 冷静に.
cold·ness [kóuldnəs][名][U] **1** 寒さ, 冷たさ. **2** [しばしば one's ~] 冷淡 (さ); 冷静 (さ).
cóld-shóul·der [動] (他) 〈人〉を冷たくあしらう, 冷遇する; 無視[軽視]する.
cóld shóul·der [名] [the ~] 冷遇, 無視: get the *cold shoulder* 冷たくあしらわれる / give ... the *cold shoulder* …を冷遇する, 無視する.
cole [kóul][名][C]『植』キャベツ類の菜《特にアブラナ科の植物の総称》.
cole·slaw [kóulslɔ̀ː][名][U] コールスロー《千切りのキャベツをドレッシングであえたサラダ》.
col·ic [kɑ́lɪk / kɔ́l-][名][U]『医』(子供の) 疝痛(㌔), さし込み《発作性の激しい腹痛》.
col·ick·y [kɑ́lɪki / kɔ́l-][形] 腹痛[疝痛(㌔)]を起こす, さし込みのある; 結腸痛.
co·li·tis [koulɑ́ɪtɪs][名][U]『医』大腸炎, 結腸炎.
coll.《略語》= *coll*ect(ion); *coll*ege; *coll*oquial 口語の.
col·lab·o·rate [kəlǽbərèɪt][動] (自) **1** […と] 共同で働く, 協力する; 共同制作[研究]する [*with*]: Our company *collaborated with* a venture business to develop a new medicine. わが社はベンチャー企業と共同で新薬を開発した. **2** (軽蔑) [敵に] 協力する, 味方する [*with*].
col·lab·o·ra·tion [kəlæ̀bəréɪʃən][名][U] **1** 共同作業; 共同制作[研究]. **2** (敵への) 協力, 利敵行為.
■ **in collaborátion with** ... …と共同して; …と合作で.
col·lab·o·ra·tion·ist [kəlæ̀bəréɪʃənɪst][名][C] 敵への協力者.
col·lab·o·ra·tor [kəlǽbərèɪtər][名][C] **1** 共同制作[研究]者, 合作者; 共編者. **2** 敵への協力者.
col·lage [kəlɑ́ːʒ / kɔ-][名][U][C]《米》コラージュ《布・印刷物・写真などの切り抜きを組み合わせて特殊な効果を出す技法・作品》.
col·la·gen [kɑ́lədʒən / kɔ́l-][名][U]『生化』コラーゲン, 膠原(㌔)質《細胞外たんぱく質の一種》.
****col·lapse** [kəlǽps][動] (自) **1** (建物などが) 崩壊

する, つぶれる, 倒れる: The wooden bridge *collapsed* under the weight of the people. その木造の橋は人の重みで崩れ落ちた. **2** (計画・事業などが) **つぶれる**, 壊れる: After all, the negotiations have *collapsed*. 交渉は結局決裂した.
3 気絶する, 卒倒する. **4** (体力・健康が急に)衰弱する; (疲労などで)倒れる. **5** (机・いすなどが) 折りたためる. **6** 値下がりする. **7** 〖医〗(肺・血管などが) 虚脱する《収縮した状態になる》.
— ㊀ **1** …をつぶす, 崩壊させる; 弱らせる: The weight of the snow *collapsed* the roof. 雪の重みで屋根がつぶれた. **2** …を折りたたむ.
3 〖医〗〈肺・血管など〉を虚脱させる.
— 名 **1** Ⓤ (建物などの) **倒壊**, 崩壊. **2** Ⓤ (事業・計画などの) **失敗**, 挫折; (価格などの) 暴落: a sudden *collapse* of stock prices 株価の急落.
3 ⒸⓊ (健康などの)衰弱; 〖医〗虚脱: He suffered from a nervous *collapse*. 彼はノイローゼにかかった.

col·laps·i·ble [kəlǽpsəbl] 形 折りたためる: a *collapsible* umbrella 折りたたみ傘.

‡col·lar [kɑ́lər / kɔ́lə] 名 動
— 名 (複 **col·lars** [~z]) Ⓒ **1** (服の) **襟**(えり), カラー: turn up one's *collar* 上着の襟を立てる / My mother took [grabbed] me by the *collar*. 母は私の襟首をつかんだ.
2 襟飾り, 首飾り. **3** (犬の) 首輪; (馬の) 首当て, はも. **4** (動物・鳥の) 首回りの変色部, 襟状部, 襟帯. **5** 《俗語》逮捕.
■ ***hót ùnder the cóllar*** 《口語》かっかして, かんかんに怒って; 当惑して, びっくりして.
— 動 ㊀ **1** 《口語》…の襟首をつかむ; 〈犯人など〉を捕まえる. **2** 〈人〉を引き止めて話をする. **3** …に襟 [首輪] を付ける.

col·lar·bone [kɑ́lərbòun / kɔ́l-] 名 Ⓒ 鎖骨.

col·late [kəléit] 動 ㊀ 《格式》 **1** 〈テキスト・原稿など〉を〔…と〕照合[対照]する〔*with*〕. **2** 〈本・原稿など〉の落丁を調べる, …のページをそろえる.

col·lat·er·al [kəlǽtərəl] 名 Ⓤ [または a ~] 〖商〗担保物件; 見返り品: He offered his house as (a) *collateral* for the loan. 彼は自分の家をローンの担保にした.
— 形 **1** 〔…と〕並び合った, 平行する〔*with*〕.
2 《格式》追加の, 補足の, 副次的な. **3** (家系が) 傍系の: a *collateral* family 分家 / a *collateral* relative 傍系親族. **4** 〖商〗見返りの.

col·la·tion [kəléiʃən] 名 《格式》 **1** ⒸⓊ 照合, 原本対照. **2** Ⓒ (特に断食日の夜に許される) 軽食; (食事時間外の) 軽食.

‡col·league [kɑ́liːg / kɔ́l-] 名 Ⓒ (仕事上の) **同僚**, 同業者, 仲間.

‡col·lect [kəlékt] 動 副 形 【基本的意味は「…を集める (bring things of similar type together)」】
— 動 (三単現 **col·lects** [-lékts]; 過去・過分 **col·lect·ed** [~id]; 現分 **col·lect·ing** [~iŋ])
— ㊀ **1** …を**集める**, **収集する**: We *collected* leaves to build a fire. 私たちはたき火をするために落ち葉を集めた / He is interested in *collecting* stamps. 彼は切手収集に興味がある / Seven stories are *collected* in this book. この本には7つの物語が収録されている.
2 …を**徴収する**, 集金する; 〈寄付〉を募る: The landlord *collected* rent from his tenants. 家主は借家人から家賃を集めた / He is *collecting* money for the victims of the flood. 彼は洪水の被災者のために募金をしている.
3 (預けた場所から) …を**連れて来る**, 引き取る, 取って来る: She *collected* her son from the nursery. 彼女は保育所から息子を連れて帰った / He *collected* his suit from the laundry. 彼はクリーニング店からスーツを取って来た.
4 〈考え・精神など〉をまとめる, 落ち着かせる, 制御する: I was too excited to *collect* my thoughts. 私は興奮していて考えがまとまらなかった.
— ㊂ **1** **集まる**; (ちり・雪・落ち葉などが) 積もる, たまる: A crowd of people *collected* to watch the fire. 火事を見ようと多くの人が集まった / Fallen leaves had *collected* there. そこには落ち葉がたまっていた. **2** 集金する; 募金する: We are *collecting* for the disaster victims. 私たちは被災者のために寄付金を集めています.
■ ***colléct onesèlf*** 気を取り直す, 心を落ち着ける.
— 副 《米》(電話などが) 料金先方[受信人]払いで: Call me *collect*. コレクトコール [料金先方払い] で電話してください.
— 形 《米》(電話などが) 料金先方[受信人]払いの.
(▷ 名 colléction; 形 colléctive)
◆ colléct cáll Ⓒ 《米》 コレクトコール, 料金先方[受信人]払いの通話.

***col·lect·ed** [kəléktid] 形 **1** **冷静な**, 落ち着いた, われを忘れない: cool, calm, and *collected* 落ち着き払って. **2** 集められた, 収集された.

col·lect·i·ble, col·lect·a·ble [kəléktəbl] 形 収集できる, 収集する価値のある.
— 名 Ⓒ [通例, 複数形で] コレクター向けの品物.

‡col·lec·tion [kəlékʃən]
— 名 (複 **col·lec·tions** [~z]) **1** Ⓒ **収集物**, コレクション, 収蔵品; (詩・短編などの) 選集: a *collection* of poetry 詩集 / This museum has a large china *collection*. この博物館には多くの陶磁器が集められている.
2 ⓊⒸ **集めること**, 採集; (ごみ・郵便物などの) 収集, 回収: He started a *collection* of old radios. 彼は古いラジオを集め始めた / There are four *collections* a day from this mailbox. このポストは1日4回回収がある.
3 Ⓒ 徴収, 徴税, 取り立て: a *collection* of debts 借金の取り立て. **4** Ⓒ 募金, 寄付金, 献金: take up a *collection* for ... …への寄付金を募る.
5 Ⓒ コレクション《デザイナーの新作発表会. そこで発表される衣服の全体》. **6** Ⓒ [通例, 単数形で] 集積, 堆積(たいせき): a *collection* of garbage ごみの山.
(▷ 動 colléct)

‡col·lec·tive [kəléktiv] 形 (↔ individual)
1 **集合的な**; 集団的な; 全体的な. **2** 共同の, 共有の: *collective* property 共有財産. **3** 〖文法〗集合的な; 集合名詞の.

collectively 298 **colonel**

— 名 C **1** =colléctive nóun【文法】集合名詞 (→ NOUN **文法**).
2 共同経営工場, 集団農場. (▷ 動 collect)
◆ colléctive bárgaining U (労使間の) 団体交渉.
colléctive fárm C 集団農場, (旧ソ連の) コルホーズ.
colléctive secúrity U (国家間の) 集団安全保障.

col·lec·tive·ly [kəléktivli] 副 集合的に; 共同して; 全体的に: They should be held *collectively* responsible for the accident. その事故に対して彼らは共同責任を負うべきである.

col·lec·tiv·ism [kəléktivìzəm] 名 U【政治】(土地・工場の) 国家管理体制, 集産主義.

*__col·lec·tor__ [kəléktər] 名 C [しばしば複合語で] **1** (切手・コインなどの) 収集家; 採集者: a stamp *collector* 切手収集家. **2** (駅の) 集札係; 集金人; 徴税官: a ticket *collector* 集札係 / a tax *collector* 収税官.
◆ colléctor's item [piece] C 収集家が珍重する品物, 逸品; 愛蔵版.

*__col·lege__ [kálidʒ | kɔ́l-]
【原義は「仲間 (colleague) の集まり」】
— 名 (複 **col·leg·es** [~iz]) **1** U C (一般に) 大学, (名詞的に) 大学の, 大学生 (用) の: a *college* student 大学生 / My son is in *college* now. 私の息子は今大学生です.
2 C 単科大学 (→ UNIVERSITY **類義語**): a junior *college* 短期大学 / the medical *college* at Saga 佐賀の医科大学.
コロケーション 大学に [を] …
| 大学に通う: *go to college*
| 大学を出る: *finish* [*graduate from*] *college*
| 大学に入る: *enter* (*a*) *college*
| 大学をやめる: *leave* [*drop out of*] *college*
3 C (総合大学の) 学部 (school, faculty): the *College* of Agriculture [Engineering] 農 [工] 学部.
4 C (英) 学寮 (Oxford, Cambridge などの大学を形成する自治組織): King's *College*, Cambridge ケンブリッジ大学キングズ学寮 [カレッジ].
5 C 専門学校, 専修学校: an industrial designer's *college* 工業デザイン専門学校.
6 U C (英・カナダ) …学校 (パブリックスクールの校名に用いる): Eton *College* イートン校. **7** C (大学・専門学校などの) 校舎, 寮舎. **8** C [集合的に; 単数・複数扱い] (大学・専門学校などの) 教職員と学生.
9 C 団体, 協会, 学会: the *college* of physicians 内科医師会.

col·le·giate [kəlí:dʒiət] 形 **1** 大学の, 大学生 (用) の: *collegiate* sports 大学スポーツ / a *collegiate* dictionary 大学生用辞書.
2 (大学が) 学寮組織の: a *collegiate* university 学寮組織の大学.

*__col·lide__ [kəláid] 動 (自) **1** […と] 衝突する, ぶつかる [*with*]: The truck *collided with* a bus. そのトラックはバスと衝突した.
2 (意見などが) […と] 食い違う, 相反する [*with*]:

His opinion *collided with* ours. 彼と私たちの意見は対立した. (▷ collísion)

col·lie [káli | kɔ́l-] 名 C【動物】コリー《Scotland 原産の牧羊犬》.

col·lier [káljər | kɔ́liə] 名 C (英) **1** 炭坑夫.
2 石炭 (輸送) 船.

col·lier·y [káljəri | kɔ́l-] 名 (複 **col·lier·ies** [~z]) C (英) (主に) 炭鉱.

*__col·li·sion__ [kəlíʒən] 名 U C **1** 衝突: a near *collision* (航空機などの) ニアミス, 異常接近 / At least ten people were killed in a head-on *collision* between two buses. 2台のバスの正面衝突で少なくとも10人が死んだ. **2** (利害などの) 不一致, 衝突: a *collision* of interests 利害の衝突.
■ *be in* [*cóme ìnto*] *collísion with* … …と衝突している [衝突する].
be on a collísion còurse with … …との衝突が必至である [避けられない]. (▷ 動 collíde)

col·lo·cate [káləkèit | kɔ́l-] 動 (自)【文法】(語が) ほかの語と結び付く, 連語になる.
— (他) …を (一定の順序に) 配置する, 並べて置く.

col·lo·ca·tion [kàləkéiʃən | kɔ̀l-] 名 U C【文法】コロケーション, 語の結び付き, 連語 (▷ make a promise, a fine day のような, 熟語ほど結び付きは強くないが, しばしば一緒に用いる語の結び付き).

col·loid [kálɔid | kɔ́l-] 名 U【理化】コロイド, 膠質 (こう).— 形 コロイド状の.

col·lo·qui·al [kəlóukwiəl] 形 口語の, 話し言葉の (↔ literary); 会話体の: a *colloquial* expression 口語表現.

col·lo·qui·al·ism [kəlóukwiəlìzəm] 名 C 口語体の語句 [語法]; U 口語体, 会話体.

col·lo·qui·al·ly [kəlóukwiəli] 副 話し言葉で.

col·lo·quy [káləkwi | kɔ́l-] 名 (複 **col·lo·quies** [~z]) C (格式) (改まった) 対話, 会話; 会談.

col·lude [kəlú:d] 動 (自) (格式) […と] 共謀する, 結託する, 談合する [*with*].

col·lu·sion [kəlú:ʒən] 名 U (格式) 共謀, 結託, 談合: in *collusion with* … …と共謀して, 結託して.

col·lu·sive [kəlú:siv] 形 (格式) 共謀した, ぐるの.

Colo. (略語) =*Colo*rado.

Co·logne [kəlóun] 名 **1** ケルン《ライン川に臨むドイツの都市》. **2** U [時に c-] オーデコロン (eau de Cologne).

Co·lom·bi·a [kəlámbiə | -lɔ́m-] 名 コロンビア《南米北西部の共和国; 首都ボゴタ (Bogotá)》.

*__co·lon__¹ [kóulən] 名 C【文法】コロン (:)《(◇ピリオド (.) とセミコロン (;) の中間に位置する句読点.「つまり, すなわち」(namely, such as) などの意で用いる》.
語法 (1) コロンのあとに前の語句を説明するものであることを示す. また, 書名の題詞の前にも用いる: Mary has three brothers: Andy, Jim, and Tom. メアリーにはアンディー, ジム, トムの3人の兄弟がいる. (2) 時刻の表示 (8:30 pm) や対比 (1:3) にも用いる.

co·lon² 名 (複 **co·lons** [~z], **co·la** [kóulə]) C【解剖】結腸《直腸・盲腸を除いた大腸の主要部分》.

*__colo·nel__ [kə́ːrnəl] 名 (☆ 発音に注意) 名 C【陸軍】大佐;【米空軍】大佐;《英》連隊長.

colonial / **colored**

◆ **Cólonel Blímp** [-blímp] ⓒ 保守的で考えが古い老人(由来)英国の新聞漫画の主人公から)

***co·lo·ni·al** [kəlóuniəl] 形 [比較なし; 限定的用法]
1 植民地の. **2** [しばしば C-](米国独立前の)英国植民地時代の; (家具・建物などが) コロニアル風の: *Colonial* architecture コロニアル風建築様式.
— 名 ⓒ (通例,複数形で)植民地居住の本国人.

co·lo·ni·al·ism [kəlóuniəlìzəm] 名 Ü 植民地主義, 植民地政策.

co·lo·ni·al·ist [kəlóuniəlist] 名 ⓒ 植民地主義者. — 形 植民地主義(者)の.

‡**col·o·nist** [kálənist / kɔ́l-] 名 ⓒ **1** 国外への移住民; 植民地開拓者, 入植者; (最初の)移住者. **2** 植民地の住民.

col·o·ni·za·tion [kàlənizéiʃən / kɔ̀lənai-] 名 Ü 植民地化.

col·o·nize [kálənàiz / kɔ́l-] 動 他 **1** 〈地域・国〉を植民地化する. **2** 〈人が〉〈植民地にコロニーを形成する, 群生する. **3** 〈植物が〉群生する.

col·on·nade [kàlənéid / kɔ̀l-] 名 ⓒ 【建】(ギリシャ建築などの)コロネード, 柱廊, 列柱.

*****col·o·ny** [káləni / kɔ́l-]
— 名 (複 **col·o·nies** [~z]) ⓒ **1** 植民地: Singapore used to be a British *colony*. シンガポールはかつてイギリスの植民地だった.
2 [集合的に; 単数・複数扱い]移民団, 開拓民, 入植者: The *colony* there went through severe winters. 開拓民はそこで厳しい冬を体験した.
3 (外国人の)居留民; 居留地; (特定の職業の人の)集団(居住地): the Chinese *colony* in San Francisco サンフランシスコの中国人街 / a *colony* of musicians 音楽家村. **4** [the Colonies]【米式】(アメリカ合衆国の起源となった)13の東部英国植民地. **5** 【生物】(鳥・昆虫などの)集団, 集落, コロニー; (植物の)群生: a *colony* of bees ハチの巣.

*****col·or**, 《英》 **col·our** [kʌ́lər] 名 動
— 名 (複 **col·ors**, 《英》 **col·ours** [~z]) **1** ⒸÜ 色, 色彩; [形容詞的に]色のついた, カラーの: cold [warm] *colors* 寒[暖]色 / The *color* of the sea is blue. 海の色は青です / What *color* is your computer? — It's green. あなたのコンピュータは何色ですか — 緑です / Can you name the *colors* of the rainbow? 虹の色が言えますか / When was the *color* television invented? カラーテレビはいつ発明されましたか.
2 ⒸÜ 絵の具, 染料, 塗料: oil [water] *colors* 油[水彩]絵の具 / Paint these benches in bright *colors*. このベンチを明るい色のペンキで塗りなさい.
3 ⒸÜ (有色人種, 特に黒人の) 皮膚の色: *color* prejudice 有色人種に対する偏見 / There live people of all *colors* in the United States. 合衆国にはあらゆる肌の色の人々が暮らしている.
4 Ü [または a ~] 顔色, 血色: have a good [high] *color* 血色がよい / change *color* 顔色を変える / She lost *color* at the news. 彼女はその知らせを聞いて顔面蒼白(茳)になった / She is gaining *color* day after day. 彼女は日増しに顔色がよくなっている. **5** Ü (描写などの)生彩, 面白み; (人・作品などの)特色, 特質: local *color* 地方色 / Your description of Japan is full of *color*. あなたの日本の描写は生き生きとしている.
6 Ü 外観, 外見, 本当らしさ: His story seems to have some *color* of truth. 彼の話には多少真実味があるようだ. **7** [~s](象徴する)色; [所属などを表す]色バッジ, 色リボン: Our school *colors* are purple and white. 私たちの学校のスクールカラーは紫と白です. **8** [~s] 国旗, 軍旗.

■ **gìve** [**lénd**] *cólor to ...* ...をもっとも[真実]らしく見せる.

náil one's cólors to the mást 自分の意見[態度]を鮮明にする.

òff cólor 《口語》 **1** 顔色が悪い, 元気がない; 病気で: You are [look, seem] *off color* today. きょうは元気がないね. **2** (話などが)下品な, いかがわしい.

sée the color of ...'s móney 《口語》 人に支払い能力のあることを確かめる(まで売らない).

shów one's trúe cólors = *shów onesèlf in one's trúe cólors* 本性を現す; 本音を吐く.

stíck to one's cólors 自分の主義を貫く.
— 動 他 **1** (a) [color + O] ...に色をつける, 着色する: The children *colored* their pictures with crayons. 子供たちはクレヨンで色をつけた. (b) [color + O + C] ...を~色に塗る[染める]: I *colored* the walls light green. 私は壁を薄緑色に塗った. **2** 〈話・記事など〉に色をつける, 潤色する; 〈判断・事実など〉をゆがめる, 歪曲(ボ)する: This news seems to be *colored* by prejudice. このニュースは偏見でゆがめられているようです.
— 自 **1** 色づく: The leaves begin to *color* in September here. 当地では9月に木の葉が色づき始める. **2** (人が) 顔を赤らめる (*up*).

■ *cólor ín* 他 ...に色を塗る.

◆ **cólor bàr** = color line.
cólor lìne ⓒ《米》黒人[有色人種]への差別.
cólor schème ⓒ 配色, 色彩設計.

Col·o·rad·o [kàlərǽdou / kɔ̀lərɑ́:dou] 名 固 コロラド《米国西部にある州; (略称) Colo., Col.; (郵略語) CO; → AMERICA 表》.

col·or·a·tion, 《英》 **col·our·a·tion** [kʌ̀ləréiʃən] 名 Ü **1** 色合い; 配色. **2** 着色[彩色]法. **3** (生物の)自然の色: protective *coloration* 保護色.

col·o·ra·tu·ra [kʌ̀lərətjúərə / kɔ̀l-] 【イタリア語】名 **1** 【音楽】コロラチュラ《トリルなどの技巧的で華やかな唱法》. **2** ⓒ コロラチュラ歌手.

col·or·blind, 《英》 **col·our blind** [kʌ́lərblàind] 形 **1** 色覚異常の, 色盲の, 色弱の.
2 (組織が)皮膚の色・国籍によって差別しない.

cólor-còd·ed 形 (識別のために)色を用いた.

***col·ored**, 《英》 **col·oured** [kʌ́lərd] 形 **1** [通例, 限定用法] 色のついた, 着色した: *colored* paper [glass] 着色紙[ガラス] / *colored* printing 色刷り. **2** 有色人種の《※特に黒人をさすのに使ったが, 現在では African-American, black を用いる》. **3** [Coloured] 《古風》(南アフリカで)有色人種との混血の. **4** [複合語で] ...色の:

colorfast

orange-*colored* オレンジ色の / brightly-*colored* fish 鮮やかな色の魚.
— 名 C **1** [通例, 複数形で] 有色人種, 黒人 (◇《米》では黒人をさす場合は black のほうが好まれる). **2** [Coloured] 《古風》(南アフリカの)白人と黒人の混血人, カラード.

col·or·fast, 《英》**col·our·fast** [kʌ́lərfæst / -fàːst] 形 (布が)色のあせない, 変色しない.

*****col·or·ful,** 《英》**col·our·ful** [kʌ́lərfəl] 形
1 色彩に富んだ, 極彩色の, カラフルな (↔ colorless): The bird has *colorful* wings. その鳥は色鮮やかな翼を持っている. **2** 華やかな, 多彩な; 生気のある: a *colorful* life 華やかな一生 / He has had a *colorful* career as a diplomat. 彼は外交官として華麗な経歴を持っている. **3** (言葉が)乱暴で失礼な: *colorful* language 粗暴な言葉づかい. (▷ 名 cólor)

***col·or·ing,** 《英》**col·our·ing** [kʌ́lərɪŋ] 名
1 U 彩色, 着色; 色彩法, カラーリング: a *coloring* book ぬり絵本. **2** U C 着色剤; 絵の具, 染料. **3** U 血色, 顔色.

col·or·ist [kʌ́lərɪst] 名 C **1** 彩色 [色使い]のうまいデザイナー, カラリスト. **2** 髪染め専門の美容師.

col·or·ize [kʌ́ləràɪz] 動 〈白黒映画など〉をカラー化する《デジタル技術を用いる》.

col·or·less [kʌ́lərləs] 形 **1** 無色の. **2** 血色の悪い, 青ざめた. **3** 変化のない; 生彩のない, 面白くない, 退屈な: a *colorless* conversation 退屈な会話.

co·los·sal [kəlɑ́səl / -lɔ́s-] 形 巨大な, 膨大な; 途方もない.

Col·os·se·um [kɑ̀ləsíːəm / kɔ̀l-] 名
1 圏 [史] コロシアム, コロセウム《古代ローマの野外円形競技場遺跡》. **2** [c-] 大競技場.

co·los·sus [kəlɑ́səs / -lɔ́s-] 名 (複 **co·los·si** [-saɪ], **co·los·sus·es** [~ɪz]) C **1** 巨像. **2** 巨大なもの; 巨人, 偉人; 大国.

*****col·our** [kʌ́lər] 名 動 《英》= COLOR (↑).

***colt** [kóʊlt] 名 C **1** 雄の子馬《4歳以下; → HORSE 関連語》. **2** [比喩的] 未熟者, 初心者.

Colt [kóʊlt] 名 C《商標》コルト式自動拳銃.

colt·ish [kóʊltɪʃ] 形 子馬のような; 未熟な; 活発な.

Co·lum·bi·a [kəlʌ́mbiə] 名 **1** 圏《アメリカ大陸の発見者 Columbus の名から》 **2** 固 コロンビア《米国 South Carolina 州の州都》. **2** [the ~] コロンビア川《太平洋に注ぐ米国北西部の川》. **3**《詩語》コロンビア《米国を女性に擬人化した名前》. **4** コロンビア(号)《米国が1981年に発射した最初のスペースシャトルの名》.
◆ Dístrict of Colúmbia → DISTRICT 複合語.

col·um·bine [kʌ́ləmbàɪn / kɔ́l-] 名 C 《植》オダマキ《キンポウゲ科の観賞用植物》.

*****Co·lum·bus** [kəlʌ́mbəs] 名 固 **1** コロンブス Christopher [krístəfər] Columbus [1451? - 1506; 1492年アメリカ大陸に到達したイタリアの航海者]. **2** コロンバス《米国 Ohio 州の州都》.
◆ Colúmbus Dày U《米》コロンブス記念日《10月第2月曜日; コロンブスのアメリカ大陸到達を記念する法定休日; → HOLIDAY 表》.

*****col·umn** [kɑ́ləm / kɔ́l-] 《原義は「柱」》
— 名 (複 **col·umns** [~z]) C **1** 【建】円柱, 支柱: Nelson('s) Column ネルソン記念碑《London のトラファルガー広場の中央にある》.
2 円柱状のもの, 柱(のようなもの): a *column* of black smoke 立ち昇る黒煙 / a *column* of mercury (温度計の)水銀柱.
3 (ページの)段, 欄; コラム, 囲み記事, 特別寄稿欄: This page has two *columns*. このページは2段組になっている / He writes a sports *column* for this paper twice a week. 彼は週2回この新聞にスポーツ関連のコラムを書いている.
4 (乗り物・人・動物などの)列; 【軍】(部隊の)縦隊, 縦列. **5** 【数学】縦の行, 列: a *column* of figures (縦に並んだ)数字の列.

***col·um·nist** [kɑ́ləmnɪst / kɔ́l-, -mɪst] 名 C (新聞・雑誌などの)コラムニスト, 特別寄稿欄担当者.

com- [kəm, kʌm / kəm, kɔm] 接頭 「共に」「まったく」の意を表す《通例 b-, p-, m- の前に来る; → CON-》: *combine* 一緒にする.

co·ma [kóʊmə] 名 C 【医】昏睡(状態): go [fall] into a *coma* 昏睡状態に陥る.

Co·man·che [kəmǽntʃi] 名 (複 **Co·man·che, Co·man·ches** [~z]) **1** C [the ~(s)] (北米先住民の)コマンチ族; コマンチ族の人. **2** U コマンチ語.

co·ma·tose [kóʊmətòʊs] 形 **1** 【医】昏睡(性)の, 昏睡状態の. **2**《口語》眠い; 生気のない.

*****comb** [kóʊm] 《☆ b は発音しない》
— 名 (複 **combs** [~z]) C **1** くし《羊毛・綿などのすき具》: the teeth of a *comb* くしの歯.
2 [a ~] くしでとかす(すく)こと: Give your hair a *comb* before you meet her. 彼女に会う前に髪をとかしなさい. **3** (おんどりの)とさか; とさか状のもの. **4** ハチの巣 (honeycomb).
— 動 他 **1** 〈髪など〉をくしでとかす, 〈羊毛・麻・綿など〉をすき具ですく: He *combed* his hair. 彼は髪をくしでとかした. **2** 〈…を求めて〉〈場所〉を徹底的に捜索する (search) [for]: The police *combed* the town *for* the criminal. 警察は犯人を見つけようとして町じゅうを捜索した.
■ **cómb óut** 他《口語》 **1** …をくしですく.
2 〈不要な人・もの〉を〔組織などから〕除外する [from].
cómb thróugh 他〈情報など〉を徹底的に調べる.

*****com·bat** [kɑ́mbæt / kɔ́m-] 名 U C [...の間の]戦闘, 闘争, 格闘 [between] (→ FIGHT 類義語): the *combat between* good and evil 善と悪との戦い / a single *combat* 一騎打ち / in *combat* 戦闘中で[の].
— 動 [kəmbǽt, kɑ́mbæt / kɔ́mbæt, kəmbǽt] (三単現 **com·bats** [-bǽts, -bæts / -bǽts, -bæts]; 過去・過分 **com·bat·ed, com·bat·ted** [~ɪd]; 現分 **com·bat·ing, com·bat·ting** [~ɪŋ]) 他《格式》 〈困難など〉と闘う, …に立ち向かう; (武器を用いて) …と戦う: The police *combat* crime. 警察は犯罪と戦う.
— 自 […を求めて / …と] 戦う; 闘争する, 争う (fight) [for / against, with]: *combat with* …

combatant

for one's rights 自分の権利のために…と闘う / Doctors *combat against* diseases. 医師は病気と闘う.

com・bat・ant [kəmbǽtənt / kɔ́mbət-] 名 C 戦闘員; 闘士.

com・ba・tive [kəmbǽtiv / kɔ́mbə-] 形《格式》戦闘的な, 闘争的な; 好戦的な.

com・bi・na・tion [kàmbinéiʃən / kɔ̀m-] ★★★
— 名 (複 **com・bi・na・tions** [~z]) **1** C U 結合, 組み合わせ, 配合, 連合; チームワーク; C 結合物, 組み合わさったもの, 連合体: show a good *combination* よいチームワークを示す / She left the job for a *combination* of reasons. いろいろな理由で彼女はその仕事を辞めた / The look on the athlete's face was a *combination* of pain and joy. 選手の顔には苦痛と喜びの入り混じった表情が浮かんでいた.
2【化】U 化合; C 化合物. **3** C (錠の)組み合わせ文字[番号]. **4** C【数学】組み合わせ. **5** [~s]《英・古風》コンビネーション《上下が1つになっている男性用の下着》.

■ *in combinátion with* ... …と共同[協力]して. (▷ 動 combine)

◆ **combinátion lòck** C ダイヤル錠《文字・数字の組み合わせで開く》.

com・bine [kəmbáin] [☆ 名 との発音の違いに注意] 動; 名 ★★★
【原義は「2つのものを1つにする」】
— 動 (三単現 **com・bines** [~z]; 過去・過分 **com・bined** [~d]; 現分 **com・bin・ing** [~iŋ])
— 他 **1** [combine + O (+ with ...)] …を (…と) 結合させる; 合併[合同]させる (→ **join** 類義語): We must *combine* our efforts to reach the goal. 目的を達成するために私たちは努力を結集しなければならない / If you *combine* your savings *with* mine, we can buy a sailboat. 君の貯金を僕のと合わせたらヨットが買えるよ.
2 〈性質・特徴など〉を […と] 兼ね備える, あわせ持つ; 両立させる [*with*]: This film *combines* education *with* [and] recreation. この映画は教育と娯楽を兼ねている.
3【化】…を […と] 化合させる [*with*]: Hydrogen is *combined with* oxygen to form water. 水素は酸素と化合して水になる.
— 自 **1** […と / …に対抗して] 結合する [*with* / *against*]; 合併[合同]する; 協力する: Red *combines* with white to produce pink. 赤と白が混ざってピンクになる / The two banks *combined* to form one large bank. 2つの銀行が合併して1つの大きな銀行になった.
2【化】[…と] 化合する [*with*].
— 名 [kámbain / kɔ́m-] C **1** 企業合同; (政治・経済上の)連合. **2** = **cómbine hàrvester** コンバイン《刈り取りと脱穀の機能をあわせ持つ農機具》. (▷ 名 **còmbinátion**)

combíning fòrm 名 C【文法】連結形, 結合形 [辞].

com・bo [kámbou / kɔ́m-] 名 (複 **com・bos** [~z]) C【単数・複数扱い】《口語》コンボ《小編成のジャズバンド》.

cómb・òut 名 C **1** (髪の) セット, 結い上げ. **2** 一斉検挙; 徹底的な捜査.

com・bus・ti・ble [kəmbʌ́stəbl] 形 **1**《格式》燃えやすい, 可燃性の. **2** 興奮しやすい; (事件など)一触即発の. — 名 C [通例 ~s] 可燃物.

com・bus・tion [kəmbʌ́stʃən] 名 U 燃焼; (有機物の)酸化: incomplete *combustion* 不完全燃焼 / spontaneous *combustion* 自然発火.

come [kám] ★★★

基本的意味は「来る」.
① (話し手の方へ) 来る. 1
② (相手の方へ) 行く. 2
③ (目的地・目標に) 着く, 達する. 3
④ (…するように) なる. 4
⑤ 起こる; 生じる. 5

— 動 (三単現 **comes** [~z]; 過去 **came** [kéim]; 過分 **come** [kám]; 現分 **com・ing** [~iŋ])
— 自 **1** (a)(話し手の方へ) 来る, (こちらへ) やって来る (↔ go, leave): *Come* here, please. こちらへ来てください / Please *come* this way. こちらへどうぞ / A stranger *came* to my house late last night. 昨夜遅く見知らぬ人が私の家にやって来た / Here *comes* the bus. Let's get on it. バスが来たよ. あれに乗ろう. (b) [come + to do] …するためにやって来る, …しに来る: Who will *come* to meet me at the airport? だれが私を空港へ迎えに来るのですか / *Come* to see me tomorrow. あすおいでください (= Come (and) see me tomorrow.). (c) [come + 現分] …しながらやって来る: A girl *came skipping* along the sidewalk. 少女が歩道をスキップしながらやって来た.
2 (相手の方へ) 行く: Paul, the stage is ready. — OK, (I'm) *coming*. ポール, 舞台の準備ができたよ — わかった, 今行く (◇呼ばれたときの返事) / Why don't you *come* with us to the park? 一緒に公園へ行きませんか.
語法 come は相手を中心に相手のいる場所へ行くことを, go は話し手を中心に今いる場所を離れることを表す: I'll *come* to your office at three. 3時に事務所へうかがいます (◇相手が事務所にいない場合は come の代わりに go を用いる).
3 [目的地に] 着く, 到着する (arrive); [目標・程度・時期に] 達する [*to*]: After walking a long way we *came* to the village at last. 長いこと歩き続けて, 私たちはやっと村に着いた / The train *came* to the station on time. 列車は駅に定刻に到着した / The water has *come* to my knees. 水位がひざまで達した / My daughter has not yet *come* to the age of marriage. 娘はまだ結婚適齢期ではない.
4 [come + to do] …するようになる (◇この意では become は用いない): You will soon *come* to know what it is. それが何だかすぐわかるようになりますよ / The lawyer has *come* to take

special interest in the case. 弁護士はその事件に特別の関心を持つようになった.
5 (災難などが)[…に]起こる; (結果として)生じる (happen) [to]: Strange to say, bad luck always *came* to the old man. 妙なことに その老人にはいつも不幸なことが起こった / I will never change my mind whatever may *come*. 何が起ころうと私は絶対決心を変えません / Everything *comes* to those who wait. 《ことわざ》待てば海路の日和(ひより)あり.
6 [come+C] …になる (◇通例, C には好ましい状態を表す形容詞か un- で始まる過去分詞が来る; → GO (自) 7): I am sure your dream will *come* true. あなたの夢は必ずかなうでしょう / Don't worry! Things will *come* right. 心配ご無用. 万事うまくいきますよ / His shoelaces have *come* untied. 彼の靴のひもがほどけた / Driving a car will *come* easy with more practice. 車の運転はもっと練習すればやさしくなるだろう.
7 (考えなどが)[…の]心に浮かぶ, (感情・涙などが)[…に]現れる [to]: A good idea has just *come* to me. たった今いい考えが浮かんだ / It suddenly *came* to me that I was wrong. 私は自分が間違っていることに突然気づいた / Tears *came* to her eyes when she heard the story. その話を聞いたとき彼女の目に涙があふれてきた.
8 (合計などが)[…に]なる, 達する [to]: Your bill *comes* to twenty dollars, sir. お勘定は合計20ドルになります.
9 (時が)巡って来る; (順序が)来る: Spring *comes* after winter. 冬のあとには春が巡って来る / "C" *comes* next to "B" in the alphabet. アルファベットではCはBの次に来る.
10 (商品が)[形・色・サイズで]売られている [in]: This coat comes in all sizes and colors. このコートはあらゆるサイズと色がそろっています.
11 《口語》…が来ると, …になると (◇仮定法現在形で用いる): My son will be twenty *come* April. 4月になると息子は20歳になる (= My son will be twenty when April *comes*.).
12 [命令文で; 間投詞的に] さあ! おい! こら 《◇非難・警告・激励などを表す》: *Come*, we must hurry. さあ, 急がなくっちゃ / *Come*, *come*, be quiet. こらこら, 静かにしなさい.
— (他)《口語》…の役を演じる, …ぶる (◇目的語には「the+名詞 [形容詞]」が来る): He *comes* the great man. 彼は偉そうにしている.

句動詞 **cóme abòut** (自) **1** 起こる, 生じる (happen): How did the accident *come about*? その事故はどのようにして起こったのですか.
2 (船・風が)向きを変える.
cóme acròss (自) **1** (考えが)伝わる: Did my thought *come across* well, I wonder? 私の考えはうまく伝わりましたか. **2** 《口語》[人に…という]印象を与える [to / as].
cóme acròss … (他) [受け身不可] **1** …に偶然出くわす (happen to meet): I *came across* an old friend at the station. 駅で偶然旧友に出会った. **2** …を横切って来る.
·**cóme acròss with** … 《口語》〈金・情報など〉を与える, 手渡す.
cóme àfter … (他) **1** …に続く; …の跡を継ぐ: His younger brother *came after* his father in the estate. 彼の弟が父親の財産を継いだ. **2** …を追って[取りに]来る.
cóme alóng (自) **1** (人・機会などが)(偶然)訪れる, やって来る: Opportunities *come along* when we least expect them. 好機は予期せぬ時にやって来るものである. **2** […に]同伴する, ついて来る[行く] [with]: Would you *come along* with me? 私と一緒に来てくれませんか. **3** [命令文で]急ぐ: *Come along*, girls. さあ, 皆さん急ぎなさい. **4** うまくいく, 上達する; よく育つ: His business is *coming along* well. 彼の事業はうまくいっている / My roses are *coming along* nicely. 私のバラはよく育っている.
cóme apárt (自) (力が加わらずに)ばらばらになる, 崩れる.
cóme aróund (自) **1** (定期的に)巡って来る: A leap year *comes around* every four years. うるう年は4年に1回巡って来る. **2** 訪問する: Would you *come around* and see me this afternoon? きょうの午後にお寄りになりませんか. **3** (気絶した人が)正気に戻る, 意識を取り戻す; 機嫌を直す: She fainted, but soon *came around*. 彼女は失神したが, じきに正気に戻った. **4** (意見を変えて相手の考えなどに)同調する.
cóme at … (他) **1** 〈真理など〉に達する, …を手に入れる. **2** …に襲いかかる.
cóme awáy (自) [人・場所から]離れる; (ボタン・柄などが)[…から]外れる [from].
cóme báck (自) **1** 戻って来る, 帰って来る: My father has not *come back* yet. 父はまだ帰宅しておりません. **2** (流行・人気などが)復活する; カムバックする: Miniskirts will *come back* this year. 今年はミニスカートが復活するだろう. **3** 思い出される: The name of this flower won't *come back* to me. この花の名前がどうしても思い出せない. **4** [人に…で]言い返す [at / with]. **5** [話題に]戻る [to].
cóme befòre … (他) **1** …の前に来る, …に先行する; …を優先する: Work should *come before* pleasure. 仕事は楽しみより優先されるべきである. **2** 《格式》(問題などが)(審議のために)〈委員会など〉に上程される, 〈法廷〉に出される.
cóme betwèen … (他) **1** …の間に入る, 割り込む. **2** 〈人〉の仲を裂く: Nothing came between Melos and his friend. メロスとその友の仲を裂くものは何もなかった.
cóme bý (自) そばを通る; 《米口語》(人の家に)立ち寄る: Please *come by* on your way home. ご帰宅の途中にお立ち寄りください.
cóme by … (他) **1** …(のそば)を通り過ぎる; 《米口語》…に立ち寄る. **2** …を(苦労して)手に入れる, 出くわす: I *came by* this rare book at that bookstore. 私はこの珍本をあの書店で手に入れた. **3** 〈傷などの〉を受ける, こうむる.
cóme dówn (自) **1** 降りる, 降りて来る; (雨・雪などが)降る, 降って来る: Suddenly the rain *came down* in torrents. 突然雨が滝のように

降って来た. **2** (価格·温度などが)下がる; 減少する. **3** (伝統·習慣などが)〔…に〕伝わる〔*to*〕: This custom *comes down to* us from the Edo Period. この習慣は江戸時代からのものです.
4 〔…に賛成の / 反対の〕決意をする〔*in favor of, on the side of* / *against*〕.
·***còme dówn in the wórld*** 落ちぶれる.
·***còme dówn on*** [***upòn***] ***...*** **1** 〔…のことで〕…をひどく非難する, 罰する〔*for*〕: She *came down on* the children *for* breaking her window. 彼女は窓を壊したことで子供たちをひどくしかった. **2** …に〔…を / …するよう〕強要する〔*for* / *to do*〕: He *came down on* her *to* pay her debt immediately. 彼は彼女にすぐ借金を返すように迫った. **3** …を不意に襲う.
·***còme dówn to ...*** **1** 結局…になる: It all *comes down to* a sense of pride. 要するに[結局は] 自尊心の問題になる. **2** 落ちぶれて〔…〕するようになる〔*doing*〕. **3** …まで垂れ下がる.
·***còme dówn with ...*** 《口語》〈病気〉にかかる: Many children *came down with* influenza this winter. この冬はたくさんの子供がインフルエンザにかかった.
cóme for ... [他] **1** …を取りに来る, 迎えに来る. **2** …に襲いかかる, 迫る.
còme fórward [自] **1** 進み出る; (求めに応じて) 申し出る: The police asked us to *come forward* with information about the murder. 警察は私たちにその殺人事件に関する情報の提供を要請した. **2** (問題などが) 会議に出される.
cóme from ... [他] **1** …の出身である; 〈ある家柄など〉の出である (◇通例, 現在形で用いる): Where do you *come from*? — I *come from* Ohio. どちらのご出身ですか—オハイオ州です. **2** …に由来する; …からできる: Many English words *come from* Latin. ラテン語に由来する英語は多い.
·***còme from behínd*** (試合などで)追い上げる, 逆転する, 挽回(ばんかい)する.
còme ín [自] **1** 入る, 入って来る: May I *come in*? — Certainly. 入ってもいいですか — どうぞ.
2 到着する, ゴールインする; (ニュース·電話などが) 入る, 届く: His horse *came in* third in the race. そのレースで彼の馬は3着でゴールインした.
3 (作物などが) 出回る, 旬(しゅん)になる: When do bamboo shoots *come in*? タケノコの旬はいつですか. **4** 流行する: Long skirts will *come in* this fall. 今年の秋はロングスカートが流行するだろう. **5** (金などが)収入として入る. **6** (仲間として) 加わる; 役割を担う: This is where you *come in*. これがあなたの分担 [受け持ち] です.
7 (選挙で) 勝利を収める; (政党が) 政権を握る.
8 〘無線〙[命令文で]どうぞ話してください. **9** (潮が) 満ちてくる (↔ go out).
·***còme ín for ...*** **1** 〈非難など〉を浴びる: He *came in for* a great deal of criticism. 彼は強い批判を浴びた. **2** (分け前として) …をもらう; 相続する.
·***còme ín on ...*** 《口語》〈計画·事業など〉に加わる, 参加する.
cóme into ... [他] **1** …へ入って来る: The boy *came into* the room and sat down. 少年は部屋に入って来て座り込んだ. **2** 〈財産など〉を受け継ぐ, …を手に入れる: Bob *came into* a million dollars when his father died. ボブは父親が亡くなったときに100万ドルを受け継いだ.
3 …の状態になる (◇目的語には不可算名詞が来る): *come into* being 生じる / *come into* fashion 流行する / *come into* sight 見えてくる.
cóme of ... [他] **1** …の結果として起こる: Bill's failure *comes of* his habit of drinking. ビルは飲酒癖が原因で失敗した. **2** 〈名門など〉の出である (come from).
còme óff [自] **1** 外れる, 落ちる; (塗料が)はげる: A button *came off* in a crowded bus. 込んだバスの中でボタンが1つ取れてしまった. **2** 《口語》(催しなどが)行われる; 成功する: The first World Cup *came off* in Uruguay. 最初のワールドカップはウルグアイで行われた. **3** [副詞(句)を伴って] (…という) 結果となる: My attempt *came off* well [badly]. 私の試みはうまくいった[失敗した].
cóme òff ... [他] **1** …から外れる, 落ちる: Tom *came off* his bicycle and got hurt. トムは自転車から落ちてけがをした. **2** 〈麻薬など〉をやめる, …から手を引く. **3** (金額が) …から引かれる.
·***Còme óff it!*** 《口語》おい (そんな冗談) よせよ, ばかなことを言うな.
còme ón [自] **1** [命令文で]《口語》さあさあ, 急いで; 頑張れ, さあ来い; (人をなだめて) まあまあ, よせよ; (あきれて) 何てこった: *Come on*! I will beat you this time. さあ来い. 今度はやっつけてやるぞ. **2** (季節·天候·病気などが) やって来る, 起こる: The rain *came on* at last. とうとう雨が降り出した. **3** 進む, 進展する; 健康になる: How is your French *coming on*? フランス語の勉強の進み具合はどうですか. **4** (舞台などに) 登場する; (劇·映画などが) 上演 [上映, 放映] される: "Gone With the Wind" is *coming on* this evening. 今晩『風と共に去りぬ』がテレビ放映される. **5** (電灯·テレビなどが) つく; (エンジンが) かかる. **6** 〔議題などを〕持ち出す〔*to*〕.
·***Còme òn ín!*** 《米口語》さあ, お入りなさい.
cóme on [***upòn***] ***...*** [他] **1** …に(偶然)出会う, …を(偶然) 見つける: I *came on* one of my friends on the bus yesterday. 私はきのうバスの中で偶然友人に会った. **2** (悪いことが) …を不意に襲う. **3** 〔…を〕人に要求する〔*for*〕.
còme óut [自] **1** 出て来る; (太陽·月などが) 現れる (↔ go in); (花が) 咲く: Cherry blossoms *come out* in April. 桜の花は4月に咲く.
2 (本が) 出版される; (映画が) 公開される: Her latest novel will *come out* late in April. 彼女の最新小説は4月下旬に出る予定です. **3** (秘密などが) 露見する; 知れ渡る: The truth will *come out* in the near future. 真相はまもなく明らかになるだろう. **4** [副詞(句)を伴って] (被写体が) (…に) 写る: Mary always *comes out*

comeback 304 **comedian**

very well. メアリーはいつも写真写りがとてもよい. **5**[副詞(句)を伴って](…の)結果となる: Everything will *come out* all right. 万事うまくいきますよ. **6**《口語》(合計が)[…と]なる[*at*]. **7**(くぎ・歯などが)抜ける;(はえ・色などが)消える, 落ちる. **8**[…に賛成の/反対の]立場[態度]を表明する[*for, in favor of* / *against*]. **9**(社交界に)デビューする.

・**còme óut in ...** 《英》(体の一部に)(吹き出物・汗など)が出る, …で覆われる(《米》break out): As soon as he entered high school, he *came out* in spots. 彼は高校生になったとたん顔にきびがたくさん出た.

・**còme óut of ...** **1** …から出て来る; …の結果として生じる. **2** (くぎなどが)…から抜ける;(しみ・色などが)消える.

・**còme óut with ...** **1**《口語》〈事実など〉を(突然)明らかにする;〈驚くべきこと〉をしゃべる: The man suddenly *came out with* the truth after a long silence. 長い沈黙のあと, その男は突然本当のことをしゃべった. **2**〈本〉を出版する;〈製品など〉を世に出す.

còme óver 圓 **1**[…から][はるばる]やって来る[*from*]: My aunt *came over from* Kochi to see me. おばがはるばる高知から私に会いに来てくれた. **2**(ぶらりと)訪問する. **3**[相手の考えに]同調する,[…の側に]つく[*to*].

cóme òver ... 他 **1**(病気・感情などが)…を襲う. **2**(変化が)…に起こる: A sudden change of feeling *came over* her. 突然彼女の感情が変化した.

còme róund = come around.

còme thróugh 圓 **1**《口語》[相手の要求する金・情報などを]与える,〔約束を〕果たす[*with*]: He *came through* with his promise. 彼は約束を実行した. **2** 通り抜ける. **3** 生き延びる. **4**(知らせが)届く,(人が)連絡してくる.

cóme through ... **1** …を通り抜ける: He *came through* a muddy road. 彼はぬかるんだ道を通り抜けた. **2**(病気・危機など)を切り抜ける: Japan *came through* two oil shocks. 日本は2度のオイルショックを切り抜けてきた.

còme tó [túː] 圓 正気づく, 意識を取り戻す: She *came to* about ten minutes later. 彼女は約10分後に意識が戻った.

cóme to ... 他 **1** …へ来る;行く;着く. **2** (の身)に起こる. **3** (の心)に浮かぶ. **4** (合計などが)…になる. **5** …の状態になる: *come to* an agreement 合意に達する / *come to* an end 終わる / *come to* harm 危害を受ける / *come to* life 生き返る / *come to* nothing むだになる / Very few know *what* the future of the earth is *coming to*. 地球の未来がどうなるのかわかっている人はほとんどいない. **6** (相続などで財産が)…のものになる.

・**còme to onesélf** 落ち着きを取り戻す. **2**《文語》意識を回復する.

cóme ùnder ... 他 **1** …の種類に入る: This book *comes under* ecology. この本は生態学の部類に属する. **2** …(の影響・支配など)を受ける: *come under* fire 砲火を浴びる; 非難される.

còme úp 圓 **1** 上がって来る, 昇る(↔go down): The sun *has come up*. 太陽が昇った. **2** やって来る, 近づく: He *came up* to Tokyo three days ago. 彼は3日前に上京した. **3** (問題などが)起こる, 生じる: He tried to cope with every problem that *came up*. 彼は生じた問題すべてにうまく対処しようとした. **4**(価格・温度などが)上がる. **5**(地位が)上がる, 出世する. **6**(話題・議題に)上る, 提出される. **7**(草が)芽を出す.

・**còme úp in the wórld** 出世する, 栄える.

・**còme úp agàinst ...**〈困難・反対など〉に直面する, 出くわす.

・**còme úp for ...**〈選挙など〉に出る.

・**còme úp to ...** **1**〈標準など〉に達する,〈期待など〉にこたえる; …に匹敵する: His plan *comes up to* what we expect of him. 彼の計画は私たちの期待にそうものです. **2** …(の高さ)に達する.

・**còme úp with ...** **1**《口語》…を考えつく: I've *come up with* a good idea. いい考えが浮かんだ. **2** …に追いつく.

■ *as ... as they cóme* ひどく…, この上なく…(◇「…」には人の性質を表す形容詞が来る): Tom is as good *as they come*. トムはとてもいいやつだ.

Còme agáin?《口語》もう一度言ってください.

còme and dó …しに来る(◇《米口語》ではしばしば and を省略する): *Come (and)* see us again. また来てください.

còme and gó 行ったり来たりする; 現れたり消えたりする: Fashions *come and go* naturally. 流行は自然に移り変わるものである.

còme to thát = *if it còmes to thát*《口語》そういうことになれば, ついでに言えば: She is a good speaker of French. *Come to that*, her brother is a good speaker of Russian. 彼女はフランス語を上手に話す. そう言えば, 彼女の兄さんはロシア語が上手です.

còme to thínk of it = *nòw (that) I còme to thínk of it* 考えてみると, そう言えば: *Come to think of it*, I saw her once somewhere. そう言えば, 私は彼女にどこかで会ったことがある.

cóme what máy 何が起ころうと(whatever happens): I will help you *come what may*. 何が起ころうと私はあなたをお助けします.

Hòw cóme? どうして, なぜ(Why?).

to cóme [名詞のあとに付けて]来るべき, 将来の: the world *to come* 来世.

Whèn it cómes to ... …のこととなると: *When it comes to* playing the guitar, he is second to none. ギターの演奏では[にかけては], 彼はだれにも負けない.

come·back [kʌ́mbæk] 名 C [通例 a ~] **1**(健康・人気・地位などの)復帰(recovery); (スポーツでの)返り咲き, カムバック: make [stage] a splendid *comeback* 立派に返り咲く.

2《口語》即妙な答え; しっぺ返し.

*__**co·me·di·an**__ [kəmíːdiən] 名 C **1** 喜劇俳優, コメディアン.

2《口語》こっけいな人, おどけ者.

co·me·di·enne [kəmìːdién]【フランス】名C
《古風》喜劇女優, 女性コメディアン.

come·down [kámdàun] 名C［通例, 単数形で］《口語》 **1** (地位・名誉などの)失墜; 屈辱. **2** 失望, 落胆.

‡**com·e·dy** [kámədi / kɔ́m-] 名(複 **com·e·dies** [-z]) **1** UC 喜劇(作品) (↔ tragedy): a slapstick *comedy* どたばた喜劇 / a musical *comedy* 喜歌劇, 音楽喜劇, ミュージカル / I like *comedy* better than tragedy. 私は悲劇より喜劇のほうが好きです. **2** CU (人生における)喜劇的場面［事件］, 面白い出来事; 喜劇的要素.
(▷ 形 cómic, cómical)

còme·híth·er [kʌ̀mhíðər] 形［限定用法］《古風》(表情・態度などが)誘惑的な, 色っぽい.

come·ly [kámli] 形(比較 **come·li·er** [~ər], **more come·ly**; 最上 **come·li·est** [-ist], **most come·ly**)《文語》(女性が)顔立ちのよい, 美しい (beautiful); 魅力的な (attractive).

cóme·òn 名C **1** 《主に米口語》(客寄せの)目玉商品. **2** 《口語》誘惑する態度, 媚態.

com·er [kámər] 名C **1** ［通例, 形容詞を前に付けて］来る人, 来た人 (↔ goer): *comers* and goers (旅人や旅行者のように)行き来する人 / the first *comer* 先着者 / a chance *comer* ひょっこり訪ねて来た人. (関連語) a newcomer 新来者 / a latecomer 遅刻者) **2** 《米口語》有望な人［もの］.
■ **be open to áll cómers** 飛び入り自由である.

*****com·et** [kámit / kɔ́m-] 名C《天文》彗星(たい), ほうき星: Halley's *Comet* ハレー彗星.

come·up·pance [kʌ̀mʌ́pəns] 名C［通例, 単数形で］《口語》当然の報い, 当然受けるべき罰.

***com·fort** [kámfərt] 名動《原義は「力づける」》
— 名(複 **com·forts** [-fərts]) **1** U 快適さ, 安楽, 気楽さ: live in *comfort* 快適に暮らす / This chair is designed for *comfort*. このいすは座り心地よくできている.
2 U 慰め, 慰安; 安心: words of *comfort* 慰めの言葉 / cold *comfort* 誠意のない慰め / She took *comfort* in [from] talking with them. 彼女は彼らと話して慰められた.
3 C［通例 a ~］［…にとっての］慰めとなる人［もの］［*to*］: Music is a great *comfort to* him. 音楽は彼にとって大きな慰めである. **4** C［通例 ~s］(必需品ではないが)生活を快適にするもの［設備］ (cf. necessaries 必需品, luxuries ぜいたく品).
— 動 他 **1** 〈人〉を(精神的に)慰める, 励ます (encourage): They were *comforted* at the news. その知らせを聞いて彼らは励まされた. **2** (肉体的に)楽にする. (▷ 形 cómfortable)
◆ **cómfort stàtion** C《米・婉曲》公衆便所 (→ MEN ［参考］).

***com·fort·a·ble** [kámfərtəbl] 形
— 形 (↔ uncomfortable) **1** 快適な, 気持ちのよい (類義語): a *comfortable* chair [bed] 気持ちよいいす[ベッド] / I feel *comfortable* in this room. この部屋は快適です / This new house is very *comfortable* to live in. この新居はとても住み心地がいい.
2 ［通例, 叙述的用法］気楽な; 心配のない; 苦痛のない: Sit down and make yourself *comfortable*. 座ってくつろいでください / I feel the most *comfortable* when I'm listening to music. 私は音楽を聴いているときが一番気持ちが落ち着く.
3 《口語》(収入などが)十分な; 裕福な: He makes a *comfortable* income out of writing. 彼は著述で十分な収入を得ている. (▷ 名 cómfort)

類義語 **comfortable, easy, restful, cozy, snug**
共通する意味◆心地よい (enjoying or providing contentment and security)
comfortable は「身体的・精神的に苦痛・悩みなどがなくて心地よい, 安らげる」の意. また, そのような状態にしてくれることも表す: a *comfortable* house 住み心地のよい家. **easy** は「身体的・精神的に不安・苦痛がなくて安楽な, くつろいだ」の意: I'm not *easy* in her company. 彼女と一緒だと気が休まらない. **restful** は「心配事もなく, 静かな安らぎを感じられる心地よさ」を表す: a *restful* life 安らかな生活. **cozy** は「外界から守られて, 暖かくて気持ちがよいこと」を表す: a *cozy* tearoom 居心地のよい喫茶店. **snug** は cozy と同じ意だが, 「小さいながらも心地よさ, 安らぎを与えてくれる」の意を含む: a *snug* little house こぢんまりとした住み心地のよい家.

***com·fort·a·bly** [kámfərtəbli] 副 **1** 心地よく, 快適に; 気楽に, くつろいで: live *comfortably* 安楽に暮らす / His room was *comfortably* warm. 彼の部屋は暖かくて気持ちよかった.
2 楽々と, ゆうゆうと.
■ **be cómfortably óff** かなり裕福である, ゆうゆうと暮らしている, 暮らし向きがよい.

com·fort·er [kámfərtər] 名C **1** 慰める人［もの］. **2** 《米》かけ布団 (《英》quilt). **3** 《英・古》毛織のえり巻. **4** 《英》(赤ん坊の)おしゃぶり (《米》pacifier).

com·fy [kámfi] 形(比較 **com·fi·er** [~ər], 最上 **com·fi·est** [-ist])《口語》= COMFORTABLE (↑).

***com·ic** [kámik / kɔ́m-] 形 **1** ［比較なし; 限定用法］喜劇の (↔ tragic): a *comic* writer 喜劇作者. **2** こっけいな, おどけた (funny): a *comic* expression こっけいな表現. **3** ［限定用法］漫画の, 漫画本［雑誌］の.
— 名 **1** C 喜劇俳優 (comedian); 喜劇映画. **2** C《英》= cómic bóok《米》漫画本［雑誌］. **3** [the ~s]《米》= cómic strìp (新聞・雑誌の)続き漫画 (4こま漫画など). **4** U[the ~](人生・文学などの)喜劇的要素. (▷ 名 cómedy)
◆ **cómic ópera** C 喜歌劇.

com·i·cal [kámikəl / kɔ́m-] 形 こっけいな, おかしな, おどけた (funny); 奇妙な: a *comical* face ひょうきんな表情. (▷ 名 cómedy)
com·i·cal·ly [-kəli] 副 こっけいに; 奇妙に.

‡**com·ing** [kámiŋ] 名 形 (◇ come の現在分詞)
— 名(複 **com·ings** [~z]) UC 来ること, 到着,

到来 (arrival)(↔ going): Days are getting longer with the *coming* of spring. 春の到来とともに昼間が長くなっている.

■ *cómings and góings* 《口語》往来; 動向.

―― 形 [限定用法] **1** 次の, 来るべき, 今度の (next): the *coming* generation 次の世代 (の人々) / It will be rather warm this *coming* winter. 今年は暖冬だろう.

2 《口語》前途有望な, 新進の: a *coming* writer 今売り出し中の作家.

‡**com·ma** [kámə / kɔ́mə] 名 C 《文法》(句読点の)コンマ (,); inverted *commas* 《英》引用符 (" ", ' ') 《◇ (') がコンマを逆にした形であるところから; 《米》quotation marks》.

*****com·mand** [kəmǽnd / -máːnd] 動 名

―― 動 (三単現 **com·mands** [-mǽndz / -máːndz]; 過去・過分 **com·mand·ed** [~id]; 現分 **com·mand·ing** [~iŋ])

―― 他 **1** (a) [command + O] (権力者が)…を**命令する**, 命じる (→ ORDER [類義語]): The chairperson *commanded* silence. 議長が静粛を命じた. (b) [command + O + to do] 〈人〉に…するよう命令する; [command + that 節] …と命じる: The king *commanded* his men *to* start. = The king *commanded that* his men (should) start. 王は家来に出発するよう命じた 《◇ should を用いるのは《主に英》》.

2 …を指揮する (lead); 支配する, 制する (control): *command* the sea [air] 制海 [制空] 権を握る.

3 〈同情・尊敬など〉を集める; …に値する: His noble deed *commanded* our admiration. 彼の立派な行為は私たちの称賛を集めた. **4** 〈感情など〉を抑える, 抑制する: *command* oneself 自制する / He managed to *command* his temper. 彼はやっとのことで怒りを抑えた. **5** …を自由に操る 〈使う〉; 使いこなす: He *commands* a large sum of money. 彼は多額の金を自由に使える. **6** 〈要害地〉を占める; 〈景色〉を見渡す, 見下ろす: The hill *commands* the sea. 丘から海がよく見える.

―― 自 命令する; 指揮する.

―― 名 (複 **com·mands** [-mǽndz / -máːndz])

1 C [...するようにという] **命令**, 指図 (order) [to do, that 節]: a *command* to retreat 退却命令 / We obeyed our king's *command*. 私たちは王の命令に従った.

2 U 支配(権), 指揮(権); C 指令部; 支配地; 支配下の部隊: *command* of the air [sea] 制空 [制海] 権. **3** U 〈感情などの〉抑制(力): At last he lost *command* of himself. ついに彼は自制心を失った. **4** [[または a ~] 自由に使える力 [権利], 駆使能力, 運用力: She has (a) perfect *command* of Spanish. 彼女はスペイン語を自由に操れる.

5 C 《コンピュータ》コマンド, 操作指示, 命令 (語).

■ *at ...'s command* …の意のままに: She has several languages *at her command*. 彼女は数か国語を自由に操れる.

in command of ... …を指揮 [管理] して; 〈状況など〉を把握して.

tàke [hàve] command of ... …を指揮する.

ùnder (the) command of ... = *ùnder ...'s command* …の指揮下に.

com·man·dant [kàməndǽnt, -dáːnt / kɔ́m-] 名 C **1** (捕虜収容所・部隊などの)所長, 指揮官. **2** (士官学校の)校長.

com·man·deer [kàməndíər / kɔ̀m-] 動 他 《軍》〈私有物〉を (軍用・公用に) 徴発する, 接収する.

‡**com·mand·er** [kəmǽndər / -máːnd-] 名 C **1** 司令官, 指揮[命令]者; 隊長. **2** 《海軍》中佐; (ロンドン警視庁の)警視.

◆ **commánder in chíef** (複 **commanders in chief**) C [しばしば C- in C-] 最高司令官.

com·mand·ing [kəmǽndiŋ / -máːnd-] 形 [限定用法] **1** 指揮する, 命令する. **2** 《ほめ言葉》(態度・容貌(-)など)が堂々とした, 威厳のある. **3** 見晴らしのよい, 見下ろす. **4** 地の利を得た; (リードなどが)十分な.

◆ **commánding ófficer** C 《軍》部隊指揮官; 部隊長 (略語) CO.

com·mand·ment [kəmǽndmənt / -máːnd-] 名 C **1** おきて, 戒律: the Ten *Commandments* 《聖》十戒 《生活・宗教上の戒律》.

2 《文語》命令, 指令 (command).

com·man·do [kəmǽndou / -máːn-] 名 (複 **com·man·dos, com·man·does** [~z]) C 奇襲部隊(員); (第2次大戦での連合国の)特殊部隊(員).

***com·mem·o·rate** [kəmémərèit] 動 他 (儀式・行事で) …を祝う, 記念する; …の記念となる (→ CELEBRATE [類義語]): That monument *commemorates* the victory. その碑は勝利を記念するものである.

com·mem·o·ra·tion [kəmèməréiʃən] 名 **1** U 記念, 祝賀: in *commemoration* of the victory 戦勝を記念して. **2** C 記念式[祭], 祝典; 記念物[碑].

com·mem·o·ra·tive [kəmémərətiv, -mərèit-] 形 記念の; […を] 記念する [*of*]: a *commemorative* stamp [coin] 記念切手 [コイン] / stamps *commemorative of* the Olympic Games オリンピック記念切手.

―― 名 C 記念品; 記念切手 [コイン].

‡**com·mence** [kəméns] 動 《格式》他 〈物事〉を開始する, 始める (→ BEGIN [類義語]); […し] 始める [*doing* / *to do*]: *commence* the ceremony 式を始める. ―― 自 始まる, […で] 始める [*with*].

com·mence·ment [kəménsmənt] 名

1 U [単数形で] 《格式》[…の] 開始, 始まり [*of*]: at the *commencement* of spring 春の初めに.

2 C 《米》卒業式 (graduation) 《◇卒業を「人生のスタート」と考える》; 学位授与式(の日).

***com·mend** [kəménd] 動 《格式》他 **1** …を […のことで] **ほめる**, 称賛する (praise) [*for*]: He was *commended for* his excellent work. 彼は学業優秀でほめられた. **2** …を […に] 推奨する, 推薦する [*to*] 《◇ recommend の方が一般的》. **3** …を […に] 任せる, 委託する (entrust) [*to*]: She *commended* her child *to* her aunt. 彼女は子供をおばに預けた.

■ *comménd onesèlf* [*itsèlf*] *to* ... …によい印象

com・mend・a・ble [kəméndəbl]《形》《格式》ほめるに足る, 立派な, 感心すべき.

com・men・da・tion [kàməndéiʃən / kɔ̀m-]《名》**1**《U》《格式》称賛; 推薦 (recommendation). **2**《C》《…に対する》賞, 表彰(状)《for》.

com・men・su・rate [kəménʃərət]《☆発音に注意》《形》《通例, 叙述用法》《格式》**1**《…と》同量[同期間]の, 同等の《with》. **2**《…と》比例した, 《…に》つり合った, ふさわしい《to, with》.

***com・ment** [káment / kɔ́m-]《名》《動》
— 《名》《複 com・ments [-ments]》《C》《U》《…についての》論評 (remark), 批評 (criticism), 意見 《on, upon, about》: Please listen to me without *comment*. 何も言わずに私の話を聞いてください / After the game, the coach made a few *comments on* the team's playing. ゲームのあと, コーチはチームのプレーについて少し意見を述べた / No *comment*. ノーコメント, 特に言うことはない.
2 解説, 説明; 注釈. **3** うわさ(話)(gossip), 話題.
— 《動》《自》《…について》論評[批評]する; コメントする, 意見を述べる; 解説する《on, upon, about》: Will you *comment on* my painting? 私の絵について批評[コメント]をいただけますか.
— 《他》を論評[批評]する;《…であると》述べる, 批評する《that 節》.

***com・men・tar・y** [káməntèri / kɔ́məntəri]《名》《複 com・men・tar・ies [~z]》**1**《C》《U》《…の》解説, (実況)放送, 中継《on》: give a running *commentary on* a baseball game 野球の実況中継をする. **2**《C》《…についての》(一連の)論評(series of comments), 解説(書), 注釈(本)《on》: a *commentary on* the Bible 聖書の注解書.

com・men・tate [káməntèit / kɔ́m-]《動》《自》《…について》論評[解説]する; 実況放送をする《on, upon》.

***com・men・ta・tor** [káməntèitər / kɔ́m-]《名》《C》評論家;《放送》解説者, 実況放送のアナウンサー: a news *commentator* ニュース解説者.

***com・merce** [kámə(ː)rs / kɔ́m-]《名》《動》
— 《名》《U》**1** 商業;(大規模な)通商, 貿易 (trade): foreign *commerce* 外国貿易 / a chamber of *commerce* 商工会議所 / the Department [Secretary] of *Commerce*（米国）商務省[長官] / We carry on *commerce* with Cuba. わが国はキューバと貿易をしている.
2《古風》《…との》交渉, 交際《with》.

***com・mer・cial** [kəmə́ːrʃəl]《形》《名》
— 《形》《通例, 限定用法》**1** 商業(上)の; 通商の, 貿易の: a *commercial* firm 商社 / a *commercial* high school 商業高校.
2 営利的な; 商売の; 採算のとれる: judging from a *commercial* viewpoint 商売上の見地から見て / The musical was not a *commercial* success though it was highly admired. そのミュージカルは評価は高かったが興業的には失敗だった.
3 市販用の, 市場向けの; 大量生産された.
4（放送）民間の, スポンサー付きの, 商業放送の: a *commercial* broadcast 民間放送.
5《しばしば軽蔑》金目当ての; 商業主義の.
— 《名》《C》(テレビ・ラジオの) コマーシャル, CM, 広告放送.（比較）日本語の「CM」は commercial message の略とされるが, 英語では《まれ》）
◆ **commércial bánk**《C》商業銀行.
commércial bréak《U》(テレビ・ラジオの番組中にある) コマーシャルの時間.
commércial láw《U》商法.
commércial tráveller《C》《英》地方販売外交員（《米》traveling salesman）.

com・mer・cial・ism [kəmə́ːrʃəlìzəm]《名》《U》商業主義, 営利[金もうけ]主義.

com・mer・cial・ize [kəmə́ːrʃəlàiz]《動》《他》を商業[営利]化する; を商品化する.

com・mer・cial・ly [kəmə́ːrʃəli]《副》商業上は, 商業上の見地から; 商売上.

com・mis・er・ate [kəmízərèit]《動》《自》《格式》《…に》同情する (sympathize)《with》.

com・mis・er・a・tion [kəmìzəréiʃən]《名》《格式》**1**《U》同情, 哀れみ (compassion). **2**《~s》《…への》同情の言葉《on》.

com・mis・sar・y [kámisèri / kɔ́misəri]《名》《複 com・mis・sar・ies [~z]》《C》《米》(撮影所・軍隊・工場などの) 売店; 簡易食堂.

***com・mis・sion** [kəmíʃən]《名》《動》**1**《U》(職権・任務の) 委任, 委託;《C》委任状: *commission of* authority to ... …への権限の委任.
2《C》任務 (duty), (依頼された)仕事; 職権, 権限: I got a *commission* to paint her portrait. 私は彼女の肖像画をかく仕事を頼まれた / Don't go beyond your *commission*. 越権行為をするな.
3《U》《C》《…に対する》手数料, コミッション, 歩合, 口銭(ȥに)《for, on》: receive a 10% *commission* on the sale 売り上げの10%の手数料を受け取る.
4《C》《集合的に; 通例, 単数扱い》委員会. **5**《U》《格式》(犯罪を)犯すこと, 犯罪. **6**《C》《軍》将校任命辞令;《U》将校の地位[職権]: get a *commission* 将校に任命される.
■ **in commission** (車・機械などが)使用可能の, 使用中の;(人が)委任を受けた.
on commission《商》委託を受けて; 歩合制で: work *on commission* 歩合制で仕事をする.
out of commission 使用不能の, 故障中の.
— 《動》《他》**1** に《…することを》委任[委託]する;《人に》《…するよう》依頼する《to do》: He *commissioned* me *to* write a report. 彼は私に報告書を書くよう依頼した. **2**《人》を将校に任命する.
3（艦船などを）就役させる;〈機械など〉を作動させる.

com・mis・sion・aire [kəmìʃənéər]《名》《C》《主に英》(ホテル・劇場などの制服を着た)送迎係, 案内係.

com・mis・sioned [kəmíʃənd]《形》任命された, 任官した: a *commissioned* officer 将校, 士官.

***com・mis・sion・er** [kəmíʃənər]《名》《C》《しばしば C-]》**1**（政府などが任命した）委員, 理事. **2**（官庁などの）長官, 部局長: a county *commissioner*《米》郡長 / the *Commissioner* of the Patent

Office《米》特許局長官 / the United Nations High *Commissioner* for Refugees 国連難民高等弁務官(《略語》UNHCR). **3**《米》(プロ野球などの)コミッショナー《最高責任者》.

‡com·mit [kəmít]

— [動](三単現 **com·mits** [-míts]; 過去・過分 **com·mit·ted** [〜id]; 現分 **com·mit·ting** [〜iŋ])
— [他] **1**〈罪・過失など〉を犯す,〈悪いこと〉を行う: *commit* murder [robbery] 殺人を犯す[盗みを働く] / *commit* suicide 自殺する / *commit* a crime 犯罪を犯す.
2 …を〔…に〕委託する, ゆだねる;〔精神病院・刑務所などに〕収容する, 引き渡す〔*to*〕: He was *committed to* prison. 彼は投獄された.
■ ***commít onesèlf*** **1**〔…を / …することを〕約束する, 言質(げんち)を与える〔*to* / *to do*〕: You must not *commit yourself to* voting [*to* vote] him. 彼に投票すると約束してはいけない. **2**〔…に〕かかわる, 身を投じる〔*to*〕. **3**〔…について〕自分の考え[態度]を明らかにする〔*on*〕: The President did not *commit himself on* the matter. 大統領はその問題について態度を留保した.
commít ... to mémory …を覚える, 記憶する.
commít ... to páper …を書きとめる.

‡com·mit·ment [kəmítmənt] [名] **1** [C]〔…の / …する〕約束 (promise), 公約; 義務; 責任 (responsibility)〔*to* / *to do*〕. **2** [C]《ほめ言葉》〔主義や仕事への〕献身, 取り組み, 関わり, 忠誠, 傾倒 (devotion)〔*to*〕. **3** [U]《米》(刑務所への)投獄, 収容; (病院への)収容. **4** [U] 委任, 委託.

com·mit·tal [kəmítəl] [名] [U] [C] **1**《英》投獄; (病院などへの)収容(《米》commitment). **2**《格式》埋葬.

com·mit·ted [kəmítid] [形] **1**〔…に〕献身的な〔*to, in*〕. **2**〔…の〕約束をしている; 取り組んでいる〔*to*〕: remain *committed* to peace 平和への取り組みを続ける.

‡com·mit·tee [kəmíti]

— [名](複 **com·mit·tees** [〜z]) [C] 委員会; [集合的に; 単数・複数扱い](全)委員(◇個々の構成員を考えるときは複数扱い): a *commitee* member (1人の)委員 / a special *committee* 特別委員会 / a *committee* for finance 財政委員会 / The steering *committee* is made up of five persons. 運営委員会は5人で構成されている / The *committee* are all against the plan. 委員会のメンバーは全員その計画に反対です / There are three *committees* in this section. この部門には3つの委員会がある.
■ ***be in commíttee*** 委員会で審議中である.
be* [*sít, sérve*] *on the* [*a*] *commíttee 委員会のメンバーである.

com·mode [kəmóud] [名] [C] **1** (便座付きの)室内便器. **2**《古》整理だんす.

com·mo·di·ous [kəmóudiəs] [形]《格式》(家・部屋などが)広い (wide).

‡com·mod·i·ty [kəmádəti / -mɔ́d-] [名] (複 **com·mod·i·ties** [〜z]) [C] **1** [しばしば複数形で] 日用品 (goods); 商品: prices of *commodities* 物価 / household *commodities* 家庭用品. **2** 価値あるもの, 役に立つもの.

com·mo·dore [kámədɔ̀ːr / kɔ́m-] [名] [しばしば C-] [C] **1**【海軍】准将(じゅんしょう), 代将(だいしょう); 提督: *Commodore* Perry ペリー提督. **2** 商船隊の総指揮官. **3** (ヨットクラブなどの)会長.

‡com·mon [kámən / kɔ́mən] [形] [名]【原義は「公共の」】

— [形] [**2, 3, 4** は比較なし] (比較 **com·mon·er** [〜ər], **more com·mon;** 最上 **com·mon·est** [〜ist], **most com·mon**) **1** 普通の, ありふれた, いつもの (→ [類義語]): a *common* error よくある間違い / Apple trees are *common* in our village. 私たちの村ではリンゴの木は珍しくない / Hidaka is a very *common* name in this district. 当地では日高はよくある名前です / It is now very *common* for college students to travel abroad. 大学生が海外旅行をするのは今ではごく普通のことです.
2〔…に〕共通の, 共有の〔*to*〕: The desire to be rich is *common to* all people. 金持ちになりたいという欲望はだれにでもある / They have a *common* interest in climbing. 彼らに共通する趣味は登山です / The parking lot is *common to* all the apartments. 駐車場はアパート全体で共有している.
3 [限定用法] 公共の, 一般の: *common* welfare 公共の福祉 / The government is supposed to act for the *common* good. 政府は公共の利益のためにつくすものである.
4 [限定用法] 並の, 平凡な; 初歩的な, 常識的な: the *common* people 庶民, 一般大衆 / *common* courtesy [decency] 常識的な礼儀作法 / Please get some *common* salt for me. 普通の塩を買って来てください. **5**《口語》下品な, 粗野な: How *common* and rude she is! 彼女はなんと下品で無礼なのだろう. **6**【数学】共通の, 公約の: a *common* root 共通根.
— [名] [C] 共有地, 公共緑地《公園など》.
■ ***in cómmon***〔…と〕共通に, 共通して;〔…と〕同様に〔*with*〕: I have nothing *in common with* him. 私は彼と共通点がない / *In common with* that team, we have our own stadium. あのチームと同様に私たちも自前のスタジアムを持っています.
òut of* (*the*) *cómmon《格式》異常な, 珍しい.
◆ **cómmon cóld** [C] [the 〜] (普通の)かぜ, 感冒 (cold).
cómmon denóminator [C] **1**【数学】公分母. **2** 共通点, 最大公約数.
cómmon fráction [C]《主に米》【数学】分数(《英》vulgar fraction).
cómmon gróund [U] 共通の立場.
cómmon knówledge [U] 共通の知識, 常識.
cómmon márket **1** [C] 共同市場《加盟国間の自由貿易を促進するためのもの》. **2** [固] [the C-M-] 欧州共同市場《European Union の前身》.
cómmon nóun [U]【文法】普通名詞 (→ NOUN [文法]).
cómmon sénse →見出し.

類義語 common, ordinary, average, usual, normal, general

共通する意味味ば普通に見かける (met with or occurring most frequently and not special, strange, or unusual in any way) **common** は「特に目立たずありふれている」また「日常よく起こる」の意: a *common* mistake よくある間違い. **ordinary** は special (特別の) に対する語で,「ふだんの, 日常茶飯事の, 並の」などの意を表す: his *ordinary* bedtime 彼のいつもの就寝時間. **average** は「数量が平均の」の意から単に「並の」の意にも使われる: the *average* temperature 平均気温 / an *average* man 普通の人. **usual** は「常日頃と変わらない標準的な」状態の意: He took his *usual* place at the table. 彼は食卓でいつもの席に着いた. **normal** は「標準から外れないで正常な, 人並みの」の意: Your blood pressure is *normal*. あなたの血圧は正常です. **general** は「ある範ちゅうの中のほとんどすべてにあてはまり, 広範にわたること」を強調する: a *general* meeting 総会 / a *general* tendency 世間一般の傾向.

com·mon·er [kámənər / kóm-] 名 C 庶民; (貴族と区別して) 平民.

cóm·mon-láw 形 [限定用法] **1** 慣習法(上)の. **2** 内縁の: Jack's *common-law* wife ジャックの内縁の妻.

cómmon láw 名 U 慣習法, 不文法 《成文化されていないが法的効力を持つ》; cf. statute law 成文法》.

☆**com·mon·ly** [kámənli / kóm-] 副 **1** 一般に, 普通に (usually): He is *commonly* known as Dr. Johnson. 彼は普通ジョンソン博士として知られている. **2** 《軽蔑》下品に, 安っぽく: He behaved *commonly*. 彼は下品にふるまった.

cóm·mon-or-gár·den 形 [限定用法] 《英口語》ありふれた, 普通の.

*****com·mon·place** [kámənplèis / kóm-] 形 **1** ありふれた, ごく日常的な; 平凡な, つまらない: Personal computers are *commonplace* now. パソコンは今ではありふれたものです. **2** (言葉が) 陳腐な(な), 新鮮味のない. — 名 C ありふれたこと[もの]; 平凡なこと[もの]; 決まり文句.

com·mons [kámənz / kóm-] 名 **1** [the ~; 複数扱い] 平民, 庶民. **2** [the C-; 単数・複数扱い] (英国・カナダなどの) 下院 (the House of Commons) (→ CONGRESS 表). **3** [単数扱い] (学生食堂などの) 定食.

cóm·mon-sénse 形 [限定用法] 常識的な, 常識 [良識] のある; 明白な: a *common-sense* view of life 常識的な人生観.

☆**cómmon sénse** 名 U 常識 (的判断力), 良識, 分別 (◇人生経験で身につけた物事の判断力をさす; cf. common knowledge (知識としての常識)): use *common sense* 常識を働かす.

*****com·mon·wealth** [kámənwèlθ / kóm-] 名 **1** C 連邦; 共和国 (republic). **2** U [集合的に; 単数・複数扱い] 国民. **3** C [C-] 《米》州 (◇公式にば Kentucky, Massachusetts, Pennsylvania, Virginia について State の代わりに用いる).

◆ **Cómmonwealth of Austrália** 名 [the ~] オーストラリア連邦 《オーストラリアの正式名》.

Cómmonwealth of Indepéndent Státes 名 [the ~] 独立国家共同体, CIS 《1991年のソ連解体により発足した共和国連合体; 《略語》CIS》.

Cómmonwealth of Nátions 名 [the ~] 英連邦 《英国を中心にカナダ・オーストラリア・ニュージーランドなど多数の国々から成る連合体》.

com·mo·tion [kəmóuʃən] 名 U C 騒動, 大騒ぎ; 混乱: cause [make] a *commotion* 騒動を引き起こす.

com·mu·nal [kəmjúːnəl / kómju-] 形 **1** 共同の, 共有の; 公共の: *communal* land 共有地. **2** 共同社会の; 地方自治体の, 市町村の.

com·mune[1] [kəmjúːn] 動 自 《格式》**1** […と] 親しく交わる, 親しく語り合う [with]: *commune with* one's friends 友達と親しく語り合う / *commune with* oneself [one's own heart] 沈思黙考する, 内省する. **2** (動物の霊・自然と) 感応する, 交歓する: *commune with* nature 自然を友とする, 自然に親しむ.

com·mune[2] [kámjuːn / kóm-] 名 C **1** コミューン 《フランス・スペイン・イタリアなどの最小自治体》. **2** 生活共同体, 利益共同体. **3** (旧ソ連などの) 集団農場.

com·mu·ni·ca·ble [kəmjúːnikəbl] 形 (思想などが容易に) 伝達できる; (病気が) 伝染性の: a *communicable* disease 伝染病.

com·mu·ni·cant [kəmjúːnikənt] 名 C **1** 《キリスト》聖体拝領者. **2** (情報などの) 伝達者; 通知者 (informer).

☆**com·mu·ni·cate** [kəmjúːnəkèit] 動 他 **1** 〈情報・見解など〉を […に] 伝える, 伝達する, 知らせる (inform) [to]: He *communicated* his wish *to* his parents. 彼は両親に自分の望みを伝えた. **2** 〈熱・動きなど〉を […に] 伝える; 〈病気〉を […に] うつす, 感染させる (pass on) [to]: He *communicated* (the) flu *to* us. 彼は私たちにインフルエンザをうつした.

— 自 **1** […と] 通信 [連絡] する; (情報などを) 伝達する, 交換する; (意思を) 疎通する [with]: He *communicated with* me by telephone. 彼は電話で私に連絡した. **2** (部屋などが) […に] 通じている [with]. **3** 《キリスト》聖餐(さん) [聖体] を受ける. (▷ 名 commùnicátion)

☆☆**com·mu·ni·ca·tion**

[kəmjùːnikéiʃən]

— 名 (複 com·mu·ni·ca·tions [~z]) **1** U (情報・思想・意見などの) 伝達, 情報交換; コミュニケーション, 意思の疎通, 心の交流: Gesturing is a means of *communication*. ジェスチャーは意思伝達の手段です / *Communication* with foreign people is sometimes difficult. 外国人とのコミュニケーションは難しいことがある.

2 U […の] 通信, 連絡 [with]; 報道: establish [cut off] *communication* 通信を始める [断つ] / He has no *communication* with her. 彼は彼

女と連絡を取っていない.
3 [C]《通例~s》(電話・放送などの) **通信手段**; **交通機関**[手段]: a *communications* network 通信網 / The heavy snow has shut off all *communications*. 豪雪のために通信と交通はすべて遮断された.
4 [U]《格式》情報, ニュース (information); 通報, 伝言; 手紙.
5 [U](病気などの)伝染; (熱などの)伝導.
■ *in communication with* ...と連絡[通信, 文通]して. (s) commúnicate [動])
◆ communicátion(s) sàtellite [C] 通信衛星 (◇略して comsat とも言う).

com·mu·ni·ca·tive [kəmjúːnəkèitiv/-kət-] [形] **1** 《通例, 叙述用法》話好きな, よくしゃべる: She is *communicative* about herself. 彼女は自分のことをよく話す. **2** 伝達の; 意思疎通のための.

com·mu·nion [kəmjúːnjən] [名]《格式》[...との / ...間の] 親交, (動物・霊との) 感応, 交感; 共感 [*with / between*]: in close *communion* with nature 自然と密接なつながりを持って / hold *communion* with oneself (道徳的な問題で) 深く内省する. **2** [C] 〈単数・複数扱い〉宗教団体; 信仰仲間: the Anglican *Communion* 英国国教会派. **3** [U] [C-]《キリスト》聖餐(さん)式, 聖体拝領 (Holy Communion).

com·mu·ni·qué [kəmjúːnəkèi]【フランス】 [C] コミュニケ, 公式声明.

‡**com·mu·nism** [kámjunìzəm / kóm-] [名] [U] 共産主義. 《関連語》capitalism 資本主義 / socialism 社会主義.

‡**com·mu·nist** [kámjunist / kóm-] [名] [C]
1 共産主義者. **2** [C-] 共産党員.
—— [形] **1** 共産主義(者)の. **2** [C-] 共産党(員)の: the *Communist* camp 共産陣営.
◆ Cómmunist Párty [the ~] 共産党 (《略して》CP).

‡**com·mu·ni·ty** [kəmjúːnəti]
—— [名] (複 com·mu·ni·ties [~z]) **1** [C] (国家・都市・村などの) 地域社会, 生活共同体; (民族・職業・宗教などの) 共同体, 社会集団; ...界: the rural *community* 農村共同体[社会] / the international *community* 国際社会 / the Chinese *community* in Chicago シカゴの中国人社会 / the European *Community* 欧州共同体 / the business [political] *community* 実業界[政界].
2 [the ~] 一般社会, 大衆 (the public): the welfare of the *community* 社会福祉.
3 [U] 共有, 共用; (思想・利害などの) 一致, 共通性, 類似: the *community* of land 土地の共有 / *community* of political interests 政治的利害の一致. **4** [C]《生物》(動物の) 群生, (植物の) 群落.
◆ commúnity anténna télevision [U] 共同アンテナテレビ (《略称》CATV).
commúnity cénter [C] コミュニティセンター, 公民館《教育・スポーツ施設などを持つ地域活動の中心》.
commúnity chést [fúnd] [C]《米》共同募金.
commúnity cóllege [C]《米》コミュニティカレッジ《公立の2年制短期大学》.
commúnity hòme [C]《英》教護院 (《米》 reformatory).
commúnity sérvice [U] **1** 地域奉仕活動. **2** (禁固刑の代わりの) 社会奉仕.

com·mut·a·ble [kəmjúːtəbl] [形] **1** 交換できる, 代替可能な. **2** 通勤可能な.

com·mu·ta·tion [kàmjutéiʃən / kòm-] [名]
1 [U]《格式》[...への] 交換, 転換 [*into, for*].
2 [U][C] 振替 (による支払). **3** [C][U]《法》[...から / ...への] 減刑 [*from / to*]; (債務などの) 軽減. **4** [U]《米》通勤.
◆ commutátion tìcket [C]《米》(電車・バスの) 定期[回数]券 (《口語》commuter's pass, 《英》season ticket).

com·mu·ta·tive [kámjətèitiv / kəmjúːtə-] [形] 代替の, 交換の; 《数学》可換性の.

*****com·mute** [kəmjúːt] [動] [自] [...から / ...へ / ...の間を] 通勤[通学]する [*from / to / between*]: He *commutes* from his home in the suburbs *to* his office in London. 彼は郊外の自宅からロンドンの会社まで通勤している.
—— [他] **1**〈刑罰・債務など〉を[重いものから / 軽いものに] 代える, 減刑[減額]する [*from / to*]: *commute* the death sentence *to* life imprisonment 死刑を終身刑に減刑する. **2** ...を交換する, 取り替える (exchange); 〈支払い方法など〉を[...に] 振り替える [*to, for, into*]: *commute* a pension *to* a lump sum 年金を一括払いで受け取る.
—— [名] [C]《米口語》通勤 (時間, 距離): How long is your *commute*? 通勤にどのくらい時間がかかりますか.

com·mut·er [kəmjúːtər] [名] [C] 定期券客 [利用者]; (郊外からの) 通勤者: the *commuter* rush hour 通勤ラッシュ / a *commuter's* pass 《口語》定期券 / *commuter* trains 通勤電車.
◆ commúter bèlt [C] (郊外の) 通勤者居住区, ベッドタウン (《米》bedroom town). (比較)「ベッドタウン」は和製英語

*****com·pact**[1] [kəmpækt, kámpækt / kəmpækt] (☆ [名] との発音の違いに注意) [形] **1** ぎっしり詰まった, 目の詰んだ, 緊密な; (小区域に) 密集した (dense): a *compact* soil 堅く締まった土.
2 (自動車などが) 小型で機能的な; (家などが) こぢんまりした: a *compact* camera 小型カメラ.
3 (文体が) 簡潔な: write in a *compact* style 簡潔な文体で書く.
—— [動] [他]《通例, 受け身で》...を圧縮する, 凝縮する, 固める: *compacted* snow 踏み固めた雪.
—— [名] [kámpækt / kóm-] [C] **1** コンパクト《鏡付き携帯用おしろい・パフ入れ. powder compact とも言う》. **2** 《米》 = cómpact càr 小型車.
◆ cómpact dísk [dísc] [C] コンパクトディスク, CD.

com·pact·ly [~li] [副] ぎっしりと, 密に; 簡潔に.
com·pact·ness [~nəs] [名] [U] 緊密さ; 簡潔さ.

com·pact[2] [kámpækt / kóm-] [名] [C]《格式》[...との / ...の間の] 契約 (agreement), 協定, 盟約 [*with / between*]: make a *compact* with... ...と契約を結ぶ.

com·pan·ion [kəmpǽnjən]

【原義は「パン(食事)を共にする人」】
— 名 (複 com·pan·ions [~z]) C **1 仲間**, 友達; 道連れ; 話し相手 (→ FRIEND 類義語): a *companion* for life 生涯の友 / a traveling *companion* 旅の道連れ / He is a good *companion* to me. 彼は私のよい話し相手です / Fear has been his constant *companion* since the accident. その事故以来恐怖感がいつも彼につきまとっている. **2** 〔…と〕組[対]の一方 [*to*]; [形容詞的に] 組[対]を成す: the *companion* volume (書籍などの) 姉妹編. **3** コンパニオン《住み込みで老人や病人の手伝いや話し相手をする人》. **4** 参考書; (書名で) 〔…の〕手引き (guidebook) [*to*]: a *companion* to English 英語の参考書.
■ *máke a compánion of ...* …を友にする.

com·pan·ion·a·ble [kəmpǽnjənəbl] 形 友好的な, 親しみやすい, 愛想のよい.

com·pan·ion·ate [kəmpǽnjənət] 形 仲間の, 友愛的な; 調和した.

com·pan·ion·ship [kəmpǽnjənʃip] 名 U 仲間づき合い, 交際, 友情 (fellowship): live in happy *companionship* 仲よく暮らす.

com·pan·ion·way [kəmpǽnjənwèi] 名 C (海) (船内の) 昇降用階段 [はしご], 昇降口.

com·pa·ny [kʌ́mpəni]

原義は「パン(食事)を共にする仲間」.	
① 会社.	**1**
② 同席; 交際.	**2**
③ 仲間.	**3**
④ 来客.	**4**

— 名 (複 com·pa·nies [~z]) **1** C [単数・複数扱い] **会社**, 商会 (《略語》Co., co.); U (会社名に名前が出ない) 共同経営者: John Adams & *Co*. ジョン=アダムズ商会 (◇「ジョン=アダムズと他の共同経営者による会社」の意) / a stock *company* 《米》株式会社 / a joint-stock *company* 《米》合資会社; 《英》株式会社 / a limited (liability) *company* 《英》有限責任会社 (《略語》Co., Ltd.) / He is employed in an insurance *company*. 彼は保険会社に勤めている.
2 U 同席, 一緒にいること; 同席の人々; 交際, つき合い: I am pleased to have her *company*. 私は彼女と一緒でうれしい / We are looking forward to your *company*. ご出席を心待ちにしております / He enjoys the *company* of boys better than girls. 彼は女の子より男の子と一緒にいるほうが楽しい / He entertained the *company* with playing tricks. 彼は手品をして同席の人々を楽しませた.
3 U [単数・複数扱い] 仲間, 連れ: He is in bad *company*. 彼は悪友とつき合っている / A man is known by the *company* he keeps. 《ことわざ》人はその仲間で判断される ⇒ 朱に交われば赤くなる / Two's *company*, three's a crowd. 《ことわざ》2人は仲間で3人は烏合(うごう)の衆 ⇒ 3人寄ればけんかのもと.
4 U [無冠詞で] 来客 (guest(s)): We're having *company* this evening. 今夜は来客があります / Today I do not want to see *company*. きょう私は客に会いたくない.
5 C [集合的に; 単数・複数扱い] 人の集まり, 団体, 劇団, 一座: the Royal Shakespeare *Company* 王立シェイクスピア劇団. **6** C [集合的に; 単数・複数扱い] 歩兵中隊《約120名編成》; (船)の乗組員.
■ *and cómpany* 《口語》…とその(チームの)仲間たち (◇しばしば and co. と略す).
be in góod cómpany **1** よい友達を持っている. **2** 〔しばしばこっけい〕ほかの偉い人と同じである (から恥じることはない): You have made a mistake, but you *are in good company*. あなたは間違いをしたが, 偉い人も同じ間違いをしているよ.
fáll ìnto cómpany with ... …と仲間になる.
for cómpany 連れとして, おつき合いに: I could not help weeping *for company*. 私はもらい泣きをしてしまった.
in cómpany 人前で: behave well *in company* 人前で行儀よくする.
in cómpany with ... …と一緒に.
kéep ... cómpany …とつき合う: He *kept* me *company* when I was alone. 私が1人のときに彼が一緒にいてくれた.
kéep cómpany (*with ...*) (…と) 交際する.
párt cómpany (*with ...*) (…と) 別れる, 絶交[離縁]する; (…と) 意見を異にする.

compar. 《略語》= *comparative* (↓).

*com·pa·ra·ble [kʌ́mpərəbl / kɔ́m-] 形
1 〔…と〕比較できる; 類似している 〔*with*, *to*〕: Chinese is *comparable with* [*to*] English in some respects. = Chinese and English are *comparable* in some respects. 中国語は英語といくつかの点で類似している.
2 〔…に〕匹敵する 〔*to*〕: There is no novel *comparable to* [*with*] this in Japan. これに匹敵する小説は日本にない. (▷ 動 compáre)
com·pa·ra·bly [-bli] 副 比較できるほど(に); 匹敵するほど(に); 同等に.

*com·par·a·tive [kəmpǽrətiv] 形 [比較なし]
1 比較の, 比較上の, 比較に関する: *comparative* literature 比較文学 / a *comparative* method of investigation 比較調査法.
2 比較的, かなりの.
3 〖文法〗比較級の (cf. superlative 最上級の).
— 名 C [the ~] 〖文法〗= compárative degrée 比較級 (→ COMPARISON 文法)

*com·par·a·tive·ly [kəmpǽrətivli] 副 **1** 比較的, かなり; 多少: He found the problem *comparatively* difficult to solve. その問題を解くのはかなり難しいと彼はわかった. **2** 比較して(みると): *comparatively* speaking 比較して言えば.

com·pare [kəmpέər]

動 名 【基本的意味は「…を比較する (look for differences or similarities between two or more things)」】
— 動 (三単現 com·pares [~z]; 過去・過分

com·pared [~d]; 現分 com·par·ing [-péəriŋ])
— 他 **1** (a) [compare+O] …を**比較する**, 比べる: *Compare* the two cities and tell me the difference. 2つの都市を比べて違いを言いなさい. (b) [compare+O+with [to] ...] ~を…と比較する: He *compared* his painting *with* mine. 彼は自分の絵と私の絵を比べた / He *compared* the copy *with* the original. 彼は模写と原画を比較した.
2 [compare+O+to ...] ~を…にたとえる (◇ to の代わりに with を用いることもある): Life is often *compared* to a voyage. 人生はしばしば航海にたとえられる. **3** 《文法》〈形容詞・副詞〉の比較級・最上級を作る, 比較変化をさせる.
— 自 **1** [通例, 否定文で] […に] 匹敵する, 肩を並べる [with]: His work does not *compare with* Mary's. 彼の作品はメアリーの作品にとても及ばない. **2** […と] 比較される [with, to].
■ (*as*) *compared with* [*to*] ... …と比較すれば: *Compared with* my car, his car is much better. 私の車に比べれば彼の車はずっとよい.
— 名 [次の成句で]
■ *beyónd* [*withòut*] *compáre* 《文語》非常に, 比類なく. (▷ 名 compárison; 形 cómparable)

***com·par·i·son** [kəmpǽrəsən]
— 名 (複 com·par·i·sons [~z]) **1** U|C|**比較**; 対照; 類似: Make [Draw] a *comparison* between gold and silver. 金と銀とを比較しなさい / There is no *comparison* between these two dramas. この2つのドラマは比較にならない(ほど一方が他方よりもよい). **2** U|C| […に] たとえること: We often use the *comparison* of the earth *to* a mother. 私たちはよく大地を母にたとえる. **3** U 《文法》比較(変化). (→ 文法)
■ *béar* [*stánd*] *compárison with* ... [しばしば否定文で] …に匹敵する.
beyónd [*withòut*] *compárison* 比較にならないほど.
by [*in*] *compárison* 比べると, 割に.

in [*by*] *compárison with* ... …と比較すると, …に比べて: *In comparison with* your work, mine is nothing. あなたの作品に比べると, 私の作品はたいしたものではない. (▷ 動 compáre)

*****com·part·ment** [kəmpɑ́ːrtmənt] 名 C
1 区画; (箱・たんすなどの) 仕切られた部分. **2** (列車の) **コンパートメント**, 仕切り客室 《ヨーロッパでは, 向かい合って座る6〜8人用の客室. 米国では寝室・トイレ付き個室》. **3** (自動車の助手席前にある) 小物入れ (glove compartment). 《比較》日本語の「ダッシュボード」にあたる. 英語の dashboard は「(運転席の前にある)計器盤」の意》

com·part·men·tal·ize [kəmpɑ̀ːrtméntəlàiz] 動 他 …を区画[区分]する.

*****com·pass** [kámpəs] 名 C **1** 羅針(ﾗｼﾝ)盤[儀] (mariner's compass); (方位測定用の) 磁石, コンパス: the points of the *compass* 羅針盤の方位. **2** 《通例 ~es》 (製図用の) コンパス: draw a circle with *compasses* コンパスを用いて円を描く / a pair of *compasses* コンパス1丁 《◇ 《口語》では略して a compass とも言う》. **3** 《格式》《通例, 単数形で》範囲, 区域; 限界 (boundary): within the *compass* of the eye 見える限り / the vocal *compass* 声域, 音域 / Climbing that mountain is *beyond my compass*. あの山に登るのは私には無理です.

*****com·pas·sion** [kəmpǽʃən] 名 U […への] 哀れみ (pity), 同情, 思いやり (sympathy) [*for, on*] (→ PITY 類義語): out of *compassion* 哀れに思って / have [take] *compassion for* [*on*] …に同情する.

com·pas·sion·ate [kəmpǽʃənət] 形 情け深い, 同情的な, 哀れみ深い.
com·pas·sion·ate·ly [~li] 副 同情して.

com·pat·i·bil·i·ty [kəmpætəbíləti] 名 U
1 […との / …間の] 適合性, 両立性 [*with / between*]. **2** 互換性, コンパチ.

com·pat·i·ble [kəmpǽtəbl] 形 **1** […と] 矛盾しない, 両立できる [*with*]; 同居できる. **2** 《コンピュータ》互換性がある, コンパチの.

文法 比 較 (comparison)

【形容詞・副詞の原級を用いた表現】
■ **as+原級+as...** 「…と同じくらい〜」
I have just <u>as many books as</u> he (does).
(私はちょうど彼と同じ冊数の本を持っている)

■ **not as[so]+原級+as...** 「…ほど〜でない」
My father is <u>not as[so]</u> tall <u>as</u> your father. (父はあなたのお父さんほど背が高くない)

【形容詞・副詞の比較級を用いた表現】
■ **比較級+than...** 「…よりも〜」
Nancy swims <u>faster than</u> Tom.
(ナンシーはトムより速く泳ぐ)
Iron is <u>more useful than</u> gold.
(鉄は金よりも役に立つ)

■ **much[far]+比較級+than...** 「…よりもずっと〜」
Light travels <u>much faster than</u> sound.
(光は音よりもずっと速く伝わる)

■ **the+比較級+of the two** 「2つのうち…なほう」
Jim is <u>the taller of the two</u> (boys).
(2人(の少年)のうちでジムのほうが背が高い)

【形容詞・副詞の最上級を用いた表現】
■ **(the+)最上級+of[in]...** 「…の中で最も〜」
She runs <u>(the) fastest of</u> the three.
(彼女は3人の中で一番足が速い)
Tom is <u>the tallest in</u> the class.
(トムはクラスで一番背が高い)

com·pat·i·bly [-bli] [副] 矛盾なく.

com·pa·tri·ot [kəmpéitriət / -pǽtri-] [名] [C] 同国人, 同胞.

‡**com·pel** [kəmpél] [動] (三単現 **com·pels** [~z]; 過去・過分 **com·pelled** [~d]; 現分 **com·pel·ling** [-liŋ]) [他] **1** [compel＋O＋to do] [時に受け身で] …に無理やり…させる (→ FORCE [類義語]): Bad weather *compelled* us *to* stay indoors. = We *were compelled to* stay indoors because the weather was bad. 悪天候のために私たちは外出できなかった. **2** [...に] …を強いる, 強制する [*from*]: He *compelled* obedience *from* us. = He *compelled* our obedience. 彼は私たちに服従を強要した.

(▷ [名] compúlsion; [形] compúlsory)

com·pel·ling [kəmpéliŋ] [形] **1** 強制的な, 有無を言わせない: for *compelling* reasons やむをえない理由で. **2** 非常に面白い, 感動させる.

com·pel·ling·ly [~li] [副] 強制的に.

com·pen·di·ous [kəmpéndiəs] [形]《格式》(書物などが) 簡潔な, 簡明な.

com·pen·di·um [kəmpéndiəm] [名] (複 **com·pen·di·ums** [~z]; **com·pen·di·a** [-diə]) [C] 要約, 大要 (summary); 便覧, 事典.

***com·pen·sate** [kámpənsèit / kɔ́m-] [動] [他] **1** 〈損失・欠点など〉を償う; 〈人〉に [損失などの] 補償をする [*for*]: You must *compensate* him *for* the damage. あなたは彼にその損失の補償をしなければいけない. **2** 〈損失・欠点など〉を [...で] 埋め合わせる, 補う (make up for) [*with, by*]: *compensate* one's loss *with* hours of overtime labor 何時間も残業して損失を埋め合わせる.

— [自] [損失・欠点などを] 償う, 埋め合わせる, 補う [*for*]: Experience *compensates for* lack of strength. 体力がなくても経験があれば何とかなる.

‡**com·pen·sa·tion** [kàmpənséiʃən / kɔ̀m-] [名] **1** [U] [C] [...の] 補償, 賠償; 埋め合わせ [*for*]: make *compensation for* ... …の補償をする / by way of *compensation* 代償として / in *compensation for* ... …の償いとして / City life can be very tiring, but there are *compensations*. 都会生活は非常に疲れることもあるが, それを補うよい面もある. **2** [U] [または a ~] [...の] 賠償 [補償] 金; [...を] 補うもの; 《米》[...に対する] 報酬 [*for*]: unemployment *compensation* 失業 [雇用] 保険金 / pay a *compensation for* damages 損害賠償金を支払う.

com·pen·sa·to·ry [kəmpénsətɔ̀ːri / kɔ̀mpənséitəri] [形] 償いの, 補償の, 賠償の.

com·pere [kámpeər / kɔ́m-]【フランス】[名] [C] 《英》(放送番組の) 司会者 (《米口語》emcee).

— [動]《英》[他] [自] (…の) 司会を務める.

‡**com·pete** [kəmpíːt] [動] [自] **1** [...と / 賞などを] 競争する, 競い合う [*with, against / for*]: He *competed with* [*against*] his friends *for* the prize. 彼はその賞を友達と争った. **2** [競技などに] 参加する [*in*]: *compete in* the race レースに参加する. **3** [通例, 否定文で] [...に] 匹敵する, 比べられる [*with*]: Nobody in the class can *compete with* her in literary talent. クラスで彼女に匹敵する文才の持ち主はいない.

(▷ [名] còmpetítion; [形] compétitive)

***com·pe·tence** [kámpətəns / kɔ́m-] [名] **1** [U] [...の / …する] 能力 (ability), 力量; 適性 (fitness) [*for / to do*]: with *competence* 巧みに / I doubt his *competence for* the work. = I doubt his *competence to* do the work. 彼にその仕事をする能力があるか疑わしい.

2 [a ~]《文語》(生活するのに) 十分な収入 [財産]: acquire a *competence* 十分な資産を得る.

3 [U]〖法〗権限; (証人の) 証言能力, 適格性.

***com·pe·tent** [kámpətənt / kɔ́m-] [形] **1** 有能な (capable), [...の / …する] 能力 [力量] のある; [...に / …するのに] 適任の [*for / to do*] (→ ABLE [類義語]): a *competent* lawyer 有能な弁護士 / He is *competent for* [*to* do] the task. 彼はその仕事をする力量がある. **2** (能力・収入などが) 十分な (adequate); (出来栄えが) 満足のいく, まあまあの: *competent* income 相当な収入. **3**〖法〗(裁判官・法廷が) 法的に資格のある; (証人が) 証言能力のある, 適格な; (裁判官・法廷が) 審理 [管轄] 権を有する: the *competent* authorities 所轄官庁.

com·pe·tent·ly [~li] [副] 有能に, 立派に; 十分に.

‡**com·pe·ti·tion** [kàmpətíʃən / kɔ̀m-]

— [名] (複 **com·pe·ti·tions** [~z]) **1** [U] [...を目指す / …の間の / …との] 競争 [*for / between / with*]: There was severe *competition between* them *for* the cup. 彼らはその賞杯を目指して激しく競った / He is in *competition with* other rivals. 彼はライバルと競っている.

2 [C] 試合, 競技 (会), コンテスト, (ゴルフなどの) コンペ (contest, match): a golf *competition* ゴルフコンペ / They entered the speed skating *competition*. 彼らはスピードスケート競技会に参加した. **3** [U] [通例 the ~; 集合的に] 競争相手; (試合の) 相手, 敵: What is important is to keep ahead of the *competition*. 大切なのは常に競争相手に先んじることです. (▷ [動] compéte)

‡**com·pet·i·tive** [kəmpétətiv] [形] **1** [限定用法] 競争の, 競争による: a *competitive* examination 選抜試験 / the *competitive* spirit 競争心.

2 (人が) 負けず嫌いな, 競争心の強い: The boy has got a *competitive* nature. その子は他人と競いたがる. **3** (価格・製品などが) 安い: The prices in that store are *competitive*. あの店はよそよりも安い. (▷ [動] compéte)

com·pet·i·tive·ly [~li] [副] 競争して; 安く.

com·pet·i·tive·ness [kəmpétətivnəs] [名] [U] (企業・商品などの) 競争力; 競争心.

***com·pet·i·tor** [kəmpétətər] [名] [C] 競争者 [相手], 競技参加者 (◇ rival とは違い敵意を含まない): *competitors* in a marathon マラソンの参加者.

com·pi·la·tion [kàmpiléiʃən / kɔ̀m-] [名] [U] 編さん, 編集; (資料の) 収集; [C] 編集 [収集] したもの.

***com·pile** [kəmpáil] [動] [他] **1** 〈書籍〉を編さん [編集] する; 〈資料など〉を収集する, まとめる (◇新聞・雑誌・映画の編集は edit を用いる): *compile* various information into a book さまざまな資料を編集して本にする. **2**〖コンピュータ〗〈プログラム〉を

C

com·pil·er [kəmpáilər] 名C **1** 編さん[編集]者. **2**『コンピュータ』コンパイラ《高水準言語で書かれたプログラムを機械語に翻訳するプログラム》.

com·pla·cence [kəmpléisəns], **com·pla·cen·cy** [-sənsi] 名U 独りよがり, 自己満足 (self-satisfaction); (現状への)満足感.

com·pla·cent [kəmpléisənt] 形 […に対して]独りよがりの, 自己満足した (self-satisfied); 現状に満足した, 心配しない [*about*]: He is *complacent about* his failure. 彼は自分の失敗にも平然としている.

com·pla·cent·ly [~li] 副 平然として.

****com·plain** [kəmpléin]
【基本的意味は「不平を言う (say that you are annoyed or not satisfied about ...)」】
— 動 (三単現 **com·plains** [~z]; 過去・過分 **com·plained** [~d]; 現分 **com·plain·ing** [~iŋ])
— 自 **1** […について / …に]不平を言う, 不満を言う [*about, of / to*]: Don't *complain* to me *about* [*of*] the food. 食べ物のことで私に文句を言うな / My granny is always *complaining about* the weather. おばあちゃんはいつも天気のことで不平を言っている / Hi, how are you doing? — Well, (I) can't *complain*. やあ, 調子はどう — そうだね, まあまあかな.
2 [苦痛・困難などを […に]訴える, こぼす [*of / to*]: He *complained of* a sore throat *to* the doctor. 彼は医師にのどの痛みを訴えた.
3 […について / 警察などに]届け出る, 苦情を言う [*about, of / to*]: You should *complain about* the police *about* the racket. その騒音のことは警察に訴えたほうがいいね.
— 他 [complain + that 節] …であると […に]文句を言う, 訴える, こぼす [*to*]: He *complained* to me *that* the homework was too much. 彼は私に宿題が多すぎると文句を言った.
(▷ 名 compláint)

com·plain·ant [kəmpléinənt] 名C『法』原告, 告訴人 (plaintiff).

com·plain·ing·ly [kəmpléiniŋli] 副 不平を言いながら, ぶつぶつ言いながら, 不平がましく.

****com·plaint** [kəmpléint] 名 **1** C […についての / …に対する]不満, 不平; 苦情, クレーム [*about, with / against, to*]; […という]不満, 不平 [*that* 節]: make a *complaint to* the company that made the machine その機械を作った会社にクレームをつける / They had a lot of *complaints about* the service at the hotel. 彼らはそのホテルのサービスに多くの不満があった / My *complaint* is *that* the room is small. 私の不満は部屋が小さいことです.
2 U 不満[不平, 苦情]を言うこと: without *complaint* 甘んじて.
3 C 病気, 体の不調: a common *complaint* よくある病気 / He has a *complaint* in the stomach. = He has a stomach *complaint*. 彼は胃が悪い.
4 C『法』告訴 (charge); 《米》(民事訴訟での)訴状: He lodged a *complaint* against me. 彼は私を告訴した.
(▷ 動 compláin)

com·plai·sance [kəmpléizəns, -zəns / -zəns] 名U《格式》愛想のよさ, 親切に: with *complaisance* 愛想よく.

com·plai·sant [kəmpléizənt, -zənt / -zənt] 形《格式》愛想のよい, 親切な.

***com·ple·ment** [kámpləmənt / kɔ́m-] (☆動との発音の違いに注意) 名C **1** […の]補足物, […を]補足 (して完全に)するもの [*to*]. **2**『文法』補語 (◇ C と略す; →巻末「文型について」). **3** 《格式》(船の)乗組員定員, (完全にするための)必要数量: a *complement* of passengers 乗客定員.
— 動 [kámpləmènt / kɔ́m-] 他 …を補足(して完全に)する (complete).

com·ple·men·ta·ry [kàmpləméntəri / kɔ̀m-] 形 […を]補足する [*to*]: 互いに補足し合う, 補完的な, 相補的な.

◆ cómplementary ángle C『数学』余角《2つ合わせると直角になる角の1つ》.
cómplementary cólors [複数扱い] 補色《合わせると光では白色光, 絵の具では灰色になる2色》.

****com·plete** [kəmplíːt] 形 動
— 形 [通例, 比較なし] **1** [通例, 限定用法] 完全な, まったくの: a *complete* recovery (病気の)全快 / a *complete* stranger 赤の他人 / Our team won a *complete* victory. わがチームは完全な勝利を収めた / The news was a *complete* surprise to us. その知らせは私たちにとってまったく意外だった.
2 全部そろっている, […が]完備した, …付きの [*with*] (↔ lacking) (→ 類義語): a house *complete with* furniture 家具が完備した家 / Is this pack of playing cards *complete*? このトランプはカードが全部そろっていますか / This book contains the *complete* works of Poe. この本にはポーの全作品が収められている.
3 [叙述用法] 完成した, 仕上がった (finished): This painting is nearly *complete*. この絵はほぼ仕上がっている. **4** [限定用法] (人が)(ある分野のあらゆる技能を持つ)完璧(%)な: a *complete* baseball player 三拍子そろった野球選手.
— 動 (三単現 **com·pletes** [-plíːts]; 過去・過分 **com·plet·ed** [~id]; 現分 **com·plet·ing** [~iŋ])
— 他 **1** …を完全なものにする, 全部そろえる: I have to buy one more volume to *complete* my set of Mark Twain's novels. マーク=トウェインの小説全集をそろえるためにはあと1巻買う必要がある.
2 …を完成させる, 仕上げる (→ END 類義語): When will the work be *completed* on the new tunnel? 新しいトンネルの工事はいつ完成するのですか / She *completed* her novel with the phrase "Tomorrow is another day." 彼女は「あしたはあしたの風が吹く」という文句で小説を完結させた. **3** 〈書類・アンケートなど〉に記入する (fill in): *Complete* this application form in black ink. この申込書に黒インクで記入しなさい.
(▷ 名 complétion)

[類義語] **complete, perfect, whole, entire, total**

共通する意味▶完全な (having all the necessary parts, elements, or qualities)
complete は「必要なものがすべてそろっていて完全な」の意: a *complete* set of Conan Doyle's detective stories コナン=ドイルの探偵小説全集のひとそろい. **perfect** は complete の意に「非の打ちどころがなく完ぺきな」という称賛の意味が加わる: speak French with *perfect* pronunciation 完ぺきな発音でフランス語を話す. **whole** は「欠けたところのない全体」を強調する: the *whole* world 全世界 / a *whole* year 丸1年. **entire** は各部分が分割されないで「ひとまとまりになっているもの全体」をさし, whole よりも完全性の意味が強い: the *entire* family 家族全員 / an *entire* week 丸1週間. **total** は「個々のものを合わせた全体」をさす: the *total* population of Japan 日本の総人口.

***com·plete·ly [kəmplíːtli]
— 副 **完全に, まったく,** 十分に: After his long journey he was *completely* exhausted. 長旅のあとで彼は完全に疲れ切っていた / He did not *completely* understand you. 彼はあなたのことを完全に理解したわけではない.

com·plete·ness [kəmplíːtnəs] 名 Ⓤ 完全 (であること), 完璧(かんぺき), 十分.

*com·ple·tion [kəmplíːʃən] 名 Ⓤ 完成, 完了; 修了; 成就(じょうじゅ): on *completion* of the whole course of study 全課程を修了したら[して] / This tunnel is near *completion*. このトンネルは完成間近である / The new expressway is due for *completion* within two years. 新しい高速道路は2年以内に完成の予定です.

■ *bring ... to complétion* …を完成させる.
(▷ 動 compléte)

***com·plex 形 名

— 形 [kɑ̀mpléks, kəmpléks / kɔ́mpleks, kəmpléks] (☆との発音の違いに注意)
(比較 more com·plex; 最上 most com·plex)
1 複雑な, 入り組んだ; 理解[説明]しがたい (↔ simple) (→ [類義語]): a *complex* problem 複雑な問題 / His speech was too *complex* to understand. 彼の話は複雑すぎて理解できなかった.
2 多くの部分[要素]から成る, 複合の.

— 名 [kámpleks / kɔ́mpleks] Ⓒ **1** 総合施設; 総合ビル; (工場の)コンビナート: a housing *complex* 住宅団地 / a leisure *complex* 総合レジャーセンター / a petrochemical *complex* 石油化学コンビナート.
2 複合体, 合成物: vitamin A *complex* ビタミンA複合体. **3** [心理] コンプレックス《無意識下にある抑圧された一連の観念》; 《口語》「…に対する」固定観念, 強迫観念; 《無意識の》恐怖感 [*about*]: an inferiority [a superiority] *complex* 劣等[優越]感 ([比較] 日本語の「コンプレックス」と異なり complex だけでは「劣等感」とはならない) / an Oedipus *complex* エディプスコンプレックス.
(▷ 名 compléxity)

◆ cómplex séntence Ⓒ 〖文法〗複文 (→ SENTENCE 〖文法〗).

[類義語] **complex, complicated, intricate, involved**

共通する意味▶複雑な (having many different parts connected and related)
complex は非常に多くの要素から成り立っていて「理解するためには深い知識・経験が必要なこと」を表す: the *complex* structure of modern society 現代社会の複雑な仕組み. **complicated** は複雑すぎて「理解・分析・説明が困難なこと」を表す: a *complicated* machine 複雑な機械 / *complicated* situations 入り込った事情. **intricate** は部分部分が細かくからみ合っていて「どこがどうなっているのかわからない複雑さ」を表す: an *intricate* knot こんがらがった結び目. **involved** は考え方や状況が混乱していて,「容易には理解できない複雑さ」を表す: an *involved* argument 込み入った議論.

*com·plex·ion [kəmplékʃən] 名 Ⓒ **1** 顔色, 顔の色つや: a person with a fair [dark, ruddy] *complexion* 色白[色黒, 赤ら顔]の人 / She has a healthy *complexion*. 彼女は健康そうな顔色をしている. **2** [通例, 単数形で] 様子, 外観 (appearance); 様相 (aspect): These facts will put a new *complexion* on the situation. これらの事実によって状況は新たな様相を呈するだろう.

*com·plex·i·ty [kəmpléksəti] 名 (複 com·plex·i·ties [~z]) **1** Ⓤ 複雑さ (↔ simplicity): the *complexity* of life 人生の複雑さ.
2 Ⓒ 複雑なもの. (▷ 形 compléx)

com·pli·ance [kəmpláiəns] 名 Ⓤ 《格式》
1 〔命令・希望などに〕従うこと, 服従 (obedience) [*with*]. **2** 人の言いなりになること, へつらう.

■ *in compliance with ...* …に従って, 応じて.
(▷ 動 comply)

com·pli·ant [kəmpláiənt] 形 素直な, 従順な (obedient); 人の言いなりな. (▷ 動 comply)

**com·pli·cate [kámpləkèit / kɔ́m-] 動 他
1 …を複雑にする, 面倒にする (↔ simplify); …の(理解)を困難にする. **2** [しばしば受け身で]〈病気〉をこじらせる, 悪化させる.

**com·pli·cat·ed [kámpləkèitid / kɔ́m-]
— 形 (比較 more com·pli·cat·ed; 最上 most com·pli·cat·ed) **複雑な,** 込み入った; 難しい (→ COMPLEX [類義語]): a *complicated* system 複雑な制度 / The situation was so *complicated* that I didn't know what to do. 状況が込み入っていたので私は何をすればいいのかわからなかった.

*com·pli·ca·tion [kɑ̀mpləkéiʃən / kɔ̀m-] 名
1 Ⓤ 複雑さ, (処理を)難しくすること: the *complication* of the procedure 手続きの複雑さ.
2 Ⓒ 事態を複雑にするもの; 困難な状態.
3 Ⓒ 〖医〗合併症, 余病; 併発症.

com·plic·i·ty [kəmplísəti] 名 U 《格式》《…の》共犯, 共謀 [*in*] (cf. accomplice 共犯者): George denied *complicity in* the murder. ジョージはその殺人事件での共犯容疑を否認した.

*__com·pli·ment__ [kámpləmənt / kɔ́m-] (☆ 動との発音の違いに注意) 名 C 1 ほめ言葉, 賛辞; お世辞: He paid her a nice *compliment* on her dress. 彼は彼女のドレスをほめた. 2 敬意: Your presence is a great *compliment*. ご出席を光栄に存じます. 3 《通例~s》(敬意を表す) あいさつ (greetings), 祝辞: the *compliments* of the season 時候のあいさつ《クリスマス・新年など》/ exchange *compliments* あいさつを交わす / My *compliments* to your parents. ご両親によろしく (◇ Give [Send] my *compliments* to your parents. とも言う).

■ *fish* [*angle*] *for cómpliments* 人にお世辞を言ってもらおうとする.

retúrn a [*the*] *cómpliment* (相手のほめ言葉に) 返礼する.

With the cómpliments of ... = *With ...'s cómpliments* …より献呈 [謹呈] (◇贈り物にそえる).

— 動 [kámpləmənt / kɔ́m-] 他 1 [… について] 〈人〉をほめる (congratulate); お世辞を言う (flatter) [*on*]; 敬意を表する: *compliment* him *on* his victory 彼の勝利を祝してあいさつする.

2 〈人〉に〈…を〉贈る [*with*] (◇ present のほうが一般的): *compliment* ... *with* flowers 〈人〉に花を贈る. (▷ 形 còmpliméntary)

◆ **cómpliment slìp** C 献呈票, 贈呈カード.

com·pli·men·ta·ry [kàmpləméntəri / kɔ̀m-] 形 1 お祝いの; 称賛の, 称賛 (敬意) に満ちた: a *complimentary* address 祝辞 / be *complimentary* about ... …をほめる. 2 《限定用法》無料の, 贈呈の, 優待の (free): a *complimentary* copy 献呈 [贈呈] 本 / a *complimentary* ticket 招待券, 優待券. (▷ 名 cómpliment)

◆ **compliméntary clóse** U (手紙の) 結語 (→ LETTER).

***com·ply** [kəmplái] 動 (三単現 **com·plies** [~z]; 過去・過分 **com·plied** [~d]; 現分 **com·ply·ing** [~iŋ]) 自 《格式》〈命令・規則などに〉従う, 応じる [*with*]: *comply with* the law 法律を守る. (▷ 名 compliance; 形 compliant)

***com·po·nent** [kəmpóunənt] 名 C 構成要素 [部分], (機械などの) 部品; 成分: the *components* of a TV set テレビ受像機の部品.

— 形《限定用法》(機械などを)構成している, 構成要素の; 成分である: *component* parts 構成部品.

com·port [kəmpɔ́ːrt] 動 他 《次の成句で》

■ *compórt onesèlf* 《格式》ふるまう, 行動する: He *comported* himself with dignity. 彼は威厳をもってふるまった.

com·port·ment [kəmpɔ́ːrtmənt] 名 U《格式・しばしば誇張》ふるまい, 態度.

****com·pose** [kəmpóuz]

【「com (一緒に) + pose (置く)」から】

— 動 (三単現 **com·pos·es** [~iz]; 過去・過分 **com·posed** [~d]; 現分 **com·pos·ing** [~iŋ])

— 他 1 〈進行形不可〉 (a) [be composed of ...] …から成り立っている (be made up): That team *is composed of* players from many countries. あのチームはいろいろな国の選手で構成されている. (b) [compose+O] …を組み立てる, 構成する (make up): A transistor is one of the parts that *compose* a radio. トランジスタはラジオの構成部品の1つです.

2 〈詩・小説・文〉を作る; 〈音楽〉を作曲する; 〈絵画〉の構図を決める: *compose* a symphony 交響曲を作曲する / He *composed* the newspaper story from several sources. 彼はいくつかの情報源に基づいてその新聞記事を書いた.

3 〈心など〉を落ち着かせる (calm), 〈表情など〉を和らげる: *compose* oneself [one's features] (怒ったあとなどに) 顔つきが和らぐ / He tried to *compose* himself before playing the piano. 彼はピアノを演奏する前に心を落ち着けようとした.

4 〈争いなど〉を調停 [調整] する.

— 自 詩 [文] を作る; 作曲する; 構図にまとめる. (▷ 名 còmposítion)

com·posed [kəmpóuzd] 形 落ち着いた, 冷静な (calm): a *composed* face 冷静な顔 / She looked remarkably *composed*. 彼女はとても落ち着いて見えた.

com·pos·ed·ly [-zidli] (☆発音に注意) 副 落ち着いて, 冷静に, 平静に.

‡**com·pos·er** [kəmpóuzər] 名 C 1 作曲家; 作者. 2 調停者.

***com·pos·ite** [kəmpázit / kɔ́mpə-] 形《比較なし; 限定用法》合成の, 混成の, 複合の: a *composite* photo モンタージュ [合成] 写真.

— 名 C 合成物; 複合物.

****com·po·si·tion** [kàmpəzíʃən / kɔ̀m-]

— 名 (複 **com·po·si·tions** [~z]) 1 U 構成, 構造; 成分; 〈絵の〉構図: the *composition* of the population 人口構成 / the chemical *composition* of a substance ある物質の化学成分 / The *composition* of the new channel will be mostly sports programs. 新しいチャンネルは主にスポーツ番組で構成される.

2 C 〈文学・音楽・美術の〉作品 (work); (特に学校の) 作文: Beethoven's earlier *compositions* ベートーベンの初期の作品 / a *composition* for the piano ピアノ曲 / I have to write a *composition* for my homework. 私は宿題で作文を書かなければならない.

3 U 作文 (法), 作詩 (法); 作曲 (法): English *composition* 英作文 / The *composition* of the report took three months. その報告書の作成には3か月かかった / She studied both musical theory and *composition*. 彼女は音楽理論も作曲法も学んだ.

4 U 〈人の〉性格, 気質 (character): tenderness in her *composition* 彼女の生まれつきの優しさ.

5 C 混合物, 合成物; 模造品. (▷ 動 compóse)

com·pos·i·tor [kəmpázitər / -pɔ́z-] 名 C 〈印刷〉植字工, 植字係 (typesetter).

com·post [kámpoust / kɔ́m-] 名 U 1 堆

com·po·sure [kəmpóuʒər] 名 U《格式》落ち着き, 冷静沈着, 平静 (calmness): keep [lose] one's *composure* 平静を保つ [失う] / with great *composure* 落ち着き払って.

com·pote [kámpout / kɔ́m-] 名 1 U《デザート用の》砂糖煮 [漬け] の果物, コンポート.
2 C 《果物・菓子を盛るための》高脚付きの盛り皿.

‡**com·pound**[1] [kámpaund / kɔ́m-]《☆動 とのアクセントの違いに注意》名 C 1 合成物, 混合物, 複合物;【化】化合物: Water is a *compound* of hydrogen and oxygen. 水は水素と酸素の化合物です. 2【文法】複合語, 合成語 (◇2つ以上の単語が結合してできた語).

— 形 [比較なし; 通例, 限定用法] 1 合成の, 混合の, 複合の (↔ simple). 2【文法】複合語の; 重文の: a *compound* word 複合語 (◇単に a compound とも言う).

— [kəmpáund / kəm-] 動 他 1 …を […と] 混合する (mix) [*with*]; 〈薬〉を調合する: *compound* a medicine 薬を調合する. 2 […から] …を合成する [*from, of*]; …を混合して […に] する [*into*]: The ice cream is *compounded* of the best ingredients. そのアイスクリームは最高の材料で作られている. 3 [しばしば受け身で]〈困難など〉を増す, ひどくする: Her uncertainty *is* now *compounded* by fear. 恐怖のため今や彼女の不安がつのっている. 4〈紛争など〉を解決する, 示談にする.

— 自 […と] 和解する [*with*]: *compound with* one's creditors 債権者と示談にこぎつける.

◆ cómpound éye C【動物】(昆虫の)複眼.
cómpound frácture C U【医】複雑骨折.
cómpound ínterest U 複利《利子を元金に繰り入れて次期の元金とする計算法》.
cómpound séntence C【文法】重文 (→ SENTENCE 文法).

com·pound[2] [kámpaund / kɔ́m-] 名 C 《壁・塀で囲まれた》区域, 居住区;《大使館などの》構内, 敷地.

*com·pre·hend** [kàmprihénd / kɔ̀m-] 動 他 [進行形不可]《格式》 1 …を理解する (understand): Many people fail to *comprehend* the theory of relativity. 相対性理論を理解できない人が多い. 2 …を含む, 包含する (include): The list *comprehends* all the idioms in this text. そのリストにはこのテキストで使われている熟語がすべて載っている. (▷ ▷ còmprehénsion)

com·pre·hen·si·bil·i·ty [kàmprihènsəbíləti / kɔ̀m-] 名 U 理解できること, わかりやすさ.

com·pre·hen·si·ble [kàmprihénsəbl / kɔ̀m-] 形 [叙述的用法]《格式》[…に] 理解できる, わかりやすい (intelligible) [*to*].

*com·pre·hen·sion** [kàmprihénʃən / kɔ̀m-] 名 1 U 理解(力) (understanding);《理解して得た》知識: The problem is beyond [above] my *comprehension*. その問題は私には理解できない. 2 U C 《生徒に課す》理解力テスト: listening *comprehension* 聞き取り理解テスト.
(▷ ▷ còmprehénd)

*com·pre·hen·sive** [kàmprihénsiv / kɔ̀m-] 形 包括的な (inclusive), 広範囲の;《理解力が》幅広い: a *comprehensive* survey 広範な調査.

— 名 C《英》= comprehensive school 総合中等学校《従来の grammar school, modern school, technical school を統合した公立中等教育機関. 普通科・職業科を含む; → SCHOOL 表》.

com·pre·hen·sive·ly [〜li] 副 包括的に, 広く.

*com·press** [kəmprés] 《☆動 との発音の違いに注意》動 他 1〈空気・ガスなど〉を圧縮 [圧搾] する (condense): *compress* gas in the cylinder シリンダー内の気体を圧縮する. 2〈思想・文章など〉を […に] 要約する, 簡潔にする [*into*]: *compress* the report *into* five pages そのレポートを5ページにまとめる. 3【コンピュータ】〈ファイルなど〉を圧縮して小さくする.

— 名 [kámpres / kɔ́m-] C 湿布;《止血用の》圧迫包帯.

com·pressed [kəmprést] 形 圧縮 [圧搾] した; 簡潔な: *compressed* air 圧搾空気.

com·press·i·ble [kəmprésəbl] 形 圧縮 [圧搾] できる.

com·pres·sion [kəmpréʃən] 名 U 1《空気・ガスなどの》圧縮, 圧搾. 2《思想・文章などの》要約.

com·pres·sor [kəmprésər] 名 C 圧縮機, 圧搾ポンプ, コンプレッサー.

*com·prise** [kəmpráiz] 動 他 [進行形不可]
1〈部分〉から成る (consist of); …を包含する (include): The U.S. *comprises* [*is comprised* of] fifty states. 合衆国は50州から成る. 2《部分が》…を構成する (constitute): Fifty rooms *comprise* this building. この建物には50室ある.

‡**com·pro·mise** [kámprəmàiz / kɔ́m-] 名
1 U C 妥協, 和解, 歩み寄り: come to [reach] a *compromise* 妥協する / make [arrange] a *compromise* with … …と妥協する / The argument was settled by *compromise*. 論争は妥協によって決着した.
2 C […との / …の間の] 妥協 [折衷] 案 [*with* / *between*]: a *compromise between* Japanese and Western styles 和洋折衷.

— 動 自 […と / … (のこと) で] 妥協する, 和解する [*with* / *on, over*]: We cannot *compromise on* salary. 私たちは給料の点で妥協できない.

— 他〈名誉・信用など〉を傷つける; 危険にさらす: Such behavior would *compromise* your position. そんな行動をすればあなたの地位が危うくなるだろう.

■ *cómpromise onesélf* 評判を落とす: He *compromised himself* by accepting money from the building company. 建設会社から金をもらったことで彼は評判を落とした.

com·pro·mis·ing [kámprəmàiziŋ / kɔ́m-] 形《名誉・信用などを》傷つけるような, 評判を落とすような.

comp·trol·ler [kəntróulər] 名 C《格式》会計検査官, 監査役 (◇ controller の別つづり).

com·pul·sion [kəmpʌ́lʃən] 名 1 U 強制 (する [される] こと): by *compulsion* 強制的に / under [on] *compulsion* 強制されて. 2 C 衝

動; 〖心理〗強迫衝動, 強迫観念.　(▷ 動 compél)
com·pul·sive [kəmpʌ́lsiv] 形 [限定用法]
1 強制的な; やめられない: a *compulsive* drinker 酒を飲まずにはいられない人.　**2**〈本などが〉人の興味をとらえて離さない, 非常に面白い: This novel makes *compulsive* reading. この小説は面白くて読み出したらやめられない.
com·pul·sive·ly [~li] 副 やめられないほど.
com·pul·so·ri·ly [kəmpʌ́lsərəli] 副 強制的に, 無理強いされて, 義務的に.
‡**com·pul·so·ry** [kəmpʌ́lsəri] 形 [比較なし]
1 強制的な, 義務的な (↔ voluntary): *compulsory* education 義務教育.　**2**《英》〈科目が〉必修の (《米》required, obligatory): *compulsory* subjects 必修科目 (cf.《英》optional subjects,《米》elective subjects 選択科目).
── 名 (複 **com·pul·so·ries** [~z]) C〈体操などの〉規定演技 (↔ free).　(▷ 動 compél)
com·punc·tion [kəmpʌ́ŋkʃən] 名 U [しばしば否定文·疑問文で]《格式》良心のとがめ, うしろめたさ, 悔恨: without (the slightest) *compunction* 少しもすまないと思わずに, 平然と.
com·pu·ta·tion [kɑ̀mpjutéiʃən / kɔ̀m-]
名《格式》**1** U C [しばしば ~s; 単数·複数扱い] (特にコンピュータによる) 計算 [算定] (法).
2 C 算定数値.
com·pu·ta·tion·al [-ʃənəl] 形 コンピュータによる, コンピュータを使用した.
*****com·pute** [kəmpjúːt] 動 他 **1**〈数·量などを〉計算する (calculate).　**2**〈数値などを〉[…と / …であると] 見積もる, 算定する [*at, to be* / *that* 節]: *compute* the distance *at* [*to be*] 200 miles 距離を200マイルと見積もる.　**3** …をコンピュータで計算する.

── 自 計算する; コンピュータを操作する.

‡**com·put·er** [kəmpjúːtər]
── 名 (複 **com·put·ers** [~z]) C コンピュータ, 電子計算機 (➡ PICTURE BOX): a personal *computer* パソコン / a *computer* game コンピュータゲーム / use [operate] a *computer* コンピュータを使う / feed data to the *computer* データをコンピュータに入力する.
◆ compúter gràphics [単数扱い] コンピュータグラフィックス《コンピュータによる図形·画像の作成;《略語》CG》.
compúter lánguage U C コンピュータ言語《コンピュータでプログラムをするための言語体系》.
compúter líteracy U コンピュータ操作能力.
compúter vìrus C コンピュータウイルス《コンピュータに侵入して既存のプログラムやデータを破壊するプログラム》.
com·pút·er-áid·ed 形 コンピュータ支援の.
com·put·er·ate [kəmpjúːtərət] 形《口語》コンピュータを使える [使う能力のある] (computer-literate).
com·put·er·ize [kəmpjúːtəràiz] 動 他 **1**〈データ·作業〉をコンピュータで処理する.
2 …にコンピュータを導入する, コンピュータ化する.
── 自 コンピュータを導入 [使用] する.
com·put·er·i·za·tion [kəmpjùːtərizéiʃən / -tərai-] 名 U コンピュータ化, 電算化.
com·pút·er-lít·er·ate 形 コンピュータを使える [の操作に慣れた]《口語》computerate).
com·put·ing [kəmpjúːtiŋ] 名 U コンピュータの使用.
‡**com·rade** [kάmræd / kɔ́mreid] 名 C **1** 仲間, 僚友; 戦友 (→ FRIEND 類義語): a *comrade* in

---

PICTURE BOX computer

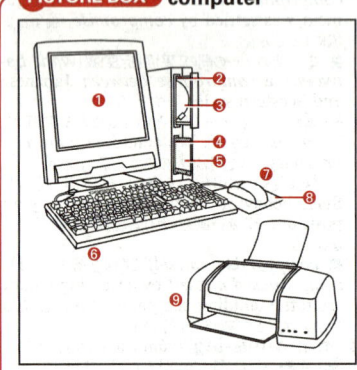

input data
(データを入力する)

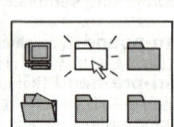

click an icon
(アイコンをクリックする)

print out data
(データを印刷する)

save data on a disk
(ディスクにデータを保存する)

send an email
(Eメールを送る)

install a game (ゲームをインストールする)

❶monitor モニター　❷CD-ROM drive CD-ROMドライブ　❸CD-ROM CD-ROM
❹floppy disk drive フロッピードライブ
❺floppy disk フロッピーディスク　❻keyboard キーボード　❼mouse マウス　❽mouse pad マウスパッド　❾printer プリンター

com·rade·ship [kámrædʃip / kɔ́mreid-] 名 U 仲間であること, 僚友[戦友]関係; 友情, 同志愛.

com·sat [kámsæt /kɔ́m-] 名 C 《口語》通信衛星 (◇ *communication(s) satellite* の略).

con[1] [kán / kɔ́n] 《ラテン》 副 反対して (↔ pro).
— 名 C 《通例 ~s》反対論(者); 反対投票(者).

con[2] [kán / kɔ́n] 動 (三単現 **cons** [~z]; 過去·過分 **conned** [~d]; 現分 **con·ning** [~iŋ]) 他 《口語》 **1** 〈人〉をペテンにかける, だます. **2** 〈人〉をだまして[…]させる [*into*]; 〈人〉をだまして〈金など〉を巻き上げる [*out of*]: The salesman *conned* me *into* buying this necklace. そのセールスマンにだまされてこのネックレスを買わされた / He *conned* me *out of* money. 彼は私から金をだまし取った.
— 名 C 《口語》信用[取り込み]詐欺, ペテン.

con- [kən, kan / kən, kɔn] 接頭 「共に, 一緒に」「まったく」の意を表す (◇ b, m, p の前で com-, l の前で col-, r の前で cor- となる): *con*ciliator 調停人 / *con*cord 一致.

Con. 《略語》= *C*onservative *P*arty 《英》保守党.

con·cave [kɑnkéiv / kɔn-] 形 凹(おう)面[形]の, くぼんだ (↔ convex): a *concave* lens 凹レンズ.

con·cav·i·ty [kɑnkǽvəti / kɔn-] 名 (複 **con·cav·i·ties** [~z]) **1** U 凹[おう]形, くぼんだ状態. **2** C くぼみ; 凹面体 (↔ convexity).

*__**con·ceal**__ [kənsíːl] 動 他 **1** 〈人·もの〉を隠す (↔ reveal) (◇ hide より格式ばった語で, 隠そうとする意図が強い): The rabbit *concealed* itself in the bush. ウサギがやぶの中に隠れた.
2 〈事実·感情〉を〈人に〉知らせない, 隠しておく [*from*]: He *concealed* his failure *from* his parents. 彼は失敗を両親に明かさなかった.

con·ceal·ment [kənsíːlmənt] 名 《格式》 **1** U 隠す[隠れる]こと, 隠匿(いんとく): The truth remains [keeps, stays] in *concealment*. 真相は不明のままである. **2** C 隠れ[隠し]場所; 隠す手段.

*__**con·cede**__ [kənsíːd] 動 **1** (しぶしぶ) …を認める; […であることを]認める, 容認する (admit) [*that* 節]: *concede* defeat 《敗戦前に》負けを認める / We must *concede that* he is right. 私たちは彼の言うことが正しいと認めざるをえない. **2** 〈権利·特権など〉を […に] 与える, 認める [*to*]: France *conceded* independence *to* its colonies in Africa. フランスはアフリカにある植民地の独立を認めた / The Government finally *conceded* the right to vote *to* women. 政府はとうとう女性に参政権を与えた. **3** 《スポーツ》〈相手に〉〈ゴール·ヒット〉を許す [*to*]; 〈レース〉に負ける, 〈優勝〉をのがす.
— 自 […に] 譲歩する, 〈…を〉承認する [*to*]; 〈試合·選挙など〉で敗北を認める. (▷ 名 concéssion)

*__**con·ceit**__ [kənsíːt] 名 **1** U うぬぼれ, 自尊心 (vanity) (cf. modesty 謙遜(けんそん)): His *conceit* is unpleasant. 彼のうぬぼれは不愉快である / She is wise in her own *conceit*. 彼女は自分では賢いと自負している. **2** C 《文語》奇抜な表現 [比喩].

con·ceit·ed [kənsíːtid] 形 […に] うぬぼれた, 思い上がった [*about*]: He is *conceited about* his knowledge. 彼は物知りだとうぬぼれている.

con·ceiv·a·ble [kənsíːvəbl] 形 考えられる, 想像できる(限りの), ありそうな: the best way *conceivable* 考えられる限りで最善の方法 / by every *conceivable* means 考えられるあらゆる手段で / It is *conceivable* (to me) that he lost his way. おそらく彼は道に迷ったのだろう (= Conceivably he lost his way.).

con·ceiv·a·bly [kənsíːvəbli] 副 《文修飾》考えられる[想像できる]限りでは; おそらく, ことによると.

*__**con·ceive**__ [kənsíːv] 動 《進行形不可》 他 **1** 〈計画など〉を思いつく; 〈考えなど〉を心に抱く: *conceive* an affection for the girl その少女に愛情を抱く / She *conceived* the idea for the novel during her journey. 彼女は旅行中にその小説の着想を得た. **2** 《通例 can を伴い否定文·疑問文で》 《格式》 [*conceive* + *that* 節] …だと考える, 思う (think); [*conceive* + 疑問詞節 [句]] …かを想像する: I cannot *conceive that* she will come here. 私は彼女がここに来るとは思えない / I cannot *conceive why* you didn't call for the ambulance then. あなたがなぜその時救急車を呼ばなかったのか私にはよくわからない.
3 [*conceive* + O + (to be) C] …を～だと思う: We must do what we *conceive* to be right. 私たちは正しいと思うことをしなければならない. **4** 〈子〉を宿す: *conceive* a child 妊娠する.
— 自 **1** 《通例, 否定文で》 […を] 想像する (imagine), 思う [*of*]: I cannot *conceive of* a better way. もっとよい方法は思いつかない / People *conceived of* her as a genius. 人は彼女を天才とみなしていた. **2** 妊娠する. (▷ 名 concéption)

*__**con·cen·trate**__ [kánsəntrèit / kɔ́n-] 動 他 **1** 〈光線など〉を[…に]集中する, (1点に)集める; 〈注意·努力など〉を[…に]集中する, 専念する [*on, upon*]: *concentrate* rays of light 光線を焦点に集める / She *concentrated* her efforts *on* learning English. 彼女は英語の習得に努力を傾注した. **2** 《通例, 受け身で》〈軍隊·富など〉を〈場所に〉集める, 集結する [*at, in*]: The general *concentrated* his troops *in* one place. 将軍は軍隊を1か所に集めた. **3** 〈液体など〉を濃縮[凝縮]する (condense).
— 自 **1** 〈人·ものが〉[…に]集中する, (1点に)集まる [*at, in, into*]: Population *concentrates in* big cities. 人口は大都市に集中する. **2** […に]専念する, 全力を注ぐ [*on, upon*]: We must *concentrate on* the improvement of the environment. 私たちは環境の改善に全力を注がなければならない.
— 名 U C 濃縮物, 濃縮液[食品].

con·cen·trat·ed [kánsəntrèitid / kɔ́n-] 形 **1** 集中した; 激しい: *concentrated* fire 集中砲火. **2** 濃縮した, 濃厚な: *concentrated* orange juice 濃縮オレンジジュース.

*__**con·cen·tra·tion**__ [kànsəntréiʃən / kɔ̀n-] 名 **1** U (注意·努力などの)集中, 集中力; (仕事などへの)専念: Climbing a high mountain needs great *concentration*. 高い山に登るには多大な集中力が必要である. **2** U C 〈人·ものの〉集中, 〈軍隊

などの)集結,集結した部隊;(砲火の)集中. **3** ⓤⓒ 濃縮;(液体の)濃度.
◆ concentrátion càmp ⓒ (政治犯・捕虜などの)(強制)収容所.

con·cen·tric [kənséntrik] 形 (円・球・軌道などが)[…の]中心,中心が同じの(↔eccentric)[*with*]: *concentric* circles 同心円.

‡**con·cept** [kánsept / kɔ́n-] 名 ① 概念;コンセプト,テーマ;観念,考え (→ IDEA 類義語): an abstract *concept* 抽象概念.

‡**con·cep·tion** [kənsépʃən] 名 **1** ⓤⓒ 概念,考え: have a clear [have no] *conception* of... …がはっきりわかる[まったくわからない]. **2** ⓒ (うまい)着想,考案;(独創的な)計画: a clever *conception* うまい思いつき. **3** ⓤⓒ 妊娠: *conception* control 受胎調節. (▷ 動 concéive)

con·cep·tu·al [kənséptʃuəl] 形 《格式》概念(上)の,概念に関する.
con·cep·tu·al·ly [-əli] 副 概念上,概念的に.
con·cep·tu·al·ize [kənséptʃuəlàiz] 動 他 자 (…を)概念化する.

‡**con·cern** [kənsə́ːrn] 動 名
— 動 (三単現 con·cerns [〜z], 過去・過分 con·cerned [〜d]; 現分 con·cern·ing [〜iŋ])
— 他 **1** (a) [concern + O] 〈人を〉心配[懸念]させる,悩ませる: His illness *concerns* me very much. 私は彼の病気がとても心配です (= I am very much concerned about his illness.). (b) [concern + oneself] […のことで]心配する,悩む [*about*]: Don't *concern yourself about* it. そのことは心配しないでください.
2 [concern oneself] […に]関係する,かかわり合う [*with, about, in*]: You'd better not *concern yourself about* other people's affairs. 他人の問題に口をはさまないほうがいい / I don't think I have to *concern myself with* this matter. 私はこのことにかかわらなくてよいと思う.
3 [concern + O] …にかかわる,関係がある;…にとって重要である: That doesn't *concern* me. それは私には関係のないことです[私の知ったことではない] / The story *concerns* an honest old man from Hokkaido. それは北海道出身の正直な老人についての話である / Don't worry about what does not *concern* you. 自分に関係ないことを気にかけるな.

■ *as concérns ...* …に関しては.
To whóm it may concérn 関係各位殿 (◇推薦状・回覧などのあて名).

— 名 (複 con·cerns [〜z]) **1** ⓤ […に対する]心配,懸念;関心 [*about, over, for*] (→ CARE 類義語): express *concern* 懸念を表明する / His illness gives us great *concern*. 私たちは彼の病気を非常に心配している / He did not show much *concern about* it. それについて彼はあまり関心を示さなかった / The situation in the Middle East has caused grave *concern* here. 中東の情勢は,当地では非常に憂慮されている.

2 ⓒ 関心事,関係がある事柄: Money is not my *concern*. 私はお金に関心がない / The problem is none of our *concern*. = The problem isn't our *concern*. = The problem is no *concern* of ours. その問題は私たちには関係がない[私たちの知ったことではない].
3 ⓤⓒ […との]関係,利害関係 [*in, with*]: The previous owner has no *concern with* that team now. 前のオーナーはもうそのチームと関係がない / He has a *concern in* the trading company. 彼はその貿易会社に出資している.
4 ⓒ 会社;事業: The restaurant is a going *concern*. そのレストランは繁盛している.

‡**con·cerned** [kənsə́ːrnd]
— 形 **1** (a) […を]心配した,気にかけた [*about*];心配そうな: with a *concerned* look 心配そうな顔つきで / A lot of students get *concerned about* their grades only at the end of the term. 多くの学生は学期末にしか成績を気にしない. (b) [be concerned + that 節] …ということを心配する: I am *concerned that* he lost his way. 彼が道に迷ったのではないかと私は心配している.
2 […に]関係する,かかわる [*with, about, in*]; [名詞のあとで]関係している: the authorities *concerned* 関係当局 / He was *concerned in* show business. 彼は芸能界に関係していた.
3 […することに / …ということに]関心がある [*to do / that* 節]: I am *concerned to* know your decision. 私はあなたの結論が知りたい.

■ *as* [*so*] *fár as ... am* [*is, are*] *concérned* [通例,文頭で] …に関する限りでは: *As far as* I am *concerned*, I am for your plan. 私個人に関して言えば,あなたの計画に賛成です.
whére ... is [*are*] *concérned* …に関する限りでは: *Where* math *is concerned*, he is second to none. 数学では彼はだれにも引けを取らない.
con·cern·ed·ly [kənsə́ːrnidli] 副 心配して.

‡**con·cern·ing** [kənsə́ːrniŋ]
— 前 《格式》 …に関して,…について (about): the report *concerning* environmental destruction 環境破壊についての報告書 / *Concerning* your article, I found no mistakes in it. あなたの書いた記事に関しては,誤りは見られなかった.

‡**con·cert** [kánsə(ː)rt / kɔ́n-]
— 名 (複 con·certs [-sə(ː)rts]) **1** ⓒ 音楽会,コンサート,演奏会 (cf. recital 独唱[奏]会): an open-air *concert* 野外演奏会 / She will give a *concert* in Japan next month. 彼女は来月日本でコンサートを開く予定です.
2 ⓤ 《格式》一致,協力;調和.
■ *in cóncert* **1** ライブの,実演の. **2** 《格式》一斉に;[…と]協力して [*with*].
◆ cóncert gránd (piáno) ⓒ 演奏会用グランドピアノ.
cóncert hàll ⓒ 演奏会場,コンサートホール.

con·cert·ed [kənsə́ːrtid] 形 [限定用法] 協定上の, 協調した, 申し合わせた: take a *concerted* action 一致した行動をとる.

con·cert·go·er [kánsərtgòuər / kɔ́n-] 名 C 音楽会によく行く人.

con·cer·ti·na [kànsərtíːnə / kɔ̀nsə-] 名 C コンチェルティーナ《アコーディオンに似た楽器》.

con·cert·mas·ter [kánsərtmæstər / kɔ́nsətmɑ̀ːstə] 名 C 《米》《音楽》コンサートマスター (《英》leader)《オーケストラの首席第1バイオリン奏者》.

con·cer·to [kəntʃéərtou]【イタリア】名 (複 **con·cer·ti** [-tiː], **con·cer·tos** [~z]) C《音楽》協奏曲, コンチェルト: a violin *concerto* バイオリン協奏曲.

‡**con·ces·sion** [kənséʃən] 名 **1** U C [⋯への] 譲歩 (compromise); 許容, 容認 [to]: He made a *concession* to our demand. 彼は私たちの要求に譲歩した. **2** C 免許, 特許; 特権, 権益: an oil *concession* 石油採掘権. **3** C 《米》(売店などの) 営業許可, (劇場・公園などの) 売店, 売り場. **4** C 《英》(チケットなどの) 割引. (▷ 動 concéde)
◆ concéssion spéech C (選挙戦での) 敗北宣言.

con·ces·sion·aire [kənsèʃənéər] 名 C
1 特許所有者; (権利の) 譲り受け人. **2**《米》(場内) 売店管理人.

con·ces·sion·ar·y [kənséʃəneri / -séʃənəri] 形 **1** 譲歩の, 譲歩した, 譲歩的な. **2** 割引の.

con·ces·sive [kənsésiv] 形 **1** 譲歩する, 譲歩的な. **2**《文法》譲歩を表す: a *concessive* clause 譲歩節 (◇ though, even if などで始まる副詞節).

conch [kάŋk, kάntʃ / kɔ́ŋk, kɔ́ntʃ]《☆発音に注意》名 (複 **conchs** [kάŋks / kɔ́ŋks], **conch·es** [kάntʃiz / kɔ́n-]) C 巻き貝; (巻き貝の) 貝殻.

con·ci·erge [kɔːnsiéərʒ]【フランス】名 C
1 (特にフランスで) 門番, 守衛. **2** (アパートの) 管理人; (ホテルなどの) 接客係, コンシェルジュ.

con·cil·i·ate [kənsílièit] 動 他《格式》**1** 〈反対者など〉を手なずける, 〈人の怒りなど〉を鎮める: *conciliate* ... with a present 贈り物をして〈人〉をなだめる. **2** を調停する, 和解させる.

con·cil·i·a·tion [kənsìliéiʃən] 名 U **1** なだめること, 懐柔, 手なずけること. **2** 和解, 調停.

con·cil·i·a·to·ry [kənsíliətɔ̀ːri / -təri] 形 (通例, 限定用法) なだめる (ような); 懐柔的な; 融和的な.

‡**con·cise** [kənsáis]《☆アクセントに注意》形 (文体・言葉などが) 簡潔な: a *concise* summary [explanation] 簡潔な要約 [説明].
con·cise·ly [~li] 副 簡潔に.
con·cise·ness [~nəs] 名 U 簡潔さ.

con·ci·sion [kənsíʒən] 名 U 簡潔(さ), 簡明(さ): with *concision* 簡潔に.

con·clave [kάnkleiv / kɔ́n-] 名 C **1**《カトリック》コンクラーベ《教皇選挙会議. その会場》. **2** 秘密会議: sit [meet] in *conclave* 秘密会議をする.

‡**con·clude** [kənklúːd]【「con (= thoroughly) + clude (= close)」から】
— 動 (三単現 **con·cludes** [-klúːdz]; 過去・過分 **con·clud·ed** [~id]; 現分 **con·clud·ing** [~iŋ])
— 他《格式》**1** [進行形不可] [conclude + that 節] ⋯だと結論を下す, 断定する (→ DECIDE 類義語): [conclude + O + to be ...] ⋯が~だと結論を下す: We *concluded* that his opinion was right. = We *concluded* his opinion *to be* right. 私たちは彼の意見は正しいと結論を下した.

2 [⋯で] ⋯を終える, ⋯に結末をつける [with, by] (→ END 類義語): He *concluded* his speech *by* saying "Thank you." 「ありがとうございました」と言って彼は演説を終えた.

3 〈条約など〉を […と] 締結する [with]: Japan *concluded* a peace treaty *with* that country. 日本はその国と平和条約を結んだ.

4《米》[⋯することを / ⋯だと] 決める [to do / that 節] (decide): I *concluded* to take his advice. = I *concluded* that I would take his advice. 私は彼の助言を受け入れる決心をした.

— 自 《話・会議などが》[⋯で] 終わる [with, by]: The party *concluded* with his speech. パーティーは彼のあいさつで終わった.

■ *Concluded.* (連載記事などで) 了, 本号完結.
To be concluded. (連載記事などで) 次号完結 (cf. To be continued. 続く, 以下次号).
to conclúde 結論として, 終わりに.
(▷ 名 conclúsion; 形 conclúsive)

‡**con·clu·sion** [kənklúːʒən]
— 名 (複 **con·clu·sions** [~z]) **1** C […という] 結論, 断定 (decision) [that 節]: They came to [arrived at, reached] the *conclusion* that the problem was beyond them. その問題は自分たちには解けないという結論に彼らは達した / They drew the *conclusion* that he was innocent. 彼らは彼は無実との結論を出した.

2 C 終わり, 結び, 結末 (end): We took a vote at the *conclusion* of the debate. 私たちは討論の最後に採決をした. **3** U (条約などの) 締結: the *conclusion* of a treaty 条約の締結.

■ *bring ... to a conclúsion* ⋯を終わらせる, ⋯に結論を出す (conclude).
in conclúsion 結論として, 終わりに.
júmp to conclúsions 一足飛びに [性急に] 結論を出す, 早合点をする. (▷ 動 conclúde)

con·clu·sive [kənklúːsiv] 形 (証拠・事実などが) 確実な, 決定的な; (議論などが) 最終的な: *conclusive* evidence 確証. (▷ 動 conclúde)
con·clu·sive·ly [~li] 副 決定的に; 結論として.

con·coct [kənkάkt / -kɔ́kt] 動 他 **1** 〈カクテル・食物などを〉(材料を混ぜ合わせて)作る: *concoct* a meal from leftovers 残り物で食事を作る.

2《軽蔑》〈話・言い訳などを〉をでっち上げる: *concoct* a story 話をでっち上げる.

con·coc·tion [kənkάkʃən / -kɔ́k-] 名 **1** C 混ぜ合わせた物; 混合飲料, スープ; 調合薬. **2** U 混合; 調合. **3** U (話・言い訳などの) でっち上げ.

con·com·i·tant [kənkάmətənt / -kɔ́m-]《格式》形 [⋯に] 付随した, [⋯と] 同時に起こる [with].
— 名 C [通例 ~s] 付随するもの [こと].

con・cord [kánkɔːrd / kɔ́ŋ-] 名 **1** ⓊⒸ《格式》調和 (harmony); (意見・利害・感情などの)一致 (agreement) (↔ discord): in *concord* 調和して / You must live in *concord* with others. あなたがたは人と協調して暮らさなければならない. **2** 《格式》Ⓤ友好関係; Ⓒ友好協定. **3** Ⓤ《文法》呼応, 一致(◇密接な関係にある語が数・格・人称・性などで一致した形をとること. たとえば形容詞とその修飾する名詞は this book, these books のように数で一致する. 名詞とそれを受ける代名詞は数・性で一致して a girl は she か her で, girls は they か them で受ける).

Con・cord [kánkərd / kɔ́ŋ-] 名 固 **1** コンコード《米国 Massachusetts 州東部の町. 独立戦争の戦闘開始の地》. **2** コンコード《米国 New Hampshire 州の州都》.

con・cord・ance [kənkɔ́ːrdəns] 名 **1** Ⓒ (作家・作品・聖書などの)用語索引, コンコーダンス: a *concordance* to Hemingway ヘミングウェーの用語索引. **2** Ⓤ《格式》一致, 調和, (agreement): in *concordance* with … …に一致して, 従って.

con・cord・ant [kənkɔ́ːrdənt] 形《格式》[…と]一致した, 調和した [with].

Con・corde [kánkɔːrd / kɔ́ŋ-]《フランス》名 Ⓒ コンコルド《英仏共同開発の超音速ジェット旅客機》.

con・course [kánkɔːrs / kɔ́ŋ-] 名 Ⓒ **1** (公園などの)中央広場; (駅・空港などの)中央ホール, コンコース: the airport *concourse* 空港のコンコース. **2** 《格式》集合; 群衆 (crowd).

‡**con・crete** [kɑnkríːt / kɔ́ŋkriːt] (☆ 発音に注意) 形 **1** 具体的な, 有形の (↔ abstract): a *concrete* fact 具体的な事実. **2** 明確な (definite); 特定の (↔ general). **3** [kánkriːt / kɔ́ŋ-] [比較なし] コンクリート製の, 固まった: a *concrete* building コンクリートの建物.
— 名 [kánkriːt / kɔ́ŋ-] Ⓤ コンクリート: reinforced *concrete* 鉄筋コンクリート.
■ **in the concréte** 具体的に, 実際的に.
— 動 **1** [kánkriːt / kɔ́ŋ-] …にコンクリートを塗る, …をコンクリートで固める: *concrete* a road 道路をコンクリートで舗装する. **2** [kɑnkríːt / kən-] …を固める; …を具体化する.
◆ **cóncrete júngle** Ⓒ (都会の) コンクリートジャングル, 人間を疎外する都会.
cóncrete mìxer Ⓒ コンクリートミキサー(車).
cóncrete nóun Ⓒ《文法》具象名詞(◇ book や pen など形があるものを表す; ↔ abstract noun).

con・crete・ly [～li] 副 具体的に.

con・cu・bi・nage [kɑŋkjúːbinidʒ / kɔŋ-] 名 Ⓤ《格式》同棲(どうせい), 内縁関係.

con・cu・bine [kάŋkjubàin / kɔ́n-] 名 Ⓒ (一夫多妻制の)正妻以外の妻, 第2(以下)の夫人.

con・cur [kənkə́ːr] 動 (三単現 **con・curs** [～z]; 過去・過分 **con・curred** [～d]; 現分 **con・cur・ring** [-kə́ːriŋ]) 自《格式》**1** [人に / …のことで] (意見が) 一致する, 同意する (agree) [with / in]: I *concur* with you in this matter. 私はこの件であなたに同意します. **2** (複数の出来事が) […と] 同時に起こる [発生する], 共起する [with]; 同時に重なって […] する [to do]: Everything *concurred* to make him famous. いろいろなことが積み重なって彼は有名になった.

con・cur・rence [kənkə́ːrəns / -kʌ́r-] 名《格式》**1** Ⓤ [単数扱い] (意見などの)一致, 同意. **2** ⓊⒸ [時に a ～] 同時発生; (併発)事件.

con・cur・rent [kənkə́ːrənt / -kʌ́r-] 形 **1** […と] 同時に起こる [発生する] [with]. **2** 《格式》(意見などが) […と] 一致した [with].

con・cuss [kənkʌ́s] 動 [しばしば受け身で] 〈人〉を気絶させる, 〈人〉に脳震とうを起こさせる.

con・cus・sion [kənkʌ́ʃən] 名 ⓊⒸ **1** (爆発などによる)強い震動. **2** 《医》脳震とう.

‡**con・demn** [kəndém] (☆ 発音に注意) 動 **1** 〈人・言動など〉を […の理由で] 非難する, 責める (blame) [for]: He *condemned* me *for* my rudeness. = He *condemned* my rudeness. 彼は私の不作法なふるまいを非難した. **2** 〈人〉に […で] 有罪と宣告する [for]; 〈人〉に […の刑を] 宣告する [to]: The murderer was *condemned* to death. その殺人者は死刑を宣告された. **3** 〈人〉を […に / …するように] 運命づける, 追いやる [to / to do]: She was *condemned* to lead an unhappy life. = She was *condemned* to an unhappy life. 彼女は不幸な生活を強いられた (◇通例, to do を用いるほうが好まれる). **4** …を [不良・危険だと] 宣告する [as]; …の解体・改築を命じる: The tunnel was *condemned as* unsafe and closed. そのトンネルは危険とされて閉鎖された. **5** (言葉・表情などが)〈人〉のやましさを示す: Her behavior will *condemn* her. 彼女の行動を見れば やましいところがあることがわかるだろう.

con・dem・na・tion [kàndemnéiʃən / kɔ̀n-] 名 ⓊⒸ **1** (激しい)非難 (censure). **2** 有罪の宣告 [判決]; [単数形で] 非難の理由 [根拠]. **3** 不良 [不適] と言い渡すこと; 《米》(財産などの)没収, 収用.

con・den・sa・tion [kàndenséiʃən / kɔ̀n-] 名 **1** Ⓤ 凝縮, 凝結; 液化. **2** Ⓤ 凝縮 [液化] 物; 水滴. **3** ⓊⒸ 短縮(したもの), 要約(したもの).

‡**con・dense** [kəndéns] 動 他 **1** 〈液体〉を […に] 濃縮する; 〈気体〉を […に] 凝縮 [液化] させる [into, to]: *condense* vapor *into* [*to*] water 水蒸気を液化して水にする. **2** 〈表現などを〉 […に] 要約する, 簡約する [into]: Will you *condense* his speech *into* a few paragraphs? 彼の演説を数段落で要約してくれませんか.
— 自 […に] 凝結する, 凝縮する, 濃くなる [into]: Steam *condenses into* water when it is cooled. 水蒸気は冷やすと水になる.
◆ **condénsed mílk** Ⓤ コンデンスミルク, 練乳.

con・dens・er [kəndénsər] 名 Ⓒ **1**《電気》コンデンサー, 蓄電器 (capacitor); 《光》集光レンズ. **2** 液化装置.

con・de・scend [kàndisénd / kɔ̀n-] 動 自 **1**《軽蔑》不遜にも […] する, 恩着せがましく […] する [to do]: My boss *condescended to* listen to me. 上司は不本意な態度で私の言い分を聞いた. **2**《軽蔑》[…に] 偉ぶった態度をとる [to]. **3** わざわざ […] する, へりくだって […] する [to do].

con・de・scend・ing [kàndiséndiŋ / kɔ̀n-] 形《軽蔑》不遜な; 恩着せがましい.

con·de·scen·sion [kàndisénʃən / kɔ̀n-] 名 ⓤ **1** 恩着せがましい態度, 不遜な態度. **2**〈日下に対する〉謙遜(ﾍﾝ), 丁寧な態度.

con·di·ment [kándəmənt / kɔ́n-] 名 ⓤⓒ [通例 ~s] 調味料, 薬味.

★★★ con·di·tion [kəndíʃən] 名 動

——名 (複 con·di·tions [~z]) **1** ⓤ [または a ~] 状態, 健康状態, (機械などの)調子 (→ SITUATION 類義語): The financial *condition* of the company is precarious. その会社の財政状態は不安定である / How about the *condition* of the engine? エンジンの調子はどうですか / He is in no *condition* to go there alone. 彼は1人でそこへ行けるような健康状態ではない / The patient is in (a) critical *condition*. その病人は重体である.

▸ コロケーション **体調を [が] …**
体調をよくする: *improve* condition
体調を保つ: *keep oneself in* condition
体調がよくなる: *get into* (good) condition
体調がよい: *be in* (good) condition
体調が悪い: *be out of* [*in bad*] condition

2 [~s](周囲の)状況, 事情: living *conditions* 生活状況 / the present *conditions* 現状 / He tried to improve the *conditions* of the poor. 彼は貧しい人々の生活状態を改善しようとした.

3 ⓒ 条件, 必要条件: working *conditions* 労働条件 / meet the *conditions* 諸条件を満たす / without *conditions* 無条件で / The first *condition* of success is perseverance. 成功の第一条件は忍耐である.

4 ⓒ 病気: She has a liver *condition*. 彼女は肝臓病である. **5** ⓒ 地位, 身分: people of all *conditions* すべての階層の人々.

■ **on condítion that …** …という条件で, もし…ならば: I agreed to help *on condition that* I got half of the profit. 利益の半分をもらうという条件で私は援助することに同意した.

on nó condítion どんなことがあっても…しない: You must *on no condition* meet him. あなたは決して彼に会ってはならない.

——動 ⓣ **1**《格式》…を決定する, 左右する: Rice crops are *conditioned* by the weather in summer. 米作は夏の天候に左右される. **2** …を […に /…するように] なっけ, 訓練する [*to* / *to do*]: He *conditioned* his dog *to* bark at strangers. 彼は知らない人にほえるように犬を訓練した.
3〈髪・皮膚など〉をよい状態にする, 整える: *condition* oneself 体調を整える / She spends much time *conditioning* her hair. 彼女は髪を整えるのに多くの時間を使う.

***con·di·tion·al** [kəndíʃənəl] 形 [比較なし] **1** 条件付きの: a *conditional* contract 条件付き [仮] 契約. **2** […] 次第の [*on, upon*]: Success is *conditional on* [*upon*] your own effort. 成功はあなたの努力次第です. **3**《文法》条件を表す.

◆ conditional cláuse ⓒ【文法】条件節 (◇ if, unless などの導く条件・仮定などを表す副詞節: If it rains tomorrow, we won't go on a picnic. もしあす雨が降れば, ピクニックには行かない).

con·di·tion·al·ly [kəndíʃənəli] 副 条件付きで.

con·di·tioned [kəndíʃənd] 形 条件付きの, 制約のある; [複合語で] …の状態の: well- [ill-] *conditioned* よい [不良な] 状態にある / Our office is air-*conditioned*. うちの事務所はエアコンが付いている.

◆ conditioned respónse [réflex] ⓒ【心理】条件反射.

con·di·tion·er [kəndíʃənər] 名 ⓒ **1** エアコン (air conditioner). **2** (化粧・整髪用の) 化粧水, コンディショナー.

con·di·tion·ing [kəndíʃəniŋ] 名 ⓤ **1** 空調; (動物などの)調教; (体調などの)調整. **2**【心理】条件付け.

con·do [kándou / kɔ́n-] 名《米口語》= CONDOMINIUM **1** (↓).

con·dole [kəndóul] 動 ⓘ《格式》〔人に /…の〕悔やみを言う, 弔意(ﾁｮｳ)を表す [*with* / *on, over*]: The students *condoled with* their teacher on [*over*] his father's death. 生徒たちは先生の父親の死に対してお悔やみを述べた.

con·do·lence [kəndóuləns] 名 ⓤⓒ 悔やみ; [しばしば ~s]《格式》〔…への〕 用辞(ﾁｮｳ), 哀悼の言葉 [*on, to*]: a letter of *condolence* お悔やみ状 / Please accept my *condolences on* your father's death. お父様のご逝去に対しお悔やみを申し上げます.

con·dom [kándəm / kɔ́n-] 名 ⓒ コンドーム.

con·do·min·i·um [kàndəmíniəm / kɔ̀n-] 名 (複 con·do·min·i·ums [~z], con·do·min·i·a [-iə]) **1** ⓒ《米》 分譲マンション [アパート] (の1戸) (◇《米口語》では略して condo とも言う).
2 ⓤ【国際法】共同統治; ⓒ 共同統治国.

con·done [kəndóun] 動 ⓣ《格式》**1**〈罪・罪人など〉を許す (forgive). **2** 見逃す, 大目に見る (overlook): I never *condone* violence. 私は決して暴力を許さない.

con·dor [kándər / kɔ́ndɔːr] 名 ⓒ【鳥】コンドル《南米産の巨大な鳥》.

con·duce [kəndjúːs / -djúːs] 動 ⓘ《格式》〔よい結果に〕導く, 貢献する [*to, toward*].

con·du·cive [kəndjúːsiv / -djúː-] 形〔叙述用法〕《格式》〔…の〕助けとなる, 〔…に〕貢献する [*to, toward*]: Keeping early hours is *conducive to* health. 早寝早起きは健康によい.

★★★ con·duct 動 名

【「con(= together) + duct(= lead)」から】
——動 [kəndʌ́kt]《☆ 名 との発音の違いに注意》
(三単現 con·ducts [-dʌ́kts], 過去・過分 con·duct·ed [~id]; 現分 con·duct·ing [~iŋ])
——ⓣ **1**〈業務などを行う (carry on);〈事業など〉を経営する, 管理する: She *conducted* the survey efficiently. 彼女はてきぱきと調査を行った / He *conducts* a big business. 彼は大きな事業を経営している.

2〈楽団・曲など〉を指揮する: He *conducted* Beethoven's Symphony No. 9. 彼はベートーベンの第9交響曲を指揮した.

3 《格式》…を[…に]案内する, 導く (guide) [to]: Will you *conduct* me *to* my seat? 席まで案内してくれますか. 4 《物理》〈熱・光・電気など〉を伝える, 伝導する: Iron *conducts* electricity well. 鉄は電気をよく伝える. 2 [C-]《米史》南部連合の: the *Confederate* Army 南軍.
— ⑪ (楽団を)指揮する.
■ *condúct onesèlf ...* [通例, 副詞(句)を伴って]《格式》ふるまう, 行動する (behave): He *conducted himself* admirably. 彼は立派にふるまった.

— 图 [kándʌkt, -dəkt / kóndəkt] Ⓤ《格式》 1 行い, 行為; (道徳上の)品行 (→ ACT 類義語): proper [improper] *conduct* 適切[不適切]な行為 / He is above such mean *conduct*. 彼はそんな卑劣な行為はしない. 2 管理, 運営; 遂行: the *conduct* of a business 事業の運営. 3 案内, 指導 (guidance).

con·duc·tion [kəndʌ́kʃən] 图 Ⓤ《物理》(電気・熱・音などの)伝導;(水が管を)通ること, 通水.
con·duc·tive [kəndʌ́ktɪv] 形 伝導 (性)の.
con·duc·tiv·i·ty [kàndəktíviti / kòn-] 图 Ⓤ《物理》伝導(性), 伝導率.
***con·duc·tor** [kəndʌ́ktər] 图 Ⓒ 1 (旅行などの)案内人 (guide), 添乗員. 2 (バスの)車掌; 《米》(列車の)車掌 (《英》guard) (◇女性形は conductress). 3 《音楽》指揮者 (→ ORCHESTRA [PICTURE BOX]). 4 〈電気・熱などの〉伝導体: a good [bad] *conductor* 良[不良]導体.
con·duc·tress [kəndʌ́ktrəs] 图 Ⓒ 女性の車掌.
con·duit [kándjuɪt / kóndjuit] 图 Ⓒ 1 (水道の)導管; 水路. 2 〈電気〉コンジット《数本の電線が入った管》.
***cone** [kóun] 图 Ⓒ 1 円錐(芥), 円錐形の(もの) (→ FIGURE 図). 2 (アイスクリームの)コーン (《英》cornet): an ice-cream *cone* アイスクリームのコーン. 3 (松・杉などの)球果, 松かさ (pinecone).
4 円錐標識; セーフティーコーン《道路工事現場などを示す》.
— 働 ⑪《英》〈道路〉を円錐標識で仕切る (*off*).
co·ney [kóuni] 图 = CONY ウサギ.
Có·ney Ísland [kóuni-] 图 ⑬ コニーアイランド《New York 市 Long Island の行楽地》.
con·fab [kánfæb / kón-] 图 Ⓒ《口語》談笑, おしゃべり; 会議.
con·fab·u·late [kənfǽbjəleɪt] 働 ⑪ […と] 談笑する, 雑談する (chat) [*with*].
con·fab·u·la·tion [-fæ̀bjəléɪʃən] 图 Ⓤ Ⓒ 談笑.
con·fec·tion [kənfékʃən] 图 Ⓒ 1 《格式》菓子, 糖菓《キャンディー・ボンボンなど》;(果物などの)砂糖漬け. 2 (凝ったデザインの)既製婦人服, 装飾品.
con·fec·tion·er [kənfékʃənər] 图 Ⓒ 1 菓子製造[販売]人. 2 菓子屋 (《◇ 米》).
con·fec·tion·er·y [kənfékʃənèri / -nəri]
图 (複 **con·fec·tion·er·ies** [~z]) 1 Ⓤ《集合的に》菓子類. 2 Ⓒ 菓子屋; 菓子製造所. 3 Ⓤ 菓子製造(業).
con·fed·er·a·cy [kənfédərəsi] 图 (複 **con·fed·er·a·cies** [~z]) 1 Ⓒ (政治的な)連盟, 同盟(国), 連邦. 2 [the C-]《米史》(南北戦争の)南部連合 (the Confederate States of America; → CONFEDERATE 複合語). 3 Ⓒ 共謀; 徒党.

***con·fed·er·ate** [kənfédərɪt] 形 《☆ 働 との発音の違いに注意》[比較なし; 限定用法] 1 同盟の, 連合した. 2 [C-]《米史》南部連合の (↔ Federal): the *Confederate* Army 南軍.
— 图 Ⓒ 1 同盟国[者]; 共謀[共犯]者. 2 《米史》南部連合派(支持者).
— 働 ⑪ …を[…と]同盟[連合]させる; 共謀させる [*with*].
— ⑪ 同盟[連合]する; 共謀する.
◆ **Confédeerate Státes of América** 图《複数扱い; the ~》《米史》南部連合《南北戦争 (1861-65)時, 南部の11州で形成. 奴隷制度廃止に反対して合衆国から分離を図った. 《略語》C.S.A.; cf. Federal States 北部連邦諸州》.
con·fed·er·a·tion [kənfèdəréɪʃən] 图 1 Ⓤ Ⓒ […との]同盟, 連合 [*of, between*]. 2 Ⓒ 連邦, 同盟[連合]国. 3 [the C-]《米史》アメリカ植民地同盟 (1781-89; 新憲法によりアメリカ合衆国が成立するまでの13州の同盟).
***con·fer** [kənfə́ːr] 働 《☆ アクセントに注意》(三単現 **con·fers** [~z], 過去・過分 **con·ferred** [~d]; 現分 **con·fer·ring** [-fə́ːrɪŋ]) ⑪ [… について] 相談する, 協議する [*with / on, about*]: He *conferred with* his teacher *about* his trouble. 彼は悩みについて先生に相談した.
— ⑪《格式》[…に]〈恩恵・栄誉・勲章など〉を授与する (give) [*on, upon*]: The principal *conferred* a medal *on* the student. 校長はその学生にメダルを与えた. (▷ conférment, cónference)

***con·fer·ence** [kánfərəns / kón-]
— 图 (複 **con·fer·enc·es** [~ɪz]) 1 Ⓒ 会議, 協議会; 会見 (→ MEETING 類義語); Ⓤ 相談, 協議: a summit *conference* 首脳会議, サミット / a press *conference* 記者会見 / We will hold a *conference* on environmental problems next month. 私たちは来月環境問題についての会議を開く予定です / She is now in *conference* with the coach. 彼女は今コーチと会議中です.
2 Ⓒ《米》(学校の)競技連盟; 《フットボールなどの》カンファレンス. (▷ confér)
con·fer·ment [kənfə́ːrmənt] 图 Ⓤ Ⓒ《格式》授与, 贈与, 叙勲. (▷ confér)
***con·fess** [kənfés] 働 ⑪ 1 (a) [confess + O] 〈悪事など〉を[…に]白状する, 自白する [*to*] (→ ADMIT 類義語): You must *confess* your failure *to* your parents. 君は自分の失敗を両親に言わなければいけない. (b) [confess + that 節] …ということを自白する, 認める; [confess + O + (to be+) C] …を～だと認める: He *confessed* to me *that* he had stolen my purse. 彼は私の財布を盗んだことを認めた / I must *confess* (*that*) I haven't read the book. 実を言えば, 私はその本を読んでいないんです / I have to *confess* myself (*to be*) wrong. 私は自分が間違っていると認めなければならない. 2 〈罪〉を[…に]ざんげする [*to*]: *confess* one's sin *to* God 神に罪を告白する.

— 他 1 〔悪事・罪などを〕白状する, 認める [to]: *confess to* a crime 罪を認める / The boy *confessed to* breaking the glass. その少年はコップを割ったことを認めた / I don't like math, I *confess*. 実を言うと私は数学が好きではない. 2 〔司祭に〕ざんげする [to], 〔司祭が〕ざんげを聞く.
■ **to conféss the trúth** 〔文修飾〕実を言えば.

con・fessed [kənfést] 形 〔限定的用法〕 1 〔世間一般に〕認められた, 公然の, 明白な. 2 自分から認めた[告白した].

con・fess・ed・ly [kənfésidli] 副 〔世間一般の〕認めるところでは, 明らかに; 自白によれば.

***con・fes・sion** [kənféʃən] 名 [U][C] 1 自白, 告白; (愛の)告白: The suspect made a full *confession* to the police. その容疑者は警察にすべてを自白した. 2 〔宗教〕(信者の)告白, (カトリック教会での)告解, ざんげ: a *confession* of faith 信仰の告白 / go to *confession* (信者が司祭の所へ)ざんげをしに行く.

con・fes・sion・al [kənféʃənəl] 名 1 [C] (カトリックの)告解[ざんげ]室. 2 [the ~] 告解[ざんげ] (の慣習). — 形 告白[ざんげ]の.

con・fes・sor [kənfésər] 名 [C] 1 告白者, 告解[ざんげ]する人. 2 聴罪司祭《告解[ざんげ]を聴く司祭》.

con・fet・ti [kənféti] 〔イタリア〕名 [U] 1 紙吹雪. 2 キャンディー, 糖菓.

con・fi・dant [kánfidænt / kɔ́n-] 名 [C] (男性の)親友.

con・fi・dante [kánfidænt / kɔ́n-] 名 [C] (女性の)親友.

***con・fide** [kənfáid] 動 他 1 〔…に〕〈秘密など〉を打ち明ける [to]; 〔…と〕打ち明ける [that 節]: He *confided* his troubles *to* his brother. 彼は悩みを兄に打ち明けた.
2 《格式》〔…に〕…を任せる, 委託する [to]: I *confided* my child *to* my aunt's care. 私は子供をおばに預けた.
— 自 1 〔…に〕(秘密などを) 打ち明ける [in]: I have no friends to *confide in*. 私には秘密を打ち明けられる友人がいない. 2 〔人・正直さなどを〕信用する, 信頼する (trust) [in]: We can *confide in* his honesty. 彼の正直さは信用できる.

*****con・fi・dence** [kánfədəns / kɔ́n-]
【原義は「完全に信頼すること」】
— 名 (複 **con・fi・denc・es** [~iz]) 1 [U] 〔…に対する / …という〕信頼, 信用 (trust) [in / that 節]: a vote of no *confidence* 不信任投票 / We have great *confidence* in his judgment. 私たちは彼の判断を大いに信頼している / I won [lost] her *confidence*. 私は彼女の信頼を得た[失った].
2 [U] 自信, [ときに] 確信 (↔ diffidence) [that 節]; [...する] 大胆さ, ずうずうしさ [to do]: I can with *confidence* recommend him for the job. 私は自信を持って彼をその仕事に推薦できます / We have every *confidence* that he will succeed. 私たちは彼が成功するという確信を十分に持っている / He had the *confidence* to admit his mistakes. 彼は大胆にも誤りを認めた.

|コロケーション| 自信を[が]…
自信がある: **have confidence**
自信をつける: **gain [win] confidence**
自信を取り戻す: **restore confidence**
自信がない: **have no confidence**
自信をなくす: **lose confidence**

3 [C] 打ち明け話, 秘密: We exchanged *confidences*. 私たちは内緒話をした.
■ *in* (*strict*) *cónfidence* 〔ごく〕内緒で: He told me *in confidence* that he had played sick. 彼は私に仮病を使ったと内緒で話してくれた.
táke ... into one's cónfidence 〈人〉に秘密を打ち明ける.
◆ **cónfidence gàme** 〔《英》 **tríck**〕 《米》 [C] 信用[取り込み]詐欺.
cónfidence màn 《米》 [C] (取り込み)詐欺師.

***con・fi・dent** [kánfədənt / kɔ́n-] 形 1 〔…を / …と〕確信した [of / that 節] 《◇ sure よりも強い確信を表す》: I am *confident of* his passing the exam. = I am *confident* that he can pass the exam. 私は彼が試験に合格することを確信している. 2 〔…に〕自信がある [in]; うぬぼれた: in a *confident* manner 自信に満ちた態度で / She is *confident* in herself. 彼女は自分に自信がある.

***con・fi・den・tial** [kànfədénʃəl / kɔ̀n-] 形
1 内密の, 秘密の (secret): *Confidential* (封筒・書類に上書きする) 親展, 極秘 / *confidential* papers [documents] 機密書類 / a *confidential* talk 内緒話.
2 〔限定的用法〕信頼できる, 信用のおける: a *confidential* secretary 腹心の秘書. 3 親しげな, 打ち解けた: get [become] *confidential* with ... …と打ち解ける.

con・fi・den・ti・al・i・ty [kànfədénʃiǽləti / kɔ̀n-] 名 [U] 秘密性, 機密性; 信頼を裏切らないこと, 信頼(感)が厚いこと.

con・fi・den・tial・ly [kànfədénʃəli / kɔ̀n-] 副 1 内密に; [文修飾] ここだけの話だが, 打ち明けて言えば. 2 打ち解けて.

con・fi・dent・ly [kánfədəntli / kɔ́n-] 副 確信して, 自信を持って; 大胆に.

con・fid・ing [kənfáidiŋ] 形 (容易に人を)信頼する, 信じやすい, 人を疑わない.

con・fig・u・ra・tion [kənfìgjəréiʃən / -gju-] 名 [C] 1 〔格式〕配置, 配列. 2 〔格式〕外形, 輪郭. 3 〔コンピュータ〕環境設定.

***con・fine** [kənfáin] 《☆ 名 との発音の違いに注意》
動 他 1 [confine+O+to ...] 〈発言など〉を…に制限する, 限る: Please *confine* your remarks *to* what you know. どうぞ発言は知っていることだけにしてください. 2 …を […に] 閉じ込める, 収容する [to, in]: get *confined in* jail 留置される / He is *confined to* bed. 彼は病床についている. — 名 [kánfain / kɔ́n-] [C] 〔通例 ~s〕〔格式〕境界(線); (行動などの)限界 (limit): as far as the eastern *confines* of France フランス東部国境まで / beyond the *confines* of human knowledge 人間の知識の領域を超えて.

con・fined [kənfáind] 形 1 (場所に)限られた, 狭い. 2 〔…に〕引きこもった, 閉じこもった [to].

con・fine・ment [kənfáinmənt] 名 U **1** 監禁, 閉じ込めること: under *confinement* 監禁状態で. **2** 制約. **3** [時に a ～]《格式》出産.

‡**con・firm** [kənfə́ːrm] 動 他 **1** (a) [confirm＋O] …を確認する, 確実にする: Please *confirm* your hotel reservation by phone. 電話でホテルの予約の確認をしてください.
(b) [confirm＋that 節] …ということを確認する, 確実にする: His letter *confirmed that* the report was true. 彼の手紙からその報告は正しいとわかった. **2** [confirm＋O] 〈契約・任命など〉を承認する(approve); 〈決議〉を批准する. **3** 〈決心・信念など〉を固める, 〈決意・権限など〉を強める: Her advice *confirmed* his decision to study abroad. 彼女の助言によって彼は留学する決心が固まった. **4** 〈人〉に〈キリスト教会の〉堅信礼を行う. (▷ 名 cònfirmátion)

＊**con・fir・ma・tion** [kànfərméiʃən] 名 U C **1** […の／…ということの] 確認, 確証, 承認 [of／that 節]: (a) *confirmation of* the rumor そのうわさの確認／ in *confirmation of* …の確認として. **2**《キリスト》堅信礼(通例, 幼年期の信仰を再確認される儀式). (▷ 動 confirm)

con・firmed [kənfə́ːrmd] 形《限定用法》確認された, 確証された. **2** 凝り固まった; (癖・習慣などが)頑固な: a *confirmed* bachelor 独身(主義)を通す男性／ a *confirmed* habit 直らない[習慣になった]癖.

con・fis・cate [kánfiskèit／ kón-] 動 他 […から] …を没収[押収]する [from]: The police *confiscated* the drug. 警察は麻薬を押収した.

con・fis・ca・tion [kànfiskéiʃən／ kòn-] 名 U C 没収(物), 押収(品); 徴発.

con・fis・ca・to・ry [kənfískətɔ̀ːri／ -təri] 形 没収の, 押収の; 没収同然の.

con・fla・gra・tion [kànfləgréiʃən／ kòn-] 名 C《格式》大火, 大火災.

con・flate [kənfléit] 動 他〈2つ以上のもの〉を合成して1つにする; 結合する.

‡**con・flict** 名 動

【「con (共に)＋flict (打つ)」から】
— 名 [kánflikt／ kón-] (☆ 動 との発音の違いに注意)(複 **con・flicts** [-flikts]) U C **1** […間の／…との](意見・利害などの)衝突, 矛盾, 不一致 (disagreement) [between／ with]: an armed *conflict* 武力衝突／ a *conflict* of interest(s) 利害の衝突;《法》利益相反／ a *conflict* of opinions 意見の衝突／ be in *conflict* with … …と衝突して, 相いれないで／ The members expressed no *conflict* with the new plan. メンバーは新しい計画には異存がないことを表明した／ She felt a *conflict between* love and hate toward him. 彼女は彼に対して愛と憎しみの葛藤(かっとう)を感じていた.

2 […間の／…との](長期的)闘争, 論争; 紛争, 戦争 [between／ with](→ FIGHT 類義語): a *conflict between* the two countries over their boundaries 国境をめぐる2国間の紛争.

■ **cóme ìnto cónflict** […と] 衝突する, 矛盾する [with]: An ideal often *comes into conflict with* a reality. しばしば理想は現実と相反する.
— 動 [kənflíkt] 自 […と]矛盾する, 対立する, 一致しない (disagree) [with]: My interests *conflict with* yours. 私の利害はあなたの利害と相反する.

con・flict・ing [kənflíktiŋ] 形 矛盾する, 相反する.

con・flu・ence [kánfluəns／ kón-] 名 U C **1**(川・道などの)合流(点). **2**《格式》(人・ものの)合流; 集合.

＊**con・form** [kənfɔ́ːrm] 動 自 **1**(規則・習慣などに)従う; 順応する [to, with]: *conform to* fire regulations 火災取締り法規に従う. **2** […と]一致する [to, with].
— 他 …を(規則・習慣などに)合わせる; 従わせる, 順応させる (adapt) [to].

con・for・ma・tion [kànfɔːrméiʃən／ kòn-] 名 C U《格式》形態; 構造, 配置.

con・form・ist [kənfɔ́ːrmist] 名 C **1**(通例, 軽蔑)体制順応者. **2** [しばしば C-] 英国国教徒.
— 形 (通例, 軽蔑)(体制に)順応的な.

＊**con・form・i・ty** [kənfɔ́ːrməti] 名 U [時に a ～]《格式》 **1** […との] 適合, 一致 (agreement) [to, with]: Conduct yourself in *conformity with* your principle. 信条通りに行動しなさい. **2** […への] 服従, 従順 (obedience) [to, with]: *conformity to* the fashion 流行に従うこと.

＊**con・found** [kənfáund] 動 他 **1** […で]〈人〉を混乱させる, 当惑させる [at, by] (◇ confuse, bewilder よりも強意的): The flood of questions *confounded* me. 質問攻めにあって私はうろたえた／ I was *confounded by* the news. 私はその知らせに面くらった. **2** […と] …を混同する (confuse) [with]. **3** …を打ち負かす. **4** …をのろう (◇ damn などより穏やかな表現): *Confound* it [you]! えい, いまいましい!

con・found・ed [kənfáundid] 形《限定用法》《古風》(腹立たしさを表して) いまいましい, ひどい.

con・fra・ter・ni・ty [kànfrətə́ːrnəti／ kòn-](複 **con・fra・ter・ni・ties** [～z]) C(宗教・慈善・同業などの)団体.

con・frere, con・frère [kánfreər／ kón-]【フランス】名 C《格式》同僚, 同業者.

‡**con・front** [kənfrʌ́nt] 動 他 **1**(人が)〈困難など〉に立ち向かう, 直面する (face): *confront* danger [death] 危険[死]に立ち向かう. **2** [しばしば受け身で](困難などが)〈人〉の前に立ちはだかる: Great difficulties *confronted* him.＝He *was confronted* [with] great difficulties. 彼は大きな困難にぶち当たった. **3** …を […と] 対決[直面]させる [with]: *confront* the accused *with* his accuser 被告を原告と対決させる. **4** …に[事実・証拠などを]突きつける [with]: *confront* the suspect *with* the evidence 容疑者に証拠を突きつける. (▷ 名 cònfrontátion)

‡**con・fron・ta・tion** [kànfrʌntéiʃən／ kòn-] 名 U C 直面(すること); […との] 対決, 対立 [with]. (▷ 動 confrónt)

con・fron・ta・tion・al [-nəl] 形 対決的な, 対決姿勢の.

Con・fu・cian [kənfjúːʃən] 形 孔子の, 儒教の.

―名C 儒者.
Con・fu・cian・ism [〜ìzəm] 名U 儒教《孔子を祖とする中国の伝統的な政治・道徳の教え》.
Con・fu・cius [kənfjúːʃəs] 名 固 孔子《551? – 479? B.C.; 中国の思想家. 儒教の開祖》.
‡**con・fuse** [kənfjúːz] 動 他 **1** [...と] …を混同する, 取り違える[*with*]: We must not *confuse* liberty *with* license. 自由と勝手気ままとを取り違えてはならない. **2** 《通例, 受け身で》〈人〉を当惑させる, 混乱させる: His explanation *confused* him. 彼の説明に私は混乱した.
3 〈問題・状況など〉を混乱させる, あいまいにする: *confuse* the arrangements 配置をめちゃめちゃにする. (▷ 名 confúsion)
‡**con・fused** [kənfjúːzd] 形 混乱した; 当惑した.
con・fus・ed・ly [kənfjúːzidli] 副 混乱[困惑]して.
‡**con・fus・ing** [kənfjúːziŋ] 形 混乱[困惑]させる, まごつかせる: These instructions are too *confusing*. この使用説明書はあまりにもややこしい.

‡**con・fu・sion** [kənfjúːʒən]
―名U [時にa 〜] **1** 混乱; 混雑 (disorder): My room is in *confusion*. 私の部屋は散らかっている / The resignation of the coach threw our team into *confusion*. 監督の辞任で私たちのチームは混乱に陥った / She tried to clear up the *confusion* in the hall. 彼女は場内の混乱を収めようとした.
2 [...の/...との] 混同, 取り違え[*of* / *with*]: the *confusion* of Austria *with* [and] Australia オーストリアとオーストラリアとの混同 / There seemed to be some *confusion* of names. 名前の勘違いがあったようです.
3 〈心の〉 乱れ, 当惑: I could not cover [hide] my *confusion* at the news. 私はその知らせを聞いて, 心の動揺を隠せなかった. (▷ 動 confúse)
con・fu・ta・tion [kànfjutéiʃən / kɔ̀n-] 名CU 《格式》論破, 論駁(ばく); 反証.
con・fute [kənfjúːt] 動 他 《格式》…を[…で] 論破する, 論駁(ばく)する; 反証する[*with*].
con・ga [kɑ́ŋgə / kɔ́ŋ-] 名C **1** コンガ《速いテンポのキューバの踊りとその曲》. **2** 両手でたたく長いたる形の太鼓 (◇ conga drum とも言う).
con・geal [kəndʒíːl] 動 他 〈液体など〉を濃くする; 凝固[凝結]させる, 凍らせる: Fear *congealed* our blood. 恐怖で私たちは血も凍る思いだった.
―自 〈液体などが〉濃くなる; 凝固する, 凍る.
***con・ge・nial** [kəndʒíːnjəl] 形 **1** [人と] 同じ性質[趣味]の, 気の合った, 気の知れた[*to*]: I found nobody *congenial to* me at the party. そのパーティーには私と気の合う人がいなかった. **2** 〈趣味などが〉〈人〉の性分に合った, 適している; 〈人に〉快適な (pleasant) [*to*]: He found the climate there *congenial to* his health. 彼はそこの気候が自分の健康に適しているのに気づいた.
con・gen・i・tal [kəndʒénətəl] 形 〈病気などが〉生まれつきの, 先天的な: a *congenital* disease 先天性の病気.
con・gen・i・tal・ly [-təli] 副 先天的に.
con・ger [kɑ́ŋgər / kɔ́ŋ-] 名C = cónger éel 《魚》アナゴ.
con・gest・ed [kəndʒéstid] 形 **1** 〈土地が〉[…で] 密集した, 混雑した, 〈道路などが〉[…で] 込み合った, 渋滞した[*with*]: The shopping center was *congested with* shoppers. 商店街は買い物客でごった返していた. **2** 《医》充血した, 鼻づまりの.
con・ges・tion [kəndʒéstʃən] 名U **1** 〈人口の〉密集, 過密; 〈交通などの〉混雑, 雑踏: traffic *congestion* 交通渋滞. **2** 《医》充血; 鼻づまり.
con・glom・er・ate [kənglɑ́mərət / -glɔ́m-] 名C **1** 集合体, 団塊. **2** 複合企業体, コングロマリット. **3** 《地質》礫岩(れきがん).
―形 **1** 《雑多なものが集まって》丸く固まった, 団塊状の. **2** 複合企業の. **3** 《地質》礫岩(れきがん)質の.
con・glom・er・a・tion [kənglɑ̀məréiʃən / -glɔ̀m-] 名UC 集まり, 集合体; 複合企業化.

LET'S TALK お祝いの言葉

[基本] **Congratulations!**

Jenny: **I passed the examination to New York University.**
（ニューヨーク大学の入学試験に合格しました）

Miho: **Congratulations! That's wonderful.**
（おめでとう. すごいですね）

「おめでとう」とお祝いの言葉をかけるときには, Congratulations! と言いましょう. この言葉は相手の勝利や成功など, いろいろな場面で使うことができます. ただし, 「誕生日おめでとう」は Happy birthday!, 「新年おめでとう」は Happy New Year! と言い, Congratulations! は使えません.

Congratulations! の代わりに, 「よくやったね」の意味で, Well done! または Good job! と言うこともあります. ただし, これらの表現は相手が努力の結果, 何かすばらしいことをやりとげたときに限ります.

[類例] A: I won the championship in the tennis tournament. (テニスの大会で優勝しました)
B: Well done! (よくやったね)

Con·go [káŋgou / kóŋ-] 名 固 **1** コンゴ共和国《コンゴ川西岸にあるアフリカ中西部の国;首都ブラザビル(**Brazzaville**)》. **2** コンゴ民主共和国《コンゴ川東岸にある;首都キンシャサ(**Kinshasa**);旧称ザイール(**Zaire**)》. **3** [the ~] コンゴ川《アフリカ中西部の大河》.

con·grats [kəngræts] 間 《口語》おめでとう 《◇ *congratulations* の短縮形》.

*con·grat·u·late [kəngrætʃuleit] 【原義は「喜びを共にする」】動 他 **1** [congratulate +O] 〈人〉を […のことで] 祝う;〈人〉に祝辞を述べる,おめでとうを言う [*on, upon*] (→ CELEBRATE 類義語): I'd like to *congratulate* you *on* your success. ご成功おめでとうございます.
2 [congratulate oneself] [自分の成功・幸運などを … [*on, upon / that* 節] He *congratulated* himself *on* his narrow escape. = He *congratulated* himself *that* he had a narrow escape. 彼は九死に一生を得たことをうれしく思った.
 (▷ 名 congràtulátion; 形 congrátulatòry)

‡con·grat·u·la·tion [kəngrætʃuléiʃən] 名 **1** U 祝い,祝賀,祝うこと: a speech of *congratulation* 祝辞. **2** C [~s][…の]祝辞,祝いの言葉 [*on, upon*]: *Congratulations*! おめでとう! (➡ p.327 LET'S TALK) / offer one's *congratulations on* … …についての祝辞を述べる / Please accept my *congratulations on* your success. ご成功をお祝い申し上げます.
 (▷ 動 congrátulàte)

con·grat·u·la·to·ry [kəngrætʃulətə̀:ri / -grætʃuléitəri] 形 [通例,限定的用法] 祝いの,祝賀の: a *congratulatory* address 祝辞 / send a *congratulatory* telegram 祝電を打つ.
 (▷ 動 congrátulàte)

con·gre·gate [káŋgrigèit / kóŋ-] 動 自 集まる,集合する (gather): *congregate* in the hall ホールに集まる.

*con·gre·ga·tion [kàŋgrigéiʃən / kòŋ-] 名 **1** U 集合. **2** C (人の) 集まり;(特に宗教上の) 集会. **3** C [集合的に;単数・複数扱い] (礼拝に集まる) 会衆,信徒団;(特定の教会へ通う) 信者たち.

con·gre·ga·tion·al [kàŋgrigéiʃənəl / kòŋ-] 形 [通例,限定的用法] **1** 集合の;会衆の. **2** [C-] 会衆[組合]教会(制)の.

Con·gre·ga·tion·al·ism [kàŋgrigéiʃənəlizəm / kòŋ-] 名 U 《プロテ》会衆[組合]教会派《各教会が独立自治の原則に立つ会派》;会衆[組合]派教会主義.

***con·gress [káŋgrəs / kóŋgres] 【「con- (一緒に) + gress (来る)」から】
 ─名 (複 con·gress·es [~iz]) **1** U [C-] 《米国の》議会 (→表);(中南米の共和国の) 議会,国会 (→ PARLIAMENT 類義語);議会会期: a Member of *Congress* 米国連邦議会議員 (《略語》MC) / The United States *Congress* handles over 200 bills a session. 合衆国議会は1会期中に200件以上の法案を処理する.
2 C (代表者などによる正式な) 会議;(宗教・学術などの) 大会,学会 (conference): a party *congress* 党大会 / hold a medical *congress* in Kyoto 京都で医学会を開く.

con·gres·sion·al [kəngréʃənəl] 形 [限定的用法] **1** [C-] 《米国の》議会の: a *Congressional* district 下院議員選挙区. **2** 会議の,集合の,大会の.

con·gress·man [káŋgrəsmən / kóŋgres-] 名 (複 con·gress·men [-mən]) C [しばしば C-] 《米国の》連邦議会議員, (特に) 下院議員 《◇女性形は congresswoman; cf. Senator 上院議員;→ CONGRESS 表》.

con·gress·per·son [káŋgrəspə̀:rsn / kóŋgres-] 名 (複 con·gress·peo·ple [-pìːpl]) C [しばしば C-] 《米国の》連邦議会議員, (特に) 下院議員 《◇男女共通語. 男女の区別を避けるために用いる; → CONGRESSMAN》.

con·gress·wom·an [káŋgrəswùmən / kóŋgres-] 名 (複 con·gress·women [-wìmin]) C [しばしば C-] 《米国の》女性連邦議会議員, (特に) 女性下院議員 (→ CONGRESS 表).

con·gru·ence [káŋgruəns / kóŋ-] 名 U **1** 《格式》[…との] 調和,適合 [*with*]. **2** 〘数学〙(図形の) 合同.

con·gru·ent [káŋgruənt / kóŋ-] 形 **1** 《格式》[…と] 調和する,適合する (congruous) [*with, to*]. **2** 〘数学〙(図形が) 合同の.

con·gru·i·ty [kəngrúːəti / kɔŋ-] 名 (複 con·

[日米英の議会]

	国会	参議院	参議院議員	衆議院	衆議院議員
日本	the Diet	the House of Councilors	a Councilor / a Member of the House of Councilors	the House of Representatives	a Representative / a Member of the House of Representatives

	議会	上院	上院議員	下院	下院議員
米国	Congress	the Senate / the Upper House	a Senator / a Member of the Upper House	the House of Representatives / the Lower House	a Congressman/-woman / a Member of Congress / a Representative
英国	Parliament	the House of Lords / the Upper House	a Lord / a peer / a Member of the House of Lords	the House of Commons / the Lower House	a Member of Parliament

gru·i·ties [~z] **1**《格式》Ⓤ調和, 適合(性); Ⓒ[通例, 複数形で]一致点. **2** Ⓤ【数学】(図形の)合同.

con·gru·ous [káŋgruəs / kɔ́ŋ-]形《格式》[…と]調和する, 適合する (suitable) [*with, to*].

con·ic [kánik / kɔ́n-], **con·i·cal** [kánikəl / kɔ́n-]形 円錐(装)(形)の: a *conic* section 円錐曲線.

con·i·fer [kánəfər / kóni-]名 Ⓒ【植】針葉樹, 球果植物《マツ・スギ・モミなど》.

co·nif·er·ous [kouníf∂rəs]形 針葉樹の, 球果をつける.

conj.《略語》【文法】= *conj*ugation (↓); *conj*unction (↓).

con·jec·tur·al [kəndʒéktʃ∂rəl]形《格式》(意見などが)推測の; (人が)憶測好きな.

*****con·jec·ture** [kəndʒéktʃər]《格式》名 ⓊⒸ 推測, 推量, 憶測 (guess): make [form, give] a *conjecture* on [upon, as to] ... …について推測する / It's a pure *conjecture*, not a fact. それは単なる憶測で事実ではない. —動 他 …を推測する; […であると]推測[推量]する《*that*節》: He *conjectured that* her words were true. 彼は彼女の話が本当だと推測した. —圓 推測[推量]する.

con·join [kəndʒɔ́in]動《格式》他 …を結合[連合]させる. —圓 結合[連合]する (join).

con·joint [kəndʒɔ́int / kɔ́n-]形《格式》結合[連合]した, 共同[合同]の.

con·ju·gal [kándʒugəl / kɔ́n-]形 [限定用法]《格式》夫婦(間)の; 結婚の: *conjugal* love [affection] 夫婦愛.

con·ju·gate [kándʒugèit / kɔ́n-]動 他【文法】〈動詞〉を活用[変化]させる (◇名詞・代名詞・形容詞を「語形変化させる」は decline).

—圓【文法】(動詞が)活用[変化]する.

con·ju·ga·tion [kàndʒugéiʃən / kɔ̀n-]名 ⓊⒸ【文法】(動詞の)活用, 語形変化; (動詞の)活用形(《略語》conj.)(◇名詞・代名詞・形容詞の「語形変化」は declension).: a regular [an irregular] *conjugation* (動詞の)規則[不規則]変化.

*****con·junc·tion** [kəndʒʎŋ*k*ʃən]名 **1** Ⓒ【文法】接続詞(《略語》conj.; → <u>文法</u>). **2** ⓊⒸ 結合, 合同; (事件などの)関連.

■ *in conjúnction with* ... 《格式》 **1** …と共に; …と関連して: *in conjunction with* administration 政府と共同で. **2** …と同時に.

con·junc·tive [kəndʒʎŋ*k*tiv]形 **1**《格式》接続[連結, 接合]する; 共同の, 合同の. **2**【文法】接続(詞)的な.

—名 Ⓒ【文法】接続語.

con·junc·ti·vi·tis [kəndʒʎŋktiváitis]名 Ⓤ【医】結膜炎.

con·junc·ture [kəndʒʎŋ*k*tʃər]名 Ⓒ《格式》(事件・事情などの)結び付き, 重なり, 巡り合わせ.

con·ju·ra·tion [kàndʒuréiʃən / kɔ̀n-]名 ⓊⒸ **1** まじない, 呪文(½½), 魔法. **2** 手品.

con·jure [kándʒər, kʌ́n- / kʌ́n-]動 他 **1** 魔法[奇術]で…を […から]取り出す [*out of*]; …を魔法[呪文(½)]で追い払う (*away*): The magician *conjured* a dove *out of* his hat. 手品師は帽子からハトを取り出した.

2 [kəndʒúər]〈人〉に […するように]懇願する (ask) [*to do*]: He *conjured* me *to* help him. 助けてくれと彼は私に嘆願した.

—圓 〈悪魔〉を(呪文で)呼び出す; 魔法を使う, 奇術[手品]をする.

■ *a náme to cónjure with* 重要な[影響力のある]人[もの]の名; まじないに用いる長くて舌をかみそう

文法 接続詞 (conjunction)

接続詞は語と語, 句と句, 節と節を結ぶ語です.

【接続詞の種類】

❶ 対等接続詞 and, but, or など

主語と主語, 動詞と動詞, 修飾語句と修飾語句など, 文法的に対等な働きをするものを結びます.

Jane and Mary are the same age.
　└──主語と主語──┘
(ジェーンとメアリーは同い年です)

We sang and danced all night.
　　└動詞と動詞┘
(私たちはひと晩じゅう歌って踊った)

Did you come here on business or for pleasure?
　　　　　　　　　└──句と句──┘
(ここへ来たのは仕事ですですか, それとも遊びですか)

She can play the piano, but I can't (play the piano).
└─────────節と節─────────┘
(彼女はピアノを弾けるが私は弾けない)

❷ 従属接続詞 when, that, if など

2つの節を主と従の関係で結びます.

I know that he is honest.
主節 従属節
(私は彼が正直であることを知っている)

When I opened the door, no one was in the room.
　　　従属節　　　　　主節
(ドアを開けたとき, 部屋にはだれもいなかった)

【特別な接続詞】

2語または3語で1つの接続詞の働きをすることがあります.

❶ 群接続詞

as if まるで…のように(→ AS) / so that その結果…(→ SO¹) / in case …の場合は; …だといけないので(→ CASE¹) / as soon as …するとすぐに(→ SOON)

❷ 相関接続詞

both... and... …も~も(→ BOTH) / either... or~ …か~のどちらか(→ EITHER) / not only... but~ …だけでなく~もまた(→ ONLY) / so... that~ 非常に…なので~(→ SO¹)

な名前.

cónjure úp 他 1 〈霊・悪魔など〉を呪文で呼び出す,〈人・ものなど〉を魔法のように出現させる. 2 〈記憶など〉を呼び起こす, 思い出させる (remind): The picture *conjured up* my home. その絵は故郷を思い出させた.

con·jur·er, con·ju·ror [kʌ́ndʒərər, kʌ́n-/kʌ́n-] 名 C 手品師, 魔法使い.

conk [kάŋk, kɔ́ːŋk/kɔ́ŋk]《口語》名 C 1 鼻. 2 〔頭などへの〕一撃.
—動 自 1 (モーター・車などが)止まる, 故障する (out). 2《米》(疲労などで)眠り込む (out).
—他〈人の頭〉をぶん殴る.

conk·er [kάŋkər/kɔ́ŋ-] 名 1 C《主に英口語》【植】セイヨウトチノキの実. 2 [~s; 単数扱い]《英》トチの実遊び《ひもを通したトチの実をぶつけ合う》.

cón màn 名 (複 **con men**) C 詐欺師, ペテン師 (confidence man).

Conn.《略語》= *Connecticut* (↓).

***con·nect** [kənékt]
【「con (共に) + nect (結ぶ)」から】
— 動 (三単現 **con·nects** [-nékts]; 過去・過分 **con·nect·ed** [~id]; 現分 **con·nect·ing** [~iŋ])
— 他 1 [connect + O] […に] …をつなぐ, 結合する, 接続する [to, with] (→ JOIN [類義語]) (↔ disconnect): Please *connect* these two ropes. この2本のロープを結んでください / This railway line *connects* our village *to* the capital. この鉄道のおかげで私たちの村は首都と結ばれている.
2 [connect + O] (電話で交換手が) […に] …をつなぐ [to, with]: You are *connected*.《米》電話がつながりました (《英》You are through.) / *Connect* me *with* [*to*] extension 511, please. 内線511につないでください.
3 [connect + O] […と] …を関係づけて考える, 連想する (associate) [with]: We tend to *connect* prosperity *with* industry. 私たちは繁栄を勤勉と結び付けて考えがちである / We used to *connect* London *with* fog. 昔ロンドンと言えば霧を連想した.
4 [connect oneself with …] …に関係する, …と関係を持つ: He *connects* himself *with* that company. 彼はあの会社と関係がある.
— 自 1 […に]つながる, 関係がある [with, to]: The drawing room *connects with* the living room. 応接間と居間は続いている. 2 (列車などが) […と]接続[連絡]する [with]: This superexpress Hikari *connects with* the express. この新幹線ひかり号はその急行と接続している. 3《口語》【スポーツ】(的に)当てる; (ヒットなどを)打つ.

***con·nect·ed** [kənéktid] 形 1 […に]つながった, 結合[接続]した [to, with]: These speakers are *connected to* the amplifier. このスピーカーはアンプにつながっている.
2 […に]関係した; 縁戚関係にある; 縁故[コネ]のある [with]: be *connected with* a commercial firm 商社にコネがある / She is *connected with*

the Whites by marriage. 彼女はホワイト家と姻戚関係にある.

Con·nect·i·cut [kənétikət] 名 地 コネチカット《米国北東部の New England 地方にある州》;《郵略語》Conn.;《郵略語》CT; → AMERICA 表.

***con·nec·tion** [kənékʃən]
— 名 (複 **con·nec·tions** [~z]) 1 UC […との/…の間の] **関係**, つながり, 関連 (relation) [with/between]: the *connection between* smoking and lung cancer 喫煙と肺癌(がん)の関係 / He has no *connection with* that firm. 彼はあの会社とはつながりがない / There is a close *connection between* the two problems. その2つの問題は密接につながっている.
2 UC […との/…の間の] 結合, 接続, 連結 [with, to/between]: The *connection between* the throttle and the carburetor is broken. スロットルとキャブレターの連結部が壊れている.
3 CU (列車・電話などの)接続, 連絡, 乗り換え, 乗り継ぎ; 接続[連絡]便, 接続[連絡]列車[バスなど]: I made a *connection* at London for Paris. 私はロンドンでパリ行きの乗り継ぎ便に乗った / She missed her *connection* to the airport. 彼女は空港への接続便に乗り遅れた / We have a bad *connection*. 電話の接続が悪い.
4 C [通例 ~s] 親類; コネ; 縁故; 取引先: He is a close *connection* of mine. 彼は私の近い親類です / My father has powerful *connections* in the firm. 私の父はその会社に強いコネがある.
■ *in connéction with* … …に関連して; …と関連して.
in thís [*thát*] *connéction*《格式》この[その]点に関して, ついでながら; この[その]文脈では.
(▷ 動 connect)

con·nec·tive [kənéktiv] 形 接続の, 結合する.
— 名 C 1 結合するもの, 連結物. 2【文法】連結詞[語]《◇接続詞・関係代名詞・関係副詞など》.

con·nec·tor, con·nect·er [kənéktər] 名 C 1 結合[接続]する人[もの]. 2 (車両の)連結器[手]. 3【電気】接続子, コネクター.

con·nex·ion [kənékʃən] 名《英》= CONNECTION (↑).

con·niv·ance, con·niv·ence [kənáivəns] 名 U 1 [悪事などの]黙認, 見逃し [at, in]: with the *connivance* of … …の黙認のもとに / I thank you for your *connivance at* my fault. 私のしくじりを見逃してくれて感謝します.
2 […との]共謀 [with].

con·nive [kənáiv] 動 自 1 [人と] (ひそかに)共謀する [with]; 共謀して […しようと]企てる (conspire) [to do]: They *connived to* cheat their friend. 彼らは共謀して友人をだまそうとした.
2 [事実などを]見て見ぬふりをする, 黙認する (overlook) [at].

con·nois·seur [kὰnəsə́ːr/kɔ̀n-]《☆発音に注意》《フランス》名 C (美術品などの)鑑定家; (…の)目利き, 通(2); くろうと [of,《主に英》in] (↔ amateur): a *connoisseur of* painting [antiques, wine] 絵画[骨董(とう)品, ワイン]の鑑定家.

con·no·ta·tion [kànətéiʃən / kɔ̀n-] 名 1 C [しばしば ~s] 言外の意味, 含蓄. 2 U [論] 内包《概念に含まれる意味・内容; ↔ denotation》.

con·no·ta·tive [kánətèitiv / kɔ́n-, kənóutə-] 形 1 (語・ことが) 含蓄のある; [別な意味を] 暗示する, 言外に含む [of] (↔ denotative): a *connotative* sense 含意. 2 [論] 内包的な.

con·note [kənóut] 動 他 1 《格式》〈裏の意味〉を暗示する, 言外に…を意味する (imply): The word "white" *connotes* purity. 「白」という言葉は純潔を暗示する. 2 [論] …を内包する (↔ denote).

con·nu·bi·al [kənjú:biəl] 形 《限定用法》《格式》結婚の, 婚姻の; 夫婦の: *connubial* rites 結婚式.

*__con·quer__ [káŋkər / kɔ́ŋkə] 動 他
1 [conquer + O] 〈国・領土・敵など〉を征服する, 侵略する (→ DEFEAT 類義語): *conquer* a country 国を征服する.
2 〈困難・悪習など〉を克服する, …に打ち勝つ (overcome); 〈山〉を征服する; 〈感情〉を抑える; 〈困難に打ち勝って〉〈名声・愛情など〉を得る: *conquer* Everest エベレストを征服する / *conquer* difficulties 困難に打ち勝つ.
— 自 勝利を得る, 障害を克服する.
(▷ 名 cónquest)

*__con·quer·or__ [káŋkərər / kɔ́ŋkərə] 名 C
1 征服者, (最終的な) 勝利者 (cf. victor 1つの戦いでの勝利者). 2 [the C-] 征服王 (→ WILLIAM 2).

*__con·quest__ [káŋkwest / kɔ́n-] 名 1 U 征服 [制圧] (する [される] こと); 克服; 勝利: world *conquest* 世界征服. 2 C 征服して得たもの, 獲得物; 占領地: the *conquests* of Caesar シーザーの征服地. 3 [the C-] ノルマン人の征服 (the Norman Conquest). 4 C 〈異性に〉くどき落とされた人, 愛情になびいた人.
■ *máke a cónquest of ...* 1 …を征服する. 2 〈人の愛情・好意〉を勝ち取る; 〈異性〉をくどき落とす. (▷ 動 cónquer)

con·quis·ta·dor [kɑnkíːstədɔ̀ːr / kɔŋkwístə-] 【スペイン】 名 (複 **con·quis·ta·dors** [~z], **con·quis·ta·do·res** [-kìːstədɔ́ːriːz]) C (16世紀に中南米を侵略した) スペイン人の征服者.

con·san·guin·i·ty [kɑ̀nsæŋgwínəti / kɔ̀n-] 名 U 《格式》血族, 親族; 親類関係; 同族.

***con·science** [kánʃəns / kɔ́n-] (☆発音に注意)
【「con (共に) + science (知ること)」から】
— 名 (複 **con·scienc·es** [~iz]) U 良心, 分別, 善悪の判断力, 道徳心, 誠実さ 《個人の良心をさしたり, 修飾語を伴うときは a が付く》: have a bad [guilty] *conscience* about ... …について心にやましいところ [罪の意識] がある / have a good [clear] *conscience* about ... …について心にやましいところがない / It's a matter of *conscience*. それは良心の問題です / He has no *conscience*. 彼には良心のかけらもない / His *conscience* would not let him lie. 良心がとがめて彼はどうしてもうそがつけなかった.
■ *for cónscience(') sàke* 気休めに.
hàve ... on one's cónscience …に気がとがめる, …をやましく思う.
in (áll) cónscience = upòn (on) one's cónscience 《格式》良心に誓って, 道義上; 確かに.
màke ... a mátter of cónscience …を良心的に扱う, 良心の問題とする. (▷ 形 cònsciéntious)
◆ *cónscience mòney* U (脱税者などが匿名でする) 罪滅ぼしの献金.

cón·science-strick·en, cón·science-smit·ten 形 良心に責められた, 気がとがめた.

con·sci·en·tious [kɑ̀nʃiénʃəs / kɔ̀n-] (☆発音に注意) 形 1 慎重な, 入念な, 用心深い (careful): You should be more *conscientious* about your work. あなたはもっと慎重に仕事をすべきだ. 2 (人・言動が) 誠実な, 良心的な, まじめな (honest).
◆ *conscièntious objéctor* C (信念・信仰による) 良心的兵役 [参戦] 拒否者 (《略語》 CO).
con·sci·en·tious·ly [~li] 副 誠実に; 入念に.
con·sci·en·tious·ness [~nəs] 名 U 誠実さ.

***con·scious** [kánʃəs / kɔ́n-]
— 形 1 (a) [be conscious of ...] …を意識している, …に気づいている (→ AWARE 類義語): She *is* always *conscious of* being watched by someone. 彼女はいつでもだれかに見られていることを意識している / He at last became *conscious of* his own fault. 彼はやっと自分の欠点に気づいた.
(b) [be conscious + that 節] …ということに気づいている, …であることを自覚している: She *is conscious that* he is innocent. 彼女は彼が無罪であることに気づいている (= She is *conscious of* his innocence.).
2 [叙述用法] 意識のある, 正気の: He was still *conscious* then. 彼はその時まだ意識があった.
3 (言動などが) 意識的な, 故意の: a *conscious* smile 作り笑い / make a *conscious* effort 意識的に努力する / Her rudeness is *conscious*, not accidental. 彼女の不作法はたまたまではなく意図的なものです.
4 [複合語で] (…を) 意識した: self-*conscious* 自意識過剰の / fashion-*conscious* 流行に敏感な.
con·scious·ly [kánʃəsli / kɔ́n-] 副 意識して, 意識的に, 故意に.

***con·scious·ness** [kánʃəsnəs / kɔ́n-] 名
1 U [または a ~] […に] 気づく [感じる] こと, 意識, 自覚 [of]: class *consciousness* 階級意識 / race *consciousness* 民族意識 / have no *consciousness of* guilt 罪の意識がない / I had a *consciousness of* being watched. = I had a *consciousness* that I was watched. 私は見張られていることに気づいていた.
2 U 正気, 意識: come to *consciousness* 正気に戻る / lose [regain, recover] *consciousness* 意識を失う [取り戻す].

con·script [kánskript / kɔ́n-] 名 C 徴集兵 (《米》 draftee) (cf. volunteer 志願兵).
— 形 徴兵 [徴集] された (drafted).
— 動 [kənskrípt] 他 …を徴兵 [徴集] する (draft); …を […に] 徴用する [*into*].

con·scrip·tion [kənskrípʃən] 名 U **1** 徴兵(制度)(draft). **2** 徴用.

con·se·crate [kánsikrèit / kɔ́n-] 動 他
1 〔ある主義・目的に〕〈生涯など〉をささげる(devote)〔to〕: She *consecrated* all her life *to* helping the poor. 彼女は一生を貧民救済にささげた.
2 〈人・ものなど〉を神にささげる, 奉納[奉献]する(dedicate); …を神聖にする, 聖別する: *consecrate* a new church 新しい教会を神にささげる, 献堂する.
3 〈人〉を司教に就任させる.

con·se·cra·tion [kànsikréiʃən / kɔ̀n-] 名
1 U 神にささげること, 奉納; 神聖化; 献身; 聖別.
2 C (教会の)献堂(式), 奉献式; (司教の)就任式.

con·sec·u·tive [kənsékjutiv] 形 [比較なし](中断なく一定の順序で)連続した, 引き続き起こる(◇「単に連続する」は successive): *consecutive* numbers 続き番号 / He studied for three *consecutive* hours. 彼は3時間続けて勉強した.
con·séc·u·tive·ly [～li] 副 連続して.

*__con·sen·sus__ [kənsénsəs] 名 U C (通例, 単数形で)(大多数の)一致した意見, 総意, コンセンサス; 世論(public opinion): the national *consensus* 国民の総意 / reach a *consensus* on … …について合意に達する.

‡**con·sent** [kənsént] 動 自 (a) 同意する, 承諾する(agree)(↔ dissent)(→ 類義語). [consent to …] …に同意する: I didn't *consent to* my son's quitting school. 私は息子の退学を承認しなかった. (b) [consent + to do [that 節]] …することに同意する: She *consented to* marry him. 彼女は彼と結婚することを承諾した / They *consented that* he (should) run for the election. 彼らは彼が選挙に出馬することに賛成した(◇ should を用いるのは《主に英》).
— 名 U […に対する / …する]同意, 承諾, 許可[to / to do]; (意見の)一致: elect by common *consent* 満場一致で選出する / informed *consent* インフォームドコンセント(→ INFORMED 複合語) / She asked for my *consent to* go out. 彼女は私に外出の許可を求めた / Silence gives *consent*. (ことわざ)沈黙は承諾の印.
■ *the áge of consént* 【法】承諾年齢(性行為に対する承諾が法的に認められる年齢. この年齢に達しない青少年との性交は合意のうえでも犯罪となる).

類義語 **consent, agree, assent**
共通する意味▶同意する(concur with what has been proposed)
consent は権限のある人などが「積極的に, 同意[賛成, 承諾]する」の意: Our boss *consented* to our request. 上司は私たちの要請に応じてくれた. **agree** は「(意見・提案・計画など)に同意[賛成]する」の意を表す最も一般的な語: I *agree* with him. 私は彼と同じ考えです / I can't *agree* to this plan. 私はこの計画には賛成できない. **assent** は格式ばった語で「よく考えた上で同意[賛成]する」の意: They all *assented* to her opinion. 彼らは全員彼女の考えに賛同した.

---

*__con·se·quence__ [kánsəkwèns / kɔ́nsikwəns] 【「con (一緒に) + sequence (ついて来ること)」から】
— 名 (複 **con·se·quenc·es** [～iz]) **1** C (通例～s) **結果**, 影響, 成り行き(→ RESULT 類義語): The *consequence* was that he was fired. その結果は彼の解雇であった ⇒ あげくの果てに彼は解雇された / Their behavior will soon have bad *consequences*. 彼らの行為はそのうち悪い結果を引き起こすだろう.
2 U 《格式》重要さ, 重要性, 大きさ(importance): a person of *consequence* [little *consequence*] 重要人物[小物(ﾆﾓﾉ), 小人物] / The matter is of no *consequence* to us. その問題は私たちにとって重要ではない.
■ *in cónsequence* 《格式》したがって, その結果.
in [as a] cónsequence of … 《格式》…の結果(ゆえに).
táke [súffer, fáce] the cónsequences 自分がしたことの責任をとる, 結果を甘受する.

con·se·quent [kánsikwènt / kɔ́nsiwənt] 形 《格式》 **1** 〔…の〕結果として起こる(due to)〔on, upon, to〕: the distress of people *consequent upon* the rise in prices 物価上昇に伴う人々の生活苦. **2** (論理的に)当然の, 必然の(natural); 一貫した.

con·se·quen·tial [kànsikwénʃəl / kɔ̀n-] 形 《格式》 **1** 結果として起こる, 必然的な(consequent). **2** 《格式》重大な(significant). **3** もったいぶった, 偉ぶった.

*__con·se·quent·ly__ [kánsikwèntli / kɔ́nsikwəntli] 副 [文修飾]《格式》**その結果**, したがって, それゆえに, 必然的に(therefore): My car broke down and *consequently* I was late for the meeting. 車が故障してしまい, 私は会合に遅れた.

con·serv·an·cy [kənsə́ːrvənsi] 名 (複 **con·serv·an·cies** [～iz]) **1** C [(集合的に); 単数・複数扱い]《英》(河川・港湾などの)管理委員会.
2 U = CONSERVATION (↓).

*__con·ser·va·tion__ [kànsərvéiʃən / kɔ̀n-] 名 U **1** (主に政府による環境などの)保護, 保全(↔ destruction): the *conservation* of nature 自然保護. **2** (天然資源などの)保存(preservation), 保持: the *conservation* of fishery resources 漁業資源の保護. (▷ consérve)

con·ser·va·tion·ism [kànsərvéiʃənizəm / kɔ̀n-] 名 U 資源[自然]保護主義, 環境保護主義.

con·ser·va·tion·ist [kànsərvéiʃənist / kɔ̀n-] 名 C 資源[自然]保護論者, 環境保護論者.

con·serv·a·tism [kənsə́ːrvətizəm] 名 U
1 保守主義; [しばしば C-]《英国などの》保守党の主張[政策]. **2** 保守性, 保守的傾向.

*__con·ser·va·tive__ [kənsə́ːrvətiv] 形 **1** […の点で / …について]**保守的な**; 保守主義の[*in / about*](↔ progressive): He is *conservative in* opinion. 彼は意見が保守的だ.
2 […の点で / …について]控えめな(modest), 慎重な; (服装などが)地味な[*in / about*]: She is *conservative in* her dress. 彼女は服装が地味で

conservatoire 333 **consideration**

す. **3** [C-] (英国などの) 保守党の. **4** (数学的な評価・推測が) 控えめな: a *conservative* estimate 控えめな見積もり.

— 名 C **1** 保守的な人, 保守主義者. **2** [C-] (英国などの) 保守党員; [the Conservatives] 保守党.
◆ Consérvative Pàrty [the 〜] (英国などの) 保守党.

con·ser·va·tive·ly [〜li] 副 **1** 保守的に.
2 控えめに, 地味に.

con·ser·va·toire [kənsə́ːrvətwɑ̀ːr] 《フランス》名 C 音楽 [演劇] 学校, コンセルバトワール.

con·serv·a·to·ry [kənsə́ːrvətɔ̀ːri / -təri] 名 (複 **con·serv·a·to·ries** [〜z]) C **1** (通例, 家に付属した) 温室.
2 《米》= CONSERVATOIRE (↑).

con·serve [kənsə́ːrv / kənsə́ːv, kənsə̀ːv] 動
(他) **1** (腐敗・破壊を防ぐために) …を保存する, 保護する; 節約する, 大切に使う: Let's *conserve* energy. エネルギーを大切にしよう. **2** 《格式》〈果物〉を砂糖漬け [ジャム] にする.
— 名 [kánsəːrv / kɔ́n-] C U (通例 〜s) 《格式》(果物の) 砂糖漬け; ジャム. (▷ 名 cònservátion)

★★★ con·sid·er [kənsídər]
【基本的意味は「…をよく考える (think about something carefully)」】
— 動 (三単現 **con·sid·ers** [〜z]; 過去・過分 **con·sid·ered** [〜d]; 現分 **con·sid·er·ing** [-sídərɪŋ])
— (他) **1** (a) [consider + O] …をよく考える, 熟考する: *Consider* the matter well before you make a decision. その問題は結論を出す前によく考えなさい. (b) [consider + doing] …することをよく考える, 検討する: He is *considering* touring around Europe. 彼はヨーロッパ旅行を考えている. (c) [consider + 疑問詞節 [句]] …かよく考える: I have been *considering* what to do next. 私は次に何をすべきかずっと考えてきた.
2 (a) [consider + O (+ to be) + C] …を〜と見なす, 思う: We *considered* him (*to be*) a doctor. 私たちは彼は医師だと思った / She *considered* it wise to keep silent. 彼女は黙っているほうが賢明だと思った / He is *considered* to have invented the machine. 彼はその機械の発明者と考えられている.

[語法] 受け身や長い目的語をとる場合, 補語の前に as を付けることがある: He *is considered as* a great scholar. 彼は偉大な学者だと考えられている / I *consider* Japanese foods like tofu and sushi *as* good for the health. 私は豆腐やすしなどの日本食は体によいと思っている.

(b) [consider + that 節] …と見なす, 思う: I *consider that* she is best for the job. 私は彼女がその仕事に最も適任だと思う.
3 (a) [consider + O] …を考慮に入れる, 思いやる: He did not *consider* her feelings. 彼は彼女の気持ちを考えなかった.
(b) [consider + that 節 [疑問詞節]] …ということ […か] を考慮に入れる: We have to *consider that* they have few chances to speak English. 彼らは英語を話す機会がほとんどないことを私たちは考慮に入れなければならない / You should have *considered* how she would feel if she discovered the fact. 彼女がその事実を知ったらどう感じるかあなたは考慮に入れるべきであった.

《格式》…を注意深く見る [眺める].
4 (自) よく考える, 熟考する; 考慮する.

■ **àll thìngs considered** [文修飾] すべてを考慮に入れると, 結局のところ.
(▷ 形 consíderate; 名 consìderátion)

★★★ con·sid·er·a·ble [kənsídərəbl]
— 形 [比較なし] **1** (量・程度などが) **かなりの**, 少なからぬ, 相当の (◇名詞の複数形の直前には用いない) (↔ inconsiderable): Winning third prize in the race is a *considerable* achievement. そのレースで3位に入賞するのは立派な成績です / He has a *considerable* income. 彼にはかなりの収入がある.
2 重要な, 考慮に値する: a *considerable* person 重要人物.

★ con·sid·er·a·bly [kənsídərəbli] 副 [比較なし] 通例, 比較級・動詞を修飾して] **かなり**, ずいぶん: My father was *considerably* upset. 私の父はかなり取り乱していた / This hat is *considerably* more expensive than that one. この帽子はあの帽子よりかなり高い.

★ con·sid·er·ate [kənsídərət] 形 **1** […に対して] 思いやりがある, 理解がある [*of, to, toward*]: We should be more *considerate to* other people. 私たちは他人にもっと思いやりを持つべきです. **2** [It is considerate of … + to do] 〜するなんて…は思いやりがある [察しがよい]: *It is considerate of* you *to* help me. 私を助けてくれてありがとう. (▷ 動 consíder)

con·sid·er·ate·ly [〜li] 副 思いやり深く.

★★★ con·sid·er·a·tion [kənsìdəréɪʃən]
— 名 (複 **con·sid·er·a·tions** [〜z]) **1** U 《格式》**熟考**, 考慮, 考察: after due [much] *consideration* 十分考えてから / a matter for *consideration* 一考を要する事柄 / Please give this suggestion serious *consideration*. = Please give serious *consideration* to this suggestion. この提案を真剣に考えてください.
2 C 考慮すべきこと [問題]; 理由, 動機: That's a *consideration*. それは考えものですね.
3 U […への] 思いやり [*for*]: out of *consideration for* … …への思いやりから, …を気づかって, …に免じて / He has no *consideration for* old people. 彼にはお年寄りへの配慮がない / She always shows *consideration for* children. 彼女はいつも子供への思いやりを示している.
4 C [通例, 単数形で] 《格式》報酬, 心付け: He did the work for a small *consideration*. 彼はわずかな報酬でその仕事をしてくれた.

■ **in consideràtion of …** 《格式》…を考慮して, …の理由で; …の心付け [お返し] として.

léave … òut of consideràtion …を考慮に入れない, 度外視する.

on [únder] nó considerátion 《格式》(いかなる場合も)決して…しない (never, not ... at all).

tàke ... into considerátion …を考慮に入れる: *Taking* all things *into consideration*, this is the best plan. すべてのことを考慮に入れてみて、これが最上の計画である.

ùnder considerátion 考慮[検討]中で[の].
(▷ 動 consíder)

con·sid·ered [kənsídərd] 形 《限定用法》 **1** よく考えた(うえでの), 熟慮のうえの: **a** *considered* **opinion** よくよく考えた末の意見. **2** 尊敬される, 重んじられる.

***con·sid·er·ing** [kənsídəriŋ] 前 …を考えると, 考慮すれば; …の割には: He looks old *considering* (= for) his age. 彼は年の割に老けて見える.

── 接 …であることを考えれば; …である割には: *Considering* (that) she is young, she has done well. 彼女は若い割にはよくやった.

── 副 《文末で》《口語》よく[すべてを]考えてみると: He has done well, *considering*. それにしては[その割には], 彼はよくやった.

con·sign [kənsáin] 動 他 **1** 《格式》…を《望ましくない状態に》追いやる [to]. **2** 《…に》…を渡す, 預ける, 任す [to]: *consign* one's soul *to* God 魂を神にゆだねる. **3** 《商》《商品》を《人・店などに》送る (send) [to]: The merchandise has already been *consigned to* the department store. 商品はすでに百貨店に発送してある.

con·sign·ee [kànsainíː / -kɔ̀n-] 名 C 荷受人, (商品の)引受人; 受託者 (↔ consignor).

con·sign·ment [kənsáinmənt] 名《商》**1** U (商品の)委託(販売); 託送: **on** *consignment* 委託(販売)で[の]. **2** C 委託販売品[貨物], 積送品.

con·sign·or, con·sign·er [kənsáinər] 名 C 《商》荷主; (販売品の)委託者 (↔ consignee).

‡con·sist [kənsíst] [「con (共に)+sist (立つ)」から]

── 動 (三単現 **con·sists** [-sísts]; 過去・過分 **con·sist·ed** [~id]; 現分 **con·sist·ing** [~iŋ])

── 自 《受け身・進行形不可》 **1** [**consist of ...**] 〈部分・要素〉から成る, 構成される: Water *consists of* hydrogen and oxygen. 水は水素と酸素から成る. / This league *consists of* sixteen teams. このリーグは16チームで構成されている.

2 [**consist in ...**]《格式》…にある, 存する: Law does not *consist* only *in* putting restrictions on people. 法律は人間を制約するだけに存在するのではない. **3**《格式》[…と] 両立する, 一致する [with]: Health does not *consist with* too much smoking. 過度の喫煙は健康に悪い[害がある]. (▷ 名 consistency)

*con·sis·ten·cy** [kənsístənsi] 名 (複 **con·sis·ten·cies** [~z]) **1** U (言動・思想などの)一貫性, 言行一致; (プレーなどの)安定性. **2** UC (液体の)濃度, 固さ. (▷ 形 consistent)

‡con·sis·tent [kənsístənt] 形 **1** 〔言動・思想などが〕首尾一貫した, 常に変らない (steady) [in]; (スポーツなどの)安定性のある: He is *consistent in* his action. 彼の行動は一貫している.

2 〔叙述用法〕 […と] 一致した, 矛盾しない [with]: The theory is *consistent with* the facts. その理論は事実と矛盾しない.
(▷ 動 consist; 名 consistency)

con·sis·tent·ly [kənsístəntli] 副 首尾一貫して; 矛盾なく, 変わらずに.

***con·so·la·tion** [kànsəléiʃən / kɔ̀n-] 名 **1** U 慰め, 慰安 (◇ comfort より《格式》): find *consolation* in art 芸術に慰めを見いだす. **2** C 《通例 a ~》慰めとなる人[物事]: Her son is her only *consolation*. 彼女にとって息子が唯一の慰めである.
(▷ 動 consóle¹)

◆ **consolátion prìze** C 残念賞, 敢闘賞《特に2位の者に与える》; 慰め.

con·so·la·to·ry [kənsóulətɔ̀ːri / -sɔ́lətəri] 形《格式》慰問の: **a** *consolatory* **letter** 見舞状.

***con·sole¹** [kənsóul] 動 他 《…に対して》〈人〉を慰める (comfort) [for, on]; 《…で》〈人・自分〉を慰める [with]: I *consoled* him *for* [*on*] the loss of his child. 私は子供を亡くした彼を元気づけた.
(▷ 名 cònsolátion)

con·sole² [kánsoul / kɔ́n-] 名 C **1** (テレビ・ステレオなどの卓上型に対して)コンソール型, 大型キャビネット《床に置く》. **2**〔コンピュータ・電気〕コンソール, 制御装置〔卓〕; 調整卓. **3** (パイプオルガンの) 演奏台. **4**〔建〕コンソール《棚を支える腕木》; 渦巻形持送り. **5** = **cónsole tàble** コンソールテーブル《腕木状の脚で固定された小テーブル》.

con·sol·i·date [kənsálədèit / -sɔ́l-] 動 他 **1** 〈組織・地位・権力など〉を固める, 強固にする (strengthen): *consolidate* one's power …の権力を堅固にする. **2**〈会社・学校など〉を統合する, 合併する;〈業務などを〉…を統合して[…に]する [into];〈負債・法令など〉を整理する.

── 自 **1** (地位・権力などが)固まる, 強固になる. **2** (会社などが)合併する.

con·sol·i·dat·ed [kənsálədèitid / -sɔ́l-] 形 **1** 固めた, 強化した. **2** 統合した, 合併した.

con·sol·i·da·tion [kənsàlədéiʃən / -sɔ̀l-] 名 **1** U 強化; 結束. **2** UC 統合, 合併.

con·som·mé [kànsəméi / kɔ́nsəmei]【フランス】名 U コンソメ《肉汁がベースの澄んだスープ》.

con·so·nance [kánsənəns / kɔ́n-] 名 **1** U《格式》 […との] 調和, 一致 [with]: **in** *consonance with* ... …と調和して / **out of** *consonance with* ... …と一致せずに. **2** UC〔音楽〕協和音 (harmony) (↔ dissonance).

‡con·so·nant [kánsənənt / kɔ́n-] 名 C〔音声〕子音 (↔ vowel); 子音字.

── 形 **1**《格式》 […と] 一致する, 調和する [with, to] (↔ dissonant): His speech is *consonant* with his deeds. 彼は言葉と行動が一致している.
2〔音楽〕協和音の. **3**〔音声〕子音の.

con·sort [kánsɔːrt / kɔ́n-] 名 C **1** (特に国王・女王などの)配偶者: **the prince** *consort* 女王の夫〔夫君〕. **2**《格式》(古楽の)合奏団.

── 動 [kənsɔ́ːrt / kɔn-] 自 **1**《しばしば軽蔑》〔主に悪い人間と〕つき合う [with]: You can get a bad reputation from *consorting with* the wrong people. よくない人間とつき合うと評判を落とすよ. **2**〔…と〕調和する, 一致する [with].

con·sor·ti·um [kənsɔ́ːrtiəm,《米》-sɔ́ːrʃiəm] 名 (複 **con·sor·ti·a** [-tiə], **con·sor·ti·ums** [~z]) C《経済》(共同事業のための)コンソーシアム,企業連合.

con·spec·tus [kənspéktəs] 名 C《格式》概観; 概況,要説.

*__con·spic·u·ous__ [kənspíkjuəs] 形 《通例,叙述用法》[…で] 人目を引く,目立つ; 明白な [*for*]: make oneself *conspicuous* 人目につく行動[服装]をする / cut a *conspicuous* figure 異彩を放つ / She is *conspicuous for* her beauty. 彼女の美しさは群を抜いている / You should have noticed such *conspicuous* errors. このような明白な間違いには気づくべきでした.
■ **conspícuous by** …'s **ábsence**(いるはずの)…がいないことで逆に目立つ.

con·spic·u·ous·ly [~li] 副 目立って; 明白に.
con·spic·u·ous·ness [~nəs] 名 U 目立つこと.

*__con·spir·a·cy__ [kənspírəsi] 名 (複 **con·spir·a·cies** [~z]) U C 陰謀,共謀;《法》共同謀議: in *conspiracy* with … …と共謀して / a *conspiracy* of silence (自分たちの利益のための)沈黙の申し合わせ. (▷ 動 conspire)
◆ **conspíracy théory** C 謀議説,陰謀説.

con·spir·a·tor [kənspírətər] 名 C 陰謀参加者,共謀者.

con·spir·a·to·ri·al [kənspìrətɔ́ːriəl] 形 示し合わせた,訳ありげな; 共謀の: a *conspiratorial* grin[giggle] いわくありげににやにや[くすくす]笑い.

con·spire [kənspáiər] 動 自 1 […に対して / …と]陰謀をたくらむ,共謀する [*against* / *with*]; 共謀して[…]する (plot) [*to do*]. 2《格式》(事情などが)重なって[…]となる,共に[…]する [*to do*]: The circumstances *conspired to* ruin him. 諸般の事情が重なって彼は破滅した.
— 他《悪事など》をたくらむ. (▷ 名 conspiracy)

con·sta·ble [kánstəbl / kán-] 名 C 1《英》警官,巡査《最下位警官の職名.通常はpoliceman, policewomanを用いる》: a chief *constable*《英》(市・州などの)警察署[本部]長 / *Constable* Johnson ジョンソン巡査 (◇呼びかけでも用いる). 2《米》副保安官 (sheriff より下級の地方の警官).

con·stab·u·lar·y [kənstǽbjuléri / -ləri] 名 (複 **con·stab·u·lar·ies** [~z]) C《集合的》; 単数・複数扱い》《英》警察,(管区)警察隊,武装警察隊.

con·stan·cy [kánstənsi / kón-] 名 U《格式》1 不変(性),安定. 2《ほめ言葉》志操堅固,忠実; 貞節 (faithfulness, fidelity). (▷ 形 cónstant)

*__con·stant__ [kánstənt / kón-] 形 名
— 形 1 **不断の**,休みなく続く,絶えず繰り返される: *constant* efforts 不断の努力 / I couldn't stand my wife's *constant* complaints. 私は妻の絶え間ない愚痴に耐えられなかった.
2 不変の,一定の (↔ variable): a *constant* quantity 定量 / The chemicals must be kept at a *constant* temperature of 5°C. その化学薬品は摂氏5度の温度で一定に保たなければならない.
3《文語・ほめ言葉》《愛情・信念などに》忠実な,志操堅固な;《人などに》誠実な [*to*]: He was *constant*

to his principle. 彼は基本原則に忠実だった.
— 名 C 不変のもの;《数学》定数;《物理》定量. (▷ 名 cónstancy)

Con·stan·ti·no·ple [kànstæntənóupl / kòn-] 名 固 コンスタンチノープル《現トルコのイスタンブールの旧称.東ローマ帝国の首都》.

*__con·stant·ly__ [kánstəntli / kón-] 副《しばしば進行形と共に用いて》**絶えず**,いつも (…ばかりしている): He is *constantly* complaining of ill treatment. 彼はいつも待遇の悪さをぐちっている.

con·stel·la·tion [kànstəléiʃən / kòn-] 名 C 1《天文》星座;《占星》星運,星座の位置. 2《文語》きら星のごとき人々の群れ; 美しいものの集まり: a *constellation* of famous movie stars 有名な映画スターの一群.

con·ster·na·tion [kànstərnéiʃən / kòn-] 名 U 仰天,困惑,恐慌状態.

con·sti·pat·ed [kánstəpèitid / kón-] 形 便秘している,便秘の.

con·sti·pa·tion [kànstəpéiʃən / kòn-] 名 U 便秘(症).

con·stit·u·en·cy [kənstítʃuənsi / -stítju-] 名 (複 **con·stit·u·en·cies** [~z]) C 1 選挙区. 2《集合的》; 単数・複数扱い》選挙民,支持者;(政党・政治家などの)支援団体.

*__con·stit·u·ent__ [kənstítʃuənt / -stítju-] 形《限定用法》1 構成する,成分[要素]を成す,作り上げる: the *constituent* parts of air 空気の成分. 2 選挙[指名]権のある; 憲法制定[改正]権のある: a *constituent* assembly 憲法制定[改正]議会.
— 名 C 1 構成要素,成分 (element). 2 選挙(区)民,有権者 (elector).

*__con·sti·tute__ [kánstətjùːt / kɔ́nstitjùːt] 動 他 1 [constitute + O]《進行形不可; しばしば受け身で》…を**構成する**,…の構成要素である: A jury *is constituted* of twelve people. 陪審は12名の陪審員から成る. 2 [constitute + O]《法律・制度など》を制定する,設立する: The committee was *constituted* by law. その委員会は法律によって設置された. 3《受け身で》…の体質[体格,性分]である.

*__con·sti·tu·tion__ [kànstətjúːʃən / kònstitjúː-] 名 1 C《しばしば C-》**憲法**,規約: establish a *constitution* 憲法を制定する / a written [an unwritten] *constitution* 成文[不文]憲法 / The *Constitution* of Japan was proclaimed in 1946. 日本国憲法は1946年に公布された.
2 U C 体質,体格; 気質,性質: by *constitution* 生まれつき / I'm lucky to have a strong *constitution*. 私は幸運にも丈夫な体質です.
3 U C 構成,構造,組織: the *constitution* of the company 会社の組織 / the *constitution* of society 社会の構造.
4 U 設立,制定; 任命.
◆ **Constitútion Státe** [the ~] 憲法州《Connecticut 州の愛称; → AMERICA 表》.

*__con·sti·tu·tion·al__ [kànstətjúːʃənəl / kònstitjúː-] 形 1 憲法(上)の,立憲的な; 合憲の: *constitutional* government 立憲政治 / a *constitutional* monarchy 立憲君主国 / *constitu-*

tional rights 憲法上の権利. **2** 体質[体格]上の; 気質の; 生まれつきの: *constitutional* weakness 生来の虚弱.

con·sti·tu·tion·al·ism [kànstətjúːʃənəlìzəm / kɔ̀nstitjúː-] 名 U 立憲政治; 立憲主義.

con·sti·tu·tion·al·ist [kànstətjúːʃənəlist / kɔ̀nstitjúː-] 名 C **1** 立憲主義者; 憲法擁護者. **2** 憲法学者.

con·sti·tu·tion·al·i·ty [kànstətjùːʃənǽləti / kɔ̀nstitjùː-] 名 U 合憲性; 立憲性.

con·sti·tu·tion·al·ly [kànstətjúːʃənəli / kɔ̀nstitjúː-] 副 **1** 憲法上, 立憲的に; 合憲的に. **2** 体質的に, 体格上, 気質上; 生まれつき.

*****con·strain** [kənstréin] 動 他 **1** [しばしば受け身で]〈人〉に無理強いして[強制して][…]させる[*to do*] (→ FORCE 類義語): *constrain* him *to* tell a lie 彼に嘘を無理やりうそを言わせる / Children should not *be constrained to* study. 子供に勉強を無理強いさせるべきではない. **2** 〈自由な活動など〉を制約する, …を束縛する, 抑制する: *constrain* oneself 自制する.

con·strained [kənstréind] 形 **1** 強制された, 制約を受けた. **2** 不自然な, ぎこちない, 無理な.

con·strain·ed·ly [kənstréinidli] 副 やむをえず, 無理に, ぎこちなく.

con·straint [kənstréint] 名 **1** U 強制[束縛, 拘束, 圧迫]する[される]こと: by *constraint* 無理に, 強いて / under *constraint* 強いられて, やむをえず. **2** C […を]拘束[束縛, 制約]するもの[*on*]. **3** U (感情などの)抑制; 気がね, ぎこちなさ.

con·strict [kənstríkt] 動 他 **1** …を締めつける, 圧縮する; 〈血管など〉を収縮させる. **2** 〈成長·発展など〉を抑える, 抑制する.

con·stric·tion [kənstríkʃən] 名 **1** U 締めつける[られる]こと, 収縮. **2** U 〈胸などが〉締めつけられる感じ, 窮屈さ. **3** U 締めつけるもの, 引き締め.

con·stric·tive [kənstríktiv] 形 締めつける, 圧縮する; 収縮性の.

✴✴con·struct 動 名

【「con (共に) + struct (積み上げる)」から】

— 動 [kənstrʌ́kt] (☆名とのアクセントの違いに注意) (三単現 con·structs [-strʌ́kts]; 過去·過分 con·struct·ed [~id]; 現分 con·struct·ing [~iŋ])

— 他 **1** …を組み立てる, […で]建設[建造]する (build) (↔ destroy) [*from*, *out of*]: *construct* a factory [hut, building] *out of* wood 木で工場[小屋, 建物]を建てる / She *constructed* that model ship all by herself. 彼女は独力でその模型の船を組み立てた.
2 〈文章·理論など〉を構成する, 構築する: *construct* a new system 新しいシステムを構築する / His new novel is very well [skillfully] *constructed*. 彼の新作小説は構成がきわめて巧みである.
3 〖数学〗〈図形〉をかく.

— 名 [kɑ́nstrʌkt / kɔ́n-] C **1** 《格式》建築物, 構造物. **2** 〖心理〗構成概念.

(▷ 名 constrúction)

✴✴✴con·struc·tion [kənstrʌ́kʃən]

— 名 (複 con·struc·tions [~z]) **1** U 建設, 建築, 建造 (↔ destruction): plan the *construction* of … …の建設プランを出す / The *construction* of the skyscraper took several years. その高層ビルの建設には数年を要した.
2 U 建築様式, 建造法: The castle over there is of Victorian *construction*. 向こうに見える城はビクトリア朝様式のものです.
3 C 建築物, 建造物, 造営物.
4 C 《格式》(語句·文·法律などの) 解釈: put a good [bad] *construction* on … …を善意[悪意]に解釈する. **5** C 〖文法〗(文·語句の)構造.

(▷ 動 constrúct)

■ **under constrúction** 建設[建造]中で, 工事中で: The expressway is *under construction*. その高速道路は建設中である.

*****con·struc·tive** [kənstrʌ́ktiv] 形 **1** (意見·考えなどが)建設的な (↔ destructive): a *constructive* suggestion 建設的な提案. **2** 構造上の.

(▷ 動 constrúct)

con·struc·tive·ly [~li] 副 建設的に, 有益に.

con·struc·tor [kənstrʌ́ktər] 名 C 建設者, 建造者; 建設業者; 製造者.

con·strue [kənstrúː] (☆アクセントに注意) 動 他 **1** [しばしば受け身で]《格式》…を[…と]解釈する [*as*]: Her silence *was construed as* agreement. 彼女の沈黙は同意と解釈された. **2** 〖文法〗〈文中の語の関係〉を解剖する; 〈文など〉を分析する; 〈語句〉を[…と]文法的に結び付ける [*with*].

con·sul [kɑ́nsl / kɔ́n-] 名 C 領事: a *consul* general 総領事 / an acting [honorary] *consul* 代理[名誉]領事.

con·sul·ar [kɑ́nsələr / kɔ́nsjulər] 形 領事の: a *consular* agent 領事代理.

con·sul·ate [kɑ́nsələt / kɔ́nsju-] 名
1 C 領事館. **2** U 領事の職[地位, 任期, 権限].

✴✴con·sult [kənsʌ́lt]

— 動 (三単現 con·sults [-sʌ́lts]; 過去·過分 con·sult·ed [-id]; 現分 con·sult·ing [~iŋ])

— 他 **1** 〈特に専門家·目上の人など〉に[…について]意見を聞く, 相談する [*on*, *about*]: *consult* a teacher [lawyer] *on* this matter この件について先生[弁護士]に相談する / Why don't you *consult* a doctor *about* your headache? 頭痛をお医者さんに診てもらったらどうですか.
2 […のために]〈本·地図など〉を参照する, 参考にする, 調べる [*for*] (◇ look up より《格式》): *consult* a telephone directory 電話帳を調べる / He always *consults* a map *for* shortcuts. 彼はいつも地図で近道を調べる.

— 自 **1** […について / …と]相談する, 協議する [*on*, *about* / *with*] (◇特に自分と同等の人と意見を交換するときに用いる): Thomas *consulted with* his friend *about* the destination of their trip. トーマスは旅行の行先について友人と話し合った. **2** […の]相談役をする, 顧問を務める [*for*].

(▷ 名 cònsultátion)

con·sult·an·cy [kənsʌ́ltənsi] 名C **1** コンサルタント会社. **2** 専門的アドバイス.

‡**con·sult·ant** [kənsʌ́ltənt] 名C **1** コンサルタント, 顧問. **2** (研修医の指導にあたる)上級医師.

*__con·sul·ta·tion__ [kànsəltéiʃən / kɔ̀n-] 名
1 U C […との]相談, 協議, 診察[鑑定]を受けること [*with*]: The president is in *consultation with* the executives. 社長は役員と協議中です / I will have a *consultation with* my lawyer about the matter. その件については弁護士と相談します. **2** C [しばしば~s] (専門家の)会議, 協議会. **3** U (書物などの)参考, 参照.
(▷ 動 consúlt)

con·sul·ta·tive [kənsʌ́ltətiv] 形 相談の, 協議の; 顧問の, 諮問の: a *consultative* committee 諮問委員会.

con·sult·ing [kənsʌ́ltiŋ] 形《限定用法》顧問の, 顧問的; 診察の: a *consulting* company コンサルタント会社 / a *consulting* lawyer [doctor] 顧問弁護士[医師] / a *consulting* room 診察室.

con·sum·a·ble [kənsúːməbl / -sjúːm-] 形《格式》消費[消耗]できる. ─ 名C [通例 ~s] 消耗品 (cf. durables 耐久消費財).

*__con·sume__ [kənsúːm / -sjúːm] 動 他 **1** …を消費する (↔ produce); 消耗する, 使いつくす (use up); …を浪費する (*away*): My car *consumes* a lot of gas. 私の車はガソリンを食う / She *consumed* much time (in) reading. 彼女は多くの時間を読書に費やした. **2**《格式》…を食べつくす [飲み干す]: He *consumed* a whole bottle of whiskey in a single evening. 彼は一晩でウイスキー1本を丸のみにした. **3** (火災が) …を焼きつくす, 破壊する: The big fire *consumed* most of the wooden houses. 大火は大半の木造家屋を焼失させた. **4** [通例, 受け身で] 〈嫉妬(ら)・憎悪・野心などが〉〈人〉の心の中で燃える; 〈人〉を夢中にさせる: She *was consumed* with jealousy. 彼女は嫉妬でわれを忘れた.
(▷ 名 consúmption)

‡**con·sum·er** [kənsúːmər / -sjúːm-] 名C
1 消費者 (↔ producer).
2 消費[消耗]する人[もの]: a *consumer* society 消費社会.

◆ consúmer dúrables [複数扱い]【経済】《英》耐久消費財 (durables, 《米》 durable goods).
consúmer gòods [複数扱い]【経済】消費財 (↔ capital [producer] goods).
consúmer príce ìndex C【経済】《米》消費者物価指数 (《略語》CPI) (《英》retail price index).
consúmer protéction U (政府, 民間団体などによる)消費者保護.

con·sum·er·ism [kənsúːmərìzəm / -sjúːm-] 名 U **1** 消費者(保護)運動. **2**【経済】消費主義.

*__con·sum·ing__ [kənsúːmiŋ / -sjúːm-] 形《限定用法》(感情・野心・炎などが)焼きつくすような, 激しい; (関心などが人を)夢中にさせる; (悲しみ・恋などが人を)やつれさせる.

con·sum·mate [kánsəmèit / kɔ́n-] 動 他《格式》**1** …を完成する, 達成する, 成し遂げる. **2** 〈結婚〉を(性交によって)完全なものにする.
─ [kənsʌ́mət] 形《限定用法》《格式》
1 完全な, 申し分のない, 最高の (perfect): *consummate* art 名人芸. **2** 熟達[練]した.

con·sum·ma·tion [kànsəméiʃən / kɔ̀n-] 名《格式》**1** U 完成, 成就(ぶ°), 達成. **2** C [通例, 単数形で] 頂点, 到達点, 極致. **3** U (性交による)結婚の成就.

*__con·sump·tion__ [kənsʌ́mpʃən] 名 U **1** 消費 (↔ production).
2 [または a ~] 消費高[量]: oil *consumption* = *consumption* of oil 石油消費量. **3** (体力などの)消耗.
(▷ 動 consúme)

◆ consúmption dúty [tàx] U 消費税.

con·sump·tive [kənsʌ́mptiv] 形 消費の, 消耗(性)の.

***con·tact** [kántækt / kɔ́n-] 名 動 形【原義は「共に触れる」】
─ 名 (複 **con·tacts** [-tækts]) **1** U (人・ものとの) 接触, 触れ合い; 連絡 [*with*]: make eye *contact* アイコンタクトをとる [目と目を合わせる] / I have little *contact with* the outside world. 私は世間との接触がほとんどない / We have been out of *contact with* our son for months. もう何か月も息子との連絡が途絶えている / You'd better avoid *contact with* him. 彼と接触するのは避けたほうがいい.

2 C《口語》(社会的・職業上の)関係, つき合い; コネ, 有力な知人: a person of many *contacts* つき合いの広い人 / I have a good *contact* in that company. その会社によいコネがある[有力な知人がいる].

3 C【電気】接触, 接点, 接続装置; (無線による)連絡, 交信. **4** C《口語》= contact lens (→複合語). **5** C【医】保菌(の疑いのある)者.

■ **bríng ... into cóntact with ~** …を~に接触させる, 近づける.

cóme in [into] cóntact with ... …と接触する, 連絡を取る.

in cóntact with ... …と接触して, 連絡を取って: I keep [get, stay] *in contact with* my foreign friends. 私は外国の友人と連絡を取り合っている.

màke cóntact with ... …とやっと連絡が取れる: We made *contact with* the missing plane. 行方不明の飛行機とようやく連絡が取れた.

─ 動 [kántækt / kɔ́n-, kəntǽkt] 他〈人〉と(手紙・電話などで)連絡を取る, 問い合わせる: I will *contact* you when I get to Cairo. カイロに着いたら君に連絡するよ.
─ 自 […と] 接触する, […に] 連絡する [*with*].
─ 形《限定用法》**1** 接触によって生じる. **2** (住所などが)(緊急)連絡用の.

◆ cóntact lèns C [通例 ~es] コンタクトレンズ (《口語》contact): a pair of *contact lenses* コンタクトレンズ1組.

> コロケーション　コンタクトレンズを…
>
> コンタクトレンズを落とす: *drop a contact lens*
> コンタクトレンズをしている: *wear contact lenses*
> コンタクトレンズをつける: *put in contact lenses*
> コンタクトレンズを外す: *take out contact lenses*

con·ta·gion [kəntéidʒən] [名]《格式》 **1** [U](病気の)接触感染[伝染](cf. infection 空気や水などによる感染, 伝染). **2** [C](接触)伝染病. **3** [C](思想・感情などの)伝染; 悪影響.

con·ta·gious [kəntéidʒəs] [形] **1** 接触伝染(性)の(cf. infectious (空気や水などによる間接的な)感染[伝染]性の): a *contagious* disease 接触伝染病[感染症]. **2** (人が)接触感染症にかかった. **3** (感情・動作などが人から人へ)移りやすい: *contagious* laughter [yawning] 人から人へと伝わる笑い[あくび].

C

***con·tain** [kəntéin]

— [動](三単現 **con·tains** [〜z]; 過去・過分 **con·tained** [〜d]; 現分 **con·tain·ing** [〜iŋ])

—[他][進行形不可] **1** …を含む,(中に)持っている(→ INCLUDE [類義語]): This box *contains* jewelry. この箱には宝石類が入っている / Fresh vegetables *contain* a lot of vitamins. 新鮮な野菜には多くのビタミンが含まれている / This book *contains* a lot of information on the subject. この本にはその問題に関する情報がたくさん出ている.

2 (会場・部屋などが)〈人員〉を収容する: This elevator can *contain* 10 people safely. このエレベーターの定員は10人です.

3 〈感情など〉を抑える, 抑え込む;〈病気・敵・火事など〉を封じ込める, 阻止する, くいとめる: I could not *contain* my anger. 私は怒りを抑えることができなかった / He could not *contain* himself for joy. 彼は喜びを抑えられなかった. **4** (数量が)…に相当する, 等しい: One pound *contains* 16 ounces. 1ポンドは16オンスである. **5** 〘数学〙…で割り切れる: 8 *contains* 2 and 4. 8は2と4で割り切れる. **6** 〘幾何〙(辺が)…をはさむ.

*__con·tain·er__ [kəntéinər] [名][C] **1** 入れ物, 容器: a plastic *container* プラスティック容器. **2** (貨物輸送用の)コンテナ.

◆ **contáiner shìp [lìner]** [C] コンテナ船(→ SHIP 図).

con·tain·ment [kəntéinmənt] [名][U] **1** 抑制, 束縛. **2** 封じ込め政策《対立国の強大化を阻止する》.

con·tam·i·nant [kəntǽmənənt] [名][C][通例, 複数形で]《格式》汚染物質; 汚染菌.

*__con·tam·i·nate__ [kəntǽmənèit] [動][他] **1** 〈空気・水・血液・食物など〉を〔…で〕汚す, 汚染する〔*by, with*〕. **2** 〈人〉を堕落させる; …に悪影響を及ぼす.

*__con·tam·i·na·tion__ [kəntæ̀mənéiʃən] [名] **1** [U] 汚すこと,(放射能・有害物質などによる)汚染. **2** [C] 汚染物, 不純物; 悪影響.

*__contd, contd.__ 《略語》= *cont*inue*d* 続く, 以下次号(To be continued.).

*__con·tem·plate__ [kάntəmplèit / kɔ́n-] [動][他] **1** …をじっくり考える, 熟慮[熟考]する: *contemplate* the meaning of life 人生の意味について思索する / He *contemplated* the problem for two hours. 彼は2時間その問題をじっくり考えた. **2** …をじっと見つめる, 凝視する;〈作品など〉を鑑賞する: I *contemplated* the picture on the wall. 私は壁にかかった絵をじっと見た. **3** …を意図する(intend);〔…しようと〕もくろむ〔*doing*〕: He is *contemplating taking* a trip to Europe. 彼はヨーロッパ旅行を計画している(◇ taking は省略することも可能). **4** …を予期する, 予想する.

—[自] じっくり考える, 熟考する; 沈思する.

*__con·tem·pla·tion__ [kὰntəmpléiʃən / kɔ̀n-] [名][U] **1** じっくり考えること, 熟考;(宗教的な)瞑想(めいそう)(meditation): be lost in *contemplation* 沈思黙考にふける. **2** じっと見つめること, 凝視. **3** 意図(intention); 計画(plan), もくろみ: be in [under] *contemplation* 計画中である. **4** 予期, 予想.

con·tem·pla·tive [kəntémplətiv] [形] 深く考える; 瞑想(めいそう)している[にふけった].

con·tem·po·ra·ne·ous [kəntèmpəréiniəs] [形]《格式》〔…と〕同時発生の, 同時代の〔*with*〕.

con·tem·po·ra·ne·ous·ly [〜li] [副] 同時(代)に.

***con·tem·po·rar·y**

[kəntémpərèri / -pərəri] [形][名]

—[形][比較なし] **1** 現代の(→ MODERN [類義語]): *contemporary* literature [music] 現代文学[音楽] / *contemporary* technological developments 現代の科学技術の進歩.

2 (人・作品・出来事などが)〔…と〕同時代の, 同年代の〔*with*〕; その当時[時代]の: These events were *contemporary*. これらの出来事は同時代に起こった / Beethoven was *contemporary with* Goethe. ベートーベンはゲーテと同時代の人物だった.

—[名](複 **con·tem·po·rar·ies** [〜z])[C][通例, 複数形で] 同時代の人[もの]; 同期生, 同年者; 現代人: our *contemporaries* 私たちと同時代の人々, 現代の人々 / The Beatles were *contemporaries* of the Rolling Stones. ビートルズはローリングストーンズと同時代のバンドでした.

*__con·tempt__ [kəntémpt] [名][U] **1** [時に a 〜]〔人・ものへの〕軽蔑, さげすみ〔*for*〕: We had [felt] a great *contempt for* his cowardly attitude. 私たちは彼の臆病な態度をひどく軽蔑した / His behavior is beneath *contempt*. 彼の行いはばかげていて軽蔑にも値しない. **2** 屈辱, 不面目: fall into *contempt* 恥をかく, 面目を失う / bring… in *contempt* …に恥をかかせる. **3** (規則・危険などの)無視: in complete *contempt* of rules 規則をまったく無視して. **4** 〘法〙侮辱行為: *contempt* of court 法廷侮辱罪.

■ ***hóld* [*háve*] ... *in contémpt*** …を軽蔑する.

con·tempt·i·ble [kəntémptəbl] [形] 軽蔑すべき.

con·temp·tu·ous [kəntémptʃuəs / -tjuəs] [形] 軽蔑する, 軽蔑を示す, 軽蔑的な;〔…を〕軽蔑した〔*of*〕: She gave a *contemptuous* laugh. 彼女は人をばかにしたような笑い方をした / We are *contemptuous of* his opinion. 私たちは彼の意見を軽蔑している.

con·temp·tu·ous·ly [〜li] [副] 軽蔑するように.

*__con·tend__ [kənténd] [動][自] **1** 〔相手・困難などと / …を求めて〕戦う, 争う〔*with, against / for*〕:

We have to *contend with* many difficulties in life. 私たちは人生の多くの困難と戦わなければならない / We *contended with* them *for* the prize. 私たちは彼らとその賞を争った. **2** 〔…と〕言い争う, 論争する (dispute) 〔*with*〕: He *contended with* her about politics. 彼は政治について彼女と論争した.
— [他]〔…だと〕(強く) 主張する, 言い張る〔*that* 節〕: Galileo *contended that* the earth moves round the sun. ガリレオは地球が太陽の周りを回ると主張した. (▷ [名] conténtion; [形] conténtious)

con·tend·er [kənténdər] [名] [C] 〔競技の〕参加者, 競争者〔*for*〕.

*****con·tent¹** [kántent / kɔ́n-] (☆ content² との発音の違いに注意)
— [名] (複 **con·tents** [-tents]) **1** [～s] (容器などの) **中身**: the *contents* of the bag かばんの中身.
2 [U] [時に～s] (本・手紙などの) 内容; (本の) **目次**: a table of *contents* 目次 / I don't know the *contents* of this report. 私はこのレポートの内容を知らない.
3 [U] (演説・著作 (物) などの) **趣意**, 要旨; (形式に対して) 内容: a magazine of no *content* 内容のない雑誌 / I can't get the *content* of his argument. 私には彼の論旨がわからない.
4 [単数形で] 含有量, (容器の) 容量: the fat *content* 脂肪含有量.
5 [U]【コンピュータ】コンテンツ《ウェブ上の著作物》.

*****con·tent²** [kəntént] [形] [名] [動]
— [形] [叙述用法] **1** 〔…に〕**満足して**, 甘んじて〔*with*〕(↔ discontent): She is *content with* her present life. 彼女は今の生活に (一応) 満足している / He was *content with* eating just dry toast. 彼は何も付いていないトーストを食べるだけで満足していた.
2 [be content + to do] …することに満足している, 喜んで…する: He *is content to* live a simple life in the countryside. 彼は田舎での質素な生活に満足している.
— [名] [U]《文語》満足 (contentment).
■ ***to one's héart's contént*** 心ゆくまで, 存分に: He ate *to his heart's content*. 彼は腹いっぱい食べた.
— [動] [他] …を (一応) 満足させる (↔ discontent): Nothing *contented* her. 何物も彼女を満足させなかった.
■ ***contént onesèlf with ...*** …で満足する, …に甘んじる: He *contented himself with* reading about it. 彼はそれについて読むだけで満足していた.

***con·tent·ed** [kənténtid] [形] 〔…に〕**満足している**〔*with*〕; 満足そうな: a *contented* smile 満足そうなほほ笑み / She seems *contented with* her life in this village. 彼女はこの村での生活に満足しているように見える.
con·tent·ed·ly [～li] [副] 満足して, 満足そうに.

***con·ten·tion** [kəntén∫ən] [名]《格式》**1** [C] 〔…という〕**主張**, 論点〔*that* 節〕: It is my *contention that* ... …というのが私の主張です. **2** [U] **争い**, 競争: stay in *contention* (スポーツで) まだ戦いから脱落していない. **3** [U] 論争, 議論: in *contention* (with...) (…と) 争っている, 論争中で.
■ ***a bóne of conténtion*** 紛争の種 (→ BONE [名] 成句). (▷ [動] conténd)

con·ten·tious [kəntén∫əs] [形]《格式》**1** 異論のある, 議論を起こす. **2** (人が) 争い [論争] 好きな. (▷ [動] conténd)
con·ten·tious·ly [～li] [副] けんか腰で; 物議をかもして.

***con·tent·ment** [kənténtmənt] [名] [U] 満足 (satisfaction), 心の安らぎ: *Contentment* is better than riches.《ことわざ》満足は富にまさる.

*****con·test** [名] [動]
— [名] [kántest / kɔ́n-] (☆ [動] との発音の違いに注意) (複 **con·tests** [-tests]) [C] **1** **競争**, 競技; コンテスト (→ FIGHT [類義語]): a *contest* for the championship 優勝 [決勝] 戦 / win [lose] a *contest* 競争に勝つ [負ける] / She entered the speech *contest*. 彼女は弁論大会に出場した.
2 論争; 争い, 抗争: a heated *contest* 白熱した論戦 / a *contest* for power 権力闘争.
— [動] [kəntést] [他] **1** 〈地位・勝利など〉を得ようと争う: They *contested* a seat on the town council. 彼らは町議会の議席をめぐって争った.
2 …に反論する, 異議を唱える.
— [自] 論争 [議論] する; 争う, 戦う; 競争する.

con·test·ant [kəntéstənt] [名] [C] 競争者, 競技者, (競技の) 出場者; 論争者.

***con·text** [kántekst / kɔ́n-] [名] [C] [U] **1** (文の) **前後関係**, **文脈**, コンテキスト.
2 (事件などの) 背景, 状況.
■ ***in thìs cóntext*** この文脈 [状況] においては; これと関連して.
òut of cóntext 文脈 [前後関係] を無視して.

con·tex·tu·al [kəntékst∫uəl / kəntékstjuəl] [形]《格式》文脈上の, (文の) 前後関係での.
con·tex·tu·al·ly [-əli] [副] 文脈上, 前後関係から.

con·ti·gu·i·ty [kàntəgjúːəti / kɔ̀n-] [名] [U]《格式》接触, 隣接; 接近.

con·tig·u·ous [kəntígjuəs] [形]《格式》**1** 〔…に [と]〕接触している, 隣接している〔*to, with*〕: Canada is *contiguous to* the USA. カナダはアメリカの隣国である. **2** 切れ目のない, 連続した.

con·ti·nence [kántənəns / kɔ́nti-] [名] [U]《格式》自制; 排せつを我慢すること; 禁欲.

*****con·ti·nent¹** [kántinənt / kɔ́nti-]
— [名] (複 **con·ti·nents** [-nənts]) **1** [C] **大陸**: the European *continent* ヨーロッパ大陸 / the *continents* of Africa and Asia アフリカ大陸とアジア大陸.
2 [the C-]《英》(英国から見て) ヨーロッパ大陸.

con·ti·nent² [形] **1**《格式》便意をこらえられる. **2**《古》自制心のある, 禁欲の, 節制の.

‡con·ti·nen·tal [kàntənéntəl / kɔ̀n-] [形] **1** 大陸 (性) の, 大陸的な: a *continental* climate 大陸性気候. **2** [C-]《英口語》(英国に対して) ヨーロッパ大陸 (風) の. **3** [しばしば C-; 限定用法]《米》北米大陸の; [C-]【米史】(独立戦争時の) アメリカ植民

地の.
— 名 C 1 《英口語》《英国から見て》ヨーロッパ大陸の人. 2 [C-] 《米史》《独立戦争時の》アメリカ兵.
(▷ 名 cóntinent¹)

◆ cóntinental bréakfast C U コンチネンタル・ブレックファースト《《ヨーロッパ》大陸式朝食》(→ BREAKFAST 〖背景〗).
contin·ental drift U 《地質》大陸移動(説).
continéntal shélf C 《地質》大陸棚.

con·tin·gen·cy [kəntíndʒənsi] 名 (複 con·tin·gen·cies [~z]) 1 U 偶然(性), 偶発性. 2 C (将来起こりうる)出来事;不慮の出来事,偶発事件: future *contingencies* 将来起こりうる事態.
◆ contíngency pláns C (不測の事態に備えての)非常[緊急]事態対策.

*con·tin·gent [kəntíndʒənt] 形 《格式》
1 《叙述用法》〈ことが〉《将来の不確定なことに》依存する, 《…》次第の, 《…に》条件としての [on, upon]: Our success is *contingent* on the weather. 私たちの成功は天候次第である.
2 不確実な;偶然の, 不慮の: *contingent* expenses 思いがけない出費.
— 名 C 《格式》《単数・複数扱い》 1 増援軍, 派遣軍. 2 代表団, 派遣団.

*con·tin·u·al [kəntínjuəl] 形 1 《限定用法》(しばしば好ましくないことが) 繰り返し起こる, 頻繁な (◇間隔を置いた繰り返しをさす; cf. continuous 切れ目なく続く): I can't study with your *continual* interruptions. あなたがじゃまばかりするので私は勉強できない. 2 連続した, 絶え間のない (◇ continuous のほうが普通).

*con·tin·u·al·ly [kəntínjuəli] 副 《しばしば進行形の文で;悪い意味で》頻繁に, 絶えず, しきりに: She is *continually* complaining about something. 彼女は絶えず何かぐちをこぼしている.

con·tin·u·ance [kəntínjuəns] 名 1 U 《または a ~》《格式》続くこと;継続(期間); 存続.
2 C 《米》《法》《訴訟手続きの》延期.
(▷ 動 continue)

*con·tin·u·a·tion [kəntìnjuéiʃən] 名 1 C 続く[続ける]こと; 継続, 存続; 連続: We hope for the *continuation* of peace. 私たちは平和が続くことを望む.
2 C (中断後の)継続, 続行; 再開.
3 C 《通例 a ~》 (話などの) 続き, 続編;(建物などの)建て増し: a *continuation* of last week's story 先週の話の続き. (▷ 動 continue)

con·tin·u·a·tive [kəntínjuèitiv / -ətiv] 形
1 連続的な, 継続的な; (思想が)関連した. 2 《文法》継続用法の (↔ restrictive).

***con·tin·ue [kəntínju:]
【基本的意味は「…を続ける (keep doing something without stopping)」】
— 動 (三単現 con·tin·ues [~z]; 過去・過分 con·tin·ued [~d]; 現分 con·tin·u·ing [~iŋ])
— 他 1 (a) [continue+O] …を**続ける**: He wanted to *continue* his study. 彼は自分の研究を続けたいと思った. (b) [continue+to do [doing]] (状況にかまわず)…し続ける: We *continue to* learn new things throughout life. 私たちは生きている限り新しいことを学び続ける / She *continued playing* the piano. 彼女はピアノを弾き続けた.
2 (a) [continue+O] (中断したあとで)…を続ける, 再開する, 継続する: He *continued* his study after a short rest. 彼は少し休息してから勉強を続けた. (b) [continue+that 節] …と続けて言う: He *continued that* he had helped the old woman across the street. 老婦人が通りを渡るのを助けたんだと彼は続けて言った / "And so," he *continued*, "I'll try harder next time." 「それじゃまあ, 次回はもっと頑張るよ」と彼は話を続けた.
3 〈人〉を〈場所・地位などに〉とどまらせる [at, in].
— 自 1 **続く**, 続いている;(中断したあとで)続行する,〔…を〕続ける [with]: The rain *continued* for a week. 雨は1週間降り続いた / The muddy road *continues* for another two miles. 泥道はあと2マイル続いている / The baseball game *continued* after a ten-minute interval. その野球の試合は10分後に再開した.
2 [continue+(to be)+C] 続いて…である, 依然として〔引き続き〕…である: I hope it will *continue* fine. 好天が続けばよいと思う / The patient's condition *continued to be* serious. 患者は依然として重体のままだった.
3 〔場所・地位などに〕とどまる [at, in]; 〔職業を〕続ける [as]: She will *continue* at school. 彼女は学校をやめないだろう.
■ *continued on* [*from*] ... (ページなど)に [から] 続く.
To be continued. (連載記事などで) 続く, 以下次号 (cf. To be concluded. 次号完結).
(▷ 名 continuátion, còntinúity)

con·tin·ued [kəntínju:d] 形 《限定用法》延々と続く, 間断のない.

*con·ti·nu·i·ty [kàntinjú:əti / kòntinjú:-] 名 (複 con·ti·nu·i·ties [~z]) 1 U 〔…における / …間の〕連続;継続;(論理的な)一貫性 [*in / between*].
2 U C (映画・テレビ・ラジオの)撮影[放送]用台本, コンテ. 3 U (場面や番組の)つなぎの言葉《音楽》.
◆ continúity clérk C 《映画》撮影記録係.

con·tin·u·o [kəntínjuòu] 《イタリア》名 (複 con·tin·u·os [~z]) C 《音楽》通奏低音 (figured bass).

***con·tin·u·ous [kəntínjuəs]
— 形 1 **途切れることなく続く**, ひっきりなしの, (時間的・空間的に)連続的な (↔ discontinuous) (◇「断続的に, 繰り返し起こる」の場合は通例 continual を用いる): a *continuous* sound 絶え間なく聞こえてくる音 / *continuous* rain ひっきりなしに降る雨 / A *continuous* line of cars stretched over tens of miles. 途切れることなく車の列が数十マイルにわたって延びていた.
2 《文法》進行(形)の (progressive).

*con·tin·u·ous·ly [kəntínjuəsli] 副 切れ目なく, 連続的に, 絶え間なく: It has been raining *continuously* since this morning. けさから雨が小やみなく降り続いている.

con·tin·u·um [kəntínjuəm] [名] (複 **con·tin·u·a** [-tínjuə], **con·tin·u·ums** [~z]) [U] [C] 《格式》
1 連続; 連続体: a space-time *continuum* 時空連続体, 四次元空間. **2** 〖数学〗連続体.

con·tort [kəntɔ́ːrt] [動] [他] **1** 〈顔・体など〉を〔…で〕ねじ曲げる, ゆがめる〔*with*〕; しならせる: Her face was *contorted with* pain. 彼女の顔は苦痛でゆがんでいた. **2** 〈意味など〉を歪曲(わいきょく)する; 複雑にする.
— [自] ねじ曲がる, ゆがむ; しなる.

con·tor·tion [kəntɔ́ːrʃən] [名] **1** [U] ねじ曲げ[曲が]ること, ゆがめる[ゆがむ]こと. **2** [U] [C] ねじれ, ゆがみ, 引きつり; [C] (体の)しなり.

con·tor·tion·ist [kəntɔ́ːrʃənist] [名] [C] (体を自由に曲げることができる)曲芸師.

*__con·tour__ [kántuər / kɔ́n-] [名] [C] **1** [しばしば ~s] (山・人体などの) 輪郭(線); 外形.
2 = cóntour lìne 等高線.
— [形] [限定用法] 輪郭を示す; 等高線に沿った.
— [動] [他] **1** 〈地図など〉の等高線を記す, …の輪郭を描く. **2** 〈道・鉄道など〉を等高線沿いに設ける.
◆ cóntour màp [C] 等高線地図.

con·tra- [kantrə / kɔn-] [接頭]「逆, 反対」の意を表す: *contra*dict …を否定する.

con·tra·band [kántrəbæ̀nd / kɔ́n-] [名] [U] 密輸品, 禁制品; 密輸, 密貿易.
— [形] 禁制の; 密輸(品)の.

con·tra·bass [kántrəbèis / kɔ̀ntrəbéis] [名] [C] 〖音楽〗コントラバス.

con·tra·cep·tion [kàntrəsépʃən / kɔ̀n-] [名] [U] 避妊(法): practice *contraception* 避妊する.

con·tra·cep·tive [kàntrəséptiv / kɔ̀n-] [形] 避妊(用)の: the *contraceptive* pill ピル.
— [名] [C] 避妊薬[具].

***con·tract [名] [動]

— [名] [kántrækt / kɔ́n-] (☆ [動] との発音の違いに注意) (複 **con·tracts** [-trækts]) **1** [C] **契約**, 請負, 約定: an exclusive *contract* 独占契約 / work on a two-year *contract* 2年契約で働く / break a *contract* 契約に違反する / close [annul, cancel] a *contract* 契約を結ぶ[破棄する] / He made [entered into, concluded] a *contract* with that team to play for three years. 彼はそのチームと3年契約を結んだ.
2 [C] 契約書: sign a *contract* 契約書にサインする / draw up a *contract* 契約書を作成する / a lease *contract* 賃貸契約書.
3 [形容詞的に] 契約の, 請負の: the *contract* price [work] 請負価格 [仕事].
4 [C] 《口語》嘱託殺人の契約.
■ ***by*** [***on***] ***cóntract*** 契約によって, 請負で.
ùnder cóntract 契約して: She is *under contract* to release two CDs for that music company. 彼女はその音楽会社から2枚のCDを発売する契約をしている.
— [動] [kəntrǽkt] [他] **1** [《米》kəntrǽkt, kántrækt] …**を契約する**, 結ぶ; 〔…することを〕請け負う〔*to do, doing*〕: *contract building* [*to build*] a house 家の建築を請け負う / The country has *contracted* an alliance with Japan. その国は日本と同盟を結んだ.
2 〈筋肉など〉**を縮める**, 収縮する; 〈語・句〉を短縮する: *contract* one's (eye)brows まゆをひそめる.
3 《格式》〈望ましくないもの〉を得る; 〈重い病気〉にかかる: *contract* a debt 負債を負う / *contract* cancer 癌(がん)にかかる / *contract* the bad habit of drinking 飲酒の悪い習慣がつく.
— [自] **1** [《米》kəntrǽkt, kántrækt] 〔…と / 仕事などの〕**契約をする**〔*with* / *for*〕: I have *contracted with* him *for* the new house. 私は彼と家の新築の契約をした.
2 縮まる, 〔…に〕短縮する〔*to*〕: "Do not" often *contracts to* "don't" in colloquial English. 口語英語では do not はしばしば don't と短縮する.
3 (筋肉などが) 収縮する.
■ ***cóntract ín*** 《主に英》〔…に〕(正式に) 参加の表明をする〔*to*〕.
cóntract óut [他] 〔…に〕〈仕事〉を請負に出す.
— [自] 《主に英》〔…に〕(正式に) 不参加の表明をする〔*of*〕.
◆ cóntract brídge [U] 〖トランプ〗コントラクトブリッジ 《現在最も広く行われているブリッジ》.

*__con·trac·tion__ [kəntrǽkʃən] [名] **1** [U] (筋肉・血管などの) 収縮, 短縮 (↔ extraction).
2 〖文法〗[U] 短縮, 縮約; [C] 短縮[縮約]形.
3 [C] 〖医〗陣痛. **4** [U] (病気などに) かかること; (悪習が) 身につくこと.

con·trac·tor [kántræktər / kəntrǽk-] [名] [C] (工事の) 請負人; 土建業者.

con·trac·tu·al [kəntrǽktʃuəl] [形] 《格式》契約(上)の; 契約による: *contractual* obligations 契約上の義務.

*__con·tra·dict__ [kàntrədíkt / kɔ̀n-] [動] [他]
1 〈主張・意見など〉**を否定する**; …に反対する, 反論する: You mustn't *contradict* your father. お父さんに反論してはいけない. **2** (言行・事実・証拠が) …と**矛盾する**: The report *contradicts* what we heard yesterday. その報道は私たちがきのう聞いたことと食い違っている.
— [自] 否定する; 反対する, 反論する; 矛盾する.
■ ***contradíct onesèlf*** [自] 矛盾したことを言う.

con·tra·dic·tion [kàntrədíkʃən / kɔ̀n-] [名] [U] [C] **1** 否定; 反対, 反論.
2 〔…間の〕矛盾〔*between*〕; 矛盾した言動.

con·tra·dic·to·ry [kàntrədíktəri / kɔ̀n-] [形] **1** (報告などが) 〔…と〕反対の, 矛盾した〔*to*〕. **2** (人が) 論争好きな.

con·tra·dis·tinc·tion [kàntrədistíŋkʃən / kɔ̀n-] [名] [U] 《格式》対照区別, 対比.

con·tra·flow [kántrəflòu / kɔ́n-] [名] [U] [C] 《英》対面通行《道路工事などで一方の車線を閉鎖して, 他方の車線を双方向通行にすること》.

con·trail [kántreil / kɔ́n-] [名] [C] 《米》飛行機雲 (vapor trail) (◇ *con*densation *trail* の略).

con·tra·in·di·ca·tion [kàntrəindikéiʃən / kɔ̀n-] [名] **1** [C] [通例 ~s] 〖医〗禁忌(きんき) 《ある薬や治療法を用いてはならない病状》. **2** (薬剤の) 配合禁

con·tral·to [kəntrǽltou / -tráːl-] 名(複 **con·tral·tos** [~z], **con·tral·ti** [-ti])《音楽》 **1** Ｕ コントラルト《女声の最低音域. アルト (alto) に同じ》.
2 Ｃ コントラルト歌手.

con·trap·tion [kəntrǽpʃən] 名 Ｃ 《口語》変わった機械, 妙な仕掛け.

con·trar·i·wise [kántreriwàiz / kəntréəri-, kən-] 副《古風・こっけい》 **1** 反対の方向に, 逆に; これに反して. **2** ひねくれて, 意固地になって.

*** **con·trar·y** [kántreri / kɔ́ntrəri] 形 名

—形 **1** […と] 反対の, 相いれない (opposite) [to]: *contrary* views 対立する見解 / the decision *contrary to* my wishes 私の意向に反した決定.
2 (天候・風などが) 逆の; 不利な, 都合の悪い: *contrary* winds 逆風. **3** [kəntréəri] つむじ曲がりの; 強情な, 意固地な: Don't be so *contrary*! そんなに意固地になるな.
■ *cóntrary to ...* …に反して, 反対して, 逆らって: Everything went *contrary to* our wishes. 万事が私たちの意向に反していた／*Contrary to* his expectation, her new CD is selling well. 彼の予想に反し, 彼女の新しいCDは売れ行き好調です.

—名(複 **con·tra·ries** [~z]) Ｃ [the ~]《格式》正反対, 逆: She said quite the *contrary*. 彼女はまるで逆のことを言った.
■ *by cóntraries* 正反対に, 逆に; 予期[期待]に反して: Dreams go *by contraries*. 《ことわざ》夢に見たことは現実には起こらない ⇒ 夢は逆夢(さかゆめ).
on the cóntrary 逆に, これに反して; それどころか: I think he is innocent. — *On the contrary*, I'm sure he is guilty. 彼は無罪だと思うよ—とんでもない. 彼は有罪だ.
to the cóntrary それとは反対の[に]: We have nothing to say *to the contrary*. 私たちに異論はない.

*** **con·trast** 名 動

—名 [kántræst] (☆動 とのアクセントの違いに注意)(複 **con·trasts** [-træsts / -trɑːsts]) **1** Ｕ Ｃ […との] 対照, 対比 [to, with]; […の]間の 差異, 違い [between]: Her clothes make [form] sharp [marked] *contrast with* her friends. 彼女の服装は友人たちのとかなり対照的です／There is a striking *contrast between* the two civilizations. この2つの文明には著しい違いがある.
2 Ｃ […と] 対照的なもの [to]: His grade was a complete [marked] *contrast to* mine. 彼の成績は私のとはまったく対照的だった.
3 Ｕ Ｃ (写真・映像・色彩などの) コントラスト, 対比: adjust the *contrast* on the TV テレビのコントラストを調整する.
■ *by cóntrast* […と] 対比して; 対照的に [with]: *By contrast with* his brother, he didn't study so hard. 兄とは対照的に, 彼はあまり熱心に勉強しなかった.

in cóntrast […と] 対照的に, 著しく違って [with, to]: This problem seems small *in contrast with* the famine in Africa. アフリカの飢きんに比べればこんな問題は小さなことに思える.

—動 [kəntrǽst / -trɑ́ːst] 他 …を […と] 対照 [対比] させる; (対比して) 引き立たせる [with]: *contrast* kabuki *with* [and] opera 歌舞伎とオペラを比較対照する.

—自 […と] よい対照を成す, (対比して) 目立つ, 際立つ [with]: The Statue of Liberty *contrasts* beautifully *with* the skyline. 自由の女神像は高層ビル群のシルエットと美しいコントラストを見せている.

con·trast·ing [kəntrǽstiŋ / -trɑ́ːst-] 形 対照的な: a *contrasting* color 対照的に目立つ色.

con·tra·vene [kàntrəvíːn / kɔ̀n-] 動 他《格式》 **1** (法律・慣習などに) 違反する, …を破る.
2 (陳述・議論などに) 反する, 矛盾する.

con·tra·ven·tion [kàntrəvénʃən / kɔ̀n-] 名 Ｃ Ｕ (法律・慣習などへの) 違反 (行為); (陳述・主義などへの) 反対, 不一致: act in *contravention* of the law 法律に違反する.

con·tre·temps [kántrətɑ̀ːŋ / kɔ́ntrətɔ̀ːŋ] (☆ 発音に注意)【フランス語】名(複 **con·tre·temps** [~z]) Ｃ 《しばしばこっけい》不運な出来事[事故], 災難; (ちょっとした) 口論.

*** **con·trib·ute** [kəntríbjət / -tríbjuːt] 動

【「con (共に) + tribute (与える)」から】
—動 (三単現 **con·trib·utes** [-bjəts / -bjuːts]; 過去・過分 **con·trib·ut·ed** [~id]; 現分 **con·trib·ut·ing** [~iŋ])

—他 **1** [contribute + O] […に] 〈金品など〉を寄付する; 〈援助・助言・装備など〉を提供する, 与える [to, toward, for] (◇to, toward は相手に直接提供する場合に, for は間接的に提供する場合に用いる): *contribute* a good idea *to* the campaign そのキャンペーンに名案を出す／*contribute* some help *for* the homeless ホームレスの人たちに援助の手をさしのべる／Every member was asked to *contribute* some money *to* the fund-raising. 会員は皆その募金への寄付を求められた.
2 [新聞・雑誌などに] 〈原稿など〉を寄稿する, 投稿する [to]: David often *contributes* his own poems *to* magazines. デイビッドはよく自作の詩を雑誌に投稿している.

—自 **1** […に] 貢献する, 寄与する, 役立つ [to, toward]: This homestay program will *contribute to* the mutual understanding between the two countries. このホームステイプログラムは両国の相互理解に役立つことだろう／Mr. Smith *contributed* greatly *to* [*toward*] the growth of our company. スミス氏はわが社の発展に大きな貢献をした. **2** […に] 寄付する [to, toward]: *contribute to* ... …に寄付する／Have you *contributed to* that charity? あなたはあの慈善団体に寄付しましたか. **3** […の] 原因 [一因] となる, […に対して] 部分的に責任がある, 寄与する [to, toward]: a *contributing* factor 一因, 要因／

Lack of sleep *contributes to* your headache. 睡眠不足もあなたの頭痛の原因ですよ.

4 […に] 投稿する, 寄稿する [*to*]: *contribute* regularly *to* the newspaper その新聞に定期的に記事を寄せる. (▷ 動 còntribútion)

‡con・tri・bu・tion [kɑ̀ntrəbjúːʃən / kɔ̀n-] 名

1 U 貢献(すること); C […への] 貢献, 寄与, 助力 [*to, toward*]: make a great *contribution to* [*toward*] the company's success 会社の成功に大いに貢献する.

2 U […への] 寄付, 寄贈 [*to*]: the *contribution* of money *to* the church 教会への金銭的寄付.

3 C 寄付金, 献金, 寄贈品: political *contributions* 政治献金. **4** U […への] 寄稿; C 投稿作品 [*to*]: send a *contribution to* a magazine 雑誌に投稿する.

(▷ 動 contríbute)

con・trib・u・tor [kəntríbjətər] 名 C **1** […への] 貢献者; 寄付[寄贈]者; 寄稿者, 投稿者 [*to*].

2 […の] 原因(となるもの) [*to*].

con・trib・u・to・ry [kəntríbjətɔ̀ːri / -bjutəri] 形 **1** 〖限定用法〗寄与する, […に] 貢献する.

2 […の] 一因となる [*to*]. **3** (年金などが) 拠出 [分担] 制の.

con・trite [kəntráit, kán- / kɔ́n-] 形 〘格式〙 (罪・過失などを) 後悔している, 悔恨の.

con・tri・tion [kəntríʃən] 名 U 〘格式〙後悔, 悔恨.

con・triv・ance [kəntráivəns] 名 **1** C 考案されたもの, 考案品, 仕掛け, 装置. **2** C 〖通例 ~s〗 〘格式〙策略, 計略. **3** U 考案, 工夫; 発明の才.

*con・trive [kəntráiv]〖原義は「完全に見つけ出す」〗動 他 **1** [contrive＋O] …を考案する, 発明する, 工夫する: He *contrived* a new machine. 彼は新しい機械を考案した.

2 [contrive＋O]〘格式〙〈悪事〉をたくらむ, もくろむ.

3 [contrive＋to do]〘格式〙どうにかして〔うまく〕…する;〔反語的に〕〈意図に反して〉…してしまう: He *contrived* to catch the big fish. 彼はどうにかその大きな魚を捕らえた / By losing the bet, I *contrived* to lose all my money. 私は賭(か)けに負けて, あり金を全部すってしまった.

con・trived [kəntráivd] 形 不自然な, ありえない.

con・triv・er [kəntráivər] 名 C **1** 考案者; 計略者. **2** やりくりの上手な人.

‡**con・trol [kəntróul] 名 動

— 名 (複 **con・trols** [~z]) **1** U […に対する] 支配(力), 統制, 管理 [*of, over*]: air-traffic *control* 航空管制 / birth *control* 産児制限 / foreign exchange *control* 外国為替管理 / government *control* 政府の統制 / The rebel forces have gained complete *control* of the whole country. 反乱軍は全国を完全に支配した.

2 U […に対する] 抑制(力), 制御, 操縦 [*of, over*]: He had no *control over* his dog. 飼い犬は彼の言うことをきかなかった / He sometimes has no *control over* himself.＝He sometimes loses *control*. 彼は時々自分が抑え切れなくなる.

3 C〖通例 ~s〗統制手段[策, 制度]: price *controls* 物価統制策 / biological weapons *controls* 生物兵器規制. **4** C〖通例 ~s〗(航空機・自動車などの)制御機器, (テレビなどの)調整用つまみ; 操縦[管制, 指令]室: The operator is at the *controls*. オペレータは操縦室にいる[運転している].

5 U (野球・サッカーなどで) コントロール, 制球力.

6 C (パスポートなどの) 管理事務所.

■ **beyònd [outsìde] ...'s cóntrol = beyònd (the) cóntrol of ...** …の手に負えない.

gèt [gò] óut of contról 手に負えなくなる: The fire *got out of control*. 火事は手に負えなくなった.

hàve [kèep] contról of ... …を支配している.

in contról of ... …を支配して: We are not *in* complete *control of* our environment. 私たちは環境を完全に支配してはいない.

in the contról of ... …に支配されて: The city was *in the control of* the military government. その町は軍事政権の制圧下にあった.

lóse cóntrol of ... …を抑えられなくなる: She *lost control of* her car on the icy road. 彼女は凍った路上で車を制御できなくなった.

tàke [gàin] contról of ... …を支配する.

ùnder contról 抑えて, 抑えられて; 正常で: The fire was soon brought *under control*. 火事はまもなく鎮火した.

ùnder the contról of ...＝ùnder ...'s contról …に支配されて.

withòut contról 好き放題に, 好き勝手に.

— 動 (三単現 **con・trols** [~z]; 過去・過分 **con・trolled** [~d]; 現分 **con・trol・ling** [~iŋ]) 他

1 …を支配[統制, 管理]する: The company was *controlled* by the man. 会社はその男に支配されていた. **2** 〈感情など〉を抑える, 抑制する;〈価格など〉を抑制[調節]する: *control* one's anger 怒りを抑える / The government failed to *control* inflation. 政府はインフレの抑制に失敗した / Whatever happens, you must *control* yourself. どんなことが起こっても, 自制しなければいけない. **3** 〈研究[実験]結果〉を検査する.

◆ contról ròom C 管制室, (放送局などの)調整室.

contról tòwer C 航空管制塔; 〘サッカー〙司令塔.

con・trol・la・ble [kəntróuləbl] 形 支配できる, 管理できる; 制御[操縦]できる.

con・trol・ler [kəntróulər] 名 C **1** 管理者, 管制官; (会計などの)検査官, 監査役; (会社の)経理部長: an air-traffic *controller* 航空管制官.

2 制御[操縦]装置.

con・tro・ver・sial [kɑ̀ntrəvə́ːrʃəl / kɔ̀n-] 形 **1** 物議をかもした, 議論の的になる: a *controversial* decision 議論を呼ぶ[異論の多い]決定 / a *controversial* speech 論争を招いた演説.

2 議論[論争]好きの.

con・tro・ver・sial・ly [-ʃəli] 副 論争上, 論争的に; 物議をかもして, 議論を招いて.

‡con・tro・ver・sy [kɑ́ntrəvə̀ːrsi / kɔ́n-, kəntróvəsi] (☆発音に注意) 名 (複 **con・tro・ver・sies** [~z]) U C […についての] (長期にわたる)論争, 議論,

論戦 [about, over]: beyond [without] *controversy* 議論の余地なく / enter into [engage in] a *controversy* with ... ...と議論を始める / He had a *controversy* about nuclear disarmament with his teacher. 彼は先生と核軍縮について論争した.

co‧nun‧drum [kənÁndrəm] 名 C 《格式》 **1** 難問. **2** (答えにしゃれを用いる)とんち問答.

con‧ur‧ba‧tion [kɑ̀nərbéiʃən / kɔ̀nə-] 名 C 《英・格式》(周辺の都市を含む)大都市圏.

con‧va‧lesce [kɑ̀nvəlés / kɔ̀n-] 動 《格式》 ⾃ 健康を回復する, 徐々に快方に向かう, 養生する.

con‧va‧les‧cence [kɑ̀nvəlésəns / kɔ̀n-] 名 U [または a ~] (病後の)回復期, 養生(期間).

con‧va‧les‧cent [kɑ̀nvəlésənt / kɔ̀n-] 形 《通例, 叙述用法》(病後の)快方に向かっている; 回復期の; 《通例, 限定用法》回復期の患者用の: a *convalescent* hospital [home] 病後療養所.
— 名 C 回復期の患者.

con‧vec‧tion [kənvékʃən] 名 U 《物理》(熱による液体・気体の)対流: a *convection* oven 対流式オーブン.

con‧vec‧tor [kənvéktər] 名 C 対流式暖房器.

con‧vene [kənvíːn] 動 《格式》 ⾃他 (会議などに)〈人を〉集める, 招集する; 〈会議などを〉招集する.
— ⾃ (会議などに)集まる; (会議などが)開かれる, 招集される.

con‧ven‧er, con‧ve‧nor [kənvíːnər] 名 C 《主に英》(会の)招集者; 議長.

‡**con‧ven‧ience** [kənvíːniəns] 名 **1** U C 便利(なこと), 便宜; 好都合: It's a great *convenience* to live in town. 都会に住むのは大変便利です / He wrote a guidebook for the *convenience* of travelers. 彼は旅行者に便利なように案内書を書いた.
2 U 個人的な都合, (個人の)好都合な時[事情]. **3** C 便利なもの, (文明の)利器; [~s] 便利な設備, 衣食住の便. **4** C 《英》公衆便所.
■ *at* ...*'s convénience* 都合のよい時に.
at ...*'s éarliest convénience* ご都合次第でなるべく早く.
for (the sàke of) convénience = *for convénience*('*s*) *sàke* 便宜上.
if it súits ...*'s convénience* 〈人〉にとって都合がよければ.
màke a convénience of ... 〈人など〉をいいように[好きなように]利用する. (▷ 形 *convenient*)

◆ convénience fòod C U インスタント食品.
convénience òutlet C 室内コンセント.
convénience stòre C 《米》コンビニエンスストア, コンビニ (cf. corner shop 《英》雑貨店).

‡‡‡**con‧ven‧ient** [kənvíːniənt]
— 形 **1** (a) […に] 便利な; 都合のよい [*to, for*] (↔ inconvenient) (◇人を主語にとることはできない): a *convenient* knife 使いやすいナイフ / Come whenever it is *convenient* for [*to*] you. あなたの都合のよい時にいつでもいらっしゃい / Let's have lunch together if it is *convenient for* you. ご都合がよろしければ一緒に昼食をとりましょう / This diary is *convenient for* carrying in the pocket. この日記帳は携帯するのに便利です. (b) [It is convenient (+for ...)+to do] (…が) ~するのに都合がよい: When will *it be convenient for* you *to* dine with us? 私たちと食事をご一緒していただくのにいつがご都合よろしいでしょうか.
2 《叙述用法》 […に] 近くて便利な [*to*]: I'm looking for a house which is *convenient to* the station. 私は駅に近くて便利な家を探している.

*con‧ven‧ient‧ly [kənvíːniəntli] 副 **1** 便利よく, 都合よく; (ちょうど)うまい具合に (↔ inconveniently): as soon as you *conveniently* can ご都合つき次第できるだけ早く. **2** 《文修飾》好都合なことに: *Conveniently*, I lived near the school. 好都合なことに, 私は学校の近くに住んでいた.

con‧vent [kɑ́nvənt / kɔ́n-] 名 C 女子修道院; 女子修道会《♢男子の修道院は monastery》: go into a *convent* 修道女になる.

‡**con‧ven‧tion** [kənvénʃən] 名 **1** C (代表者の)集会, 大会, 会議 (→ MEETING 類義語); 《米》党[政党]大会: an annual *convention* 年次大会. **2** C U (社会の)慣習, しきたり; 因習: by *convention* 慣習により.
3 C (国家間などの)協定, 協約: a trade *convention* 貿易協定 / sign a *convention* 協定に署名する.

◆ convéntion cènter C コンベンションセンター《会議・見本市などの開催を目的とした建物・地区》.
convéntion hàll C (ホテルなどの)会議場.

‡**con‧ven‧tion‧al** [kənvénʃənəl] 形 **1** 《限定用法》《しばしば軽蔑》型にはまった, ありきたりの: *conventional* phrases 決まり文句 / a *conventional* opinion 月並みな意見. **2** 因習的な, 慣習的な; 従来の: *conventional* morality 因習的な道徳. **3** 《比較なし》(兵器が)通常の, 原子力によらない: *conventional* weapons 通常兵器.

◆ convéntional wísdom U 社会通念.

con‧ven‧tion‧al‧ly [kənvénʃənəli] 副 型にはまって, 因習的に; 月並みに; 普通の方法での.

con‧ven‧tion‧al‧i‧ty [kənvènʃənǽləti] 名 (複 con‧ven‧tion‧al‧i‧ties [~z]) **1** U 慣例[因習]尊重. **2** C [しばしば複数形で]しきたり, 慣例.

con‧verge [kənvə́ːrdʒ] 動 ⾃ **1** (線・動くもの・関心などが)[1点に]集まる, 集中する [*on, upon*] (↔ diverge). **2** 《数学》収束する; 《物理》収斂(れん)する.

con‧ver‧gence [kənvə́ːrdʒəns] 名 U C **1** 1点に集まること, 集中性; 集合点 (↔ divergence). **2** 《数学》収束; 《物理》収斂(れん).

con‧ver‧sant [kənvə́ːrsənt] 形 《叙述用法》《格式》 **1** […に] 詳しい, 精通している (familiar) [*with*]. **2** […と] 親交がある [*with*]. **3** 《米》外国語で会話できる.

‡‡‡**con‧ver‧sa‧tion** [kɑ̀nvərséiʃən / kɔ̀nvə-]
【原義は「共に住むこと, つき合うこと」】
— 名 (複 con‧ver‧sa‧tions [~z]) U C […との / …についての] 会話, 談話, 対談 [*with / about*].

hold English *conversation* 英語で会話する / I had a *conversation* with her over coffee. 私は彼女とコーヒーを飲みながら会話をした.

コロケーション 会話を…
会話を終える: *end a conversation*
会話をさえぎる: *interrupt a conversation*
会話を中断する: *break off a conversation*
会話を続ける: *continue* [*carry on*] *a conversation*
会話を始める: *start* [*begin, get into*] *a conversation*

■ *be in conversation with ...* …と会話している.
màke conversátion (社交上の) 雑談をする.
◆ **conversátion pìece** [C] 話題, (珍奇な) 話の種.

con·ver·sa·tion·al [kɑ̀nvərséiʃənəl / kɔ̀n-] 形 [通例, 限定用法] **1** 会話の; (言葉が) 会話体の, 会話で用いられる (colloquial). **2** 話し好きの; 座談が上手な. **3** 『コンピュータ』対話型の.
con·ver·sa·tion·al·ly [-nəli] 副 会話で; 談話風に; 打ち解けて.

con·ver·sa·tion·al·ist [kɑ̀nvərséiʃənəlist / kɔ̀n-] 名 [C] 話し好きな人; 話し上手 (な人).

con·verse¹ [kənvə́ːrs] 動 自 《格式》[人と / …について] 談話する, (打ち解けて) 話す [*with* / *about*, *on*].

con·verse² [kɑnvə́ːrs / kɔ́nvəːrs] 《格式》形 [限定用法] (順序・考え・意見などが) 逆の, 反対の.
— 名 [kɑ́nvəːrs / kɔ́n-] [the ~] 逆, 反対; 逆の言い方.

con·verse·ly [kənvə́ːrsli / kɔ́nvəːsli] 副 《格式》逆に, 反対に; [文修飾] 逆に言えば.

*__con·ver·sion__ [kənvə́ːrʒən, -ʃən / -ʃən] 名 **1** [U] [C] [… から / …へ] 変えること, 転換, 変換; 改造 [*of*, *from* / *into*, *to*]: the *conversion* of farmland *to* building land 農地から宅地への転換.
2 [U] (貨幣などの) [… から / …への] 両替, 交換, 兌(ダ)換; (通貨の) 換算 [*of*, *from* / *into*, *to*]: a *conversion* table 換算表.
3 [U] [C] 改宗, (主義などの) 転向.
4 [C] [U] 『ラグビー・アメフト』コンバート 《トライ・タッチダウン後の得点追加》. (▷ 動 **convért**)

*__con·vert__ [kənvə́ːrt] (☆ 名 との発音の違いに注意) 動 他 **1** …を […に] 変える, 転換する; 改造する [*to*, *into*] (→ CHANGE [類義語]): This machine *converts* coal *to* gas. この機械は石炭をガスに変換する.
2 [しばしば受け身で] 〈人〉を [… から / …に] 改宗させる; 転向させる [*from* / *to*]: She *was converted to* Christianity. 彼女はキリスト教に改宗した.
3 …を […に] 両替する; 〈証券・財産〉を換金する; 換算する [*into*, *to*, *for*]: I *converted* yen *into* dollars. 私は円をドルに替えた.
4 『ラグビー・アメフト』〈トライ・タッチダウン〉をコンバートする. **5** 『スポーツ』〈チャンス〉をものにする, 生かす.
6 『コンピュータ』〈プログラムなど〉を変換する.
— 自 **1** 変わる, […から / …に] 転換する; 改宗[転向, 改心]する [*from* / *to*]. **2** 〖外貨〗両替[換算]する [*into*, *to*]. **3** 『ラグビー・アメフト』コンバート (に成功) する.
— 名 [kɑ́nvəːrt / kɔ́n-] [C] […への] 改宗者, 転向者; 改心者 [*to*]: make a *convert of ...* …を改宗させる; 転向させる. (▷ 名 **convérsion**)

con·vert·er, con·ver·tor [kənvə́ːrtər] 名 [C]
1 〖電気〗変換器, 変流器; (ラジオ・テレビの) コンバーター; [コンピュータ] 変換器. **2** 〖冶金〗転炉 《回転・転倒する炉で溶けた金属を精製する》.

con·vert·i·bil·i·ty [kənvə̀ːrtəbíləti] 名 [U] 転換[変換]できること; 〖経済〗転換性; 兌換(ダカン)性.

con·vert·i·ble [kənvə́ːrtəbl] 形 **1** […に] 変えられる, 転換[変換]できる; 改造できる [*into*, *to*]: This sofa is *convertible into* a bed. このソファーはベッドにも変えられる. **2** 交換できる; (通貨が) […に] 兌換(ダカン)できる; 換算できる [*into*]. **3** (自動車が) 幌(ホロ)付き [コンバーチブル] の.
— 名 [C] コンバーチブル (幌付き自動車).
◆ **convértible bónd** [C] 転換社債.

con·vex [kɑnvéks / kɔ̀n-] 形 (レンズが) 凸(ト)面の, 凸状の (↔ concave): a *convex* lens 凸レンズ.

con·vex·i·ty [kənvéksəti, kɑ̀n- / kən-, kɔ̀n-] 名 (複 **con·vex·i·ties** [~z]) [U] 凸(ト)状, 凸面 (↔ concavity); [C] 凸面体.

*__con·vey__ [kənvéi] (☆ アクセントに注意) 動 他
1 〖格式〗…を […に / …へ] 運ぶ, 運搬する [*from* / *to*] (→ CARRY [類義語]): The train *conveys* both passengers and goods. その列車は乗客も貨物も運ぶ.
2 〈音・電流・熱など〉を […から / …へ] 伝える [*from* / *to*]; 〈病気〉をうつす.
3 〈思想・意味・感情など〉を […に] 伝える [*to*].
4 〖法〗〈不動産など〉を […に] 譲渡する [*to*].

con·vey·ance [kənvéiəns] 名 **1** [U] 《格式》運搬, 運送, 輸送: *conveyance* by land [water] 陸上[水上]輸送. **2** [U] (意味・音などの) 伝達. **3** [C] 《格式》輸送機関, 乗り物. **4** [U] 〖法〗(不動産・財産権などの) 譲渡; [C] 譲渡証書.

con·vey·anc·ing [kənvéiənsiŋ] 名 [U] 〖法〗《英》不動産譲渡証書の作成, 財産移転業務.

con·vey·er, con·vey·or [kənvéiər] 名 [C]
1 運搬者, 輸送者. **2** [主に conveyor] 運搬装置; = **convéyor bèlt** ベルトコンベアー. **3** 〖法〗 [主に conveyor] 譲渡人.

*__con·vict__ [kənvíkt] (☆ 名 との発音の違いに注意) 動 他 [通例, 受け身で] 〈裁判官・法廷などが〉〈人〉を […の罪で] 有罪と宣告する [*of*] (↔ acquit): He *was convicted of* theft. 彼は窃盗罪で有罪とされた.
— 名 [kɑ́nvikt / kɔ́n-] [C] 有罪とされた人, 受刑者; 囚人, 罪人: an ex-*convict* 前科者.

*__con·vic·tion__ [kənvíkʃən] 名 **1** [U] [C] 確信, 信念; 自説: She has a strong *conviction* that UFOs come from the Venus. 彼女はUFOは金星から来ると固く信じている.
2 [U] [C] 〖法〗有罪判決 (↔ acquittal): have three previous *convictions* 前科3犯である.
3 [U] 説得力.
■ **cárry convíction** (議論が) 説得力がある.
(▷ 動 **convínce**)

con・vince [kənvíns]
[原義は「圧倒する」]

— 動 (三単現 **con・vinc・es** [~iz]; 過去・過分 **con・vinced** [~t]; 現分 **con・vinc・ing** [~iŋ])
— 他 **1** (a) [convince+O] (証拠などを示して)〈人〉を**確信させる**, 納得させる: Such an explanation never *convinces* me. そんな説明では私は納得できない. (b) [convince+O+of ...]〈人〉に…を確信[納得]させる; [convince+that 節] …ということを確信[納得]させる: Your success in business *convinced* us *of* your talent. =Your success in business *convinced* us (*that*) you have talent. あなたの事業の成功を見てあなたには才能があることがわかった.
2 《米》[…するよう]〈人〉を説得する [to do]: Who *convinced* you *to* choose this college? だれがこの大学を選ぶように言ったのですか.

(▷ 名 convíction)

*con・vinced [kənvínst] 形
[…を]確信している, 確信に満ちた [of]; [be convinced+that 節] …であると確信している: I *am convinced of* his success. 私は彼の成功を確信している / I *am convinced that* the man is guilty. 私はあの男の有罪を確信している. **2** 信念のある.

*con・vinc・ing [kənvínsiŋ] 形 **1** 説得力のある, 納得のいく, もっともらしい: His speech is *convincing*. 彼の話には説得力がある. **2** 確かな, 明白な.

con・vinc・ing・ly [~li] 副 説得力をもって; もっともらしく.

con・viv・i・al [kənvíviəl] 形《格式》陽気な, 親しみのある; 宴会好きな; (行事・会合が)お祭り気分の.

con・viv・i・al・i・ty [kənvìviǽliti] 名 U《格式》にぎやかさ, 陽気さ, 浮かれ気分; 騒ぎ; 宴会好き.

con・vo・ca・tion [kɑ̀nvəkéiʃən] 名 **1** U (会議・議会などの)招集. **2** C (宗教団体・大学などの)集会 (assembly). **3** C [時に C-; 単数・複数扱い] (英国国教会の)主教会議.

con・voke [kənvóuk] 動 他《格式》〈会議・議会などを〉招集する.

con・vo・lut・ed [kɑ́nvəlùːtid / kɔ́n-] 形
1《格式》ねじれている, 曲がっている; 巻いている. 2 入り組んでわかりにくい.

con・vo・lu・tion [kɑ̀nvəlúːʃən / kɔ̀n-] 名 C
1 (通例 ~s) 渦巻き(状). **2** 複雑さ. **3**《解剖》脳回 《大脳皮質のひだ》.

*con・voy [kɑ́nvɔi / kɔ́n-] 動 他 (軍艦・軍隊などが)…を(集団で)護送する, 護衛する.
— 名 **1** U 護送, 護衛. **2** C [集合的に; 単数・複数扱い] 護衛隊, 護衛艦; 護送される船団[車両部隊]: in *convoy* 護送船団[隊列]を組んで / under *convoy* (集団で)護送されて.

con・vulse [kənvʌ́ls] 動 他 **1** (通例, 受け身で) …に[笑い・苦痛などで]身をよじらせる, 身もだえさせる, けいれんを起こさせる [with]: He was *convulsed with* laughter [pain]. 彼は笑いこけた[苦痛でもだえ苦しんだ]. **2** …を激しく震動させる; …に […で] 大騒動[動乱]を起こさせる [with, by].
— 自 身を揺する.

con・vul・sion [kənvʌ́lʃən] 名 C **1** (通例 ~s) けいれん, (特に幼児の)引きつけ: fall into a fit of *convulsions* けいれんを起こす. **2** (通例 ~s)《口語》大笑い, 笑いの発作: be in *convulsions* 大笑いする. **3** (自然界の)異変; (社会などの)激動, 動乱, 変動: a *convulsion* of nature 天変地異.

con・vul・sive [kənvʌ́lsiv] 形 **1** けいれん性の, 発作的な. **2** 激動的な, 震動性の.

con・vul・sive・ly [~li] 副 けいれん的に; 急激に.

co・ny, co・ney [kóuni] 名 (複 co・nies, co・neys [~z]) C《古》ウサギ (rabbit); U ウサギの毛皮 《特にほかの動物の毛皮に似せて染め上げたもの》.

coo [kúː] 名 (擬声語) 名 (複 coos [~z]) C くーくー 《ハトの鳴き声》. — 自 **1** くーくー鳴く.
2 (赤ん坊が)くっくっと喜ぶ. **3** (男女が)甘い言葉を交わす. — 他 …に優しくささやく.
— 間《英俗語》ほう, へえ, えっ 《◇驚き・疑いを表す》.

***cook [kúk]
動 名【基本的意味は「(…を)料理する(make food ready to eat by heating it)」】

— 動 (三単現 **cooks** [~s]; 過去・過分 **cooked** [~t]; 現分 **cook・ing** [~iŋ])
— 他 **1** (a) [cook+O] (熱を加えて) …を**料理する** 《◇「焼く」「煮る」「炊く」など, 熱を加えて料理すること全体をさす》: I learned how to *cook* rice from my grandmother. 私は祖母からご飯の炊き方を習った.
(b) [cook+O+O / cook+O+for ...]〈人〉に…を料理してやる: My father sometimes *cooks* us a delicious meal. =My father sometimes *cooks* a delicious meal *for* us. 父は時々私たちにごちそうを作ってくれる.
2《口語》〈話など〉をでっち上げる〈勘定など〉をごまかす: *cook* the books 帳簿を改ざんする.
— 自 **1** 料理する, 料理人として働く: My mother *cooks* well. 私の母は料理が上手です (=My mother is a good cook.). **2** (副詞(句)を伴って) (食べ物が) 料理される, 煮える, 焼ける: This pumpkin *cooks* slowly. このカボチャはなかなか煮えない. **3** (進行形で)《口語》(事が) 起こる: What's *cooking*? どうしたのかね; (これから)どうするのかね.

■ **cóok úp** 他 **1**《口語》〈話・言い訳など〉をでっち上げる. **2** …を手早く料理する.
— 名 (複 **cooks** [~s]) C **コック**, 料理人: My sister is an excellent *cook*. 私の姉は料理が上手です (=My sister cooks well.) / Too many *cooks* spoil the broth. 《ことわざ》料理人が多すぎるとスープの味をそこねる ⇨ 船頭多くして船山に登る.

Cook [kúk] 名 (人名) クック James Cook 《1728-79; 英国の航海家; Captain Cook と呼ばれた》.

cook・book [kúkbùk] 名 C《米》料理の本 (《英》cookery book).

cóok-chíll 形《英》調理済みの《冷凍でなくチルド状態にしてある》.

*cook・er [kúkər] 名 C **1** 料理用具《なべ・かまなど》;《英》(調理用)レンジ, オーブン (《米》range, stove): a pressure *cooker* 圧力なべ / a gas *cooker* ガスレンジ / an electric *cooker* 電気コンロ.
2 (通例 ~s) 料理向きの果物《特にリンゴ》.

cook・er・y [kúkəri] 名 U 料理法: a *cookery* school 料理学校 / *cookery* lessons 料理講習.
◆ cóokery bòok 《英》= COOKBOOK (↑).

cook・house [kúkhàus] 名 C 《古風》炊事場; (キャンプの)屋外炊事場.

cook・ie, cook・y [kúki] 名 C **1** 《米》クッキー (《英》biscuit) (→ CAKE [類義語]).
2 [通例,修飾語を伴って] 《米俗語》男, やつ: a smart [tough] *cookie* 利口な[自分の信念を通す]やつ.
3 《米・古風》かわいい娘, かわい子ちゃん.
■ *Thát's the wáy the cóokie crúmbles.* 《口語》それが現実というものだ, どうすることもできない.

cook・ing [kúkiŋ]
名 U 形

— 名 U 料理法: Turkish *cooking* トルコ料理 / do the *cooking* 料理する.
— 形 料理用の, 料理に適した: *cooking* utensils 料理道具[用具] / *cooking* wine 料理用のワイン / *cooking* oil 料理用油.

[いろいろな料理道具]

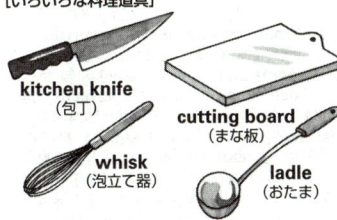

kitchen knife (包丁)
cutting board (まな板)
whisk (泡立て器)
ladle (おたま)

cook・out [kúkàut] 名 C 《米口語》野外での食事 [料理], 野外料理パーティー.

cool [kúːl]
形 動 名 副

— 形 (比較 **cool・er** [~ər]; 最上 **cool・est** [~ist]) **1 涼しい**, 少し寒い;(気持ちよい程度に)冷たい;ほどよく冷えた: It is *cool* in (the) fall. 秋は涼しい / Nothing is more refreshing as *cool* beer. ほどよく冷えたビールほど気分を爽快(ホネ)にさせるものはない / Keep the room *cool*, please. 部屋を涼しくしておいてください.
2 冷静な, 落ち着いた (calm) (↔ hot): A person with a *cool* head is needed as their leader. 彼らの指導者として冷静な頭脳の持ち主が求められている / She felt nervous, but pretended to look *cool*. 彼女はあがっていたが, 落ち着いているように見せかけた / Keep *cool*! かっかするな, 落ち着け.
3 (人・態度が)冷淡な, 薄情な (↔ warm): Betty is *cool* toward me, but I like her. ベティーは私に対して冷淡だけど, 私は彼女が好きです / They gave a *cool* reception to the President. 大統領はよそよそしい歓迎を受けた.
4 (色が)冷たい, 寒色の (↔ warm): *cool* colors 寒色.
5 《口語》ずうずうしい, 無遠慮な: Bob is so *cool*; he used my camera without even asking me. ボブはなんてずうずうしいやつなんだろう. ぼくのカメラを無断で使ったんだよ.
6 [a cool で強意に用いて] 《口語》(値段・距離などが)掛け値なしの, (驚くことに) …もの: This jewelry cost a *cool* ten thousand dollars. この宝石は掛け値なしで1万ドルもした. **7** 《口語》すばらしい, かっこいい (excellent) (→ GOOD [**LET'S TALK**]).

— 動 他 **1** …を冷やす, 冷ます;涼しくする (↔ heat): Open all the windows and *cool* this room. 窓を全部開けてこの部屋を涼しくしなさい / I drank beer *cooled* in the refrigerator. 私は冷蔵庫で冷やしたビールを飲んだ.
2 〈気持ちなど〉を静める: Play some music to *cool* her anger. 彼女の怒りを静めるために何か音楽を演奏しなさい.

— 自 **1** 冷える, 涼しくなる;冷める: Your soup has *cooled*. あなたのスープは冷めてしまった.
2 冷静になる, 落ち着く;(熱意・関心が)冷める: The coach's enthusiasm has *cooled* because the team lost nine consecutive games. チームが9連敗したのでコーチの熱意が冷めてしまった.

■ *cóol dówn [óff]* 自 冷える;冷める;冷静になる: It took me a long time to *cool down* after the quarrel. けんかのあと, 気持ちを落ち着かせるのに長い時間がかかった. — 他 …を冷やす;冷ます;冷静にさせる: You won't be able to *cool* her *down* in a few days. 2日やそこらで彼女の気持ちを静めることはできないだろう.

Cóol it. 《口語》落ち着け, 頭を冷やせ.

— 名 **1** [the ~]涼しさ;涼しい場所: The *cool* in the early morning is refreshing. 早朝の涼しさは気持ちがよい. **2** [one's ~]冷静さ, 落ち着き: keep [lose] one's *cool* 《口語》冷静さを保つ[失う].

— 副 《口語》冷静に.

■ *pláy it cóol* (困難な状況を)冷静に処理[行動]する.

cool・ant [kúːlənt] 名 U C (機械などの)冷却液[剤]; (自動車の)冷却水.

cóol-dòwn 名 C 運動後の整理体操.

cool・er [kúːlər] 名 C **1** 冷却器, 冷却装置 (↔ heater); (釣り用の)クーラーボックス; 《米》冷蔵庫.
2 [the ~] 《俗語》刑務所.

cool・head・ed [kúːlhédid] 形 冷静な, 沈着な.

coo・lie, coo・ly [kúːli] 名 (複 coo・lies [~z]) C 《古風》クーリー (苦力).

cóoling-óff pèriod 名 C (感情の)冷却期間;クーリングオフ[契約撤回]期間.

cool・ly [kúːlli] 副 **1** 冷静に, 平然として. **2** 冷淡に, よそよそしく (↔ warmly).

cool・ness [kúːlnəs] 名 U **1** 冷たさ, 涼しさ.
2 冷静, 落ち着き. **3** 冷淡;よそよそしさ.

coon [kúːn] 名 C 《米口語》アライグマ (raccoon).

coop[1] [kúːp] 名 C (鶏・ウサギなどを入れる)囲い, かご, 小屋. — 動 他 **1** 〈鶏など〉を小屋[かご]に入れる. **2** [通例, 受け身で]〈人〉を […に]閉じ込める (up) [in]: We *were cooped up* in the house by the rain. 雨で私たちは家に閉じ込められた.

co-op, coop[2] [kóuàp / kóuɔ̀p] 名 C [the ~] 《口語》生協, 生活協同組合(の店舗) (◇ *cooperative* の略).

coop·er [kúːpər] 名 C おけ屋, たる製造者.

‡**co·op·er·ate, co-op·er·ate** [kouǽpərèit / -ɔ́p-] 【原義は「一緒に働く」】動 自 **1** 〔人と / …に〕協力する, 共同する [*with* / *in*, *on*]; 〔…〕する [*to do*]: We must *cooperate* to build a new bridge. 私たちは協力して新しい橋を造らなければならない / He *cooperated with* me on the project. 彼はその計画に関して私に協力してくれた.
2 〈事情など〉が重なり合って [...] する [*to do*]: All these things *cooperated* to help us win the game. これらのすべてのことが重なって, 私たちはそのゲームをものにした.

co·op·er·a·tion [kouɑ̀pəréiʃən / kouɔ̀p-]
——名 (複 **co·op·er·a·tions** [~z]) **1** U 協力, 共同; 援助: international *cooperation* 国際協力 / He is ready to give his *cooperation*. 彼は協力する用意がある. **2** C 協同組合.
■ *in* coope**rátion** *with* ... …と共同[協力]して: He caught the runaway boar *in cooperation with* the policemen. 彼は警察官と協力して逃げ出したイノシシを捕まえた.

*co·op·er·a·tive, co-op·er·a·tive [kouɑ́pərətiv, -ərèit- / -ɔ́p-] 形 **1** 協力的な, 共同の.
2 [比較なし] 協同組合の: a *cooperative* society 生活協同組合, 生協 / a *cooperative* store 生活協同組合[生協]の店舗.
——名 C **1** (生活) 協同組合 (の店舗) (《略語》co-op, coop); a farm *cooperative* 農業協同組合. **2** (米) (組合式の) 共同住宅.

co·op·er·a·tive·ly [kouɑ́pərətivli / -ɔ́pərə-] 副 協力して, 協同的に, 協同して.

co·op·er·a·tor [kouǽpərèitər / -ɔ́p-] 名 C **1** 協力者, 協同者. **2** (生活) 協同組合員.

co-opt [kouɑ́pt / -ɔ́pt] 動 他 **1** 〈人を〉〔会に〕新会員[会長]に選ぶ, 仲間に加える [*into*, *onto*]. **2** 〈人の主張など〉を勝手に使う, わが物にする.

*co·or·di·nate, co-or·di·nate [kouɔ́ːrdinət] (☆形と動の発音の違いに注意) 形 **1** […と] 同等の, 同格の [*with*]. **2** 〔文法〕 同等の, 等位の (cf. subordinate 従属の, 従位の): a *coordinate* conjunction 対等接続詞 (→ CONJUNCTION 文法) / a *coordinate* clause 対等節 (→ CLAUSE 文法). **3** 〔数学〕座標の.
——名 C **1** [~s] (服・家具などの) コーディネート. **2** [the ~s] 〔数学〕座標; 〔地理〕(地図の) 座標.
——動 [kouɔ́ːrdinèit] 他 …を調和させる; 調整する: We must *coordinate* these two projects. 私たちはこの2つの計画を調整しなければならない.

co·or·di·nat·ed [kouɔ́ːrdinèitid] 形 **1** 〈服・家具の色・スタイルなど〉がよく調和した. **2** 協調した; 〈筋肉が〉協調して働く: *coordinated* intervention (為替相場への) 協調介入.

*co·or·di·na·tion, co-or·di·na·tion [kouɔ̀ːrdinéiʃən] 名 U **1** 調和と; (作業などの) 調整, 連携. **2** 運動能力.

co·or·di·na·tor, co-or·di·na·tor [kouɔ́ːrdinèitər] 名 C **1** 同等[対等]にする人.

2 調整するもの[人]; 調整役, コーディネーター.

coot [kúːt] 名 C **1** 〔鳥〕オオバン (《米》・ヨーロッパ産の水鳥); (《米》) クロガモ. **2** (《米口語》) 老いぼれ.

*cop¹ [káp / kɔ́p] 名 C (口語) 警官, おまわり (さん).

cop² (俗語) 動 (三単現 **cops** [~s]; 過去・過分 **copped** [~t]; 現分 **cop·ping** [~iŋ]) 他 …を逮捕する, 捕まえる.
■ *cóp óut* 自 (俗語) 〔責任などから〕逃れる, 逃げ出す [*of*, *on*]; (約束などを) すっぽかす.
——名 U 逮捕: It's a fair *cop*. うまく捕えた.

‡**cope¹** [kóup] 動 自 〔難題などに〕うまく対処する, [...] をうまく処理する [*with*]: We don't know how to *cope with* the new situation. 私たちは新しい状況にどう対処したらいいのかわからない.

cope² 名 C コープ (《高位の聖職者が儀式に着用するマント》).

Co·pen·ha·gen [kòupənhéigən] 名 固 コペンハーゲン (《デンマークの首都》).

Co·per·ni·can [koupɔ́ːrnikən] 形 コペルニクスの: a *Copernican* revolution コペルニクス的大転回[変革] ((思想・技術などが正反対に変わること)).
◆ Coper**nican sýstem** [**thèory**] [the ~] 地動説 (cf. Ptolemaic system 天動説).

Co·per·ni·cus [koupɔ́ːrnikəs] 名 固 コペルニクス Nicholaus [níkəlaus] Copernicus (1473–1543; 地動説を唱えたポーランドの天文学者).

cop·i·er [kápiər / kɔ́p-] 名 C **1** 複写する人; 複写機 (◇ photocopier とも言う). **2** 模倣者.

co·pi·lot [kóupàilət] 名 C 〔航空〕副操縦士.

cop·ing [kóupiŋ] 名 C 〔建〕笠石 (^ぎ); (屋根や塀の一番上に並べる横材); (れんが塀などの) 笠石.

co·pi·ous [kóupiəs] 形 **1** 多量の, 多数の (plentiful); 豊富に産する: *copious* evidence 多くの証拠 / a *copious* harvest 豊作. **2** (作家などが) 多作な; (知識・思想などの) 豊かな, 言葉数の多い: a *copious* writer 多作家の作家.

co·pi·ous·ly [~li] 副 豊富に.

cóp-òut 名 C (俗語) **1** 責任逃れ, 責任回避の口実[手段]. **2** 責任回避をする人.

‡**cop·per¹** [kápər / kɔ́p-] 【「キプロス島」の意のギリシャ語から; キプロス島には銅を産出する】 名 **1** U 〔化〕銅 (《元素記号》Cu). **2** C 銅貨; [~s] (英口語) 小銭. **3** C 銅製容器, 銅製品; (英) (炊事・洗濯用の) ボイラー, かま. **4** U 銅色, 赤褐色.
——形 **1** 銅の, 銅製の (cf. bronze medal 銅メダル / bronze statue 銅像): a *copper* kettle 銅製のやかん. **2** 銅色の.
◆ **cópper béech** U 〔植〕(葉が銅色の) ブナ.

cop·per² 名 = cop¹ (↑).

cóp·per·bót·tomed 形 (主に英口語) 確実な, 安全な.

cop·per·head [kápərhèd / kɔ́p-] 名 C 〔動物〕アメリカマムシ (《米国東部産の毒蛇》).

cop·per·plate [kápərplèit / kɔ́p-] 名 **1** U C (印刷・版画用の) 銅板. **2** U 銅版刷り書体 (《装飾的な手書きの書体》).

cop·per·y [kápəri / kɔ́p-] 形 銅のような; 銅を含んだ; 銅色の.

cop·pice [kápis / kɔ́p-] 名 C = COPSE (↓).

copse [káps / kɔ́ps] 名 C (小さな)雑木林; 茂み (coppice).

cop·u·la [kápjələ / kɔ́p-] 名 (複 **cop·u·lae** [-lì:], **cop·u·las** [~s]) C 【文法】連結詞, 連辞, 繋辞 (《◇ be, become, seem など主語と補語を結ぶ働きをする動詞. linking verb とも言う》.

cop·u·late [kápjəlèit / kɔ́p-] 動 自 【生物】…と交尾[性交]する [*with*].

cop·u·la·tion [kàpjəléiʃən / kɔ̀p-] 名 U 【生物】交尾, 性交.

cop·u·la·tive [kápjələtiv / kɔ́p-] 形 連結的な; 【文法】連結の. — 名 = COPULA (↑).

***cop·y** [kápi / kɔ́pi] 名 動【基本的意味は「写し (something that is made or reproduced exactly like the original thing)」】
— 名 (複 **cop·ies** [~z]) **1** C 写し, 複写, コピー; 複製: a rough [clean, fair] *copy* 下書き[清書]/ I made a *copy* of that article. 私はその記事をコピーした / I kept a *copy* of the letter. 私はその手紙の写しを取っておいた / These pictures are not genuine. They are all *copies*. これらの絵は本物ではありません. すべて複製です.
2 C (同じ本・雑誌・新聞などの) 部, 冊: Ten thousand *copies* of his new novel have already been sold. 彼の新しい小説はすでに1万部売れた. **3** U (印刷用の) 原稿: All *copy* has already been sent to the printer. すべての原稿はすでに印刷所に送られた. **4** U (口語) (新聞・雑誌などの)ネタ, 記事の材料: This scandal will make good *copy*. このスキャンダルは格好の新聞種になるだろう. **5** U 広告文, コピー.
— 動 (三単現 **cop·ies** [~z]; 過去・過分 **cop·ied** [~d]; 現分 **cop·y·ing** [~iŋ])
— 他 **1** …の写し[コピー]を取る, …を複写する; 写し取る, 書き写す (*down*, *out*): Please *copy* this letter for me. 私のためにこの手紙のコピーを取ってください / It's hard for a child of four to *copy* these figures *down*. 4歳の子供にはこれらの数字を書き写すのは難しい / She *copied out* the whole play. 彼女はその芝居のせりふをすべて書き取った.
2 …をまねる, ならう (→ IMITATE 類義語): Street fashion tends to *copy* the clothes produced by the big Paris designers. 街のファッションはパリの有名デザイナーの服にならう傾向がある.
3 〈他人の答案〉をカンニングする.
— 自 **1** […を] 写す, 複製[模写] する; まねる [*from*, *off*, *after*]. **2** [副詞(句)を伴って写し[コピー]が取れる. **3** [他人の答案を] カンニングする [*from*, *off*].

■ *cópy ... ín* 他 【コンピュータ】受信したメールを…に転送する.

◆ **cópy guàrd** U コピーガード《ビデオソフトなどに挿入されている, 複製を防ぐための信号》.

cop·y·book [kápibùk / kɔ́p-] 形 [限定用法] **1** 〈主に英〉 **1** 手本通りの; 完ぺきな. **2** 決まり文句の, 平凡な, 陳腐な.
— 名 [次の成句で]
■ *blót one's cópybook* 《英口語》評判を落とす, 経歴を汚す.

cop·y·cat [kápikæt / kɔ́p-] 名 C 《口語・軽蔑》(他人の行動・服装・作品などの)まねばかりする人.
— 形 模倣の: a *copycat* crime [murder] 《有名事件をまねた》模倣犯罪[殺人].

cop·y·ist [kápiist / kɔ́p-] 名 C 筆写係; 模倣者.

cop·y·right [kápiràit / kɔ́p-] 名 U C (本・音楽・映画などの)著作権, 版権 《◎©で表示する》.
— 形 著作権で保護された.
— 動 他 …の著作権[版権]を得る.

cop·y·writ·er [kápiràitər / kɔ́p-] 名 C 広告文案家, コピーライター.

co·quet·ry [kóukitri / kɔ́k-] 名 (複 **co·quet·ries** [~z]) 《文語》 **1** U (女が男に)こびを売ること, 媚態(びたい). **2** C こび, セクシーなしぐさ.

co·quette [koukét / kɔ-] 名 C 《文語》こびを売る女, 男たらし.

co·quet·tish [koukétiʃ / kɔ-] 形 男たらしの, なまめかしい, 色っぽい, コケティッシュな.
co·quet·tish·ly [~li] 副 なまめかしく, 色っぽく.

cor- [kər, kɔːr / kər, kɔr] 接頭 「共に」「まったく」の意を表す《◇ r- の前に使われる》: *cor*respond 一致する / *cor*relate 相互に関連させる.

cor·a·cle [kɔ́(ː)rəkəl / kɔ́r-] 名 C かご舟, コラクル 《柳の小枝を編んだ骨組に獣皮や布を張った小舟. Wales, Ireland で用いる》.

*__cor·al__ [kɔ́(ː)rəl / kɔ́r-] 名 **1** U サンゴ; C サンゴ虫. **2** C サンゴ細工. **3** U サンゴ色.
— 形 サンゴの; サンゴ色の: *coral* lipstick サンゴ色の口紅.

◆ **córal rèef** C サンゴ礁(しょう).

Córal Séa 名 [the ~] 珊瑚(さんご)海 《ソロモン諸島とオーストラリアに囲まれた南西太平洋海域》.

córal wédding C サンゴ婚式 《結婚35周年; → WEDDING 表》.

cor an·glais [kɔ́ːr ɑːŋgléi / -ɔ́ŋglei] 【フランス】名 (複 **cors an·glais** [~, kɔ̀ːrz-]) C【音楽】イングリッシュホルン 《English horn》.

‡__cord__ [kɔ́ːrd] 名 (☆ 同音語 chord) C **1** U C ひも, 細引き 《◇ string より太く, rope より細い》: I tied the parcel with a piece of *cord*. 私は1本のひもで小包を結んだ. **2** U C 【電気】コード. **3** C (うね織の)うね(rib); うね織の生地; コーデュロイ, コールテン; [~s] コーデュロイのズボン (corduroys).
4 C 【解剖】索状組織; 帯(たい): the spinal *cord* 脊髄(せきずい) / the vocal *cords* 声帯.
— 動 他 …をひもで縛る, コードでつなぐ.

cord·age [kɔ́ːrdidʒ] 名 U 《特に》船の索具.

Cor·del·ia [kɔːrdíːliə] 名 コーディーリア 《シェイクスピア作『リア王』に登場するリア王の末娘》.

‡__cor·dial__ [kɔ́ːrdʒəl / -diəl] 【原義は「心臓の」】形 心からの, 誠心誠意の, 愛情のこもった: We were given a *cordial* reception. 私たちは心から歓迎された.
— 名 **1** U C 《米》リキュール (liqueur). **2** U 《英》コーディアル 《果実で作ったノンアルコール飲料》.

cor·di·al·i·ty [kɔ̀ːrdʒiǽləti / -di-] 名 (複 **cor·di·al·i·ties** [~z]) **1** U 真心, 誠心誠意. **2** C [通例, 複数形で] 思いやりのある言葉 [行為].

cor·dial·ly [kɔ́ːrdʒəli / -diəli] 副 **1** 心から, 誠

意をもって: Yours *cordially* = *Cordially* yours 親愛なる友より《◇手紙の結句》/ They were *cordially* welcomed to the party. 彼らはそのパーティーで心から歓迎された. **2**〔嫌悪などが〕心底から; とても強く: She *cordially* hates that man. 彼女はその男性を心底から嫌っている.

cord・ite [kɔ́ːrdait] 名 U コルダイト爆薬《ひも状の無煙火薬》.

cord・less [kɔ́ːrdləs] 形 コードなしの, 電池で作動する: a *cordless* telephone コードレス電話.

cor・don [kɔ́ːrdən] 名 C **1**(警察・軍隊による)非常線, 立入禁止線: draw [place, post] a *cordon* 非常線を張る. **2** (肩から下げる)飾りひも, 綬章(じゅしょう). **3**〖園〗コルドン仕立て《1対の枝だけ残す》.
— 動 …に非常線を張る, …を遮断する(*off*): The whole area was *cordoned off* by the police. 地域全体に警察による非常線が張られた.

cor・don bleu [kɔːrdɔ́ːŋ blúː / -blə́ː]《フランス》形 〔主に限定用法〕〔料理・料理人が〕一流の.《由来 フランスの勲章から》

Cor・do・va [kɔ́ːrdəvə] 名 固 コルドバ《スペイン南部の州・都市》

cor・du・roy [kɔ́ːrdərɔ̀i] 名 **1** U コーデュロイ, コールテン. **2**〔~s〕コーデュロイのズボン.
— 形 コーデュロイ[コールテン]の.

‡**core** [kɔ́ːr] 名 C **1**(果物の)芯(しん): This pear is rotten at the *core*. このナシは芯が腐っている.
2〔通例 the ~〕(物事・地域の) 中心(部), 核心: the *core* of the city 市の中心部 / get to the *core* of the problem 問題の核心に切り込む.
3〖電気〗(被覆線の)芯線, (コイルの)鉄心; (原子炉の)炉心.
■ *to the córe* 徹頭徹尾, 芯まで: The news shook him *to the core*. その知らせは彼を心底から揺さぶった.
— 動 他〈果物〉の芯を取り除く.
◆ **córe cùrriculum** U コアカリキュラム《必修の基本科目》.
córe tìme U コアタイム《フレックスタイム制で必ず就労していなければならない時間帯》.

co・re・spond・ent [kòurispándənt / -spɔ́nd-] 名 C〖法〗(離婚訴訟の) 共同被告.

cor・gi [kɔ́ːrgi] 名 C コルギー犬《Wales 産の脚が短く胴長の小型犬. Welsh corgi とも言う》.

co・ri・an・der [kɔ́ːriændər / kɔ̀riǽndə] 名 U C〖植〗コリアンダー, コエンドロ《地中海地方原産のセリ科の草. 葉・種子は香料として料理に用いる》.

Cor・inth [kɔ́(ː)rinθ] 名 固 コリント《古代ギリシャの都市国家. 現在は港湾都市》.

Co・rin・thi・an [kərínθiən] 形 **1** コリント(人)の. **2**〖建〗コリント式の: the *Corinthian* order コリント様式《古代ギリシャの建築様式》.
— 名 **1** C (古代の) コリント人. **2** 〔the ~s; 単数扱い〕〖聖〗コリント人への手紙《新約聖書中のパウロが書いた書簡》.

*cork [kɔ́ːrk] 名 **1** U《原義は「樫(かし)」(oak)》コルク《コルクガシ(cork oak)の樹皮》. **2** C コルク栓(せん), びんの栓《ガラス・ゴム製なども含む》; コルク製品; 〔形容詞的に〕コルク製の: a *cork* stopper コルク栓 / draw [pull out] the *cork* (びんの)栓を抜

く / stop a wine bottle with a *cork* ワインボトルにコルクの栓をする.
— 動 他 **1**〈びんなど〉に(コルクの)栓をする(*up*). **2**〔口語〕〈感情など〉を抑制する(*up*).

cork・age [kɔ́ːrkidʒ] 名 U《主に英》(酒類をホテル・レストランなどへの) 持ち込み料金.

corked [kɔ́ːrkt] 形〈ワインなどが〉コルク臭い.

cork・er [kɔ́ːrkər] 名 C すばらしい人 [もの], 驚くべき人 [もの].

cork・screw [kɔ́ːrkskrùː] 名 C (コルクの) 栓(せん)抜き. — 形 らせん状の (spiral), ジグザグの.

cor・mo・rant [kɔ́ːrmərənt] 名 C〖鳥〗ウ(鵜).

***corn¹** [kɔ́ːrn]
— 名 (複 **corns** [~z]) **1** U《米・カナダ・豪》**トウモロコシ** (Indian corn,《英》maize): grow [raise] *corn* トウモロコシを栽培する.
2 U《英》小麦 (wheat).
3 U〔集合的に〕穀物, 穀類 (grain); C 穀物の粒.
語法 *corn* は本来その地方の主要穀物をさす. 米国・カナダ・オーストラリアではトウモロコシ, イングランドでは小麦, アイルランド・スコットランドではカラスムギ (oats) をさす.
◆ **Córn Bèlt**〔the ~〕《米》(米国中西部の)トウモロコシ生産地帯.
córn brèad U《米》トウモロコシパン.
córn chìp U コーンチップ.

corn² 名 C (足指の) うおのめ, たこ.
■ *tréad on* ...'*s córns*〔口語〕〈人〉の感情[気分]を害する.

corn・cob [kɔ́ːrnkàb / -kɔ̀b] 名 C **1** トウモロコシの穂軸. **2** = **córncob pìpe** コーンパイプ《火皿をトウモロコシの穂軸で作ったパイプ》.

corn・crake [kɔ́ːrnkrèik] 名 C〖鳥〗ウズラクイナ《北ヨーロッパ産. 麦畑などにすみ, 鋭い声で鳴く》.

cor・ne・a [kɔ́ːrniə] 名 C〖解剖〗角膜.

cor・ne・al [kɔ́ːrniəl] 形〖解剖〗角膜の.

córned bèef [kɔ́ːrnd-] 名 U コーンビーフ.

***cor・ner** [kɔ́ːrnər] 名 動
— 名 (複 **cor・ners** [~z]) C **1** 角(かど); 曲がり角, 街角: I hit my shin on the *corner* of the table. 私はテーブルの角にすねをぶつけた / Turn to the left at the *corner* over there. あの曲がり角を左に曲がりなさい / There is a telephone booth at [on] the *corner* of the street. その通りの角に電話ボックスがある.
2 隅(すみ), 片隅, 一隅: Who is that girl sitting in the *corner*? 隅に座っているあの女の子はだれですか / She looked at me out of the *corner* of her eye. 彼女は横目でちらっと私を見た.
3 へんぴな場所; (特に遠隔地の) 地方: People came to see the Olympic Games from all [the four] *corners* of the earth. 世界の隅々から人々がオリンピック競技を見にやって来た.
4 (困, 窮地) 困難な立場, 窮地: The president is now in a tight *corner*. 大統領は目下苦しい立場にある / He has been forced into a *corner*. 彼は窮地に追い込まれていた.
5〔通例, 単数形で〕〖商〗買い占め: a *corner* on

the oil market 石油市場での買い占め.
6 = **córner kíck** 〚サッカ 〛コーナーキック.
7 [形容詞的に] 角[隅]の; 角にある: a *corner* table コーナーテーブル / a *corner* shop 《英》雑貨店, 角にある店.
■ **cùt córners** (曲がり角を避けて)近道をする; 手を抜く;(経費・時間を)切り詰める.
cút óff a [*the*] *córner*《主に英》近道をする.
(*just*) *aróund* [*róund*] *the córner* **1** 角を曲がった所に: Bill lives *just around the corner* from his parents' house. ビルは両親の家のすぐ近くの角を曲がった所に住んでいる. **2** すぐ間近に(迫って): New Year's Day is *just around the corner*. 元日が間近に迫った.
túrn the córner **1** 角を曲がる. **2** 危機を脱する; (病気などの)峠を越す.
— 動 他 **1**〈人・動物〉を追い詰める, 窮地に追い込む: The defendant was *cornered* by the prosecutors. 被告は検事によって窮地に追い込まれた. **2**〈商品など〉を買い占める; *corner* the market 市場を独占する.
— 自 (車などが)角を曲がる.

cor·ner·stone [kɔ́ːrnərstòun] 名 C **1**【建】隅石《建物の土台の四隅にすえる石》;(定礎式に用いる)礎石. **2** 土台, 基礎, 重要な部分.

cor·net [kɔːrnét / kɔ́ːnit] 名 C **1**【音楽】コルネット《トランペットに似た金管楽器》. **2**《英》アイスクリームコーン(《米》cone).

corn·field [kɔ́ːrnfìːld] 名 C **1**《米》トウモロコシ畑. **2**《英》麦畑, 小麦畑.

corn·flakes [kɔ́ːrnflèiks] 名 複数扱い コーンフレークス《トウモロコシを蒸してつぶし, 乾燥させたもの. 砂糖やミルクなどをかけて朝食にする》.

corn·flour, corn flour [kɔ́ːrnflàuər] 名 U **1**《米》コーンフラワー, トウモロコシ粉. **2**《英》コーンスターチ(《米》cornstarch).

corn·flow·er [kɔ́ːrnflàuər] 名 C【植】ヤグルマギク, ムギナデシコ.

cor·nice [kɔ́ːrnis] 名 **1** CU【建】コーニス, 軒蛇腹(ﾉｷｼﾞｬﾊﾞﾗ)《壁や柱の上部に飾り付けた突起》. **2** C【登山】雪庇(ｾｯﾋﾟ)《ひさしのように突き出た積雪》.

corn·meal [kɔ́ːrnmìːl] 名 U ひき割りトウモロコシ《◇《米》では meal とも言う》.

corn·stalk [kɔ́ːrnstɔ̀ːk] 名 C 穀類の茎;《米》トウモロコシの茎.

corn·starch [kɔ́ːrnstàːrtʃ] 名 U《米》コーンスターチ(《英》cornflour)《トウモロコシなどからとったでんぷん. プディングなどの材料》.

cor·nu·co·pi·a [kɔ̀ːrnjəkóupiə / -nju-] 名 **1** C [the ~]【ギ神】豊饒(ﾎｳｼﾞｮｳ)の角《幼時のゼウスに授乳したヤギの角で, 豊かさの象徴》; 豊饒の角の装飾; 角型の容器. **2** [単数形で] 豊富.

Corn·wall [kɔ́ːrnwɔːl] 名 固 コーンウォール《England 南西部の州》.

corn·y [kɔ́ːrni] 形 (比較 **corn·i·er** [~ər]; 最上 **corn·i·est**)《口語》 **1** 古くさい, ありふれた: a *corny* joke 陳腐なジョーク. **2** 感傷的な.

co·rol·la [kərálə / -rɔ́lə] 名 C【植】花冠.

cor·ol·lar·y [kɔ́ːrəlèri / kərɔ́ləri] 名 (複 **cor·ol·lar·ies** [~z]) C《格式》当然の帰結[結果].

co·ro·na [kəróunə] 名 (複 **co·ro·nas** [~z], **co·ro·nae** [-niː]) C **1**【大文】コロナ《皆既日食のときに見える太陽の光冠(ｺｳｶﾝ)》;(太陽・月の周りの)光冠. **2**【電気】コロナ放電.

cor·o·nal [kɔ́ːrənəl / kɔ́r-] 名 C 宝冠; 花冠.
— 形 王冠の;【天文】コロナの.

cor·o·nar·y [kɔ́ːrənèri / kɔ́rənəri] 形【解剖】冠状動脈の.
— 名 (複 **cor·o·nar·ies** [~z]) CU = **córonary thrombósis**【医】冠状動脈血栓症.

cor·o·na·tion [kɔ̀ːrənéiʃən / kɔ̀r-] 名 UC 戴冠(ﾀﾞｲｶﾝ)[即位](式).

cor·o·ner [kɔ́ːrənər / kɔ́r-] 名 C 検死官: a *coroner*'s inquest 検死.

cor·o·net [kɔ́ːrənèt / kɔ́rənit] 名 C 宝冠《◇王冠(crown)より小さい》; 冠のような頭飾り.

Corp., corp. [kɔ́ːrp]《略語》= *corporal* (↓); *corporation* (↓).

cor·po·ral¹ [kɔ́ːrpərəl] 形 [限定用法]《格式》肉体の, 身体の: *corporal* punishment 《むち打ちなどの》体刑, 体罰.

cor·po·ral² [kɔ́ːrpərəl] 名 C【軍】伍長《軍曹(sergeant)の下士官の最下位》.

‡**cor·po·rate** [kɔ́ːrpərət] 形 [限定用法] **1** 法人(組織)の, 会社の: a *corporate* body = a body *corporate* 法人 / *corporate* indentity 企業イメージ統合(《略語》CI). **2** 共同の, 団体の; 団結した: *corporate* responsibility 共同責任.

‡**cor·po·ra·tion** [kɔ̀ːrpəréiʃən] 名 C **1** 法人, 社団法人: a *corporation* tax 法人税 / a public *corporation* 公団, 公社. **2**《米》有限会社; 株式会社(《略語》Corp., corp). **3** [通例 the C-]《英》市自治体: the *Corporation* of the City of London ロンドン市自治体.

cor·po·re·al [kɔːrpɔ́ːriəl] 形 **1**《格式》肉体的な, 身体上の: *corporeal* needs 肉体的な必要物《飲食物など》. **2** 物質的な, 知覚できる. **3**【法】有形の: *corporeal* capital 有形資本.

*corps [kɔ́ːr]《☆発音に注意》名 (複 corps [kɔ́ːrz]《☆複数形では s を発音する》) C [単数発音のまま集合的に複数扱いもある] **1** 団体, 団《the president's press *corps* 大統領随行記者団. **2** [しばしば C-]【軍】軍団; 部隊: the U.S. Marine *Corps* 米海兵隊 / a peace *corps* 平和部隊.

*corpse [kɔ́ːrps] 名 C 死体《◇通例, 人間の死体をさす; cf. carcass《動物》の死体》.

cor·pu·lence [kɔ́ːrpjələns], **cor·pu·len·cy** [-lənsi] 名 U《格式・婉曲》肥満, 肥大.

cor·pu·lent [kɔ́ːrpjələnt] 形《格式・婉曲》肥満した, 太った《◇通例, 不健康な意味に用いる》.

cor·pus [kɔ́ːrpəs] 名 (複 **cor·po·ra** [-pərə], [集合的に] **cor·pus·es** [~iz]) C《文書・資料などの》全集, 集成(ｼｭｳｾｲ); 【言】言語資料, コーパス.

cor·pus·cle [kɔ́ːrpʌsl]《☆発音に注意》名 C (通例 ~s)【解剖】小体, 血球: white [red] *corpuscles* 白[赤]血球.

cor·ral [kərǽl / -rάːl] 名 C **1**《米》(馬・牛などを入れる)囲い, おり《野獣を生け捕るための》さく. **2**《米》車陣《攻撃を防ぐために馬車で作った円陣》.
— 動 (三単現 **cor·rals** [~z]; 過去・過分 **cor·**

ralled [～d]; 現分 **cor·ral·ling** [～iŋ]) [他] **1** 〈馬・牛など〉を囲い[おり]に追い込む; 閉じ込める. **2** 〈馬車〉を円陣に並べる.

‡cor·rect [kərékt] [形] [動]

— [形] (比較 **more cor·rect**; 最上 **most cor·rect**)
1 〔…の点で〕**正しい**, 正確な〔*in*〕(→ RIGHT[1] [類義語]) (↔ wrong): My watch keeps *correct* time. 私の腕時計は正確です / She is *correct in* telling the truth to him. 彼女が彼に事実を伝えるのは正しい.
2 (行為・服装などが) 適切な, 的を射た; 礼儀にかなった: What's the *correct* form of address for a police officer? 警察官に呼びかけるときの正しい言い方は何ですか / The government has taken the *correct* measures against inflation. 政府はインフレ防止のための適切な対策をとった.
— [動] (三単現 **cor·rects** [-rékts]; 過去・過分 **cor·rect·ed** [～id]; 現分 **cor·rect·ing** [～iŋ])
— [他] **1** 〈誤りなど〉を**訂正する**, 直す; …の誤りを直す [指摘する]: Please *correct* the errors in the proof. 校正刷りの誤りを訂正してください / The teacher *corrected* the students' essays. 教師は生徒の作文を添削した / *Correct* me if I am wrong. 《口語》間違っていたら言ってください (◇発言に自信のない場合に言う).
2 〈時計・めがねなど〉を調節 [調整] する; 矯正する: I *corrected* my watch by the time signal. 私は腕時計を時報に合わせた / The new glasses will *correct* your eyesight. 新しいめがねはあなたの視力を矯正するでしょう.
■ ***I stánd corrécted.*** 《格式》おっしゃる通り, 私は間違っていました.

***cor·rec·tion** [kərékʃən] [名] **1** [U][C] (誤りの) 訂正, 修正; 校正. **2** [U][C] 添削; 訂正の記入: speak under *correction* 間違いがあれば訂正することを前提にして話す / Our teacher makes *corrections* in red ink. 先生は赤インクで添削する.
3 [U] 更生, 罰. **4** [U] (悪影響などの) 中和, 抑制.
◆ corréction flùid [U] 修正液.

cor·rect·i·tude [kəréktətjùːd / -tjùːd] [名] [U] 《格式》(品行の) 方正, 礼儀正しさ.

cor·rec·tive [kəréktiv] [形] 《格式》(誤りを) 正すための, 矯正的な: *corrective* measures 是正手段. — [名] [C] 矯正手段, 修正するもの.

‡cor·rect·ly [kəréktli] [副] 正しく, 正確に; [文修飾] 正確には: if I remember *correctly* 私の記憶に間違いがなければ / She answered the question *correctly*. 彼女はその質問に正しく答えた / *Correctly* (speaking), she is his uncle's daughter. 正確に言えば彼女は彼のおじさんの娘です.

cor·rect·ness [kəréktnəs] [名] [U] **1** 正しさ, 正確さ; (言動の) 適切さ. **2** 品行方正.

cor·re·late [kɔ́ːrəlèit / kɔ́r-] [動] [他] …を〔…と〕相互に関連させる〔*with*〕: The author *correlates* road accidents *with* the weather. 著者は路上事故と天候を関連づけている / Smoking and lung cancer are closely *correlated*. 喫煙と肺癌(がん)には密接な関連性がある.
— [自] 〔…と〕相互に関連する〔*with*〕.
— [名] [C] (互いに) 関連し合うもの, 相関物.

***cor·re·la·tion** [kɔ̀ːrəléiʃən / kɔ̀r-] [名] [U][C]
1 〔…との間の〕相互関係, 相関性〔*between*〕: a strong *correlation between* drinking and liver cancer 飲酒と肝臓癌(がん)の強い相関関係.
2 関連させること.

cor·rel·a·tive [kərélətiv] [形] **1** 相関的な, 相互に依存する. **2** 〖文法〗相関的な.
— [名] [C] **1** 相関するもの. **2** 〖文法〗相関語句.
◆ corrélative conjúnction [C] 〖文法〗相関接続詞 (→ CONJUNCTION [文法]).

‡cor·re·spond [kɔ̀ːrəspɑ́nd / kɔ̀rəspɔ́nd] [動] [自] **1** (物事が) 〔…と〕**一致する**, 符合する, 合う〔*with, to*〕(→ AGREE [類義語]): Her words and deeds *correspond*. = Her words *correspond with* her deeds. 彼女の発言と行動は一致している.
2 (もの・ことが) 〔…に〕**相当する**〔*to*〕; 類似している: The British Parliament *corresponds to* our national Diet. 英国議会はわが国の国会に相当する. **3** 〔…と〕文通する〔*with*〕: I have *corresponded with* Nancy for five years. = Nancy and I have *corresponded* (*with* each other) for five years. 私はナンシーと5年間文通をしている. (▷ [名] còrrespóndence)

***cor·re·spond·ence** [kɔ̀ːrəspɑ́ndəns / kɔ̀rəspɔ́nd-] [名] [U][C] **1** 〔…との〕文通, 通信〔*with*〕: enter into *correspondence with* ... …と文通を始める / I'm in *correspondence with* an Canadian boy. 私はカナダ人の少年と文通している. **2** [集合的に] 通信文, 往復書簡: diplomatic *correspondence* 外交文書. **3** 〔…との / …との間の〕一致, 対応, 適合, 調和〔*with, to / between*〕: There is no *correspondence between* his actions and words. 彼の行動と発言はまったく一致していない. **4** 〔…との〕類似; 〔…に〕相当すること〔*to*〕. (▷ [動] còrrespónd)
◆ correspóndence cóllege [schòol] [C] 通信制大学 [学校]; (大学付属の) 通信教育部.
correspóndence còlumn [C] (雑誌・新聞などの) 読者 [投書] 欄.
correspóndence còurse [C] 通信教育課程.

***cor·re·spond·ent** [kɔ̀ːrəspɑ́ndənt / kɔ̀rəspɔ́nd-] [名] [C] **1** (新聞などの) 通信員, 特派員: a foreign *correspondent* 海外特派 [通信] 員.
2 文通者, 通信者: a good [poor, bad] *correspondent* 筆まめな [筆無精な] 人.
— [形] [比較なし] 《格式》〔…に〕一致する, 対応する, ふさわしい〔*to, with*〕.

cor·re·spond·ing [kɔ̀ːrəspɑ́ndiŋ / kɔ̀rəspɔ́nd-] [形] [限定用法] **1** 〔…に〕一致 [対応] する; 相当する; 関連する〔*with, to*〕. **2** 文通の, 通信する.

cor·re·spond·ing·ly [～li] [副] 対応して, 従って.

‡cor·ri·dor [kɔ́ːrədər / kɔ́ridɔː] [名] [C] **1** 廊下; 通路. **2** 回廊 (地帯) 《海などに通じる細長い領土》.
◆ córridors of pówer [the ～] 権力の回廊 《政治の重要な決定をする場所・機関》.
córridor tràin [C] 《英》通廊式列車 (《米》vestibule train) 《コンパートメント式の客室があり, 片側

cor·rob·o·rate [kərάbərèit / -rɔ́b-] 動 他《格式》〈陳述など〉を(証拠によって)確証する, 裏付ける；〈信念・考えなど〉を支持する.

cor·rob·o·ra·tion [kərὰbəréiʃən / -rɔ̀b-] 名 U (陳述・意見などの) 支持, (新証拠による) 裏付け; 確証となる事実 [情報].【法】補強証拠.

cor·rob·o·ra·tive [kərάbərèitiv, -rάbərə-/-rɔ́bərə-] 形 (証拠が意見などを)確証となる; 支持する: *corroborative* evidence 裏付けとなる証拠.

cor·rode [kəróud] 動 他 1 (化学作用によって) 〈金属など〉を腐食する; 侵食する (*away*): Acid *corrodes* metal. 酸は金属を腐食する. 2〈人・性格・心など〉を徐々に悪くする, むしばむ.
― 自 1 (金属などが) 腐食される. 2 (人・性格・心などが) 徐々に悪くなる, むしばまれる.

cor·ro·sion [kəróuʒən] 名 1 U 腐食(作用), さびつくこと. 2 C 腐食物; さび. 3 U 消耗, 衰退; 道徳的退廃.

cor·ro·sive [kəróusiv] 形 1 腐食する, 腐食性の. 2 心をむしばむ, 消耗させる.

cor·ru·gat·ed [kɔ́:rəgèitid / kɔ́r-] 形 波形の, 波状の: a *corrugated* brow しわの寄ったひたい.
◆ **córrugated íron** U 波形鉄板, なまこ板.
córrugated cárdboard U 段ボール紙.

cor·ru·ga·tion [kɔ̀:rəgéiʃən / kɔ̀r-] 名 1 U 波形にすること. 2 C (波形の) しわ, ひだ; うね.

*__cor·rupt__ [kərápt] 形 1 (人・行為が) 堕落した, 不道徳な; 賄賂(*ﾜｲﾛ*)を受け取る, 汚職の: *corrupt* morals 乱れた道徳 / a *corrupt* official 汚職役人 / *corrupt* business practices 不正な商取引. 2 (原稿・本文などが) 改悪された, 誤りの多い; (言語が) なまった.
― 動 他 1 〈人・もの・ことが〉〈人〉を堕落させる: Some people think that films and comics *corrupt* the youth. 映画や漫画が若者をだめにすると思っている人々がいる. 2〈人〉を買収する, 〈人〉に贈賄(*ｿﾞｳﾜｲ*)する: *corrupt* a politician 政治家を買収する. 3〈原文〉を改悪する. 4〈言語〉をなまらせる, くずす. ― 自 (人・権力などが) 堕落する.

cor·rupt·i·ble [kəráptəbl] 形 1 堕落しやすい. 2 買収し[され]やすい, 賄賂(*ﾜｲﾛ*)を受け取る.

*__cor·rup·tion__ [kərápʃən] 名 1 U 堕落; 敗敗 (堕落)(させるもの): He argued that political *corruption* was the cause of all this trouble. 政治の腐敗こそ, そのごたごたの原因だと彼は主張した. 2 U 不正, 汚職; 贈収賄(*ﾜｲﾛ*): structural *corruption* 構造汚職. 3 C (通例 a ~) (原文の) 改悪; (言語の) なまり.

cor·sage [kɔ:rsάːʒ] 名 C《米》コサージュ《結婚式などで女性が服の胸・肩などに付ける花飾り》.

cor·set [kɔ́:rsit] 名 C U 1 [しばしば ~s] コルセット《女性用の体形補正下着》. 2 コルセット《外傷時に固定するための医療装具》.

Cor·si·ca [kɔ́:rsikə] 名 固 コルシカ島《イタリア半島西方の地中海にある島. フランス領》.

cor·tege, cor·tège [kɔːrtéʒ / -téiʒ] 【フランス】名 C 1 (葬式の) 行列. 2 [集合的に] 随員.

cor·tex [kɔ́:rteks] 名 (複 **cor·ti·ces** [-tisìːz],

cor·tex·es [~iz]) C 1【解剖】(腎臓・脳などの) 皮質. 2【植】皮層, 外皮, 樹皮.

cor·ti·sone [kɔ́:rtizòun, -sòun / -zòun] 名 U【生化】コルチゾン《副腎皮質ホルモンの一種》.

cor·vette [kɔːrvét] 名 C【海軍】コルベット艦《対空・対潜装備の輸送船護衛用の小型艦》.

cos[1], **'cos** [kəz, kɔːz / kəz, kɔz]《英口語》= BECAUSE.

cos[2] [kάs / kɔs]《略語》= COSINE (↓).

cosh [kάʃ / kɔʃ] 名 C《主に英口語》(金属・石などを詰めた) こん棒, 警棒.

co·sig·na·to·ry [kòusígnətɔ̀ːri / -təri] 名 (複 **co·sig·na·to·ries** [~z]) C《格式》連署人 [国] 《同一の書類に署名する複数の人 [国]》.

co·sine [kóusain] 名 C【数学】コサイン, 余弦 《略語》cos).

co·si·ness [kóuzinəs] 名《主に英》= COZINESS 居心地のよさ.

*__cos·met·ic__ [kazmétik / kɔz-] (☆ 発音に注意) 名 C 1 [通例 ~s] 化粧品. 2 [~s] 虚飾; 見せかけ, 取りつくろい.
― 形 [比較なし] 1 化粧 (美容) 用の; 美容整形の: *cosmetic* surgery 美容整形. 2《軽蔑》表面的な, うわべだけの (superficial).

cos·me·ti·cian [kὰzmətíʃən / kɔ̀z-] 名 C 1 美容師. 2 化粧品製造 [販売] 人.

*__cos·mic__ [kάzmik / kɔ́z-] (☆ 発音に注意) 形 1 (特に地球に対して) 宇宙の: *cosmic* space 宇宙空間. 2 広大な, 無限の, 非常に大きい.
◆ **cósmic dúst** U【天文】宇宙塵(*ｼﾞﾝ*).
cósmic ráy [通例 ~s]【天文】宇宙線《宇宙から降り注ぐ高エネルギーの放射線》.

cos·mog·o·ny [kazmάgəni / kɔzmɔ́g-] 名 (複 **cos·mog·o·nies** [~z]) U【天文】宇宙の発生 [起源]; C 宇宙起源論, 天地創造説.

cos·mol·o·gy [kazmάlədʒi / kɔzmɔ́l-] 名 (複 **cos·mol·o·gies** [~z]) U C 宇宙論, 宇宙科学.

cos·mo·naut [kάzmənɔ̀ːt / kɔ́z-] 名 C (特に旧ソ連, 現ロシアの) 宇宙飛行士 (cf. astronaut (米国の) 宇宙飛行士).

*__cos·mo·pol·i·tan__ [kὰzməpάlitən / kɔ̀zməpɔ́l-] (原義は「世界市民」) 形 1 国際的な, 世界的な (international): a *cosmopolitan* city 国際都市. 2 (思想・見解などが) 世界的な (視野を持つ), 世界主義の, 視野の広い. 3【生物】(動植物が) 世界じゅうに分布している.
― 名 C 国際人, 世界主義者.

*__cos·mos__[1] [kάzməs / kɔ́zmɔs] (☆ 発音に注意) 名 U 1 [the ~] (秩序と調和のとれた) 宇宙. 2 秩序, 秩序と調和のとれた体系 (↔ chaos).

*__cos·mos__[2] 名 (複 **cos·mos**, **cos·mos·es** [~iz]) C【植】コスモス.

cos·set [kάsit / kɔ́s-] 動 (三単現 **cos·sets** [-sits], 過去・過分 **cos·set·ted** [-tid]; 現分 **cos·set·ting** [-tiŋ]) 他 …をかわいがる, 甘やかす, 保護する.

***cost** [kɔ́ːst / kɔ́st]
― 名 (複 **costs** [kɔ́ːsts / kɔ́sts]) 1 C U 代価, 値段; 費用, 経費: The *cost* of gasoline has gone up again. ガソリン代がまた上がった / I

costar — **cottonseed**

bought a secondhand car at a low *cost*. 私は安い値段で中古車を買った / I have to cut [reduce] my *cost* of living this month. 今月は生活費を切り詰めなければならない.
2 [C|U] 犠牲, 代償, 損失: The *cost* in human life was enormous in the war. その戦争における人命の犠牲は多大であった.
3 [〜s]【法】訴訟費用.
■ *at ány cóst* = *at áll cósts* どんな代償を払っても, どうしても: I must carry it out *at any cost*. 私は何としてもそれを成し遂げなければならない.
at cóst 原価で, 仕入れ値で.
at the cóst of … …を犠牲にして: He saved a drowning boy *at the cost of* his life. 彼は自分の命を犠牲にしておぼれている少年を救った.
cóunt the cóst 前もって危険 [損失] を考える.
to one's cóst 苦い経験で [損失から]: as I know *to my cost* 苦い経験から知っているが.
── **動** (三単現 **costs** [kɔ́:sts / kɔ́sts]; 過去・過分 **cost**; 現分 **cost·ing** [〜iŋ])
── **他 1** [通例, 受け身・進行形不可]
(a) [**cost**+**O**] 〈金額・費用〉が**かかる**, …を要する: How much does this TV *cost*? — It *costs* 300 dollars. このテレビはいくらしますか ─ 300ドルです / It *cost* 300,000 dollars to build this house. この家を建てるのに30万ドルかかった.
(b) [**cost**+**O**+**O**] 〈人〉に〈金額・費用〉がかかる: This dictionary *cost* me 20 dollars. この辞書は20ドルした.
2 [通例, 受け身・進行形不可] (a) [**cost**+**O**] 〈労力・時間〉が**かかる**, …を犠牲にする: Becoming a doctor *costs* time and money. 医師になるには時間と金がかかる. (b) [**cost**+**O**+**O**] 〈人〉に〈労力・時間〉がかかる; …を犠牲にさせる: The scandal *cost* him his position as mayor. そのスキャンダルのために彼は市長の地位を失った.
3 [口語] 〈人〉に高い費用がかかる, 高くつく: It will *cost* you to go by plane. 飛行機で行くと高くつくよ. **4** (過去・過分 **cost·ed**) 〈費用・原価〉を計算する, 見積もる (*out*).
■ *cóst … déar* [*déarly*] …に損害を与える, 高くつく: Missing the train *cost* him *dear*. 列車に乗り遅れて彼はひどい目にあった.
◆ **cóst príce** [U] 原価, 仕入れ値.

co·star [kóustɑ:r] **名** C 共演スター, 共演者.
── **動** (三単現 **co·stars** [〜z]; 過去・過分 **co·starred** [〜d]; 現分 **co·star·ring** [-stɑ̀:riŋ]) **自** […と] 共演する [*with*].
── **他** を共演者として出演させる.

Cos·ta Ri·ca [kɑ̀stə rí:kə / kɔ̀s-] **名** 固 コスタリカ《中米にある共和国; 首都サンホセ (San José)》.

cóst-ef·féc·tive **形** 費用効率 [効果] の高い.

cost·ing [kɔ́:stiŋ / kɔ́stiŋ] **名** C|U【商】見積もり, 原価計算.

cost·li·ness [kɔ́:stlinəs / kɔ́st-] **名** U 高価 (なこと), ぜいたく.

*cost·ly [kɔ́:stli / kɔ́st-] **形** (比較 **cost·li·er** [〜ər]; 最上 **cost·li·est** [〜ist]) **1** 高価な (expensive), ぜいたくな (→ EXPENSIVE **類義語**): a *costly* jewel 高価な宝石 / a *costly* repair bill 高額の修理代. **2** 多くの犠牲を払った, 費用のかかる: He made a *costly* mistake. 彼の犯した誤りの代償は高くついた.

‡**cos·tume** [kɑ́stju:m / kɔ́stju:m] 【原義は「習慣」で, custom と同語源】 **名 1** C 《舞台・舞踏会などに着る》衣装; 《ある目的・季節のための》ひとそろいの服: a riding *costume* 乗馬服 / a street *costume* 外出着 / a bathing *costume* 水着.
2 U 《ある時代・地域などに特有な》服装, 身なり: They appeared in national *costume*. 彼らは民族衣装を着て現れた.

cos·tum·i·er [kɑstjú:mièi / kɔstjú:miə] **名** C 《舞台・舞踏会などの》貸し衣装屋.

*co·sy [kóuzi] **形 名** 《主に英》= cozy 居心地のよい.

cot [kɑ́t / kɔ́t] **名** C **1** 《米》折りたたみベッド (《英》camp bed). **2** 《英》幼児用ベッド (《米》crib).
◆ **cót dèath** **名** C 《英》乳児突然死 (《米》crib death).

co·tan·gent [kòutǽndʒənt] **名** C【数学】コタンジェント, 余接 (《略語》cot).

Côte d'I·voire [kòut di:vwɑ́:r] **名** 固 コートジボアール《西アフリカの共和国; 首都ヤムスクロ (Yamoussoukro)》.

co·te·rie [kóutəri, -rì:] **名** C [単数形で; 単数・複数扱い]《政治・文学などの》仲間, 同人, サークル.

co·til·lion [koutíljən / kə-] **名** C 《米》《特に社交界の若い女性のための》正式の舞踏会.

‡**cot·tage** [kɑ́tidʒ / kɔ́t-]
── **名** (複 **cot·tag·es** [〜iz]) C **1**《郊外にある》**小住宅**, コテージ, 田舎屋《通例, 米国では平屋建て》. **2** 小別荘 (cf. villa 大別荘), 山荘.
◆ **cóttage chèese** [U] カッテージチーズ《白くて軟らかく酸味が強いチーズ》.
cóttage índustry [U] C 家内工業.

‡**cot·ton** [kɑ́tən / kɔ́tən]
── **名** U **1 綿**, 綿花, 木綿; 綿布, 綿製品; [形容詞的に] 綿製の: raw *cotton* 原綿 / *cotton* cloth 綿布.
2 [植] 綿, 綿の木: grow *cotton* 綿を栽培する.
3 綿糸, 木綿糸: a needle and *cotton* 木綿糸を通した縫い針 / sewing *cotton* カタン糸.
4《米》脱脂綿 (《英》cotton wool).
── **動** [口語] [次の成句で]
■ *cótton ón* [口語] […が] わかる [*to*].
cótton (ón [*úp*]) *to …* **他** …と仲よくなる; …を好きになる; 〈取り入って〉…と近づきになる.
◆ **Cótton Bèlt** [the 〜]《米国南部の》綿花栽培地帯.
cótton cándy [U]《米》綿菓子, 綿あめ (《英》candyfloss).
cótton gín C 綿繰り機.
cótton wóol [U] **1** 生綿(きわた), 原綿. **2**《英》脱脂綿 (《米》absorbent cotton).
cót·ton-pìck·ing **形** [限定用法]《古風・口語》いまいましい, くだらない《◇立腹表現を強める》.
cot·ton·seed [kɑ́tənsì:d / kɔ́tən-] **名** U|C 綿の実, 綿の種子: *cottonseed* oil 綿実油.

cot・ton・tail [kάtəntèil / kɔ́tən-] 图 ⓒ《米》ワタオウサギ《米国産の尾が白い綿毛のような野ウサギ》.

cot・ton・wood [kάtənwùd / kɔ́tən-] 图 ⓒ《植》ハコヤナギ《北米産のポプラ》; Ⓤ ポプラ材.

*__couch__ [káutʃ] 图 ⓒ **1** 寝いす, ソファー: The woman was sitting on the *couch*. その女性はソファーに座っていた.
2 診察用ベッド;(精神分析医が用いる)診察ソファー. **3**《古・詩語》寝床, 寝台 (bed);(草の上などの)休息場所.
── 動 他 (通例, 受け身で)《格式》〈意見・考え・要求など〉を[…で]言い表す, 表現する [*in*]: Her reply *was couched in* unfriendly terms. 彼女の返事はよそよそしい言葉で書かれていた.
◆ cóuch potáto ⓒ《米口語・軽蔑》カウチポテト《ソファーに寝そべってポテトチップスなどを食べながらテレビ・ビデオばかり見ている人》.

cou・chette [ku:ʃét]《フランス》图 ⓒ《主に英》(ヨーロッパの鉄道の)寝台付き客室; 列車の寝台.

cou・gar [kú:gər] 图 (複 **cou・gar, cou・gars** [~z]) ⓒ《動物》クーガー, アメリカライオン(◇ puma, mountain lion, panther とも言う).

*__cough__ [kɔ́:f / kɔ́f](☆発音に注意) 動 ⓐ **1** せきをする, せき払いをする: have [get] a fit of *coughing* せき込む. **2** (エンジンなどが)せきのような音を立てる.
── 他〈たんなど〉をせきをして出す (*out*): *cough out* phlegm せきをしてたんを出す.
■ *cóugh úp* 他 **1** 〈たんなど〉をせきをして吐き出す. **2**《俗語》〈金など〉をしぶしぶ出す; 白状する.
── 图 ⓒ せき, せき払い; せきの出る病気: give a slight *cough*(注意を促すために)軽くせき払いをする / have a bad *cough* ひどいせきをする.
◆ cóugh dròp ⓒ せき止めドロップ(《英》cough sweet).
cóugh sỳrup Ⓤ せき止めシロップ.

***could** [(弱) kəd; (強) kúd]
can¹ の過去形.

---

❶ 直説法
■ 過去における能力など「…できた」(→**1**)
He *could* swim when he was three.
(彼は3歳のときに泳ぐことができた)

■ 時制の一致「…できる」(→**2**)
She said she *could* speak Spanish.
(彼女はスペイン語を話せると言った)

❷ 仮定法「…できるだろうに」(→**3**(b))
If I were a magician, I *could* turn these leaves into coins.
(私が魔法使いなら, これらの木の葉を硬貨に変えることができるだろうに)

❸ [Could you do?] 丁寧な依頼「…してくださいませんか」(→**5**)
Could you help me carry this box?
(この箱を運ぶのを手伝っていただけませんか)

── 助動 **I** [直説法]
1 [過去における能力・可能性など] …(することが)**できた**; …することがあった (→ ABLE 語法)(1)(b)): He *could* read Latin when he was five years old. 彼は5歳のときにラテン語を読むことができた(◇能力) / She was so tired that she *could* not walk any longer. 彼女はとても疲れていたのでそれ以上は歩けなかった(◇可能) / He *could* be selfish when he was a student. 彼は学生の頃わがままにふるまうことがあった(◇可能性).

語法 could は前後の関係から過去であることが明らかな場合や否定文の場合を除き, **II** の仮定法の意で用いる. したがって, 過去のある時点で実際に「…できた」という場合には, 通例 was [were] able to do, managed to do, succeeded in doing などを用いる.

2 [時制の一致による can の過去形] …**できる**(◇過去に訳さない): Tom said (that) he *could* speak Spanish. トムはスペイン語が話せると言った.

II [仮定法](→ SUBJUNCTIVE 文法)
3 [仮定法過去; could do](◇現在の事実とは反対のことを表す) (a)[条件節中で](もし) …**できるなら**: If I *could* go to Mars, I would try to find some living things there. もし火星に行けるなら, 生物がいるかどうかを探してみるのだが. (b)[帰結節中で] …**できるだろう(に)**: If I had another ten thousand dollars, I *could* buy that house. もしあと1万ドルあれば, あの家が買えるのに. (c)[仮定・条件などを表す節を伴わない文で] …**できるだろう(に)**(◇主語・補語などに仮定・条件などの意が含まれる; → MIGHT¹ **6** 語法): He *could* easily do it. 彼なら簡単にそれができるだろう. (d)[I wish … などと共に用いて] …**できれば(いいのだが)**: I wish [wished] I *could* fly like a bird. 鳥のように飛べるといいのだが[と思った].

4 [仮定法過去完了; could have + 過分](◇過去の事実とは反対のことを表す) (a)[条件節中で] …**できたなら**: If I *could have finished* my work by ten, I would have helped you. もし仕事を10時までに終えることができていたら, あなたを手伝ってあげたのだが. (b)[帰結節中で] …**できただろう(に)**: If it had been fine yesterday, we *could have gone* on a picnic. もしきのうお天気だったら, 私たちはピクニックに行けたのに. (c)[仮定・条件などを表す節を伴わない文で] …**できただろう(に)**(◇主語・補語などに仮定・条件などの意が含まれる): I *could have beaten* you.(本気でやってたら)君を負かすことができたろう. (d)[I wish … などと共に用いて] …**できたら(よかったのに)**: I wish [wished] I *could have studied* in America in my youth. 若い頃にアメリカで勉強ができたらよかったのに[と思った].

5 [Could you do?] [依頼] …**してくださいませんか**(◇ Can you do? より丁寧な言い方; ➡ WOULD [LET'S TALK]): *Could you* (please) call me again tomorrow? あすまたお電話をしていただけますか.

6 [Could I do?] [許可] …**していいですか**: *Could I* use your car? — Yes, of course (you can). あなたの車を使ってもよろしいでしょうか

―ええ，もちろんですとも．

7 [可能性] (a) [could do](もしかしたら)…かもしれない(→ MIGHT¹) **2** [語法]: The witness *could* be telling lies. 証人はひょっとするとうそをついているかもしれない / *Could* it be true? 本当かしら(◇信じられない気持ちを表す). (b) [could have＋過分](もしかしたら)…だったかもしれない: That team *could* not *have* lost the game. あのチームはその試合に負けなかったかもしれない．

8 [願望] …してもよかったのに: You *could* have given her the hat. 彼女にその帽子をあげればよかったのに．

■ **Còuld bé.** 《口語》そうかもね，たぶん．

còuld wéll be ひょっとすると…かもしれない: He *could well be* the singer she told me about. 彼はもしかしたら彼女が話していた歌手かもしれない．

★★★ could·n't [kúdənt]
《短縮》《口語》could not の短縮形: I *couldn't* pass the exam yesterday. 私はきのうその試験に合格できなかった(◇直説法過去) / He said (that) he *couldn't* speak English. 英語が話せないと彼は言った(◇時制の一致) / I *couldn't* do that (if I were [was]) in your place. 私があなたの立場であったならそんなことはできないだろう(◇仮定法過去) / *Couldn't* we get together next week? 来週集まれないだろうか(◇仮定法過去) / I *couldn't* have passed the exam, if I hadn't studied hard. 一生懸命勉強していなかったら試験には受からなかっただろう(◇仮定法過去完了).

couldst [kúdst] [助動]《古・詩語》＝ COULD (◇主語が thou のときに用いる).

could've [kúdv] 《短縮》《口語》could have の短縮形(◇ have は ll 助動詞).

cou·lee [kú:li] 名 C《米》クーリー《米国西部の深い峡谷．夏には普通，水が干上がる》．

★★★ coun·cil [káunsəl] (☆[同音] counsel)

― 名 (複 coun·cils [~z]) C **1** 評議会，審議会，協議会(◇各種機関・委員会の公式名称に用いることが多い): the U.N. Security *Council* 国連安全保障理事会 / a student *council*《米》生徒会，学生自治会．
2 会議，審議: a *council* of war 国防軍事会議 / a family *council* 家族会議 / hold [sit in] a *council* 会議を開く / They are in *council* now. 彼らは今会議中です．
3 (地方自治体の)議会: a city *council* 市議会 / a county *council*《英》州議会．
◆ cóuncil chàmber C 会議室．

coun·cil·man [káunsəlmən] 名 (複 coun·cil·men [-mən]) (◇女性形は councilwoman) C
1《主に米》市[町，村]会議員《《英》councillor》．
2 評議員，顧問官 (councilor)．

★ coun·ci·lor,《英》coun·cil·lor [káunsələr]
(☆[同音] counselor) 名 C **1** 顧問官(市会・町会・村会の)議員． **2** 大使館参事官；参議院議員(→ CONGRESS 表)．

■ **the Hóuse of Cóuncilors**（日本の）参議院 (→ CONGRESS 表)．

★ coun·sel [káunsəl] (☆[同音] council) 名
1 U 相談，協議． **2** U 《格式》助言，忠告 (◇ advice は実際的なその場の助言，counsel は熟考したうえでの助言): She gave me appropriate *counsel*. 彼女は私に適切な助言をくれた．
3 C|C《法》弁護士の助言；[単数扱い](法廷)弁護士；[複数扱い]弁護団．

■ **kéep one's (ówn) cóunsel** 自分の考え[目的，計画など]を秘密にする．

― 動 (過去・過分《英》**coun·selled**; 現分《英》**coun·sel·ling**) 他 **1** [counsel＋O＋to do] 《格式》〈人〉に…するように忠告[助言]する，勧める: I *counseled* her *to* write to her parents. ご両親に手紙を書くようにと私は彼女に忠告した．
2 [counsel＋O] …を勧める；〈人〉に […について / …しないように]忠告[助言]する，勧める [*on, about / against*]: My father *counseled* prudence. 父は慎重にせよと勧めた / Our boss *counseled* acting at once.＝Our boss *counseled* that we should act at once. 上司はすぐに行動することを勧めた / I *counseled* her *against* going out at night. 私は彼女に夜間外出しないように忠告した．
― 自 […するように]勧める，忠告する [*for*]．

coun·sel·ing,《英》**coun·sel·ling** [káunsəliŋ] 名 U カウンセリング，相談，助言；指導．

★ coun·se·lor,《英》coun·sel·lor [káunsələr]
(☆[同音] councilor) 名 C **1** カウンセラー，相談相手，顧問，助言者 (adviser)；指導教授，指導員．
2《米・アイル》弁護士(→ LAWYER [類義語])．

★★★ count¹ [káunt] [動][名]

― 動 (三単現 **counts** [káunts]; 過去・過分 **count·ed** [~id]; 現分 **count·ing** [~iŋ])
― 他 **1** [count＋O] …を(1つずつ)**数える**，計算する (*up*): *Count* the books on the shelf. 本棚の本を数えなさい / Before the bus leaves, don't forget to *count* the number of students. バスが出発する前に生徒の数を数えるのを忘れないように．
2 [count＋O (＋among ...)] …を(…の)勘定に入れる，(…の中に)含める (include): *Counting* the office workers, there are 90 people working at this factory. 事務員を含めるとこの工場には90人が働いている / I *count* Bill *among* my friends. 私はビルを友達の1人と考えている．
3 [count＋O (＋as)＋C] …を〜とみなす，思う (consider) (◇ C は名詞・形容詞): You should *count* yourself happy. 自分は幸福だと思うべきです / He *counted* it foolish to say so. 彼はそんなことを言うのはばかげていると思っていた / Edison was *counted as* a fool in his boyhood. エジソンは少年時代ばかだと思われていた．

― 自 **1** […まで](1つずつ)数を数える，計算する (*up*) [*to*]: *count* on one's finger 指を折って数える / *Count up to* fifty. 50まで数えなさい / When I was a child, I used to *count* from one *to* twenty in the bathtub. 私は子供の頃湯

舟につかりながら、よく1から20まで数えたものでした。**2** […の]数[勘定]([among]): This drama *counts among* his masterpieces. この戯曲は彼の代表作の1つに数えられる。**3** 重要である: Your opinion really *counts*. あなたのご意見は本当に貴重です / What *counts* is what we should do to protect the environment. 重要なことは環境を保護するために私たちが何をするかということである。

句動詞 **cóunt agàinst ...** 他 〈物事が〉〈人〉の不利になる: His light weight *counted against* him as a rugby player. 体重の軽いことがラグビー選手として彼に不利に働いた。

cóunt ~ agàinst ... 他 (通例, 否定文で)〈物事〉が…に不利だと考える.

cóunt dówn 自 (10, 9, 8 …と) 数を逆に数える; (ロケット発射などの直前に) 秒読み[カウントダウン]をする.

cóunt for ... 他 …の価値がある: This reference book *counts for* much [little]. この参考図書は大変価値がある[あまり価値がない].

cóunt ín 他 《口語》…を含める, 仲間に入れる: If you are going on a picnic, please *count* me *in*. ピクニックに行くなら私も仲間に入れて.

cóunt óff 自 (しばしば命令文で)《米》《軍》(点呼で) 番号を唱える. ── 他 …を数えて等分する.

cóunt on [upòn] …をあてにする, 頼りにする; 期待する (rely on): In England you can't *count on* good weather in May. イングランドでは5月に好天をあてにすることはできない.

cóunt óut 他 **1** 〈お札など〉を数えながら出す. **2** …を除外する: I don't want to go on the trip. *Count* me *out*. 旅行には行きたくないから私を数に入れないでください. **3** 《ボクシング》(通例, 受け身で) カウントアウトを宣する.

── 名 (複 *counts* [káunts]) **1** ⓊⓊ 数えること, 計算, 勘定: I took several *counts* of the children. 私は子供たちの人数を何回か数えた. **2** Ⓒ 総計: The exact *count* of his debt was 15,258 dollars. 彼の負債は正確に言うと総計15,258ドルであった. **3** Ⓒ《ボクシング》カウント (ノックアウトのときに10秒を数えること); 《野球》(打者の) ボールカウント. **4** Ⓒ (起訴状の) 訴因; 訴訟項目.

■ **be óut for the cóunt** 《ボクシング》ノックアウトされる;《口語》意識を失っている, ぐっすり眠っている.

kéep cóunt [...の] 正しい数を覚えている, […を] 数え続ける [*of*].

lóse cóunt [...の] 正しい数を忘れる; […を] 数え切れなくなる [*of*]: I've *lost count of* the visitors. 私は客が何人だかわからなくなってしまった.

count² [káunt] 名 Ⓒ(しばしば C-)(英国以外の)伯爵 (cf. earl (英国の)伯爵).

count·a·ble [káuntəbl] 形 数えられる, 可算の (↔ uncountable). ── 名 Ⓒ **1** 数えられるもの. **2** 文法 = **cóuntable nóun** 可算名詞 (↔ uncountable noun) (→ NOUN 文法); → A).

count·down [káuntdàun] 名 Ⓒ (ロケット発射時などの) 秒読み, カウントダウン.

***coun·te·nance** [káuntənəns] 名 《格式》 **1** Ⓒ 顔つき, 表情: an angry *countenance* 怒った顔つき / read his *countenance* 彼の顔色を読む. **2** Ⓤ 支持 (support); 賛成 (approval): give [lend] *countenance* to ... …に賛成する, …を支持する.

3 Ⓤ 落ち着き, 冷静さ, 沈着さ: She keeps her *countenance*. 彼女は落ち着き払っている.

■ **kéep ... in cóuntenance** 〈人〉にきまりの悪い思いをさせない,〈人〉の顔を立てる.

òut of cóuntenance あわてて, 当惑して.

── 動 他 《格式》…を支持する;(通例, 否定文で) を黙認する: I cannot *countenance* such excessive spending. そんな法外な出費を黙認するわけにいかない.

***count·er¹** [káuntər] 名 Ⓒ **1** (銀行・商店などの) カウンター. **2** 《米》(台所の) 調理台(《主に英》worktop). **3** 《計器》計数器,《物理》(放射線の) 計数管: a Geiger *counter* ガイガー計数管. **4** (ゲームの得点を数える) カウンター, チップ.

■ **òver the cóunter** 医師の処方箋(はん)なしで (◇医薬品を買うときに言う).

ùnder the cóunter こっそりと, 不正に, 闇(やみ)で.

coun·ter² [káuntər] 形 **1** [...と] 反対の, 逆の [*to*]: She has a *counter* opinion to mine. 彼女は私とは反対の意見を持っている. **2** 副の, 控えの.

── 副 [...と] 反対に, 逆に [*to*]: run [go] *counter to* reason 道理に反する.

── 動 他 **1** …に反対する, 反論する, 逆らう (oppose). **2** …を打ち返す, 逆襲する;《ボクシング・フェンシング》…にカウンターを返す.

── 自 反対する, 反論する, 逆らう; 逆襲する.

── 名 Ⓒ **1** 反対のもの. **2** 《ボクシング》カウンター (ブロー) (counterblow).

coun·ter- [káuntər] 接頭 **1** 「反対の, 逆の, 対立の」の意を表す: *counter*march 反対行進 (回れ右しての行進). **2** 「仕返しの」の意を表す: *counter*attack 反撃. **3** 「対応の」の意を表す: *counter*weight つり合いおもり.

coun·ter·act [kàuntərǽkt] 動 他 〈薬など〉を中和する, (反対作用で) …の効果を消す; …を防止する.

coun·ter·ac·tion [kàuntərǽkʃən] 名 ⓊⒸ (反対作用による) 効果の相殺(さい), 中和; 防止.

coun·ter·at·tack [káuntərətæ̀k] 名 Ⓒ 反撃, 逆襲.

── 動 他 (…に) 反撃[逆襲]する.

coun·ter·bal·ance [káuntərbæ̀ləns] 名 Ⓒ **1** 《機械》(はかりの) つり合いおもり. **2** (ある重さ [力]と) つり合う重さ [力].

── 動 [kàuntərbǽləns] 他 **1** …を […で] つり合わせる, 平衡させる [*with*]. **2** 〈効果〉を […で] 相殺(さい)する [*with*].

coun·ter·blast [káuntərblæ̀st / -blɑ̀ːst] 名 Ⓒ 猛烈な反対, 激しい反発, 強い抗議.

coun·ter·blow [káuntərblòu] 名 Ⓒ《ボクシング》カウンターブロー (counter(punch)).

coun·ter·claim [káuntərklèim] 名 Ⓒ 反対要求, 反論;《法》(被告が原告を訴えること).

coun·ter·clock·wise [kàuntərklɑ́kwàiz / -klɔ́k-] 形 副 《米》時計の針と反対回りの[に], 左回りの[に] (《英》anticlockwise).

coun·ter·cul·ture [káuntərkʌ̀ltʃər] 名 Ⓤ 反

体制文化, カウンターカルチャー《既成の価値に反抗する若者の文化》.

coun·ter·es·pi·o·nage [kàuntəréspiənà:ʒ] 图 U 逆スパイ活動, スパイ防止対策.

coun·ter·feit [káuntərfìt] 他 〈文書・貨幣などを〉偽造[模造]する; …に似せる.
— 形 偽の, 模造の: a *counterfeit* passport 偽造パスポート / a *counterfeit* coin 偽造コイン.
— 图 C 偽物, 偽作, 模造品.

coun·ter·feit·er [káuntərfìtər] 图 C 偽造者, 《米》偽金造り(◇人).

coun·ter·foil [káuntərfòil] 图 C 控え, 原符《発行者の控えとなる小切手・受取証などの半券》.

coun·ter·in·sur·gen·cy [kàuntərinsə́:rdʒənsi] 图 U 対ゲリラ活動, 対破壊活動[活動].

coun·ter·in·tel·li·gence [kàuntərintéləldʒəns] 图 U 対敵スパイ活動, スパイ防止対策.

coun·ter·mand [káuntərmænd / kàuntərmá:nd] 動 他 〈命令・注文などを〉取り消す, 撤回する.

coun·ter·meas·ure [káuntərmèʒər] 图 C [しばしば ~s] […に対する] 対抗手段, 対策 (*against*) (◇災害などの「対策」には通例 measures を用いる).

coun·ter·of·fen·sive [káuntərəfènsiv] 图 C 《軍》[…に対する] 反撃, 反攻 (*against*).

coun·ter·pane [káuntərpèin] 图 C 《古風》掛け布団, ベッドカバー (bedspread).

‡**coun·ter·part** [káuntərpà:rt] 图 C **1** よく似た人[もの](の一方); […に] 対応[相当]する人[もの] [*of, to*]: Our Foreign Minister met with her Russian *counterpart* in New York. わが国の外相はロシアの外相とニューヨークで会談した.
2 (証本などの) 副本, 写し, 写本.

coun·ter·plot [káuntərplàt / -plɔ̀t] 图 C 相手[敵]の裏をかく計略, 対抗策.
— 動 (三単現 **coun·ter·plots** [-plàts / -plɔ̀ts]; 過去・過分 **coun·ter·plot·ted** [~id]; 現分 **coun·ter·plot·ting** [~iŋ]) 他 […に] 対抗策を講じる (*against*). — 動 自 〈敵・計略〉の裏をかく.

coun·ter·point [káuntərpɔ̀int] 图 **1** U 《音楽》対位法; C 対位旋律. **2** C 対照を示すもの.

coun·ter·pro·duc·tive [kàuntərprədʌ́ktiv] 形 逆効果の, 逆効果を生じる[招く], 意に反する.

coun·ter·punch [káuntərpʌ̀ntʃ] 图 C 《ボクシング》カウンターパンチ [ブロー] (counterblow).
— 動 自 反撃する, カウンターパンチを浴びせる (◇图 共に, 単に counter とも言う).

coun·ter·rev·o·lu·tion [kàuntərrèvəlúːʃən] 图 U C 反革命, 反革命運動 (◇革命で成立した政権を元に戻す運動).

coun·ter·rev·o·lu·tion·ar·y [kàuntərrèvəlúːʃənèri / -ʃənəri] 形 反革命の.
— 图 C 反革命主義者 [運動家].

coun·ter·sign [káuntərsàin] 图 C **1** 《軍》合言葉 (password): give the *countersign* 合言葉を言う. **2** 副署, 連署. — 動 他 〈文書・小切手〉に副署 [連署] する; …を確認する.

coun·ter·ten·or [káuntərtènər / kàuntərténə] 图 《音楽》U カウンターテノール [テナー]《男声の最高音域》; C カウンターテノール [テナー] の歌手.

coun·ter·vail·ing [kàuntərvéiliŋ] 形 [限定用法] [格式] …に対抗する, 相殺(ऺ)する: *countervailing* duty (輸出奨励金に対抗する) 相殺関税.

*count·ess** [káuntəs] 图 C **1** 伯爵夫人《earl または count の妻》. **2** 女伯爵.

‡**count·less** [káuntləs] 形 数え切れない, 無数の.

coun·tri·fied [kʌ́ntrifàid] 形 **1** 田舎(者)の, やぼな. **2** 田舎くさい, ひなびた.

***coun·try** [kʌ́ntri]

— 图 (複 **coun·tries** [~z]) **1** C 国, 国家, 国土 (→ 類義語): a democratic *country* 民主国家 / Japan is an Asian *country*. 日本はアジアの国です / Developed *countries* should help developing *countries*. 先進国は発展途上国を援助すべきである / Three quarters of the *country* is hilly. その国の国土の4分の3は山地である.

2 [the ~] (都会に対して) 田舎, 郊外, 田園地帯 (↔ town): live in the *country* 田舎に住む / We enjoyed driving in the *country* last weekend. 私たちは先週末田園地帯をドライブして楽しんだ.

3 [the ~; 集合的に; 単数扱い] 国民 (全体): The whole [All the] *country* is against the bill. 国民全体がその法案に反対している.

4 U [通例, 無冠詞で; 形容詞を伴って] (地形・地勢から見た) 地域, 地帯, 土地: mountainous [wooded] *country* 山岳 [森林] 地帯 / unknown *country* to us 私たちが知らない土地.

5 C [通例 one's ~] 祖国, 母国, 故郷: The sailors returned to their *country* at the end of the voyage. 航海の終わりに船乗りたちは祖国に帰って来た.

6 [形容詞的に] 田舎の, 田園の: *country* roads 田舎道 / I prefer *country* life to city life. 私は都会生活より田園生活のほうが好きです.

■ *acróss cóuntry* (道路を走らずに) 野原(ᵋ)を横切って; 一直線に.

gó [*appéal*] *to the cóuntry* 《英》(総選挙によって) 国民の総意を問う.

◆ **cóuntry and wéstern** U 《音楽》カントリーアンドウエスタン (country music)《米国南部・西部で生まれた大衆音楽; 《略記》C&W》.

cóuntry clúb C カントリークラブ《ゴルフ・テニスなどの設備のある郊外のクラブ》.

cóuntry cóusin C おのぼりさん.

cóuntry dánce C カントリーダンス《男女が2列で向かい合って, または輪になって踊る英国のダンス》.

cóuntry géntleman C 地方の名士 [大地主].

cóuntry hóuse C (地方の名士・貴族などの) 郊外にある邸宅.

cóuntry mùsic = country and western (↑).

類義語 **country, nation, state**
共通する意味 ▶ 国, 国家 (a territory or a group of people united by a single government)
country は「地理的意味での国土」に重点がある: the Pacific *countries* 太平洋沿岸諸国.
nation は「1つの主権の下に統合されている国家」

に重点がある: an independent *nation* 独立国. **state** は nation よりやや堅い語で,「自治権を持つ政治的統一体としての国家」をさす: a welfare *state* 福祉国家.

coun・try・man [kʌ́ntrimən] 图(複 **coun・try・men** [-mən]) C (◇女性形は countrywoman) **1** 田舎に住む人, 田舎者, 地方人. **2** (通例 one's ～) 同国人, 同胞; 同郷人.

***coun・try・side** [kʌ́ntrisàid] 图(通例 the ～) **1** U 田舎; 田園: They lived happily in the *countryside*. 彼らは田舎で楽しく暮らした. **2** (集合的) (ある) 地方の住民.

coun・try・wom・an [kʌ́ntriwùmən] 图(複 **coun・try・wom・en** [-wìmin]) C (◇ countryman の女性形) **1** 田舎の女性. **2** (通例 one's ～) 同国 [同郷] の女性.

***coun・ty** [káunti] 【原義は「伯爵領」】 图(複 **coun・ties** [～z]) C **1** 《米》 郡 《state の下の行政区画. Louisiana 州では parish》. **2** 《英》 州 《地方行政上の最大区画. county の下位は parish》: the *County* of Cambridge ケンブリッジ州 (◇地名が前だと Cambridgeshire となる).

◆ **cóunty cóuncil** C 《英》 州議会.
cóunty cóurt C 《英》 州 [地方] 裁判所 《民事のみを扱う》; 《米》 郡裁判所 《民事・刑事を扱う》.
cóunty fáir C 《米》 農産物品評会.
cóunty schóol C 《英》 州立学校, 公立学校.
cóunty séat C 《米》 郡庁所在地.
cóunty tówn C 《英》 州庁所在地.

coup [kúː] 《☆発音に注意》 【フランス】 图(複 **coups** [kúːz]) C **1** 《通例ほめ言葉》 大成功, 予期せぬこと, 大当たり: make [pull off] a *coup* 大成功を収める. **2** ＝ COUP D'ÉTAT (↓).

coup de grâce [kúː də gráːs] 【フランス】 图(複 **coups de grâce** [～]) C **1** (苦しむ人や動物を慈悲で即死させる) とどめ [情け] の一撃. **2** 決定的一撃.

coup d'é・tat [kùː deitáː] 【フランス】 图(複 **coups d'é・tat, coup d'é・tats** [～(z)]) C クーデター, 武力政変.

coupe [kúːp], **cou・pé** [kuːpéi / kúːpei] 【フランス】 图 C クーペ (型自動車) 《後部屋根が低くスポーティーな2ドア車》.

*****cou・ple** [kʌ́pl] 《☆発音に注意》 图 動
【原義は「つなぎ合わされたもの」】
—— 图(複 **cou・ples** [～z]) C **1** 対(ﾂｲ), 2つ, ひと組 (→成句 a couple of ...) (◇同種類の2つのものから成る組をさすが, 必ずしもその2つが対になるとは限らない; → PAIR 類義語).
2 男女ひと組; 夫婦; 婚約中の男女, カップル: a newly-wedded *couple* 新婚夫婦 / make a good *couple* 似合いの夫婦になる / The theater was crowded with a lot of *couples*. 映画館はたくさんのカップルで込み合っていた / The *couple* next to us is [are] kind. 隣の夫婦は親切です (◇1人1人について言う場合は複数扱い).
■ **a còuple of ...** **1** (同種の) 2人 [2つ] の…: a

couple of friends 2人の友達 / *a couple of* bundles 2つの包み. **2** 《口語》 2, 3 (人) の…, いくつか [数人] の… (◇《米》 では of を省略することもある): *a couple (of)* dollars 2, 3ドル / *a couple more minutes* もう2, 3分 (◇《口語》 *more* の前では of を省略) / I'm going to stay here *a couple of* days. 私は2, 3日ここに滞在するつもりです.

—— 動 他 **1** 〈2つのもの〉をつなぐ, 連結する (*together*); [...に] …を結び付ける (*to, with*): *couple* two freight cars 2つの貨車を連結する / They *coupled* a freight car *to* the train. 彼らは列車に貨車を連結した. **2** …を […と] 結び付けて考える (*with*): We *couple* the United States *with* freedom and democracy. 私たちは米国というと自由と民主主義を連想する.
—— 自 つながる, 結合する; (動物が) 交尾する.

cou・plet [kʌ́plət] 图 C 《詩學》 二行連句, 対句.
cou・pling [kʌ́pliŋ] 图 **1** U 結合, 連結; 《格式》 性交, 交尾. **2** C 《機械》 継ぎ手, (車両の) 連結器.

***cou・pon** [kúːpɑn / -pɔn] 【語源はフランス語で, 「切り取られた一片」の意】 图 C **1** (広告・商品などに付いている) クーポン (券), 商品 [景品] 引換券: a discount *coupon* 割引券. **2** 回数券 (の1枚); 配給切符. **3** (債券の) 利札.

*****cour・age** [kə́ːridʒ / kʌ́r-] 图
—— 图 U 勇気, 大胆, 度胸: lose *courage* 勇気をなくす / take *courage* 勇気を出す / He is a man of great *courage*. 彼は非常に勇気のある男です / He didn't have the *courage* to tell her the truth. 彼は彼女に真実を告げる勇気がなかった / She plucked up great *courage* in saving the child from the burning house. 彼女は非常な勇気を奮い起こして燃えている家からその子供を救い出した.
■ **háve the cóurage of one's (ówn) convíctions** 信念に従って行動 [発言] する勇気がある.
tàke one's cóurage in bóth hánds 勇気を奮い起こす, 腹をくくる. (▷ 形 courágeous)

***cou・ra・geous** [kəréidʒəs] 形 勇気のある, 勇ましい, 勇敢な (⇔ cowardly) (→ BRAVE 類義語): It was very *courageous* of you to say "No" to your boss. 上司に「ノー」と言うとはあなたも勇気がありましたね. (▷ 图 cóurage)

cour・gette [kuərʒét / kɔː-] 图 C 《植》 《英》 ズッキーニ (《米》 zucchini).

cou・ri・er [kúriər] 图 C **1** (外交文書などを運ぶ) 急使, 特使. **2** (団体旅行の) ガイド, 添乗員. **3** 宅配便業者. **4** [C-; 新聞・雑誌名として] 「…新報」.

*****course** [kɔ́ːrs] 图 動

① 進路, 方向.	**1**
② (行動の) 方針, 方向.	**2**
③ (時の) 進行, 経過.	**3**
④ 科目, 課程.	**4**

—— 图(複 **cours・es** [～iz]) **1** C U 進路, 方向; 針 [航] 路: The ship continued her *course* eastward. 船は東へ針路を取り続けた / The

plane flew on [off] the right *course*. 飛行機は正しい航路通りに[航路から外れて]飛行した / The road took a zigzag *course* up the hill. 道はジグザグに丘の上へと続いていた.
2 [C] (行動の) 方針, 方向, 策: a *course* of action (ある目的のために) とるべき道 / He had three *courses* to take. 彼にはとるべき道が3つあった.
3 [U] 進行, 経過, 成り行き: Wars have often changed the *course* of history. 戦争はしばしば歴史の流れを変えてきた / We have to watch the *course* of events for the time being. 私たちはしばらく事の成り行きを見守らなければならない.
4 [C] 科目, 課程; 連続講座; 《主に英》(治療の) ひと続き: a law *course* = a *course* in law 法律講座 / a *course* of injections (一定期間内での) 一連の注射 / pass [fail] a *course* 講座の単位を取る [落とす] / take a *course* in French フランス語の科目を取る / She completed her college *courses* ten years ago. 彼女は10年前に大学課程を終えた.
5 [C] (食事の) 1品, コース: a five-*course* dinner 5品のコース (メニュー) / The main *course* was a beef stew. メインコース [食事の主料理] はビーフシチューだった. ([比較] 日本語の「フルコース」は和製英語) **6** [C] (競走・競馬の) コース, 走路; ゴルフコース.
■ ***as a màtter of cóurse*** 当然ながら, もちろん.
in cóurse of ... …の途中で.
in dúe cóurse そのうちに, やがて: He will make a decision *in due course*. そのうちに彼は決定を下すだろう.
in the cóurse of ... 《格式》 …の間に, …のうちに (during): I learned French *in the course of* my stay in Canada. 私はカナダ滞在中にフランス語を学んだ.
in the cóurse of náture → NATURE 成句.
in (the) cóurse of tíme 時がたてば, やがては.
in the órdinary [nórmal] cóurse of evénts [thíngs] 普通は, 通例 (usually).
of cóurse [əvkɔ́ːrs, əf-] (◇《口語》では of が省略されて (')course とも言う) **1** [文修飾] もちろん, 言うまでもなく: *Of course* I'll come, but my brother hasn't decided yet. もちろん私は来ますが, 弟はまだ決めていません. **2** [返答に用いて] もちろん, 当然: May I use your phone? – *Of course*. 電話をお借りできますか – どうぞ / You didn't tell her the truth, did you? – *Of course* not. まさか彼女に本当のことを話さなかっただろうね – もちろん話していませんよ. **3** あっそうそう, ああそうだった (◇忘れていたことを思い出したときなどに用いる): I'm your student. – *Of course*. That's right. 私はあなたの生徒なんですが – そうそう, そうだったね.
off cóurse (正しい) 進路からそれて.
on cóurse (正しい) 進路に乗って: I'm *on course* to finish this work by the end of this week. 今週末までにこの仕事を終える予定です.
rún [táke] its cóurse 自然の経過をたどる, 行くところまで行く: We have to let the disease *run its course*. 病気は自然の成り行きに任せる必要がある.
stáy the cóurse 最後まで頑張り通す.
— [動] [他] (猟犬を使って)〈ウサギなど〉を追う.
— [自] **1** 《文語》(液体が) 勢いよく流れる (*down*).
2 (猟犬を使って) ウサギを追う.

*****court** [kɔ́ːrt] [名] [動]

— [名] (複 **courts** [kɔ́ːrts]) **1** [C] 法廷; 裁判所; [U] 裁判, 公判: a *court* of justice [law] 裁判所 / a civil [criminal] *court* 民事 [刑事] 法廷 / the Supreme *Court* 最高裁判所 / The *court* will give its decision on the case next week. 裁判所は来週その事件の判決を下す.
2 [the ～; 集合的に] 裁判官, 判事 (◇裁判官のほか, 陪審員・傍聴人全員を含めることもある): The *court* found her innocent. 裁判官は彼女を無罪と判決した.
3 [C] (球技の) コート: a tennis *court* テニスコート.
4 [C] (建物や塀で囲まれた) 中庭, 空地 (courtyard) (→ GARDEN [類義語]). **5** [C] (建物で三方を囲まれた) 袋小路. **6** [U] [C] [しばしば C-] 宮廷, 王宮; [the ～; 集合的に] 廷臣たち, 王室: at *court* 宮廷で.
■ ***gò to cóurt*** 裁判に訴える, 訴訟を起こす.
hóld cóurt **1** (国王が) 来客を迎える. **2** ファンを集める.
in cóurt 法廷で (↔ out of court).
òut of cóurt **1** 法廷外で, 示談で (↔ in court): settle a case *out of court* 事件を示談で解決する. **2** (提案などが) 問題にならない, 取るに足らない.
táke ... to cóurt 〈人〉を (裁判所に) 訴える.
— [動] [他] **1** 〈称賛など〉を求める, 得ようとする; 〈有力者など〉の機嫌をうかがう. **2** 《古風》 …に求愛する. **3** 〈災難など〉を自ら招く.
— [自] 《古風》 求愛する; (結婚を前提に) つき合う.
◆ cóurt càrd [C] 《英》【トランプ】 絵札 (face card).

***cour·te·ous** [kə́ːrtiəs] [形] 礼儀正しい, 丁寧な (↔ discourteous) (→ POLITE [類義語]): a *courteous* note of thanks 丁重な礼状 / It was very *courteous* of you to see me off at the station. 駅までお見送りくださってどうもありがとうございました. (▷ [名] cóurtesy)
cour·te·ous·ly [～li] [副] 礼儀正しく.

cour·te·san, cour·te·zan [kɔ́ːrtəzən / kɔ̀ːtizǽn] [名] [C] (昔の) 高級売春婦.

***cour·te·sy** [kə́ːrtəsi] [名] (複 **cour·te·sies** [～z])
1 [U] 礼儀正しさ, 丁重さ: as a matter of *courtesy* 礼儀として / *Courtesy* costs nothing [little]. 《ことわざ》 礼儀に金はかからない (◇礼儀正しくしていて損することはない, の意). **2** [C] 丁重な行為 [言葉]. **3** [形容詞的に] 儀礼 [名目] 上の, 優待の: a *courtesy* visit 表敬訪問.
■ ***by cóurtesy*** 儀礼上 (の); 好意で [による].
(by) cóurtesy of ... …の好意により; …の提供によって (◇《米》では通例 by を省略): *Courtesy of* ABC Foods ABC食品提供. (▷ [形] cóurteous)
◆ cóurtesy bùs [C] (ホテル, 空港間の) 送迎バス.
cóurtesy càrd [C] 優待カード.
cóurtesy tìtle [C] 《英》 儀礼上の敬称; 名誉称号.

court·house [kɔ́ːrthàus] [名] (複 **court·hous·es**

[-hàuziz]【C】《米》 **1** 裁判所. **2** 郡庁舎.

cour・ti・er [kɔ́ːrtiər]【C】廷臣, 宮廷に仕える人.

court・ly [kɔ́ːrtli]【形】(比較 **court・li・er** [~ər]; 最上 **court・li・est** [~ist])《格式》礼儀正しい, 丁寧な(polite); 上品な, 洗練された.

cóurt-màr・tial【名】(複 **courts-mar・tial** [kɔ́ːrts-], **court-mar・tials** [~z])【C】軍法会議.
— 【動】(過去・過分《英》**court-mar・tialled**; 現分《英》**court-mar・tial・ling**)他〈人〉を軍法会議にかける.

court・room [kɔ́ːrtrùːm]【名】【C】法廷.

court・ship [kɔ́ːrtʃip]【名】【U】(女性に対する)求婚, 求愛;(動物の)求愛(期間);【C】求愛期間.

court・yard [kɔ́ːrtjàːrd]【名】【C】(建物や塀に囲まれた)中庭(◇ **court** とも言う).

cous・cous [kúːskuːs]【名】【U】クスクス《蒸したひき割り小麦に肉や野菜をかけた北アフリカ料理》.

cous・in [kʌ́zən]【名】(☆ ou の発音に注意)
— 【名】(複 **cous・ins** [~z])【C】 **1** いとこ(→ FAMILY 図): I have five *cousins* on my mother's side. 私は母方に5人のいとこがいる.
2 親類, 縁者; 仲間, 同類: French and Spanish are *cousins*. フランス語とスペイン語は同系統の言語です.

cou・ture [kuːtúər / -tjúə]【フランス】【名】【U】高級婦人服仕立て販売(業); 高級(婦人)服(→ HAUTE COUTURE).

cou・tu・ri・er [kuːtúəriər / -tjúərièi]【フランス】【名】【C】(高級婦人服の)デザイナー, ドレスメーカー(◇女性の場合は **couturière**).

cove [kóuv]【名】【C】入り江, 小湾.

cov・en [kʌ́vən]【名】【C】[単数形で; 単数・複数扱い]魔女の集会《通例13人》.

cov・e・nant [kʌ́vənənt]【名】【C】 **1** 契約, 誓約, 盟約(compact). **2**【法】契約(書). **3**[聖][the C-](神とイスラエル人との間の)契約, 聖約.
— 【動】他〈…〉を契約[約束]する, […ということを / …することを]契約する[*that* 節 / *to do*].

Cóvent Gárden [kávənt- / kɔ́v-]【名】固コベントガーデン《**London** の中心地区の1つ. かつて青果・草花市場があった》; コベントガーデン(オペラ)劇場(◇正式名は the Royal Opera House).

Cov・en・try [kávəntri / kɔ́v-]【名】固コベントリー《英国中部 **Warwickshire** 州にある工業都市》.
■ **sénd ... to Cóventry**《英口語》〈人〉を仲間外れにする;〈人〉と絶交する.

cov・er [kʌ́vər]【動】【名】

① …を覆う; 覆いをする.	**1, 2**
② …を覆い隠す.	**3**
③ 〈範囲・問題など〉を扱う, 含む.	**4**

— 【動】(三単現 **cov・ers** [~z]; 過去・過分 **cov・ered** [~d]; 現分 **cov・er・ing** [-vəriŋ])
— 他 **1** …を[…で]覆う, 包む[*with*, *in*]: *cover* a table *with* a cloth 食卓にテーブルクロスをかける / She felt cold and *covered* herself *in* a blanket. 彼女は寒けがしたので毛布で身を包んだ / Snow *covered* the field. = The field was *covered with* snow. 野原は一面の雪だった.
2 …に[…で]覆いをする;〔壁紙などを〕張る,〔塗料などを〕塗る[*with*]: *cover* a container *with* a lid 容器にふたをする / The walls are *covered* with light green wall paper. 壁には薄緑色の壁紙が張ってある / *Cover* the iron railings *with* white paint. 鉄の手すりに白ペンキを塗りなさい.
3 …を[…で]覆い隠す, 押し隠す[*with*, *in*]: The girl *covered* her face *with* her hands. 少女は両手で顔を覆い隠した / She *covered* her uneasiness *with* a loud laugh. 彼女は大笑いすることで不安を押し隠した.
4〈範囲・問題など〉を扱う, 含む; …に及ぶ: This book *covers* almost everything about the incident. この本にはその事件に関するほぼすべてのことが書かれている / This law *covers* most cases in foreign trade. この法律は対外貿易のほとんどの場合に適用される.
5〈ある距離〉を行く, 踏破する: His new car *covers* 600 miles in a day. 彼の新車は1日で600マイル走れる.
6〈事件など〉を取材する; 報道する: The reporters are *covering* the election campaign. リポーターは選挙運動を取材している. **7**(お金が)…に足りる;(保険などで)…を補償する: Will twenty dollars *cover* the bill? 勘定は20ドルで足りますか / The loss was fully *covered* by insurance. 損失は全額保険で補償された.
8(銃などで)…をねらう. **9**(軍隊などが)…を援護する. **10**『スポーツ』〈相手〉をマークする;〈塁・ゴールなど〉をカバーする. **11**〈曲〉をカバーする(→ 名 **8**).
— 自 […の]代わりをする; 代用となる, 代理[代役]をする[*for*]: I will *cover for* the absentee. 私が欠席者の代わりを務めましょう.

句動詞 **cóver ín** 他 [cover in + O / cover + O + in]〈穴など〉をふさぐ;〈家〉に屋根を付ける.
cóver óver 他 [cover over + O / cover + O + over] …をすっかり覆う(ふさぐ).
cóver úp 他 [cover up + O / cover + O + up] **1** …をすっかり覆う[くるむ]. **2** …を隠す, 隠ぺいする: They tried to *cover up* the truth. 彼らは真実を隠ぺいしようとした.
・**cóver úp for ...**《口語》〈人〉をかばう.
■ **cóver onesèlf with ...**〈名誉〉を受ける;〈恥辱〉をこうむる.

— 【名】(複 **cov・ers** [~z]) **1**【C】覆い, カバー, ふた, 包み紙: Put a *cover* on this chair. このいすにカバーをかけなさい / The *cover* of this pot is broken. このポットのふたは壊れている.
2【C】(本の)表紙.《比較》日本語の「(ブック)カバー」は jacket,《英》wrapper と言う) **3**【U】避難場所, 隠れ場所; 覆い場所: These bushes make good *cover* for small animals to hide in. このやぶは小動物たちが隠れるには格好の場所です.
4【C】見せかけ, 口実, 隠れみの. **5**【C】1人前の食器類. **6**【U】[…に対する]保険[*against*].
7【C】郵封筒. **8**【C】= **cóver vèrsion** カバー(バージョン)《ある人の曲を別の人が取り上げて録音したもの》.

■ **bréak cóver** (獲物などが)隠れている場所から飛び出る.
from cóver to cóver (本の)初めから終わりまで.
tàke cóver 避難する, 隠れる.
ùnder cóver **1** 秘密に, こっそりと. **2** 守られて. **3** 封書にして.
ùnder séparate [***the sáme***] ***cóver*** 別封[同封]で, 別便[同便]で.
ùnder (***the***) ***cóver of ...*** 〈暗やみなど〉に乗じて; …と見せかけて: The thief stole into the house *under cover of* darkness. そのどろぼうは暗やみに乗じてその家に忍び込んだ.
◆ **cóver chàrge** [C] (レストランなどの) 席料, テーブルチャージ.
cóver gìrl [C] カバーガール《雑誌などの表紙を飾る女性》.
cóver lètter [C]《米》(書類・品物の) 添付説明書, 添え状 (《英》covering letter).
cóver stòry [C] カバーストーリー《雑誌の表紙に大きな活字や写真で紹介されている特集記事》.

cov·er·age [kʌ́vəridʒ] [名] **1** [U] 報道(範囲), 取材(範囲): Television *coverage* of court cases is not yet allowed in our country. テレビの法廷内取材はわが国ではまだ許可されていない.
2 [U] [または a ～] (保険の) 補償 [適用] 範囲, 補償額.
3 [U] (ラジオ・テレビの) 受信可能圏, サービスエリア; (広告の) 到達範囲.

cov·er·all [kʌ́vərɔ̀ːl] [名] [C] [通例 ～s]《米》上下つなぎの作業服, 仕事着 (cf. overalls 胸当ての付いた作業ズボン).

cov·ered [kʌ́vərd] [形] **1** 覆われた, 屋根のある; 隠された. **2** [複合語で] …で覆われた.
◆ **cóvered wágon** [C]《米》幌(ほろ)馬車.

***cov·er·ing** [kʌ́vəriŋ] [名] **1** [U] 覆うこと.
2 [C] 覆い, カバー, ふた, 屋根.
◆ **cóvering lètter** [C]《英》添付説明書, 添え状 (《米》cover letter).

cov·er·let [kʌ́vərlət] [名] [C] ベッドカバー, ベッドの上掛け (bedspread).

cov·ert [kóuvərt, kʌ́vərt / kʌ́vət] [形] 覆われた, 隠された, 秘密の (↔ overt): a *covert* gathering 秘密会合 / *covert* negotiations 秘密交渉.
― [名] [kʌ́vərt, kóuvərt / kʌ́vət] [C] (鳥獣などの) 隠れ場所《やぶ・茂みなど》.
cov·ert·ly [～li] [副] 密かに.

cov·er-up [kʌ́vərʌ̀p] [名] [C] [悪事などの] 隠蔽(いんぺい); もみ消し, ごまかし [*for*].

cov·et [kʌ́vət] [動] [他]《格式・時に軽蔑》〈他人のもの〉をむやみに欲しがる, 熱望する.

cov·et·ous [kʌ́vətəs] [形]《軽蔑》[特に他人のものなどを] むやみに欲しがる, 熱望する [*of*]: She was *covetous of* her friend's fur coat. 彼女は友人の毛皮のコートが欲しくてたまらなかった.

cov·ey [kʌ́vi] [名] [C] (ウズラなどの) 小さな群れ.

****cow** [káu] [名] [動]
― [名] (複 **cows** [～z]) [C] **1** 雌牛, 乳牛 (→ CRY 表): milk a *cow* 牛の乳をしぼる / My uncle in Hokkaido keeps a hundred *cows*. 北海道に住む私のおじは100頭の乳牛を飼っている.
[関連語] bull 去勢しない雄牛 / ox 去勢した雄牛 / calf 子牛 / cattle (集合的に) 畜牛 / steer 食肉用の去勢された若い雄牛 / heifer 子を産んでいない若い雌牛
2《口語》(一般に) 牛.
3 (象・鯨・アザラシなど大きい動物の) 雌 (↔ bull); [形容詞的に] 雌の…: a *cow* elephant 雌象.
■ ***till*** [***until***] ***the cóws còme hóme***《口語》長時間, いつまでも. ([由来] 牛は動作が遅いので帰って来るまでに時間がかかることから)
― [動] [他] [通例, 受け身で] …を怖がらせる, 脅す.

***cow·ard** [káuərd] [名] [C]《軽蔑》憶病者, 卑きょう者: turn *coward* おじけづく / They're *coward*! What were they afraid of? 彼らは憶病者だ. いったい何が怖かったのだ.

cow·ard·ice [káuərdəs] [名] [U]《軽蔑》憶病, 卑きょう, 小心.

cow·ard·ly [káuərdli] [形]《軽蔑》憶病な, 卑きょうな (↔ courageous, brave).

cow·bell [káubèl] [名] [C] (居場所がわかるように) 牛の首に付けた鈴, カウベル.

***cow·boy** [káubɔ̀i] [名] [C] (◇女性形は cowgirl)
1《米・カナダ》カウボーイ, 牛飼い (◇男女両用では cowhand, cowpuncher を使う). **2**《英俗語》悪徳商人.

cow·catch·er [káukæ̀tʃər] [名] [C] 排障器《障害物除去のために機関車の前部に取り付ける金属枠》.

cow·er [káuər] [動] [自] (恐怖などで) 身をかがめる, すくむ; 後ずさりする.

cow·girl [káugə̀ːrl] [名] [C]《米》牛の世話をする女性 (◇ cowboy の女性形).

cow·hand [káuhæ̀nd] [名] = COWBOY **1** (↑).

cow·hide [káuhàid] [名] **1** [C] [U] 牛の生皮.
2 [U] (なめした) 牛の皮. **3** [C]《米》牛皮のむち.

cowl [kául] [名] [C] **1** (修道士の) 頭巾(ずきん), 僧帽 (hood). **2** (煙突・通風筒の) 換気帽, 通風帽.

cow·lick [káulìk] [名] [C]《主に米》(額の上などの) 立ち毛, 逆毛.

cowl·ing [káuliŋ] [名] [C] (飛行機の) エンジンカバー.

có-wòrk·er [kóu-] [名] [C] 仕事仲間, 協力者, 同僚.

cow·pat [káupæ̀t] [名] [C]《英・婉曲》牛糞(ぎゅうふん).

cow·pox [káupɑ̀ks / -pɔ̀ks] [名] [U]【医】牛痘《人間用の天然痘ワクチンに用いる》.

cow·punch·er [káupʌ̀ntʃər] [名]《米口語》= COWBOY **1** (↑).

cow·rie, cow·ry [káuri] [名] (複 **cow·ries** [～z]) [C]【動物】コヤスガイ《かつてアジア・アフリカの各地で貨幣に用いた》.

cow·shed [káuʃèd] [名] [C] 牛小屋, 牛舎.

cow·slip [káuslìp] [名] [C]【植】キバナノクリンザクラ《サクラソウ科の草で, 黄色の花をつける》.

cox [kɑ́ks, kɔ́ks] [名] = COXSWAIN (↓).
― [動] [自] [他] (ボートの) コックスを務める.

cox·swain [kɑ́ksən / kɔ́k-] [名] [C] (ボートレースの) コックス, 舵(だ)取り, 艇長 (◇ cox とも言う).

coy [kɔ́i] [形] **1** (特に少女が) 恥ずかしそうな [自信のなさそうな] ふりをする: The girl gave him a *coy* smile. 少女は彼に向かって (わざと) 恥ずかしそうにほほ笑んだ.

2 (年などを) 言いたがらない; 秘密主義の.

coy·o·te [káiouti, káiout / kɔióuti] 名 (複 **coy·o·tes** [~z], **coy·o·te**) Ⓒ コヨーテ 《北米西部の草原にすむオオカミの一種》.

◆ **Coyóte Státe** 名 [the ～] コヨーテ州 《米国 South Dakota 州の愛称; → AMERICA 表》.

coy·pu [kɔ́ipu:] 名 (複 **coy·pus** [~z], **coy·pu**) Ⓒ 【動物】 カイリネズミ, ヌートリア (nutria) 《南米産の水棲(ホ)動物》.

coz [kʌ́z] 名 Ⓒ 《口語》 いとこ 《◊ cousin の略》.

coz·en [kʌ́zən] 動 他 《古》 〈人〉をだます, 欺く.

co·zi·ness [kóuzinəs] 名 Ⓤ 居心地のよさ.

***co·zy**, 《主に英》 **co·sy** [kóuzi] 形 (比較 **co·zi·er**, 《主に英》 **co·si·er** [~ər]; 最上 **co·zi·est**, 《主に英》 **co·si·est** [~ist]) **1** 居心地のよい, 気持ちのよい (→ COMFORTABLE [類義語]): a *cozy* corner 居心地のよい部屋の片隅.

2 くつろいだ, 打ち解けた.

— 名 Ⓒ (複 **co·zies**, 《主に英》 **co·sies** [~z]) (ティーポットなどの) 保温カバー.

C.P. (略語) = Communist Party 共産党.

CPA, C.P.A. (略語) = certified public accountant (米) 公認会計士.

CPU (略語) = central processing unit 【コンピュータ】 中央演算処理装置.

Cr (元素記号) = chromium クロム.

***crab**¹ [kræb] 名 **1** Ⓒ 【動物】 カニ. **2** Ⓤ カニの肉. **3** 名 [the C-] 【天文】 かに座 【占星】 巨蟹(キョ)宮 (Cancer).

crab² 名 Ⓒ **cráb àpple** 野生リンゴ (の木).

crab·bed [kræbid] 形 **1** (筆跡が) 判読しにくい.
2 (古風) = CRABBY (↓).

crab·by [kræbi] 形 (比較 **crab·bi·er** [~ər]; 最上 **crab·bi·est** [~ist]) (口語) (人・言動などが) 気難しい, つむじ曲がりの, 意地の悪い (crabbed).

crab·wise [kræbwàiz] 副 カニのように (横歩きに); うしろ向きに (backward).

*****crack** [kræk] 動 名 形

— 動 (三単現 **cracks** [~s], 過去・過分 **cracked** [~t]; 現分 **crack·ing** [~iŋ])

— 自 **1** ひびが入る; (ぱちっと音を立てて) 割れる 《◊ break より規模が小さく, 割れてもばらばらにならない程度を言う》: This glass will not *crack* when you pour boiling water into it. このコップは熱湯を入れてもひびが入らない.

2 ぱちっ [がらがら, びしっ, ぽきん] と音を立てる, 鋭い音を立てる: I heard a whip *cracking*. むちのぴしっという音が聞こえた / The thunder *cracked*. 雷ががらがらと鳴った.

3 (声が) かれる, しゃがれる; (声の調子が) 急に変わる, うわずる; 声変わりする: His voice *cracked* when he tried to explain the reason for being late. 遅刻の理由を説明しようとする彼の声はうわずっていた. **4** 《口語》 (精神的に) 参る, へたれる, くじける (up). — 句動詞 crack up.

— 他 **1** …にひびを入れる, …をぽんと割る: *crack* two eggs into a bowl 卵2個をボールに割って入れる / This glass is *cracked*. このコップはひびが入っている.

2 …をぱちっ [がらがら, びしっ, ぽきぽき] と鳴らす [打つ]: *crack* one's fingers 指を鳴らす / He *cracked* me on the shoulder. 彼は私の肩をぱんとたたいた 《◊「crack + 人 + on the + 体の一部」の語順に注意》.

3 〈頭・足など〉を […に] ぶつける [*against*]: I *cracked* my head *against* the wall. 私は頭を壁にぶつけた.

4 《口語》 〈問題・暗号〉を解く; 〈事件〉を解決する: *crack* the enemy's code 敵の暗号を解読する.

5 《口語》〈冗談など〉を飛ばす, 言う: *crack* a joke 冗談を言う. **6** 《口語》〈金庫など〉をこじ開ける, 破る. **7** 《口語》〈びんなど〉をぽんと開けて飲む.

句動詞 *cráck dówn on ...* 他 …を厳しく取り締まる, …に断固たる処置をとる: The police are *cracking down on* drunk driving. 警察は酔っ払い運転を厳しく取り締まっている.

cráck úp 自 **1** (飛行機・車などが) めちゃめちゃに壊れる, 大破する. **2** 《口語》(体・精神などが) だめになる, 弱る: She *cracked up* from overwork. 彼女は過労のために倒れた. **3** 《口語》急に笑い [泣き] 出す. — 他 [crack up + O / crack + O + up] **1** 〈車などが〉をめちゃめちゃに壊す. **2** 《口語》〈人〉を (大いに) 笑わせる. **3** 《口語》…をほめちぎる.

·*be crácked úp to be ...* [通例, 否定文で] 《口語》…という評判である: This restaurant is not all it *is cracked up to be*. このレストランは評判ほどではない.

■ *gèt crácking* 《口語》(仕事などに) さっと取りかかる, さっと行く; せっせと働く.

— 名 **1** Ⓒ ひび, 割れ目, 裂け目; [a ～] (ドア・窓の) すき間; [副詞的に] ちょっと: *cracks* in the wall 壁のひび / Through a *crack* she saw the inside of the room. (ドアの) すき間から部屋の内部が彼女の目に入った / The window was opened just a *crack*. 窓がほんの少し開いていた.

2 Ⓒ (重く) 鋭い音 《がらがら・ばしっ・ぱりぱり・ずどんなど》: the *crack* of a gun 銃声 / The glass suddenly broke with a *crack*. コップが突然ばりっと音を立てて割れた. **3** Ⓒ 強打; ぶつけること: He gave me a *crack* on the head. 彼は私の頭をぱんとたたいた. **4** Ⓒ 《口語》 […に対する] 試み, チャンス [*at*]: take [have] a *crack at* ... …を試してみる / He gave me a *crack at* this job. 彼は私にこの仕事をする機会を与えてくれた. **5** Ⓒ 気の利いた冗談, しゃれ. **6** Ⓒ (突然の) 声の調子の変化, 声変わり; (声の) うわずり, しわがれ. **7** Ⓤ 《俗語》 クラック 《コカインを精製した麻薬》.

■ *a fáir cráck of the whíp* 《英口語》 公平な機会.

at the cráck of dáwn 夜明けに.

páper [*páste, cóver*] *òver the crácks* 《口語》 その場を取りつくろう; ぼろを隠す.

— 形 (限定用法) 優秀な, すぐれた: a *crack* golf player 一流のゴルファー.

crack·brained [krǽkbrèind] 形 (人・考えが) 愚かな, ばかな (foolish); 正気でない.

crack·down [krǽkdàun] 名 Ⓒ [不法行為などに対する] 厳重な取り締まり, 断固たる措置 [*on*].

cracked [krǽkt] 形 **1** 砕けた; ひびの入った; 割れた. **2** (声が)かすれた, 声変わりした. **3** [通例, 叙述用法]《口語》ばかな (foolish); 正気でない.

crack·er [krǽkər] 名 C **1** クラッカー(《英》biscuit)《甘味のない堅焼きビスケット》. **2** 爆竹, かんしゃく玉 (firecracker); (パーティー用の)クラッカー. **3** [~s] クルミ割り器 (nutcrackers). **4**《口語》[コンピュータ]クラッカー, (悪質な)ハッカー (→ HACKER).

crack·ers [krǽkərz] 形《叙述用法》《英口語》正気でない; […に]夢中になった (about).

crack·ing [krǽkiŋ] 形《英口語》すてきな, すばらしい; 速い: at a *cracking* pace すごいスピードで.

crack·le [krǽkl] 動 (自) (火などが)ぱちぱち音を立てる. ──名 C [単数形で] ぱちぱち鳴る音.

crack·pot [krǽkpɑ̀t / -pɔ̀t] 名 C《口語・しばしばこっけい》変わり者. ──形 変わった, ばかげた.

crack-up, crack-up [krǽkʌ̀p] 名 C **1**《口語》精神的に落ち込むこと, (心身の)衰弱, ノイローゼ. **2** (自動車などの)衝突; 大破.

-cra·cy [krəsi] 接尾 「…の政治」「…の支配」などの意を表す名詞を作る: aristo*cracy* 貴族政治 / demo*cracy* 民主政治.

‡**cra·dle** [kréidl] 名 **1** C 揺りかご: rock a *cradle* 揺りかごを揺する. **2** [通例 the ~] (文化・民族などの)発祥地, 揺籃(うん)の地: the *cradle* of Oriental art 東洋美術発祥の地. **3** [the ~] 幼年時代; 初期: from the *cradle* 幼少から / What is learned in the *cradle* is carried to the grave.《ことわざ》幼時に覚えたことは死ぬまで忘れない ⇔スズメ百まで踊り忘れず. **4** C (船の)進水架, (造船・修理用の)船台; (ビル作業用の)つり台; (電話の)受話器の受け台.
■ *from the crádle to the gráve* 揺りかごから墓場まで, 生涯を通じて (◇もとはイギリスの社会福祉政策のスローガン).
──動 他 …を揺りかごに入れる, 揺すってあやす.

‡**craft** [krǽft / krɑ́:ft] (複 **crafts** [krǽfts / krɑ́:fts]) **1** C (主に小型の) 船; 飛行機 (aircraft); 宇宙船 (spacecraft): a sailing *craft* 小帆船. **2** C (手先の技術を要する) 職業, 仕事; 手工業; U (特殊な) 技術, 技巧: arts and *crafts* 美術工芸 / traditional *crafts* 伝統工芸 / the *craft* of making lens レンズを作る技術. **3** C [集合的に] 同業者(組合). **4** U 悪だくみ, 悪知恵.
──動 他《通例, 受け身で》《主に米》〈もの・製品〉を手で巧みに作る, 念入りに作る.

-craft [krǽft / krɑ́:ft] 接尾 「技術, 特技」「乗り物」などの意を表す名詞を作る: state*craft* 政治的手腕 / air*craft* 航空機.

craft·i·ly [krǽftəli / krɑ́:ft-] 副 ずる賢く.

crafts·man [krǽftsmən / krɑ́:fts-] 名 (複 **crafts·men** [-mən]) C 職人, 工芸家; 名匠.

crafts·man·ship [krǽftsmənʃip / krɑ́:fts-] 名 U (職人・工芸家などの) 技能, 技巧; 熟練.

crafts·wom·an [krǽftswùmən / krɑ́:fts-] 名 (複 **crafts·wom·en** [-wìmin]) C 女性職人; 女性工芸家.

craft·y [krǽfti / krɑ́:fti] 形 (比較 **craft·i·er** [~ər]; 最上 **craft·i·est** [~ist]) 悪賢い, ずるい; 悪だくみにたけた.

crag [krǽg] 名 C ごつごつした[切り立った]岩.

crag·gy [krǽgi] 形 (比較 **crag·gi·er** [~ər]; 最上 **crag·gi·est** [~ist]) **1** 岩だらけの, 険しい. **2** (顔が) ごつごつした; 彫りの深い.

cram [krǽm] 動 (三単現 **crams** [~z]; 過去・過分 **crammed** [~d]; 現分 **cram·ming** [-iŋ]) 他 **1** …を〈容器・狭い所に〉詰め込む, 押し込む (*in*, *into*): She *crammed* the nuts *into* the bag. 彼女は木の実を袋に詰め込んだ. **2** 〈容器・狭い所など〉を[…で]いっぱいにする (*with*): The room was *crammed with* furniture. 部屋は家具があふれていた. **3**《口語》〈人〉に[試験などのために][短期間で]知識を詰め込む, 詰め込み勉強をさせる (*for*).
──自 […のために]…詰め込み勉強をする (*for*).
──名 **1** C (人の)すし詰め(状態), 人込み. **2** U 詰め込み勉強: a *cram* school (詰め込み学習の)塾.

cram·mer [krǽmər] 名 C《英》詰め込み勉強をさせる教師[学校]; 塾, 予備校; 詰め込み勉強用の本.

cramp [krǽmp] 名 **1** C U (筋肉の)けいれん, こむら返り: have a *cramp*《英》have *cramp*) in one's leg 脚の筋肉がつる, こむら返りを起こす. **2** [~s]《主に米》激しい腹痛, 差し込み. **3** C = *crámp iron*【建】かすがい, 締め金具. **4** C 束縛, 拘束.
──動 他 **1** …にけいれんを起こさせる. **2** …をかすがい[締め金具]でとめる. **3** …を束縛する, 閉じ込める; 〈成長など〉を妨げる.
■ *crámp …'s stýle*《口語》〈人〉の能力の発揮を妨げる, 〈人〉の行動を妨げる.

cramped [krǽmpt] 形 **1** (部屋などが) 狭い, 窮屈な. **2** (字が詰まって) 読みにくい.

cram·pon [krǽmpɑn / -pɔn] 名 C [通例 ~s] アイゼン, スパイク底 (climbing irons)《靴底に付ける. 登山・氷上歩行時の滑り止め》.

cran·ber·ry [krǽnbèri / -bəri] 名 (複 **cran·ber·ries** [~z]) C【植】ツルコケモモ(の実)《実は暗紅(ぁん)色で酸味が強い. ソース・ゼリーなどの材料にする》.
◆ **cránberry sàuce** U クランベリーソース《ゼリー状で, 七面鳥料理の付け合わせなどに用いる》.

***crane** [kréin] 名 C **1** 【鳥】ツル; 《米》アオサギ. **2** 【機械】起重機, クレーン; 自在かぎ.
──動 他 (よく見ようとして)〈首〉を伸ばす.
──自 首を伸ばす.
◆ **cráne flỳ** C 【昆】ガガンボ(《英》daddy longlegs).

cra·ni·al [kréiniəl] 形【解剖】頭蓋(ポ)の: the *cranial* bones 頭蓋骨.

cra·ni·um [kréiniəm] 名 (複 **cra·ni·a** [-niə], **cra·ni·ums** [~z]) C 【解剖】頭蓋(ポ); 頭蓋骨.

crank [krǽŋk] 名 **1** C クランク, L字形ハンドル. **2**《口語》変人, 凝り症(の人).《米口語》気難し屋, つむじ曲がり.
──形 C 変人の, 変人による.
──動 他 (機械の)クランクを回す; (クランクを回して)〈エンジン〉を始動させる (*up*).
■ *cránk óut* 他《主に米口語》…を機械的にどんどん作り出す, 大量生産する.

crank·shaft [krǽŋkʃæft / -ʃɑːft] 名 C 《機械》(自動車・機関車などの) クランク軸 [シャフト].

crank·y [krǽŋki] 形 (比較 **crank·i·er** [~ər]; 最上 **crank·i·est** [~ist]) **1** 《口語》風変わりな, 変人の. **2** 《口語》(機械・装置などが) ぐらぐら [がたがた] する; 調子が悪い. **3** 《米口語》怒りっぽい.

cran·ny [krǽni] 名 (複 **cran·nies** [~z]) C (壁・岩などの) 小さな割れ目, 裂け目.

crap [krǽp] 名 《俗語》 **1** U 糞(ﾌﾝ); [a ~] 排便. **2** U ばかばかしいこと; がらくた.
— 動 (三単現 **craps** [~s]; 過去・過分 **crapped** [~t]; 現分 **crap·ping** [~iŋ]) 自 《俗語》糞をする.

crape [kréip] 名 U クレープ, ちりめん織 (crepe).

crap·py [krǽpi] 形 (比較 **crap·pi·er**; 最上 **crap·pi·est**) 《俗語》くだらない, 低俗な; 悪い.

*****crash** [krǽʃ] 名 動 形 副
— 名 (複 **crash·es** [~iz]) C **1** (車などの) 衝突; (飛行機の) 墜落, 不時着: a plane *crash* 飛行機の墜落事故 / Some were killed in the train *crash*. その列車衝突事故では死者も出た.
2 [通例, 単数形で] (衝突・墜落などの) すさまじい音《ちゃん・めりめり・どしんなど》: a *crash* of thunder 雷鳴 / A tree fell with a *crash*. 木がどしんと音を立てて倒れた. **3** 倒産, (株の) 暴落: the *Crash* of 1929 1929年の (ニューヨーク株式市場での) 株価大暴落. **4** C《コンピュータ》(プログラム・装置などの) 突然の故障, クラッシュ.
— 動 (三単現 **crash·es** [~iz]; 過去・過分 **crashed** [~t]; 現分 **crash·ing** [~iŋ])
— 自 **1** 〈車などが〉[…に] (音を立てて) 衝突する; 〈飛行機が〉墜落する [*into*, *against*]: A car *crashed into* the building last night. 昨夜その建物に車が激突した / A motorbike *crashed against* a truck. バイクがトラックに衝突した.
2 大きな音を立てる; (大きな音を立てて) 壊れる, 割れる, 倒れる: The building *crashed* down because of the earthquake. その建物は地震のため に倒壊した.
3 (大きな音を立てて) […を] 進む, 突進する [*about*, *through*]: The motorcycle gang *crashed through* the line of policemen. 暴走族は警官の列を強行突破した. **4** (計画・事業が) つぶれる; (企業が) 倒産する; (株が) 暴落する. **5** 《コンピュータ》(プログラム・装置などが) (突然) 動かなくなる, クラッシュする. **6** 《口語》寝る, 泊まる (*out*).
— 他 **1** 〈車など〉を […に] 衝突させる [*into*]; 〈飛行機〉を墜落 [不時着] させる: The drunk driver *crashed* his car *into* a tree. その酔った運転手は車を木にぶつけた. **2** …をがちゃんとつぶす, 壊す (→ BREAK 類義語): She *crashed* the bottle down on the floor. 彼女はびんを床にたたきつけた. **3** 《口語》(招待状・入場券なしに) 〈パーティー・劇場など〉に入る, 押しかける (gate-crash).
— 形 [限定用法] 集中的な, 応急の: a *crash* course in conversational English 英会話の集中コース / go on a *crash* diet 急激なダイエットをする.
— 副 すさまじい音を立てて.

◆ **crásh bàrrier** C 《英》ガードレール; (道路の) 中央分離帯.

crásh hèlmet C (頭と顔全体を覆う) 安全ヘルメット.

crásh lánding C (飛行機の) 胴体着陸, 不時着.

crásh-dive 自 (潜水艦の) 急潜航する.

crásh dive 名 C (潜水艦の) 急潜航.

crásh-lánd 動 〈飛行機〉を不時着させる, 胴体着陸させる.
— 自 (飛行機が) 不時着 [胴体着陸] する.

crass [krǽs] 形 **1** 愚かな. **2** [通例, 限定用法] (無知などが) はなはだしい, ひどい: *crass* ignorance はなはだしい無知. **3** (布地などが) 目の粗い.
crass·ly [~li] 副 愚かにも.

-crat [kræt] 接尾「(-cracy の) 一員, 支持者」を表す名詞を作る: aristo*crat* 貴族 / demo*crat* 民主主義者 / bureau*crat* 官僚主義者.

***crate** [kréit] 名 C **1** (びんなどを入れる) 木枠, 箱, かご. **2** 木枠1杯の量. **3** 《古風》おんぼろ自動車 [飛行機]. — 動 他 …を木枠に入れる (*up*).

cra·ter [kréitər] 名 C **1** (火山の) 噴火口, 火口. **2** (爆弾・隕石などで) 地面にできた) 穴. **3** (月面などの) クレーター.

cra·vat [krəvǽt] 名 C **1** 《主に米》ネクタイ (◇《英》では商業用語, 《米》では necktie の気取った呼び方). **2** クラバット (ネクタイ代わりのスカーフ).

crave [kréiv] 動 他 **1** …を切望 [渇望] する.
2 《格式》…を求める, 請う: May I *crave* your attention? ちょっとお耳をお貸しください.
— 自 […を] 切望する, 懇願する [*for*, *after*]: Children *crave for* affection. 子供は愛情を求める.

cra·ven [kréivən] 形 《格式》憶病な, 卑きょうな.

crav·ing [kréiviŋ] 名 C […への / …したい] 切望, 渇望, 熱望 [*for* / *to do*]: have a *craving for* sweets 無性に甘いものを食べたがる.

craw·fish [krɔ́ːfiʃ] 名 C = CRAYFISH (↓).

***crawl** [krɔ́ːl] 動 自 **1** (虫・蛇などが) はう, はって進む: The snake *crawled* away into the grass. 蛇は草むらに逃げて行った. **2** のろのろと進む; (時間が) ゆっくり過ぎる: The bus *crawled* along the street. バスは通りをのろのろと進んだ. **3** [進行形で] 《口語》(場所などが) [はい回る虫などで] いっぱいになる [*with*]: The ground was *crawling with* earthworms. 地面はミミズがうようよしていた.
4 (肌が) むずむずする; ぞっとする. **5** 《口語・軽蔑》[人に] ぺこぺこする [へつらう] [*to*]. **6** クロールで泳ぐ.
— 名 **1** [a ~] はうこと; 徐行: go at [on] a *crawl* のろのろ行く. **2** U [通例 the ~] 《水泳》クロール (crawl stroke).

cray·fish [kréifiʃ] 名 (複 **cray·fish**, **cray·fish·es** [~iz]) C 《動物》ザリガニ; U ザリガニの肉.

cray·on [kréiən / -ɔn] 名 U C クレヨン (画): a box of *crayons* クレヨン1箱 / draw with *crayons* [in *crayon*] クレヨンでかく.
— 動 自 他 (…を) クレヨンでかく.

craze [kréiz] 名 C […に対する] (一時的な) 熱狂, 流行, 陶酔 [*for*]: have a *craze for* … に熱中する.

crazed [kréizd] 形 […に] 熱中した [*with*].

cra·zi·ly [kréizili] 副 狂ったように; 熱狂的に.

cra·zi·ness [kréizinəs] 名 狂気; 熱狂.

cra·zy [kréizi]
— 形 (比較 **cra·zi·er** [-ər]; 最上 **cra·zi·est** [~ist])《口語》 **1** (a) 正気でない, ばかげた, 常軌を逸した(→類義語): a *crazy* plan ばかげた計画 / She went *crazy* with fear [worry]. 彼女は恐怖[心配]で頭が変になった. (b) [be crazy + to do / It is crazy of ... + to do] ~するとは…はどうかしている: She *is crazy* to travel during a typhoon. = *It is crazy of* her *to* travel during a typhoon. 台風の中を旅行するなんて彼女はどうかしているよ.

2 [叙述用法][…に] 夢中である, 熱中している [*about*]: John is *crazy about* baseball. ジョンは野球に熱中している / George is *crazy about* [*for*] Mary. ジョージはメアリーに首ったけです.
■ *like crázy* 猛烈に, 一心不乱に.
◆ crázy pàving [pàvement] U《主に英》いろいろな形や大きさの敷石を敷いた散歩道.
crázy quílt C《米》端切れで作ったベッドカバー.

【類義語】**crazy, mad, insane**
共通する意味▶正気でない (ill in the mind)
crazy は最もくだけた語: a *crazy* idea ばかげた考え. **mad** は crazy より改まった語で, 「狂暴性」を含むことが多い: He was completely *mad* at one time. 彼はひと頃完全にどうかしていた. **insane** は「精神障害」の意が強く, 法律用語としてもよく使われる: The accused was *insane* at the time of the murder. 被告は殺人の犯行時に精神に異常をきたしていた.

creak [kríːk][☆ 同音 creek]《擬声語》名 C (ちょうつがいなどが) きいきい鳴る音, きしむ音.
— 自 きいきい鳴る, きしむ (squeak).
creak·y [kríːki] 形 きいきい鳴る, きしむ.

cream [kríːm]
名 形 動
— 名 (複 **creams** [~z]) **1** U クリーム《牛乳に含まれる脂肪分》: Coffee with *cream*, please. クリーム入りのコーヒーをください.
2 U C クリーム菓子, クリーム料理: ice *cream* アイスクリーム / *cream* of potato soup ジャガイモのクリームスープ.
3 U C (化粧用・薬用の) クリーム: cold *cream* コールドクリーム / shaving *cream* シェービング[ひげそり用] クリーム.
4 [the ~] 最上の部分, 神髄: the *cream* of the crop 最上のもの[人]. **5** U クリーム色.
— 形 **1** クリーム入りの, クリームで作った. **2** クリーム色の: a *cream* blouse クリーム色のブラウス.
— 動 他 **1** …をクリーム状にする. **2** …をクリームで煮る; …にクリームを入れる[かける]. **3** …からクリームを分離する.
■ *crèam óff* 他《最良のもの》を選ぶ, 精選する.
◆ crèam chèese U クリームチーズ《クリーム状の軟らかいチーズ》.
créam pùff C シュークリーム.《比較》日本語の「シュークリーム」はフランス語に由来する》

créam sóda U 《バニラ味を加えた》 ソーダ水.《比較》日本語の「《アイスクリームを浮かべた》クリームソーダ」は ice-cream soda と言う》
créam tèa U《英》午後のお茶《パンケーキを紅茶と共に食べる》.
cream·er [kríːmər] 名 C **1** (卓上) クリーム入れ. **2** クリーム分離器.
cream·er·y [kríːməri] 名 (複 **cream·er·ies** [~z]) C 乳製品製造所[販売所].
cream·y [kríːmi] 形 (比較 **cream·i·er** [~ər]; 最上 **cream·i·est** [~ist]) **1** クリームを含んだ.
2 クリームのような, 柔らかくすべすべした. **3** クリーム色の.
crease [kríːs] 名 C **1** (ズボンなどの) 折り目; (顔・布・紙などの) しわ. **2** 〖アイスホッケー〗ゴールクリーズ《ゴールケージ前のエリア》.
— 動 他 **1** …に折り目を付ける, …をしわくちゃにする. **2**《英口語》〈人〉を大笑いさせる (*up*).
— 自 折り目が付く, しわくちゃになる.

cre·ate [kriéit]【基本的意味は「…を創造する (make something new)」】
— 動 (三単現 **cre·ates** [-éits]; 過去・過分 **cre·at·ed** [~id]; 現分 **cre·at·ing** [~iŋ])
— 他 **1** (a) [create + O] 〈新しいもの〉を創造する (想像力・思考によって), ～を創り出す, 創り出す; 〈神・自然など〉…を創造する: *create* a masterpiece 傑作を作り出す / The action movie *created* a new hero. そのアクション映画で新しいヒーローが誕生した / How was the universe *created*? 宇宙はどのようにしてできたのか. (b) [create + O + C] …を～の状態に創造する: All men are *created* equal. すべての人間は平等につくられている《米国独立宣言の中の言葉》.
2 〈新事態・印象など〉を引き起こす, 巻き起こす: *create* excitement [a sensation] 興奮状態を引き起こす[センセーションを巻き起こす] / His behavior *created* a bad impression on us. 私たちは彼のふるまいに悪い印象を抱いた.
3 〈通例, 受け身で〉…に爵位を授ける, …に叙する.
— 自《英・古風》腹を立てる, 騒ぎ立てる.
(▷ 名 création; 形 creátive)

cre·a·tion [kriéiʃən] 名 **1** U 創造, 創作; 創立, 創設; [the C-]《神の》天地創造: the *creation* of a parliament 議会の創設 / since the *Creation* 天地創造以来.
2 U《神の》創造《物》;《神の創造した》宇宙, 世界, 森羅万象: the whole *creation* 全世界.
3 C 創作物, 創作品, 創造物;《俳優の》新演技;《デザイナーの》新作ファッション: the *creations* of Spielberg スピルバーグの作品 / the latest *creations* from Milan ミラノの最新ファッション.
(▷ 動 creáte)

cre·a·tive [kriéitiv]
— 形 **1** 創造的な, 創造力のある, 独創的な: *creative* power 創造力 / *creative* writing《劇・小説などの》創作 / He always says that he'd like to do something more *creative*. 彼は常々もっと創造的なことをしたいと言っている.
2 […を] 生み出す [*of*]: The leader's death was

creative of disorder. 指導者の死は混乱を引き起こした. (▷ ⓥ créate)
cre·a·tive·ly [～li] 副 創造的に, 独創的に.
cre·a·tive·ness [～nəs] 名 ⓤ 創造性, 独創性.
cre·a·tiv·i·ty [krìːeitívəti] 名 ⓤ 創造力[性], 独創力[性].
***cre·a·tor** [kriéitər] 名 **1** 創造者, 創作者, 創設者. **2** [the C-] 造物主, 神 (God).

‡crea·ture [kríːtʃər] (☆発音に注意)
【原義は「神によって創造されたもの」】
— 名 (複 **crea·tures** [～z]) ⓒ **1** 生き物, 動物: living *creatures* 生物 / A lot of small *creatures* live under the ground. 地中にはたくさんの小さな生物がすんでいる.
2 [通例, 愛情・同情・軽蔑を表す形容詞を伴って] 人, やつ: a poor *creature* かわいそうなやつ / What a cute *creature*! なんてかわいい子なんだろう.
3 手先, 子分: a *creature* of habit 習慣から抜け出せない人.
◆ créature cómforts [複数扱い]《衣食住など》肉体的安楽を与えるもの.
crèche [kréʃ]【フランス語】名 ⓒ **1** 《米》キリスト降誕の図 (《英》crib). **2** 《主に英》保育所, 託児所 (《米》day nursery).
cre·dence [kríːdəns] 名 ⓤ 《格式》信用, 信頼: a letter of *credence* 信任状 / give [refuse] *credence* to ... …を信じる [信じない].
cre·den·tial [krədénʃəl] 名 ⓒ [～s] **1** (大使・公使の)信任状. **2** 資格 [成績] 証明書; 資格.
cred·i·bil·i·ty [krèdəbíləti] 名 ⓤ 信用できること, 信頼性; 確実性.
◆ credibílity gàp ⓒ (政治家などの) 言行不一致; (言行不一致による) 不信感.
cred·i·ble [krédəbl] 形 **1** 信用できる, 確かな. **2** 説得力のある.
cred·i·bly [krédəbli] 副 確実に; 確かな筋から.

‡cred·it [krédit]
— 名 (複 **cred·its** [-its]) **1** ⓤ クレジット, 掛け売り, つけ, 信用貸し: Cash or *credit*? (お支払いは)現金ですか, クレジットですか / You can get six months' *credit* at our store. 当店では半年のクレジットをご利用いただけます.
2 ⓤ (銀行) 預金(残高); 貸付金額: I have a *credit* balance of six hundred dollars at the bank. その銀行には600ドルの預金残高がある.
3 ⓤ 名声, 評判; 名誉, 功績: a person of *credit* 名声のある人 / You should give *credit* where it is due. 人が功績を上げたときは正当に評価すべきです.
4 ⓒ [通例 a ～] […の] 名誉となる人 [もの] [*to*]: You are a *credit* to this school. 君はこの学校の誇りです.
5 ⓤ 信用 (belief), 信頼 (trust): place [put] *credit* in the new government 新政府を信頼する / gain *credit* 信用を得る / I can't give *credit* to his story. 彼の話は信用できない.
6 ⓤ (支払い能力の) 信用度: Her *credit* is good. 彼女の信用度は高い.
7 [～s] = crédit títles クレジット《映画・テレビなどの字幕に出る監督・製作者・配役などの名》.
8 ⓒ 《主に米》(大学の学科) 履修単位: get *credits* in music 音楽の単位を取得する.
9 ⓒ = crédit sìde 【簿記】貸し方 (↔ debit (side)); (口座への) 入金, 振り込み.
■ *a létter of crédit* 【商】(銀行などの) 信用状 (《略語》L/C).
dò crédit to ... = *dò ... crédit* …の名誉 [誇り] となる: Her diligence *does* her *credit*. 勤勉さは彼女の誇りです.
gèt [*hàve, tàke*] (*the*) *crédit for ...* …の功績を認められる.
give ... crédit for ～ **1** …が～を備えていると思う: You could at least *give* him *credit* for his efforts. 少なくとも彼が努力したということは君も評価できるはずだよ. **2** ～を…の手柄にする: He was *given credit for* that invention. あの発明は彼の功績とされた.
on crédit クレジットで, つけで: She bought a car *on credit*. 彼女はクレジットで車を買った.
to ...'s crédit **1** …の名誉 [業績] となって: It is *to* her *credit* that she has made straight As. オールAを取ったのは彼女の名誉になる. **2** …の名義 [所有] で.
— 動 ⓣ [進行形不可] **1** [credit＋O] [主に否定文・疑問文で] …を信じる (believe) (↔ discredit): I can't *credit* what he said. 彼の言ったことは信用できない. **2** [credit＋O＋with ...] 〈人・もの〉に〈ある性質・感情など〉があると信じる: I *credit* him *with* discretion. 私は彼には思慮分別があると信じる. **3** [しばしば受け身で] [credit＋O＋with [for] ...] 〈人〉に…の功績があると思う; …を〈人・もの・こと〉のせいにする; [credit＋O＋to ...] 〈もの・こと〉の…のせい [おかげ] だとする: He *is credited with* [*for*] the discovery. その発見は彼の功績だと思われている / We *credit* the success *to* you. = We *credit* you *with* the success. その成功はあなたのおかげだと私たちは考えている. **4** 〈人に〉…の(金額の)信用貸しをする; 【簿記】 […の] 貸し方に〈…〉(金額)を記入する [*to*]; 〈人〉に […の額の] 信用貸しをする [*with*]: Please *credit* \$50 to me. = Please *credit* me *with* \$50. 私に50ドル用立ててください. **5** 〈学生〉に[科目の] 履修証明 [単位] を与える [*with*].
◆ crédit accòunt ⓒ 《英》掛け売り(勘定), つけ (《米》charge account).
crédit càrd ⓒ クレジットカード.
crédit hòur ⓒ 履修単位時間.
crédit nòte ⓒ (返品の際に渡す) 商品引換券《返品した商品と同額の商品券》.
crédit sàle ⓒ 掛け売り, 信用販売.
crédit ùnion ⓒ (消費者) 信用組合.
cred·it·a·ble [kréditəbl] 形 名誉となる; 称賛に値する, 立派な.
cred·it·a·bly [kréditəbli] 副 立派に.
cred·i·tor [kréditər] 名 ⓒ 債権者, 貸し主 (↔ debtor).
cred·it·wor·thy [kréditwə̀ːrði] 形 信用力のある, 信用貸しできる.

cre・do [kríːdou, kréi-] 名 (複 cre・dos [~z]) C 《格式》信条, 主義.

cre・du・li・ty [kridjúːləti / -djuː-] 名 U 信じやすい性格[傾向], だまされやすさ.

cred・u・lous [krédʒələs / -djuː-] 形 信じやすい, だまされやすい.
cred・u・lous・ly [~li] 副 信用して, うっかり.

*__creed__ [kríːd] 名 1 C (宗教上の) 信条; (一般に) 信条, 綱領.
2 [the C-] 【キリスト教】(礼拝で唱える) 使徒信条.

*__creek__ [kríːk] 名 C 1 《米》小川 (◇ brook より大きい). 2 《英》小さな入り江, 小湾.
■ **úp the créek (without a páddle)** (口語) 窮地に陥って, ひどく困って.

creel [kríːl] 名 C (魚釣り用の) びく, かご.

***creep** [kríːp]
— 動 (三単現 creeps [~s]; 過去・過分 crept [krépt]; 現分 creep・ing [~iŋ])
— 自 1 [副詞(句)を伴って] **ゆっくり進む**, 忍び足で進む, そこそこ移動する, のろのろ動く: *creep* out of the room 部屋をそっと抜け出る / The pickpocket *crept* silently up to the woman from behind. すりはその女性にしうしろからそっと近づいた / The long line of cars *crept* along the road up to the church. 自動車の長い列が教会までのろのろと進んだ. 2 (人・動物などが) はう, 腹ばいで進む (cf. crawl (特に蛇・虫が) はう); (つる草などが) 伸びる, からみつく: The baby was *creeping* around the room. その赤ん坊は部屋の中をはい回っていた / Ivy had *crept* up the wall. ツタが壁にからみついていた. 3 (感情・歳月などが) [...に] 忍び寄る [up on, over]: Age *creeps up on* us. 老いはだれにでも忍び寄る / A feeling of fear *crept over* me. 恐怖感が私の心にひたひたと押し寄せた. 4 (寒け・恐怖などで) ぞくぞくする, ぞっとする; (虫がはっているように) むずむずする: The horror movie made my skin *creep*. そのホラー映画を見て私はぞっとした.
■ **créep ín** 忍び込む, 紛れ込む.
créep into ... ...に忍び込む, 紛れ込む.
— 名 1 U C はうこと, 腹ばい; ゆっくりとした動き. 2 C (口語) (上役にへつらう) いやな奴, やっかい者. 3 [the ~s] (何かが肌をはっているような) 恐怖感, ぞっとする感覚: The touch of an eel gives me the *creeps*. ウナギに触ると鳥肌が立つ.

creep・er [kríːpər] 名 1 C はう生き物《昆虫・爬虫(ᵣᵤ)類など》; (木に登る) 鳥, (特に) キバシリ. 2 C U 【植】 つる植物, ツタ.

creep・ing [kríːpiŋ] 形 のろのろ進む, 忍び寄る.

creep・y [kríːpi] 形 (比較 creep・i・er [~ər]; 最上 creep・i・est [~ist]) (口語) 身の毛のよだつ, ぞっとする; むずむず (ぞくぞく) する.

créep・y-cráwl・y [-krɔ́ːli] 名 (複 creep・y-crawl・ies [~z]) C 《主に英口語》はう虫, 毛虫.

cre・mate [kríːmeit / kriméit] 動 他 〈死体〉を火葬にする.

cre・ma・tion [kriméiʃən] 名 U C 火葬.

cre・ma・to・ri・um [krìːmətɔ́ːriəm / krèm-] 名 (複 cre・ma・to・ri・ums [~z], cre・ma・to・ri・a [-riə]) = CREMATORY (↓).

cre・ma・to・ry [kríːmətɔ̀ːri / krémətɔ̀ri] 名 (複 cre・ma・to・ries [~z]) C 《米》火葬場.

crème [krém, kréim] 【フランス】 名 U 1 クリーム (cream). 2 クレーム《甘口のリキュール酒》.
◆ **crème de la crème** [-də lɑː-] C 【単数扱い】最上のもの, 超一流の人々.

cren・el・at・ed, 《英》 **cren・el・lat・ed** [krénəlèitid] 形 (城壁などが) 銃眼を設けた.

Cre・ole [kríːoul] 名 1 U クレオール語《(1) ヨーロッパ言語と非ヨーロッパ系言語の混成語. (2) Louisiana 州で話されるフランス語方言》. 2 C クレオール人《(1) 中南米の白人 (特にスペイン人) の子孫. (2) (米国 Louisiana 州の) フランス系移民の子孫. (3) ヨーロッパ人とアフリカ黒人の混血》. — 形 [時に c-] クレオールの; クレオール人[語] の; (料理의) クレオール風の.

cre・o・sote [kríːəsout] 名 U クレオソート《医療用・防腐用薬品》.
— 動 他 …をクレオソートで処理する.

crepe, crêpe [kréip] 【フランス】 名 1 U クレープ, ちりめん織 (crape). 2 U = crépe rùbber クレープゴム《表面にしわをつけた薄板状のゴム. 靴底に用いる》. 3 C クレープ《薄焼きのパンケーキ》. 4 U = crépe pàper ちりめん紙《造花・包装用》.

*__crept__ [krépt] 動 creep の過去形・過去分詞.

cre・pus・cu・lar [kripʌ́skjələr] 形 《文語》薄明 (時) の, 薄暗い, たそがれの (ような).

cre・scen・do [krəʃéndou] 【イタリア】 副 形 【音楽】クレッシェンドで [の], 次第に強く (なる) (↔ decrescendo) ((略記) cres(c).; (記号) <).
— 名 (複 cre・scen・dos [~z]) C 1 【音楽】 クレッシェンド (の楽節), 漸強音. 2 (感動・勢いなどの) 盛り上がり; (口語) 最高潮, クライマックス.

cres・cent [krésənt, krés-, krez-] 名 C 1 三日月, 新月, 弦月 (→ MOON 図). 2 三日月形のもの. 3 《主に英》三日月形の街路 [家並み]. 4 [the C-] 新月旗 [章] 《トルコ帝国またはイスラム教の象徴》.
— 形 1 三日月形の. 2 (月が) 次第に満ちてくる.

cre・sol [kríːsal / -sɔl] 名 U 【化】 クレゾール《殺菌用・消毒用薬品》.

cress [krés] 名 U 【植物】 カラシナ類の草《オランダガラシ・クレソンなど. つけ合わせやサラダに用いる》.

*__crest__ [krést] 名 C 1 (鳥の) とさか, 冠毛. 2 (かぶとの) 羽飾り, 前立て. 3 (通例, 単数形で) (山の) 頂上, 尾根; 波頭; 絶頂, 頂点. 4 【紋】 かぶと飾り.
■ **ríde (on) [be on] the crést of a wáve** 得意 [幸運, 人気] の絶頂に達する [いる].
— 動 他 1 …に羽飾りを付ける. 2 〈山など〉の頂上に達する. — 自 頂点に達する.

crest・ed [kréstid] 形 とさか [冠毛, 羽飾り, かぶと飾り, 家紋など] のある [付いた].

crest・fall・en [kréstfɔ̀ːlən] 形 (人が) しょんぼりした, がっかりした, 元気のない.

cre・ta・ceous [kritéiʃəs] 形 【地質】 1 白亜質の. 2 [通例 C-] 白亜紀 [系] の.

Crete [kríːt] 名 固 クレタ島《ギリシャ南東の地中海にある島で古代遺跡が多い》.

cre・tin [kríːtən / krétin] 名 C 1 【医】 クレチン

病患者. **2**《俗語》ばか者.
cre·tonne [krítɑn / kretɔ́n] 名UクレトンB紗（サラサ）《模様が大柄で，カーテンやいすに用いる》.
cre·vasse [krəvǽs] 名Cクレバス《氷河の深い割れ目》.
crev·ice [krévis] 名C(岩の)狭い割れ目, 裂け目.

***crew** [krúː] 名動

— 名(複 **crews** [～z]) C [集合的に] **1** (船·飛行機·列車などで乗客に対して)乗組員, 乗(務)員, (高級船員 (officers) を除いた)船員: an air [a train] *crew* 航空機[列車]乗務員 / The ship has a large *crew*. その船には多くの乗組員がいる / All the *crew* were saved. 乗組員は全員救出された(◇乗組員全体を1つのまとまりと見れば単数扱い, 1人1人に重点を置けば複数扱い).
2 (共に働く人の)一団, 一同, チーム: a road *crew* 道路作業班 / a film [camera] *crew* 撮影隊.
3 (ボートレースの)チーム, 選手, クルー.
4《口語·通例, 軽蔑》仲間, 連中.
— 動 自 他 (…の)乗組員[乗務員]として働く.
◆ **créw cút** クルーカット《短い角刈り》.
créw néck C (セーターなどの)丸首.
crew·man [krúːmən] 名(複 **crew·men** [-mən]) C 乗組員, 搭乗員.
crib [kríb] 名C **1**《主に米》ベビーベッド(《英》cot). **2** (牛馬の)まぐさ[かいば]おけ, まぐさ棚. **3**《英》キリスト誕生の図 (crèche). **4**《米》(穀物·塩などの)貯蔵所[所]. **5**《口語》(作品·思想などの)盗用, 無断使用. **6**《口語》とらの巻; カンニングペーパー.
— (三単現 **cribs** [～z]; 過去·過分 **cribbed** [～d]; 現分 **crib·bing** [～iŋ]) 他 **1**《口語》〈部分·全体を〉[他人の作品から]無断使用する, 盗用する [*from, off*]. **2** …を狭い場所に閉じ込める.
— 自 **1**《口語》カンニングする, とらの巻を使う. **2** […から]盗作する, 盗用する [*from*].
crib·bage [kríbidʒ] 名Uトランプクリベッジ《2-4人で行うトランプゲーム》.
crick [krík] 名C[通例 a ～] (首·背などの)筋肉[関節]けいれん, 筋違い [*in*].
— 動 他〈首·背など〉の筋を違える.
‡**crick·et**[1] [kríkit] 名Cコオロギ.
*****crick·et**[2] 名Uクリケット《英国生まれの野球に似た球技; →図》.

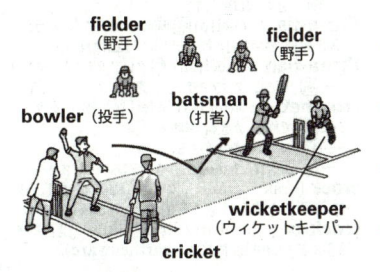

■ **be nòt crícket**《英·古風》フェアでない.
— 動 自 クリケットをする.

fielder（野手）
fielder（野手）
bowler（投手）
batsman（打者）
wicketkeeper（ウィケットキーパー）
cricket

crick·et·er [kríkitər] 名Cクリケット競技者.
*****cried** [kráid] **cry**の過去形·過去分詞.
cri·er 名C ふれ歩く人 (town crier).
*****cries** [kráiz] 動 **cry** の3人称単数現在形.
— 名 **cry** の複数形.

*****crime** [kráim] 名
— 名(複 **crimes** [～z]) **1** CU(法律上の)罪, 犯罪, 犯罪行為 (cf. sin (道徳上·宗教上の)罪): a perfect *crime* 完全犯罪 / the prevention of *crime* 犯罪防止 / the *crime* rate 犯罪(発生)率 / Theft is a *crime*. 盗みは犯罪である.
▏**コロケーション** 罪を…
▏罪を犯す: *commit a crime*
▏罪を悔いる: *repent one's crime*
▏罪を自白する: *confess one's crime*
2 U(一般に)悪事, 悪業: *Crime* does not pay. 悪事は割に合わない.
3 C [通例 a ～]《口語》ひどい行為, よくないこと: It is a *crime* to cheat. カンニングするのはよくないする行為です. (▷形 críminal)
Cri·me·a [kraimíːə / -míːə] 名適 [the ～] クリミア半島(ウクライナ共和国南部, 黒海北岸にある).
Cri·me·an [kraimíːən / -míːən] 形クリミアの.
◆ **Criméan Wár** [the ～] クリミア戦争《英国·トルコなどとロシアの戦争; 1853-56》.
*****crim·i·nal** [krímənəl] 形 **1** [比較なし; 限定用法]犯罪の, 刑事上の: a *criminal* court 刑事裁判所 / a *criminal* case 刑事事件 / a *criminal* offense 犯罪. **2** 犯罪性の, 犯罪を犯した: a *criminal* act 犯罪行為. **3** 恥ずべき, 不道徳な.
— 名C犯罪者, 犯人. (▷名 críme)
◆ **críminal láw** U刑法 (cf. civil law 民法).
crim·i·nal·i·ty [krìmənǽləti] 名(複 **crim·i·nal·i·ties** [～z]) **1** U犯罪性. **2** C犯罪行為, 犯行.
crim·i·nal·ize [krímənəlàiz] 動 他〈人·行為〉を有罪とする, 〈行為〉を犯罪と見なす.
crim·i·nal·ly [krímənəli] 副犯罪的に, ひどく.
crim·i·nol·o·gy [krìmənɑ́lədʒi / -nɔ́l-] 名U犯罪学, 刑事学.
crim·i·nol·o·gist [-dʒist] 名C犯罪学者.
crimp [krímp] 動 他 **1** 〈布·ボール紙·パイの皮など〉にしわ[ひだ]を付ける. **2** 〈髪〉をカールする.
— 名(髪の)ウェーブ, カール.
crim·son [krímzən] 名U深紅色, クリムソン.
— 形 [比較なし]深紅色[クリムソン]の.
— 動 自(顔などが)赤くなる.
— 他…を深紅色[クリムソン]にする[染める].
cringe [kríndʒ] 動 自 **1** (恐怖などで)すくむ, ちぢこまる [*at*]. **2** [上司などに]へつらう, ぺこぺこする [*to, before*]: *cringe to* one's boss 上司にへつらう.
crin·kle [kríŋkl] 動 他 …にしわを寄せる, …を縮ませる (*up*). — 自 (顔などが)しわが寄る, (紙などが)縮れる. — 名C (布·紙などの)しわ.
crin·kly [kríŋkli] 形 (比較 **crin·kli·er** [～ər]; 最上 **crin·kli·est** [～ist]) **1** しわの寄った, しわの多い. **2** (髪が)縮れた.
crin·o·line [krínəlin] 名Cクリノリン《19世紀半ばにスカートをふくらませるために使った堅い布製のペ

crip‧ple [krípl] 名C 身体障害者, 手足の不自由な人 (◇差別的表現. 通例は handicapped あるいは disabled を用いる).
— 動 他 1《手足・体》を不自由にする. 2《口語》…を損なう, 役に立たなくする.

crip‧pling [kríplɪŋ] 形 1 (病気・障害などが) 重い. 2 (影響などが) 大きな痛手となる: *crippling* debts (破たんを招きかねない) 大きな負債.

cri‧ses [kráɪsiːz] 名 crisis の複数形.

‡**cri‧sis** [kráisis]

— 名 (複 **cri‧ses** [-siːz]) C 1 **危機**, 難局, 重大局面: face an energy *crisis* エネルギー危機に直面する / a financial *crisis* 財政危機; 金融恐慌 / *crisis* management 危機管理 / Civil wars brought the country to an economic *crisis*. 内乱はその国に経済危機をもたらした.

コロケーション	危機に [を] …
危機に陥る:	***reach*** [***fall into***] ***a crisis***
危機を回避する:	***avert a crisis***
危機を乗り切る:	***overcome a crisis***
危機を招く:	***cause a crisis***

2 (運命の) 分かれ目, 転機, 岐路, (病気の) 危険期, 峠, (小説などの) やま場: My grandfather has passed the *crisis*. 祖父の病気は峠を越した.
(▷ 形 crítical)

‡**crisp** [krísp] 形 1 (食べ物などが) **かりかり [ぱりぱり] した**: *crisp* toast かりかりに焼いたトースト / The snow was *crisp* to walk on. 雪の上を歩くとさくさく音がした. 2 (野菜・果物などが) 新鮮でぱりっとする, (食べ物が) ぱりぱりする (紙・布などが) 新しくぴんとした. 3 (動作・態度などが) てきぱきした: his *crisp* manner 彼のきびきびした態度. 4 (表現などが) 歯切れのよい, 引き締まった, 簡潔な: a *crisp* style 簡潔な文体. 5 (天気などが) 寒くて乾燥した, ひんやりした, 身の引き締まる. 6 (髪が) 縮れた, カールした.
— 動 他 …をかりかり [ぱりぱり] にする.
— 自 かりかり [ぱりぱり] になる.
— 名 C 《通例~s》《英》ポテトチップス (potato crisps,《米》potato chips).

crisp‧ly [kríspli] 副 1 かりかり [ぱりぱり] して. 2 きびきびと, きっぱりと. 3 さわやかに.

crisp‧ness [kríspnəs] 名 U ぱりぱり [かりかり] すること; さわやかさ; 歯切れよさ.

crisp‧y [kríspi] 形 (比較 **crisp‧i‧er** [~ər]; 最上 **crisp‧i‧est** [~ɪst]) = CRISP 1, 2 (↑).

criss‧cross [krískrɔːs / -krɔs] 形C 1 十字, 十字模様; 十字交差. 2 くい違い.
— 形 1 十字形(形) の, 交差した. 2 くい違った.
— 副 1 十文字に, 交差して. 2 くい違って.
— 動 他 1 …に十文字を書く. 2 …を十文字に交差させる;〈場所などで〉かぎ針に動く.
— 自 十文字になる [交差する].

***cri‧te‧ri‧on** [kraɪtíəriən] 名 (複 **cri‧te‧ri‧a** [-riə], **cri‧te‧ri‧ons** [~z]) C […についての] (判断の) 基準, 標準, 尺度 [*for*]: What is your *criterion for* a good restaurant? よいレストランかどうかを決めるあなたの基準は何ですか.

‡**crit‧ic** [krítɪk]【原義は「識別できる」】名C 1 (文学・美術などの) 批評家, 評論家: a literary [an art] *critic* 文芸 [美術] 評論家. 2 批判者; あら探し屋, 酷評する人.

‡**crit‧i‧cal** [krítɪkəl]

— 形 1 **危機の**, きわめて重大な; 危篤の: This is a *critical* time in our nation's economy. 今はわが国の経済の非常時である / It is *critical* that people (should) know more about it. 人々がそれについてもっと知ることが肝要です (◇ should を用いるのは《主に英》) / The patient is *critical* [in(《英》) a] *critical* condition). 患者は危篤状態にある. 2 **批判的な**, 批判力のある (↔ uncritical): a *critical* opinion 批判的意見 / They are *critical* of the current welfare policy. 彼らは現在の福祉政策に批判的である / He is too *critical* of others. 彼は他人に難癖をつけすぎる. 3 [比較なし/限定用法] 批評の, 評論の: a *critical* writer 評論家 / The film was a *critical* success but a commercial failure. その映画は評論家には好評だったが興行的には失敗だった. 4 [比較なし]《物理》臨界の: a *critical* point 臨界点 / (a) *critical* mass 臨界質量; 必要量.
(▷ 名 crísis)

crit‧i‧cal‧ly [krítɪkəli] 副 1 批判的に; あら探しをして, 酷評して. 2 危機的に, 重大に: My father is *critically* ill. 父が危篤状態です.

‡**crit‧i‧cism** [krítəsɪzəm] 名 1 U (主に芸術作品の) 批評, 評論: literary *criticism* 文芸批評. 2 UC あら探し, 批判, 非難. (▷ 動 críticize)

‡**crit‧i‧cize**, **crit‧i‧cise** [krítəsàɪz] 動 他 1 〈人・作品など〉を批評する: He *criticized* my new book. 彼は私の新しい著書を批評した.
2 〈人〉を[…のことで] 批判する, 非難する, …のあらを探す [*for*]: She was *criticized for* looseness. 彼女はだらしなさについて非難された.
— 自 批評する; 批判する, あら探しをする.
(▷ 名 críticism)

cri‧tique [krɪtíːk] 名C 《格式》 (芸術作品・政策などの) 批評, 評論.

croak [króuk]《擬声語》名C 1 (カラスの) かあかあ鳴く声, (カエルの) げろげろ鳴く声. 2 [a ~] かすれ声.
— 動 自 1 (カラスが) かあかあ鳴く, (カエルが) げろげろ鳴く. 2 かすれ声を出す. 3 《俗語》くたばる, 死ぬ.
— 他 …をかすれ声で言う.

Cro‧a‧tia [krouéiʃə] 名 固 クロアチア《バルカン半島北西部の共和国; 首都ザグレブ (Zagreb)》.

Cro‧a‧tian [krouéiʃən] 形 クロアチア (人, 語) の.
— 名 1 C クロアチア人. 2 U クロアチア語.

cro‧chet [krouʃéi / króuʃei] 動 他 …をクロッシェ編みで作る, かぎ針で編む.
— 自 クロッシェ編みをする.
— 名 U クロッシェ編み, かぎ針編み.

crock [krák / krɔ́k] 名C 1 (陶器の) つぼ, かめ. 2 [s~] = CROCKERY (↓).

crock‧er‧y [krákəri / krɔ́k-] 名 U [集合的に]《主に英》瀬戸物, 陶磁器 (earthenware).

Crock·ett [krɑ́kit / krɔ́k-] [名] [固] クロケット David [Davy [déivi]] Crockett《1786–1836; 米国の西部開拓者・政治家. アラモで戦死した伝説的な英雄》.

croc·o·dile [krɑ́kədàil / krɔ́k-] [名] **1** [C]【動物】クロコダイル《熱帯にすむワニ. alligator に比べてあごが細長い》. **2** [U] ワニ皮. **3** [C]《英口語》(特に学童が) 2人ずつ並んで歩く長い列.
■ ***shéd cròcodile tèars*** [自] そら涙を流す, 悲しそうに見せる. ([由来] ワニは獲物を食べながら涙を流すという言い伝えから)

cro·cus [króukəs] [名] (複 **cro·cus·es** [~iz], **cro·ci** [-sai, -kai]) [C]【植】クロッカス (の花).

Croe·sus [kríːsəs] [名] **1** [固] クロイソス《リディア最後の王 (560–46 B.C.). 巨富で有名》. **2** [C] 富豪.

crois·sant [krwɑːsɑ́ːŋ / krwǽsɔŋ]【フランス】[名] (複 **crois·sants** [~z / ~s]) [C] クロワッサン《三日月形のロールパン》.

Crom·well [krɑ́mwel / krɔ́m-] [名] [固] クロムウェル Oliver Cromwell《1599–1658; 英国の軍人・政治家. 清教徒革命の指導者》.

crone [króun] [名] [C]《古風》意地悪で醜い老女.

Cro·nus, Cro·nos [króunəs] [名] [固]【ギ神】クロノス《巨神 (Titans) の1人で農耕の神; → GOD 表》.

cro·ny [króuni] [名] (複 **cro·nies** [~z]) [C]《口語・時に軽蔑》親友, 仲間.

***crook** [krúk] [名] [C] **1** 曲がったもの; (羊飼いの) 柄の曲がった杖(つえ); 司教杖(じょう). **2** 湾曲 (部), 屈曲: the *crook* of one's arm [leg] ひじの内側 [ひざのうしろ側]. **3** 《口語》詐欺師, いんちき野郎.
— [動] [他]〈腕・指など〉を曲げる, 湾曲させる: She *crooked* her finger to signal [beckon] me. 彼女は指を曲げて私に合図した.
— [自] (川などが) 曲がる, 湾曲する.
— [形]《豪口語》**1** 病気で. **2** ひどい, いやな.

***crook·ed** [krúkid] (☆ 発音に注意) [形] **1** 曲がった, 湾曲した, ねじれた (↔ straight): a *crooked* street 曲がりくねった通り. **2**《口語》不正な, 不法な (dishonest): a *crooked* deal 不正な取引.

croon [krúːn] [動] [他] …を小声 [低い声] で歌う [言う], ハミングで歌う; 歌って…を〔…の状態に〕させる〔*to*〕: She *crooned* her baby *to* sleep. 彼女は小声で歌って赤ん坊を寝かしつけた.
— [自] 甘い優しい声で歌う [つぶやく], 口ずさむ.

*****crop** [krɑ́p / krɔ́p] [名] [動]

— [名] (複 **crops** [~s]) [C] **1** (農) 作物, 収穫物; [the ~s] (一地方・一季節の) 全作物: white *crops* 穀類 / green *crops* 青物類 / black *crops* 豆類 / gather [harvest, reap] a *crop* 作物を収穫する / plant [raise] a *crop* 作物を植える [育てる] / The main *crop* in that district is buckwheat. その地方の主な作物はソバである.
2 (一季節・一農地の) 収穫高, 生産高, 作柄: a good [bumper] *crop* 豊作 / a bad [poor] *crop* 不作 / The *crop* is large [small]. 収穫高が高い [低い].
3 [通例 a ~] (一度に現れる)〔…の〕集団, 群れ〔*of*〕: a *crop of* troubles 数々の問題 / the new *crop of* freshmen 今年度の1年生たち.
4 [通例, 単数形で] (頭髪の) 刈り込み, 短髪, いがぐり頭.
5 (鳥の) 餌袋(えぶくろ), 嗉嚢(そのう).
— [動] (三単現 **crops** [~s]; 過去・過分 **cropped** [~t]; 現分 **crop·ping** [~iŋ]) [他] **1** (動物が)〈植物・草の先〉を食い切る, 食(は)む: A sheep *cropped* the grass. 羊が草を食んだ. **2**〈髪・枝など〉を短く刈る, 刈り込む: have one's hair *cropped* 髪を刈り込んでもらう. **3**〈土地〉に〔…を〕植える, 作る〔*with*〕: *crop* the field *with* beans 畑に豆を植える. **4**〈作物〉を収穫する. **5**〈写真〉をトリミングする.
— [自] [副詞 (句) を伴って] (作物が) できる, とれる: The wheat has *cropped* well [badly] this year. 今年は小麦の作柄がよかった [悪かった].
■ ***cróp óut*** (岩・鉱床などが) 露出する; (問題などが) 表面化する.
cróp úp《口語》(問題などが) 不意に持ち上がる [生じる]; (名前などが) 挙がる.

crop·per [krɑ́pər / krɔ́p-] [名] [C] 耕作者; 小作人; 刈込み機.
■ ***còme a crópper***《英口語》(馬・自転車などから) どすんと落ちる; (意外な) 大失敗をする.

cro·quet [kroukéi / króuki] (☆ 発音に注意) [名] [U] クロッケー《木製の球を木づちで打って小門の間を通すゲーム. ゲートボールの原型》.

cro·quette [kroukét / krɔ-]【フランス】[名] [C]【料理】コロッケ.

*****cross** [krɔ́ːs / krɔ́s] [動] [名] [形]【基本的意味は「…を横切る (go over or across something)」】

— [動] (三単現 **cross·es** [~iz]; 過去・過分 **crossed** [~t]; 現分 **cross·ing** [~iŋ])
— [他] **1** …を横切る, 横断する; 〈橋など〉を渡る: Watch the cars when you *cross* the street. 道路を横切るときは車に注意しなさい / The caravans took ten days to *cross* the desert. キャラバン隊は10日かけてその砂漠を横断した.
2 …を交差させる; 〈足など〉を組む (↔ uncross): The two streets *cross* each other here. 2本の道路はここで交差する / He sat down and *crossed* his legs. 彼は腰をかけて足を組んだ.
3 …とすれ違う; (手紙が) 行き違う: *Crossing* each other the boys began to fight. 少年たちはすれ違いざまにけんかを始めた / Your letter must have *crossed* mine. あなたの手紙は私のと行き違いになったに違いない.
4 …に横線(おうせん)を引く: *cross* a cheque《英》小切手に横線を2本引いて銀行渡りにする.
5 …をじゃまする, …に逆らう: They first agreed with me, but later *crossed* me. 彼らは初め私に同意したが, あとになって反対した.
6〈動植物〉を〔異種と〕交配する〔*with*〕.
— [自] **1** 横切る, 横断する; 渡る: Don't *cross* before the traffic signal changes to green. 交通信号が青に変わるまで横断してはいけない.
2 交差する, 交わる: Two roads *cross* in the center of the town. 2本の道路が町の中心部で交差している. **3** (人・手紙が) 行き違いになる.

C

句動詞 *cross ... óff* ~ 他 (横線を引いて)~から…を削除する: Please *cross* my name *off* the list. リストから私の名前を消してください.
cross óut [*óff*] 他 [cross out [off] + O / cross + O + out [off]] (横線を引いて)…を削除する.
cross óver 自 **1** (向こうへ)渡る, 渡航する: She *crossed over* to America in a small yacht. 彼女は小さなヨットでアメリカへ渡った. **2** [対立政党などに] 寝返る, くら替えする [*to*]. **3** (音楽などで)異なるジャンルを融合する.
cross óver ... 他〈山など〉を越える,〈川・通りなど〉を渡る: Napoleon decided to *cross over* the Alps. ナポレオンはアルプス越えを決断した.
■ *cross the* [*one's*] *t's*《口語》tに横棒を引く;細部に注意を払う (→ DOT 動 成句).
cross onesélf 十字を切る《キリスト教の祈りの動作で,右手を額・胸・左肩・右肩の順に触れる;→図》.
— 名 (複 ~·**es** [~iz]) **1** C **十字形**,十字記号(×, +など);(祈る時に描く)十字《*cross oneself*図》: Put a *cross* where you live on this map. この地図上であなたの住んでいる所に×印を付けなさい / She made the sign of the *cross* and prayed. 彼女は十字を切ってから祈った.
2 C **十字架**《キリスト教信仰の印》; [the C-](キリストがはりつけにされた) 十字架: die on the *cross* 十字架で死ぬ,はりつけになる.
3 [the C-] キリスト教; キリストの受難. **4** C 試練, 苦難: No *cross*, no crown.《ことわざ》苦難なくして栄冠なし. **5** C 十字形のもの《十字塔,十字標・十字形墓碑など》. **6** [C-] 十字勲章. **7** C 生物 雑種, 混血児. **8** [the C-] 【天文】十字星: the Southern [Northern] *Cross* 南[北]十字星.
■ *máke one's cróss* (読み書きできない人が署名の代わりに)×印を書く.
on the cróss 斜めに, はすに, 対角線に.
táke up one's cróss 試練[苦難]に耐える.
— 形 **1** [...に] 不機嫌な, 怒っている [*with*]: My boss looks *cross* today. 上司はきょうは不機嫌な顔をしている / Why are you *cross with* me? あなたはなぜ私のことを怒っているのですか. **2** 交差した, 横切った: Walk to the *cross* street. 十字路まで歩いて行きなさい. **3** 反対の, 逆方向の, 不利な: a strong *cross* wind 強い逆風[向かい風].
◆ *cróss sèction* C **1** 横断面; 断面(図) (section). **2** 代表[典型,一般]的なもの[例].
cróss tàlk U **1** (電話・ラジオなどの)混線, 混信. **2**《英》(漫才などの)掛け合い.
cross- [krɔːs / krɔs] 接頭 **1**「直角に交わる, 交差した」の意を表す: *cross*road 交差点. **2**「逆の, 反対の」の意を表す: *cross*-examine 反対尋問を行う. **3**「横切って」の意を表す: *cross*walk 横断歩道. **4**「雑種の」の意を表す: *cross*bred 雑種の.
cross·bar [krɔ́ːsbɑ̀ːr / krɔ́sbɑ̀ːr] 名 C (サッカー・ラグビーなどのゴールの) 横木, クロスバー; (走り高跳びなどの) バー; (自転車の前後輪をつなぐ)上のパイプ.
cross·bench [krɔ́ːsbèntʃ / krɔ́s-] 名 [通例 ~es; 複数扱い]《英》(英国議会の)無所属議席.
cross·bones [krɔ́ːsbòunz / krɔ́s-] 名 [複数扱い] 交差した2本の大腿(㌍)骨《死の象徴; → SKULL 複合語》.
cross·bow [krɔ́ːsbòu / krɔ́s-] 名 C (中世の)石弓, 弩(ど), クロスボー.
cross·bred [krɔ́ːsbrèd / krɔ́s-] 形 異種交配の, 雑種の.
cross·breed [krɔ́ːsbrìːd / krɔ́s-] 動 他〈動物〉を異種交配させる. — 自 異種交配する. — 名 C 雑種.
cross·check 動 他 (情報・回答などを)違った方法で確かめる, クロスチェックする. — 名 C クロスチェックによる確認.
cross·coun·try 形 [限定用法] (道路を通らず) 山野を横断の: a *cross-country* race [skiing] クロスカントリーレース[スキー]. — 副 山野を横断して. — 名 (複 *cross-coun·tries* [~z]) C U クロスカントリー競技.
cróss-cúl·tur·al 形 異文化間の, 比較文化的な.
cross·cur·rent [krɔ́ːskə̀ːrənt / krɔ́skʌ́r-] 名 **1** C 逆流. **2** [通例 ~s] (大勢に逆らう) 反対意見; 相反する傾向.
cross·cut [krɔ́ːskʌ̀t / krɔ́s-] 名 C 近道.
cróss-drèss·ing 名 U 服装倒錯《異性の服を身に着けること》.
crossed [krɔ́ːst / krɔ́st] 形 十字[横線]を引いた: *crossed* check 横線(㎘)小切手《銀行口座に入れて現金化する》(↔ open check (→ OPEN 形 **10**)).
cróss-ex·àm·i·ná·tion 名 C U 法 反対尋問; 詰問, 厳しい追及.
cróss-ex·ám·ine 動 他 **1**〈人〉を厳しく追及する, 詰問する. **2** 法〈証人〉に反対尋問を行う.
cróss-éyed 形 (内)斜視の.
cróss-fér·ti·lize 動 **1** 生物 …に他家[交雑] 受精させる;植 …に他花[異花] 受精させる.
2 [しばしば受け身で] (他分野の考えを取り入れて) …を活性化する.
cróss·fire 名 U **1** 軍 十字砲火. **2** 質問攻め, (言葉の)激しいやりとり; 激しい争い.
cross-gráined 形 **1** (木材の)板目の, 木目が不規則な. **2**《口語》頑固な; ひねくれた, 偏屈な.
cross·hatch·ing [krɔ́ːshætʃiŋ / krɔ́s-] 名 U (図などの) 網目状の陰影[模様].
***cross·ing** [krɔ́ːsiŋ / krɔ́s-] 名 **1** U C 横断, 渡航: No *crossing*. 横断禁止《道路標識》. **2** C (道路などの) 交差点, 横断歩道; (鉄道の) 踏切: a pedestrian *crossing* 横断歩道 / a grade《英》level *crossing* 踏切, 平面交差(点).
cróss-lég·ged [-légd, -légid] 形 脚を組んだ, あぐらをかいた. — 副 脚を組んで, あぐらをかいて.
cross·ly [krɔ́ːsli / krɔ́s-] 副 **1** 横に, 斜めに.
2 逆に, 反対に. **3** 不機嫌に, 意地悪く.
cross·o·ver [krɔ́ːsòuvər / krɔ́s-] 名 **1** C《英》(鉄道の) 切り替え線; 立体交差路, 歩道橋.
2 U 音楽 クロスオーバー《異なった音楽の要素が混じり合った音楽》; C クロスオーバーの曲.
cross·patch [krɔ́ːspætʃ / krɔ́s-] 名 C 気難し

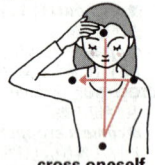

屋, へそ曲がり.

cross·piece [krɔ́:spìːs / krɔ́s-] 名 C 横木 [材].

cross·ply [krɔ́:splài / krɔ́s-] 形 (タイヤが) ラジアルの (radial).

cross·púr·pose 名 [~s] 相反する目的: at *cross-purposes* (目的・意図などが) 互いにくい違って, 互いに誤解して.

cróss-qués·tion 動 他 〈人〉に反対尋問する, 詰問する (cross-examine). ━ 名 C 反対尋問.

cross-re·fér 動 他 を [… に / … から] 相互参照させる [to / from].

cróss-réf·er·ence 名 C (同一の書物・リスト内での) 相互参照. ━ 動 = CROSS-REFER (↑).

*****cross·road** [krɔ́:sròud / krɔ́s-] 名 [しばしば ~s; 単数・複数扱い] 交差点, 十字路; 岐路: be [stand] at the *crossroads* (人生・方針などで) 岐路に立つ.

cróss-stitch 名 1 C クロスステッチ, 十字縫い, 千鳥掛け. 2 U クロスステッチ刺繍(しゅう). ━ 動 … をクロスステッチで縫う.

cross·walk [krɔ́:swɔ̀:k / krɔ́s-] 名 C (米) 横断歩道 ((英) pedestrian crossing).

cross·wind [krɔ́:swìnd / krɔ́s-] 名 C 横風.

cross·wise [krɔ́:swàiz / krɔ́s-], **cross·ways** [-wèiz] 副 1 横に, 斜めに. 2 交差して, 十字形に.

cross·word [krɔ́:swɔ̀:rd / krɔ́s-] 名 C = crossword puzzle クロスワードパズル.

crotch [krátʃ / krɔ́tʃ] 名 C 1 (木の) 股(また). 2 (人体の) 股; (ズボン・パンツなどの) 股の部分.

crotch·et [krátʃit / krɔ́tʃ-] 名 C (英) 『音楽』四分音符 ((米) quarter note).

crotch·et·y [krátʃiti / krɔ́tʃ-] 形 (比較 crotch·et·i·er [~ər], 最上 crotch·et·i·est [~ist]) (口語) (特に老人が) 気難しい, ぐちっぽい.

‡**crouch** [kráutʃ] 動 自 (人・動物が) かがむ, しゃがみ込む, うずくまる (down): He *crouched down* under the tree. 彼は木の下にうずくまった. ━ 名 UC かがむこと, かがんだ姿勢.

croup [krú:p] 名 U 【医】クループ (特に小児の気管粘膜の炎症で, 激しいせきが出て呼吸困難を起こす).

crou·pi·er [krú:piər] 名 C (賭博(とば)場で) 金の集配などをする係, ディーラーの助手.

crou·ton [krú:tan / -tɔn] 名 [フランス] 名 C [通例 ~s] クルトン (揚げたパンの小片. スープに浮かせたりサラダにちらす).

‡**crow**[1] [króu] 名 C 【鳥】カラス (◇ crow は総称. 大型のカラスは raven または rook, 中型を crow, 小型を jackdaw と呼ぶ. 日本のカラスは通例 carrion crow と言う; → CRY 表): a white *crow* 珍しいもの.

■ *as the crów flíes* 一直線に; 直線距離にして. *éat crów* 《米口語》自分の間違いを認める.

crow[2] 名 C 1 [単数形で] おんどりのときを作る声. 2 [通例, 単数形で] (赤ん坊の) 喜びの叫び. ━ 動 (三単現 crows [~z]; 過去 crowed [~d], 1 で 《主に英》 crew [krú:]; 過去分詞 crowed; 現分 crow·ing [~iŋ]) 自 1 (おんどりが) 鳴く, ときを作る.
2 (赤ん坊が) 喜んできゃっきゃっと声を上げる.

3 《口語·軽蔑》 [… に] 勝ち誇る, […を] 自慢する [over]; [人の失敗や不幸などを] 喜ぶ [over].

crow·bar [króubà:r] 名 C バール, かなてこ.

*****crowd** [kráud]

名 動 【基本的意味は「群集 (a large number of people gathered together)」】
━ 名 (複 crowds [kráudz]) 1 C [単数形で] 群衆, 人込み, 人だかり: There was a large *crowd* in the park. 公園には大群衆がいた. The *crowd* was [were] removed by the police. 群衆は警官隊によって追い払われた (◇群衆の1人1人を強調する場合は複数扱い).
2 [the ~] 《しばしば軽蔑》 一般の人, 大衆, 民衆: appeal to the *crowd* 大衆に訴えかける.
3 C 《口語·しばしば軽蔑》 仲間, 連中, (特殊な) グループ: the college *crowd* 大学生仲間 / the usual *crowd* いつもの連中 / the theater *crowd* 芝居の常連たち.

■ *a crówd of … = crówds of …* 大勢 [多数] の…: The soldiers were welcomed by *a crowd of* [*crowds of*] New Yorkers. 兵士たちは大勢のニューヨーク市民から歓迎された / He was surprised at *a crowd of* cars in the street. 彼は通りを走っている車の多さに驚いた.
fóllow [*gó with, móve with*] *the crówd* 世間通りにする, 大勢(たいぜい)に従う.
in crówds 大勢で, 群れを成して.
━ 動 自 (場所を表す副詞(句)を伴って) (人が場所に) 群がる; 群がって進む: Girls *crowded* around the singer. 女の子たちがその歌手の周りに群がった / The students *crowded* into the theater. 学生がどやどやと劇場に入って行った.
━ 他 1 (人が) 〈場所〉に群がる, 押しかける: Baseball fans *crowded* the ballpark. 野球ファンが大勢球場に詰めかけた / Holidaymakers *crowded* the beach. 行楽客が浜辺にどっと押し寄せた (= The beach was *crowded* with holidaymakers.). 2 〈人〉を […で] いっぱいにする [*with*]; … を […に] 詰め込む, 押し込める [*into*]: The girl *crowded* her bag *with* her clothes. = The girl *crowded* her clothes *into* her bag. その娘はかばんの中に衣類を詰め込んだ.
3 《口語》 〈人〉に圧力をかける, おどす: Stop *crowding* me. そっとしておいてください.

■ *crówd ín* (思い出·考えなどが) [… に] どっと浮かぶ [押し寄せる] [*on*]: Memories *crowded in on* me. 思い出がどっとよみがえってきた.
crówd óut 他 (いっぱいになって) 〈人·もの〉を締め出す, 押し出す: They tried to go into the theater but were *crowded out*. 彼らは劇場に入ろうとしたが (満員のため) 締め出された.

*****crowd·ed** [kráudid]

━ 形 1 […で] 混雑した, 込み合った, 満員の [*with*]: a *crowded* lecture hall 混雑した講演会場 / a schoolroom *crowded with* pupils 生徒がいっぱいいる教室.
2 (混雑で) 居心地の悪い, 不快な: I felt *crowded* in the jammed subway. 私は乗客でぎっしりの地下鉄で息が詰まるようだった.

***crown** [kráun] 名動
— 名 (複 crowns [～z]) **1** C 王冠; (一般に)冠: a *crown* of thorns (キリストの)いばらの冠《苦難の象徴》/ wear the *crown* 国王[女王]である / She made a *crown* of laurel. 彼女は月桂樹の葉で冠を作った.
2 [the ～; the C-] (王冠に象徴される)王位; 王権; 国王: ascend the *crown* 王位につく / succeed [relinquish] the *crown* 王位を継ぐ[退く].
3 C (山などの)頂上; 頭, とさか, (帽子の)山: the *crown* of a hat 帽子の山 / the *crown* of a hill 丘の頂上 / from *crown* to toe 頭の先からつま先まで. **4** C (勝利の)栄冠, 栄誉; [the ～] 勝利; 選手権, タイトル: take the *crown* in tennis テニスで優勝する / That team won the triple *crown* this year. あのチームは今年3冠を達成した.
5 [the ～] 絶頂, 極致: the *crown* of the year 1年で最良の時期, 秋《収穫の季節》. **6** C (英)クラウン銀貨《旧5シリング硬貨》. **7** C (医)人工歯冠.
— 動 他 **1** (a) [crown+O] 〈人〉に王冠を授ける: The archbishop *crowned* him. 大主教は彼に王冠を授けた. (b) [crown+O+C] 〈人〉を〈王位〉につかせる: The people *crowned* him king. 人々は彼を王位につかせた. **2** …に[栄冠・栄誉] を与える[with]; …に報いる: Success *crowned* his hard work. 成功によって彼の勤勉は報われた. **3** […で] …の最後を飾る, …を仕上げる[with]: He *crowned* his great career *with* the Nobel prize. =The Nobel prize *crowned* his great career. ノーベル賞が彼の偉大な経歴の最後を飾った. **4** […で] …の頂上[先端]を覆う[with]: The mountain is *crowned* with mist. 山頂は霧で覆われている. **5** 〈頭〉に[金冠などを]いただく[with]. **6** 《俗語》 …の頭を殴る.
■ *to crówn it áll* 《口語》 そのうえ, あげくの果てに.
◆ crówn càp [còrk] C (びんの)キャップ, 王冠.
Crówn Cóurt C U (英)刑事裁判所; 刑事法院.
crówn jéwels [複数扱い] (国家行事で身に着ける)装飾品《王冠・剣・宝石など》.
crówn prínce C [the ～] (英国以外の)皇太子 (cf. the Prince of Wales 英国の皇太子).
crówn príncess C **1** [the ～] (英国以外の)皇太子妃 (cf. the Princess of Wales 英国の皇太子妃). **2** 女子の皇位継承者.

crown·ing [kráuniŋ] 形 [限定用法] 最も重要な, 最高の, 頂点をなす: a *crowning* point 絶頂 / my *crowning* moment 私の最良の日[時].

crów's-féet [複数扱い] 目じりのしわ.

CRT (略語) =cathode-ray tube ブラウン管.

*‡**cru·cial** [krúːʃəl] 形 […にとって] 決定的な, きわめて重大な[to, for]: a *crucial* moment 決定的な瞬間 / play a *crucial* role 重大な役割を果たす.

cru·cial·ly [krúːʃəli] 副 決定的に, きわめて重大に.

cru·ci·ble [krúːsəbl] 名 C **1** るつぼ. **2** 《文語》 厳しい試練.

cru·ci·fix [krúːsəfiks] 名 C (キリスト像の付いた)十字架, 磔刑(たっけい)像.

cru·ci·fix·ion [krùːsəfíkʃən] 名 **1** U C はりつけ. **2** U [the C-] キリストのはりつけ. **3** C 磔刑画[像].

cru·ci·form [krúːsəfɔːrm] 形 十字形[状]の.

cru·ci·fy [krúːsəfài] 動 他 **1** 〈人〉を(十字架に)はりつけにする. **2** 〈人〉を苦しめる, 迫害する.

*‡**crude** [krúːd] 形 **1** 天然のままの, 生の, 未加工の: *crude* oil 原油. **2** (人や態度が)粗野な, 下品な: a *crude* person 粗野な人. **3** 荒っぽい, 大ざっぱな; (作品・製品などが)未完成な, 粗末な: a *crude* estimate 大ざっぱな見積もり.
— 名 U 未精製品; 原油 (crude oil).

crude·ly [～li] 副 天然のままで; 下品に, 荒っぽく.

cru·di·tés [krùːdətéi / krúːditei] 《フランス》 名 [複数扱い] 生野菜の前菜.

cru·di·ty [krúːdəti] 名 (複 cru·di·ties [～z]) **1** U 粗雑さ, 粗さ, 未完成状態. **2** C 粗野な言動.

*‡**cru·el** [krúːəl]
— 形 (比較 cru·el·er, 《英》 cru·el·ler [～ər]; 最上 cru·el·est, 《英》 cru·el·lest [～ist]) **1** (a) (人・行為などが) […に] 残酷な, むごい, 残虐な[to]: He was punished for his *cruel* deeds. 彼は残虐行為のために罰せられた / Don't be *cruel* to animals. 動物を虐待してはならない. (b) [It is cruel of …to do / be cruel+to do] …するなんて〈人〉も残酷である: It is *cruel* of him not *to* help her. =He *is cruel* not *to* help her. 彼女を助けないとは彼はひどい男です.
2 (状況が)悲惨な, 無残な: I have never seen such a *cruel* sight. 私は今まであんな悲惨な光景を見たことがない. **3** ひどい苦痛を与える, ひどい, 厳しい: a *cruel* disease 苦痛を伴う病気 / The winters in Scandinavia are very *cruel*. 北欧の冬は寒さがとても厳しい.

■ *be crúel to be kínd* 人のためを思って[心を鬼にして] つらくあたる. (▷ 名 crúelty)

*‡**cru·el·ly** [krúːəli] 副 **1** 残酷に, 痛ましく. **2** 《口語》 ひどく, とても: be *cruelly* disappointed ひどく失望する.

*‡**cru·el·ty** [krúːəlti] 名 (複 cru·el·ties [～z]) **1** U 残酷さ, 残忍性: *cruelty* to animals 動物虐待. **2** C 残酷な行為[言葉]: the *cruelties* of war 戦争中の残虐行為. (▷ 形 crúel)

cru·et [krúːit] 名 C (卓上)薬味入れ《小型のびん・つぼ》; 薬味スタンド (cruet stand).

*‡**cruise** [krúːz] 動 自 **1** (船は)巡航する, 定速で航行する. **2** (人が)歩き回る, (パトカーが)巡回する, (タクシーが)流す. **3** (飛行機・車などが)巡航速度で飛ぶ[走る].
— 名 C (船による) 周遊旅行: take [go on] a *cruise* (船・ヨットなどで) 周遊する.

◆ crúise contròl U クルーズコントロール《車の速度を一定に保つ装置》.
crúise míssile C 巡航ミサイル.
crúise shíp C 巡航客船, クルーズ船.

cruis·er [krúːzər] 名 C **1** 巡洋艦. **2** クルーザー, 有楽型モーターボート (→ CABIN CRUISER). **3** 《米》 パトロールカー.

crul·ler [krʌ́lər] 名 C 《米》 ねじり形の菓子パン.

*‡**crumb** [krʌ́m] 《☆ 発音に注意》 名 **1** C [通例 ～s] (パン・ケーキなどの)くず, かけら. **2** C ほんの少

し, 少量: *crumbs* of information わずかな情報 / to a *crumb* 詳細に, 細部に至るまで. **3** ⓊⓊ(パン)の身, パンの柔らかいところ (cf. crust パンの皮).

*__crum・ble__ [krʌ́mbl] 動 ⓘ **1** (ものが) ぼろぼろ [粉々] になる, 砕ける. **2** (国などが) 滅びる, 崩壊する: The Government *crumbled* because of corruption. 政府は汚職のために崩壊した. **3** (希望などが) 消え去る, ついえる.
— 他 (ものを) 粉々 [ぼろぼろ] にする.
— 名 ⒸⓊ《英》クランブル《小麦粉・バター・砂糖をまぶしてオーブンで焼いた果物のプディング》.

__crum・bly__ [krʌ́mbli] 形 (比較 **crum・bli・er** [~ər], 最上 **crum・bli・est** [~ist]) 砕け [崩れ] やすい, もろい.

__crum・my__ [krʌ́mi] 形 (比較 **crum・mi・er** [~ər], 最上 **crum・mi・est** [~ist]) 《口語》 **1** 安っぽい, 価値のない, くだらない: a *crummy* film くだらない映画. **2** 《体の》調子がよくない, 気分がすぐれない: feel *crummy* 気分がすぐれない.

__crum・pet__ [krʌ́mpit] 名 Ⓒ《主に英》クランペット《マフィンに似たホットケーキの一種》.

__crum・ple__ [krʌ́mpl] 動 他 **1** …をしわくちゃにする, もみくちゃにする (up): a *crumpled* letter しわくちゃになった手紙. **2** …をぺちゃんこにする, つぶす.
— ⓘ **1** しわくちゃになる (up). **2** ぺちゃんこになる, つぶれる; (人が) 突然戦意を喪失する.

__crunch__ [krʌ́ntʃ] 動 他 **1** …をがりがり [ぼりぼり] かむ. **2** 〈砂地・砂利道など〉をざくざく [さくさく] と踏む. **3** 〈大量の数値〉を (いっぺんに) 処理する, 計算する. — ⓘ がりがり [ざくざく] と音を立てる.
— 名 **1** 〖通例, 単数形で〗がりがりかむこと [音]; ざくざく踏むこと [音]. **2** 〖通例, 単数形で〗不足, 減少: the energy *crunch* エネルギー不足. **3** 〖通例 the ~〗《口語》いざという時, 危機.
■ **when [if] it cómes to the crúnch** いざとなれば.

__crunch・y__ [krʌ́ntʃi] 形 (比較 **crunch・i・er** [~ər], 最上 **crunch・i・est** [~ist]) (かむと) がりがり [ぼりぼり] と音がする, 乾いて固い.

*__cru・sade__ [kru:séid] 名 Ⓒ **1** 〖通例 C-〗《史》十字軍, (宗教上の) 聖戦. **2** (思想・権利などのための) 運動, (社会的な) 改革運動, 撲滅運動: a *crusade* against smoking 禁煙キャンペーン.
— 動 ⓘ **1** 十字軍 [聖戦] に加わる. **2** 改革 [擁護, 撲滅] 運動に加わる.

__cru・sad・er__ [kru:séidər] 名 Ⓒ 十字軍の戦士; 改革 [擁護, 撲滅] 運動家.

***__crush__ [krʌ́ʃ]
— 動 (三単現 **crush・es** [~iz]; 過去・過分 **crushed** [~t]; 現分 **crush・ing** [~iŋ])
— 他 **1** (強い力で) …を押しつぶす, 砕く, 粉々にする (up) (→ BREAK 類義語); 砕いて […に] する (into): She *crushed* the paper box by mistake. 彼女は誤って紙の箱をつぶしてしまった / A climber was *crushed* to death by falling rocks. 登山家が落石に押しつぶされて死んだ / He *crushed* (up) stones *into* pieces with a big hammer. 彼は大きなハンマーで石を粉々に砕いた. **2** 〈敵など〉を圧倒する, 粉砕する, 鎮圧する; 〈希望などをくじく: The police *crushed* the riot. 警察は暴動を鎮圧した / I was *crushed* by her words. 彼女の言葉で私は落ち込んだ.
3 …をもみくちゃ [しわくちゃ] にする: My coat was *crushed* in the crowded train. 込んだ列車の中で私のコートはしわくちゃになった.
4 …を […へ] 無理に押し込める, 詰める [into]: She *crushed* all the shirts into the box. 彼女はシャツを全部箱に強引に押し込んだ.
— ⓘ **1** つぶれる, くしゃくしゃになる: This scarf *crushes* easily. このスカーフはしわになりやすい.
2 […に] 押し合って入る, 群れる, ひしめく [into, through]: A lot of people *crush into* the discount shop for cheap goods. たくさんの人が安い品物を求めてその安売り店に押しかける.
■ **crúsh óut** […から] …を絞り出す [of, from]: *crush* the juice *from* [*out of*] the oranges オレンジから果汁を絞り出す.
— 名 **1** Ⓤ押しつぶすこと, 粉砕; 抑圧, 圧迫. **2** 〖単数形で〗群衆; 押し合い, 雑踏: get through the *crush* 群衆の中を通り抜ける. **3** Ⓒ《口語》 […に] 夢中になること; 熱中する対象 [on]: Jane has a *crush on* you. ジェーンはあなたに夢中です. **4** Ⓤ《英》生ジュース, 果汁 (《英》squash): lemon *crush* レモンの生ジュース.

__crush・ing__ [krʌ́ʃiŋ] 形 〖通例, 限定用法〗圧倒的な, 威圧的な, 決定的な: a *crushing* victory [defeat] 大勝利 [敗北] / suffer a *crushing* blow to the country's economy その国の経済にとっての決定的な打撃をこうむる.

__Cru・soe__ [krú:sou] 名 → ROBINSON CRUSOE.

‡__crust__ [krʌ́st] 名 **1** ⓊⒸパンの皮, パイの皮 (cf. crumb パンの身): a *crust* of bread パンの皮. **2** Ⓒ堅い (ものの) 1切れ. **3** Ⓤ Ⓒ (ものの) 堅くなった表面, かさぶた; 〖動物〗甲殻 (こうかく); 〖地質〗地殻.

__crus・ta・cean__ [krʌstéiʃən] 名 Ⓒ甲殻 (こうかく) 類の動物《エビ, カニなど》. — 形 甲殻類の.

__crust・ed__ [krʌ́stid] 形 **1** 堅い皮 [覆い] を持った. **2** (ワインが) 酒あかを生じた, よく熟成した.

__crust・y__ [krʌ́sti] 形 (比較 **crust・i・er** [~ər]; 最上 **crust・i・est** [~ist]) **1** 外皮の; 堅くて厚い皮の. **2** 気難しい, 無愛想な; 怒りっぽい.

__crutch__ [krʌ́tʃ] 名 Ⓒ **1** 松葉杖 (づえ): a pair of *crutches* 1組の松葉杖 / walk [go about] on *crutches* 松葉杖をついて歩く. **2** Y字形のもの; 〖海事〗(ボートの) オール受け. **3** (人・動物の) 股 (また), (ズボン・パンツの) 股の部分 (crotch). **4** 支え [頼り] (になるもの).

__crux__ [krʌ́ks] 名 (複 **crux・es** [~iz], **cru・ces** [krú:si:z]) Ⓒ 〖通例 the ~〗最も重要な点; 難点.

***__cry__ [krái]
— 動 名 (三単現 **cries** [~z]; 過去・過分 **cried** [~d]; 現分 **cry・ing** [~iŋ])
— ⓘ **1** (声を上げて) 泣く, 涙を流す (→ WEEP 類義語): She *cried* for joy when she heard the news. 彼女はその知らせを聞いてうれし泣きした / The baby is *crying* bitterly with hunger. その赤ん坊はお腹をすかして激しく泣いている.
2 (喜び・悲しみなどで) 叫ぶ, 大声を上げる (→

SHOUT 〖類義語〗): The burnt child *cried* in [with] pain. やけどした子供は痛がってわめいた / He couldn't help *crying* when she pinched him. 彼女につねられて彼は思わず大声を上げた.
3《動物が》鳴く, ほえる.
— 他 **1**《…と》叫ぶ[*that* 節]: "Help!" she *cried*. 「助けて」と彼女は叫んだ / He *cried that* he was coming. 今行くよと彼は叫んだ.
2《文語》《…を叫んで知らせる;〈品物を〉呼び売りする》: He *cried* the news all over the town. 彼はその知らせを町じゅうに叫んで回った.
3《涙》を流す.
〖句動詞〗 **crý dówn** 他 [cry down＋O／cry＋O＋down] …をけなす.
   crý for ... **1** …を泣いて求める, 《大声で》求める: All the people on the boat *cried for* help. 船に乗っている人たちはみな助けを求めて叫んだ. **2** …を《緊急に》必要とする: This school is *crying for* a good science teacher. この学校に有能な理科の教師をすぐにでも必要としている.
   crý óff 自《英口語》〔約束などから〕手を引く [*from*]: Jack had promised (me) to pay the bill, but *cried off* at the last moment. ジャックは勘定を払うと(私に)約束していたのにいざという時になって取り消した.
   crý óut 自 叫ぶ, 大声を上げる;《恐怖・痛みなどで》叫ぶ. — 他 …と叫ぶ: The students *cried out*, "Good morning." 生徒たちは大声で「おはようございます」と言った.
   ・crý óut agàinst ... …に激しく反対する.
   ・crý óut for ... 《進行形で》…を非常に必要としている: This rice field *is crying out for* water. この田んぼには水が必要です.
   crý óver ... 《不幸・失敗などを》嘆く: It is no use *crying over* spilt milk. 《ことわざ》こぼれた牛乳を嘆いてもしかたがない ⇨ 覆水盆に返らず.
   crý úp 他 [cry up＋O／cry＋O＋up] …をほめそやす.
■ **crý one's éyes [héart] óut** 胸が張り裂けんばかりに泣く.
crý (onesèlf) to sléep 泣き疲れて眠る.
for crýing òut lóud 《間投詞的に;命令文を強めて》《口語》お願いだから;なんてことだ, そんなばかな;いやよかった.
— 名 (複 **cries** [～z]) C **1** 泣くこと, 泣き声: She had a good *cry* in her bed. 彼女はベッドで思う存分泣いた. **2** 叫び(声): I heard *cries* for help in the dark. 暗がりの中で助けを呼ぶ声が聞こえた. **3** 世論の声;標語, スローガン: There arose a *cry* for freedom among them. 人々から自由を求める声がわき起こった. **4**《動物の》鳴き声.
■ **a fár [lóng] crý 1**《口語》〖…には〗ほど遠いもの, 及びもつかぬもの〖*from*〗: The present state is *a long cry from* our expectation. 現状は私たちの期待からはほど遠い. **2** 遠距離.
in fúll crý《獲物を追う猟犬が》一斉にほえ立てて;総がかりで, 一斉に.
within crý of ... …から呼べば聞こえる所に, ごく近所に.

主な動物の鳴き声	
dog 犬	bowwow わんわん
cat 猫	mew にゃー
horse 馬	neigh ひひーん
cow 牛	moo もー
pig 豚	oink ぶー
sheep 羊	baa めー
goat ヤギ	baa めー
mouse ネズミ	squeak ちゅー
duck アヒル	quack がー
goose ガチョウ	quack がー
rooster オンドリ	cock-a-doodle-doo こけこっこー
crow カラス	caw かー
chick ヒヨコ	peep ぴよぴよ
owl フクロウ	hoot ほー

cry・ba・by [kráibèibi] 名 (複 **cry・ba・bies** [～z]) C 《口語・軽蔑》(特に子供の) 泣き虫, 弱虫.
cry・ing [kráiiŋ] 形 《限定用法》 **1** 叫んでいる, 泣いている. **2**《口語》さし迫った, ほうっておけない: a *crying* need for … …の緊急な必要. **3**《悪いことが》ひどい, はなはだしい: He's a *crying* shame of the family. 彼は一家のつら汚しだ.
crypt [krípt] 名 C 《教会の》地下室《礼拝・埋葬用》.
cryp・tic [kríptik] 形 隠された, 秘密の;不可解な: a *cryptic* comment [remark] なぞめいた発言.
cryp・to- [kriptou] 〖結合〗「隠れた」「秘密の」の意を表す: *crypto*gam 隠花植物.
cryp・to・gram [kríptəɡræm] 名 C 暗号 (文).
cryp・tog・ra・phy [kriptáɡrəfi／-tɔ́ɡ-] U 暗号研究, 暗号解読法.
‡**crys・tal** [krístəl] 名 **1** U 水晶. **2** C 水晶製品, 水晶細工. **3** U クリスタルガラス(製品). **4** C 《鉱化》結晶 (体): liquid *crystal* 液晶. **5** C 《米》腕時計のガラスぶた《《英》watch-glass》. **6**《形容詞的に》水晶 (製) の, クリスタルガラス製の: a *crystal* wine glass クリスタル製のワイングラス.
■ **crýstal cléar** 非常に澄んだ;はっきりとした.
◆ **crýstal báll** C 《水晶占い用の》水晶玉.
crýstal gázing U 水晶占い;未来の予測.
crýstal gláss U クリスタルガラス.
crýstal wédding C 水晶婚式《結婚15周年;→ WEDDING 表》.
crys・tal・line [krístəlin／-làin] 形 **1** 水晶のような, 透明な. **2** 結晶状《構造》の, 結晶体から成る.
◆ **crýstalline léns** C 《眼球の》水晶体.
crys・tal・li・za・tion [krìstəlizéiʃən／-lai-] 名 **1** U 結晶作用; C 結晶体. **2** U 具体化.
crys・tal・lize [krístəlàiz] 動 他 **1** …を結晶させる. **2**〈アイディア・計画などを〉具体化させる. **3**〈果実などを〉砂糖漬けにする. — 自 **1** 結晶する. **2**〈アイディア・計画などが〉具体化する.
CST《略語》＝Central Standard Time《米》中央標準時.
CT[1]《郵略語》＝Connecticut.
CT[2]《略語》＝computerized tomography コンピュータ断層撮影 (法).

ct. 《略語》= carat(s) カラット; cent(s) セント.

CTBT 《略語》= Comprehensive Test Ban Treaty 包括的核実験禁止条約.

Cu 《元素記号》= copper 銅 (◇ラテン語 *cuprum* から).

cu., cu 《略語》= *cubic* (↓).

cub [káb] 名 **1** C (キツネ・クマ・ライオンなど) 食肉性哺乳動物の子. **2** C 《口語》未経験な若者, 見習い, 新米: a *cub* reporter 新米記者. **3** [the Cubs] = Cúb Scòuts カブスカウト (ボーイスカウト (Boy Scouts) の年少団, 通例8-11歳).

Cu・ba [kjúːbə] 名 固 キューバ 《西インド諸島にある共和国; 首都ハバナ (Havana)》.

Cu・ban [kjúːbən] 形 キューバの; キューバ人の.
— 名 C キューバ人; キューバたばこ.

cub・by・hole [kábihòul] 名 C 狭い場所 [部屋], 押し入れ.

*__**cube**__ [kjúːb] 名 C **1** 立方体, 正6面体, 立方形のもの (→ FIGURE 図): a sugar *cube* 角砂糖. **2** 《数学》3乗, 立方 (cf. square 2乗, 平方): The *cube* of 2 is 8. 2の3乗は8です [2³ = 8].
— 動 他 **1** 〈もの〉を立方体にする, さいの目に切る (dice): *cube* the carrots ニンジンをさいの目に切る. **2** 〈数〉を3乗する: 4 *cubed* is 64. 4の3乗は64です [4³ = 64].

◆ **cúbe róot** C 《数学》立方根 (cf. square root 平方根).

cu・bic [kjúːbik] 形 **1** 立方体 [形] の; 体積の: the *cubic* capacity of ... …の容積. **2** 《数学》立方の, 3乗の; 3次の (《略語》cu.): a *cubic* meter 立方メートル (→巻末「度量衡」).

cu・bi・cal [kjúːbikəl] 形 立方体 [形] の (cubic).

cu・bi・cle [kjúːbikl] 名 C 仕切った小部屋 [更衣室, 電話室, 寝室]; (図書館などの) 個室, ブース.

cub・ism [kjúːbizəm] 名 U しばしば C-] 《美》立体派, キュービズム 《20世紀初めに興った芸術運動》.

cu・bit [kjúːbit] 名 C キュービット, 腕尺 《古代の長さの単位. 大人の前腕の長さで, 約50 cm》.

cuck・old [kákəld, -kould] 《古風》名 C 妻を寝取られた男. — 動 他 〈妻が〉〈夫〉に不義をする.

*__**cuck・oo**__ [kúːkuː, kúk- / kúk-] 《擬声語》名 C **1** 《鳥》カッコウ 《卵を他かの鳥に抱かせる習性がある》. **2** カッコウの鳴き声. **3** 《俗語》ばか, 間抜け.
— 形 《俗語》ばかな, 間の抜けた.

◆ **cúckoo clòck** C カッコウ時計, ハト時計.

*__**cu・cum・ber**__ [kjúːkʌmbər] 名 C U 《植》キュウリ.

■ *(as) cóol as a cúcumber* 落ち着き払って.

cud [kád] 名 U (牛などの) 食い戻し, 反すう食塊.

■ *chéw the* [*one's*] *cúd* 反すうする; 《口語》熟考する, 反省する.

cud・dle [kádl] 動 他 …を抱き締める, 抱擁する.
— 自 […に] 寄りそって寝る, 抱き合う (up) [to].
— 名 C 《通例, 単数形で》抱擁.

cud・dly [kádli] 形 《比較 cud・dli・er [~ər]; 最上 cud・dli・est [~ist]》抱きしめたくなるような, かわいい: a *cuddly* little baby かわいい赤ん坊.

cudg・el [kádʒəl] 名 C (武器用の太い) こん棒.

■ *táke úp the cúdgels for* ... …のためにひと肌脱ぐ; …を応援 [弁護] する.

— 動 《過去・過分 《英》cudg・elled; 現分 《英》cudg・el・ling》…をこん棒で打つ.

■ *cúdgel one's bráins (about ...)* (…について) 頭を絞って考え抜く.

*__**cue**__¹ [kjúː] (☆同音 queue) 名 C **1** 〖劇〗キュー, きっかけ 《登場や演技のきっかけとなるせりふやしぐさ》: The actress missed her *cue*. その女優は登場するきっかけを聞き逃してしまった. **2** (一般に) きっかけ, 合図, 手がかり: right on *cue* タイミングよく.

■ *táke one's cúe from ...* …を見習う, …からヒントを得る.

— 動 他 〖劇〗…にきっかけを与える, 合図する.

cue² 名 C キュー 《玉突きの棒》.

cuff¹ [káf] 名 **1** C (ワイシャツ・服の) そで口, カフス. **2** C 《米》(ズボンのすその) 折り返し (《英》turnup). **3** 《通例 ~s》《口語》手錠.

■ *óff the cúff* 《俗語》即席に, とっさに.
on the cúff 《口語》つけで, 掛け売りで.

◆ **cúff links** [複数形で] カフスボタン.

cuff² 動 他 〈人・動物〉を平手で軽く打つ.
— 名 C (軽い) 平手打ち, びしゃりと打つこと: give him a *cuff* on the head 彼の頭を平手で打つ.

cui・sine [kwizíːn] 【フランス】名 U 料理 (法): French *cuisine* フランス料理.

cul-de-sac [káldəsæk, kúl-] 【フランス】名 《複 culs-de-sac [káldzə-, kúlz-], cul-de-sacs [~s]》 C **1** 袋小路, 行き止まり. **2** 《比喩》窮地.

cu・li・nar・y [kálənèri / -nəri] 形 《限定用法》《格式》台所 (用) の, 料理 (用) の: *culinary* flowers 食用花 / *culinary* skills 料理の腕前.

cull [kál] 動 他 《格式》**1** …を […から] 選び出す, えり抜く [*from*]. **2** 〈動物の群れ〉を間引く.
— 名 C 選別, 淘汰(とう); 間引き.

cul・mi・nate [kálmənèit] 動 自 […で] 最高潮に達する, ついに […と] なる [*in*].

cul・mi・na・tion [kàlmənéiʃən] 名 U 《通例 the ~》最高点, 頂点, 最高潮.

cu・lotte [kjúːlɑt / kjuːlɔ́t] 名 [~s; 複数扱い] キュロットスカート 《女性用の半ズボン式スカート》.

cul・pa・ble [kálpəbl] 形 《格式》過失のある, 非難されるべき; 〖法〗有罪の.

cul・prit [kálprit] 名 C **1** 犯人, 罪人; (もめ事などの) 張本人. **2** 《口語》(問題などの) 原因.

*__**cult**__ [kált] 名 C **1** (狂信的な) 小教団, カルト (集団). **2** (人物・思想に対する) 崇拝, 礼賛, カルト; 信奉者: a personality *cult* 個人崇拝 / That writer has a certain *cult* following. あの作家には熱心な信奉者がいる. **3** 狂信; 熱狂: the *cult* of soccer サッカー熱. — 形 一部の崇拝者に迎えられる, カルトになった: a *cult* movie カルト映画.

cul・ti・va・ble [káltəvəbl] 形 **1** 耕作できる, 栽培できる. **2** (能力・技能を) 開発できる.

***__**cul・ti・vate**__ [káltəvèit]

— 動 《三単現 cul・ti・vates [-vèits]; 過去・過分 cul・ti・vat・ed [~id]; 現分 cul・ti・vat・ing [~iŋ]》
— 他 **1** 〈土地〉を耕す, 耕作する; 開拓する: The immigrants had to *cultivate* the poor land [soil]. 移民たちはそのやせた土地を開墾しなくてはならなかった.

2 …を栽培[養殖]する(grow); 〈細菌など〉を培養する: What fruits do you *cultivate* in your orchard? あなたの果樹園ではどんな果物を栽培しているのですか.
3 〈品性・才能・技能など〉を養う, 磨く; 修養する; 〈特定のイメージ〉をつくり上げる: *cultivate* one's mind [craft] 精神[技能]を磨く / *cultivate* good manners 立派な作法を身につける.
4 〈影響力のある人など〉との交際[親交]を求める; 〈友情・親交など〉をはぐくむ (◇自分の利益のためという含みがある): She tried to *cultivate* a large group of friends when she was abroad. 彼女は外国にいるときに多くの友人を作ろうとした.

‡cul·ti·vat·ed [kʌ́ltəvèitid] 形 **1** 教養のある, 上品な: a *cultivated* woman 上品な[教養のある]女性.
2 耕された; 栽培された (↔ wild): *cultivated* land 耕(作)地.

*cul·ti·va·tion [kʌ̀ltəvéiʃən] 名 U **1** 耕すこと, 耕作; 栽培; 養殖; 培養: bring new land under *cultivation* 新しい土地を開墾する.
2 修養, 教養, 洗練: *cultivation* of the mind 精神鍛練[修養].

cul·ti·va·tor [kʌ́ltəvèitər] 名 C **1** 耕作者; 栽培者; 養殖家. **2** 耕作機, 耕作器具. **3** 開拓者.

‡cul·tur·al [kʌ́ltʃərəl]

— 形 **1** 文化の, 文化的な: *cultural* activities 文化活動 / *cultural* exchange 文化交流 / *cultural* differences 文化の違い / *cultural* heritage 文化遺産 / the *Cultural* Revolution (中国の)文化大革命 (1965-76) / a *cultural* desert 文化的に不毛な地.
2 教養の: *cultural* studies 教養科目.
3 栽培(上)の, 培養の. (▷ 名 cúlture)
◆ cúltural anthropólogy U 文化人類学.
cul·tur·al·ly [-li] 副 文化的に(は).

‡cul·ture [kʌ́ltʃər]

— 名 (複 cul·tures [~z]) **1** UC 文化, 精神文明 (◇ civilization は物質面を, culture は精神面を強調する): ancient Greek *culture* 古代ギリシャ文化 / the youth *culture* 若者文化 / come into contact with foreign *culture* 外国の文化に触れる.
2 U C 教養, 洗練; 修養, 修練: the *culture* of the mind 精神修養 / Tim was a man of little *culture*. ティムはあまり教養のない男だった.
3 U 栽培, 養殖, 飼育: oyster *culture* = the *culture* of oysters カキの養殖.
4 C U 〖生物〗培養, 培養菌. (▷ 形 cúltural)
◆ cúlture cènter C 文化の発祥[中心]地. (比較) 日本語の「カルチャーセンター」の意味ではない.
cúlture gàp C カルチャーギャップ《国家間・民族間の文化の違い》.
cúlture shòck UC カルチャーショック《異文化に初めて接したときに味わう違和感・驚き・困惑》.

cul·tured [kʌ́ltʃərd] 形 **1** 教養のある, 洗練された, 上品な. **2** 栽培された; 養殖[培養]された: *cultured* pearls 養殖真珠.

cul·vert [kʌ́lvərt] 名 C (地下の)排水溝, 暗渠(きょ); (地下の)電線管.

cum [kʌm]〖ラテン〗前 (通例, 複合語で) …付きの, …兼用の: a living-*cum*-study room 居間兼書斎.

cum·ber·some [kʌ́mbərsəm] 形 **1** (かさばって)扱いにくい, 着用しにくい; 重い: a *cumbersome* parcel かさばって扱いにくい小荷物. **2** (手続きなどが)面倒な, わずらわしい: a *cumbersome* system まだるっこしい制度.

cum·in, cum·min [kʌ́min] 名 U〖植〗クミン, ヒメウイキョウ; クミンの果実[種子]《料理・薬用》.

cum·mer·bund [kʌ́mərbʌ̀nd] 名 C カマーバンド《特にタキシードの下に巻く幅広の腰帯》.

cum·quat [kʌ́mkwɑt, -kwɔt] 名 = KUMQUAT キンカン.

cu·mu·la·tive [kjúːmjulətiv] 形 漸増する, 累積する; (利子・配当が)累加的な: a *cumulative* deficit [effect] 累積赤字[効果].

cu·mu·lus [kjúːmjuləs] 名 (複 cu·mu·lus, cu·mu·li [-lài]) U C 〖気象〗積雲.

cu·ne·i·form [kjúːnifɔ̀ːrm, kjúːniə-] くさび形(文字)の, 楔形(くさび)文字で書かれた.
— 名 U 楔形[くさび形]文字 《古代バビロニア・アッシリア・ペルシャなどで使用された》.

‡cun·ning [kʌ́niŋ] 形 (比較 more cun·ning, cun·ning·er [~ər]; 最上 most cun·ning, cun·ning·est [~ist]) **1** ずるい, 悪賢い (◇ clever にずるさが加わる): a *cunning* trick 悪賢い計略.
2 (発明(品)などが)巧妙な, 気の利いた.
3 〖古風〗魅力的な, かわいい.
— 名 U ずるさ, 悪賢さ, こうかつさ: have a lot of *cunning* 非常にずる賢い. (比較) 日本語の「(試験で)カンニングをする」は cheat と言う》.
cun·ning·ly [kʌ́niŋli] 副 ずるく, 抜け目なく.

cunt [kʌnt] 名 C《俗語》**1** 女性性器, 膣(ちつ).
2 いやなやつ, ばかなやつ.

‡cup [kʌ́p] 名 動

— 名 (複 cups [kʌ́ps]) **1** C 茶わん, カップ: She bought a set of coffee [tea] *cups*. 彼女はひとそろいのコーヒー[紅茶]茶わんを買った.

【語法】 cup は温かい飲み物用で通例, 取っ手が付いている. glass はガラス製の冷たい飲み物用で取っ手は付いていない. 日本語の「コップ」は glass にあたる.

2 C 茶わん[カップ]1杯(分の量): I had a *cup* of coffee. 私はコーヒーを1杯飲んだ. / Mix a *cup* of flour and two eggs together. 小麦粉1カップと卵2個を混ぜなさい.
3 C 〖しばしば the ~〗(競技などの)カップ, 賞杯, 優勝杯: the World *Cup* ワールドカップ / Who will win the *cup* in the golf tournament? ゴルフトーナメントでだれが優勝杯を取るだろうか.
4 C 茶わん形のもの; (ブラジャーの)カップ; (花の)がく; (どんぐりの)へた.
5 C 《米》〖ゴルフ〗カップ (hole).
6 C U カップ《ワイン・りんご酒などに香料を加えた飲み物》.
7 C 〖キリスト〗聖杯, カリス (chalice). **8** C 運命(の杯), (逃れることのできない人生の)経験: drink a

bitter *cup* =drink a *cup* of bitterness 苦い経験をする, 苦杯をなめる.
■ *in one's cúps* 《口語》酔って.
one's cùp of téa 《口語》好み (→ TEA 成句).
— 動 (三単現 **cups** [~s]; 過去・過分 **cupped** [~t]; 現分 **cup·ping** [~iŋ]) 他 **1**〈手〉を茶わん[カップ]状にする: I *cupped* my hands to drink water. 私は水を飲むために手をカップの形にした. **2** …を茶わん状のもので入れる [で囲む]: It was very noisy, so I *cupped* my ear in my hand. とても騒がしかったので私は (よく聞こえるように) 耳のうしろに (丸めた) 手を当てがった.

‡**cup·board** [kʌ́bərd]《☆発音に注意》名 C
1 食器 (戸) 棚 (➡ KITCHEN [PICTURE BOX]).
2 戸棚, 押し入れ.

cup·cake [kʌ́pkèik] 名 U C カップケーキ《カップ形の器に入れて焼いたケーキ》.

cup·ful [kʌ́pfùl] 名 C カップ1杯 (の量) 《通例, 半パイント (pint)＝0.237リットル》: two *cupfuls* of sugar 砂糖2カップ.

Cu·pid [kjúːpid] 名 **1** 圓《ローマ》キューピッド, クピド《ビーナスの子で愛の神. 翼のある裸の男児が弓矢を持つ姿で表される; → GOD 表》.
2 C [c-] キューピッドの絵 [彫像]; (恋を仲介する) 愛の使者: play *cupid* (for ...) (…のために) 恋の仲介をする.

cu·pid·i·ty [kjupídəti] 名 U《格式・軽蔑》貪欲(どん), 強欲.

cu·po·la [kjúːpələ] 名 C 丸屋根; 丸天井, ドーム.

cup·pa [kʌ́pə] 名 C 《通例, 単数形で》《英口語》紅茶1杯《◇ a cup of tea から》.

cur [kə́ːr] 名 C **1**《古風》野良犬. **2** つまらぬ男, ろくでなし.

cur·a·ble [kjúərəbl] 形 治療できる, 治せる.

cu·ra·çao [kjúərəsòu] 名 U キュラソー《オレンジの皮で味を付けたリキュール酒》.

cu·rate [kjúərət] 名 C **1**【英国教】牧師補, 副牧師《教会教区牧師の代理または助手》. **2**【カトリック】助任司祭.

cu·ra·tive [kjúərətiv] 形 病気に効く, 病気を治す; 治療上の. — 名 C 治療薬, 治療法.

cu·ra·tor [kjúəreitər / kjuəréitə] 名 C (博物館・美術館などの) 学芸員, キュレーター; 館長, 管理者.

‡**curb** [kə́ːrb] 名 C **1** 拘束, 抑制, 制限. **2**《米》(歩道の) 縁(ふち) (石), へり (石) (《英》kerb).
■ *pút* [*kéep*] *a cúrb on* ... …を抑制 [制限] する.
— 他 **1**〈感情など〉を抑える, 抑制する: We must *curb* our spending this year. 今年は出費を抑えなければならない. **2**〈歩道〉に縁石を付ける.

curb·stone [kə́ːrbstòun] 名 C 《米》(歩道の) 縁石(えん), へり石.

curd [kə́ːrd] 名 **1** U C 《通例 ~s; 単数扱い》凝乳, カード《牛乳を凝固させたものでチーズの原料》.
2 U 凝乳状の食品: soybean *curd* 豆腐《◇英米では tofu [tóufuː] という言い方も一般的》.

cur·dle [kə́ːrdl] 動 自 凝乳になる; (血などが) ぞっとして凍る, 凝固する.
— 他 …を凝乳にする; 〈血など〉を凝固させる: *curdle* ...'s blood = make ...'s blood *curdle* …をぞっとさせる, ぎょっとさせる.

‡‡‡**cure** [kjúər] 動 名
— 動 (三単現 **cures** [~z]; 過去・過分 **cured** [~d]; 現分 **cur·ing** [kjúəriŋ])
— 他 **1** [cure＋O]〈病人・病気など〉を**治す**, 治療する, 回復させる (→ [類義語]); [cure＋O＋of ...]〈人〉の〈病気〉を治す, 治療する: The antibiotic *cured* his bad cold. 抗生物質のおかげで彼のひどいかぜが治った / The doctor *cured* the sick child. 医師は病気の子供を治療した / Aspirin *cured* Jane *of* her headache. ジェーンはアスピリンを飲んで頭痛が治った.
2 [cure＋O]〈弊害・難題など〉を除去する, 〈悪癖など〉を直す; [cure＋O＋of ...] …の〈悪癖など〉を直す: The parents tried to *cure* their son's habit *of* lying. その両親は息子のうそをつく癖を直そうとした / I must *cure* my father *of* smoking. 父の喫煙をやめさせなければならない.
3〈肉・魚など〉を (塩漬け [乾燥・くんせい]) によって) 保存する: *cure* ham ハムを作る.
— 自 **1** 治る, 治癒する.
2 (肉・魚などが) 保存される.
— 名 C **1** […の] 治療 (法); 治療薬 [*for*]: a *cure for* asthma ぜんそくの治療薬 / There was no *cure for* the disease at that time. 当時はその病気の治療法がなかった.
2 (病気が) 治ること, 治癒, 回復: His *cure* will take at least a week. 彼の回復には少なくとも1週間はかかるだろう.
3 [弊害・悪癖などの] 解決策, 矯正 (法) [*for*]: a *cure for* inflation インフレ対策.

[類義語] **cure, heal, remedy**
共通する意味▶治す (restore a diseased or injured condition to health or soundness)
cure は「病気を治し, 健康な状態に戻す」: A change of air *cured* him of asthma. 転地療養で彼のぜんそくが治った. **heal** は「外傷・はれものなどを治す」: *heal* a wound [burn] 傷 [やけど] を治す. **remedy** は「病気・傷などを医療によって治す」「欠点・不足などを正す, 矯正する」: *remedy* his bad pronunciation 彼の悪い発音を矯正する / Aspirin *remedies* headaches. アスピリンで頭痛が治る.

cúre·àll 名 C 万能薬 (→ PANACEA).

cu·ret·tage [kjùərətáːʒ] 名 U【医】搔爬(そう).

cur·few [kə́ːrfjuː] 名 **1** C (戒厳令下などでの) 夜間外出禁止令. **2** U 門限, 外出禁止開始時刻.

Cu·rie [kjuríː, kjúri / kjúəri] 名 圓 キュリー.
1 Marie [məríː] Curie 《1867-1934; ポーランド生まれの物理学者・化学者. 夫ピエールとラジウムを発見》. **2** Pierre [piéər] Curie 《1859-1906; 物理学者で **1** の夫》.

cu·ri·o [kjúərìou]《◇ *curiosity* の略》名 (複 **cu·ri·os** [~z]) C 骨とう品, 珍しい品物.

‡**cu·ri·os·i·ty** [kjùəriásəti / -ɔ́s-] 名 (複 **cu·ri·os·i·ties** [~z]) **1** U 好奇心, 探求心: out of

curiosity 好奇心から,物好きにも / He is burning with *curiosity* to know what has happened. 彼は何が起こったのかをとても知りたがっている / *Curiosity* killed the cat.《ことわざ》好奇心は猫をも殺した ⇨ せんさく好きは身を誤る.
2 ⓒ 珍しいもの[人],骨とう品: a *curiosity* shop 骨とう屋.
(▷ 形 cúrious)

‡cu·ri·ous [kjúəriəs]
【原義は「注意を向ける」】
—形 **1** [ほめ言葉][…に]好奇心の強い,ものを知りたがる;《軽蔑》せんさく好きな,おせっかいな [for];[…]したがる [to do]: a *curious* person 好奇心の強い人 / *curious* neighbors せんさく好きな隣人たち / Don't be *curious* about others' private lives. 他人の私生活をせんさくするな / The child was *curious* to know how the water wheel worked. その子は水車がどのようにして動くのか知りたがった.
2 奇妙な,おかしな;好奇心をそそる: John has a *curious* way of talking. ジョンは奇妙なしゃべり方をする / It is *curious* that it happened on the same day. それが同じ日に起こったなんて奇妙だ.
■ *cúrious to sáy* [文修飾] 妙な話だが,奇妙にも (curiously enough). (▷ 名 cùriósity)

*cu·ri·ous·ly [kjúəriəsli] 副 **1** 物珍しそうに,不思議そうに,興味ありげに: The little boy stared *curiously* at me. 坊やは不思議そうに私を見つめた. **2** [文修飾] 奇妙 [不思議] にも: *Curiously* (enough), she kept silence all the while. 奇妙なことに,彼女はその間ずっと何も言わなかった.

‡curl [kə́ːrl] 名 **1** ⓒⓤ (髪の)カール,巻き毛;[~s] カールした頭髪. **2** ⓒ 巻いたもの,うず巻き状のもの;ⓤ 巻くこと,カール [うず巻き] 状態: keep one's hair in *curls* 髪をカールしておく / I saw a *curl* of smoke rising from the sticks of incense. 線香から煙がうず巻いて立ち上るのが見えた.
—動 他 **1**《髪》をカールさせる: have one's hair *curled* 髪をカールしてもらう.
2 …を巻く,うず巻き状にする.
—自 **1**《髪》がカールする,巻き上がる.
2 うず巻く,うず巻き状に動く,(つるなど)は巻きつく: The vine *curled* round the trunk of the tree. ブドウのつるはその木の幹に巻きついた.
■ *cúrl úp* 自 **1** (葉などが)巻き上がる,縮れる.
2 体を丸くする,体を曲げる,(体を)丸くして寝る.
—他 **1** …を巻き上げる,カールさせる. **2**《体》を丸くする.
◆ *cúrling tòngs* [*ìrons*] [複数形で] カールごて.

curl·er [kə́ːrlər] 名 ⓒ [しばしば複数形で] カールクリップ,カーラー《髪の毛をカールさせる器具》.

cur·lew [kə́ːrljuː] 名 (複 cur·lews [~z], curlew) ⓒ ダイシャクシギ《水鳥》.

curl·ing [kə́ːrliŋ] 名 ⓤ カーリング《氷上で丸い石盤 (curling stone) を標的 (tee) へ入れ合う競技》.

*curl·y [kə́ːrli] 形 (比較 curl·i·er [~ər]; 最上 curl·i·est [~ist]) **1** 縮れ毛の,巻き毛の: *curly* hair 巻き毛. **2** 巻き上がった,うず巻き状の.

cur·rant [kə́ːrənt / kʌ́r-] 名 ⓒ **1** (小粒で種なしの) 干ブドウ. **2**《植》フサスグリ《房状になるスグリ.ジャム・ゼリー用》.

‡cur·ren·cy [kə́ːrənsi / kʌ́r-] 名 (複 cur·ren·cies [~z]) **1** ⓤⓒ 通貨,貨幣: paper *currency* 紙幣 / metal *currency* 硬貨 / change foreign *currency* 外貨を交換する. **2** ⓤ 通用,通用 (circulation);(思想・風俗などの) 流布,普及: be in [out of] *currency* 通用している [いない] / gain *currency* 広まり始める / give *currency* to …《うわさなど》を広める / enjoy [have] wide *currency* 広く流通している,広まっている.
(▷ 形 cúrrent)

‡cur·rent [kə́ːrənt / kʌ́r-]
名 形【原義は「走っている」】
—名 (複 cur·rents [-rənts]) **1** ⓒ (水・空気などの) 流れ《海流・潮流・水流・気流など》: the Japan *Current* 日本海流,黒潮 / The *current* of cold air is coming through the crack in the wall. 冷たい空気が壁のすき間から流れ込んでいる / They sailed with [against] the *current*. 彼らは流れに乗って [逆らって] 船を進めた.
2 ⓤⓒ《電気》電流: alternating [direct] *current* 交流 [直流].
3 ⓒ 時勢,時流,風潮,傾向,動向: the *current* of public opinion 世論の動向 / row with the *current* of the times 時流に乗る.
—形 **1** [限定用法] 今の,現在の (→ MODERN [類義語]): *current* affairs 時事問題 / the *current* issue of "Newsweek"『ニューズウィーク』の今週号 / Do you know her *current* boyfriend? 彼女が今つき合っている男友達を知っていますか.
2 現在通用 [流通] している;流行している: *current* money 流通通貨 / *current* fashions 最新流行のファッション / Such expressions are no longer in *current* use. そのような表現はもう使われていない. (▷ 名 cúrrency)
◆ *cúrrent accòunt* ⓒ **1**《英》当座預金(《米》 checking account). **2** 経常勘定.

cur·rent·ly [kə́ːrəntli / kʌ́r-] 副 **1** 現在 (は),今のところ: He is *currently* out of a job. 彼は目下,失業中です. **2** 世間一般に: It's *currently* believed that … 一般に…と信じられている.

cur·ric·u·lum [kəríkjuləm] 名 (複 cur·ric·u·lums [~z], cur·ric·u·la [-lə]) ⓒ カリキュラム,全教科課程;履修課程.
◆ *currículum vítae* [~ váiti ~ víːtai]《ラテン》(複 cur·ric·u·la vi·tae) ⓒ [通例,単数形で] 履歴書《略語》CV;《米》では résumé とも言う).

cur·ry¹, **cur·rie** [kə́ːri / kʌ́ri] 名 (複 cur·ries [~z]) **1** ⓤ カレー粉 (curry powder). **2** ⓤⓒ カレー料理: *curry* and [with] rice カレーライス / (a) chicken *curry* チキンカレー / a hot [mild] *curry* 辛口 [甘口] のカレー.
—動 他 …をカレーで調理 [味付け] する: *curried* rice ドライカレー.

cur·ry² 動 他《馬》を馬ぐしで手入れする.
■ *cúrry fávor with …* = *cúrry …'s fávor* …のご機嫌を取る,《人》にへつらう.

‡**curse** [kə́ːrs] 動 他 **1** …をのろう (↔ bless).
2 …を […のことで] ののしる [for]: The coach

cursed the player *for* the error. エラーをしたことでコーチはその選手をののしった.
— 圓 のろう; ののしる, 悪態をつく.
— 图 **1** C のろい; のろいの言葉, 呪文(じゅもん): put a *curse* on him 彼にのろいをかける / The village is under a *curse*. その村はのろいの下にある.
2 C 悪態; ののしりの言葉, 罵詈(ばり)雑言 (◇ Damn!, Go to hell!, Confound it! の類).
3 C 災い, 災いのもと.
4 [the 〜]《古風》月経 (期間).

curs・ed [káːrsid] 形 **1** のろわれた (↔ blessed). **2** 《限定用法》《古風》いまいましい, ひどい: It's a *cursed* nuisance! 迷惑千万だ.

■ *be cursed with* ... **1** …に苦しむ, たたられる, …で苦しんでいる: We *are cursed with* bad luck. 私たちは悪運にたたられている. **2** 〈いやな性質・習慣など〉を持っている: He *is cursed with* a temper. 彼は怒りっぽい性格である.

cur・sive [káːrsiv] 形《筆跡が》筆記体の, 草書体の.
— 图 UC 筆記体 (の文字).

cur・sor [káːrsər] 图 C 《コンピュータ》カーソル《画面上で点滅して入力位置を示す》.

cur・so・ri・ly [káːrsərəli] 副 《仕事などを》大まかに; 大急ぎで, ざっと.

cur・so・ry [káːrsəri] 形 大ざっぱな; 大急ぎの: I gave a *cursory* glance at the report. 私は報告書にざっと目を通した.

curt [káːrt] 形《言葉・態度などが》ぶっきらぼうな, そっけない: a *curt* reply ぶっきらぼうな返事 / He is always *curt* with me. 彼はいつも私にそっけない.

cur・tail [kəːrtéil] 動 他《格式》〈話・期間など〉を短縮する; 〈費用など〉を切り詰める; 〈権利・活動など〉を抑える, 制限する.

cur・tail・ment [kəːrtéilmənt] 图 UC 《格式》短縮; 削減; 抑制, 縮小.

*** cur・tain [káːrtn] 图 動

— 图 (複 **cur・tains** [〜z]) C **1** [〜s] カーテン (《米》drapes): Could you draw the *curtains*, please? カーテンを引いていただけませんか (◇「開ける」「閉める」のどちらの意にもなる).

|コロケーション| カーテンを…
|カーテンを**開ける**: *open the curtain*
|カーテンを**かける**: *hang* [*put up*] *a curtain*
|カーテンを**閉める**: *close the curtain*
|カーテンを**引く**: *draw* [*pull*] *the curtains*

2 《舞台の》幕, どんちょう (➡ THEATER [PICTURE BOX]); 《通例 the 〜》開幕, 閉幕: The *curtain* goes up [rises] at 7 p.m. 午後 7 時開演です / The *curtain* falls [drops]. 幕が下りる, 劇が終わる / Tonight's *curtain* is at 6:30. 今夜の開演は 6 時半です.
3 幕状のもの, さえぎるもの: a *curtain* of smoke [fog, mist] 立ち込める煙 [霧, もや].
4 [〜s] 《口語》《…の》終末, 死《for》: It'll be *curtains* for me if I fail this time. 今度失敗したら私は万事休すだ.

■ *behind the cúrtain* 隠れて, 秘密に.
dráw a [*the*] *cúrtain òver* [*on*] ... …を隠す; 〈話など〉を途中でやめる.

líft the cúrtain on ... **1** …を開始する. **2** …を打ち明ける.
ríng úp [*dówn*] *the cúrtain* **1** 《ベルを鳴らして》幕を上げる [下げる]. **2** 《…を》始める [終える]《*on*》.
— 動 他 …にカーテン [幕] を取り付ける [張る], …をカーテン [幕] で覆う.

■ *cúrtain óff* 他 …をカーテン [幕] で仕切る.

◆ **cúrtain càll** C カーテンコール《終演後, 観客が拍手で出演者を幕の前に呼ぶこと》.
cúrtain ràiser C 開幕劇《主要劇の前の短い劇》; 前座; 《大事の》前ぶれ; シーズン幕開け前の試合.
cúrtain ròd [**ràil**] C カーテンレール.

curt・sy, curt・sey [káːrtsi] 图 (複 **curt・sies**, **curt・seys** [〜z]) C 《女性の》お辞儀《貴人に対してひざを曲げる》: drop [make, bob] a *curtsy* to ... 《女性が》ひざを曲げて…にお辞儀をする.
— 動 (三単現 **curt・sies, curt・seys** [〜z]; 過去・過分 **curt・sied, curt・seyed** [〜d]; 現分 **curt・sy・ing, curt・sey・ing** [〜iŋ]) 自 《女性が》〈…に〉ひざを曲げてお辞儀をする《*to*》.

cur・va・ceous [kəːrvéiʃəs] 形《女性が》曲線美の.

cur・va・ture [káːrvətʃùər / -tʃə] 图 UC
1 湾曲 (状態), 湾曲度. **2** 《医》《背骨などの》異常湾曲: *curvature* of the spine 脊柱(せきちゅう)の湾曲.

*** curve [káːrv] 图 動

— 图 (複 **curves** [〜z]) C **1** 曲線, 湾曲部; 曲線運動: take a *curve* 曲がる / draw a *curve* 曲線を描く / This road is full of hairpin *curves*. この道路には急カーブがたくさんある.
2 《野球》カーブ (curve ball).
3 《数学》曲線; 《統計》曲線図表 [グラフ].

■ *thrów ... a cúrve* 《米》《意地の悪いやり方で》…の意表をつく, …に不意打ちをくらわす.
— 動 自 《丸く》曲がる, 湾曲する; 曲線を描く, カーブする: The road *curves* to the left two miles ahead. その道は 2 マイル先で左にカーブしている.
— 他 …を《丸く》曲げる, 湾曲させる.

curved [káːrvd] 形 曲がった, 曲線状の: a *curved* line 曲線.

curv・y [káːrvi] 形 **1** 《女性が》曲線美の. **2** 曲がった.

*** cush・ion [kúʃən] 图 動

— 图 C **1** クッション (➡ LIVING [PICTURE BOX]), 座 [背] 布団. **2** クッション状のもの; ショックを緩和するもの; 《機械》緩衝材.
— 動 他 **1** …を《苦労・攻撃などから》守る, 保護する《*from, against*》. **2** 〈落下などの衝撃〉を和らげる: An air bag will *cushion* the shock of a collision. エアバッグは衝突の衝撃を和らげる.
3 《通例, 受け身で》…にクッションを付ける [当てる]; …をクッションの上に座らせる: a *cushioned* seat クッションの入っている座席.

cush・y [kúʃi] 形《比較 **cush・i・er** [〜ər]; 最上 **cush・i・est** [〜ist]》《口語》《仕事・暮らしなどが》楽な, 楽しい: a *cushy* job 楽で気ままな仕事.

cusp [kásp] 图 C とがった先; 《解剖・植物》《歯・葉などの》先端; 《天文》《三日月の》先端.
■ *on the cúsp of* ... …の移行期に.

cus·pi·dor [kʌ́spidɔːr] 图C《米》たんつぼ (spittoon).

cuss [kʌ́s] 图C《口語》 **1** 悪口, のろい (curse). **2**《米・古風》(いやな)やつ, (困った)人.
— 動《米口語》= CURSE のろう.

cuss·ed [kʌ́sid] 形 意地悪な; 強情な; のろわれた.

cus·tard [kʌ́stərd] 图 **1** UC カスタード《卵・ミルクに香料・砂糖などを加えて作った菓子》. **2** U カスタードソース《カスタードの材料を成分にしたデザート用の食材》.
◆ **cústard píe** UC カスタードパイ.
cústard pòwder U 粉末カスタード《牛乳を加えてカスタードソースにする》.

cus·to·di·al [kʌstóudiəl] 形 **1**《格式》拘留の. **2** 保護の.

cus·to·di·an [kʌstóudiən] 图C **1** 保護者. **2** (公共の建物などの)管理者.

cus·to·dy [kʌ́stədi] 图U **1** 保管, 管理; (特に後見人としての)保護: be (placed) in the *custody* of ... ...に保護[管理]される / have (the) *custody* of ... ...を保護[保管]する. **2**《法》拘引, 拘留, 拘置: be in *custody* 拘留されている / keep ... in *custody* ...を拘留しておく.

‡cus·tom [kʌ́stəm] 〖原義は「その人自身のもの」〗
— 图(複 **cus·toms** [~z]) **1** UC (社会の)慣習, 慣例; (個人の)習慣 (→ 類義語): according to the *custom* 慣習に従って / the *customs* of the old feudal days 古い封建時代の風習 / It is his *custom* to go for a walk every evening. = He has the *custom* of going for a walk every evening. 彼は毎晩散歩することを習慣にしている.

▣コロケーション▣ 慣習を[に] ...
慣習に従う: *follow a custom*
慣習を守る: *observe [keep up] a custom*
慣習を破る: *break a custom*

2〘~s; 単数扱い〙税関 (→ AIRPORT 【PICTURE BOX】); 税関の手続き: a *custom* office [house] 税関 (事務所) / clear *customs* (チェックを受けて)税関を通る.
3〘~s; 単数・複数扱い〙関税: I paid *customs* on the sheepskin bed sheets. 私は羊皮シーツに関税を払った.
4 U《格式》愛顧, ひいき; [集合的に]得意先, 顧客 (cf. customer (1人1人の)お客): increase [lose] *custom* お得意さんを増やす[減らす]. **5**[形容詞的に]《米》注文の, あつらえの: *custom* suits 注文服. (▷ 動 accústom, 形 cústomàry)

cus·tom·ar·i·ly [kʌ̀stəmérəli / kʌ́stəmərəli] 副 慣習的に, 通例.

*****cus·tom·ar·y** [kʌ́stəmèri / -məri] 形 **1** 慣例の, 習慣的な (habitual), 通例の; [...にとって(するのが)慣例である[*for*/*to* do]: in the *customary* way いつも通りに / In America it's *customary* for men to take out the garbage. 米国では男がゴミを出すことになっている.
2〘法〙慣例による, 慣習法上の. (▷ 图 cústom)

cús·tom-búilt 形《米》(車・家などが)あつらえの, 注文で作られた: a *custom-built* kitchen オーダーメードの台所.

‡‡‡cus·tom·er [kʌ́stəmər]
— 图(複 **cus·tom·ers** [~z]) C **1** (店などの)お客, 顧客, 得意先: a regular *customer* 常連客 / attract *customers* to a store 店に客を引きつける / The *customer* is always right. お客様は常に正しい, お客様は神様です《商店など接客業のモットー》.
2《口語》やつ, 人: an awkward *customer* 手ごわい相手 / a queer *customer* おかしなやつ.

cus·tom·ize [kʌ́stəmàiz] 動他 **1** ... を注文に応じて作る. **2**〘コンピュータ〙カスタマイズする《アプリケーションを必要に応じて変更すること》.

cús·tom-máde 形 あつらえの, 注文して作った, オーダーメードの (made-to-order) (↔ ready-made).

‡‡‡cut [kʌ́t]
— 動 图 形
— 動(三単現 **cuts** [kʌ́ts]; 過去・過分 **cut**; **cut·ting** [~iŋ])
— 他 **1** (a) [cut+O]〈ものを〉切る, [...に] 切り分ける [*in*, *into*]; 〈草木・髪などを〉刈る: *cut* a tape テープを切る / *cut* the grass in the front yard 前庭の草を刈る / *cut* the tree with a hatchet 手おので木を切る / I had my hair *cut* yesterday. 私はきのう散髪してもらった (◇この *cut* は過去分詞; → HAVE **6**) / Please *cut* the cake *into* five pieces. そのケーキを5つに切り分けてください. (b) [cut+O+O/cut+O+for ...] ...に...を切り与える: Judy *cut* her dog a piece of meat. = Judy *cut* a piece of meat *for* her dog. ジュディーは犬に肉をひと切れ切ってやった. (c) [cut+O+C] ...を~の状態に切る: *cut* a bamboo short 竹を短く切る / She *cut* the parcel open. 彼女は小包を切って開けた.
2〈指など体の一部〉を [刃物などで] (うっかり)切る, 傷つける [*on*, *with*]: He *cut* his finger *on* [*with*] a piece of glass. 彼はガラスの破片で指を切った / I *cut* myself while I was cooking. 私は料理しているときにけがをした.
3〈像・名前などを〉[...に]刻む, 彫る [*in*, *on*]; 〈衣服〉を裁断する: Don't *cut* your name *on* the desk. 机に名前を彫りつけてはいけない / *Cut* your coat according to your cloth. 《ことわざ》布に応じて上着を裁(*t*)つ⇒身分相応に暮らしなさい.
4〈費用など〉を削減する, 切り詰める; 〈時間〉を短縮する (*out*): We have to *cut* our food expenses. 私たちは食費を切り詰めなくてはならない / He *cut* the world record of the 1,500 meter race by one second. 彼は1,500メートル競走の世界記録を1秒短縮した.
5〈記事など〉を[...から]削除する, 短くする; 〈フィルムなど〉を編集する; 〈場面など〉をカットする [*from*]: The article was *cut from* the magazine. その記事はその雑誌から削除された / This VCR can *cut* the commercials automatically. このビデオデッキはコマーシャルを自動的にカットできる.
6 (道路などが) ... を横切る, (線などが) ... と交差する: A highway *cuts* this field. 幹線道路がこの畑を

横切っている / These two straight lines *cut* each other. この2本の直線は交差している.
7 〈…の肌を刺す〉;〈人の気持ち[心]〉を傷つける: The cold blast *cut* me to the bone. 冷たい風が私の骨身にこたえた / His joke *cut* her deeply. 彼の冗談は彼女の気持ちをひどく傷つけた.
8 〈ガス・電気・エンジンなど〉を止める;《俗語》〈話など〉をやめる: *cut* the engine エンジンを止める.
9 〈道〉を[…に]切り開く,〈トンネルなど〉を[…に]掘る [*through*]: The villagers *cut* a road *through* the forest. 村人は森を切り開いて道を作った. **10** 《口語》…を無視する,見て見ぬふりをする: He *cut* me (dead) when I passed him on the street. 通りで彼とすれ違ったとき彼は私を(完全に)無視した. **11** 《口語》〈授業など〉をさぼる: *cut* school [a class] 学校[授業]をさぼる.
12 〈歯〉を生やす: The baby is *cutting* her first teeth. 赤ん坊は歯が生え始めている. **13** 【テニス・卓球】〈球〉をカットする. **14**【トランプ】(ゲーム前に)〈カードの山〉を2つに分ける,カットする.
15 (CD・レコードなどに)…を吹き込む,録音する.
― 自 **1** [通例,副詞(句)を伴って]〈刃物などが〉切れる;〈ものが〉切れる,切りやすい: This knife *cuts* well. このナイフはよく切れる / This wood doesn't *cut* easily. この材木は切断しにくい.
2 急に方向を変える: The driver *cut* sharply to the left. 運転手は左へ急ハンドルを切った.
3 (寒風などが)身にしみる;(言葉が)感情を傷つける. **4**【テニス・卓球】カットする,球を切る. **5** (トランプの札を)カットする. **6**《映画》(場面の)撮影をやめる,カットする.

[句動詞] **cút acróss ...** 他 **1** …(の前)を横切る; …を横切って近道をする: No cars are to *cut across* this square. 車はこの広場を横切ってはいけない. **2** 〈限度・仕切りなど〉を越える. **3** (考え・意見など)に反している,…とくい違う.
cút at ... (刃物などで)…に切りかかる.
cút awáy 他 [cut away + O / cut + O + away] …を切り取る,切り取って除く: *cut away* the dead branches 枯れ枝を切り払う.
cút báck 他 [cut back + O / cut + O + back]
1 〈生産・出費・人員など〉を縮小する,切り詰める: We *cut back* our traveling expenses. 私たちは旅費を切り詰めた. **2** 〈木・枝〉を刈り込む.
― 自 […を]縮小する,切り詰める [*on*].
cút dówn 他 [cut down + O / cut + O + down] **1** 〈木など〉を切り倒す;《文語》〈病気・戦争などが〉〈人〉を殺す. **2** …の(消費)量を減らす,〈費用など〉を切り詰める;〈値段〉を切り下げる: *cut down* one's expenses 諸経費を削減する.
3 〈人〉に値引きさせる: I tried to *cut* the storekeeper *down* to 100 dollars for that bike. 私は店主にその自転車を100ドルにまけさせようとした. **4** 〈衣服〉の丈を詰める.
・**cút dówn on ...** 〈酒・たばこなど〉の量[数]を減らす: You should *cut down on* drinking [sweets]. 君は酒[甘い物]の量を減らすべきだ.
cút ín《口語》自〈列・話などに〉割り込む [*on*];話をさえぎる: Don't *cut in* when someone else is talking. 人の話に割り込んではいけない / A woman suddenly *cut in on* the line. 1人の女性が突然列に割り込んできた. ― 他 [cut in + O / cut + O + in] 〈人〉を[もうけ仕事などの]仲間に入れる [*on*].
cút ínto ... 他 **1** 〈ケーキなど〉にナイフを入れる.
2 〈会話・計画など〉に割り込む,侵入する;〈話〉をさえぎる.
cút óff 他 [cut off + O / cut + O + off]
1 …を[…から] 切り離す[取る] [*from*]: He *cut off* an old branch *from* the tree. 彼はその木から古い枝を1本切り払った. **2** 〈供給・通信など〉を中断する,〈ガス・水道・電気など〉の供給を止める;〈通話中の人〉の電話を切る: We were *cut off* while talking over the phone. 私たちが話している最中に電話が切れた. **3** …を[…から]孤立させる [*from*]: Our village was *cut off from* the town by a heavy snowfall. 私たちの村は大雪のために町から孤立した. **4** [通例,受け身で] …の命を断つ,殺す: He was *cut off* by lung cancer. 彼は肺癌(¹⁰)で死んだ. **5** …に相続財産を渡さない.
cút óut 他 [cut out + O / cut + O + out]
1 …を[…から]切り抜く[取る] [*of, from*]: He *cut out* the article about Japan *from* the paper. 彼は新聞から日本に関する記事を切り抜いた. **2** …を削除する,取り除く: He *cut* some expressions *out* from [of] the article. 彼はその記事からいくつかの表現を削除した. **3**《口語》〈有害な習慣・話など〉をやめる: The doctor told me to *cut out* smoking. 医師は私にたばこをやめるように言った. **4**《口語》〈ライバル〉に取って代わる,…を出し抜く. **5**〈道〉を切り開く;〈衣服・紙など〉を裁断する. ― 自 **1** (車が追い越しのために)車線を飛び出す;《口語》突然抜け出す,立ち去る. **2** (エンジンが)突然止まる.
・**be cút óut for [to bé] ...** [通例,否定文・疑問文で]…に適任[うってつけ]である: He *is* not *cut out for [to be]* a lifeguard. 彼はライフガードには向かない.
・**cút it [thát] óut** [通例,命令文で]《口語》(口論などを)やめる.
cút thróugh ... 他 **1** …を突っ切って進む;(風などが)…の中へ突き通る,〈人〉の肌を刺す: They *cut through* the woods to escape from their enemies. 彼らは敵から逃れるために森の中を突き進んだ / The chill *cut through* my coat. 冷気がコートを通して私の身にしみた.
2 …を(刃物で)切り開く[通す]. **3**〈困難など〉を切り抜ける;〈やっかいな手続きなど〉を省略する.
cút úp 他 [cut up + O / cut + O + up] **1** …を(小さく)切る,切り分ける;〈野菜など〉を切り刻む;…を切り裂く: I *cut up* the cheese into small pieces. 私はチーズをこま切れにした.
2 …を破壊する;《口語》…をさんざんやっつける,こきおろす. **3** [通例,受け身で]…にひどく傷を負わせる;…の心を傷つける: She was *cut up* about not being invited. 彼女は招待されなかったことに傷ついていた. ― 自《米口語》ふざける,ふざけ回る.
・**cút úp róugh**《英口語》腹を立てる.

cut-and-dried

■ **cút and rún**《口語》大急ぎで逃げる.
cút ... frée [*lóose*]（縛っているロープなどを）切り離して…を自由にする;［…から］…を切り離す[*from*].
—图© **1** 切ること;（刀・むちなどでの）一撃: The insulted man made a *cut* at the other with his knife. その男は侮辱されてナイフで相手に切りかけた / The cowboy gave his horse a *cut* with his whip. そのカウボーイは馬にひとむちくれた.
2 切り傷, 切り口: small *cuts* 小さな切り傷.
3（通例, 単数形で）（衣服の）裁ち方, カット;（髪の）刈り方, ヘアスタイル: The new *cut* suits you very well. 新しい髪型は君によく似合っているよ.
4 削減, 縮小;（一時の）省略: *cuts* in wages = wage *cuts* 賃金カット.
5（ケーキなどの）ひと切れ;（肉の）切り身: a nice *cut* of beef 牛肉のいいところひと切れ. **6**《米》切り通し; 横断路, 近道. **7**（単数形で）《口語》（利益などの）分け前, 配当. **8** カット, さし絵. **9**（知人に対する）無視, 見て見ぬふりをすること. **10**《米口語》無断欠席, さぼり. **11**【テニス・卓球】球を切ること, カット. **12**【トランプ】カードの山を2分すること, カット. **13** ひどい仕打ち; 酷評.
■ *a cút abòve* ...《口語》…より一枚上手(ﾞﾜﾃ)で.
the cút and thrúst［…についての］激論《*of*》.
—图 **1** 切った, 刈った: *cut* flowers 切り花.
2 刻んだ, 彫った, 磨いた: *cut* tobacco 刻みたばこ.
3 切り詰めた, 切り下げた; 削除した: He sold his books at *cut* prices. 彼は本を安値で売った.
4（テニス・卓球）（ボールが）カットされた.
◆ **cút gláss** ⓤ カットグラス, 切り子グラス.

cut-and-dried [kʌ́təndráid] 图 **1**（演説などが）あらかじめ用意された. **2** 新鮮味のない, 月並みな: a *cut-and-dried* argument 目新しいところのない論議.

cut·a·way [kʌ́təwèi] 图 © **1** = cútaway cóat モーニングコート（◇ tailcoat とも言う）.
2（内部が見えるように）外側の一部を切り取った図（模型）. **3**［形容詞的に］（内部が見えるよう）外側の一部を切り取った.

cut·back [kʌ́tbæk] 图 © **1**（映画などの）カットバック, 切り返し（異なるシーンを交互に見せる）.
2（生産の）縮小, 削減.

*****cute** [kjúːt] 图《口語》**1** かわいらしい; かれんな（→ BEAUTIFUL 顔義語）: What a *cute* baby! かわいい赤ん坊だね. **2**《時に軽蔑》気の利いた; 巧妙な, 利口な (clever): a *cute* salesman 抜け目のないセールスマン.

cut·i·cle [kjúːtikl] 图 © **1**（つめの付け根の）あま皮. **2**【動物・植】表皮, 外皮.

cut·lass [kʌ́tləs] 图 ©（海賊などが使った）反り身で幅の広い短剣.

cut·ler [kʌ́tlər] 图 © 刃物屋, 刃物製造人.

cut·ler·y [kʌ́tləri] 图 ⓤ ［集合的に］カトラリー, 食卓用の金物類《ナイフ・フォーク・スプーンなど》.

cut·let [kʌ́tlət] 图 © **1**（1人分の）肉の薄い切り身《子牛・ヒツジの上肉で, 揚げたカツ（レツ）にしたり焼いたりする》.
2（エビなどの）平たいコロッケ.

cut·off [kʌ́tɔ̀ːf, -ɔ̀f-] 图 **1** © 締め切り; 限界点;（会計などの）決算日. **2** ⓤ（水・ガス・電気などの）遮断; © 遮断装置. **3** ©《主に米》近道 (shortcut).

cut·out [kʌ́taut] 图 © **1** 切り抜き絵, 切り抜き細工, カット. **2**【電気】安全器;【機械】排気弁.

cút-príce 图 = CUT-RATE（↓）.

cút-ráte 图［限定用法］（商品が）割引の, 割引された: a *cut-rate* store 安売り店.

*****cut·ter** [kʌ́tər] 图 © **1** 切る道具［機械］, カッター, 裁断機.
2 切る人, 裁断師;（映画の）フィルム編集者;（金属などの）切断工.
3【海】カッター《軍艦などの大型船に積む小型ボート》; 1本マストのヨット. **4**《米》沿岸警備艇.

cut·throat [kʌ́tθròut] 图［限定用法］残忍な, 無情な;（競争などが）激烈な: *cutthroat* competition in business ビジネスにおける激烈な競争.
—图 © **1**《古》殺人者, 人殺し.
2 = cútthroat rázor《英》(刃の長い折りたたみ式の）西洋かみそり（《米》straight razor).

*****cut·ting** [kʌ́tiŋ] 图 © **1** 切り取ったもの;【園】（さし木用の）切り枝, さし穂. **2** ©《英》(新聞・雑誌などの）切り抜き（《米》clipping). **3** ⓤ© 切断; 裁断, 伐採. **4** ©《英》(鉄道・道路用などの）切通し. **5** ⓤ《英》(映画フィルムなどの）編集, カッティング (editing).
—图［比較なし, 限定用法］**1**（刃物などが）よく切れる, 鋭利な: a *cutting* blade 鋭い刃. **2**（言葉などが）痛烈な, 辛らつな;（風などが）身を切るような: a *cutting* north wind 身を切るように冷たい北風 / a *cutting* remark とげのある言葉.
◆ **cútting bòard** ©《米》カッティングボード, まな板（《英》chopping board）(→ COOKING 図).
cútting édge ⓤ **1**（科学研究などの）先頭, 最先端: be on [at] the *cutting edge* of ... …の最先端にある. **2**（言葉の）痛烈さ, 辛らつさ.
cútting ròom ©（フィルム・テープなどの）編集室.

cut·tle·fish [kʌ́tlfiʃ] 图（複 cut·tle·fish, cut·tle·fish·es [～iz]）©【動物】イカ, (特に）コウイカ, モンゴウイカ (cf. squid スルメイカ).

cut·up [kʌ́tʌp] 图 ©《米口語》悪ふざけ（いたずら）をする人, おどけ者.

cut·worm [kʌ́twəːrm] 图 ©【昆】ネキリムシ, ヨトウムシ.

CV, cv《略語》= curriculum vitae 履歴書.

-cy [si] 接尾 **1**「性質・状態」を表す: accuracy 正確さ / fluency 流ちょうさ. **2**「地位・身分・職」を表す: captaincy キャプテンの地位.

cy·an [sáiæn] 图 ⓤ 青緑色, シアン（色）.

cy·a·nide [sáiənàid] 图 ⓤ【化】シアン化物,（特に）青酸カリ.

cyber- [sáibər] 接尾「コンピュータ・ネットワーク上の（情報）の」を表す: *cyber*café サイバーカフェ.

cy·ber·nate [sáibərnèit] 图 他（作業工程などを）コンピュータで自動制御する.

cy·ber·na·tion [sàibərnéiʃən] 图 ⓤ コンピュータによる自動制御.

cy·ber·net·ic [sàibərnétik] 图 サイバネティックスの.

cy·ber·net·ics [sàibərnétiks] 图 ⓤ ［単数扱い］サイバネティックス, 人工頭脳（工）学［研究］.

cy・ber・space [sáibərspèis] 名 U サイバースペース《ネットワーク上で情報が行き交う空間》.

cy・borg [sáibɔːrg] 《「*cybernetic*+*organism*」から》名 C サイボーグ《SFに出てくる電子機器などを身体の一部に組み込んだ改造人間》.

cy・cla・men [síkləmən, sáiklə-] 名 C 【植】シクラメン.

‡**cy・cle** [sáikl]《原義は「円,輪」》名 C **1** 周期; 循環; 反復: the *cycle* of the four seasons 四季のひと巡り, 春夏秋冬 / on a thirty-minute *cycle* 30分周期で. **2** 【電気・物理】サイクル《◇周波数・振動数の単位. 現在は hertz が普通》; 1回転. **3** [a ～] 一連 [の…], ひと組 [の…], […]の 一群 [一団] [*of*]: a *cycle of* events 一連の事件. **4** 《英雄・大事件についての》作品集, 物語 (集), 詩歌: the Arthurian *cycle* of romances アーサー王伝記物語. **5** 自転車 (bicycle); オートバイ (motorcycle).
— 動 自 **1** 自転車 [オートバイ] に乗る: go *cycling* サイクリングに行く. **2** 循環する.

cy・clic [sáiklik, síː-], **cy・cli・cal** [-kəl] 形 周期的な; 循環する.

cy・cling [sáikliŋ] 名 U サイクリング.

cy・clist [sáiklist] 名 C 自転車 [オートバイ] に乗る人; サイクリングをする人.

cy・clone [sáikloun] 名 C **1** 【気象】サイクロン《インド洋に発生する熱帯性低気圧; → STORM 関連語》; 《一般に》低気圧: a tropical *cyclone* 熱帯性低気圧. **2** 大暴風, 大竜巻.

cy・clon・ic [saiklánik / -klɔ́n-], **cy・clon・i・cal** [-kəl] 形 サイクロンの; 大暴風の.

cyg・net [sígnət] 名 C 白鳥のひな.

Cyg・nus [sígnəs] 名 固 【天文】白鳥座 (the Swan).

‡**cyl・in・der** [sílindər] 名 C **1** 円筒; 《幾何》円柱 (→ FIGURE 図). **2** 【機械】(エンジンの)**シリンダー**, 気筒: a four-*cylinder* engine 4気筒エンジン. **3** (ピストルの) 回転弾倉, シリンダー.
■ *fire* [*wórk*] *on áll cýlinders*《口語》全力をつくす.

cy・lin・dri・cal [səlíndrikəl] 形 円筒 (形) の, 円柱 (状) の.

cym・bal [símbəl] 名 C《通例〜s》【音楽】シンバル《打楽器の一種》.

cym・bal・ist [〜ist] 名 C シンバル奏者.

cym・bid・i・um [simbídiəm] 名 C 【植】シンビジウム《洋ランの一種》.

cyn・ic [sínik] 名 C **1** 冷笑家《人の誠意・善意を信じない》. **2** [C-] キニク [犬儒(*けんじゅ*)] 学派の人《ギリシャ哲学の一派. 禁欲を唱える》.

*‡**cyn・i・cal** [sínikəl] 形 人間不信の, 人の誠意を信じ [認め] ない; […について] ひねくれた [*about*]: They were *cynical about* his promotion. 彼らは彼が昇進するわけはないと思っていた.

cyn・i・cal・ly [-kəli] 副 人を信用せず.

cyn・i・cism [sínisizəm] 名 U 人間不信; 人の誠意を認めない態度 [考え方]; C 人間不信の言葉 [行為].

cy・no・sure [sáinəʃùər / -sjùə] 名 C《通例, 単数形で》《格式》注目 [関心, 感嘆] の的.

Cyn・thi・a [sínθiə] 名 固 **1** シンシア《◇女性の名》. **2** 《ギ・ロ神》キュンティア《月の女神アルテミス (Artemis) の別名》. **3** 《詩語》月 (の化身).

cy・pher [sáifər] 名 動《英》= CIPHER 暗号; 暗号化する.

cy・press [sáiprəs] 名 C 【植】イトスギ《しばしば墓地に植えられ, 哀悼の象徴とされる》; U イトスギ材.

Cy・prus [sáiprəs] 名 固 キプロス共和国《島》《地中海東部にある; 首都ニコシア (Nicosia)》.

Cy・ril・lic [sərílik] 形 キリル文字の: the *Cyrillic* alphabet キリル文字《◇ロシア語・ブルガリア語などのスラブ系言語で使われている》.

cyst [síst] 名 C **1** 【医】嚢胞(*のうほう*); 嚢腫(*のうしゅ*). **2** 【解剖】膀胱(*ぼうこう*).

cys・ti・tis [sistáitis] 名 U 【医】膀胱(*ぼうこう*)炎.

cy・tol・o・gy [saitálədʒi / -tɔ́l-] 名 U 細胞学.

czar, tsar, tzar [záːr, tsáːr] 名 C《通例 C-》 **1** ロシア皇帝, ツァー. **2**《米》専制君主; 独裁者. **3**《米》取締官, 最高責任者.

cza・ri・na, tsa・ri・na, tza・ri・na [zɑːríːnə, tsɑː-] 名 C《通例 C-》ロシア皇后.

Czech [tʃék] 形 チェコの; チェコ人 [語] の.
— 名 **1** C チェコ人. **2** U チェコ語.

Czech Repúblic 名《the ～》チェコ共和国《ヨーロッパ中部にある; 首都プラハ (Prague)》.

Czech・o・slo・va・ki・a, Czech・o・Slo・va・ki・a [tʃèkəslouvɑ́ːkiə / -vǽk-] 名 固 チェコスロバキア《1993年に the Czech Republic と the Slovak Republic に分離》.

D d

D d *D d*

d, D [díː] 名 (複 **d's, ds, D's, Ds** [~z]) **1** CU ディー《英語アルファベットの4番目の文字》. **2** [大文字で] D字形のもの. **3** U [大文字で]《音楽》二音《ドレミファのレの音》;二調. **4** C [大文字で] 最低のもの, D 級;《米》(学業成績などの) D, 可 (→ GRADE 表). **5** U [大文字で] (ローマ数字の) 500.

-d, -'d[1] [d]《接尾》= -ed (◇ -'d を用いるのは《古》《詩語》).

-'d[2] 《短縮》 **1** had, would, should の短縮形: You'd better go. 行った方がいい (◇ You'd = You had) / He asked me if I'd go. 彼は私に行くのかと聞いた (◇ I'd = I would). **2** did の短縮形 (◇ where, what, when など疑問詞に続く): Where'd you see the dog? その犬をどこで見たのですか.

d'- [d]《短縮》do の短縮形: What *d*'you think of it? それをどう思いますか.

d.《略語》= *d*ate; *d*aughter(s); *d*ay; *d*ied 死亡, 没; *d*ollar(s); *p*enny, *p*ence (◇《英国の旧ペニーの略》. *d*enarius, *d*enarii の略語から).

D.《略語》= *D*ecember; *D*emocrat 民主党員; *D*epartment; *D*utch.

DA《略語》= *D*istrict *A*ttorney《米》地区検事.

dab [dǽb] 動 (三単現 **dabs** [~z]; 過去・過分 **dabbed** [~d]; 現分 **dab·bing** [~iŋ]) 他 **1** …を 軽くたたく (tap): Beth *dabbed* her cheeks with a puff. ベスはパフで軽く頬をたたいた. **2** …を軽く押さえる (pat)《ペンキ・バターなどを》[…に] 軽く塗る [*on*]. —⑪《…を / 柔らかいもので》軽くたたく [*at / with*]. —名 C **1** 軽くたたく [塗る] こと. **2** [通例 a ~]《口語》《液・柔らかいものの》少量; ひと塗り (の量) [*of*]: a *dab of* butter 少量のバター.

dab·ble [dǽbl] 動 他《水中で》《手足などを》ばちゃばちゃさせる. —⑪ **1** 水をはねかける, 水遊びをする. **2** [道楽などに] ちょっと手を出す,《趣味などを》ちょっとかじる [*in, at*]: I *dabbled in* photography for a time. 私はしばらくの間趣味として写真をやっていた.

dab·bler [dǽblər] 名 C (物事を) 道楽半分にする人; 水遊びをする人.

da capo [dɑː káːpou]【イタリア】 副《音楽》初めから繰り返して, ダカーポで《略語 DC, dc》. —形 ダカーポの.

dace [déis] 名 (複 **dace, dac·es** [~iz]) C《魚》ウグイの類《グイ・ハヤなどでコイ科の淡水魚》.

dachs·hund [dáːkshùnt, -hùnd / dǽksənd] 名 C《動物》ダックスフント《胴長短脚の犬; → DOG 図》.

dac·tyl [dǽktəl] 名 C《韻律》強音弱弱格 (━ ˘ ˘) (cf. anapest 弱弱強格).

*‡**dad** [dǽd]
—名 (複 **dads** [dǽdz]) C《口語》お父さん, パパ《《幼児》daddy》 (cf.《米口語》mom,《英口語》mum お母さん): Where are you going, *Dad*? お父さん, どこへ行くの.
語法 (1) 父親に対する親しみを表す語で, 大人も用いる.
(2) 呼びかけでは通例, 固有名詞のように大文字で始め, 冠詞は付けない.

‡**dad·dy** [dǽdi] 名 (複 **dad·dies** [~z]) C《幼児》お父ちゃん, パパ《《口語》dad》 (◇ dad より親しみがこもった語; cf.《米口語・幼児》mommy,《英口語・幼児》mummy お母ちゃん, ママ).
◆ **dáddy lóngleg s** C [単数・複数扱い] **1**《米》《動物》メクラグモ. **2**《英》《昆》ガガンボ, カトンボ《蚊を大きくした形で脚が長い. crane fly とも言う》. **3**《こっけい》足ながおじさん, のっぽ (◇米国の女流作家ジーン=ウェブスターの小説から).

da·do [déidou] 名 (複 **da·does** [~z],《英》**da·dos** [~z]) C《建》**1** 腰羽目《壁の下部の板張り》. **2** 台胴 (円柱下部の方形部).

Daed·a·lus [dédələs / díː d-] 名《ギ神》ダイダロス《クレタ島に迷宮 (labyrinth) を造った名工》.

dae·mon [díː mən] 名 = DEMON 鬼.

*‡**daf·fo·dil** [dǽfədìl] 名 **1** C《植》ラッパズイセン《英国で春の到来を告げる花とされる. Wales の国花》. **2** U 淡黄色, カナリア色.

daft [dǽft / dáːft] 形《主に英口語》愚かな (silly, foolish), 狂気じみた (mad);[…に] 熱狂的な [*about*]: Don't be so *daft*. ばかなことをするな.

*‡**dag·ger** [dǽgər] C **1** 短剣, 短刀. **2** ダガー, 短剣印 (†) (◇参照や故人・没年などを示す).
■ *at dággers dráwn* (*with* ...)《格式》(…と) にらみ合って, けんか状態の.
lóok dággers at ... …を (怒って) にらみつける.

da·guerre·o·type [dəgérətàip / -gérou-] 名 UC (かつての) 銀板写真 (術), ダゲレオタイプ.

*‡**dahl·ia** [dǽljə, dɑːl- / déil-] 名 C《植》ダリア.

*‡**dai·ly** [déili] 形 副 名
—形 [比較なし; 限定用法] 毎日の, 日々の;《休日を除く》平日の; 日刊の: a *daily* newspaper 日刊新聞 / a *daily* routine 毎日繰り返される仕事, 日課 / *daily* wages 日給 / He was bored with his *daily* life. 彼は毎日の生活に飽き飽きしていた.
—副 [比較なし] 毎日 (every day): This bus leaves *daily*. このバスは毎日出ます.
—名 (複 **dai·lies** [~z]) C **1** 日刊新聞 (関連語) weekly 週刊誌 / monthly 月刊誌 / quarterly 季刊誌 / annual 年報, 年鑑》 **2**《英

古風》= **dáily hélp** 通いの家政婦. (▷ 名 dáy)
◆ **dáily bréad** [U][C] [通例 one's ～] 日々の糧(ê); earn *one's daily bread* 生活費を稼ぐ.

dain·ti·ness [déintinəs] 名 U **1** 上品さ, 優美さ. **2** 好みのやかましさ. **3** おいしさ, 美味.

*__**dain·ty**__ [déinti] 形 (比較 **dain·ti·er** [～ər]; 最上 **dain·ti·est** [～ist]) **1** (小さくて)上品な, かれんな, きゃしゃな: a *dainty* flower かわいらしい花 / a *dainty* lace handkerchief 上品なレースのハンカチ. **2** おいしい, 美味の (delicious). **3** [食べ物などに対して] 好みがうるさい, 口のおごった [*about*]: Father is *dainty* about his food. 父は食べ物にうるさい.
── 名 (複 **dain·ties** [～z]) C《文語》おいしい食べ物; 珍味.

dai·qui·ri [dáikəri, dǽ-] 名 C U ダイキリ《ラム酒・ライム[ライム]汁・砂糖などで作るカクテル》.

‡**dair·y** [déəri] (☆ diary [dáiəri] との発音の違いに注意) 名 (複 **dair·ies** [～z]) C **1** 搾乳(kɔ̂ɔ̃)場, 牛乳加工所, バター・チーズ製造所: *dairy* products 乳製品. **2** 牛乳(製品)販売店. **3** = **dáiry fàrm** 酪農場.
── 形 [限定用法] 酪農の: the *dairy* industry 酪農業.
◆ **dáiry cáttle** [U][集合的に; 複数扱い] 乳牛.

dair·y·man [déəriman] 名 (複 **dair·y·men** [-man]) C **1** 乳搾りの男, 酪農場で働く男. **2** 酪農業主[経営者]. **3** 乳製品販売業者, 牛乳屋.

da·is [déiis] 名 [通例, 単数形で] (食堂・広間などの)来賓(ひん)用の)上段, 高座; (講堂の)演壇.

*__**dai·sy**__ [déizi] 名 (複 **dai·sies** [～z]) C《植》デージー《米国ではフランスギク, 英国ではヒナギクをさす》. [語源]日の出に花が開き日没に閉じるので day's eye と呼ばれたことから)
■ (*as*) *frésh as a dáisy* 元気はつらつで.

Da·lai La·ma [dá:lai lá:mə/ dǽl-] 名 [the ～] ダライラマ《チベット仏教最高位の僧》.

dale [déil] 名 C《詩語》谷(間) (valley).

Dal·las [dǽləs] 名 固 ダラス《米国 Texas 州北東部の都市. 1963年にケネディ大統領が暗殺された地》.

dal·li·ance [dǽliəns] 名 U《古風》**1** (男女の)いちゃつき, 恋の戯れ. **2** 無為徒食, 時間の浪費.

dal·ly [dǽli] 動 (三単現 **dal·lies** [～z]; 過去・過分 **dal·lied** [～d]; 現分 **dal·ly·ing** [～iŋ]) 自《古風》**1** […と]ぐずぐずとする (*over*); だらだらして時を過ごす (*about*). **2** […と]いちゃつく, 戯れる; […を]もてあそぶ (*with*).

Dal·ma·tian [dælméiʃən, -ʃian] 名 C ダルメシアン《白地に黒または褐色の斑点(ん)がある短毛の犬; → DOG 図》.

‡**dam**[dǽm] (☆同音 damn) 名 C **1** ダム, せき. **2** 貯水池.
── 動 (三単現 **dams** [～z]; 過去・過分 **dammed** [～d]; 現分 **dam·ming** [～iŋ]) 他 **1**《川など》をダムでせき止める (*up*): *dam up* a stream 流れをせき止める. **2**《感情など》を抑える (*up*): *dam up* one's anger 怒りを抑える.

***__**dam·age**__ [dǽmidʒ] 名
── 名 (複 **dam·ag·es** [～iz]) **1** U [...への]損害, 被害, 損傷 [*to*]: The typhoon did great *damage to* the crops. 台風は作物に大損害を与えた / He suffered some brain *damage* in that accident. 彼はその事故で脳に損傷を受けた / That scandal caused *damage to* his reputation. その不祥事で彼の評判は傷ついた / The *damage* is done. 被害はすでに起こった ⇒ 後の祭りだ, もう手遅れだ.
2 [～s] 《法》 [...に対する] 損害賠償 (金) [*for*]: claim *damages* 損害賠償を請求する. **3** [the ～]《口語・こっけい》費用, 代価 (cost): What's the *damage*? お代はいくら(払えばいいん)ですか.
── 動 (三単現 **dam·ag·es** [～iz]; 過去・過分 **dam·aged** [～d]; 現分 **dam·ag·ing** [～iŋ])
── 他 …に**損害[損傷]を与える**;《名声・体面など》を傷つける, 損なう (→ INJURE [類義語]): A lot of furniture was badly *damaged* by the earthquake. その地震で多くの家具がひどく損傷した / Her rude behavior at the party *damaged* her good name. パーティーでの不作法なふるまいが彼女の名声を損った / Smoking *damages* your health. 喫煙は健康を損なう.
◆ **dámage contròl** U (政治的・財政的)被害対策, ダメージコントロール.

Da·mas·cus [dəmǽskəs] 名 固 ダマスカス《シリアの首都》.

dam·ask [dǽməsk] 名 **1** U ダマスク織り《の絹布[麻布]》《カーテン・テーブルクロスなどに使う》. **2** ダマスク鋼. **3**《詩語》淡紅色.
── 形 **1** ダマスク織りの, あや織りの. **2** ダマスク鋼の. **3**《詩語》淡紅色の.

dame [déim] 名 **1** U [D-]《英》デーム《◇ knight (勲爵士)に相当する女性; knight, baronet (准男爵)の妻の称号. 男子の Sir に相当し, *Dame* Margot (Fonteyn) のように洗礼名 (Christian name) の前に付ける》. **2** C (既婚の)年配女性. **3** C《米・古風》女.

dam·mit [dǽmit] 間《口語》ちくしょう! くそっ! (◇ damn it から).

‡**damn** [dǽm] 動 他 **1** …をののしる, ののろう; [間投詞的に] ちくしょう! くそっ! (◇下品な語とされ, しばしば婉曲的な darn や d─ (dǽn, dǽm] または d─n [dín, dǽm] を用いる): *Damn* it! しまった! ちくしょう! **2** (神が)《人》を地獄に落とす, 永遠に罰する. **3** (人が)…をけなす, 酷評する (cf. condemn 非難する): The book was *damned* by the critics. その本は批評家に酷評された. **4** …を破滅させる.
■ *dámn ... with fáint práise* 形だけちょっとほめて実はけなす.
── 名 **1** U[C] のろい, ののしり (言葉).
2 U [a ～; 主に否定文で]《口語》少しも: It is not worth a *damn*. それは何の価値もない.
── 形 副 = DAMNED (↓).

dam·na·ble [dǽmnəbl] 形《古風》実にひどい, いまいましい: *damnable* weather いやな天気.

dam·na·tion [dæmnéiʃən] 名 **1** U 地獄に落とす[落ちる]こと; 破滅, ののしり. **2** [間投詞的に]《古風》ちくしょう! くそっ! (◇ damn より弱い).

*__**damned**__ [dǽmd] 形 [限定用法]《口語》実にひどい, くそいまいましい (◇下品な言葉とされるので, しば

しば d—d [díːd, dǽmd] を用いる: a *d—d* fool ばか, あほう.
■ *I'll be [I'm] dámned if ...*《口語》…して[…であって]たまるか; *I'll be damned if* it is true. そんなことが本当であってたまるか.
■ *Wéll, I'll be [I'm] dámned!*《口語》これは驚いた《◇強い驚き・いら立ちを表す》.
── 副《口語》すごく, べらぼうに: It's *damned* hot. べらぼうな暑さだ.

damned·est [dǽmdist]《口語》形 [the ~; 限定用法] 途方もない, 非常に珍しい, 驚くべき.
── 名 [one's ~] 最善, 最大限: do one's *damnedest* 最善をつくす.

damn·ing [dǽmiŋ] 形 破滅的な, (証拠などが)とても不利的な, のっぴきならない.

Dam·o·cles [dǽməklìːz] 名 固 ダモクレス《シラクサの王ディオニュシオス1世の廷臣》.
■ *the [a] swórd of Dámocles = Dámocles' swórd* (栄華の最中にも)身に迫っている危険. 《由来》ダモクレスが王位をうらやんだため, ディオニュシオス1世は彼を玉座に座らせ, 頭上に髪の毛1本で剣をつるして王位は安泰でないことを教えた.

Da·mon [déimən] 名 固《ギリシャ伝説》ダモン《死刑を宣告された親友ピュティアスの身代わりとなった男. ピュティアスが約束を守ったため2人は許された》.
■ *Dámon and Pýthias* [-piθiəs] 無二の親友.

‡**damp** [dǽmp]【原義は「水蒸気 (vapor)」】形 湿っぽい, 湿気のある, じめじめした《◇ moist より不快; → WET 類義語》: *damp* clothes 湿っぽい衣服 / *damp* weather じめじめした天気.
── 名 **1** U (不快な)湿気, 湿り (moisture).
2 U 霧, もや (fog, mist); 水蒸気. **3** [通例 a ~]《比喩》失望, 落胆: cast a *damp* over ... に水をさす, …を失望させる.
── 他 **1** (人が)〈ものを〉湿らす: *damp* the cloth 布を湿らせる. **2** 〈活力・熱意など〉を弱める, くじく: *damp* ...'s spirits 気勢をそぐ.
■ *dámp dówn* 他 **1** 〈火・音など〉を消す, 弱める. **2** 〈気勢・熱意など〉をくじく.

damp·ly [~li] 副 湿って; 元気 [やる気] なく.
damp·ness [~nəs] 名 U 湿気, 湿っぽさ.
damp·en [dǽmpən] 動《主に米》= DAMP (↑).
damp·er [dǽmpər] 名 C **1** [通例 a ~] 雰囲気をこわすもの [人], 勢い [興] をそぐもの [人].
2 (ストーブなどの)通風調節器. **3**《音楽》(ピアノの)止音器, (楽器の)弱音器; (切手などの)湿し具. **4**《機械・電気》ダンパー, 緩衝器.
■ *pút [thrów, cást] a dámper on ...* …に水をさす, けちをつける, …の興をそぐ.

dam·sel [dǽmzl] 名 C《古風》(身分の高い)乙女; 未婚の若い女性.
dam·son [dǽmzən] 名 **1** C《植》ダムソンスモモ《damson plum》《トルコ原産の西洋スモモ》; ダムソンスモモの実. **2** U 暗紫(むらさき)色.

★★★★**dance** [dǽns / dáːns] 動 名
── 動 (三単現 **danc·es** [~iz]; 過去・過分 **danced** [~t]; 現分 **danc·ing** [~iŋ])
── 自 **1** ダンスをする, 踊る: They were *dancing* to rock music. 彼らはロックに合わせて踊っていた.
2 [喜び・怒りなどで] はね回る, 跳び回る [*for, with*]: He was *dancing* up and down *with* excitement. 彼は興奮してはね回っていた / They *danced for* [*with*] joy. 彼らは喜びのあまり跳び回った.
3 (木の葉・波などが) (踊るように) 揺れる; (胸などが)躍る: Daffodils were *dancing* in the breeze. スイセンがそよ風に揺れていた.
── 他 **1** 〈踊り〉を踊る, 〈バレエの役〉を演じる: Can you *dance* the tango? タンゴを踊ることができますか / He *danced* the role of the prince. 彼は王子の役を踊った.
2 〈人〉を踊らせる: He *danced* his daughter around the room. 彼は娘をリードして部屋の中を踊って回った. **3** 〈子供〉を(揺すって)あやす: She *danced* her baby on her laps. 彼女は赤ん坊をひざの上で揺すってあやした.
■ *dánce to ...'s túne* …の言いなりになる.
── 名 (複 **danc·es** [~iz]) **1** C ダンス, 踊り, 舞踏: a social *dance* 社交ダンス / do a *dance* ダンスをする / May I have the next *dance* (with you)? = Will you be my partner in the next *dance*? 次のダンスのお相手になってもらえますか.
2 C ダンスパーティー, 舞踏会《◇他の種類のパーティーと対比させる場合には dance party とも言うが, dance のほうが一般的; cf. ball (正式で盛大な) 舞踏会》: give [hold, have] a *dance* ダンスパーティーを開く / go to a *dance* ダンスパーティーへ行く / a high-school *dance* 高校のダンスパーティー (cf. prom《米》高校の卒業ダンスパーティー). **3** C 舞踏曲, ダンス曲. **4** [the ~] 踊り方, 舞踏術.
■ *léad ... a (mérry [prétty]) dánce*《英口語》…をさんざん引っぱり回す; …にさんざん迷惑をかける.
◆ **dánce hàll** C ダンスホール, 舞踏場.

‡**danc·er** [dǽnsər / dáːnsə]
── 名 (複 **danc·ers** [~z]) C ダンサー, 舞踊家, 踊る人: a ballet *dancer* バレエダンサー / She is a good *dancer*. 彼女はダンスが上手です.

‡**danc·ing** [dǽnsiŋ / dáːns-] 名 U ダンス, 踊り; ダンスの練習, 舞踊 (法).
◆ **dáncing gìrl** C ダンサー, (職業的な)踊り子.

dan·de·li·on [dǽndəlàiən]【原義は「ライオンの歯 (tooth of the lion)」】名 C《植》タンポポ.

dan·der [dǽndər] 名 U《口語》怒り, かんしゃく (temper). [主に次の成句で]
■ *gét one's dánder úp* 怒る.
gét ...'s dánder úp 〈人〉を怒らせる.

dan·di·fied [dǽndifàid] 形《古風》めかし込んだ, しゃれた, きざな.

dan·dle [dǽndl] 動 他〈赤ん坊・幼児〉を(ひざの上で)揺すってあやす.

dan·druff [dǽndrəf] 名 U (頭の) ふけ.

★**dan·dy** [dǽndi] 名 (複 **dan·dies** [~z]) C
1《古風》しゃれ男, ダンディー, きざな男.
2《主に米・古風》第一級のもの [人], 飛び切りすばらしいもの [人].
── 形 **1**《米口語》飛び切りの, すばらしい (very good): a *dandy* idea 名案. **2**《主に米・古風》お

しゃれた, きざな.
■ *fine and dándy* 《時に皮肉》すてきな; よろしい, いいとも (okay).

Dane [déin] 图 C **1** デンマーク人 (cf. Danish デンマークの). **2** 【英史】デーン人《9-11世紀頃英国に侵入した北欧人》.

***dan·ger [déindʒər]

— 图 (複 **dan·gers** [~z]) **1** U 危険, 危険な状態, 危険性 (↔ safety)(→ 類義語): *Danger*! High Voltage《掲示》危険! 高圧注意 / *Danger* past, God forgotten. 《ことわざ》苦しい時の神頼み.

コロケーション 危険を[に]
危険を冒す: *risk danger*
危険に陥る: *run into danger*
危険を避ける: *avert* [*avoid*] *danger*
危険を察する: *sense danger*
危険に立ち向かう: *face danger*
危険から逃れる: *escape from danger*

2 C [...にとって] 危険なもの [人, こと], 脅威 [*to*]: Drunken drivers can be a *danger to* everyone on the road. 飲酒運転者は路上の人すべてにとって危険となる.
■ *be in dánger* 危険な状態である.
be in dánger of ... ...の危険にさらされている.
be óut of dánger 危険を脱している: Now that patient *is out of danger*. あの患者はもう危機を脱した. (▷ 形 dángerous; 動 endánger)

類義語 **danger, peril, risk, hazard**
共通する意味▶危険 (the possibility of being harmed or killed)

danger は「危険」の意を表す最も一般的な語: A firefighter's work is full of *danger*. 消防士の仕事は危険に満ちている. **peril** は用心だけでは避けがたい「差し迫った大きな危険」の意: Dragonflies of this kind are in *peril* of extinction. この種のトンボは絶滅の危機にさらされている. **risk** は失敗の可能性もあるが「(成功や利益を期待して) 自ら覚悟して冒す危険」の意: Buying land you've never seen is a *risk*. 見たこともない土地を買うのは危険です. **hazard** は risk よりも格式ばった語で、「物事に付きものの偶然に左右される危険」の意: run the *hazard* 運に任せてである.

**dan·ger·ous [déindʒərəs]

— 形 [...にとって] 危険な, 危ない (↔ safe); [It is dangerous + to do] ...するのは危険[*for*, *to*]: That area is a *dangerous* place *for* children. その地域は子供たちにとって危険な場所です / It is *dangerous* to play near the edge of a cliff. = The edge of a cliff is *dangerous* to play near. 崖(がけ)の近くで遊ぶのは危険です / It is *dangerous* for young girls to go out late at night. 若い女の子が夜遅く外出するのは危険です / A little learning is a *dangerous* thing. 《ことわざ》中途半端な知識は危険である ⇨ 生兵法(なまびょうほう)はけがのもと.

語法 **dangerous** は「他に危険を及ぼす恐れがある」の意. 「人・ものが危険な状態にある」ことを言う場合は in danger を用いる: He is *dangerous*. 彼は危険人物です / He is *in danger*. 彼は危険な状態に陥っている. (▷ 動 dánger)

dan·ger·ous·ly [déindʒərəsli] 副 危険なほどに, 危機にひんして; 危うく: She is *dangerously* ill. 彼女は重体である.

dan·gle [déŋgl] 動 自 ぶら下がる, 宙ぶらりんの状態になる: Pears *dangle* on the tree. ナシが木にぶら下がっている. — 他 **1** ...をぶら下げる. **2** ...を見せびらかす;《比喩》《誘惑するもの》を [...の目の前に] ちらつかせて気を引く [*in front of, before*].

Dan·iel [dénjəl] 图 固 **1** ダニエル (◇男性の名). **2** 【聖】ダニエル書《旧約聖書中の1書》.

Dan·ish [déini∫] 形 デンマーク (Denmark) の (cf. Dane デンマーク人); デンマーク人 [語] の.
— 图 U デンマーク語.

dank [dæŋk] 形 《文語》じめじめした, 湿っぽい.

Dan·te [dá:ntei / dǽnti] 图 固 ダンテ《1265-1321; イタリアの詩人. 主著『神曲』》.

Dan·ube [dǽnju:b] 图 固 [the ~] ダニューブ川《ドイツ南西部から黒海に注ぐ. ドナウ川とも言う》.

Daph·ne [dǽfni] 图 **1** ダフネ (◇女性の名). **2** 固 【ギ神】ダフネ《アポロの求愛から逃れるために月桂(げっ)樹に化した妖精》. **3** C [d-]【植】ゲッケイジュ (laurel); ジンチョウゲ.

dap·per [dǽpər] 形 **1** (小柄な男が) こざっぱりとした服装の. **2** 小柄で敏しょうな, きびきびした.

dap·ple [dǽpl] 图 U C ぶち, まだらの動物).
— 動 他 ...をまだらにする. — 自 まだらになる.

dap·pled [dǽpld] 形 ぶちの, まだらの; (木漏れ日や影で) まだらになった.

dáp·ple-gráy, 《英》 **dáp·ple-gréy** 图 C 連銭(れんぜん)あし毛の馬《灰色の地に黒い斑点(はんてん)がある》.

Dar·by and Joan [dá:rbi ənd dʒóun] 图 [複数扱い]《英》仲むつまじい老夫婦.

Dar·da·nelles [dà:rdənélz] 图 固 [the ~] ダーダネルス海峡《エーゲ海とマルマラ海を結ぶ海峡》.

**dare [déər]

— 動 (三単現 **dares** [~z]; 過去・過分 **dared** [~d]; 現分 **dar·ing** [déəriŋ])
— 他 **1** [dare + (to) do] [通例, 進行形不可] あえて...する, 思い切って [大胆にも] ...する, ...する勇気がある (◇疑問文・否定文では to を省略することが多い): She *dared to* go out alone. 彼女は思い切って1人で外出した / He didn't *dare* (*to*) tell the sad news to his family. 彼はその悲しい知らせを家族に告げる勇気がなかった / Do you *dare* (*to*) tell him the truth? 彼にあえて本当のことを言う気ですか / Don't (you) *dare* (*to*) do such a thing. そんなことをしたら承知しないよ.

語法 《口語》では have the courage to do, be not afraid to do などと言うほうが一般的: They *dared to* climb the mountain at night. = They had the courage to climb the mountain at night. = They were not afraid to climb the mountain at night. 彼らは思い切って夜その山に登った.

daredevil

2 [dare+O+to do]〈人〉に…してみろと挑む[挑戦する] (challenge): I *dare* you *to* tell him. 彼に言えるものなら言ってみろ.
3〈危険など〉を物ともしない, 問題としない: We'll *dare* all things. 私たちはどんなことも物ともしない.
— ⊜ 思い切ってする, 勇気[大胆さ]がある: You wouldn't *dare*. 君にそんなことをする勇気はあるまい.
— 助動 (過去 dared [〜d])[主に否定文・疑問文・条件文で]あえて…する, 思い切って[大胆にも]…する, …する勇気がある: *Dare* he do it? 彼は思い切ってそれをやるだろうか / He *dare* not do it. 彼は思い切ってそれをやる勇気がない.
語法 (1)今では動詞として用いるほうが一般的(→ 動 ⊜ **1**).
(2)過去時制でも dared の代わりに dare を用いることが多い: I wanted to challenge it, but I *daren't*. 私はそれに挑戦してみたかったが, そうするだけの勇気がなかった.
(3)助動詞として用いても3人称単数現在の〜s を付けることがある: She *dares* not act against him. 彼女は彼に逆らう勇気がない.
■ **Hòw dáre ...?**《口語》よくも[ずうずうしくも]…できるものだ: *How dare* you come an hour late? よくも1時間も遅刻できるね.
I dàre sáy《主に英》たぶん, おそらく…だろう(→ DARESAY).

— 图 C 挑戦 (challenge): take a *dare* 受けて立つ.
dare・dev・il [déərdèvəl] 图 C 向こう見ず[命知らず]の人.
‡**dare・n't** [déərnt] [短縮]《主に英》**dare not** の短縮形.
dare・say [dèərséi] 動[次の成句で]
■ *I daresáy*《主に英》おそらく…だろう (perhaps, probably)(◇文間か文尾に置く): *I daresay* he is innocent. おそらく彼は無実だろう.
*dar・ing [déəriŋ] 形 **1** 大胆な, 勇敢な;向こう見ずな(◇よい意味にも悪い意味にもなる): a *daring* firefighter 勇敢な消防士.
2 (人の意表をつくような)思い切った, 斬新(ミং)な;衝撃的な (shocking): a *daring* new economic policy 思い切った新経済政策.
— 图 U 大胆 (なこと), 向こう見ず: a pilot of great *daring* 大胆不敵なパイロット.
dar・ing・ly [〜li] 副 大胆[勇敢]に, 向こう見ずに.

****dark** [dáːrk] 形 图

① 暗い.	1
② (色が)濃い.	2
③ (目・髪が)黒い.	3

— 形 (比較 **dark・er** [〜ər];最上 **dark・est** [〜ist])
1 暗い, 暗黒の (↔ light)(→類義語): It was still *dark* when I awoke. 私が目を覚ましたときはまだ暗かった / She is scared to stay in a *dark* room. 彼女は暗い部屋にいるのを怖がる / It is getting *dark*. だんだん暗くなってきた.
2 (色が)濃い, 黒っぽい (↔ light): *dark* red 暗赤色 / a *dark* brown suit 濃い茶色の背広.
3 (目・髪が)黒い, 黒っぽい;(肌が)浅黒い: a girl with *dark* eyes 黒い瞳の少女 / Her white dress looks good with her *dark* skin. 白いドレスが彼女の浅黒い肌に似合っている.
4 (時代・状況などが)暗い, 希望のない;(表情などが)不機嫌な, 陰気な (gloomy): Don't always look on the *dark* side of things. いつも物事の暗い面ばかりを見てはいけない / I don't want to remember the *dark* days of the war. 私は戦時中の暗い日々を思い出したくない / He gave a *dark* look to the rude man. 彼はその不作法な男に不機嫌な表情を見せた. **5** 隠された, 秘密の, なぞめいた;意味不明の: *dark* sentences 意味不明の文 / a *dark* secret 人に知られたくない秘密. **6** 無知な;未開の. **7** 腹黒い, 邪悪な, 陰険な: Beware of their *dark* plots. 彼らの悪だくみに用心しなさい.

— 图 **1** [the 〜] 暗やみ, 暗闇: Owls can see in the *dark*. フクロウは暗やみでも目が見える.
2 U [無冠詞で] 夕暮れ, 日暮れ, 夜: You should wait until *dark*. 日暮れまで待つべきです.
■ *after dárk* 暗くなってから, 夜になってから.
befòre dárk 暗くならないうちに, 日の暮れる前に.
in the dárk **1** 暗い所で, 暗がりで(→ 图 **1**).
2 秘密に: She could not keep her plan in the *dark*. 彼女は自分の計画を秘密にしておけなかった. **3** […について]知らされないで, 無知で[*about*]: I had been *in the dark about* her marriage until she told me. 彼女が話してくれるまで私は彼女が結婚したことを知らなかった. (▷ 動 dárken)
◆ **Dárk Áges** [the 〜] 史 暗黒時代《476年の西ローマ帝国滅亡から1000年頃までのヨーロッパ. 学問・文化の衰退した時代とされる》;(広い意味では)中世 (the Middle Ages);[d- a-] 暗い時代.
dárk chócolate U 《米》ミルクの入っていないチョコレート;《英》**plain chocolate**).
dárk hórse C **1** 穴馬《競馬での予想外の勝ち馬》;ダークホース《選挙・競技などで予想外の実力を持っている人》. **2** (実力などが)未知数の人, なぞに満ちている人.

類義語 **dark, dim, gloomy, dusky**
共通する意味▶暗い (having little or no light)
dark は「暗い」の意を表す最も一般的な語で, 光がなくて目の前のものが区別できないほど暗いことを表す: The whole town was *dark* owing to a power failure. 停電のために町全体が暗かった.
dim はものがぼんやりとしか見えないほど「光がかすかで薄暗い」の意: a *dim* room 薄暗い部屋.
gloomy は光が乏しいために「(薄)暗い」の意. ただし, 「陰うつな」という心理状態に用いることが多い: a *gloomy* corridor 薄暗い廊下 / He felt *gloomy* after hearing the news. 彼はその知らせを聞いて憂うつな気分になった. **dusky** は「夕暮れ時の薄暗い」状態を表す: I could not recognize him in the *dusky* light. 薄明かりの中で私は彼がだれだかわからなかった.

‡**dark・en** [dáːrkən] 動 他 **1** …を暗くする, 薄暗くする (↔ lighten): draw the curtains and *darken* the room カーテンを引いて部屋を暗くする. **2** 〔気分など〕を暗くする, 憂うつにする.
— 自 **1** 〔薄〕暗くなる. **2** 憂うつ〔陰気〕になる.
■ *dárken …'s dóor* [*these dóors*] (いやな相手が)〈人〉の家を訪れる (◇通例, never, again を伴う): Never *darken my door* [*these doors*] *again*. 二度とうちの敷居をまたぐな. (▷形 dárk).

dark・ly [dáːrkli] 副 **1** 暗く; 黒々と, 黒ずんで.
2 陰気に; 陰険に: Tom spoke *darkly* of troubles to come. トムは将来の悩みを不安げに語った.
3 ぼんやりと. **4** 秘密に, こっそり.

‡‡**dark・ness** [dáːrknəs]
— 名 Ⅱ **1** 暗さ, (暗)やみ, 暗黒 (↔ light): total *darkness* 真っ暗やみ / He could not see the road clearly because of the *darkness*. 暗かったので彼には道がよく見えなかった / They hurried through the *darkness*. 彼らは暗やみの中を急いだ.
2 あいまいさ; 秘密; 無知, (心の)やみ; 腹黒さ, 邪悪: The *darkness* of the singer's past was discovered by the media. その歌手の過去の秘密がマスコミによって明らかにされた.

dark・room [dáːrkrù(ː)m] 名 Ⅽ 〔写真〕暗室.

‡**dar・ling** [dáːrliŋ] (「dear (親愛な) + ing」で, 「いとしいもの」の意) 名 Ⅽ **1** かわいい人, 最愛の人, お気に入り: My *darling*! = *Darling*! ねえ! (◇夫婦・恋人同士, 親から子への呼びかけ) / Is it you, *darling*? ねえ, あなたなの〔君かい〕 / John is his grandfather's *darling*. ジョンはおじいさんのお気に入りです.
— 形 〔限定用法〕 **1** かわいい, 最愛の, お気に入りの (favorite): He is my *darling* child. 彼は私のいとしい子供です. **2** 〔女性・口語〕すてきな, かわいらしい (cute): What a *darling* dress! なんてかわいらしい服なんでしょう.

darn¹ [dáːrn] 動 他 自 繕う, かがる (mend) (*up*): *Darn up* (the hole in) this sock, please. この靴下の(穴を)繕ってください.
— 名 Ⅽ 繕った〔かがった〕箇所; Ⅱ 繕い, 修繕.

darn² 動 他 〔口語〕…をののしる (◇ damn の婉曲表現; → DAMN): *Darn* it! しまった! ちくしょう!
— 〔否定文で〕少しも: I don't care a *darn*. 私はちっともかまわない.

darned [dáːrnd] 形 副 〔口語〕= DAMNED.

darn・ing [dáːrniŋ] 名 Ⅱ **1** 繕う〔かがる〕こと.
2 〔集合的に〕繕い物.

‡**dart** [dáːrt] 名 Ⅽ **1** 投げ矢: throw a *dart* 投げ矢を投げる / a poisoned *dart* 毒矢. **2** 〔~s; 単数扱い〕ダーツ, 投げ矢遊び. **3** 〔通例 a ~〕突進 (dash): make a sudden *dart* [for] … …に突進する, 襲いかかる. **4** Ⅽ 〔縫〕ダーツ, ひだ.
— 動 自 投げ矢のように飛んで行く; 突進する: *dart away* [*off*] 駆け去る.
— 他 〔槍(ʼ)・矢・視線・光を〕…に〕すばやく〔さっと〕投げる, 射る, 放つ [*at*]: *dart* a spear *at* … …に槍を投げつける / *dart* an angry glance *at* … 怒って…をじろりとにらむ.

dart・board [dáːrtbɔ̀ːrd] 名 Ⅽ ダーツ (darts) の標的(盤), ダーツ盤.

Dar・win [dáːrwin] 名 固 ダーウィン Charles Robert Darwin (1809–82; 英国の博物学者. 1859年に『種の起源』(*The Origin of Species*) で進化論を提唱した).

Dar・win・ism [dáːrwinìzəm] 名 Ⅱ ダーウィン説 (自然淘汰(ʼ)と適者生存を基調とする); 進化論.

‡‡‡**dash** [dǽʃ] 動 名
— 動 (三単現 **dash・es** [~iz]; 過去・過分 **dashed** [~t]; 現分 **dash・ing** [~iŋ])
— 自 **1** 〔副詞(句)を伴って〕突進する; 急いで行く: *dash* up [down] the stairs 階段を駆け上がる〔下りる〕 / *dash* for the station 駅に向かって突っ走る / How about a cup of tea? ― Sorry, but I have to *dash* now. お茶でもどう ― 悪いけど今急いでいるんだ.
2 […に]衝突する, 激しくぶつかる [*against, on*]: The truck *dashed against* the big tree. トラックは大木に激突した.
— 他 **1** …を […に] 投げつける, たたきつける [*against, to*]: She *dashed* an ashtray *against* the door. 彼女は灰皿をドアに投げつけた / The flowerpot was *dashed against* the wall by the strong wind. 強風で植木鉢が壁にたたきつけられた. **2** 〔水など〕を […に] ぶつける, まき散らす (splash) [*on, over, in*]; …に〔水などを〕浴びせる [*with*]: The car *dashed* mud *over* Bob. = The car *dashed* Bob *with* mud. その車がボブに泥をはねかけた. **3** 〔元気・希望など〕をくじく, 打ち砕く: The accident *dashed* his high spirits. その事故で彼は意気消沈した. **4** …に […を](少量)混ぜる *dash*-ing* [*with*].
■ *Dásh it (all)!* 〔英口語〕ちくしょう (◇ Damn it の婉曲表現).

dásh óff 自 急いで立ち去る〔行く〕. — 他 …をさっと書き上げる.

— 名 **1** [a ~] 突進, 突撃: The dog made a *dash* for the truck. 犬はトラックに向かって突進した / The anchor of our team made a *dash* for the goal. 私たちのチームのアンカーがゴールに突進した. **2** [a ~] […の]少量, 気味 [*of*]: sprinkle a *dash of* salt on the steak ステーキに少量の塩をふる. **3** Ⅽ 〔前例, 単数形で〕〔米〕短距離競走: a 100 meter *dash* 100メートル競走. **4** Ⅽ ダッシュ, ダーシ (―); (モールス信号の) 長音. **5** Ⅱ 〔通例, 単数形で〕(水などの) はねる音: the *dash* of the rain on [against] the windows 窓をたたく雨音.
6 Ⅱ 〔古風〕元気, 活気, 威勢 (のよいこと): with spirit and *dash* 意気盛んに, 勢いよく.
7 Ⅽ 〔米口語〕ダッシュボード (dashboard).
■ *at a dash* 一気に.
cùt a dásh 〔古風〕(服装・態度などで) 人目を引く, 際立つ.

dash・board [dǽʃbɔ̀ːrd] 名 Ⅽ (自動車・飛行機などの) 計器盤, ダッシュボード.

dashed [dǽʃt] 形 〔限定用法〕〔英・古風〕ひどい, いまいましい (◇ damned の婉曲語).

dash・ing [dǽʃiŋ] 形 **1** 威勢のいい. **2** 〔古風〕

dastardly

さっそうとした, (男性・ものが) いきな: a *dashing* young man いなせな若者.

das·tard·ly [dǽstərdli] 形《古風》卑きょうな.

DAT [díːèitíː, dǽt]《略語》= *d*igital *a*udio *t*ape デジタルオーディオ[録音]テープ.

***da·ta [déitə, dǽtə / déitə, dáːtə]

— 名 [U]《単数・複数扱い》[…についての] **資料**, データ, 情報 [on]《◇元来は datum の複数形なので複数扱いになるが, 現在では単数扱いになることが多い》: Sufficient *data* is [are] available. 利用できるデータが十分にある / Accurate *data* are not obtainable. 正確な資料が得られない / The *data* is [are] still being analyzed. データはまだ分析中です / She collected [gathered] a lot of research *data* on Chinese history. 彼女は中国史の研究資料をたくさん集めた.

【コロケーション】 データを[に] …
- データにアクセスする: *access data*
- データを検索する: *retrieve data*
- データを削除する: *erase* [*delete*] *data*
- データを処理する: *process data*
- データを入力する: *input* [*feed in*] *data*
- データを保存する: *save data*

◆ **dáta bànk** [C] **1** = DATABASE (↓). **2** データバンク《各種のデータを収集・保管・提供する機関》.
dáta cápture [U]《コンピュータ》データ収集.
dáta pròcessing [U]《コンピュータ》データ処理.

da·ta·base [déitəbèis, dǽt- / déi-, dáː-] 名 [C]《コンピュータ》データベース《入力されたデータを迅速に検索・利用できるように分類整理したもの》.

***date¹ [déit] 名 動

— 名 (複 **dates** [déits]) **1** [C] **日付**, 年月日, 期日: What is the *date* today? = What *date* is it today? — It is April 10. きょうは何月何日ですか — 4月10日です / I received a letter from you with [bearing] the *date* May 5. 5月5日付のお手紙を受け取りました / The first of each month is the regular *date* for the meeting. 毎月1日は会の定例開催日です / The *date* for the wedding has been set for October 10. 結婚式の日取りは10月10日と決まった / Please tell me your *date* of birth. お誕生日を教えてください.

【語法】 (1) 日付は《米》では年・月・日の順,《英》では日・月・年の順で書くことが多い:《米》April 6, 2002 =《英》6(th) April, 2002 2002年4月6日《米》では 4/6/02,《英》では 6/4/02 と略記する).
(2) 4月6日は《米》では April sixth,《英》では April the sixth, the sixth of April と読む. また《口語》では April six と言うこともある.
(3) 曜日については day を用いる (→ DAY **1**).

2 [U] 時代, 年代: This sword is of very ancient *date*. この剣は非常に古い時代のものです.

3 [C]《口語》[…との] 会う約束 [*with*] (→ APPOINTMENT 類義語): make a *date* for next week 来週会う約束をする / The *date* should be punctually kept. 会合の約束はきちんと守られなければならない / I have a *date* with Mr. Brown this evening. 今晩ブラウンさんと会う約束がある.

4 [C]《口語》[異性との] デート [*with*]: I asked Jane for a *date*. 私はジェーンをデートに誘った.

【コロケーション】 デートを[に, の] …
- デートをすっぽかす: *break a date*
- デートする: *have a date*
- デートに出かける: *go* (*out*) *on a date*
- デートの約束をする: *make* [*get*] *a date*

5 [C]《米口語》デートの相手: I will introduce my *date* to you. 私のデートの相手を紹介しよう.

■ **at a láter dáte** いずれ, そのうちいつか.
bring ... úp to dáte …を最新のものにする; 〈人〉に最新情報を知らせる.
òut of dáte 時代遅れで[の], 期限切れで[の]: The dress is *out of date*. その服は時代遅れです.
to dáte 今まで, 現在まで: I have not received a reply from him *to date*. 今までのところ彼から返事を受け取っていない.
úp to dáte 流行の, 最新の, 最新の情報に通じた (→ UP-TO-DATE): She is wearing a dress which is *up to date*. 彼女は流行のドレスを着ている.

— 動 他 **1**〈手紙など〉に日付を書く: Don't forget to *date* this document. この書類に日付を入れるのを忘れないように / His letter was *dated* June 10. 彼の手紙は6月10日付だった.

2 …の年代を推定する, 年代を決定する: The specialist *dated* the pot to 1000 B.C. 専門家はそのつぼを紀元前1000年のものと推定した. **3** …を時代遅れにする, …が年齢 [年代] を示す: Your taste in music *dates* you. 音楽の趣味であなたの年がわかる. **4**《米口語》…とデートをする, つき合う: I have been *dating* her for weeks. 私は彼女と数週間前からつき合っている.

— 自 **1** […に] さかのぼる [*back to*], […から] 始まる [*from*]: This custom *dates back to* the 17th century. この習慣は17世紀からある / This church *dates from* the 15th century. この教会は15世紀に建てられた. **2** 流行遅れになる: These days even bags and shoes *date* quickly. 近頃はかばんや靴でさえすぐ流行遅れになる. **3**《米口語》デートする.

date² [déit] 名 [C]《植》**1** = **dáte pàlm** ナツメヤシ. **2** ナツメヤシの実.

dat·ed [déitid] 形 **1** 日付のある: a letter *dated* March 1 3月1日付の手紙. **2** 時代遅れ[旧式]の.

date·line [déitlàin] 名 [C]《書籍・手紙などの》日付欄;《著作物発行の》日付と場所.

dáte lìne 名 [the ~]《しばしば D- L-》日付変更線 (◇正式には international date line).

da·tive [déitiv] 名 [C]《文法》= **dátive càse** 与格《◇英語では間接目的語に相当する格. I gave him a book. の him の格; cf. accusative 対格》.
— 形 与格の: a *dative* verb 授与[与格]動詞《◇ buy, give, show など目的語を2つとる動詞》.

da·tum [déitəm]《原義は「与えられた(もの)」》名 (複 **da·ta** [déitə], ただし **2** では **da·tums** [~z]) **1**《まれ》資料, データ (→ DATA). **2**《通例 ~s》《論》前提《既知》事項, 所与;《数学》既知数.

daub [dɔ́ːb] 動 他〈絵の具・塗料など〉を […に] 塗る, 塗り付ける [*on*]; 〈絵の具・塗料などで〉…を塗る

[*with*]: *daub* paint *on* the roof = *daub* the roof *with* paint 屋根にペンキを塗る.
― 自《口語》下手な絵をかく.
― 名 **1** ⓒⓊ 塗料, しっくい, 粘土; ⓒ 少量の塗料. **2** ⓒ 汚れ. **3** ⓒ《口語》下手な絵.

*** **daugh·ter** [dɔ́ːtər]
― 名 (複 **daugh·ters** [~z]) ⓒ **1** 娘 (cf. son 息子; → FAMILY 図): King Lear had three *daughters*. リア王には3人の娘があった.
2 […から] 派生したもの, […の] 子孫, 結果 [*of*]: Italian is a *daughter of* Latin. イタリア語はラテン語から派生した言語である.

dáugh·ter-in-làw [dɔ́ːtər] 名 (複 **daugh·ters-in-law**, **daugh·ter-in-laws**) ⓒ 息子の妻, 嫁 (cf. son-in-law 娘の夫, 婿(む); → FAMILY 図).

daugh·ter·ly [dɔ́ːtərli] 形 娘の, 娘らしい.

daunt [dɔ́ːnt] 動 他《しばしば受け身で》〈人〉の気力をくじく, 〈人〉をひるませる, 威圧する (discourage): I *was daunted* by the remaining work. 私はまだ残っている仕事を見て気がくじけてしまった.
■ *nóthing dáunted*《格式》(困難に対して) 少しもくじけず [ひるまず].

daunt·ed [dɔ́ːntid] 形 ひるんだ, たじろいだ.

daunt·ing [dɔ́ːntiŋ] 形 (仕事などが) 人の気力をくじく; きつい, 恐ろしい.

daunt·less [dɔ́ːntləs] 形《文語》恐れを知らぬ, 勇敢な: a *dauntless* explorer 不屈の探検家.

Dave [déiv] 名 固 デイブ (◇男性の名; David の愛称).

dav·en·port [dǽvənpɔ̀ːrt] 名 ⓒ《米》(ベッド兼用の) 大型ソファー;《英》小さな書き物机.

Da·vid [déivid] 名 固 **1** デイビッド (◇男性の名;《愛称》Dave, Davie). **2**《聖》ダビデ王《紀元前1000年頃のイスラエル王). **3** [Saint [St.] ~] 聖デイビッド (Wales の守護聖人).

da Vin·ci [də víntʃi] 名 固 → LEONARDO DA VINCI.

Da·vis [déivis] 名 固 デイビス (◇男性の名).
◆ **Dávis Cúp** [the ~] デビスカップ《男子テニスの国別対抗戦 (の優勝杯)》.

da·vit [déivit / dǽvit] 名 ⓒ《海》ダビット《ボートなどの上げ下ろしに用いる船側(ま)の鉄の柱》.

daw·dle [dɔ́ːdl]《口語》動 自 のろのろする [ぐずぐずする]. ― 他 …をのらくら過ごす, 〈時間〉を空費する (*away*).

daw·dler [~ər] 名 ⓒ《口語》怠け者, ぐず.

*** **dawn** [dɔ́ːn]《☆発音に注意》
名 動
― 名 (複 **dawns** [~z]) **1** ⓊⒸ 夜明け, あけぼの, 暁(がか): at *dawn* 夜明け [明け方] に / *Dawn* is breaking. 夜が明けかかっている / He studied from *dawn* till dark [dusk]. 彼は朝早くから暗くなるまで勉強した.
2 [the ~]《文語》(物事の) 始まり, 発端, きざし: the *dawn* of a new age 新しい時代の始まり.
― 動 **1** 夜が明ける, 明るくなる: It [Morning, Day] *dawns*. 夜が明ける. **2**《格式》(物事の真実 [意味] が) […に] 明らかになる, わかり始める (*on*, *upon*): It suddenly *dawned on* me that

I loved him. 自分が彼を愛していることに突然気がついた. **3**《文語》始まる, 現れる, 発達し始める: The computer age has *dawned*. コンピュータ時代の幕開けである.
◆ **dáwn chòrus** [the ~]《英》夜明けに鳴く鳥の声.

*** **day** [déi]
― 名 (複 **days** [~z]) **1** ⓒ 日, 1日, 1昼夜 (→ 図): A *day* has twenty-four hours. 1日は24時間です / I'm planning to study three hours a *day*. 私は1日3時間勉強するつもりです / She stayed in Cairo for five *days*. 彼女はカイロに5日間滞在した / The baby was christened on the fifth *day* of his birth. その赤ん坊は生まれてから5日目に洗礼を受けた / Have a nice *day*! 行ってらっしゃい, ではまた, さようなら / What *day* (of the week) is it today? ― It's Friday. きょうは何曜日ですか ― 金曜日です / What *day* of the month is it today? きょうは何日ですか (= What date is it today?).
2 ⓊⒸ 昼間, 日中 (↔ night): The *days* are getting longer. 日が長くなってきている / It was very hot during the *day*. 日中はとても暑かった.

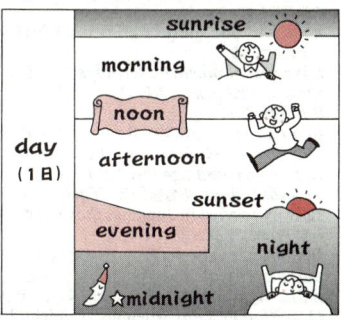

day (1日) — sunrise / morning / noon / afternoon / sunset / evening / night / ☆midnight

3 ⓒ [しばしば ~s] 時代, 時期: at the present *day* 現代に / the good old *days* 古きよき時代 / This table was made in the *days* of Queen Victoria. このテーブルはビクトリア女王の時代に作られた / Bill practiced judo in his high school *days*. ビルは高校時代に柔道をやっていた.
4 ⓊⒸ [しばしば D-] 記念日, 祝日, 祭日: New Year's *Day* 元日 / St. Valentine's *Day* バレンタインデー. **5** [one's ~] 全盛期: That boxer's *day* has gone. あのボクサーの全盛期は過ぎた / Every dog has his *day*.《ことわざ》どの犬にも盛んな時がある ⇒ だれにもよい時期がある, 悪いことばかりではない. **6** [one's ~s] 一生, 生涯, 寿命: Dr. Noguchi spent his *days* in the study of medical science. 野口博士は医学の研究に生涯をささげた. **7** ⓒ (労働時間としての) 1日, 労働日: We work an seven-hour *day* and a five-day week. 私たちは1日7時間, 週5日働く. **8** [the ~] 勝負, 勝利: lose [win, carry, gain] the *day* 戦いに負ける [勝つ].

■ **áll dáy (lóng)** 1日じゅう.
all the dáy《英》= all day (long).
ány dáy (nòw)《口語》いつでも; もうすぐ.
befòre dáy 夜明け前に.
by dáy 日中は: He worked *by day* and studied by night. 彼は日中は働き, 夜は勉強した.
by the dáy 1日いくらで: He was paid *by the day*. 彼は日当で給料をもらった.
cáll it a dáy《口語》(その日の) 仕事を切り上げる.
dáy àfter dáy 毎日毎日に: In winter here it snows *day after day*. 当地では冬は来る日も来る日も雪が降る.
dáy and níght 昼も夜も, 昼夜の別なく: work *day and night* 昼夜兼行で働く.
dáy by dáy 日ごとに, 日増しに: It is getting colder *day by day*. 日ごとに寒くなってきている.
dày ín and dày óut = **dày ín, dày óut** 来る日も来る日も, 明けても暮れても.
èvery dáy 毎日 (→ EVERYDAY [語法]): I take my dog for a walk *every day*. 私は毎日犬を散歩に連れて行く.
èvery óther [sécond] dáy 1日置きに, 隔日に.
from dáy to dáy **1** 日ごとに. **2** その日その日で: He lives *from day to day*. 彼はその日暮らしの生活をしている.
have hád one's dáy (昔はよかったが) 今はもう盛りを過ぎている.
háve séen [knówn] bétter dáys (今は落ちぶれているが) 昔は栄えたこともあった.
if a dáy 確かに, きっと (→ IF 成句).
in a dáy 1日で, 短期間で: Rome was not built *in a day*.《ことわざ》ローマは1日にして成らず.
in thís dày and áge 現代では, この頃は.
in thóse dáys その当時は: There was no railway service in Japan *in those days*. その当時日本には鉄道が通っていなかった.
It's not ...'s dáy.《口語》…はついていない.
máke a dáy of it《口語》1日を楽しく過ごす.
máke ...'s dáy …を非常に喜ばす: It *made Grandfather's day* when his grandchildren celebrated his birthday. 孫が誕生日を祝ってくれたので祖父はとても喜んだ.
níght and dáy = day and night (↑).
... of the dáy 当時の…, 現代の…: the best pianist *of the day* 当時 [現代] 最高のピアニスト.
óne day **1**(過去の) ある日: *One day* he went to the mountain to pick mushrooms. ある日彼は山へきのこ狩りに出かけた. **2** (未来の) いつか.
òne of thèse dáys 近日中に, そのうち.
óne of thòse dáys(つい)ついてない日.
sóme dày (or òther)(未来の) いつか, いつの日か (someday).
Thát'll be the dáy.《口語・皮肉》そんなことにならたらおしまいさ, まさか.
the dáy àfter tomórrow あさって.
the dáy befòre yésterday おととい.
the òther day(つい) 先日.
thèse dáys [通例, 現在時制と共に用いて] 最近, この頃は: Many students go abroad to study *these days*. 最近は海外留学をする学生が多い.

thís dày of the wéek [mónth, yéar]《米》来週 [来月, 来年] のきょう; 先週 [先月, 去年] のきょう.
thís dày wéek [mónth, yéar]《英》来週 [来月, 来年] のきょう; 先週 [先月, 去年] のきょう.
Thóse were the dáys!《口語》昔はよかった.
to the [a] dáy 日にちも違わずに, ちょうど: It is two years *to the day* since my father died. 父が亡くなってちょうど2年になる.
to thís dày 今日まで, 今まで. (▷ 形 **dáily**)
◆ **dáy bóy** [C] 寄宿学校の男子通学生 (cf. boarder 寮生).
day núrsery [C]《米》保育園, 託児所.
day schòol [C][U]《通学制の》学校.
day shìft [C](昼夜交替制の) 昼間勤務(者).

day・bed [déibèd] [名] [C] ソファー兼用のベッド.
*__day・break__ [déibrèik] [名] [U] 夜明け (dawn): at *daybreak* 夜明けに.
dáy-càre [形] [限定用法]《米》(幼児・老人・障害者などに対する) 日中の保育 [介護] を行う.
◆ **dáy-care cènter** [C]《米》保育所, 託児所(《英》crèche); 高齢者 [障害者] 福祉センター.
dáy càre [名] [C](幼児・老人・障害者などに対する) 日中の保育 [介護], デイケア.

day・dream [déidrìːm] [名] [C] 空想, 夢想, 白日夢.
— [動] (三単現 **day・dreams** [~z]; 過去・過分 **day・dreamed** [-drèmt, -drìːmd / -drèmt], **day・dreamt** [-drèmt]; 現分 **day・dream・ing** [~iŋ]) [自] […について] 空想にふける [*about*]. — [他] […ということを] 空想する [*that* 節].
day・dream・er [~ər] [名] [C] 空想家, 夢想家.

*__day・light__ [déilàit] [名] [U] **1** 日光, 昼の明かり; 昼間, 日中 (daytime): by *daylight* 日中のあるうちに / Lamplight is not so good for your eyes as *daylight*. 電灯は日光ほど目にはよくない. **2** 夜明け (dawn): at *daylight* 夜明けに / before *daylight* 夜明け前に.
■ **bríng ... into dáylight** …を明るみに出す.
in bróad dáylight 真っ昼間に; 公衆の面前で.
scáre [fríghten] the (líving) dáylights óut of ...《口語》…を気を失うほどおびえさせる [驚かす].
sée dáylight《口語》理解する, わかってくる; (解決・完成の) 道が見える: I can now *see daylight* ahead. 私はやっと先が見えてきた.
◆ **dáylight sáving tìme, dáylight sávings** [U]《米》夏時間(《英》summer time)《晩春から初秋までで日中を有効に使うために標準時間を1時間進める制度;《略語》DST》.

day・long [déilɔ̀ːŋ / -lɔ̀ŋ] [形] 終日の.
— [副] 終日, 1日じゅう.

*__day・time__ [déitàim]
— [名] [U] [通例 the ~] 昼間, 日中 (↔ nighttime)《日の出から日没までの間》: in [during] the *daytime* 昼間 [日中] に / *daytime* soap operas 昼のメロドラマ (番組).

day-to-day [déitədéi] [形] [限定用法] **1** 毎日の, 日常の: *day-to-day* troubles 日々の悩み事. **2** その日暮らしの, 1日限りの.

daze [déiz] [動] [他] **1** [しばしば受け身で] (人) をぼうっとさせる, ぼう然とさせる: He *was dazed* by the

shock. 彼はそのショックでぼう然となった.　**2**〈人〉の目をくらませる.
— 图 [a ～] ぼう然, 当惑. [通例, 次の成句で]
■ *in a dáze* ぼうっとして; ぼう然として.
dazed [～d] 形 ぼうっとした, ぼう然とした.

***daz·zle** [dǽzl] 動 他 [しばしば受け身で]　**1**…の目をくらませる: The sunlight *dazzled* my eyes. 日光で目がくらんだ.　**2**〈人〉を […で] 幻惑する, 驚嘆させる [*by*]: The girl *was dazzled by* the splendor of the palace. 少女は宮殿の豪華さに目もくらむようだった.
— 自 (ものが) きらきら光る.
— 图 [単数形で] 目がくらむこと, 輝き, 見事さ: a *dazzle* of lights 目がくらむような光の輝き.

daz·zling [dǽzliŋ] 形 まばゆい, 華々しい: a *dazzling* smile こぼれるような笑み.
daz·zling·ly [～li] 副 目もくらむほどに.
db, dB 《略語》 = *d*eci*b*el(s) 【物理】デシベル.
dbl. 《略語》 = *d*ou*bl*e.
DBMS 《略語》 = *d*ata*b*ase *m*anagement *s*ystem データベース管理システム (→ DATABASE).
D.C.¹ 《郵略語》 = *D*istrict of *C*olumbia コロンビア特別区.
DC², dc 《略語》 = *d*a *c*apo【音楽】初めから; *d*irect *c*urrent【電】直流.
D.C. [díːsíː] 《略語》 = *D*istrict of *C*olumbia コロンビア特別区 (→ DISTRICT).
D-day [díːdèi] 图 **1**【軍】攻撃 [上陸] 開始日, Dデー (第2次世界大戦で連合軍がノルマンディーに上陸した1944年6月6日をさす).　**2**《口語》(一般に) 重要な仕事 [計画] の (実施) 予定日.　**3**《英》10進法通貨制度開始日 (*D*ecimal *D*ay) (→ DECIMAL).
DDT [díːdíːtíː] 图 U ディーディーティー《殺虫剤》.
DE 《郵略語》= *D*elaware.
de- [diː, di] 《接頭》「分離・下降・否定・反対」などを表す: *de*prive 奪う / *de*scend 降りる / *de*grade …を降格する.
DEA 《略語》 = *D*rug *E*nforcement *A*gency 《米》麻薬取締局.
dea·con [díːkən] 图 C 【カトリック】助祭; 【プロテ・英国教】執事 (◇女性形は deaconess).

*****dead** [déd] (☆ 発音に注意)
形 副 图

① 死んだ. 1
② 感覚がない. 2
③ 活気がない. 3

— 形 [比較なし]　**1 死んだ**, 死んでいる; (植物が) 枯れた (↔ alive, living, live): *dead* leaves 枯れ葉 / My grandmother has been *dead* for three years. 祖母が死んで3年になる (= It is three years since my grandmother died.) / The *dead* body was carefully inspected. 死体は念入りに調べられた / *Dead* men tell no tales. 《ことわざ》死人に口なし.
　2 [叙述用法] (体の部分が) 感覚がない, まひした; (人が) 感受性がない: The tips of my fingers feel *dead* with cold. 寒さで指先の感覚がない / My legs have gone *dead*. 足がしびれてしまった /

She seems *dead* to my entreaty. 彼女は私がいくら頼んでも動じる風がない.
　3 活気がない, 静まりかえった; (空気などが) よどんだ: a *dead* season (商売・社交の) 閑散期, 夏枯れ時 / *dead* air よどんだ空気 / The town has been *dead* since the steel mill was closed. 製鉄所が閉鎖されて以来町は活気を失ってしまった / Yesterday's party was *dead*. きのうのパーティーは盛り上がらなかった.
　4 活動を停止した, 機能しない, 役に立たない: a *dead* match 火の消えたマッチ / a *dead* battery 消耗した電池 / a *dead* volcano 死火山 / The telephone line suddenly went *dead*. 電話が突然不通になった.
　5 [限定用法] (もともと) 生命のない (inanimate): *dead* matter 無機物.　**6** (言語などが) すたれた, 今は用いられていない; (法律が) 効力を失った: a *dead* language 死語《古代ギリシャ語, ラテン語など現在用いられていない言語》.　**7** (音・色などが) 鈍い, くすんだ; (飲み物が) 気の抜けた: *dead* beer 気の抜けたビール / the *dead* sound of a broken bell 壊れたつり鐘の鈍い響き.　**8** [限定用法] 完全な, まったくの (complete): The bus has come to a *dead* stop. バスは完全に止まってしまった / He remained in *dead* silence. 彼はひと言も口を利かなかった.　**9**《口語》非常に疲れた, 疲れ切った: We're absolutely *dead*. 私たちもうへとへとです.　**10**《競技》(ボールが) 競技停止の, 無効の (↔ live): a *dead* ball ボールデッド状態《試合の進行が止まっているときのボール》. (比較) 野球の「デッドボール」は, 英語では He was hit by a pitch. (彼はデッドボールを受けた) のように言う

■ *be déad to the wórld* すっかり眠り込んでいる; 完全に意識を失っている.
for déad 死んだものとして: His parents gave him up *for dead*. 彼の両親は彼を死んだものとしてあきらめた.
òver my déad bódy《口語》(生きている限りは) 断じて…させない: You can enter this house *over my dead body*. わしの目の黒いうちは絶対おまえにこの家の敷居をまたがせないぞ.
would [*will*] *nót be séen déad*《口語》[…で / …するのは] 死んでも [絶対に] いやだ [*in, on, with* / *doing*].

— 副 《口語》　**1** すっかり, 完全に: I was *dead* tired [beat] after the day's hard work. その日の重労働で私は疲れ果てていた / He was *dead* asleep in a few minutes. 彼は数分でぐっすり寝入ってしまった.　**2** [副詞 (句) を伴って] まったく, ちょうど: They were *dead* against my plan. 彼らは私の計画に真っ向から反対した.　**3** 急に: The train stopped *dead*. 列車が急に止まった.

— 图　**1** [the ～; 集合的に; 複数扱い] 死者 (たち): Speak no ill of the *dead*. 《ことわざ》死者の悪口を言うな.　**2** U [通例 the ～] (寒さ・静寂などの) 真っ最中に: in the *dead* of night [winter] 真夜中 [真冬] に.

■ *ríse from the déad* 復活する, よみがえる.
(▷ 图 déath; 動 díe¹, déaden)

◆ déad dúck C《口語》成功の見込みがないもの

dead héat [C] **1**(競争で2者以上が同着となる)引き分け,無勝負. **2** 接戦,デッドヒート.
déad létter [C] **1** 空文化した法律. **2** 配達不能の郵便物.
déad réckoning [U]《海・航空》推測航法.
Déad Séa《固》[the ~]死海《イスラエルとヨルダンの国境にある塩湖》.
déad wéight [C]《通例 a ~》**1** 死荷重《外部からかかる重さを除いた,物自体の重量》. **2**《比喩》重荷,重圧. **3**《車などの》自重.

dead·beat [dédbi:t]《口語》形 疲れ果てた.
—— 名 怠け者; 借金を踏み倒す人.

dead·en [dédən] 動 他 〈活力・光沢など〉を失わせる,弱める; 〈苦痛・音など〉を和らげる,消す.
2 〈人〉を[…に] 鈍感にする [to].
—— 自 弱まる; 鈍る; 消える; 死ぬ. (▷ 形 déad)

dèad-énd 形 行き止まりの;《口語》先の見通しの立たない: a *dead-end* job 将来性のない仕事.

déad énd [C]《道路などの》行き止まり; 袋小路;《仕事・事業などの》行き詰まり.

‡**dead·line** [dédlàin] [C]《原稿などの》締め切り(時間);最終期限 (time limit): the six o'clock *deadline* 6時の締め切り.
■ **méet [míss] the déadline** 締め切りに間に合う[遅れる].

dead·lock [dédlàk / -lɔ̀k] [C][U]《交渉などの》行き詰まり,デッドロック: come to a *deadlock* 行き詰まる / break the *deadlock* 行き詰まりを打開する.
—— 動 他 …を行き詰まらせる. —— 自 行き詰まる.

*****dead·ly** [dédli] 形 (比較 **dead·li·er** [~ər], **more dead·ly**; 最上 **dead·li·est** [~ist], **most dead·ly**)
1 致命的な,命にかかわる (fatal): a *deadly* disease 命取りの病気. **2** [限定用法] 憎い; 生かしておけない: one's *deadly* enemy 自分の命を常にねらっている敵. **3** [限定用法] 死んだような,死人のような: a *deadly* paleness 死人のような青白さ.
4 《批判・意見が》効果的な,痛烈な. **5**《口語》死ぬほど退屈な. **6**《口語》はなはだしい,ひどい: in *deadly* haste ひどく急いで.
—— 副 **1** 死んだように,死人のように: *deadly* pale 死人のように青ざめた. **2**《口語》とても,ひどく (extremely): *deadly* tired くたくたに疲れて.

dead·pan [dédpæn] 形《口語》〈顔が〉無表情な; 無関心を装った.
—— 副 無表情に,平然として.

dead·wood [dédwùd] 名 [U] **1** 無用の人間[もの]: cut out (the) *deadwood* 余計なもの[人員] を削減する. **2** 枯れ枝[木].

*****deaf** [déf]
—— 形 (比較 **deaf·er** [~ər]; 最上 **deaf·est** [~ist]) **1** 耳が聞こえない,耳が遠い[不自由な] [the ~; 名詞的に; 複数扱い] 耳の聞こえない人たち: be *deaf* in [《文語》of] one's left ear 左の耳が聞こえない / During her speech she used sign language for the *deaf*. 彼女は話をしながら耳の不自由な人たちのために手話を使った.
2 [叙述用法]《文語》〈人の言うことを〉聞こうとしない,[…に] 耳を貸さない [to]: She was *deaf* to his advice. 彼女は彼の忠告を聞こうとしなかった.
■ **fáll on déaf éars**《忠告などが》無視される.
túrn a déaf éar to ... …を全然聞こうとしない,…に耳を貸さない. (▷ 動 déafen)

deáf-áid 名 [C]《英口語》補聴器 (hearing aid).
deaf·en [défən] 動 他《騒音などが》…の耳を聞こえなくする; 〈音など〉をかき消す. (▷ 形 déaf)
deaf·en·ing [défəniŋ] 形 耳をつんざく(ような).
deaf·ness [défnəs] 名 [U] 耳が聞こえないこと,耳が不自由なこと;《人の言葉に》耳を貸さないこと.

*****deal¹** [dí:l]
—— 名 [a ~] 量,程度.[通例,次の成句で]
■ ***a góod [gréat] déal*** =《口語》**a déal 1** 多量,たくさん: I learned *a good deal* from him. 私は彼らから非常に多くのことを学んだ. **2** [副詞的に] 大いに,非常に: It rained *a good deal* last night. 昨夜雨がたくさん降った / He can run *a great deal* faster than I. 彼は私よりずっと速く走れる.
a góod [gréat] déal of ... =《口語》**a déal of ...** 多量の…,たくさんの…《◇ of のあとは通例 [U]》: He gave me *a good deal of* money. 彼は私にお金をたくさんくれた / There was *a great deal of* discussion about it. それについていろいろ討議が重ねられた.

*****deal²** [dí:l] 名 動
—— 名 (複 **deals** [~z]) [C] **1** 取引,取り決め: make [do] a *deal* with them to buy sugar 彼らから砂糖を買う取引をする / This is the first *deal* we made with them. これが彼らとの初めての取引です / It's [That's] a *deal*!《口語》よし,決まった.
2 [a ~] 待遇,取り扱い: get a raw [rough] *deal* 不公正な扱いを受ける / They gave me a fair [square] *deal* in the institution. その施設では私を公正に扱ってくれた. **3**《トランプ》札を配ること,札を配る番,親: Whose *deal* is it? — It's your *deal*. だれが親の番ですか — 君だよ. **4** 《通例 D-》《政治・経済上の》政策,計画: the New *Deal*《米》ニューディール政策.

—— 動 (三単現 **deals** [~z]; 過去・過分 **dealt** [délt]; 現分 **deal·ing** [~iŋ]) 他 **1** (a) [**deal**+O] 〈人に〉…を分配する; 〈トランプの札〉を配る (out) [to]: It is your turn to *deal* the cards. 君がカードを配る番だよ / He *dealt* out two sheets of paper *to* each of us. 彼は私たちそれぞれに紙を2枚配った. (b) [**deal**+O+O] 〈人〉に…を分配する; 〈トランプの札〉を配る: She *dealt* each of us six cards. 彼女は私たちそれぞれにカードを6枚配った.
2 [**deal**+O+at [to]] ... / **deal**+O+O]《文語》〈人〉に〈打撃など〉を与える: He *dealt* a blow *at* me. 彼は私を殴った / His sudden death *dealt* us a terrible blow. 彼の突然の死は私たちに大打撃を与えた.
—— 自 **1** トランプの札を配る. **2**《口語》〈麻薬を〉売買する.

deal³

[句動詞] **déal in ...** 他 …を売買する, 商う: They *deal in* rice at that store. あの店では米を売っている.
déal with ... 他 **1** 〈問題など〉に対処する, 取り組む; …を処理する: The government is at a loss how to *deal with* the economic situation. 政府は経済状況にどう対処したらよいかとまどっている. **2** 〈人・本などが〉…を扱う, 論じる: The writer *deals* realistically *with* the urban life. その作家は都市生活を写実的に扱っている. **3** …と取引する: We *deal with* that company. 私たちはその会社と取引がある.
4 〈人〉を相手にする, …とつき合う: She is hard to *deal with*. 彼女はつき合いにくい.

deal³ [díːl] 名 U 〈英〉モミ[松]材; モミ[松]板.

*deal・er [díːlər] 名 C **1** […の] 販売人, 業者, ディーラー, […] 商 (*in*): a *dealer* in used cars = a used car *dealer* 中古車(販売)業者.
2 【トランプ】(カードの)配り手, 親. **3** (証券・外国為替の) ディーラー.

deal・er・ship [díːlərʃip] 名 **1** C 販売地域.
2 U 地域販売特約権; C 販売特約店[人].

deal・ing [díːliŋ] 名 **1** [~s] […との] 商取引(関係); 交際, 関係 (*with*): have *dealings with* ... …と取引関係がある. **2** U (他人に対する)ふるまい, 行動; 待遇. **3** U (カードなどを)配ること.

***dealt** [délt] 動 **deal**² の過去形・過去分詞.

*dean [díːn] 名 C **1** (大学の) 学部長; 《主に米》 (大学の) 学生部長. **2** 【英国教】主席司祭, 司教総代; 【カトリック】地方司教代理. **3** (各種団体の) 最古参者, 長老.

dean・er・y [díːnəri] 名 (複 **dean・er・ies** [~z]) U 学部長 [主席司祭] の職; C 主席司祭宅[管轄区域].

****dear** [díər] (☆[同音] *deer*) 形 名 間 副 〖原義は「大事な」〗
— 形 (比較 **dear・er** [díərər]; 最上 **dear・est** [díərist]) **1 かわいい**, いとしい, 親愛な: a *dear* daughter 愛娘(まなむすめ) / This present is for my *dear* child. この贈り物はいとしいわが子にあげるためのものです / John was the man *dearest* to her. ジョンは彼女が最も敬愛する人だった.

2 [通例 D-] 親愛なる…様 (◇手紙の書き出しのあいさつ, または演説の呼びかけ; → LETTER 図): Dear Tom [Mr. Jackson] 親愛なるトム[ジャクソン様] / *Dear* Sir [Madam] 拝啓 (◇相手が会社や団体の場合は [Ladies and] Gentlemen, Dear Sirs [Madams] を用いる) / My *dear* Bob 親愛なるボブ (◇ Dear ... よりも《米》では(格式),《英》では(口語)).

3 《格式》 […にとって] 大切な, 貴重な [*to*]: Nothing is *dearer to* us than life. 私たちにとって生命ほど大切なものはない.

4 〖通例, 叙述用法〗 《主に英》 (ものが) 高価な, 高い (↔ *cheap*) (→ EXPENSIVE [類義語]).

— 名 C **1** かわいい人, 大切な人, いい子: Be a *dear* and make me some tea, will you? いい子だから私にお茶を入れてくれないか. **2** [親しい相手への呼びかけで] 君, お前, あなた: Come here, my *dear* [*dears*]. 君[みんな], ここへおいでよ.

■ *thére's* [*thát's*] *a déar* いい子 [お願い] だから.
— 間 **1** まあ, おや, あれあれ (◇主に女性が用い, 驚き・同情・困惑・いら立ちなどを表す): Oh *dear*! = *Dear* me! あれまあ.
— 副 高い値段で; 大きな犠牲を払って (◇通例 buy, cost, pay, sell と共に用いる): My careless driving cost me *dear*. 私は不注意な運転をしたために大きな犠牲を払うはめになった.

◆ **Déar Jóhn (létter)** C 《口語》(女性からの)絶交状; (妻からの)離縁状.

dear・est [díərist] 名 C [しばしば my ~ と呼びかけて] 最愛の人.

‡**dear・ly** [díərli] 副 **1** とても, 非常に: I would *dearly* like to know her address. 私は彼女の住所をぜひ知りたい. **2** 愛情を込めて, 心から, 深く: She loves her son *dearly*. 彼女は息子を深く愛している. **3** 大きな犠牲を払って: That was a victory too *dearly* bought [paid]. それはあまりにも大きな犠牲を払った勝利だった.

dearth [dáːrθ] 名 U [しばしば a ~] […の](品)不足 (shortage), 欠乏 (lack) [*of*]: a *dearth of* food [information] 食糧[情報]不足.

dear・y, dear・ie [díəri] 名 (複 **dear・ies** [~z]) C 〖通例, 呼びかけで〗 《古風》かわいい[いとしい]人, ねえあなた (dear, darling) (◇主として女性が年下に対して用いる).

****death** [déθ] 名 (複 **deaths** [~s]) **1** U 死, 死亡 (↔ *life*); 死ぬこと (↔ *birth*); C 死亡(事例), 死亡者: *death* by drowning 水死 / *death* with dignity 尊厳死 / brain *death* 脳死 / many *deaths* from cancer 癌(がん)による多くの死者 / meet one's *death* 《文語》 死に遭遇する / make a good *death* 安らかに死ぬ.
2 C [修飾語を伴って] 死にざま [方]: die a happy [miserable] *death* 幸福[悲惨]な死に方をする (= die happily [miserably]). **3** [the ~] 死因; 《比喩》命取り (となるもの): Overwork was the *death of* him. 彼は過労で命を落とした / His arrogant manner will be the *death of* him. 彼の横柄な態度はいつか命取りになるだろう. **4** [the ~] […の] 破滅; 終わり [*of*]: One more failure means the *death of* my plan. もう1度失敗したら私の計画もおしまいです. **5** [D-] 死神 (《大鎌(おおかま)》(scythe) を持った黒衣の骸骨(がいこつ)として表される).

■ *be at déath's dóor* 死にかかっている.
be ín at the déath (事の)結末を見届ける.
cátch one's déath (of cóld) 《口語》ひどいかぜを引く.
féel like déath wármed úp [óver] 《口語》ひどく疲れている, 気分がとても悪い: I have a bad cold and *feel like death warmed up*. 私はひどいかぜを引いていて, 気分がよくない.
pút ... to déath …を殺す (kill); …を死刑にする.
to déath **1** 死ぬまで (…する), (…して)死ぬ: drink oneself *to death* 飲みすぎて死ぬ / be starved [frozen] *to death* 餓死 [凍死] する.
2 死ぬほど, ひどく: I'm sick *to death* of his insults. 彼の侮辱にはどうにも我慢ならない.

to the death 最後まで, 死ぬまで.
(▷ 形 dead; 動 die[1])
◆ death certificate C 死亡診断書.
death duty U (英) 相続税 ((米) death tax).
death mask C デスマスク, 死面.
death penalty C 死刑.
death rate C 死亡率.
death row U 死刑囚房.
death tax U (米) 相続税.
death toll C (事故などの) 死亡者 [犠牲者] 数.
death warrant C 死刑執行令状; (希望などを絶つ) 致命的な打撃, とどめ.
death wish [単数形で] [心理] 死の願望 《無意識のうちに自己 [他人] の死を願うこと》.

death·bed [déθbèd] 名 C [通例 one's ~] 死の床; 臨終: on ...'s *deathbed* …の死の床で.

death·blow [déθblòu] 名 C [通例, 単数形で] 致命的打撃; 《比喩》命取り.
■ *deal a deathblow to* ... …に致命傷を与える.

death·less [déθləs] 形 《文語》 1 不滅の, 不死の; 永遠の. 2 《時に皮肉》 不朽の.

death·ly [déθli] 形 (比較 death·li·er [-ər]; 最上 death·li·est [-ɪst]) [限定用法] 1 死んだような. 2 致命的な, 致死の (deadly).
― 副 1 死んだように. 2 ひどく, 非常に.

death's-head [déθshèd] 名 C どくろ (の絵, 像) 《死の象徴》.

deb [déb] 名 C 《口語》 = DEBUTANTE (↓).

dé·bâ·cle, de·ba·cle [dibá:kl, dei-] 【フランス】 名 C 1 (軍隊などの) 総崩れ, 敗走; (政府などの) 崩壊, 瓦解(が); (市場の) 暴落; 大失敗.

de·bar [dibá:r] 動 (三単現 de·bars [~z]; 過去・過分 de·barred [~d]; 現分 de·bar·ring [-bá:rɪŋ]) 他 1 〈人〉を […から] 締め出す, 除外する (shut out) [*from*]. 2 〈人〉に […することを] 禁じる, 妨げる [*from doing*].

de·base [dibéis] 動 〈人〉の品位 [価値・評判] を下げる, 落とす: *debase* ...'s name …の名を汚す / He *debased* himself by accepting a bribe. 彼はわいろをもらって評判を落とした.

de·base·ment [dibéismənt] 名 U C (品質・価値・評判など) 下げること, 落とすこと, 低下; 堕落.

de·bat·a·ble [dibéitəbl] 形 1 論議の余地がある, 異論のある; 未決の: a *debatable* question 未解決の問題. 2 (土地・国境などが) 係争中の: *debatable* ground 係争地.

‡**de·bate** [dibéit] [原義は「打ち負かす」] 動
1 〈問題など〉を […と] 討議 [討論] する [*with*] (→ DISCUSS 類語集): I *debated* an educational problem *with* other teachers. 私はほかの先生方と教育問題について討議した. 2 […かどうか] 討議 [討論] する 〈疑問詞節 [句]〉: We were *debating whether* we should go or stay here [*whether* to go or stay here]. 私たちは行くべきかここにとどまるべきかを議論していた.
― 自 […と / …について] 討議 [討論] する [*with*, *about*, *on*, *upon*].
― 名 U C 討議, 討論, 議論; C 討論会, ディベート: open the *debate* 討論の口火を切る / a TV *debate* テレビ討論会.

de·bat·er [dibéitər] 名 C 討議する人, 討論者.

de·bauch [dibɔ́:tʃ] 動 他 [通例, 受け身で] 《文語》 〈人〉 を堕落させる; 〈女性〉 を誘惑する.

de·bauched [dibɔ́:tʃt] 形 堕落した.

de·bauch·er·y [dibɔ́:tʃəri] 名 (複 de·bauch·er·ies [~z]) U C 酒色にふけること, 放蕩(ほう), 乱行.

de·ben·ture [dibéntʃər] 名 C 1 社債 (券).
2 (関税の) 戻し税証明書.

de·bil·i·tate [dibílətèit] 動 他 〈人・体〉を衰弱させる, 弱める (weaken).

de·bil·i·tat·ing [dibílətèitɪŋ] 形 〈人・体〉を衰弱させる; 〈組織など〉を弱体化させる.

de·bil·i·ty [dibíləti] 名 U 《格式》 (病気による) 衰弱.

deb·it [débit] 名 C 1 [簿記] = debit side 借方 (記入欄) 《帳簿の左側, 資産の増加・損失の発生などを記入する; 略語》 dr.》 (↔ credit): on the *debit* side 借方からの引き出し.
― 動 他 [簿記] 〈金額〉を [借方に] 記入する [*against*, *to*]; …に [借入額] を記入する [*with*]: *debit* $500 *against* [*to*] him [his account] = *debit* him [his account] *with* $500 500ドルを彼の借方に記入する.
◆ **debit card** C デビットカード 《クレジットカード機能の付いた銀行 [口座引き落とし] カード》.

deb·o·nair [dèbənéər] 形 《ほめ言葉》 (通例, 男性の服装・態度が) 好感の持てる; 陽気な, 快活な.

Deb·o·rah [débərə] 名 固 デボラ 《◇女性の名; 《愛称》 Debby》.

de·bouch [dibáutʃ] 動 自 1 (川などが) 〈狭い所から / 広い所へ〉 流れ出る [*from* / *into*]. 2 (人が) [地下道などから] 出て来る, 現れる [*from*]; (軍隊などが) 〈森から / 平地へ〉 出る [*from* / *into*].

de·brief [dibrí:f] 動 他 〈任務を終えて帰還した飛行士・外交官など〉 から結果 [状況] 報告を聞く.

de·bris [dəbrí:, déibri:, déib-] 【フランス】 名 U 破片, 残骸(ざん)(の山), 瓦礫(がれき); がらくた.

‡**debt** [dét] (☆ b は発音しない)
― 名 (複 debts [déts]) 1 C 借金, 負債; U 借金している状態: a *debt* of ten thousand dollars 1 万ドルの借金 / keep out of *debt* 借金せずに暮らす / He is in *debt*. 彼は借金がある / I got out of *debt* at last. 私はやっと借金を返した.

コロケーション 借金を…
借金を返す: *pay* (*back* [*off*]) a debt
借金を重ねる: *run up* a debt
借金をする: *get* [*fall*, *run*] *into* debt
借金を帳消しにする: *write off* a debt

2 C 恩義, (他人に) 負うているもの; U 恩義のある状態: I owe them a *debt* of gratitude for their kindness. 私は彼らの親切に対して恩義がある.
■ *be in debt to* ... = *be in* ...'s *debt* …に借金がある; 恩義がある: I *am* greatly *in debt to* him. = I am greatly *in his debt*. 私は彼に多額の借金 [大きな恩義] がある.

debt·or [détər] 名 C 借り主, 債務者 (↔ creditor); [簿記] 借方 (debit side).

de·bug [dì:bʌ́g] 動 1 〈プログラム〉 の誤りを修正する, デバグする. 2 …から盗聴装置を外す.

de·bunk [dì:bʌ́ŋk] 動 他 《口語》 〈人・思想・制度

De·bus·sy [dèbjuːsíː / dəbjúːsi] 名 固 ドビュッシー – Claude Achille [klɔːd əʃíːl] Debussy《1862-1918; フランス印象派の作曲家》.

*__de·but__ [déibjuː, deibjúː]【フランス】名 C **1** デビュー, 初舞台, 初出演. **2** 初めて(社交界などに)出ること. **3** (仕事・活動などの)第一歩, スタート.
■ __màke one's début__ 初舞台を踏む; デビューを切る: The actress *made her* stage *debut* at the age of fifteen. その女優は15歳で初舞台を踏んだ.

deb·u·tante [débjutàːnt]【フランス】名 C 初舞台[初出演]の女優; (社交界などに)初めて出る上流階級出身の若い女性(《口語》deb).

Dec, Dec.《略記》= December.

dec(·a)- [dekə] 接頭「10(倍)」の意を表す《◇母音の前では dec-; cf. deci- 10分の1》: *deca*de 10年間 / *deca*gram デカグラム / *deca*liter デカリットル / *dec*ennial 10年(ごと)の / *deca*thlon 十種競技.

‡**dec·ade** [dékeid, dekéid]【原義は「10から成るひと組」】名 C 10年間: for several *decades* 数十年間 / the first *decade* of this century 今世紀の初めの10年間.

dec·a·dence [dékədəns]名 U **1** 堕落, 退廃, 衰退(期). **2** [しばしば D-]【芸】デカダンス, デカダン芸術《19世紀末フランスに興った, 退廃の中に美を見いだす芸術運動・傾向》.

dec·a·dent [dékədənt]形 **1** 退廃的な; 衰退した. **2**【芸】退廃期の, デカダン派の, デカダン的な.

de·caf·fein·at·ed [diːkǽfiənèitid]形 (コーヒーなどが)カフェイン抜き[低カフェイン]の.

de·cal [díːkæl, dikǽl]名 C 写し絵, 転写印刷(《英》transfer). デカルコマニー.

Dec·a·logue, Dec·a·log [dékəlɔ̀ːg / -lɔ̀g]名 [the ~]【聖】(モーセ(Moses) の) 十戒 (the Ten Commandments).

De·cam·er·on [dikǽmərən]名 [the ~]『デカメロン』《イタリアの作家ボッカチオの短編小説集》.

de·camp [dikǽmp]動 自 **1**《口語》[…を待って]ひそかに立ち去る[*with*]; 逃亡する. **2** (軍隊が)[野営地を]引き払う, キャンプをたたむ[*from*].

de·cant [dikǽnt]動 他 (ワインなど)を別の容器[デカンター]に(静かに)移す.

de·cant·er [dikǽntər]名 C デカンター《食卓用の栓付きガラスびん. 主にワインを入れる》.

de·cap·i·tate [dikǽpitèit]動 他 **1** (特に処刑として)〈人〉の首を切る〔はねる〕;〈花など〉の先端を摘む. **2**《米口語》〈人〉を首にする, 解雇する.

de·cap·i·ta·tion [dikæpətéiʃən]名 U C 斬首(刑), 断頭.

de·cath·lon [dikǽθlɑn / -lɔn]名 U [通例 the ~] 十種競技(100m走, 走り幅跳び, 砲丸投げ, 走り高跳び, 400m走, 110mハードル, 円盤投げ, 棒高跳び, やり投げ, 1500m走を2日間で行う》: cf. biathlon バイアスロン, pentathlon 五種競技.

‡**de·cay** [dikéi]動 自 **1** (ものが自然の成り行きで徐々に)腐る, 腐敗する, 朽ちる《◇rot のほうが一般的》: Because of the flood crops were left to *decay*. 洪水のために作物は朽ちるままになっていた. **2** (力が)衰える, 衰退する; 弱る, 低下する.
— 他 …を腐らせる, 衰えさせる;〈歯〉を虫歯にする: a *decayed* tooth 虫歯, う歯.
— 名 U **1** 腐敗, 腐食: preserve from *decay* 腐敗を防ぐ. **2** 衰え, 衰退; 減退: physical *decay* 体力の衰え. **3** 虫歯(の部分).
■ __be in decáy__ 腐っている; 衰徴している.
__fáll ìnto decáy__ **1** 衰える, 朽ちる: The beautiful old castle has *fallen into decay*. 美しかったその古城は荒れ果ててしまった. **2** 腐る.

*__de·cease__ [disíːs]【法】名 U 死亡 (death).
— 動 自 死亡する (→ DIE¹ 類義語).

*__de·ceased__ [disíːst]【法】形 [比較なし]《最近》死去した, 故… (dead) (《略記》dec., decd.): …'s *deceased* husband …の亡夫. — 名 [the ~; 単数・複数扱い] (特に最近) 亡くなった人, 故人.

*__de·ceit__ [disíːt]名 **1** U 欺く[だます]こと; 詐欺, ペテン: A journalist was the first to discover his *deceit*. ある記者が彼のペテンを最初に見破った. **2** C 偽り, 策略; 詐欺行為.　(▷ 動 decéive)

de·ceit·ful [disíːtfəl]形 **1** 人をだます, うそつきの: a *deceitful* boy うそつきの少年. **2** (外見・言動などが) 人を誤らせる, 人を惑わす: *deceitful* words 人を惑わす言動.
de·ceit·ful·ly [-fəli]副 偽って.
de·ceit·ful·ness [~nəs]名 U 不正直; 詐欺.

‡**de·ceive** [disíːv]動 他 [deceive +O]〈人〉をだます, 欺く;[deceive +O + into doing]〈人〉をだまして…させる;〈人を〉見損なう[*in*]: He *deceived* me *into buying* imitation jewelry. 彼は私をだまして偽物の宝石を買わせた / I have been much *deceived in* him. 私は彼を大いに見損なっていた.
■ __decéive onesèlf__ (自分に都合よく)思い違いをする: I *deceived myself* in believing she loved me. 私は彼女が私を愛しているものと勘違いした.　(▷ 名 deceit, deception; 形 deceptive)

de·ceiv·er [~ər]名 C だます人, 詐欺師.

de·cel·er·ate [diːsélərèit]動 自他〈車など〉の速度を落とする (⇔ accelerate). 減速する.

de·cel·er·a·tion [diːsèləréiʃən]名 U 減速.

De·cem·ber [disémbər] [→ MONTH 表]
— 名 U 12月(《略記》D., Dec., Dec.) (→ JANUARY 語法): The year ends in *December*. 1年は12月で終わる / *December* 25 is Christmas Day. 12月25日はクリスマスです.

*__de·cen·cy__ [díːsənsi]名 (複 **de·cen·cies** [~z]) **1** U (社会的な規準から見て)見苦しくないこと; (ふるまい・言葉・人などが)礼儀正しいこと, 上品なこと: behave with *decency* 礼儀正しくふるまう / have the *decency* to do …する礼儀をわきまえている. **2** U 世間体, 体面, 体裁: for *decency*'s sake 体面[体裁]上. **3** U《口語》親切. **4** [the ~; 複数形で] 礼儀作法. (▷ 形 décent)

de·cen·ni·al [diséniəl]形 10年(間, ごと)の.
— 名 C《米》10年祭.

*__de·cent__ [díːsənt]形 **1** (言動・服装などが)きちんとした, 見苦しくない: go to church in *decent* clothes きちんとした服装で教会に行く / I'm not *decent* yet. まだ服を着ていないのです.

2 [通例, 叙述用法](ふるまい・言葉・人などが)礼儀正しい, 上品な (↔ indecent): *decent* language 上品な言葉(づかい). **3** 《口語》かなりの, 相当な: He makes a *decent* salary. 彼はかなりの給料をもらっている. **4** [通例, 叙述用法]《口語》親切な, 寛大な (kind): It is very *decent* of you to help me. 手伝ってくれてどうもありがとうございます.
(▷ 名 décency)

de·cent·ly [dí:sntli] 副 **1** きちんと, 見苦しくないように. **2** 礼儀正しく, 上品に. **3** 《口語》かなりに, 相当に. **4** 《口語》親切に, 寛大に.

de·cen·tral·i·za·tion [dì:sèntrəlizéiʃən / -laiz-] 名 U 分散; 地方分権.

de·cen·tral·ize [di:séntrəlaiz] 動 他 〈行政権・組織など〉を分散させる; 地方分権にする.
— 自 分散する; 地方分権にする.

de·cep·tion [disépʃən] 名 **1** U だます[だまされる]こと. **2** C ごまかし, 詐欺, ペテン (trick): We have seen through his *deception*. 私たちは彼のペテンを見破った.
(▷ 動 decéive)

de·cep·tive [diséptiv] 形 人をだますような, 惑わす; 見せかけの, あてにならない.
(▷ 動 decéive)
de·cep·tive·ly [~li] 副 欺いて; 見かけは.
de·cep·tive·ness [~nəs] 名 U 欺瞞(性).

dec·i- [desə] 接頭 「10分の1」の意を表す (cf. dec(a)- 10(倍)の): *deci*meter 10分の1メートル / *deci*liter 10分の1リットル.

dec·i·bel [désəbèl] 名 C 〖物理〗デシベル (◇音の大きさの単位; 《略語》dB, db).

***de·cide** [disáid]
— 動 (三単現 **de·cides** [disáidz]; 過去・過分 **de·cid·ed** [~id]; 現分 **de·cid·ing** [~iŋ])
— 他 **1** (a) [decide + to do] …しようと決める, 決心[決定]する (→ 類義語): I have *decided* to become an airline pilot. 私は旅客機のパイロットになろうと心に決めている / Jane *decided* not to go to the disco after all. ジェーンは結局ディスコに行かないことにした. (b) [decide + that 節] …ということに決める: I've *decided* (*that*) I will go to the dentist early tomorrow morning. 私はあしたの朝早く歯医者に行くことに決めた (= I've *decided* to go to the dentist early tomorrow morning.) / My father *decided* a year ago *that* he would never smoke again. 父は1年前に二度とたばこを吸わないと決心した. (c) [decide + 疑問詞句[節]] …するか[…であるか]を決める: I cannot *decide* what to wear to the party. パーティーに何を着て行ったらよいか決心がつかない / I couldn't *decide* whether she was telling the truth or not. 私は彼女が本当のことを言っているのかどうか判断がつかなかった.
2 (a) [decide + O] …を解決する, …に決着をつける; 判決を下す: The judge *decided* the case. 裁判官はその事件に判決を下した / Her smash *decided* the match. 彼女のスマッシュで試合が決着した. (b) [decide + that 節] …であると判断する: I *decided* (*that*) I could swim to the island. 私はあの島まで泳いで行けるという結論に達した.
3 (物事が)〈人〉に[…する/…しない] 決心をさせる [to do / against]: Our discussion *decided* him *to* take the new job. 話し合いの末彼は新しい仕事を引き受けることにした / What *decided* you *against* eating meat? なぜ肉を食べないことにしたのですか.
— 自 […について / …のいずれかに] 決める, 決心[決定]する [about / between]: It is for me to *decide*. 決めるのは私です / Helen could not *decide between* the two proposals of marriage. ヘレンは2つの結婚の申し込みをどちらとも決めることができなかった / We have yet to *decide about* the date for our wedding. 私たちは結婚式の日取りについてまだ決めていない.

■ *decíde agàinst ...* **1** …に不利な判決を下す. **2** …しないことに決める.
decíde for [in fávor of] ... …に有利な判決を下す.
decíde on ... …に決める: I *decided on* a polka-dot tie to wear at the garden party. 私は園遊会で着けるのは水玉模様のネクタイに決めた / Susan *decided on* entering the speech contest. スーザンは弁論大会に出ることにした.
(▷ 名 decision; 形 decisive)

類義語 **decide, determine, settle, conclude**
共通する意味 ▶ 決める (reach a conclusion)
decide は「きっぱりとどれかに決める」こと: He *decided* not to go. 彼は行かないことに決めた. **determine** は「綿密な考察の上で固く決意する」こと: He *determined* to accept the offer. 彼はその申し出を受けることを決意した. **settle** は「膠着(こうちゃく)状態に決着をつける」ことで、「最終的な決定」であることを強調する: Let's *settle* matters between us once for all. 私たち2人の間の問題にきっぱりと決着をつけよう. **conclude** は「綿密で論理的な思考の上で結論を下す」こと: He *concluded* that it was a fake. 彼はそれは偽物だと断定した.

***de·cid·ed** [disáidid] 形 **1** [限定用法] 明確な, 明らかな: a *decided* improvement 明らかな改善. **2** 断固とした, 決然たる: a *decided* opinion 確固たる意見 / in a *decided* manner 断固として.

***de·cid·ed·ly** [disáididli] 副 **1** 明確に, 明らかに (definitely): He looks *decidedly* pale. 彼は真っ青な顔をしている. **2** 断固として, きっぱりと.

de·cid·u·ous [disídʒuəs / -sídju-] 形 [比較なし] **1** 〈木が〉落葉性の (↔ evergreen): *deciduous* trees 落葉樹. **2** 〈葉・歯・角などが〉時期になると落ちる, 抜ける; 脱落性の.

dec·i·gram, 《英》 **dec·i·gramme** [désəgræm] 名 C デシグラム (◇重さの単位; 1デシグラム = 0.1g; 《略語》dg).

dec·i·li·tre, 《英》 **dec·i·li·tre** [désəlì:tər] 名 C デシリットル (◇容量の単位; 1デシリットル = 0.1リットル; 《略語》dl).

***dec·i·mal** [désəməl] 形 [比較なし] 〖数学〗小数の;

10進法の (cf. binary 2 進法の): the 2nd *decimal* place 小数点以下第2位 / the *decimal* system 10進法.
— 名 C = décimal fràction 小数.

◆ décimal classificàtion C 《米》《図書》10進分類法.

décimal cùrrency C 10進通貨(制度).

Décimal Dày 《英》10進通貨制度開始日《1971年2月15日; D-day とも言う》.

décimal póint C 小数点.

dec·i·mal·i·za·tion [dèsəmələzéiʃən, -laiz-] 名 U 10進法化(制).

dec·i·mal·ize, 《英》**dec·i·mal·ise** [désəməlàiz] 動 他 〈通貨など〉を10進法化する, 10進法にする; 〈分数〉を小数で表現する. — 自 10進法になる.

dec·i·mate [désəmèit] 動 他 〈戦争·疫病などが〉〈人·動物〉を多数殺す, 激減させる.

dec·i·ma·tion [dèsəméiʃən] 名 U 多数の殺害.

dec·i·me·ter, 《英》**dec·i·me·tre** [désəmìːtər] 名 C デシメートル《◇長さの単位; 1デシメートル = 0.1m; 《略語》dm》.

de·ci·pher [disáifər] 動 他 1 〈暗号など〉を解く, 解読する. 2 〈文字など〉を判読する.

***de·ci·sion** [disíʒən]
— 名 (複 **de·ci·sions** [∼z]) 1 C U 決定; 解決; 結論; 決定事項: (a) *decision* by majority 多数決 / make [《英》take] a *decision* 決定する / The *decision* was right. その決定は正しかった / Finally I came to [reached, arrived at] the *decision* that I would accept his proposal. 結局私は彼の提案を受け入れることに決めた.
2 U […しようという] 決心, 決意 [*to do*]: His *decision* to run for mayor was firm. 市長選に立候補するとの彼の決意は固かった. 3 C 《法廷の》判決: An innocent *decision* was brought to the accused. 被告に対し無罪の判決が下された. 4 U 決断力: a person of *decision* 決断力のある人.

*de·ci·sive** [disáisiv] 形 1 決定的な (↔ indecisive): a *decisive* battle 決戦, 天下分け目の戦い. 2 断固とした, きっぱりした: a *decisive* answer きっぱりとした返答. 3 疑う余地のない, 明白な: *decisive* proof [evidence] 明白な証拠. (▷ 動 decíde)

de·ci·sive·ness [∼nəs] 名 U 断固とした態度; 重要性.

de·ci·sive·ly [disáisivəli] 副 はっきりと; 断固として.

***deck** [dék] 名 動
— 名 (複 **decks** [∼s]) C 1 《船の》デッキ, 甲板. 2 《電車·バス·飛行機などの》階: I'd like to reserve a seat on the upper [lower] *deck* of the next train. 次の列車の2階[1階]席を予約したいのですが. 3 テープデッキ. 4 《主に米》トランプひと組 (《主に英》pack): shuffle a *deck* of cards ひと組のトランプを切る.

■ *cléar the décks* (甲板を片づけて) 戦闘準備をする; 活動の準備をする.

hít the déck 《口語》地面に伏せる [倒れる]; 起床する; 活動の準備をする.

on déck 1 甲板(上)へ; […を]用意して [*for*]: go up *on deck* 甲板へ出る. 2 次の番で, 順番を待って: a batter *on deck* 次打者.

— 動 他 1 《通例, 受け身で》…を飾る, 装う (decorate). 2 《俗語》〈人〉を殴り倒す, ぶちのめす.

■ **déck óut** 他 《通例, 受け身で》…を […で] 飾り立てる [*in*].

◆ déck cháir C デッキチェア (《米》beach chair) 《ズックを張った折りたたみ式のいす》.

-decker [dekər] 連結 「…階のもの, …層のもの」の意を表す: a double-*decker* (bus) 2 階建てバス.

deck·hand [dékhæ̀nd] 名 C 《海》甲板員, 水夫.

de·claim [dikléim] 動 自 1 《しばしば軽蔑》大声で大げさに話す, 熱弁をふるう, 朗読する. 2 […を] 激しく非難する [*against*].

dec·la·ma·tion [dèkləméiʃən] 名 1 U 朗読(法), 雄弁(術). 2 C 演説, 熱弁.

de·clam·a·to·ry [diklǽmətɔ̀ːri, -tɔ̀ri] 形 《格式》演説調の; 〈文章などが〉修辞的に凝った; 《話などが》感情に訴える.

de·clar·a·ble [diklɛ́ərəbl] 形 《課税品として》申告すべき, 申告の必要がある.

***dec·la·ra·tion** [dèkləréiʃən] 名 1 C U 宣言, 発表, 布告: a *declaration* of war 宣戦布告 / a *declaration* of love 愛の告白. 2 U C 《税務署·税関への》申告(書): a *declaration* of one's personal income 個人所得の申告 / a customs *declaration* 税関申告(書).

■ *Declarátion of Indepéndence* [the ∼] 《米国の》独立宣言《1776年7月4日に英国から独立》.

Univérsal Declarátion of Húman Ríghts [the ∼] 世界人権宣言《1948年に国連で採択》. (▷ 動 decláre)

de·clar·a·tive [diklǽrətiv] 形 陳述 [叙述] の; 断定的な宣言の.

◆ declárative séntence C 《文法》平叙文 (→ SENTENCE 《文法》).

***de·clare** [diklɛ́ər] 《原義は「完全に明らかにする」》
— 動 (三単現 **de·clares** [∼z]; 過去·過分 **de·clared** [∼d]; 現分 **de·clar·ing** [-kléəriŋ])
— 他 1 [declare + O] …を**宣言する**, 布告する, 公表する: *declare* war on [against] … …に対して宣戦を布告する / *declare* a state of emergency 非常事態を宣言する / *declare* the result of an election 選挙結果を公表する.
2 [declare + O (+to be) + C] …を∼だと断言する, 言明する; [declare + that 節] …ということを断言する: Tom *declared* her story *to be* true. = Tom *declared that* her story was true. トムは彼女の話は本当だと断言した / He *declared* to us *that* he had done the work himself. 彼は私たちにその仕事は自分でやったと断言した.
3 《税関で》〈課税品など〉を申告する; 〈所得額など〉を申告する: (Do you have) Anything to *de-*

clare? — No [Nothing]. 課税品をお持ちですか—ありません(◇税関での問答). **4** 〖トランプ〗〈ある札〉を切り札として宣言する.
— 自 宣言する; […に賛成 / 反対を]表明する[*for / against*]: *declare for* [*against*] war 戦争に賛成[反対]を唱える.
■ *decláre onesèlf* **1** […に賛成の / 反対の]所信を述べる[*for / against*]. **2** 身分を明かす;本性を現す. (▷ 图 dèclarátion).

de·clared [dikléərd] 圏 〘限定用法〙宣言[言明]した,公然の (↔ undeclared).

de·clas·si·fy [di:klǽsifài] 動 (三現単 **de·clas·si·fies** [～z], 過去・過分 **de·clas·si·fied** [～d]; 現分 **de·clas·si·fy·ing** [～iŋ]) 他 〈書類・暗号など〉を機密扱いから外す[解除する].

de·clen·sion [dikléɴʃən] 图〖文法〗語形変化,屈折 〈◇名詞・代名詞・形容詞の格・数・性による語形変化. 動詞の語形変化は conjugation〗.

dec·li·na·tion [dèklinéiʃən] 图 **1** U|C 傾斜,下降; 〖天〗堕落,衰徴. **2** C U 丁寧な断り,正式の辞退. **3** U|C 〖物理〗(磁針の)ずれ,偏角.

‡**de·cline** [dikláin] 動 他 **1** [decline + O] …を(丁寧に)断る,辞退する (↔ accept) (→ REFUSE 類義語): [decline + to do] …するのを(丁寧に)断る: She *declined* our invitation. 彼女は私たちの招待を断った / He *declined* to comment on the accident. 彼はその事故についてコメントするのを断った. **2** 〖文法〗〈名詞・代名詞・形容詞〉を語形変化 (declension) させる.
— 自 **1** (地位・勢力・体力などが)衰える,弱まる; (価値などが)低下する, (物価などが)下落する; 滅少する: The standard of education has *declined* in this country. この国は教育水準が低下している.
2 (丁寧に)断る,辞退する: We invited her to the party, but she *declined*. 私たちは彼女をパーティーに招いたが,彼女は辞退してきた.
3 [副詞(句)を伴って](土地などが)下に傾く,下降する: The land *declines* gently towards the river. 土地は川の方へゆるやかに傾斜している.
— 图 C [通例,単数形で] **1** 衰え,衰退(期): the *decline* of the Roman Empire ローマ帝国の衰退. **2** [体力・価値などの]低下,下落; [人口などの]減少[*in*]: a *decline in* prices 物価の下落 / a *decline in* population 人口の減少. **3** 下り坂.
■ *be òn the declíne* 低下[減少,衰退]している.

de·coc·tion [dikákʃən / -kók-] 图 **1** U 煎じること. **2** C 煎じ薬[汁].

de·code [di:kóud] 動 他 〈暗号文〉を解読[翻訳]する (cf. encode …を暗号化する).

de·cod·er [di:kóudər] 图 C (暗号文の)解読者,解読器; 〖コンピュータ〗デコーダ, 復号[解読]装置.

dé·col·le·tage [dèikɑlətɑ́:ʒ / dèikɔlta:ʒ]〖フランス語〗图 **1** (婦人服の)ネックラインの深い服. **2** 襟(ぇ)ぐりの深い服.

dé·col·le·té [dèikɑlətéi / -kɔltéi] 〖フランス語〗形 **1** (婦人服が)ネックラインの低い: a *décolleté dress* = a robe *décolletée* ロープデコルテ〖女性用の襟(ぇ)の低い夜会服〗. **2** ロープデコルテを着た.

de·col·o·nize [di:kálənàiz / -kól-] 動 他 〈植民地〉を独立させる; …に自治を許す.

de·col·o·ni·za·tion [di:kɑ̀lənəzéiʃən / -kɔ̀lə-

naiz-] 图 U 植民地の独立.

de·com·pose [dì:kəmpóuz] 動 他 **1** …を[成分・元素に]分解する [*into*]; 〈動機など〉を分析する. **2** …を腐敗[変質]させる (◇ rot の婉曲語).
— 自 **1** 分解[分析]する. **2** 腐敗[変質]する.

de·com·po·si·tion [dì:kɑmpəzíʃən / -kɔm-] 图 U **1** 分解[分析](過程); 解体. **2** 腐敗,変質.

de·com·press [dì:kəmprés] 動 他 …の圧力を減らす, …を減圧する.

de·com·pres·sion [dì:kəmpréʃən] 图 U 減圧; 〖コンピュータ〗(圧縮ファイルの)解凍.

de·con·gest·ant [dì:kəndʒéstənt] 图 U|C 〖医〗(鼻炎用の)充血緩和剤,消炎剤.

de·con·tam·i·nate [dì:kəntǽmineit] 動 他 …の(毒物による)汚染を除去する; …を浄化する.

de·con·tam·i·na·tion [-təmənéiʃən] 图 U (放射能・毒ガスなどの)汚染の除去; 浄化.

de·con·trol [dì:kəntróul] 動 他 …の管理[統制]を撤廃する. — 图 U|C 管理[統制]の撤廃.

de·cor, dé·cor [deikɔ́:r / déikɔ:r] 〖フランス語〗图 **1** (室内)装飾,飾り付け. **2** 舞台装置.

‡**dec·o·rate** [dékərèit] 動 他 **1** 〈場所・もの〉を[…で]飾る,飾り立てる (adorn) [*with*]: *decorate* the room *with* flowers 部屋を花で飾る / 部屋・壁などにペンキを塗る,壁紙をはる. **3** 〈人〉に[…に対して / 勲章などを]授ける [*for / with*]: He was *decorated with* a medal *for* his brave act. 彼の勇敢な行いに対して勲章が授けられた.
— 自 (部屋・壁などに)ペンキを塗る,壁紙をはる.

*dec·o·ra·tion** [dèkəréiʃən] 图 **1** U 装飾,飾ること: interior *decoration* 室内装飾.
2 C [しばしば ～s] 装飾品, 飾り付け: Christmas *decorations* クリスマスの飾り付け. (比較 「デコレーションケーキ」は和製英語で,英語では fancy cake と言う)
3 C 勲章,メダル.
◆ **Decorátion Dày** 《米》= Memorial Day (→ MEMORIAL).

dec·o·ra·tive [dékərətiv] 形 装飾的な;装飾用の,装飾に役立つ: *decorative* art 装飾芸術.

dec·o·ra·tor [dékərèitər] 图 C **1** 装飾する人. **2** 室内装飾業者,インテリアデザイナー (interior decorator).

dec·o·rous [dékərəs] 形 〖格式〗礼儀正しい,行儀のよい (polite); 上品な,端正な (↔ indecorous).

dec·o·rous·ly [～li] 副 礼儀正しく.

de·co·rum [dikɔ́:rəm] 图 U 〖格式〗礼儀正しいこと[行動], (行為・言葉などの)上品さ (↔ indecorum): act with *decorum* 礼儀正しくふるまう.

de·coy [dí:kɔi, dikɔ́i] 图 **1** 鳥をおびき寄せるおとり,デコイ. **2** (人をおびき寄せる)おとり,わな.
— 動 [dikɔ́i] 他 **1** (おとりを使って)…を[…に / …から]おびき寄せる [*into*] (*away*) [*into / out of, from*]: *decoy* ducks *into* a net カモを網におびき寄せる. **2** 〈人〉を誘惑する.

‡**de·crease** [dikrí:s] 動 (☆ 图 との発音の違いに注意) 〖「de (下へ) + crease (成長する)」から〗動 自 **1** (数・量などが)減る,減少する (↔ increase): The number of people in this town is rapidly *decreasing*. この町の人口は急速に減少しつつある.

2 衰える, 低下する: Her influence is slowly *decreasing*. 彼女の影響力は徐々に衰えている.
— 他 《数量》を減らす, 減少させる; …を低下させる.
— 名 [díːkriːs] **1** [U][C] […の]減少, 縮小 [*in*] (↔ increase): There has been a *decrease in* sales recently. 最近売上げが減ってきた.
2 [C] […の] 減少量[額] [*in*, *of*]: a *decrease in* production 生産量の減少.
■ **on the décrease** 次第に減少して.

de·creas·ing·ly [dikríːsiŋli] 副 次第に減って; 次第に衰えて.

*de·cree [dikríː] 名 [C] **1** 法令, 政令, 布告: issue a *decree* 法令を発布する [出す]. **2** (裁判所の)判決, 命令: a *decree* of divorce 離婚判決.
— 動 他 …を(法令で)命じる, 布告する; …を判定する; [であると]定める, 命じる; […であると]判決を下す [*that* 節]: *decree* an amnesty 恩赦を法令で定める / The court *decreed that* compensation (should) be made. 裁判所は補償金を支払うように命じた.

de·crep·it [dikrépit] 形 **1** (人·動物が)老いぼれの. **2** がたがたの, 老朽化した: a *decrepit* old wooden house 老朽化した木造の家.

de·crep·i·tude [dikrépitjùːd / -tjùːd] 名 [U] 老衰(状態), もうろく; 老朽化.

de·cre·scen·do [dìːkrəʃéndou] 【イタリア】【音楽】 形 副 デクレッシェンドの[で], 次第に弱い[く] (↔ crescendo) (《略記》decresc.; 記号は ＞).
— 名 (複 **de·cre·scen·dos** [~z], **de·cre·scen·di** [-di]) [C] デクレッシェンド(の楽節).

de·cry [dikrái] (三単現 **de·cries** [~z]; 過去·過分 **de·cried** [~d]; 現分 **de·cry·ing** [~iŋ]) 動 他 《格式》 …を公然と非難する, けなす: *decry* the government's incompetence 政府の無能ぶりを公然と非難する.

*ded·i·cate [dédikèit] 動 他 **1** 《時間·精力など》を [に]ささげる [*to* / *to doing*]: Marie Curie *dedicated* her life *to studying* radium. マリー=キュリーは生涯をラジウムの研究にささげた / He *dedicated* himself *to* social welfare. 彼は社会福祉に専念した. **2** …を[に]奉納[献納]する, ささげる; 《著書など》を […に] 献呈する [*to*]: I *dedicated* my latest book *to* my wife. 私は最新著作を妻にささげた.

ded·i·cat·ed [dédikèitid] 形 **1** [仕事·目的などに]打ち込んでいる, 熱心な, 献身的な [*to*]. **2** [比較なし; 通例, 限定用法]《コンピュータ》(プログラムなどが)特定の目的のための, 専用の.

ded·i·ca·tion [dèdikéiʃən] 名 **1** [U][C] […への]奉仕(の精神), 献身; 専念 [*to*]: I admire her *dedication* to her career. 彼女が自分の仕事に打ち込んでいることに私は感心している. **2** [U] 奉納, 献納; [C] 《米》開院式, 除幕式. **3** [U] (著書などの)献呈; [C] 献辞.

de·duce [didjúːs / -djúːs] 動 他 《格式》 …を […から]推論[推測]する; 【論】演繹(えんえき)する [*from*] (cf. induce 帰納する); […と]推論する [*that* 節]: She *deduced from* his remark *that* he was hiding some facts. 彼女は彼の発言から彼がいくつか事実を隠していると推論した.

*de·duct [didʌ́kt] 動 他 《一定の金額など》を […から]差し引く, 控除する [*from*]: *deduct* 20% *from* the price 価格の2割を引く.

de·duct·i·ble [didʌ́ktəbl] 形 差し引ける, (税を)控除できる.

*de·duc·tion [didʌ́kʃən] 名 **1** [U] 差し引き, 控除; [C] 控除額, 差し引き高. **2** [U][C] 推論; 【論】演繹(えんえき)(法) (cf. induction 帰納(法)).

de·duc·tive [didʌ́ktiv] 形 推論的な; 【論】演繹(えんえき)的な (cf. inductive 帰納的な).
de·duc·tive·ly [~li] 副 演繹的に.

‡**deed** [díːd]
— 名 (複 **deeds** [díːdz]) [C] **1** 《文語》 行い, 行為 (→ ACT [類義語]); (言葉に対して) 行動, 実行: do a good *deed* 善行を施す / an evil *deed* 悪事 / People will remember the *deeds* of this kind girl. 人々はこの親切な少女の行いを忘れないだろう / *Deeds* are better than words. 《ことわざ》実行は言葉にまさる ⇒ 不言実行.
2 【法】(正式に署名捺印(なついん)した)証書: I keep the *deed* to the house in a safe place. 家の権利書は安全な場所に保管してある.

dee·jay [díːdʒèi] 名 《口語》 = disk jockey (→ DISK).

deem [díːm] 動 他 (進行形不可) 《文語》[deem + O (+ to be) + C] …を~だと思う, 考える: He did not *deem* it necessary to apologize. 彼は謝罪が必要だとは思わなかった.

‡**deep** [díːp] 形 副 名 【基本的意味は「深い(going far below something)」】
— 形 (比較 **deep·er** [~ər]; 最上 **deep·est** [~ist]) **1** 深い (↔ shallow); 深さ~の: *deep* snow 深い雪 / fall into a *deep* hole 深い穴に落ちる / Lake Tazawa is *deeper* than any other lakes in Japan. 田沢湖は日本のほかのどの湖よりも深い / It is 423.4 meters *deep*. それは深さが423.4メートルある.
2 (奥行きの)深い; 奥行き…の: a *deep* chest 厚い胸 / go into the *deep* wood 深い森の中へ入って行く / This bookshelf is six feet wide, four feet high, and ten inches *deep*. この本棚は幅6フィート, 高さ4フィート, 奥行き10インチである.
3 (性質·程度などが)深い, 強度の; (時間·空間的に)遠く離れた; (季節などが)深まった: *deep* insight 深い洞察 / take a *deep* breath 深呼吸をする / have a *deep* wound 重傷を負う / fall into a *deep* sleep ぐっすりと眠る / in the *deep* past 遠い過去に / She made a *deep* bow before the grave. 彼女は墓の前で深々と頭を垂れた.
4 (色が)濃い; (声·音が)低い, 太い: She has *deep* blue eyes. 彼女は濃いブルーの目をしている / He sang in a *deep* voice. 彼は太く低い声で歌った.
5 (感情などが)心(の底)からの, 激しい: *deep* affection 強い愛情 / I'd like to express my *deep* gratitude for your cooperation. あなたのご協力に対して心からの謝意を表したい. **6** 深遠な, 難解な; 深刻な: Relativity is too *deep* for me. 相対性理論は私には難しすぎる / He seems to

be in *deep* trouble. 彼は深刻な悩みを抱えているらしい. **7** [叙述用法]《…に》夢中になって, 没頭して; 深くはまり込んで [*in*]: He was so *deep* in thought that he didn't hear her coming. 彼は物思いにふけっていたので, 彼女が来た音に気づかなかった. / I'm *deep* in debt. 私は借金で首が回らない. **8** ずるい, 腹黒い.

■ *gó off at the déep énd* 《口語》かっとなる.
in [*into*] *déep wáter(s)* 非常に困って: Having lost what little money he had, he was *in deep water*. 彼はなけなしの金をすっかりなくして困り果てていた.

—副 **1** 深く; 奥深く: Professional divers are used to diving *deep* into the sea. プロのダイバーは海中深く潜ることに慣れている / He took his hounds *deep* into the forest. 彼は猟犬を森の奥深くまで連れて行った.
2《程度が》深く, ひどく (deeply): We had better look *deep* into the matter. 私たちはその問題をじっくり検討したほうがよい. **3**《時間的に》遅くまで: sit up *deep* into the night 夜遅く [夜が更ける] まで起きている.

■ *déep dówn* 心の底では, 本心では, 本音は.
—名 [the 〜]《詩語》海, 大海原(%), わだつみ.
(▷ 名 *dépth*; 動 *déepen*)

◆ Déep Sóuth [the 〜]《米国の》深南部, 最南部《特に Georgia, Alabama, Mississippi, Louisiana, South Carolina の5州をさす》.

*deep・en [díːpən] 動 他 **1** …を深くする: *deepen* a well 井戸を (さらに) 深く掘る. **2**《色》を濃くする;《音など》を低く [太く] する: *deepen* a color 色を濃くする. **3**《知識など》を深める.
—自 **1** 深くなる. **2**《闇など》が深まる;《色が》濃くなる;《音が》低く [太く] なる: The darkness is *deepening*. 闇が深まっている. **3**《知識などが》深まる. (▷ 形 *déep*; 名 *dépth*)

deep・freeze [díːpfríːz] 動 (三単現 **deep・freez・es** [-iz]; 過去 **deep・froze** [-fróuz]; 過分 **deep・frozen** [-fróuzən], **deep・freezed**; 現分 **deep・freez・ing** [-iŋ]) 他 …を急速冷凍する. —名 C 急速冷凍庫; U 急速冷凍.

déep-frý 動 (三単現 **deep-fries** [-z]; 過去・過分 **deep-fried** [-d]; 現分 **deep-fry・ing** [-iŋ])《料理》〈食材〉をたっぷりの油で揚げる.

***deep・ly** [díːpli]
—副 **1**《程度が》深く, 非常に, ひどく: They were *deeply* moved. 彼らは深く感動した / Tom loves Jane *deeply*. トムはジェーンを深く愛している / He felt his father's death *deeply*. 彼は父の死を痛切に身にしみて感じた.
2《物理的に》深く (◇この意では deep のほうが一般的). **3**《色が》濃く;《声・音が》低く, 太く.

deep・ness [díːpnəs] 名 U **1** 深さ, 深度; 深遠さ. **2**《色の》濃さ;《声・音の》低さ, 太さ.

déep-róot・ed 形《感情・偏見・習慣などが》根深い;《比喩》確固とした (〜 *deeply rooted* とも言う》: *deep-rooted* prejudice 根強い偏見.

déep-séa 形 [限定用法] 深海の; 遠洋の: *deep-sea* fish 深海魚 / *deep-sea* fishing [fishery] 遠洋漁業.

déep-séat・ed 形《病気・信念・感情などが》根深い, 頑固な: a *deep-seated* sorrow なかなか癒(")えない悲しみ / a *deep-seated* disease 慢性病.

déep-sét 形 **1**《目などが》深くくぼんだ. **2**《比喩》根深い, 力強い.

***deer** [díər] (☆ 同音 dear)
—名 (複 **deer**) C シカ (→ MEAT 表): a herd of *deer* シカの群れ.《関連語》stag, buck, hart 雄ジカ / hind, doe 雌ジカ / fawn 子ジカ》

deer・skin [díərskìn] 名 U シカ皮; C シカ皮の服.
deer・stalk・er [díərstɔ̀ːkər] 名 C **1** シカ猟師. **2** = deerstalker hát 鹿打ち帽, ハンチング《前後にひさし, 左右に耳覆いがある》.

de・es・ca・late [diːéskəlèit] 動 自《戦争などが》段階的に縮小する.
—他《戦争など》を段階的に縮小させる.

def.《略記》= *defendant* 被告; *defense*.

de・face [diféis] 動 他 **1** …の (外観・表面) を損なう, 傷つける, 汚す;《刻銘など》を傷つけて読みにくくする: *deface* posters ポスターに落書きをして読めなくする. **2**《影響力・価値など》を損なう.

de・face・ment [diféismənt] 名 U《表面の》汚損.

de fac・to [diféktou, dei-]《ラテン》副 事実上.
—形《法律的にはともかく》事実上存在する.

def・a・ma・tion [dèfəméiʃən] 名 U《格式》中傷, 悪口, 名誉毀損(%).

de・fam・a・to・ry [difémətɔ̀ːri / -təri] 形《格式》中傷的な, 悪口の, 名誉毀損(%)の.

de・fame [diféim] 動 他《格式》…を中傷する, …の悪口を言う, 名誉を毀損(%)する.

*de・fault** [difɔ́ːlt] 名 U **1**《義務などの》不履行, 怠慢; 債務不履行. **2**《法廷への》欠席;《競技への》不参加, 欠場: receive judgment by *default*《法》欠席裁判. **3**《コンピュータ》初期設定 (値), デフォルト: by *default* 初期設定で.

■ *in defáult of* …《格式》…がないときには; …がないので.
lóse [*wín*] … *by defáult* 不戦敗 [勝] する.
—動 自 **1**《義務・債務などを》履行しない, 怠る [*in, on*]. **2**《裁判に》欠席する;《試合に》欠場する.
—他《債務》を履行しない, 怠る.

de・fault・er [difɔ́ːltər] 名 C **1**《債務などの》不履行者. **2** 裁判の欠席者; 軍規違反者.

***de・feat** [difíːt] 動 名
—動 (三単現 **de・feats** [-ts]; 過去・過分 **de・feat・ed** [-id]; 現分 **de・feat・ing** [-iŋ])
—他 **1** …を負かす, 打ち破る, …に勝つ (→ 類義語): She *defeated* him at tennis. 彼女はテニスで彼を負かした / He was *defeated* in the election. 彼は選挙に敗れた.
2《希望・計画など》をくじく, くつがえす: *defeat* her hopes 彼女の希望をくじく. **3**《問題など》…を困らせる, 当惑させる: I've tried to solve the problem many times, but it has *defeated* me. その問題を何度も解こうとしたがお手上げだ.

—名 (複 **de・feats** [-ts]) U C **1** 負け, 敗北 (↔ *victory*): suffer [meet] three successive *defeats* 3連敗を喫する / admit [accept] *defeat* 敗北を認める / We had eight wins and two *defeats* last season. 私たちは昨シーズンは8勝2敗だった. **2** (計画などの) 挫折; 失敗: Losing the money means *defeat* of his plan. その金を失えば彼の計画はだめになる.

[類義語] defeat, beat, conquer, overcome
共通する意味▶…を負かす (win a victory over ...)
defeat は「負かす」の意を表す最も一般的な語: The Lions *defeated* the Hawks by 2-0. ライオンズがホークスに2対0で勝った. **beat** は defeat よりもくだけた語で, 競争などで「相手を徹底的に打ち負かす」ことを表す: She *beat* all the men in the chess tournament. 彼女はチェストーナメントですべての男を負かした. **conquer** は勝って「敗者に対する支配権を得る」ことを表す. また「病気・欠点・悪習などを克服する」の意でも用いる: *conquer* disease and poverty 病気と貧困を克服する / The Allies *conquered* Germany. 連合軍はドイツを制圧した. **overcome** は「困難・障害・誘惑などを克服する」ことを表す: He *overcame* the temptation of drinking. 彼は酒の誘惑に勝った.

de·feat·ism [difíːtɪzəm] 名U 敗北主義.
de·feat·ist [difíːtɪst] 名C 敗北主義者.
def·e·cate [défɪkèɪt] 動 《格式》排便する.
def·e·ca·tion [dèfɪkéɪʃən] 名U《格式》排便.
*de·fect [díːfekt, difékt] 名C **1** […の] 欠点, 欠陥; 弱点 [*in*]: a *defect in* [*of*] character 性格上の欠点 / correct several *defects in* the education system 教育制度上のいくつかの欠点を正す. **2** 欠乏, 不足; (身体の) 障害: a congenital *defect* 先天性障害.
— 動 [difékt] 国 [国·党などから] 離反する, 脱落する [*from*]; [他党·他国など…] 転向する, 変節する; 亡命する [*to*]: those who *defected to* the U.S.A. 米国へ亡命した人.
de·fec·tion [difékʃən] 名UC […からの] 離反, 脱党, 脱会 [*from*]; […への] 転向, 亡命 [*to*].
*de·fec·tive [difékstɪv] 形 **1** 欠点[欠陥]のある, 不完全な: a *defective* car 欠陥車. **2** […が] 欠けている, 不足している [*in*]: He is *defective in* humor. 彼にはユーモアが欠けている.
de·fec·tor [difékstər] 名C 離反者, 脱落者; 転向者, 亡命者.

‡de·fence [difénS] 名《英》= DEFENSE (↓).

‡de·fend [difénd]
【基本的意味は「…を守る (take action in order to protect ...)」】
— 動 (三単現 **de·fends** [-féndz]; 過去・過分 **de·fend·ed** [~ɪd]; 現分 **de·fend·ing** [~ɪŋ])
— 他 **1** [攻撃·危険などから] …を**守る**, 防ぐ [*against, from*] (↔ attack): They could not *defend* their houses *against* air raids. 彼らは自分たちの家を空襲から守ることができなかった / We should *defend* ourselves *from* illnesses. 私たちは病気から自分の身を守るべきです.
2 …を弁護する; 擁護する: The lawyer *defended* a murder suspect for the first time. その弁護士は初めて殺人容疑者の弁護をした / The minister went on TV to *defend* the government's policy. 大臣がテレビに登場して, 政府の政策を弁護した. **3**【競技】〈ゴールなど〉を守る; 〈タイトル〉を防衛する.
— 国 弁護 [防衛] する;【競技】〈ゴールなど〉を守る.
(▷ 名 defense; 形 defensive)
de·fend·ant [diféndənt] 名C【法】被告(人) (《略記》def.) (cf. plaintiff 原告).
de·fend·er [difénd∂r] 名C **1** 防衛者; 弁護者, 擁護者. **2**【競技】選手権保持者, チャンピオン (↔ challenger).

‡de·fense,《英》**de·fence** [diféns]
— 名 (複 **de·fens·es,**《英》**de·fen·ces** [~ɪz])
1 U **防御**, 防衛, 守り(《略記》def.) (↔ offense, attack): national *defense* 国防 / the Department [Secretary] of *Defense*《米》国防総省 [長官] / The best *defense* is a good offense. 最良の防御はすぐれた攻撃である. **2** C […に対する] 防御物 [手段] [*against*]; [~s] 要塞, とりで: Not smoking is the best *defense against* lung cancer. 禁煙が肺癌(ガン)を防ぐ最善の方法です. **3** C [通例, 単数形で] 弁護, 弁明: His *defense* was that he was only carrying out orders. 命令を実行していただけというのが彼の弁明だった. **4** [the ~; 単数·複数扱い]【法】被告側 (↔ prosecution): The *defense* rests its case. 被告側は弁論を終わります. **5** C【競技】ディフェンス, 守備, C [通例 the ~; 単数·複数扱い] 守備側の選手 [チーム].

■ *in defense of* ... …を守るために, 擁護 [弁護] して: She made an excellent speech *in defense of* the innocent. 彼女は罪のない人々を守るためにすばらしい演説をした. (▷ 動 defend)
de·fense·less,《英》**de·fence·less** [difénslɪs] 形 無防備な, 防備のない; 防御できない; 無力な.
de·fense·less·ness [~nəs] 名U 無防備.
de·fen·si·ble [difénsəbl] 形 防御 [弁護] できる; 正当と認められる (↔ indefensible).
*de·fen·sive [difénsɪv] 形 **1** [通例, 限定用法] 防衛的な, 防御用の, 自衛上の (↔ offensive, aggressive): *defensive* measures 防衛手段.
2 (時に軽蔑)〈態度·言葉などが〉守勢の, 用心した, 弁護的な; むきになって […を] 弁解する [*about*]: a *defensive* answer 用心深い答え / She is very *defensive* about her family. 彼女は自分の家族のこととなるとむきになって弁護する.
— 名 [the ~] 守勢; 防御手段 [策].

■ *be* [*áct, stánd*] *on the defénsive* 守勢に回る.
(▷ 動 defend)
de·fen·sive·ly [~li] 副 防御的に; 弁解的に.
de·fen·sive·ness [~nəs] 名U 守勢, 弁護.
de·fer[1] [difə́ːr] 動 (三単現 **de·fers** [~z]; 過去・過

defer²

分 de·ferred [〜d]; 現分 de·fer·ring [-fə́:riŋ]) 他 **1** 《格式》…を延ばす, 延期する (put off); […することを] 先送りする [doing]: He *deferred* his departure for a week. 彼は出発を1週間延期した / The pension payments are *deferred* until after age 65. 年金の支給は65歳から引き上げられる. **2** 《米》…の兵役を猶予する.

de·fer² 動 自 《格式》〔人・意見・希望などに〕従う [to]: He *defers* to his wife [wife's opinion] in everything. 彼は何かにつけて妻の意見に従う.

def·er·ence [défərəns] 名 U 《格式》〔人の意見・希望などへの〕服従 [to]; […への〕尊敬, 敬意 [to, for]: show [pay] *deference* to older people 年長者に敬意を払う.

■ *in* [*out of*] *déference to* ... …を尊重して, …に敬意を表して; …に従って.

def·er·en·tial [dèfərénʃəl] 形 《格式》〔…に〕敬意を表した, 丁寧な [to]: be *deferential* to ...〈人〉に敬意を表する / receive [offer] *deferential* treatment 丁重な扱いを受ける [する].

def·er·en·tial·ly [-ʃəli] 副 うやうやしく.

de·fer·ment [difə́ːrmənt] 名 UC 《格式》延期, 繰り延べ; 据え置き; 《米》徴兵猶予.

***de·fi·ance** [difáiəns] 名 U **1** 挑戦 (challenge); 公然たる反抗, 挑戦的な態度. **2** 無視.

■ *bíd defíance to* ... = *sét* ... *at defíance* …にいどむ; …を無視する: The mountaineer *bid defiance* to bad weather. その登山家は悪天候をものともしなかった.

in defíance of ... …を無視して, ものともせず: *in defiance of* the warning 警告を無視して.

***de·fi·ant** [difáiənt] 形 挑戦的な, 反抗的な: *defiant* children 反抗的な子供たち.

de·fi·ant·ly [difáiəntli] 副 挑戦的に, 反抗的に.

***de·fi·cien·cy** [difíʃənsi] 名 (複 **de·fi·cien·cies** [〜z]) UC **1** 〔…の〕不足, 欠乏 (↔ sufficiency); 不足量 [額] [*of, in*]: a *deficiency* of food 食糧不足 / The children suffered from vitamin *deficiency*. その子供たちはビタミン不足だった. **2** 〔…の〕欠陥, 不備; 異常 [*in, of*]: mental and physical *deficiency* 心身の異常 / *deficiencies in* the plan その計画の不備な点.

◆ deficiency disèase UC 《医》欠乏(性)疾患.

de·fi·cient [difíʃənt] 形 **1** 〔…が〕不足した, 不十分な (↔ sufficient) [*in*]: The natives' diet was *deficient in* protein. 住民の食事はたんぱく質が不足していた. **2** 欠陥のある, 不完全な: the mentally *deficient* 精神的に障害のある人々.

de·fi·cient·ly [〜li] 副 不足して; 不完全に.

‡**def·i·cit** [défəsit] 名 C 〔…の〕不足(額), 欠損; 赤字 (↔ surplus) [*in, of*]: a *deficit* of $1,000 千ドルの赤字; 収縮. **2** UC 《経済》貿易赤字.

de·file¹ [difáil] 動 他 《格式》…を汚(けが)す, 汚染する. **2** …の神聖さ [評判] を汚(けが)す.

de·file² 名 C 山あいの細道.

de·file·ment [difáilmənt] 名 U 《格式》**1** 汚(けが)すこと, 汚染. **2** 名誉毀損(きそん).

de·fin·a·ble [difáinəbl] 形 定義 [限定] できる.

‡**de·fine** [difáin] 動 他 **1** 〈語・概念など〉を [...と] 定義する [*as*], ...の意味を明らかにする: It is hard to *define* a word like "freedom." "freedom"のような言葉を定義するのは難しい. **2** 〈範囲・境界など〉を限定する, ...の輪郭をはっきりさせる: *define* a boundary 境界を定める / The hilltop was sharply *defined* against the blue sky. 山頂は青空を背景にしてくっきり浮かび上がった. **3** 〈立場・本質など〉を明らかにする, 説明する: He didn't *define* his position explicitly. 彼は自分の立場を明確にしなかった. (▷ 名 dèfinítion)

***def·i·nite** [défənət]
─ 形 **1** 明確な, 確かな; […を／…ということを] 確信した [*about / that* 節]: a *definite* mistake 明らかな誤り / They need a *definite* answer. 彼らは明確な回答を必要としています / She is quite *definite about* what she should do next. 彼女は次に何をすべきかはっきりわかっている / It's *definite that* he'll go to graduate school. 彼が大学院へ行くことははっきりしている. **2** 一定の, 限定された (↔ indefinite): for a *definite* period of time 一定期間.

◆ définite árticle [the 〜] 《文法》定冠詞 (→ ARTICLE 《文法》)

***def·i·nite·ly** [défənətli] 副 **1** 明確に, はっきりと; 確実に: He explained his intentions *definitely*. 彼は自分の意図をはっきり説明した. **2** 《口語》確かに, その通り (〈質問に対する同意・強い肯定); 〔否定語と共に用いて〕断じて (…ない), 絶対に (…ない) (〈強い否定): Will you be at the meeting? — *Definitely*. あなたはその会合に出ますか—もちろん / Did you smoke in this room yesterday? — *Definitely not*! きのうこの部屋でたばこを吸いましたか—まさか.

***def·i·ni·tion** [dèfəníʃən] 名 **1** UC 定義(すること), 定義づけ; C 語義: give a *definition* of a word 単語を定義する. **2** U 〔画像・録音などの〕鮮明さ: a photo with clear [vague, fuzzy] *definition* 鮮明[ぼやけた]写真.

■ *by definítion* 定義によって, (定義上) 当然; 明らかに (definitely). (▷ 動 define)

de·fin·i·tive [difínətiv] 形 **1** 決定的な, 最終的な: a *definitive* decision 最終決定. **2** 〈テキスト・研究など〉最も権威のある [信頼の置ける], 完全で正確な: a *definitive* edition 決定版.

de·fin·i·tive·ly [〜li] 副 決定的に, 最終的に.

de·flate [difléit] 動 他 **1** 〈気球・タイヤなど〉の空気 [ガス] を抜く, 〈ふくれたもの〉をしぼませる. **2** 〈自信・希望など〉をくじく; 〈人〉をしょげさせる. **3** 《経済》〈通貨〉を収縮させる, デフレにする (↔ inflate).
─ 自 しぼむ, 収縮する; デフレになる.

de·fla·tion [difléiʃən] 名 **1** U 空気 [ガス] を抜くこと; 収縮. **2** UC 《経済》デフレ(ーション), 通貨収縮, 物価下落 (↔ inflation).

de·fla·tion·ar·y [difléiʃənèri / -ʃənəri] 形 《経済》デフレの, 通貨収縮の (↔ inflationary).

de·flect [diflékt] 動 他 …を [本来の進路から] そらす [*from*]; 〈人の批判・注意〉をそらす: *deflect* a ray *from* its course 光線を屈折させる.
─ 自 それる, 屈折する.

de·flec·tion [diflékʃən] 名 U C **1** そらす[それる]こと, 片寄り; ゆがみ. **2** 【物理】(計器の針の)振れ, 偏差.

de·flow·er [dìːfláuər] 動 他《文語》…の処女性[美徳など]を奪う;〈処女〉を辱める, 犯す.

De·foe [difóu] 名 固 デフォー Daniel Defoe《1660?-1731; 英国の作家. 主著『ロビンソン=クルーソー』(*Robinson Crusoe*)》.

de·fo·li·ant [dìːfóuliənt] 名 U C 枯れ葉剤.

de·fo·li·ate [dìːfóulièit] 動 他 **1**〈木〉から葉を落とす, …を落葉させる. **2** …に枯れ葉剤をまく.

de·fo·li·a·tion [dìːfòuliéiʃən] 名 U 落葉させること;【軍】枯れ葉作戦.

de·for·est [dìːfɔ́ːrist / -fɔ́r-] 動 他《通例, 受身で》〈ある地域〉の森林を伐採する.

de·for·est·a·tion [dìːfɔ̀ːristéiʃən / -fɔ̀r-] 名 U 森林伐採[破壊].

de·form [difɔ́ːrm] 動 他 …の形[外観]をゆがめる, 醜くする; …を変形させる.

de·for·ma·tion [dìːfɔːrméiʃən] 名 **1** U C 本来の形[外観]を損なうこと; 奇形; 変形. **2** U《美》デフォルマシオン《変形や強調による表現法》.

de·formed [difɔ́ːrmd] 形 **1** 形のくずれた, 不格好な, 奇形の《◇人の場合は handicapped のように遠回しに言う》. **2** 醜い (ugly); 不快な, いやな.

de·form·i·ty [difɔ́ːrməti] 名 (複 **de·form·i·ties** [~z]) **1** U 不格好, 醜さ. **2** C 変形[奇形]部[物]. **3** U C ゆがみ, 欠陥.

de·fraud [difrɔ́ːd] 動 他〈人〉から〔財産・権利など〕をだまし取る, 詐取する (deprive) 〔*of*〕: The man *defrauded* them *of* their savings. その男は彼らから貯金をだまし取った.

de·fray [difréi] 動 他《格式》〈費用など〉を支払う, 負担する (pay).

de·frock [dìːfrák / -frɔ́k] 動 他 聖位を剥奪(はくだつ)する.

de·frost [dìːfrɔ́ːst / -frɔ́st] 動 他 **1**〈冷蔵庫・車の窓など〉の霜[氷, 曇り]を取る ((英) demist). **2**〈冷凍食品など〉を解凍する.
— 自〈霜・氷・曇り〉が取れる; 解凍される.

de·frost·er [dìːfrɔ́ːstər / -frɔ́stə] 名 C **1** 霜取り[霜より]装置. **2** 〈車〉のデフロスター ((英) demister)《窓の曇り除去装置》.

deft [déft] 形 (手先の) 器用な, 手ぎわよい.
deft·ness [~nəs] 名 U 器用さ, 巧みさ.
deft·ly [déftli] 副 器用に, 手ぎわよく.

de·funct [difʌ́ŋkt] 形《格式》**1** (人が) 死亡した, 故人となった. **2** 消滅した, 現存しない.

de·fuse [dìːfjúːz] 動 他 **1**〈爆弾など〉から信管を外す. **2**〈危険・緊張など〉を和らげる, 静める.

*de·fy** [difái] 動 (三単現 **de·fies** [~z]; 過去・過分 **de·fied** [~d]; 現分 **de·fy·ing** [~iŋ]) 他
1 …を無視する, ものともしない; …に反抗する: She often *defies* public opinion. 彼女はよく世論を無視する. **2** [defy + O + to do]〈人〉に…してみろと迫る: They *defied* him *to* swim across the rapids. 彼らは彼がその急流を泳いで渡ってみろとけしかけた. **3** 〈物事が〉…を拒む, 受け入れない: This poem of hers *defies* understanding. 彼女の作ったこの詩は理解できない.

deg. 《略語》= degree(s)(↓).

de Gaulle [də gɔ́ːl] 名 固 ドゴール Charles [ʃáːrl] de Gaulle《1890-1970; フランスの将軍・政治家・大統領 (1959-69)》.

de·gen·er·a·cy [didʒénərəsi] 名 U **1** 退歩; 堕落. **2** 【生物】退化.

de·gen·er·ate [didʒénərèit] 動 自 **1** […から/…へ]退歩する, 堕落する〔*from / into*〕. **2** 【生物】退化する.
— 形 [didʒénərət] 退化した; 堕落した; 退歩した.
— 名 [didʒénərət] C《軽蔑》**1** 堕落したもの[人]; 退化したもの[動物]. **2** (性的) 変質者.

de·gen·er·a·tion [didʒènəréiʃən] 名 U **1** 退歩; 堕落, 退廃. **2** 【生物】退化.

deg·ra·da·tion [dègrədéiʃən] 名 U C **1** (地位の) 格下げ, 降職, 左遷. **2** (質・評価などの) 低下; 堕落. **3** 【生物】退化.

*de·grade** [digréid] 動 他 **1**〈人〉の地位を[…に]下げる〔*to*〕, …を左遷する (↔ promote): The soldier was *degraded* for disobeying orders. その兵士は命令に従わなかったので階級を下げられた. **2** …の評判[品位]を落とす; 堕落させる. **3** 【生物】…を退化させる. — 自 (生物が) 退化する; (有機物が) 分解する.

de·grad·ing [digréidiŋ] 形 品位を下げる(ような), 下劣な.

de·gree [digríː]
— 名 (複 **de·grees** [~z]) **1** C (角度・温度などの) 度 (《記号》(°); 《略語》deg.): an angle of 45 *degrees* 45度の角 / zero *degrees* Celsius [centigrade] セ氏0度《◇ 0°C と略す. 複数形にることに注意》/ 10 *degrees* below zero 零下10度 / The thermometer stood at 60 *degrees* Fahrenheit [60°F]. 寒暖計は力氏60度だった / Tokyo lies at about 36 *degrees* north latitude. 東京は北緯約36度にある.
2 C U **程度**, 度合い (extent): This work needs a high *degree* of skill. この仕事は高度の技術を必要とする / They speak English with varying *degrees* of fluency. 程度の差こそあれ彼らはそれぞれ流暢(りゅうちょう)に英語を話す.
3 C **学位**: a bachelor's [master's, doctor's] *degree* 学士[修士, 博士]号 / He got [took, received] his *degrees* in psychology at this university. 彼はこの大学で心理学の学位を取った.
4 C 【法】(犯罪の) 等級: murder in the first *degree* 第一級殺人.
5 C 【文法】(形容詞・副詞の) 級: the positive [comparative, superlative] *degree* 原[比較, 最上]級. **6** C 【法】親等;【音楽】度(音程の単位). **7** U《古》地位, 身分.
■ *by degrées* 徐々に: He is recovering *by degrees*. 彼は徐々に回復している.
in sóme [*a cértain*] *degrèe* ある程度, 多少.
nót ... in the slíghtest [*léast, smállest*] *degrèe* 少しも…でない (not ... at all): I'm *not* interested in gossip columns *in the slightest degree*. 私はゴシップ記事には全然興味がない.
to a degrée **1** 少しは, ある程度は: You can

believe him *to a degree*. ある程度は彼の言うことを信じてもよい. **2**《口語》非常に: The novel is uninteresting *to a degree*. その小説はすごくつまらない.
to sóme [*a cértain*] *degrèe* ある程度まで.
to the lást degrèe 極度に.

de·hu·man·ize [diːhjúːmənàiz] 動 他 …の人間性を失わせる[奪う], …を非人間化する.

de·hy·drate [diːháidreit] 動 他 …から脱水する; …を乾燥させる: *dehydrated* vegetables 乾燥野菜. ― 自 水分が抜ける; 脱水状態になる.

de·hy·dra·tion [dìːhaidréiʃən] 名 U **1** 脱水, 乾燥. **2**【医】脱水症状.

de·ice, de-ice [diːáis] 動 他《機体·船体》への着氷[結氷]を防ぐ.

de·i·fi·ca·tion [dìːəfikéiʃən, dèiə-] 名 U《格式》**1** 神としてあがめること, 神格化. **2** 神聖視.

de·i·fy [díːəfài, déiə-] 動 (三単現 **de·i·fies** [~z]; 過去·過分 **de·i·fied** [~d]; 現分 **de·i·fy·ing** [~iŋ]) 他《格式》**1** …を神とする, 神に祭る; 神としてあがめる, 神格化する: *deified* the sun 太陽を神として崇拝する. **2** …を神聖視する.

deign [déin] 動 自《発音に注意》《通例, 否定文で》《時に皮肉》(人が)親切に[へりくだって][…]する[*to do*]: She didn't even *deign* to speak to me at the meeting. 彼女は(お高くとまって)その会合で私に話しかけてくれさえしなかった.

de·ism [díːizəm, déiizəm] 名 U《しばしば D-》【哲】理神論, 自然神論《18世紀啓蒙主義時代の合理主義的有神論》.

de·ist [díːist, déiist] 名 C 理神[自然神]論者.

de·i·ty [díːəti, déiə-] 名 (複 **de·i·ties** [~z]) **1** C 神 (god), 女神 (goddess); [the D-]《特にキリスト教の》神 (God); 造物主, 創造主 (the Creator). **2** U 神格, 神性.

dé·jà vu [dèiʒɑː vjúː]【フランス】名 U【心理】既視感, デジャビュ《初めてなのに以前に経験したと感じる錯覚》.

de·ject [didʒékt] 動 他 …をがっかり[落胆]させる.

de·ject·ed [didʒéktid] 形 落胆した, がっかりした: a *dejected* look 落胆した表情.

de·ject·ed·ly [-li] 副 落胆して.

de·jec·tion [didʒékʃən] 名 U 落胆, 憂うつ.

de ju·re [diːdʒúəri]【ラテン】形 副 正当な[に], 適法な[に], 法律上(の).

Del.《略記》= *Dela*ware.

Del·a·ware [déləwèər] 名 固 デラウェア州《米国東部の州; 《略記》Del.;《郵略記》DE; → AMERICA 表》.

***de·lay** [diléi] 動 名
― 動 (三単現 **de·lays** [~z]; 過去·過分 **de·layed** [~d]; 現分 **de·lay·ing** [~iŋ])
― 他 **1** (a) [*delay*+O] …を<u>延期する</u>, 延ばす (postpone): We *delayed* our journey for a week [until the weather improved]. 私たちは1週間[天候が回復するまで]旅行を延期した. (b) [*delay*+動名] …することを延期する: She has *delayed* answering his proposal for months. 彼女は彼のプロポーズに対する返事を何か月も延ばしている.
2 [しばしば受け身で]《物事》…を遅らせる: A terrible traffic jam *delayed* us. = We *were delayed* by a terrible traffic jam. 私たちはひどい交通渋滞で遅れてしまった.
― 自《わざと》ぐずぐずする, 遅れる: Don't *delay*! You'll miss the bus! ぐずぐずしないで! バスに乗り遅れるよ.
― 名 U C 遅れ, 遅延; ぐずぐずすること; 延期, 猶予: The train had a 15 minutes' *delay* [a *delay* of 15 minutes]. 列車は15分遅れた.
■ *withòut deláy* すぐに, 遅れずに: Call an ambulance *without delay*. すぐに救急車を呼びなさい.

de·lec·ta·ble [diléktəbl] 形《格式》快い, 楽しい; 魅力的な; おいしい.

de·lec·ta·tion [dìːlektéiʃən] 名 U《文語·しばしば皮肉》喜び, 楽しみ, 娯楽.

***del·e·gate** [déligət, -gèit] 名 C《会議などに出席する》代表, 代議員; 使節《◇代表個人をさす。「代表団」は delegation と言う》: send a *delegate* 使節を派遣する / Japanese *delegates* to the peace conference 和平会議の日本代表.
― 動 [déligèit] 他 **1** [*delegate*+O] …を[会議などへ]代表として派遣する[送る][*to*]; [*delegate*+O+*to do*] …を～するように代表として派遣[指名]する: They *delegated* him to attend the international conference. 彼らはその国際会議に彼を代表として送った. **2**《権限など》を[…に]委任[委託]する[*to*]: Able administrators *delegate* authority to their subordinates. 有能な行政官は権限を部下に委譲する.

***del·e·ga·tion** [dèligéiʃən] 名 **1** C[集合的に; 単数·複数扱い]代表団, 派遣団 (cf. delegate 代表(個人)): The *delegation* has [have] just arrived. 代表団はたった今到着した. **2** U 代表派遣; 代表任命. **3** U《権限などの》委任.

***de·lete** [dilíːt] 動 他《文字·語句·データなど》を[…から]削除する, 消す[*from*].

del·e·te·ri·ous [dèlitíəriəs] 形《格式》《身体·精神に》有害な, 有毒な.

de·le·tion [dilíːʃən] 名 U 削除; C 削除部分.

Del·hi [déli] 名 固 デリー《インド北部にある都市. もとインドの首都. Old Delhi とも呼ばれる》.

del·i [déli] 名《米口語》= DELICATESSEN (↓).

***de·lib·er·ate** [dilíbərət]《☆ 動 との発音の違いに注意》形 **1** 故意の, 計画的な: Betty told a *deliberate* lie. ベティは故意にうそをついた.
2 よく考えた上での; 慎重な, 思慮深い: A spokesperson must be *deliberate* in choosing words. 広報担当者はよく考えて言葉を選ばなければならない. **3**《動作·言葉が》落ち着いた, ゆったりした: speak in a calm, *deliberate* voice 物静かで落ち着いた声で話す / She walks with *deliberate* steps. 彼女はゆったりした足取りで歩く.
― 動 [dilíbərèit] 他 …を熟慮[熟考]する, よく考える; …を審議する, 検討する: [*deliberate*+疑問詞節[句]] …かを熟考する: We *deliberated* the question for a long time. 私たちはその問題を長時間審議した / We are *deliberating* what

action we should take. = We are *deliberating what* action to take. 私たちはどんな行動をとるべきか考えているところです.

— 自 [...について] 熟考する, よく考える; 審議する [*on, about, over*]: The committee *deliberated about* the matter for two hours. 委員会はその問題について2時間審議した.

‡**de·lib·er·ate·ly** [dilíbərətli] 副 **1** 故意に, わざと (on purpose): He didn't *deliberately* break it, it was an accident. 彼がそれを壊したのはわざとではなく偶然だったのだ. **2** よく考えた上で; 慎重に, 熟慮して. **3** 落ち着いて, ゆっくりと.

de·lib·er·a·tion [dilìbəréiʃən] 名 **1** U 熟慮. **2** C U [しばしば ~s] 審議, 討議: under *deliberation* 審議中で. **3** U 慎重さ; (動作が)ゆったりしていること: speak with great *deliberation* きわめて慎重に話す.

de·lib·er·a·tive [dilíbərèitiv / -bərətiv] 形 **1** 審議の, 討議の: a *deliberative* body [assembly] 審議会. **2** 慎重な, 熟慮した.

*del·i·ca·cy [délikəsi] 名 (複 del·i·ca·cies [~z])
1 U 優美さ, 上品さ; (感覚などの)繊細さ, 敏感さ (↔ indelicacy): A great pianist must have *delicacy* of touch. 偉大なピアニストには繊細なタッチが必要だ. **2** U (計器などの)精巧さ. **3** U (身体の)か弱さ, きゃしゃ; 壊れやすさ. **4** U (問題などの)微妙さ, 扱いにくさ: negotiations of great *delicacy* 非常に微妙な側面を持った交渉. **5** U (他人への)思いやり, 心づかい, 慎み深さ: I felt his *delicacy* in asking personal questions. 彼は自分についていろいろ聞かれたが, そこに彼の思いやりを感じた. **6** C ごちそう, 美味, 珍味: local *delicacies* 地元の珍味. (▷ 形 délicate)

del·i·cate [délikət] (☆ 発音に注意)
【原義は「楽しい, 心地よい」】
— 形 **1** 優美な, 上品な; 繊細な, きめの細かい: a *delicate* figure 優美な姿 / *delicate* lace 繊細なレース / She walks in a *delicate* way. 彼女は優美な歩き方をする.

2 (香り・色などが)ほのかな, 柔らかい; (味が)あっさりしておいしい, 淡泊な: a *delicate* fragrance ほのかな香り / I like the *delicate* flavor of this fish. 私はこの魚の淡泊な味が好きです.

3 壊れやすい; 虚弱な, きゃしゃな: *delicate* china 壊れやすい陶磁器 / Eggs are *delicate*. 卵は割れやすい / He was in *delicate* health when he was young. 彼は若い頃病弱だった.

4 (問題などが)扱いにくい, 微妙な, デリケートな; 慎重さを要する: a *delicate* affair 扱いにくい事柄 / a *delicate* operation 細心の注意が要求される手術 / He is in a *delicate* situation now. 彼は今微妙な立場にいる.

5 敏感な, 鋭敏な: She has a *delicate* sense of poetry. 彼女は鋭い詩的感覚を持っている.

6 (機械などが)精巧な, 精密な: a *delicate* instrument 精巧な機械. **7** 思いやりがある, 礼儀をわきまえた. (▷ 形 délicacy)

del·i·cate·ly [délikətli] 副 **1** 優美に, 上品に; 繊細に. **2** 精巧に. **3** 弱々しく, きゃしゃに.

del·i·ca·tes·sen [dèlikətésən] 【ドイツ】 名 **1** U [集合的に] 調製食品, デリカテッセン《調理済みの肉・魚など》. **2** C デリカテッセン販売店.

‡**de·li·cious** [dilíʃəs] 形 **1** (非常に)おいしい, うまい (◇疑問文・否定文では通例 good か sweet を用いる): This cake tastes *delicious*. このケーキはおいしい. **2** 香りのよい: a *delicious* smell よい香り. **3** 〖文語〗気持ちのよい: a *delicious* breeze 気持ちよい風.

de·li·cious·ly [dilíʃəsli] 副 **1** (非常に)おいしく; 香りよく. **2** 気持ちよく; 楽しく.

‡**de·light** [diláit]
— 名 (複 **de·lights** [-láits]) **1** U 大喜び, うれしさ, 楽しみ (→ PLEASURE 類義語): She jumped with *delight*. 彼女はうれしくて跳び上がった.

2 C 喜び[楽しみ]となるもの: Mountaineering is one of his *delights*. 登山は彼の楽しみの1つです.

■ **tàke (a) delíght in ...** 《特によくないこと》を喜ぶ, 楽しむ: That little girl *took delight in* scribbling on the wall. その女の子は壁に落書きをして楽しんだ.

to ...'s delíght = to the delíght of ... 〖文修飾〗...にとって喜ばしい[うれしい]ことには: To his parents' *delight* [*To the delight of* his parents], Tom passed the final examination. 両親にとってうれしいことにトムは最終試験に合格した.

— 他 〈人を〉[...で](大いに) 喜ばせる, 楽しませる [*with*] (◇ please よりも強い喜びを表す): The show *delighted* all the children. そのショーは子供たちみんなを大いに喜ばせた / The dancer *delighted* the audience *with* her attractive dancing. その踊り子は人を引き込むようなダンスで観客を大いに喜ばせた.

— 自 [...を]喜ぶ, 楽しむ [*in*]: *delight in* music 音楽を楽しむ / My aunt *delights in* going to the theater. おばは芝居へ行くのが楽しみです.

‡**de·light·ed** [diláitid] 形 (非常に)喜んでいる, (とても)うれしい: a *delighted* look うれしそうな表情 / I'm very much *delighted* to meet you. あなたにお会いできてとてもうれしく思います.

de·light·ed·ly [diláitidli] 副 喜んで, うれしがって.

‡**de·light·ful** [diláitfəl] 形 楽しい, 愉快な, 気持ちのよい: a *delightful* party 楽しいパーティー / She is *delightful*. 彼女は人を楽しくさせる (◇「彼女はうれしい」ではない. その場合は She is delighted. と言う).

de·light·ful·ly [diláitfəli] 副 愉快に, 喜んで.

De·li·lah [diláilə] 名 **1** 〖聖〗デリラ《サムソンを裏切った愛人》. **2** C 男をまどわす女.

de·lim·it [dilímit] 動 他 〖格式〗...の範囲[限界, 境界]を定める: *delimit* the area of research 調査の範囲を定する.

de·lim·i·tate [dilímitèit] 動 = DELIMIT (↑).

de·lim·i·ta·tion [dilìmitéiʃən] 名 U 〖格式〗範囲[限界]設定; C 限界, 境界.

de·lin·e·ate [dilínièit] 動 他 〖格式〗 **1** ...をわかりやすく描写する. **2** ...の境界線を明確に描く.

de·lin·e·a·tion [dilìniéiʃən] 名 〖格式〗 **1** U わかりやすく描写すること; C 図解, 略図. **2** U 境界線の描写.

D

de·lin·quen·cy [dilíŋkwənsi] 名 (複 **de·lin·quen·cies** [~z]) **1** Ｕ Ｃ (通例, 未成年の) 非行, 犯罪: juvenile *delinquency* 少年非行 [犯罪]. **2** Ｕ (職務などの) 怠慢, 不履行.

de·lin·quent [dilíŋkwənt] 形 [限定用法] **1** 非行の. **2** 怠慢な. **3** (税金・負債などが) 滞納の.
— 名 Ｃ **1** (未成年の) 非行者: a juvenile *delinquent* 非行少年 (少女). **2** (義務の) 不履行者; (税金・負債などの) 滞納者.

de·lir·i·ous [dilíəriəs] 形 **1** 精神が錯乱した, うわごとを言う. **2** 有頂天の, (喜びで) 興奮した: *delirious* with joy うれしさにわれを忘れて.
de·lir·i·ous·ly [~li] 副 精神が錯乱して; われを忘れるほど, 興奮して.

de·lir·i·um [dilíəriəm] 名 (複 **de·lir·i·ums** [~z], **de·lir·i·a** [-riə]) **1** Ｃ Ｕ (うわ言や幻覚を伴う) 精神錯乱. **2** [通例 a ~] 有頂天, 興奮状態.
◆ **delírium trémens** [-tríːmənz] Ｕ〖医〗(アルコール中毒による) 振顫(しんせん)譫妄(せんもう)症《幻覚・体の震えなどを伴う症状; 《略語》dt('s), DT('s)》.

***de·liv·er** [dilívər]
— 動 (三単現 **de·liv·ers** [~z]; 過去・過分 **de·liv·ered** [~d]; 現分 **de·liv·er·ing** [-əriŋ])
— 他 **1** [...に] ...を配達する, 届ける; 〈伝言など〉を伝える [to]: *deliver* the mail 郵便を配達する / My order was *delivered to* me from the store. 注文した品が店から届いた / Please *deliver* my message *to* your sister. 私の伝言をお姉さんに伝えてください.
2 《格式》...を [...に] 手渡す, 引き渡す (*up, over*) [*to, into*]: *deliver* the thief *to* the police どろぼうを警察に引き渡す / His wealth was *delivered over to* his wife. 彼の財産は妻に与えられた. **3** 〈演説など〉をする, 述べる: He *delivered* his speech in French. 彼はフランス語で演説をした. **4** (医師などが) 〈赤ん坊〉を取り上げる; ...の出産を助ける, ...を分娩させる: The doctor *delivered* her baby. 医師は彼女の赤ちゃんを取り上げた.
5 〈打撃など〉を [...に] 加える [*to*]; 〈ボールなど〉を投げる, 発射する: He *delivered* a blow *to* my jaw. 彼は私のあごに1発くらわせた. **6** 《文語》[...から] ...を救う, 解放する [*from*]: They prayed to God to *deliver* them *from* evil. 彼らは災いからお救いくださいと神に祈った. **7** ...を実行する; 〈約束〉を果たす: The government *delivered* tax cuts. 政府は減税を実行した. **8** 《主に米》[候補者のために] 〈票・支持〉を集める [*to*].
— 自 **1** 配達する, 届ける. **2** 《米》[約束などを] 果たす, 達成する, うまくやり遂げる [*on*]: We want the government to *deliver on* tax reforms. 政府が公約通り税制改革を実行することを望む.
■ ***be delívered of ...*** 《格式》〈子〉を産む.
delíver the góods 《口語》約束を果たす (◇「品物をきちんと渡す」ことから). (▷ 名 delívery)

de·liv·er·ance [dilívərəns] 名 《格式》
1 Ｕ [...からの] 救出, 救助; 釈放, 解放 [*from*].
2 Ｕ Ｃ 意見表明, 公式見解; 陳述.

de·liv·er·er [dilívərər] 名 Ｃ **1** 配達人. **2** 救助者; 解放者.

‡**de·liv·er·y** [dilívəri] 名 (複 **de·liv·er·ies** [~z]) **1** Ｕ [...への] 配達; Ｃ 配達物 [*to*]; [複合語で] (郵便などの) ...便: by special [《英》express] *delivery* 速達 (便) で / make a *delivery* 配達する / take a *delivery* of ... ...を配達してもらう, 受け取る. **2** Ｕ Ｃ 引き渡し, 明け渡し; 交付. **3** Ｃ Ｕ 話し方, 話しぶり: President Kennedy's forceful *delivery* made the speech effective. ケネディ大統領の力強い話しぶりによって演説は効果を増した. **4** Ｕ Ｃ 出産, 分娩(ぶんべん): a *delivery* room 分娩室 / a painless *delivery* 無痛分娩. **5** Ｃ Ｕ 投球; (テニスなどの) 打ち方. **6** Ｕ 《文語》解放, 釈放; 救出, 救助.
■ ***on delívery*** 代金引換 [着払い] で, 配達の際に: cash [《米》collect] *on delivery* 代金着払い.
(▷ 動 delíver)

de·liv·er·y·man [dilívərimæn] 名 (複 **de·liv·er·y·men** [-mən]) Ｃ 《主に米》(商品の) 配達人.

dell [dél] 名 Ｃ 《文語》(樹木の茂った) 小さな谷; 峡谷.

Del·phi [délfai] 名 固 デルフォイ, デルポイ《ギリシャの古都. 神託で有名なアポロンの神殿があった》.

del·phin·i·um [delfíniəm] 名 (複 **del·phin·i·ums** [~z], **del·phin·i·a** [-niə]) Ｃ〖植〗ヒエンソウ.

*__del·ta__ [déltə] 名 Ｃ Ｕ **1** デルタ (δ, Δ)《ギリシャ語アルファベットの4番目の文字; → GREEK 表》.
2 (Δ のように) 三角形のもの; (河口の) 三角州, デルタ (地帯).

de·lude [dilúːd] 動 他 ...を [...で] 惑わす, 欺く [*with*]; ...を欺いて [...] させる [*into doing*]: He *deluded* her *into believing* that he was generous. 彼は彼女をだまして自分が気前のいい男だと信じ込ませた.
■ ***delúde onesèlf*** 思い違い [勘違い] する: She *deluded herself* into believing that she had gained weight. 彼女は自分が太ってしまったと勘違いした. (▷ 名 delúsion)

del·uge [déljuːdʒ] (☆ 発音に注意) 名 **1** Ｃ 大洪水, 氾濫(はんらん); 豪雨. **2** [the D-]〖聖〗ノア (Noah) の大洪水. **3** Ｃ [通例 a ~] [...の] 殺到 [*of*]: a *deluge of* visitors 殺到する客.
— 動 他 **1** 《格式》...を水浸しにする, 氾濫させる.
2 [通例, 受け身で] 〈人・場所〉に [...が] 殺到する, どっと来る [*with*]: She *was deluged with* questions. 彼女のところに質問が殺到した.

de·lu·sion [dilúːʒən] 名 **1** Ｕ 惑わす [される] こと, 欺く [かれる] こと. **2** Ｃ 思い違い, 錯覚; 妄想: He is under the *delusion* that he is a genius. 彼は自分が天才だという幻想を抱いている.
(▷ 動 delúde)

de·lu·sive [dilúːsiv] 形 **1** ごまかしの, 偽りの; 妄想的な. **2** 人を誤らせる, 人を惑わすような.
de·lu·sive·ly [~li] 副 人を欺くように.

de·luxe, 《主に英》**de luxe** [dəlʌ́ks, -lúks]【フランス】形 [限定用法] 豪華な, デラックスな (◇名詞のあとに置くこともある): a *deluxe* edition = an edition *deluxe* (書物の) 豪華版, デラックス版.

delve [délv] 動 自 **1** [人・物事を] 調べる, せんさくする [*into, among*]. **2** 《古》掘る (dig).

Dem. 《略語》= *Democrat* 民主党員; *Demo-*

cratic 民主党の.

de·mag·net·ize [diːmǽɡnətàiz] 動 他 …から磁気を除く; 【電気】〈磁気テープ〉から音を消す.

dem·a·gog·ic [dèməɡάdʒik / -ɡɔ́ɡ-], **dem·a·gog·i·cal** [-kəl] 形 《軽蔑》扇動政治家の; 扇動者の, 扇動的な, デマの.

dem·a·gogue, 《米》 **dem·a·gog** [déməɡὰɡ / -ɡɔ̀ɡ] 名 《軽蔑》扇動政治家, 扇動者.

dem·a·gogu·er·y [déməɡɑ̀ɡəri / -ɡɔ̀ɡ-] 名 U 《軽蔑》扇動(行為), デマ; 民衆扇動; 扇動主義.

dem·a·gog·y [déməɡɑ̀dʒi, -ɡὰɡi / -ɡɔ̀dʒi, -ɡɔ̀ɡi] 名 《主に英》= DEMAGOGUERY.

***de·mand** [dimǽnd / dimάːnd] 動 名

— 動 (三単現 **de·mands** [-dz]; 過去・過分 **de·mand·ed** [~id]; 現分 **de·mand·ing** [~iŋ])

— 他 **1** (a) [demand+O][人に] …を要求する, 強く求める [*from, of*] (→頻義語): *demand* payment 支払いを要求する / I will *demand* an apology *from* [*of*] him. 私は彼に謝罪を求めるつもりです. (b) [demand+to do] …するように要求する: He *demanded* to know where I had been. 彼は私がどこにいたのか知りたいと言い張った. (c) [demand+that 節] …ということを要求する: I *demanded* that he (should) pay the money at once. 私は彼がただちに金を払うことを要求した (◇ should を用いるのは《主に英》).

2 〈物事が〉…を必要とする, 要する (need): This work *demands* much skill. この仕事は熟練を必要とする.

3 …を(強い調子で)尋ねる, 詰問する: He *demanded*: "What did you say?" 「何と言ったんだ」と彼は詰め寄った.

— 名 (複 **de·mands** [-dz]) **1** C […に対する / …という] 要求, 請求 [*for / that* 節; [~s] 時間などへの] 負担, さし迫った必要 [*on*]: a *demand for* a wage hike 賃上げの要求 / She made a *demand that* I (should) make up the loss. 彼女は私に損失を埋め合わせるよう要求した (◇ should を用いるのは《主に英》) / Reading proofs makes great *demands on* an editor's time. 校正は編集者にとって大変手間のかかるものである.

コロケーション 要求を[に]…
要求に応じる: **agree to** a demand
要求を拒否する: **refuse** [**reject**] a demand
要求を取り下げる: **drop** [**give up**] a demand
要求を満たす: **meet** [**satisfy**] a demand
要求を無視する: **ignore** a demand

2 U […への] 需要 [*for*]: The supply does not meet the *demand*. 供給が需要に追いつかない / The *demand for* Japanese cars is increasing. 日本車の需要が増加している / There is a great *demand for* rental condominiums. 賃貸マンションが不足している.

■ *in demánd* 需要がある, 人気がある: Cars of this type are *in* great *demand*. このタイプの車は非常によく売れる.

on demánd 請求あり次第: Catalog *on demand*. カタログは請求次第お送りいたします.

頻義語 **demand, require, claim**
共通する意味▶要求する (ask for something as a necessary part of a process or activity)
demand は権限や権利を盾に「高飛車に要求する」ことを表す: He *demanded* a room all to himself. 彼は自分専用に1部屋を(強く)要求した. **require** も「権限・権利に基づいて要求する」ことを表すが, demand ほどの強引さはない: The summons *requires* him to appear in court. その召喚状は彼に出廷を求めている. **claim** は「正当な権利として事物を要求する」ことを表す: He *claimed* the wallet I had found. 彼は私が拾った財布を自分のものだと主張した.

de·mand·ing [dimǽndiŋ / -mάːnd-] 形 **1** 〈人が〉あまりにも多くを要求する, 要求の厳しい. **2** 〈仕事などが〉きつい, 大変な時間・労力を要する.

de·mar·cate [dimάːrkeit / diːmάːrkèit] 動 他 …の限界[境界]を定める[示す]; …を区別する.

de·mar·ca·tion [diːmɑːrkéiʃən] 名 U 限界, 境界; 限界 [境界] の設定; 区分.

de·mean [dimíːn] 動 他 [しばしば ~ oneself] …の品位を落とす, 尊敬を失わせる: *demean oneself* to do 身を落として…する.

de·mean·or, 《英》 **de·mean·our** [dimíːnər] 名 U [または a ~] 《格式》態度; ふるまい, 品行.

de·ment·ed [diméntid] 形 正気でない.

de·men·tia [dimén ʃiə] 名 U 《心》[障害による]痴呆(ほう): senile *dementia* 老人性痴呆症.

***de·mer·it** [dimérit / diː-] 名 C 《格式》欠点, 短所 (↔ merit): the merits and *demerits* [diːmèrits] 長所短所; 功罪 (◇ 対照を示すので, アクセントが移動する).

de·mesne [diméin] (☆ 発音に注意) 名 **1** U 《法》(土地の) 所有, 占有. **2** C 私有地; 不動産. **3** C 領土, 領地, 荘園 (ぎょう).

De·me·ter [dimíːtər] 名 固 《ギ神》 デメテル《農業・豊饒(じょう)・結婚の女神.《ロ神》のケレスにあたる; → GODDESS 表》.

dem·i- [demi] 接頭 「半…」「部分的…」の意を表す.

dem·i·god [déməɡὰd / -ɡɔ̀d] 名 C (◇ 女性形は demigoddess) **1** (神と人間との間に生まれた)半神半人. **2** 神格化された英雄, 崇拝される人物.

dem·i·john [démidʒὰn / -dʒɔ̀n] 名 C デミジョン《かご入りの細口大びん》.

de·mil·i·ta·rize [diːmílitəràiz] 動 他 …を非武装化する: a *demilitarized* zone 非武装地帯.

de·mise [dimáiz] 名 U C **1** 《文語》(王・皇帝の) 崩御; 死去, 逝去 (ぎょ) (◇ death の婉曲語).
2 《かたい》(活動・存在などの) 消滅, 終結; 倒産.

de·mist [diːmíst] 動 《英》= DEFROST **1**.

de·mist·er [diːmístər] 名 《英》= DEFROSTER **2**.

dem·i·tasse [démitæs] 《フランス》 名 C デミタス《小型コーヒーカップ》; デミタス1杯分(のコーヒー).

dem·o [démou] 名 (複 **dem·os** [~z]) (◇ *dem*onstration の略) C 《口語》 **1** = DEMONSTRATION **1**, **2** (↓). **2** (新曲の) 試聴盤[テープ]. **3** (宣伝用の) 新型見本車.

de・mob [diːmɑ́b / -mɔ́b] 動 (三単現 **de・mobs** [~z]; 過去・過分 **de・mobbed** [~d]; 現分 **de・mob・bing** [~iŋ])《英口語》= DEMOBILIZE(↓).

de・mo・bi・li・za・tion [diːmòubəlizéiʃən / -lai-] 名 U《軍》動員解除, 除隊.

de・mo・bi・lize [diːmóubəlàiz] 動 他 [しばしば受け身で]《軍隊》の動員を解く;〈兵士〉を除隊させる.

de・moc・ra・cy [dimǽkrəsi / -mɔ́k-]

【「demo(民衆)+cracy(支配)」から】

— 名 (複 **de・moc・ra・cies** [~z]) **1** U 民主主義, 民主政治, 民主制: representative *democracy* 代表民主制 / The switch to *democracy* was not easy for that country. その国にとって民主主義への移行は容易ではなかった.
2 C 民主主義国家, 民主主義社会.
3 U 社会的平等(の原理), 民主的精神.

*__dem・o・crat__ [déməkræt] 名 C **1** 民主主義(擁護)者. **2** [D-] 《米》民主党員[支持者](《略語》Dem., D.; cf. Republican 共和党員).

dem・o・crat・ic [dèməkrǽtik]

— 形 **1** 民主主義の, 民主政体の: *democratic* government 民主政治.
2 〈人・態度など〉民主的な, 庶民的な, 大衆的な: a *democratic* art 大衆芸術.
3 [D-]《米》民主党の(《略語》Dem.).
◆ Democrátic Párty [the ~]《米》民主党(共和党 the Republican Party)とともに米国の2大政党の1つ).

dem・o・crat・i・cal・ly [dèməkrǽtikəli] 副 民主的に.

de・moc・ra・ti・za・tion [dimɑ̀krətizéiʃən / -mɔ̀krətai-] 名 U 民主化.

de・moc・ra・tize [dimɑ́krətàiz / -mɔ́k-] 動 他 …を民主化する, 民主的にする.

dé・mo・dé [dèimoudéi / dèimoudéi]【フランス】形《格式》時代[流行]遅れの, 旧式の.

dem・o・graph・ic [dèməgrǽfik] 形 人口統計(学)の.

de・mog・ra・phy [dimɑ́grəfi / -mɔ́g-] 名 U 人口統計(学).

*__de・mol・ish__ [dimɑ́liʃ / -mɔ́l-] 動 他 **1** 〈人・爆弾・災害など〉〈建物を〉取り壊す, 破壊する(《建物などを計画的に解体する場合, destroy よりも demolish を用いる》): They *demolished* the old house. 彼らは古い家を取り壊した. **2**《口語》〈学説・議論など〉を論破する, くつがえす;〈制度など〉を廃止する: The prosecutor *demolished* anything the defendant has to say. 検事は被告の言い分をすべてくつがえした.

dem・o・li・tion [dèməlíʃən] 名 U C **1**《建物の》取り壊し; 爆破. **2**《学説・議論などの》論破.

*__de・mon__ [díːmən] 名 C **1** 悪魔, 鬼(devil); 悪霊. **2** 非常な勤勉家; 鬼のような人; 鬼才: a *demon* for work 仕事の鬼.

de・mo・ni・ac [dimóuniæ̀k], **de・mo・ni・a・cal** [dìːmənáiəkəl] 形 悪魔の(ような); 悪霊[悪魔]に取りつかれた, 狂暴[凶暴]な, 残忍な.

de・mon・ic [dimɑ́nik / -mɔ́n-] 形 悪魔のような); 悪魔による; 魔力のある.

de・mon・stra・ble [dimɑ́nstrəbl / -mɔ́n-]《格式》証明[論証, 実証]できる; 明らかな.
de・mon・stra・bly [~li] 副 明らかに.

‡**dem・on・strate** [démənstrèit](☆アクセントに注意)「de(=out)+monstrate(=show)」から】動 **1** (a) [demonstrate+O]〔に〕〈実物で〉…を説明する, 実物[見本]を見せて宣伝する[*to*]: He *demonstrated* a new solar battery. 彼は新しい太陽電池の実物を見せて宣伝した. (b) [demonstrate+that 節] [疑問詞節[句]] …ということ[…かどうか]を(実例などで)説明する, 実際にやって見せる: He *demonstrated* how the machine worked. 彼はその機械の動く様子を実際に示して見せた.
2 (a) [demonstrate+O] …を証明[論証]する: He *demonstrated* the accuracy of his theory. 彼は自説の正しさを論証した.
(b) [demonstrate+that 節] …であることを証明[論証]する: Her 50 meter dash record has *demonstrated* she is a promising sprinter. 彼女が有望な短距離走者であることを50メートル走の記録が証明した.
3 〈感情・能力・性質など〉をあらわに示す: Tom *demonstrated* his joy by leaping. トムは小躍りして喜んだ.
— 自 デモ[示威運動]をする: *demonstrate* against the treaty 条約に反対してデモ行進をする. (▷ 名 dèmonstrátion; 形 demónstrative)

‡**dem・on・stra・tion** [dèmənstréiʃən] 名 **1** U 実演;《商品などの》実物宣伝, デモンストレーション(《口語》demo): The salesman made [gave] a *demonstration* of a new software. セールスマンは新しいソフトウェアの実演宣伝をした.
2 C デモ, 示威運動(《口語》demo): a *demonstration* against war 反戦デモ. **3** U C 証明, 論証; 証拠. **4** U C 〈感情などを〉あらわに示すこと, 表出. (▷ 動 démonstrate)

de・mon・stra・tive [dimɑ́nstrətiv / -mɔ́n-] 形 **1** 説明[論証]的な;〈叙述用法〉[…を]証明[説明]する[*of*]: The painting is *demonstrative of* her genius. その絵は彼女の天才を証明している. **2** 感情[愛情]をあらわに示す. **3** 指示的な; 《文法》指示の: a *demonstrative* pronoun [adjective, adverb] 指示代名詞[形容詞, 副詞](→ PRONOUN《文法》).
— 名 C 《文法》指示詞(◇ there, this, that などのように何かをさし示す語). (▷ 動 démonstrate)
de・mon・stra・tive・ly [~li] 副 論証的に, 明白に; 感情をあらわにして[素直に表して].

dem・on・stra・tor [démənstrèitər] 名 C
1 説明[論証]する人; 証明品. **2** デモ参加者;[~s] デモ隊. **3** 実地[実演]教授者;《英国の大学の》実習助手. **4**《商品の使用法を》実演する人;《米》(宣伝用)実物見本.

de・mor・al・i・za・tion [dimɔ̀ːrəlizéiʃən / -mɔ̀rəlai-] 名 U 堕落;《軍隊などの》士気阻喪(*c*).

de・mor・al・ize [dimɔ́ːrəlàiz / -mɔ́r-] 動 他 〈人・兵士〉の士気[やる気]をくじく[失わせる].

de・mote [dimóut] 動 他 [しばしば受け身で] …の

de·mot·ic [dimátik / -mɔ́t-] 形《格式》(特に言葉が)民衆[庶民]の, 通俗の.

de·mo·tion [dimóuʃən] 名 UC 地位[階級]を下げること, 降格 (↔ promotion).

de·mo·ti·vate [diːmóutəvèit] 動 他〈人〉のやる気[意欲]を失わせる, 仕事の喜びを奪う.

de·mur [dimə́ːr] 動(三単現 **de·murs** [~z]; 過去・過分 **de·murred** [~d]; 現分 **de·mur·ring** [-mə́ːriŋ]) 自《格式》[…に]異議を唱える [*at*, *to*, *about*].
— 名 U《通例, 否定語と共に》《格式》(穏やかな)異議(の申し立て), 反対: *without demur* 異議なく.

de·mure [dimjúər] 形(比較 **de·mur·er** [-mjúərər], **more demure**; 最上 **de·mur·est** [-mjúərist], **most demure**) 1《ほめ言葉》(特に女性・子供が)おとなしい, 控えめな, 慎み深い (modest).
2《軽蔑》取りすました, 上品ぶった.
de·mure·ly [~li] 副 控えめに; 取りすまして.
de·mure·ness [~nəs] 名 U 控えめ.

de·mys·ti·fy [diːmístifài] 動(三単現 **de·mys·ti·fies** [~z]; 過去・過分 **de·mys·ti·fied** [~d]; 現分 **de·mys·ti·fy·ing** [~iŋ])他…から神秘性を取り除く; …の神秘[なぞ]を解く; …を明らかにする.

den [dén] 名 C 1 (くつろぐための)部屋, 私室. 2 (野獣の)すみか, 穴; (動物園の)檻[り]. 3 (犯罪者などの)巣, 隠れ家; 小さくて息苦しい家[部屋]: a *den* of robbers 盗賊の巣. 4 書斎.

Den.《略語》= Denmark (↓).

de·na·tion·al·i·za·tion [diːnæ̀ʃənələzéiʃən / -laiz-] 名 UC (事業の)非国有化.

de·na·tion·al·ize [diːnǽʃənəlàiz] 動 他〈事業〉を非国有化する, 民営化する.

den·dro·bi·um [dendróubiəm] 名 C【植】デンドロビウム《ラン科の観賞用多年草》.

*__de·ni·al__ [dináiəl] 名 UC 1 否定, 否認, 打ち消し: a *denial* of the existence of ghosts 幽霊の存在の否定 / The police didn't believe his *denial* of the charge. 彼は容疑を否認したが警察は信じなかった. 2 拒否, 拒絶 (refusal): give a flat *denial* きっぱり断る. (▷ 動 deny)

de·ni·er[1] [dináiər] 名 C 否定する人, 否認者.

de·nier[2] [dénjər] 【フランス】名 U【英】デニール《◇糸や繊維の太さの単位》.

den·i·grate [dénigrèit] 動 他 …を中傷する, けなす; …の名誉を汚[けが]す.
den·i·gra·tion [dènigréiʃən] 名 U 中傷, 侮辱.

den·im [dénim] 名 1 U デニム《厚手の綿布》. 2 [~s]《口語》デニムの作業着, ジーンズ (jeans).

den·i·zen [dénizən] 名 C《文語》(特定の場所に)生息している動植物;《こっけい》居住者, 住人.

Den·mark [dénmɑːrk] 名 デンマーク《ヨーロッパ北西部にある王国; 首都コペンハーゲン (Copenhagen);《略語》Den.》.

de·nom·i·nate [dináminèit / -nɔ́m-] 動 他《格式》…に命名する; …を …と呼ぶ[称する].

de·nom·i·na·tion [dinàminéiʃən / -nɔ̀m-] 名 1 C《格式》名称; 呼称; U 命名. 2 C 宗派, 教派. 3 C《格式》種類, 種目. 4 CU (貨幣などの)単位 (名): What *denominations* (do you want)? 金種は何にしますか《◇両替窓口での決まり文句》. (比較)「通貨単位の呼称変更」を意味する「デノミ(ネーション)」は和製英語で, 英語では redenomination と言う》

de·nom·i·na·tion·al [dinàminéiʃənəl / -nɔ̀m-] 形(特定の)宗派の, 教派の.

de·nom·i·na·tor [dinámənèitər / -nɔ́m-] 名 C【数学】分母 (cf. numerator 分子).

de·no·ta·tion [dìːnoutéiʃən] 名 1 U 表示, 指示. 2 C (語の明示的な)意味《◇「(言外の, 暗示的な)意味」は connotation と言う》.

de·note [dinóut] 動 他 […ということを]示す, 意味する; …ということの]しるし[記号]である [*that* 節]: A sign in red often *denotes* danger. = A sign in red often *denotes* that there is danger. 赤いサインはしばしば危険を示す.

de·noue·ment, dé·noue·ment [dèinuːmɑ́ːŋ / deinúːmɑːŋ] 【フランス】名 C (劇・小説などの)大詰め, 大団円; (事件などの)解決, 結末.

*__de·nounce__ [dináuns] 動 他 1 …を […であると / …の理由で]《公然と》非難する [*as* / *for*]: He was *denounced as* a traitor in the newspaper. 彼はその新聞で裏切り者と非難された. 2〈人〉を […に / …であると]告発する [*to* / *as*]: She *denounced* him *to* the police *as* a swindler. 彼女は彼を詐欺師として警察に訴えた. 3〈条約などの〉廃棄を通告する. (▷ 名 denunciátion)

*__dense__ [déns] 形 1 (人・ものが)密集した;(場所が)[人・もので]いっぱいである (crowded) [*with*]; (織物が)目の詰んだ: a *dense* crowd すごすごい人込み / The garden was *dense* with daffodils. 庭にはラッパズイセンが咲き乱れていた. 2 (蒸気・液体などが)濃い (thick) (↔ thin): a *dense* fog 濃霧. 3《通例, 叙述用法》《口語》頭の悪い, 愚鈍な. (▷ 名 density)

dense·ness [~nəs] 名 U 密集; 濃さ; 愚鈍さ.

dense·ly [dénsli] 副 密集して, 密に, すき間なく; 濃く: a *densely* populated city 人口密度の高い市.

*__den·si·ty__ [dénsəti] 名 (複 **den·si·ties** [~z]) 1 U 密度, 密集; (蒸気・液体などの)濃さ: *density* of population = population *density* 人口密度 / traffic *density* 交通量. 2 C【物理】濃度, 密度; 比重. (▷ 形 dénse)

dent [dént] 名 C 1 くぼみ, へこみ. 2《口語》(自尊心などを)へこませること; (数量の)落ち込み, 激減.
■ **màke a dént in …** 1 …をへこませる. 2 …に影響を及ぼす; …を減らす. 3《通例, 否定文で》《口語》〈仕事など〉をはかどらせる: I didn't *make a dent in* my work at all. 仕事がまったくはかどらなかった.
— 動 1〈もの〉をへこませる. 2 …に不利な影響を及ぼす. — 自 (ものが)へこむ.

*__den·tal__ [déntəl] 形《比較なし; 限定用法》 1 歯の; 歯科の: a *dental* office [clinic, treatment] 歯科医院 [診療所, 治療]. 2【音声】歯音の.
— 名 C = déntal cónsonant【音声】歯音《◇ [t], [d], [θ], [ð] など舌(茎)と舌で出す子音》.
◆ **déntal flóss** U【歯】デンタルフロス, 糸ようじ《歯間の汚れを取るための強力な糸》.

déntal hygíenist [C] 歯科衛生士.
déntal pláte [C] 《通例,単数形で》義歯床《義歯を固定する薄い板》.
déntal súrgeon [C] 《格式》歯科医 (dentist).

den·tin [déntin], **den·tine** [déntiːn] [名] [U] 〖歯〗(歯の)象牙(ぞうげ)質.

‡**den·tist** [déntist] [名] [C] 歯科医, 歯医者: go to the *dentist* [*dentist*'s office, 《主に英》*dentist*'s] 歯医者へ《治療に》行く.

den·tist·ry [déntistri] [名] [U] 歯科(医)学.

de·nude [dinjúːd] [他] 《通例, 受け身で》《格式》…から〖覆っているものを〗はぎ取る; 〖所有物・権利などを〗奪う 〖*of*〗.

de·nun·ci·a·tion [dinÀnsiéiʃən] [名] [U] [C]
1 (公然の) 非難, 弾劾(だんがい). **2** (罪の) 告発.
3 (条約などの) 廃棄通告. (▷ [動] denóunce).

Den·ver [dénvər] [名] [固] デンバー《米国 Colorado 州の州都》.

*****de·ny** [dinái]
【基本的意味は「…を否定する (say that something is not true)」】
— [動] (三単現 **de·nies** [~z]; 過去・過分 **de·nied** [~d]; 現分 **de·ny·ing** [~iŋ])
— [他] **1** (a) [deny+O] …を否定する, 打ち消す (↔ affirm): He *denied* all the charges. 彼はすべての罪状を否認した. (b) [deny+that 節] …ということを否定する, …でないと言う: The mayor *denied* that he had been involved in the scandal. 市長はそのスキャンダルへのかかわりを否定した. (c) [deny+doing [having done]] (人が) …しない [しなかった] と言う: He *denied* making such a statement. 彼はそんな発言はしなかったと言った (= He *denied* that he made such a statement.) / Do you *deny* having stolen the car? あなたは車を盗んだことを否認するのですか (= Do you *deny* that you stole the car?). (d) [deny+O+to be …] 《格式》 ~が…であることを否定する.
2 (a) [deny+O] …を拒否する, …に応じない: The king *denied* the petition. 王はその請願に応じなかった. (b) [deny+O+O / deny+O+to …] ～に～を与えることを拒否する: She *denied* me money. 彼女は私にお金をくれなかった / She *denies* nothing *to* her child. = She *denies* her child nothing. 彼女は子供の言うことは何でも聞く.
3 《格式》…を否認する, 関係がないと言う.

■ *dený onesélf …* …を控える, 断つ: Robert has denied himself all luxuries these days. 近頃ロバートはぜいたくは一切やめている.

There is nó denýing that … 《口語》…は否定できない, 明らかである. (▷ [名] deníal)

de·o·dor·ant [diːóudərənt] [名] [U] [C] (特に体臭の) 防臭剤, 脱臭剤. — [形] 防臭効果のある.

de·o·dor·ize [diːóudəràiz] [他] 〈衣服・部屋など〉の臭気を除去する.

de·ox·y·ri·bo·nu·cle·ic ácid [diːàksirài-bounjuːklíːik- / -ɔ̀ks-] [U] 〖生化〗デオキシリボ核酸《(略語) DNA》.

dep. 《略語》= *dep*artment; *dep*arture; *dep*uty 代理人.

*****de·part** [dipáːrt]
【原義は「離れて分かれる」】
— [動] (三単現 **de·parts** [-páːrts]; 過去・過分 **de·part·ed** [~id]; 現分 **de·part·ing** [~iŋ])
— [自] **1** 〖…から / …に向けて〗出発する (leave, start) 〖*from* / *for*〗(↔ arrive) 《(略語) dep.》: *depart from* Osaka at 9:00 a.m. 大阪を午前9時に出発する (◇ *dep.* Osaka 9:00 a.m. と略す) / She *departed from* Tokyo *for* New York the day before yesterday. 彼女はおととい東京からニューヨークに向けて出発した.
2 〖…から〗外れる, それる 〖*from*〗: His method *departs from* ours in several respects. 彼のやり方は私たちのやり方といくつかの点で違っている.

■ *depárt* (*from*) *this lífe* 《婉曲》この世を去る, 死ぬ. (▷ [名] depárture)

de·part·ed [dipáːrtid] [形] 《通例, 比較なし》 **1** 過去の, 過ぎ去った. **2** (人が) 亡くなった, 他界した (◇ dead の婉曲語). **3** [the ～; 名詞的に] 《婉曲》 [単数扱い] 故人; [複数扱い] 亡くなった人々.

****de·part·ment** [dipáːrtmənt]
— [名] (複 **de·part·ments** [-mənts]) [C] **1** 部門, …部; (デパートの) 売り場, コーナー《(略語) dep., dept., dpt.》: the sales *department* 営業部, 販売部 / The stationery *department* is on the sixth floor. 文房具売り場は6階です.
2 〖通例 D-〗《米》(政府の) 省; 《英》(省庁の) 局, 課: the *Department* of Agriculture 農務省. (関連語) Ministry (日本・英国などの) 省 / Bureau (米国の) 局, 部 / Division (米国の) 課.
3 (大学の) 学科, 学部: the *Department* of History = the History *Department* 史学科.
4 〖通例 one's ～〗(口語) (担当) 部門, 分野; 得意分野: Tax questions are just not my *department*. 税金のことは私にはよくわかりません.
(▷ [形] depàrtméntal)

◆ **depártment stóre** [C] デパート, 百貨店 (➡ 次ページ [PICTURE BOX]): go shopping at a *department store* デパートへ買い物に行く.

de·part·men·tal [dipàːrtméntəl / dìːpɑːrt-] [形] 《通例, 限定用法》 部門 (別) の; 各部 [省, 局, 課] の, 各分科の. (▷ [名] depártment)

‡**de·par·ture** [dipáːrtʃər] [名] [C] [U] **1** 〖…からの / …への〗出発 〖*from* / *for*〗(↔ arrival): arrivals and *departures* of trains 列車の発着 / the *departure* time 出発 [発車] 時刻 / the *departure* lounge (空港などの) 出発ロビー / He will take his *departure from* Tokyo tomorrow. 彼は明日東京を出発する. **2** (方針・考えなどの) 刷新, 発展; 新方針: a new *departure* 新たな発展. **3** 〖…から〗それること, 逸脱 〖*from*〗: His behavior was a *departure from* the normal. 彼の行動は常軌を逸していた. (▷ [動] depárt)

*****de·pend** [dipénd]
【de (下へ) + pend (垂れる)」から】
— [動] (三単現 **de·pends** [-péndz]; 過去・過分 **de·pend·ed** [~id]; 現分 **de·pend·ing** [~iŋ])

— ⃝自 **1** (a) [depend on [upon] ...] […について〕…に頼る, 信頼する, あてにする〔*for*〕: You can *depend on* him. 彼は頼れるよ / Italy *depends* heavily *on* its tourist trade. イタリアは観光産業に大きく依存している / She is a woman to be *depended upon*. 彼女は信頼できる人です. (b) [depend on [upon] ... +to do / depend on [upon] ...'s+doing] …が～するのをあてにする: We can *depend on* him *to* be punctual. あの人は大丈夫, 時間通りに来ます / We *depended upon* his coming to the party. 私たちは彼がパーティーへ来ることを確信していた. (c) [depend on [upon] it+that 節] …ということをあてにする(◇ it は形式目的語): You can *depend upon it that* he will come and see us. 彼はきっと私たちに会いに来る.
2 〔進行形不可〕 (a) [depend on [upon] ...] …次第である, …による: Your success *depends on* your effort. あなたの成功は努力次第です. (b) [depend on [upon]+疑問詞節] …次第である, …かによる: It *depends on* [*upon*] *how* much money you have. それはあなたの資金力次第です.
■ *depénd upòn it* 〔通例, 文頭・文尾で〕《口語》確かに, 大丈夫だ.
Thàt [*It*] (*áll*) *depénds.* それは時と場合によりけりだ: Will you quit? — I don't know. *It depends.* 辞めるの — わからない. 状況次第 [ケースバイケース] だね.
(▷ 名 depéndence; 形 depéndent)

de·pend·a·bil·i·ty [dipèndəbíləti] 名 U 頼り [あて] になること, 信頼できること.

de·pend·a·ble [dipéndəbl] 形 頼りになる, あてになる, 信頼できる (↔ undependable).

de·pend·ant [dipéndənt] 名 = DEPENDENT (↓).

*****de·pend·ence** [dipéndəns] 名 U **1** 〔人などに〕頼ること, 〔…への〕依存 〔*on, upon*〕 (↔ independence): She lives in *dependence on* her parents. 彼女は両親の世話になって暮らしている.
2 〔…への〕信頼 (trust) 〔*on, upon*〕: put [place] *dependence on* [*upon*] ... …を信頼する. **3** 〔…への〕従属 (関係) 〔*on, upon*〕: the *dependence* of crops *on* the weather 収穫が天候に左右されること. **4** 《医》 依存 (症): drug [alcohol] *dependence* 薬物 [アルコール] 依存 (症).
(▷ 動 depénd)

de·pend·en·cy [dipéndənsi] 名 (複 **de·pend·en·cies** [~z]) C 保護領; (従) 属国.

*****de·pend·ent** [dipéndənt] 形 **1** (人が) 〔…に / …を〕頼っている 〔*on, upon, for*〕 (↔ independent): He is still *dependent on* his parents *for* support. 彼はまだ親のすねをかじっている.
2 〔叙述用法〕 〔…〕次第の, 〔…に〕左右される 〔*on, upon*〕: Our journey is *dependent on* the weather. 私たちの旅行は天候次第です.
— 名 C 《米》 他人に頼って生活する人, 扶養家族; 部下, 家臣.
(▷ 動 depénd)

◆ **depéndent cláuse** C 《文法》 従属節 (subordinate clause) (→ CLAUSE (文法)).

de·pict [dipíkt] 動 他 (絵画・言葉などで) …を(生き生きと) 描く, …を描写する; 〔…と〕描写する 〔*as*〕.

de·pic·tion [dipíkʃən] 名 U C 描写, 叙述.

de·pil·a·to·ry [dipílətɔ̀ːri / -təri] 形 脱毛効果のある, 脱毛に効く.
— 名 (複 **de·pil·a·to·ries** [~z]) C U 脱毛剤.

*****de·plete** [diplíːt] 動 他 《格式》 〈資金などを〉減らす, 〈資源・精力など〉を使い果たす; …から〔…を〕枯渇

PICTURE BOX department store

❶ information 案内所 ❷ elevator エレベーター
❸ restroom お手洗い
❹ escalator エスカレーター
❺ display case 陳列棚 ❻ mannequin マネキン
❼ hanger ハンガー ❽ fitting room 試着室

1) May I help you? (いらっしゃいませ)
2) Yes, I'm looking for a bag. (バッグを探しています) 
3) How about this one? (こちらはいかがですか) 
4) Good. I'll take this. (いいですね. これにします) 
5) How much is it? (いくらですか) 
6) It's thirty dollars. (30ドルになります)

させる [*of*]: *deplete* one's strength 体力を消耗する.

de·ple·tion [diplíːʃən] 名 U 消耗; 減少; 枯渇.

de·plor·a·ble [diplɔ́ːrəbl] 形 **1** 嘆かわしい, 悲しむべき, 遺憾(ぃん)な; ひどい: *deplorable* living conditions 嘆かわしい生活状態 / It is *deplorable* that he tendered his resignation. 彼が辞表を提出したことは残念です. **2** みじめな; ひどい.

de·plor·a·bly [diplɔ́ːrəbli] 副 嘆かわしいことに, 遺憾(ぃん)ながら; ひどく.

*__de·plore__ [diplɔ́ːr] 動 他 [進行形不可] **1** […することを / …ということを] 遺憾(ぃん)に思う, 非難する [*doing* / *that* 節] (◇への目的語にとらない): He *deplored* the rise in violent crimes. 彼は凶悪犯罪の増加をひどく残念に思った. **2** 〈人の死など〉を嘆き悲しむ, 悼む: I cannot help *deploring* his early death. 私は彼の早世に悲しみの念を禁じえない.

de·ploy [diplɔ́i] 動 他 **1** 《軍》〈部隊〉を展開 [散開] させる; 〈部隊・兵士など〉を配置する; 〈兵器〉を配備する: *deploy* missiles ミサイルを配備する. **2** …を(目的や効果を考えて)うまく使う.
— 自 (部隊が)展開 [散開] する; 配置につく [される].

de·ploy·ment [diplɔ́imənt] 名 U 《軍》(部隊の)展開 [散開], (兵器の)配備.

de·pop·u·late [diːpɑ́pjəlèit / -pɔ́pju-] 動 他 [通例, 受け身で]〈戦争・疫病など〉〈ある地域〉の人口を減らす [激減させる]: a *depopulated* area 過疎地帯.

de·pop·u·la·tion [diːpɑ̀pjuléiʃən / -pɔ̀p-] 名 U 人口減少, 過疎化.

de·port [dipɔ́ːrt] 動 他 **1** (政府が)〈好ましくない外国人〉を国外に追放する, 国外退去させる. **2** [~ oneself; 副詞(句)を伴って]《格式》(人が)…のようにふるまう.

de·por·ta·tion [dìːpɔːrtéiʃən] 名 U C (外国人の)国外追放, 国外退去.

de·por·tee [dìːpɔːrtíː] 名 C (国外への)被追放者; 追放を命じられた人.

de·port·ment [dipɔ́ːrtmənt] 名 U《格式》(主に若い女性の人前での)立ち居ふるまい.

de·pose [dipóuz] 動 他 **1** 〈人〉を [高位から] 退ける, 免職する [*from*]; 〈王〉を退位させる: *depose* … *from* office …を免職にする. **2** 《法》(文書で)[…ということを] 証言する [*that* 節].
— 自 《法》(文書で)[…に] 証言する [*to*]: He *deposed* to having seen the criminal. ＝ He *deposed* that he had seen the criminal. 彼は犯人を見たと証言した.

‡**de·pos·it** [dipázit / -pɔ́z-] 動 他 **1** 〈もの〉を [ある場所に] 置く, 下ろす (put) [*on, in, at*]; [~ oneself] 腰を下ろす: She *deposited* her bag *on* the floor. 彼女はバッグを床に置いた / The lady *deposited* herself *in* the nearest chair. その女性は一番近くのいすに腰を下ろした.
2 〈貴重品・金など〉を […に / 人に] 預ける [*in / with*] (↔ withdraw): *deposit* money *in* a bank 銀行に預金する / He *deposited* his valuables *in* the hotel safe. 彼は貴重品をホテルの金庫に預けた.
3 〈金〉を手付金 [保証金, 頭金] として払う: *deposit* $500 *on* the car 車の頭金として500ドル払う.
4 (昆虫・魚・鳥などが)〈卵〉を […に] 産みつける [*in*].
5 〈泥など〉を […に] 沈殿させる, 堆積(ﾀぃ)させる [*in, on*].
— 名 **1** C (銀行)預金, 預け入れ: a current *deposit* 当座預金 / a fixed *deposit* 定期預金 / make a *deposit* 預金する / withdraw a *deposit* 預金を引き出す.
2 C [通例, 単数形で] 手付金, 保証金, 頭金, 積立金; 《英》供託金: pay [make, put down] a *deposit* on … …の頭金を払う. **3** C U 沈殿物, 堆積物; (ワインなどの)おり. **4** C《地質》鉱床, 埋蔵物 [量].
■ *on* [*upòn*] *depósit* (銀行に)預金した [して]; 保管した [して].
◆ depósit accòunt C 《米》預金勘定;《英》通知 [定期] 預金口座 (《米》 savings account).

dep·o·si·tion [dèpəzíʃən, dìːp-] 名 **1** U (高官などの)免職, 罷免(ﾉ), 解任. **2** U C《法》宣誓証言 [証書]. **3** U C 沈殿 [堆積] 物.

de·pos·i·tor [dipázitər / dipɔ́z-] 名 C 預金者.

de·pos·i·to·ry [dipázətɔ̀ːri / dipɔ́zitəri] 名 (複 **de·pos·i·to·ries** [~z]) C **1** 保管所, 倉庫, 貯蔵庫; 金庫. **2** 保管人.

*__de·pot__ [díːpou] (☆発音に注意) 名 C **1** 《米》 (鉄道の)駅, バスターミナル, 乗客待合所. **2** [dépou] 貨物置場, 倉庫, 貯蔵所.

dep·ra·va·tion [dèprəvéiʃən] 名 U《格式》(道徳的な)堕落, 腐敗.

de·prave [dipréiv] 動 他 [しばしば受け身で]《格式》…を(道徳的に)堕落させる, 腐敗させる.

de·praved [dipréivd] 形《格式》(道徳的に)堕落した, 腐敗した.

de·prav·i·ty [diprǽvəti] 名 (複 **de·prav·i·ties** [~z])《格式》 U 堕落, 腐敗; C 邪悪な行為, 悪行.

dep·re·cate [déprəkèit] 動 他 [進行形不可]《格式》…を非難する, 反対する, けなす.

dep·re·cat·ing·ly [déprəkèitiŋli] 副《格式》非難して, 反対するように; たしなめて.

dep·re·ca·tion [dèprəkéiʃən] 名 U《格式》非難, 不賛成, 反対.

dep·re·ca·to·ry [déprəkətɔ̀ːri / -kèitəri] 形 **1** 非難の, 不賛成の, 反対の. **2** 哀願の, 弁解的な.

*__de·pre·ci·ate__ [diprίːʃièit] 動 他 **1** 〈物〉の価値を下げる (↔ appreciate).
2 《格式》〈人・価値など〉を軽視する, 見くびる.
— 自 価値が下がる, 価格が下落する.

de·pre·ci·a·tion [diprìːʃiéiʃən] 名 U C **1** (貨幣などの価値の)下落, (価格の)低下 (↔ appreciation). **2**《会計》減価償却. **3** 《格式》軽視, 見くびること.

de·pre·ci·a·to·ry [diprίːʃiətɔ̀ːri / -ətəri] 形 **1** 非難を表す, 不賛成の. **2** 軽視する, 見くびる.

dep·re·da·tion [dèprədéiʃən] 名《格式》 **1** U 強奪, 略奪. **2** C [通例 ~s] 略奪行為; 破壊.

*__de·press__ [diprés] 動 他 **1**《格式》〈レバーなど〉を下に押す, 押し下げる. **2** 〈人〉を落胆させる, 意気消沈させる, 憂うつにさせる: The news *depressed*

de·pres·sant [diprésənt] 形 **1** 〖医〗（神経や筋肉の機能を）抑制する，鎮静化作用のある. **2** 落胆させる，意気消沈させる.
—名 ⓒ 〖薬〗抑制剤，鎮静剤.

de·pressed [diprést] 形 **1** 落胆した，意気消沈の，元気のない. **2** 不況の；窮乏した，生活難の. **3** 押し下げられた；くぼんだ.

de·press·ing [diprésiŋ] 形 落胆させるような，憂うつな，気のめいるような，重苦しい.

de·press·ing·ly [～li] 副 がっかりするほど.

‡**de·pres·sion** [diréʃən] 名 **1** ⓊⒸ 憂うつ，意気消沈，スランプ；〖医〗うつ病，抑うつ症. **2** ⒸⓊ 不景気，不況；[the D-] 世界大恐慌 (the Great Depression)《1929年10月に米国で始まった》. **3** ⓒ くぼみ，くぼ地. **4** Ⓤ 〖気象〗低気圧.

de·pres·sive [diprésiv] 形 **1** 鎮静の，抑制的な；憂うつな. **2** うつ病の，うつ状態の.
—名 ⓒ 〖医〗うつ病の人，うつ状態の人.

dep·ri·va·tion [dèprivéiʃən] 名 ⓊⒸ **1**（権利などの）剝奪（はくだつ）. **2** 損失，（必需品の）欠乏.

*__de·prive__ [dipráiv] 動 他 **[** deprive + O + of ... **]** [しばしば受け身で]〈人・もの〉から〈人・もの・権利など〉を奪う：This law will *deprive* us *of* our basic rights. = We will be *deprived of* our basic rights. この法律は私たちの基本的な権利を奪うことになる ╱ A headache *deprived* me *of* sleep. 私は頭が痛くて眠れなかった.

de·prived [dipráivd] 形 **1** 恵まれない，貧しい. **2** [the ～；名詞的に；複数扱い] 恵まれない人たち.

Dept., dept.（略語）= *department*.

‡‡‡**depth** [dépθ]
—名（複 **depths** [～s]）**1** ⓊⒸ [通例，単数形で] 深さ：What is the *depth* of this pond? この池の深さはどれくらいですか ╱ Snow lies 10 centimeters in *depth*. 雪が深さ10センチ積もっている. **2** ⓊⒸ [通例，単数形で] 奥行き：This lot measures 15 meters in width and 18 (meters) in *depth*. この土地は間口15メートル，奥行き18メートルある. **3** Ⓤ [または a ～]（感情の）深さ，強さ：with great *depth* of feeling 強い感情を込めて. **4** Ⓤ [通例 the ～s]（事態などの）深刻さ，重大さ：The Prime Minister explained the *depth* of the crisis facing the state. 首相は国家が直面する危機の重大さを説明した. **5** Ⓤ [または a ～]（人格・学識・考えなどの）深み，深み：Every student praised the *depth* of the professor's knowledge. 全学生が教授の深い学識を称賛した. **6** Ⓤ（色・影などの）濃さ，深さ，（声・音の）低さ：great *depth* of green とても濃い緑色 ╱ *depth* of sound 深みのある低音. **7** Ⓤ [通例 the ～s] 奥地，奥まった所，深い所：the *depths* of the ocean 大洋の深み ╱ The child was found in the *depths* of the woods. その子供は森の奥で見つかった. **8** Ⓤ [通例 the ～s] どん底，真っ最中，真ん中：be in the *depths* of despair [depression] 絶望のどん底にいる ╱ in the *depth* of night 真夜中に.

■ *beyònd* [òut òf] *...'s dépth* **1** 背が立たない所［で］. **2** 理解力が及ばない（で）：What she said was completely *beyond my depth*. 私には彼女の言ったことがまったく理解できなかった.
in dépth **1** 深さが，奥行きが（→ 名 **1, 2**）. **2** 徹底的に，突っ込んで：We should discuss the matter *in depth*. 私たちはその件を徹底的に論議すべきです.　(▷ 形 *déep*)

◆ **dépth chàrge [bòmb]** ⓒ（潜水艦爆破用の）爆雷.

dep·u·ta·tion [dèpjətéiʃən] 名 **1** Ⓤ 代理［代表］の任命［派遣］. **2** ⓒ [集合的に；単数・複数扱い] 代表団.

de·pute [dipjúːt] 動 他（格式）**1**〈人〉に代理を命じる，〈人〉に代わりに［…するよう］命じる [*to do*]. **2**〈仕事・権限など〉を〈人に〉委任する.

dep·u·tize [dépjətàiz] 動 他（米）〈人〉を代理に任命する. —自［人の］代理を務める [*for*].

‡**dep·u·ty** [dépjəti] 名（複 **dep·u·ties** [～z]）**1** 代理人；副社長，副校長. **2**（日本・フランスなどの）代議士，議員. **3** [形容詞的に] 代理の，副…：a *deputy* governor 副知事 ╱ a *deputy* mayor 助役. **4**（米）= députy shériff 保安官代理.
■ *by députy* 代理で［として］.　(▷ 動 *députize*)

de·rail [diréil] 動 他 [通例，受け身で]〈列車など〉を脱線させる. —自 脱線する.

de·rail·ment [diréilmənt] 名 ⓊⒸ 脱線.

de·ranged [diréindʒd] 形 正気でない，（精神が）錯乱した.

de·range·ment [diréindʒmənt] 名 ⓊⒸ 精神不安定；錯乱.

Der·by [dáːrbi / dáːbi] 名（複 **Der·bies** [～z]）**1** [the ～] ダービー《London のエプソム競馬場で毎年行われるサラブレッド4歳馬のレース．Derby は1780年第1回レースの主催者の名から》. **2** [the ～] 大競馬《ダービーに類する大競馬．たとえば米国の Kentucky Derby》. **3** ⓒ [d-] 自由参加の競技. **4** ⓒ [d-] = dérby hàt（米）山高帽《（英）bowler (hat)》.
◆ **Dérby Dày** 副（英）ダービー競馬の日.

de·reg·u·late [dìːrégjəleit] 動 他 …の規制を解く，規制を撤廃する.

de·reg·u·la·tion [dìːrègjəléiʃən] 名 Ⓤ 規制解除，規制撤廃.

der·e·lict [dérəlìkt] 形 **1**（建物などが）見捨てられ，放棄された. **2**（米）怠慢な，無責任な.
—名 ⓒ **1** 浮浪者，ホームレス. **2** 遺棄物.

der·e·lic·tion [dèrəlíkʃən] 名 ⓊⒸ（格式）（職務）怠慢：(a) *dereliction* of duty 職務怠慢.

de·ride [diráid] 動 他（格式）…をあざ笑う.

de·ri·sion [diríʒən] 名 Ⓤ あざけり，嘲笑（ちょうしょう）：be in *derision* もの笑いの種になる.

de·ri·sive [diráisiv] 形 あざけりの，嘲笑的な，ばかにした，ばかげた.

de·ri·sive·ly [～li] 副 ばかにして.

de·ri·so·ry [diráisəri] 形 = DERISIVE (↑).

der·i·va·tion [dèrivéiʃən] 名 **1** ⓊⒸ 由来；語源. **2** Ⓤ 派生；ⓒ 派生したもの. **3** Ⓤ〖文法〗（語の）派生.　(▷ 動 *derive*)

de·riv·a·tive [dirívətiv] 形 由来した, 派生的な; 《通例, 軽蔑》独創性のない, 模倣的な.
— 名 1 [C] […からの]派生物;《文法》派生語 [*of*] (◇ある語に接頭辞や接尾辞を付けてできた語. kind に対する unkind, kindness, kindly など).
2 [通例 ~s] 《経済》デリバティブ, 金融派生商品.

de·rive [diráiv]

— 動 (三単現 **de·rives** [~z]; 過去・過分 **de·rived** [~d]; 現分 **de·riv·ing** [~iŋ])
— 他 1 [derive + O + from ...]〈喜び・利益など〉を…から**得る**, 引き出す (obtain): This company *derives* most of its profits *from* the sale of medicine. この会社は利益の大部分を薬品の販売から得ている / Some children can *derive* real intellectual satisfaction *from* reading comic books. マンガを読んで実際に知的満足感を得られる子供もいる.
2 [通例, 受け身で][…から]…の由来 [起源] を求める [*from*]: The word "octopus" *is derived from* the Latin word meaning "eight-footed."「タコ」という語は「8本足の」を意味するラテン語に由来する.
— 自 […から] 来る, 由来する [*from*]: Many of our daily necessaries *derive from* abroad. 私たちが日常使う品物には外国から来たものが多い.
(▷ 名 dèrivátion)

der·ma·ti·tis [dɜ̀ːrmətáitis] 名 [U]《医》皮膚炎.
der·ma·tol·o·gist [dɜ̀ːrmətálədʒist / -tɔ́l-] 名 [C] 皮膚科医, 皮膚病学者.
der·ma·tol·o·gy [dɜ̀ːrmətálədʒi / -tɔ́l-] 名 [U] 皮膚病学, 皮膚科学.
der·o·gate [dérəgèit] 動 自《格式》1 〈権威・価値などを〉減じる, 落とす, 損なう [*from*]. 2 〈人が〉[…から] 逸脱 [堕落] する [*from*].
de·rog·a·to·ry [dirágətɔ̀ːri / -rɔ́gətəri] 形 1 […の名誉・価値などを] 傷つけるような, 批判的な [*to, from*]. 2 〈言葉などが〉軽蔑的な.
der·rick [dérik] 名 1 デリック《船荷積み降ろし用のクレーン》. 2 油井(ゆせい)やぐら.
der·ring-do [dèriŋdúː] 名 [U]《こっけい》大胆な行動; 蛮勇.
der·rin·ger [dérindʒər] 名 [C]《米》デリンジャー式ピストル《小型で口径が大き銃身が短い》.
de·sal·i·nate [dìːsǽlinèit] 動 = DESALT (↓).
de·salt [dìːsɔ́ːlt] 動 他 …を脱塩する, 塩分を除く.
des·cant [déskænt] 名 [U][C]《音楽》ディスカント,《定旋律の》随伴部;《多声曲の》ソプラノ声部.
— 動 [diskǽnt] 自 1《音楽》ディスカントを歌う.
2 […について] 詳述 [詳論] する [*on, upon*].
Des·cartes [deikáːrt] 名 固 デカルト René [rənéi] Descartes《1596-1650; フランスの哲学者》.

de·scend [disénd]

— 動 (三単現 **de·scends** [-séndz]; 過去・過分 **de·scend·ed** [~id]; 現分 **de·scend·ing** [~iŋ])
— 自 1《格式》[…から / …へ] **降りる**, 下る; 傾斜する [*from / to*] (↔ ascend) (◇普通は go [come] down を用いる): *descend from* the roof 屋根から降りる / The road *descends from* the hill *to* the village. その道は丘から村へと下っている.
2 […から / …へ] 伝わる, 受け継がれる [*from / to*]; […の] 系統を引く [*from*]: This necklace *descended from* my grandmother *to* my mother, and will *descend to* me. この首飾りは祖母から母へと受け継がれ, 将来は私が受け継ぎます.
3 […にまで] 落ちぶれる, 下る [卑や] にも […を] 用いる [*to*]: *descend to* begging [cheating, stealing] 〈落ちぶれて〉物ごい [詐欺, 盗み] までする.
4《文語》〈夜・闇(やみ)などが〉訪れる.
— 他《成句》…を降りる, 下る; 傾斜する (↔ ascend): *descend* the ramp from the plane 飛行機のタラップを降りる.

■ *be descénded from ...* …の系統を引く, …の出である: Mr. Takeda, who now lives on farming, *is descended from* a fisherman. 武田さんは今は農業で暮らしを立てているが, 漁師の家の出である.

descénd on [*upòn*] ... 他 1〈人・場所〉を急襲する. 2〈大勢で〉…を不意に訪れる. 3《文語》〈雰囲気などが〉〈人・場所〉に広がる, ふりかかる.

*****de·scen·dant** [diséndənt] 名 [C]〈人・生物などの〉子孫, 末裔(まつえい) [*of*] (↔ ancestor): a direct *descendant of* ... …の直系の子孫.
***de·scent** [disént] 名 1 [U][C] 降りること, 降下; 転落, 没落; 下落 (↔ ascent): a sudden *descent* of the stock prices 株価の急落. 2 [C] 下り坂, 下り道: a steep *descent* 急な下り坂. 3 [U] 家系, 血統, 家柄: He is of good *descent*. 彼は家柄がよい / My wife is of Irish *descent*. 妻はアイルランド系です. 4 [単数形で] 急襲;《警察の》突然の手入れ; 不意の訪問: make a *descent* upon ... …を急襲する, …を押しかける.

de·scribe [diskráib]

— 動 (三単現 **de·scribes** [~z]; 過去・過分 **de·scribed** [~d]; 現分 **de·scrib·ing** [~iŋ])
— 他 1 (a) [describe + O]…を**言葉で述べる**, 説明する: *describe* the damage of the earthquake 地震の被害状況を説明する / Words cannot *describe* its beauty. 言葉ではその美しさを言い表せない. (b) [describe + 疑問詞節 [句]]…かを説明する: Calm down, Jimmy, *describe* in detail to me *what* happened to you. 落ち着いてジミー, 君に何が起こったのか詳しく私に説明しなさい.
2 [describe + O + as]〈人・もの〉を…であると述べる, 言う: They *described* me *as* good-for-nothing. 彼らは私のことを役立たずだと言った.
3《格式》…の形を描く;〈図形など〉をかく: The rocket *described* a straight line in the sky. ロケットは空にまっすぐな線を描いた.
(▷ 名 description; 形 descríptive)

de·scrip·tion [diskríp∫ən]

— 名 (複 **de·scrip·tions** [~z]) 1 [U][C] 記述, 描写, 説明: an accurate [a clear] *description* 正確 [明確] な記述 / I will give you a brief

description of the situation. 状況を簡単にご説明します.
2 [C] 解説 [説明] 書; 人相 (書): The police issued the *description* of the man. 警察はその男の人相書を公開した.
3 [C] 種目, 種類 (◇しばしば all, some, any, every などを伴う): books of every *description* あらゆる種類の本. **4** [U] 《数学》作図.
■ *béggar* [*defý*] *(áll) description* 《文語》筆舌につくしがたい.
beyònd descríption 言葉で言い表せないほど: My sorrow was *beyond description*. 私の悲しみは言葉では言い表せなかった. (▷ 動 descríbe)

de·scrip·tive [dɪskrɪ́ptɪv] 形 記述 [叙述] 的な; [...を] 叙述 [描写] している [*of*]; 《文法》記述的な (↔ prescriptive): *descriptive* grammar 記述文法 / *descriptive* style 叙述体 / The report is *descriptive of* the back. 報告書には真相が詳細に書かれている. (▷ 動 descríbe)

de·scry [dɪskráɪ] 動 (三単現 **de·scries** [~z]; 過去・過分 **de·scried** [~d]; 現分 **de·scry·ing** [~ɪŋ]) 他 [進行形不可]《文語》〈遠くのものを〉認める, 見つける; …を〈観察・調査によって〉見つける: We *descried* a sail on the horizon. 私たちは水平線上に船の帆を見つけた.

des·e·crate [désɪkrèɪt] 動 他 …を冒瀆(ぼうとく)する, …の神聖を汚(けが)す.

des·e·cra·tion [dèsɪkréɪʃən] 名 U 冒瀆(ぼうとく), 神聖を汚すこと.

de·seg·re·gate [diːségrɪgèɪt] 動 (↔ segregate)〈学校・施設などの〉人種差別を廃止する.
— 自 人種差別を廃止する.

de·seg·re·ga·tion [diːsègrɪgéɪʃən] 名 U 人種差別廃止.

de·sen·si·tize,《英》**de·sen·si·tise** [diːsénsətàɪz] 動 他 **1** …を無感覚にする, 鈍感にする.
2《写》〈フィルムなどの〉感光度を弱める.

des·ert[1] [dézərt] (☆ desert[2] との発音の違いに注意) 名 形
【原義は「見捨てられたもの」】
— 名 (複 **des·erts** [-zərts]) **1** [C|U] 砂漠, 荒野, 荒地: the Gobi *Desert* ゴビ砂漠.
2 [C] 通例, 形容詞を伴って](比喩)不毛の地 [時代]: a cultural *desert* 文化的不毛の地.
— 形 [限定用法] 砂漠の (ような), 荒れた, 不毛の; 住む人のいない: a *desert* tract 荒れた土地 / a *desert* island 無人島.

de·sert[2] [dɪzə́ːrt] (☆ desert[1] との発音の違いに注意; 同音 dessert)
【原義は「見捨てられ, 見捨てて去る」】
— 動 (三単現 **de·serts** [-zə́ːrts]; 過去・過分 **de·sert·ed** [~ɪd]; 現分 **de·sert·ing** [~ɪŋ])
— 他 〈人・地位などを〉見捨てる (→ 類義語): *desert* one's family 家族を見捨てる / None of his friends *deserted* him when he failed in business. 彼が事業に失敗したとき彼を見捨てるような友人は1人もいなかった.
2 〈軍務・持ち場など〉から逃亡する, 脱走する: He *deserted* his post. 彼は持ち場を離れて脱走した.
3〈自信・信念などが〉〈人〉から去る, 離れる: All hope has *deserted* her. 彼女はすべての希望を失ってしまった.
— 自 《軍務・持ち場などから》逃亡 [脱走] する [*from*]: He *deserted from* the front line. 彼は前線から逃亡した. (▷ 名 desértion)

【類義語】**desert, abandon, forsake, quit**
共通する意味▶ …を捨てる (leave ... completely)
desert は人・職務・場所などを「義務・信頼にそむいて捨てる」の意: He *deserted* his wife and children. 彼は妻子を見捨てた. **abandon** は地位・場所・人などを「必要な措置として放棄する」の意: The fire spread so fast that they *abandoned* the house. 火の回りが早かったので彼らはその家を放棄した. **forsake** は「それまで大事にしていたものや人, 以前からの習慣や考えなどを捨てる」の意: He has not been able to *forsake* his old habit. 彼は昔からの習慣を捨てられないでいる. **quit** は場所・仕事・役職などを「何かのはずみで不意に辞める」の意: You can't *quit* your job now. あなたは今仕事を辞めるわけにはいかない.

de·sert[3] [dɪzə́ːrt] 名 [C] [通例 ~s] 当然の報い, 当然受けるべき賞罰: They got their just *deserts*. 彼らは当然の報いを受けた.

****de·sert·ed** [dɪzə́ːrtɪd] 形 人の住まない, 人けのない, さびれた; [限定用法] 見捨てられた: a *deserted* village 廃村 / a *deserted* street 人通りの途絶えた通り / a *deserted* child 捨て子.

de·sert·er [dɪzə́ːrtər] 名 [C] **1** 逃亡者, 脱走兵, 戦線離脱者, 脱党者. **2**〈家族・職務・義務などを〉捨てた人, 放棄者.

de·ser·ti·fi·ca·tion [dɪzə̀ːrtəfɪkéɪʃən] 名 U 砂漠化.

de·ser·tion [dɪzə́ːrʃən] 名 [C|U] **1** (家族の)遺棄; (業務などの)放棄. **2** 逃亡, 脱走.

***de·serve** [dɪzə́ːrv]
【「de (完全に) + serve (役に立つ)」から】
— 動 (三単現 **de·serves** [~z]; 過去・過分 **de·served** [~d]; 現分 **de·serv·ing** [~ɪŋ])
— 他 [進行形不可] **1** [deserve+O] …に値する, ふさわしい: She *deserves* the position of the chairperson of the committee. 彼女はその委員会の委員長にふさわしい / Your opinion *deserves* consideration. あなたの意見は検討する価値がある / His conduct *deserves* admiration. 彼の行為は称賛に値する (= His conduct *deserves* to be admired.).
2 [deserve+to do] …する価値がある; [deserve+doing] …される価値がある: You *deserve to* have a week's holidays because of your hard work. 一生懸命働いたのだから1週間の休暇を取るのも当然だよ.
■ *desérve wéll* [*íll*] *of ...*《格式》…から賞 [罰] を受けて当然である.

de·served [dɪzə́ːrvd] 形 当然の (報いの), それ相応の, 功罪に応じた: He will receive his *de-*

served praise. 彼はそれ相応の称賛を受けるだろう.
de・serv・ed・ly [dizə́ːrvidli] 副 当然, 正当に.
de・serv・ing [dizə́ːrviŋ] 形 **1**〘限定用法〙(助けなど)当然受けるに値する: the *deserving* poor 当然援助を受けるべき貧しい人々. **2**〘叙述用法〙[…に]値する, 相当する, 資格のある[*of*]: He is *deserving of* pity. 彼は同情に値する.
des・ha・bille [dèzəbíːl]〘フランス〙名 露出(した部分)の多い服装.
des・ic・cant [désikənt] 名 U C 乾燥剤.
des・ic・cate [désikèit] 動 他〘格式〙…を乾燥させる, 脱水する; 乾燥保存する: *desiccated* fruit ドライフルーツ.
de・sid・er・a・tum [dizìdərάːtəm, -réit-] 名 (複 **de・sid・er・a・ta** [-tə]) C〘文語〙必要なもの, 必需品.

*****de・sign** [dizáin] 動 名
—動(三単現 **de・signs** [～z]; 過去・過分 **de・signed** [～d]; 現分 **de・sign・ing** [～iŋ])
—他 **1**[design＋O][…のために]〈衣服など〉をデザインする, 図案をかく;〈建物など〉を設計する[*for*]: *design* the railroad station 鉄道の駅を設計する / She *designed* the uniform *for* the baseball team. 彼女はその野球チームのためにユニフォームをデザインした.
2〘しばしば受け身で〙…を[…として / …するように]予定[意図]する, あてる[*for, as / to do*]: This car *is designed for* a family who likes to go camping. この車はキャンプ好きの家族向けにデザインされている / This book *is designed as* a guide to Africa. この本はアフリカの案内書として書かれている / This class *is designed to* teach basic science. この授業は基礎科学を教えることを目的としている.
3 …を計画[立案]する: *design* a new curriculum for the coming school year 来年度のカリキュラムを作成する.
—自 **1** デザイン[設計]をする. **2** デザイナーとして仕事をする.
—名(複 **de・signs** [～z]) **1** U C デザイン, 図案, 意匠: industrial [interior] *design* 工業デザイン[室内装飾] / dress *design* ドレスのデザイン / study a graphic *design* in Paris パリでグラフィックデザインの勉強をする.
2 U […の] 設計, (小説などの)構想; C 設計図[*for*]: of poor [faulty, bad] *design* 設計がお粗末な / a *design for* a new motorbike 新しいバイクの設計 / The architect showed us the *design for* the new theater. 建築家は私たちに新しい劇場の設計図を見せてくれた.
3 C 模様, 図柄: Her sweater has a beautiful flower [floral] *design* on it. 彼女のセーターにはきれいな花柄が付いている.
4 C 計画, 意図, 目的: a grand *design* to travel all over the world by balloon 気球で世界じゅうを旅するという壮大な計画.
5[～s][…をねらう] 陰謀, ひそかな企て[*on*]: The robbers had *designs on* the bank. 強盗たちはその銀行にねらいをつけていた.
■ *by design* 故意に, わざと(on purpose) (↔ by accident).

***des・ig・nate** [dézignèit] 動 他 **1**〈人など〉を指名[任命]する, 指定する: His father has been *designated* (as) the next president of our firm. 彼の父親がわが社の次期社長に任命された.
2〘しばしば受け身で〙〈人など〉が[…と]呼ばれる, 称される[*as*]. **3**〈場所など〉を明確に示す; 指摘する.
—形[dézignət]〘通例, 名詞のあとで〙任命されたが未就任の: an ambassador *designate* 新しく任命された(が未着任の)大使.
◆ **désignated hítter** C〘野球〙指名打者(《略語》DH).
des・ig・na・tion [dèzignéiʃən] 名 **1** U 指定(されること); 指名, 任命. **2** C〘格式〙称号, 名称.
des・ign・ed・ly [dizáinidli] (☆発音に注意) 副 わざと, 故意に, 計画的に.
***de・sign・er** [dizáinər] 名 C (衣服・室内装飾などの)デザイナー; (機械・建築などの)設計技師, 設計者; 立案者; 意匠図案家: a fashion *designer* 服飾デザイナー / an interior *designer* 室内装飾家 / an industrial *designer* 工業デザイナー.
—形〘限定用法〙デザイナーブランドの, 有名デザイナーが制作した: *designer* jeans [T-shirts] デザイナーブランドのジーンズ[Tシャツ].
de・sign・ing [dizáiniŋ] 名 U 設計, デザイン.
—形 (人が)たくらみのある, ずるい; 陰謀的な.
de・sir・a・bil・i・ty [dizàiərəbíləti] 名 U 好ましさ, 望ましさ.

****de・sir・a・ble** [dizáiərəbl]
—形 **1** 望ましい, 好ましい (↔ undesirable); 手に入れたくなるような: a *desirable* result 望ましい結果 / Spring is the most *desirable* season to visit that area. 春はその地域を訪れるのに最も適した季節です / It is *desirable* that you (should) get here by the day after tomorrow. 明後日までに当地に到着するのが望ましい(◇ should を用いるのは《主に英》).
2 (人が)性的魅力のある.

****de・sire** [dizáiər] 名 動【基本的意味は「強い願望(a strong wish for)」】
—名(複 **de・sires** [～z]) **1** C U […への / …したいという / …という] (強い) 願望, 欲望, 希望[*for / to do / that* 節]: When we are sick, our *desire for* food disappears. 病気になると食欲がなくなる / I have a strong *desire to* visit Rome. 私はローマに行くことを強く願っている / He had no *desire for* wealth or fame. 彼は富や名声を求めなかった / He realized the *desire that* he (should) study abroad. 彼は留学したいという願望を実現させた(◇ should を用いるのは《主に英》).
2 C〘通例, 単数形で〙欲しいもの, 望んでいるもの: get [gain] one's heart's *desire* 心から望んでいるものを手に入れる.
3 C U〘格式〙[人に対する] 性的な欲望[*for*].
—動(三単現 **de・sires** [～z]; 過去・過分 **de・sired** [～d]; 現分 **de・sir・ing** [-záiəriŋ])
—他[進行形不可]〘格式〙 **1** (a) [de-

sire＋O ］…を強く願う, 欲する, 希望する: Some people *desire* fame. 名声を求める人もいる / She *desires* your presence at the meeting. 彼女はあなたが会合に出席することを望んでいる. (b) ［desire＋to do］…することを強く願う, …したがる: She *desires* to be a doctor. 彼は医者になりたがっている. (c) ［desire＋O＋to do］〈人〉に…してほしいと望む: He *desires* you *to* start at once. 彼はあなたがすぐ出かけることを望んでいる. (d) ［desire＋that 節］…であるように願う: He *desires that* she (should) be more punctual. 彼は彼女がもっと時間を守ることを望んでいる (◇ should を用いるのは《主に英》).

2〈異性〉を性的に求める.

■ **lèave a lót** [**múch**, **a gréat déal**] **to be desíred** (物事が) 遺憾(冷)な点が多い.

lèave nóthing [**líttle**] **to be desíred** 申し分がない, 非の打ちどころがない. (▷ 形 desírous)

*de·sir·ous [dizáiərəs] 形 [叙述用法]《格式》[…を] 欲しがる, 望んでいる [*of*]; […するのを / …したいと] 望んでいる [*of doing* / *to do*]; […であればと] 願っている [*that* 節]: The whole nation was *desirous of* peace. 全国民が平和を願っていた / She is strongly *desirous that* her son (should) be safe. 彼女は息子の無事を切望している (◇ should を用いるのは《主に英》).
(▷ 動 desíre)

de·sist [dizíst] 動 (自)《格式》[…を / …するのを] やめる, 思いとどまる [*from* / *from doing*]: *desist from demanding* higher wages 賃上げ要求を思いとどまる.

***desk** [désk]

— 名 (複 **desks** [～s]) C **1 机**: an office *desk* 事務机 / Usually *desks* have drawers but tables don't. 普通, 机には引き出しがあるがテーブルにはない.

2(会社·ホテルなどの)**フロント**, 受付: an information *desk* 案内所 / a desk *clerk*《米》(ホテルの)フロント係 / Leave your key at the (reception) *desk*. キーをフロントにお預けください.

3《米》(新聞社などの)デスク, 編集部: the city *desk* 社会部. **4** [形容詞的に] 机上 [卓上] の; 机でする: *desk* work デスクワーク, 事務 / a *desk* calendar 卓上カレンダー / a *desk* lamp 卓上スタンド.

■ **be at one's désk** (机に向かって) 勉強 [仕事] をしている.

desk·top [désktàp, -tɔ̀p] 形 [限定用法] 机上の, 卓上据え置き型の: a *desktop* computer デスクトップコンピュータ / *desktop* publishing デスクトップパブリッシング《出版に必要な一連の作業をすべてパソコンで行うこと;《略》DTP》.
— 名 C デスクトップコンピュータ.

*des·o·late [désələt] 形 **1** 住む人のいない, 荒涼とした: a *desolate* house 無人の家 / The old mining town was *desolate*. その古い炭鉱町は人けもなく荒涼としていた. **2** (人が) 孤独な; みじめな: live a *desolate* life わびしい生活を送る.
— 動 [désəlèit] 他 [通例, 受け身で]《文語》

1〈人〉をさびしくさせる, 心細くする, わびしくする: He *was desolated* by the sudden death of his mother. 彼は母親の急死を悲しんだ. **2**〈土地など〉を荒廃させる (ruin).

des·o·late·ly [désələtli] 副 **1** 人里離れて, 荒涼として. **2** 寂しく, 心細く, わびしく.

des·o·la·tion [dèsəléiʃən] 名 **1** U 荒れていること, 荒廃; C 廃墟(賞). **2** U みじめさ, 寂しさ.

˚de·spair [dispéər]
˚˚˚ 動 名 [「de (＝ without) ＋ spair (＝ hope)」で「希望がない」の意]

— 名 (複 **de·spairs** [～z]) **1** U **絶望**, 失望 (↔ hope): fall into *despair* 絶望に陥る / be filled with *despair* 絶望感でいっぱいになる / Failure after failure drove me to *despair*. 失敗に次ぐ失敗で私は絶望に陥った.

2 C [通例 the ～]《古風》［…の] 絶望の原因, 失意のもと, 悩みの種 [*of*]: Michael is the *despair of* our team. マイケルはわがチームのお荷物だ.

■ **in despáir** 絶望して, 絶望のあまり: She was *in despair* at losing her job. 彼女は失業して絶望的な気持ちになった.

— 動 (自) […に] 絶望する [*of*]; […を / …するのを] あきらめる [*of* / *of doing*]: The rescue team almost *despaired of finding* the missing climbers. 救助隊は行方不明の登山者の発見をほとんどあきらめていた.
(▷ 形 désperate)

de·spair·ing [dispéəriŋ] 形 [限定用法] 絶望的な, 絶望する, やけになる: a *despairing* cry for help 助けを求める絶望的な叫び.

de·spair·ing·ly [～li] 副 絶望して.

des·patch [dispætʃ] 動 名《英》＝DISPATCH …に派遣する; 派遣.

des·per·a·do [dèspərɑ́:dou] 名 (複 **des·per·a·do(e)s** [～z]) C (米国開拓時代の) 無法者.

***des·per·ate** [déspərət]

— 形 **1 自暴自棄の**, 破れかぶれの; 必死の, 死に物狂いの: a *desperate* criminal 自暴自棄になった犯人 / He made a *desperate* effort to find his lost sister. 彼は迷子の妹を必死で探した. **2** [叙述用法] […を / …することを] 切望している [*for* / *to do*]: I'm *desperate for* money [*work*]. 金 [仕事] が欲しくてたまらない / She was *desperate to* go shopping for new shoes. 彼女は新しい靴を買いに行きたくてたまらなかった.

3 絶望的な, 見込みのない: a *desperate* illness 治る見込みのない病気 / They are now in a *desperate* economic state. 彼らは今絶望的な経済状態にある. **4** 最悪の, ひどい: *desperate* circumstances 最悪の状況 [境遇]. (▷ 動 despáir)

*des·per·ate·ly [déspərətli] 副 **1** 必死に, 死に物狂いで; やけになって. **2** 絶望的に. **3**《口語》猛烈に, ひどく (extremely).

des·per·a·tion [dèspəréiʃən] 名 U 死に物狂い, やけっぱち, 自暴自棄; 絶望: in *desperation* やけ (っぱち) になって, 死に物狂いで.

des·pi·ca·ble [dispíkəbl, déspik-] 形 卑劣な, 見下げ果てた: a *despicable* act of terrorism 卑劣なテロ行為.

des·pi·ca·bly [-bli] 副 卑しく, 卑劣に.

de·spise [dispáiz] 動 他 〈人など〉を軽蔑する, 見下す; 嫌悪する: *despise* oneself 自己嫌悪に陥る / I *despise* him for lying about her to other people. 私は彼女のことについてほかの人にうそを言う彼を軽蔑する.

de·spite [dispáit] 前 …にもかかわらず (in spite of): *despite* oneself 思わず, つい無意識に (in spite of oneself) / Mary married John *despite* her parents' opposition. メアリーは両親の反対にもかかわらずジョンと結婚した.

de·spoil [dispɔ́il] 動 他 …から[ものなどを]奪い取る, 略奪する [*of*].

de·spond·en·cy [dispándənsi / -spɔ́nd-], **de·spond·ence** [-dəns] 名 U 失望, 落胆.

de·spond·ent [dispándənt / -spɔ́nd-] 形 […に]失望した, 意気消沈した [*about, over, at*].

des·pot [déspət / -pɔt] 名 C 《軽蔑》独裁者, 専制君主; 暴君 (tyrant).

des·pot·ic [dispátik / -spɔ́t-] 形 《軽蔑》独裁的な, 専制的な; 横暴な.

des·pot·ism [déspətizəm] 名 1 U 独裁 [専制] 政治; 暴政. 2 C 専制国家, 独裁君主国.

‡**des·sert** [dizə́ːrt] (☆同音 desert²) 〖原義は「食卓を片づけること」〗名 U C デザート: fruits served for *dessert* デザートとして出されたフルーツ / What's for *dessert*? デザートは何がいいですか.
◆ dessért wìne U デザート用の甘口ワイン.

des·sert·spoon [dizə́ːrtspùːn] 名 C 《主に英》デザートスプーン 《テーブルスプーン (tablespoon) とティースプーン (teaspoon) の中間の大きさ》.

de·sta·bi·lize [英] **de·sta·bi·lise** [dìːstéibəlàiz] 動 他 〈経済などを〉変動させる, 不安定にする; 〈体制・政府などを〉弱体化 [動揺] させる.

*des·ti·na·tion** [dèstinéiʃən] 名 C 1 (旅行などの) 目的地, 行き先: a holiday [《米》 tourist] *destination* 観光地 / arrive at [get to] one's *destination* 目的地に着く. 2 (手紙・荷物などの) あて先; 【商】(荷物の) 仕向(し向)地.

*des·tined** [déstind] 形 1 (人などが) […する / …となる] 運命にある [*to do* / *for*]; […するように] 前もって定められた [*to do*]: Jane was *destined* never to meet George again. ジェーンは二度とジョージに会えない運命だった / He was *destined* for a doctor. = He was *destined* to be a doctor. 彼は医者になるよう運命づけられていた.
2 (乗り物・貨物などが) […] 行きの [*for*]: This flight is *destined* for Paris. この飛行機はパリ行きです / These goods are *destined* for Shanghai. この荷は上海向けです.

*des·ti·ny** [déstəni] 名 (複 **des·ti·nies** [~z]) U C (前もって定められた) 運命, 宿命: You must work out your own *destiny*. 自分の運命は自分で切り開かなければならない.

*des·ti·tute** [déstitùːt / -tjùːt] 形 **1** 極貧の, 貧乏な (◇ poor よりも「貧困さ」の度合が強い); [the ~; 名詞的に; 複数扱い] 貧困者たち. **2** 《格式》 […が] 欠けている [*of*]: You are *destitute of* common sense. 君は常識に欠けている.

des·ti·tu·tion [dèstitúːʃən / -tjúː-] 名 U 極貧, 貧困; 欠乏.

***de·stroy** [distrɔ́i]
— 動 (三単現 **de·stroys** [~z]; 過去・過分 **de·stroyed** [~d]; 現分 **de·stroy·ing** [~iŋ])
— 他 **1** [destroy + O] を破壊する, 壊す (→ 類義語) (↔ construct); 〈敵などを〉 滅ぼす, 撲滅する: *destroy* a letter 手紙を処分する [破り捨てる] / The building was *destroyed* by a bomb. そのビルは爆弾によって破壊された / His house was *destroyed* by a fire. 彼の家は火事で焼け落ちた.
2 〈希望・計画などを〉打ち砕く, だめにする: His reputation was *destroyed* by his son's misconduct. 彼の評判は息子の不品行によって台なしになった.
3 [しばしば受け身で] 〈病気やけがの重いものや危険な動物を〉処分する, 殺す (◇ kill の婉曲語).
(▷ 名 destrúction) 形 destrúctive)

> 類義語 **destroy, ruin, wreck**
> 共通する意味▶破壊する (break up or damage something completely)
> **destroy** は「破壊する」の意を表す最も一般的な語で,「力で徹底的に壊す」こと: The tornado *destroyed* dozens of houses. 竜巻が何十軒もの家を破壊した. **ruin** は「力で使用に耐えないほどに破壊する」意のほか, 時間の経過とともに「自然に荒廃する」ことも表す: The big earthquake *ruined* the city. 大地震で町は壊滅した. **wreck** は「乱暴に破壊」して使用不能にしてしまうこと: A falling rock *wrecked* the car. 落石でその車は大破した.

de·stroy·er [distrɔ́iər] 名 C **1** 破壊者, 破壊するもの; 撲滅者. **2** 【軍】駆逐艦.

***de·struc·tion** [distrʌ́kʃən]
— 名 U **1** 破壊, 破滅, 滅亡, 絶滅 (↔ construction): environmental *destruction* 環境破壊 / the *destruction* of the rain forests 熱帯雨林の破壊. **2** 《格式》 破壊手段, 破滅のもと [原因]: Gambling was his *destruction*. 賭け事で彼は身を滅ぼした. (▷ 動 destróy)

*de·struc·tive** [distrʌ́ktiv] 形 **1** […を] 破壊する [*of*]; […に] 有害な [*to*]: Both smoking and drinking are *destructive* to your health. 喫煙も飲酒も健康に有害です. **2** 破壊的な, 非建設的な: *destructive* power 破壊力.

des·ul·to·ry [désəltɔ̀ːri / -təri] 形 《格式》 散漫な, とりとめのない: a *desultory* conversation とりとめのない会話, 雑談.

*de·tach** [ditǽtʃ] 動 他 **1** …を […から] 取り外す, 分離する, 切り離す [*from*] (↔ attach): Don't *detach* the ticket *from* its stub. チケットを半券から切り離さないでください. **2** 〈軍隊などを〉 […から] 派遣 [分遣] する [*from*].

de·tach·a·ble [ditǽtʃəbl] 形 **1** 分離できる, 切り外せる. **2** 派遣 [分遣] できる.

de·tached [ditǽtʃt] 形 **1** 独立した, 分離した;

(家が)一戸建ての: a *detached* house 一戸建ての家. **2** 公平な, 私心のない; 冷静な: a *detached* view of things 物事に対する公平な見解.

de・tach・ment [ditǽtʃmənt]名 **1** Ⓤ 取り外すこと; 分離, 孤立. **2** Ⓤ 〈軍隊の〉派遣, 分遣; Ⓒ 派遣隊〖艦隊〗. **3** Ⓤ 公平; 無関心, 冷静.

‡**de・tail** [ditéil, di:teil] 名動

【「de (整然と細かく)＋tail (切断する)」から】
— 名 (複 **de・tails** [～z]) **1** Ⓒ Ⓤ **細部**, 細目, 細かい点: Please explain every *detail* to me. 細部まですべて私に話してください / I will plan your training to the smallest *detail*. 私が君のトレーニングについて隅々まで計画を練ろう / A good novelist pays close attention to *detail*. すぐれた小説家はディテールにも細心の注意を払う.
2 [～s] **詳細**, 詳しい説明: For *details*, call 87-4321. 詳細については87-4321までお電話ください / Give me full *details* about the accident. その事故について余す所なく私に説明してください.
3 Ⓤ 〈彫刻・絵画などの〉細部描写, ディテール.
4 Ⓒ 枝葉末節, ささいなこと: That's a (mere) *detail*. そんなささいなことはどうでもよいことです.
5 Ⓒ 〖単数・複数扱い〗〖軍〗(特殊任務のための) 小分遣隊; 特派兵.

■ *gó* [*énter*] *into detáil*(*s*) […を]詳細に述べる[*about*]: Don't *go* [*enter*] *into details* now, just give me the general information. 今は細かいことを言わないで概要だけ教えてください.
in detáil 詳細に; 項目ごとに: The event was reported *in detail* in the paper. その事件は新聞で詳しく報じられた.
— 動 他 **1** …を詳しく述べる, 列挙する. **2** 〈兵士など〉を […させるために] 派遣する [*to do*].

de・tailed [ditéild, dí(:)teild] 形 詳細な: a *detailed* account of the affair その件の詳報.

***de・tain** [ditéin] 動 他 **1** 〈人〉を引き止める, 待たせておく: I won't *detain* you long. 長くはお手間を取らせません. **2** 〈人〉を留置 [拘留] する.

de・tain・ee [ditèiní: / dì:tei-] 名 Ⓒ (特に政治的理由による) 拘留者.

‡**de・tect** [ditékt] 動 他 **1** 〈欠点・秘密などを〉見つけ出す, 発見する; 〈うそなどを〉見破る; …を探り当てる, 探知する: *detect* a fault in the machine その機械の欠陥に気づく / Did you *detect* a change in her attitude? 彼女の態度が変化したのに気づきましたか.

de・tect・a・ble [ditéktəbl] 形 発見できる, 見つけることができる, 探知できる.

de・tec・tion [ditékʃən] 名 Ⓤ **1** 見つけ出すこと, 看破, 発見: the early *detection* of lung cancer 肺がんの早期発見. **2** 発覚, 露見.

‡**de・tec・tive** [ditéktiv] 名形

— 名 (複 **de・tec・tives** [～z]) Ⓒ **探偵**; 刑事: He's a private *detective*. 彼は私立探偵です.
— 形 探偵の, 刑事の: a *detective* agency 秘密探偵社, 興信所.

◆ detéctive stòry [nòvel] Ⓒ 推理 [探偵] 小説.

de・tec・tor [ditéktər] 名 Ⓒ 発見者; 探知器; 検出器; 〖無線〗検波器: a lie *detector* うそ発見器 / a smoke [metal] *detector* 煙感知 [金属探知] 器.

dé・tente, de・tente [deitáːnt]〖フランス〗名 Ⓒ Ⓤ デタント, (特に国際関係の) 緊張緩和.

de・ten・tion [diténʃən] 名 Ⓤ **1** 引き止める [らる] こと, (罰としての) 居残り. **2** 拘置, 監禁.
◆ deténtion cénter Ⓒ 少年院.
deténtion hòspital Ⓒ 伝染病の隔離病院.

de・ter [ditə́ːr] 動 (三単現 **de・ters** [～z]; 過去・過分 **de・terred** [～d]; 現分 **de・ter・ring** [-riŋ]) 他 **1** 〈不安・悪天候などが〉〈人〉に […を] 思いとどまらせる, やめさせる, 妨げる [*from*]: The heavy rain *deterred* him *from* going out. 大雨だったので彼は外出をあきらめた. **2** 〈戦争などを〉抑止する, 阻止する. (▷ 形 名 detérrent)

***de・ter・gent** [ditə́ːrdʒənt] 名 Ⓒ Ⓤ (中性 [合成]) 洗剤.

de・te・ri・o・rate [ditíəriərèit] 動 自 (品質・状態が) 悪くなる; 低下する (↔ ameliorate).

de・te・ri・o・ra・tion [ditìəriəréiʃən] 名 Ⓤ 悪化, 低下 (↔ amelioration).

de・ter・mi・nant [ditə́ːrminənt] 名 Ⓒ 〖格式〗決定要因, 決定要素.

de・ter・mi・nate [ditə́ːrminit] 形 〖格式〗 **1** 明確な, 限定された. **2** 確定した; 決定的な, 最終的な.

‡**de・ter・mi・na・tion** [ditə̀ːrminéiʃən]

— 名 (複 **de・ter・mi・na・tions** [～z]) **1** Ⓤ […しようという] **決心**, 決意, 決断; 決断力 [*to do*]: a person of *determination* 決断力のある人 / His face was set in *determination*. 彼の顔には固い決意が表れていた / She studied with *determination* *to* pass the test. 彼女は試験に合格するという決意で勉強した.
2 Ⓤ Ⓒ 〖格式〗決定, 確定: the *determination* of wage increase rate 賃上げ率の決定.
3 Ⓤ 〖格式〗(量・位置などの) 測定: the *determination* of the age of a fossil 化石の年代の測定.

‡**de・ter・mine** [ditə́ːrmin]

【原義は「限界・境界を設定する」】
— 動 (三単現 **de・ter・mines** [～z]; 過去・過分 **de・ter・mined** [～d]; 現分 **de・ter・min・ing** [～iŋ])
— 他 **1** (a) [determine ＋Ｏ] …を **決定する**, 確定する; 〈論争・問題など〉に決着をつける, 解決する: The committee *determined* the date of the next meeting. 委員会は次の会合の日時を決定した / The police *determined* the cause of the accident. 警察は事故の原因を突き止めた / The date of the election has yet to be *determined*. 選挙日はまだ確定していない.
(b) [determine ＋疑問詞など] …かを決定する: The result of the questionnaire *determines whether* the school rule will be done away with or not. アンケートの結果によってその校則が廃止になるかどうかが決まる.
2 [determine ＋to do [that 節]] 〖格式〗…することを […ということを] **決心する** (→ DECIDE [類義語]): She *determined to* apply for the new job.

=She *determined that* she would apply for the new job. 彼女はその新しい仕事に応募しようと決心した / He *determined that* he would never break his promise. 彼は決して約束を破るまいと心に決めた. **3** 《物事が》〈人〉に[…することを / …しないことを]決心させる [*to do* / *against doing*]: The teacher's enthusiasm *determined* the students *to* study harder. 先生の熱意が生徒たちにもっと勉強しようと決心させた / A heavy snow *determined* us *against going* out shopping. 大雪だったので私たちは買い物に出るのをやめた. **4** 《格式》〈量・位置など〉を測定する.
— ⾃ 《格式》[…を]固く決心する, 決意する [*on*, *upon*]: Mary *determined on* continuing to work. メアリーは働き続けようと固く心に決めた (◇ Mary *determined* to continue to work. と言うほうが一般的; → 他 **2**).

*de·ter·mined [ditə́ːrmind] 形 **1** […すると]固く決意[決心]した [*to do, that* 節]: She is *determined to* go on a diet. 彼女はダイエットしようと決心している. **2** 決然とした, 断固とした: make *determined* efforts 何としてもやり抜く.

de·ter·mined·ly [~li] 副 決然と, 断固として.

de·ter·min·er [ditə́ːrminər] 名 © **1** 決定する人[もの]. **2** 【文法】 決定詞, 限定詞 (◇名詞の内容を限定する語. 冠詞 (a, an, the), 指示代名詞 (this, these など)・名詞[代名詞]の所有格 (his, Tom's など)・不定代名詞 (every, any など) など).

de·ter·min·ism [ditə́ːrminìzəm] 名 Ⓤ 【哲】決定論《あらゆる出来事は外的原因によって規定されているという考え方. 自由意志を否定する立場》.

de·ter·rent [ditə́ːrənt / -tér-] 形 引きとめる, 《戦争》抑止の: a *deterrent* effect 抑止効果.
— 名 © […を]引きとめるもの [*to*]; 戦争抑止力: the nuclear *deterrent* 核(による)抑止力.

*de·test [ditést] 動 他《進行形不可》…を憎む; ひどく嫌う; […することを]ひどく嫌う [*doing*] (◇ hate より強い意味): I *detest getting* up early. 私は早起きが大嫌いです.

de·test·a·ble [ditéstəbl] 形 大嫌いな.

de·test·a·bly [-bli] 副 憎らしく.

de·tes·ta·tion [dìːtestéiʃən] 名 **1** Ⓤ [または a ~] 憎悪, 嫌悪. **2** © 大嫌いな人[もの].

de·throne [diθróun] 動 他 **1** 〈王・女王など〉を退位させる, 廃する. **2** 〈人〉を (高い地位から) 引きずり降ろす, 押しのける.

de·throne·ment [diθróunmənt] 名 Ⓤ 廃位, 強制的な退位.

det·o·nate [détəneit] 動 他 〈爆弾など〉を爆発させる. — ⾃ 爆発する.

det·o·na·tion [dètənéiʃən] 名 ⓊC 爆発(音).

det·o·na·tor [détənèitər] 名 © (爆弾などの) 起爆装置, 雷管; 起爆剤.

de·tour [díːtuər] 【フランス】 名 © 迂(う)回路, 回り道; 迂回, 遠回り: make a *detour* 回り道をする.
— 動《米》に迂回させる, 遠回りさせる.
— ⾃ 迂回する, 遠回りする, 回り道する.

de·tract [ditrǽkt] 動 ⾃ 《進行形不可》 [価値・名声などを]減ずる, 落とす, 損なう [*from*]: The scandal did not *detract from* her reputation. そのスキャンダルが彼女の名声を損なうことはなかった.

de·trac·tion [ditrǽkʃən] 名 ⓊC **1** [価値・名声などを]損なうこと [*from*], 毀損. **2** 悪口.

de·trac·tor [ditrǽktər] 名 © けなす人, 批判者.

det·ri·ment [détrimənt] 名 **1** Ⓤ 《格式》[…にとっての]損害, 損失, 損傷 [*to*]. **2** © 《通例 a ~》 […にとっての] 損害[損失]の原因; 有害物 [*to*].
■ *to the détriment of ...* …を害するほどに; …に損害を与えて: work hard *to the detriment of* one's health 健康を害するほど懸命に働く.
withòut détriment to ... …に損害を与えずに.

det·ri·men·tal [dètriméntəl] 形 《格式》 […に] 有害な, 不利益な [*to*].

de·tri·tus [ditráitəs] 名 Ⓤ 【地質】岩屑(くず); 砕岩, 砂利.

*De·troit [ditrɔ́it] 名 固 デトロイト《米国 Michigan 州南東部にある大都市. 自動車産業の中心地》.

de trop [də tróu] 【フランス】形《叙述用法》多すぎる, 余計な, 無用な, じゃまな.

deuce¹ [djúːs / dʒúːs] 名 **1** © 【トランプ】2の札; (さいころの) 2の目: the *deuce* of hearts ハートの2の札. **2** Ⓤ 【球技】(テニスなどの) ジュース.

deuce² 名 Ⓤ 《古風》悪運; 悪魔 (◇ devil の婉曲語); [しばしば the ~] いったい (◇疑問詞を強める).

déut·sche màrk, Déutsch·màrk [dɔ́itʃə-] 名 © ドイツマルク (◇ドイツの旧通貨単位; 《略語》 DM; 現在は euro に統合).

de·val·u·ate [diːvǽljueit] 動 = DEVALUE (↓).

de·val·u·a·tion [dìːvæljuéiʃən] 名 ⓊC **1** 《経済》平価切下げ. **2** (価値・地位などの) 低下.

de·val·ue [diːvǽljuː] 動 他 **1** 《経済》〈通貨〉の平価を切り下げる. **2** …の価値を減じる.

dev·as·tate [dévəsteit] 動 他《通例, 受け身で》 **1** 〈国土などを〉を完全に破壊する, 荒廃させる. **2** 〈人〉に衝撃を与える, 悲しみを与える.

dev·as·tat·ing [dévəsteitiŋ] 形 **1** 荒廃させる, 破壊的な: a *devastating* earthquake 壊滅的な打撃を与える地震. **2** 圧倒的な, 痛烈な. **3** 《口語》とてもすばらしい, 魅力的な.

dev·as·tat·ing·ly [~li] 副 壊滅的な; とても.

dev·as·ta·tion [dèvəstéiʃən] 名 Ⓤ 荒廃, 破壊, 荒らすこと; 惨害.

***de·vel·op [divéləp]
【基本的意味は「発達する (grow or change into a more advanced state)」】
— 動 (三単現 **de·vel·ops** [~s]; 過去・過分 **de·vel·oped** [~t]; 現分 **de·vel·op·ing** [~iŋ])
— ⾃ **1** […から / …に] 発達する, 発展する; 発育する [*from* / *into*]: A flower or a blossom *develops from* a bud. 草木の花はつぼみから成長する / Our town will *develop into* a big city in the future. わが町は将来大都市に発展するだろう / A common cold sometimes *develops into* a serious disease. ただのかぜがこじれて重い病気になることがある. **2** (問題・真相などが) 現れる, 明らかになる: Cancer *developed* in his liver. 彼の肝臓に癌(がん)が見つかった / It *developed* that he had had a traffic accident. 彼が交通事故に

あったことが明らかになった. **3**〖写〗現像される.
— 他 **1** …を<u>発達させる</u>, 発展させる; 発育させる: *develop* high-tech industries ハイテク産業を発展させる / Education *develops* the mind. 教育は精神を発達させる / Daily exercises will *develop* your muscles. 毎日運動すれば筋肉が発達する.
2〈土地・資源・製品など〉を**開発する**: *develop* the natural resources 天然資源を開発する / *develop* a new medicine for colds 新しいかぜ薬を開発する.
3〈趣味・習慣など〉を**育てる, 伸ばす**: I *developed* a liking for classical music when I lived in Vienna. 私はウィーンに住んでいたときにクラシック好きになった. **4**〈病気〉にかかる;〈故障〉を起こす: *develop* a bad cold ひどいかぜにかかる / My car *developed* engine trouble. 私の車はエンジンが故障した. **5**〈議論など〉を展開する; 詳しく扱う[述べる]: I would like to *develop* my point of view here. 私の見解をここで詳しく述べたい.
6〖写〗〈フィルム〉を現像する.

de·vel·oped [divéləpt]形 発達した; 開発された: *developed* countries [nations] 先進国.

de·vel·op·er [divéləpər]名 **1** ℂ 開発者[社]; ディベロッパー, 宅地造成業者: a land *developer* 土地開発業者. **2** ⓤℂ〖写〗現像液. **3** ℂ〖形容詞をつけて〉…な人〈◇特に子供〉.

de·vel·op·ing [divéləpiŋ]形 発展[発達]中の: *developing* countries [nations] 発展途上国.

**de·vel·op·ment [divéləpmənt]
— 名(複 **de·vel·op·ments** [-mənts]) **1** Ⓤ <u>発達</u>, 発展; 発育, 成長: The children's *development* was rapid. その子供たちの発育は早かった / The *development* of our team was due to his efforts. 私たちのチームの発展は彼の尽力によるものだった.
2 Ⓤ〈土地・資源・製品などの〉**開発**: the *development* of new energy sources 新しいエネルギー源の開発.
3 ℂ〈事件・情勢などの〉**進展, 展開**: This is indeed an unexpected *development*. これは実に意外な展開だ.
4 ℂ 発達[発展]の**結果[成果]**: This new system is a *development* of the old one. この新しいシステムは従来のを発展させたものです.
5 ℂ 造成地, 住宅地, 団地: a housing *development* 住宅団地. **6** ⓤℂ〖写〗現像.

de·vel·op·men·tal [divèləpméntəl]形 開発的な, 発展的な; 発達上の, 発育上の.

de·vi·ant [díːviənt]形〈常規・標準から〉逸脱した, 異常な. — 名 ℂ 変わった人;〈性的〉変質者.

de·vi·ate [díːvièit]動〈格式〉[…から](わき道に)**外れる, それる, 逸脱する** [*from*]: *deviate from* the standard [rule] 標準[規則]から外れる.
— 形 [díːviət]〈格式〉[…から]=DEVIANT (↑).

de·vi·a·tion [dìːviéiʃən]名 ⓤℂ **1 外れること, 逸脱, 脱線. 2**〈理論・思想の〉偏向, 偏り; 性的倒錯. **3**〖統計〗偏差: *deviation* points 偏差値. **4**〈磁針の〉自差.

*de·vice [diváis]名 ℂ **1 装置, 機械, 仕掛け**; 爆破装置: a safety *device* 安全装置 / a teaching *device* 教育機器 / a nuclear *device* 核兵器.
2 工夫, 方策; たくらみ, 策略: a clever [clumsy] *device* 巧妙な[下手な]策略. **3**〈文学・演劇などの〉修辞的技巧, 比喩: a rhetorical *device* 修辞的表現. **4**〈紋章などの〉**図案** (design); 商標.
5〖コンピュータ〗デバイス〈CPU に接続するキーボードなどの装置〉. **6**〖電子〗デバイス, 電子部品.
■ *léave ... to ...'s ówn devíces* 〈人〉に勝手に[思い通りに]やらせる. (▷ 動 devise)

**dev·il [dévl]
名 動【原義は「悪口を言う者」】
— 名(複 **dev·ils** [~z]) **1** ℂ **悪魔**, 魔神; [the D-] 魔王, サタン (Satan)〈地獄の王で神の敵〉: Talk [Speak] of the *Devil*(, and he will [is sure to] appear). 〈ことわざ〉悪魔の話をすると悪魔が現れる ⇒ うわさをすれば影 / Better the *devil* you know (than the *devil* you don't). 〈ことわざ〉知らぬ悪魔よりも知っている悪魔のほうがよい⇒知らない相手[状況]より問題があっても知っている相手[状況]のほうがまだよい.
2 ℂ 悪魔のような人, 極悪人; 手に負えないもの: Tom is really a *devil* to do such a thing. そんなことをするなんてトムは本当に悪いやつだ.
3 ℂ〈形容詞をつけて〉〈口語〉…なやつ: a poor [lucky] *devil* かわいそうな[運のいい]やつ.
4 ℂ〈口語〉精力家; 無鉄砲な人; [(…の)鬼 [*for, of*]: a *devil for* baseball 野球マニア / Be a *devil* and try another drink. 頑張ってもう1杯飲め. **5** [the ~; 疑問詞のあとに付けて]一体全体 (in the world): What the *devil* is that? あれはいったい何だ. **6** [the ~; 文頭で]〈口語〉決して…でない〈強い否定を表す〉: The *devil* I did. 私は断じてしていない. **7** [the ~; 間投詞的に]〈俗語〉まさか, 畜生〈◇のろい・怒り・驚きなどを表す〉.
■ *a [the] dévil of a ...*〈古風〉ものすごい…〈◇よい意味にも悪い意味にも用いる〉: I had a *devil of a* time. ひどい目にあった[すごく楽しかった].
betwèen the dévil and the déep (blúe) séa 進退きわまって.
Dévil [The Dévil] tàke the híndmost. 早い者勝ちだ.
give the dévil his dúe 悪い[いやな]人でもよいところは認めてやる.
gò to the dévil **1** 破滅する, 落ちぶれる. **2** [命令文で]〈口語〉消えうせろ, くたばれ.
lìke the dévil〈古風〉必死に, 猛烈に.
pláy the dévil with ...〈口語〉…をめちゃめちゃにする.
ráise the dévil〈口語〉大騒ぎする; かんかんに怒る.
Thère will be the dévil to páy.〈俗語〉あとでひどい目にあうぞ.
— 動(過去・過分〈英〉**dev·illed**; 現分〈英〉**dev·il·ling**)他 **1**〈肉など〉に香辛料を利かせる.
2〈米口語〉…を困らせる, いじめる.
◆ *dévil's ádvocate* ℂ〈ディベートなどで〉意図的に反対の立場をとる人; あまのじゃく.

dev·iled, 〈英〉dev·illed [dévəld]形 辛い, 辛味

dev·il·fish [dévlfiʃ] (複 dev·il·fish, dev·il·fish·es [~iz]) ⓒ《魚》イトマキエイ; タコ.

dev·il·ish [dévəliʃ] 形 1 (悪魔のように)残酷な; やっかいな. 2 《口語》ひどい, 極端な, すごい.

dev·il·ish·ly [dévəliʃli] 副 1 《口語》悪魔のように, 残忍に, 邪悪に. 2 ひどく, 極端に, はなはだしく.

dèv·il-may-cáre 形 向こう見ずな; のん気な: a *devil-may-care* attitude 大胆な態度.

dev·il·ment [dévəlmənt] 图 ⓤⓒ《文語》悪魔の行為; ひどいいたずら.

de·vi·ous [díːviəs] 形 1 《格式》遠回りの, 回りくどい: a *devious* route 曲がりくねった道筋 / He made a *devious* explanation. 彼は回りくどい説明をした. 2 ずるい, 素直でない.

‡de·vise [diváiz] 動 他 1 …を工夫する, 考案する, 発明する: *devise* a new technique 新しいやり方を考え出す / *devise* an effective method 効果的な方法を工夫する. 2 《法》〈財産〉を〔人に〕遺贈する〔to〕. (▷ 图 device)

de·vi·tal·ize [diːváitəlàiz] 動 他 …から活力[生命力]を奪う, …を弱体化する.

de·void [divɔ́id] 形《叙述用法》《格式》〔…が〕欠けている, まったくない〔of〕: A person *devoid of* courage should not be a leader. 勇気に欠ける人物は指導者になるべきではない.

dev·o·lu·tion [dèvəlúːʃən / dìːv-] 图 ⓤ 1 (権利などの)委任, 譲渡; (中央政府から地方自治体への)権限委譲. 2 《生物》退化.

de·volve [divɑ́lv / -vɔ́lv] 動 他〈権利など〉を譲り渡す, 委ね, 委譲する.
— 自 (権利などが)〔…に〕移る〔on, upon〕; (土地・財産などが)〔…の〕所有となる〔to〕.

Dev·on [dévn] 图 1 @ デボン《英国 England 南西部にある州》. 2 ⓒ デボン種の牛《食用》.

‡‡‡**de·vote** [divóut]

《原義は「心から誓う」》
— 動 (三単現 **de·votes** [-vóuts]; 過去・過分 **de·vot·ed** [~id]; 現分 **de·vot·ing** [~iŋ])
— 他〔devote + O + to …〕〈時間・労力・金など〉を…にささげる, あてる: She *devotes* her free time *to* painting. 彼女は余暇を絵をかくことにあてている / Dr. Kato has *devoted* all his life *to* biological studies. 加藤博士は生涯を生物研究にささげてきた.

■ *devote oneself to …* …に身をささげる, 専念する: She decided to *devote* herself *to* nursing. 彼女は看護師の仕事に専念する決心をした.

‡de·vot·ed [divóutid] 形 1 献身的な, 忠実な; 熱心な; 心からの: a *devoted* student 勉学に熱心な学生 / a *devoted* friend 親友.
2 《叙述用法》〔…に〕没頭[専念]して;〔…を〕熱愛して〔to〕: He's *devoted to* rock music. 彼はロックに夢中です.

de·vot·ed·ly [~li] 副 献身的に; 一心に.

dev·o·tee [dèvətíː] 图 ⓒ 愛好者, 熱中する人.

*****de·vo·tion** [divóuʃən] 图 1 ⓤ〔…への〕献身, 没頭, 専念〔to〕: His *devotion to* the soccer left him little time for studying. 彼はサッカーに熱を入れすぎて勉強する時間がほとんどなかった.
2 ⓤ〔…への〕愛情, 愛着, 忠誠〔to, for〕: the *devotion* of a mother *to [for]* her child 子に対する母の愛情. 3 ⓤ 信心, 信仰. 4 〔~s〕祈り, 礼拝, 祈祷(きとう).

de·vo·tion·al [divóuʃənəl] 形《限定用法》 1 敬虔(けいけん)な, 信心深い: a *devotional* life 信仰生活. 2 祈りの, 礼拝(用)の.

‡de·vour [diváuər] 動 他 1 …をむさぼり食う, がつがつ食う: The boy *devoured* hamburger. 少年はハンバーガーをむさぼり食った. 2 (疫病・火事などが)…を滅ぼす (destroy): The fire rapidly *devoured* the whole building. 火はその建物をみるみる焼きつくした. 3 〈本など〉をむさぼり読む; …に見とれる, 聞きほれる. 4 〔通例, 受け身で〕〈人〉を夢中にさせる;(心配などが)〈人〉の心をさいなむ: She was *devoured* by jealousy. 彼女は嫉妬(しっと)にさいなまれた.

de·vout [diváut] 形 1 敬虔(けいけん)な, 信心深い: a *devout* Catholic 敬虔なカトリック教徒. 2 《格式》誠実な; 熱心な, 心からの.

de·vout·ly [diváutli] 副 1 敬虔(けいけん)に, 熱心に. 2 《格式》心から, 心を込めて, 切に.

‡dew [djúː / djúː] (☆ 同音異義 due) 图 ⓤ 1 露: The meadow was soaking wet with *dew*. 牧場は露でびっしょりぬれていた. 2 〔通例 the ~〕新鮮味, 純粋さ: the *dew* of maidenhood みずみずしい少女時代. 3 (涙・汗などの)しずく.

dew·drop [djúːdràp / -drɔ̀p] 图 ⓒ 露のしずく[玉], しずく状のもの.

dew·y [djúːi] 形 (比較 **dew·i·er** [~ər]; 最上 **dew·i·est** [~ist]) 露にぬれた, 露を帯びた.

déwy-éyed 形 1 (涙で)うるんだ目をした. 2 (子供のように)無邪気な.

dex·ter·i·ty [dekstérəti] 图 ⓤ (手先の)器用さ, 巧妙さ: with *dexterity* 器用[巧妙]に.

dex·ter·ous [dékstərəs] 形 1 (手先が)器用な, 巧妙な: with *dexterous* fingers 器用な手つきで. 2 敏捷な, 機敏な.

dex·trose [dékstrous, -trouz / -trəus] 图 ⓤ《化》ブドウ糖 (glucose).

dex·trous [dékstrəs] 形 = DEXTEROUS.

DH《略語》= designated hitter 指名打者.

DHA《略語》= docosahexaenoic acid [dàkəsəhèksəinóuik-] ドコサヘキサエン酸《魚の脂肪に含まれる物質で脳の発育を促す作用がある》.

di- [dai, di] 接頭「2つの, 2倍の, 2重の」の意を表す: *di*lemma ジレンマ / *di*oxide 二酸化物.

di·a·be·tes [dàiəbíːtiːz] 图 ⓤ《医》糖尿病.

di·a·bet·ic [dàiəbétik] 图 ⓒ 糖尿病患者.
— 形 糖尿病の[にかかった]; 糖尿病患者用の.

di·a·bol·ic [dàiəbálik / -bɔ́l-] 形 悪魔に関する; 悪魔の(ような), 邪悪な; ずる賢い.

di·a·bol·i·cal [dàiəbálikəl / -bɔ́l-] 形 悪魔の(ような), 残忍な;《主に英口語》不愉快な, たちの悪い.

di·a·bol·i·cal·ly [-kəli] 副 残忍に, 悪魔のように.

di·a·chron·ic [dàiəkránik / -krɔ́n-] 形《言語》通時的な《言語を時間の流れに沿って歴史的に研究する方法; ↔ synchronic》.

di·a·crit·ic [dàiəkrítik] 形 = DIACRITICAL (↓).
— 图 = diacritical mark (→ DIACRITICAL 複

di·a·crit·i·cal [dàiəkrítikəl] 形 発音区別符号の.
◆ diacrítical márk [sígn] C 〖言〗発音区別符号 (diacritic) 《◇同一文字の異なる発音を表す符号. 長音を表す ¯ (マクロン), 母音変異を表す ¨ (ウムラウト) など》.

di·a·dem [dáiədèm] 名 C 《文語》王冠 (crown); 王位, 王権.

di·ag·nose [dáiəgnòus, -nòuz] 動 他 1 〖医〗〈病気〉を［…と〗診断する [as]: The doctor *diagnosed* her illness *as* diabetes. 医師は彼女の病気を糖尿病と診断した. 2 〈問題など〉の原因を分析［究明〗する.

di·ag·no·sis [dàiəgnóusis] 名 (複 **di·ag·no·ses** [-siːz]) 1 U〖医〗診断, 診察; C 診断書: make an accurate *diagnosis* 正確な診断をする. 2 U 分析, 究明.

di·ag·nos·tic [dàiəgnάstik / -nɔ́st-] 形 〖限定用法〗診察の, 診断 (上) の; 〖叙述用法〗［…の〗病状を示す [of].

di·ag·o·nal [daiǽgənəl] 形 1 〖幾何〗対角線の. 2 斜線の; 斜めの.
— 名 C 1 対角線. 2 斜線.

di·ag·o·nal·ly [daiǽgənəli] 副 対角線を描いて; 斜めに.

‡**di·a·gram** [dáiəgræm] 名 C 図, 図形, 図表; グラフ; 図解, 図式 (cf. timetable 時刻表): draw a *diagram* 図表を作る.
— 動 (過去・過分 《英》**di·a·grammed**; 現分 《英》**di·a·gram·ming**) 他 …を図〖図表〗で示す; 図解する.

di·a·gram·mat·ic [dàiəgrəmǽtik] 形 〖通例, 限定用法〗図形の, 図表の; 図解の.

di·a·gram·mat·i·cal·ly [-kəli] 副 図形〖表〗で.

‡**di·al** [dáiəl] 名 C 1 (時計の) 文字盤, 目盛り盤. 2 (電話・金庫などの) ダイヤル, 数字盤. 3 (テレビ・ラジオなどの) ダイヤル.
— 動 (過去・過分 《英》**di·alled**; 現分 《英》**di·al·ling**) 他 …に電話をかける, 〈電話番号〉のダイヤルを回す, プッシュボタンを押す: *Dial* the police at once! すぐ警察に電話しなさい.
2 〈ラジオなど〉のダイヤルを回し, 波長〖ダイヤル〗を合わせる. — 自 電話をかける.
◆ díal tòne [the ~] 《米》(電話の) 発信音 (《英》 dialling tone).
dialling còde C 《英》市外局番 (《米》 area code).

*****di·a·lect** [dáiəlèkt] 名 UC 1 方言, (地方) なまり: speak in (a) Kagoshima *dialect* 鹿児島の方言で話す. 2 (特定の職業・階層などの) 通用語.

di·a·lec·tal [dàiəléktəl] 形 方言の, (地方) なまりの.

di·a·lec·tic [dàiəléktik] 名 UC 〖哲〗弁証法; 〖しばしば ~s; 単数扱い〗弁証法的討論〖思考〗.
— 形 弁証法の, 弁証法的な (dialectical).

di·a·lec·ti·cal [dàiəléktikəl] 形 弁証法の, 弁証法的な.

‡**di·a·logue,** 《しばしば米》**di·a·log** [dáiəlɔ̀(ː)g] 名 UC 1 (主に2者間の) 対話; 会話, 対談; (小説・劇などの) 会話部分 (cf. monologue 独白).
2 意見交換, 話し合い, 会談: a *dialogue* between management and labor 労使間の対話.

di·al·y·sis [daiǽlisis] 名 (複 **di·al·y·ses** [-siːz]) UC 〖医〗透析.

‡**di·am·e·ter** [daiǽmitər] 名 C 1 〖数学・建〗直径 (cf. radius 半径) (→ FIGURE 図): a circle of 10 centimeters in *diameter* 直径10センチの円. 2 〖光〗倍 (率). この望遠鏡の倍率は100倍です. This telescope magnifies 100 *diameters*.

di·a·met·ri·cal [dàiəmétrikəl], **di·a·met·ric** [-rik] 形 1 直径の. 2 正反対の, 対立的な.

***di·a·met·ri·cal·ly** [dàiəmétrikəli] 副 正反対に, まったく, 完全に: *diametrically* opposed opinions 正反対の意見 / They are *diametrically* opposite in character. 彼らは性格が正反対である.

‡**di·a·mond** [dáiəmənd]
— 名 (複 **di·a·monds** [-məndz]) 1 CU ダイヤモンド 《4月の誕生石; → BIRTHSTONE 表》; 〖形容詞的に〗ダイヤモンド (付き) の: Her wedding ring is set with small *diamonds*. 彼女の結婚指輪には小さなダイヤがちりばめてある.
2 C ダイヤモンド形, ひし形. 3 C〖トランプ〗ダイヤの札: the king of *diamonds* ダイヤのキング.
4 C 〖通例 the ~〗〖野球〗内野 (infield); 野球場.
5 C ガラス切り.
■ *a díamond in the róugh* = 《英》 *a róugh díamond* 1 加工前のダイヤモンド. 2 《口語》荒削りだがすぐれた素質を備えた人.
◆ díamond júbilee C (国王即位などの) 60 [75] 周年記念日 〖式典〗.
díamond wédding C ダイヤモンド婚式 《結婚 60 [75] 周年記念; → WEDDING 表》.

Di·an·a [daiǽnə] 名 1 (女) ダイアナ 《◇女性の名》. 2 (女) 〖ロ神〗ディアナ, ダイアナ 《月・狩猟の女神; → GODDESS 表》. 3 (女) [Princess ~] ダイアナ妃 (1961–97) 《元英国皇太子妃》. 4 U 《詩語》月.

di·a·per [dáiəpər] 名 1 C 《米》おむつ, おしめ (《英》 nappy). 2 U ひし形 (の布).
— 動 他 〈赤ん坊〉におしめを当てる.

di·aph·a·nous [daiǽfənəs] 形 透けて見える (transparent).

di·a·phragm [dáiəfræm] 名 C 1 〖解剖〗横隔膜. 2 〖写〗(レンズの) 絞り. 3 (マイクなどの) 振動板. 4 ペッサリー 《女性用避妊具》.

di·ar·rhe·a, 《英》 **di·ar·rhoe·a** [dàiərí(ː)ə] 名 U 下痢: have *diarrhea* 下痢をしている.

‡**di·a·ry** [dáiəri]
— 名 (複 **di·a·ries** [~z]) C 1 日記, 日誌; 日記帳: Do you keep a *diary?* あなたは (習慣として) 日記をつけていますか / I forgot to write in my *diary* yesterday. きのうは日記をつけ忘れた.
2 《英》(カレンダー式の) メモ帳 (《米》 calendar).

Di·as·po·ra [daiǽspərə] 名 [the ~; 集合的に] ディアスポラ 《離散してパレスチナ以外に住むユダヤ人》; 〖通例 d-〗 (家族などの) 離散.

di·a·stase [dáiəstèis, -stèiz] 名 U〖化〗ジアスターゼ, 澱粉糖化酵素.

di·a·tribe [dáiətràib] 名 C [...に対する] 激しい非難, 痛烈な攻撃 [against].

***dice** [dáis] 名 (複 dice) (◇元来は die² の複数形)
1 C さいころ: one of the *dice* さいころ1つ. 通例2個組として用いるので, 単数形 die は《まれ》/ roll [throw] (the) *dice* さいころを転がす.
2 U さいころ遊び, とばく: play *dice* さいころ遊びをする, ばくちを打つ. **3** C さいの目の形, 立方形.
■ **nó díce**《主に米口語》だめ, いや (◇依頼を拒否する場合に用いる); むだで, 見込みがなくて.
── 動 他 …をさいの目に切る; 市松模様にする: *dice* potatoes ジャガイモをさいの目に切る.
── 自 **1** さいの目に切る. **2** […と / …を賭(か)けて] さいころ遊び [ばくち] をする [*with / for*].
■ **díce with déath** 大きな危険を冒す.

dic·ey [dáisi] 形 (比較 **dic·i·er** [~ər]; 最上 **dic·i·est** [~ist]) 《口語》危険な (risky).

di·chot·o·my [daikátəmi / -kɔ́t-] 名 (複 **di·chot·o·mies** [~z]) U C **1** [意見などの] 分裂, 対立 [*between*]. **2** 二分(論)法.

dick [dík] 名 C **1**《俗語》やつ, 愚かな男.
2《古風》刑事, 探偵: a private *dick* 私立探偵.

Dick [dík] 名 圖 ディック (◇男性の名; Richard の愛称. 最近は Rick のほうが好まれる).

dick·ens [díkinz] 名 C [通例 the ~; 強意に用いて]《口語》一体全体: What the *dickens*! 何てこった, 一体全体何だ.

Dick·ens [díkinz] 名 圖 ディケンズ Charles Dickens《1812-70; 英国の小説家. 主著『クリスマスキャロル』》.

dick·er [díkər] 動 自 《口語》[値段を] 掛け合う; 値切る: *dicker* over the price 値段を掛け合う.

dick·ey, dick·y [díki] 名 (複 **dick·eys, dick·ies** [~z]) C **1**《取り外しができるワイシャツの》カラー, 胸当て;《婦人服の》前飾り; よだれ掛け. **2**《古風》小鳥.

di·cot·y·le·don [dàikɑtəlíːdən / -kɔti-] 名 C 〔植〕双子葉植物.

dict.《略語》= *dic*tionary.

dic·ta [díktə] 名 dictum の複数形.

***dic·tate** [díkteit / dikteit] 動 他 **1** …を […に] 書き取らせる [*to*]: James *dictated* a letter *to* his secretary. ジェームズは秘書に手紙を口述筆記させた. **2** […に / …かを] 指示する, 命令する, 押しつける [*to* / 疑問詞節]: Our teacher *dictated* to us *how* we should study during the summer vacation. 先生は私たちに夏休みの間どのように勉強すべきかを指示した.
── 自 **1** […に]《口述を》書き取らせる [*to*]. **2** [通例, 否定文で] […に] 命令する, 指図する [*to*]: I won't be *dictated* to. 人の指図は受けないぞ.
── 名 [díkteit] C [通例 ~s] 命令, 指図: the *dictates* of conscience 良心の命ずるところ.

***dic·ta·tion** [diktéiʃən] 名 **1** U 口述筆記, 書き取り: take *dictation* 書き取る. **2** C 書き取り(のテスト). **3** U 命令, 指図.

***dic·ta·tor** [díkteitər / dikteitər] 名 C 独裁者, 専制者; 独裁的な人, (会社などの) ワンマン.

dic·ta·to·ri·al [dìktətɔ́ːriəl] 形 **1** 独裁(者)の, 独断的な; ワンマンな: *dictatorial* government 独裁政治. **2** 尊大な, 横暴な.

dic·ta·tor·ship [diktéitərʃip, díktei- / diktéi-] 名 **1** U 独裁政治; C 独裁国家, 専制政府.
2 C 独裁者の地位 [職].

dic·tion [díkʃən] 名 U **1** 言葉づかい, 用語選択.
2 話し方, 発声法.

***dic·tio·nar·y** [díkʃənèri / -nəri]【原義は「言葉の本」】
── 名 (複 **dic·tio·nar·ies** [~z]) C 辞書, 辞典; 事典 (《略語》dict.): an English-Japanese [a Japanese-English] *dictionary* 英和 [和英] 辞典 / a biographical *dictionary* 人名辞典 / a *dictionary* of economics 経済学辞典 / look up a word in a *dictionary* 単語の意味を辞書で調べる / consult [see] a *dictionary* 辞書を引く / a walking [living] *dictionary* 生き字引.

dic·tum [díktəm] 名 (複 **dic·ta** [-tə], **dic·tums** [~z]) C **1** (公の) 意見表明, 言明, 断言.
2 格言, 金言.

***did** [(弱) did; (強) díd]
── 助動 動
── 助動 do¹ の過去形: *Did* you feel the earthquake early this morning? けさ早くの地震を感じましたか / She *did* not shake hands with him. 彼女は彼と握手しなかった / You *did* not remember my grandmother, *did* you? あなたは私の祖母を覚えていなかったでしょう (◇付加疑問) / Mary studied in the same school as her mother *did*. メアリーは母親と同じ学校で学んだ (◇代動詞) / I *did* tell him not to borrow money from others. 他人から金を借りるなと彼によく言い聞かせました (◇動詞の強調).
── 動 do¹ の過去形.

di·dac·tic [daidæktik] 形 **1** (話・小説などが) 教訓的な. **2** (通例, 軽蔑》説教好きな.

did·dle [dídl] 動 他《口語》〈人〉をだます; 〈人〉から […を] だまし取る [*out of*].

***did·n't** [dídnt]《短縮》《口語》did not の短縮形: I *didn't* go there last week. 先週そこへは行かなかった / *Didn't* you see him this morning? — No, I *didn't*. けさ彼に会いませんでしたか — はい, 会いませんでした / You read the book, *didn't* you? その本は読みましたね (◇付加疑問).

***die¹** [dái] (☆ 同音 dye)
── 動 (三単現 **dies** [~z]; 過去・過分 **died** [~d]; 現分 **dy·ing** [~iŋ])
── 自 **1** (a) [...が原因で] **死ぬ**《婉曲》pass away) [*of, from*] (→ 類義語) (↔ live): He *died of* lung cancer. 彼は肺癌(がん)で死んだ / You just can't *die from* a bug's bite. 虫に刺されたくらいじゃ死なないよ / The dog was *dying* when he rescued it. 犬は彼女が救出したとき死にかけていた.
語法 (1) 通例 of は死因が病気などの場合, from は死因がけがなどに用いられるが, from の代わりに of を用いることも多い.
(2) 死因が事故・戦争などの場合には be killed を用いることが多い: He *was killed* in the train accident. 彼は列車事故で亡くなった.

(b) [die+C] …の状態で死ぬ: She *died* happy [young]. 彼女は幸せのうちに[若くして]死んだ / He's going to *die* (as) a rich man. 彼は大金持ちになって死ぬだろう.

2 (植物が)枯れる: The sunflower *died* because I forgot to water it for a week. 1週間水をやり忘れたらヒマワリが枯れてしまった. **3** (機械などが)止まる,動かなくなる: The engine *died*, and the car stopped. エンジンが動かなくなり車が止まった. **4** (光・音・感情などが)ゆっくりと消える,なくなる: The music *died* in the distance. 音楽は,かなたに消えていった / My love for you will never *die*. あなたを愛する私の気持ちは決してなくならない.

— 他 …な死に方をする (→ 成句 die a … death).

句動 *die awáy* 自 (光・音・風などが)次第に消える,弱まっていく.

die báck 自 (植物が)根を残して枯れる.

die dówn 自 **1** (火・あらし・興奮などが)だんだん弱まる,静まる: The excitement about the World Cup gradually *died down*. ワールドカップの興奮は次第に収まった. **2** =die back.

die óff 自 次々に死んでいく[枯れていく].

die óut 自 死に絶える; (習慣などが)すたれる: The practice is rapidly *dying out*. その風習は急速にすたれつつある.

■ *be dýing for ...* 《口語》…が欲しくてたまらない: I'm *dying for* a cold drink. 私は冷たい物が飲みたくてたまらない.

be dýing of ... 《口語》死ぬほど…である: I *was dying of* boredom with his speech. 彼の話には本当にあきあきした.

be dýing to do 《口語》…したくてたまらない: He *was dying to* talk. 彼は話したくてたまらなかった.

die a ... déath …な死に方をする: My mother *died* a happy *death*. 母は幸せな死に方をした (=My mother died happily.).

die hárd **1** (古い考え・習慣などが)なかなか消えない;なかなか死なない. **2** 苦しんで死ぬ.

die in one's béd 普通の死に方をする,畳の上で死ぬ.

Néver sáy díe! 《口語》弱音を吐くな,あきらめるな.

(▷ 名 déath; 形 déad).

類義語 **die, decease, perish**
共通する意味►死ぬ (stop living).
die は「死ぬ」の意を表す最も一般的な語: He *died* young. 彼は若死にした. **decease** は法律用語として用いることが多い: *decease* without heirs 相続人もなく死亡する. **perish** は暴力・災害などで「過酷な状況で死ぬ」ことを表す: Tens of people *perished* in the fire. その火災で何十人もの人が死亡した.

die² 名 C **1** (複 **dice** [dáis]) さいころ (→ DICE): The *die* is cast. 《ことわざ》さいは投げられた ⇨ もうあとへは引けない. **2** (複 **dies** [~z]) 金型(ﾎﾞ),(貨幣・メダルなどの)打ち抜き型.

díe-hàrd, díe-hàrd 名 C (保守主義などの)頑固な支持者,頑固者.

— 形 頑固な,頑固に支持[抵抗]する: a *die-hard* conservative 頑迷な保守主義者.

die·sel [díːzl]【発明者のドイツ人 Diesel の名から】
名 C **1** =díesel èngine ディーゼル機関.
2 =díesel locomótive ディーゼル機関車.
— 形 ディーゼル機関の,ディーゼル機関を備えた.
◆ **díesel fùel** [òil] U ディーゼル用燃料 [重油].

＊**di·et¹** [dáiət] 名 **1** C 日常の食事, 常食: a vegetarian *diet* 菜食 / a healthy *diet* 健康食 / a low-fat *diet* 低脂肪食. **2** (通例 a ～)(治療・減量のための)ダイエット,食事療法: be on a *diet* ダイエットをしている / go on a *diet* ダイエットする,食事療法[制限]をする.

— 動 他 …に食事療法をさせる.

— 自 ダイエットする,食事療法をする: No dessert for me, thanks. I'm *dieting*. 私はデザートは結構です. ダイエット中ですから. (▷ 形 díetary)

＊**di·et²** 名 (通例 the D-) 国会, 議会 (◇日本・スウェーデン・デンマークなどの国会について言う; → PARLIAMENT 類義語; → CONGRESS 表): The *Diet* is now sitting. =The *Diet* is in session. 現在国会は開会中です.

di·e·tar·y [dáiətèri / -təri] 形 **1** 食事の: *dietary* restriction 食事制限. **2** 食事療法の: *dietary* cure 食事療法.
— 名 U C 規定食. (▷ 名 díet¹)

di·et·er [dáiətər] 名 C 食事療法[ダイエット]をしている人.

di·e·tet·ic [dàiətétik] 形 栄養(学)の.

di·e·tet·ics [dàiətétiks] 名 U (単数扱い)栄養学.

di·e·ti·tian, di·e·ti·cian [dàiətíʃən] 名 C 栄養士,栄養学者.

＊＊＊**dif·fer** [dífər]

— 動 (三単現 **dif·fers** [~z]; 過去・過分 **dif·fered** [~d]; 現分 **dif·fer·ing** [~iŋ])

— 自 (進行形不可) **1** […と /…の点で]違っている,異なっている [from / in, as to]: The new plan *differs from* the old one in several ways. 新しい計画は以前のものといくつかの点で異なっている / The twins look so much alike, but *differ* widely *in* character. その双子は外見はとてもよく似ているが,性格はとても異なっている / Being too shy to express yourself *differs from* having no opinion of your own. 内気で意見を言えないことと自分の意見がないこととは違う.

2 […と /…に関して]意見が違う,一致しない [with, from / about, on, over]: We *differed about* [*on*] which route to take. どちらの道を行くかで私たちは意見が分かれた / I often *differ with* my brother *over* the choice of TV programs. 私はテレビ番組をどれにするかで兄と意見が分かれる / I *differ* greatly *with* [*from*] you *on* that point. その点で私はあなたと大きく違っている.

■ *I bég to díffer.* 《格式》(残念ながら)あなたの意見に反対です (=I disagree with you.).

＊＊＊**dif·fer·ence** [dífərəns]

— 名 (複 **dif·fer·enc·es** [~iz]) **1** U C […との

間の / …の点での〕違い, 相違, 差異; 差別, 区別〔*between* / *in*〕: *difference* in age 年の差 / the *difference between* a hawk and an eagle タカとワシとの相違 / I can see no *difference between* those two books. 私にはその2冊の本の違いがわからない / There has been very little *difference in* prices since last year. 昨年来, 物価の違いはほとんどない / What's the *difference?* 《口語》どこが違うというのだ, どちらでもいいではないか.

2 [U] 差, 差額, 開き: pay the *difference* 差額を払う / The *difference* in their ages is ten years. 彼らの年齢差は10歳です.

3 [C] 不和, 争い; 意見のくい違い: They had a *difference* about the plans for the trip. 彼らは旅行の計画について意見がくい違っていた / I tried to settle their *differences*. 私は彼らを仲直りさせようとした.

■ ***màke a dífference*** **1** 相違がある, 影響がある, 重要である: It *makes a* great *difference* what color you paint the wall. 壁を何色に塗るかで大きな違いが生じる / It *makes* no *difference* [doesn't *make* any *difference*] if the baby is a girl or a boy. 生まれる子が女の子でも男の子でもどちらでもかまわない. **2** 〔…の間に〕差をつける〔*between*〕: You should not *make a difference between* men and women in promotion. 昇進に関して男女を差別すべきではない.

splít the dífference **1** 差を均等に分ける. **2** 歩み寄る, 妥協する.

with a dífference [名詞のあとに付けて] ひと味違う, 特色のある: a vocalist *with a difference* ひと味違った歌手.

***dif·fer·ent** [dífərənt]

— [形] **1** 〔…と〕違った, 異なった; 別の〔*from*〕(↔ same): You look *different* with your hair short. 髪を短くするとあなたは別人のように見える / Her shoes are very *different from* ours. 彼女の靴は私たちのとずいぶん違う / What we wear nowadays is quite *different from* what our ancestors wore. 私たちが今着ているものは私たちの祖先が着ていたものとはまったく異なる.

[語法] from の代わりに《米》では than, 《英》では to を用いることもある. また, あとに節が来る場合は than が好まれる: The climate here is quite *different than* I expected. ここの気候は私が想像していたのとかなり違う.

2 [複数名詞の前に付けて] いろいろな, さまざまの (→ VARIOUS [類義語]): *different* kinds of flowers いろいろな種類の花.

3 《口語》特異な, 変わった (unusual); 特別の: What do you think of this hat? — Well, it's a bit *different*. この帽子どう思う—そうだね, ちょっと変わっているね.

***dif·fer·en·tial** [dìfərénʃəl] [名] **1** [C] 格差; 賃金格差.

2 [C] = differèntial géar (後輪) 差動ギア, ディファレンシャル. **3** [U] 【数学】微分.

— [形] **1** 差別的な, 差のある: *differential* wages 賃金格差. **2** 特異な; 差異を示す. **3** 【数学】微分の.

◆ differéntial cálculus [U]【数学】微分学.

***dif·fer·en·ti·ate** [dìfərénʃièit] [動] [他] **1** …を〔…と〕区別する, 識別する〔*from*〕. **2** (特徴などが)…を〔…と〕区別する; (ある特徴で)〔…との〕見分けがつく〔*from*〕: What *differentiates* a human being *from* an ape? 人間と猿はどこで見分けがつくのか. **3** 【生物】…を分化させる. **4** 【数学】…を微分する.

— [自] **1** 〔…の間を〕区別する, 識別する, 区別がつく; 差別する〔*between*〕: *differentiate between* good and evil 善悪を区別する. **2** 【生物】分化する.

dif·fer·en·ti·a·tion [dìfərènʃiéiʃən] [名] [U] [C] **1** 差別 (化); 区別. **2** 【生物】分化. **3** 【数学】微分 (法).

***dif·fer·ent·ly** [dífrəntli] [副] **1** 〔…と〕異なって, 違って〔*from*, 《米口語》*than*, 《英口語》*to*〕: We think *differently from* him about the matter. その件に関して私たちは彼とは異なる考えを持っている. **2** それと違って, 別に, いろいろに.

***dif·fi·cult** [dífikəlt, -kʌ̀lt / -kəlt]

【基本的意味は「難しい (not easy to do or understand)」】

— [形] **1** (a) 〔…にとって〕難しい, 困難な (↔ easy)〔*for*〕(◇ hard より《格式》で, 解決に技能を必要とする場合に用いる): This is a very *difficult* problem. これは非常に難しい問題です / It was a *difficult* situation *for* the government. それは政府にとって難しい局面だった.

(b) [be difficult (for ...)+to do / It is difficult (for ...)+to do] (…が) ~するのは難しい: *It is difficult for* children *to* swim across this river. = This river *is difficult for* children *to* swim across. 子供がこの川を泳いで渡るのは困難です / Russian *is difficult to* learn. ロシア語は習得するのが難しい / He found it *difficult to* understand her. 彼は彼女を理解するのは難しいと気づいた.

2 (人が) 扱いにくい; 気難しい; 〔…するのに〕手こずらせる〔*to do*〕: a *difficult* customer 気難しいお客 / Don't be so *difficult*. そう難しいことを言うな / Bill is *difficult to* please. ビルは気難しい人です (= It is *difficult* to please Bill.).

(▷ [名] dífficulty)

***dif·fi·cul·ty** [dífikəlti, -kʌ̀l- / -kəl-]

— [名] (複 **dif·fi·cul·ties** [~z]) **1** [U] 〔…する〕難しさ, 困難〔(*in*) *doing*〕(↔ ease, easiness): You will soon realize the *difficulty* of the task. あなたはじきにその仕事の難しさを実感するだろう / He has [finds] some *difficulty* with [in] mathematics. 彼は数学で多少苦労している / I had *difficulty* (*in*) *convincing* him of his mistake. 彼が間違っていることを納得させるのに苦労した (◇ in を省略するほうが一般的).

2 [C] 困難なこと, 難事, 障害: face [overcome] *difficulties* 困難に直面する[を克服する] / My mother has *difficulties* with names. 私の母は

人の名前がなかなか思い出せない.
3 [C] [通例, 複数形で] 難局, 苦境; 財政困難: He has financial *difficulties*. 彼はお金に困っている.
4 [C] 不和, もめ事, 争議: He had *difficulties* with the chair and resigned from the committee. 彼は議長と折り合いが悪くて, 委員を辞めた.
■ **be in dífficulty [dífficulties]** (特に金に)困っている.
with dífficulty やっと, かろうじて, 苦労して: She made out his writing *with difficulty*. 彼女はやっとのことで彼の書いたものを判読した.
withòut (àny) dífficulty やすやすと, 苦もなく, 楽に: He unlocked the door with only a hairpin *without difficulty*. 彼はヘアピンだけでドアのかぎをやすやすと開けた. (▷ 形 difficult)

dif·fi·dence [dífidəns] 名 U 自信のなさ, 遠慮がち, 内気 (↔ confidence): He said so with *diffidence*. 彼は遠慮がちにそう言った.

dif·fi·dent [dífidənt] 形 自信のない, 遠慮がちな, 内気な (↔ confident): He is *diffident* in saying what he thinks. 彼は思っていることを口にするのに自信がない.

dif·fi·dent·ly [〜li] 副 自信なく, 遠慮がちに.

dif·fuse [difjú:z] 動 《格式》 他 1 〈知識などを〉広める, 普及させる: *diffuse* learning 学問を広める.
2 〈光・熱・ガスなどを〉放散 [拡散] する.
— 自 **1** 広がる, 普及する. **2** 散る, 拡散する.
—形 [difjú:s] **1** 拡散した; 広がった. **2** (話・文章が) 散漫な, まとまりのない.

dif·fu·sion [difjú:ʒən] 名 U 《格式》 **1** (光・熱・ガスなどの) 放散, 拡散. **2** 普及, 流布.

*****dig** [díg] 動 名
— 動 (三単現 **digs** [〜z]; 過去・過分 **dug** [dʌ́g]; 現分 **dig·ging** [〜iŋ])
— 他 **1** [dig+O] 〈地面などを〉掘る, 掘り返す, 掘って…を作る: *dig* a hole [tunnel] 穴[トンネル]を掘る / The pioneers *dug* rocky soil at the foot of the mountain. 開拓者たちは山のふもとの岩だらけの土地を耕した.
2 …を掘り出す, 掘り返す: *dig* sweet potatoes イモ掘りをする.
3 〈情報などを〉見つけ出す, 掘り出す: You can *dig* the information you need on the Internet. あなたは必要な情報をインターネットで探し出すことができる. **4** …を […に] 突き刺す, 突っ込む; 〈指・ひじなどを〉 […に] 突き出す, 突き立てる [*into*]: The hungry young man *dug* the fork *into* the steak. おなかをすかせた若者はステーキにフォークを突き立てた / Nancy *dug* her elbow *into* my ribs to get my attention. ナンシーは私の注意を引こうとひじで私のわき腹を突いた. **5** 《米口語》 …を理解する; 好む; 気づく, 見る.
— 自 […の] 穴を掘る [*for*]; […を] 掘り進む [*through, into, under*]: *dig for* gold 金を探して掘る / *dig under* the fence 塀の下に穴を掘る.

句動詞 **díg ín** 《肥料などを》土に混ぜ込む.
— 自 **1** 《口語》 食事[仕事など]を始める: It's noon! Let's *dig in*! 昼だ. さあご飯にしよう.
2 = dig oneself in.

díg onesèlf ín 塹壕(ざんごう)を掘って身を守る; 地位を確保する.

díg into … 他 **1** …の中に手をつっ込んで探す.
2 〈研究・仕事などに〉没頭する: The student *dug into* the pile of books in the library. 学生は図書館でたくさんの本を調べた. **3** 〈預金など〉を使い始める, に手をつける.

díg óut 他 **1** […から] …を掘り出す [*of*].
2 […から] 〈情報などを〉探り出す [*of*]: She *dug* that letter *out of* his desk. 彼女はその手紙を彼の机から見つけ出した.

díg úp 他 **1** …を掘り出す: I used to *dig up* clams at the seashore in the spring. 昔は春になると海岸で潮干狩りをしたものです. **2** …を暴く: *dig up* a scandal スキャンダルを暴く.

— 名 [C] **1** 掘ること; 発掘; 発掘現場: The archaeologist is now working on a *dig* in Egypt. その考古学者は今エジプトで発掘作業に取り組んでいる. **2** 《口語》 (ひじ・指・棒などでの) 突き: I gave him a *dig* in the ribs. 私は彼のわき腹を突いた. **3** 《口語》 […への] いやみ, あてこすり, 風刺 [*at*]: The manager often makes *digs at* me. 店長はよく私にいやみを言う. **4** [〜s] 《口語》 下宿, 宿舎 (lodgings).

***di·gest** [daidʒést, di-] [☆名 との発音の違いに注意] 動 他 **1** 〈食物を〉消化する, 〈食物の〉消化を助ける: Food is *digested* in the stomach. 食物は胃で消化される. **2** …をよく理解する, 会得する: Have you *digested* your father's advice? お父さんの忠告をよくかみしめましたか. **3** …を要約する: *digest* the article on … …に関する記事を要約する.
— 自 [通例, 副詞を伴って] 〈食物が〉消化される, こなれる: Some foods don't *digest* easily. 食品の中には消化のよくないものもある.
— 名 [dáidʒest] [C] 要約, ダイジェスト; あらすじ: a weekly *digest* of the news 週間ニュースダイジェスト.

di·gest·i·ble [daidʒéstəbl, di-] 形 **1** 消化できる, こなれやすい (↔ indigestible): *digestible* food 消化のよい食品. **2** 要約できる; 理解しやすい.

***di·ges·tion** [daidʒéstʃən, di-] 名 U C **1** 消化, 消化作用; 消化力: In a sick person's diet ease of *digestion* is important. 病人食は消化しやすいことが大切です / I have a good [weak] *digestion*. 私は胃が丈夫です [弱い].
2 〈知識・思想・文化などの〉 同化, 吸収; 理解.

di·ges·tive [daidʒéstiv, di-] 形 [限定用法] 消化の, 消化力のある, 消化を助ける: *digestive* organs 消化器官.
— 名 [C] **1** 消化薬. **2** = digéstive bíscuit 《英》 ダイジェスティブビスケット 《全粒粉で作るクッキー》.

◆ digéstive sỳstem [the 〜] 消化器系統.

dig·ger [dígər] 名 [C] **1** 掘る人; (金鉱の) 坑夫.
2 採掘具.

dig·ging [dígiŋ] 名 **1** U 掘ること, 採掘.
2 [〜s] 採掘地, 発掘地, 鉱山.

dig·it [dídʒit] 名 [C] **1** アラビア数字《0から9まで》;

digital

桁(%): a three-*digit* number＝a number with three *digits* 3桁の数字. **2** (手・足の)指;指幅 (◇約1.9cm).

***dig·i·tal** [dídʒitəl] 形 《限定用法》 **1** デジタル(型)の,数字を使った (↔ analog): a *digital* clock [watch] デジタル時計 / a *digital* (still) camera デジタルカメラ / a *digital* video camera デジタルビデオ / a *digital* map デジタルマップ,数値地化図. **2** 《格式》指の,指による,指状の.

◆ dígital áudio tápe C デジタルオーディオ[録音]テープ (《略語》 DAT).

dígital compúter C デジタルコンピュータ《数をデジタル信号で処理する一般のコンピュータ》.

dígital vérsatile [vídeo] dísk C ディーブイディー《レーザー光を利用した記録媒体;《略語》 DVD》.

dig·i·tal·is [dìdʒitǽlis / -téi-] C 《植》 ジギタリス (foxglove); U ジギタリス製剤 《強心剤》.

dig·i·tize [dídʒitaiz] 動他 《コンピュータ》〈情報・音など〉をデジタル化する,計数化する.

dig·ni·fied [dígnəfaid] 形 堂々とした,威厳のある;荘厳な,品位のある.

***dig·ni·fy** [dígnəfài] 動 (三単現 **dig·ni·fies** [~z]; 過去・過分 **dig·ni·fied** [~d]; 現分 **dig·ni·fy·ing** [~iŋ]) 他 …に威厳をつける,重々しくする;立派に見せる: The presence of the mayor *dignified* her party. 彼女のパーティーは市長の出席で箔(ﾊｸ)がついた.

dig·ni·tar·y [dígnətèri / -təri] 名 (複 **dig·ni·tar·ies** [~z]) C (政府などの)高官,高僧.

‡**dig·ni·ty** [dígniti] 名 (複 **dig·ni·ties** [~z])
1 U (態度・風さいなどの)威厳,荘重さ;品位: a person of *dignity* 威厳のある人 / with *dignity* 堂々と. **2** U (人格・精神などの)尊さ,尊厳: human *dignity* 人間としての尊厳. **3** U 高位,高官; C 高位[高官]の人.
■ *be benéath* ...'*s dígnity* …の体面にかかわる,…の品位を落とす.

stánd on [upòn] one's dígnity もったいぶる.

di·gress [daigrés, di-] 動 《格式》 [本題から]わき道へそれる,脱線する [*from*].

di·gres·sion [daigréʃən, di-] 名 U [本題から] (わき道へ)それること;脱線 [*from*]; C 余談: to return from the *digression* 本題に戻りますが.

dike, dyke [dáik] 名 C **1** 土手,堤防. **2** 堀,溝,(排)水路 (ditch).

dik·tat [diktáːt / díktæt] 【ドイツ】名 C 《特に戦勝国による一方的な》絶対的命令,制裁.

di·lap·i·dat·ed [dilǽpidèitid] 形 《建物・車などが》荒廃した,崩れかかった;ぼろぼろの.

di·lap·i·da·tion [dilæpədéiʃən] 名 **1** U 荒廃,破損した状態;崩壊,破損. **2** [~s] 《英》 《法》 (賃借人の払う)修繕費.

di·late [dailéit] 動他 **1** 〈体の器官〉を広げる,拡張させる: *dilated* pupils 開いた瞳孔(ﾄﾞｳ). **2** …を詳しく述べる.
— 自 **1** 広がる,拡大する,膨張する. **2** […を]詳しく説く[話す][*on, upon*].

di·la·tion [dailéiʃən] 名 U 拡張,拡大.

di·la·to·ry [dílətɔ̀ːri / -təri] 形 《格式》 (人・行動が)緩慢な,のろい;時を稼ぐ: a *dilatory* strategy

引き延ばし戦術.

***di·lem·ma** [dilémə, dai-] 名 C (好ましくない2つの選択肢から1つを選ばなければならない)ジレンマ,窮地,板挟み: I'm in a *dilemma* about changing my job. 私は転職のことで窮地に陥っている.
■ *be on the hórns of a dilémma* ジレンマに陥る,進退窮まる.

dil·et·tante [dìlitáːnt, -tǽnt / dìlətǽnti] 名 (複 **dil·et·tantes** [-táːnts / -tǽntiz], **dil·et·tan·ti** [-táːnti / -tǽnti:]) C 《しばしば軽蔑》 **1** ディレッタント,愛好家,もの好き. **2** 素人(ｼﾛｳﾄ)評論家.
— 形 《しばしば軽蔑》 素人の,芸術好きの.

***dil·i·gence** [dílidʒəns] 名 U 勤勉,精励,頑張り: with *diligence* 勤勉に;一生懸命に.

‡**dil·i·gent** [dílidʒənt] 形 **1** 勤勉な,熱心な: He is a *diligent* worker. 彼は仕事熱心です. **2** (仕事などが)入念な,骨折った,苦心した.

dil·i·gent·ly [dílidʒəntli] 副 勤勉に;入念に.

dill [díl] 名 U 《植》 ディル,インド《セリの一種で葉は香辛料》: *dill* pickle (ディルで風味を付けた)キュウリの漬物.

dil·ly·dal·ly [dílidæli] 動 (三単現 **dil·ly·dal·lies** [~z]; 過去・過分 **dil·ly·dal·lied** [~d]; 現分 **dil·ly·dal·ly·ing** [~iŋ]) 自 《口語》 ぐずぐずする,もたもたする: Don't *dillydally*. ぐずぐずするな.

di·lute [dailúːt] 動 他 **1** 〈液体など〉を[…で]薄める,〈色〉を[…で]薄くする [*with*]. **2** 〈影響など〉を弱める. — 形 薄めた,希薄な,水っぽい.

di·lu·tion [dailúːʃən] 名 U 薄めること;希釈; C 希釈物[液],薄めたもの.

‡**dim** [dím] 形 動
— 形 (比較 **dim·mer** [~ər]; 最上 **dim·mest** [~ist]) **1** 薄暗い (→ DARK 類義語): a *dim* room 薄暗い部屋 / The light was too *dim* to read by. 明かりが暗すぎて読めなかった.
2 (形・音などが)ぼんやりした,かすかな;(記憶が)あいまいな,はっきりしない: I can see the *dim* shape of a person over there. 向こうにぼんやりと人の姿が見える / I have only a *dim* memory of her. 私には彼女についてぼんやりした記憶しかありません / My eyes were *dim* with tears. 私の目は涙でかすんでいた.
3 見込みが薄い,悲観的な: a *dim* future 悲観的な将来. **4** 《主に英口語》 (頭が)悪い,にぶい.
■ *tàke a dím view of* ... …を悲観的に見る,…に賛成しない.
— 動 (三単現 **dims** [~z]; 過去・過分 **dim·med** [~d]; 現分 **dim·ming** [~iŋ]) 他 …を薄暗くする;かすませる: *dim* the light 明かりを薄暗くする. — 自 薄暗くなる,かすむ.

dim·ness [~nəs] 名 U 薄暗さ;かすかなこと.

‡**dime** [dáim] 《原義は「10分の1」》 名 C **1** 《米・カナダ》 10セント硬貨. **2** [a ~ ;否定文で] 一文,ちっとも: This old book isn't worth a *dime*. この古本は一文の価値もない.
■ *be a díme a dózen* 《米口語》 ありふれている;安物である (◇1ダースにつき10セントの意から).

◆ díme nóvel C 《米》 三文小説.

díme stòre C 《米》 安物雑貨店.

‡**di·men·sion** [diménʃən / dai-]【原義は「計測(する)」】名 1 ⓒⓊ(長さ・高さ・幅・厚さの)寸法, 尺度: Take [Measure] the *dimensions* of the desk. その机の寸法を測ってください.
2 ⓒ(通例 ～s)大きさ, 規模, 範囲, 面積; 重要性: a problem of great *dimensions* 非常に重要な問題. 3 ⓒ要素; 局面. 4 ⓒ【数学・物理】次元: three *dimensions* 3次元.

di·men·sion·al [dimén ʃənəl / dai-]形 寸法のある; 次元の(ある): a three-*dimensional* picture 3次元の[立体]映像.

***di·min·ish** [dimíniʃ]動 他 1 …を減らす, 少なくする(lessen); 小さくする. 2 〈人の名声・信用など〉を落とす, 傷つける: The scandal *diminished* greatly his credit as a minister. そのスキャンダルで大臣としての彼の信用はひどく落ちた.
— 自 減少する; 小さくなる.
◆ diminished responsibílity Ⓤ【法】限定責任能力《刑が軽減される》.

di·min·u·en·do [dimìnjuéndou]【イタリア】形 次第に弱くなる, ディミヌエンドの(↔ crescendo).
— 副 次第に弱く.
— 名(複 **di·min·u·en·do(e)s** [～z])ⓒ漸次弱音, 漸次弱奏, ディミヌエンド.

dim·i·nu·tion [dìminjúːʃən]名 Ⓤ減少, 減額, 削減; ⓒ減少額, 減額.

di·min·u·tive [dimínjutiv]形《格式》非常に小さい, 小型の; 縮小の.
— 名 ⓒ 1 愛称《◇ Catherine に対する Cathy, Robert に対する Bob など》. 2【文法】指小辞《◇ book*let*(小冊子), dadd*y*(パパ)の -*let*, -*y* のように「幼, 小」「親愛」を表す接尾辞》; 指小語《◇指小辞の付いた語》.

dim·ly [dímli]副 ぼんやりとした, かすかに; 薄暗く.

dim·mer [díməɾ]名 1 = dímmer switch(照明の)調光器. 2 [～s](自動車の)駐車灯(《米》 parking lights, 《英》 sidelights).

dim·ple [dímpl]名 ⓒ 1 えくぼ. 2 (地面への)くぼみ, くぼ地; さざ波. 3【ゴルフ】ディンプル《ゴルフボール表面の小さなくぼみ》.
— 動 他 1 …にえくぼを作る; …をへこませる. 2 …にさざ波を起こす.
— 自 1 えくぼができる; へこむ. 2 さざ波が立つ.

dim·wit [dímwìt]名 ⓒ《口語》ばか, のろま.
dim·wit·ted [～id]形 頭の悪い.

din [dín]名 Ⓤ[または a]騒音, (がんがんと響く)騒々しさ: make [raise, kick up] a *din* 騒々しい音を出す.
— 動(三単現 **dins** [～z]; 過去・過分 **dinned** [～d]; 現分 **din·ning** [～iŋ])他 1 …を騒音で悩ます. 2 …をやかましく言う, たたき込む.
— 自(うるさい音が)鳴り響く, 耳にがんがん響く.

di·nar [dínɑːɾ / dínɑː]名 ⓒディナール《◇イラク・クウェート・ヨルダンなどの通貨単位》.

‡**dine** [dáin]動 自《格式》ディナーを食べる, 食事をする, 正餐(さい)をとる《◇普通は have dinner》: *dine* in 自宅で食事をする.
— 他《格式》〈人〉をディナーに招待する, 〈人〉と正餐を共にする; 〈人〉にごちそうする.

■ *díne on* [*off*] ... 他《格式》…を食事にとる: *dine on* [*off*] steaks ディナーにステーキを食べる.
díne óut 自《格式》(レストランなど)外で食事する; ディナーに招かれて出かける: They *dined out* that evening. 彼らはその晩は外食した.

din·er [dáinəɾ]名 ⓒ 1 (レストランで)食事をする人, 正餐(さい)の客. 2 《米》食堂車(dining car). 3 《米》(道路沿いにある食堂車風の)簡易食堂.

di·nette [dainét]名 ⓒ《米》(部屋の隅などにある)食事コーナー.

ding-dong [díŋdɔ̀ːŋ / dìŋdɔ́ŋ]名 1 Ⓤ繰り返し鳴る音; ごーんごーん, がーんがーん《◇鐘の音》.
2 ⓒ《口語》けんか, 激戦.
— 形《英口語》激しい, 激戦の, 追いつ追われつの: a *ding-dong* game 接戦.
— 副(鐘の音が)がーんがーんと; 一生懸命に.

din·ghy [díŋgi]名(複 **din·ghies** [～z])ⓒディンギー《レース・娯楽用の小型ヨット》; 救命ボート.

din·gi·ly [díndʒili]副 薄汚く, 陰気に; みすぼらしく.

din·gle [díŋgl]名 ⓒ(木が茂った)小峡谷, 小谷.

din·go [díŋgou]名(複 **din·goes** [～z])ⓒディンゴ《オーストラリア産の野生の犬》.

din·gy [díndʒi]形(比較 **din·gi·er** [～əɾ]; 最上 **din·gi·est** [～ist])薄汚れた, 陰気な; みすぼらしい.

‡**din·ing** [dáiniŋ]名 Ⓤ食事(をすること).
◆ díning càr ⓒ食堂車(diner).
díning ròom ⓒ(家・ホテルなどの)食堂, ダイニングルーム.《比較》欧米の dining room は普通 kitchen とは分かれている》
díning tàble ⓒ食卓.

DINKS, dinks [díŋks]名《複数扱い》《口語》ディンクス《共働きで子供がいない夫婦; *d*ouble *in*come *n*o *k*id*s* の略》.

din·kum [díŋkəm]形 副《豪口語》本当の[に]; 公平な[に]《◇ fair dinkum とも言う》.

dink·y [díŋki]形(比較 **dink·i·er** [～əɾ]; 最上 **dink·i·est** [～ist])《口語》ちっぽけな; つまらない.

*****din·ner** [dínəɾ]
— 名(複 **din·ners** [～z]) 1 Ⓤⓒディナー, 正餐(さい)《◇1日のうちで主になる食事》; (一般に)食事: a good [poor] *dinner* 豊かな[貧しい]食事 / They usually have [eat] *dinner* at seven. 彼らはたいてい7時に夕食をとる / They invited us to *dinner* yesterday. 彼らはきのう私たちをディナーに招待してくれた.

【背景】 英米では通例, 家族が全員そろう夕食に dinner をとる. 日曜日や祝祭日には昼食に dinner をとることが多いが, その場合, 夕食は supper となる.

2 ⓒ晩餐会, 午餐会: We gave him a goingaway *dinner*. 彼のためにお別れの食事会を開いた / A *dinner* was given in honor of Mr. and Mrs. Jones. ジョーンズ夫妻を主賓として晩餐会が催された.
◆ dínner jàcket ⓒ《英》(紳士用)略式夜会服, タキシード(《米》 tuxedo).
dínner pàrty ⓒ(公式の)晩餐会, 祝賀会.
dínner sèrvice [sèt] ⓒディナー用食器類一式.

dínner tàble [the ～に] (食事中の) 食卓.

‡**di·no·saur** [dáinəsɔːr] 名 C **1** 恐竜. **2** 《口語》巨大で扱いにくい《時代遅れの》もの.

dint [dínt] 名 U [次の成句で]
■ **by dint of ...** …のおかげで，…の力で．

di·oc·e·san [daiɑ́sn- / -ɔ́s-] 形 教区の.

di·o·cese [dáiəsis] 名 C 《キリスト》 教区.

di·ode [dáioud] 名 C 《電子》 ダイオード《2端子の半導体素子; → LED》; 二極 《真空》 管.

Di·o·ny·sus, Di·o·ny·sos [dàiənáisəs] 名 《ギリ神》 ディオニュソス 《酒の神; → GOD 表》.

di·o·ram·a [dàiərǽmə / -ráːmə] 名 C ジオラマ 《のぞき窓から見る半円形の立体模型; cf. pano-rama 全景図》.

di·ox·ide [daiɑ́ksaid / -ɔ́ks-] 名 C U 《化》 二酸化物: carbon dioxide 二酸化炭素, 炭酸ガス.

di·ox·in [daiɑ́ksin / -ɔ́ks-] 名 C ダイオキシン《除草剤などに用いる有機塩素化合物で猛毒の環境汚染物質》.

‡**dip** [díp] 動 (三単現 **dips** [～s]; 過去・過分 **dipped** [～t]; 現分 **dip·ping** [～iŋ]) 他 **1** 〈ものを〉《液体などに》 ちょっと浸す, さっとつける 《in, into》: dip the brush *into* paint はけをペンキにちょっとつける / She *dipped* the towel *into* the hot water. 彼女はタオルをお湯にちょっと浸した.

2 …をすくい〔くみ〕上げる: *dip* out soup with a spoon スープをスプーンですくう．

3 〈手・スプーンなどを〉 […に] 突っ込む 《into》．

4 〈旗などを〉 急に下げる, ちょっと下げる．

5 〈布などを〉 〔染料に〕浸して染める 《in, into》．

— 自 **1** 《水などに》 ちょっと浸る《潜る》《in, into》． **2** 下がる, 下り坂になる; 〈日が〉沈む: The sun *dipped* below the horizon. 太陽は地平線の下に沈んだ． **3** 手〔スプーンなど〕を突っ込む．

■ *dip into ...* **1** …をちょっと調べる; ざっと読む: I *dipped into* the report. 私はその報告書をざっと読んだ． **2** 《貯金などを》少額引き出す．

— 名 **1** C ちょっと浸す〔つける〕こと; 《口語》 ひと浴び, ひと泳ぎ: take〔have〕 a *dip* ひと泳ぎする.

2 C ひとすくい, ひとくち． **3** U C ディップ《クラッカーなどに付けるソース》． **4** C 沈下, くぼみ, 傾斜; 一時的下降, 下落; 《航空》 急降下: a *dip* in the road 下り坂 / a *dip* in prices 物価の一時的下落． **5** U 洗羊液《羊につく害虫を駆除する消毒液》.

diph·the·ri·a [difθíəriə] 名 U 《医》 ジフテリア.

diph·thong [dífθɔːŋ / -θɔŋ] 名 C 《音声》 二重母音 《◇ [ai], [au], [ɔi], [ei], [eə] など》.

***di·plo·ma** [diplóumə] 名 (複 **di·plo·mas** [～z], **di·plo·ma·ta** [-tə]) C 卒業証書, 修了証書; 学位, 免状: a college〔high-school〕 *diploma* 大学《高校》の卒業証書 / He received〔got〕 his *diploma* in law. 彼は法学士の免状を取った.

***di·plo·ma·cy** [diplóuməsi] 名 U **1** 《国家間の》外交. **2** 外交的手腕, 駆け引き（の腕）: We can rely on his *diplomacy*. 彼の外交手腕は信頼できる.

***dip·lo·mat** [dípləmæt] 名 C **1** 外交官.
2 外交家, 外交的手腕のある人, 駆け引きのうまい人.

***dip·lo·mat·ic** [dìpləmǽtik] 形 **1** 《比較なし; 限定用法》 外交（上）の, 外交関係の: establish〔break〕 *diplomatic* relations 外交関係を樹立する〔断つ〕. **2** 外交的手腕のある, 駆け引きの上手な; そつのない.

◆ **diplomátic córps** U 外交団.
diplomátic immúnity U 外交官特権.

dip·lo·mat·i·cal·ly [dìpləmǽtikəli] 副 **1** 外交上; 外交的に. **2** 如才なく, そつなく.

di·plo·ma·tist [diplóumətist] 名 C 《古風》外交官; 外交家, 外交的手腕のある人 (a diplomat).

dip·per [dípər] 名 C **1** 浸すもの〔人〕; ひしゃく, しゃもじ. **2** [the D-] 《米》《天文》北斗七星 (the Big Dipper; 《英》 Plough) 《大くま座の 7 つの星》; 小北斗星 (the Little Dipper) 《小ぐま座の 7つの星》. **3** 水に潜る鳥.

dip·so·ma·ni·a [dìpsəméiniə] 名 U アルコール中毒〔依存症〕.

dip·so·ma·ni·ac [dìpsəméiniæk] 名 C アルコール中毒者〔依存患者〕.

dip·stick [dípstik] 名 C 《自動車のエンジンオイルを測る》 計量棒, オイルゲージ.

dire [dáiər] 形 **1** 恐ろしい, 悲惨な; ひどい. **2** 緊急の, 非常な: They are in *dire* need of help. 彼らは援助が至急必要です.

*****di·rect** [dərékt, dairékt]
形 副 動

— 形 (比較 **di·rect·er** [～ər], **more di·rect**; 最上 **di·rect·est** [～ist], **most di·rect**) **1** 《通例, 限定用法》 まっすぐな, 一直線の (straight); 直行の: There is a *direct* road across the plains. まっすぐな道が平原を横切っている / Are there any *direct* flights to San Jose? サンノゼへの直航便はありますか / I took a *direct* bus to Boston from New York City. 私はニューヨーク市からボストンへの直行バスに乗った.

2 直接の, じかの: a *direct* election 直接選挙 / She was lying on the beach in the *direct* rays of the sun. 彼女は浜辺で直射日光を浴びながら横になっていた / I learned a lot about the incident by *direct* contact with the people concerned. 関係者と直接接触することでその事件について多くのことがわかった.

3 率直な, 単刀直入の: I want you to be as *direct* as possible. できるだけ率直にお話しいただきたい / He gave me *direct* advice. 彼は私に苦言を呈した.

4 《限定用法》 まったくの: the *direct* opposite 正反対.

5 《限定用法》 直系の: a *direct* descendant 直系の子孫.

— 副 **1** まっすぐに, 直行〔航〕で: You cannot fly to Lima *direct*. リマへの直航便はありません. **2** 直接に, じかに: Please send your money *direct* to me. お金は直接私に送ってください.

— 動 (三単現 **di·rects** [-rékts]; 過去・過分 **di·rect·ed** [～id]; 現分 **di·rect·ing** [～iŋ])
— 他 **1** 〈注意・言葉などを〉 […に] 向ける 《to, at, toward》: Her remark was *directed* *at* you. 彼女の言葉はあなたに向けられていた / All of us *directed* our eyes *toward* him. 私たちはみな彼の方に目を向けた / Please *direct* your atten-

direction 435 **directory**

tion *to* the chart on the screen. スクリーン上の図表にご注目ください。
2 …を指導する, 監督する, 管理する: *direct* the workers who were building the road 道路を建設している労働者を監督する / *direct* the planning of the campaign その運動のプラニングを指揮する.
3 〈演奏〉を指揮する;〈映画・番組など〉を監督[演出]する: *direct* the orchestra オーケストラを指揮する / The film was *directed* by her. その映画は彼女が監督したものです.
4 〈人〉に[…への]道を教える[*to*] (→ GUIDE [類義語]): Can you *direct* me *to* the bus station? バス停への道を教えてくれませんか.
5 《格式》〈人〉に[…するよう]命じる, 命令する[*to do*]; […するよう] 命じる[*that* 節] (→ORDER [類義語]): The captain *directed* them to retreat. 隊長は彼らに退却するよう命じた / The committee *directed that* the new plan (should) start immediately. 委員会は新たな計画をただちにスタートさせるよう指示した (◇ should を用いるのは《主に英》).
6 《格式》〈手紙など〉を[…に]あてる[*to, at*]: Please *direct* my mail *to* my home address. 郵便物は私の自宅あてにしてください.
— 自(音楽を)指揮する; 監督[演出]する.
◆ **diréct áction** C 直接行動, 実力行使《デモ・ストライキなど》.
diréct cúrrent U【電気】直流 (《略語》DC) (↔ alternating current).
diréct évidence U【法】直接証拠 (cf. circumstantial evidence 状況証拠).
diréct máil U ダイレクトメール.
diréct narrátion [spéech] U【文法】直接話法 (→ NARRATION 文法).
diréct óbject C【文法】直接目的語 (→ 巻末「文型について」).
diréct táx C U 直接税 (↔ indirect tax).

**di·rec·tion [dərékʃən, dai-]
— 名(複 **di·rec·tions** [~z]) **1** C U 方向, 方角; (活動などの)方面, 傾向: He went in the *direction* of the sea. 彼は海の方へ行った / The group went in the opposite *direction*. その一団は反対方向に向かった / A fox came along from the *direction* of the woods. キツネが森の方からやって来た / Go straight in this *direction*. この方向にまっすぐ行きなさい / She changed *direction* and ran for the gate. 彼女は向きを変えて門の方へ走った / My wife has a bad [poor] sense of *direction*. 私の妻は方向音痴です / He plays an important part in all *directions* [every *direction*]. 彼はあらゆる方面で重要な役割を果たしている.
2 C 〔通例~s〕指示, 命令; 説明書, 使用法: Follow my *directions*. 私の指示に従いなさい / The *directions* on how to use this computer are hard to understand. このコンピュータのマニュアルはわかりにくい.
3 U 指導, 監督, 管理: That project is under his *direction*. そのプロジェクトは彼が指揮している.
4 U (音楽の)指揮; (映画・番組などの)監督, 演出: Under her *direction* the orchestra played several pieces. 彼女の指揮のもと, オーケストラはいくつかの曲を演奏した.
◆ **diréction fínder** C【無線】方向探知[測定]器.

di·rec·tion·al [dərékʃənəl, dai-] 形 **1** 方向を示す, 方向の: a *directional* light (車の)方向指示灯. **2**【無線】指向性の, 方向探知の: a *directional* antenna 指向性アンテナ.

di·rec·tive [déréktiv, dai-] 名 C (公式の)指令, 命令: follow a *directive* from the headquarters 本部の指令に従う.
— 形 指示的な, 指導[指揮]する.

**di·rect·ly [déréktli, dai-]
— 副 **1** まっすぐに, 一直線に (direct, straight): This way runs *directly* south. この道は真南に延びている / Tom went *directly* to the office after arriving at the airport. 空港到着後トムは会社に直行した.
2 直接に; 率直に: He is *directly* responsible for the accident. 彼はその事故に直接責任がある / He always speaks *directly*. 彼はいつも率直に話す.
3 ちょうど, まさに: The restaurant is *directly* opposite the bank. そのレストランは銀行の真正面にある.
4 すぐに, ただちに: The guests will be arriving *directly*. お客様はもうすぐお見えになります.
— 接《☆ しばしば [drékli]》《主に英》…するとすぐに (as soon as …): The guests left *directly* they had tea. 客はお茶を飲むとすぐに帰って行った.

di·rect·ness [déréktnəs, dai-] 名 U 一直線, まっすぐ; 直接(であること); 率直.

**di·rec·tor [dəréktər, dai-]
— 名(複 **di·rec·tors** [~z]) C **1** (映画・番組・演劇などの)監督, 演出家; (音楽の)指揮者 (conductor): a stage *director* 舞台監督 / The *director* won the Academy Award last year. その映画監督は昨年アカデミー賞を受賞した.
2 指導者, 管理者; (官庁の)長官, 局長; (研究所などの)所長: She is the *director* of this institute. 彼女がこの研究所の所長です.
3 (会社の)重役, 取締役; 部長: He is on the board of *directors*. 彼は取締役会の一員です.

di·rec·tor·ate [dəréktərət, dai-] 名 **1** U C 管理者(director)の職[地位]. **2** C〔集合的に; 単数・複数扱い〕幹部会, 理事会, 重役会.

di·rec·tor·ship [dəréktərʃip, dai-] 名 C 管理者(director)の職[任期].

*di·rec·to·ry [dəréktəri, dai-] 名(複 **di·rec·to·ries** [~z]) C **1** 人名簿, 住所(氏名)録; 電話帳: a telephone *directory* 電話帳.
2【コンピュータ】ディレクトリ《ファイルを管理するためのシステム》.
◆ **diréctory assístance** [《英》**enquíries**] U

電話番号案内.

dirge [də́ːrdʒ] 图 C 葬送歌, 挽歌(ばんか), 哀歌.

dir・i・gi・ble [dírɪdʒəbl, dɪrídʒ-] 图 C 飛行船 (airship).

***dirt** [də́ːrt]

— 图 U **1** ほこり, ごみ (dust); 泥 (mud); 汚れ, 汚物: Clear the gutter of *dirt*. 排水溝のゴミを掃除しなさい / This soap removes *dirt* well. このせっけんは汚れがよく落ちる.

2 土 (soil, earth): This *dirt* is good for growing wheat. この土は小麦の栽培に適している.

3《口語》悪口, スキャンダル, ゴシップ; 卑わいな読み物 [映画].

■ **díg up** [**the**] **dírt** [...について]スキャンダルを探る [*on*].

dísh the dírt [...について]悪いうわさを広める [*on*].

fling [**thrów**] **dírt at** ... ...に悪態をつく.

tréat ... **like dírt**〈人〉をごみのように扱う.

◆ **dírt bìke** C オフロードバイク.

dírt fàrmer C 《米》(貧しい)自作農, 自営農.

dírt ròad C 舗装されていない土の道 (↔ paved road).

dírt tràck C ダートトラック《オートバイ・競馬用の土の競走路》.

dírt-chéap《口語》形 激安の, 捨て値の.
— 副 ばかに安く, 捨て値で.

dirt・i・ly [də́ːrtɪli] 副 不潔に, 汚く; 卑しく.

dirt・i・ness [də́ːrtɪnəs] 图 U 不潔, 汚さ; 卑劣.

***dirt・y** [də́ːrti]

— 形 (比較 **dirt・i・er** [~ər]; 最上 **dirt・i・est** [~ɪst]) **1** 汚い, 汚れた (↔ clean); 泥だらけの (muddy); (仕事などが)汚れる: *dirty* clothes 汚れた衣類 / a *dirty* road 泥んこ道 / a *dirty* job 汚れ仕事 / Wipe your *dirty* shoes on the doormat. 汚れた靴をドアマットでふきなさい.

2（道徳的に）汚い, 卑劣な; 不正な: *dirty* money 不正に得た金 / *dirty* dealings 不正取引 / He played a *dirty* trick on me. 彼は私を汚い手でだましました. **3** 下品な, 卑わいな: a *dirty* joke 卑わいな冗談 / a *dirty* book エロ本. **4**《口語》(天気が)荒れ模様の. **5**（色などが）くすんだ, 黒ずんだ.

6（核兵器が）放射性降下物の多い.

■ **dò the dírty on** ...《英》...に卑劣なことをする.

gìve ... **a dírty lóok** ...をさげすむような目で見る.

— 動 (三単現 **dirt・ies** [~z]; 過去・過分 **dirt・ied** [~d]; 現分 **dirt・y・ing** [~ɪŋ]) 他 ...を汚す;〈名声など〉を汚す: He *dirtied* his hands with corruption. 彼は汚職で身をけがした.

— 自 汚れる.

◆ **dírty wórd** C **1** 禁句, タブー語. **2** 卑わいな言葉.

dírty wòrk U **1** 人のいやがる仕事, 汚れ仕事. **2**《口語》不正行為; 卑劣なまね.

dis- [dɪs] 接頭「反対・否定・分離・欠如」などを表す: *dis*like 嫌う / *dis*agreeable 不愉快な / *dis*arm 武装解除する / *dis*ease 病気.

***dis・a・bil・i・ty** [dìsəbíləti] 图 (複 **dis・a・bil・i・ties** [~z]) **1** C 身体障害: *disability* allowance 障害者手当 / a *disability* pension 障害者年金.

2 U (身体)障害のあること.

【背景】 アメリカでは「アメリカ人障害者法 (Americans with Disabilities Act)」という法律に基づいて公共の施設・設備の改善が義務づけられている. 図書館には障害者が検索やコピーをするのを手伝うスタッフがおり, *New York Times* などの有名紙の点字訳紙も充実している.

大学でも障害者専門のオフィスにノート写しを補助する人 (notetaker) や手話通訳者 (sign language or oral interpreter) を置いたり, カウンセラーに勉強のことから経済社会的な問題, 就職の斡旋(あっせん)までいろいろと相談できる所もある.

* **dis・a・ble** [dɪséɪbl] 動 他 **1**〈人〉に[...することを]できなくさせる [*from doing*] (↔ enable). **2**[しばしば受け身で]〈人〉にけがをさせ,〈人〉を身体障害者にする: My uncle *was disabled* in the accident. 私のおじはその事故で障害者になった.

3〈機械などを〉運転不能にする.

* **dis・a・bled** [dɪséɪbld] 形 **1** 身体障害のある (◇ handicapped よりも広く用いられている): a *disabled* restroom 身体障害者用のトイレ.

2 [the ~; 名詞的に; 複数扱い] 身体障害者.

dis・a・ble・ment [dɪséɪblmənt] 图 U C 身体障害者にする[なる]こと.

dis・a・buse [dìsəbjúːz] 動 他《格式》...の迷いを解く, ...に[誤りなどを]悟らせる [*of*].

* **dis・ad・van・tage** [dìsədvǽntɪdʒ / -váːn-] 图 **1** C 不利(な点), 不利な立場 [状態]: under *disadvantages* 不利な条件の下で / It was a *disadvantage* for her to have no certificates. 何も資格を持っていないことが彼女には不利だった.

2 U 損失, 不利益.

■ **at a disadvántage** 不利な立場に.

to ...**'s disadvántage** 〈人〉に不利となる[なって].

dis・ad・van・taged [dìsədvǽntɪdʒd / -váːn-] 形 **1** 不利な, 恵まれない境遇の: a *disadvantaged* family 経済的に恵まれない家庭.

2 [the ~; 名詞的に; 複数扱い] 恵まれない人々, 貧困者.

dis・ad・van・ta・geous [dìsædvəntéɪdʒəs, -væn-] 形 [...にとって]不利な, 不都合な [*to*].

dis・af・fect・ed [dìsəféktɪd] 形 [...に]不満 [不平]を抱いている, 忠誠心のない [*to, toward*].

dis・af・fec・tion [dìsəfékʃən] 图 U ...に対する不満, 不平; 反逆心 [*toward*].

dis・af・fil・i・ate [dìsəfɪ́lièɪt] 動 他〈人〉を[...から] 脱退させる, 除名する [*from*].

— 自 (組織から) 脱退する.

***dis・a・gree** [dìsəgríː] 動 自 **1** [...と / ...について] 一致しない, 意見が合わない [くい違う] [*with, on, about*]: His behavior *disagrees with* what he always says. 彼の行動は彼がいつも言っていることと一致しない / I *disagree with* you *on* the matter. その件に関して私はあなたと意見が違う. **2**〈気候・風土・食べ物が〉[...に] 合わない, 適さない [*with*]: Oily foods *disagree with* me. 脂っこいものは私の体に合わない.

— 自 (組織から) 脱退する.

***dis・a・gree・a・ble** [dìsəgríːəbl] 形 **1** 不愉快な,

いやな: a *disagreeable* job いやな仕事. **2** (人が)つき合いにくい, 気難しい.
dis·a·gree·a·bly [-bli] 副 不愉快に(なるほど).

*__dis·a·gree·ment__ [dìsəgríːmənt] 名 **1** U 不一致, 意見の相違 [くい違い]; C 口論, 言い争い: I had a *disagreement* with my wife over our son's education. 私は息子の教育のことで妻と口論した. **2** U 不適合; (食べ物などが)合わないこと.

dis·al·low [dìsəláu] 動 …を許さない, 承認しない; 拒否する.

***__dis·ap·pear__ [dìsəpíər]

— 動(三単現 **dis·ap·pears** [〜z]; 過去・過分 **dis·ap·peared** [〜d]; 現分 **dis·ap·pear·ing** [-əpíəriŋ])

— 自 **1 見えなくなる**, 姿を消す (↔ appear) (→ 類義語): The pickpocket *disappeared* into the crowd. すりは人込みの中に姿を消した / The rash *disappeared* from her face in a few days. 数日して彼女の顔から発疹(ほっしん)が消えた / The missing child seems to have *disappeared* in the park about noon. 行方不明の子供は正午頃公園でいなくなったらしい.
2 絶滅[死滅]する; 消滅する, なくなる: Dinosaurs *disappeared* 65 millions years ago. 恐竜は6,500万年前に絶滅した. (▷ 名 **disappéarance**)

類義語 **disappear, vanish, fade**
共通する意味▶消える (go out of sight; stop existing)
disappear は「消える」の意を表す最も一般的な語.「突然姿を消す」ことも「徐々に見えなくなる」とも表す: The moon *disappeared* behind the clouds. 月は雲の裏側に姿を消した. **vanish** は魔法のように「突然消え失せる」の意: The UFO *vanished* in an instant. UFOは一瞬のうちに消えた. **fade** は色や光などを失って「徐々に見えなくなる」の意: The taillights of his car *faded* (away) into the fog. 彼の車のテールランプは次第に霧の中へ消えて行った.

dis·ap·pear·ance [dìsəpíərəns] 名 U 消滅, 消失; 見えなくなること; U C 失踪, 行方不明: The mystery of the writer's *disappearance* was never solved. その作家の失踪のなぞは解明されることがなかった. (▷ 動 **disappéar**)

***__dis·ap·point__ [dìsəpóint]

【「dis (違(たが)える + appoint (約束)」から】

— 動(三単現 **dis·ap·points** [-póints]; 過去・過分 **dis·ap·point·ed** [〜id]; 現分 **dis·ap·point·ing** [〜iŋ])

— 他 **1** 〈人〉**をがっかりさせる**, 失望させる: Don't *disappoint* me. 私をがっかりさせないでくれ / The government's measures against the depression greatly *disappointed* the majority of the people. 政府の不況対策は大多数の国民の期待を大いに裏切るものであった.
2 〈計画・希望など〉を挫折(ざせつ)させる, くじく: Repeated failures in business *disappointed* my hopes. 仕事上の失敗が重なり私は希望を失った.

***__dis·ap·point·ed__ [dìsəpóintid]

— 形 **1** (a) 〔…に〕**がっかりしている**, 失望している〔*about, at, with, in*〕: her *disappointed* look 彼女のがっかりした表情 / I was *disappointed at* [*about*] not getting the job. 私はその職につけなくてがっかりした / The audience was greatly *disappointed with* her performance. 聴衆は彼女の演奏にとても失望した / I thought you could do much better. I'm *disappointed in* you. 君ならもっとうまくできると思っていたんだが. 君には失望したよ. (b) [be disappointed + to do] …してがっかりしている: I *am disappointed* to hear they are not coming. 彼らが来ないと聞いてがっかりしている (= I am *disappointed* at hearing they are not coming.). (c) [be disappointed + that 節] …ということにがっかりしている: She *is disappointed that* her plan was rejected. 彼女は自分の案が通らなかったのでがっかりしている.
2 (計画・希望などが)挫折した, くじかれた: a *disappointed* expectation あて外れの期待.

dis·ap·point·ing [dìsəpóintiŋ] 形 がっかり[失望]させる, 期待外れの: The result was just *disappointing*. 結果はまったくの期待外れだった.
dis·ap·point·ing·ly [〜li] 副 残念なことに.

dis·ap·point·ment [dìsəpóintmənt] 名
1 U 失望, 期待外れ: Our *disappointment* was complete. 私たちはすっかり失望していた.
2 C がっかりさせるもの[人], 失望のもと: His latest movie was a slight *disappointment* to me. 彼の最新映画にはちょっとがっかりした.
■ *to* …'*s* **disappóintment** = *to the* **disappóintment** *of* … …ががっかりした[失望した]ことに: *To my* great *disappointment*, the ball game was canceled. とてもがっかりしたことに, その日の野球の試合は中止になった.

dis·ap·pro·ba·tion [dìsæprəbéiʃən] 名 U 《格式》(不道徳なことへの) 不賛成; 非難.

*__dis·ap·prov·al__ [dìsəprúːvəl] 名 U 不認可; 不賛成, 不同意 (↔ approval): He shook his head in *disapproval*. 彼は首を横に振って不賛成を表した.

*__dis·ap·prove__ [dìsəprúːv] 動 自 〔…に〕賛成しない, 反対である; 〔…を〕非とする〔*of*〕: My parents strongly *disapproved* of my going abroad. 両親は私が外国へ行くことに強く反対した.
— 他 …を認めない, 否認する.

dis·ap·prov·ing [dìsəprúːviŋ] 形 不賛成の意を表す; 非難の.
dis·ap·prov·ing·ly [dìsəprúːviŋli] 副 不賛成の意を表して; 非難して.

dis·arm [disáːrm] 動 自 軍備を縮小する; 武装を解除する: All countries should *disarm* completely. すべての国が軍備を撤廃すべきである.
— 他 **1** …から[武器などを] 取り上げる〔*of*〕; …の武装を解除する. **2** 〈怒り・敵意など〉を和らげる.

*__dis·ar·ma·ment__ [disáːrməmənt] 名 U 軍備縮

dis·arm·ing [disάːrmiŋ] 形 心を和らげる; 無邪気な; 疑惑を取り去るような: a *disarming* smile (相手の警戒心を和らげる) 人なつっこい微笑.

dis·ar·range [dìsəréindʒ] 動 他《格式》…を乱す, かき乱す, 混乱させる.

dis·ar·range·ment [dìsəréindʒmənt] 名 U《格式》かき乱すこと, 混乱.

dis·ar·ray [dìsəréi] 名 U《格式》混乱, 無秩序; (服装の) 乱れ, だらしない服装: The violent typhoon has left the city in total *disarray*. 激しい台風で町はめちゃくちゃになった.
— 動 他《格式》…を混乱させる, 乱す.

dis·as·so·ci·ate [dìsəsóuʃièit] 動 = DISSOCIATE 分離する.

‡**dis·as·ter** [dizǽstər / dizάːs-] 名 CU 1 (突然の) 大災害, 天災; 事故, 災難, 不幸: natural *disasters* 天災 / a man-made *disaster* 人災. 2 大失敗: The play was an absolute *disaster*. その芝居は完全な失敗作だった.
(▷ 形 disástrous)

***dis·as·trous** [dizǽstrəs / dizάːs-] 形 大災害を招く; 災難の, 悲惨な: a *disastrous* fire 大火災.
(▷ 名 disáster)

dis·as·trous·ly [-li] 副 悲惨に.

dis·a·vow [dìsəváu] 動 他《格式》[…についての] 〈責任・関係など〉を否認する, 否定する [for]: I *disavow* all responsibility *for* the accident. 私はその事故についての責任を一切認めない.

dis·band [disbǽnd] 動 他〈組織など〉を解散させる, 解隊させる.
— 自 解散する, 解隊する.

dis·bar [disbάːr] 動 (三単現 **dis·bars** [～z]; 過去・過分 **dis·barred** [～d]; 現分 **dis·bar·ring** [-bάːriŋ]) 他 [しばしば受け身で] …から弁護士の資格を剥奪(はくだつ)する.

dis·be·lief [dìsbilíːf] 名 U [に対する] 不信, 疑惑 [in]: He looked at me in *disbelief*. 彼は不信のまなざしを私に向けた.

dis·be·lieve [dìsbilíːv] 動《格式》他…を信じない, 信用しない, 疑う.
— 自[…の存在を] 信じない, 信用しない [in].

dis·burse [disbə́ːrs] 動 他《格式》〈費用・資金など〉を支払う, 使う, 費す.

dis·burse·ment [disbə́ːrsmənt] 名《格式》 1 U 支出, 支払い. 2 C 支払金, 出費.

‡**disc** [dísk] 名 = DISK 円盤 (状のもの).

***dis·card** [diskάːrd] 動 他 1〈不用品・習慣など〉を捨てる, 処分する; 〈人〉を見捨てる; …の使用をやめる. 2【トランプ】〈不用な札〉を捨てる.
— [dískɑːrd] 名 1 U 捨てること, 放棄, 廃棄; C 捨てられたもの[人]. 2 C【トランプ】捨て札.

***dis·cern** [disə́ːrn, -zə́ːrn] 動 [進行形不可]《格式》他 1 …を認める, 識別する; […ということが…かを] 認める, …がわかる 《that 節 / 疑問詞節》: We *discerned* a faint light in the distance. 私たちはかすかな灯を遠くに認めた / I clearly *discerned that* he was not telling the truth. 彼が本当のことを言っていないことがはっきりわかった.

2 …を[…と] 見分ける, 識別する 《from》: *discern* good *from* [and] evil 善悪の区別がつく.
— 自 […を] 見分ける, 識別する 《between》 (◇ distinguish のほうが一般的): *discern between* truth and falsehood 真実と虚偽を見分ける.

dis·cern·i·ble [disə́ːrnəbl, -zə́ːrn-] 形《格式》見分けられる, 識別できる; 認められる.

dis·cern·ing [disə́ːrniŋ, -zə́ːrn-] 形《格式》洞察 [認識] 力のある, 明敏な, 認識の鋭い.

dis·cern·ment [disə́ːrnmənt, -zə́ːrn-] 名 U《格式》識別; 洞察 [認識] 力; 明敏さ.

‡**dis·charge** [distʃάːrdʒ] 動 他 1《義務・束縛などから》…を解放する; 〈囚人など〉を釈放[放免]する; …を解雇する; …を […から] 退院 [除隊] させる [from]: *discharge* a prisoner *from* jail 囚人を刑務所から釈放する / The clerk was *discharged* because of frequent absences. その社員はたび重なる欠勤のために解雇された.
2〈液体・気体など〉を[…に] 排出する, 吐き出す [into]; 〈煙〉を出す, 吐く; 〈傷口などが〉〈うみ〉を出す: *discharge* industrial waste *into* a river 産業廃棄物を川に流す.
3〈銃砲・弾丸など〉を[…に向けて] 撃つ, 発射する;〈矢〉を放つ [at, into];〈電気〉を放つ, 放電する: He *discharged* his gun *at* the bear. 彼はクマに向けて発砲した. 4《格式》〈職務・責任など〉を果たす, 遂行する;〈借金など〉を払う, 返済する: I managed to *discharge* all my debt. 私はどうにかこうにか借金を全額返済した. 5 […から]〈乗客・貨物など〉を降ろす [from];〈船など〉から荷揚げする (unload): *discharge* cargo *from* a ship = *discharge* a ship of its cargo 船から荷を降ろす / The airplane [bus] *discharged* its passengers. 飛行機 [バス] から乗客を降ろす.
— 自 1 (液体・気体などが) […に] 流れ出る, (川が) […に] 注ぐ 《into》; (傷口などが) うみを出す: The river *discharges into* the sea. その川は海に注ぐ. 2 (銃砲が) 発射される, (人が) 発砲する; 放電する. 3 (船などが) 荷揚げする, 荷を降ろす.
— 名 [dístʃɑːrdʒ, distʃάːrdʒ] 1 UC《義務などからの》解放;〈囚人の〉釈放; 解雇; 除隊; C 解任状: *discharge from* hospital 退院. 2 UC (液体・気体の) 排出, 流出; C 排出物: industrial *discharges* 産業廃棄物 / (a) *discharge from* the nose = nasal *discharge* 鼻水. 3 UC 発砲, 発射; 爆発: an accidental *discharge* of a gun 銃の暴発. 4 UC《義務の》遂行, 履行;《借金の》返済: *discharge* of a debt 借金の返済 / the *discharge* of one's duties 職務の履行. 5 UC 荷揚げ, 荷降ろし.

***dis·ci·ple** [disáipl] 名 C 1 弟子, 門下生; 信奉者. 2 [しばしば **D-**]《キリスト教の》十二使徒.

dis·ci·pli·nar·i·an [dìsəplinéəriən] 名 C (厳格な) 訓練家, 規律にうるさい人.

dis·ci·pli·nar·y [dísəplinèri / -nəri] 形 1 訓練[しつけ]の. 2 規律上の, 懲戒の: a *disciplinary* committee 懲罰委員会 / take *disciplinary* action [measures] 懲罰を行う.

‡**dis·ci·pline** [dísəplin] 名 1 U 訓練, 修養; C 訓練法, 修業法: military *discipline* 軍事訓練, 訓

練 / a Spartan *discipline* スパルタ式訓練(法). **2** ⓤ 規律, しつけ; 抑制, 統制: keep [break] *discipline* 規律を守る[破る] / Their children want *discipline*. 彼らの子供はしつけが欠けている / You must keep your passions under *discipline*. 諸君は感情を抑えなくてはいけない. **3** ⓤ 意戒, 懲罰. **4** ⓒ (大学の)学科, 専門分野: an academic *discipline* 学問の一分野.
— 動 他 **1** …を訓練する, 鍛える (train); しつける: You want *disciplining* yourself. あなたは体を鍛える必要がある. **2** (通例, 受け身で) …を[…のことで] 罰する (punish) [*for*]: He was *disciplined for* bad behavior. 彼は行いが悪かったので懲罰を受けた.

dis·claim [diskléim] 動 他《格式》〈責任など〉を否認する;〈要求など〉を拒否する.

dis·claim·er [diskléimər] 名 ⓒ **1** (否認の)断り書き. **2** 〖法〗否認; 否認[放棄]声明書.

*__dis·close__ [disklóuz] 動 他 **1** 〈秘密など〉を明らかにする, 発表する; 暴露する: The man refused to *disclose* his name and address. 男はどうしても自分の名前と住所を明らかにしなかった.
2 〈中身〉を見せる, あらわにする.

*__dis·clo·sure__ [disklóuʒər] 名 **1** ⓤⓒ 暴露; 発表, 公表;〈企業の経営内容の〉開示, ディスクロージャー: make a *disclosure* of ... …を暴露[公表]する. **2** ⓒ 暴露されたもの [事実].

dis·co [dískou] (◇ *discotheque* の略) 名 (複 **dis·cos** [~z]) ⓒ ディスコ; ディスコ音楽[ダンス].

dis·col·or,《英》**dis·col·our** [diskʌ́lər] 動 他 …を変色させる, …の色を損じる.
— 自 変色する, 色あせる.

dis·col·or·a·tion,《英》**dis·col·our·a·tion** [diskʌlaréiʃən] 名 **1** ⓤ 変色, 色あせ. **2** ⓒ しみ, 変色した箇所.

dis·com·fit [diskʌ́mfit] 動 他《格式》〈人〉を当惑させる, まごつかせる.

dis·com·fi·ture [diskʌ́mfitʃər] 名 ⓤⓒ《格式》うろたえること, 当惑, まごつくこと.

*__dis·com·fort__ [diskʌ́mfərt] 名 **1** ⓤ 不快, 不愉快; 不安; (ちょっとした)痛み, 苦痛: My new shoes caused me great *discomfort*. 新しい靴のはき心地はひどく悪かった. **2** ⓒ 不快なこと.
◆ discómfort index ⓒ 不快指数.

dis·com·pose [diskəmpóuz] 動 他《格式》〈人〉の平静さ[落ち着き]を失わせる,〈人〉を不安にさせる; …を混乱させる.

dis·com·po·sure [diskəmpóuʒər] 名 ⓤ《格式》当惑, 不安; (心の)動揺, 混乱.

dis·con·cert [diskənsə́ːrt] 動 他 (しばしば受け身で) …をまごつかせる, 当惑[気まずく]させる.

dis·con·cert·ing [diskənsə́ːrtiŋ] 形 (人を)当惑させる, 不安に[気まずく]させる.

dis·con·cert·ing·ly [diskənsə́ːrtiŋli] 副 まごつかせて, 当惑[混乱]するほど.

dis·con·nect [diskənékt] 動 他 **1** …の電源を切る. **2** 〈ガス・電力など〉の供給を止める,〈電話など〉を止める. **3** …を[…から]分離する, 切り離す [*from*].

dis·con·nect·ed [diskənéktid] 形 **1** (話・文章などが)途切れ途切れの, 支離滅裂な. **2** (ガス・電力などが)供給停止の; 連絡が途切れた, 分離された.

dis·con·nec·tion [diskənékʃən] 名 ⓤⓒ **1** 切断, 分離; 絶縁, 断絶;〖電気〗断線. **2** まとまりのないこと, 支離滅裂.

dis·con·so·late [diskánsələt / -kɔ́n-] 形 […で]非常に悲しい, ひどく不幸な, 慰めようもない [*about, at, over*].

*__dis·con·tent__ [diskəntént] 名 ⓤ 不満, 不平; ⓒ (通例 ~s) 不平不満の原因.
— 動 他 …に不満 [不平] を抱かせる.

dis·con·tent·ed [diskənténtid] 形 […に]不満な, 不満 [不平] を抱いている [*with*]: She is *discontented with* her dull life. 彼女は退屈な生活に不満を抱いている.

dis·con·tent·ed·ly [~li] 副 不満を抱いて.

dis·con·tent·ment [diskənténtmənt] 名 ⓤ 不満, 不平.

dis·con·tin·ue [diskəntínjuː] 動 他 …を中断[中止]する (↔ continue);〈…すること〉をやめる, 中止する [*doing*]: *discontinue searching* [the search] for the victims 遭難者の捜索を打ち切る. — 自 中止になる, 取りやめにする.

dis·con·ti·nu·i·ty [diskàntənjúːəti / dìskənti-] 名 (複 **dis·con·ti·nu·i·ties** [~z]) **1** ⓤ 不連続(性). **2** ⓒ […の間の] 切れ目; 途切れ [*between*].

dis·con·tin·u·ous [dìskəntínjuəs] 形 不連続の, 途切れている; 断続的な (↔ continuous).

*__dis·cord__ [dískɔːrd] 名《格式》**1** ⓤ 不一致, 不和, 不和, 意見の対立, 論争 (↔ accord): domestic *discord* 家庭内不和 / labor-management *discord* 労使の対立. **2** ⓒ 騒音, 耳ざわりな音. **3** 〖音楽〗ⓤ 不協和; ⓒ 不協和音.

dis·cord·ance [diskɔ́ːrdəns] 名 ⓤ **1** 不一致, 不和. **2** 〖音楽〗不協和(音).

dis·cord·ant [diskɔ́ːrdənt] 形 **1** 一致しない, 不和の, 争っている. **2** (音が)不協和な; 耳ざわりな.

dis·co·theque [dískətèk] 名 = DISCO (↑).

*__dis·count__ [dískaunt, diskáunt] 動 他 **1** 〈手形〉を割り引く;〈一定金額〉を割り引く;〈商品〉を割り引いて買う[売る]: They *discount* 5% for cash at that store. あの店では現金だと5%割り引く.
2 〈話・考え〉を割り引いて聞く; 軽視する: You should *discount* what he says. 彼の言うことは割り引いて聞いたほうがいい.
— 名 [dískaunt] ⓤⓒ 割引, 値引; 割引率[額]: a 10% *discount* on plane tickets 航空券1割引 / get [obtain] a *discount* 割引してもらう / We allow 30% *discount* from list prices. 表示価格から3割引にいたします.
■ *at a discount* **1** 定価以下で, 割引して. **2** はやらない, 評判が悪い.
◆ díscount hòuse ⓒ《米》安売り店;《英》手形仲買業者.
díscount ràte ⓒ 公定歩合; 手形割引歩合.
díscount stòre [shòp] ⓒ 安売り店.

dis·coun·te·nance [diskáuntənəns] 動 他《格式》…に反対する, …に賛成しない.

*__dis·cour·age__ [diskə́ːridʒ / -kʌ́r-] 動 他 (↔

encourage) **1** [しばしば受け身で]〈人〉をがっかりさせる, 落胆させる;〈人〉の勇気を失わせる: Don't *be discouraged* by one failure. 一度ぐらいの失敗で気を落とすな / I *was discouraged* since I was turned down for the job. 私は求職の申し込みを断わられてがっかりした.
2〈人〉に[…することを]思いとどまらせる, やめさせようとする(*from doing*);〈計画・事業など〉を妨げる, …に水をさす: The bad weather *discouraged* me *from going* fishing. 天気が悪かったので私は釣りに行くのをあきらめた.

dis・cour・age・ment [diskə́:ridʒmənt / -kʌ́r-] 名UC **1** 落胆, 失意;がっかりさせること. **2** じゃま, 支障. **3** 思いとどまらせること.

dis・cour・ag・ing [diskə́:ridʒiŋ / -kʌ́r-] 形(人を)がっかりさせるような, 意欲をそぐような, 思わしくない(↔ encouraging): a *discouraging* remark がっかりさせる言葉 / The results were *discouraging*. 結果は思わしくなかった.

*__dis・course__ [dísko:rs] 名 **1** C 講演, 説教;[…に関する]論文, 論説[*on, upon*]: an instructive *discourse* ためになる話. **2** U 〈まじめな〉会話, 文章. **3** U [文法] 話法;[言] 談話: *discourse* analysis 談話分析. ─ [disko:rs] 自話す, 語る;[…について]長々と論じる, 講演する[*on, upon*].

dis・cour・te・ous [diskə́:rtiəs] 形《格式》不作法な, 失礼な, 無礼な(rude).

dis・cour・te・sy [diskə́:rtəsi] 名(複 **dis・cour・te・sies**[~z])**1** U《格式》不作法, 失礼, 無礼. **2** C 無礼な言行.

★★★ dis・cov・er [diskʌ́vər]

【「dis(取り除く)+cover(覆い)」から】
─ 動(三単現 **dis・cov・ers**[~z];過去・過分 **dis・cov・ered**[~d];現分 **dis・cov・er・ing** [-vəriŋ])
─ 他 **1** [discover+O] …を<u>発見する</u>, (初めて)見つける: *discover* a new star 新星を発見する / It was in 1492 that Columbus *discovered* America. コロンブスがアメリカを発見したのは1492年だった.
2 (a) [discover+O] …に気づく, …がわかる: He *discovered* his mistakes too late. 彼は自分の誤りに気づくのが遅すぎた.
(b) [discover+that節[疑問詞節]] …であること[…か]に気づく: She *discovered that* all her money had been stolen. 彼女はお金を全部盗まれたことに気づいった / We never *discovered how* he had solved the problem. 私たちは彼がその問題をどうやって解いたのかわからなかった.
(c) [discover+O+to be+C] …が~であるとわかる: She was *discovered to be* a good guitarist. 彼女はギターがうまいことがわかった.

dis・cov・er・er [diskʌ́vərər] 名 C 発見者.

★★★ dis・cov・er・y [diskʌ́vəri]

─ 名(複 **dis・cov・er・ies**[~z])UC[…という]<u>発見</u>;気づくこと[*that* 節];C 発見物;(芸能・スポーツ界の)有望な新人: the *discovery* of the New World 新世界[アメリカ大陸]の発見 / I was greatly surprised at the *discovery that* the old man used to be a rock singer. 私はその老人が昔はロック歌手だったと知ってとても驚いた / He made several important *discoveries* about the universe. 彼は宇宙についていくつか重要な発見をした / What do you think is the greatest *discovery* of the 20th century? 20世紀の最も重要な発見は何だと思いますか.

dis・cred・it [dískrédit] 動他 **1** …を[…として]信用しない, 信じない, 疑う[*as*]. **2** …を正しくないとする. **3** […に対して]…の信用を落とす, 評判を悪くする, 名誉を傷つける[*with*]: His foolish behavior *discredited* him *with* the public. 愚かな行いによって彼は世間の評判を落とした.
─ 名 **1** U 不信用, 不信任. **2** U 不名誉;不評;[a ~] 不名誉な人[もの]: Cheating is a *discredit* to students. カンニングは学生にとって恥ずべきことである / Such a conduct would bring *discredit* on you. そんなことをしたらあなたは不評を買うだろう.

dis・cred・it・a・ble [dìskréditəbl] 形[…の]信用[評判]を落とす(ような), […に]恥ずべき[*to*].

*__dis・creet__ [diskrí:t] 形 **1** (人・言葉・行動が)慎重な, 思慮[用心]深い(↔ indiscreet): You should be more *discreet* in criticizing others. 他人の批判はもっと慎重にすべきです. **2** (ほめ言葉)(上品で)控えめな, 目立たない. (▷ 名 discrétion).

dis・creet・ly [~li] 副慎重に, 思慮深く;控えめに.

dis・crep・an・cy [diskrépənsi] 名(複 **dis・crep・an・cies**[~z])UC[…における / …間の]不一致, 矛盾, 相違, くい違い[*in* / *between*]: There were many *discrepancies between* the two reports. その2つの報告書はくい違いが目立った.

dis・crete [diskrí:t] 形別々の, 分離した.

*__dis・cre・tion__ [diskréʃən] 名 U **1** 慎重, 分別: Act with *discretion*. 慎重に行動しなさい / *Discretion* is the better part of valor.《ことわざ》慎重さが勇気の大半=君子危うきに近寄らず.
2 行動[判断, 選択]の自由, 自由裁量: I leave it to your *discretion*. それはあなたの判断次第です.
■ *at discrétion* 任意に, 勝手に, 自由に.
at …'s discrétion=*at the discrétion of* … …の自由裁量で, 思うままに. (▷ 形 discréet)

dis・cre・tion・ar・y [diskréʃənèri / -nəri] 形任意の, 自由裁量の, 一任された.

*__dis・crim・i・nate__ [diskrímənèit] 動 自 **1** […を] 区別する, 識別する, 見分ける[*between*]: *discriminate between* right and wrong 正邪を区別する. **2**《軽蔑》[…の間で / …に対して] 差別待遇する, 差別して扱う[*between* / *against*];[…を]優遇する, えこひいきする[*in favor of*]: We don't *discriminate against* female employees. 当社は女性社員を差別待遇しません / They tend to *discriminate in favor of* certain groups. 彼らはあるグループを優遇する傾向がある.
─ 他 **1** […を / …から]区別する, 見分ける[*from*].

dis・crim・i・nat・ing [diskrímənèitiŋ] 形識別力のある, 目の肥えた, 区別できる: a *discriminating* customer 目の肥えた客.

*__dis・crim・i・na・tion__ [diskrìmənéiʃən] 名 U

1《しばしば軽蔑》[…に対する]差別, 差別待遇 [*against*]; […に対する]えこひいき, 特別待遇 [*in favor of*]: sexual [racial] *discrimination* 男女[人種]差別 / *discrimination* by whites *against* blacks 黒人に対する白人の差別. **2** 識別(能)力, 眼識; 区別: a person of *discrimination* 眼識のある人.

dis・crim・i・na・to・ry [dɪskrímɪnətɔ̀ːri / -təri] 形 […に]差別的な, 偏見を持った [*against*].

dis・cur・sive [dɪskə́ːrsɪv] 形 (文・話などが)広範囲[多方面]にわたる; 散漫な, とりとめのない.

dis・cus [dískəs] 名 (複 **dis・cus・es** [~ɪz], **dis・ci** [dískaɪ, dísaɪ]) **1** C (競技用の)円盤. **2** [the ~] = díscus thròw 円盤投げ.

***dis・cuss** [dɪskʌ́s]

— 動 (三単現 **dis・cuss・es** [~ɪz]; 過去・過分 **dis・cussed** [~t]; 現分 **dis・cuss・ing** [~ɪŋ])
— 他 **1** (a) [discuss+O] […と]…について話し合う, 議論する, 相談する (talk about) [*with*] (→ 類義語): The doctors *discussed* further treatments for the patient. 医師たちはその患者に対する今後の治療法について話し合った / He *discussed* the plan for the coming holidays *with* his friends. 彼は今度の休暇の予定について友人と話し合った. (b) [discuss+疑問詞節[句]] …かを話し合う: We *discussed* what we should do for the school festival. 私たちは学園祭で何をすべきか話し合った.
2 (本などで) …を(話題として)取り上げる, 論じる: The latest issue of the magazine *discusses* environmental pollution. その雑誌の最新号は環境汚染を取り上げている. (▷ 名 discússion)

類義語 discuss, argue, debate, dispute
共通する意味▶話し合う, 議論する (talk with others in order to settle a problem or decide on a course of action)
discuss は通例, 問題を解決するために「形式ばらずに友好的に話し合う」の意: I *discussed* my plans for the future with my parents. 私は将来の計画について両親と話し合った. **argue** はある主張を支持するか反論するか, 論拠を挙げて「説得するように論じる」の意: He *argued* that a new municipal parking lot was necessary. 彼は新しい市営駐車場が必要だと論じた. **debate** は公開の場で一定の規則・手順に従って,「ある問題について討論する」の意: They *debated* whether a new expressway should be built or not. 彼らは新しい高速道路を建設すべきかどうかを討議した. **dispute** は「感情的に議論する, 言い争いをする」の意: The representative of the employees *disputed* hotly with their employer. 従業員の代表は雇い主と激しく言い争った.

***dis・cus・sion** [dɪskʌ́ʃən]

— 名 (複 **dis・cus・sions** [~z]) U C **1** […について

の]討論, 討議, 話し合い [*about, on, as to*]: We had a lively *discussion on* art. 私たちは芸術について活発に話し合った / He tried to avoid further *discussion about* that problem. 彼はその問題についてそれ以上議論するのを避けようとした / They brought up his new method for *discussion*. 彼らは彼の新しい方法を審議にかけた.
2 (ある論題についての)解説; 論文.

■ *còme úp for discússion* 議題に上る, 討議される.
ùnder discússion 討議[審議]中で. (▷ 動 discúss)

***dis・dain** [dɪsdéɪn] 動 他 (進行形不可) **1** …を軽蔑する, 見下す, 鼻であしらう: He *disdains* popular amusements. 彼は大衆の娯楽を見下している. **2** […することを]潔(いさぎよ)しとしない [*to do, doing*]: I *disdained to* reply such a trivial question. 私はそんな埒(らち)もない質問に答えるまでもないと思った.
— 名 U 軽蔑; 軽蔑的な態度, 尊大(さ): No one likes to be treated with *disdain*. 鼻であしらわれるのを好む人なんていない.

dis・dain・ful [dɪsdéɪnfəl] 形 […に対して]軽蔑的な, 尊大な [*of, toward*].
dis・dain・ful・ly [-fəli] 副 軽蔑的に, 尊大に.

***dis・ease** [dɪzíːz]

— 名 (複 **dis・eas・es** [~ɪz]) U C **1** 病気 (↔ health) (→ ILLNESS 類義語): a *disease* of the liver = liver *disease* 肝臓病 / heart *disease* 心臓病 / die of *disease* 病死する.

コロケーション 病気を[に]…
病気をうつす: *carry* (a) *disease*
病気にかかる: *catch* [*contract*] a *disease*
病気を治す: *cure* (a) *disease*
病気を予防する: *prevent* (a) *disease*
病気をわずらう: *suffer from* a *disease*

2 (社会・道徳などの)病弊, 腐敗, 不健全な状態: *diseases* of society 社会の病弊.

dis・eased [dɪzíːzd] 形 **1** 病気の, 病気にかかった: the *diseased* part 患部. **2** 病的な, 不健全な: a *diseased* mind 不健全な精神.

dis・em・bark [dìsɪmbáːrk] 動 (格式) 他 [船から]〈人〉を上陸させる, [船から]〈荷物〉を陸揚げする, [飛行機から]〈人・荷物〉を降ろす [*from*] (↔ embark).
— 自 (人が)下船する, 上陸する; [飛行機から]降りる [*from*].

dis・em・bar・ka・tion [dìsembɑːrkéɪʃən] 名 U 上陸, 陸揚げ; 下船, 下車, 降機.

dis・em・bod・ied [dìsɪmbádid / -bɔ́d-] 形 [限定用法] **1** (霊魂・精神が)肉体から分離した: a *disembodied* spirit (肉体から抜け出た)亡霊. **2** (声などが) 姿の見えない人の. **3** 体から切り離された: a *disembodied* head 胴体のない首.

dis・em・bow・el [dìsɪmbáuəl] 動 (過去・過分 《英》 **dis・em・bow・elled**; 現分 《英》 **dis・em・bow・el・ling**)〈人・動物〉の内臓を取り除く.

dis・en・chant [dìsɪntʃǽnt / -tʃɑ́ːnt] 動 他 (通例, 受け身で) **1** 〈人〉の魔法を解く; 迷いを覚ます. **2** …に幻滅を感じさせる.

dis·en·chant·ed [dìsintʃǽntid / -tʃɑ́ːnt-] 形 幻滅した [with].

dis·en·chant·ment [dìsintʃǽntmənt / -tʃɑ́ːnt-] 名 U 迷いを覚ますこと; 幻滅.

dis·en·gage [dìsingéidʒ] 動 他 1 [義務・束縛などから] …を解放する, 自由にする; […から〕〈部品〉を外す, 離す [from]. 2〈軍隊〉を撤収させる.
— 自 1 […から〕離れる, (部品が)ゆるんで外れる [from]. 2〈軍隊〉撤退する.

dis·en·gage·ment [dìsingéidʒmənt] 名 U 1 [義務・束縛などからの]解放, 自由 [from]; 婚約解消. 2 兵力引き離し, 兵力分離.

dis·en·tan·gle [dìsintǽŋgl] 動 他 1〈複雑な事態〉を解明する, …のもつれをほどく; …と [～を]分離する [from]. 2 [混乱・紛争などから] …を解き放つ, 解放する, […と]手を切る [from]. 3〈からまったもの〉をほどく. — 自 ほどける, ほぐれる.

dis·en·tan·gle·ment [dìsintǽŋglmənt] 名 U もつれをほどくこと; 解明; 解放.

dis·e·qui·lib·ri·um [dìsèkwilíbriəm / disìːk-] 名 U《格式》不安定, 不均衡.

dis·es·tab·lish [dìsistǽbliʃ] 動 他《格式》〈制度など〉を廃止する;〈教会〉の国教制を廃止する.

dis·es·tab·lish·ment [-mənt] 名 U 国教制廃止.

dis·fa·vor,《英》**dis·fa·vour** [dìsféivər] 名 U《格式》 1 嫌うこと, 不快, 不賛成. 2 […に]不人気, 不評 [with]: be in disfavor with … …に批判が悪い, 不評を買っている / The singer has fallen into disfavor with the young. その歌手は若者に人気がなくなった.

dis·fig·ure [disfígjər / -fígə] 動 他 1 …を(傷つけて)外形を損なう, 醜くする: a disfigured face 傷ついて変形した顔. 2 …の外観を損なう.

dis·fig·ure·ment [disfígjərmənt / -fígə-] 名 1 U 美観を損なうこと, 醜くすること[されること]. 2 C 美観を損なうもの; (顔などの)傷, 損傷, 欠点.

dis·fran·chise [disfrǽntʃaiz] 動 他〈個人〉から公民権[選挙権, 特権]を奪う (↔ enfranchise).

dis·fran·chise·ment [-mənt] 名 U 公民権剥奪(法).

dis·gorge [disgɔ́ːrdʒ] 動 他 1〈のみ込んだ食物〉を吐き出す, 吐く;〈車・建物などが〉〈人〉をどっと吐き出す. 2〈川などが〉〈水〉を[…に]注ぐ [into]. 3《口語》〈盗品など〉をしぶしぶ引き渡す, 返す. — 自〈川などが〉[…に]注ぐ [at, into].

‡**dis·grace** [disgréis] 名 1 U 不名誉, 不面目, 恥辱; 不評. 2 [a ～] …にとって恥[不名誉]となる人[こと], 面(沍)汚し, 名折れ [to]: His conduct was a disgrace to his family. 彼の行為は家族の恥であった.

■ **fáll into disgráce with …** …の機嫌を損じる, …の不興を買う, …に人気がなくなる.

in disgrace 面目を失って; 嫌われて: Cheating at the test left him in disgrace. テストでカンニングをして彼は面目をつぶした.

— 動 他 1 …の恥となる, 名を汚(ゲ)す: disgrace one's family (name) 家名を汚す / disgrace oneself 恥をかく, 面目を失う. 2 《通例, 受け身で》〈有力者・役人など〉を失脚させる,〈信用・人気〉を失わせる: The politician was disgraced by a scandal. その政治家はスキャンダルで失脚した.

dis·grace·ful [disgréisfəl] 形 恥ずべき, 不名誉な, 不面目な, 悪い.

dis·grace·ful·ly [-fəli] 副 不名誉にも; 卑劣にも.

dis·grun·tled [disgrʌ́ntld] 形 […に]不平を抱いている, 不満な; 不機嫌な [at, with].

‡**dis·guise** [disgáiz] 動 他 1 [disguise + O] …を変装させる, 偽装させる; [disguise oneself] …に変装する [as]: disguise one's voice 作り声をする / He disguises himself as a policeman. 彼は警察官になりすましている.
2〈事実・感情など〉を隠す, 偽る: disguise the fact 事実を隠す / She disguised her sorrow with [beneath] a smile. 彼女は悲しみを笑顔で隠した.
— 名 U C 1 変装(すること), 仮装, 仮面: wear a disguise 変装している / throw off one's disguise 仮面を脱ぐ, 正体を現す. 2 見せかけ, 偽り, ごまかし; 口実: without disguise 包み隠さず / He made no disguise of his feelings. 彼は感情をむき出しにした.

■ **in disguise** 変装した[して]: a detective in disguise 変装した刑事.
in [únder] the disguíse of … 1 …に変装して. 2 …と偽って, …の口実に: He was absent from class in the disguise of illness. 彼は病気と偽って授業を欠席した.

‡**dis·gust** [disgʌ́st] 名 U […に対する](むかつくほどの)嫌悪, むかつき, 嫌気, 反感 [at, for, with]: in disgust 嫌気がさして / look at him with disgust 反感に満ちた目で彼を見る / (much) to …'s disgust …にとってむかつく[うんざりした]ことに.

— 動 他《進行形不可》[…で]〈人〉をむかつかせる, 嫌悪[不快]感を与える [at, by, with]: The awful food at the hotel disgusted me. そのホテルのひどい食べ物のせいで胸がむかむかした.

dis·gust·ed [disgʌ́stid] 形 […に]うんざりした, むかむかした [at, with]: They were disgusted at their boss for always changing his mind. 彼らは意見を変えてばかりの上司に愛想がつきた.

dis·gust·ed·ly [disgʌ́stidli] 副 うんざりして, 嫌悪感を持って, 胸が悪くなって.

*‡**dis·gust·ing** [disgʌ́stiŋ] 形 1 むかむかする, 気分が悪くなる; いやな: a disgusting smell 吐き気をもよおすようなにおい. 2 受け入れがたい, むかつく.

dis·gust·ing·ly [～li] 副 むっとして; むかむかするほど; 非常に.

***dish** [díʃ] 名 動.
— 名《複 **dish·es** [～iz]》 C 1 皿, 大皿, 鉢 (→ 類義語): a serving dish 盛り皿 / This dish is ovenproof. この皿はオーブン[電子レンジ]に入れても大丈夫です.
2 (料理などの)1皿分: I ordered a dish of meat and two dishes of vegetable salad. 私は肉料理を1皿と野菜サラダを2皿注文した.
3 料理, 食べ物: a pasta dish パスタ料理 / That restaurant specializes in Indian dishes. あのレストランはインド料理が専門です / Curry and rice is my favorite dish. カレーライスは私の好き

な食べ物です.
4 [the ～es] (食事で使われた) 食器類 (◇ plate, cup, saucer, bowl などを含む): Will you help me wash [do] the *dishes*? 食器を洗うのを手伝ってくれませんか.
5 皿状のもの; (衛星放送受信用の) アンテナ (satellite dish). **6** 《古風》 魅力的な人.
— [動] [他] **1** 《主に英》〈希望・計画など〉をくじく, だめにする, だしぬく. **2** 《口語》〔…について〕〈内密の情報〉をばらす〔*on*〕.
■ ***dish it óut*** 《口語》 くそみそにけなす, どなる.
dísh óut [他] **1** …を (皿に入れて) 出す, 給仕する. **2** 《口語》 …をどんどんばらまく [配る, 与える].
dísh the dírt 〔…について〕 悪いうわさを広める〔*on*〕.
dísh úp [他] **1** …を皿に盛りつける, 〈料理〉を出す. **2** 《軽蔑》〈議論・口実・話題〉を (場受けするように) 持ち出す, 適当に作り上げる.
◆ dísh tòwel [C] 《米》 ふきん (《英》 tea towel).

> [類義語] **dish, plate, saucer, bowl**
> 共通する意味▶皿 (a flat or deep container for holding food, drink, etc.)
> **dish** は料理を盛る「大きな皿」. 深いものも浅いものもあり, 形も楕円(だえん)形・円形・長方形などさまざま. **plate** は各自が食べるときに用いる「取り皿」. **saucer** は紅茶・コーヒーカップなどの「受け皿」. **bowl** は半球形またはそれに近い「どんぶり, 鉢」.
> [いろいろな皿]
> 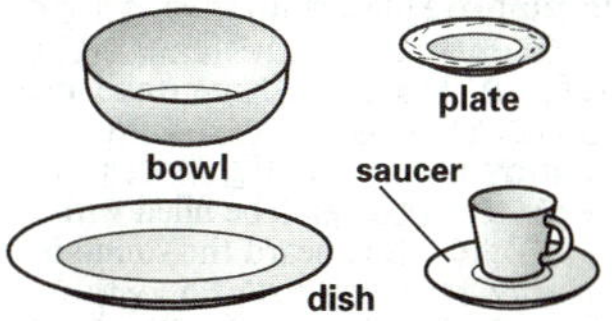
>

dis·har·mo·ny [dìsháːrməni] [名] [U] 《格式》 不調和, 不一致.
dish·cloth [díʃklɔ̀ːθ / -klɔ̀θ] [名] [C] (皿洗い用) ふきん (《米》 dishrag); (皿ふき用) ふきん (《米》 dish towel).
◆ díshcloth góurd [C] 〔植〕 ヘチマ.
dis·heart·en [dìsháːrtən] [動] [他] 〈人〉をがっかりさせる, 落胆させる; 〈勇気・希望など〉を失わせる.
dis·heart·en·ing [dìsháːrtəniŋ] [形] がっかりさせる: *disheartening* news がっかりする知らせ.
di·shev·eled, 《英》 **di·shev·elled** [diʃévəld] [形] (髪が) 乱れた, ぼさぼさの; (人が) 髪を振り乱した; (服装が) だらしない.
*__dis·hon·est__ [dìsánist / -ɔ́n-] [形] (人が) 不正直な, 不誠実な; (言動が) 不正の, ごまかしの (↔ honest): a *dishonest* transaction 不正取引.
dis·hon·est·ly [～li] [副] 不正直に (も); 不正に.
dis·hon·es·ty [dìsánisti / -ɔ́n-] [名] (複 **dis·hon·es·ties** [～z]) **1** [U] 不正直, 不誠実 (↔ honesty). **2** [C] 不正行為, 詐欺, ごまかし.
*__dis·hon·or,__ 《英》 **dis·hon·our** [dìsánər / -ɔ́nə] [名] 《格式》 **1** [U] 不名誉, 不面目, 恥 (↔ honor): live in *dishonor* 屈辱の生活を送る / bring *dishonor* on one's country 国家の体面を汚(けが)す. **2** [U] [C] 軽蔑, 侮辱, 無礼 (な言動): do him a *dishonor* 彼を侮辱する. **3** [U] [または a ～] 〔…にとって〕 不名誉 [恥辱] となる人 [物事] 〔*to*〕: He is a *dishonor to* our family. 彼はわが家の面(つら)汚しだ. **4** [U] (手形・小切手の) 不渡り.
— [動] [他] 《格式》 **1** …の名誉を汚す, …に恥辱を与える. **2** (銀行が) 〈手形・小切手〉を不渡りにする, 支払いを拒む: a *dishonored* bill 不渡り手形.
dis·hon·or·a·ble, 《英》 **dis·hon·our·a·ble** [dìsánərəbl / -ɔ́n-] [形] 恥ずべき, 不名誉な; 卑劣な (↔ honorable).
dis·hon·or·a·bly, 《英》 **dis·hon·our·a·bly** [-bli] [副] 不名誉に; 不名誉なことに.
dish·wash·er [díʃwàʃər, -wɔ̀ːʃ- / -wɔ̀ʃə] [名] [C] 皿洗い機 (➡ KITCHEN [PICTURE BOX]); (食堂などの) 皿洗い人.
dish·wa·ter [díʃwɔ̀ːtər] [名] [U] (食器を洗った) 汚れ水; 食器を洗う水; 《口語》 水っぽい [薄い] お茶 [コーヒー], まずい飲み物: This tea tastes like *dishwater*. このお茶は薄くて [水っぽくて] まずい.
dish·y [díʃi] [形] (比較 **dish·i·er** [～ər]; 最上 **dish·i·est** [～ist]) 《古風》 性的に魅力的な.
dis·il·lu·sion [dìsilúːʒən] [名] = DISILLUSIONMENT (↓).
— [動] [他] …を幻滅させる; …の迷い [夢] を覚ます.
dis·il·lu·sioned [dìsilúːʒənd] [形] 〔…に〕 失望した, がっかりした, 幻滅した, 幻滅を感じた〔*at, about, with*〕: He is *disillusioned with* his school life. 彼は学校生活に幻滅を感じている.
dis·il·lu·sion·ment [dìsilúːʒənmənt] [名] [U] 幻滅 (感); 迷いを覚ますこと.
dis·in·cen·tive [dìsinséntiv] [名] [C] 《格式》〔…への〕 行動 [意欲] を妨げるもの, マイナス要因〔*to*〕.
dis·in·cli·na·tion [dìsìnklinéiʃən] [名] [U] [または a ～] 《格式》〔…に〕 気が進まないこと〔*for, toward*〕, 〔…することへの〕 嫌気〔*to do*〕: have a *disinclination to* work 働くことをいやがる.
dis·in·clined [dìsinkláind] [形] [叙述用法] 《格式》〔…に〕 気が進まない, 消極的な〔*for*〕; 〔…する〕 気がしない〔*to do*〕: feel *disinclined for* study [discussion] 勉強 [討論] する気にならない / I am [feel] *disinclined to* accept his offer. 彼の申し出を受け入れることには気乗りがしない.
dis·in·fect [dìsinfékt] [動] [他] 〈部屋・服など〉を (殺菌) 消毒する.
dis·in·fect·ant [dìsinféktənt] [名] [C] [U] 殺菌剤, 消毒剤. — [形] 殺菌性の, 消毒効果のある.
dis·in·fec·tion [dìsinfékʃən] [名] [U] 殺菌, 消毒.
dis·in·fla·tion [dìsinfléiʃən] [名] [U] 〔経済〕 インフレ緩和, ディスインフレ (ーション).
dis·in·for·ma·tion [dìsìnfərméiʃən] [名] [U] (敵へ流す) 偽情報, (意図的に流す) 誤報.
dis·in·gen·u·ous [dìsindʒénjuəs] [形] (人・行為などが) 不正直な, 不誠実な; 腹黒い.
dis·in·gen·u·ous·ly [～li] [副] 不正直に.
dis·in·her·it [dìsinhérit] [動] [他] 〈人〉から相続権を取り上げる, 廃嫡(はいちゃく)する, 勘当する.
dis·in·te·grate [disíntəgrèit] [動] [他] …を崩壊させる, 粉々にする; 分解する (↔ integrate): The

D

rocks have been *disintegrated* by frost and rain. その岩は霜や雨によって風化した.
—[自] 粉々になる, 崩壊する; 分解する.

dis·in·te·gra·tion [dìsìntəgréiʃən] [名][U] **1** 崩壊; 分解. **2** 〘物理〙(放射性元素の) 崩壊. **3** 〘地質〙風化作用.

dis·in·ter [dìsintə́ːr] (☆アクセントに注意) [動] (三単現 **dis·in·ters** [~z]; 過去・過分 **dis·in·terred** [~d]; 現分 **dis·in·ter·ring** [-tə́ːriŋ]) [他] **1** [しばしば受け身で]《格式》〈死体など〉を(墓から) 掘り出す, 発掘する (↔ inter). **2** …を明るみに出す.

dis·in·ter·est·ed [dìsíntərəstid] [形] (↔ interested) **1** 関与していない; 私心のない, 公平な. **2** [… に] 無関心な, 冷淡な [*in*] (◇この意味では uninterested のほうが一般的).

dis·in·vest·ment [dìsinvéstmənt] [名][U] 〘経済〙負の投資 (divestment)《投資の引き揚げ, 株の処分など》.

dis·joint·ed [disdʒɔ́intid] [形] **1** (考え・言葉などが) 脈絡のない, 支離滅裂な, つじつまの合わない. **2** (社会などが) 崩壊した. **3** 関節の外れた.

dis·junc·tion [disdʒʌ́ŋkʃən] [名][U][C] 分離, 分裂.

‡**disk, disc** [dísk] [名][C] **1** (平らな) 円盤, 円盤状のもの. **2** レコード.
3 円形の表面: the sun's *disk* 太陽の表面.
4 〘解剖〙椎(つい)間板: a slipped *disk* 椎間板ヘルニア. **5** 光ディスク (optical disk); コンパクトディスク (compact disk). **6** 〘コンピュータ〙ディスク《データ記憶媒体 [装置]》.
◆ **dísk bràke** [C] [通例 ~s] (自動車などの) ディスクブレーキ.
dísk drìve [C] 〘コンピュータ〙ディスクドライブ《磁気ディスクを回転させて, 情報を読み書きする装置》.
dísk jòckey [C] (放送番組の) ディスクジョッキー (《口語》deejay; 《略語》DJ, D.J.).
dísk òperating sýstem → DOS.

disk·ette [diskét] [名][C] 〘コンピュータ〙《米》フロッピーディスク (floppy disk).

‡**dis·like** [disláik] [動][名]

— [動] (三単現 **dis·likes** [~s]; 過去・過分 **dis·liked** [~t]; 現分 **dis·lik·ing** [~iŋ])
—[他] [進行形不可] [**dislike** + **O**] …を**嫌う**, 好まない; [**dislike** + **動名**] …するのを嫌う (◇ hate, abhor より嫌悪の程度は弱い): She *dislikes* selfish people. 彼女は身勝手な人が嫌いです / I *dislike finding* fault with others. 私は他人のあら探しを好まない / My parents *dislike* my *watching* TV during meals. 両親は食事中に僕がテレビを見るのをいやがる.
— [名] **1** [C][U] [… への] 嫌悪 (感) [*for, of*]: My wife has a strong *dislike for* guests who come unexpectedly. 私の妻は不意の来客をひどく嫌う. **2** [~s] 嫌いなもの [こと].
■ ***líkes and díslikes*** 好き嫌い (◇ like との対比で dislike のアクセントの位置が変わることに注意): My son is full of *likes and dislikes*. 私の息子は好き嫌いが多い.
tàke a dislíke to ... …が嫌いになる: I don't know why, but I have begun to *take a dislike to* her recently. どういう訳か私は最近彼女が嫌いになってきた.

dis·lo·cate [dísloukèit / -lə-] [動][他] **1** 〈骨・関節〉を脱臼(だっきゅう)させる, 外す. **2** 〈活動・計画・機械など〉を混乱 [停止] させる.

dis·lo·ca·tion [dìsloukéiʃən / -lə-] [名][C][U] **1** 脱臼(だっきゅう). **2** 混乱, 分断.

dis·lodge [dislɑ́dʒ / -lɔ́dʒ] [動][他] **1** [定位置から] …を (無理に) 動かす, 取り除く (remove) [*from*]. **2** [… から] 〈敵など〉を追い払う (drive), [仕事・役職から] 除く [*from*]: *dislodge* the enemy *from* the fort 敵をとりでから追い払う.

dis·loy·al [dìslɔ́iəl] [形] [… に] 不実な, 不忠(実)な; 不信の, 背信の [*to*] (↔ loyal).

dis·loy·al·ty [dìslɔ́iəlti] [名] (複 **dis·loy·al·ties** [~z]) **1** [U] [… に対する] 不実, 不忠(実); 不信, 背信 [*to*] (↔ loyalty). **2** [C] 不忠 [不信] 行為, 背信行為.

*****dis·mal** [dízməl] [形] (比較 **more dis·mal, dis·mal·er** [~ər]; 最上 **most dis·mal, dis·mal·est** [~ist]) **1** 陰気な, 陰うつな, 憂うつな, 暗い: *dismal* weather うっとうしい天気 / a *dismal* look 憂うつそうな表情.
2 《口語》みじめな, 予想以下の: a *dismal* failure みじめな失敗 / a *dismal* performance お粗末な演技 [演奏].
dis·mal·ly [-məli] [副] 陰気に, 憂うつに; みじめに.

dis·man·tle [dìsmǽntl] [動][他] **1** [通例, 受け身で] 〈家・部屋など〉から [設備 [装備] 品を] 取り外す [*of*]. **2** 〈機械など〉を分解する (take apart).
3 〈制度など〉を (徐々に) 廃止する, 解体する.

‡**dis·may** [disméi, diz-] [名]《格式》[U] **うろたえ**, 当惑, ろうばい; おびえ, 落胆: be filled with *dismay* ろうばいする / She heard the sound in [with] *dismay*. 彼女はおびえながらその音を聞いた.
■ ***to ...'s dismáy*** = ***to the dismáy of ...*** …がうろたえた [びっくりした] ことに, がっかりしたことに.
— [動][他] [しばしば受け身で]《格式》[… で / … して] 〈人〉を**うろたえさせる**, ろうばいさせる; 落胆させる [*at, by / to do*]: The general *was dismayed at* [*to* hear] the news of the defeat. 将軍は敗北の知らせを聞いてぼう然とした.

dis·mem·ber [dìsmémbər] [動][他] **1** …の手足を切断する, 切り離す. **2** 〈国土など〉を分割する.

dis·mem·ber·ment [dìsmémbərmənt] [名][U] **1** (手足の) 切断, (体を) 切り刻むこと. **2** (国土・組織などの) 分割.

‡**dis·miss** [dismís] [動][他] **1** 〈考えなど〉を [… から / … として] **捨てる**, **退ける**, 拒否する [*from / as*]: *Dismiss* such thoughts *from* your mind. そんな考えは忘れてしまいなさい / They *dismissed* the suggestion *as* unimportant. 彼らはその提案を検討に値しないと退けた.
2 [地位・役職から / … の理由で] 〈人〉を**解雇する**, 免職する, 解任する [*from / for, by*]: He was *dismissed* (*from* his job) *for* neglect of duty. 彼は職務怠慢で解雇された / He was *dismissed from* the chair of philosophy at the university. 彼はその大学の哲学教授の職を解かれた.

dismissal

3 〈集会・クラスなど〉を終わりにする, 解散させる; 〈人〉に退出を許す, 出て行ってよいと言う: Class *dismissed*. (きょうの)授業はこれで終わり / The teacher *dismissed* the class early because she had a bad cold. 先生はかぜがひどかったので, 授業を早く終わらせた. **4** 〖法〗〈訴訟など〉を却下する, 棄却する. **5** 〖クリケット〗〈打者〉をアウトにする.
(▷ 名 dismissal; 形 dismissive)

*__dis·miss·al__ [dismísəl] 名 ⓤⓒ **1** 解雇, 免職, 放校: unfair *dismissal* 不当解雇. **2** 解散, 退去. **3** (考えなどの)無視, 放棄. **4** 〖法〗(訴訟などの)却下, 棄却.
(▷ 動 dismiss)

dis·mis·sive [dismísiv] 形 [⋯を]取り合わない, 無視するような; 見下すような[*of*].
(▷ 動 dismiss)

dis·mount [dismáunt] 動 《格式》⊜〔自転車・馬・オートバイなどから〕降りる (get off) [*from*] (↔ mount).
— ⊕ **1** 〈人〉を馬などから降ろす, 〈人〉を落馬させる. **2** 〈大砲など〉を(台座などから)降ろす.

Dis·ney [dízni] 名 ⓟ ディズニー Walt(er) Disney 《1901–66; 米国の動画・映画製作者》.

Dis·ney·land [díznilænd] 名 ⓟ ディズニーランド 《1955年にディズニーが California 州 Los Angeles の郊外に設立した大型テーマパーク》.

dis·o·be·di·ence [dìsəbíːdiəns] 名 ⓤ **1** [⋯への]不服従, 不従順, 反抗 [*to*] (↔ obedience). **2** 〈法律・規則など〉に対する〉違反, 反則 [*to*].

dis·o·be·di·ent [dìsəbíːdiənt] 形 〈人・行為などが〉〔人・規則などに〕従わない, 服従しない, 不従順な, 反抗的な; 違反する [*to*] (↔ obedient).

dis·o·be·di·ent·ly [~li] 副 逆らって, 服従せずに.

*__dis·o·bey__ [dìsəbéi] 動 ⊕ 〈人・命令など〉に服従しない, 反抗する; 違反する: *disobey* one's parents 両親に逆らう / *disobey* rules 規則に違反する.
— ⊜ 服従しない.

dis·o·blig·ing [dìsəbláidʒiŋ] 形 《格式》人を助けたがらない, 不親切な, 思いやりのない; 迷惑な.

*__dis·or·der__ [disɔ́ːrdər] 名 **1** ⓤ 混乱, 乱雑: fall into *disorder* 混乱に陥る / throw ... into *disorder* ⋯を混乱に陥れる / Her room was in *disorder*. 彼女の部屋は散らかっていた. **2** ⓤⓒ (政治的な)無秩序, 不穏; 騒動, 暴動 (riot): public [civil] *disorder* 大衆[市民]暴動. **3** ⓤⓒ (心身の)不調, 異常; 病気: a stomach [liver, skin] *disorder* 胃[肝臓, 皮膚]病.
— 動 ⊕ **1** ⋯を乱す, 乱雑にする. **2** 〈心身〉の調子を狂わせる; ⋯を病気にする.

dis·or·dered [disɔ́ːrdərd] 形 **1** 混乱した, 乱雑な; めちゃくちゃの. **2** 不調の, 病気の (sick).

dis·or·der·ly [disɔ́ːrdərli] 形 《通例, 限定用法》**1** 混乱した, 乱雑な, 無秩序な; だらしない: a *disorderly* room 散らかった部屋. **2** 騒ぎ回る, 無法な, 乱暴な, 手に負えない: a *disorderly* crowd 暴徒化した群衆. **3** 〖法〗治安[風紀]を乱す, 治安妨害の: *disorderly* conduct 治安[風紀]紊乱(びん)行為《軽犯罪》.

dis·or·gan·i·za·tion [dìsɔ̀ːrgənəzéiʃən, -ɔ̀ːrgənai-] 名 ⓤ **1** (組織・秩序の)破壊; 解体, 分裂. **2** 混乱, 無秩序.

dispensation

dis·or·gan·ize, 《しばしば英》 **dis·or·gan·ise** [disɔ́ːrɡənaiz] 動 ⊕ ⋯の組織[秩序]を乱す, ⋯を混乱させる.

dis·or·gan·ized [disɔ́ːrɡənaizd] 形 **1** 組織[秩序]の乱れた, 混乱した; 無秩序な, 支離滅裂な. **2** 〈人が〉片づけが下手な, ずさんな.

dis·o·ri·ent [disɔ́ːriənt], 《英》 **dis·o·ri·en·tate** [-əntèit] 動 ⊕ 《通例, 受け身で》**1** ⋯に方向感覚を失わせる, 〈方向〉を見失わせる. **2** 〈人〉を混乱させる, まごつかせる.

dis·o·ri·en·ta·tion [dìsɔ̀ːriəntéiʃən] 名 ⓤ 方向感覚の喪失; 混乱(させること), 混迷.

dis·own [disóun] 動 ⊕ 《進行形不可》**1** ⋯を自分のものと認めない, ⋯に関係[責任]がないと言う. **2** 〈子〉を勘当する; 〈人〉を知らないと言う.

dis·par·age [dispǽridʒ] 動 ⊕ 《格式》⋯を悪く言う, けなす, 軽蔑する.

dis·par·age·ment [dispǽridʒmənt] 名 ⓤⓒ 《格式》けなすこと, 軽蔑; 悪口, 非難.

dis·par·ag·ing [dispǽridʒiŋ] 形 けなすような, 軽蔑的な.

dis·par·ag·ing·ly [~li] 副 けなすように, 軽蔑して.

dis·pa·rate [díspərət / dispǽrət] 形 《格式》(本質的に)異なる, 共通点のない, 異種の.

dis·par·i·ty [dispǽrəti] 名 《複 **dis·par·i·ties** [~z]》ⓤⓒ 《格式》[⋯の間の]差異, 相違, 不一致 [*between*]; [⋯における]不つり合い, 不均衡 [*in, of*]: (a) *disparity between* word and deed 言行の不一致 / *disparity in* age [rank] 年齢[地位]の不つり合い.

dis·pas·sion·ate [dispǽʃənət] 形 〈人・行為が〉冷静な, 静かな, 感情に動かされない; 公平な: a *dispassionate* view 公平な見方.

*__dis·patch__, 《英》 **des·patch** [dispǽtʃ] 動 ⊕ **1** 《格式》[⋯に]〈文書・小包など〉を発送する, 急送する; [⋯に]〈使者・軍隊など〉を派遣する, 派遣する [*to*]: The parcel has been *dispatched to* our house. その荷物が私たちの家に急送されてきた / The government *dispatched* the new ambassador *to* the country. 政府はその国に新任の大使を急派した. **2** 《古風》〈人・動物〉を殺害する. **3** 《古風》〈食事・仕事など〉を手早く終える.
— 名 **1** ⓤ 発送, 急送; 派遣, 急派. **2** ⓒ 至急報, 特電; (急送の)公文書; [~es] 戦況報告書. **3** ⓤ 《格式》手早い[迅速な]処置, すばやさ: with *dispatch* 迅速に, すばやく.

*__dis·pel__ [dispél] 動 《三単現 **dis·pels** [~z]; 過去・過分 **dis·pelled** [~d]; 現分 **dis·pel·ling** [~iŋ]》⊕ **1** 〈敵・霧・雲など〉を追い払う. **2** 〈恐怖心・心配・疑いなど〉を払いのける: Her smile *dispelled* all my worries. 彼女の優しい笑みで私の心配などみんな吹き飛んでしまった.

dis·pen·sa·ble [dispénsəbl] 形 なくても済む, 必要でない (↔ indispensable).

dis·pen·sa·ry [dispénsəri] 名 《複 **dis·pen·sa·ries** [~z]》ⓒ **1** (病院内の)薬局, 調剤室 《◇一般の薬局は《米》drugstore,《英》chemist's》. **2** (学校・工場などの)診療所, 医務室.

dis·pen·sa·tion [dìspənséiʃən] 名 **1** ⓤ 《格

dispense

式》分配, 分与, 施し; C分配分, 施し物. 2 C【キリスト】神の摂理. 3 U体制, 制度. 4 C【カトリック】特別免除. 5 U C (特別の) 処置.

*dis·pense [dispéns] 動 他 1 《格式》[…に]…を分配する, 提供する [to]: *dispense* food and clothing *to* the victims 被災者に食料と衣類を分配する. 2〈機械などが〉〈現金・製品〉を供給する, 出す. 3〈薬〉を調剤する, 投与する. 4〈儀式など〉を執り行う;〈法〉を施行する.
— 自 [次の成句で]
■ *dispénse with ...*《格式》…なしで済ます; …を不要にする: *dispense with* the formalities 堅苦しいことは抜きにする / I cannot *dispense with* this dictionary. 私はこの辞典が手放せない.

dis·pens·er [dispénsər] 名 C ディスペンサー《紙コップ・ティッシュなどの補給器》; 自動販売機: a cash *dispenser* (銀行の) 現金自動支払機 (CD).

dis·per·sal [dispə́ːrsəl] 名 U 散布; 解散, 分散.

*dis·perse [dispə́ːrs] 動 他 1〈人々〉を追い散らす, 解散させる;〈風が〉〈霧・雲など〉を散らす, 追い払う: The police managed to *disperse* the rioters by using tear gas. 警官隊は催涙ガスを使って何とか暴徒を追い散らした. 2 …を分散させる, 分散して配置する. 3〈知識など〉を広める, 伝播(ディ)させる.
— 自 散らばる, 分散する;〈霧・雲などが〉晴れる.

dis·per·sion [dispə́ːrʒən / -ʃən] 名 U《格式》散布; 解散, 分散; (光・微粒子の) 分散.

dis·pir·it·ed [dispíritid] 形 熱意がなくなった, 落胆した, 意気消沈した, 元気がない.

dis·pir·it·ing [dispíritiŋ] 形 熱意を失わせる, 落胆させる, がっかりさせる.

*dis·place [displéis] 動 他 1 […から]…を移す, 移動 [強制移住] させる [*from*]. 2 …に取って代わる, …の代わりに [~と] なる [*as*]. 3 [地位・官職から]〈人〉を解任する [*from*].
◆ displaced pérson C 難民 (《略称》DP).

dis·place·ment [displéismənt] 名 1 U 置き換え, 取り換え. 2 U 解職, 解雇. 3 U 強制移住 [移動]. 4 U [または a~] (船の) 排水量; (エンジンの) 排気量. 5 U【精神】転位, 置き換え.

***dis·play [displéi] 動 他【基本的の意味は「…を展示する (show something so that many people can see it)」】
— 動 (三現 dis·plays [~z]; 過去・過分 dis·played [~d]; 現分 dis·play·ing [~iŋ])
— 他 1 を展示する, 提示する, 陳列する (exhibit); 表示する: *display* winter fashions in the show window ショーウインドーに冬のファッションを陳列する / Posters for the concert were *displayed* throughout the city. そのコンサートのポスターが町じゅうに出ていた.
2〈感情・態度など〉を見せる, 示す;〈能力など〉を発揮する: *display* anger 怒りをあらわにする / The essay *displayed* his remarkable talent as a writer. その随筆は彼の作家としての非凡な才能を示すものだった. 3 …を誇示する, 見せびらかす: He *displayed* his stamp collection to us. 彼は切手のコレクションを私たちに見せびらかした.
4 【コンピュータ】〈データ〉を (画面に) 表示する.

— 名 1 U C 展示, 陳列; 展示品; 展示会: a *display* of vegetables いろいろな野菜の陳列 / window *displays* ショーウインドーの展示品 / *display* case (商品などの) 陳列棚 (➡ DEPARTMENT [PICTURE BOX]). 2 U C (感情などの) 露呈;〈能力などの〉発揮: a *display* of courage 勇気を発揮すること. 3 U C 誇示, 見せびらかし: You shouldn't make a *display* of your knowledge. 自分の知識をひけらかすべきではない.
4 C【コンピュータ (などの)】ディスプレイ, 表示装置 (➡ TELEPHONE [PICTURE BOX]).
■ *on displáy* 展示 [陳列] して: put pictures *on display* 絵を展示する / A collection of old coins was *on display* in the hall. ホールには古銭の収集品が展示してあった.

*dis·please [displíːz] 動 他《格式》〈人〉を不快にする,〈人〉の感情を害する, 怒らせる: His rude manner *displeased* my father. 彼の無礼な態度に私の父は怒った.

*dis·pleased [displíːzd] 形《格式》1 不機嫌な, 感情を害した: He had a *displeased* look. 彼は不機嫌な顔つきをしていた. 2 […に] 腹を立てている [*with, at*].

dis·pleas·ure [displéʒər] 名 U《格式》不快; 不満; 立腹: She felt *displeasure* with his impudence. 彼女は彼の厚かましさを不快に思った.

dis·pos·a·ble [dispóuzəbl] 形 1 自由になる, 処分できる: *disposable* income 可処分所得; 手取り所得《税金などを差し引いた個人所得》. 2 使い捨ての: a *disposable* diaper 紙おむつ.

*dis·pos·al [dispóuzəl] 名 1 U (不用物などの) 処分, 処理; (財産などの) 売却: *disposal* by sale 売却処分. 2 U《格式》配置, 配列. 3 C (米口語) ディスポーザー《料理くずを粉砕して下水に流す機械. garbage [《英》waste] *disposal* とも言う》.
■ *at ...'s dispósal* = *at the dispósal of ...* …の意のままの [に], 自由にできる (ような): I have $1,000 *at my disposal*. 私には自由になるお金が1,000ドルある.
◆ dispósal bàg C (ホテルなどに備え付けの) 汚物処理袋.

*dis·pose [dispóuz]【「dis (離して) + pose (置く)」から】動《格式》1 [dispose+O] …を (あるべき場所に) 配置する, 配列する (arrange): *dispose* two battleships for a battle 戦闘に備えて戦艦2隻を配置する.
2〈人〉に[…したい] 気にさせる, [したいと] 思わせる [*to do*]: Higher pay *disposed* him *to* take the hard job. 給料が今より上がるので彼はそのきつい仕事につく気になった.
3〈人〉に[…の / …する] 傾向を与える [*to / to do*]: Her shyness *disposes* her *to* remain silent all the time. 内気なせいで, 彼女はいつも黙っている.
— 自 (物事を) 処分 [処理] する, 片づける: Man proposes, God *disposes*.《ことわざ》事を計るは人, 成否を決めるのは神.
■ *dispóse of ...* 1 …を処分 [処理] する, 片づける: the cost of *disposing of* wastes 廃棄物処理の費用. 2〈難題〉に対処する. 3〈敵〉を負かす.

dis·posed [dispóuzd] 形《叙述用法》《格式》
1 [...の/...しない] 気持ちがある [*for* / *to do*]: I don't feel *disposed* to help such a man. 私はあんな男を助けたいとは思わない. **2** [副詞を伴って] [...に] (...の)気持ちを持っている [*to, toward*]: They seem well [favorably, kindly] *disposed toward* us. 彼らは私たちに好意を持っているように思われる. **3** [...の]傾向にある [*to*]: He is *disposed to* tears. 彼は涙もろい.

dis·pos·er [dispóuzər] 名 C **1** = DISPOSAL 3 (↑). **2** 処理者.

***dis·po·si·tion** [dìspəzíʃən] 名《格式》 **1** U C [...する]性質, 気質, 性癖; 傾向 (tendency) [*to* / *to do*]: a person with a generous *disposition* 気前のいい人 / He has a *disposition* to catch cold. 彼はかぜを引きやすい体質です. **2** U C 配置, 配列 (arrangement); 配備: the *disposition* of desks and chairs 机といすの配置. **3** U C 処分, 売却 (disposal); 処分権. **4** [a ~] [...したい]気持ち, 気分 [*for, to do*]: I feel a *disposition for* a drive [*to* drive]. 私はドライブしたい気分だ.

dis·pos·sess [dìspəzés] 動 他 《通例, 受け身で》《格式》〈人〉から〔財産・土地などの所有権を〕取り上げる, 奪う;〈人〉を[土地などから]立ち退かせる [*of*]: He *was dispossessed of* his property. 彼は財産を取り上げられた.

dis·pos·sessed [dìspəzést] 形 **1** 財産[土地, 家]を奪われた. **2** [the ~; 名詞的に; 複数扱い]財産[土地, 家]を奪われた人々. **3** [...を]奪われた [*of*].

dis·proof [disprú:f] 名 U 反証; C 反証物件.

dis·pro·por·tion [dìsprəpɔ́:rʃən] 名 U《格式》不つり合い, 不均衡; C 不つり合いな点[もの].

dis·pro·por·tion·ate [dìsprəpɔ́:rʃənət] 形 [...と]不つり合いな [*to*]; 過度な.

dis·prove [disprúːv] 動 他 ...の反証を挙げる, を論破[論駁(%)]する, ...の誤りを立証する.

dis·put·a·ble [dispjú:təbl] 形《格式》議論の余地のある, 不確かな, 疑わしい (↔ indisputable).

dis·pu·ta·tion [dìspjutéiʃən] 名 U C《格式》論争[議論, 討論](すること).

dis·pu·ta·tious [dìspjutéiʃəs] 形《格式》論争好きな, 論争的な.

*dis·pute [dispjú:t]【原義は「じっくり考える」】動 自 [人と/...について]論争する, 口論する [*with, against* / *about, over*](→ DISCUSS 類義語): He often *disputed with* [*against*] his wife *about* [*over*] their daughter's education. 彼は娘の教育のことでよく妻と口論した.
—他 **1** (a) [**dispute + O**] ...について論争する, 口論する, 議論する: We should *dispute* the problem for a long time. その問題はじっくり時間をかけて議論すべきだ. (b) [**dispute + 疑問詞句[節]**] ...か(どうか)を議論する: We *disputed what* to do with the extra money. 私たちは余った金をどうするかで口論した.
2 ...に異論[異議]を唱える, 反論する; [**dispute + that 節**][否定文で] ...ということに異議を唱える: *dispute* the election result 選挙結果に異議を唱える / Nobody *disputes that* his films are entertaining. 彼の映画は文句なく面白い. **3** 〈所有権など〉を争う: a *disputed* territory 係争中の領土.
—名 [dispjú:t, díspju:t] U C **1** [人との/...についての]論争, 口論, 議論, 議論 [*with* / *about, over*]: I had a hot *dispute with* him *over* [*about*] the problem. 私はその問題について彼と白熱した論争を交わした. **2** 紛争, 争議: a campus *dispute* 学園紛争 / a labor *dispute* 労働争議.
■ *beyònd* [*withòut*] (*àll*) *dispúte* (まったく)議論の余地がない, 明らかに: It is *beyond dispute* that nuclear weapons should be abolished. 核兵器を廃絶すべきことに議論の余地はない.
in [*ùnder*] *dispúte* [...と]論争中で [*with*]; 未解決で: the point *in dispute* 争点.

dis·qual·i·fi·ca·tion [dìskwàlifikéiʃən / dìskwɔ̀l-] 名 **1** U 資格剥奪(%;); [停止], 失格, 免許停止; 不合格. **2** C 失格となる理由, 失格事項.

dis·qual·i·fy [diskwɑ́lifài / diskwɔ́l-] 動 他 三単現 **dis·qual·i·fies** [~z]; 過去・過分 **dis·qual·i·fied** [~d]; 現分 **dis·qual·i·fy·ing** [~iŋ] 〈人〉から[...する]資格を剥奪(%;)する, 〈人〉を失格させる [*from* / *from doing*]: The athlete was *disqualified from* the race for doping. その選手はドーピングのためにレース出場の資格を剥奪された.

dis·qui·et [diskwáiət] 動 他《通例, 受け身で》《格式》...を不安にする, 心配させる; ...の平静を乱す.
—名 U《格式》不安, 心配; 社会不安.

dis·qui·et·ing [diskwáiətiŋ] 形 不安にさせる.

dis·qui·si·tion [dìskwizíʃən] 名 C《格式》[...に関する]長い報告書, 演説 [*on, about*].

***dis·re·gard** [dìsrigá:rd] 動 他 ...を無視する, 軽視する; ...に注意しない: Please *disregard* any memos written in pencil. 鉛筆で書いたメモは一切無視してください.
—名 U 無視, 軽視: He had complete *disregard* for the consequences. 彼は結果がどうなるかまったく考えていなかった.

dis·re·pair [dìsripéər] 名 U (建物などの)荒廃; (手入れ不足などによる)破損(状態).
■ *fàll into disrepáir* 荒廃する; 破損する, 傷む.

dis·rep·u·ta·ble [disrépjutəbl] 形 **1** [...に]評判の悪い, 不評の [*to*]. **2** 見苦しい, みっともない, いかがわしい, みすぼらしい.

dis·re·pute [dìsripjú:t] 名 U 不評, 悪評, 汚名: be in *disrepute* 評判が悪い / bring ... into *disrepute* ...の評判を落とす / Recently the company has fallen into *disrepute*. 最近その会社は評判が落ちてきた.

dis·re·spect [dìsrispékt] 名 U 無礼, 失礼.
■ *nó disrespéct to ..., but* ...を侮辱するわけではないが, 他の件についてはともかくとして.
—動 他 失礼なことを言う[する].

dis·re·spect·ful [dìsrispéktfəl] 形 [...に対して]無礼な, 失礼な, 失敬な [*to, toward*].

dis·re·spect·ful·ly [-fəli] 副 無礼に, 失礼に.

dis·robe [disróub] 動《格式》他 〈礼服など〉を脱がす. —自 (礼服などの)衣服を脱ぐ.

dis·rupt [disrápt] 動 他 **1** 〈制度・国家など〉を分

裂[崩壊]させる. **2**〈交通・通信など〉を混乱[中断, 寸断]させる.

dis·rup·tion [disrʌ́pʃən] 名UC **1**(制度・国家などの)分裂(状態), 崩壊. **2**(交通・通信などの)混乱, 中断.

dis·rup·tive [disrʌ́ptiv] 形 秩序を乱す; 混乱[分裂]を引き起こす; 破壊的な.

diss [dís] 動 他《米俗語》〈人〉をけなす.

*__dis·sat·is·fac·tion__ [dìssæ̀tisfǽkʃən] 名U […に対する]不満, 不平 [with, at] (↔ satisfaction): deep *dissatisfaction* at the working conditions 労働条件に対する根深い不満.

*__dis·sat·is·fied__ [dìssǽtisfàid] 形 不満そうな, 不満げな; […に]不満で [at, with]: a *dissatisfied* look 不満そうな表情.

*__dis·sat·is·fy__ [dìssǽtisfài] 動 (三単現 dis·sat·is·fies [~z]; 過去・過分 dis·sat·is·fied [~d]; 現分 dis·sat·is·fy·ing [~iŋ]) 他〈人〉に不満を抱かせる, 〈人〉を満足させない.

dis·sect [disékt] 動 他 **1**(実験・研究のために)〈人・動植物など〉を解剖する, 切開する. **2**〈議論・学説など〉を詳細に調べる, 分析する, 吟味する.

dis·sec·tion [disékʃən] 名 **1** U 解剖, 切開; C 解剖された部分. **2** UC 綿密な調査[分析], 吟味.

dis·sem·i·nate [disémənèit] 動 他《格式》…を広める, 普及させる: *disseminate* information about … …に関する情報を広める.

dis·sem·i·na·tion [disèmənéiʃən] 名U《格式》(思想・教義などを)広めること, 普及.

dis·sen·sion [disénʃən] 名UC《格式》[…の]意見の相違[不一致] [between, among].

*__dis·sent__ [disént] 動 自 **1**〈特に大多数が〉意見を異にする, 違った意見を唱える (↔ assent) [from]: Jones *dissented* from the opinion of the majority of the committee. ジョーンズは委員会の多数意見に異論を唱えた. **2**(主に英国国教の)宗教上の教義に従わない.
— 名U **1**《格式》意見の相違[不一致]; 異議 (↔ assent). **2**《米》(少数意見の判事の)反対意見. **3** [しばしば D-]《古》英国国教からの分離 (nonconformity).

dis·sent·er [diséntər] 名 **1** C (大多数の意見への)反対者; 反体制派の人. **2** [通例 D-] 英国国教に異議を唱える人; 非国教徒.

dis·ser·ta·tion [dìsərtéiʃən] 名C […に関する](通例, 長い)学位論文《特に博士論文 (doctoral dissertation) をいう》[on, upon].

dis·serv·ice [dìssə́ːrvis] 名U [または a ~] […に対する]害, あだ, ひどい仕打ち [to]: do her a *disservice* 彼女に害[悪影響]を与える.

dis·si·dence [dísədəns] 名U 意見の相違[不一致]; 異議, 不同意.

dis·si·dent [dísədənt] 形 (公式見解に)反対の, 不同意の; 反体制の: a *dissident* voice 反対意見 / a *dissident* movement 反体制運動.
— 名C (公式見解・政策への)反対者; 反体制派の人: political *dissidents* (政治的)反体制派.

dis·sim·i·lar [dìssímələr] 形 [しばしば否定文で]〈…と〉異なる, 似ていない [to, from].

dis·sim·i·lar·i·ty [dìssìməlǽrəti] 名 (複 dis·sim·i·lar·i·ties [~z]) **1** U 似ていないこと, 相違. **2** C […の]相違点 [between].

dis·si·pate [dísəpèit] 動《格式》他 **1**〈雲・霧などを〉を散らす, 追い払う (scatter); 〈恐怖・心配など〉を消す, 追い払う. **2**〈時間・金など〉を浪費する, 使い果たす (waste): *dissipate* one's fortune in gambling ギャンブルで財産を使い果たす.
— 自 **1**〈雲・霧などが〉消散する. **2**放蕩(はぅとぅ)する.

dis·si·pat·ed [dísəpèitid] 形 道楽にふける, 放蕩(はぅとぅ)の, ふしだらな: He led [lived] a *dissipated* life. 彼は放蕩生活を送っていた.

dis·si·pa·tion [dìsəpéiʃən] 名U《格式》**1**(雲・霧・煙などの)消散, 消滅. **2**放蕩(はぅとぅ), 浪費.

dis·so·ci·ate [disóuʃièit, -óusi-] 動 他 …を[…から]引き離す, 分離する; […と]分けて考える [from] (↔ associate): *dissociate* oneself from … …との関係を断つ.

dis·so·ci·a·tion [disòusiéiʃən, -òuʃi-] 名U 分離; 分離状態[作用].

dis·so·lute [dísəlùːt] 形 不道徳な, 放蕩(はぅとぅ)な.

dis·so·lute·ly [~li] 副 ふしだらに.

*__dis·so·lu·tion__ [dìsəlúːʃən] 名U **1**分解, 分離, 溶解. **2**(または a ~)(団体・議会などの)解散; (契約などの)解除; (結婚などの)解消, 離婚 (divorce): the *dissolution* of a marriage 結婚の解消. **3** U 崩壊, 消滅: the *dissolution* of the Roman Empire ローマ帝国の崩壊.
(▷ 動 dissólve)

‡__dis·solve__ [dizʌ́lv / -zɔ́lv] 動 他 **1** …を溶かす, 溶解する; …を[液体に]溶かす [in]; …を溶かして[分解して][…に]する [into] (→ MELT 類義語): Water *dissolves* sugar. 水は砂糖を溶かす / *Dissolve* the powder *in* water. その粉を水に溶かしなさい.
2〈議会・団体など〉を解散する: Parliament [The party] will be *dissolved* within a day or two. 議会[その政党]は一両日中に解散します.
3〈通例, 受け身で〉〈契約・関係など〉を解消する, 取り消す, 消滅させる: Their marriage *was dissolved*. 2人は婚姻関係を解消した.
4〈映像で〉〈画面〉をディゾルブする《ある画面が消えるのと同時に次の画面が現れる画面切り替え技法》.
— 自 **1** […に]溶ける, 溶解する [in]: These tablets will *dissolve in* water. これらの錠剤は水に溶ける. **2**〈議会・団体など〉が解散する; 〈契約・婚約など〉が解消する, 消滅する. **3**感情に流されて […に]なる [in, into]: She *dissolved into* tears. 彼女はわっと泣き崩れた. **4**薄れる, (次第に)消える; 《映像》ディゾルブする: Her figure *dissolved* in the mist. 彼女の姿は霧の中に消えていった.
— 名U《映像》ディゾルブ (→ 動 他 4).
(▷ 名 dissolútion)

dis·so·nance [dísənəns] 名UC **1**《格式》不調和(な音); 不一致. **2**《音楽》不協和(音) (↔ consonance).

dis·so·nant [dísənənt] 形 **1**《音楽》不協和(音)の. **2**《格式》耳ざわりな; 不一致の, 不調和な.

dis·suade [diswéid] 動 他〈人〉を(説得して)[…を / …することを]思いとどまらせる [from / from *doing*〕(cf. persuade …するよう説得する): Her parents *dissuaded* her *from* going abroad. 両親は彼女を説得して外国行きを思いとどまらせた.

dis·sua·sion [disswéiʒən] 名 U (説得して)思いとどまらせること (cf. persuasion 説得).

dist. 《略語》= distance; dis*t*ant; *dist*rict.

***dis·tance [dístəns] 名 動

【「dis (離れて) + stance (立っていること)」から】

— 名 (複 dis·tanc·es [~iz]) C|U 1 [⋯からの / ⋯への / ⋯との間の] 距離, 隔たり [*from* / *to* / *between*]; 遠方, 遠い場所: A car can cover the *distance* in two hours. その距離は車なら2時間で行ける / I called him (by) long *distance*. 私は彼に長距離電話をした / What is the *distance between* Tokyo and Kyoto [*from* Tokyo *to* Kyoto]? 東京と京都の間 [東京から京都まで] の距離はどれくらいですか / That lake is a great *distance* away [off]. その湖はずっと遠くにある / The station is two kilometers' *distance from* here. 駅はここから2キロの所にある / The library is within easy walking *distance* of the bus stop. その図書館はバス停から楽に歩いて行ける距離にある.

2 (時間の)隔たり, 経過: It is difficult to tell at this *distance* what the problem was there. 今となってはそこで何が問題だったのかはわからない.

3 (精神的な)隔たり, よそよそしさ, 冷淡さ, 疎遠.

■ *at [from] a dístance* 少し離れて, 少し離れた場所から: You have to stay *at a distance* from the monkey. 猿から少し離れた場所にいなさい.

gò the dístance 《口語》 (特にスポーツで)最後までやり抜く; 完走する, (投手が) 完投する.

in the dístance 遠方に, 遠くに.

kèep at a dístance …によそよそしくする: He is *kept at a distance* by his colleagues. 彼は同僚に煙たがられている.

kèep one's dístance from … …から離れている; …にかかわらない.

— 動 他 **1** …を [⋯から] 疎遠にする, 遠ざける [*from*]. **2** (競技で) …を引き離す.

■ *dístance onesélf* [⋯に] かかわらない, [⋯から] 距離を置く [*from*]. (▷ 形 dístant)

***dis·tant [dístənt]

— 形 **1** (距離が) [⋯から] 遠い, 離れた [*from*] (↔ near)(→ FAR 類義語): from a *distant* town 遠い町から / Tom's house is two miles *distant* (away) *from* the station. トムの家は駅から2マイル離れた所にある.

2 (未来・過去的にも時間的に)離れた, 遠い: *distant* ages 遠い昔.

3 〔限定用法〕(関係などが)遠い; (記憶などが)かすかな; (目つきなど)ぼんやりあらぬことを考えている: a *distant* look ぼんやりした目つき / a *distant* resemblance わずかな類似 / a *distant* relative 遠い親戚.

4 よそよそしい, 冷淡な: a *distant* manner よそよそしい態度. (▷ 名 distance)

dis·tant·ly [dístəntli] 副 **1** (距離・時間的に) 遠くに, 離れて; 遠縁で: He is *distantly* related to me. 彼は私の遠縁にあたる. **2** 冷淡に, よそよそしく. **3** (記憶などで) かすかに; ぼんやりと.

dis·taste [distéist] 名 U [または a ~] [⋯に対する] 不快感, 嫌悪 (dislike) [*for*]: I have a *distaste for* carrots. 私はニンジンが嫌いです.

dis·taste·ful [distéistfəl] 形 (物事が) [⋯にとって] 不愉快な, いやな [*to*]; (味が)まずい.

dis·tem·per [distémpər] 名 U **1** 《獣医》ジステンパー(ウサギ・犬などがかかる急性伝染病).
2 《主に英》泥絵の具, (壁・天井用の)水性塗料.

dis·tend [disténd] 動 他 (内部の圧力で) …をふくらませる, 膨張 [膨満] させる.
— 自 ふくらむ, 膨張 [膨満] する, 張る.

dis·ten·sion, 《主に米》**dis·ten·tion** [disténʃən] 名 U 膨張, 膨満.

dis·till, 《英》**dis·til** [distíl] 動 (三単現 dis·tills, 《英》 dis·tils [~z]; 過去・過分 dis·tilled [~d]; 現分 dis·till·ing [~ɪŋ]) **1** [⋯から] …を蒸留する; 〈ウイスキー・香水など〉を蒸留して造る [*from*]; …を蒸留して [⋯に] する (*into*) (cf. brew 醸造する): *distilled* water 蒸留水 / *distill* brandy *from* wine ワインを蒸留してブランデーを造る. **2** 〈考え・要点など〉を [⋯から] 抜粋する, 引き出す [*from*].

dis·til·la·tion [dìstəléɪʃən] 名 **1** U 蒸留(作用). **2** U 蒸留 [抽出] 物 [液]; 骨子, エッセンス.

dis·till·er [distílər] 名 C 蒸留酒製造業者.

dis·till·er·y [distíləri] 名 (複 dis·till·er·ies [~z]) C 蒸留酒製造場 (cf. brewery (ビール) 醸造場).

***dis·tinct [distíŋkt]

— 形 (比較 more dis·tinct, dis·tinct·er [~ər]; 最上 most dis·tinct, dis·tinct·est [~ɪst]) (↔ indistinct) **1** [⋯とは] 異なった, 別個の [*from*]: two *distinct* cultures 2つの異なった文化 / The language spoken today is quite *distinct from* the language spoken in the Middle Ages. 現在話されている言葉は中世に話されていた言葉とはまったく異なる.

2 明瞭(%%)な, 明確な, はっきりしている: a *distinct* outline はっきりした輪郭 / Her pronunciation is quite *distinct*. 彼女の発音はきわめて明瞭です.

3 注目すべき, きわ立った.

■ *as distinct from …* …とは異なって, というより. (▷ 動 distínguish)

***dis·tinc·tion [distíŋkʃən]

— 名 (複 dis·tinc·tions [~z]) **1** U|C [⋯の間の] 区別, 差別, 識別; 相違(点), 差異 [*between*]: in *distinction* from … …とは異なって, 区別して / The law must be fair to everyone without *distinction*. 法はだれに対しても分け隔てなく公平でなければならない / Can you make [draw] a clear *distinction between* gorillas and orangutans? あなたはゴリラとオランウータンをはっきり区別できますか.

2 U|C (他と区別される) 特質, 特徴: The *distinction* of this university is its excellent economics department. この大学の特徴はそのすぐれ

dis・tinc・tive [dɪstíŋktɪv]形 特色のある, 特有の: *distinctive* features 顕著な特徴 / a pianist with a *distinctive* touch 独特のタッチを持つピアニスト. **2** […の] 特色を示す [*of*]: elocution *distinctive of* opera singers. オペラ歌手特有の発声法.
dis・tinc・tive・ly [〜li]副 区別して; 独特に.
dis・tinc・tive・ness [〜nəs]名U 特殊性; 特色.

*__**dis・tinct・ly**__ [dɪstíŋktli]副 **1** 明瞭(%%%)に, はっきり, 明白に: Say more *distinctly* what you want to say. 言いたいことをもっとはっきり言いなさい. **2** [文修飾] 確かに, 疑いなく.

‡**dis・tin・guish** [dɪstíŋgwɪʃ]《原義は「棒で突き分ける」》動 他 **1** [distinguish + O] [進行形不可] …を識別する, 見分ける; …を […と] 区別する [*from*]: The two sisters were so alike that I could not *distinguish* one *from* the other. 姉妹はよく似ていたので私には区別できなかった.
2 [distinguish + O] [進行形不可; 通例 can を伴って] …がはっきりと見える [聞こえる]: I couldn't *distinguish* her in the crowd. 人込みの中だったので彼女の姿ははっきりわからなかった.
3 [distinguish + O] [進行形不可] …を特徴づける; (特徴などが) …と […との] 区別になる [*from*]: Reason *distinguishes* humans *from* the other animals. 理性が人間とほかの動物とを区別する.
4 [通例 〜 oneself] […で / …として] 有名になる, 目立つ [*by, for, in / as*] (→ DISTINGUISHED): He *distinguished* himself *as* a singer-songwriter. 彼はシンガーソングライターとして名を成した.
— 動 [進行形不可] […の間の] 区別をする, 違いを見分ける [*between*]: Can dogs *distinguish between* red and blue? 犬は赤と青を識別できますか.
(▷ 名 distínction; 形 distínct, distínctive)

dis・tin・guish・a・ble [dɪstíŋgwɪʃəbl]形 […と] 区別できる, 見分けのつく [*from*].

‡**dis・tin・guished** [dɪstíŋgwɪʃt]形 **1** […で / として] 著名な, 名高い, 有名な [*for, by, in / as*] (→ FAMOUS 類義語): a *distinguished* scientist 著名な科学者 / The singer is also *distinguished as* a writer. その歌手は作家としても有名である.
2 (容貌(鴛)・態度が) 気品 [風格] のある, 上品な.

*__**dis・tort**__ [dɪstɔ́ːrt]動 他 **1** 〈顔など〉を […で] ゆがめる, ねじる [*by, with*]: His face was *distorted with* pain. 彼の顔は苦痛でゆがんでいた. **2** 〈事実・真理など〉を(ねじ) 曲げる, 歪曲(熤)する: He deliberately *distorted* what I said. 彼は私の言ったことを故意に歪曲した.
3 〈音〉をひずませる; 〈映像〉をゆがめる.

dis・tor・tion [dɪstɔ́ːrʃən]名UC **1** (事実などを) 曲げること, 歪曲(熤). **2** (表情を) ゆがめること; (手足などの) ねじれ. **3** (音・画像などの) 歪曲, ひずみ, ゆがみ. **4** ゆがんだもの [話].

*__**dis・tract**__ [dɪstrǽkt]動 他〈注意・心など〉を […から] そらす, 散らす, 紛らす: I was *distracted from* my study by the terrible noise. 騒音がひどくて勉強に集中できなかった.

dis・tract・ed [dɪstrǽktɪd]形 […で] (心を) 取り乱した, 狂気の(ような) [*at, by, with*].
dis・tract・ed・ly [〜li]副 取り乱して.
dis・tract・ing [dɪstrǽktɪŋ]形 **1** 気が散る. **2** 気晴らしになる.
dis・trac・tion [dɪstrǽkʃən]名 **1** U 気が散ること, 気を散らすこと; C 気を散らすもの.
2 C 気晴らし, 娯楽.
3 U(C) 動揺; 乱心: His rudeness drove me to *distraction*. 彼の無作法に私は逆上した.

dis・traught [dɪstrɔ́ːt]形 […で] 心を取り乱した, 困惑した, 気も狂わんばかりの.

‡**dis・tress** [dɪstrés]名U **1** (心身の) 悩み, 苦痛, 悲しみ: We felt the keenest *distress* at our daughter's death. 私たちは娘の死で身を切るような悲しみをした / To my *distress*, my mother is ill in bed. 悲しくとも母は病気で寝込んでいる.
2 [または a 〜] […にとっての] 悩みの種 [*to*]: He is a *distress to* his parents. 彼は両親にとって悩みの種である.
3 (経済的) 困窮; 災難, 〈船・飛行機などの〉遭難: a ship in *distress* 遭難船 / He is in *distress* for money. 彼は金に困っている.
— 動 他 …を悩ます, 苦しめる; 悲しませる; [〜 oneself] […に] 心を痛める, 悩む [*about, at*]: It *distressed* me to hear about school violence. 校内暴力のことを聞いて心が痛んだ / Don't *distress yourself about* it. そんなことでくよくよするな.
◆ distréss sígnal C 遭難信号.

dis・tressed [dɪstrést]形 **1** […で / …して] 悩んでいる, 苦しんでいる [*at, with, by / to do*]: I was greatly *distressed at* his failure. 私は彼の失敗にとても心が痛んだ. **2** (格式) 困窮している: be *distressed* for money 金に困っている.
3 (家具など) わざと年代物風にした.
dis・tress・ful [dɪstrésfəl]形 = DISTRESSING.
dis・tress・ing [dɪstrésɪŋ]形 苦しめる, 悲惨な, 痛ましい: a *distressing* incident 痛ましい出来事.
dis・tress・ing・ly [〜li]副 悲惨に.

‡**dis・trib・ute** [dɪstríbjət / -bjuːt]動 他 **1** …を […に] 配る, 分配する [*to, among*], 〈商品〉を流通させる: He *distributed* textbooks *to* all the students. 彼は教科書を全生徒に配った.
2 […に] …をばらまく (scatter), 分布させる [*over*]: *distribute* seed evenly *over* the field 種を畑にむらなくまく.
3 〈品種など〉を […に] 分類する, 区分する [*into*].

dis・trib・ut・ed [dɪstríbjətɪd / -bjuːtɪd]形 **1** 分散[分布]した: Such butterflies are widely *distributed* in Asia. そのチョウはアジアに広く分布している. **2** 〘コンピュータ〙分散型の.

dis・tri・bu・tion [dìstribjúːʃən]
— 名 (複 **dis・tri・bu・tions** [~z]) **1** Ⓤ〈…への〉分配, 配給, 配布 ⦅*to, among*⦆; Ⓒ配給品: the *distribution* of profits 利益の配当 / The manager of that team decided the *distribution* of prizes *to* all the players. そのチームの監督は賞金を選手全員に分配することに決めた.
2 Ⓤ分布, 配置; Ⓒ分布区域: probability *distribution* 確率分布 / The *distribution* of clams is growing along this coast. ハマグリの分布区域はこの沿岸で拡大している. **3** Ⓤ〈商品の〉流通: the *distribution* system 流通機構.
dis・tri・bu・tion・al [-nəl] 形 分配の; 分布の.
dis・trib・u・tor [distríbjətər] 名 Ⓒ **1** 配達人, 分配者; 〈商品の〉配送(業者), 卸売り業者. **2** 〖電気〗分配器, 配電器.
dis・trib・u・tor・ship [distríbjətərʃip] 名 Ⓒ 販売会社, 販売代理店.

dis・trict [dístrikt]
— 名 (複 **dis・tricts** [-trikts]) Ⓒ **1** 〈ある特色・機能のある〉地方, 地帯, 地域: an agricultural *district* 農業地帯 / a mountainous *district* 山岳地帯 / a rural *district* 田園地帯 / the Lake *District* (England 北西部にある)湖水地方 / the Kanto *district* 関東地方.
2 (行政上など特定の目的で区分された)地区, 区域: a school *district* 学区 / an administrative *district* 行政区 / a postal *district* 郵便区.
◆ **dístrict attórney** Ⓒ 〔しばしば D- A-〕《米》地方(首席)検事, 州検察官.
dístrict cóurt Ⓒ 《米》地方裁判所.
Dístrict of Colúmbia 固〔the ~〕コロンビア特別区 (Washington, D.C.) 《米国連邦議会の所在する特別行政区で, Washington 市と同一地域; 〔略語〕 D.C.; 〔郵略語〕 DC〕.
dis・trust [dìstrʌ́st] 動 他 …を疑う, 信用しない: *distrust* one's own eyes 自分の目を疑う.
— 名 Ⓤ 〔または a ~〕疑惑, 不信(感): He has always had a *distrust* of the company. 彼はかねてからその会社に不信感を持っている.
dis・trust・ful [dìstrʌ́stfəl] 形 疑い深い, 〈…に〉容易に信じない, 〈…に〉不信の念を抱く ⦅*of*⦆.

dis・turb [distə́ːrb]
— 動 (三単現 **dis・turbs** [~z]; 過去・過分 **dis・turbed** [~d]; 現分 **dis・turb・ing** [~iŋ])
— 他 **1** …をじゃまする, 妨げる, …に迷惑をかける: Sorry to *disturb* you, but … おじゃましてすみませんが… ⦅◇仕事中の人などに話しかけるときの決まり文句⦆/ Don't *disturb* yourself. どうぞおかまいなく / I don't want you to *disturb* me while I'm reading. 読書中はじゃまをしてもらいたくない.
2 〈人〉を不安にさせる, 心配させる: The rumor *disturbed* all the players on the team. そのうわさを聞いてチームの選手全員が不安を感じた / Mary was *disturbed* to hear of Jack's car accident. ジャックの自動車事故の知らせを聞いてメアリーは落ち着かない気持ちになった.
3 〈静寂・平穏など〉を破る, 乱す; 〈書類・書籍など〉を散らかす: *disturb* the peace 治安を乱す / A gust of wind *disturbed* the papers on the desk. 突風のために机の上の書類が散らかってしまった.
— 自 (睡眠などの)じゃまをする: Don't [Do Not] *Disturb*. 《掲示》起こさないでください, 入室ご遠慮ください ⦅◇ホテルなどの部屋のドアにかけるカードの文句⦆.

*****dis・turb・ance** [distə́ːrbəns] 名 **1** Ⓤ Ⓒ じゃま(となるもの), 障害, 妨害; 騒ぎ, (社会的な)騒動: He caused [made] a *disturbance* at the party. 彼はそのパーティーの席上で騒動を引き起こした / I want a room where I can study without *disturbance*. じゃまが入らずに勉強できる部屋が欲しい. **2** Ⓤ 〈体調の不良, 機能障害; (心の)不安, 動揺; Ⓒ 心配の種: (a) digestive *disturbance* 胃腸障害, 消化不良 / mental *disturbance* 精神不安定.
dis・turbed [distə́ːrbd] 形 **1** 動揺した, 不安定な, 不穏な. **2** 神経症の, 精神障害のある, ノイローゼの.
dis・turb・ing [distə́ːrbiŋ] 形 心を動揺させる(ような); 騒がしい, 不穏な.
di・sul・fide, 《英》**di・sul・phide** [daisʌ́lfaid, -fid] 名 Ⓒ 〖化〗二硫化物.
dis・un・ion [dìsjúːnian] 名 Ⓤ 《格式》**1** 分裂, 分離. **2** 不統一, 不一致; 不和.
dis・u・nite [dìsjuːnáit] 動 《格式》他 …を分裂[分離]させる. — 自 離れる, 分裂[分離]する.
dis・u・ni・ty [dìsjúːnəti] 名 Ⓤ 《格式》不統一, 不一致; 不和 (disunion).
dis・use [dìsjúːs] 名 Ⓤ 不使用, 廃止: fall into *disuse* 使われなくなる, もう使われない.
dis・used [dìsjúːzd] 形 廃止された, すたれた.
di・syl・lab・ic [dàisiláebik, di-] 形 2音節 (two syllables) から成る, 2音節(語)の.
di・syl・la・ble [dàisíləbl, disíl-] 名 Ⓒ 2音節語.
*****ditch** [dítʃ] 名 Ⓒ 溝, 排水溝: an irrigation *ditch* 用水路.
— 動 他 **1** (不用物として)…を捨てる. **2** (通例, 受け身で)〈飛行機〉を水上に不時着させる. **3** 〖口語〗〈友人など〉を見捨てる, …との(恋愛)関係を絶つ; 〈車〉を乗り捨てる. **4** …に溝を掘る.
— 自 **1** (飛行機が)水上に不時着する. **2** 溝を掘る.
dith・er [díðər] 動 自 〔…のことで〕おろおろする, 迷う ⦅*about*⦆. — 名 〔a ~〕《英口語》(心の)動揺, 迷い: be all of [in] a *dither* おろおろしている.
dit・to [dítou] 名 (複 **dit・tos** [~z]) Ⓒ **1** 同上, 同前 ⦅◇表などで同一語句の省略に用いる (〃) または (-) の記号; 〔略語〕 do.⦆. **2** 同じこと. **3** 〔間投詞的に〕 Ditto. 疲れた—私もだ.
dit・ty [díti] 名 (複 **dit・ties** [~z]) Ⓒ (こっけい)小曲, 短い歌[詩].
di・u・ret・ic [dàijərétik / dàijuə-] 形 (薬の)利尿の, 排尿促進の. — 名 Ⓤ Ⓒ 利尿剤.
di・ur・nal [daiə́ːrnəl] 形 **1** 昼間[日中]の (↔ nocturnal). **2** 《格式》毎日[日々]の (daily).

di・va [díːvə] 名 C 有名オペラ歌手, プリマドンナ, 歌姫; 人気女性歌手.

di・van [dɪvǽn, dáɪvæn] 名 C ソファー《通例, 壁ぎわに置く背もたれ・ひじ掛けのない長いす》; =**diván bèd** ソファーベッド, 寝いす.

***dive** [dáɪv] 動 名
── 動 (三単現 **dives** [~z]; 過去 **dived** [~d], 《米》では**dove** [dóʊv]; 過分 **dived** [~d]; 現分 **div・ing** [~ɪŋ])
── ⓐ **1** [...から / ...に] (頭から) **飛び込む** [*from, off* / *into*]: He *dived* [《米》*dove*] *from* the rocks *into* the river. 彼は岩場から川へ飛び込んだ.
2 潜る, 潜水する (*down*): He *dived down* into the sea to look at the coral. 彼はサンゴを見るために海に潜った.
3 (鳥などが) 急降下する (*down*); (飛行機が) (失速して) 急降下する: The crow *dived* straight at the piece of bread on the street. カラスは通りに落ちているパンのかけらを目がけて急降下した.
4 (場所に) 飛び込む, もぐり込む, 駆け込む, 突進する: I was so tired that I *dived* into bed at once. とても疲れていたので私はすぐにベッドへもぐり込んだ.
5 [かばんなどに] 手を突っ込む [*into*]: She *dived into* her handbag to take out her ID. 彼女は身分証明書を取り出すためにハンドバッグに手を突っ込んだ[の中を探った]. **6** (株価・利益などが) 急落する. **7** [...に] 急に夢中になる [*into*].
■ *dive* **in 1** (急に物事に) 打ち込み出す. **2** [命令文で] 《口語》 食べ始める: *Dive in!* 召し上がれ.
── 名 C **1** 飛び込み (競技), ダイビング: make a *dive* off the cliff がけからダイビングする. **2** 潜水. **3** (鳥・飛行機などの) 急降下. **4** 駆け込み, 突進. **5** 《口語》 (いかがわしい) 安酒場, 安宿.

***div・er** [dáɪvər] 名 C **1** 潜水夫, ダイバー, 海女.
2 【水泳】飛び込み [ダイビング] の選手.

di・verge [dəvɚ́rdʒ, daɪ-] 動 ⓐ **1** (線・道路などが) 分かれる, 分岐する; [本題・本線から] それる [*from*] (↔ **converge**): Your opinion *diverges from* the beaten track. あなたの意見は常軌を逸している. **2** (意見などが) [...と] 異なる, 分かれる [*from*].

di・ver・gence [dəvɚ́rdʒəns, daɪ-] 名 U C
1 (道路などの) 分岐; [...からの] 逸脱 [*from*] (↔ **convergence**).
2 (意見などの) 相違: There is considerable *divergence* of opinion among us. 私たちにはかなり意見の食い違いがある.

di・ver・gent [dəvɚ́rdʒənt, daɪ-] 形 **1** (道路などが) 分かれる, 分岐する. **2** (意見などが) 異なる, 相いれない: Their views are widely *divergent* from each other. 彼らの意見ははばからばだ.

di・vers [dáɪvərz] 形 [限定用法] 《古風》 種々の, いくつかの (違った) (**various**).

***di・verse** [dəvɚ́rs, daɪ-] 形 **さまざまな**, 種々の, いろいろな; [...とは] 異なった (**different**) [*from*]: He has very *diverse* interests. 彼は実に多趣味である. (▷ 名 **divérsity**)

di・ver・si・fi・ca・tion [dəvɚ̀rsəfɪkéɪʃən / daɪ-] 名 **1** U 多様化, 雑多 (な状態). **2** U C (多様な) 変化, 変形. **3** U C (事業・経営などの) 多角化.

di・ver・si・fy [dəvɚ́rsəfàɪ / daɪ-] 動 (三単現 **di・ver・si・fies** [~z]; 過去・過分 **di・ver・si・fied** [~d]; 現分 **di・ver・si・fy・ing** [~ɪŋ]) 他 **1** ...を多様化する, 多角化する. **2** ...に変化を与える.
── ⓐ **1** 多様化する, 多角化する, [別の分野に] 進出する [*into*]: The company is trying hard to *diversify*. その会社は多角化に努めている.

***di・ver・sion** [dəvɚ́rʒən / daɪvɚ́ːʃən] 名
1 U C (注意などを) そらすもの; 牽制行動.
2 U C 《格式》 気晴らし(をすること); 気分転換; 娯楽: His only *diversion* is chess. 彼の唯一の楽しみはチェスです / You need some *diversion*. あなたには気晴らしが必要です.
3 U C わきへそらすこと, (方向の)転換; (資金の)流用, 転用, 横流し: the *diversion* of funds (away) from ... ...からの資金の流用 [横流し].
4 C 《英》 迂回路 (**detour**). (▷ 動 **divért**)

di・ver・sion・ar・y [dəvɚ́rʒənèri / daɪvɚ́ːʃənəri] 形 注意をそらせる, 牽制の: *diversionary* tactics 牽制戦術, 陽動作戦.

***di・ver・si・ty** [dəvɚ́rsəti / daɪ-] 名 (複 **di・ver・si・ties** [~z]) U 差異; C 相違点; [a ~] 多様性, 種々雑多: a *diversity* of opinions [languages] 意見 [言語] の多種多様なこと. (▷ 形 **divérse**)

***di・vert** [dəvɚ́rt / daɪ-] 動 他 **1** [...から / ...へ] 〈進路・方向・用途など〉をそらす, 変える, 迂回させる (《米》 **detour**); 〈資金・財源など〉を流用 [転換] する [*from* / *to, into*]: The dam *diverts* water *from* the channel *to* the canal. ダムは水路から運河に水を流している.
2 [...から] 〈注意・関心など〉をそらす, 目をそらせる, 転じる [*from*]: You shouldn't have *diverted* your attention *from* your baby. あなたは赤ん坊から目を離すべきではなかった / He managed to *divert* his child's interest *from* watching TV to reading. 彼は何とか自分の子供の関心をテレビから読書に転じさせることができた.
3 〈人〉の気を晴らす; 〈人〉を楽しませる: He *diverted* himself by [with] listening to music. 彼は気晴らしに音楽を聴いていた. **4** 〈電話〉を回す, 〈外線〉を内線につなぐ. (▷ 名 **divérsion**)

di・vert・ing [dəvɚ́rtɪŋ / daɪ-] 形 《格式》 気晴らしになる, 楽しい, 面白い (**amusing**).

di・vest [daɪvést, dɪ-] 動 他 《格式》 **1** 〈人〉から〈地位・権利などを〉奪う, 剥奪する [*of*]: After the incident, he was *divested of* his position. その事件のあと彼は地位を剥奪された.
2 [通例, 受け身で] ...から [ある性質を] 奪う, なくさせる [*of*].
3 〈人〉から〈衣服などを〉脱がす [*of*].
■ *divést oneself* **of ... 1** 〈もの・考え〉を放棄する, 捨てる: He won't be able to *divest himself of* the idea. 彼はその考えを捨てることができないだろう. **2** 〈衣服など〉を脱ぐ.

di・vest・ment [daɪvéstmənt, dɪ-] 名 = DISIN-

VESTMENT 負の投資.

di・vide [diváid]

— 動 (三単現 di・vides [-váidz]; 過去・過分 di・vid・ed [~id]; 現分 di・vid・ing [~iŋ])

— 他 **1** …を […に] **分ける**, 分割する (up) [into] (→ SEPARATE 類義語): *divide* the pie (*up*) *into* six slices パイを6切れに分ける / The academic year is *divided into* three terms. 学年は3学期に分かれている / The board was *divided* in two [half] by his kick. その板は彼のキックで2つに割れた.

2 …を […の間で] **分け与える**, 分配する (*up*) [*between, among*]: He *divided* his property *among* his three daughters. 彼は財産を3人の娘に分配した / We *divided* the profit (*up*) *between* us. 私たちは利益を山分けした.

3 《数学》…を […で] **割る** [*by*]; […を] …で割る [*into*] (↔ multiply): 10 *divided* by 5 is 2. 10割る5は2 / *Divide* 5 *into* 20, you get four. 20を5で割ると4になる.

4 …を […から] **隔てる**, 分離[隔離]する (*off*) [*from*]: A fence *divides* our garden *from* yours. フェンスでお宅の庭とうちの庭は隔てられている / The two towns were *divided* (*off*) by the high wall. 2つの町は高い壁で分断されていた.

5 〈人・意見など〉を**分裂**[対立]させる: The issue *divides* the party. その問題については党内の意見が分かれている.

6 …を […に] **分類**する [*into*]: All the books in the library are *divided into* fifty categories. 図書館の全蔵書は50項目に分類されている.

— 自 **1** […に] **分かれる** [*into*]: The river *divides* below the bridge. 川は橋の下流で2つに分かれる. **2** 〈意見〉が分かれる: They *divided* on this issue. この問題について彼らの意見が分かれた.

3 《数学》割り算する; […を] 割り切る [*into*], […で] 割り切れる [*by*]: 10 *divides by* 5. = 5 *divides into* 10. 10は5で割り切れる. **4** 《英》(議会で) 賛否の採決をする.

— 名 C (通例, 単数形で) **1** […の間の] 差異; 溝 [*between*]. **2** 転機. **3** 《米》分水嶺(れい).
(▷ 名 division)

di・vid・ed [diváidid] 形 分かれた, 分離した; 分裂した, 分裂した: *divided* payment 分割払い.

◆ divíded híghway C 《米》 中央分離帯のある自動車道路 (《英》 dual carriageway).

div・i・dend [dívidènd] 名 C **1** (株式の)利益配当, 配当金. **2** 《数学》被除数《割り算で割られるほうの数; cf. divisor 除数》.

■ **páy dívidends** (会社が)配当を出す; 好結果[利益]を生む; (将来)役に立つ, 得する: This invention will *pay dividends* in the near future. この発明は近い将来利益を生むであろう.

di・vid・er [diváidər] 名 C **1** 分配する人 [もの]; 間仕切り. **2** [~s] ディバイダー《線の分割などに用いるコンパス》: a pair of *dividers* ディバイダー1丁.

div・i・na・tion [dìvinéiʃən] 名 U 占い; C 予言.

*‡**di・vine** [diváin] 形 **1** [比較なし; 限定用法] **神の**, 神性の, 神の: the *divine* will 神の御心 / *divine* grace [judgment] 神の恵み[裁き] / the *Divine* Being 神 (God).

2 [比較なし; 限定用法] **神聖な** (holy); 神にささげた; 神々しい, 神のような; 非凡な: *divine* service 礼拝(式). **3** 《古風》 とてもすばらしい, すてきな 《◇主に女性がよく用いる》.

— 動 他 《文語》…を占う, 予言する; 言い当てる, 察知する; […ということを / …かを] 予言 [予測] する [*that* 節 / 疑問詞節 [句]]: Nobody can *divine what* will happen tomorrow. あす何が起こるかだれも予測できない.

— 自 《文語》予言する, 占う; 察知する.

◆ Divíne Cómedy 固 [the ~] 『神曲』《イタリアの詩人ダンテの長編叙事詩》.

divíne ríght (of Kíngs) [the ~] 王権神授(説).

divíning ròd C 占い棒 (dowsing rod) 《かつて鉱脈・水脈の探知に用いた》.

di・vine・ly [diváinli] 副 **1** 神の力で; 神のように, 神々しく. **2** 《古風》 とてもすばらしく, 文句なく.

di・vin・er [diváinər] 名 C **1** 占い師, 易者. **2** (占い棒による)水脈 [鉱脈] 探知者.

div・ing [dáiviŋ] 名 自 潜水; 《水泳》 飛び込み, ダイビング.

◆ díving bèetle C 《昆》 ゲンゴロウ.

díving bèll C (水中作業用)つり鐘型潜水器.

díving bòard C (プールなどの) 飛び込み板 [台].

díving sùit C 潜水服.

di・vin・i・ty [divínəti] 名 (複 di・vin・i・ties [~z]) **1** U 神性, 神格. **2** C 神; [the D-] (キリスト教の) 神 (God). **3** U 神学 (theology).

di・vis・i・ble [divízəbl] 形 (通例, 叙述用法) (↔ indivisible) **1** 分けられる, 分割できる.

2 《数学》 […で] 割り切れる [*by*]: 45 is *divisible by* 5. 45は5で割り切れる.

***di・vi・sion** [divíʒən]

— 名 (複 di・vi・sions [~z]) **1** U C […への] **分割**, 分けること [*into*]; 分配: *division* of powers 三権分立 / (the) *division* of labor 分業 / the *division* of the property 財産の分配 / They decided the *division* of the work between the two groups. 彼らはその仕事を2つのグループで分けることにした.

2 C (分割された) 部分, 区分; (会社などの) **部門**, 部局, 課 (→ DEPARTMENT 関連語): We work in the company's import and export *division*. 私たちは会社の輸入出部門で働いている.

3 U C 《数学》 割り算, 除法 (↔ multiplication) (関連語) addition 足し算 / multiplication 掛け算 / subtraction 引き算): do *division* 割り算をする. **4** U C […の間の] 意見の相違, 不一致, 分裂 [*between*]. **5** C 仕切り, 境界: the *division* between the old and new parts of the town 町の旧部の地区を分ける境界. **6** C [集合的に] 《軍》師団. **7** C 《植物》(分類上の) 門. **8** C 《スポーツ》(体重・年齢・実力などの) クラス, 級. **9** C 《英》 (議会の) 採決.
(▷ 動 divide)

◆ divísion sìgn C 《数学》 割り算記号 (÷).

di・vi・sion・al [divíʒənəl] 形 [限定用法] **1** 分割 [区分] 上の; 部分的な. **2** 《軍》 師団の.

di·vi·sive [diváisiv] 形 不和 [分裂] を生じさせる, 分裂的な.
di·vi·sive·ly [〜li] 副 不和 [分裂] を生ずるように.
di·vi·sor [diváizər] 名 C 《数学》除数《割り算で割るほうの数; cf. dividend 被除数》; 約数: the greatest common *divisor* 最大公約数.

‡**di·vorce** [divɔ́ːrs] 名 **1** U C […との] 離婚 [*from*] (↔ marriage): He got [obtained] a *divorce from* his wife. 彼は妻と離婚した.
2 C 《通例, 単数形で》[…の] (完全な) 分離, 絶縁 [*between*].
— 動 他 **1** 〈夫 [妻]〉と離婚する, 〈夫婦〉を離婚させる (↔ marry): My friend *divorced* her husband. 私の友人は夫と離婚した. **2** …を [… から] (完全に) 分離する [*from*].
— 自 〈夫婦が〉離婚する: They (got) *divorced*. 彼らは離婚した.

di·vor·cé [divɔ̀ːrséi / -síː] 《フランス》名 C 離婚した男性.

di·vorced [divɔ́ːrst] 形 **1** […と] 離婚した [*from*]. **2** […から] 遊離した [*from*]: Your thinking is *divorced from* reality. 君の考えは現実離れしている.

di·vor·cée, di·vor·cee [divɔ̀ːrséi / -síː] 《フランス》名 C 離婚した人 (◇特に女性).

di·vot [dívət] 名 C 《ゴルフ》ディボット《アイアンショットなどで削り取られた芝生の1片》.

di·vulge [dəvʌ́ldʒ / dai-] 動 他 《格式》〈秘密など〉を〈人に〉漏らす, 暴露する [*to*]; […ということを / that 節 / 疑問節] 〈人に〉あばく, 暴露する.

div·vy [dívi] 動 (三単現 **div·vies** [〜z]; 過去・過分 **div·vied** [〜d]; 現分 **div·vy·ing** [〜iŋ]) 他 《口語》…を分配する, 山分けする (*up*).
— 名 (複 **div·vies** [〜z]) C U 分け前, 分配; 配当.

Dix·ie [díksi] 名 **1** 自 《米口語》米国南部諸州 (Dixieland). **2** U ディキシー《南北戦争中に南部で流行した行進歌》.

Dix·ie·land [díksilænd] 名 U **1** 《しばしば d-》= Dixieland jazz デキシーランド《米国 New Orleans で生まれたジャズ》. **2** = DIXIE (↑).

DIY, D.I.Y. 《英略語》= DO-IT-YOURSELF 日曜大工 (の).

diz·zi·ly [dízili] 副 目まいがするように, くらくらと.
diz·zi·ness [dízinəs] 名 U 目まい, 幻惑.

*****diz·zy** [dízi] 形 (比較 **diz·zi·er** [〜ər]; 最上 **diz·zi·est** [〜ist]) **1** 《通例, 叙述用法》目まいがする, ふらふらする: feel *dizzy* 目が回る. **2** 《限定用法》〈高さ・速さなどが〉目もくらむような: a *dizzy* height [speed] 目もくらむような高さ [スピード].
3 《口語》注意散漫な; 忘れっぽい.
— 動 (三単現 **diz·zies** [〜z]; 過去・過分 **diz·zied** [〜d]; 現分 **diz·zy·ing** [〜iŋ]) 他〈人〉(の) 目をくらくらさせる, 混乱させる.

DJ, D.J. 《略語》= *d*isc *j*ockey; *d*inner *j*acket.
Dja·kar·ta [dʒəkɑ́ːrtə] 名 = JAKARTA.
djin·ni [dʒíni] 名 (複 **djinn** [dʒín]) = JINNI.
dl. 《略語》= *d*eci*l*iter(s).
DLitt, DLit, D. Litt., D. Lit. [díːlít] 《ラテン》《略語》文学博士 (Doctor of Literature [Letters]).

d−n [díːn, dǽm] → DAMN 動 3.
DNA 《略語》名 U = *d*eoxyribo*n*ucleic *a*cid 《生化》デオキシリボ核酸《遺伝子の基本構成要素》.
◆ **DNÁ fingerprínting** U DNA 指紋 [鑑定] 法.
DNÁ tèst C DNA 検査.
DNÁ tèsting U DNA 検査法.

*****do[1]** [(弱) du, də, d; (強) dúː]
《助動》名

❶ 助動詞
■ 否定文を作る (→ 助動 1)
We <u>don't</u> work on Saturdays.
(私たちは土曜日は働かない)

■ 疑問文を作る (→ 助動 2)
<u>Does</u> she play the guitar well?
(彼女はギターを弾くのが上手ですか)

■ 否定の命令文を作る (→ 助動 3)
<u>Don't</u> be noisy here. (ここで騒ぐな)

■ 述語動詞を強調する (→ 助動 4)
He <u>does</u> look pale today.
(彼はきょうは本当に顔色が悪い)

■ 代動詞 (→ 助動 6, 7)
Do you <u>play tennis</u>? — Yes, I <u>do</u>.
疑問文に対する答え
(あなたはテニスをしますか — はい, します)

■ 付加疑問 (→ 助動 8)
You like dogs, <u>don't you</u>?
(あなたは犬が好きなんですね)

■ 相づち (→ 助動 9)
I like tofu. — Oh, <u>do you</u>?
(私は豆腐が好きです — ああ, そうですか)

❷ 動詞
■ 他動詞「…をする」(→ 動 他 1)
What can I <u>do</u> for you?
(私はあなたのために何ができるでしょうか)

■ 自動詞「役立つ, 間に合う」(→ 動 自 3)
These shoes will <u>do</u> for running.
(この靴はランニングにとてもよい)

— 助動 (三単現 **does** [(弱) dəz; (強) dʌ́z]; 過去 **did** [(弱) did; (強) díd])

[語法] (1) be 動詞・助動詞以外の一般動詞の原形と共に用いる.
(2) 他の助動詞と異なり, 特に日本語に訳すような意味はない.

Ⅰ 《否定・疑問・強調》

1 《否定文を作る》I *do* not [*don't*] know his telephone number. 私は彼の電話番号を知らない. / She *does* not [*doesn't*] have any knowledge about baseball. 彼女には野球の知識がまったくない (= 《主に英》 She has not any knowledge about baseball.) / Bill *did* not [*didn't*] go to school that day. ビルはその日学校へ行かな

do¹

かった.

2 [疑問文を作る]: ***Do*** you like Mozart? モーツァルトはお好きですか / ***Do*** you have a bike? 自転車を持っていますか (=《主に英》Have you a bike?) / ***Does*** Joe play basketball? ジョーはバスケットをしますか / ***Did*** Mary know you were sick? メアリーはあなたが病気だったことを知っていましたか / Which subject ***do*** you like best? どの科目が一番好きですか.

[語法] 疑問代名詞が主語の場合には do を用いない: Who painted this picture? だれがこの絵をかいたのですか.

3 [否定の命令文を作る]《◇この用法では be と共に用いることもできる》: ***Don't*** [***Do not***] leave your room without permission. 許可なしで部屋を出てはいけない / ***Don't*** be discouraged. がっかりしないで / ***Don't*** (you) shout at me! 私にどなるな《◇主語の you を付けるほうが強意的》.

4 [述語動詞を強調する]《◇ do を強く発音する》: I ***do*** feel sorry for Tom. トムのことは本当に気の毒に思う / You should have told me yesterday. — I ***did*** tell you yesterday! 君はきのう私に言ってくれるべきだったね — きのうちゃんと言ったじゃないか.

[語法] 命令文に用いると強い勧誘・依頼などを表す. また, be で始まる命令文に用いることもできる: ***Do*** get in. さあ, お入りください / ***Do*** be frank. さあ, 素直に言いなさい.

5 [倒置]《文語》《◇副詞(句)などが強調のために文頭に置かれた場合に用いる》: Seldom ***do*** I go to church. 教会へはめったに行かない / Never ***did*** I dream that I would meet her there. 彼女にそこで会うなんて夢にも思わなかった.

II [代動詞] [dúː] (三単現 **does** [dʌz]; 過去 **did** [díd]; 過分 **done** [dʌ́n]; 現分 **do・ing** [〜iŋ])《◇ be 動詞・助動詞以外の一般動詞の繰り返しを避けるために用いる》

6 [先行する述語動詞の代わりに]: She usually thinks the same as I ***do***. 彼女はたいてい私と同じように考える (◇ do＝think) / He plays the violin better than he ***does*** the piano. 彼はピアノを弾くよりもバイオリンを弾くほうがうまい (◇ does＝plays).

[語法] (1) 目的語を含む述部全体の代わりに用いることもできる: I always drink green tea before breakfast. My wife never ***does***. 私はいつも朝食の前にお茶を飲む. 妻は決してそういうことはしない (◇ does＝drinks green tea before breakfast).

(2) 同じ主語について前に述べられた同じ行為を表す場合は do so [it, that] を用いる: If you want to go there alone, you can ***do so***. もしそこに 1 人で行きたいのならそうしてもいいよ (◇ do so＝go there alone).

7 [疑問文に対する答えの文で]: Do you like Brahms? — Yes, I ***do***. ブラームスはお好きですか — はい, 好きです (◇ do＝like Brahms) / Does she play the violin? — Yes, she ***does***. 彼女はバイオリンを弾きますか — ええ, 弾きます (◇ does＝plays the violin) / Who broke the window? — Tom ***did***. だれが窓ガラスを割ったの — トムです (◇ did＝broke the window).

8 [付加疑問で]《◇付加疑問については → QUESTION 語法》: You play golf on weekends, ***don't*** you? 週末はゴルフをするんでしょう / They didn't watch that movie, ***did*** they? 彼らはあの映画を見なかったんですね.

9 [相づちを打ったり, 関心・懸念・不信などを表して] 《◇下降調 (↘) で言うと相づちとなり, 上昇調 (↗) で言うと疑いなどを表す》: I like classical music. — Oh, ***do*** you? 私はクラシック音楽が好きです — ああ, そう / I didn't go to the concert. — Oh, ***did***n't you? コンサートには行きませんでした — おや, そうでしたか.

10 [so, neither などで始まる応答文で]: I like tennis. — ***So do*** I. 私はテニスが好きです — 私もです (◇ So do I.＝I like tennis, too.) / I don't like winter. — ***Neither do*** I. 私は冬がきらいです — 私もです (◇ Neither do I.＝I don't like winter, either.).

— 〔他〕 [dúː] (三単現 **does** [dʌz]; 過去 **did** [díd]; 過分 **done** [dʌ́n]; 現分 **do・ing** [〜iŋ])

— 〔他〕 **1** [do＋O] (漠然と) …を**する**, 行う: ***Do*** something! 何かやりなさい / What are you ***doing***? 何をしているのですか / I don't know what to ***do***. 何をしたらよいかわからない / All you have to ***do*** is (to) go there. あなたはそこに行きさえすればよい / What I want to ***do*** is to see her. 私が望んでいるのは彼女に会うことです / What can I ***do*** for you? 何かお探しですか.

2 [do＋O] 〈動作・行動など〉を**する**, 行う《◇目的語には動作・行動を表す名詞または「the [one's, some, any など]＋doing」が来る》: ***do*** research into French literature フランス文学を研究する / ***do*** the cooking 料理をする / She ***did*** some shopping at that store yesterday. 彼女はきのうその店でちょっと買い物をした.

3 [do＋O] …を**処理する**《◇意味は目的語によって変わる》: ***do*** one's teeth 歯を磨く (＝brush one's teeth) / ***do*** one's face 化粧をする / ***do*** the dishes 皿を洗う (＝wash up the dishes) / ***do*** the garden 庭の手入れをする / ***do*** fish very well 魚を上手に調理する / I don't like the way the barber has ***done*** my hair. その理容師の整髪のしかたが私は気に入らない.

4 [do＋O] 〈任務など〉を**果たす**, 務める;《口語》〈刑期〉を務める: ***do*** one's duty 義務を果たす / He ***did*** his best. 彼は最善をつくした.

5 [do＋O] [通例, 完了形または受け身で] …を**終える**, 仕上げる: Get your article ***done*** in time. 時間内に記事を書き終えなさい / Well begun *is* half ***done***.《ことわざ》初めがよければ半分終わったも同然だ.

6 [do＋O＋O / do＋O＋to [for] …] 〈人など〉に〈利益・損害など〉を**与える**, もたらす: It will ***do*** you good. それは君のためになる / It wouldn't ***do*** you any harm to help us. 君が私たちに手を貸したって何の損にもならないだろう / Will you ***do*** me a favor? ＝Will you ***do*** a favor *for* me? お願いがあるのですが.

do¹

7 (職業として)…をする: What do you *do* (for a living)? — I'm a freelance writer. お仕事は何ですか—フリーライターです.
8 …を作る, こしらえる (◇意味は目的語によって変わる): *do* many books 多くの書物を著す / *do* a portrait of her 彼女の肖像画を描く / *do* Shakespeare into Japanese シェイクスピアの作品を日本語に訳す / They will *do* a special program on Christmas Day. 彼らはクリスマスに特別番組を放送する.
9 《口語》…を勉強する, 専攻する; 〈作家・本〉を研究する; 〈問題など〉を解く: She *did* economics at London University. 彼女はロンドン大学で経済学を専攻した / Can you *do* crosswords? クロスワードパズルができますか.
10 〈役〉を演じる; 〈人の仕草・アクセント〉をまねる: She *did* the part of the heroine on that drama. 彼女はそのドラマで主人公を演じた.
11 〈場所〉を見物する, 見て回る: You can't *do* Kyoto in a day or two. 京都を1日や2日では見物できない.
12 〈距離〉を行く, 進む; 〈…の速度〉で進む: My car *does* only 8 kilometers to the liter. 私の車はリッターあたり8キロしか走らない.
13 [will を伴って] 〈人〉の必要を満たす, 役立つ: Will 5,000 yen *do* you? — Yes, that will *do* me nicely. 5,000円でいいですか—はい, 十分間に合います.
14 〈サービスなど〉を提供する; 〈人〉をもてなす: Our hotel *does* breakfast from six till ten. 当ホテルでは朝食を6時から10時までご提供しています.
15 《英口語》〈人〉をだます.
16 《英口語》〈人〉を罰する: I got *done* for speeding. スピード違反で罰せられた.
17 《口語》〈麻薬〉をやる, 常用する: I don't *do* drugs. ぼくは麻薬はやらない.

— 自 **1** する; 活動する, ふるまう: Don't talk. Only *do*. おしゃべりはやめて行動しなさい / Why can't you *do* as you are told? どうして言われた通りにできないの / When in Rome, *do* as the Romans *do*.《ことわざ》ローマにいるときはローマ人と同じようにふるまえ⇒郷に入っては郷に従え.
2 [well, badly などの副詞を伴って] 暮らす, やっていく; 〈物事が〉運ぶ: *do* nice to … …に親切にする / She is *doing* well [badly] at school. 彼女は学校の成績がよい[悪い] / Both mother and baby are *doing* well. (出産後)母子ともに順調[元気]です / How are you *doing*? 調子はどうですか, 元気ですか.
3 [通例 will を伴って] 役立つ, 十分である, 間に合う: Will next Tuesday *do* for our meeting? 会合は今度の火曜日でよろしいでしょうか / These shoes won't *do* for climbing. この靴では登山は無理だろう / What would you like to drink? — Anything will *do*. 何をお飲みになりますか—何でも結構です / That will *do*! もうたくさんでしょ, もうやめなさい.
4 〈進行形で〉《口語》起こっている, 行われている: He came to ask what *was doing*. 彼は何が起こっているのか尋ねて来た.

句動詞 **do awáy with …** 他 **1** …を除く (get rid of), 廃止する: That school should *do away with* its old rules and regulations. あの学校は古い規則を廃止するべきです. **2** 《口語》…を殺す; 始末する.

dó by … 他 [通例 well, badly などの副詞を伴って]〈人〉を扱う, 面倒を見る: A good teacher always *does* well *by* his or her students. よい教師は教え子の面倒をよく見るものである.

dò dówn 他 [do down+O / do+O+down]《英口語》 **1**〈人〉をだます. **2**〈人〉のかげ口をたたく.

dó for … **1** …の代わりになる (→ 他 **3**): This log will *do for* a bench. この丸太はベンチの代わりになる. **2** 《口語》…の身の回りの世話をする: Mrs. Green has *done for* us for over 20 years. グリーン夫人は20年以上も私たちの身の回りの世話をしてくれている. **3** [how, what で始まる疑問文で]…を何とか手に入れる: How [What] did you *do for* coal during the miners' strike? 炭鉱ストの間どうやって石炭を手に入れたのですか. **4**《英口語》…を殺す.

dò ín 他 [do in+O / do+O+in]《口語》
1 …を殺す: She was so depressed she felt like *doing* herself *in*. 彼女はひどく落ち込んで自殺したい気分だった. **2** [通例, 受け身で]…をへとへとに疲れさせる: Come in and sit down. You look *done in*. 中に入って休みなさい. 疲れた顔しているよ.

dò óut 他 [do out+O / do+O+out]《口語》…をきれいに片づける: You have to *do out* your desk drawers. あなたは机の引き出しをきれいに片づけなければならない.

dò … óut of ~ 他《口語》〈金・機会・権利など〉を〈人〉から奪う: She was *done out of* her promotion. 彼女は昇進のチャンスを奪われた.

dò óver 他 [do over+O / do+O+over]
1《米口語》〈課題など〉をやり直す: This composition is full of mistakes, (so) you will have to *do it over*. この作文は間違いが多いから書き直さなければならないだろう. **2** …をきれいに改装する. **3**《英口語》…をたたきのめす.
4《俗語》〈場所〉から盗む.

dò úp 他 [do up+O / do+O+up] **1**〈ボタンなど〉をとめる, 〈靴のひも〉を締める: She asked me to *do up* her dress at the back. 彼女は私に服の背中のボタンをかけてくださいと頼んだ.
2 …を改装[修理]する: We have to *do* this room *up* before we rent it to her. 私たちはその部屋を彼女に貸す前に改装しなければならない. **3** …を包装する (wrap): Please *do up* these books and post them to Mr. Smith. この本を包装してスミスさんに送ってください. **4**〈人〉を着飾らせる: She *did* herself *up* for the date. = She was *done up* for the date. 彼女はデートのためにめかし込んだ.

dó with … 他 **1** [could, can を伴って]…が必要である, 欲しい: I could *do with* a glass of water. 水が1杯欲しいわね. **2** [疑問詞 what を伴って]…を処理する, 扱う: What did you *do*

do²

with the money? その金をどうしたのですか / When she is alone, she doesn't know what to *do with* herself. 1人ぼっちにされると彼女はどうしたらいいのかわからない / What did you *do with* my coat? –I've put it on the hanger. 私のコートはどうしましたか—ハンガーにかけておきました. **3**〖通例,否定文で〗…を我慢する: I can't *do with* waiting for her any longer. もうこれ以上彼女を待つのは耐えられない. **4**〖通例 can, have to を伴って〗…で済ませる: I had to *do with* 300 yen for lunch. 私は300円で昼食を済まさなければならなかった.

dó withòut ... ⓗ **1**〖通例 can, have to を伴って〗…なしで済ませる: I have to *do without* sweets because I'm dieting now. 私は今ダイエット中なので甘い物なしで済まさなければならない / He can't *do without* her. 彼は彼女がいなければ何もできない. **2** 〖can, could を伴って〗…がなくてもよい: I can *do without* your help. 私はあなたの助けなどいらない. —ⓘ なしで済ませる: If there is no car, I'll *do without*. 車がなければなしで済ませます.

■ *be dóne fòr* → DONE 成句.
be dóne in [úp] → DONE 成句.
be [have] dóne with ... → DONE 成句.
be to dó with ... =have to do with ... (→ HAVE ⓗ 成句).
be ~ to dó with ... =have ~ to do with ... (→ HAVE ⓗ 成句).
hàve to dò with ... → HAVE ⓗ 成句.
hàve ~ to dò with ... → HAVE ⓗ 成句.
Hów do you dó? → HOW 成句.
màke ... dó = *màke dó with ...* 〘口語〙…で何とか済ませる, 間に合わせる (do with ...): We haven't got any beef, so we'll have to *make do with* chicken. 牛肉がないので鶏肉で間に合わせなくてはならない.
màke dó withòut ... 〘口語〙…なしで済ませる (do without ...).
Thát dóes it! 〘口語〙もう十分だ; もうたくさん[結構]だ.
What is ... dòing ~? どうして…が~にある[いる]のか: *What's* my camera *doing* in your room? 私のカメラがどうしてあなたの部屋にあるんだ.

—图[dúː]〘複 do's, dos [~z]〙ⓒ **1**〘口語〙パーティー, 宴会; 催し. **2**〘米口語〙〘女性の〙ヘアスタイル (hairdo). **3**〘英俗語〙詐欺, ごまかし.

■ *dós and dón'ts*〘口語〙すべきこととすべきでないこと, 規則.

do² [dóu] 图〘複 dos [~z]〙Ⓤⓒ〖音楽〗ド《ドレミ音階の1番目の音》.

do. [dítou]〘略語〙=ditto.

Do·ber·man (pin·scher) [dóubərmən (pínʃər)] 图 ⓒ ドーベルマン《ドイツ原産の大型犬. 番犬・警察犬などに用いる》.

doc [dák / dɔ́k] 图 ⓒ〘米口語〙医師, 先生 (doctor) 《◇しばしば呼びかけに用いる》.

doc·ile [dásəl / dóusail] 圏 素直な, 従順な; 訓練しやすい.

doc·ile·ly [~li] 圖 素直に.

do·cil·i·ty [dɑsíləti / dousíləti] 图 Ⓤ 素直, 従順, おとなしさ; 教えやすさ.

‡**dock¹** [dák / dɔ́k] 图 ⓒ **1** ドック, 船渠(きょ)《船の修理や建造をする施設》; 〖通例 ~s〗ドック地域: a dry [graving] *dock* 乾ドック / a floating *dock* 浮きドック / a wet *dock* 係船ドック / a *dock* worker 港湾労働者.
2《米》波止場, 埠頭(ふとう).
■ *in dóck* **1**《船が》ドックに入って. **2**《英口語》《人が》入院中で; 《車などが》修理中で.
—働 ⓗ **1**《船》をドックに入れる; 《船》を埠頭に着ける. **2**《宇宙船》をドッキングさせる.
—ⓘ **1**《船が》ドックに入る; 埠頭に着く. **2**《宇宙船が》[…と]ドッキングする (*with*).

dock² 图〖the ~〗〘刑事法廷の〙被告席: be in the *dock* 被告席に着いている; 非難を受けている.

dock³ 働 ⓗ **1**《動物の尾・毛など》を短く切る.
2《費用・食料など》を切り詰める, 節約する. **3**《人》から[…を]奪う, 減らす (*of*); 〖賃金・得点などから〗…を減らす, さし引く (*from, off*): *dock* $20 *from* his pay 彼の給料から20ドルをさし引く.

dock·er [dákər / dɔ́kə] 图 ⓒ 《英》港湾〘荷揚げ〙労働者 (《米》longshoreman, stevedore).

dock·et [dákit / dɔ́k-] 图 ⓒ **1**《英》《書類・小包に付ける》内容摘要, 明細書; 荷札. **2**《米》訴訟事件《日程》表, 審理予定表.
—働 ⓗ **1**《判決など》を摘要書に記入する.
2《文書》に内容摘要を付ける; 《小包》に荷札を付ける.

dock·land [dákland / dɔ́k-] 图 **1** Ⓤⓒ〖しばしば ~s〗《英》波止場地域. **2**〖the D-〗⑧ ドックランド《ロンドン東部, テムズ河岸の再開発地域》.

dock·side [dáksaid / dɔ́k-] 图〖the ~〗波止場近辺, 波止場に隣接する地域.

dock·yard [dákjɑːrd / dɔ́k-] 图 ⓒ 造船所.

***doc·tor** [dáktər / dɔ́ktə] 图 働
—图《複 doc·tors [~z]》ⓒ **1**《一般に》医師, 医者《略語》Dr.)《◇《英》では通例, 内科医 (physician) をさす. 《米》では歯科医 (dentist) や獣医 (veterinarian) もさす》: go to the *doctor('s)* 診察を受けに行く / be under a *doctor's* care [《英口語》the *doctor*] 医師にかかっている / send for a *doctor* 医師を呼びにやる / You should see [consult] a *doctor* about your stomachache. あなたの腹痛は医師に診てもらうべきです / I have a fever, *doctor*. 先生, 熱があります / My dentist is *Doctor* Smith. 私のかかりつけの歯科医はスミス先生です.
2 博士, 博士号《略語》Dr.): a *Doctor* of Medicine [Literature] 医学[文学]博士 / *Doctor* of Philosophy 博士(号)《略語》Ph.D.) / take a *doctor's* degree 博士号を取る.
3《口語》修理屋.
—働 ⓗ **1**《報告書・証拠など》を不正に[勝手に]変更する. **2**《飲食物》に[毒・薬など]を混ぜる.
3《主に英》《動物》を去勢する. **4**《人・病気》を治療する.

doc·tor·al [dáktərəl / dɔ́k-] 圏〖限定用法〗博士の, 博士号の: a *doctoral* degree 博士号 (= a

doc·tor·ate [dάktərət / dɔ́k-] 名 博士号.

doc·tri·naire [dὰktrinéər / dɔ̀k-] 形《格式》空理空論の; 純理論的な; 非現実的な.

doc·tri·nal [dάktrinəl / dɔktráinəl] 形《限定用法》教義 [教理] (上)の. (▷ 名 dóctrine)

‡**doc·trine** [dάktrin / dɔ́k-] 名 U C **1** 教義, 教理: the Christian *doctrine* キリスト教の教義. **2**《米》(政策上の)主義. (▷ 形 dóctrinal)

‡**doc·u·ment** [dάkjəmənt / dɔ́k-]《☆との発音の違いに注意》名 C 文書, 文献, 記録; 証書: an official [a public] *document* 公文書.
— 動 [-mènt] 他 **1** …を詳細に記録する. **2** …に証拠書類を提供する; …を文書で証明する.

*****doc·u·men·ta·ry** [dὰkjəméntəri / dɔ̀k-] 名 (複 **doc·u·men·ta·ries** [~z]) C …に関する [についての] 記録作品, ドキュメンタリー (映画) [*on*, *about*].
— 形 《比較なし; 限定用法》 **1** 文書の, 書類の; 証書の: *documentary* evidence 証拠書類. **2** 事実を記録した: a *documentary* film 記録映画.

doc·u·men·ta·tion [dὰkjəməntéiʃən / dɔ̀k-] 名 U **1** 証拠書類調べ; 文書による証明; 文書化. **2** 公式文書証拠書類.

dod·der [dάdər / dɔ́də] 動 自 (老齢などで)よろよろする, よろめきながら歩く.

dod·der·ing [dάdəriŋ / dɔ́d-] 形《口語》(老齢などで)よろよろした, よぼよぼの, ふらつく.

dod·der·y [dάdəri / dɔ́d-] 形 (比較 **dod·der·i·er** [~ər]; 最上 **dod·der·i·est** [~ist]) = DODDERING (↑).

dod·dle [dάdl / dɔ́dl] 名 C (通例, 単数形で)《英口語》簡単な仕事, 楽にできること.

*****dodge** [dάdʒ / dɔ́dʒ] 動 他 **1** …からすばやく[ひらりと]身をかわす, 避ける: *dodge* a blow 強打をさっとかわす. **2**《口語》質問・義務・困難などを巧みに回避する, はぐらかす: *dodge* one's responsibility 責任を巧みに回避する.
— 自 **1** ひらりと身をかわす. **2**《口語》巧みに言い逃れる, ごまかす.
— 名 C **1**《通例 a ~》身をかわすこと: make a *dodge* 身をかわす. **2**《口語》言い逃れ, ごまかし: a tax *dodge* 税金逃れ.
◆ **dódge báll** U ドッジボール.

dodg·er [dάdʒər / dɔ́dʒə] 名 C **1** すばやく身をかわす人. **2**《口語》ごまかしのうまい人, ペテン師.

dodg·y [dάdʒi / dɔ́dʒi] 形 (比較 **dodg·i·er** [~ər]; 最上 **dodg·i·est** [~ist])《英口語》**1**(計画などが)危ない, 危険そうな. **2** (人が)信頼できない.

do·do [dóudou] 名 (複 **do·does**, **do·dos** [~z]) C **1**〖鳥〗ドードー《飛べない大きな鳥. 17世紀末に絶滅》. **2**《米口語》時代遅れの人; 間抜け, のろま.
■ *(as) déad as a* [*the*] *dódo*《口語》完全に死滅して; すっかり忘れ去られて; 時代遅れで.

doe [dóu] 名 (複 **does** [~z], **doe**) C **1** 雌ジカ (→ DEER 関連語). **2** (ウサギ・羊・ヤギなどの)雌 (↔ buck).

do·er [dúːər] 名 C **1**《ほめ言葉》行為者, 実行家 (cf. talker 口先だけの人); やり手. **2**《複合語で》…する人: an evil-*doer* 悪人.

‡**does** [(弱) dəz; (強) dʌ́z] 助動 動
— 助動 **do¹**の3人称単数現在形: *Does* she often go to a beauty shop? 彼女はよく美容院に行きますか / He *does* not drink or smoke. 彼は酒もたばこもやらない / Your father *does* not play golf, *does* he? あなたのお父さんはゴルフをしないんでしょう《◇付加疑問》/ No one works as hard as she *does*. 彼女ほど一生懸命働く者はいない《◇代動詞》/ She *does* want to be an artist. 彼女は心の底から絵かきになりたがっている《◇動詞 want の強調》.
— 動 **do¹**の3人称単数現在形.

doe·skin [dóuskin] 名 **1** U C 雌ジカの皮. **2** U ドスキン《雌ジカの毛皮に似せた高級毛織物》.

‡**does·n't** [dʌ́znt] 《短縮》 **does not** の短縮形: He *doesn't* study every day. 彼は毎日勉強するわけではない / *Doesn't* he belong to the club?—No, he *doesn't*. 彼はその部に所属していないのですか—はい, (所属)していません / She studies French, *doesn't* she? 彼女はフランス語を勉強しているんですね《◇付加疑問》.

doff [dάf / dɔ́f] 動 他《古風》〈衣服など〉を脱ぐ.

‡**dog** [dɔ́ːg / dɔ́g] 名
— 名 (複 **dogs** [~z]) C **1** 犬 (→ p.459 図; 鳴き声は→ CRY 表); 雄犬《関連語》female dog, bitch 雌犬 / puppy, pup 子犬》: have [keep] a *dog* 犬を飼う / I walk my *dog* every morning. 私は毎朝犬を散歩させる / Let sleeping *dogs* lie.《ことわざ》眠っている犬はそのままにしておけ⇒触らぬ神にたたりなし / Barking *dogs* seldom bite.《ことわざ》ほえる犬はめったにかみつかない⇒やたら脅しを言う人は怖くない.

《関連語》いろいろな dog

guide dog, Seeing Eye dog 盲導犬 / hunting dog 猟犬 (hound) / police dog 警察犬 / sheep dog 牧羊犬 / stray dog 野良犬 / watchdog, guard dog 番犬

《背景》欧米では犬は「人間の最良の友」であり, 「忠実」の象徴とされている. しかし, その生活はみじめなものと考えられ, 悪い意味の表現に用いられることも多い. (→成句).

2 イヌ科の動物の雄. **3**《口語》くだらないやつ; 《形容詞を伴って》…なやつ: He is a dirty *dog*. 彼は卑劣なやつだ. **4**《米口語》ひどい代物. **5**《the ~s》《英口語》(特にグレーハウンドの)ドッグレース.
■ *a dòg in the mánger* 意地悪な人.《由来》『イソップ物語』で, 自分は食べないのに, かいばおけの中に居座って牛にかいばを食べさせまいとした犬から》
a dóg's lífe《口語》みじめな生活.
díe like a dóg = *díe a dóg's déath* みじめな[哀れな]死に方をする.
dóg èat dóg 激烈な争い, 仲間争い.
gó [*be góing*] *to the dógs*《口語》落ちぶれる, 堕落する.
nót hàve a dóg's chánce《口語》[…できる]見込みがまったくない [*of doing*].
pùt ón the dóg《米・古風》見栄[虚勢]をはる.

— 動 (三単現 **dogs** [~z]; 過去・過分 **dogged** [~d]; 現分 **dog·ging** [~iŋ]) 他 **1** (けがなどが)〈人〉を悩ます. **2**〔しばしば受け身で〕(不運などが)…に付いて回る, 付きまとう. **3** (犬のように)〈人〉のあとをつける.

■ *dóg ít*《米口語》最大限の努力をしない.

◆ dóg bíscuit C 犬用のビスケット.

dóg còllar C 犬の首輪;《口語》牧師のカラー.

dóg dàys [the ~]《文語》**1** 土用, 暑中《7月3日–8月11日;シリウス(Dog Star)が太陽と共に昇る時期》. **2** 夏のうだるような暑い日々.

dóg pàddle U 犬かき(泳ぎ).

Dóg Stàr [the ~]【天文】シリウス, 天狼(ﾃﾝﾛｳ)星(Sirius)《大犬座の主星で見かけ上一番明るい恒星》.

dog·cart [dɔ́:gkà:rt / dɔ́g-] 名 C **1** 軽装二輪馬車. **2** 犬に引かせる小型二輪車.

doge [dóudʒ] 名 C ドージェ《昔のベニス・ジェノア両共和国の総督》.

dóg-èared 形 (本などの)ページのすみが折れた.

dog·fight [dɔ́:gfàit / dɔ́g-] 名 C **1** 熾烈(ｼﾚﾂ)な戦い;乱闘;犬のけんか. **2** (戦闘機同士の)空中戦, 乱戦.

dog·fish [dɔ́:gfìʃ / dɔ́g-] 名 (複 **dog·fish, dog·fish·es** [~iz]) C【魚】小型のサメ《ツノザメ・ホシザメ・トラザメなど》.

dog·ged [dɔ́:gid / dɔ́g-] 形〔通例, 限定的用法〕《ほめ言葉》根気強い, 不屈の;頑固な: with **dogged** determination 固い決意で.

dog·ged·ness [~nəs] 名 U 根気強さ;頑固(さ).

dog·ged·ly [dɔ́:gidli / dɔ́g-] 副 根気強く;頑固に.

dog·ger·el [dɔ́:gərəl / dɔ́g-] 名 U 下手な詩.

dog·gie, dog·gy [dɔ́:gi / dɔ́gi] 名 (複 **dog·gies** [~z]) C 小犬;《幼児》わんわん.

◆ dóggie [dóggy] bàg C 持ち帰り袋《レストランなどでの食べ残しを持ち帰るための袋[容器]. 犬にやるという口実で持ち帰ったことから》.

dog·house [dɔ́:ghàus / dɔ́g-] 名 C《米》犬小屋(《英》kennel).

■ *bé in the dóghouse*《口語》嫌われている, 面目を失っている.

do·gie [dóugi] 名 C《米》(群れの中で)親のいない子牛.

dog·leg [dɔ́:glèg / dɔ́g-] 名 C **1** 急角度〔くの字形〕に曲がった道[コース]《犬の後脚に形が似ていることから》. **2**【ゴルフ】ドッグレッグ《フェアウェーの屈曲部》.

*__dog·ma__ [dɔ́:gmə / dɔ́g-] 名 (複 **dog·mas** [~z], **dog·ma·ta** [-tə]) **1** C U 教義, 教理, ドグマ;信条. **2** C 独断的な考え[意見].

dog·mat·ic [dɔ:gmǽtik / dɔg-] 形 **1** 教義上の, 教義に基づく, 教理の. **2**《通例, 軽蔑》独断的な;押しつけがましい.

dog·mat·i·cal·ly [-kəli] 副 教義上に;独断的に.

dog·ma·tism [dɔ́:gmətìzəm / dɔ́g-] 名 U《通例, 軽蔑》独断主義, 独断的態度;教条主義.

dog·ma·tist [dɔ́:gmətist / dɔ́g-] 名 C《軽蔑》独断的な人, 独断家;教条主義者.

dog·ma·tize [dɔ́:gmətàiz / dɔ́g-] 動 自 [...について]独断的な主張をする [*about*].

do-good·er [dú:gùdər / dù:gúdə] 名 C《口語・しばしば軽蔑》おせっかいを焼く人, (独りよがりの)慈善家.

dogs·bod·y [dɔ́:gzbàdi / dɔ́gzbɔ̀di] 名 (複 **dogs·bod·ies** [~z]) C《英口語》雑用係, 下っ端.

dòg-tíred 形〔叙述用法〕《口語》疲れ切った.

dog·tooth [dɔ́:gtù:θ / dɔ́g-] 名 (複 **dog·teeth** [-tì:θ]) C 犬歯, 糸切り歯.

いろいろな犬 — dogs

beagle

bulldog

dachshund

Dalmatian

golden retriever

Labrador retriever

Maltese

Pomeranian

pug

Shetland sheepdog

Shih Tzu

Yorkshire terrier

dog·wood [dɔ́ːgwùd / dɔ́g-] 名C【植】ハナミズキ《北米原産》; ミズキ.

doh [dóu] 名 = do².

doi·ly [dɔ́ili] 名
(複 **doi·lies** [~z]) C
ドイリー《食器や花びんなどの下に敷く小型装飾ナプキン》.

do·ing [dúːiŋ] 動名

— 動 do¹ の現在分詞・動名詞.

— 名 **1** C[通例 ~s] 行動, 活動, 行い: Tell me about your *doings* at school, John. 学校でどうしているのか話してよ, ジョン.

2 U する[した]こと, 実行: Saying is one thing and *doing* another. 《ことわざ》言うは易(やす)く行うは難(かた)し.

3 [~s; 単数・複数扱い]《英口語》例のもの, あれ《◇名前などを思い出せないときに言う》.

■ **táke sòme [a lót of] dóing** (仕事などが)かなり[非常に]骨が折れる.

do-it-your·self [dùːitʃərsélf, -itʃuər-, -itjə-]《英略語》DIY 形[限定用法]日曜大工(用)の, 素人が自分で作る(方式の): a *do-it-yourself* kit 日曜大工用道具一式.

— 名 U 自分で作る[やる]こと, 日曜大工の(趣味), 素人仕事.

dol.(略語) = *do*llar(s).

Dol·by [dóulbi, dɔ́ːlbi / dɔ́lbi] 名U《商標》ドルビー《音声再生等の雑音を低減する装置》.

dol·drums [dóuldrəmz / dɔ́l-] 名[the ~; 複数扱い] **1**【海】(赤道付近海上の)無風帯. **2** 憂うつ, ふさぎ込み; 停滞状態[期間].

■ **in the dóldrums**《口語》 **1** (人が)ふさぎ込んで. **2** (物事・経済などが)沈滞して, 不況で.

dole [dóul] 名 **1** U[the ~]《英口語》失業手当: be on the *dole* 失業手当を受けている. **2** C[通例, 単数形で]施し物《金銭・衣類など》.
— 動 他《口語》~ out (貧しい人などに)分け与える, 施す (*out*) (*to*).

dole·ful [dóulfəl] 形 悲しそうな, 憂いに沈んだ.
dole·ful·ly [-fəli] 副 悲しそうに.

doll [dál / dɔ́l] 名動

— 名(複 **dolls** [~z]) C **1** 人形: play (with) *dolls* 人形遊びをする / She made some pretty clothes for her *doll*. 彼女は人形にきれいな服を作ってやった.
2《古風》かわいい女の子.
3《米口語》(男女ともに)感じのいい人, 親切な人.
— 動[次の成句で]

■ **be dólled úp = dóll onesèlf úp**《女性が》美しく着飾る.

◆ **dóll's hòuse**《英》= DOLLHOUSE(↓).

dol·lar [dálər / dɔ́lə] 名

— 名(複 **dol·lars** [~z]) **1** C ドル《◇米国・カナダ・オーストラリアなどの通貨単位; 1ドル=100セント;《記号》$, $;《略語》dol.;《米口語》では buck と言う》: That table cost eighty *dollars* (and) fifty cents. あのテーブルは80ドル50セントした / Ten *dollars* is a lot of money for me now. 10ドルは今の私にとって大金です《◇単数扱いに注意》 / Please exchange some yen for *dollars*. 円をドルに両替してください.
2 C 1ドル紙幣, 1ドル銀貨. **3** [the ~] ドル相場; 米国の通貨制度.

■ **féel [lóok] like a míllion dóllars**《口語》(人が)とても元気である[に見える];(女性が)とてもすばらしい[魅力的に]感じる[見える].

doll·house [dálhàus / dɔ́l-] 名C《米》(おもちゃの)人形の家《《英》doll's house》.

dol·lop [dáləp / dɔ́l-] 名C《口語》[アイスクリーム・バターなどの柔らかい食品の]かたまり; スプーン1杯分; 少量[*of*].

dol·ly [dáli / dɔ́li] 名(複 **dol·lies** [~z])
1《幼児》お人形さん. **2**《主に米》(荷物運搬用の)台車. **3**【映画・テレビ】移動式撮影機台, ドリー.

Dol·ly [dáli / dɔ́li] 名 圖 ドリー《◇女性の名; Doris, Dorothy の愛称》.

dol·men [dóulmən / dɔ́lmen] 名C【考古】ドルメン《自然石数個を垂直に立て, その上に平らな石を載せた先史時代の遺物》.

*****dol·phin** [dálfin / dɔ́l-] 名C **1**【動物】イルカ;(特に)マイルカ《鼻先がとがっている; cf. porpoise(鼻先が丸い)ネズミイルカ》. **2**【魚】シイラ.

◆ **dólphin kìck** U ドルフィンキック《水泳のバタフライの足のけり方》.

dolt [dóult] 名C《古風》ばか者, 間抜け.
dolt·ish [~iʃ] 形 間抜けな.

-dom [dəm] 接尾 **1**「地位」「勢力範囲, 領地」などの意を表す名詞を作る: king*dom* 王国. **2**「…の状態」の意を表す名詞を作る: wis*dom* 賢明. **3**(集合的)「…の members, …の社会, …界」などの意を表す名詞を作る: film*dom* 映画界.

*****do·main** [douméin, də-] 名 **1** C《格式》(知識・思想・活動などの)領域, 分野, …界: He is a leading figure in the *domain* of medicine. 彼は医学界の大御所である / That's outside my *domain*. それは私の専門外です / This issue is now in the public *domain*. これは今や世間周知の問題です. **2** C《格式》領地, 領土, 所有地.
3 U【法】(土地の)完全所有権. **4** C[インターネット]ドメイン《ネットワークに接続したホストコンピュータの識別システム》.

◆ **domáin nàme** C[インターネット]ドメイン名《ドメインに付けられた国名・組織名・部門名を表す記号: jp, uk, com, co, ac など. Eメールアドレスはユーザー名とドメイン名を@でつないだもの;→⦆》.

*****dome** [dóum] 名C **1** (半球状の)丸屋根, ドーム; 丸天井. **2** 丸屋根状[半球形]のもの;(山・樹木などの)円頂: the *dome* of the sky 大空, 青天井.

domed [dóumd] 形[通例, 限定用法]丸屋根[ドーム]のある; 半球状の, ドーム形の.

*****do·mes·tic** [dəméstik] 形

— 形 **1** [比較なし; 限定用法]国内の, 自国の, 国産の(↔ foreign): *domestic* news 国内ニュース / *domestic* jam 国産のジャム / *domestic* products 国産品 / You can take only *do-*

mestic flights at this airport. この空港では国内便のみ利用できる.

2 [比較なし;限定的用法] 家庭の,家事の: *domestic* appliances 家電製品 / *domestic* troubles 家庭内のいざこざ / *domestic* violence 家庭内暴力 / That couple share their *domestic* affairs. あの夫婦は家事を分担している.

3 家庭的な;家事の好きな: I can't believe he's a *domestic* person. 私には彼が家庭的[家事好き]な人だとは思えない.

4 [動物などが] 飼われている,飼いならされた,ペットの (↔ wild): *domestic* animals 家畜,ペット.

— 名 C (通例,女性の)お手伝いさん.

◆ doméstic scíence U 家政学,家庭科.

do·mes·ti·cate [dəméstikèit] 動 他 **1** 〈動物など〉を飼いならす (tame); 家畜化する. **2** [通例,受け身で] 〈人〉を家庭になじませる,家庭的にする.

do·mes·ti·ca·tion [dəmèstikéiʃən] 名 U 飼いならすこと,飼育;(家庭・土地に)なじませること.

do·mes·tic·i·ty [dòumestísəti] 名 [複 do·mes·tic·i·ties [~z]] **1** U 家庭への愛着,家庭生活,家族団らん. **2** C [通例,複数形で] 家事.

dom·i·cile [dáməsàil / dóm-] 名 C《格式》居住地;【法】(登記上の)住所,法定住所.

dom·i·ciled [~d] 形《法》居住している.

dom·i·nance [dámɪnəns / dóm-] 名 U 支配;優越,優勢;権勢.

‡**dom·i·nant** [dámɪnənt / dóm-] 形 **1** 支配的な;最も有力な,優勢な;主要な: the *dominant* party 第一党,多数党. **2** 卓越した,目立つ;(山などが) そびえる: a *dominant* peak 主峰. **3** [比較なし]【生物】(遺伝形質が)優性の (↔ recessive).

4 [比較なし]【音楽】(音階の)属音の,第5音の.

— 名 C **1** [しばしば the ~]【音楽】(音階の)属音,第5音. **2** 【生物】(遺伝の)優性(形質).

‡**dom·i·nate** [dámɪnèit / dóm-] 動 他 **1** 〈人など〉を支配する,統治する;…で優位を占める,威圧する;…を左右する: Our company's product totally *dominated* the market. わが社の製品は市場で圧倒的優位を占めた / Our team *dominated* the football league. わがチームがフットボールリーグで首位になった. **2** 〈山・塔などが〉…にそびえ立つ;…を見下ろす: Mt. Fuji *dominates* the Kanto Plain. 富士山は関東平野を見下ろす.

— 自 **1** […を]支配[威圧]する;[…に]優位を占める [over]. **2** そびえる,見下ろす.

dom·i·na·tion [dàmɪnéiʃən / dòm-] 名 U **1** 支配,統治,君臨. **2** 優勢.

dom·i·neer [dàmɪníər / dòm-] 動 自 […に対して] 横柄[横暴]な態度をとる,命令する [over].

dom·i·neer·ing [dàmɪníərɪŋ / dòm-] 形 横柄な,横暴な,傲慢(ミシ)な,命令的な.

Dom·i·ni·ca [dàmɪníːkə / dòm-] 名 固 ドミニカ《西インド諸島のドミニカ島から成る島国;首都ロゾー (Roseau)》. **2** ドミニカ《◇女性の名》.

Do·min·i·can [dəmínɪkən] 形 **1** (カトリック教)ドミニコ会の. **2** ドミニカの. — 名 C **1** ドミニコ会の修道士[女]. **2** ドミニカ人.

Do·min·i·can Repúblic 名 固 [the ~] ドミニカ共和国《西インド諸島のイスパニョーラ島東部の共和国;首都サントドミンゴ (Santo Domingo)》.

do·min·ion [dəmínjən] 名 **1** U《文語》支配権,主権,統治権;支配. **2** C《格式》領土,領地. **3** C [通例 D-]【英史】(英連邦内の)自治領.

dom·i·no [dáməndòu / dóm-] 名 [複 dom·i·nos, dom·i·noes [~z]] C **1** ドミノの牌(").

2 [複数形で;単数扱い] ドミノ《28枚の牌で点合わせをするゲーム》.

◆ dómino effèct C U ドミノ効果《1つの事件がもとで同様の反応が各地で連鎖的に発生する現象》.

don[1] [dán / dón] 名 **1** [通例 D-] …様,殿《◇スペイン男性の敬称. 英語の Mr., Sir に相当する》: *Don* Juan ドン=ファン / *Don* Quixote ドン=キホーテ. **2** C《英》(特にオックスフォード大学・ケンブリッジ大学の)教官. **3** C《米》ドン,犯罪組織の首領.

don[2] [dán / dón] 動 他 [三単現 **dons** [~z], 過去・過分 **donned** [~d]; 現分 **don·ning** [~ɪŋ]]《格式》…を着る.

Don·ald [dánəld / dón-] 名 固 ドナルド《◇男性の名;愛称》Don》.

◆ Dónald Dúck 名 固 ドナルドダック《ウォルト=ディズニーのアニメ映画に登場するアヒル》.

‡**do·nate** [dóuneit / dounéit] 動 他 **1** …を[…に]寄付[寄贈]する [to]: *donate* one million dollars to charity 慈善事業[団体]に100万ドルを寄付する. **2** 〈血液・臓器など〉を提供する.

— 自 […に]寄付をする [to].

‡**do·na·tion** [dounéiʃən] 名 **1** U C 寄付,寄贈 (→ PRESENT[2] 類義語): My uncle made a *donation* of ten thousand dollars to the high school. おじはその高校に1万ドルを寄付した. **2** C 寄付金,寄贈品. **3** C U (血液・臓器などの)提供: kidney *donation* 腎臓提供.

‡***done** [dán] 動 形

— 動 **do**[1] の過去分詞.

— 形 [比較なし,叙述用法] **1** (仕事などが) 終わった,済んだ: When his errand was *done*, he ran home. 用事が済むと彼は走って家に帰った / I'll be *done* before long. まもなく終わります / Well *done*! よくやった,でかしたぞ.

2 [しばしば複合語で] 〈食べ物が〉調理された: The cake is *done*. ケーキが焼けました / I'd like my steak well-*done*. 私のステーキはよく焼いてください.

3 [間投詞的に]《口語》わかった,承知した: Shall we say $100 then? – *Done*! それでは100ドルにしようか—よし,決まった.

4 社会的に認められた;(行為などが)礼儀正しい,慣習に従った: That isn't *done*! そんなことは認められないぞ[礼儀に反するよ].

■ **be a dóne déal**(あることが)完成済み[既定の事実]である.

be dóne for《口語》もうだめだ,今にも死にそうだ,もうおしまいだ.

be dòne ín [úp]《口語》疲れ切っている,へとへとだ.

be [hàve] dóne with … **1** …を終える,済ませる: I want to be done with my job. 私は仕事を片づけてしまいたい. **2** …と関係を断つ: Let's *have* [be] *done with* him. 彼とは手を切ろう.

do·nee [dounìː] 名 C 受贈者 (↔ donor).

Don Ju·an [dɑ̀n hwáːn, dɑ̀n dʒúːən / dɒ̀n dʒúːən] 名 **1** 🔘 ドン=ファン《中世スペインで多くの女性を誘惑した伝説的貴族》. **2** C《口語》女たらし, プレイボーイ, 道楽者.

* **don·key** [dáŋki, dɔ́ŋ- / dɔ́ŋ-] 名 C **1**《動物》ロバ《米国民主党の象徴. 共和党の象徴は elephant（ゾウ）》. **2** ばか, 間抜け; 強情者: Don't be a *donkey*. ばかなまねはよしなさい.
■ **dónkey's yèars**《英口語》非常に長い間《◇ロバの長い耳 (ears) と years のごろ合わせ》.
◆ **dónkey èngine** C（船積みの）補助エンジン.
dónkey jàcket C《英》（防寒・防水用の厚手の）作業衣,（ドンキー）ジャケット.

dón·key-wòrk 名 U《英》退屈で骨の折れる仕事.

* **do·nor** [dóunər] 名 C **1** 寄贈者 (↔ donee). **2**《医》ドナー, (血液・臓器などの) 提供者; 献血者 (blood donor).
◆ **dónor càrd** C 臓器提供承諾カード.

Don Qui·xo·te [dɑ̀n kihóuti / dɒ̀n kwíksət] 名 **1** 🔘 ドン=キホーテ《スペインの作家セルバンテスが書いた風刺小説の題名. その主人公の名》. **2** C 非現実的な理想（空想）家.

***don't** [dóunt]
《短縮》《口語》**do not** の短縮形《◇《米口語》では does not の短縮形として用いることもあるが非標準的》): I like cooking, but I *don't* like cleaning. 私は料理は好きですが掃除は嫌いです / *Don't* you want to drive with him? 彼とドライブしたくないですか / They know well why I am angry, *don't* they? 私がなぜ怒っているのか彼らはよくわかっていますよね / Oh, *don't*! いや, いけない〔やめて〕.
— 名 C やってはいけないこと, 禁止〔禁則〕事項: My doctor gave me two *don'ts*: Don't smoke and don't stay up late at night. 医師は私に2つの禁止事項, つまり喫煙と夜更かしの禁止を告げた.

do·nut [dóunʌt] 名《主に米》=DOUGHNUT ドーナツ.

doo·dad [dúːdæd] 名 C《米口語》**1** 安っぽい飾り物; つまらないもの. **2** あれ, あの何とか《◇名前を思い出せなかったり, 忘れたり, 知らないものの代用語》.

doo·dah [dúːdɑ̀ː] 名《英口語》=DOODAD **2**（↑）.

doo·dle [dúːdl] 動 自（考え事をしながら）いたずら書きをする.
— 名 C いたずら書き.

* **doom** [dúːm] 名 U C **1**〔通例 a ~ / one's ~〕(通例, 悪い) 運命: an evil *doom* 不吉な運命.
2 破滅; 死: meet one's *doom* 死の道をたどる.
3（神による）最後の審判: the day [crack] of *doom* 最後の審判の日 (doomsday).
— 動 他 **1**〔通例, 受け身で〕…を〔…に / …するように〕運命づける, …の運命を定める〔*to* / *to do*〕: They *were doomed* to death〔*to* die〕. 彼らは死ぬ運命にあった. **2** …を定める, 決定づける.

dooms·day [dúːmzdèi] 名 U **1**〔しばしば D-〕最後の審判の日, 世の終わり. **2** 運命の決まる日.
■ *till* **dóomsday**《口語》永久に (forever).

***door** [dɔ́ːr]
— 名（複 doors [~z]）C **1** ドア, 扉, 戸（→図）: a screen *door* 網戸 / a sliding *door* 引き戸 / a revolving *door* 回転ドア / She slammed the car *door*. 彼女は車のドアをばたんと閉めた.
┃ コロケーション ┃ ドアを〔の〕…
┃ ドアを開ける: *open a door*
┃ ドアのかぎを開ける: *unlock a door*
┃ ドアのかぎをかける: *lock a door*
┃ ドアを閉める: *close* [*shut*] *a door*
┃ ドアをノックする: *knock at* [*on*] *a door*
2〔通例, 単数形で〕戸口, 出入り口, 玄関 (doorway): the front [back] *door* 玄関〔裏口〕/ There is someone at the *door*. 戸口にだれか来ている.
3 1 軒, 1 戸: My parents live two *doors* down from me. 私の両親は私の家から2軒先に住んでいる / Who lives next *door* to them? 彼らの隣〔の家〕にはだれが住んでいるのですか. **4** 門戸, 関門;〔…への〕道, 方法〔*to*〕: a *door* to success 成功への道.
■ **ánswer the dóor**（ベル・ノックなどにこたえて）来客の応対に出る.
behìnd clósed dóors 秘密のうちに, 非公開で.
clóse [**shút**] **the dóor to** [**on**] ... …に対して門戸を閉ざす, …を拒否する, 不可能にする.
(*from*) **dóor to dóor** **1** 1軒ごとに, 戸別に: deliver the mail *from door to door* 郵便物を1軒1軒配達する. **2** 戸口から戸口へ.
láy ... **at ~'s dóor** = **láy** ... **at the dóor of ~**〈罪・責任など〉を〈人〉のせいにする.
ópen the [**a**] **dóor to** ... …に門戸を開放する, …への道を開く, …を可能にする.
òut of dóors 戸外で〔に, へ〕(outdoors).
sée [**shów**] ... **to the dóor**〈人〉を戸口まで見送る.
shów ... **the dóor**（ドアを指さして）〈人〉に出て行けと言う,〈人〉を追い返す.
shút [**slám**] **the dóor in** ...**'s fáce**〈人〉を門前払いする,〈人〉にすげない態度をとる.

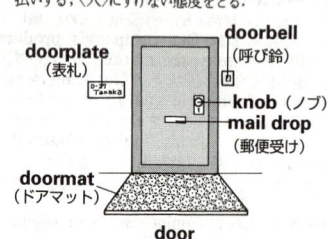

doorplate（表札）
doorbell（呼び鈴）
knob（ノブ）
mail drop（郵便受け）
doormat（ドアマット）
door

* **door·bell** [dɔ́ːrbèl] 名 C 玄関ベル, ブザー, 呼び鈴（→ DOOR 図）.

door·keep·er [dɔ́ːrkìːpər] 名 C 門番, 守衛.

door·knob [dɔ́ːrnɑ̀b / -nɔ̀b] 名 C ドアの取っ手, ドアノブ (knob).

door·knock·er [dɔ́ːrnɑ̀kər / -nɔ̀kər] 名 C（玄関の）ドアノッカー (knocker).

door·man [dɔ́ːrmæ̀n] 名 C（複 door·men [-mèn]）（ホテルなどの）ドアボーイ, ドアマン.
（比較）「ドアボーイ」は和製英語.

door·mat [dɔ́ːrmæ̀t] 名 C **1** ドアマット,（玄関先で）靴をぬぐう敷物（→ DOOR 図）. **2**《口語》（ば

door・plate [dɔ́ːrplèit] 名 C (金属製の)表札 (→ DOOR 図).

*__door・step__ [dɔ́ːrstèp] 名 C 戸口の上がり段.
■ **on [at] ...'s dóorstep** …の(家の)すぐ近くに, 近所に; …のできる範囲に.
— 動 (三単現 **door・steps** [~s]; 過去・過分 **door・stepped** [~t]; 現分 **door・step・ping** [~iŋ]) 自 (強引に)戸別訪問する; 押し売りをする.

door・stop [dɔ́ːrstɑ̀p / -stɔ̀p], **door・stop・per** [-stɑ̀pər / -stɔ̀pə] 名 C ドアストッパー《開いたドアを固定する》.

dóor-to-dóor 形 戸別(訪問)の, 宅配の: a *door-to-door* salesman 戸別訪問のセールスマン / *door-to-door* delivery 宅配.
— 副 戸別に, 家から家に.

‡**door・way** [dɔ́ːrwèi] 名 C **1** 戸口, 出入り口: There's a stranger standing in the *doorway*. 戸口に見知らぬ人が立っている. **2** (比喩)(成功などへの)道 [*to*].

dope [dóup] 名 (口語) **1** U 麻薬《マリファナなど》; 興奮剤《特にスポーツ選手・競走馬などに違法に使用する》; 麻酔薬. **2** U (…に関する)秘密情報 [*on*]. **3** C (口語) 愚か者, 間抜け, とんま.
— 動 他 (口語) **1** 〈スポーツ選手・競走馬〉に麻薬[興奮剤]を与える; ドーピングをする. **2** 〈飲食物〉に麻酔薬を盛る (*up*).

dop・ey, dop・y [dóupi] 形 (比較 **dop・i・er** [~ər]; 最上 **dop・i・est** [~ist]) **1** (口語) (麻薬を吸ったように)眠い, 意識のぼんやりした. **2** (俗語) ばかな, 間の抜けた, 愚かな.

dop・ing [dóupiŋ] 名 U ドーピング, 薬物使用《スポーツ選手・競走馬に興奮剤などの薬物を与えること》.

Dor・is [dɔ́ːris / dɔ́r-] 固 ドリス《◇女性の名; 《愛称》Dolly》.

dorm [dɔ́ːrm] 名 (口語) = DORMITORY (↓).

dor・mant [dɔ́ːrmənt] 形 休止状態の; 休眠中の; 潜在している: *dormant* faculties 潜在能力 / a *dormant* volcano 休火山.

dor・mer [dɔ́ːrmər] 名 C **dórmer wíndow** 屋根窓 (➡ HOUSE **PICTURE BOX**).

*__dor・mi・to・ry__ [dɔ́ːrmətɔ̀ːri / -təri] 名 (複 **dor・mi・to・ries** [~z]) C **1** (米) (大学の)寮, 寄宿舎 (《口語》dorm).
2 (施設・船などの)共同寝室.
3 (英) = **dórmitory tòwn** (**súburb**) ベッドタウン (《米》bedroom town [suburb]).

dor・mouse [dɔ́ːrmàus] 名 (複 **dor・mice** [-màis]) C ヤマネ《リスに似た小動物》.

Dor・o・thy [dɔ́ːrəθi / dɔ́r-] 固 ドロシー《◇女性の名; 《愛称》Dolly》.

dor・sal [dɔ́ːrsəl] 形 (通例, 限定用法)【動物】背の, 背側の: a *dorsal* fin (魚の)背びれ.

Dor・set [dɔ́ːrsət] 固 ドーセット州《英国 England 南部にある州》.

do・ry [dɔ́ːri] 名 (複 **do・ries** [~z]) C 平底船《タラ漁用の小型漁船》.

DOS [dɑ́s / dɔ́s] 名 U 《商標》【コンピュータ】ドス; (一般に) ディスクオペレーティングシステム (disk operating system).

dos・age [dóusidʒ] 名 **1** U 投薬. **2** C (通例, 単数形で) 1回分の投薬量; (X線などの)適用量.

*__dose__ [dóus] 名 C **1** (薬の)1服《1回分の服用量》; (1回の)放射線量: Take three *doses* a day. 1日3回服用すること. **2** 少量 [一定量] 《の不運・刑罰など》[*of*]: a *dose* of hard luck ちょっとした不運.
— 動 他 …を服用させる; …に投薬する (*up*).

dos・si・er [dɑ́siei / dɔ́s-] 《フランス》 名 C (ある事件・人物に関する)関係書類, ファイル.

Dos・to・ev・ski [dɑ̀stəjéfski / dɔ̀stɔiéf-] 固 ドストエフスキー Feodor Mikhailovich [fjóudər mikáilovitʃ] Dostoevski《1821–81; ロシアの作家》.

‡‡**dot** [dɑ́t / dɔ́t] 名 動
【基本的意味は「点 (a small round mark)」】
— 名 (複 **dots** [dɑ́ts / dɔ́ts]) C **1** 点《i や j の点, 小数点, ピリオドなど》; 斑点, しみ: with polka *dots* 水玉模様のある / Don't forget to put a *dot* on j. j の点を打つのを忘れないで.
2 (点のような)小さなもの; 少量. **3** (モールス信号の)短音, トン: *dots* and dashes ツー (・一).
4 【インターネット】ドット《アドレスに用いるピリオド記号(の読み方)》.
■ **òn the dót** (口語) 時間通りに, ちょうどその時間[場所]に: at noon **on the dot** 正午ちょうどに.
tò a dót (米口語) 正確に, 完全に (perfectly).
— 動 (三単現 **dots** [dɑ́ts / dɔ́ts]; 過去・過分 **dot・ted** [~id]; 現分 **dot・ting** [~iŋ]) 他 **1** …に点を打つ: *dot* a j j の点を打つ. **2** …に点在する; [受け身で][…を]…に点在させる [*with*]: Houses *dot* the area. = The area *is dotted with* houses. その地域には家が点在している.
■ **dót the [***one's***] i's and cróss the [***one's***] t's** (口語) (i の点を打ち, t の横棒を引くように) 物事をきちんとする, 細心の注意を払う.

dot・age [dóutidʒ] 名 U もうろく, 老いぼれ.
■ **in one's dótage** もうろくして, ぼけて.

dot-com [dɑ̀tkɑ́m / dɔ̀tkɔ́m] 名 C ドットコム《インターネット上で事業展開している会社》.

dote [dóut] 動 自 […を]溺愛(ﾃﾞｷｱｲ)する [*on*].

dot・ing [dóutiŋ] 形 [限定用法] 溺愛(ﾃﾞｷｱｲ)している, 親ばかの: a *doting* parent 子を溺愛する親.

dot・ted [dɑ́tid / dɔ́t-] 形 点の; 点でできた: a *dotted* note 【音楽】付点音符 / a *dotted* line 点線(……) (→ LINE¹ **関連語**).
■ **sign on the dótted líne** (口語) (契約書などに)署名する; 無条件に賛成する.

dot・ty [dɑ́ti / dɔ́ti] 形 (比較 **dot・ti・er** [~ər]; 最上 **dot・ti・est** [~ist]) (古風) 頭の弱い.

‡‡**dou・ble** [dʌ́bl] 形 副 名 動
— 形 [比較なし; 通例, 限定用法] **1** 二重の, 2つの部分から成る, 一対の; 2人[2個]用の: a *double* bed ダブルベッド / a *double* window 二重窓 / *double* two [P] 22 [PP] 《◇数字・文字が続く場合の読み方. [dʌ́bl túː], [dʌ́bl píː] と発音》/ the *double* doors at the entrance 入り口の観音開きのドア / She played a *double* role in that movie.

彼女はその映画で1人二役を演じた.
2 2倍の: He did *double* work last week. 彼は先週人の倍働いた / He ordered a *double* whiskey. 彼はウイスキーのダブルを注文した.
[語法] この意では定冠詞・所有格などの前に置くことがある: His shoes are *double* the size of his son's. 彼の靴は息子の靴の2倍の大きさです / We need *double* the amount of money to carry out the project. その計画を遂行するには2倍の金が必要です.
3 (言葉などが)2通りに解釈できる, あいまいな: This word has a *double* meaning, so you should change it into a clearer word. この単語は二重の意味があるので, もっと意味のはっきりした語に変えるべきです. **4** (人・言動などが)裏表のある, 偽善的な: speak with a *double* tongue 二枚舌を使う / He has a *double* character. 彼は二重人格者です. **5** (花が)八重(咲き)の: a *double* tulip 八重(咲き)のチューリップ.
— 副 **1** 二重に; 2人で; 対になって: fold the blanket *double* 毛布を2つにたたむ / see *double* ものが二重に見える / We slept *double* last night. 昨夜は(1つのベッドに)2人で寝た.
2 2倍に: I paid *double* for his work. 私は彼の仕事に対して倍の賃金を払った.
— 名 **1** [U] (数量・価格などの) 2倍: Ten is the *double* of five. 10は5の2倍です.
2 [C] そっくりの人, 生き写し; (映画などの)代役: I saw his *double* in the train. 私は電車の中で彼とそっくりの人を見た.
3 [~s; 単数扱い] (テニスなどの) ダブルス《2人対2人の試合》.
4 [C] = dóuble room 《ホテルの》ダブル, 2人部屋.
5 [C] (ウイスキーなどの) ダブル, 2倍量のグラス.
6 [C] (ブリッジの) ダブル, 2倍にすること.
7 [C] (馬券の)複式. **8** [C] 【野球】二塁打.
■ *dóuble or nóthing* [[英] *quíts*] イチかバチかの勝負.
on [*at*] *the dóuble* 急いで, すばやく.
— 動 **1** …を2倍にする: The production of personal computers has been *doubled* compared to three years ago. パソコンの生産は3年前に比べて2倍になった. **2** …を半分に折りたたむ, 2つに折る (*back*): *double* the blanket 毛布を半分にたたむ. **3** (俳優が)〈二役〉を務める; …の代役をする. **4** 〈海〈岬など〉を回る.
— 自 **1** 2倍になる: The population of this city has *doubled* in five years. この町の人口は5年で2倍になった. **2** 兼ねる, 二役を務める; 代役をする: This study *doubles* as a bedroom. この書斎は寝室も兼ねている / His assistant *doubles* as his chauffeur. 彼の助手は運転手の役も務めている. **3** 【野球】二塁打を打つ.
■ *dóuble báck* 引き返す, 後戻りする.
dóuble óver 自 (笑い・苦痛で)体を折り曲げる.
— 他 (笑い・苦痛で)〈体〉を折り曲げる.
dóuble úp 自 **1** (笑い・苦痛で)体を折り曲げる: They *doubled up* with laughter. 彼らは体を折り曲げて笑った. **2** […と]部屋を共用する [*with*]: I had to *double up* with my little brother.

私は弟と1部屋を共用しなければならなかった. — 他 (笑い・苦痛で)〈体〉を折り曲げる.
◆ **dóuble ágent** [C] 二重スパイ.
dóuble báss [C] 【音楽】コントラバス.
dóuble bínd [C] 板ばさみ, ジレンマ, 二重束縛.
dóuble blúff [C][U] 裏の裏をかくこと, だまし.
dóuble bógey [C] 【ゴルフ】 ダブルボギー.
dóuble chín [C] 二重あご.
dóuble fáult [C] (テニスなどでサーブの) ダブルフォールト.
dóuble féature [C] 【映画】 2本立て上映.
dóuble fígures [複数扱い] 2桁(ൠ)の数.
dòuble hélix [C] 【生物】二重らせん (◇DNAの構造など).
dóuble negátion [négative] [U][C] 【文法】二重否定 (→ NEGATION [文法]).
dóuble pláy [C] 【野球】ダブルプレー, 併殺.
dóuble quótes [複数扱い] 二重引用符 (" ").
dóuble stándard [C] 二重基準 (相手によって基準を変える不当なやり方); 【経済】複本位制.
dóuble stéal [C] 【野球】ダブルスチール, 重盗.
dóuble táke [C] [*do a ~*] (初めは気づかずにいるが, しばらくして)はっと驚く; もう一度見る [考える].
dòuble whámmy [C] (不運の) ダブルパンチ.

dóu·ble-bár·reled, [英] **dóu·ble-bár·relled** 形 **1** 2連発式の, 二重銃身の (銃splinter が2つの). **2** 二重の目的を持った, どちらとも取れる.
3 [英口語] 二重姓の (両方の姓をハイフンで結ぶ. Heydon-Smith など).

dóu·ble-bréast·ed 形 (上着などが) ダブルの.
dóu·ble-chéck 動 自 他 (…を)再点検 [再検査] する; 再確認する.
— 名 [C] 再点検, 再検査.
dóu·ble-cróss 動 他 〈人〉を裏切る, だます.
dóu·ble-dáte 動 自 他 《米口語》(…と)ダブルデートする.

dóuble dáte 名 [C] 《米口語》ダブルデート《男女2組4人によるデート》.

dóu·ble-déal·er 名 [C] 《口語》裏表のある人, 二枚舌を使う人, 不誠実な人.
dóu·ble-déal·ing 名 [U] 《口語》二枚舌(を使うこと), 不誠実(なこと).

dóu·ble-déck·er 名 [C] **1** ダブルデッカー《2階建てバス》.
2 (パンを3枚重ねた) 2重サンドイッチ.

double-decker 1   double-decker 2

dóu·ble-díg·it 形 《主に米》 (インフレ・失業率などの比率が)2桁(ൠ)の: *double-digit* inflation 2桁(10%以上の)のインフレ.

dóu·ble-édged 形 **1** (刃物が) 両刃(りょうば)の (*two-edged*): a *double-edged* sword 両刃の剣. **2** (意見などが) 賛否両様に取れる.

dóu・ble-fáced [形] **1** 両面のある. **2** 不誠実な, 裏表[二心]のある; 偽善的な.

dóu・ble-gláze [動] (他)〈主に英〉〈窓〉を二重ガラスにする, 〈窓〉に二重ガラスをはめる.

dóu・ble-héad・er [名] [C] 〖野球〗ダブルヘッダー《同じ2チームが同じ日に続けて行う試合》.

dóu・ble-jóint・ed [形] (前後左右に自由に動く)二重関節の《ロボットのアームなど》.

dóu・ble-párk [動] (自)(他)〈車〉を二重[並列]駐車する《通例, 駐車違反となる》.

dóu・ble-quíck [形][副] 〈英口語〉大急ぎの[で].

dóu・ble-spáce [動] (自)(他) (…を)1行置きに[ダブルスペースで]タイプする.

dou・blet [dábət] [名] [C] **1** ダブレット《15–17世紀頃にヨーロッパで流行した腰丈の短い男性用上着》. **2** 〖言〗二重語, 姉妹語 (◇ **cloak** と **clock** のように, 語源が同じで意味や語形が異なる語).

dóu・ble-tálk [名] [U] 〈口語〉(まじめそうで実は)中身[意味]のない話; (政治家などの)空疎な言葉.
— [動] (自) 〈口語〉中身のないことを言う; (政治家などが)わざとあいまいな話し方をする.

dou・bly [dábli] [副] **1** [形容詞の前に置いて] 2倍に, 倍増して: make *doubly* sure 念には念を入れる / Be *doubly* careful. (いつもの)倍注意しなさい. **2** 二重に, 二様に.

****doubt**** [dáut] [名][動] 【原義は「2つの考えを持つ」】
— [名] (複 **doubts** [dáuts]) [U][C] (a) […について の] 疑い, 不信 [*about, as to*]: I don't have the least *doubt about* his honesty. 彼の正直さについて私は少しの疑いも持っていない / I had my *doubts about* the truth of the report. その報道の真実性について私は疑念を持っていた / There was some *doubt about* his recovery from a stroke. 彼の脳卒中が治るかどうかはっきりしなかった. (b) [**doubt** (+**about** [**as to**]) +wh-節] …かどうかの疑い: I have my *doubts what* he said at the party. 私はパーティーでの彼の発言には賛同しかねる / We have great *doubts* (*as to*) *whether* the applicants will increase in number. 志願者の数が増えるかどうかを私たちは大いに疑問視している. (c) [**doubt**+**that**節] [通例, 否定文・疑問文で] …という疑い: I have no *doubt that* … …ということに疑いを持っていない (➡ **SURE** [**LET'S TALK**]) / There is no *doubt that* he has nothing to do with the affair. 彼がその事件に関係ないことは確かです.

■ *beyònd* (*a* **àny, àll**) *dóubt* 確かに, 疑いなく.
in dóubt (物事が)不確かで; (人が)疑って: I am *in doubt* about his success. 彼の成功を疑っている.
nò dóubt **1** たぶん, おそらく: *No doubt* he acted out of kindness. おそらく彼は親切心から行動したのだろう. **2** 確かに, きっと.
withòut (*a*) *dóubt* 〈格式〉確かに, 疑いなく.

— [動] (三単現 **doubts** [dáuts]; 過去・過分 **doubt・ed** [~id]; 現分 **doubt・ing** [~iŋ])
— (他) [進行形不可] (a) [**doubt**+**O**] …を疑う, 疑わしく思う, 信用しない (→ [類義語]): I *doubt* his word. 私は彼の約束を疑っている / Can you swim across this river? — I *doubt* it. 君はこの川を泳いで渡れるかい—怪しいな[ちょっと無理かも]. (b) [**doubt**+**whether** [**if**] 節] [肯定文で] …かどうか疑問に思う (◇ **if** は 〈口語〉): I *doubt whether* [*if*] he will be reelected president. 彼が会長に再選されるかどうか私は疑わしいと思う / I *doubt if* he will win. 私は彼が勝つとは思わない. (c) [**doubt**+**that**節] [通例, 否定文・疑問文で] …ということを疑う: I don't *doubt that* you will pass the tests. あなたがテストに合格することは間違いないと思う / Do you *doubt that* he will win? あなたは彼が負けると思っているのですか.

[語法] 肯定文で that 節を用いると強い疑いを表す: I *doubt that* he is honest. 私には彼が正直者だとは思えない (= I don't think he is honest. / I am doubtful of his honesty).

— (自) […を]疑う, 疑わしく思う [*of, about*]: It is natural to *doubt of* his success. 彼の成功に疑いを持つのももっともである.

◆ **Dóubting Thómas** [C] 〈こっけい〉疑い深い人. (由来 キリストの弟子のトマスがキリストの復活を証拠を見るまでなかなか信じなかったことから)

[類義語] **doubt, suspect**
共通する意味▶疑う
doubt は「…であることに疑問を持つ」, つまり「…でないと思う」の意: I *doubt* if his words are true. 彼の言うことは本当かどうか疑わしい[本当ではない] と思う. **suspect** は「…ではないかと疑う」, つまり「…であろうと思う」の意で, 通例, 望ましくないことに用いる: I *suspect* that he is a swindler. 私は彼がペテン師ではないかと疑っている[ペテン師だと思う].

doubt・er [dáutər] [名] [C] 疑いを抱いている人.

***doubt・ful** [dáutfəl] [形] **1** (物事が)疑わしい, 確信がない, ありそうもない; おぼつかない: It is *doubtful* whether he will come here tomorrow. 彼があすここに来るかどうかはわからない / It seems *doubtful* that the lost wallet will be found. なくした財布は見つからないだろう (◇肯定文で that 節を用いると強い疑いを表す). **2** [通例, 叙述用法] (人が) […について] 疑いを抱いている, 疑っている [*of, about*]: The director was *doubtful of* the man's qualifications. 所長はその男の資格に疑いを抱いていた. **3** [限定用法] (人・行為などが)怪しげな, 信用できない, いかがわしい: a *doubtful* character 怪しげな人物.

doubt・ful・ly [dáutfəli] [副] 疑わしそうに; 自信なさそうに; あいまいに.

***doubt・less** [dáutləs] [副] [比較なし; 文修飾] 〈格式〉 **1** おそらく, たぶん (**probably**): He will *doubtless* be elected as the new manager of the team. 彼はおそらくそのチームの新監督に選ばれるだろう. **2** 確かに (◇しばしば but の前に置いて譲歩を表す; no doubt, without doubt より強意的): He is *doubtless* clever, but he isn't strong. なるほど彼は頭はいいが体までは大丈夫ではない.

douche [dú:ʃ] 【フランス】[名] [U][C] [通例, 単数形で] (医療のための)灌(かん)水, 注水 《体の一部や器官を洗浄すること》; 灌水器, 注水器.

dough — 動 自 他 (…に) 灌水を施す.
dough [dóu] 名 U **1** ドウ, パン生地. **2** 《口語》お金, 現なま.
dough・nut [dóunʌt] 名 C ドーナツ; ドーナツ状のもの (◇《主に米》では donut ともつづる).
dough・ty [dáuti] 形 (比較 **dough・ti・er** [~ər]; 最上 **dough・ti・est** [~ist]) 〖通例, 限定用法〗《文語・時に婉曲》勇猛な, 強い.
dough・y [dóui] 形 (比較 **dough・i・er** [~ər]; 最上 **dough・i・est** [~ist]) **1** ドウ[パン生地]のような; 柔らかい. **2** (肌が)青白くて張りがない.
Doug・las [dʌ́gləs] 名 固 ダグラス (◇男性の名; 愛称) Doug [dʌ́g].
dour [dúər] 形 (態度・性質などが)厳しい, 無愛想な, 気難しい; 陰気な.
douse [dáus] 動 他 **1** …を[水などに]突っ込む [in]; …に水などをかける[浴びせる]. **2** 《口語》(明かり)を消す (put out).

‡**dove**[1] [dʌ́v] 名 C **1** ハト (《一般に pigeon より小形で野生のものをさす. 平和の象徴》). **2** (政治における)ハト派〖穏健派〗の人 (↔ hawk). **3** [呼びかけ] かわいい人: My *dove*! ねえ, あなた.
■ (as) gèntle as a dóve とても穏健な[優しい].
dove[2] [dóuv] 動 《主に米》dive の過去形.
dove・cote [dʌ́vkòut], **dove・cot** [-kɑ̀t/-kɔ̀t] 名 C ハト小屋.
Do・ver [dóuvər] 名 固 ドーバー《英国 England 南東部にある港湾都市》.
■ the Stráit(s) of Dóver ドーバー海峡《英国とフランスの間にある海峡》.
dove・tail [dʌ́vtèil] 名 C 〖建〗あり継ぎ(手).
— 動 他 **1** 〈2枚の板など〉をあり継ぎにする, あり継ぎで接合する (together). **2** …を[…と]ぴったり適合させる [with, into].
— 自 […と] ぴったりはまる [with, into].
dov・ish [dʌ́viʃ] 形 ハトのような; ハト派の, 穏健な (↔ hawkish).
dow・a・ger [dáuədʒər] 名 C **1** (亡夫の財産・爵位を相続した)王侯貴族の未亡人: a *dowager* duchess 公爵未亡人 / the queen *dowager* 皇太后. **2** 《口語》威厳があって裕福な年配女性.
dow・dy [dáudi] 形 (比較 **dow・di・er** [~ər]; 最上 **dow・di・est** [~ist]) (女性の服装などが)やぼったい, 地味な, 流行遅れの.
dow・el [dáuəl] 名 C 〖建〗合わせくぎ, だぼ.
Dów Jónes àverage [dáu dʒóunz-] 名 [the ~] 〖経済〗ダウ平均(指数) 《米国の Dow Jones 社が発表する株価指数; Dow Jones index とも言う》.

‡‡‡**down**[1] [dáun] 副 前 形 名 動 【基本的意味は「低い方へ(toward a lower place or level)」】
— 副 [比較なし] (↔ up) **1** [移動・運動] (高い所から) 下(の方)へ, 低い方へ, 降りて: The cat jumped *down* from the table. その猫はテーブルから飛び降りた / Please sit *down*. どうぞお座りください / The rain was falling *down* steadily. 雨が小やみなく降っていた / The old building was pulled *down*. 古いビルは取り壊された.
2 [位置・状態] 下(の方)に, 低い所に, 降りて: He isn't *down* yet. 彼はまだ(2階から)降りて来ていない / The sun was already *down* when he came home. 彼が帰宅したときにはもう日が暮れていた / She kept the blinds *down* all day long. 彼女は1日じゅうブラインドを下げたままにしていた.
3 下流へ; (地理的に)低い方へ; 南へ: The stream was rushing *down* in torrents. 川は奔流となって(下流へ)流れていた / We drove *down* to the southern end of the island. 私たちは島の南端までドライブした.
4 (話し手から)離れて; 向こうへ, 周辺へ; 《英》(都会から)地方へ; (大学を)離れて, 卒業して: I'll drive you *down* to the wharf. 波止場まで車でお送り[お連れ]しましょう.
5 (質・値段・気温などが) 下がって; (大きいものから)小さいものへ: count *down* 秒読みする / Prices are going *down*. 物価が下がりつつある / The temperature dropped *down* quickly at night. 夜には気温が急速に低下した.
6 (力・勢いが) 弱って, 衰えて: Don't be so excited. Calm *down*. そんなに興奮するな. 冷静になれ[落ち着けよ] / The turmoil has died *down*. 騒動はほぼ治まった / He's come *down* with flu. 彼はインフルエンザにかかってしまった.
7 (過去から) 後代へ: This legend came *down* to us from time immemorial. この伝説は大昔から今に語り継がれてきた. **8** 書きとめて, 記録されて: Write your name and address *down*, please. お名前とご住所をご記入ください. **9** (下に)押しつけて, 抑圧して: The government put *down* the workers' strike. 政府は労働者のストライキを鎮圧した. **10** しっかりと, 完全に; 最後まで: Nail the plate *down* here. ここにプレートをしっかり打ちつけなさい. **11** 即金で; 頭金として: Will you pay *down* the money of the trip now? 旅行代金を現金でお支払いくださいますか.
■ dòwn únder … 〖口語〗オーストラリア [ニュージーランド]に[へ] (◇ Down Under と書いて名としても使われる). (由来) 英国本土など北半球の国から見ると両国が足元の方, つまり地球の裏側にあることから》.
Dówn with …! 《口語》 …を下ろせ; 打倒せよ.
úp and dówn → up 副 成句.
— 前 **1** [移動・運動] …の下(の方)へ, …を下って, …を降りて; …の下流へ: We sailed *down* the river in a canoe. 私たちはカヌーでその川を下った / Tears ran *down* her cheeks. 涙が彼女のほおを伝って流れ落ちた.
2 [位置・状態] …の下(の方)に, …の下手(_て)に: There is a small village a mile *down* the river. 川を1マイル下った所に小さな村がある.
3 …に沿って (along): The old man was walking *down* the street alone. その老人は1人で通りを歩いて行った. **4** …以来ずっと, …を通じて: The folk tales came to us *down* the centuries. その民話は何世紀も経て今日まで伝わった.
■ úp and dówn … → up 前 成句.
— 形 [比較なし] **1** 〖限定用法〗下(の方)への, 下へ向かう: a *down* elevator 下りのエレベーター / a *down* slope 下り坂. **2** 〖限定用法〗(交通機関が)

down² 下りの(◇《米》では南部または商業地域へ向かうもの,《英》では都会から地方へ向かうものをさす): a *down* train [platform] 下り列車[プラットホーム]. **3** [叙述的用法] 元気のない, 落ち込んだ: She is really *down* because he doesn't phone her. 彼が電話をくれないので彼女はとても落ち込んでいる. **4**(コンピュータが)作動しない: My computer is *down*. 私のコンピュータは動かない. **5**《スポーツ》(…点)リードされて: Our team was two points *down* in the half. 私たちのチームは前半で2点リードされていた. **6**《口語》完了して, 終わって: Three courses *down*, two to go. 3コースが終了し, あと2コース残っている. **7**《野球》アウトになって. **8** 頭金の, 現金の: money *down* 即金.
■ *be dówn and óut*《口語》落ちぶれている, 窮乏している.
be dówn on ... …を評価しない; …に反感を持っている, …を嫌っている.
— 名 **1** 下り, 下降. **2** [～s] 不運, 逆境: the ups and *downs* of life 人生の浮き沈み.
■ *háve a dówn on ...*《口語》…に反感を持つ, …を嫌う.
— 動 他 **1** …をぐいと飲み干す[飲み込む]. **2** …を打ち倒す; 〈飛行機など〉を撃ち落とす, 撃墜する.
■ *dówn tóols*《英》(労働者がストライキなどのため)仕事をやめる.
◆ **dówn páyment** C 頭金, 手付金.

down² 名 U (水鳥の)綿毛, ダウン;〈羽軸のないもの〉; うぶ毛.

down³ 名 C [通例 the ～s] ゆるやかに傾斜する丘.

dówn-and-óut 形《口語》落ちぶれた.
— 名 C 落ちぶれた人.

dówn-at-héel 形《主に英》だらしない[みすぼらしい]服装をした.

down·beat [dáunbì:t] 名 C《音楽》ダウンビート, 下拍《小節の第1拍の強い下拍. またそれを示す指揮者の指揮棒を下ろす動作》; ↔ upbeat).
— 形《口語》**1** 陰気な. **2** のんびりした.

down·burst [dáunbə̀:rst] 名 U ダウンバースト《激しい下降気流》.

down·cast [dáunkæst / -kà:st] 形 **1** 意気消沈した, がっかりした. **2** うつむいた: with *downcast* eyes 視線を落として, うつむき加減に.

down·er [dáunər] 名 C《口語》**1** 鎮静剤. **2** がっかりする[気のめいる]ようなこと[人].

down·fall [dáunfɔ̀:l] 名 C U **1**[通例, 単数形で] 転落, 没落; 没落の原因: Drink was his *downfall*. 酒が彼の破滅の原因だった. **2** [通例 a ～](突然の)どしゃ降り, どか雪.

down·grade [dáungrèid] 動 他 …を[…へ]降格する, 〈評価を〉格下げする(↔ upgrade)[*to*].

down·heart·ed [dáunhá:rtid] 形 落胆した.

down·hill [dáunhìl] 形 (↔ uphill) **1** [限定用法] 下り坂の; 落ち目の;《スキー》ダウンヒルの, 滑降競技の: *downhill* skiing ダウンヒル, 滑降. **2**《口語》(これまでと比べて)やさしい, 楽な.
— 副 坂[丘]を下って; 落ち目になって, 悪化して.
■ *gó dównhill* 坂を下る; 落ち目になる, 下降線をたどる;(健康などが)衰える, 悪化する.

Dówn·ing Strèet [dáuniŋ-] 名 **1** 圖 ダウニング街《London の中心部にある官庁街. 首相官邸などがある》: No. 10 *Downing Street* 英国首相官邸(Number Ten). **2** 英国政府; 英国の首相.

down·load [dáunlòud] 動 他《コンピュータ》〈ネットワークを介して〉〈データなど〉を(手元のコンピュータに)転送する, ダウンロードする(↔ upload).
— 名 C ダウンロード; ダウンロードしたデータ.

dówn·màr·ket 形《英》〈商品・サービスが〉大衆向けの, 安っぽい(↔ up-market).

down·play [dàunpléi] 動 他 **1** …を控えめに扱う[言う]. **2**《マスコミなどが》…を(その影響力を)実際より小さく扱う(play down).

down·pour [dáunpɔ̀:r] 名 C [通例 a ～] どしゃ降り: I was caught in a *downpour* this afternoon. 私はきょうの午後どしゃ降りにあった.

down·right [dáunràit] 形 [限定的用法] **1** 率直な, はっきりした. **2** (特に悪いことについて)まったくの, 徹底的な: a *downright* lie 真っ赤なうそ.
— 副 (悪いことについて) 完全に, まったく.

down·shift [dáunʃìft] 動 自 **1** 低速ギアに切り換える. **2** (自由時間獲得のために)ストレスの少ない生き方のできる仕事にかわる.

down·side [dáunsàid] 名 C [通例, 単数形で] **1** (物事の)マイナス面. **2**《株・価格などの》下降.

down·size [dáunsàiz] 動 他 **1** 〈車・機器など〉を小型化する. **2** 〈人員など〉を削減する.

Dówn's sýndrome [dáunz-] 名 U《医》ダウン症候群《染色体異常による精神遅滞の一種》.

down·stage [dáunstéidʒ] 副 (↔ upstage)《劇》舞台の前方の. — 形 舞台の前方で[に].

***down·stairs** [dàunstéərz]
— 副 階下へ[に], 下の階へ[に];（特に）1階へ[に]: go *downstairs* 階下へ行く / Will you wait for me *downstairs* for a while? 下(の階)でちょっと待っていてくださいませんか.
— 形 [限定用法] 下の階の, 階下の; (特に)1階の: the *downstairs* bathroom 階下の浴室.
— 名 [the ～; 単数・複数扱い] 下の階, 階下;（特に）1階.

***down·stream** [dáunstrí:m] 形 下流の, 川の流れに沿った(↔ upstream).
— 副 下流に[へ], 流れに沿って.

down·time [dáuntàim] 名 U **1** (事故・修理などによる機械の)停止期間, 不稼働時間, ダウンタイム. **2** 浮いた時間, リラックスタイム.

dówn-to-éarth 形 地に足のついた, 現実的な, 実際的な(practical).

‡**down·town** [dáuntáun]《米》(↔ uptown) 副 繁華街へ[で], 町の中心街へ[で], 商業地区へ[で].
— 形 [限定用法] 繁華街の[にある], 商業地区の.
— 名 U C 繁華街, 町の中心街, 商業地区《英》city [town] centre).（比較）downtown は商業・経済の中心地.「ビジネス街, オフィス街」にあたる. 日本語の「下町」とは異なる》.

down·trod·den [dáuntrɔ̀dən / -trɔ̀dən] 形 踏みにじられた, しいたげられた, 圧迫された.

down·turn [dáuntə̀:rn] 名 C [通例, 単数形で]

(景気・物価などの)下降,下落,沈滞(↔ upturn).

***down・ward [dáunwərd] 副 形 (↔ upward)

— 副 (◇《英》では通例 downwards を用いる)
1 下の方へ,下向きに; 低い状態に: put the card face *downward* on the table カードの表を下にしてテーブルの上に置く / This road leads *downward* toward the station. この道は駅の方に向かって下り坂になっている / He began to go *downward* in life. 彼は落ちぶれだした.
2 …からずっと, …以来: from the Meiji Restoration *downward* 明治維新以降.

— 形 〖通例,限定用法〗下への; 低い状態への: a *downward* arrow 下向きの矢印 / There is a *downward* trend in population in this town. この町の人口は減少傾向にある.

***down・wards [dáunwərdz] 副 《英》= DOWNWARD.

down・wind [dáunwínd] 形 風下の.
— 副 風下に[に].

down・y [dáuni] 形 (比較 **down・i・er** [〜ər]; 最上 **down・i・est** [〜ist]) 羽毛のような,羽毛で覆われた,柔らかい.

dow・ry [dáuəri] 名 (複 **dow・ries** [〜z]) U C (新婦の)結婚持参金.

dowse [dáuz] 動 自 占い棒で〖水脈・鉱脈を〗探る〖*for*〗.
♦ **dówsing ròd** C 占い棒 (divining rod).

Doyle [dɔ́il] 名 固 ドイル Sir Arthur Conan [kóunən] Doyle 《1859–1930; 英国の医師・推理小説家.名探偵シャーロック=ホームズを生み出した》.

doz. 《略語》= *doz*en(s)(↓).

doze [dóuz] 名 C 〖通例 a 〜〗居眠り,うたた寝: have a *doze* うたた寝する,まどろむ / fall [go off] into a *doze* (思わず)うとうとする.
— 動 他 〖時間〗をうとうとして過ごす(*away*).
— 自 居眠りする,うとうとする(*off*): I dozed off during the lecture. 私は講義中に居眠りした.

**doz・en [dʌ́zn]

— 名 (複 **doz・ens** [〜z]) C **1** 1ダース, 12個(《略語》doz., dz.); 〖形容詞的に〗1ダースの: a *dozen* eggs 卵1ダース / half a [a half] *dozen* bottles 半ダースのびん / some *dozen* (of) pencils 鉛筆約12本 / These balls are 2,000 yen a *dozen*. このボールは1ダース2,000円です / How many *dozen* dry batteries shall we buy? 乾電池を何ダース買いましょうか.

〖語法〗(1) あとに名詞を伴う場合は,通例 of を付けずに形容詞的に用いる.
(2) 前に数字を伴う場合でも複数形にしない: two *dozen* tennis balls テニスボール2ダース.
(3) 正確に「12個」でなく,「およそ10個」,「1ダース前後」の意で用いることも多い.

2 〖dozens of …〗《口語》何ダースもの…,多数の… (◇ of のあとには複数名詞が来る): That guitarist has *dozens of* guitars. あのギタリストは何十本ものギターを持っている.

■ **by the dózen 1** ダース単位で: We sell eggs *by the dozen*. 私たちは卵をダース単位で売る.

2 (まとめて)大量に.
in dózens 1ダースずつ: Pack these apples *in dozens*. このリンゴを1ダースずつ詰めてください.

doz・y [dóuzi] 形 (比較 **doz・i・er** [〜ər]; 最上 **doz・i・est** [〜ist]) **1** 眠い (sleepy); 眠気を誘う.
2 《英口語》頭が鈍い,愚かな (stupid).

DP, D.P. 《略語》= *d*ata *p*rocessing データ処理; *d*isplaced *p*erson 難民.

D.Phil., D.Ph. 《略語》= Doctor of *Phi*losophy 博士号.

dpt. 《略語》= *dep*artment.

**Dr.¹, 《主に英》Dr [dáktər / dɔ́ktə] 《略語》= *d*octor.

1 …先生(◇医師の名に付ける敬称): *Dr.* Thomas トーマス先生. **2** …博士(◇博士号を持つ人の名に付ける敬称): *Dr.* Smith スミス博士.

Dr.² 《略語》= *Dr*ive … 通り.

drab [dræb] 形 (比較 **drab・ber** [〜ər]; 最上 **drab・best** [〜ist]) **1** 単調な,地味な,さえない.
2 くすんだ茶色の. — 名 U **1** くすんだ淡褐色,茶色がかった灰色. **2** 活気のないこと,単調さ.
drab・ness [〜nəs] 名 U 単調さ.

drach・ma [drǽkmə] 名 (複 **drach・mas** [〜z], **drach・mae** [-mi:], **drach・mai** [-mai]) C **1** ドラクマ (◇現代ギリシャの旧通貨単位で,現在は euro に統合). **2** (古代ギリシャの)ドラクマ銀貨. **3** = DRAM 1.

dra・co・ni・an [drəkóuniən] 形 〖時に D-〗(法律・規定などが)きわめて厳しい,厳格な,過酷な.(由来)厳格な法律を制定した古代アテネの執政官 Dracon の名から)

Drac・u・la [drǽkjulə] 名 固 ドラキュラ《英国の作家ストーカーの小説に登場する吸血鬼の伯爵》.

***draft, 《英》draught [drǽft / drɑ́:ft] 名 動

【原義は「引く (draw)」】

— 名 (複 **drafts**, 《英》**draughts** [drǽfts / drɑ́:fts]) **1** C 下書き,草案; 図案,設計図(◇この意では《英》でも通例 draft とつづる): a first *draft* 最初の草案,初稿 / a *draft* copy 草稿 / He made a rough *draft* for my report. 彼は私の報告書の草案を作成した.
2 C U (1)通風,すき間風,(2)通風装置,通風孔: keep out *drafts* すき間風を入れない / There is a cold *draft* coming through the window. 窓から冷たいすき間風が入り込んでいる.
3 C ひと飲み(の量): a *draft* of water ひと口の水 / He drank a glass of beer at one [a] *draft*. 彼はビール1杯を一気に飲んだ.
4 U (ビールなどの)たる出し: beer on *draft* たる出し[生]ビール (draft beer). **5** C 《主に英》為替手形,小切手 (check) (◇この意では《英》でも通例 draft とつづる): draw a *draft* for $50 on a bank 銀行あてに50ドルの手形を振り出す / pay by *draft* 手形で支払う. **6** 〖the 〜〗《主に米》徴兵(制度); 〖集合的に〗徴募兵. **7** 〖the 〜〗《米》(プロスポーツの)ドラフト制度《新人選手の選択・獲得制度》. **8** 〖draughts; 単数扱い〗《英》チェッカー(《米》checkers). **9** U (動物が車などを)引くこと; C (魚の網を)引くこと; ひと網の漁獲量: a *draft*

horse 荷馬. **10** Ⓤ (船の)喫水.
— 動 ⑲ **1** …の草案[草稿, 下絵]を書く, …を立案[起草]する: *draft* a speech スピーチのたたき台を作る. **2** (特別な目的で)〈人〉を選出する; 引き抜く. **3** 〈警官などを〉動員する; [通例, 受け身で]《米》〈人〉を〈軍隊に〉徴兵する (conscript) [*into*].

◆ dráft dòdger Ⓒ 徴兵忌避者.

draft·ee [dræftíː / drɑːftíː] 名Ⓒ 《米》被徴兵者, 召集[徴募]兵.

drafts·man, 《英》**draughts·man** [dréftsmən / drɑ́ːfts-] 名 (複 **drafts·men**, 《英》**draughts·men** [-mən]) (◇女性形は **draftswoman**, 《英》**draughtswoman**) **1** 製図者[工]; デッサンのうまい画家. **2** (法案などの)起草者, 立案者.

draft·y, 《英》**draught·y** [dréfti / drɑ́ːfti] 形 (比較 **draft·i·er**,《英》**draught·i·er** [~ər]; 最上 **draft·i·est**,《英》**draught·i·est** [~ist]) (部屋・廊下などが)すき間風の入る, 通気性のある.

＊**drag** [dréɡ]
動 名

— 動 (三単現 **drags** [~z]; 過去・過分 **dragged** [~d]; 現分 **drag·ging** [~ɪŋ])
— ⑲ **1** 〈重いもの〉を(力を入れて) 引っ張る, 引きずる (→ PULL 類義語): He *dragged* the broken table out the door. 彼は壊れたテーブルをドアの外へ引きずり出した.
2 (副詞(句)を伴って)《口語》〈人〉を無理やり連れ出す, 引っ張って行く: He *dragged* her along to the party. 彼は彼女を無理やりパーティーに連れ出した / I was *dragged* back from Rome. 私はローマから無理やり連れ戻された.
3 【コンピュータ】…をドラッグする《アイコンなどをマウスボタンを押したまま引きずるようにディスプレイ上で移動させること》.
4 […を探して]〈川底など〉をさらう [*for*].

— ⓐ **1** 引きずる, 引きずられる (*along*): Your raincoat is *dragging along* [on the ground]. レインコートを引きずっているよ. **2** (人などが)のろのろと動く[進む]: The players of the losing team *dragged* out of the ballpark. 負けたチームの選手たちはのろのろと野球場を出て行った. **3** (仕事・会議などが)だらだら長引く, (時が)ゆっくり進む: We feel time always *drags* when we are waiting for someone. 人を待っているときはいつも時間のたつのが遅く感じられる.

句動詞 **drág dówn** ⑲ [drag down + O / drag + O + down] **1** …を引きずり下ろす; […まで]堕落させる [*to*]: His criminal life *dragged* him *down to* the level of a gangster. 犯罪者の生活は彼をギャングにまで堕落させた. **2** …(の気持ち)を落ち込ませる, がっかりさせる.

drág ín ⑲ [drag in + O / drag + O + in]〈関係のない話題・人のこと〉を持ち出す.

drág ... ínto ～ ⑲ …を〈困難・争いなど〉に引きずり込む, 巻き込む: He *dragged* the team *into* discord. 彼はチームを不和に陥れた / She *dragged* her friend *into* joining the club. 彼女は友人を無理やりクラブに入会させた.

drág ón ⓐ (仕事・会議などが)だらだら長引く:
The meeting *dragged on* for more than two hours. 会合はだらだらと2時間以上続いた.

drág óut ⑲ [drag out + O / drag + O + out]〈仕事・会議など〉を引き延ばす, 長引かせる: *drag out* the discussion 話し合いを引き延ばす.

drág ... óut of ～ ⑲〈情報など〉を～から(無理やり)聞き出す: The police *dragged* an important piece of information *out of* the suspect. 警察は容疑者から重要な情報を引き出した.

drág úp ⑲ [drag up + O / drag + O + up] **1** 〈相手のいやがる話題など〉を会話に持ち込む, むし返す. **2** 《英口語》〈子供など〉を荒っぽく育てる.

■ **drág onesélf** [副詞(句)を伴って] やっとのことで(…)する: She *dragged herself* home from her office. 彼女は会社からやっとのことで帰宅した.

drág one's féet [**héels**] **1** 足を引きずる.
2 (わざと)ぐずぐずする.

— 名 **1** ⒸⓊ 引きずること[もの]; 引っ張ること[もの]. **2** [a ～]…の足手まとい, やっかいもの [*on*]: Jack was a *drag on* the last fishing trip. ジャックは前回の釣り旅行で足手まといだった. **3** [a ～]《口語》退屈な人[もの]. **4** Ⓒ たばこの一服.
5 Ⓤ 女装: a man in *drag* 女装した男. **6** Ⓒ [通例, 単数形で]《米口語》通り, 道路: the main *drag* 目抜き道り.

◆ **drág bùnt** Ⓒ【野球】ドラッグバント, セーフティーバント (cf. sacrifice bunt 犠牲バント).

drág ràce Ⓒ ドラッグレース《特に改造自動車による短距離の加速度競走》.

drag·gy [dréɡi] 形 (比較 **drag·gi·er** [~ər]; 最上 **drag·gi·est** [~ist]) 《口語》(体が)だるい; 退屈な, うんざりした.

drag·net [dréɡnèt] 名Ⓒ **1** 地引き[底引き]網.
2 (警察の)捜査網.

＊**drag·on** [dréɡən] 名Ⓒ **1** 竜, ドラゴン《伝説上の怪獣で, 翼を持ち火を吐く》.
2 《口語》怒りっぽい人;(若い女性の)監視役《特に老婦人を言う》.

drag·on·fly [dréɡənflài] 名 (複 **drag·on·flies** [~z]) Ⓒ【昆】トンボ.

dra·goon [drəɡúːn] 名Ⓒ **1** 竜騎兵《重装備の騎兵》. **2** ひどく乱暴な人.
— 動 ⑲〈人〉に無理やり […] させる [*into*].

＊**drain** [dréin] 動 ⑲ **1**〈水・液体〉を [から] 排出させる, 流す (*away, off, out*) [*from*]: You should *drain* all the water *from* the tank. タンク内の水をすっかり排出すべきである.
2 …から〈水・液体など〉を除く, 排水する; (土地などに)排水設備を設置する;〈野菜など〉の水切りをする: We have dug deep ditches to *drain* the fields. 田畑から排水するために深い溝を掘った.
3 …を消耗させる;〈人・国〉から〈富・体力・人材など〉を奪う, 枯渇させる [*of*]: The country is being *drained* of its first-rate scholars. その国では優秀な学者たちが外に流出している. **4**〈容器(の水)〉をからにする,〈グラスなど〉を飲み干す.

— ⓐ **1** […へ]排出する; (水が)[…に]はける; 流れ出る (*away, off*) [*into*]; (土地が)排水される; 乾く: The rainwater *drains away* through the ditch. 雨水は排水溝を通って流れ出る / This river *drains into* the ocean. この川の水は海へ流れ込む. **2** (体力・財産などが)徐々になくなる;(血の気が)引く (*away*): All my strength has *drained away*. 私も魂もつき果てた.

■ *dráin drý* ⓖ (水を切って)…を乾かす,〈酒など〉を飲み干す. ─ ⓘ 乾く.

─ 名 **C** **1** 排水管, 排水路; (米) (流しなどの) 排水口 ((英) plughole).
2 (通例 ~s) 排水 [下水] 設備. **3** (単数形で) [財産・体力などの] 消耗, 浪費; 流出 [*on*]: These constant doctor bills are a great *drain on* our budget. こうたびたび病院への支払いが重なっては家計にひどくひびく.

■ *gò dówn the dráin* (口語) むだになる, ふいにする; 浪費される.

◆ **dráining bòard** C (英) =DRAINBOARD (↓).

drain·age [dréinidʒ] 名 **U** **1** 排水, 水はけ.
2 排水 [下水] 設備. **3** 下水, 汚水.

drain·board [dréinbɔ̀ːrd] 名 C (米) (台所の) 水切り板 ((英) draining board).

drained [dréind] 形 疲れ果てた.

drain·er [dréinər] 名 C 排水溝, 水切り器; 配管工事人;(口語)(台所の) 水切り板 (drainboard).

drain·pipe [dréinpàip] 名 C **1** 排水管, 下水管. **2** 縦樋どい.

drake [dréik] 名 C (動物) 雄のカモ [アヒル] (cf. duck 雌のカモ [アヒル]).

dram [drǽm] 名 C **1** (常用) ドラム (◇重量の単位; 1ドラム=1.772 g; (略語) dr.; →巻末「度量衡」). **2** (薬用) ドラム (◇薬局衡の単位; 1ドラム=3.888 g; (略語) dr.). **3** (ウイスキーなどの) ひと口, 少量; 少量の酒: My father is fond of a *dram*. 父は酒を少々たしなむ.

dra·ma [drǽmə / dráːmə]
【原義は「人のすること, 行動」】
─ 名 (複 **dra·mas** [~z]) **1** C 劇, 戯曲: a TV *drama* テレビドラマ / act [produce] a *drama* 劇を上演する.
2 U (しばしば the ~) 演劇, (詩・小説に対して) 劇文学: study (the) *drama* 演劇学を勉強する / major in American *drama* アメリカ演劇を専攻する.
3 C 劇的な事件; U 劇的な状況: Her life was full of *dramas*. 彼女の生涯は波乱に満ちていた / That singer's life was a *drama* itself. その歌手の人生はドラマそのものであった.

dra·mat·ic [drəmǽtik]
─ 形 **1** 劇的な; 感動的な, 印象的な, 目覚ましい: a *dramatic* improvement 目覚ましい進歩 / The opening ceremony was *dramatic*. 開会式は印象に残るものだった / The Giants won a *dramatic* victory. ジャイアンツは劇的な勝利を収めた.
2 (比較なし;限定用法) (演) 劇の, 戯曲の, 脚本の: *dramatic* works 演劇作品
3 (通例, 叙述用法)(軽蔑) 芝居がかった, おおぎょうな.

dra·mat·i·cal·ly [drəmǽtikəli] 副 劇的に;目ざましく, 急激に; 芝居がかって.

dra·mat·ics [drəmǽtiks] 名 U **1** (単数扱い) 演劇法; (複数扱い) (主に素人の) 演劇, 芝居.
2 (複数扱い) 芝居がかったしぐさ [言動].

dram·a·tis per·so·nae [drǽmətis pərsóuniː / -pəːsóunai] (ラテン) U (しばしば the ~; 複数扱い)(格式)(劇などの) 登場人物.

dram·a·tist [drǽmətist] 名 C 劇作家, 脚本家.

dram·a·ti·za·tion [drǽmətəzéiʃən / -tai-] 名 U ドラマ化, 脚色; C ドラマ化 [脚色] した作品, 脚本.

dram·a·tize, (英) **dram·a·tise** [drǽmətàiz] 動 他 **1** …を劇 [ドラマ] にする, 脚色する. **2** 〈事件などを〉劇的に [おおげさに] 表現する. **3** 〈事件などが〉…を際立たせる. ─ ⓘ **1** (小説などが) 劇になる, 脚色される. **2** おおぎょうに表現する, 演技する.

dram·a·tur·gy [drǽmətəːrdʒi] 名 U ドラマツルギー, 作劇法; 演出法.

drank [drǽŋk] 動 **drink** の過去形; (米口語) **drink** の過去分詞.

***drape** [dréip] 動 他 **1** …を [布・旗などで] 覆う, 飾る [*with, in*]; 〈衣類・布などを〉[…に] ゆったりとかける, 〈コートなど〉をはおる [*around, over*]: *drape* the coffin *with* [*in*] the national flag = *drape* the national flag *around* [*over*] the coffin 棺(ひつぎ)を国旗で覆う. **2** 〈手足などを〉ゆったりと伸ばす, […に〕だらりともたせかける [*over, around*].
─ 名 C **1** [~s] (主に米) 厚地のカーテン.
2 (通例, 単数形で) (スカート・カーテンなどの) ひだ, (布地の) 垂れ具合.

drap·er [dréipər] 名 C (英・古風) 呉服商, 反物商; (英) (~'s) 織物店: a *draper's* (shop) 呉服店.

drap·er·y [dréipəri] 名 (複 **drap·er·ies** [~z])
1 U C ひだ付きの織物; (複数形で) (米) (厚地で丈の長い) カーテン. **2** U (英) 生地類 ((米) dry goods); 生地 [織物] 販売業.

***dras·tic** [drǽstik] 形 **1** (行動・方法などが) 徹底的な, 思い切った, 抜本的な: take [adopt] *drastic* measures 思い切った手段をとる. **2** 深刻な: a *drastic* shortage of water 深刻な水不足.

dras·ti·cal·ly [-kəli] 副 徹底的に.

drat [drǽt] 間 (古風) ちぇっ, くそ; あれ!.

***draught** [drǽft / dráːft] 名 U (英) =DRAFT.

draught·board [drǽftbɔ̀ːrd / dráːft-] 名 C (英) チェッカー盤 (checkerboard).

draughts·man [drǽftsmən / dráːfts-] 名 (英) =DRAFTSMAN.

draught·y [drǽfti / dráːfti] 形 (英) =DRAFTY.

draw [drɔ́ː] 動

基本的意味は「引く」.
① (線を) (絵を) かく   他 1; 自 1
② 引く, 引っ張る   他 2; 自 2
③ 抜く, 取り出す   他 3
④ 引きつける   他 4; 自 4

─ 動 (三単現 **draws** [~z]; 過去 **drew** [drúː]; 過分 **drawn** [drɔ́ːn]; 現分 **draw·ing** [~iŋ])
─ 他 **1** 〈線を〉引く, 〈鉛筆・ペンなどで〉〈絵・図・地

図などを**かく**; (線・言葉で)…を描写する: *draw* a line 線を引く / *draw* a character 性格を描写する / *draw* a picture of flowers 花の線画をかく. **2** [しばしば副詞(句)を伴って] …を**引く**, 引っ張る (→ PULL 類義語): *draw* the curtains カーテンを引く / *draw* the covers over my head so as not to hear the noise 騒音が聞こえないように布団を頭からかぶる / They *drew* the boat out of the water. 彼らはボートを岸に引き上げた. **3** […から]…を抜く, 取り出す;〈液体〉をくみ出す [*from, out of*]: *draw* a sword 剣を抜く / *draw* water *from* the well 井戸から水をくみ出す / *draw* the cork *out of* the bottle びんのコルク栓を抜く. **4**〈人など〉を引きつける; […に]〈注意・関心など〉を引く, 引きつける [*to*]: The concert *drew* a large audience. その音楽会はたくさんの聴衆を集めた / The incident *drew* their attention *to* the problem of air pollution. その事件によって彼らは大気汚染の問題に関心を向けるようになった. **5**〈息〉を吸う, 吸い込む;〈ため息〉をつく: He *drew* a deep breath before jumping into the water. 水の中へ飛び込む前に彼は深く息を吸い込んだ. **6** […から]〈結論・教訓など〉を引き出す [*from*]: He *drew* a conclusion *from* the research. 彼は調査から1つの結論を出した. **7**〈比較・区別など〉をつける: *draw* a distinction between a child and a baby 子供と赤ん坊を区別する. **8**〈ある反応〉を引き起こす, 招く: Her song *drew* tears from the audience. 彼女の歌は聴衆の涙を誘った. **9**〈くじ・カード〉を引く (抽選で)〈対戦相手〉を引き当てる: *draw* a lot くじを引く. **10** [預金など]を[銀行などから]引き出す [*from, out of*];〈給料など〉を受け取る: *draw* 10,000 yen *from* the bank (account) 銀行(口座)から1万円おろす / *draw* a large salary 高給取りである. **11**〈試合〉を引き分ける: The exciting game was *drawn* 3-3. 白熱したその試合は3対3で引き分けになった (◇3-3 は three to three と読む). **12**〈文書〉を作成する;〈手形・小切手〉を振り出す: *draw* a draft on ... あてに手形を切る. **13** (船が)喫水が…である: The ship *draws* only ten feet. その船は喫水がわずかに10フィートである.
 ― 自 **1** (線で)絵をかく; 製図する: Mary *draws* well. メアリーは絵がうまい. **2** [副詞(句)を伴って] (ゆっくりと) 動く, 来る, 進む: The baseball season is *drawing* near. 野球シーズンが近づいている / The ship *drew* into the port. 船はゆっくりと港に入って来た. **3** (ものが)引く, 引かれる; (短銃などを) 抜く: This suitcase *draws* easily. このスーツケースは引きやすい / He *drew*, aimed, and fired. 彼は短銃を抜いてねらいを定め, 撃った. **4** 人を引きつける, 人気を呼ぶ: The play always *draws* well. その劇はいつも大入りです. **5** (パイプ・煙突が)煙を通す: This pipe won't *draw*. このパイプは煙を通さない. **6** (くじを)引く: Let's *draw* in order to decide. くじで決めよう. **7** (試合を) […と]引き分ける [*with*]: The two teams *drew* in their first game. 両チームは第1戦を引き分けた. **8** (お茶などが)出る.

[句動詞] **dràw apárt** 自 離れていく. ― 他 [draw apart+O / draw+O+apart]〈カーテンなど〉を横に押し開く.
 dràw asíde 他 [draw aside+O / draw+O+aside]〈人〉をわきへ呼び寄せる.
 dràw awáy 自 […から] 離れる [*from*]. ― 他 [draw away+O / draw+O+away]…を引き離す.
 dràw báck 自 **1** 後退する, 身を引く. **2** [事業などから] 手を引く [*from*]. ― 他 [draw back+O / draw+O+back]…を引き戻す;〈カーテンなど〉を引いて開ける.
 dràw ín 他 [draw in+O / draw+O+in] **1** …を引き入れる; 誘い込む. **2**〈息〉を吸い込む. ― 自 **1** (日が) 短くなる; 暮れる. **2** 道路際に寄る; (列車などが) 到着する.
 dráw ... ínto ~ 他〈人〉を~に誘い込む, 巻き込む: Bill tried to *draw* me *into* the argument. ビルは私を議論に巻き込もうとした.
 dràw óff 他 [draw off+O / draw+O+off] [大きい容器から]〈液体〉を抜き出す, 取り出す [*from*].
 dràw ón 自 (時・季節などが) 近づく; (終わりが) 迫る. The rainy season is *drawing on*. 梅雨が近づいている. ― 他 [draw on+O / draw+O+on] **1**〈手袋〉をはめる,〈靴下〉をはく. **2** […するよう]〈人〉を促す, 励ます [*to do*]. **3**〈たばこなど〉を吸う.
 dráw on ... 他 …に頼る,〈知識・経験など〉を利用する.
 dràw óut 他 [draw out+O / draw+O+out] **1** …を引き延ばす, 延長する: The teacher *drew* the class *out*. 先生は授業を延長した. **2** …に気楽にしゃべらせる, …をくつろがせる. **3** …を引き出す;〈金〉をおろす. ― 自 **1** (日が) 長くなる. **2** (列車が) 出発する.
 dràw úp 自 **1** (乗り物が) 止まる, 停止する: A taxi *drew up* in front of the house. タクシーが家の前に止まった. **2** […に] 近づく [*to*]. ― 他 [draw up+O / draw+O+up] **1**〈文書など〉を作成する: *draw up* the list of members 会員名簿を作成する. **2** …を引っ張り上げる, 引き寄せる; 近づける.
 ·dráw onesélf úp (to one's fúll héight) (怒り・威厳などを示して) 直立する, 胸を張る.
 ― 名 C **1** 引き分け, ドロー: The game ended in a scoreless *draw*. 試合は無得点のまま引き分けとなった. **2** くじ引き, くじ, 抽選; (対戦相手を選ぶ)抽選(会): the luck of the *draw* くじ運/win a bicycle in the *draw* 抽選で自転車をもらう. **3** 引きつけるもの, 呼び物, 大当たり: The musical was a great *draw*. そのミュージカルは大当たりだった. **4** たばこを吸うこと.
 ■ **be quíck [fást] on the dráw** **1** 理解[返答]が早い. **2** (剣・拳)銃などを)抜くのが速い.

draw·back [drɔ́ːbæk] 名 C […という] 欠点 [*of*], 不利; 障害, 妨げ, 故障.

draw·bridge [drɔ́ːbrɪdʒ] 名 C 跳ね[つり]橋.

‡**draw·er** [drɔ́ːr] (☆ **2, 3** では [drɔ́ːər]) 名 C
 1 (たんす・机などの) 引き出し: open [shut] a

drawing

drawer 引き出しを開ける[閉める]. **2** 製図家; 絵かき. **3** 《小切手・手形の》振出人. **4** 《通例~s》《古風》ズロース; ズボン下.

‡draw·ing [drɔ́ːiŋ] 图 **1** ⓒ (鉛筆・ペンなどでかいた) 絵; 線画, デッサン (cf. painting 絵の具でかいた絵).

2 Ⓤ 製図, 線画. **3** Ⓤ《米》抽選, くじ引き.

◆ **dráwing bòard** ⓒ 画板; 製図板: go back to the *drawing board*《口語》一からやり直す, 白紙に戻す.

dráwing càrd ⓒ《米》(テレビなどの) 人気番組; (試合などの) 好カード; 人気のある芸能人.

dráwing pìn ⓒ《英》画びょう(《米》thumbtack).

dráwing ròom ⓒ《古風》応接間, 客間;《米》《鉄道》特別個室.

drawl [drɔ́ːl] 图 Ⓤ ⓒ [通例, 単数形で] ゆっくりとした[間延びした]話しぶり.
— 動 (自) (母音を伸ばして) (…を) ゆっくり話す [発音する], のろのろ言う.

‡drawn [drɔ́ːn] 動 形
— 動 draw の過去分詞.
— 形 **1** (顔などが) 緊張した, やつれた, 引きつった: He has looked tired and *drawn* for the past days. この数日間彼は疲れてやつれた顔をしていた. **2** 引き分けの, ドローの: a *drawn* game 引き分け試合. **3** (剣・銃などが) 抜かれた, 抜き身の; (カーテン・ブラインドが) 下ろされた, 引かれた.

draw·string [drɔ́ːstrìŋ] 图 ⓒ (袋の口などを締める) 引きひも, 引き締めひも.

dray [dréi] 图 ⓒ (重い荷物を運ぶ) 大型四輪荷馬車.

‡dread [dréd] 動 他 …をひどく怖がる, 恐れる; […することを / …ではないかと] 恐れる, ひどく心配する [*doing, to do* / *that* 節]: I'm *dreading* the exam. 私は試験のことがとても心配です / He *dreads failing* [*to* fail] the test again. 彼は今度も試験に落ちることを恐れている / I *dread to* think what their wedding reception will cost. 彼らの結婚披露宴にいくらかかるかと恐ろしくなる / She *dreaded that* her boyfriend might leave her. 彼女は恋人が自分から離れてしまうのではないかと恐れていた.
— 图 **1** Ⓤ [または a ~] 恐怖, (将来に対する) 不安, 心配 (→ FEAR 類義語): They live in constant *dread* of an earthquake. 彼らはいつも地震の心配をしながら生活している / He has a *dread* of mistakes. 彼は間違いを恐れている.
2 ⓒ [通例, 単数形で] 恐ろしいもの, 恐怖の種.

dread·ed [drédid] 形 [限定用法]《文語・時にこっけい》恐るべき; いまわしい; 恐れ多い.

‡dread·ful [drédfəl] 形《格式》**1** 非常に恐ろしい, 怖い, ひどい: It was a *dreadful* accident. それはぞっとするような事故だった. **2** 《通例, 限定用法》実にひどい, とてもいやな; とてもつまらない: a *dreadful* movie まったくつまらない映画.

dread·ful·ly [drédfəli] 副《格式》**1** ひどく, 非常に, とても (terribly): I'm *dreadfully* busy at the moment. 私は今のところとても忙しい.
2 恐ろしく, ものすごく.

dread·locks [drédlàks / -lɔ̀ks] 图《複数扱い》ドレッドヘア《髪を縮らせて細かく束ねた髪型》.

‡dream [dríːm] 图 動【原義は「喜び, 音楽」】
— 图 (複 dreams [~z]) **1** ⓒ (眠っているときに見る) 夢: awake from a *dream* 夢から覚める / read a *dream* 夢判断をする / I had a strange *dream* last night. 昨夜不思議な夢を見た (◇ see a dream とは言わない) / I saw the Pyramids in my *dream* yesterday. 私はきのう夢の中でギザの大ピラミッドを見た / Sweet *dreams*! 楽しい夢を⇒ おやすみなさい (◇親が子供に言う).
2 ⓒ (心の中に抱く) 夢, 理想, 目標: one's lifelong *dream* 長年の夢 / My *dream* is to become a pianist like Chopin. 私の夢はショパンのようなピアニストになることです / James realized his *dream* of becoming a diplomat. ジェームズは外交官になるという夢を実現した / I believe that I can make my *dream* come true. 私は自分の夢をかなえられると思う.
3 ⓒ 夢想, 夢心地 (の状態); 白日夢 (daydream): live [be] in a *dream* 夢うつつに過ごす. **4** ⓒ《口語》夢のようにすばらしい人 [もの]. **5** [形容詞的に]《口語》夢のような, 理想的な: a *dream* vacation 夢のような楽しい休暇 / a *dream* house [car] 夢の [欲しくてたまらない] マイホーム [車].

■ *beyònd ...'s wíldest dréams* …の想像以上に [の].
lìke a dréam 完ぺきに, 見事に.
— 動 (三単現 **dreams** [~z]; 過去・過分 **dreamed** [dríːmd, drémt / drémt], **dreamt** [drémt]; 現分 **dream·ing** [~iŋ]) (◇《米》では dreamed のほうが一般的).
— 自 **1** (眠っているときに) […の] 夢を見る [*of, about*]: Normally, we *dream* from one to two hours every night. 普通, 人は毎晩, 1, 2時間夢を見る / Last night I *dreamed* about home. 私は昨夜故郷の夢を見た.
2 […を] 夢みる, 夢に描く; 夢想する [*of, about*]: *dream of* traveling around the world 世界一周旅行を夢見る / Stop *dreaming* and get back to work. そんな夢みたいなことを考えていないで仕事に戻りなさい.
3 [否定文で] […を] 想像する, 思う [*of*]: I've never *dreamed of* staying away from school. 私は学校を休もうなんて夢にも思ったことはない.
— 他 **1** [dream + *that* 節] …という夢を見る: I *dreamed* (*that*) a dinosaur was after me. 私は恐竜に追われている夢を見た.
2 [dream + *that* 節] …ということを夢見る, 夢に描く; 夢想する: My sister *dreams* (*that*) she will become a famous actress. 私の妹は有名な女優になることを夢見ている.
3 [dream + *that* 節] [否定文で] …であると想像する, 思う: Margaret never *dreamed* her diary would be published. マーガレットは自分の日記が本になるとは思ってもみなかった.

■ *dréam a ... dréam* …な夢を見る (◇ have a ... dream のほうが一般的; → 图 **1**).

dréam awáy ㉚〈時〉を空想にふけって過ごす.
dréam úp 〈とっぴなアイディアや計画〉をぱっと思いつく, でっち上げる: The student *dreamed up* an excuse for being late. その学生は遅刻の言い訳をとっさにでっち上げた.

dream·er [dríːmər] 名 C 夢見る人; 《通例, 軽蔑》空想家, 夢想家.

dream·i·ly [dríːmili] 副 夢見心地で; ぼんやりと.

dream·land [dríːmlæ̀nd] 名 U 《時に a ～》《通例, 軽蔑》夢の国, ユートピア, 理想郷.

dream·less [dríːmləs] 形 夢を見ない, (眠りが)深い; 夢のない; 穏やかな.

dream·like [dríːmlàik] 形 夢のような; 非現実的な.

dreamt [drémt] 動 dream の過去形・過去分詞の1つ.

dream·y [dríːmi] 形 (比較 **dream·i·er** [～ər]; 最上 **dream·i·est** [～ist]) **1** 空想にふける, 夢見るような; ぼんやりした. **2** 〈人・考えなどが〉非現実的な, 非現実的な. **3** 〈音楽などが〉くつろがせる, 心をなごませる. **4** 《口語》とてもすばらしい; とても楽しい.

‡**drear·y** [dríəri] 形 (比較 **drear·i·er** [～ər]; 最上 **drear·i·est** [～ist]) **1** ものさびしい; 陰気な, 憂うつな: a *dreary* winter day ものさびしい冬の日. **2** 《口語》〈話・仕事などが〉退屈な, 単調な: a long and *dreary* lecture 長くて退屈な講義.

drear·i·ly [～li] 副 ものさびしく; 陰気に.

drear·i·ness [～nəs] 名 U ものさびしさ; 陰気.

dredge[1] [drédʒ] 名 C 浚(さら)せつ機 [船](水底の土砂をさらう). — 他 **1** 〈川底など〉を浚せつする (*up*). **2** 《口語》〈不快な話題〉をむし返す (*up*). — 自 水底(の土砂)をさらう.

dredge[2] 動 他 〈小麦粉・砂糖など〉を[…に]振りかける (*over*); …に〈小麦粉・砂糖など〉をまぶす [*with*].

dredg·er[1] [drédʒər] 名 C 浚せつ船《水底の土砂をさらう》.

dredg·er[2] 名 C (小麦粉・砂糖などの)粉振り器.

dregs [drégz] 名 《複数扱い》 **1** (飲み物などの底に沈んだ)かす, おり. **2** 《通例 the ～》《軽蔑》価値のない人: the *dregs* of humanity [society] 人間[社会]のくず.

drench [dréntʃ] 動 他 《しばしば受け身で》…を […で]ずぶぬれ[びしょぬれ]にする, […で]いっぱいにする [*with, in*]: I *was drenched* to the skin *in* a shower. 私はにわか雨にあってずぶぬれになった.

‡**dress** [drés] 名 【原義は「整える」】

— 名 (複 **dress·es** [～iz]) **1** C (女性・女の子用の)**ドレス**, 婦人服《通例ワンピースをさす》: a wedding *dress* ウエディングドレス / put on [take off] a *dress* ドレスを着る[脱ぐ] / That woman wearing a blue *dress* is my aunt. 青いドレスを着たあの女の人は私のおばです.

2 U (一般に)**服装**, 衣服; 正装: The *dress* of the students was informal. 学生たちの服装はくだけたものだった / All the people present were in full *dress*. 出席者は全員正装していた / "No *dress*." 正装には及びません ⇒ 平服で出席ください《◇招待状に書きそえる文句》.

3 [形容詞的に] 衣服の; 正装(用)の, 正装を要する: a *dress* concert 正装を要する演奏会.

— 動 (三単現 **dress·es** [～iz]; 過去・過分 **dressed** [～t]; 現分 **dress·ing** [～iŋ])

— 他 **1** 〈人〉に**服を着せる**, 〈人〉に[…用の]服装をさせる (*for*): Mary *dressed* her baby. メアリーは赤ん坊に服を着せた / She *dressed* her daughters *for* the party. 彼女は娘たちにパーティー用の服装をさせた.

2 〈店・街路など〉を […で] 飾る [*with*]: They *dressed* the street *with* flags. 彼らは通りを旗で飾った. **3** 〈髪〉を結う, 整える. **4** 〈サラダ〉にドレッシングをかける. **5** (料理できるように)〈食材〉の下ごしらえをする: *dress* a chicken 〈羽根・頭・足・内臓などを除いて〉鶏の下ごしらえをする. **6** 〈傷〉の手当てをする, …に包帯をする: *dress* a wound 傷の手当てをする. **7** 〈兵士〉を整列させる.

— 自 **1 服を着る**; 身支度をする (↔ undress): *dress* in jeans ジーンズをはく / *Dress* quickly. 早く服を着なさい / He *dresses* badly [well]. 彼はひどい[よい] 身なりをしている / She *dressed* warmly to go skiing. 彼女はスキーに行くために暖かい服を着た / Meg *dressed* in her Sunday best for the party. メグはパーティーのために晴れ着を着ていた. **2** […のために]正装する [*for*]: We used to *dress for* the concert. 昔はコンサートへ正装して行ったものだった. **3** (兵士が)整列する.

句動詞 ***dréss dówn*** 自 着飾らない, 略式の[フォーマルでない]服装をする. — 他 [**dress down + O / dress + O + down**] …をしかりつける.

dréss úp 自 着飾る, 正装する; 仮装する. — 他 [**dress up + O / dress + O + up**] **1** 〈人〉を着飾らせる. **2** …を飾り立てる, 粉飾する, 実際よりもよく見せる[思わせる].

■ ***be dréssed onesélf*** 身支度をする, 正装する.

◆ ***dréss círcle*** C 《通例 the ～》《劇場の2階正面にある》特等席. 《由来》昔はこの席に座るときは正装する必要があったことから》

dréss cóat C 燕尾(びゃ)服.

dréss códe C 服装規定.

dréss rehéarsal C **1** (本番と同じ衣装で行う)本げいこ. **2** (イベントの)予行演習.

dréss sénse U 服装のセンス[感覚].

dréss shírt C (礼装用の)ワイシャツ.

dres·sage [drəsɑ́ːʒ / drésɑ́ːʒ] 【フランス】名 U C 《乗馬》ドレサージュ, 馬場馬術《馬術競技の1つ》.

‡**dressed** [drést] 形 […の]着ている, 着飾っている [*in*]: a gorgeously *dressed* woman 華麗に着飾った女性 / The bride is *dressed in* white. 花嫁は白いドレスを着ている / He has already got *dressed*. 彼はもう身支度をすませている / Wait here while I get *dressed*. 私が服を着る間ここで待っていてください.

■ ***be dréssed (úp) to kíll*** 《口語》(人目を引く服で)着飾っている, めかし込んでいる.

be dréssed (úp) to the nínes 《口語》盛装している, 正装している.

dress·er[1] [drésər] 名 C **1** [形容詞を伴って] 着こなし[服装]が…の人: He is a smart *dresser*. 彼は着こなしがうまい. **2** (劇場などで)着付けをする人, 衣装方. **3** 《英》外科手術助手.

dress·er² 名 C **1**《米》ドレッサー, 鏡付きの化粧だんす. **2**《主に英》食器棚.

dress·ing [drésiŋ] 名 **1** UC ドレッシング《サラダなどにかけるソース》: French [salad] *dressing* フレンチ[サラダ]ドレッシング. **2** U 着付け, 衣装; 化粧; (髪などの) 手入れ. **3** U 飾り付け. **4** UC《米》(鳥料理の) 詰め物. **5** U (傷の) 手当て; C 傷の手当て用品《軟こう・包帯・ガーゼなど》.

◆ **dréssing gòwn** C《主に英》部屋着, ガウン (《主に米》bathrobe).

dréssing ròom C (劇場などの) 楽屋; (競技場などの) 更衣室, 化粧室.

dréssing tàble C《英》(寝室の) 化粧台, 鏡台.

dréss·ing-dówn 名 U [または a ~]《口語》 **1** 叱責〔に〕, しかりつけること: give ... a *dressing-down* …を厳しくしかる.
2 (打ち) たたくこと.

dress·mak·er [drésmèikər] 名 C ドレスメーカー, 婦人服の仕立屋 (cf. tailor 紳士服の仕立屋).

*****dress·mak·ing** [drésmèikiŋ] 名 U 婦人服仕立て, 洋裁(業): a *dressmaking* school 洋裁学校.

dress·y [drési] 形 (比較 **dress·i·er** [~ər]; 最上 **dress·i·est** [~ist]) **1** (服装が) 改まった, フォーマルな, ドレッシーな. **2** (人が) 服装に凝る, 派手な.

*******drew** [drú:] 動 draw の過去形.

drib·ble [dríbl] 動 自 **1** ぽたぽた垂れる, したたる; 《英》よだれを垂らす (《米》drool): The water is *dribbling* out. 水がぽたぽた垂れている. **2** 〖球技〗ドリブルする.
— 他 **1** …をぽたぽた垂らす. **2** 〈金銭・力など〉を少しずつ出す. **3** 〖球技〗〈ボール〉をドリブルする.
— 名 C **1** 垂れしずく;《英》よだれ. **2** 少量, わずかな量 (bit). **3** 〖球技〗ドリブル.

dribs [dríbz] 名 [次の成句で]
■ (*in*) **dríbs and drábs** ほんの少量で, 少しずつ: drink *in dribs and drabs* ちびちび酒を飲む.

*******dried** [dráid] 動 形
— 動 dry の過去形・過去分詞.
— 形 乾いた, 乾燥した: *dried* meat [milk, fruit] 干し肉[粉ミルク, 乾燥果物] / Raisins are *dried* grapes. レーズンとは干しブドウのことです.

dríed-úp 形 乾いた, 干からびた.

‡dri·er¹ [dráiər] 形 dry の比較級.
dri·er² 名 = DRYER 乾燥機, ドライヤー.

‡drift [dríft] 動 名 **1** (水中・空中を) 漂う, 漂流する, 吹き寄される: The boat *drifted* with the current. ボートは海流に乗って漂流した.
2 (人などが) あてもなくあちこち動く, 漠然と[ぶらぶらと]時を過ごす, さまよう; 知らず知らず[…に]引き込まれる [*into*]: *drift* into sleep まどろむ / My son just *drifts* from job to job. 息子は職を転々と変えている / She *drifted* into acting by accident. 彼女は何の気なしに演劇の道に入った.
3 (雪などが) 吹きだまりになる: The snow had *drifted* in great piles. 雪が吹き積もっていた.
— 他 **1** …を漂流させる, 押し[吹き]流す: The rubber raft was *drifted* downstream. ゴムボートは下流の方に押し流されて行った. **2** 〈雪など〉を吹き寄せる, 吹きだまりにする.
— 名 **1** U 漂うこと, 漂流. **2** C (雪・落ち葉などの) 吹き寄せ(られたもの), 吹きだまり; 漂流物: There was a big snow*drift* in front of our house after the storm. 吹雪のあと私たちの家の前に大きな雪の吹きだまりができた. **3** UC 流れ, 動き; (人の) 移動; 傾向, 大勢 (tendency): the *drift* of the tide 潮の流れ / The *drift* of public opinion is against the tax reform. 世論の大勢は税制改革に反対である. **4** C [しばしば the ~] 趣旨, 大意: catch [get] the *drift* of his words 彼の発言の大意をつかむ. **5** UC 成り行きまかせ.

drift·er [dríftər] 名 C《通例, 軽蔑》放浪者, 流れ者; 常に転職をしている人.

drift·wood [dríftwùd] 名 U 流木.

*****drill** [dríl] 名 動
— 名 (複 **drills** [~z]) **1** C ドリル, きり, 穴あけ機: He made a hole in the board with an electric *drill*. 彼は電動ドリルで板に穴をあけた.
2 CU [… の] 反復練習, ドリル [*in*] (→ PRACTICE [類義語]): a *drill* in English grammar 英文法の演習 / I have to do the math *drill* today. 私はきょう数学のドリルをしなければならない.
3 CU (集団で行う防災などの) 訓練; 軍事教練[演習]: a fire *drill* 防火訓練.
— 動 他 **1** (きりなどで) …に穴をあける; […に]〈穴〉をあける [*in, into*]: *drill* a board 板に穴をあける / A woodpecker *drilled* a hole in the wood. キツツキが木に穴をあけた. **2**〈人〉に〔…を〕反復練習させる [*in, on*]; …を[人に]たたき込む [*into*]: *drill* children *in* [*on*] addition 子供たちに足し算のドリルをさせる / She *drilled* it *into* him not to open the box. 彼女は彼にその箱を開けてはいけないと教え込んだ. **3** …を訓練する.
— 自 **1** […に /…を求めて] (ドリルで) 穴をあける [*into* / *for*]. **2** 訓練する, 訓練を受ける.

drill·ing [dríliŋ] 名 U ドリルで穴をあけること. **2** 反復練習, ドリル; 訓練; 軍事演習.

◆ **drílling plátform** C (石油) 掘削用プラットフォーム.

dri·ly [dráili] 副 = DRYLY 無味乾燥に.

*****drink** [dríŋk] 動 名 [基本的意味は「…を飲む (take liquid into one's mouth and swallow it)」]
— 動 (三単現 **drinks** [~s]; 過去 **drank** [dræŋk]; 過分 **drunk** [drʌ́ŋk],《米口語》**drank**; 現分 **drink·ing** [~iŋ])
— 他 **1** (a) [drink+O]〈液体〉を飲む: I *drink* milk for breakfast. 私は朝食に牛乳を飲む / He *drank* three cups of coffee while he was waiting for her. 彼は彼女を待っている間にコーヒーを3杯飲んだ / Please give me something hot to *drink*. 何か温かい飲み物をください. (b) [drink+O+C] …を～の状態で飲む; 飲んで〈容器〉を～の状態にする: *drink* a glass dry [empty] グラス(の中身)を飲み干す / In winter I *drink* cocoa hot. 冬にはココアを温めて飲む.
語法 次の表現に注意: *eat* soup (スプーンなどで)

スープを飲む (cf. *drink* soup (カップなどから直接)スープを飲む) / *take* medicine 薬を飲む.
2 〈空気・水分など〉を吸い込む, 吸収する: Nothing is so wonderful as to *drink* fresh air into our lungs. 新鮮な空気を胸一杯吸い込むことほどすばらしいことだ / The dry soil *drank* the rain. 乾いた土が雨を吸い込んだ. **3** 〈金・時間など〉を酒のために浪費する (*away*): He *drinks* half his earnings (*away*). 彼は収入の半分を飲んでしまう. **4** …のために乾杯する: Let's *drink* our good health. 私たちの健康を祈って乾杯しよう.
── 圊 **1** 飲む (◇日本語と語順が逆になることに注意) / *drink* from the bottle らっぱ飲みする / I found a deer *drinking* from the stream. シカが小川の水を飲んでいるのを(偶然)見かけた. **2** 酒を飲む: *drink* and drive 飲酒運転をする / His son neither smokes nor *drinks*. 彼の息子は酒もたばこもやりません / I don't *drink*. 私は酒は飲まない.
3 乾杯する, 祝杯をあげる (→ 句動詞 drink to ...).
句動詞 **drínk dówn** 働 [drink down+O / drink+O+down] …を飲み干す.
drínk ín 働 [drink in+O / drink+O+in] 〈知識など〉を吸収する; …に聞きほれる, 見とれる: She *drank in* the beauty of the scene. 彼女はその光景の美しさに見とれた.
drínk óff 働 = drink down (↑).
drínk to ... …のために乾杯する: Let's *drink to* the future of the bride and groom. 花嫁と花婿の前途を祈って乾杯しよう.
drínk úp 働 [drink up+O / drink+O+up] …を飲み干す: He *drank up* the wine (all) in one. 彼はそのワインをあっという間に飲み干した.
── 圊 飲み干す.
■ *drínk like a fish* 大酒を飲む.
drínk onesèlf ... 酒を飲んで…になる (◇ ... には形容詞・副詞(句)が来る): You will *drink yourself* to death. 酒を飲んでいたら寿命を縮めるよ.
I'll drínk to thát!《口語》賛成, そいつはいいね.
── 名 (複 **drinks** [~s]) **1** UC (食べ物に対して) 飲み物, 飲料 (beverage): food and *drink* 飲食物 / soft *drinks* 清涼飲料 / Go and order six *drinks*. 飲み物を6つ注文して来てください.
2 UC 酒, アルコール類; U (過度の)飲酒: strong *drinks* 強い酒 / a stiff *drink* 非常に強い酒 / George has taken to *drink* since he failed his final exam. ジョージは最終試験に落ちてから酒びたりになってしまった.
3 C ひと飲み, 1杯: a *drink* of water 水1杯 / I usually have [take] a *drink* of wine before going to bed. 私はいつもは寝る前にワインを1杯飲む / Let's have a *drink*. 一杯飲もう / I'll buy you a *drink* this time. 今度は僕が1杯おごろう.
◆ **drínk dríving** U《英》飲酒運転 (drunken driving,《米》drunk driving).
drink・a・ble [drínkəbl] 形 飲める, 飲用に適した.
drink・er [dríŋkər] 名 C 飲む人; 酒豪, (大)酒飲み: a tea [beer] *drinker* 紅茶 [ビール] を愛飲する人 / a heavy [light] *drinker* 酒に強い [弱い] 人.
drink・ing [dríŋkiŋ] 名 U 飲むこと; 飲酒; 飲酒癖;

[形容詞的に] 飲酒の, 酒飲みの; 飲用の: a *drinking* party 飲み会 / Good for *drinking*.《掲示》(この水は)飲めます.
◆ **drínking fòuntain** C (公園などにある)噴水式水飲み器.
drínking pròblem C 飲酒癖.
drínking-up tíme U《英》パブの閉店後, グラスに残った酒を飲み干すために居残りが許される時間.
drínking wàter U 飲料水.
‡**drip** [dríp] 働 (三単現 **drips** [~s]; 過去・過分 **dripped** [~t]; 現分 **drip・ping** [~iŋ]) 圊 **1** ぽたぽた落ちる, したたる (*down*): Rain was *dripping down* from the trees. 雨が木々からしたたり落ちていた. **2** [しずくなどで] ぬれる; […で]あふれている, いっぱいである [with]: He is *dripping* with sweat. 彼は汗をびっしょりかいている.
── 働 …のしずくを垂らす, …をしたたらせる: Who *dripped* paint on the floor? 床にペンキを垂らしたのはだれですか.
── 名 **1** U [しばしば the ~] したたり(落ちること); ぽたぽた落ちる音: the constant *drip* of the rain on the roof 絶え間なく屋根に当たる雨の音.
2 C しずく, したたり. **3** C 〖医〗点滴 (IV): be put on a *drip* 点滴を受ける.
4 C 《口語》退屈な人, 個性のない人.
◆ **dríp cóffee** U ドリップコーヒー《ネルやペーパーフィルター使用のドリップでいれたコーヒー》.
drip-drỳ 形 (衣服が) 洗ってすぐ乾く《しわにもならない》, ノーアイロンの.
drip・ping [drípiŋ] 名 **1** U したたること [音].
2 C [通例 ~s] しずく, 水滴;(焼き肉から垂れる) 肉汁.
── 形 しずくの垂れる, ずぶぬれの.
── 副 しずくの垂れるほど, ずぶぬれになって.

‡**drive** [dráiv] 働 名

基本的意味は「追い立てる」.
① 運転する.   働 1;圊 1
② 車で送る.   働 2
③ 追い立てる.   働 3
④ 追い込む, 駆り立てる. 働 4

── 働 (三単現 **drives** [~z]; 過去 **drove** [dróuv]; 過分 **driv・en** [drívən]; 現分 **driv・ing** [~iŋ])
── 働 **1** [drive+O] 〈車など〉を**運転する**, 〈馬車〉を御する: He *drives* a car to school every day. 彼は毎日車で通学している / She *drives* a Porsche. 彼女はポルシェを運転している ⇒ 彼女の車はポルシェです / I *drive* a bus. 私はバスの運転士です.
2 [drive+O] …を(車に)乗せて行く, 車で送る: Would you kindly *drive* Mary to the station? メアリーを駅まで車で送っていただけませんか / Let me *drive* you home. お宅まで車でお送りしましょう.
3 [drive+O] [副詞(句)を伴って] 〈人・動物など〉を追い立てる, 追いやる: *drive* cattle to the ranch 牛を牧場へ追い立てる / They tried to *drive* the enemy out of their town. 彼らは敵

を町から追い出そうとした.
4 (a) [drive+O]〈人〉を[…の状態に]追い込む, 駆り立てる [to, into]: The third failure *drove* her *to* despair. 3回目も失敗して彼女はやけになった. (b) [drive+O+C]〈人〉を…の状態に追い込む: The constant teasing by his teammates *drove* him insane. チームメイトがいつもいじめるので彼は気が変になった.
(c) [drive+O+to do]〈人〉を…する状態に追い込む, 〈人〉に無理やり…させる (force): Poverty *drove* her *to* steal. =She was *driven to* steal by poverty. 彼女は貧困からやむにやまれず盗みをした.
5 [通例, 受け身で]〈動力で〉〈機械〉を動かす: Electricity *drives* the washing machine. =The washing machine *is driven* by electricity. 洗濯機は電気で動く. **6** […に]〈くぎ・くいなど〉を打ち込む;〈知識など〉をたたき込む [*into*]: I like to watch a carpenter *drive* nails *into* a board. 私は大工が板にくぎを打ち込むのを見るのが好きだ. **7**〖球技〗〈ボール〉を強く打つ[ける], 強打する;〈ボール〉にドライブをかける: All his fans were delighted to see him *drive* the ball over the fence. 彼がボールをフェンス越しに強打したのを見て彼のファン全員が喜んだ. **8**〈風など〉を押しやる, 吹き動かす: The wind is *driving* the snow into the garage. 風で雪がガレージに吹き込んでいる. **9** …を酷使する, こき使う: How hard John *drives* his workers! ジョンはなんと手荒に従業員をこき使うことだろう. **10**〈穴〉をあける;〈トンネルなど〉を掘る.
— 自 **1** 車を運転する, ドライブする;(車などで)行く: Don't *drive* too fast on a rainy night. 雨の夜はあまりスピードを出して運転するな / Let's *drive* through the park. 公園を車で通り抜けよう / We *drove* all the way from Boston to New York. 私たちはボストンからニューヨークまでの道のりをずっと車で行った.
2(車・船などが)疾走する, 突進する: That boat was *driving* along the river. そのボートは川を疾走していた. **3**(雨が)激しく降る, 打ちつける;(風が)吹きすさぶ;(雲などが)飛ぶように動く: The cold rain was *driving* in my face. 冷たい雨が私の顔に激しく降りつけていた. **4**〖球技〗ボールを強打する;〖ゴルフ〗ドライバーで打つ.

句動詞 *drive awáy* 他 [drive away+O / drive +O+away] …を追い払う,〈雲・不安などを〉吹き飛ばす: Please *drive* the stray dog *away*. その野良犬を追い払ってください.
・*drive awáy at* ... …に精を出す.
drive ín 他 [drive in+O / drive +O+in]
1〈くぎ・くいなど〉を打ち込む;〈知識など〉を教え込む. **2**〖野球〗〈走者〉をホームに迎え入れる.
drive óff 他 [drive off+O / drive +O+off]
1 …を追い払う: The police *drove* the crowd *off* with tear gas. 警察は催涙ガスを使って群衆を追い払った. **2** …を車で連れ去る.
— 自 **1**(車が)走り去る;出発する. **2**〖ゴルフ〗ティーショットを打つ.
drive óut 他 [drive out+O / drive +O+out] …を追い出す. — 自 車で出かける.
drive úp 他 [drive up+O / drive +O+up]〈価格など〉をつり上げる, 急騰させる. — 自 車でやって来る.

■ *be dríving at* ... (口語)…を言おうと[しようと]している: I wonder what he *is driving at*. 彼はどういうつもりなのだろう.

drive ... hóme **1**〈くぎなど〉をしっかり打ち込む. **2**〈意味・要点など〉を十分わからせる [*to*]: He *drove* his point *home to* the other members. 彼は他のメンバーに自分の考えを十分理解させた. **3** …を(車で)家に送る (→ 他**2**).

lèt drive at ... …をねらって投げる[殴る].

—名 **1** C ドライブ, 自動車での遠出[旅行]: go for a *drive* ドライブに行く / take a *drive* ドライブする / Pete took Beth for a *drive* to Niagara Falls. ピートはベスをナイアガラの滝へドライブに連れて行った. **2** C (車に乗って行く)道のり, 行程: It is just fifteen minutes' *drive* to the airport. 空港まで車でわずか15分です. **3** C (公園などの)車道, 自動車道;(邸内の)車回し, 私道 (driveway); [D-; 街路名に付けて] …通り (《略記》Dr.): Rodeo *Drive* ロデオ通り. **4** C (ある目的のための)努力, 運動, キャンペーン (campaign): a nature conservation *drive* 自然保護運動 / make a *drive* for ... …に向けて努力する. **5** U 元気, 精力, 迫力, やる気; C (食欲など, 人間的な)欲求, 衝動: a person of *drive* やる気のある人 / the sex *drive* 性衝動. **6** U 〖機械〗駆動(力);駆動装置;〖コンピュータ〗ディスクドライブ, 駆動装置: a four-wheel *drive* 四輪駆動. **7** C 〖球技〗強打, ドライブ;〖ゴルフ〗ドライバーショット. **8** C (軍隊の)猛攻撃, 軍事攻勢. **9** C 駆り立てること, 追い立てる[狩り集められた]家畜の群れ.

drive-bý 形 [限定用法] 走っている車からの: *drive-by* killing 走行車からの(銃撃などによる)殺人.
drive-ín 名 C ドライブイン (車に乗ったまま利用できる銀行・映画館・食堂など).
— 形 [限定用法] ドライブイン式の, 車の乗り入れ式の: a *drive-in* theater [restaurant] ドライブイン式の劇場[食堂].
driv·el [drívəl] 名 U **1** よだれ, 鼻水. **2** ナンセンス, たわ言: Don't talk such *drivel*. そんなばかなことを言うんじゃない.
— 動 (過去・過分) 《米》 **driv·eled**; 現分 《米》 **driv·el·ing**;《英》**driv·el·ling** 自 **1** よだれ[鼻水]を垂らす.
2 […について]たわいのないことを言う (*on*) [*about*].

***driv·en** [drívən] (☆ 発音に注意)
動 drive の過去分詞.

***driv·er** [dráivər]
— 名 (複 **driv·ers** [~z]) C **1** (車などを)運転する人, ドライバー, 運転士[手], (馬車の)御者: a bus [taxi] *driver* バス[タクシー]ドライバー / He is a good *driver*. 彼は車の運転がうまい (=He is good at driving.).
2 〖ゴルフ〗ドライバー《長打用のクラブ》.
◆ dríver's license C 《米》運転免許証 (《英》driving licence).
dríver's sèat C [通例 the ~] 運転席 (《英》

drive-through

driving seat): be in the *driver's* [driving] *seat* 運転席にいる; 責任者の立場にある; 事態を掌握している.

drive-through 形 ドライブスルーの, 車で乗り入れできる (drive-in).
— 名 C [単数形で]《主に米》ドライブスルーのレストラン[銀行など].

drive・way [dráivwèi] 名 C 私有車道《公道から家・車庫などへ通じる道; 単に drive とも言う》.

driv・ing [dráiviŋ] 名 形
— 名 U 《車の》運転: safe *driving* 安全運転 / *driving* under the influence 《米》酒気帯び運転 / drunk(en) *driving* 酔っ払い運転.
— 形 [限定用法] **1** 推進する, 駆動する; 精力的な, 力強い: the *driving* force 推進力, 推進者.
2 《雨・雪などが》激しい, 激しく降る: a *driving* rain たたきつけるような雨.
◆ dríving lícence C 《英》運転免許証 (《米》driver's license).
dríving schóol C 自動車教習所.
dríving sèat C 《英》運転席 (driver's seat).
dríving tèst C 運転免許試験.
dríving whèel C 《車の》駆動輪.

driz・zle [drízl] 名 形 [a 〜] 霧雨, こぬか雨, しぐれ 《◇ mist と rain の中間》.
— 動 自 [It を主語にして] 霧雨が降る: *It drizzled* all day. こぬか雨が1日じゅう降った.

droll [dróul] 形 おどけた, 《奇抜で》面白い.

drone [dróun] 名 **1** C 雄ミツバチ《針がなくて働かない; cf. bee 働きバチ》. **2** C 怠け者. **3** U 《ハチの》ぶんぶんという音; 《バグパイプなどの》単調な低音. **4** C 退屈な話《をする人》.
— 動 他 …をものうげな声で長々と話す[歌う].
— 自 **1** ぶんぶんとうなる, ぶーんと音を出す. **2** ものうげな声で単調に話す: *drone* on (and on) 同じ調子で延々と話し続ける.

drool [drú:l] 動 自 = DRIVEL (↑).
— 動 自 **1** 《米》よだれを垂らす (《英》dribble); 《軽蔑》《食べ物を見て》よだれが出る. **2** […に] ひどくうれしがる, 大感激する, 大喜びする [*over, about*].

***droop** [drú:p] 動 自 **1** 《頭・顔などが》垂れる, うなだれる, 《目が》伏し目になる: His head *drooped* sadly at the news of her death. 彼女の死の知らせに彼は悲しげにうなだれた. **2** 《人が》元気がなくなる, しょんぼりする; 《花が》しおれる: Most of the flowers *drooped* in the hot sun. 暑い日ざしを受けてほとんどの花がしおれていた.
— 名 [単数形で] 《頭などが》垂れていること; 元気のないこと, 意気消沈; 《花が》しおれること.

****drop** [dráp / drɔ́p] 動 名 【基本的意味は「落ちる (fall suddenly from somewhere)」】
— 動 (三単現 drops [〜s]; 過去・過分 dropped [〜t]; 現分 drop・ping [〜iŋ])
— 自 **1** 《急に, 突発的に》落ちる, 落下する (cf. fall 一般に落ちる): A big rock *dropped* from the cliff. 大きな岩ががけから落ちた / The cup *dropped* out of her hand. カップが彼女の手から落ちた / The cherry blossoms are beginning to *drop* (down). 桜の花が散り始めている.
2 《液体が》[…から] 滴(したた)り落ちる, ぽたぽた落ちる [*from*]: I saw tears *drop* down *from* her eyes. 私は涙が彼女の目から落ちるのを見た / Sweat began to *drop from* my brow. 汗が私の額からぽたぽた落ち始めた.
3 《勢い・数量が》低下する, 減少する, 弱くなる: The child's temperature *dropped* overnight. その子の熱はひと晩で下がった / The price of that computer *dropped* last month. あのコンピュータの値段は先月下がった / The girl's voice suddenly *dropped* to a whisper. その少女の声は急にささやくように低くなった.
4 《人が》倒れる, へばる: The runner *dropped* to his knees after the race. 競走のあと, その走者はがっくりと両ひざをついた / Hang on until you *drop*. 倒れるまで頑張りなさい.
5 《問題などが》立ち消えになる, 《連絡が》途絶える: We couldn't agree about the matter, so we decided to let it *drop*. 私たちはその件について同意できなかったので, 打ち切ることに決めた.
— 他 **1** …を落とす, 落下させる, 投下する: *drop* the glasses on the floor 床の上にコップを落とす / *drop* the letter into the mailbox 手紙をポストに投函する / Trees *drop* their leaves in fall. 木々は秋に落葉する.
2 《液体》をたらす, こぼす: I slowly *dropped* the eyewash into my eyes. 私は目薬をゆっくりと目にたらした.
3 《勢い・数量》を減少させる: *Drop* your voice. 声を落としなさい / He *dropped* the speed of his car at the corner. 彼は曲がり角で車の速度を落とした.
4 《人・荷物など》を[…で] 降ろす [*at*]: Please *drop* me *at* the second corner. 2つ目の角で降ろしてください. **5** 《音・文字》を落とす, 省略する: Don't *drop* the "i" in "friend" when you spell it. friend をつづるときには i を落とさないように.
6 《人》と絶交する; 《習慣・考え》を捨てる; 《問題・制裁》を打ち切る: I *dropped* the subject. 私はその話題を打ち切った / He managed to *drop* biting his nail. 彼は何とかつめをかむ癖をやめた.
7 [通例, 受け身で] …を[…から] 外す, 除名する[解雇する] [*from*]: He *was dropped from* that team last year. 彼は昨年あのチームから外された. **8** 《言葉・ため息》をもらす: Kate *dropped* a sigh. ケートはため息をもらした. **9** 《短い手紙》を書き送る: *drop* a Christmas card to him = *drop* him a Christmas card 彼にクリスマスカードを出す.
10 《口語》《人》を倒す, やっつける. **11** 《口語》《金》をなくす, 《賭(か)け事で》する.
[句動詞] *drόp aróund* [*róund*] = drop in.
drόp awáy 自 **1** 次第になる; 《土地が》傾斜して低くなる: Her interest in that hobby has *dropped away*. その趣味への彼女の関心は薄れてしまった.
drόp behínd [*báck*] 自 遅れる, 落後する.
drόp bý 《口語》= drop in (↓).

dróp ín 圓 ちょっと立ち寄る; 〔人を/場所を〕ちょっと訪れる [*on / at*]: Please *drop in* on me [*drop in at* my house] when you come in my neighborhood. 近くにいらっしたときはお立ち寄りください.

dróp ínto ... 他 **1** (知らないうちに) ...になる: My grandmother has *dropped into* the habit of sending e-mail to me every day. 私の祖母はいつの間にか毎日私に E メールを送ってくるようになった. **2** ...に寄る.

dróp óff 他 [drop off ＋O / drop ＋O ＋off] 〈人・荷物などを〉[...で]降ろす [*at*]: *Drop* me *off at* the station. 駅で降ろしてください. ― 圓 **1** いつの間にか寝込む, まどろむ: Mom *dropped off* to sleep. 母はいつの間にか眠ってしまった. **2** 減る, 衰える. **3** 落ちる.

dróp óut 圓 **1** (競争などから) 脱落する, 落後する; 〔学校を〕中途退学する [*of*]: Bill *dropped out of* the university because his father died. ビルは父親が死んだので大学を中退した. **2** 〔体制などから〕身を引く, 逃避する [*of*].

dróp óver = drop in.

■ **dróp déad 1** 〔命令文で〕《口語·軽蔑》ふざけるな, じゃまするな, くたばれ. **2** 急死する.

― 名 (複 *drops* [~s]) **1** 🅒 (雨などの) **しずく**, 水滴. A *drop* of rain ran on my face. 雨粒が私の顔に当たった / She wiped the *drops* off the glass. 彼女はコップの水滴をふき取った.

2 🅒 〔通例 a ~〕落下, 墜落; 〔数量などの〕減少, 低下, 下落; 落下距離, 落差; 急斜面: a *drop* in prices 物価の下落 / A sudden *drop* in temperature caused his heart failure. 急に気温が下がったので彼は心不全を起こした / The falls have a *drop* of thirty meters. その滝は30メートルの高さがある.

3 〔a ~, しばしば否定文で〕ほんの少しの量, 微量: Not a *drop* of rain has fallen here for four months. 当地では4か月間雨が1滴も降っていない / My son does not have a *drop* of interest in studying. 私の息子は勉強にまったく興味がない.

4 🅒 〔通例 a ~〕少量の酒: take a *drop* 酒を1杯飲む / have a *drop* too much 飲みすぎる [酔っ払う]. **5** 🅒 しずくの形をしたもの《イヤリング・ペンダントなど》; あめ玉, ドロップ: a lemon *drop* レモンドロップ. **6** 〔通例 ~s〕点滴薬: eye *drops* 目薬. **7** 🅒 落ちる仕掛け《落とし穴など》; 降りてくるもの《カーテン・緞帳(どんちょう)など》; 《米》(郵便の) 差し入れ口.

8 🅒 【軍事】落下傘部隊; 空中投下 (の物資).

9 🅒 【アメフト・ラグビー】ドロップキック (drop kick); 【野球】カーブ; 【ゴルフ】ドロップ《ボールを拾い上げて位置を移動させること》.

■ *a dróp in the búcket* [*ócean*] 焼け石に水, 微々たる量.

at the dróp of a hát すぐにも.

dróp by dróp 1滴ずつ, 少しずつ.

gèt [*hàve*] *the dróp on ...* 《米俗語》...より早く銃を抜く; ...の機先を制する.

in dróps 1滴ずつ; ぽたぽたと, ゆっくりと.

◆ **dróp góal** 🅒 【ラグビー】ドロップゴール《ドロップキックによるゴール. 3点が入る》.

dróp-déad 形 《口語》 すごい, すばらしい.

dróp-in 形 〔限定用法〕 予約不要の.

dróp-kick 他 【アメフト・ラグビー】〈ボール〉をドロップキックする. ― 圓 〈ボール〉を〉ドロップキックする.

dróp kíck 🅒 【アメフト・ラグビー】ドロップキック《地面に落とし, 跳ね上がったボールをける》.

drop·let [dráplət / drɔ́p-] 名 🅒 小さなしずく.

drop·out [drápàut / drɔ́p-] 名 🅒 **1** (社会・体制などからの) 落後者, 逃脱者; 中途退学者. **2** ドロップアウト《磁気テープのデータが一部消失すること》.

drop·per [drápər / drɔ́pə] 名 🅒 点滴器; スポイト; (目薬などの) 点眼器 (《米》 eyedropper).

drop·ping [drápiŋ / drɔ́p-] 名 **1** 🅤 🅒 したたり落ちること, 落下. **2** 〔~s〕(鳥獣の) ふん.

dross [drás, drɔ́ːs / drɔ́s] 名 🅤 **1** 【冶金】(溶けた金属からの) 浮きかす, 不純物. **2** くず; 価値のないもの.

*****drought** [dráut] (☆発音に注意) 名 🅤 🅒 **1** 日照り, 干ばつ. **2** (スポーツなどで) 勝利なしの期間.

****drove¹** [dróuv] 動 drive の過去形.

drove² 名 🅒 **1** 家畜の群れ: a *drove* of sheep 羊の群れ. **2** 〔通例 ~s〕(ぞろぞろと移動する) 群衆.

dro·ver [dróuvər] 名 🅒 家畜の群れを追い立てる人; 家畜商.

*****drown** [dráun] (☆発音に注意)
― 動 (三単現 *drowns* [~z]; 過去·過分 **drowned** [~d]; 現分 **drown·ing** [~iŋ])
― 圓 **おぼれ死ぬ**, 水死 [溺死(できし)] する 《◇ drown は「おぼれ死ぬ」の意. 単に「おぼれる」は nearly drown か be nearly drowned で表す》: A lot of people have *drowned* in this river. この川ではたくさんの人が水死している / A *drowning* man will catch [clutch] at a straw. 《ことわざ》 おぼれる者はわらをもつかむ.
― 他 **1** 〔しばしば受け身で〕...を水死 [溺死] させる: Three people *were drowned* when the ferry sank. フェリーが沈んで3人が溺死した / The man *drowned* himself in the sea. その男は海に身を投げた.
2 ...を水没 [浸水] させる; ...に〔液体などを〕たっぷりかける [*in, with*]: The flood *drowned* the whole town. 洪水で町全体が浸水した / He likes to *drown* his spaghetti *in* meat sauce. 彼はスパゲッティにミートソースをたっぷりかけるのが好きです. **3** (大きな音で) 〈声など〉をかき消す (*out*): The background music in the restaurant *drowned out* our conversation. レストランのBGMの音量が高くて私たちの会話ができなかった.

■ *drówn one's sórrows* (*in drínk*) (酒を飲んで) 悲しみ [つらいこと] を忘れようとする.

drowse [dráuz] 〔a ~〕 うたた寝, うたた寝.
― 動 圓 うとうとする, 居眠りする (doze) (*off*).
― 他 〈時間〉をうとうとして過ごす (*away*).

drows·i·ly [dráuzili] 副 うとうとと, 眠そうに.

*****drows·y** [dráuzi] 形 (比較 **drows·i·er** [~ər]; 最上 **drows·i·est** [~ist]) **1** (人が) 眠い, 眠そうな (sleepy); 眠気を誘う: The medicine made me *drowsy.* その薬を飲んだら眠くなった. **2** 活気のない, 眠っているように静かな: a *drowsy* village (眠っているように)静かな[平和すぎて眠くなる]村.

drub・bing [drʌ́biŋ] 名 C (口語)(棒などで)殴る[打つ]こと; やっつけること: give ... a (good) *drubbing* (口語) …を徹底的にやっつける.

drudge [drʌ́dʒ] 名 C (単調で骨の折れる仕事を)こつこつとこなす人.
— 動 自 [つらい仕事を]こつこつする[*at*].

drudg・er・y [drʌ́dʒəri] 名 U 単調でつらい仕事, 骨折り仕事.

‡**drug** [drʌ́g] 名 C **1** 麻薬; 麻酔剤: a *drug* addict 麻薬常用者 / take [use] *drugs* 麻薬をやる / deal in *drugs* 麻薬の取引をする / be on *drugs* 麻薬中毒である. **2** 薬, 薬品, 薬剤 (◇ drug は現在では **1** の意で用いることが多く, **2** の意では通例 medicine を用いる).
— 動 (三単現 **drugs** [~z]; 過去・過分 **drugged** [~d]; 現分 **drug・ging** [~iŋ]) 他 **1** 〈人〉に麻薬を飲ませる; 麻酔剤を打つ. **2** 〈飲食物〉に薬物を混ぜる.

drug・gist [drʌ́gist] 名 C (米) **1** ドラッグストアの経営者. **2** 薬剤師, 薬屋 ((英) chemist).

‡**drug・store** [drʌ́gstɔ̀ːr] 名 C (米) ドラッグストア((英) chemist's)《薬の処方・販売のほか化粧品・雑貨・新聞・雑誌・本・文房具なども売り, 軽い飲食もできる; cf. pharmacy (ドラッグストア店内・病院内の)薬局》.

Dru・id [drúːid] 名 C ドルイド僧《キリスト教以前に古代ケルト民族が信仰していたドルイド教の僧》.

***drum** [drʌ́m] 名
— 名 (複 **drums** [~z]) C **1** 太鼓, ドラム [the ~s] ドラムセット (→ ROCK [PICTURE BOX]): a bass [snare] *drum* 大(小)太鼓 / beat a *drum* 太鼓をたたく / She plays the *drums* in the band. 彼女はそのバンドでドラム(パート)を受け持っている.
2 [単数形で] 太鼓(のような)音: The *drum* of the rain against the windows woke me up. 私は窓にたたきつける雨音で目が覚めた.
3 太鼓形のもの, ドラム《ドラム缶・機械の円筒部・耳の鼓膜など》: an oil *drum* ドラム缶.
■ **béat** [**báng**] **the drúm for ...** …を大々的に宣伝する, 熱烈に支持する.
— 動 (三単現 **drums** [~z]; 過去・過分 **drummed** [~d]; 現分 **drum・ming** [~iŋ]) 自 **1** 太鼓をたたく. **2** [...を]どんどんたたく [*on*]: *drum* on the door 戸をどんどんたたく.
— 他 …をどんどん鳴らす, とんとんたたく: She *drummed* her fingers on the desk. 彼女は机を指でこつこつたたいた.
■ **drúm ... into ~** …を~にたたき込む.
drúm ... óut of ~ 〈人〉を~から追放する.
drúm úp 他 〈支持〉を求める; (宣伝して)〈客・援助など〉を集める.
◆ **drúm bràke** C (車などの)ドラムブレーキ.
drúm màjor C 軍楽隊長, 楽隊長.
drúm majorétte C 女性楽隊長, バトンガール (majorette). (比較 「バトンガール」は和製英語)

drum・beat [drʌ́mbìːt] 名 C 太鼓の音.

drum・mer [drʌ́mər] 名 C **1** ドラム奏者, ドラマー. **2** (米口語)(地方を旅して回る)セールスマン.

drum・stick [drʌ́mstìk] 名 C **1** 太鼓のばち. **2** (料理済みの)鶏[七面鳥]の脚.

***drunk** [drʌ́ŋk]
— 動 drink の過去分詞.
— 形 [通例, 叙述用法] **1** [...で] 酔っ払った [*on*] (↔ sober): *drunk* driving (米) 酔っ払い運転 ((英) drunken driving) / Are you *drunk*? あなたは酔っ払っているのですか / My uncle gets completely [dead, blind] *drunk on* plum wine. おじは梅酒でもひどく酔っ払ってしまう / Friends don't let friends drive *drunk*. 友達なら自分の友達に酔っ払い運転などさせないものだ (◇米国の飲酒運転防止キャンペーンの標語). **2** [強い感慨などに] 酔いしれた, 夢中になった [*with*]: All of us are *drunk with* his success in business. 私たち全員が彼の事業の成功に酔いしれている.
— 名 C (口語) 酒飲み, 酔っ払い.

drunk・ard [drʌ́ŋkərd] 名 C (軽蔑) 飲んだくれ.

‡**drunk・en** [drʌ́ŋkən] 形 [通例, 限定用法] 酔っ払った, 大酒飲みの; 酒の上での: a *drunken* man 酔っ払い / *drunken* driving (英) 酔っ払い[酒酔い]運転 ((米) drunk driving) / a *drunken* brawl 酒の上でのけんか.

drunk・en・ly [~li] 副 酔っ(払っ)て; 酒の勢いで.
drunk・en・ness [~nəs] 名 U 酩酊(めいてい).

***dry** [drái] 形 動 名 [基本的意味は「乾いた (having very little or no water)」]
— 形 (比較 **dri・er** [~ər]; 最上 **dri・est** [~ist])
1 乾いた, 乾燥した (↔ wet): a *dry* shirt 乾いたシャツ / The air is very *dry*. 空気がとても乾燥している / My wet clothes got *dry* in the sun. 私のぬれた服は日に当たって乾いた.
2 雨の降らない[少ない], 日照り(続き)の: a *dry* climate 雨の少ない気候 / a long spell of *dry* weather 日照り続き / January is a *dry* month here. 当地では1月が雨の少ない月です.
3 干からびた, 干上がった; 分泌液の出ない: a *dry* cough (たんの出ない)からせき / with *dry* eyes 涙を流さずに / a *dry* cow 乳の出ない牛 / This well has run *dry*. この井戸は枯れてしまった.
4 (口語) のどの渇いた (thirsty): I'm a bit *dry*. ちょっとのどが渇いた / I felt very *dry* after the race. 競走のあと私はとてものどが渇いた.
5 つまらない, 無味乾燥な (dull): What a *dry* book this is! これはなんとつまらない本なのだろう.
6 冷淡な, 素っ気ない: She replied with a *dry* voice. 彼女は素っ気ない声で返事をした. (比較 「打算的な」の意で用いる日本語の「ドライ」は, 英語では calculating などで表す)
7 ありのままの, 露骨な: *dry* facts ありのままの事実. **8** (冗談などが)さりげない: a *dry* joke 何食わぬ顔で言った冗談. **9** (酒類が) 辛口の (↔ sweet): *dry* red wine 辛口の赤ワイン. **10** (口語) (国・州などの) 禁酒の, 禁酒法を施行している: a *dry* party 酒の出ないパーティー. **11** [限定用法] (パンに)バター[ジャム]を塗っていない: *dry* toast バターの

塗ってないトースト. **12** 液体を用いない,乾式の: *dry copy* 乾式コピー.
—— 動 **dries** [~z]; 過去・過分 **dried** [~d]; 現分 **dry·ing** [~ɪŋ])
—— 他 **1** …を乾かす,乾燥させる(↔wet): *Dry* your wet shirt. 君のぬれたシャツを乾かしなさい / She usually *dries* her hair without a dryer. 彼女はたいていドライヤーを使わずに髪を乾かす.
2 …をふく,(ふいて)…の水分をとる: *dry* one's eyes 涙をふく / You may *dry* yourself with this towel. このタオルで体をふいてもいいですよ.
—— 自 乾く;(水が)枯れる,干からびる: This paint *dries* quickly. このペンキは乾きが早い.

句動 ***dry óff*** 自 [dry off+O / dry+O+off] …(の表面)を乾かす.
drý óut 自 **1** すっかり乾く. **2** (口語)(アルコール中毒患者が)酒を断つ. —— 他 **1** …を十分に乾かす. **2** (口語)(アルコール中毒患者に)酒を断たせる.
drý úp 自 **1** すっかり乾く,干上がる: The well has *dried up*. 井戸は水が枯れてしまった. **2** (洗い終わった)皿をふく. **3** (貯え・供給・考えなどが)つきる,枯渇する. **4** 言葉につまる;(役者が)せりふを忘れる. **5** 〘通例,命令文で〙(口語) 黙る.
—— 他 [dry up+O / dry+O+up] …を十分に乾かす: The strong sunshine has *dried up* the rice field. 強い日ざしで稲田は干上がってしまった. **2** (皿)などをふく.

◆ drý bàttery [cèll] C 乾電池.
drý cléaner C ドライクリーニング店(の店員).
drý cléaning U ドライクリーニング;ドライクリーニングした衣類.
drý dòck C 乾ドック(船を修理などのために水面から離す設備).
drý éye U 〘医〙ドライアイ《涙の量が少なくなり,目が乾く病気》.
drý gòods [単数・複数扱い] **1** (米)織物,服地((英) drapery, haberdashery). **2** (英)乾物《茶・たばこなど》.
drý íce U ドライアイス.
drý rún C 下げいこ,リハーサル.

dry·ad [dráɪæd, -əd] 名 C [しばしば D-] 〘ギ神〙ドリュアス《森と木の精》.
drý-clèan 動 他 〈衣類など〉をドライクリーニングする.
dry·er, dri·er [dráɪər] 名 C 乾燥機,(ヘア)ドライヤー (hair dryer); 乾燥させる人;(ペンキ・ニスに入れる)乾燥(促進)剤.
drý-éyed 形 (人が)涙を流していない,泣いていない;ドライアイの《目の異常》.
dry·ly [dráɪli] 副 無味乾燥に;冷淡に,素っ気なく.
dry·ness [dráɪnəs] 名 U **1** 乾燥(状態);日照り. **2** 無味乾燥;冷淡. **3** (酒類の)辛口.
D.S., DSc, D.Sc. (略語) =*D*octor of *S*cience 理学博士.
DST, D.S.T. (略語) =*d*aylight *s*aving *t*ime (米)夏時間.
d.t., D.T. (略語) =*d*efensive *t*ackle 〘アメフト〙守備側のタックル.
DTP (略語) =*d*esk*t*op *p*ublishing デスクトップパ

ブリッシング.
d.t.'s, D.T.'s (略語) =*d*elirium *t*remens〘医〙(アルコール中毒による)振顫(しん)譫妄(せん)症.

***du·al** [djú:əl / djú:-] 形 〘限定用法〙 **1** 2の,2に関する;2者の. **2** 二重の;2つの部分から成る;二元的な: *dual* personality [character] 二重人格 / *dual* nationality [citizenship] 二重国籍.
◆ dúal cárriageway C (英) 中央分離帯のある道路((米) divided highway).
dú·al·bánd 形 〘限定用法〙二重帯域の(◇2か国の周波数帯で使える).
du·al·ism [djú:əlɪzəm / djú:-] 名 U **1** 二重性,二元性. **2** 〘哲〙二元論.
du·al·i·ty [djuːæləti / djuː-] 名 U 二重[二元]性.
dub[1] [dʌb] 動 (三単現 **dubs** [~z]; 過去・過分 **dubbed** [~d]; 現分 **dub·bing** [~ɪŋ]) **1** (映画・放送) …を[他言語に] 吹き替える [*into*]; …を追加録音する (*in*): a *dubbed* version 吹き替え版. **2** …を再録音[ダビング]する.
dub[2] 動 **1** [dub+O+C] 〈人・もの〉を…と呼ぶ,〈人・もの〉に…とあだ名[肩書] を付ける: New York is *dubbed* "the Big Apple." ニューヨークは「ビッグアップル」と呼ばれている. **2** 〘文語〙(国王・女王が剣で肩をたたいて)〈人〉にナイトの爵位を与える.
***du·bi·ous** [djú:biəs / djú:-] 形 **1** (物事が)疑わしい;(意味・価値などが)疑問の余地のある,はっきりしない: a *dubious* statement 疑わしい陳述 / a *dubious* reply あいまいな返答.
2 〘叙述用法〙(人が)[…について] 疑いを持って,半信半疑で [*about, of*]: I'm *dubious about* whether we're doing the right thing. 私たちが正しいことをやっているのかどうか確信が持てない.
3 (軽蔑) (人・行為などが) 信頼できない,いかがわしい: a *dubious* character うさんくさい人物.
du·bi·ous·ly [~li] 副 疑わしげ[怪しげ]に.
Dub·lin [dʌ́blɪn] 名 固 ダブリン《アイルランド共和国の首都》.
du·cal [djúːkəl / djúː-] 形 **1** 公爵の;公爵らしい. **2** 公爵領の. (▷ dúke)
duc·at [dʌ́kət] 名 C 〘史〙ダカット金貨[銀貨]《中世のヨーロッパ諸国で使用された貨幣》.
duch·ess [dʌ́tʃɪs] 名 C [しばしば D-] 公爵夫人[未亡人]; 女公爵 (cf. duke 公爵); (公国の) 公妃.
duch·y [dʌ́tʃi] 名 (複 **duch·ies** [~z]) C [しばしば D-] **1** 公爵領,公国. **2** 英国の王族公領.
***duck**[1] [dʌk] 名 **1** C アヒル,カモ; 雌のアヒル[カモ] (cf. drake 雄のアヒル[カモ]; 鳴き声は→cry 表): a domestic *duck* アヒル / a wild *duck* 野ガモ.
2 U アヒル[カモ]の肉.
3 C (呼びかけ)(英口語)きみ,かわいい人 (darling) (◇主に女性・子供に対して用いる). **4** C 〘クリケット〙 (得点) ゼロ (0).
■ *líke wáter òff a dúck's báck* (口語) (忠告などが)何の効果もなく,馬耳東風で.
pláy dúcks and drákes with ... = máke dúcks and drákes of ... (口語)《特に金》を湯水のように使う,浪費する.
táke to ... líke a dúck to wáter (口語) ごく自

然に…に慣れる, …を楽に覚える.

◆ dúcks and drákes [単数扱い] 水切り遊び《平らな小石を水面に向けて投げる》.

duck² [動] (自) **1** (頭などを)ひょいと下げる, 首をすくめる; 身をかがめる (down). **2** ひょいと水に潜る. **3** 《口語》(危険を避けるため)逃げ込む.
— (他) **1** 〈頭など〉をひょいと下げる; 〈体〉をかがめる. **2** (ふざけて)〈人〉を[水に]突っ込む [in]. **3** 《口語》〈責任・難問など〉を回避する, かわす.
■ **dúck óut of ...** 《口語》〈責任など〉を逃れる.
— [名] C 頭をひょいと下げること; 頭をひょいと水に潜らせること.

duck·bill [dʌ́kbìl] [名] C 【動物】カモノハシ (platypus) 《オーストラリア産》.

duck·ling [dʌ́klɪŋ] [名] C アヒルの子, 子ガモ.

duct [dʌ́kt] [名] C **1** (ガス・液体の)導管, 送水管. **2** 【解剖】(人・植物などの)導管, 脈管. **3** 【建】暗渠(きょ); 【電気】ダクト, 線渠《電線を通すパイプ》.

duc·tile [dʌ́ktəl / -tail] [形] **1** (金属が)引き[打ち]伸ばせる, 延性のある. **2** (粘土などが)形を自由に変えられる. **3** (性格が)(人・性質などが)柔順な.

dud [dʌ́d] [名] C 《口語》 **1** 役に立たないもの[人], 不良品; 不発弾. **2** つまらないもの[人].

dude [djúːd / dúː-] [名] C 《米》 **1** 《俗語》男, やつ, 人. **2** 《古風》(米国東部などの)都会人; (西部の牧場に来る)東部の観光客.
◆ **dúde rànch** C 《米》(西部の)観光用牧場《開拓時代のカウボーイの生活を観光客に見せる》.

***due** [djúː / dúː]
[形] [名] [副] [原義は「当然支払うべき」]
— [形] [比較なし] **1** [叙述用法] [...の, ...に / ...する] 予定で, はずで [for, at / to do]; 到着 [出発, 発売] の予定で: Nancy's report is *due* tomorrow. ナンシーのレポートはあす提出されることになっている / Her new CD is *due* for release next month. 彼女の新しいCDは来月発売の予定です / The train is *due* at 9:00. その列車は9時に到着の予定です / The plane is *due* to leave at one o'clock. 飛行機は1時に出発の予定です.
2 [叙述用法] (負債などが) [...に] 支払うべき [to]; (支払い期日が)来て, 満期で: the money (which is) *due* (to) Mr. Jones ジョーンズさんに支払われなければならないお金 (◇《米口語》ではしばしば to を省略する) / The debt is *due* on Oct. 31. その負債は10月31日が支払い期限である / This book is *due* on May 1. この本の返却期日は5月1日です.
3 [叙述用法] (考慮・敬意などが) [...に] 当然与えられるべき; [...の] 権利がある [to]: Respect is *due* (to) older people. 年長者には敬意を払うべきである (◇《米口語》ではしばしば to を省略する).
4 [限定用法] 《格式》(注意・考慮などが)正当な, 当然の; 十分な: *due* process (of law) 【法】正当な法の手続き / with (all) *due* respect ご意見はもっともだと思いますが (◇丁寧な拒絶) / After *due* consideration I have decided to accept your offer. 十分に考慮した上で私はあなたの申し出を受けることにした.
■ **be dúe to ...** ...のためである, ...に起因する: The railroad accident *was due to* the driver's carelessness. その鉄道事故は運転士の不注意によるものだった.
due to ... [副詞的に] ...のために (because of): *Due to* illness he was absent. 彼は病気のため欠席した.
in dúe cóurse やがて (→ COURSE 成句).
— [名] U C **1** [通例 one's ~] 当然受ける [支払われる] べきもの; 当然の報酬: the praise which is one's *due* 当然受けるべき称賛.
2 [~s] 料金, 税金; 手数料; 会費: club *dues* クラブ会費.
■ **gíve ... ...'s dúe** (マイナス面があっても)〈人〉を公平 [正当] に扱う: He doesn't work quickly, but to *give him his due*, he is accurate. 公平に言えば, 彼は仕事は早くないが, 正確である.
— [副] [方位を表す語の前に用いて] (方角が)正しく, まさしく, 真に: go *due* west 真西に行く.

du·el [djúːəl / dúː-] [名] C **1** 決闘, 果たし合い: fight a *duel* with ... ...と決闘する. **2** (2者間の)争い, 闘争: a *duel* of wits とんち比べ.
— [動] (過去・過分 《英》 **du·elled**; 現分 《英》 **du·el·ling**) (自) 決闘する; 争う [with].

du·et [djuét / dju-] [イタリア] [名] C 【音楽】二重奏(唱)(曲), デュエット (cf. solo 独奏(唱)(曲)).

duf·fel, duf·fle [dʌ́fəl] [名] U ダッフル《目の粗いラシャ》.
◆ **dúffel bàg** C ダッフルバッグ《ズック製の円筒型の大袋. 衣類・旅行用品などを入れる》.

dúffel còat C 《主に英》ダッフルコート.

***dug** [dʌ́g] [動] dig の過去形・過去分詞.

du·gong [djúːgɑŋ / -gɔŋ] [名] C 【動物】ジュゴン《インド洋などにすむ水生哺(ほ)乳類. 人魚のモデル》.

dug·out [dʌ́gàut] [名] C **1** 【野球】(球場の)ダッグアウト (→ BASEBALL PICTURE BOX). **2** 丸木舟. **3** 防空壕(ごう), 待避壕.

dugong

***duke** [djúːk / dúː-] [名] C **1** [しばしば D-] 公爵《英国の貴族の最高爵位》. **2** (ヨーロッパの公国の)君主, 大公. (▷ [形] **dúcal**)

duke·dom [djúːkdəm / dúː-] [名] **1** C 公国, 公爵領. **2** U 公爵の位[身分].

dul·cet [dʌ́lsɪt] [形] 《文語》(音が耳に)快い, 甘美な.

dull [dʌ́l]
[形] [動]
— [形] [比較 **dull·er** [~ər]; 最上 **dull·est** [~ɪst]]
1 退屈な, 面白くない (↔ interesting); (人物が)面白みのない: a *dull* story 退屈な話 / Life is never *dull* in Tokyo. 東京での生活は決して退屈しない / I always find Mr. Taylor *dull*. テーラー先生は由白みがないと私はいつも思う.
2 (色・音などが)はっきりしない, 鈍い, くすんだ; (天気などが)どんよりした (↔ bright, clear): a *dull* sky 曇り空 / The box fell to the floor with a *dull* sound. 箱は鈍い音を立てて床に落ちた.
3 元気 [活気] のない, 不活発な; (市場が)振るわない (↔ active, sharp): a *dull* town 活気のない町 /

dullard

Business is *dull* today. 今は不景気である. **4**《古風》(感覚などが)鈍い, 鈍感な; 頭の鈍い(→FOOLISH 類義語): a *dull* boy 頭の鈍い男の子 / He is *dull* to cold. 彼は寒さに鈍感です. **5**(痛みなどが)鈍い: a *dull* pain 鈍痛. **6**(刃などが)鈍い, なまくらの(↔ sharp): This electric razor is *dull*. この電気かみそりは切れ味が悪い.
— 動 他 〈刃など〉を鈍くする(↔ sharpen);〈色など〉をぼんやりさせる;〈痛みなど〉を和らげる: *dull* a razor's edge かみそりの刃を鈍くする / *dull* the pain 痛みをやわらげる.
— 自 鈍くなる; ぼんやりする; 和らぐ.

dull·ard [dΛlərd] 名 C《古風》のろま, ばか.

dull·ness, dul·ness [dΛlnəs] 名 U **1** 鈍感, 鈍さ;(色・音などの)さえないこと;のろさ. **2** 単調さ, 退屈. **3** 不活発, 不景気.

dul·ly [dΛli] 副 **1** のろく;鈍く. **2** ぼんやりとすんで. **3** 単調に, 退屈するように. **4** 不活発に.

du·ly [djú:li / djú:-] 副 [比較なし] **1** 正当に, 順当に;正式に. **2** 適切に;十分に. **3** 時間通りに.

*__dumb__ [dΛm] 形 [比較なし] **1** 口の利けない, 物の言えない: the deaf and *dumb* 聾啞(ろうあ)者. **2** (通例, 叙述用法)(人が)黙っている;無口な;[驚き・恐怖などで]物も言えない(ほどの)沈黙した: remain *dumb* 黙ったままでいる / I was struck *dumb* with amazement [horror]. 私は驚きのあまり[怖くて]口も利けなかった.
3 (もの・声, 言葉)を介さない.
4《口語》ばかな;《米口語》ばかげた.
— 動 [次の成句で]
■ *dúmb dówn* 他《口語・軽蔑》〈複雑な情報〉を単純化する, (レベルを下げて)やさしくする.
◆ *dúmb shów* **1** C パントマイム, 無言劇.
2 U 無言の身ぶり.

dumb·bell [dΛmbèl] 名 C **1**(通例〜s)ダンベル, 亜鈴(あれい). **2**《主に米口語》ばか, まぬけ.

dumb·found, dum·found [dΛmfáund] 動 他 〈人〉をびっくりさせて物も言えなくさせる.

dumb·found·ed, dum·found·ed [dΛmfáundid] 形 (叙述用法)(人が)[…に / …ということに]びっくりして物も言えない[*at, by / that* 節].

dumb·ly [dΛmli] 副 黙って, 無言で, 黙々と.

dumb·ness [dΛmnəs] 名 U 口の利けないこと;無言, 沈黙.

dumb·wait·er [dΛmwèitər] 名 C **1**(料理・食器などを運搬する)小型エレベーター(《英》food lift). **2**《英》(テーブルの中央に置く)回転食器[食品]台(《米》lazy Susan).

*__dum·my__ [dΛmi] 名 (複 **dum·mies** [〜z]) C
1 マネキン(人形);(射撃練習用の)標的人形;腹話術の人形. **2**(展示用の)模型, 型見本, 模造品;(雑誌の)ダミー(◇見本). **3**《英》(赤ん坊の)おしゃぶり, ゴム乳首(《米》pacifier). **4**(人の言わなりになる)手先, ロボット. **5**《主に米口語》ばか者. **6**[トランプ]ダミー《ブリッジの宣言者のパートナー》.
— 形 [限定用法] **1** 模型の, 模造の;にせの: *dummy* foods(陳列用の)料理見本. **2** 見せかけの: a *dummy* company ダミー会社.
◆ *dúmmy rún* C 予行演習, リハーサル;試走.

*__dump__ [dΛmp] 動 他 **1**〈ごみ・荷物など〉を[…に]

投げ捨てる, どさっと投げ出す[落とす][*in, on*];〈中身〉をあける, からにする: Don't *dump* rubbish in the river. ごみを川に捨てるな / The truck *dumped* a load of gravel *on* the ground. トラックは大量の砂利を地面にどさっと下ろした.
2《口語・しばしば軽蔑》…を(無責任に)ほうり出す, やっかい払いする, (見)捨てる: She *dumped* her new boyfriend after just two months. 彼女はほんの2か月で新しいボーイフレンドを見捨てた.
3《軽蔑》《商》〈商品〉を投げ売りする, (海外市場で)ダンピングする.
4【コンピュータ】〈情報など〉をダンプする, 移す.
— 自 **1**【ごみ[荷物]をどさっと落とす[捨てる].
2【商】投げ売り[ダンピング]する.
■ *dúmp on* ...《口語》…をこき使う;〈人〉をけなす;〈人〉に悩み事をぶちまける.
— 名 **1** C ごみ捨て場;ごみの山. **2**《口語・軽蔑》汚い場所. **3**【軍】(軍需品などの)臨時集積場. **4**【コンピュータ】ダンプ《データをプリンターなどに送ること. またメモリーの内容を出力すること》.
◆ *dúmp trúck* C 《米》ダンプカー(《英》dumper (truck)). (比較)「ダンプカー」は和製英語.

dump·er [dΛmpər] 名《英》= dump truck (↑).

dump·ing [dΛmpiŋ] 名 U **1**(ごみ・有害物などの)投げ捨て, 投棄. **2**【商】投げ売り, ダンピング.
◆ *dúmping gròund* C (しばしば不法の)ごみ捨て場, 投棄場.

dump·ling [dΛmpliŋ] 名 C U ゆでだんご《練り粉を丸めたもの. スープに入れる》;果物入り焼きだんご《主にリンゴで作り, デザート用》.

dump·y [dΛmpi] 形 (比較 **dump·i·er** [〜ər]; 最上 **dump·i·est** [〜ist])《口語》(人が)ずんぐりした.

dun [dΛn] 形 (比較 **dun·ner** [〜ər]; 最上 **dun·nest** [〜ist]) **1** こげ茶色の, 灰褐色の. **2** (馬が)河原毛(かわらげ)の.
— 名 **1** U 河原毛色. **2** C 河原毛の馬.

dunce [dΛns] 名 C 《古風》 **1** ばか, のろま.
2 […で]出来の悪い生徒, 劣等生[*at*].
◆ *dúnce('s) càp* C ばか帽子《昔, 出来の悪い生徒に罰としてかぶらせた円錐(えんすい)形の紙帽子》.

dune [djú:n / djú:n] 名 C 砂の小山, 砂丘(sand dune).
◆ *dúne bùggy* C 砂地[砂浜]用自動車(beach buggy).

dung [dΛŋ] 名 U (家畜の)ふん, 肥料.

dun·ga·ree [dΛŋgərí:] 名 **1** U ダンガリー《目の粗い綿布》. **2**[〜s]《英》ダンガリー製ズボン[作業服];胸当て付きのズボン(《米》overalls).

dun·geon [dΛndʒən] 名 C《史》(中世の城の)土牢(つちろう), 地下牢.

dunk [dΛŋk] 動 他 **1**〈パンなど〉を[コーヒー・ミルクなどに]つける, 浸す;〈もの・人〉を[水などに]ちょっとつける[浸す][*in, into*]. **2** [バスケ]〈ボール〉をダンクシュートする.
◆ *dúnk shòt* C [バスケ]ダンクシュート.

Dun·kirk [dΛnkə:rk / dΛnkə́:rk] 名 圖 ダンケルク《フランス北部にある港湾都市》.

dun·no [dənóu]《短縮》《口語》(I) don't know の短縮形.

du・o [djúːou / djúː-] 名 (複 **du・os** [~z]) C
1 【音楽】二重奏者[曲], 二重唱者[曲].
2 《口語》2人組.

du・o・dec・i・mal [djùːoudésiməl / djùː-] 形 12の; 12進法の: the duodecimal system 12進法.

du・o・de・nal [djùːədíːnəl / djùː-] 形 【医】十二指腸の: a duodenal ulcer 【医】十二指腸潰瘍(かいよう).

du・o・de・num [djùːədíːnəm / djùː-] 名 (複 **du・o・de・na** [-nə], **du・o・de・nums** [~z]) C 【解剖】十二指腸.

du・op・o・ly [djuːápəli / djuːɔ́p-] 名 (複 **du・op・o・lies** [~z]) C 【経】2強による市場独占 (cf. monopoly 独占).

dupe [djúːp / djúːp] 名 C 1 だまされやすい人, 間抜け, 「かも」. 2 手先, 傀儡(かいらい), ロボット.
— 動 他 [しばしば受け身で]〈人〉をだます, だまして […]させる [*into doing*].

du・plex [djúːpleks / djúː-] 形 [通例, 限定用法]
1 二重 [2倍] の. 2 《米》2つの部分から成る.
3 二重送信方式の.
— 名 C 《米》 = dúplex apártment メゾネット《1戸が上下階に部屋を持つ高級アパート》.
2 = dúplex hóuse 2世帯用住宅, 2軒[世帯]長屋《英》semidetached house).

*****du・pli・cate** [djúːplikət / djúː-] 形 [限定用法]
1 (ほかと) まったく同じの; 複製の, 複写の, コピーの: a duplicate key 合い鍵(かぎ). 2 二重の, 一対の.
— 名 C 1 (同一物の) 複製, 複写, コピー; 副本; (写真の) デュープ. 2 (ほかと) まったく同じもの.
■ *in dúplicate* (正副) 2通で, 2通りに.
— 動 [-kèit] 他 1 [しばしば受け身で] …を複製 [複製] する; …をまねる. 2 …を繰り返す. 3 …を二重[2倍]にする.

du・pli・ca・tion [djùːplikéiʃən / djùː-] 名
1 U 複製, 複写; C 複製物, 複写物, デュープ.
2 U 二重, 重複.

du・pli・ca・tor [djúːplikèitər / djúː-] 名 C 《英・古風》 複製者; 複製機.

du・plic・i・ty [djuːplísəti / djuː-] 名 U 《格式》(言動に) 裏表があること, 二枚舌, 不誠実.

du・ra・bil・i・ty [djùərəbíləti / djùərə-] 名 U 耐久性, 耐久力; 永続性.

*****du・ra・ble** [djúərəbl / djúər-] 形 1 長持ちする, 丈夫な; 耐久性のある: This shirt is made of *durable* cloth. このワイシャツは丈夫な布地でできている.
2 永続的な, いつまでも変わらない.
— 名 [~s]《米》 = dúrable góods 耐久消費財 (《英》consumer durables)《自動車・冷蔵庫など》.

du・ral・u・min [djuəréljumin / djuər-] 名 U ジュラルミン《軽くて丈夫なアルミニウム合金》.

*****du・ra・tion** [djuəréiʃən / djuər-] 名 U 《格式》(時間の) 継続 [持続] 期間, 期間.
■ *for the durátion*《口語》 1 当分の間, 長い期間 (にわたって). 2 […の] 間じゅう (ずっと) [*of*].

du・ress [djuərés / djuər-] 名 U 《法》強迫, 強要, 強制; 監禁: under *duress* 強迫 [強制] されて.

du・ri・an [dúəriən / djúər-] 名 C 【植】ドリアン《東南アジア産の果実》.

*****dur・ing** [djúəriŋ / djúər-]
— 前 1 …の間 (ずっと): He lived in Florida *during* the winter. 彼は冬の間ずっとフロリダに滞在した / There are no classes *during* the orientation week. オリエンテーション週間中は授業がない.
2 …の間の (ある時) に: She suddenly visited me *during* the night. 彼女は夜(のある時)に突然私を訪ねて来た / The speaker paused to drink a glass of water *during* his talk. 講演者は講演の途中で小休止して水を1杯飲んだ.

【語法】**during** と **for**
during はある動作・状態のあった「時期」に重点が置かれ, 目的語には特定の期間を表す語句が来る. これに対し for はある動作・状態の続いた「長さ」に重点が置かれ, 目的語には期間の長さを表す語句が来る: I stayed in Lisbon *during* the summer vacation. 私は夏休みの間リスボンに滞在した / I stayed in Lisbon *for* three days. 私は3日間リスボンに滞在した.

*****dusk** [dʌ́sk] 名 U 夕闇(やみ), たそがれ, 夕暮れ時 (↔ dawn)《◇ twilight のうちでも比較的暗い時間帯》: at *dusk* 夕暮れに / *Dusk* fell. 夕暮れになった.

dusk・y [dʌ́ski] 形 (比較 **dusk・i・er** [~ər]; 最上 **dusk・i・est** [~ist]) 1 薄暗い, 仄(ほの)暗い (→ DARK 類義語). 2 黒ずんでいる, 薄黒い. 3 《婉曲》皮膚が黒い. 4 曇りがちの, 陰気な.

*****dust** [dʌ́st] 名 動
— 名 1 U ほこり, ちり: clean *dust* ほこりを取る / She wiped the *dust* off the desk. 彼女は机のほこりをふき取った / He brushed the *dust* from his clothes. 彼は服のほこりをブラシで払った.
2 U 土ぼこり, 砂ぼこり: The streets and houses were covered with *dust* during the construction. 工事の間じゅう通りや家はほこりで覆われていた. 3 U 粉末; 粉末状のもの《花粉・砂金など》: gold *dust* 砂金; 金粉 / coal *dust* 炭じん.
4 [a ~] ほこり [ちり] を払うこと: He gave the bookshelf a quick *dust*. 彼は本棚のほこりをさっと払った.
5 U 《文語》遺骨, なきがら.
6 [the ~] (埋葬地としての) 土, 地面.
■ (*as*) *drý as dúst* 1 無味乾燥な, つまらない.
2 のどがからからに乾いた.
bíte the dúst《口語》 1 (計画などが) だめになる; (機械などが) 動かなくなる. 2 戦死する; 敗れる.
kíck úp [*máke, ráise*] *a dúst*《口語》 […のことで] 騒動を起こす [*about*].
sháke the dúst òff one's féet (怒って) 席をけってその場を去る.
thrów dúst in …'s éyes …をだます.
when the dúst (*has*) *séttled*《口語》騒ぎが収まると.
— 動 他 1 …のほこりを払う, ふき取る: She *dusted* the books on the desk. 彼女は机の上の本のほこりを払った. 2 …に [~を] 振りかける [*with*]; [~に] …を振りかける [*on, onto, over*]:

dust the crops *with* agricultural chemicals =*dust* agricultural chemicals *onto* the crops 作物に農薬を散布する.
— 自 掃除する, ほこりを払う.

■ **dúst dówn** 他 **1** …のほこりを払う. **2** 《口語》〈人〉をきつくしかる.

dúst óff 他 **1** …のほこりを払う. **2** 〈長く使っていないもの・能力〉を再び使い出す.

◆ **dúst bòwl** C **1** 黄塵(じん)地帯《砂あらしや干ばつの多い地帯》. **2** [the D- B-] 米国中南部の乾燥地帯.

dúst còver C **1** 《家具などの》ほこりよけカバー. **2** 《米》本のカバー (= dust jacket).

dúst stòrm C 砂あらし, 土ぼこりのあらし.

dust·bin [dʌ́stbìn] 名C 《英》《通例, 屋外用の》ごみ入れ (《米》garbage can, trash can).

dust·cart [dʌ́stkɑ̀ːrt] 名C《英》ごみ収集車 (《米》garbage truck).

dust·er [dʌ́stər] 名C **1** はたき; ふきん, ぞうきん. **2** ちりを払う人, 掃除人. **3** 《米》ダスターコート. **4** 《米口語》= DUST STORM (↑).

dust·man [dʌ́stmən] 名 (複 **dust·men** [-mən]) C《英》ごみ収集作業員 (《米》garbage collector).

dust·pan [dʌ́stpæ̀n] 名C ちり取り, ごみ取り.

‡**dust·y** [dʌ́sti] 形 (比較 **dust·i·er** [~ər]; 最上 **dust·i·est** [~ist]) **1** ほこりっぽい, ほこりをかぶった: a *dusty* room ほこりだらけの部屋.
2 ほこりのような, 粉末状の.
3 灰色がかった, くすんだ: a *dusty* blue 灰色がかった青.
4 無味乾燥な; 生気のない: a *dusty* speech つまらない演説 / a *dusty* answer つれない返事.

***Dutch** [dʌ́tʃ] 形 オランダの; オランダ人[語]の; オランダ式[風]の 《◇国名は the Netherlands》.

■ **gò Dútch** 《人と》割り勘にする [*with*]: He insisted upon *going Dutch*. 彼は割り勘にしようと言ってきかなかった.
— 名 **1** U オランダ語. **2** [the ~; 集合的に; 複数扱い] オランダ人, オランダ国民 《◇個々のオランダ人は Dutchman, Dutchwoman》.

■ **in Dútch** 《俗語》**1** 困って. **2** […に]不興を買って, 嫌われて [*with*].

◆ **Dútch cóurage** U《口語》酒の上での空(から)元気.

Dútch dóor C 2段ドア《上下2段で別々に開閉できる》.

Dútch óven C ふた付きの鉄製なべ; (前部が開いた)肉焼き器.

Dútch tréat UC《口語》割り勘の食事[宴会].

Dutch·man [dʌ́tʃmən] 名 (複 **Dutch·men** [-mən]) C オランダ人《◇女性形は Dutchwoman》.

du·te·ous [djúːtiəs / djúː-] 形《文語》= DUTIFUL (↓).

du·ti·a·ble [djúːtiəbl / djúː-] 形《商品が》税金[関税]を課せられる, 有税の (cf. duty-free 免税の).

‡**du·ti·ful** [djúːtifəl / djúː-] 形 **1**《義務に》忠実な, 従順な. **2** 礼儀正しい.

du·ti·ful·ly [-fəli] 副 忠実に.

***du·ty** [djúːti / djúːti]
【基本的意味は「義務 (something that you have to do)」】
— 名 (複 **du·ties** [~z]) CU **1** (法律的・道徳的な) 義務, 本分: a sense of *duty* 義務感 / He didn't do his *duty* to his family. 彼は家族に対する義務を果たさなかった / It's your *duty* to give an interview to the reporters. 記者会見をするのはあなたの義務です.

2 [しばしば複数形で] 職務, 任務: public *duties* 公務 / household *duties* 家事 / neglect one's *duty* 職務を怠る / He admirably performed his *duties* as a policeman. 彼は警官としての務めを立派に果たした.

3 [しばしば複数形で] 税金, 関税: customs *duties* 関税 / The *duty* on oil has been raised. 石油税が引き上げられた.

■ **be (in) dúty bóund to dó** …する義務がある.

dò dúty for [as] … …の代用となる.

òff dúty 非番で, 休みで.

on dúty 当番で, 勤務中で: He is *on duty* from ten to six. 彼は10時から6時まで勤務です.

dú·ty-frée 形 免税の, 無税の, 税金[関税]のかからない: a *duty-free* shop 免税店.
— 副 免税で, 無税で, 税金[関税]がかからずに.
— 名C《口語》免税品.

du·vet [duvéi / djúː-vei]【フランス】名C《主に英》羽毛布団 (《米》comforter).

DVD《略語》= digital versatile [video] disc ディープイディー《CDと同じ大きさで映像・音声などを大容量・高画質で記録・再生できる光ディスク》.

***dwarf** [dwɔ́ːrf] 名 (複 **dwarfs** [~s], **dwarves** [dwɔ́ːrvz]) C **1** (童話などの)小人(こびと) (↔ giant). **2** 《普通より》小さい動物[植物].
— 形 《限定用法》普通より小さい; 小型の.
— 動《通例, 受け身で》**1** (対照によって)…を小さく見せる: Our apartment house *is dwarfed* by the surrounding skyscrapers. 周りの超高層ビルのせいで私たちのアパートは小さく見える. **2** …の成長を妨げる, …を小さくする; …をいじけさせる.

‡**dwell** [dwél] 動 (三単現 **dwells** [~z]; 過去・過分 **dwelt** [dwélt], **dwelled** [~d]; 現分 **dwell·ing** [~iŋ]) 自《文語》[…に]住む, 居住する (live) [*in, at, on*]: My grandfather *dwells* alone *in* the country. 私の祖父は田舎に独り住まいしている.

■ **dwéll on [upòn]** … **1** …をくよくよ[長く]考える, …にこだわる: Don't *dwell on* the past. 過去にこだわるな. **2** …について長々と話す[書く].

dwell·er [dwélər] 名C 居住者.

‡**dwell·ing** [dwéliŋ] 名 **1**《格式》住居, 住宅, 家 (→ HOUSE 類義語).
2 U 居住.

◆ **dwélling hòuse** C《法》《店・事務所に対して》住居, 住宅.

dwélling pláce C 住居, 家; 住所.

‡**dwelt** [dwélt] 動 **dwell** の過去形・過去分詞の1つ.

dwin·dle [dwíndl] 動 だんだん小さく[少なく]なる; 衰える (*away*): Her savings *dwindled* (*away*) to nothing. 彼女の貯金はだんだん減ってつ

いになくなってしまった.

*dye [dái] 名 U C **1** 染料: synthetic [natural] *dye(s)* 合成[天然]染料. **2** 染めた色, 色合い.
— 動 (三単現 dyes [~z]; 過去・過分 dyed [~d]; 現分 dye·ing [~iŋ]) 他 [dye+O (+C)] …を(…色に)染める, 着色する: She *dyed* her gray hair dark. 彼女は白髪を黒く染めた.
— 自 染まる, 色づく.

dýed-in-the-wóol 形 [通例, 限定用法] [しばしば軽蔑] 根っからの, 頑固な, 徹底した: a *dyed-in-the-wool* anarchist 筋金入りの無政府主義者.

dye·ing [dáiiŋ] 名 U 染色(法); 染め物業.

****dy·ing** [dáiiŋ] 動 形
— 動 die¹ の現在分詞.
— 形 [限定用法] **1** 死にかけている: a *dying* old horse 死にかけている老いた馬 / a *dying* flower 枯れかけている花.
2 臨終の, 死に臨んでの: one's *dying* words 辞世の言葉, 遺言 / to [till] one's *dying* day 死ぬ日まで, 命ある限り.
3 終わりになろうとしている, 滅びかけている: the *dying* fire 消えかけている火 / the *dying* year 行く年 / a *dying* civilization 滅亡に瀕(ʰ)した文明.
■ **be dýing for ...** → DIE¹ 成句.
be dýing of ... → DIE¹ 成句.
be dýing to dó → DIE¹ 成句.

dyke [dáik] 名 動 = DIKE 堤防.

***dy·nam·ic** [dainǽmik], **dy·nam·i·cal** [-kəl] 形 **1** (人などが)活発な, 精力的な, 元気旺盛(なら)な: a *dynamic* businessman 精力的な実業家 [ビジネスマン].
2 動的な, 動力の (↔ static); [物理]力学[動力学]上の. **3** [文法] (動詞・形容詞などが)動作を表す (↔ stative); 有意志の.
— 名 U [または a ~] 原動力; ダイナミズム.

◆ **dynámic vérb** C [文法] 動作動詞 (→ VERB [文法]).

dy·nam·i·cal·ly [dainǽmikəli] 副 活動的に, 精力的に, ダイナミックに; 動的に; (動)力学的に.

***dy·nam·ics** [dainǽmiks] 名 **1** U [通例, 単数扱い] [物理] 力学, 動力学. **2** [複数扱い] (物理的・精神的な) 原動力, エネルギー.

dy·na·mism [dáinəmìzəm] 名 U **1** (人が)活動的なこと; 力強さ, 迫力. **2** [哲] 力動説, 力本説 《自然現象を力や作用から説明する理論》.

dy·na·mite [dáinəmàit] 名 U **1** ダイナマイト. **2** [口語] 危険なもの[人]; [ほめ言葉] (あっと驚くほど)すばらしいもの[人].
— 動 他 …をダイナマイトで爆破する.

dy·na·mo [dáinəmòu] 名 (複 dy·na·mos [~z]) C **1** 発電機, ダイナモ. **2** [口語] 元気いっぱいの人.

dy·nas·tic [dainǽstik / di-] 形 [通例, 限定用法] 王朝の, 王家の.

dy·nas·ty [dáinəsti / dí-] 名 (複 dy·nas·ties [~z]) C **1** 王朝, 王家; (王家の)統治期間, 治世: the Tang *dynasty* (中国の)唐王朝. **2** [口語] (巨大財閥などの)…王国.

d'you [dju, djə] [短縮] [口語] do you の短縮形: *D'you* like tea? 紅茶はお好きですか.

dys·en·ter·y [dísəntèri / -tri] 名 U [医] 赤痢.

dys·lex·i·a [disléksiə] 名 U [医] 難読症, 読書障害 (cf. aphasia 失語症).

dys·pep·si·a [dispépʃə, -siə] 名 U [医] 消化不良(症) (indigestion).

dys·pep·tic [dispéptik] 形 **1** [医] 消化不良(症)の. **2** [古風] 機嫌の悪い, 怒りっぽい.

dys·tro·phy [dístrəfi] 名 U [医] **1** 異栄養(症); 栄養失調, 栄養障害. **2** 筋ジストロフィー, 筋萎縮(い)症 (muscular dystrophy).

dz. [dʌ́zən, dʌ́zənz] [略語] = *dozen*(s) ダース.

E e

E e Ɛ e

e, E [íː] 名 (複 e's, es, E's, Es [〜z]) **1** ⓒⓊ イー《英語アルファベットの5番目の文字》. **2** ⓒ 《大文字で》E字形のもの. **3** Ⓤ 《大文字で》《音楽》ホ音《ドレミファのミの音》; ホ調. **4** ⓒ 《大文字で》《米》《学業成績などの》E, 条件付き合格.

◆ É nùmber ⓒ 《英》E ナンバー, 食品添加物コード番号; (一般に) 食品添加物.

e, e. 《略語》= earth; east; eastern; error(s); excellent.

E, E. 《略語》= earth; east; eastern; energy; English; error(s).

e-¹ [i, e] 接頭 「外に, 外へ」の意を表す《◇ ex- の異形》: emerge 現れる / evaporate 蒸発する.

e-² [íː] 接頭 「電子の (electronic)」「インターネット利用の」の意を表す. ハイフンが入ることもある: email E メール / e-commerce E コマース, 電子商取引.

★★★ **each** [íːtʃ] 形 代 副

— 形 《比較なし;限定用法;単数可算名詞に付けて》**それぞれの, おのおのの, 各…**: *Each* girl was beautifully dressed up. どの女の子も美しく着飾っていた / He was holding a ball in *each* hand. 彼は両方の手にボールを持っていた.

語法 (1)「each + 名詞」は通例, 単数扱いで, he で受けることが多かったが, 現在では《口語》they, 《格式》he or she を用いるのが一般的: *Each* student performed *their* [*his or her*] task well. それぞれの生徒が自分の仕事を立派に果たした.
(2) each は2つ[人]以上について, every は3つ[人]以上について用いる. また, each … が1つ1つ[1人1人]をさすのに対し, every … は全体を1つのまとまりとしてとらえる: *Every* person must do their best. 人はみな最善をつくさなければならない.

■ **éach tíme 1** いつも, 毎回. **2** 《接続詞的に》…するたびに: *Each time* I saw her, I gave her flowers. 私は彼女に会うたびに花をプレゼントした.

— 代 《通例, 単数扱い》**1 それぞれ, おのおの**: *Each* has his or her own merits as well as demerits. 人にはそれぞれ短所とともに長所がある.

語法 (1) 《口語》では「each of +《長い》複数名詞」のときは複数扱いのこともある: *Each* of the students at that seminar were asked to report about their work. ゼミの学生たちは各自の研究について報告するように求められた.
(2) 否定語と共に用いることはできない. 代わりに neither, no one などを用いる.

2《名詞・代名詞と同格に》…は[を, に] **それぞれ**: The boys *each* wear a cap. 少年たちはめいめい帽子をかぶっている《◇主語と同格》.

■ **éach óther** お互い: They love *each other*. 彼らは《お互いに》愛し合っている / They admired *each other*'s dresses. 彼女たちはお互いに相手のドレスを褒め合った.

語法 (1) 2人[2つのもの]の場合に each other を, 3人[3つのもの]以上の場合には one another を用いるとされるが, 実際には特に区別されていない.
(2) each other は代名詞であるから, このまま副詞句として用いることはできない: They shook hands with *each other*. 彼らはお互いに握手した.

— 副 **それぞれ**(…する), (それぞれについて) …ずつ: He gave us a pen *each*. 彼は私たち1人1人にペンを1本ずつくれた / How much are the admission tickets? ─ (They are) Ten dollars *each*. 入場券はいくらですか─1枚10ドルです.

★★★ **ea·ger** [íːgər]

— 形 (比較 more ea·ger, ea·ger·er [-gərər]; 最上 most ea·ger, ea·ger·est [-gərɪst])

1 (a) [be eager for [about] …] …を**熱望している**(→ 類義語): The boy *is eager for* knowledge. その少年は知識欲に燃えている / She *was eager about* keeping in good health. 彼女は健康の維持を熱望していた. (b) [be eager + to do] …**することを熱望する, しきりに**…したがっている: He *is eager* to see his only daughter. 彼は一人娘にとても会いたがっている / Mary *was eager for* you *to* come to the concert. メアリーはあなたがコンサートに来ることを熱望していた. (c) [be eager + that 節] …ということを熱望する: Her father *is eager that* she (should) go on to college. 父親は彼女にぜひ大学へ進学してほしいと思っている《◇ should を用いるのは《主に英》》.

2 (人・表情が) […に] **熱心な** [*in*]: an *eager* student 熱心な学生 / her *eager* look 彼女の熱心な顔つき / She *is eager in* her new job. 彼女は新しい仕事に意欲的です.

◆ **éager béaver** ⓒ 《口語》仕事熱心な人, 働き者.

類義語 **eager, anxious, keen**
共通する意味**熱望している** (having a strong and urgent desire or interest)
eager は熱望の気持ちを示すが, 時にまだ実現せず「もどかしく」,「…したくてじりじりしている」の意を含む: The children are *eager* to go outdoors. 子供たちはしきりに外へ出たがっている.
anxious はうまくいかないかもしれないという「一抹の不安を抱きながら切望する」こと: He is *anxious* to climb Mount Everest. 彼は(だめかもしれないが) エベレストに登りたがっている.

eagerly / **earmuff**

keenは「熱望する対象に対する強烈な関心」を持ち「いつでも実行できる準備ができていること」を暗示する: They are *keen* to go skiing. 彼らはとてもスキーに行きたがっている.

ea·ger·ly [í:gərli] 副 熱心に; しきりに: They listened *eagerly* to what their teacher was saying. 彼らは先生の話を熱心に聞いた.

ea·ger·ness [í:gərnəs] 名 U […に対する]熱心さ, 切望 [for, about]: his *eagerness* for success 彼の成功への熱望 / Mary, in her *eagerness* to please her father, went against his wishes after all. メアリーは, 父親を喜ばせようとして, 結局, 彼の意向に逆らってしまった.

ea·gle [í:gl] 名 C 1 【鳥】ワシ(鷲). 2 ワシ印《米国の国章; → bald eagle (BALD 複合語)》. 3 【ゴルフ】イーグル《基準打数 (par) より2打少なくホールを終えること; → BIRDIE 【関連語】》.

éa·gle-èyed 形 鋭い観察眼[眼力]の; 視力のよい.

ea·glet [í:glət] 名 C ワシの子, 子ワシ.

ear¹ [íər]

— 名 (複 ears [~z]) 1 C 耳(→ HEAD 図): the inner [middle, outer] *ear* 内[中, 外]耳 / perk [prick] up one's *ears* 耳を立てる, そば立てる / pierce one's *ears* 耳にピアスの穴をあける / She whispered something into her mother's *ear*. 彼女は母親の耳元で何かささやいた.

2 U C 聴覚, 聴力, […の]音を聞き分ける力 [for]: a keen *ear* 鋭い聴覚[聴力] / He doesn't have an *ear* for classical music. 彼はクラシック音楽がわからない. 3 C 耳の形をしたもの; (水差しなどの)取っ手: the *ear* of a jug ジョッキの取っ手.

■ **be áll éars**《口語》聞きたくてたまらない.
bénd ...'s éar《口語》〈人〉に(うるさく)話しかける.
be òut on one's éar《口語》解雇される.
be úp to one's [the] éars in ...《口語》〈仕事など〉に夢中になっている, …で手いっぱいである.
clóse [shút] one's éars to ... …を聞こうとしない.
fáll on déaf éars (要求などが)無視される.
gò ín (at) óne éar and óut (at) the óther《口語》(言われたことが)右の耳から入って左の耳から抜ける, 記憶に残らない.
háve [kéep] an [one's] éar to the gróund《口語》いち早く情勢を知る, 世論の動きに注意する.
háve [gáin, gèt, wín] ...'s éar〈人〉に(自分の意見・言い分などを)本気で聞いてもらう.
lénd [gíve] an éar to ... …に耳を貸す, …を親身になって聞く.
pláy ... by éar …を楽譜を見ずに演奏する.
túrn a déaf éar to ... …を聞こうとしない, …に耳を貸さない.
wét behìnd the éars《口語》未熟な, 青二才で.

ear² 名 C (麦・トウモロコシなどの)穂.

ear·ache [íərèik] 名 C U 耳の痛み (◇通例《米》では C, 《英》では U): I had an *earache* [《英》I had *earache*] after swimming. 私は水泳のあと耳が痛んだ.

ear·drum [íərdrʌm] 名 C 【解剖】鼓膜, 中耳.

ear·ful [íərfùl] 名 [an ~]《口語》うんざりするう(わさ)話; (耳の痛い)小言, 大目玉: I got an *earful* from my father. 父から大目玉をくらった.

earl [ə́:rl] 名 C (英国の)伯爵.

earl·dom [ə́:rldəm] 名 C 伯爵領; 伯爵の身分.

ear·li·er [ə́:rliər](◇ **early** の比較級) 副 1 早く, より前に (↔ later): I got up *earlier* than usual. 私はいつもより早く起きた. 2 以前に (↔ later): I had received a letter from him *earlier*. 私はそれより前に彼から手紙をもらっていた.
■ **éarlier ón** 前もって, あらかじめ (↔ later on).
— 形 より早い, より早めの (↔ later): We were not prepared for her *earlier* arrival. 彼女が早めに到着するとは思いもよらなかった.

ear·li·est [ə́:rliist] 形 副 **early** の最上級.
■ **at the éarliest** 早くても (↔ at the latest): He will not come until next Sunday *at the earliest*. 早くても彼が来るのは次の日曜になるだろう.

ear·li·ness [ə́:rlinəs] 名 U (時刻・時期などが)早いこと.

ear·lobe [íərlòub] 名 C 耳たぶ (lobe).

ear·ly [ə́:rli] 形 副

— 形 (比較 **ear·li·er** [~ər]; 最上 **ear·li·est** [~ist]) 1 (時刻・時期が) 早い; (予定より) 早めの (↔ late): The departure time was five minutes *early* today. きょうの出発時刻は5分早かった / He is an *early* riser. 彼は早起きです / To keep *early* hours is good for the health. 早寝早起きは健康によい.

2 [限定用法] (ある時期・期間において) 初期の; 幼少の; はしりの (↔ late): in *early* times 昔は / *early* marriage 早婚 / *early* flowers 早咲きの花 / Plums bloom in *early* spring. 梅が早春に咲く / The airplane was invented in the *early* part of the twentieth century. 飛行機は20世紀の初頭に発明された.

3 [限定用法] 近い将来の, 近々の: at an *early* date 近いうちに / I'm looking forward to your *early* reply. 早めのご返事をお待ちしています.

— 副 1 (時刻・時期が) 早く; (予定より) 早めに (↔ late): Joe comes to school *earliest* in our class. ジョーはクラスで一番早く登校する / The plane arrived twenty minutes *early*. 飛行機は予定より20分早く到着した.

2 (ある時期・期間において) 初期に; 幼少に; 大昔に: Humans learned *early* how to use fire. 人間は大昔に火の扱い方を習得した.

■ **as éarly as ...** 早くも…の頃に.
éarly ón 早いうちに, 早くから.

◆ **éarly bírd** C 早起きの人: The *early bird* catches the worm.《ことわざ》早起きの鳥は虫を捕らえる⇒ 早起きは三文の得.

éarly wárning sỳstem C 早期警戒システム《レーダーにより敵の襲来を早期に予知する》.

ear·mark [íərmà:rk] 名 C 1 耳印《牛・馬などの耳に付ける所有者の印》. 2 [しばしば ~s] 目印, 特徴.
— 動 他 [しばしば受け身で] …に耳印[目印]を付ける; 〈資金など〉を[ある目的のために]取っておく [for].

ear·muff [íərmʌf] 名 (複 **ear·muffs** [~s]) C

[通例 ~s] (防寒・防音用) 耳覆い.

earn [ə́ːrn] 【基本的意味は「…を働いて得る (receive something for work)」】
— 動 (三単現 **earns** [~z]; 過去・過分 **earned** [~d]; 現分 **earn・ing** [~iŋ])
— 他 **1** [earn+O] 〈賃金・給料など〉を**働いて得る**, 稼ぐ; 〈生計〉を立てる: *earn* a high salary 高給を得ている / *earn* one's [a] living 生計を立てる / *earn* two thousand dollars a month 1か月に2,000ドルの給料を得る.
2 [earn+O] (行為・行動などの報酬として)〈地位・名声など〉を得る; [earn+O+O] (行為などが)〈人〉に〈地位・名声など〉をもたらす, …が…に値する: Mr. James *earned* a long vacation after weeks of hard work. ＝Weeks of hard work *earned* Mr. James a long vacation. ジェームズ氏は数週間にわたるきつい勤務のあと, 長期休暇をもらった / Her social service on weekends *earned* her the admiration of her teacher. 週末ごとの社会奉仕活動で彼女は先生の称賛を得た. **3** 〈利子など〉を生む, もたらす: If you deposit the money in a bank, it will *earn* good interest. そのお金は銀行に預ければいい利子が付く.

◆ **éarned rún** [C]《野球》自責点(《略語》ER).
éarned rún àverage [C]《野球》防御率(《略語》ERA).

‡**ear・nest**¹ [ə́ːrnist] 形 まじめな, 本気の; 熱心な: He is such an *earnest* young man. He never makes a joke. 彼はとてもまじめな青年です. 冗談なんか言わない / She always looks *earnest*. 彼女はいつもまじめな顔をしている.
— 名 [次の成句で]
■ **in éarnest 1** まじめに [な], 本気で [の]: Do you think Paul said that *in earnest*? ポールは本気でそれを言ったと思いますか. **2** 本格的に [な], 本式に [な]: It began to rain *in earnest*. 雨が本降りになってきた.

ear・nest² 名 [an ~]「…の」前兆; 証明 [*of*].

*****ear・nest・ly** [ə́ːrnistli] 副 まじめに, 本気で; 熱心に: I *earnestly* believed that I was right. 私は自分が正しいと心から信じていた.

ear・nest・ness [ə́ːrnistnəs] 名 [U] まじめさ, 本気; 熱心.

earn・ings [ə́ːrniŋz] 名 [複数扱い] 所得, 稼ぎ (高), もうけ [関連語] income 収入 / salary 給料 / wage 賃金): My *earnings* are sufficient to support my family. 私の稼ぎは家族を養うのに十分です.

ear・phone [íərfòun] 名 [C] **1** イヤホン; [~s] ヘッドホン. **2** (電話の)受話器.

ear・piece [íərpìːs] 名 **1** [~s] (帽子の防寒用) 耳当て; (眼鏡の)耳づる. **2** [C] イヤホン.

ear・plug [íərplʌ̀g] 名 [C] [通例 ~s] 耳栓.

ear・ring [íərrìŋ] 名 [C] [しばしば ~s] イヤリング.

ear・shot [íərʃɑ̀t / -ʃɔ̀t] 名 [U] 声の届く範囲.
■ **withín [òut of] éarshot** (呼べば) 聞こえる [(呼んでも) 聞こえない] 距離に.

ear・split・ting [íərsplìtiŋ] 形 (音が) 耳をつんざく

ような.

earth [ə́ːrθ] 名 動
— 名 (複 **earths** [~s]) **1** [U] [通例 the ~ / (the) E-] 地球: The *earth* is one of the planets. 地球は惑星の1つである / The spaceship returned to (the) *Earth* safely. その宇宙船は無事地球に帰還した.
2 [the (whole) ~; 集合的に] (地球上の) 世界, 全世界の人々: The whole *earth* was shocked by the news. 世界じゅうの人々がそのニュースに衝撃を受けた. **3** [U] [しばしば the ~] (空に対して) 地面, 地上, 陸地 (ground): The sea begins where the *earth* ends. 陸地の終わる所から海は始まる.
4 [U] 土, 土壌 (soil): rich *earth* 肥えた土 / cover the roots with *earth* 根に土をかぶせる.
5 [C] [通例, 単数形で] キツネの穴, 隠れ場所.
6 [C] [通例, 単数形で]《英》《電気》接地, アース(《米》ground).

■ **còme báck [dówn] to éarth** (夢から覚めて) 現実の世界に戻る, 現実的になる.
cóst [páy] the éarth《口語》とても高くつく.
dówn to éarth 現実的な; 率直な.
féel [lóok] like nóthing on éarth《英》ひどく奇妙に感じる [見える].
on éarth 1 [疑問詞を強調して]《口語》いったい: What *on earth* did you say to her? いったい彼女に何を言ったのですか. **2** [形容詞の最上級を強調して] 世界じゅうで, この世で: I think she is the best singer *on earth*. 私は彼女が世界じゅうで一番の歌手だと思う. **3** [否定を強調して] 全然, ちっとも: I have never seen anything like this *on earth*! こんなものは今までまったく見たことがない.
rún … to éarth《英》…を追い詰める, 突き止める.
— 動 **1** 〈種子・植物など〉に土をかぶせる, …を土に埋める (*up*). **2**《英》《電気》…を接地する, アースする(《米》ground).

◆ **Éarth Dày**《ア》アースデー, 地球の日 (4月22日. 地球の環境保護などについて考える日).

earth・bound [ə́ːrθbàund] 形 **1** (鳥などが) 地上性の, 飛べない. **2** (人が) 想像力のない.

earth・en [ə́ːrθən] 形 [限定用法] 土製 [陶製] の, 陶器の: an old *earthen* jar 古い陶器のつぼ.

earth・en・ware [ə́ːrθənwèər] 名 [U] 土器, 陶器.

éarth-friéndly 形 地球環境を破壊しない, 地球にやさしい.

earth・ling [ə́ːrθliŋ] 名 [C] (SF小説などで宇宙人から見た) 地球人, 人間.

*****earth・ly** [ə́ːrθli] 形 [限定用法] **1**《文語》地上の, この世の, 俗世間の (↔ heavenly): *earthly* affairs 俗事. **2** [否定文・疑問文で] 全然, 少しも; いったい: The car was of no *earthly* use in the desert. 砂漠でその車ははまったく役に立たなかった / Do you have any *earthly* chance of winning? いったいあなたが勝つチャンスはあるのですか.

‡**earth・quake** [ə́ːrθkwèik] 名 [C] 地震(《口語》quake): a strong *earthquake* 強い地震 / Most of the houses in the city were destroyed in the *earthquake*. 市内の大半の家が

地震で破壊された / There was a slight *earthquake* in the Tokai district today. = They [We] had a slight *earthquake* in the Tokai district today. きょう東海地方で弱い地震があった(◇話し手が「東海地方」にいれば We を用いる).

earth・shak・ing [ˈɚːθʃèikiŋ] 形 世界を揺るがすような; きわめて重大な.

earth・shat・ter・ing [ˈɚːθʃæ̀təriŋ] 形 = EARTHSHAKING (↑).

earth・work [ˈɚːθwɚ̀ːrk] 名 **1** C (通例〜s) 【軍】土塁《防御用の土のとりで》. **2** U 土木工事.

earth・worm [ˈɚːθwɚ̀ːrm] 名 C ミミズ.

earth・y [ˈɚːθi] 形 (比較 **earth・i・er** [〜ɚr]; 最上 **earth・i・est** [〜ist]) **1** 土の(ような), 土質の. **2** 洗練されていない, 粗野な. **3** 素朴な, 自然な.

ear・wig [ˈiɚwìg] 名 C 【昆】ハサミムシ.

***ease [íːz] 名 動【基本の意味は「容易さ, 気楽さ (lack of difficulty or pain)」】

—名 U **1** 容易さ, たやすさ(↔ difficulty)(→成句 with ease): For *ease* of use, this mug has a big handle. 使いやすいようにこのマグには大きな取っ手がついている.
2 気楽さ, 安心, くつろぎ《◇精神的・肉体的の両方の意味で用いる》: *ease* of mind 心の安らぎ / He lives a life of *ease*. 彼は気楽に生きている.
3 (心・態度などの)ゆったりしていること, 落ち着き: with *ease* of manner 落ち着いた物腰で.

■ *at* (*one's*) *éase* 気楽に[な]; 安心して[た]: He felt *at ease* with her. 彼は彼女といるとくつろぎを感じた.
íll at éase 不安な, 落ち着かない.
(*stánd*) *at éase* 【軍】休めの姿勢でいる;《号令》休め.
táke one's éase くつろぐ, 楽にする.
with éase 容易に, 楽々と (easily)(↔ with difficulty)《◇しばしば ease の前に形容詞を付ける》: She passed every exam with the utmost *ease*. 彼女はすべての試験に実に楽々と合格した.

—動 (三単現 **eas・es** [〜iz]; 過去・過分 **eased** [〜d]; 現分 **eas・ing** [〜iŋ])
—他 **1**〈苦痛・心配など〉を**和らげる**, 軽減する: *ease* fear 恐れを取り除く / *ease* sorrow 悲しみを和らげる / The medicine *eased* the pain. その薬は痛みを和らげた.
2〈心・人〉を**楽にする**, 安心させる;〈心・人など〉から[苦痛・重荷などを]軽減する [*of*]: The doctor tried to *ease* her mind about her son's illness. 医師は彼女の息子の病気のことで彼女を安心させようとした / The story *eased* her *of* her anxiety. その話で彼女の不安は和らいだ.
3 …をゆるめる (loosen);〈緊張・束縛など〉を緩和する: *ease* one's belt ベルトをゆるめる.
4 …を[…に]そっと動かす [*into*]: *ease* the drawer open 引き出しをそっと開ける / He *eased* the heavy box *into* position. 彼は重い箱を所定の場所へそっと動かした.

—自 **1** (痛み・緊張などが)和らぐ, 軽くなる: The pain will *ease* soon. 痛みはすぐに和らぐでしょう.
2 (風・雨が)弱まる; (車などの)速度を落とす (*down*).

■ *éase óff* (痛み・緊張などが)和らぐ, 軽くなる.
éase onesélf 楽になる, くつろぐ.
éase úp **1** (痛み・緊張などが)和らぐ, 軽くなる.
2 (口語)(仕事などの)手をゆるめる, 人への厳しさをゆるめる [*on*]: Don't *ease up* until you cross the finish line. ゴールするまで気をゆるめるな.

ea・sel [íːzəl] 名 C 画架, イーゼル; 黒板などの台.

**eas・i・ly [íːzili]
—副 **1** 容易に, 楽々と (with ease); すぐに (quickly): Tom *easily* jumped over the fence. トムは楽々と塀を跳び越えた.
2 (強調) 間違いなく, 確実に《◇特に最上級を強める》: This restaurant is *easily* the best in the city. このレストランは間違いなく町で一番です.
3 (しばしば can, may と共に用いて)おそらく, たぶん: He *may easily* change his mind by next week. 彼はおそらく来週までに気が変わるだろう.

eas・i・ness [íːzinəs] 名 U **1** 容易[平易]さ.
2 気楽[気軽]さ, のんき; (心の)余裕.

**east [íːst] 名 形 副
—名 **1** U (または the 〜; しばしば E-] **東**, 東方, 東部 (↔ west)((略記) E, E., e.): in the *east* of Los Angeles ロサンゼルスの東部で / The sun rises in the *east*. 太陽は東から昇る / The wind is blowing from the *east*. 風は東から吹いている / That village is about 20 miles to the *east* of London. その村はロンドンから約20マイル東方にある.
2 [the E-] (西洋に対して) 東洋, アジア: the Far [Middle] *East* 極[中]東.
3 [the E-] (米) 東部諸州《◇ Maine 州から Maryland 州まで》. **4** [the E-] (自由主義陣営に対し)共産圏,(旧) 東側諸国[陣営].

■ *dówn Éast* (米)ニューイングランドへ[で].
—形 [比較なし; 限定用法; しばしば E-] **1** 東の, 東方の, 東への (↔ west): They settled on the *east* coast. 彼らは東部沿岸に定住した.

[語法] 地理的・政治的にはっきり区別できる地域を言う場合は East [West, North, South] を用い, 漠然と方向をさす場合は, Eastern [Western, Northern, Southern] を用いる: *North America* 北米 / *Eastern Europe* 東欧.

2 (風が)東からの: an *east* wind 東風.
—副 [比較なし; しばしば E-] 東に, 東へ: My apartment faces *east*. 私のアパートは東向きです / The city is about ten miles *east* of the lake. その市は湖の東約10マイルの所にある.

■ *báck Éast* (米)(西部から見て) 東部では.

◆ **Éast Ásia** 名 東アジア《日本・中国・朝鮮半島を含む地域で, 東南アジアを含む場合もある》.

Éast Chína Séa 名 [the 〜] 東シナ海.

Éast Cóast 名 [the 〜] (米国の) 東海岸.

Éast Énd 名 [the 〜] イーストエンド《Docklands を含む London 東部の商工業地区》.

Éast Índies 名 [the 〜; 複数扱い] **1** 東インド諸国《インドを含む東南アジア地域の旧称》. **2** 東インド諸島《マレー諸島の別称》.

East Síde 图 [the ~] イーストサイド《New York 市 Manhattan 区東部のイースト川と五番街の間の地区. 国連本部などがある》.

east·bound [íːstbàund] 形 [限定用法] (乗り物・旅行者などが) 東へ向かう.

‡Eas·ter [íːstər] 名 U C **1** 復活祭, イースター《キリストの復活とともに春の訪れを祝う》: Christians celebrate *Easter*. キリスト教徒は復活祭を祝う / Happy *Easter*! 復活祭おめでとう!
2 = **Éaster Dáy** [**Súnday**] 復活祭の日《春分後の最初の満月のあとに来る最初の日曜日》.

◆ **Éaster càrd** C イースターカード《復活祭の日に交換するあいさつ用絵はがき》.
Éaster ègg C イースターエッグ《復活祭の贈り物や飾りに用いる彩色した鶏卵, または卵形のチョコレート. 復活祭の前日にウサギ (**Easter bunny**) が卵を持って来るという伝説から》.
Éaster Mónday U 《英》復活祭明けの月曜日《◇公休日 (bank holiday) で → HOLIDAY 表》.
east·er·ly [íːstərli] 形 東 (へ) の; (風が) 東からの.
—— 副 東へ [に], (風が) 東から.
—— 名 (複 **east·er·lies** [~z]) C 東風.

‡east·ern [íːstərn]
—— 形 [比較なし; 通例, 限定用法] **1** 東の; 東向きの, 東への; (風が) 東からの (↔ **western**) (→ EAST 形 [**語法**]): the *eastern* sky 東の空 / an *eastern* wind 東風.
2 [E-] 東洋の (Oriental) (↔ **Western**): *Eastern* culture 東洋の文化.
3 [E-] 《米》米国東部の (↔ **Western**): the *Eastern* states 東部諸州.
4 [E-] 東欧の, (旧) 東側 (諸国) の.

◆ **Éastern Hémisphere** [the ~] 東半球.
Eastern Róman Émpire [the ~] [史] 東ローマ帝国 (395-1453).
Éastern (Stándard) Tìme U 《米》東部標準時 (《略語》EST).
east·ern·er [íːstərnər] 名 C **1** (国の) 東部地方の住民 [出身者]. **2** [E-] 《米》米国東部の住民 [出身者] 《特にニューイングランドの人》.
east·ern·most [íːstərnmòust] 形 最も東 (方) の, 最東端の.
éast-nòrth-éast 名 U [the ~] 東北東 (《略語》ENE). —— 形 東北東の; (風が) 東北東からの.
éast-sòuth-éast 名 U [the ~] 東南東 (《略語》ESE). —— 形 東南東の; (風が) 東南東からの.
East Tímor 名 固 東ティモール《西太平洋の共和国; 首都ディリ (Dili)》.

*****east·ward** [íːstwərd] 副 東の方へ, 東向きに: We sailed *eastward*. 私たちは東へ向かって航海した.
—— 形 東の方角の, 東向きの: in an *eastward* direction 東の方角に.
east·wards [íːstwərdz] 副 《英》= EASTWARD.

***eas·y** [íːzi]
—— 形 (比較 **eas·i·er** [~ər]; 最上 **eas·i·est** [~ist]) **1** (a) 簡単な, やさしい, 楽な (↔ **hard, difficult**): an *easy* question [task] 簡単な問題 [仕事] / Swimming is not *easy* for beginners. 初心者にとって水泳はたやすいものではない / It is as *easy* as ABC [pie]. それはとてもたやすい / The shopping mall is *easy* of access. ショッピングセンターへは行きやすい. (b) [It is easy (+for ...) +to do] (...にとって) ...するのは簡単である: It is *easy* for cowboys *to ride* a horse. カウボーイにとって馬に乗るのはたやすい / It is not *easy* to *be* a parent. 親になることは簡単ではない. (c) [be easy (+for ...) +to do] (...にとって) ...しやすい: English *is easy* (*for* Germans) *to master*. 英語は (ドイツ人にとって) 習得しやすい (= It is *easy* (for Germans) to master English.) / Bob *is easy* to talk to. ボブは話しかけやすい (= It is *easy* to talk to Bob.).
2 気楽な, のんびりした (→ COMFORTABLE [**類義語**]); (態度が) 打ち解けた: lead an *easy* life のんびりと暮らす / in an *easy* manner 打ち解けた態度で / Make yourself *easy*, please. どうぞおくつろぎください / She was *easy* about the result. 彼女はその結果についてはのんびりと構えていた.
3 [...に対して] 寛大な, 甘い [**on**]; (負担などが) 厳しくない, ゆるやかな: You are too *easy on* your children. あなたは自分の子供に甘すぎる.
4 [限定用法] だまされやすい: an *easy* victim [prey] だまされやすい人, いいえじき.
5 (衣服などが) ゆったりした, きつくない (↔ **tight**).
■ *éasy on the éar* [*éye*] 《口語》聞いて [見て] 楽しい.
I'm éasy. 《口語》(選択に対して) どちらでもかまいません.
—— 副 《口語》楽に, たやすく; 気楽に; ゆっくり (◇以下の成句以外では通例 **easily** を用いる).
■ *Éasier sáid than dóne.* 《ことわざ》言うはやすく, 行うは難し.
Éasy cóme [*gót*], *éasy gó* [*spént*]. 《ことわざ》入りやすいものは出やすい ⇒ 悪銭身につかず.
Éasy dóes it. 《口語》気楽にやれ; 慎重にやれ, 焦るな.
gò éasy 気楽にやる.
gò éasy on [*with*] ... 《口語》**1** 〈もの〉を控えめに使う. **2** 〈人〉をやさしく扱う, 寛大に扱う.
tàke it [*thìngs*] *éasy* **1** [...を] 気楽にやる [**on**]. **2** [命令文で] そうむきになるな, くよくよするな. **3** [命令文で] 《米》さよなら, じゃあね (◇別れのあいさつ).

◆ **éasy chàir** C 安楽いす.
eas·y·go·ing [íːzigóuiŋ] 形 のんびりした, 気楽な, のんきな; 鷹揚 (おう) な, おおらかな, (物事に) こだわらない: Americans are said to be more *easygoing* than Japanese. アメリカ人は日本人より鷹揚だと言われている.

***eat** [íːt]
—— 動 (三単現 **eats** [íːts]; 過去 **ate** [éit / ét]; 過分 **eat·en** [íːtn]; 現分 **eat·ing** [~iŋ])
—— 他 **1** [eat +O] 〈食べ物〉を**食べる**, 〈スープなど〉を飲む, 口にする; 〈食事〉をとる (→ [**類義語**]): We *ate* pizza for lunch. 私たちは昼食にピザを食べた / Have you *eaten* your breakfast yet? 朝食はもう食べ終わったのですか / Don't make any

noise when you're *eating* soup. スープを口にするときは音を立ててはいけない.
2 [eat＋O](害虫などが)…を食い荒らす,〈穴を〉あける; [eat＋O＋C](人・動物が)食い荒らして〈人・もの〉を…の状態にする(◇ C は形容詞): Moths have *eaten* holes in my sweater. 虫が私のセーターに穴をあけた.
3 腐食させる,侵食する: The pollution is *eating* the air. 汚染が大気を侵している.
4《口語》〈人〉をいらいらさせる: I wonder what's *eating* her. 彼女は何でいらいらしているのだろう.
── 圓 **1**〔皿などから …を使って〕食事をする,食べる〔*out of / with*〕: *eat* heartily [voraciously] がつがつ食べる / *eat* and drink 飲み食いする(◇日本語との語順の違いに注意) / In some countries, people *eat with* their fingers. ある国々では人々は指で食べる.
2〔…を〕むしばむ,食い荒らす〔*into*〕: These bills are *eating into* our savings. これらのつけが貯金を食い荒らしている.

句動詞 **éat awáy** 他 [eat away＋O / eat＋O＋away]〈もの〉を侵食する,食い荒らす: The fire *ate away* the village. その火災は村をなめつくした. ── 圓〔…を〕侵食する,むしばむ〔*at*〕.
éat óut 圓 外で食事をする,外食する.
éat úp 他 [eat up＋O / eat＋O＋up] **1** …を食べつくす: *Eat up* the vegetable dish. 野菜料理を全部食べなさい. **2** …を使い果たす: That vacation *ate* my savings *up*. その休暇で私の貯えはなくなった. **3**〔通例,受け身で〕…の心を〔消極的な考えなどで〕いっぱいにする〔*with*〕. ── 圓 残さずに全部食べる.

■ **éat one's héart óut**(*for* …)→ HEART 成句.
éat one's wórds → WORD 成句.
éat ... óut of hóuse and hóme〔こっけい〕〈人〉の家でたらふく食べて財政的に困らせる,…の財産を食いつくす.
éat óut of ...'s hánd〈人〉の言いなりになる.
── 名 [C][通例〜s]《口語》食べ物(◇通例 eat は調理された食べ物をさし,調理されていないものは eatables と言う).

類義語 **eat, have, take**
共通する意味▶食べる (take in food through the mouth)
eat は「食べる」の意を表す一般的な語で,人間・動物が「食べる」という行為そのものをさす. また,「通常は食べ物とはみなされないものを食べる」ことも表せる: They were so hungry that they even *ate* earth. 彼らは土さえも食べるほど飢えていた.
have は「食べ物・飲み物を口にする」ことに広く用いる語: She only *has* a slice of bread and a glass of milk for breakfast. 彼女は朝食にパンを1枚食べ,牛乳をコップ1杯飲むだけです.
take は通例,薬・毒・空気などを「体内にとり入れる,摂取する」の意で用い,飲食物を「食べる」の意で用いるのは《主に英》: *take* medicine 薬を飲む / *take* a breath of fresh air 新鮮な空気を吸う / *take* lunch 昼食をとる.

eat・a・ble [íːtəbl] 形 [通例,叙述用法; しばしば否定文で] **1**(食べ物が)食べられる(◇「無毒・無害で食用に適している」ことを表す edible に対し,「新鮮または調理済みで食べられる状態である」ことを表す): The meat is scarcely *eatable*. その肉は食べられたものじゃない.
2 おいしく食べられる.
── 名 [C][通例〜s]生の[料理していない]食べ物,生鮮食品 (cf. eats (調理した) 食品).

*****eat・en** [íːtn] 動 eat の過去分詞.

eat・er [íːtər] 名 [C] 食べる人; [前に形容詞を付けて] 食べるのが…の人: a big [heavy] *eater* 大食家,大食い / a small [light] *eater* 小食家.

eat・er・y [íːtəri] 名 (複 **eat・er・ies** [〜z]) [C]《主に米口語》(軽)食堂,レストラン.

***eat・ing** [íːtiŋ] 名 [U] **1** 食べること,食事; [形容詞的に] 生で食べられる,生食(な)用の: *eating* oysters 生食用カキ / *eating* and drinking 飲食.
2 食べ物: fresh [stale] *eating* 新鮮な [古い] 食べ物.
◆ **éating ápple** [C] 生食用のリンゴ (cf. cooking apple 料理用のリンゴ).
éating disòrder [C] 摂食障害(◇拒食症 (anorexia),過食症 (bulimia) など).
éating hòuse [plàce] [C] 食堂,レストラン.

eau de Co・logne [óudəkəlóun]【フランス語で「ケルンの水」の意. ドイツのケルンで最初に作られた】 名 [U] オーデコロン (Cologne)《香水の一種》.

eaves [íːvz] 名 [複数扱い](家の)軒(の).

eaves・drop [íːvzdràp / -dròp] 動 (三単現 **eaves・drops** [〜s]; 過去・過分 **eaves・dropped** [〜t]; 現分 **eaves・drop・ping** [〜iŋ]) 圓〔…を〕盗み聞きする〔*on*〕.

eaves・drop・per [íːvzdràpər / -dròpə] 名 [C] 盗み聞きする人.

***ebb** [éb] 名 **1** [U][通例 the 〜] 引き潮,下げ潮 (↔ flood, flow): the *ebb* and flow 潮の干満.
2 [U][または an 〜]《比喩》衰退,退潮; 衰退 [退潮] 期.
■ *at a lów ébb* = *at* [*on*] *the ébb* 引き潮で; 退して,不振で: I was *at a low ebb* after the operation. 私は手術のあとで衰弱していた. / Her popularity began to *ebb away*. 彼女の人気は衰え始めた.
── 動 圓 (潮が)引く (↔ flow); (勢いなどが) 衰える (*away*): The tide began to *ebb*. 潮が引き始めた / Her popularity began to *ebb away*. 彼女の人気は衰え始めた.
◆ **ébb tìde** [C] 引き潮; 衰退 (↔ flood tide).

eb・on・ite [ébənàit] 名 [U] 硬質ゴム,エボナイト.

eb・on・y [ébəni] 名 [U] 黒檀(だ)《熱帯産の高級木材. ピアノの黒い鍵盤(沈)や家具などに用いる》; [C] 黒檀の木.
── 形《文語》黒檀(色)の; 漆黒の.

e・bul・lience [ibʌ́liəns, ibúl-] 名 [U]《格式》元気旺盛(な),はつらつさ; 沸騰.

e・bul・lient [ibʌ́liənt, ibúl-] 形《格式》(元気・快活さが)あふれるような,旺盛(な)な (high-spirited); 沸騰している: She was in an *ebullient* mood. 彼女はきわめて快活な気分だった.

EC《略語》= *electronic commerce* E コマース, 電

ECB

子商取引; *E*uropean *C*ommunity 欧州共同体《欧州連合 (EU) の前身》.

ECB《略語》= *E*uropean *C*entral *B*ank 欧州中央銀行《欧州連合 (EU) の中央銀行》.

*__ec·cen·tric__ [ikséntrik] 形 **1**（人・行為が）風変わりな，奇妙な，常軌を逸した: an *eccentric* old gentleman 風変わりな老紳士 / *eccentric* conduct 奇行.

2（2つの円・軌道などが）中心を異にする (↔ concentric); 偏心の.

— 名 Ⓒ 変人，奇人．

ec·cen·tri·cal·ly [-kəli] 副 常軌を逸して．

ec·cen·tric·i·ty [èksentrísəti] 名（複 **ec·centric·i·ties** [~z]）Ⓤ風変わり，常軌を逸していること; Ⓒ風変わりな言行，奇行，奇癖．

ec·cle·si·as·tic [ikli:ziǽstik] 名 Ⓒ《格式》（キリスト教の）牧師，聖職者．

— 形 = ECCLESIASTICAL (↓).

ec·cle·si·as·ti·cal [ikli:ziǽstikəl] 形 [通例，限定的用法] キリスト教会［聖職者］の [に関係のある].

ECG《略語》= *e*lectro*c*ardio*g*ram 心電図; *e*lectro*c*ardio*g*raph 心電計．

ech·e·lon [éʃəlɑn / -lɔn] 名 **1** Ⓒ（命令系統・組織の）階層，階級．**2** Ⓤ Ⓒ 軍（歩兵・飛行機・船・戦車などの）梯形(ていけい)編成，梯列（はしご状配列）．

‡**ech·o** [ékou] 名（複 **ech·oes** [~z]）**1** Ⓒ こだま，反響，やまびこ: an *echo* from the wall of rock [inside the cave] 岩壁［洞穴の中］から聞こえるこだま．**2** Ⓤ Ⓒ 反響，反応; 影響: An *echo* of the Beatles is to be found in his music. 彼の音楽にはビートルズの影響が見られる．

3 Ⓒ 模倣; 模倣する人，模倣物: He has no ideas of his own; he is just his father's *echo*. 彼は自分自身の考えを持たず，父親のまねをしているだけだ．

— 動 ⾃ 反響する，こだまする; （音が）鳴り響く: The hall *echoed* with their laughter. ホールに彼らの笑い声が鳴り響いた．

— 他 **1**《音》を反響させる: The hills *echoed* the bangs of fireworks. 花火の音が丘にこだました．

2〈人の言葉〉をまねる，繰り返す (repeat): He *echoed* his opponent in calling for lower taxes. 彼はライバルをまねて減税を要求した．

Ech·o [ékou] 名《ギ神話》エコー《森の精. 恋がかなわず，悲しみの果てにやせ衰えた》．

é·clair [eikléər]【フランス】名 Ⓒ エクレア《細長いシュークリームにチョコレートをかけた菓子》．

é·clat [eiklɑ́:]【フランス】名 **1** Ⓤ 大成功，大喝采(かっさい)．

ec·lec·tic [ekléktik] 形 **1**（さまざまな学説・手法などから）取捨選択した，一方に偏らない．**2** 折衷主義の，折衷的な．

— 名 Ⓒ《格式》折衷主義者．

ec·lec·ti·cism [ekléktəsizəm] 名 Ⓤ 折衷主義．

e·clipse [iklíps] 名 **1** Ⓒ《天文》（太陽・月の）食; 食の継続時間: a solar [lunar] *eclipse* 日［月］食 / a total [partial] *eclipse* 皆既［部分］食．

2 Ⓒ Ⓤ（名誉・栄光・権威などの）失墜，衰退: There has been an *eclipse* in his reputation. 彼の名声にもかげりが見え始めた．

■ **in eclipse**〈名声などが〉衰えて．

— 動 他 [しばしば受け身で] **1**〈天体が〉〈他の天体〉を食する．**2** …に影を投げる; …をかげらす: Her happiness *was* soon *eclipsed* by the bad news. その悪い知らせでたちまち彼女の幸福に影がさした．**3** …をしのぐ; …の影を薄くする: She began to feel a bit *eclipsed* by the newcomer. 彼女はその新人のせいで自分の影が少し薄くなったと感じ始めた．

e·clip·tic [iklíptik] 名 [the ~]《天文》黄道(おうどう)《地球から見た太陽の軌道》．

ec·o-「生態，環境」の意を表す: *eco*logy 生態学 / *eco*system 生態系．

ec·o·cide [í:kousàid, ék-] 名 Ⓤ 生態系［自然環境］破壊．

ec·o-friend·ly 形 環境にやさしい．

E. co·li [í: kóulai] 名 Ⓤ《医》大腸菌《◇ E. は *Escherichia* [èʃəríkiə]（大腸菌属）の略》: *E. coli* O 157 大腸菌O-157．

*__ec·o·log·i·cal__ [ì:kəlɑdʒikəl, èk- / -lɔ́dʒ-] [限定的用法] 生態学の，生態学上の; 生態上の: *ecological* destruction 環境［生態系］破壊 / the *ecological* effects of expressways 高速道路が生態系に及ぼす影響．

◆ **ecological bálance** Ⓤ 生態系の均衡．

ec·o·log·i·cal·ly [ì:kəlɑdʒikəli, èk- / -lɔ́dʒ-] 副 生態学的には; 生態学の見地から言えば．

e·col·o·gist [ikɑ́lədʒist / -kɔ́l-] 名 Ⓒ 生態学者; 環境保全論者．

*__e·col·o·gy__ [ikɑ́lədʒi / -kɔ́l-] 名 Ⓤ **1** エコロジー，生態学《生物と環境の関係を研究する》．

2 生態，環境: Pollution has a disastrous effect on the *ecology* of the region. 汚染はその地域の生態に甚大な影響を及ぼしている．

‡**ec·o·nom·ic** [èkənɑ́mik, ì:k- / -nɔ́m-]

— 形 [比較なし] **1** [限定的用法] 経済（上）の; 経済学の: *economic* growth 経済成長 / *economic* crisis 経済危機 / Japan's *economic* reforms 日本の経済改革 / *economic* theories 経済学理論 / The economist proposed a new *economic* policy. そのエコノミストが新しい経済政策を提案した．

2 利益になる，もうかる; 実利的な，（学問的に対して）実用上の: an *economic* price 採算のとれる値段．

（▷ 名 èconómics, ecónomy）

‡**ec·o·nom·i·cal** [èkənɑ́mikəl, ì:k- / -nɔ́m-] 形 **1** むだのない，経済的な: This car is more *economical* on gas. この車のほうがガソリンを食わない．

2（人が）［…を］節約［倹約］する〈*with, of*〉: His wife is an *economical* housekeeper. 彼の奥さんは家計の切り盛りがうまい / He is *economical* with his time. 彼は時間をむだにしない［うまく使う］．

（▷ 名 ecónomy）

ec·o·nom·i·cal·ly [èkənɑ́məli, ì:k- / -nɔ́m-] 副 **1** 経済的に; 節約［倹約］して．**2** [文修飾] 経済的には，経済学の見地から言えば．

‡**ec·o·nom·ics** [èkənɑ́miks, ì:k- / -nɔ́m-] 名 **1** Ⓤ [単数扱い] 経済学: home *economics* 家

科; 家政学 / My brother majors in *economics*. 兄は経済学を専攻している.
2 〖複数扱い〗経済(状態); 経済面[問題], 経済的要因 〖意味〗: Let's consider the *economics* of replacing the old machines. 古い機械を取り替えることの経済面を考えてみよう.

*e·con·o·mist [ikánəmist / ikón-] 名 © 経済学者, 経済専門家, エコノミスト.

e·con·o·mize, 《英》**e·con·o·mise** [ikánəmàiz / ikón-] 動 ⾃ […を]節約する, 〔…の〕出費を切り詰める [*on*]: *economize on* fuel 燃料を節約する.
(▷ 名 *ecónomy*)

***e·con·o·my [ikánəmi / ikón-] 名 形
── 名 (複 **e·con·o·mies** [~z]) **1** Ⓤ〖しばしば the ~〗(国家・家庭などの) 経済, 財政; Ⓒ 経済組織[機構]: national *economy* 国民経済 / household *economy* 家計 / a capitalist [free-market] *economy* 資本主義 [自由市場] 経済 / The *economy* of our country will turn for the better. わが国の経済は好転するだろう.
2 Ⓤ 倹約, 節約; Ⓒ 節約になること [行為]: *economy* of labor [time] 労力 [時間] の節約 / She tries to practice *economy* in buying groceries. 彼女は食料品を買うとき節約を心がけている / It is an *economy* to buy good quality things instead of buying bargains. 安物を買うより品質のよい品物を買うほうが節約になる.
── 形 〖限定用法〗経済的な, 安い, 徳用の: an *economy* size 徳用サイズ / *economy* cars (燃費のよい) 省エネ車 (economical cars).
(▷ 形 ècónómic, ècónómical; 動 ecónomize)
◆ **ecónomy clàss** Ⓤ (旅客機の) エコノミークラス, 普通席; 〖副詞的に〗エコノミークラスで (cf. first class ファーストクラス).

ec·o·sys·tem [í:kousìstəm, ék-] 名 © 生態系.

*ec·sta·sy [ékstəsi] 名 (複 **ec·sta·sies** [~z])
1 ⓊⒸ 有頂天, 歓喜; うっとり (した状態): He was in *ecstasies* [an *ecstasy*] of delight. 彼は喜びにわれを忘れていた.
2 Ⓒ (宗教的な) 恍惚(ｼﾞ)の境地; 法悦.
3 Ⓤ 〖E-〗 エクスタシー (幻覚作用を持つ麻薬).
■ *gèt* [*gò*, *be thrówn*] *ìnto écstasies òver* ... ...に有頂天になる; ...でわれを忘れる.

ec·stat·ic [ikstǽtik, ek-] 形 […に] 有頂天の, 大喜びの; うっとりとした [*at*, *about*, *with*].

ec·stat·i·cal·ly [ikstǽtikəli, ek-] 副 有頂天になって; うっとりと.

ECT 《略語》〖医〗= electroconvulsive *t*herapy 電気ショック療法.

Ec·ua·dor [ékwədɔ̀:r] 名 ⾮ エクアドル《南米北西部にある共和国; 首都キト (Quito)》.

ec·u·men·i·cal [èkjuménikəl / ìkju-] 形
1 全キリスト教会の. **2** キリスト教宗派統一運動の.

ec·ze·ma [igzí:mə / éksimə] 名 Ⓤ 湿疹(ﾄ).

-ed [t, d, əl, id] 接尾 **1** 規則動詞に付けて過去形・過去分詞を作る. **2** 名詞に付けて「...を持った, ...の特徴を備えた」の意を表す形容詞を作る: near-sight*ed* 近眼 [近視] の / longhair*ed* 長髪の.

ed. 《略語》= *ed*ition; *ed*itor; *ed*ucation.

E·dam [í:dæm] 名 Ⓤ = **Édam chéese** エダムチーズ 《表面が赤く着色された球形のチーズ》.

Ed·die, Ed·dy [édi] 名 ⾮ エディ 《♂男性の名; Edgar, Edmund, Edward, Edwin の愛称》.

ed·dy [édi] 名 (複 **ed·dies** [~z]) Ⓒ 渦巻き.
── 動 (三単現 **ed·dies** [~z]; 過去・過分 **ed·died** [~d]; 現分 **ed·dy·ing** [~iŋ]) ⾃ (水・風・霧などが) 渦巻く, 渦巻いて流れる.

e·del·weiss [éidlvàis, -wàis] 〖ドイツ〗名 Ⓒ 〖植〗エーデルワイス 《高山植物で, 花はスイスの国花》.

E·den [í:dən] 〖原義は「喜び, 楽しみ」〗名 **1** ⾮ 〖聖〗エデンの園 (the Garden of Eden) 《最初の人類であるアダムとイブ [エバ] が住んだ楽園》.
2 Ⓒ (地上の) 楽園, 楽土 (paradise).

***edge [édʒ]
── 名 (複 **edg·es** [~iz]) Ⓒ **1** 縁(ﾁ), 端, 際(ﾜ); (町などの) はずれ: the *edge* of the cliff がけっ縁 / the *edge* of the village 村はずれ / They were playing at the water's *edge*. 彼らは水際で遊んでいた.
2 刃, 刃先; (刃の) 鋭利さ, 切れ味のよさ: a sword with two *edges* 両刃(ﾋﾞ)の剣 / My knife has a sharp *edge*. 私のナイフには鋭い刃が付いている / This sword has no *edge*. この剣は切れない.
3 […に対する] 優位, 強み, 有利(さ) [*on*, *over*] (→ hàve [gèt] *the* [an] édge on [over]).
4 [an ~] (言葉・感情などの) 鋭さ, 激しさ, (欲望などの) 強さ: Her voice had an *edge* to it. 彼女の声にはとげとげしいところがある.
■ *be on édge* いらいらしている, 気が立っている: I was *on edge* until I heard the test result. 私は検査結果を聞くまで落ち着かなかった.
hàve [*gét*] *the* [*an*] *édge on* [*òver*] ... 《口語》...より優れている, 有利である: The champion *had the edge on* his challenger. チャンピオンは挑戦者より強かった [一枚上手(ﾅﾆ)だった].
sèt ...*'s téeth on édge* → TOOTH 成句.
tàke the édge òff ... ...を和らげる, 弱くする; ...の気勢をそぐ: Money worries *took the edge off* her appetite. 金銭上の心配のために彼女は食欲がなくなった.
── 動 ⾃ 〖副詞(句)を伴って〗徐々に動く: *edge* up to ... ...へにじり寄る / I *edged* away from the crowd. 私はその群衆からそっと離れた.
── ⾷ **1** 〖副詞(句)を伴って〗...を徐々に動かす: He *edged* his chair toward me. 彼は私のほうに自分のいすをにじり寄せた.
2 (通例, 受け身で) ...を [...で] 縁取りする, ...に境をつける [*with*]: The tablecloth *was edged with* lace. そのテーブルクロスにはレースの縁取りがしてあった. **3** 《米口語》〈相手〉にわずかの差で勝つ.
■ *édge ín* ⾷ 〈言葉など〉をさしはさむ.
édge óut ⾷ 〈人〉を [地位などから] 徐々に追い出す [*of*]; ...にわずかの差で勝つ.

edge·wise [édʒwàiz], **edge·ways** [-wèiz] 副 斜めに; 横に, 横から (sideways): He moved the table *edgewise*. 彼はテーブルを横へ動かした.
■ *gèt a wórd in édgewise* 〖主に否定文で〗《口

語》(他人の話に)言葉をさしはさむ, 口を出す.

edg·ing [édʒiŋ] 图 U ヘリ〖縁(ś)〗を付けること, 縁取り; C〖衣類の〗縁飾り, 〖花壇の〗へり.

edg·y [édʒi] 形 (比較 **edg·i·er** [~ər]; 最上 **edg·i·est** [~ist])〖…に対して〗いらいらした, 怒りっぽい《*about*》.

ed·i·ble [édəbl] 形 (無毒·無害で) 食べられる, 食用に適する (→ EATABLE): an *edible* flower 食用花 / an *edible* frog 食用ガエル.

e·dict [í:dikt] 图 〖格式〗勅令, 布告; 命令.

ed·i·fi·ca·tion [èdifikéiʃən] 图 U〖格式〗(精神的·道徳的な) 教化, 啓発.

ed·i·fice [édifis] 图 C〖格式〗**1**(大きくて立派な) 建築物. **2**(複雑な) 体系, 組織.

ed·i·fy [édifài] 動 (三単現 **ed·i·fies** [~z]; 過去·過分 **ed·i·fied** [~d]; 現分 **ed·i·fy·ing** [~iŋ]) 他〖格式〗〈徳性·信仰心〉を高める, 教化〖啓発〗する.

Ed·in·burgh [édinbə̀:rə / édinbərə] 图 固 エジンバラ《英国 Scotland の首都》.

Ed·i·son [édisən] 图 固 エジソン Thomas Alva [ǽlvə] Edison《1847-1931; 米国の発明家》.

***ed·it** [édit] 動 他 **1**〈本·フィルム·データなど〉を編集する: *edit* a book 本を編集する / A new album has been *edited* by the artist. 新しいアルバムがそのアーティストによって編集された. **2** …の編集(責任)者になる.

■ *édit óut* …を編集で削る.

edit. 《略語》=*edit*ed; *edit*ion; *edit*or.

‡**e·di·tion** [idíʃən]

— 图 (複 **e·di·tions** [~z]) C **1**(本·新聞などの)版 (◇発行部数全体, またはその1冊をさす. 内容を変えず, 同一版に基づいてただ増刷した場合は printing, impression という. 《略語》ed., edit.): the first *edition* 初版 / a revised *edition* 改訂版 / an enlarged *edition* 増補版 / bring out [publish] a new *edition* 新版を発行する.

2[修飾語を伴って](印刷物の出版形態などの異なる) 版, 型: the evening *edition* 夕刊 / the 1993 *edition* 1993年版 / a paperback [hardback] *edition* ペーパーバック〖ハードカバー〗版.

‡**ed·i·tor** [édətər]

— 图 (複 **ed·i·tors** [~z]) C **1**(新聞·雑誌などの) 編集長, 編集責任者;(各部門の) 部長;(新聞などの) 論説委員 (《略語》ed., edit.): the *editor* of the New York Times ニューヨークタイムズ紙の編集長 / a general *editor* 編集主幹 / a news *editor* ニュース欄の編集長.

2(新聞·雑誌·映画などの) 編集者: a magazine *editor* 雑誌編集者.

3【コンピュータ】エディタ《文書を作成·編集するソフトウェア》.

◆ éditor in chíef C 編集長.

‡**ed·i·to·ri·al** [èditɔ́:riəl] 形〖通例, 限定用法〗

1 編集の, 編集者の: the *editorial* staff [conference] 編集部員〖会議〗 / an *editorial* policy 編集方針.

2 社説の, 論説の: an *editorial* article 社説.

— 图 C《米》(新聞などの) 社説, 論説 (《英》leader, leading article).

ed·i·to·ri·al·ize [èditɔ́:riəlàiz] 動 自《米》〖…に関して〗社説で意見を書く《*about, on*》.

ed·i·to·ri·al·ly [èditɔ́:riəli] 副 **1** 編集上, 編集者として. **2** 社説で; 社説として.

ed·i·tor·ship [édətərʃip] 图 U 編集者の地位〖権限, 職務〗.

EDT, E.D.T. 《略語》=*E*astern *D*aylight *T*ime《米》東部夏時間.

‡**ed·u·cate** [édʒəkèit / édju-]《原義は「(能力を) 導き出す」》

— 動 (三単現 **ed·u·cates** [-kèits]; 過去·過分 **ed·u·cat·ed** [-tid]; 現分 **ed·u·cat·ing** [~iŋ])

— 他 **1** [しばしば受け身で] (a) [educate + O] 〖…で〗〈人〉を教育する《*at*,《英》*in*》;〈人〉に〖…の〗教育をする《*about, in, on*》→ TEACH 類義語;〈人〉を学校に通わせる: *educate* oneself 独学する / My daughter *was educated at* [*in*] a private school. うちの娘は私立の学校で教育を受けた / Young people today should be *educated* more *in* good manners. 今の若い人たちはもっと行儀作法を教えてもらうべきだ.

(b) [educate + O + to do] …するよう〈人〉を教育する, しこむ: The teacher tried to *educate* children *to* do things themselves. その教師は子供たちに自分のことは自分でするように教えようとした.

2〈趣味など〉を育(は?)む; …を訓練する: *educate* the eye to good pictures よい絵を見る目を養う.

‡**ed·u·cat·ed** [édʒəkèitid / édju-] 形 **1** 教育を受けた, 教養のある; 訓練された: a college-*educated* person 大学で教育を受けた人 / a highly *educated* person 教養の高い人. **2**(推測が) 知識〖経験〗に基づいている: She made an *educated* guess at his success. 彼女が, 彼は成功すると見たのは経験的に妥当なことだった.

‡**ed·u·ca·tion** [èdʒəkéiʃən / èdju-]

— 图 U **1**〖時に an ~〗教育: school *education* 学校教育 / the Department [Secretary] of Education《米》教育省〖長官〗 / compulsory *education* 義務教育 / elementary [primary] *education* 初等教育 / higher *education* 高等教育 / get [have, receive] a good *education* 立派な教育を受ける.

2〖または an ~〗(教育による) 教養, 知識: a person with a classical *education* 古典の素養のある人.

3 教育学, 教授法: the faculty of *education* 教育学部.

‡**ed·u·ca·tion·al** [èdʒəkéiʃənəl / èdju-] 形

1 教育(上) の, 教育に関する: *educational* studies [methods] 教育研究〖方法〗 / *educational* expenses 教育費 / *educational* facilities 教育施設. **2** 教育的な, 有益な: an *educational* film 教育映画 / *educational* TV programs 教育的なテレビ番組.

ed·u·ca·tion·al·ist [èdʒəkéiʃənəlist / èdju-] 图 = EDUCATOR (↓).

ed·u·ca·tion·al·ly [èdʒəkéiʃənəli / èdju-] 副

ed・u・ca・tion・ist [èdʒəkéiʃənist / édju-] 名
《格式》= EDUCATOR (↓).

ed・u・ca・tive [édʒəkèitiv / édjukə-] 形 教育(上)の; 教育に役立つ: Let me give you an *educative* suggestion. 私があなたに教育上ために なる提案をしよう.

ed・u・ca・tor [édʒəkèitər / édju-] 名 C 《主に米・格式》教育者, 教師 (teacher); 教育学者.

e・duce [idjú:s / idjú:s] 動 他 《格式》1〈潜在能力〉を引き出す. 2〈データ・情報から〉〈結論〉を引き出す, 推論する; 演繹(注)する (deduce) [*from*].

ed・u・tain・ment [èdʒətéinmənt / édju-] 名 U エデュテイメント《娯楽性のある視聴覚教育用ソフトウェア》(◇ *edu*cation と enter*tainment* の合成語).

Ed・ward [édwərd] 名 固 エドワード (◇男性の名; 〈愛称〉Ed, Eddie, Ned, Ted など).

Ed・ward・i・an [edwá:rdiən, -wɔ́:d-] 形 エドワード7世時代 (1901-10) の.

-ee [i:] 接尾 1 動詞に付けて「…される人」の意を表す名詞を作る: employ*ee* 従業員 / examin*ee* 受験者, 被験者. 2 動詞・形容詞・名詞に付けて「…する人」「…の状態にある人」「…と関係のある人」の意を表す名詞を作る: absent*ee* 欠席者 / refug*ee* 難民. 3「…の小さいもの」の意を表す名詞を作る: boot*ee* 幼児用の毛糸の靴. 4「…に似ているもの, …を連想させるもの」の意を表す名詞を作る: goat*ee* ヤギひげ.

EEC, E.E.C. 《略語》= *E*uropean *E*conomic *C*ommunity 欧州経済共同体.

eek [í:k] 間 《口語・こっけい》うぇーっ, ひゃーっ (◇驚きや恐怖を表す).

eel [í:l] 名 C 【魚】ウナギ; (アナゴ・ハモなど) ウナギに似た魚: an electric *eel* 電気ウナギ.
■ (*as*) *slíppery as an éel* ぬるぬるしてつかみにくい; とらえどころがない; 〈人が〉扱いにくい.

e'en [í:n] 動 〈詩語〉= EVEN¹.

-eer [iər] 接尾 名詞に付けて「…する人」「…を扱う人, …の関係者」の意を表す名詞を作る(◇時に軽蔑的な意味を持つこともある): engin*eer* 技師 / mountain*eer* 登山者 / profit*eer* 暴利をむさぼる者 / racket*eer* 脅迫者.

ee・rie, ee・ry [íəri] 形 (比較 *ee・ri・er* [~ər]; 最上 *ee・ri・est* [~ist]) 気味の悪い, ぞっとする: an *eerie* silence 不気味な沈黙.

ee・ri・ly [íərili] 副 気味悪く.

ef・face [iféis] 動 他 《格式》〈文字など〉を消す; 〈いやな記憶・印象など〉を消し去る.
■ *efface onesèlf* 目立たないようにする.

***ef・fect** [ifékt]
— 名 (複 **ef・fects** [ifékts]) 1 C U […への] 効果, 影響 [*on, upon*]; 〈薬などの〉効き目: an adverse *effect* 逆効果 / the greenhouse *effect* 温室効果 / a side *effect* 副作用 / The medicine had no *effect*. その薬は効かなかった / A cup of tea has a refreshing *effect*. 1杯の紅茶は元気を回復させる効果がある / The *effects* of acid rain *on* the lakes and forests are unknown. 酸性雨が湖や森にどんな影響を与えるかはわかっていない.
2 C U 結果 (↔ cause) (→ RESULT 類義語): We must not take the *effect* for the cause. 結果と原因を取り違えてはならない / His goodwill produced an *effect* opposite to his intention. 彼の好意は意図に反する結果を生じた.
3 C U (絵画・劇などが観客に与える) 印象, 感じ; (通例 ~s) (音響・映像などの) 効果: sound *effects* 音響効果 / special *effects* 特殊効果 / The general *effect* of the play was shocking. その劇の全体的な印象は衝撃的であった.
4 (~s) 所有物, 個人財産; 動産: personal *effects* 私財, 身の回り品.
■ *brìng* [*càrry, pùt*] ... *into efféct* 〈計画など〉を実行する, 実施する: The plan was *put into effect*. その計画は実行された.
còme [*gò*] *into efféct* 〈法律などが〉実施される, 発効する.
for efféct 劇的効果のために; 見せかけだけで: He paused for a moment *for effect*. 彼は効果をねらってちょっと言葉を切った.
gìve efféct to ... 〈法律・規則など〉を実施する, 施行する.
in efféct 1 〈法律・規則などが〉有効な, 実施中で: The law is still *in effect*. その法律はまだ効力がある. 2 実際には, 事実上: *In effect*, our opinions differed very little. 実質的には私たちの意見に相違はほとんどなかった.
of nó efféct むだで, 無効で.
tàke efféct 〈法律などが〉発効する; 〈薬などが〉効く, 効果を表す.
to góod efféct 有効に, 効果的に: He used his free time *to good effect*. 彼は自由時間を有効に使った.
to nó [*lìttle*] *efféct* まったく [ほとんど] 効果なく: He gave her a warning but *to no effect*. 彼は彼女に警告したが, むだだった.
to the efféct that ... …という趣旨 [意味] の.
to thís [*thát*] *efféct* この [その] ような趣旨 [意味] の.
with efféct 有効に, 効果的に; 実施されて: spend money *with effect* 金を有効に使う.
— 動 他 《格式》(結果として) …を引き起こす; 〈目的など〉を果たす, 達成する: *effect* a change 変化をもたらす.

***ef・fec・tive** [iféktiv]
— 形 1 […に] 効果的な, 有効な [*in*]; 〈薬などが〉 […に] 効き目のある [*against*]; 印象的な (◇ effective が「効果を期待できる」の意であるのに対して, effectual は「事後から見て効き目のあった」の意): an *effective* speech 印象的なスピーチ / This medicine is *effective against* influenza. この薬はインフルエンザに効く / The government should take *effective* measures to end the depression. 政府は不況を終わらせる有効な手段を講じるべきだ.
2 [比較なし; 叙述用法]〈法律などが〉有効な, 効力のある: The new law becomes *effective* on October 1. 新しい法律は10月1日から効力を発する.
3 [比較なし; 限定用法] 実際の, 事実上の; (兵力な

ef·fec·tive·ly [iféktivli] 副 **1** 有効に, 効果的に: communicate *effectively* 効果的に伝達する. **2** [文修飾] 実際[事実]上(は) (in effect): He is, *effectively*, the leader of the team. 彼は事実上そのチームのリーダーです.

ef·fec·tive·ness [iféktivnəs] 名 U 有効(性), 効果: Some doctors are doubtful about the *effectiveness* of the new medicine. 医師の中には新薬の効果を疑っている者もいる.

ef·fec·tu·al [iféktʃuəl] 形《格式》(方法・言行などがあとから見て) 効果的な, 有効な (→ EFFECTIVE); (法律・協定などが) 有効な, 効力を有する (valid): take *effectual* measures 有効な手段を講じる.

ef·fec·tu·al·ly [iféktʃuəli] 副 効果的に; 実際に.

ef·fec·tu·ate [iféktʃuèit] 動 他《格式》〈目的・行為などを〉成し遂げる, 達成する; …を引き起こす, もたらす.

ef·fem·i·na·cy [ifémənəsi] 名 U《軽蔑》優柔不断, 柔弱.

ef·fem·i·nate [ifémənət] 形《軽蔑》(言動が) 男らしくない.

ef·fer·vesce [èfərvés] 動 自 **1** (炭酸水などが) 泡立つ; (ガスなどが) 気泡となって出る. **2** (人が) [...で] 陽気になる, 興奮する [with].

ef·fer·ves·cence [èfərvésəns] 名 U (炭酸水などの) 泡立ち; 興奮.

ef·fer·ves·cent [èfərvésənt] 形 (炭酸水などが) 泡立つ; 興奮した, 活気のある.

ef·fete [ifíːt] 形《格式》精力[活気]の衰えた, 退廃的な: an *effete* man 元気のない男.

ef·fi·ca·cious [èfikéiʃəs] 形《格式》(治療・薬などが) 効き目のある, 有効な (effective).

ef·fi·ca·cy [éfikəsi] 名 U《格式》(薬などの) 効き目.

‡ef·fi·cien·cy [ifíʃənsi] 名 U **1** 能率(のよさ); 有能さ: an *efficiency* pay 能力[能率]給 / increase [improve, promote] *efficiency* 能率を上げる / decrease [lower] *efficiency* 能率を下げる / The man worked with great *efficiency*. その男は非常に能率よく作業した. **2** (機械などの) 効率. (▷形 efficient)

‡ef·fi·cient [ifíʃənt] 形 **1** (人が) […に] 有能な, 能力のある (capable), 腕の立つ (skillful) [at, in]: an *efficient* doctor 熟練医師 / My secretary is *efficient* in her job. 私の秘書は仕事がよくできます. **2** (道具・方法などが) 能率的な; 効率のよい: *efficient* methods 能率的な方法 / The new machine is much more *efficient* than the old one. 新しい機械は古いのよりずっと能率的です.

ef·fi·cient·ly [ifíʃəntli] 副 能率[効果]的に; 有能に.

ef·fi·gy [éfidʒi] 名 (複 **ef·fi·gies** [~z]) C **1** (人の) 画像, 影像, 肖像 (figure, portrait): *effigies* of Buddha 仏像. **2** (のろうための) 人形(誌).

■ *búrn* [*háng*] *... in éffigy* …の人形を焼く [絞首刑にする] (◇憎しみ・怒りなどを公然と示すため).

ef·flo·res·cence [èflərésəns] 名 U《文語》花盛り(の状態), 開花(期); (文芸などの) 隆盛(期).

ef·flu·ence [éfluəns] 名 **1** U (液体・電気・磁気などの) 放出, 流出, 発散. **2** C 放出[流出, 発散]物; 放射[流出]物.

ef·flu·ent [éfluənt] 名 **1** U C 工場排水, 廃液; (原子力発電所の) 放射性廃棄物. **2** C (河川・湖・沼などからの) 流水.

***ef·fort** [éfərt]

— 名 (複 **ef·forts** [éfərts]) **1** U C […しようとする / …に対しての] 努力, 奮闘 [to do / at] (→ 類義語): a collaborative [joint] *effort* 力を合わせた努力 / All his *efforts* to pass the exam failed in the end. = All his *efforts* at passing the exam failed in the end. 試験に受かるための彼のあらゆる努力は結局むだになった. **2** [an ~] ひと苦労, 骨の折れること, 困難な試み: It was a real *effort* to stay awake in the lecture. その講演で眠らないでいるのはひと苦労だった. **3** C 労作, 努力の成果: This picture is her latest *effort*. この絵は彼女の最近の労作です.

■ *in an* [*óne's*] *éffort to dó* …しようと努力して, …しようと努力するあまり.

màke an éffort = *màke éfforts* […するように] 努力する [*to do*]: *make* a useless [vain] *effort* むだな努力をする / You should *make an effort to* improve your handwriting. あなたは字をきれいに書くように努力しなければならない.

withòut éffort 苦労せずに, 楽に.

【類義語】 **effort, attempt, endeavor, exertion, pains**

共通する意味▶努力 (the active use of energy to do something)

effort は「目標を達成するための精神的・肉体的な努力」の意: They made frantic *efforts* to save her. 彼らは彼女を救おうと必死の努力をした. **attempt** は「企て, 試み」の意. 努力を始めることを意味し, 失敗に終わることが多い: He made an *attempt* to stop smoking. 彼は禁煙を試みた. **endeavor** は困難な目的を達成するための「苦労を要する努力」の意: She made every *endeavor* to ease her patients of pain. 彼女は患者の苦痛を和らげようとあらゆる努力をした. **exertion** は「精神力・体力を激しく使って努力すること」の意: It took a great deal of *exertion* to remove the huge rock. その巨大な岩を取り除くためには大変な努力が必要だった. **pains** は困難や抵抗を前にしての「骨折り, 苦労」を意味する: She took great *pains* to persuade him to go to the doctor. 彼女は医者へ行くよう彼を説得するのに大変苦労した.

ef·fort·less [éfərtləs] 形 努力を必要としない(ような), 容易な (easy); (演技などが) 自然で無理のない: His performance looks *effortless*. 彼は演技を楽々とこなしているようだ.

ef·fort·less·ly [éfərtləsli] 副 努力せずに, 楽々と.

ef·fron·ter·y [ifrʌ́ntəri] [名] (複 **ef·fron·ter·ies** [～z]) 《格式》 **1** [U] ずうずうしさ, 厚かましさ.
2 [C] [しばしば複数形で] 厚顔無恥な言動.

ef·fu·sion [ifjú:ʒən] [名] 《格式》 **1** [U] (血液・ガスなどの) 流出; [C] 流出物. **2** [U] [C] 《軽蔑》 大げさな感情表現.

ef·fu·sive [ifjú:siv] [形] 《しばしば軽蔑》 (言動が) 大げさな, むやみに感情を表す.
ef·fu·sive·ly [～li] [副] 大げさに, 感情的に.

EFL 《略語》 = *E*nglish as a *f*oreign *l*anguage 外国語としての英語 (cf. ESL 第2言語としての英語).

***e.g.** [ì:dʒí:] (☆ [fərigzǽmpl / -zɑ́:m-] とも読む) 【ラテン】 《略語》 たとえば (for example) (◇主に文章に用いる): There are some large cities in the United States: *e.g.* New York, Los Angeles, and Chicago. 米国にはいくつかの大都市がある. たとえばニューヨークやロサンゼルスやシカゴである.

e·gal·i·tar·i·an [igæ̀litéəriən] [形] 平等主義の.
— [名] [C] 平等主義の人.

e·gal·i·tar·i·an·ism [igæ̀litéəriənìzəm] [名] [U] 平等主義.

***egg**[1] [ég]
— [名] (複 **eggs** [～z]) [C] **1** 卵; 鶏卵 ([関連語] roe 魚卵, はらこ / spawn (魚・カエル・貝などの) 卵 / shell (卵の) 殻 / white 白身 / yolk 黄身): a raw *egg* 生卵 (◇欧米には卵を生で食べる習慣はない) / a hard-boiled [soft-boiled] *egg* 固ゆで [半熟] 卵 / a fried [scrambled] *egg* 目玉焼き [いり卵] / hatch an *egg* 卵をかえす / sit on *eggs* (鳥が) 卵を抱く / How do you like your *eggs*? — Sunny-side up [Over, Over easy], please. 卵はどのようにいたしましょうか—片面焼き [両面焼き, 軽い両面焼き] でお願いします.

[コロケーション] 卵を…
卵を落とし卵にする: ***poach an egg***
卵をかきまぜる: ***beat*** [***whisk***] ***an egg***
卵を目玉焼きにする: ***fry an egg***
卵をゆでる: ***boil an egg***
卵を割る: ***crack*** [***break***] ***an egg***

2 = égg cèll 【生物】 卵子, 卵細胞.
3 《古風》 やつ: a good [bad] *egg* いい [悪い] やつ.
■ ***as súre as éggs is*** [***are***] ***éggs*** 《英・古風》 確かに, 間違いなく.
hàve égg on [***àll òver***] ***one's fáce*** 《口語》 (へまをして) 恥ずかしい思いをする, 面目を失う.
láy an égg 卵を生む; 《米口語》 失敗する.
pùt áll (***one's***) ***éggs in óne básket*** 《口語》 1つのことにすべてを賭(か)ける; 全財産を一事業に投じる.
◆ égg ròll [C] 春巻き (《英》 spring roll).
égg tìmer [C] ゆで卵用のタイマー.

egg[2] [動] [次の成句で]
■ ***égg ón*** [他] 〈人〉を [… するように] そそのかす, けしかける [*to do*].

egg·beat·er [égbì:tər] [名] [C] 卵の泡立て器.

egg·cup [égkʌ̀p] [名] [C] (食卓用の) ゆで卵立て.

egg·head [éghèd] [名] [C] 《口語・こっけい》 知識人, インテリ; 読書好き.

egg·nog [égnɑ̀g / -nɔ̀g] [名] [U] エッグノッグ 《卵・牛乳・砂糖をかき混ぜたものにブランデーなどを加えた飲み物. 米国では主にクリスマスや新年に飲む》.

egg·plant [égplæ̀nt / -plɑ̀:nt] [名] [C] 《米》 【植】 ナス, ナスビ (《英》 aubergine).

egg·shell [égʃèl] [名] [C] 卵の殻; 壊れやすいもの: walk on *eggshells* 用心深く行動する.

egg·whisk [éghwìsk] [名] 《英》 = EGGBEATER (↑).

***e·go** [í:gou, ég-] [名] (複 **e·gos** [～z]) [C] **1** [しばしば the ～] 自我; 【心理】 エゴ, 自己 (意識): His big *ego* made him deaf to our opinions. 彼は自我が強いので私たちの意見に耳を傾けようとしなかった.
2 自信, 自尊心 (pride); うぬぼれ.
◆ égo trìp [C] 《口語》 (自己顕示のための) 独りよがりな行為, 自分勝手.

e·go·cen·tric [ì:gouséntrik, èg-] [形] 《軽蔑》 自己中心的な, 自分本位の (selfish).

e·go·cen·tric·i·ty [ì:gousentrísəti, èg-] [名] [U] 自己中心, 自分本位.

***e·go·ism** [í:gouìzəm, ég-] [名] [U] **1** 利己主義, エゴイズム; わがまま, 自分本位 [勝手] (egotism) (↔ altruism).
2 うぬぼれ, 自負.

e·go·ist [í:gouist, ég-] [名] [C] 《通例, 軽蔑》 利己主義者; 自分本位 [勝手] な人 (↔ altruist).

e·go·is·tic [ì:gouístik, ègou-], **e·go·is·ti·cal** [-kəl] [形] 利己主義の; わがままな, 自分本位 [勝手] な (egotistic) (↔ altruistic).

e·go·tism [í:gətìzəm / ég-] [名] [U] 《通例, 軽蔑》 自己中心 [吹聴] 癖 《1人称の代名詞 I, my, me をしきりに使う》; わがまま, 自分本位 [勝手] (egoism); うぬぼれ.

e·go·tist [í:gətist / ég-] [名] [C] 《通例, 軽蔑》 自分本位の [勝手な] 人; うぬぼれ屋, 目立ちたがり屋.

e·go·tis·tic [ì:gətístik / èg-], **e·go·tis·ti·cal** [-kəl] [形] 利己的な; わがままな, 自分本位 [勝手] な (egoistic).

e·gre·gious [igrí:dʒəs] [形] [通例, 限定用法] 《格式》 (言動などが) とんでもない, 実にひどい: an *egregious* error ひどい誤り.

e·gress [í:gres] [名] [U] 【法】 退出の権利 (↔ ingress).

e·gret [í:grit] [名] [C] 【鳥】 シラサギ; シラサギの羽毛, (婦人帽などの) 羽飾り.

***E·gypt** [í:dʒipt] [名] [固] エジプト 《アフリカ北東部にある共和国; 首都カイロ (Cairo)》.

E·gyp·tian [idʒípʃən] [形] エジプト (人, 語) の.
— [名] **1** [C] エジプト人.
2 [U] 古代エジプト語.

eh [éi, é / éi] [間] 《口語》 えっ, なんですって, そうじゃないか (◇通例, 上昇調で驚き・疑いを表し, 相手に同意・繰り返しを促す): Another helping, *eh*? えっ, またおかわり? / We have a lot in common, *eh*! 私たちは共通点がずいぶんあるじゃないですか.

ei·der·down [áidərdàun] [名] **1** [U] ケワタガモの胸の綿毛. **2** [C] (ケワタガモの綿毛の) 羽根布団.

Éif·fel Tówer [áifəl-] [名] [固] [the ～] エッフェル塔 《パリにある鉄塔. 1889年完成. 高さ320m》.

eight [éit] 名形

— 名 (複 **eights** [éits]) **1** Ⓤ (基数の) 8 (→ NUMBER 表). **2** Ⓒ 8を表す記号 (8, viii, VIII など). **3** [代名詞的に;複数扱い] 8つ, 8個, 8人. **4** Ⓤ 8時, 8分; 8歳; 8ドル[セント, ポンド, ペンスなど]; 8フィート, 8インチ. **5** Ⓒ 8つ[8個, 8人]ひと組のもの;《スポーツ》エイト《8本オールのボート,およびその競技・選手》. **6** Ⓒ《トランプ》8の札.
— 形 **1** [限定用法] 8の, 8個の, 8人の.
2 [叙述用法] 8歳で.

eight·een [èitíːn] 名形

— 名 (複 **eight·eens** [~z]) **1** Ⓤ (基数の) 18 (→ NUMBER 表). **2** Ⓒ 18を表す記号 (18, xviii, XVIII など). **3** [代名詞的に; 複数扱い] 18個, 18人. **4** Ⓤ 18時, 18分; 18歳; 18ドル[セント, ポンド, ペンスなど]; 18フィート, 18インチ. **5** Ⓒ 18個[人]ひと組のもの.
— 形 **1** [限定用法] 18の, 18個の, 18人の.
2 [叙述用法] 18歳で.

eight·eenth [èitíːnθ] 形名 (◇ 18th ともつづる; → NUMBER 表)

— 形 **1** [通例 the ~] 18番目の, 第18の; 18位の. **2** 18分の1の (→ FOURTH 形 **2**).
— 名 (複 **eight·eenths** [~s]) **1** Ⓤ [通例 the ~] 18番目の人[もの]. **2** Ⓤ [通例 the ~] (月の) 18日 (→ FOURTH 名 **2**).
3 Ⓒ 18分の1 (→ FOURTH 名 **3** 語法).

eighth [éitθ] 形名 (◇ 8th ともつづる; → NUMBER 表)

— 形 **1** [通例 the ~] 8番目の, 第8の; 8位の. **2** 8分の1の (→ FOURTH 形 **2**).
— 名 (複 **eighths** [~s]) **1** Ⓤ [通例 the ~] 8番目の人[もの]. **2** Ⓤ [通例 the ~] (月の) 8日 (於) (→ FOURTH 名 **2**). **3** Ⓒ 8分の1 (→ FOURTH 名 **3** 語法).
◆ **éighth nòte** Ⓒ 《米》【音楽】八分音符 (《英》quaver).

eight·i·eth [éitiiθ] (◇ 80th ともつづる; → NUMBER 表) 形名 **1** [通例 the ~] 80番目の, 第80の; 80位の. **2** 80分の1の (→ FOURTH 形 **2**).
— 名 (複 **eight·i·eths** [~s]) **1** Ⓤ [通例 the ~] 80番目の人[もの].
2 Ⓒ 80分の1 (→ FOURTH 名 **3** 語法).

eight·y [éiti] 名形

— 名 (複 **eight·ies** [~z]) **1** Ⓤ (基数の) 80 (→ NUMBER 表). **2** Ⓒ 80を表す記号 (80, LXXX など). **3** [代名詞的に; 複数扱い] 80個, 80人. **4** Ⓤ 80分; 80歳; 80ドル[セント, ポンド, ペンスなど]; 80フィート, 80インチ. **5** Ⓒ 80個[人]ひと組のもの. **6** [one's eighties] 80歳代; [the eighties] (世紀の) 80年代, (特に) 1980年代.
— 形 **1** [限定用法] 80の, 80個の, 80人の.
2 [叙述用法] 80歳で.

Ein·stein [áinstain] 名 固 アインシュタイン **Albert Einstein** 《1879-1955; ドイツ生まれの米国の理論物理学者. 相対性理論を提唱》.

Eir·e [éərə] 名 固 エール (◇アイルランドのゲール語名. アイルランド共和国の旧称).

Ei·sen·how·er [áizənhàuər] 名 固 アイゼンハワー **Dwight** [dwáit] **David Eisenhower** 《1890-1969; 米国の軍人・政治家; → PRESIDENT 表》.

eis·tedd·fod [aistéðvɒd/ -stédfəd] 名 **eis·tedd·fods** [~z], **eis·tedd·fod·au** [~ai]) Ⓒ アイステズボド《英国 Wales で毎年催される芸術祭》.

ei·ther [íːðər / áiðə] 形代接

— 形 [単数可算名詞の前に付けて] **1** (2つ[2人]のうちの) どちらか (一方) の: *Either* person must stay in the office to take telephone calls. どちらか一方がオフィスに残って電話を受けなければならない / Will you lend me *either* book? 本をどちらか貸してくれませんか.
2 (a) どちらの…でも: *Either* day suits me fine. どちらの日も私には好都合です / *Either* one of the candidates will win the election. どちらの候補者も (2人とも) 当選するだろう (◇通例 one を省略し, either は不定代名詞とするのが一般的). (b) [side, end などの語を伴って] 両方の, どちらの…も (◇ both や each を用いるほうが一般的): You can see trees on *either* side of the river nowadays. 今では川の両岸に木を見ることができる. (c) [否定文で] どちらの…も (…ない) (◇全面否定を表す): I don't belong to *either* group. 私はどちらのグループにも属していない.
【語法】(1) either の否定形は neither を用いても表せる. 前の文を neither を用いて書きかえると I belong to *neither* group. となる. either が主語の位置にある場合の否定は neither を用いる: *Neither* day is good for me. どちらの日も私には都合が悪い.
(2) 部分否定は not (…) both の形で表す (→ BOTH 形 **2**): I don't belong to *both* groups. 私は両方のグループに属しているわけではない.
■ *èither wáy* **1** どちらのしかたでも: You can construe the passage *either way*. その文章はどちらにも解釈できる. **2** どちらにしても, どのみち: *Either way*, he'll have to quit. いずれにせよ, 彼は辞めなければならないだろう.
— 代 [不定代名詞] **1** (a) どちらでも; どちらか一方: *Either* will do. どちらでもいいです / *Either* must go. どちらかが行かなければならない / You can take *either* of the presents. どちらのプレゼントを取ってもよい / *Either* of you may accept the trophy for the team. あなたたちのどちらかがチームを代表してトロフィーを受け取ってよい (◇否定文には neither を用いる (→ 形 語法 (1)).
【語法】(1) either は通例, 単数扱いだが, 「either of + 複数名詞 [代名詞]」が主語になると, (《口語》) では複数扱いのときもある: *Either* of the interpretations is [are] possible. それらの解釈はどちらも可能である.
(2) 「3つ [3人] 以上のうちどれでも」という意味では any を用いる: *Any* of these coats will suit you perfectly. これらの (3つ以上の) コートはどれもあなたにぴったり合うでしょう.
(b) [否定文で] どちらも…ない (◇全面否定を表す): I

ejaculate — **elbow**

cannot accept *either* of the offers. その申し出はどちらも受け入れられない / I don't like *either*. どちらも好きではない (=I like neither.) (◇部分否定は not ... both: I do*n't* like *both*. 両方が好きなのではない).

2 [疑問文・否定文で] (2つ [2人] のうちの) どちらか: Have you seen *either* of the girls? その少女たちのどちらかを見ましたか.

──副 **1** [先行の否定文を受けて] …もまた(…ない) (◇後続の文の内容を否定する. また, either の前のコンマは付けても付けなくてもよい): I don't understand Greek, and I don't understand Latin, *either*. 私はギリシャ語がわからないし, ラテン語もわからない / I have never been to England. ─ I haven't, *either*. 私はイギリスに行ったことがない──僕もないです.

[語法] (1) 前の文は neither を使って書きかえられるが, 語順が変わることに注意 (→ NEITHER 副 [語法]): *Neither* have I. また 《口語》では Me *neither*. と言うこともできる.
(2) 肯定の場合は too, also, as well, so などを用いる: I like cats. ─ I like them, *too* [*So do I*]. 私は猫が好きです──僕も好きです.

2 [肯定文を受けて] それも, しかも (…ではない) (◇後続の文の内容を否定する): I owe him a debt, and *not* a small one, *either*. 私は彼に負債があるが, それも少なくない負債だ.

──接 **1** [either ... or ∼] …か (または) ∼か, どちらか一方: *Either* Tom *or* Ben will come. トムかベンか, どちらかが来るだろう / His statement must be *either* true *or* false. 彼の陳述は真実か虚偽か, どちらかであるに違いない / You must *either* obey my orders *or* (else) leave me. あなたは私の命令に従うか私のもとを去るか, どちらかにしなければならない.

[語法] (1) either ... or ∼ において, ... と ∼ には通例, 文法的に対等な働きをする語句が入る.
(2) either ... or ∼ が主語の場合, 動詞は通例∼に一致させる: *Either* you *or* I am to go. あなたか私か, どちらかが行かなければならない.
(3) 《口語》では選択肢が3つの場合, either A, (or) B, or C の形式をとる: You can get into the city *either* by train, (*or*) by bus, *or* by boat. 市内には電車, バス, 船で入ることができます.

2 [not either ... or ∼] …も∼も (…ない) (◇全面否定を表す): I do*n't* want to eat *either* this *or* that. 私はこれもあれも食べたくない.

[語法] (1) neither ... nor ∼ の形でも全面否定を表せる (→ NEITHER 接).
(2) not both A and B は 「A と B の両方が…というわけではない」 の意で, 部分否定を表す (→ BOTH 形 **2**).

e·jac·u·late [idʒǽkjəlèit / -kju-] 動 ⓔ **1** 《生理》〈精液を〉射出する. **2** 《古風》(驚いて) …と突然叫ぶ [言う]. ── ⓘ 《生理》射精する.

e·jac·u·la·tion [idʒækjəléiʃən / -kju-] 名 ⓤ ⓒ **1** 《生理》射精. **2** 《古風》突然の叫び, 絶叫.

e·ject [idʒékt] 動 ⓔ **1** 〈人〉を […から] 追い出す, 立ち退かせる [*from*]. **2** 〈ものを〉 […から] 取り出す [*from*]; 〈液体・気体などを〉排出 [噴出] する: *eject* a tape *from* the VCR ビデオからテープを取り出す. ── ⓘ [航空機から] 緊急脱出する [*from*].

e·jec·tion [idʒékʃən] 名 ⓤ ⓒ **1** 追い出し; 取り出し. **2** 排出, 噴出; 排出 [噴出] 物.
◆ ejéction sèat 《主に米》(航空機などの緊急脱出用の) 飛び出し座席 (《主に英》ejector seat).

e·jec·tor [idʒéktər] 名 ⓒ 放出 [排出] 装置.
◆ ejéctor sèat 《主に英》=ejection seat (↑).

eke [íːk] 動 [次の成句で]
■ **éke óut** 他 **1** …の不足を […で] 補う [*with, by*]: The refugees *eked out* their coal *by* collecting firewood. 難民たちはたき木を集めて石炭不足をしのいだ. **2** 何とかやりくりして〈生計〉を立てる: *eke out* a living 何とか生計を立てる.

EKG 《略語》《米》= electrocardiogram 心電図; electrocardiograph 心電計.

el [él] 名 ⓒ [通例, 単数形で] 《米口語》高架鉄道 (◇ *el*evated railroad の略).

*＊**e·lab·o·rate** [ilǽbərət] 形 **1** 苦心 [苦労] して仕上げた; 手の込んだ; 精巧な; 複雑な: an *elaborate* design 凝(こ)ったデザイン. **2** 入念な, 周到な: *elaborate* preparations 周到な準備.
── [ilǽbərèit] 動 ⓔ …を苦心して仕上げる, 念入り [精巧] に作り上げる; 〈計画・文章など〉を練る, 推敲(すいこう)する: We *elaborated* our plans. 私たちは計画を練った. ── ⓘ […について] 詳しく述べる [*on, upon*]: Don't *elaborate on* the matter; just tell me the bare facts. その問題について事細かな説明はいいから, ただ事実だけを話しなさい.

e·lab·o·rate·ly [ilǽbərətli] 副 念入りに, 苦心して; 精巧に.

e·lab·o·ra·tion [ilæbəréiʃən] 名 ⓤ 苦心して作ること, 入念さ; 推敲(すいこう); 詳述; ⓒ 苦心の作品.

é·lan [eilɑ́ːn / -lɔ́ŋ] 名 ⓤ 《文語》活力, 元気, 熱意: with *élan* 意気込んで.

e·land [íːlənd] 名 (複 **e·lands** [-ləndz], **e·land**) ⓒ 《動物》エランド 《アフリカ産の大型のレイヨウ》.

e·lapse [ilǽps] 動 ⓘ 《進行形不可》《格式》〈時が〉たつ, 経過する (pass, go by): Time *elapses*. 時は過ぎ行く.

*＊**e·las·tic** [ilǽstik] 形 **1** 弾力性のある, 伸縮性のある (◇ 《すぐに元の形に戻る場合に用いる; cf. flexible 曲げられる》): an *elastic* string ゴムひも.
2 (規則・考え方などが) 融通 [順応] 性のある: *elastic* rules and regulations 融通の利く規則.
── 名 **1** ⓤ ゴムひも; ゴム入り生地: a piece of *elastic* ゴムひも1本. **2** ⓒ 《英》= elástic bánd 輪ゴム (《米》rubber band).

e·las·tic·i·ty [ilæstísəti, iːlæs-] 名 ⓤ 弾力 (性), 伸縮性; 融通性, 順応性.

e·lat·ed [iléitid] 形 […で] 意気揚々の, 得意満面の [*at, by*].

e·la·tion [iléiʃən] 名 ⓤ 大得意, 上機嫌.

*＊**el·bow** [élbou] 名 ⓒ **1** (腕の) ひじ (→ ARM¹ 図); (衣服の) ひじの部分, (いすの) ひじ掛け: She sat with her *elbows* on the table. 彼女はひじを机に両ひじをついて座っていた / His jacket has worn through at the *elbows*. 彼の上着はひじがすり切れていた. **2** ひじ管 《L字形をした鉛 [土] 管で継ぎ手として用いる》.

elbowroom

■ **at ...'s élbow** = **at the élbow of ...** …のすぐ近くに, 手近に: I keep the book *at my elbow*. 私はその本を座右に置いている.

gèt the élbow《英口語》(人に)縁を切られる, 絶交される; 解雇される.

give ... the élbow《口語》〈人〉と縁を切る;〈人〉を解雇する.

―― 動 他 **1**〈人〉をひじ打ちする. **2**〈人〉をひじで押しのける[突く]: *elbow* one's way through the crowd 人込みをひじで押し分けて行く / *elbow* oneself into ... 人をひじで押し分けて…の中へ入る / She *elbowed* me aside [out of the way]. 彼女は私をひじで押しのけた.

el·bow·room [élbourù:m] 名 U (体を自由に動かせる) 場所, 空間, 余裕.

‡eld·er¹ [éldər] 形 名

―― 形 《◇ old の比較級》[通例, 限定的用法] **1**《主に英》(兄弟・姉妹の関係で) **年上の**, 年長の(《米》older) (↔ younger): This is my *elder* brother [sister]. こちらが私の兄[姉]です.

語法 (1) elder, eldest は主に《家族関係の年齢を比べるときに用いる. また than を用いた比較構文に用いることはできない.

(2) 英米では特に必要がない限り兄[姉], 弟[妹] の区別をせず, 単に brother, sister と言う.

2 [the ~](同名の人と区別して) 年上の, 年取ったほうの: the *elder* Tyler = Tyler the *elder* 父親[兄] のタイラー. **3** 古参の, 長老の: *elder* statesmen 長老政治家.

―― 名 **1** [one's ~](2人のうちの) 年上の人; [one's ~s] 年長者, 先輩: He is my *elder* by twelve years. 彼は私よりひと回り(12歳) 年上です / She has great respect for her *elders*. 彼女は先輩たちに対して非常な尊敬を抱いている.

2 C 元老, (教会などの) 長老.

el·der² 名 C 《植》ニワトコ(の木).

el·der·ber·ry [éldərbèri / -dəbəri] 名(複 el·der·ber·ries [~z]) C 《植》ニワトコの実.

‡eld·er·ly [éldərli] 形 年配の, 熟年の, お年寄りの

《◇しばしば old の婉曲表現となる; → OLD **類義語**》; [the ~; 名詞的に; 複数扱い] 年配者層: an *elderly* lady 年配の女性 / Be kind to the *elderly*. お年寄りには親切にしなさい.

‡eld·est [éldist] 形 名

―― 形 《◇ old の最上級》[限定的用法]《格式》(兄弟・姉妹の関係で) **一番年上の**, 最年長の(《◇一般にはoldest が普通; ↔ youngest): my *eldest* brother [sister] 私の一番上の兄[姉].

―― 名 [the ~] 最年長者.

El Do·ra·do [èl dərɑ́:dou]【スペイン】名(複 **El Do·ra·dos** [~z]) **1** 固 エルドラド《16世紀に南米にあるとされた黄金郷》. **2** [しばしば el d-](一般に) 黄金郷, 宝の山, 理想郷.

‡e·lect [ilékt] 動 形 名

―― 動 (三単現 **e·lects** [iléks]; 過去・過分 **e·lect·ed** [~id]; 現分 **e·lect·ing** [~iŋ])

―― 他 **1** (a) [**elect + O**]（複数の候補者の中から）…を**選ぶ**, 選出する(→ CHOOSE **類義語**): Each group of students were asked to *elect* a leader. 各班の学生は班長を選ぶように求められた. (b) [**elect + O (+ as) + C**]〈人〉を…(の役職など)に**選ぶ**, 指名する: We *elected* Kurt (*as*) captain of our team. 私たちはチームのキャプテンにカートを選んだ(◇補語となる身分・役職名には通例, 冠詞を付けない). (c) [**elect + O + to ...**]〈人〉を…(の役職など)に**選出する**: Ms. Adams was *elected to* Parliament last year. アダムズさんは去年 (の選挙で) 国会議員に選ばれた.
(d) [**elect + O + to do**]〈人〉を…してもらうために選ぶ.

2《格式》[…することを] 選ぶ,［…することに] する, 決める [*to do*]: Workers *elected to* go on strike. 労働者はストライキに入ることを決めた.

―― 自 選択する, 選ぶ.

―― 形 [名詞のあとに付けて] 当選した, 指名された (がまだ職務についていない): the governor *elect* 次期知事, 知事当選者.

―― 名 C [the ~] **1**【神学】神に選ばれた人.
2 特権[エリート] 階級.

‡e·lec·tion [ilékʃən]

―― 名(複 **e·lec·tions** [~z]) U C **1** […を選ぶ] **選挙** [*for*], (選挙で) 選ぶ[選ばれる] こと; 選出; […への] 当選 [*to*]: a presidential *election* 大統領選挙 / a general [local] *election* 総[地方] 選挙 / an *election* campaign 選挙運動 / There is an *election for* President every four years in the United States. アメリカでは4年に1度大統領選挙がある.

コロケーション 選挙を [に] ...
選挙を行う: **hold an election**
選挙に勝つ: **win** [**carry**] **an election**
選挙に負ける: **lose an election**
選挙に立候補する: **run** [**stand**] **for election**

2 選ぶ[選ばれる] こと.

◆ **Eléction Dày** U《米》国民選挙日(General Election Day)《11月の第1月曜日の翌日の火曜日. 4年に1度, 正副大統領選の選挙人を選ぶ日》.

e·lec·tion·eer·ing [ilèkʃəníəriŋ] 名 U 選挙運動 (をすること).

e·lec·tive [iléktiv] 形《格式》**1** 選挙の, 選挙で選ばれた. **2** [通例, 限定的用法] 選挙権を持つ. **3**《米》(科目・課程などが) 選択制の, 必修でない(《英》optional) (↔ required, obligatory): an *elective* subject 選択科目. **4** (治療・手術などが緊急を要しない) 患者が選べる.

―― 名 C《米》選択科目.

e·lec·tor [iléktər] 名 C **1** 選挙人, 有権者 (voter). **2**《米》大統領 [副大統領] 選挙人(→ PRESIDENT **解説**).

e·lec·tor·al [iléktərəl] 形 [限定的用法] 選挙(人) の, 有権者の: the *electoral* roll 選挙人名簿 / an *electoral* district 選挙区.

◆ **eléctoral cóllege** [the ~; 単数・複数扱い]《米》大統領 [副大統領] 選挙人団(→ PRESIDENT **解説**).

e·lec·tor·ate [iléktərət] 名 C [しばしば the ~;

E·lec·tra [iléktrə] 名 ⓢ 【ギ神】エレクトラ《アガメムノンとクリュテムネストラの娘. 弟オレステスに母親とその情夫を殺させ, 父親のあだを討つ》.
◆ Eléctra còmplex [the ~] 【精神】エレクトラコンプレックス《娘が父親に対して無意識に抱く愛慕と母親への憎悪; cf. Oedipus complex エディプスコンプレックス》.

***e·lec·tric** [iléktrik]
— 形 **1** [限定用法] 電気で動く, 電動の (cf. electrical 電気に関する): an *electric* fan 扇風機 / an *electric* heater [《英》fire] 電熱器, 電気ストーブ / an *electric* razor 電気カミソリ.
2 [限定用法] 電気の: *electric* power 電力 / *electric* current 電流.
3 興奮した, 感動した: an *electric* performance はらはらさせる演技. (▷ 名 elèctricity)
◆ eléctric blánket C 電気毛布.
eléctric cháir C 電気いす《死刑執行に使う》; [the ~] 電気いすによる処刑.
eléctric éel C 【魚】電気ウナギ.
eléctric éye C 《口語》光電池 (photoelectric cell); 電子センサー.
eléctric guitár C エレキギター.
eléctric shóck C 感電.

*‡**e·lec·tri·cal** [iléktrikəl] 形 《通例, 限定用法》
1 電気に関する, 電気の: *electrical* engineering 電気工学 / *electrical* fault 電気(回路)の故障.
2 電気を用いた: *electrical* appliances 電化製品.
e·lec·tri·cal·ly [iléktrikəli] 副 電気を用いて, 電気によって.
e·lec·tri·cian [ilèktríʃən] 名 C 電気技術者, 電工.

***e·lec·tric·i·ty** [ilèktrísəti] 《☆アクセントに注意》
— 名 U **1** 電気, 電流, 電力: static *electricity* 静電気 / turn on [off] the *electricity* 電源を入れる[切る] / generate *electricity* 電気を起こす, 発電する / This robot runs on [by] *electricity*. このロボットは電気で動く. **2** (集団の中にみなぎる) 緊張感, 強い感動 [興奮]. (▷ 形 eléctric)

e·lec·tri·fi·ca·tion [ilèktrifikéiʃən] 名 U 帯電; 感電; (鉄道などの) 電化.
e·lec·tri·fy [iléktrifài] 動 (三単現 **e·lec·tri·fies** [~z]; 過去・過分 **e·lec·tri·fied** [~d]; 現分 **e·lec·tri·fy·ing** [~iŋ]) 他 **1** …に帯電させる, 電流を流す; 〈人〉を感電させる. **2** …を電化する, …に電気を引く: This area wasn't *electrified* until 1948. この地域は1948年まで電気が引かれていなかった.
3 …を興奮させる, 刺激する: an *electrifying* performance すばらしい演奏 [演技] / His speech *electrified* the audience. 彼のスピーチは聴衆を感動させた.

e·lec·tro- [ilektrou] 結合 「電気, 電気分解」の意を表す: *electro*chemical 電気化学の / *electro*magnet 電磁石.
e·lec·tro·car·di·o·gram [ilèktroukɑ́:rdiəgræm] 名 C 【医】心電図 (cardiogram) 《略語》 ECG, 《米》EKG).
e·lec·tro·car·di·o·graph [ilèktroukɑ́:rdiəgræf / -grɑ̀:f] 名 C 【医】心電計 (cardiograph) 《略語》ECG, 《米》EKG).
e·lec·tro·chem·i·cal [ilèktroukémikəl] 形 電気化学の.
e·lec·tro·cute [iléktrəkjù:t] 動 他 《通例, 受け身で》 …を感電死させる; 〈人〉を (電気いすで) 処刑する.
e·lec·tro·cu·tion [ilèktrəkjú:ʃən] 名 U 感電死; 電気いすによる処刑.
e·lec·trode [iléktroud] 名 C 《しばしば~s》【電】電極.
e·lec·tro·en·ceph·a·lo·gram [ilèktrouinséfələgræm] 名 C 【医】脳波図 《略語》EEG).
e·lec·tro·en·ceph·a·lo·graph [ilèktrouinséfələgræf / -grɑ̀:f] 名 C 【医】脳波計, 脳波記録器 《略語》EEG).
e·lec·trol·y·sis [ilèktráləsis / -trɔ́l-] 名 U
1 【物理・化】電気分解, 電解. **2** 【医】(むだ毛・腫瘍(しゅ)などを取り除く) 電気分解療法.
e·lec·tro·lyte [iléktrəlàit] 名 U C 【物理・化】電解液; 電解質.
e·lec·tro·mag·net [ilèktroumǽgnit] 名 C 電磁石.
e·lec·tro·mag·net·ic [ilèktroumægnétik] 形 電磁石の, 電磁気の: *electromagnetic* waves 電磁波.
e·lec·tro·mag·net·ism [ilèktroumǽgnətìzəm] 名 U 電磁気 (学).
*‡**e·lec·tron** [iléktrɑn / -trɔn] 名 C 【物理・化】電子, エレクトロン.
◆ eléctron mìcroscope C 電子顕微鏡.

*‡**e·lec·tron·ic** [ilèktránik / -trɔ́n-] 形
1 電子工学の, エレクトロニクスの: an *electronic* engineer 電子工学の技術者.
2 電子の: *electronic* circuits 電子回路.
3 電子の働きによる: an *electronic* book 電子ブック / an *electronic* organ 電子オルガン.
◆ electrónic bánking U 電子バンキング.
electrónic bráin C 電子頭脳.
electrónic bùlletin bòard C (電子)掲示板.
electrónic cómmerce U Eコマース, 電子商取引 《インターネットによる商取引; 《略語》 EC》.
electrónic enginéering U 電子工学.
electrónic líbrary C 電子図書館.
electrónic máil U Eメール (email).
electrónic músic U 電子音楽.
electrónic públishing U 電子出版.
*‡**e·lec·tron·ics** [ilèktrániks / -trɔ́n-] 名 U 電子工学, エレクトロニクス.
e·lec·tro·plate [iléktrəplèit] 動 他 《通例, 受け身で》 …を電気めっきする.
e·lec·tro·ther·a·py [ilèktrəθèrəpi] 名 U 【医】電気療法.
el·e·gance [éligəns] 名 U **1** 優雅, 上品, 気品, 優美. **2** (考え方・書き方などの) 簡潔さ, 正確さ.
*‡**el·e·gant** [éligənt] 形 **1** 優雅な, 上品な: *elegant* clothes 洗練された服 / You do look *elegant* today. きょうは上品に決まっていますね.
2 (推論・思考などが) 簡潔な, (問題解決などが) 手ぎ

el·e·gant·ly [～li] 副 優雅に; 手ぎわよく.
el·e·gi·ac [èlidʒáiæk] 形《文語》哀歌(調)の; 挽歌(ばん)(形式)の; 悲哀[哀愁]に満ちた.
el·e·gy [éladʒi] 名 (複 **el·e·gies** [～z]) C 悲歌, 哀歌; (死者を悼む)哀歌[挽歌(ばん)](調)の詩.

‡el·e·ment [éləmənt]

【基本的意味は「(物事の)基本的要素 (a basic part of a whole)」】

— 名 (複 **el·e·ments** [-mənts]) **1** C **要素**, 成分: an important *element* of the job その仕事の重要な要素.
2 C [しばしば～s; 単数扱い](集団の)**構成分子**: the left-wing *elements* 左翼分子 / discontented *elements* 不満分子 / criminal *elements* 犯罪分子.
3 [an ～] 幾分[の…], […の]傾向[*of*]: There is an *element* of comedy. ちょっと喜劇という感じだね.
4 C [化] 元素: Radium is one of the radioactive *elements*. ラジウムは放射性元素の1つです.
5 C (電熱器などの)抵抗線, 電熱線. **6** [the ～s] 自然の力[猛威], 暴風雨: be exposed to the *elements* 風雨にさらされる. **7** [the ～s] 初歩, 基本, (学問の)原理.
■ *be in one's élement* 得意である, 本領を発揮できる: He *is in his element* when talking about movies. 映画の話を出すと彼は本領を発揮する.
be òut of one's élement 不得意である, 本領を発揮できない.

*el·e·men·tal [èliméntal] 形《通例, 限定用法》
1 基本的な, 本質的な; 【化】元素の: an *elemental* concept 基本的な概念. **2** 自然力の, 手に負えない, 恐るべき.

‡el·e·men·ta·ry [èliméntari] 形 初歩の, 基本の, 初等の (↔ advanced): *elementary* education 初等教育 / He made an *elementary* mistake. 彼は初歩的なミスを犯した.
◆ **eleméntary párticle** C【物理】素粒子.
eleméntary schòol C《米》小学校(《英》primary school)(◇現在では grade school のほうが一般的; → SCHOOL 表).

‡el·e·phant [éləfənt]

— 名 (複 **el·e·phants** [-fənts]) C 象《米国共和党の象徴. 民主党の象徴は donkey (ロバ)》《関連語》ivory 象牙 / trunk 象の鼻 / tusk きば): African [Indian] *elephants* アフリカ[インド]象 / a bull [cow] *elephant* 雄[雌]の象 / a herd of *elephants* 象の群れ / a rogue *elephant* (群れから離れた)凶暴な象 / *Elephants* never forget. 《ことわざ》象は決して忘れない[記憶力がよい].
el·e·phan·tine [èləfǽntin / -tain] 形《格式》巨象のような; 巨大で不器用な: *elephantine* movements そのそとした動作.

*el·e·vate [éləvèit] 動 他《格式》**1**〈心・精神などを高める, 向上させる: Reading good books would *elevate* your mind. よい本を読めば精神が高揚しますよ. **2**〈ものを〉上げる; 持ち上げる;〈視線〉を上げる;〈声など〉を高くする, 張り上げる.
3 …を[…に] 昇進させる; …の地位を高める[*to*].

*el·e·vat·ed [éləvèitid] 形 **1**(地面・基準面より)高くしてある, 高い;(鉄道などが)高架の. **2** 気高い, 高尚な;(地位などが)高い: *elevated* thoughts 格調高い思想. **3**(意識・気分が)高揚した.
◆ **élevated ráilroad** C 高架鉄道(《米口語》el, L).

el·e·va·tion [èləvéiʃən] 名 **1** U《格式》高めること; 昇進, (地位などの)向上; 意気の高揚: His sudden *elevation* to the vice-president surprised everyone. 彼の突然の副社長昇進にはだれもが驚いた. **2** U《格式》(思考・文体などの)気高さ, 高尚さ. **3** C《格式》小高い所 (hill). **4** U [または an ～]海抜, 標高: Mt. McKinley is 6,194 meters in *elevation*. マッキンリー山は標高6,194メートルである. **5** C【建】正面図; 立面図.
6 C (銃などを向ける)角度.

‡el·e·va·tor [éləvèitər]

— 名 (複 **el·e·va·tors** [～z]) C **1**《米》**エレベーター**(《英》lift)(→ DEPARTMENT [PICTURE BOX]): a freight [service] *elevator* 貨物[業務]用エレベーター / take [step into] an *elevator* エレベーターに乗る[乗り込む] / go up to the 60th floor by an express *elevator* 直行エレベーターで60階まで上る. **2**【航空】(飛行機の後尾にある)昇降舵(だ)(→ AIRCRAFT 図). **3** (穀物などの)つり上げ機[装置]. **4** 大穀物倉庫.

‡e·lev·en [ilévən] 名 形

— 名 (複 **e·lev·ens** [～z]) **1** U (基数の)**11** (→ NUMBER 表). **2** C 11を表す記号 (11, xi, XI など). **3** [代名詞的に; 複数扱い] 11個, 11人. **4** U 11時, 11分; 11歳; 11ドル[セント, ポンド, ペンスなど]; 11フィート, 11インチ. **5** C 11個[11人] ひと組のもの; [単数・複数扱い](アメリカンフットボール・サッカー・クリケットなどの)11人のチーム, イレブン. **6** [the E-] (十二使徒からユダを除いた)キリストの十一使徒.
— 形 **1**《限定用法》**11の**, 11個の, 11人の.
2《叙述用法》11歳で.
e·lev·ens·es [ilévənziz] 名 U 《通例, 単数扱い》《英口語》午前11時頃にとる軽食[紅茶](→ TEA ◆背景).

‡e·lev·enth [ilévənθ] 形 名 (◇ 11th ともつづる; → NUMBER 表)

— 形 **1**《通例 the ～》**11番目の**, 第11の; 11位の. **2** 11分の1の (→ FOURTH 形 **2**).
■ *at the eléventh hóur* 終わり間際に, ぎりぎりのところで.
— 名 (複 **e·lev·enths** [～s]) **1** U《通例 the ～》11番目の人[もの].
2 U《通例 the ～》(月の)**11日** (→ FOURTH 名 **2**).
3 C 11分の1 (→ FOURTH 名 **3** 語法).
elf [élf] 名 (複 **elves** [élvz]) C エルフ, 小妖精(ぷり)《山地に住み, 人にいたずらをする》.
elf·in [élfin] 形《文語》**1** 小妖精(ぷり)の(ような).
2 (小妖精のような) 魅力を持った, かわいい.

e・lic・it [ilísit] 動 他 〈事実・情報〉を […から] 引き[聞き] 出す [*from*].

el・i・gi・bil・i・ty [èlidʒəbíləti] 名 U 適格 (性), 適任 (性); 被選挙資格.

*__el・i・gi・ble__ [élidʒəbl] 形 **1** […に] 選ばれるのにふさわしい, 適格の [*for*]; […する] 資格がある, […するのに] 適任の [*to do*]: I think he is *eligible for* promotion [*to be promoted*] to section chief. 彼は課長に昇進するのにふさわしいと私は思う / You are not *eligible to* drive until you are 18 years old. 18歳になるまでは車を運転する資格がない. **2** 結婚相手として望ましい.

‡**e・lim・i・nate** [ilímənèit] 動 他 **1** …を […から] 除く, 除去 [排除] する [*from*]: *eliminate* the possibility of failure 失敗の可能性を排除する / She tries to *eliminate* high-calorie foods *from* her diet. 彼女は高カロリーの食品を食べないようにしている. **2** [通例, 受け身で] 【スポーツ】【競技から】…を敗退させる [*from*]; 〈相手〉を負かす: I *was eliminated from* the tennis tournament in the first round. 私はテニスのトーナメントの1回戦で敗退した. **3** 《口語》…を (残忍に) 殺す, 「消す」.

e・lim・i・na・tion [ilìmənéiʃən] 名 U C 取り除くこと, 除去, 排除; 【スポーツ】 敗退; 【数学】 消去 (法): the *elimination* of all the suspicions すべての疑惑の払拭(ふっしょく) / an *elimination* tournament 勝ち抜き戦, トーナメント.

El・i・ot [éliət] 名 固 エリオット. **1** George Eliot 《1819-80; 英国の女流小説家. 本名 Mary Ann Evans [évənz]》. **2** Thomas Stearns [stəːrnz] Eliot 《1888-1965; 米国生まれの英国の詩人・批評家》.

e・lite [ilíːt, ei-] 【フランス】 名 C [通例 the 〜; 集合的に; しばしば複数扱い] 《時に軽蔑》エリート(集団), (社会集団の中の) えり抜きの人々. (比較) 日本語の「エリート」のように個人をささない)

e・lit・ism [ilíːtizəm, ei-] 名 U 《時に軽蔑》エリート [精鋭] (養成) 主義; エリート意識.

e・lit・ist [ilíːtist, ei-] 名 C 《時に軽蔑》エリート主義者.
— 形 エリート (主義) の: an *elitist* school エリート校.

e・lix・ir [ilíksər] 名 C 《文語》不老長寿の薬 (◇ the elixir of life とも言う); 万能 [特効] 薬.

E・li・za [iláizə, əl-] 名 固 イライザ (◇女性の名; Elizabeth の愛称).

E・liz・a・beth [ilízəbəθ, əl-] 名 固 **1** エリザベス (◇女性の名;《愛称》Bess, Beth, Betty, Eliza, Liz など). **2** エリザベス1世 Elizabeth I [-ðə fáːrst] 《1533-1603; 英国の女王》. **3** エリザベス2世 Elizabeth II [-ðə sékənd] 《1926-; 英国の現女王 (1952-)》.

E・liz・a・be・than [ilìzəbíːθən] 形 [通例, 限定用法] エリザベス1世時代の: *Elizabethan* drama エリザベス朝の演劇.
— 名 C エリザベス1世時代の人 [詩人, 劇作家].

elk [élk] 名 (複 elk, elks [〜s]) C 【動物】 ヘラジカ 《北欧・アジア産の大型のシカ》;《米》moose.

El・len [élən] 名 固 エレン (◇女性の名; Helen の別称).

e・lipse [ilíps] 名 C 【幾何】 長円, 楕(だ)円.

el・lip・sis [ilípsis] 名 (複 **el・lip・ses** [-siːz]) U C **1** 【文法】省略 (◇文脈から了解可能な部分を省き, 文を簡潔にすること: Though (he was) told to stop, he kept on walking. 止まれと言われたのに, 彼は歩き続けた) (→ 文法).
2 【印刷】省略符号 (―, ..., ***など).

el・lip・tic [ilíptik], **el・lip・ti・cal** [-kəl] 形
1 【幾何】長円 (形) の, 楕(だ)円 (形) の.
2 【文法】 省略 (法) の.

el・lip・ti・cal・ly [-kəli] 副 長円 [楕円] 形に; 省略して.

elm [élm] 名 C 【植】 ニレ (の木); U ニレ材.

文法 省略(ellipsis)・挿入(insertion)・同格(apposition)

【省略】

■ 重複を避けるための省略

何が省略されているのかが文脈からわかる場合は, その語句を省略することがあります.

Tom is sixteen and his sister (is) twenty. (トムは16歳で彼の姉は20歳です)

I got three apples while he got five (apples). (私は3つ, 彼は5つリンゴを買った)

I met her once, but I forget where (I met her).
(私は彼女に一度会ったことがあるが, どこで会ったか思い出せない)

■ 慣用的な省略

副詞節中の主語が主節の主語と一致しているとき, 副詞節中の「主語+be動詞」はしばしば省略されます.

When (he is) happy, he always hums. (彼は楽しいときにはいつも鼻歌を歌う)

【挿入】

説明を加えるために文中に語または語句をはさむことを挿入と言います. 挿入する語句は通例, 前後にコンマを付けて区切ります.

I had, indeed, a good time in Rome. (私は確かにローマで楽しい時を過ごした)

She is, as it were, an angel. (彼女はいわば天使のような人です)

【同格】

名詞・代名詞のあとに, それを説明する語句を並べて置くことを同格と言います.

I respect Bill, captain of our team.
└─── 同格 ───┘
(私はチームの主将であるビルを尊敬している)

The news that he was safe pleased us.
└─── 同格 ───┘
(彼が無事だという知らせは私たちを喜ばせた)

El Ni·ño [el níːnjou]《スペイン》名(複 **El Ni·ños** [~z]) UC《気象》エルニーニョ《ペルー沖の海水温の上昇現象. 異常気象の原因とされる》.

el·o·cu·tion [èləkjúːʃən] 名 U 演説法, 雄弁術; 朗読法, 発声法.

el·o·cu·tion·ar·y [èləkjúːʃənèri / -nəri] 形 演説法(上)の; 朗読[発声]法(上)の.

el·o·cu·tion·ist [èləkjúːʃənist] 名 C 演説法の専門家[教師]; 発声[朗読]法の教師; 雄弁家.

e·lon·gate [iláːŋgeit / íːlɔŋgèit] 動〈もの〉を長くする, 引き伸ばす(lengthen).
— 自 長くなる, 伸びる.

e·lon·ga·tion [iláːŋgéiʃən / ìːlɔŋ-] 名
1 U〈ものを〉伸ばすこと, 延長. **2** C 延長線[部].

e·lope [ilóup, əl-] 動 自 (男女が) 駆け落ちする; (男性または女性が)〔…と〕駆け落ちする〔with〕.

e·lope·ment [ilóupmənt] 名 UC 駆け落ち; 逃亡.

*****el·o·quence** [éləkwəns] (☆ アクセントに注意) 名 U 雄弁 (をふるうこと); 雄弁術; 修辞法.

*****el·o·quent** [éləkwənt] (☆ アクセントに注意) 形
1 雄弁な; (演説・文章などが) 人の心を動かす, 説得力のある: an *eloquent* speaker 雄弁家 / an *eloquent* speech 説得力のある演説.
2 (顔・言動などが) 表情豊かな;〔…を〕よく表す〔*of*〕: His face was *eloquent of* his distrust. 彼の顔は不信感に満ちていた.
el·o·quent·ly [~li] 副 雄弁に; 表情豊かに.

El·sa [élsə] 名 固 エルサ《◇女性の名》.

El Sal·va·dor [el sǽlvədɔ̀ːr] 名 固 エルサルバドル《中米にある共和国; 首都サンサンバドル(San Salvador)》.

*****else** [éls] 形 副
— 形 [比較なし; 疑問代名詞・不定代名詞のあとで] **そのほかの**, それ以外の, 代わりの《◇疑問代名詞のwhichのあとにはelseを用いない》: Do you need anything *else*? ほかに何か入り用ですか / What *else* can I do for you? ほかに何か私にできることはありますか / Who *else* knows it? ほかにだれかそれを知っていますか / My father does nothing *else* than watch TV on holidays. 私の父は休日にはテレビを見る以外何もしない.

語法 (1) 不定代名詞のあとではelse's [élsiz] の形で所有格を作ることができる: somebody *else*'s shoes だれかほかの人の靴 / It must be somebody *else*'s. それはだれかほかの人のものに違いない.

(2) who elseの所有格はwho else'sのほうがwhose elseより一般的: Who *else*'s painting should it be? それがだれかほかの人の絵だとでもいうのだろうか.

— 副 [疑問副詞と no-, any-, some-, every- の付く副詞のあとで] **そのほかに**, 別に: I didn't go *anywhere else* yesterday. 私はきのうそれ以外どこにも行かなかった / There was *nowhere else* to go. ほかにどこにも行く場所がなかった / Where *else* should I look for? ほかのどこを探せというのですか.

■ **or élse** [接続詞的に] さもないと, そうでなければ (otherwise): Get up right now, *or else* you'll be late. すぐに起きなさい, そうしないと遅刻しますよ / Hands up, *or else*! 手を上げろ, さもないと(ひどい目にあうぞ)《◇警告・脅迫の気持ちを強調してorelseのあとを省略することがある》.

*****else·where** [élshwèər] 副 どこかよそで[に, へ], ほかの所で[に, へ] (somewhere else): You'll have to look *elsewhere*, if you want a cheaper apartment. もっと安いアパートがご希望でしたらどこかよそを当たるしかないですよ / Let's go *elsewhere*. どこかほかの所へ行こう / He collected those books in Europe and *elsewhere*. 彼はそれらの本をヨーロッパなどで集めた.

ELT《略語》《主に英》= English Language Teaching 英語教育(法).

e·lu·ci·date [ilúːsidèit] 動 他《格式》〈不可解な点・問題点など〉を明らかにする, 解明[説明]する.

e·lu·ci·da·tion [ilùːsidéiʃən] 名 UC《格式》解明, 説明.

e·lude [ilúːd] 動 他 **1**〈敵・危険・義務など〉を巧みに逃れる〔かわす〕: The thief *eluded* the police. どろぼうはうまく警察の手を逃れた. **2** (意味などが) …に理解できない, 〈名前などが〉思い出せない: I know her face, but her name *eludes* me. 私は彼女の顔はわかるが, 名前が思い出せない.

e·lu·sive [ilúːsiv] 形 **1** (人・動物などが) 巧みに逃げる, 捕らえにくい: an *elusive* person 所在が突き止めにくい人. **2** とらえどころのない, 理解[説明, 記憶]しにくい, なかなか思い出せない: an *elusive* word 思い出せない言葉.

elves [élvz] 名 elf の複数形.

em- [im, em] 接頭 [b-, m-, p- で始まる語の前に付けて] = EN-: *em*bed …を埋め込む / *em*ploy …を雇う.

'em [əm] 代《口語》= THEM《◇ themの短縮形. くだけた話し言葉で用いる》.

e·ma·ci·at·ed [iméiʃièitid] 形 衰弱した.

e·ma·ci·a·tion [imèiʃiéiʃən] 名 U 衰弱, やつれ.

e-mail, e·mail [íːmèil] 名 UC [時に E-] Eメール, 電子メール《◇ electronic *mail* の略》: send (an) *email* Eメールを送る.
— 動 他 …にEメールを送る.

〖参考〗 email で使う略語の例: ASAP = as soon as possible / BTW = by the way / FYI = for your information 《ご参考までに》.

em·a·nate [émənèit] 動 自 **1** (提案・指示などが)〔…から〕出る, 発する〔*from*〕: An interesting suggestion has *emanated from* the chair. 興味深い提案が議長から出された. **2** (光・熱・音などが)〔…から〕出る, 発する, 発散する〔*from*〕.

em·a·na·tion [èmənéiʃən] 名 **1** U〔…からの〕発散, 放射〔*from*〕. **2** C 発散物, 放散[放射] 物.

e·man·ci·pate [imǽnsipèit] 動 他《格式》〔支配・束縛から〕〈人〉を解放する (set free)〔*from*〕: *emancipate* … *from* poverty〈人〉を貧困から解放する.

e·man·ci·pa·tion [imæ̀nsipéiʃən] 名 U《格式》〔支配・束縛からの〕解放〔*from*〕: the *emancipation* of slaves 奴隷解放 / the *emancipation* of women 女性解放, 男女同権.

e·mas·cu·late [iméskjulèit] 動 他 [しばしば受け身で] **1** …を去勢する (castrate). **2** …を無力 [軟弱] にする;〈文章・法律など〉を骨抜きにする.

e·mas·cu·la·tion [imæ̀skjuléiʃən] 名 Ⓤ 去勢; 軟弱化; 骨抜きにすること.

em·balm [imbáːm, em-] 動 他 〈死体〉を (薬品・香油などで) 防腐処理する.

em·bank·ment [imbǽŋkmənt, em-] 名 **1** Ⓒ 堤防, 土手; Ⓤ 堤防を築くこと. **2** [the E-] エンバンクメント《London のテムズ川沿いの道路》.

em·bar·go [imbáːrgou, em-] 名 (複 **em·bar·goes** [~z]) Ⓒ 禁輸, 通商禁止;《政府による商船の》出入港禁止.
■ **lày [pùt, plàce] an embárgo on** ...〈商船など〉の出入港を禁止する;〈貿易など〉を禁止する.
── 他 …を禁輸する;〈貿易〉を禁止する;〈船舶・貨物など〉を抑留 [没収] する.

*__em·bark__ [imbáːrk, em-] 動 自 **1** 〈船・航空機などに〉乗り込む [on]; […へ向けて〉船出する, 旅立つ [for] (↔ disembark): He *embarked* at Singapore *for* Australia. 彼はシンガポールからオーストラリアへ向けて(船で)出発した. **2** 〈事業・企画などに〉乗り出す, 着手する, 開始する [on, in]: *embark* on a new career 新しい仕事を始める.
── 他 〈乗客〉を (船・航空機などに) 乗り込ませる;〈貨物〉を積み込む.

em·bar·ka·tion [èmbɑːrkéiʃən] 名 **1** ⓊⒸ 乗船, (飛行機への) 搭乗; (貨物の) 積み込み. **2** Ⓤ 〔事業などへの〕進出, 乗り出し [on, upon].
◆ **embarkátion càrd** Ⓒ 出国(記録)カード.

em·bar·rass [imbǽrəs, em-] 動 他 〈人〉を(人前で)当惑 [困惑] させる,〈人〉にきまり悪い [恥ずかしい] 思いをさせる: The child's crying *embarrassed* his parents. 子供が泣いたので両親はきまりが悪かった.

*__em·bar·rassed__ [imbǽrəst, em-] 形 […に〕どぎまぎした, きまり悪い思いをした [about, at]: feel *embarrassed* どぎまぎする / I was *embarrassed about* forgetting his name. 私は彼の名前を思い出せなくてばつの悪い思いをした.

*__em·bar·rass·ing__ [imbǽrəsiŋ, em-] 形 (人を)どぎまぎさせる, 当惑させる, 気まずい思いをさせる; やっかいな: an *embarrassing* mistake 恥ずかしい誤り / an *embarrassing* question 相手を当惑させる質問.

em·bar·rass·ing·ly [~li] 副 当惑するほどに.

*__em·bar·rass·ment__ [imbǽrəsmənt, em-] 名 **1** Ⓤ 当惑, 困惑; (人前での) 恥ずかしさ, きまり悪さ: She flushed in *embarrassment*. 彼女は気恥ずかしさに顔を赤らめた.
2 Ⓒ 当惑させるもの [人], やっかい事.
■ **an embárrassment of ríches** ありすぎて困るほどの財産 〔いのもの・こと〕.

*__em·bas·sy__ [émbəsi] 名 (複 **em·bas·sies** [~z]) Ⓒ **1** [しばしば E-] 大使館 [関連語] ambassador 大使 / legation 公使館 (員) / minister 公使 / consulate 領事館): the American *Embassy* in Japan 在日アメリカ大使館.
2 [集合的に] 大使館員.

em·bat·tled [imbǽtld, em-] 形《格式》**1** (軍隊・町などが) 戦闘態勢を整えた. **2** 敵に包囲された. **3** 絶え間ない攻撃を受けた, 問題の多い.

em·bed [imbéd, em-] 動 (三単現 **em·beds** [-bédz]; 過去・過分 **em·bed·ded** [~id]; 現分 **em·bed·ding** [~iŋ]) 他 [通例, 受け身で] **1** 〈…に〉埋め込む, はめ込む [in]: a bullet *embedded in* the wall 壁にくい込んだ弾丸. **2** …を〔心・記憶などに〕深くとどめる, 刻み込む [in].

em·bel·lish [imbéliʃ, em-] 動 他 **1** …を […で〕(飾って) 美しくする, 飾る (decorate) [with].
2 〈話など〉を尾ひれを付けて面白くする.

em·bel·lish·ment [imbéliʃmənt, em-] 名 **1** Ⓤ 装飾すること, 潤色 (作り話で話を面白くすること). **2** Ⓒ 飾り, 装飾品.

em·ber [émbər] 名 Ⓒ [通例 ~s] **1** (まき・石炭などの) 燃えさし, 残り火. **2**《比喩》名残, 余韻.

em·bez·zle [imbézl, em-] 動 他 〈公金など〉を使い込む, 横領 [着服] する. ── 自 横領 [着服] する.

em·bez·zle·ment [imbézlmənt, em-] 名 Ⓤ 使い込み, 横領, 着服.

em·bit·ter [imbítər, em-] 動 他 [しばしば受け身で] 〈人〉につらい思いをさせる; …を憤激させる: He felt *embittered by* their criticism. 彼らに非難されて彼はつらい思いをした.

em·bla·zon [imbléizən, em-] 動 他 **1** [通例, 受け身で] …を […で〕派手に飾る [描く];〈盾・旗〉を紋章で飾る [with]. **2** …をほめる, 激賞する.

*__em·blem__ [émbləm] 名 Ⓒ **1** 象徴, 表象, 印 (しるし) (symbol): The cross is the *emblem* of Christianity. 十字架はキリスト教の象徴である.
2 記章 (badge); 標章, 紋章: the school *emblem* 校章.

em·blem·at·ic [èmbləmǽtik], **em·blem·at·i·cal** [-kəl] 形 [通例, 叙述用法]《格式》象徴的な, […を〕象徴する [of].

*__em·bod·i·ment__ [imbádimənt, em- / -bɔ́d-] 名 **1** Ⓒ (思想・性質などの) 具現, 象徴; 化身 (けしん), 権化 (ごんげ) (incarnation): She is the *embodiment* of kindness. 彼女は親切心のかたまりのような人です. **2** Ⓤ 具体化, 体現.

*__em·bod·y__ [imbádi, em- / -bɔ́di] 動 (三単現 **em·bod·ies** [~z]; 過去・過分 **em·bod·ied** [~d]; 現分 **em·bod·y·ing** [~iŋ]) 他 **1** 〈思想・感情など〉を〔芸術作品・行動などで〕具現する, 具体化する, 象徴する [in]: *embody* one's ideas in a painting 考えを絵で表現する. **2** 〈精神〉に形態 [肉体] を与え …を体現する. **3** …を含む, 包括する.

em·bold·en [imbóuldən, em-] 動 他《格式》…を大胆にする, 勇気づける;〈人〉を […するように〕励ます, 勇気づける (encourage) [to do].

em·boss [imbáːs, em-, -bɔ́ːs / -bɔ́s] 動 他 [通例, 受け身で] 〈金属・紙・革など〉に (模様・文字などの) 浮き彫りを施す [with];〈模様・文字など〉を〔金属・紙・革などに〕浮き出しにする [on].

*__em·brace__ [imbréis, em-]「em (…の中へ) + brace (両腕)」から] 動 他 **1** (愛情を込めて) …を抱きしめる, 抱擁する (hug): The two survivors *embraced* each other. 2人の生存者は互いに抱き合った. **2**《格式》〈提案・変化など〉を進んで受け入れる;〈主義・信仰など〉を奉ずる, 信じる. **3**《格式》

(物事が)…を含む, 包含する (include).
— 抱き合う: They smiled and *embraced*. 彼らはにっこり笑って抱き合った.
— 名 C 抱擁.

em·bro·ca·tion [èmbrəkéiʃən] 名 U C (筋肉痛・肩こりなどの)塗布薬 [液].

*em·broi·der** [imbrɔ́idər, em-] 動 他 **1** …を〔布などに〕刺しゅうする〔*on*〕; …に〔模様などを〕縫い込む〔*with*〕: She *embroidered* her name on the handkerchief. = She *embroidered* the handkerchief *with* her name. 彼女はハンカチに自分の名前を刺しゅうした.
2 〈物語など〉を潤色する, …に尾ひれを付ける.
— 自 刺しゅうする; 潤色する.

em·broi·der·y [imbrɔ́idəri, em-] 名 (複 **em·broi·der·ies** [~z]) **1** U C 刺しゅう (作品), 縫い取り. **2** U (話などの)潤色, 尾ひれを付けること.

em·broil [imbrɔ́il, em-] 動 他 [しばしば受け身で] …を〔口論・事件などに〕巻き込む〔*in*〕.

em·bry·o [émbriòu] 名 (複 **em·bry·os** [~z]) C **1** 胎児《人間では受胎後8週以内の生体. 以後は fetus》; [生物] 胚(は), 胚子. **2** (発達の)初期.
■ *in émbryo* 発達初期の, 未発達 [未完成] の.

em·bry·ol·o·gy [èmbriálədʒi / -ɔ́l-] 名 U 発生学; 胎生学.

em·bry·on·ic [èmbriánik / -ɔ́n-] 形 **1** 《格式》発達初期の, 未発達の. **2** 胚(は)芽の, 胎生の.

em·cee [émsí:] 名 C 《米》司会者 (《英》 compere) (◇ MC (= *master of ceremonies*) の発音つづり). — 動《米》自 他 (番組を)司会する.

e·mend [i:ménd, im-] 動 他〈文書・書籍の本文など〉を校訂する, 訂正する.

e·men·da·tion [ì:mendéiʃən] 名 U 校訂, 訂正; C [しばしば ~s] 校訂 [訂正] 箇所.

em·er·ald [émərəld] 名 **1** C エメラルド《緑色の宝石. 5月の誕生石》; → BIRTHSTONE 表). **2** U = émerald gréen エメラルド色, 鮮緑色.
— 形 **1** エメラルド (製)の, エメラルド入りの. **2** エメラルド色の, 鮮緑色の.
◆ Émerald Ísle 名 [the ~] エメラルド島 (◇ Ireland の愛称).
émerald wédding C エメラルド婚式《結婚55周年》; → WEDDING 表).

*e·merge** [imə́:rdʒ] 動 自 **1** 〔水中・暗がりなどから〕出て来る, 現れる〔*from, out of*〕(◇ come out, appear より《格式》): The diver *emerged from* the water. そのダイバーが水中から現れた.
2 〈事実・問題などが〉〔探求・調査などから〕明らかになる, 判明する〔*from*〕: The truth began to *emerge from* the investigation. 調査の結果, 真相が明らかになってきた / It *emerged* that the politician had accepted a bribe. その政治家がわいろを受け取っていたことが明らかになった.
3 〔苦境・貧困などから〕抜け出す〔*from*〕.

e·mer·gence [imə́:rdʒəns] 名 U 出現, 登場; 発生; 脱出.

‡**e·mer·gen·cy** [imə́:rdʒənsi] 名 (複 **e·mer·gen·cies** [~z]) U C **1** 緊急 [非常] 事態, 非常の場合; 突発事件; 急患: declare a state of *emergency* 非常事態を宣言する / Please ring the alarm in an *emergency* [in case of *emergency*]. 非常の場合は非常ベルを鳴らしてください. **2** [形容詞的に] 非常事態用の, 緊急の: *emergency* measures 緊急処置, 応急対策 / an *emergency* landing 緊急着陸 / an *emergency* meeting 緊急会議.
◆ emérgency bràke C 非常 (サイド) ブレーキ.
emérgency càse C 救急箱; 急患.
emérgency dòor [èxit] C 非常口.
emérgency hòspital C 救急病院.
emérgency nùmber C 緊急電話番号.
emérgency ròom C《米》救急処置 [治療] 室(《略աէ》ER) (《英》casualty).
emérgency stàirs [複数扱い] 非常階段.

e·mer·gent [imə́:rdʒənt] 形 [限定用法] **1** 現れる, 出現しつつある. **2** (国などが)新興の, 独立したばかりの.

e·mer·i·tus [imératəs] 形 [限定用法; しばしば E-; 時に名詞のあとに置いて] 名誉退職の: an *emeritus* professor = a professor *emeritus* 名誉教授.

Em·er·son [émərsən] 名 固 エマソン Ralph Waldo [rǽlf wɔ́:ldou] Emerson 《1803-82; 米国の随筆家・詩人》.

em·er·y [éməri] 名 U (研磨材に用いる) 金剛砂.
◆ émery bòard C (マニキュア用) 爪(つめ)やすり.
émery pàper U (金剛砂を用いた) 紙やすり.

e·met·ic [imétik] 形 [限定用法]《医》嘔吐(おうと)を催させる, 催吐性の. — 名 U C《医》催吐薬, 吐剤.

*em·i·grant** [émigrənt] 名 C〔自国からの / 他国への〕移民, 移住者〔*from / to*〕; [形容詞的に] (他国へ) 移動する, 移民の (cf. immigrant (他国からの) 移民): *emigrants from* Japan *to* Brazil ブラジルへの日本移民 / *emigrant* laborers 移民労働者.

em·i·grate [émigrèit] 動 自〔自国から / 他国へ〕移住する, 出稼ぎに行く〔*from / to*〕(cf. immigrate (他国から) 移住する): *emigrate from* Japan *to* Peru 日本からペルーへ移住する.

em·i·gra·tion [èmigréiʃən] 名 **1** U C (他国への) 移住, 移民 (↔ immigration). **2** U [集合的に] (他国への) 移住団. **3** U (空港などの) 出国管理.

é·mi·gré [émigrèi]《フランス》名 C (政治的迫害を逃れる) 亡命者《特にフランス革命・ロシア革命時》.

Em·i·ly [éməli] 名 固 エミリー (◇女性の名).

em·i·nence [émanəns] 名 **1** U (身分・地位の) 高いこと; (ある分野での) 名声, 著名; 卓越: a man of social *eminence* 社会的地位の高い人 / win [achieve] *eminence* in literature [as a scientist] 文学で [科学者として] 名を成す. **2** [E-] 《カトリック》猊下(げいか)《(枢機卿(すうききょう) (cardinal) の尊称》: His [Your] *Eminence* 猊下.

*em·i·nent** [éminənt] 形 **1** 〔…で / …として〕著名な, 高名な〔*for / as*〕(◇特に「ある分野で抜きんでているために著名な」の意; → FAMOUS 類義語); (地位・身分の) 高い: an *eminent* lawyer 著名な弁護士 / He is *eminent for* his learning. 彼の豊かな学識はよく知られている / She is *eminent as* a painter. 彼女は画家として名高い.
2 [通例, 限定用法] すぐれた, 卓越した, 抜きんでた: a

- **em·i·nent·ly** [émɪnəntli] 副 《格式・ほめ言葉》大いに, 著しく, 際立って.
- **e·mir** [emíər] 名 C (イスラム教国の) 首長, 王族.
- **e·mir·ate** [émərət] 名 C (イスラム教国) 首長 (emir) の地位 [管轄区域, 統治]; 首長国: the United Arab *Emirates* アラブ首長国連邦.
- **em·is·sar·y** [éməsèri / émɪsərɪ] 名 (複 em·is·sar·ies [~z]) C 使者; (特に) 密使.
- **e·mis·sion** [i(ː)míʃən] 名 1 UC (光・熱・ガスなどの) 発散, 放射; 放出, 排出. 2 C 放射 [放出, 排出] 物: *emission* control (車の) 排出ガス規制.
- **e·mit** [i(ː)mít] 動 (三単現 e·mits [i(ː)míts]; 過去・過分 e·mit·ted [~ɪd]; 現分 e·mit·ting [~ɪŋ]) 他 1 〈光・熱・音など〉を出す, 発散する. 2 〈音声など〉を発する, 口に出す: *emit* a scream 金切り声を出す.
- **Em·ma** [émə] 名 固 エマ 《◇女性の名》.
- **Em·my** [émi] 名 (複 Em·mys [~z]) C 《米》エミー賞 《米国で毎年優秀なテレビ番組・演技者などに与えられる》.
- **e·mol·li·ent** [imáliənt / -mɔ́l-] 形 《格式》(化粧品・薬品などが) (皮膚を) 柔らかにする, 荒れ止めの.
  ― 名 UC《薬》(皮膚) 軟化剤 《肌荒れ防止クリームなど》.
- **e·mol·u·ment** [imáljəmənt / imɔ́lju-] 名 C 《通例 ~s》《格式》給与; 報酬.
- ***e·mo·tion** [imóuʃən]
  ― 名 (複 e·mo·tions [~z]) 1 UC (喜怒哀楽の) 強い感情, 情緒 (feeling): a person of strong *emotions* 感情の激しい人 / an uncontrollable *emotion* 抑え切れない感情 / stir [whip] up *emotion* 感情をかき立てる / control [express] one's *emotions* 感情を抑制する [表す] / show no *emotion* 何の感情も表さない.
  2 U 感激, 感動: Those present wept with *emotion*. 出席者たちは感激で涙を流した.
- **e·mo·tion·al** [imóuʃənəl] 形 1 《限定用法》(理性に対して) 感情の, 情緒の: an *emotional* appeal 感情への訴え / an *emotional* disorder [disturbance] 情緒障害.
  2 感情的な, 感動しやすい, 情にもろい (↔ unemotional): get *emotional* easily すぐ感情的になる 《◇すぐに怒る, 泣く, 興奮するなど》.
  3 感情に訴える, 感動的な, 心を動かす (moving): an *emotional* speech [argument] 感情に訴える演説 [議論] / an *emotional* farewell 感動的な別れ.
- **e·mo·tion·al·ism** [imóuʃənəlìzəm] 名 U 感情性; 感情過多; 情にもろいこと.
- **e·mo·tion·al·ly** [imóuʃənəli] 副 感情的に, 情緒的に; 感動的に; 〔文修飾〕気分としては.
- **e·mo·tion·less** [imóuʃənləs] 形 無感動の, 感情のない: an *emotionless* face 無表情な顔.
- **e·mo·tive** [imóutɪv] 形 感情の, 情動の; (言葉などが) 感情に訴える, 感動的な.
- **em·pa·thize** [émpəθàɪz] 動 自 〔人に〕共感する [*with*].
- **em·pa·thy** [émpəθi] 名 U 《または an ~》《心理》感情移入, 〔人への〕 共感 [*with*].
- ‡**em·per·or** [émpərər] 名 C 《通例 the ~》 皇帝; 天皇 《◇女性形は empress》: His Majesty the *Emperor* 皇帝 [天皇] 陛下 / the *Emperor* Napoleon ナポレオン皇帝 / the *Emperor* Showa 昭和天皇. (▷ 形 impérial)
- ‡**em·pha·ses** [émfəsìːz] 名 emphasis の複数形.
- ‡**em·pha·sis** [émfəsɪs]
  ― 名 (複 em·pha·ses [-sìːz]) 1 UC 〔…の〕 強調; 重視, 重点 [*on, upon*]: lay [place, put] *emphasis on* ... …を強調する / The *emphasis* of his speech is *on* raising the morale of employees. 彼が演説で強調しているのは社員の士気を高めることである.
  2 U《文法》強調, 強勢 (→ INVERSION 《文法》).
  ■ *with émphasis* 強調して.
- ‡**em·pha·size**, 《英》**em·pha·sise** [émfəsàɪz] 動 他 1 〈事実・要点など〉を強調する, 力説する; [emphasize+that 節] …であると強調 [力説] する: He *emphasized* the importance of healthy eating. 彼は健康な食事の大切さを強調した. 2 〈語句〉を強めて言う, …に強勢を置く (stress): *Emphasize* this word. この語を強めて言いなさい.
- ‡**em·phat·ic** [imfǽtɪk, em-] 形 1 (言葉・身ぶりなどが) 強調された, 語気の強い; (信念・主張などが) 強い, はっきりした; 〔…を / …ということを〕 強調した [*about* / *that* 節]: answer with an *emphatic* "Yes [No]" きっぱり「はい [いいえ]」と答える / He was *emphatic* about the importance of meritocracy. 彼は能力主義の重要性を力説した / Mother is always *emphatic that* I must come home by nine. 母は私に9時までには必ず帰宅するようにいつも強く言う. 2 顕著な, 明確な; 著しい, 目立つ: an *emphatic* victory 完全な勝利.
- **em·phat·i·cal·ly** [imfǽtɪkəli, em-] 副 1 強調して, 力強く; 断固として. 2 まったく確かに.
- ‡**em·pire** [émpaɪər] 名 C 1 《しばしば E-》帝国 《emperor を元首とし, 通例 kingdom より広い多民族国家》. 《関連語》kingdom 王国 / republic 共和国》: the Roman *Empire* ローマ帝国 / the British *Empire* 大英帝国. 2 巨大企業組織: He inherited his father's publishing *empire*. 彼は父親の一大出版王国を継承した.
  ◆ **Émpire Státe** 《the ~》 帝国州 《米国 New York 州の愛称; → AMERICA 表》.
  Émpire Státe Búilding 固 《the ~》 エンパイアステートビル 《New York 市にある超高層ビル》.
- **em·pir·ic** [impírik, em-] 形 = EMPIRICAL (↓).
- **em·pir·i·cal** [impírikəl, em-] 形 1 経験的な, 実験的な, 経験 [実験] 上の. 2 (医師などが) 経験主義の, (理論より) 経験に頼る.
- **em·pir·i·cal·ly** [-kəli] 副 経験的に, 経験から.
- **em·pir·i·cism** [impírisìzəm, em-] 名 U 1 経験主義. 2《哲》経験論.
- **em·pir·i·cist** [impírisist, em-] 名 C 1 経験主義者. 2《哲》経験論者.
- **em·place·ment** [impléɪsmənt, em-] 名 C 《軍》砲床, 砲座, 銃座.

em・ploy [implói, em-] 動 名

— 動 (三単現 **em・ploys** [~z]; 過去・過分 **em・ployed** [~d]; 現分 **em・ploy・ing** [~iŋ])

— 他 **1** (a) [employ+O] 〈人〉を(…として)雇う, 雇用する (◇正社員だけでなくパートタイマーなどを「雇う」場合にも使う): She was *employed* at the bank last year. 彼女は去年その銀行で働いていた / Recently the steel industry *employs* fewer workers. 最近鉄鋼業界では雇用労働者数が減っている.
(b) [be employed+as ...] 「…として」働いている, 勤めている: She *is employed as* a secretary. 彼女は秘書として雇われている. (c) [employ+O+to do] 〈人〉を…してもらうために雇う: The company *employed* him *to* design a new car. その会社は新車のデザインをさせるために彼を雇った.

2 …を使う, 活用する (use): He *employed* his own money to start the new business. 彼は新事業を始めるために自分の金を使った.

3 [しばしば受け身で][…に] 専念させる, 従事させる [*in*]: She *was employed in* washing all day. 彼女は1日じゅう洗濯にかかりっきりだった.

— 名 [格式] U雇用. [通例, 次の成句で]

■ *in the emplóy (of ...)* (…に)雇われている.

em・ploy・a・ble [implóiəbl, em-] 形 (人が)雇用に適する, 雇用価値のある.

em・ploy・ee [implói:, em- / -plói:] 名C 従業員, 使用人, 社員, (被)雇用者 (↔ employer): a regular *employee* 正社員 / government *employees* 国家公務員 / hire [dismiss] an *employee* 従業員を雇う [解雇する].

em・ploy・er [implóiər, em-] 名C 雇い主, 使用者 (↔ employee): Our factory is the town's largest *employer*. 私たちの工場は町で一番多くの人を雇用している.

em・ploy・ment [implóimənt, em-]

— 名 (複 **em・ploy・ments** [-mənts]) **1** U 雇用, 雇う [雇われる] こと; 勤務: full-time [part-time] *employment* 常勤 [非常勤, パートタイム] / full *employment* 完全雇用 / seasonal *employment* 季節雇用 / be in [out of, without] *employment* 職について [失業して] いる.

2 U/C (雇われて給料をもらう) 仕事 (cf. occupation 職業): give [provide] *employment* 職を与える / seek [look for] *employment* 職を探す / find well-paid *employment* 給料のよい仕事を見つける. **3** U 《格式》使うこと, 使用, 利用 (use): The *employment* of the new machine saved them time and money. その新しい機械を使うことで彼らは時間と金を節約できた.

◆ employment àgency C (民間の) 職業紹介所.

em・po・ri・um [impó:riəm, em-] 名 (複 **em・po・ri・ums** [~z], **em・po・ri・a** [-riə]) C 《格式》 **1** (多種類の商品を売る) 大型店舗. **2** 商業中心地.

em・pow・er [impáuər, em-] 動 他 [しばしば受け身で] …に […する] 権限 [権力, 能力] を与える [*to do*].

*em・press [émprəs] 名 C 女帝; 皇后 (◇男性形は emperor): Her Majesty the *Empress* 女王 [皇后] 陛下 (◇通例 the E- となる).

emp・ti・ness [émptinəs] 名 U から; 空虚; 無意味.

emp・ty [émpti] 形 動 名

— 形 (比較 **emp・ti・er** [~ər]; 最上 **emp・ti・est** [~ist]) **1** [通例, 比較なし] (容器などが) **からの**, 中身のない; (建物・乗り物などが) 人のいない (↔ full); […が] ない, 欠けている [*of*] (→ 類義語): an *empty* box からの箱 / I found the fridge *empty*. 冷蔵庫はからっぽだった / That house has been *empty* for months. あの家は何か月も空き家になっている / The garden is quite *empty of* plants. 庭には草木が何ひとつ生えていない.

2 (言動などが) 口先だけの, 無意味な: *empty* promises から約束 / an *empty* threat こけおどし. **3** むなしい, 空虚な: *empty* dreams むなしい夢 / Her days have been *empty* since her husband died. 夫の死後, 彼女は空虚な日々を送っている. **4** 《口語》 空腹の (hungry).

■ *on an émpty stómach* すきっ腹で, 空腹時に.

— 動 (三単現 **emp・ties** [~z]; 過去・過分 **emp・tied** [~d]; 現分 **emp・ty・ing** [~iŋ])

— 他 **1** (a) [empty+O] 〈容器など〉をからにする, あける (out): *empty out* a bottle びんをからにする / *empty* one's glass グラスを飲み干す.
(b) [empty+O+of ...] 〈容器から〉…を出してからにする: I *emptied* my pocket *of* its contents. 私はポケットの中のものを全部出した.

2 (a) [empty+O+from [out of] ...] …から取り出して〈中身〉をあける: *empty* the water *out of* a pail おけの水をあける (= *empty* a pail of the water). (b) [empty+O+into ...] 〈ものを〉…に移す: *empty* the water in the bucket *into* the sink バケツの水を流しにあける.

— 自 **1** からになる: The room will *empty* in an hour. その部屋は1時間したらあきます (◇ホテルの係の言葉). **2** (川が) […に] 注ぐ [*into*]: The Nile *empties into* the Mediterranean. ナイル川は地中海に注ぐ.

— 名 (複 **emp・ties** [~z]) C [通例, 複数形で]《口語》 空き缶, 空きびん, 空き箱; 空車.

類義語 **empty, vacant**
共通する意味▶からの (lacking the usual or proper contents)
empty は容器・乗り物・建物・場所などの中にものや人が入っていなくて「からの」の意 (↔ full): an *empty* box からの箱 / an *empty* house (家人がなくて) からっぽの家, 人のいない家. **vacant** は場所・家・部屋や職・地位などを通例, 占めるべき人がいなくて一時的に「空きの」の意 (↔ occupied): a *vacant* post 空席になっている職 / a *vacant* house 空き家, 貸家.

émp・ty・hánd・ed 形 [叙述用法] から手で, 手ぶら

emp·ty-head·ed [形]《口語》(人が)頭のからっぽな, 愚かな, ばかな.

e·mu [íːmjuː] [名] (複 **e·mus** [~z], **e·mu**) [C] [鳥] エミュー《オーストラリア産のダチョウに似た大型の鳥で, 飛べない》.

EMU 《略語》= *E*conomic and *M*onetary *U*nion (EUの)経済通貨同盟《◇通称は「欧州通貨同盟 (European Monetary Union)」》.

em·u·late [émjulèit] [動] [他]《格式》1 〈人〉を (目標・手本として)まねる, 模倣する; 〈人〉に負けまいと努力する, …と […で] 張り合う [*at*]: I can't *emulate* John *at* math. 数学ではジョンにかなわない. 2 【コンピュータ】エミュレートする, 模倣する.

em·u·la·tion [èmjuléiʃən] [名] [U] 1 模倣; 張り合い: I worked hard in *emulation* of my aunt's example. 私はおばを模範にして熱心に働いた. 2 【コンピュータ】エミュレーション《本来の環境以外でアプリケーションを動かすこと》.

e·mul·si·fy [imʌ́lsifài] [動] (三単現 **e·mul·si·fies** [~z]; 過去・過分 **e·mul·si·fied** [~d]; 現分 **e·mul·si·fy·ing** [~iŋ]) [他] …を乳状[乳剤]化する.
e·mul·si·fi·er [-fàiər] [名] [C] 乳化剤, 乳化物.

e·mul·sion [imʌ́lʃən] [名] [C][U] 1 【化・薬】乳剤, 乳状液. 2 【写】感光乳剤. 3 = emúlsion páint エマルジョンペンキ.

en [én] [名] [C] 1 N [n]の字. 2 【印刷】半角《全角 (em)の半分のスペース》.

en- [in, en] [接頭]《◇ b-, m-, p- で始まる語の前では **em-** となる》1 名詞に付けて「…の中に入れる」の意を表す動詞を作る: **en**case 箱に入れる / **en**shrine 祭る. 2 名詞・形容詞に付けて「…にする」の意を表す動詞を作る: **en**rich 豊かにする / **en**slave 奴隷にする. 3 動詞に付けて「中[内]に…する」の意を表す動詞を作る: **en**fold 抱く.

-en [ən] [接尾] 1 不規則動詞の過去分詞を作る: giv**en** / tak**en**. 2 形容詞・名詞に付けて「…にする」「…になる」の意を表す動詞を作る: hard**en** 固める / strength**en** 強める. 3 物質名詞に付けて「…製の, …から成る」の意を表す形容詞を作る: gold**en** 金の / wood**en** 木製の. 4 名詞の複数形を作る: child**ren** 子供たち / ox**en** 雄牛. 5 名詞に付けて「小さいもの」の意を表す: kitt**en** 子猫.

*****en·a·ble** [inéibl]
— [動] (三単現 **en·a·bles** [~z]; 過去・過分 **en·a·bled** [~d]; 現分 **en·a·bling** [~iŋ])
— [他] 1 [enable + O + to do] 〈人・もの〉が **…できるようにする**, …する手段[機会]を与える: Nowadays cellular phones *enable* us *to* communicate with each other at any time and place. 今日では携帯電話のおかげで, 私たちはいつでもどこでも連絡を取り合うことができる / The hard training *enabled* the dog *to* understand his master's orders. 厳しい訓練のおかげで, その犬は主人の命令を理解できるようになった. 2 《格式》〈物事〉を可能にする, 容易にする.

3 …の資格 [権限] を与える. (▷ [形] áble)

en·act [inækt] [動] [他] 1 《しばしば受け身で》…を [……で] 制定する, 規定する; [It is enacted that …] (法律で) …と規定されている. 2 〈劇など〉を上演する, 〈…の役〉を演じる《◇ act より格式ばった語》.

en·act·ment [inæktmənt] [名] 1 [U] (法律・法令の)制定, 立法. 2 [C] 法令. 3 [C] (劇の)上演.

en·am·el [inǽməl] [名] [U] 1 エナメル(塗料); ほうろう, (陶器の)上薬(うわぐすり); マニキュア液. 2 (歯の)ほうろう質. — [動] (過去・過分《英》**en·am·elled**; 現分《英》**en·am·el·ling**) [他] …にエナメルを塗る, ほうろうを付ける.

en·am·ored, 《英》**en·am·oured** [inǽmərd] [形] 〈叙述用法〉《文語》[…に] 魅せられた, 夢中になった [*of, with*].

en·camp [inkǽmp, en-] [動]《格式》[自] 野営する, キャンプする.
— [他]《通例, 受け身で》〈軍隊など〉を野営させる.

en·camp·ment [inkǽmpmənt, en-] [名] [U][C] 野営(所).

en·cap·su·late [inkǽpsəlèit, en- / -sju-] [動] [他] 〈事実・情報など〉を要約する.

en·case [inkéis, en-] [動] [他]《しばしば受け身で》…を [箱などに] 入れる; 包む [*in*].

-ence [əns] [接尾]「性質・状態・行為」を表す名詞の語尾《◇対応する形容詞語尾は -ent》: dilig**ence** 勤勉 / pres**ence** 出席.

***en·chant** [intʃænt, en- / -tʃɑ́ːnt] [動] [他]
1 [時に受け身で] 〈人〉を […で] うっとりさせる, 魅了する, 〈人〉の心を奪う [*with, by*] (→ ATTRACT [類義語]): The audience *were enchanted with* [*by*] her songs. = Her songs *enchanted* the audience. 聴衆は彼女の歌に心を奪われた. 2 《文語》…に魔法をかける.

en·chant·ed [intʃæntid, en- / -tʃɑ́ːntid] [形] 1 魅了された, うっとりした. 2 魔法にかけられた.

en·chant·er [intʃæntər, en- / -tʃɑ́ːntə] [名] [C] 魅了する[うっとりさせる]人 [もの]; 魔法使い《◇女性形は enchantress》.

en·chant·ing [intʃæntiŋ, en- / -tʃɑ́ːnt-] [形] 魅惑的な, うっとりさせる (charming, attractive).

en·chant·ment [intʃæntmənt, en- / -tʃɑ́ːnt-] [名] [U][C] 1 魅惑, 魅力, うっとりさせるの[こと]: the *enchantment*(*s*) of a big city 大都会の魅力. 2 魔法をかける[られる]こと; 魔法.

en·chant·ress [intʃæntrəs, en- / -tʃɑ́ːnt-] [名] [C] 1 魅惑的な女性. 2 魔法使いの女, 魔女.

***en·cir·cle** [insə́ːrkl, en-] [動] [他] 1 《しばしば受け身で》…を […で] 取り囲む (surround) [*by, with*]: The park *was encircled by* [*with*] trees. = Trees *encircled* the park. 公園は木で囲まれていた. 2 …の周りを回る.

en·cir·cle·ment [insə́ːrklmənt, en-] [名] [U] 囲むこと, 包囲; 1周.

en·clave [énkleiv] [名] [C] 飛び領土《他国の領土に囲まれた領土》.

***en·close** [inklóuz, en-] [動] [他] 1 《しばしば受け身で》…を [塀・壁などで] 囲む (surround) [*with, by*]: *enclose* the number *with* a circle 数字を丸で

enclosure

囲い / The garden *is enclosed with* [*by*] a high wall. 庭園は高い塀で囲まれている. **2**…を[手紙などに]同封する, 封入する [*with*]: I *enclose* [*I'm enclosing*] herewith a picture. 写真を同封します / *Enclosed*, please find a check for 150 dollars. 150ドルの小切手を同封いたしますのでお受け取りください (◇主に改まった商用文で).
(▷ 名 enclósure)

en·clo·sure [inklóuʒər, en-] 名 **1** ⓊⒸ 囲いをすること; 囲い込み. **2** Ⓒ 囲い地.

en·code [inkóud, en-] 動 他〈通信文・データなど〉を符号 [記号] 化する, コード化する; 〈普通の文を暗号に書き直す (↔ decode).

en·com·pass [inkʌ́mpəs, en-] 動 他 **1** …を取り囲む, 取り巻く, 包囲する. **2** …を含む, 包含する. **3** 〈破滅など〉をもたらす.

en·core [ɑ́ŋkɔːr / ɔ́ŋ-] 【フランス】 間 アンコール (◇再演奏などを求めるときに発する).
——名 Ⓒ アンコール (の叫び), 再演奏を求めること; アンコールに応じる演奏 [歌唱]; アンコール曲: call for an *encore* アンコールを求める.
——動 他〈演奏者など〉に〈曲〉のアンコールを求める.

‡**en·coun·ter** [inkáuntər, en-] 動 他 **1**〈危険・困難など〉にあう, 直面する; 〈敵〉に遭遇する, …と交戦する: You will *encounter* various difficulties in your lifetime. 一生の間にはさまざまな困難に直面することだろう. **2** 〈人など〉に〈偶然〉出会う, ばったり会う (come upon): She *encountered* the English couple. 彼女は思いがけなくその英国人夫妻と出会った.
——名 Ⓒ〈危険・困難・敵などとの〉遭遇, 交戦; […との] 〈偶然の〉出会い [*with*]: I've had some strange *encounters with* the fellow. 私はその男と何度か奇妙な出会い方をしている.

‡**en·cour·age** [inkə́ːridʒ / -kʌ́r-] 【「en (…にする)」+cour age (勇気)」から】
——動 (三単現 **en·cour·ages** [~iz]; 過去・過分 **en·cour·aged** [~d]; 現分 **en·cour·ag·ing** [~iŋ])
(↔ discourage)
——他 **1** (a) [encourage+O] 〈人〉を励ます, 勇気 [元気] づける: The victory *encouraged* our team. その勝利でチームはわき立った.
(b) [encourage+O+in ...] 〈人〉に…をするようさらに勇気づける, 〈人〉の…を励ます (◇「現在していることについて励ます」場合に用いる): The mayor *encouraged* the fire fighters *in* their rescue operations. 市長は救助活動中の消防士を励ました. (c) [encourage+O+to do] …するように〈人〉を励ます, 勧める (◇「これからすることについて励ます」場合に用いる): The teacher *encouraged* her students *to* ask questions. 先生は生徒たちに質問するよう促した.
2 [encourage+O+(in ...)] 〈人などの〉…を助長する, 促進する; 奨励する: The government wants to *encourage* new businesses in the provinces. 政府は地方での二ュービジネスを奨励したいと考えている.

*en·cour·age·ment [inkə́ːridʒmənt, en- / -kʌ́r-] 名 **1** Ⓤ 激励, 勇気づけること, 奨励; 助長 (↔ discouragement): Please give your son a few words of *encouragement*. どうか息子さんに励ましの言葉をかけてあげてください. **2** Ⓒ 励まし [刺激] となるもの: Her singing was an *encouragement* to elderly people. 彼女の歌は高齢者への励ましとなった.

en·cour·ag·ing [inkə́ːridʒiŋ, en- / -kʌ́r-] 形 元気づける, 励ましとなる (↔ discouraging).
en·cour·ag·ing·ly [~li] 副 激励して, 元気づけて.

en·croach [inkróutʃ, en-] 動 自 **1** 〔領土などに〕 侵入する; 〔権利・自由・時間などを〕 侵害する [*on, upon*]: *encroach on* [*upon*] …'s rights [territory] …の権利 [領土] を侵害する. **2** 〈海・川などが〉〔陸地を〕浸食する [*on, upon*]: The desert continually *encroaches* on the fertile land. 砂漠は絶え間なく耕地を浸食している.

en·croach·ment [inkróutʃmənt, en-] 名 ⓊⒸ 〔…に対する〕 侵害, 侵入; 浸食 [*on, upon*]; Ⓒ 侵害 [侵入, 浸食] 物.

en·crust [inkrʌ́st, en-] 動 他 **1** …を外皮 [から] で覆う. **2** …の表面を […で] 飾る [*with*].

en·crus·ta·tion [èŋkrʌstéiʃən] 名 **1** Ⓤ 外皮で覆う [覆われる] こと. **2** Ⓒ 外皮. **3** Ⓤ はめ込み細工; 象眼 (ぎ); 化粧張り.

en·cum·ber [inkʌ́mbər, en-] 動 他《格式》**1** 〈通例, 受け身で〉**1** …の足手まといとなる; …の〈自由な動作などを〉 […で] 妨げる [*by, with*]: I was *encumbered by* [*with*] a heavy bag. 重いバッグがじゃまだった. **2** 〈場所〉を〈じゃまなもので〉ふさぐ [*by, with*]: a room *encumbered by* [*with*] too much furniture 家具であふれている部屋. **3** 〈人〉に〈負債・債務などを〉負わせる, 〈土地などに〉抵当に入れる [*with*]: an estate *encumbered with* mortgages 抵当に入っている所有地 / I'*m encumbered with* debts. 私は借金で首が回らない.

en·cum·brance [inkʌ́mbrəns, en-] 名 Ⓒ **1** 《格式》じゃまな [余計な] もの; やっかい者, 足手まとい. **2** 《法》(財産上の) 負担 (債務など).

-en·cy [ənsi] 接尾 主に動詞に付けて「性質・状態」などを表す名詞を作る: tendency 傾向.

en·cyc·li·cal [insíklikəl, en-] 名 Ⓒ 〔カトリック〕 = encýclical lètter (教皇の) 回勅.

‡**en·cy·clo·pe·di·a**, 《英》 **en·cy·clo·pae·di·a** [insàikləpíːdiə, en-] 名 Ⓒ 百科事典, 百科全書; 専門事典.

◆ Encyclopáedia Británnica 商 [the ~] 『ブリタニカ百科事典』《最古の英語百科事典》.

en·cy·clo·pe·dic, en·cy·clo·pae·dic [insàikləpíːdik, en-] 形 百科事典 [全書] 的な; 《ほめ言葉》博学な, 知識の広い.

***end** [énd] 名
——名 (複 **ends** [éndz]) Ⓒ **1** (期間・物事の) 終わり, 最後 (の部分); (本・映画などの) 結末 (↔ beginning): from beginning to *end* 初めから終わりまで / hope for an *end* to war 戦争の終結を望む / There are sales at the *end* of the year.

年末にはバーゲンセールがある / He'll be back by the *end* of the week. 彼は週末までには戻って来るだろう / We missed the *end* of the TV program because we had a visitor. 来客があったので、そのテレビ番組の終わりの部分は見られなかった / It is hard to tell what the *end* will be. 結末がどうなるか予想は難しい.
2 《細長いものの》端, 先端; 末端; 《道路などの》つきあたり; 《町などの》はずれ: the *end* of a rope ロープの端 / the *end* car of the train 列車の最後尾の車両 / The house at the *end* of this road is vacant. この道路のつきあたりの家は空き家です.
3 《力・忍耐などの》限度, 限界 (limit); [the ~]《英口語》我慢のならないもの[人]: at the *end* of one's patience [strength] 我慢し切れなくなって[体力の限界に達して] / There is no *end* to his greed. 彼の欲望には際限がない.
4 《時に~s》目的 (purpose), 意図: to this [that] *end* この[その]目的で / achieve [accomplish] one's *ends* 目的を遂げる / The *end* justifies the means. 《ことわざ》目的は手段を正当化する; うそも方便.
5 《口語》《事業などの》部門; 受け持ち分, 役割: the sales [editorial] *end* of a publishing business 出版社の営業[編集]部門.
6 《通例, 単数形で》《婉曲》死, 最期; 死に方: meet a violent *end* 非業(ごう)の死を遂げる.
7 《しばしば~s》《口語》切れ端, 残り物: cigarette *ends* たばこの吸いがら.
■ **at an énd** 終わって, つきて.
at lóose énds 《英》 *at a lóose énd* 何もすること; 《定職》がなくて, ぶらぶらして.
at the énd of the dáy 《口語》結局のところ.
bríng ... to an énd …を終わらせる.
cóme to an énd 終わる, 終わりが来る.
cóme to the énd of ... …がつきる.
énd ón 端[先]を人の方に向けて; 端と端が触れて.
énd to énd 端と端を; くまなく.
fróm énd to énd 端から端まで; くまなく.
gó óff the déep énd 《口語》興奮する, かっとなる.
in the énd 最後に(は), ついに(は)(finally): *In the end*, he decided to accept the offer. ついに彼は申し出を受けることに決めた.
kèep [hòld] one's énd úp 《英口語》めげずに自分の役目を立派に果たす, 頑張り抜く.
màke an énd of [with] ... 《格式》…を終わらせる, 片づける.
màke (bóth) énds méet 収入内で暮らす; 収支を合わせる.
nó énd 《口語》非常に: I enjoyed myself *no end* at the concert. コンサートはとても楽しかった.
nó énd of ... 《口語》《切りがないほど》たくさんの….
on énd 1 引き続いて: It snowed three days *on end*. 3日続けて雪が降った. **2** 直立して: Her hair stood *on end* at the cruel sight. そのむごたらしい光景を見て彼女の髪は逆立った.
pùt an énd to ... …を終わらせる, 廃止する: *put an end to* war 戦争を終わらせる.
to nó énd むだに, いたずらに (in vain).
to the bítter énd ぎりぎり最後まで, 徹底して.

withòut énd 果てしなく, 際限なく.
── 動 (三単現 **ends** [éndz]; 過去・過分 **end・ed** [~id]; 現分 **end・ing** [~iŋ])
── 自 [...で / ...することで] **終わる**, 完了する [**with** / **by** *doing*] (→ 類義語): The game *ended* at about nine o'clock. その試合は9時頃終わった / The village blacksmith *ended* as mayor. 村のかじ屋は晩年には町長になった / The dinner *ended* with fruit and coffee. ディナーは最後に果物とコーヒーが出た / Kitty will *end by divorcing* her husband. キティは結局夫と離婚することになるだろう / All is well that *ends* well. 《ことわざ》終わりよければすべてよし.
── 他 《もの》を [...で / ...することで] **終える**, やめる [**with** / **by** *doing*] (↔ *begin*): We *ended* our school festival *with* dancing. 私たちは学園祭をダンスで締めくくった / I'd like to *end* my speech *by wishing* everyone present happiness and health. ご出席の皆様方のご幸福とご健康をお祈りして私のスピーチを終わらせていただきます.
句動詞 énd in ... 他 …の結果になる: His attempt at humor *ended in* failure. 彼は笑わせようとしたがうまくいかなかった.
énd óff 他 [end + O / end + O + off] …を終える: They *ended off* the reunion with a promise to meet again in two years. 彼らは2年後の再会を約束して同窓会を終えた.
énd úp 自 終わりに[...に]なる [**as**]; 最後には[...に]入ることになる [**in**]: The banker *ended up as* a thief. その銀行家はあげくの果てにどろぼうになった / He will *end up in* a hospital. 彼は最後には入院することになるだろう.
■ **énd it áll** 自殺する, 一生にけりをつける.
◆ **énd lìne** ⒞ 《スポーツ》《バスケットボールなどの》エンドライン (→ BASKETBALL [PICTURE BOX]).
énd pròduct ⒞ 最終生産物[製品]; 最終結果.
énd tàble ⒞ 《ソファーの端やいすのそばに置かれる》わきテーブル.

類義語 end, finish, complete, conclude

共通する意味 終わる, 終える (bring or come to an end)

end は「終わる, 終える」の意を表す最も一般的な語.「予定していたことを終える」ことのほか, 進行中の物事が完了するしないにかかわらず「やめる」ことも表す: Let's *end* this argument. この議論はおしまいにしよう. **finish** は着手したことを「終える, 仕上げる」の意: He *finished* the picture. 彼はその絵をかき上げた. **complete** は欠落や欠陥部分を補って「全体を完成する」の意. ただし finish と置き換え可能なことも多い: *complete* [*finish*] a house 家を完成する / This stamp *completes* my collection. この切手で私の収集は完成する. **conclude** は締めくくりの言葉や所作などによって「話・文章などを終結させる」の意: He *concluded* his speech with a prayer of thanks to God. 彼は神への感謝の祈りで演説を締めくくった.

en·dan·ger [indéindʒər, en-] 動 他 …を危険にさらす, 危険に陥れる. (▷ 名 dánger)

en·dan·gered [indéindʒərd, en-] 形 (動植物が)絶滅の危機にある: an *endangered* species 絶滅危惧(きぐ)種.

en·dear [indíər, en-] 動 他 〈人を[…に]いとしく思わせる, 慕わせる [*to*]: Her kindness *endears* her *to* everybody. = She *endears* herself *to* everybody by her kindness. 彼女は親切なのでだれからも好かれる.

en·dear·ing [indíəriŋ, en-] 形 かわいらしい, 愛らしい, 人の心を引きつける.

en·dear·ing·ly [~li] 副 かわいらしく, 愛らしく.

en·dear·ment [indíərmənt, en-] 名 **1** ⓤ 愛情, 親愛. **2** ⓒ 愛情表現, 愛撫(あいぶ).

*****en·deav·or**, 《英》**en·deav·our** [indévər, en-] 動 自 《格式》[…しようと] (真剣に)努力する [*to do*]: He always *endeavors* to be on time. 彼は常に時間を守るよう心がけている.
— 名 ⓒⓤ 《格式》[…しようとする] (真剣な)努力, 尽力 [*to do*] (→ EFFORT 類義語): The patient made every *endeavor* to get better. その患者は健康を取り戻そうとあらゆる努力をした.

en·dem·ic [endémik] 形 **1** (病気が) 一地方特有の, 風土性の; [ある地方・集団に]特有の (cf. pandemic (病気が)広域に広がる) [*in*, *to*].
2 (動植物が)一地方特産の.
— 名 ⓒ endemic disèase 風土病, 地方病.

*****end·ing** [éndiŋ] 名 ⓒ **1** (物語・劇などの)終わり, 大詰め, 結末: a happy [tragic] *ending* ハッピーエンド [悲しい結末]. **2** 《文法》(活用)語尾.

en·dive [éndaiv, -div] 名 ⓒ **1** 植 キクヂシャ, エンダイブ《サラダに用いるキク科の植物》.
2 《米》= CHICORY チコリ.

*****end·less** [éndləs] 形 **1** 終わりのない, 際限のない, 無限の (never-ending): The talks seemed *endless*. 話し合いは果てしなく続くかと思えた.
2 《口語》無数の, 数え切れない.
3 《機械》継ぎ目なしの, 循環する: an *endless* belt 継ぎ目なしベルト.

end·less·ly [éndləsli] 副 際限なく, 無限に.

en·do·crine [éndəkràin, -krin] 形 《限定用法》【医】内分泌の.
— 名 ⓒ 【医】 **1** = éndocrine glànd 内分泌腺(せん). **2** 内分泌物, ホルモン.

en·dorse [indɔ́ːrs, en-] 動 他 **1** 〈意見・行動など〉を是認 [承認] する, 支持する (support); 〈宣伝など〉〈商品〉を推奨する: *endorse* his opinion on that subject その件に関する彼の意見を支持する.
2 〈手形・小切手など〉に裏書きする. **3** 《通例, 受け身で》《英》〈運転免許証〉に違反事項を記載する.

en·dorse·ment [indɔ́ːrsmənt, en-] 名 ⓤⓒ **1** 是認, 承認, 支持; (商品の)推奨. **2** (小切手など)裏書き. **3** 《英》(運転免許証の)交通違反事項.

*****en·dow** [indáu, en-] 動 他 **1** 〈学校・病院など〉に寄付する, 財産を贈る; [金]を寄付する [*with*]: *endow* a hospital 病院に基金を寄付する / He *endowed* the college *with* a large sum of money. 彼はその大学に多額の寄付をした.
2 [通例, 受け身で]〈人〉に〈才能・資質など〉を授ける, 与える [*with*]: be highly *endowed* by nature 生まれながら天分豊かである / She is *endowed* with both good looks and intelligence. 彼女は美貌(びぼう)にも知性にも恵まれている / Japan is *endowed* with beautiful mountains. 日本は美しい山々に恵まれている.

en·dow·ment [indáumənt, en-] 名 **1** ⓤ 寄付, 寄贈. **2** ⓒ 《通例 ~s》 基本財産; 寄付金.
3 ⓒ 《通例 ~s》 (生まれつきの)才能, 素質: linguistic *endowments* 語学的才能.
◆ endówment insùrance [《英》assùrance] ⓤ 養老保険.
endówment pólicy ⓒ 養老保険 (証券).

end·pa·per [éndpèipər] 名 ⓒ 《通例 ~s》 【製本】(本の)見返し.

en·due [indjúː, en- / -djúː] 動 他 《通例, 受け身で》〈人〉に〈才能・資質など〉を与える [*with*].

en·dur·a·ble [indjúərəbl, en- / -djúər-] 形 (痛みなどに)耐えられる, 我慢できる.

*****en·dur·ance** [indjúərəns, en- / -djúər-] 名 ⓤ **1** 忍耐, 我慢, 辛抱; 忍耐力: A marathon necessitates great *endurance*. マラソンは大変な忍耐力を必要とする.
2 持久力, 耐久性; 【航空】航続時間: the *endurance* of an electric bulb 電球の耐久性.
■ beyònd [pàst] endúrance 我慢できないほど(の): Your rudeness is *beyond endurance*. あなたの不作法には我慢がならない.
◆ endúrance tèst ⓒ 耐久 [持久] テスト.

en·dure [indjúər, en- / -djúə]
〘原義は「心を固くする」〙
— 動 (三単現 en·dures [~z]; 過去・過分 en·dured [~d]; 現分 en·dur·ing [-djúəriŋ / -djúər-])
— 他 **1** [endure+O] 〈苦痛・不快など〉に耐える, …をこらえる (→ BEAR¹ 類義語): *endure* extreme poverty 非常な貧しさに耐える / She had to *endure* a bad toothache during class. 彼女は授業中ひどい歯の痛みに耐えなければならなかった / They *endured* 20 days of hardship on a desert island. 彼らは無人島での20日間の苦難に耐え続けた.
2 [通例 can …の否定文で] [endure+O] 〈態度・性格など〉に寛大になる, 我慢する; [endure+to do 動名] …するのを我慢する: We can't *endure* his cruelty to animals. 彼の動物への虐待には我慢がならない / Cathy couldn't *endure staying* [*to* stay] alone when night came. 夜になるとキャシーは1人でいることに耐えられなかった.
— 自 **1** 存在 [生存] し続ける, 持ちこたえる, 長続きする: as long as my life *endures* 命ある限り / His great work to our society will *endure* forever. 社会に対する彼の功績は永遠に残るであろう. **2** 痛みに耐える, 頑張る: *endure* to the last [end] 最後まで頑張る. (▷ 名 endúrance)

en·dur·ing [indjúəriŋ, en- / -djúər-] 形 永続的な, 永久的な; 持久力のある; (性格などが)辛抱強い.

end·ways [éndwèiz], **end·wise** [-wàiz] 副

縦に; 端を前[上]向きにして; 端と端を接して.

ENE, E.N.E. 《略語》 = east-northeast 東北東.

en·e·ma [énəmə] 图 (複 **en·e·mas** [~z], **en·e·ma·ta** [~tə]) C [医] 浣腸(ホネムホォゥ); 浣腸剤[器].

en·e·my [énəmi]
— 图 (複 **en·e·mies** [~z]) C **1** 敵, かたき, 敵対者 (↔ friend): one's mortal *enemy* 不倶戴天(ボ፞፞፞ょス)の敵 / He had a lot of *enemies* in business. 彼には商売上の敵が多かった / The two countries have been bitter *enemies* for years. その2つの国は長年, 激しい敵同士である.
2 [the ~; 単数・複数扱い]敵軍; [形容詞的に] 敵の, 敵国[軍]の: an *enemy* ship 敵艦 / They drove the *enemy* away. 彼らは敵軍を撃退した.
3 […にとって]害となるもの, 有害なもの [*to*, *of*]; [the E-] 悪魔: a natural *enemy* 天敵 / Cancer is the *enemy* of human beings. 癌(ガ)は人類の敵である.
■ **máke an énemy of ...** …を敵に回す.

*****en·er·get·ic** [ènərdʒétik] 形 精力的な, 活動的な, エネルギッシュな (vigorous): an *energetic* statesperson 精力的な政治家. (▷ 图 énergy)
en·er·get·i·cal·ly [-kəli] 副 精力的に.

en·er·gize, 《英》 **en·er·gise** [énərdʒàiz] 動 他 **1** …に精力を与える; …を活気[元気]づける.
2 [電気]…に電圧を加える. (▷ 图 énergy)

en·er·gy [énərdʒi] (☆ 発音に注意)
【基本的意味は「精力, 活力 (the power and ability to be active and full of life)」】
— 图 (複 **en·er·gies** [~z]) **1** U 精力, 気力, 活気; (言葉などの) 勢い: expend one's *energy* 精力を使い果たす / speak with *energy* 勢いよく話す / He is full of *energy*. 彼は活気に満ちている / It's a waste of time and *energy*. それは時間と労力のむだです.
2 C [通例, 複数形で] 活動力, 行動力: apply [devote] *energies* to ... …に精力を傾ける / We concentrated all our *energies* on this matter. 私たちはこの問題に全精力を集中した.
3 U [物理] エネルギー; エネルギー資源: atomic *energy* 原子力 / nuclear *energy* 核エネルギー / solar *energy* 太陽エネルギー / consume [conserve] *energy* エネルギーを消費[節約]する.
(▷ 形 ènergétic)
◆ énergy crìsis C エネルギー危機.

en·er·vat·ed [énərvèitid] 形 《格式》 活力を失った, 精彩のない; 無気力な.

en·fant ter·ri·ble [ɑːnfɑ́ːn terí:bl / ónfɔn-] 【フランス】 图 (複 **en·fants ter·ri·bles** [~]) C
1 恐るべき子供 《大人を当惑させる言動・行動をする子供 (若者)》 **2** 無遠慮な人, 思慮のない人.

en·fee·ble [infí:bl, en-] 動 《文語》〈人〉を弱くする, 衰弱させる (weaken).

en·fee·bled [infí:bld, en-] 形 《文語》 衰弱した.

en·fold [infóuld, en-] 動 《文語》 **1** …を抱く, 抱擁する (embrace). **2** [しばしば受け身で] …を […に / …で] くるむ, 包む [*in* / *with*].

*****en·force** [infɔ́ːrs, en-] 動 他 **1** 〈法律などを〉実施する, 施行する, 忠実に守らせる: A law against smoking in public places is strictly *enforced* in America. アメリカでは公共の場での喫煙を禁じる法律が厳格に施行されている. **2** …を[人に]強要する, 押しつける (force) [*on*, *upon*]: He *enforced* payment of the debt *on* me. 彼は借金の返済を私に押しつけた. **3** 〈意見・議論などを〉強化[補強]する.

en·force·a·ble [infɔ́ːrsəbl, en-] 形 [通例, 叙述用法] 実施[施行]できる; 強制できる.

en·force·ment [infɔ́ːrsmənt, en-] 图 U **1** (法律などの) 実施, 施行. **2** 強制; 強調.

en·fran·chise [infrǽntʃaiz, en-] 動 他 **1**〈人〉に選挙権[参政権]を与える (↔ disfranchise). **2**〈奴隷などを〉解放する.

en·fran·chise·ment [infrǽntʃaizmənt, en- / -tʃiz-] 图 U 選挙権[参政権]の付与; 解放.

eng. 《略語》= engine; engineer; engineering.

Eng. 《略語》= England; English.

*****en·gage** [ingéidʒ, en-]
— 動 (三単現 **en·gag·es** [~iz]; 過去・過分 **en·gaged** [~d]; 現分 **en·gag·ing** [~iŋ])
— 他 **1** 〈注意などを〉引く, …を夢中にさせる: His sad story *engaged* our sympathy. 彼の悲しい話は私たちの同情を引いた / It's hard to *engage* children's attention during class. 授業の間じゅう子供たちの関心を引きつけるのは難しい.
2〈人〉を […に] 引き込む, 加わらせる [*in*]: They tried to *engage* me *in* the plot against the company. 彼らは その会社に対する陰謀に私を引き込もうとした / Their cheerful laughter *engaged* her *in* their conversation. 彼らの陽気な笑い声を聞きつけて彼女は彼らの会話に加わった.
3《格式》〈人〉を雇う, …と契約する (employ): The lawyer *engaged* her as an assistant. その弁護士は彼女を助手として雇った / We have *engaged* some new technicians to strengthen the new project. 私たちは新しいプロジェクトの強化のために新しい技術者を何人か雇った.
4〈部品など〉をかみ合わせる: *engage* the clutch クラッチを入れる. **5**〈紛争などに〉加わる, 〈敵〉と交戦する: *engage* the enemy 敵と交戦する.
— 自 **1**《格式》[…に] 従事する, 参加する; 専念する [*in*]: My father *engages in* oil business. 父は石油事業に従事している / A lot of scientists *engaged in* the nationwide survey. その全国調査には多くの科学者が参加した.
2 […と] かみ合う [*with*]: The teeth of many gears *engage with* each other. 多くのギアの歯車が互いにかみ合っている.
■ *engáge onesèlf to ...*〈人〉と婚約する.

*****en·gaged** [ingéidʒd, en-]
— 形 **1** [比較なし; 叙述用法][仕事などに]従事して; […で] 忙しい, ふさがっている [*in*]: I am *engaged* now. 今は手が離せない / She is *engaged in* social work. 彼女は社会福祉活動に従事している / Sorry, I'm already *engaged* for that evening. 残念ですが, その晩は先約があります.

2 [比較なし] […と] 婚約して [*to*]: an *engaged* couple 婚約中の男女 / Bobby is *engaged* to Karen. = Bobby and Karen are *engaged*. ボビーはカレンと婚約している.

3 《英》(電話が) 話し中の (《米》busy); 《主に英》(トイレが) 使用中の (《米》occupied): The number [line] is *engaged*. お話し中です (◇電話交換手の言葉).

◆ engáged tóne C 《英》(電話の)「話し中」の信号音 (《米》busy signal).

‡**en‧gage‧ment** [ingéidʒmənt, en-] (↔ disengagement) 名 **1** C […との] 婚約 [*to*]: announce [break off] one's *engagement* 婚約を発表する [破棄する].

2 C (会合などの) 約束 (→ APPOINTMENT 類義語); 予約; (文書による) 取り決め, 契約: make an *engagement* with … …と約束 [契約] する / break off an *engagement* 解約する / have a previous [prior] *engagement* 先約がある.

3 C (格式) 交戦 (◇ battle のほうが一般的).
4 U C 雇用; 雇用期間. **5** U [機械] (歯車などの) かみ合い. **6** [à:ŋgɑːʒmáːŋ] 【フランス】U アンガージュマン, (作家・芸術家の) 政治 [社会] 参加.

◆ engágement ríng C 婚約指輪. (比較)「エンゲージリング」は和製英語.

en‧gag‧ing [ingéidʒiŋ, en-] 形 人を引きつける, 魅力のある (attractive): an *engaging* personality [manner] 人を引きつける人柄 [態度] / an *engaging* smile 魅力的な微笑.

en‧gag‧ing‧ly [〜li] 副 魅力的に, 愛想よく.

En‧gels [éŋgəlz] 名 固 エンゲルス Friedrich [fríːdrik] Engels 《1820-95; ドイツの共産主義者》.

en‧gen‧der [indʒéndər, en-] 動 他 (格式)〈状態・感情など〉を生む, 引き起こす, 発生させる (cause): Carelessness often *engenders* accidents. 不注意はしばしば事故を引き起こす.

‡**en‧gine** [éndʒin]
— 名 (複 **en‧gines** [〜z]) C **1** エンジン, 原動 [発動] 機 (《略語》eng.): a diesel [gasoline, jet] *engine* ディーゼル [ガソリン, ジェット] エンジン / *engine* trouble エンジンの故障 / The *engine* stalled [failed] again. またエンストした (比較)「エンスト」は「engine+stop」を略した和製英語) / Don't leave the *engine* running. エンジンをかけっぱなしにしておくな.

コロケーション エンジンを…
エンジンをかける: *start an engine*
エンジンを切る: *cut* [*kill, turn off*] *an engine*
エンジンを作動させる: *operate* [*run*] *an engine*
エンジンを整備する: *service an engine*

2 機関車 (locomotive).
3 消防車 (fire engine).

◆ éngine drìver C 《英》(鉄道の) 機関士 (《米》engineer).

-en‧gined [endʒind] 結合 数詞・名詞に付けて「…のエンジンを備えた」の意を表す形容詞を作る: a four-*engined* aircraft 4発 (エンジン) の飛行機 / a diesel-*engined* car ディーゼル車.

‡**en‧gi‧neer** [èndʒiníər] (☆ アクセントに注意) 名 動

— 名 (複 **en‧gi‧neers** [〜z]) C **1** 技師, エンジニア (《略語》eng.) (◇《英》では technologist とも言う): a civil [mining] *engineer* 土木 [鉱山] 技師 / an electrical *engineer* 電気技師.

2 (船の) 機関士; 《米》(鉄道の) 機関士, 運転士 (《英》engine driver): a first *engineer* 一等機関士.

3 《英》機械工 (mechanic), 修理人.
4 〖軍〗(陸軍の) 工兵; (海軍の) 機関将校.

— 動 **1** [通例, 受け身で] …を設計 [建設, 監督] する: The road *is* well *engineered*. その道路はうまく設計されている.

2 (しばしば軽蔑)〈陰謀など〉を巧みに工作する: *engineer* a plot [revolt] 陰謀 [反乱] をたくらむ.

‡**en‧gi‧neer‧ing** [èndʒiníəriŋ] 名 U **1** 工学; 工学技術 (《略語》eng.): civil *engineering* 土木工学 / electronic *engineering* 電子工学 / genetic *engineering* 遺伝子工学 / human *engineering* 人間工学 / mechanical *engineering* 機械工学 / systems *engineering* システム工学 / an *engineering* college 工科大学.

2 巧みな計画 [管理]; (土木) 工事.

◆ engineéring plástics U エンジニアリングプラスチック《工業用の高機能樹脂》.

‡**Eng‧land** [íŋglənd]
— 名 固 **1** イングランド《グレートブリテン島 (Great Britain) の Scotland と Wales を除いた地域》(《略語》Eng.).

2 (広義に) 英国, イギリス (◇イングランドが政治・経済の中心であるため, しばしば英国全体をさすが, 正確には the United Kingdom または (Great) Britain を用いる).

‡**Eng‧lish** [íŋgliʃ] 形 名

— 形 **1** 英語の; 英語で書かれた [話された] (《略語》Eng.): *English* grammar 英文法 / *English* textbooks 英語の教科書.

2 イングランドの; イングランド人の: *English* climate is milder than Scottish climate. イングランドの気候はスコットランドの気候よりも温和です / They are Welsh, not *English*. 彼らはウェールズ人であって, イングランド人ではない.

3 (広義に) 英国の, イギリスの; イギリス人の (◇この意では British が好まれる).

— 名 **1** U 英語: British [American, Australian] *English* イギリス [アメリカ, オーストラリア] 英語 / spoken [written] *English* 口語 [文語] 英語 / Put it into *English*. それを英訳しなさい / What is the *English* for "mado"? 「窓」にあたる英語は何ですか / She speaks good *English*. 彼女は上手な英語を話す.

2 [the 〜; 複数扱い] イングランド人 (全体); (広義に) 英国民 (全体) (◇本来はイングランド人をさす. 正式には the British を用いる. また, 個々の「英国人」は an Englishman [Englishwoman] で表す).

■ *in pláin Énglish* はっきり [わかりやすく] 言えば: *In plain English* your plan is impracticable. はっきり言って君の計画は実行不可能です.

◆ Énglish bréakfast [C] 英国式朝食 (→ BREAKFAST 〖背景〗).

Énglish Chánnel (商)[the ~] イギリス海峡, 英仏海峡.

Énglish hórn [C]《米》イングリッシュホルン《木管楽器の一種. cor anglais [kɔ̀ːrɑːŋgléi] とも言う》.

Énglish múffin [C]《米》イングリッシュマフィン(《英》muffin)《平円形のパンで2つに薄く切ってトーストにする》.

Énglish Revolútion [the ~]《英史》イギリス革命《1688-89; the Bloodless [Glorious] Revolution (無血[名誉]革命) とも呼ばれる》.

Eng·lish·man [íŋglɪʃmən]

— 名(複 Eng·lish·men [-mən])[C]《◇女性形は Englishwoman》**1 イングランド人**, イングランド人の男性《◇ Scotsman, Welshman, Irishman に対して用いる》.

2《広義に》英国人, イギリス人《◇国民全体は the English, the British》; 英国 [イギリス] の男性.

Éng·lish-spèak·ing 形 英語を話す: the English-speaking peoples 英語国民《米国人・英国人・カナダ人・オーストラリア人など》.

Eng·lish·wom·an [íŋglɪʃwùmən] 名(複 Eng·lish·women [-wìmin])[C]《◇男性形は Englishman》**1 イングランド人の女性**《◇ Irishwoman, Scotswoman, Welshwoman に対して用いる》.

2《広義に》英国 [イギリス] 女性.

*en·grave [ɪngréɪv, en-] 動 他 **1**《木・金属・石などに》〈文字・図案など〉を彫る, 刻む [on, in]; 〈木・金属・石など〉に〈文字・図案など〉を彫る [with]: The jeweler engraved her initials on the ring. = The jeweler engraved the ring with her initials. 宝石商は指輪に彼女のイニシャルを刻んだ / An image of Buddha was engraved in the rock. 仏像が岩に彫られていた. **2**《通例, 受け身で》…を〈心・記憶などに〉刻み込む [on, in]: The scene was engraved on [in] her memory [mind]. その光景は彼女の記憶 [心] に刻み込まれた.

3《木版・銅版などで》…を印刷する.

en·grav·er [ɪngréɪvər, en-] 名 [C] 彫刻師, (特に木版・銅版などの)彫版工[師].

en·grav·ing [ɪngréɪvɪŋ, en-] 名 **1** [U] 彫版術. **2** [C] 版画, 印刷物.

en·gross [ɪngróus, en-] 動 他 **1**《通例, 受け身で》〈時間・注意など〉を奪う; 〈人〉を […に] 没頭させる, 夢中にさせる [in]: He was engrossed in the game. 彼はそのゲームに熱中していた. **2**《公文書など》を大きな字で書く [写す]; …を正式な書式で書く.

en·gross·ing [ɪngróusɪŋ, en-] 形《物事が》心を奪う, 夢中にさせる.

en·gulf [ɪngʌ́lf, en-] 動 他 《大波・炎などが》…を飲み込む, 包み込む: The town was engulfed in flames. 町は炎に包まれた.

en·hance [ɪnhǽns, en- / -hάːns] 動 他 《価値・魅力など》を高める, 増す (increase).

en·hance·ment [~mənt] 名 [C][U] 高めること [もの]; 高揚; 増進.

e·nig·ma [ɪnígmə, e-] 名 [C] なぞ, 不可解なもの [人, 言葉].

en·ig·mat·ic [ènɪgmǽtɪk], en·ig·mat·i·cal [-kəl] 形 なぞの(ような); 不可解な, 〈人物など〉得体の知れない.

e·nig·mat·i·cal·ly [-kəli] 副 なぞめいて.

en·join [ɪndʒɔ́ɪn, en-] 動 他 **1**《格式》〈沈黙・従順など〉を [人に] 課す, 申しつける [on, upon]; 〈人〉に [...するように / ...することを] 命じる [to do / that 節]. **2**《米》《法》〈人〉に […の] 差し止め命令を出す [from].

***en·joy [ɪndʒɔ́ɪ, en-]

— 動(三単現 en·joys [~z]; 過去・過分 en·joyed [~d]; 現分 en·joy·ing [~ɪŋ])

— 他 **1** (a) [enjoy + O] …を**楽しむ**: enjoy life 人生を楽しむ / Enjoy your meal. ごゆっくりお召し上がりください《◇レストランでの給仕の言葉》/ How did you enjoy your trip to Paris? パリ旅行はいかがでしたか.

(b) [enjoy + doing] …することを楽しむ: My mother enjoys reading detective stories in bed. 母はベッドで推理小説を読むのを楽しみにしている.

(c) [enjoy + oneself] 愉快に過ごす (have a good time): Did you enjoy yourself at the cherry-viewing party? — Yes, it was fantastic. お花見は楽しかったですか — はい, すばらしかったです / The children enjoyed themselves playing on the beach. 子供たちは浜辺で楽しく遊んだ.

2 …に恵まれている, 〈権利・利益など〉を持っている, 享受する: enjoy equal rights 平等の権利を享受する / My grandmother has always enjoyed good health. 祖母はずっと健康に恵まれてきた.

— 自 [Enjoy! で]《米口語》楽しむ: Here's your apple pie. Enjoy! さあ, アップルパイよ. どうぞ召し上がれ. (▷ 名 enjóyment)

*en·joy·a·ble [ɪndʒɔ́ɪəbl, en-] 形《物事・経験などが》楽しい, 面白い, 愉快な: an enjoyable book 面白い本 / It was a very enjoyable evening. Thank you so much. とても楽しい晩でした. どうもありがとうございました《◇パーティーなどで招待客が帰る際のあいさつ》.

en·joy·a·bly [-bli] 副 楽しく, 愉快に.

*en·joy·ment [ɪndʒɔ́ɪmənt, en-] 名 **1** [U] 楽しむこと; 楽しみ, 喜び: He finds [gets] enjoyment in traveling. 彼は旅行をすることが楽しみです.

2 [C] 楽しさ [喜び] を与えるもの (→ PLEASURE 〖類義語〗), 快楽: life's little enjoyments 人生のささやかな楽しみ / Reading is a great enjoyment to [for] her. 読書は彼女の大きな楽しみです.

3 [U]《通例 the ~》《格式》所有, 享受.

*en·large [ɪnlάːrdʒ, en-] 動 他 **1** …を大きくする, 拡大 [拡張] する; 〈心など〉を広くする: enlarge one's business 事業を拡張する / The hotel was enlarged to its present size two years ago. ホテルは2年前に現在の広さに増築された.

2《写真》を引き伸ばす; 〈本〉を増補する: a revised and enlarged edition 改訂増補版 / I'll have this picture enlarged. この写真を引き伸ばしても

らおう. ― 圁 **1** 大きくなる, 広がる; (写真などが)引き伸ばせる: The shadow of the tree *enlarged* as evening came. 夕方になるにつれて木の影が伸びていった. **2** [...について] 詳しく述べる [*on, upon*]. (⇨ 形 lárge)

en·lárg·er [~ər] 图 ⓒ『写』引き伸ばし機.

en·large·ment [inlάːrdʒmənt, en-] 图 **1** Ⓤ ⓒ 拡大, 増大, 拡張; 増築; (写真の)引き伸ばし; (本の)増補. **2** ⓒ 引き伸ばした写真: make an *enlargement* of a photo 写真を引き伸ばす.

*__en·light·en__ [inláitən, en-] 動 他 《格式》
1 〈人〉を啓発する, 教化する: *enlighten* the ignorant 無知な人々を啓発する. **2** 〈人〉に[...について] 教える, 明らかにする [*on, about*]: Her book *enlightened* me *on* the theme of the drama. 彼女の本を読んでその劇のテーマがよくわかった.

en·light·ened [inláitənd, en-] 形 《通例,限定用法》《ほめ言葉》啓発された; 開化した; 見識のある, 賢明な: an *enlightened* people 文明開化した国民 / an *enlightened* judgment 賢い判断.

en·light·en·ing [inláitəniŋ, en-] 形 啓発的な;(問題点などを)はっきりさせる.

en·light·en·ment [inláitənmənt, en-] 图 Ⓤ **1** 《格式》啓発, 啓蒙(ヒぃ), 教化; 文明開化; 《仏教》悟り. **2** [the E-] 啓蒙運動 (◇17~18世紀ヨーロッパの科学・知識を重視した思想運動).

en·list [inlíst, en-] 動 圁 **1** 〔軍隊に〕(志願) 入隊する [*in*]: *enlist in* the army 陸軍に入隊する.
2 [主義・運動などに] (進んで)協力[参加] する [*in*].
― 他 **1** ...を兵籍に入れる;〈兵〉を徴募する.
2 〈人の援助・協力・支持など〉を得る; [...してくれるように]〈人〉に協力を求める [*to do*].
◆ enlísted mán ⓒ《米》下士官兵 (◇軍隊の下士官あるいは兵士;《略語》EM; 女性形は enlisted woman).

en·list·ment [inlístmənt, en-] 图 Ⓤ ⓒ 兵籍編入(期間); 入隊.

en·liv·en [inláivən, en-] 動 他 〈人〉を元気づける;〈会合・行事など〉を活気づける, にぎやかにする.

en masse [ɑːn mǽs / ɔn-]《フランス》副 ひとまとめに, 一緒に, 集団で.

en·meshed [inméʃt, en-] 形 《叙述用法》困難などに巻き込まれた, 陥った [*in*]; 網にかかった.

en·mi·ty [énməti] 图 (複 **en·mi·ties** [~z]) Ⓤ ⓒ 《格式》敵意, 憎しみ, 恨み: tribal *enmity* 部族間の憎しみ / have *enmity* against ... ...に恨みを抱く / be at *enmity* with ... ...と不和である.

en·no·ble [inóubl, en-] 動 他 《格式》〈人〉を高尚 [高潔] にする, 気高くする; ...に爵位を授ける: All her sufferings have *ennobled* her character. 彼女は苦難によって気高い性格になった.
en·no·bling [-bliŋ] 形 高尚 [高潔] な.

en·nui [ɑːnwíː / ɔ́nwiː]《フランス》图 Ⓤ 倦怠(ケム), アンニュイ, 退屈 (boredom).

e·nor·mi·ty [inɔ́ːrməti] 图 (複 **e·nor·mi·ties** [~z]) **1** Ⓤ 極悪非道. **2** ⓒ 《通例,複数形で》重大犯罪. **3** Ⓤ (仕事・問題などの) 膨大さ, 巨大さ.

***e·nor·mous** [inɔ́ːrməs]
― 形 《通例, 比較なし》巨大な, ばく大な (→ HUGE

《類義語》): an *enormous* tower 巨大な塔 / There is an *enormous* difference between the two. 両者には大変な違いがある.

e·nor·mous·ly [inɔ́ːrməsli] 副 すごく, 途方もなく; ばく大に.

***e·nough** [inʌ́f]（☆ 発音に注意）
形 副 代
― 形 [比較なし] **1** (a) 十分な, 足りる (→《類義語》): We have *enough* water [water *enough*]. 水は十分にある / I've had *enough* trouble. トラブルはこりごりだ. (b) [*enough* for ...] ...にとって十分な, 足りる量の: There is *enough* bread [bread *enough*] *for* all of us. 私たち全員に足りるだけのパンがある.
(c) [*enough* + to do] ...する(ことができる)ほどの, ...するのに十分な: I have *enough* money [money *enough*] *to* buy a computer. コンピュータを買うのに十分なお金がある.
語法 (1) 数えられない名詞, または数えられる名詞の複数形と共に用いる. 名詞の前に置くのが一般的で, あとに置くのは《やや古風》. (2) 数えられる名詞の単数形と共に用いる場合, 名詞は無冠詞で形容詞的となり, enough は名詞のあとに置かれる: He was man *enough* to admit his mistake. 彼は男らしく自分の誤りを認めた.

― 副 [形容詞・副詞・動詞のあとに置いて] **1** (a) 十分に, 必要なだけ: You have worked hard *enough*. あなたはもう十分働いた / This fruit is not ripe *enough*. この果物はまだ十分に熟していない. (b) [*enough* for ...] ...にとって十分に: Is this box big *enough for* the books? この箱にそれらの本が全部入るだろうか. (c) [*enough* (+ *for* ...) + to do] (人が) ...することができるほど, ...するのに足るだけ: He was kind *enough to* show me the way to the post office. 彼は親切にも郵便局へ行く道を教えてくれた / This novel is easy *enough for* children *to* read. この小説は子供が読めるほどやさしい.
2 かなり, まったく: The boy is smart *enough*. その少年はかなり賢い / I am ready *enough* to accept his invitation. 私は喜んで彼の招待に応じるつもりだ.
3 まあまあ, まず立派に: She writes songs well *enough* for a beginner. 彼女の作詞は初心者にしてはまずまずだ.
■ *cannot dó enóugh* いくら...しても足りない: I really *cannot* thank you *enough*. お礼の申し上げようもありません.
óddly [*stráングely, cúriously*] *enóugh* 奇妙なことに: *Oddly enough*, he remained silent. まったく奇妙なことに, 彼は黙っていた.
wéll enòugh かなりの程度に; 十分に.

― 代 [...に] 十分な量[数], 十分 [*for*]; [...するだけの] 量[数] [*to do*]: Will you have another piece of cake? ― No, thank you. I've had quite *enough*. もう1つケーキを食べませんか ― いえ, 結構です. 十分いただきました / We have *enough to* give everyone a drink. 飲み物は皆さんに1杯ずつさし上げるだけは用意してある / *Enough* of this folly! こんなばかなことはもうよしなさい.

■ **Enòugh is enóugh!** もうたくさんだ, いいかげんにしろ.
Enóugh said. 《口語》(あなたの話は) もうたくさんだ; よくわかった.
have hàd enóugh of …はもうたくさんだ, …にはもううんざりしている.
móre than enóugh 十二分に; 多すぎるほど; 必要以上に: You've done *more than enough* for me. あなたは私に十二分につくしてくれた.
Thàt's enóugh. 《口語》もうそれで十分だ; いいかげんにしなさい.

類義語 **enough, sufficient, adequate**
共通する意味 ■十分な (equal to what is required or expected)
enough は特定の目的・欲求をかなえるのに「足りるだけ」の意: I have *enough* money [money *enough*] to buy it. 私はそれを買うだけの金を持っている. **sufficient** は《やや格式》だが意味は enough とほぼ同じ: We have raised *sufficient* funds for the enterprise. その事業に足りるだけの資金を調達してある. **adequate** はある特別な目的を達成するのに「(必要最小限度)足りるだけ」の意で《やや格式》. 数・量だけでなく質に関しても用いる. 数・量に関する場合に限って enough, sufficient に置き換え可能な場合が多い: an *adequate* supply of water 十分な給水.

---

en·pas·sant [ὰːn pɑːsάːŋ / ɔn pǽsɔn]【フランス】副《格式》ついでに, ちなみに.
‡**en·quire** [inkwáiər, en-] 動《英》= INQUIRE.
en·quir·er [inkwáiərər, en-] 名 = INQUIRER.
en·quir·ing [inkwáiəriŋ, en-] 形 = INQUIRING.
‡**en·quir·y** [inkwáiəri, en-] 名 = INQUIRY.
en·rage [inréidʒ, en-] 動 他〈人〉をひどく怒らせる, 激怒させる: She was *enraged* at [by] the remark. 彼女はその言葉に激怒した.
en·rap·tured [inrǽptʃərd, en-] 形《格式》[…に]うっとりした, 有頂天になった [at, by].
*__en·rich__ [inrítʃ, en-] 動 他 **1** …を裕福にする, 富ませる: The development of high technology has *enriched* the nation. 先端科学技術の発達によって国が豊かになった. **2**〈価値・効果などを〉[…で]高める;〈心・生活などを〉[…で]豊かにする [by, with]: a library *enriched* with donated books 寄贈本で充実した図書館 / A good author *enriches* his stories *by* adding lifelike dialog. すぐれた作家は生き生きとした会話を加えることで物語を豊かにする. **3**〈味・香り・色などを〉[…で]濃くする,〈食品〉の栄養価を[…で]高める;〈土地〉を[…で]肥沃(ひよく)にする [by, with]: *enriched* food 栄養強化食品.
en·rich·ment [inrítʃmənt, en-] 名 U 豊かにする [される] こと; 濃くすること; 強化.
*__en·roll__, 《英》**en·rol** [inróul, en-] 動 (三単現 **en·rolls**, 《英》**en·rols** [〜z]; 過去・過分 **en·rolled** [〜d]; 現分 **en·roll·ing** [〜iŋ])他〈氏名〉を名簿に載せる;〈人〉を〈軍隊に〉登録させる, 入隊させる;〈会・学校などに / 会員・学生として〉入会 [入学] させる [in / as]: *enroll* oneself 応募する / *enroll* one's son *in* a private school 息子を私立学校に入れる / be *enrolled as* a member of the tennis club テニス部員として登録している.
— 自 […に / …として] 登録する, 入会 [入学, 入隊] する [in, at, for / as].
en·roll·ment, 《英》**en·rol·ment** [inróulmənt, en-] 名 **1** U 記載; 登録; 入会, 入学, 入隊. **2** C 登録者数; 在籍者数.
en route [ɑːn rúːt, ɔn-]【フランス】副[…への / …からの] 途中で (on the way) [to, for / from].
en·sconce [inskάns, en- / -skɔns] 動 他 [通例, 受け身または 〜 oneself]《こっけい》[…に] 落ち着かせる; (快適に) 座らせる [on, in, among]: She *was ensconced* [She *ensconced herself*] *in* an armchair. 彼女はひじ掛けいすでくつろいでいた.
en·sem·ble [ɑːnsάːmbl / ɔnsάm-]【フランス】名 C **1** [通例, 単数形で](部分からなる)全体; 全体的効果. **2** [単数・複数扱い]【音楽】アンサンブル,(小人数の)合奏 [合唱] 団; 合奏 [合唱] 曲. **3** [通例, 単数形で]婦人服のひとそろい, アンサンブル.
en·shrine [inʃráin, en-] 動 他 [通例, 受け身で]《格式》**1** …を[神殿・神社などに]祭る, 安置する [in]. **2** …を大切に保存する〈思い出などを〉を[心に]秘める [in].
en·shroud [inʃráud, en-] 動 他 [しばしば受け身で]《格式》…を[…で](すっぽりと)包み隠す, 覆い隠す [in, by]: an affair *enshrouded in* mystery なぞに包まれた事件.
en·sign [énsain] 名 C **1** (特に船舶などの国籍を示す)旗. **2** [énsn]【米海軍】少尉. **3**《主に米》(地位を示す)記章.
en·slave [insléiv, en-] 動 他 [通例, 受け身で] **1**〈人〉を奴隷にする. **2**《格式》〈人〉をとりこにする.
en·slave·ment [insléivmənt, en-] 名 U **1** 奴隷にすること; 奴隷状態. **2**《格式》とりこにする [なる] こと.
en·snare [insnéər, en-] 動 他 [しばしば受け身で]《格式》〈人・動物〉をわなにかける (entrap); だまして […] させる [into].
*__en·sue__ [insúː, en- / -sjúː] 動 自 (ことが) 続いて起こる; […の結果として] 起こる (follow) [from]: a panic that *ensues from* wild rumors でたらめなうわさから起こるパニック.
*__en·sure__ [inʃúər, en- / -ʃɔ́ː] 動 他 **1** (a) [ensure + O] …を確実にする (make sure); 保証する, 請け合う: Constant practice will *ensure* your success. 絶えず練習すればきっと成功する. (b) [ensure + that 節] …ということを確実にする, 保証する: Please *ensure that* your TV set is switched off before you go to bed. 寝る前に必ずテレビを消してください.
2 [ensure + O + O / ensure + O + for [to] …]〈人〉に〜を保証する, 〜が確実に手に入るようにする: This medicine will *ensure* you a good night's sleep. = This medicine will *ensure* a good night's sleep *for* [to] you. この薬を飲めば必ずひと晩じゅうぐっすり眠れます.
3〈人〉を[危険・事故などから]守る (protect)

[*against, from*]: *ensure* oneself *against* risks 危険から身を守る. (▷ 形 súre)

ENT [íːèntíː]《略語》= *ear*, *nose*, and *t*hroat 耳鼻咽喉(いんこう)科.

-ent [ənt]《接尾》**1** 動詞に付けて「性質・状態」を表す形容詞を作る: differ*ent* 異なった. **2** 動詞に付けて「…する人」の意を表す名詞を作る: respond*ent* 回答者.

en·tail [intéil, en-] 動 他 **1**〈費用・労力などを〉必要とする; …を必然的に伴う: Space development plans *entail* enormous expense. 宇宙開発計画にはばく大な費用がかかる. **2**《古》【法】〈相続人を〉[…に]限定する [*on, upon*].

*en·tan·gle [intǽŋgl, en-] 動 他《通例, 受け身で》**1**〈糸などを〉[…に]もつれさせる, 絡ませる [*in, among, with*]: A lot of birds get *entangled in* lines left by anglers and die. 多くの鳥が釣り人の捨てた釣り糸に絡まって死んでいる. **2**〈人を〉困難などに巻き込む, 陥れる [*in, with*]: She didn't want to become *entangled in* his family problems. 彼女は彼の家庭内のトラブルに巻き込まれたくなかった.

en·tan·gle·ment [intǽŋglmənt, en-] 名 **1** U もつれる [絡まる] こと, 絡ませること. **2** C〔しばしば ~s〕[…との]かかわり合い, ごたごた [*with*]. **3** C〔しばしば ~s〕鉄条網.

en·tente [ɑːntɑ́ːnt / ɔntɔ́ːnt]《フランス》名 U C (国家間の)協約, 協商; 〔集合的に〕単数・複数扱い〕協商国.

en·ter [éntər]
— 動 (三単現 **en·ters** [~z]; 過去・過分 **en·tered** [~d]; 現分 **en·ter·ing** [-təriŋ])
— 他 **1**〈場所などに〉入る: He *entered* the room. 彼は部屋に入った / The thief *entered* the building through the window. どろぼうは窓から建物へ侵入した / The arrow *entered* the deer's heart. 矢はシカの心臓を貫いた.
2《受け身不可》〈組織などに〉加わる, …の一員となる;〈職業に〉つく: She *entered* Harvard University. 彼女はハーバード大学に入学した / He *entered* the church at the age of 25. 彼は25歳のとき聖職についた / He *entered* politics after he retired from business. 彼は実業界を引退後政界に入った.
3〈競技などに〉参加 [出場] する;〈人・動物を〉〔競技などに〕参加 [出場] させる [*for, in*]: *enter* a competition 競技に参加する / We want to *enter* this horse *for* [*in*] the race. 私たちはそのレースにこの馬を出場させたい.
4 (考えなどが)〈心・頭などに〉浮かぶ: The thought of resignation once *entered* my mind. 一時は辞職しようとの考えが私の心に浮かんだ.
5〈新しい時代・局面などに〉入る: The country *entered* a period of adversity. 国は苦難の時代に突入した. **6** …を […に] 記入する, 登録する [*in*]: *enter* one's name and address *in* the guest book 名前と住所を宿泊者名簿に記入する. **7**【コンピュータ】〈データを〉[コンピュータに] 入力する [*into*]: *enter* one's password *into* the computer コンピュータにパスワードを入力する. **8**〈提案などを〉提議する;【法】〈訴訟を〉起こす.
— 自 **1** […から] 入る (*by*) (↔ *exit*): *enter by* the back door 裏口から入る / Don't *enter* without permission. 許可なしに入ってはいけない. **2**〈競技などに〉参加 [出場] する, 申し込む [*in*]: *enter in* a marathon マラソンの参加申し込みをする. **3** (舞台に) 登場する: *Enter* Hamlet. = Hamlet *enters*. ハムレット登場 (◇脚本のト書きで用いる). (▷ 名 éntrance, éntry)

句動詞 **énter ìnto ...** **1**《格式》[…と]〈交渉など〉を開始する;〈契約・同盟などを〉結ぶ: *enter into* agreement *with* them 彼らと合意に達する. **2**《受け身不可》…の重要な要素になる, 〈計算・計画などの中〉に入る: Reason does not *enter into* love. 理性が愛情に入り込む余地はない. **3**〈人の気持ちなどに〉共感する, とけ込む.

énter on [upòn] ...《格式》〈新しい生活・仕事などを〉始める.

en·ter·ic [entérik] 形 腸の: *enteric* fever 腸チフス.

*en·ter·prise [éntərpràiz] 名 **1** C (大胆または困難な) 事業, 企て: My grandfather started some business *enterprises* when he was young. 祖父は若いときにいくつか事業を起こした. **2** C 企業, 会社: private *enterprises* 民間企業 / large-scale *enterprises* 大企業 / small and medium-sized *enterprises* 中小企業 (◇ SME と略す). **3** U〔ほめ言葉〕進取の気性, 冒険心, 積極性: a person of great *enterprise* and creativity 進取の気性と創造性に富んだ人物.

en·ter·pris·ing [éntərpràiziŋ] 形《ほめ言葉》進取の気性に富んだ, 企業心のある, 積極的な.

*en·ter·tain [èntərtéin] 動 他 **1**〈人を〉[…で] 楽しませる, 面白がらせる (amuse) [*with, by*]: The World Cup *entertains* people all over the world. 世界じゅうの人がワールドカップ (サッカー) を楽しむ / He *entertained* us *with* his jokes. 彼は冗談を言って私たちを楽しませた.
2〈人を〉[…に] 招いて […で] もてなす, 歓待する [*at*, 《英》*to*] *with*: She *entertained* the young couple *at* [*to*] dinner. 彼女は若い夫婦をディナーでもてなした / I was *entertained with* refreshments. 私は茶菓のもてなしを受けた.
3〈感情・考えなどを〉心に抱く,〈申し出などを〉受け入れる, 考慮する: *entertain* a belief [an idea, a doubt] ある信念 [考え, 疑い] を抱く.
— 自 もてなす, 客を招待する; 人を楽しませる.

en·ter·tain·er [èntərtéinər] 名 C (客を) 楽しませる人, もてなす人; 芸(能)人, エンターテイナー.

en·ter·tain·ing [èntərtéiniŋ] 形《ほめ言葉》(人・話・休日などが) 楽しい, 面白い (amusing): an *entertaining* story [movie] 面白い話 [映画].

en·ter·tain·ing·ly [~li] 副 面白く, 楽しく.

*en·ter·tain·ment [èntərtéinmənt] 名 **1** U C 娯楽, 楽しみ, 気晴らし: watch television for *entertainment* 気晴らしにテレビを見る / to ...'s *entertainment* = to the *entertainment* of ... …にとって面白いことに, …が喜んだことに. **2** C 余興, 演芸; (人を) 楽しませるもの: a musical *enter-*

en·thrall,《英》**en·thral** [inθrɔ́ːl, en-]動(三単現 **en·thralls**,《英》**en·thrals** [~z]; 過去・過分 **en·thralled** [~d]; 現分 **en·thrall·ing** [~iŋ])他 [通例、受け身で] 〈話や映像などが〉〈人〉の心を奪う、〈人〉を魅惑する、とりこにする: The children *were enthralled* by circus performances. 子供たちはサーカスの芸に心を奪われた.

en·throne [inθróun, en-] 動 他 〈人〉を王位につかせる; 【キリスト】…を司教にする.

en·thuse [inθjúːz, en-] 動 自 […に]熱狂する; […のことを]夢中になって話す [*over, about*].
—他 〈人〉を熱狂させる、感激させる、夢中にさせる.

‡**en·thu·si·asm** [inθjúːziæ̀zm, en-] [原義は「神にとりつかれた状態」] 名 1 CU […への]熱中、熱狂、熱意 (fever) [*for, about*]: have a great *enthusiasm for* ... …に熱中している / We are looking forward to your visit with *enthusiasm*. ご来訪を心待ちにしております / Her *enthusiasm for* traveling makes her go abroad every year. 旅行熱に駆られて、彼女は毎年外国へ出かけている.
2 C《格式》夢中にさせるもの: Golf is one of my latest *enthusiasms*. 私はゴルフにも最近夢中になっている.

en·thu·si·ast [inθjúːziæ̀st, en-] 名 C […に]熱中[熱狂]している人、[…] ファン、[…] 狂 [*for, about*]: a Beatles *enthusiast* = an *enthusiast for* the Beatles ビートルズのファン.

‡**en·thu·si·as·tic** [inθjùːziǽstik, en-] 形 […に] 熱烈な、熱狂的な、熱心な; 興味を示して [*about, over*]: an *enthusiastic* cyclist サイクリングが大好きな人 / be *enthusiastic about* a computer game コンピュータゲームに熱中する.

en·thu·si·as·ti·cal·ly [inθjùːziǽstikəli, en-] 副 熱烈に、熱狂的[熱心]に.

en·tice [intáis, en-] 動 他 **1** …を[…から/…へ]誘う、誘惑する [(*away*) *from / into*]: *entice* a dog *away from* the kennel 犬を犬小屋からおびき出す.
2 〈人〉をそそのかして[…]させる [*into doing, to do*]: *entice* ... *into* buying [*to* buy] things 〈人〉をそそのかして物を買わせる.

en·tice·ment [intáismənt, en-] 名 U 誘惑[される]こと; C [しばしば~s] 誘惑するもの.

en·tic·ing [intáisiŋ, en-] 形 誘惑的な.

en·tic·ing·ly [~li] 副 気を引くように、魅惑的に.

‡**en·tire** [intáiər, en-]
— 形 [比較なし] **1** [限定用法] **全体の**、丸ごとの: the *entire* cast 出演者全員 / the *entire* novel その小説全体 / I spent the *entire* morning in the kitchen. 私は午前中ずっと台所で過ごした.
2 [限定用法] 完全な、まったくの (→ COMPLETE 類義語): She was an *entire* stranger to me. 彼女はまったく見ず知らずの人だった / I have *entire* confidence in him. 私は彼に全幅の信頼を寄せている. **3** 全部そろっている; 元のままの、無傷の: an *entire* set of tea cups ティーカップひとそろい.

‡**en·tire·ly** [intáiərli, en-]
— 副 **1** すっかり、完全に、十分に (completely): He is *entirely* indifferent to politics. 彼は政治にまったく無関心である / He *entirely* obeys his mother. 彼は母親の言いなりである / I *entirely* agree with Kate. 私はまったくケートと同じ意見です.
2 [否定文で] まったく…であるというわけではない (◇部分否定を表す; → NEGATION): I haven't *entirely* given up my plan to visit the Antarctic. 私は南極を訪れる計画をすっかりあきらめたわけではない / His answer is not *entirely* correct. 彼の答えは完全に正しいわけではない.
3 もっぱら、ひたすら (solely): He said those words *entirely* for politeness. 彼がそう言ったのはもっぱら礼儀としてであった.

en·tire·ty [intáiərti, en- / -táiərəti] 名《格式》**1** U 完全、そっくりそのまま(の状態) (completeness). **2** [the ~] […の] 全体 [*of*].
■ *in its entirety* そっくりそのまま、全体として: I saw the four-hour movie *in its entirety*. 私は4時間の映画を最初から最後まで見た.

‡**en·ti·tle** [intáitl, en-] 動 他 [しばしば受け身で]
1 [entitle + O + C]〈本など〉に…という表題をつける、~を…と称する [題する]: The book *is entitled* "American Tall Tales." その本は『アメリカのほら話』という題です.
2 〈人〉に […の / …する] 権利 [資格] を与える [*to / to do*]: *be entitled to* receive medical care 医療を受ける権利 [資格] がある / She *is entitled to* her pension. 彼女は年金の受給資格がある / You *are* not *entitled to* have your own way here. ここでは好きなようにすることは許されません.

en·ti·tle·ment [intáitlmənt, en-] 名 **1** U C 権利 [資格] を与える [与えられる] こと; (与えられた) 権利、資格. **2** ~ entítlement prògram《米》(個人に与える) 政府の給付(金).

en·ti·ty [éntəti] 名 (複 **en·ti·ties** [~z])《格式》**1** C 実在物、実体、統一体. **2** U 実在、存在.

en·tomb [intúːm, en-] 動 他 [通例、受け身で]《文語》…を土に埋める; 埋葬する.

en·to·mol·o·gist [èntəmɑ́lədʒist / -mɔ́l-] 名 C 昆虫学者.

en·to·mol·o·gy [èntəmɑ́lədʒi / -mɔ́l-] 名 U 昆虫学.

en·tou·rage [àːnturɑ́ːʒ / ɔ̀ntuə-]【フランス】名 C [集合的に; 単数・複数扱い] 側近、随員.

en·trails [éntreilz] 名 [複数扱い] (動物の) 内臓、(特に) 腸.

‡**en·trance**[1] [éntrəns] [「enter (入る) + ance (行為を示す語尾)」で、「入ること」の意]
— 名 (複 **en·tranc·es** [~iz]) **1** C […の] 入り口、玄関、戸口 (entry) [*to, of*] (↔ exit): the rear *entrance of* a house 家の裏口 / the main *entrance to* a train station 駅の中央口 / She was waiting at the front *entrance*. 彼女は表玄関で待っていた.

entrance² 520 **envelope**

2 U［…へ］入ること, 入場；（特に派手な）登場 [*into, onto, on*]（↔ *exit*）: force *entrance* into a house 家に押し入る / The actor made an *entrance* onto the stage. その役者は舞台に登場した.

3 U［…への］入場権［許可］, 入れること [*to*]; C 入場料, 入会金, 入学金: gain *entrance* to ... …への入場許可を得る / No *Entrance*《掲示》入場お断り / *Entrance* Free《掲示》入場無料 / We were refused *entrance* to the restaurant because we were not wearing jackets. 私たちは上着を着ていなかったのでそのレストランに入るのを断られた.

4 U 入学, 入会: an *entrance* examination to get into a university 大学入試. **5** U C ［…の］開始, ［…への］就任 [*into*]: *entrance* into matrimony 結婚生活に入ること. （▷ 動 énter）

◆ éntrance fèe C 入場料；入会［入学］金.

en・trance² [intréns, en- / -tráːns]（☆ 発音に注意）動 他《通例, 受け身で》〈人〉を［…で］うっとりさせる, 魅了する [*at, by, with*]: Her voice *entranced* me. = I was *entranced* by [*with*] her voice. 私は彼女の声に魅了された.

en・tranc・ing [intrénsiŋ, en- / -tráːns-] 形 うっとりさせる（ような）.

en・trant [éntrənt] 名 C ［…への］新入者, 新規加入者 [*to*]；（競技などの）出場者 [*for*].

en・trap [intrǽp, en-] 動（三単現 **en・traps** [~s]; 過去・過分 **en・trapped** [~t]; 現分 **en・trap・ping** [~iŋ]）他《しばしば受け身で》《格式》…をわなにかける；…をだまして［…］させる [*into*].

*****en・treat** [intríːt, en-] 動 他《格式》〈人〉に［…を／…するように〕懇願する, 嘆願する [*for / to do*]; 〈人〉に〈慈悲・好意など〉を懇願する [*of*]: *entreat* ... *for* mercy〈人〉に慈悲を請う / I *entreat* you to help me. お願いですから助けてください.

en・treat・y [intríːti, en-] 名（複 **en・treat・ies** [~z]）U C《格式》懇願, 嘆願, 哀願.

en・trée, en・tree [áːntrei / ɔ́n-]【フランス】名 **1** U C《格式》［…への］入場（許可）, 入場権 [*into*]: give ... an [the] *entrée* to ... …にクラブへの出入りを許す. **2** C《主に米》メインディッシュ；《主に英》間皿（ざら）, アントレ（前菜とメインディッシュの間に出る軽い料理）.

en・trench [intréntʃ, en-] 動 他《通例, 受け身で》**1** …を堅固に守る；［（自分の）意見などを〕堅く守る [*in*]: He *is entrenched* [He *entrenched* himself] *in* his out-dated opinion. 彼は時代遅れの意見に固執している. **2** …にざんごうを掘る；［…から〕…をざんごうで防御する [*against*].

en・tre nous [àːntrə núː / ɔ̀n-]【フランス】副 ここだけの話だが, 内密に.

en・tre・pre・neur [àːntrəprəné:r / ɔ̀n-]【フランス】名 C **1** 起業家, 事業家. **2** （芝居・音楽関係の）興行主；《米》producer. **3** 仲介業者.

en・tre・pre・neur・i・al [-njúəriəl] 形 起業家の.

en・tre・pre・neur・ship [~ʃip] 名 U 起業家精神, 起業意欲.

en・tro・py [éntrəpi] 名 U **1** エントロピー（◇熱力学・情報理論上の単位）. **2**《格式》崩壊, 無秩序.

*****en・trust** [intrʌ́st, en-] 動 他〈人〉に〈責任・任務など〉を任せる, 委託する [*to*]; 〈人〉に〔責任・任務などを〕任せる, 委託する [*with*]: I *entrusted* the arrangements of the party *to* him. = I *entrusted* him *with* the arrangements of the party. 私は彼にパーティーの準備を任せた / *Entrust* your children *to* her care. お子さんの世話は彼女に任せなさい.

⁑en・try [éntri] 名（複 **en・tries** [~z]）**1** U C ［…へ］入ること；［…への〕入学, 入会；加入, 参入 [*into, to*]: Poland's *entry into* [*to*] the EU ポーランドのEUへの加入 / The pupils were silenced by the *entry* of Ms. Davis. デービス先生が入って来たので生徒たちは静かになった.

2 C ［…への〕入り口 (*entrance*) [*to*]; 玄関, 門；（建物の間の）通路: They checked all my baggage at the *entry* to the warehouse. 倉庫の入り口で私の手荷物はすべて検査された.

3 U C 入場権, 入場許可: No *Entry*《掲示》立入禁止；進入不可. **4** U C （リスト・帳簿などへの）記入, 記載, 登記；記載［登録］事項；（辞書・索引の）見出し（語［項目］）: make an *entry* of ... …を記入［登録］する / How many *entries* are there in your dictionary? あなたの辞書の見出し語はいくつですか. **5** C （競技などへの）出場登録；出場者；出品物；《集合的に》全参加者；全出品物 [*for*]: a large [small] *entry for* the cooking competition 料理コンテストへの多くの［わずかな〕参加者［出品物］. （▷ 動 énter）

◆ éntry pèrmit C 入国許可.

éntry vìsa C 入国査証［ビザ］.

en・try・way [éntriwèi] 名 C《米》入り口, 通路.

en・twine [intwáin, en-] 動 他《しばしば受け身で》…を絡み合わせる；…に［…を〕絡ませる, 巻きつける [*with*]: The pillars of the porch were *entwined with* ivy. 玄関の柱にツタが絡みついていた.

e・nu・mer・ate [injúːməreit / injúː-] 動 他《格式》…を列挙する, 数え上げる.

e・nu・mer・a・tion [injùːməréiʃən / injùː-] 名《格式》U 列挙, 数え上げること；C 目録, 一覧表.

e・nun・ci・ate [inʌ́nsièit] 動 他《格式》**1** 〈言葉〉をはっきり発音する. **2** 〈考え・意見など〉を明確に述べる；〈主義・理論など〉を提唱する.
— 自 はっきり発音する.

e・nun・ci・a・tion [inʌ̀nsiéiʃən] 名《格式》**1** U （はっきりとした）発音（のしかた）.
2 C （考え・意見などの）表明, 提唱.

*****en・ve・lop** [invéləp, en-] 動 他 …を［…に〕包む, （すっかり）覆う (*wrap*) [*in*]: a baby *enveloped in* a blanket 毛布にくるまれた赤ん坊 / The mountains were *enveloped in* mist. 山々は霧に覆われていた.

⁂en・ve・lope [énvəlòup]
—名（複 **en・ve・lopes** [~s]）C **1** 封筒: an airmail *envelope* 航空便用封筒 / a self-addressed [《英》stamped addressed] *envelope* 切手をはった返信用封筒（《略記》sae, SAE） / put a stamp on an *envelope* 封筒に切手をはる / address an *envelope* 封筒にあて名を書く.

en·vel·op·ment [invéləpmənt, en-] 名 U 包む[包まれる]こと; 包囲.

en·vi·a·ble [énviəbl] 形 [通例, 限定用法] うらやましがる(ような), うらやましい(ほどすばらしい): He speaks several foreign languages with *enviable* fluency. 彼はいくつかの外国語をうらやましいほど流暢に話す / He is in a very *enviable* position. 彼はとてもうらやましい地位についている.

en·vi·a·bly [-bli] 副 うらやましいほど.

*__en·vi·ous__ [énviəs] 形 [しばしば 叙述] うらやましがる, ねたむ [of]; うらやまし[ねたまし]そうな, 嫉妬(しっと)深い: with an *envious* look うらやましそうな顔つきで / cast an *envious* glance at … …に羨望(せんぼう)のまなざしを投げかける / I am *envious of* your good fortune. 私はあなたの幸運がうらやましい.
(▷ 名 énvy)

en·vi·ous·ly [-li] 副 うらやましげに; ねたんで.

*__en·vi·ron·ment__ [inváiərənmənt, en-]
1 U C 環境, 周囲(の状況)(◇ surroundings が単なる物理的な環境を表すのに対し, 精神面も含んだ人間的な環境を言う): an unhappy home *environment* 恵まれない家庭環境.
2 [the ~] 自然環境: protect the *environment* 自然環境を守る.

*__en·vi·ron·men·tal__ [invàiərənméntəl, en-] 形 環境の, 環境による; 環境保護の: *environmental* adaptation 環境への適応 / *environmental* protection [destruction] 環境保護[破壊] / *environmental* pollution 環境汚染, 公害 / an *environmental* group 環境保護団体.
◆ Environméntal Protéction Àgency [the ~] 《米》環境保護局((略語) EPA).

en·vi·ron·men·tal·ly [-təli] 副 環境的に(は), 環境の面では; 環境保護に関して.

en·vi·ron·men·tal·ism [~ìzəm] 名 U 環境保護(主義).

en·vi·ron·men·tal·ist [~ist] 名 C 環境保護論者; 環境(保護)問題専門家.

en·vi·ron·ment-cón·scious 形 環境(保護)を意識した(◇ environmentally conscious とも言う).

en·vi·ron·ment-friend·ly 形 (製品などが)環境にやさしい, 環境を損なわない(◇ environmentally friendly とも言う).

en·vi·rons [inváiərənz, en-] 名 [複数扱い] 《格式》(都市の)近郊, 郊外 (suburbs).

en·vis·age [invízidʒ, en-] 動 […を]~と]心に描く, 予想する [as]; […ということを]心に描く [that 節]: This is the dream house that I have *envisaged*. これが私の思い描いてきた夢の家です.

en·vi·sion [invíʒən, en-] 動 《米》= ENVISAGE (↑).

en·voy [énvɔi] 名 C **1** 使節; 使者. **2** 公使; (特に) 特命全権公使《大使 (ambassador) に次ぐ地位》.

*__en·vy__ [énvi] 名 **1** U […に対する]ねたみ, 嫉妬(しっと), 羨望(せんぼう) [at, of]: He felt no *envy at [of]* his colleague's promotion. 彼は同僚の昇進をうらやましいとは思わなかった / John's new girlfriend excited [provoked] *envy* among his friends. ジョンの新しい恋人は彼の友達の間に羨望の念を呼び起こした. **2** [the ~] ねたみの種; 羨望の的: Pete was the *envy* of all other students. ピートはほかの生徒たちの羨望の的だった.
■ *in énvy of ...* …をうらやんで.
óut of énvy うらやましさから, 嫉妬のあまり.
—— 動 (三単現 **en·vies** [~z]; 過去・過分 **en·vied** [~d]; 現分 **en·vy·ing** [~iŋ]) 他 [envy + O] …を[…でうらやむ]; ねたむ, 嫉妬する [for], [envy + O + O]〈人〉を〜のことでうらやましく思う: He *envies* you (for) your tact. 彼はあなたの如才なさをうらやんでいる / I *envy* you your promotion. 私はあなたの昇進がうらやましい.
(▷ 形 énvious)

en·zyme [énzaim] 名 C [生化] 酵素.

e·on, 《英》 **ae·on** [íːən] 名 C [しばしば ~s] 非常に長い期間; 永久.

E·os [íːɑs / íːɔs] 名 固 《ギリシャ》エオス《夜明けの女神; → GODDESS 表》.

ep·au·let, ep·au·lette [èpəlét] 名 C (特に将校の制服の) 肩章.

é·pée [éipei] 《フランス》名 C [フェンシング] エペ《細身の剣》.

e·phem·er·a [ifémərə] 名 C [複数扱い] 短命なもの; その場限りのもの《ポスター, 雑誌など》.

e·phem·er·al [ifémərəl] 形 短命の, つかの間の.

*__ep·ic__ [épik] 名 C 叙事詩, 史詩《神話・英雄の功績などを述べる; cf. lyric 叙情詩》; 叙事詩的作品.
—— 形 [通例, 限定用法] **1** 叙事詩の. **2** [しばしばほめ言葉] 英雄的な; 雄大[壮大]な; 《こっけい》異常に大きい: on an *epic* scale 並外れた規模で.

ep·i·cen·ter, 《英》 **ep·i·cen·tre** [épisèntər] 名 C 震央, 震源地《地震の震源の真上の地表の地点》.

ep·i·cure [épikjùər] 名 C 《文語》美食家, 食通, グルメ (gourmet).

ep·i·cu·re·an [èpikjuəríːən] 《文語》形 快楽主義の; 美食の, 食通好みの.
—— 名 C 快楽主義者; 美食家.

*__ep·i·dem·ic__ [èpidémik] 形 **1** (病気が) 流行性の, 伝染性の: an *epidemic* disease 伝染病 / Measles is *epidemic*. はしかは伝染する.
2 (犯罪など悪いことが) 流行している, はやりの.
—— 名 C **1** 伝染病. **2** (病気などの) 流行, 感染; (事件などの) 続出: an *epidemic* of crimes 犯罪の頻発.

ep·i·der·mis [èpidə́ːrmis] 名 U C [解剖・生物] 表皮, 上皮.

ep·i·glot·tis [èpiglɑ́tis / -glɔ́t-] 名 C [解剖] 喉頭蓋(こうとうがい) 《喉頭削上部にある舌状突起》.

ep·i·gram [épigræm] 名 C エピグラム, 警句; 短い風刺詩.

ep·i·gram·mat·ic [èpigrəmǽtik] 形 **1** 警句の(ような); 風刺詩の. **2** (人が) 警句好きの.

ep·i·graph [épigræf / -grà:f] 名 C **1** (建物・

ep·i·lep·sy [épilèpsi] 名 U 《医》てんかん.

ep·i·lep·tic [èpiléptik] 形 てんかん(性)の.
— 名 C てんかんの患者.

ep·i·logue, 《米》**ep·i·log** [épil(ɔ:)g] 名 C (小説・詩などの) 結び(の言葉), 結語, 結末; (劇の) エピローグ, 閉幕の言葉 (↔ prologue).

E·piph·a·ny [ipífəni] 名 《the ~》《キリスト》顕現日《キリスト生誕後に東方の三博士 (Magi) が訪れたことを祝う日; 1月6日》.

e·pis·co·pal [ipískəpəl] 形 1 《キリスト》監督の, 主教 [司教] の. 2 [the E-] 英国国教会系の.
♦ Epíscopal Chúrch [the ~] 聖公会《英国以外の国国教会系組織の呼び名》; 英国国教会.

e·pis·co·pa·lian [ipìskəpéiliən] 形《キリスト》監督[主教, 司教]制教会の; 聖公会の. — 名 C 監督[主教, 司教]制教会の会員; 聖公会員.

***ep·i·sode** [épəsòud] 名 C 1 エピソード, 挿話的な出来事〔経験〕: a tragic *episode* in her life 彼女の生涯における悲劇的なエピソード. 2 (小説・劇などの中の) 挿話; (シリーズ番組の) 1 回分: Watch the next *episode* tomorrow. 続きはあすのお楽しみに.

ep·i·sod·ic [èpəsádik / -sɔ́d-] 形《格式》1 挿話的な, 挿話から成る. 2 散発的な.

e·pis·tle [ipísəl] 名 1《格式》書簡, (儀礼的・教訓的な) 手紙. 2 [the E-] 《聖》使徒書簡《新約聖書中の使徒 (the Apostle) の手紙》.

e·pis·to·lar·y [ipístəlèri / -təlɔri] 形《格式》書簡(体)の: an *epistolary* novel 書簡体小説.

ep·i·taph [épitæf / -tɑ:f] 名 C 墓碑銘, 碑文.

ep·i·thet [épiθèt] 名 C 形容語句, 形容辞《性質・属性を表す形容詞(句). a blue sky (青い空) の blue など》; 別称; あだ名, 通り名《◇英国を表す John Bull, 米国を表す Uncle Sam など》.

e·pit·o·me [ipítəmi] 名 C 《…の》典型, 《…に》うってつけの例; 《…の》縮図, 権化(ゅ)《*of*》: She is the *epitome* of selfishness. 彼女はわがままそのものである.

e·pit·o·mize [ipítəmàiz] 動 他《進行形不可》…の典型である, …を縮図的に示す.

***ep·och** [épək / í:pɔk] 名 C 1 新紀元, 新時代; (画期的な) 時代, 時期 (→ PERIOD 類義語): The discovery of penicillin marked [made] an *epoch* in the history of medicine. ペニシリンの発見は医学史に新時代を開いた. 2【地質】世(ょ)《紀 (period) の下位区分; → ERA 類義語》.

ép·och-màk·ing 形《限定用法》(事件などが) 新時代を開く; 画期的な: an *epoch-making* invention [event] 画期的な発明 [出来事].

ep·o·nym [épənìm] 名 C 名祖(☆)《地名などの起源となった人. Washington, D.C. にとっての George Washington など》.

e·pon·y·mous [ipánəməs / ipɔ́n-] 形 名祖(☆)としての, 名祖名の付いた.

ep·ox·y [epáksi / ipɔ́ksi] 形【化】エポキシ(樹脂)の. — 名 U = epóxy rèsin 【化】エポキシ樹脂《塗料・接着剤用》.

ep·si·lon [épsəlàn / epsáilən] 名 C U エプシロン (ε, E) 《ギリシャ語アルファベットの5番目の文字; → GREEK 表》.

Ep·som [épsəm] 名 固 エプソム《London 南方にある町. ダービー開催地として有名》.

eq·ua·bil·i·ty [èkwəbíləti, ì:k-] 名 U (温度・気候の) 一様さ, 温和さ; (性格・心の) 落ち着き.

eq·ua·ble [ékwəbl, í:k-] 形 1 (温度・気候が) 温和な, 安定した. 2《格式》(人の性格・心などが) 落ち着いた, 穏やかな: She is calm and *equable*. 彼女はもの静かで穏やかな人柄です.

eq·ua·bly [ékwəbli, í:k-] 副 一様に; 落ち着いて.

*****e·qual** [í:kwəl] 形 名 動《原義は「平らな」》
— 形 1 [比較なし] (a) 等しい, 同等の, 匹敵する (→ SAME 類義語): three *equal* parts 3 つの等しい部分 / Study and entertainment are of *equal* importance. 勉強と娯楽はどちらも同じように大切です. (b) [be equal in ...] …の点で等しい: Those two brothers are not *equal* in intelligence. あの2人の兄弟は頭のよさでは互角でない. (c) [be equal to ... (in ~)] 《〜の点で》…に等しい: His pay *is equal* to mine. 彼の給料は私の給料と同じです / Eight times six *is equal* to forty-eight. 8かける6は48 [8×6=48] / I am *equal* to you *in* height. 私はあなたと身長が同じです.

2 [比較なし] 平等の, 対等の: *equal* oppotunities (雇用などの) 機会均等 / All men are created *equal*. 人は生まれながらにして平等である《◇米国の独立宣言》.

3 [叙述用法]《…に》耐えうる (力がある), 《…の》力量がある《to》: My heart is not *equal* to the race. 私の心臓ではそのレースに耐えられない.

■ *on equal terms* (*with* ...) 《…と》対等の条件で.
óther thìngs bèing equal 他の条件が同じなら.

— 名 C (能力・権利などにおいて) 同等の人 [もの], 匹敵する人 [もの] 《*in*》: He has no [is without] *equal* in driving.《格式》車の運転で彼にかなう者はいない.

— 動 (過去・過分《英》**e·qualled**; 現分《英》**e·qual·ling**) 他《進行形不可》…に等しい (= be equal to): Three and four *equals* seven. 3 足す 4 は 7 [3 + 4 = 7] / Five times six *equals* thirty. 5かける6は30 [5×6=30].

2 《…の点で・…として》…に匹敵する, 劣らない 《*in*, *as*》: No one *equals* him in tennis. テニスで彼にかなう者はいない / Tom *equals* Ned *as* a golfer. ゴルファーとしてはトムはネッドと肩を並べる.

♦ équal 《英》equals sígn C 等号 (=).

***e·qual·i·ty** [ikwáləti / ikwɔ́l-] 名 U 等しいこと, 同等; 同一 [均一] 性; 平等, 均等: *equality* in shape 形が同一なこと, 合同 / *equality* of job opportunity 就職の機会均等 / racial [sexual] *equality* 人種 [男女] の平等 / *equality* sign = the sign of *equality* 等号 (=) (equal sign).

e·qual·i·za·tion [ì:kwələzéiʃən / -laiz-] 名 U (大きさ・数などを) 均等 [均一] にする [される] こと; 平等化; 均等 [均一] 化.

e·qual·ize,《英》**e·qual·ise** [í:kwəlàiz] 動 他 …を 《…と》等しくする; 平等 [均等] にする 《*to*,

e·qual·iz·er [íːkwəlàizər] 名 **1** 平等[均等,均一]にする人[もの](圧力・重さの)平衡装置,イコライザー. **2** 《主に英》(スポーツで)同点打[ゴール].

‡e·qual·ly [íːkwəli] 副 **1** 等しく,同程度に: They are *equally* able. 彼らは同じように有能である. **2** 平等に,均等に: Let's divide the food and drink *equally*. 食べ物も飲み物も平等に分けよう. **3** [文修飾] それと同様に,同じく.

e·qua·nim·i·ty [ìːkwəníməti, èk-] 名 ⓤ 《格式》(特に非常時・緊急時の) 心の落ち着き, 冷静さ: with *equanimity* 冷静に.

e·quate [ikwéit] 動 ⦿ …を […と] 同等と見なす [*with*]: I *equate* experience *with* [and] wisdom. 私は経験と知恵は同じものだと思っている.
— ⦿ […と] 等しい [*to*].

‡e·qua·tion [ikwéiʒən, -ʃən] 名 **1** ⓤ […との] 同一視 [*with*]; 均等化: the *equation* of wealth *with* [and] happiness 富と幸福の同一視.
2 ⓒ 【数学・化】方程式, 等式: a mathematical [chemical] *equation* 等式 [化学方程式] / an *equation* of the first [second, cubic] degree 1 [2, 3] 次方程式.

‡e·qua·tor [ikwéitər] (原義は「(地球を)2分するもの」) 名 [the ~, the E-] 赤道; 赤道地域: Being on the *equator*, this country is very hot. この国は赤道直下にあり, 大変暑い.

e·qua·to·ri·al [ìːkwətɔ́ːriəl, èk-] 形 赤道の; 赤道近くの; 非常に暑い.

eq·uer·ry [ékwəri / ikwéri] 名 (複 **eq·uer·ries** [~z]) ⓒ (英国王室の) 侍従.

e·ques·tri·an [ikwéstriən] 形 《通例, 限定用法》乗馬の, 馬術の. — 名 ⓒ 騎手, 馬術家.

e·qui- [iːkwi, ekwi] 接頭「等しい」の意を表す形容詞を作る. *equi*valent 同等の.

e·qui·dis·tant [ìːkwidístənt] 形 (時間・空間について) […から] 等距離の [*from*].

e·qui·lat·er·al [ìːkwilǽtərəl] 形 【数学】(すべての辺が) 等辺の: an *equilateral* [a regular] triangle 正三角形 (→ FIGURE 図).

e·qui·lib·ri·um [ìːkwilíbriəm] 名 ⓤ **1** つり合い, 平衡 (状態), 身体のバランス (**balance**): in *equilibrium* つり合いのとれた.
2 (心の) 平静 (さ), 落ち着き.

e·quine [íːkwain] 形 馬の(ような).

e·qui·noc·tial [ìːkwinάkʃəl / -nɔ́k-] 形 《通例, 限定用法》春分 [秋分] の(頃) の, 彼岸の頃の.

e·qui·nox [íːkwinὰks / -nɔ̀ks] (「equi (= equal) + nox (= night)」で, 「夜が昼と等しい時」の意) 名 ⓒ 【天】昼夜平分時 (春分, 秋分), 彼岸の中日 (cf. solstice 至(ˬ)): the vernal [spring] *equinox* 春分 / the autumnal *equinox* 秋分.

‡e·quip [ikwíp] 動 (三単現 **e·quips** [~s]; 過去・過分 **e·quipped** [~t]; 現分 **e·quip·ping** [~iŋ]) ⦿ **1** 〈人・船など〉に [必要なものを] 装備する [*with*]; […のために / …するために] 〈船・車など〉を準備する, 〈人〉に身支度させる [*for* / *to do*]: be fully *equipped for* … …のために十分な準備をしている / Every car must be *equipped with* seat belts. どの車もシートベルトを取り付けなければならない / He has *equipped* himself *for* the mountaineering. 彼は登山の準備をした. **2** [しばしば受け身で] 〈人〉に〈知識などを〉身につけさせる [*with*]; […のための / …するための] 能力を養わせる [授ける] [*for* / *to do*]: I'll *equip* my son *with* a college education. 私は息子に大学教育を受けさせるつもりです / She *was* well [ill] *equipped to* deal with the problem. 彼女にはその問題を処理するだけの能力があった [なかった].

‡e·quip·ment [ikwípmənt]
— 名 ⓤ **1** [集合的に] […の] 設備, 機材, 備品 [*for*] (◇1つのものをさす場合は **a piece of equipment** と言う): office [sports] *equipment* 事務 [スポーツ] 用品 / *equipment for* medicine 医療設備 / heavy [light] *equipment* 重 [軽] 機材.
2 装備すること, 準備, 支度: *equipment* of a car with a pollution-control system 車に大気汚染防止装置を取り付けること.
3 [仕事などの] 知識, 技術, 素質 [*for*].

eq·ui·poise [ékwipɔ̀iz] 名 ⓤ 《格式》均衡, つり合い; 平衡; ⓒ 〖比喩〗対抗勢力.

eq·ui·ta·ble [ékwitəbl] 形 《格式》公平な, 公正な, 正当な: an *equitable* distribution of the fortune 財産の公平な分配.

eq·ui·ty [ékwəti] 名 (複 **eq·ui·ties** [~z])
1 ⓤ 《格式》公平, 公正. **2** ⓤ 〖法〗衡平法.
3 ⓤⓒ 〖金融〗(担保などを除く)純資産額; [通例, 複数形で] 普通株.

e·quiv·a·lence [ikwívələns] 名 ⓤ 等しいこと; 等価; 同量, 同数; ⓒ 同等物.

‡e·quiv·a·lent [ikwívələnt] 形 (時間・数量・意味などが) […と] 同等の, 等価値の [*to*] (= SAME 類語): A U.S. dollar was *equivalent to* 360 yen then. 当時1米ドルは360円だった / His request is *equivalent to* a command. 彼の要求は命令と同じである.
— 名 ⓒ […と] 同等 [同数, 同量] の もの, […に] 相当 [対応] するもの [こと] [*for, of*]; 相当語句: Do you know the English *equivalent for* this French word? このフランス語に相当する英語を知っていますか.

e·quiv·o·cal [ikwívəkəl] 形 **1** (言葉などが) 両義的な, 2つの意味にとれる (わざと) あいまいにした: *equivocal* remarks あいまいな発言. **2** (人物・行動などが) なぞめいた, 疑わしい (**dubious**).
3 (結果・態度などが) はっきりしない, 不確かな.

e·quiv·o·cate [ikwívəkèit] 動 ⦿ 《格式》(わざと) あいまいに言う, ごまかす, 言い抜ける.

e·quiv·o·ca·tion [ikwìvəkéiʃən] 名 ⓤⓒ あいまいな言葉 (づかい); 言い逃がれ, ごまかし.

‡er [ə́ːr, ə́] 間 えー, あー, あのう (**uh**) (◇言葉につまったり, ためらったり, 注意を引くときなどに発する): Could you call me later? The number is, *er*, 3123-4567. あとで電話していただけますか. 番号は, えーと, 3123-4567です.

-er [ər]《接尾》 **1** 形容詞・副詞に付けて比較級を作る: old*er* / larg*er* / heavi*er*. **2** 動詞に付けて「…する人[もの]」の意を表す名詞を作る: comput*er* コンピュータ / read*er* 読者. **3** 名詞に付けて「…の居住[出身]者」「…を職業とする人，…に関係のある人」の意を表す名詞を作る: London*er* ロンドン市民 / photograph*er* 写真家.

‡**e·ra** [íərə, érə / íərə]《名》《C》 **1** 時代, 年代 (→ PERIOD 類語篇): the coming *era* 来るべき時代 / the Victorian [Meiji] *era* ビクトリア朝[明治時代] / the *era* of space travel 宇宙旅行の時代 / The postwar *era* is over. 戦後 (の時代) は終わった. **2** 紀元: the Christian *era* 西暦[キリスト]紀元. **3**【地質】代《地質学上の最も大きい時代区分》. (関連語) period 紀 / epoch 世(ﾇｲ)

ERA《略語》= *e*arned *r*un *a*verage【野球】防御率 / *E*qual *R*ights *A*mendment《米》(憲法の)男女平等修正条項.

e·rad·i·cate [irǽdikèit]《動》《他》《格式》〈雑草など〉を根こそぎにする;〈病気などを〉を根絶[撲滅]する.

e·rad·i·ca·tion [irǽdikéiʃən]《名》《U》根絶, 一掃.

*‡**e·rase** [iréis]《動》《他》 **1**〈文字などを〉を消す, 消し去る;《米》〈黒板〉を消す (《英》 clean): *erase* pencil marks with an eraser 鉛筆の跡を消しゴムで消す. **2**〈データを〉を〈テープ・リストなどから〉削除する, 消し去る [*from*]: Strangely, his name has been *erased from* the list. 奇妙なことに彼の名がリストから削られていた. **3**《比喩》〈記憶・思想など〉を [⋯から] 消し去る, ぬぐい去る [*from*]: I couldn't *erase* the scene *from* my memory. 私はその情景を記憶から消し去ることができなかった.
(▷《名》 **erasure**)

*‡**e·ras·er** [iréisər / iréizə]《名》《C》《主に米》 **1** 消しゴム (《主に英》 rubber) (→ STATIONERY 図). **2** 黒板ふき.

e·ra·sure [iréiʃər / -ʒə]《名》 **1**《U》消去[削除](すること); 抹消. **2**《C》消した箇所[跡].
(▷《動》 **erase**)

ere [éər]《古・詩語》《前》…の前に (before).
──《接》…する前に, しないうちに.

*‡**e·rect** [irékt]《形》《動》
──《形》 **1** 直立した, まっすぐの (upright); (毛髪が) 逆立った: *erect* posture 直立の姿勢 / That telegraph pole is not standing *erect*. あの電柱はまっすぐ立っていない. **2**【生理】勃起(ﾎﾞｯｷ)した.
──《動》《他》 **1**《格式》〈建物・像など〉を建てる, 建設する (build): The temple was *erected* seven hundred years ago. その寺院は700年前に建てられた. **2** …を直立させる, まっすぐにする: *erect* a TV antenna テレビのアンテナを立てる.
3〈組織・体系などを〉を作る, 設立する.

e·rec·tion [irékʃən]《名》 **1**《U》建造, 建立(ｺﾝﾘｭｳ). **2**《C》《格式》建物 (building). **3**《U》《C》【生理】勃起(ﾎﾞｯｷ).

erg [ə́ːrg]《名》《C》エルグ《◇エネルギーの単位》.

er·go [éərgou / ə́ːgou]《ラテン》《副》《格式》それゆえに, したがって (therefore).

er·go·nom·ic [ə̀ːrɡənámik, -nɔ́m-]《形》人間

工学の.

er·go·nom·ics [ə̀ːrɡənámiks / -nɔ́m-]《名》《U》[単数扱い] 人間工学 (human engineering).

Er·ie [íəri]《名》[Lake ～]エリー湖《米国の五大湖 (the Great Lakes)の1つ》.

er·mine [ə́ːrmin]《名》 **1**《C》【動物】エゾイタチ, アーミン, オコジョ《特に冬に毛が白くなったものをさす; cf. stoat (褐色の夏毛の) エゾイタチ》.
2《U》アーミンの毛皮《英国で法服に用いる》.

e·rode [iróud]《動》《他》 **1**〈酸・水・風などが〉…を浸食する, 腐食する; むしばむ, 破壊する (*away*).
2〈人の権威・信用など〉を徐々に失墜させる (*away*).
──《自》浸食される, 腐食される.

e·rog·e·nous [irádʒənəs / -rɔ́dʒ-]《形》性的刺激に敏感な: an *erogenous* zone 性感帯.

E·ros [éras, íərəs / íərɔs]《名》【ギ神】エロス《愛の神; → GOD 表》.

e·ro·sion [iróuʒən]《名》《U》浸食, 腐食; 崩壊; 徐々に弱まること: the *erosion* of cliffs by the waves 波による崖(ｶﾞｹ)の浸食.

e·ro·sive [iróusiv]《形》浸食的な, 腐食性の.

*‡**e·rot·ic** [irátik / -rɔ́t-]《形》性愛の, 性欲を扱った; エロチックな, エロチックな性欲を扱った踊り / *erotic* pictures 春画.

e·rot·i·cal·ly [-kəli]《副》官能的に, エロチックに.

e·rot·i·ca [irátikə / -rɔ́t-]《名》[複数扱い] 性愛文学 [絵画], ポルノ写真.

e·rot·i·cism [irátəsìzəm / iróti-]《名》《U》エロチズム, 好色性.

*‡**err** [éər, ə́ːr / ə́ː]《動》《自》《格式》 **1** [⋯を] 誤る, 間違える [*in*]: He *erred* seriously *in* his judgment. 彼の判断に重大な誤りがあった / I *erred in* believing him. 彼の言葉を信じたのは間違いだった. **2** (道徳的な) 過ちを犯す, 罪を犯す; [真理・道徳などから] 外れる [*from*]: To *err* is human, to forgive divine. 過ちは人の常, 許すは神の業(ﾜｻﾞ)《◇英国の詩人ポープの言葉》.
■ *érr on the síde of* ... 不当に…である, どちらかというと…すぎる: She *errs on the side of* caution. 彼女は慎重すぎる. (▷《名》 **error**)

*‡**er·rand** [érənd]《名》《C》 **1** 使い, 使い走り: I'll run *errands* for you. 私がお使いをしてきてあげましょう.
2 使いの用件 [用向き]: I've got an *errand* to do there. 私はそこでやるべき用事がある.
■ *gò on a fóol's érrand* むだ足を運ぶ.
sénd ... on an érrand …を使いに出す.

er·rant [érənt]《形》《限定用法》
1 正道から外れた, 道を誤った: an *errant* husband 不貞な夫. **2**《冒険を求めて》遍歴する.

er·ra·ta [erɑ́ːtə]《名》**erratum** の複数形.

er·rat·ic [irǽtik]《形》《通例, 軽蔑》(行動・仕事などが) でたらめな; 不規則な, 不安定な: Her behavior is *erratic*. 彼女のふるまいは気まぐれである.

er·rat·i·cal·ly [-kəli]《副》不規則に; 気まぐれに.

er·ra·tum [erɑ́ːtəm]《ラテン》《名》《複 **er·ra·ta** [-tə]》《C》《通例, 複数形で》誤字, 誤植, 誤写;《複数形で; 単数扱い》正誤表: an *erratum* slip = a list of *errata* 正誤表.

*‡**er·ro·ne·ous** [iróuniəs]《形》《格式》(声明・信念な

どが) 誤った, 間違っている (wrong, mistaken): an *erroneous* belief 誤った信念. (▷ 名 érror)
er·ro·ne·ous·ly [〜li] 副 誤って, 間違って.

er·ror [érər]

—名 (複 **er·rors** [〜z]) **1** C […の] 間違い, 誤り; 過失 [*in*] (→類義語): an *error in* typing タイプミス / a printer's *error* 誤植 / a computer [human] *error* コンピュータが犯す [人為的な] 誤り / make [commit] an *error* 誤りを犯す / Correct *errors*, if any. 誤りがあれば正しなさい / The Secretary admitted to an *error in* judgment. その大臣は判断ミスを認めた.
2 U 思い違い, 考え違い, 誤解: fall into *error* 考え違いをする / lead a person into *error* 人を誤らせる / Her registration for the class was canceled by *error*. 彼女の履修登録は誤って取り消された.
3 C 【スポーツ】エラー, 失策. **4** C 【数学】誤差.
■ ***in error*** 間違って: Bill was *in error* about the date of the party. ビルはパーティーの日取りを勘違いしていた. (▷ 動 érr; 形 erróneous)

【類義語】**error, mistake**
共通する意味▶誤り (a turning aside from what is correct or proper)
error は「格式」で「事実・標準・手本から外れた誤り」の意を表す. そのほかに宗教・道徳上の「過ち(sin)」の意で使われることもある: an *error* of omission 怠慢の罪 / The bill contains an *error* in calculation. その請求書には計算の誤りがある. **mistake** は error と置き換え可能なことも多いが,「不注意・誤解などから生じた間違い」の意. error ほどの非難の気持ちはない: Someone took my hat by *mistake*. だれかが間違えて私の帽子を持って行った / I made a few *mistakes* [errors] in the exam. 試験でいくつか間違えた.

er·satz [éərzɑːts / éəzæts] 【ドイツ】形 [通例, 限定的法] 《軽蔑》代用の; 合成の; 人工の.
erst·while [ə́ːrsthwàil] 形 [限定的法] 《格式》以前の, 昔の: an *erstwhile* friend 昔の友人.
er·u·dite [érjədàit / éru-] 形 《格式》博学な, 学問 [学識] のある (learned, scholarly).
er·u·di·tion [èrjədíʃən / èru-] 名 U 博学, 学識.
***e·rupt** [irʌ́pt] 動 自 **1** (火山が) 噴火する, 爆発する (explode): The volcano has *erupted*. 火山が噴火した. **2** (抑えていた感情などが) 突然 [どっと] 噴出する, (暴動などが) 勃発(ほっ)する: *erupt* with [in] anger 急に怒りを爆発させる.
3 (にきび・吹き出物などが) 吹き出る, (歯が) 生える.
***e·rup·tion** [irʌ́pʃən] 名 C U **1** (火山の) 噴火, (溶岩などの) 噴出物: be in *eruption* 噴火している / burst into *eruption* 突然噴火 [爆発] する.
2 (感情の) 爆発, 噴出; (暴動などの) 勃発.
3 (病気・伝染病などの) 発生; 発疹(ほっ), 吹き出物, (歯が) 生え出ること.
e·rup·tive [irʌ́ptiv] 形 **1** 爆発性の, 噴出性の; 突発的な. **2** 【医】発疹(ほっ)性の.
-er·y [əri] 接尾 「…行為, …状態」「…業」「…類, …全体」の意を表す名詞を作る: brav*ery* 勇敢さ / slav*ery* 奴隷(どれい)の状態 / bak*ery* 製パン業 / machin*ery* 機械類 / scen*ery* 風景.
-es [iz, əz] 接尾 [s, sh, ch, x や「子音字+y」などで終わる語に付けて] **1** 名詞に付けて複数形を作る: dress*es* ドレス / watch*es* 時計. **2** 動詞に付けて3人称単数現在形を作る: mix*es* 混ぜる / wash*es* 洗う / tri*es* 試みる.
***es·ca·late** [éskəlèit] 動 自 (争い・悪条件などが) 段階的に拡大 [増大] する, エスカレートする; (物価などが) どんどん上がる: The war *escalated* after the peace talks failed. 和平会談が失敗し, 戦争は拡大した.
— 他 …を段階的に拡大 [増大] させる.
es·ca·la·tion [èskəléiʃən] 名 U C (争い・悪条件などの) 段階的な拡大 [増大].
***es·ca·la·tor** [éskəlèitər] (☆ アクセントに注意) 名 C エスカレーター (《英》moving staircase): take an *escalator* エスカレーターに乗る.
es·cal·lop, es·cal·op [iskɑ́(ː)ləp / éskəlɒ̀p] 名 動 =SCALLOP ホタテ貝.
es·ca·lope [èskəlóup / éskæləp] 名 U C 《英》【料理】エスカロップ《子牛の薄切り肉をフライ》.
es·ca·pade [éskəpèid] 名 C 脱線的な行動; 乱暴な行為, いたずら: his youthful *escapade* 彼の若い頃の脱線ぶり.

****es·cape** [iskéip]
動 名

【基本的意味は「(束縛などから) 逃げる (get away from a place where you are kept)」】

— 動 (三単現 **es·capes** [〜s]; 過去・過分 **es·caped** [〜t]; 現分 **es·cap·ing** [〜iŋ])
— 自 **1** [束縛などから] **逃げる**, 脱走する [*from*]: *escape from* prison 脱獄する / Two tigers *escaped from* the cage in the zoo. 動物園の檻から2頭のトラが逃げ出した.
2 [災難などから] 逃れる, 助かる [*from*]: *escape from* the burning house 燃えさかる家から逃げる / A lot of passengers were injured in the accident, but she *escaped* unhurt. その事故でたくさんの乗客がけがをしたが, 彼女は無傷だった.
3 […から] (ガス・水などが) 漏れる, 抜ける [*from, out of*]: There is air *escaping from* the rubber raft. ゴムボートから空気が漏れている.
— 他 **1** [受け身不可] [escape + O] ⟨危険・災難など⟩ を**逃れる**, 避ける; [escape + 動名] …することを避ける: leave home earlier to *escape* the rush hour ラッシュアワーを避けるために (いつもより) 早めに家を出る / Fortunately the two cars *escaped colliding* at the crossing. その2台の車は運よく交差点での衝突を免れた.

【語法】自 **1** が「すでになっている状態から逃れる」の意なのに対して, 他 **1** は「そういう状態にならないようにする」の意を表す: *escape* from the police 警察の拘留から逃げ出す / *escape* the police (逮捕されないように) 警察を避ける.

2 [受け身不可] ⟨人の注意など⟩ から逃れる; ⟨記憶などに⟩ 残らない, ⟨人⟩ に忘れられる: No mistakes in spelling *escaped* the teacher. その先生は1文字たりともつづりの間違いを見逃さなかった / At first her family name *escaped* me [my memory]. 最初彼女の名字が思い出せなかった.

3 [言葉・ため息などが]…から思わず漏れる: A sigh *escaped* my lips. 私は思わずため息をついた.

— 名 **1** U C […からの] 脱出, 脱出; […から] 逃れること[*from*]: The boy made an [his] *escape from* his house at midnight. 少年は真夜中に家出をした / He is aiming for an *escape from* his routine office life. 彼はマンネリ化した会社生活からの脱出をねらっている. **2** C […からの] 脱走法, 逃げる手段; 逃げ道 [*from*]: a fire *escape* (火災用) 非常階段 / an *escape from* the concentration camp 強制収容所からの脱出行. **3** C 漏れ, 漏れ口: an *escape* of gas ガス漏れ. **4** U C [風(圧)の], …[現実からの] 逃避(法), 一時的な気晴らし [*from*]: I often go to the movies as an *escape*. 私は気晴らしによく映画を見に行く.

■ **hàve a nàrrow escápe** […から]間一髪で逃れる [*from*]: He *had a narrow escape from* death in the plane crash. 彼はその飛行機墜落事故で九死に一生を得た.

màke gòod one's escápe うまく逃げ切る.

es·cap·ee [iskèipíː] 名 C 《文語》 逃亡者, 脱獄者.
es·cap·ism [iskéipizəm, es-] 名 U《しばしば軽蔑》現実逃避(主義).
es·cap·ist [iskéipist, es-] 名 C 現実逃避者.
— 形 [限定用法] 現実逃避(主義)の.
es·cap·ol·o·gy [iskèipálədʒi / èskəpól-] 名 U《マジックなどの》縄抜け, かご抜け.
es·cap·ol·o·gist [-lədʒist] 名 C 脱出曲芸師.
es·car·got [èskɑːrgóu / iskáːgou]《フランス》名 C エスカルゴ《食用カタツムリ》.
es·carp·ment [iskáːrpmənt, es-] 名 C 急な崖(き), 断崖(怒), 急斜面.
es·cha·tol·o·gy [èskətálədʒi / -tɔ́l-] 名 U《神学》終末論《世界の終末や天国・地獄などを扱う》.
es·chew [istʃúː, es-] 動 他《格式》〈悪いこと〉を(意図的に)避ける, 控える, 慎む (avoid): *eschew* bad company 悪い仲間を避ける.
es·cort [éskɔːrt]《☆名の発音の違いに注意》名
1 C [単数・複数扱い] 護衛する, ガード; [集合的に] 護衛機隊 [艦隊]: an *escort* of several fighters 戦闘機数機から成る護衛機隊 / I offered to be the prince's *escort* round London. 私は王子のロンドン滞在中の護衛を申し出た.

2 C (女性に) 付きそう男性, エスコート(する人): I was her *escort* to the party that evening. 私はその晩彼女に付きそってパーティーへ行った.

3 U 護衛, 護送: under police *escort* 警察に護衛されて.
— 動 [iskɔ́ːrt] 他 **1** …を護衛する, ガードする, 護送する: *escort* a guest home [to the door] 客を家 [玄関] まで送り届ける / The bodyguards *escorted* the President to the summit talks. ボディーガードが首脳会談へ向かう大統領を護衛した.

2 (男性が) 〈女性〉に付きそう, エスコートする: I *escorted* Diana to the dance. 私はダイアナに付きそってダンスパーティーへ行った.

es·cri·toire [èskrətwáːr]《フランス》名 C (引き出し付きの古風な) 書き物机.
es·cutch·eon [iskʌ́tʃən, es-] 名 C《紋》(紋章に描かれた) 盾(き) (shield); 盾(形)の紋地.
ESE, E.S.E. 《略語》 = east-southeast 東南東.
-ese [iːz] 接尾 **1** 「…国 [地方] (の) 」「…人 (の), …語 [方言] (の) 」の意を表す形容詞・名詞を作る: Japan*ese* 日本人 [語] (の) / Chin*ese* 中国人 [語] (の). **2** 「…風(き)(の), …特有の文体(の)」の意を表す形容詞・名詞を作る: journal*ese* 新聞体 / offici*alese* お役所言葉.
Es·ki·mo [éskimòu] 名 (複 **Es·ki·mo, Es·ki·mos** [~z]) **1** C エスキモー人《北米や西シベリアの北極地方に住む先住民族の総称. 現在では Inuit のほうが一般的》. **2** U エスキモー語.
— 形 エスキモーの; エスキモー人 [語] の.
ESL《略語》= English as a second language 第2言語としての英語.
e·soph·a·gus [isáfəgəs / iːsɔ́f-] 名 (複 **e·soph·a·gi** [-gài]) C《米》《解剖》食道《英》oesophagus.
es·o·ter·ic [èsətérik] 形 難解な; 限られた者にしか理解できない; 神秘的な; 密教の.
esp, esp. 《略語》 = *es*pecially (↓).
ESP 《略語》 = extrasensory perception 超感覚的知覚.
es·pe·cial [ispéʃəl, es-] 形 [限定用法]《格式》特別な (special); 特殊な (particular).

***es·pe·cial·ly** [ispéʃəli, es-]
— 副 **1** 特に, とりわけ《略語》esp, esp.: My daughter is often feverish, *especially* in the evening. 私の娘はよく熱を出すが, 特に夜分に出る / You should drive carefully, *especially* when the road is icy. 特に路面が凍結しているときは気をつけて運転しなければいけない.

2 [形容詞を修飾して] 特別に, 並外れて: David is *especially* excellent in mathematics. デイビッドは数学が並外れてすぐれている / This baggage is *especially* heavy. この手荷物は特に重い.

3 [否定文で; 部分否定] 特に…であるというわけでは(ない): This town isn't *especially* conservative. この町が特別に保守的であるということではない / Do you want to eat out? — Not *especially*. 外で食事したいのですか — いや別に (そうではない).

Es·pe·ran·tist [èspəræntist] 名 C エスペラント語使用者.
Es·pe·ran·to [èspəræntou] 名 U エスペラント(語)《ポーランド人ザメンホフが考案した人工言語》.
es·pi·o·nage [éspiənàːʒ]《フランス》名 U スパイ活動 [行為]: industrial *espionage* 産業スパイ.
es·pla·nade [èsplənáːd / èsplənéid] 名 C (海岸・湖畔・川沿いの) 遊歩道, ドライブウェー.
es·pous·al [ispáuzəl] 名 C U《格式》(主義・説などへの) 支持, 賛同.
es·pouse [ispáuz] 動 他《格式》〈主義・説など〉を支持する, 擁護する, 信奉する.
es·pres·so [esprésou] 名 (複 **es·pres·sos** [~z]) U C エスプレッソ(コーヒー)《粉に蒸気を通して作る

濃いコーヒー》.

es・prit [esprí:]【フランス】名 U 機知, 才気, エスプリ.

es・prit de corps [esprí: də kɔ́:r]【フランス】名 U 団結心.

es・py [ispái] 動 (三単現 **es・pies** [~z]; 過去・過分 **es・pied** [~d]; 現分 **es・py・ing** [~iŋ]) 他《文語》(遠くの見えにくい所から, または偶然思いがけず) …を見つける.

Esq., Esqr. [éskwaiər, iskwáiər / iskwáiə, es-]《略語》= *Esquire* …様, …殿.

[語法] (1) あて名や公式書類で男性氏名のあとに付ける: Paul Smith, *Esq*. ポール=スミス様.
(2)《米》では弁護士など以外には用いず,《英》でも親しい間柄では Mr. が一般的.

-esque [esk] 接尾 名詞に付けて「…風(ふう)の, …様式の」の意を表す形容詞を作る: pictur*esque* 絵のような / arab*esque* アラビア風の.

es・quire [éskwaiər, iskwáiər / iskwáiə, es-] 名 U [E-] …様, …殿《◇通例 Esq. または Esqr. の形で用いる》. = Esq.

-ess [as, is] 接尾 名詞に付けて「女性, 雌」の意を表す: actr*ess* 女優 / tigr*ess* 雌トラ.

‡**es・say** [éseI] 名 C **1**《…に関する》随筆, エッセー, 小論文, 評論 [*on, about*]: an *essay* on "My School Life"「私の学校生活」という題のエッセー / political *essays* 政治評論. **2**《格式》《…の / …しようとする》試み, 努力 (effort) [*at/ to do*].
— 動 [eséI] 他《格式》…を試みる, 企てる; 〔…しようと試みる (try) [*to do*]: *essay* to prevent war 戦争防止に努める.

es・say・ist [éseiist] 名 C 随筆家, エッセイスト.

*****es・sence** [ésəns] 名 **1** U 《通例 the ~》本質, 核心, 要点: Tolerance is the (very) *essence* of friendship. 寛容こそが友情の本質である.
2 C U エッセンス, エキス; 香料: vanilla *essence* バニラエッセンス / beef *essence* 牛肉エキス.

■ **be of the éssence** 非常に重要である.

in éssence 本質的に, 本当のところ: The two things are different *in essence*. その2つの事柄は本質的に異なる.

‡**es・sen・tial** [isénʃəl] 形 名

【基本の意味は「不可欠の (quite important or necessary)」】

— 形 **1** (a) [be essential to [for] …] …に不可欠な, 絶対必要な, きわめて重要な: Your cooperation *is essential to [for]* my plan. 私の計画にはあなたの協力がぜひとも必要です / Practice *is essential for* playing the violin well. バイオリンを上手に弾くには練習が欠かせない.
(b) [It is essential+that 節] …であることが絶対必要だ; [It is essential (+for …)+to do] (…にとって) …することは絶対必要だ: *It is essential that* you (should) do it by yourself. = *It is essential for* you *to* do it by yourself. それは独力でやることが肝心です《◇ should を用いるのは《主に英》》.
2 [限定用法] 本質的な, 根本的な (↔ accidental): an *essential* difference [element] 本質的な相違 [要素].
3 [限定用法] エキスの, 精の: *essential* oil 精油《植物から得られる芳香性の油》.

— 名 C [通例 ~s] 絶対必要なもの, 本質的要素; 要点: bare *essentials* 最低限必要なもの / the *essentials* of English grammar 英文法の要点.

‡**es・sen・tial・ly** [isénʃəli] 副 **1** 本質的に, 基本的に; 実は: He is *essentially* an idealist. 彼は本質的に理想主義者である.
2 ぜひ [否定文で] 必ずしも (necessarily): Must I go on a diet? ― Not *essentially*. ダイエットしなければいけませんか ― どうしてもというわけではありません.

Es・sex [ésiks] 名 固 エセックス《England 南東部にある州》.

EST, E.S.T., e.s.t.《略語》= *E*astern *S*tandard *T*ime《米》東部標準時.

-est [ist, əst] 接尾 形容詞・副詞に付けて最上級を作る: fast*est* / lat*est* / happi*est* / earli*est*.

est.《略語》= est*ablished* (↓); est*ate* (↓); est*imate* (↓).

‡**es・tab・lish** [istǽbliʃ]
【原義は「固める」】

— 動 (三単現 **es・tab・lish・es** [~iz]; 過去・過分 **es・tab・lished** [~t]; 現分 **es・tab・lish・ing** [~iŋ])
— 他 **1** [establish+O]〈組織・会社など〉を設立する,〈事業など〉を始める;〈法律・制度など〉を制定する: *establish* a good relationship with colleagues 同僚とよい関係を作る / *establish* a workshop for international understanding 国際理解のための研究会を作る / The hotel was *established* in 1890. ホテルは1890年に開業した.
2 [establish+O] …を示す, 証明する: [establish+that 節 [疑問詞節]] …ということを […かを] 立証する: Tom *established* his innocence. = Tom *established that* he was innocent. トムは自分が無実であることを立証した / The police cannot *establish what* the cause of the accident is. 警察はその事故の原因が何であるかを立証できないでいる.
3 (a) [establish+O] […として]〈名声など〉を確立する,〈…を(世の中に)認めさせる〉;〈癖など〉をつける: I have *established* a habit of jogging in the morning. 私は朝のジョギングが習慣になりました / Numerous concerts *established* his reputation *as* a singer. 彼は数多くのコンサートを経て歌手としての名声を確立した.
(b) [establish oneself] […として] 名声を得る, 身を立てる [*as*]: She has *established herself as* an actress. 彼女は女優としての名声を確立した.
4 [しばしば受け身で]〈人〉を […に] 落ち着かせる; […の] 地位 [役職] につける (*as, in*): She is now *established as* a customs inspector at the airport. 現在彼女は空港で税関職員としての職についている / His family *was established in* the country last year. 彼の家族は去年田舎に居を構えて落ち着いた. (▷ 名 estáblishment)

*****es・tab・lished** [istǽbliʃt] 形 [限定用法] 確立 [確証] された; 既成の; 制定 [認定] された: an *estab*-

es・tab・lish・ment [istǽbliʃmənt] 名
1 U 設立, 開設; 樹立; 制定: the *establishment* of a constitution 憲法の制定 / The *establishment* of a new hospital is under examination. 新しい病院の設立が検討されている.
2 C 《格式》(学校・病院・事業所などの) 施設, 店舗: an educational *establishment* 教育施設.
3 U 確立, 確定, 立証;(身分の)安定: the *establishment* of a new theory 新理論の確立.
4 C [通例 単数形で] 世帯, 家庭 (household): He keeps a large *establishment*. 彼は大所帯を構えている. **5** U [通例 the E-; 単数・複数扱い]《しばしば軽蔑》支配階級;(既成の)体制(側), 権力機構: the literary *Establishment* 既成の文壇 / The *Establishment* is usually against social or political reforms. 体制側はたいてい社会的・政治的改革に反対する.

es・tate [istéit, es-] 名 **1** C (通例, 大きな邸宅がある)地所: He owns a 100-acre *estate* in Texas. 彼はテキサスに100エーカーの土地を所有している. **2** C《英》(住宅・工場の) 開発団地: an industrial [a housing] *estate* 工場[住宅]団地.
3 [通例, 単数形で]《法》(個人の)財産, 遺産: personal *estate* 動産 / real *estate* 不動産 / His *estate* will be divided among his three children. 彼の財産は3人の子供たちに分与される.
4 C 社会的階級 [身分]: Journalists are sometimes called the Fourth *Estate*. ジャーナリストは時に第四階級と呼ばれる.
 ◆ estáte àgent C《英》不動産業者 (《米》realtor, real estate agent).
 estáte càr C《英》ステーションワゴン (《米》station wagon).

*es・teem** [istíːm, es-] 動 他 [進行形不可]
1 …を尊敬する (→ APPRECIATE 類義語): I *esteem* his discernment very highly. 私は彼の見識をきわめて高く評価します.
2《古風》…を(価値があると)考える, みなす (consider): I would *esteem* it (as) a great favor [honor] if you would come. おいでいただければ大変ありがたく[光栄に]存じます.
—— 名 U 尊敬, 尊重, 敬意 (respect): The mayor was held in high *esteem* by people in general. 市長は一般市民から非常に尊敬されていた.

es・thete [ésθiːt / íːs-] 名《米》= AESTHETE 唯美主義者.
es・thet・ic [esθétik / íːs-] 形《米》= AESTHETIC 審美的な.
es・thet・ics [esθétiks / íːs-] 名《米》= AESTHETICS 美学.
es・ti・ma・ble [éstiməbl] 形《格式》尊敬 [尊重] すべき: an *estimable* person 立派な人.

‡es・ti・mate [éstəmèit] (☆ 名 との発音の違いに注意) 動 名
—— 動 (三単現 **es・ti・mates** [-mèits]; 過去・過分 **es・ti・mat・ed** [~id]; 現分 **es・ti・mat・ing** [~iŋ])

—— 他 **1** (a) [estimate + O (+ at [to be] …)] [しばしば受け身で]〈金額・人数など〉を(…と)見積もる, 大まかに計算する: The audience *was estimated at* [*to be*] two hundred. = They *estimated* the audience *at* [*to be*] two hundred. 聴衆は大まかに計算して200人であった. (b) [estimate + that 節 [疑問詞節]] …であると[…かを]見積もる: We *estimated that* it would take three months to build the house. 私たちはその家を建てるのに3か月かかるだろうと見積もった / Can you *estimate how* much the remodeling of this room will cost? この部屋の改装にいくらかかるか見積もってくれますか.
2 [進行形不可] …について(可能性・価値などがあると)判断する, 評価する: *estimate* …'s abilities〈人〉の能力を評価する / No one but her *estimated* his safe return. 彼女以外だれも彼が無事に生還するとは思わなかった.
—— 自 […の]見積もりをする, 見積書を作る [*for*]: *estimate* for the repair of the broken car 故障車の修理費用を見積もる.

—— 名 [éstəmət] C **1** (値段などの)見積もり, 推定;(大きさ・価値などの)評価: at a rough [conservative] *estimate* 大まかに [控えめに] 見積もって / make an *estimate* of … …を見積もる / My *estimate* of the height of the tower is 100 meters. 私の推測では塔の高さは100メートルぐらいだ / Could you give me an *estimate* for the project? 計画の見積もりを出してくれませんか.
2 [しばしば ~s] 見積(書), 概算(書): Several travel agencies submitted *estimates* for our school trip. 複数の旅行業者がわが校の修学旅行の見積書を提出した.
3 (能力・可能性などについての)判断(力), 意見: I haven't yet been able to form an *estimate* of his success in business. 彼が事業に成功するかどうかはまだ判断できていない.

es・ti・mat・ed [éstəmèitid] 形 およそ…, 推定…: an *estimated* 15,000 spectators およそ1万5千人の観客 (◇ an は観客を1つの集合体と見るため).
es・ti・ma・tion [èstəméiʃən] 名 **1** U (価値などの)判断, 意見; 評価: go up [down] in …'s *estimation* …の評価が上がる[下がる] / in my *estimation* 私の見るところでは. **2** U [または an ~](測定値などの)概算, 見積もり.
es・ti・ma・tor [éstəmèitər] C 名 評価者, 算定者.
Es・to・ni・a [estóuniə] 名 固 エストニア (バルト海沿岸にある共和国; 首都タリン (Tallinn)).
es・trange [istréindʒ, es-] 動 他〈人〉を[特に家族と]仲たがいさせる,〈特に家族同士〉の仲を疎遠にさせる[悪くする] [*from*]: His shameful conduct has *estranged* him *from* his brother. 彼は不名誉な行為をしたために弟と疎遠になってしまった.
es・tranged [istréindʒd, es-] 形 **1** [限定用法] (特に夫婦が) 仲たがいした, 疎遠になった, 別居した: her *estranged* husband 彼女の別居中の夫.
2 [叙述用法] […と] 仲たがいして, 疎遠になって [*from*]: Kate has become *estranged from* Jim. ケートはジムと疎遠になってしまった.
es・trange・ment [istréindʒmənt, es-] 名

[U]《…との /…の間の》仲たがい《with / between》; 《…から》疎遠になること, 離反すること《from》.

es·tro·gen [éstrədʒən / íːs-] 名U《主に米》【生理】エストロゲン《女性ホルモンの一種》.

es·tu·ar·y [éstʃuèri / -tjuri] 名《複 **es·tu·ar·ies** [~z]》C (幅の広い) 河口; 入り江.

ET, E.T. 《略語》 = ext*r*ater*r*estrial 地球外の (生物); *E*astern *T*ime 《米》東部標準時.

-et [it, ət] 接尾 名詞に付けて「小さい…」の意を表す: pack*et* 小さな包み / tabl*et* 錠剤.

e·ta [éitə / íːtə] 名CU イータ (η, H)《ギリシャ語アルファベットの7番目の文字: → GREEK 表》.

ETA 《略語》 = *e*stimated *t*ime of *a*rrival 到着予定時刻.

et al. [et ǽl]《ラテン》《略語》 (人名リストの最後で) およびその他の (人々)(and others)《◇通例, 論文・法律文などで用いる》.

‡etc., etc, &c. [etsétərə]《ラテン》《略語》…など, その他 (and so on, and so forth): Your sickness comes of overworking, overdrinking, overeating, *etc.* あなたの病気は働きすぎ, 飲みすぎ, 食べすぎなどが原因です.

[語法] (1) 通例, 専門書・商業文などに用い, 日常の文章などでは and so forth [on], and the like を用いる. 人については, 通例 et al. を用いる.
(2)《英》では etc とピリオドを省略する傾向がある.
(3) etc. の前にはコンマを打つ. ただし列挙しない場合は, walking etc. のようにコンマは不要.
(4)《口語》では etc., etc. と重ねて用いることがある: I have to watch TV, make beds, *etc., etc.* これからテレビを見て, ベッドメーキングをして, ほかにもいろいろやらなくては.

et cet·er·a [et sétərə]《ラテン》副 その他, …など (《略語》etc.).

etch [étʃ] 動他 **1**〈銅板〉に (酸などで) エッチングをする;〈絵·図柄など〉を《…に》エッチングでかく《on》 (→ ETCHING). **2** 《通例, 受け身で》《文語》…を[記憶などに] 刻む《on, in》. — 自 エッチングをする.

etch·ing [étʃiŋ] 名 **1**Uエッチング (技法)《鉄筆で絵をかいた銅板を酸で腐食させて原版を作る版画》. **2**C エッチング (版画, 作品).

ETD《略語》 = *e*stimated *t*ime of *d*eparture 出発予定時刻.

‡e·ter·nal [itə́ːrnl] 形 **1** 永遠 [永久] の, 不滅の (everlasting) (↔ temporary): *eternal* truth [life] 永遠の真理 [生命] / swear [pledge] *eternal* love 永遠の愛を誓う / Rome, the *Eternal* City 永遠の都, ローマ. **2** 《口語》不断の, 際限のない (endless): *eternal* chatter 切りのないおしゃべり / I'm tired of these *eternal* arguments. いつも口げんかばかりしてうんざりだ. (▷名 etérnity)

◆ etérnal tríangle [the ~] (男女間の) 三角関係.

e·ter·nal·ly [itə́ːrnəli] 副 **1** 永遠に, 永久に. **2**《通例, 進行形と共に》《口語》絶え間なく, ひっきりなしに: The kids are *eternally* quarreling. 子供たちはしょっちゅう口げんかしている.

e·ter·ni·ty [itə́ːrnəti] 名U **1** 永遠 (性), 永久, 無窮, 無限: for all *eternity* 永遠に. **2** 来世, あの世. **3** [an ~] 果てしなく続く時間: It seemed an *eternity* before they returned. 彼らが戻るまで途方もない時間がたったように思えた.
(▷形 etérnal)

eth·a·nol [éθənɔ̀ːl / íːθənòul] 名U【化】エタノール (ethyl alcohol).

e·ther [íːθər] 名U **1** エーテル《溶媒·麻酔剤などに用いる》. **2** 《詩語》(雲の上の) 澄んだ天空, 青天.

e·the·re·al [iθíəriəl] 形《文語》この世のものとは思えない (ほど優美な); とても軽やかな: *ethereal* beauty この世のものと思えない美しさ / *ethereal* music 妙(たえ)なる楽の音.

E·ther·net [íːθərnèt] 名U【コンピュータ】イーサネット《複数のコンピュータを接続して相互に通信するネットワークシステム. LANの一種》.

eth·ic [éθik] 名U 倫理, 道徳律, 価値体系.

‡eth·i·cal [éθikəl] 形 **1** 《比較なし; 限定用法》倫理の, 道徳 (上) の, 道義上の (moral): follow an *ethical* code 倫理 [道義] 的な規範を守る.
2 倫理 [道義] にかなう, 道徳的に正しい: It is not *ethical* for politicians to take bribes. 政治家がわいろを受け取るのは道義に反している.

eth·i·cal·ly [éθikəli] 副 倫理 [道徳] 的に, 道義的に; [文修飾] 倫理上は, 道徳的には: *Ethically* (speaking), you shouldn't have done that. 道義的に言うと君はそれをすべきではなかった.

‡eth·ics [éθiks] 名 **1** U《単数扱い》倫理学.
2 《複数扱い》(個人·社会·職業の) 道徳 (原理); 倫理観, モラル: professional *ethics* 職業上の倫理 / a code of *ethics* 倫理規定.

E·thi·o·pi·a [ìːθióupiə] 名 固 エチオピア《アフリカ北東部にある共和国; 首都アディスアベバ (Addis Ababa)》.

E·thi·o·pi·an [ìːθióupiən] 形 エチオピアの; エチオピア人の. — 名C エチオピア人.

‡eth·nic [éθnik], **eth·ni·cal** [-kəl] 形 **1** (共通の言語·宗教などを持つ) 人種の, 民族の; 人種 [民族] 的な: *ethnic* minorities (ある地域の) 少数民族 / *ethnic* troubles 人種間の紛争.
2 ある民族特有の (特に現代の欧米文化と比較して) 異質で魅力的な, 異国風の (exotic): *ethnic* clothes [music] 民族衣装 [音楽] / *ethnic* food [cooking] エスニック料理.
— 名C《米》少数民族の人.

◆ éthnic cléansing U民族浄化《他民族を武力などして追放すること》.

eth·ni·cal·ly [éθnikəli] 副 人種 [民族] 的に, 人種的に.

eth·nic·i·ty [eθnísəti] 名U 民族性.

eth·no·cen·tric [èθnouséntrik] 形 自民族中心 (主義) の.

eth·no·cen·trism [èθnouséntrizəm] 名U (排他的な) 自民族中心 [優越] 主義 [思想].

eth·nog·ra·pher [eθnágrəfər / -nɔ́g-] 名C 民族誌学者, 民族分類学者.

eth·nog·ra·phy [eθnágrəfi / -nɔ́g-] 名U 民族誌 (学), 民族分類学.

eth·no·log·i·cal [èθnəládʒikəl / -lɔ́dʒ-], **eth·no·log·ic** [-dʒik] 形 民族学 (上) の.

eth·nol·o·gist [eθnálədʒist / -nɔ́l-] 名C 民族学者.

eth·nol·o·gy [eθnάlədʒi / -nɔ́l-] 名 U 民族学.

e·thos [íːθɑs / -θɔs] 名 U **1** エトス《ある個人・社会を特徴づける性格・慣習》の中心原理, 知的特質. **2** (芸術作品の) 中心原理, 知的特質.

eth·yl [éθəl] 名 U【化】エチル.
◆ éthyl álcohol 名【化】エチルアルコール.

eth·yl·ene [éθəliːn] 名 U【化】エチレン.

e·ti·o·lat·ed [íːtiəleitid] 形 《植物が光の不足のために》黄色[白]くなった; 《文語》青白い, 弱々しい.

*__et·i·quette__ [étikət, -kèt] 名 U **1** エチケット, 礼儀作法: a breach of *etiquette* 無作法 / It is against *etiquette* to go home without saying good-bye. さよならも言わずに帰るのは礼儀に反する. **2** (職業上の) 礼儀, 倫理: medical [professional] *etiquette* 医療 [職業] 倫理.

Et·na [étnə] 名 固 [Mount ~] エトナ山《イタリアのシチリア島にある欧州最大の活火山》.

E·ton [íːtən] 名 固 イートン《London 西方の町》.
◆ Éton Cóllege 名 イートン校《Eton にあるパブリックスクール. 多数の英国首相を輩出してきた》.

-ette [et] 接尾 **1** 「小さい」「まがいもの, …の代用品」の意を表す名詞を作る: cigar*ette* 紙巻きたばこ / leather*ette* 模造革 / kitchen*ette* 簡易キッチン. **2** 女性名詞を作る: major*ette* バトンガール.

e·tude [éitjuːd / -tjuːd] 名【フランス】【音楽】練習曲, エチュード; 【美】(絵画・彫刻などの) 習作.

et·y·mo·log·i·cal [ètəməládʒikəl / -lɔ́dʒ-] 形 語源的な, 語源(学)上の.

et·y·mol·o·gist [ètəmάlədʒist / -mɔ́l-] 名 C 語源学者, 語源研究家.

et·y·mol·o·gy [ètəmάlədʒi / -mɔ́l-] 名 (複 **et·y·mol·o·gies** [~z]) **1** U 語源学. **2** C 語源, 語源の説明.

EU《略語》= *E*uropean *U*nion 欧州連合.

eu·ca·lyp·tus [jùːkəlíptəs] 名 (複 **eu·ca·lyp·tus·es** [~iz], **eu·ca·lyp·ti** [-tai]) **1** C【植】ユーカリ (の木)《オーストラリア原産の常緑樹》. **2** U = eucalýptus òil ユーカリ油《医薬・防腐剤用》.

Eu·cha·rist [júːkərist] 名 [the ~]【キリスト教】聖餐 (式)《キリストの最後の晩餐に基づく儀式》. **2**【カトリック】聖体《聖体用のパンとワイン》; 聖体拝受 [拝領].

Eu·clid [júːklid] 名 **1** 固 ユークリッド《紀元前300年頃のギリシャの数学者. 幾何学の祖》. **2** U ユークリッド幾何学.

Eu·clid·e·an, Eu·clid·i·an [juːklídiən] 形 ユークリッド (幾何学) の.

eu·gen·ics [juːdʒéniks] 名 U【単数扱い】優生学.

eu·lo·gist [júːlədʒist] 名 C 称賛 [賛美] 者.

eu·lo·gis·tic [jùːlədʒístik] 形 称賛 [賛美] の, ほめる.

eu·lo·gize,《英》**eu·lo·gise** [júːlədʒàiz] 動 他 《人・人柄などを》を称賛する, ほめたたえる (praise).

eu·lo·gy [júːlədʒi] 名 (複 **eu·lo·gies** [~z]) **1** C 賛辞; (特に故人への) 称賛の辞 [文, 演説]. **2** U 称賛, 賛美.

eu·nuch [júːnək] 名 C **1** 去勢された男性; 宦官 (かんがん). **2**《口語》無能な [軟弱な] 男.

eu·phe·mism [júːfəmìzəm] 名 U【修辞】婉曲語法; C (性・身体・政治などに関して)[…の] 婉曲語 [遠回

しの] 表現, 婉曲語句 [*for*]: "Pass away" is a *euphemism for* "die."「世界する」は「死ぬ」の婉曲表現である.

eu·phe·mis·tic [jùːfəmístik] 形 (表現などが) 婉曲語法の; 婉曲な, 遠回しの: *euphemistic* expressions [terms] 婉曲表現 [語句].

eu·phe·mis·ti·cal·ly [-kəli] 副 婉曲に.

eu·pho·ni·ous [juːfóuniəs] 形《格式》(言葉・音声などが) 響きのよい, 耳に心地よい.

eu·pho·ny [júːfəni] 名 U《格式》(言葉の) 響きのよさ, 耳に心地よい音調 (↔ cacophony);【言】快音調.

eu·pho·ri·a [juːfɔ́ːriə] 名 U 幸福感, 有頂天;【心理】多幸症《異常な幸福感を抱き, 激しく興奮する》.

eu·phor·ic [juːfɔ́ːrik] 形 幸福感にあふれた.

Eu·phra·tes [juːfréitiːz] 名 固 [the ~] ユーフラテス川《中東の大河でチグリス川と合流してペルシャ湾に注ぐ. 下流のメソポタミアは古代文明発祥の地》.

Eur.《略語》= *Eur*ope (↓); *Eur*opean (↓).

Eur·a·sia [juəréiʒə] [*Eur* (= Europe) + *asia* (= Asia) から] 名 固 ユーラシア (大陸).

Eur·a·sian [juəréiʒən] 形 ユーラシア (大陸) の; 欧亜混血の. — 名 C 欧亜混血の人.

eu·re·ka [juəríːkə]【ギリシャ語】間《しばしばこっけい》わかった, 見つけた! (I have found it!)《アルキメデスが比重の原理を発見したときの叫びとされる》.

eu·ro, Eu·ro [júərou] 名 C [EU《EU の通貨単位. 2002年より大部分の加盟国で統一通貨となる》;《略語》EUR;《記号》€). — 形《口語》ヨーロッパの, EU の.

Eu·ro- [juərou] 結合「ヨーロッパ (と) の…」「EU の」の意を表す: *Euro*dollar ユーロダラー.

Eu·ro·dol·lar [júəroudàlər / -dɔ̀lə] 名 C ユーロダラー《米国以外の銀行に預金されている米ドル》.

Eu·ro·land [júəroulænd] 名 ユーロランド《ユーロ (Euro) の単一通貨圏》.

***__Eu·rope__** [júərəp]
— 名 固 **1** ヨーロッパ, 欧州《略語》Eur.《◇《英》では the British Isles と区別して the Continent (ヨーロッパ大陸) の意で用いることもある.《米》では英国も含めた意で用いる》: Southern *Europe* 南ヨーロッパ.
2 欧州連合 (European Union).

***__Eu·ro·pe·an__** [jùərəpíːən]
— 形 ヨーロッパの, 欧州の; ヨーロッパ人の; ヨーロッパ風の: *European* countries ヨーロッパ諸国.
— 名 (複 **Eu·ro·pe·ans** [~z]) C ヨーロッパ人, 欧州人.
◆ Európean Community [the ~] 欧州共同体《EU の前身で, 旧 EEC などの統合体》;《略語》EC》.
Európean Económic Commúnity [the ~] 欧州経済共同体《EC の前身》;《略語》EEC》.
Európean Mónetary Sỳstem [the ~] 欧州通貨制度《《略語》EMS》.
Európean plàn [the ~]《米》ヨーロッパ方式《部屋代と食事代を別勘定にするホテルの料金請求方式; cf. American plan アメリカ方式》.

European Union [the ~] 欧州連合《1993年, ECより発展した組織;《略語》EU》.

Eu·ro·tun·nel [júərouthnl] 名 ユーロトンネル (Channel Tunnel)《ドーバー海峡の下を通り, 英国とフランスを結ぶ》; ユーロトンネル社.

Eu·ryd·i·ce [juərídisi:] 名 固 【ギ神】エウリュディケ《オルペウスの妻で木の精》.

eu·ryth·mics [juríðmiks] 名 U《単数・複数扱い》リズム体操.

eu·tha·na·si·a [jù:θənéiziə / -ziə] 名 U 安楽死(させること) (mercy killing).

e·vac·u·ate [ivækjuèit] 動 他 1 〈人を〉〖危険な所から／安全な所へ〗避難させる, 立ち退かせる [from／to];〈場所・建物〉から撤退する: During the war children were *evacuated from* London *to* the country. 戦争中, 子供たちはロンドンから地方へ疎開させられた. 2〈容器など〉を空(な)にする;〈容器など〉から〖空気を〗抜く [of]. 3〖生理〗〈便など〉を排泄(はいせつ)する.
 ― 自 避難する, 立ち退く; 疎開する; 撤退する.

e·vac·u·a·tion [ivæ̀kjuéiʃən] 名 UC 1 避難, 立ち退き; 撤退. 2(内容物の)排出; 排泄(はいせつ)(物).

e·vac·u·ee [ivæ̀kjuí:] 名 C 避難者;(戦地からの)引き揚げ者, 疎開者.

e·vade [ivéid] 動 他 1〈軽度〉〈質問・議論など〉をはぐらかす;〈責任など〉を回避する;〈法の網〉をくぐる: *evade* questions 質問を言い逃れる／*evade* responsibility 責任逃れをする／*evade* (paying) taxes 脱税する. 2〈敵など〉を避ける, …から逃れる: *evade* capture 逮捕〔捕獲〕を免れる.

e·val·u·ate [ivæljuèit] 動 他 1 …を評価する, …の価値を検討する: We *evaluated* the situation very carefully. 私たちは非常に注意深く状況を検討した. 2〖数学〗…の数値〔数量〕を求める.

e·val·u·a·tion [ivæ̀ljuéiʃən] 名 UC 評価, 見積もり: make an *evaluation* of … …を評価する.

ev·a·nes·cent [èvənésənt] 形〖文語〗すぐ消えていく, はかない, つかの間の (momentary): an *evanescent* passion つかの間の情熱.

e·van·gel [ivǽndʒəl] 名 C 1《英・古》〖キリスト〗福音 (gospel). 2《通例 E-》〖聖〗福音書 (Gospel)《マタイ・マルコ・ルカ・ヨハネによる4書》.

e·van·gel·i·cal [ì:vændʒélikəl], **e·van·gel·ic** [-lik] 形《限定用法, しばしば E-》福音書の; 福音主義(者)の; 福音教会派の. ― 名 C《しばしば E-》福音主義者, 福音教会派の人.

e·van·gel·ism [ivǽndʒəlìzəm] 名 U 福音主義《形式的儀式よりも信仰を重んじる》; 福音伝道.

e·van·gel·ist [ivǽndʒəlist] 名 C 1《E-》福音書の著者《マタイ・マルコ・ルカ・ヨハネの4人》. 2 福音伝道者, 福音宣教者.

e·van·ge·lize,《英》**e·van·ge·lise** [ivǽndʒəlàiz] 動 他 1〈人〉に福音を説く; …をキリスト教に入信させる. 2 福音を説く.

e·vap·o·rate [ivǽpərèit] 動 自 1 蒸発する; 気化する: Water *evaporates* when it is boiled [heated]. 水は沸騰(ふっとう)すると〔熱すると〕蒸発する. 2(希望・記憶などが)消えてなくなる: Our last hope *evaporated*. 私たちの最後の望みも消えた.
 ― 他 …を蒸発させる: Heat *evaporates* water. 熱で水は蒸発する.
 ◆ **evaporated milk** 名 U 無糖練乳, エバミルク.

e·vap·o·ra·tion [ivæ̀pəréiʃən] 名 U 1 蒸発(作用). 2(希望などの)消失〔消滅〕(すること).

e·va·sion [ivéiʒən] 名 1 U(責任・義務などの)回避, 逃避; ごまかし: income tax *evasion* 所得税の脱税. 2 C 回避〔逃避〕の手段; 言い抜け, 逃げ口上: The premier's answers were full of *evasions*. 首相の答弁は言い逃れに終始した.

e·va·sive [ivéisiv] 形 責任逃れの, 口先でごまかす; 回避的な: give an *evasive* answer あいまいな返事をする／take *evasive* action 回避行動をとる.
e·va·sive·ly [～li] 副 あいまいに, 責任を逃れて.
e·va·sive·ness [～nəs] 名 U 責任回避, 言い逃れ.

＊**eve** [í:v] 名 1 U《通例 E-》(祝祭日などの)前夜, 前日: Christmas *Eve* クリスマスイブ, クリスマス前夜／New Year's *Eve* 大晦日(おおみそか).
 2 [the ～](重要な出来事などの)直前: on the *eve* of the victory 勝利の直前に.
 3 UC〖詩語〗夕方, 晩 (evening).

Eve [í:v] 名 固〖聖〗イブ, エバ《人類の始祖アダム (Adam) の妻. 禁断の木の実を食べ, 共にエデンの園 (Eden) を追放された》.

＊＊**e·ven**[1] [í:vən]
 ― 副[比較なし] 1[意外な事実などを強調して] **でさえ**, …ですら: The child cannot *even* walk. その子供は歩くことさえできない／It often snows here *even* in April. 当地でも4月でさえしばしば雪が降る／He calls me once a day *even* when he is busy. 彼は忙しいときですら1日1回電話をくれる／*Even* a child can answer the question. 子供でさえその質問に答えられる／*Even* a worm will turn.《ことわざ》虫でも反撃してくるものである ⇒ 一寸の虫にも五分の魂.

語法 (1) 通例, 修飾する語句の前に置く. 修飾された語句は強く発音される.
(2) 上の例のように名詞・代名詞も修飾する.

 2[比較級を強めて]**さらに**, いっそう (still, yet): He ate *even* less this morning than he usually does. 彼けさはいつもよりさらに少ししか食べなかった／She is *even* taller than her sister.(妹も背が高いが)彼女は妹よりさらに背が高い.
 3 **それどころか**, 実際: I don't like him at all, *even* hate him. 私は彼を好きではない, それどころか憎んでいる.

■ *éven as* ちょうど…したときに: The train left the station, *even as* he reached there. 彼が駅に着いたと同時に列車は出てしまった.
éven if [though] … たとえ…でも: You have to obey him, *even if* [*though*] you don't like him. 彼が好きでなくてもあなたは彼の言うことを聞かなければならない.
éven nów《通例, 否定文で》今でも; ちょうど今.
éven só《口語》たとえそうでも: I asked her several times, but *even so* she refused. 私は何回も彼女に頼んだが, それでも彼女は拒否した.
éven thén《通例, 否定文で》その時でさえ; たとえそうでも.

e·ven² [íːvən] 形 (比較 **more e·ven, e·ven·er** [~ər]; 最上 **most e·ven, e·ven·est** [-ist]) **1** (温度・速度などが)規則正しい,変化しない(steady); 落ち着いた: He has an *even* pulse now. 彼の脈拍は今は規則正しくなった / The temperature in this warehouse is *even* all the year round. この倉庫の温度は1年じゅう一定している / He is of an *even* disposition. 彼は気質の安定した人です.
2 平らな,なめらかな: an *even* surface 平らな表面 / We drove along a road which was not *even*. 私たちはでこぼこした道を車で行った.
3 (数量などが)均等の,同一の; 互角の,同等の: She gave children *even* pieces of cake. 彼女は子供たちに同じ大きさのケーキをあげた / The score was *even* in the ninth inning. 9回に入って得点は同点だった / She had an *even* chance of winning. 彼女の勝つチャンスは五分五分だった.
4 […と]同じ高さの,平行の [with]: The river rose and it was *even* with its banks. 川が増水して堤防と同じ高さになった.
5 [比較なし] 偶数の (↔odd): an *even* number 偶数. **6** (叙述用法)《口語》(金銭の)貸し借りがない,ちゃらで.
■ **bréak éven** 採算がとれる,損得なしである.
gèt éven with … …に仕返しをする: I am going to *get even with* you for taking my cake. ぼくのケーキを取った仕返しをしてやるからな.
── 他 …を平らにする; 平均する; 同等[同点]にする. ── 自 平らになる; 同等になる; 安定する.
■ **éven óut** 他 …を平らにする,ならす; …を平均する,等しくする: *even out* the edge 端をなめらかにする / It was necessary to *even out* the distribution of money among his men. 部下に等しく金の分配をすることが必要だった. ── 自 平らになる; 等しくなる: The path which had been rising *evened out* at last. 上りだった山道はやっと平坦になった.
éven úp 均一にする,つり合わせる: If you pay for the meal, it will *even* things *up*. もしあなたが食事代を払えば,それでおあいこになるだろう.
e·ven·hand·ed [ìːvənhǽndid] 形 公平(無私)な,公明正大な: *evenhanded* justice 公平な裁き.

***eve·ning** [íːvniŋ]
── 名 (複 **eve·nings** [~z]) **1** U|C 夕方,日暮れ,宵(よい); 晩 (◇日没から就寝まで; →DAY 図): I take a walk in the *evening*. 私は夕方に散歩をする / We usually spend the *evening* watching TV. 私たちは晩はたいていテレビを見て過ごす.
[語法] (1) 単に「夕方[朝,午後]に」は in the *evening* [morning, afternoon]だが,特定の日の夕方[朝,午後],または形容詞が付く場合は,on を使う: on the *evening* [morning, afternoon] of March 7 3月7日の夕方[朝,午後]に / on a cold *evening* ある寒い晩に / on Sunday afternoon 日曜日の午後に.
(2) this, that, yesterday, tomorrow, every, one などが付くときは前置詞 in を省き,副詞句となる: this *evening* 今晩 / tomorrow morning 明朝.
(3) 「明晩,明朝,あすの午後」は tomorrow *evening* [morning, afternoon] と言い,next は通例,用いない. 過去または未来のある時を基準にして「その次(の日)の晩[朝,午後]」は the next *evening* [morning, afternoon] と言う.
(4) 「きのうの晩[朝,午後]」は yesterday *evening* [morning, afternoon] で, last は通例,用いない (cf. last night 昨夜; →LAST¹ **2** 語法).
2 (形容詞的に)夕方の; 晩の: *evening* glow 夕焼け / Come back by the *evening* meal. 夕食までに帰りなさい.
3 C 夜会, (催し物の)タベ: a musical *evening* 音楽の夕べ. **4** [the ~] 晩年; 衰退期: He is in the *evening* of his life. 彼は晩年を迎えている.
5 [~s; 副詞的に] (主に米) 夕方に,毎夕.
■ **gòod évening** こんばんは (→見出し).
◆ **évening cláss** C (成人向け) 夜間講座.
évening drèss 1 U 夜会服 (男女の礼服).
2 C イブニングドレス (すその長い夜会用ドレス).
évening pàper C 夕刊.
évening stár [the ~] 宵(よい)の明星 (夕方,西の空に現れる金星 (Venus); cf. the morning star 明けの明星)).
e·ven·ly [íːvnli] 副 平らに,むらなく; 平等に; 対等に; 穏やかに: *evenly* divided 均等に分けた.
e·ven·ness [íːvənnəs] 名 U 水平; 均一; 平等; 対等; 落ち着き.
e·ven·song [íːvənsɔ̀ːŋ / -sɔ̀ŋ] 名 C [しばしば E-] (英国教) 夕べの祈り (Evening Prayer).

***e·vent** [ivént]
〔原義は「結果として起こること」〕
── 名 (複 **e·vents** [ivénts]) C **1** (重大な) 出来事, (大) 事件; イベント, 行事, 催し物 (→類義語): the chief *events* of 2000 2000年の主な出来事 / an annual *event* 年中行事 / the chain of *events* 一連の出来事 / The collapse of the Berlin Wall was a dramatic *event* for people all over the world. ベルリンの壁の崩壊は世界じゅうの人々にとって劇的な事件であった.
2 (競技の)種目; 試合,取組,勝負: field [track] *events* フィールド[トラック]競技種目 / main *events* for the day 本日のメイン種目.
3 [通例 the ~] (古) 結果,成り行き.
■ **at áll evènts** = **in ány evènt** とにかく,いずれにしろ,少なくとも: We lost the championship game, but *in any event* we have done much better than last year. 私たちは決勝戦には負けたが,とにかく去年よりずっとよく戦った.
in éither evènt どっちみち,いずれにしても.
in the evént (英) 実際は,結局.
in the evént of … (前置詞的に)(格式) …の場合には: *In the event of* rain the game will be held indoors. 雨天の場合,試合は屋内で行われる.
in the evént that … (接続詞的に)(格式) もし…の場合には: *In the event that* it rains, we will put the picnic off. もし雨の場合はピクニックを延期します.
in the nátural [nórmal] cóurse of evénts 自然の成り行きで,普通にいけば.

even-tempered　533　ever

類義語 **event, happening, occurrence, incident, accident**
共通する意味は「出来事」(something that happens or takes place)
event は比較的「大きな「重要な」事件；行事」の意: historical *events* 歴史上の事件. **happening** はあらゆる日常的な出来事を表すが、特に「偶発性のある事件」に多く用いる: an unexpected *happening* 予期せぬ出来事. **occurrence** は重要度にかかわりなくどんな「出来事,事件」でも表す: a strange *occurrence* 奇妙な出来事. **incident** は比較的「小さな事件」の意: daily *incidents* 日常の出来事. **accident** は「事故,災難など,望ましくない偶然の出来事」の意: a traffic *accident* 交通事故.

é·ven·tém·pered [-témpərd]形 温和な.
e·vent·ful [ivéntfəl]形〖目立った〗出来事の多い；波乱に富んだ: the most *eventful* year of her life 彼女の一生で最も波乱に富んだ年.
e·ven·tide [íːvəntàid]名U〖詩語〗夕暮れ.
***e·ven·tu·al** [ivéntʃuəl]形〖限定用法〗(成り行きによって)結果的に生じる；最後の,結局の(final): The *eventual* aim is to get our meaning across to the world. 最終の目的は私たちの真意を世界に理解させることである.
e·ven·tu·al·i·ty [ivèntʃuǽləti]名(複 e·ven·tu·al·i·ties [~z])C〖格式〗不測の事態,突発事故.
***e·ven·tu·al·ly** [ivéntʃuəli]副〖しばしば文修飾〗最後に(は),結局,ようやく(finally): そのうちに: Her dream *eventually* came true. 彼女の夢はとうとう実現した / He'll probably be late, but he will come *eventually*. 彼はたぶん遅れるでしょうが結局はやって来ますよ.
e·ven·tu·ate [ivéntʃuèit]動自〖格式〗結局[…という]結果になる,[…に]終わる(result, end)〖*in*〗.

*****ev·er** [évər]

原義は「常に」.
① 〖疑問文で〗いつか,今までに. 　　　　　　　1
② 〖否定語と共に〗今までに〖決して〗…(ない). 　　　2
③ 〖条件節中で〗いつか. 　　　　　　　　　　3
④ 〖最上級・比較級と共に〗今までより. 　　　　　4
⑤ 〖疑問詞のあとで〗いったい. 　　　　　　　　5

── 副〖比較なし〗**1**〖疑問文で〗**いつか**,今までに,かつて: Did you *ever* see a mirage? = Have you *ever* seen a mirage? 今までに蜃気楼(しんきろう)を見たことがありますか / Will we *ever* meet each other again? 私たちはいつか再会できるでしょうか / Do you *ever* play golf? ゴルフをすることがありますか / Have you *ever* been to Rome? ─ Yes, I have. [No, never.] 今までにローマへ行ったことがありますか─ええ,1度もあります[いいえ,1度もありません].
〖語法〗(1)日本語には特に訳さない場合が多い.
(2) Did you ever…? の形で驚き・不信などを表すことがある. その際,see, hear, imagine などの動詞を伴うことが多い: Did you *ever* see such a dull movie? こんなにつまらない映画を見たことがあるかい.
2〖否定語と共に用いて〗**今までに**…(ない),決して…(ない)(→成句 hardly [scarcely] ever): *Nobody* has *ever* seen a unicorn. 今までに一角獣を見たことのある人はだれもいない / We *won't ever* forget his speech. 私たちは決して彼の演説を忘れないだろう / She *never ever* eats meat. 《口語》彼女は決して肉を食べない.
3〖条件節中で〗**いつか**(…するようなことがあれば): If you *ever* meet Mary, please tell her hello for me. もしメアリーに会うようなことがあったら,よろしく伝えてください.
4〖比較級・最上級と共に用いて〗**今までより；今までに**: I'll have to work *harder than ever*. 私は今まで以上に一生懸命働かなくてはならないだろう / She is *the greatest* violinist that Japan has *ever* produced. 彼女は日本がこれまでに生んだ最高のバイオリニストです.
5〖疑問詞のあとで〗《英・古風》いったい,一体全体: *Who ever* told you such a thing? いったいだれがあなたにそんなことを言ったのだろうか / *How ever* did they escape from jail? いったいどのようにして彼らは脱獄したのだろうか(◇ Why ever を除き,ever は疑問詞のあとに付けて Whoever, Whatever, However などのように1語で書くこともある).
6〖肯定文で〗絶えず,常に,ずっと(always): an *ever*-present danger 常に存在している危険.
7《米口語》本当に: Was the dinner *ever* delicious! 夕食の本当においしかったこと(◇疑問文の形で感嘆を表す).

■ *(as) … as éver* 相変わらず…；いつものように…: My parents are *as* well *as ever*. 私の両親は相変わらず元気です.
as … as éver one cán《英口語》できるだけ…: I ran *as* fast *as ever* I could. 私はできる限り速く走った.
as … as éver líved [*wás*] いまだかつてないほど…: She is *as* great a pianist *as ever* lived [*was*]. 彼女はいまだかつてないほど偉大なピアニストです.
as éver いつものように,例のごとく.
As éver, = *Yóurs éver,* = *Éver yóurs,* 親愛なる…より(◇手紙の結び).
Díd you éver?《古風》まさか,信じられない(◇ Did you ever hear [see] the like? の省略されたもので,驚きを表す).
èver áfter その後ずっと: They lived happily *ever after*. 彼らはその後ずっと幸せに暮らしましたとさ(◇童話などの結末の決まり文句).
èver sínce それ以来ずっと(→ SINCE 副 成句).
èver sínce … …以来ずっと(→ SINCE 接 成句).
éver so [*sùch*]《英口語》実に,とても: She is *ever such* a beautiful girl. 彼女は実に美しい少女です.
for éver《英》永久に(◇《米》では通例, forever と1語につづる; → FOREVER).
hárdly [*scárcely*] *éver* めったに…しない(almost never): My grandmother *hardly ever* goes out. 私の祖母はめったに外出しない.
séldom, if éver (たとえあるにしても)めったに…し

ない (→ SELDOM 成句).

Ev・er・est [évərist] 名 固 [Mount 〜] エベレスト山, チョモランマ《ネパールと中国の国境上のヒマラヤ山脈にある世界最高峰 (8,850m)》.

ev・er・green [évərgrìːn] 形 (木などが) 常緑の (↔ deciduous); いつまでも新鮮な.
—— 名 C 常緑樹, 常緑植物.
◆ Évergreen Státe [the 〜] 常緑州《米国 Washington 州の愛称; → AMERICA 表》.

***ev・er・last・ing** [èvərlǽstiŋ / -láːst-] 形 **1** 永遠の, 不朽[不滅]の: *everlasting* glory [fame] 不滅の栄光 [名声]. **2** 永続性のある, 長持ちする: *everlasting* snow 万年雪. **3**《軽蔑》(不平などが) ひっきりなしの, 際限のない: He's tired of her *everlasting* grumbling. 彼は彼女のひっきりなしの愚痴にうんざりしている.

ev・er・last・ing・ly [èvərlǽstiŋli / -láːst-] 副 永遠[永久]に;《軽蔑》ひっきりなしに, 際限なく.

ev・er・more [èvərmɔ́ːr] 副《文語》常に; 永遠に (forever): for *evermore* 永久に.

*****ev・er・y** [évri]

❶ 単数可算名詞に付けて「どの…も」(→**1**)
He is respected by every player.
(彼はどの選手にも尊敬されている)

❷ 単数可算名詞または数詞に付けて「…ごとに」(→**2**)
He goes fishing every Sunday.
(彼は日曜ごとに釣りに行く)

❸ [not every+名詞]「あらゆる…が〜というわけではない」(部分否定)(→**3**)
Not every boy plays baseball.
(男の子ならだれでも野球をするというわけではない)

—— 形 [比較なし; 限定用法] **1** [単数可算名詞に付けて](集合している3つ以上のものについて)**どの…も**, あらゆる: *Every* student in my class is diligent. 私のクラスの学生はみんな勉強熱心です / *Every* effort was made to stop the pollution in this area. この地区の汚染を防止するためにあらゆる努力がなされた / I know *every* one of them. 私は彼らを1人1人皆知っている.

語法 (1) 「every+名詞」は通例, 単数扱い. 代名詞で受ける場合, かつては he を用いることが多かったが, 現在では《口語》they,《格式》he or she を用いるのが一般的: *Every* pupil had *their* [*his or her*] own lunch. どの生徒もみんな自分の弁当を持っていた.

(2) 「every+単数名詞」は「all+複数名詞」とほぼ同じ意味だが, all は every よりも全体を1つのまとまりとしてとらえる: *All* cherry trees in this park bloom in April. この公園の桜はどれも4月に花が咲く. また each との違いは→ EACH 形 **語法**(2).

(3) every の次に名詞が2つ以上出ても単数扱いとなる: *Every* boy and girl was requested to sing a song. どの少年少女も1曲歌うように言われた.

(4) every の前には通例, 冠詞は付かないが,《格式》では代名詞の所有格が付くことがある: They rejected *his every* demand. 彼らは彼のあらゆる要求を拒絶した.

2 [単数可算名詞または数詞に付けて] **毎…, …ごとに** (→成句 every other **1**): *every* day [week, month, year] 毎日 [週, 月, 年] / I get up at six *every* morning. 私は毎朝6時に起きる / The World Cup takes place *every* four years [*every* fourth year]. ワールドカップは4年ごとに開かれる (◇「every+基数詞」には複数名詞が,「every+序数詞」には単数名詞が続く).

3 [否定文で; 部分否定] **あらゆる…が〜というわけは (ない)** (→ NEGATION **文法**): Not *every* high school student goes to college. あらゆる高校生が大学へ行くわけではない / I don't know *every* one of them. 私は彼らを1人1人皆知っているわけではない.

4 [抽象名詞に付けて] 十分な, ありとあらゆる, 可能な限りの: She showed us *every* kindness. 彼女は私たちにいろいろと親切にしてくれた / I had *every* reason to believe his story. 私が彼の話を信じたのには十分な理由があった.

■ **évery bít as ... (as 〜)** (〜と) まったく同様…: Bill is *every bit as* hardworking *as* his brother. ビルは彼の弟とまったく同様, 働き者です.
évery lást ... 最後の〜.
èvery nów and agáin [thén] 時々, 折にふれて (→ NOW 副 成句).
èvery óne 1 (…の) だれもかれも, どれもこれも: *Every one* of the students is cheerful. 生徒たちはみんな元気です / I have climbed *every one* of the mountains in this area. 私はこの地域の山はどれもみんな登った (◇強めるときは *every single one* の形を使う). **2** = EVERYONE (↓).
èvery óther [単数可算名詞に付けて] **1** 1つ置きの: *every other* [second] day [week, month, year] 1日 [週, 月, 年] 置きに / Write on *every other* [second] line. 1行置きに書きなさい. **2** 他のあらゆる: Mary is single and *every other* woman is married. メアリーは未婚だが, 他の女性はすべて結婚している.
èvery so óften 時々.
èvery tíme 1 毎回, いつも: The departure of the bus is delayed *every time*. バスの出発はいつも遅れる. **2** [接続詞的に] …するときはいつも (whenever): I take some flowers *every time* I call on her. 私は彼女を訪れるときはいつも花を持って行く.

*****ev・er・y・bod・y** [évribàdi / -bɔ̀di]
—— 代 [不定代名詞; 単数扱い] **1** **だれでも**, どの人も: *Everybody* knows that the earth is

round. 地球が丸いということはだれでも知っている / Everybody knows everybody else in my hometown. 私の故郷の町ではみなお互いに知り合いです / Everybody except Mary went on a picnic. メアリー以外はみんなピクニックへ行った / Listen to me, everybody. 皆さん、私の話を聞いてください / Everybody's business is nobody's business. 《ことわざ》共同責任は無責任.
【語法】(1) everyone とは同義であるが、everybody のほうがやや口語的.
(2) everybody, everyone ともに単数扱い. 代名詞で受ける場合、《口語》では複数の代名詞で受けるほうが一般的 (→ EACH 代 【語法】): Has everybody [everyone] written their names? 皆さん、名前は書きましたか.
2 [否定文で; 部分否定]だれもが…というわけでは(ない)(→ NEGATION 文法): Not everybody can be a star. だれもがスターになれるわけではない.

***ev·er·y·day [évridèi]
—形 [限定用法] **1** 毎日の、日常の: everyday life 日常生活 / The morning meeting is an everyday event in my school. 私たちの学校では朝礼は毎日の行事です.
【語法】副詞句として用いる場合は every day と2語でつづる: The medicine has to be taken every day. その薬は毎日服用しなければいけない (◇強勢は èvery dáy).
2 ふだんの、珍しくない、ありふれた; 平凡な: everyday clothes 普段着 / everyday occurrences ありふれた出来事、日常茶飯事 / an everyday person 平凡な人.

***ev·er·y·one [évriwÀn]
—代 [不定代名詞; 単数扱い] **1** だれでもみな (◇ everybody と同義だが、everybody のほうがやや口語的; → EVERYBODY 【語法】): When I went upstairs, everyone was asleep. 私が2階へ行くと、みんな眠っていた / He looks just like everyone else. 彼は他の人とまったく同じに見える[区別がつかない].
【語法】everyone は every one とつづることもある. ただし of ... 句が続く場合は常に every one となる (→ every one (EVERY 成句)): Every one of them has gone out of the room. 彼らは1人残らずその部屋を出て行ってしまった.
2 [否定文で; 部分否定]だれでも…というわけでは(ない)(→ NEGATION 文法): Everyone is not happy. = Not everyone is happy. みんなが幸せだとは限らない.

ev·ery·place [évriplèis] 副《米》= EVERYWHERE (↓).

***ev·er·y·thing [évriθiŋ]
—代 [不定代名詞] **1** [単数扱い]何でもみな、すべて(のこと[もの]): Hello, Tom! How's everything? — Just fine. Everything is OK. やぁ、トム. 調子はどう — ええ、万事好調です / He did everything he could to help me. 彼は私を援助するために彼にできることは何でもしてくれた / Thank you for everything. いろいろと(お骨折りいただき)ありがとうございました / Tell me everything you know about it. それについて知っていることを全部話しなさい / You should tell us everything important about it. あなたはそれに関する重要なことをすべて私たちに話すべきです (◇ everything を修飾する形容詞はあとに付ける).
2 [否定文で; 部分否定]すべて が…というわけでは(ない)(→ NEGATION 文法): He didn't deny everything. 彼はすべてを否定したわけではない / Not everything he says is true. 彼の言うことすべてが真実というわけではない.
3 [通例、主格補語として][…にとって]最も大切なこと[もの、人][to]: Money isn't everything in life. 人生において金がすべてではない / She's everything to me. 彼女は私にとってかけがえのない人です.
■ and éverything 《口語》その他いろいろ、…など (and so on).

**ev·er·y·where [évrihwèər]
—副 **1** どこ(へ)でも、至る所(に)、すべての場所で[へ]: The sun shines everywhere. 太陽はすべての場所で輝く / I looked everywhere for the key, but I couldn't find it anywhere. 私はかぎを見つけようとあらゆる所を探したが、どこにも見あたらなかった.
2 [否定文で; 部分否定]すべての場所で…というわけでは(ない)(→ NEGATION 文法): Newspapers are not delivered in the morning everywhere in this country. この国のすべての場所で新聞が朝配達されるとは限らない.
3 [名詞的に]あらゆる場所で: In the morning I found everywhere covered with snow. 朝になると一面が雪で覆われていた.
4 [接続詞的に]…するどこへ[で]でも: The puppy follows Andy everywhere he goes. その子犬はアンディーの行く所はどこへでもついて行く (= The puppy follows Andy wherever he goes.) / Everywhere you go in Hawaii, you can see Japanese people. ハワイではどこに行っても日本人を見かける.

e·vict [ivíkt] 動 他 [しばしば受け身で]〈人〉を(法的に)[土地・家などから] 立ち退かせる [from].

e·vic·tion [ivíkʃən] 名 U C [土地・家などからの]立ち退き; 追い立て [from]: an eviction order 立ち退き命令 / a notice of eviction 立ち退き通告.

**ev·i·dence [évidəns] 名 動
【基本的意味は「証拠(the facts or signs to what has happened)」】
—名 (複 ev·i·denc·es [~iz]) **1** U (a)[…の/…のための] 証拠、証言 [of / for] (◇数える場合は a piece of を用いる): direct [circumstantial] evidence 直接[状況]証拠 / give evidence 証言する / the evidence against him 彼に不利な証拠 / There was no evidence of his guilt. 彼が有罪だという証拠はなかった / Do you have any evidence for your accusation? あなたの告発に何か証拠がありますか. (b) [evidence + to

evident — **exacerbation**

do]…するための証拠: She has strong *evidence to* prove her innocence. 彼女には自分の無実を証明する強力な証拠がある。 **(c)** [*evidence*＋*that*節]…であるという証拠 [根拠]: There was no *evidence that* he was guilty. 彼が有罪であるという証拠はなかった。

▶コロケーション 証拠を…
証拠を集める: *gather* [*collect*] *evidence*
証拠を隠滅する: *destroy evidence*
証拠を提出する: *provide* [*produce*, *introduce*] *evidence*
証拠を見つける: *find* [*dig up*, *turn up*] *evidence*

2 Ⓤ Ⓒ […の／…という] しるし, 跡, 形跡 [*of* / *that* 節]: There is *evidence that* someone used the room. だれかがその部屋を使った形跡がある。

■ *gíve* [*béar*, *shów*] *évidence of* … …の形跡 [証拠] を示す, …の証拠となる。

in évidence **1** はっきり見られて; 目立って: Mary in her new dress was much *in evidence* in the party. 新しいドレスを着たメアリーはパーティーで大いに目立っていた。 **2** 証拠 [証人] として: The court called her father *in evidence*. 裁判所は証人として彼女の父親を召喚した。

on the évidence of … …(の証拠)から判断して。

túrn Quéen's [*Kíng's*,《米》 *Státe's*] *évidence*【法】訴追免責証言をする, (容疑者が)共犯者に不利な証言をする。

—動 他 (通例, 受け身で)《格式》…を立証する, 明示する。

ev･i･dent [évidənt]
—形 […にとって] 明白な [*to*]; […ということが] だれの目にもそれとわかる [*that* 節]: make an *evident* mistake 明らかなミスを犯す / His guilt is *evident* in his behavior. 彼の有罪は彼の態度から明らかである / Her earnest intentions are *evident* to everyone. 彼女の熱意は誰の目にも明らかです / It was *evident that* the play was a big hit. その芝居が大当たりであることは明らかだった。

ev･i･dent･ly [évidəntli] 副 **1** [文修飾] (証拠があって) 明らかに, 確かに: She is *evidently* angry with me. 彼女は明らかに私に対して怒っている。 **2** どうも…らしい: My father *evidently* disagreed with my marriage. 父はどうやら私の結婚に反対しているようだった。

e･vil [íːvəl] (☆ 発音に注意)
形 名
—形 (比較 *e･vil･er*,《英》 *e･vil･ler* [～ər], more *e･vil*; 最上 *e･vil･est*,《英》 *e･vil･lest* [～ist], most *e･vil*) **1** (考え・行動などが道徳的に) 悪い, 邪悪な, よこしまな; 有害な (→ BAD 類義語): *evil* thoughts よこしまな考え / an *evil* ruler 邪悪な支配者 / He led an *evil* life. 彼はすさんだ生活を送った。 **2** 運が悪い, 不吉な: *evil* times 不運な時代 / *evil* news 凶報 / fall on *evil* days 不幸な目にあう, 落ちぶれる。 **3** いやな, 不快な: an *evil* smell いやなにおい, 悪臭。

—名 **1** Ⓤ 邪悪, 悪事: good and *evil* 善悪 / do *evil* 悪事を働く / return *evil* for good 恩をあだで返す。 **2** Ⓒ 災い, 弊害, 害悪: a necessary *evil* 必要悪 / the *evils* of smoking 喫煙の害 / War is a great *evil*. 戦争は大きな害悪である。

e･vil･do･er [íːvəldúːər] 名 Ⓒ 《古風》悪いことをする人, 悪人。

e･vil･ly [íːvəli] 副 悪意をもって, よこしまに。

e･vince [ivíns] 動 他 《格式》(人・態度などが)〈才能など〉を明らかに示す,〈感情など〉をはっきり表す: *evince* displeasure 不快感をあらわにする / He *evinced* remarkable powers of salesmanship. 彼はすぐれた販売手腕を見せた。

e･vis･cer･ate [ivísəreit] 動 他 《格式》…の内臓を摘出する。

ev･o･ca･tion [ìːvoukéiʃən, èvə-] 名 Ⓤ Ⓒ (記憶・感情などを) 呼び起こすこと, 喚起。

e･voc･a･tive [iváketiv / ivɔ́k-] 形 [記憶・感情などを] 呼び起こす, 喚起する [*of*]: It was a scene *evocative of* my college days. それは私の大学時代を思い起こさせる一場面だった。

e･voke [ivóuk] 動 他 〈記憶・感情などを〉呼び起こす, 喚起する;〈笑い・涙・返事などを〉引き出す, 誘い出す: Her tears *evoked* our pity. 彼女の涙を見て私たちはかわいそうになった。

***ev･o･lu･tion** [èvəlúːʃən] 名 Ⓤ **1** 〖生物〗進化 (論): Darwin's theory of *evolution* ダーウィンの進化論。 **2** (議論・劇などの段階的な) 発展, 発達, 展開: the *evolution* of parliamentary democracy 議会制民主主義の発達。 (▷ 動 evólve)

ev･o･lu･tion･ar･y [èvəlúːʃənèri / -ʃənəri] 形 進化(論)の; 発展の: *evolutionary* processes 進化(論)の過程。

***e･volve** [ivɑ́lv / ivɔ́lv] 動 他 …を進化 [発展] させる: Picasso *evolved* his unique method of painting over the years. ピカソは何年もかけて彼独特の画法を発展させた。

—自 […から／…に] (徐々に) 進化 [発展] する [*out of*, *from* / *into*]: Scientists think birds may have *evolved from* reptiles. 鳥類は, は虫類から進化したのかもしれないと科学者たちは考えている。 (▷ 名 èvolútion)

ewe [júː] 名 Ⓒ 雌羊 (↔ ram 雄羊; → SHEEP)。

ew･er [júːər] 名 Ⓒ (洗面用の口の広い) 水差し。

ex [éks] 名 Ⓒ (one's 〜)《口語》前の夫 [妻] (◇ *ex*-husband, *ex*-wife の略); 前の恋人。

ex- [eks, iks] 接頭 **1** 「外へ, 外に」の意を表す (↔ in-): *ex*clude 締め出す / *ex*terior 外面。 **2** 「完全に, まったく」の意を表す: *ex*terminate 絶滅させる。 **3** 「前…, 前の」の意を表す (◇ 通例ハイフンを付ける): *ex*-premier 前首相, 前総理 / *ex*-president 前大統領 / *ex*-wife 前妻。

ex. (略語) ＝ example; excellent; except; express.

ex･ac･er･bate [igzǽsərbeit, eg-] 動 他 《文語》〈病気・痛み・情勢などを〉悪化させる, いっそうひどくする (make worse)。

ex･ac･er･ba･tion [igzæsərbéiʃən, eg-] 名 Ⓤ 《文語》(病気などの) 悪化。

ex・act [igzǽkt, eg-]
　—形(比較 **more ex・act**, **ex・act・er** [〜ər]; 最上 **most ex・act**, **ex・act・est** [〜ist]) **1** 正確な, ちょうどの; まさにその (→ RIGHT¹ 類義語): an *exact* copy 丸写し, 正確なコピー／What is the *exact* time? 正確な時間は何時ですか／This is the *exact* dictionary that I have been looking for. これこそまさしく私が探し求めていた辞書です.
2 (性格などが)〔…の点で〕きちょうめんな [*in*]; (規則などが)厳しい, 厳格な: Mary is very *exact in* her job. メアリーは仕事がとてもきちょうめんです.
3 精密な, 厳密な: *exact* science 精密科学.
■ **to be exáct** [文修飾] 厳密[正確]に言えば: *To be exact*, I am 163 cm tall. 厳密に言うと私の身長は163cmです.
　—動 他 **1** 《格式》〈税など〉を厳しく取り立てる [*from*]: The ruler *exacted* taxes *from* his people. その支配者は国民から税を厳しく取り立てた.
2 (物事・状況などが) …を必要とする.

ex・act・ing [igzǽktiŋ, eg-] 形 (仕事が) 骨の折れる; (人・要求などが) 厳しい: an *exacting* task 骨の折れる仕事／an *exacting* teacher 厳しい教師／*exacting* standards 厳格な基準.

ex・ac・tion [igzǽkʃən, eg-] 名 U 《格式》強制的な取り立て, 強要; C 厳しい要求; 強制取り立て金.

ex・ac・ti・tude [igzǽktət/ùːd, eg- ・tjùːd] 名 U 《格式》正確さ; 厳密さ (exactness): My father is a man of great *exactitude*. 私の父はとてもきちょうめんです.

ex・act・ly [igzǽktli, eg-]
　—副 **1** [通例, 数詞または疑問詞と共に用いて] ちょうど, 正確に: She came home at *exactly* ten o'clock. 彼女は10時ちょうどに帰宅した／*Where exactly* do you live in London? 正確にはロンドンのどこにお住まいですか.
2 《強意》まさに, まさしく: This is *exactly* what I wanted to eat. これこそまさしく私が食べたかったものです／She is *exactly* the girl Tom has wanted to date. 彼女こそまさにトムがデートしたいと思っていた女の子です.
3 [肯定・同意の返事の意を強めて] まったくその通りです, 賛成です: Are you suggesting that I should ask her to marry me? — *Exactly*. 私が彼女に結婚を申し込むようにとおっしゃるんですか — その通りです.
■ **nòt exáctly　1** 正確には…ではない, …というわけでもない: I *wasn't exactly* glad to see my uncle Joseph. ジョゼフおじさんに会って必ずしもうれしかったわけではない. **2** 決して…ない: She *isn't exactly* kind to me. 彼女が私に親切であるということは決してない. **3** 《口語》ちょっと違います, 必ずしもそうではない (◇ No の丁寧な言い方): So you oppose this construction project? — *Not exactly*. では, あなたはこの建設計画に反対なのですね — そういうわけではありません.

ex・act・ness [igzǽktnəs, eg-] 名 U 正確さ.

ex・ag・ger・ate [igzǽdʒərèit, eg-] 動 他 **1** …を誇張する, 大げさに[オーバーに]言う[考える]; 過大視[評価]する (overstate): The media here tends to *exaggerate* the inequality between rich and poor. 当地のマスコミは貧富の不平等等を過大に取り上げる傾向がある.
2 …を強調する, 際立たせる.
　—自 誇張する, 大げさに(ものを)言う[考える]: He's not that rich. He's just *exaggerating*. 彼そんなに金持ちじゃない. 大きなことを言っているだけなのさ.

ex・ag・ger・at・ed [igzǽdʒərèitid, eg-] 形 **1** 誇張した[された], 大げさな, 誇大な: an *exaggerated* idea 大げさな考え／The number of people killed in the civil war is probably *exaggerated*. 内戦で死んだ人の数はおそらく誇張されている.
2 わざとらしい, 不自然な: an *exaggerated* laugh 不自然な笑い, 作り笑い.

ex・ag・ger・at・ed・ly [〜li] 副 誇張して, 大げさに.

ex・ag・ger・a・tion [igzædʒəréiʃən, eg-] 名 U C 誇張(した表現); 過大視[評価]: His remark was a bit of an *exaggeration*. 彼の意見には少し誇張があった／It is no *exaggeration* to say that my success depends on your support. 私の成功はあなたの支持を得られるかどうかにかかっていると言っても過言ではない.

ex・alt [igzɔ́ːlt, eg-] 動 他 《格式》**1**〈人・性質など〉を賛美する, ほめたたえる (praise): His deeds were *exalted* also in poetry. 彼の行為は詩の中でもたたえられた. **2**〈人〉の地位・身分を昇進させる, 高める (promote): He was *exalted* to the vice-president of the company. 彼はその会社の副社長に昇進した.

ex・al・ta・tion [ègzɔːltéiʃən] 名 U 《格式》**1** 有頂天, 意気揚々; (精神的な)高揚. **2** (地位などの)昇進 (promotion).

ex・alt・ed [igzɔ́ːltid, eg-] 形 **1** (地位・身分の)高い: hold an *exalted* position in ... 〈組織〉の中で高い地位にある.
2 高尚な. **3**《格式》意気揚々の, (気分が)高揚した.

ex・am [igzǽm, eg-] 名 C 試験 (◇ *exam*ination の略): an *exam* in French [on history] フランス語[歴史]の試験.

ex・am・i・na・tion [igzæmənéiʃən, eg-]
　—名 (複 **ex・am・i・na・tions** [〜z]) **1** C《格式》〔…の〕**試験**, 試験問題[答案] [*in, on*]《略語》exam; → 類義語): an *examination in* English 英語の試験／an entrance *examination* 入学[入社]試験／a final [《英》an end-of-term] *examination* 期末試験／a makeup *examination* 追試験／a midterm *examination* 中間試験／I took an oral [a written] *examination*. 私は口述[筆記]試験を受けた (◇試験を「受ける」は take の他に have, do, undergo, go in for などの動詞で表す.《英》では sit for も用いられる) ／She got a perfect score in the *examination on* English grammar. 彼女は英文法の試験で満点を取った.

examine 538 **example**

|コロケーション| 試験を[に]…
試験を受ける: *take* [*have*] *an examination*
試験を行う: *give* [*conduct*] *an examination*
試験に落ちる: *fail an examination*
試験に合格する: *pass an examination*

2 |U||C| 検査, 調査; 診察: make an *examination* of the drinking water 飲み水を検査する / have [undergo] a medical *examination* 健康診断を受ける.

3 |U||C|《法》尋問, 審問: an *examination* of a witness 証人尋問.

■ *on* examinátion 調べてみると: *On further examination*, the report was shown to be untrue. さらに調べてみると, その報告は間違っていることが判明した.

ùnder examinátion 調査[審理]中で.

◆ examinátion pàper |C| 試験問題; 答案(用紙)(◇単に paper とも言う).

|類義語| **examination, test, quiz**
共通する意味▶試験 (a set of questions or problems for measuring knowledge, abilities, etc.)
examination は「学科・技能などの試験」の意で, 入学試験や資格認定など公式な試験に用いる.《口語》では exam と略すことが多い: a bar *examination* 司法試験. **test** は「学科などの試験, 能力などの検査」の意で, 特に「ある分野の知識などを調べる試験」に多く用いる. ただし exam と置き換え可能なことも多い: a math *test* [exam] 数学の試験 / an intelligence [aptitude] *test* 知能[適性]検査. **quiz** は「学校での簡単な試問, 試験」のことで, 主に《米》で用いる: The teacher gave us a *quiz* in math. 先生は私たちに数学の小テストを行った.

‡**ex·am·ine** [iɡzǽmin, eɡ-]

— 動 (三単現 **ex·am·ines** [~z]; 過去・過分 **ex·am·ined** [~d]; 現分 **ex·am·in·ing** [~iŋ])
— 他 **1**「…を求めて」…を**調べる**, 吟味する[*for*]; 考査する(→|類義語|): *examine* evidence [an old scroll] 証拠[古い巻物]を調べる / The detective *examined* the room *for* fingerprints. その刑事は指紋がないかと部屋を調べた / This theory is *examined* thoroughly in his paper. この理論は彼の論文の中で十分に考察されている.

2 (医師などが) …を診察する: The doctor *examined* the patient. 医師は彼の患者を診察した.

3《文語》[…について]〈知識・資質など〉を試験する[*in, on*]: The professor *examined* his students *in* linguistics [*on* their knowledge of linguistics]. その教授は言語学[言語学の知識]について試験した. **4** 〈証人など〉を[…について]尋問する[*on*]: *examine* a witness 証人を尋問する.

|類義語| **examine, investigate, inspect**
共通する意味▶調べる (look something over carefully and critically)
examine は「調べる」の意を表す最も一般的な語. ものの状態・品質・効力などを正確に知るために「詳しく観察[調査]する」の意: They *examined* the water in the river. 彼らはその川の水を検査した. **investigate** は通例, 出来事・事件に関して「事実を明らかにするために手順を踏んで調査する」の意: The police are *investigating* the murder case. 警察はその殺人事件を調べている. **inspect** は誤り・不備などの発見のために鑑識眼をもって綿密に調べる, つまり「検閲する, 検証する」の意: The detective examined the body and *inspected* the scene of the crime. 刑事は遺体を調べ, 犯行現場を検証した.

ex·am·i·nee [iɡzæminí:, eɡ-] |C| 検査[試験]を受ける人, 受験者, 受験生 (↔ examiner).

*****ex·am·i·ner** [iɡzǽminər, eɡ-] |C|(↔ examinee) **1** 試験官. **2** 調査[検査, 診察]する人. **3**《法》(証人・被告を)尋問する人.

‡‡‡**ex·am·ple** [iɡzǽmpl, eɡ- / -zá:mpl]

— 名 (複 **ex·am·ples** [~z]) |C| **1** (代表的な) **例**, 実例(《略語》ex.; → |類義語|): an *example* sentence 例文 / an extreme [a typical, a concrete] *example* 極端[典型的, 具体的]な例 / We can take some *examples* of this sort from Japanese history. この種の例をいくつか日本史から引き合いに出すことができる / *Example* is better than precept.《ことわざ》実例は教訓にまさる ⇒論より証拠.

2 […にとっての] 手本, 模範 [*for, to*]: Her zeal was an *example to* all of us. 彼女の熱意は私たち全員の手本だった.

3 警告, 見せしめ, 戒め: His failure was an *example* to us. 彼の失敗は私たちへの警鐘だった.

4 (数学の) 例題.

■ *beyònd* [*withòut*] *exámple* 前例がない.
by wày of exámple 1例として.
fóllow the exámple of ... = *fóllow* ...'*s exámple* …を手本にする: Washington *followed the example of* Paris in city planning. ワシントンの都市計画はパリを手本に策定された.
for exámple たとえば (《略語》e.g.): There are many Latin words in present-day English, *for example*, ratio. 現代の英語には多くのラテン語が含まれている. たとえば ratio (比率) である.
màke an exámple of ... …を見せしめに処罰する.
sèt an [*a góod*] *exámple to* ... = *sèt* ... *an* [*a góod*] *exámple* …に模範[手本]を示す: He has *set a good example to* us all. 彼は私たちによい手本を示した.

|類義語| **example, instance, case, sample**
共通する意味▶例 (something that exhibits the particular characteristics of the category to which it belongs)
example は「例」の意で最も一般的な語で, 「多くを代表する典型的な例」の意: an excellent *example* of the application of modern technology to agriculture 最新技術を農業に

応用したすぐれた例. **instance** は一般論を立証するために「引き合いに出す具体例」の意: I can give more than one *instance* of his cruelty. 彼の残酷さの具体例はいくつでも挙げることができる. **case** はある範ちゅうにおける「典型的な人, もの, 行為, 状況」を表す: That's a *case* of sour grapes. それは負け惜しみ(の一種)です. **sample** は同一のものの集合から任意に抜き出した1例, または代表例を表す. つまり「試供品, 見本, 標本」の意: a *sample* of shampoo シャンプーの試供品 / a *sample* of the patient's blood 患者の血液サンプル.

ex·as·per·ate [iɡzǽspərèit, eg-]動他 …を激しく怒らせる, いらいらさせる: His lack of ambition *exasperated* his father. 彼のやる気のなさに父親はいらいらした.

ex·as·per·at·ed [iɡzǽspərèitid, eg-]形[…に]激しく怒った, いらいらした [*at, with*].

ex·as·per·at·ing [iɡzǽspərèitiŋ, eg-]形 腹立たしい, いらいらさせる, しゃくにさわる.
(▷ 動 excél; 形 éxcellence)

ex·as·per·at·ing·ly [~li]副 腹立たしいほど.

ex·as·per·a·tion [iɡzæspəréiʃən, eg-]名Ⓤ 激怒, 憤激; 掘れ: shout in *exasperation* かんかんになってどなる.

ex·ca·vate [ékskəvèit]動他 1 〈地面など〉に穴を掘る, 〈穴など〉を掘る. 2 [考古] …を発掘する.

ex·ca·va·tion [èkskəvéiʃən]名ⓊⒸ 1 穴掘り; 洞穴. 2 [考古] 発掘; [通例~s] 発掘した遺跡.

ex·ca·va·tor [ékskəvèitər]名Ⓒ 1 発掘者; 穴掘り人. 2 掘削機, パワーシャベル.

*__**ex·ceed**__ [iksíːd, ek-]動他 1 …より大きい[多い], …を上回る; […の点で] …をしのぐ, …にまさる [*in*]: The expenditure *exceeded* the budget by two million yen. 支出が200万円ほど予算より多かった / She *exceeds* her brother *in* understanding. 彼女の理解力は兄にまさっている.

2 〈制限・限度など〉を超える, 超過する: *exceed* the speed limit 制限速度を超える / You were not *exceeding* your duty in dismissing him. 彼を解雇したことについて, あなたは越権行為をしてはいない.
(▷ 名 excéss; 形 excéssive)

*__**ex·ceed·ing·ly**__ [iksíːdiŋli, ek-]副 非常に, きわめて (extremely): an *exceedingly* difficult problem きわめて難しい問題.

*__**ex·cel**__ [iksél, ek-]動 (三単現 **ex·cels** [~z]; 過去・過分 **ex·celled** [~d]; 現分 **ex·cel·ling** [~iŋ]) 圓 〈性質・技能など〉 [… / …として] まさる, すぐれている [*in, at / as*]: Johnny *excels* in swimming. ジョニーは水泳がうまい / She *excels at* playing the piano. 彼女はピアノを弾くのがとてもうまい.

一他 [通例, 進行形不可]〈性質・技能などが〉…に[…の点で] まさる [*in, at*]: He *excelled* John *in* mathematics [*at* basketball]. 彼はジョンより数学 [バスケットボール] がよくできた [上手だった].

■ *excél onesélf* いつもよりさらに出来がよい.
(▷ 形 excellent)

*__**ex·cel·lence**__ [éksələns]名Ⓤ […での] 優秀さ, 卓越(性) [*in, at*]; Ⓒ すぐれている点: His *excellence in* [*at*] producing animated films was well-known. 彼のアニメ映画製作の優秀さは有名だった.

Ex·cel·len·cy [éksələnsi]名(複 **Ex·cel·len·cies** [~z]) Ⓒ 閣下 (◇大使・知事・(大)司教・大統領など, およびその夫人に対する敬称): Your *Excellency* 閣下 (夫人) (◇直接の呼びかけ) / His [Her] *Excellency* 閣下 (夫人) (◇間接的にさす場合) / Their *Excellencies* 閣下 (夫妻) (◇複数の場合).

*__**ex·cel·lent**__ [éksələnt]
― 形 [比較なし] 1 […に] **すぐれた**, 優秀な [*in, at*]; (成績評価が) 優の (→ GRADE 表): an *excellent* player すぐれた選手 / She speaks *excellent* French. 彼女はすばらしいフランス語を話す / Bob is *excellent in* [*at*] chemistry. ボブは化学がよくできる.

2 [返事に用いて] それは結構だ [すばらしい] (◇承認・満足などを表す): We are ready to begin. ― *Excellent*! 私たちも始める準備ができています―それはすばらしい.
(▷ 動 excél; 名 éxcellence)

ex·cel·lent·ly [éksələntli]副 見事に, すばらしく.

*__**ex·cept**__ [iksépt, ek-]
【原義は「取り出す」】
― 前 …**を除いて**, …以外で (◇ except のあとには名詞・代名詞・句・節・不定詞句が来る): All the members *except* Tom came to the party. トム以外のメンバー全員がパーティーに来た / We cannot get there *except* on foot. 徒歩でないとそこへ行くことができない / He comes to see us every day *except* when it rains. 彼は雨のとき以外毎日私たちのところに来る / She would not speak to him *except* to ask for his help. 彼女は手伝いを求めるとき以外彼に話そうとしなかった.

語法 (1) 通例, 文頭には用いない. 文修飾的に使うときは except for を用いる (→ 成句).

(2) 通例, no, any, all, every などの付く名詞・代名詞のあとに用いる.

(3) do が前に来る場合, except のあとの不定詞は通例, 原形不定詞になる: There was nothing for him to do *except* wait for her arrival. 彼女の到着を待つ以外彼にはすることがなかった.

■ *excépt for …* 1 [文修飾] …を除けば, …を別にして: *Except for* a few mistakes in spelling, your paper is very good. つづりが少し間違っているのを除けばあなたのレポートはとてもよい. 2 …がなければ (but for): I would like to go there *except for* my toothache. 歯が痛くなければそこへ行きたいのだが.

excépt that … …ということを除けば, …は別として: I remember nothing about her *except that* her eyes were blue. 目の色が青かったこと以外彼女のことは何も覚えていない.

― 接 《口語》…でなければ, しかし (but): I would take my dog to the park, *except* it's too hot. 犬を公園へ連れて行ってあげたいけど暑すぎるよ.

― 動 他 [しばしば受け身で]《格式》…を[…から] 除外する (exclude) [*from*]: No one *is excepted from* taking a medical examination. 全員例外なく健康診断を受けなければならない.
(▷ 名 excéption)

ex·cept·ing [ikséptiŋ, ek-] 前 …を除いて, …以外は (◇ except より《格式》. しばしば not, without, always のあとに用いる): Everyone helped, not *excepting* him. みんなが手伝った. もちろん彼も.

ex·cep·tion [ikSépʃən, ek-]

— 名 (複 **ex·cep·tions** [〜z]) **1** C […に対する] **例外**, 特例 [*to*]: There are *exceptions* to every rule. どんな規則にも例外はある / Most girls want to lose weight, and Kate is no *exception*. たいていの女の子はやせたいと願っているし, ケートも例外ではない / The *exception* proves the rule. 《ことわざ》例外があることは原則があることの証拠である.

2 U C 除外, 除くこと.

3 U [法] 異議, 申し立て, 反対, 抗議.

■ **màke an excéption of** [*for*] ... …を例外とする, 特別扱いする.

màke nó excéption(s) of [*for*] ... …に例外を設けない, …を特別扱いしない.

tàke excéption to ... **1** …に異議を唱える, 反対する. **2** …に腹を立てる.

with the excéption of ... …を除いて (except): They passed the exam *with the exception of* three. 彼らは3人を除いてその試験に合格した.

without excéption 例外なく, ことごとく.

(▷ 動 except)

ex·cep·tion·a·ble [ikSépʃənəbl, ek-] 形《格式》議論の余地がある, 非難の起こりうる.

*‡**ex·cep·tion·al** [ikSépʃənəl, ek-] 形 **1**(才能・素質が)特にすぐれた, 非凡な: an *exceptional* student 非常に優秀な学生.

2(情勢・出来事が)例外的な; 異常な (unusual).

ex·cep·tion·al·ly [ikSépʃənəli, ek-] 副 例外的に, いつになく; 非常に.

ex·cerpt [éksɚrpt] 名 C 抜粋, 引用(句) (quotation); [論文集からの] 抜き刷り [*from*].

— [eksɚ́ːrpt] 他 …を抜粋する.

‡**ex·cess** [iksés, ek-, ékses] 名 **1** U [しばしば an 〜] […の / …に対する] **超過**(分), 余剰 (surplus) [*of* / *over*]: an *excess* of supply *over* demand 需要に対する供給の超過.

2 U [しばしば an 〜] 過度, 過剰, 行きすぎ.

3 [〜es] 行きすぎた行為, 乱暴; 暴飲暴食.

■ **in excéss of** ... …以上の: There were *in excess of* 100 entries for the race. そのレースには100名を超す参加者が集まった.

to excéss 過度に, 極端に; 余計に: He eats *to excess*. 彼は食べすぎる.

— 形 [ékses, iksés, ek-] [限定用法] 余分な, 普通以上の; 制限以上の (extra): *excess* baggage [luggage] (飛行機の乗客の) 超過手荷物 / take in *excess* calories 余分なカロリーを摂取する.

(▷ 動 excéed)

‡**ex·ces·sive** [iksésiv, ek-] 形 過度の, 極端な, 法外な (↔ moderate): an *excessive* amount of work やり切れないほどの仕事. (▷ 名 excéss)

ex·ces·sive·ly [iksésivli, ek-] 副 はなはだしく, 極端に; ひどく.

ex·change [ikstʃéindʒ, eks-]

【「ex (ほかのものと) + change (換える)」から】

— 動 (三単現 **ex·chang·es** [〜iz]; 過去・過分 **ex·changed** [〜d]; 現分 **ex·chang·ing** [〜iŋ])

— 他 **1** [exchange + O (+with ...)] (...と) 〜を**交換する**, 取り交わす (◇ O は通例, 名詞の複数形): *exchange* looks [greetings] 視線 [あいさつ] を交わす / *exchange* words [blows] 口論 [殴り合い] をする / It's a heartfelt tradition to *exchange* gifts *with* each other on Christmas. クリスマスに互いに贈り物の交換をするのは心温まる伝統です / He *exchanged* seats *with* his wife. 彼は妻と席を替わった.

2 [exchange + O (+for ...)] 〜を (…と) 取り換える: He *exchanged* his camera *for* the bike. 彼はカメラを自転車と取り換えた.

3 〈通貨〉を […と] 両替する [*for*]: I'd like to *exchange* these dollars *for* yen. このドルを円に両替したいのですが.

— 名 **1** U C […間の / …との] 交換, 取り換え; 取引; 交流 (制度); 応酬 [*between* / *for*]: a fair *exchange* 公正な取引 / an *exchange* of greetings あいさつを交わすこと / an *exchange* of blows [gunfire] パンチ [銃撃] の応酬 / She went on an *exchange* to Australia last year. 彼女は昨年オーストラリアに交換留学生として行った.

2 U 為替 (かわせ), 貨幣の交換, 両替; 為替相場: foreign *exchange* 外国為替 / a bill of *exchange* 為替証書, 手形 / What is the rate of *exchange* between the dollar and the yen today? きょうのドルと円の為替レートはいくらですか.

3 C […間の] 言い合い, 議論, 口げんか [*between*]: bitter *exchanges between* the two political parties 2政党間での痛烈な論戦.

4 C [しばしば E-] 取引所: the stock *exchange* 株式取引所 / the grain [《英》corn] *exchange* 穀物取引所.

5 C = télephone exchànge 《主に英》電話交換局. **6** C 交換品.

■ **in exchánge** […と] 交換に [*for*]: I gave the boy two books *in exchange for* his help. 少年が助けてくれたお返しに私は本を2冊彼にあげた.

◆ exchánge ràte C 為替相場, 為替レート.

exchánge stùdent C 交換 (留) 学生.

ex·change·a·ble [ikstʃéindʒəbl, eks-] 形 (品物が) […と] 交換できる, 取り換え可能な [*for*].

ex·cheq·uer [ékstʃekɚ, ikstʃékɚ, eks-] 名 **1** [the E-; 単数・複数扱い] 《英》大蔵省 (the Treasury). **2** C 金庫, 国庫, (しばしば誇張・こっけい) (個人の) 資力, 「ふところ」.

■ **the Cháncellor of the Exchéquer** 《英》大蔵大臣 (cf. the Secretary of the Treasury 《米》財務長官).

ex·cise[1] [éksaiz] 名 U C 物品税, 国内消費税.

ex·cise[2] [iksáiz, ek-] 動《格式》〈器官などを〉切りとる; 〈語句などを〉削除する.

ex·cit·a·bil·i·ty [iksàitəbíləti, ek-] 名 U 興奮しやすい [怒りっぽい] 性質; 興奮しやすさ.

ex·cit·a·ble [iksáitəbl, ek-] 形 興奮しやすい.

ex·cite [iksáit, ek-]

【基本的意味は「〈人〉を興奮させる (make someone feel happy and lively)」】

— 動 (三単現 ex·cites [-sáits]; 過去・過分 ex·cit·ed [~id]; 現分 ex·cit·ing [~iŋ])

— 他 **1** [excite＋O] 〈人・動物〉を興奮させる, わくわくさせる; …の平静を失わせる: The headline in today's paper *excited* us. きょうの新聞の見出しを見て私たちはわくわくした / Hitting the cage *excited* the bear. おりをたたかれてクマは興奮した / Don't *excite* yourself. 興奮しないで [落ち着いて] ください (＝Don't get [be] excited.).

2 [excite＋O] 〈人の〉〈感情など〉をあおる [*in*]; [excite＋O＋to ...] 〈人〈の感情など〉をあおって…に至らせる; [excite＋O＋to do] 〈人〉を刺激して ...させる: This *excited* my suspicion. これは怪しいと私は思った / The news of their divorce *excited* her curiosity. 彼らの離婚の知らせに彼女の好奇心はいくすぐられた / Her abusive language *excited* him *to* anger [*to* get angry]. 彼女の悪態が彼を怒らせた.

3 〈人〉を性的に刺激する, 興奮させる. **4** 〖生理〗〈器官・組織など〉を刺激する. (▷ 名 excitement)

ex·cit·ed [iksáitid, ek-]

— 形 [...に] 興奮した, 感情の高ぶった, わくわくした [*at, about, over*]: an *excited* face 興奮した顔 / He was so *excited* that he could hardly sleep. 彼は興奮のあまりほとんど眠れなかった / Alice was *excited* about going to the party. アリスはパーティーに行くことできうきしていた / Don't get *excited*. 興奮しないでください.

ex·cit·ed·ly [iksáitidli, ek-] 副 興奮して; はしゃいで.

ex·cite·ment [iksáitmənt, ek-]

— 名 (複 ex·cite·ments [-mənts]) **1** Ｕ […での] 興奮, 感情の高ぶり [*at, about, over*]; 動揺, 気の立つこと; 騒動: He feels *excitement* about the vacation. 彼は休暇のことでわくわくしている / The discovery caused great *excitement* among the scholars. その発見は学者たちの間に大きな興奮を巻き起こした / My *excitement* was too great for sleep. 私は興奮しすぎて眠れなかった.

2 Ｃ 興奮させるもの, 刺激物: the various *excitements* of college life 大学生活のさまざまな刺激.

■ **in excítement** 興奮して. (▷ 動 excíte)

ex·cit·ing [iksáitiŋ, ek-]

— 形 興奮させる, 胸をわくわくさせる (ような), はらはらさせる (ような): an *exciting* discovery 興奮するような発見 / Rugby is an *exciting* sport. ラグビーはわくわくする面白いスポーツです / It's *exciting* to walk down lively streets in Asian countries. アジアの国々の活気ある通りを歩くのは（胸がわくわくするほど）面白い.

excl. 《略語》＝ *excluding* (↓); *exclusive* (↓).

ex·claim [ikskléim, eks-]

— 動 他 (突然, 強い感情に駆られて) …と叫ぶ, 大声で言う: He *exclaimed* that it was a noisy classroom. なんてうるさい教室なんだと彼は叫んだ.

— 自 […を見て [聞いて]] 突然叫ぶ, 大声で言う [*at*]; […に対して] 強く非難する [*against*]: She *exclaimed* in astonishment *at* the sight of the collapsed bridge. 崩壊した橋を見て彼女は驚きの叫び声を発した.

ex·cla·ma·tion [èkskləméiʃən] 名 **1** Ｃ (強い感情に突き動かされた) 叫び声 / Ｕ 叫ぶこと, 感嘆: give an *exclamation* of anger [joy, pain] 怒り [喜び, 苦痛] の叫び声を上げる.

2 Ｃ 〖文法〗間投詞, 感嘆詞 [文].

◆ **exclamátion màrk** 《英》＝ exclamation point.

exclamátion pòint Ｃ 《米》感嘆符 (!).

ex·clam·a·to·ry [iksklǽmətɔːri, eks-/-təri] 形 感嘆の, 絶叫的な.

◆ **exclámatory séntence** Ｃ 〖文法〗感嘆文 (→ SENTENCE (**文法**)).

ex·clude [iksklúːd, eks-] 【「ex (外に, 出す) ＋ clude (閉める)」から】 動 他 **1** 〈人〉を [場所・団体・権利などから] 締め出す, 除外する (↔ include) [*from*]: No one is *excluded from* the duty of tax payment. だれ 1 人納税の義務を免除されない / All drafts must be *excluded from* a room. 部屋にすき間風が入らないようにしなければならない. **2** 〈可能性・疑いなど〉を考慮に入れない, …の余地を与えない: We cannot *exclude* the possibility that he was under stress. 彼にストレスがかかっていたという可能性は捨て切れない.

(▷ 名 exclúsion; 形 exclúsive)

ex·clud·ing [iksklúːdiŋ, eks-] 前 ...を除いて 《略語》 **excl.**) (↔ including): There were 30 people in the hotel lobby then, *excluding* the employees. その時ホテルのロビーには従業員を除いて 30 名の人々がいた.

ex·clu·sion [iksklúːʒən, eks-] 名 Ｕ [...からの] 締め出し, 除外, 排除 (↔ inclusion) [*from*].

■ **to the exclúsion of ...** ...を除外するように; ...を排除して (しまうほど). (▷ 動 exclúde)

ex·clu·sive [iksklúːsiv, eks-] 形 (↔ inclusive)

1 (クラブ・団体などが) 排他的な, 閉鎖的な, 特権階級に限った: an *exclusive* school 入学資格の厳しい学校 / an *exclusive* club 会員制のクラブ.

2 [限定用法] 独占的な, 専用の: the *exclusive* rights to sell ... ...の独占販売権 / an *exclusive* economic zone 排他的経済水域. **3** [叙述用法] (所説・主張などが互いに) 矛盾する, 相いれない: These two statements of yours are mutually *exclusive*. あなたのこの 2 つの主張は矛盾している. **4** 唯一の; それだけに限られた, 専一の: Swimming is his *exclusive* interest. 彼は水泳にだけ興味がある.

5 高級な, 高価な: an *exclusive* hotel 高級ホテル. **6** [数詞・条件などのあとで] (最初と最後を) 除外して: from 3 to 9 *exclusive* (3 と 9 を除いて) 4 から 8 までの間 (◇厳密には, 3＜ x ＜9 の x の範囲).

■ ***exclúsive of ...*** ... を除いて: The hotel charges were 100 dollars *exclusive of* tax. ホテル代は税別で 100 ドルだった.

— 名 C 独占記事, スクープ; 独占商品.

ex·clu·sive·ly [iksklúːsivli, eks-] 副 もっぱらく…だけ; 排他的[独占的]に: This lane is for buses *exclusively*. = This lane is *exclusively* for buses. この車線はバス専用です.
(▷ 動 exclúde)

ex·com·mu·ni·cate [èkskəmjúːnikèit] 動 他 《キリスト》…を破門する; (教会から)除名する.

ex·com·mu·ni·ca·tion [-mjùːnikéiʃən] 名 《キリスト》U 破門, 除名; C 破門宣告, 破門状.

ex·co·ri·ate [ikskɔ́ːrièit, eks-] 動 他 《格式》〈本・演技など〉を酷評する, ののしる.

ex·cre·ment [ékskrimənt] 名 U 《格式》(便), 排泄(はいせつ)物 (feces).

ex·cres·cence [ikskrésəns, eks-] 名 C 《格式》(動植物の表面の)異常な生成物〈こぶ・いぼなど〉.

ex·cre·ta [ikskríːtə, eks-] 名 《複数扱い》《格式》排泄(はいせつ)物.

ex·crete [ikskríːt, eks-] 動 《格式》他 …を排泄(はいせつ)する (cf. secrete 分泌する).
— 自 排泄される, 出る.

ex·cre·tion [ikskríːʃən, eks-] 名 U (大便・小便・汗などの)排泄(はいせつ)(作用); U C 排泄物.

ex·cru·ci·at·ing [ikskrúːʃièitiŋ, eks-] 形 (肉体的・精神的に)耐えがたい, 非常に苦しい.

ex·cru·ci·at·ing·ly [~li] 副 耐えられないほど.

ex·cul·pate [ékskʌlpèit] 動 他 〔しばしば受け身で〕《格式》…を無罪にする; …の罪を免ずる; 〔罪などから〕…の疑いを晴らす〔*from*〕.

*ex·cur·sion** [ikskə́ːrʒən, eks- / -kə́ːʃən] 名 C **1** (通例, 団体の)遠足, 小旅行, 観光旅行, ツアー: a school *excursion* 修学旅行; 遠足 / a shopping *excursion* 買い物旅行 / make [go on] a 5-day *excursion* to Hawaii ハワイへ5日間の観光旅行に行く.
2 [未知の事柄・領域などの]体験, 試行〔*into*〕.
◆ excúrsion tícket C (割引)周遊券.

ex·cur·sion·ist [ikskə́ːrʒənist, eks- / -kə́ː-ʃənist] 名 C 観光旅行者, 周遊旅行者.

ex·cus·a·ble [ikskjúːzəbl, eks-] 形 許される; 弁解できる (↔ inexcusable).

ex·cus·a·bly [-bli] 副 無理もなく, もっともで.

ex·cuse [動][名]

【原義は「非難・罪を除く」】

— 動 [ikskjúːz, eks-] (☆ 名 との発音の違いに注意) (三単現 **ex·cus·es** [~iz]; 過去・過分 **ex·cused** [~d]; 現分 **ex·cus·ing** [~iŋ])

— 他 **1** [excuse + O]〈人・ささいな過失〉を許す, 大目に見る (→ FORGIVE 類義語); [excuse + O + for ...] …について〈人〉を許す; [excuse + one's doing]〈人〉が…するのを許す: Please *excuse* my rudeness. どうか無礼をお許しください / Please *excuse* the interruption, but you're wanted on the phone. おじゃまして申し訳ありませんが, お電話がかかっています / *Excuse* me *for* being late. = *Excuse* my being late. 遅れてすみません.

2 …の言い訳をする, 弁解する (→ 成句 excuse oneself); [通例, 否定文・疑問文で] …の弁解[言い訳]になる: He *excused* his tardiness. 彼は遅刻の言い訳をした / Nothing can *excuse* your idleness. 君の怠惰は何を言っても弁解できない.

3 [通例, 受け身で]〈人〉を[…から]免除する, 免ずる〔*from*〕: The teacher *excused* Bill *from* taking the examination. 先生はビルに試験を受けなくてもよいと言った / I *was excused* (*from*) baseball practice. 私は野球の練習を免除された (◇ from を省略するのは《主に英》).

4 [通例, 受け身で] …に中座する[帰る]のを許す: May I *be excused*? 失礼して[手洗いに行って]よろしいですか / You may *be excused*. もう行って[下がって]いいですよ / I hope you will *excuse* me. ここで失礼させて[帰らせて]いただきます (◇パーティーなどで中座するときの言葉).

■ *Excúse me.* **1** 失礼ですが (◇次に but が続くことが多い; ➡ [LET'S TALK]): *Excuse me*, but

---

LET'S TALK 注意の引き方

[基本] **Excuse me.**

Miho: **Excuse me, do you have the time?**
(すみませんが, 今何時ですか)

Woman: **Yes. It's twelve thirty.**
(はい. 12時半です)

見知らぬ人に話しかけたり, 何かを問いかけたりするときには, Excuse me. (すみません) と言って, まず相手の注意を引きましょう. レストランで店員を呼ぶときなど, どんな場面でも使うことができる表現です. 《米》では Pardon me. と言うこともあります. Sorry to bother you. (お手間をとらせてすみません) は大変丁寧な表現です.

家族や友達などに対しては hey (ねえ) と言ったり, 相手の名前を呼んだりして, 相手の注意を引きます.

[類例] A: Pardon me, but is this seat taken?
 (すみませんが, この席はふさがっていますか)
B: No, it isn't. Please sit down. (いいえ, あいてますよ. どうぞおかけください)

ex-directory — exercise

where is the station? すみませんが，駅はどこですか / *Excuse me*, but I think you are wrong. 失礼ですが，あなたは間違っていると思います．
2 すみません．失礼します《◇人の前を通るとき，中座するとき，くしゃみが出たときなどに用いる．2人以上のときは Excuse us. と言う．また返答する場合は Sure(ly)., Certainly. などと言う》: *Excuse me*, can I get through? すみません，通してもらえますか / *Excuse me* a moment, please. 少しの間失礼いたします．
3 [Excuse me?の形で]《主に米》何とおっしゃいましたか (I beg your pardon?, Pardon (me)?): How about meeting at eight-thirty at the station? — *Excuse me*? 8時半に駅で待ち合わせませんか—すみません，何とおっしゃいましたか．

excúse onesèlf 1 弁解する: I cannot *excuse myself* for my conduct. 私は自分の行いに対して弁解できない. **2** 失礼しますと言って中座する: She *excused herself* and went out of the room. 彼女は失礼しますと言って部屋から出て行った. **3** [...を] 辞退する [*from*]: I *excused myself from* the meeting. 私はその会合への出席を辞退した.

—名 [ikskjúːs, eks-] **1** ⓊⒸ [...に対する / ...することに対する] 言い訳，弁解; 口実 [*for* / *to do*]: There is no *excuse for* his behavior. 彼のふるまいは弁解の余地がない / She made a good [poor] *excuse* to be absent from her piano lesson. 彼女はピアノのレッスンを休むためのうまい [下手な] 言い訳をした. **2** [通例〜s] 謝罪 (の言葉)，(言うによる) おわび; 容赦，免除: Please give him my *excuses*. どうか彼におわびしておいてください. **3** Ⓒ 《米》欠席届 (《英》sick note).

■ *a póor* [*bád*] *excúse for ...* ...のまずい口実; 《口語》...の悪い見本，...の申し訳程度のもの．

in excúse of ... ...の言い訳に．

ex·di·rec·to·ry 形 《英》(電話番号・名前が) 電話帳に載っていない (《米》unlisted).

ex·e·cra·ble [éksikrəbl] 形 《格式》(作品・料理などが) 非常に悪い，とても下手な; 実にひどい.

ex·e·crate [éksikrèit] 動他《文語》...をひどく嫌う; のろう．

ex·e·cute [éksikjùːt] 動他 **1**《格式》〈命令・計画など〉を実行する (carry out), 〈任務〉を果たす，遂行する: The plan [order] was fully *executed*. 計画 [命令] は完全に実行された. **2**〈法律・遺言状など〉を執行する，〈契約など〉を履行する: *execute* a will 遺言状を執行する. **3** ...を死刑にする，処刑する: He was the last murderer *executed in* the country. 彼はその国で最後に死刑になった殺人犯だった. **4**《格式》〈曲〉を演奏する，〈役〉を演ずる，〈ダンスのステップ〉を踏む; 〈芸術作品〉を制作する. **5**《コンピュータ》〈プログラムの指示・命令など〉を実行する． (▷ 動 èxecútion; 形 exécutive)

ex·e·cu·tion [èksikjúːʃən] 名 **1** Ⓤ《格式》(命令・計画などの) 実行，実施，遂行: the *execution* of one's duty 義務の遂行 / put an idea into *execution* ある考えを実行に移す. **2** Ⓤ (法律・遺言状などの) 執行，実施. **3** ⓊⒸ 死刑 (執行)，処刑: In some countries *executions* are still held in public. 今でも公開処刑を行っている国がある. **4** Ⓤ《格式》(音楽の) 演奏，演技; (芸術作品の) 制作. **5** Ⓤ《コンピュータ》(プログラムの) 実行． (▷ 動 éxecùte)

ex·e·cu·tion·er [èksikjúːʃənər] 名 Ⓒ 死刑執行人．

ex·ec·u·tive [igzékjutiv, eg-] 名 **1** Ⓒ (企業などの) 役員，重役，取締役; 経営者 [陣]: the chief *executive* officer 最高経営責任者 (《略語》CEO). **2** Ⓒ (官庁などの) 行政官. **3** [the 〜; 単数・複数扱い] (政府の) 行政部; (団体などの) 実行委員会，執行部; [the E-]《米》大統領，州知事．
—形 **1** [通例，限定用法] 実行 (上) の; 経営の; 管理能力のある: an *executive* board 理事会 / a person of *executive* skills [talent] 管理的手腕 [実務的才能] の持ち主. **2** 行政 (上) の，行政的な (administrative); (executive) authorities 行政当局. **3** 管理職 [幹部] (用) の. (▷ 動 éxecùte)
◆ Exécutive Mánsion [the 〜] 大統領官邸 (the White House); 州知事公舎.
exécutive ófficer **1** (企業などの) 役員，経営者. **2** 行政官. **3**《軍》副隊長; 副長.

ex·ec·u·tor [igzékjutər, eg-] 名 Ⓒ《法》遺言執行者 (◇女性形は executrix [-triks]).

ex·e·ge·sis [èksidʒíːsis] 名 (複 ex·e·ge·ses [-siːz]) ⓊⒸ (特に聖書の) 解釈，釈義，評釈．

ex·em·plar [igzémplɑːr, eg-] 名 Ⓒ《格式》**1** 見本，典型. **2** 模範，お手本．

ex·em·pla·ry [igzémpləri, eg-] 形 **1** 模範的な. **2** [限定用法] 見せしめの，戒めの．

ex·em·pli·fi·ca·tion [igzèmplifikéiʃən, eg-] 名 **1** Ⓤ 例証，例示. **2** Ⓒ 見本，適例．

ex·em·pli·fy [igzémplifài, eg-] 動 (三単現 ex·em·pli·fies [〜z]; 過去・過分 ex·em·pli·fied [〜d]; 現分 ex·em·pli·fy·ing [〜iŋ])〈人〉を例証する，例示する; ...のよい例となる: This painting *exemplifies* his style. この絵は彼の画風をよく示している．

ex·empt [igzémpt, eg-] 形 [叙述用法] [義務・規則などを] 免除された; [誤りなどを] 免れた [*from*]: The earthquake victims were *exempt from* the taxes. 地震の被災者は税金を免除された.
—動 他〈人〉に [義務・規則などを] 免除する [*from*]: They *exempted* me *from* paying taxes. 私は納税を免除された．

ex·emp·tion [igzémpʃən, eg-] 名 ⓊⒸ **1** [義務・税などの] 免除 [*from*]: *exemption from* military service 兵役免除. **2** (税金の) 控除 (額)．

ex·er·cise [éksərsàiz] 名

基本的意味は「身体や精神・能力を使うこと」．
① (身体の) 運動． 名 **1**
② (一連の) 練習; 練習問題． 名 **2, 3**
③ (精神力などを) 働かせること． 名 **4**
④ (...を) 運動させる [する]． 動 他 **1**; 自

—名 (複 ex·er·cis·es [〜iz]) **1** ⓊⒸ (身体の) 運動，体操: physical [aerobic] *exercises* 体操

[有酸素運動] / do [take] *exercise* (定期的に) 運動する / get some *exercise* (ふだん運動していない人が) 運動する / Jogging is good *exercise* for me. ジョギングは私にはいい運動です / Many people living in cities suffer from a lack of *exercise*. 都会に住む多くの人たちは運動不足になっている.
2 C (通例〜s) (一連の) **練習**, けいこ; 訓練 (→ PRACTICE【類義語】): fingering *exercises* for the piano ピアノの運指練習 / reading as an intellectual *exercise* 知的訓練としての読書 / do ballet *exercises* バレエの練習をする / military *exercises* 軍事演習.
3 C 練習問題; 課題: Shall we move on to *Exercise* 3? 練習問題3に進みましょうか / Our teacher gave us a lot of math *exercises* to do at home. 先生は私たちに数学の宿題をたくさん出した.
4 U (通例 the 〜)《格式》(精神力などを)働かせること;(職権などの)行使, 実行: the *exercise* of patience [self-control] じっと我慢する [自制力を働かせる] こと / the *exercise* of voting rights 投票権の行使.
5 C (しばしば〜s)《米》儀式, 式典: graduation *exercises* 卒業式.
— 動 他 **1** 〈人・動物など〉を運動させる, 訓練する;〈筋肉など〉を鍛える: *exercise* one's muscles 筋肉を鍛える / The coach *exercised* the players for two hours. コーチは選手たちに2時間練習させた / He *exercised* himself by running every other day. 彼は1日おきに走って体を鍛えた.
2 (文語)《精神·能力など》を働かせる, 用いる, 発揮する: *exercise* imagination 想像力を働かせる.
3 (格式)《権力·権利など》を行使する, 遂行する;〈影響など〉を[…に] 及ぼす, 与える [*on*, *upon*, *over*]: *exercise* one's right to refuse 拒否権を行使する / The Industrial Revolution *exercised* an immense influence *upon* the subsequent history of the West. 産業革命は西欧のその後の歴史に絶大な影響を及ぼした.
4 (通例, 受け身で)《格式》[…のことで] …を悩ます, 心配させる [*by*, *about*, *over*]: I *am* greatly *exercised by* [*about*] his behavior. 私は彼のふるまいがとても気になっている.
— 自 運動 [体操] する, 練習する: Eat less and *exercise* more. 食べるのを減らして, もっと運動しなさい / It is important to *exercise* regularly. 規則正しく運動することが大切です.
◆ **éxercise bìke** C エクササイズバイク《室内運動用の自転車》.
éxercise bòok C 練習帳.

*__ex·ert__ [igzə́ːrt, eg-] 動 他 […に]〈力·権力など〉を用いる, 行使する;〈影響など〉を及ぼす [*on*, *upon*]: *exert* pressure *on* … …に圧力を与える / The medicine *exerts* a strong influence *on* [*upon*] the body. その薬は体に強い影響を及ぼす.
■ *exért onesèlf* [...するために] 努力する [*to do*].

ex·er·tion [igzə́ːrʃən, eg-] 名 U C **1** (力·影響などの) 行使, 発揮. **2** 努力, 骨折り (→ EFFORT【類義語】): make [use] one's best *exertions* 全力

をつくす.

ex·e·unt [éksiʌnt, -siənt]【ラテン】動 自 (2人以上の人物が) 退場する (↔ enter) (◇脚本のト書きで主語の前に置いて用いる.; cf. exit (1人の人物が) 退場する): *exeunt* Tom and Meg トムとメグ退場.

ex grá·tia [eks gréiʃə]【ラテン】形【法】(支払いなどが法的義務からでなく) 好意からの, 任意の.

ex·ha·la·tion [èkshəléiʃən / -hə-] 名 U C
1 息を吐き出すこと, 呼気. **2** 蒸発(物), 発散(物).

ex·hale [ekshéil / -héil] 動 他 〈息など〉を吐き出す (↔ inhale). — 自 息を吐く.

‡**ex·haust** [igzɔ́ːst, eg-]【原義は「水をくみ出す」】
動 他 **1** 〈人〉を(へとへとに) 疲れさせる, 消耗させる: The long journey to work *exhausts* him. 通勤に時間がかかるので彼はくたくたに疲れてしまう.
2 …を消費しつくす, 使い果たす: All the supplies of food have been *exhausted* in that country. その国では食糧の蓄えはすべて使い果たされた.
3 〈研究テーマなど〉を検討しつくす: Well, I think we've *exhausted* that topic. さて, その問題についてはもう十分討議したと思います.
■ *exháust onesèlf* 弱り切る, 疲れ果てる.
— 名 **1** C = exháust pìpe (エンジンなどの) 排気装置, 排気管. **2** U = exháust gàs 排気ガス; 排出, 排気: *exhaust* control 排気ガス規制.
(▷ 名 exháustion)

*__ex·haust·ed__ [igzɔ́ːstid, eg-] 形 **1** (心身が) 非常に疲れた, へとへとの (→ TIRED【類義語】): He looks *exhausted*. 彼は疲れ切った顔をしている / He was *exhausted* by the long labor dispute. 彼は長期にわたる労働争議で疲れ切っていた. **2** 消耗した, 使い果たされた: His patience is now *exhausted*. 今や彼の堪忍袋の緒が切れた.

ex·haust·ing [igzɔ́ːstiŋ, eg-] 形 (心身を) 非常に疲れさせる, 消耗させる, 骨の折れる.

*__ex·haus·tion__ [igzɔ́ːstʃən, eg-] 名 U **1** (激しい) 疲労, 疲れ切ること, くたびれ果てること: suffer from *exhaustion* 疲労でへばる. **2** (物資などの) 消耗, 使いつくすこと, (資源などの) 枯渇: the *exhaustion* of natural resources [oil] 天然資源 [石油] の枯渇.
(▷ exháust)

ex·haus·tive [igzɔ́ːstiv, eg-] 形 (調査·検討などが) 徹底的な, 余すところのない (thorough).
ex·haus·tive·ly [〜li] 副 徹底的に.

‡**ex·hib·it** [igzíbit, eg-] 動 他 **1** 〈絵·作品など〉を展示する, 公開する, 陳列する: She *exhibited* her paintings in the art gallery. 彼女は絵を画廊に展示した. **2** 《格式》(人前で) …を見せる, 示す;〈感情など〉を表す: She tends to *exhibit* her knowledge. 彼女は知識をひけらかしたがる.
— 自 展示する, 出品する.
— 名 C **1** 展示 [陳列] 品, 出品作.
2 展示, 陳列;《米》展示会 (exhibition).
3 【法】証拠書類 [物件].

‡**ex·hi·bi·tion** [èksibíʃən] 名 **1** C 展覧会, 展示会, 博覧会 (exposition); (動植物などの) 品評会, コンテスト: an *exhibition* of works of art 芸術作品の展覧会. **2** U (または an 〜) (人に) 見せること, 公開; (技能などの) 発揮: a remarkable *exhibition* of one's skill [talent] 技量 [才能] を

見事に発揮すること. **3** C 模範演技, 実演. **4** C《英》(学校の基金による)奨学金.
■ **màke an exhibítion of onesèlf** 人前でばかなまねをする, 不作法な[愚かな]ふるまいをする.
on exhibítion 展示[公開]されて.

ex·hi·bi·tion·ism [èksibíʃənìzm] 名 U《軽蔑》自己顕示, 目立ちたがり;〖精神〗露出症.

ex·hi·bi·tion·ist [èksibíʃənist] 名 C 能力を誇示する人, 目立ちたがり屋;〖精神〗露出狂.

ex·hib·i·tor [igzíbitər, eg-] 名 C (展覧会などへの)出品者.

ex·hil·a·rate [igzíləreit, eg-] 動 他《格式》〈人〉を陽気にする, うきうきさせる.

ex·hil·a·rat·ing [igzíləreitiŋ, eg-] 形《格式》陽気にする, 気分をうきうきさせる(ような).

ex·hil·a·ra·tion [igzìləréiʃən, eg-] 名 U《格式》気分を引き立たせること; うきうきさした気分.

ex·hort [igzɔ́ːrt, eg-] 動 他《格式》〈人〉に「…と […するように]強く勧める, 熱心に忠告する[*to* / *to do*]: Jane *exhorted* John *to* give up gambling. ジェーンはジョンにギャンブルをやめるように強く忠告した.

ex·hor·ta·tion [ègzɔːrtéiʃən, èks-] 名 U C《格式》強い勧め, 熱心な忠告.

ex·hu·ma·tion [ègzjuːméiʃən, èkshjuː-] 名 C《格式》(死体の)発掘.

ex·hume [igzjúːm, eg- | ekshjúːm] 動 他 (通例, 受け身で)《死体》を〈墓から〉掘り出す.

ex·i·gen·cy [éksidʒənsi, égzi-], **ex·i·gence** [-dʒəns] 名 (複 **ex·i·gen·cies** [~z], **ex·i·genc·es** [~iz])《格式》**1** U C 緊急(事態), 危機, 危急: in this *exigency* こうした緊急事態に. **2** C (通例, 複数形で)切迫した事情, 急務.

ex·i·gent [éksidʒənt, égzi-] 形《格式》**1** 緊急の, 切迫した. **2** うるさくせがむ, しきりに欲しがる; (要求などが)過酷な.

ex·ig·u·ous [igzígjuəs, eg-] 形《格式》乏しい, わずかな.

‡**ex·ile** [éksail, égzail] 名 **1** U (または an ~)(主に政治的理由による国外への)亡命; 追放, 流刑(ﾙ̇ﾁ): live in *exile* 亡命生活を送る / go [be sent] into *exile* 国外へ追放される.
2 C 亡命者; 国外へ追放された人: a tax *exile* 税金亡命者《所得税の高い国から低い国に移住した金持ち》.
— 動 他 (通例, 受け身で)〈人〉を亡命させる, 国外へ追放する;〔…から / …へ〕流刑(ﾙ̇ﾁ)にする [*from* / *to*]: *exile* oneself 亡命する / He was *exiled to* a lonely island. 彼は孤島へ島流しにされた.

‡**ex·ist** [igzíst, eg-]
【「ex (外に) + ist (立つ)」から】
— 動 (三単現 **ex·ists** [-zísts]; 過去・過分 **ex·ist·ed** [~id]; **ex·ist·ing** [~iŋ])
— 自 (進行形不可) **1** 存在する, 実在する: This plant once *existed* in Japan. この植物はかつて日本に生育していた / Do you think life *exists* on Mars? 火星に生物が存在すると思いますか.
2〔…に〕ある, いる; 見いだされる [*in*]: Parents should find out the special qualities which *exist in* their own children. 両親は自分の子供の中にある特質を見つけ出してやらなくてはいけない / The custom still *exists in* these countries. その慣習は今もなおこれらの国で見られる.
3〔…に / …で〕生存する, 生息する (live) [*in / on*]; どうにか生きていく, 生き延びる: *exist on* rice 米を常食にする / This bird *exists* only *on* this island. この鳥はこの島にしか生息していない.

‡‡‡**ex·ist·ence** [igzístəns, eg-]
— 名 (複 **ex·ist·enc·es** [~iz]) **1** U 存在, 現存, 実在: Do you believe in the *existence* of God? あなたは神の存在を信じますか.
2 U 生存, 生きていること: the struggle for *existence* 生存競争 / The *existence* of some wild animals is in danger. 野生動物の中には生存が危ぶまれているものがある.
3 C〖通例, 単数形で〗(特に困難な)生活, 暮らし (life): lead a hand-to-mouth *existence* その日暮らしの生活を送る.
■ **còme into exístence** 生まれる; 成立する.
gò out of exístence なくなる, 消失する.
in exístence 現存する, 存在して: This is the oldest Bible *in existence*. これが現存する最古の聖書です.

ex·ist·ent [igzístənt, eg-] 形《格式》(道具・制度・行事などが)現存する; 現在の; 現行の.

ex·is·ten·tial [ègzisténʃəl] 形〖限定用法〗**1** 存在の, 存在に関する. **2**〖哲〗実存(主義)の.

ex·is·ten·tial·ism [ègzisténʃəlizəm] 名 U〖哲〗実存主義.

‡**ex·ist·ing** [igzístiŋ, eg-] 形〖限定用法〗現存する, 現在の: under *existing* economic conditions 目下の経済状況では.

‡**ex·it** [éksit, égzit] 名 **1** C 出口 (way out) (↔ entrance): a fire *exit* 火災時の非常口 / an emergency *exit* 非常口. **2** U C 退去; (役者の)退場 (↔ entrance): make an *exit* from ... …から出て行く / make one's *exit* 退場する, 退去する.
— 動 自 **1** (1人の人物が)退場する (↔ enter) (○脚本のト書きで用いる. 主語の前に置き, 三単現の -s を省く; cf. exeunt (2人以上の人物が)退場する): *Exit* Macbeth マクベス退場. **2** 出て行く, 立ち去る (go out). **3** この世を去る, 死ぬ.
◆ **éxit pòll** C (投票の)出口調査.
éxit vìsa C 出国ビザ.

ex·o·dus [éksədəs] 名 **1**〖単数形で〗(大勢の人人が)[…から]出て行くこと, 集団移動 [*from*].
2 [E-]〖聖〗出エジプト記《旧約聖書中の1書;《略語》Exod.》; [the E-] エジプト出国《モーセがイスラエル人を率いてエジプトを脱出した故事》.

ex of·fi·ci·o [èks əfíʃiòu]【ラテン】副 形《格式》職権上の, 職務上の.

ex·on·er·ate [igzánəreit, eg- / -zɔ́n-] 動 他〔冤罪(ﾖﾃﾞ)から〕…の疑いを晴らす [*from, of*];〈人〉の[義務・責任などを]免除する [*from*].

ex·on·er·a·tion [igzànəréiʃən, eg- / -zɔ̀n-] 名 U 冤罪(ﾖﾃﾞ)を晴らすこと; (義務の)免除.

ex·or·bi·tant [igzɔ́ːrbətənt, eg-] 形 (値段・要求などが)過大な, 法外な (unreasonable).

ex·or·bi·tant·ly [~li] 副 過大に, 法外に.
ex·or·cize (英) **ex·or·cise** [éksɔːrsàiz] 動 他 1《悪魔などを》[…から] 追い出す [*from, out of*]; 〈いやな記憶・感情を〉追い払う.
ex·or·cism [éksɔːrsìzəm] 名 U C 悪魔払い(の儀式), 魔払い, 厄払い.
ex·or·cist [éksɔːrsist] 名 C 悪魔払いの祈禱(‍ぎ)師, エクソシスト.
ex·ot·ic [igzátik, eg- / -zɔ́t-] 形 1《通例, ほめ言葉》異国風の, エキゾチックな, 異国情緒のある.
2《動植物・言葉などが》外国(産)の, 外来の.
ex·ot·i·cism [igzátəsìzəm / -zɔ́t-] 名 U
1 (芸術上の) 異国情緒, 異国趣味. 2 外来の事物; 外来語, 外来語法.
ex·ot·i·ca [igzátikə, eg- / -zɔ́t-] 名《複数扱い》異国風なもの《特に文学・芸術作品など》.
exp.《略記》＝ *expenses*; *experience*; *expiration* 期限切れ; *express*.
‡**ex·pand** [ikspǽnd, eks-] 動 他 1〈寸法・範囲などを〉広げる (spread out); 拡大する, 拡張する: My uncle intends to *expand* his business. おじは事業を拡張するつもりだ.
2〈物語・議論などを〉[…へと] 発展させる; [… へと] 展開する [*into*]: She has *expanded* her short story *into* a novel. 彼女は自分の短編小説を長編にふくらませた.
─ 自 1 (寸法・範囲などが) 広がる, ふくらむ: A balloon *expands* as it is filled with air. 風船は空気を詰めるとふくらむ. 2 拡大する, 拡張する; (活動・営業などが) 発展する, 伸長する: The volume of exports has *expanded* greatly in recent years. 近年輸出量が激増した. 3 [… について] さらに詳細に述べる [*on, upon*]: She *expanded on* her initial remark. 彼女は最初の発言についてさらに詳しく述べた. 4 心を開く, 打ち解ける (relax). (▷ 名 expánsion).
ex·pand·a·ble [ikspǽndəbl, eks-] 形 広げられる, 拡大[拡張]できる; 膨張しやすい; 発展性がある.
*****ex·panse** [ikspǽns, eks-] 名 C [しばしば〜s] (砂漠・海などの) 大きな広がり: the limitless *expanse*(s) of the sea 果てしなく広い海.
‡**ex·pan·sion** [ikspǽnʃən, eks-] 名 1 U 拡大, 拡張; 膨張; 広がること: the *expansion* of gas 気体の膨張. 2 U [または an 〜] 発展; (文芸作品などの) 展開. 3 C 拡大[拡張] されたもの; 発展[展開] したもの. (▷ 動 expánd)
ex·pan·sion·ism [ikspǽnʃənìzəm, eks-] 名 U《軽蔑》(特に領土の) 拡張主義, 拡大政策.
ex·pan·sion·ist [ikspǽnʃənist, eks-] 名《軽蔑》C (領土) 拡張論者.
─ 形 拡張論(者)の.
ex·pan·sive [ikspǽnsiv, eks-] 形 1 広々とした, 広大な; 広範囲の: an *expansive* knowledge of science 科学の広範な知識. 2 (人が) 打ち解けた; 開放的な; 大げさな身ぶりをする: an *expansive* person 心が広い人 / She talked freely in an *expansive* mood. 彼女は親しみを込めて遠慮なく話した. 3 膨張性[力]のある; 発展性[拡張的]な.
ex·pa·ti·ate [ikspéiʃièit] 動 自《格式》[…について] 詳しく述べる [*on, upon*].

ex·pa·tri·ate [ekspéitrièit / -pǽtri-] 動 他 … を国外に追放する (exile) (↔ repatriate).
■ *expátriate onesélf*《帰化していた》国籍を捨てる, 国外へ移住する.
─ 名 [-triət] C 国外居住者; 国外追放者.
─ 形 [-triət] 国外在住の; 国外に追放された.

***ex·pect** [ikspékt, eks-]
─ 動 (三単現 **ex·pects** [-pékts]; 過去・過分 **ex·pect·ed** [~id]; 現分 **ex·pect·ing** [~iŋ])
─ 他 1 (a) [expect＋O] …を予期する, 予想する, …だろうと思う (→ 類義語): I *expect* rain tonight. 今夜は雨になるだろう / We are *expecting* ten thousand visitors at the amusement park today. 私たちはきょうその遊園地に1万人の入場者を予想している. (b) [expect＋to do] …するだろうと思う, …するつもりである: He *expects* to succeed in his business. 彼は商売に成功するだろうと思っている / I *expected* to have seen her before I went out of town. 私は町を出ていく前に彼女に会うつもりだった (が会えなかった)(◇「expected＋不定詞の完了形」で願望・期待・意図などが実現されなかったことを表す). (c) [expect＋O＋to do]〈人が〉…することを予想する; [expect＋that 節] …ということを予想する: She *expects* him *to* win the race.＝She *expects that* he will win the race. 彼女は彼がレースに勝つことを予想している.
2 [expect＋O] 〔しばしば進行形で〕…〈が届くの〉を期待する,〈人〉が来ると思う; [expect＋O＋to do] …が…することを期待する (→ LOOK [LET'S TALK]): I *expect* her at three this afternoon. 彼女はきょうの午後3時に来ることになっています / I *am expecting* a call from him. 私は彼からの電話を待っている.
3 (a) [expect＋O] 〈人に〉…を(当然のこととして) 求める, 要求する [*of, from*]: The teacher *expected* punctuality *of* his students. その教師は学生たちに時間厳守を求めた / Don't *expect* too much *from* me. 私に多くを求めないでください. (b) [expect＋O＋to do] 〈人が〉…することを求める; [expect＋that 節] …ということを求める: He *expected* us *to* work till seven. 彼は私たちが7時まで働くことを要求した / He *expected that* his men would obey him. 彼は部下が服従することを求めた. 4 [expect＋that 節] 〔進行形不可〕《口語》…だと思う (◇that 節の代わりに so, not を用いることもある): I *expect that* it is his dog. それは彼の犬だと思う / Do you think the team will win the championship this year? ─ I don't *expect* so. そのチームは今年優勝すると思いますか─そうは思いません.
■ *as might be expécted* 思っていた通り, 案の定; さすが: [*of*]: *As might be expécted of* a famous violinist, he played magnificently. さすがに有名なバイオリニストだけあって彼は見事な演奏をした.
be expécting (*a báby*) 妊娠している.
be (*ónly*) *to be expécted* 当然のことである.
(▷ 名 expéctancy, èxpectátion)

[類義語] **expect, anticipate, hope**
共通する意味▶予期する (look forward to something that is to occur in the future)
expect は「十分な根拠に基づいて予期する」ことで，よいことにも悪いことにも用いる: I'm *expecting* an affirmative reply from her. 私は彼女からきっと色よい返事がもらえるものと期待している / They *expected* a depression. 彼らは不景気になると思った．　**anticipate** は喜びまたは不安の感情を抱きながら予期すること．つまりよいことを「楽しみに待つ」，または悪いことを「取り越し苦労する」の意: *anticipate* a war 戦争を予期する [戦争になるのではないかと心配する] / Everyone *anticipated* the class reunion. みんながクラス会を楽しみにしていた．　**hope** は「好ましい結果になることを信じて望む」の意: They *hope* to buy a house. 彼らは家を買いたいと思っている．

ex·pect·an·cy [ikspéktənsi, eks-] 图 (複 **ex·pect·an·cies** [~z]) UC 期待 [予期] (されるもの): life *expectancy* 平均余命, 寿命. (▷ 動 expéct)

ex·pect·ant [ikspéktənt, eks-] 形 **1** [よいことを] 期待している，待ち受けている; [...を] 予期 [予想] している [*of*]: He was *expectant of* the bride's arrival. 彼は花嫁の到着を今か今かと待っていた．　**2** [限定用法] 妊娠している，妊娠中の: an *expectant* mother 妊婦.

ex·pect·ant·ly [ikspéktəntli, eks-] 副 期待を込めて，待ち望んで．

***ex·pec·ta·tion** [èkspektéiʃən] 图 **1** U [または ~s] 期待, 希望: answer ...'s *expectations* ...の期待にこたえる / fall short of ...'s *expectations* ...の期待を裏切る / live [come] up to ...'s *expectations* ...の期待にそう / without much *expectation* たいして期待せずに / He waited for us in the *expectation* that we would help him. 彼は私たちが助けてくれるものと期待して待っていた．
2 C [通例 ~s] 予期, 予想; 見込み, 可能性: The result met our *expectation*(s). 結果は私たちの予想通りであった / The results exceeded *expectation*(s). 結果は予想以上であった / Does he have any *expectation*(s) of passing the examination? 彼には試験にパスする可能性がありますか．

■ **agàinst** [**cóntrary to**] (**áll**) **expectátion**(s) 予期 [期待] に反して．
beyònd ...'s expectátion(s) ...の予想外で．
in expectátion of ... ...を期待して，見越して．
(▷ 動 expéct)

ex·pect·ed [ikspéktid, eks-] 形 [限定用法] (人・行事などが) 予期された; 期待された, 待ち望んだ．

ex·pec·to·rant [ikspéktərənt, eks-] 图 U 〖医〗去痰(たん)剤 〖痰を出すための薬〗.

ex·pec·to·rate [ikspéktərèit, eks-] 動 (自)(他) 〖格式〗(つば・痰(たん)・血などを) 吐き出す (spit).

ex·pe·di·en·cy [ikspí:diənsi, eks-], **ex·pe·di·ence** [-diəns] 图 U 便宜, 好都合, (手段の) 適切さ; 〖軽蔑〗方便, ご都合主義, 私利私欲

ex·pe·di·ent [ikspí:diənt, eks-] 形 〖通例, 叙述用法〗 **1** 好都合な; 適切な; 当を得た．**2** (モラル・主義などに反するが) 得策の, 方便の; 利己的な, ご都合主義の: It would be *expedient* to leave it unsaid. それは言わないでおいたほうがいいだろう.
—— 图 C 便法; 適切な手段, 臨機の処置: a temporary *expedient* 一時しのぎの便法.

ex·pe·di·ent·ly [~li] 副 便宜上; 方便として．

ex·pe·dite [ékspədàit] 動 他 ...を促進する，はかどらせる．

***ex·pe·di·tion** [èkspədíʃən] 图 **1** C 遠征，探検(旅行); 《しばしばこっけい》小旅行, 外出: make [go on] a scientific *expedition* to the tropics 熱帯地方へ科学探検に出る / go on a shopping *expedition* 買い物に出かける.
2 C 遠征隊，探検隊: The *expedition* set out for the Himalaya Mountains. 探検隊はヒマラヤ山脈へ向かって出発した.
3 U 迅速, すばやさ: with *expedition* 迅速に，すばやく．

ex·pe·di·tion·ar·y [èkspədíʃənèri / -ʃənəri] 形 〖限定用法〗遠征の, 探検の: an *expeditionary* force 遠征軍．

ex·pe·di·tious [èkspədíʃəs] 形 《格式》(行動などが) 迅速な, 手早い; 能率 [効率] のよい．

ex·pe·di·tious·ly [~li] 副 迅速に, すばやく．

***ex·pel** [ikspél, eks-] 動 (三単現 **ex·pels** [~z]; 過去・過分 **ex·pelled** [~d]; 現分 **ex·pel·ling** [~iŋ]) 他 **1** 〈人を〉[国・学校・組織などから] 追い出す, 追放する; 除名する [*from*]: All the rebels were *expelled from* the capital. 反乱軍はすべて首都から放逐(ちく)された / He was *expelled from* college for the use of violence. 暴力行為を理由に彼は大学を退学になった．**2** […から]〈空気などを〉吐き出す, 排除する [*from*]: a fan for *expelling* smells *from* the kitchen 台所からにおいを排除する換気扇． (▷ 图 expúlsion)

***ex·pend** [ikspénd, eks-] 動 他 〖文語〗〈時間・金銭・努力などを〉[...に / ...することに] 費やす (spend) [*on, upon* / *in doing*]: …を使い果たす, 使い切る: I've *expended* much time and effort *on* the experiment. 私はその実験に多くの時間と労力を費やした． (▷ 图 expénditure, expénse)

ex·pend·a·ble [ikspéndəbl, eks-] 形 消費してよい; 使い捨ての, 消耗品 (扱い) の．

***ex·pend·i·ture** [ikspéndítʃər, eks-] 图 **1** U [または an ~] [...の / ...への] 支出, 出費; 消費 [*of* / *on*] (↔ receipt): the *expenditure of* time *on* the project その事業にかかる時間．
2 UC 経費, 費用, 支出額: Government *expenditure* on education is rising. 教育に対する国家の支出額は増大している． (▷ 動 expénd)

*****ex·pense** [ikspéns, eks-]
【基本的意味は「費用 (the amount of money that is needed to do something)」】
—— 图 (複 **ex·pens·es** [~iz]) **1** UC 費用, 出費, 費やすこと: at public *expense* 公費で / at great [no] *expense* 多くの費用をかけて [まったく費用をかけないで] / My father cannot afford

the *expense* of [for] a new car. 父には新車を買う余裕などない / He spares no *expense* for famous pictures. 彼は名画を買う金に糸目をつけない.

2 (通例 ~s) 経費, 支出金, 手当: traveling *expenses* 旅費 / legal *expenses* 訴訟費用 / entertainment *expenses* 遊興費 / reduce [cut down] *expenses* 経費を切り詰める.

3 [C] 費用のかかること [もの]: Building the swimming pool was a big *expense* to him. 彼はプールを造るのに巨額の出費をした.

■ **at ány expénse** どんなに費用がかかっても, どんなに犠牲を払っても.

at ...'s expénse **1** …をからかって. **2** …の費用で: He made an inspection tour *at the government's expense.* 彼は政府の費用で視察旅行をした.

at the expénse of ... …を犠牲にして: She became a celebrity *at the expense of* her family. 彼女は有名人になったが, それは自分の家族を犠牲にしてのことだった.

gò to gréat expénse to dó = **gò to the expénse of dóing** …することに大金を使う.

pùt ... to expénse (of dóing) (人) に …するために) 金を使わせる. (▷ 動 expénd; 形 expénsive)

◆ expénse accóunt [C] (給料外の) 必要経費.

ex·pen·sive [ikspénsiv, eks-]

— 形 **1** (品物が) 費用のかかる, 高価な (↔ cheap, inexpensive) (→ 類義語): an *expensive* camera 高価なカメラ / The car was so *expensive* that I could not buy it. その車はとても高価で私には買えなかった / Tokyo is one of the most *expensive* cities in the world. 東京は世界で最も物価の高い都市の1つである.

2 高くつく, 代償 [損失] の大きい: an *expensive* error [mistake] 手痛いミス. (▷ 名 expénse)

ex·pen·sive·ly [~li] 副 費用がかかって, 高価に.

類義語 expensive, costly, dear
共通する意味▶高価な (costing a lot, especially in terms of money)
expensive は「高価だが見栄えや品質がよくて満足のいく」の意. ものの値打ちから見て値段が高い, または買い手の値踏み以上の価格であるという含みを持つ: The watch is too *expensive* for me. その時計は高くて私には買えない. **costly** は「豪華さ・精巧さ・希少価値などのために値が高い」ことを表す: a *costly* ring 高価な指輪. **dear** は (主に英) で「適正価格よりも高い, 法外な値段である」の意. 主に品薄のために一時的に値上がりした日用品に対して用いる: Cabbages are *dear* this month. 今月はキャベツが高い.

---

ex·pe·ri·ence [ikspíəriəns, eks-] 名 動

【基本的意味は「経験 (knowledge or skill that is gained from doing something)」】

— 名 (複 **ex·pe·ri·enc·es** [~iz]) **1** [U] (…の) 経験, 体験 [*in, of*]: learn a lot by [from] *experience* 経験から多くのものを学ぶ / a teacher with forty years' *experience* 40年の経験を持つ教師 / have little *experience* of the world 世の中の経験が乏しい / gain [acquire] a great deal of *experience in* nursing 看護の経験を多く積む / She has had a lot of *experience in* sales. 彼女は販売での経験が豊富です / *Experience* is the best teacher. 《ことわざ》経験は最高の教師である.

2 [C] (具体的に) 経験 [体験] したこと; [~s] 体験談: have a bitter *experience* つらい経験をする / He told me about his *experiences* in Africa. 彼はアフリカでの体験談を私に聞かせた.

— 動 他 …を経験する, 体験する, …の目にあう: *experience* pleasure 喜びを体験する / He has *experienced* a great deal of hardship in his career. 彼は仕事でいろいろ苦労を重ねてきた.

*ex·pe·ri·enced [ikspíəriənst, eks-] 形 《ほめ言葉》 (…の) 経験を重ねた, 経験豊かな; 熟練した, ベテランの [*in, at*] (↔ inexperienced): an *experienced* teacher 熟練教師 / Alice is *experienced at* cooking. アリスは料理がお手のものです.

ex·pe·ri·en·tial [ikspìəriénʃəl, eks-] 形 経験に基づく, 経験上の, 経験で得られた.

ex·per·i·ment [名 動]

— 名 [ikspérimənt, eks-] (☆ 動 との発音の違いに注意) (複 **-ments** [-mənts]) [C] [U] (…の) 実験, 試み [*in, on, with*] (◇ *in* は実験の分野, *on* は実験の対象, *with* は実験に使う道具を示す): a chemistry [physics] *experiment* 化学 [物理] の実験 / an *experiment in* genetic engineering 遺伝子工学の実験 / an *experiment on* living animals 生きた動物を用いた実験 / an *experiment with* X-rays エックス線での実験 / conduct [carry out, perform, do] an *experiment* 実験をする.

— 動 [ikspérimènt, eks-] 自 (…の) 実験をする [*in, on, with*]: The students *experimented with* solar-powered cars. 学生たちはソーラーカーの実験を行った.

*ex·per·i·men·tal [ikspèriméntəl, eks-] 形 実験 (上) の, 実験的な; 実験用の: *experimental* methods 実験的な方法 / *experimental* animals 実験用の動物 / an *experimental* flight 試験飛行.

ex·per·i·men·tal·ly [ikspèriméntəli, eks-] 副 実験で, 実験的に, 試験的に.

ex·per·i·men·ta·tion [ikspèrimentéiʃən] 名 [U] 実験 (作業), 試すこと; 実地練習.

ex·pert [ékspəːrt] 名 形

【原義は「経験のある」】

— 名 (複 **ex·perts** [-pəːrts]) [C] (…の) 専門家, 熟練者, 大家(ない) [*at, in, on*]: an *expert at* [*in, on*] world affairs 世情勢の専門家 / They are *experts in* teaching English. 彼らは英語教育の専門家です.

— 形 (…に) 熟練した (skillful), 巧みな [*at, in*]; 専門的知識のある, 専門家の: an *expert* baseball player 野球の名手 / *expert* opinions 専門家の

意見 / She is *expert at* making cakes. 彼女はケーキ作りが得意です.

ex·per·tise [èkspə(ː)rtíːz] 名 U 専門的知識 [技術, 意見].

ex·pert·ly [ékspərtli] 副 上手に, 巧妙に; 老練に.

ex·pert·ness [ékspərtnəs] 名 U 老練, 熟練.

ex·pi·ate [ékspièit] 動 他《格式》《罪など》を償う.

ex·pi·a·tion [èkspiéiʃən] 名 U《格式》罪滅ぼし.

ex·pi·ra·tion [èkspəréiʃən] 名 U《格式》
1（証明書・定期券などの期限が）切れること; 満期, 期限切れ（《英》expiry）. **2** 息を吐き出すこと, 呼気作用（↔ inspiration）.
◆ expirátion dàte C《米》（契約などの）満了日; 有効 [賞味] 期限《英》expiry date）.

*__ex·pire__ [ikspáiər, eks-] 動 自 **1**（有効 [賞味] 期限が）切れる,（任期などが）満期 [満了] になる;（権利などが）消滅する: My driver's license will *expire* next month. 私の運転免許は来月切れる.
2 息を吐き出す（↔ inspire）.
3《文語》息を引き取る, 死ぬ (die).

ex·pi·ry [ikspáiəri, eks-] 名 U《英》（期限などが）切れること; 満期, 期限切れ（《米》expiration）.
◆ expíry dàte《英》= expiration date 有効 [賞味] 期限.

***ex·plain** [ikspléin, eks-]
【原義は「平らにする」】
— 動（三単現 **ex·plains** [~z]; 過去・過分 **ex·plained** [~d]; 現分 **ex·plain·ing** [~iŋ]）
— 他 **1** (a) [explain + O (+to ...)]〈物事〉を（人に）説明する, 解説する: He *explained* the meaning of the French word *to* me. 彼はそのフランス語の意味を私に説明してくれた.
(b) [explain (+to ...) + that 節 [疑問詞節]]（人に）…と […かを] 説明する: He *explained that* we had to read the pamphlet carefully first. まずパンフレットを注意深く読みなさいと彼は説明した / He *explained to* us *how* we can work the machine. 彼はその機械の操作方法を私たちに説明してくれた.
2 (a) [explain + O] …を釈明する, 弁解する;〈物事が〉…の弁解 [言い訳] となる: He *explained* his late arrival. 彼は自分の遅刻を釈明した.
(b) [explain + 疑問詞節] …かを説明 [釈明] する;〈物事が〉…の説明になる: She *explained why* she went to Osaka. 彼女はなぜ大阪に行ったかを釈明した / That does not *explain why* you failed. それではあなたが失敗したことの説明にはならない（= That does not *explain* your failure.）.
— 自〈人に〉［…について］説明する; 弁明 [釈明] する［*to / about*］: Let me *explain*. 説明させてください / I will *explain to* him *about* the plan. 私はその計画について彼に説明するつもりです.

■ ***expláin awáy*** 他〈失敗・困難な状況など〉を正当化する, 言い逃れる: The government *explained away* their failure for not taking quick action. 政府はすばやい措置がとれなかったことについて弁明した.

expláin onesélf 言いたいことをはっきり言う; 行動[立場] の弁明をする.

(▷ 名 èxplanátion; 形 explánatòry)

***ex·pla·na·tion** [èksplənéiʃən]
— 名（複 **ex·pla·na·tions** [~z]）**1** C U […の / …という] 説明, 解説; 弁明, 釈明 [*of, for / that* 節]: Your *explanations* do not sound adequate at all. あなたの説明は十分とは思われない / He went out of the room without *explanation*. 彼は理由も告げずに部屋を出て行った.

｜コロケーション｜ 説明 [弁明] を…
説明を**する**: *give* [*offer, provide*] *an explanation*
弁明を**認める**: *accept an explanation*
説明を**求める**: *demand an explanation*

2 C […の] 真相, 原因; 解釈 [*for*]: We have no *explanation for* the explosion so far. 今までのところその爆発の原因はわかっていない.
3 C（誤解を解くための）話し合い; 和解.
■ *in explanátion of* ... …の説明 [弁解] として.
(▷ 動 expláin)

ex·plan·a·to·ry [iksplænətɔ̀ːri, eks- / -təri] 形（通例, 限定用法）説明の, 解説的な.
(▷ 動 expláin)

ex·ple·tive [ékspləṭiv] 名 C《格式》（激しい感情を表す）ののしりの言葉, 間投詞（◇ Damn!（ちくしょう）, Dear me!（おやまあ）など）.

ex·pli·ca·ble [eksplíkəbl, éksplik-] 形（行為・出来事などが）説明できる（↔ inexplicable）.

ex·pli·cate [éksplikèit] 動 他《格式》〈理論など〉を詳説する, 解説する.

***ex·plic·it** [iksplísit, eks-] 形 **1**（言葉・ルールなどが）はっきりした, わかりやすい（↔ implicit）: *explicit* directions はっきりした指示.
2 隠さずに [はっきりと] ものを言う, 率直な: You should have been *explicit* about why you needed it. なぜそれが必要だったのかはっきり言うべきだったね. **3** 露骨な, あからさまな.

ex·plic·it·ly [~li] 副 はっきりと; 率直に; 露骨に.

***ex·plode** [ikspláud, eks-]
【基本的意味は「爆発する (burst into small pieces with a loud noise)」】
— 動（三単現 **ex·plodes** [~dz]; 過去・過分 **ex·plod·ed** [~id]; 現分 **ex·plod·ing** [~iŋ]）
— 自 **1** 爆発する, 破裂する: Suddenly the spray can *exploded*. 突然スプレー缶が破裂した / A time bomb *exploded* in a car. 時限爆弾が車の中で爆発した.
2 突然 […] し出す,〈感情を〉爆発させる [*with, in, into*];〈感情が〉爆発する: The shopkeeper *exploded with* anger when he saw the boys shoplifting. = The shopkeeper's anger *exploded* when he saw the boys shoplifting. 少年たちが万引きしているのを見て店主は怒り狂った / They *exploded into* loud laughter. 彼らは急にどっと笑い出した.
3（人口などが）急増する, 爆発的に増加する: The city's population has been *exploding* recently. その町の人口は最近急増している.
— 他 **1** …を爆発させる: *explode* firecrackers 爆竹を爆発させる.

exploit¹ [iksplɔ́it, eks-] (☆ exploit² との発音の違いに注意) 動 他 1 《通例，軽蔑》〈人〉を(私利私欲のために) 不当に利用する，つけ込む；搾取する: The workers were *exploited* by the company. 従業員は会社に搾取されていた．
2 (利益を上げるために)〈資源など〉を開発する；利用する: *exploit* natural resources 天然資源を開発する． (▷ 名 èxploitátion)

ex·ploit² [éksplɔit] 名 C 《通例 ~s》《ほめ言葉》功績，偉業，英雄的行為．

ex·ploit·a·ble [iksplɔ́itəbl, eks-] 形 (労働者などが) 搾取される；(資源などが) 開発可能．

ex·ploi·ta·tion [èksplɔitéiʃən] 名 U 1 《軽蔑》不当な利用；搾取． 2 (資源などの) 開発，活用． (▷ 動 explóit¹)

ex·ploi·ta·tive [iksplɔ́itətiv, eks-] 形 資源開発の；《軽蔑》(人) を食い物にする，利用 [搾取] する．

‡ex·plo·ra·tion [èksplɔréiʃən] 名 C U
1 探検 (旅行)；実地踏査 [調査]: a voyage of *exploration* into outer space 宇宙への探検旅行．
2 精密な調査 [検討]，探求: The *exploration* of all possibilities is necessary. あらゆる可能性についての入念な検討が必要です．

ex·plor·a·to·ry [iksplɔ́ːrətɔ̀ːri, eks- / -təri] 形 探検 [探索] の；試験的な，予備の． (▷ 動 explóre)

‡ex·plore [iksplɔ́ːr, eks-] 動 他 1 …を探検する，踏査 [実地調査] する: The tropical jungle has not been fully *explored* yet. 熱帯のジャングルはまだ十分に踏査されていない． 2 〈問題・疑問などを調査する，探求する；〈可能性〉を探る: We must *explore* all the possibilities before making a decision. 決定を下す前に私たちはあらゆる可能性を探るべきです．
— 自 探検する． (▷ 名 èxplorátion; 形 explórātòry)

‡ex·plor·er [iksplɔ́ːrər, eks-] 名 C 探検家；調査者，探求者: an *explorer* into outer space [for oil] 宇宙 [石油] の探査者．

‡ex·plo·sion [iksplóuʒən, eks-] 名 C 1 爆発，爆発音: a gas *explosion* ガス爆発 / The bomb *explosion* killed many passengers. 爆弾の爆発によって多数の乗客が死亡した． 2 (笑い・怒りなどの) 爆発，激発: an *explosion* of laughter どっと笑う声． 3 急激な増加；(物価などの) 急騰: a population *explosion* 人口の爆発的増加． (▷ 動 explóde)

‡ex·plo·sive [iksplóusiv, eks-] 形 1 爆発(性)の: Beware of the *explosive* gas [materials]! 爆発性ガス [爆発物] につき注意． 2 (感情が) 激しやすい: My boss has an *explosive* temper. 私の上司はすぐにかっとなる． 3 (話題・問題が) 紛糾しやすい；一触即発の: Religion, race relations, etc. are *explosive* topics. 宗教・人種関係などは激論を引き起こす話題である．
— 名 U C 爆発物，爆薬: plant an *explosive* 爆薬を仕掛ける． (▷ 動 explóde)

ex·po [ékspou] 名 (複 **ex·pos** [~z]) C 《しばしば E-》《口語》博覧会，展覧会 (◇ expositon の略)．

ex·po·nent [ikspóunənt, eks-] 名 C 1 説明 [解説] 者；支持 [主唱] 者；名人，代表的人物．
2 《数学》指数 (index)．

ex·po·nen·tial [èkspənénʃəl] 形 1 《数学》指数の． 2 幾何級数的に増える，急増 [急成長] する．
ex·po·nen·tial·ly [-ʃəli] 副 幾何級数的に，急激に．

‡ex·port 動 名【原義は「外へ運び出す」】
— 動 [ikspɔ́ːrt, eks-] (☆ 名 との発音の違いに注意) (三単現 **ex·ports** [-pɔ́ːrts]；過去・過分 **ex·port·ed** [~id]；現分 **ex·port·ing** [~iŋ])
— 他 1 〈…へ〉を**輸出する** (*to*) (↔ import): Japan *exports* various kinds of industrial products to Indonesia. 日本はインドネシアへさまざまな工業製品を輸出している．
2 〈文化・思想・制度など〉を […へ] 伝える，伝播(ぱ)させる (*to*): Ancient Greece had *exported* its own culture *to* many foreign countries. 古代ギリシャはその文化を多くの外国へ広めた．
— 自 […に] 輸出する (*to*)．
— 名 [ékspɔːrt] 1 U 輸出 (業)；[形容詞的に] 輸出の (↔ import): the *export* trade 輸出業 / *export* duties 輸出税 / wool for *export* 輸出用の羊毛．
2 C 《しばしば ~s》輸出品: What are the chief *exports* of the country? その国の主要な輸出品は何ですか．

ex·port·a·ble [ikspɔ́ːrtəbl, eks-] 形 輸出できる，輸出向きの (↔ importable)．

ex·por·ta·tion [èkspɔːrtéiʃən] 名 U 輸出 (すること) (↔ importation)．

ex·port·er [ikspɔ́ːrtər, eks-] 名 C 輸出 (業) 者，輸出国 (↔ importer)．

‡ex·pose [ikspóuz, eks-]【原義は「外に置く」】
— 動 (三単現 **ex·pos·es** [~iz]；過去・過分 **ex·posed** [~d]；現分 **ex·pos·ing** [~iŋ])
— 他 1 [expose + O (+to …)]〈人・物〉を (日光・風雨などに) **さらす**；(危険などに) さらす: You should not *expose* your skin *to* ultraviolet rays too long. 肌をあまり長い時間紫外線にさらさないほうがよい / The party was being *exposed to* a heavy storm in the mountains. その登山パーティーは山中で激しいあらしにさらされていた / The writer was *exposed to* criticism. その作家は批判にさらされた．
2 [expose + O + to …]〈人〉を〈文化・芸術など〉に触れさせる，親しませる: *expose* children *to* classical music 子供をクラシック音楽に触れさせる．
3 〈秘密・悪事など〉を明かす，暴く，暴露する: Jack's secret was *exposed* by his close friend. ジャックの秘密は彼の親友によって暴露された／Her imprudent remarks *exposed* her ignorance of cooking. 不用意な発言で彼女は料理に無知で

あることを露呈してしまった. **4** …を見せる, 展示する; …を人目にさらす. **5** 〖写〗〈フィルム〉を露出する, 感光させる.
■ *expóse onesèlf* **1** (人前で)性器を露出する. **2** [⋯に] わが身をさらす; [非難などを] 受ける [*to*].

ex·po·sé [èkspouzéi / ekspúzei] 〖フランス〗名 C(醜聞などの)暴露(記事), すっぱ抜き.

ex·posed [ikspóuzd, eks-] 形 (攻撃・風雨などに)さらされた; 無防備の; (電線などが)むき出しの.

ex·po·si·tion [èkspəzíʃən] 名 **1** U C (計画・理論などの)説明, 解説 (explanation). **2** C 博覧会 (《口語》expo) (⇔通例 exhibition より大規模で国際的なもの).

ex·pos·tu·late [ikspástʃəlèit, eks- / -póstju-] 動 自 〖格式〗[人に / …について] 苦情を言う (complain), いさめる, 諭す [*with / on, about*].

ex·po·sure [ikspóuʒər, eks-] 名 **1** U C (光・危険などに)さらす [さらされる] こと [*to*]: a long *exposure* to the weather 風雨に長時間さらす [さらされる] こと / Most plants need *exposure* to sunlight. たいていの植物は日光に当てなければならない. **2** U C (秘密・犯罪などの)暴露, 摘発, 発覚: public *exposure* 世間に公にすること / The *exposures* of his private life forced him to resign from office. 私生活が暴露されたために彼は辞任に追い込まれた. **3** C 〖写〗露光(時間); (フィルムの)1コマ: an *exposure* of 1/500 of a second 500分の1秒の露出時間 / How many *exposures* are left on this film? このフィルムは何枚残っていますか. **4** U (人前に)姿を見せること, (人目に)姿を見せること. **5** C (家などの)向き: a house with a southern *exposure* 南向きの家. (▷ 動 expóse)

ex·pound [ikspáund, eks-] 動 〖格式〗他〈理論など〉を詳しく説明する, 詳説する.
— 自 […を] 詳説する [*on*].

ex·press [iksprés, eks-] 動 形 名 副

— 動 (三単現 **ex·press·es** [~iz]; 過去・過分 **ex·pressed** [~t]; 現分 **ex·press·ing** [~iŋ])
— 他 **1** [express + O] …を表現する, (言葉などで)言い表す; [express + 疑問詞節] …かを表現する: I cannot sufficiently *express* my thanks for your kindness. あなたのご親切に対する感謝の気持ちを十分には言い表せません / The letter *expresses* her love for him. その手紙には彼に対する彼女の愛が表れている / He *expressed* an opinion on the matter. 彼はそのことについて意見を述べた / Words cannot *express* how surprised I was. 私がどんなに驚いたか言葉では表現できません.
2 《英》〈手紙など〉を速達便で送る: I'd like to have this parcel *expressed*. この小包を速達で送りたいのですが.
3 (符号などが)…を表す, 示す.
4 〖文語〗〈汁などを〉[…から] しぼり出す (press) [*from, out of*].
■ *expréss onesèlf* 自分の考えを表現する: I cannot *express* myself in Chinese. 私は思っていることを中国語で表現できない.

— 形 〖比較なし; 限定用法〗**1** 急行の, 高速の; 《米》宅配便の; 《英》速達便の: an *express* bus [train] 急行バス[列車] / an *express* highway 高速道路 / an *express* letter 速達の手紙.
2 《格式》明言された, 明らかな: It was his *express* wish that no showy funeral should be conducted after his death. 彼は自分の死後に派手な葬儀を行わないようにとはっきり望んでいた.
3 特別な (special): He came with the *express* purpose of arresting me. 彼は私を逮捕するという特別な目的でやって来た.

— 名 (複 **ex·press·es** [~iz]) **1** C 急行列車 [バス]: catch the 7:30 *express* for Washington, D.C. 7時半のワシントンDC行き急行列車[バス]に乗る. **2** C 《米》(宅配便の)運送会社; U 《英》速達便: send a letter by *express* 速達便で手紙を出す.

— 副 《米》宅配便で; 《英》速達便で; 急行列車で: Please send this letter *express*. この手紙を速達で送ってください / He traveled to Osaka *express*. 彼は急行列車で大阪へ行った.

◆ *expréss delívery* U 《英》速達(便)(《米》special delivery).

ex·pres·sion [ikspréʃən, eks-]

— 名 (複 **ex·pres·sions** [~z]) **1** U C (言葉などによる思想・感情の)表現: the *expression* of thought 思想の表現 / freedom of *expression* 表現の自由 / This flower is an *expression* of my gratitude. この花は私の感謝のしるしです.
2 U C (顔などの)表情, 顔色, 顔つき; (声などの)調子: a weary [serious, happy] *expression* 退屈そうな [真剣な, 幸せそうな] 顔つき / His face wears a worried *expression*. 彼は心配そうな顔つきをしている.
3 U 表現力, 表情 [表現] の豊かさ: play with *expression* 表現力豊かに演奏する / He put great *expression* into his performance. 彼は演技に豊かな表現を持たせた.
4 C 言い表し方, 語法, 語句: slang [colloquial] *expressions* 俗語 [口語] 的表現 / set [fixed] *expressions* 決まり文句. **5** C 〖数学〗式, 記号.
■ *beyònd* [*pàst*] *expréssion* 言いようもないほど, 筆舌につくせないほど: The red leaves in Kyoto were beautiful *beyond expression*. 京都の紅葉は言いようもないほど美しかった.

fínd expréssion in ... …となって表れる: A melancholy melody *found expression* in the final movement. もの悲しい旋律が最終楽章の中に表れた.

gíve expréssion to ... 〈感情〉を表現する, 表す: Madeleine *gave expression to* her anger. マドレーヌは怒りをあらわにした.

ex·pres·sion·ism [ikspréʃənìzəm, eks-] 名 U 〖しばしば E-〗(芸術上の)表現主義, 表現派.

ex·pres·sion·ist [ikspréʃənist, eks-] 名 C 表現主義 [派] の作家 [芸術家].
— 形 表現主義 [派] の.

ex·pres·sion·less [ikspréʃənləs, eks-] 形 無

*ex·pres·sive [ikscprésiv, eks-] 形 1 (顔・声など) 表情に富む, 表現力豊かな: Her face is very *expressive*. 彼女の顔は表情が豊かです. 2 [叙述用法] (感情などを) 表す, 表現している [*of*]: a face *expressive of* satisfaction 満足そうな顔つき / The poem is *expressive of* Wordsworth's love of nature. その詩はワーズワースの自然愛を表現している.

ex·pres·sive·ly [～li] 副 表情 [表現] 豊かに.

ex·pres·sive·ness [～nəs] 名 U 表情 [表現] の豊かさ.

ex·press·ly [iksprésli, eks-] 副《格式》はっきりと, 明白に; 特に; わざわざ.

‡**ex·press·way** [ikspréswèi, eks-] 名 C《米》高速道路《英》motorway,《主に米》freeway《略語》Xpwy; → HIGHWAY): a six-lane *expressway* 6車線の高速道路.

ex·pro·pri·ate [ikspróuprièit, eks-] 動他《法》(公用に供するため) 〈土地・財産など〉を [人から] 取り上げる, 収用する [*from*].

ex·pro·pri·a·tion [ikspròupriéiʃən, eks-] 名 U C《法》(土地・財産などの) 取り上げ, 収用, 没収.

ex·pul·sion [ikspʌ́lʃən, eks-] 名 U C 追放; 排除: *expulsion* from school 放校 (処分). (▷ 動 expél)

ex·punge [ikspʌ́ndʒ, eks-] 動他《格式》〈リストなどから〉〈名前・言葉〉を削除 [抹消] する [*from*].

ex·pur·gate [ékspərgèit] 動他《格式》〈本・フィルムなどから〉〈不適当な部分〉を削除する [*from*].

ex·pur·ga·tion [èkspərgéiʃən] 名 U C《格式》(不適当な部分の) 削除.

*ex·qui·site [ikskwízit, ékskwiz-] 形 1 (細工・演奏などが) きわめて美しい, 見事な, 巧みな: *exquisite* manners 優雅なふるまい. 2 (感覚などが) 鋭敏な, 研(と)ぎすまされた; (趣味・好みが) 洗練された: *exquisite* sensibility 繊細な感覚 / She has *exquisite* taste. 彼女の好みは洗練されている. 3《文語》(苦しみ・喜びが) 強烈な.

ex·qui·site·ly [～li] 副 絶妙に, 見事に.

ex·qui·site·ness [～nəs] 名 U 絶妙, 見事さ.

éx·sérv·ice·man [(複 ex-serv·ice·men] C《英》退役軍人《米》veteran).

ext.《略語》= *extension* (電話の) 内線; *exterior*; *external*.

ex·tant [ékstənt, ekstǽnt] 形《格式》(文書・絵画などが) 現存している (existent).

ex·tem·po·ra·ne·ous [ikstèmpəréiniəs, eks-] 形 即席の [で] の (extempore).

ex·tem·po·re [ikstémpəri, eks-] 形 (演説などが) 即席の; 即興的な (offhand): make an *extempore* speech 即席のスピーチをする.
— 副 即席に, 即興で.

ex·tem·po·rize [ikstémpəràiz, eks-] 動 自《格式》即席 [即興] で演説 [演奏] する.

ex·tem·po·ri·za·tion [ikstèmpəraizéiʃən, eks- / -raiz-] 名 U C 即興; 即興演説 [演奏].

‡‡‡**ex·tend** [iksténd, eks-] 〖原義は「外に広げる」〗
— 動 (三単現 **ex·tends** [-téndz]; 過去・過分 **ex·tend·ed** [～id]; 現分 **ex·tend·ing** [～iŋ])
— 他 1〈長さ・距離など〉を**引き伸ばす**;〈期間・時間など〉を延長する (lengthen): *extend* a ladder はしごを伸ばす / The highway will be *extended* to that city next year. 幹線道路は来年にはその町まで伸びる予定である / I want to *extend* my vacation for another week. 休暇をもう1週間延長したい.
2〈面積・視野など〉を [～まで] 拡大する, 拡張する [*to*]: *extend* a park 公園を拡張する / The police *extended* their search area *to* the north. 警察は捜索地域を北部まで広げた.
3〈手・足など〉を伸ばし, さし出す;〈翼などを広げる: He *extended* his hand to me. (握手のために) 彼は私に手をさし出した / The bird *extended* its wings. その鳥は翼を広げた.
4《格式》〈親切・援助など〉を提供する, 与える (offer);〈祝意・弔意・同情など〉を表す, 述べる: *extend* one's congratulations [condolences, sympathy] to ... …に祝意 [弔意, 同情] を表す / Thank you very much for *extending* such warm hospitality to us. このように温かなおもてなしをいただき, とても感謝しております.
5 (通例, 受け身または ～ oneself で) …に全力を尽くさせる: Tommy *extended* himself in the examination. トミーは試験で頑張った.
— 自 1 [～まで] **広がる**, 伸びる;(影響などが)[～まで] 及ぶ, 届く [*to, over*]: The sandhill *extends* for miles around. 砂丘は周りに何マイルも広がっている / Her popularity *extends* over the world. 彼女の人気は世界じゅうに及んでいる.
2 (会などが) […まで] 続く, 延長する [*into*]: The movie will *extend* into October. 映画の上映は10月まで延長される予定です.
(▷ 名 exténsion, exténtent; 形 exténsive)

ex·tend·ed [iksténdid, eks-] 形 伸ばした; 広がった; (期間を) 延長した, 長期の; 広範囲の: an *extended* game (試合の) 延長戦.

◆ exténded fámily C 大家族《親子に祖父母などを加えた家族; cf. nuclear family 核家族》.

‡**ex·ten·sion** [iksténʃən, eks-] 名 1 U (道路・鉄道などの) 延長,(手足などの) 伸ばすこと; 拡張, 拡大: the *extension* of a subway [highway] 地下鉄 [幹線道路] の延長 / the *extension* of the factory 工場の拡張 / at full *extension* (手足を) 目いっぱいに伸ばして. 2 C 延長部分; 増築 [拡張] 部分; 延長 [延期] 期間: build an *extension* to one's house 家を増築する / He applied for an *extension* to his visa. 彼はビザの延長を申請した. 3 C (電話の) 内線, 子機《略語 ext.》: Give me *extension* 305, please. 内線305をお願いします《◇305は three o(h) five と読む》. 4 U C 範囲, 限度 (extent). 5 C《コンピュータ》拡張子《◇ファイルの種類を表す記号》.

■ *by* exténsion 拡大解釈すれば. (▷ 動 exténd)
◆ exténsion còrd [《英》lèad] C 延長コード.
exténsion còurses [複数扱い]《大学の》公開講座.
exténsion nùmber C 内線番号.

exténsion stùdent [C] (公開講座の) 聴講生.
ex·ten·sive [iksténsiv, eks-] 形 (地域・範囲・影響・効果などが) 広範囲にわたる, 広大な (↔ intensive); 大規模な, ばく大な: The earthquake caused *extensive* damage to the city. 地震が大きな被害をその町に与えた / His knowledge of multimedia is *extensive*. マルチメディアに関する彼の知識はかなりのものです. (▷ 動 exténd)
ex·ten·sive·ly [iksténsivli, eks-] 副 広く, 広い範囲に (↔ intensively).

ex·tent [ikstént, eks-]
— 名 **1** [U] [または an ~] <u>広がり</u>, 大きさ, 長さ: a vast *extent* of desert 広大な砂漠 / a mile in *extent* 長さ 1 マイル / You can see the full *extent* of the city from the top of this building. このビルの最上階から町全体が見える. **2** [U] 程度, 範囲, 限度: the *extent* of one's patience 我慢の限界 / What is the *extent* of damage from the eruption? その噴火による損害はどの程度ですか / The teacher was amazed at the *extent* of knowledge his new student had. 先生はその新入生の知識の広さに驚いていた.
■ **to a gréat [lárge] exténd** 大部分は, 大いに.
to sóme [a cértain] exténd ある程度まで: You are right *to some extent*. ある程度まであなたの言う通りです.
to the exténd of ... ...の範囲 [程度] まで.
to the [súch an] exténd that ... ...ほどひどく: He worried about the result *to the extent that* he did not eat at all. 彼は食事がのどを通らないほど結果をひどく心配していた. (▷ 動 exténd)

ex·ten·u·ate [iksténjəwèit, eks- / -nju-] 動 他 《格式》〈罪・過失などを〉軽くする, 情状酌量する: *extenuating* circumstances (罪の) 軽減事由, 情状酌量の余地.
ex·ten·u·a·tion [ikstènjəwéiʃən, eks- / -nju-] 名 《格式》情状酌量; 軽減すること; [C] 酌量すべき事情 [情状].
***ex·te·ri·or** [ekstíəriər] 形 **1** [通例, 限定用法] 〈建物・場所の〉外側の, 外面の (outer) (↔ interior) (《略語》ext.): the *exterior* walls of the castle 城の外壁. **2** [通例, 限定用法] 外部からの; 外観上の: be affected by *exterior* influence 外部からの影響を受ける. **3** [叙述用法] [...とは] 無関係の [to].
— 名 [U][C] [通例 the ~] **1** 外側, 外面; 外観, 外形 (↔ interior). **2** (絵画・演劇などの) 野外風景.
ex·ter·mi·nate [ikstə́ːrminèit, eks-] 動 他 〈生物の種 (族) などを〉絶滅する, 根絶する; 〈思想・病気・悪習などを〉撲滅する.
ex·ter·mi·na·tion [ikstə̀ːrminéiʃən, eks-] 名 [U] 絶滅, 根絶, 駆逐.
ex·ter·mi·na·tor [ikstə́ːrminèitər, eks-] 名 [C] 害虫駆除業者; 殺虫剤.
***ex·ter·nal** [ikstə́ːrnəl] 形 **1** 外部の; 外からの (↔ internal) (《略語》ext.); 〈薬が〉 外用の: an *external* wound 外傷 / the *external* walls of a prison 刑務所の外壁 / *external* influences 外部からの影響 / This medicine is for *external* use only. これは外用薬です. **2** 国外の, 対外的な: *external* affairs 外国の事件. **3** 外見だけの, 表面的な: *external* politeness [sympathy] 見せかけだけの礼儀正しさ [同情] / preserve an *external* calm 表面は冷静を装っている.
— 名 [~s] 外見, 外観; 本質的でないもの: the *externals* of religion 宗教の外面的形式 (◇儀式, 礼拝など) / You shouldn't judge people by *externals*. 人を外見で判断すべきではない.
ex·ter·nal·ly [-nəli] 副 外面的に; 外部に [から].
ex·ter·nal·ize, 《英》**ex·ter·nal·ise** [ikstə́ːrnəlàiz, eks-] 動 他〈考え・感情などを〉(特に言葉によって) 外面化 [客観化, 具体化] する.
ex·tinct [ikstíŋkt, eks-] 形 **1** 〈生物などが〉絶滅した, 消滅した: an *extinct* species 絶滅種. **2** (希望・火などが) 消えた; 死火山の: an *extinct* volcano 死火山.
ex·tinc·tion [ikstíŋkʃən, eks-] 名 [U] **1** 絶滅, 死滅; 消滅: These animals are in danger of *extinction*. これらの動物は絶滅の危機に瀕 (ひん) している. **2** 消火, 消灯; (希望などが) 消えること.
***ex·tin·guish** [ikstíŋgwiʃ, eks-] 動 他 《格式》 **1** 〈光・火などを〉消す (put out): *extinguish* a fire 火 [火事] を消す. **2** 〈希望・光明などを〉消す, 失わせる. **3** 〈借金を〉完済する.
ex·tin·guish·er [ikstíŋgwiʃər, eks-] 名 [C] 消火器 (fire extinguisher).
ex·tir·pate [ékstərpèit / -tə(ː)-] 動 他 《格式》〈犯罪・悪習などを〉絶滅する, 根絶する.
ex·tol [ikstóul, eks-] 動 三単現 **ex·tols** [~z]; 過去・過分 **ex·tolled** [~d]; 現分 **ex·tol·ling** [~iŋ]) 他 《格式》 ...を褒めたたえる, 激賞する: *extol* the virtues [merits] of ... ...の功徳をたたえる.
ex·tort [ikstɔ́ːrt, eks-] 動 他 〈金品などを〉[...から] ゆすり取る, 〈約束・自白などを〉[...に] 強要する [*from*]: *extort* money [a confession] *from* ... 〈人〉に金 [自白] を強要する.
ex·tor·tion [ikstɔ́ːrʃən, eks-] 名 [U] ゆすり, 強要, 強奪; [C] 強要行為; 強奪したもの.
ex·tor·tion·ate [ikstɔ́ːrʃənət, eks-] 形 〈軽蔑〉〈要求などが〉強要的な; 〈値段が〉法外な, 不当な: an *extortionate* demand 過度な要求.
ex·tor·tion·ist [ikstɔ́ːrʃənist, eks-] 名 [C] 強奪者, ゆすり.

***ex·tra** [ékstrə] 形 名 副 【基本的意味は「余分の (more than normal or expected)」】
— 形 [比較なし; 限定用法] <u>余分の</u> (additional); 臨時の, 割り増しの; [叙述用法] 別勘定で: an *extra* edition 臨時増刊号 / an *extra* train 増発列車 / an *extra* charge 追加料金 / go into *extra* innings (野球で) 延長戦に入る / I need *extra* money for the trip. 私は旅行のために余分なお金が必要だ / Soup, main dish, and dessert are included in the price; drink is *extra*. その料金にはスープ, メインディッシュ, デザートは含まれますが, 飲み物は別勘定です.
— 名 [C] **1** (有料の) オプション; 割増 [追加] 料金; 割増 [追加] 料金を課されるもの: A CD player is an *extra* on this car. この車では CD プレーヤーは

別売りのオプションです. **2** (新聞の)号外(臨時)版; (雑誌の)臨時増刊号. **3** (映画などの)エキストラ; 臨時雇い.

── 副 **1** 余分に, 別に; [名詞のあとで]増し増して: pay *extra* for a better seat もっとよい席を取るために余分の金を払う. **2** [形容詞または副詞の前で]《口語》特別に, 特に: an *extra* good vodka 特別上等のウオッカ.

ex·tra- [ekstrə] 接頭 形容詞に付けて「…の(範囲)外の」の意を表す: *extra*ordinary 異常な / *extra*terrestrial 地球外の.

*ex·tract [ikstrǽkt, eks-] (☆ 名 との発音の違いに注意) 動 他 **1** 〈ものを〉[…から]引き抜く, 抜き取る, 取り出す [*from*]: You have to have the tooth *extracted*. あなたはその歯を抜いてもらわなければならない (= You have to have the tooth out.).

2 〈情報・金などを〉[…から](無理に)引き出す [*from*]: *extract* information *from* his colleagues 彼の同僚から情報を聞き出す.

3 〈油・香料などを〉[…から]抽出する, しぼる [*from*]: Vanilla essence is *extracted from* vanilla beans. バニラエッセンスはバニラの種子から抽出される. **4** 〈語句などを〉[…から]抜粋する, 引用する, 書き抜く (quote) [*from*].

── 名 [ékstrækt] **1** C […からの]引用句, 抜粋 [*from*]. **2** C U 抽出されたもの, エキス, 精 (essence).

ex·trac·tion [ikstrǽkʃən, eks-] 名 **1** U C […から]引き抜くこと, 抽出; 抽出されたもの(成分) [*from*]: the *extraction from* oil 石油からの精製物. **2** U 家系, 血統: She is of Italian *extraction*. 彼女はイタリア系です.

ex·trac·tor [ikstrǽktər, eks-] 名 C 《英》= extráctor fàn (排気用)換気扇 (《米》ventilator).

ex·tra·cur·ric·u·lar [èkstrəkəríkjələr, -kju-] 形 《通例, 限定用法》正課(正規の授業)以外の, 課外の: *extracurricular* activities 課外(クラブ)活動.

*ex·tra·dite [ékstrədàit] 動 他 〈国外逃亡犯を〉[本国の警察へ]引き渡す [*to*]; […から]…の引き渡しを受ける [*from*].

ex·tra·dit·a·ble [-təbl] 形 (犯人が)引き渡される(べき), (犯則が)引き渡し処分に相当する.

ex·tra·di·tion [èkstrədíʃən] 名 U C (逃亡犯などの)引き渡し, 本国送還.

ex·tra·ju·di·cial [èkstrədʒudíʃəl] 形 司法手続きによらない; 法廷外の, 裁判所が関与しない.

ex·tra·mar·i·tal [èkstrəmǽrətəl] 形 婚外(交渉)の, 不倫の.

ex·tra·mu·ral [èkstrəmjúərəl] 形 **1** (病院の診察などが)施設(区域)外での. **2** 《主に英》学外の; 公開講座の; 《米》(競技などが)大学対抗の.

ex·tra·ne·ous [ikstréiniəs, eks-] 形 **1** 異質の; (本質的に)無関係の. **2** 外部(から)の.

*ex·tra·or·di·nar·i·ly [ikstrɔ̀:rdənérəli, eks-, -trɔ́:rdənèrəli / -trɔ́:dənərəli] 副 **1** 並外れて, 非常に. **2** 異常に: act [behave] *extraordinarily* 異常な行動(ふるまい)をする.

***ex·tra·or·di·nar·y** [ikstrɔ́:rdənèri, eks-/-trɔ́:dənəri] (☆ 発音に注意)

【「extra (越えた) + ordinary (通常の)」から】

── 形 **1** 並外れた, 途方もない; 異常な (↔ ordinary): a man of *extraordinary* genius 並外れた天才 / *extraordinary* clothes とっぴな衣服 / *extraordinary* weather 異常気象 / That was *extraordinary* behavior for a hospital nurse. それは病院の看護師としては考えられない行動だった.

2 [比較なし; 限定用法]《格式》特別の, 臨時の: an *extraordinary* general meeting 臨時総会.

3 [限定用法; 名詞のあとで]《格式》特別任用の, 特命の: an ambassador *extraordinary* 特命全権大使.

ex·trap·o·late [ikstrǽpəlèit, eks-] 動 自 他 《格式》[既知のものから](未知のものを)推定[推測]する; [統計]外挿(ﾎﾟ)する [*from*].

ex·trap·o·la·tion [ikstrǽpəlèiʃən, eks-] 名 U C 《格式》推測; [統計]外挿(ﾎﾟ)法.

ex·tra·sen·so·ry [èkstrəsénsəri] 形 超感覚的な.

◆ extrasénsory percéption U 超感覚的知覚 (《略語》ESP).

ex·tra·ter·res·tri·al [èkstrətəréstriəl] 形 地球外の, 宇宙からの.

── 名 C 地球外生物, 宇宙人 (《略語》ET).

ex·tra·ter·ri·to·ri·al [èkstrətèritɔ́:riəl] 形 《格式》国外の; 治外法権(上)の.

ex·trav·a·gance [ikstrǽvəgəns, eks-] 名 《軽蔑》 **1** U C ぜいたく(品), 浪費(癖), むだづかい. **2** U 誇張[強調]のしすぎ; C とっぴな言動.

ex·trav·a·gant [ikstrǽvəgənt, eks-] 形 《軽蔑》 **1** 浪費する, 金づかいの荒い (wasteful); ぜいたくな: He had *extravagant* habits. 彼には浪費癖があった. **2** (感情の表現・行為などが)とっぴな, 度を越した; (価格などが)法外な.

ex·trav·a·gant·ly [~li] 副 ぜいたくに; 法外に.

ex·trav·a·gan·za [ikstrævəgǽnzə, eks-] 名 C 《通例 an ~》絢爛(ﾎﾟ)豪華なショー(番組).

ex·tra·vert [ékstrəvə̀:rt] 名 形 = EXTROVERT (↓).

***ex·treme** [ikstrí:m, eks-]

形 名 【原義は「一番端の」】

── 形 **1** [比較なし; 限定用法] 極度の, はなはだしい; この上ない: *extreme* pain 激痛 / *extreme* poverty 極貧 / in *extreme* danger 大変な危機に陥って / You must drive with *extreme* caution when you pass by an elementary school. 小学校のそばを通るときは特に注意して運転しなくてはならない.

2 [しばしば軽蔑] 過激な, 極端な (↔ moderate): the *extreme* left 極左派 / Tom is *extreme* in his views. トムは考えが極端である.

3 [限定用法] 一番端の, 先端の: The village is located in the *extreme* south of Japan. その村は日本の最南端に位置している.

4 (スポーツが)過激な.

── 名 C [通例~s] **1** 極端, 極度; 極端な手段;

an *extreme* of distress 極度の窮状 / resort to *extremes* 思い切った手段に訴える. **2** 極端なもの: the two *extremes* 両極端 / *Extremes* meet. 《ことわざ》両極端は一致する [相通じる].
■ *gò* [*be driven*] *to extremes* 極端に走る.
in the extréme 極端に, 極度に (extremely).
(▷ 名 extrémity)

ex·treme·ly [ikstríːmli, eks-]

— 副 [比較なし] **極端に**, きわめて; 非常に (◇ very をさらに強めた意味): This novel is *extremely* interesting. この小説は非常に面白い / I'm *extremely* glad to hear the news. 私はその知らせを聞いてこの上なくうれしい.

ex·trem·ism [ikstríːmizəm, eks-] 名 U《通例,軽蔑》(政治上の)過激主義, 極論.

ex·trem·ist [ikstríːmist, eks-] 名 C《通例,軽蔑》(政治上の)過激主義者, 過激派.

***ex·trem·i·ty** [ikstréməti, eks-] 名 (複 ex·trem·i·ties [~z]) **1** U [または an ~](苦しみ・悲しみの)極限, 極み; 窮地, 苦境: in one's *extremity* 窮地に陥って. **2** C [通例, 複数形で]手足: have bad circulation in one's *extremities* 手足の血行が悪い. **3** [複数形で] 過激な言動; 非常手段: go [resort] to *extremities* 非常手段に訴える.
4 C 先端, 果て.
■ *to the lást extrémity* 死に至るまで, 最後のどたん場まで. (▷ 形 extréme)

ex·tri·cate [ékstrikèit] 動 他《危険だから》〈人〉を救出する, 脱出させる [*from*]: I managed to *extricate* myself *from* the wreckage. 私はその残骸(ざん)からやっと抜け出せた.

ex·tri·ca·tion [èkstrikéiʃən] 名 U 救出, 脱出.

ex·tro·vert, ex·tra·vert [ékstrəvə:rt] 名 C 外向的な人, 外向性の人 (↔ introvert); 陽気で社交的な人. — 形 外向性の; 社交的な.

ex·tro·vert·ed [ékstrəvə:rtid] 形 外向的な (↔ introverted).

ex·trude [ikstrúːd, eks-] 動 他《格式》**1** …を […から]押し出す, しぼり出す [*from*]. **2**〈プラスチックなど〉を型から押し出して成型する.

ex·tru·sion [ikstrúːʒən, eks-] 名 UC《格式》押し出し, しぼり出し; 成型.

ex·u·ber·ance [igzúːbərəns, eg- / -zjúː-] 名 U 豊富, (活気などに)満ちあふれていること; 繁茂.

ex·u·ber·ant [igzúːbərənt, eg- / -zjúː-]
1 活気 [熱気] にあふれている. **2**（木・植物が）生い茂った, 繁茂した.

ex·u·ber·ant·ly [~li] 副 活気にあふれて; 繁茂して.

ex·ude [igzúːd, eg- / -zjúːd] 動 自〈粘液・汗などが〉 […から]にじみ出る, しみ出る [*from, through*].
— 他〈汗など〉を出す,〈においなど〉を発散する.

ex·ult [igzʌlt, eg-] 動 自《格式》[…に] 大喜びする (rejoice); 勝ち誇る [*at, in, over*]: The players *exulted over* their victory. 選手たちは優勝を非常に喜んだ.

ex·ult·ant [igzʌltənt, eg-] 形《格式》(勝利・成功などに) 大いに喜んだ; 勝ち誇った.

ex·ult·ant·ly [~li] 副 大喜びで; 得意で.

ex·ul·ta·tion [èksʌltéiʃən, ègzʌl-] 名 U《格式》[…への] 大喜び, 歓喜; 勝ち誇った気持ち [*at, in, over*].

-ey [i] 接尾 名詞に付けて「…のような」「…を含む」の意を表す形容詞を作る (→ -y): clay*ey* 粘土のような.

eye [ái]

— 名 名
— 名 (複 eyes [~z]) C **1** 目 (→ 図): She has dark [blue, brown] *eyes*. 彼女は黒い [青い, 茶色い] 目をしている / The old man is blind in [of] one *eye*. その老人は片目が見えない / You can see it with the naked *eye*. それは肉眼でも見える / Where are your *eyes*?（注意を促して）いったいどこに目が付いているんだ.

コロケーション 目を…
目を開ける: *open one's eyes*
目を上に向ける: *lift* [*raise*] *one's eyes*
目を閉じる: *close* [*shut*] *one's eyes*
目を伏せる: *drop* [*lower*] *one's eyes*
目をまばたきする: *blink one's eyes*

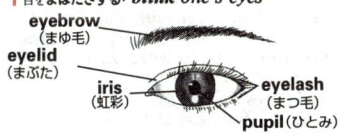

eyebrow (まゆ毛)
eyelid (まぶた)
iris (虹彩)
eyelash (まつ毛)
pupil (ひとみ)

2 視力, 視覚: have good [weak] *eyes* 視力がいい [悪い] / I could not believe my *eyes* at the sight. 私はその光景を見て自分の目を信じることができなかった / A wide plain spread before us as far as the *eye* could reach. 見渡す限り広い平野が私たちの前に広がっていた.

3 [通例 ~s] 目つき, まなざし, 視線: with angry [sleepy] *eyes* 怒った [眠そうな] 目つきで / His *eyes* fell upon the sleeping baby. 彼の視線は眠っている赤ん坊の上に落ちた.

4 [通例, 単数形で] […を] 見分ける目, […の] 観察眼 [*for*](→ 成句 have an eye for …): Her *eye for* profit has made her successful. 利益に対する勘によって彼女は成功した. **5** [しばしば ~s] 見方, 見解, 判断: In my *eyes* he is honest. 私の見るところ彼は正直です. **6** 針の穴; (ジャガイモの) 芽の出る所; ホックの留め穴: the *eye* of a needle 針の穴 / the *eye* of a potato ジャガイモの芽.

7《気象》(台風の) 目, 中心: the *eye* of a typhoon 台風の目.

■ *Áll eyes are on …* 世間の耳目は…に集中している.

an éye for an éye (and a tóoth for a tóoth) 目には目を (歯には歯を),（被害と同等の）仕返し.

be áll eyes 熱心に見つめる, 目を皿のようにする.

befòre [*ùnder*] *…'s véry éyes* …の（見ている）目の前で (◇ 通例, 意外なものやいやなものを見たときに用いる): The dog was run over *before my very eyes*. その犬は私の目の前で車をひかれた.

cást [*rún*] *one's éyes òver …* …にざっと目を通す, …を急いで見る: Would you please *cast your eyes over* these reports? この報告書にざ

っと目を通していただけませんか.
cátch ...'s éye …の注意を引く.
cláp [láy, sèt] éyes on ... [しばしば否定文で]《口語》…を見かける, 見る, 会う; (びっくりして) 見る.
clóse [shút] one's éyes to ... …を無視する, 見て見ぬふりをする.
crý one's éyes óut 《口語》さめざめと泣く.
fíx one's éyes on [upòn] ... …に視線を注ぐ.
for ...'s éyes only …以外極秘, 親展.
hàve an éye for ... …を見る目がある, …に目が利く: He *has an eye for* beauty. 彼は美しいものを見る目がある.
hàve an éye to ... …を目的とする, ねらっている.
hàve éyes in the báck of one's héad 頭のうしろに目がある ⇨ 何でもお見通しだ.
hàve éyes ónly for ... = ónly hàve éyes for ... …だけに関心がある, …だけが好きだ.
hàve one's éye on ... 《口語》…に目をつける.
kèep an éye on ... …を見守る, …の面倒を見る: She *kept an eye on* my suitcase. 彼女は私のスーツケースを見ていてくれた.
kèep an [one's] éye òpen [òut] for ... 《口語》…に気をつける, …を見張る: *Keep your eyes out for* gropers in a crowded train. 混雑した列車の中では痴漢に気をつけなさい.
màke éyes at ... 《口語》…に色目を使う.
méet ...'s éye …の目にとまる; …と視線が合う.
My éye! 《口語》おやまあ, いやはや (◇不賛成・驚きを表す).
ópen ...'s éyes …の目を開かせる, …を啓発する.
sèe éye to éye [通例, 否定文で]〔…と〕意見が一致する〔*with*〕: He does not *see eye to eye with* his father. 彼は父親と意見が合わない.
tàke one's éyes òff ... …から目を離す.
ùp to one's éyes in ... 《口語》…に深く入り込んで: He is still *up to his eyes in* writing a paper. 彼はまだ論文を書くことに没頭している.
with an éye to dóing …する目的で: He came up to Tokyo *with an eye to opening* a restaurant. 彼はレストランを開く目的で上京した.
with hálf an éye 《口語》ちょっと見ただけで.
with one's éyes ópen 事情を十分承知して: He married her *with his eyes open*. 彼は事態を承知のうえで彼女と結婚した.
with one's éyes shút [clósed] **1** 《口語》楽々と, 簡単に. **2** 事情をよく知らずに.
— [動] (三単現 **eyes** [~z]; 過去・過分 **eyed** [~d]; 現分 **eye·ing, ey·ing** [~iŋ]) [他] …をじろじろ見る: The guard *eyed* me from head to foot. 警備員は私を上から下までじろじろ見た.
■ ***éye úp*** [他]《英口語》…をほれぼれと見る.
◆ éye bànk [C] アイバンク, 角膜銀行.
éye cándy [U]《口語》とても魅力的なもの [人].
éye cóntact [U] アイコンタクト, 視線を合わせること: make *eye contact* with ... …とアイコンタクトをとる. (**◀背景▶** 英米では相手の目を見て話すことを重要視する. 相手の目を見て話さないと信頼のおけない人という印象を与えることがある)
éye shàdow [U][C] アイシャドー.
éye sòcket [C]【解剖】眼窩(がん).

eye·ball [áibɔ̀:l] [名] [C] 眼球, 目玉.
■ ***éyeball to éyeball*** 〔…と〕面と向かって (face to face), にらみ合って〔*with*〕.
***eye·brow** [áibràu] (☆ 発音に注意) [名] [C] まゆ (毛) (→ EYE 図).
■ ***be ùp to one's éyebrows*** 《口語》〔…で〕非常に忙しい; 〔…に〕没頭している〔*in, at*〕.
ráise an éyebrow [one's éyebrows] 〔…に対して〕まゆをつり上げる〔*at*〕(◇驚き・非難・抗議などを表す).
éye-càtch·ing [形] 人目を引く; 魅力的な: an *eye-catching* poster 人目を引くポスター.
eye·drop·per [áidràpər] [名] [C]《米》点眼器; 点滴器 (dropper).
eye·ful [áifùl] [名] [C] [通例 an ~] **1** 目にいっぱい〔の涙など〕〔*of*〕. **2** 《口語》人目を引く人 [もの]; (特に) 美人.
■ ***gèt [hàve] an éyeful of ...*** 《主に英口語》〈美しい人・もの〉を十分に見る.
eye·glass [áiglæ̀s / -glɑ̀:s] [名] [C] **1** 片眼鏡; 接眼鏡 [レンズ]. **2** [~es]《米》眼鏡 (glasses).
eye·lash [áilæ̀ʃ] [名] [C] (1本の) まつ毛 (lash); [~es; 集合的に] まつ毛 (◇全体) (→ EYE 図).
eye·less [áiləs] [形] 目のない; 盲目の.
eye·let [áilət] [名] [C] (靴・布地などの) ひも穴, ひも通しの穴.
***eye·lid** [áilìd] [名] [C] まぶた (lid) (→ EYE 図): the upper [lower] *eyelid* 上 [下] まぶた / without batting an *eyelid* まばたきひとつしないで.
eye·lin·er [áilàinər] [名] [U] アイライナー《目の輪郭を際立たせる化粧品》.
éye-ò·pen·er [名] [C] [通例 an ~] 驚くべき事件 [光景]; 思いがけない [啓発される] 物事.
eye·patch [áipæ̀tʃ] [名] [C] 眼帯 (patch).
eye·piece [áipì:s] [名] [C] (望遠鏡・顕微鏡などの) 接眼レンズ, 対眼レンズ.
eye·shade [áiʃèid] [名] [C] (帽子などの) まびさし (visor)《直射日光を避けるためのひさし》.
eye·shot [áiʃɑ̀t / -ʃɔ̀t] [名] [U] 視界, 視野: in [within] *eyeshot* 目の届く所で / beyond [out of] *eyeshot* 目の届かない所で.
***eye·sight** [áisàit] [名] [U] 視力; 視覚 (sight): have good [poor] *eyesight* 視力がよい [悪い] / lose [recover] one's *eyesight* 視力を失う [回復する].
eye·sore [áisɔ̀:r] [名] [C] (建物など) 目ざわりなもの, 見苦しいもの.
eye·strain [áistrèin] [名] [U] 目の疲れ, 眼精疲労.
eye·tooth [áitù:θ] [名] (複 **eye·teeth** [-tì:θ]) [C] (上あごの) 犬歯 (upper canine tooth).
■ ***gìve one's éyeteeth*** 〔…が〕何としても欲しい〔*for*〕; 〔…のためには / …できれば〕どんな犠牲を払ってもいい〔*for, to do*〕.
eye·wit·ness [áiwítnəs] [名] [C] 目撃者; (法廷などの) 証人 (witness): an *eyewitness* to a murder ある殺人事件の目撃者.
ey·ot [éit, éiət] [名] [C]《英》(湖・川の中の) 小島.
ey·rie, ey·ry [áiəri, éəri] [名] (複 **ey·ries** [~z]) (ワシなどが高い岩場などに作る) 高巣; 巣.
E·ze·ki·el [izí:kiəl] [名] [固]【聖】エゼキエル書《旧約聖書中の1書; 《略語》Ezek.》.

F f

F f ℱ f

f, F [éf] 名 (複 f's, fs, F's, Fs [~s]) **1** CU エフ《英語アルファベットの6番目の文字》. **2** C〖大文字で〗F字形のもの. **3** U〖大文字で〗〖音楽〗へ音《ドレミ音階のファの音》;へ調. **4** C〖大文字で〗《米》〖学業成績などの〗F,不可 (→ GRADE 表).

f〖略語〗= *forte*[2]〖音楽〗フォルテ.

F[1]〖元素記号〗= fluorine フッ素.

F[2]〖略語〗= *F*ahrenheit F氏の;*f*ine (鉛筆が) 細字用の.

f.〖略語〗= *f*eet フィート;*f*emale 女性,雌;*f*eminine 女性の;*f*ollowing 次の.

F.〖略語〗= *F*ebruary; *F*rance; *F*rench; *F*riday.

fa [fáː] 名 UC〖音楽〗ファ《ドレミ音階の4番目の音》.

FA〖略語〗= *F*ootball *A*ssociation《英》サッカー協会.

FAA〖略語〗= *F*ederal *A*viation *A*dministration《米》連邦航空局.

Fa·bi·an [féibiən] 形 **1** 持久戦法の;慎重な. **2** フェビアン協会の. ── 名 C フェビアン協会員.

*__fa·ble__ [féibl] 名 **1** C 寓話(ぐぅ)《教訓を含んだ短い物語.擬人化された動物が主人公になることが多い》: "Aesop's *Fables*"『イソップ物語』. **2** U 〖集合的に〗伝説,説話;神話;C 〖個々の〗伝説,神話. **3** CU 作り話 (fiction);うそ (lie). (▷ 形 fábulous)

fa·bled [féibld] 形 **1** 寓話(ぐぅ)〔伝説〕で名高い;寓話〔伝説〕に登場する. **2** 作り話の,虚構の.

Fa·bre [fáːbər] 名 固 ファーブル **J**ean [ʒɑ́ːŋ] **H**enri [ɑːŋríː] Fabre《1823–1915;フランスの昆虫学者.主著『昆虫記』》.

*__fab·ric__ [fæbrik] 名 **1** CU 織物,生地,布地: woolen [cotton, silk] *fabrics* 毛 [綿, 絹] 織物. **2** U 織り方. **3** 〖the ~〗(建物・社会などの) 構造,組織,骨組み: the *fabric* of society 社会機構.

fab·ri·cate [fæbrikèit] 動 他 **1** 〈うそ・話など〉を作り上げる,でっち上げる;〈文書など〉を偽造する. **2** 〈材料・部品など〉を組み立てる: *fabricate* an engine エンジンを組み立てる.

fab·ri·ca·tion [fæbrikéiʃən] 名 **1** U でっち上げ,偽造;C 作り事,うそ. **2** U 製作,組み立て.

fab·u·lous [fæbjələs] 形 **1** とてもすばらしい. **2** 信じられない (ような),途方もない. **3** 〖限定用法〗《文語》伝説上の,伝説〔神話〕に出てくる (ような): The dragon is a *fabulous* creature. 竜は伝説上の生き物である. (▷ 名 fáble)

fab·u·lous·ly [fæbjələsli] 副 信じられないくらい,途方もなく,驚くほど,非常に.

fa·cade, fa·çade [fəsáːd]【フランス】名 C **1**〖建〗(特に大きな建物の) 正面. **2** (通例,単数形で) 外観,外見;(特に偽りの) 見せかけ: put up a *facade* of honesty 正直を装う.

***face** [féis]
名 動
── 名 動 **·es** [~iz] **1** C 顔《○頭部の前面で額からあごまでをさす》: a round [square] *face* 丸顔 [四角い顔] / a ruddy *face* 血色のよい顔 / I wash my *face* and hands before I go to bed. 私は寝る前に顔と手を洗う / She saw a lot of familiar [strange] *faces* at the party. 彼女はパーティーで多くのなじみの [初めての] 顔を見た / He looked me straight in the *face*. 彼は私の顔をまじまじと見つめた.

2 C 顔つき (look), 表情: a happy [sad] *face* うれしそうな [悲しそうな] 顔つき / I like her smiling *face*. 私は彼女の微笑んだ顔が好きです / He often wears [makes] a long *face* these days. 彼は最近浮かない顔をしていることが多い / When she heard the news, she suddenly changed her *face*. その知らせを聞いたとたん彼女は血相を変えた.

3 C (ものの) 表面, 表側;(建物などの) 正面;(時計の) 文字盤;(硬貨・カードの) 表(**): Many kinds of animals are disappearing from the *face* of the earth. 多くの種の動物が地上から消えつつある / The *face* of the building is covered with ivy. その建物の正面はツタで覆われている.

4 C 外見, うわべ (appearance); 様子, 様相, 形勢: This decision will change the *face* of the football world. この決定はサッカー界の様相を変えるだろう. **5** U 面目(恕), 体面.

■ **fáce dówn** [úp] 顔を下げて [上げて];(カードなどの) 表を下 [上] にして.

flý in the fáce of ... 〈権威など〉に公然と反抗する.

hàve the fáce to dó《口語》厚かましくも…する.

in ...'s fáce **1** まともに: I had the sun *in my face*. 私は日光をまともに浴びた. **2** 〈人〉の面前で,公然と: They laughed *in his face*. 彼らは彼の面前で笑った.

in (the) fáce of ... **1** …に直面して: She remained calm *in the face of* danger. 彼女は危険に直面しても落ち着き払っていた. **2** …にもかかわらず (in spite of): He succeeded *in the face of* great difficulties. 彼は大きな困難にもかかわらず成功した.

kèep a stráight fáce(笑いをこらえて)まじめな顔をしている.

lóse (one's) fáce 面目を失う, 顔 [面子(ぢ゛)] がつぶれる (↔ save (one's) face).

màke [púll] fáces [a fáce][…に向かって]顔をしかめる, しかめっ面をする [at].

on one's fáce うつぶせになって (↔ on one's

back.
on the fáce of it 見かけは，一見したところ．
pùt a góod [bóld, bráve] fáce on ... …のうわべをつくろう；〈困難など〉に対して平静を装う．
sáve (one's) fáce 面目 [面子] を保つ，体面を保つ (↔ lose (one's) face): He tried to *save* face by telling a lie to his boss. 彼は上司にうそをついて自分の面子を保とうとした．
sèt one's fáce agàinst ... …に断固反対する．
shów one's fáce 姿を見せる，現れる．
to ...'s fáce …に面と向かって，公然と: You should not say such things *to his face*. 彼に面と向かってそんなことを言うべきではない．

──動 (三単現 **fac·es** [~iz]; 過去・過分 **faced** [~t]; 現分 **fac·ing** [~iŋ])
──⑪ **1** …の方を向く: Our house *faces* the street. わが家は通りに面している / Turn round and *face* the camera, boys and girls. みなさん，反対を向いてカメラの方を見てください．
2 〈困難など〉に直面する，立ち向かう: You'll *face* a lot of difficulties in the future. 君たちは将来多くの困難に直面することになる / The boy was brave enough to *face* the danger by himself. 少年は勇敢にも1人で危険に立ち向かった．
3 〈困難などが〉〈人〉にさし迫る，…の前に現れる；〈人〉を[困難に]直面させる [*with*]: Another difficulty *faced* the President. 困難がまた1つ大統領の前に現れた / The scientist was *faced with* many problems. その科学者は多くの問題に直面した． **4** […で]〈壁など〉の上塗りをする，仕上げをする [*with*].
──⑪ (副詞(句)を伴って) 面する，向く: Our house *faces* (to the) east. わが家は東向きです．

句動詞 **fáce dówn** ⑪ [face down + O / face + O + down] …を威圧する: He *faced down* all the others during the debate. 彼はディベートで他のすべての人を圧倒した．
fáce óut ⑪ [face out + O / face + O + out] 〈困難などを〉大胆に切り抜ける．
fáce úp to ... …に立ち向かう；〈厳しい事態など〉を直視する，率直に認める: He had to *face up to* the possibility of losing his job. 彼は失業の可能性を直視しなければならなかった．
■ ***Lèt's fáce it.*** (口語) (いやなことでも) 現実を直視しよう，事実は事実として認めよう．(▷ 图 fácial)
◆ **fáce càrd** C (米) (トランプの) 絵札 ((英) court card).
fáce pàck C (顔用) 化粧パック．
fáce pòwder U おしろい．
fáce válue **1** U C (証券などの) 額面価格．
2 U 表面上の価値，額面: take ... at *face value* …を額面通りに受け取る．

face·cloth [féisklɔ̀ːθ / -klɔ̀θ] 图 C (英) 洗面用タオル ((米) washcloth).

-faced [feist] 結合 **1** 「…の顔をした」の意を表す: baby-*faced* 童顔の． **2** 「表面が…な」の意を表す: smooth-*faced* 表面が滑らかな．

face·less [féisləs] 形 **1** 特徴のない，個性を欠いた． **2** 無名の，よく知られていない．

fáce-lìft 图 C **1** (顔のしわを取る) 美容整形 (手術)． **2** (建物の) 改装，模様替え．

fáce-òff 图 C **1** 【アイスホッケー】フェイスオフ，試合開始． **2** (米口語) […との] 対決 [*with*].

fáce-sàv·ing 形 [限定用法] (相手の) 顔を立てる，(自分の) 面子(ぶ)を保とうとする．

fac·et [fǽsit] 图 C **1** (物事の) 一面，側面，様相 (aspect): every *facet* of our society 私たちの社会のあらゆる側面． **2** (多面体，特に宝石の) 小面，切り子面．

fa·ce·tious [fəsíːʃəs] (☆ 発音に注意) 形 (言葉などが) おどけた，こっけいな (funny)；ふざけた，不まじめな．

fa·ce·tious·ly [~li] 副 おどけて；ふざけて．

fáce-to-fáce 形 [限定用法] 面と向かっての，さし向かいでの，直接の．

fáce to fáce 副 […と] 向かい合って；直面して [*with*].

fa·cial [féiʃəl] 形 顔の，顔に使う: a *facial* expression 顔の表情 / *facial* cream 美容クリーム．
──图 C 美顔術，顔面マッサージ． (▷ 图 fáce)

fac·ile [fǽsəl / -sail] 形 **1** (通例，軽蔑) 軽薄な，うわべだけの: a *facile* conversation 意味のない会話． **2** [限定用法] (格式) たやすい，容易な，楽にできる: a *facile* victory 楽勝． **3** [限定用法] (通例，軽蔑) (口・筆などが) すらすら動く，器用な；流暢(クシ)な: have a *facile* tongue 口が軽い，よくしゃべる．

*__fa·cil·i·tate__ [fəsíləteit] 動 ⑪ (格式) …を容易にする，楽にする；…を助長する，促進する: Careful planning *facilitates* any kind of work. 入念に計画すればどんな仕事もはかどる． (▷ 图 facílity)

*__fa·cil·i·ty__ [fəsíləti] 图 (複 **fa·cil·i·ties** [~z])
1 C [複数形で] […のための] 設備，施設，機関；建物，部屋；手段，便宜 [*for*]: transportation *facilities* 輸送機関 / amusement *facilities* 娯楽施設 / The bar has *facilities* for karaoke. そのバーにはカラオケの設備がある． **2** U (格式) 容易さ，たやすさ (↔ difficulty): with great *facility* とてもたやすく，楽々と． **3** U [または a ~] (楽にやれる) 能力，才能；腕前: acquire *facility* of speech 楽に話せるようになる / She has no *facility* for [in] games. 彼女はゲームに向いていない． **4** C [通例，複数形で] トイレ，手洗い (◇ toilet の婉曲語)． (▷ 動 facílitate)

fac·ing [féisiŋ] 图 **1** U C (壁などの) 表面 [化粧] 仕上げ(面)． **2** U (衣服の) へり取り． **3** [~s] (軍服などの) 縁飾り (襟章(ミミョ)・袖章(ミミョ)など)．

fac·sim·i·le [fæksíməli] 图 **1** C (絵画・書物などの) 複写，複製，模写: make a *facsimile* of ... …を模写する． **2** (格式) U ファックス [ファクシミリ] 送信 [受信]; C ファックス受信文書 (fax).
■ ***in facsímile*** 複写で原物通りに；ファックスで．
──形 複写の，ファックスの．

*** **fact** [fækt]
【基本的意味は「事実 (something that is known to be true)」】
──图 (複 **facts** [fækts]) **1** (a) C 事実，実際にあったこと: an established [a well-known] *fact* 既成 [周知] の事実 / the bare *facts* ありのままの事実 / It is a *fact* that he stole the

money. 彼がそのお金を盗んだのは事実です.
(b) [the fact+that節] …という事実: She denied *the fact that* she had no ticket. 彼女は切符を持っていないという事実を否定した / *The fact remains that* he is not a good diplomat. 彼は駆け引きがうまくないという事実は変わらない.

コロケーション	事実を…
事実を隠す:	*conceal* [*hide*] *a fact*
事実を確かめる:	*check* [*confirm*] *a fact*
事実を直視する:	*face* (*the*) *facts*
事実をねじ曲げる:	*distort* [*twist*] (*the*) *facts*

2 [U] (想像・理論などに対しての) 現実 (reality), 事実 (cf. abstraction 抽象的な観念): Her story is based on *fact*. 彼女の話は事実に基づいている / *Fact* is stranger than fiction. 《ことわざ》事実は小説より奇なり.
3 [the ~] [法] 犯罪事実, 犯行.
■ *a fáct of life* 人生の厳しい現実.

as a màtter of fáct **1** 実を言うと: My father is not at home. *As a matter of fact*, he is in Germany on a business trip now. 父は家にいません. 実は今ドイツに出張中です. **2** それどころか, むしろ (◇前言を強調するときや訂正するときに用いる): He is not cold. *As a matter of fact*, he is always kind to everyone. 彼は冷たくはない. それどころかみんなに親切です.

fácts and fígures (特定の事柄に関する) 詳細, 情報.

in (*áctual*) *fáct* **1** [文修飾] 実を言うと, 実は: I don't have a bike. *In fact*, I can't ride a bike. 僕は自転車を持っていない. 実を言うと自転車に乗れないんだ. **2** [文修飾] それどころか, むしろ (◇前言を強調するときや訂正するときに用いる): She doesn't like him; *in fact* she hates him. 彼女は彼が好きではない. それどころか大嫌いなのです.
3 現実に, 本当に (actually): This is what *in fact* happened in this village. これはこの村で実際に起こったことなのです.
in póint of fáct = in fact.
The fáct (*of the màtter*) *is* (*that*) … 実[真実]は…である: *The fact* (*of the matter*) *is* (*that*) I am married. 実は私は結婚しているんです.
the fácts of lífe (子供に話す) 性の事実, 性知識.

fáct-fìnd·ing [形] [限定用法] 実情[現地] 調査の, 事実究明の. — [名] 実情[現地] 調査, 事実究明.

fac·tion [fǽkʃən] [名] **1** [C] (政党などの組織の) 派閥, 党派: The members of the party formed themselves into two *factions*. 党員は2つの派閥に割れた.
2 [U] (格式) 派閥争い, 内紛.

fac·tion·al [fǽkʃənəl] [形] **1** 派閥の, 党派の: a *factional* strife [dispute] 派閥争い. **2** 党派的な; 党派心の強い.

fac·tion·al·ism [~ìzəm] [名] [U] 派閥主義[争い].

fac·tious [fǽkʃəs] [形] 派閥の, 派閥[党派] 的な; 党派心の強い, 派閥争いを好む.

fac·ti·tious [fæktíʃəs] [形] (格式) 人為的な, 不自然な; わざとらしい, 見せかけの: *factitious* laughter 作り笑い.

fac·tor [fǽktər]

— [名] (複 **fac·tors** [~z]) [C] **1** […の] 要因, 要素 [*in*]: The climate was a *factor in* our deciding to move to Arizona. 私たちがアリゾナへ引っ越すことに決めた理由のひとつは気候だった.
2 [数学] 因数, 因子. **3** [生物] 遺伝子 (gene).

fac·tor·ize [fǽktəràiz] [動] [他] [数学] …を因数分解する.

fac·to·ry [fǽktəri]

— [名] (複 **fac·to·ries** [~z]) [C] **1** 工場, 製作所: manage [operate, run] a *factory* 工場を経営する / an automobile *factory* 自動車工場 / He works in a shoe *factory*. 彼は製靴工場で働いている.
2 [形容詞的に] 工場の: a *factory* worker 工員.
◆ fáctory fàrm [C] 《英》(工場方式で家畜を大量飼育する) 促成飼育場.
fáctory shìp [C] (魚などを洋上で加工する) 工船.

fac·to·tum [fæktóutəm] [名] [C] 《格式・こっけい》(雑事一切をする) 雑用係, 何でも屋.

fac·tu·al [fǽktʃuəl] [形] 事実 […] の, 事実に関する; 事実に基づく: a *factual* account 事実の説明.
fac·tu·al·ly [-əli] [副] 事実上; 事実に基づいて.

fac·ul·ty [fǽkəlti]

— [名] (複 **fac·ul·ties** [~z]) [C] **1** […の] (特別な) 能力, 才能 (ability) [*for*, *of*]: The boy has a *faculty for* observation. その少年には観察力がある / That student has a great *faculty for* [*of*] learning languages. あの学生はすぐれた言語学習能力[語学の才能]を持っている.
2 (身体・精神の) 機能 (function), 能力: the *faculties* of sight and hearing 視覚と聴覚 / the *faculty* of speech 会話能力.
3 (大学の) 学部: the *faculty* of literature [science] 文[理] 学部.
4 [集合的に] 単数・複数扱い (大学の) 学部教員 (◇《米》では大学の1学科の教員または高校の教員もさす): The *faculty* meets every Thursday afternoon. 教授会は毎週木曜の午後に開かれる.

fad [fǽd] [名] [C] **1** 一時的流行; 気まぐれ: *fad* words 流行語. **2** 《主に英》(食べ物の) 好き嫌い.

fad·dish [fǽdiʃ] [形] [口語] **1** 一時的流行[熱狂] の; 気まぐれな. **2** 《主に英》好き嫌いの激しい.

fade [féid] [動] [自] **1** (花などが) しぼむ, しおれる: The roses have *faded*. バラの花がしおれてしまった. **2** (色が) あせる; (光・音などが) 次第に薄れる, 消えてなくなる: The blue cover *faded* into gray. 青い表紙が色あせて灰色になった. **3** (記憶・体力・新鮮などが) 次第に衰える, 失われる; (人・ものが) 姿を消す, 見えなくなる (→ DISAPPEAR [類義語]): His eyesight has *faded*. 彼は視力が衰えた.
— [他] 〈色〉をしおれさせる; …(の色)をあせさせる; …を衰えさせる: The sun has *faded* (the color of) the curtains. 日光でカーテンの色があせた.

[句動詞] *fáde awáy* [自] **1** (薄れて) 消え去る, (次第に) 薄らぐ: The sounds of the train *faded away* in the distance. 列車の音が次第に遠の

いていった. **2**(いつのまにか)姿を消す;(体力・健康などが)衰える;(衰弱して)死ぬ.

fáde ín ⓐ《映画・放送》(画面・音が)次第にはっきりする, 溶明する (→ FADE-IN). ━ⓗ [fade in +O / fade +O +in]《画面・音》を次第にはっきりさせる, 溶明させる.

fáde óut ⓐ《映画・放送》(画面・音が)次第に消えていく, 溶暗する (→ FADE-OUT). ━ⓗ [fade out +O / fade +O +out]《画面・音》を次第に消す, 溶暗させる.

fáde úp = fade in.

fáde-ín 图 ⓤⓒ《映画・放送》フェードイン, 溶明《映像・音が次第にはっきりしてくること》.

fáde-òut 图 ⓤⓒ《映画・放送》フェードアウト, 溶暗《映像・音が次第に消えていくこと》.

fae・ces [fíːsiːz] 图 = FECES 糞便(ﾍﾞﾝ).

fa・er・ie, fa・er・y [féri / féiəri] 图 (複 **fa・er・ies** [~z]) ⓒ《古》 **1** 妖精(ｾｲ)の国, おとぎ話の世界. **2** 妖精 (fairy).

fag [fǽg] 图 **1** ⓤ[または a ~]《英口語》苦しい仕事. **2** ⓒ《英》上級生の雑用をする下級生. **3** ⓒ《米俗語・軽蔑》ホモ, (男の)同性愛者. **4** ⓒ《英口語》紙巻きたばこ (cigarette).

◆ **fág énd** ⓒ[the ~]《主に英》[…の]終わり(の部分), どうでもよい部分, 残りくず [of].

fág hàg ⓒ《米俗語・軽蔑》同性愛の男とつき合う女.

fagged [fǽgd] 形《叙述用法》《英口語》へとへとに疲れて (out).

fag・ot,《英》**fag・got** [fǽgət] 图 ⓒ **1**《古》まき[小枝]の束. **2**《米俗語・軽蔑》(男の)同性愛者.

Fah., Fahr.《略語》= *Fahr*enheit (↓).

***Fahr・en・heit** [fǽrənhàit] 形 力氏《華氏》(温度計)の《ドイツの物理学者の名前から;《略語》F, F., Fah., Fahr.;cf. centigrade, Celsius 氏の;→巻末「度量衡」》: a *Fahrenheit* thermometer カ氏温度計 / The temperature was 110°F. 温度はカ氏110度だった 《◇ 110°F は [one] hundred and ten degrees *Fahrenheit* と読む》.
━图 ⓤ カ氏温度;ⓒ カ氏温度計. 《参考》英米では日常生活でカ氏を用いる》

***fail** [féil] 動 图《原義は「(期待を)裏切る」》
━ 動 (三単現 **fails** [~z]; 過去・過分 **failed** [~d];現分 **fail・ing** [~iŋ])
━ ⓐ **1** […に] 失敗する;落第する [in] (↔ succeed): He tried again, only to *fail*. 彼ははたやってみたが結局失敗した / The conference *failed*. 会談は不調に終わった / He *failed* in his attempt to complete the marathon. 彼はマラソン完走の試みに失敗した / She *failed* in math. 彼女は数学を落とした 《◇ She failed math. のほうが一般的だ; → ⓗ **1**》.

2 [fail + to do] …できない, …しない, …し損なう: He *failed* to appear. 彼は(予想に反して)やって来なかった / The letter *failed* to reach her. その手紙は彼女に届かなかった / I *fail* to see why he did that. 私にはどうして彼がそんなことをしたのかわからない.

3(供給・収穫などが)不足する, 欠乏する;[…に]欠けている [in]: The water supply *failed* suddenly. 給水が突然止まった / He *fails* in sincerity [diligence]. 彼は誠実さ[勤勉さ]に欠けている. **4**(力・健康などが)弱る, 衰える;(機械などが)故障する, 動かなくなる: My eyesight is *failing*. 私の視力が衰えてきている / The engine *failed* because of overheating. エンジンがオーバーヒートして止まった. **5**(会社などが)倒産 [破産] する.
━ⓗ **1**〈試験〉に落ちる, 〈科目・単位など〉を落とす: He *failed* his driving test. 彼は運転免許試験に落ちた / She *failed* English and biology. 彼女は英語と生物(の単位)を落とした.

2 …を落第させる: The teacher *failed* him in the test. 教師は彼を試験で落第させた.

3 …の役に立たない, 期待を裏切る: Words [My tongue] *failed* me. 私は言葉に詰まった / His courage *failed* him. 彼は勇気が出なかった / She has never *failed* me. 彼女は私の期待を裏切ったことがない.

■ **néver [nót] fáil to dó** 必ず…する 《◇ never fail to は常習的な行為を, not fail to は1回きりの特定の行為をさすことが多い》: He *never fails* to keep his promise. 彼は約束を必ず守る / *Don't fail to* mail this letter. この手紙を必ず投函してください.

━图 ⓒ (試験の) 不合格, 落第.

■ **withòut fáil** 必ず, きっと: I will come and see you at two *without fail*. 2時に必ずおうかがいいたします. 《▷ fáilure》

failed [féild] 形《限定用法》(人・物事が)失敗した, 不成功の;落第(点)の: a *failed* actor 俳優になり損ねた人, 俳優として成功しなかった人.

fail・ing [féiliŋ] 图 ⓒ **1** 欠点, 短所, 弱点 (fault). **2** 失敗, しくじり.
━ 前 …が(い)ない場合には;…がだめなので: You may find him in the classroom, or *failing* that, try the library. 彼は教室にいるかもしれない. いなかったら図書館をのぞいてごらんなさい.

fáil-sàfe 形《限定用法》(事故・故障に対して)安全装置の付いた, フェールセーフの.

***fail・ure** [féiljər]
━图 (複 **fail・ures** [~z]) **1** ⓤ[…における] 失敗, 不成功;落第 [in] (↔ success), 不可 《◇成績評価;《略語》F;→ GRADE 表》: *failure* in an examination 試験で不合格になること / His plans to open a shop ended in *failure*. 店を開くという彼の計画は失敗に終わった / *Failure* teaches success. 《ことわざ》失敗は成功のもと.

2 ⓒ 失敗した企て, 失敗作;失敗者, 落第者, 選選者: The party was a complete *failure*. そのパーティーは完全に失敗だった / He was a *failure* as a singer. 彼は歌手としては成功しなかった.

3 ⓤⓒ […を]しないこと [to do];[…の]不履行, 怠慢 [in]: a *failure* in duty 職務怠慢 / Their *failure* to help us was disappointing. 彼らは私たちを助けてくれなかったのでがっかりした.

4 ⓤⓒ (供給・収穫などの) 不足, 欠乏: a crop *failure* = *failure* of crops 不作.

5 [U][C] (力・健康などの) 衰弱, 減退; (機械などの) 故障, 機能停止; 停電: heart *failure* 心不全, 心臓麻痺(ﾋ) / a *failure* of eyesight 視力の衰え / The earthquake caused power *failure* in many places. 地震のために各地で停電があった.
6 [C] (会社などの) 倒産, 破産.　　(▷ [動] fáil)

faint [féint] (☆[同音] feint)
[形][動][名]
— [形] (比較 **faint·er** [~ər]; 最上 **faint·est** [~ist]) **1** (色・光・音などが) **かすかな**, ぼんやりした, 弱い: There was a *faint* light [smell]. かすかな光 [におい] があった. I heard a *faint* sound in the distance. 遠くでかすかな音が聞こえた.
2 (希望・機会などが) **わずかな**; (考えなどが) ぼんやりした: There is a *faint* hope that you will succeed. あなたが成功する望みはわずかだがある.
3 (体力・体の働きなどが) 弱々しい: His pulse is *faint* these days. 最近彼の脈は弱まっている.
4 [叙述用法] […で] 気を失いそうな, ふらふらして [with, from]: I could not concentrate because I felt *faint* with hunger. 私は空腹でふらふらしていて集中できなかった. **5** (行動などが) 熱意のない, 気乗りのしない: a *faint* attempt 形ばかりの試み. **6** 気の弱い, 小心な: *Faint* heart never won fair lady. 《ことわざ》 小心者が美人を射止めたためしはない.

— [動] [自] […で] 気を失う, 気絶する [with, from]: Some people *fainted* from the heat during the concert. 暑さのためにコンサートの最中に何人かが倒れた.

— [名] [C] 気絶, 失神: fall into a (dead) *faint* 気絶する.

faint·heart·ed [féinthá:rtid] [形] 意気地のない, 勇気のない, 憶病な, 気の弱い.
***faint·ly** [féintli] [副] かすかに, ほのかに; 力なく, 弱々しく.

***fair**[1] [féər]
[形][副]

原義は「美しい」.
① 公正な. [形] **1**
② かなりの; ほどほどの. [形] **2, 3**
③ 色白の; 金髪の. [形] **4**
④ 晴れた. [形] **5**

— [形] (比較 **fair·er** [féərər]; 最上 **fair·est** [féərist]) **1** […に対して] **公正な**, 公平な (to, with) (→ [類義語]); ルールにかなった, 正々堂々の (↔ foul): a *fair* trade 公正な取引 / a *fair* umpire 公平な審判 / That teacher is *fair* to all the students. あの先生はすべての生徒に公平に接する / It would not be *fair* to keep them waiting. 彼らを待たせておくのは失礼だろう / That is not a *fair* blow. あのパンチは反則です / All's *fair* in love and war. 《ことわざ》 恋と戦争は手段を選ばない.
2 [比較なし; 限定用法] 《口語》 **かなりの**: She has a *fair* chance of success. 彼女は成功の見込みがかなりある / He has worked so hard all day but he has still a *fair* job. 彼は1日じゅう一生懸命働いたが, まだかなりの仕事が残っている.
3 [比較なし] ほどほどの, まあまあの: Her knowledge of baseball is *fair*. 彼女は野球の知識がまあまああある.
4 (皮膚が) 色白の; (髪が) 金髪の (blond): a girl with *fair* hair and a *fair* complexion 金髪で白い肌をした少女.
5 晴れた, (風などが) 順調な: a *fair* wind 順風 / The weather will be *fair* today. きょうは晴れるだろう.
6 きれいな, 清書された. **7** (約束などが) 口先だけの, うわべだけの: a *fair* promise 口先だけの約束.
8 《文語》 (特に女性が) 美しい.

■ **by fáir mèans and fóul** → MEANS 成句.
fàir enóugh 《口語》 いいでしょう, かまいません.
in a fáir wáy to dó …する見込みで, …しそうで.
to be fáir [文修飾] 公正を期すために言えば.

— [副] **1** 公正に, 規則に従って: We agreed to play *fair*. 私たちは規則に従って [正々堂々と] 競技することに同意した. **2** まともに, 直接に: He punched me *fair* in the jaw. 彼は私のあごをまともに殴った. **3** 丁寧に; きれいに, はっきりと: I must write it *fair*. 私はそれをきれいに書かなければならない.

■ ***fáir and squáre*** **1** 公正に, 正々堂々と.
2 まともに. **3** はっきりと.
◆ **fáir gáme** [U] 狩猟が許されている動物; [...の] 格好の対象 [(的)(ﾋ), 「かも」] [for].
fáir pláy [U] フェアプレー; 公正な扱い.
fáir séx [the ~; 集合的に] 《古風》 女性.

[類義語] **fair, just, impartial**
共通する意味▶公平な (free from favor toward either or any side)
fair は「公平な」の意を表す最も一般的な語: Everyone has a *fair* chance to win the lottery. 宝くじに当たるチャンスはだれにでも均等にある. **just** は「正義・道徳的な基準にのっとっていて公平な」の意: He is a *just* judge. 彼は公正な裁判官です. **impartial** は「えこひいきや偏見がなくて公平な」の意: A teacher must be *impartial* to all the students. 教師はすべての生徒に公平でなくてはならない.

***fair**[2] [名] [C] **1** (大規模な) **博覧会**, 見本市: a trade *fair* 貿易見本市 / a book *fair* ブックフェア.
2 《米》 (農産物・家畜などの) 品評会, 共進会 《お祭り的な要素も加わる》.
3 バザー, 慈善市. **4** 《英》 移動遊園地 (funfair, 《米》 carnival). **5** 《英》 定期市, 縁日.

fair·ground [féərgràund] [名] [C] [しばしば ~s; 時に単数扱い] 市(ﾋ) [催し物など] が開かれる広場.
fáir-háired [形] 金髪の, ブロンドの; 《米口語》 お気に入りの.
◆ **fáir-hàired bóy** [C] 《米口語》 (上役などの) お気に入りの青年 (《英口語》 blue-eyed boy).

***fair·ly** [féərli]
— [副] **1** **かなり**, 相当に (→ [類義語]); まあまあ, いくぶん (◇否定文では用いない): a *fairly* large bag

かなり大きいかばん / It is *fairly* hot today. きょうはかなり暑い / She is a *fairly* good speaker of English. 彼女は結構英語がうまい.
2 公平に, 公正に, 正しく: act *fairly* 公正にふるまう / The teacher treated us quite *fairly*. 先生は私たちをまったく公平に扱った.
3 《主に英口語》まったく, すっかり (◇ *fairly* を強く読む): He was *fairly* exhausted. 彼はすっかり疲れ切っていた.

[類義語] fairly, rather, pretty
共通する意味 ▶ かなり (to quite a large degree)
fairly は好ましいことに用いる: This tea is *fairly* hot. この紅茶はかなり熱い (◇熱いのが好きだという含みがある). **rather** は意味が強く, 主に好ましくないことに用いる: This tea is *rather* hot. この紅茶は相当熱い (◇熱すぎでいやだという含みがある). **pretty** は3語の中で最も意味が強く, 好ましいことにも好ましくないことにも用いる: She is a *pretty* good cook. 彼女は料理がとても上手です.

fáir・mínd・ed [形] 公正な, 公平な, 偏見のない.
fáir・ness [féərnəs] [名] ⓤ **1** 公正 [公平] であること. **2** 色白; 金髪.
fair・way [féərwèi] [名] ⓒ **1** 〖ゴルフ〗フェアウェー《第1打を打つ場所 (teeing ground) からパッティンググリーン (putting green) までの, 芝を短く刈り込んだ地域; → GOLF 図》. **2** (河川・港湾などの) 航路, 水路.
fáir-wèath・er [形] 〖限定用法〗**1** 晴天向きの.
2 都合のよい時だけの: a *fair-weather* friend まさかの時には頼りにならない友人.
*fair・y [féəri] [名] (複 **fair・ies** [~z]) ⓒ **1** 妖精(ようせい), 仙女(せんにょ)《人間の姿をした小さな精霊で, おとぎ話などに出てくる. 魔法を使って人間にいたずらをする》.
2 [形容詞的に] 妖精の (ような), 小さくてかわいい, 優美な; 架空の. **3** 〖軽蔑〗男の同性愛者, ホモ.
◆ **fáiry gódmother** ⓒ 親切な人 [女性].
fáiry lights [複数扱い] 《英》色付き豆電球 《クリスマスツリーなどの装飾用》.
fáiry stòry = FAIRY TALE (↓).
fair・y・land [féərilænd] [名] **1** ⓤ 妖精(ようせい) の国, おとぎの国. **2** [a ~] この上なく美しい所; 桃源郷: That place is a *fairyland* in spring. その場所は春には桃源郷となる.
fáir・y-tàle, fáir・y・tàle [形] 〖限定用法〗おとぎ話の (ような); 神秘的な, 非常に美しい.
fáiry tàle [名] ⓒ **1** おとぎ話, 童話. **2** 作り話, うそ, ありそうもない話.
fait ac・com・pli [féit əkάmpli: / -əkɔ́mpli:]《フランス》[名] (複 **faits ac・com・plis** [féiz əkɑmpli:(z) / -əkɔ́mpli:(z)]) ⓒ [通例, 単数形で] 既成事実.

***faith [féiθ]
【基本的意味は「信頼 (trust or belief that is not based on facts or proof)」】
—— [名] (複 **faiths** [~s]) **1** ⓤ […に対する] 信頼, 信用 (trust) [*in*]: blind *faith* 盲信 / I have great *faith* in her. 私は彼女に絶大な信頼を寄せている / I cannot put [place] my *faith* in that coach. 私はあのコーチを信頼することができない / I'll never lose my *faith* in you. 私があなたへの信頼をなくすことはありません.
2 ⓤⓒ […への] 信仰, 信心 [*in*]; 教義, 宗教: a person of *faith* 信仰の厚い人 / the Christian *faith* キリスト教 (の教義).
3 ⓤⓒ […への] 確信, 自信; 信念 [*in*]: His *faith* in her ability was unshaken. 彼女の才能に対する彼の確信は揺るがなかった / I am of the same *faith* with him in that matter. 私はその事柄について彼と同じ信念である. **4** ⓤ 誓約, 約束; 義務: keep [break] *faith* with ... …との約束を守る [破る] / give one's *faith* to ... …に誓約 [約束] する.
■ *in bád fáith* 不誠実に; 裏切って.
in góod fáith 誠実に; 信用して.

*fáith・ful [féiθfəl]
—— [形] **1** […に] 誠実な, 忠実な, 献身的な [*to*]: a *faithful* friend 誠実な友 / The dog remained *faithful* to his master. その犬は飼い主にずっと忠実だった.
2 [事実・原物などに] 正確な, 忠実な [*to*]: a *faithful* account 事実そのままの説明 / The translation is *faithful* to the original. その翻訳は原文に忠実である.
3 (配偶者・恋人が) 貞節な, 浮気をしない.
—— [名] **1** [the ~; 集合的に] 忠実な [熱心な] 信者たち, (特に) イスラム [キリスト] 教徒.
2 ⓒ (団体などの) 忠実な支持者 [信奉者].
fáith・ful・ly [féiθfəli] [副] **1** 忠実に, 誠実に: He served his master *faithfully*. 彼は忠実に主人に仕えた. **2** 正確に. **3** 固く, はっきり: promise *faithfully* 固く約束する.
■ *Yóurs fáithfully* = *Fáithfully* (*yóurs*) 《主に英》敬具 (◇やや堅い事務的な手紙の結び).
faith・ful・ness [féiθfəlnəs] [名] ⓤ 忠実, 誠実; 正確.
faith・less [féiθləs] [形] 《格式》**1** 信義のない, 忠実でない, 不誠実な: a *faithless* husband [wife] 不貞の夫 [妻]. **2** あてにならない, 信頼できない.
faith・less・ly [~li] [副] 不誠実にも.
faith・less・ness [~nəs] [名] ⓤ 不誠実.

*fake [féik] [動] ⓣ **1** 〈芸術品・署名などを〉偽造する, 模造する; 〈話などを〉でっち上げる (*up*): *fake* an alibi アリバイをでっち上げる.
2 …のふりをする, …を装う: He *faked* illness so that he did not have to go to school. 彼は学校へ行かなくてすむように仮病を使った.
3 〖スポーツ〗…にフェイントをかける.
—— ⓘ **1** 偽造する; 見せかける, ふりをする. **2** 〖スポーツ〗フェイントをかける.
—— [名] ⓒ **1** 偽物, 偽造 [模造] 品. **2** ペテン師, 詐欺師.
—— [形] 〖限定用法〗(ものが) 偽の, 偽造の, 模造の; (人が) いかさまの: a *fake* passport 偽造パスポート.
fak・er [féikər] [名] ⓒ 偽造者; ペテン師, いかさま師.
fa・kir [fəkíər / féikiə] [名] ⓒ 《イスラム教・ヒンドゥー教の》行者, 托鉢(たくはつ)僧.

fal・con [fǽlkən / fɔ́ːl-] 名 C【鳥】ハヤブサ《昼行性のハヤブサ科の鳥の総称》;(タカ狩り用の)タカ.

fal・con・er [fǽlkənər / fɔ́ːl-] 名 C タカ使い, 鷹匠(たかしょう).

fal・con・ry [fǽlkənri / fɔ́ːl-] 名 U タカ狩り; タカの訓練(法).

***fall** [fɔ́ːl] 動名

> 基本的意味は「落ちる (go down from a higher position)」.
> ① 落ちる; 降る. 動 1
> ② 倒れる. 動 2
> ③ 下がる; 減る. 動 3
> ④ …になる. 動 4

— 動 (三単現 **falls** [～z]; 過去 **fell** [fél]; 過分 **fall・en** [fɔ́ːlən]; 現分 **fall・ing** [～iŋ])

— 自 **1** (人・ものが) **落ちる**, 落下する;(雨・雪などが) **降る**: I *fell* out of bed three times last night. 昨夜私はベッドから3回落ちた / A few apples have *fallen* from the tree. リンゴの実がいくつか木から落ちた / The rain was *falling* hard when the doctor arrived. 医師が到着したとき, 雨が激しく降っていた.

2 **倒れる**, 転ぶ, (建物などが) 倒壊する;《文語》傷ついて倒れる, 死ぬ: *fall* on one's back [face] あおむけに [うつぶせに] 倒れる / *fall* in war 戦死する / Be careful not to *fall* because the road is icy. 道路が凍結しているから, 転ばないように気をつけなさい / Many new buildings *fell* in the recent earthquake. このあいだの地震でたくさんの新しい建物が倒壊した.

3 (温度・価格などが) **下がる**; (数量などが) 減る; (勢いが) 衰える, (声などが) 低くなる: The temperature suddenly *fell* toward nightfall. 日暮れ時になると気温が急に下がった / The price of beef will *fall* in the future. 今後は牛肉の値段が下がるだろう / The wind *fell* at dawn. 明け方に風がおさまった.

4 [fall＋C] (ある状態に) **なる**, 陥る (become): *fall* sick [ill] 病気になる / *fall* silent 静かになる / I *fell* asleep as soon as his talk began. 彼の話が始まるとすぐに私は眠り込んでしまった.

5 (衣服・髪などが) 垂れ下がる: Her hair *falls* over [upon] her shoulders. 彼女の髪は肩まで垂れている / I want a dress that *falls* to my knees. 私はひざまであるドレスが欲しい. **6** (政府などが) 崩壊する, 陥落する, (権力・地位から) 追われる; (町・城などが) 敵の手に落ちる: *fall* from power 権力を失う / The town *fell* on the tenth day of attack. その町は攻撃を受けて10日目に陥落した. **7** (状態などが) やってくる: Night *falls* early in winter. 冬は早く日が暮れる / A dead silence *fell* all over the place. その場全体が静まり返った. **8** (視線が) 下へ向く, (顔・気持ちが) 沈む, 曇る: Their eyes *fell*. 彼らは目を伏せた / Her face *fell* when she heard the news. その知らせを聞くと彼女の表情は沈んだ. **9** (土地が) 傾斜している: The land *falls* gently to the river. その土地はゆるやかに川の方へ傾斜している. **10** (言葉などが) 漏れる, 出る.

句動詞 *fáll abóut* 自 《口語》笑い転げる.

fáll apárt 自 **1** (制度・関係などが) 崩れる, 崩壊する: Their marriage began to *fall apart*. 彼らの結婚生活は崩壊し始めた. **2** (ものが) ばらばらになる. **3** (人が) 取り乱す.

fáll awáy 自 **1** (数量などが) 減る; (勢いが) 衰える: Movie attendance rapidly *fell away* as television became popular. テレビが普及するにつれて映画を見に行く人は急速に減少した. **2** […から] はずれ落ちる, […を] 見離す, 見捨てる [*from*]. **3** (土地が) 傾斜している.

fáll báck 自 うしろに下がる, たじろぐ; 退却する.

fáll báck on [upòn] ... 他 …に頼る, 依存する: They *fell back on* the old method when the new one failed. 新しい方法がうまくいかないので彼らは古い方法に頼った.

fáll behìnd 自 [支払い・仕事などが] 遅れる [*in, with*]; (競争などで) 遅れる: *fall behind in* one's schoolwork 学業が遅れる.

fáll behìnd ... 他 …より遅れる: Japan *falls behind* Western countries in preserving natural scenery. 日本は自然景観の保護という点で欧米諸国より遅れている.

fáll dówn 自 **1** 倒れる, 転ぶ. **2** (建物などが) 崩れる.

・fáll dówn on ... 他 《口語》…に失敗する, …がうまくいかない.

fáll dówn ... 他 …から落ちる.

fáll for ... 他《口語》**1** …にほれ込む, 夢中になる: He has *fallen for* Jane since they first met. 初めて会ったときから彼はジェーンに夢中になっている. **2** (策略などに) はめられる, 乗せられる: Don't *fall for* an old trick like that. そんなよくあるトリックに引っかかるなよ.

fáll ín 自 **1** (屋根などが) 中に落ちる, 内側へ崩れる, 陥没する. **2** (兵が) 整列する.

・fáll ín behìnd [besìde] ... …のあと [そば] について歩く.

fáll into ... 他 **1** (急に) …し始める, …になる: *fall into* rages 突然怒り出す. **2** …に分けられる, 分類される: The year *falls into* four seasons. 1年は四季に分けられる.

fáll in with ... 他 **1** …とつき合う; 偶然出会う: He *fell in with* bad company. 彼は悪い仲間とつき合うようになった. **2** …に同意する.

fáll óff 自 **1** 落ちる. **2** (数量などが) 減る, (勢いが) 衰える: Business in department stores usually *falls off* in summer. 普通デパートの売り上げは夏場に落ち込む.

fáll òff ... 他 …から落ちる: *fall off* a unicycle 一輪車から落ちる.

fáll on [upòn] ... 他 **1** …に急に襲いかかる, 攻撃する. **2** (光・弾などが) …に当たる. **3** …をむさぼり食う. **4** (責任などが) …にふりかかる. **5** (特定の時が) …にあたる: My birthday *falls on* a Sunday this year. 私の誕生日は今年は日曜日です.

fáll óut 自 **1** […と] けんかする, 仲たがいをする

[with]: The couple *fell out* only a week after their wedding. その夫婦は結婚式からわずか1週間で仲が悪くなった. **2** 外に落ちる;(髪・歯が)抜ける: His hair began to *fall out* when he was thirty. 30歳の時から彼の髪は抜け始めた. **3** [副詞(句)を伴って]…の結果となる: Everything *fell out* as we had planned. すべて私たちの計画通りの結果となった. **4** (たまたま)起こる, …ということになる: It *fell out* that we were to apologize again. 私たちは再び謝らなければならない羽目になった. **5** (兵士が)整列した中から離れる.

fáll óver 圁 転ぶ, 倒れる.
fáll òver ... 他 …につまずく, つまずいて倒れる.
・fáll óver onesèlf **1** 転ぶ. **2** […しようと]やっきになる [*to do*].
fáll thróugh (計画などが)失敗する: My plan *fell through* owing to his sudden death. 私の計画は彼の急死によって挫折(ざせつ)した.
fáll to ... 他 **1** […に]取りかかる, […に]始める (begin) [*doing*]: *fall to thinking* 考え始める. **2** (責任などが)…に振りかかる.
fáll únder ... 他 **1** …の部類に属する, …に該当する. **2** …の影響[勢力]下に入る.

— 名 (複 falls [~z]) **1** UC (米) 秋 (autumn)(◇「木の葉が落ちる季節」の意から);[形容詞的に] 秋の, 秋向きの: *fall* breeze 秋風 / in the *fall* of 2000 2000年の秋に / She is going to travel in Africa this *fall*. 彼女はこの秋にアフリカを旅行する予定です.
2 C 落ちること, 落下 (↔ rise); 降雨(量), 降雪(量): The rider hurt himself in a *fall* from his horse. その騎手は落馬してけがをした / A heavy *fall* of rain caused the flood. 豪雨が洪水を引き起こした.
3 C 倒れること, 転倒; 倒壊: The old woman had a bad *fall* on the station stairs. その老婦人は駅の階段でひどい転び方をした.
4 C (温度・価格などの)低下, 下落; (数量の)減少 (↔ rise): Yesterday saw a sudden *fall* in the stock market. きのうは株式市場で急激な下げがあった.
5 [~s] 滝 (waterfall): Victoria *Falls* in Zimbabwe ジンバブエのビクトリア滝. **6** [単数形で] 滅亡, 崩壊; 没落: a *fall* from power 権力[勢力]を失うこと / The *fall* of the city followed heavy bombardment. 激しい爆撃のあとその町は陥落した. **7** U [通例, 単数形で] 堕落: the Fall (of Man) 人類の堕落; アダムとイブの原罪. **8** C 傾斜, 下り坂. **9** C 《レスリング》フォール.

◆ **fáll gùy** C 《主に米口語》 **1** 身代わりになった人 (scapegoat). **2** だまされやすい人, 「カモ」.

fal·la·cious [fəléiʃəs] 形 《格式》 **1** 誤りのある, 不合理な. **2** 人を惑わせる.

fal·la·cy [fǽləsi] 名 (複 **fal·la·cies** [~z]) **1** C 誤った考え[意見], 誤信 (特に世間に広まっているものをさす). **2** UC 《格式》誤り, 誤った推論.

*** **fall·en** [fɔ́ːlən] 動 形
— 動 fall の過去分詞.

— 形 **1** 落ちた, 倒れた: *fallen* leaves 落ち葉.
2 堕落した, 不道徳な;《古風》(特に女性が)ふしだらな: a *fallen* idol 堕落した偶像. **3** 死んだ, 滅びた; [the ~; 名詞的に; 複数扱い] 《格式》戦死者たち: a *fallen* empire 滅亡した帝国.

fal·li·ble [fǽləbl] 形 誤りを犯しやすい, 間違えやすい; 不確かな, 誤りのありうる.
fal·li·bil·i·ty [fæləbíləti] 名 U 誤りやすいこと.

fall·ing [fɔ́ːliŋ] 動 fall の現在分詞, 動名詞; 降下; 転倒.
— 名 落ちる, 落下する, 下がる.
◆ **fálling stár** C 流れ星 (shooting star).

fáll·ing-óut 名 (複 **fall·ings-out, fall·ing-outs**) C 仲たがい, 言い争い.

fal·ló·pi·an tùbe [fəlóupiən-] 名 C [時に F-] 《解剖》(輸)卵管.

fall·out [fɔ́ːlàut] 名 C (核爆発に伴う)放射性降下物質, 死の灰: a *fallout* shelter 核シェルター.

fal·low[1] [fǽlou] 形 (土地が)休耕中の, (耕してはあるが)作付けしていない. — 名 U 休閑(地).

fal·low[2] 形 淡黄褐色の.
◆ **fállow déer** (複 **fallow deer**) C 《動物》ダマジカ (淡黄褐色の小型のシカ).

*** **false** [fɔ́ːls]
— 形 (比較 **fals·er** [~ər]; 最上級 **fals·est** [~ist]) **1** 誤った, 正しくない (↔ true): *false* news 誤報 / He has a *false* idea of the Internet. 彼はインターネットを誤解している.
2 本物でない, 偽の; 人工の: a *false* signature 偽の署名 / *false* teeth 入れ歯, 義歯 / The clown was wearing a *false* nose. 道化師は偽物の鼻を付けていた.
3 うその, 偽りの: a *false* name 偽名 / bear [give] *false* witness うその証言をする.
4 [to] 不誠実な, 信義に欠けた [to]: a *false* friend 不実な友 / She was *false* to her word. 彼女は約束を守らなかった.
— 副 [次の成句で]
■ **pláy ... fálse** 〈人〉を裏切る.
◆ **fálse alárm** C 警報の誤作動; 人騒がせなもの[こと].
fálse bóttom C (箱などの)二重底, 上げ底.
fálse stárt C **1** 《競技》フライング. (比較) 日本語の「フライング」は和製英語) **2** 出だしでの失敗.

* **false·hood** [fɔ́ːlshùd] 名 《格式》 **1** C うそ, 偽り (lie): tell a *falsehood* うそをつく.
2 U うそをつくこと, 偽ること.

false·ly [fɔ́ːlsli] 副 **1** 誤って. **2** 偽って, だまして; 不正に; 不実に.

fal·set·to [fɔːlsétou] 名 (複 **fal·set·tos** [~z]) **1** UC (男性の) 裏声; 《音楽》ファルセット, 仮声(かせい). **2** C ファルセット歌手. — 形 裏声の, ファルセットの. — 副 裏声で, ファルセットで.

fal·si·fi·ca·tion [fɔ̀ːlsəfikéiʃən] 名 UC **1** 偽造, 変造. **2** (事実の)曲解, 歪曲(わいきょく). **3** 虚偽であることの立証.

fal·si·fy [fɔ́ːlsəfài] 動 (三単現 **fal·si·fies** [~z]; 過去・過分 **fal·si·fied** [~d]; 現分 **fal·si·fy·ing** [~iŋ]) 他 **1** 〈書類など〉を偽造する, 変造する: He was arrested for *falsifying* his passport. 彼

はパスポート偽造で逮捕された. **2**〈事実など〉を偽る, 曲げる, 偽って伝える. **3**〈理論など〉の誤りを立証する. **4**〈期待など〉を裏切る, くじく.

Fal·staff [fɔ́ːlstæf / -staːf] 图 フォルスタッフ 《Sir John Falstaff《シェイクスピアの劇に登場する天真らんまんな騎士》.

***fal·ter** [fɔ́ːltər] 動 自 **1** つまずく, よろめく.
2 ためらう, しり込みする, ひるむ: She never *falters* in buying what she wants. 彼女は欲しい物を買うのをためらうことはしない.
3 口ごもる;〈声・言葉が〉つかえる.
— 他 …を口ごもりながら言う (*out*): He faltered out an excuse. 彼は口ごもりながら言い訳をした.

fal·ter·ing [fɔ́ːltəriŋ] 形 よろめきながらの; ためらいながらの.

fal·ter·ing·ly [fɔ́ːltəriŋli] 副 よろめきながら; ためらいがちに; 口ごもりながら.

‡**fame** [féim] 图 U 名声, 有名なこと, 高名: come [rise] to *fame* 有名になる / She won [gained, achieved] sudden *fame* with her first novel. 彼女は最初の小説でたちまち有名になった.
(▷ 形 fámous)

***famed** [féimd] 形〔通例, 叙述用法〕〔…で〕有名な, よく知られた, 名高い〔*for*〕(→ FAMOUS 類義語): He is *famed for* his generosity. 彼は気前のよさで有名だ.

‡**fa·mil·iar** [fəmíljər]
— 形 **1**〔…に〕よく知られた: 普通の, 見慣れた〔*to*〕: a *familiar* sight 見慣れた光景 / a *familiar* song だれもが知っている歌 / This story is very *familiar to* children. この物語は子供たちにとてもよく知られている.
2 [be familiar with …] …に精通している, 詳しい: The taxi drivers *are familiar with* every inch of the roads. タクシーの運転手は道のすみずみまで知っている / I am not very *familiar with* tax laws. 私は税法にあまり詳しくない. **3**〔…と〕親しい, 親密な〔*with*〕, くだけた, 堅苦しくない: a *familiar* friend 親しい友人 / She is *familiar with* her neighbors. 彼女は近所の人と親しい. **4**〔…に〕なれなれしい〔*with*〕: Don't get too *familiar with* my boyfriend. 私の彼にあまりなれなれしくしないでよ.

***fa·mil·iar·i·ty** [fəmìljǽrəti, -liǽr- / -liǽr-] 图 (複 **fa·mil·iar·i·ties** [~z]) **1** U〔…との〕親しさ, 親密さ, 親交〔*with*〕: have personal *familiarity with* … …と個人的に親しくする.
2 U〔…を〕よく知っていること; 精通, 熟知; 知識〔*with*〕: His *familiarity with* the major leagues impressed us all. 彼が大リーグに詳しいことにみな感心した. **3** U〔…への〕なれなれしい, 無遠慮〔*to, toward*〕. U〔通例, 複数形で〕なれなれしい言動: with *familiarity* なれなれしく / *Familiarity* breeds contempt. 《ことわざ》なれなれしさは軽蔑を生む⇒ 親しき仲にも礼儀あり.

fa·mil·iar·i·za·tion [fəmìljərizéiʃən / -raiz-] 图 U 慣れ親しませる [親しむ] こと; 習熟 [熟知] させる [する] こと.

fa·mil·iar·ize [fəmíljəràiz] 動 他 **1**〈人〉を〔…に〕親しませる, 慣れさせる, 習熟させる〔*with*〕: *familiarize* students *with* the use of dictionaries 生徒に辞書の使用に慣れさせる / *familiarize* oneself *with* … …に慣れる, 精通する.
2 …を〔人・世間〕に普及させる, 広める〔*to*〕: *familiarize* new ideas *to* the world 新しい考えを世に広める.

fa·mil·iar·ly [fəmíljərli] 副 **1** 親しく; 打ち解けて; なれなれしく. **2** 俗に, 日常的に.

‡**fam·i·ly** [fǽməli] (→次ページ図)
— 图 (複 **fam·i·lies** [~z]) **1** C〔集合的に〕家族, 世帯; 家族の者たち: How many people are there in your *family*? ご家族は何人ですか / We are a *family* of five. = There are five in our *family*. 私たちは5人家族です / She had to work to support her *family*. 彼女は家族を養うために働かなければならなかった / Only nine *families* live in this village. この村には9世帯しか住んでいない / Do you have a *family*? 結婚していますか.

〘語法〙家族を1つのまとまりとして考える場合は単数扱い, 家族の1人1人をさす場合は単数形であっても複数扱いになる. ただし《米》ではいずれの場合も単数扱いのことが多い: How is [《英》are] your *family*? — They are very fine, thank you. ご家族はいかがですか — ありがとう, とても元気です.

2 U〔または a ~〕(家族の中の) 子供たち: start a *family* 子供をつくる / Mr. and Mrs. Jones have a large *family*. ジョーンズ夫妻のうちには子供がたくさんいる / Do you have any *family*? — No, I don't. お子さんはいらっしゃいますか — いいえ, いません.
3 C 一族, 一門, …家; U〔主に英〕家柄, 家系: the *family* of York ヨーク家 / She is a woman of noble *family*. 彼女は貴族の家柄の出である.
4 C (同種の人・ものの) 種族, 民族;〖生物〗科;〖言語〗語族: the Indo-European *family* of languages インドヨーロッパ語族 / The tiger is a member of the cat *family*. トラはネコ科である.
5〔形容詞的に〕家族の, 家庭の; 家族向きの: a *family* affair 家庭内の問題 / a *family* car 自家用車 / a *family* movie 家族向きの映画.

■ **in a** [**the**] **fámily wáy**《古風・婉曲》身ごもって, 妊娠して (pregnant).
rún in the [**one's**] **fámily** (ある性質が) 家族に遺伝している.
stárt a fámily (夫婦が) 最初の子供を持つ.

◆ **fámily Bíble** C 家庭用聖書《家族の誕生・結婚・死亡などを記録するページの付いた大型聖書》.
family círcle 1 U〔通例 the ~〕身内の人々, 内輪の人たち. **2** C《米》(劇場の安い) 家族席.
fámily dóctor C かかりつけの医師, 家庭医.
fámily màn 1 C 家庭を大事にする男, マイホーム主義者. **2** 妻子のある男.
fámily nàme C 姓, 名字 (→ NAME 語法).
fámily plánning U 家族計画, 産児制限 (birth control).
fámily trée C 家系図 (→次ページ図).

家系図 — family tree

- great-grandmother (曾祖母) = great-grandfather (曾祖父)
  - grandaunt (大おば)
  - grandmother (祖母) = grandfather (祖父)
    - aunt (おば)
    - uncle (おじ)
    - mother (母) = father (父)
      - brother-in-law (義兄[弟]) = sister (姉[妹])
        - nephew (おい)
        - niece (めい)
      - brother (兄[弟])
      - 私 = husband (夫) / wife (妻)
      - sister-in-law (義姉[義妹])
      - daughter-in-law (嫁) = son (息子)
        - grandson (孫息子)
      - daughter (娘) = son-in-law (むこ)
        - granddaughter (孫娘)
    - aunt (おば)
    - uncle (おじ)
      - cousin (いとこ)
  - granduncle (大おじ)
    - cousin (いとこ)

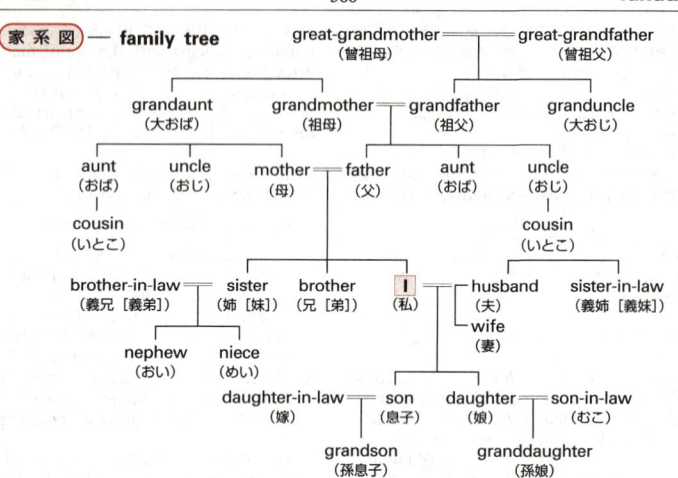

***fam‧ine** [fǽmin] 名 U C **1** 飢饉(きん): Some parts of the country suffer from *famine*. その国の一部の地域は飢饉に苦しんでいる.
2 大欠乏, たいへんな品不足: a water [fuel] *famine* ひどい水[燃料]不足.

fam‧ished [fǽmiʃt] 形《叙述用法》《口語》ひどく空腹な, 腹ぺこの.

fa‧mous [féiməs]
— 形 **1** [… で / …として] 有名な, 名高い [for / as](→類義語)(cf. notorious 悪名高い): He is a *famous* musician. 彼は有名な音楽家です / Nara is *famous for* its old temples. 奈良は古い寺があることで有名です / Karuizawa is *famous as* a summer resort. 軽井沢は避暑地として有名です.
2《古風》すてきな, すばらしい: She has *famous* intelligence. 彼女は抜群の知能の持ち主です.
■ **fàmous lást wórds**《口語》(相手の言葉を疑って) それはどうかな. (▷ 名 fáme)

【類義語】 **famous, famed, noted, distinguished, eminent**
共通する意味▶ 有名な (widely known)
famous はよい意味で「有名な」の意を表す最も一般的な語: She is a *famous* pianist. 彼女は有名なピアニストです. **famed** は famous より《格式》で, 特に新聞・雑誌などで用いる: the *famed* battle of Sekigahara 名高い関ケ原の合戦. **noted** は特に「ある分野の人々の間で有名な」の意: a *noted* authority on brain surgery 脳外科の著名な権威. **distinguished** は学識・技能・業績などが他に抜きんでているために「有名な」の意: the most *distinguished* biologist in Japan 日本で最も著名な生物学者. **eminent** は distinguished よりさらに卓越の度合いが強い: Kennedy was one of the world's most *eminent* statesmen. ケネディは世界で最も傑出した政治家の1人であった.

fa‧mous‧ly [féiməsli] 副 **1**《口語》すてきに, 立派に. **2**《格式》名高く, 有名に.

*****fan**¹ [fǽn] 【fanatic の略】
— 名(複 fans [～z])C ファン, 熱心な愛好者: a baseball *fan* 野球ファン / a Beatles *fan* ビートルズのファン / My brother is a real football *fan* who watches the games on television every Sunday. 私の兄は本当のアメフトファンで毎週日曜日にテレビで試合を見る.

*****fan**² 名 動
— 名(複 fans [～z])C **1** 扇風機; 扇子, うちわ: an electric *fan* 扇風機 / a ventilating *fan* 換気扇 / wave a *fan* うちわをあおぐ.
2 扇形のもの; 扇状地.
— 動 (三単現 fans [～z]; 過去・過分 fanned [～d]; 現分 fan‧ning [～iŋ]) 他 **1** …をあおぐ, …に風を送る: John *fanned* the fire to make it burn more. ジョンはもっとよく燃えるように火をあおいだ. **2**〈感情など〉をあおる, 扇動する: *fan* a quarrel けんかをあおり立てる / His rudeness *fanned* her irritation into anger. 彼の無礼な態度に彼女はいら立ちを越えて怒りを覚えた. **3**〈そよ風などが〉…に吹きつける. **4** …を扇形に広げる (out). **5**〈バッター〉を三振させる. — 自 **1** 扇形に広がる (out). **2** 空振りする; 三振する.

fa‧nat‧ic [fənǽtik] 名 C《軽蔑》狂信者, 熱狂者; マニア: a computer *fanatic* コンピュータマニア.
— 形 = FANATICAL (↓).

fa‧nat‧i‧cal [fənǽtikəl] 形《軽蔑》[…について] 熱狂的な, 狂信的な [about, on].

fa·nat·i·cal·ly [-kəli] 狂信的に, 熱狂的に.
fa·nat·i·cism [fənǽtəsìzm] 图《しばしば軽蔑》
1 ⓊⒸ 熱狂, 狂信. 2 ⓒ 狂信的行為.
fan·ci·er [fǽnsiər] 图 ⓒ《通例, 複合語で》《犬·鳥·花などの》愛好家: a dog *fancier* 愛犬家.
fan·ci·ful [fǽnsifəl] 形 1 空想にふける, 気まぐれな;《考えなどが》空想的な. 2 《デザインなどが》風変わりな, 凝った.
fan·ci·ful·ly [-fəli] 副 気まぐれに; 奇抜に.

***fan·cy** [fǽnsi]
图 動 形 【fantasy の略】
—— 動 (三単現 **fan·cies** [~z]; 過去·過分 **fan·cied** [~d]; 現分 **fan·cy·ing** [~ɪŋ])
—— ⓗ 1 [fancy + O 〔動名〕]《主に英口語》…を[…することを] 気に入る, 好む: She *fancies* playing baseball. 彼女は野球をするのが好きです / He is not at all the kind of man I *fancy*. 彼は全然私のタイプではない.
2 (a) [fancy + 〔動名〕] …を[…することを] 空想 [想像] する: I can't *fancy* his *making* jokes. 私には彼が冗談を言うなんて想像できない. (b) [fancy + *that* 節] …と想像する: Let's *fancy that* we are now on a spaceship. 私たちが今宇宙船に乗っていると想像してみよう.
(c) [fancy + O + to be + C / fancy + O + (as) + C] …が〜だと想像する: Can you *fancy* him *to be* [*as*] a pianist? 彼がピアニストだなんて想像できますか.
3 [fancy + *that* 節]《文語》(何となく)…と思う, …という気がする: I *fancy* (*that*) I have met you before. 私は以前あなたにお目にかかったような気がします.
4 [fancy + O 〔動名〕]《命令文で》…を[…することを]考えてごらん, …だなんて《驚きなどを表す》: *Fancy* that! これは驚いた / *Fancy* him *passing* the exam. 彼が試験に受かるなんて《驚きだ》.

■ *fáncy onesèlf* (*as*) …《英口語·しばしば軽蔑》…だとうぬぼれる, …のつもりでいる.

—— 图 (複 **fan·cies** [~z]) 1 〔単数形で〕《古風》〔…への〕(一時的で気まぐれな) 好み, 愛好 (liking) [*for*]: a new car that suits his *fancy* 彼の好みに合った新車 / She has a *fancy for* blue dresses. 彼女は青いドレスが好きです.
2 ⓊⒸ《文語》(気まぐれな) 空想, 幻想, 想像; 空想力: She is full of *fancy*. 彼女は空想ばかりしている. 3 ⓒ《古風》(根拠のない) 考え, 思いつき, 気まぐれ: a passing *fancy* 一時の気まぐれ.

■ *cátch* [*táke*] ...'*s fáncy* = *cátch* [*táke*] *the fáncy of* ... …の気に入る, 好みに合う: The story *caught the fancy of* most children. その物語はほとんどの子供に受けた.
táke a fáncy to ... …が好きになる, 気に入る.

—— 形 (比較 **fan·ci·er** [~ər]; 最上 **fan·ci·est** [~ɪst]) 1 装飾的な, 意匠を凝らした, 派手な: a *fancy* cake デコレーションケーキ 《比較》日本語の「デコレーションケーキ」は和製英語 / *fancy* button 飾りボタン. 2 《限定用法》《主に米》極上の, 高級な, 特選の: a *fancy* restaurant 高級レストラン / *fancy* fruits 特選のフルーツ. 3 《限定用法》(値段が) 法外な: a *fancy* price 法外な値段.

4 空想に基づく, 気まぐれな, とっぴな: a *fancy* name 気まぐれに付けた名前. 5 《限定用法》《動植物が》珍種の, 変わり種の;《花が》まだらの.

◆ **fáncy drèss** Ⓤ《英》仮装服《《米》masquerade》: a *fancy dress* ball 仮装舞踏会.
fáncy gòods 《複数扱い》装身具, アクセサリー.
fán·cy-frée 形 (特に独身で) 自由気ままな.
fan·cy·work [fǽnsiwə̀ːrk] 图 Ⓤ 手芸 (品), 編み物, 刺しゅう.
fan·dan·go [fændǽŋgou]【スペイン】图 (複 **fan·dan·gos, fan·dan·goes** [~z]) ⓒ ファンダンゴ(の曲)《スペイン·中南米の陽気な踊り》.
fan·fare [fǽnfeər] 图 1 ⓒ《音楽》ファンファーレ《儀式の開始などを告げるトランペットなどの高らかな吹奏》. 2 Ⓤ《派手な》宜伝, 誇示.
fang [fǽŋ] 图 ⓒ (肉食動物の) きば;(蛇の) 毒牙(ᵍ).
fan·light [fǽnlàɪt] 图 ⓒ《英》(ドアの上部などの) 明かり取り窓, 欄間(ᵏᵃⁿ)窓 《《米》transom》.
fan·ny [fǽni] 图 (複 **fan·nies** [~z]) ⓒ《米俗語》しり (buttocks);《英俗語》女性性器.
fan·ta·si·a [fæntéɪʒiə / -zɪə]【イタリア】图 ⓒ 《音楽》幻想曲, ファンタジア (fantasy); 接続曲《有名なメロディーを編曲し, つなぎ合わせた曲》.

***fan·tas·tic** [fæntǽstɪk], **fan·tas·ti·cal**
[-kəl] 形 1 《口語》すばらしい, 非常によい, すてきな: a *fantastic* car [view] すばらしい車 [眺め] / You look *fantastic*! あなた, とってもすてきね.
2 《口語》途方もない, とてつもなく大きい, 法外な: He made a *fantastic* sum of money in the business. 彼はその事業でばく大なお金をもうけた.
3 空想的な;《考え·計画などが》現実離れした; ばかげた: His story was so *fantastic* that no one believed him. 彼の話はあまりにも現実離れしていたのでだれも信じなかった. 4 風変わりな, 異様な, 奇妙な: He was troubled by *fantastic* dreams. 彼は奇妙な夢に悩まされた.
fan·tas·ti·cal·ly [-kəli] 副 途方もなく; 異様に.

***fan·ta·sy** [fǽntəsi, -zi] 图 (複 **fan·ta·sies** [~z])
1 Ⓤ 空想, 幻想, 夢想: He would often indulge in *fantasy*. 彼はしばしば空想にふけった.
2 ⓒ 空想 [幻想] の産物; 幻覚;《心理》白日夢: A talking computer is no longer a *fantasy*. しゃべるコンピュータはもはや夢ではない. 3 = FANTASIA (↑). 4 ⓒ ファンタジー, 幻想小説.
fan·zine [fǽnziːn] 图 ⓒ (特にSF小説·ポピュラー歌手の) ファン雑誌 (◇ *fan* + maga*zine* から).
FAO《略語》= *F*ood and *A*griculture *O*rganization (of the United Nations) (国連) 食糧農業機関.
FAQ [éfèɪkjúː, fǽk]《略語》= *f*requently *a*sked *q*uestions (インターネットなどで) よく聞かれる質問.

***far** [fɑ́ːr]
副 形 【基本的意味は「遠くに」】
—— 副 (比較 **far·ther** [fɑ́ːrðər], **fur·ther** [fɑ́ːrðər]; 最上 **far·thest** [fɑ́ːrðɪst], **fur·thest** [fɑ́ːrðɪst])
〔語法〕通例 farther, farthest は「距離」に, further, furthest は「時間·程度」などに用いるが,《口語》ではいずれの場合にも further, furthest を用いることが多い.

faraway

1 (場所・距離が) 遠くに, はるかに (↔ near): My school is not *far* from my house. 私の学校は家から遠くない / She didn't go *far*. 彼女は遠くへ行かなかった / How *far* is it from here to the station? ここから駅までどのくらい(距離が)ありますか.

語法 (1) 通例, 否定文・疑問文で用いる. 肯定文では通例 a long way を用いる: She has gone *a long way*. 彼女は遠くへ行ってしまった.
(2) so, too, very や, away, off, out などの場所を表す副詞を伴う場合は肯定文にも用いる: I can see a ship *far* out at sea. 海のはるかかなたに船が見える.
(3) 具体的な距離を表す語句と共に用いることはできない. その場合には away, distant を用いる: It is two miles *away* [*distant*] from my house. それは私の家から2マイル離れている.

2 (時間が) 遠く, はるかに: *far* back in the past はるか昔に / No one can see *far* into the future. はるか未来のことはだれにもわからない / We went on working *far* into the night. 私たちは夜遅くまで working *far* into the night. 私たちは夜遅くまで働き続けた.

3 [形容詞・副詞・前置詞を強調して] (程度が) はるかに, 大いに, ずっと: This is *far* different from that. これとあれとでは大いに違っている / The Mississippi is *far* longer than the Thames. ミシシッピ川はテムズ川よりはるかに長い (◇比較級・最上級を強調することもできる) / This book is *far* beyond my comprehension. この本は私の理解力をはるかに超えている / You are *far* too shy. 君はあまりにも引っ込み思案だ.

■ *as fár as* ... **1** [前置詞的に]⟨ある場所⟩まで (◇否定文では to ... とも言う): I went *as far as* Yokohama by train and then took a taxi to the stadium. 私は横浜まで電車で行き, それからタクシーに乗って競技場まで行った. **2** [接続詞的に] …する限り (so far as ...): You must run *as far as* you can. 走れるところまで走らなくてはならない / *As far as* I know, Bob is an honest boy. 私の知る限り, ボブは正直な子です / *As far as* I am concerned, I have no objection. 私に関する限り, 異議はありません.

as fàr as it góes そのことに関する限りは.

by fár [比較級・最上級を強調して] はるかに, 断然: Mary is *by far* the best student in the class. メアリーはクラスの中で飛び抜けて優秀です / Ted is *by far* the stronger of the two wrestlers. 2人のレスラーのうちではテッドのほうがはるかに強い.

cárry ... tòo fár …をやりすぎる, …の度がすぎる.

fár and awáy = by far (↑).

fár and néar = *fár and wíde* 至る所に, あまねく, くまなく: She searched for the unique butterfly *far and near*. 彼女はその珍しいチョウをくまなく探した.

fàr bè it fròm mé to dó 《口語》私は…するつもりはまったくない: *Far be it from me to* speak ill of you, but you are arrogant. あなたを悪く言うつもりは毛頭ないが, あなたはどう慢だ.

fár from ... …からほど遠い, …どころではない (not ... at all) (◇ from のあとには名詞・動名詞・形容詞が来る): Your report is *far from* (being) perfect. あなたの報告書はまったく不完全です / *Far from* crying, the girl began to laugh. 泣くどころか, その女の子は笑い出した / *Far from* it! とんでもない, その反対だ.

gò as [*so*] *fàr as to dó* …しさえする: He went *so far as to* call me a coward. 彼は私を憶病者とまで言った.

gó fár **1** (人が) 成功 [出世] する: That boy will *go far* in any career. あの少年はどんな職業についても成功するだろう. **2** […に] 役に立つ [to, toward]. **3** [通例, 否定文・疑問文で] (金・食料などが) 長くもつ, 使いでがある.

gó tòo fár 度がすぎる.

hòw fár **1** どれだけ遠く (→ **圖 1**). **2** どのくらいまで: *How far* is her story believable? 彼女の話はどこまで信じられますか.

ìn so fár as ... 《格式》…する限り, …の限りでは.

só fàr **1** これまでのところ, 今までで: I haven't had any trouble *so far*. これまでのところ私には何の苦労もなかった. **2** そこまで, その点まで: You can only go *so far*. そこまでが限度ですよ.

so fár as ... = as far as ... (↑).

Só fàr, sò góod. 《口語》今までのところはうまくいっている (これから先どうなるかはわからない).

táke ... tòo fár = carry ... too far (↑).

— **形** [限定用法] **1** 《文語》(空間的・時間的に) 遠い, はるかな (↔ near) (→ **類義語**): a *far* country 遠い国 / the *far* future 遠い未来. **2** (2つのうち) 遠い方の, 向こうの: the *far* end of the room 部屋の向こうの端. **3** (主義などが) 極端な.

■ *be (féw and) fár betwéen* わずかである, まれである.

類義語 far, faraway, far-off, distant, remote

共通する意味▶遠い (a long way off in space, time, or relation)

far を「遠い」の意で形容詞として用いるのは, 慣用的な表現以外では《文語》のみ: the *far* past 遠い過去. **faraway** と **far-off** は共に「空間的・時間的に遠い」の意: a *faraway* town 遠くの町 / those *far-off* days あの遠い昔. **distant** も「空間的・時間的に遠い」の意だが, 他の語と異なり具体的な距離を表す語句と共に用いることができる: a *distant* island 遠くの島 / His office is two miles *distant* from the station. 彼の事務所は駅から2マイル離れている. **remote** は場所・時間・関係などが「中心から離れている」の意: a *remote* village 人里離れた [へんぴな] 村 / a *remote* relative 遠い親戚.

***far‧a‧way** [fάːrəwèi] **形 1** [限定用法] (距離的・時間的に) 遠い, 遠方の (→ FAR **類義語**): I wish to travel to *faraway* lands. 私は遠くの国々へ行ってみたい.

2 (顔つき・目つきなどが) ぼんやりした, 夢見るような: She had a *faraway* look in her eyes. 彼女は夢見るようなまなざしだった.

farce [fáːrs] 名 ᵁᶜ コメディー, 茶番劇; ばかばかしいこと.

far・ci・cal [fáːrsikəl] 形 **1** コメディーの, コメディー一風の. **2** こっけいな; 茶番じみた, ばかげた.

‡fare [féər]《原義は「行く, 旅する」》 **1** ᶜ [しばしば複合語で](乗り物の)料金, 運賃 (cf. charge 手数料, 使用料): a taxi *fare* タクシー料金 / a railroad *fare* 鉄道料金 / air *fares* 航空運賃 / a one-way [round-trip] *fare* 片道 [往復] 運賃 / the *fare* adjustment office 運賃精算所 / special *fares* for senior citizens 高齢者向けの特別料金 / How much [What] is the bus *fare* from Shinjuku to Narita? 新宿から成田までのバス代はいくらですか. **2** ᶜ (タクシーなどの)乗客: The taxi driver took his *fare* to the airport. タクシーは乗客を空港まで乗せた. **3** ᵁ (食卓に出された)食物: The restaurant serves hearty *fare*. そのレストランの出す料理はボリュームがある.
— 動 自 《様態の副詞を伴って》(人が)暮らす, やっていく (get along): They *fared* badly in business. 彼らは仕事がうまくいかなかった / How did you *fare* in your trip? 旅行はいかがでしたか.

‡Fár Éast 名 [the 〜] 極東 (地域)《日本・中国沿海部・朝鮮半島などの東アジア地域; cf. Middle East 中東》.

Fár Éastern 形 極東の.

‡fare・well [fèərwél] 名 **1** ᶜᵁ 別れ, いとまごい; 別れの言葉: say [bid] *farewell* to ... ...に別れを告げる. **2** [形容詞的に] 別れの: a *farewell* party [gift] 送別会 [の贈り物].
— 間《古風》さようなら, さらば (goodbye).

fár-fétched 形《通例, 軽蔑》(たとえ・比較などが)無理な, こじつけの, 不自然な; 信じがたい.

fár-flúng 形《通例, 限定用法》広がった, 広範囲にわたる; 遠方の.

‡farm [fáːrm]
— 名 (複 farms [〜z]) ᶜ **1** 農場, 農園《◇畑だけでなく家屋・納屋も含む》: The immigrants began to work on *farms*. 移民たちは農場で働き始めた / Mr. Johnson runs [keeps] a large *farm* in Texas. ジョンソン氏はテキサスで大農場を経営している.
2 (家畜などの)飼育場, 牧場; 養殖場: a dairy *farm* 酪農場 / a chicken *farm* 養鶏場 / a fish *farm* 養魚場. **3** 農家, 農場主の住居 (farmhouse). **4**《野球》二軍, ファーム (のチーム).
— 動《土地を》耕作する;《作物を》栽培する;《家畜を》飼育する. — 自 耕作する; 栽培する [飼育する]; 農場 [飼育場] を経営する.
■ *fárm óut* 他 〈農地を〉小作に出す;〈仕事を〉下請けに出す.《野球》〈選手を〉二軍に送る.
3 〈幼児・ペットなどを〉預ける.

‡farm・er [fáːrmər]
— 名 (複 farm・ers [〜z]) ᶜ 農場経営者, 農場主; (一般に) 農家の人 (cf. peasant 小作農民): a dairy *farmer* 酪農家 / a corn *farmer* トウモロコシ農場主 / a landed [tenant] *farmer* 自作 [小作] 農.

farm・hand [fáːrmhænd] 名 ᶜ 農場労働者.

‡farm・house [fáːrmhàus] 名 (複 farm・hous・es [-hàuziz]) ᶜ (農場内の)農場主の住居.

‡farm・ing [fáːrmiŋ] 名 ᵁ 農業《◇ agriculture よりも固い》, 農場経営; 飼育, 養殖: wheat *farming* 小麦栽培.

farm・land [fáːrmlænd] 名 ᵁ 農地, 耕地.

farm・stead [fáːrmstèd] 名 ᶜ《主に米》農場《◇建物を含む》.

farm・yard [fáːrmjàːrd] 名 ᶜ (家屋・倉庫などに囲まれた)農家の庭.

fár-óff 形《限定用法》(距離的・時間的に)遠い, 遠方の; はるか昔の (→ FAR 類義語).

fár-óut 形 **1** とても変わった, (世間一般と)ひどくかけ離れた. **2**《古風・俗語》すばらしい.

fár-réach・ing 形 (効果・影響などが)遠くまで及ぶ, (計画などが)遠大な.

far・ri・er [færiər] 名 ᶜ《英》蹄鉄(ていてつ)工.

far・sight・ed [fáːrsáitid] 形 **1** 遠目の利く,《米》遠視の (↔ nearsighted). **2** 先見の明がある.

fart [fáːrt]《俗語》名 ᶜ **1** 屁(へ), おなら. **2** いやなやつ, くだらないやつ. — 動 自 屁をする.

‡far・ther [fáːrðər]
副 形 《◇ far の比較級の1つ; → FAR 語法》
— 副 **1** より遠くに: Please go *farther* to the end. 奥までずっとお進みください / He lives *farther* from the station than I do. 彼は私よりも駅から遠い所に住んでいる.
2 さらに, その上に (◇ further のほうが一般的).
■ *fárther ón* もっと先に.
— 形 **1** より遠くの, 遠いほうの: on the *farther* side of the river 川の向こう岸に / The library is *farther* from my house than the school is. 私の家からは学校より図書館のほうが遠い.
2 さらなる, その上の (◇ further のほうが一般的).

‡far・thest [fáːrðist] 《◇ far の最上級の1つ》副 最も遠くに; 最も; 一番: He can swim *farthest*. 彼が一番遠くまで泳げる. — 形 最も遠くの; 最も長距離の: His house is the *farthest* from here. ここからは彼の家が最も遠い.
■ *at (the) fárthest* どんなに遠くとも, どんなに遅くとも; せいぜい.

far・thing [fáːrðiŋ] 名 **1** ᶜ ファージング《英国の旧4分の1ペニー青銅貨》. **2** [a 〜; 主に否定文で] 少しも (...ない).

fas・ci・a [fǽʃiə / féiʃiə] 名 (複 fas・ci・ae [-ʃiìː], fas・ci・as [〜z]) ᶜ **1** 帯状のもの, バンド. **2** (店の上部の帯状の)看板. **3** (自動車などの)計器盤.

‡fas・ci・nate [fǽsinèit] 動 **1** ...を魅了する, とりこにする (→ ATTRACT 類義語): He *fascinated* the children with his magic tricks. 彼は奇術で子供たちを魅了した. **2** (蛇のように) ...をにらみすくませる.

fas・ci・nat・ed [fǽsinèitid] 形《叙述用法》[...に] 魅了された, うっとりとした, 引きつけられた [by, with]: We were *fascinated with* [*by*] the beauty of the lake. 私たちはその湖の美しさに心を奪われた.

fas·ci·nat·ing [fæsinèitiŋ] 形 魅惑的な, うっとりさせる: a *fascinating* jewel 実に魅力的な宝石.
fas·ci·nat·ing·ly [~li] 副 うっとりさせて.

***fas·ci·na·tion** [fæsinéiʃən] 名 **1** U [または a ~] 魅力; うっとりとした状態. **2** C U […にとって] 魅力あるもの [点] [*for*]: The story has a *fascination for* young people. 若い人はその物語に魅了される.

fas·cism [fǽʃizəm] 名 U [しばしば F-] ファシズム《独裁者が支配する極右の政治体制》.

fas·cist [fǽʃist] (通例, 軽蔑) 名 C [しばしば F-] ファシズム信奉者;(イタリアの) ファシスト党員.
— 形 [しばしば F-] ファシズムの, 極右の; ファシスト党(員)の.

‡**fash·ion** [fǽʃən]
名 動 〖原義は「作られたもの」〗
— 名 (複 **fash·ions** [~z]) **1** C U (ある時代・地域の) 流行, はやり; 流行しているもの, ファッション: the latest *fashion* 最新の流行 / a *fashion* model ファッションモデル / I went to Milan to see the *fashion* show. 私はそのファッションショーを見るためにミラノへ行った.

【コロケーション】 流行を [の, に] …
流行を追う : **follow** (the) *fashion*
流行の先端を行く : **lead** the *fashion*
流行を作り出す : **set** [**create**] a *fashion*
流行に遅れる : **be left behind** the *fashion*

2 U [または a ~] 仕方, やり方; 流儀 (→ METHOD [類義語]): in a very strange *fashion* 大変奇妙なやり方で / in one's own *fashion* 自己流で.
■ **àfter** [**in**] **a fáshion** どうにか, 曲がりなりにも: Tom speaks French *after a fashion*. トムは(うまくはないが)どうにかフランス語が話せる.
àfter [**in**] **the fáshion of** ... …流に, …にならって.
be àll the fáshion 大流行である.
be in fáshion 流行している: Miniskirts are *in fashion* again. ミニスカートが再び流行している.
be òut of fáshion 流行遅れである: My coat is *out of fashion* now. 私のコートはもう流行遅れです.
còme into fáshion 流行し始める, はやる.
gò out of fáshion 流行しなくなる, すたれる.

— 動 (他) […から] …を作る [*out of, from*]; […を] …から作る [*into*]: *fashion* a cup of clay =*fashion* clay *into* a cup 粘土で茶わんを作る. (▷ 形 **fáshionable**)

◆ **fáshion desìgner** C ファッション [服飾] デザイナー.
fáshion plàte C 《米口語》いつも最新流行の服を着ている人.

***fash·ion·a·ble** [fǽʃənəbl] 形 **1** 流行の, 現代風の, a *fashionable* hat 流行の帽子. **2** 社交界の, 上流階級の; 上流人向きの, 高級な. (▷ 名 **fáshion**)
fash·ion·a·bly [fǽʃənəbli] 副 スマートに, 流行を追って; 上流社会風に.

‡**fast**¹ [fǽst / fɑ́ːst]
形 副
— 形 (比較 **fast·er** [~ər] 最上 **fast·est** [~ist])

1 (動き・速度が) 速い, すばやい; 時間がかからない (↔ slow) (〖類義語〗)(cf. early (時刻・時期が)早い): a *fast* speaker 早口で話す人 / a *fast* visit 短時間の訪問 / Carl is a *fast* runner. カールは走るのが速い / An airplane is much *faster* than a car. 飛行機は車よりずっと速い.

2 [叙述用法] (時計が)進んでいる (↔ slow): My watch is five minutes *fast*. 私の時計は5分進んでいる.

3 固定した, 固着した; 動かない, 安定した: Did you make the boat *fast*? ボートをしっかりつなぎましたか / Take a *fast* grip on the rope. そのロープをしっかり握りなさい. **4** [比較なし・限定用法] 写真用の; 〖写真〗(フィルムが)高感度の,(レンズが)高速撮影用の: a *fast* highway 高速幹線道路.

5 (色が)あせない; 《文語》心変わりをしない, 忠実な (loyal): a *fast* friendship 固い友情.

6 《古風》身持ちの悪い, 放蕩(ほうとう)の; ふしだらな.

■ **fást and fúrious** (遊び・見せ物などが)にぎやかな, たけなわの.

— 副 **1** 速く, すばやく: You speak too *fast*. Speak more slowly, please. あなたは早口すぎます. もっとゆっくり話してください / Light travels *faster* than sound. 光は音より速く伝わる / Carl ran (the) *fastest* in the 100-meter dash. カールは100メートル競走で一番速かった.

2 ひっきりなしに, 次々と: The snow was falling (thick and) *fast*. 雪がひっきりなしに降っていた / Tears fell *fast*. 涙がとめどなく流れ落ちた.

3 しっかりと, 堅く: stand *fast* しっかりと立つ; 固守する / Shut the door *fast*. ドアをしっかり閉めなさい / He usually holds *fast* to his opinions. 彼はいつも自分の考えに固執する.

4 ぐっすりと: He was so tired that he fell *fast* asleep in a few minutes. 彼はとても疲れていたので, 数分もするとぐっすり寝入ってしまった.

5 (時計が)進んで.

■ **pláy fast and lóose with ...** 《古風》…に煮え切らない態度を取る; …をもてあそぶ.

◆ **fást brèeder** C 高速増殖炉 (◇ **fást-brèed-er rèactor** とも言う).

【類義語】**fast, rapid, quick, swift, speedy**
共通する意味 ▶ 速い (moving or able to move with great speed)
fast は速く動いているもの・人に重点が置かれる: a *fast* train 速い列車 / a *fast* speaker 早口な人.
rapid は動きそのものに重点が置かれる: a *rapid* current 急流 / *rapid* recovery from illness 病気からの速やかな回復.
quick は「動き・反応などが敏速である」の意: a *quick* reply 即答 / He is *quick* in action. 彼は行動がてきぱきしている.
swift は「動きが速いだけでなく軽やか」の意: a *swift* horse 足の速い馬 / a *swift* transaction of business 迅速な事務処理.
speedy は「速度・動き・反応などが非常に速い」の意: He made a *speedy* dash for the bus stop. 彼はバス停に向かって突進した.

fast² [fǽst / fáːst] 動 自 断食 [絶食] する; (宗教上の理由で) 精進する.
— 名 C 断食, 絶食; 断食期間; 精進日.
■ *bréak one's fást* 断食をやめる; 朝食をとる (→ BREAKFAST).

fast·ball [fǽstbɔ̀ːl / fáːst-] 名 C《野球》速球.

fas·ten [fǽsən / fáːsən] 動 他 **1** …を[…に] 固定する, 結び付ける, 縛る [*to, on, upon*] (→ TIE 類義語): He *fastened* the picture *to* the wall. 彼はその絵を壁にはり付けた.
2 〈戸・窓など〉をしっかり閉める; 〈ボタンなど〉をとめる, かける; 〈掛け金・ベルトなど〉を締める; 〈ひもなど〉を結ぶ: Did you *fasten* the door before you went out? 出かけるときにドアをきちんと閉めましたか / I *fastened* my hair with a clip. 私は髪をクリップでとめた / *Fasten* your seat belt! シートベルトをお締めください.
3 〈責任・罪など〉を[…に]負わせる; 〈あだ名〉を[…に]つける [*on, upon*]. **4** 〈視線・注意などを〉 [に] 集中する, 向ける [*on, upon*]: He *fastened* his eyes *on* me. 彼は私をじっと見つめた.
— 自 **1** (ドアなどが) 閉まる, (錠などが) かかる; (ボタンなどが) とまる. **2** […に] つかまる, しがみつく [*on, upon*]: Fleas *fastened on* my dog. ノミが私の犬にたかっていた. **3** 〔考えなどに〕 目をつける, 飛びつく [*on, upon*]: They *fastened on* my idea. 彼らは私のアイディアに飛びついた.
■ *fásten dówn* 他 〈箱のふたなど〉を(くぎなどで)しっかりと締める.
fásten úp 他 …をしっかりと締める [とめる]: *Fasten up* your coat. 上着のボタンをかけなさい.

fas·ten·er [fǽsənər / fáːsənə] 名 C 締める人 [もの], 留めるもの; 締め具, 留め具《ジッパー・クリップなど》: do up the *fastener* (スカートなどの) ファスナーを上げて締める.

fas·ten·ing [fǽsəniŋ / fáːsən-] 名 **1** U 締める [留める] こと. **2** C 締め具, 留め具《ボルト・錠・ボタンなど》.

fást-fóod 形 [限定用法] ファーストフード (専門) の: a *fast-food* restaurant ファーストフード店 (→ [PICTURE BOX]).

fást fóod 名 UC ファーストフード《ハンバーガー・ピザなど料理が簡単で客にすぐ出せる食品》.

fást-fór·ward 名 U (テープレコーダー・ビデオなどの) 早送り.

fas·tid·i·ous [fæstídiəs] 形《時に軽蔑》 […に] 気難しい, 好みのうるさい [*about, in*]; 潔癖な.
fas·tid·i·ous·ly [~li] 副 気難しく; 潔癖に.
fas·tid·i·ous·ness [~nəs] 名 U 気難しさ; 潔癖.

fast·ing [fǽstiŋ / fáːst-] 名 U 断食, 絶食.

fast·ness [fǽstnəs / fáːst-] 名 **1** U (色・染料などの) 固定, 定着. **2** C《文語》要塞(ようさい).

***fat** [fǽt]
形 名【基本的意味は「太った (having a wide, round body)」】
— 形 (比較 **fat·ter** [~ər]; 最上 **fat·test** [~ist])
1 太った, 肥満した (↔ thin, lean): a *fat* baby 太った赤ん坊 / get [grow] *fat* 太る.
[語法] fat は「太った」の意を表す最も一般的な語だが, 直接的な言い方で軽蔑の意を含むため, 人について言う場合には overweight を用いるほうがよい. また, 男性には stout, 女性や子供には plump, 赤ん坊には chubby なども用いる.
2 脂肪の多い; (料理などが) 脂っこい (↔ lean): *fat* meat 脂身の多い肉.
3 分厚い, たっぷり入った: a *fat* letter 分厚い手紙 / a *fat* wallet たっぷり入った札入れ. **4** 肥沃

PICTURE BOX fast-food restaurant

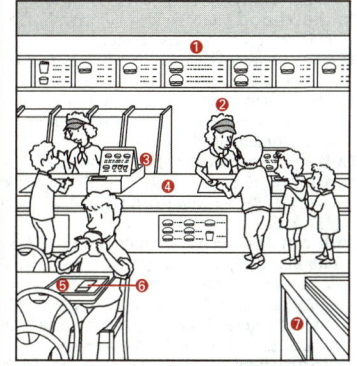

❶menu メニュー ❷counter assistant 店員
❸cash register キャッシュレジスター
❹counter カウンター ❺tray トレー ❻paper napkin 紙ナプキン ❼trash box ゴミ箱

1) May I help you? (いらっしゃいませ)
2) Two hamburgers, please. (ハンバーガーを2つください) 
3) Anything else? (ほかにご注文は?) 
4) No, that's all. (いいえ, ありません) 
5) For here or to go? (店内で食べますか, お持ち帰りですか) 
6) To go, please. (持ち帰ります)

(ぶ)な;《口語》実入りのよい,もうかる: a *fat* year 豊年 / a *fat* job もうかる仕事. **5**《口語》高額[多額]の: a *fat* income 高収入.
■ *a fát chánce* [反語的に]《口語》ほとんど見込みがないこと.
a fát lót (of ...)《口語》全然…でない.
— 名 **1** ⓊⒸ(人間・動物の)脂肪;(食品に含まれる)脂肪分;(肉の)脂身: vegetable [animal] *fat*(s) 植物 [動物] 性脂肪 / be low in *fat* 低脂肪である / put on *fat* (体に)脂肪がつく,太る.
2 Ⓤ(料理用の)油: fry fish in deep *fat* 魚を油で揚げる. **3** Ⓤ 肥満.
■ *chéw the fát*《口語》おしゃべりをする;一緒になって*fat*を言う.
live on [off] the fát of the lánd ぜいたくに暮らす.
The fát is in the fire. これは大変だ[面倒なことになる].
◆ **fát cát** Ⓒ《口語》(政党へ献金する)大金持ち.

*****fa·tal** [féitəl]形 **1**〔…にとって〕致命的な,命にかかわる(mortal, deadly)〔*to*〕: a *fatal* injury [wound] 致命傷 / a *fatal* accident 死亡事故.
2〔人・生命などにとって〕取り返しのつかない,破滅的な〔*to*〕: The scandal proved *fatal* to the politician. スキャンダルがその政治家の命取りとなった.
3 運命を左右する,決定的な;避けられない,必然的な: the *fatal* day 運命を左右する日.
◆ **Fátal Sísters** [the ~]【ギ神・ロ神】運命の三女神(the Fates).

fa·tal·ism [féitəlìzəm]名 Ⓤ 運命論,宿命論.
fa·tal·ist [féitəlist]名 Ⓒ 運命論者,宿命論者.
fa·tal·is·tic [fèitəlístik]形 運命(論)的な,宿命(論)的な,宿命論(者)の.
fa·tal·i·ty [feitǽləti / fə-]名 (複 **fa·tal·i·ties** [~z])**1**〔通例,複数形で〕(事故・戦争などによる)不慮の死;死亡者(数): traffic *fatalities* 交通事故による死者. **2** Ⓤ 致死性. **3** Ⓤ 運命,因縁,宿命.
fa·tal·ly [féitəli]副 **1** 致命的に: be *fatally* wounded 致命傷を負う. **2**〔文修飾〕不運にも,不幸にも. **3** 宿命的に;必然的に.

*****fate** [féit]
— 名 (複 **fates** [féits]) **1** Ⓤ〔しばしば F-〕(人間の力の及ばない)運命の力,宿命(destiny)〈◇特に不運を招くものを言う〉: challenge *fate* 運命に立ち向かう / by the irony of *fate* 運命のいたずらで / *Fate* gave her that severe trial. 運命が彼女にその厳しい試練を与えた.
2 Ⓒ〔通例 one's ~〕(個人・集団の)運命,行く末: decide [fix, seal] one's *fate* 自分の行く末を決める / He accepted his *fate* calmly. 彼は心静かに自分の運命を受け入れた.
3 Ⓒ 非運,末路,破滅,死: go to one's *fate* 破滅する / meet one's *fate* 最期を遂げる.
4 [the Fates]【ギ神・ロ神】運命の三女神〈運命の糸をつむぐクロートー(Clotho),その糸を測るラケシス(Lachesis),その糸を断つアトロポス(Atropos)〉.
■ *a fáte wórse than déath*〔こっけい〕ひどい目(にあうこと),いやな経験.
as súre as fáte 必然的に,確かに.

fat·ed [féitid]形〔通例,叙述用法〕運命づけられた,宿命的な.
fate·ful [féitfəl]形〔通例,限定用法〕**1** 重大な,死活にかかわる. **2** 致命的な,破滅的な. **3** 宿命的な: a *fateful* encounter 運命的な出会い.
fat·head [fǽthèd]名 Ⓒ《俗語》うすのろ,間抜け.
fat·head·ed [~id]形 間抜けな.

*****fa·ther** [fá:ðər]
名 動
— 名 (複 **fa·thers** [~z]) **1** Ⓒ 父,父親 (→ FAMILY 図; → MOTHER 語法): *Father* will come home in a few minutes. お父さんは2, 3分したら帰って来ます〈◇家族の間では固有名詞と同じように無冠詞で大文字で始める〉/ Bob takes after his *father*. ボブは父親似です / Like *father*, like son.《ことわざ》この父にしてこの子あり ⇒ 蛙(䢒)の子は蛙.
2 Ⓒ 創始者,開祖,生みの親: Newton is the *father* of modern science. ニュートンは近代科学の父である.
3 Ⓒ〔通例 ~s〕祖先,先祖,父祖(ancestors): He sleeps with his *fathers*. 彼は先祖と同じ墓に葬られている.
4 [F-]【カトリック】神父〈◇敬称・呼びかけに用いる〉: *Father* Flanagan フラナガン神父.
5 [the [our] F-] 天の父,神.
6 Ⓒ〔通例 ~s〕(市町村・議会などの)長老.
7 Ⓒ 父親同然の人,父親的存在;養父.
— 動 他 **1** …の父となる;…の父親代わりを果たす: He *fathered* the orphans. 彼がその孤児たちの父親代わりとなった. **2** …を創始 [案出] する.
◆ **Fáther Chrístmas** 图《英》サンタクロース(Santa Claus).
fáther fígure Ⓒ (父親のように)頼りになる人.
Fáther's Dày Ⓤ 父の日 〈6月の第3日曜日〉.
fa·ther·hood [fá:ðərhùd]名 Ⓤ 父親であること,父親の身分;父権,父性(paternity).
fá·ther-in-làw [fá:ðərinlɔ̀:]名 (複 **fa·thers-in-law, fa·ther-in-laws**) Ⓒ 義父,夫[妻]の父,しゅうと.
fa·ther·land [fá:ðərlænd]名 Ⓒ〔通例,単数形で〕故国,母国,父祖の地,祖国〈◇普通は motherland, homeland などと言う〉.
fa·ther·less [fá:ðərləs]形 父親のいない.
fa·ther·ly [fá:ðərli]形 父らしい,父としての;(父親のように)優しい: *fatherly* advice 父親としての[親身な]助言.
fath·om [fǽðəm]名 (複 **fath·oms** [~z],《英》 **fath·om**) Ⓒ ファゾム,尋(%)〈◇水深の単位;1ファゾム = 1.8286 m;〔略記〕f., fm.〉.
— 動 他〔通例,否定文・疑問文で〕…を見抜く,十分理解する (*out*): I can't *fathom* what he means. 彼がどういうつもりなのかわからない.
fath·om·less [fǽðəmləs]形〔文語〕はかり知れない深さの,底知れない;理解できない,不可解な.

*****fa·tigue** [fətí:g]〈☆発音に注意〉名 **1** Ⓤ 疲労,疲れ: He couldn't eat anything because of *fatigue*. 彼は疲れから何も食べられなかった.
2 Ⓒ 骨の折れる仕事;【軍】雑役. **3** Ⓤ【機械】(材

質の)疲労: metal *fatigue* 金属疲労.
4 [～s] [米軍] 作業着, 戦闘服.
── 動 他 (格式) …を疲れさせる (tire).

fa・tigued [fətíːgd] 形 [叙述用法] (格式) […で] 疲労した, 疲れて (tired) [*with, from*]: We are *fatigued with* [*from*] overtime work. 私たちは残業でくたくただ.

fa・ti・gu・ing [fətíːgiŋ] 形 (仕事などが) 疲れる; つらい.

fat・ness [fǽtnəs] 名 U 肥満; (土地の) 肥沃(ひょく)さ.

fat・so [fǽtsòu] 名 (複 fat・sos, fat・soes [～z]) C (口語・軽蔑) でぶ.

fat・ted [fǽtid] 形 (文語) (動物が) 太らされた.

fat・ten [fǽtn] 動 **1** 〈家畜〉を (食肉用に) 太らせる (*up*). **2** 〈土地〉を肥やす, 肥沃(ひょく)にする.
── 自 (土地が) 肥える, 肥沃になる (*up*).

fat・ten・ing [fǽtəniŋ] 形 (食べ物が人を) 太らせやすい.

fat・ty [fǽti] 形 (比較 **fat・ti・er** [～ər]; 最上 **fat・ti・est** [～ist]) 脂肪の, 脂肪質の, 脂っこい.
── 名 (複 fat・ties [～z]) C (通例, 呼びかけ) (口語・軽蔑) でぶ, 太っちょ.

fat・u・ous [fǽtʃuəs] 形 ばかげた, 愚かな.
fat・u・ous・ly [～li] 副 愚かにも (も).

*****fau・cet** [fɔ́ːsit] 名 C (米) (水道の) 蛇口, (たるなどの) 栓(せん), 飲み口 (英) tap): turn on [off] a *faucet* 蛇口をひねって水を出す [止める].

Faulk・ner [fɔ́ːknər] 名 固 フォークナー William Faulkner 《1897-1962; 米国の小説家》.

‡fault [fɔ́ːlt] 名 C
── 名 (複 faults [fɔ́ːlts]) **1** U (通例 one's ～) (過失の) **責任**, 罪: It isn't your *fault*. = The *fault* isn't yours. あなたが悪いのではない / The *fault* lies with me. 責任は私にある.
2 C […の] 誤り; 過失, 落ち度 (error, mistake) [*in, of*]: commit a *fault in* [*of*] grammar 文法の誤りを犯す.
3 C (性格上の) 欠点, 短所 (↔ merit, virtue); […の] 欠陥, きず [*in*]: I like him for all his *faults*. 彼には欠点があるけれど私は彼が好きです / There is a *fault* in the engine somewhere. エンジンのどこかに欠陥がある.
4 C [テニス] フォールト《サーブミス》. **5** C [地質] 断層; [電気] (回路・回線の) 故障, 欠陥.
■ *be at fáult* **1** 間違っている: Your memory *is at fault*. あなたの記憶違いです. **2** […に対して] 責任がある [*for*]: I am *at fault for* the accident. その事故は私に責任がある.
find fáult with ... …のあら探しをする; …を非難する, …に文句を言う (criticize): He is always *finding fault with* my work. 彼はいつも私の仕事にけちをつけてばかりいる.
to a fáult (親切などが) 不必要なほど, 極端に: She is kind *to a fault*. 彼女は親切すぎる.
── 動 他 (通例, 疑問文・否定文で) …を非難する.

fault・find・er [fɔ́ːltfàindər] 名 C あら探しばかりする人, やかまし屋.

fault・find・ing [fɔ́ːltfàindiŋ] 名 U あら探し, 非難, 小言. ── 形 あげ足取りの, 口やかましい.

fault・i・ly [fɔ́ːltili] 副 誤って, 不完全に.

fault・less [fɔ́ːltləs] 形 (通例, 比較なし) 欠点がない, 完全無欠な, 申し分ない.
fault・less・ly [～li] 副 申し分なく, 完璧(かんぺき)に.

fault・y [fɔ́ːlti] 形 (比較 **fault・i・er** [～ər]; 最上 **fault・i・est** [～ist]) (機械・器具などが) 欠点 [欠陥] のある; 誤った, 不完全な: *faulty* instructions 不完全なマニュアル.

faun [fɔ́ːn] 名 C [ロ神] ファウヌス《ヤギの角・耳・後ろ脚を持つ牧神. ギリシャ神話の satyr にあたる》.

fau・na [fɔ́ːnə] 名 (複 fau・nas [～z], fau・nae [-niː]) C (通例 ~) (1地域・1時代の) 動物群, 動物相 (cf. flora 植物群, 植物相).

Faust [fáust] 名 固 ファウスト《ゲーテ・マーローなどの作品に登場するドイツ伝説上の人物》.

Fau・vism [fóuvizəm] 名 U 野獣派, フォービズム《20世紀初頭のフランス絵画の1流派》.

faux pas [fóu pɑ́ː] 【フランス】 名 (複 faux pas [～z]) C (特に社交上の) 過失, 非礼, 失言.

‡fa・vor, (英) fa・vour [féivər]
── 名 (複 fa・vors, (英) fa・vours [～z]) **1** U (人・物事に対する) **好意**, 親切心; 引き立て, 支援; 人気: The teacher looked with *favor* on our plan. 先生は私たちの計画を好意的に見てくれた / To my great joy, I won her *favor*. 私は彼女に気に入られて本当にうれしかった / I found [lost] his *favor*. 私は彼の支援を得た [失った] / The singer is gaining *favor* with [among] young people. その歌手は若者に人気が出てきている. **2** C 好意的な [親切な] 行い: May I ask you a *favor*? = May I ask a *favor* of you? ひとつお願いがあるのですが.
3 U えこひいき, 偏愛: The mother shows too much *favor* to her youngest son. その母親は末の息子をひいきしすぎる.
4 C (米) (パーティー客などへの) 贈り物, 記念品.
5 C (主に英) (参加・支持を示す) バッジ, 会員章.
■ *dò ... a fávor* = *dò a fávor for ...* …の願いを聞き入れる: Would you *do* me *a favor*? お願いがあるのですが.

find fávor in ...'s èyes = *find fávor with ...* …に気に入られる.

in fávor **1** […に] 気に入られて [*with*]: He is *in favor with* the president. 彼は社長のお気に入りです. **2** 流行の.

in fávor of ... **1** …に賛成して, …を支持 [味方] して: Are you *in favor of* his proposal? 彼の提案に賛成ですか. **2** …に有利になるように: The decision was made *in favor of* him. 彼に有利な決定がなされた. **3** (小切手などが) …を受取人として.

in ...'s fávor **1** …に気に入られて: You are *in her favor*. 君は彼女のお気に入りだ. **2** …に有利で: Things are going *in my favor*. 事態は私に有利に運んでいる. **3** (小切手などが) …を受取人として.

lóse fávor in ...'s èyes = *lóse fávor with ...* …に嫌われる.

out of fávor 1 […に]嫌われて[with]. 2 流行していない.
— 動 他 1 …に好意を示す; 支持する, 賛成する: I *favor* his opinion. 私は彼の意見に賛成です / Fortune *favors* the brave. 《ことわざ》運は勇者に味方する.
2 …を […より]えこひいきする, 偏愛する [over]: The father *favors* his daughter *over* his son. その父親は息子より娘をかわいがっている.
3 (状況などが) …に有利である: The hot summer *favored* a good rice crop. 暑い夏が米の豊作に幸いした. 4《格式》(好意から)〈人〉に[…を]与える [with]: Could you *favor* me *with* an interview? 私に取材会見をお許しくださいませんでしょうか. 5 《主に米・古風》〈子供が〉〈親〉に似る (look like): The baby *favors* its mother. その赤ん坊は母親似である.

fa·vor·a·ble,
《英》**fa·vour·a·ble** [féivərəbl]
— 形 1 […に]好意的な; 賛成の [to]: She gave me a *favorable* answer. 彼女は私に好意的な[色よい]返事をしてくれた / Fred is *favorable to* my plan. フレッドは私の計画に賛成している.
2 […に]都合のよい, 有利な [to, for]: a *favorable* wind [breeze] 順風 / conditions *favorable for* skydiving スカイダイビングに絶好の条件 / The climate here is *favorable for* apples. 当地の気候はリンゴに適している.
3 (印象などが) 好ましい, 気に入られる: His behavior made a *favorable* impression on us. 彼の行為は私たちに好印象を与えた.

fa·vor·a·bly,《英》**fa·vour·a·bly** [féivərəbli] 副 1 好意的に, 賛成して: They always speak *favorably* of him. 彼らはいつも彼をほめる.
2 有利に, 都合よく, 順調に.

fa·vored,《英》**fa·voured** [féivərd] 形 1 好意[好感]を持たれている, 気に入られた: the most *favored* nation 最恵国 2 [才能・家柄などに] 恵まれている [with].

fa·vor·ite,
《英》**fa·vour·ite** [féivərit]
— 形 [比較なし; 限定用法] お気に入りの, 一番好きな《◇最上級の意味が含まれるので, most は付かない》: What is your *favorite* color? あなたのお気に入りの色は何ですか / Mathematics is my *favorite* subject. 数学は私の一番好きな科目です.
— 名 (複 **fa·vor·ites,**《英》**fa·vour·ites** [-vərits]) C 1 お気に入りのもの, 好物; 人気者: Paella is one of her *favorites*. パエリヤは彼女の好物の1つです / Jean is a general *favorite* (at school). ジーンは (学校で) みんなの人気者です.
2《軽蔑》ひいきされている人: Ted is a *favorite* with his coach. テッドはコーチにひいきされている.
3 [the 〜] 本命, 優勝しそうな人気馬 [選手, チーム]: The *favorite* came in third. 本命(の馬)は3着だった.
◆ **fávorite són** C《米》(地元出身の) 人気政治家 [スポーツ選手など]; (出身州の代議員に支持されて出馬する) 大統領候補.

fa·vor·it·ism,《英》**fa·vour·it·ism** [féivərətìzəm] 名 U《軽蔑》えこひいき, 偏愛; 情実.

fa·vour [féivər] 名 動
《英》= FAVOR (↑).

fa·vour·a·ble [féivərəbl] 形《英》= FAVORABLE (↑).

fa·vour·ite [féivərit] 形 名《英》= FAVORITE (↑).

fawn[1] [fɔːn] 名 1 (1歳未満の) 子ジカ (→ DEER 関連語). 2 U 淡い黄褐色.

fawn[2] 動 自 1 〈犬が〉[…に]じゃれつく, 甘える [on, upon]. 2《軽蔑》〈人〉にこびへつらう, ご機嫌を取る [on, over].

*****fax** [fæks] 名 U C ファックス; ファックス受信文書《◇ *facsimile* の略》.
— 動 他 [**fax + O + O / fax + O + to ...**]〈人〉に〈書類など〉をファックスで送る.

fay [féi] 名 C《詩語》妖精 (fairy).

faze [féiz] 動 他 (通例, 否定文で)《口語》〈人〉をあわてさせる, 動揺させる.

FBI [èfbìːái] 名 [the 〜]《米》連邦捜査局, FBI《◇ *F*ederal *B*ureau of *I*nvestigation の略》.

FC《略記》= *F*ootball *C*lub サッカークラブ.

FD《略記》= *f*loppy *d*isk フロッピー (ディスク).

FDA《略記》= *F*ood and *D*rug *A*dministration 米国食品医薬品局.

FDR《略記》= *F*ranklin *D*elano *R*oosevelt ルーズベルト米国第32代大統領.

Fe《元素記号》= iron 鉄《◇ラテン語名 *ferrum* から》.

fe·al·ty [fíːəlti] 名 (複 **fe·al·ties** [〜z]) U C《英史》(領主・君主に対する) 忠義;《古風》(政党などに対する) 忠誠.

***fear** [fíər] 名 動
— 名 (複 **fears** [〜z]) 1 U C 恐怖(感), 恐怖心 (→ 類義語): the *fear* of death 死の恐怖 / He was trembling with *fear*. 彼は恐怖で震えていた / I have no *fear* of cockroaches. 私はゴキブリなど怖くない / There is a constant *fear* that a big earthquake will strike the San Francisco area again. 大地震が再びサンフランシスコ周辺を襲うのではないかという恐怖が絶えずある.
2 U C 心配, 不安 (anxiety): overcome one's *fear* 恐怖に打ち勝つ / calm [allay] one's *fear* 不安を和らげる / His *fear* was that he would be confined to bed. 彼の心配は寝たきりになることだった / I feel no *fear* for my son's future. 私は息子の将来について心配はしていない.
3 U (悪いことが起こる) 可能性: There is no *fear* of his failure. 彼が失敗する恐れはない.
■ **for féar of ...** …を恐れて: I didn't enter the house for *fear* of the dog. 私は犬が怖くてその家に入らなかった.
for féar of dóing …しないように, …するといけないので: I stopped talking to her for *fear* of *making* her angry. 怒らせるといけないと思って私は彼女と話すのをやめた.
for féar (that) ... …しないように, …するといけない

ので: I took a taxi *for fear* (*that*) I would arrive late. 到着が遅れるといけないので私はタクシーに乗った.

in féar of ... …を恐れて, 心配して: *In fear of* the icy roads, he put chains on his tires. 道路の凍結を恐れて彼はタイヤにチェーンを付けた.

Nó féar! 《口語》(提案などに答えて)とんでもない, 絶対にいやだ(Certainly not.).

pút the féar of Gód into ... 《口語》…をおどす, ひどく怖がらせる.

withòut féar or fávor 《格式》公明正大に.

— 動 (三単現 **fears** [~z]; 過去・過分 **feared** [~d]; 現分 **fear·ing** [fíəriŋ]) [進行形不可]
— 他 **1** (a) [**fear + O**] …を恐れる, 怖がる (◇ be afraid of より《格式》): He *fears* spiders. 彼はクモを怖がる / People in ancient days *feared* the anger of the gods. 古代の人は神々の怒りを恐れた. (b) [**fear + doing** [**to do**]]《格式》…するのを恐れる: He *feared* speaking [*to* speak] in public. 彼は人前で話すのが怖かった.
2 [**fear + O** [**that** 節]] …ではないかと心配する, 危ぶむ: *fear* the worst 最悪の事態を心配する / It is *feared that* prices will rise again. 物価が再び上昇するだろうと懸念されている.
3 《古》〈神〉を畏(おそ)れ敬う.
— 自 [(…)を] 心配する [*for*]: He *feared for* his family in Bagdad. 彼はバグダッドにいる家族が心配だった / Never *fear*. =*Fear* not. 《格式》心配するな, 大丈夫だ.

■ *I féar ...* …ではないかと思う(◇悪いニュースを伝えるときや懸念・心配を表すときに用いる; I am afraid ... より《格式》): *I fear* (that) it is too late. 遅すぎると思う / Can I speak to him? — *I fear* not. 彼と話せますか — だめでしょう.

【類義語】 **fear, dread, fright, terror, alarm, panic**
共通の意味▶恐れ (unpleasant feeling felt in the presence or possibility of danger) **fear** は「恐れ」を表す最も一般的な語で, 勇気の喪失を示す: He has a *fear* of heights. 彼は高所恐怖症だ. **dread** は予想される「危険ややいやな事に対する恐怖」の意で, これを避けようとする気持ち: His *dread* of being left alone in the big house made him very nervous. 大きな家の中に独りぼっちにされるのを恐れて彼は非常に不安になった. **fright** は「突然の事に対するぞっとするような恐怖」の意で, 通例, 短時間で消える: The horse took *fright* at the loud noise. 馬はその大きな音におびえた. **terror** は特に「身の安全にかかわる極度の恐怖」の意: She was paralyzed by *terror*. 彼女は恐怖で身がすくんだ. **alarm** は「危険に気づいてびっくりしたように感じる恐怖」の意: He felt *alarm* at the news. 彼はその知らせを聞いてぞっとした. **panic** は「恐怖のあまり理性を失い, しばしばヒステリックな行動をとるような恐怖」の意: The whole city was in *panic*. 町じゅうがパニック状態に陥っていた.

*fear·ful [fíərfəl] 形 **1** 《格式》恐ろしい, ぞっとする, 身の毛のよだつ: Last night we had a *fearful* earthquake. 昨夜恐ろしい地震があった.
2 [叙述用法] […を / …と / …ではないかと] 恐れて, 心配して, 気づかって [*of* / *that* 節 / *lest* 節]: They were *fearful of* the consequences. 彼らはその結果を心配していた / She was *fearful that* she might [*lest* she (should)] fail in the examination. 彼女はその試験に落ちるかもしれないと心配していた.
3 《口語・軽蔑》ひどい, ものすごい, 大変な: What a *fearful* waste of money! なんとひどい浪費か.
4 《古風》(態度などが)おびえた, おずおずした, 臆病な: with a *fearful* look おびえた顔つきで.

fear·ful·ly [fíərfəli] 副 **1** びくびくして, 怖がって.
2 《古風》ひどく, 恐ろしく.

***fear·less** [fíərləs] 形 恐れを知らない, 大胆不敵な, 勇敢な; […を] 恐れない [*of*] (↔ fearful).
fear·less·ly [~li] 副 恐れずに, 大胆に.
fear·less·ness [~nəs] 名 U 大胆, 勇敢.

fear·some [fíərsəm] 形 (顔つきなどが) 恐ろしい, (見て)ぞっとする; 臆病な.

fea·si·bil·i·ty [fì:zəbíləti] 名 U 実行できること, (実行)可能性: a *feasibility* study 予備調査.

fea·si·ble [fí:zəbl] 形 **1** 実行できる, 可能な (◇ possible より《格式》): a *feasible* plan [scheme] 実行可能な計画 / The plan is not economically *feasible*. その計画は経済的に実行不可能である. **2** ありそうな: a *feasible* excuse もっともらしい口実.

*feast [fí:st] 名 C **1** 祝宴, 宴会 (cf. banquet 公式の宴会): a wedding *feast* 結婚式の祝宴 / hold [give] a *feast* 宴会を催す.
2 ごちそう; [目・耳などを] 楽しませるもの, [目の] 保養 [*for, to*]: Her beautiful dress was a *feast for* our eyes. 彼女の美しいドレスが私たちの目を楽しませてくれた.
3 (宗教的)祝祭, 祭日, 祝日: a movable *feast* 移動祝祭日 (復活祭 (Easter) のように年によって日が変わる).
— 動 他 **1** […で]〈人〉をもてなす;〈人〉にごちそうする [*on, upon*]. **2** […で]〈人・耳・目〉を楽しませる, 喜ばせる [*on, upon*].
— 自 […を] ごちそうになる, 大いに飲み食いする; […を] 大いに楽しむ [*on, upon*].

*feat [fí:t] 名 C **1** (特に勇気・熟練を要する) すばらしい行為, 功績, 手柄: achieve [accomplish] a *feat* 手柄を立てる. **2** 妙技, 芸当, 離れ業.

feath·er [féðər] (☆発音に注意) 名 動
— 名 (複 **feath·ers** [~z]) **1** C (1枚の) 羽; [通例 ~s] 羽毛; 羽飾り: (as) light as a *feather* 羽のように軽い, 非常に軽い / Fine *feathers* make fine birds. 《ことわざ》美しい羽は美しい鳥を作る ⇨ 馬子(まご)にも衣装.
2 U [集合的に] 鳥類; 猟鳥: fur and *feather* 鳥獣.

■ *a féather in ...'s cáp* …にとって誇り [名誉] となるもの. (由来 北米先住民が戦闘での勇猛さを示すために羽飾りを使ったことから)

birds of a féather 同じ関心[意見]を持つ人, 同じ穴のむじな: *Birds of a feather* flock together. 《ことわざ》同じ羽の鳥は寄り集まる ⇨ 類は友を呼ぶ.
in high [fine, full] féather 上機嫌で; 元気で.
shów the white féather 臆病風を吹かす.
── 他 **1** …を羽で覆う; …に[…で]羽飾りをつける [*with*]. **2**〈ボート〉〈オール〉を水平に返す.
■ *féather one's nést* (地位を利用して)私腹を肥やす.

feath・er・weight [féðərwèit]名C **1** (ボクシング・レスリング・重量挙げの)フェザー級選手. **2**《口語》非常に軽い人[もの]; 重要でない人[もの].

feath・er・y [féðəri]形 **1** 羽を飾った, 羽で覆われた. **2** 羽[羽毛]のような; 軽い.

**fea・ture [fíːtʃər]名 動【原義は「作られたもの」】
── 名 (複 **fea・tures** [~z]) C **1** 特徴, 特色;〔地理〕(山・川などの) はっきり目立つ地点, 地勢: the geographical *features* of the country その国の地勢 / a cultural *feature* 文化的特徴 / The rainy season is a *feature* of the climate in Japan. 梅雨は日本の気候の特徴の1つである.
2 顔のつくりの一部(◇目・鼻など); [~s] 顔立ち, 容貌;〈a girl of fine [regular] *features* 目鼻立ちのよい[整った]少女 / His eyes are his best *feature*. 彼は目が美しい.
3 (ショーなどの)呼び物, (テレビ・ラジオの)特別番組;(新聞雑誌の)特集記事; = féature film (通例60分以上の)長編映画, 主要作品: The magazine did a *feature* on Japan. その雑誌は日本を特集した.
── 動 (三単現 **fea・tures** [~z]; 過去・過分 **fea・tured** [~d]; 現分 **fea・tur・ing** [-tʃəriŋ])
── 他 **1** …を呼び物にする, 特集する, 大きく取り上げる;〈俳優〉を主演させる: This film *features* DiCaprio. = DiCaprio が主演です / The scandal of the minister will be *featured* in the evening edition. その大臣のスキャンダルは夕刊で大きく取り上げられるだろう.
2 …の特色を成す, …を特色づける.
── 自 […で]重要な役割を果たす, […に]主演する [*in*].

fea・ture・less [fíːtʃərləs]形 特色のない, 何の変哲もない; 平凡な.

Feb. 《略語》= *February* (↓).

fe・brile [fébrail / fíːb-, féb-]形【医】熱病の, 熱病にかかった; 熱から起こる.

****Feb・ru・ar・y [fébruèri, fébjuèri / fébruəri]
【→ MONTH 表】
── 名 U 2月 ((略語) Feb.) (→ JANUARY【語法】): The second month of the year is *February*. 1年の2番目の月は2月です / *February* 14 is St. Valentine's Day. 2月14日はバレンタインデーです.

fe・ces,《主に英》**fae・ces** [fíːsiːz] 名 [複数扱い]《格式》糞便(ﾀﾞ), 排泄(哉)物; 沈殿物.

feck・less [féklǝs] 形《格式・軽蔑》(人が)無気力な, ふがいない; 無責任な; (努力などが)無益な.

fe・cund [fékənd, fíːk-]形《格式》(土地が)肥えた; 多産な (fertile); 想像力が豊かな.

fe・cun・di・ty [fikʌndəti]名U《格式》多産(性), (土地の)肥沃(ぎ); 想像力の豊かさ.

*fed[1] [féd] 動 feed の過去形・過去分詞.

fed[2] 名C [しばしば F-]《米口語》連邦政府職員, (特に) FBI捜査官.

Fed [féd]名 [the ~]《米口語》 **1** 米国連邦政府.
2 (米)連邦準備制度理事会 (◇ *Federal* Reserve Board の略).

*fed・er・al [fédərəl]形 名
── 形 [限定用法] **1** 連邦の, 連邦制の; 連合の, 連盟の: a *federal* republic 連邦共和国 / the *Federal* Republic of Germany ドイツ連邦共和国《ドイツの英文正式名称》.
2 [F-] (米)(州政府に対して)連邦政府の: the *Federal* Constitution 米国憲法 / the *Federal* Government 米国連邦政府. **3** [F-]【米史】(南北戦争当時の)北部(連邦)同盟の, 北軍の (↔ Confederate): the *Federal* army 北部(連邦)同盟軍, 北軍.
── 名 C [F-]【米史】(南北戦争当時の)北部(連邦)同盟支持者; 北軍兵 (↔ Confederate).
◆ Féderal Búreau of Investigátion [the ~] (米国)連邦捜査局 ((略語)) FBI.
Féderal Resérve Bànk [the ~](米国)連邦準備銀行(全米に12行あり, 中央銀行の業務を分担する; ((略語)) FRB).
Féderal Resérve Bòard [the ~](米国)連邦準備制度理事会(((略語)) Fed).

fed・er・al・ism [fédərəlìzəm]名U **1** 連邦主義, 連邦制度. **2** [F-]【米史】連邦党の主義.

fed・er・al・ist [fédərəlist]名C **1** 連邦主義者. **2** [F-]【米史】連邦党の党員 [支持者].
── 形 連邦主義(者)の; [F-]連邦党員の.
◆ Féderalist Pàrty 名 [the ~]【米史】連邦党《1789–1816; 独立後, 憲法の採択と強力な中央政府の設置を主張した. Federal Party とも言う》.

fed・er・ate [fédərèit] 動 他 **1** 〈州〉を連邦にする, 連合させる. **2** 〈国〉を連邦体にする.
── 自 連邦になる, 連合する.

*fed・er・a・tion [fèdəréiʃən]名 **1** C 連邦(政府); 連盟, 同盟; 連合体: International Association of Athletics *Federations* 国際陸上競技連盟. **2** U C 連邦制; 連合[連盟]結成.

fe・do・ra [fidɔ́ːrə]名 C (フェルト製の)中折れ帽.

*fee [fíː] 名 **1** C (医師・弁護士など専門職に払う)報酬, 謝礼(→ PAY【類義語】): a doctor's *fee* 治療代, 診察料. **2** C (入会・入場・入学)料金; 会費; [通例 ~s] 授業料: an admission [entrance] *fee* 入場料 / a membership *fee* 会費 / school *fees* 授業料. **3** U C【法】相続財産(権).

*fee・ble [fíːbl]形 (比較 **fee・bler** [~ər]; 最上 **fee・blest** [~ist]) **1** (体が)弱い (weak); 衰弱した. **2** (意志・性格・知能が)薄弱な: a *feeble* mind 意志薄弱な人. **3** (光・音などが)力のない, かすかな, 微弱な: the *feeble* light of a candle ろうそくのかすかな光 / in a *feeble* voice か細い声で.
4 (力・効果・言動・現象などが)弱い, はっきりしない: a *feeble* excuse 説得力に乏しい言い訳.

fee·ble·mind·ed [fíːblmáindid] 形 **1** 意思薄弱な；《婉曲》愚かな (foolish). **2**《古風》知的障害のある.

fee·ble·ness [fíːblnəs] 名 U 弱さ；かすかなこと.

fee·bly [fíːbli] 副 弱々しく，力なく；かすかに.

feed [fíːd] 動 名【基本的意味は「…に食物を与える (give food to ...)」】

── 動 (三単現 **feeds** [fíːdz]; 過去・過分 **fed** [féd]; 現分 **feed·ing** [～iŋ])

── 他 **1** (a) [feed＋O]〈人・動物〉に食物を与える；〈家族など〉を養う，〈ペットなど〉を飼う: *feed* a baby 赤ちゃんに授乳する / I *feed* my dog at seven every morning. 私は毎朝7時に犬にえさをやる / She *fed* her sick father with a spoon. 彼女は病気の父親にスプーンで食べさせた.
(b) [feed＋O＋O / feed＋O＋to ... / feed＋O＋on [with] ～]〈人〉に〈食物〉を与える: She *fed* her baby some milk. ＝She *fed* some milk *to* her baby. 彼女は赤ちゃんにミルクを少し飲ませた. (c) [feed＋O＋on [with] ...]〈人・動物〉に…を与えて育てる. (d) [feed＋O＋with ...]〈植物〉に…をやる: She *fed* the hydrangeas *with* fertilizer. 彼女はアジサイに肥料をやった.

2 […に]を供給する, 補給する [*to, into*]; […を] …に供給する [*with*]: *feed* coal *to* a stove ＝ *feed* a stove *with* coal ストーブに石炭をくべる / The new data were [was] *fed into* the computer. 新しいデータがコンピュータに入力された.

3 […で]を楽しませる，〈虚栄心など〉を満足させる; 〈怒り・嫉妬など〉をあおる [*with*].

── 自 〈動物・赤ん坊が〉ものを食べる; 《こっけい》〈人が〉食事をする: The cows are *feeding* in the pasture. 牛が放牧地で草を食べている.

■ **be féd úp with** [*about*] ... …にうんざりする，飽き飽きする: I'm *fed up with* waiting for the phone to ring. 電話を待っているのはうんざりだ.

féed on ...〈動物が〉…を常食とする.

féed úp 他 …にたくさん食べさせて太らせる [健康にする].

── 名 **1** U (特に家畜の) えさ，飼料: There was little *feed* left for the birds. 小鳥のえさはほとんど残っていなかった.

2 C (動物・赤ん坊の) 食事 (を与えること); 《古風》(たくさんの) ごちそう. **3** C (燃料などの) 輸送管; U (供給される) 原料，燃料.

■ **be òff** *one's* **féed** 食欲がない; 元気がない.

feed·back [fíːdbæk] 名 U **1** 【機械】フィードバック《出力の一部を入力側へ戻し，出力を調整する操作》.
2 【心理・社会】フィードバック《ある行動に対する反応によって，行動を修正すること》.
3 [《口語》[消費者・視聴者からの] 反応，意見 [*from*].

feed·er [fíːdər] 名 C **1** 飼育者，養う人. **2** [形容詞を付けて] 食べる人 [動物]; 大量の肥料が必要な植物: a quick *feeder* 早食いの人. **3** 飼い葉おけ，えさ箱; 《英》哺乳(ほにゅう)びん. **4** (交通路の) 支線. **5** 【電気】給電線，フィーダー.

feel [fíːl] 動 名

① 感じる. **1**
② 触る; 触って感じる. **2**
③ 思う. **3**

── 動 (三単現 **feels** [～z]; 過去・過分 **felt** [félt]; 現分 **feel·ing** [～iŋ])

── 自 **1** [feel＋C]〈人が〉…と感じる; 〈気分が〉…である: *feel* tired 疲れを感じる / *feel* at ease くつろいだ気分になる / I *felt* sleepy during the class. 私は授業中ずっと眠かった. The boy *felt* very hungry then. その時少年はとても空腹を覚えた / How do you *feel* today? ─ I *feel* good. きょうの気分はどうですか─いい気分です.

2 [feel＋C]〈ものが〉…の感触がする，触ると…に感じる: The blanket *feels* damp. その毛布は湿った感じがする / The air *felt* fresh and cool. 空気はさわやかで冷たく感じられた.

3 [feel＋C] …だと思う，…という感情を抱く: She *felt* certain that the company would employ her. その会社が自分を採用するのは確実だと彼女は思った / How do you *feel* about his performance? ─ It's just so-so. 彼の演奏についてどう思いますか─まあまあですね.

4 […を] 手探りで探す (*about, around*) [*for, after*]: He *felt* in his pocket *for* the key. 彼はポケットの中に手を突っ込んでかぎを探した.

5 […に] 共感する，同情する [*for, with*]: They *felt for* [*with*] her in her misery. 彼らはみじめな境遇にある彼女に同情した.

6 〈人・手足などが〉感覚がある，感じる.

── 他 **1** (a) [feel＋O]〈肉体的・精神的に〉〈痛み・感情などを〉感じる，…に気づく: He *felt* a sharp pain in his back. 彼は背中に激しい痛みを感じた / She *felt* interest in the new job. 彼女は新しい仕事に興味を覚えた / I *felt* her anger at once. 私は彼女が怒っているのがすぐわかった.

【語法】通例, 一時期の習慣的な感覚あるいは体の状態などについて言う場合以外は進行形不可. 継続して感じていることを示す場合は通例 can と共に用いる (→ CAN[1]【語法】): I *feel* [I'm *feeling*] the cold very much these days. ここのところずっとぞくぞくする寒さを感じている / I *can feel* something in my shoe. 靴の中に何かが入っている.

(b) [feel＋O＋do [doing]] …が～する [～している] のを感じる《◇ do は感じる動作の全過程を, doing は動作が進行中であることを示す》: We *felt* the earth *quake* [*quaking*]. 私たちは大地が揺れる [揺れている] のを感じた / I *felt* my heart *beating* violently. 私は心臓がどきどきしているのを感じた. (c) [feel＋O＋過分] …が～されるのを感じる: I *felt* myself *shaken* from behind. 私はうしろから揺さぶられたと感じた.

2 (a) [feel＋O] …に触る，触れる; …を触って確かめる: The doctor *felt* my pulse. 医師は私の脈をとった. (b) [feel＋疑問詞節] …かどうか触って確かめる: She *felt how* hot the glass was.

彼女はコップがどのくらい熱いか触ってみた. **3** [進行形不可] (a) [feel＋that節] …と思う,感じる: She *felt* (*that*) he still loved her. 彼女は彼がまだ自分を愛していると感じた. (b) [feel＋O＋(to be)＋C] …が～だと思う: He *felt* the account *to be* inaccurate. 彼はその説明が不正確だと思った. **4** …を痛切に感じる; …の影響を受ける: *feel* …'s death …の死を悼(いた)む / I deeply *felt* the beauty of that landscape. 私はその風景の美しさに深く感動した.
■**féel as íf [thóugh] ...** まるで…のような感じがする: I *felt as if* I had been there before. 私は以前そこに行ったことがあるような気がした.
féel líke ... **1** …を望む, …したい気がする (◇ like のあとには名詞・動名詞が来る): I *feel like* (having) a cup of coffee. コーヒーを1杯飲みたいですね / He didn't *feel like* working any longer. 彼はそれ以上働く気がしなかった. **2** …のような感じ[気]がする: I *felt like* an idiot when I answered wrong. 答えを間違えたとき私は自分がばかのように感じた. **3** (どうやら) …らしい: It *feels like* it will snow soon. もうすぐ雪になりそうです. **4** (ものが) …のような感触がする: It *felt like* pure silk. それは正絹のような感触だった.
féel (líke) onesèlf [通例, 否定文で] (体調・気分が) いつも通りである.
féel one's wáy **1** 手探りで進む. **2** 慎重に行動する.
féel óut (他) 探りを入れる.
féel úp to ... [通例, 否定文・疑問文で] …をやり遂げられる気がする: She didn't *feel up to* handling such a difficult problem. 彼女は自分にはそんな難問は処理できないと思った.
── **名** [単数形で] **1** 触った感じ, 感触, 手ざわり; 雰囲気: Everyone likes the warm *feel* of the sun in winter. だれもが冬の日差しの暖かい感触が好きです. **2** (ちょっと) 触ること: Let me have a *feel* of it. ちょっとそれに触らせてください.
■ **gèt the féel of ...** …に慣れる, 熟達する.
háve a féel for ... 《口語》…の才能[センス]がある.
feel・er [fíːlər] **名** Ⓒ **1** [通例～s] 《動物》角, 触手, 触毛. **2** 探り, 打診: put out *feelers* [a *feeler*] 探りを入れる, 打診する.

feel・ing [fíːliŋ] **名 形**

── **名** (複 **feel・ings** [～z]) **1** Ⓒ [通例, 単数形で] […という] (漠然とした) 感じ, 気持ち, 意識 〈*of, that* 節〉: a *feeling of* pleasure 快感 / a *feeling of* relief 安堵(あんど)感 / I have a *feeling* (*that*) something unpleasant will happen. 何かいやなことが起きる予感がする.
2 [～s] (理性に対して) 感情, 気分: I didn't intend to hurt her *feelings*. 私は彼女の感情を傷つけるつもりはなかった.

> **コロケーション** 感情を…
> 感情を表す: *express* [*show*] one's feelings
> 感情を抑える: *control* one's feelings
> 感情を害する: *hurt* [*injure*] ...'s feelings
> 感情を隠す: *hide* [*conceal*, *mask*] one's feelings

3 Ⓒ [通例, 単数形で] (漠然と抱く) 意見, 考え; 印象, 感想: What are your *feelings* on that matter? その件についてどのようにお考えですか / My own personal *feeling* is that we shouldn't go out now. 私の個人的な意見は今は出かけるべきではないということです.
4 Ⓤ 感覚, 触感: I lost all *feeling* in my toes. 私は足の指の感覚がまったくなくなってしまった.
5 Ⓤ 同情, 哀れみ, 思いやり: a person of *feeling* 思いやりのある人 / He has no *feeling* for others. 彼は他人に対する思いやりがない.
6 Ⓤ [または a ～] […に対する] 感受性, 情感, 素質 〈*for*〉: have a *feeling for* music 音楽に対する素質がある / Fred has no *feeling for* the beauty of nature. フレッドは自然の美しさに対する感受性がない. **7** Ⓤ 興奮, 激情; 反感: bad [ill] *feeling* 反感.
── **形** [限定用法] **1** 感じやすい, 感動しやすい, 思いやりのある: a *feeling* heart 感じやすい心 (の持ち主). **2** 感情のこもった, 心からの: a *feeling* remark 感情のこもった言葉.
feel・ing・ly [fíːliŋli] **副** 感情を込めて, しみじみと.

feet [fíːt]
名 **foot** の複数形.

feign [féin] **動** (他) **1** 《格式》…を装う, …のふりをする (pretend): *feign* illness 仮病を使う. **2** 〈話・書類など〉をでっち上げる; 〈声・筆跡など〉をまねる.
── **動** (自) 装う, 偽る; 作り話をする.
feint [féint] **名** Ⓒ **1** 《スポーツ》フェイント; 《軍》陽動作戦《本来の目的と異なる挑発的な行動で敵の目をくらます戦術》. **2** 見せかけ, ふり: make a *feint of doing* …するふりをする.
── **動** (自) […に] フェイントをかける 〈*at, on*〉.
feist・y [fáisti] **形** (比較 **feist・i・er** [～ər]; 最上 **feist・i・est** [～ist]) 《米口語》**1** [ほめ言葉] 元気な, 快活な. **2** (軽蔑) けんか早い, いらいらした.
fe・lic・i・tous [fəlísətəs] **形** 《格式》(行動・表現などが) 適切な (suitable), うまい.
fe・lic・i・tous・ly [～li] **副** 適切に, うまく.
fe・lic・i・ty [fəlísəti] **名** (複 **fe・lic・i・ties** [～z]) 《格式》**1** Ⓤ この上ない幸福, 至福. **2** Ⓤ (表現の) 巧みさ. **3** Ⓒ [通例, 複数形で] 名言, 適切な表現.
fe・line [fíːlain] **形** [比較なし] **1** ネコ科の (cf. canine イヌ科の). **2** 猫のような; (動作が) 優美な.
── **名** Ⓒ ネコ科の動物《猫・ライオン・トラなど》.

fell[1] [fél]
動 **fall** の過去形.

fell[2] **動** (他) **1** 〈木〉を切り倒す, 伐採する. **2** 〈人・動物〉を打ち倒す.
fell・er [félər] **名** Ⓒ 《口語》やつ, 男 (fellow).

fel・low [félou] **名 形**

── **名** (複 **fel・lows** [～z]) Ⓒ **1** [通例, 形容詞を伴って] 《古風》**男**, 人, やつ 《◇親愛・軽蔑などの気持ちを込めて用いる. 呼びかけに用いることが多い》: a brave [good, young] *fellow* 勇気のある [いい, 若い] 男 / My dear *fellow*. [Old *fellow*.] おい君 / Poor *fellow*! 気の毒なやつ.
2 [通例～s] 《古風》仲間, 同僚: school *fellows* 同窓生 / my *fellows* at work 私の仕事の同僚.

3 《米》奨学金を受けている大学院生; 《英》(大学の)特別研究員. **4** 〖通例 F-〗(学会などの)特別会員 (cf. member (通常の)会員). **5** (一対のものの)片方, 相手. **6** 《主に英口語》ボーイフレンド.
― 形 仲間の, 同僚の; 同行の: *fellow* traders 同業者 / a *fellow* countryman 同国[同郷]人 / my *fellow* students 私の学友.
◆ féllow féeling 〖U〗〖時に a ～〗[…への]同情, 共感 (sympathy); 仲間意識 [with, for].
féllow tráveler 〖C〗 **1** (旅の)道づれ. **2** (特に共産党の)シンパ, 同調者.

*fel·low·ship [féloʊʃɪp] 名 **1** 〖U〗仲間であること; [苦楽などを] 共にすること [in]: We have a strong feeling of *fellowship*. 私たちは強い仲間意識を持っている. **2** 〖U〗[…との] 友情, 親交, 親睦(とく) [with]. **3** 〖C〗(共通の趣味・利害などによる)団体, 組合; 〖U〗団体[組合]員の資格[地位]. **4** 〖C〗《米》特別研究奨学金; 《英》(大学の)特別研究員の地位.

fel·on [félən] 名 〖C〗〖法〗重罪犯人.
fe·lo·ni·ous [fəlóʊniəs] 形 〖法〗重罪(犯)の.
fel·o·ny [féləni] 名 (複 **fel·o·nies** [～z]) 〖U〗〖C〗〖法〗(殺人・放火・強盗のような)重罪.

***felt**[1] 動 feel の過去形・過去分詞.
felt[2] 名 〖U〗フェルト; 〖形容詞的に〗フェルト(製)の: a *felt* hat フェルト帽.
félt-tìp pén, félt pèn 名 〖C〗フェルトペン.
fem. 《略語》= female; feminine.

***fe·male** [fíːmeɪl] 形 名
― 形 (↔ male) **1** 女性の: the *female* sex 女性 / *female* suffrage 婦人参政権.
2 雌の: a *female* dog 雌犬.
3 〖機械〗雌の, 凹型の: a *female* screw 雌ねじ.
― 名 〖C〗 **1** (男性に対して)女性 (◇主に学術・統計上の用語として用いる. 日常語として用いる場合は《古風》, あるいは《やや軽蔑》; 《略語》f., F., fem.).
2 (雄に対して)雌.

***fem·i·nine** [fémənɪn] 形 (↔ masculine) **1** 女性の; 女性的な, 女らしい; (男が)女じみた (◇人についてのみ用い, 性別だけでなく, 「女らしさ」の意も含む; cf. female 女の, 雌の): a mostly *feminine* viewership 女性が主体の視聴者層. **2** 〖文法〗女性 (形) の (《略語》f., fem.).
― 名 〖文法〗 **1** 〖U〗〖the ～〗= féminine génder 女性. **2** 〖C〗女性形.
fem·i·nin·i·ty [fèmənínəti] 名 〖U〗女性らしさ.
***fem·i·nism** [fémənìzəm] 名 〖U〗フェミニズム, 男女同権主義, 女権拡張運動.
***fem·i·nist** [fémənɪst] 名 〖C〗フェミニスト, 男女同権論者. (比較 日本語の「フェミニスト」は「女性に優しい男」の意もあるが, 英語にはこの意はない)
― 形 男女同権主義の.
fe·mur [fíːmər] 名 (複 **fe·murs** [～z], **fem·o·ra** [fémərə]) 〖C〗〖解剖〗大腿(愼)骨.
fen [fén] 名 〖しばしば～s〗沼地, 沼沢(たく)地, 湿地帯; 〖the Fens〗イングランド東部の沼沢地帯.
FEN [éfíen] 《略語》= *F*ar *E*ast *N*etwork (米軍の)極東放送(網) (現在は AFN = *A*merican

*Forces N*etwork (米軍放送網) となっている).

****fence** [féns] 名 動
― 名 (複 **fenc·es** [～ɪz]) 〖C〗 **1** 柵(ミ), 囲い, 塀, 垣根, フェンス (cf. hedge 生け垣): an iron *fence* 鉄の囲い / a stone *fence* 石の塀 / build [put up] a *fence* around the garden 庭の周りにフェンスを巡らす / Good *fences* make good neighbors. 《ことわざ》よい垣根はよい隣人を作る ⇒ 親しき仲にも礼儀あり.
2 《俗語》盗品売買者, 故買人[所].
■ ménd (*one's*) fénces […と] 仲直りする [with]. sít [stánd] on the fénce 《軽蔑》形勢を見る, 日和見(より)的な態度をとる.
― 動 他 …に柵[塀]を巡らす, …を柵[塀]で囲う (*around*). ― 自 **1** フェンシングをする, 剣を使う. **2** [質問などを] うまく受け流す, かわす [with].
■ fénce ín 他 …を柵[塀]で囲む; 〖通例, 受け身で〗〈人〉を束縛[拘束]する.
fénce óff 他 …を柵[塀]で仕切る, さえぎる.
fenc·er [fénsər] 名 〖C〗フェンシング選手, 剣士.
fenc·ing [fénsɪŋ] 名 〖U〗 **1** 〖スポーツ〗フェンシング. **2** 〖集合的に〗柵(ミ), 垣根 (の材料).
fend [fénd] 動 他 **1** (攻撃・質問など)をかわす, 受け流す, 防ぐ (*off*): This medicine *fends off* sea-sickness. この薬は船酔いを防ぎます.
― 自 〖通例, 次の成句で〗
■ fénd for onesélf 自活する, 独力でやっていく.
fend·er [féndər] 名 〖C〗 **1** 《米》(自動車・自転車などの) 泥よけ, フェンダー (mudguard, 《英》wing) (→ BICYCLE 図). **2** (電車などの)緩衝装置, (暖炉の) 炉格子〔石炭・薪(ネᲠ)が転げ出るのを防ぐ(ネ)〕.
3 〖海〗防舷(炸)物〔桟橋への激突を防ぐため船につるす古タイヤなど〕.
fen·nel [fénəl] 名 〖C〗〖U〗〖植〗ウイキョウ 〖セリ科の草木〗; ウイキョウの実 〖香味料・薬用〗.
fe·ral [fíərəl, fér-] 形 〖文語〗野生の; (飼われたあと)野生に戻った.
fer·ment [fərmént] 動 他 **1** …を発酵させる.
2 …を激しく動揺[興奮]させる. ― 自 **1** 発酵する. **2** ひどく動揺[興奮]する, 大騒ぎする.
― 名 [fə́ːrment] **1** 〖C〗酵母, 酵素. **2** 〖U〗発酵 (作用). **3** 〖U〗〖または a ～〗大騒ぎ, 興奮, 動揺.
fer·men·ta·tion [fə̀ːrməntéɪʃən] 名 〖U〗 **1** 発酵 (作用). **2** 興奮, 動揺, 大騒ぎ.
fern [fə́ːrn] 名 (複 **fern, ferns** [～z]) 〖C〗〖U〗〖植〗シダ (類), シダの群生.
fern·y [fə́ːrni] 形 (比較 **fern·i·er** [～ər]; 最上 **fern·i·est** [～ɪst]) シダの茂った; シダ状の.
fe·ro·cious [fəróʊʃəs] 形 **1** 凶暴な, 残忍な.
2 ひどい, 激しい: a *ferocious* thirst [appetite] ものすごいのどの渇き [食欲].
fe·ro·cious·ly [～li] 副 残忍に; ひどく.
fe·roc·i·ty [fərásəti / fərɔ́s-] 名 **1** 〖U〗凶暴性, 残忍さ. **2** 〖C〗凶暴な行為.
fer·ret [férɪt] 名 〖C〗〖動物〗フェレット 〖イタチの一種でペットになる〗. ― 動 他 〈犯人など〉を捜し出す, 〈秘密など〉を探り出す (*out*). ― 自 《口語》 […を] 探し回る (*about, around*) [*for*].

Fér·ris whèel [féris-] 名 C《主に米》(遊園地にある)大観覧車(《英》big wheel).

fer·rous [férəs] 形 鉄の, 鉄を含む: *ferrous* [non*ferrous*] metals 鉄[非鉄]金属.

fer·rule [férəl, -ruːl] 名 C **1** 石突き(つえなどの先端の金具). **2** (ナイフ・のみの柄などの)金輪(なわ).
—— 動 他〈つえなど〉に石突きを付ける.

*__fer·ry__ [féri] 名 (複 **fer·ries** [~z]) C **1** フェリー(ボート), 連絡船, 渡し船(ferryboat)(→ SHIP 図)(《比較》英語の ferry は「連絡船」や「渡し船」を含み, 通例, 川・湖・海峡など近距離を結ぶ): We went to the other side of the lake by [on the] *ferry*. 私たちはフェリーで湖の対岸に渡った. **2** フェリー乗り場, 渡船場.
—— 動(三単現 **fer·ries** [~z]; 過去・過分 **fer·ried** [~d]; 現分 **fer·ry·ing** [~iŋ]) 他 **1**〈人・車・物資などを〉船で運ぶ;(定期的に)輸送する. **2**〈川など〉をフェリーで渡る. —— 自 フェリーで渡る.

fer·ry·boat [féribòut] 名 C フェリー(ボート), 連絡船, 渡し船 (◇ 単に ferry とも言う).

fer·ry·man [fériman] 名 (複 **fer·ry·men** [-mən]) C フェリー乗組員, 渡船業者.

*__fer·tile__ [fə́ːrtl / -tail] 形 (↔ infertile, barren) **1**(土地の)肥えた, 肥沃(ひよく)な;[…に]多く産する[*in, of*];豊作をもたらす: *fertile* land 肥沃な土地. **2**〔しばしば, こっけい〕〈創意・想像力などに〉富んだ[*in, with*]: a *fertile* imagination 豊かな想像力. **3** 生殖[繁殖, 結実]力のある;多産な;受精[受胎]した (↔ sterile).

fer·til·i·ty [fərtíləti] 名 U **1**(土地の)肥沃(ひよく)さ;(作物の)多産. **2**(想像力などの)豊かさ. **3** 生殖[授精, 受精, 繁殖]力.

fer·til·i·za·tion [fə̀ːrtlizéiʃən / -lai-] 名 U **1**(土地を)肥やすこと;(畑などへの)施肥(せひ), 肥料散布. **2**〘生物〙受精, 受胎;受粉: in vitro *fertilization* 体外受精.

fer·til·ize, 《英》**fer·til·ise** [fə́ːrtəlàiz] 動 他 **1**〈土地などを〉肥やす, 豊かにする;〈土地に〉肥料を施す. **2**〘生物〙…を受精[受胎, 受粉]させる, 授精する.

fer·til·iz·er, 《英》**fer·til·is·er** [fə́ːrtəlàizər] 名 U C 肥料, 化学肥料 (cf. manure (牛馬のふんなどの)肥やし).

fer·vent [fə́ːrvənt] 形 熱烈な;熱い, 燃えるような: a *fervent* plea 熱心な嘆願.
fer·vent·ly [~li] 副 熱烈に, 熱心に.

fer·vid [fə́ːrvid] 形 〔通例, 限定用法〕《格式》熱烈な;燃えるような.

fer·vor, 《英》**fer·vour** [fə́ːrvər] 名 U 熱烈(さ), 熱情 (passion);白熱 (状態).

fes·ter [féstər] 動 自 **1**(傷口などが)うむ, 化膿する;ただれる. **2**(不満・怒りなどが)増す, 募る.

*__fes·ti·val__ [féstəvəl] 名 **1** C 祝祭, 祭り, 祭日;祭り: a harvest *festival* 収穫祭 / a music *festival* 音楽祭. **2** C〔しばしば F-〕(定期的に開かれる文化的な)催し, …祭, …フェスティバル: Cannes Film *Festival* カンヌ国際映画祭. **3** U C お祭り騒ぎ, 饗宴(きょうえん).

fes·tive [féstiv] 形 祝祭の, お祝いの;お祭り気分の, 陽気な: a *festive* occasion めでたい日[誕生日など] / in a *festive* mood お祭り気分で / the *festive* season クリスマスシーズン.

fes·tiv·i·ty [festívəti] 名 (複 **fes·tiv·i·ties** [~z]) **1** U お祭り騒ぎ, 祝賀. **2** C〔複数形で〕祝いの催し[行事], 祝宴.

fes·toon [festúːn] 名 C 《格式》花綱(はなづな)(花・葉・リボンなどをひも状にした飾り). —— 動 他〔通例, 受け身で〕…を[…で]花綱状に飾る[*with*].

fe·tal, foe·tal [fíːtl] 形 胎児の (→ FETUS).

*__fetch__ [fétʃ] 動 **1** [fetch + O]〈人が〉(行って)[…から]取って来る, 連れて来る[*from*] (◇ 本来は fetch だけで go and bring の意であるが, go (and) fetch と言うこともある; → BRING 類義語): Please (go and) *fetch* a stool. 腰掛けを(行って)持って来てください / Judy *fetched* her son home *from* the kindergarten. ジュディーは息子を幼稚園から家に連れ帰った.
2 [fetch + O + O / fetch + O + for O](行って)〈人〉に〈もの〉を取って[持って]来てやる: Please *fetch* me a glass of water. = Please *fetch* a glass of water *for* me. 私に水を1杯持って来てください.
3(商品が)〈…の値段〉で売れる, …の値段がつく: The old guitar *fetched* ¥5,000 at the garage sale. その古いギターをガレージセールで5,000円で売れた. **4**《英》〈涙・笑いなどを〉[…から]引き出す, 誘う[*from*];〈ため息・うめき声などを〉発する, もらす: *fetch* a sigh ため息をつく. **5**《英口語》〈人〉に〈一撃など〉を加える, くらわす.
■ *fétch and cárry* [人のために]雑用をする, 使い走りをする.
fétch úp 自《英口語》(意図しないで)[…に]着く, 到達する[*in, at*];終わる.

fetch·ing [fétʃiŋ] 形《口語・ほめ言葉》魅力的な, 格好がよい, 見栄えのよい.

fete, fête [féit] (☆ 同音 fate)【フランス語】名 C (主に募金を目的とした)戸外の催し, 祝祭;祝宴.
—— 動 他〔通例, 受け身で〕〈人〉のために祝宴を催す.

fet·id [fétid] 形《格式》悪臭のする, 臭い.

fet·ish, fet·ich [fétiʃ] 名 C **1** 呪物(じゅぶつ), 物神(ぶっしん)(魔力を持つとして崇拝される木像・石片など). **2** 盲目的崇拝物, 迷信の対象: make a *fetish* of … = have a *fetish* about … …を盲目的に崇拝する. **3**〘心理〙フェティッシュ《性的倒錯者に興奮をもたらすもの. 異性の毛髪・下着など》.

fet·ish·ism [fétiʃizəm] 名 U **1** 呪物(じゅぶつ)[物神(ぶっしん)]崇拝. **2** 盲目的崇拝. **3**〘心理〙フェティシズム《異性の毛髪や衣類に異常に執着する性的倒錯》.

fet·lock [fétlàk / -lɔ̀k] 名 C 球節(馬のひづめの上方後部にある関節);けづめ毛.

fet·ter [fétər] 名 C〔通例 ~s〕《文語》(罪人などの)足かせ, 鎖;《比喩》束縛, 拘束(するもの).
■ *in fétters* 足かせをかけられて;束縛されて.
—— 動 他〔通例, 受け身で〕《文語》…に足かせをかける;…を束縛[拘束]する.

fet·tle [fétl] 名 U《古風》(心身の)状態, 調子.
■ *in fíne* [góod] *féttle* 元気いっぱいで, 快調で.

fe·tus, foe·tus [fíːtəs] 名 C 胎児(◇通例, 人間では妊娠3か月以後の胎児をさし, それ以前は embryo と呼ぶ).

feud [fjúːd] 名 C U [2者[部族・家族]間の](長期にわたる)確執, 反目, 争い [between].
— 動 自 […と / …のことで] 反目する, 争う [with / over].

feu・dal [fjúːdəl] 形 **1** [限定用法] 封建的な: the *feudal* system 封建制度 / *feudal* times = the *feudal* age 封建時代. **2** 封建的な.

feu・dal・ism [fjúːdəlìzəm] 名 U 封建制度 (feudal system).

feu・dal・is・tic [fjùːdəlístik] 形 封建制度の; 封建的な.

fe・ver [fíːvər]
— 名 (複 fe・vers [~z]) **1** U [または a ~] (病気の) **熱**, 発熱: I have a high [slight] *fever*. 私は熱が高い[少しある] / The *fever* will soon go down. 熱はまもなく下がるだろう / He has been in bed with a *fever* since last night. 彼は昨夜から熱を出して寝ている.
2 U C 熱病: scarlet *fever* しょうこう熱 / yellow *fever* 黄熱病. **3** U [または a ~] 熱狂, 極度の興奮状態, フィーバー: soccer *fever* サッカー人気 / in a *fever* of impatience ひどくあせって.
◆ féver pítch U (群衆などの) 極度の興奮状態: at [to] *fever* pitch ひどく興奮して.

fe・vered [fíːvərd] 形 [限定用法]《文語》**1** ひどく興奮した; 猛烈な. **2** (病気で) 熱のある.

fe・ver・ish [fíːvəriʃ] 形 **1** (病気で)(微)熱のある, 熱っぽい; 熱病の, 熱による: feel *feverish* 熱っぽい / I'm *feverish* today. 私はきょうは微熱がある.
2 ひどく興奮した, 熱狂的な; 猛烈な: a *feverish* concert 熱気あふれるコンサート.
fe・ver・ish・ly [~li] 副 熱病にかかったように; 熱狂的に.

few [fjúː] 形 代

---

❶ **形容詞**

■ [a few+可算名詞]「少数の…」(→形 1)
I asked him a few questions.
(私は彼にいくつかの質問をした)

I have a few friends in Mexico.
(私はメキシコに友達が数人いる)

■ [few+可算名詞]「…がほとんどない; 少ししかない」(→形 2)
He has few friends in Japan.
(彼は日本には友達が少ししかいない)

❷ **代名詞**「少数の人[もの]; ほとんどない人[もの]」(→代 1, 2)
I know a few of these people.
(私はこの人たちの何人かは知っている)

Few believe him.
(彼の言うことを信じる人はほとんどいない)

— 形 (比較 few・er [~ər]; 最上 few・est [~ist])
1 [a few+可算名詞] **…が少しはある**, 少数の…, いくらかの…: The police officer asked me *a few* questions then. それから警官は私にいくつか質問をした / There are *a few* eggs left in this box. この箱の中には卵が少し残っている / She comes here every *few* days. 彼女は数日置きにここに来る.

2 [few+可算名詞] **…がほとんどない; 少しかない** (↔ many): a man of *few* words 口数の少ない男性 / Mary has *few* friends to play with. メアリーには遊ぶ友達がほとんどいない / There were *few* eggs in the refrigerator. 冷蔵庫には卵は少ししかなかった / *Few* passengers were injured in yesterday's traffic accident. きのうの交通事故で負傷した乗客はほとんどいなかった / You made the *fewest* mistakes in this class. このクラスであなたは間違いが一番少なかった.

語法 (1) few は数の少ないことを, little は量の少ないことを表す.
(2) **1** は肯定的な意を, **2** は否定的な意を表すが, この違いは話し手の見方・感じ方によるもので, 必ずしも数の多少によるものではない.
(3) *a few* … が特定のものをさすときは the [these, those, …'s] few … となる: This is one of *the few* poems written by him. これは彼が書いた数少ない詩の中の1編です.

■ *a góod féw …* = quite a few ….

féw and fár betwéen (数が) 少ない, まれで: Good teachers like him are *few and far between*. 彼のように立派な教師は珍しい.

nò féwer than … (数が) …ほども (as many as …): *No fewer than* 300 students listened to her lecture. 300人もの学生が彼女の講義を聴いた.

nòt a féw … 少なからずの…; かなりの数の…: *Not a few* schoolchildren have a cellular phone these days. この頃は携帯電話を持っている児童がかなりいる.

ònly [jùst] a féw … ほんのわずかの…, …はほとんどない: Hurry up. You have *only a few* minutes before the train leaves. 急ぎなさい. 列車が出るまで2, 3分しかありません.

quìte a féw … かなり多くの…: There were *quite a few* foreigners in the restaurant. そのレストランには外国人がかなり大勢いた.

sòme féw … **1** 少数の…. **2** かなりの数の….

— 代 [不定代名詞; 複数扱い] **1** [a ~] 少数の人[もの]: There were *a few* who could speak Japanese. 日本語を話せる人が少ないた / I've read *a few* of his novels. 私は彼の小説を2, 3冊読んだことがある.

2 [無冠詞で] **…の人[もの]はほとんどいない** (↔ many): *Few* of us have been to Brazil. 私たちの中にブラジルへ行ったことのある者はほとんどいない / Very *few* understood his idea. 彼の考えを理解した人はほとんどいなかった.

3 [the ~] 少数の人たち, (少数の) 選ばれた人たち (↔ the many): Yachting is still a pastime of the *few* in Japan. ヨット遊びはまだ日本では限ら

fey [féi] 形 (人・行為が)奇妙な, 現実離れした.

fez [féz] 名 (複 **fez·zes**, **fez·es** [~iz]) C トルコ帽《イスラム教徒の男性がかぶる, つばのない帽子》.

ff. [《記号》《音楽》] = FORTISSIMO きわめて強い[強く].

ff. 《略語》= (and the) *f*ollowing (pages, lines) …[ページ, 行]以下 (◇ See p. 25 ff. (25ページ以下を見よ)のように用いる).

fi·an·cé [fi:ɑːnséi, fiáːnsei / fiɔ́nsei]《フランス》名 C (女性から見た)婚約者, フィアンセ.

fi·an·cée [fi:ɑːnséi, fiáːnsei / fiɔ́nsei]《フランス》名 C (男性から見た)婚約者, フィアンセ.

fi·as·co [fiǽskou] 名 (複《米》**fi·as·co(e)s**,《英》**fi·as·cos** [~z]) C U 大失敗, 大失策, 大失態.

fi·at [fí:ət] 名 C U《格式》(権威による)命令; 認可.

fib [fíb] 名 C《口語》(罪のない)うそ.
── 動 (三単現 **fibs** [~z]; 過去・過分 **fibbed** [~d]; 現分 **fib·bing** [~iŋ]) 自 罪のないうそをつく.

fib·ber [fíbər] 名 C 罪のないうそをつく人.

***fi·ber**,《英》**fi·bre** [fáibər] 名 **1** C (動植物・鉱物の)繊維(の1本); U 繊維質, 繊維組織: nerve *fibers* 神経繊維 / dietary *fiber* 食物繊維.
2 C (織物の材料としての)繊維; U (布の)生地: synthetic *fiber* 合成繊維. **3** U《文語》(人の)性質, 性格; 性格の強さ, 根性: a person of fine [coarse] *fiber* 繊細[粗野]な性格の人.
(▷ 形 **fibrous**)

◆ **fíber óptics** U **1** [複数扱い] 光ファイバー《光を伝送するガラス[プラスチック]繊維の束. 内視鏡・通信ケーブルなどに使う》. **2** [単数扱い] 繊維光学.

fi·ber·board [fáibərbɔ̀ːrd] 名 U 繊維板, ファイバーボード《木材繊維を圧搾した建築用材》.

fi·ber·glass [fáibərglæ̀s / -glɑ̀ːs] 名 U グラスファイバー, ガラス繊維.

fi·ber·scope [fáibərskòup] 名 C 光ファイバースコープ《映像を光ファイバーによって伝送する装置. 内視鏡などに使う》.

***fi·bre** [fáibər] 名《英》= FIBER (↑).

fi·brous [fáibrəs] 形 繊維の(多い), 繊維質の, 繊維でできた; 繊維状の. (▷ 名 **fíber**)

fib·u·la [fíbjulə] 名 (複 **fi·bu·lae** [-lìː], **fib·u·las** [~z]) C《解剖》腓骨(゙).

-fic [fik] 接尾 「…化する」「…を引き起こす」の意を表す形容詞を作る: terri*fic* 恐ろしい.

-fi·ca·tion [fikeiʃən] 接尾 -fy で終わる動詞の -fy と置き換えて「…化(すること)」の意を表す名詞を作る: simpli*fication* 簡略化, 単純化 / quali*fication* 資格を与え(られ)ること.

fiche [fíːʃ] 名 (複 **fiche**, **fich·es** [~iz])
= MICROFICHE.

fick·le [fíkl] 形 **1** 《通例, 軽蔑》気まぐれな, 移り気な, 気の多い. **2** (天候・運命などが)変わりやすい.

fick·le·ness [~nəs] 名 U 気まぐれ, 変わりやすさ.

***fic·tion** [fíkʃən]
【「fic (作る) + tion (もの)」から】
── 名 (複 **fic·tions** [~z]) **1** U 小説, 創作, フィクション (↔ nonfiction): science *fiction* 空想科学小説《略語》SF / a *fiction* writer 小説家 / Truth [Fact] is stranger than *fiction*.《ことわざ》事実は小説より奇なり.
2 U C 作り話, 虚構, 作り事 (↔ fact): His story is (a) pure *fiction*. 彼の話はまったくの作り事です.
3 U C 《格式》 架空のこと[もの]; 仮定.

fic·tion·al [fíkʃənəl] 形 作り事の, 架空の, 虚構の; 小説の, 小説的な.

fic·tion·al·ize,《英》**fic·tion·al·ise** [fíkʃənəlàiz] 動 他〈実在の事件など〉を小説[物語]化する.

fic·ti·tious [fiktíʃəs] 形 **1** 架空の, 想像上の; 創作上の: *fictitious* character 架空の人物.
2 うその, 虚偽の.

fid·dle [fídl] 名 C《口語》**1** バイオリン (violin)《◇主にジャズやポピュラー音楽用のバイオリンをさす》. **2**《英》いかさま, ペテン, 詐欺.
■ (*as*) **fít as a fíddle**《英》元気いっぱいで, ぴんぴんして.
pláy [**be**] **sécond fíddle to** …《口語》…のわき役を務める, 〔人〕の下につく.
── 動《口語》**1** バイオリンを弾く. **2** 〔…を〕(指で)いじくる, もてあそぶ (*about*, *around*) [*with*]. **3** (あてもなく)ぶらぶら過ごす (*about*, *around*).
── 他 **1** 〈曲〉をバイオリンで弾く. **2**《英》〈帳簿など〉をごまかす. **3** 〈時間などを〉むだに[だらだら]過ごす (*away*).

fid·dler [fídlər] 名 C《口語》**1** バイオリン弾き《◇ violinist と比べて芸人的意味合いが強い》: "*Fiddler* on the Roof"『屋根の上のバイオリン弾き』(ミュージカルの題名). **2** ペテン師.

fid·dle·stick [fídlstik] 名 C **1** バイオリンの弓.
2 [通例 ~s] くだらないこと, 取るに足らないこと.
── 間 [~s]《古風》ばかばかしい, くだらない.

fid·dling [fídliŋ] 形 [限定用法]《口語》つまらない, くだらない, むだな.

fid·dly [fídli] 形 (比較 **fid·dli·er** [~ər]; 最上 **fid·dli·est** [~ist])《口語》**1** (仕事などがこまごまして)扱いにくい, 面倒な. **2** つまらない.

***fi·del·i·ty** [fidéləti, fai-] 名 U **1** 〔人・主義などに対する〕忠誠, 忠実; 〔夫・妻への〕貞節 [*to*]: show *fidelity* to … …に誠意を示す. **2** (模写・報告などの)(原物・事実に)そっくりなこと, 忠実なこと, 正確さ [*to*]: translate … with the greatest *fidelity* to the original …を原文に即して忠実に翻訳する. **3**《映像・音響》(再生の)忠実度.

fidg·et [fídʒit] 動 自 **1** そわそわする, もじもじする. **2** 他〔人〕をそわそわさせる.
── 他〈人〉をそわそわさせる.
── 名 C《口語》**1** [a ~] 落ち着かない気分で: be in a *fidget* そわそわする. **2** 落ち着きのない人[子]. **3** [しばしば the ~s] そわそわ[もじもじ]すること, 落ち着きのなさ, 落ち着きかない気分: get [have] the *fidgets* そわそわする, 落ち着かない気分になる.

fidg·et·y [fídʒəti] 形《口語》落ち着きのない, そわそわ[もじもじ]する.

Fi·do [fáidou] 名 ファイドー《◇飼い犬によく付ける名前》.

fie [fái] 間《古》おやおや, まあ, なんとこれは《◇不快・嫌悪・非難などの気持ちを表す》.

field [fíːld] 名

— 名 (複 **fields** [fíːldz]) C **1** 畑, 田, 牧草地 (◇通例, 垣根・溝などで囲まれたものをさす): a *field* of corn トウモロコシ [[主に英]] 小麦] 畑 / They had to work in the *fields* from morning till evening. 彼らは朝から晩まで畑で働かなくてはならなかった.

2 [通例, 複合語で] 競技場, 運動場; 球場 (《英》 pitch); (陸上競技場の)フィールド (《トラックの内側》: a playing *field* 運動場 / The grass on this football *field* is in good condition. このサッカー場の芝はよい状態にある.

3 [通例, 複合語で] (広々とした)野原; (氷・雪などの)一面の広がり: an open *field* 広々とした野原 / a *field* of clouds 雲海 / The helicopter landed on the ice *field*. ヘリコプターは氷原に着陸した.

4 [通例, 複合語で] (ある目的のための)使用地; (天然資源の)産出地: a flying *field* 飛行場 / an oil *field* 油田.

5 (学問・研究・活動などの)分野, 領域: Dr. Kato is famous for his excellent studies in the *field* of biochemistry. 加藤博士は生化学の分野におけるすぐれた研究で有名です / Criminal law is outside my *field*. 刑法は私の専門外です.

6 〖物理〗 場; 界: a magnetic *field* 磁場, 磁界.

7 戦場 (battlefield): a *field* of battle 戦場.

8 (望遠鏡・カメラなどの)視野, 視界: the *field* of vision 視野, 視界. **9** [the 〜; 集合的に] 競技参加者全員: lead the *field* 先頭[トップ]に立つ. **10** [the 〜] (実験室・研究室などに対して) 実地, 現場, 現地. **11** (絵・模様などの)地(じ), 地色.

■ **hòld** [**kèep**] **the field** 〔…に対して〕自軍を固守する; (試合などで)一歩も引かない [*against*].

in the field 1 出征中で, 戦場で. **2** 競技に参加して; 守備について. **3** (研究室から離れて)現場で, 実地に.

pláy the field 《米口語》いろいろな分野 [仕事]に手を出す; 多くの異性と〈広く浅く〉交際する.

tàke the field 戦闘 [競技]を開始する; 守備につく.

— 動 ⓐ 〖野球〗 (野手として)守備につく.

— ⓗ **1** 〈ボールを〉捕らえる; 出場させる. **2** 〖野球〗 〈打球を〉捕る, さばく. **3** 〈質問などを〉うまくさばく.

◆ **field dày** C **1** 《米》運動会; 野外研究日. **2** 大いに楽しめる日, すばらしいことのある日: have a *field day* 大いに楽しむ, 羽目をはずす.

field evènts [複数扱い] (陸上の)フィールド競技.
field glàsses [複数扱い] 携帯用双眼鏡.
field hòckey U 《米》 ホッケー (《英》 hockey).
field spòrts [複数扱い] (特に狩猟・釣りなどの)野外スポーツ.
field trìp C (学生などの)野外見学, 実地調査.

field·er [fíːldər] 名 C 〖野球・クリケット〗 野手 (《英》 fieldsman; → CRICKET 図): a *fielder's* choice 〖野球〗 野選, フィルダーズチョイス.

field·ing [fíːldiŋ] 名 U 〖野球・クリケット〗 守備.
fields·man [fíːldzmən] 名 (複 **fields·men** [-mən]) C 《英》〖クリケット・野球〗野手.
field-tèst 動 ⓗ 〈新製品などの〉実地テストをする, 実地検査をする.

field tèst 名 C (新製品などの)実地試験 [検査].

field·work [fíːldwə̀ːrk] 名 **1** U (生物学・考古学などの)野外研究 [作業]; 野外採集; (社会学などの)現場訪問, 実地調査 [研究], フィールドワーク. **2** C 〖軍〗 (敵の攻撃を防ぐための)土塁, 堡塁(ほるい).

fiend [fíːnd] 名 **1** 〖文語〗 悪霊, 悪魔, 悪鬼. **2** 《口語》 凝り屋, …に夢中になる人, …狂, …の鬼: a film *fiend* 映画狂. **3** 残忍 [冷酷] な人.

fiend·ish [fíːndiʃ] 形 **1** 《口語, 限定用法》 悪魔のような, 残酷 [冷酷] な. **2** 《口語》 (天候などが)ひどく不快な; (仕事・問題などが)とても難しい. **3** (計画・考えなどが)実に巧妙な, 手の込んだ.

fiend·ish·ly [〜li] 副 残酷に; 《口語》 とても.

fierce [fíərs] 形 **1** (人・動物などが)どう猛な, 凶暴な, 暴力的な: a *fierce* polar bear どう猛な白クマ. **2** (風雨・感情などが)激しい, すさまじい, 猛烈な: a *fierce* election campaign 激しい選挙戦.

fierce·ness [〜nəs] 名 U 凶暴さ; 激しさ.

fierce·ly [fíərsli] 副 どう猛に; 激しく.

fi·er·i·ly [fáiərəli] 副 火のように; 激しく.

fi·er·y [fáiəri] 形 (比較 **fi·er·i·er** [〜ər]; 最上 **fi·er·i·est** [〜ist]) [通例, 限定用法] **1** 火の; 燃えている: a *fiery* furnace 燃えさかる炉. **2** 火のような, 火のように熱い [赤い]: a *fiery* sunset 燃えるような夕焼け / a *fiery* red 燃えるような赤 / *fiery* eyes (怒りに)ぎらぎら光る目. **3** (性格・感情・言葉などが)激しい, 熱烈な; 気が荒い: a *fiery* temper 激しい気性 / make a *fiery* speech 檄(げき)を飛ばす.
4 (味などが)辛い, ぴりぴりした. (▷ 名 fire).

fi·es·ta [fiéstə] 〖スペイン〗 名 C **1** (スペイン・ラテンアメリカなどの宗教上の)祝祭(日), 聖日. **2** (一般に)祝祭, 休日.

FIFA [fíːfə] 略 国際サッカー連盟 (◇フランス語の *Fédération Internationale de Football Association* の略).

fife [fáif] 名 C (主に軍楽隊で用いる)横笛.

fif·teen [fìftíːn] 形 名

— 名 (複 **fif·teens** [〜z]) **1** U (基数の)15 (→ NUMBER 表). **2** C 15を表す記号 (15, XV など). **3** [代名詞的に; 複数扱い] 15個, 15人. **4** U 15時, 15分; 15歳; 15ドル [セント, ポンド, ペンスなど]; 15フィート, 15インチ. **5** C 15個[人]ひと組のもの; フィフティーン 《ラグビーチームなど》. **6** U 〖テニス〗 フィフティーン 《1ゲームの最初の得点》.

— 形 **1** [限定用法] 15の, 15個の, 15人の.
2 [叙述用法] 15歳で.

fif·teenth [fìftíːnθ] 形 名 (◇ 15th ともつづる; → NUMBER 表)

— 形 **1** [通例 the 〜] 15番目の, 第15の; 15位の. **2** 15分の1の (→ FOURTH 形 2).
— 名 (複 **fif·teenths** [〜s]) **1** U [通例 the 〜] 15番目の人 [もの].
2 U [通例 the 〜] (月の)15日 (→ FOURTH 名 2).
3 C 15分の1 (→ FOURTH 名 3 〖語法〗).

fifth [fífθ] 形 名 (◇ 5th ともつづる; → NUMBER 表)
— 形 **1** [通例 the 〜] 5番目の, 第5の; 5位の.
2 5分の1の (→ FOURTH 形 2)

— 名 (複 **fifths** [fíf(θ)s]) **1** Ⓤ [通例 the 〜] 5番目の人[もの]. **2** Ⓤ [通例 the 〜] (月の)5日(ｶﾞﾂ) (→ FOURTH 名 2). **3** Ⓒ 5分の1, ⅕ (→ FOURTH 名 3 [語法]). **4** Ⓒ《米》5分の1ガロンびん《約900cc》.

■ **táke** [**pléad, invóke**] **the Fífth** 《米》黙秘権を行使する《憲法修正第5条で保障されている権利》;（一般に）返答を拒否する.

◆ **Fifth Améndment** [the 〜]《米》憲法修正第5条《黙秘権など, 刑法上の保障を規定している》.
Fífth Ávenue 固 五番街《米国 New York City の Manhattan 区を南北に貫く繁華街》.
fifth cólumn Ⓒ 第五部隊, 第五列《敵軍に内通して自軍を内部からかく乱する一団》.
fifth whéel Ⓒ **1** (四輪車の)予備車輪. **2**《米》無用の長物, 余分な人[もの].

fif・ti・eth [fíftiəθ]《◇ **50th** ともつづる; → NUMBER 表》形 **1** [通例 the 〜] 50番目の, 第50の; 50位の. **2** 50分の1の (→ FOURTH 形 2).
— 名 (複 **fif・ti・eths** [〜s]) **1** [通例 the 〜] 50番目の人[もの].
2 Ⓒ 50分の1 (→ FOURTH 名 3 [語法]).

fif・ty [fífti]
— 名 (複 **fif・ties** [〜z]) **1** Ⓤ (基数の) 50 (→ NUMBER 表). **2** Ⓒ 50を表す記号 (50, L など).
3 (代用)[複数扱い] 50個, 50人. **4** Ⓤ 50分; 50歳; 50ドル[セント, ポンド, ペンスなど]; 50フィート; 50インチ. **5** Ⓒ 50個[人] ひと組のもの.
6 [one's fifties] 50歳代; [the fifties] (世紀の)50年代.
— 形 **1** [限定用法] 50の, 50個の, 50人の.
2 [叙述用法] 50歳で.

fif・ty-fif・ty 副《口語》五分五分で; (分け前が)[…と / …と] 半々に, 折半で [on / with]: divide the prize money *fifty-fifty with* … 賞金を…と折半する / We went *fifty-fifty on* dinner. 私たちはディナーを割り勘にした.
— 形《口語》**1** 五分五分の, 半々の, 平等な: on a *fifty-fifty* basis 半々で.
2 (可能性が) 50パーセントの.

fig [fíg] 名 Ⓒ **1** イチジク(の実); イチジクの木 (fig tree). **2** [a 〜; 否定文で, 副詞的に]《英》ちっとも (…ない), 少しも (…ない): His advice is not worth a *fig*. 彼の忠告はちっとも価値がない.
◆ **fíg léaf** Ⓒ **1** イチジクの葉. **2** (彫刻や絵画で性器を隠す) イチジクの葉の覆い. **3** (不正や具合の悪いものなどを) 覆い隠すもの[手段].

fig.(略語) **1** Ⓤ《◇ *figure*(s) の略》: See *fig.* 3 on page 7. 7ページの図3を参照. **2** = *figurative* 比喩的な; *figuratively* 比喩的に.

fight [fáit]《原義は「髪の毛のむしり合い」》
— 動 (三単現 **fights** [fáits]; 過去・過分 **fought** [fɔ́ːt]; 現分 **fight・ing** [〜iŋ])
— 自 **1** […と] 戦う, 格闘する, (殴り合いの) けんかをする [against, with]: Several boys are *fighting* in the classroom. 何人かの男の子が教室でけんかをしている / He *fought against* [*with*] the enemy alone. 彼は1人で敵と戦った / Germany *fought* with Italy *against* the Allies. ドイツはイタリアと共に連合国と戦った《◇ fight with は「…と共に戦う」の意にもなる》.

2 […のことで] 争う, 張り合う [over, about]: Two dogs are *fighting over* a bone. 2匹の犬が1本の骨を取り合っている.

3 […のために / …するために] 努力する, 奮闘する, 闘う [for / to do]; [誘惑などと] 闘う [against]: We must help them *fight* for human rights. 私たちは彼らが人権のために闘うのを助けなければならない / She *fought to* achieve her goal. 彼女は目的を達成するために頑張った.

4 […のことで] 口論する, 言い争う [over, about]: He did not want to *fight about* money. 彼はお金のことで口論したくなかった / It is useless to *fight over* taste. 趣味のことでの言い争いは何の役にも立たない.
— 他 **1** 〈敵など〉と戦う, 交戦する; 〈戦い〉を交える: Japan *fought* Russia in 1904. 日本は1904年にロシアと戦争をした / He *fought* a good fight against the champion. 彼はチャンピオンに善戦した.
2 〈困難・病気など〉に立ち向かう, 対抗して闘う: Let's *fight* air pollution. 大気汚染をなくすために共に闘おう / Doctors are doing their best to *fight* cancer. 医師たちは全力をつくして癌(ガン)と闘っている.

(句動詞) **fight báck** 自 反撃 [抵抗] する.
— 他 [fight back＋O / fight＋O＋back] 〈感情など〉を抑える: She was very sad but *fought back* her tears. 彼女はとても悲しかったが涙をこらえた.
fight dówn = fight back.
fight óff 他 [fight off＋O / fight＋O＋off] …を撃退する, 寄せつけない: All through the night, he was *fighting off* despair. 彼は一晩じゅう絶望感を払いのけようと努めていた.
fight óut 他 [fight out＋O / fight＋O＋out] 〈争いなど〉に決着をつける.
・fight it óut 最後まで戦う.

■ **fight one's wáy** 戦い[奮闘し] ながら進む.
fight shý of … …を嫌う (→ SHY 成句).
fight to the fínish 勝負がつくまで戦う.

— 名 (複 **fights** [fáits]) **1** Ⓒ […のための / …に対する] 戦い, 争い, 闘争, 論争 [for / against] (→ [類義語]): win [lose] a *fight* 戦いに勝つ [負ける] / a *fight against* racial [sexual] discrimination 人種[性]差別に対する闘い / They carried on the *fight for* freedom. 彼らは自由を求める闘いを続けた.

2 Ⓒ […との] けんか, 格闘 [against, with]: get into a *fight* けんかになる, けんかをする / pick a *fight* けんかを売る / The boy had a *fight with* his friend. その少年は友人とけんかした.

3 Ⓤ 闘志, ファイト, 戦意: Every player was full of *fight*. 選手全員闘志満々だった.

4 Ⓒ (ボクシング・レスリングの) 試合.

■ **a fight to the fínish** 勝負がつくまでの戦い.
pùt úp a góod [**póor**] **fight** 善戦 [苦戦] する.
shòw fight 闘志を示す, 激しく抵抗する.

[類義語] **fight, struggle, strife, combat, conflict, quarrel, contest**
共通する意味▶戦闘, 争い (battle or competition between persons, groups, countries, etc.)
fight は「戦闘」の意の最も一般的な語で,「個人間の格闘, 殴り合い」に重点が置かれる: A *fight* broke out between two drunks. 2人の酔っ払いの間で殴り合いのけんかが始まった. **struggle** は「困難や抵抗に打ち勝とうとする激しい努力」のことで困難に対して「苦戦中」の意を含む: the *struggle* for existence 生存競争. **strife** は「絶えず敵意を抱き合っての争い」の意: factional *strife* 派閥争い. **combat** は「武器をとっての戦い」の意: The enemy battleship was sunk in *combat*. 敵の戦艦は戦闘中に撃沈された / a *combat* with difficulties 困難との闘い. **conflict** は実際の「交戦, 戦闘」のほかに, 比喩的に「思想・利害の衝突, 心の葛藤(かっとう)」などにも用いる: We must prevent an armed *conflict* between the two nations. 両国間の軍事交戦を防がなくてはならない / a *conflict* of opinions [interests] 意見 [利害] の衝突. **quarrel** は「言い争い, 口げんか」の意. ものを投げつけたりの行為を伴うこともある: She had a *quarrel* with her husband yesterday. 彼女はきのう夫婦げんかをした. **contest** は友好的, 敵対的を問わず「優劣を競う争い」の意: a speech *contest* 弁論大会.

***fight·er** [fáitər] 名 C **1** 戦士, 闘士;《通例, ほめ言葉》闘志のある人, 困難なことに立ち向かう人.
2(ボクシングの)選手, プロボクサー(prizefighter).
3 =fíghter pláne 戦闘機 (cf. bomber 爆撃機; → AIRCRAFT 図).

****fight·ing** [fáitiŋ]
— 形 [限定用法] 戦う; 好戦的な: *fighting* spirit 闘争心, 闘志.
— 名 U 戦い, 闘争; けんか, 格闘; 交戦.
◆ fíghting chánce C 懸命に努力すれば成功する [勝てる] 見込み, わずかな可能性.

fig·ment [fígmənt] 名 C 作り事, 虚構.
■ *a figment of one's [the] imagination* 架空の事柄, 想像の産物.

fig·u·ra·tive [fígjurətiv / fígər-] 形 **1** 比喩的な, 転義的な (《略記》fig.; cf. literal 文字通りの).
2 比喩の多い, 修辞に富む, (文体などが) 華やかな.
3 造形による: the *figurative* arts 造形芸術.

fig·u·ra·tive·ly [fígjurətivli / fígər-] 副 比喩的に (《略記》fig.; cf. literally 文字通りに).

****fig·ure** [fígjər]
— 名 【原義は「形作られたもの」】
名 (複 **fig·ures** [〜z]) C **1** (統計の) 数字; (数字で示した) 額, 数量: I will sell it at the *figures* named. 付け値で売りましょう / According to the latest *figures*, the number of people older than 100 years is 3,650. 最新の統計によれば, 100歳以上の人は3,650人である.

2 (アラビア) 数字; (数の) 桁(けた): double *figures* 2桁の数字 / Can you write the number in *figures*? その数を数字で書けますか.
3 (人の) 姿, 人影; 体形, スタイル; 容姿: I saw a tall *figure* coming toward me. 私は背の高い人が私の方にやって来るのを見た / She has a very good *figure*. 彼女はスタイルがとてもよい.
4 (絵画・彫刻の) 人物 (像); 典型 (的な人物): a *figure* of Bach in marble バッハの大理石像.
5 [通例, 形容詞を伴って] 人物, 有名人: the leading *figures* in Japanese politics 日本の政界の重鎮 / She is an eminent *figure* as a newscaster. 彼女はニュースキャスターとして有名です.
6 図, 図解 (《略語》Fig., fig.); 図形 (→ p.586 図), 模様: See *Figure* 10. 図10を参照せよ.
7 [〜s] 計算, 算数: He is good at *figures*. 彼は計算が得意です.

■ *cùt a fígure* 頭角を現す, 目立つ.
cùt a ... fígure …に見える (◇…には形容詞が入る): *cut* a fine [poor] *figure* 立派に [みすぼらしく] 見える.
kéep one's fígure スリムな体形を保つ.
lóse one's fígure 太る, 体形が崩れる.
pút a fígure on ... …の正確な数 [値段] を言い当てる.

— 動 他 **1** 《主に米口語》 [figure+that 節] …であると思う, 考える; [figure+O+(to be)+C] …が…であると思う: I *figured* that he could help me. 私は彼が助けてくれると思った / She *figured* him (to be) the best player on that team. 彼女は彼がそのチームのベストプレーヤーだと思った.
2 …を心に描く, 想像する.
3 …を図で示す, …に模様をつける. **4** …を計算する, 見積もる (*up*).
— 自 **1** […に] 登場する; [···で] 重要な役割を果たす [*in*]: Motor vehicles *figure* a great deal *in* our foreign trade. 自動車はわが国の外国貿易で大変重要な役割を果たしている. **2** 計算する.

■ *fígure in ...* …を計算 [考慮] に入れる.
figure on ... 《米口語》…を計算する, 予定に入れる, あてにする: I *figured on* you helping me. 私はあなたが助けてくれるものとばかり思っていた.
figure óut 他 **1** …を考えて理解する, 考えて解決する: He tried to *figure out* the meaning of her words. 彼は彼女の言葉の意味を理解しようとした / I haven't *figured out* yet how to approach the problem. その問題にどうやって取り組んだらいいのかまだわからない. **2** …を計算する, 合計する.
Thát [It] fígures! 《口語》なるほどね, それはそうだ; 思った通りだ.

◆ fígure éight C 《米》8の字形(のもの) 《結び目・ミツバチなどの飛び方など》.
figure of éight 《英》= figure eight.
figure of spéech (複 **figures of speech**) C 言葉のあや, 比喩的表現.
fígure skàting U フィギュアスケート.

fig·ured [fígjərd / -gəd] 形 [限定用法] **1** 模様 [意匠] のある. **2** 図形 [絵] で示された.

いろいろな図形 — figures

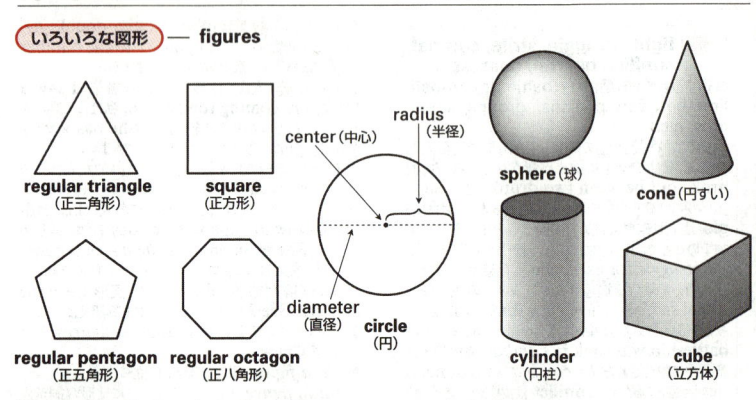

- regular triangle (正三角形)
- square (正方形)
- circle (円) — center (中心), radius (半径), diameter (直径)
- sphere (球)
- cone (円すい)
- regular pentagon (正五角形)
- regular octagon (正八角形)
- cylinder (円柱)
- cube (立方体)

fig・ure・head [fígjərhèd / fígə-] 名C **1** 名目上の会長 [団長, 指導者].
2 〖船舶〗船首像.

fig・u・rine [fìgjəríːn / fìgərín] 名C (陶土・金属などでできた) 小立像, 人形.

Fi・ji [fíːdʒiː] 名 固 フィジー《南太平洋の共和国; 首都スバ (Suva)》.

fil・a・ment [fíləmənt] 名C **1** (電球の) フィラメント. **2** 細糸, 繊維. **3** 〖植〗(雄しべの) 花糸(し).

fi・lar・i・a [filéəriə] 名(複 **fi・lar・i・ae** [-riìː]) C フィラリア《象皮病などを起こす人や犬の寄生虫》.

filch [fíltʃ] 動他《口語》〈小物・安物〉を盗む.

‡file[1] [fáil] 名動【原義は「(書類などをとじる) 糸」】
—名(複 **files** [～z]) C **1** (書類などを整理するための) **ファイル**, とじ込み帳; 書類整理棚 [箱]: We need new *files* to keep these documents. これらの書類を保管するのに新しいファイルが必要です.
2 (整理した書類などの) **とじ込み**, ファイル: the *file* on the curriculum of this school この学校のカリキュラム関係のファイル.
3 〖コンピュータ〗ファイル《記憶装置に保存された, 意味的なまとまりを持つ情報の集まり》: a data *file* データファイル.
4 縦列 (cf. rank 横列).
■ **in síngle** [Índian] **file** 1列縦隊で.
kéep [**háve**] **a fíle on** ... …の情報を収集・保管 [保存] している.
on file とじ込んで; 記録されて.
—動他 **1** …をとじ込む, ファイルに入れて整理する (*away*): Please *file* these papers (*away*). この書類をファイルしてください.
2 〖法〗〈書類など〉を提出する;〈告訴など〉を提起する: *file* an application 申請書を出す / *file* (a) suit 訴訟を起こす.
3 (新聞社・通信社などに)〈記事など〉を送る.
—自 **1** [副詞(句)を伴って] 列を作って行進する, 縦列で進む. **2** 〖法〗[…を] 申し込む, 申し立てる [*for*].

file[2] 名C やすり: a nail *file* つめやすり.
—動他 …をやすりで磨く [削る], …にやすりをかける (*away*, *down*, *off*): *file away* [*off*] rust やすりでさびを落とす.

fi・let [filéi / fílei] 【フランス】名 **1** U =filét láce 網目のレース. **2** CU《米》〖料理〗ヒレ肉, 切り身 (→ FILLET).
◆ **filét mignón** [-míːnjóuŋ / -míːnjɔn] (複 **filets mignons** [～z]) C フィレミニョン《牛の腰部から取った高級ヒレ肉》.

fil・i・al [fíliəl] 形《格式》子として (当然) の: *filial* piety 親孝行 / *filial* respect for one's parents (子の) 親への尊敬.

fil・i・bus・ter [fíləbÀstər] 名C《主に米》(長い演説などによる) 議事妨害; 議事妨害者.
—動自《主に米》議事の進行を妨害する.

fil・i・gree [fíləgriː] 名U 金 [銀] 線細工.

fil・ing [fáiliŋ] 名U (書類の) とじ込み, 書類整理.
◆ **filing càbinet** C 書類整理キャビネット.

fil・ing[2] 名U やすりかけ; [～s] やすりの削りくず.

Fil・i・pi・no [fìləpíːnou] 【スペイン】名(複 **Fil・i・pi・nos** [～z]) C フィリピン人, ピリピノ《女性形は Filipina [-na]》.
—形 フィリピン (人) の (Philippine).

‡fill [fíl] 動名【基本的意味は「満たす (put in something to make it full)」】
—動 (三単現 **fills** [～z]; 過去・過分 **filled** [～d]; 現分 **fill・ing** [～iŋ])
—他 **1**〈容器・場所など〉を […で] **満たす**, いっぱいにする [*with*]: He *filled* the bucket *with* water. 彼はバケツに水をいっぱい入れた / Her room is *filled with* furniture. 彼女の部屋は家具でいっぱいです.
2 〈人・もの〉が〈場所・容器〉を**占める**, 埋めつくす, 満たす: A hundred thousand spectators *filled* the stadium. 10万人の観衆が競技場を埋めつくした / Boos and jeers *filled* the hall. 会場はやじや冷やかしで騒然となった.
3 〈人・心〉を [感情で] いっぱいにする [*with*];〈感情が〉〈人・心〉を満たす: Her answer *filled* me *with* joy. 彼女の答えを聞いて私はすっかりうれしくなった / Happiness *filled* her heart. = Her heart was *filled with* happiness. 彼女は幸せで胸がい

っぱいになった.
4〈穴など〉を[…で]ふさぐ, 詰める[*with*]: I *filled* the hole in the wall *with* mortar. 私は壁の穴をモルタルでふさいだ.
5〈役職など〉を務める, 〈地位など〉を占める: The winner of this election will *fill* the post. この選挙で勝った者がそのポストにつくことになる.
6〈注文・要求〉にこたえる, 応じる: You should *fill* the order immediately. その注文にすぐ応じてください.

— ⊜ […で]いっぱいになる[*with*]: The Tokyo Dome will soon *fill*. 東京ドームはすぐ満員になるだろう / Her eyes *filled* with tears. 彼女の目は涙でいっぱいになった.

句動詞 ***fill ín*** ⓗ [fill in＋O / fill＋O＋in]
1〈書類など〉に必要事項を記入する: Please *fill in* this form. この書類に必要事項を記入してください. **2**〈穴など〉を埋める, ふさぐ: Who dug a hole here? *Fill* it *in*! だれだ, こんな所に穴を掘ったのは. 埋めておけ. **3**〔最新情報などを〕…に知らせる[*on*]: I will *fill* you *in* on everything while you are away. 留守中に起こったことはどんなことでもお知らせします. **4**〈時間など〉をつぶす: I *filled in* my free time watching TV yesterday. 私はきのうテレビを見て暇をつぶした.
— ⊜〈人の〉(臨時の)代理[代役]を務める[*for*].
fill óut ⊜ ふくらむ, 太る: She's *filled out*, hasn't she? 彼女は太ったんじゃない?
— ⓗ [fill out＋O / fill＋O＋out]〈書類など〉に必要事項を記入する.
fill úp ⓗ [fill up＋O / fill＋O＋up] **1**…を満たす, いっぱいにする: *Fill* it *up*. (ガソリンスタンドで)満タンにしてください. **2**〈書類など〉に必要事項を記入する. — ⊜〈書類など〉に必要事項を記入する. **The hall has already *filled up*.** 会場はもういっぱいです.

— 图 **1** [one's ～] めいっぱい, 十分, 存分: You can eat your *fill*. 腹いっぱい食べていいよ / She laughed her *fill*. 彼女は思いっ切り笑った.
2 [a ～] 容器1杯分; 一服: Would you like a *fill* of tobacco? たばこを一服いかがですか.
■ **háve one's fíll of ...** いやというほど…を経験する[味わう].

fill·er [fílər] 图 **1** © 詰める人[もの]; 満たす人[もの].
2 Ⓤ [または a ～] 詰め物, 充塡(じゅうてん)物; (ルーズリーフの)替え紙.
3 Ⓤ [または a ～]《主に米》(新聞・雑誌の)埋め草, 穴埋め記事.

fil·let [filít, filéi / filít] 图 **1** ⒸⓊ【料理】ヒレ肉《牛や豚の柔らかい上等の腰肉; → BEEF 図》; (肉・魚の)骨のない切り身 (filet). **2** © 細長いひも, リボン, ヘアバンド.
— 動 ⓗ **1**〈肉〉を切り身にする, 〈魚〉をおろす.
2〈髪〉をひも[バンド]で結ぶ.

fill-in 图 © (一時的な)代理, 代役, 代行者.

fill·ing [fíliŋ] 图 ⒸⓊ **1** 詰め物;(サンドイッチなどの)具, 中身.
2 (歯の)充塡(じゅうてん)(材).
◆ **filling státion** © ガソリンスタンド, 給油所《《米》gas station,《英》petrol station》.

fil·lip [fílip] 图 © **1** 指先ではじくこと: make a *fillip* 指先ではじく.
2 [通例 a ～][…に対する]刺激, 励まし, 活気づけるもの[*to, for*].
— 動 ⓗ **1** …を指先ではじく. **2** …を刺激する.

Fill·more [fílmɔːr] 图 ⓟ フィルモア Millard [mílərd] Fillmore《1800 - 74;米国の政治家; → PRESIDENT 表》.

fil·ly [fíli] 图 (複 **fil·lies** [〜z]) © **1** 雌の子馬(→ HORSE 関連語). **2**《口語》おてんば娘.

***filmy** [film]
图 動【原義は「薄膜」】
— 图 (複 **films** [〜z]) **1** ⒸⓊ **フィルム**: a roll of *film* フィルム1本 / color [black-and-white] *film* カラー[白黒]フィルム / a 36-exposure roll of *film* 36枚撮りフィルム.

コロケーション フィルムを…
フィルムを入れる: **load [insert] a film**
フィルムを現像する: **develop a film**
フィルムを取り出す: **remove a film**
フィルムを巻き戻す: **rewind a film**

2 ©《主に英》(1本の)**映画**(《主に米》movie); [the ～s; 集合的に]映画; [～s]映画界[産業]: shoot [make] a *film* 映画を撮影する / a documentary *film* 記録映画 / invest in *films* 映画に投資する.
3 [形容詞的に]映画の: a *film* fan [addict]映画ファン / a *film* director 映画監督 / a *film* festival 映画祭.
4 © [通例 a ～]薄膜, 薄皮: a *film* of dust on the desk 机の上にうっすらとたまったほこり.
■ **on fílm** フィルムに撮影[記録]されて.
— 動 ⓗ **1** …をフィルムに写す, 撮影する;〈小説など〉を映画化する: *film* school events 学校行事を撮影する / *film* a story 物語を映画化する.
2 …を薄膜で覆う.
— ⊜ **1** 映画を製作[撮影]する;映画化される;(人が)映画向きである. **2** 薄膜で覆われる;(目が)ぼやける, かすむ (*over*).
◆ **film ráting** ⒸⓊ 映画の観客指定 (→ 表).
film stár ©《古風・主に英》映画スター(《主に米》movie star).

映画の観客指定表		
米国	NC-17	17歳未満禁止
	R	17歳未満は保護者同伴
	PG	保護者同伴が望ましい
	G	一般向き
英国	18	18歳未満入場禁止
	15	15歳未満入場禁止
	12	12歳未満入場禁止
	PG	保護者同伴が望ましい
	U	一般向き

film·strip [fílmstrìp] 图 ⒸⓊ フィルムストリップ《主に視聴覚教材として使うスライド》.

film·y [fílmi] 形 (比較 **film·i·er** [〜ər]; 最上 **film·i·est** [〜ist])[通例, 限定用法] **1** フィルム[薄膜](状)の. **2** 薄もやのような, かすんだ.

fil・ter [fíltər] 名 C **1** 濾過(か)器[装置], 水こし, フィルター. **2**《写》(レンズの)フィルター;(電波・音波の)濾波器;(たばこの)フィルター. **3**《英》(交差点で)左折[右折]を許す緑色の矢印信号.
— 動 他 …を濾過する, こす; 濾過して…を取り除く (*out*): *filter out* dirty water for drinking 汚れた水を飲むために濾過する.
— 自 **1** (水・光などが)(膜などを通して)漏れる, しみ出す (*through*). **2** (群衆などが)[…を]ゆっくり移動する, 少しずつ動く (*out*) (*through*). **3** (情報・うわさなどが)[…に]漏れる, 浸透する (*out, through*) [*into, to*]. **4**《英》矢印信号で左折[右折]する.
◆ fílter pàper Ⓤ 濾紙(ろ), こし紙.
filter tìp Ⓒ フィルター(付きの紙巻きたばこ).
filth [fílθ] 名 Ⓤ **1** 汚物, 汚れ, 不潔(なもの).
2 卑わい[下品]な言葉[読み物]; 不道徳(なもの).
filth・y [fílθi] 形 (比較 **filth・i・er** [～ər]; 最上 **filth・i・est** [～ist]) **1** 不潔な, 汚い. **2** 卑わいな, 下品な. **3**《口語》(天気が)不快な.
— 副《口語》非常に: *filthy* rich 大金持ちの.
filth・i・ly [～li] 副 不潔に, 汚らしく; みだらに.
filth・i・ness [～nəs] 名 Ⓤ 不潔, 汚さ; 下品さ.
fil・trate [fíltreit] 動 他 …を濾過(ろか)する, 濾過水.
fil・tra・tion [filtréiʃən] 名 Ⓤ 濾過(ろ)(作用).

****fin** [fín] 名 Ⓒ **1** (魚の)ひれ; (アザラシなどの)ひれ状器官 **2** ひれ状のもの; (飛行機などの)垂直安定板 (→ AIRCRAFT 図); (潜水艦などの)水平だ(か);《英》(潜水用の)足ひれ, 水かき (flipper).
Fin.《略語》= Fínland; Fínnish.

fi・nal [fáinəl] 形 名
— 形 **1**[限定用法] 最後の, 最終の (last): the *final* round (競技の)最終回.
2 最終的な, 決定的な: the *final* decision 最終決定 / the *final* ballot 決選投票 / The judge's decision is *final*. 裁判官の判決は変更できない.
— 名 Ⓒ **1**[しばしば ～s] 決勝戦 (cf. semifinal 準決勝戦 / quarterfinal 準々決勝戦); (予選後の)本戦: reach [get into] the *finals* 決勝に進出する / qualify for the World Cup *finals* ワールドカップ本戦[本大会]の出場権を得る.
2[通例 ～s]《米》学期末試験;《英》(大学などの)最終試験: She passed [took] her *finals*. 彼女は学期末試験を受けた[に受かった].
3(新聞の)最終版.
fi・na・le [finǽli, -ná:- / -ná:-]《イタリア》名 Ⓒ
1《音楽》終楽章, フィナーレ. **2**《劇》終幕, 大詰め.
fi・nal・ist [fáinəlist] 名 Ⓒ 決勝戦出場選手.
fi・nal・i・ty [fainǽləti] 名 Ⓤ《格式》最終的決断[決定]; 結末, 決着: speak with *finality* きっぱりと言う, 断言する.
fi・nal・ize [fáinəlàiz] 動 他 〈計画・協定など〉を完成させる, 終了させる; …に決着をつける.

fi・nal・ly [fáinəli]
— 副 **1** ついに, やっと (at last): A week after the quarrel the two girls were *finally* reconciled. けんかしてから1週間後に2人の女の子やっと仲直りをした.

2[通例, 文頭で]最後に, 終わりにあたって: *Finally*, I'd like to thank you supporters. 最後にサポーターの皆さんに感謝の意を表したい.
3《格式》決定的に, 結論として, 最終的に.

****fi・nance** [fináens, fáinæns] 名 動 **1** Ⓤ 財政, 財務; 財政学: an expert in *finance* 財政(学)の専門家 / the Minister [Ministry] of *Finance*（日本などの）財務大臣［省］. **2** [～s]（企業・政府などの）財務状態: She checked the *finances* of the company again. 彼女はその会社の財務状況を再度チェックした. **3** Ⓤ 融資(金), 資金供給.
— 動 他 …に資金を提供する, 融資する.
◆ fínance còmpany [hòuse] Ⓒ 金融会社.

******fi・nan・cial** [fənǽnʃəl, fai-]
— 形 財政上の; 金融の: *financial* ability 財力 / *financial* troubles [difficulties] 財政困難.
◆ fináncial yéar Ⓒ [the ～]《英》会計年度(《米》fiscal year) 《通例4月6日からの1年間》.
fi・nan・cial・ly [fənǽnʃəli, fai-] 副 財政[金銭]的に(は), 財政上(は); 金融面から.
fin・an・cier [fìnənsíər / fainǽnsiə] 名 Ⓒ 財政家, 財務官; 金融機関; 資本家.
finch [fíntʃ] 名 Ⓒ《鳥》フィンチ《アトリ科の小鳥の総称》.

find [fáind]
動 名【基本的意味は「見つける (discover either by searching or by chance)」】
— 動 (三単現 **finds** [fáindz]; 過去・過分 **found** [fáund]; 現分 **find・ing** [～iŋ])
— 他 **1** (通例, 進行形不可) (a) [find＋O] (探して) …を見つける, 見つけ出す, 探し出す: He *found* his lost key in the trash can. 彼はごみ箱の中からなくしたかぎを見つけた.
(b) [find＋O＋O / find＋O＋for …] 〈人〉に〈もの〉を見つけてやる, 探してやる: Can you *find* me a hotel?＝Can you *find* a hotel *for* me? ホテルを見つけてもらえませんか.
2 (a) [find＋O] (偶然に) …を見つける, 発見する; 〈人〉に出くわす: I *found* a dime on the sidewalk. 私は歩道で10セント硬貨を見つけた / I *found* her in Cape Town. 私はケープタウンで偶然彼女に出くわした. (b) [find＋O＋C] …が～であるのを見つける（◇ C は形容詞・分詞など）: I *found* a cat asleep under the tree. 私は猫が木の下で眠っているのを見つけた / They *found* the lost child hiding in the cave. 彼らはその迷子の子が洞くつに隠れているのを見つけた / The police *found* a gun hidden in his bed. 警察は銃が彼のベッドに隠されているのを発見した.
3 (a) [find＋O] (調査・研究して)〈答えなど〉を見つける, 見つけ出す: The doctor *found* a cure for cancer. その医師は癌(がん)の治療法を発見した. (b) [find＋疑問詞節[句]] …かを見つけ出す, 確かめる: Please *find when* that flight departs. その便がいつ出発するか調べてください.
4 (a) [find＋that 節] (経験して)…であることがわかる, …と思う: I *found* (*that*) I was wrong. 私は自分が間違っているのがわかった / I *find* (*that*) it pays to be honest. 正直にしていれ

ばそれだけの報いがあると思う. (b) [find+O+(to be)+C]…が〜だとわかる, 知る, 思う: We *found* the hotel very comfortable. (泊まってみると) ホテルはとても快適だった / We *found* him (*to be*) a kind man. 彼は親切な人であることがわかった (=We *found* that he was a kind man.) / How do you *find* your new job? — It's a real challenge to me. 新しい仕事はどうですか—やりがいがあります / I *find* it difficult to believe him. 彼の言うことは信じがたい.
5 [通例, 受け身で] (ある地域に)〈動植物・鉱物など〉がある, いる (◇There is [are]… に近い意味を表す): This type of snake *is found* only in South America. この種の蛇は南米にしかいない.
6 [進行形不可]〈努力して〉〈必要なもの〉を得る, 手に入れる: I'm going to Spain, if I *find* the money. お金の工面がついたらスペインへ行くつもりです / At last she *found* the courage to tell him. 彼女はやっと彼に打ち明ける勇気が出た.
7〈必要なもの〉を供給する (provide, supply). **8** (自然に)…に達する, 届く: The bullet *found* its mark. 銃弾切的に当たった.
9[法](裁判・陪審で)〈人〉を(…と)評決する; […だと]評決する (*that* 節): The jury *found* him guilty. 陪審団は彼を有罪と評決した.

句動詞 ***find agàinst …*** 他[法]…に不利な判決を下す.
find for … 他[法]…に有利な判決を下す.
find óut 他[find out+O / find+O+out]
1(調査・研究して)…を発見する, 見つけ出す (◇「偶然に見つける」の意では用いない): He is trying to *find out* her real name. 彼は彼女の本名を突き止めようとしている / She *found out* how to open the safe. 彼女はその金庫の開け方を探りあてた. **2**〈人の正体・悪事など〉を見破る, 見抜く: The police *found* him *out*. 警察は彼の正体を見破った. — 自 […について] 知る, 調べる, 情報を得る [*about*].

■ *áll* [*éverythìng*] *fóund*《英》(給料以外に)食住を支給されて: Wages £30 a day and *all found*. (求人広告で)日給30ポンド, 部屋・食事付き.
find … in ~ 〜が…であるとわかる [見いだす]: I *found* comfort *in* his words. 私は彼の言葉に慰めを見いだした.
find it in one's héart [*in onesélf*] *to dó* [can を伴って; 通例, 否定文・疑問文で]…する気になる: Can't you *find it in your heart* to forgive him? 彼を許してやる気にはならないのですか.
find onesèlf **1** [副詞(句)・形容詞(句)を伴って] (気がつくと)…にいる, …である: I *found myself* without money. 私は一銭もないことに気がついた / I *found myself* in Lisbon. 気がつくと私はリスボンにいた. **2** 自分の才能 [進むべき道] を知る: He's just beginning to *find himself*. 彼はやっと自分の進むべき道がわかってきた.
find one's wáy 何とかして進む [たどり着く].

— 名 [C] 発見; 発見物; 掘り出し物: a lucky *find* 掘り出し物 / make a *find* 掘り出し物を.
find·er [fáindər] 名 [C] **1** 発見者, 拾得者. **2** (カメラなどの) ファインダー (viewfinder).

fin de siè·cle [fǽn də sjékl]【フランス】形 19世紀末の(《フランスなどで文芸・美術などに退廃的傾向が強く現れた》);世紀末的な, 退廃的な.

***find·ing** [fáindiŋ] 名 **1** [C] [通例 〜s] (調査の)結論, 調査 [研究] 結果. **2** [U] 発見; [C] [通例 〜s] 発見 [拾得] 物. **3** [C] [通例 〜s] [法] (裁判官の) 判決, (陪審の) 評決.

***fine**¹ [fáin]
形 副 動【基本的意味は「すばらしい」(very good or nice)】

— 形 (比較 **fin·er** [〜ər]; 最上 **fin·est** [〜ist])
1 すばらしい, 見事な, 立派な; 美しい, きれいな: a *fine* view すばらしい眺望 / a *fine* play ファインプレー / The girl made a *fine* speech in English. その少女は英語で見事な演説をした.
2 [比較なし; 通例, 叙述用法]〈人〉が元気な, 健康な: How's your wife? — She's *fine*, thank you. 奥さんはお元気ですか — おかげさまで元気です / She always looks *fine* and seems to have no problems. 彼女はいつも元気で悩みなどなさそうに見える.
3《口語》結構な, 申し分のない: How about taking a walk? — *Fine*. 散歩でもしようか — いいね / Our apartment is new and *fine*. 私たちのアパートは新しくて快適です.
4 洗練された, 上品な, 上品ぶった, (文章などが) 気取った, 凝った: a *fine* person 上品な [上品ぶった] 人 / That Japanese lady has *fine* manners. その日本人女性はふるまいが洗練されている.
5 細かい, 細い; (鉛筆が) 細字用の(《略語》F): *fine* thread 細い糸 / This print is too *fine* for me to read. この活字は小さすぎて私には読めない.
6 繊細な; 微妙な, 精巧な: a poet of *fine* sensibility 繊細な感性の詩人 / *fine* difference 微妙な違い / *fine* workmanship 精巧な細工.
7 (金属などが) 純度の高い, 混じりもののない: *fine* sugar 精製糖 / *fine* gold 純金. **8** (天気が) 晴天の, 晴れた; 雨が降っていない: We have had *fine* weather since last Wednesday. 先週の水曜日からずっと晴天が続いている. **9** [限定用法]《口語》ひどい,《皮肉》立派な: That's a *fine* excuse. それほど立派な言い訳だね.

■ *nót to pùt tóo fine a póint on it* 率直に言えば.

óne fìne dáy [*mórning*] (物語の中で) (過去または未来の)ある日 [朝] (◇天候とは無関係に用いる).

— 副 **1**《口語》立派に, うまく: That'll do me *fine*. それで十分間に合います / Are you doing *fine* at school? あなたは学校でしっかりやっていますか. **2** 細かく, 細く: She cut the vegetables *fine*. 彼女は野菜を細かく切った.

■ *cút it* [*things*] *fíne*《口語》(時間・金などを) ぎりぎりまで切り詰める.

— 動 他 …を細かくする; 精製する (*down*).
— 自 細かくなる, 精製される (*down*).

◆ **fíne árt 1** [the 〜s] 美術 (絵画・彫刻など); (一般に) 芸術 (音楽・演劇なども含む). **2** [U] 美術作品. **3** [単数形で] (練習で身についた) 技術.

fine print [U] (契約書などの) 細字部分 (small print → SMALL 複合語).

fine² [fáin] 名 C 罰金, 科料: pay a *fine* 罰金を払う / impose a $100 *fine* for illegal parking 駐車違反に対して100ドルの罰金を科す.
— 動 他 …に[…のかどで]罰金を科する [*for*]: He was *fined* 200 dollars for speeding. 彼はスピード違反で200ドルの罰金を科せられた.

***fine・ly** [fáinli] 副 **1** 立派に, 見事に, 美しく: a *finely* dressed woman 盛装した女性. **2** 細かく, 精巧[精密]に; 繊細に: chop the onion *finely* タマネギをみじん切りにする / a *finely* tuned engine きちんと整備されたエンジン.

fine・ness [fáinnəs] 名 U **1** 立派さ, 見事さ, 美しさ. **2** 良質; (金属)の純度. **3** 細かさ.

fin・er・y [fáinəri] 名 U 華美な服装, 華美な装飾品.

fi・nesse [fənés] 【フランス】名 U **1** 巧みな処理, 技巧; 手腕; 策略: with *finesse* 巧みに, 手際よく. **2** 【トランプ】フィネス《ブリッジなどで高い点の札を残し低い点の札で場札を取ろうとすること》.

fíne-tòoth(ed) cómb 名 C 入念な調査: go over [through] … with a *fine-tooth(ed) comb* …を入念に調べる[調査する].

fíne-túne 動 他 …を微調整する.

fíne-túning 名 U 微調整.

fin・ger

[fíŋgər]
名 動 【原義は「5つ」】
— 名 (複 **fin・gers** [~z]) C **1** (手の)指 (→ HAND 図)《◇通例, 親指 (thumb) にいわない; cf. toe 足の指》: the index [first] *finger* 人さし指 (forefinger) / the middle [second] *finger* 中指 / the ring [third] *finger* 薬指 / the little [fourth] *finger* 小指 / The boy counted the number on his *fingers*. その少年は指で数を数えた. **2** (手袋の)指. **3** 指状のもの; (計器などの)指針. **4** 指幅《◇グラスに入れるアルコール飲料の分量の単位; 約2cm》.

■ **be áll fíngers and thúmbs** 不器用である.
búrn one's fíngers《口語》(余計なことをして)ひどい目にあう.
cróss one's fíngers 人さし指の上に中指を重ねる《厄よけ・幸運などを祈るしぐさ》.
gét [púll, táke] one's fínger óut《英口語》せっせと仕事する.
gèt one's fíngers búrned = burn one's fingers.
gíve … the fínger《米口語》〈人〉に向けて中指を立てて怒る《相手を侮辱する非常に下品なしぐさ》.
hàve a fínger in évery [the] píe 何にでもくちばしを出す[首を突っ込む].
kèep one's fíngers cròssed 幸運を祈る (→ cross one's fingers).
láy a fínger on …《通例, 否定文・条件文で》…に指で触れる, 手を出す.
láy [pút] one's fínger on …《口語》〈問題点など〉をはっきり指摘する.
nót líft [stír, ráise] a fínger[…するために] 何の努力もしない [*to do*].
póint a [the] fínger at …〈人〉を非難する.
slíp through one's fíngers〈好機など〉が逃げる.
snáp one's fíngers 1 指を鳴らす《人の注意を引くしぐさ》. **2**〈人〉を無視する; 軽蔑する [*at*].

twíst [wráp] … around one's (líttle) fínger〈人〉を意のままにあやつる.
wórk one's fíngers to the bóne 懸命に[身を粉(こ)にして]働く.
— 動 他 **1** …を指で触れる[いじる]; 〈楽器など〉を指で弾く. **2**《米俗語》〈犯人など〉を密告する.

◆ **fínger àlphabet** C《手話の》指文字.

fínger bòwl C フィンガーボウル《食卓で指を洗う小鉢》.

fin・ger・board [fíŋgərbɔ̀:rd] 名 C **1** (ギターなどの)指板(ばん). **2** (ピアノなどの)鍵盤(ばん).

fin・ger・ing [fíŋgəriŋ] 名 U (楽器の)運指法.

fin・ger・nail [fíŋgərnèil] 名 C (手指の)つめ (nail) (cf. toenail 足指の)つめ).

fin・ger・print [fíŋgərprint] 名 C《通例 ~s》指紋: take …'s *fingerprints* …の指紋をとる.
— 動 他《容疑者など》の指紋をとる.

fin・ger・stall [fíŋgərstɔ̀:l] 名 C《英》(指を保護する)指サック.

fin・ger・tip [fíŋgərtìp] 名 **1** C 指先. **2**《形容詞的に》手近な, すぐ手に入る[使える].
■ **hàve … at one's fíngertips** …を詳しく知っている, …に精通している; …をすぐ利用できる.
to one's fíngertips (英)徹底的に.

fin・ick・y [fíniki] 形 (比較 **fin・ick・i・er** [~ər]; 最上 **fin・ick・i・est** [~ist])《軽蔑》〈服装・食べ物・音楽など〉にえり好みが激しい [*about*].

fin・ish

[fíniʃ]
名 動
— 動 (三単現 **fin・ish・es** [~iz], 過去・過分 **fin・ished** [~t]; 現分 **fin・ish・ing** [~iŋ])
— 他 **1** (a) [finish+O] …を終える, 済ませる, 完成[完了]する (→ END 類義語): *finish* work 仕事を終える / *finish* one's life 一生を終える / I've *finished* my homework and I can go out now. 宿題が終わってやっと遊びに行ける.
(b) [finish+動名] …し終える《◇動名詞の代わりに不定詞を用いることはできない》: Will you lend me the book after you've *finished* reading it? その本を読み終えたら私に貸してくれませんか.
2 …を食べ[飲み]終える, 平らげる: Why don't you *finish* your steak? There isn't much left. ステーキ, 食べてしまえよ. そんなに残っていないんだから.
3 …の仕上げをする, …に磨きをかける: I have to *finish* this doghouse with varnish. 私はこの犬小屋にニスをかけて仕上げなければならない.
4 …をやっつける; くたくたに疲れさせる: Climbing to the top of the tower *finished* him. 塔のてっぺんまで登って彼はくたくたになった.
— 自 **1** 終わる, 済む, 終了する: The meeting *finished* at twelve o'clock midnight. 会合は夜中の12時に終わった / The game *finished* with his goal. その試合は彼の得点で決着がついた.
2 ゴールする;《序数詞を伴って》…着になる: First she led the race, but she *finished* tenth. 彼女は最初トップだったが, 結局は10位に終わった.

句動詞》 **fínish óff** 他 [finish off+O / fin・ish+O+off] **1** …を食べ[飲み]終える, 平らげる. **2** …をやっつける; くたくたにさせる.

fínish úp 自 **1** 結局(…の状態に)なる: *finish up* in prison 結局刑務所入りするはめになる. **2** [...で / ...して]終わる[*with* / *doing*]: The meeting *finished up* with great applause. 会は盛大な拍手で幕を閉じた. — 他 [finish up+O / finish+O+up] …を食べ[飲み]終える, 平らげる.

fínish wíth ... 他 **1** [通例,完了形で]…を終える,…の用が済む: *Have* you *finished with* the paper? 新聞はもうよろしいですか. **2** …との関係が終わる,…と絶交する.

— 名 **1** [C][通例,単数形で]終わり, 結末, ゴール: fight to the *finish* 最後まで[勝負がつくまで]戦う / The presidential election resulted in a close *finish*. 大統領選は接戦であった.

2 [U][C](最後の)仕上げ: This table has a fine *finish*. このテーブルは仕上げがきれいです.

■ *be ín at the fínish* 最後の場面に立ち会う;(競技で)最後まで残る.

◆ finish line [C](競走の)ゴール: Who crossed [reached] the *finish line* first? だれが1着でゴールインしましたか.

fin·ished* [fíniʃt] 形 **1 [通例, 限定用法] 終えた, 完成した, 仕上がった: *finished* goods 完成品.

2 [叙述用法][口語] (人が)[仕事などを]終えて[*with*], (物事が)終わって, 済んで. **3** [通例,限定用法]完全な, 申し分ない, 洗練された. **4** [叙述用法]破滅した, 終わりになった, 見込みがない.

fin·ish·ing schòol [名] [C] 教養学校, 花嫁学校 (若い女性が社交界に出るために通う).

fi·nite [fáinait] (☆ 発音に注意)(↔ infinite) 形 **1** 限定された, 有限の. **2** [文法](動詞が)定形の. **3** [数学]有限の.

◆ fínite vérb [C][文法]定形動詞(◇主語の人称・数・時制・法によって語形変化した動詞の形).

fink [fíŋk] 名 自 [米・古風] **1** 密告者, 情報提供者. **2** いやなやつ, くだらないやつ.

Fin·land [fínlənd] 名 フィンランド(北欧の共和国; 首都ヘルシンキ (Helsinki)).

Finn [fín] 名 [C] フィンランド人.

Finn·ish [fíniʃ] (☆ [同音] finish) 形 フィンランドの; フィンランド人[語]の.
— 名 [U] フィンランド語 ((略記) Fin.).

fi·ord [fiɔ́ːrd / fiːɔ́ːd] 名 = FJORD フィヨルド.

fir [fə́ːr] 名 **1** [C][植]モミ, モミの木(firtree)(クリスマスツリーになる). **2** [U]モミ材.

*****fire** [fáiər] 名 自

— 名 (複 *fires* [~z]) **1** [U]火, 炎; 火花: *Fire* gives off light, heat, and flame. 火は光と熱と炎を出す / There is no *fire* without smoke. (ことわざ) 火のない所に煙は立たぬ.

2 [C][U] 火事: a forest *fire* 山火事 / *Fires* often break out due to our carelessness. 火事はしばしば不注意から起こる / Always look out for *fire*. いつでも火の用心をしなさい / Is your house insured against *fire*? あなたの家には火災保険がかけられていますか / *Fire*! 火事だ.

3 [C] (暖房用・炊事用の) 火, たき火: make [build] a *fire* 火をおこす / Come here and warm your hands at the *fire*. ここに来て火で手を暖めなさい.

4 [U]射撃, 砲火; [通例 a ~;](言葉などによる)攻撃, 非難: put a *fire* of questions to ... …に矢つぎ早に質問する / We opened [ceased] *fire* against the enemy. 私たちは敵への砲撃を開始[停止]した.

5 [U](燃えるような)情熱, 活気: The new coach brought new *fire* to the team. 新コーチはチームに新たな活気をもたらした.

6 [C][英](ヒーターやストーブなどの)暖房装置.

■ *cátch (on) fíre* 火がつく: A brick house doesn't *catch fire* so easily. れんが造りの家はそんなに簡単には火がつかない.

gó through fire (and wáter) (古風) 水火をもいとわない, どんな危険も平気である.

háng fíre **1** (銃砲が)遅発する. **2** (計画などが)遅れる; (人が)ぐずぐずする.

on fíre **1** 燃えて. **2** 熱中して, 興奮して.
3 (文開)(傷などが)ひりひり痛んで.

pláy with fíre 火遊びをする, 危険なことをする.

púll ... òut of the fíre (困難を乗り越えて)…を成功させる.

sèt fíre to ... = *sèt ... on fíre* …に火をつける, 放火する; …を興奮させる.

stríke fíre (マッチなどで)火をおこす.

táke fíre **1** 火がつく. **2** 興奮する.

ùnder fíre **1** 砲火にさらされて. **2** 非難[攻撃]されて.

— 動 (三単現 *fires* [~z]; 過去・過分 *fired* [~d]; 現分 *fir·ing* [fáiəriŋ])

— 他 **1** [...めがけて]〈銃・弾丸などを〉撃つ, 発射[発砲]する (*into*, *at*, *on*): Who is it that *fired* a pistol *into* the air? 空に向けてピストルを撃ったのはだれですか / At last the policeman *fired* his gun *at* the gangster. ついに警官はギャングをねらって銃を撃った.

2 …を首にする, 解雇する: He was *fired* for a scandal. 彼は不祥事のため首になった.

3〈人〉を興奮させる,〈感情〉をあおる (*up*): Adventure stories *fire* little boys' imagination. 冒険小説は少年の想像力をかき立てる. **4**〈陶器など〉を焼く, 火に通す. **5**〈非難・質問など〉を[...に]浴びせかける [*at*, *on*]: The press corps *fired* questions *at* the president. 記者団は大統領に質問を浴びせかけた. **6** …を燃やす, …に火をつける.

— 自 **1** [...めがけて] 発砲[発射]する [*at*, *on*]: Who *fired at* him? だれが彼をねらって発砲したのか. **2** 火がつく; (エンジンなどが)点火する.

■ *fíre awáy* **1** [命令文で][口語](質問などを)始める: You've got several questions to ask you. – Right, *fire away*. お尋ねしたいことがいくつかあるのですが – わかりました. さあどうぞ.
2 (敵などを)次々に撃つ [*at*].

fíre óff 他 **1** …を発射[発砲]する. **2** 〈質問など〉を浴びせかける.

fíre úp 自 かっとなる, 激怒する. (▷ 形 fiery)

◆ fíre alàrm [C] 火災警報 [知知器].

fíre brigáde 《英》 = fire department.

fíre depártment [C]《米》 (機構としての)消防署 (《英》 fire brigade).

fíre drìll [C][U] 消防 [火災避難] 訓練.

fire èngine ⓒ 消防車(《米》firetruck).
fire escàpe ⓒ 火災避難装置《非常階段など》.
fire extìnguisher ⓒ 消火器.
fire fìghter ⓒ 消防士, 消防隊員(→ FIREMAN).
fire fìghting Ⓤ 消防(活動).
fire hỳdrant ⓒ 消火栓(《米口語》fireplug).
fire insùrance Ⓤ 火災保険.
fire stàtion ⓒ (建物・施設としての)消防署(《米》firehouse).
fire wàll ⓒ **1** 防火壁. **2**《コンピュータ》ファイアーウォール《ネットワークへの侵入を防ぐシステム》.
fire·arm [fáiərm] 名ⓒ《通例~s》(携帯用の)小火器《ピストル・ライフルなど》.
fire·ball [fáiərbɔ̀:l] 名ⓒ **1** 火の玉,(核爆発で生じる)火球; 大流星. **2**《口語》精力的な人, 活動家.
fire·brand [fáiərbrænd] 名ⓒ **1** たいまつ, 火のついたたきぎ. **2** (騒動などの)火つけ役, 扇動者.
fire·break [fáiərbrèik] 名ⓒ 延焼防止帯《火事が広がるのを抑えるために草木を伐採してある地域》.
fire·brick [fáiərbrìk] 名ⓒ 耐火れんが.
fire·bug [fáiərbʌ̀g] 名ⓒ《口語》放火魔.
fire·crack·er [fáiərkrækər] 名ⓒ《主に米》爆竹, かんしゃく玉.
fire·dog [fáiərdɔ̀:g / -dɔ̀g] 名ⓒ《英》(暖炉の中にある鉄製の)まき載せ台(andiron).
fire·èat·er 名ⓒ **1** 火食いの芸をする奇術師. **2**《口語》けんか早い人, 短気な人.
fire·fly [fáiərflài] 名《複 fire·flies [~z]》ⓒ ホタル.
fire·guard [fáiərgà:rd] 名《英》= FIRESCREEN.
fire·house [fáiərhàus] 名《複 fire·hous·es [-hàuziz]》ⓒ 消防署(fire station).
fire·light [fáiərlàit] 名Ⓤ (暖炉などの)火明かり.
fire·lock [fáiərlɑ̀k / -lɔ̀k] 名ⓒ 火縄銃(cf. flintlock 火打ち石銃).
‡**fire·man** [fáiərmən] 名《複 fire·men [-mən]》ⓒ **1** 消防士, 消防隊員〔団員〕(《性差別を避けるために fire fighter を用いることもある》). **2** ボイラーマン; 《鉄道》機関助手; 《軍》(海軍の)機関兵. **3**《俗語》《野球》救援投手.

‡**fire·place** [fáiərplèis]
— 名《複 fire·plac·es [~iz]》ⓒ (部屋の壁に取り付けた)暖炉.

fire·plug [fáiərplʌ̀g] 名ⓒ《米口語》消火栓(fire hydrant).
fire·pow·er [fáiərpàuər] 名Ⓤ《軍》(軍隊・戦車などの)火力.
fire·proof [fáiərprù:f] 形 防火の, 耐火(性)の, 不燃性の: a *fireproof* curtain 耐火カーテン.
— 動 他 …を耐火〔不燃〕性にする.
fire·screen [fáiərskrì:n] 名ⓒ《米》(暖炉の前の)火よけ, 暖炉の柵〔囲い〕(《英》fireguard).
*****fire·side** [fáiərsàid] 名 **1** 〔the ~〕炉端, 炉辺. **2** 〔the ~〕家庭(生活), 一家団らん. **3** 〔形容詞的に〕炉端の; 打ち解けた, 一家団らんの.
fire·trap [fáiərtræ̀p] 名ⓒ (燃えやすかったり逃げ口がなかったりして)火災時に危険な建物.
fire·truck [fáiərtrʌ̀k] 名ⓒ《米》消防(自動)車 (fire engine).
fire·wa·ter [fáiərwɔ̀:tər] 名Ⓤ《こっけい》火酒(♣), 強い酒《ウイスキー・ラム酒・ジンなど》.
fire·wood [fáiərwùd] 名Ⓤ まき, たきぎ.
*****fire·work** [fáiərwə̀:rk] 名ⓒ《通例 ~s》**1** 花火; 花火大会(fireworks display). **2**《口語》(怒りなどの)爆発, 激発.
fir·ing [fáiəriŋ] 名Ⓤ **1** 発火, 点火; 発射, 発砲. **2** (陶器などを)焼くこと.
◆ **fíring lìne** 〔the ~〕《軍》火線, 攻撃の最前線; (一般に)最前線, 先頭: be in the *firing line* 攻撃〔非難〕の的になっている.
fíring squàd ⓒ 〔単数・複数扱い〕《軍》銃殺隊.

‡**firm**[1] [fə́:rm]
— 名《複 firms [~z]》ⓒ **会社**, 商会《2人以上の合資で経営され, 大小・内容は問わない》: run a *firm* 会社を経営する / Which *firm* do you work for? どちらの会社にお勤めですか.

‡**firm**[2] 形 副 動
— 形 (比較 firm·er [~ər]; 最上 firm·est [~ist])
1 堅い, 頑丈な, 堅固な(→ [類義語])(↔ soft): *firm* beef 堅い牛肉 / a *firm* chair 頑丈ないす / He built a house on *firm* ground. 彼は堅い地盤の上に家を建てた. **2 しっかりした**, ぐらつかない; 堅実な: a *firm* foundation しっかりした基盤 / walk with *firm* steps しっかりした足取りで歩く / She took a *firm* grip on his hand. 彼女は彼の手をしっかりと握った. **3** (信念・友情などが)揺るぎない, 堅い, 不変の: a *firm* friendship 変わらぬ友情 / He is *firm* in his belief. 彼は信念が固い.
4 〔…に対して〕断固とした, きっぱりとした《with》: a *firm* resolution 断固たる決意 / He is *firm* with his children. 彼は子供たちに厳格である.
5 (物価・市況が)安定した.
— 副 しっかりと.
■ **hòld fírm** しっかりつかまる; 〔信念などに〕固執する《to》.
stànd fírm しっかりと立つ; 断固として譲らない.
— 動 他 …を固める, 固定する;〈物価など〉を安定させる(up). — 自 固まる; (物価が)安定する(up).

> 【類義語】**firm, hard, solid, stiff**
> 共通する意味▶堅い, 頑丈な(not easily broken, crushed or bent)
> **firm** は中身が詰まっていて「簡単には曲がったりへこんだりしないほど堅い」の意: *firm* wood 堅い木材 / *firm* muscles 堅く締まった筋肉. **hard** は「簡単には突き通したり, 切ったり, つぶしたりできないほど堅い」の意: The frozen banana is *hard* as a stone. 凍ったバナナは石のように堅い. **solid** は「中身がぎっしり詰まっていて堅い」の意で重みを暗示する: Ice is *solid*. 氷は固体である. **stiff** は「硬くて曲げたり, 伸ばしたりしにくい」の意: a *stiff* shirt (のりで)ごわごわしたシャツ.

fir·ma·ment [fə́:rməmənt] 名〔the ~〕《文語》大空, 天空.

‡**firm·ly** [fə́:rmli] 副 **1** 堅く, 堅固に, しっかりと: The window was *firmly* shut. 窓は堅く閉ざされていた.

2 断固として, きっぱりと: refuse the offer *firmly* 申し出をきっぱり断る.

firm・ness [fə́ːrmnəs] 名 U 堅さ, 堅固さ; しっかりしていること; しっかりとした態度.

firm・ware [fə́ːrmwèər] 名 U 【コンピュータ】ファームウェア《ハードウェアの一部として ROM などに組み込まれたソフトウェア》.

first [fə́ːrst] 形 副 名 《◇ 1st ともつづる; → NUMBER 表》

— 形 **1** 《通例 the ~》**1番目の**, 第1の; 1位の; 最初の (↔ last): the *first* train 1番列車, 始発電車 / be in (the) *first* grade 《小学》1年生である / win [get] (the) *first* prize 1等賞を取る / *first* floor 《米》1階; 《英》2階 (→ FLOOR 語法) / the *first* three chapters of this book この本の最初の3章 / the First World War 第1次世界大戦 / The *first* day of the year is New Year's Day. 1年の最初の日は元日です / This is my *first* visit to London. ロンドンは今回が初めてです.

2 最も重要な, 主要な; 最高の, 一流の: This is a document of (the) *first* importance. これは最も重要な文書です / The *first* men of the country were invited to the party. 国の要人がパーティーに招待された / Our *first* concern is how to earn our livelihood. 私たちの一番の関心事はいかに生計を立てるかということです.

3 (自動車のギアが)最低速の, ローの.

■ *at first hánd* じかに, 直接 (firsthand).
at first síght 一目で (→ SIGHT 成句).
first things fírst 重要[大切]なことから先に.
for the first tíme 初めて: I visited Canada *for the first time* in my life. 私は生まれて初めてカナダを訪れた.
in the first pláce まず第1に《◇理由を列挙する場合などに用いる》; そもそも: I'll tell you why I don't travel abroad. *In the first place*, I don't have enough money. なぜ私が海外旅行をしないのかお話ししましょう. そもそも, 私にはお金があまりないのです.
(the) first thíng まず第1に: You must do it (the) *first thing* in the morning. あなたは朝一番にそれをしなくてはならない.
the first tíme 初めて (at first); 《接続詞的に》初めて…するとき: *The first time* I saw her, she was only a child. 私が初めて会ったとき, 彼女はほんの子供だった.

— 副 **1 まず第1に**, 最初に; 1番目に, 1位で (↔ last): When I get up, I *first* open the window of my bedroom. 私は起床したらまず寝室の窓を開ける / He arrived at the park *first*. 彼が最初に公園に着いた / *First* put coins into the slot. Second, push the button. 最初に硬貨を投入口に入れてください. それからボタンを押してください / Safety *first*. 安全第一 / *First* come, *first* served. 《ことわざ》先に来た者が先にサービスを受ける ⇒ 早い者勝ち, 先着順.
2 初めて (for the first time): When I *first* saw him, I could not speak to him. 彼に初め て会ったとき, 私は彼に話しかけることができなかった.
3 (…するよりは) むしろ, いっそのこと: I would die *first*. いっそ死んだほうがましだ.

■ *còme fírst* ほかの何よりも重要である.
first and fóremost = first of all.
first and lást 前後を通じて; 概して.
first of àll まず第1に, 真っ先に: *First of all*, I introduced myself to them. 初めに私は彼らに自己紹介をした.
first óff 《口語》まず初めに.

— 名 《複 firsts [fə́ːrsts]》**1** U 《通例 the ~》**1番目[最初]の人[もの]**, 第1位, 第1号: Elizabeth the *First* エリザベス1世 / She was the *first* to read his latest novel. 彼女は彼の最新作を読んだ最初の人だった.
2 U 《通例, 無冠詞で》(月の) **1日**《22》(→ FOURTH 名 **2**): January (the) *first* = the *first* of January 1月1日.
3 U 《通例, 無冠詞で》【野球】一塁 (first base).
4 U (自動車の) ロー (ギア), 最低速ギア.
5 C 《英》(大学の試験の) 第1級, 優等.

■ *at fírst* 最初は; 初めは: *At first* I was nervous, but in a few minutes I felt relaxed. 最初は緊張したが数分で気分が落ち着いた.
from first to lást 初めから終わりまで, 終始.
from the (véry) fírst 初めから.

◆ **first báse** U 《通例, 無冠詞で》【野球】一塁 (➔ BASEBALL [PICTURE BOX]): get to *first* base 一塁に出る; 《米》順調なスタートを切る.
first báseman C 【野球】一塁手.
first cóusin C いとこ (cousin).
first fámily [the ~, しばしば F- F-] 《米》大統領一家.
first fínger C 人さし指 (→ HAND 図).
first frúits 《複数扱い》初収穫, 初物; 最初の成果.
first lády [the ~] **1** [F- L-] 《米》大統領[州知事]夫人. **2** (ある分野の) 女性の第一人者.
first lánguage C 第一言語, 母語.
first lieuténant C 《米陸・空軍》中尉.
first náme C (姓に対して) 名, ファーストネーム (given name) (→ NAME 語法).
first níght C (芝居などの) 初日.
first offénder C 《法》初犯者.
first pérson [the ~] 《文法》1人称 (→ PERSONAL 文法).
first strike C 先制攻撃.

first-áid 形 《限定用法》応急の, 救急の: a *first-aid* kit [box, case] 救急箱 / *first-aid* treatment 応急手当.

first áid 名 U (けが・急病に対する) 応急手当, 応急処置: give *first aid* 応急手当をする.

first・born [fə́ːrstbɔ́ːrn] 《文語》 形 《限定用法》最初に生まれた, 長子の.
— 名 C 《単数形で》長子, 初生児, 長男[女].

*****first-cláss** 形 **1** (品質・価格・格付けなどの) 一流の, 最高級の, 最上の: a *first-class* restaurant [hotel] 一流のレストラン[ホテル].
2 (客車・旅客機・客船などで) 1等の, ファーストクラスの. **3** 《米》(郵便が) 第1種の; 《英》速達の.

first cláss 名 U **1** (客車・旅客機・客船などの) 1

等, ファーストクラス(席)(◇「2等」は列車で second class, 旅客機で economy [tourist] class, 客船で cabin class と言う). **2** (品質・価格・格付けなどの)一流, 最上級. **3** 《米》(郵便物の)第1種《手紙・はがきなど》; 《英》速達.
— 副 《客車・旅客機・客船などで》1等で, ファーストクラスで; 《米》(郵便が)第1種で; 《英》速達で: fly *first class* (飛行機の)ファーストクラスで行く.

first-de·grée 形 [限定用法] **1** 《米》(犯罪が)第1級の《罪が最も重い》: *first-degree* murder 第1級殺人. **2** (やけどなどが)第1度の, 最も軽症の.

first-év·er 形 [限定用法] 最初の, 初めての.

first-hànd [fə́ːrsthǽnd] 形 [限定用法] 直接の, じかの: *firsthand* information 直接得た情報.
— 副 直接に, じかに, 自分で.

***fírst·ly** [fə́ːrstli] 副 第1に, 最初に (first).

***fírst-ráte** 形 **1** 一流の, 最上の: a *first-rate* hotel [musician] 一流のホテル[音楽家]. **2** すばらしい, 見事な (excellent).
— 副 すばらしく, 見事に.

fírst-strìng 形 [限定用法] (スポーツ選手で)レギュラーの, 一軍の, 第一線の(◇ string は「グループ」の意); すぐれた.

firth [fə́ːrθ] 名 C 《主にスコット》(河口の)入り江.

***fís·cal** [fískəl] 形 [比較なし; 限定用法] 《格式》国庫の; 財政の, 会計の: the *fiscal* policy 財政政策.
◆ **físcal yéar** C [the ～]《米》会計年度(《英》financial year)《米国では10月1日からの1年間》.

fís·cal·ly [-kəli] 副 財政[会計]上.

fish [fíʃ]
名 動
— 名 (複 **fish, fish·es** [～iz]) **1** 魚;[集合的に] 魚類: There are a lot of *fish* in this pond. この池には魚がたくさんいる / It's not easy to catch a *fish* with your hands. 魚を手で捕るのは容易ではない / There are as good *fish* in the sea as ever came out of it. 《ことわざ》海には今までに捕れたのに劣らぬよい魚がいる ⇒ 好機はいくらでもある.

[語法] 複数形は通例 fish で, 種類を言うときはまれに fishes を用いることもある: five *fish* 5匹の魚 / I saw many different *fishes* in this lake. この湖でいろいろな種類の魚を見た(◇この場合 fish でもよい).

2 U 魚肉: salted *fish* 塩漬けの魚 / boiled *fish* 煮魚 / grilled *fish* 焼き魚 / Do you like *fish*? 魚は好きですか.
3 C 《英・古風》やつ (fellow): a queer [an odd, a cold] *fish* 変な[おかしな, 冷たい]やつ.
4 [the Fishes] 固 《天文》魚座 (Pisces).

■ **drínk like a físh** 大酒を飲む.
hàve óther [bígger] fìsh to frý 《口語》ほかにしなければならない大事な仕事がある.
lìke a fìsh òut of wáter 陸(誌)に上がった魚[河童(炒)]のように, まったく不慣れで.
nèither físh nor fówl どっちつかずの, 得体の知れない. 《由来》魚でもなければ鳥でもない, から)

— 動 自 **1** 魚を捕る[釣る]: go *fishing* 釣りに行く / He usually *fishes* in the sea. 彼はたいてい海で釣りをする.

2 [...を] 探す; [お世辞・情報などを] 求める, 探り出そうとする [*for*]: She is always *fishing for* an invitation to parties. 彼女はいつもパーティーへの招待をあさっている.
— 他 **1** 〈川・海など〉で魚を釣る; 〈魚〉を捕る: When the weather is fine on Sunday, he *fishes* the river all afternoon. 日曜日で天気がいいと, 彼は午後ずっと川で釣りをする.

2 ...を [...から] 取り出す, 引っぱり出す [*out of, from*]: The police *fished* two old cars *out of* the river. 警察はその川から古い車を2台引き上げた.

■ *fish in tróubled wáters* どさくさに紛れてうまい汁を吸う, 漁夫の利を得る.

fìsh óut 他 [...から] ...を引っぱり出す, 探り出す [*of, from*].

◆ **fìsh and chíps** [複数扱い] フィッシュアンドチップス《白身魚のフライとフライドポテトをセットにした英国の伝統的なファーストフード》.

fìsh càke UC フィッシュケーキ《魚のすり身にマッシュポテトを混ぜて揚げただんご》.

fìsh fàrm C 養魚場.
fìsh fòrk [knìfe] C 魚用フォーク [ナイフ].
fìsh slìce C 《英》(料理用の) フライ返し(《米》turner).

***fish·er·man** [fíʃərmən] 名 (複 **fish·er·men** [-mən]) C **1** (職業としての)漁師. **2** (趣味で)魚釣りをする人, 釣り人 (angler).

***fish·er·y** [fíʃəri] 名 (複 **fish·er·ies** [～z]) **1** U 漁業, 水産業. **2** C (通例, 複数形で)漁場; 養魚場.

físh-èye léns C 魚眼レンズ.

fish·hook [fíʃhùk] 名 C 釣りばり (hook).

fish·ing [fíʃiŋ]
— 名 (複 **fish·ings** [～z]) **1** U (魚) 釣り (→ ANGLING); 漁業: He's fond of *fishing*. 彼は(魚)釣りが好きである.
2 C 漁場, 釣り場.
◆ **físhing lìne** C 釣り糸 (line).
físhing ròd C 釣りざお.
físhing tàckle U 釣り道具一式.

fish·mon·ger [fíʃmʌ̀ŋgər] 名 C 《主に英》魚屋(《米》fish dealer).

fish·net [fíʃnèt] 名 **1** C 魚網. **2** U 網目の布.

fish·y [fíʃi] 形 (比較 **fish·i·er** [～ər]; 最上 **fish·i·est** [～ist]) **1** 魚の, (形・味・においが)魚のような, 生臭い; (川などが)魚の多い. **2** 《口語》(話などが)疑わしい, うさんくさい.

fis·sile [físəl / fíisail] 形 **1** 裂けやすい, 割れやすい. **2** 【物理】核分裂が可能な.

fis·sion [fíʃən] 名 U 分裂;【生物】(細胞などの) 分裂;【物理】核分裂 (nuclear fission).

fis·sure [fíʃər] 名 C (岩・地面などの)深い裂け目, 割れ目.

***fist** [físt] 名 C **1** 握りこぶし, げんこつ: clench one's *fist* こぶしを握りしめる / shake one's *fist* at ... 〈人〉に向かって(怒って)こぶしを振るう.

2 【印刷】指じるし, 指マーク(◇「参照」の意を表す☞ など; index とも言う).

■ **màke a góod [bád, póor] físt of ...** 《英口語》…をうまく[下手に]やる.
fist·fight [fístfàit] 名C (素手の)殴り合い.
fist·ful [fístfùl] 名C ひと握り[ひとつかみ][の…][*of*]: a *fistful of* money 少額の金.
fist·i·cuffs [fístikʌ̀fs] 名C [複数扱い]《古風》(素手の)殴り合い.

fit¹ [fít]
動 形 【基本的意味は「(大きさ·型が)合う」】
——動 (三単現 **fits** [fits]; 過去·過分 **fit·ted** [〜id]; 現分 **fit·ting** [〜iŋ])(◇《米》では過去·過分に fit を用いることがある)
——他 **1**〔進行形不可〕(大きさ·型が)…に**合う**; (条件などが)適合する,あてはまる: These shoes do not *fit* him. この靴は彼の足に合わない / The coat *fits* you all right. その上着はあなたによく似合う / The description *fitted* the murderer. その人相書きは殺人犯の顔とそっくりだった / Those facts do not *fit* the theory. その事実は理論にあてはまらない.
2〔進行形不可〕…を[…に/…するのに]**合わせる**,適合させる;準備させる[*for*, *to / to do*]: Her experience *fits* her *for* the post. 彼女は経験があるのでその職務に適している / He is not *fitted to* work outdoors. 彼は屋外で働くのに向いていない / I went to the tailor's to be *fitted for* a coat. 私はコートの仮縫いのために仕立屋へ行った.
3 …を取り付ける; …に[…を]設置する,設備する[*with*]: *fit* a new lock on the door ドアに新しい錠を取り付ける / The room was *fitted with* an air conditioner. その部屋にエアコンが設置された.
4 …を[…に]はめ込む,さし込む[*in*, *into*]: He *fitted* his key *in* [*into*] the lock. 彼はキーを錠前にさし込んだ.
——自〔進行形不可〕合う,適合する,あてはまる: This coat does not *fit* exactly. この上着はぴったり合わない / I was quickly able to *fit* easily into the new team. 私は新しいチームにすぐなじむことができた / Only five people can *fit* in the elevator. そのエレベーターには5人しか乗れない / The new bookcase will *fit* in this space perfectly. 新しい本箱はこのスペースにぴったりはまる.

[句動詞] **fit ín** 他〔fit in+O / fit+O+in〕
1 …を適合させる; はめ込む. **2** …を予定に入れる,…のために時間を都合する: I will try to *fit* you *in* tomorrow. あすあなたにお会いできるよう都合をつけましょう. ——自 […に]適合[調和]する[*with*]: His plan does not *fit in with* ours. 彼の計画は私たちの計画とは合致しない.

fit óut 他〔fit out+O / fit+O+out〕…に(必要なものを)装備する,備え付ける: They *fitted out* their ship to go to a small island in the South Pacific. 彼らは南太平洋の小島に行くために船の装備を整えた.

fit úp 他〔fit up+O / fit+O+up〕 **1** …を備え付ける,整える: He *fitted up* his room for guests. 彼はお客を迎えるために自分の部屋を整えた. **2**《英口語》〈人〉にぬれぎぬを着せる.

——形 (比較 **fit·ter** [〜ər]; 最上 **fit·test** [〜ist])
1〔通例,叙述用法〕[…に/…するのに]適した,ふさわしい[*for* / *to do*](→類義語): I am not *fit for* the work. 私はその仕事に向いていない / He is the man *fit for* the post. 彼はその地位に適任です / She is the *fittest* person *to* be in charge of the department. 彼女はその部門を受け持つ最適任者です / Grapes are now *fit to* eat. ブドウは今が食べ頃です.
2 […の/…する]用意[準備]ができた[*for* / *to do*];《口語》今にも…しそうな[*to do*]: I am *fit for* leaving here. 私はここを出る準備ができています / He ran till he was *fit to* drop. 彼は倒れそうになるまで走った.
3(運動·練習の結果)健康で,コンディションがよい: He keeps himself *fit* by taking a walk every morning. 彼は毎朝散歩することで健康を保っている.
4《文語》適当な,正しい.
■ **sèe** [**thìnk**] **fít** […するのが]適当だと思う,[…することに]決める[*to do*]: Please do as you *see fit*. よいと思うようにしてください / He *thought fit to* apologize for his fault. 彼は自分の過ちをわびるのがよいと思った.
——名〔単数形で; 通例,形容詞を伴って〕(服などの)合い具合: The coat is a good [poor] *fit*. その上着はぴったり合う[合わない].

[類義語] **fit, suitable, proper, appropriate**
共通する意味▶適した (right or good for a particular purpose, need, occasion, etc.) **fit** はある条件·状況·要求を満たす「素養·資格を備えていて,しばしばその準備ができている」の意: He is not *fit* for the job. 彼はその仕事に向いていない. **suitable** は「その場·その時の要求に合致する」の意: His words were not *suitable* to the joyful occasion. 彼の表現はお祝いの場にふさわしくなかった. **proper** は本来の性質から「当然そうあるべき」,社会的慣習に「適合した」の意: the *proper* way to hold chopsticks 正しい箸(はし)の持ち方. **appropriate** は「際立ってふさわしい」の意: A tuxedo is *appropriate* for a dinner. 晩餐(ばん)会にはタキシードがふさわしい.

fit² 名C **1**(病気などの)発作,卒倒. **2**(感情などの)爆発,(笑いの)発作: in a *fit* of anger かっとなって / We burst into a *fit* of laughter. 私たちは吹き出してしまった.
■ **by** [**in**] **fíts** (**and stárts**) 発作的に,時々思い出したように.
gíve ... a fít〈人〉を怒らせる;…をびっくりさせる.
hàve [**thròw**] **a fít** **1** 発作を起こす: She *had a fit* of coughing. 彼女は急にせき込んだ. **2**《口語》非常に驚く,どきっとする;非常に怒る,かっとなる.

fit·ful [fítfəl] 形 発作的な,断続的な;気まぐれな.
fit·ful·ly [-fəli] 副 発作的に;気まぐれに.

fit·ly [fítli] 副 **1** 適切[適当]に,ぴったりと,うまく合って. **2** 都合よく,適時[適宜]に.

fit·ment [fítmənt] 名C〔通例,複数形で〕《英》据

fit·ness [fítnəs] 名 U 1 健康(な状態), フィットネス: a *fitness* club (健康維持のための)スポーツクラブ. 2 [...に対する / ...する]適性 [*for* / *to do*].

fit·ted [fítid] 形 1 [限定用法] 適した, ちょうどよい大きさの: *fitted* curtains (窓に)ぴったり合うカーテン. 2 [叙述用法] 〈...を〉備えた [*with*].

fit·ter [fítər] 名 C 1 (機械・建具などの)取り付け工, 組み立て工. 2 (仮縫いのための)着付け工.

fit·ting [fítiŋ] 形 似合った, ふさわしい, 適当な: a *fitting* occasion 適当な機会.
— 名 C 1 [通例 ~s] (室内)調度品, 備品, 設備: gas [electrical] *fittings* ガス[電気]設備. 2 (仮縫いのための)試着.
◆ **fítting róom** C (衣服の)試着室.

Fitz·ger·ald [fitsdʒérəld] 名 圄 フィッツジェラルド Francis Scott Fitzgerald 《1896-1940; 米国の作家. 代表作『偉大なるギャッツビー』》.

★★★★ five [fáiv] 名 形
— 名 (複 *fives* [~z]) 1 U (基数の)5 (→ NUMBER 表).
2 C 5を表す記号 (5, V など).
3 [代名詞的に; 複数扱い] 5つ, 5個, 5人.
4 U 5時, 5分; 5歳; 5ドル[セント, ポンド, ペンスなど]; 5フィート, 5インチ.
5 C 5個[人]ひと組のもの.
6 C [トランプ]5の札; (さいころの)5の目.
■ **táke fíve** 《口語》ちょっと休憩する, 小休止する. (由来)「5分ほど休む」の意から)
— 形 1 [限定用法] **5の**, 5個の, 5人の.
2 [叙述用法] 5歳で.

five-and-tén 名 C 《米・古風》(安物を売る)日用雑貨店 (◇ five-and-ten-cent store の略).

five-dày wéek 名 [a ~] 週5日(労働)制, 週休2日制 (five-day workweek) (cf. five-day school week 学校週5日制).

fív·er [fáivər] 名 C 《米口語》5ドル札; 《英口語》5ポンド札.

five-stár 形 (ホテル・レストランなどの格付けで)最高級の, 超一流の, 5つ星の.
◆ **fíve-star géneral** C 5つ星将軍《陸軍元帥》.

★★★ fix [fíks] 動 名

原義は「(定位置に)しっかり固定する」.
① 固定する. 他 1
② 決定する. 他 2
③ 用意する. 他 3
④ 修繕する. 他 4

— 動 (三単現 **fix·es** [~iz]; 過去・過分 **fixed** [~t]; 現分 **fix·ing** [~iŋ])
— 他 1 [fix+O] 〈...に〉を**固定する**, 取り付ける [*to, in, on*]: He *fixed* a mirror *to* the wall. 彼は壁に鏡を取り付けた / The telegraph pole was *fixed* upright *in* the ground. 電柱は地面にまっすぐに立てられた.
2 [fix+O] 〈価格・場所・日時など〉を**決定する**, 定める: The date of his departure was *fixed* for September 10. 彼の出発日は9月10日に決定した / The rent was *fixed* at 500 dollars a month. 家賃は月500ドルに決められた / He *fixed* his residence at Ueno. 彼は上野に居を定めた.
3 [fix+O] 〈...の〉**用意をする**, 手はずを整える, 〈会合など〉を取り決める: If you want to see him, I will *fix* it. もし彼に会いたければ, 私が手はずを整えよう / I will *fix* the date and time of the meeting with him. 私が彼と会う日時を取り決めます.
4 [fix+O] 〈...を〉**修繕する**, 直す (→ MEND (類義語)): He *fixed* his bicycle himself. 彼は自分で自転車を直した / I have to get my car *fixed*. 私は車を修繕してもらわなければならない.
5 [fix+O] [...に] 〈目・注意など〉をじっと向ける [*on*], [格式] ...に[目・注意など]をじっと向ける [*with*]: His eyes were *fixed on* the wall. 彼の目はじっと壁に注がれていた / I could not *fix* my attention because of a lack of sleep. 睡眠不足のため私は注意が集中できなかった.
6 [fix+O] 〈...〉を[心に]とめる [*in*]: The scene is *fixed in* my mind. その光景は私の心に残っている / I tried to *fix* his words *in* my memory. 私は彼の言葉を記憶にとどめようと努めた.
7 《主に米》[fix+O] 〈食事・飲み物〉を用意する (prepare); [fix+O+for ... / fix+O+O] 〈...に〉〈食事・飲み物〉を用意する: She *fixed* a hasty meal *for* me. = She *fixed* me a hasty meal. 彼女は私に急いで食事を用意してくれた.
8 《主に米》〈髪の毛・顔など〉を整える: She wanted to *fix* her hair [face]. 彼女は髪を整え[化粧を直し]たかった.
9 ...で八百長をする, ...を買収する: *fix* a race 八百長レースを仕組む / The members of the jury were all *fixed*. 陪審員は全員買収されていた.
10 〈罪・責任など〉を[人に]負わせる, 着せる [*on, upon*]: He tried to *fix* the blame *on* me. 彼はその罪を私に着せようとした.
11 《口語》...に仕返しをする, ...をやっつける.
12 〈写真〉を定着する, 〈染料〉を色止めする.
13 《米口語》〈動物〉を去勢する, ...に不妊手術をする.
— 自 固定する, 定着する; 固まる, 凝固する.
句動詞 **fix on [upòn] ...** 他 ...を決める, 選ぶ: We have not *fixed on* a date for the wedding. 私たちは結婚式の日取りを決めていない.
fix úp 他 [fix up+O / fix+O+up] 1 ...を取り決める, ...の手はずを整える: We have yet to *fix up* a date for the party. 私たちはパーティーの日取りをまだ決めていない. 2 ...を修理する, 整える: He *fixed up* the bicycle for his son. 彼は息子の自転車を修理した. 3 ...に[...を]都合する, 用意する [*with*]: I will *fix* you *up with* a ticket for the concert. 音楽会の切符を都合してあげよう. 4 〈争い〉を解決する.
— 名 C 1 [通例, 単数形で]困った状態, 苦境: get oneself into a *fix* 苦境に陥る / I am in a real *fix*. 私は本当に困っている.
2 [単数形で]八百長, いんちき. 3 (飛行機・船の)位置; 位置決定. 4 《俗語》(麻薬の)注射.

fix·at·ed [fíkseitid] 形〖叙述用法〗[…に]〈異常なまでに〉執着して,こだわって [on]: He is *fixated on* the idea of being an astronaut. 彼は宇宙飛行士になるという思いに執着している.

fix·a·tion [fikséiʃən] 名 **1** ⓊⒸ 定着, 固定(状態). **2** Ⓒ […への]執着, 固執, 強い思い込み; 〖心理〗[…への]固着 [about, on, with].

fix·a·tive [fíksətiv] 名 ⓊⒸ(入れ歯などの)固定剤[液]; 〖写〗定着剤.

‡**fixed** [fíkst] 形 **1** 〖限定用法〗固定した, 定まった; すえ付けられた: a *fixed* star 恒星.
2 (金額・利率・日付などが)一定の, 決まっている: *fixed* property [assets] 固定資産 / a *fixed* income 固定収入 / a *fixed* deposit 定期預金. **3** (考え方・表現・視線などが)固定した, 変わらない, 揺るがない: a *fixed* idea 固定観念 / a *fixed* expression 決まり文句 / give a *fixed* stare 凝視する. **4** (試合などの結果が)不正に仕組まれた, 八百長の. **5** 〖叙述用法〗〘口語〙[…の]準備がある [for]: We are *fixed* for money. 金は用意できている.

fix·ed·ly [fíksidli] 副(☆発音に注意)確固として; じっと.

fix·er [fíksər] 名 **1** ⓊⒸ 〖写〗定着剤, 定着液. **2** Ⓒ〘口語〙調停人, フィクサー.

fix·ing [fíksiŋ] 名 [~s] **1** 〘米口語〙付属品, 装飾品; (料理の)付け合わせ. **2** 固定(金)具〘ねじ・ボルトなど〙.

fix·i·ty [fíksəti] 名 Ⓤ〘格式〙固定, 不変(性).

*****fix·ture** [fíkstʃər] 名 **1** Ⓒ 固定物; [通例 ~s] 備品, 設備〘バスタブ・調理台など動かすことのできない備品を言う〙.
2 〘英〙(恒例の)試合, 競技日程: a *fixture* list 試合日程表.
3 [a ~] […に]欠かせないもの; 変わることなく職[地位]を守る人; […の]主(ぬし)[in]: The music teacher had become a *fixture* in the school. その音楽教師は学校の名物になっていた.

fizz [fíz] 動 (自) しゅーと音を立てる, しゅーと泡立つ.
— 名 **1** Ⓤ [または a ~] (炭酸飲料などの)しゅーという音. **2** Ⓤ 気(状態): The cola has lost its *fizz*. コーラは気が抜けてしまった. **3** Ⓤ 〘口語〙炭酸飲料, 発泡性飲料〘シャンパンなど〙; フィズ.

fiz·zle [fízl] 動 (自) 〘口語〙小さく[かすかに]しゅーと音を立てる.
■*fizzle óut* (自) (途中で)失敗する, 立ち消えになる, 中途半端に終わる.

fizz·y [fízi] 形 (比較 **fizz·i·er** [~ər]; 最上 **fizz·i·est** [~ist])〘口語〙(飲料などが)しゅーと泡立つ, 発泡性の.

fjord [fjɔ́:rd / fiɔ́:d] 名 Ⓒ フィヨルド(fiord)〘主にノルウェーの高い絶壁の間に入り込んだ狭い湾〙.

FL〖郵略語〗= *Florida*.

Fla. (略語) = *Florida* (◇ Fl. とも略す).

flab [flǽb] 名 Ⓤ 〘口語〙(体の)たるみ, ぜい肉.

flab·ber·gast [flǽbərɡæst / -ɡà:st] 動 他 〘通例, 受け身で〙〘口語〙〈人〉をとても驚かせる.

flab·by [flǽbi] 形 (比較 **flab·bi·er** [~ər]; 最上 **flab·bi·est** [~ist])〘口語〙 **1** (筋肉などが)たるんだ: get *flabby* ぶよぶよになる. **2** 無気力な.

flac·cid [flǽksid] 形 (筋肉などが)たるんだ, ぐにゃぐにゃの, 弱々しい.

*****flag**¹ [flǽɡ]
— 名 (複 **flags** [~z]) Ⓒ 旗 【原義は「ひらひらとはためくもの」】: the national *flag* of Canada カナダの国旗 / a red *flag* 赤旗〘危険・警告を示す〙/ a white *flag* 白旗〘敗北・降伏を示す〙/ a green *flag* 緑の旗〘安全を示す〙/ fly a *flag* half-mast high 弔意の半旗を掲げる.

▶コロケーション◀ 旗を…
旗を掲げる: *hoist* [*raise, run up*] *a flag*
  fly [*display*] *a flag*
旗を降ろす: *lower a flag*
旗を振る: *wave a flag*

2 旗形のもの; (犬などの)ふさふさした尾.
■*kéep the flág flýing* 主義・主張を守り続ける; 愛国心を堅持する.
lówer [*stríke*] *one's flág* (降伏の合図として)旗を降ろす; (議論などで)降参する.
shów the flág 自分の存在を誇示する, 旗幟(きし)を鮮明にする; (会合などに)申し訳程度に顔を出す.
ùnder the flág of ... …の旗の下に, …の指揮下で.
— 動 (三単現 **flags** [~z]; 過去・過分 **flagged** [~d]; 現分 **flag·ging** [~iŋ])他 **1** …に旗を掲げる; …を旗で飾る. **2** …に目印を付ける.
■*flág dówn* 他 〈乗り物など〉を合図して[手を振って, 手を上げて]止める: I *flagged down* a taxi. 私は手を上げてタクシーを止めた.

◆ **Flág Dày** Ⓤ〘米〙国旗制定記念日〘6月14日; 1777年6月14日に米国国旗が制定された〙.

flág stòp Ⓒ〘米〙信号停留所〘客からの合図があるときだけバス・列車が停車する〙.

flag² 名 Ⓒ〖植〗ショウブ, アヤメ.

flag³ 動 (自) **1** (気力・力などが)衰える, (興味などが)薄れる. **2** (植物が)しおれる; (帆などが)だらりと垂れる.

flag⁴ 名 Ⓒ 板石; 敷石(flagstone).

flag·el·late [flǽdʒəlèit] 動 他 〘格式〙(宗教的修練などのために)…をむちで打つ.

flag·el·la·tion [flædʒəléiʃən] 名 Ⓤ むち打ち.

flag·on [flǽɡən] 名 Ⓒ (通例, 注ぎ口・取っ手の付いた食卓用の)大型酒びん; (特にワインの)大びん.

flag·pole [flǽɡpòul] 名 Ⓒ 旗ざお.

fla·grant [fléiɡrənt] 形 (態度・行動などが)ひどい, 目に余る, (犯罪が)悪質な: *flagrant* disregard for human rights 悪質な人権侵害.

flag·ship [flǽɡʃip] 名 Ⓒ **1** 旗艦〘指揮官が乗っている軍艦〙. **2** (同じ種類の中で)最高のもの, 最もよいもの; 目玉[看板]商品.

flag·staff [flǽɡstæf / -stà:f] 名 (複 **flag-staffs** [~s], **flag-staves** [-stèivz]) Ⓒ 旗ざお(flagpole).

flag·stone [flǽɡstòun] 名 Ⓒ 敷石(の道), 板石.

flág-wàv·ing 名 Ⓤ〘通例, 軽蔑〙(過剰な)愛国心の誇示.

flail [fléil] 動 他 **1** 〈腕〉を振り回す, ぐるぐる回す; 〈足〉をばたばたさせる. **2** 〈穀物〉を殻竿(からさお)で打つ.
— (自) **1** 〈腕[足]〉を振り回す. **2** 殻竿で打つ.
— 名 Ⓒ 殻竿〘昔の脱穀用の農具〙.

flair [fléər] 名 **1** Ⓤ [または a ~] […の](生まれつきの)才能, 能力; 勘, 直観力 [for]: have a *flair for* painting 絵画の才能がある. **2** Ⓤ センスのよ

さ, 想像力の豊かさ.

flak [flǽk] 名 U **1** 対空砲火. **2** 《口語》痛烈な批判: get [take] *flak* 痛烈な批判を浴びる.

‡flake [fléik] 名 C **1** 薄片, 薄片の一片: *flakes* of snow 雪片. **2** フレーク《薄片状の食品》(cf. cornflakes コーンフレーク).
— 動 自 はげ [はがれ] 落ちる; ほぐれる; (雪などが) 舞い落ちる (*off, away*).
— 他 …をはがす; フレークにする.
■ *fláke óut* 自《口語》疲れて眠り込む; 気絶する.

flak・y [fléiki] 形 (比較 **flak・i・er** [~ər]; 最上 **flak・i・est** [~ist]) **1** フレーク状の, 薄片 [小片] の; はがれやすい. **2** 《口語》奇妙な; (人が) 物忘れのない, 信用できない.

flam・bé [fla:mbéi / flɔ́mbei] 【フランス】 形《通例, 名詞のあとで》菓子や料理にブランデーをかけて火をつけた, フランベした.

flam・boy・ance [flæmbɔ́iəns] 名 U (服装などの) けばけばしさ, 派手さ; 華麗さ, 派手好き (な性格).

flam・boy・ant [flæmbɔ́iənt] 形 **1** (衣服などが) 派手な, 目立つ; (値段が) 高そうな. **2** (人・行動が) 華やかな, 大胆な: with a *flamboyant* gesture 大げさ [派手] な身ぶりで.

‡flame [fléim] 名 動
— 名 (複 **flames** [~z]) **1** C U 炎, 火 (◇ blaze より弱い炎をさす): the *flame* of a lamp ランプの炎 / the Olympic *Flame* オリンピックの聖火.
2 C 炎のような輝き [色彩]: the *flame* of the setting sun 夕焼け. **3** U 《文語》情熱, 激情: the *flame* of anger 怒りの炎.
■ *an óld fláme* 昔の恋人.
búrst into fláme(s) ぱっと燃え上がる.
in flámes 燃えて, 炎となって: The whole house was *in flames*. 家全体が燃えていた.
— 動 自 **1** 燃え上がる, 炎を出す (*up, out*): The firewood *flamed up*. たきぎが燃え上がった.
2《文語》炎のように輝く; (顔が) 赤くなる (*up*): His face *flamed up* with anger. 彼の顔は怒りで真っ赤になった.
3 (人が) 怒り出す; (感情が) 燃え上がる (*up, out*): He *flames up* easily. 彼はすぐ怒り出す.

fla・men・co [fləméŋkou] 【スペイン】 名 (複 **fla・men・cos** [~z]) U C フラメンコ《スペインのジプシースタイルの踊り・舞曲》.

flame・throw・er [fléimθròuər] 名 C 火炎放射器, 火炎除草器.

flam・ing [fléimiŋ] 形《限定用法》**1** (火が) 燃えている, 燃えさかる. **2** (色彩などが) 明るい, 鮮やかな: *flaming* red 燃えるように赤い色. **3** (怒りなどが) 激しい: be in a *flaming* temper 激怒している. **4**《英口語》ひどい, とんでもない.

fla・min・go [fləmíŋgou] 名 (複 **fla・min・gos, fla・min・goes** [~z]) C 〔鳥〕フラミンゴ, ベニヅル.

flam・ma・ble [flǽməbl] 形 燃えやすい, 可燃性の (inflammable) (◇通例, 《英》では inflammable を使う; ↔ nonflammable): *Flammable(s)*《掲示》火気厳禁.

flan [flǽn] 名 C U フラン《フルーツ・チーズなどを詰めたタルト (tart)》: cheese *flan* チーズフラン.

Flan・ders [flǽndərz / flɑ́:n-] 名 フランドル, フランダース《北海に面したベルギー西部とフランス北部地域》.【関連語】 Fleming フランダース人 / Flemish フランダース (人, 語) の.

flange [flǽndʒ] 名 C (車輪の) フランジ, 輪縁(ぶち) 《レールからの脱輪を防ぐ》.

flank [flǽŋk] 名 C **1** (特に動物の) 横腹, わき腹; わき腹肉 (の切り身) (→ BEEF 図). **2** (建物・山の) 側面, 斜面; 〔軍〕隊列 [部隊] の側面, 翼(ょく).
— 動 他 《しばしば受け身で》(防御のために) […に] …の側面に配置する, […で] わきを固める (*by, with*).

flan・nel [flǽnəl] 名 **1** U フランネル (製の布), フラノ《表面が柔らかくけば立った毛織物》;《米》綿ネル (flannelette). **2** [~s] 《主に英》フランネルのズボン [衣服];《米》ネルの肌着. **3** C 《主に英》洗顔用タオル (《米》 washcloth).

flan・nel・ette, flan・nel・et [flǽnəlèt] 名 U (フランネルに似た) 厚手の綿布, 綿ネル.

‡flap [flǽp] 動 (三単現 **flaps** [~s]; 過去・過分 **flapped** [~t]; 現分 **flap・ping** [~iŋ]) 他 **1** (羽・胸など) をばたばた動かす, 振り動かす; (旗・布など) をはためかせる: The swan began to *flap* its wings on the shore. 白鳥は岸辺で羽ばたき始めた.
2 (平たいもので) …をたたく, ぴしゃりと打つ; たたいて追い払う.
— 自 **1** ばたばた揺れる; 羽ばたく, はためく; (木の葉などが) ざわめく: The laundry *flapped* in the breeze. 洗濯物が風にばたばたと揺れていた.
2 […めがけて] ぴしゃりと打つ [*at*]: *flap at* a spider with the towel タオルでクモをぴしゃりとたたく.
3《英口語》パニック状態になる.
— 名 **1** C 垂れ下がった平たいもの; (封筒などの) 折り返し; (テーブルの) 垂れ板 [部分]: the *flap* of a table テーブルの垂れ板《上に上げて広く使う折り返し部分》. **2** [通例, 単数形で] ばたばたする動き [音]; (鳥などの) 羽ばたき; (旗の) はためき. **3** [a ~] 《口語》パニック (状態): be in a *flap* パニック状態である / All the pupils got into a *flap* because of an earthquake. 地震のために生徒は皆あわてふためいた. **4** C (飛行機の) フラップ, 下げ翼 (→ AIRCRAFT 図).

flap・jack [flǽpdʒæk] 名 C **1**《米》パンケーキ, ホットケーキ (pancake, griddlecake). **2**《英》オート麦などで作ったビスケット.

flap・per [flǽpər] 名 **1** ばたばた音を立てるもの; ぴしゃりと打つもの, ハエたたき. **2** おてんば娘, フラッパー《1920年代の自由奔放な娘》.

‡flare [fléər] 動 **1** (火が) ゆらめく, 燃え輝く; ぱっと燃え上がる; (人が) 激怒する: The candle *flared* in the darkness. ろうそくの火が暗やみの中でゆらめいていた. **2** (スカート・ズボンがすその方へ) 広がる, フレアになっている.
— 他〈スカート・ズボンなど〉をフレアにする.
■ *fláre úp* 自 **1** (火が) 急に [ぱっと] 燃え上がる. **2** (人が) かっとなる; (争い・暴動などが) 勃発(ぽっ)する; (病気などが) 再発する.
— 名 **1** C [通例, 単数形で] ゆらめく炎, 輝く光. **2** C 発光信号 (装置), 照明弾 (flare bomb). **3** C U (スカート・ズボンの) 広がったすそ, フレア; [~s] (すその広がった) らっぱズボン.

flared [fléərd] 形 **1** (ズボン・スカートなどが)フレアの,すその広がった. **2** 燃え上がった.

fláre-ùp 名 C **1** かっとなること,激怒;(病気などの)再発. **2** ぱっと燃え上がること,災上.

flash [flǽʃ] 名動形

【基本的意味は「きらめき (a sudden bright light that shines for a short time)」】

—名 (複 **flash·es** [~iz]) **1** C(光などの)**きらめき**,閃光(せんこう): *flashes* of lightning 稲妻 / a *flash* of light 閃光.

2 C (感情・機知などの)ひらめき,突発: a *flash* of inspiration 霊感のひらめき / A *flash* of anger came over me. 私は突然怒りに襲われた.

3 C|U〖写〗フラッシュ(flashlight): use (a) *flash* フラッシュをたく. **4** C ニュース速報(newsflash).

■ *a flásh in the pán* まぐれ当たり,(一時的な)はかない成功.

(as) quíck as a flásh すかさず,すぐに.

in [like] a flásh またたく間に,すぐに.

—動 (三単現 **flash·es** [~iz]; 過去・過分 **flashed** [~t]; 現分 **flash·ing** [~iŋ])

—自 **1** (光などが)**ぱっと光る**,きらめく;(目などが)(怒りなどで)らんらんと光る [*with*]: *flashing* light 閃光 / The lightning *flashed* in the sky. 稲妻が空でぴかっと光った / His eyes *flashed* with anger. 彼の目は怒りに燃えていた.

2 [副詞(句)を伴って] さっと過ぎ去る [通る] [*by*, *past*]: The days *flashed by*. 日々はまたたく間に過ぎ去った.

3 (考えなどが)ぱっと浮かぶ: The idea that I should telephone her *flashed* across [into, through] my mind. 彼女に電話しなくてはという考えが私の心にひらめいた.

—他 **1** […に向けて]〈光など〉を**ぱっと光らせる**,放つ;〈目など〉に〈感情などを〉をちらつかせる [*at*]: The guard *flashed* his light *at me*. 警備員はライトを私に向けた / Her eyes *flashed* anger *at me*. 彼女の目は私に向かって怒りをぎらつかせた. **2** …をちらっと見せる;見せびらかす (*around*): *flash* one's ID card 身分証明書をちらっと見せる / He *flashed* a $100 bill (*around*) at me. 彼は100ドル紙幣を私に見せびらかせた. **3** (電信・無線などで)…を速報する: The news of the disaster was *flashed* across the world. その惨事のニュースは世界じゅうに速報された. **4** …に〈視線・微笑などを〉投げかける;〈視線・微笑などを〉[…に]投げかける [*at*]: She *flashed* him a radiant smile. = She *flashed* a radiant smile *at him*. 彼女は彼ににこやかに微笑んだ.

■ *flásh báck* 自 (記憶・画面などが)[…へと]急に戻る [*to*].

—形 **1** 〘口語〙派手な,けばけばしい.

2 [限定用法] 突然の,あっという間の.

◆ flásh càrd C フラッシュカード《単語・数字・絵などが書かれた授業用のカード》.

flásh flóod C 鉄砲水.

flásh póint C|U **1** 〖化〗引火点. **2** (暴動などが起こりそうな)危険な状態 [地域].

flash·back [flǽʃbæ̀k] 名 **1** C|U(映画などの)[…の] フラッシュバック,回想場面 [*to*]: a *flashback to* his childhood 彼の子供時代の回想(場面). **2** C 逆火(ぎゃっか)《炎が容器の中や管などへ逆流する》.

flash·bulb [flǽʃbʌ̀lb] 名 C〖写〗(フラッシュ用の)閃光(せんこう)電球.

flash·er [flǽʃər] 名 C **1** (自動車・交通信号の)自動点滅ライト[装置]. **2** 〘口語〙露出狂.

*‡**flash·light** [flǽʃlàit] 名 C **1** 〘主に米〙懐中電灯《英》(electric) torch). **2** (写真撮影の)フラッシュ,フラッシュ装置(flashbulb, flash). **3** (灯台・信号用の)回転灯,発光器.

flash·y [flǽʃi] 形 (比較 **flash·i·er** [~ər]; 最上 **flash·i·est** [~ist]) 〘通例,軽蔑〙けばけばしい,派手な: a *flashy* restaurant 見かけ倒しのレストラン.

flask [flǽsk / flάːsk] 名 C **1** (科学実験用の)フラスコ;フラスコ1杯分の量;(ワインなどを入れる)フラスコ型の容器. **2** (ウイスキーなどの)携帯びん. **3** 〘英〙魔法びん (vacuum [thermos] flask).

***flat¹** [flǽt] 形 名 副【基本的意味は「平らな (having no raised parts)」】

—形 (比較 **flat·ter** [~ər]; 最上 **flat·test** [~ist]) **1** 平らな,起伏のない,平坦(へいたん)な《◇面が水平であるとは限らない》: a *flat* road 平坦な道路 / a *flat* wall 平らな壁 / a *flat* face 平べったい顔.

2 [通例,叙述用法] べったり横になって;ぱったり倒れて;ぴったり接して: He was lying *flat* on the floor. 彼は床(ゆか)にべったり横たわっていた / That old tree lay *flat* on the ground after the typhoon. 台風のあと,その古木は地面になぎ倒されていた.

3 (厚み・深さがなくて) 平たい,浅い,薄い;(靴などが)かかとの低い: a *flat* plate 浅い皿 / It is as *flat* as a pancake. それはパンケーキのように薄い.

4 (タイヤが)パンクした,空気が抜けた: The tire went *flat*. タイヤがパンクした.

5 [通例,限定用法] きっぱりした,まったくの: Kate gave Bob a *flat* refusal. ケイトはボブにきっぱりと断った / It was a *flat* lie. それはまったくのうそであった.

6 つまらない,単調な: I couldn't stand his *flat* lecture. 私は彼のつまらない講義に耐えられなかった.

7 (炭酸飲料が)気の抜けた: Oops, this cola is *flat*! うわっ,このコーラ,気が抜けてる. **8** (価格・料金が)均一の: a *flat* rate 均一料金. **9** 〖音楽〗フラットの,半音下がった,変音の (↔ sharp): a piano sonata in D *flat* major 変二長調のピアノソナタ. **10** 〘英〙(バッテリーが)上がった.

■ *and thàt's flát* 〘口語〙これは絶対だ,もう気持ちは変わらない: I will never do such a thing again, *and that's flat*. そんなことは二度としない,絶対に.

—名 (複 **flats** [flǽts]) C **1** [the ~] 平たい部分,平面: the *flat* of the hand 手のひら(palm).

2 平地,低地;[通例 ~s] 湿地,沼地,浅瀬.

3 = flát tíre 〘主に米〙パンクしたタイヤ.

4 〖音楽〗フラット,変音記号 (♭) (↔ sharp).

5 [~s] フラットシューズ《ヒールのない女性用の靴》.

—副 **1** 〘口語〙きっぱりと,はっきりと (flatly): I

refused his offer *flat*. 私は彼の申し出をきっぱり断った. **2** (時間などで) ちょうど, きっかり: in ten seconds *flat* 10秒フラットで. **3** 《口語》まったく, 完全に, すっかり: He is *flat* broke. 彼はすっからかんの[無一文の]だ. **4** 《音楽》フラットで, 半音低く.

■ **fáll flát** **1** ばったり倒れる: He *fell flat* on his face. 彼はうつぶせにばったり倒れた. **2** 《口語》(計画が) 失敗に終わる;(冗談・話などが) 受けない: My joke *fell flat* with her. 私の冗談は彼女に通じなかった.

flát óut 《口語》 **1** 全速力で; 全力をふりしぼって. **2** 率直に, あからさまに.

‡flat² [flǽt] 图 C 《英》 **1** フラット, マンション, アパート (《米》apartment) 《同じ階にある数室を1世帯が占有するもの》. **2** [~s] フラット式共同住宅, マンション, アパート (《米》apartment house): a block of *flats* 1棟の共同住宅[マンション].

flat-boat [flǽtbòut] 图 C 大型平底船《川・運河などで貨物を運搬する》.

flat-car [flǽtkɑ̀ːr] 图 C 《米》平台式鉄道貨車《屋根も側面もない鉄道貨車》.

flat-fish [flǽtfìʃ] 图 (複 flat-fish, flat-fish-es [~iz]) C ヒラメ, カレイの類.

flát-fòot-ed 形 **1** 偏平足(ホル)の. **2** 《米口語》油断した: be caught *flat-footed* 不意をつかれる. **3** 《口語》(人づきあいなどが) 不器用な, ぎこちない; 思いやりのない.

flat-i-ron [flǽtàiərn] 图 C (昔の) アイロン, 火のし《火で熱したり, 中に石炭を入れて使った》.

flat-let [flǽtlit] 图 C 《英》小アパート.

*flat-ly [flǽtli] 副 **1** きっぱり, はっきり: deny *flatly* きっぱり否定する. **2** 素っ気なく, 無表情に, 淡々と.

flat-mate [flǽtmèit] 图 C 《英》ルームメート, 同室人 (roommate).

*flat-ten [flǽtən] 動 他 **1** …を平らにする (*out*); 《タイヤ・缶などを》へこませる. **2** 《草など》を倒す; ぺちゃんこにする (*down*): The typhoon *flattened down* all the rice in the fields. 台風で田の稲はすべてなぎ倒されてしまった. **3** …を完全に負かす.
― 自 平らになる; (飛行機が) 水平飛行に移る.

‡flat-ter [flǽtər] 動 他 **1** […について]〈人〉にお世辞を言う,〈人をむやみに[大げさに]ほめる,へつらう, おもねる [*on*, *about*]. **2**〈人〉をよく見せる;〈絵・写真など〉を実物以上によく見せる: His Sunday clothes *flatter* Jim. よそ行きを着るとジムも立派に見える.
― 自 お世辞を言う.

■ **flátter onesèlf (*that* ...)** (勝手に…だと) 自己満足する, うぬぼれる: Jane *flattered herself that* her picture was excellent. ジェーンは絵の出来栄えがすばらしいと自画自賛した. (▷ fláttery)

flat-tered [flǽtərd] 形 いい気分になった, 満足した: I am *flattered* at [by] your invitation. = I am *flattered* to be invited. お招きいただき光栄に存じます.

flat-ter-er [flǽtərər] 图 C お世辞のうまい人, おべっかを使う人.

flat-ter-ing [flǽtəriŋ] 形 お世辞の, (人を) うれし

がらせる;〈写真などが〉実物以上によく見せる.

*flat-ter-y [flǽtəri] 图 (複 flat-ter-ies [~z]) U C お世辞, おべっか: use *flattery* お世辞を言う.
(▷ flátter)

flat-u-lence [flǽtjuləns] 图 U 《生理》鼓腸(ʧɔ̀ː);《胃腸内にガスがたまること, またはそのガス》; 腹部膨張 (感).

flat-u-lent [-lənt] 形 腹が張った; うぬぼれた.

flat-ware [flǽtwèər] 图 U 《集合的に》(平らな) 食器類, 平皿類; 《米》(特にナイフ・フォーク・スプーンなどの) 銀食器類.

flaunt [flɔ́ːnt] 動 他 《通例, 軽蔑》〈持ち物・知識など〉を見せびらかす, 誇示する (show off).

flau-tist [flɔ́ːtist] 图 C 《主に英》= FLUTIST フルート奏者.

‡fla-vor,《英》**fla-vour** [fléivər] 图 **1** U C (特徴のある) 味, 風味; 香り: melon *flavor* メロン味 / How many *flavors* of ice cream do you have? アイスクリームは何種類の味がありますか. **2** C 味わい, 趣(ホッ);雰囲気; 特徴: a *flavor* of the Orient 東洋の雰囲気.

■ **flávor of the mónth** (今現在) 好評を得ているもの[人], 注目の話題 [人].
― 動 他 〈…〉に […で] 味付けする;〈話など〉に趣をそえる [*with*]: *flavor* chicken *with* chili 鳥肉をチリ味にする.

fla-vored,《英》**fla-voured** [fléivərd] 形 風味を付けた; [複合語で] …の味を付けた.

fla-vor-ing,《英》**fla-vour-ing** [fléivəriŋ] 图 **1** U (飲食物の) 味付け. **2** C 香味料.

fla-vor-less,《英》**fla-vour-less** [fléivərləs] 形 無味乾燥な, 味わいのない.

‡fla-vour [fléivər] 图 動 《英》= FLAVOR (↑).

flaw [flɔ́ː] 图 C 《陶器・家具などの》小さな傷, ひび; [性格・契約などの] 欠陥, 弱点 [*in*]: a serious character *flaw* 性格上の重大な欠陥.
― 動 他 《通例, 受け身で》…を損なう, …にひびを入れる.

flawed [flɔ́ːd] 形 傷のある, 欠陥のある.

flaw-less [flɔ́ːləs] 形 傷 [欠陥, 弱点] のない; 完全な (perfect): a *flawless* performance 完璧(ᆬᆿ)な演技.

flaw-less-ly [~li] 副 完璧に.

flax [flǽks] 图 U 《植》亜麻(ᆮ)《の繊維》《茎の繊維がリンネルの原料となり, 種からはアマニ油がとれる》.

flax-en [flǽksən] 形 **1** 亜麻《製》の, 亜麻でできた. **2** (髪の毛が) 亜麻色の, 淡い黄色の.

flay [fléi] 動 他 **1** 〈動物など〉の皮をはぐ. **2** …をひどく痛めつける; 激しく批判する.

flea [flíː] 图 C 《昆》ノミ.

■ **a fléa in one's éar** 叱責(ᆪ), 厳しい批判.
◆ **flea màrket** フリーマーケット, ノミの市.

flea-bag [flíːbæ̀g] 图 C 《口語》汚い安ホテル.

flea-bite [flíːbàit] 图 C **1** ノミに食われた跡. **2** ささいな問題.

flea-pit [flíːpìt] 图 C 《古風・こっけい》薄汚れた映画館 [劇場, ホテル].

fleck [flék] 图 C **1** (光・色などの) 点, 斑点(ᆺᆫ);(皮膚の) しみ, そばかす. **2** 小片, かけら, しずく.
― 動 他 《通例, 受け身で》…に […で] しみ [斑点] を

付ける [*with*]: The tablecloth *was flecked with* ketchup. テーブルクロスにケチャップのしみが付いていた.

flecked [flékt] 形 しみの付いた, 斑点(はん)のある.

fled [fléd] 動 flee の過去形・過去分詞.

fledged [fléd‍ʒd] 形 **1** 羽の生えそろった, いつでも飛べる. **2** (体・考え方などが) 大人の特徴を備えた, 一人前の, 成熟した (full-fledged).

fledg・ling, 《主に英》**fledge・ling** [fléd‍ʒliŋ] 名 C **1** (羽の生えそろったばかりの) 若い鳥. **2** 新米, 経験の浅い若者.
— 形 [限定用法] 新米の; (組織などが) 新興の.

flee [flíː] 動 (三単現 **flees** [~z]; 過去・過去分詞 **fled** [fléd]; 現分 **flee・ing** [~iŋ]) 自 **1** [危険などから] 逃げる, 逃れる [*from*]: *flee from* a fire 火事から逃れる.
2 (時が) すばやく過ぎる; (霧などが) 消え去る.
— 他 …を避ける, 捨てる; …から逃げる: *flee the country* 国外逃亡する. (▷ 名 flight²)

fleece [flíːs] 名 **1** U 羊毛; C 1頭分の羊毛.
2 U C 羊毛に似たもの; フリース.
— 動 他 **1** 〈羊の〉毛を刈る. **2** 《口語》…から [金などを] だまし取る [*of*].

fleec・y [flíːsi] 形 (比較 **fleec・i・er** [~ər]; 最上 **fleec・i・est** [~ist]) 羊毛で覆われた; 羊毛のような, ふわふわした: *fleecy* clouds ふわふわした雲.

fleet¹ [flíːt] 名 C (◇単数形で時に複数扱い) **1** (1人の指揮官の率いる) 艦隊, 船団; [the ~] 海軍.
2 (1つの会社の管理下にあるタクシー・バスなどの) 全保有車両, 一群: a *fleet* of trucks トラックの一団.
◆ fléet ádmiral C 《米海軍》元帥 (《英》admiral of the fleet).

fleet² 形 《文語》 (動作が) 機敏な, (足が) 速い: She is *fleet* of foot. 彼女は足が速い.

fleet・ing [flíːtiŋ] 形 [通例, 限定用法] つかの間の, 一瞬の: *fleeting* happiness つかの間の幸福.
fleet・ing・ly [~li] 副 すぐに; はかなく.

Fléet Strèet [flíːt-] 名 **1** 《英》フリート街 (London 中心部の通りで新聞社や出版社が数多くあった). **2** U 英国新聞界.

Flem・ing [flémiŋ] 名 C **1** フランダース [フランドル] 人, フラマン人. **2** フラマン語を話すベルギー人 (→ FLEMISH).

Flem・ish [flémiʃ] 形 フランダース [フランドル] の; フラマン人 [語] の.
— 名 **1** U フラマン語, フランダース [フランドル] 語. **2** [the ~; 集合的に C] フランドル人.

flesh [fléʃ] 名 動
— 名 (複 **flesh・es** [~iz]) **1** U (人間・動物の) 肉; 果肉, 葉肉: Lions eat *flesh*. ライオンは肉食です.
2 U 肉付き: lose *flesh* 肉が落ちる, やせる / gain *flesh* 肉付きがよくなる, 太る.
3 [the ~] 《文語》 (精神・霊魂に対して) 肉体 (↔ spirit, soul).
4 U 肌, 皮膚; 肌色: *flesh* color 肌色.
■ flésh and blóod **1** (血の通った) 人間; 人間性, 人情. **2** [one's (own) ~] 肉親.
gó the wáy of áll flésh 《文語・婉曲》死ぬ.

in the flésh 生身で; 実物で: I have seen the actress on TV, but never *in the flesh*. 私はテレビでその女優を見たことはあるが, 実物を見たことはない.

máke …'s flésh créep [cráwl] 〈人〉をぞっとさせる, 不快にさせる.
— 動 他 …を太らせる; 〈内容など〉を肉付けする, 充実させる (*out*).
◆ flésh wòund C (骨まで達しない) 浅い傷, 軽傷.

flesh・ly [fléʃli] 形 (比較 **flesh・li・er** [~ər]; 最上 **flesh・li・est** [~ist]) [限定用法] 《文語》肉体の, 肉体的な (↔ spiritual); 肉欲的な, 官能的な.

flesh・pot [fléʃpàt / -pɔ̀t] 名 C [通例 ~s] 《こっけい》美食, ぜいたく; 歓楽地; 売春宿.

flesh・y [fléʃi] 形 (比較 **flesh・i・er** [~ər]; 最上 **flesh・i・est** [~ist]) **1** 太った, 肉付きのよい. **2** 肉 (のような), 肉質の. **3** (果実などが) 多肉質の.

***flew** [flúː] 動 fly¹ の過去形.

flex¹ [fléks] 動 他 (準備運動として) 〈腕・足〉を曲げる; 〈筋肉など〉を屈伸させる, 縮ませる.

flex² 名 U C 《主に英》電気コード (《米》cord) (◇ *flexible* cord の略).

flex・i・bil・i・ty [flèksəbíləti] 名 U **1** 曲がりやすさ, 柔軟性; しなやかさ. **2** (環境への) 適応力; (考え方の) 素直性, 融通性.

***flex・i・ble** [fléksəbl] 形 **1** 曲げやすい, 曲げることのできる (◇曲げて元に戻る場合にも戻らない場合にも用いる; cf. elastic 伸縮自在の). **2** (思考が) 柔軟性のある, 融通の利く; (環境などに) 適応力のある: a *flexible* person 柔軟性のある人.
flex・i・bly [-bli] 副 曲げやすく; 柔軟に.

flex・i・time [fléksətàim], 《英》**flex・i・time** [fléksətàim] 名 U フレックスタイム 《出退社時間を自由に選択できる勤務制度》.

flick [flík] 名 C **1** [通例, 単数形で] (むちなどで) 軽く打つこと, (指で) 軽くはじくこと; すばやく動かすこと: at a *flick* of a switch スイッチをひねって. **2** 《口語》映画; [the ~s] 《英》映画館.
— 動 他 …を軽く打つ, …をすばやく動かす, さっと払う (*off, away*): *flick* the switch on [off] 電気のスイッチをぱちっと入れる [切る] / *flick off* dust ほこりをさっと払いのける.
— 自 すばやく動く; [本・雑誌・アルバムなどを] ぱらぱらめくる (*through*).
◆ flíck knìfe C 《英》飛び出しナイフ (《米》switchblade).

***flick・er** [flíkər] 動 自 **1** (炎・光・画像などが) ゆらめく: The TV pictures are *flickering*. テレビの画面がちらちらしている.
2 (旗などが) 翻(ひるがえ)る, ひらひらする; (木の葉などが) そよぐ.
3 (希望・恐怖などが) ちらつく, かいま見える.
— 名 C **1** [通例, 単数形で] (炎・光の) ゆらめき, 明滅. **2** [通例 a ~] (希望・関心などの) 現れ; 一瞬の感情; 突然のひらめき, ピンとくること.

fli・er, fly・er [fláiər] 名 C **1** 《口語》(飛行機の) 操縦士, パイロット; (飛行機で) 旅行する人. **2** (宣伝用の) ビラ, ちらし.

flight¹

*****flight¹** [fláit]
— 名 (複 **flights** [fláits]) **1** ⓒ (航空機の) 便, 定期航空便; 空の旅: a domestic [an international] *flight* 国内 [国際] 便 / a direct *flight* to London ロンドンへの直行便 / *Flight* UA 905 to New York ニューヨーク行きUA905便 / call a *flight* (乗客に) 便の搭乗開始を告げる / Have a nice *flight*. 楽しい空の旅を / I will take the 11:30 *flight* tomorrow. 私はあす11時半の便に乗る. **2** Ⓤ 飛ぶこと, 飛行; ⓒ (1回の) 飛行 (距離): a bird in *flight* 飛んでいる鳥 / a night *flight* 夜間飛行 / *flight* time 飛行時間. **3** ⓒ (通例 a~) (飛行中の鳥などの) 群れ (→ GROUP 類義語): a *flight* of wild geese 飛んでいるガンの群れ. **4** ⓒ (ひと続きの) 階段: go up a *flight* of stairs 階段を上る. **5** ⓒ (通例 a~) (空想などの) 飛躍, 高揚, ほとばしり: a *flight* of imagination 想像の飛翔. **6** Ⓤ (時間の) 速い経過: the *flight* of time 時の流れの速さ. **7** ⓒ (米空軍) 飛行中隊 (英空軍) 飛行小隊: a *flight* lieutenant (英空軍) 大尉. (▷ flyⁱ)

◆ **flíght attèndant** ⓒ (旅客機の) 客室乗務員 (→ STEWARDESS).

flíght dèck ⓒ **1** (空母の) 飛行甲板. **2** (飛行機の) 操縦室.

flíght recòrder ⓒ フライトレコーダー (black box) 《飛行データの記録装置》.

flight² 名 ⓊⒸ 逃亡, 敗走, 脱出.
■ **pùt ... to flíght** 〈軍隊など〉を敗走させる.
tàke (to) flíght 逃走する. (▷ flée)

flight·y [fláiti] 形 (比較 **flight·i·er** [~ər]; 最上 **flight·i·est** [~ist]) 浮ついた, 軽はずみな, 移り気な; ふしだらな.

flim·si·ly [flímzili] 副 弱々しく, もろく, 説得力なく, 軽薄に.

flim·sy [flímzi] 形 (比較 **flim·si·er** [~ər]; 最上 **flim·si·est** [~ist]) **1** (生地が) 薄っぺらな, (ものが) 壊れやすい. **2** (口実などが) 説得力のない.

flinch [flíntʃ] 動 (自) (おびえて) [...から] しり込みする [*from*]; (危険·困難などに) たじろぐ, ひるむ [*at*].

***fling** [flíŋ] 動 (三単現 **flings** [~z]; 過去·過分 **flung** [fláŋ]; 現分 **fling·ing** [~iŋ]) 他 **1** ...を [...めがけて] 力まかせに [乱暴に] 投げる, たたきつける, 放り出す (*away*) [*at*] (→ THROW 類義語): *fling* a towel *away* タオルをぽいと投げ捨てる / He *flung* a stone *at* the window. 彼は窓めがけて石を投げた. **2** 〈視線·言葉など〉を [...に] 投げかける [*at, to*]: He *flung* a scornful look *at* me. 彼は私に軽蔑的な視線を投げかけた. **3** 〈手足·頭など〉を急に動かす, 振り回す: *fling* back one's head 頭をぐいとうしろにそらす. **4** ...を急に [勢いよく] ~ (の状態) にする: Don't *fling* the door open [shut]. ドアを乱暴に開け [閉め] ないでくれ. **5** ...を急いで着る (*on*), 急いで脱ぐ (*off*).
— (自) 〔副詞句を伴って〕突然...する, 勢いよく動く: He *flung* out of the room in anger. 彼は怒って部屋を飛び出した.
■ ***flíng onesèlf into ...*** ...に本腰を入れる, 身を投じる.

— 名 ⓒ **1** (力いっぱい) 投げること; 急に [一気に] すること: at one *fling* 一気に. **2** (通例 a~) 勝手なふるまい, したい放題: have one's [a] *fling* 羽目を外して楽しむ.
■ ***hàve [tàke] a flíng at ...*** ...をちょっとやってみる, 試してみる; ...をののしる.

flint [flínt] 名 ⓊⒸ 火打ち石, 発火石 (◇ flintstone とも言う); ⓒ ライター用の石.

flint·lock [flíntlɑ̀k / -lɔ̀k] ⓒ (昔の) 火打ち石式の銃 (cf. firelock 火縄銃).

flint·y [flínti] 形 (比較 **flint·i·er** [~ər]; 最上 **flint·i·est** [~ist]) **1** 火打ち石の (ように堅い). **2** 冷酷な; 頑固な: *flinty* eyes 冷たい視線.

***flip** [flíp] 動 (三単現 **flips** [~s]; 過去·過分 **flipped** [~t]; 現分 **flip·ping** [~iŋ]) 他 **1** ...を (指で) はじく, はじき飛ばす; すばやく投げる (*off*): *flip* a coin into the air コインを空中にはじき上げる / Tim *flipped* his backpack onto the sofa. ティムはバックパックをソファーの上にぽいっと投げた. **2** ...をすばやく動かす; 〈ページなど〉をぱっとめくる; 〈スイッチなど〉を押す (*up, down*).
— (自) **1** ひょい [ぴくっ] と動く; (指先で) はじく. **2** (口語) 腹を立てる; 熱中する.
■ ***flíp one's líd*** (俗語) かんしゃくを起こす.
flíp óver **1** ...をすばやく裏返す, ひっくり返す: *flip* a pancake *over* ホットケーキを裏返す. **2** (ページ) をめくる.
flíp through ... 他 〈本など〉にさっと目を通す.
— 名 ⓒ **1** ひょいと動かすこと; (指で) はじき飛ばすこと: at a *flip* of the switch スイッチをぱっと入れて. **2** 宙返り: a back *flip* バック転, うしろ宙返り.
— 形 (比較 **flip·per** [~ər]; 最上 **flip·pest** [~ist]) 不まじめな, 軽薄な (flippant).

◆ **flíp chàrt** ⓒ フリップ (図表などのカード).

flíp sìde ⓒ レコードのB面, 裏面 (B-side).

flip-flòp 名 ⓒ **1** (通例 ~s) ゴムぞうり ((米) thong). **2** (米口語) (意見などの) 突然翻(ホン)すこと.
— 動 (三単現 **flip-flops** [~s]; 過去·過分 **flip-flopped** [~t]; 現分 **flip-flop·ping** [~iŋ]) (自) [...について] 急に意見を変える [*on*].

flip·pan·cy [flípənsi] 名 Ⓤ 不まじめ, 軽薄さ.

flip·pant [flípənt] 形 不まじめな, 軽薄な.

flip·pant·ly [~li] 副 不まじめに, 軽薄に.

flip·per [flípər] ⓒ **1** (アザラシ·ペンギンなど海洋動物の) 手足, ひれ足. **2** (遊泳·潜水用の) 足ひれ, 水かき (fin): a pair of *flippers* 足ひれひと組.

flip·ping [flípiŋ] (英口語) 形 とんでもない, ひどい (◇ bloody などの婉曲語). — 動 ひどく, やけに.

flirt [flə́ːrt] 動 (自) **1** [...を] 誘惑する, ナンパする; [...と] いちゃつく [*with*]. **2** 〈考えなどを〉もてあそぶ, 軽く [安易に] 考える [*with*].
— 名 ⓒ (軽蔑) 浮気者.

flir·ta·tion [fləːrtéiʃən] 名 **1** ⓊⒸ [...との] 浮気, いちゃつき [*with*]. **2** ⓒ 一時の関心 [興味].

flir·ta·tious [fləːrtéiʃəs] 形 (軽蔑) 浮気心の, たわむれの; 軽薄な.

flit [flít] 動 (三単現 **flits** [flíts]; 過去·過分 **flit·ted** [~id]; 現分 **flit·ting** [~iŋ]) (自) 〔副詞句 (句) を伴って〕

(鳥・蝶(%)などが)軽やかに動き回る; (考えなどが)去来する: A terrible idea *flitted* through his mind. 恐ろしい考えが彼の脳裏をよぎった.

float [flóut]

— 動 (三単現 **floats** [flóuts]; 過去・過分 **float·ed** [~id]; 現分 **float·ing** [~iŋ])

— 自 **1** 浮く, 浮かぶ (↔ sink): An airship was *floating* in the sky. 1隻の飛行船が空に浮いていた / My little son asked me why an iron ship *floats* on water. 幼い息子は私に鉄の船がなぜ水に浮くのかとたずねた.

2 漂う, 浮遊する; (人が) さまよい歩く, ぶらぶらする: The helicopter found out a lifeboat *floating* on the sea. ヘリコプターは海に漂う救命ボートを発見した / Cherry blossoms began to *float* down from the trees. 桜の花が木から散り始めた. **3** (音・においなどが) 伝わる, 漂う; (うわさなどが) 広まる: A good smell is *floating* from the kitchen. 台所からいいにおいが漂って来る. **4** (考えなどが) 思い浮かぶ. **5** (通貨が) 変動相場制をとる.

— 他 **1** …を浮かべる; 漂わせる: Tom tried to *float* a hand-made raft on the river. トムは手製のいかだを川に浮かべようとした. **2** 〈計画など〉を提案する; 〈事業〉を起こす: *float* a new business 新たな事業を起こす. **3** 〈通貨〉を変動相場制にする; 〈株・債券など〉を発行する.

— 名 C **1** 浮く〔浮かせる〕もの; 浮き袋, 救命具, いかだ; (釣り用の) 浮き. **2** (パレードの) 山車(%), 飾り車. **3** フロート (アイスクリームを浮かべた飲み物). **4** (釣り銭用の) 小銭, 予備のお金.

float·a·tion [floutéiʃən] 名 = FLOTATION.

float·er [flóutər] 名 **1** 浮かぶ人〔もの〕; (釣りの) 浮き. **2** 転々と住居 [職業] を変える人.

float·ing [flóutiŋ] 形 (通例, 限定用法) (空中・水中などに) 浮いている; 浮動 [変動] する, 固定していない.

◆ **flóating exchánge ráte sỳstem** U 《経済》 変動為替相場制.

flóating vóte C (選挙の) 浮動票.

*flock¹ [flák / flɔ́k] 名 C **1** (動物の) 群れ (◇特に羊・ヤギ・鳥の群れをさす); → GROUP 類義語: a *flock* of sparrows スズメの群れ. **2** (通例, 単数形で) 人の群れ, 群衆 (crowd); [~s] 大勢: a *flock* of shoppers 買い物客の群れ / come in *flocks* 大勢で〔大挙して〕来る. **3** (集合的に) (教会の) 信者 (の) [1クラス [1校] の) 生徒.

— 動 群がる, 群れ集まる (*in*, *together*); […へ] 群れを成して行く [来る] (*to*, *into*): People *flocked* to the exhibition on Sundays. その展覧会には日曜ごとに多くの人がどっと押し寄せた / Birds of a feather *flock together*. 《ことわざ》 同じ羽の鳥は群れ集まる ≫ 類は友を呼ぶ.

flock² 名 C 一房の羊毛 [毛髪]; (通例 ~s) 綿くず, 毛糸くず《マットレス・クッションなどに詰める》.

floe [flóu] 名 C (大) 流水 (ice floe).

flog [flág / flɔ́g] 動 (三単現 **flogs** [~z]; 過去・過分 **flogged** [~d]; 現分 **flog·ging** [~iŋ]) 他

1 …を棒 [むち] で打つ, …を […に] むち打って教え込む [*into*]; 〈悪癖など〉を [人から] たたき出す [*out*

of]. **2** 《英口語》…を売り込む.

■ *flóg a déad hórse* 《口語》 済んだことをむし返す; むだ骨を折る (◇死んだ馬をむち打つことから).

flog·ging [flágiŋ / flɔ́g-] 名 UC (人を) むちで打つこと, (体罰としての) むち打ち.

flood [flʌ́d] (☆発音に注意)

名 動

— 名 (複 **floods** [flʌ́dz]) **1** C (しばしば ~s) 洪水, 大水: The typhoon caused *floods* in the area. 台風でその地域が洪水になった / The town was destroyed by a *flood*. その町は洪水で壊滅した.

2 C (通例 a ~) […の] 氾濫(%), 殺到 [*of*]: a *flood of* tears あふれる涙 / a *flood of* visitors 訪問者の殺到 / A *flood of* pride rose in her. 彼女は得意満面であった.

3 C 満ち潮, 上げ潮 (↔ ebb): The tide will soon be at the *flood*. まもなく満潮になる.

4 [the F-] 聖 ノアの洪水 (the Deluge).

■ *in flóod* 洪水になって, 氾濫して.

— 動 (三単現 **floods** [flʌ́dz]; 過去・過分 **flood·ed** [~id]; 現分 **flood·ing** [~iŋ])

— 他 **1** 〈川など〉を氾濫させる; …を水浸しにする: The heavy rain *flooded* the river. 豪雨で川が氾濫した / The river *flooded* the valley. 川が氾濫して流域を水浸しにした / She dozed off and *flooded* the bathroom. 彼女はついうたた寝をして浴室を水浸しにしてしまった.

2 …に殺到する, 押し寄せる; (光・音などが) …に充満する: People *flooded* the store for the bargain sale. 安売りで人々がその店に殺到した / Light *flooded* her room. = Her room was *flooded* with light. 彼女の部屋は光があふれていた / Japanese goods *flood* American markets. 日本製品が米国市場に氾濫している.

— 自 **1** (川が) 氾濫する; 水浸しになる: This river sometimes *floods*. この川は時々氾濫する. **2** (人・ものが) […に] 殺到する, 押し寄せる (*in*) [*into*, *to*]: Soccer fans *flooded into* the stadium. サッカーファンが競技場に押し寄せた.

■ *be flóoded óut* (人が) 洪水で避難する.

◆ **flóod tìde** C (通例 ~s) 満ち潮, 上げ潮 (↔ ebb tide). (比喩) 最高潮, 絶頂期.

flood·gate [flʌ́dgèit] 名 C (通例 ~s) **1** (水量調節用の) 水門, 防潮せき. **2** (感情の) はけ口: He opened the *floodgates* of his anger. 彼は(抑えていた) 怒りを一気に吐き出した.

flood·light [flʌ́dlàit] 名 **1** C (通例 ~s) 投光照明灯, 投光器 (劇場・競技場などで使われる大規模照明). **2** U 投光照明, フラッドライト.

— 動 (三単現 **flood·lights** [-làits]; 過去・過分 **flood·light·ed** [~id], **flood·lit** [-lìt]; 現分 **flood·light·ing** [~iŋ]) 他 …を投光照明で照らす.

floor [flɔ́ːr]

名 動 【原義は「平面」】

— 名 (複 **floors** [~z]) C **1** (通例, 単数形で) 床(%), フロア (↔ ceiling): a wooden [stone, concrete] *floor* 木 [石, コンクリート] の床 / a dance *floor* ダンスフロア / The *floor* of that room is carpeted. その部屋の床にはカーペットが敷いてある.

floorboard

コロケーション 床を[に] …
床を掃く: *sweep a floor*
床をふく: *wipe a floor*
床をモップでふく: *mop a floor*
床にワックスをかける: *wax a floor*

2 (建物の)**階**, フロア (cf. story 建物全体の階数); [集合的に](ある階の)住人: the *top* floor 最上階 / The toy department is on the sixth *floor*. おもちゃ売場は6階 [《英》7階] です.

語法 階の数え方
(1)《米》では日本と同じく, 1階を the first *floor* と呼び, 2階を the second *floor*, 3階を the third *floor* と数えていく.
(2)《英》では1階を the ground *floor* と呼び, 2階を the first *floor*, 3階を the second *floor* と数えていく.《米》と《英》とでは数え方が1階ずつずれることに注意.

[《米》《英》の階の表示]

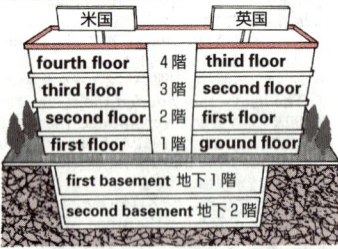

米国		英国
fourth floor	4階	third floor
third floor	3階	second floor
second floor	2階	first floor
first floor	1階	ground floor
first basement	地下1階	
second basement	地下2階	

3 [通例, 単数形で](海・川などの)**底**: the *floor* of the river [sea] 川 [海] 底. **4** [the ~]議場, 議員席; (議場での)発言権: be on the *floor* 発言[審議] 中である / have the *floor* 発言の機会を持つ. **5** (価格・賃金などの)最低額, 下限 (↔ ceiling): go through the *floor* (価格などが)底を割る.
■ **take the flóor 1** 発言する, 討論に加わる.
2 ダンスに加わる.
wipe the flóor with ... 《口語》〈人〉を圧倒する, 完全にやっつける.
— 動 他 **1** (質問などが)〈人〉をやり込める, まごつかせる: The mayor was *floored* by the citizen's questions. 市長はその市民の質問にやり込められた. **2** 〈相手〉を床に打ち倒す: I *floored* the thief with a blow. 私はそのどろぼうを一撃で殴り倒した. **3** …に […で] 床を張る [*with*].
◆ **flóor èxercise** U (体操の) 床運動.
flóor làmp C 《米》(床に置く) フロアスタンド (《英》standard lamp) (➡ LIVING [PICTURE BOX]).
flóor lèader C 《米》(上院・下院の) 院内総務.
flóor shòw C 《米》(ナイトクラブなどの) フロアショー.
floor·board [flɔ́:rbɔ̀:rd] 名 C [通例 ~s] 床板, 《米》(自動車の) 床.
floor·ing [flɔ́:riŋ] 名 U フローリング, 床張り, 床, 敷き詰め用床材《カーペット・ボードなど》.
flop [fláp / flɔ́p] 動 (三単現 **flops** [~s]; 過去・過分 **flopped** [~t]; 現分 **flop·ping** [~iŋ]) 自 **1** だるそうに歩く [動く] (*around*). **2** […に] ばったり倒れる, 座り込む (*down*) [*into*]; (髪などが) 垂れ下がる [*over*]: *flop down* on the bed ベッドに倒れ込む. **3** 《口語》(映画・出版などが) 失敗する.
— 名 C **1** [通例 a ~] だるそうな動き; どさっ [どすん] という音.
2 《口語》(映画・出版などの) 失敗 (作).
flop·house [fláphàus / flɔ́p-] 名 (複 **flop·hous·es** [-hàuziz]) C 《米》安宿, 簡易宿泊所.
flop·py [flápi / flɔ́pi] 形 (比較 **flop·pi·er** [~ər]; 最上 **flop·pi·est** [~ist]) だらりと垂れ下がった; しまらない: a dog with *floppy* ears 耳がだらっと垂れた犬.
— 名 (複 **flop·pies** [~z]) [コンピュータ] = **flóppy dìsk** フロッピーディスク (➡ COMPUTER [PICTURE BOX]): a *floppy* (disk) drive フロッピーディスクドライブ (《略語》FDD).
flo·ra [flɔ́:rə] 名 (複 **flo·ras** [~z], **flo·rae** [-ri:]) U C [通例 the ~] (ある地域・時代の) 植物群, 植物相 (cf. fauna 動物相).
Flo·ra [flɔ́:rə] 名 固 **1** フローラ《◇女性の名》.
2 [ロ神] フローラ《花と春の女神》.
flo·ral [flɔ́:rəl] 形 [通例, 限定用法] 花の, 花でできた; 花柄の: a *floral* design [skirt] 花柄のデザイン [スカート]. (▷ 名 **flówer**)
Flor·ence [flɔ́(:)rəns] 名 固 **1** フィレンツェ, フローレンス《イタリア中部にある都市でルネサンスの中心だった》. **2** フローレンス《◇女性の名》.
Flor·en·tine [flɔ́(:)rəntìːn / -tàin] 形 フィレンツェ [フローレンス] の.
— 名 C フィレンツェ [フローレンス] 人.
flor·id [flɔ́(:)rid] 形 《文語》 **1** けばけばしい, 飾りすぎの. **2** (顔が) 赤らんだ, 血色のよい.
Flor·i·da [flɔ́(:)ridə] 名 固 フロリダ《米国南東端にある州;《略語》Fla.;《郵略語》FL; ➡ AMERICA 表》.
flor·in [flɔ́(:)rin] 名 C 《英》フロリン貨《英国の旧2シリング銀貨. 1971年より10ペンス貨として通用》.
flo·rist [flɔ́(:)rist] 名 C 花屋《◇人》: buy a bouquet at a *florist* [*florist's*] 花屋 (の店) で花束を買う.
floss [flɑ́s / flɔ́s] 名 U **1** まゆ綿, かま糸《装飾刺しゅう用の絹糸》. **2** = **déntal flòss** フロス, 糸ようじ (➡ DENTAL). **3** 綿状のもの: candy *floss* 《英》綿あめ《◇《米》では cotton candy とも言う》.
— 動 他 〈歯と歯〉の間をフロスできれいにする.
flo·ta·tion, float·a·tion [floutéiʃən] 名
1 U 浮く [浮かべる] こと. **2** U C 株の発行 [募集], (会社の) 設立.
flo·til·la [floutílə] 名 C 小艦隊 [船団].
flot·sam [flátsəm / flɔ́t-] 名 U (難破船の) 浮遊物, 漂流貨物, 浮き荷 (cf. jetsam 投げ荷).
■ *flótsam and jétsam* **1** 浮き荷と投げ荷; 漂流 [漂着] 物. **2** がらくた. **3** [集合的に] 浮浪者.
flounce[1] [fláuns] 動 自 (怒って) ぷいと […から] 立ち去る (*out, off*) [*out of*]; (興奮して) 急に動く: *flounce out of* the room むっとして部屋を出る.
flounce[2] 名 C (ドレス・スカートなどの) ひだ飾り.
floun·der[1] [fláundər] 動 自 **1** (水・ぬかるみの中で) もがく, 手足をばたばたさせる; 苦労して進む.

flounder²

2 (緊張して) 口ごもる, しどろもどろになる: Cathy *floundered* through her speech. キャシーは口ごもりながらスピーチをした.

floun·der² 图 (複 **floun·der, floun·ders** [~z]) © 【魚】カレイ, ヒラメ (の類).

flour [fláuər] 图 動

— 图 U 小麦粉, メリケン粉; (穀物の) 粉末: refined *flour* 精製された小麦粉.
— 動 他 …に (小麦) 粉をまぶす.
◆ flóur mill © 製粉所; 製粉機 (mill).

flour·ish [flə́ːriʃ / flʌ́riʃ] 動 倒 **1** (草木などが) よく育つ, 繁茂する; (仕事・事業などが) 成功する, 栄える: Tomatoes are *flourishing* in my garden. うちの庭ではトマトがよく実っている / His cozy restaurant is *flourishing*. 居ごこちのよい郊外のレストランは繁盛している. **2** 絶頂期にある, (人が) 活躍する: Anti-war movements in America *flourished* in the 1970s. 米国の反戦運動は1970年代が頂点だった. — 他 (脅すために) 〈武器など〉を振り回す; (目立つように) 振る, 見せびらかす.
— 图 © (通例, 単数形で) **1** (目立つように) 振り回すこと; 派手な身ぶり. **2** (文字・文章などの) 飾り書き, 美辞麗句. **3** 【音楽】装飾楽句; (トランペットなどの) 華やかな演奏, ファンファーレ.
■ ***with a flóurish*** 大げさな身ぶりで, 仰々しく: He introduced his guests *with a flourish*. 彼はゲストを仰々しく紹介した.

flour·y [fláuəri] 形 (比較 **flour·i·er** [~ər]; 最上 **flour·i·est** [~ist]) 小麦粉の (ような), 粉状の; 粉まみれの.

flout [fláut] 動 他 …をばかにする; 〈忠告など〉を聞き入れない; 〈規則など〉を無視する, 破る.

flow [flóu] 動

【基本的意味は「流れる (move steadily and continuously)」】

— 動 (三単現 **flows** [~z]; 過去・過分 **flowed** [~d]; 現分 **flow·ing** [~iŋ])
— 倒 **1** (液体・気体などが) 流れる: The river *flows* through the city. その川は町の中を流れている / The Mississippi *flows* into the Gulf of Mexico. ミシシッピ川はメキシコ湾に注ぐ / The tears *flowed* down her cheeks. 涙が彼女のほおを流れ落ちた.
2 流れるように動く; (情報などが) 流入 [流出] する: The traffic was *flowing* along the road. 車は道路を流れるように走っていた / A lot of workers are *flowing* into our country. 多くの労働者がわが国へ流入している / Soon the conversation began to flow freely. やがて会話がはずみ始めた. **3** […から] 生じる, 発する [*from*]: Wealth *flows from* industry. 富は勤勉から生まれる. **4** (髪・衣服が) ふわりと垂れる, 風になびく: Her hair *flowed* over her shoulders. 彼女の髪は肩にふわりと垂れ下がっていた. **5** (場所などが) […で] 満ちあふれる [*with*]: It was a land *flowing with* milk and honey. そこは乳と蜜の流れる豊かな土地だった (◇旧約聖書から). **6** (潮が) 満ちる (↔ ebb).
— 图 (複 **flows** [~z]) **1** © (通例, 単数形で) (液体・気体などの) 流れ; 流入, 流出: They are cutting a channel to change the *flow* of the water. 水の流れを変えるために水路が掘られている. **2** © (通例, 単数形で) (人・ものなどの) 流れるような動き, 流れ; (言葉・考えなどの) 流暢 (ちょう) さ, ほとばしり: The *flow* of traffic is slow during the rush hours. ラッシュアワー中は車の流れがよくない / The rapid *flow* of his speech was interrupted by a knock on the door. 早口の彼の話はドアをノックする音でさえぎられた. **3** [the ~] 満ち潮, 上げ潮 (↔ ebb): The tide is on the *flow*. 潮が満ちてきている.

flow·chart [flóutʃàːrt] 图 © (手順・工程を示す) 流れ作業図, フローチャート (flow diagram).

flow·er [fláuər] 图 動

— 图 (複 **flow·ers** [~z]) **1** © 花 (→ 類義語); 草花: *Flowers* bloom [fade]. 花が咲く [しおれる] / Tulips are my favorite *flowers*. チューリップは私の大好きな花です / No *flowers*. 弔花 (ちょうか) ご辞退いたします (◇死亡広告の文句).

【コロケーション】 花を [に] …
花を生ける: *arrange* [*do the*] *flowers*
花を植える: *plant flowers*
花を育てる: *grow flowers*
花を摘む: *pick flowers*
花に水をやる: *water flowers*

2 U 開花, 満開: come into *flower* 開花する / The daffodils are in full *flower*. ラッパズイセンが満開です.
3 [the ~] 《文語》 (人生などの) 真っ盛り, 最盛期; (ものの) 精華, 粋 (すい): The poet died in the *flower* of life. その詩人は若い盛りに死んだ.
— 動 倒 **1** 花が咲く: Pansies *flower* in March. パンジーは3月に咲く. **2** 《格式》 (才能などが) 開花する; 栄える. (▷ 形 flóral)
◆ flówer arràngement U © 生け花.
flówer gàrden © 花畑, 花園.
flówer girl © **1** 《米》 (結婚式で花を通路にまく) 花嫁付き添いの少女. **2** 《英》 花売り娘.
flówer shòw © 花の品評会.

類義語 flower, blossom
共通する意味 ▶ 花 (the part of a plant which is often brightly colored and produces seeds or fruit)
flower は主に「観賞植物の花」や「草花」をさす: The tulip is the national *flower* of the Netherlands. チューリップはオランダの国花です.
blossom は主に「果樹の花」をさす: apple *blossoms* リンゴの花 / cherry *blossoms* [*flowers*] 桜の花.

flow·er·bed [fláuərbèd], **flówer bèd** 图 © 花壇, 植え込み (◇単に bed とも言う).
flow·ered [fláuərd] 形 (通例, 限定用法) 花柄の.
flow·er·ing [fláuəriŋ] 形 花の咲く; 花が咲いている, 開花している: a *flowering* plant 顕花植物.
— 图 © (通例, 単数形で) 開花(期); 全盛(期).
flow·er·pot [fláuərpàt / -pɔ̀t] 图 © 植木鉢 (→ POT 図).

flow·er·y [fláuəri] 形 (比較 **flow·er·i·er** [~ər]; 最上 **flow·er·i·est** [~iist]) 1 花で覆われた, 花で飾った, 花柄の, 花模様の. 2 《通例, 軽蔑》《演説・文章などが》美辞麗句の多い, 難解な.

flow·ing [flóuiŋ] 形 《限定用法》《形・話し方などが》流れるような, 流暢な; 《髪などが》ふわりと垂れた: in *flowing* handwriting 流麗な筆づかいで.

★★★ **flown** [flóun] 動 **fly**¹ の過去分詞.

＊**flu** [flú:] 名 ⓤ《通例 the ~》インフルエンザ, 流感, 流行性感冒 (◇ *influenza* の略): have (the) *flu* インフルエンザにかかっている.

fluc·tu·ate [flʌ́ktʃuèit] 動 ⓘ […の間で] 変動する; (精神的に) 動揺する [*between*]: *fluctuate between* hopes and fear 一喜一憂する.

fluc·tu·a·tion [flʌ̀ktʃuéiʃən] 名 ⓤⓒ [物価・温度・人気などの] 変動, 上下 [*in, of*]; (精神的) 動揺.

flue [flú:] 名 ⓒ (煙突の) 煙道; (暖房の) 熱気送管; ガス送管; (給湯器の) 排気筒.

flu·en·cy [flú:ənsi] 名 ⓤ [言葉の] 流暢(りゅうちょう)さ, なめらかさ: with *fluency* 流暢に, すらすらと.

＊**flu·ent** [flú:ənt] 形 1 [言葉が] 流暢(りゅうちょう)な;《人が》[外国語などを] すらすら話せる [書ける] [*in*]: He speaks *fluent* German. = He is *fluent* in German. = He is a *fluent* speaker of German. 彼はドイツ語がぺらぺらです. 2 《動作・楽器演奏などが》なめらかな, よどみない.

flu·ent·ly [flú:əntli] 副 流暢(りゅうちょう)に, すらすらと.

fluff [flʌ́f] 名 《複 **fluffs** [~s]》 ⓤ (ラシャなどの) けば, 綿毛;《主に英》綿ぼこり; ⓒ ふわふわしたかたまり.
— 動 ⓗ 1 …をけば立てる, ふんわりふくらませる (*out, up*): *fluff up* a cushion クッションをふわっとふくらませる. 2《口語》…を間違える, 失敗する;〈せりふ〉をとちる.

fluff·y [flʌ́fi] 形 (比較 **fluff·i·er** [~ər]; 最上 **fluff·i·est** [~iist]) けばの (ような), 綿毛の, ふわふわした; 《食べ物が》やわらかい, ふんわりした.

＊**flu·id** [flú:id] 名 1 ⓤ 流体, 流動体 (◇気体 (gas) と液体 (liquid) の総称. 一般には液体をさすことが多い; cf. solid 固体).
2 ⓒ 流動物, 流動食: take *fluids* 流動食をとる.
— 形 1 流動性 (体) の, 流動する. 2 しなやかな, 流れるように優雅な; 流線型の: *fluid* movements しなやかな動き. 3 (状況・意見などが) 変わりやすい, 不安定な, 流動的な: *fluid* situations 流動的な状況.
◆ **flúid óunce** ⓒ 液量オンス (◇液量単位; 1液量オンス=《米》1/16パイント (pint)=0.0296リットル, 《英》1/20パイント=0.0284リットル; 略語 fl. oz.).

flu·id·i·ty [flu:ídəti] 名 ⓤ 流動状態, 流動性; 変わりやすさ.

fluke [flú:k] 名 ⓒ《通例 a ~》《口語》幸運 (な出来事), まぐれ (当たり); (玉突きの) フロック: by a *fluke* まぐれで.

flum·mox [flʌ́məks] 動 ⓗ 《通例, 受け身で》…を混乱させる, 面くらわせる (confuse).

flung [flʌ́ŋ] 動 **fling** の過去形・過去分詞.

flunk [flʌ́ŋk] 動《主に米口語》ⓗ〈試験など〉に失敗する, 落第点を取る (fail);〈学生など〉に落第点をつける, …を落第させる.
— ⓘ [試験などで] 落第点を取る, 落第する [*in*]: He *flunked in* math. 彼は数学を落とした.
■ **flúnk óut** ⓘ《主に米口語》(成績が悪くて) 退学する [させられる].

flunk·y, flunk·ey [flʌ́ŋki] 名 《複 **flunk·ies, flunk·eys** [~z]》ⓒ《軽蔑》 1 (雑用をする) 使用人. 2 イエスマン, ご機嫌取り.

flu·o·res·cence [fluərésəns, flɔ:r-] 名 ⓤ 蛍光 (性), 蛍光色.

flu·o·res·cent [fluərésənt, flɔ:r-] 形 蛍光 (性) の, 蛍光を発する: *fluorescent* colors 蛍光色 / a *fluorescent* light [lamp, tube] 蛍光灯.

flu·o·ri·date [flúərədèit, flɔ́:r-] 動 ⓗ〈飲料水など〉にフッ素 [フッ化物] を加える (fluoridize) (◇虫歯予防のため).

flu·o·ride [flúəraid] 名 ⓤ《化》フッ素化合物.

flu·o·ri·dize [flúərədàiz, flɔ́:r-] 動 ⓗ = FLUORIDATE (↑).

flu·o·rine [flúərin, flɔ:r-] 名 ⓤ《化》フッ素 (◇非金属元素;《元素記号》F).

flu·o·ro·car·bon [flùəroukɑ́:rbən, flɔ̀:r-] 名 ⓤⓒ《化》フッ化炭素.

flur·ry [flə́:ri / flʌ́ri] 名 《複 **flur·ries** [~z]》ⓒ 1 にわか雨 [雪]; (一陣の) 突風. 2《通例, 単数形で》混乱, (心の) 動揺;《商》(市場の) 小波乱: be in a *flurry* 動揺 [困惑] している.
— 動 (三単現 **flur·ries** [~z]; 過去・過分 **flur·ried** [~d]; 現分 **flur·ry·ing** [~iŋ]) ⓗ《しばしば受け身で》…を困惑させる, 動揺させる.

＊**flush**¹ [flʌ́ʃ] 動 ⓘ 1 […で] 赤面する, 赤らむ (blush) [*with*]: He *flushed* with shame. 彼は恥ずかしくて顔が真っ赤になった / Dawn *flushed* in the sky. 夜が明けて空が明るくなった.
2《水が》どっと流れ出る, 吹き出る: The toilet won't *flush*. トイレの水が流れない.
— ⓗ 1〈顔・性anなどを〉[…で] 紅潮させる, 赤くする;〈人〉を興奮させる [*with*]: Her face was *flushed* with fever. 彼女の顔は熱で赤くなっていた / Anger *flushed* his cheeks. 怒りで彼の性anは赤くなった. 2 …にどっと水を流す, …を水で洗い流す: *Flush* the toilet after you use it. トイレを使ったあとは水を流しなさい.
■ **flúsh óut** ⓗ 1 …を水で洗い流す. 2〈犯人・動物など〉を狩り出す.
— 名 1 ⓒ《通例, 単数形で》(顔・皮膚の) 紅潮, 赤らむこと: The *flush* on her face showed her nervousness. 顔の赤らみで彼女が上がっているのがわかった. 2 ⓒ《通例, 単数形で》(水などの) ほとばしり, 放出; 排水, 水洗 (設備): a *flush* tank (トイレの) 水洗タンク (➡ BATHROOM **PICTURE BOX**).
3 ⓤ《通例, 単数形で》(気持ちの) 高まり, 興奮, 高揚: in the *flush* of triumph 勝利の喜びで気持ちが高まって. 4 ⓤ (植物の) 若い芽; 芽生え; 初々しさ, 新鮮さ; はつらつとしていること: in the first [full] *flush* of youth 青春の真っ盛りに.

flush² 形 1 [⋯と] 同じ高さの, 同一平面の [*with*]. 2《叙述用法》《口語》《金銭が》豊かな, 裕福な [*with*]. 3《印刷》(ページの) 行頭 [行末] がそろった: *flush* left [right] 左 [右] 寄せの.

——副 同じ高さに，水平に；《口語》じかに，まともに．

flush³ 名 C《トランプ》フラッシュ《ポーカーで手札のすべてが同種類のカードになること》．

flushed [flʌʃt] 形 [叙述用法]［…に］(顔を)紅潮させて；興奮して [with]: He is *flushed with* success. 彼は成功して大喜びしている．

flus・ter [flʌ́stər] 動 他 [主に受け身で] …を当惑させる，あわてさせる: Don't get *flustered*, there's plenty of time. あわてないで，時間はたっぷりあります．——自 ＝名 U [または a 〜] 当惑，とまどい: get into a *fluster* うろたえる．

flute [flúːt] 名 C《音楽》フルート (➡ ORCHESTRA [PICTURE BOX]): play a tune on the *flute* フルートで曲を演奏する．

flut・ed [flúːtid] 形 (柱などが)縦溝彫りの；波状の縁飾りのある: a *fluted* column 縦溝彫りの円柱．

flut・ing [flúːtiŋ] 形 (声が)高い，高低差の激しい．
——名 U [または 〜s] (衣服の)波形の縁飾り，(柱などの)縦溝飾り．

flut・ist [flúːtist] 名 C《米》フルート奏者 (《英》flautist).

flut・ter [flʌ́tər] 動 自 **1** (鳥が)羽ばたく，(飛び立とうと)羽を上下させる；(蝶(ちょう)が)ひらひら舞う: A butterfly was *fluttering* around the garden. 蝶が庭をひらひら舞っていた．**2** (旗などが)はためく，なびく．**3** (心臓が)どきどきする，脈が速まる [不規則になる]；(まぶたが)ぴくぴくする: My heart *fluttered* with excitement. 私は興奮して心臓がどきどきした．**4** (人が)そわそわ動き回る (about).
——他 羽などを上下させる，ばたばたさせる；〈目〉をぱちぱちさせる: Young birds were *fluttering* their wings. ひな鳥は羽をばたばたさせていた．
——名 **1** C [通例，単数形で] 羽ばたき；(旗などの)はためき: the *flutter* of the wings 羽ばたき．
2 [単数形で] 心臓の鼓動 (音)，動悸(どうき)： feel a *flutter* in one's chest 胸がどきどきする．**3** [a 〜] (心の)動揺，興奮；あわてふためき: be in a *flutter* 動揺している / fall into a *flutter* どぎまぎする / make [cause] a *flutter* 世間を騒がせる．
4 U 画像のゆがみ；音のひずみ；(飛行機の)フラッタ 《翼などの不安定な振動》．
5 C [通例，単数形で]《英口語》［…への］(少額の)賭 (か)け，ギャンブル [on]: have a *flutter on* the horses 競馬に賭ける．

flu・vi・al [flúːviəl] 形《地理》河川の．

flux [flʌ́ks] 名 **1** C [U] 流れ，(よどみのない)流れ，流動．**2** U 変動，不断の変化，流動状態: (be) in a state of *flux* 流動的で(ある)，絶えず変化して(いる)．**3** U《化》金属溶融剤，フラックス．

***fly**¹ [flái]
【基本的意味は「飛ぶ (move through the air)」】
——動 (三単現 **flies** [〜z]；過去 **flew** [flúː]；過分 **flown** [flóun]；現分 **fly・ing** [〜iŋ])
——自 **1** 飛ぶ: A glider is *flying* over us. グライダーが私たちの頭上を飛んでいる / A sea gull *flew* away to the offing. 1羽のカモメが沖のほうへ飛び去った．
2 飛行機で行く [旅行する]: We are *flying* to Fukuoka this afternoon. 私たちはきょうの午後飛行機で福岡に行く / She *flew* back from Madrid. 彼女はマドリードから戻って来た．
3 飛ぶように走る，大急ぎで行く；(時が)飛ぶように過ぎる (by)；(うわさなどが)広まる，飛び交う: She *flew* to the station so that she could catch the last train. 彼女は終電に間に合うよう駅へ走った / He *flew* to pick her up. 彼は大急ぎで彼女を迎えに行った / I must *fly*.《口語》すぐに行かなきゃ / Time *flies*.《ことわざ》時は飛ぶように過ぎ去る ⇨ 光陰矢のごとし．
4 (旗・髪などが)なびく，はためく: The national flag was *flying* in the air. 国旗が空にはためいていた．**5** 急に…になる: The door *flew* open. ドアがぱっと開いた．**6** 逃げる (flee): He *flew* off with my briefcase. 彼は私の書類かばんを持って逃げ去った．**7** (過去・過分 **flied** [〜d])《野球》フライを打つ: *fly* out フライでアウトになる．
——他 **1** 〈飛行機など〉を飛ばす，操縦する: Large passenger planes are difficult to *fly*. 大型の旅客機は操縦が難しい．**2** 〈場所・距離〉を飛行機で飛ぶ；横断する，渡る: We *flew* the Pacific and reached San Francisco. 私たちは太平洋を飛行機で渡り，サンフランシスコに着いた．**3** …を飛行機で運ぶ，空輸する: Two pandas were *flown* to Japan. 2頭のパンダが日本へ空輸された．**4** 〈たこ〉を揚げる，〈旗〉を揚げる: *fly* the national flag 国旗を揚げる．**5** …から逃げる，高飛びする．

■ *flý at ...* [受け身不可] …を激しく攻撃する，ののしる；…に襲いかかる．

flý hígh **1** 高く飛ぶ．**2** 大志を抱く；[進行形で] とんとん拍子である，順調である．

flý into a ráge [*témper*] 急に怒り出す: He *flew into a temper* when she told the truth to him. 彼女が本当のことを話すと彼は急に怒り出した．

lèt flý 他 **1** 〈弾丸・矢・石など〉を飛ばす．**2** ［…に］〈悪口〉を浴びせる [at]．——自 **1** 弾を撃つ，矢 [石など] を射る [投げる]．**2** ［…に］悪口を浴びせる [at].

sènd ... flýing **1** 〈鳥など〉を飛び立たせる；〈敵など〉を分散させる．**2** …を投げ飛ばす，まき散らす．

——名 (複 **flies** [〜z]) C **1** 飛行，飛ぶこと．
2 《野球》フライ，飛球 (fly ball)．**3** [しばしば複数形で]《英》(ズボンの)ファスナー: Your *fly* is open [undone]. ズボンの前が開いています．

■ *on the flý* **1** 飛行中で．**2**《口語》大急ぎで．
(▷ 名 *flight*¹)

***fly**² 名 (複 **flies** [〜z]) C **1** ハエ: Nowadays it is rare to see *flies* in this region. 最近この地域でハエを見ることはめったにない．
2 (釣りに使う)毛ばり，フライ．

■ *a flý in the óintment*《口語》玉にきず，楽しみをぶち壊すもの《◇旧約聖書から》．

be a flý on the wáll こっそり観察する．

díe [*dróp*] *líke flíes*《口語》ばたばたと倒れる．

there are nó flíes on ...《英口語》…はまったく抜け目がない，つけ入るすきがない．

would nót húrt [*hárm*] *a flý*《口語》(ハエも殺せないほど)おとなしい，優しい．

fly・a・way [fláiəwèi] 形 **1** (衣服・髪などが)ひらひらとした，風になびいている: *flyaway* hair 風になびく髪．**2** 気まぐれな，うわついた．

fly·blown [fláiblòun] 形 **1**《英》(食物が)ウジのわいた. **2**《主に英》古びて汚れた; ぼろぼろの.

flý-by-nìght 形《通例, 限定用法》《口語》(人や会社が)目先の利益だけを追う, 信頼できない.

fly·catch·er [fláikætʃər] 名 C《鳥》ヒタキ《ヨーロッパ産の渡り鳥で空中でハエを捕る》.

fly·er [fláiər] 名 = FLIER パイロット.

flý-fìsh·ing 名 U 毛ばり釣り, フライフィッシング.

fly·ing [fláiiŋ] 形《限定用法》**1** 飛ぶ, 飛ぶことができる. **2** 大急ぎの: a *flying* visit 駆け足の訪問.
── 名 U 飛ぶこと, 飛行; 飛行機で旅行すること.
■ **with flýing cólors** 見事に, 大成功で.
◆ **flýing bòat** C.
flýing dóctor C 飛行派遣医師《オーストラリアなどで飛行機を使って往診したり, へき地医療を行う》.
flýing fìsh C《魚》トビウオ.
flýing ófficer C《英空軍》中尉.
flýing sáucer C 空飛ぶ円盤《→ UFO》.
flýing squád C《警察の》緊急機動班;《the F-S-》《英》特別機動隊.
flýing stárt [a ~] **1** 助走スタート.《比較》日本語の「フライング」は false start,「フライングする」は jump the gun と言う》 **2** 順調な出だし: get off to a *flying start* 順調な滑り出しを見せる.

fly·leaf [fláili:f] 名 (複 fly-leaves [-lì:vz]) C《製本》(本の) 見返し, 遊び紙《巻頭・巻末の白紙》.

fly·o·ver [fláiòuvər] 名 C **1**《英》(立体交差の) 高架道路, 陸橋 (《米》 overpass). **2** 低空飛行, パレード飛行.

fly·pa·per [fláipèipər] 名 U ハエ取り紙.

fly·past [fláipæst / -pà:st] 名《英》= FLYOVER **2** (1).

fly·sheet [fláiʃì:t] 名 C **1** パンフレット, ちらし. **2**《英》(テント用) 防水シート.

fly·swat·ter [fláiswàtər / -swɔ̀tə] 名 C ハエたたき (swatter).

fly·weight [fláiwèit] 名 C《格闘技・重量挙げ》フライ級の選手.

fly·wheel [fláihwì:l] 名 C《機械》はずみ車, フライホイール《回転を滑らかにするため回転軸に取り付ける重い輪》.

FM, F.M.《略語》= frequency modulation《通信》FM 放送 (cf. AM 放送).

fn, fn.《略語》= footnote 脚注.

foal [fóul] 名 C《特に 1 歳未満の》馬[ロバ]の子, 子馬 (→ HORSE《関連語》): be in [with] *foal* (馬・ロバが) 妊娠している. ── 動 (馬・ロバが) 子を産む.

‡foam [fóum] 名 U **1** 泡《◇ bubble の集合体》;《口から出る》泡つばき; シェービングフォーム: gather *foam* 泡立つ. **2** = fóam rúbber《マットレスなどのスポンジ状ゴム》.
── 動 自 泡立つ, 泡になって流れる, 泡をふく: *foam* at the mouth 口から泡をふく.

foam·y [fóumi] 形《比較 foam·i·er [~ər], 最上 foam·i·est [~ist]》泡(状)の, 泡立った.

fob[1] [fáb / fɔ́b] 動 (三単現 fobs [~z]; 過去・過分 fobbed [~d]; 現分 fob·bing [~iŋ]) 他
［次の成句で］
■ **fób ... óff on [ònto] ~**〈不良品などを~に押しつける[つかませる].
fób ... óff with ~ …をだまして〈不良品など〉を押しつける[つかませる].

fob[2]**, FOB, F.O.B.**《略語》= free on board《商》本船渡し値段で［の].

fo·cal [fóukəl] 形《限定用法》(レンズの) 焦点の (cf. bifocal 二重焦点の); (話題が) 注目の的の, 中心の: a *focal* topic 注目の的の話題. (▷ fócus)
◆ **fócal léngth [dístance]** C 焦点距離.
fócal pòint **1** C (レンズの) 焦点. **2** [the ~]《興味・話題などの》中心.

fo·ci [fóusai] 名 focus の複数形の 1 つ.

‡fo·cus [fóukəs] 名 (複 fo·cus·es [~iz], fo·ci [fóusai]) **1** C《焦点 (距離), ピント (の合った状態)》: the *focus* of a lens レンズの焦点 (距離).
2 C [しばしば the ~]《関心・興味・注目の》中心, 的(まと); (地震の) 震源地: The girl was the *focus* of attention in the party. その女の子はパーティーで注目の的だった.
■ **be in fócus** 焦点が合っている, 鮮明である.
be óut of fócus ピントがずれている.
bríng ... ìnto fócus …に焦点を合わせる.
── 動 (三単現 fo·cus·es [~iz]; 過去・過分 fo·cused, fo·cussed [~t]; 現分 fo·cus·ing, fo·cus·sing [~iŋ]) 他 **1** […に] …の焦点[ピント]を合わせる [on]: I *focused* my camera *on* the tower near the river. 私は川の近くの塔にカメラの焦点を合わせた. **2** […に]〈注意・関心など〉を向けさせる, 集中させる [on]: The audience *focused* his attention on the speaker. 聴衆は話し手に注意を向けた.
── 自 **1** 焦点が合う. **2**《関心などが》…に集中する [on]. (▷ 形 fócal)

fod·der [fádər / fɔ́də] 名 U **1**《家畜の》飼料, かいば, まぐさ. **2** 都合次第で利用されるもの［人].

foe [fóu] 名 C […に対する] 敵, かたき [to] 《◇ enemy より強意的》: a *foe* to freedom of speech 言論の自由に対する敵 / a political *foe* 政敵.

foehn [fə́:n, féin / fə́:n]【ドイツ】 名 U C《気象》フェーン《山から吹き下ろす暖かく乾燥した風》: the *foehn* phenomenon フェーン現象.

foe·tus [fí:təs] 名 = FETUS 胎児.

‡fog [fág, fɔ́:g / fɔ́g]
名 動
── 名 (複 fogs [~z]) U C **1** 霧《◇ mist より濃い》; もや: a dense [thick, heavy] *fog* 濃霧 / The *fog* had lifted [cleared] by midday. 霧は昼までには晴れた.
2《写》(ネガの) 曇り, かぶり.
■ **in a fóg**《口語》ぼうっとして; 途方に暮れて: We are *in a fog* about which way to take. 私たちはどちらの方法をとるべきか迷っている.
── 動 (三単現 fogs [~z]; 過去・過分 fogged [~d]; 現分 fog·ging [~iŋ]) 他 **1**《霧・もやなどが》…を覆う, 曇らせる (up): The warm air has *fogged* the windowpanes. 熱気で窓ガラスが曇ってしまった. **2** …をまごつかせる, 当惑させる;〈論点などを〉あいまいにする.
── 自 霧[もや]がかかる, 霧に包まれる;《眼鏡・写真などが》曇る, ぼやける (up).

◆ fóg làmp《英》= fog light.
fóg lìght《米》(自動車の)霧灯,フォグランプ.
fog·bound [fágbàund, fɔ́ːg-/fɔ́g-]形 霧に閉ざされた;(飛行機·船が)濃霧で動けない.
fo·gey [fóugi]名= FOGY (↓).
fog·gy [fági, fɔ́ːgi/fɔ́gi]形 (比較 **fog·gi·er** [~ər];最上 **fog·gi·est** [~ist]) **1** 霧の,霧の立ち込めた. **2** (記憶·考えなどが)あいまいな, はっきりしない;(写真などが)曇った.
fog·gi·ness [~nəs]名U 霧の立ち込めた状態.
fog·horn [fághɔ̀ːrn, fɔ́ːg-/fɔ́g-]名C 霧笛(ξ?)《霧の中の船が衝突を避けるために鳴らす警告音》.
fo·gy, fo·gey [fóugi]名(複 **fo·gies, fo·geys** [~z])C《やや軽蔑》時代遅れの人,保守的な人(◇通例 old fogy [fogey] として用いる).
foi·ble [fɔ́ibl]名C《通例 ~s》ちょっと変わった性癖,くせ;(ささいな)弱点,欠点.
***foil**¹ [fɔ́il]名 **1** U 箔(は),金属の薄片,ホイル(◇ leaf より厚い): in foil ホイルに包んで [包まれて] / aluminum foil アルミ箔. **2** C《通例 ~s》引き立て役 [for, to]: He played the foil to the chief actor. 彼は主演男優の引き立て役を務めた.
foil² [fɔ́il]名C《フェンシング》フルーレ, フォイル《先に丸いたんぽの付いた練習用の剣》.
foil³ 動他《しばしば受け身で》〈人·計画など〉を失敗させる;〈人〉の[計画などの]じゃまをする [in]: He was foiled in the attempt. 彼はその企てに失敗した.
foist [fɔ́ist]動他〈人〉に…を無理強いする,〈偽物など〉を押しつける,つかませる [on]: He tends to foist his beliefs on others. 彼は自分の信念を他人に押しつける傾向がある.

***fold**¹ [fóuld]
動 名
【基本的意味は「…を折りたたむ (turn part of something over another part)」】

— 動 (三単現 **folds** [fóuldz]; 過去·過分 **fold·ed** [~id]; 現分 **fold·ing** [~iŋ])
— 他 **1**〈紙など〉を折りたたむ, 折り重ねる (up, over); たたんで片づける (away);〈端など〉を折り返す (back): fold a paper in two 紙を2つに折る / fold a futon over ふとんを折りたたむ / My mother folded towels up after they dried. タオルが乾いたあと,母はそれを折りたたんだ / He folded the chair away into the closet. 彼はいすを折りたたんで戸棚に収納した / I often fold back the pages in which I find impressive expressions. 私は印象に残る表現を見つけるとよくページの端を折り返す.
2〈腕·足など〉を組む;〈鳥などが〉〈羽〉をたたむ: fold one's [the] arms 腕を組む.
3 …を包み込む,囲う: The shopkeeper kindly folded the large plate in newspaper. 店主は親切にもその大きな皿を新聞紙で包んでくれた.
4《文語》…を抱きしめる: Jenny folded the toy bear in her arms. ジェニーはクマのぬいぐるみを両腕に抱きしめた.
— 自 **1** 折りたためる (up, away): The wooden table folds up. その木のテーブルは折りたためる.
2《口語》失敗する,終わりになる (up): The peace talk folded up last week. その和平会談は先週不調に終わった.
■ **fóld ín**《他》【料理】…をかき混ぜる.
fóld ... ínto ~【料理】…を~に混ぜ合わせる.
— 名 C **1** 折りたたんだ部分;折り目,ひだ: a fold in a handkerchief ハンカチの折り目.
2【地質】(地層の)褶曲(¿?);(地形の)くぼみ.
fold² 名 **1** C (特に羊用の)囲い. **2** 《the ~;集合的に》(共通の目的·興味などを持った)集団;(教会の)信者.
■ **retúrn to the fóld** 元の場所に戻る,古巣に戻る;元の教会 [信仰] に戻る.
-fold [fould]接尾「…倍の [に]」「…重の [に]」の意を表す形容詞·副詞を作る: twofold 2倍 [2重] の [に].
fold·a·way [fóuldəwèi]形《限定用法》折りたためる,折りたたみ式の (folding).
fold·er [fóuldər]名C **1** フォルダー,書類ばさみ;折りたたみ式印刷物《時刻表·地図など》.
2《コンピュータ》フォルダ《ファイルやプログラムの収納場所.またはそのアイコン》.
fold·ing [fóuldiŋ]形《限定用法》折りたためる,折りたたみ式の (foldaway).
***fo·li·age** [fóuliidʒ]名U《集合的に》(木の)葉《◇1本の木[草]の葉全体をいう; cf. leaf (1枚の)葉》.
fo·li·o [fóuliòu]名(複 **fo·li·os** [~z])UC 2つ折り[フォリオ]判(の本)(→ OCTAVO).

*****folk** [fóuk]
名 形
— 名 (複 **folks** [~s]) **1** U《集合的に;複数扱い》人々《◇《米》では通例 folks を用いる; people のほうが一般的》: country folks 田舎の人たち / The folk in that village are very friendly. あの村の人々はとても人なつこい.
2《one's ~s》《口語》家族,親類;両親: How are your folks? お宅の皆さんはお元気ですか.
3《~s;呼びかけ》《口語》みなさん: Sing a song, folks. みんな,歌を歌おう.
4 U《口語》= fólk mùsic 民俗音楽,フォーク音楽.
— 形《限定用法》民衆の,民間の,通俗の: folk medicine 民間医療.
◆ fólk dànce C 民俗舞踊,フォークダンス.
fólk sìnger C フォーク歌手,民謡歌手.
fólk sòng C フォークソング,民謡.
fólk tàle C 民話.
folk·lore [fóuklɔ̀ːr]名U **1** 民間伝承《日常生活の中で語り伝えられてきた知識·技術》. **2** 民俗学.
folk·sy [fóuksi]形 (比較 **folk·si·er** [~ər]; 最上 **folk·si·est** [~ist])《米口語》**1** 素朴な,親しみやすい,庶民的な. **2** 素朴を装った.

*****fol·low** [fálou/fɔ́lou]
【基本的意味は「あとに従う」】
— 動 (三単現 **fol·lows** [~z]; 過去·過分 **fol·lowed** [~d]; 現分 **fol·low·ing** [~iŋ])
— 他 **1** …について行く [来る],同伴する;つきまとう (around, about): The dog follows me wherever I go. その犬は私がどこへ行ってもついて来る / Please follow me. I'll lead you to your seat. あとについて来てください.席までご案内

します.

2 [(時間・順序が)]…の**あとに続く**[来る]; …のあとに [(結果として)] 起こる: Dessert *follows* the main course. デザートはメインディッシュのあとに出る / Sunshine *followed* three days of snow. 3日間雪が降ったあとに日が照った / A revolution *followed* the presidential election. 大統領選挙後に革命が起こった.

3 …を**追跡** [尾行] する, 追いかける (→ 類義語): I was *followed* by a stranger. 私は知らない人につけられた.

4 〈道など〉を**たどる**, 沿って行く: *Follow* this street for a mile, and you will see the stadium on your left. この通りに沿って1マイル行くと左手に競技場が見えます.

5 〈忠告・方針・習慣など〉に**従う**;〈手本など〉を**まねる**, ならう: You should *follow* his advice. 彼の忠告に従ったほうがいい.

6 …を**理解する** (understand): *follow* a lecture 講義を理解する / I'm sorry, I don't *follow* you. すみませんが, おっしゃっていることがわかりません / Do you *follow* me? 私の言っていることがわかりますか (➡ RIGHT¹ [LET'S TALK]).

7 …を**注意して見る** [聞く], 見守る: I *followed* my brother's play during the game. 私は試合中ずっと兄のプレーを見守っていた.

8 〈職業〉**に従事する**: I *follow* the sea. 私は海の仕事をしている [船乗りである].

9 …に関心 [興味] を**持つ**.

— ⓐ **1 あとから行く**[来る], **ついて行く**[来る]: You should go now. I will *follow* soon. さあ行きなさい. 私もすぐあとから行きます.

2 [(時間・順序が)]**あとに続く**[来る]; (結果として) 起こる: The final was over, and the closing ceremony *followed*. 決勝戦が終わり, 引き続き閉会式が始まった / You are too lazy. Failure will *follow*. 君は怠け者だから失敗するよ.

3 [It follows+that節] (当然の結果として) …ということになる: *It follows* from his argument *that* the theory must be modified. 彼の論法でいくとその理論は修正されなければならない.

句動詞 *fóllow óut* ⓗ [follow out+O / follow+O+out] …を(最後まで)やり遂げる, 徹底的にやる.

fóllow through ⓗ **1 徹底的にやり抜く**: He *followed through* with his original plan. 彼は当初の計画を貫き通した. **2** [球技] ラケット [バット, クラブなど] を振り切る, フォロースルーする.
— ⓗ [follow through + O / follow + O + through] 〈計画など〉を徹底的に行う, やり抜く.

fóllow úp ⓗ [follow up+O / follow+O+up] **1** …を**さらに続ける**, どこまでも追跡 [追求] する; 本気でやる: The reporter *followed up* the activities of the demonstrators. その記者はデモ隊の動きをどこまでも追跡した. **2** [(…を)] …に続けて行う [with]: *follow up* one blow *with* another 連打を浴びせる.

■ *as fóllows* **次の通りで**: The reasons are *as follows*. 理由は次の通りである.

with ... to fóllow あとに…が続いて.

類義語 **follow, chase, pursue**
共通する意味 **▶追いかける** (go after or on the track of ...)
follow は「追いかける」の意の最も一般的な語だが, スピードは問題にしない: The detectives *followed* the gang to their hideout. 刑事たちは隠れ家まで一味のあとをつけた. **chase** は「逃げるものをすばやく追いかけて捕まえようとする」の意: The boy *chased* his playmate around the pond. 男の子は池の周りで遊び相手を追いかけ回した. **pursue** は chase とほぼ同意であるが, (やや格式): The police *pursued* the robbers across the city. 警察は強盗を町じゅう追いかけ回した.

fol·low·er* [fálouər / fól-] 图 ⓒ **1 従者.
2 (思想・主義などの) 信奉者, 支持者; 弟子.

****fol·low·ing* [fálouiŋ / fól-] 形 图 前
— 形 [限定用法] **1** [the ~] **次の**, 次に来る; 以下の, 次に続く (↔ preceding, previous): Our son came back in the *following* year [in the year *following*]. 息子は翌年帰って来た / Read the *following* page. 次のページを読みなさい.
2 [海] 追い風の, 順風の; (潮が) 順流の.
— 图 **1** [the ~; 単数・複数扱い] **次のこと** [もの], 次の人(たち); 以下 [下記] のもの: Translate the *following*. 以下の文を訳しなさい.
2 ⓒ [集合的に; 通例, 単数形で] 支持者, 崇拝者, ファン; 弟子.
— 前 …に**続いて**, …のあとで; …の結果: *Following* proper treatment, my stomachache went away. 適切な治療の結果, 腹痛は治まった.

fól·low-the-[(英)**my**]**-léad·er** 图 ⓤ 大将ごっこ《リーダーのまねをする遊び》.

fól·low-thróugh 图 ⓒ ⓤ **1** [スポーツ] フォロースルー《ゴルフなどでボールを打ったあとに振り抜くこと》. **2** (物事を) やり抜くこと.

fól·low-úp 图 ⓒ (事後の) 追跡 (調査, 検査); (ニュースなどの) 続報, 追加報道; 続編.
— 形 [限定用法] 引き続いての; 続報の; 続編の.

fol·ly* [fáli / fóli] 图 (複 fol·lies [~z]) **1 《格式》ⓒ 愚行, ばかげた考え; ⓤ 愚かさ.
2 ⓒ (過度に装飾した) 無用の建築物.

fo·ment [fóument, foumént] 動 ⓗ 《格式》〈紛争・反乱など〉を助長する, あおる.

fo·men·ta·tion [fòumentéiʃən] 图 ⓤ 《格式》(紛争・反乱などの) 助長, 誘発; 扇動.

***fond [fánd / fónd]
— 形 (比較 **fond·er** [~ər]; 最上 **fond·est** [~ist]) **1** [be fond of ...] …を**好む**, …が**大好き**だ《◇ like より意味が強く, 「持続的・性格的な強い好み, 愛情」を表す》: Betty *is fond of* children. ベティーは子供好きです / She *is very fond of* playing the piano. 彼女はピアノを弾くのが大好きです.

2 [限定用法] 愛情深い, 優しい;〈子供などに〉甘い,

溺愛(ﾃﾞｷｱｲ)する；大切な: a *fond* look 愛情にあふれたまなざし / *fond* parents 子供に甘い親.
3 [限定用法] (考え・希望などが) 甘い, 虫のいい: his *fondest* hope 虫のいい彼の希望.

fon·dant [fάndənt / fɔ́n-] 【フランス】 名 **1** ⓤ フォンダン《砂糖を煮詰めてクリーム状にしたもの》. **2** ⓒ フォンダン (キャンディー) 《口の中ですぐ溶ける》.

fon·dle [fάndl / fɔ́n-] 動 ⓣ 〈ペット・赤ん坊〉を優しくなでる, 愛撫(ｱｲﾌﾞ)する, かわいがる.

fond·ly [fάndli / fɔ́n-] 副 **1** 愛情を込めて, 優しく. **2** 愚かにも, 浅はかにも.

fond·ness [fάndnəs / fɔ́n-] 名 ⓤ [または a ～] 好むこと［…に対する］; 愛着; 溺愛(ﾃﾞｷｱｲ) [*for*]: her *fondness* for her children 子供に注ぐ彼女の愛情.

fon·due, fon·du [fandʒúː / fɔ́ndjuː] 【フランス】 ⓒ ⓤ フォンデュ《チーズを溶かしたものにパンを浸して食べるスイス料理》.

font[1] [fάnt / fɔ́nt] 名 ⓒ 【キリスト】 聖水器, 洗礼盤.

font[2] 名 ⓒ 【印刷】 フォント《同一の大きさ・書体の活字のひとそろい》.

food [fúːd] 名 ***

— 名 (複 **foods** [fúːdz]) **1** ⓤ 食物, 食糧; (飲み物に対して) 食べ物: an article of *food* 食品一点 / Japanese *food* 日本食 / *food* and drink 飲食物 / *food*, clothing, and housing [shelter] 衣食住《◇日本語との語順の違いに注意》: They are suffering from a shortage of *food*. 彼らは食糧不足に苦しんでいる.
2 ⓒ (個々の) 食品: frozen *foods* 冷凍食品 / health *foods* 健康食品.
3 ⓤ [心の] 糧(ｶﾃ); [思考・反省の] 材料 [*for*]: This book has become my *food* for reflection. この本は私にとって反省の材料となった.

◆ **fóod àdditive** ⓒ 食品添加物.
fóod chàin ⓒ【生物】食物連鎖.
fóod lìft《英》= DUMBWAITER.
fóod pòisoning ⓤ 食中毒.
fóod pròcessor ⓒ フードプロセッサー《食品を細かく切ったり混ぜたりするための器具》.
fóod stàmp《米》(貧困者用の) 食料品引換券.

food·ie, food·y [fúːdi] 名 (複 **food·ies** [～z]) ⓒ 《口語》 食通, グルメ, 食べ物の味や質にうるさい人 (gourmet).

food·stuff [fúːdstʌ̀f] 名 (複 **food·stuffs** [～s]) ⓒ [しばしば ～s] 食料 (品); 食料品, 食材.

fool [fúːl] 名 動 形 ***

— 名 (複 ～s [～z]) ⓒ **1** ばか者, 愚か者: He is being a *fool*. 彼はばかなこと [ふり] をしている / Don't be a *fool*. ばかなことをするな [言うな] / He is no *fool*. 彼はばかどころではない (なかなか抜け目がない).
2 (昔の王侯・貴族に仕えていた) 道化師.
■ **áct the fóol** = play the fool.
be a fóol for one's páins 骨折り損のくたびれもうけをする.
be fóol enòugh to dó 愚かにも…する.
màke a fóol of ... …をばかにする, からかう.
màke a fóol of onesèlf ばかなまねをする, 笑いものになる.
pláy the fóol ばかなまねをする, へまをする; 道化役をする, おどける.
— 動 ⓣ …をばかにする, だます; 〈人〉をだまして［…］させる [*into doing*]; だまして［…］を奪い取る [*out of*]: The fox *fooled* the crow *into opening* his mouth. キツネはカラスをだまして口を開かせた.
ⓘ ふざける, 冗談を言う; ばかなまねをする.
■ **fóol aróund** [*abóut*] ⓘ **1** ばかなまねをする; […を] いじり回す [*with*]. **2** ぶらぶらする.
fóol awáy ⓣ 〈時間・金など〉を浪費する.
fóol with ... ⓣ …をいじり回す, もてあそぶ.
— 形 [限定用法]《米口語》ばかげた, 愚かな (foolish): a *fool* plan ばかげた計画.

fool·er·y [fúːləri] 名 (複 **fool·er·ies** [～z]) ⓤ ⓒ 《英・古風》愚かさ; 愚かな行為 [考え].

fool·har·dy [fúːlhɑ̀ːrdi] 形 (比較 **fool·har·di·er** [～ər]; 最上 **fool·har·di·est** [～ist]) 向こう見ずな, 無謀な, むちゃな.
fool·har·di·ness [～nəs] 名 ⓤ 向こう見ず.

fool·ish [fúːliʃ] 形 ***

— 形 **1** 愚かな, ばかな, ばかげた (↔ wise) (→ 類義語): Tom wrote her *foolish* letters. トムは彼女にばかげた手紙を書いた / It is *foolish* of you to believe him. = You are *foolish* to believe him. 彼の言うことを信じるなんてお前はばかだ. **2** ばかに見える; ばつの悪い.

> **類義語** foolish, stupid, silly, dull
> 共通する意味▶ばかな (lacking in normal intelligence, understanding, or common sense)
> **foolish** は「適切な判断力に欠ける, 常識のない」の意: Stop making *foolish* jokes. ばかげた冗談を言うのはやめろ. **stupid** は「生まれつき知能が弱い」の意のややきつい言葉. ただし, 行為について用いるときは foolish と同じ意になる: The governor made a *stupid* [foolish] decision. 知事はばかげた決定を下した. **silly** は愚かな行為をして「笑いや軽蔑の対象にされるほど軽薄な」の意: a *silly* question 愚問. **dull** は《古風》で,「物わかりが悪い」の意.

fool·ish·ly [fúːliʃli] 副 愚かに; [文修飾] 愚かにも.
fool·ish·ness [fúːliʃnəs] 名 ⓤ 愚かさ.

fool·proof [fúːlprùːf] 形 わかりやすい, 間違えようのない; (機械などが) 簡単に操作できる: a *foolproof* camera 全自動カメラ.

fools·cap [fúːlskæ̀p, -zkæ̀p] 名 ⓤ フールスキャップ《大判洋紙のサイズ.《米》で 16×13 インチ,《英》で 17×13.5 インチ》.

foot [fút] 名 動 ***

— 名 (複 **feet** [fíːt]) **1** ⓒ (人・動物の) 足《◇くるぶし [足首] (ankle) から下の部分; → BODY, LEG 図》: walk with bare *feet* はだしで歩く / How long can you stand on one *foot*? あなたは片足でどのくらいの時間立っていられますか.

2 ⓒ フィート《◇長さの単位; 1フィート=30.48 cm;《略記》ft.; →巻末「度量衡」》: *foot* by *foot* 1フィートずつ; 徐々に / This tunnel is 500 *feet* long. このトンネルは長さ500フィートです.

語法 (1) あとに数詞などを伴う場合は複数形に foot を用いることもある: She is five *foot* [*feet*] nine. 彼女は身長が5フィート9インチある / This desk is two *foot* [*feet*] tall. この机の高さは2フィートです.
(2) 数詞と共に複合語を作る場合は常に foot を用いる: three-*foot* ruler 3フィートの物さし.

3 ⓒ 《通例 the ～》(ものの)最下部, 底の部分, 根元; (山の)ふもと; (ベッドの)すそ; (長靴・靴下の)足の部分: We gathered at the *foot* of the mountain before daybreak. 私たちは日の出前にその山のふもとに集合した.

4 Ⓤⓒ 歩行, 徒歩; 足取り, 歩調: She walked with a light [heavy] *foot*. 彼女は軽い[重い]足取りで歩いた.

5 《the ～》最下位, 最後尾: Edison was usually at the *foot* of the class. エジソンはたいていクラスでびりだった.

6 ⓒ 《韻律》詩脚《詩の1行を構成する単位》.

■ *be rùn* [*rùshed*] *óff one's féet* 非常に忙しい.
cárry [*swéep*] *... óff ...'s féet* ...を夢中にさせる, 熱中させる.
drág one's féet **1** (のろのろと)足を引きずって歩く. **2** いやいや仕事をする, (乗り気でないので)手間取る.
fáll [*lánd*] *on one's féet* 窮地を脱する; 運がよい.
féet of cláy 人格上の欠点; 思いもよらない弱点.
find one's féet **1** 立って歩けるようになる; 自立する. **2** 新しい環境になじむ.
gèt [*hàve*] *a fóot in the dóor* (組織などに)入り込む; チャンスをつかむ, 足がかりを築く.
gèt [*hàve*] *cóld féet* 《口語》おじけづく.
gèt [*stàrt*] *óff on the right* [*wróng*] *fóot* 出だしがうまくいく[うまくいかない].
gèt one's féet wèt 《口語》(新しい環境・仕事に)慣れる, やってみる, 始める.
kèep [*hàve*] *bóth* [*one's*] *féet on the gróund* 足が地についている, 実際的である.
kèep one's féet (転ばずに)立っている; 慎重に行動する.
on fóot **1** 徒歩で, 歩いて: I go to school *on foot*. 私は歩いて学校に通う《◇I walk to school. のほうが一般的》. **2** (計画などが)着手されて, 進行中で; (事件が)起こって.
on one's féet **1** 立って, 歩いて. **2** 元気になって. **3** 自立して.
pùt one's bést fòot fórward 熱心に取り組む, 最善をつくす; 急いで行く.
pùt one's féet úp 《口語》(両足を高い所に載せて)くつろぐ, 楽にする.
pùt one's fóot dówn 《口語》断固とした態度をとる; 強く主張する.
pùt one's fóot in one's móuth 《英》*in it*》《口語》へまをする; 失言する.
sèt fóot in [*on*] *...* ...に足を踏み入れる.
stánd on one's ówn (*twó*) *féet* 自立する.

to one's féet 立っている状態へ: get [rise] *to one's feet* 立ち上がる.
ùnder fóot 足元; 地面に.
ùnder ...'s féet ...のじゃまになって.
— 動 他《口語》〈勘定〉を払う.
■ *fóot the líne* 歩いて歩いて行く.

foot・age [fútidʒ] 名 Ⓤⓒ **1** (フィートで測った)長さ, 距離. **2** 《映画》(フィルムの)フィート数; 撮影済みフィルム, ひと続きの場面.

fóot-and-móuth disèase 名 Ⓤ 口蹄(こうてい)疫《牛・豚・羊などの口や足[蹄(ひづめ)]にできるもの》.

***foot・ball** [fútbɔ̀ːl]

【「foot (足) + ball (ボール)」から】
— 名《複 **foot-balls** [~z]》**1** Ⓤ フットボール《◇通例, 米国ではアメリカンフットボール (American football) を, 英国ではサッカー (soccer) を指す》: play *football* フットボールをする / a *football* game [《英》match] フットボール[サッカー]の試合.
2 ⓒ フットボール[サッカー]用ボール.

foot・ball・er [fútbɔ̀ːlər] 名 ⓒ フットボール[サッカー]選手.

foot・bridge [fútbridʒ] 名 ⓒ 歩道橋.

-foot・ed [futid] 結合《「...足の」の意を表す》: four-*footed* animals 四足の動物.

foot・er [fútər] 名 ⓒ 《印刷》フッター《ページ下部のページ番号や脚注》(↔ header).

foot・fall [fútfɔ̀ːl] 名 ⓒ 《文語》足音.

foot・gear [fútgìər] 名 Ⓤ 《集合的に》履き物 (footwear) 《靴・ブーツ・サンダル・スリッパなど》.

foot・hill [fúthìl] 名《通例 ～s》山麓(さんろく)の丘.

foot・hold [fúthòuld] 名 ⓒ **1** (岩登りの)足場, 足掛け. **2** 《通例, 単数形で》《比喩》足がかり, 拠点: gain [get, establish] a *foothold* in the Japanese market 日本市場での足がかりを得る.

foot・ing [fútiŋ] 名 Ⓤⓒ 《通例, 単数形で》**1** 足場; 足がかり: lose one's *footing* 足を滑らす;《比喩》足場を失う, 安定を失う / get [gain, obtain] a *footing* 足場を得る, 地歩を築く. **2** 基礎, 基盤; (確かな)地位. **3** 《...との》関係, 間柄《*with*》: The two nations are on a friendly *footing* with each other. 両国は互いに友好関係にある.
4 《軍》編制, 体制: put the army on a war *footing* 軍隊を戦時体制にする.

foot・lights [fútlàits] 名 《複数扱い》(舞台などの)フットライト, 脚光.

foot・loose [fútlùːs] 形 《古風》気ままな.

foot・man [fútmən] 名《複 **foot-men** [-mən]》ⓒ (来客の案内などをする)従僕.

foot・mark [fútmɑ̀ːrk] 名 ⓒ 足跡 (footprint).

foot・note [fútnòut] 名 ⓒ 脚注《略記》fn, fn.》.

foot・path [fútpæ̀θ / -pɑ̀ːθ] 名《複 **foot-paths** [fútpæ̀ðz / -pɑ̀ːðz]》ⓒ《主に英》(田舎の歩行者用)小道, 自然遊歩道; 歩道.

foot・print [fútprìnt] 名 ⓒ《通例 ～s》(人・動物の)足跡.

foot・race [fútrèis] 名 ⓒ 徒競走, かけっこ.

foot・sie [fútsi] 名《次の成句で》
■ *pláy fóotsie* (*with ...*) 自 《口語》(テーブルの下

で)(…の)足やひざに触れ合う, (…と)いちゃつく; 《米》(…と)合う, (敵と)通じる, ぐるになる.

foot·sore [fútsɔ̀:r] 形 (長い距離を歩いて)足を痛めた, 靴ずれができた.

foot·step [fútstèp] 名 C《通例 ～s》 **1** 足音 (step). **2** 足跡 (footprint). **3** 足取り; 歩幅.
■ *fóllow in ...'s fóotsteps* = *fóllow in the fóotsteps of ...* …の跡を継ぐ, 先例に倣う.

foot·stool [fútstù:l] 名 C 足置き台 (stool).
foot·way [fútwèi] 名 = FOOTPATH (↑).
foot·wear [fútwèər] 名 U《集合的に》履き物(類) (footgear).
foot·work [fútwə̀:rk] 名 U 足さばき, フットワーク; すばやい対応能力.

fop [fáp / fɔ́p] 名 C《古風・軽蔑》きざな男, しゃれ男; 外見[服装など]を気にしすぎる男.
fop·pish [fápiʃ / fɔ́p-] 形《古風・軽蔑》(男が)きざな, 過度におしゃれの.

for [(弱) fər; (強) fɔ́:r] 前 接

❶ 利益・目的・用途・準備 「…のために」 (→前 **1**～**4**)
This utensil is used for removing the cores of apples.
(この道具はリンゴの芯(しん)を取るために使われる)

❷ 方向・目的地 「…を目指して」(→前 **5**)
Is this train for Narita Airport?
(この列車は成田空港行きですか)

❸ 時間・距離 「…の間, …にわたって」(→前 **6**)
The road is jammed for ten miles.
(道は10マイルにわたって渋滞している)

❹ 交換・代理 「…と引き換えに, …の代わりに」(→前 **7, 9**)
Will you go there for me?
(私の代わりにあなたが行ってくれないか)

❺ 支持 「…を支持して」(→前 **8**)
She is for your plan.
(彼女はあなたの計画に賛成している)

❻ [for...+to do] 「…が～することは」(→前 **16**)
It is dangerous for children to swim in this river.
(子供たちがこの川で泳ぐのは危険です)

❼ 対等接続詞 「というわけは」(→接)
He'll turn up just at ten, for he is punctual.
(彼は10時ちょうどに来るだろう. というのは彼はきちょうめんだから)

─ 前 **1** [利益]…のために: Walking is good for the health. ウォーキングは健康によい / I'll play the guitar *for* you. あなたのためにギターを弾きましょう / I bought a beautiful dress *for* my daughter. 私は娘に美しいドレスを買ってやった (=I bought my daughter a beautiful dress.) / What can I do *for* you? あなたのために何ができるでしょうか ⇒ 何かご用でしょうか.

2 [目的・追求] …のために, …を求めて: go *for* a walk 散歩に行く / work *for* one's living 生活のために働く / She shouted *for* help. 彼女は助けを求めて叫んだ / His methods *for* teaching children are creative. 彼の子供の教え方は独創的です / What are you looking *for*? 何を探しているのですか.

3 [用途・対象] …用の, …向きの: books *for* reference 参考図書 (reference books) / It's a good day *for* swimming today. きょうは泳ぐのにもってこいの日だ / This stadium is not suitable *for* soccer. この競技場はサッカー向きではない / What would you like *for* breakfast tomorrow? — Ham and eggs, please. あすの朝食は何になさいますか — ハムエッグをお願いします.

4 [準備] …に備えて, …のために: prepare *for* the exam 試験に備える / She practiced the piano hard *for* the concert. 彼女はコンサートに向けてピアノを一生懸命練習した / Are you ready *for* the trip? 旅行の準備はできましたか.

5 [方向・目的地] …を目指して, …の方に向かって: The train is bound *for* Osaka. その列車は大阪行きです / She dashed *for* the gate. 彼女は門に向かって駆け出した / Here is a letter *for* her. ここに彼女あての手紙がある.

|語法| to が到着点を表し, 目的地に到着することを前提としているのに対し, for は向かっている方向を表し, 目的地に到着したかどうかは問わない: He went *to* Moscow. 彼はモスクワに行った / He left *for* Moscow. 彼はモスクワに向かった (◇到着したかどうかはわからない).

6 [時間・距離] …の間, …にわたって (→ DURING
|語法|): I have studied English *for* five years. 私は今まで5年間英語を勉強した / I missed my train, so I had to wait (*for*) half an hour till the next train came. 私は列車に乗り遅れたので, 次の列車まで30分待たなければならなかった / We continued to travel (*for*) 25 miles a day. 私たちは1日25マイル進む旅を続けた / There was not a house to be seen *for* miles around us. 私たちの周囲には何マイルにもわたって家一軒見えなかった.

|語法| 継続や状態を表す動詞のあとでは for を省略できる. ただし否定文や文頭での for は省略できない: I have been here (*for*) three months. =*For* three months I have been here. 私はここに3か月いる.

7 [交換・代償・報酬] …と引き換えに, …の代わりに, …に対して: I exchanged some of my traveler's checks *for* US dollars. 私は旅行者用小切手を何枚か米ドルに換えた / I bought this bike *for* fifty dollars. 私はこの自転車を50ドルで買った / Thank you *for* inviting me to the birthday party. 誕生パーティーに招待してくれて

ありがとう / An eye *for* an eye, and a tooth *for* a tooth. 目には目を, 歯には歯を (◇相手の仕打ちに同様の報復をすること. 旧約聖書から).

8《支持・賛成》…を支持して, …に賛成して (↔ against): We are all *for* the Giants. 私たちは皆ジャイアンツファンです / I didn't vote *for* that candidate. 私はあの候補者に投票しなかった / I was not sure whether I should be *for* or against the proposal. 私はその提案に賛成すべきか反対すべきか確信が持てなかった.

9《代理・代表》…の代わりに; …を代表して; …を表して: The doctor told him to use olive oil *for* butter. 医師は彼にバターの代わりにオリーブオイルを使うようにと言った / I'll do your homework *for* you. 私があなたの代わりに宿題をやってあげましょう / John was asked to speak *for* his class. ジョンはクラスを代表して話すように頼まれた / What's the word *for* "pencil" in Japanese? 日本語で pencil は何と言いますか.

10《理由・原因》…の理由で, …が原因で;《比較級のあとに用いて》…の結果として: The students were dancing for joy at the victory. 生徒は勝ったのがうれしくて踊っていた / That area is famous *for* its beautiful scenery. その地域は美しい風景で有名です / They abandoned the project *for* lack of money. 彼らは資金不足のためにその計画を断念した / I felt much better *for* having taken a rest in the shade of a tree. 木陰で休んだので私はずっと気分がよくなった.

11《特定の日時》…に〔の〕: a diary *for* 2003 2003年用の日記 / She knitted a sweater *for* my birthday. 彼女は私の誕生日にセーターを編んでくれた / The next meeting is scheduled *for* Wednesday, May 10. 次回の会合は5月10日, 水曜日に予定されている.

12《基準・関連》…について, …にしては, …の割には (◇しばしば「too＋形容詞〔副詞〕」や「〈形容詞〔副詞・名詞〕＋〉enough」と共に用いる): *For* my part, there is no problem. 私については問題ありません / She is so smart *for* a two-year-old child. 彼女は2歳の子供にしてはとても賢い / The shoes are too big *for* him. その靴は彼には大きすぎる / Her performance was good enough *for* a beginner. 彼女の演技は初心者の割にはなかなかよかった.

13《関心・対象》…に対して: She has an eye *for* beauty. 彼女は審美眼を持っている / Everyone in my family has a taste *for* baseball. 私の家族はみんな野球が好きです.

14《特性・帰属》…として (as): I took her *for* a famous actress. 私は彼女を有名な女優だと思った / He was nominated *for* the captain of the new team. 彼は新チームの主将に指名された.

15《対比・割合》…に対して (◇ each, every や数詞の前で用いる): *For* every fifty dollars you earn, I'll give you five dollars as a reward. 50ドル稼ぐごとにほうびとして5ドルあげます.

16《for … +to do》…が～することは〔を, で〕; …が～するための (◇ for のあとの名詞〔代名詞〕が to 不定詞の意味上の主語になる): It is necessary *for* you *to* attend the meeting.＝*For* you *to* attend the meeting is necessary. あなたがその会に出席する必要があります (◇ It はあとの to 不定詞を受ける形式主語) / My hope is *for* that team *to* win the game. 私の希望はあのチームが試合に勝つことです / This problem is too difficult *for* me *to* solve. この問題は難しすぎて私には解けない (◇ for me としないと「だれにも解けない」という意味になる) / There is no problem *for* you *to* go abroad. あなたが外国へ行くことに何の問題もない / I planned *for* them *to* visit next week. 私は彼らが来週訪問するように計画した / It is not *for* me *to* advise how you should vote. 君がどう投票すべきかについて私が忠告する筋合いではない.

17《米》…にちなんで (after): She was named Naomi *for* her grandmother. 彼女は祖母にちなんでナオミと名づけられた.

■ *be (in) for it*《口語》罰を受ける〔ひどい目にあう〕ことになっている.

for áll … **1** …にもかかわらず (in spite of): *For all* his weak points, I like him. 彼にはいろいろ弱点があるけれど私は彼が好きです. **2** …があまりなことを考慮すると.

for áll Í knów → KNOW 成句.

──接《対等接続詞》《格式》というわけは, なぜなら (◇補足的に用い, for の前にはコンマ, セミコロンなどを付ける): They enjoyed swimming in the sea very much, *for* it was very hot yesterday. 彼らは海水浴を大いに楽しんだ. というのは, きのうは非常に暑かったから.

for·age [fɔ́(ː)ridʒ]**動**《食べ物などを》探し回る, (ひっかき回して)《…を》探す《about》〔for〕: *forage* 《about》 *for* the key in the bag バッグの中を引っかき回してかぎを探す.

──**名** U (家畜用の) 飼料.

for·as·much as [fɔ́(ː)rəzmʌ́tʃ əz / fərəz-]**接**《古》…なので (since, because), …ということなので (inasmuch as).

for·ay [fɔ́(ː)rei]**名** C **1**《…への》急襲〔into〕.
2《慣れないことへの》手出し, 進出〔into〕: Betty made a brief *foray into* operating a computer. ベティーはコンピュータをちょっと操作してみた.

──**動**《格式》《…を》急襲する〔into〕.

★★for·bade [fərbǽd,-béid], **for·bad** [fərbǽd]
動 forbid の過去形.

***for·bear**[1] [fɔːrbéər]**動**《三単現 *for·bears* [～z]; 過去 *for·bore* [-bɔ́ːr]; 過分 *for·borne* [-bɔ́ːrn]; 現分 *for·bear·ing* [-béəriŋ]》《文版》《…することを》さし控える, 慎む; 抑える〔*from doing*〕: You should *forbear from chatting* in class. 授業中のおしゃべりは慎むべきです.

──他《…すること》を控える, 慎む; 抑える〔*doing / to do*〕: *forbear* one's irritation いらいらを抑える / She couldn't *forbear to* weep at the sight of her mother. 彼女は母親の姿を見て涙をこらえられなかった.

for·bear[2] [fɔːrbéər] 名 = FOREBEAR 先祖.
for·bear·ance [fɔːrbéərəns] 名 ⓤ《格式》さし控えること, 忍耐, 自制; 寛容.
for·bear·ing [fɔːrbéəriŋ] 形《格式》忍耐強い, 我慢強い; 寛容な.

for·bid [fərbíd]

— 動 (三単現 **for·bids** [-bídz]; 過去 **for·bade** [-bǽd, -béid], **for·bad** [-bǽd]; 過分 **for·bid·den** [-bídn, -bídn]; 現分 **for·bid·ding** [〜iŋ])
— 他 **1** (a) [forbid＋O [動名]] …を[…することを] 禁じる, 禁止する: The city authorities *forbade* our demonstration in the city center. 市当局は市の中心部でのデモを認めなかった / They strictly *forbid* smoking in the hospital. 病院内での喫煙は固く禁じられている / Fishing is *forbidden* in this lake. この湖では釣りは禁止されている.
(b) [forbid＋O＋to do [from doing]] 〈人〉が…するのを禁じる, 認めない; [forbid＋that 節] …ということを禁じる: My parents *forbade* me *to* go [*from* going] to the movies with Ann. 両親は私がアンと一緒に映画に行くのを許さなかった / He *forbade* her *to* use his bike. = He *forbade that* she (should) use his bike. 彼は彼女に自転車を使わせなかった (◇ should を用いるのは《主に英》).
(c) [forbid＋O＋O] 〈人〉に…を禁じる, 認めない: His father *forbade* him the experience of studying abroad. 彼の父親は彼に海外留学を経験するチャンスを認めなかった.
2《格式》〈物事が〉…を妨げる, できなくする: The headache *forbade* my concentration on the lecture yesterday. きのうは頭痛で講義に集中できなかった.
■ **Gód**[**Héaven**] **forbíd** (*that* …)! 《口語》 (…なんてことに) 絶対になりませんように: *Heaven forbid that* Jim (should) divorce his wife. ジムが奥さんと離婚するなんてことにならなければいいのだが (◇ that 節には should か仮定法現在を用いるのが divorces は不可).

for·bid·den [fərbídən] 動 forbid の過去分詞の1つ.

— 形 [限定用法] 禁じられた, 許されない.
◆ Forbídden Cíty [the 〜] (北京の) 紫禁城《現在は故宮博物館》.
forbídden frúit ⓤ ⓒ《聖》禁断の木の実《「エデンの園」にあり, 食べると善悪の知識が得られる》.
for·bid·ding [fərbídiŋ] 形 **1** (表情が) 怖い, 人を寄せつけない, 険悪な. **2** (傾斜・状況などが危険で) 近づきにくい, 険しい, 厳しい.
for·bid·ding·ly [〜li] 副 険悪に.
for·bore [fɔːrbɔ́ːr] 動 forbear[1] の過去形.
for·borne [fɔːrbɔ́ːrn] 動 forbear[1] の過去分詞.

force [fɔ́ːrs] 名 動

— 名 (複 **forc·es** [〜iz]) **1** ⓤ 暴力; (身体的・精神的な) 力, 体力, 気力: resort to *force* 暴力に訴える / *force* of mind 精神力 / with all one's *force* 全力をつくして / He used *force* to put the dog in the cage. 彼は力ずくで犬をおりに押し込んだ.
2 ⓤ (物理的な) 力, 強さ, 作用 (→ POWER 類義語); 勢い: the *force* of gravity 重力 / The *force* of nature can be cruel sometimes. 自然の力は時として残酷なことがある.
3 ⓤ (他に与える) 影響力, 説得力, 迫力; 効果, 効力: a speech without much *force* 説得力に欠けるスピーチ.
4 ⓒ (影響力のある) 勢力, 影響力を持つもの [人]: He is a great *force* in the company. 彼はその会社で大きな影響力を持っている.
5 ⓒ 軍隊, 兵力; [しばしば the 〜s] 軍隊, 部隊: the air [naval] *force* 空[海]軍 / the allied *forces* 連合軍 / the (armed) *forces* of a nation 一国の軍隊.
6 ⓒ (或る行動をとるために団結した) 集団, 一団, 総勢: the police *force* 警察《全体》, 警察力 / the labor *force* 労働力[人口]. **7** ⓤ (言葉の) 真意.
■ *by fórce* 力ずくで, 無理やり: The robber took the tourist's handbag *by force*. どろぼうは旅行者のハンドバッグを無理やり奪った.
by fórce of … …の力で, …によって.
cóme ínto fórce (法律などが) 施行[実施] される, 有効となる.
in fórce **1** 大勢で, 大挙して. **2** (法律などが) 有効で.
jóin fórces [… と] 力を合わせる, 協力する [*with*]: We *joined forces with* each other to help refugees. 私たちは難民を救援するために協力した.
pùt … ínto [*ín*] *fórce* 〈法律など〉を施行[実施]する.

— 動 (三単現 **forc·es** [〜iz]; 過去・過分 **forced** [〜t]; 現分 **forc·ing** [〜iŋ])
— 他 **1** [force＋O＋to do [into doing]] 〈人〉に…することを強いる, 強制する (→ 類義語): The police *forced* him *to* confess. 警察は彼に自白を強制した / I was *forced to* give up the plan. 私はその計画を断念しなければならなかった / My father *forced* me *to* quit the job. = My father *forced* me *into quitting* the job. 父は私に無理やりその仕事を辞めさせた.
2 [force＋O] …を[人に] 押しつける, 強要する [*on*, *upon*]: Fred *forced* his opinion *on* me. フレッドは自分の意見を私に押しつけた / She often *forces* her kindness *on* others. 彼女はよく親切の押し売りをする.
3 (a) [force＋O] …を力ずくで押し進める [開ける]; […に] 無理に押し込む [*into*]: *force* a lock 錠をこじ開ける / *force* one's way through … …を押し分けて進む / *force* clothes *into* a drawer 引き出しに服を押し込む / The ruling party will try to *force* the bill through Parliament. 与党は議会でその法案を強引に通過させようとするだろう.
(b) [force＋O＋C] …を無理に〜にする: *force* the window open 窓をこじ開ける.
4 [… から] …をもぎ取る, 奪い取る [*from*, *out of*]: The policeman *forced* the knife *from* his hand. 警官は彼の手からナイフを奪い取った / The

detective *forced* a confession *from* [*out of*] the suspect. 刑事は容疑者を無理やり自白させた.
5 〈声・涙など〉を無理に出す: *force* laughter [a smile] 無理に笑う [ほほ笑む].
6 …を促成栽培する.
7〖野球〗〈走者〉をフォースアウトにする, 封殺する 《*out*》;〈四死球で〉〈押し出し点〉を与える 《*in*》.
■ **fórce báck** 他 〈感情など〉をこらえる.
fórce dówn 他 **1** …を押さえつける;〈感情〉を抑える. **2** 〈飲食物〉を無理に食べる. **3** 〈飛行機〉を強制着陸させる.

類義語 **force, compel, oblige, constrain**
共通する意味:「…させる (make someone do something)」
force は暴力や威嚇(:)によって「無理やり人に何かをさせる」の意: They *forced* him to sign. 彼らは彼に無理やり署名させた. **compel** は「人が望んでいないことをさせる」の意. force より強制の意味が弱い: She *compelled* him to admit his error. 彼女は彼に無理に誤りを認めさせた. **oblige** は「必要性や義務からやむをえず何かをさせる」の意: The law *obliges* everyone to pay his or her taxes. 法律はあらゆる人に納税の義務を負わせている. **constrain** は人の行動や選択の自由を制限することによって「望んでいないことをするよう強いる」の意: They *constrained* him to tell the truth. 彼らは彼に無理やり本当のことを言わせた.

---

forced [fɔ́ːrst] 形 **1** 強制的な, 無理やり押しつけられた: *forced* labor 強制労働.
2 人為的な, 不自然な.
◆ **fórced lánding** U (飛行機の) 強制 [緊急] 着陸, 不時着.
fórce-féed 動 (三単現 **force-feeds** [-fiːdz]; 過去・過分 **force-fed** [-féd]; 現分 **force-feed·ing** [~iŋ]) 他 〈人・動物〉に〈食物〉を無理やり食べさせる; 〈知識などを〉無理に詰め込む 《*with*》.
force·ful [fɔ́ːrsfəl] 形 《通例 限定》〈言葉・文体など〉力強い, 明白で説得力のある: a *forceful* personality 強烈な個性 / a *forceful* opinion 説得力のある意見.
force·ful·ly [-fəli] 副 力強く, 迫力を持って.
force·ful·ness [~nəs] 名 U 力強さ.
for·ceps [fɔ́ːrsəps, -seps] 名 《複数扱い》 (外科・歯科用の) 鉗子(かんし), 大型ピンセット.
for·ci·ble [fɔ́ːrsəbl] 形 《限定用法》**1** 強制的な, 無理やりの: a *forcible* entry [search] 強制立ち入り [捜査]. **2** 〈人・言葉など〉強力な; 説得力のある.
for·ci·bly [fɔ́ːrsəbli] 副 強制的に, 無理やりに; 力強く, 強烈に; 説得力を持って.
ford [fɔ́ːrd] 名 C (川・沼などの) 浅瀬.
—— 動 〈川〉の浅瀬を渡る.
Ford [fɔ́ːrd] 名 **1** 固 フォード Henry Ford《1863–1947; 米国の自動車製造業者》. **2** 固 フォード Gerald Rudolph [dʒérəld rúːdəlf] Ford 《1913–; 米国の政治家; → PRESIDENT 表》.
3 C 《商標》フォード社製の車.

*****fore** [fɔ́ːr] 形 [比較なし; 限定用法] 前の; (船や航空機の) 前部の, 前方の (↔ back, hind): the *fore* part of a ship [plane] 船 [飛行機] の前部.
—— 副 前に, 前方に; 《海》船首 (の方) に.
■ **fóre and áft** 船首から船尾まで, 船全体にわたって; 船首と船尾に.
■ 名 《次の成句で》
● **to the fóre 1** 前面に; 目立つ場所 [地位] に: come *to the fore* 前面に出て来る; 頭角を現す.
2 手元にあって, すぐに役立つ.

fore- [fɔːr / fɔː] 接頭 **1** 「以前の, 事前の」の意を表す: *fore*bear 先祖 / *fore*cast 予報する.
2 「前方の, 目の前の」の意を表す: *fore*arm 前腕 / *fore*court 前庭. **3** 「目上の」の意を表す: *fore*man 親方.

fore·arm [fɔ́ːràːrm] 名 C 前腕 《ひじから手首までの部分》; cf. upper arm 上腕; → ARM¹ 図.
fore·bear [fɔ́ːrbèər] 名 C 《通例 ~s》《格式》先祖, 祖先.
fore·bod·ing [fɔːrbóudiŋ] 名 UC 不吉な予感, 虫の知らせ; 前兆.
*****fore·cast** [fɔ́ːrkæst, -kɑ̀ːst] 動 (三単現 **fore·casts** [-kæsts, -kɑ̀ːsts]; 過去・過分 **fore·cast, fore·cast·ed** [~id]; 現分 **fore·cast·ing** [~iŋ]) 他 〈天気〉を予報する;〈未来など〉を予想する, 予言する; [*forecast* + *that* 疑問詞節] …という, …かを予想する; 予想する: *forecast* a rise in prices for next year 来年の物価上昇を予測する. The weatherman *forecast that* it would rain tomorrow. 天気予報士はあすは雨になると予報した / It's impossible to *forecast what* the outcome of the presidential election will be. 大統領選挙の結果がどうなるかは予測できない.
—— 名 C 〈天気の〉予報, […という] 予想, 予言 《*that* 節》: the weather *forecast* 天気予報.
fore·cast·er [fɔ́ːrkæ̀stər, -kɑ̀ːstə] 名 C (テレビ・ラジオの) 天気予報士 [家]; 予報 [予言] する人.
fore·cas·tle [fóuksəl] (☆発音に注意) 名 C 〖船舶〗船首楼《船首部の高くなった甲板》.
fore·close [fɔ̀ːrklóuz] 動 自 〖法〗 […に] 抵当流れ処分にする 《*on*》.
fore·clo·sure [fɔ̀ːrklóuʒər] 名 UC 〖法〗(抵当物の) 受け戻し権の喪失, 抵当流れ.
fore·court [fɔ́ːrkɔ̀ːrt] 名 C **1** (建物の) 前庭. **2** 〖テニス〗フォアコート (→ TENNIS PICTURE BOX).
fore·doomed [fɔ̀ːrdúːmd] 形 《叙述用法》《格式》[…の] 運命にある, […と] 定められた 《*to*》.
*****fore·fa·ther** [fɔ́ːrfɑ̀ːðər] 名 C 《通例 ~s》祖先, 先祖《◇主に男性をさす》; cf. descendant 〈子孫〉.
fore·fin·ger [fɔ́ːrfiŋgər] 名 C 人さし指 (first [index] finger) (→ HAND 図).
fore·foot [fɔ́ːrfùt] 名 (複 **fore-feet** [fɔ́ːrfìːt]) C (四足動物の) 前脚.
fore·front [fɔ́ːrfrʌ̀nt] 名 [the ~] 最前部; [戦闘などの] 最前線; [活動・関心の] 中心, 第一線: be in [at] the *forefront* of computer technology コンピュータ技術の最先端にいる.
fore·gath·er [fɔ̀ːrgǽðər] 動 = FORGATHER.

fore・go [fɔːrgóu] 動 =FORGO.

fore・go・ing [fɔːrgóuiŋ] 形 《限定用法; the ~》《格式》先の, 前述の, 前記の (↔ following).
— 名 U《the ~; 単数・複数扱い》前述［前記］のこと［もの］.

fore・gone [fɔːrgɔ́(ː)n] 形 《限定用法》先立った, 過去の; 既定の, すでに決まっている.
◆ **fóregone conclúsion** [a ~] 初めからわかり切っていた結論［結果］, 既定の結論.

fore・ground [fɔ́ːrgràund] 名 《the ~》 **1** (風景・絵画・写真などの) 前景 (↔ background).
2 最も目立つ位置, 最前面.

fore・hand [fɔ́ːrhæ̀nd] 名 C (テニスなどの) フォアハンド, フォア, 前打ち (forehand stroke) 《手のひらを前方に向けて打つ打ち方; ↔ backhand》.
— 形 《限定用法》フォアハンドの, 前打ちの.
— 副 フォアハンドで, 前打ちで.

✱✱**fore・head** [fɔ́ːrid, fɔ́ːrhèd / fɔ́rid, fɔ́ːhèd] (☆ 発音に注意)
【「fore (前の, 前方の) + head (頭)」から】
— 名 《複 **fore・heads** [-ridz, -hèdz]》C 額(ひたい), 前額部 (→ HEAD 図): a low [high, broad, wide] *forehead* 狭い［広い］額 / rub one's *forehead* を手でこする《思い出そうとするときのしぐさ》.

✱✱**for・eign** [fɔ́ːrən, fɑ́r- / fɔ́rən] (☆ 発音に注意)
【原義は「戸外の, 外の」】
— 形 **1** 外国の (↔ domestic, home); 外国との, 対外の: a *foreign* country 外国 / a *foreign* language 外国語 / *foreign* students 外国人学生, 留学生 / *foreign* trade 外国［対外］貿易 / a *foreign* policy 外交政策.
2 《限定用法》《格式》外部からの, 異質の: a *foreign* substance [body] in the eye 目に入った (ごみなどの) 異物.
3 《叙述用法》《格式》［…と］まったく異なった, 無縁［無関係］の [*to*]: Sitting still all day is *foreign* to his nature. 一日じゅうじっと座っているのは彼の性に合わない.
◆ **fóreign affáirs** [複数扱い] 外務 (↔ home affairs): the Ministry [Minister] of *Foreign Affairs* 外務省［大臣］.
fóreign áid U 対外援助.
fóreign exchánge U 外国為替 (取引).
fóreign mínister C (米国・英国以外の) 外務大臣 (Minister of Foreign Affairs, 《英》 Foreign Secretary) (cf. Secretary of State 《米》 国務長官).
Fóreign Òffice [the ~] 《英》 外務省 (cf. Department of State 《米》 国務省).
Fóreign Sécretary [the ~] 《英》 外務大臣.

✱✱**for・eign・er** [fɔ́ːrənər, fɑ́r- / fɔ́r-]
— 名 《複 **for・eign・ers** [~z]》C 外国人 《◇「よそ者」という軽蔑的な響きもあるので, 外国人と話すときには具体的な国籍名を用いるほうがよい》: Most *foreigners* want to see Mt. Fuji. 外国人はたいてい富士山を見たがる.

fore・knowl・edge [fɔ̀ːrnɑ́lidʒ / -nɔ́l-] 名 U 《格式》［…の］予知, 先見 [*of*].

fore・leg [fɔ́ːrlèg] 名 C (四足動物の) 前脚.

fore・lock [fɔ́ːrlɑ̀k / -lɔ̀k] 名 C (人・馬の) 前髪.
■ **tóuch** [**túg** (*at*)] **one's fórelock** 《英》［目上の人に］(大げさに) 敬意を表す, ぺこぺこする [*to*].

fore・man [fɔ́ːrmən] 名 《複 **fore・men** [-mən]》C 《◇女性形は forewoman. supervisor が性差のない語》 **1** (職人・労働者などの) 監督, 班長, 親方.
2 《法》(裁判所の) 陪審員長.

fore・mast [fɔ́ːrmæ̀st / -màːst] 名 C 《船舶》前檣(ぜんしょう)《船首部に一番近いマスト》.

✱**fore・most** [fɔ́ːrmòust] 形 《比較なし; 限定用法; the ~》第一位の, 最も有名［重要］な.
— 副 《比較なし》一番先に, 真っ先に.
■ **first and fóremost** → FIRST 成句.

fore・name [fɔ́ːrnèim] 名 C 《格式》(姓に対して) 名 (first name).

fo・ren・sic [fərénsik] 形 《限定用法》法廷の, 法廷に関する; 法廷で用いる; 法医学の.
◆ **forénsic médicine** U 法医学.
forénsic scíence U (警察の) 科学捜査.

fore・or・dain [fɔ̀ːrɔːrdéin] 動 他 《しばしば受け身で》《格式》…を ［…に / …するように］運命づける [*to* / *to do*].

fore・play [fɔ́ːrplèi] 名 U (性交の) 前戯.

fore・run・ner [fɔ́ːrrʌ̀nər] 名 C **1** 先駆者, 先駆的なもの; 祖先. **2** 前ぶれ, 前兆.

fore・saw [fɔːrsɔ́ː] 動 foresee の過去形.

✱**fore・see** [fɔːrsíː] 動 (三単現 **fore・sees** [~z]; 過去 **fore・saw** [-sɔ́ː]; 過分 **fore・seen** [-síːn]; 現分 **fore・see・ing** [~iŋ]) 他 …を予知［予見］する, (先を) 見越す; [**foresee** + *that* 節［疑問詞節］] …ということを［…かを］予知する: She *foresaw that* he would propose to her. 彼女は彼が結婚を申し込んでくるだろうと予期していた / No one could *foresee how* things would turn out. 事の成り行きをだれも予見できないだろう.
(▷ 名 **fóresight**)

fore・see・a・ble [fɔːrsíːəbl] 形 《通例, 限定用法》予知［予見］できる, 予測しうる: in [for] the *foreseeable* future 近い将来に［当分の間］.

fore・seen [fɔːrsíːn] 動 foresee の過去分詞.

fore・shad・ow [fɔːrʃǽdou] 動 他 〈将来の出来事〉の前ぶれとなる, 前ぶれとなる, …の予兆となる.

fore・shore [fɔ́ːrʃɔ̀ːr] 名 《the ~》前浜(まえはま)《満潮線と干潮線の間》, なぎさ; 浜.

fore・short・en [fɔːrʃɔ́ːrtn] 動 他 《絵画》(遠近法によって) …の奥行きを縮めてかく; …を縮小する.

✱**fore・sight** [fɔ́ːrsàit] 名 U **1** 先見 (の明), (将来に対する) 見通し: She had the *foresight* to insure her house. 彼女は将来のことを考えて自宅に保険をかけた. **2** 慎重さ, 用心. (▷ 動 **fòresée**)

fore・skin [fɔ́ːrskìn] 名 C 《解剖》(ペニスの) 包皮.

✱✱**for・est** [fɔ́ːrist, fɑ́r- / fɔ́r-]
— 名 《複 **for・ests** [-rists]》 **1** U C 森林, 森林地帯 (→ WOOD 語法 (1)): a primeval *forest* 原生林 / a natural *forest* 自然林 / a thick *forest* 深い森林 / a *forest* tree 森林樹.
2 [a ~]［…の］林立 [*of*]: a *forest* of chimneys 林立する煙突.
■ **can't sée the fórest for the trées** 木を見て

森を見ず;細部を気にして全体を把握できていない.
◆fórest fíre [C] 山火事.
fórest rànger [C]《米》森林管理官 (ranger).
fore·stall [fɔːrstɔ́ːl] 動 他 …に先んじる, …の機先を制する; …を先回りして妨げる.
for·est·er [fɔ́ːrəstər / fɔ́r-] 名 [C] 森林監督[管理]官; 森林労働者.
for·est·ry [fɔ́ːrəstri / fɔ́r-] 名 [U] 林学; 林業; 森林管理, 森林維持.
fore·taste [fɔ́ːrtèist] 名 [C]《通例 a ~》[…を] 前もって味わうこと, 試食; […の] 前ぶれ [*of*].
fore·tell [fɔːrtél] 動 (三単現 **fore·tells** [~z]; 過去・過分 **fore·told** [-tóuld]; 現分 **fore·tell·ing** [~iŋ]) 他 …を予告[予言]する; [foretell + that 節 [疑問詞節]] …と […かを] 予告[予言]する.
fore·thought [fɔ́ːrθɔ̀ːt] 名 [U]《将来に対する》配慮, 用心; 先見.
fore·told [fɔːrtóuld] 動 foretell の過去形・過去分詞.

◆**for·ev·er** [fərévər]
— 副 **1** 永遠に, 永久に;《口語》長時間にわたって《英》では for ever ともつづる): His self-sacrificing behavior will be remembered *forever*. 彼の献身的な行動は永遠に記憶されるだろう / It took me *forever* to choose my dress. 私はドレス選びにとてつもない時間がかかった.
2 《進行形と共に用いて》《口語》いつも, 常時 (always)《◇不満・非難の意を含む》: Tommy *is forever* watching TV. トミーはいつもテレビを見てばかりいる.
■ *foréver and éver* [*a dáy*] 永久に.
fore·warn [fɔːrwɔ́ːrn] 動 他《人》に […について] 警告する [*of, about*]: *Forewarned* is forearmed.《ことわざ》事前の警告は事前の武装に等しい ⇒ 備えあれば憂いなし.
fore·wom·an [fɔ́ːrwùmən] 名 (複 **fore·wom·en** [-wìmin]) **1** 《女性形は foreman》**1** 女性職長[班長]. **2** 《裁判所の》女性陪審員長.
fore·word [fɔ́ːrwəːrd] 名 [C]《特に著者以外の人による》序文 (cf. preface《著者による》序文).
for·feit [fɔ́ːrfit] 名《発音に注意》[C]《罪・怠慢・違約などの》罰, 罰金, 没収物, 代償 (penalty).
— 動 他《罰として》…を喪失する, 没収される;《権利などを》失う.
for·fei·ture [fɔ́ːrfitʃùər, -tʃər] 名 [U]《財産の》没収; [権利・名声・地位などの] 喪失 [*of*].
for·gath·er, fore·gath·er [fɔːrgǽðər] 動 自《格式》集まる, (親しく)集い合う.

◆**for·gave** [fərɡéiv]
動 **forgive** の過去形.

***forge**[1] [fɔːrdʒ] 動 他 **1**《文書・署名・紙幣などの》を偽造する. **2**《鉄などの金属》を鍛え》て […を] 作る, 鍛造(ぢ)する [*into*]. **3**《関係・計画など》を(苦労して)作り上げる. — 自 鍛冶(ぢ)屋をする; 偽造する.
— 名 [C] **1** 鍛冶場, 鉄工所. **2** 《鍛冶屋の》炉.
forge[2] 動 自 **1**《船などが》徐々に着実に進む. **2**《船・走者などが》急にスピードを上げる (*ahead*).
forg·er [fɔ́ːrdʒər] 名 [C] 偽造者; 偽札作り.
forg·er·y [fɔ́ːrdʒəri] 名 (複 **forg·er·ies** [~z])

1 [U] 偽造; [C] 偽造物. **2** [U]《法》《文書》偽造罪.

◆**for·get** [fərɡét]
— 動 (三単現 **for·gets** [-ɡéts]; 過去 **for·got** [-ɡát / -ɡɔ́t]; 過分 **for·got·ten** [-ɡátn / -ɡɔ́tn], **for·got**; 現分 **for·get·ting** [~iŋ])
— 他 **1** (a) [forget + O]《名前など》を**忘れる**, 思い出せない (↔ remember): I've *forgotten* his name. 彼の名前が思い出せない / I'll never *forget* your kindness. あなたのご親切は決して忘れません. (b) [forget + doing] …したことを忘れる《◇通例 will never と共に用いる》: I'll never *forget* traveling around the world. 私は世界一周旅行をしたことを決して忘れないだろう. (c) [forget + that 節] …であることを忘れる: Oops, I *forgot* (that) she was on a trip. しまった, 彼女が旅行中なのを忘れていた (今思い出した). (d) [forget + 疑問詞節[句]] …かを忘れる: She has *forgotten* where she put her diary. 彼女は日記をどこに置いたのか忘れていた / You never *forget* how to ride a bicycle. 自転車の乗り方は(一度覚えたら)決して忘れないものです.
2 (a) [forget + O]《義務など》を怠る, 忘れる: He often *forgets* his homework. 彼はしょっちゅう宿題を忘れる. (b) [forget + to do] …しなければいけないことを忘れる, …し損ねる: Don't *forget* to call me as soon as you get home. 家に着いたら忘れずにすぐ電話をください.
3 …を置き忘れる: I *forgot* my umbrella. 傘を忘れて来てしまった.
[語法] 置き忘れた場所を伴う場合には通例 leave を用いる. ただし,《口語》では forget を用いることもある: I *left* my umbrella in your house. あなたの家に傘を忘れた.
4 …を無視する, (意識的に)忘れる: Let's *forget* the quarrel and make up. けんかのことは水に流して仲直りしよう.
— 自 […のことを]**忘れる** [*about*]: He *forgot about* sending her an email. 彼は彼女にメールを送る[送った]のを忘れていた.
■ *Forgét it.*《口語》**1** 気にするな; どういたしまして. **2** (わずらわしい言動に対して)もうやめてくれ, くどくど聞くな.
forgét oneself **1** 自制心を失う, 身のほどをわきまえない行動[言動]をする. **2** 他人に献身的になる.
nót forgétting ... …も含めて, …はもちろん.
***for·get·ful** [fərɡétfəl] 形 **1** 忘れっぽい, 物忘れの多い: get [become] *forgetful* 忘れっぽくなる. **2**《叙述用法》[…を] 忘れる; […に] 無頓着(ちゃく)な, […を] 怠る [*of*].
for·get·ful·ly [-fəli] 副 うっかりして.
for·get·ful·ness [fərɡétfəlnəs] 名 [U] **1** 忘れっぽさ, 健忘症. **2** 怠慢, なおざり《女性分》.
for·get·ta·ble [fərɡétəbl] 形《忘れてもいいほど》つまらない, 平凡な.
for·get-me-not [fərɡétmìnət / -nɔ̀t] 名 [C]《植》ワスレナグサ《忘れな草》《「貞節・友情」の象徴》.
for·giv·a·ble [fərɡívəbl] 形《過失などが》許すとのできる, 大目に見てよい.

for·give [fərgív]

— 動 (三現 **for·gives** [~z]; 過去 **for·gave** [-géiv]; 過分 **for·given** [-gívən]; 現分 **for·giv·ing** [~iŋ])
— 他 **1** (a) [forgive+O] 〈罪・過ちなど〉を許す (→ 類義語; ➡ SORRY [LET'S TALK]); [forgive+O+for ...] 〈…したこと〉に対して〈人〉を許す: Please *forgive* my rudeness. 無礼をお許しください / *Forgive* me *for* being late. = *Forgive* my being late. 遅れて申し訳ありません / She *forgave* her son *for* what he did at the party. 彼女は息子がパーティーでしでかしたことを許した. (b) [forgive+O+O] 〈人〉の〈過ち・罪など〉を許す: Thomas couldn't *forgive* Andy his selfish behavior. トーマスはアンディーの自分勝手な行動を許すことができなかった.
2 〈借金・負債など〉を帳消しにする, 免除する.
— 自 .
■ **could [can] be forgíven for doing** …するのも無理はない, しかたがない.
forgive and forgét (恨みなどを) すっかり水に流す.

> **類義語 forgive, pardon, excuse**
> 共通する意味は「許す(free someone from bad behavior or a crime without punishment)」
> **forgive** は「哀れみの気持ちから人の罪を許す」の意: She *forgave* his bad manners. 彼女は彼の不作法を許した. **pardon** は権限のある, または身分が上の者が「重大な過失・罪に対する罰を免除する」の意: The political offenders were *pardoned* by the government. 政治犯たちは政府によって恩赦を与えられた. **excuse** は「軽度の違反などを大目に見て許す」の意: They *excused* the watchman for falling asleep while on duty. 彼らは警備員が当直中に居眠りしたのを大目に見てやった.

for·giv·en [fərgívən] 動 forgive の過去分詞.
for·give·ness [fərgívnəs] 名 U [...を]許す[許される]こと [*of*]; [...に対する]容赦, 寛大さ [*for*].
for·giv·ing [fərgíviŋ] 形 〈快く〉許す; 寛大な.
 for·giv·ing·ly [~li] 副 寛大に.
for·go, fore·go [fɔːrgóu] 動 (三単現 **for·goes, fore·goes** [~z]; 過去 **for·went, fore·went** [-wént]; 過分 **for·gone, fore·gone** [-gɔːn / -gɔ́n]; 現分 **for·go·ing, fore·go·ing** [~iŋ]) 他 《格式》〈楽しみなど〉をなしで済ませる, さし控える; …を見合わせる, 断念する (◇過去形は《まれ》).

for·got [fərgát / -gɔ́t]
動 forget の過去形・過去分詞.

for·got·ten [fərgátn / -gɔ́tn]
動 forget の過去分詞.

fork [fɔːrk]
名 動
— 名 (複 **forks** [~s]) C **1** (食卓用の) **フォーク**: set the table with knives and *forks* テーブルにナイフとフォークを並べる.
2 くま手, まだぐわ. **3** (川・道路の) 分岐点, 分かれ道, 支流; (木などの) また: the *fork* in the road 道の分岐点. **4** (自転車の) フォーク (→ BICYCLE 図). **5** 【音楽】音叉 (おんさ) (tuning fork).
— 動 他 …をフォーク[くま手]で運ぶ[持ち上げる]; まだぐわで掘る: She *forked* a piece of melon into her mouth. 彼女はフォークを使ってメロンを1切れ食べた.
— 自 (川・道路が) 分岐する; (枝が) 分かれる; 分かれ道を曲がる: This road *forks* three miles ahead. この道は3マイル先で枝分かれしている.
■ **fórk óut** [**óver, úp**] 《口語》他 [...の代償として] 〈金など〉を (しぶしぶ) 渡す, 支払う [*for, on*].
— 自 (しぶしぶ) 金を払う.

fork·ball [fɔ́ːrkbɔ̀ːl] 名 C 【野球】フォークボール《人指し指と中指の間にボールをはさんで投げる変化球で, 打者の近くで急に落ちる》.
forked [fɔ́ːrkt] 形 二またに分かれた, 分岐した; フォーク状の: a *forked* road 二またに分かれた道.
fork·lift [fɔ́ːrklìft] 名 C = **fórklift trùck** フォークリフト (車).
for·lorn [fərlɔ́ːrn] 形 《文語》 **1** 孤独な.
2 (場所が) さびれた. **3** (希望などが) 見込みがない.
 for·lorn·ly [~li] 副 わびしく, 心細げに.

form [fɔ́ːrm]
名 動

基本的意味は「形」.
① 形, 外形.	名 **1**
② 形態.	名 **2**
③ 書式.	名 **3**
④ (表現) 形式.	名 **4**

— 名 (複 **forms** [~z]) **1** UC **形**, 形状; 姿, 外形; (人の) 体型 (shape): The *form* of that building is rather peculiar. あの建物の形はかなり奇妙です / She has a tall [short] *form*. 彼女は背が高い[低い].
2 C 形態; 種類: a democratic *form* of government 民主的な政府 / various *forms* of sports さまざまなスポーツ.
3 C 書式; (書き込み) 用紙: after the *form* of ... …の書式に従って / Fill in [out] the application *form*. 申込用紙にご記入ください.
4 U (内容に対して) 形式, 型; (文学・音楽などの) 表現形式, 様式 (↔ content): literary *form* 文学形式《詩, 小説, 劇など》 / He wrote that music in the *form* of rondo. 彼はロンド形式でその曲を作った.
5 C 人影, 物影: She felt a *form* approaching behind her. 彼女は背後に何か物音が近づいて来るのを感じた. **6** U 体調, 健康状態: be in fine [good] *form* 体調がよい / be in bad [poor] *form* = be off [out of] *form* 体調が悪い.
7 C (慣習などに基づいた) 形式, 様式; 手続き: *forms* of worship 礼拝のしかた. **8** U 《格式》慣例, しきたり; 儀礼, 作法: It is bad *form* to chat while someone is speaking. 人が話をしているときにおしゃべりするのは不作法です. **9** C 《英》

学級, 学年 (《米》grade): She is in the first *form*. 彼女は1年生です. **10** Ⓤ Ⓒ 《文法》語形, 形態, 形式: the present [past] *form* 現在 [過去] 形. **11** Ⓒ 《英》(背のない) 長いす. **12** Ⓤ 《英俗語》犯罪記録, 前科.

■ **as a mátter of fórm** 形式上, 儀礼上.

in the fórm of ... …の形で; …の姿をして: The actress appeared *in the form of* a fairy. その女優は妖精(訳)の姿で現れた.

tàke fórm 形をとる, 具現 [具体] 化する.

tàke the fórm of ... …の形をとる [で現れる].

— 動 他 **1** …を形作る, 形成する; …を [〜に] 形成する [*into*]; [〜から] …を作る [*out of*]: *form* clay *into* a figure = *form* a figure *out of* clay 粘土で像を作る / *form* a model plane 模型飛行機を組み立てる.
2 …を組織する (organize), 構成する: *form* a club [cabinet] クラブ [内閣] を組織する / The FIFA was *formed* in 1904. 国際サッカー連盟は1904年に結成された.
3 〈計画・考えなど〉をまとめ上げる, 練り上げる: *form* a new plan 新しい計画を練り上げる. **4** 〈人格・精神など〉を形成する, 鍛える; 〈習慣など〉を作る, 身につける: *form* good habits よい習慣をつける / Education *forms* a child's character. 教育は子供の人格を形成する. **5** 《文法》〈語・文など〉を組み立てる, 作る. **6** …を整列させる (*up*).
— 自 **1** 形を成す, 現れる; [...に] なる (*into*): Clouds *formed* in the sky. 空に雲が現れた / The water *formed* into ice. 水が氷になった.
2 〈計画・考えなど〉が生じる, 生まれる: A new plan has *formed* in her mind. 新しい案が彼女の心に浮かんだ. **3** 整列する (*up*). (▷ 名 formátion)

◆ **fórm lètter** [Ĉ] 《印刷された》同文の手紙.

*for·mal [fɔ́ːrməl] 形 名

— 形 **1** 〈言葉・態度などが〉格式ばった, 改まった, 堅苦しい (↔ informal, casual): a *formal* word 格式ばった語 / Susan was very *formal* with me. スーザンは私に対してとても堅苦しい態度をとった / Don't be so *formal*. そんなにかしこまらないでください.
2 正式の, 公式の; 儀礼の (↔ informal): a *formal* visit 公式訪問 / *formal* dress 礼服, 正装.
3 [比較なし] 形のうえでの, うわべだけの; 形式的な: a *formal* similarity 外見上類似していること / *formal* obedience うわべだけの従順さ.
4 [限定用法] (教育が) 正規の: *formal* education 正規の学校教育. **5** [限定用法] 〈形・模様・デザインなどが〉幾何学的な, 左右対称の, 整然とした: a *formal* garden 均整のとれた庭.

— 名 Ĉ **1** (正装の必要な) 公式の行事 [パーティー]. **2** イブニングドレス.

form·al·de·hyde [fɔːrmǽldihàid] 名 Ⓤ 《化》ホルムアルデヒド 《防腐剤・消毒剤》.

for·ma·lin [fɔ́ːrməlin] 名 Ⓤ 《化》ホルマリン 《ホルムアルデヒド (formaldehyde) の水溶液》.

for·mal·ism [fɔ́ːrməlìzəm] 名 Ⓤ 《特に芸術・宗教上の》形式主義; フォルマリズム.

for·mal·ist [fɔ́ːrməlist] 名 Ⓒ 形式主義者.

— 形 形式主義 (者) の.

***for·mal·i·ty** [fɔːrmǽləti] 名 (複 **for·mal·i·ties** [〜z]) **1** Ⓤ 形式へのこだわり; 堅苦しさ. **2** Ⓒ 《慣例, 複数形で》形式的なこと [手続き], 儀礼 (的行為); 正式な手続き: legal *formalities* 法律上の正式手続き. **3** Ⓒ (内容のない) 単に形式だけのもの [こと]: Your job interview will be a mere *formality*. (就職の) 面接は単に形だけのものですよ.

for·mal·ize [fɔ́ːrməlàiz] 動 他 〈契約など〉を正式なものとする, (文書などにして) 明確な形にする.
for·mal·i·za·tion [fɔ̀ːrməlizéiʃən / -lai-] 名 Ⓤ 形式化なものとすること.

***for·mal·ly** [fɔ́ːrməli] 副 **1** 正式に, 公式に (officially). **2** 形式的に, 形式上; 堅苦しく.

***for·mat** [fɔ́ːrmæt] 名 Ⓒ **1** (本・雑誌などの) 体裁; 型, 判. **2** (テレビ番組などの) 構成, 計画.
3 《コンピュータ》データの配列; フォーマット, 初期化.
— 動 (三単現 **for·mats** [-mæts]; 過去・過分 **for·mat·ted** [〜id]; 現分 **for·mat·ting** [〜iŋ]) 他 **1** 〈本・雑誌など〉の体裁を整える. **2** 《コンピュータ》〈データ〉を配列する;〈ディスク〉を初期化する.

***for·ma·tion** [fɔːrméiʃən] 名 **1** Ⓤ 構成, 編成, 形成, 設立: the *formation* of a new government 新政府の樹立 / the *formation* of character 人格形成.
2 Ⓒ 組成物, 構成物: new word *formations* 新語, 新造語. **3** Ⓤ Ⓒ 《軍》隊形; 編隊; 《スポーツ》フォーメーション: *formation* flying 編隊飛行 / in battle *formation* 戦闘隊形で. **4** Ⓒ 《地質》累(ᔄ)層. (▷ 動 fórm)

form·a·tive [fɔ́ːrmətiv] 形 [限定用法] 形を作る, 造形の; 形成 [発達] の, 形成 [発達] に影響する: one's *formative* years 人格形成期, 成長期.

***for·mer**¹ [fɔ́ːrmər]

— 形 [比較なし] **1** [限定用法] **以前の**, かつての, 昔の (→ previous 類義語): one's *former* pupil 昔の教え子 / the *former* principal 元校長 / This is the *former* stadium of our team. これは私たちのチームが以前使用していた競技場です.
2 [the 〜; 代名詞的に] 《格式》(2つのうちの) 前者 (↔ the latter) (◇単数名詞を受ける場合は単数扱い, 複数名詞を受ける場合は複数扱いになる): You are visiting Singapore and Australia, aren't you? The *former* has a hot climate and the latter a mild one. シンガポールとオーストラリアに行くのですね. 前者の気候は暑く後者の気候は温暖です.
3 [the 〜; 限定用法] 前者の (ほうの) (↔ the latter): I think the *former* statement is true. 私は前者の供述のほうが本当だと思う.

form·er² 名 Ⓒ [序数詞と共に用いて]《英》…年生 (《米》grader): a sixth *former* 6年生.

***for·mer·ly** [fɔ́ːrmərli]

— 副 **以前には**, 過去には (cf. latterly 近頃): *Formerly* Okinawa was called Ryukyu. かつて沖縄は琉球と呼ばれていた.

fór·mic ácid [fɔ́ːrmik-] 名 Ⓤ 《化》蟻酸(㌽).

***for·mi·da·ble** [fɔ́ːrmidəbəl] 形 **1** 恐ろしい, 怖

form·less [fɔ́ːrmləs]形 **1** (はっきりした)形のない,実体のない;形の悪い,(服などが)不格好な.
2 雑然とした;(考えなどが)はっきりしない.

‡**for·mu·la** [fɔ́ːrmjulə]【語源はラテン語で,「form (形)」の意】名(複 **for·mu·las** [~z], **for·mu·lae** [-liː, -lài]) **1** C《数学》公式,式;《化》(化学)式: the *formula* for measuring the area of a triangle 三角形の面積を求める公式 / the (chemical) *formula* for carbon dioxide 二酸化炭素の化学式.
2 C(問題解決・計画などの)手順,方法: work out a *formula* for success 成功するためのやり方を考え出す. **3** C(薬などの)成分表,調合(法). **4** C(あいさつ・式辞・手紙などの)決まり文句《◇対面のあいさつ How do you do? や手紙の結句 Truly yours, など》: a set *formula* 決まり文句. **5** U(米)乳幼児用人工粉乳. **6** U(レースカーの)フォーミュラ規格,公式規格《エンジンの排気量やサイズなどによる分類》.

◆ **Fórmula Óne** U エフワン(規格),フォーミュラワン, F1《単座席レースカーの最高規格》.

for·mu·la·ic [fɔ̀ːrmjuléiik]形《格式》(詩・表現などが)ありふれた,決まり文句から成る.

*__for·mu·late__ [fɔ́ːrmjulèit]動 他 **1**〈計画・提案などを〉案出する,組み立てる: *formulate* a new policy 新しい政策を打ち出す.
2〈主張・考えなど〉を明確に[系統立てて]述べる.
3 …を公式[定式]化する.

for·mu·la·tion [fɔ̀ːrmjuléiʃən]名 **1** U(主張・考えなど)を明確に[系統立てて]述べること;(提案・計画などの)案出. **2** C明確な[系統立った]説明.

for·ni·cate [fɔ́ːrnəkèit]動.
for·ni·ca·tion [fɔ̀ːrnəkéiʃən]名 U《法・聖》密通.

*__for·sake__ [fərséik]動(三単現 **for·sakes** [~s];過去 **for·sook** [-súk];過分 **for·sak·en** [-séikən];現分 **for·sak·ing** [~iŋ])他《文語》**1**〈友人・家族など〉を見捨てる,…との関係を断つ(→ DESERT 類義語). **2**〈習慣・信仰など〉をやめる,捨てる: *forsake* one's ideals 理想を捨てる.

*__for·sak·en__ [fərséikən]動 forsake の過去分詞.
— 形 見捨てられた,孤独な.

*__for·sook__ [fərsúk]動 forsake の過去形.

for·swear [fɔ̀ːrswéər]動(三単現 **for·swears** [~z];過去 **for·swore** [-swɔ́ːr];過分 **for·sworn** [-swɔ́ːrn];現分 **for·swear·ing** [-swéəriŋ])他《文語》〈悪習など〉を誓ってやめる;…をしないと誓う.

for·syth·i·a [fɔːrsíθiə, -sáiθiə]名 U《植》レンギョウ《モクセイ科の落葉低木》.

*__fort__ [fɔ́ːrt]【原義は「強い」】名 C とりで,要塞(ようさい).
■ **hóld the fórt** とりでを守る;留守を預かる.

forte[1] [fɔ́ːrt, fɔ́ːrtei]名 C《通例 one's ~》《格式》長所,得手(えて),得意なもの.

for·te[2] [fɔ́ːrtei, -ti]【イタリア】(↔ piano[2])《音楽》形 フォルテの,強音[声]の. — 副 フォルテの,強音[声]で《《略号》 f》. — 名 C 強音[声]部.

‡**forth** [fɔ́ːrθ]
— 副《文語》**1**(空間的に)前へ,先へ(forward);外へ(out): The soldiers went *forth*. 兵士たちは前進した / The bright full moon came *forth* from behind the clouds. 明るい満月が雲のうしろから現れた.
2(時間的に)先へ,以後(onward): From this year *forth* our company will extend its business to fast food. 本年以降わが社はファーストフードへ事業を拡大することとする.
■ ***and só fòrth*** …など(→ so[1] 成句).
báck and fórth あちらこちらへ(→ BACK 成句).

*__forth·com·ing__ [fɔ̀ːrθkʌ́miŋ]形 **1**[比較なし;限定用法]やがて来る,もうすぐ起こる(はずの): a *forthcoming* soccer game 近々行われるサッカーの試合. **2** U(叙述用法;通例,否定文で)(…について)協力的な,進んで気持ちを打ち明ける[*about*]: She is not very *forthcoming about* her trip to Kyoto. 彼女は京都の旅行に関してあまり触れたがらない. **3** [比較なし;叙述用法;通例,否定文で]利用できる,(必要な時に)用意されている: Financial support for the project was not *forthcoming*. その計画には財政的援助のめどがつかなかった.

forth·right [fɔ́ːrθràit]形(態度・言葉などが)率直な: talk in a *forthright* manner 率直に話す.

forth·with [fɔ̀ːrθwiθ, -wíð]副《文語》すぐに.

‡**for·ti·eth** [fɔ́ːrtiəθ](◇ 40th ともつづる;→ NUMBER 表)形 **1**〔通例 the ~〕40番目の,第40の;40位の. **2** 40分の1の(→ FOURTH 形 **2**).
— 名(複 **for·ti·eths** [~s]) **1** U〔通例 the ~〕40番目の人[もの]. **2** C 40分の1(→ FOURTH 名 **3**語法).

for·ti·fi·ca·tion [fɔ̀ːrtəfikéiʃən]名 **1** U 要塞(さい)化,防御;C〔通例 ~s〕防御設備,とりで,要塞. **2** U(栄養価やアルコール分の)強化,補強.

for·ti·fy [fɔ́ːrtəfài]動(三単現 **for·ti·fies** [~z];過去・過分 **for·ti·fied** [~d];現分 **for·ti·fy·ing** [~iŋ])他 **1** 〈市街などを〉要塞(さい)化する,…の防備を固める. **2** 〈人〉を(肉体的・精神的に)強くする. **3** [通例,受け身で]〈ビタミンなどを加えて〉〈食品〉の栄養価を高める;〈酒〉にアルコールを加えて強くする.

for·tis·si·mo [fɔːrtísəmòu]【イタリア】(↔ pianissimo)《音楽》形 フォルティシモの,きわめて強い,最強音[声]の. — 副 フォルティシモで,きわめて強く,最強音[声]で(《略号》ff). — 名(複 **for·tis·si·mos** [~z]) C 最強音[声]部.

for·ti·tude [fɔ́ːrtətjùːd]名 U(逆境などに耐える)忍耐力,不屈の精神,勇気: with great *fortitude* 不屈の精神で.

‡**fort·night** [fɔ́ːrtnàit]【語源は古英語で,「fourteen nights (14夜)」の意】名 C〔通例,単数形で〕《英》2週間, 14日: within a *fortnight* 2週間以内に / on *fortnight* tomorrow [today, Sunday] 再来週のあした[きょう,日曜日]に.

fort·night·ly [fɔ́ːrtnàitli]形《英》2週間ごとの,隔週の[に],隔週刊の[で](biweekly).

FOR·TRAN, For·tran [fɔ́ːrtræn]名 U《コンピュータ》フォートラン《主に科学技術計算用のプログラム言語; *formula translation* の略》.

fortress 名
****for・tress** [fɔ́ːrtrəs]名C(大規模な)要塞(ようさい); 要塞[武装]都市.
for・tu・i・tous [fɔːrtjúːətəs]形〖格式〗思いがけない, 偶然の《◇通例, よいことに用いる》.
 for・tu・i・tous・ly [~li]副 思いがけなく, 偶然に.
‡**for・tu・nate** [fɔ́ːrtʃənət]形 **1** [⋯で / ⋯すると は] 幸運な, 運のよい, 幸せな[*in* / *in doing, to do*]《◇重大な出来事について言う》: Cathy is *fortunate in having* such a kind friend as you. あなたのような親切な友人がキャシーは幸運です / It was *fortunate* that he got a job. 彼が就職できたのは運がよかった. **2**(物事が)幸運な: by a *fortunate* coincidence 幸運な偶然の一致で. (▷名 fórtune)
‡**for・tu・nate・ly** [fɔ́ːrtʃənətli]副〖文修飾〗幸運にも, 幸いなことに, 運よく(↔ unfortunately): *Fortunately* all the passengers were saved. 幸運にも乗客は全員救助された(= It was fortunate that all the passengers were saved.).

‡**for・tune** [fɔ́ːrtʃən]
【原義は「偶然」】
—名(複 **for・tunes** [~z]) **1** UC 財産, 富(wealth); 多額の金: a person of *fortune* 財産家 / a small *fortune* ちょっとした[かなりの]金額, ひと財産 / come into a *fortune* 財産を相続する / He made a *fortune* overnight. 彼は一夜にして財産を作った.
2 UC(luck); [通例 ~s](人生の)浮沈: by good[bad] *fortune* 幸運[不運]にも / tell …'s *fortune* …の運勢を占う / share …'s *fortunes* …と運命を共にする. **3** U 幸運, 成功, 果報(↔ misfortune); seek one's *fortune* 成功を求める / make one's *fortune* 立身出世する / have the *fortune* to do 幸運にも…する.
4 [F-] 運命の女神: *Fortune* smiled on me. 運命の女神が私に優しく笑った = 私は運が向いてきた / *Fortune* favors the brave. 《ことわざ》運命の女神は勇者に味方する. (▷形 fórtunate)
◆ **fórtune hùnter** C 財産目あてで結婚する人.
for・tune・tell・er [fɔ́ːrtʃəntèlər]名C 占い師.
for・tune・tell・ing [fɔ́ːrtʃəntèliŋ]名U 占い.

‡**for・ty** [fɔ́ːrti]
—名形
—名(複 **for・ties** [~z]) **1** U C(基数の)40(→ NUMBER 表). **2** C 40を表す記号(40, XLなど). **3** [代名詞的に; 複数扱い] 40個, 40人. **4** U 40分; 40歳; 40ドル[セント, ポンド, ペンスなど]; 40フィート, 40インチ. **5** C 40個[人]ひと組のもの. **6** [one's forties] 40歳代; [the forties](世紀の)40年代.
7 U〖テニス〗フォーティ《1ゲームの3点目》.
—形 **1**〖限定用法〗40の, 40個の, 40人の.
2〖叙述用法〗40歳で.
◆ **fórty wínks** U(食後の)昼寝, うたた寝.
fór・ty-fíve [~]〖口語〗 **1** 45口径のピストル.
2 45回転のレコード.
fór・ty-nín・er [-náinər]名C《米》49年組《1849年のゴールドラッシュ(gold rush)の時にカリフォルニアに押し寄せた人》.
****fo・rum** [fɔ́ːrəm]名(複 **fo・rums** [~z], **fo・ra** [fɔ́ːrə])C **1** […のための / …についての]公開討論会, フォーラム; 公開討論の場[*for* / *on*]: hold a *forum on* juvenile delinquency 青少年の非行について公開討論会を開く. **2**(古代ローマの)公共の広場, 野外集会場.

‡**for・ward** [fɔ́ːrwərd]
副形動名
—副(↔ backward)《◇《英》では forwards とも言う》 **1** 前(方)に; 先に; 前進[進歩]して《《略語》fwd, fwd.》: step[move]*forward* 前へ進み出る / play the videotape *forward* ビデオを早送りする / Information technology is going *forward* rapidly. 情報技術は急速に進歩しつつある.
2(時間的に)先へ, 将来に向けて; (日付などを)早めて, 繰り上げて: from this time *forward* 今後(は) / put the clock *forward* an hour 時計を1時間進める. **3**外(面)に, 目立つように: put *forward* a proposal 案を出す.
■ **lóok fórward 1** 前(方)を見る. **2** 先のことを考える, 将来のことを考える.
 lóok forward to …〖→LOOK 句動詞〗
—形 **1** [比較なし; 限定用法] 前(方)の: make a *forward* movement 前進する / The *forward* part of the supersonic plane looks like the head of a bird. その超音速機の前方部分は鳥の頭に似ている. **2**(時間的に)早い, 早期の; (子供などが)進んだ, 早熟な: Lucy is a *forward* girl for her age. ルーシーは年の割にはませている. **3**〖格式〗ずうずうしい, 無礼な, 自信過剰な: He is too *forward* in everything. 彼は何事においてもずうずうしすぎる. **4**(考え方などが)進んでいる; 急進的な, 進歩的な: He is *forward* in his thinking. 彼は考え方が進んでいる. **5**〖限定用法〗〖商〗先を見越しての, 先物の: *forward* buying of soy beans 大豆の先物買い. **6**[仕事などが]進んで, はかどって[*with, in*].
—動他 **1** [forward + O]〈郵便などを〉〈別の住所へ〉転送する[*to*]: Please *forward* my letters *to* my new address. 手紙は新しい住所へ転送してください. **2** [forward + O + to … / forward + O + O]〈荷物などを〉…に送る: *forward* a magazine *to* her = *forward* her a magazine 彼女に雑誌を送る. **3**〖格式〗…の前進を助ける, 助長する.
—名 C〖球技〗前衛, フォワード《《略語》fwd》(→ HALFBACK 関連語).
for・ward・ing [fɔ́ːrwərdiŋ]名 U C **1** 運送(業); 発送, 転送. **2**〖形容詞的に〗運送の; 転送の.
◆ **fórwarding addrèss** C 転送先(のあて名).
fór・ward-lòok・ing 形 将来を考えた; 前向きの.
for・ward・ness [fɔ́ːrwərdnəs]名 U **1**(季節・時期の)早さ; (人・作物の)早熟さ. **2** ずうずうしさ.

‡**for・wards** [fɔ́ːrwərdz]副《英》= FORWARD **1**(↑).
for・went, fore・went [fɔːrwént]動 forgo, forego の過去形.

****fos・sil** [fásəl / fɔ́səl]名 C **1** 化石: *fossil* shells 貝殻の化石. **2** [通例 an old ~]《口語・軽蔑》時代遅れの人[もの], 「生きている化石」.
—形〖限定用法〗 **1** 化石の. **2** 時代遅れの.

◆ fóssil fùel [C][U] 化石燃料《石油・石炭など》.

fos·sil·ize [fásəlàiz / fɔ́s-] **動 他 1**〖通例,受け身で〗…を化石にする, 化石化する. **2** …を時代遅れにする;〈考え方など〉を硬直化させる.
— **自 1** 化石になる,化石化する. **2** 時代遅れになる;〈考え方などが〉硬直化する.

fos·sil·i·za·tion [fàsəlizéiʃən / fɔ̀səlaiz-] [U] 化石化;時代遅れになること.

fos·ter [fɔ́stər / fɔ́s-]【原義は「食物を与える」】**動 他 1**〈実子ではない子供〉を**養育する**,〈病人や子犬〉の世話をする: *foster* an orphan 孤児を養育する. **2** …を**育成する**,助長する,促進する. **3**〈希望・思想など〉を心に抱く.
— **形**〖限定用法〗里子［里親］の.
◆ fóster bróther [síster] [C] 乳兄弟［乳姉妹］.
fóster chíld [C] 養子,里子.
fóster fáther [móther] [C] 養父［養母］.
fóster hóme [C] 里子を預かる家庭,養家.
fóster párent [C] 養い親,里親.

Fos·ter [fɔ́stər / fɔ́s-] **名 個** フォスター Stephen Collins Foster《1826-64;米国の作曲家》.

fought [fɔ́ːt] **動** fight の過去形・過去分詞.

foul [fául] **形 1**(空気・水などが)汚れた;(味・においなどが)**不快な**, いやな (nasty): *foul* air 汚れた空気 / a *foul* taste [smell] いやな味［におい］. **2**(言葉が)汚い,下品な: *foul* language 汚い言葉づかい. **3**〖主に英〗ひどい;不愉快な: be in a *foul* mood 機嫌が悪い. **4**〖主に英〗(天候が)悪い,不良な: *foul* weather 悪天候. **5**〖主に文語〗(行動などが)**卑劣な**,不正の,邪悪な (↔ fair): a *foul* deed 卑劣な行為. **6**〖スポーツ〗反則の,ルール違反の;〖野球〗ファウルの (↔ fair): a *foul* blow (ボクシングなどでの) 反則打 / a *foul* ball [fly] ファウルボール［フライ］. **7**(煙突などが)詰まった.
■ *fáll [rún] fóul of ...* (船が)…と衝突する;〈人〉ともめ事を起こす,トラブルになる.
— **名** [C] **1**〖スポーツ〗反則,違反行為;〖野球〗ファウル(ボール): commit a *foul* 反則を犯す.
— **動 他 1**〖スポーツ〗…に反則［不正行為］をする;〖野球〗〈ボール〉をファウルする. **2** …を汚す,汚染する: The beach was *fouled* by [with] oil. 海岸は油で汚れていた. **3**〈煙突などが〉詰まらせる;〖主に海〗(綱などが) …にからむ.
— **自 1**〖スポーツ〗反則をする;〖野球〗ファウルを打つ. **2** 汚れる. **3** 〈煙突などが〉詰まる;〖主に海〗(綱などが)もつれる.
■ *fóul óut* **自**〖スポーツ〗反則で退場する;〖野球〗ファウルでアウトになる.
fóul úp [口語] しくじる. — **他** …をだめにする,台なしにする.
◆ fóul líne [póle] [C]〖野球〗ファウルライン［ポール］(➡ BASEBALL【PICTURE BOX】).
fóul pláy [U] **1**〖スポーツ〗反則, 違反行為 (↔ fair play). **2** 不正;凶悪犯罪;殺人.
foul·ness [~nəs] **名** [U] 不潔さ;不正さ;(天候の)悪さ;汚物.
foul·ly [fáuⅬi] **副** 汚く,不潔に;不正に.
foul-mouthed [fáulmáuðd, -máuθt] **形**〖軽蔑〗口汚い,下品な言葉を使う.

fóul-úp 名 [C]【口語】しくじり;混乱;故障.

found¹ [fáund] **動** find の過去形・過去分詞.

***found²** 【原義は「基盤」】**動 他 1**〈学校など〉を設立する,創立する;〈病院など〉を(基金によって)設立［設立］する: The university was *founded* in 1636. その大学は1636年に創立された / Recently a nursing home has been *founded* near our town. 最近私たちの町の近くに老人介護施設が設立された. **2**〖しばしば受け身で〗…の根拠を［…に］置く;〈建物など〉を［…の上に］建てる[on, upon]: His speech is convincing because it *is founded on* facts. 彼の演説は事実に基づいているから説得力がある.
◆ fóunding fáther [C]〖しばしば〜s〗**1** 創設［創立］者. **2**〖通例 F- F-〗〖米史〗建国の父《合衆国憲法の制定者たち》.

found³ **動 他**〈金属〉を鋳(い)る;〈製品〉を鋳造する;〈ガラスの原料〉を溶かす.

foun·da·tion [faundéiʃən]
— **名**〖複 foun·da·tions [~z]〗**1** [C] (物事の)**基盤**, 基礎: lay a firm *foundation* as a pianist ピアニストとしてのしっかりした基礎を築く / Daily exercises are the *foundation* of my health. 日々の運動が私の健康の基盤です.
2 [C]〖しばしば〜s〗(建物の)**基礎**, 土台 (→ BASE¹【原義図】): This house has a firm *foundation*. この家は基礎がしっかりしている.
3 [U] **根拠**, よりどころ: The rumor was completely without *foundation*. そのうわさはまったく根拠のないものだった.
4 [C]〖しばしば F-〗(研究や慈善の助成のための)基金, 協会, 財団: the Rockefeller *Foundation* ロックフェラー財団.
5 [U] 創立, 設立, 創設: the *foundation* of Cambridge University ケンブリッジ大学の創立. **6** [U] [C] = foundátion crèam 化粧下地クリーム, ファンデーション. **7** [C] = foundátion gàrment ファンデーション《ガードルやコルセットなど体形を整える下着》. (▷ **形** fùndaméntal)
◆ foundátion còurse [C]《英》(大学の)基礎［教養］課程.
foundátion stòne [C] (建物の)土台石;(物事の)基礎,基本原理.

***found·er¹** [fáundər] **名** [C] 創立者, 創設［設立］者;基金寄付者;開祖.
◆ fóunder mèmber [C]《英》(組織などの)設立メンバー (《米》charter member).

found·er² [fáundər] **動 自**【格式】**1** (船が)浸水沈没する. **2** (計画などが)失敗する.

found·ling [fáundlɪŋ] **名** [C]【古風】捨て子.

found·ry [fáundri] **名**〖複 found·ries [~z]〗[C] 鋳造所, 鋳造工場;ガラス工場.

fount [fáunt] **名** [C] (知識などの)泉;源, 源泉.

***foun·tain** [fáuntən / -tin] **名** [C] **1 噴水**(池);噴水から出る水, 水しぶき. **2**【文語・比喩】源泉, 泉, 源 (source): a *fountain* of wisdom 知恵の泉. **3** (水を飲むための)噴水式給水器: a soda

fountain ソーダ水販売機.
◆ fóuntain pèn 名 万年筆.

foun·tain·head [fáuntənhèd / -tin-] 名 C [通例,単数形で] 水源; 源泉, 根源.

four [fɔ́ːr]

— 名 (複 **fours** [~z]) **1** U (基数の) **4** (→ NUMBER 表). **2** C 4を表す記号 (4, iv, IV など). **3** [代名詞的に; 複数扱い] 4つ, 4個, 4人. **4** U 4時, 4分; 4歳; 4ドル[セント, ポンド, ペンスなど]; 4フィート, 4インチ. **5** C 4つ[4個, 4人] ひと組のもの. **6** C 【トランプ】4の札; (さいころの) 4の目. **7** C 【ボート】フォア (4人乗りのボート).
■ **on áll fóurs** 四つんばいになって.

— 形 **1** [限定用法] **4の**, 4個の, 4人の: the *four* corners of the earth 世界じゅう (至る所).
2 [叙述用法] 4歳で.

four·eyes [fɔ́ːraiz] 名 C 《こっけい・軽蔑》めがねをかけた人 (◇ 特に子供が言う).

four·fold [fɔ́ːrfòuld] 形 4倍の; 4重の; 4つの部分から成る. — 副 4倍に; 4重に.

fóur-lèaf clóver, fóur-lèaved clóver 名 C U 四つ葉のクローバー《幸運が訪れるとされる》.

fóur-lèt·ter wórd 名 C 《婉曲》四文字語, フォーレターワード《性や排泄などに関する主に4文字からなる卑猥な語: fuck, shit, piss, fart など; cf. taboo word タブー語; → TABOO 複合語》.

fóur-pòst·er 名 C = fóur-póster bèd 四柱式ベッド《4隅に天蓋を支える柱が付いた大型ベッド》.

four·some [fɔ́ːrsəm] 名 C 《ゲームなどの》4人組, 4人グループ; 【ゴルフ】フォーサム《4人が2組に分かれ, 各組が1個ずつのボールを交互に打つ競技》.

four·square [fɔ́ːrskwéər] 形 **1** (建物などが) 正方 [四角] 形の; 堅固な. **2** 率直な; (主に英) 断固とした, ためらいのない. — 副 **1** 正方 [四角] 形に. **2** 率直に; 断固として.

fóur-stár 形 [限定用法] **1** (ホテル・レストランなどが) 高級な, 4つ星の (cf. five-star 5つ星の, 最高級の). **2** 《米国》4つ星の, 将軍の.

fóur-stròke 形 (エンジンなどが) 4サイクルの.

four·teen [fɔ̀ːrtíːn]

名 形

— 名 (複 **four·teens** [~z]) **1** U (基数の) **14** (→ NUMBER 表). **2** C 14を表す記号 (14, xiv, XIV など). **3** [代名詞的に; 複数扱い] 14, 14個, 14人. **4** U 14時, 14分; 14歳; 14ドル[セント, ポンド, ペンスなど]; 14フィート, 14インチ. **5** C 14個 [人] ひと組のもの.

— 形 **1** [限定用法] **14の**, 14個の, 14人の.
2 [叙述用法] 14歳で.

four·teenth [fɔ̀ːrtíːnθ]

形 名 (◇ 14th ともつづる; → NUMBER 表)

— 形 **1** [通例 the ~] **14番目の**, 第14の; 14位の. **2** 14分の1の (→ FOURTH 形 **2**).
— 名 (複 **four·teenths** [~s]) **1** U [通例 the ~] **14番目の人 [もの]**. **2** U [通例 the ~] (月の) **14日** (→ FOURTH 名 **2**). **3** C 14分の1 (→ FOURTH 名 **3** [語法]).

fourth [fɔ́ːrθ]

形 名 (◇ 4th ともつづる; → NUMBER 表)

— 形 **1** [通例 the ~] **4番目の**, 第4の; 4位の: the *fourth* lesson 第4課 / Our office is on the *fourth* floor of that building. 私たちの事務所はあの建物の4階《英》5階にある (→ FLOOR 【語法】). **2** 4分の1の: A *fourth* part of the country is desert. その国の4分の1は砂漠である (◇ A fourth of the country is desert. のほうが一般的) (→ 名 **3**).

— 名 (複 **fourths** [~s]) **1** U [通例 the ~] **4番目の人 [もの]**
2 U [通例 the ~] (月の) **4日** (ひ): the *fourth* of March = March (the) *fourth* 3月4日 (◇ March (the) fourth は通例 March 4 と書く).
3 C 《米》4分の1 (《英》quarter): a *fourth* 4分の1 / Three *fourths* of the students are Americans. 学生の4分の3はアメリカ人です.

【語法】 分数の表し方
(1) 分母は序数詞で, 分子は基数詞で表し, 分子→分母の順に読む. 分子が2以上のときは分母の序数詞を複数形にする: a [one] third 3分の1 / three fifths 5分の3 / seven tenths 10分の7.
(2) 分子の1は a [one] half と言う (cf. a [one] second 1秒). また, 4分の1は a [one] quarter, 4分の3は three quarters とも言う.
(3) 「分数 + of + 名詞」が主語の文では, 動詞は名詞の数に一致させる: Three fourths of an hour *is* forty-five minutes. 1時間の4分の3は45分です / A third of the students *are* absent. 生徒の3分の1が欠席している.

4 [the F-] 《米》= Fourth of July (→複合語).
◆ fóurth diménsion [the ~] 第4次元.
fóurth estáte [the ~] 第四階級, 言論界, ジャーナリズム (の人々).
Fóurth of Julý [the ~] 《米》独立記念日 (Independence Day) (7月4日).

fourth·ly [fɔ́ːrθli] 副 4番目に, 第4に.

fóur-wheel(ed) 形 4輪の; 4輪駆動の.
◆ **fóur-whèel drív** U C 【車】四輪駆動車 [方式] (略称) 4WD.

*fowl [fául] 名 (複 **fowl, fowl·s** [~z]) **1** C 鶏; 家禽 (poultry) (◇ 肉や卵をとる目的で飼う. アヒル・シチメンチョウ・ガチョウなど). **2** U (食用の) 鶏肉, 鳥肉. **3** [複合語で] …鳥: wild*fowl* (狩猟の対象となる) 野鳥, 野禽 / water*fowl* 水鳥.
4 C 《古》鳥 (bird).
◆ fówl pèst U 鶏ペスト.

fox [fáks / fɔ́ks]

名 動

— 名 (複 **fox, fox·es** [~iz]) **1** C **キツネ**, 雄キツネ (cf. vixen 雌キツネ) (◇ ずるくて狡猾な動物だと思われている): (as) cunning [sly] as a *fox* キツネのように悪賢い.
2 C 《口語・通例, 軽蔑》 狡猾な人, ずるい人: a sly old *fox* 海千山千.
3 U キツネの毛皮. **4** C 《米口語》色っぽい女性.
— 動 他 《英口語》〈人〉をだます; まごつかせる.
◆ fóx hùnt C キツネ狩り《馬に乗り, 猟犬と共にキツネを追い詰める. 英国古来の貴族的スポーツ》.

fóx térrier [C]《動物》フォックステリア《愛玩(然)用の小型犬》.

fóx tròt [C] フォックストロット《社交ダンス》.

fox·glove [fáksglÀv / fóks-] [名][C]《植》ジギタリス(digitalis)《観賞用．葉は有毒で強心剤にもなる》.

fox·hole [fákshòul / fóks-] [名][C]《軍》壕(ﾞ),たこつぼ《兵士が数人入る防御用の穴》.

fox·hound [fákshàund / fóks-] [名][C]《動物》フォックスハウンド《キツネ狩り用の狩猟犬》.

fox·hunt·ing [fákshÀntiŋ / fóks-] [名][U]《英》キツネ狩り (fox hunt; → FOX 複合語).

fox·y [fáksi / fóksi] [形] (比較 **fox·i·er** [~ər]; 最上 **fox·i·est** [~ist]) **1**《口語·軽蔑》ずる賢い，狡猾(ﾞ)な. **2**《口語》(外見が)キツネに似た. **3**《米口語》(女性が)セクシーな.

foy·er [fóiər / fóiei]《フランス》[名][C](ホテル·劇場などの)休憩室，ロビー，ホワイエ; 《米》玄関の広間.

FPO《米略語》= fleet [field] post office 艦隊[野戦]郵便局.

Fr, Fr.《略語》= Father 神父; Franc(s) フラン; France; French.

fr.《略語》= franc(s); from.

fra·cas [fréikəs / frækɑ:]《名》(複《米》**fra·cas·es** [fréikəsiz],《英》**fra·cas** [frækɑ:z])[C](通例, 単数形で)けんか, 口論, 騒動.

*frac·tion [frǽkʃən]《原義は「割ること」》[名][C] **1** わずかな部分，断片，ほんの少し[の…]《of》: in a [the] fraction of a second 1秒の何分の1かで，たちまち．**2** [a ~; 副詞的に] ほんの少し，わずか: Could you speak a fraction louder? もう少し大きな声で話してくださいますか．**3**《数学》分数，小数 (cf. integer 整数)《◇分数の言い方→ FOURTH [名] 3》《語法》: a decimal fraction 小数 / a proper [an improper] fraction 真[仮]分数.

frac·tion·al [frǽkʃənl] [形] **1** わずかな，ほんの少しの；断片の．**2**《数学》分数の，小数の．

frac·tion·al·ly [frǽkʃənəli] [副] ごくわずかに，微妙に，ほんの少し(でも).

frac·tious [frǽkʃəs] [形] (子供·老人·病人などが)気難しい，怒りっぽい．

frac·ture [frǽktʃər] [名] **1** [C][U]《医》骨折: a simple [compound] fracture 単純[複雑]骨折．**2** [U] 砕けること; [C] 割れ目, 破損．
— [動][他]〈骨〉を折る，〈体の一部〉を骨折する；〈もの〉を砕く，壊す． — [自] 折れる，骨折する; 砕ける．

*frag·ile [frǽdʒəl / frǽdʒail] [形] **1** 壊れやすい，もろい; はかない: fragile china 壊れやすい瀬戸物 / a fragile cease-fire 一触即発の休戦(状態) / Fragile 割れ物注意《◇小包などの表示》.
2《英》(体質などが)虚弱な, ひ弱な; 体調が悪い: a fragile child 虚弱な子供.

fra·gil·i·ty [frədʒíləti] [名][U] 壊れやすさ，もろさ; はかなさ; 虚弱.

*frag·ment [frǽgmənt] [名][C] **1** 破片，断片，かけら: The cup broke into fragments. カップは粉々に割れた / The room was so noisy that we could catch only fragments of his speech. 部屋がとても騒がしかったので彼のスピーチは断片的にしか聞こえなかった．**2** 未完成品;(文·詩などの)断片, 断章.
— [動] [fræɡment / fræɡmént] [自] ばらばらになる, 壊れる．
— [他] [しばしば受け身で] …をばらばらにする，壊す．

frag·men·tal [fræɡméntəl] [形] = FRAGMENTARY (↓).

frag·men·tar·y [frǽɡmənteri / -təri] [形] 破片の, 断片の; 断片的な; 不完全な.

frag·men·ta·tion [frǽɡməntéiʃən] [名][U][C] (爆弾·岩石などの)破砕; 分裂.
◆ **fragmentátion bòmb** [C] 破砕性爆弾．

*fra·grance [fréigrəns] [名][U][C] 芳香, 香気; 香りのよさ (→ SMELL [類義語]): the fragrance of lilies [roses] ユリ[バラ]の香り．

*fra·grant [fréigrənt] [形] 香りのよい, 芳香のある, かぐわしい: The air is fragrant with flowers. 花のいい香りがあたりに立ち込めている．

frail [fréil] [形] **1**(肉体的に)か弱い, 虚弱な: a frail boy 虚弱な少年．**2** 壊れやすい，もろい (fragile);(希望などが)はかない.

frail·ty [fréilti] [名] (複 **frail·ties** [~z]) **1** [C] 弱点, 短所．**2** [U] もろさ; はかなさ; か弱さ.

**frame [fréim] [名] [動]
— [名] (複 **frames** [~z]) [C] **1**(窓などの)枠; 額縁; [~s](眼鏡の)縁, フレーム: a window frame 窓枠 / a picture frame 絵[写真]の額縁 / glasses with black frames 黒縁の眼鏡．
2(建造物·船·飛行機·車などの)骨組み, フレーム: the frame of a house 家の骨組み．
3[通例, 単数形で](人·動物の)体格, 骨格: a bony frame がっしりとした骨格 / She has a slim frame. 彼女はほっそりした体格をしている．
4 構造; 組織, 体制 (framework): the frame of society 社会の構造．**5**(植物の)温床, フレーム．**6**(漫画·フィルムの)ひとこま, (テレビの)映像．**7**《野球》回, イニング．**8**(ボウリングの)フレーム《10フレームで1ゲーム》．

■ **fráme of mínd** 気分, 心の状態: in an exalted frame of mind 高揚した気分で．
fráme of réference **1** 理論の枠組, 基準体系; 評価基準．**2**《数学》座標系．

— [動] [他] **1** …を枠にはめる, …に縁を付ける《up》: I want this picture framed. この写真を額に入れてほしい / Fay's face was framed (up) in a large hat. フェイの顔は大きな帽子に縁どられていた．**2**《計画などを〉立案する, 工夫する: frame a plan for keeping down inflation インフレ抑止策を立案する．**3**〈考えなど〉を表現する, 言う: frame questions 質問をする．**4**《口語》…をでっち上げる《up》;〈人〉を陥れる, わなにはめる: Tom was framed by his friends. トムは友人たちにはめられた．

◆ **fráme hóuse** [C]《米》(板張りの)木造家屋．

fráme-ùp [名][C]《米》でっち上げ, 陰謀．

*frame·work [fréimwə̀rk] [名][C] **1** 骨組み, 枠組み: a bridge with a steel framework 鋼鉄の骨組みの橋．**2** 構成, 体制, (概念の)枠組み[機構] / a conceptual framework 概念の構成[体系]．

franc [fræŋk] [名][C] フラン《◇スイスの通貨単位．フ

ランス・ベルギーの旧通貨単位で,現在は euro に統合. 1フランは100サンチーム (centime);《略語》f., F., fr., Fr.).

France [fræns / frɑ́ːns]
— 名 固 **フランス**《ヨーロッパ西部の共和国;首都パリ (Paris)》. (▷ 形 French)

fran・chise [fræntʃaiz] 名 **1** ⓒ 製品販売[専売]権,フランチャイズ《親会社が業者に与える一定地域内での独占販売権・社名使用権》;フランチャイズ店《その権利を持つ業者》. **2** ⓒ《プロ野球などの》フランチャイズ《本拠地の球場などでの独占興行権》;《口語》プロスポーツチーム. **3** ⓤ《または the 〜》《特に国政選挙での》選挙権, 参政権.
— 動 …に製品販売[専売]権を与える.

fran・chis・ee [fræntʃaizíː] 名 ⓒ フランチャイジー《フランチャイズを得た業者》.

Fran・cis・can [frænsískən] 形 聖フランシスコの; フランシスコ(修道)会の.
— 名 ⓒ フランシスコ会修道士.

Fran・co- [fræŋkou] 結合 「フランス(の)」の意を表す: *Franco*phone フランス語を話す人(の).

‡**frank**[1] [fræŋk] 形《人・言動などが》《人に対して / …について》 率直な,ざっくばらんな,隠し立てをしない《*with* / *about*》(→ 類義語): a *frank* criticism 率直な批評 / I will be perfectly *frank* with you *about* the matter. その件について何もかも率直にお話ししましょう.

■ *to be fránk with you* [文修飾] 率直に言うと,実は.

類義語 **frank, open, candid**
共通する意味は率直な (honest in revealing or expressing what one thinks or feels)
frank は自分の考えや感情を「恥ずかしがらず隠し立てせずに表現する」ことで,時には相手を当惑させる無遠慮さも含まれる: He was *frank* about his fault. 彼は自分の落ち度について包み隠しをしなかった. **open** は動機や理由や事実を隠し立てせず「開けっ広げな」ことで,しばしば思慮を欠いた無邪気さを含意する: She is a very friendly and *open* person. 彼女はとても人なつこくて開けっ広げな人です. **candid** は意見を言う際に,誠実で「根っからの正直さ・公平さ」を示し,時にはそれが人を閉口させることもある: To be *candid*, I don't think he is fit to be president. ざっくばらんに言えば,彼は社長に向かないと思う. **candid** は **frank** と置き換え可能なことが多い.

---

frank[2] 動 他《通例, 受け身で》《郵便物に》料金別納の印を印刷する, 料金別納の印を押す.

frank[3] 名《米口語》= FRANKFURTER (↓).

Frank[1] [fræŋk] 名 固 フランク **Anne Frank**《1929-45; ユダヤ系オランダ人で『アンネの日記』の著者》.

Frank[2] 名 ⓒ フランク人;《the 〜s》 フランク族《西ゲルマンの一部族. 5世紀にフランク王国を建国》.

Frank・en・stein [fræŋkənstain] 名 **1** 固 フランケンシュタイン《メアリー=シェリーの同名小説 (1818) の主人公. 自分の造った怪物 (Franken-stein('s) monster) に破滅させられる》.
2 ⓒ = Fránken・stein('s) mònster フランケンシュタイン(の怪物), 造った人を破滅させるもの.

Frank・furt [fræŋkfərt / -fɔːt, -fɑt] 名 固 フランクフルト《ドイツ中部のマイン川沿いの都市. 正式名は Frankfurt am Main》.

frank・furt・er, frank・fort・er [fræŋk-fərtər] 名 ⓒ フランクフルトソーセージ《《米口語》 frank》.

frank・in・cense [fræŋkinsèns] 名 ⓤ 乳香(にゅうこう)《樹脂の一種. 宗教的儀式などに用いる》.

Frank・lin [fræŋklin] 名 固 フランクリン **Benjamin Franklin**《1706-90; 米国の政治家・科学者・発明家・著述家》.

‡**frank・ly** [fræŋkli] 副 **1** [文修飾] 率直に言って: *Frankly*, I can't agree with you. 率直に言ってあなたの意見には同意できません. **2** 率直に, ありのままに, ざっくばらんに: Tell me *frankly* what happened to you yesterday. きのう何があったかありのままに話してください.

■ *fránkly spéaking* = *to spéak fránkly* [文修飾] 率直に言って (to be frank with you).

frank・ness [fræŋknəs] 名 ⓤ 率直(さ).

***fran・tic** [fræntik] 形 **1** 《苦痛・怒りなどで》取り乱した, 錯乱した; 逆上した《*with*》: She was *frantic* with grief. 彼女は悲しみで取り乱していた. **2** 必死の; 大急ぎの, あわただしい: a *frantic* search 必死の捜索 / He was *frantic* to finish his homework. 彼は宿題を済ませようと必死になっていた.

fran・ti・cal・ly [fræntikəli] 副 **1** 取り乱して, 錯乱して. **2** 必死に; あわただしく.

frap・pe, frap・pé [fræpéi / fræpei]【フランス】 名 ⓒⓤ **1** フラッペ, 西洋風かき氷《リキュールをかけたかき氷,または半ば凍らせた果汁》.
2《米》濃いミルクセーキ.

frat [fræt] 名《米口語》= FRATERNITY **1** (↓).

fra・ter・nal [frətə́ːrnəl] 形《格式》**1** 兄弟の, 兄弟のような. **2** 友好的な.
◆ **fratérnal twín** ⓒ《通例〜s》 二卵性双生児《の1人》(cf. identical twin 一卵性双生児).
fra・ter・nal・ly [-nəli] 副 兄弟のように.

fra・ter・ni・ty [frətə́ːrnəti] 名《複 **fra・ter・ni・ties** [〜z]》 **1** ⓒ《米》《男子学生の》社交クラブ《口語》frat)(cf. sorority 《女子学生の》社交クラブ).
2 ⓒ《通例 the 〜》; 単数形でも,時に複数扱いで《同じ職業・関心をもった》人の集まり, 仲間; 同業者.
3 ⓤ 兄弟関係, 兄弟愛; 同胞愛 (brotherhood).

frat・er・nize [frǽtərnàiz] 動 自《…と》《兄弟のように》親しく交わる《*with*》.

frat・ri・ci・dal [frǽtrisàidəl] 形 兄弟[姉妹]殺しの; 同胞[同民族, 同国民]殺しの.

frat・ri・cide [frǽtrisàid] 名 **1** ⓒⓤ 兄弟[姉妹]殺し(の罪). **2** ⓒ《通例》兄弟[姉妹]を殺した人.

Frau [fráu]【ドイツ】名《複 **Frau・en** [fráuən]》ⓒ **1** …夫人《◇英語の Mrs. に相当する敬称》. **2** ドイツ人の《既婚》女性.

*__fraud__ [frɔ́ːd] 名 **1** ⓒⓤ 詐欺(行為),《巧妙な手口で》だますこと; 欺瞞(ぎまん): get money by *fraud* 金をだまし取る. **2** ⓒ 詐欺師; 食わせ者.

fraud·u·lence [frɔ́ːdʒuləns] 名 U 詐欺, 不正.
fraud·u·lent [frɔ́ːdʒulənt] 形 詐欺の, 不正な: a *fraudulent act* 不正行為, 詐欺行為.
  fraud·u·lent·ly [~li] 副 不正に.
fraught [frɔ́ːt] 形《叙述用法》**1**〔危険・困難などに〕満ちた, いっぱいの〔*with*〕: The expedition was *fraught with* danger. その探険は危険がいっぱいだった. **2**《口語》気がかりな, 心配な.
Fräu·lein [frɔ́ilain]〔ドイツ〕(複 **Fräu·lein, Fräu·leins** [~z]) C **1** 嬢(◇英語の Miss に相当する敬称). **2** [f-] ドイツ人の未婚女性.
fray¹ [fréi] 動 自 **1**(糸・布などの端が)すり切れる, ほつれる. **2**(神経が)すり減る, いらいらする.
  — 他 **1**〈糸・布などの端〉をすり切らす, ほつれさせる.
  2〈神経〉をすり減らす, いらいらさせる.
fray² 名〔the ~〕けんか, 争い, 論争: join [enter] the *fray* 争いに加わる.
fraz·zle [frǽzl] 名《単数形で》《英口語》へとへと(の疲労), ぼろぼろの状態.
  ■ *worn* [*burned*] *to a frázzle* くたくたに(身も心も)疲れた; すっかり焼け焦げた.
  — 動 他 (通例, 受け身で) へとへとに疲れさせる.
fraz·zled [frǽzld] 形《口語》へとへとに疲れた.
FRB《略記》= Federal Reserve Board [Bank] (米国) 連邦準備制度理事会 [銀行].
*****freak** [fríːk] 形《限定用法》予期せぬ, 異常な: a *freak* result 予想外の結果 / *freak* weather 異常気象.
  — 名 C **1**《口語》熱烈な愛好家, …マニア, …フリーク; …したがる人: a computer [film] *freak* コンピュータ [映画] マニア / a control *freak* 仕切りたがる人. **2**(生き物の)奇形, 変種(◇ freak of nature とも言う);《口語・軽蔑》変人, 奇人. **3** 異変, 異例な出来事; 奇妙な考え, 気まぐれ.
  — 動 [次の成句で]
  ■ *fréak óut*《口語》自 自制心を失う; (麻薬などで) 幻覚を起こす. — 他 …を興奮 [動揺] させる; (麻薬などで)…に幻覚を起こさせる.
freak·ish [fríːkiʃ] 形 気まぐれな, 移り気な; 異常な.
freck·le [frékl] 名 C 〔しばしば ~s〕しみ, そばかす.
freck·led [frékld] 形 しみ [そばかす] のある.
Fred·er·ic, Fred·er·ick¹ [frédərik] 名 圏 フレデリック (◇男性の名;〔愛称〕Fred, Freddy).
Fred·er·ick² 名 圏 フリードリッヒ大王 [2 世] Frederick the Great ((1712–86; プロイセンの国王 (1740–86))).

*******free** [fríː] 形 動 副

原義は「拘束されていない」.
① 自由な.　　　　　　　　　　　　　　　　　　形 **1, 2**
② 無料の.　　　　　　　　　　　　　　　　　　形 **3**
③(障害などが)ない.　　　　　　　　　　　　　形 **4**
④ 暇な.　　　　　　　　　　　　　　　　　　　形 **5**
⑤ つないでいない.　　　　　　　　　　　　　　形 **6**

  — 形 (比較 **fre·er** [~ər]; 最上 **fre·est** [~ist])
1 (人が) 自由な, 解放 [釈放] された; (国家・制度などが) 自由主義の; 自由独立の (↔ bound): That prisoner will be *free* in a week. その囚人はあと1週間で釈放されるだろう / Japan is a *free* country. 日本は自由主義国家である.
2 (a)(規則・習慣・形式などに)とらわれない, 自由な, 自発的な: We are waiting for your *free* offer of services. 私たちは皆さんの自発的な奉仕の申し出を待っています / This is the creation of his *free* imagination. これは彼の自由闊達(かったつ)な想像力から生まれたものです.
  (b) [**be free + to do**] 自由に…することができる: You *are free to* take these magazines. この雑誌を自由にお持ちになって結構です.
3 〔比較なし〕無料の, 無税の; 〔料金などを〕免れて 〔*of*〕: I have two *free* tickets. ただの切符を2枚持っています / Admission *Free*《掲示》入場無料 / Is this *free of* duty? これには関税がかかりませんか / All these magazines are *free of* charge. この雑誌はみな無料です.
4 〔叙述用法〕〔危険・じゃま・障害など望ましくないものが〕ない, 悩まされない 〔*from, of*〕: I'm *free from* cares. 私には悩み事がない / This book is *free from* misprints. この本には誤植がない / This is the only harbor *free of* ice. ここはただ1つの不凍港です.
5 〔比較なし〕暇な, 手がすいて; (部屋・座席などが)空いて: Will you be *free* tomorrow? あなたはあす お暇ですか / I need more *free* time. 私には暇な時間がもっと必要です / Do you have any rooms *free*? 空き部屋がありますか.
6 つないでいない, 固定していない; 〔…から〕離れて 〔*of*〕: leave one end of the rope *free* 綱の一方の端を結ばないでおく / I was *free of* that dog all the time I was in the garden. 私は庭にいる間ずっとその犬から離れていた.
7 自由に通行できる; 自由に参加できる: a *free* passage 往来自由な通路 / a *free* discussion だれでも参加できる討論. **8**〔金銭などに〕大まかな, 物惜しみしない〔*with*〕: My uncle was *free with* his money. 私のおじは金離れがよかった. **9**《古風》(態度が)のびのびした; 〔人に対して〕なれなれしい〔*with*〕: You are too *free with* your elders. あなたは年長者に対してあまりになれなれしい.
  ■ *feel frée to dó* [通例, 命令文で]《口語》自由にしてよい: Please *feel free to* use this room. この部屋を自由にお使いください.
  for frée《口語》ただで, 無料で: I got this bike *for free*. 私はこの自転車をただで手に入れた.
  frée and éasy くつろいだ, 打ち解けた.
  màke frée with ... **1** …を勝手に使う. **2** …になれなれしくする.
  sét ... frée …を〔…から〕解放する; 釈放する 〔*from*〕: I *set* the monkey *free from* the cage. 私は猿をおりから逃がした.
  — 動 他 **1** 〔…から〕…を自由にする, 解放する 〔*from, of*〕;〈人〉に自由に […] させる 〔*to do*〕: Open the cage and *free* the birds. 鳥かごを開けて鳥たちを逃がしてやりなさい / I was *freed from* my responsibilities. 私は責任上から解放された / Their children's graduating from college *freed* the parents *to* enjoy their hobbies. 子供たちが大学を卒業したので, 両親は自

由に趣味を楽しめるようになった. **2**〔…を〕…から取り除く〔*of*〕: The truck *freed* the road *of* snow. そのトラックは道路の雪を取り除いた.
— 副 **1**〔比較なし〕無料で: Children under six are admitted *free*. 6歳未満の子供は入場無料です. **2** 自由に, 勝手に: The children ran *free* in the field. 子供たちは自由に野原を駆け回った. **3**〔ねじなどが〕ゆるんで, 外れて.
(▷ 名 fréedom)

◆ frée ágent C 自由契約選手, フリーエージェント《どのチームとも自由に契約できる選手》.
frée fáll U〔物理〕自由落下;〔パラシュートが開く前の〕落下状態. **2** U C〔単数形で〕〔物価・貨幣の〕急落.
frée kíck C〔サッカー・ラグビー〕フリーキック.
frée márket C 市場経済, 自由主義経済.
frée páss C 無料入場券〔乗車券〕.
frée pórt C 自由港《貨物に対して関税がかからず, 自由に出入りができる貿易港》.
frée préss [the 〜] 言論・出版・報道の自由.
frée spéech U 言論の自由.
frée thrów C〔球技〕フリースロー.
frée vérse U 自由詩.

-free 接尾〔結合〕「…のない」の意を表す形容詞を作る: duty-*free* 関税のかからない.
free·bie, free·bee [fríːbi] 名 C《口語》ただでくれる物, 無料の景品〔試供品〕, 無料招待〔入場〕券.
free·boot·er [fríːbùːtər] 名 C 略奪者, 海賊.

***free·dom [fríːdəm]
— 名 (複 free·doms [~z]) **1** U C〔…の/…する〕自由〔*of / to do*〕;U 自主, 独立, 自由 (の状態) (liberty): academic *freedom* 学問の自由 / *freedom of* speech 言論の自由 / *freedom of* choice 選択の自由 / We have the *freedom to* do as we please this afternoon. 私たちはきょうの午後やりたいことができる.
2 U〔…からの〕解放, 免除〔*from*〕: *freedom from* anxiety 不安のなさ / *freedom from* taxation 免税. **3**〔the 〜〕出入り〔使用〕の自由, 〔市民・会員に与えられた〕特権: the *freedom* of the city 名誉市民権 / We have the *freedom* of the school's library. 私たちは学校の図書館を自由に利用できる. **4** U C 自由自在, 自由奔放, ゆったりしていること; なれなれしさ, 無遠慮; 率直さ, 大胆さ: This skirt doesn't allow enough *freedom* of movement. このスカートをはくと自由に身動きがとれない.
(▷ 形 frée)
◆ fréedom fighter C《ほめ言葉》自由の戦士.

frée-flóat·ing 形 **1** 根なし草の, 変幻自在の. **2** 中立的な,〔主義・政党・考え・目的などに〕縛られない, 影響されない.
frée-for-àll 名 C **1** 飛び入り自由の競技〔討論〕(会); 大混乱, 乱闘. **2**〔単数形で〕何でもありの状況.
free·hand [fríːhæ̀nd] 形 (定規やコンパスを使わずに) 手書きの, フリーハンドの. — 副 手書きで.
free·hold [fríːhòuld] 名〔法〕U (不動産の) 自由保有 (権); C 自由保有不動産《半永久的に所有権のある土地など; cf. leasehold 土地賃借権》.

— 形 自由土地保有 (権) の.
free·hold·er [fríːhòuldər] 名 C 自由土地保有 (権) 者.
free·lance [fríːlæns / -làːns] 名 C 自由契約の労働者〔著述家, 芸術家など〕, フリーランサー.
— 形 自由契約の〔で〕, 専属でない, フリーの〔で〕: a *freelance* writer フリーのライター.
— 動 自 自由契約で〔フリーで〕仕事をする.
free·lanc·er [fríːlænsər / -làːnsə] 名 = FREE-LANCE (↑).
***free·ly** [fríːli] 副 **1** 自由に, 勝手気ままに: travel *freely* 勝手気ままに旅行する (cf. travel free 無銭旅行をする) / You can enter this room *freely*. この部屋は出入り自由です. **2** 率直に, 遠慮なく: speak *freely* ざっくばらんに話す / He *freely* admitted his mistake. 彼は誤りを率直に認めた. **3** 気前よく, 惜しげもなく, ふんだんに.
4〔器具の作動などが〕故障なく, スムーズに.
free·man [fríːmən] 名 (複 free·men [-mən]) C (奴隷に対する) 自由民; 公民.
Free·ma·son [fríːmèisən] 名 C フリーメーソンの会員《相互扶助などを目的とする国際秘密結社フリーメーソン団の会員. 単に Mason とも言う》.
Free·ma·son·ry [fríːmèisənri] 名 U **1** フリーメーソン団の主義〔慣習, 制度〕. **2**〔f-〕(類似経験をした人々の間に自然に生じる) 連帯感, 仲間意識.
free·post [fríːpòust] 名 U《英》郵便料金受取人払い (制).
frée-ránge 形〔限定用法〕(鶏などが) 放し飼いの, 自然生育した;(卵が) 放し飼いの鶏の.
free·si·a [fríːʒiə] 名 C〔植〕フリージア.
frée·stánd·ing 形 (彫刻・建築などが) 支えなしに立っている.
free·style [fríːstàil] 形 フリースタイルの, 自由形の.
— 名 U〔水泳・レスリング〕フリースタイル, 自由形.
— 副 フリースタイルで, 自由形で.
free·think·er [fríːθìŋkər] 名 C 自由思想家.
free·ware [fíːwèər] 名 U〔コンピュータ〕フリーウェア《無料のソフトウェア; cf. shareware シェアウェア》.
free·way [fríːwèi] 名 C《主に米》高速道路 (expressway;《英》motorway) (→ HIGHWAY 比較);(無料の) 幹線道路.
free·wheel [fríːhwíːl] 動 自 (下り坂などで自転車・自動車などを) 惰性で走らせる.
— 名 C (自転車・自動車の) フリーホイール, 自在輪.
free·wheel·ing [fríːhwíːliŋ] 形〔限定用法〕(人が) 自由に〔気ままに〕行動する; 言いたい放題の.
free·will [fríːwìl] 形 自由意志による, 自発的な.
frée wíll 名 U 自由意志, 自由選択権: of one's own *free will* 自分の意志で.

***freeze [fríːz]
— 動 (三単現 freez·es [~iz]; 過去 froze [fróuz]; 過分 fro·zen [fróuzən]; 現分 freez·ing [~iŋ])
— 自 **1** (ものが) 凍る, 凍りつく: Water *freezes* at 0°C. 水はセ氏0度で凍る / This lake *freezes* in December every year. この湖は毎年12月になると凍る / The water pipe *froze*. 水道管が凍っ

てしまった.
2 [It を主語として] **氷がはる,** 氷点下になる: *It froze* last night. 昨夜は氷がはった.
3 凍るほど寒い, 凍える; 凍死する; (植物が) 霜で枯れる: *freeze* to death 凍死する / We've *frozen* from playing baseball in this cold weather. この寒空に野球をしたせいで私たちは冷え切ってしまった / I'm *freezing*. 寒くて凍えそうです.
4 〔恐怖などで〕ぞっとする, 動けなくなる〔*with*〕: *freeze with* terror 怖くて体が動けなくなる / *Freeze!* 動くな, 止まれ. **5** 冷凍保存できる.
6 〖コンピュータ〗(画面が) 動かなくなる, フリーズする.
— [他] **1** …**を凍らせる:** The cold wave *froze* the reservoir. 寒波で貯水池が凍ってしまった.
2 …**を冷凍保存する:** *freeze* the leftovers for the next day 残り物を翌日用に冷凍保存する.
3 〈人〉を凍えさせる; 凍死させる: They were almost *frozen* to death sleeping out. 屋外で寝ていて彼らは凍死しそうになった.
4 …をこわばらせる, ぞっとさせる; 動けなくする: The father's scolding voice *froze* the son. 父親のしかり声に息子は体がこわばった.
5 〈賃金・物価・雇用など〉を凍結する.
■ ***fréeze ín*** [他] [通例, 受け身で]〈船など〉を氷で閉じ込める, 動けなくする.
fréeze óut [他]〈人〉を冷遇する, 締め出す.
fréeze óver [自] (湖などが) 凍結する: This port *freezes over* until late spring. この港は春遅くまで氷に閉ざされる. **—** [他]〈湖など〉を凍結させる.
fréeze ...'s blóod = màke ...'s blóod fréeze …を (恐怖などで) ぞっとさせる.
fréeze úp [自] 凍りつく. **—** [他] …を凍りつかせる.
— [名] [U] [C] [通例, 単数形で] **1** 氷結 (期); 寒波, 氷河期; 寒冷期: Last year's big *freeze* damaged a lot of crops. 去年の大冷害で農作物は大きな被害を受けた. **2** (賃金・雇用などの) 凍結: an income tax *freeze* 所得税額凍結 / a nuclear *freeze* 核兵器の凍結.
◆ **fréeze fráme** [C] (映画・テレビなどの) 静止画像; こま止め.

fréeze-drý [動] [他]〈食物など〉を冷凍乾燥する: *freeze-dried* coffee フリーズドライの (冷凍乾燥させた) インスタントコーヒー.

***freez·er** [fríːzər] [名] [C] **冷凍庫;** (冷蔵庫内の) 冷凍室, フリーザー; (アイスクリームなどを作る) 冷凍器 (cf. refrigerator 冷蔵庫).

‡**freez·ing** [fríːziŋ] [形] **1 凍りつくような,** 凍えるほどの, 非常に寒い: It was *freezing* outside. 外は凍えるほど寒かった. **2** (態度などが) 冷淡な, 冷たい. **3** [副詞的に] 凍るように, 凍るほど: It's *freezing* cold today. きょうは凍るように寒い.
— [名] **1** [U] = fréezing pòint 氷点《水が凍るセ氏0度》; [C] (水以外の物質の) 氷点 ([関連語] boiling point 沸点 / melting point 融点): below *freezing* 氷点下で. **2** [U] 冷凍, 凍結.
◆ **fréezing compàrtment** [C] (冷蔵庫の) 冷凍室.

‡**freight** [fréit] (☆ 発音に注意) [名] **1** [U] **貨物運送,** 貨物便 (◇《英》では主に水上運送,《米》では陸上運送・空輸についても用いる. また《米》では express (急行便) に対して「普通便」の意でも用いる): by air [sea] *freight* 航空便 [船便] で. **2** [U] (鉄道・船・航空機の) **貨物,** 積み荷: air *freight* 航空貨物 / a *freight* car 貨車. **3** [U] **貨物運賃,** 運送料 (◇《英》では主に船便・航空便の運賃を言い, それ以外は carriage を用いる). **4** [C]《米》= fréight tràin 貨物列車 (《英》goods train).
— [動] [他] **1** 〈貨物など〉を輸送する. **2** 〈船など〉に〔貨物を〕積む〔*with*〕: They *freighted* the ship *with* soybeans. 彼らは船に大豆を積み込んだ.

freight·er [fréitər] [名] [C] 貨物船; 貨物輸送機.

freight·lin·er [fréitlàinər] [名] [C]《英》コンテナ専用貨物列車 (◇ liner あるいは liner train とも言う; cf. freight train《米》(一般の) 貨物列車).

‡**French** [fréntʃ] [形] [名]
— [形] フランスの; フランス人 [語] の; フランス系 [風] の: *French* literature フランス文学 / a *French* Canadian フランス系カナダ人 / He is *French*. 彼はフランス人です.
— [名] 1 [U] **フランス語** (《略語》F., Fr.): She speaks *French*. 彼女はフランス語を話す.
2 [the F-; 集合的に; 複数扱い] **フランス人,** フランス国民 (◇個々のフランス人は Frenchman, Frenchwoman). (▷ [名] Fránce)
◆ **Frénch béan** [C]《英》〖植〗サヤインゲン (green bean).
Frénch bréad [U] フランスパン.
Frénch chálk [U] チャコ《布地に線を引く》.
Frénch dóors《主に米》= French windows.
Frénch dréssing [U] フレンチドレッシング《酢・油を主材料としたドレッシング》.
Frénch fríes [複数扱い]《米》フライドポテト (《英》chips).
Frénch hórn [C] (フレンチ) ホルン《金管楽器》.
Frénch lóaf [C]《英》フランスパン, バゲット.
Frénch Revolútion [the ～] フランス革命《1789-99; 王制から共和制に移行した》.
Frénch tóast [C] フレンチトースト《卵を混ぜた牛乳に浸したパンを油で焼いたもの》.
Frénch wíndows [複数扱い] フランス窓《床面まであり, ドアの役目もする観音開きのガラス窓》.

‡**French·man** [fréntʃmən] [名] (複 **French·men** [-mən]) [C] フランス人の男性 (◇女性形は Frenchwoman).

***French·wom·an** [fréntʃwùmən] [名] (複 **French·wom·en** [-wìmin]) [C] フランス人女性 (◇男性形は Frenchman).

fre·net·ic [frənétik] [形] 逆上した, 熱狂した.

fren·zied [frénzid] [形] [通例, 限定用法] 熱狂した.
fren·zied·ly [～li] [副] 熱狂して.

fren·zy [frénzi] [名] (複 **fren·zies** [～z]) [U] [C] [通例 a ～] 熱狂; 取り乱した (状態): in a *frenzy* of ... …のあまり錯乱して.

freq. 《略語》= *freq*uency; *freq*uent; *fre*quently.

‡**fre·quen·cy** [fríːkwənsi] [名] (複 **fre·quen·cies** [～z]) **1** [U] **頻繁 (さ),** 頻発, しばしば起こること: with *frequency* 頻繁に / the *frequency* of traffic accidents 交通事故の多発. **2** [U] [C] 頻

F

度, 回数; 〖数学・統計〗度数: Recently small earthquakes happen at a *frequency* of 10 per week here. ここでは最近週に10回の割合で小さな地震がおきる. **3** [C][U]〖物理〗(音波・電波の)周波数, 振動数: high [low, medium] *frequency* 高[低, 中]周波 / broadcast on a *frequency* of 1,000 MHz 1,000メガヘルツで放送する. (▷ 形 fréquent)

fre·quent [fríːkwənt] 形 動

— 形 [fríːkwənt] (☆ 動 とのアクセントの違いに注意) **たびたびの**, 頻繁に起こる; 常習的な, 頻発する: take *frequent* rests たびたび休憩をとる / She is a *frequent* visitor to this theater. 彼女はこの劇場の常連です / In Japan typhoons are *frequent* in September and October. 日本では9月と10月に台風が多い.

— 動 [frikwént] 他《格式》〈店・酒場など〉に頻繁に行く [出入りする]: He *frequents* the bar. 彼はよくそのバーに出入りしている. (▷ 名 frequency)

fre·quent·ly [fríːkwəntli] 副

— 副 **しばしば**, たびたび, 頻繁に (◇ often より《格式》): I *frequently* go to the movies. 私はよく映画を見に行く / Shuttle buses run *frequently* between the station and the airport. 駅と空港をシャトルバスが頻繁に走っている.

fres·co [fréskou] 名 (複 **fres·co(e)s** [~z])
1 [C] フレスコ壁画. **2** [U] フレスコ画法《壁面に塗ったしっくいの上に水彩絵の具で描く》.

fresh [fréʃ] 形 副

— 形 (比較 **fresh·er** [~ər]; 最上 **fresh·est** [~ist]) **1 新鮮な**, みずみずしい; 出来たて[取りたて]の; (冷凍・塩漬けなどではなく)生(鰹)の: *fresh* eggs 生みたての卵 / *fresh* fish 鮮魚 / a *fresh* cup of coffee いれたてのコーヒー / *fresh* vegetables 新鮮な野菜 / the smell of bread fresh from the oven 焼きたてのパンの香り / Fresh Paint 《掲示》ペンキ塗りたて.

2 [比較なし] 新しい, 最新の, 新規の, 斬新(☊)な; (服などが)下ろしたての, 清潔な: a *fresh* idea 斬新なアイデア / a *fresh* towel 下ろしたてのタオル / make [get] a *fresh* start 新たに出直す / Is there any *fresh* news about the accident? 事故について何か新しいニュースが入っていますか.

3 (人・表情などが) **生き生きとした**, 元気な: The children look *fresh*. 子供たちは生き生きとした顔をしている.

4 (空気などが) **さわやかな**, すがすがしい: The air was *fresh* and cool on the top of the hill. 丘の頂上は空気がさわやかでひんやりしていた.

5 (印象・記憶などが) **鮮明な**, 生々しい; (色が)鮮やかな: *fresh* colors 鮮やかな色 / The sudden death of my father remains *fresh* in my memory. 父の急死は今もなお私の記憶に鮮明に残っている.

6 [比較なし] (水などが) 塩分を含まない: *fresh* water 真水, 淡水. **7** 未熟な, 新米の, 新入りの; […から]来たばかりの [*from*]: Our teacher is *fresh* from college. 私たちの先生は大学を出たば

かりです / He is green and *fresh*. 彼は青二才だ.
8 〖口語〗ずうずうしい, 生意気な; [異性に対して]なれなれしい[*with*]. **9** 〖気象〗(風が)かなり強い: a *fresh* breeze 疾風.

■ **frésh óut of ... 1** 〖口語〗…を切らした[売りつくした] ばかりで: We're *fresh out of* orange juice. ただ今オレンジジュースは切らしております.
2 …から来た [出た] ばかりで (fresh from).

— 副 [通例, 複合語で] 新たに, …したての: *fresh*-laid eggs 生みたての卵. (▷ 動 fréshen)

fresh·en [fréʃən] 動 他〈もの〉を新鮮に[新しく]する, 〈人〉をさわやかにする (*up*).
— 自 **1** (風が)強くなる, 涼しくなる. **2** さわやかな気分になる, さっぱりする (*up*).
■ **fréshen oneself úp** 〈着替え・入浴をして〉さっぱりした気分になる, すっきりする.
fréshen úp 自 さっぱりした気分になる; 《婉曲》トイレに行く. — 他 〈着替え・入浴など〉…をさっぱりした気分にさせる. (▷ 形 frésh)

fresh·er [fréʃər] 名《英口語》= FRESHMAN (↓).
fresh·ly [fréʃli] 副 [通例, 過去分詞を修飾して] 最近…した, 今…したばかりの: *freshly* baked pies 焼きたてのパイ.

fresh·man [fréʃmən] 名 (複 fresh·men [-mən])

[C]《米》**1** (大学の)新入生, 1年生 (◇女子にも使う. 高校生についても言う). (関連語) sophomore 2年生 / junior 3年生 / senior 4年生)
2 (企業・議員などの) 新人; 初心者.
— 形 [限定用法] (高校・大学の)1年生の; 《米》新人の: a *freshman* third baseman 新人の三塁手.

fresh·ness [fréʃnəs] 名 [U] 新鮮さ, さわやかさ.
fresh·wa·ter [fréʃwɔ̀ːtər] 形 [限定用法] 淡水の, 真水の; 淡水にすむ (↔ saltwater): *freshwater* fish 淡水魚.

fret¹ [frét] 動 (三単現 **frets** [fréts]; 過去・過分 **fret·ted** [~id]; 現分 **fret·ting** [~iŋ]) 自 **1** […のことで] 思い悩む, くよくよする, いら立つ [*about, over*]: Don't *fret* over trifles. つまらないことでくよくよするな. **2** (ロープなどが) すり切れる.
— 他 〈人〉を思い悩ませる, やきもき [くよくよ] させる.
— 名 [単数形で] いら立ち, やきもき, 不安, 心配: in a *fret* いらいら [くよくよ] して.

fret² [frét] 名 [C] 〖音楽〗(ギターなどの) フレット《指板上の仕切り》.
fret·ful [frétfəl] 形 怒りっぽい, いらいらした.
fret·work [frétwə̀ːrk] 名 [U] (雷文(怒)などの)透かし彫り, 雷文細工.

Freud [frɔ́id] 名 Sigmund [sígmənd] Freud [1856–1939; オーストリアの精神科医で精神分析学の創始者].
Freud·i·an [frɔ́idiən] 形 フロイト(学派)の.
— 名 [C] フロイト主義者, フロイト学派の学者.
Fri.《略語》= *Friday* (↓).
fri·a·ble [fráiəbl] 形 (岩などが)砕けやすい.
fri·ar [fráiər] 名 [C] 〖カトリック〗托鉢(焢)修道士.
fri·ar·y [fráiəri] 名 (複 **fri·ar·ies** [~z]) [C] 托鉢(焢)修道士 (friar)の僧院, 修道院.
fric·as·see [frìkəsíː] 【フランス】名 [U][C] フリカッセ《子牛や鶏の肉のシチュー料理》.
fric·a·tive [fríkətiv] 形 〖音声〗摩擦音の.

—名 C [音声] 摩擦音 《[f][v][θ][ð][s][z][ʃ][ʒ][h] などの音》.

fric·tion [fríkʃən] 名 **1** U 摩擦(すること); [物理] 摩擦抵抗. **2** U C [...の間での](意見などの)不一致, 軋轢[れき], 不和(**between**): bilateral trade *friction* 2国間の貿易摩擦.

fric·tion·al [fríkʃənəl] 形 摩擦の, 摩擦による: *frictional* force 摩擦力.

Fri·day [fráidei, -di]
[→ WEEK 表]
—名 (複 **Fri·days** [~z]) **1** U C [通例,無冠詞で] 金曜日 ((略)) Fri., F.) (→ SUNDAY [語法]).
【背景】キリスト教国では13日の金曜日を不吉な日と考える人がいる. これはキリストが最後の晩餐[さん]をしたときの人数が13人で, 十字架にかけられて処刑されたのが金曜日であったことに由来する.
2 [形容詞的に] 金曜日の. **3** [副詞的に] 《口語》金曜日に; [~s] 《米口語》金曜日ごとに.

fridge [fridʒ] 名 C 《英口語》冷蔵庫 (◇ re*fridg*erator の略).

fridge-freez·er [‐ ‐́‐ ‐] 名 C 《英》冷凍冷蔵庫 (refrigerator-freezer).

fried [fráid] 動 **fry** の過去形・過去分詞.
—形 油で揚げた [いためた, 焼いた], フライにした: *fried* potatoes フライドポテト (French fries).

friend [frénd]
【原義は「愛する人」】
—名 (複 **friends** [fréndz]) C **1** 友, 友人 (→ [類義語]) (↔ enemy): a close [bosom] *friend* 親友 / a *friend* of Bob('s) ボブの友人 / We have been good *friends* since we were schoolboys. 私たちは小学校以来の仲よしです / Fred makes *friends* easily wherever he goes. フレッドはどこへ行ってもすぐ友達ができる / A *friend* in need is a *friend* indeed. 《ことわざ》まさかの時の友こそ真の友.
[語法] a friend of mine は初めて話題に出てきた友人などを表し, my friend は話し合っている同士でだれのことかわかっている友人などの「特定の友人」を表す: Tom is a *friend* of mine. トムは私の友人 (の1人) です / My *friend* Tom came to see me yesterday. 私の友人のトムがきのう私に会いに来た.
2 味方, 同志; 支持者, 後援者; 《格式》助け [頼り]になるもの: a good *friend* of our team 私たちのチームのよき味方 / This political party has very few *friends* among salaried workers. この政党は給与生活者の支持者が非常に少ない.
3 同僚, 仲間; business *friends* 同業者仲間.
4 [呼びかけで] 君, あなた; わが友 (◇しばしば my, our などを伴う): Good morning, my *friends*. 皆さん, おはよう.
5 [F-] フレンド会 (the Society of Friends) の会員, クエーカー教徒 (◇ Quaker は俗称).
■ *be friends with* ... ...と親しい: I am friends with Bill's family. 私はビルの家族と親しい.
màke fríends agáin with ... ...と仲直りする.
màke fríends with ... ...と親しくなる: I want to make friends with as many people as possible. 私はなるべく多くの人と仲よくなりたい.

[類義語] **friend, acquaintance, companion, comrade, pal**
共通する意味＝友人 (someone who is not a relative but you know well)
friend は「友人」の意の最も一般的な語: my best *friend* 私の最も親しい友 / He was a *friend* of the poor. 彼は貧者の味方だった.
acquaintance は friend ほどの親交はないが, 面識があって会えば言葉を交わす程度の「知人」の意: He is a mere *acquaintance*, not a friend of mine. 彼は私の友人ではなく単なる知人です. **companion** は, 親しい親しくないにかかわらず, 共に同じ場所にいて「時間を過ごす相手」の意: She was acting as a *companion* to the old lady. 彼女はその年取った女性の付添役を務めていた. **comrade** は苦楽・仕事・利害などを共にする「仲間, 同僚, 同志」の意: my *comrades* in battle 私の戦友たち. **pal** は《口語》で, 特に若い者同士の「仲間, 友達」の意: Tom and I were *pals* at school. トムと私は学校友達だった.

friend·less [fréndləs] 形 友達のいない.
friend·li·ness [fréndlinəs] 名 U 親しみやすさ; 友情, 好意 (的な態度).

friend·ly [fréndli] 形 名
—形 (比較 **friend·li·er** [~ər]; 最上 **friend·li·est** [~ist]) **1** [...に] 好意的な, やさしい, 親切な, 人なつこい [*to, toward*): a *friendly* smile 人なつこい微笑 / Tom is *friendly* to everyone. トムはだれに対しても親切です / It was *friendly* of her to give her seat to the elderly man. 彼女は親切にもお年寄りに席を譲った.
2 [...と] 仲がよい, 親しい, 友好的な [*with*] (↔ hostile); 親善の: a *friendly* nation 友好国 / a *friendly* game [match] 親善試合 / Carl's become quite *friendly* with the boy next door. カールは隣の男の子ととても仲よしになった.
3 [...にとって] 味方の, [...を] 支持する [賛成する] [*to*]: He's *friendly* to our new idea. 彼は私たちの新しい考えに賛成している.
4 役に立つ, 都合がよい: a *friendly* wind 順風.
—名 (複 **friend·lies** [~z]) C 《英》親善試合.

-friend·ly [frendli] [結合] 「...にやさしい」「...に役立つ, ...本位の」の意を表す形容詞を作る: earth-*friendly* 地球にやさしい / user-*friendly* ユーザーフレンドリーな, 使い勝手のよい / learner-*friendly* 学習者向けの.

friend·ship [fréndʃip]
—名 (複 **friend·ships** [~s]) **1** U 友情, 友愛: Our relationship is based on *friendship*, not love. 私たちの関係は愛ではなく友情に基づいているのです.
2 C 親交, 交友関係, 親睦[ぼく]: a long-standing *friendship* 長いつき合い / form close *friendships* 親密な友好関係を築く.

fri·er [fráiər] 名 = FRYER (↓).

Frie·sian [fríːʒən / -ziən] 名《主に英》= HOLSTEIN ホルスタイン.

frieze [fríːz] (☆同音 freeze) 名 C 【建】フリーズ《通例, 装飾が施されている横壁》; 帯状装飾.

frig·ate [frígət] 名 C 【軍】フリゲート艦《対潜・対空の役割を果たす高速護衛艦》. 関連語 aircraft carrier 航空母艦 / battleship 戦艦 / cruiser 巡洋艦 / destroyer 駆逐艦.

***fright** [fráit] 名 **1** U (突然の)恐怖, ぞっとする気持ち; C (通例, 単数形で) 恐怖体験, ショック (→ FEAR 類義語): die of *fright* 恐怖でショック死する / get the *fright* of one's life 味わったことがないような恐怖を感じる, 死ぬほどびっくりする / give ... a *fright* 〈人〉を驚かせる, ぞっとさせる / take *fright* at ... …に驚く, ぎょっとする / with *fright* 恐ろしくて / He cried out in *fright*. 彼はびっくりして叫んだ. **2** C 醜い人[もの], 異常な[こっけいな]人[もの]: Jane looks a *fright* in that dress. あの服を着たジェーンは見られたものじゃない.

***fright·en** [fráitn]
— 動 (三単現 **fright·ens** [~z]; 過去・過分 **fright·ened** [~d]; 現分 **fright·en·ing** [~iŋ])
— 他 **1** [frighten +O] を怖がらせる, びっくりさせる (→ 類義語): The bang of a gun *frightened* me. バーンという銃声に私はびっくりした / He *frightened* that dog by stepping on its tail. 彼は犬のしっぽを踏んで脅かした.
2 (a) [frighten +O] …を脅す; 脅して追い払う (*away, off*): The dog *frightened* him *away*. 犬におびえて彼は逃げ出した.
(b) [frighten +O +into ...] 〈人〉を脅して…させる: The police *frightened* the terrorists *into* surrendering. 警察はテロリストたちを脅して投降させた.
■ *frighten ... to death* …を震え上がらせる.

類義語 **frighten, scare, terrify, alarm** 共通する意味▶怖がらせる (fill with fear or anxiety)
frighten は「怖がらせる」の意の最も一般的な語. 身体的危害を加えられる恐怖も含むが, 一時的恐怖も表す: The clap of thunder *frightened* her. 彼女は雷の音におびえた. **scare** は frighten より口語的: He *scared* her with a ghost story. 彼は怪談で彼女を怖がらせた. **terrify** は心身の機能を麻痺(まひ)させるほどの「極度の恐怖を与える」の意で意味が一番強い: The growling of a wolf *terrified* them. 彼らはオオカミのうなり声におびえた. **alarm** は危険が近づいていることを意識させて「不安または懸念を引き起こさせる」の意: The sight of smoke *alarmed* them. 彼らは煙を見て不安になった.

*****fright·ened** [fráitnd]
— 形 **1** […に / …することに / …ということに]怖がった, おびえた; (恐怖に)ひどく驚いた, びっくりした [*at, by / to do / that* 節]: The *frightened* dog began to bark wildly. 犬はおびえて激しくほえ始

めた / I was *frightened* at his angry look. 私は彼の怒った表情にびっくりした / She was *frightened* to know the truth. 彼女は真実を知ってぎくっとした / He was *frightened* that the team lost the game. 彼はそのチームが試合に負けたことに大変びっくりした. **2** [叙述用法] (慣習的に)…を怖がる [*of*]: I have nothing to be *frightened of*. 私には怖いものなんて何もない.

***fright·en·ing** [fráitniŋ] 形 ぞっとさせる, 恐ろしい; 驚くべき: a *frightening* scream ぞっとする悲鳴 / It's *frightening* how quickly time passes. 時間がたつのが速いことは怖いくらいです.
fright·en·ing·ly [~li] 副 ぎょっとして.

***fright·ful** [fráitfəl] 形 **1** 恐ろしい: a *frightful* accident 恐ろしい事故.
2 不快な; ひどい.

***fright·ful·ly** [fráitfəli] 副 非常に (very): I'm *frightfully* sorry. まことに申し訳ありません.

frig·id [frídʒid] 形 **1** 極寒の, 非常に寒い: a *frigid* climate 極寒の気候. **2** (態度などが)冷淡な, よそよそしい: a *frigid* welcome 形式的な歓迎. **3** (女性が)性的関心のない, 不感症の.
◆ Frígid Zòne [the ~; 時に the f- z-] 寒帯.
frig·id·ly [~li] 副 冷淡に, よそよそしく.

fri·gid·i·ty [fridʒídəti] 名 U **1** 極寒; (態度・表情の)冷たさ. **2** (女性の)不感症, 性的無関心.

frill [frfl] 名 C **1** (服・カーテンなどの)フリル, 波形ひだ飾り. **2** [~s] 不要な飾り, 余分なもの; 気取り: put on (one's) *frills* 見栄を張る.
frilled [fríld] 形 フリルの付いた (frilly).
frill·y [fríli] 形 (比較 **frill·i·er** [~ər]; 最上 **frill·i·est** [~ist]) フリルの付いた (frilled).

***fringe** [fríndʒ] 名 C **1** (肩掛けやテーブル掛けなどの)ふさ飾り; (ものの)縁取り.
2 (一般に)縁, へり; (場所・学問などの)周辺(部), 近隣(部): on the *fringe* of the city 都市近郊に.
3 《英》(女性の)垂れた前髪 《米》bang.
4 [the ~] (思想的に)非主流派, 傍系派(ぼう).
— 形 [限定用法] 非主流の; 二次的な.
— 動 他 [しばしば受け身で] …にふさ飾りを付ける, …を[…で]縁取る (*with*): The pool *was fringed with* flowers. 池は花で縁取られていた.
◆ frínge bènefit C (通例 ~s) (年金・保険などの)付加給付, (本給以外の)手当.

frip·per·y [frípəri] 名 (複 **frip·per·ies** [~z])
1 C 安っぽくけばけばしい服[服飾品]. **2** U (服装・態度などの)けばけばしさ, 虚飾.

Fris·bee, fris·bee [frízbi] 名 C 《商標》フリスビー 《円盤状のプラスチック製玩具で投げ合って遊ぶ》.

frisk [frísk] 動 他 (搭乗前に)〈人〉の身体検査[ボディーチェック]をする. — 自 《古風》(子供・動物が)はね回る, はしゃぎ回る (*about, around*).

frisk·y [fríski] 形 (比較 **frisk·i·er** [~ər]; 最上 **frisk·i·est** [~ist]) 元気にはしゃぎ回る, 活発な.

fris·son [friːsóːŋ / friːsɔn] 《フランス》名 C (喜び・興奮・恐怖による)身震い, 戦慄(せん), スリル.

frit·ter¹ [frítər] 名 C フリッター, 衣の付いた揚げ物 《肉・魚・果物などに衣を付けて油で揚げる》.

frit·ter² [frítər] 動 他 〈金・時間・精力など〉を[…に]むだに使う, 浪費する (*away*) [*on*].

fri·vol·i·ty [frivάləti / -vɔ́l-] 名 (複 **fri·vol·i·ties** [~z]) **1** Ｕ浅薄さ,軽薄さ. **2** Ｃ(通例,複数形で)たわいない気晴らし;不まじめな言動.

friv·o·lous [frívələs] 形 **1** 取るに足らない,くだらない. **2** 不まじめな,軽薄な.

frizz, friz [fríz] 名 Ｕ (口語) 縮れ毛.
— 動 他 (髪の毛を)縮らせる ⟨out, up⟩.
— 自 (髪の毛が)縮れる ⟨up⟩.

friz·zle[1] [frízl] 動 自 ((揚げ物が)) じゅうじゅうと音を立てる;(料理が)焦げる ⟨up⟩. — 他 (肉など)を油でじゅうじゅう揚げる;…をかりかりにする ⟨up⟩.

friz·zle[2] 名 動 = FRIZZ (↑).

friz·zy [frízi] 形 (比較 **friz·zi·er** [~ər]; 最上 **friz·zi·est** [~ist]) (髪が)縮れた,縮れ毛の.

fro [fróu] 副 [次の成句で]
■ **tó and fró** あちらこちらに,行ったり来たり.

frock [frάk / frɔ́k] 名 Ｃ **1** (長くゆったりした)修道服. **2** ((古風))((女性用の体全体を覆う長さの))フロックコート,ワンピース.
◆ **fróck còat** Ｃ (紳士用の) フロックコート ((19世紀に着用された礼服)).

‡frog [frɔ́ːg, frάg / frɔ́g] 名 Ｃ **1** (動物) カエル (◇ toad (ヒキガエル) 以外をさす): *Frogs* croak. カエルがげろげろ鳴く. **2** [F-] ((口語・軽蔑))フランス人 ((カエルを常食にしていると思われたことから)).
■ **hàve a frόg in one's [the] thróat** (口語) (のどの痛みなどで)声がしわがれる.

frog·man [frɔ́ːgmən, -mæn, frάg- / frɔ́g-] 名 (複 **frog·men** [-mən]) Ｃ 潜水夫, フロッグマン.

frog·spawn [frɔ́ːgspɔ̀ːn, frάg- / frɔ́g-] 名 Ｕ カエルの卵.

frol·ic [frάlik / frɔ́l-] 動 (三単現 **frol·ics** [~s]; 過去・過分 **frol·icked** [~t]; 現分 **frol·ick·ing** [~iŋ]) 自 (主に人間や動物の子供が)(楽しそうに)はしゃぎ回る,浮かれ騒ぐ ⟨about⟩.
— 名 Ｃ Ｕ はしゃぐこと; 浮かれ騒ぎ(の宴会).

frol·ic·some [frάliksəm / frɔ́l-] 形 (主に文語) 大はしゃぎの, 陽気な, じゃれ合う.

‡from [(弱) frəm; (強) frάm, frɑ́m / (弱) frəm; (強) frɔ́m]
— 前 **1** [起点・出発点] …から (↔ to) (→ OFF 前 **2** [語法]): I'm going to start *from* Yokohama. 私は横浜から出発する予定です / Jean is back *from* school. ジーンは学校から帰っている / He drove me home *from* the hospital. 彼は私を病院から家まで車で送ってくれた / I picked up the morning paper *from* the ground. 私は地面から朝刊を拾い上げた / The view is magnificent *from* my balcony. うちのバルコニーからの眺めはとてもすばらしい / There was a light wind *from* the east. 東から微風が吹いていた / The bees were coming at me *from* all directions. ハチは四方八方から私を襲って来た.
[語法] (1) from の目的語に副詞(句)を用いることもある: The cat came out *from* under the bed. 猫がベッドの下から出て来た / I heard the sound of voices *from* above. 上の方から人の声が聞こえた.
(2) from ... to ~ の句では, 冠詞を省いて成句的に用いることがある: *from* door *to* door 家から家へ, 1軒ごとに / *from* head *to* foot 頭のてっぺんからつま先まで.
2 [時間の起点] …から (↔ to, till, until): *from* Monday to [through] Friday 月曜から金曜まで / *from* January through March = (英) *from* January to March inclusive 1月から3月いっぱいまで / They worked *from* morning to [till] night. 彼らは朝から晩まで働いた / The store is open *from* nine to five. その店は9時から5時まで開いている / *From* now on you will have to take care of yourself. これからは自分のことは自分でやらなければならない.
[語法] (1) 完了時制の文で「…から」を表すには since を用いる. ただし, from childhood (子供の頃から) などの句では since の代わりに from を用いることもできる: I have known her *from* [since] her childhood. 私は彼女を子供の頃から知っている.
(2) begin, start など「(時の) 始まり」を表す動詞に伴って「…から」を表すのに from を用いることはできない: School begins at nine [in April]. 学校は9時 [4月] に始まる.
3 [数量・順序の起点] …から: count *from* one to ten 1から10まで数える / The temperature has dropped *from* 20 to 17 degrees. 気温は20度から17度に下がった / I was nervous *from* start to finish. 私は終始上がりっぱなしだった / The teacher stared *from* one student to another. 先生は生徒を1人ずつ順番に見つめた.
4 [起源・出所] …から, …出身で: Where are you *from*? = Where do you come *from*? あなたはどちらのご出身ですか / I'm a reporter *from* the BBC. 私は英国放送協会の記者です / It's an orange *from* Miami. それはマイアミ産のオレンジです / I got a letter *from* her yesterday. 私はきのう彼女から手紙をもらった / I withdrew 2,000 dollars *from* my account. 私は口座から2千ドル引き出した / That is what I learned *from* my father. そのことは父から学びました.
5 [隔たり・分離] …から (離れて): My office is about half a mile *from* the house. 会社は家から半マイルほどの所にある / The shop is set back *from* the street. その店は通りから引っ込んだ所にある / Japan is separated *from* the Continent of Asia by the Sea of Japan. 日本は日本海によってアジア大陸から隔てられている / Step away *from* the table. テーブルから離れなさい / I kept things secret *from* you. 私はあなたに事情を隠していた / I was absent *from* school. 私は学校を休んだ / She recovered *from* an illness. 彼女は病気から回復した.
6 [保護・抑制] …から, …するのを: protect wildlife *from* extinction 野生生物を絶滅から守る / They prevented the disease *from* spreading. 彼らはその病気が広がるのを防いだ / He saved the child *from* drowning. 彼はその子がおぼれるのを救った.
7 [原材料] …から, …で (◇原料の形が変わる場合は from, 材料の形状をとどめている場合は of を用い

る; → OF 3): Butter is made *from* milk. バターは牛乳から作られる.

8 [変化] …から: After that things went *from* bad to worse. その後事態はますます悪くなった / The season turned *from* winter to spring. 季節は冬から春になった / Is it possible to translate *from* one language into another on a computer? ある言語から別の言語にコンピュータで翻訳をすることは可能ですか.

9 [原因・理由] …で, …のために: die *from* a wound 傷で死ぬ / suffer *from* a disease 病気で苦しむ / I was tired *from* walking all day. 1日じゅう歩きづめで疲れた.

10 [根拠・基準] …から: Judging *from* his character, he will never break his promise. 彼の性格から判断して彼は絶対に約束を破りはしないだろう / *From* the look of the sky, it'll rain soon. 空模様からするとじきに雨になるだろう / It is clear *from* his tone of voice that he is quite serious. 彼の口調から彼がかなり本気であることは明らかです.

11 [区別・相違] …から, …と: My opinion is different *from* yours. 私の意見はあなたのとは違う / All the monkeys look alike. I can't tell one *from* another. 猿は皆同じに見える. 私にはそれぞれの区別がつかない.

frond [fránd / frɔ́nd] 图 C 〖植〗(シダ・シュロ・ヤシなどの)葉, (海草などの)葉状体.

★★★★ front [fránt] 图 形 動

— 图 (複 **fronts** [fránts]) **1** C [the ~] 前部, 前面, 正面, (裏に対して)表(ホャ) (↔ back, rear): The *front* of his car was smashed in the accident. その事故で彼の車の前部はぺちゃんこになった / The *front* of the old building is covered with ivy. その古い建物の前面はツタで覆われている / The audience gathered in the *front* of the auditorium. 聴衆は講堂の前の方に集まった (→成(ホ)ʲ in front of … 【語法】).

2 C [通例 the ~] (戦いの)最前線, 戦線 (front line): go to the *front* 前戦に出る, 出征する / The soldiers came back alive from the *front*. その兵士たちは最前線から生還した.

3 C (政治的・社会的な)戦線; 活動領域: the labor *front* 労働戦線 / present a united *front* 共同戦線を張る.

4 U C [通例 a ~] 顔つき, 態度: with a calm [smiling] *front* 穏やかな [にこにこした] 顔つきで / put on [show, present] a bold *front* 強がって見せる.

5 C [口語] (名ばかりの)表看板; (悪事をごまかすための)隠れみの: That store was just a *front* for a criminal group. その店は犯罪グループの隠れみのにすぎなかった.

6 C (湖・川などに)面している所; [the ~] 〖英〗(海・湖に面した)遊歩道. **7** C 〖気象〗前線: the warm [cold] *front* 温暖 [寒冷] 前線.

■ *at the frónt* **1** 正面に: Let's meet in the lobby *at the front* of the hotel. ホテル正面のロビーで会いましょう. **2** 前席に: sit *at the front* of the bus バスの前の席に座る. **3** 前戦に.

cóme to the frónt 正面 [前面] に出る; 目立ってくる, 有名になる.

in frónt 前に [の], 前方に [の]: Please sit *in front*. どうぞ前(の方の席)にお座りください.

in frónt of … **1** (場所が) …の前に [で]: The man standing *in front of* the gate is our teacher. 門の前に立っている人が私たちの先生です.

|語法| in front of … は「…から離れた前方に」, in [at] the front of … は「…の部分に」を表す: He was running *in front of* the bus. 彼はバスの前方を走っていた / She was sleeping *in the front of* the bus. 彼女はバスの前の席で眠っていた.

2 …の面前で: Don't say such a thing *in front of* women. 女性の前でそんなことを言ってはいけない.

— 形 [比較なし; 限定用法] **1** 前部 [前面, 正面] の, 表の (↔ back, rear): the *front* garden 前庭 / the *front* row (最)前列 / the *front* page (新聞の)第1面; (本の)巻頭ページ.

2 《口語》見せかけの, 隠れみのの.

— 動 他 **1** …に面する, …の前にある: His house *fronts* the river. 彼の家は川に面している. **2** [しばしば受け身で] …の正面に […を]付ける [張る] [*with*]: That store *is fronted with* glass. あの店は前面がガラス張りです. **3** 〖英口語〗〈組織など〉を代表する, …を指揮 [指導] する 〖米〗head).

— 自 **1** […に] 面する, 立ち向かう [*to, on(to), upon, toward*]: My room *fronts on* the street. 私の部屋は通りに面している. **2** 《口語》…の隠れみのとなる [*for*]. (▷ 形 fróntal).

◆ **frónt désk** C 《主に米》(ホテルの)フロント, 受付 (《英》reception desk) (➡ HOTEL [PICTURE BOX]). (「比較」「フロント」は和製英語).

frónt líne [the ~] (戦いの)最前線; (仕事などの)第一線.

frónt màn C (組織などの, 表向きの)代表者.

frónt ròom C 《英》居間 (living room).

front・age [frántidʒ] 图 C **1** (建物の)前面, 正面. **2** (道路に面した)建物正面の敷地, 玄関前.

fron・tal [frántəl] 形 [限定用法] **1** 〖格式〗正面 [前面] (から)の, 正面を向いた. **2** 〖解剖〗額(ﾋ੯)の, 前頭部の: *frontal* lobes (大脳の)前頭葉. **3** 〖気象〗前線の, 前線の影響による (→ FRONT **7**).
(▷ 图 frónt).

front・bench [frántbéntʃ] 图 C **1** [the ~] 《英》議会最前列の閣僚または野党幹部の座席. **2** U [the ~; 集合的に; 単数・複数扱い] 閣僚; 野党幹部 (↔ backbench) (◇英国議会で最前列2列に座っている).

front・bench・er [frántbéntʃər] 图 C 《英》(英国下院の)閣僚; 野党幹部 (cf. backbencher 平議員).

‡fron・tier [frʌntíər, frán- / frántiə, frɔ́n-] 图 C **1** [the ~] 《主に英》国境(地帯) (《米》border): cross the *frontier* 国境を越える.
2 [the ~] 辺境, フロンティア; (アメリカ開拓時代の)未開の入植地域: on the *frontier* 辺境地帯で.
3 [しばしば ~s] (知識・学問などの)最先端, 最前線:

frontiersman

the *frontiers* of science 科学の最先端.
◆ frontier spírit ⓤ《米》開拓者精神.

fron・tiers・man [frʌ́ntɪərzmən, frʌn-/ frʌ́ntɪəz-, frɔ́n-]名(複 **fron・tiers・men** [-mən]) ⓒ辺境開拓者, 辺境 [国境地方] の住民; (未開地への) 入植者.

fron・tis・piece [frʌ́ntɪspìːs]名ⓒ〘通例, 単数形で〙〘書籍の〙 口絵.

frónt-páge 形〘限定用法〙《口語》(新聞の) 1面の, 1面に値する, 最も重要な: *front-page* news (新聞の) トップ記事.

frónt-rún・ner, frónt rún・ner 名ⓒ (先頭を走る) 最有力選手, 優勝候補.

frónt-whèel 形 前輪の, 前輪駆動の: *front-wheel* drive 前輪駆動方式 (《略語》FWD).

★frost [frɔ́ːst / frɔ́st]
名動

— 名(複 **frosts** [frɔ́ːsts / frɔ́sts]) **1** ⓤ霜; ⓒ降霜: the needles of *frost* 霜柱 / an early [a late] *frost* 早 [遅] 霜 / There was *frost* on the ground this morning. けさ地面に霜が降りていた.
2 ⓤ〘または a ～〙結氷; (霜が降りるほどの) 寒気, (氷点下の) 冷え込み: the long months of *frost* and starvation. 人々は寒気と飢えで死んだ.
3 ⓒ《口語》(催しなどの) 失敗, 不評.
■ ... *degrée(s) of fróst*《米》氷点下…度: We had [There was] 6 *degrees* of *frost* this morning. けさの気温は氷点下6度だった.

— 動 他 **1** …を霜で覆う; …を霜でだめにする.
2 …を (霜のように) 白くする 〈ガラスなどに〉つや消しにする. **3** 《主に米》〈ケーキに〉砂糖の衣をかぶせる (《英》ice).
— 動 自 霜で覆われる, 凍る (**over, up**).

Frost [frɔ́ːst / frɔ́st]名 固 フロスト Robert Lee Frost (1874-1963; 米国の詩人).

frost・bite [frɔ́ːstbàɪt / frɔ́st-]名ⓤ凍傷, 霜焼け: suffer from *frostbite* 凍傷にかかる.

frost・bit・ten [frɔ́ːstbìtn / frɔ́st-]形 **1** 凍傷 [霜焼け] にかかった. **2** (作物が) 霜の害を受けた.

frost・ed [frɔ́ːstɪd / frɔ́stɪd] 形 **1** 霜で覆われた; 凍った, 冷凍の. **2** 砂糖を白くまぶした. **3** (特にガラスなどが) つや消しの, すりガラスの.

frost・ing [frɔ́ːstɪŋ / frɔ́st-]名ⓤ **1** 《主に米》(ケーキを覆う) 糖衣, アイシング (《英》icing).
2 (金属・ガラス表面の) つや消し.

frost・y [frɔ́ːsti / frɔ́sti] 形 (比較 **frost・i・er** [～ər]; 最上 **frost・i・est** [～ɪst]) **1** 凍えるような, とても寒い; 霜の降りた: a *frosty* night 冷え冷えとする夜. **2** よそよそしい, 冷淡な (frigid): a *frosty* reply すげない返事.

frost・i・ly [～lɪ]副 凍えるように; 冷淡に.

frost・i・ness [～nəs]名ⓤ凍える寒さ; (ガラスなどの) 曇り; 冷淡さ.

froth [frɔ́ːθ / frɔ́θ]名 **1** ⓤ〘または a ～〙 (ビール・炭酸飲料の) 泡; (怒りや病気で) 泡を吹くこと.
2 ⓤ《軽蔑》たわいのない話 [もの].
— 動 自 泡立つ; (口から) 泡を吹く: *froth* at the mouth 口から泡を吹く; かんかんになって怒る.

froth・y [frɔ́ːθi / frɔ́θi]形 (比較 **froth・i・er** [～ər]; 最上 **froth・i・est** [～ɪst]) **1** (ビールなどの) 泡の立った, 泡の多い, 泡だらけの. **2** 《軽蔑》(泡のように) 軽い; (話などが) 楽しいが内容のない.

★frown [fráʊn]動 自 〘…に〙まゆをひそめる, しかめっ面をする, いやな顔をする 〔**about, at**〕(◇不快・不賛成・困惑・思索などの表情): The teacher *frowned at* Ann's rude remark. 先生はアンの無礼な言い方にしかめっ面をした.
— 他 しかめっ面で〈不機嫌・不賛成・困惑〉を示す, まゆをひそめて…を表現する.
■ *frówn on* [*upòn*] ... 他 〘通例, 受け身で〙…にまゆをひそめる; …に賛成しない, …を承諾しない.
— 名 ⓒ しかめっ面, 不機嫌な顔つき: with a *frown* 不機嫌そうに, しかめっ面をして.

froze [fróʊz] 動 freeze の過去形.

fro・zen [fróʊzən] 動 形
— 動 freeze の過去分詞
— 形 **1** 凍った, 冷凍した, 氷結した: a *frozen* brook 氷の張った小川 / thaw *frozen* food 冷凍食品を解凍する. **2** 冷淡な, 冷ややかな: a *frozen* heart 冷ややかな心. **3** 〘恐怖などで〙こわばった, すくんだ 〔**with**〕: a person *frozen* with terror 恐怖ですくんでいる人. **4** (資産などが) 凍結 [封鎖] された.

fruc・ti・fy [frʌ́ktəfàɪ] 動 (三単現 **fruc・ti・fies** [～z]; 過去・過分 **fruc・ti・fied** [～d]; 現分 **fruc・ti・fy・ing** [～ɪŋ]) 自 (植物が) 実を結ぶ, 結実する; (努力などが) 実る, 成功する.
— 他 …に実を結ばせる, …を結実 [成功] させる.

fru・gal [frúːɡəl]形 **1** 倹約な (家) の, 締まり屋の: Bob is *frugal* with his money. ボブはお金をむだづかいしない. **2** (食事などが) つましい, 質素な.

fru・gal・i・ty [fruːɡǽləti]名ⓤ質素, 倹約.

fru・gal・ly [frúːɡəli]副 つましく, 倹約して.

★fruit [frúːt]
名動
— 名(複 **fruits** [frúːts]) **1** ⓤⓒ 果物, 果実: grow *fruit* 果物を栽培する / *Fruit* provides vitamins. 果物はビタミンを補給する / I eat some *fruit* every day. 私は果物を毎日食べる.
〖語法〗通例 ⓤで集合的に用いるが, 特に個々の果物や種類を言う場合は ⓒ になる: This drink is made from five *fruits*. この飲み物は5種類の果物から作られている.
2 ⓤⓒ 〘植〙果実, 実: The pear trees are in *fruit* now. 洋ナシの木に実がなっている.
3 〘～s〙収穫, 農産物: the *fruits* of the nature 自然の産物.
4 ⓒ 〘しばしば ～s〙(行為・努力の) 結果, 成果: This book shows the *fruits* of his research. この本は彼の調査研究の成果を示している.
■ *béar frúit* **1** 実がなる. **2** (努力などが) 実を結ぶ.
— 動 自 結実する, 実がなる. (▷ 形 frúitful, frúity)
◆ frúit flý ⓒ《昆》ミバエ《果実の害虫. 遺伝研究に用いる》.

frúit knife [C] 果物ナイフ.
frúit machine [C]《英》スロットマシン(《米》slot machine).
fruit・cake [frúːtkèik] [名][U][C] フルーツケーキ(ナッツ・ドライフルーツなどが入ったケーキ).
fruit・er・er [frúːtərər] [名][C]《英・古風》果物商, 果物屋.
*****fruit・ful** [frúːtfəl] (↔ fruitless) [形] **1**〔討議・研究などが〕実り多い, 有益な: fruitful discussions 充実した討議. **2**《文語》〔作物などが〕たくさん実る;〔土壌・資源などが〕豊かな, 肥沃(ひよく)な.
fru・i・tion [fruːíʃən] [名][U]《格式》〔計画・希望などの〕実現, 達成: come to fruition 実現する.
fruit・less [frúːtləs] (↔ fruitful) [形]《格式》〔努力などが〕実りのない, 効果のない, 無意味な: a fruitless meeting 実りのない会合.
fruit・less・ly [~li] [副] むだに, むなしく.
fruit・y [frúːti] [形]〔比較 fruit・i・er [~ər]; 最上 fruit・i・est [~ist]〕**1** 果物のような〔味の, 香りの〕, フルーティーな. **2**〔声が〕豊かな, 響きのある. **3**《口語》愚かな.
frump [frʌ́mp] [名][C]《服装が》やぼったい人(◇主に女性).
frump・y [-pi] [形] やぼったい, 古くさい.
*****frus・trate** [frʌ́streit / frʌstréit, frʌ́streit] [動][他] **1**〈人〉を欲求不満にさせる,〈人〉に挫折(ざせつ)感を持たせる, …のいらいらを募らせる: His long speech frustrated the audience. 彼の長い演説に聴衆はいらいらした. **2**〔計画など〕を失敗させる, 台なしにする.
*****frus・trat・ed** [frʌ́streitid / frʌstréitid, frʌ́streitid] [形] **1** 欲求不満の, 挫折(ざせつ)感を持った, いらいらした; 挫折した, 成功しなかった: a frustrated poet 大成しなかった詩人 / She is feeling frustrated in her present job. 彼女は現在の仕事に不満を感じている. **2**〔性的に〕欲求不満の.
frus・trat・ing [frʌ́streitiŋ / frʌstréit-, frʌ́streit-] [形] いらいらする, がっかりする.
*****frus・tra・tion** [frʌstréiʃən] [名][U][C] **1**〔計画などの〕挫折(ざせつ), 失敗: a feeling of frustration 挫折〔失望〕感. **2**《心理》欲求不満, 挫折感, フラストレーション: He mentioned his frustration with his job. 彼は仕事に対する不満を口にした.
*****fry**[1] [frái]
— [動]〔三単現 fries [~z]; 過去・過分 fried [~d]; 現分 fry・ing [~iŋ]〕
— [他]〈食材〉を油で揚(あ)げる[炒(いた)める], フライにする(cf. deep-fry たっぷりの油で揚げる): fry chicken 鶏肉を油で揚げる.
— [自] **1** 油で調理される, フライになる: These scallops will soon fry. このホタテはすぐに揚がる. **2** 日焼けする.
■ *hàve bígger* [*óther*] *fìsh to frý* → FISH 成句.
— [名]〔複 fries [~z]〕[C] **1** 油で揚げた食べ物, 揚げ物, 炒め物, フライ料理. **2**〔複数形で〕《米》フライドポテト (French fries). **3**《米》〔通例, 戸外で行う〕フライ料理のパーティー.
fry[2] [名]〔複 fry〕[C]〔通例, 複数扱い〕幼魚, 稚魚(ちぎょ);〔人間の〕子供たち: small fry〔複数扱い〕《軽蔑》役

に立たない人々, 雑魚(ざこ).
fry・er, fri・er [fráiər] [名][C] **1**〔深めの〕フライ用なべ. **2**〔主に米〕フライ用若鶏.
frý・ing pàn [fráiiŋ-] [名][C] フライパン (frypan) (◇単に pan,《米》skillet とも言う).
■ *jùmp* [*lèap*] *óut of the frýing pàn* (*and*) *ínto the fire* 「一難去ってまた一難」の状態に陥る, 難を逃れたあとにさらに大きな災いが降りかかる.

*****ft., ft**《略語》= *foot*, *feet* フィート.

fuch・sia [fjúːʃə] [名] **1** [C][植]フクシア〔熱帯アメリカ原産の低木の観賞用植物〕. **2** [U] 紫紅色.
fuck [fʌ́k]《俗語》《◇公の場では使ってはならない卑語. 印刷物ではしばしば f ***, f--k と書かれる》 [動][他] **1** …とセックスする, 性交する. **2** …にひどい扱いをする (over). **3**〔間投詞的に〕ばかやろう: Fuck you! ばかやろう. — [自] **1**〔…と〕セックスする (with). **2**〔間投詞的に〕ばかやろう.
■ *fúck abóut* [*aróund*] [自] ばかげたことをする.
Fúck it!〔間投詞的に〕ちくしょう, ばか野郎.
Fúck óff!〔間投詞的に〕うせろ, とっとと消えろ.
fúck úp [他] …をだめにする, 台なしにする.
— [名][C] **1**〔通例, 単数形で〕セックス; セックスの相手(◇主に女性). **2**〔通例 the ~〕怒りなどを強調して〕一体全体: Get the fuck out of here! ここから出て行け.
fuck・ing [fʌ́kiŋ]《俗語》《◇タブー語. 怒りやいら立ちの気持ちを込めた強意語》[形]〔限定用法〕いまいましい, 腹の立つ. — [副] ひどく, 非常に, 極端に.
fud・dle [fʌ́dl]《口語》[動][他]〔しばしば受け身で〕〈酒などが〉〈人〉を酔わせる, 酔っぱとさせる.
fud・dy-dud・dy [fʌ́didʌ̀di]《軽蔑》[名]〔複 fud・dy-dud・dies [~z]〕[C] 時代遅れな人.
— [形] 時代遅れの.
fudge [fʌ́dʒ] [名] **1** [U] ファッジ〔柔らかいキャラメル状の菓子〕. **2** [C]〔主に英〕ごまかし, くだらない話.
— [動][他]《軽蔑》…をごまかす, でっち上げる.
*****fu・el** [fjúːəl] [名][U][C] **1** 燃料, エネルギー源(◇種類を表すときは [C]): run out of fuel 燃料が切れる. **2**〔比喩〕〔感情などを〕あおる〔たきつける〕もの: Now anything George said was only fuel to her anger. 今やジョージが何を言っても彼女の怒りをあおるだけだった.
■ *ádd fúel to the fire* [*flámes*] 火に油を注ぐ, 事態を悪化させる.
— [動]〔過去・過分《英》fu・elled; 現分《英》fu・el・ling〕[他] **1** …に燃料を補給する;〔通例, 受け身で〕〈車などの〉燃料となる: fuel a plane 飛行機の燃料補給をする. **2**〈感情など〉をたきつける, あおる (up).
— [自] 燃料補給をする.
fug [fʌ́g] [名]〔単数形で〕《主に英》〔閉め切った部屋の〕よどんだ空気, むっとした状態.
fu・gi・tive [fjúːdʒətiv] [名][C]〔…からの〕逃亡者, 脱獄囚, 脱走兵; 亡命者, 難民 (from).
— [形] **1**〔限定用法〕逃亡〔中〕の, 脱走中の, 亡命の. **2**《文語》変わりやすい, はかない; その場限りの.
fugue [fjúːg] [名][C]《音楽》フーガ, 遁走(とんそう)曲.
-ful [fəl]〔接尾〕**1**「…がいっぱいの」「…の性質〔能力〕のある」などの意を表す形容詞を作る: beautiful 美しい / forgetful 忘れっぽい. **2** [ful]「…1杯の量」

の意を表す名詞を作る: hand*ful* 手のひら1杯 (の量) / spoon*ful* スプーン1杯 (の量).

ful・crum [fúlkrəm, fÁl-] 名 (複 **ful・crums** [~z], **ful・cra** [-krə]) C (てこの) 支点, てこ台.

ful・fill, 《英》 《ful・fil** [fulfíl]〖「ful (十分に)+fill (満たす)」から〗動 (三単現 **ful・fills**, 《英》 **ful・fils** [~z]; 過去・過分 **ful・filled** [~d]; 現分 **ful・fill・ing** [~iŋ]) 他 **1** 〈約束・義務・職務など〉を果たす, 履行する, 遂行する: *fulfill* an important role 重要な役割を果たす. **2** 〈必要・条件など〉を満たす; 〈目的など〉にかなう: She *fulfilled* all the requirements for the post. 彼女はその地位に必要な条件をすべて満たしていた.

■ *fulfill onesélf* 自分の能力を十分に発揮する.

ful・filled [fulfíld] 形 満足した, 充実感のある.

ful・fill・ment, 《英》 **ful・fil・ment** [fulfílmənt] 名 U **1** (仕事などの) 遂行, 完遂; (約束の) 履行; 達成, 実現: *fulfillment* of a wish 願望の実現. **2** 満足感, 達成 [充足] 感: find *fulfillment* in ... …に満足する.

full [fúl]

形 副 名 〖基本的意味は「いっぱいの (containing as much as possible)」〗

── 形 (比較 **full・er** [~ər]; 最上 **full・est** [~ist])

1 (容器・場所が) […で] **いっぱいの**, 満ちた [*of*] (↔ *empty*): a *full* bathtub いっぱいになった浴槽 / The bus was *full*. バスは満員だった / Don't speak with your mouth *full*. 食べ物を口にほおばったまましゃべってはいけない / The box is *full of* litter. 箱はごみくずでいっぱいです / The garden was *full of* roses. 庭にはバラが咲き乱れていた.

2 […が] **たくさんある**, 豊富な [*of*]: This composition is *full of* mistakes. この作文には間違いだらけです / Everything is *full of* life in spring. 春はあらゆるものが生気にあふれている.

3 [叙述用法] […で] 胸 [頭] がいっぱいで, 夢中で [*of*]: Her head was *full of* the examination. 彼女は試験のことで頭がいっぱいだった / He was *full of* himself. 彼は自分のことばかり考えていた.

4 [限定用法] (数量・程度などが) **全部の**, 完全な; 最大限の, 最高の: a *full* six months = six *full* months 丸6か月 / a *full* member of the club クラブの正会員 / at *full* speed 全速力で / come to a *full* stop 完全に停止する / The cherry blossoms are in *full* bloom. 桜の花が満開です / He was lying *full* length on the floor. 彼は床の上に大の字になって寝そべっていた.

5 《口語》 腹いっぱいで: No more, thank you. I'm *full*. もう結構です. お腹いっぱいです. **6** (光・色・におい・味が) 強烈な, 濃い, こくのある; (声・音量が) 豊かな; (生活などが) 充実した: a *full* voice 朗々たる声 / wine with a *full* flavor 芳醇な風味のあるワイン / lead a *full* life 充実した生活を送る. **7** (体 (の一部) が) 丸々とした, 盛り上がった, 太った: She had *full* red lips. 彼女はふっくらとした赤い唇をしていた / He has a *full* figure. 彼は格幅がいい. **8** (衣服が) ゆったりした, だぶだぶの (↔ *tight*): a *full* skirt ゆったりしたスカート.

── 副 **1** (位置・方向などが) まともに (straight): He looked *full* at me. 彼は私の顔をまじまじと見つめた / The ball hit him *full* in the face. ボールが彼の顔にもろに当たった. **2** 非常に, まったく: I know *full* well that the game will go against us. 試合が私たちに不利になることはよくわかっている.

── 名 U [通例 the ~] 最高, 絶頂; 十分: in the *full* of spring 春の盛りに / The tide was at the *full*. 満潮だった.

■ *in fúll* 全部 (の); 完全に, 略さずに: pay *in full* 全額支払う / Please sign your name *in full*. お名前を略さずにお書きください.

to the fúll 十分に, 心ゆくまで, 最大限に: enjoy oneself *to the full* 思う存分楽しむ.

◆ fúll bóard U (ホテルで) 全食付きの宿泊.

fúll hóuse **1** (劇場などの) 大入り満員. **2** [トランプ] フルハウス (《ポーカーで同位の札3枚 (スリーカード) と2枚 (ワンペア) から成る手)》.

fúll márks [複数扱い] 《英》 (試験の) 満点; 最高の評価.

fúll móon [単数形で] 満月 (→ MOON 図).

fúll náme C (略さない) 氏名, フルネーム (◇たとえば W. Wordsworth としないで William Wordsworth としても).

fúll stóp C 《英》 ピリオド, 終止符 (《米》 period).

full・back [fúlbæk] 名 C [ラグビー・アメフトなど] フルバック, 後衛. [関連語] forward フォワード / halfback ハーフバック.

fúll-blòod・ed 形 [比較なし; 限定用法] **1** 純血 (種) の. **2** 情熱的な; 精力的な.

fúll-blówn 形 [比較なし; 限定用法] **1** 完全に発達した; 全面的な, 本格的な. **2** (花が) 満開の.

fúll-bód・ied 形 (ワインなどが) 風味豊かな.

fúll-dréss 形 [限定用法] **1** (パーティーなどが) 正装を要する, 礼服着用の. **2** 本格的な, 正式な.

fúll dréss 名 U 正装, 礼装.

fúll-flédged, 《英》 **fúll・y-flédged** 形 **1** (鳥の) 羽が生えそろった. **2** 訓練 [修業] の完了した; 十分に発育 [発達] した, 一人前の.

fúll-grówn, 《英》 **fúll・y-grówn** 形 (特に動植物が) 十分に成長 [発育] した.

fúll-léngth 形 [通例, 限定用法] **1** (絵・写真・鏡などが) 全身の, 全身を写す; (衣服が) 足元までである. **2** (作品が) 省略のない, 原作のままの; 通常の長さの.

full・ness, **ful・ness** [fúlnəs] 名 U **1** いっぱいであること; 満腹 (感). **2** 豊かさ, 充足; 完全 (さ). **3** 丸み.

■ *in the fúllness of tíme* 機が熟して; 結局は.

fúll-páge 形 [限定用法] 全ページの; (特に新聞の) 全面の.

fúll-scále 形 [限定用法] **1** 原寸の, 実物大の. **2** 全面的な, 本格的な.

fúll-síze, fúll-sízed 形 **1** 実物大の; 十分成長した. **2** [コンピュータ] (画像が) 拡大した.

***fúll-tíme** 形 フルタイムの, 全時間 (就業) の, 常勤の, 専任の (cf. part-time 非常勤の): a *full-time* job 常勤の仕事.

── 副 フルタイムで, 常勤で, 専任で.

fúll tíme 名 U [スポーツ] 《英》 (主にサッカーの) 競

技時間の終了, フルタイム (cf. half time ハーフタイム): at *full time* 競技が終了して.

‡full·y [fúli]

— 副 **1** **十分に**, 完全に, すっかり: explain *fully* 十分に説明する / John is *fully* confident of passing the exam. ジョンは試験の合格に絶対の自信を持っている / Betty hasn't *fully* given up her dream. ベティーは夢を完全にあきらめてしまったわけではない (◇部分否定).
2 [数詞の前に用いて] たっぷり, 丸まる: sleep for *fully* eight hours 丸まる8時間眠る.

ful·mi·nate [fúlmənèit, fʌ́l-] 動 自 《格式》〔…を / …に〕激しく非難 [抗議] する〔*against* / *at*〕.
ful·mi·na·tion [fùlmənéiʃən, fʌ̀l-] 名 U C 猛烈な非難 [抗議].

ful·ness [fúlnəs] 名 《英》= FULLNESS (↑).

ful·some [fúlsəm] 形 《口語・しばしば軽蔑》(お世辞などが) 大げさな, わざとらしい, そらぞらしい.

Ful·ton [fúltən] 名 固 フルトン Robert Fulton 《1765–1815; 米国の技術者. 初めて蒸汽船を建造》.

***fum·ble** [fʌ́mbl] 動 自 **1**〔…の中を / …を〕手探りする, 探し回る (*about*)〔*in* / *for*〕;〔言葉を〕見つけようとする〔*for*〕: The policemen were *fumbling about in* the dark. 警官たちは暗やみの中を探し回った. **2** 物を不器用に扱う;【球技】ボールをつかみ損なう, ファンブルする.
— 他 **1** …を手探りで探す; 不器用に扱う; いじくり回す. **2** …でへまをやる, …をしくじる;【球技】〈ボール〉の処理を誤る, …をファンブルする.
■ ***fúmble one's wáy*** 〔…を〕手探りで [まごつきながら] 進む〔*through*〕.
— 名 C【球技】ファンブル, (ボールの) 捕り損ない.

***fume** [fjúːm] 動 自 **1**〔…に〕いらいらする, 腹を立てる〔*at, about, over*〕: *fume* with rage 激怒する. **2** (蒸気・煙などを) 発する; 煙る, いぶる.
— 名 [通例 ～s] (刺激性が強く不快な) 蒸気, 煙.

fu·mi·gate [fjúːməgèit] 動 他 (害虫駆除のため) 〈部屋など〉をいぶす, 薫蒸消毒する.
fu·mi·ga·tion [fjùːməgéiʃən] 名 U 薫蒸消毒.

‡fun [fʌ́n] 名 形

— 名 U **楽しさ**, 面白さ; 面白いもの [人]; ふざけ, 戯れ: We had *fun* dancing at the party. 私たちはパーティーでダンスをして楽しかった / Have *fun*! 楽しんでいらっしゃい / It's great *fun* playing soccer. サッカーをするのは非常に面白い / It's *fun* to try out new things. 新しいことを試すのは楽しい / What *fun*! なんて楽しいんだろう / Jim is full of *fun*. ジムはふざけてばかりいる.
■ ***a figure of fún*** 笑い者 (になる人), 物笑いの種.
for fún 面白半分に, ふざけて; 楽しみに: Mike repaired the computer *for fun*. マイクは楽しんでコンピュータを直した.
for the fún of it = for fun.
fún and gámes 《口語》楽しいこと; 楽しめること.
in fún 冗談に, ふざけて.
màke fún of ... = ***póke fún at ...*** …をからかう, ばかにする: They *made fun of* his accent. 彼らは彼のなまりをからかった.
— 形 [限定用法] 《口語》楽しい, 面白い: Have a *fun* time! 楽しい時を. (▷ 形 fúnny)

‡func·tion [fʌ́ŋkʃən] 名 動

— 名 (複 **func·tions** [～z]) C **1** **働き**, 機能, 作用: the *function* of the stomach 胃の働き / Do you know the main *function* of this machine? この機械の主な機能を知っていますか.
2 職務, 役割, 役目: the *functions* of a president 大統領の職務 / fulfill one's *function* 自分の役割を果たす. **3** 儀式, 式典, 祭典; 《口語》大宴会, 祝宴. **4**【数学】関数; 《比喩》相関的要因.
5【コンピュータ】ファンクション《コンピュータが実行する一連の作業》.
— 動 自 **1** (機械などが) **作用する**, 機能する, 働く: The machine is *functioning* properly. この機械は正しく機能しています. **2**〔…の〕役割 [役目] を果たす〔*as*〕: This sofa can also *function as* a bed. このソファーはベッドにもなる.
◆ **fúnction wòrd** C【文法】機能語 (◇前置詞・接続詞・関係詞・冠詞・助動詞など, 文法上の機能を果たす語).

func·tion·al [fʌ́ŋkʃənəl] 形 **1** 機能的な, 機能本位の, (見かけよりも) 実用重視の: a *functional* kitchen 機能的で使いやすい台所. **2** 機能上の; 職務上の: a *functional* disease 機能的疾患.
3 [叙述用法] (正常に) 機能する, まだ使える: This old computer is still fully *functional*. この古いコンピュータはまだ十分に使える.
func·tion·al·ly [-əli] 副 機能上, 職務上.

func·tion·al·ism [fʌ́ŋkʃənəlìzəm] 名 U (建築・家具などの) 機能主義.

func·tion·ar·y [fʌ́ŋkʃənèri / -ʃənəri] 名 (複 **func·tion·ar·ies** [～z]) C 《しばしば軽蔑》(重要でない仕事をする) 職員, (特に) 役人.

‡fund [fʌ́nd] 名 動

— 名 (複 **funds** [fʌ́ndz]) **1** C (特定の目的のための) **基金**, 資金: a scholarship *fund* 奨学資金 / They contributed $1,000 to the disaster relief *fund*. 彼らは災害救済基金に1,000ドル寄付した.
2 [～s] 所持金, 手持ち資金; 財源: be in [out of] *funds* 金を持っている [切らしている] / be short of *funds* 所持金が足りない.
3 C [通例 a ～]〔知識などの〕蓄え〔*of*〕: a *fund of* practical knowledge 豊富な実用的知識.
— 動 他 **1** …に資金を提供 [援助] する. **2** 〈借入金〉を長期公債に切り替える.

‡fun·da·men·tal [fʌ̀ndəméntəl] 形 名

— 形 **1** **基本的な**, 基礎的な, 根本的な: *fundamental* human rights 基本的人権 / *fundamental* principles 基本 (的) 原理 / Our team needs a *fundamental* change. 私たちのチームには根本的な変化が必要です.
2 [比較なし]〔…にとって〕欠くことができない, 必須の, 絶対必要な〔*to*〕: Moderate exercise is *fundamental to* good health. 適度の運動は健康に欠くことができない.

fundamentalism

— 名[the ～s] 基本, 基礎, 原理: the *fundamentals* of politics 政治の基本.
(▷ 名 foundátion)

fun·da·men·tal·ism [fʌ̀ndəméntəlìzəm] 名 ⓊⅠ 1 [しばしば F-]《キリスト》根本主義, ファンダメンタリズム《聖書の記述を文字通りに解釈する》. 2 (イスラム教などの) 原理主義《教義を厳格に守ろうとする》.

fun·da·men·tal·ist [-list] 名 Ⓒ 原理[根本]主義者.

fun·da·men·tal·ly [fʌ̀ndəméntəli] 副 根本[基本] 的に; [文修飾] 根本[基本] 的には, 本来.

fúnd-ràiser 名 Ⓒ 1 資金調達者. 2 資金調達のための会 [パーティー].

fúnd-ràis·ing 名 Ⓤ 資金調達, 基金募集.

‡fu·ner·al [fjúːn(ə)rəl] 名 Ⓒ 1 葬式, 葬儀: attend a *funeral* 葬儀する / a state *funeral* 国葬. 2 [形容詞的に] 葬式の: a *funeral* column 死亡欄 / *funeral* services 葬儀 / a *funeral* march 葬送行進曲.
■ *It* [*That*] *is* ...'*s* (*ówn*) *fúneral*.《口語》それは…だけの問題[責任] である. (▷ 形 funéreal)
◆ fúneral diréctor Ⓒ 葬儀屋 (undertaker).
fúneral hòme [《英》 pàrlour] Ⓒ 《米》 葬儀屋[社].

fu·ner·ar·y [fjúːnərèri / -nərəri] 形[限定用法] 葬式の, 埋葬の.

fu·ne·re·al [fjuːní(ə)riəl] 形 葬送の (ような), しめやかな, 陰気な. (▷ 名 fúneral)

fun·fair [fʌ́nfèər] 名 Ⓒ 《英》 移動遊園地 (fair, 《米》 carnival).

fun·gi·cide [fʌ́ndʒisàid, fʌ́ŋgi-] 名 ⒸⓊ 防カビ剤, 殺菌剤, 抗菌剤.

fun·goid [fʌ́ŋgoid] 形 カビ[キノコ] に似た, 菌状の.

fun·gous [fʌ́ŋgəs] 形 キノコ[菌] の (ような); (菌類のように) 急に生じる, はびこる.

fun·gus [fʌ́ŋgəs] 名 (複 **fun·gi** [fʌ́ndʒai, fʌ́ŋgai], **fun·gus·es** [～iz]) 1 Ⓒ キノコ. 2 Ⓤ 菌類 (が引き起こす病).

fu·nic·u·lar [fjuníkjulər] 名 Ⓒ = funícular ráilway 登山鉄道, ケーブルカー.

funk[1] [fʌŋk] 名 Ⓤ [または a (blue) ～]《米口語》意気消沈: be in a *funk* がっかりしている.

funk[2] 名 Ⓤ ファンク《1950年代の黒人ジャズに都会的なセンスを加えた音楽》.

funk·y [fʌ́ŋki] 形 (比較 **funk·i·er** [～ər]; 最上 **funk·i·est** [～ist]) 1《口語》(音楽が)(ダンスに向いた) 強いリズムの, ファンキーな. 2《主に米口語・ほめ言葉》ユニークな, 型破りな; 格好いい, 楽しい.

fun·nel [fʌ́nəl] 名 Ⓒ じょうご; (汽船などの) じょうご状の煙突; じょうご状のもの.
— 動 (過去・過分《英》**fun·nelled**; 現分《英》**fun·nel·ling**) 自 [じょうご (のような狭い所)を] 通過する [*in, through*].
— 他 1 …を (じょうごで) 注ぐ, 入れる. 2〈金・情報などを〉 [...に] 送り込む [*to, into*].

fun·ni·ly [fʌ́nili] 副 1 おどけて, こっけいに. 2 [文修飾; 通例 funnily enough の形で]《口語》奇妙なことに, おかしなことだが: *Funnily enough*, he didn't tell me about it. おかしなことに彼は私

にそのことを言わなかった.

‡fun·ny [fʌ́ni] 形 — 形 (比較 **fun·ni·er** [～ər]; 最上 **fun·ni·est** [～ist]) 1 おかしい, こっけいな, 面白い: a *funny* story [fellow] 面白い話 [やつ] / What's so *funny*? 何がそんなにおかしいの. 2 変な, 妙な (strange): James has a *funny* habit. ジェームズには妙な癖がある / It's *funny* (that) she hasn't sent me an email for a week. 彼女が1週間もEメールを送って来ないなんて変だ《◇ **1**, **2** の意味を区別して, funny ha-ha (こっけいな), funny peculiar (奇妙な) と言うことがある. 3 (行動・料金などが) あやしい. 4 [叙述用法]《口語》(体調が) すぐれない: feel *funny* 気分がすぐれない.
— 名 Ⓒ (複 **fun·nies** [～z]) [the funnies]《米口語》(新聞の) 続き漫画; 漫画欄. (▷ 名 fún)
◆ fúnny bòne Ⓒ 1《口語》(ひじ先の) 尺骨の端 (ぶつけるとぴりっとした痛みが走る箇所). 2 笑いのツボ: tickle …'s funny bone …を笑わせる.

‡fur [fə́ːr] 名 Ⓒ【原義は「覆い」】
— 名 (複 **furs** [～z]) 1 Ⓤ (動物の柔らかい) 毛: This rabbit has fluffy *fur*. このウサギはふわふわした毛をしている.
2 ⓊⒸ 毛皮; Ⓒ [しばしば ～s] 毛皮製品: a fox *fur* キツネの毛皮 (製品) / a *fur* coat 毛皮のコート / wear *furs* 毛皮 (製品) を着ている.
3 Ⓤ [集合的に] 毛皮獣, 柔毛を持つ獣: *fur* and feather 鳥獣. 4 Ⓤ (病気のときにできる) 舌苔 (ぜつたい). 5 Ⓤ (鉄パイプ・やかんなどの) 湯あか.
■ *màke the fúr flý* 大げんかする, 大騒ぎを起こす.
— 動 (三単現 **furs** [～z]; 過去・過分 **furred** [～d]; 現分 **fur·ring** [fə́ːriŋ])
— 他 …に湯あか [舌苔] を生じさせる (*up*).
— 自 湯あか [舌苔] が生じる (*up*).
◆ fúr sèal Ⓒ【動物】オットセイ.

fur·be·low [fə́ːrbəlòu] 名 Ⓒ [通例 ～s] (スカートなどの) 派手なひだ飾り.

fur·bish [fə́ːrbiʃ] 動 他〈古くなったもの, 使っていなかったものを〉ぴかぴかに磨く, つやを出す (*up*).

‡fu·ri·ous [fjúəriəs] 形 1 [叙述用法]〔…に / …して〕激怒した [*about, at, with* / *to do, that* 節]: Father was *furious with* me for playing the guitar all day. 私が一日じゅうギターを弾いていることに父は激怒した. 2 [限定用法](あらし・けんかなどが) 激しい; (速度などが) ものすごい: a *furious* battle [argument] 激しい戦い [論争] / at a *furious* speed 猛スピードで. (▷ 名 fúry)

fu·ri·ous·ly [fjúəriəsli] 副 1 激怒して, 怒り狂って. 2 激しく, 猛烈に.

furl [fə́ːrl] 動 他〈帆・旗など〉を巻き上げる;〈扇・傘など〉を折りたたむ, 閉じる (↔ unfurl).

fur·long [fə́ːrlɔːŋ / -lɔŋ] 名 Ⓒ ファーロング, ハロン《◇ 競馬で用いる長さの単位; 1ファーロング = 1/8 マイル = 約200m;《略語》fur.》.

fur·lough [fə́ːrlou] 名 ⒸⓊ (海外勤務の公務員・軍人の) 休暇: on *furlough* 休暇 (中) で.

‡fur·nace [fə́ːrnəs] 名 Ⓒ 1 (金属やガラスを溶か

す)炉; 溶鉱炉. **2** (ビルの)暖房用ボイラー.

‡fur‧nish [fə́ːrniʃ]

— 動 (三単現 fur‧nish‧es [~iz]; 過去・過分 fur‧nished [~t]; 現分 fur‧nish‧ing [~iŋ])
— 他 **1** …に […に] **備え付ける** [*with*],〈家・部屋〉に家具を取り付ける: The house hasn't yet been *furnished*. 家にはまだ家具が取り付けられていない / Philip decided to *furnish* his room *with* a new desk and bookshelf. フィリップは自分の部屋に新しい机と本棚を備え付けることにした. **2** 《格式》〔人などに〕〈必要なもの〉を**供給する**, 与える [*to*],〈人など〉に〔必要なもの〕を供給する [*with*] (supply): I asked him to *furnish* more information. 私は彼にもっと情報を提供するように頼んだ / This school *furnishes* computers to all the students. = This school *furnishes* all the students *with* computers. この学校では全生徒にコンピュータを与えている.

fur‧nished [~t] 形 家具付きの.

fur‧nish‧ing [fə́ːrniʃiŋ] 名〖~s; 複数扱い〗備え付けの家具, 装飾具類 (◇ furniture よりも意味が広く, 水道・ガス・電話・浴室・カーテンなども含む. また, カーテンなどは soft furnishings とも呼ばれる).

‡fur‧ni‧ture [fə́ːrnitʃər]

— 名 Ⓤ〖集合的に; 単数扱い〗**家具**, 備品, 調度: kitchen *furniture* 台所の調度品 / There is a lot [little] *furniture* in her room. 彼女の部屋には家具がたくさんある [ほとんどない].

〖語法〗 (1) 通例, 移動可能なものをさす.
(2) 数えるときは a piece [an article] of furniture のように言う: There are *six pieces* [*articles*] of *furniture* in my room. 私の部屋には家具が6点ある.

fu‧ror [fjúərɔːr], 《英》**fu‧ro‧re** [fjúərɔːr / fjuərɔ́ːri] 名 Ⓤ〖または a ~〗熱狂; 熱狂的な称賛; 怒りの爆発: make [cause, create] a *furor* 熱狂的な称賛を受ける, 大評判になる.

fur‧ri‧er [fə́ːriər / fʌ́riə] 名 Ⓒ 毛皮商, 毛皮販売 [加工] 業者.

fur‧row [fə́ːrou / fʌ́rou] 名 Ⓒ **1** あぜ溝, (車の)わだち. **2** (特に額の)しわ. — 動 他 **1** …を耕作する, …にうね [溝] を作る. **2** 〈額〉にしわを寄せる.
— 自 しわを寄せる, しわが寄る.

fur‧ry [fə́ːri] 形 (比較 **fur‧ri‧er** [~ər]; 最上 **fur‧ri‧est** [~ist]) (動物・衣服などが) 毛皮で覆われた; (毛のように) 柔らかい.   (▷ 名 fúr)

‡‡fur‧ther [fə́ːrðər]

副 形 動 (◇ far の比較級の1つ; → FAR 〖語法〗)
— 副 **1** **さらに**, そのうえに: investigate the case *further* 事件をさらに詳しく調査する / He remembered *further* back in time when the country was poor. 彼は国が貧しかった頃のことをずっと振り返って思い出した.

2 より遠くに (farther): I can't go any *further*. もうこれ以上進めない.

3 〖文修飾〗《格式》さらに, それに加えて (furthermore): He lost his money. *Further*, he lost his way. 彼は金をなくしたうえ道にも迷ってしまった.
■ *further to …* 《格式》…に加えて (◇ 主に商業文で用いる).

— 形 **1** さらなる, そのうえの: Please dial this number for *further* information. さらに詳しくお知りになりたい方は次の番号にお電話ください / Do you have anything *further* to say? ほかに何かおっしゃりたいことはありますか.

2 より遠くの; 遠い方の (farther): on the *further* side of the river 川の向こう岸に.
— 動 …を助成する, 推進する: *further* the new sales project 新たな販売計画を推進する.
◆ fúrther educátion Ⓤ《英》成人教育《大学に行かない人を対象とする》.

fur‧ther‧ance [fə́ːrðərəns] 名 Ⓤ《格式》(計画・仕事などの) 助長, 促進.

fur‧ther‧more [fə́ːrðərmɔ̀ːr] 副 《格式》なお, さらに, そのうえ, さらに加えて (besides).

fur‧ther‧most [fə́ːrðərmòust] 形 《格式》〖…から〗最も遠い (furthest).

‡**fur‧thest** [fə́ːrðist] (◇ far の最上級の1つ; → FAR 〖語法〗) 副 **1** 最大限に: His reputation has fallen *furthest*. 彼の評判は落ちるところまで落ちた. **2** 最も遠くに (farthest).
— 形 **1** 最大限の: I'll give you my *furthest* help. 私はあなたをできる限り手伝います. **2** 最も遠くの (farthest).

fur‧tive [fə́ːrtiv] 形 ひそかな, 内密の, 人目を忍ぶ: take a *furtive* look そっと見る.

fur‧tive‧ly [~li] 副 ひそかに, 人目を忍んで.

‡**fu‧ry** [fjúəri] 名 (複 **fu‧ries** [~z]) **1** Ⓤ 〖時に a ~〗激怒, 激しい怒り (◇ rage より強い): be in a *fury* 激怒している / fly into a *fury* 激怒する / with *fury* 激怒して. **2** Ⓤ (あらし・戦い・仕事などの) 激しさ, 激しい力: the *fury* of the typhoon 台風の猛威. **3** Ⓒ 〖F-〗《ギ神・ロ神》復讐 (ふくしゅう) の3女神の1人; 気性の激しい女性.
■ *like fúry* 《口語》猛烈に.   (▷ 形 fúrious)

furze [fə́ːrz] 名 Ⓤ《植》ハリエニシダ (gorse) 《ヨーロッパ原産のマメ科の常緑灌木 (かん)》.

*‡**fuse** [fjúːz] 名 Ⓒ **1** 《電気》**ヒューズ**. **2** (爆弾の) 信管, 導火線 (◇《米》では fuze ともつづる): time *fuse* 時限信管.
■ *be on* [*have*] *a shórt fúse* すぐにかっとなる.
blów a fúse **1** ヒューズを飛ばす. **2**《口語》かっとなる.
— 動 他 **1** …にヒューズを取り付ける; …のヒューズを飛ばす. **2** 〈金属など〉を (熱で) **溶かす**; 熱して融合させる (*together*). **3** 〈会社・団体など〉を連合 [結合] させる, 合併させる.
— 自 **1** ヒューズが飛ぶ. **2** 融合する (*together*); (会社などが) 合同 [合併] する.
◆ fúse bòx Ⓒ ブレーカー, ヒューズボックス.

fu‧se‧lage [fjúːsəlɑ̀ːʒ, -zə-] 名 Ⓒ (航空機などの) 胴体, 機体 (→ AIRCRAFT 図).

fu‧sil‧lade [fjúːsəlèid / fjùːzəléid] 名 Ⓒ **1** (鉄砲による) 一斉射撃. **2** (質問などの) 連発, 集中攻撃: meet a *fusillade* of questions 質問攻めにあう.

fu‧sion [fjúːʒən] 名 **1** Ⓒ Ⓤ (金属の) 溶解, 融

合; 溶解物. **2** ©U融合;(政党・団体などの)合同, 合併. **3** U【物理】= núclear fúsion 核融合. **4** U【音楽】フュージョン《ジャズ・ロック・ソウルなど異なるジャンルの融合》.

◆ fúsion bòmb ©核融合爆弾(◇ hydrogen bomb (水素爆弾)の別名).

*fuss [fʌ́s]名 **1** U[または a ~]「ささいな事についての]**大騒ぎ** [*about*, *over*]: Don't make too much *fuss about* [*over*] trifles. つまらない事で大騒ぎしないで. **2** [a ~] […についての](無用な)心配, 気をもむこと [*about*, *over*]. **3** [a ~] 抗議, 苦情; ひと騒動.

■ *kíck up* [*màke*] *a fúss abòut* ...《口語》…に文句をつける, 大騒ぎする.
màke a fúss òver [《英》*of*] ... 《米》…に注意[関心]を払う, ちやほやする.
— 動 @ **1** [つまらない事に]大騒ぎする;[…について]無用な心配をする [*about*, *around*]. **2** […を]ちやほやする [*over*]: John is always *fussing over* his son. ジョンは息子に気を使ってばかりいる.
— 他 …をやきもき[いらいら]させる.
■ *be fússed* (*abòut* ...) [否定文で]《英口語》(…を)気にする: I'm not *fussed about* it. そんなことどうでもいい.

fuss·budg·et [fʌ́sbʌ̀dʒit]名 ©《米・古風》ささいな事で騒ぎ立てる人, つまらない事でやきもきする人(《英》fusspot).

fuss·i·ly [fʌ́sili]副(ささいな事に)大騒ぎして; やきもきして.

fuss·pot [fʌ́spɑ̀t / -pɔ̀t]名《英》=FUSSBUDGET(↑).

fuss·y [fʌ́si]形(比較 fuss·i·er [~ər]; 最上 fuss·i·est [~ist])《通例, 軽蔑》 **1** (つまらない事に)大騒ぎする, やきもきする; 小うるさい: a *fussy* teacher あれこれ口うるさい教師. **2** […に]好みがうるさい, 気難しい: She is *fussy about* her food. 彼女は食べ物の好き嫌いが多い.
3 [通例, 疑問文・否定文で]《口語》［…を]気にする [*about*]: I'm not *fussy*. (選択をせまられて)どちらでもいいですよ.
4 (模様などが)ごてごてした; 飾り立てた.

fus·tian [fʌ́stʃən / -tiən]名U **1** ファスチャン織りの布地(けばのある綿織物). **2** 《文語》大げさな言葉;[形容詞的に](言葉などが)大げさな.

fus·ty [fʌ́sti]形(比較 fus·ti·er [~ər]; 最上 fus·ti·est [~ist])《軽蔑》 **1** むっとする, かび臭い. **2** 古くさい, 時代遅れの.

fu·tile [fjúːṭl / -taɪl]形 **1** (行為が)無益な, むだな; 無意味な. **2** (人が)無能な, くだらない.

fu·til·i·ty [fjuːtɪ́ləṭi]名(複 fu·til·i·ties [~z])
1 U むだ, 無益; 無意味(さ): the *futility* of war 戦争のむなしさ. **2** © 無意味な行為[こと].

*fu·ture [fjúːtʃər]名【基本的意味は「未来 (the time after the present)」】

— 名(複 fu·tures [~z]) **1** U©[通例 the ~] 未来, 将来(関連語) present 現在 / past 過去): in the near *future* 近いうちに / in the distant [the not too distant] *future* 遠い[あまり遠くない]将来に / I'm concerned about the *future* of this village. 私はこの村の将来を心配している.
2 U© 将来性, 前途(有望);[通例, 疑問文・否定文で]成功の見込み: a man with a *future* 将来のある男 / He has a great *future* ahead of him as a statesman. 彼には政治家としてすばらしい将来が開けている / There's no *future* for the industry. その産業に未来はない.
3 [the ~] =fúture ténse【文法】未来時制(→ TENSE (文法)). **4** [~s]【商】先物(契約).

■ *in fúture* 《英》= in the future **2**.
in the fúture **1** 将来に, 未来に: Nobody can tell what will happen *in the future*. 将来何が起こるかだれにもわからない. **2** これからは, 今後は: Be more careful *in the future*. これからはもっと気をつけなさい.

— 形[比較なし; 限定用法] **1** 未来の, 将来の: my *future* husband [wife] 私の夫[妻]になる人 / Do you believe in a *future* life? あなたは来世を信じますか.
2【文法】未来の, 未来時制の.

◆ fúture pérfect [the ~]【文法】未来完了(→ PERFECT (文法)).

fúture progréssive [the ~]【文法】未来進行形(→ PROGRESSIVE (文法)).

fu·tur·ism [fjúːtʃərɪ̀zm]名U[通例 F-]【芸】未来派(の芸術)《20世紀初頭の前衛芸術運動》.

fu·tur·ist [fjúːtʃərɪst]名©【芸】 **1** [通例 F-] 未来派の芸術家. **2** 未来学者 (futurologist).
— 形未来派の; 未来主義の.

fu·tur·is·tic [fjùːtʃərɪ́stɪk]形 **1** 未来の; (小説・映画などが)未来を扱った. **2**《口語》前衛的な, 超現代的な. **3** [F-]《芸》未来派の.

fu·tu·ri·ty [fjuːtjúərəṭi / -tjúər-]名(複 fu·tu·ri·ties [~z])《格式》 **1** U未来, 将来. **2** ©[しばしば複数形で]未来の状態, 未来の出来事.

fu·tur·ol·o·gist [fjùːtʃərɑ́lədʒɪst / -rɔ́l-]名© 未来学者, 未来論者.

fu·tur·ol·o·gy [fjùːtʃərɑ́lədʒi / -rɔ́l-]名U未来論, 未来学.

fuze [fjúːz]名《米》=FUSE **2**.

fuzz [fʌ́z]名U **1** けば; 綿毛, ふわふわしたもの. **2** [the ~; 単数・複数扱い]《俗語》警官, 警察.

fuzz·y [fʌ́zi]形(比較 fuzz·i·er [~ər]; 最上 fuzz·i·est [~ist]) **1** けば立った; 綿毛の(ような), ふわふわした. **2** (輪郭・考えなどが)ぼやけた, はっきりしない: a *fuzzy* photograph ピンボケの写真.

◆ fúzzy thèory [lògic]U【数学】ファジー理論[論理], あいまい理論[論理].

fuzz·i·ly [~li]副けば立って; ぼやけて.

fuzz·i·ness [~nəs]名Uけば立った状態; 不明瞭(めいりょう)さ, 不鮮明.

FW《略語》*f*or*w*ard.

fwd, fwd.《略語》= *f*or*w*a*rd*.

FWD《略語》= *f*our-*w*heel *d*rive 四輪駆動; *f*ront-*w*heel *d*rive 前輪駆動.

-fy [faɪ]接尾 名詞・形容詞に付けて「…にする, …になる, …化する」などの意を表す動詞を作る: beauti*fy* 美化する / glori*fy* たたえる / puri*fy* 浄化する.

FYI《略語》= *f*or *y*our *i*nformation ご参考までに.

G g

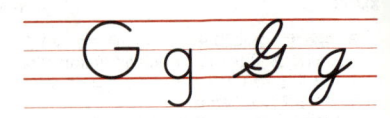

g, G [dʒíː]名(複 g's, gs, G's, Gs [~z]) **1** UC ジー《英語アルファベットの7番目の文字》. **2** C《大文字で》G字形のもの. **3** U《大文字で》《音楽》ト音《ドレミ音階のソの音》;ト調.

g, G¹《略語》= gravity 引力, 重力.

G²《略語》= general《米》一般向けの(映画)(→ FILM 表); good《教育》良(→ GRADE 表); grand《米俗語》1,000ドル.

G³, **G.**《略語》= German; Germany.

g.《略語》= gauge 計器, ゲージ; good; gram(s); gramme(s).

Ga《元素記号》= gallium ガリウム.

GA¹《郵略語》= Georgia.

GA², **G.A.**《略語》= General Agent 総代理人[店]; General American 一般アメリカ英語; General Assembly 国連総会.

Ga.《略語》= Georgia.

gab [gǽb]《口語》名 U むだ口, おしゃべり.
■ **háve the gift of (the) gáb** 口が達者である.
— 動(三単現 **gabs** [~z]; 過去・過分 **gabbed** [~d]; 現分 **gab·bing** [~iŋ])(自) むだ話をする (*on, away*).

gab·ar·dine [gǽbərdìːn / ɡæbədíːn]名 U ギャバジン《目の細かいあや織りの生地》.

gab·ble [gǽbl]動(自) (聞き取れないほど)早口でしゃべる (*away, on*). — 他…を(聞き取れないほど)早口でしゃべる (*off, out*).
—名 U《または a ~》早口のおしゃべり[話].

gab·er·dine [gǽbərdìːn / ɡæbədíːn]名 = GABARDINE (↑).

ga·ble [géibl]名 C《建》破風(はふ), 切妻(きりづま)《切妻屋根の外壁》.

ga·bled [géibld]形《建》切妻(きりづま)のある.

Ga·bon [ɡæbɔ́ːn / ɡæbɔ́ːn]名(固)ガボン《アフリカ西部の共和国; 首都リーブルビル (Libreville)》.

Ga·bri·el [géibriəl]名 **1** ガブリエル《◇男性の名》. **2**《聖》ガブリエル《大天使 (archangels) の1人. 聖母マリアにキリスト受胎を告げた》.

gad [gǽd]動(三単現 **gads** [gǽdz]; 過去・過分 **gad·ded** [~id]; 現分 **gad·ding** [~iŋ])(自)《口語・通例, 軽蔑》(楽しみを求めて)遊び歩く, ほっつき歩く (*about, around*).

gad·a·bout [gǽdəbàut]名 C《口語・軽蔑》(楽しみを求めて)遊び歩く人, 遊び人.

gad·fly [gǽdflài]名(複 **gad·flies** [~z]) C
1《昆》(牛や馬にたかる)アブ, ウシアブ.
2(通例, 軽蔑)(他人を批判する)小うるさいやつ.

gadg·et [gǽdʒit]名 C《口語》(便利で気の利いた)小道具, 仕掛け, 装置《栓抜き・缶切りなど; → TOOL 関連語》.

gadg·et·ry [gǽdʒitri]名 U《集合的に》がらくた類, 小道具類.

Gael [géil]名 C ゲール人《スコットランド高地・アイルランド・マン島のケルト人》.

Gael·ic [géilik]形 ゲール人[語]の.
—名 U ゲール語《スコットランド高地・アイルランド・マン島で用いる》.

gaff [gǽf]名(複 **gaffs** [~s]) C 魚かぎ, かぎ竿《ギャフ《大きな魚を船に引き揚げるときに用いるかぎの付いた竿》.

gaffe [gǽf]名(複 **gaffes** [~s]) C(社交上の)失敗, 失言, 失態.

gaf·fer [gǽfər]名 C **1**(映画の)照明係.
2《口語・こっけい》じいさん. **3**《英口語》(工場などの)上司, 職長, 親方.

gag [gǽg]名 C **1** さるぐつわ. **2**《口語》ギャグ, (アドリブ的な)こっけいなせりふ; だじゃれ, 冗談.
3 言論抑制, 言論封じ.
— 動(三単現 **gags** [~z]; 過去・過分 **gagged** [~d]; 現分 **gag·ging** [~iŋ])(他) **1** …にさるぐつわをはめる. **2** …の言論を抑圧する. — (自) **1**(のどを詰まらせて)吐き気を催す, 吐きそうになる. **2** ギャグを入れる; 冗談を言う.
◆ **gág òrder** C《米》(裁判所による)報道禁止令.

ga·ga [gɑ́ːgɑ́ː]形《通例, 叙述用法》《口語・軽蔑》
1(年を取って)頭がおかしい, ぼけた: go [become] gaga ぼける. **2**[…に]夢中の, のぼせた (*about, over*).

gage [géidʒ]名 動《米》= GAUGE 計器.

gag·gle [gǽgl]名 C **1**《単数・複数扱い》《軽蔑》騒々しい一団: a *gaggle* of tourists 騒々しい旅行者の団体. **2** ガチョウの群れ.

*****gai·e·ty**, **gay·e·ty** [géiəti]名(複 **gai·e·ties**, **gay·e·ties** [~z])《古風》 **1** U 陽気, 愉快なこと; (服装などの)華やかさ: youthful *gaiety* 若々しい陽気さ. **2**《複数形で》お祭り騒ぎ, 歓楽.

gai·ly, **gay·ly** [géili]副 **1** 陽気に, 愉快に; 華やかに, 派手に. **2** 軽率に, 深く考えずに.

***gain [géin]動【原義は「耕す」】
— 動(三単現 **gains** [~z]; 過去・過分 **gained** [~d]; 現分 **gain·ing** [~iŋ])
—(他) **1** (a)[gain+O]〈有利なもの・欲しいものなど〉を得る, 手に入れる (obtain)(→ GET 類義語): *gain* confidence 自信を得る / *gain* information 情報を得る / *gain* the first prize 1等賞を取る / *gain* a victory 勝利を得る / She *gained* teaching experience at this school. 彼女はこの学校で教職の経験を積んだ.
(b)[gain+O+O]〈人〉に…を得させる, もたらす: This invention will *gain* him a reputation. この発明で彼は名声を得るだろう.
2〈速度・力・重さなど〉を増す, 加える (↔ lose): *gain* weight 体重が増す / *gain* speed 速度を増す /

She has *gained* five pounds. 彼女は体重が5ポンド増えた。 **3** …をもうける, 稼ぐ (earn); *gain* profit 利益を得る / *gain* one's living 生計を立てる。 **4** (時計が) …だけ進む (↔ lose): My watch *gains* five seconds a day. 私の時計は1日に5秒進む。 **5** 《格式》(努力の末) …に達する (reach).
─⾃ **1** […で] 利益を得る, もうける; 進歩する 《*by*, *from*》: You can *gain by* continued practice. 練習を続ければ進歩する / We hope to *gain from* the company's recent success. 最近会社の業績がいいので私たちも潤うといいと思う。
2 (時計が) 進む (↔ lose): His watch *gains by* several minutes a day. 彼の時計は1日に数分進む。
■ *gáin on* [*upòn*] ... 他 …に追い迫る: Faster! Your rival is *gaining on* you. もっと速く! 相手が迫って来ているよ。
─名 **1** U [または〜s] 利益, もうけ (↔ loss): capital *gains* 資本利得, キャピタルゲイン / ill-gotten *gains* 不正利益 / No *gains* without pains. = No pain(s), no *gain*(s). 《ことわざ》骨折りなければ利益なし ⇨ 苦は楽の種。
2 C (量・価値などの) 増加: make a *gain* of 1.5 kilograms in weight 体重が1.5キロ増える。
■ *for gáin* 利益を得るために。 (▷ 形 gáinful.)
gain·ful [géinfəl] 形 [通例, 限定用法] 《格式》利益のある, 有利な。 (▷ 名 gáin.)
gain·ful·ly [-fəli] 副 もうかるように, 有利に。
gain·say [gèinséi] 動 (三単現 **gain·says** [-séz, -séiz]; 過去・過分 **gain·said** [-séd, -séid]; 現分 **gain·say·ing** [~iŋ]) 他 [通例, 否定文で] 《格式》 〈人〉に反対する; …を否定する (deny).
gait [géit] (☆同音 gate) 名 C [通例, 単数形で] 足取り, 歩きぶり; (馬の) 足並み, 歩き方 (→ GALLOP 図).
gai·ter [géitər] 名 C [通例 〜s] ゲートル, きゃはん。
gal [gǽl] 名 C 《口語》女の子, ギャル (girl).
gal. 《略語》= *gal*lon(s) (↓).
ga·la [géilə/gǽlə/gáːlə] 名 C お祭り, 祝賀会; [形容詞的に] お祭りの, 祝祭の。
ga·lac·tic [gəlǽktik] 形 《天文》銀河 (系) の, 天の川の。 (▷ 名 gálaxy.)
Ga·la·pa·gos [gəláːpəgəs / -lǽp-] 名 [the 〜; 複数扱い] = Galápagos Íslands ガラパゴス諸島《南米エクアドル西方にあり, 珍しい動物が多く生息する》.
***gal·ax·y** [gǽləksi] 名 (複 **gal·ax·ies** [~z])
1 C (銀河系以外の) 星雲, 小宇宙。 **2** [the G-] 《天文》銀河, 天の川 (the Milky Way). **3** C [通例, 単数形で] 華やかな集り。 (▷ 形 galáctic.)
***gale** [géil] 名 C **1** 強風 (◇ breeze より強く storm より弱い; → WIND 類義語》; (海上での) あらし: It is blowing a *gale*. 強風が吹いている。
2 [しばしば 〜s] (感情の) 爆発: *gales* of laughter どっとくる笑い声。
Gal·i·lee [gǽləlìː] 名 固 ガリラヤ《イスラエル北部の地方。聖母マリアの生地》.
Gal·i·le·o [gæ̀ləléiou] 名 固 ガリレオ Galileo Galilei [gǽləléii] 《1564–1642; イタリアの天文学者。地動説の正しさを証明した》.

gall¹ [gɔ́ːl] 名 U **1** 《口語》ずうずうしさ: have the *gall* to do ずうずうしくも…する。 **2** 《古風》苦々しい感情; 遺恨, うらみ。 **3** 《古》胆汁。
gall² 名 C **1** すり傷。 **2** 木のこぶ。
─動 他 (不正などが) 〈人〉を怒らせる。
gall. 《略語》= *gall*on(s) (↓).
***gal·lant** [gǽlənt] (☆ **3**, では [gəlǽnt] とも発音する) 形 **1** 勇敢な (brave). **2** (馬などが) 堂々とした, 立派な。 **3** 《古》(女性に) 親切な, いんぎんな。 ─ 名 C 《古》女性に親切な男; だて男。
gal·lant·ly [gǽləntli] (☆ **2** では [gəlǽntli] とも発音する) 副 **1** 勇敢に, 雄々しく。 **2** 《古風》(女性に) 優しく, 親切に。
gal·lant·ry [gǽləntri] (☆ **2** では [gəlǽntri] とも発音する) 名 (複 **gal·lant·ries** [~z]) C U 《格式》
1 勇敢さ (bravery); 勇敢な行為。 **2** (女性に対する) 親切 (な行為).
gall·blad·der [gɔ́ːlblæ̀dər] 名 C 胆嚢 (たん).
gal·le·on [gǽliən] 名 C 《欧文》ガリオン船《15–17世紀のスペインの大型帆船》.
***gal·ler·y** [gǽləri] 名 (複 **gal·ler·ies** [~z]) C
1 美術館; 画廊 (→ MUSEUM): the National *Gallery* (London にある) ナショナルギャラリー.
2 (劇場の) 天井桟敷 (てんじょうさじき) [最上階にある最も安い席]; ☞ THEATER [PICTURE BOX] (ホールなどの) 桟敷.
3 [the 〜; 複数扱い] 天井桟敷の客; (ゴルフの) 見物人, ギャラリー。 **4** 柱廊, 回廊。 **5** 坑道, 地下道。
■ *pláy to the gállery* 大衆受けをねらう。
gal·ley [gǽli] 名 C **1** 《史》ガレー船《奴隷や囚人にこがせた古代・中世の大型船》; 古代ギリシャ・ローマの軍艦。 **2** (船・飛行機の) 調理室。 **3** 《印刷》ゲラ。
◆ **gálley slàve** C ガレー船をこぐ奴隷 [囚人]; 苦役に従事する人。
Gal·lic [gǽlik] 形 **1** ガリア [ゴール] の; ゴール人の。 **2** フランス (人) の。
gall·ing [gɔ́ːliŋ] 形 (不正・不道徳などに対して) 腹立たしい, 義憤を感じる。
gal·li·um [gǽliəm] 名 U 《化》ガリウム《金属元素; 元素記号》Ga》.
***gal·lon** [gǽlən] 名 C ガロン《◇液量単位. 1ガロン = 《米》3.785リットル, 《英》4.546リットル; 乾量単位: 1ガロン = 《米》4.405リットル, 《英》4.546リットル; 《略語》gal., gall.; → 巻末「度量衡」》.
***gal·lop** [gǽləp] 名 C **1** [通例, 単数形で] **ギャロップ, 襲歩** 《最も速い馬の走りで, 1歩ごとに4脚とも地上から離れる; →図》: break into a *gallop* ギャロップで駆け出す。 **2** (ギャロップでの) 乗馬。
3 [通例, 単数形で] 大急ぎ。

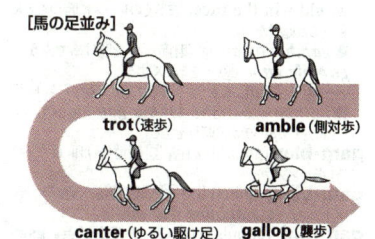

[馬の足並み]

trot (速歩)　　amble (側対歩)

canter (ゆるい駆け足)　　gallop (襲歩)

galloping

■ *at a gállop* = *at fúll gállop* **1** ギャロップで. **2** 《口語》全速力で, 大急ぎで.
― 動 ⓘ **1** (馬が)ギャロップ[全速力]で駆ける, (人が)馬を全速力で走らせる. **2** 《口語》急いで行く[*off*]; [仕事などを]大急ぎでする[*over, through*].
― 他 〈馬〉をギャロップ[全速力]で走らす.

gal·lop·ing [gǽləpiŋ] 形 [限定用法] (病気・インフレなどが)急速に進行する.

gal·lows [gǽlouz] 名 (複 **gal·lows, gal·lows·es** [~iz]) ⓒ [通例 the ~] 絞首台: send ... to the *gallows* …を絞首刑にする.
◆ **gállows hùmor** Ⓤ ブラックユーモア (black humor).

gall·stone [gɔ́:lstòun] 名 ⓒ [医] 胆石.

Gál·lup pòll [gǽləp-] 名 ⓒ [商標] ギャラップ調査 (米国ギャラップ社の世論調査).

ga·lore [gəlɔ́:r] 形 [名詞のあとに置いて] たくさんの, ふんだんにある (◇ 通例, 好ましいものに用いる): There was food *galore* at the party. パーティーでは食べ物がたくさんあった.

ga·losh, go·losh [gəlɑ́ʃ / -lɔ́ʃ] 名 ⓒ [通例 ~es] ガロッシュ (ゴム製オーバーシューズ).

ga·lumph [gəlʌ́mf] [「gallop (ギャロップ) + triumph (勝利)」から] 動 ⓘ 《口語》意気揚々と歩く; どしんどしんと歩く.

gal·van·ic [gælvǽnik] 形 **1** [電気] 直流電気の. **2** [格式] 突然の, 衝撃的な.

gal·va·nism [gǽlvənìzm] 名 Ⓤ **1** [電気] 直流電気. **2** [医] (直流)電気療法.

gal·va·nize,《英》**gal·va·nise** [gǽlvənàiz] 動 他 **1** 〈鉄板など〉に亜鉛メッキをする. **2** […すように] …に刺激[衝撃]を与える [*into*].

gal·va·nized [~d] 形 亜鉛メッキをした.

Ga·ma [gǽmə / gɑ́:mə] 名 圃 バスコ=ダ=ガマ Vasco da [vǽskou dɑ́:] Gama 《1469?-1524; ポルトガルの航海者, 喜望峰経由でインドに到達》.

Gam·bi·a [gǽmbiə] 名 圃 [the ~] ガンビア (アフリカ西部の共和国; 首都バンジュール (Banjul)).

gam·bit [gǽmbit] 名 ⓒ **1** (議論・事業などの)手始め, 切り出し; (優位に立つための)策略: an opening *gambit* (会話などの)切り出し. **2** [チェス] (ポーン (pawn) などを捨て駒にする) 序盤の手[作戦].

* **gam·ble** [gǽmbl] 動 ⓘ **1** […の]賭(か)け事をする, […に]賭ける [*at, on*]; gamble at cards [*on* horse races] トランプで[競馬で]賭ける. **2** イチかバチかの手を打つ;〔株などに〕投機する [*on, in*].
― 他 **1** 〈金など〉を[…に]賭ける [*on*]. **2** […ということ]に賭ける [*that* 節]: We *gambled that* he would win the race. 彼がそのレースに勝つことに私たちは賭けた.
■ *gámble awáy* 他 〈財産など〉を賭け事で失う.
gámble on ... 他 …をあてにする.
― 名 ⓒ [通例, 単数形で] 賭け(事), 賭博(と), 投機; イチかバチかの冒険: take a *gamble* (on ...) (…に)イチかバチかの賭けをする.

gam·bler [gǽmblər] 名 ⓒ 賭博(と)師, ばくち打ち, ギャンブラー.

gam·bling [gǽmbliŋ] 名 Ⓤ 賭博(と), 賭け事, ギャンブル: a *gambling* den 賭博場.

gam·bol [gǽmbəl] 動 (過去・過分《英》gam-bolled; 現分《英》gam·bol·ling) ⓘ ふざけ回る, はね回る (*about*).
― 名 ⓒ 大はしゃぎ.

****game** [géim] 名 形 動 【基本的意味は「遊び (an entertaining activity with rules)」】
― 名 (複 **games** [~z]) **1** ⓒ <u>遊び</u>, 娯楽, ゲーム; 遊び道具 (◇ 特にルールのある遊びをさす; cf. play (気晴らしのための)遊び): a computer [video] *game* コンピュータ [ビデオ] ゲーム / play a card *game* [a *game* of cards] トランプ遊びをする / Hide-and-seek is a popular children's *game*. かくれんぼは子供がよくする遊びです.

2 ⓒ <u>試合</u>, 競技, 勝負; [~s] 競技大会 (→MATCH 類義語) : a close *game* 接戦 / a championship [practice] *game* 選手権[練習]試合 / a drawn *game* 引き分け試合 (比較「ドローゲーム」は和製英語) / a called *game* (雨天・日没などによる)コールドゲーム / a night *game* ナイター (比較「ナイター」は和製英語) / take part in a *game* 試合に出る / Basketball is a *game* between two teams of five players each. バスケットボールは選手が5人ずつの2チームによって行われる競技である / The Olympic *Games* are held every four years. オリンピックは4年に1度開催される.

コロケーション 試合を [に] …
試合に勝つ: *win a game*
試合をする: *play a game*
試合を中止する: *call* [*suspend*] *a game*
試合に負ける: *lose a game*

3 ⓒ (1試合または1セットの)ゲーム: *Game* all. = *Game* and game. 【テニス】1ゲームオール / He won the first set by 6 *games* to 3. 彼は第1セットを6-3でとった.

4 Ⓤⓒ (試合の)腕前, 試合ぶり; 勝負の形勢: have a good [poor] *game* 試合(運び)が上手 [下手] である / improve [raise] one's *game* 試合のレベルを上げる / How is the *game*? 試合の流れはどうなっていますか.

5 ⓒ 策略, 計略; 駆け引き: the *game* of politics 政治の駆け引き / None of your *games*! その手は食わないぞ / What's your *game*? 何をたくらんでいるんだ. **6** Ⓤ [集合的に] (狩猟・釣りの)獲物(の肉), (攻撃・からかいなどの)目標, 対象: big *game* 大きな獲物, 大物 / fair *game* 狩猟可能な獲物 / hunt wild *game* 野獣狩りをする / He was easy *game* for salesmen. 彼はセールスマンのいいカモだった. **7** [~s; 単数扱い]《英》(教科としての)スポーツ, 競技.

■ *gíve the gáme awáy* 手の内を明かす; (うっかり)秘密を漏らす.
pláy ...'s gáme (知らないうちに)…に有利なことをする, 相手の手の内にはまる.
pláy (sílly) gámes […に対して] いいかげんな [無責任な] 態度をとる [*with*].
pláy the gáme ルールを守る, 正々堂々とやる.
The gáme is úp.《口語》それまでだ, たくらみはばれたぞ, 万事休すだ.

― 形 **1** 勇敢な, 元気な. **2** […の / …する] 勇気[元気] がある [*for* / *to do*]: Are you *game for* cycling? サイクリングに行く気はありますか.

― **動** (自)《格式》ばくちをする, 賭(か)け事をする.
◆ gáme árcade [C] ゲームセンター.
gáme bird [C] 猟鳥《捕獲を認められている鳥》.
gáme fìsh [C] 釣り魚《釣りの対象になる魚》.
gáme pàrk [C] 動物保護区域 (game reserve).
gáme plàn [C] (目標達成のための) 作戦計画.
gáme pòint [C] (テニスなどの) ゲームポイント.
gáme resérve = game park (↑).
gáme shòw [C] (賞金を競うテレビの) ゲーム番組.
game·keep·er [géimkìːpər] **名** [C] 狩猟場番人.
games·man·ship [géimzmənʃip] **名** [U]《巧妙な》試合の駆け引き;反則すれすれのプレー.
gam·ey [géimi] **形** = GAMY.
gam·ing [géimiŋ] **名** [U]《古風》賭博(と), 賭(か)け事 (gambling).
gam·ma [gǽmə] **名** [C][U] ガンマ (γ, Γ)《ギリシャ語アルファベットの3番目の文字; → GREEK 表》.
◆ gámma glóbulin [-glábjulin / -glɔ́b-] [U]【生化】ガンマグロブリン《血漿(けっしょう)に含まれる抗体たんぱく質》.
gámma radiátion [U]【物理】ガンマ放射線.
gámma ràv [C][通例 ~s]【物理】ガンマ線.
gam·mon [gǽmən] **名** [U]《主に英》ガモン《塩漬けまたは燻製(くんせい)にした豚のわき腹肉. ベーコン用》.
gam·ut [gǽmət] **名** [C][通例 the ~] 全範囲; (特に感情の) 全領域: **run the (whole) *gamut* of ...** ... のすべてを経験する.
gam·y, gam·ey [géimi] **形** (比較 **gam·i·er** [-ər]; 最上 **gam·i·est** [-ist])《猟鳥獣の肉など》(傷みかけて) 強くにおう.
-ga·my [gəmi]《結合》「結婚」の意を表す名詞を作る: big*amy* 重婚 / monog*amy* 一夫一婦 (制).
gan·der [gǽndər] **名** [C] **1** ガチョウの雄 (cf. goose ガチョウの雌). **2**《通例 a ~》《口語》一瞥, ちらっと見ること (glance).
Gan·dhi [gáːndi, gǽn-] **名** (姓) ガンジー.
1 Mohandas Karamchand [mòuhəndáːs kàrəmtʃánd] Gandhi《1869-1948; インド独立運動の指導者. Mahatma [məháːtmə] Gandhi (偉人ガンジー) とも呼ばれる》. **2** Indira [indíərə] Gandhi《1917-84; インドの政治家・首相. ネルー首相の娘》.
***gang** [gǽŋ] **名** [C][単数形で;時に複数扱い] **1** (悪人の) 一味, 一団; 暴力団《◇1人1人は gangster と言う》: **a *gang* of terrorists** テロリストの一団.
2 (労働者・奴隷・囚人などの) 一群, 仲間; террор группу: **a *gang* of six laborers** 6人の労働者のチーム / **a motorcycle *gang*** 暴走族グループ.
3《こっけい》(若者の) 遊び仲間; [呼びかけ]《主に米口語》おい, みんな.
― **動** (自)《通例, 副詞を伴って》《軽蔑》**1** 集団をつくる, 徒党を組む (*up, together*). **2** 集団で襲う.
■ **gáng úp on [agàinst] ...** ぐるになって... に対抗する;... を集団で襲う [いじめる].
Gan·ges [gǽndʒiːz] **名** (地) [the ~] ガンジス川《ベンガル湾に注ぐインド北部の大河》.
gang·land [gǽŋlænd] **形** 暗黒街の, ギャングの.
― [U] ギャングの世界, 暗黒街.
gang·ling [gǽŋgliŋ] **形** (人が) のっぽの.
gan·gli·on [gǽŋgliən] **名** (複 **gan·gli·ons** [-z],

gan·gli·a [-gliə]) [C]【解剖】神経節.
gang·plank [gǽŋplæŋk] **名** [C]【海】タラップ《船と桟橋をつなぐ乗降用の板 [橋]》.
gan·grene [gǽŋgriːn] **名** [U]【医】壊疽(えそ), 脱疽.
gan·gre·nous [gǽŋgrənəs] **形**【医】壊疽(えそ)の.
gang·ster [gǽŋstər] **名** [C] ギャングの一員.
gang·way [gǽŋwèi] **名** [C] **1** (劇場などの座席の間の) 通路 (aisle). **2**【海】(船の) タラップ《◇通例 gangplank より大型》.
― [間]《口語》どいてどいて, 道をあけて.
gan·net [gǽnit] **名** (複 **gan·nets** [-nits], **gan·net**) [C]【鳥】カツオドリ《潜って魚を捕る》.
gan·try [gǽntri] **名** (複 **gan·tries** [~z]) [C] (移動クレーンを支える) 構台, ガントリークレーン; 【鉄道】跨線(こせん)信号台; ロケット移動発射台.
gaol [dʒéil]《☆ 発音に注意》**名** **動**《英》= JAIL 監獄, ―を投獄する.
gaol·er [dʒéilər] **名**《英》= JAILER 看守.
***gap** [gǽp] **名** [C] **1** (壁・塀などの) 割れ目, 裂け目; すき間 [*in, between*]: **a *gap* in the wall** 壁の裂け目. **2** (空間の) 隔たり; (時間などの) 途切れ, 空白; 欠落: **a *gap* of ten years** 10年の空白期間 / **a *gap* in one's memory** 記憶の途切れた部分 / There was a *gap* of 20 miles between the two towns. その2つの町は20マイル離れていた.
3[意見・身分・性格などの] 相違, 不一致, ギャップ [*between*]: **the perception *gap*** 認識のずれ / **the generation *gap*** 世代間の断絶.
■ **brídge [fíll] a gáp (ín ...)** (... の) すき間をふさぐ, 不足を補う.
gape [géip] **動** (自) **1** (驚いて) 大きく口を開けて [... を] 見る [*at*]. **2** (傷口や衣服の裂け目などが) 大きく口を開けている: ***gape* open** ぱっかり開く.
― **名** [C] **1** 口を開けてぽかんと見とれること.
2 ぱっかりあいた裂け目.
gap·ing [géipiŋ] **形**[通例, 限定用法]大きく開いた: **a *gaping* hole [wound]** ぱっかりあいた穴 [傷口].
***ga·rage** [gəráːʒ, -ráːdʒ / gǽraːʒ, -raːdʒ]《☆ 発音に注意》【フランス】**名** [C] **1** (車の) ガレージ, 車庫 (cf. carport 囲いのない車庫; → HOUSE **PICTURE BOX**). **2** (自動車の) 修理工場;《英》ガソリンスタンド (service station).
― **動** (他) ... をガレージ [修理工場] に入れる.
◆ garáge sàle [C]《米》ガレージセール.
〖背景〗 自宅のガレージ・庭などを利用して行う中古 (不要) 品セールは, 地元の新聞にも掲載され, 地域の交流の場として人気がある. garage sale のほか, 庭で行う yard sale, 値札を付けた tag sale, 近所と共同で開く block sale, 引っ越し前の moving sale などもある.

garage sale

garb [gáːrb] 名 U《文語》身なり, 服装《◇特に職業・民族・時代に特有のもの》.
— 動 他[通例, 受け身で]《文語》…に衣服を着せる: *be garbed* in white 白い服を着ている.

‡gar·bage [gáːrbidʒ] 名 U《主に米》**1**《台所·調理室の》生ごみ, (一般に)ごみ, 廃物《英》rubbish): Please take the *garbage* out when you go. 出かけるときにごみを出してね. **2**《口語》たわ言, くだらないこと[考え]. **3** くだらないデータ: *Garbage* in, *garbage* out. ごみデータを入れればごみデータが出てくる.

◆ gárbage càn C《米》(台所·屋外の)ごみ入れ, ごみバケツ《◇《英》dustbin》.
gárbage collèction U ごみ収集.
gárbage collèctor C《米》ごみ収集人, 清掃業者《英》dustman》《◇《米·格式》では sanitation worker とも言う》.
gárbage dispòsal [dispòser] C 生ごみ処理機, ディスポーザー《◇単に disposal とも言う》.
gárbage trùck C《米》ごみ収集車《英》dustcart》.

gar·bage·man [gáːrbidʒmæn] 名 (複 gar·bage·men [-mèn]) C《米》= GARBAGE COLLECTOR (↑).

gar·bled [gáːrbld] 形 (事実·報道などを)故意に歪曲(ﾜｲｷｮｸ)した; (説明などが)要領を得ない.

gar·çon [gɑːrsóːŋ / gɑːrsɔn]《フランス》名 C (フランス料理店の)ボーイ, 給仕 (waiter).

＊＊＊gar·den [gáːrdn] 名 動《原義は「囲まれた土地」》
— 名 (複 gar·dens [~z]) **1** C U 庭, (家庭)菜園 (→類義語): a house with a bit [much] of *garden* 狭い[広い]庭のある家 / Do they have much *garden*? 彼らの家の庭は広いのですか《◇広さを表す場合は U 扱い》/ This is one of the most famous Japanese *gardens*. ここは最も有名な日本庭園の1つです / Everything in the *garden* is lovely.《ことわざ》庭のものは何もかも美しい ⇒ 万事うまく行っている.

関連語 いろいろな garden
flower garden 花園 / herb garden ハーブ園 / kitchen garden 家庭菜園 / market garden《英》市場向けの菜園 / rock garden ロックガーデン, 石庭 / roof garden 屋上庭園

コロケーション 庭の[に] …
庭の草取りをする: *weed a garden*
庭に植物を植える: *plant a garden*
庭の設計をする: *lay out a garden*
庭の手入れをする: *maintain a garden*
庭に水をまく: *water a garden*

2 C [通例 ~s] 公園, 遊園地; 屋外の軽飲食店: botanical [zoological] *gardens* 植物[動物]園 / Kensington *Gardens* ケンジントン公園《London にある大きな公園》/ a beer *garden* ビアガーデン.
3 [通例 Gardens; 地名のあとで]《英》…街, …通り, …広場: Sussex *Gardens* サセックス街 / Covent *Garden* コベントガーデン《London 中央の地区》. **4** [形容詞的に] 庭園の, 園芸の: *garden* tools 園芸用具. **5** C《米》大ホール: Madison Square *Garden* マディソンスクエアガーデン《New York 市にあるスポーツセンター》.

■ *léad ... úp the gárden páth*《口語》〈人〉に思い違いさせる, 〈人〉をだます.
— 動 自 ガーデニングをする, 庭いじりをする.

◆ gárden cènter C 園芸用品店.
gárden cíty C《英》(公園·樹木などが整備された)田園都市.
Gárden of Éden 名 [the ~]《聖》エデンの園 (→ EDEN).
gárden pàrty C《英》園遊会《《米》lawn party》.
Gárden Státe 名 [the ~] ガーデン州《◇ New Jersey 州の愛称; → AMERICA 表》.

類義語 garden, yard, court
共通する意味▶庭 (a piece of ground, usually close to a house)
garden は家に付属する土地で, 草花·果樹·野菜·植木などが植えてある「庭」の意: She planted roses in her *garden*. 彼女は庭にバラを植えた.
yard は建物に付属する土地で, 《英》ではコンクリートや石で舗装された「庭」をさし, 《米》では芝が植えてあるもコンクリートや石で舗装された「庭」もさす: a school *yard* 校庭 / a back*yard* 裏庭.
court は建物や塀に囲まれた土地で, 特に大きな建物に囲まれた四角の「中庭」を意味する: the *court* of a castle 城の中庭.

‡gar·den·er [gáːrdnər] 名 C 庭師, 植木屋; 造園業者; 園芸の好きな人.
gar·de·nia [gɑːrdíːnjə] 名 C《植》クチナシ.
gar·den·ing [gáːrdniŋ] 名 U 造園(術); 園芸, 庭造り, 庭いじり, ガーデニング.
Gard·ner [gáːrdnər] 名 固 ガードナー Erle Stanley [ɚːrl stǽnli] Gardner《1889-1970; 米国の推理作家》.
Gar·field [gáːrfiːld] 名 固 **1** ガーフィールド James Abram [ǽbrəm] Garfield《1831-81; 米国の政治家; → PRESIDENT 表》.
2 ガーフィールド《米国の漫画家ジム・デービスの人気漫画に登場する猫》.
gar·gan·tu·an [gɑːrgǽntʃuən, -tjuən] 形 [時に G-] 巨大な, 大量の; (食欲などが) ものすごい.
gar·gle [gáːrgl] 動 自 […で] うがいをする [*with*].
— 他 〈のど·口など〉でうがいをする.
— 名 **1** U [または a ~] うがい: have a *gargle* うがいをする. **2** C U うがい薬.
gar·goyle [gáːrgoil] 名 C《建》屋根の雨水落とし, ガーゴイル《怪物の形をしたゴシック建築の吐水口》.
gar·ish [géərɪʃ] 形《軽蔑》ぎらぎらした; 派手な.
gar·ish·ly [~li] 副 けばけばしく, 派手に.
gar·land [gáːrlənd] 名 C (頭に載せたり首にかけたりする)花輪, 花冠 (wreath); (勝利などの)栄冠.
— 動 他 [しばしば受け身で] …を花輪で飾る.
＊gar·lic [gáːrlik] 名 U《植》ニンニク, ガーリック: a clove of *garlic* ニンニク1片のかけら.
gar·lick·y [-liki] 形 ニンニク臭い, ニンニクの味のする: *garlicky* food ニンニク味の食品.
‡gar·ment [gáːrmənt] 名 C《格式》(1点[1着]の)

gar・ner [gáːrnər] 動 他 《格式》〈情報など〉を獲得[収集]する.

gar・net [gáːrnit] 名 1 C 【鉱】ガーネット, ざくろ石 《1月の誕生石》; → BIRTHSTONE 表). 2 U ガーネット色, 深紅色.

gar・nish [gáːrniʃ] 動 他 〈料理〉を[…で]飾る; 〈料理〉に〈つま[つけ合わせ]〉をそえる [*with*].
— 名 C 料理のつけ合わせ [添え物].

gar・ret [gǽrət] 名 C 屋根裏部屋 (→ ATTIC).

gar・ri・son [gǽrəsən] 名 C 1 《集合的に; 単数形で, 時に複数扱い》守備隊, 駐屯(たん)部隊. 2 《守備隊の》駐屯地. — 動 他 …に守備隊を置く; […に]駐屯[駐留]させる [*in*].

gar・ru・lous [gǽrələs] 形 おしゃべりな, 多弁な.

gar・ter [gáːrtər] 名 1 C 靴下留め, ガーター (《英》suspender). 2 [the G-] ガーター勲章 《英国のナイト (knight) の最高勲章. the Order of the Garter とも言う》.

gas [gǽs]
名 動 【ギリシャ語の chaos (大気) から】
— 名 (複 **gas・es, gas・ses** [~iz]) 1 U 気体 (◇気体の種類を表す場合は C) 《関連語》solid 固体 / fluid 流動体 / liquid 液体): Oxygen and hydrogen are *gases*. 酸素と水素は気体である.
2 U 《燃料・暖房用の》ガス: coal *gas* 石炭ガス / natural *gas* 天然ガス / light [turn on] the *gas* ガスをつける / turn off the *gas* ガスを消す.
3 U 《米》ガソリン (《英》petrol) (◇ *gasoline* の略): We filled the car's tank with *gas*. 私たちは車を満タンにした.
4 U 毒ガス (poison gas); 《口語》麻酔ガス; 《米》(腸内の) ガス (《英》wind¹): tear *gas* 催涙ガス.
5 [a ~] 《米》とても楽しいこと. 6 U 《口語・軽蔑》むだ話, ほら. 7 C = **gás pèdal** 《米》(車の) アクセル (accelerator).

■ **stép on the gás** 《主に米口語》1 アクセルを踏む, スピードを出す. 2 急ぐ, 調子を上げて頑張る.
— 動 (三単現 **gas・es, gas・ses** [~iz]; 過去・過分 **gassed** [~t]; 現分 **gas・sing** [~iŋ]) 他 1 …をガスで攻撃する; ガスで中毒(死)させる: *gas* oneself ガス自殺する. 2 《米》〈車〉にガソリンを補給する (*up*).
— 自 《口語・軽蔑》むだ話をする.

◆ **gás bùrner** C ガスバーナー, ガスの火口(くち).
gás chàmber C ガス処刑室.
gás còoker C ガスレンジ.
gás èngine C ガス内燃機関.
gás fìre C 《英》ガスストーブ.
gás gùzzler C 《米口語》ガソリン消費量の多い車.
gás làmp C ガス灯 (gaslight).
gás màsk C 防毒[ガス]マスク.
gás mèter C ガスメーター.
gás ràng C 《調理用》ガスレンジ.
gás rìng C 《英》ガスこんろ (《米》burner).
gás stàtion C 《米》ガソリンスタンド, 給油所 (filling station, 《英》petrol station). (《比較》「ガソリンスタンド」は和製英語)
gás tànk C 《米》ガソリンタンク (《英》petrol tank). (《比較》日本語の「ガスタンク」は gasholder)

gas・bag [gǽsbæg] 名 1 C 《口語・軽蔑》おしゃべりな人, むだ話をする人. 2 《気球などの》ガス袋.

gas・e・ous [gǽsiəs] 形 気体の; ガスの, ガス状の.

gás-fired [-fàiərd] 形 《古風》ガス使用の.

gash [gǽʃ] 名 C 《長く深い》切り傷; 《地面などの》深い割れ目. — 動 他 …に深手を負わせる.

gas・hold・er [gǽshòuldər] 名 C ガスタンク.

gas・i・fy [gǽsəfài] 動 (三単現 **gas・i・fies** [~z]; 過去・過分 **gas・i・fied** [~d]; **gas・i・fy・ing** [~iŋ]) 他 …をガス化[気化]する. — 自 ガスになる, 気化する.

gas・ket [gǽskit] 名 C ガスケット 《ガス・水などの漏れを防ぐパッキング》.

■ **blów a gásket** 《俗語》かんかんに怒る.

gas・light [gǽslàit] 名 C ガス灯 《◇19世紀に欧米でよく用いられた》; U ガス灯の明かり.

gas・man [gǽsmæn] 名 (複 **gas・men** [-mèn]) C 《英》ガス検針員, ガス集金人; ガス工事人.

‡**gas・o・line, gas・o・lene** [gǽsəlìːn, gæ̀səlíːn] 名 U 《米》ガソリン (《英》petrol) (◇略して **gas** とも言う).

gas・om・e・ter [gæsámətər / -sɔ́m-] 名 C 1 ガス計量器. 2 《英》ガスタンク.

‡**gasp** [gǽsp / gáːsp] 動 自 1 《空気などを求めて》あえぐ, 息を切らす [*for*]; 《恐怖・驚きで》[…に] 息をのむ [*at*]: *gasp for* breath 息が苦しくてあえぐ / I *gasped* in astonishment *at* the sight. 私はその光景にびっくりしてかたずをのんだ. 2 《通例, 進行形で》《英口語》[…を] 欲しがる, 切望する [*for*]: I am *gasping for* beer. ビールが飲みたくてたまらない.
— 他 …を[…と] あえぎながら言う (*out, forth*): She *gasped out* a few words. 彼女はあえぎあえぎ二言三言口にした.
— 名 C あえぎ, 息切れ; はっとすること: give a *gasp* of horror 恐ろしさに息をのむ.

■ **at one's [the] lást gásp** 1 息を引き取る間際に. 2 疲れ果てて, くたくたになって.

to the lást gásp 息を引き取るまで, 最期まで.

gas・sy [gǽsi] 形 (比較 **gas・si・er** [~ər]; 最上 **gas・si・est** [~ist]) 《英》ガスが充満した; 《飲み物が》炭酸入りの.

gas・tric [gǽstrik] 形 《限定用法》【医】胃の.

◆ **gástric júice** U C 【生理】胃液.
gástric úlcer C 【医】胃潰瘍(かいよう).

gas・tri・tis [gæstráitis] 名 U 【医】胃炎.

gas・tro・en・ter・i・tis [gǽstrouèntəráitis] 名 U 【医】胃腸炎.

gas・tro・nome [gǽstrənòum] 名 C 《しばしば, こっけい》美食家, 食通 (gourmet).

gas・tro・nom・ic [gæ̀strənámik / -nɔ́m-] 形 美食の, 食通の.

gas・tron・o・my [gæstránəmi / -trɔ́n-] 名 U 食道楽, グルメ; 料理学.

gas・tro・scope [gǽstrəskòup] 名 C 【医】胃内視鏡, 胃カメラ.

gas・works [gǽswəːrks] 名 (複 **gas・works** [~]) C 《単数・複数扱い》ガス工場 [製造所].

****gate** [géit]
【基本的意味は「門 (a part of a fence or wall that can be opened to let someone

gatecrash

through)」」
— 名 (複 **gates** [géits]) **1** C 門 (◇両開きの場合, 門が1つでも gates となる); 出入り口 (米)改札口: the main *gate* 正門 / the garden *gate* 庭(園)の出入り口, 木戸.
2 C (空港の)搭乗口, ゲート: Japan Airlines Flight 852 to London is now boarding at *gate* 13. 日本航空852便ロンドン行きは13番ゲートにてご搭乗を開始しています (◇空港のアナウンス).
3 C [しばしば〜s] (運河・ダムなどの)水門; [〜s] (スキー)旗門(%). **4** C (比喩)[…への]門, 道 [*to, for*]: a *gate* to success 成功への道. **5** U (英) (特にサッカーの)入場者数 (attendance); = gáte mòney 入場料総額.

gate·crash [géitkræʃ] 動 他 (パーティーなどに)招待を受けずに押しかける;(スポーツ競技場などへ)入場料を払わずに入る.

gate·crash·er [〜ər] 名 C (パーティー・競技場などへの)押しかけ客[入場者].

gate·house [géithàus] 名 (複 **gate·hous·es** [-hàuziz]) C (公園などの)門衛詰め所, 門番小屋.

gate·keep·er [géitki:pər] 名 C 門衛, 門番.

gate·leg(ged) [géitlèg(d)] 形 折りたたみ式の.

gate·post [géitpòust] 名 C 門柱.
■ *between yóu, mé, and the gátepost* (英口語) 私たちの間だけで, 内緒で; ここだけの話だが.

*__gate·way__ [géitwèi] 名 C **1** […への]入り口, 通路;(塀・門などの)出入り口 [*to*]: Hong Kong is a *gateway* to China. 香港は中国の入り口である.
2 [the 〜] […に至る]道, 手段 [*to*]: the *gateway* to success 成功に至る道.

***gath·er** [gǽðər] 動 名

原義は「結合する」
① 集める; 集まる …………………… 他 1; 自 1
② 収穫する …………………………… 他 2
③ 推測する …………………………… 他 3
④ 増す ………………………………… 他 4; 自 2

— 動 (三単現 **gath·ers** [〜z]; 過去・過分 **gath·ered** [〜d]; 現分 **gath·er·ing** [-əriŋ])
— 他 **1** [gather+O] …を[…から]集める, 寄せ集める, かき集める (*together, up*) [*from*]: *gather* data 資料を集める / *gather* information *from* various sources いろいろな資料から情報を集める / A rolling stone *gathers* no moss. (ことわざ) 転石苔(⹂)むさず⇒職をよく変える人は成功しない[金持ちになれない] (◇現在では「活動する人は常に清新である」の意でも用いる).
2 [gather+O]〈農作物などを〉収穫する, 取り入れる (→成句 gather in)〈花・果実などを〉摘む, 採集する (→成句 gather up): The harvest has been *gathered*. 収穫は終わった / They went *gathering* chestnuts. 彼らはクリ拾いに行った.
3 [gather+O] […から]…を推測する [*from*]; [gather+that 節]…であると知る, …から *[from]*: What do you *gather* from his remark? 彼の言葉からあなたはどんなことを推測しますか / I *gathered* from his looks (*that*) he was angry. 彼の顔つきを見て彼が怒っているとわかった.
4 〈速度・力など〉を増す, 加える: The train *gathered* speed. 列車はスピードを上げた.
5 〈考えなど〉を集中する;〈力・勇気〉を奮い起こす: He *gathered* his thoughts before he spoke. 彼は話を始める前に考えを集中させた.
6 〈額〉にしわを寄せる;〈スカート〉にひだをつける.
— 自 **1** 集まる, 集合する; 積もる, たまる: *gather* by the fireplace 暖炉のそばに集まる / Tears *gathered* in her eyes. 彼女の目に涙がたまった.
2 増加する, 増大する;(不安・夕やみなどが)深まる: The darkness is *gathering*. だんだん夕やみが深まってくる.

■ *gáther ín* 他 …を収穫する (harvest): *gather in* wheat 小麦を取り入れる.
gáther úp **1** …を拾い[寄せ]集める: He *gathered up* the fallen leaves and burned them. 彼は落ち葉を寄せ集めて燃やした. **2**〈力〉を奮い起こす: *Gather* yourself *up*. 元気を出せ.
— 名 C (通例〜s)〈服〉ひだ, ギャザー.

***gath·er·ing** [gǽðəriŋ] 名 **1** C 集まり, 集(⹂)い, 集会 (◇打ち解けた人たちの集まり, または特別の目的を持った集会) → MEETING (類義語): a social [political] *gathering* 懇親会 [政治集会].
2 U 採集, 収集. **3** C (衣服の)ひだ, ギャザー.

GATT [gǽt] (略語) = General Agreement on *Tariffs and Trade* ガット, 関税と貿易に関する一般協定 (1948年発足. 1995年に WTO へ移行).

gauche [góuʃ] (フランス) 形 (社交的に)気が利かない, 不器用な;(文章などが)十分に練れていない.

gau·cho [gáutʃou] 名 (複 **gau·chos** [〜z]) C ガウチョ (南米の大草原に住むカウボーイ).

Gau·di [gáudi] 名 固 ガウディ Antonio Gaudi (1852–1926; スペインの建築家).

gaud·y [gɔ́:di] 形 (比較 **gaud·i·er** [〜ər]; 最上 **gaud·i·est** [〜ist]) (軽蔑) 〈服装・文体などが〉派手で安っぽい, けばけばしい.

*__gauge__ (米) **gage** [géidʒ] (☆発音に注意) 名
1 C 計器, ゲージ. (関連語) pressure *gauge* 圧力計 / rain *gauge* 雨量計 / speed *gauge* 速度計 / wind *gauge* 風速計) **2** C U 標準寸法, 標準規格 (金属板の厚さ, 針金の太さなど, 工業製品の統一規格). **3** C (鉄道)(レールの)軌間: a broad [standard, narrow] *gauge* 広 [標準, 狭] 軌.
4 C (評価・判断の)尺度, 基準. **5** C 番径 (◇散弾銃の口径; cf. caliber ピストルの口径).
— 動 他 **1** …を(計器で)測定する: *gauge* the velocity of wind 風速を測る. **2**〈性格・価値・損害など〉を評価する, 見積もる;判断する.

Gau·guin [gougǽŋ / góugæŋ] 名 固 ゴーギャン Paul Gauguin (1848–1903; フランスの画家).

Gaul [gɔ́:l] 名 **1** 固 ガリア, ゴール (古代ローマ時代の地名で, ほぼ現在のフランス全域にあたる地域).
2 C ガリア人, ゴール人;(こっけい) フランス人.

gaunt [gɔ́:nt] 形 **1** (病気・飢えなどで) やせこけた, やつれた. **2** (土地・場所が) 荒涼とした, わびしい.
gaunt·ness [〜nəs] 名 U やつれ; 荒涼.

gaunt·let [gɔ́:ntlət] 名 C **1** こて (中世の手の防具). **2** (乗馬・バイク用などの)長手袋.

■ **flíng [thrów] dówn the gáuntlet** 挑戦する. **táke [píck] úp the gáuntlet** 挑戦に応じる.
gauze [gɔ́ːz] 图 U **1** (綿・絹などの) 薄い織物, 紗(しゃ); (医療用の) ガーゼ. **2** 《米》包帯 (bandage). **3** (虫よけ用などの) 金網 (wire gauze).
gauz·y [gɔ́ːzi] 形 (比較 **gauz·i·er** [~ər]; 最上 **gauz·i·est** [~ist]) 薄くて透き通った.

gave [géiv]
give の過去形.

gav·el [gǽvəl] 图 C (議長・裁判官などが静粛を命じるときに卓上をたたく) 小槌(こづち).
ga·votte [gəvɑ́t / -vɔ́t] 图 C ガボット《17-18世紀フランスの踊り, またその曲》.
gawk [gɔ́ːk] 動 自 […を] ぽかんと見つめる [*at*].
gawk·y [gɔ́ːki] 形 (比較 **gawk·i·er** [~ər]; 最上 **gawk·i·est** [~ist]) 《口語》(特に若者が) ぎざまな, 不器用な, おどおどした.
gawp [gɔ́ːp] 動 自 《英》= GAWK (↑).
gay [géi] 形 (比較 **gay·er** [~ər]; 最上 **gay·est** [~ist]) **1** [比較なし] 同性愛の, ゲイの, ホモの (homosexual) 《◇特に男性同性愛者をさす》: the *gay* community 同性愛者の社会 / *gay* rights 同性愛者の人権 / *gay* liberation 同性愛解放運動. **2** 《古風》陽気な, 快活な, 楽しい. **3** 《古風》(色・服装などが) 派手な, 華やかな. — 图 C (特に男性の) 同性愛者, ゲイ, ホモ (cf. lesbian レズビアン).
gay·e·ty [géiəti] 图 = GAIETY 陽気.
gay·ly [géili] 副 = GAILY 陽気に.
gay·ness [géinəs] 图 U **1** 同性愛《ホモ, レズ》(であること). **2** 《古風》陽気, 快活; 華やかさ.
gaze [géiz] 動 自 […を] じっと見つめる, 凝視する [*at, into*] 《◇興味・驚き・喜びをもって長い間見る》: She sat *gazing at* the painting. 彼女は座ってその絵に見とれていた / The old man *gazed into* my face. 老人は私の顔をじっと見つめた.
— 图 C [通例, 単数形で] 凝視, じっと見つめること: She fixed her *gaze* on [upon] the horizon. 彼女は地平線をじっと見つめた.
ga·ze·bo [gəzéibou / -zíː-] 图 (複 **ga·ze·bos** [~z]) C (庭園などの) あずまや; 展望台.
ga·zelle [gəzél] 图 (複 **ga·zelle** [~], **ga·zelles** [~z]) C 【動物】ガゼル《アフリカ・西アジア産の小型のレイヨウ》.
ga·zette [gəzét] 图 C **1** 《主に英》官報《主に政府機関の人事異動を公示する》. **2** [*G-*; 新聞名に用いて]《米》…新聞: the Westminster *Gazette* ウェストミンスター新聞.
— 動 他 [通例, 受け身で]《英・格式》〈人事異動などを〉官報に公示する;〈軍人などを〉任命する.
gaz·et·teer [gæ̀zətíər] 图 C 地名辞典; (地図帳などの) 地名索引.
gaz·pa·cho [gəzpɑ́ːtʃou / gæzpǽtʃou]【スペイン】图 U ガスパーチョ《冷たい野菜スープ》.
ga·zump [gəzʌ́mp] 動 [通例, 受け身で]《英口語》(家の売り手が)〈買い手〉をペテンにかける, だます《◇契約直前に値段をつり上げる》.
GB 《略語》= *G*reat *B*ritain グレートブリテン(島); *g*iga*b*yte(s).
G.C.D., g.c.d. 《略語》= *g*reatest *c*ommon *d*ivisor【数学】最大公約数.

GCE, G.C.E. 《略語》《英》= *G*eneral *C*ertificate of *E*ducation 一般教育修了試験《証明書》《高い A level と低い S level がある; → GCSE》.
GCSE 《略語》《英》= *G*eneral *C*ertificate of *S*econdary *E*ducation 一般中等教育修了試験《証明書》《1988年より GCE の O level と CSE に代わって設けられた》.
GDP 《略語》= *g*ross *d*omestic *p*roduct 国内総生産《国内で創出された付加価値の合計》.
gds. 《略語》= *g*oo*ds*.
gear [gíər] 图 **1** U C ギア, 伝動装置; 歯車: bottom [low] *gear* 低速ギア / high [top] *gear* 高速ギア / shift [change] *gears* ギアを切り替える, 変速する. **2** U [しばしば複合語で]《機械》装置: steering *gear* (船の) 操舵(そうだ)装置. **3** U [しばしば複合語で] 道具 [用具] 一式; 装備; (ある目的のための) 服装: camping *gear* キャンプ用具一式 / party *gear* パーティー用の服装.
■ ***in* [*into*] géar** ギアが入って;《比喩》調子がよい, 順調である: put the car *in gear* 車のギアを入れる.
***in* [*into*] hígh** 《英》**tóp**] **géar** (車が) 高速で; 精力的に, 絶好調で: The organizing committee moved *into top gear* as the World Cup approached. ワールドカップが近づくにつれて組織委員会はフル回転となった.
***in* lów géar** (車が) 低速で; 調子が悪く.
òut of géar ギアが入っていない [外れて]; 調子が悪い, 不調で.
— 動 他 **1** 〈機械〉にギアを入れる,〈機械〉を (ギアで) 連動させる. **2** [しばしば受け身で] …を〔特定の目的・必要に〕適合させる, […に合わせて] …を調整する [*to, toward*]: This bike *is geared to* women. この自転車は女性用です.
■ **géar dówn** 他 **1** 〈車〉のスピードを落とす.
2 [通例, 受け身で] …のレベルを […まで] 下げる [*to*].
géar úp 自 [… の / …する] 準備を整える [*for / to do*]. — 他 **1** 〈車〉のスピードを上げる: The car *was geared up* down. 車のギアを高 [低] 速にした. **2** [通例, 受け身で] …に […の / …する] 準備をさせる [*for / to do*].

gear·box [gíərbɑ̀ks / -bɔ̀ks] 图 C (自動車の) 変速装置.
gear·ing [gíəriŋ] 图 U ギアの取付け方法【技術】; 伝動装置.
gear·shift [gíərʃìft] 图 C 《米》(特に自動車の) 変速レバー《《英》gear lever》.
geck·o [gékou] 图 (複 **geck·o(e)s** [~z]) C 【動物】ヤモリ.
gee [dʒíː] 間 《主に米》おや, まあ, すごーい《◇ Jesus の婉曲表現で gee whiz とも言う》.
gée-gée 图 C 《英・幼児》お馬《◇単に gee とも言う》; 《英》競走馬.
geek [gíːk] 图 C 《俗語》変人, ダサいやつ; …狂.
‡**geese** [gíːs] 图 goose の複数形.
gee·zer [gíːzər] 图 C 《俗語》変わり者, (変な) やつ.
Gei·ger(-Mül·ler) counter [gáigər(mjúːlər) kàuntər] 图 C ガイガーカウンター《放射能測定器》.
G8 [dʒíː éit] 《略語》= *G*roup *o*f *E*ight 先進主要8か国 (首脳グループ)《G7 にロシアを加えたもの》.

gel [dʒél] 名UC[化]ゲル, 膠(こう)状(ふ°う)体; ゼラチン[ゲル]状の物質. ― 動 (三単現 **gels** [~z]; 過去・過分 **gelled** [~d]; 現分 **gel·ling** [~iŋ]) 自 ゼリー状になる (jell).

gel·a·tin [dʒélətin], **gel·a·tine** [dʒélətìːn, dʒèlətíːn] 名U ゼラチン.

ge·lat·i·nous [dʒəlǽtinəs] 形 ゼラチン状の.

geld [géld] 動 (三単現 **gelds** [géldz]; 過去・過分 **geld·ed** [~id], **gelt** [gélt]; 現分 **geld·ing** [~iŋ]) 他 (牛・馬など)を去勢する.

geld·ing [géldiŋ] 名C 去勢された動物; 去勢馬.

gel·ig·nite [dʒélignàit] 名U ゼリグナイト (硝酸とグリセリンで作る爆薬).

*__gem__ [dʒém] 名C **1** 宝石 (jewel) (特にカットされ磨かれたもの). **2** 美しいもの, 逸品; 貴重な人[物]: This picture is the *gem* of the gallery. この絵は美術館の中で最も貴重な作品です.

◆ **Gém Státe** [the ~] 宝石州 (Idaho 州の愛称; → AMERICA 表).

Gem·i·ni [dʒémənài, -nài] **1** 固[天文]双子座 (the Twins). **2** 固[占星]双子(ご)宮, 双子座 (→ ZODIAC 図). **3** C 双子座生まれの人 (通例, 5月21日~6月20日生まれ).

gem·stone [dʒémstòun] 名C (加工前の)宝石の原石.

gen [dʒén] 名U (通例 the ~) [英口語] […に関する] 情報 [*on*].

Gen. (略記) = General 将軍; Genesis 創世記.

gen·darme [ʒáːndɑːrm, dʒáːn- / ʒɔ́ndɑːm] [フランス] 名C (フランスの)警官, 憲兵.

*__gen·der__ [dʒéndər] 名UC **1** (婉曲)性 (sex). **2** [文法]性 (略記) g.; → PERSONAL (文法)): the masculine *gender* 男性 / the feminine *gender* 女性 / the neuter *gender* 中性.

◆ **génder gàp** [the ~] ジェンダーギャップ (社会的な役割や価値観の相違による男女の違い).

génder idèntity U 性的自己同一性 (社会的な性の自己確認).

gén·der-bènd·er 名C [口語] (特にポップス歌手で)異性の服装をする人.

gén·der-spe·cíf·ic 形 [限定用法] 一方の性に特徴的な, 性差別的な.

*__gene__ [dʒíːn] 名C[生物] 遺伝子, ジーン.

◆ **géne bànk** C 遺伝子バンク.

géne pòol C 遺伝子貯蔵庫.

géne recombinàtion U 遺伝子組み換え.

géne thèrapy UC 遺伝子治療.

ge·ne·a·log·i·cal [dʒìːniəládʒikəl / -lɔ́dʒ-] 形 系図(上)の; 家系の, 血統の: a *genealogical* tree 家系図 (family tree); 系統図.

ge·ne·al·o·gy [dʒìːniǽlədʒi, -niæl- / -niæl-] 名(複 **ge·ne·al·o·gies** [~z]) **1** C (人間の)家系; (動植物・言語などの)系統; 家系図 (family tree); 系統図. **2** U 系図学, 系譜学.

***__gen·er·al__ [dʒénərəl] 形【基本的な意味は「全体の, 大多数の (referring to most things or people)」】

― 形 [通例, 限定用法] **1** [比較なし] 全体的な, 一般の; 全員を含む, 大多数の人に通じる (↔ individual, particular; → COMMON 類義語): a *general* lowering of standards 全般的な水準の低下 / a *general* meeting 総会 / the *general* public 一般大衆 / Cellular phones are now in *general* use. 携帯電話は現在では一般に広く使用されている / The *general* feeling is that the situation is improving. 事態はよくなりつつあるというのが大方の人の考えである.

2 [比較なし] (専門的でなく) 一般的な, 総合的な, 雑多な (↔ special): *general* education [knowledge] 一般教育[教養] / *general* affairs 庶務 / a *general* hospital 総合病院 / a *general* magazine 総合雑誌.

3 だいたいの, 概略の, 漠然とした: a *general* outline 概略 / a *general* idea 概念 / speak in *general* terms 大ざっぱに言う / His idea is too *general*. 彼の考えはあまりにも漠然としている.

4 高い地位の; [官職名のあとで] …長(官), 総…: a *general* manager 総支配人 / a *general* officer (陸・海・空軍の) 将官 / a governor *general* 総督 / the Attorney *General* 《米》司法長官.

■ *as a géneral rúle* = *in a géneral wáy* 一般に, 概して.

― 名 C [軍] 大将, 将官, 将軍 (cf. admiral 海軍大将): *General* Grant グラント将軍 / the *general* of the army 【米陸軍】元帥.

■ *in géneral* [名詞のあとで] 一般の, たいていの; [文修飾] 一般に, 概して: people *in general* 一般の人々 / *In general*, women like to shop for new clothes. 一般的に言って女性は新しい服を買いに行くのが好きである.

◆ **Géneral Américan** U 標準米語, 一般アメリカ英語 (アメリカ中西部で使われる英語の総称; (略語) GA, G.A.).

Géneral Assémbly [the ~] 国連総会 ((略語) GA, G.A.); 《米》州議会.

géneral delívery U 《米》局留め郵便 (《英》 poste restante).

géneral eléction C 総選挙.

Géneral Eléction Dày (米国の)総選挙日 (11月の第1月曜日の次の火曜日; 4年ごとに大統領選挙が行われる).

géneral héadquarters [単数・複数扱い] 《米》【軍】総司令部 ((略語) G.H.Q., GHQ).

Géneral Póst Óffice [the ~] 《英》(各都市の)中央郵便局 ((略語) G.P.O., GPO).

géneral practítioner C 一般(開業)医 (専門医に対して各科全般にわたる診療医; (略語) G.P., GP).

géneral quéstion C [文法] 一般疑問文 (→ QUESTION 文法).

géneral stáff [the ~; 集合的に] 参謀, 幕僚.

géneral stóre C 《米》雑貨屋.

géneral stríke C ゼネスト, 総罷(°)業.

gen·er·al·is·si·mo [dʒènərəlísəmòu] [イタリア] 名 (複 **gen·er·al·is·si·mos** [~z]) C (全軍を統率する) 大元帥, 総司令官 (◇英米では用いない).

gen·er·al·i·ty [dʒènərǽləti] 名 (複 **gen·er·al·i·ties** [~z]) **1** C [しばしば複数形で] 概論; 一般論, 一般原則 [法則]. **2** U 一般性. **3** [the ~;

複数扱い》《格式》大部分, 大多数: the *generality* of women 大多数の女性.

gen·er·al·i·za·tion [dʒènərəlizéiʃən / -laiz-] 名 **1** Ⓤ 一般化; 概括; 帰納. **2** Ⓒ 一般論, 一般概念; 帰納的結果.

*__**gen·er·al·ize**,《英》**gen·er·al·ise** [dʒénərəlàiz] 動 他 **1** …を一般化［概括］する; …について一般論を言う. **2**［…から］〈一般原則・法則〉を引き出す, 帰納する［*from*］. ── 自 **1** 一般論を言う; 概括する. **2**［…から］一般原則を引き出す, 帰納する［*from*］. **3** 漠然と［一般的に］言う.

gen·er·al·ized,《英》**gen·er·al·ised** [dʒénərəlàizd] 形 一般的な (general); 一般化された, 一般に広まっている;〈病気が〉全身に広まった.

*__**gen·er·al·ly** [dʒénərəli]
── 副 **1** 一般的に, 概して;［文修飾］だいたいにおいて: My health is *generally* good. 私の健康状態はおおむね良好である / *Generally*, little children have a sweet tooth. 小さな子供はたいてい甘い物が好きです.
2 多くの人に, 世間一般に, 広く: It is *generally* believed that smoking can cause various diseases. 喫煙はさまざまな病気を引き起こす可能性があると広く信じられている / Our proposal was *generally* accepted. 私たちの提案は多くの人に受け入れられた.
3 普通, たいてい (usually): We *generally* have lunch at noon. 私たちは普通正午に昼食をとる.
■ *génerally spéaking*［文修飾］一般的に言うと, 概して言えば: *Generally speaking*, Japanese food is low in calories. 一般的に言うと日本食はカロリーが低い.

gén·er·al-púr·pose 形 用途の広い, 多目的の: a *general-purpose* computer 汎用コンピュータ.

*__**gen·er·ate** [dʒénərèit] 動 他 **1**〈電気・エネルギーなど〉を生じる, 発生させる, 起こす. **2**〈感情・行動・結果など〉を引き起こす, 招く: *generate* enthusiasm for skiing スキーブームを引き起こす.

*__**gen·er·a·tion** [dʒènəréiʃən]【基本的意味は「同時代の人々 (people of the same age)」】
── 名（複 **gen·er·a·tions**［~z］）**1**［集合的に; 単・複数扱い］同時代の人々: the younger *generation* 青年層 / the older *generation* 老人層 / the coming *generation* 次世代の人々 / the baby boom *generation* ベビーブーム世代 / people of my son's *generation* 私の息子の世代の人たち.
2 Ⓒ 1世代（◇生まれた子供が成長し, 結婚し, 子を生むまでの約30年）: That hair style was in fashion a *generation* ago. その髪型は1世代前にはやっていた / That company went bankrupt within one *generation*. あの会社は一代限りで倒産した.
3 Ⓒ〈家族の〉代: A grandfather, father, and son make up three *generations*. 祖父・父・息子で3世代を形成する / This ring has been handed down from *generation* to *generation*. この指輪は代々伝えられてきたものです.
4 Ⓒ（機械などの）世代, 型: a fifth-*generation* computer 第5世代コンピュータ.
5 Ⓤ 出生, 出産;（熱・電気などの）発生: *generation* of energy エネルギーの発生.
◆ generátion gàp [the ~] 世代間の断絶, ジェネレーションギャップ.

gen·er·a·tive [dʒénərətiv, -nərèit-] 形 **1** 生殖［発生, 生成］の; 生殖［生成］力のある. **2**［言］生成的な.
◆ génerative grámmar Ⓤ【言】生成文法.

*__**gen·er·a·tor** [dʒénərèitər] 名 Ⓒ **1**《英》発電機（《米》dynamo）;（ガス・蒸気などの）発生機. **2**（新しい考えなどを）生み出す人.

ge·ner·ic [dʒənérik] 形 **1** 一般的な, 総括的な;《主に米》商標登録されていない; ノーブランドの.
2［生物］属 (genus) の: a *generic* term 属名.
3［文法］総称的な.
ge·ner·i·cal·ly [-kəli] 副 一般的に.

*__**gen·er·os·i·ty** [dʒènərάsəti / -rɔ́s-] 名（複 **gen·er·os·i·ties**［~z］）**1** Ⓤ 気前のよさ, 物惜しみしないこと, 太っ腹. **2** Ⓤ 寛大, 寛容: *generosity* toward the enemy 敵への寛大さ. **3** Ⓒ［通例, 複数形で］気前のよい［寛大な］行為.
（▷ 形 *génerous*）

gen·er·ous [dʒénərəs]
── 形 **1** (a)［…について］気前のよい, 物惜しみしない［*with*］: a *generous* boss 気前のよい上司 / Mike is very *generous with* his money. マイクは金を出し惜しみしない.
(b)［It is *generous* of ... +to do］~するとは…は気前がよい, 太っ腹だ: It was *generous of* John *to* give me 500 dollars. 私に500ドルくれたとはジョンは気前がいい (=John was generous to give me 500 dollars.)
2 (a)［…に対して］寛大な, 寛容な［*to, toward*］: He is *generous to* his children. 彼は自分の子供に対して寛大です. (b)［be *generous* in+doing］…するのに寛大である: They were *generous in* dealing with prisoners. 彼らは囚人の扱いに寛大であった. (c)［It is *generous* of ... +to do］~するとは…は寛大だ: It *is generous of* you *to* work for him. 彼の代わりに働くとは君も心が広い.
3 たくさんの, 豊富な (abundant): a *generous* harvest 豊作. （▷ 名 *gènerósity*）

gen·er·ous·ly [dʒénərəsli] 副 **1** 気前よく.
2 寛大に;［文修飾］寛大にも. **3** 豊富に.

gen·e·sis [dʒénəsis] 名（複 **gen·e·ses**［-sìːz］）
1 [G-]【聖】創世記（旧約聖書の第1書;《略語》Gen.）. **2** Ⓒ［通例 the ~］《格式》起源, 起こり.

ge·net·ic [dʒənétik], **ge·net·i·cal** [-kəl] 形［比較なし］**1** 遺伝（学）の, 遺伝子の［による］.
2 発生［起源］の, 発生［起源］に関する.
◆ genétic códe Ⓒ [the ~]【生化】遺伝暗号.
genétic engineering Ⓤ 遺伝子工学.
genétic fíngerprinting Ⓤ 遺伝子指紋鑑定.

ge·net·i·cal·ly [dʒənétikəli] 副 遺伝子的に; 遺伝学的に: *genetically* modified foods 遺伝子組み換え食品（《略語》GMF）.

ge·net·i·cist [dʒənétəsist] 名 C 遺伝学者.

ge·net·ics [dʒənétiks] 名 U 遺伝学.

Ge·ne·va [dʒəní:və] 名 固 ジュネーブ《スイス南西部の都市》.

◆ **Genéva Convéntion** [the ~] ジュネーブ協定《戦争捕虜保護のための国際協定》.

Gen·ghis Khan [dʒéŋgis ká:n] 名 固 チンギスハーン, ジンギスカン《成吉思汗》《1162?-1227; モンゴル帝国の始祖》.

*__gen·i·al__ [dʒí:njəl] 形 **1** 親切な; 陽気で気持ちのよい, 愛想のよい: a *genial* smile 愛想のよい笑い. **2** 《天候・気候など》温和な, 温暖な.

gen·i·al·ly [-əli] 副 親切に, 愛想よく; 温和に.

ge·ni·al·i·ty [dʒì:niǽləti] 名 (複 **ge·ni·al·i·ties** [~z]) **1** U 愛想のよさ; 親切. **2** U 《通例, 複数形で》親切な行為; 穏やかな表情 [言葉].

ge·nie [dʒí:ni] 名 (複 **ge·nies** [~z], **ge·ni·i** [-niài]) C 《アラビアの民話に出てくる》妖精(ﾖｳｾｲ), 魔神.

ge·ni·i [dʒí:niài] 名 **genius**, **genie** の複数形.

gen·i·tal [dʒénətəl] 形 《限定用法》《医》 生殖（器）の: the *genital* organs 生殖器.

— 名 [~s] 《医》生殖器, 外陰部 (genitalia).

gen·i·ta·li·a [dʒènətéiljə] 《ラテン》 名 《複数扱い》 《医》 生殖器 (genitals).

gen·i·tive [dʒénətiv] 《文法》形 属格の, 所有格の.
— 名 U 属格; C 属格の語.
◆ **génitive cáse** [the ~] 属格, 所有格.

*__ge·ni·us__ [dʒí:njəs] 名 (複 **ge·ni·us·es** [-iz], **4** では **ge·ni·i** [-niài]) **1** U 天賦の才（能）: a man of *genius* 天才. **2** C 天才《人》: a *genius* in mathematics = a mathematical *genius* 数学の天才. **3** [a ~] 《…の》才能, 天分 《*for*》: She has a *genius* for languages. 彼女には語学の才能がある. **4** C [the ~] 守護神, 守り神: one's evil [good] *genius* 人につきまとう悪霊 [守護神]; 悪い [よい] 影響力を及ぼす人. **5** U 《通例 the ~》《制度・時代・言語などの》 風潮, 特質, 精神.

◆ **génius lóci** [-lóusai] 《ラテン》 名 《複 **genii loci**》 C 《土地の》守護神, 産土(ｳﾌﾞｽﾅ)神; 土地柄.

Gen·o·a [dʒénouə] 名 固 ジェノバ, ジェノア《イタリア北西部の港湾都市》.

gen·o·cide [dʒénəsàid] 名 U 《民族・集団などの》大量虐殺, 皆殺し.

gen·o·ci·dal [dʒènəsáidəl] 形 大量虐殺の.

ge·nome [dʒí:noum] 名 C 《生化》 ゲノム《生物を構成するのに最少限必要な染色体のひと組とそこに含まれる全遺伝子情報》: Human *Genome* Project ヒトゲノム計画《ヒトの全遺伝子解読計画》.

*__gen·re__ [ʒá:nrə / ʒá:n-] 《フランス》名 **1** C 《格式》《芸術・文学作品の》様式, 種類, 類型. **2** U 《美》風俗画.

gent [dʒent] 名 (◇ *gent*leman の略) **1** C 《主に英口語・こっけい》紳士, 男. **2** [~s] 《商店で》男性用品.

gen·teel [dʒentí:l] 形 **1** 気取った, 上品ぶった. **2** 《古風》上流社会の; 家柄のよい, 洗練された.

gen·tian [dʒénʃən] 名 C 《植》リンドウ.

gen·tile [dʒéntail] 名 C 《しばしば G-》《ユダヤ教徒から見た》異教徒; 非ユダヤ人.
— 形 《しばしば G-》異教徒の, 非ユダヤ人の.

gen·til·i·ty [dʒentíləti] 名 U 《しばしば, 軽蔑》育ちのよさ; お上品ぶり, 上流気取り.

*__gen·tle__ [dʒéntl] 《原義は「名門の, 育ちのよい」》

— 形 《比較 **gen·tler** [-tlər]; 最上 **gen·tlest** [-tlist]》 **1** 《…に対して》《人柄・性質が》優しい, 親切な 《*with, to*》; 《…に》 寛大な; 礼儀正しい 《*in*》 (→ SOFT 類義語): a *gentle* person 優しい人 / She is *gentle* with animals. 彼女は動物に優しい / He is *gentle* in manner. 彼は態度が温和だ.
2 《天候・自然・声などが》穏やかな, ゆるやかな; 《動作などが》静かな, 軽い: a *gentle* breeze そよ風 / a *gentle* slope ゆるやかな坂 / a *gentle* voice 穏やかな声 / *gentle* exercise 軽い運動.

gen·tle·folk(s) [dʒéntlfòuk(s)] 名 《複数扱い》《古》良家の人々, 上流階級の人々.

*__gen·tle·man__ [dʒéntlmən]
— 名 (複 **gen·tle·men** [-mən]) C **1** 紳士 《◇教養・礼儀を身につけている洗練された男性をさす; 家柄のよい人》 (↔ lady): play the *gentleman* 紳士ぶる / You should behave like a *gentleman*. 紳士らしくふるまいなさい.
2 《丁寧》男性, 男の方, 殿方 (↔ lady): A *gentleman* is at the door to see you. 男の方があなたに会いに玄関にいらっしゃっています.
3 [Gentlemen] 皆さん 《◇男性に対する丁寧な呼びかけ》; 拝啓, 各位 《◇会社などへの手紙の書き出し》: Ladies and *Gentlemen*, please be quiet. 皆さん, お静かに願います.
◆ **géntleman's [géntlemen's] agréement** C 紳士協定《法的強制力はないが, 互いに相手を信頼して結ぶ暗黙の取決め》.

gen·tle·man·ly [dʒéntlmənli] 形 《ほめ言葉》紳士的な; 礼儀正しい.

*__gen·tle·men__ [dʒéntlmən] 名 **gentleman** の複数形.

*__gen·tle·ness__ [dʒéntlnəs] 名 U 優しさ, 親切さ; 穏やかさ.

gen·tle·wom·an [dʒéntlwùmən] 名 (複 **gen·tle·wom·en** [-wìmin]) C 上流婦人 (lady).

*__gen·tly__ [dʒéntli] 副 **1** 穏やかに, 静かに, そっと, 優しく, 親切に: Lift the table *gently*. テーブルをそっと持ち上げてください. **2** ゆるやかに: The river flows *gently* through the Kanto Plain. その川は関東平野をゆったりと流れている.
■ ***Gently does it!*** 《英口語》そっと [ゆっくり] やれ.

gen·tri·fi·ca·tion [dʒèntrəfikéiʃən] 名 U 《再開発による地域の》高級化.

gen·tri·fy [dʒéntrəfài] 動 《三単現 **gen·tri·fies** [~z]; 過去・過分 **gen·tri·fied** [~d]; 現分 **gen·tri·fy·ing** [~iŋ]》《通例, 受け身で》《スラム街などを》《再開発して》高級化する.

gen·try [dʒéntri] 名 U 《通例 the ~; 複数扱い》《古風》 上流階級の人たち: the landed *gentry* 地主階級 / the local *gentry* 土地のお歴々.

gents('), **Gents(')** [dʒénts] 名 C 《通例 the ~; 単数扱い》《英》男性用公衆トイレ (→ MEN 参考).

gen·u·flect [dʒénjuflèkt] 動 自 《礼拝などのために》片ひざを曲げる, ひざまずく.

gen·u·ine [dʒénjuin] 形 **1** [比較なし] 本物の, 偽物 [人造] でない (→ REAL 類義語): a *genuine* Gogh 本物のゴッホの絵 / *genuine* writing 直筆(ひっぴつ). **2** (感情・行動などが) 見せかけでない, 心からの; 誠実な: *genuine* sorrow 心からの悲しみ.

gen·u·ine·ly [dʒénjuinli] 副 本当に, 心から: John is *genuinely* interested in a career in medicine. ジョンは医学の道に本気で興味がある.

ge·nus [dʒíːnəs] 名 (複 **gen·e·ra** [dʒénərə]) C **1** [生物] (分類上の) 属. **2** (一般に) 種類, 部類.

ge·o- [dʒíːou] 結合「地球 (の), 土地 (の)」の意を表す: geography 地理学 / geopolitics 地政学.

ge·o·cen·tric [dʒìːouséntrik] 形 **1** 地球を中心とした: the *geocentric* theory 天動説. **2** 地球の中心から測った [見た].

ge·og·ra·pher [dʒiɑ́grəfər / dʒiɔ́g-] 名 C 地理学者.

***ge·o·graph·ic** [dʒìːəgrǽfik], **ge·o·graph·i·cal** [-kəl] 形 [限定用法] 地理学 (上) の, 地理 (学) 的な: *geographic* features 地理的な特徴, 地形.
(▷ 名 géography)

ge·o·graph·i·cal·ly [-kəli] 副 地理 (学) 的に.

ge·og·ra·phy [dʒiɑ́grəfi / -ɔ́g-]
【「geo- (地球の) + graphy (記録したもの)」で, 「地理」】
—名 U **1** 地理学, 地理: human *geography* 人文地理学 / physical *geography* 自然地理学.
2 [the ~] (ある地域の) 地形, 地勢; 《口語》 (建物内などの) 配置, 間取り: the *geography* of the United States アメリカ合衆国の地勢.

ge·o·log·ic [dʒìːəlɑ́dʒik / -lɔ́dʒ-], **ge·o·log·i·cal** [-kəl] 形 [限定用法] 地質学 (上) の.
ge·o·log·i·cal·ly [-kəli] 副 地質学上, 地質的に.
ge·ol·o·gist [dʒiɑ́lədʒist / -ɔ́l-] 名 C 地質学者.

***ge·ol·o·gy** [dʒiɑ́lədʒi / -ɔ́l-] 名 U 地質学; (ある地域の) 地質.

***ge·o·met·ric** [dʒìːəmétrik], **ge·o·met·ri·cal** [-kəl] 形 **1** 幾何学の. **2** 幾何学的な: *geometric* progression 等比数列.
ge·o·met·ri·cal·ly [-kəli] 副 幾何学的に.

***ge·om·e·try** [dʒiɑ́mətri / -ɔ́m-] 【「geo (土地) + metry (測定すること)」から】 名 U 幾何学. (関連語) algebra 代数 / mathematics 数学 / arithmetic 算数)

ge·o·phys·ics [dʒìːəfíziks] 名 U [単数扱い] 地球物理学.
ge·o·phys·i·cal [-fízikəl] 形 地球物理学 (上) の.
ge·o·phys·i·cist [-fízəsist] 名 C 地球物理学者.

ge·o·pol·i·tics [dʒìːəpɑ́lətiks / -pɔ́l-] 名 U [単数扱い] 地政学 《地理的条件が政治へ及ぼす影響を研究する》.
ge·o·po·lit·i·cal [-pəlítikəl] 形 地政学の.

George [dʒɔ́ːrdʒ] 名 固 **1** ジョージ 《◇男性の名》. **2** [St. ~] 聖ジョージ 《England の守護聖人. 303年頃に殉教した》. **3** ジョージ 《英国王の名. George 2世 (在位1727-60), George 5世 (在位1910-36) など6世までいる》.

■ **by Geórge** 《古風・口語》本当に, おやまあ 《驚き・困惑などを表す. by God の婉曲表現》.

George·town [dʒɔ́ːrdʒtàun] 名 固 **1** ジョージタウン 《ガイアナの首都》. **2** ジョージタウン 《米国 Washington, D.C. の住宅街》.

geor·gette [dʒɔːrdʒét] 名 U ジョーゼット (クレープ) 《薄地の絹・レーヨンに縮れ加工を施した布地》.

Geor·gia [dʒɔ́ːrdʒə] 名 固 **1** ジョージア 《◇女性の名》. **2** ジョージア 《米国南東部の州; 《略語》 Ga.; 《郵略語》 GA; → AMERICA 図》. **3** グルジア 《コーカサス地方の共和国; 首都トビリシ (Tbilisi)》.

Geor·gian [dʒɔ́ːrdʒən] 形 **1** 《英史》 ジョージ王朝 (時代) の 《◇ George 1世から4世までの時代 (1714-1830). 主に建築・美術様式について言う》; ジョージ5世時代の 《◇主に20世紀前半の文芸様式について言う》: the *Georgian* era ジョージ王朝.
2 グルジア共和国 (Georgia) の; グルジア人の.

ge·o·sta·tion·ar·y [dʒìːoustéiʃənèri / -ʃənəri] 形 (地球から見て人工衛星が) 静止した: a *geostationary* satellite 静止衛星.

ger. 《略語》 = gerund 動名詞.
Ger. 《略語》 = German; Germany.

ge·ra·ni·um [dʒəréiniəm] 名 C 〔植〕ゼラニウム, テンジクアオイ 《観賞用植物. 花は赤・白・ピンクなど》.

ger·bil [dʒə́ːrbəl] 名 C 〔動物〕アレチネズミ 《主に砂漠に生息する後ろ脚の長いネズミ》.

ger·i·at·ric [dʒèriǽtrik] 形 **1** [限定用法] 老人病 (学) の. **2** 《口語》高齢で働けない.

ger·i·at·rics [dʒèriǽtriks] 名 U 老人病学, 老人医学.

‡**germ** [dʒə́ːrm] 名 **1** C 細菌, 病原菌.
2 C 〔生物〕胚種(はいしゅ), 胚, 胚芽(はいが).
3 [the ~] (物事の) 芽生え, (発達の) 初期段階, 起源 [*of*]: the *germ of* an idea ある考えの芽生え.
■ **in gérm** 未発達の状態で [の].
◆ **gérm cèll** C 〔生物〕生殖細胞.
gérm plàsm U 〔生物〕生殖細胞 (質).
gérm wárfare U 細菌戦 (biological warfare).

‡**Ger·man** [dʒə́ːrmən]
形名
—形 ドイツの; ドイツ人 [語] の 《《略語》 G, G., Ger.》: speak with a *German* accent ドイツなまりで話す / My car is *German*. 私の車はドイツ製です / He is *German*. 彼はドイツ人です.
—名 (複 **Ger·mans** [~z]) **1** C ドイツ人; [the ~s; 集合的に] ドイツ人, ドイツ国民: The *Germans* are said to be a rational people. ドイツ人は合理的な国民だと言われている.
2 U ドイツ語. (▷ 名 Gérmany)
◆ **Gérman méasles** U [単数扱い] 風疹(ふうしん) (rubella).
Gérman shépherd C 《米》〔動物〕シェパード 《《英》 Alsatian》《警察犬などに用いる》.
Gérman sílver U 洋銀 《銅・ニッケル・亜鉛の合金. 装飾器などに用いる》.

ger·mane [dʒəːrméin] 形 (通例, 叙述用法) 《格式》(考え・言葉などが) […と] 密接な関係のある, […に] ふさわしい, 妥当な [*to*].

Ger·man·ic [dʒəː(r)mǽnik] 形 **1** (容貌(ようぼう)・

germanium 654 **gesture**

行動などが)ドイツ(人)的な. **2** ゲルマン民族[語]の: *Germanic* languages ゲルマン諸語《英語・ドイツ語・オランダ語など》.
— 名 U ゲルマン語(派).

ger·ma·ni·um [dʒə(ː)rmíniəm] 名 U 【化】ゲルマニウム《希金属元素;《元素記号》Ge》.

‡Ger·ma·ny [dʒə́ːrməni]
— 名 固 **ドイツ**《ヨーロッパ中北部の共和国; 首都ベルリン (Berlin); 《略記》G, G., Ger.; 第2次大戦後東西ドイツに分割されたが, 1990年10月に再び統一国家となった》. (▷ 形 Gérman)

ger·mi·cide [dʒə́ːrməsàid] 名 C U 殺菌剤.

ger·mi·nate [dʒə́ːrmənèit] 動 自〈種が〉発芽する;生長し始める;〈考えなどが〉芽生える, 生じる.
— 他〈種〉を発芽させる;〈植物〉を生長させる;〈考えなど〉を生じさせる.

ger·mi·na·tion [dʒə̀ːrmənéiʃən] 名 U 発芽;発生;発達.

ger·on·tol·o·gy [dʒèrəntálədʒi / -rɔntɔ́l-] 名 U 老人学《老化・老人問題を研究する》.

ger·ry·man·der [dʒérimændər] 動 (軽蔑) 他 **1** 〈選挙区〉を自党に有利になるように改変する.
2 〈規則など〉を都合よく変える, 細工する.
— 自 選挙区を自党に有利になるように改変する.
— 名 C ゲリマンダー《自党に有利な選挙区改変》.

Gersh·win [gə́ːrʃwin] 名 固 ガーシュイン George Gershwin (1898–1937; 米国の作曲家).

Ger·trude [gə́ːrtruːd] 名 固 ガートルード《◇女性の名;《愛称》Gert》.

‡ger·und [dʒérənd] 名 C 【文法】動名詞(→ 文法).

ge·stalt [gəʃtáːlt / -ʃtǽlt] 【ドイツ】名 (複 **ge·stalts** [-ʃtáːlts / -ʃtǽlts], **ge·stalt·en** [-tən]) C [時に U] 【心理】形態, ゲシュタルト.

Ge·sta·po [gəstáːpou] 【ドイツ】名 [the ~; 集合的に; 単数・複数扱い] ゲシュタポ《ナチスドイツの秘密国家警察》.

ges·ta·tion [dʒestéiʃən] 名 **1** U 妊娠.
2 U (計画・思想などの) 立案, 形成.
3 [a ~] = gestátion pèriod 妊娠期間;(病気の)潜伏期間;(計画などの)立案[形成]期間.

ges·tic·u·late [dʒestíkjulèit] 動 自 (活発に) 身ぶり[手まね]をする, 身ぶり[手まね]で表す《◇通例, 興奮・怒りなどで声が出ないとき》.

ges·tic·u·la·tion [dʒestìkjuléiʃən] 名 U C 身ぶり[手まね]で話すこと;身ぶり[手まね]での表現.

‡ges·ture [dʒéstʃər]
名 動【基本的意味は「身ぶり (a movement of the hands or head to express an idea or feeling)」】
— 名 (複 **ges·tures** [~z]) C **1** 身ぶり, 手まね;(演劇の)しぐさ: She made an angry *gesture* with her fist. 彼女はこぶしを作って怒りを表した / He made a *gesture* of pain. 彼は痛みを身ぶりで表した / They spoke by *gesture*. 彼らは身ぶりで話した.
2 意思表示,(気持ちや意思などの)あかし: I in-

文法 動名詞 (gerund)

動名詞は, 動詞の原形に -ing を付けた形で, 文中で名詞と同じ働きをします.

【動名詞の用法】

■ **文の主語**
Keeping early hours is hard for me.
(私は早寝早起きが苦手です)

■ **動詞の目的語**
She stopped playing the piano.
(彼女はピアノを弾くのをやめた)

■ **動詞の補語**
Her job was selling flowers.
(彼女の仕事は花を売ることだった)

■ **前置詞の目的語**
She is good at playing the violin.
(彼女はバイオリンを弾くのがうまい)

【動名詞の形】

動名詞には, 単に動詞の原形に -ing を付けたもののほかに, 次のような形があります.

■ **否定形** 「not[never] + -ing」
He always complains of not having time to read.
(彼はいつも読書する暇がないとこぼしている)

■ **受け身の形** 「being + 過去分詞」
He just avoided being hit by a car.
(彼はかろうじて車にひかれるのを免れた)

■ **完了形** 「having + 過去分詞」
He denied having written that letter.
(彼はその手紙を書いたことを否定した)

【動名詞の意味上の主語】

■ **主語を示さない場合**
❶ 文の主語と同じ場合
He succeeded in solving the problem.
　　　　　　　主語=he
(彼はその問題を解くのに成功した)

❷ 文の目的語と同じ場合
Thank you for coming to see me.
　　　　　　主語=you
(会いに来てくれてありがとう)

■ **主語を示す場合** 文の主語と動名詞の主語が異なる場合
I'm looking forward to my cousin writing to me.
(いとこが手紙を書いてくれる)
(のを私は楽しみにしている)
Do you mind my[me] smoking?
(たばこを吸ってもかまいませんか)

vited him as a *gesture* of friendship. 私は友好のしるしとして彼を招待した.
3 そぶり, 見せかけ; 外交辞令: His kindness is a mere *gesture*. 彼の親切は見せかけにすぎない.
— 動 […に/…するように] 身ぶり[手ぶり]をする [*to, for / to do*]; 身ぶりで示す: The teacher *gestured to* the students *to* be quiet. 先生は生徒たちに静かにしなさいとしぐさで指示した.

ge·sund·heit [gəzúnthait]【ドイツ】間《米》(くしゃみをした人に) お大事に; (乾杯で) 健康を祝して.

*****get** [gét] 動 名

基本的意味は「手に入れる」.
I [獲得する]
① 得る; 買う. 他 **1**
② 受け取る. 他 **2**
③ 取って来る, 持って来る. 他 **3**
④ 聞き取る. 他 **4, 5**
II [ある状態にする]
⑤ … (の状態) にする, なる. 他 **11**; 自 **1**
⑥ …させる, してもらう; …される. 他 **12, 13**; 自 **3**
⑦ 着く. 自 **2**

— 動 (三単現 **gets** [géts]; 過去 **got** [gát / gɔ́t]; 過分 **got**,《米》ではまた **got·ten** [gátn / gɔ́tn]; 現分 **get·ting** [〜iŋ])
一他 **I [獲得する]**
1 (a) [get＋O] …を<u>得る</u>, 手に入れる (obtain); 〈もの〉を買う (buy) (→類義語): She got (the) first prize in the speech contest. 彼女はスピーチコンテストで1位になった / I *got* a good price for the house. 家が高値で売れた / I've just *got* a job with a trading company. 私は商事会社に就職が決まった / She *got* an A in chemistry. 彼女は化学でAの成績を取った / What do we *get* if we add two and three? 2と3を足したらいくつになりますか / Where did you *get* the purse? そのハンドバッグはどこで買ったのですか. (b) [get＋O＋O / get＋O＋for…]〈人〉のために〈もの〉を手に入れてやる, 買ってやる: Will you *get* me a ticket? ＝ Will you *get* a ticket *for* me? 私のために切符を1枚手に入れてくれませんか.
2 [get＋O] …を<u>受け取る</u>, もらう (receive); 〈新聞・雑誌〉を購読する: I *got* a letter from him yesterday. きのう彼から手紙が来た / She *gets* a good salary. 彼女はいい給料をもらっている / I *got* a watch from my parents for my birthday. 誕生日に両親から時計をもらいました.
3 (a) [get＋O] …を取って来る, 持って[連れて] 来る (fetch): I have to go and *get* my daughter from the day nursery. 保育所へ行って娘を連れて帰らなくてはならない. (b) [get＋O＋O / get＋O＋for …]〈人〉に〈もの〉を取って来る: *Get* the papers from the desk *for* me. 机から書類を持って来てください / Shall I *get* you some coffee? ＝ Shall I *get* some coffee *for* you? コーヒーをお持ちしましょうか.
4〈言葉など〉を聞き取る;〈人・話〉を理解する (understand): I'm afraid I didn't quite *get* your name. 私はあなたのお名前がよく聞き取れませんでした / He didn't *get* the joke. 彼にはその冗談がわからなかった.
5 …を[…から]学ぶ, 覚える; […によって]〈印象など〉を持つ [*from, out of*]: I've *got* it by heart. それはもう覚えました / She *gets* pleasure *from* running. 彼女は走ることが楽しい.
6〈病気〉にかかる;〈傷・損害・罰など〉を受ける: She *got* mumps from her brother. 彼女はお兄さんからおたふくかぜをうつされた / I'm *getting* a pain in my side. わき腹が痛くなってきた / He *got* ten years in prison for robbery. 彼は強盗で10年の刑を受けた.
7〈人〉を捕まえる; 逮捕する;〈列車など〉に乗る (catch); (電話などで)〈人・場所〉と連絡がつく; (放送)を受信する: He *got* her by the wrist. 彼は彼女の手首をつかんだ / The police couldn't *get* the robber. 警察はその強盗を捕まえられなかった / I *got* the last train for Glasgow. 私はグラスゴー行きの最終列車に乗った / Can I *get* him on the phone? 彼に電話で連絡がつきますか.
8〈食事〉の用意をする;〈席など〉の予約をする: You'd better *get* a flight as soon as possible. できるだけ早く飛行機の予約をしたほうがいい.
9〈人〉を打つ,〈人〉に当たる: A pebble *got* him in the eye. 小石が彼の目に当たった.
10《口語》〈人・動物〉を殺す, やっつける;〈人〉に復讐(ふくしゅう)する;【野球】〈打者・走者〉をアウトにする: His illness finally *got* him. 彼はついに病に倒れた / I'll *get* you for this. このお返しはきっとしてやるぞ.

II [ある状態にする]
11 (a) [get＋O＋C]〈人・もの〉を…(の状態)に<u>する</u>: I have to *get* dinner ready by six. 6時までに夕食の支度をしておかなくてはいけない / The discovery of a new star made me very interested. 新しい星の発見に私はとても興味を抱いた. (b) [get＋O＋現分]〈もの〉を…するようにする: Can you *get* that old clock *going* again? あの古時計がまた動かせますか.
12 [get＋O＋to do] (説得して)〈人〉に…<u>させ</u>る, してもらう (persuade): I *got* my sister *to* help me with my homework. 私は姉に頼んで宿題を手伝ってもらった.
13 [get＋O＋過分] (a) [使役]〈もの〉を…<u>させ</u>る, してもらう: You should *get* your eyes *examined*. 目を調べてもらったほうがいいですよ. (b) [完了] (自分で)〈こと〉を…してしまう: I'll *get* the work *finished* on time. その仕事は時間通りに片づけよう. (c) [被害]〈もの〉を…される (◇目的語は通例, 体の一部を表す語): *get* one's leg *broken* 足の骨を折る.
14 [場所・方向を表す副詞(句)を伴って]…を動かす, 運ぶ, 持って[連れて]行く: I'll *get* you back home. あなたを家まで送って行こう / *Get* these chairs upstairs. このいすを2階に持って行ってください / Further arguing won't *get* you anywhere. これ以上議論しても何にもならない.

15 〈人〉を困らせる, いらいらさせる: This problem *gets* me. この問題には参った / Her rough way of speaking really *gets* me. 彼女のぞんざいな言葉づかいには本当にいらいらさせられる.

— [自] **1** [get＋C] (…の状態に) **なる**, (…するに) 至る (become) (→ BECOME [語法]): *get* angry [drunk, old] 怒る [酔う, 年を取る] / It's *getting* warmer day by day. 日増しに暖かくなってきている / I always *get* nervous before the exams. 私は試験の前はいつも落ち着かなくなる / *Get* ready to go out. 出かける用意をしなさい.

2 [場所を表す副詞(句)を伴って] (ある場所に) **着く**, 達する (arrive) (→ [句動詞] get to): We *got* home after midnight. 私たちは真夜中過ぎに家に着いた / When did you *get* there? そこには何時頃着いたのですか.

3 [get＋過分] …**される** (◇「be＋過分」が動作・状態の受け身を表すのに対して,「get＋過分」は動作の受け身のみを表す; be よりも口語的): He *got arrested* for drunken driving. 彼は飲酒運転で逮捕された / I *got caught* in the shower on the way home. 私は家に帰る途中にわか雨にあった / Don't *get involved* in their quarrel. 彼らのけんかにはかかわるな.

4 [get＋to do] …**するようになる**; …することができる (◇ come を用いるよりも口語的): How did you *get to* know her? 彼女とはどうやって知り合いになったのですか / He is *getting to* be an old man now. 彼はもう年を取ってきている / Did you *get to* visit Disneyland? ディズニーランドへは行けましたか.

5 [get＋doing] …し始める: Let's *get going*. さあ, やろうじゃないか / *Get moving*, please. (立ち止まらないで) 先へお進みください.

[句動詞] ***gèt abóut*** [自] **1** 歩き回る, (病後に) 歩けるようになる; 広く旅行する. **2** (うわさなどが) 広まる (spread).

gèt acróss [自] **1** 《口語》(話などが)〔…に〕通じる, 理解される〔*to*〕: My meaning didn't *get across to* them. 私の意図は彼らに通じなかった. **2** (向こう側へ) 渡る, 横断する. — [他] [get across＋O / get＋O＋across] **1** 〈話など〉を〔ほかの人に〕**わからせる**, 理解させる〔*to*〕: She just couldn't *get* her ideas *across to* anyone else. 彼女は自分の考えをだれにも理解してもらえなかった. **2** 〈人・もの〉を渡らせる.

gét acròss ... [他] **1** 〈川・通りなど〉を渡る. **2** 《英口語》〈人〉を怒らせる.

gét àfter ... [他] **1** 〈人・もの〉のあとを追う (pursue). **2** 〈人〉を責める, 〈人〉にせがむ.

gèt ahéad [自] (仕事で) 成功する, 出世する.

gèt alóng [自] **1** 〔…と〕**仲よくやっていく**〔*with*〕: I *get along* very well *with* my colleagues. 私は同僚ととてもうまくやっている. **2** **暮らしていく**, 何とかやっていく: I will *get along* without your help. あなたの援助なしでも何とかやっていきます. **3** 〔仕事などが〕**先へ進む**, はかどる〔*with*〕: How are you *getting along with* your work? 仕事は進んでいますか. **4** 出発する, 立ち去る: I'd better be *getting along* now. そろそろ出かけたほうがよさそうだ.

·***Gèt alóng (with you)!*** 《口語》 **1** あっちへ行け. **2** 冗談だろ, そんなばかな.

gèt aróund [***róund***] [自] **1** 歩き回る; よく出歩く, 旅行する (get about). **2** (うわさなどが) 広まる (get about).

·***gèt aróund*** [***róund***] ***to ...*** …の時間がとれる: I *got around to* answering her letter. やっと彼女の手紙に返事を書く時間ができた.

gét aròund [***ròund***] ***...*** [他] **1** 〈困難など〉を克服する. **2** 〈法律など〉を避ける: *get around* the tax laws 税法をうまく逃れる. **3** 〈人〉をうまく説得する.

gét at ... [他] **1** …に**達する**, 近づく: I tried to *get at* the coin in the crack. 私はすき間に入った硬貨を取ろうとした. **2** 〈真実など〉を**つかむ**, 知る. **3** [通例, 進行形で] …をほのめかす: What *are* you *getting at*? 何のことを言おうとしているのですか. **4** [通例, 進行形で] 《英口語》〈人〉を批判する, からかう. **5** [しばしば受け身で] 《口語》〈人〉を買収する.

gèt awáy [自] **1** 〔場所などから〕**立ち去る**, 出発する〔*from*〕: I usually *get away from* the office at 5. 私はたいてい5時に退社する. **2** **逃げる**: The robbers *got away* in a car. 強盗は車で逃走した. **3** 休暇を取る: I hope to *get away* for two weeks this summer. 今年の夏は2週間休みを取りたい. **4** 〔習慣などから〕脱する; [通例, 否定文で]〔事実などから〕逃れる〔*from*〕: You can't *get away from* the fact. その事実は否定できない. — [他] [get away＋O / get＋O＋away] **1** 〈もの〉を取り上げる, 引き離す; 〈人〉を連れ去る, 脱出させる. **2** 〈手紙〉を出す.

·***gèt awáy with ...*** **1** 〈悪事〉をして**逃げおおせる**, 見つからずに済む: He cheated in the exam and *got away with* it. 彼は試験でカンニングをして見つからずに済んだ. **2** 〈もの〉を持ち逃げする.

·***Gèt awáy (with you)!*** = Get along (with you)! (↑).

gèt báck [自] **1** 〔以前の状態・場所・話題などに〕**戻る**〔*to*〕: *get back* home 家に帰る / *get back to* sleep 再び眠りにつく. **2** **うしろへ下がる**: *Get back*! The train is approaching. 下がれ. 電車が近づいているぞ. — [他] [get back＋O / get＋O＋back] **1** 〈もの〉を**取り戻す**: *get back* the books 本を取り戻す. **2** 〈人・もの〉を元へ戻す: He *got* the book *back* to the library. 彼はその本を図書館に返した.

·***gèt báck at ...*** 〈人〉に仕返しをする.

·***gèt báck to ...*** 《口語》〈人〉に**あとで** (電話などで) **連絡** [**返事**] **する**: Please leave a message and I'll *get back to* you. メッセージをお残しください. こちらからご連絡いたします (◇留守番電話の応答メッセージ).

gèt behínd [自] 〔仕事・支払いなどが〕遅れる, 滞(とどこお)る〔*with*〕.

gét behìnd ... [他] 《主に米》〈人〉を支持する.

gèt bý [自] **1** 〔…で〕何とかやっていく, 暮らす (survive)〔*on*〕: I can't *get by on* 500 dollars a week. 週に500ドルではやっていけない.

2 〈障害物などをよけて〉通る.
gèt dówn ㉠ **1** 降りる. **2** かがむ，ひざまずく: *get down* on one's knees ひざまずく. **3** 《口語》くつろぐ: *Get down* and party! くつろいでパーティーでもしましょう. ― ㉢ [get down + O / get + O + down] **1** …を下ろす. **2** 〈物事が〉〈人〉の気をめいらせる: This weather is *getting* me *down*. この天気には気がめいる. **3** 〈言葉など〉を書きとめる: I *got down* everything he said. 私は彼が言ったことを全部書きとめた. **4** 〈薬・食べ物など〉を飲み込む: *get* some food *down* 食べ物を飲み下す.
・**gèt dówn to ...**〈仕事など〉に真剣に取り組む.
gét dòwn ... ㉢〈階段・はしごなど〉を降りる.
gèt ín ㉠ **1** 中へ入る;〈車などに〉乗り込む(◇バス・列車など大型の乗り物には get on を用いる): She hailed a taxi and *got in*. 彼女はタクシーを呼び止めて乗った. **2** 〈列車・飛行機などが〉到着する;〈人が〉帰宅する. **3** 当選する; 政権を取る: He will *get in* if he runs for President. 彼は大統領に立候補すれば当選するだろう. **4** 〈試験を受けて〉入学[入社]する. ― ㉢ [get in + O / get + O + in] **1** 〈人・ものを〉中へ入れる: *get* the washing *in* 洗濯物を取り込む. **2** 〈仕事・計画など〉を予定に組み入れる: How about *getting* a few practices *in* before the contest? コンクールの前に練習を数回てみてはどうでしょうか. **3** 〈作物〉を取り入れる;〈金〉を徴収する. **4** 〈言葉など〉をはさむ: Can I *get* a word *in*? ひと言口をはさんでもいいですか. **5** 〈品物〉を仕入れる, 買い込む. **6** 〈医師・大工・修理人など〉を家に呼ぶ.
・**gèt ín on ...** 《口語》〈議論・活動など〉に参加する.
・**gèt ín with ...** 《口語》〈人〉と親しくなる;〈人〉に取り入る.
gét in ... ㉢〈車など〉に乗り込む(◇バス・列車など大型の乗り物には get on ... を用いる).
gét ínto ... ㉢ **1** …の中へ入る,〈車など〉に乗り込む(◇バス・列車など大型の乗り物には get on ... を用いる)(↔ get out of ...): I *got into* bed soon after I finished my homework. 私は宿題を済ませるとすぐにベッドに入った. **2** 〈仕事・活動など〉を始める: *get into* a new trade 新しい商売を始める. **3** 〈大学など〉に入る: *get into* a medical school 医学部に入る. **4** 〈困難な状況〉に巻き込まれる, 陥る: *get into* debt 借金をする. **5** 〈衣服など〉を(苦労して)着る, 身に着ける. **6** 〈方法〉に慣れる,〈習慣など〉がつく. **7** 《口語》〈趣味など〉に興味を持つようになる. **8** 《口語》〈物事が〉〈人〉に影響を与える: What's *got into* her? 彼女はどうしてあんなことになったのだろうか.
gét ... ínto ~ ㉢ …を~の中へ入れる: *get* all belongings *into* the bag 持ち物全部をバッグに入れる. **2** 〈人〉を〈ある状態〉に陥らせる: *get* someone *into* trouble 人を困らせる.
gèt óff ㉠ **1** 〈バス・列車など〉から降りる(↔ get on)(◇タクシー・車など小型の乗り物には get out を用いる): *get off* at the next stop 次のバス停で降りる. **2** 出発する, 去る: *get off* to work 仕事に出かける / I must be *getting off*

now. もう出かけなくてはならない. **3** 〈軽い罰などで〉逃れる, 済む[with]: He *got off with* a warning. 彼は警告で放免になった. **4** (1日の)仕事を終える, 仕事から離れる: *get off* early 早めに仕事を切り上げる / *get off* from work 仕事から解放される. **5** 寝つく: *get off* (to sleep) 眠りにつく. ― ㉢ [get off + O / get + O + off] **1** …を脱ぐ, 取り外す, 取り去る: *get* their shirt *off* シャツを脱ぐ. **2** 〈人〉を[…に]送り出す[to];〈手紙〉を送る: *get* a letter *off* by express 手紙を速達で出す. **3** 〈人〉を(軽い罰で)済ませる. **4** 〈赤ん坊〉を寝つかせる.
・**gèt óff on ...** 《口語》…に興奮する, 夢中になる.
・**gèt óff with ...** 《英口語》〈異性〉と親しくなる.
gét òff ... ㉢ **1** 〈バス・列車など〉から降りる(↔ get on ...)(◇タクシー・車など小型の乗り物には get out of ... を用いる): *get off* the bus バスから降りる. **2** 〈場所・電話など〉から離れる: *Get off* my desk. 私の机から離れろ. **3** 〈仕事〉から離れる;〈話題〉をそらす.
gét ... óff ~ ㉢ …を~から取り外す, 降ろす: *get* the passengers *off* a bus バスから乗客を降ろす. **2** 《口語》〈金など〉を~からくらませる.
gèt ón ㉠ **1** 〈バス・電車など〉に乗る(↔ get off)(◇タクシー・車など小型の乗り物には get in, get into を用いる): I *got on* just as the train was about to leave. 私は列車の出発間際に乗り込んだ. **2** 何とかやっていく, 暮らしていく: How are you *getting on*? いかがお過ごしですか. **3** 《英》[人と]仲よくやっていく(get along)[with]: They *get on* with each other very well. 彼らはとても仲がよい. **4** 〈仕事などが〉進む, はかどる;〔仕事などを〕進める[in, with]. **5** 《英口語》〈仕事で〉成功する. **6** [通例, 進行形で]《主に英》〈時が〉たつ,〈人が〉年を取る: He will be *getting on* toward eighty soon. 彼はもうすぐ80に手が届く. ― ㉢ [get on + O / get + O + on] 〈服などが〉を着る, 身に着ける: *get* a sweater *on* セーターを身に着ける.
gét òn ... ㉢ **1** 〈バス・列車など〉に乗る(↔ get off ...)(◇タクシー・車など小型の乗り物には get in ..., get into ... を用いる): *get on* the bus バスに乗る. **2** 〈委員会・チームなど〉に加わる.
gèt ónto [ón to] ... ㉢ **1** 〈別の話題など〉を話し始める. **2** 〈ごまかし・秘密など〉を見つける. **3** 《主に英》〈人〉に連絡する.
gèt óut ㉠ **1** 出る, 出ていく; 逃げる;〈タクシー・車などから〉降りる(◇バス・列車など大型の乗り物には get off を用いる): We got out the taxi at Heathrow and *got out* at Kensington. 私たちはヒースローでタクシーに乗り, ケンジントンで降りた. **2** 〈秘密などが〉漏れる.
gèt óut of ... ㉢ **1** 〈場所〉から出る,〈車など〉から降りる(↔ get into ...)(◇バス・列車など大型の乗り物には get off ... を用いる): *Get out of* here! ここから出て行け! / He *got out of* his car. 彼は車から降りた. **2** 《口語》〈義務など〉を免れる, 逃れる: He tried to *get out of* paying his membership fee. 彼は会費の支払いを免れようとした. **3** 〈悪習など〉から抜け出る, 脱する.

4 …の範囲外に出る.
gèt … óut of ~ [他] **1** ～から…を出す, 取り出す: *Get* the children *out of* the bus! 子供たちをバスから降ろしてやりなさい. **2** 〈人〉から〈真相など〉を引き出す: *get* some information *out of* a witness 目撃者から情報を引き出す. **3** …から〈利益など〉を得る: *get* a lot *out of* life 人生を大いに楽しむ. **4** 〈人〉に〈義務など〉を免れさせる.
gèt óver [自] **1** 乗り越える, 〔…に〕渡る; 〔…を〕訪ねて行く〔*to*〕: *get over to* the other side 向こう側に渡る. **2** 〔相手に〕理解させる〔*to*〕.
— [他] [get over＋O / get＋O＋over] **1** 〈考え・発言など〉を〔相手に〕理解させる〔*to*〕. **2** 〈いやな仕事〉を終わらせる, 済ます: Let's *get* the work *over* quickly. 仕事をさっさと終わらせよう. **3** 〈人・もの〉を渡らせる, 越えさせる.
·gèt … óver wìth 〈いやな仕事など〉をやり終える: Let's *get* it *over with*. そいつをさっさと片づけてしまおう.
gét òver … [他] **1** 〈塀など〉を乗り越える, 〈川など〉を渡る. **2** 〈困難など〉を克服する, 〈病気・不幸など〉から回復する, 立ち直る: *get over* a difficult situation [an illness] 困難な状況を克服する[病気が治る] / He has failed, but he'll *get over* it. 彼は失敗したが, 立ち直るだろう.
·càn't [còuldn't] gét òver … 《口語》…に驚いている, …が信じられない: I just *can't get over* it. あれにはまったく驚いた.
gèt róund [自] ＝get around (↑).
gét ròund … [他] ＝get around … (↑).
gèt thróugh [自] **1** 通り抜ける, 切り抜ける: We could not *get through* because the road was icy. 道路が凍結していたので私たちは通り抜けることができなかった. **2** (仕事を) 終える: I'll wait till you *get through*. あなたの仕事が終わるまで待とう. **3** (試験に) 合格する: He failed, but his friend *got through*. 彼は落ちたが, 友人は合格した. **4** 〔人に〕自分の言うことをわからせる〔*to*〕: I had to leave soon, but I could not *get through to* him. 私はすぐに出発しなければならなかったが, 彼にわかってもらえなかった. **5** 〔人に〕電話が通じる〔*to*〕: I tried to telephone you but I couldn't *get through*. あなたに電話で連絡しようとしたけれど, 通じなかった. **6** 〔目的地などに〕達する〔*to*〕.
— [他] [get through＋O / get＋O＋through] **1** 〈人〉を通り抜けさせる; 〈もの〉を通す. **2** 〈人〉を試験に合格させる; 〈議案〉を通過させる: *get* the new tax law *through* 新税法を通過させる. **3** 〈話など〉を〔人に〕わからせる〔*to*〕: *get* my idea *through to* her 彼女に私の考えをわからせる. **4** (交換手が) 〈人〉に電話をつなぐ.
·gèt thróugh with … 〈仕事〉を終える.
gét thròugh … [他] **1** …を通り抜ける: The puppy *got through* the hole and ran away. その子犬は穴を通り抜けて逃げてしまった. **2** 〈仕事など〉を終える, やり遂げる: *get through* the work in one day その仕事を1日で終わらせる. **3** 〈困難など〉を切り抜ける: *get through* the water shortage 水不足を乗り切る. **4** 〈もの〉をすっかり使う: He *got through* all his money in a week. 彼は1週間であり金を使い果たした. **5** 〈試験〉に合格する. **6** (法案が) 〈議会〉を通過する.
gèt … thróugh ~ [他] **1** …に～を通り抜けさせる. **2** 〈人〉を〈試験〉に合格させる; 〈法案など〉を〈議会〉で通過させる.
gét to … [他] **1** 〈場所〉に到着する (➡ [LET'S TALK]): *get to* the airport 空港に着く / How can I *get to* Ginza Street? 銀座通りへはどうやって行けばよいのですか. **2** 〈こと〉に取りかかる: When Ben *gets to* discussing politics, nothing can stop him. ベンが政治の話を始めるともう止まらない. **3** …に連絡がつく. **4** 〈人〉をいらいらさせる; 〈人〉に影響を及ぼす.
gèt togéther [自] **1** (人が) 集まる; 〔人と〕会う

LET'S TALK 道の尋ね方

[基本] **How do I get to …?**

Miho: **Excuse me, but how do I get to the nearest subway station?** (すみません, 最寄りの地下鉄の駅にはどのように行けばよいですか)

Officer: **Let me see. Go straight ahead. Turn left at the second intersection. The subway station is on your right.** (ええと. まっすぐ進んでください. 2つ目の交差点を左に曲がると, 地下鉄の駅は右手にあります)

道を尋ねるときには, How do I get to …? (…にはどのように行けばよいですか) と言いましょう. Could you tell me the way to …? と言ってもかまいません.

道案内には, ほかに下の表現をよく使います. 尋ねられてもわからないときには, I'm sorry, but I'm not from here. (すみません. このあたりは不案内です) と答えます.

Go past the primary school. (小学校を通り過ぎてください)
It's opposite [next to] the bank. (それは銀行の向かい側[隣]です)

〔*with*〕: Let's *get together* for a drink. 集まって一杯やろうよ. **2** 〔…について〕意見が一致する〔*on*〕. ― [他] [get together＋O / get＋O＋together] 〈人・もの・金など〉を集める; 〈会など〉を取りまとめる.
·***gèt onesèlf togéther*** 自制する, 落ち着く.
gét ùnder ... [他] …の下に入る.
gèt úp [自] **1** 起きる, 起床する: I usually *get up* at seven. 私はたいてい7時に起きる. **2** 立ち上がる, 起き上がる: He *got up* off the floor. 彼は床から起き上がった. **3** 登る; 〔馬・自転車などに〕乗る〔*on*〕. **4** (風などが) 強くなる. ― [他] [get up＋O / get＋O＋up] **1** 〈人〉を起床させる; 立ち上がらせる: *Get* me *up* at seven. 私を7時に起こしてください. **2** 〈もの〉を上にあげる. **3** 〈会など〉を組織する, 準備する. **4** 〈速度など〉を増す; 〈感情〉をかき立てる.
·***gèt onesèlf úp*** 着飾る, 〔…で〕扮装(ふんそう)をする〔*in*〕.
·***gèt úp to ...*** [他] **1** …に近づく, 進む. **2** 《主に英》〈悪いこと〉をする: *get up to* mischief いたずらをする.
gét up ... [他] 〈坂・階段など〉を登る.
■ ***gèt abóve onesèlf*** うぬぼれる.
gèt dóne with ... 《口語》…を済ます, 片づける.
gét it **1** わかる, 理解する; 推測が当たる: *Get it*? わかったかい / You *got it*. その通りだ. **2** 〔…のことで〕しかられる, 罰せられる〔*for*〕.
gét thère 目的を達する; 成功する.
have gót → HAVE [助動] 成句.
have gòt to dó＝have to do → HAVE [動] 成句.
― [名] [C] **1** (動物の) 子. **2** (テニスなどの) 巧みな返球, ゲット.

[類義語] **get, gain, obtain, acquire, procure**
共通する意味▶手に入れる (come into possession of something)
get は努力の有無にかかわらず「手に入れる」の意を表す最も一般的な語. 受動的に「受け取る」ことから強引に「奪い取る」ことまで表す: *get* a job 職を得る / *get* a ticket for speeding スピード違反の切符を渡される. **gain** は努力の結果「自分の利益になるものを手に入れる」の意: *gain* fame 名声を得る / He *gained* the first prize. 彼は1等賞を獲得した. **obtain** は get よりも《格式》で, 長い時間をかけて, またはかなりの努力の結果「欲しいものをやっと手に入れる」の意: She *obtained* permission from her parents to go abroad alone. 彼女は1人で外国へ行ってもよいという許可を両親からもらった. **acquire** は不断の努力によって「少しずつ積み重ねて獲得［習得］する」の意: He *acquired* Spanish while living in Madrid for two years. 彼はマドリッドに2年間暮らしている間にスペイン語を習得した. **procure** は《格式》で「計画や工夫をして, 時にはうさんくさい取引で入手したいものを手に入れる」の意: We managed to *procure* food. 私たちは何とか食べ物を手に入れることができた.

get·a·way [gétəwèi] [名] [単数形で] **1** (犯人の) 逃走: make one's *getaway* 逃走する / a *getaway* car 逃走用の車. **2** (競走などの) スタート.
gét-to·gèth·er [名] [C] 《口語》集まり, 懇親会.
Get·tys·burg [gétizbə̀ːrg] [名] [固] ゲティスバーグ《米国 Pennsylvania 州南部の町. 南北戦争の戦場》.
◆ **Géttysburg Addréss** [the ～] ゲティスバーグの演説《1863年リンカーン大統領が Gettysburg で行った演説. "government of the people, by the people, for the people" (人民の, 人民による, 人民のための政治) という言葉で有名》.
get·up [gétʌ̀p] [名] [C] 《口語》異様な服装.
gét-ùp-and-gó [名] [U] 《口語・ほめ言葉》やる気, 積極性; 元気.
gew·gaw [gjúːgɔː] [名] [C] 安ぴか物.
gey·ser [gáizər] [名] [C] **1** 間欠泉《一定の間隔で噴き出す温泉》. **2** [gíːzər] 《英》給湯器.
Gha·na [gɑ́ːnə] [名] [固] ガーナ《アフリカ西部にある共和国; 首都アクラ (Accra)》.
***ghast·ly** [gǽstli / gɑ́ːst-] [形] (比較 **ghast·li·er** [～ər], **more ghast·ly**; 最上 **ghast·li·est** [～ist], **most ghast·ly**) **1** [通例, 限定用法] (身の毛のよだつほど) 恐ろしい, ぞっとする: a *ghastly* experience ぞっとする経験.
2 とても悪い, ひどい: a *ghastly* error ひどい間違い.
3 [叙述用法] 青ざめた, 死人のような: look *ghastly* 青ざめた顔をしている. **4** [通例, 叙述用法] 気分の悪い; 気が動転した: feel *ghastly* 気分が悪い; 気が動転している.
― [副] 恐ろしく, ぞっとするほど.
gher·kin [gə́ːrkin] [名] [C] (ピクルス用の若くて小さな) キュウリ.
ghet·to [gétou] [名] (複 **ghet·tos, ghet·toes** [～z]) [C] **1** 少数民族のスラム街; 少数民族居住地区. **2** 【史】(ヨーロッパ各地にあった) ユダヤ人街.
◆ **ghétto blàster** [-blæ̀stər / -blɑ̀ːstə] [C] 《口語》大型ラジカセ (《米口語》boom box).

*****ghost** [góust] [名] [動] 【原義は「精, 魂」】
― [名] (複 **ghosts** [góusts]) [C] **1** 幽霊, 亡霊, お化け ([関連語] apparition 幽霊 / specter 亡霊 / spirit 霊魂): The former owner's *ghost* is said to haunt the house. その家には前の持ち主の亡霊が出没すると言われている.
2 幻, 影; 幻のようなもの; 〔…の〕ほんのわずか〔*of*〕: with the [a] *ghost of* a smile かすかな笑みを浮かべて / Since the loss of his wife, he has been *a* mere *ghost of* his former self. 妻を亡くして以来, 彼は魂の抜けがらである.
3 (テレビの) ゴースト《二重像のうちの薄いほうの映像. ghosting とも言う》.
4 ゴーストライター, 代作者 (ghostwriter).
■ ***give úp the ghóst*** 《口語・こっけい》 **1** 死ぬ (die); (機械などが) 動かなくなる. **2** あきらめる.
nót hàve a [the] ghóst of ... 少しの…もない: You don't *have a ghost of* a chance. あなたにはわずかな勝ち目もない.
― [動] [他] …を代作する (ghostwrite).

G

◆ ghóst stòry [C] 怪談; (信じがたい) 作り話.
ghóst tòwn [C] ゴーストタウン (◇人が住まなくなった無人の町).

ghost･ly [góustli] 形 (比較 **ghost･li･er** [~ər]; 最上 **ghost･li･est** [~ist]) 幽霊の(ような); ぼんやりした.

ghost-write [góustràit] 動 (三単現 **ghost-writes** [-ràits], 過去 **ghost-wrote** [-ròut], 過分 **ghost-writ-ten** [-rìtən], 現分 **ghost-writ-ing** [~iŋ]) 動 他 〈著作など〉を代作する (ghost).

ghost-writ-er [góustràitər] 名 ゴーストライター, 代作者.

ghoul [gú:l] 名 [C] **1** グール《墓をあばき死肉を食う伝説上の悪鬼》. **2** (軽蔑) 残虐趣味の人.

ghoul-ish [~iʃ] 形 (軽蔑) 残忍な, ぞっとする.

GHQ, G.H.Q. (略語) = general headquarters [軍] 総司令部.

GI [dʒí:ái] 名 (複 **GI's, GIs** [~z]) [C] 米軍兵士, 米兵, ジーアイ《特に第2次世界大戦中の陸軍兵. government issue (官給品から); [形容詞的に] 軍隊の; 官給の: a **GI** haircut ジーアイカット《米兵がよくする短い頭髪》/ **GI** shoes 軍靴.

*gi･ant [dʒáiənt] 名 形

― 名 (複 **gi･ants** [dʒáiənts]) [C] **1** (伝説・神話などに現れる) 巨人 (↔ dwarf); (一般に) 大男: one-eyed *giants* in Greek legends ギリシャの伝説に現れる1つ目の巨人 / Jack is a *giant* of a man; he is nearly seven feet tall. ジャックは大男です. 彼は身長が7フィート近くあります.

2 傑出した人, 偉人, 大物: a literary *giant* 文豪.
3 大企業, 大国 (◇主に新聞などで用いる): an economic *giant* 経済大国.

― 形 [限定用法] 巨大な; 重要な (→ HUGE [類義語]):
a *giant* industry 巨大産業. (▷ 形 gigántic)
◆ gíant killer [C] (英) 大物食い《強豪を倒す選手またはチーム》, 番狂わせをする人 [チーム].

gíant pánda [C] (ジャイアント) パンダ (panda).

gi･ant･ess [dʒáiəntəs] 名 **1** (伝説などの) 女の巨人, 大女. **2** 傑出した女性.

gib･ber [dʒíbər] 動 自 (恐怖・怒りなどのために) 訳のわからないことを早口でしゃべる.
― 名 = GIBBERISH (↓).

gib･ber･ish [dʒíbəriʃ] 名 [U] 訳のわからないおしゃべり [文章]; たわ言.

gib･bet [dʒíbit] 名 [C] (昔の) 絞首台, (絞首刑の) さらし柱《処刑後, 受刑者をさらしものにする》.

gib･bon [gíbən] 名 [C] [動物] テナガザル, ギボン《手が長く尾が太い. 主に東南アジア産》.

gibe, jibe [dʒáib] 名 [C] 〈…に対する〉あざけり, からかい [about, at]: make a *gibe* about [at] ... …をあざける.
― 動 自 〈…を〉あざける [at].

gib･lets [dʒíbləts] 名 [複数扱い] (鶏などの) 内臓, もつ (◇食用).

Gi･bral･tar [dʒibrɔ́:ltər] 名 固 **1** ジブラルタル《スペイン南端の小半島で英国領の都市. 要塞(ﾖｳｻｲ)がある》. **2** = Stráit of Gibráltar [the ~] ジブラルタル海峡《大西洋と地中海をつなぐ》.

gid･dy [gídi] 形 (比較 **gid･di･er** [~ər]; 最上 **gid･di･est** [~ist]) **1** めまいがする (dizzy): I feel *giddy*. 私はめまいがした. **2** めまいを起こさせるような, 目が回るような: a *giddy* height 目のくらむような高所 / at a *giddy* speed 目が回るようなスピードで. **3** (古風) 軽薄な.

gid･di･ness [~nəs] 名 [U] めまい; 軽薄さ.

Gide [ʒí:d] 名 固 ジード André [ɑːndréi / ɔ́ndrei] Gide《1869-1951; フランスの小説家・批評家》.

GIF [dʒíf] 名 [C] [コンピュータ] ジフ《◇画像を圧縮するフォーマット. *g*raphics *i*nterchange *f*ormat の略》.

**gift [gíft]
【原義は「結婚式の贈り物」】

― 名 (複 **gifts** [gífts]) [C] **1** 贈り物, ギフト, プレゼント (→ PRESENT² [類義語]): a farewell [graduation, wedding] *gift* 送別 [卒業, 結婚] の贈り物 / wrap [unwrap] a *gift* 贈り物を包む [開ける] / I exchanged Christmas *gifts* with some friends. 私は友人とクリスマスの贈り物を交換した / This wonderful weather has been a *gift*. このすばらしい天気は天の恵みで.

2 〈…の〉(天賦の) 才能 (talent) [for]: She has a *gift* for art. 彼女には芸術の才能がある / Mother has the *gift* of making people feel at home. 母は人をくつろがせるのがうまい.

3 [通例, 単数形で]《英口語》割安なもの; 簡単にできること: Question number 10 on the exam was a *gift* to anybody. その試験の第10問はだれでも簡単にできた.

■ *a gíft from Gód* 神からの恵み, 思いがけない幸運.

lóok a gíft hòrse in the móuth → HORSE 成句.
◆ gíft certíficate [(英) tòken] [C] 商品券, ギフト券.

gíft shòp [C] みやげ物店.

gift･ed [gíftid] 形 〈生まれながら〉〈…の〉才能のある, 天分のある [with]; 〈子供が〉優秀な, 知能の高い: a *gifted* child 知能の高い子供 / She is *gifted with* extraordinary powers of memory. 彼女はたぐいまれな記憶力に恵まれている.

gift-wrap [gíftræp] 動 (三単現 **gift-wraps** [~s], 過去・過分 **gift-wrapped** [~t], 現分 **gift-wrap-ping** [~iŋ]) 他 〈品物〉を贈答用に包装する.

gig¹ [gíg] 名 [C] 1頭立て二輪馬車.

gig² [gíg] 名 [C] (口語) (演奏などの) 出演 (契約); (ジャズなどの) 演奏 (会), 公演.

giga- [gígə] (結合) 10億倍の; 無数の: *giga*bit ギガビット / *giga*byte ギガバイト / *giga*hertz ギガヘルツ.

gi･gan･tic [dʒaigǽntik] 形 (☆ 発音に注意) 巨人のような; 巨大な, 膨大な (→ HUGE [類義語]): a *gigantic* skyscraper 巨大な超高層ビル / a *gigantic* appetite ものすごい食欲. (▷ 名 giant)

*gig･gle [gígl] 動 名 (→ LAUGH [類義語]) ― 動 自 くすくす笑う: The girls *giggled* at his jokes. 彼の冗談を聞いて少女たちはくすくす笑った.

― 名 **1** [C] くすくす笑い, しのび笑い.
2 [the ~s] くすくす笑いが止まらないこと: have (a fit of) the *giggles* くすくす笑い出して止まらない.
3 [単数形で]《主に英口語》面白い人 [もの]; 冗談, 悪ふざけ.

gig·gly [gígli] 形《しばしば軽蔑》くすくす笑う.
gig·o·lo [dʒígəlòu, ʒíg-] 名 (複 **gig·o·los** [~z]) 名 C《通例, 軽蔑》女に養われる男, ひも, ジゴロ.
gild [gíld] 動 (三単現 **gilds** [gíldz]; 過去・過分 **gild·ed** [~id], **gilt** [gílt]; 現分 **gild·ing** [~iŋ])
他 **1** …に金箔(ぱく)をかぶせる, 金めっきする.
2《文語》…を金色に輝かせる: The morning sun *gilded* the lake. 朝日が湖を金色に輝かせた.
3 …のうわべを飾る;〈事実〉を曲げる.
■ *gíld the líly* 自 すでに美しい[完ぺきな]ものに余計な手を加える, 飾り立てて台なしにする.
gild·ed [gíldid] 形 **1** 金めっきした, 金箔(ぱく)をかぶせた. **2** 金色の, 金びかの. **3** 粉飾した, うわべだけ立派な. **4** 金持ちの, 裕福な, 上流階級の.
gild·ing [gíldiŋ] 名 U **1** 金箔(ぱく)(をかぶせること), 金めっき(術), 金箔張り. **2** 金めっきの材料(金・金粉など). **3** 粉飾, うわべだけの飾り.
gill¹ [gíl] 名 C《通例~s》**1**(魚の)えら. **2**【植】(キノコのかさの裏の)ひだ.
■ *be gréen[whíte] abóut the gílls*《口語・こっけい》(恐怖・病気などで)顔色が青ざめている.
gill² [dʒíl] 名 C ジル (◇液量の単位; 1ジル=《米》0.118リットル,《英》0.142リットル;《略語》gi.; → 巻末「度量衡」).
***gilt** [gílt] 動 gild の過去形・過去分詞.
— 形《限定用法》金箔(ぱく)をかぶせた, 金めっきした; 金色の: a *gilt* brooch 金めっきしたブローチ.
— 名 **1** U 金箔, 金粉, 金色塗料. **2** U うわべだけの飾り, 虚飾. **3** 《~s》優良証券.
■ *táke the gílt òff the gíngerbread*《英口語》魅力を薄れさせる, うまみを減らす.
gilt-èdged, gilt-èdge 形 **1**(本・紙などが)金縁の. **2**(証券などが)優良の, 一流の: *gilt-edged* shares[stock]《英》優良株[証券].
gim·crack [dʒímkræk] 形《限定用法》安っぽい.
gim·let [gímlət] 名 C (T字形の取っ手付きの)ねじ錐(ぎり), 木工錐 (→ AUGER).
◆ **gímlet éyes**《複数扱い》鋭い目つき, 鋭い視線.
gim·mick [gímik] 名 C《口語・軽蔑》(広告などで人目を引くための)仕掛け, 小細工;(手品などの)種.
gim·mick·y [-miki] 形 小細工でごまかした.
***gin** [dʒín] 名 U C ジン《穀物・麦芽を原料とした無色の蒸留酒》.
◆ **gín and tónic** U C ジントニック《カクテル》.
‡gin·ger [dʒíndʒər] 名 U **1**【植】ショウガ; ショウガの根《香辛料・薬用》.
2《口語》元気, 精力, 活気.
3 ショウガ色, 赤[黄] 褐色;(髪の)赤毛色.
— 形 **1**《英》ショウガ色の; 赤毛の. **2**《限定用法》ショウガの味がする.
— 動 他 **1** …にショウガで味付けする. **2**《英》…を元気づける, 活気づける (*up*).
◆ **gínger ále** U C ジンジャーエール《ショウガで味を付けた甘い炭酸飲料》.
gínger béer U C ジンジャービール《発酵させたショウガを用いた炭酸飲料》.
gínger gròup C《単数・複数扱い》《英》(政党などで幹部を突き上げる)積極派, 強硬派.
gínger nùt C《主に英》ショウガ入りクッキー (《主に米》gingersnap).

gin·ger·bread [dʒíndʒərbrèd] 名 U ショウガ入りケーキ[クッキー].
gin·ger·ly [dʒíndʒərli] 形 用心深い, 慎重な.
— 副 用心深く, 慎重に, こわごわと.
gin·ger·snap [dʒíndʒərsnæp] 名 C《主に米》ショウガ入りクッキー (《主に英》ginger nut).
ging·ham [gíŋəm] 名 U ギンガム《棒じま・格子じまの綿布またはリンネル; → PATTERN 図》.
gin·gi·vi·tis [dʒìndʒəváitis] 名 U【歯】歯肉炎.
gink·go, gin·ko [gíŋkou] 名 (複 **gink·goes, gin·koes** [~z]) C【植】イチョウ: a *ginkgo* nut 銀杏(ぎんなん).
gin·seng [dʒínseŋ] 名 **1** C【植】チョウセンニンジン; U その根. **2** U チョウセンニンジンの根で作った薬.
Gio·con·da [dʒoukándə / -kɔ́n-]【イタリア】名 (固) La [lɑː] Gioconda ラ=ジョコンダ《レオナルド=ダビンチの絵画「モナリザ (Mona Lisa)」の別名》.
Gip·sy [dʒípsi] 名《主に英》= GYPSY ジプシー.
gi·raffe [dʒəræf / -ráːf] 名 (複 **gi·raffes** [~s], **gi·raffe**) C【動物】キリン, ジラフ.
gird [gə́ːrd] 動 (三単現 **girds** [gə́ːrdz]; 過去・過分 **gird·ed** [~id], **girt** [gə́ːrt]; 現分 **gird·ing** [~iŋ])
他《文語》**1**〈帯〉を締める (*up*);〈腰〉を(帯・ベルトなどで)締める (*with*);〈剣など〉を帯びる (*on*).
2 …を[…で]取り巻く, 囲む (*with*).
■ *gírd onesélf for ...*《文語》…に備える, …に対して身構える.
gird·er [gə́ːrdər] 名 C【建】(鉄製の)けた, はり.
gir·dle [gə́ːrdl] 名 C **1** ガードル《女性用下着》.
2 帯, ベルト, 腰帯. **3**《文語》(周囲を)帯状に取り巻くもの.
— 動 他《文語》…を(帯状に)取り囲む, 取り巻く (*about, around*).

‡girl [gə́ːrl]
— 名 (複 **girls** [~z]) **1** C 女の子, 少女,(未婚の)若い女性;(自分の)娘 (↔ boy): a baby *girl* 女の赤ん坊 / a *girls'* school 女学校 / the *girl* next door 隣の女の子 / She lived in Germany when she was a little *girl*. 彼女は少女時代にはドイツに住んでいた / I have three *girls*. 私には娘が3人います.
2 C《口語》(未婚・既婚または年齢に関係なく)女, 女性 (**woman**)《◇成人した女性に対して用いるのは失礼にあたることがある》: my (dear) *girl* 君《◇目下の女性に対する呼びかけだが,《古風》》.
3 C《古風》女性の使用人; 女性の従業員, 女性の店員: an office[a shop] *girl* 女子事務員[店員].
4《しばしば one's ~》《口語》ガールフレンド, 恋人 (**girlfriend**); 《the ~s》(女性の)女友達.
◆ **gírl Fríday**《◇いろいろな仕事をこなす》女性従業員[秘書](→ man Friday (MAN 複合語)).
Gírl Guíde《英》**1**《the ~s; 単数・複数扱い》ガールガイド, 少女団《◇現在では単に the Guides と言う;《米》Girl Scouts》. **2** C ガールガイドの一員.
Gírl Scòut《米》**1**《the ~s; 単数・複数扱い》ガールスカウト(《英》Girl Guides). **2** C ガールスカウトの一員.

***girl・friend** [gə́ːrlfrènd]

—名(複 **girl・friends** [-frèndz]) C **1** ガールフレンド, 恋人 (↔ boyfriend) 《◇男性の交際相手としての女性; 通例, 性的な関係があることを示唆する》: Have you got a *girlfriend*? 彼女はいますか.

2 《米》《女性にとっての》女友達.

*girl・hood [gə́ːrlhùd] 名 U 少女時代; 少女であること (→ CHILDHOOD [関連語]): in one's *girlhood* 少女時代に / She spent her *girlhood* in France. 彼女は少女時代をフランスで過ごした.

girl・ie, girl・y [gə́ːrli] 形 [限定用法] 《口語》(雑誌・ショーなどが) 若い女性のヌードを売り物にした.

girl・ish [gə́ːrliʃ] 形 少女の(ような), 少女らしい; 少女向きの.

girl・ish・ly [~li] 副 少女らしく; 女の子のように.

girl・ish・ness [~nəs] 名 U 少女らしさ.

gi・ro [dʒáiərou] 名 (複 **gi・ros** [~z])(《英》)
1 U [しばしば G-] ジャイロ《郵便局[銀行]の預金振替制度》. **2** C = gíro chéque (年金の)郵便振替小切手.

girt [gə́ːrt] 動 gird の過去形・過去分詞.

girth [gə́ːrθ] 名 **1** U C 《文語》(円筒の)周囲の寸法; (人の)胴回り(の寸法). **2** C (馬などの)腹帯.

gist [dʒíst] 名 [the ~] [...の]要点, 要旨 [*of*].

***give** [gív] 動 名

基本的意味は「与える」.
① (無償で)与える. 他 1, 4
② 預ける, さし出す. 他 2, 5
③ (引き換えに)支払う. 他 3
④ 述べる; 示す. 他 6, 9
⑤ 生じさせる. 他 7, 8

—動 (三単現 **gives** [~z]; 過去 **gave** [géiv]; 過分 **giv・en** [gívən]; 現分 **giv・ing** [~iŋ])

—他 **1** [give+O+O / give+O+to ...] 〈人〉に〈もの〉を(無償で)与える, あげる, 贈る: My uncle *gave* me a new personal computer. = My uncle *gave* a new personal computer *to* me. おじは私に新しいパソコンをくれた / What are you *giving* your children for Christmas? クリスマスにはお子さんたちに何をあげますか.

[語法] (1) 直接目的語が代名詞の場合には「give+代名詞(+to)+間接目的語」の順になる: I *gave* it (to) him. 私はそれを彼にあげた.
(2) 受け身は間接目的語を主語にした場合と直接目的語を主語にした場合の2通りになる. ただし, 間接目的語を主語にした文のほうが一般的: I was *given* a book (by my father). = A book was *given* (to) me (by my father). 私は(父から)本をもらった.

2 [give+O+O / give+O+to ...] 〈人〉に〈もの〉を手渡す; 預ける, 委託する: *Give* me the dictionary on the desk. 机の上の辞書を取ってください / I *gave* our plants *to* him to look after while we were away. 留守の間, 私は植木の世話を彼に任せた.

3 (a) [give+O+for ...] 〈お金〉を…の代金として支払う (pay); …(の金額)で〈もの〉を売る (sell): How much will you *give for* this clock? この時計にいくら払ってくれますか / I *gave* the book *for* 10 dollars. 私はその本を10ドルで売った. (b) [give+O+O / give+O+to ...] […に対して]〈人〉に〈お金〉を支払う; […の金額で]〈人〉に〈もの〉を売る [*for*]: I'll *give* you 1,000 dollars *for* the car. = I'll *give* 1,000 dollars *to* you *for* the car. その車に千ドル払おう.

4 [give+O+O / give+O+to ...] 〈人〉に(許可・機会など)を与える; 〈権力・地位など〉を授ける: *Give* me a chance. チャンスをください / I'll *give* three days *to* you to make a decision. あなたが決心するのに3日の猶予を与えよう / *Give* me liberty, or *give* me death. 我に自由を与えよ, さもなくば死を 《◇米国独立戦争当時の愛国者 Patrick Henry の言葉》.

5 [give+O+O / give+O+to ...] 〈人〉に〈手など〉をさし出す; [give+O+O] 〈人〉に〈電話など〉をつなぐ, 接続する: *Give* me your hand and I'll pull you up. = *Give* your hand *to* me and I'll pull you up. 手を出しなさい, そうしたら引っ張り上げてあげよう / *Give* me extension 234, please. 内線234番につないでください.

6 [give+O+O / give+O+to ...] 〈人〉に〈意見・理由など〉を述べる; 〈人〉に〈情報・知識など〉を伝える, 告げる; 〈新聞〉に〈記事〉を載せる: Could you *give* me your honest opinion about the book? その本について率直など意見をいただきたいのですが / She *gave* me the details of the accident. 彼女は事故の詳細を話してくれた / Please *give* your parents my regards. = Please *give* my regards *to* your parents. ご両親によろしくお伝えください / The newspaper *gave* a detailed account of the tournament. 新聞はその競技会の模様を詳しく報道した.

7 [give+O+O / give+O+to ...] 〈人〉に〈感情・反応・印象など〉を生じさせる, 起こさせる; 〈人〉に〈病気〉をうつす: Mowing the grass *gave* me a pain in my back. 芝刈りをしたので背中が痛くなった / They *gave* me the impression that they were enjoying life to the full. 私は彼らは人生を大いに楽しんでるという印象を受けました / His movies *give* pleasure *to* millions of people. 彼の映画作品は何百万もの人々を楽しませている.

8 [give (+O)+O] 〈~に〉…を生み出す, 供給する: The sun *gives* (us) warmth and light. 太陽は(私たちに)暖かさと光を与えてくれる / This apple tree doesn't *give* much fruit. このリンゴの木にはあまり実がならない.

9 [give (+O)+O / give+O (+to ...)] 〈人〉に〈例・証拠など〉を示す, 提示する; 〈日・時〉を告げる, 指定する; 〈兆候など〉を示す; 〈数量〉を示す: *give* evidence in a trial 裁判で証拠を示す / Could you *give* me a few examples? = Could you *give* a few examples *to* me? いくつか例を示してくださいませんか / The thermometer *gave*

100°F. 温度計は力氏100度を示した.
10 [give＋O＋O / give＋O＋to ...] …に〈時間・精力など〉を注ぐ, 〈生命など〉をささげる: I have to *give* the matter a lot of thought. 私はその問題をじっくり考えなければならない / *Give* me your attention, please. 私の言うことを注意して聞いてください / He *gave* his life *to* his country. 彼は国に命をささげた.
11 〈会など〉を催す, 開く (hold); 〈劇など〉を上演する; 〈演説など〉を行う: We *gave* a farewell party for her. 私たちは彼女の送別会を開いた / When is the President *giving* a press conference? 大統領の記者会見はいつですか.
12 [give (＋O)＋O] 〈人に〉〈動作・行為〉をする, 〈声・音〉を発する (◇あとの O は動作・行為を表す名詞; → HAVE 動**8** [語法]): He *gave* a sigh. 彼はため息をついた / I *gave* the door a kick. 私はドアをけとばした / He *gave* her hand a squeeze. 彼は彼女の手を握りしめた.

[関連語] (1) 「**give** ＋名詞」のいろいろ
give a bow おじぎをする / give a nod うなずく / give a shout 叫び声を上げる / give a smile にっこり笑う / give a speech 演説をする.
(2) 「**give** ＋ O ＋名詞」のいろいろ
give ... a call …に電話をかける / give ... a hug …を抱きしめる / give ... a kiss …にキスをする / give ... a push …を押す / give ... a ride …を〈車などに〉乗せてやる / give ... a try …をやってみる.

13 [give＋O＋O / give＋O＋to ...] 〈人〉に〈判決など〉を言い渡す, 宣告する: The judge *gave* him three years' imprisonment. 判事は彼に禁固3年を宣告した. **14** 〈人〉に…を認める, 譲る: I'll *give* you that. その点は認めよう. **15** (司会者が) 〈聴衆〉に〈話し手など〉を紹介する; 〈人〉のために乾杯するよう提案する: Ladies and Gentlemen, I *give* you the President. 皆さん, 大統領に乾杯しましょう / It is more blessed to *give* than to receive. 《ことわざ》受けるよりは与えるほうが幸いである (◇新約聖書より). **2** (圧力を受けて) へこむ, たわむ; 崩れる, 折れる; 〈力・勢力が〉屈する, 妥協する: The branch *gave* under his weight. 枝は彼の体重で折れた [たわんだ] / Someone has to *give* to reach an agreement. 合意に達するためにはだれかが譲らなくてはならない. **3** (寒冷な気候が) ゆるむ, なごむ; (他人に) 打ち解ける.

[句動詞] **give awáy** 他 [give away＋O / give＋O＋away] **1** (無償で) 〈もの〉を与える, 寄付する: He *gave away* most of his money to charity. 彼は持ち金の大半を慈善事業に寄付した. **2** 〈賞品など〉を渡す, 配る: *give away* the prizes 賞品を渡す. **3** 〈秘密〉を漏らす; 〈正体など〉を思わず明らかにする: *give away* the secret to the enemy 敵に秘密を漏らす / His accent *gave* him *away*. なまりで彼の出身が明らかになった. **4** 〈好機など〉を逸する. **5** (結婚式で) 〈花嫁〉を花婿に引き渡す.
・**give onesélf awáy** 正体 [馬脚] を現す.
give báck 他 [give back＋O / give＋O＋back] **1** 〈ものなど〉を [持ち主に] 返す [*to*]: Could you *give* my dictionary *back to* me? ＝ Could you *give* me my dictionary *back*? 私の辞書を返してくれないか. **2** […に] 〈自由・健康など〉を取り戻させる [*to*].
give ín 自 […に] 降参する, 屈服する [*to*]: *give in to* temptation 誘惑に負ける. ― 他 [give in＋O / give＋O＋in] 〈書類など〉を提出する (hand in): *Give* your exam papers *in* now. さあ, 答案を提出しなさい.
give of ... 他 …を惜しまずに分け与える.
give óff 他 [give off＋O / give＋O＋off] 〈におい・光・熱・音など〉を発する, 放つ: The fish was *giving off* a bad smell. 魚は悪臭がしていた.
give ònto [on] ... 他 (窓などが) …に面している, …を見晴らす.
give óut 他 [give out＋O / give＋O＋out] **1** …を配布する, 配る (distribute): He *gave out* drinks to his guests. 彼は客に飲み物を配った. **2** [通例, 受け身で] 《英口語》〈ニュースなど〉を発表 [公表] する: The date of the election will *be given out* tomorrow. 選挙の日程はあす発表されるだろう. **3** 〈におい・光・熱・音など〉を発する. ― 自 **1** (供給などが) つきる (run out): His savings finally *gave out*. ついに彼の預金はなくなってしまった. **2** (機械・体の一部などが) 故障する, 動かなくなる.
give óver 他 [give over＋O / give＋O＋over] **1** 〈もの〉を […に] 引き渡す, 預ける [*to*]: He *gave* the jewelry *over to* the police. 彼は宝石類を警察に引き渡した. **2** [通例, 受け身で] 〈時間・場所など〉を […のために] 取っておく, あてる [*to*]: In my home the period after supper *is* often *given over to* games. わが家では夕食後の時間をよくゲームにあてる. ― 自 [しばしば命令文で] 《英口語》やめる, 静かにする: Do *give over*! いいかげんにやめろ.
・**give onesélf óver to ...** …にふける: He *gave himself over to* gambling. 彼はギャンブルにのめり込んだ.
give úp 他 [give up＋O / give＋O＋up] **1** 〈習慣など〉をやめる; 〈仕事など〉を放棄する, やめる (◇目的語はしばしば動名詞): *give up smoking* 喫煙をやめる / She didn't *give up* her job when she got married. 彼女は結婚しても仕事をやめなかった. **2** 〈希望・考え・勉強など〉をあきらめる, 断念する: Don't *give up* hope. 希望を捨てるな / He had to *give up* his studies halfway. 彼は中途で学業をあきらめなければならなかった. **3** 〈人〉を見放す; 〈人〉との関係を絶つ: We *gave* him *up* for dead. 私たちは彼が死んだものとあきらめた. **4** 〈場所・地位など〉を […に]

譲る; 〈犯人を〉[警察などに]引き渡す [to]: The boy *gave up* his seat *to* the old lady. 少年はおばあさんに座席を譲った. ― 自 あきらめる, やめる, 降参する: I *give up*. (クイズなどで)参った, 降参 / Don't *give up* easily. 簡単にあきらめるな.

・**gíve onesèlf úp to ...** **1** …に投降する, 自首する: The criminal *gave himself up to* the police. 犯人は警察に自首した. **2** …に打ち込む, 没頭する.

・**gíve úp on ...**《口語》…に見切りをつける, 期待しない.

■ **Dòn't gíve me thát.**《口語》でたらめ言うな.
gíve and táke 互いに妥協する; 意見を交換する.
gíve as góod as one géts (議論・けんかなどで)相手に負けずにやり返す.
gíve it to ... (hót [stráight])《口語》〈人〉を厳しく責める, しかりつける.
Gíve me ... 私は…のほうがいい: I don't like rock. *Give me* jazz any way. 私はロックは好きじゃない. ジャズのほうが断然いいね.
gíve or táke ... 〈時間・数量〉の多少の誤差[幅]はあるとしても; …も加えにして: It will take an hour, *give or take* a few minutes. 数分の違いはあるとしても1時間はかかるだろう.
gíve wáy → WAY¹ 成句.
gíve ... whàt fór 〈人〉を厳しくしかる.
nòt gíve a dámn《口語》まったくかまわない, 気にしない: I *don't give a damn* what they say. 彼らが何と言おうと私はかまわない.
Whàt gíves (with ...)?《口語》(…は)いったいどうしたんだ, 何があったんだ.

― 名 (圧力による物質の)曲がり, たわみ, 弾力性; (精神・性格の)順応性.

give-and-take [gívəntéik] 名 U **1** (公平な条件での)交換; 妥協. **2** 意見[情報]の交換.
give·a·way [gívəwèi] 名 **1** [a ~] (秘密などを)うっかり漏らすこと; 明白な証拠: a dead *giveaway* 動かぬ証拠. **2** (販売促進用の)景品.
― 形《限定用法》捨て値の, 投げ売りの.

giv·en [gívən] 動 形 前 接 名
― 動 give の過去分詞.
― 形 **1**《限定用法》決められた, 指定の: within a *given* time 定められた時間内に.
2《叙述用法》 […の]くせ[傾向]がある, […]しがちである [to]: He was *given to* making snide remarks. 彼は嫌味を言うくせがあった.
― 前《格式》もし…が与えられたならば, …があると仮定すれば: He was a hard worker *given* the chance. 彼はチャンスが与えられればよく働いた.
― 接《通例 that 節を伴って》《格式》もし…ならば, …を考慮に入れれば: *Given* that he is a rookie, he did very well. 新人であることを考えれば, 彼は非常によくやった.
― 名 C《格式》当然のこと, 既定の事実.
◆ **gíven náme** C《米》(姓に対して) 個人の名 (first name) (→ NAME 語法).
giv·er [gívər] 名 C 与える人, 贈与者, 寄贈者.
Gi·za, Gi·zeh [gíːzə] 名 ギザ (エジプト北部にある都市. スフィンクスやピラミッドがある).
giz·mo [gízmou] 名 C (複 **giz·mos** [~z])《口語》何とかいうもの[小道具] (◇特に名前がわからなかったり思い出せなかったりするときに用いる).
giz·zard [gízərd] 名 C **1** (鳥の)砂嚢(のう), 砂袋. **2**《口語》内臓, 胃.
Gk., Gk《略語》= *Greek*.
gla·cé [glæséi / glæséi]《フランス》形《限定用法》(果物などに)砂糖の衣を付けた, 砂糖漬けの: *glacés* cherries 砂糖漬けのサクランボ.
gla·cial [gléiʃəl] 形 **1** 氷の; 氷河の; 氷河時代[期]の. **2**《口語》氷のように(冷たい); (態度などが)冷淡な: a *glacial* wind 身を切るような風.
◆ **glácial pèriod [èpoch, èra]** [the ~]《地質》氷河時代[期].

gla·cier [gléiʃər / glæsiə] 名 C 氷河.

glad [glǽd]
《原義は「滑らかな」》
― (比較 **glad·der** [~ər]; 最上 **glad·dest** [~ist]) **1** (a) [be glad (about [of] ...)] (人が)(…のことで)**うれしい**, 喜んでいる (pleased) (↔ sad): My parents *are glad about* [*of*] the news. 両親はその知らせを聞いて喜んでいる / The police say she is safe. — Oh, I'm so *glad*. 彼女は無事だと警察が言っている — ああ, 本当によかった. (b) [be glad+to do] …してうれしい: The children *were glad to* see the panda. 子供たちはパンダを見て喜んだ / I'm *glad to* hear it. それはよかった / I'm *glad to* see you. お会いできてうれしく思います (◇初対面の場合は see の代わりに meet を用いる. 別れるときには次のように言う: I'm *glad to* have seen you. お会いできてうれしかったです). (c) [be glad+that 節] …をうれしく思う: I'm *glad (that)* you like my present. 私のプレゼントを気に入ってもらえてうれしい / He *was glad that* his son had passed the test. 彼は息子が試験に合格してうれしかった (= He *was glad* about his having passed the test.).
2 [be glad+to do] 《比較なし》喜んで…する, 進んで…する (happy) (◇通例 will, would, should などと共に用いる): I'll *be glad to* help you. 喜んでお手伝いします / Will you join us for lunch? — I'll *be glad to*. お昼を一緒にいかがですか — 喜んで.
3《限定用法》(知らせなどが)喜ばしい, 楽しい; (表情などが)楽しそうな (◇一時的な喜ばしさを表す. 人には用いない): *glad* news うれしいニュース / a *glad* smile うれしそうな微笑.

■ **I would be glád if ...** …だとうれしいのですが (◇控えめな願望・依頼を表す).
◆ **glád ràgs** [複数扱い; しばしば one's ~]《口語》(特に女性の)晴れ着.

glad·den [glǽdən] 動 他《古風》…を喜ばせる (↔ sadden).
glade [gléid] 名 C《文語》林間の空き地.
glad·i·a·tor [glǽdièitər] 名 C **1** (古代ローマの)剣闘士. **2** 闘士; 論客.
glad·i·a·to·ri·al [glædiətɔ́ːriəl] 形 剣闘(士)の.
glad·i·o·lus [glædióuləs] 名 (複 **glad·i·o·li** [-lai], **glad·i·o·lus·es** [~iz])《米》**glad·i·o·lus**

[C][植] グラジオラス《アヤメ科の観賞用植物》.

glad・ly [glǽdli] 副 喜んで, 快く, うれしそうに (↔ sadly): I *gladly* accepted their invitation. 私は喜んで彼らの招待に応じた.

glad・ness [glǽdnəs] 名 U 喜び, うれしさ (↔ sadness).

Glad・stone [glǽdstoun] 名 ❶ 圄 グラッドストーン William Ewart [júːərt] Gladstone《1809-98; 英国の政治家》. ❷ C = Gládstone bàg (真ん中で両側に開く)旅行かばん.

glam・or [glǽmər] 名《米》= GLAMOUR (↓).

glam・or・ize,《英》**glam・or・ise** [glǽməràiz] 動 他 …を(実際以上に)魅力的にする;〈物事〉を美化する.

glam・or・ous,《英》**glam・our・ous** [glǽmərəs] 形 〈人・仕事など〉が魅力的な, 魅惑的な: a *glamorous* job 魅力のある仕事.
glam・or・ous・ly [～li] 副 魅力的に, 魅惑的に.

***glam・our**,《米》**glam・or** [glǽmər] 名 U 魅力, 魅惑, うっとりさせる美しさ;[形容詞的に] 華やかな (◇最近は《米》でも glamor より glamour を用いる傾向が強い): the *glamour* days 栄光の日々. (比較)人が「美しく性的魅力があること」を表し, 日本語の「グラマー」のような「曲線美の」という意味はない)

★★★ **glance** [glǽns / glάːns]
名 動【基本的意味は「ちらりと見る (look quickly at …)」】
— 動 (三単現 **glanc・es** [～iz]; 過去・過分 **glanced** [～t]; 現分 **glanc・ing** [～iŋ])
— 自 ❶ ちらりと見る [*at*]; […に]ざっと目を通す [*at, over, through*]; […を]ざっと見回す [*around*]: He *glanced* at the clock. 彼は時計をちらりと見た / Laura *glances over* the newspaper before she goes to work. ローラは出勤前に新聞にざっと目を通す / The receptionist *glanced* down the list of names. 受付係は名簿にちらっと目を落とした.
❷ (光・物体が何かに当たって) ぱっと光る, きらめく.
❸ (直撃でなく) 斜め[はす]に当たる.
■ **glánce óff** 自 (弾・打撃などが) 斜めに当たってそれる.
glánce off … 他 (弾・打撃などが) …に斜めに当たってそれる: The ball *glanced off* his hand into the goal. 球は彼の手をかすめてゴールに入った.
— 名 (複 **glanc・es** [～iz]) C ❶ […を]ちらっと見ること, ひと目 [*at, into, over*]: cast [dart, shoot] a *glance* at … …をちらっと見る / exchange *glances* 視線を交わす / give [take] a *glance* at the report = give the report a *glance* その報告書にざっと目を通す. ❷ きらめき, 閃光(せんこう).
■ **at a glánce** = **at fírst glánce** ひと目で: I could see *at a glance* that he was sick. 私は彼が病気だとひと目でわかった.

glanc・ing [glǽnsiŋ / glάːns-] 形[限定用法](打撃などが)斜めに当たった, (まともに命中せず)かすった.

gland [glǽnd] 名 C [解剖・植]腺(せん): sweat *glands* 汗腺 / lachrymal *glands* 涙腺.

glan・du・lar [glǽndʒulər / -djulə] 形[通例,限定用法]腺(せん)の, 腺のような.
◆ **glándular féver** U [医]腺熱《リンパ腺が腫(は)れる伝染病》.

***glare** [gléər] 名 ❶ U [通例 the ～] (太陽などの)ぎらぎらする光, まぶしい光: the *glare* of the sun ぎらぎらする太陽. ❷ C にらみ, 怒った顔: He shot a suspicious *glare* at me. 彼は疑わしげに私をにらんだ.
■ **in the (fúll) gláre of publícity** 世間の注目を浴びて.
— 動 ❶ […を](怒って)じろりとにらみつける [*at*]: He just *glared* silently *at* me. 彼はただ黙って私をにらみつけた. ❷ [副詞(句)を伴って](太陽の光などが)ぎらぎら光る, まぶしく輝く [照る]: The sun *glared* down relentlessly on us. 太陽が容赦なく私たちに照りつけた. — 他 〈人を〉にらみつけて〈怒り・憎しみ・敵意などを〉表す [*at*].

glar・ing [gléəriŋ] 形 ❶ ぎらぎら輝く, まぶしい; (色などが) けばけばしい. ❷ [通例, 限定用法] (欠点・間違いなどが)著しく目立つ: a *glaring* mistake ひどい間違い. ❸ にらみつける(ような).
glar・ing・ly [gléəriŋli] 副 ぎらぎら輝いて; 目立って.

Glas・gow [glǽsgou, -kou / glάːzgou, -kou] 名 圄 グラスゴー《英国 Scotland 南西部の都市》.

glas・nost [glάːsnoust / glǽsnɔst] 名 U (旧ソ連の)グラスノスチ, 情報公開.

★★★ **glass** [glǽs / glάːs]
名 形【原義は「輝く(もの)」】
— 名 (複 **glass・es** [～iz]) ❶ U ガラス; [形容詞的に] ガラスの: ground *glass* すりガラス / cut [stained] *glass* カット[ステンド]グラス / colored *glass* 色ガラス / a *glass* bottle ガラスびん / a *glass* window ガラス窓 / pieces of broken *glass* 割れたガラスの破片.
❷ C コップ, グラス (◇冷たい飲み物用で取っ手のないもの; → CUP 語法): a cocktail [champagne, wine] *glass* カクテル[シャンパン, ワイン]グラス / fill [drain] a *glass* グラスを満たす [からにする] / clink [touch] *glasses* (乾杯のために)グラスをかちっと鳴らす.
❸ C コップ[グラス]1杯(の量): Will you get me a *glass* of water? 水を1杯持って来てくれませんか (◇ a glassful of water とも言う) / He drank two large *glasses* of milk. 彼は牛乳を大きなコップで2杯飲んだ / Could I have another *glass* of beer? ビールをもう1杯いただけますか / We dropped in for a *glass*. 私たちはちょっと寄って(酒を)1杯やった.
❹ [～es] 眼鏡 (spectacles, eyeglasses); 双眼鏡 (binoculars); オペラグラス (opera glasses): buy a new pair of *glasses* 新しい眼鏡を買う (◇ a pair of glasses は単数扱い; → PAIR 語法).

コロケーション	眼鏡を…
眼鏡をかけている:	**wear** *glasses*
眼鏡をかける:	**put on** one's *glasses*
眼鏡を外す:	**take off** one's *glasses*

❺ U [集合的に] ガラス製品 (glassware): collect *glass* ガラス器を集める.

glassful

6 C《英・古風》鏡 (looking glass).
7 C レンズ, 望遠鏡, 顕微鏡; 温度計, 気圧計.
■ **ráise one's gláss to ...** …のために乾杯する.
ùnder gláss《英》(栽培用の)温室 (フレーム) で.
— 動 他 …にガラスをはめる; …をガラスで覆う (*in*).
◆ **gláss blòwer** C ガラス吹き工 [機械].
gláss cèiling C 《通例, 単数形で》目に見えない壁《女性や少数集団の昇進を妨げる目に見えない差別を「ガラスの天井」にたとえている》.
gláss fiber U グラスファイバー (fiberglass).
gláss wóol U グラスウール, ガラス綿.
glass・ful [glǽsfùl / glɑ́ːs-] 名 C《グラス》1杯[の…] (*of*): *two glassfuls of* water コップ2杯の水.
glass・house [glǽshàus / glɑ́ːs-] 名(複 **glass・hous・es** [-hàuziz])C《英》温室 (greenhouse).
glass・ware [glǽswèər / glɑ́ːs-] 名 U《集合的に》ガラス製品, (特に)ガラス食器.
glass・work [glǽswə̀ːrk / glɑ́ːs-] 名 **1** U ガラス(器)製造(業). **2** U《集合的に》ガラス製品[細工]. **3** C [~s; 単数・複数扱い] ガラス工場.
glass・y [glǽsi / glɑ́ːsi] 形 (比較 **glass・i・er** [~ər]; 最上 **glass・i・est** [~ist]) **1** ガラス状[質]の; ガラスのような; 滑らかな. **2** (水面が)鏡のような. **3** (目などが)生気のない; 無表情な.
glau・co・ma [glaukóumə, glɔː-] 名 U《医》緑内障《眼圧が高くなり目の機能に異常をきたす病気》.
glaze [gléiz] 名 UC **1** (焼き物の)上薬, つや出し, 光滑剤;(食物に照りを付ける)たれ. **2** (焼き物などの)つやのある表面, つや, 光沢;《料理》(食物の)照り.
— 動 他《食物に照りを付ける》《焼き物に》上薬をかける. — 自 (目が)かすむ (*over*).
glazed [gléizd] 形 **1** (目などが)どんよりした, 生気のない. **2** (焼き物に)上薬をかけた; つやを付けた. **3** ガラスをはめた.
gla・zi・er [gléiʒər / -ziə] 名 C 窓ガラス職人, ガラス屋, ガラス工.
gleam [gliːm] 動 自 **1** (暗い中で)かすかに光る [輝く], きらりと光る: The moon *gleamed* on the lake. 月光が湖面できらりと光った. **2** (感情・希望などが)(目に)ちらりと表れる; ひらめく: Delight *gleamed* in her eyes. = Her eyes *gleamed* with delight. 彼女の目に喜びの表情が表れていた.
— 名 **1** C (暗い中の)**かすかな光** [輝き, きらめき]: the sudden *gleam* of a flash in the darkness 暗やみで突然光った懐中電灯. **2** 《単数形で》(感情・希望などの)**ひらめき, かすかな表れ**: There was not a *gleam* of hope. かすかな希望もなかった.
■ **a gléam in ...'s éye**《口語》…が心中ひそかに〈漠然と〉期待をかけているもの [人].
glean [gliːn] 動 他 **1**〈情報など〉を[…から](苦労して) 少しずつ [こつこつ] 収集する [*from*]: He *gleaned* information *from* various books. 彼はいろいろな本から情報を拾い集めた. **2** (畑で)〈落ち穂〉を拾う;〈捨てられたもの〉を拾う.
— 自 落ち穂拾いをする.
glean・ings [glíːniŋz] 名《複数扱い》**1** 落ち穂. **2** (こつこつと集めた)情報.
glee [gliː] 名 **1** U 喜び, 歓喜;(他人の不幸や失敗を)喜ぶこと: laugh with [in] *glee* 大喜びで笑う.

2 C (3部以上からなる無伴奏の)合唱曲.
◆ **glée clùb** C《米》(男女)合唱団, グリークラブ.
glee・ful [glíːfəl] 形 大喜びの, 楽しい, 愉快な.
glee・ful・ly [-fəli] 副 大喜びで, 楽しそうに.
glen [glén] 名 C《主にスコット》峡谷, 谷間.
glib [glíb] 形 (比較 **glib・ber** [~ər]; 最上 **glib・best** [~ist])《軽蔑》**1** (人が)口の達者な, ぺらぺらしゃべる. **2** (言葉・説明などが)うわべだけの; いい加減な.
glib・ly [~li] 副 ぺらぺらと.
glide [gláid] 動 自 **1** 滑る, 滑るように動く [飛ぶ]; 滑走する: The snake *glided* smoothly toward the frog. 蛇はカエルの方にするすると近づいた.
2《航空》(エンジンを使わずに)滑空する; グライダーで飛ぶ.
— 名 C **1** 滑ること; 滑走. **2**《航空》滑空.
3《音楽》スラー, 滑唱, 滑奏 (slur). **4**《音声》わたり音.
glid・er [gláidər] 名 C **1** 滑る人 [もの]. **2** グライダー (→ AIRCRAFT 図).
glid・ing [gláidiŋ] 名 U (スポーツとしての) グライダー乗り [飛行].
glim・mer [glímər] 動 自 かすかに光る, 点滅する; かすかに光る (輝く).
— 名 C **1** ちらちらする [点滅する] 光; かすかな光.
2 (感情などの)かすかなしるし [表情]: a *glimmer* of hope かすかな希望.
glim・mer・ing [glímərɪŋ] 名 C [しばしば ~s] (感情・考えなどの)かすかなしるし [表れ].
glimpse [glímps] 名 C **1** [… が [を]] **ちらりと見える [見る] こと, 一見, ひと目** [*of, at*]: He caught [got] a *glimpse of* her at the station. 彼は駅で彼女をちらりと見かけた. **2** ちらっと感じる [気づく] こと; かすかな表れ.
— 動 他 …をちらりと見る, ひと目見る.
glint [glínt] 動 自 きらきら光る [反射する];〈感情で〉(目が)光る, 輝く [*with*].
— 名 C;(感情を表す)目の光.
glis・ten [glísən] 動 自 (ぬれたもの [磨かれたもの] の表面が) [… で] **きらきら [ぴかぴか] 光る, 輝く** [*with*]: Her brow *glistened with* sweat. 彼女の額は汗で光っていた.
glitch [glítʃ] 名 C **1** (機械などの)故障; (計画などの)つまずき. **2** (電流の異常による)誤信号.
glit・ter [glítər] 動 自 **1** [… で] **ぴかぴか光る, きらきら輝く, きらめく** [*with*]: Stars were *glittering* in the sky. = The sky was *glittering with* stars. 空に星がきらめいていた / All is not gold that *glitters*. = All that *glitters* is not gold.《ことわざ》光るものが金とは限らない.
2 [… で] きらびやかである, 人目を奪う [*with*].
— 名 **1** きらめき, 輝き. **2** (見かけの)きらびやかさ, 華やかさ. **3** きらきらする小さな装飾品.
glit・ter・a・ti [glìtərɑ́ːti] 名《通例 the ~; 複数扱い》《しばしば軽蔑》裕福な社交界の人, 優雅な金持ち連中《マスコミなどにぎわす華やかな》有名人.
glit・ter・ing [glítəriŋ] 形《限定用法》**1** 光り輝く, きらめく. **2** 華麗な; 輝かしい.
glitz [glíts] 名 U《軽蔑》派手, けばけばしさ.
glitz・y [glítsi] 形 派手な, 華美な.

gloam·ing [glóumiŋ] 名 U [the ~]《詩語》たそがれ, 夕暮れ.

gloat [glóut] 動 ⾃ […を]満足そうに[いい気味だと思って]眺める [*over, at*].
— 名 [a ~] ほくそ笑むこと, にんまり喜ぶこと.

gloat·ing·ly [glóutiŋli] 副 満足そうに.

‡**glob·al** [glóubəl] 形 **1** 地球全体の, 全世界の, 世界的な, グローバルな: Environmental pollution is a *global* problem. 環境汚染は世界的な問題です. **2** 全体的な, 包括的な: a *global* judgment 包括的な判断 / take a *global* view of the problem 問題を全体的に見る. (▷ 名 glóbe).
◆ **glóbal wárming** U 地球温暖化(現象).

glob·al·ism [glóubəlizəm] 名 U 地球規模の政策[見方], 世界の展望に立った政策, グローバリズム.

glob·al·ist [-list] 名 U 地球全体を考える人.

glob·al·i·za·tion [glòubələzéiʃən / -laiz-] 名 U (企業・組織などの)世界化, 国際化.

glob·al·ize [glóubəlàiz] 動 他 …を世界化[国際化]する.

glob·al·ly [glóubəli] 副 世界的に(見ると), 地球規模で; 全体的に.

globe [glóub]
— 名 (複 **globes** [~z]) C **1** [the ~] 地球 (the earth); 世界(◇ globe が地球の「丸さ」を強調するのに対して, earth は惑星の 1 つとしての地球を表す): We can fly around the *globe* in a few days. 私たちは飛行機を使って数日で地球を回ることができる / Today the country is one of the greatest industrial nations on the *globe*. 今日この国は世界最大の工業国の 1 つである.
2 地球儀 (terrestrial globe).
3 球, 球体 (ball); 球形, 球形のガラス器《ランプのかさ・電球・金魚ばちなど》: The earth is not a perfect *globe*. 地球は完全な球体ではない. (▷ 形 glóbal)

globe·fish [glóubfìʃ] 名 (複 **globe·fish, globe·fish·es** [~iz]) C [魚] フグ (puffer).

glóbe-tròt·ter 名 C 《口語》世界じゅうを旅行する人, 世界漫遊家.

glóbe-tròt·ting 形 U 世界じゅうを旅行[漫遊]する(こと).

glob·u·lar [glábjulər / glób-] 形 球状[球形]の.

glob·ule [glábju:l / glób-] 名 C (特に液体の)小球体, 小滴, 粒.

glock·en·spiel [glákənspi:l / glók-] 【ドイツ】名 C 【音楽】鉄琴, グロッケンシュピール.

‡**gloom** [glú:m] 名 **1** U《文語》薄暗がり: in the gathering *gloom* 深まるやみの中で. **2** U [または a ~] 憂うつ, 陰気, 深い悲しみ: sink in *gloom* 憂うつに陥る / The news cast a *gloom* over the whole family. その知らせは家族全体に暗い影を投げかけた.

gloom·i·ly [glú:mili] 副 **1** 暗く, 薄暗く. **2** 憂うつそうに, 陰気に, ふさぎ込んで.

‡**gloom·y** [glú:mi] 形 (比較 **gloom·i·er** [~ər] 最上 **gloom·i·est** [~ist]) **1** 薄暗い (→ DARK 類義語); 陰気な, 陰うつな: a *gloomy* day どんよりした日. **2** 憂うつな, ふさぎ込んだ; 希望のない, 悲観的な: She felt *gloomy* about her future. 彼女は将来のことを考えて憂うつになった.

Glo·ri·a [glɔ́:riə] 名 **1** ① グロリア(◇女性の名). **2** [the ~] 【キリスト】(ミサでの) 栄光の賛歌.

glo·ri·fi·ca·tion [glɔ̀:rəfikéiʃən] 名 U **1** 称賛, 賛美; 神の栄光をたたえること. **2** 美化.

glo·ri·fied [glɔ́:rəfàid] 形 [限定用法]実際よりもよく[立派に]見える, 美化された.

‡**glo·ri·fy** [glɔ́:rəfài] 動 (三単現 **glo·ri·fies** [~z]; 過去・過分 **glo·ri·fied** [~d]; 現分 **glo·ri·fy·ing** [~iŋ]) 他 **1** …を称賛する: His brave deeds were *glorified* in story. 彼の勇敢な行動は物語となって称賛された. **2** 〈神〉の栄光をたたえる.
3 《しばしば軽蔑》…を[…で](実際以上に)よく[立派に]見せる, 美化する [*with*]: The movie *glorifies* war. その映画は戦争を美化している. (▷ 名 glóry)

‡**glo·ri·ous** [glɔ́:riəs] 形 **1** 栄光ある, 名誉ある; 壮麗な, 華々しい: a *glorious* victory 輝かしい勝利. **2** とても楽しい, 愉快な; すてきな: have a *glorious* time とても楽しい時を過ごす / *glorious* weather すばらしい天気. (▷ 名 glóry)
◆ **Glórious Revolútion** [the ~]【英史】名誉革命 (English Revolution; → ENGLISH).

glo·ri·ous·ly [glɔ́:riəsli] 副 **1** 壮麗に, 華々しく, 見事に. **2** 《口語》とても楽しく.

‡**glo·ry** [glɔ́:ri] 名 (複 **glo·ries** [~z]) **1** U 栄光, 名誉, 栄誉, 誉れ: win [earn, gain] *glory* 名声を得る. **2** U 壮観, 美観: the *glory* of the rising sun 昇る朝日の荘厳な美しさ. **3** C [しばしば複数形で][…にとって]誇り[名誉] となるもの [*to*]. **4** U 栄華, 全盛, (繁栄の)頂点: The pop group is in its *glory*. あのポップグループは人気の絶頂にいる. **5** U (神への) 感謝, 賛美: give *glory* to God 神を賛美する.
■ **Glóry** (**be**)! ありがたいことだ; これは驚いた (◇ Glory be to God! の略).
sénd ... to glóry 《比喩》…を天国へ送る, 殺す (kill).
— 動 (三単現 **glo·ries** [~z]; 過去・過分 **glo·ried** [~d]; 現分 **glo·ry·ing** [~iŋ]) ⾃ **1** […を]大いに喜ぶ, 誇りにする [*in*]. **2** 《軽蔑》[…を]自慢する, 鼻にかける [*in*]. (▷ 形 glórious; 動 glórify)

gloss[1] [glás, glɔ́:s / glɔ́s] 名 U [または a ~] **1** 光沢, つや (luster). **2** 見せかけ, 虚飾: put [set] a *gloss* on ... …のうわべを飾る.
— 動 他 …の光沢[つや]を出す; うわべを飾る.
◆ **glóss páint** U つや出し仕上げ塗料.

gloss[2] 名 C **1** (欄外・巻末などの)語句注釈, 注解. **2** […についての]説明, 解釈; こじつけ, 曲解 [*on*].
— 動 他 …に注釈を加える; …を説明する.
■ **glóss óver ...** …を言い逃れる [こじつける].

‡**glos·sa·ry** [glásəri, glɔ́:s- / glɔ́s-] 名 (複 **glos·sa·ries** [~z]) C (巻末などの注釈付き)用語集; (ある専門分野・作品などの)用語一覧, 小辞典.

gloss·y [glási, glɔ́:si / glɔ́si] 形 (比較 **gloss·i·er** [~ər] 最上 **gloss·i·est** [~ist]) **1** 光沢[つや]のある. **2** 《通例, 軽蔑》体裁だけの, もっともらしい.
— 名 (複 **gloss·ies** [~z]) C **1** 《主に英口語》= **glóssy mágazine** 豪華雑誌 (◇《上質光沢紙を

glot·tal [glátəl / glɔ́təl] 形 【解剖】声門の;【音声】声門で調音[発音]される.

◆ glóttal stóp C【音声】声門閉鎖[破裂]音.

glot·tis [glɑ́tis / glɔ́tis] 名 (複 **glot·tis·es** [~iz]; **glot·ti·des** [-tədìːz]) C【解剖】声門.

***glove** [glʌ́v] 〖原義は「手のひら」〗
— 名 (複 **gloves** [~z]) C **1** (通例 ~s) 手袋 (◇通例, 5本指に分かれているものをさす; cf. mitten 二また手袋): a pair of *gloves* 1組の手袋 / leather [rubber] *gloves* 革 [ゴム] 手袋 / pull [put] on one's *gloves* 手袋をはめる / pull [take] off one's *gloves* 手袋をとる / She is wearing red *gloves*. 彼女は赤い手袋をしている.
2【ボクシング】グローブ (boxing glove);【野球】グラブ (baseball glove) (cf. mitt ミット).

■ *fìt (...) lìke a glóve* (衣服・表現などが)(...)にぴったりと合う.

hándle [tréat] ... withòut glóves ...を手荒に取り扱う.

pùt ón the glóves 《口語》ボクシングをする.

tàke óff the glóves to ... (議論・試合で) ...に本気で立ち向う.

tàke úp the glóve 挑戦に応じる.

The glóves are óff. 戦う用意はできている.

◆ glóve compàrtment C (自動車のダッシュボードにある) 小物入れ.

glóve pùppet C 指人形 (puppet).

gloved [glʌ́vd] 形【限定用法】手袋をはめた.

‡**glow** [glóu] 名 U C【単数形で】**1** (燃えるような) 輝き, 白熱, 赤熱; 鮮やかな赤色: the *glow* of sunset 夕焼け. **2** (通例 a ~) (体の)ほてり, ぬくもり; (ほおの) 紅潮: a *glow* in the cheeks ほおの紅潮. **3** (精神的な) 高揚感, 満足感; 熱情: He felt a *glow* of pleasure in his achievement. 彼は自分の成し遂げたことに心から喜びを感じた.
— 動 **1** (煙・炎を出さずに) 真っ赤に燃える, (火が) 白熱して輝く: Coals were still *glowing* in the stove. 石炭はまだストーブの中で真っ赤に燃えていた. **2** (燃えるように) 輝く, (ホタルなどが) 光を放つ. **3** (心などが激情に) 燃える, (体が) ほてる, (ほおが) 紅潮する: His cheeks are *glowing* with the exercise. 彼のほおはトレーニングで紅潮している.

glow·er [gláuər] 動 (怒って) [...を]にらみつける, [...に]顔をしかめる [at].

glow·er·ing [gláuəriŋ] 形【通例, 限定用法】(顔つきなどが)にらみつける(ような), 怒った.

glow·er·ing·ly [~li] 副 にらみつけて.

glow·ing [glóuiŋ] 形【通例, 限定用法】**1** 白熱している, 真っ赤な. **2** (説明・批評などが) 熱のこもった; 称賛に満ちた: describe the player in *glowing* terms その選手を絶賛する. **3** (色などが) 燃えるような, 鮮やかな. **4** (ほおなどが) 紅潮した.

glow·ing·ly [~li] 副 白熱して; 絶賛して.

glow-worm [glóuwə̀ːrm] C【昆】ツチボタル.

glu·cose [glúːkous, -kouz] 名 U【化】ブドウ糖.

‡**glue** [glúː] 名 U 接着剤, のり, にかわ (◇種類を表すときは C).
— 動 (三単現 **glues** [~z]; 過去・過分 **glued** [~d]; 現分 **glu·ing, glue·ing** [~iŋ]) 他 **1** ...を接着剤で[...に]つける, のりづけする, ぴったりつける [to, onto]: *glue* wood *to* metal 木を金属にのりづけする. **2** (受け身で) 《口語》...を[...に]つきまとわせる, (視線などを[...に]くぎ付けにする; 注意を集中させる [to]: He *was glued to* the television screen. 彼の目はテレビの画面にくぎ付けになっていた.

◆ glúe stìck C スティックのり (→ STATIONERY 図).

glúe-snìff·er 名 C シンナー遊びをする人.

glúe-snìff·ing 名 U シンナー遊び.

glu·ey [glúːi] 形 (比較 **glu·i·er** [~ər]; 最上 **glu·i·est** [~ist]) **1** ねばねばした. **2** 接着剤を塗った.

glum [glʌ́m] 形 (比較 **glum·mer** [~ər]; 最上 **glum·mest** [~ist]) むっつりした, 陰気な.

glum·ly [~li] 副 むっつりとして, 陰気に.

glut [glʌ́t] 動 (三単現 **gluts** [glʌ́ts]; 過去・過分 **glut·ted** [~id]; 現分 **glut·ting** [~iŋ]) 他 **1** 〈人〉を[...で]満腹にさせる, 〈食欲・欲望〉を満たす [with, on]: She *glutted* herself *with* [*on*] candies. 彼女はキャンディーを思う存分食べた.
2 (通例, 受け身で)〈商品などを〉〈市場〉に過剰に供給する [with].
— 名 C (通例 a ~) (商品などの) 供給過剰[過多].

glu·ten [glúːtən] 名 U【化】グルテン《小麦粉などに含まれる粘着性のたんぱく質》.

glu·ti·nous [glúːtənəs] 形 ねばねばした (gluey).

glut·ton [glʌ́tən] 名 C **1** 《軽蔑》大食家.
2 《口語》...に熱心な人, 耐えられる人 [*for*]: a *glutton for* punishment どんな苦労にもじっと耐えられる人.

glut·ton·ous [glʌ́tənəs] 形 《軽蔑》食いしんぼうの, 貪欲(ξんよく)な.

glut·ton·ous·ly [~li] 副 がつがつと; 貪欲に.

glut·ton·y [glʌ́təni] 名 U 《軽蔑》大食, 暴飲暴食.

glyc·er·in, 《主に英》glyc·er·ine [glísərin] 名 U【化】グリセリン.

gly·co·gen [gláikədʒən] 名 U【化】グリコーゲン.

GM 《略語》= *general manager* 総支配人; *General Motors* ゼネラルモーターズ《米国の自動車会社》; *genetically modified* 遺伝子組み換えの; *guided missile* 誘導ミサイル.

gm. 《略語》= *gram*(s).

G-man [dʒíːmæ̀n] 名 (複 **G-men** [-mèn]) C 《米口語》連邦捜査局捜査官 (FBI agent), ジーメン (◇ *Government man* の略; 女性形 G-woman).

GMF 《略語》= *genetically modified food* 遺伝子組み換え食品 (◇ GM food とも言う).

GM fóod = GMF (↑).

GMO 《略語》= *genetically modified organism* 遺伝子組み換え生物.

GMT, G.M.T. 《略語》= *Greenwich Mean Time* グリニッジ標準時.

gnarl [nɑ́ːrl] 名 C (木などの) 節(ふし), こぶ.

gnarled [nɑ́ːrld] 形 **1** (木が) 節(ふし)[こぶ]だらけの, でこぼこの: a *gnarled* branch ごつごつした枝. **2** (老齢などで手・指が) 節くれ立った.

gnash [nǽʃ] 動 他 〈歯〉をきしらせる: *gnash* one's teeth 〈怒って・悔しくて〉歯ぎしりする.

gnat [nǽt] 名 C 《昆》ブヨ;《英》カ〈蚊〉(mosquito).

***gnaw** [nɔ́ː] 〈☆発音に注意〉動 他 **1** 〈固いもの〉をかじる, かみ切る (*away*, *off*). **2** 〈穴など〉を […を] かじてあける [作る] (*in*, *into*, *through*): A rat *gnawed* a hole *in* [*through*] the wall. ネズミが壁をかじって穴をあけた. **3** …を絶えず苦しめる, 悩ます.
— 自 **1** […を]かじる (*away*) [*at*, *on*]: *gnaw at* a bone 骨をかじる. **2** […を]絶えず苦しめる, 悩ます [*at*]: Fear and anxiety were *gnawing at* his heart. 恐怖と心配で彼の心は痛んでいた.

gnaw・ing [nɔ́ːiŋ] 形〈限定用法〉〈苦痛などが〉絶えず悩ます, 苦しめる.

gnome [nóum] 名 C **1** 地の精〈地中に住んで宝を守るとされる小人〉; 地の精の像. **2** 《口語》国際金融業者: the *gnomes* of Zurich チューリッヒの小鬼たち《スイスの国際金融業者》.

gno・mic [nóumik] 形 警句的な; 含みのある.

GNP, G.N.P. 〈略語〉= gross national product〈経済〉国民総生産 (cf. GDP 国内総生産).

gnu [njúː] 名 C〈複 **gnus** [~z], **gnu**〉《動物》ヌー〈アフリカ産の大型のレイヨウ〉.

*****go** [góu] 動 名 形

基本的意味は「〈他の場所へ〉行く」.
① …へ行く; 進む;〈道などが〉伸びる.   自 **1**, **3**, **4**
② 去る, 消える; 過ぎ去る.   自 **2**, **8**
③〈ある状態〉になる;〈ある状態〉にする.   自 **6**, **7**
④ なくなる, 変える.   自 **9**, **10**
⑤ 費やされる, 売れる.   自 **13**, **14**
⑥ 書いてある; …と言う.   自 **16**; 他 **3**

— 動〈三単現 **goes** [~z]; 過去 **went** [wént]; 過分 **gone** [gɔ́ːn, gán / gɔ́n]; 現分 **go・ing** [~iŋ]〉
— 自 **1** (a) [go (+to …)] […へ] **行く** ↔ come) 〈◇ go は話し手を中心にして, その場所から離れて他の場所へ行くことを表す. come との違いについては → COME 語法〉: Where did you *go* last Sunday? この前の日曜日あなたはどこへ行きましたか / My father often *goes* abroad on business. 父はしばしば仕事で外国へ行く / They *went* across the river on horseback. 彼らは馬に乗って川を渡った / I *went* to a dance last night. ゆうべ私はダンスパーティーに行った / He has *gone* to Alaska. 彼はアラスカへ行ってしまった (→ have gone to ... (GONE 成句)).

語法 go to のあとに来る名詞
(1) 目的地・種類を表す場合は冠詞を付ける: *go to the* sea 海に行く / *go to a* private school 私立学校に通う.
(2) その場所で行う行為・目的に重点が置かれる場合には冠詞は付けない: *go to* sea 船乗りになる / *go to* school 学校に通う / *go to* work 仕事に行く / *go to* bed 寝る.

(b) [**go for** [**on**] …] …しに行く: *go for* a swim [drive, walk] 泳ぎ[ドライブ, 散歩]に行く /

go on a picnic [voyage] ピクニック[航海]に出かける. [go+to do] …しに行く: *go to* see him 彼に会いに行く(→成句 go and do).
(d) [**go doing**] …しに行く;〈否定文・疑問文で〉〈望ましくないこと〉をする, 愚かにも…する: *go shopping* 買い物に行く / Let's *go camping* next Saturday. 今度の土曜日にキャンプに行こう / Don't *go telling* anyone about it! そのことは私にも言うな〈◇脅しの意も含む〉.

語法 (1) go doing は主に娯楽・スポーツなどの行為に限られる: *go dancing* ダンスに行く / *go skiing* スキーに行く.
(2)「行く」ことよりも「…をする」ことに重点があるため, doing のあとの前置詞は in [on] となる: *go fishing in* the river 川へ釣りに行く.

2 去る, 出かける; 出発する (leave) (↔ come): He came at nine and *went* at eleven. 彼は9時に来て, 11時に帰った / I must be *going* now. もういとまをしなければなりません / The boat has just *gone*. 船は出たばかりです / Ready, set [steady], *go*! = On your mark, get set, *go*! 位置について, 用意, ドン〈スタートの合図〉.

3 進む, 移動する; […で] 行く [*by*, *on*]: *go on* horseback = *go on* a horse 馬で行く / We *went by* bus [train]. 私たちはバス[電車]で行った / *Go* straight ahead. まっすぐ前へ進みなさい / That car is *going* too fast. あの車は飛ばしすぎている.

4 [go (+to …)] 〈道などが〉〈…まで〉伸びる, 達する, 及ぶ (lead): Route 66 *goes to* California. 66号線はカリフォルニアまで伸びている / The glacier *goes* from north *to* south. その氷河は南北に伸びている.

5 〈ものが〉〈ある場所に〉置かれる, 納まる [*in*, *on*, *into*] (→ 句動詞) *go* in ..., *go* on ... **6**: Where does this dictionary *go*? この辞書はどこに置きますか / This doll *goes on* the top shelf. この人形は一番上の棚に置きます.

6 [go+C] …〈の状態〉になる (become) 〈◇通例, 悪い意味で用いる〉: *go* bankrupt 破産する / *go* wild with excitement 興奮して取り乱す / The apples have *gone* bad. リンゴが腐ってしまった / Her hair's *going* gray. 彼女の髪は白髪まじりになりかけている.

7 [go+C] …のままである, …の状態である: *go* naked [barefoot] 裸[素足]でいる / They always *go* hungry. 彼らはいつも腹をすかせている / You'd better *go* armed in the jungle. ジャングルの中では武器を持っていたほうがよい / Should the murderer *go* unpunished? 殺人者が罰を受けずに済むようなことがあっていいのでしょうか.

8 〈時間などが〉過ぎ去る, たつ (pass): Time *goes* quickly when we're enjoying ourselves. 楽しいときは時間が速く過ぎる / Winter is *gone*. 冬は終わった〈◇ have gone が「行く」という行為を強調するのに対して, be gone は「今は(い)ない」という状態を強調する〉 / *Gone* are the days when money was everything. 金が万能の時代は終わった.

9 〈物事が〉なくなる, 消える; 取り除かれる: My

glasses have *gone*. 私の眼鏡がなくなってしまった / Take this medicine, and your headache will *go*. この薬を飲めば, 頭痛はとれますよ / My car is no good—it must *go*. 私の車は役に立たないから, 処分しなければならない(◇このように「処分される」「廃棄される」を意味する場合は, 通例 must, have to, can を伴う).
10 (視力・聴覚などが)衰える(fail); 《婉曲》(人が)死ぬ: His voice has *gone*. 彼の声は出なくなった / My sight is *going*. 私の視力は落ちてきている / My dog has *gone*. うちの犬が死んでしまった.
11 (機械などが)動く, 作動する: The clock stopped suddenly and never *went* again. その時計は突然止まって, 二度と動かなかった / This ship *goes* by nuclear energy. この船は原子力で動く / I managed to get the car *going* again. 私は何とか車を再始動させることができた.
12 (ことが)運ぶ, 進展する: The party *went* very well. パーティーは成功だった / How's everything *going*? どんな具合ですか, 調子はどうですか / Things are *going* badly at the moment. 今のところはうまくいっていない.
13 (金・時間が)〔…に／…するのに〕費される〔*on*; *in doing*〕; (賞・財産などが)与えられる〔*to*〕: Where has my money *gone*? 私の金は何に使われたのか / All the money from his part-time job *goes* on comic books. 彼のアルバイトの収入はすべて漫画の本にあてられる / The house *went to* him when his uncle died. おじさんが亡くなると, その家は彼が相続した.
14 (ものが)〔ある金額で〕売れる, 売られる〔*for, at*〕: The painting *went for* ten thousand dollars. その絵は1万ドルで売れた. **15** (貨幣などが)通用している; 認められる, 受け入れられる;〔…の名で〕知られている〔*by, under*〕: This credit card would *go* anywhere in the States. このクレジットカードは合衆国内どこでも通用するだろう / He used to *go by* a different name. 以前は違う名前で通っていた. **16** (ことわざ・話などが)〔…と〕なっている, 書いてある〔*that* 節〕: The story *goes that* she lives abroad now. 彼女は今外国に住んでいるという話だ / Honesty is the best policy, as the saying *goes*. ことわざに言う通り, 正直は最善の方策である. **17** (鐘などが)鳴る;(動物などが)鳴く, (特別な)動作をする: There *goes* the bell! ほら, 鐘が鳴っている / Horses *go* "neigh." 馬は「ひひーん」と鳴く. **18** 〔…の手段に〕訴える, 頼る〔*to*〕: *go to* court 訴訟を起こす / *go to* war 武力に訴える. **19** 〔…するのに〕役立つ〔*to do*〕: This result *goes* to show that you must study harder. この結果はあなたがもっとしっかり勉強しなければならないことを証明している.
— ⦿ **1** 〈金〉を〔勝負事などに〕賭ける, 出す〔*bet*〕〔*on*〕. **2** (通例, 否定文で)…に耐える, 我慢する. **3** 《米口語》…と言う(say).

句動詞 **gò abóut** ⦿ **1** 歩き回る, 動き回る. **2** (通例, 進行形で)(うわさなどが)広まる: A rumor *is going about* that the President is ill. 大統領が病気だといううわさが広まっている. **3** 〔人と〕つき合う, 交際する〔*with*〕: Don't *go*

about with them. 彼らとつき合うな.
gó abòut ... ⦿ **1** 〈物事・問題〉に取りかかる, 着手する: I don't know how to *go about* this problem. 私はどうやってこの問題に取り組んだらいいのかわからない. **2** 〈仕事など〉をする, 続ける: *go about* one's job 仕事を続ける.
gó àfter ... ⦿ **1** …を追いかける. **2** …を求める, 探す: He's *going after* a job. 彼は仕事を探している.
gó agàinst ... ⦿ **1** (人が)…に反対する, 逆らう: He *went against* his father's wishes. 彼は父親の意向に逆らった. **2** (勝負などが)…の不利になる; (ことが)…に反する.
gò alóng ⦿ **1** 前へ進む, 歩いて行く: They *went along* very slowly. 彼らはゆっくりと進んだ. **2** やっていく; (物事が)はかどる: You'll get used to it as you *go along*. やっているうちに慣れますよ. **3** 〔会などに〕出席する〔*to*〕.
・**gò alóng with ...** **1** …と一緒に行く, …について行く: You *go along with* Mike. あなたはマイクと行ってください. **2** …に賛成する; …と協調する: I can't *go along with* the decision. 私はその決定には賛成できない.
・**Gò alóng with you!** 《英口語》冗談だろう, まさか.
gò aróund ⦿ **1** 歩き回る, 動き回る(go about). **2** 〔通例, 進行形で〕(うわさなどが)広まる(go about). **3** 〔人と〕つき合う, 交際する(go about)〔*with*〕. **4** 回って行く;〔…に〕立ち寄る〔*to*〕: Shall we *go around to* his house? 彼の家に立ち寄りませんか. **5** (食べ物などが)行き渡る: Is there enough cake to *go around*? ケーキは全員に行き渡るだけありますか.
gó aròund ... ⦿ …の周りを回る; …を回って行く: The moon *goes around* the earth. 月は地球の周りを回っている.
・**gó aròund dóing** (習慣的に)…して回る: Don't *go around telling* people lies. 人にうそをついて回るのはやめなさい.
gó at ... ⦿ [受け身不可] **1** 〈仕事など〉に取りかかる: Chris *went at* the problem. クリスはその問題に取り組んだ. **2** 〈人〉を攻撃する.
gò awáy ⦿ **1** 去る, 立ち去る; (休暇などで)出かける. **2** (痛み・問題などが)なくなる, 消え去る(disappear). **3** 〔…を〕持ち去る, 持ち逃げする〔*with*〕.
gò báck ⦿ **1** 〔元の場所へ〕帰る, 戻る〔*to*〕: Let's *go back to* the starting point. 出発点に戻ろう. **2** 〔…まで〕さかのぼる;〔話題などに〕戻る〔*to*〕: This festival *goes back to* the 18th century. この祭りは18世紀までさかのぼる. **3** 〔中断していたことを〕また始める, 再開する〔*to*〕: *go back to* studying 勉強に戻る.
・**gò báck on [upòn] ...** 〈約束〉を破る.
gò befòre ⦿ (ことが)先立つ, 先んじる.
gó befòre ... ⦿ **1** …に先行する, 先立つ: Pride *goes before* a fall.《ことわざ》高慢は破滅に先立つ ⇨ おごれる者は久しからず. **2** (問題・事件などが)〈審議会・法廷など〉にかけられる.
gó beyònd ... ⦿ …の範囲を越える: *go be-*

go bý 圓 **1** 通り過ぎる. **2** (時間が)経過する: Ten years *went by*. 10年が過ぎた.

go by ... 他《受け身不可》**1** …(のそば)を通り過ぎる. **2** …に従って行動[判断]する: *go by* the book [rule] 規則通りにする.

go dówn 圓 **1** 降りる, 下る: I'll *go down* and bring back the mail. 下へ行って郵便物を取ってこよう. **2** (物価・温度などが)下がる; (風・波が)弱まる; (質などが)低下する. **3** 倒れる, ひざをつく: He *went down* on his knees. 彼は両ひざをついた. **4** (太陽・月が)沈む (↔ **come up**). **2** (船が)沈む; (飛行機が)墜落する: The Titanic *went down* in the North Atlantic. タイタニック号は北大西洋に沈んだ. **5**《スポーツ》[…に]敗れる (**lose**);《英》(チームが)[下位リーグに]落ちる [*to*]: We *went down* to them in the semifinal. 私たちは準決勝で彼らに敗れた. **6** (考え・話などが)[…に]受け入れられる, 納得される [*with*]: His speech *went down* well *with* the crowd. 彼の演説は群衆に好評を博した. **7** [歴史に]記録される, 後世に伝えられる [*in*]: This reform will *go down in* history. この改革は歴史に残るだろう. **8** (食べ物などが)飲み込まれる: This tablet will *go down* easily. この錠剤は楽に飲み込めるよ. **9** (範囲などが)[…に]及ぶ, 達する [*to*]: This slope *goes down* to the beach. この坂は海岸まで続いている. **10**《英》(卒業・休暇・退学で)大学を去る; [(都会から)田舎へ]行く; 南へ行く [*to*]. **11** (コンピュータなどが)(一時的に)停止する.

・**go dówn with ...**《英口語》(病気)にかかる.

go for ... 他《受け身不可》**1** …を取り[呼び]に行く: *go for* a doctor 医者を呼びに行く. **2** …を好む, 気に入る: She *goes for* tall men. 彼女は背の高い男性が好みです. **3**《人》を(暴力・言葉などで)攻撃する, 非難する: The robber *went for* me with a bat. 強盗はバットで私を襲った. **4** …を得ようとする, ねらう; …を選ぶ: He is *going for* the gold medal. 彼は金メダルをねらっている. **5** (ことが)…にあてはまる. **6** [could を伴って]《口語》〈飲食物〉が欲しい, …を楽しむ.

・**Gó for it!**《口語》頑張れ〈人を励ます言葉〉.
・**gó for nóthing** 何の役にも立たない, むだになる.

go ín 圓 **1** 中へ入る: Let's *go in* and have a drink. 中へ入って1杯やりましょう. **2** (太陽・月などが)雲に隠れる, かげる (↔ **come out**). **3** 参加する: *Go in* and win! さあ, 頑張ってこい〈試合・試験のときの激励の言葉〉. **4** [通例, 否定文で]《口語》理解される, 頭に入る.

・**go ín for ...** **1** (趣味・職業として)…をする, …に携わる: I *go in for* scuba diving. 私はスキューバダイビングが趣味です. **2** (競技など)に参加する: *go in for* the test 試験を受ける.

go in ... 他 **1** …の中へ入る: David *went in* the house. デイビッドは家に入った. **2** …に納まる, ぴったり入る: The letters *go in* this drawer. 手紙類はこの引き出しに納まる.

go ínto ... 他 **1** …に入る; ぶつかる: *go into* the hospital for an examination 検査のため入院する / The car *went into* a telephone pole. 車は電柱にぶつかった. **2** (職業として)…に従事する, つく: *go into* journalism [teaching] 報道関係の仕事[教職]につく / *go into* the army 軍隊に入る. **3** …を詳しく調べる [述べる]: The matter has to be *gone into*. その問題は詳しく調べなければならない. **4** …の状態になる: *go into* a fit of anger 急に怒り出す / *go into* a coma 昏睡(氵)状態に陥る. **5** (労力・金などが)…に費やされる. **6** …に納まる, ぴったり入る: These books will never *go into* that box. これらの本はあの箱には納まらない. **7** (他の数)に含まれる, …を割れる: 6 *goes into* 18 three times. 18を6で割ると3 [18 ÷ 6 = 3].

go óff 圓 **1** 立ち去る, 出発する; (舞台から)退場する. **2** (爆弾などが)爆発する, (銃などが)発射される; (目覚まし時計・警報器などが)鳴る. **3** (電気などが)消える, 止まる (↔ **go on**): The lights *went off* suddenly. 突然明かりが消えた. **4** (ことが)進む, 行われる, 起きる (◇ **well**, **badly** などの副詞(句)を伴う): The meeting *went off* well. 会はうまくいった. **5** (食べ物などが)悪くなる. **6** 眠る, 意識を失う.

・**go óff with ...** **1** …を持ち逃げする. **2** …と駆け落ちする.

go óff ...《英口語》…が嫌いになる.

go ón 圓 **1** 先へ進む; […に]話題を移す; [(次の場所へ)行く; 続いて […] する [*to*]: Let's *go on to* the next topic. 次の話題へ進もう / She *went on to* college. 彼女は大学に進学した. **2** […を]続ける [*with*];《口語》[…について]話し続ける [*about*, *at*]: He stopped talking for a second, and then *went on*. 彼はちょっと話をやめ, それから先を続けた / *Go on with* your work. 仕事を続けなさい. **3** (ことが)続く: The wedding reception *went on* until midnight. 結婚披露宴は真夜中まで続いた. **4** [通例, 進行形で](ことが)起きる, 行われる: What's *going on*? 何が起こっているのですか. **5** (時が)たつ, 経過する: as time *goes on* 時がたつにつれて. **6** (明かりが)つく, (ガス・水道などが)出る. **7** [命令形で](人を励まして)さあ, 続けて; (不信を表して)まさか, ばか言え.

・**go ón for ...** (年齢・時刻が)…に近づく: He is *going on for* eighty. 彼はそろそろ80歳になる.

go on ... 他 **1** …し続ける (◇目的語は動名詞): He *went on speaking* for two hours. 彼は2時間話し続けた. **2** 〈情報など〉に基づく.

go óut 圓 **1** 外に出る, 外出する: *go out* to a party パーティーへ出かける / *go out* for a walk 散歩に出かける. **2** [異性と]つき合う [*with*]: They've been *going out for* three years. 2人は3年前から合っている. **3** (明かり・火などが)消える. **4** (流行などが)すたれる, 下火になる: Mini skirts *went out* years ago. ミニスカートは何年も前にはやらなくなった. **5** (ニュースなどが)公表される; 放送される: The news *went out* from the government. そのニュースは政府筋から公表された. **6** (潮が)引く (↔

come in). **7**(同情などが)[…に]注がれる[*to*]: My heart *went out to* the children. 私はその子供たちを気の毒に思った.
gò óut of ... 他 **1** …の中から出る: She *went out of* the office. 彼女は会社を出た. **2**(熱意・怒りなどが)…から消える;…でなくなる.
gò óver 自 **1** […のところを](通り・川などを)越えて行く[*to*]: *go over to* the other side of the river 川の向こう岸へ渡る. **2**[人の家などに]立ち寄る;[外国に]旅行する[*to*]: Why don't we *go over to* Tom's apartment? トムのアパートに寄って行こう. **3**[他の政党・宗派などへ]変わる,転向する[*to*]: They *went over to* the American system of management. 彼らはアメリカ式経営法に転換した. **4**(話・演技などが)[人に]受け入れられる[*with*].
gó òver ... 他 **1** …を越える: *go over* the fence 塀を乗り越える. **2** …を詳しく調べる, 検討する; 視察する: *Go over* your answers again. 自分の解答をもう一度チェックしなさい. **3** …を繰り返す, 反復する.
gò róund (...) 《主に英》= go around (...).
gò thróugh 自 **1** 通り抜ける. **2**(法案などが)通る, 可決する.
·**gò thróugh with ...** 〈計画など〉をやり遂げる, やり通す.
gó thròugh ... 他 **1** …を通り抜ける. **2**〈苦しみなど〉を経験する: *go through* many hardships 多くの苦難を経験する. **3** …を詳しく調べる, …にくまなく目を通す; …を探す: *Go through* the files again. ファイルをもう一度調べなさい. **4**〈日課・手続きなど〉を行う: *go through* boarding procedures 搭乗手続きを行う. **5**(法案などが)〈議会など〉を通過する. **6**〈金・食料など〉を使い果たす.
gò tó → **GO** **1** (a)(c), **4**; →成句 be going to do.
gò togéther 自 **1** 一緒に行く. **2**(ものが)合う, 調和する: Her hat and dress don't *go together*. 彼女の帽子と服は合わない. **3**(恋人として)つき合う.
gò únder 自 **1**(船などが)沈む. **2**(事業が)つぶれる, 破産する.
gò úp 自 **1** 登る, 上がる: *go up* in the elevator エレベーターで上がる. **2**(価格・気温が)上がる(rise): Milk is *going up* in price. 牛乳が値上がりしている. **3**(家などが)建つ. **4** 爆発する, 爆発で燃える: The tanker *went up* in flames. タンカーは爆発炎上した. **5**(歓声・叫び声などが)上がる. **6**『スポーツ』《英》(チームが)[上位リーグに]上がる[*to*]. **7**《英》大学に行く;[(田舎から)都会へ]行く, 北へ行く[*to*].
gó ùp ... 他 …を登る, …を上がる: *go up* the stairs 階段を昇る.
gò wíth ... 他 **1** …と一緒に行く: I'll *go with* you. あなたと一緒に行こう. **2** …と合う, 調和する;…に伴う, 付随する: White wine *goes with* fish. 魚には白ワインが合う. **3**〈異性〉とつき合う.
gó withòut ... 他 …なしで済ませる: I had to *go without* breakfast this morning. けさ私は朝食なしで済まさなくてはならなかった.

■ **as ... gó** [*góes*] 一般に…と比べると, …としては.
be góing to dó **1** …するつもりである: I'm *going to* be a pilot when I grow up. 僕は大きくなったらパイロットになるつもりです / What *are* you *going to* do with the money? そのお金をどうするつもりですか.
[語法] (1) 近い未来の予定・計画・意志を表す. 多くの場合, will と言い換え可能だが, be going to はあらかじめ計画していた予定に用いることが多い.
(2) come, go の場合は, 普通 be going to come [go] とは言わず, 単に be coming, be going と言う: I'*m going to* Spain next month. 私は来月スペインに行きます.
2 …しようとしている, …するところである: I'm just *going to* go shopping. ちょうど買い物に出かけるところです / He was just *going to* leave, when the telephone rang. 彼が出かけようとしたら, 電話が鳴った. **3** …しそうだ, …するだろう(◇意志に関係なく近い未来に起こることを表す): It'*s going to* rain. 今にも雨が降りそうだ(◇さし迫っているものをさす場合は will を用いることはできない). **4** …することになる(◇自然の結果を表す): She *is going to* be seventeen next month. 彼女は来月で17歳になる(◇この意味では She will のほうが一般的). **5** …させるつもりである(◇話者の意志を表す. 主語は 2, 3人称): You *are* not *going to* do as you like. 好きなようにはさせないで.
gò and dó **1** …しに行く: *Go and* help her. 彼女の手伝いに行ってあげなさい (◇ Go to help her. よりも口語的. 《英》では and はしばしば省略される). **2**《口語》驚いたことに…する, 愚かにも…する: He'*s gone and* bought a new car! なんと彼は新車を買ったよ.
gò fár → FAR 成句.
gó it 《英・古風》猛スピードで行く; 張り切る.
gó it alóne 独力でやる.
gó tòo fár → FAR 副 成句.
to **gó** [名詞のあとに置いて] **1**(時間・距離などが)残されて, 残っている: We still have ten minutes *to go*. 私たちにはまだ10分残っている. **2**《米》(飲食物が)持ち帰り用の(to take out): Two cheeseburgers and one large Coke *to go*, please. 持ち帰りでチーズバーガー2つとコーラの大を1つください / For here or *to go*? — *To go*, please. こちらで召し上がりか, お持ち帰りになりますか — 持ち帰りで(◇ファーストフード店での会話; → FAST-FOOD [PICTURE BOX]).
—名 (複 goes[~z]) **1** U 行くこと, 去ること; 進行: the come and *go* of the tide 潮の干満. **2**[one's ~](特にゲームなどの)順番(turn): It's your *go*. あなたの番です. **3** C 試み(try); 機会: He won first prize at his first *go*. 彼は初めての挑戦で1等賞を取った. **4** U 《英》活力, 精力, 元気(energy): She's full of *go*. 彼女は元気いっぱいです. **5** C 《口語》病気, 発病.
■ **hàve a gó at ...** **1**《口語》…をやってみる. **2**《主に英口語》…を非難する.
It's áll gó.《英口語》大忙しである.
It's nó gó.《口語》むだである, 起こりそうにない.

màke a gó of ...《口語》…を成功させる.
òn the gó《口語》忙しい, じっとしていない: She's always *on the go*. 彼女はいつも忙しくしている.
— 形《口語》用意ができて (ready); 順調で: The rockets are *go*. ロケットは発射準備完了です.

goad [góud] 名 C 1 (家畜などを追い立てる) 突き棒. 2 (人を) 駆り立てるもの [こと]; 刺激.
— 動 他 1 〈家畜など〉を突き棒で追い立てる.
2 〈人〉を駆り立てる (*on*); 刺激して […] させる [*into*]: Hunger *goaded* him *into* stealing. 彼は空腹にかられて盗みをした.

gó·a·hèad 形《英》進歩的な; 活動的な, 野心的な.
— 名 U《通例 the ～》着手 [進行] 許可 [命令]; 前進の信号: get [give] the *go-ahead* ゴーサインをもらう [出す]. (比較「ゴーサイン」は和製英語)

goal [góul]
【原義は「境界線」】
— 名 (複 **goals** [～z]) C 1 (サッカー・ホッケーなどの) ゴール (➡ SOCCER [PICTURE BOX]); ゴールに入れること, (ゴールに入れた) 得点 (→ SCORE [関連語]): an own *goal* オウンゴール, 自殺点 / a penalty *goal* ペナルティーゴール / kick [make, score] a *goal* ゴールに成功する, 得点を入れる / miss a *goal* ゴールをはずす / We won the game by two *goals* to one. 私たちは2対1で試合に勝った.
2《通例 one's ～》(野心・努力などの) 目標, 目的; 目的地: set a *goal* 目標を定める / achieve [attain, reach] one's *goal* 目的を達成する / His *goal* in life is to have his own business. 彼の人生の目標は自分の会社を持つことです.
3 (レースの) 決勝点, ゴール (◇ finish (line) を用いるほうが一般的): reach the *goal* (レースで) ゴールインする (= reach [cross] the finish line). (比較「ゴールイン」は和製英語)
■ **kèep góal** ゴールキーパーを務める.
◆ **góal àrea** C《スポーツ》ゴールエリア.
góal lìne C《スポーツ》ゴールライン.

goal·ie [góuli] 名《口語》= GOALKEEPER (↓).
goal·keep·er [góulkìːpər] 名 C (サッカーなどの) ゴールキーパー (◇単に keeper とも言う).
goal·less [góulləs] 形《通例, 限定用法》無得点の.
goal·mouth [góulmàuθ] 名 (複 **goal·mouths** [-màuðz]) C《球技》ゴールマウス (ゴールの入り口部分).
goal·post [góulpòust] 名 C《通例～s》《球技》ゴールポスト.
■ **móve the góalposts**《軽蔑》ルール [条件] を (途中で不正に) 変える.
goal·tend·er [góultèndər] 名《米》(特にアイスホッケーの) ゴールキーパー (goalkeeper).

***goat** [góut] 名 (複 **goats** [góuts], **goat**) 1 C《動物》ヤギ (◇子ヤギは kid; → CRY 表): a billy *goat* [he-*goat*] 雄ヤギ / a nanny *goat* [she-*goat*] 雌ヤギ. 2 [the G-]《天文》やぎ座 (Capricorn).
3 C《主に軽蔑》エッチな男.
■ **áct [pláy] the góat**《英口語》ばかなことをする.
gét ...'s góat《口語》〈人〉を怒らせる.
séparate [téll] the shéep from the góats《聖》ヤギと羊を見分ける ⇒ 悪人と善人を見分ける.

goat·ee [goutíː] 名 C (下あごの) ひげ, ヤギひげ.

goat·herd [góuthəːrd] 名 C ヤギの番人.
goat·skin [góutskìn] 名 1 U ヤギ皮. 2 C ヤギ皮の袋 (ワインなどを入れる); ヤギ皮の上着.
gob [gáb / gɔ́b] 名 1 C (粘着質の) かたまり.
2 [～s]《米口語》多数, 多量 [の…] [*of*].
gob·bet [gábit / gɔ́b-] 名 C (特に食物の) ひとかたまり, ひと切れ.
gob·ble[1] [gábl / gɔ́bl] 動《口語》他 1 …をがつがつ食べる (*up*, *down*). 2 〈金など〉を使い果たす (*up*). — 自 がつがつ食べる.
gob·ble[2] 動 自《口語》(雄のシチメンチョウが) ごろごろ鳴く; シチメンチョウのような声を出す.
— 名 C U (雄の) シチメンチョウの (ような) 鳴き声.
gob·ble·dy·gook, gob·ble·de·gook [gábldigùk / gɔ́bl-] 名 U《口語・軽蔑》(公文書などの) 大げさでわかりにくい表現 [言葉], 官庁用語.
gob·bler [gáblər / gɔ́b-] 名 C《米口語》雄のシチメンチョウ.
gó·be·twèen 名 C 仲介者; 仲人 (なこうど), 媒酌人: act as a *go-between* in … …の仲介役を務める.
Go·bi [góubi] 名 固 [the ～] ゴビ砂漠.
gob·let [gáblət / gɔ́b-] 名 C ゴブレット (脚と台の付いた金属・ガラス製のグラス. 主にワイン用).
gob·lin [gáblin / gɔ́b-] 名 C (いたずらで醜い顔の) 小妖精 (ようせい); (人をだます) 小悪魔.
gó·bỳ 名 U《通例 the ～》《英口語》無視, 回避: give [get] the *go-by*《口語》無視する [される].
gó·càrt 名 C《主に米》1 うば車. 2 手押し車.
3 (幼児の) 歩行器. 4 ゴーカート (《英》go-kart)《レース・遊戯用の小型車》.

*****god** [gád / gɔ́d]
【原義は「祈願される人」】
— 名 (複 **gods** [gádz / gɔ́dz]) 1 U [G-] (特にキリスト教の) 神, 創造主 (◇固有名詞扱い. 代名詞には He, His, Him を用いる): Almighty *God* = *God* Almighty 全能の神 / *God* the Father, *God* the Son, and *God* the Holy Ghost 父 (なる神) と子 (なるキリスト) と聖霊, 三位 (さんみ) 一体 / a man of *God* 司祭, 牧師 / Do you believe in *God*? あなたは神の存在を信じますか.
2 C (多神教の) 神, (ギリシャ・ローマ神話の) 男神 (◇女神は goddess; →表): the sun *god* 太陽神 / Those whom the *gods* love die young.《ことわざ》神々が愛する者は若死にする ⇒ 佳人薄命.

[神話の神]

司るもの	ギリシャ神話	ローマ神話
天	Zeus	Jupiter
音楽・詩歌・予言など	Apollo	Apollo
商業・旅行	Hermes	Mercury
愛	Eros	Cupid
戦争	Ares	Mars
海	Poseidon	Neptune
火・鍛冶 (かじ)	Hephaestus	Vulcan
酒	Dionysus	Bacchus
死者の国	Hades	Pluto
農耕	Cronus	Saturn
太陽	Helios	Sol

3 [U][G-] 神様 (◇感嘆・驚き・ののしりなどを表す. God という語を口に出すのをはばかって gosh, goodness, Heaven などを用いることがある): Oh [My, Good] *God*! = *God* bless me [my life]! あら, おやまあ, 大変だ / *God* bless us! お幸せに; それは大変だ (◇くしゃみをした人に対しても言う) / *God* damn you! こんちくしょう / Thank *God* it's Friday. ありがたい, 金曜日だ 《週末を迎えた喜びを表現するのに用いる; (略記) TGIF》.
4 [C] 偶像, 神像; 神のようにあがめられる人 [もの]: The Beatles were *gods* to young people in the 1960s. ビートルズは1960年代の若者にとって偶像的存在だった / Money is his *god*. 彼には金が何より大事なのだ. **5** [the ~s] 《英口語》天井桟敷(きき)(の観客), 大向こう (gallery).

■ **by Gód** 神にかけて, 必ず, きっと.
for Gód's sàke → SAKE 成句.
Gód fórbid (that ...)! → FORBID 成句.
Gód hélp thém. 《口語》《同情して》かわいそうに.
Gód hélp ús. 《口語》よくないことが起きるぞ.
Gód knóws ... → KNOW 成句.
Gód wílling 《口語》神のおぼしめしがあれば, 事情が許せば.
hónest to Gód 《口語》本当に, うそじゃない.
pláy Gód 神のように 〔傍若無人に〕 ふるまう.
pléase Gód → PLEASE 成句.

god-child [gádtʃàild / gód-] [名] (複 **god-children** [-tʃìldrən]) [C] 《通例 one's ~》【キリスト】名付け子《教父[母](godparent)が洗礼に立ち会った子; → GODPARENT [関連語]》.

god-dam(n) [gádæm / gódæm] 《俗語》 [間] ちくしょう, いまいましい (◇ののしり).
── [形][副] = GODDAMNED (↓).

god-damned [gádæmd / gódæmd] 《俗語》 [形] 《限定用法》ひどい, いまいましい (◇ damned の強調語). ── [副] ひどく, ものすごく.

god-daugh-ter [gáddɔ̀ːtər / gód-] [名] [C] 《通例 one's ~》【キリスト】名付け娘 (→ GODPARENT [関連語]》).

‡**god-dess** [gádəs / gódes] [名] [C] **1** (特にギリシャ・ローマ神話の) 女神 (→表): Diana, the *goddess* of hunting 狩猟の女神ダイアナ. **2** (一般に) 女神のように崇拝されている女性; 絶世の美女.

[神話の女神]

司るもの	ギリシャ神話	ローマ神話
結婚・女性	Hera	Juno
愛・美	Aphrodite	Venus
知恵・芸術など	Athena	Minerva
月・狩猟	Artemis	Diana
農業	Demeter	Ceres
あけぼの	Eos	Aurora
かまど	Hestia	Vesta
死者の国	Persephone	Proserpina
勝利	Nike	Victoria

god-fa-ther [gádfɑ̀ːðər / gód-] [名] [C] **1** 《通例 one's ~》【キリスト】(男の) 名付け親, 教父 (→ GODPARENT). **2** 《しばしば G-》《俗語》黒幕, マフィアの首領, ゴッドファーザー.

Gód-fèar-ing [形] 《しばしば g-》《古風》神をおそれ, 信心深い.

god-for-sak-en [gádfərseikən / gód-] [形] 《限定用法》(場所が) ものさびしい, 荒涼たる, 恐ろしい.

god-head [gádhèd / gód-] [名] [U] 《the G-》《格式》神 (God); 神であること, 神性, 神格.

god-less [gádləs / gód-] [形] 《古風》 **1** 邪悪な, 罪深い. **2** 不信心な, 神を信じない.

god-like [gádlàik / gód-] [形] 神のような, 神々(ぷ)しい, 威厳のある.

god-ly [gádli / gód-] [形] (比較 **god-li-er** [~ər]; 最上 **god-li-est** [~ist]) 《古風》信心深い, 神を敬う.
gód-li-ness [~nəs] [名] [U] 信心深いこと.

god-moth-er [gádmʌ̀ðər / gód-] [名] [C] **1** 《通例 one's ~》【キリスト】(女の) 名付け親, 教母 (→ GODPARENT). **2** 《俗語》(マフィアの) ボスの妻.

god-par-ent [gádpèərənt / gód-] [名] [C] 《通例 one's ~》【キリスト】名付け親, 教父[母] 《子供の洗礼に立ち会って名を与える人》. [関連語] godchild 名付け子 / goddaughter 名付け娘 / godfather (男の) 名付け親 / godmother (女の) 名付け親 / godson (男の) 名付け子.

god-send [gádsènd / gód-] [名] [C] 《通例 a ~》思わぬ幸運, 天の賜物(たまもの).

god-son [gádsʌ̀n / gód-] [名] [C] 《通例 one's ~》【キリスト】(男の) 名付け子 (→ GODPARENT [関連語]》).

go-er [góuər] [名] [C] 《通例, 複合語で》…しに行く [通う] 人: a concert-*goer* コンサートによく行く人.

Goe-the [gə́ːrtə] [名] ゲーテ Johann Wolfgang von [jouhá:n válfgaŋ fan] Goethe 《1749–1832; ドイツの詩人・作家》.

go-fer [góufər] [名] [C] 《口語》雑用係, 使い走り.

go-get-ter [góugétər] [名] [C] 《口語》敏腕家, やり手.

gog-gle [gágl / gɔ́gl] [動] (目が) ぎょろぎょろする; (びっくりして) [...に] 目をみはる, 目をむく [at].
── [名] [~s] ゴーグル; 防護眼鏡.

góg-gle-èyed [形] (驚いて) 目をみはった.

Gogh [góu / góf] [名] [個] ゴッホ Vincent van [vínsnt væn] Gogh 《1853–90; オランダの画家》.

gó-gò [形] 《限定用法》 **1** ゴーゴー (ダンス) の. **2** 《主に米》活発な, 現代風な.

‡**go-ing** [góuiŋ] [名] [形]
── [名] (複 **go-ings** [~z]) **1** [U][C] 《しばしば one's ~》行くこと; 去ること, 出発; 《複合語で》(鑑賞に) 行くこと: theater-*going* 観劇 / the comings and *goings* of people 人の出入り [往来] / They celebrated my *going*. 彼らは私の出発を祝ってくれた.
2 [U] (仕事・旅行などの) 進行速度, 進み具合: face rough *going* 厳しい状況に直面する / The *going* was smooth. 仕事の進み具合は順調だった.
3 [U] (道路・走路などの) 状態, 状況: The *going* at the racetrack was soft. 馬場は軟らかかった.

■ **while the góing is góod** 足元が明るいうちに; 状況が悪くならないうちに.

── [形] **1** 《限定用法》現行の: the *going* rate 現行利率 [料金]. **2** もうかっている; (装置・機械などが) (調子よく) 動いている, 現在活動中の: a *going*

concern もうかっている [今活動中の] 仕事 [企業]. **3** [(形容詞の最上級＋名詞)のあとで]《口語》現存する，現在手に入る: This is the best TV set *going*. これは今手に入る最もよいテレビです.
■ **háve a lót góing for** …にとても有利である《◇ for のあとには主語と同一のものをさす人称代名詞が来る》: He *has a lot going for* him. 彼は非常に有利な立場にある.

gó·ing-óv·er 图 C [a～]《口語》 **1** 徹底的な調査，厳重な検査. **2**《英口語》(人への) 攻撃，非難.

gó·ings-ón 图 [複数扱い]《口語》《しばしば軽蔑》いかがわしい行為 [行動]; 好ましくない出来事，騒ぎ.

go-kart [góukɑːrt] 图《英》= GO-CART.

gold [góuld] 图 形

— 图 (複 **golds** [góuldz]) **1** U 金(⁴)《元素記号》Au); 黄金: an ingot of *gold* 金塊 / an ounce of *gold* 金1オンス / This ring is made of pure *gold*. この指輪は純金製です.
2 U [集合的に] 金貨, 金製品; 金銭, 富: pay £500 in *gold* 金貨で500ポンド支払う / 10,000 dollars' worth of *gold* and jewels 1万ドル相当の貴金属.
3 U C 金色，黄金色: the reds and *golds* of leaves 紅葉. **4** U (金のように) 貴重なもの, すぐれたもの: a heart of *gold* 美しい心 (の人).
5 C = góld médal 金メダル.
■ (*as*) *góod as góld* (子供が) 非常におとなしい, 行儀がよい.

— 形 [比較なし] **1** 金製の, 金の: a *gold* watch 金時計 / *gold* coins 金貨. **2** 金色の《◇太陽・髪などには golden を用いる》: a *gold* dress 金色のドレス.

◆ góld cárd C ゴールドカード《信用度が高く，特典の付いたクレジットカード》.

Góld Cóast 1 圐 [the ～] 黄金海岸, ゴールドコースト《アフリカ西部, ガーナ (Ghana) の旧名》.
2 圐 [the ～] ゴールドコースト《オーストラリア東南岸の観光地》. **3** [the ～]《米口語》(海岸沿いの) 高級住宅地.

góld dúst U 砂金; 非常に珍しくて貴重なもの.
góld fóil U 金箔(¹⁰)《◇ gold leaf よりやや厚い》.
góld léaf U 金箔.
góld mìne C 金山, 金鉱; 大きな利益を上げるもの, 宝庫.
góld pláte U [集合的に] 金製の食器類; 金メッキ.
góld rùsh C ゴールドラッシュ《新しい金鉱に人々が殺到すること; 1849年の米国 California 州で起こったものが有名; → FORTY-NINER》.
góld stàndard [the ～]《経済》金本位制.

gold·en [góuldən]

— 形 [比較なし] **1** (太陽・髪などが) 金色の: *golden* light 金色の光 / Mary has blue eyes and *golden* hair. メアリーは目が青くて金髪です.
2 金 (製) の《◇この意味では gold が普通》: a *golden* chain 金のチェーンネックレス.
3 [通例, 限定用法] (金の) ように) 貴重な, すばらしい, 幸運な: a *golden* opportunity 絶好の機会 / Speech is silver, silence is *golden*.《ことわざ》

雄弁は銀, 沈黙は金. **4** [限定用法] 全盛の, 繁栄した: one's *golden* days 人生の最良の日々 / the *golden* days of jazz ジャズの全盛期.
5 [限定用法] 成功した: a *golden* boy [girl] 人気者, 花形.

gólden áge [the ～] (芸術・文学などの) 全盛期, 黄金時代.
Gólden Gáte 圐 [the ～] 金門 (海) 峡《San Francisco 湾と太平洋をつなぐ海峡》.
Gólden Gàte Brídge 圐 [the ～] ゴールデンゲートブリッジ, 金門橋《Golden Gate にかかる橋》.
gólden hándshake C 多額の退職金; (停年前退職者への) 割増退職金.
gólden jùbilee [the ～] 50年祭 [記念日].
gólden méan [the ～] 中庸, 中道.
gólden retríever C《動物》ゴールデンレトリーバー《金色の被毛を持つ中型犬; → DOG 図》.
gólden rúle 1 C 行動の基本原理 [規範].
2 [the ～]《聖》(キリストの山上の垂訓中の) 黄金律《Do unto others as you would have others do unto you.「人からしてもらいたいと思うことを人に対してしなさい」というキリストの教え》.
Gólden Státe 圐 [the ～] 黄金の州《California 州の愛称; → AMERICA 表》.
gólden wédding (annivérsary) C 金婚式《結婚50周年; → WEDDING 表》.

gold·field [góuldfìːld] 图 C [しばしば～s] 金鉱地, 採金地.

gold·finch [góuldfìntʃ] 图 C《鳥》ゴシキヒワ《ヨーロッパ産》; オウゴンヒワ《北米産》.

gold·fish [góuldfìʃ] 图 (複 **gold·fish, gold·fish·es** [～iz]) C 金魚.

gold·smith [góuldsmìθ] 图 C 金細工職人 [商].

golf [gɑlf, gɔːlf / gɔlf] 图 U ゴルフ (→図): play (a round of) *golf* ゴルフを (1ラウンド) する.

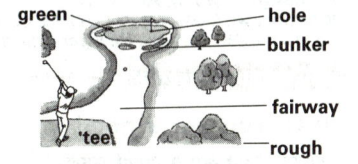

- green
- hole
- bunker
- fairway
- tee
- rough

◆ gólf bàg C ゴルフバッグ.
gólf bàll C ゴルフボール.
gólf càrt C ゴルフカート, ゴルフカー.
gólf clùb C **1** ゴルフクラブ《団体またはその建物》. **2** ゴルフクラブ (club)《打球用》.
gólf còurse C ゴルフ場 (course).
gólf lìnks [通例, 単数扱い] ゴルフ場 (links).
gólf wìdow C《口語》ゴルフウィドー《夫がゴルフに熱中して顧みられない妻》.

golf·er [gɑlfər, gɔːlfər / gɔlfə] 图 C ゴルファー.

Gol·go·tha [gɑlgəθə / gɔl-] 图 圐《聖》ゴルゴタ《エルサレム付近の丘で, キリストが処刑された場所. Calvary とも言う》.

Go·li·ath [gəláiəθ] 图 **1** 圐《聖》ゴリアテ《ダビデに殺された巨人》. **2** C [しばしば g-] 巨人; 強大な権力を持つ組織 [人].

gol·ly [gáli / gɔ́li] 間《古風》へえっ, あれっ（◇驚き・感嘆などを表す. God の婉曲表現）.

go·losh [gəláʃ / -lɔ́ʃ] 名 = GALOSH.

Go·mor·rah, Go·mor·rha [gəmɔ́ːrə, -mɑ́rə / -mɔ́rə] 名 **1**《聖》ゴモラ《神に焼き滅ぼされた悪徳の町》. **2** C（一般に）腐敗した町.

-gon [ɡɑn / ɡən] 接尾「…角形」の意を表す名詞を作る: penta**gon** 五角形 / hexa**gon** 六角形 / poly**gon** 多角形.

go·nad [góunæd] 名 C《解剖》生殖腺(せん), 性腺.

gon·do·la [ɡɑ́ndələ / ɡɔ́n-] 名 C **1** ゴンドラ《イタリアのベニスの名物の細長い平底船》. **2**（熱気球・飛行船・ロープウェーなどの）つりかご, ゴンドラ. **3**（高いビルの壁・窓での作業のための）つりかご. **4**《米》無蓋(がい)貨車.

gon·do·lier [gɑ̀ndəlíər / gɔ̀n-] 名 C ゴンドラの船頭.

****gone** [gɔ́ːn, gɑ́n / gɔ́n] 動 形

— 動 go の過去分詞.

■ *have góne to* ... **1** …へ行ってしまった（◇「結果」を表し,「今はここにはいない」という含みがある; → GO ⑧, 9, 10; → HAVE 助動 語法）: He *has gone to* Paris. 彼はパリへ行ってしまった.
2《米》…へ行ったことがある (have been to ...; → HAVE 助動 語法): *Has* he ever *gone to* the Antarctic? 彼は南極に行ったことがあるのですか.

— 形 **1** 過ぎ去った, なくなった;《婉曲》死んだ: Summer is *gone*. 夏は過ぎ去った / All my money is *gone*. あり金残らずなくなった / She's *gone*. 彼女は死んでしまった / "*Gone with the Wind*"『風と共に去りぬ』《米国の作家ミッチェルの小説》. **2** 弱った, 衰弱した; めいるような: a *gone* feeling 落ち込んだ気分.
3《週・月数のあとで》《口語》妊娠して: She's six months *gone*. 彼女は妊娠6か月です.

■ *be fár góne* （人が）［事件などに］深入りしている [*in*]; （病気などが）進んでいる: He *is far gone in*

debt. 彼は借金で首が回らない.

be góne on ... 《口語》〈人〉に夢中である.

gon·er [ɡɔ́ːnər, ɡɑ́nər / ɡɔ́nə] 名 C《口語》助かる見込みのない人, 死ぬ運命にある人.

gong [ɡɔ́ːŋ, ɡɑ́ŋ / ɡɔ́ŋ] 名 C **1**（出航や食事の合図をする）どら, ゴング: beat a *gong* どらを鳴らす. **2**《英口語》メダル,（軍人の）勲章.

gon·na [ɡənə, (強) gɔ́ːnə]《米口語》= going to → be going to do (GO 成句).

gon·or·rhe·a, 《英》**gon·or·rhoe·a** [gɑ̀n-əríːə / gɔ̀nəríːə] 名 U《医》淋病(りんびょう).

goo [gúː] 名 U **1**《口語》（のりのように）ねばつくもの, ねばつくもの. **2**《軽蔑》感傷, センチ（メンタル）な言葉. （▷ 形 góoey）

****good** [gúd] 形 名 間 副

基本的意味は「よい, すぐれた」.
① (質・程度などが) よい. 形 **1**
② 楽しい. 形 **2**
③ 上手な; 適している; 利益. 形 **3, 4**; 名 **1, 2**
④ 十分な, かなりな. 形 **5**
⑤ (人・行為が) よい; 親切な; 善. 形 **6, 7**; 名 **3, 4**

— 形（比較 **bet·ter** [bétər]; 最上 **best** [bést]）
1（質・程度などが）**よい**, 立派な, すぐれた;（成績が）良の（→ GRADE 表）: a *good* book 内容がよい本 / It is not *good* manners to cut in while someone is talking. 人が話しているときに口をはさむのは行儀がよくない / He speaks *good* English. 彼は見事な英語を話す / She comes from a *good* family. 彼女は良家の出です / This stew tastes very *good*. このシチューはとてもおいしい.
2 楽しい, 愉快な;　すてきな, 魅力的な:《口語》the *good* old days 古きよき時代《◇語順に注意》/ Have a *good* time [trip]. 楽しんでいらっしゃい［よい旅を］/ It's *good* to see you again. またお会いできてよ

LET'S TALK 称賛の表現

[基本] **You are a good ....**

Jenny: **You are a good cook.**
（料理が上手ですね）

Kenji: **Thank you. Cooking is my hobby.**
（ありがとう. 料理はぼくの趣味なんです）

ほめるときは, good を使いましょう. You speak good Japanese.（あなたは日本語がお上手ですね）や, This soup is good.（このスープはおいしい）などのように使うことができます.
相手の服装をほめるときは, You look nice

[great]!（すてきですね）と言います.《米口語》では, You're wearing a cool [an awesome] T–shirt.（かっこいいTシャツを着ているね）のように cool, awesome を使うことがあります.
ほめられたら Thank you. と素直にお礼を言いましょう.

[類例] A: You look great! That jacket is becoming on you.
（すてきですね. そのジャケットがよく似合っていますよ）
B: Thank you. This was a birthday present from my parents.
（ありがとう. これは両親からの誕生日プレゼントだったのです）

かった / No news is *good* news.《ことわざ》便りがないのはよい便り.

3 […が]**上手な**, うまい [*at, with, in, on*] (◇通例 at は学科・技術, with は扱い, in, on は特定の領域をさす; ➡前ページ **LET'S TALK**): My mother is a *good* cook. = My mother is *good* at cooking. 母は料理が上手です / Jane is a *good* writer. = Jane is *good* at writing. ジェーンは文を書くのがうまい / My father is *good* on the violin. 父はバイオリンが上手です / She is *good* with children. 彼女は子供の扱いが上手です / She is no *good* [not much *good*] at mathematics. 彼女は数学が得意 [あまり得意] でない.

4 (a) […に] **適している**, 役に立つ; [健康などに]よい, 有益な; (薬が)(病気などに) 効力のある [*for*]: a *good* answer 適切な答え / a *good* person for the position その地位に適任の人 / a *good* day for an outing 遠足にうってつけの日 / This medicine is *good* for influenza. この薬はインフルエンザに効く / Moderate exercise is *good* for the health. 適度の運動は健康によい.
(b) [be good + to do] …するのに適している, ふさわしい: This mushroom *is* not *good to* eat. このキノコは食用には適さない. (c) [It is good (for …) + to do] (…が) ~するのは望ましい: It will *be good for* him *to* study under some good tutor. 彼はだれかよい家庭教師について勉強したほうがいい.

5 [比較なし; 限定用法; a 〜] **十分な**, たっぷりの; かなりな, 相当な: The work will take a *good* three weeks. その仕事はたっぷり3週間はかかるだろう / You need a *good* night's sleep. あなたはひと晩ぐっすり眠る必要がある / I got a *good* scolding for coming late. 私は遅刻してさんざんしかられた / A *good* many people heard the rumor. かなり多くの人がそのうわさを聞いた (◇《口語》では他の形容詞を副詞的に修飾し, 強調することがある).

6 (人・行為が) よい, 善良な, 正しい; (子供が) 行儀がよい (↔ *bad*): a *good* citizen 善良な市民 / a *good* deed for the day 一日一善 / Be *good* and do as you are told. いい子にして, 言われた通りにするのですよ.

7 (a) […に] **親切な**, 優しい (kind) [*to*]; 親しい: She is always *good* to me. 彼女はいつも私に親切にしてくれる / We are *good* friends. 私たちは親友です / Would you be *good* enough to [so *good* as to] carry my bag home? 私のかばんを家まで持って行ってくれませんか (◇丁寧な依頼).
(b) [It is good of … + to do] 〜するとは…は親切だ: *It's good of* you *to* help me. 手伝ってくださってどうもありがとう (= You're *good* enough to help me.).

8 正当な, もっともな: They had a *good* reason for their protest. 彼らの抗議にはもっともな理由があった. **9** […の期間] 有効な [*for*]: This ticket is *good* only for the day of issue. この切符は発行当日限り有効です. **10** 気分がいい, 元気な, 丈夫な (well): feel *good* 気分がいい / My grandmother has *good* teeth. 祖母は丈夫な歯をして

いる. **11** [比較なし] (食品が) 新鮮な, 腐っていない. **12** [呼びかけ] 親愛なる (◇時に皮肉に用いる): my *good* friend ねえ, きみ.

■ **as góod as …** …も同然で: He *as good as* accepted our offer. 彼は私たちの申し出を承諾したも同然です / This suit is *as good as* new. このスーツは新品同様です.

(*as*) **góod as góld** → GOLD 成句.
be as góod as one's wórd → WORD 成句.
góod and … [gùdn]《口語》**とても**…, **まったく**… (◇…の形容詞・副詞を強めた言い方): I'm *good and* ready. 私はすっかり用意ができている.
góod for nóthing 《口語》何の役にも立たない (cf. good-for-nothing 役立たずの (人)).
Góod for yóu [*hím, hér*]*!* 《口語》うまいぞ, でかした: I have been chosen to be a member of the relay. — *Good for you!* リレーのメンバーに選ばれたんだ — それはでかした.
Góod gríef [*Gód, grácious, Héavens, Lórd*]*!* おやまあ, これは驚いた (◇驚き・怒りなどを表す).
Góod lúck! → LUCK 成句.
góod óld … あの (昔の) … (◇人・場所などに愛情・称賛などを表す): *Good old* Joe! ジョーはいいやつだ; ジョーはよくやった.
hòld góod (規則などが) 有効である, あてはまる: This regulation *holds good* for ten years. この規則は10年間有効です.
in góod tíme → TIME 成句.
It's a góod thíng (*that*) **…** 《口語》…とは好都合だ, 幸い….
màke góod ⓣ **1** 〈損失など〉を償う, 埋め合わせる. **2** 〈約束・目的など〉を果たす: *make good* one's promise 約束を果たす. — ⓘ **1** 成功する. **2** 〈約束・目的など〉を果たす, 〈契約など〉を履行する [*on*].
tóo múch of a góod thíng 度がすぎて楽しみを半減するもの, ありがた迷惑 (なもの).
vèry góod → VERY 成句.

— 名 Ⓤ **1 利益**, ため (になること), 幸福 (↔ *harm*): work for the *good* of world peace 世界平和のために働く. **2** [しばしば some, any, no などと共に] **役に立つこと**, 価値: Will he be *any good* as a teacher? 彼は教師として務まるだろうか / What's the *good* of learning foreign languages? = What *good* is learning foreign languages? 外国語を学んで何の役に立つのだろう. **3** 善, 美徳 (↔ *evil*): know *good* from evil 善悪の区別をわきまえる / return *good* for evil 悪に報いるに善をもって為す. **4** よいところ, 長所: see the *good* in others 他人のよいところを見る.

■ **be in góod with …** 《米口語》…とうまくいく, …の扱いが上手である.
còme to nó góod 失敗に終わる, 悪い結果になる.
dò (…) **góod** = **dò góod** (*to* …) (…の) ためになる; (人に) 善行を施す: Eat more fresh vegetables; it will *do* you *good*. もっと生野菜を食べなさい, 体にいいから.
for góod (*and áll*) 永久に (forever).

It is nó good dóing = *There is nó good* (*in*) *dóing* …するのはむだである: *It is no good trying to persuade him.* = *There is no good in trying to persuade him.* 彼を説得しようとしてもむだです.

to the góod [数値のあとで] 純益として, もうかって.

— 間 [承認・満足などを表す返答として] よろしい, いいぞ, 結構: *This repair will be finished on Thursday.* — *Good.* この修理は木曜に終わります — 結構です.

— 副 《米口語》 うまく, 上手に, 十分に (well): *Listen good.* よく聞きなさい.

◆ gòod afternóon →見出し (↓).

Góod Bóok [the ~] 聖書 (the Bible).

gòod dáy →見出し (↓).

góod déal [a ~] たくさん, 多量 (→ DEAL¹).

gòod évening →見出し (↓).

Góod Fríday ⓊⒸ 聖金曜日 《キリストの受難記念日; 復活祭 (Easter) 前の金曜日; 英国では公休日 (bank holiday); → HOLIDAY 表》.

Gòod Hópe = the Cápe of Gòod Hópe 圄 喜望峰.

góod húmor Ⓤ 快活, 上機嫌.

góod lóoks [複数扱い] 美貌(ぼう).

gòod mórning →見出し (↓).

góod náture Ⓤ 気立てのよさ, 親切さ.

gòod níght →見出し (↓).

gòod óffices [複数扱い] あっせん, 尽力 (→ OFFICE).

Góod Samáritan Ⓒ [聖] よきサマリア人(びと) 《困っている人を助ける人, 情け深い人》.

góod sénse Ⓤ 良識, 分別.

Góod Shépherd [the ~] [聖] よき羊飼い (◇キリストのこと).

*gòod afternóon 間 こんにちは 《◇午後のあいさつ》; 《まれ》 さようなら 《◇ goodbye が普通》.

good·bye, good-bye [gùd-bái]
***

(◇ goodby, good-by ともつづる) 間
— 間 さようなら 《◇別れのあいさつ表現; ➡ SEE [LET'S TALK]》: *Goodbye. Have a nice weekend.* — *Goodbye. Same to you.* さようなら. よい週末を — さようなら. あなたもね.

— 名 (複 good·byes, good-byes [~z]) ⒸⓊ 《…に対する》 別れのあいさつ, いとまごい, さようなら 《別れ》 の言葉 《to》: *Say goodbye to your uncle.* おじさんにさようならを伝えて / *I waved goodbye to them.* 私は彼らに手を振って別れを告げた.

gòod dáy 間 **1** さようなら. **2** 《主に豪》 おはよう (good morning), こんにちは (good afternoon).

good eve·ning [gùdíːvnɪŋ]
***

— 間 《格式》 **1** こんばんは 《◇夕方・晩に使うあいさつの言葉. 親しい者同士では hello または hi と言うことが多い. 単に Evening とも言う》: *Good evening, Miss Harris.* — *Good evening, Kelly.* ハリス先生, こんばんは — こんばんは, ケリー. **2** さようなら (goodbye).

góod-for-nòth·ing 形 [限定用法] 役に立たない, 価値のない. — 名 Ⓒ 役に立たない人, ろくでなし.

góod-héart·ed 形 気立ての良い, 親切な; 寛大な.

góod-hú·mored, 《英》 góod-hú·moured 形 陽気な, 上機嫌の (↔ ill-humo(u)red).
good-hu·mored·ly, 《英》**good-hu·moured·ly** [~li] 副 陽気に, 機嫌よく.

good·ie [gúdi] 名 = GOODY (↓).

good·ish [gúdiʃ] 形 [限定用法] 《英口語》 **1** かなりしい. **2** [a ~] (量・程度が) かなりの: *It's a goodish distance from here.* そこはここからかなりの距離がある.

góod-lóok·ing 形 顔立ち [容姿] のよい, 美貌(ぼう)の (◇男性・女性ともに用い, もっぱら人について用い, …に使われない).

good·ly [gúdli] 形 (比較 good·li·er [~ər]; 最上 good·li·est [~ist]) [限定用法] **1** 《古風》 (量・程度などが) 大きい, かなりな: *a goodly sum of money* かなりの額の金. **2** 《古》 美貌(ぼう)の.

good morn·ing [gùd mɔ́ːrnɪŋ]
***

— 間 **1** おはようございます; こんにちは 《◇午前中に使うあいさつの言葉. 親しい人同士では hello または hi と言うことが多い. 単に Morning とも言う》: *Good morning, Mr. Jones. Another beautiful day, isn't it?* — *Good morning, Mr. Green. Yes, what a nice autumn morning!* おはよう, ジョーンズさん. きょうもよい天気ですね — おはようございます. グリーンさん. ええ, なんて気持ちのよい秋の朝なんでしょう.
2 《まれ》 さようなら (goodbye).

***góod-ná·tured** 形 気立てのよい, お人よしの, 温厚な (↔ ill-natured): *a good-natured discussion* 和やかな話し合い.

‡**good·ness** [gúdnəs] 名 Ⓤ **1** (質の) よさ, 優秀さ; よい状態. **2** (人柄の) よさ, 善良さ; 優しさ, 親切さ: *She had the goodness to show me the way.* 彼女は親切にも私に道を案内してくれた. **3** 最良の部分, 美点, 長所; (食品などの) 栄養分: *the goodness in milk* 牛乳の栄養分. **4** [間投詞的に] おや, まあ, あれ, えっ 《◇ God の婉曲表現》: *Goodness (gracious)!* = *My goodness!* = *Goodness me!* おや, まあ, えっ 《◇驚き・いら立ち; ➡次ページ [LET'S TALK]》 / *Thank goodness!* ありがたい, おや, まあ 《◇安堵(ど)の気持ち》.

■ *for góodness('ʼ) sàke* お願いだから (→ SAKE). *Góodness knóws ...* (…は) だれにもわからない (God knows): *Goodness knows how he knew I was coming.* 彼はどうして私が来るのがわかったのかしら.

good night [gùd náit]
***

— 間 おやすみなさい; さようなら 《◇晩や夜の別れのあいさつ》: *Good night, have sweet dreams.* / *Good night, Mom.* おやすみ. いい夢を — おやすみなさい, お母さん.

goods [gúdz]
**

— 名 《◇通例, 複数扱い. ただし数詞や many, some など数を表す形容詞を前に付けない》 **1** 商品, 品物: frozen *goods* 冷凍食品 / fancy *goods* 小間物類 / sporting *goods* 運動用品 /

That store sells a wide range of *goods* from all over the world. あの店は世界各地から集めたさまざまな商品を売っている.
2 家財, 動産; 所有物; 財産: household *goods* 家財 / *goods* and chattels 〖法〗動産; 人的財産 / *goods* and effects 動産 / consumer *goods* 消費財.
3 《英》(鉄道の) 貨物 (《米》freight).
4 [the ～] 《口語》欲しい人[もの]; お目当て.
■ *delíver* [*còme úp with*] *the góods* 《口語》約束を果たす; 期待にこたえる.
◆ góods tràin ⓒ 《英》貨物列車 (《米》freight train).

góod-tém·pered 形 気立てのよい, おっとりした.

*góod·will, good will** [gúdwíl] 名 Ⓤ **1** 好意, 親切心; 親善, 友好: a *goodwill* visit 親善訪問 / international *goodwill* 国際親善.
2 (店・商売の) 評判のよさ, のれん, 信用.

good·y, good·ie [gúdi] 名 (複 **good·ies** [〜z]) ⓒ **1** 《通例, 複数形で》《口語》菓子, キャンディー. **2** すてきなこと[もの], 楽しみなこと.
3 (映画・ドラマなどの) ヒーロー, 正義の味方.
—— 間 《口語》しめた, うまくいったぞ.

góod·y-góod·y 形 《軽蔑》形 善良ぶった[善人]ぶった.
—— 名 ⓒ (複 **good·y-good·ies** [〜z]) 善良[善人]ぶる人, (親や教師に) いい子ぶる子.

goo·ey [gúːi] 形 (比較 **goo·i·er** [〜ər]; 最上 **goo·i·est** [〜ist]) **1** ねばねば[べとべと]する. **2** 《軽蔑》いやに甘い; ひどく感傷的な. (▷ 名 goo).

goof [gúːf] 名 《主に米口語》名 (複 **goofs** [〜s]) ⓒ **1** ばか, とんま. **2** 失敗, へま, しくじり.
—— 動 ⓘ へまをする (*up*).
■ *góof óff* [*abóut, aróund*] 《米口語》のらくら過ごす, 仕事をさぼる, 怠ける.

goof·y [gúːfi] 形 (比較 **goof·i·er** [〜ər]; 最上 **goof·i·est** [〜ist]) 《米口語》ばかな, 間抜けな.

goon [gúːn] 名 ⓒ **1** 《古風》ばか, とんま. **2** 《主に米口語》脅迫屋, 暴力団員.

‡**goose** [gúːs] 名 (複 **geese** [gíːs]) **1** ⓒ 〖動物〗ガチョウ, ガン; 雌のガチョウ (cf. **gosling** (ガチョウ・ガンの) ひな / **gander** 雄のガチョウ; → CRY 表): All his *geese* are swans. 《ことわざ》彼のガチョウはみな白鳥 →自分のものは何でもよく見える. **2** Ⓤ ガチョウの肉. **3** ⓒ 《古風》ばか, 間抜け.
■ *càn't* [*còuldn't*] *sày bóo to a góose* とても憶病である.
cóok ...'s góose 〈人〉の計画 [好機] をじゃまする.
kíll the góose that láys [*láid*] *the gólden égg*(*s*) 《ことわざ》金の卵を産むガチョウを殺す ⇒ 目先の利益にとらわれて将来のより大きな利益を取り逃がす; 一寸の惜しみの百失い (◇イソップ物語から).
◆ góose flèsh Ⓤ 鳥肌.
góose pìmples [《米》bùmps] 《複数扱い》= goose flesh.

goose·ber·ry [gúːsbèri, gúːz-/gúzbəri] 名 (複 **goose·ber·ries** [〜z]) ⓒ 〖植〗グズベリー, セイヨウスグリ 《実はジャムになる》.
■ *plày góoseberry* 《英口語》(2人だけになりたい恋人たちの) おじゃま虫をする[になる].

goose·step [gúːsstèp] 名 [the 〜] 《軽蔑》グースステップ 《兵隊の行進などでひざを曲げずに足を高く上げる歩き方》. —— 動 ⓘ グースステップで行進する.

GOP 《略記》= *G*rand *O*ld *P*arty 米国共和党.

go·pher [góufər] 名 ⓒ 〖動物〗ホリネズミ, ジリス 《ホリネズミ科. 北米・中米産で地下生活をする》.
◆ Gópher Státe 名 [the 〜] ジリス州 《Minnesota 州の愛称; → AMERICA 表》.

Gor·ba·chev [gɔ̀ːrbətʃɔ́ːf, gɔ́ːrbətʃɔ̀ːf] 名 ゴルバチョフ Mikhail Sergeyevich [mikáil səːrgéijivitʃ/-sea-] Gorbachev 《1931- ; 旧ソ連の政治家・大統領 (1990-91)》.

Gór·di·an knòt [gɔ́ːrdiən-] 名 [the 〜] **1** ゴルディオスの結び目 《これを解く者は全アジアを支配すると予言されたが, アレキサンダー大王は剣で断ち切った》. **2** 難問, 困難な状況.

LET'S TALK 驚きの言葉

[基本] My goodness!

Bill: **Your favorite singer is coming to our school festival.** (あなたの一番好きな歌手が学園祭に来るらしいよ)
Miho: **My goodness! I can't believe it.** (えっ！信じられないわ)

My goodness! は思いがけないことに対する驚きの言葉です. Goodness! とだけ言って驚くこともあります. 日本語の「すごい」に相当するWow! や Oh, my! (まあ) もしばしば使われます. ただし, Oh, my! は主に女性が用いる言葉です. My God! または God! (大変だ) という強い驚きを表す言葉もありますが, 人によっては不快に感じる場合もあります.

これらの驚きの言葉のあとには, I can't believe it. (信じられない) または What a surprise! (これは驚いた) といった表現がしばしば続きます.

[類例] A: These are for your birthday. (これは誕生日のお祝いです)
B: Wow! What beautiful flowers! Thanks a lot.
(わあ. なんてきれいな花なんでしょう. どうもありがとう)

■ **cút the Górdian knót** 難事を一挙に解決する, 一刀両断の処置をとる.
gore[1] [góːr] 名 U《文語》血のり, 血のかたまり.
gore[2] 動 他 (動物が)…を角[きば]で突き刺す.
gore[3] 名 C 三角布[切れ], まち.
gorge [góːrdʒ] 名 C 1 谷間, 峡谷, 山峡 (→ VALLEY 関連語).
■ **màke ...'s górge rise** 〈人〉をむかつかせる, 〈人〉に不快感を与える: The sight *made my gorge rise.* それを見て私は胸がむかついた (= My gorge rose at the sight.).
— 動 他 [~ oneself] [食べ物に]腹いっぱいに詰め込む [*on, with*]. 2 他 [[…を]たらふく食う [*on*].
***gor·geous** [góːrdʒəs] 形 1 豪華な, 華麗な.
2 《口語》すばらしい, すてきな; とても楽しい: a *gorgeous* weather すばらしい天気.
gor·geous·ly [~li] 副 豪華に; すばらしく.
Gor·gon [góːrgən] 名 1 《ギ神》ゴルゴン 《頭髪が蛇で, 見た人を石に変える三姉妹の1人》.
2 [g-] 《口語》恐ろしい[醜い]女.
go·ril·la [gərílə] 名 C 1 《動物》ゴリラ. 2 《俗語》粗暴で醜い男; 暴徒; 用心棒.
Gor·ki, Gor·ky [góːrki] 名 ゴーリキー Maxim [Maksim] [mǽksim] Gorki [Gorky] 《1868-1936; ロシアの作家》.
gorm·less [góːrmləs] 形 《英口語》愚かな, とろい.
gorse [góːrs] 名 U 《植》ハリエニシダ (furze).
gor·y [góːri] 形 (比較 **gor·i·er** [~ər]; 最上 **gor·i·est** [~ist]) 1 《文語》血だらけ[血みどろ]の.
2 《口語》血なまぐさい, 残虐な, ぞっとする.
gosh [gáʃ / góʃ] 間《口語》おや, まあ, えっ 《◇驚き・喜びなどを表す; God の婉曲語》.
gos·ling [gázliŋ / góz-] 名 C ガチョウの子.
gó·slów 名 C 《英》(労働者の)怠業戦術, サボタージュ (《米》slowdown).
***gos·pel** [gáspəl / gós-] 名 1 [the ~] 福音 《キリストとその使徒の教え》; キリスト教の教義: preach the *gospel* 福音を説く, 伝道する.
2 [the G-] 福音書 《新約聖書中のマタイ(Matthew)・マルコ(Mark)・ルカ(Luke)・ヨハネ(John)の4書》. 3 C 《通例, 単数形で》信条, 主義.
4 U =góspel trúth 絶対的な真理: take ... as *gospel* …を絶対に正しいと信じ込む. 5 U = góspel mùsic ゴスペル《米国黒人の宗教音楽》.
gos·sa·mer [gásəmər / gós-] 名 1 U C (細い)クモの糸[巣]. 2 U 《文語》非常に軽くて薄い[繊細な]もの; 薄い布地, ガーゼ.
‡**gos·sip** [gásip / gós-] 名 1 U C 《しばしば軽蔑》うわさ話, 陰口, 《新聞・雑誌の》うわさ記事: idle *gossip* 根も葉もないうわさ話 / *Gossip* has it that …. うわさによると…ということだ. 2 C 打ち解けた会話, おしゃべり, 世間話. 3 C 《軽蔑・こっけい》うわさ話[おしゃべり]の好きな人.
— 動 自 (人が)[…と / …について]うわさ話をする, むだ話[雑談]をする [*with / about*]; […について]ゴシップ記事を書く [*about*].
◆ góssip còlumn C (新聞・雑誌の)ゴシップ欄.
gos·sip·y [gásipi / gós-] 形 (比較 **gos·sip·i·er** [~ər]; 最上 **gos·sip·i·est** [~ist]) 《口語》
1 《軽蔑》うわさ話[ゴシップ]の好きな, おしゃべりな.

2 (記事などが)ゴシップでいっぱいの.

*****got** [gát / gót]
— 動 get の過去形・過去分詞《◇《米》では過去分詞は gotten を用いるが, have got, have got to do では got; → HAVE 成句》.

Goth [gáθ / góθ] 名 C ゴート人; [the ~s] ゴート族《3-5世紀にローマ帝国を侵略したゲルマン民族》.
Goth·ic [gáθik / góθ-] 形 1 《建》ゴシック(様式)の《尖(と)塔を特徴とする12-16世紀西欧の建築様式》. 2 《文学》ゴシック派の《怪奇的な題材を扱う》.
3 《印刷》ゴシック体の. 4 ゴート人[族]の; ゴート語の.

got·ta [gátə / gótə] 《主に米口語》 1 = have [has] got to (→ HAVE 助動 成句): I *gotta* do it. それをしなくちゃ. 2 = have [has] got a: *Gotta* ballpoint? ボールペンを持ってますか.

*****got·ten** [gátn / gótn]
動《米》get の過去分詞の1つ.

gouache [gwáːʃ / guáːʃ] 【フランス】 名 1 U C ガッシュ《アラビアゴムを混ぜた不透明な水彩絵の具》. 2 U ガッシュ画法; C ガッシュ画.
Gou·da [gáudə] 名 U ゴーダチーズ《オランダ原産のくせのないチーズ》.
gouge [gáudʒ] 名 C 1 丸のみ, 丸たがね.
— 動 他 1 …を丸のみで彫る; 〈穴・溝〉を掘る (*out*). 2 《主に米口語》〈人〉から金を巻き上げる.
gou·lash [gúːlɑːʃ / -læʃ] 名 C U グーラッシュ《パプリカで味付けしたハンガリー風シチュー》.
gourd [góːrd / gúəd] 名 C 1 《植》ヒョウタン(の実). 2 ヒョウタンで作った容器《椀[に]・皿など》.
gour·mand [gúərmɑːnd / -mənd] 【フランス】 名 C 《しばしば軽蔑》大食家; 食道楽の人, 食通.
gour·met [gúərmei, guərméi] 【フランス】 名 C 食通, 美食家, グルメ; ワイン通.
— 形 《限定用法》(食べ物が)食通向きの, 上等な.
gout [gáut] 名 U 《医》痛風.
gout·y [gáuti] 形 痛風の, 痛風にかかっている.
gov., Gov. (略記) = *gov*ernment; *gov*ernor.

‡**gov·ern** [gʌ́vərn] [原義は「導く, 〈船を〉操縦する」]
— 動 (三単現 **gov·erns** [~z]; 過去・過分 **gov·erned** [~d]; 現分 **gov·ern·ing** [~iŋ])
— 他 1 〈国・国民など〉を**支配する**, 治める (→ 類義語): The President *governed* the country wisely. その大統領は〈国を治めた / This country had been *governed* by the neighboring country for more than 100 years. この国は100年以上にわたって隣国に支配されていた.
2 …を運営する, 管理する: The laboratory is *governed* by a foundation. その研究所はある財団が運営している / This elementary school is *governed* by the city. この小学校は市立です.
3 [しばしば受け身で]〈人・行動など〉を左右する, …の行動に影響する; …を指導する: A person's behavior *is* often *governed* by his or her circumstances. 人の行動はしばしば周りの環境に左右される.
4 《古風》〈感情・衝動など〉を抑える; 取り締まる, 規制する (control): Whatever may happen to

him, Mr. Carter always *governs* his temper. カーター氏は何が起ころうといつも冷静である.
5 【文法】(動詞・前置詞が)〈目的語〉を支配する.
—(自) 支配する, 統治する; 管理する; 左右する.
(▷ 图 góvernment)

[類義語] **govern, rule, reign**
共通する意味▶支配する (control by power or authority)
govern は「専制的あるいは憲法に基づいて権力を行使し, 社会秩序の維持のために国や国民を支配する」の意: In a democracy, an administration *governs* with the consent of the majority. 民主国家では過半数の同意を得て行政府が国を治める. **rule** は govern より独裁的な感じが強く「絶対的または恣意(()的)な権力の行使によって支配する」の意: The king *ruled* with a rod of iron. 王は鉄のむちをもって統治した[圧政を行った]. **reign** は「君主として人民の上に君臨するが, 必ずしも「実権をもって統治する」ことは意味しない: The British king or queen *reigns* but does not rule. 英国の王または女王は君臨するが統治はしない.

gov·ern·ance [gávərnəns] 图 U 支配, 統治; 管理: corporate *governance* 企業統治.
gov·ern·ess [gávərnəs] 图 C (住み込みの)女性家庭教師.
gov·ern·ing [gávərniŋ] 圏 [限定用法] 支配[統治]する; 管理[運営]する; 支配的な: the *governing* party 与党 / a *governing* principle 指導原理.
◆ góverning bódy C (学校などの)理事会.

★gov·ern·ment [gávərnmənt / gávən-]
—图 (複 gov·ern·ments [-mənts]) **1** C [しばしば G-; 単数・複数扱い] 政府; 《英》内閣 (《略語》 gov., Gov., govt., Govt.); (《米》 Administration): the Japanese *government* 日本政府 / the Federal [State] *government* 《米》 連邦[州]政府 / a local *government* 地方自治体 / a *government* agency 政府機関 / form a *government* 《英》 組閣する / overthrow [bring down] a *government* 政府を倒す / The *government* controled the price of rice. 政府は米の価格を統制していた.
2 U 政治, 統治, 行政: democratic [parliamentary] *government* 民主[議会]政治 / *government* of the people, by the people, for the people 人民の, 人民による, 人民のための政治 (→ Gettysburg Address (GETTYSBURG 複合語)).
3 U (公共機関の)管理, 運営: the *government* of the school 学校の管理. **4** U 【文法】支配.
(▷ 働 góvern; 圏 gòvernméntal)
◆ góvernment bónd C 国債.
góvernment íssue C [しばしば G- I-] 《米》 (軍服などの)官給品 (《略語》 GI).
góvernment párty [the ~] 政府与党 (↔ opposition party).

＊gov·ern·men·tal [gàvərnméntəl] 圏 [限定用

法] 政府 [政治]の; 国営の. (▷ 图 góvernment)
★★★gov·er·nor [gávənɚ, -vɚn- / -vənə]
—图 (複 gov·er·nors [~z]) C **1** [しばしば G-] 《米》 州知事; 《英》 (植民地の)総督 (《略語》 gov., Gov.): the *Governor* of California カリフォルニア州知事.
2 統治者, 支配者 (ruler); 《主に英》 (学校・官庁・銀行などの)長, 理事; 《英》 刑務所所長 (《米》 warden): a school [hospital] *governor* 学校[病院]長 / the board of *governors* 理事会.
3 [呼びかけ] 《英口語》 おやじ; 親方, ボス (◇ guvnor とも言う). (▷ 图 góvern)
◆ góvernor géneral (複 **governors general**, **governor generals**) C [通例 G- G-] (英連邦内の独立国・植民地などの)総督.

gov·er·nor·ship [gávənɚʃip, -vɚn- / -vən-] 图 U C 知事[長官, 総裁など]の職[地位, 任期].

govt., Govt. 《略語》 = *government*.
＊gown [gáun] 图 C **1** (女性用の)ガウン (特に正装用のロングドレス): an evening *gown* 夜会服.
2 (職業・身分を示す)正服, ガウン; (判事・弁護士の)法服; (医師の)手術衣: a judge's *gown* 判事服 / an academic *gown* 大学のガウン 《教授・学生の正装》. **3** 寝巻 (nightgown); 化粧着, 部屋着.
■ **tówn and gówn** [集合的に] 一般市民と大学の人々[大学人] (特にオックスフォード・ケンブリッジ両大学について言う).

GP, G.P. 《略語》 = general *p*ractitioner 一般開業医; *G*rand *P*rix グランプリ, 大賞.
GPA 《略語》 《米》 = *g*rade *p*oint *a*verage 学業平均値.
GPO, G.P.O. 《略語》 = *G*eneral *P*ost *O*ffice 郵便本局.
GPS 《略語》 = *G*lobal *P*ositioning *S*ystem 全地球測位システム 《人工衛星によって地球上の位置を測定するシステム》.
gr. 《略語》 = *gr*ade; *gr*am(s); *gr*oss².
Gr. 《略語》 = *Gr*eece ギリシャ; *Gr*eek ギリシャの.

＊grab [gráeb] 働 (三単現 **grabs** [~z]; 過去・過分 **grabbed** [~d]; 現分 **grab·bing** [~iŋ]) 他
1 …をひっつかむ, ひったくる (→ TAKE [類義語]): Jim *grabbed* me by the arm. ジムは私の胸をぎゅっとつかんだ / He *grabbed* the pencil from me. 彼は私から鉛筆をひったくった. **2** 《口語》 〈機会など〉を逃さずにとらえる. **3** …を(不正に)横取りする, 横領する. **4** 《口語・こっけい》 〈食べ物・席など〉を大急ぎで確保する; 〈乗り物〉にすばやく乗る. **5** 《口語》 〈人〉の心をとらえる; 〈人の注意〉を引きつける.
—(自) […を]ひっつかむ, つかみ取ろうとする [*at, for*].
—图 C ひったくり, わしづかみ; 横領, 略奪.
■ **màke a gráb at** [*for*] … …をひったくろうとする, ひったくる, ひっつかもうとする.
úp for grábs 《口語》 だれでも手に入れられる.
◆ gráb bàg **1** 《米》 宝探し袋 (《英》 lucky dip) 《小物の贈り物をたくさん入れた大袋で, この中に手を入れて1つを選ぶ》. **2** [a~] 寄せ集め.

＊grace [gréis] 图 **1** U 優美さ, 優雅さ, 上品さ, しとやかさ: The princess danced with *grace*. 王女

は優雅に踊った. **2** 《通例～s》長所, 美点, 魅力.
3 Ⓤ 親切, 好意; 恩惠, 恩典; ひいき: an act of *grace* 特別のはからい. **4** Ⓤ 猶予; 支払い猶予: I got a week's *grace*. 私は1週間の支払い猶予をもらった. **5** Ⓤ 《キリスト教》神の恵み, 恩寵(ﾁｮｳ): by the *grace* of God 神の恵みによって. **6** ⓊⒸ 《食前・食後の》短い感謝の祈り: say (a) *grace* before a meal 食前のお祈りをする. **7** ⓊⒸ 〔G-〕閣下《夫人》《◇大司教や公爵《夫人》に対する敬称》: His *Grace* will receive you. 閣下が接見されます.
8 〔the (Three) Graces〕《ギ神》美の三女神.
■ **àirs and gráces** 気取り, もったいぶった態度.
fáll from gráce 《目上・有力者の》好意を失う, 不興を買う; 堕落する《◇神の恩寵を失うことから》.
hàve the gráce to dó 潔(ｲｻｷﾞ)よく…する; …するだけの礼儀をわきまえている; 親切にも〔進んで〕…する.
in …'s góod 〔bád〕 gráces = **in the góod 〔bád〕 gráces of …** …に好かれて〔嫌われて〕.
the yéar of gráce 《古風》キリスト紀元の年, 西暦: in the *year of grace* 1998 西暦1998年に.
with (a) bád gráce しぶしぶ, いやいや.
with (a) góod gráce 快く, 進んで; 潔く.
(▷ 形 gráceful, grácious)
◆ gráce pèriod Ⓒ 猶予期間.
Grace [gréis] 名 固 グレース《◇女性の名》.
*grace·ful [gréisfəl] 形 (↔ graceless) **1** 《人・動作などが》優美な, 優雅な, 上品な, しとやかな. **2** 《言動などが》気品のある, 丁重な. (▷ 名 gráce).
grace·ful·ly [gréisfəli] 副 **1** 優美に, 上品に, しとやかに. **2** 気品をもって, 丁重に.
grace·less [gréisləs] 形 **1** 優美〔優雅〕でない, 品のない, 見苦しい. **2** 不作法な.
grace·less·ly [～li] 副 下品に; 不作法に.
*gra·cious [gréiʃəs] 形 **1** 《目下の者に対して》優しい, 親切な (kind); 愛想のいい, 丁重な《*to*》: She is *gracious* to her pupils. 彼女は生徒に優しい.
2 《通例, 限定的用法》《暮らしなどが》優雅な, ゆったりした. **3** 《神などが》〔慈悲〕深い (merciful).
— 間 《古風》 おや, まあ, 大変だ, しまった《◇驚き・強調など》: Good 〔Goodness〕 *gracious*! = *Gracious* me! = (My) *Gracious*! おや, まあ, 驚いた.
(▷ 名 gráce).
gra·cious·ness [～nəs] 名 Ⓤ 優しさ; 慈悲深さ.
gra·cious·ly [gréiʃəsli] 副 優しく, 愛想よく; 優雅に; 慈悲深く.
grad [grǽd] 名 Ⓒ 《米口語》《特に大学の》卒業生《◇ *grad*uate 名 の略》.
gra·da·tion [greidéiʃən, grə-] 名 **1** ⓊⒸ 徐々に変わること, 段階的な〔漸次的な〕変化, 〔移行〕. **2** Ⓒ 《通例～s》《変化・移行の》段階, 程度, 《計器の》目盛り. **3** ⓊⒸ 《色彩・色調の》ぼかし, グラデーション.
(▷ 動 gráde).

***grade** [gréid] 名 動 〔原義は「度合い, 段階」〕
— 名 《複 **grades** [gréidz]》Ⓒ **1** 《能力・質・価値などの》**等級**《《略語》gr.》; 《過程などの》段階, 《組織の》階級 (rank): a high 〔low〕 *grade* of meat 質のよい〔悪い〕肉 / He holds the second *grade* in karate. 彼は空手二段です.
2 《主に米》評価, 成績《《英》mark》（→表）: a passing 〔an average〕 *grade* 合格〔平均〕点 / give 〔make out〕 a *grade* 成績をつける / get 〔receive〕 a *grade* of 95 《試験で》95点を取る / I got a high 〔low〕 *grade* in English. 私は英語でよい〔悪い〕成績を取った.

〔米国の成績評価〕

		得点	合否
A	excellent	100–90	合格
B	good	89–80	
C	average, satisfactory	79–70	
D	below average	69–60	
F	failure	59以下	不合格

3 《米》《高校までの》学年《《英》form》; 同学年の全生徒: What *grade* are you in? – I am in the 12th *grade*. あなたは何年生ですか – 私は12年生〔高校3年生〕です.
〔解説〕 米国では, 小学校から高校までの学年は通例 *grade* を用いて小学校1年生からの通算で数える. 中学・高校の在学期間を言うには year を用いる: He is in the 11th *grade*. 彼は11年生です / She is in the third *year* in high school. 彼女は高校3年生です.
4 《米》《道路の》勾配(ｺｳﾊﾞｲ), 傾斜度《《英》gradient》.
■ **at gráde** 《米》《道路と鉄道の交差が》同一平面で.
màke the gráde 必要な基準に達する, 合格する.
— 動 他 **1** 〔しばしば受け身で〕…を等級に分ける, …に等級を付ける; 格付けする: In this country, restaurants *are graded* by the number of stars they receive. この国ではレストランが星の数で格付けされている. **2** 《主に米》《答案》を採点する, 《生徒》に成績をつける《《米》mark》. **3** 《道路の》勾配をゆるくする. (▷ 形 grádual; 名 gradátion).
◆ gráde cròssing Ⓒ 《米》《鉄道の》平面の交差《点》, 踏切《《英》level crossing》.
gráde pòint áverage Ⓒ 《米》学業平均値《《略語》GPA》.
gráde schòol Ⓒ 《米》《6年制または8年制の》小学校《elementary school, 《英》 primary school》.
gráde separàtion Ⓒ 《米》立体交差.
grad·ed [gréidid] 形 《教材などが》段階に分かれた.
grad·er [gréidər] 名 Ⓒ **1** 〔序数詞と共に〕《米》…《学》年生《《英》former》: a third *grader* 小学3年生 / a seventh *grader* 中学1年〔小学7年〕生 / a tenth *grader* 高校1年生. **2** 等級を付ける〔《米》採点《評点》者.
gra·di·ent [gréidiənt] 名 Ⓒ **1** 《道路・鉄道の》勾配(ｺｳﾊﾞｲ), 傾斜《度》《《米》grade》: a *gradient* of 35° 35度の勾配. **2** 《物理》《温度・気圧などの》傾斜度, 変化度.
‡**grad·u·al** [grǽdʒuəl, -dʒəl] 形 **1** 徐々の, 段階的な, 漸進的な: a *gradual* decline in strength 体力が徐々に減少していくこと. **2** 《傾斜の》ゆるやかな: a *gradual* slope なだらかな坂. (▷ 名 gráde).

‡**grad·u·al·ly** [grǽdʒuəli, -dʒəli]
— 副 だんだんと, 徐々に, 少しずつ: *Gradually*,

economic conditions in this country have improved. この国の経済状態は徐々によくなってきている. (▷ 形 grádual)

grad・u・ate 動名形
【原義は「学位(grade)を取る」】
— 動 [grǽdʒuèit](☆ 名 形 との発音の違いに注意)(三単現 grad・u・ates [-èits], 過去・過分 grad・u・at・ed [~id]; 現分 grad・u・at・ing [~iŋ])
— 📵 1 [...を]**卒業する**[*from*]: He *graduated* in law *from* Keio University. = He *graduated from* Keio University with a degree in law. 彼は慶應大学の法学部を卒業した.
語法 《英》では graduate は大学を卒業するときに限って用い, 大学以外には leave school などを用いる.《米》では大学以外の学校を卒業するときにも用いる: She *graduated from* high school last year.《米》彼女は昨年高校を卒業した.
2 [...から/...へ]徐々に進歩する; 昇進する[*from / to*]: Our son has *graduated from* a spoon *to* chopsticks. うちの息子はスプーンを卒業して箸(はし)が使えるまでになった.
— 他 1 《米》〈人を卒業させる, 〈人〉に卒業[修了]証書を授与する: The college *graduated* 500 students this year. その大学は今年500名の卒業生を出した / My brother was *graduated* (from college) with honors. 私の弟は優秀な成績で(大学を)卒業した(◇ be graduated from ... は《格式》. 通例 graduate from ... を用いる).
2 (通例, 受け身で) ...に等級を付ける; ...を段階的にする.
3 (通例, 受け身で) ...に[...の]目盛りを付ける[*in*].
— 名 [grǽdʒuət] C 1 [大学などの/学科の]卒業生, 修了者 [*of, from / in*]: a *graduate of* [*from*] Oxford = an Oxford *graduate* オックスフォード大学卒業生 / Ted is a *graduate in* economics. テッドは経済学部の出身です (◇《米》では高校などの卒業生もさす): a high-school *graduate*《米》高校の卒業生.
2 《米》大学院生 (《主に英》postgraduate) (cf. undergraduate).
— 形 [grǽdʒuət] [比較なし; 限定用法] 1 《米》(学校を)卒業した, 卒業生の: a *graduate* nurse 看護学校を修了した看護婦. 2 《米》大学院の, 修士の(《英》postgraduate): a *graduate* student 大学院生.
◆ gráduate schòol C 《米》大学院.

grad・u・at・ed [grǽdʒuèitid] 形 1 等級[段階]別になった, 段階的な; 累進的な. 2 目盛りのある.

*grad・u・a・tion [grædʒuéiʃən] 名 1 U 卒業 (◇大学の卒業に用いるが, 《米》では大学以外の学校の卒業にも用いる). 2 C 《米》卒業式 (→ COMMENCEMENT); 《英》大学の卒業式; 学位授与式.
3 C U 目盛り (を付けること).

graf・fi・ti [græfíːti] [イタリア] 名 U [単数・複数扱い] (壁などの) 落書き.

graft[1] [grǽft / grάːft] 動 他 1 ...を[...に]接ぎ木する [*on, onto*]: We *grafted* a peach tree *onto* an apricot tree. 私たちはモモの木をアンズの木に接ぎ木した. 2 【医】〈皮膚・骨など〉を移植する.

3 ...を[...に]合体[融合]させる [*on, onto*].
— 📵 1 [...の]接ぎ木になる [*on*]. 2 【医】移植手術をする.
— 名 C 1 接ぎ穂 [枝, 芽]; 接ぎ木 (すること).
2 【医】移植用組織片(◇皮膚, 骨など).

graft[2] 名 U 1 《主に英口》一生懸命働くこと; 骨の折れる仕事. 2 《主に米》不正利得 [行為], 汚職.

gra・ham [grǽəm, gréiəm] 形 《主に米》(小麦粉を精製しない) 全粒粉の (whole-wheat): *graham* bread 全粒粉のパン.

Grail [gréil] 名 1 [the ~] 聖杯 (Holy Grail) (→ HOLY). 2 C (長期の) 究極の目標.

[gréin]
***grain 【基本的意味は「穀物の粒 (the seeds of crops such as wheat, rice, etc.)」】
— 名 (複 grains [~z]) 1 C (穀物の)**粒**, 穀粒; (砂・砂糖などの) 1粒, 粒子: a *grain* of rye ライ麦の粒 / a *grain* of sand 1粒の砂 / *grains* of sugar 砂糖の粒子.
2 U [集合的に]穀物, 穀類 (《英》corn): a field of *grain* 穀物畑.
3 [a ~; 主に否定文で] わずか, 少し: There is *not* a *grain* of truth in his statement. 彼の発言には真実のかけらもない. 4 U [しばしば the ~] 木目 (もくめ), きめ; 【写】(印画の) 粒子, 画面: cut wood in the direction of the *grain* 木目の方向に木材を切る. 5 C グレイン (◇重量の単位; 1 グレイン = 0.0648g; 《略語》gr., g.; → 巻末「度量衡」).

■ gò agàinst the gráin 性分に合わない.
tàke ... with a gráin of sált 〈人の話〉を割り引いて聞く.

◆ gráin èlevator C 《米》巨大穀物倉庫 (elevator).

grained [gréind] 形 (通例, 複合語で) 粒 [きめ] が...の: fine-*grained* 粒が細かい.

grain・y [gréini] 形 (比較 grain・i・er [~ər]; 最上 grain・i・est [~ist]) 1 【写】粒子が粗い. 2 粒状の, 粒の多い.

***gram, gramme [grǽm]
— 名 (複 grams, grammes [~z]) C グラム (◇重量の単位; 《略語》g, gm, gr.; → 巻末「度量衡」): five *grams* [5g] of salt 5グラムの塩 (◇数字と共に用いるときは g が普通) / The baby weighs 4,500 *grams*. その赤ちゃんは4,500グラムある.

-gram [græm] 結合 1 「書いたもの, 描いたもの」の意を表す名詞を作る: tele*gram* 電報 / dia*gram* 図表. 2 「グラム」の意の単位名を作る: kilo*gram* キログラム / milli*gram* ミリグラム.

[grǽmər]
***gram・mar 【原義は「書いたもの」】
— 名 (複 gram・mars [~z]) 1 U **文法**; 文法学, 文法体系: generative *grammar* 生成文法 / school *grammar* 学校文法 / Japanese *grammar* 日本語の文法.
2 U 語法, 言葉づかい: bad *grammar* 間違った語法 / His pronunciation is good, but his *grammar* is awful. 彼の発音はよいが, 語法がひどい. 3 C 文法書: a *grammar* of Spanish スペイン語の文法書. (▷ 形 grammátical)

◆ **grámmar schòol** C **1** 《英》グラマースクール《小学校卒業生で大学進学を希望する者が入る公立の中等学校;→ SCHOOL 表》. **2** 《米・古風》小学校 (elementary school).

gram·mar·i·an [grəméəriən] 名 C 文法学者, 文法家.

***gram·mat·i·cal** [grəmǽtikəl] 形 **1** 《比較なし;限定用法》文法の: a *grammatical* error 文法上の誤り. **2** 文法にかなった, 文法的に正しい.
(▷ 名 grámmar)

gram·mat·i·cal·ly [grəmǽtikəli] 副 文法的に(は), 文法上; 文法にかなって.

‡**gramme** [grǽm] 名 = GRAM (↑).

Gram·my [grǽmi] 名 (複 **Gram·mys, Gram·mies** [~z]) グラミー賞《米国のレコード芸術科学アカデミーが与える音楽の年次最優秀賞》.

gram·o·phone [grǽməfòun] 名 C 《古風》蓄音機 (record player; 《米》phonograph).

gram·pus [grǽmpəs] 名 C 《動物》ハナゴンドウ《イルカの一種》; シャチ.

gran [grǽn] 名 C 《英口語》おばあちゃん (grandmother) 《◇呼びかけにも用いる》.

Gra·na·da [grənάːdə] 名 グラナダ《スペイン南部の都市. アルハンブラ宮殿などの遺跡がある》.

gran·a·ry [gréinəri / grǽn-] 名 (複 **gran·a·ries** [~z]) C **1** 穀物倉. **2** 穀倉地帯.
— 形 《限定用法》《英》《パンが》全粒小麦入りの, 全粒粉の: a *granary* loaf 全粒粉のパン.

‡**grand** [grǽnd]
— 形 《比較 **grand·er** [~ər]; 最上 **grand·est** [~ist]》 **1** 《景色・建物などが》雄大な, 壮大な; 壮麗な; 豪華な: a *grand* building 壮大な建物 / a *grand* wedding 豪華な結婚式 / We will have a *grand* view from the top of the mountain. その山頂からは雄大な景色が見えるでしょう.
2 《限定用法》《人などが》偉大な, 立派な; 威厳のある; 《計画などが》崇高な, 遠大な: He has a *grand* plan to build a hospital for AIDS patients. 彼にはエイズ患者のために病院を建てるという遠大な夢がある.
3 《口語》すてきな, すばらしい, 楽しい: You did *grand* work. あなたはすばらしい仕事をした / I had a *grand* day off. 私は楽しい休みを過ごした.
4 《通例, 軽蔑》もったいぶった, 尊大な: He is too *grand* to speak to me. 彼はあまりにお高くとまっていて私と口も利いてくれない. **5** 《限定用法》全体の, 完全な: the *grand* total 総計. **6** 《限定用法》重要な, 重大な; [G-; 称号に用いて] 最高位の.
— 名 C **1** 《口語》= **gránd piáno** グランドピアノ. **2** (複 **grand**) 《米口語》1,000ドル;《英口語》1,000ポンド.
(▷ 形 grándeur)

◆ **Gránd Cányon** 固 [the ~] グランドキャニオン《米国 Arizona 州北西部にある大峡谷で国立公園になっている》.

Gránd Cányon Stàte 固 [the ~] グランドキャニオン州《米国 Arizona 州の愛称; → AMERICA 表》.

gránd finále C 《オペラなどの》グランドフィナーレ.

gránd júry C 《法》《米国の》大陪審, 起訴陪審.

gránd máster C チェスのチャンピオン [名人].

Gránd Òld Párty [the ~] 《米》米国共和党の別名《略語》GOP).

gránd slám C **1** 《スポーツ》グランドスラム《テニス・ゴルフなどで1シーズン中の主要4大会で全部勝つこと》; グランドスラム大会. **2** 《野球》満塁ホームラン. **3** 《トランプ》ブリッジで13組全部を取ること.

gránd tóur C **1** [the ~] 《昔》ヨーロッパ大陸巡遊旅行《昔の英米上流家庭の子弟が教育の仕上げとして行った》. **2** 《こっけい》建物を案内して回ること.

grand- [grǽnd] 結合 「(血族関係で)1親等隔てた」の意を表す: *grand*father 祖父 / *grand*child 孫.

gran·dad [grǽndæd] 名 《主に英》= GRANDDAD (↓).

gran·dad·dy [grǽndædi] 名 (複 **gran·dad·dies** [~z]) 《主に英》= GRANDDADDY (↓).

grand·aunt [grǽndænt / -ɑ̀ːnt] 名 = GREAT-AUNT 大おば (→ FAMILY 図).

***grand·child** [grǽn(d)tʃàild] 名 (複 **grand·children** [-tʃìldrən]) C 孫 (cf. granddaughter 孫娘, grandson 孫息子).

***grand·dad, grand-dad** [grǽndæd] 名 C **1** 《口語》おじいちゃん (grandpa). **2** 《英口語》じいさん, じじい 《◇失礼な呼びかけ》.

grand·dad·dy [grǽndædi] 名 (複 **grand·dad·dies** [~z]) C 《米口語》 **1** = GRANDDAD (↑). **2** [the ~] 《…の中で》最初 [最大] のもの [人]; 《…の》先駆者, 草分け 《*of*》.

***grand·daugh·ter** [grǽndɔ̀ːtər] 名 C 孫娘, 女の孫 (↔ grandson) (→ FAMILY 図).

***gran·deur** [grǽndʒər] 名 U **1** 壮大さ, 雄大さ; 壮麗さ, 荘厳さ: the *grandeur* of Niagara Falls ナイアガラ瀑布(ばく)の壮大さ. **2** 偉大さ; 威厳: delusions of *grandeur* 誇大妄想.
(▷ 形 gránd)

‡**grand·fa·ther** [grǽndfɑ̀ːðər]
— 名 (複 **grand·fa·thers** [~z]) C **1** 祖父, おじいさん 《◇《口語》ではしばしば granddad, grandpa と言う;→ FAMILY 図》.
2 《男性の》祖先.
◆ **grándfather('s) clóck** C 大型振り子時計.

gran·dil·o·quence [grændíləkwəns] 名 U 《格式・軽蔑》大げさな言葉, 大言壮語.

gran·dil·o·quent [grændíləkwənt] 形 《格式・軽蔑》《表現などが》大げさな, 大言壮語の.

gran·di·ose [grǽndiòus] 形 《通例, 軽蔑》壮大な; 大げさな, 気取った.

grand·ly [grǽndli] 副 壮大に; 堂々と; 崇高に; もったいぶって.

‡**grand·ma** [grǽn(d)mɑ̀ː], **grand·ma·ma** [-məmɑ̀ː, -mɑ̀ːmə] 名 C 《口語》おばあちゃん (grandmother) (↔ grandpa).

‡**grand·moth·er** [grǽn(d)mʌ̀ðər]
— 名 (複 **grand·moth·ers** [~z]) C **1** 祖母, おばあさん 《◇《口語》ではしばしば grandma, granny などと言う;→ FAMILY 図》.
2 《女性の》祖先, 先祖.

grand·ness [grǽndnəs] 名 U 壮大さ, 雄大さ.

偉大さ, 立派さ; 崇高さ.

grand·pa [grǽndpɑ̀ː, -pɑ̀ːpə], **grand·pa·pa** [-pə-pɑ̀ː, -pɑ̀ːpə] 名 C《口語》おじいちゃん (grandfather) (↔ grandma).

grand·par·ent [grǽndpɛ̀ərənt] 名 **1** 祖父, 祖母. **2** [~s] 祖父母.

grand prix [ɡrɑ́ːn príː / ɡrɔ́n-] 《フランス》名 (複 **grands prix** [ɡrɑ́ːn príː / ɡrɔ́n-]) C **1** グランプリ, 大賞 (grand prize). **2** [しばしば G- P-] グランプリレース《国際的な長距離自動車レース》.

grand·son [ɡrǽndsʌ̀n] 名 C 孫息子, 男の孫 (↔ granddaughter) (→ FAMILY 図).

grand·stand [ɡrǽndstænd] 名 C (競技場・競馬場などの) 正面観覧席.
◆ **grándstand plày** C《米》スタンドプレー; 大げさな演技.(比較「スタンドプレー」は和製英語)

grand·un·cle [ɡrǽndʌ̀ŋkl] 名 = GREATUNCLE 大おじ (→ FAMILY 図).

grange [ɡréindʒ] 名 **1** C《主に英》(付属の建物のある)農場, 農家;(特に豪農の)邸宅. **2** [the G-]《米》農民共済組合(の地方支部).

gran·ite [ɡrǽnit] 名 U 花崗(こう)岩, みかげ石.
◆ **Gránite Stàte** 固 [the ~] みかげ石州《New Hampshire 州の愛称; → AMERICA 表》.

gran·ny, gran·nie [ɡrǽni] 名 (複 **gran·nies** [~z]) C《口語》おばあちゃん (grandmother).
◆ **gránny flàt** C《英口語》(母屋に接する)老人用住宅.
gránny glàsses [複数扱い] 老人用眼鏡《丸いレンズに金属の縁がある》.

gran·o·la [ɡrənóulə] 名 U《米》グラノーラ《オート麦にナッツなどを加えた朝食用のシリアル》.

grant [ɡrǽnt / ɡrɑ́ːnt] 動 他 **1**〈願いなど〉を聞き入れる, [grant + O + O / grant + O + to …]〈人〉の〈願いなど〉を聞き入れる, かなえてやる: She *granted* us our request. = She *granted* our request *to* us. 彼女は私たちの願いを聞き入れてくれた.
2〈金品など〉を与える, [grant + O + O / grant + O + to …]〈人〉に〈権利・金品など〉を(正式に)与える, 授与する, 交付する: *grant* … a pension = *grant* a pension *to* …〈人〉に年金を交付する.
3《格式》…(の正しさ)を認める: [grant (+O) + that 節]〈人〉に … ということを認める: I *grant that* he was ill, but that doesn't excuse his rude behavior. 彼が病気だったことは認める. だがそれは彼の不作法の言い訳にはならない.

■ **gránted,** (…,) *but* ~ その通り(…)ですが~, そ れはそうですが~: *Granted*, she is clever, *but* she may still be mistaken. 彼女が賢いのは認めるが, 彼女だって間違うことはあるだろう.

gránted(*that*) … = **gránting**(*that*) … と仮定して; 仮に … だとしても: *Granted* [*Granting*](*that*) what I did was silly, how could I do otherwise? 仮に私のやったことがばかげていたとしても, ほかにどんなやり方があっただろうか.

tàke ... for gránted …を当然[あたり前]のことと思う; …を何とも思わない: *take* this situation *for granted* この事態を当然のこととらえる / We *take* it *for granted* that science advances rapidly. 私たちは科学の急速な進歩をあたり前のこととと思っている (◇ it は that 以下をさす).
— 名 C 交付 [支給, 授与]されたもの, 補助金, 助成金: student *grants* 奨学金.

Grant [ɡrǽnt / ɡrɑ́ːnt] 固 グラント Ulysses Simpson Grant [símpsən] Grant (1822–85; 米国の将軍・政治家; → PRESIDENT 表).

grant·ee [ɡræntíː / ɡrɑːn-] 名 C (補助金などの) 受領者;《法》被授与者, 譲受人.

grant·or [ɡrǽntər, ɡræntɔ́ːr / ɡrɑːntɔ́ː] 名 C (補助金などの)交付者;《法》譲渡人.

gran·u·lar [ɡrǽnjulər] 形 **1** 粒から成る; 粒状の. **2**(表面が)ざらざらしている.

gran·u·late [ɡrǽnjulèit] 動 他 …を粒(状)にする; …の表面をざらざらにする.
◆ **gránulated súgar** U グラニュー糖.

gran·ule [ɡrǽnjuːl] 名 C 小粒, 微粒.

grape [ɡréip]
— 名 (複 **grapes** [~s]) C **1** ブドウ《◆単数形ではブドウ 1 粒をさすため, 通例, 複数形で用いる》(cf. currant 小粒の干しブドウ, raisin 干しブドウ, sultana 種なし干しブドウ): a bunch of *grapes* 1 房のブドウ / sour *grapes* すっぱいブドウ, 負け惜しみ (→ SOUR 複合語). **2** ブドウの木 (grapevine).
◆ **grápe sùgar** U《化》ブドウ糖.

grape·fruit [ɡréipfrùːt] 名 (複 **grape·fruit, grape·fruits** [-frùːts]) C グレープフルーツ(の木)《北米南部原産で, 実がブドウのようにかたまってなる》.

grape·vine [ɡréipvàin] 名 C ブドウの木 (つる) (vine).
■ *héar ... on [through] the grápevine* うわさで…を耳にする.

graph [ɡrǽf / ɡrɑ́ːf, ɡrǽf]
— 名 (複 **graphs** [~s]) C グラフ, 図表, 図式: a bar [line, pie] *graph* 棒 [折れ] 線, 円] グラフ / draw a *graph* グラフをかく / make a *graph* of the sales 売り上げをグラフにする [グラフで示す] / This *graph* shows the percentage of old people among the population. このグラフは老齢者人口の比率を示している.
◆ **gráph pàper** U グラフ用紙, 方眼紙.

-graph [ɡrǽf / ɡrɑːf] 結合「書く[描く, 記録する]器具」「書いた[描いた]もの」の意を表す: autograph 自筆, 自署 / photograph 写真.

graph·ic [ɡrǽfik], **graph·i·cal** [-kəl] 形 [限定用法] **1**(描写などが)生き生きとした: give a *graphic* description of the fire その火事を生々しく描写する. **2** 図表による [で表した], 図解の, グラフで示した. **3** 記号の, 記号 [文字] による.
◆ **gráphic árts** [the ~; 複数扱い] グラフィックアート《絵画・写真・書など, 平面に表現する芸術; cf. plastic arts 造形芸術》.
gráphic desígn U グラフィックデザイン《印刷技法によって視覚効果を強調する》.
gráphic desígner C グラフィックデザイナー.

graph·i·cal·ly [ɡrǽfikəli] 副 **1** 生き生きと. **2**《格式》図表によって, 図解 [グラフ] で.

graph·ics [ɡrǽfiks] 名 **1** [単数扱い] 製図法, 図

解法；グラフ算法. **2** [複数扱い] = graphic arts (→ GRAPHIC 複合語).

graph·ite [ɡrǽfait] 名 U [鉱] 石墨, 黒鉛《鉛筆の芯(しん)の材料》.

graph·ol·o·gy [ɡræfáləʤi / -fɔ́l-] 名 U 筆跡学, 筆跡相術《性格判断が目的》.

-gra·phy [ɡrəfi] 結合 **1**「書き方, 画法, 記録方法」の意を表す名詞を作る: photography 写真術 / stenography 速記術. **2**「記述(したもの)」の意を表す名詞を作る: biography 伝記 / geography 地理学.

grap·ple [ɡrǽpl] 動 (自) […と]取っ組み合う, つかみ合う; [問題・困難などに]取り組む [with].
◆ gráppling íron [hòok] C 引っかけ錨(いかり).

***grasp [ɡrǽsp / ɡrɑ́ːsp] 動 名【原義は「引っかく, ひったくる」】
— 動 (三単現 grasps [~s]; 過去・過分 grasped [~t]; 現分 grasp·ing [~iŋ])
— 他 **1** …を(手で)しっかりつかむ, 握る (→ TAKE 類義語): He grasped my hand. 彼は私の手をつかんだ / She grasped her daughter by the arm. 彼女は娘の腕をつかんだ / Grasp all, lose all. 《ことわざ》すべてをつかもうとするとすべてを失う ⇨ あぶはち取らず.
2 …を理解する, 把握する: He couldn't grasp the seriousness of the situation. 彼は状況の深刻さが把握できなかった.
3〈機会など〉をとらえる, 離さない: The reporter grasped a rare opportunity to ask the prime minister a question. 記者は首相に質問するという千載一遇のチャンスを逃さなかった.
— 自 **1** […を]つかもうとする, […に]手を伸ばす [at]: He grasped at the kitten in the tree. 彼は木の上の子猫をつかもうとした. **2** [機会などを]つかむ, 逃さない [at].
— 名 U **1** [通例 a ~]しっかり握る[つかむ]こと: in a strong grasp 強く握って / We took a firm grasp of the rope. 私たちはロープをしっかりつかんだ. **2** [通例 a ~]理解力, 把握力: Tony has a good grasp of mathematics. トニーは数学をよく理解している. **3** 掌握, 支配, 所有: The region was in the grasp of the rebel army. その地域は反乱軍の支配下にあった.
■ beyònd ...'s grásp …の理解を越えて；…の手の届かないところに: Their sudden divorce is beyond our grasp. 彼らが突然離婚したのは私たちにとって理解に苦しむところです.
withín ...'s grásp …の理解できる範囲に；…の手の届くところに: Fame is within his grasp. 名声は彼の手の届くところにある.

grasp·ing [ɡrǽspiŋ / ɡrɑ́ːsp-] 形《軽蔑》貪欲(どんよく)な, 欲ばりでけちな.

****grass [ɡrǽs / ɡrɑ́ːs] 名 動【原義は「生えるもの」】
— 名 (複 grass·es [~iz]) **1** U 草, 牧草, 芝《特に細長い葉のものをさす；種類を表す場合は C》: The meadow is covered with grass. 牧草地は草で覆われている / We cut the grass to make hay. 私たちは干し草を作るために草を刈った.
2 U 芝生, 草地, 牧草地: cut [mow] the grass 芝生を刈る / Keep off the grass. 《掲示》芝生に入るな / The grass is always greener on the other side of the fence. 《ことわざ》隣の芝生は(いつも)青い ⇨ 他人のものはよく見える.
3 U 《俗語》マリファナ (marijuana). **4** C 《米口語》密告者, 情報屋 (《米口語》stool pigeon).
■ lèt the gráss grów ùnder one's féet [通例, 否定文で]ぐずぐずしていて好機を逃す.
pùt ... óut to gráss 《米》pásture 《英口語》〈老齢のため〉〈人〉を解雇する.
— 動 **1** [通例, 受け身で]〈土地〉に草を生やす, 〈土地〉を草で覆う (over). **2** 《米》〈家畜〉を放牧する. — 自 《英口語》〈人〉に密告する [on].
(▷ 形 grássy)

*grass·hop·per [ɡrǽshàpər / ɡrɑ́ːshɔ̀pə] C [昆] バッタ, イナゴ; キリギリス.
■ knée-high to a grásshopper 《古風》《特に子供が》とても小さい (→ KNEE-HIGH 成句).

grass·land [ɡrǽslænd / ɡrɑ́ːs-] 名 U [または ~s] 牧草地, 牧場; 草原.

gráss-ròots [形][限定用法] 草の根の, 一般大衆の, 民衆レベルに起こった: a grass-roots movement 民衆運動, 草の根運動.

gráss ròots [通例 the ~; 単数・複数扱い] 一般大衆, 庶民, 「草の根」.

*grass·y [ɡrǽsi / ɡrɑ́ːsi] 形 (比較 grass·i·er [~ər]; 最上 grass·i·est [~ist]) **1** 草の多い, 草で覆われた: a grassy bank 草ぼうぼうの土手. **2** 草(のような); 草色の. (▷ 名 grass).

grate[1] [ɡréit] (☆ 同音 great) 名 C (暖炉の) 火格子(ひごうし); (窓・ドアなどの) 鉄格子.

grate[2] 動 (自) **1** (戸などが) […とこすれて] きしる, […とすれ合って] きーきー音を立てる [on, against]. **2** [神経などに] さわる, 不快感を与える, [感情などを] 害する [on]: His voice grated on her nerves. 彼の声は彼女の神経にさわった.
— 他 **1** …をすりつぶす, (おろし金(がね)などで)おろす: grate cheese チーズをすりおろす. **2** …をきしらせる; …をすり合わせて音を立てる: grate one's teeth 歯ぎしりをする.

***grate·ful [ɡréitfəl]
— 形 **1** [叙述用法] (a) 感謝している, ありがたく思う (→ 類義語): I would be grateful if you could give this letter to Mr. Smith. この手紙をスミス氏にお渡しいただけるとありがたいのですが (◇非常に丁寧な依頼の表現). (b) [be grateful (to ...) for ...]〈行為など〉に対して(…に)感謝している: I'm grateful for all the help you have given me. 何かとご援助いただきまして感謝しております / We are very grateful to you for your advice. ご助言をいただき大変感謝しています. (c) [be grateful＋that 節 [to do]] …のことで[…して]感謝し, うれしく思う: We are very grateful that you helped us. お手伝いいただいて大変ありがたく思っています / I'm grateful to be alive after the big accident. 私は大事故にあったにもかかわらず生きていられて感謝している.
2 [限定用法] 感謝を表す: a grateful letter 感謝

の手紙.
grate·ful·ness [〜nəs] 名 U 感謝の気持ち.

[類義語] **grateful, thankful**
共通する意味▶感謝して (feeling or expressing gratitude)
grateful は「人(の好意)に対する感謝」を表す: I am *grateful* to Ben for his valuable suggestion. 私は貴重な助言をもらったのでベンに感謝している. **thankful** は通例「自分の幸運を神に感謝する気持ち」を表す: He was *thankful* for his good fortune. 彼は幸運を感謝した.

grate·ful·ly [gréitfəli] 副 感謝して, ありがたく.
grat·er [gréitər] 名 C おろし金(₂), おろし器具.
grat·i·fi·ca·tion [græ̀təfikéiʃən] 名《格式》
1 U 満足させる[する]こと, 満足感, 喜び: the *gratification* of one's wishes 願望を満たすこと. **2** C 満足させる[喜ばせる]もの[こと].
grat·i·fy [grǽtəfài] 動 (三単現 **grat·i·fies** [〜z]; 過去・過分 **grat·i·fied** [〜d]; 現分 **grat·i·fy·ing** [〜iŋ]) 他《格式》 **1** 〔通例, 受け身で〕〈人〉を喜ばせる, 満足させる: I *am gratified* with [at, by] the result. 私はその結果に満足している. **2** 〈欲望・好奇心など〉を満たす, 満足させる.
grat·i·fy·ing [grǽtəfàiiŋ] 形 喜ばしい, 満足を与える, 満足のいく, 愉快な.
grat·i·fy·ing·ly [〜li] 副 満足させて, 心地よく.
gra·tin [grǽtən / -tæŋ]【フランス】 名 U《料理》グラタン.
grat·ing¹ [gréitiŋ] 名 C (窓・排水口などの) 格子.
grat·ing² 形 きしる, 耳ざわりな.
gra·tis [grǽtis, gréi-] 副 無料で, ただで.
—— 形 〔比較なし; 叙述用法〕無料の, ただの (free).
grat·i·tude [grǽtətjùːd / -tjùːd] 名 U《人への / 行為などに対する》感謝(の気持ち), 謝意 [*to* / *for*] (↔ ingratitude): Let me express my *gratitude to* you *for* your hospitality. あなたの心からのおもてなしに感謝の意を表します.
gra·tu·i·tous [grətjúːətəs / -tjúː-] 形《通例, 限定用法》《軽蔑》理由のない, いわれ[根拠]のない; 不必要な: a *gratuitous* insult いわれのない侮辱.
gra·tu·i·tous·ly [〜li] 副 いわれなく; 不必要に.
gra·tu·i·ty [grətjúːəti / -tjúː-] 名《複 **gra·tu·i·ties** [〜z]) C《格式》 **1** 心付け, 祝儀, チップ (tip): No *Gratuities* Accepted 《掲示》お心付け[チップ]はご辞退申し上げます. **2** 《主に英・格式》退職金, (除隊兵士への) 賜金(₁).

*★**grave**¹ [gréiv]
【原義は「掘ること」】
—— 名 (複 **graves** [〜z]) C **1** 墓, 墓地; 墓穴 (→ [類義語]): mass *graves* (戦没者などの) 共同墓地 / dig a *grave* 墓を掘る / visit one's grandmother's *grave* 祖母の墓参りに行く.
2 〔通例 the 〜〕《主に文語》死 (death), 破滅.
■ *díg one's ówn gráve* 墓穴を掘る, 自滅する.
from the crádle to the gráve → CRADLE 成句.
háve óne fóot in the gráve 《こっけい》片足を棺桶(ⁿ)に突っ込んでいる, 死にかけている.
túrn in one's gráve (故人が墓の下で)嘆く, 心配

で安らかに眠れない.

[類義語] **grave, tomb, cemetery**
共通する意味▶墓 (a place where a dead body is buried)
grave は「地中に掘られた死体を葬る穴」の意で, 墓穴だけでなく墓標も含む「墓・墓地」をさすことが多い: The funeral procession arrived at the *grave*. 葬列が墓地に着いた. **tomb** は特に「要人を埋葬するための大きな構築物」の意. また「墓碑, 墓石」だけをさすこともある: the *tomb* of Tutankhamen ツタンカーメンの墓. **cemetery** は教会に属さない「共同墓地」の意 (◇教会付属の墓地は churchyard): His grave is in the village *cemetery*. 彼の墓は村の共同墓地にある.

*★**grave**² 形 **1** (事態などが) 重大な, 深刻な, 危険な: *grave* news 重大ニュース / a matter of *grave* concern 重大な関心事. **2** (人・言動・表情・儀式などが) まじめな, 厳粛な, 重々しい (→ SERIOUS [類義語]): a *grave* voice 威厳のある [重々しい] 声 / a *grave* ceremony 厳粛な式典.
grave·dig·ger [gréivdìgər] 名 C 墓掘り人.
*★**grav·el** [grǽvəl] 名 U 〔集合的に〕砂利, 小石, バラスト《砂と混ぜて道路修理などに用いる》: a *gravel* path [road] 砂利道.
—— 動 (過去・過分《英》**grav·elled**; 現分《英》**grav·el·ling**) 他 〔しばしば受け身で〕〈道路など〉に砂利を敷く.
grav·el·ly [grǽvəli] 形 **1** 砂利の (多い); 砂利でできた. **2** (声が) 耳ざわりな, がらがらの声の.
grave·ly [gréivli] 副 重大に, 深刻に; 厳粛に.
grav·en [gréivən] 形《文語》彫刻された, 刻まれた.
◆ gráven ímage C 彫像; 偶像 (idol).
grave·stone [gréivstòun] 名 C 墓石, 墓碑.
grave·yard [gréivjàːrd] 名 C **1** 墓地. **2** 廃棄物置場. **3** 〔単数形で〕運の悪い場所, 「墓場」.
◆ gráveyard shíft C《主に米》(三交替制の) 深夜勤務《通例, 午前0時から午前8時まで》.
grav·i·tas [grǽvətɑ̀ːs, -tæ̀s]【ラテン】 名 U《格式》威厳, 厳粛.
grav·i·tate [grǽvətèit] 動 自《格式》 **1** 〈人・関心・ものなど〉が〔…に〕引き寄せられる [*toward, to*]: Many young people *gravitate toward* big cities. 多くの若者が大都会にあこがれる. **2** 〔…に〕引力によって引かれる; 下降する [*toward, to*].
grav·i·ta·tion [græ̀vətéiʃən] 名 U **1**《物理》引力 (作用), 重力: the law of *gravitation* 引力の法則. **2** 〔…に〕引き寄せられること, 〔…へ向かう〕傾向 [*toward, to*].
grav·i·ta·tion·al [græ̀vətéiʃənəl] 形《物理》引力 [重力] の: the *gravitational* field 重力場.
*★**grav·i·ty** [grǽvəti] 名 U **1**《物理》引力, 重力; 重量: the center of *gravity* 重心. **2**《格式》重大さ, 容易ならぬこと: the *gravity* of the situation 事態の重大さ. **3** まじめさ, 厳粛さ, 真剣さ: speak with *gravity* 重々しい口調で話す.
gra·vure [grəvjúər] 名 U グラビア印刷(術); C グラビア印刷物, グラビア写真 (photogravure).

gra·vy [gréivi] 名 U
1 肉汁, グレービー《肉を焼くときに出る》, グレービーソース. 2《口語》思いがけない収入,「うまい汁」.

◆ grávy bòat C (舟形の)グレービーソース入れ.
grávy tràin C《通例 the ~》《口語》ぼろもうけの仕事［地位, 機会］: get on [ride] the gravy train うまい汁を吸えるようになる, ぼろもうけする.

gray, 《英》grey [gréi] 形 副 動

— 形 (比較 gray·er, 《英》grey·er [~ər]; 最上 gray·est, 《英》grey·est [~ist]) 1 **灰色の**, ねずみ色の, グレーの: gray eyes 灰色の目 / a dark gray coat ダークグレーのコート.
2 (頭髪が) 白髪の多い, 白髪まじりの: a gray-haired woman 白髪の多い女性 / Jeff is going gray. ジェフは白髪まじりになってきている.
3 (天気が) どんよりした, 曇った, 薄暗い: a gray sky 曇り空. 4 (将来が) 先行き不安な; (人・ものが) 特徴のない, 陰気な: a gray life つらい人生.
5 (顔色が) (疲労・病気などにより) 青白い, 青ざめた.

— 名 1 U C 灰色, ねずみ色, グレー: dark [light] gray くすんだ［薄い］灰色 / charcoal gray チャコールグレー《濃い灰色》. 2 U グレーの服.

— 動 自 灰色になる; (髪が) 白髪になる.

◆ gráy área C 中間領域, あいまいな部分《状況》.
gráy màtter U 1 《解剖》(脳・脊髄などの) 灰白質, パラフィン紙《《米》waxed paper》. 2《口語》頭脳, 知力.

gray·ish, 《英》**grey·ish** [gréiiʃ] 形 灰色がかった.

‡graze¹ [gréiz] 動 自〈家畜〉牧草を食う, 草を食(ﾊ)む.
— 他 1〈家畜〉に牧草を食わせる; 〈家畜〉を放牧する. 2〈草地〉を放牧に使う.

graze² 動 1 …をすりむく: graze one's knee ひざをすりむく. 2 …をかする, かすめて通る.
— 自 かする, かすめて通る.
— 名 C かすり傷.

graz·ing [gréiziŋ] 名 U 1 放牧, 牧畜: grazing land 牧牧地. 2 牧草地.

Gr. Br., Gr. Brit.《略語》= Great Britain.

‡grease [grí:s] (☆《同音》Greece) 名 U 1 (柔かい)獣脂, 脂肪(ｻﾞｳ). 2 グリース, (機械の) 潤滑油脂.
— 動 [grí:s, grí:z] 他 …に油［グリース］を塗る［差す］. (▷ 形 gréasy.)

◆ gréase gùn C グリースガン《潤滑油注入器》.
grease-paint [grí:spèint] 名 U ドーラン《メーキャップやフェースペインティングに使う油性顔料》.
grèase·pròof páper [grí:sprù:f-] 名 U《英》ろう紙, パラフィン紙《《米》waxed paper》.
greas·er [grí:sər, grí:z-] 名 C《古風》(車などの機械に) グリースを差す人［道具］.

*greas·y [grí:si, grí:zi] 形 (比較 greas·i·er [~ər]; 最上 greas·i·est [~ist]) 1 脂［油］で汚れた［べたべたした］; 油［脂］を塗った: greasy overalls 油まみれの作業服. 2《軽蔑》(食べものが) 脂っこい, 脂肪分の多い. 3 つるつるした, 滑りやすい: a greasy road 滑りやすい道路. 4 (言動・態度・言葉が) 調子のよい, お世辞たらたらの: a greasy smile お世辞笑い. (▷ 名 grease.)

◆ gréasy spóon C《口語》(主に揚げ物を出す) 大衆食堂.

‡great [gréit] (☆《同音》grate) 形 副 名

①（規模が）大きい;（数量が）多い. 形 1, 2
②（程度が）大きい. 形 2
③ 偉大な, 立派な; すばらしい. 形 3, 4
④ 重大な. 形 5

— 形 (比較 great·er [~ər]; 最上 great·est [~ist]) 1 [限定用法] (形態・規模が) **大きい**, 巨大な (→ LARGE 類義語): a great rock 巨大な岩 / a great ocean 大海原 / the Great Fire of London ロンドンの大火《1666年に起きた大火災》. 2 [限定用法] (数量が) 多い; (時間・距離が) 長い: the great majority 大多数 / a great number of books 多くの本 / a great crowd of people 大群衆 / the greatest happiness of the greatest number 最大多数の最大幸福《英国の哲学者ベンサムの言葉》.
3 偉大な, 立派な, すぐれた: a great discovery 偉大な発見 / a great scientist 偉大な科学者.
4《口語》すばらしい, すてきな, すごい (excellent) (→ AGREE [LET'S TALK]): It's a great idea. それはすばらしい考えです / We had a great time at the party. 私たちはパーティーでとても楽しく過ごした / I feel great. 気分は上々です / It's great to see you again. またあなたにお会いできてとてもうれしいです / Why don't we play tennis after school? — That sounds great. 放課後テニスをやりませんか — それはいいですね.
5 [限定用法] 重大な, 重要な: a great political issue 重大な政治問題 / a great occasion 重要な行事 / It's no great matter. (それは)たいしたことではない.
6 (程度が) 大きい, 非常な; 大の; [副詞的に; 大きさを示す形容詞を修飾して]《口語》とても, すごく: a great talker 大変なおしゃべり / great friends 大の仲良し / a great big house とても大きな家 / This is of great importance. これは非常に重要なことです / The party was a great success. パーティーは大成功でした. 7 (身分・地位が) 高い, 高貴な; [... the Great で] 大…, …大王: a great family 名門 / Alexander the Great アレキサンダー大王. 8《口語》［…が］巧みな, 上手な [at]; ［…に］詳しい, 熱中して [on]. 9［…に］役立つ, 最適な [for].

■gréat and smáll あらゆる大きさ［階層, タイプ］の.
Gréat Héavens [Scótt]!《古風》おや, まあ《驚きを表す》.

— 副《米口語》好都合に, とてもうまく: Things are going great. 万事うまくいっている.
— 名 C 1 重要人物, 大物. 2 [the ~(s); 集合的に; 複数扱い] お偉方, 一流の人々.

◆ **Grèat Bàrrier Réef** 固 [the ~] グレートバリアリーフ《オーストラリアにある世界最大のサンゴ礁》.
Grèat Béar 固 [the ~]《天文》大ぐま座.
Grèat Chárter 固 [the ~] 大憲章 (→ MAGNA CARTA).
Grèat Dáne C《動物》グレートデーン《ドイツ原産

の大型犬）.

Grèat Deprèssion [the ～] 大恐慌《1929年から米国を中心に起こった》.

Grèat Divíde [the ～] **1** 北米大陸大分水嶺(だいぶんすいれい)《◇ロッキー山脈のこと》. **2** 生死の境, 危機.

Grèat Lákes [the ～] 五大湖《米国とカナダの国境にある Superior, Michigan, Huron, Erie, Ontario の5つの湖》.

Grèat Pláins [the ～] 大草原地帯《カナダから米国南部に広がるロッキー山脈東側の大草原》.

Grèat Sàlt Láke 图 グレートソルトレーク《米国 Utah 州北部にある塩湖》.

Grèat Wáll of Chína 图 [the ～]《中国の》万里の長城 (the Chinese Wall).

Grèat Wár [the ～] 第1次世界大戦 (World War I).

great- [greit] 結合 「1親等を隔てた」の意を表す《◇ grand- で始まる親族名と uncle, aunt, nephew, niece に付く. great を重ねるとさらに1代隔てることを示す》: *great*-aunt 大おば / *great-great*-grandfather 祖父の祖父.

gréat-àunt 图 C 大おば, 父[母]のおば (grand-aunt)《祖父母の姉妹》.

★★★ Great Brit·ain [grèit brítn]

— 图 固 **1** グレートブリテン島《England, Scotland, Wales のあるイギリス諸島最大の島. 単に Britain とも言う. 上記の3地方に Northern Ireland が加わって the United Kingdom (英国) となる;《略語》GB, Gr. Br.》. **2** 《広義に》英国.

great·coat [gréitkòut] 图 C 厚地の大外套(がいとう).

Great·er [gréitər] 形 大…《都市とその周辺の地域を含めて言う》.

◆ **Grèater Lóndon** 图 大ロンドン《シティー (the City) と32の自治区 (borough) から成る行政区. 大ロンドン議会 (Greater London Council) は1986年に廃止されたが, 2000年に大ロンドン機構 (Greater London Authority) が発足した》; → BOROUGH, CITY》.

gréat-gránd·chìld 图 (複 great-grand-chil-dren [-tʃildrən]) C 曾孫(そうそん), ひ孫.

gréat-gránd·dàugh·ter 图 C 女のひ孫.

gréat-gránd·fà·ther 图 C 曾(そう)祖父, ひいおじいさん (→ FAMILY 図).

gréat-gránd·mòth·er 图 C 曾(そう)祖母, ひいおばあさん (→ FAMILY 図).

gréat-gránd·pàr·ent 图 C 曾(そう)祖父, 曾祖母.

gréat-gránd·sòn 图 C 男のひ孫.

great-heart·ed [gréitháːrtid] 形 **1** 心の広い, 寛大な. **2** 勇気のある, 勇敢な.

★★★ great·ly [gréitli]

— 副 [しばしば動詞の過去分詞と共に用いて] 大いに, とても (very much): They are *greatly* disappointed to hear the news. 彼らはそのニュースを聞いて非常にがっかりしている / Your cooperation would be *greatly* appreciated. ご協力いただければ, まことにありがたく存じます.

*****great·ness** [gréitnəs] 图 U **1** 偉大さ, 偉さ, 卓越; 著名: achieve *greatness* 偉業を成し遂げる. **2** 重大さ, 重要性. **3** 大きいこと; 多大.

gréat-ùn·cle 图 C 大おじ, 父[母]のおじ (grand-uncle)《祖父母の兄弟》.

grebe [griːb] 图 C《鳥》カイツブリ《水鳥の一種》.

Gre·cian [gríːʃən] 形《文語》(建築物・顔つきなどが)《古代》ギリシャ風の (cf. Greek ギリシャの).

◆ **Grécian nóse** C ギリシャ鼻《横から見て額との間にくぼみがなく一直線になっている鼻》.

Gre·co- [grekou, griːkou] 結合 「ギリシャの[と]」の意を表す.

Grè·co-Ró·man 形《古代》ギリシャ=ローマ《風》の.

◆ **Gréco-Roman wréstling** U グレコローマン型レスリング《上半身だけで戦う》.

*****Greece** [griːs] 图 固《☆同音 grease》ギリシャ《ヨーロッパ南東部にある共和国で EU 加盟国; 首都アテネ (Athens);《略語》Gr.》.

*****greed** [gríːd] 图 U《軽蔑》[…に対する] 貪欲(どんよく), 欲ばり [for]: *greed for* money 金銭欲.

greed·i·ly [gríːdəli] 副《軽蔑》欲ばって, 貪欲(どんよく)に: eat *greedily* がつがつ食べる.

*****greed·y** [gríːdi] 形 (比較 greed·i·er [～ər]; 最上 greed·i·est [～ist]) 《軽蔑》**1** […に対する / …の] 貪欲(どんよく)な, 欲ばりな; […を / …したいと] 切望する [for / to do]. **2** 食いしん坊の, 食い意地のはった, がつがつした.

*****Greek** [gríːk] 形 ギリシャの; ギリシャ人[語]の《《略語》Gr., Gk.; cf. Grecian《古代》ギリシャ風の》: *Greek* mythology ギリシャ神話. — 图 **1** C ギリシャ人. **2** U ギリシャ語 (▷ Grèece).

■ **be (àll) Gréek to …**《口語》(言っていることが)…には (まるで) ちんぷんかんぷんだ. (▷ 图 Grèece)

◆ **Gréek álphabet** [the ～] ギリシャ語アルファベット, ギリシャ文字 (→表).

ギリシャ語アルファベット			
A α alpha	I ι iota	P ρ rho
B β beta	K κ kappa	Σ σ sigma
Γ γ gamma	Λ λ lambda	T τ tau
Δ δ delta	M μ mu	Υ υ upsilon
E ε epsilon	N ν nu	Φ φ phi
Z ζ zeta	Ξ ξ xi	X χ chi
H η eta	O o omicron	Ψ ψ psi
Θ θ theta	Π π pi	Ω ω omega

Gréek cróss C ギリシャ十字《縦横の長さが同じ》.

Gréek gíft C 受け人を欺くための贈り物.

Gréek (Órthodox) Chúrch [the ～]《キリスト》ギリシャ正教会.

★★★ green [gríːn]

— 形 图 動 (比較 green·er [～ər]; 最上 green·est [～ist]) **1** 緑(色)の, 草色の, 青い《◇日本語の「青い」には blue だけでなく green も含まれる》: *green* leaves 青葉 / a dark *green* suit 濃い緑色のスーツ / Cross at the crosswalk when the lights turn *green*. 信号が青になったら横断歩道を渡りなさい / The grass is always *greener* on the other side of the fence.《ことわざ》隣の芝

生は(いつも)青い⇨他人のものはよく見える. **2** 草木に覆われた, 青々とした; (冬が)温暖な, 雪のない: a *green* winter 暖冬 / a *green* Christmas 雪のないクリスマス(◇雪が降ったクリスマスは a white *Christmas*) / In spring the fields and hills will be *green*. 春には野山が緑に覆われる. **3** [しばしば G-] 自然[環境]保護運動の; 環境にやさしい: the *Green* movement 自然保護運動 / *green* products 環境にやさしい製品. **4** (果物などが)熟していない; (木材などが)乾燥していない: *green* wood 生木 / These apples are too *green* to eat. このリンゴは青くて食べられない. **5** 《口語》(人が)経験不足の, 未熟な: a *green* youth 青二才 / He is still *green* in business. 商売にかけては彼はまだ駆け出しです. **6** 青野菜の, 青菜の: a *green* salad 野菜サラダ. **7** 活気のある, 生き生きとした; (記憶などが)新鮮な, 生々しい: The incident is still *green* in my memory. その出来事はまだ私の記憶に鮮明に残っている. **8** [病気・恐怖・嫉妬などで]顔色が青ざめた; 嫉妬深い [**with**]: a *green* eye 嫉妬の目(→ GREEN-EYED) / turn *green* 顔色が青ざめる / I was *green* with envy when I saw his new car. 私は彼の新車を見てうらやましくてたまらなかった.

— 名 **1** ⓊU 緑, 緑色: the season of fresh *green* 新緑の季節 / bright [dark] *green* 若草[深緑]色. **2** ⓊU 緑色の服; ⓊⒸU|C (衣服の)具[染料]: She is dressed in *green*. 彼女は緑色の服を着ている. **3** ⒸC 草地, 緑地; (芝生の)共有地: a village *green* 村の緑地. **4** ⒸC 〘ゴルフ〙グリーン(→ GOLF 図). **5** [~s] 《口語》青野菜; (特にクリスマスの装飾用の)緑の葉[枝]: Eat your *greens*. 野菜を食べなさい. **6** ⒸC [G-] 環境保護組織[政党]の支持者[党員]; [the Greens] 緑の党 (the Green Party).

— 動 他 **1** …を緑色にする; 〈都市など〉を緑化する. **2** …に環境問題を意識させる.

◆ gréen béan ⒸC|綠黄色インゲン.
gréen cárd ⒸC **1** 《米》グリーンカード(外国人に対する永住・労働許可証). **2** 《英》(ドライバーの)国際保険証.
gréen fíngers [複数扱い] 《英》= green thumb (↓).
gréen líght **1** ⒸC 青信号. **2** [the ~] 《口語》許可, ゴーサイン: give ... the *green light* …に許可を与える.
Gréen Móuntain Státe 圏 [the ~] グリーンマウンテン州《米国 Vermont 州の愛称; → AMERICA 表》.
gréen páper ⒸC 《英》緑書 《政府が発行する政策などの提案書; cf. white paper 白書》.
Gréen Párty [the ~] 緑の党《特にヨーロッパで環境[自然]保護・反核などを唱える政党》.
gréen pépper ⒸC 〘植〙 ピーマン.
gréen pówer ⓊU 《米》金の力. 由来 ドル紙幣の裏面が緑色であることから; cf. greenback ドル紙幣》.
gréen revolútion [the ~] 緑の革命《主に発展途上国において品種改良などによって小麦などの農作物の収穫を増加させること》.
gréen téa ⓊU 緑茶(→ TEA).
gréen thúmb [a ~] 《口語》園芸の才能 《《英》green fingers》.
green·back [gríːnbæk] 名 ⒸC 《米口語》米国[ドル]紙幣《◇裏面が緑色をしている》.
green·belt [gríːnbèlt] 名 ⒸC ⓊU (住居や工場の建築が許可されない都市周辺の)緑地帯.
Greene [gríːn] 名 圏 グリーン Graham [gréiəm] Greene (1904–91; 英国の作家).
green·er·y [gríːnəri] 名 ⓊU [集合的に] (特に装飾用の)緑樹, 青葉.
gréen-éyed 形 **1** 緑色の目をした. **2** 嫉妬(と)深い: the *green-eyed* monster 嫉妬.
green·fly [gríːnflài] 名 (複 green·fly, green·flies [~z]) ⒸC 〘昆〙(緑色の)アブラムシ, アリマキ.
green·gage [gríːngèidʒ] 名 〘植〙グリーンゲージ《西洋スモモの一種. ジャムの材料》.
green·gro·cer [gríːngròusər] 名 ⒸC 《主に英》青果商, 八百屋 (の主人).
green·gro·cer·y [gríːngròusəri] 名 (複 green·gro·cer·ies [~z]) ⒸC 《英》青果店, 八百屋.
green·horn [gríːnhɔ̀ːrn] 名 ⒸC 《口語》初心者, 世間知らず; 未熟者, 青二才.
***green·house** [gríːnhàus] 名 (複 green·hous·es [-hàuziz]) ⒸC 温室.
◆ gréenhouse efféct [the ~] 温室効果《大気中の二酸化炭素などの増加で地表温度が上がる現象》.
gréenhouse gás ⓊU|ⒸC 温室効果ガス《温室効果の原因となる気体. 二酸化炭素・メタンなど》.
green·ing [gríːniŋ] 名 ⓊU **1** 環境保護に対する意識の高まり. **2** 再生, 若返り.
green·ish [gríːniʃ] 形 緑色がかった.
Green·land [gríːnlənd] 名 圏 グリーンランド《北アメリカの北東にある大きな島. デンマーク領》.
green·ness [gríːnnəs] 名 ⓊU 緑; 新鮮さ; 未熟さ.
Green·peace [gríːnpìːs] 名 圏 グリーンピース《国際的な環境保護団体》.
green·room [gríːnrùːm] 名 ⒸC [the ~] 《劇場・テレビ局などの》出演者控え室, 楽屋.
Green·wich [gríːnidʒ, grén-] 名 圏 グリニッジ 《London 東部の自治区. 経度0°の子午線が通る》.
◆ Gréenwich (Méan) Tíme ⓊU グリニッジ標準時《略語》GMT》.
Gréenwich Víllage [grénitʃ-] 名 圏 グレニッチビレッジ《芸術家が多く住む New York 市南西部の地域》.

***greet** [gríːt]
【原義は「大声で叫ぶ」】
— 動 (三単現 greets [gríːts]; 過去・過分 greet·ed [~id]; 現分 greet·ing [~iŋ])
— 他 **1** 〈人〉に[…で]あいさつする; 〈人〉を[…で]歓迎する, 迎える [**with**]: Mrs. Adams *greeted* every guest at the door. アダムズ夫人は玄関で客全員にあいさつをした / Cathy *greeted* me *with* a smile. キャシーは私を笑顔で迎えた.
2 [通例, 受け身で]〈人・出来事など〉を[…で]迎える, …に[…で]反応する (react) [**with**]: He *was greeted with* boos from the audience. 彼は観客からブーイングで迎えられた. **3** (におい・音・景色

などが)〈目・耳など〉に入る, 触れる: A strange sound *greeted* our ears as we entered the cave. 洞穴に入ると奇妙な物音が耳に入ってきた.

‡**greet·ing** [gríːtiŋ]
—图 (複 **greet·ings** [～z]) **1** ⓊⒸ **あいさつ, 会釈**: give [extend] a friendly *greeting* 親しげにあいさつする / They exchanged *greetings*. 彼らはあいさつを交わした.

2 Ⓒ [通例～s] **あいさつの言葉, 時候のあいさつ; あいさつ状**: Christmas [birthday] *greetings* クリスマス[誕生日]のあいさつ(状) / with the *greetings* of the season 時候のあいさつを申し上げつつ (贈り物にそえるカードの文句) / Please give [send] my *greetings* to your mother. お母様によろしくお伝えください. **3** Ⓒ 手紙の書き出し (◇ Dear Mr. ... ぐ; → LETTER).

◆ gréeting [《英》gréetings] càrd Ⓒ (誕生日・クリスマスなどの) あいさつ状, お祝いカード.

gre·gar·i·ous [grigɛ́əriəs] 形 **1** (人が) 集団を好む; 社交的な. **2** [動物] 群居 [群生] する.

Gre·go·ri·an [grigɔ́ːrian] 形 教皇グレゴリウスの.

◆ Gregórian cálendar [the ～] グレゴリオ暦《1582年に教皇グレゴリウス (Gregory) 13世が制定した現行の太陽暦》.

Gregórian chánt ⓒⓊ グレゴリオ聖歌.

Greg·o·ry [grégəri] 图圈 **1** グレゴリー (◇男性の名; 《愛称》Greg). **2** グレゴリウス《ローマ教皇の名》.

grem·lin [grémlin] 图 Ⓒ グレムリン《飛行機・機械・車などに故障を起こすと言われる小悪魔》.

gre·nade [grənéid] 图 Ⓒ 手榴(ゅぅ)弾, 手投げ弾.

gren·a·dier [grènədíər] 图 Ⓒ 《英》近衛(ぇ)歩兵第1連隊兵士; [the Grenadiers] = the Grénadier Guárds 近衛歩兵第1連隊.

Gresh·am [gréʃəm] 图圈 グレシャム Sir Thomas Gresham《1519-79; 英国の財政家》.

◆ Grésham's láw Ⓤ 〖経済〗グレシャムの法則 (「悪貨は良貨を駆逐する (Bad money drives out good.)」という考え方).

‡**grew** [grúː]
動 grow の過去形.

‡**grey** [gréi]
形图動 《英》= GRAY.

grey·hound [gréihàund] 图 Ⓒ **1** 〖動物〗グレイハウンド《足の速い猟犬. ドッグレースにも用いる》. **2** 圈 [G-]= Gréyhound bùs グレイハウンドバス《米国 Greyhound 社の長距離バス》.

grey·ish [gréiiʃ] 形 《主に英》= GRAYISH.

‡**grid** [gríd] 图 Ⓒ **1** 格子 (grating). **2** 焼き網 (gridiron). **3** (地図・街路の) 碁盤目. **4** [the ～] (ガス・水道などの) 敷設網; 《英》(高圧線の) 送電網, 配電網. **5** 〖電子〗グリッド《電子管の陽極と陰極の間に入れる格子状の部品》. **6** (自動車レースの) スタート位置, スターティンググリッド. **7** 《米》アメフトのフィールド.

grid·dle [grídl] 图 Ⓒ (ホットケーキなどを焼く) 厚くて丸い鉄板, フライパン.

grid·dle·cake [grídlkèik] 图 Ⓒ (鉄板で焼いた) ホットケーキ, パンケーキ.

grid·i·ron [grídàiərn] 图 Ⓒ **1** (魚・肉などの) 焼き網 (grill, grid). **2** 《米》アメフトのフィールド (◇上から見るとヤード数を示す線が焼き網に見える).

grid·lock [grídlàk / -lɔ̀k] 图 Ⓤ 《主に米》(市街地の) 交通渋滞; (一般に) 行き詰まり状態.

‡**grief** [gríːf]
—图 (複 **griefs** [～s]) **1** Ⓤ […に対する] **深い悲しみ**, 悲痛, 悲嘆 [*at, over*] (→ SORROW 顆義語): He was in deep *grief at* the death of his son. 彼は息子の死を嘆き悲しんでいた / She became ill with *grief* after the death of her husband. 彼女は夫の死後悲しみのあまり病気になった. **2** Ⓒ [通例 a ～] […にとっての] 悲しみ [嘆き] の種, 苦痛 [*to*]: Her failure was a great *grief to* us. 彼女の失敗は私たちに大変な悲しみだった.

■ **còme to gríef** 失敗に終わる; ひどい目にあう.

Góod gríef! 《口語》やれやれ, おやまあ (◇不快・驚きなどを表す).   (▷ 動 gríeve; 形 gríevous)

grief-strick·en 形 悲嘆に暮れた.

griev·ance [gríːvəns] 图 Ⓒ […に対する] 不平, 不満, 苦情; 不平の原因, 苦情の種 [*against*]: air one's *grievances* 不満を表明する / He nurses [has, cherishes, harbors] a *grievance against* his employer. 彼は雇い主に不満を抱いている.

‡**grieve** [gríːv] 動 ⾃ […のことを] 深く悲しむ, 悲嘆に暮れる [*for, over, about*]; […に] 深く後悔する [*at, about, over*]: He is still *grieving for* [*over, about*] (the death of) his wife. 彼は今でも妻の死を深く悲しんでいる.

— ⾃ 〈人〉を深く悲しませる, 嘆かせる: Her colleagues were much *grieved* at [to hear of] her death. 彼女の死を聞いて同僚たちはたいへん悲しんだ / It *grieves* me to have to refuse. 心苦しいのですが, ご辞退しなければなりません.
            (▷ 图 grief)

*‡**griev·ous** [gríːvəs] 形 [限定用法] 《格式》**1** 悲しむべき, 嘆かわしい: a *grievous* accident 悲惨な事故. **2** 重大な, ひどい: a *grievous* fault 重大な過失. **3** 《主に文語》(傷などが) ひどく痛む, 耐えがたい: a *grievous* pain 激痛.   (▷ 图 grief)

grif·fin [grífin], **grif·fon, gryph·on** [grífən] 图 Ⓒ 〖ギ神〗グリフィン《頭がワシ, 胴体がライオンの怪獣》.

‡**grill**¹ [gríl] 图 Ⓒ **1** 焼き網 (gridiron); 《英》(レンジなどの) グリル (《米》broiler). **2** (網で焼いた) 焼き肉 [魚] 料理: a mixed *grill* 焼き肉の取り合わせ料理. **3** = GRILLROOM (↓). **4** = GRILLE (↓).

— 動 ⾃ **1** 《主に英》〈肉など〉を焼き網 [上火] で焼く, あぶる (《米》broil). **2** (太陽などが) 〈人〉に照りつける. **3** 《口語》〈人〉を厳しく尋問する.

— ⾃ **1** 〈肉など〉が網で焼かれる, あぶられる. **2** 日に照りつけられる.

grille, grill² [gríl] 图 Ⓒ **1** 格子, 鉄格子; 格子窓; 格子戸; (銀行・切符売り場などの) 格子付き窓口. **2** (自動車エンジンの) 放熱格子.

grill·room [grílrùːm] 图 Ⓒ (焼き肉などの料理を出す) レストラン; グリル《ホテルの軽食堂》.

‡**grim** [grím] 形 (比較 **grim·mer** [～ər]; 最上

grim·est [～ist]) **1** (表情などが)厳しい,厳格な,いかめしい (stern); 残酷な,容赦のない,恐ろしい: a *grim* expression 険しい表情 / *grim* reality 厳しい現実. **2** 断固たる,不屈の: *grim* determination 断固たる決意. **3** [叙述用法]《口語》病気の,気分がすぐれない: feel *grim* 気分が悪い.
4 (話などが)気味の悪い; 陰気な; 不快な,いやな.
■ *hóld* [*háng*] *on like grim déath*《英口語》しがみついて離れない,あくまで頑張る.
◆ Grím Réaper [the ～]《文語》死神.
grim·ness [～nəs] 图 U 厳しさ; 恐ろしさ.
gri·mace [gríməs, griméis] 图 C (苦痛・不快・嫌悪などで)顔をゆがめること,しかめ面: make a *grimace* of pain 痛みで顔をしかめる.
— 動 自 […を見て / …で]顔をしかめる,しかめ面をする [at / with].
grime [gráim] 图 U 汚れ,ほこり.
grim·ly [grímli] 副 厳しく; 残酷に; 断固として.
Grimm [grím] 图 固 グリム Jakob [ʤɑ́:kəp /-kɔb] Grimm (1785-1863; ドイツの言語学者; 弟の Wilhelm [vílhelm] と共に『グリム童話集』(*Grimm's Fairy Tales*) を編んだ).
grim·y [gráimi] 形 (比較 **grim·i·er** [～ər]; 最上 **grim·i·est** [～ist]) ほこり[汚れ]で汚れた,汚い.

*__**grin**__ [grín] 動 (三単現 **grins** [～z], 過去・過分 **grinned** [～d]; 現分 **grin·ning** [～iŋ]) 自 **1** […に/喜び・満足などで]歯を見せて笑う,にっこり[にやり]と]笑う [*at / with*].(→ LAUGH [類義語]): The child *grinned at* me. その子は私ににっこりした. (怒り・軽蔑などで)[…に]歯をむき出す [*at*]: The dog *grinned at* me. その犬は私に歯をむき出した. — 他 〈賛成・喜びなど〉をにっこり笑って示す: She *grinned* her approval. 彼女はにっこり笑って同意を示した.
■ *grín and béar it* (苦痛・失望などを)文句を言わずに[じっと]我慢する.
grín from éar to éar 大口をあけて笑う.
— 图 C **1** (歯を見せて)にっこり[にやり]と笑うこと; 歯を見せて*grin* にっこり[にやり]と笑って. **2** (怒り・苦痛などで)歯をむき出すこと.

‡**grind** [gráind] 動 (三単現 **grinds** [gráindz]; 過去・過分 **ground** [gráund]; 現分 **grind·ing** [～iŋ]) 他 **1** 〈穀物など〉を砕く, …をひいて[粉に]する (*up*) [*into, to*]: *grind* wheat *into* flour 小麦をひいて粉にする. **2** […をひいて〈粉・小片〉を作る [*from*]: *grind* meal *from* barley 大麦をひいてあらびき粉を作る. **3** …をすり合わせる,ぎしぎしいわせる,きしらせる (*together*): *grind* one's teeth *together* 歯ぎしりをする. **4** 〈うすなど(のハンドル)〉を回してひく: *grind* a coffee mill コーヒーミルを回す. **5** …を研ぐ,磨く. — 自 **1** (粉を)ひく; うすをひく (*away, down*). **2** (穀物などが)砕ける; 粉になる (*down*). **3** きしる,こすれる,歯ぎしりする. **4**《口語》[…を / …のために]こつこつ仕事[勉強]をする [*at / for*]: He was *grinding at* English composition. 彼はせっせと英作文を勉強していた.
5 (車両が)ごろごろとゆっくり進む.
■ *grínd dówn* 他 **1** …をひいて粉にする. **2** …をすり減らす. **3** …を圧迫する,しいたげる: They were ground *down* by poverty. 彼らは貧困に

あえいでいた.
grínd óut 他 **1** …をひいて作り出す. **2** 〈悪態・のろい〉を歯をきしらせて言う,吐く. **3** 《軽蔑》〈作品・曲など〉を機械的に作り出す; 単調に演奏する.
grínd to a hált **1** (車などが)ぎいぎいきしって止まる. **2** (政談・会談などが)徐々に行き詰まる; (経済が)停滞する.
— 图 **1** U ひくこと,粉にすること; 研ぐ[きしる]こと; きしる[こすれる]こと 音. **2** C (穀物などの)ひいた粒; 砕片 (きつ): coarse *grinds* 粗びき[粉]. **3** C [単数形で]《口語》骨の折れる単調な仕事[勉強]: the daily *grind* 日々の単調でつらい仕事. **4** C 《米口語》がり勉屋 (《米口語》 swot).
grind·er [gráindər] 图 C **1** (通例,複合語で)すり砕く[ひく,研ぐ,磨く]人[もの]; 粉砕機,研磨機: a knife *grinder* ナイフ研ぎ師[機] / a coffee *grinder* コーヒーひき(器). **2** C《口語》臼(うす)歯.
grind·ing [gráindiŋ] 形 [限定用法] **1** きしるような音を立てる,ぎしぎしいう. **2** (貧乏・悲惨さなどが)ひどい,過酷な.
■ *cóme [bríng ...] to a gránding hált* (ぎーっと)停止する[…を停止させる].
grind·stone [gráindstòun] 图 C 回転砥石(といし).
■ *kéep one's nóse to the gríndstone*《口語》(休みなしに)あくせく働く.
grin·go [gríŋgou] 图 (複 **grin·gos** [～z]) C (通例,軽蔑)外人 (◇中南米で特に英米人をさす).

‡**grip** [gríp] 图【基本的意味は「…をしっかりつかむ (hold something tightly)」】
— 動 (三単現 **grips** [～s]; 過去・過分 **gripped** [～t]; 現分 **grip·ping** [～iŋ])
— 他 **1** …をしっかりつかむ,ぎゅっと握る: She *gripped* his hands in fear. 彼女は恐怖で彼の手を強く握った / These tires *grip* the road well. このタイヤは接地力がよい.
2 〈人 (の心・注意)〉を引く,引きつけておく: The speech *gripped* the audience. その話は聴衆の心を引きつけた. **3** (恐怖などが)襲う: She was *gripped* by fear. 彼女は恐怖に襲われた.
— 自 **1** […を]しっかりとつかむ,ぎゅっと握る [*on*]. **2** (ブレーキなどが)かかる.
— 图 (複 **grips** [～s]) **1** C [通例,単数形で]…をつかむこと,把握 [*on*]; 握り方,グリップ; 握力; U (タイヤ・靴などの)接地力: tighten [loosen] one's *grip* 握りを強める[ゆるめる] / He got [took] a firm *grip* on the rope. 彼はロープをしっかり握った / He has a strong [weak] *grip*. 彼は握力が強い[弱い].
2 [単数形で][…に対する]支配力,統率力; 制御力 [*on*]: The teacher has a firm *grip on* his students. その教師は生徒をよく統率している.
3 U [または a ～][…の]理解力,把握力 [*on, of*]: He has a good *grip on* mathematics. 彼は数学をよく理解している. **4** C (道具などの)柄,取っ手 (handle); (機械などの)グリップ: a hair *grip*《英》ヘアピン(《米》 bobby pin). **5** C《古風》(旅行用)手さげかばん. **6** C [映・テレビ] 撮影助手.
■ *cóme* [*gét*] *to gríps with ...* 〈難問など〉に真剣に取り組む.

gèt [kèep] a gríp on onesèlf 自分の感情を抑える; 気を取り直して頑張る.
in the gríp of ... …に支配されて.
lóse one's gríp 理解力[支配力]を失う.

gripe [gráip] 動 ⓐ **1** 《口語・軽蔑》〔人に/…について〕(絶えず)不平を言う〔*at* / *about*〕. **2** 腹がきりきり[ひどく]痛む. ── 名 **1** Ⓒ 《口語》不平, 苦情. **2** [the ～s]《古風》激しい腹痛.

grip·ping [grípiŋ] 形 (映画・物語などが)とても面白い, 興味をかき立ててやまない.

gris·ly [grízli] 形 (比較 **gris·li·er** [～ər]; 最上 **gris·li·est** [～ist]) ぞっとする, 不気味な; 不快な.

grist [gríst] 名 Ⓤ 製粉用の穀物; ひいた穀物.
■ **(áll) gríst to ...'s [the] míll** 〈人〉にとって利益になるもの, 利益[もうけ]の種.

gris·tle [grísəl] 名 Ⓤ (特に食用肉の)すじ.

grist·mill [gristmíl] 名 Ⓒ 製粉所.

grit [grít] 名 Ⓤ **1** 《集合的に》砂, 小石 《◇食べ物・目・靴などに入ってじゃまになるものをも言う》: I have some *grit* in my eye [shoe]. 目[靴]にゴミが入った. **2** 《口語》勇気, 根性, 気概.
── 動 (三単現 **grits** [gríts]; 過去・過分 **grit·ted** [～id]; 現分 **grit·ting** [～iŋ]) ⓗ **1** (すべらないように)〈道路などに〉小石を敷く[入れる]. **2** (怒り・決心を表して)〈歯を〉くいしばる.
■ **grít one's téeth** (困難を前にして)決意を新たにする; (怒り・苦痛などを抑えて)〈歯を〉くいしばる.

grits [gríts] 名 〔単数・複数扱い〕《米》あらびきの穀物, ひき割りトウモロコシ (hominy).

grit·ty [gríti] 形 (比較 **grit·ti·er** [～ər]; 最上 **grit·ti·est** [～ist]) **1** 砂利の, 砂だらけの. **2** 大胆な, 根性のある, 勇気のある; 生々しい.

griz·zle [grízl] 動 ⓐ 《英口語・軽蔑》(特に子供が)むずかる, ぐずる; […について]不平を言う〔*about*〕.

griz·zled [grízld] 形 《文語》 **1** 灰色の, 灰色まじりの. **2** 白髪まじりの.

griz·zly [grízli] 形 (比較 **griz·zli·er** [～ər]; 最上 **griz·zli·est** [～ist]) = GRIZZLED (↑).
── 名 (複 **griz·zlies** [～z]) Ⓒ = **grízzly bèar** ハイイログマ《北米西部産の茶または灰色の大型グマ》.

‡**groan** [gróun] 名 Ⓒ **1** うめき声, うなり声: He gave a *groan* of pain. 彼は苦痛でうめき声を漏らした. **2** 〔通例 ～s〕不平不満の声.
── 動 ⓐ **1** (人が)[悲しみ・苦痛などで]うめく, うなる〔*with*, *in*〕: She *groaned* with toothache. 彼女は歯が痛くてうめき声を上げた. **2** (人が)〔不満・怒りなどで/…のことで〕ぶつぶつ言う〔*with* / *about*, *over*〕: He's always *groaning over* his misfortune. 彼はいつも自分の不幸を嘆いている.
3 〔荷重などで〕きしる, ぎしぎし音を立てる; 重くてうなるほど[…で]いっぱいである〔*with*〕: The table *groaned* with dishes. テーブルは皿でいっぱいだった. **4** (人が)[日政などに]うめき[あえぎ]苦しむ〔*under*, *beneath*〕.
── ⓗ 〈話・言葉など〉をうめきながら[苦しそうに]言う〔*out*〕.

‡**gro·cer** [gróusər] 名 Ⓒ 食料品商: a *grocer's* (shop) 《英》食料品店 (《主に米》grocery).

‡**gro·cer·y** [gróusəri] 名 (複 **gro·cer·ies** [～z]) **1** Ⓒ 《主に米》= **grócery stòre** 食料品店, 食料雑貨店 《《英》grocer's (shop)》. **2** Ⓤ 食料販売業. **3** 〔複数形で〕食料品類.

grog [grág / gróg] 名 Ⓤ **1** グロッグ酒《ラム・ウイスキーなどの水割り》. **2** 《口語》(一般に)酒.

grog·gy [grági / grógi] 形 (比較 **grog·gi·er** [～ər]; 最上 **grog·gi·est** [～ist]) (疲労・病気などで)足元がふらつく, グロッキー気味の, ふらふらの.

groin [gróin] 名 Ⓒ **1** 〔解剖〕鼠蹊(そけい)部[股(また)の付け根]. **2** 《主に米》(海・川などの)小突堤, 防波堤.

***groom** [grú:m, grúm] 名 Ⓒ **1** 新郎, 花婿 (bridegroom). **2** 馬丁, 馬の飼育係.
── 動 ⓗ **1** 〈髪など〉をきれいに整える, …を身ぎれいにする; 〈猿などが〉…の毛繕い[グルーミング]をする: a well-[badly-, ill-]*groomed* man 身だしなみのいい[悪い]男. **2** 〈馬など〉を手入れする. **3** 地位などに向けて[…するように]〈人〉を仕込む, 準備させる〔*for* / *to do*〕.

grooms·man [grú:mzmən, grúmz-] 名 (複 **grooms·men** [-mən]) Ⓒ 《米》(結婚式の)花婿の付添人.

groove [grú:v] 名 Ⓒ **1** 溝《レコード・敷居の溝や車輪の跡》. **2** 慣例, しきたり; 決まり切ったやり方.
■ **be stúck in [gèt into] a gróove** (ありきたりの)型にはまる.

grooved [grú:vd] 形 溝の付いた.

groov·y [grú:vi] 形 (比較 **groov·i·er** [～ər]; 最上 **groov·i·est** [～ist]) 《古風・口語》かっこいい.

groove [gróup] 動 ⓐ **1** 手探りをする, 手探りで進む; […を]手探りで探す〔*for*〕: I *groped* in my pocket *for* the key. 私はポケットの中を手探りして鍵(かぎ)を探した. **2** 暗中模索する, 探し求める. ── ⓗ **1** 〈方向〉を手探りで見つける. **2** 《口語》〈異性の体〉をさわって, 痴漢行為をする.
■ **grópe one's wáy** ⓐ 手探りで進む, 暗中模索する.
── 名 Ⓒ 手探り(すること); (体を)さわること.

‡**gross**¹ [gróus] (☆ 発音に注意) 形 **1** 〔比較なし; 限定用法〕総体の, 全体の (total); (重量が)風袋(ふうたい)ぐるみの (↔ net): *gross* weight [income] 総重量[収入]. **2** (言葉・態度などが)粗野な, 下品な; 無礼な, 野蛮な: *gross* manners 下品な態度. **3** 〔通例, 限定用法〕まったくの, ひどい: make a *gross* mistake ひどい誤りを犯す. **4** ひどく太った.
── 名 Ⓤ 〔the ～〕(収入などの)総額, 全体, 総計.
■ **in the gróss**, 《英》**in gróss** 大量に; 卸しで; 全体的に, 概して.
── 動 ⓗ (経費込みで)…の粗利を上げる.
◆ **gróss doméstic próduct** Ⓤ 〔the ～〕〔経済〕国内総生産 (《略語》GDP).
gróss nátional próduct Ⓤ 〔the ～〕〔経済〕国民総生産 (《略語》GNP).

gross·ness [～nəs] 名 Ⓤ 粗野, 下品; 鈍感.

gross² (複 **gross**) Ⓒ グロス 《◇12ダース, 144個[本]; 《略語》gr.》: two *gross* of pencils 2グロスの鉛筆.

gross·ly [gróusli] 副 ひどく; 粗野に.

grotesque [groutésk] 形 **1** 怪奇な, 風変わりな, 異様な; ばかばかしい. **2** 《美》グロテスク風[様式]の; 《文学》怪奇主義の.

grotto — 名 **1** ⓒ 奇怪な絵画［人物］. **2** Ⓤ [the ~]【美】グロテスク美術；【文学】怪奇主義.
gro·tesque·ly [~li] 副 異様に，こっけいに.
grot·to [grátou / grɔ́t-] 名 (複 **grot·toes, grot·tos** [~z]) ⓒ (天然・人工の) 岩穴，洞ぐつ.
grot·ty [gráti / grɔ́ti] 形 (比較 **grot·ti·er** [~ər]；最上 **grot·ti·est** [~ist])《英口語》不快な，汚らしい，みすぼらしい.
grouch [gráutʃ]《口語》名 ⓒ **1** 不平家；気難し屋. **2** 不平，ぐち，不機嫌. — 動 ⾃ [...について] 不平を言う，こぼす [about].
grouch·y [gráutʃi] 形 (比較 **grouch·i·er** [~ər]；最上 **grouch·i·est** [~ist])《口語》不平ばかり言う；不機嫌な.

***ground¹** [gráund]
名【基本的意味は「地面 (the surface of the earth)」】
— 名 (複 **grounds** [gráundz]) **1** [the ~] 地面，地表: lie on the *ground* 地面に横たわる / dig a hole in the *ground* 地面に穴を掘る / An apple fell from the tree to the *ground*. リンゴが木から地面に落ちた.
2 Ⓤ 土地，土，土壌: firm [soft] *ground* 固い [軟弱な] 土地 / stony *ground* 石ころだらけの土地 / Our house is on a rise of *ground*. 私たちの家は小高い所に建っている.
3 ⓒ [しばしば~s；通例，複合語で] (ある目的のための) 場所，...場；運動場，グラウンド: fishing *grounds* 漁場 / a football *ground* フットボール [サッカー] 競技場.
【関連語】いろいろな **ground**
campground キャンプ場 / dumping grounds ごみ捨て場 / fairground 博覧会場，イベント会場 / hunting grounds 狩猟場 / playground 遊園地；(学校の) 運動場
4 [~s] (建物の周りの) 敷地，構内，庭: the *grounds* of the church 教会の敷地 / He showed us around the school *grounds*. 彼は学校の構内を案内してくれた.
5 Ⓤ (研究・関心などの) 領域，分野；話題: be on one's own *ground* 自分の専門 [得意] 分野である / be on dangerous [safe] *ground* 触れてはならない [触れてもよい] 話題を取り上げている / That research covers a lot of new *ground*. その研究は広範な新しい分野を扱っている.
6 ⓒ [しばしば~s][...の] 根拠，理由 [*for*]: on economic *grounds* 経済的な理由で / You have no *grounds for* calling me a coward. あなたに臆病者呼ばわりされる理由はない / He declined the invitation on (the) *grounds* of ill health. 彼は病気を理由に招待を断った.
7 Ⓤ 立場，見地，意見: the middle *ground* 中立の立場 / reach common *ground* 共通の立場に達する / We are on delicate *ground*. 私たちは微妙な立場にある. **8** ⓒ (絵などの) 下地，下塗り.
9 Ⓤ ⓒ《米》【電気】アース (《英》earth).
10 [~s] (コーヒーなどの) かす，かす.
◼ *above* [*below*] *gróund* 地上 [地下] で.
be búrned to the gróund 全焼する，焼け落ちる.
bréak gróund 土地を耕す；着工する，起工する.
bréak néw [*frésh*] *gróund* 新天地を開拓する.
cút the gróund from under ...'s féet ...の足をすくう，裏をかく.
fáll to the gróund 地面に倒れる；失敗する.
from the gróund úp《口語》初めから；最初から最後まで，徹底的に.
gáin gróund **1** 前進する；[...に] 追いつく [*on*]. **2** 支持を得る；(考えなどが) 普及する.
gèt óff the gróund 軌道に乗る；うまくスタートする.
gíve [*lóse*] *gróund* 後退する；(議論などで) 負ける.
gó to gróund《英》(犯人などが) 身を隠す.
hóld [*kéep, stánd*] *one's gróund* 後退しない，立ち向かう；自分の立場を固守する，譲歩しない.
on the gróund その場で，現場で.
rún ... into the gróund《口語》...をやりすぎる，〈もの〉を徹底的に使う.
shíft [*chánge*] *one's gróund* 立場 [意見] を変える.
— 動 他 **1** [...に] ...の根拠を置く，...を基づかせる [*on, in*]: You should *ground* your analysis *on* facts. 分析は事実に基づいて行うべきである.
2 [しばしば受け身で] 〈飛行機・乗客〉を離陸させない，地上で待機させる: Our plane *was grounded* because of the fog. 私たちの乗った飛行機は霧のため離陸できなかった. **3** [通例，受け身で] 〈人〉に [...の] 基礎を教える [*in*]: He *is* well *grounded in* English grammar. 彼は英文法の基礎がしっかりしている. **4**《口語》(罰として) 〈子供〉を外出禁止にする. **5** 〈船〉を座礁させる. **6**《米》〈電気器具〉をアースする (《英》earth). — ⾃ **1** 〈船が〉座礁する. **2**【野球】ゴロを打つ: *ground out* ゴロを打ってアウトになる.

◆ **gróund clòth** ⓒ《米》(キャンプなどで地面に敷く) 防水布 (《英》groundsheet).
gróund contròl Ⓤ【航空】(航空機・宇宙船の) 地上管制 [操作] (員).
gróund còver Ⓤ 地被 [地衣] 植物.
gróund crèw [《英》**stàff**] ⓒ [集合的に] (飛行場の) 地上整備員.
gróund flòor ⓒ [通例 the ~]《英》1階 (《米》first floor) (→ FLOOR【語法】).
gróund plàn ⓒ【建】(建物の) 平面図；基本計画.
gróund rènt Ⓤ ⓒ《主に英》借地料，地代.
gróund rùle 1 ⓒ《米》野球場ごとの固有の規則. **2** [~s] (行動の) 基本原則.
gróund spèed Ⓤ【航空】対地速度 (cf. airspeed 対気速度).
gróund squìrrel ⓒ【動物】(北米の) 地上性のリス.
gróund stàff ⓒ《英》**1** [集合的に] (競技場などの) グラウンド整備員. **2** = ground crew (↑).
gróund stròke ⓒ【テニス】グランドストローク 《ボールをバウンドさせてから打つ打法》.
gróund swèll Ⓤ [または a ~] **1** (あらしなどによる) 大波，うねり. **2** (世論などの) 高まり.
gróund zèro ⓒ (核爆発の) 爆心地，ゼロ地点.

‡**ground²** 動 grind の過去形・過去分詞
— 形 [限定用法] **1** ひいた，粉にした: *ground* coffee ひいたコーヒー. **2** 研いだ，磨いた.
◆ **gróund glàss** Ⓤ **1** すりガラス. **2** (研磨用) 粉末ガラス.

ground-brèak·ing 形 パイオニア的な.
ground-er [gráundər] 名 C 【野球】ゴロ.
ground·hog [gráundhɔ̀ːg / -hɔ̀g] 名 C 《米》【動物】(北米産の)マーモット(**woodchuck**).
◆ **Gróundhog('s) Dày** 名《米》聖燭(禁)節の日《2月2日. マーモットが冬眠から覚めて春を知らせるとされる日. 日本の「啓蟄(監)」に相当する》.

ground·ing [gráundiŋ] 名 **1** UC〔学問などの〕基礎訓練, 基本教授; 基礎知識(**in**).
2《米》(子供への罰としての)外出禁止.

ground·less [gráundləs] 形 根拠[理由]のない, 事実無根の.
ground·nut [gráundnʌt] 名《主に英》= PEANUT 落花生.
ground·sheet [gráundʃìːt] 名 C《英》グラウンドシート (《米》ground cloth)《キャンプなどで地面に敷く防水布》.
grounds·keep·er [gráundzkìːpər] 名 C《米》(球場・競技場・公園などの)管理人, 整備員, グラウンドキーパー(《英》groundsman).
grounds·man [gráundzmən] 名(複 **grounds·men** [-mən])《英》= GROUNDSKEEPER (↑).
ground·work [gráundwə̀ːrk] 名 U 〔通例 the ~〕基礎(作業), 土台; 基礎的研究, 根本原理: lay the *groundwork* for ... …の基礎を築く.

★★★ **group** [grúːp] 【原義は「束, 集まり」】
— 名(複 **groups** [~s]) C **1 群れ**, グループ, 集まり《◇集合体と考える場合は単数扱い. 個々の要素を考える場合は複数扱い; → 類義語》: a *group* of tall buildings 一群の高層ビル / a *group* of students 生徒たちの一団 / in *groups* 群れを成して / A large *group* of girls was [were] waiting for the singer. 大勢の女の子たちがその歌手を待っていた.
2 (特定の目的・類似点などを持った)集団, 団体;(特にポピュラー音楽の)グループ: a pop [rock] *group* ポップ[ロック]グループ / a political *group* 政治集団 / an ethnic *group* 民族集団 / a minority *group* 少数民族 / This book is for children in the six to twelve age *group*. この本は6歳から12歳の子供向けです. **3** (動植物の分類上の)【言】語派、【化】基;【数学】群: Spanish and Italian are in the same language *group*. スペイン語とイタリア語は同じ語派に属する.
— 動 他 **1** …を寄せ集める, まとめる(*together*): *group* the students *together* 生徒を集める / We *grouped* ourselves around the fire. 私たちはたき火の周りに集まった.
2 …を[…に/…によって]分類する, グループ分けする[*into* / *by*]: We can *group* these plants *into* several types. これらの植物は数種類に分類できる / The students were *grouped* by their ability of speaking English. 生徒は英語を話す能力に応じてグループ分けされた.
— 自 [〜の周りに] 集まる, 群がる [*around*, *round*]; 集団になる (*together*): The children *grouped* around the teacher. 子供たちは先生の周りに集まった.

◆ **gróup càptain** C【英空軍】大佐.

gróup conjúnction C【文法】群接続詞 (→ CONJUNCTION 文法).
gróup insúrance U 団体保険.
Gróup of Séven 名 → G7.
gróup práctice C グループ診療《専門の異なる医師が共同で治療を行うこと》.
gróup preposítion C【文法】群前置詞 (→ PREPOSITION 文法).
gróup thérapy U【心理】集団療法.

類義語 group, herd, flock, school, flight, swarm, pack
共通する意味▶群れ (a number of ... of the same kind).
group は人・動物・ものの「集まり」を表す最も一般的な語: a *group* of consumers 消費者の一団.
herd は牛・馬など, 集まって生活する「大型の動物の群れ」をさす: a *herd* of buffalo 水牛の群れ.
flock は「鳥または羊・ヤギなどの小型の動物の群れ」をさす: a *flock* of sheep 羊の群れ.
school は「魚・鯨・イルカなどの群れ」をさす: a large *school* of sardine イワシの大群.
flight は「一緒に飛ぶ鳥の群れ」をさす: A *flight* of pigeons passed overhead. ハトの群れが頭上を通り過ぎた. **swarm** は「昆虫の密集した群れ」をさす: a *swarm* of bees ミツバチの一群. **pack** は主として「オオカミ・猟犬の群れ」をさす: a *pack* of wolves オオカミの群れ.

group·ie [grúːpi] 名 C《時に軽蔑》グルーピー,「親衛隊」(ロックグループの)追っかけ(ギャル).
group·ing [grúːpiŋ] 名 **1** U グループ別にすること, 分類. **2** C グループ, 分類されたもの.
grouse¹ [gráus] 名(複 **grouse**; 種類を示すときは **grous·es** [~iz]) C【鳥】ライチョウ.
grouse² [口語・通例軽蔑] 動 自 […について]不平を言う, ぶつぶつ言う (**complain**) [*about*].
— 名 C 不平 (**complaint**).
★ **grove** [gróuv] 名 C **1** 木立ち, 小さな森《◇一般に wood(s), forest より小さく, ピクニックなどに適している》. **2** (特に柑橘(ポ)類の)果樹園, 果樹林 (cf. orchard 柑橘類以外の果樹園). **3**《英》[G-; 通りの名称として] …並木通り.
grov·el [grávəl / gróv-] 動(過去・過分《英》**grov·elled**; 現分《英》**grov·el·ling**) 自 **1** (軽蔑)〔権力者などに〕ひれ伏す, 屈服する, ぺこぺこする [*to*]. **2** 腹ばいになる, はいつくばる (*about, around*).

★★★ **grow** [gróu] 【基本的意味は「成長する(become bigger or taller)」】
— 動 (三単現 **grows** [〜z]; 過去 **grew** [grúː]; 過分 **grown** [gróun]; 現分 **grow·ing** [〜iŋ])
— 自 **1** (人・動物が) **成長する**, 大きくなる (→ 句動詞 *grow into* ...); (髪の毛・つめが)伸びる: You've *grown* since I saw you last. あなたは前に会ったときよりも大きくなりましたね / I have *grown* five centimeters since last April. 私は4月から背が5センチ伸びた / She is letting her hair *grow* long. 彼女は髪を長く伸ばしている.
2 (植物が)[…から] **生える**, 育つ, 生長する [*from*]:

Carrots *grow* well in this soil. ニンジンはこの土壌でよく育つ / Plants *grow* from seeds. 植物は種子から生える / Money doesn't *grow* on trees.《ことわざ》金は木にならない⇨金のなる木はない. **3** (a) [grow+C]《次第に》…になる (become): It began to *grow* dark. 暗くなり始めた / The days are *growing* longer. 昼間の時間がだんだん長くなっている / She *grew* weak as the disease got worse. 病気が悪化するにつれて彼女は次第に弱っていった. (b) [grow+to do]…するようになる (◇ do は状態を表す動詞): You'll *grow* to like this town. あなたはこの町が気に入るようになりますよ / He will *grow* to be a good doctor. 彼は名医になるだろう.
4〈量・大きさ・程度などが〉増大する, 増える; 発展する: Our friendship *grew* as time went on. 時がたつにつれて私たちの友情は深まった / Their influence is *growing*. 彼らの影響力は増している / The city's population has *grown* to one million. 市の人口は100万人になった.
— ⑯ **1** [grow+O]〈植物〉を育てる, 栽培する (cultivate): *grow* roses バラを栽培する / *grow* vegetables 野菜を作る.
2 [grow+O (+C)]〈髪・ひげなど〉を(…の状態に)生やす, 伸ばす: Recently he's *grown* a beard. 最近彼はあごひげを生やしている / She has *grown* her hair long. 彼女は髪を伸ばした.

句動詞 *gró̄w apárt* ⓐ〈…から〉気持ちが離れる, 別れる [from]: The couple *grew apart* from each other. その夫婦はお互いに気持ちが離れていた.

gró̄w awáy from ... ⓜ …との関係が疎遠になる, …から離れる.

gró̄w ínto ... ⓜ **1** 成長して…になる: Tadpoles *grow into* frogs. オタマジャクシは成長してカエルになる. **2**〈子供が〉〈服など〉に合うほど成長する: You'll soon *grow into* this dress. あなたはすぐにこのドレスを着られるようになるだろう. **3**〈仕事など〉に慣れる.

gró̄w on [*upón*] ... ⓜ **1**〈人〉の気に入るようになる, 気を引くようになる: Classical music has *grown on* me. 私はクラシック音楽が好きになった. **2**〈習慣などが〉〈人〉の身についてくる.

gró̄w óut of ... ⓜ **1** …から生じる, 起こる: My idea *grew out of* reading this book. 私のアイディアはこの本を読んで得た. **2**〈習慣など〉から抜け出す, 脱する: She has *grown out of* fairy tales. 彼女はもうおとぎ話は卒業した. **3**〈服など〉に合わなくなるほど成長する (outgrow).

gró̄w úp ⓐ **1** 成長する, 大人になる: What are you going to be when you *grow up*? 大人になったら何になるつもりですか / *Grow up*! もっと大人になりなさい. **2**〈事態・慣習などが〉生じる, 起こる: A legend *grew up* around him. 彼にまつわる伝説が生まれた.

(▷ 名 gró̄wth)

grow・er [gróuər] 名 C **1**〔通例, 複合語で〕栽培者: an apple *grower* リンゴ栽培者. **2**〔通例, 形容詞を伴って〕生長のしかたが…である作物: a slow [rapid] *grower* 晩生 (ばんせい) [早生 (わせ)] 作物.

grow・ing [gróuiŋ] 形〔限定用法〕生長 [成長] する; 増大する; 発育盛りの.
◆ gró̄wing pàins〔複数扱い〕成長期神経痛《成長期の子供に起きる手足の痛み》;《比喩》(事業・計画などの) 初期段階の困難, 産みの苦しみ.

*growl [grául] ⓐ〈動物が〉[…に向かって] うなる; 〈人が〉[…に対して] がみがみ怒る [at]: The dog *growled at* me. その犬は私に向かってうなった / Mother always *growls at* me. 母はいつも私にがみがみ言う. — ⓜ …をがみがみ言う, どなる (*out*). — 名 C うなり声; どなり声; とどろき.

grown [gróun]
— ⓐ grow の過去分詞.
— 形〔比較なし; 限定用法〕**1** 成長した, 大人の (adult); 〔複合語で〕…に成長した, …で栽培した: a *grown* man [woman] 成人男性 [女性], 大人 / a full-*grown* lion 大人のライオン / home-*grown* 自家栽培の, 国産の. **2** 草の生い茂った.

‡**gró̄wn-úp** 形〔比較なし〕**1** 成人した, 大人の: They have a *grown-up* son. 彼らには成人した息子がいる. **2** 大人らしい, 大人びた: *grown-up* behavior 大人らしいふるまい. — 名 C 成人, 大人 (◇ adult よりくだけた語で, 子供が大人をさして言ったり, 大人が子供に対して使うことが多い).

growth [gróuθ]
— 名 (複 growths [～s]) **1** Ü 発展, 発達 (development); 〔形容詞的に〕発展 [成長] する: the economic *growth* rate 経済成長率 / the *growth* of industry in this country この国の産業の発展.

2 Ü〔または a ～〕増加, 増大; 拡大: the population *growth* 人口の増加 / the *growth* of the Labour Party 労働党の党勢拡大 / There has been a rapid *growth* in the computer market. コンピュータ市場は急速に拡大してきている.

3 Ü 成長, 生長, 発育: the *growth* of a child 子供の成長 / a *growth* area 成長分野 / This tree takes many years to reach its full *growth*. この木は十分に生長するまでに何年もかかる / This medicine encourages hair *growth*. この薬は育毛を促進します.

4 C 成長する身体器官 (◇◇ 髪・ひげなど); 茂み, 草むら;〔医〕できもの, 腫瘍 (しゅよう): a *growth* of weeds 雑草の茂み. **5** Ü 栽培, 産出; 培養: lemons of foreign *growth* 外国産のレモン.

(▷ ⓐ grów)

◆ gró̄wth hòrmone C〔生化〕成長ホルモン.
gró̄wth ìndustry C 成長産業.

grub [gráb] 名 **1** C (カブトムシなど甲虫類の) 幼虫, 地虫, ウジ虫. **2** Ü《口語》食べ物 (food).
— ⓐ (三単現 **grubs** [～z]; 過去・過分 **grubbed** [～d]; 現分 **grub・bing** [～iŋ]) ⓜ〈地面〉を掘り返す〈根などを〉を掘り出す.
— ⓐ 地面を掘り返す;《口語》[…を] 探し回る [for].

grub・by [grábi] 形 (比較 **grub・bi・er** [～ər]; 最上 **grub・bi・est** [～ist]) 汚れた, 汚い; ウジのわいた;《軽蔑》(活動などが) 下劣な, あさましい.

grudge [grÁdʒ] 名 C [人に対する]恨み,憎しみ,悪意 [*against*]: a *grudge* match 遺恨試合 / work [pay] off an old *grudge* 積年の恨みを晴らす / He still bears [has, holds] a *grudge against* me for what happened in Spain. 彼はスペインでのことで今でも私に恨みを抱いている.
— 動 他 **1** [grudge+O+O / grudge+O+to ...] 〈人〉に~を与えるのをいやがる,しぶしぶ与える; [しぶしぶ[...すること]を認める (*doing*). The man *grudged* his sons his money. 男は息子たちにしぶしぶ金を与えた / He *grudged* paying so much money for such a poor meal. 彼はそんなまずい食事に大金を払うのを惜しんだ. **2** [grudge+O+O] 〈人〉の~をねたむ,うらやむ,よく思わない: I don't *grudge* him his promotion. 彼の昇進をうらやましいとは思わない.
grudg·ing [grÁdʒiŋ] 形 しぶしぶの,いやいやの.
grudg·ing·ly [grÁdʒipli] 副 しぶしぶと.
gru·el [grúːəl] 名 U (オートミールなどの)薄いかゆ.
gru·el·ing, (英) **gru·el·ling** [grúːəliŋ] 形 へとへとに疲れさせる; 厳しい,つらい; 努力を要する.
grue·some [grúːsəm] 形 (死や苦しみを連想して)ぞっとするような,むごたらしい.
gruff [grÁf] 形 **1** (話し方・態度などが)ぶっきらぼうな,粗野な. **2** (声が)荒々しい,しわがれ声の.
gruff·ly [grÁfli] 副 ぶっきらぼうに,荒々しく.
***grum·ble** [grÁmbl] 動 他 **1** [...に / ...について]不平を言う,ぐちをこぼす [*at* / *about*]: My wife is always *grumbling at* me *about* my low salary. 妻は私の給料が安いと私にぐちをこぼしてばかりいる. **2** (雷などが)ごろごろ鳴る,とどろく.
— 他 ...を不平がましく言う,ぶつぶつ言う.
— 名 C **1** 不平,苦情. **2** (通例,単数形で)(雷などの)ごろごろ鳴る音.
grump·y [grÁmpi] 形 (比較 **grump·i·er** [~ər]; 最上 **grump·i·est** [~ist]) (口語) 不機嫌な.
grump·i·ly [~li] 副 不機嫌に.
grunt [grÁnt] 動 自 **1** (豚などが)ぶうぶう鳴く,鼻を鳴らす. **2** (苦痛で)うなる; (不平・不満などを)つぶやく言う. — 他 ...と不満そうに言う; うなるように言う (*out*). — 名 C (豚などの)ぶうぶう鳴く声; ぶつぶつ言う声,不満の声.
gryph·on [grífən] 名 C 〔ギ神〕= GRIFFIN.
G7 [dʒíːsévən] (略語) = *G*roup of *S*even 先進7か国財務相・中央銀行総裁会議,先進7か国《日本・米国・英国・フランス・ドイツ・イタリア・カナダ; → G8》.
GSM (略語) = *G*lobal *S*ystem for *M*obile *C*ommunications 〔通信〕GSM方式《ヨーロッパで標準化されたデジタル携帯電話システム》.
G-string 名 C **1** (ストリッパーが着ける)パタフライ. **2** 〔音楽〕(弦楽器の)G線,ゲー線.
Gt. Br., Gt. Brit. (略語) = *G*reat *Brit*ain.
GU (略語) = *G*uam.
Guam [gwáːm] 名 固 グアム島《西太平洋マリアナ諸島中で最大の島.米国領》; (略語) GU).
‡**guar·an·tee** [gærəntíː] (☆アクセントに注意) 名 C **1** 保証(となるもの),保証書: under *guarantee* 保証期間中で / I bought a camera with a year's *guarantee*. 私は1年間保証付きのカメラを買った / There's no *guarantee* that you will win the game. あなたが試合に勝つとは限らない. **2** 担保(物件).
— 動 他 **1** ...を保証する; 〈人〉に[...に対する]保証をする [*against*]; [guarantee + to do [that 節]] ...すること [...であること] を請け合う,保証する: My father *guaranteed* my debt. 父が私の借金の保証人になってくれた / This watch is *guaranteed* for two years. この時計は2年間の保証付きです / They *guarantee* that their products are additive-free. 彼らは製品が無添加であることを保証している.
2 (a) [guarantee + O (+ to be) + C / guarantee + O + to do] ...は~である [~する] と保証する: We *guarantee* our products to last for five years. わが社は製品を5年間保証いたします. (b) [guarantee+O+O / guarantee+O+to ...] ...に~を請け合う,保証する: We *guaranteed* him a high position. = We *guaranteed* a high position *to* him. 私たちは彼に高い地位を保証した.
■ *be guaranteéd to dó* 《皮肉》(結果として)必ず...することになる: The phone *is guaranteed to* ring when I take a bath. 私がふろに入ると決まって電話が鳴る.
guar·an·tor [gærəntɔːr] 名 C 〔法〕保証人.
guar·an·ty [gærənti] 名 (複 **guar·an·ties** [~z]) C 〔法〕 **1** 保証,保証書; 保証契約. **2** 担保(物件).

*****guard** [gáːrd]
動 名【基本的意味は「...を守る (keep ... safe from attack or danger)」】
— 動 (三単現 **guards** [gáːrdz]; 過去・過分 **guard·ed** [~id]; 現分 **guard·ing** [~iŋ])
— 他 **1** ...を [...から] 守る,警護する [*against*, *from*]: Many policemen *guarded* the VIPs *from* danger. 多くの警察官が要人を危険から守った / The President's official residence is strictly *guarded against* terrorists. 大統領官邸はテロリストに対して厳重に守られている / This cream will *guard* you *against* sunburn. このクリームをつければ日焼けが防げる.
2 (外に出ないように)...を見張る,監視する: The police are *guarding* the suspect all day. 警察はその容疑者を1日じゅう監視している.
3 〔スポーツ〕...を防御する,ガードする.
— 自 [...に対して]気をつける,警戒する [*against*]: *guard against* infectious diseases 伝染病の予防をする.
— 名 **1** C 警備員,ガードマン; 護衛,ボディーガード; 《米》(刑務所などの)看守 (《英》warder): a security *guard* 警備員. (比較「ガードマン,SP」は和製英語)
2 C [単数形で; 単数・複数扱い] 警備隊,護衛兵; [the Guards] 《英》近衛(ごえ)連隊: the Coast *Guard* 《米》沿岸警備隊; (日本の)海上保安庁 / the Changing of the *Guard* (英国バッキンガム宮殿の)衛兵交代式.
3 U 監視,見張り; 警戒: be under *guard* 監視されている / catch ... off *guard* ...の不意をつく / The watchdogs keep *guard* over the

house. 番犬がその家を見張っている. **4** [C] 防護物; [しばしば複合語で] …よけ: a mud*guard* 泥よけ / a knee *guard* ひざ当て. **5** [C]《英》(列車の)車掌車(《米》conductor). **6** [C]〖バスケ〗ガード; [U][C]〖スポーツ〗守備, 防御, ガード.

■ **móunt guárd** […の]見張りに立つ, 警護にあたる[*over*].

on [òff] guárd(警官などが)勤務中の[非番の].

on [òff] one's guárd 警戒[油断]して: Politicians are always *on their guard* against making slips of the tongue. 政治家は失言しないようにいつも注意している.

stánd guárd […の]警護にあたる[*over*].

◆ **guárd dòg** [C] 番犬.

guárd's vàn [C]《英》(貨物列車の後尾の)車掌車(《米》caboose).

guard·ed [gáːrdid] 形 […の点で] 用心深い, 慎重な[*in*]: He is always *guarded in* his choice of words. 彼はいつでも慎重に言葉を選ぶ.

guard·ed·ly [-li] 副 慎重に.

guard·house [gáːrdhàus] 名 (複 **guard·hous·es** [-hàuziz]) [C] **1** 衛兵所. **2** (兵営の)留置場, 営倉.

***guard·i·an** [gáːrdiən] 名 [C] **1** [(格式)] 保護者, 守護者; 管理者. **2** 〖法〗後見人(↔ ward).
3 [The G-]『ガーディアン』(英国の日刊紙).

◆ **guárdian ángel** [C] **1** 守護天使. **2** 助けてくれる人; [the G- Angels]《米》ガーディアンエンジェルズ《特に地下鉄内での犯罪・暴力の防止を目的とする有志組織》.

guard·i·an·ship [gáːrdiənʃìp] 名 [U] 〖法〗後見人の地位[職務].

guard·rail [gáːrdrèil] 名 [C] (道路の)ガードレール, 手すり.

guard·room [gáːrdrùːm] 名 [C] 衛兵詰所; 営倉.

guards·man [gáːrdzmən] 名 (複 **guards·men** [-mən]) [C]《米》州兵;《英》近衛(このえ)兵.

Gua·te·ma·la [gwàːtəmáːlə] 名 圖 グアテマラ《中米にある共和国; その首都》.

gua·va [gwáːvə] 名 [C] 〖植〗グアバ, バンジロウ(の実) 《熱帯アメリカ産の低木で, 実は食用》.

gu·ber·na·to·ri·al [g(j)ùːbərnətɔ́ːriəl] 形《米・格式》(州)知事の(◇ governor の形容詞形).

***guer·ril·la, gue·ril·la** [gərílə] 名 [C] ゲリラ(兵), 不正規兵: *guerrilla* war [warfare] ゲリラ戦.

*****guess** [gés] 動 名【原義は「判断する」】

— 動(三単現 **guess·es** [~iz]; 過去・過分 **guessed** [~t]; 現分 **guess·ing** [~iŋ])

— 他 **1** [guess + O] …を 推測する; [guess + that 節 [疑問詞節]] …と […かを]推測する, あてようとする: Can you *guess* my age? 私の年齢をあてられますか / I *guess* how old I am? 私の年齢をあてられますか / I *guess that* he is around thirty. 彼は30歳ぐらいだろう.

2 [I guess+that 節]《主に米口語》私は…だと思う(→ THINK [類義語]): *I guess* Bob likes Kate. ボブはケイトのことが好きなのだと思う / You're hungry, *I guess*. おなかがすいたでしょう(◇文の終わりにも用いる) / Are you going to take the next trial exam? — *I guess* so [not]. あなたは次の模擬試験を受けますか — 受ける[受けない]と思います(◇前の文の内容を受けて so, not を用いることもある).

3 …を (推測して) 言いあてる: *guess* a quiz answer クイズの答えを言いあてる.

— 自 […を]推測する, 言いあてる[*at*]: I can't even *guess at* his age. 彼の年齢は見当がつかない / I *guessed* right [wrong]. 推測が当たった[外れた].

■ **Guèss whát.**《口語》ねえ聞いて, あのね(◇相手をびっくりさせる話を切り出すときに用いる): *Guess what*, I got the prize; a trip to Paris! ねえ, 聞いて. 賞が当たった. パリ旅行よ.

kèep ... guéssing(情報などを教えないで)〈人〉をじらす, やきもきさせる.

— 名 (複 **guess·es** [~iz]) [C] […という]推測, 推量 [*that* 節]: a random [wild] *guess* あてずっぽう / a rough *guess* 大ざっぱな推測 / make [《米》take, 《英》have] a *guess* 推測する / My *guess* is *that* he earned one million dollars last year. 彼は昨年100万ドルは稼いだと思う.

■ **at a guéss**《口語》推測では.

be ánybody's [ányone's] guéss だれも確信が持てない: What will happen next *is anybody's guess*. 次に何が起こるかだれにもわからない.

Your guéss is as góod as míne.《口語》私にもよくわからない(◇質問に答えられないときの表現).

guess·ti·mate [géstəmət, -mèit] 名 [C]《口語》推測による見積もり, あて推量.

guess·work [géswə̀ːrk] 名 [U] あて推量: by *guesswork* あて推量で, あてずっぽうに.

*****guest** [gést] 名 動

— 名 (複 **guests** [gésts]) [C] **1** (招待された) 客, 来客, ゲスト (↔ host) (→ VISITOR [類義語]): a dinner *guest* 夕食に招いた客 / an unexpected *guest* 不意の来客 / an uninvited *guest* 招かれざる客 / welcome [greet] a *guest* 客を歓迎する / We have a lot of *guests* during the winter vacation. 当方では冬休みの間に多くの来客があります. **2** (式などの) 来賓; (テレビなどの) ゲスト; [形容詞的に] 招待された人, ゲストの: a *guest* of honor 主賓 / a *guest* speaker 来賓講演者 / a *guest* professor 客員教授. **3** (劇場・レストランの) 客; (ホテル・下宿の) 宿泊客[人]: a paying *guest* 下宿人.

■ **Bé my guést.**《口語》**1** どうぞご自由に(◇依頼に対する快諾を表す): May I use this dictionary? — *Be my guest*. この辞書を使ってもよろしいですか — どうぞご遠慮なく. **2** (レストランなどで)ここは私のおごりです(→次ページ [LET'S TALK]).

— 動 自 [テレビ番組などに] ゲスト出演する[*on*].

◆ **guést bòok** [C](ホテルなどの)記名帳.
guést ròom [C] 客室, 客間.
guést wòrker [C](他国への)出稼ぎ労働者.

guest·house [gésthàus] 名 (複 **guest·hous·es** [-hàuziz]) [C] **1** 客用の離れ[別館]. **2**《英》簡易ホテル, 民宿.

guff [gʌ́f] 名 [U]《口語》たわ言, ナンセンス.

guf·faw [gʌfɔ́ː] 名 [C] 大笑い, ばか笑い.

— **動** (自) 大笑い[ばか笑い]をする.

GUI [gúːi]《略語》= graphical user interface《コンピュータ》グーイ《コンピュータへの命令を絵文字のクリックなどで簡便にしたシステム》.

Gui·a·na [giǽnə / -áːnə] **名** ギアナ《南米北東部の大西洋沿岸の熱帯地域》.

guid·ance [gáidəns]

— **名** U **1** (教育・職業などの)**指導**, 案内, 助言; 学生指導, ガイダンス (cf. orientation (将来の方向づけの)指導): vocational *guidance* 職業指導 / a *guidance* counselor 指導カウンセラー / give [offer] *guidance* to ... …に助言をする / seek *guidance* on ... …について助言を求める / I studied under the *guidance* of Prof. Sachs. 私はサックス教授の指導(の下)で研究した.
2 (ミサイルなどの)誘導: a missile *guidance* system ミサイル誘導システム. (▷ **動** guide)

guide [gáid]

名 C 【原義は「案内人」】

— **名** (複 guides [gáidz]) C **1** [...の]**解説書**, 手引書, ガイドブック (handbook, guidebook) [*to*]: a *guide* to the art gallery 画廊の作品解説書 / a good *guide* to Los Angeles すぐれたロサンゼルスのガイドブック.
2 案内人, ガイド; 助言者: a tour *guide* ツアーガイド / Tourists need *guides*. 旅行者はガイドが必要です / Will you be my *guide*? 道案内をしてくれませんか.
3 [行動などの]指針, 指導方針 [*to*]; 参考(になるもの): As a rough *guide*, 100 yen is about one U.S. dollar. だいたいの目安として, 100円が1ドルに相当する. **4** [通例 G-]《英》ガールガイド(の一員) (Girl Guide).

— **動** (他) **1** [...へ](人)を**案内する**, ガイドする; 先導する, 導く [*to*] (→ 類義語): a *guided* tour ガイド付きのツアー / *guide* the guest *to* the reserved seat 客を予約席に案内する / David *guided* us around Sydney. デイビッドは私たちにシドニーを案内してくれた / The compass *guided* us back *to* the foot of the mountain. コンパスをたよりに私たちは山のふもとにたどり着いた.
2 〈人〉を指導する, 助言を与える;〈乗り物〉を誘導する: Mr. Abe has *guided* me in improving my violin playing. 私は阿部先生にバイオリン演奏の指導を受けてきた.
3 〈人・行動〉に影響を与える;〈感情などが〉〈人〉を支配する: Young people were easily *guided* by his emotional speeches. 若者は彼の感情的な演説にたやすく影響された. **4** 〈人〉を導いて[…を]切り抜けさせる [*through*]. (▷ **名** guídance)
◆ **guíded míssile** C《軍》誘導ミサイル.
guíde dòg C《主に英》盲導犬(《主に米》Seeing Eye dog).

類義語 **guide, lead, direct**
共通する意味▶案内する (show the way)
guide は「道などに詳しい人が同行して案内する」の意: The curator himself *guided* her around the museum. 館長自らが彼女に付きそって博物館を案内した. **lead** は通例,「先頭に立って案内する」の意: She *led* me to the principal's office. 彼女は先に立って私を校長室に案内してくれた. **direct** は「言葉で道順などを教える」の意: The policeman *directed* us to the library. その警官が私たちに図書館へ行く道を教えてくれた.

guide·book [gáidbùk] **名** C ガイドブック, 旅行案内(書);(一般に)案内書, 手引き, 入門書.
*__guide·line__ [gáidlàin] **名** C [通例 ~s](政策・外交などの)指針, ガイドライン; 指導目標.
guide·post [gáidpòust] **名** C **1** 道しるべ, 道標. **2** 指針, 目安.
*__guild__ [gíld] **名** C **1**《史》ギルド《中世の商人・職人の同業組合》. **2** 同業組合.

LET'S TALK おごるときの言葉

[基本] Be my guest.

Kenji: How much is my share?
(ぼくの支払い分はいくらですか)

Bill: Never mind. Be my guest this time.
(気にしないでください. 今回はごちそうしますよ)

相手に食事をおごる場合には, Be my guest. (私がおごります)と言いましょう. You are my guest. または This is on me. と言ってもかまいません. treat を動詞で用いて It's my turn to treat. (私がおごる番です), 名詞で用いて This is my treat. (これは私のおごりです)と言うこともできますが, これらはやや《古風》な表現です.

自分の支払い分を尋ねる表現は, ほかに How much do I owe you? (私の支払い分はいくらですか)があります.

[類例] A: You paid last time. It's on me today.
(あなたはこの前払いました. きょうは私が払います)
B: Thank you very much. (どうもありがとうございます)

guil·der [gíldər] 名 C ギルダー (gulden) 《オランダの旧通貨単位. 今は euro に統合された; 《略語》G, GL》; 1ギルダー銀貨.

guild·hall [gíldhɔ̀:l] 名 **1** [the G-] ロンドン市庁舎. **2** C 《史》(中世の)ギルドの集会所.

guile [gáil] 名 U 《格式》悪だくみ, 悪知恵.

guile·ful [gáilfəl] 形 《格式》悪賢い, 狡猾(ﾞ)な.

guile·less [gáilləs] 形 悪だくみをしない, 誠実な.

guil·le·mot [gíləmàt / -mɔ̀t] 名 C 《鳥》ウミガラス, ウミバト.

guil·lo·tine [gíləti:n] 名 C **1** [通例 the ~] ギロチン, 断頭台. **2** 《英》紙裁断機, カッター (《米》paper cutter). **3** [通例 the ~]《英》(議会での)討議打ち切り.
— 動 他 **1** 〈人〉をギロチンにかける. **2** 〈紙〉を裁断機で切る. **3**《英》〈議案〉の討議を打ち切る.

‡**guilt** [gílt] 名 U **1** 犯罪(行為), 非行; 有罪 (↔ innocence): His *guilt* wasn't proved. 彼の有罪は立証されなかった. **2** (悪行の)責任, 罪; (罪への)自責の念, やましさ, 罪の意識: a feeling of *guilt* 罪の意識. (▷ 形 guilty)

guilt·i·ly [gíltəli] 副 うしろめたい気持ちで.

guilt·less [gíltləs] 形 罪のない, 無罪の, 潔白な.

‡**guilt·y** [gílti]
— 形 (比較 guilt·i·er [~ər]; 最上 guilt·i·est [~ist]) **1** […で] 有罪の, […の] 意識がある [*of*] (↔ innocent): a *guilty* man 罪を犯した男 / plead *guilty* [not *guilty*] (被告が)有罪を認める[無罪を申し立てる] / *Guilty* [Not *guilty*]. (判決で)有罪[無罪]! / He was found [pronounced] *guilty* of theft. 彼は窃盗罪で有罪とされた. **2** やましい, […に] 身に覚えのある [*about*]: a *guilty* conscience うしろめたさ / a *guilty* look やましい顔つき / I felt *guilty* about leaving without saying goodbye. 私はさよならを言わずに立ち去ったことに気がとがめた. **3** (過失などを)犯した [*of*]: He is *guilty* of causing the bankruptcy. 倒産は彼の失策である. (▷ 名 guilt)

guin·ea [gíni] 名 C ギニー《英国の昔の通貨単位; 1 ギニー = 旧21シリング = 1.05ポンド》; ギニー金貨.
◆ **guínea fòwl** C 《鳥》ホロホロチョウ.
guínea pìg C 《動物》**1** テンジクネズミ《日本では俗に「モルモット」と呼ばれる》. **2** 《口語》(特に人・動物の)実験台, 実験材料,「モルモット」.

Guin·ea [gíni] 名 ギニア《アフリカ西部大西洋岸にある共和国; 首都コナクリ (Conakry)》.

Guin·ness [gínis] 名 U 《商標》ギネス《アイルランド産黒ビール》; C 1杯のギネスビール.
◆ **Guínness Bóok of Récords** 名 [The ~]『ギネスブック』《ギネス社発行の世界記録集. 現在は Guinness World Records と言う》.

guise [gáiz] 名 C 《格式》(特に本当の姿を隠すための)外観, 外見, 装い, 見せかけ: an old theory in a new *guise* 新しい装いをした古い理論.
■ **ùnder** [**in**] **the guíse of ...** …を装って, …の仮面をかぶって.

‡**gui·tar** [gitá:r] 名 (☆ アクセントに注意)
— 名 (複 gui·tars [~z]) C ギター (➡ ROCK [PICTURE BOX]): play the *guitar* ギターを弾く / pluck a *guitar* ギターをかき鳴らす / an acoustic *guitar* アコースティックギター / an electric *guitar* エレキギター.

*gui·tar·ist [gitá:rist] 名 C ギター奏者.

gulch [gʌ́ltʃ] 名 C 《米》(険しい)峡谷.

gul·den [gú:ldən / gúl-] 名 (複 gul·den, gul·dens [~z]) = GUILDER (↑).

***gulf** [gʌ́lf]
【原義は「折り目, ひだ」】
— 名 (複 gulfs [~s]) C **1** 湾 (◇通例 bay より大きなものをさす); [the G-] ペルシャ湾, ペルシャ湾岸諸国: the Persian *Gulf* ペルシャ湾 / the *Gulf* of Mexico メキシコ湾 / the *Gulf* War 湾岸戦争《1991年にイラクと多国籍軍の間で行われた》.
2 (立場・意見などにおける) […間の] 大きな隔たり, くい違い [*between*]: There is usually a *gulf between* theory and practice. 理論と実践の間にはたいてい大きな隔たりがある.
3 (地表などの)深い裂け目, 深い割れ目 (chasm).
◆ **Gúlf Státes** [the ~; 複数扱い] **1** メキシコ湾岸諸州《メキシコ湾岸にある米国の Florida, Alabama, Mississippi, Louisiana, Texas の5州》. **2** ペルシャ湾岸諸国《ペルシャ湾に臨む石油産出国. イラン・イラク・サウジアラビア・バーレーン・クウェート・カタール・アラブ首長国連邦・オマーンの8国》.
Gúlf Strèam 名 [the ~] メキシコ湾流.

gull [gʌ́l] 名 C 《鳥》カモメ (seagull).

gul·let [gʌ́lət] 名 C 《古風》食道, のど (throat): stick in ...'s *gullet* …ののどにつかえる; 〈物事が〉…に受け入れられない.

gul·ley [gʌ́li] 名 (複 gul·leys [~z]) = GULLY (↓).

gul·li·ble [gʌ́ləbl] 形 だまされやすい.

gul·li·bil·i·ty [gʌ̀ləbíləti] 名 U だまされやすさ.

Gúl·li·ver's Trávels [gʌ́livərz-] 名『ガリバー旅行記』《英国の小説家ジョナサン=スウィフト (Jonathan Swift) 作》.

gul·ly [gʌ́li] 名 (複 gul·lies [~z]) C **1** (大雨で生じた)小峡谷 (→ VALLEY 関連語). **2** 小水路, 深い溝.

gulp [gʌ́lp] 動 他 **1** 〈飲み物〉をぐいと [ごくごく, がぶがぶ] 飲む (*down*); はっと〈息〉をのむ. **2** 〈涙など〉を抑える, こらえる (*down, back*): I *gulped back* my tears. 私は涙をこらえた. — 自 **1** (驚き・恐怖などで) はっと息をのむ. **2** (飲み物を) ごくごく飲む.
— 名 C ぐいと飲むこと, ひと飲み; はっと息をのむこと, ひと息: take a *gulp* of coffee コーヒーをぐいっとひと飲みする.

‡**gum**¹ [gʌ́m] 名 **1** U チューインガム (chewing gum): chew *gum* ガムをかむ. **2** C ガムドロップ (gumdrop). **3** U ゴム(質), 生ゴム; 樹脂 (rubber). **4** U 《英》ゴムのり, アラビアのり. **5** C = gúm trèe 《植》ゴムの木; 《主に豪》ユーカリ (eucalyptus).
■ **up a gúm trèe** 《英口語》窮地に陥って (◇動物が木に上って逃げ場を失うことから).
— 動 (三単現 gums [~z]; 過去・過分 gummed [~d]; 現分 gum·ming [~iŋ]) 他 …にゴムを塗る,

gum² [名][C][通例〜s] 歯ぐき.

gum² [名][C][B][通例〜s] 歯ぐき.

gum·bo [gʌ́mbou] [名]（複 **gum·bos** [〜z]）**1** [C]【植】オクラ（okra）. **2** [U]《米》【料理】ガンボー《オクラ入りスープ》.

gum·drop [gʌ́mdrɑ̀p / -drɔ̀p] [名][C] ガムドロップ, グミ《ゼラチンなどで作ったゼリー菓子》.

gum·my [gʌ́mi] [形]（比較 **gum·mi·er** [〜ər]; 最上 **gum·mi·est** [〜ist]）**1** ゴム状[質]の, ねばねばした, 粘着性の. **2** ゴムをかぶせた, ゴムの付いた.

gump·tion [gʌ́mpʃən] [名][U]《口語》**1** 積極性, やる気, 進取の気性; 勇気, 度胸. **2** 常識, 分別.

gum·shoe [gʌ́mʃùː] [名][C]《米》**1**[通例〜s]（ゴム製の）オーバーシューズ. **2** 《古風》刑事.

gun [gʌ́n]

— [名]（複 **guns** [〜z]）[C] **銃**, 鉄砲; ピストル, 拳銃(けんじゅう); 大砲: a machine *gun* 機関銃 / a starter's *gun* スタート合図用ピストル / point [aim] a *gun* at ... ...に銃を向ける.

コロケーション 銃を [に, の] ...
銃を撃つ: *fire a gun*
銃を携帯する: *carry*《米口語》*pack*》*a gun*
銃に弾丸を込める: *load a gun*
銃の弾丸を抜く: *unload a gun*

2（銃に似た）吹き付け[注入]器具: a spray *gun*（殺虫剤・塗料などの）噴霧器. **3**（大砲などの）発射; 号砲, 祝砲, 礼砲. **4**《米》殺し屋（gunman）.

■ **a bíg gún**《口語》大物, 有力者; 将校.

gíve ... the gún《口語》...を始動させる, ...のスピードを上げる.

gò gréat gúns《口語》（ことが）てきぱき進む.

júmp the gún《口語》**1**（レースで）フライングをする《◇合図のピストルが鳴らないうちに飛び出す》.

2 許可なく始める, 先走りする.

spíke ...'s gúns《人》の計画をだめにする.

stíck to one's gúns（戦い・議論などで）妥協を拒む, 譲らない, 自分の立場を守る.

— [動]（三単現 **guns** [〜z]; 過去・過分 **gunned** [〜d]; 現分 **gun·ning** [〜iŋ]）(他) 銃を撃つ; 狩猟に行く. — (他) **1** ...を銃で撃つ. **2**《米口語》〈エンジンなど〉をふかす.

■ **gún dówn** (他)[通例, 受け身で] ...を銃で撃ち倒す, 射殺する.

gún for ... (他)[進行形で]《口語》...を批判する[負かす]機会をねらう; ...を獲得しようとしている.

◆ **gún contról** [U] 銃規制, 銃器取締（法）.

gún dòg [C]《英》猟犬.

gun·boat [gʌ́nbòut] [名][C]（小型の）砲艦.

◆ **gúnboat diplòmacy** [U]《軽蔑》武力外交.

gun·fight [gʌ́nfàit] [名][C]《米》銃[ピストル]による撃ち合い[決闘], 銃撃戦.

gun·fight·er [gʌ́nfàitər] [名][C]《米》（西部開拓時代の）ピストルの使い手, ガンマン; ならず者.

gun·fire [gʌ́nfàiər] [名][U] 発砲[銃撃]（の音）.

gunge [gʌ́ndʒ] [名]《英口語》= GUNK（↓）.

gung-ho [gʌ́ŋhóu] [形]《口語》熱狂した, がむしゃらな, 非常に熱心な.

gunk [gʌ́ŋk] [名][U]《口語》（不快な）ねばねばしたもの, 汚らしいもの（《英口語》gunge）.

gun·man [gʌ́nmən] [名]（複 **gun·men** [-mən]）[C] **1** 銃を使った強盗, 殺し屋. **2** 銃（早撃ち）名人.

gun·ner [gʌ́nər] [名][C] 砲手, 射撃手; 【英軍】砲兵隊員.

gun·ner·y [gʌ́nəri] [名][U] 砲撃, 砲術, 射撃（法）.

gun·point [gʌ́npɔ̀int] [名][C] ピストルの銃口[筒先]: at **gunpoint** ピストルを突きつけられて.

***gun·pow·der** [gʌ́npàudər] [名][U] (黒色)火薬.

◆ **Gúnpowder Plòt** [the 〜]【英史】火薬陰謀事件《1605年11月5日の議事堂爆破未遂事件》; → GUY FAWKES NIGHT [DAY].

gun·run·ner [gʌ́nrʌ̀nər] [名][C] 銃器の密輸入人.

gun·run·ning [gʌ́nrʌ̀niŋ] [名][U] 銃器の密輸入.

gun·shot [gʌ́nʃɑ̀t / -ʃɔ̀t] [名][C] **1** 発砲, 銃声; 発射された弾丸. **2** [U] 射程（距離）.

gún·shỳ [形] **1**（猟犬・馬などが）銃声におびえる. **2**《米》〈人が〉警戒心の強い.

gun·smith [gʌ́nsmìθ] [名][C] 鉄砲かじ, 銃器工.

gun·wale [gʌ́nəl] [名][C]【海】舷縁(げんえん), 船べり.

gup·py [gʌ́pi] [名]（複 **gup·pies** [〜z]）[C]【魚】グッピー《観賞用の淡水熱帯魚》.

gur·gle [gə́ːrgl] [動] **1**（水などが）ごぼごぼ流れる, ごぼごぼ音を立てる. **2**（赤ん坊・動物などが）[喜びなどで] どろどろのどを鳴らす（*with*）.

— (他) ...をのどをどろどろ鳴らして言う.

— [名][C] ごぼごぼ[どくどく]いう音;（赤ん坊・動物などの）のどを鳴らす音.

gu·ru [gúəru] [名][C] **1**（ヒンドゥー教の）導師, グル. **2**《口語》指導者, 権威者.

gush [gʌ́ʃ] [動] **1**（液体・言葉などが）[...から] ほとばしり出る, 流れ出る, 噴出する（*out*）（*from, out of*）: Water *gushed* from the faucet. 水が蛇口からほとばしり出た. **2**（血などが）吹き出す,（涙が）あふれる. **3**《軽蔑》[...について] 大げさにまくし立てる（*over, about*）. — (他) ... [名][C][[または a 〜] **1**（液体などの）ほとばしり, 噴出: Hot water came out in a *gush*. 熱湯がどっと吹き出した. **2**（言葉・感情などの）激発, ほとばしり: a *gush* of anger 怒りの爆発.

gush·er [gʌ́ʃər] [名][C] **1** 噴出油井(せい). **2** 大げさにまくし立てる人.

gush·ing [gʌ́ʃiŋ] [形] **1**（液体が）ほとばしり出る, 吹き出る. **2**《口語・軽蔑》大げさにまくし立てる.

gush·ing·ly [〜li] [副] 感情的になって, 大げさに.

gus·set [gʌ́sit] [名][C]（衣服の補強などに用いる）三角切れ, まち.

gus·sy [gʌ́si] [動]（三単現 **gus·sies** [〜z]; 過去・過分 **gus·sied** [〜d]; 現分 **gus·sy·ing** [〜iŋ]）(他)《米口語》...を飾り立てる, 着飾らせる（*up*）.

***gust** [gʌ́st] [名][C] **1** 突風, 一陣の風 (→ WIND¹ 類義語);（雨・火などの）突然の吹きつけ, 噴出, 突発: a *gust* of wind 一陣の風. **2**（感情などの）激発, 爆発: a *gust* of anger 怒りの爆発.

— [動] (自)（風が）急に吹く;（雨・雪が）急に吹きつける.

gus·to [gʌ́stou] [名][U] 心からの楽しさ, 喜び; 熱意;（飲食物の）賞味: with (great) *gusto* いかにも楽しそうに[うまそうに].

gust·y [gʌ́sti] [形]（比較 **gust·i·er** [〜ər]; 最上 **gust·i·est** [〜ist]）突風(性)の, 風の激しい.

***gut** [gʌ́t] [名] **1** [U][C] 消化器官,（特に動物の）胃腸:

the blind gut 盲腸(appendix). **2** [~s] 内臓, はらわた; [通例, 単数形で] はら(出っ張った)腹: a beer gut ビール腹. **3** [~s]《口語》根性, 勇気; 度胸, 決断力: a man with [without] guts 根性のある[ない]男. **4** [~s]《口語》中身, 本質, 要点. **5** U (バイオリン・ラケットなどの) ガット; (魚釣り用の) てぐす. **6** [~s] (機械など内部の) 可動部分.
■ *háte* ...'*s gúts*《口語》〈人〉を心から憎む.
swéat [wórk, slóg] one's gúts òut《口語》精根傾けて[身を粉(⌒)にして]働く.
— 動 (三単現 guts [gʌ́ts]; 過去・過分 **gut·ted** [~id]; 現分 **gut·ting** [~iŋ]) 他 **1** 〈動物など〉の内臓を取り出す. **2** 〈通例, 受け身で〉(特に火事などで)〈家・都市など〉の内部を破壊する: The warehouse *was gutted* by the fire. 倉庫は火事で内部がすっかり焼け落ちた.
— 形 [限定用法]《口語》本能的な; 本質的な: a *gut* feeling 直感.

Gu·ten·berg [gúːtnbə̀ːrg] 名 (固) グーテンベルク Johann [jouháːn] Gutenberg (1398?-1468; ドイツの活版印刷術の発明者).

gut·less [gʌ́tləs] 形《口語》度胸のない, 憶病な.

guts·y [gʌ́tsi] 形 (比較 **guts·i·er** [~ər]; 最上 **guts·i·est** [~ist])《口語》勇気[根性, ガッツ]のある; 生き生きとした, 力強い.

gut·ted [gʌ́tid] 形 [叙述用法]《英口語》とても失望した, がっかりした; うろたえた.

gut·ter [gʌ́tər] 名 C **1** (道路の)排水溝, 溝(⌒). **2** 雨どい. **3** [the ~] 貧民街; どん底生活. **4**【ボウリング】ガター(《レーン両側の溝》).
— 動 自 (ろうそくの炎が)今にも消えそうに明滅する(*out*).
◆ **gútter préss** [the ~; 単数・複数扱い]《英》(扇情的な) 低俗新聞(《米》scandal sheet).

gut·ter·ing [gʌ́təriŋ] 名 U 雨どい (工事).

gut·ter·snipe [gʌ́tərsnàip] 名 C《古風・軽蔑》浮浪児; 貧民.

gut·tur·al [gʌ́tərəl] 形 **1** のどの奥から出る; がらがら声の. **2**【音声】喉(⌒)音の.

guv [gʌv] 名 C《呼びかけ》《英口語》お客さん, だんな(さん).

guv·nor [gʌ́vnər] 名 C《英口語》**1** 上司, 親方. **2**《呼びかけ》おやじ; 親方, ボス(governor).

*****guy** [gái] 名 動
— 名 (複 **guys** [~z]) C **1**《口語》男, やつ(fellow): a nice [bad] *guy* いい [悪い] やつ.
2 [~s]《米口語》連中, 人たち; 《呼びかけ》君たち, みんな(◇女性たちにも用いる): Hey, (you) *guys*, come here and join us. ねえ, 君たち, こっちに来て一緒にどうだい.
3《英》ガイ=フォークスの人形 (→ GUY FAWKES NIGHT [DAY]).
— 動 他《古風》…のまねをしてからかう.

Gùy Fáwkes Night [Dày] [gài fɔ́ːks-] 名 (固) 《英》ガイ=フォークス祭 (11月5日; 火薬陰謀事件 (the Gunpowder Plot) の首謀者ガイ=フォークス逮捕の記念日. 彼の人形をかつぎ回ったあと焼き, 花火

を上げる).

guz·zle [gʌ́zl] 動《通例, 軽蔑》他 …をがぶがぶ飲む, がつがつ食う; 〈燃料〉を大量に消費する (*away, down, up*).
— 自 暴飲暴食する (*away*).

‡**gym** [dʒím] (◇ *gym*nasium, *gym*nastics の略) 名《口語》**1** C 体育館, ジム. **2** U (学科としての) 体育, 体操: *gym* shoes 運動靴, スニーカー / a *gym* suit 体育着 / We have *gym* today. きょうは体育の授業がある.

gym·kha·na [dʒimkáːnə] 名 C《米》自動車競技会, ジムカーナ; 《主に英》馬術競技会.

***gym·na·si·um** [dʒimnéiziəm] 名 (複 **gym·na·si·ums** [~z], **gym·na·si·a** [-ziə]) C **1** 体育館, ジム(《口語》gym). **2** [gimnáːz-] ギムナジウム (《ドイツの大学進学のための中等学校》).

gym·nast [dʒímnæst] 名 C 体操選手; 体育教師.

gym·nas·tic [dʒimnǽstik] 形 [限定用法] 体操の, 体育の.

***gym·nas·tics** [dʒimnǽstiks] 名 U **1** [複数扱い] 体操, 器械体操. **2** [単数扱い] (学科としての) 体育, 体操 (《口語》gym).

gy·ne·co·log·i·cal,《英》**gy·nae·co·log·i·cal** [gàinikəládʒikəl / -lɔ́dʒ-] 形【医】婦人科 (医学) の.

gy·ne·col·o·gist,《英》**gy·nae·col·o·gist** [gàinikálədʒist / -kɔ́l-] 名 C【医】婦人科医.

gy·ne·col·o·gy,《英》**gy·nae·col·o·gy** [gàinikálədʒi / -kɔ́l-] 名 U【医】婦人科医学.

gyp [dʒíp] 動 (三単現 **gyps** [~s]; 過去・過分 **gypped** [~t]; 現分 **gyp·ping** [~iŋ]) 他《米口語》…をだます, ペテンにかける; …をだまし取る.
— 名 C **1** [単数形で]《米》詐欺; だまして買わされた(ように思われる)もの. **2**《英》厳罰; 苦痛: give ... *gyp* …をこらしめる.

gyp·sum [dʒípsəm] 名 U 石こう; ギプス.

Gyp·sy,《主に英》**Gip·sy** [dʒípsi] 名 (複 **Gyp·sies, Gip·sies** [~z]) **1** C [しばしば g-] ジプシー (《ヨーロッパ, 西アジアの放浪民族. エジプト人 (Egyptian) と誤解され, こう呼ばれるようになった. 彼ら自身は Romany と称している》); [形容詞的に] ジプシーの. **2** U ジプシー語 (Romany). **3** C [g-] 放浪癖のある人.

gy·rate [dʒáireit / dʒairéit] 動 自 **1**《文語》(軸・固定点の周囲を) 旋回する; (人が) 体をくねらせる. **2** (通貨・相場などが) 急激に変動する.

gy·ra·tion [dʒairéiʃən] 名 C (通例 ~s) **1** 旋回 (運動). **2** (通貨・相場などの) 急激な変動.

gy·ro [dʒáiərou] 名 (複 **gy·ros** [~z]) C **1** = GYROSCOPE (↓). **2** = GYROCOMPASS (↓).

gy·ro·com·pass [dʒáiərouk̀ʌmpəs] 名 C ジャイロコンパス, 回転羅針儀 (《口語》gyro).

gy·ro·scope [dʒáiərəskòup] 名 C ジャイロスコープ, 回転儀 (《口語》gyro).

gy·ro·scop·ic [dʒàiərəskápik / -skɔ́p-] 形 ジャイロスコープの, ジャイロスコープを応用した.

H h

h, H [éitʃ] 名 (複 **h's, hs, H's, Hs** [～iz])
　1 C U エイチ《英語アルファベットの8番目の文字》.
　2 C [大文字で] H字形のもの.
　■ *dróp one's h's* (本来発音すべき語頭の) h 音を落として発音する (◇ **h**air を [éə] と発音するなど. ロンドンなまり (Cockney) の特徴の1つ).

h, H[1] 《略語》= **h**eight; **h**igh; **h**our(s).

H[2] 《略語》= **h**ard (◇鉛筆の硬度を表す; ↔ B); 《元素記号》= **h**ydrogen 水素.

***ha**[1]**, hah** [háː] 間 はあ, まあ, おや (◇疑い・驚き・喜び・怒りなどを表す): *Ha! Ha!* はっはっ (◇笑い声).

ha[2] 《略語》= **h**ectare(s) ヘクタール.

há·be·as córpus [héibiəs-] 《ラテン》名 U 《法》人身保護令状《拘留が合法であるかを調べ, 違法な拘留を避けるために被拘留者を出廷させる》.

hab·er·dash·er [hǽbərdæ̀ʃər] 名 C　**1**《米・古風》男性用服飾品商.　**2**《英・古風》服飾雑貨商.

hab·er·dash·er·y [hǽbərdæ̀ʃəri] 名 (複 **hab·er·dash·er·ies** [～z]) U C　**1**《米・古風》男性用服飾品 (店).　**2**《英・古風》服飾雑貨 (店).　**3** 織物, 服地.

***hab·it** [hǽbit]
　— 名 (複 **hab·its** [-its])　**1** C U 習慣, 癖 (→ 類義語): a drinking *habit* 飲酒の習慣 / She tried to break [cure] the *habit* of touching her nose when confused. 彼女は困惑したときに鼻を触ってしまう癖を直そうとした / It is a bad *habit* to smoke in bed. 寝ねばこは悪い習慣です.
　2 U C 《動植物の》習性; 《人の》気質, 性質: rabbit's eating *habit* ウサギの食性 / a cheerful *habit* of mind 明朗な性格.
　3 C 法衣, 僧服; (特に女性の) 乗馬服.
　■ *be in the hábit of dóing* = *hàve a* [*the*] *hábit of dóing* …する習慣 [癖] がある: My father *is in the habit of rising* early on Sundays. 父は日曜日に早起きする習慣がある.
　fàll [*gèt*] *into the hábit* (*of dóing*) (…する) 習慣 [癖] がつく.
　gèt out of the hábit (*of dóing*) (…する) 習慣 [癖] をやめる [直す].
　màke a hábit of dóing = *màke it a hábit to dó* …することにしている.
　òut of [*from*] *hábit* 習慣から, いつもの癖で.
　(▷ 形 habítual).

類義語　habit, custom, practice
共通する意味▶ 習慣 (a mode of behavior that has become usual through repetition)
habit は無意識のうちに行う個人の「習慣, 癖」の意: He has a *habit* of biting his nails when irritated. 彼にはいらいらするとつめをかむ癖がある.　**custom** は社会的に定着し, しばしば拘束力を持つ「習慣, しきたり」の意: It is the *custom* for men to remove their hats in rooms. 部屋の中では男性は帽子を取るのが習わしになっている.　**practice** は自発的に行う「個人的・社会的な習慣」の意: They should abandon the *practice* of using a loud speaker near the hospital. 病院の近くで拡声器を使うことはやめるべきである.

hab·it·a·bil·i·ty [hæ̀bətəbíləti] 名 U 居住性.

hab·it·a·ble [hǽbətəbl] 形 (家などが) 住むのに適した, 住める.

hab·i·tat [hǽbitæt] 名 C 《動植物の》生息環境; 《動物の》生息地; 《植物の》自生地: the giant panda's natural *habitat* パンダの自然生息地.

***hab·i·ta·tion** [hæ̀bitéiʃən] 名 《格式》　**1** U 居住 (権), 住むこと.　**2** C 住む所, すみか.

háb·it-fòrm·ing 形 (麻薬などが) 常習性の.

****ha·bit·u·al** [həbítʃuəl, hæ-] 形 [比較なし; 通例, 限定用法]　**1** 習慣的な, いつもの (usual): She looked at him with her *habitual* smile. 彼女はいつもの笑みを浮かべて彼を見た.　**2** 常習的な: a *habitual* criminal 常習犯.　(▷ 名 hábit).

ha·bit·u·al·ly [həbítʃuəli, hæ-] 副 習慣的に, いつも (のように); 常習的に.

ha·bit·u·ate [həbítʃuèit] 動 他 《格式》〈人〉を […に〕 慣らす, 〈人〉に […を〕 習慣づける 〔*to*〕: *habituate* oneself *to* hard work つらい作業に慣れる.

ha·bit·u·é [həbítʃuéi / həbítʃuèi] 《フランス》名 C 《格式》(酒場・劇場などの) 常連 (客).

ha·ci·en·da [hɑ̀ːsiéndə / hæ̀siéndə] 《スペイン》名 C (中南米の) 大牧場, 大農場.

***hack**[1] [hǽk] 動 他　**1** …をたたき切る, (思い切って) 縮小する (*up, off, down*); 〈ボールなど〉を激しくける: *hack off* a branch 枝を切り落とす.　**2**〈道などを〉を切り開く; 《口語》〈事業・計画など〉をうまくやり抜く.　**3**《コンピュータ》〈システム〉に不正に侵入する.
　— 自　**1** (おのなどで) […を] たたき切る (*away*) 〔*at*〕.　**2**《コンピュータ》〈システム〉に不正に侵入する 〔*into*〕.　**3** ひどい咳をする.

hack[2] 名 C　**1** 乗用馬; 老いぼれ馬.　**2** 売文家, 雑文書き; 三流政治家.　**3** 貸し馬 (での乗馬); 《米口語》タクシー (運転手).　— 動 自　**1**《米口語》タクシーを運転する.　**2**《英》馬に乗って行く.

***hack·er** [hǽkər] 名 C 《口語》《コンピュータ》
　1 ハッカー《他人のコンピュータに不正に侵入する人》.　**2** コンピュータ専門家 [マニア].

hack·le [hǽkl] 名 C [通例 ～s] (怒ると逆立つおんどり・犬などの) 首の周りの毛.

hackney

■ **màke ...'s háckles ríse = ráise ...'s háckles** …を怒らせる.

hack・ney [hǽkni] 名 C **1** ハクニー種の馬. **2** 貸し馬車.
◆ **háckney càrriage** C《英》**1** 貸し馬車 (《米》**hackney coach**).**2**《格式》タクシー (**hackney cab**).

hack・neyed [hǽknid] 形 (表現などが)使い古された, ありふれた, 陳腐な, 紋切り型の.

hack・saw [hǽksɔː] 名 C (金属切断用の)金のこ.

had [hǽd]
— 動 **have** の過去形・過去分詞.
— 助動 (弱) həd, əd; (強) hǽd) **have** の過去形: I **had** finished my homework by the time you called me last night. 昨夜あなたが電話をしてきたときには宿題を終えていた(◇過去完了の完了) / My sister could not sleep the night before her departure because she **had** never **been** abroad. 妹は一度も海外へ行ったことがなかったので出発前夜は眠れなかった(◇過去完了の経験) / How many years **had** you **lived** in Canada before you came to Japan? あなたは日本へ来る前に何年カナダに住んでいましたか(◇過去完了の継続) / Tom said that he **had seen** the movie the day before. トムはその映画を前の日に見たと言った(◇時制の一致).

■ **had bést dó** → BEST 成句.
had bétter dó → BETTER 成句.
had ràther dó (than dó) = would rather do (→ RATHER 成句).

had・dock [hǽdək] 名 (複 **had・dock**, **had・docks** [~s]) 魚 C ハドック《北大西洋産のタラ》; U ハドックの身[肉].

Ha・des [héidiːz] 名 **1** 固《ギ神》黄泉(よみ)の国, 死者の国, 冥府(めいふ). **2** 固《ギ神》ハデス《黄泉の国の王; → GOD 表》. **3** U [h-]《口語》地獄 (hell).

had・n't [hǽdnt]《短縮》《口語》**had not** の短縮形: If he **hadn't** seen it with his own eyes, he wouldn't have believed it. 自分の目で見なかったなら, 彼はそれを信じなかっただろう.

hae・mo- [híːmou, hémou]《結合》《英》= HEMO-.
haft [hǽft / háːft] 名 C (おのなどの)つか, 柄(え).
hag [hǽg] 名 C《軽蔑》醜い老婆; 魔女 (witch).
・hag・gard [hǽɡərd] 形 (疲労・悩みなどで) やつれた, 疲れ切った: a **haggard** face やつれた顔.
hag・gis [hǽɡis] 名 U C《料理》ハギス《羊の内臓を胃袋に入れて煮込んだスコットランド料理》.
hag・gle [hǽɡl] 自《価格などのことで》言い争う [**over, about**]; [人と]押し問答する [**with**].
— 名 C (価格などに関しての)言い争い, 押し問答.

hag・i・og・ra・phy [hæ̀ɡiáɡrəfi / -ɔ́g-] 名 (複 **hag・i・og・ra・phies** [~z]) **1** U C 聖人伝(の本), 聖人研究. **2** C 主人公を理想化した伝記.

Hague [héig] 名 固 [The ~] ハーグ《オランダの行政上の中心都市. 国際司法裁判所がある》.

ha-ha[1] [hàːháː] 間 あはは, はは (◇笑い声).
ha-ha[2] [hàːháː] 名 C (庭や公園の周りの)隠れ垣[塀].

---

hair

*hail[1] [héil] 名 **1** U あられ, ひょう (◇あられの1粒はhailstone). **2** [a ~] (…の)雨, あられのようにふってくる […] [**of**]: a **hail of** bullets 弾丸の雨 / a **hail of** questions 矢つぎ早の質問.
— 動 自《通例 It を主語として》 あられ[ひょう]が降る; あられのように降る: It **hailed** hard this morning. けさはあられがひどく降った.
— 他 …を […に]雨あられと浴びせる (**down**) [**on**]: They **hailed down** curses **on** the mayor. 彼らは市長に罵声(ばせい)を浴びせた.

*hail[2] 動 他 **1** 〈人〉を歓迎する, 歓呼して迎える; [**hail**+O+**as** ... / **hail**+O+C] 〈人・もの〉を …として迎える, 認める: The crowd **hailed** the king. 群衆は王を歓呼して迎えた / They **hailed** him (**as**) a hero. 彼らは彼を英雄として歓呼して迎えた. **2** …に合図する; 〈乗り物・人〉を呼び止める, 大声で呼ぶ: **hail** a taxi タクシーを呼び止める.

■ **háil from ...** 《受け身不可》《こっけい》…の出身である (come from); (船が)…から出航する.
— 名 C あいさつ; 呼びかけ, 呼び声.
— 名 C **within** [**out of**] **háil of ...** …の声が届く[届かない]所に.
— 間 《詩語》ようこそ; 万歳.

hail・stone [héilstòun] 名 C 《通例 ~s》あられ[ひょう] (の粒).
hail・storm [héilstɔ̀ːrm] 名 C あられ[ひょう]を伴ったあらし.

hair [héər] (☆ 同音 hare)
— 名 (複 **hairs** [~z]) **1** U 《集合的に》髪, 頭髪, 毛髪 (→ HEAD 図); (人・動物の)毛, 体毛: My brother has red **hair**. 私の弟は赤毛です / Your **hair** has grown very long. 髪がずいぶん伸びたね / When did you have your **hair** cut? いつ髪を切ってもらったのですか.

コロケーション 髪を…
髪をくしでとかす: **comb** one's hair
髪をシャンプーする: **shampoo** one's hair
髪を染める: **color** [**dye**] one's hair
髪をブラシでとかす: **brush** one's hair
髪をわける: **part** one's hair

参考 (1) 欧米では, 髪の色を目の色などと同様に身分証明書などに記載することが多い.
(2) 髪の色には次のようなものがある: black 黒髪 / blond 金髪 / gray 白髪 / red 赤毛.

2 C (1本の)毛: There is a **hair** in the salad. サラダの中に髪の毛が1本入っている / I brushed the cat's **hairs** off my sweater. 私はセーターから猫の毛をブラシをかけて払い落とした.
3 [a ~] 1本の毛ほどの, わずか (な差): win [lose] by a **hair** わずかな差で勝つ[負ける].

■ **a [the] háir of the dóg (that bít you)** 《こっけい》(二日酔いを治すための)迎え酒.
dò (úp) one's háir (自分の)髪を結う, 調髪する.
gèt in ...'s háir 《口語》…を困らせる, 怒らせる.
Kèep your háir òn! 《口語》落ち着きなさい.
lèt one's háir dówn 《口語》くつろぐ.
màke ...'s háir stánd on énd …をぞっとさせる.
nòt have a háir òut of pláce 身だしなみに一分の隙(すき)もない.

hairbreadth

nót túrn a háir 《口語》平然としている.
split háirs ささいなことにこだわる.
téar one's háir (*óut*) 《口語》(悲しみ・怒り・いら立ちなどで)髪をかきむしる.
to (*the túrn of*) *a háir* 寸分たがわず.

◆ háir restòrer 《口》養毛[育毛]剤, 毛生え薬.
háir slìde 《英》ヘアクリップ(《米》barrette).
háir sprày [U][C]ヘアスプレー.

hair·breadth [héərbrèdθ] 1 [U][またはa~](髪の毛1本ほどの)わずかな幅 [距離]; 間一髪 (hairsbreadth): escape by a *hairbreadth* 間一髪を逃れる. 2 [形容詞的に] 間一髪の.

hair·brush [héərbrʌ̀ʃ] [名][C]ヘアブラシ.

hair·cloth [héərklɔ̀ːθ / -klɔ̀θ] [名][U] 馬巣(ず)織 (馬などの毛を織り込んだ目の粗い織物).

hair·cut [héərkʌ̀t] [名][C] 1 散髪; ヘアカット: have [get] a *haircut* 散髪する, 散髪してもらう. 2 髪型, ヘアスタイル.

hair·do [héərdùː] [名](複 hair·dos [~z])[C]《口語》(特に女性の)髪のセット; 髪型, ヘアスタイル.

hair·dress·er [héərdrèsər] [名][C]美容師; 《通例~'s》美容室 (→ BARBER [比較]).

hair·dress·ing [héərdrèsiŋ] [名][U](特に女性の)調髪; 美容業: a *hairdressing* salon 美容室.

hair·dri·er, hair·dry·er [héərdràiər] [名][C]ヘアドライヤー (drier, dryer).

-haired [heəd] [結合] 形容詞に付いて「…の頭髪をした」の意を表す: long-*haired* 長髪の / curly-*haired* 縮れ毛の.

hair·grip [héərgrìp] [名][C]《主に英》ヘアピン(《米》bobby pin).

hair·less [héərləs] [形] 毛のない, はげの (bald).

hair·line [héərlàin] [名][C] 1 (髪の毛のように)非常に細い線; [形容詞的に] 非常に細い: a *hairline* crack 細いひび割れ. 2 (特に額の)髪の生え際.

hair·net [héərnèt] [名][C](髪の乱れを防ぐ)ヘアネット.

hair·piece [héərpìːs] [名][C]ヘアピース, 部分かつら.

hair·pin [héərpìn] [名][C]ヘアピン; [形容詞的に] U字形の: a *hairpin* curve [《米》turn, 《英》bend] ヘアピンカーブ.

háir·ràis·ing [形] 身の毛のよだつ, ぞっとする.

hairs·breadth, hair's-breadth [héərzbrèdθ] [名] =HAIRBREADTH (↑).

hair·split·ting [héərsplìtiŋ] [名][U]ささいなことにこだわること.
— [形] ささいなことにこだわる, 屁理屈の.

hair·style [héərstàil] [名][C] 髪型, ヘアスタイル.

hair·y [héəri] [形] (比較 hair·i·er [~ər]; 最上 hair·i·est [~ist]) 1 (胸・手足などが)毛深い, 毛むくじゃらの. 2 毛でできた, 毛のような. 3 《口語》困難な; 身の毛のよだつ, ぞっとする, どきどきする.

Hai·ti [héiti] [名] ⊕ ハイチ《西インド諸島にある共和国; 首都ポルトープランス (Port-au-Prince)》.

ha·lal [həláːl] [名][U] イスラム教の戒律で認められた方法で処理された動物の肉.

ha·la·tion [heiléiʃən, hə-/ hə-] [名][U]《写》ハレーション《写真・映画などで, 強い光が当たった部分の周囲で画面がぼやける現象》.

hal·cy·on [hǽlsiən] [名][C]《鳥》カワセミ.

◆ hálcyon dáys [複数扱い] 《主に文語》幸せで平和な時代, のどかな日々.

hale [héil] [形] 《文語》(特に老人が)元気な, かくしゃくとした: *hale* and hearty 達者な.

****half** [hǽf / háːf] [名] [形] [副] 《原義は「切り分けた(もの)」》
— [名] (複 halves [hǽvz / háːvz]) 1 [C][U] 半分, 2分の1: a year and a *half* 1年半 (=one and a half years) / the first [second] *half* of July 7月の前半 [後半] / the bigger *half* of a pie 半分に分けたパイの大きい方 / the eastern *half* of Canada カナダの東半分 / *Half* of ten is five. 10の2分の1は5 / Two *halves* make a whole. 半分2つで1つ[全体]になる.

【語法】「half of +(代)名詞」
(1) of は省略されることが多い (→[形]1). ただし, あとに代名詞が続く場合, of は省略できない: *half* (*of*) the students 生徒の半分 / *half of* them 彼らの半分.
(2) 動詞は(代)名詞の数に一致させる: *Half of* the peaches were rotten. 半分の桃が腐っていた / *Half of* the peach was rotten. 桃は半分が腐っていた.

2 [U] [無冠詞で] (時刻の)半, 30分: I got up at *half* past six this morning. 私はけさ6時半に起きた.

3 [C] (試合の)前半, 後半; (野球の回の)表, 裏: The Tigers scored a run in the first [second] *half* of the 7th inning. タイガースが7回の表 [裏] に1点を入れた. 4 [C] 《球技》ハーフバック, 中衛 (halfback). 5 [C] 《米口語》50セント. 6 [C] 《英》(ビールの)半パイント. 7 [C] 《英》(電車・バスなどの)子供用半額乗車券: Two and a *half*, please. 大人2枚, 子供1枚ください.

■ *... and a hálf* 《口語》すごい[すばらしい]…: That's a big dog *and a half*. なんてでっかい犬なんだ.
by hálf 半分だけ.
by hálves [通例, 否定文で] 中途半端に, 不完全に: Never do things *by halves*. 中途半端なことはするな.
gò hálves [… と / … を] 割り勘にする, 折半する [*with / on, in*]: You should go halves *with* me *on* a new computer. あなたは新しいコンピュータの費用を私と折半すべきだ.
in hálf = *ìnto hálves* 半分に, 2等分に, 2つに: cut a melon *in half* メロンを半分に切る.
tòo ... by hálf 《英口語》あまりにも…すぎる: *too* clever *by half* 賢すぎて鼻につく.

— [形] [比較なし] 1 半分の, 2分の1の: one and a *half* miles 1マイル半 (=one and a half) / *half* a dozen =a *half* dozen 半ダース / I'll be back in about *half* an hour [a *half* hour]. 私は30分ほどで戻って来ます / He drank about *half* the milk in the glass. 彼はコップのミルクを半分ほど飲んだ / *Half* a loaf is better than none. 《ことわざ》半分だけでもないよりはまし.

2 不完全な, 不十分な, 部分的な: *half* knowledge なまはんかな知識 / I have *half* a mind to go with him. 彼と一緒に行く気がないでもない.

— 副 [比較なし] **1** 半分だけ: The bottle was *half* empty. びんは半分空だった / She *half* turned and looked at him. 彼女は半身になって彼を見た / Well begun is *half* done. 《ことわざ》初めよければ半ば成功. **2** 不完全に, 不十分に: I was *half* asleep. 私はうとうとしていた / I was only *half* listening to him. 私は彼の話を聞き流していた. **3** かなり, ずいぶん, ほとんど: I am *half* dead from hunger. 私は空腹で死にそうです.

■ *hálf and hálf* 半々に, 等分に.

hálf as mány [múch] agáin as … …の1倍半.

hálf as mány [múch] (…) as ～ …の半分 (の…): I have only *half as much* money *as* you. 私は君のお金しか持っていない.

nòt hálf 《英口語》 **1** 少しも…でない: That is *not half* bad. それはなかなかいい. **2** ひどく, 本当に: He was angry, wasn't he? — *Not half*! 彼は怒っていただろう — すごくね. (▷ 圖 hálve).

◆ hálf bròther 图 異母[父]兄弟.

hálf dóllar 图 C 50セント(硬貨).

hálf mèasures 图 [複数扱い] 中途半端な[その場しのぎの]策, 妥協策.

hálf nòte 图 C 《米》《音楽》2分音符《英》minim).

hálf sìster 图 C 異母[父]姉妹.

hálf stèp 图 C 《米》《音楽》半音《英》semitone).

hálf tìme 图 U ハーフタイム《試合の中間の休憩》.

hálf vólley 图 C 《球技》ハーフボレー《ボールがバウンドした瞬間に打つ[蹴ッ]技法》.

hálf-and-hálf 形《通例, 叙述用法》半々の, 等分の.

— 副 半々に, 同量に, 等分に.

— 名 U **1** 半々の混合物. **2** 《米》牛乳とクリームを半々に混ぜた物;《英》ハーフアンドハーフ《エール(ale)と黒ビール(stout)を半々に混ぜたビール》.

hálf·back [hǽfbæ̀k / hάːf-] 图 C 《球技》ハーフバック(の選手), 中衛.《関連語》forward フォワード / fullback フルバック / quarterback クォーターバック).

hálf-báked 形 (計画などが) 不完全な, 生半可な.

hálf-brèed 图 C **1** 《軽蔑》混血児《特に白人とアメリカ先住民の混血に用いる》. **2** (動植物の) 雑種.

hálf-càste 图 C 《通例, 軽蔑》混血児《特に白人とインド人の混血に用いる》.

hálf-cócked 形 (銃が) 半撃ちのままの; 準備不足の.

■ *gò óff hàlf-cócked* (銃が) 半撃ちになる; (人が) 早まって [準備不足で] しくじる.

half·heart·ed [hǽfhὰːrtid / hάːf-] 形 気乗りしない, 身の入らない.

hálf-hól·i·day 图 C 《英》半休日, 半ドン.

hálf-léngth 图 C (肖像画などが) 半身の, 半身像の.

hálf-lífe 图 (複 **half-lives** [-làivz]) C 《物理》(放射性元素などの) 半減期.

hálf-líght 图 U 《しばしば the ～》薄明かり.

hálf-mást 图 U (弔意を表す) 半旗の位置: **fly a flag (at)** *half-mast* 半旗を掲げる.

hálf-móon 图 C 半月 (→ MOON 図); 半月形の物.

half·pen·ny [héipəni] 图 (複 **half·pen·nies** [～z]) C 《英》半ペニー銅貨《1985年廃止》.

hálf-tìm·bered 形 (家の) 外壁に木骨(誇)が見える様式の.

hálf·tone [hǽftòun / hάːf-] 图 **1** U 《写·美》ハーフトーン. **2** C 《印刷》網版(印刷), 網版図. **3** C 《米》《音楽》半音(half step).

hálf-trúth 图 C (通例, 軽蔑) 一部だけ真実の言葉《◇しばしば相手をあざむくため》.

hálf·way [hǽfwéi / hάːf-] 形 [比較なし; 限定用法] **1** 中間の, 中途の: the *halfway* point 中間地点. **2** 中途半端な, 不完全な: *halfway* measures 中途半端な策.

— 副 **1** 《2つの地点の / …の》中間で, 中途で [*between* / *through*]: He left *halfway through* the meeting. 彼は会議の途中で席をはずした / Our school is located *halfway between* the two stations. 私たちの学校は2つの駅の中間にある. **2** 中途半端に, 不完全に.

■ *méet … halfwáy* …と妥協する, 折り合う.

méet tróuble halfwáy 取り越し苦労をする.

◆ hálfway líne 图 C 《サッカー·ラグビー》ハーフウェーライン (→ SOCCER **PICTURE BOX**).

hálf-wít 图 C 《口語·軽蔑》間抜け, うすのろ.

hálf-wít·ted 形 《口語·軽蔑》間抜けな, うすのろの.

hálf-yéar·ly 形 副 半年ごとの[に].

hal·i·but [hǽləbət] 图 (複 **hal·i·but, hal·i·buts** [-bəts]) C 《魚》ハリバ, オヒョウ《北洋産の大カレイ》.

Hal·i·fax [hǽləfæ̀ks] 图 固 **1** ハリファックス《カナダ南東部 Nova Scotia 州の州都》. **2** ハリファックス《イングランド中北部の工業都市》.

hal·i·to·sis [hæ̀lətóusis] 图 U 《医》口臭.

hall [hɔ́ːl] (☆ 同音 haul)

— 名 (複 **halls** [～z]) C **1** 玄関(の広間); ロビー; 廊下 (corridor): Hang your coat up in the *hall*. コートは玄関にかけておいてください.

2 会館, 公会堂, ホール《音楽会·講演·集会などに用いる建物または大広間》: a beer *hall* ビアホール / a city [town] *hall* 市役所[町役場] / a concert *hall* コンサートホール / a dance *hall* ダンスホール / an exhibition *hall* 展覧会場.

3 (大学の) 独立校舎, 会館;《主に英》学生寮;(大学の) 大食堂: a *hall* of residence 学生寮 /《米》 dormitory) / a students' *hall* 学生会館.

4 《主に英》(地方の大地主の) 大邸宅.

◆ Háll of Fáme [the ～]《米》栄誉殿堂《スポーツなどの偉人·功労者の栄誉を記念する》.

hal·le·lu·jah, hal·le·lu·iah [hæ̀ləlúːjə] 图 C ハレルヤ《神を賛美する言葉·聖歌》.

Hal·ley [hǽli] 图 固 ハレー Edmund Halley 《1656–1742; 英国の天文学者. ハレー彗星(誌)の軌道計算を初めて行った》.

◆ Hálley's cómet 图 《天文》ハレー彗星《周期76.02年で, 次に地球に大接近するのは2061年》.

hall·mark [hɔ́ːlmὰːrk] 图 C **1** (金銀の) 純度検証極印(誇); 品質証明. **2** (すぐれた) 特徴.

— 動 他 …に純度検証極印を押す.

hal·loo [həlúː, hæ-] 間 C = HELLO.

— 動 他 …に大声で呼びかける; …をけしかける.

— 自 大声で呼ぶ; けしかける.

hal·lowed [hǽloud] 形 神聖な (holy); 神聖化さ

Hal·low·een, Hal·low·e'en [hæloʊíːn] 名
ハロウィーン, 万聖節 (All Saints' Day) の前夜祭.
【背景】10月31日. 米国ではカボチャをくり抜いたちょうちん (jack-o'-lantern) を玄関先に飾ったり, 仮装した子供たちが夕方から夜にかけて "Trick or treat!" (お菓子をくれないといたずらするよ) と言って家々を回る習慣がある.

Halloweenでの仮装

hal·lu·ci·nate [həlúːsinèit] 動 自 幻覚を起こす.
hal·lu·ci·na·tion [həlùːsinéiʃən] 名 U C 幻覚; (幻覚によって生じる) 幻想, 妄想.
hal·lu·ci·no·gen·ic [həlùːsinədʒénik] 形 幻覚の; 幻覚を起こさせる.
hall·way [hɔ́ːlwèi] 名 C 玄関 (の広間) (hall); 《主に米》廊下 (corridor).
ha·lo [héilou] 名 (複 ha·loes, ha·los [~z]) C 1 (聖像の頭上の) 光輪, 後光. 2 (太陽・月の) かさ.
hal·o·gen [hǽlədʒen, héil-] 名 〖化〗ハロゲン.
***halt**¹ [hɔ́ːlt] 動 自 停止する, 止まる, 休止する (→ STOP 類義語) : The policeman ordered them to *halt*. 警官は彼らに止まるように命じた / *Halt!* 止まれ《◇軍隊の号令》.
— 他 〈人・もの〉を停止させる, 止める, 休止させる: A guard *halted* him at the gate. ガードマンは彼を門の所で停止させた.
— 名 C 1 (通例 a ~) 停止, 休止, 中断: call [order] a *halt* 停止させる / make [come to] a *halt* 止まる. 2 《英》(鉄道の) 小駅, 停留所.
halt² 動 自 ためらう; ためらいながら話す [歩く].
hal·ter [hɔ́ːltər] 名 C 1 端綱(はづな)《牛馬に付ける引き綱》. 2 ホールター (ネック) (halterneck)《背中と腕を露出させたドレス》.
hal·ter·neck [hɔ́ːltərnèk] 名 = HALTER 2 (↑).
— 形 ホールター (ネック) の.
halt·ing [hɔ́ːltiŋ] 形 (通例, 限定用法) (言葉が) つっかえながらの, たどたどしい, もたついた.
halt·ing·ly [~li] 副 ためらいながら, たどたどしく.
***halve** [hǽv / háːv] 動 他 1 …を半分に減らす, 半減する; …を半割にする. 2 …を2等分する, 山分けにする: Let's *halve* the profit. 利益は折半しよう. (▷ 名 形 副 hálf).

halves [hǽvz / háːvz] 名 halfの複数形.
hal·yard, hal·liard [hǽljərd] 名 C 〖海〗ハリヤード, 動索《帆・旗を昇降させる掲げ綱》.
***ham** [hǽm] 名
— 名 (複 hams [~z]) 1 U C ハム《豚のもも肉の塩漬けまたは薫製》; 豚のもも (肉): a slice of *ham* ハム1切れ / eat *ham* and eggs for breakfast 朝食にハムエッグを食べる.(比較「ハムエッグ」は和製英語) 2 C 〖通例 ~s〗(主に動物の) し

り, ももの裏側. 3 C アマチュア無線家, ハム.
4 C 《口語》大根役者.
— 動 (三単現 hams [~z]; 過去・過分 hammed [~d]; 現分 ham·ming [~iŋ]) 自 他《口語》(役を) 大げさに演じる (up).
Ham·burg [hǽmbəːrg] 名 固 ハンブルク《ドイツ北部にある港湾都市》.
***ham·burg·er** [hǽmbəːrgər], **ham·burg** [hǽmbəːrg] 名 1 C ハンバーガー (《口語》burger). 2 C ハンバーグステーキ (hamburg steak). 3 U 《米》(ハンバーグステーキ用) 牛のひき肉.
hám-fìst·ed 形 = HAM-HANDED (↓).
hám-hànd·ed 形 《口語・軽蔑》(手先が) 不器用な, ぎこちない.
ham·let [hǽmlət] 名 C 小村, (教会のない) 村.
Ham·let [hǽmlət] 名 固 ハムレット《シェイクスピア作の四大悲劇の1つ. その主人公》.

*****ham·mer** [hǽmər] 名 動 【原義は「石器」】
— 名 (複 ham·mers [~z]) C 1 金づち, ハンマー. 2 《スポーツ》(ハンマー投げ用の) ハンマー; [the ~] = hámmer thròw ハンマー投げ (競技). 3 (銃の) 撃鉄; (ピアノの) ハンマー, (ベル・ゴングなどの) 打ち子, (木琴などの) 打棒; (裁判官・議長・競売人用の) 木づち. 4 〖解剖〗(中耳の) 槌骨(ついこつ).
■ còme [gò] ùnder the hámmer 競売にかけられる.《由来》競売人が使う木づちから》
gó [be] at it hámmer and tóngs《英口語》激しく議論する, 猛烈に戦う.
— 動 他 1 …を金づちでたたく; 〈釘など〉を […に] 打ち込む (in) [into]: *hammer* a sheet of copper 銅板をつちでたたく / *hammer* a nail *into* … くぎを打ち込む / I *hammered* the nails *into* the wall. 私はくぎを壁に打ち込んだ / She *hammered* a piece of metal flat. 彼女は金属片をたたいて平らにした. 2 〈思想など〉を […に] たたき込む [into]: The teacher tried to *hammer* the importance of diligence *into* his pupils. 教師は勤勉の重要性を生徒たちにたたき込もうとした. 3 《口語》(スポーツなどで) 〈相手〉を徹底的に打ち負かす, たたきのめす.
— 自 […を] つちで打つ, とんとんたたく [at, on]: *hammer on* [*at*] the door 戸をとんとんたたく.
■ *hámmer awáy at ...* 1 …をどんどん (強く) たたく. 2 …に精を出す.
hámmer óut 他 1 〈へこみなど〉をつちでたたいて直す. 2 〈結論など〉を徹底的に議論して出す.
ham·mock [hǽmək] 名 C ハンモック.
ham·per¹ [hǽmpər] 動 他 …のじゃまをする.
ham·per² 名 C 1 (食品などを入れる) 詰めかご. 2 《米》洗濯用かご (《英》laundry basket).
Hamp·shire [hǽmpʃər] 名 固 ハンプシャー《England 南部の州; 州都 Winchester》.
ham·ster [hǽmstər] 名 C 〖動物〗ハムスター.
ham·string [hǽmstriŋ] 名 C 〖解剖〗膝腱(しっけん) 《ひざの裏側 [ひかがみ] の腱》.
— 動 (三単現 ham·strings [~z]; 過去・過分 ham·strung [-strʌŋ], ham·stringed [~d]; 現分 ham·string·ing [~iŋ]) 他 …の腱を切る; …を挫折(ざせつ) させる, 骨抜きにする.

hand [hǽnd] 名 動

① 手; 手渡す.　　　　　　　　名1; 動1
② 所有, 支配.　　　　　　　　名2
③ 手助け.　　　　　　　　　　名3
④ 人手.　　　　　　　　　　　名4
⑤ 手腕, 技量.　　　　　　　　名5

— 名 (複 **hands** [hǽndz])　**1** C 手 (→図): the back [palm] of one's *hand* 手の甲 [ひら] / He suddenly took me by the *hand*. 彼は突然私の手を取った / She held [stretched] out her *hand* to me. 彼女は私に手をさし出した.

コロケーション　手を…
手を挙げる: ***raise*** *one's hand*
手を下ろす: ***lower*** *one's hand*
手をたたく: ***clap*** *one's hands*
…の手を握る: ***grasp*** [***clasp, grip***] *…'s hand*
手を振る: ***wave*** *one's hand*

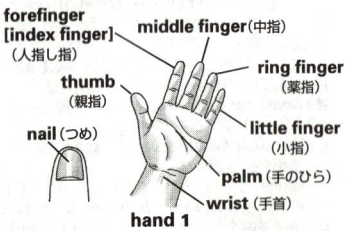

forefinger [index finger] (人差し指)
middle finger (中指)
thumb (親指)
ring finger (薬指)
nail (つめ)
little finger (小指)
palm (手のひら)
wrist (手首)
hand 1

2 C (通例 ~s) 所有; 管理, 支配, 掌握; 権利: The castle fell into the *hands* of the rebel army. 城は反乱軍の手に落ちた / The document is no longer in my *hands*. 私はその書類をもう持っていません / They left those problems in the *hands* of the school principal. 彼らはそれらの問題を校長に任せた.
3 [a ~] (…への)援助の手, 手助け (help); 参加, 関与 [*in, with, at*]: Lend [Give] me a *hand* with this baggage. この荷物を運ぶのを手伝ってください / If you need a *hand*, call me anytime. 助けが必要ならいつでも電話してください.
4 C 人手, 働き手, 作業員, (船の)乗組員: a factory [farm] *hand* 工場 [農場] 労働者 / A hired *hand* 雇い人 / The foreman hired three new *hands*. 職長は新しい作業員を3人雇った.
5 C 手腕, 腕前, 技量 (skill); [前に形容詞を付けて] (…な)技量の持ち主: a green [an old] *hand* 未熟な [熟練の] 人 / He is a good [bad, poor] *hand* at swimming. 彼は泳ぐのが上手 [下手] です.
6 C 手の形をしたもの, (方向・参照を示す)手のしるし (☞); (時計・計器の)針: The clock doesn't have a second *hand*. その時計には秒針がない.
7 C 側, 方向: on the left *hand* 左手 [側] に.
8 [a ~] 拍手, 喝采(ホミッ): We gave the little performer a big *hand*. 私たちはその小さな演奏者に大きな拍手を送った.　**9** C 《古風》結婚の承諾, 婚約: John asked for Mary's *hand*. ジョ

ンはメアリーに求婚した.　**10** C [トランプ] 持ち札, 手; 手札を持っている人; 1ゲーム, ひと勝負: declare one's *hand* 手を知らせる.　**11** C [通例, 単数形で] 筆跡 (handwriting); 《文語》署名 (signature): Emi writes a good [bad] *hand*. エミは字が上手 [下手] です.　**12** C ハンド, 手幅 (◇馬の前足の蹄(いい)から肩までの高さを測る単位; 1ハンド=約10cm).

■ (*at*) **fírst hánd** 直接に, じかに: I heard it *at first hand* from John himself. 私はそれをジョン当人から直接聞いた.
at **hánd** [しばしば close, near, ready と共に用いて] **1** (場所的に) 近くに, 手元に: I always keep a scratch pad (ready) *at hand*. 私はいつもメモ帳を手元に置いておく.　**2** (時間的に) 間近に, さし迫って: Our vacation is (near) *at hand*. 休暇はもうすぐです.
at **…'s hánd**(s) = *at the hánd*(s) *of* … …の手から, …によって: We suffered great spiritual torture *at his hands*. 私たちは彼のおかげでひどい精神的苦痛をこうむった.
at **sécond hánd** 間接に, また聞きで.
by **hánd** (機械によらずに) 手で; (郵便ではなく) 手渡しで, 使者によって: This sweater is knitted *by hand*. このセーターは手編みです.
chánge hánds (家・財産などが) 持ち主が変わる.
cóme to hánd (手紙・品物などが) 届く, 手に入る.
fórce …'s hánd …に無理強いする.
from **hánd to hánd** 手から手へ, 人から人へ.
from **hánd to móuth** その日暮らしで: live *from hand to mouth* その日暮らしをする.
gèt one's hánd ín (練習して) 腕 [技] を磨く.
gèt one's hánds ón … …を手に入れる; 〈人〉をつかまえる.
gèt óut of hánd 手に負えなくなる.
hánd and fóot **1** 手足もともに: They bound him *hand and foot*. 彼らは彼を手足もろとも縛った.　**2** 献身的に, かいがいしく: My sister nursed him *hand and foot*. 姉は彼を献身的に看病した.
hánd in glóve [… と] 親密な関係で; 協力して; 共謀して [*with*].
hánd in hánd **1** 手を取り合って; 協力して: They walked *hand in hand* along the seaside. 彼らは海辺を手をつないで歩いた.　**2** (物事が) 相伴って, 互いに関連して.
hánd òver físt [**hánd**] **1** (綱をよじ登るように) 交互に手をかけて, (ロープを) たぐって.　**2** 《口語》どんどん: He is earning money *hand over fist*. 彼はじゃんじゃん金を稼いでいる.
hánds dówn 楽々と (easily): We won the finals *hands down*. 私たちは決勝戦で楽勝した.
Hánds óff (…)! 《口語》(…に) 手を触れるな; (…に) 手出しをするな, 干渉するな.
Hánds úp! 《口語》(抵抗しないしるしとして) (両)手を挙げろ; (応答として) (片)手を挙げなさい.
hánd to hánd 接近して, つかみ合って.
hàve a **hánd** *in* … …に関係して [加わって] いる.
hàve one's **hánds fúll** 手がふさがっている, 忙しい.
hóld hánds (恋人などが) 手を握り合う.

hóld ...'s hánd …を支える, 励ます.
in hánd **1** 手にして, 手持ちの; 自由にできる: We still have some time *in hand*. 私たちにはまだ時間の余裕[自由な時間]がいくらかある. **2** 支配して, 制御して: He keeps [has] all his players well *in hand*. 彼はすべての選手をうまく手なずけている. **3** 進行中の[で], 考慮[準備]中の[で]: the matter *in hand* 審議中の問題.
jóin hánds 〔…と〕力を合わせる, 協力する〔*with*〕.
kèep one's hánd in ... (練習して) …の腕[技]が鈍らない[落ちない]ようにしておく.
kèep one's hánds óff ... …に手を触れない.
láy (one's) hánds on ... **1** …を手に入れる, 見つける. **2** …をつかまえる, 取り押さえる. **3** …に暴力を振るう.
nót dò a hánd's túrn=nót líft [ráise, stír] a hánd 〔…するための〕努力を何もしない〔*to do*〕.
òff hánd 即座に, 準備なしで.
òff ...'s hánds …の責任[管理下]から離れて.
on évery hánd=on áll hánds 四方八方に, いたる所に.
on hánd **1** 手元に, 持ち合わせて (in hand): I have no money *on hand*. 私は金の持ち合わせがない. **2** 間近に, すぐそばに. **3** 出席して.
on (one's) hánds and knées 四つんばいになって.
on ...'s hánds …の責任[重荷]になって; (時間・商品などが) …に余って, 残って: The teacher has a few problem children *on his hands*. その教師は面倒を見なければならない問題児を何人か抱えている.
on (the) óne hànd ..., on the óther (hànd) 〜一方では…, 他方では〜: *On the one hand*, you have studied very hard, but *on the other hand*, you have not learned as much as you need. 確かにあなたは一生懸命勉強してきたが, 必要なことすべてを学んだわけではない.
on the óther hànd 他方では, また一方では, 反対に: He is a poor golfer, but *on the other hand* he is a good hand at tennis. 彼はゴルフは下手ですが, テニスは上手です.
òut of hánd **1** 手に余る, 手に負えない: At a rebellious age, his son is *out of hand*. 彼の息子は反抗期で手に負えない. **2** ただちに, 即座に.
pùt [sèt] one's hánd to ... …に取りかかる, 着手する.
sháke hánds 握手する (→ SHAKE 成句).
shów one's hánd 真意を吐露する, 手の内を見せる.
sít on one's hánds なかなか拍手しない, 熱意を示さない; 手をこまねいている.
tàke a hánd in ... …に関係する, 手を貸す.
táke ... in hánd **1** … (の世話・管理・しつけ)を引き受ける: The middle-aged couple *took* the orphan *in hand*. その中年夫婦が孤児を引き取った. **2** …を処理する.
thrów ín one's hánd = thrów one's hánd ín 降参する.
thrów úp [ráise] one's hánds 観念[絶望]してあきらめる, 敗北を認める.
tíe ...'s hánds=hàve ...'s hánds tíed …の自由を奪う, 動きを封じる.
to hánd 手の届く所に; (手紙などが) 受け取られて: I always keep a calculator ready *to hand*. 私はいつも電卓を手元に用意している.
trý one's hánd at ... …をやってみる.
tùrn one's hánd to ... = put one's hand to ....
wásh one's hánds of ... …から手を引く.
with a héavy hánd 厳しく, 高圧的に; 不器用に.
with a hígh hánd 横柄に, 尊大に.

— [動] (三単現 **hands** [hǽndz]; 過去・過分 **hand·ed** [~id]; 現分 **hand·ing** [~iŋ])
— [他] **1** [hand＋O＋O / hand＋O＋to ...] …に~を**手渡す**, 回す: I *handed* him the note.＝I *handed* the note *to* him. 私は彼にそのメモを手渡した / Could you *hand* it *to* me? — No problem. それを私に回してくれないか — いいよ. **2** …に手を貸して〔…〕させる〔*into, out of*〕: The gentleman *handed* the woman (up) *into* the bus. 紳士はその女性の手を取ってバスに乗せてやった.

[句動詞] ***hánd aróund*** [他] [hand around＋O / hand＋O＋around] …を順に回す.
hánd báck [他] [hand back＋O / hand＋O＋back] …を返す, 戻す: I *handed* the photo *back* to him. 私はその写真を彼に返した.
hánd dówn [他] [hand down＋O / hand＋O＋down] **1** [通例, 受け身で]〔あとの世代に〕…を伝える; 〈財産など〉を残す〔*to*〕: Traditional crafts *are handed down* from father *to* son. 伝統的な技術は父から子へ伝えられる. **2** 〈判決など〉を言い渡す: The chief judge *handed down* a decision. 裁判長が判決を言い渡した. **3** (高い所から) …を降ろす. **4** 〈服など〉をお下がりとして与える.
hánd ín [他] [hand in＋O / hand＋O＋in] 〈書類など〉を**提出する**, 手渡す (submit): Please *hand* your homework *in* at once. 宿題をすぐに提出してください.
hánd ón [他] [hand on＋O / hand＋O＋on] **1** …を〔…に〕回す, 回覧する〔*to*〕: Will you *hand on* this note *to* her? 彼女にこのメモを回してくれますか. **2** …を伝える (hand down).
hánd óut [他] [hand out＋O / hand＋O＋out] **1** …を配る; 分け与える, 分配する: They often *hand out* their propaganda bills in front of the station. 彼らはよく駅前で宣伝パンフを配っている. **2** 〈お世辞・忠告など〉を気前よく与える, 振りまく.
hánd óver [他] [hand over＋O / hand＋O＋over] **1** …を〔…に〕手渡す〔*to*〕: The lawyer *handed over* the papers *to* his client. 弁護士はその書類を依頼人に手渡した. **2** 〔人に〕…をゆだねる, 引き渡す〔*to*〕: At the police station the child was *handed over to* his parents. その子供は警察署で両親に引き渡された. **3** 〔…に〕〈地位・権限・財産など〉を譲り渡す〔*to*〕.
hánd róund＝hand around.
hánd úp [他] [hand up＋O / hand＋O＋up] …を (下から上へ) 持ち上げて手渡す.

■ *hánd it to ...* 《口語》〈人〉のすぐれていることを認める，〈人〉にかぶとを脱ぐ《◇通例 must, have (got) to を伴う》.

◆ hánd bàggage [《英》lùggage] ⓤ 手荷物.
hánd òrgan ⓒ 手回しオルガン.

***hand·bag** [hǽndbæg]
—名 (複 hand·bags [~z]) ⓒ **1** (女性用)**ハンドバッグ**《《米》purse》(→ BAG 図).
2 (特に旅行用の)手さげかばん.

hand·ball [hǽndbɔ̀ːl] 名 **1** ⓤ ハンドボール《日本で普通行われているもの》；米式ハンドボール《手で壁に打ちつけたボールを相手に捕球させる》.
2 ⓒ ハンドボール用のボール.
3 ⓒⓤ 《サッカー》ハンド《手でボールに触れる反則》.

hand·bill [hǽndbìl] 名 ⓒ (手で配る宣伝用の)ちらし，ビラ (bill).

hand·book [hǽndbùk] 名 ⓒ ハンドブック，手引書，便覧；旅行案内書.

hand·brake [hǽndbrèik] 名 ⓒ 《英》(自動車などの)ハンドブレーキ (《米》emergency brake).

hand·cart [hǽndkɑ̀ːrt] 名 ⓒ 手押し車，カート.

hand·cuff [hǽndkʌ̀f] 名 (複 hand·cuffs [~s]) ⓒ [通例 ~s] 手錠：put *handcuffs* on ...〈人〉に手錠をかける.
— 動 他 [通例，受け身で] ...に手錠をかける.

-hand·ed [hǽndid] 結合 **1** 「...の手をした，...の手を用いる」の意を表す：left-*handed* 左利きの.
2 「(ゲーム・演奏などを) ...人でする」の意を表す：a four-*handed* game 4人でやるゲーム.

Han·del [hǽndl] 《☆同音異義》名 圀 ヘンデル George Frederick [fríːdərik] Handel《1685-1759；ドイツの作曲家》.

***hand·ful** [hǽndfùl] 名 **1** ⓒ ひと握り(の量)：a *handful* of coins ひとつかみのコイン. **2** [a ~] 少数《の...》，わずか《な...》《*of*》《◇しばしば only, just と共に用いる》：Only a *handful of* cows could be seen. 数頭の牛しか見えなかった. **3** [a ~] 《口語》手に負えない人《◇特に子供》：Tom is quite a *handful*. トムはまったく手に負えない.

hand·gun [hǽndgʌ̀n] 名 ⓒ 《主に米》ピストル.

hánd·hèld 形 片手で持てる [握れる].

hand·hold [hǽndhòuld] 名 ⓒ (岩登りの)手がかり (cf. foothold 足がかり).

***hand·i·cap** [hǽndikæp] 名 ⓒ **1** 《スポーツ》ハンディ (キャップ)；ハンディ付きの競馬 [競技].
2 不利な条件，不利益：The old man proved that his age was no *handicap* for him. その老人は年を取っていることが彼にとって不利ではないことを証明した. **3** 心身の障害.
— 動 (三単現 hand·i·caps [~s]；過去・過分 hand·i·capped [~t]；現分 hand·i·cap·ping [~iŋ])他 [しばしば受け身で]〈人〉にハンディ(キャップ)をつける，不利な条件を負わせる：He *was handicapped* by a lack of education. 十分な教育を受けていないことが彼には不利であった.

***hand·i·capped** [hǽndikæpt] 形〈身体的・精神的に〉障害のある (→ CHALLENGED, DISABLED)；[the ~；名詞的に；複数扱い] 身体 [精神] 障害者：the physically [mentally] *handicapped* 身体

[精神] に障害のある人たち.

hand·i·craft [hǽndikræft / -krɑ̀ːft] 名 ⓒ [通例 ~s] 手芸；手工芸品.

hand·i·ly [hǽndili] 副 **1** うまく，器用に，上手に. **2** 便利に，使いやすく. **3** 容易に，楽に.

hand·i·ness [hǽndinəs] 名 ⓤ **1** 器用さ，手際のよさ. **2** 便利さ，使いやすさ.

hand·i·work [hǽndiwə̀ːrk] 名 **1** ⓤ 手仕事，工作. **2** ⓒ 手工芸品，手細工品. **3** ⓤ 仕業(しわざ).

*†**hand·ker·chief** [hǽŋkərtʃif, -tʃìːf]
— 名 (複 hand·ker·chiefs [~s], hand·ker·chieves [-tʃìːvz]) ⓒ **ハンカチ**：She blew her nose with her *handkerchief*. 彼女はハンカチで鼻をかんだ.

*†**han·dle** [hǽndl]
名 動
— 名 (複 han·dles [~z]) ⓒ **1** 取っ手, 柄(え), 引き手《比較》自転車・オートバイの「ハンドル」は handlebar, 自動車の「ハンドル」は (steering) wheel と言う》：a door *handle* ドアの取っ手 / the *handle* of an axe おのの柄 / the *handle* of a drawer 引き出しの引き手.
2 手がかり，(つけ込む) 口実，きっかけ：It would give him a *handle* against himself. それは彼にとってつけ込まれるきっかけになるだろう.
3 《口語》肩書；(パソコン通信などでの) ニックネーム.
■ *flý òff the hándle* 《口語》(ささいなことに)かっとなる，自制心を失う.
gèt a hándle on ... ...の (立場・状況) がわかる.
— 動 (三単現 han·dles [~z]；過去・過分 han·dled [~d]；現分 han·dling [~iŋ])
— 他 **1** 〈問題・事件などを〉扱う，処理する；〈仕事など〉を担当する：This problem is too difficult for me to *handle*. この問題は難しすぎて私の手に負えない / His wife *handles* the accounting for our company. わが社の経理は彼の奥さんが担当している.
2 〈人〉を取り扱う，待遇する：I don't know how to *handle* these pupils. 私にはこの生徒たちにどう接すればいいのかわからない.
3 〈もの・体を触れる〉...を手で扱う，動かす：Customers are asked not to *handle* the goods. 商品に手を触れないでください / Fragile — *Handle* with care. 壊れ物につき取り扱い注意《包装の外箱の注意書き》. **4** 〈道具などを〉操作する，扱う：He *handles* a knife and fork very well. 彼はナイフとフォークをとても上手に使う. **5** 〈商品〉を取り扱う，商う：We don't *handle* alcoholic drinks. 当店では酒類を扱っておりません.
— 自 [通例 well, badly などを伴って] (乗り物・機械が) 操縦できる，扱える：This boat *handles* well. このボートは運転しやすい.

han·dle·bar [hǽndlbɑ̀ːr] 名 ⓒ **1** [通例 ~s] (自転車・オートバイの) ハンドル (→ BICYCLE 図).
2 =hándlebar mústache カイゼルひげ《両端がはね上った長いひげ》.

han·dler [hǽndlər] 名 ⓒ 取り扱う人，...係；(動物，特に犬の) 調教師：a dog *handler* 犬の調教師.

han·dling [hǽndliŋ] 名 ⓤ 取り扱い，操作，処理.

hand·loom [hǽndlùːm] 名C 手織り機.
hand·made [hǽndméid] 形 手作りの, 手製の.
hánd-me-dòwn 形 お下がりの.
— 名C[通例 ~s] お下がりの衣服; 古着.
hand·out [hǽndàut] 名C **1** (貧者などへの)施し物. **2** (教室などで配る)配布資料, プリント. (比較)英語の print にこの意味はない) **3** (報道陣に渡す)声明文, 新聞発表.
hand·over [hǽndòuvər] 名C (責任・権限などの)移譲.
hand·picked [hǽndpíkt] 形 **1** (人が)えり抜きの, 厳選された, 精鋭ぞろいの. **2** 手で摘んだ.
hand·rail [hǽndrèil] 名C 手すり, 欄干.
hand·saw [hǽndsɔ̀ː] 名C (片手用)手びきのこ.
hand·set [hǽndsèt] 名C (電話の)送受話器; 携帯電話機.
hand·shake [hǽndʃèik] 名C 握手: give ... a hearty *handshake* …と心を込めて握手する.
hánds-óff 形 [限定用法] 不干渉(主義)の: a *hands-off* policy 不干渉政策.

hand·some [hǽnsəm] (☆発音に注意)
— 形 (比較 hand·som·er [~ər], more handsome; 最上 hand·som·est [~ist], most handsome) **1** (男性が)ハンサムな, 目鼻立ちの整った, 美しい (→ BEAUTIFUL 類語群): a *handsome* young man ハンサムな青年 / *Handsome* is as [that] *handsome* does.《ことわざ》立派な行いの人は美しい⇒ 見目より心(= He who does handsomely is *handsome*.)(◇ as [that] のあとの副詞的用法). **2** (女性が)堂々とした, きりっとした(◇主に中年以上の女性に用いる). **3** (ものが)立派な, 均整のとれた: a *handsome* study 立派な書斎. **4** (財産・金額などが)かなりの(considerable): I hear he has got a *handsome* amount of money. 彼にかなりの大金が入ったそうだ. **5** (贈り物・行為などが)気前のよい(generous): a *handsome* gift 気前のよい贈り物.
hand·some·ly [hǽnsəmli] 副 立派に; 気前よく.
hánds-ón 形 [限定用法] (訓練・経験などが)実地の, 実践的な.
hand·spring [hǽndspriŋ] 名C 前転, 後転, とんぼ返り《両手を地面に付けてする空中回転》.
hand·stand [hǽndstænd] 名C (手で支える)逆立ち, 倒立 (cf. headstand 三点倒立).
hánd-to-hánd 形 [限定用法] 接戦の, 白兵戦の, つかみ合いの: *hand-to-hand* combat [fighting] 接戦, 白兵戦. — 副 接戦で; つかみ合いで.
hánd-to-móuth 形 [限定用法] その日暮らしの: lead a *hand-to-mouth* life その日暮らしである. — 副 その日暮らしで.
hand·work [hǽndwəːrk] 名U 手仕事, 細工.
hand·writ·ing [hǽndràitiŋ] 名U **1** 手書き, 肉筆. **2** 筆跡, 書体: Nobody could read his *handwriting*. だれも彼の書を判読できなかった.
hand·writ·ten [hǽndritn] 形 手書きの.
hand·y [hǽndi] 形 (比較 hand·i·er [~ər], 最上 hand·i·est [~ist]) **1** 便利な, 手頃な: *handy* tools 便利な道具. **2** [叙述用法] 手近な, 近くにある: Keep the manual *handy*. 説明書を手元に置いておきなさい / Our place is quite *handy* for the shops. 私たちの家は商店街にとても近い. **3** [叙述用法] [口語] […を使うの)が] 器用な, 上手な [with]: The boy is quite *handy* with a knife. その少年はナイフを上手に使う.
■ **còme in hándy** […に]便利である, (いつか)役に立つ [for]: The box may *come in handy*. その箱はいつか役に立つかもしれない.
hand·y·man [hǽndimæn] 名 (複 hand·y·men [-mèn]) C 何でもできる男, 便利屋, よろず(修理)屋.

***hang** [hǽŋ]
— 動 (三単現 hangs [~z]; 過去・過分 hung [hʌŋ]; 現分 hang·ing [~iŋ])
— 他 **1** …を[…に/…から]つるす, かける [on/from]; 〈肉などを〉(食べ頃になるまで)つるす: *hang* a map *on* the wall 壁に地図をかける / He *hung* an electric lamp *from* the ceiling. 彼は天井から電灯をつるした / Please *hang* your coat *on* the peg. 上着はコート掛けにかけてください. **2** 〈絵など〉を[場所に]かけて飾る, 展示する [on]; 〈場所〉に[絵などを]かけて飾る [with]; 〈壁紙などを〉はる: a wall *hung with* a tapestry つづれ織りを飾った壁 / Abstract paintings were *hung on* the wall.=The wall was *hung with* abstract paintings. 壁には抽象画がかかっていた. **3** 〈ドアなど〉を取り付ける: *hang* a door on the hinges ちょうつがいでドアを取り付ける. **4** 〈頭〉を垂れる, うなだれる: He *hung* his head in dejection. 彼はしょんぼりとうなだれた. **5** (過去・過分 **hanged** [~d]) […の罪で]〈人〉を絞首刑にする, 絞殺する [for]: *hang* oneself 首つり自殺をする / He was *hanged for* an act of treason. 彼は反逆罪で絞首刑になった. **6** (過去・過分 **hanged**) [口語] …をのろう (◇ damn の婉曲語): *Hang* you!=Be *hanged*! ちくしょう.
— 自 **1** [副詞(句)を伴って] かかる, 垂れる, ぶら下がる, 垂れ下がる: A portrait *hangs* on the wall. 肖像画が壁にかかっている / Curtains *hung* at the window. 窓にカーテンがかかっていた / The willow branches *hang* down close to the ground. 柳の枝が地面に触れんばかりにしだれていた. **2** (空中に)漂う, (鳥などが)宙に浮かぶ: A hawk was *hanging* in the air. タカが1羽空を舞っていた. **3** […の間で]ためらう [between]; [場所で]うろつく, ぐずぐずする [at]; (物事が)未決定である: *hang between* agreeing and disagreeing 賛成するか反対するかで迷う / The matter was left *hanging*. その問題は棚上げされたままだった.
4 (過去・過分 **hanged**) 絞首刑になる.

句動詞 **háng abóut** 自《主に英》= hang around.
háng aróund [**róund**] 自《口語》 **1** うろつく, ぶらぶらする; (病気などが)長引く: The bad weather *hung around* for three days. 悪天候が3日間続いた. **2** [人と]付き合う [with].
háng aróund [**róund**] ... 他 《口語》…をぶらつく; 〈人〉につきまとう.
háng báck 自 ためらう, しり込みする: The lion

never *hung back* at the sight of fire. そのライオンは火を見ても決してひるまなかった.

háng ón [upón] (他) **1** [...に]しがみつく, しっかりつかまる [to]: *Hang on to* my arm. 私の腕にしっかりつかまりなさい. **2** 《口語》ちょっと待つ;電話を切らずにおく (hold on): *Hang on* a second. I'll be back soon. ちょっと待ってて, すぐに戻るから. **3** 頑張り通す.

háng on [upón] ... (他) **1** ...にしがみつく. **2** ...を熱心に聞く, ...に聞き入る: *hang on* his words [lips] 彼の言うことに熱心に耳を傾ける. **3** ...次第である.

háng ónto [ón to] ... (他) **1** ...につかまる, しがみつく. **2** ...を保持する, 続ける.

háng óut (他) [hang out ＋ O ／ hang ＋ O ＋ out] 〈旗など〉を掲げる, 〈洗濯物など〉を外へ出す: Nowadays few houses *hang out* the national flag on national holidays. 近頃では国民の祝日に国旗を揚げる家はほとんどない.
— (自) **1** 《口語》[...に]住む; [...を]うろつく, よく出入りする [*at, in*]. **2** [...から]身を乗り出す; だらりと垂れる [*of*].
・*lèt it áll háng óut* 《俗語》好き勝手にやる, 思い通りにする, 感情をむき出しにする.

háng óver (自) 未決定のままである.

háng òver ... (他) **1** 〈ものが〉...の上に覆いかぶさる; ...の上に突き出る: a rock *hanging over* the river 川に突き出ている岩 ／ The clouds are *hanging over* the mountaintop. 山頂に雲がかかっている. **2** 〈危険などが〉...にさし迫る.

・**háng òver ...'s héad** 〈危険などが〉...にさし迫る, 〈不安・絶望などが〉...に重くのしかかる.

háng togéther (自) **1** 団結する, 協力し合う. **2** つじつまが合う.

háng úp (他) [hang up ＋ O ／ hang ＋ O ＋ up] **1** ...をつるす, かける: *Hang* your coat *up* on a hanger when you take it off. コートを脱いだらハンガーにかけておきなさい. **2** 〔通例, 受け身で〕...を引き止める, じゃまする: The train *was hung up* for three hours by the heavy snow. 列車は大雪のため3時間遅れた. **3** 〈電話〉を切る, 〈受話器〉を置く. — (自) **1** [人との]電話を[がちゃんと]切る [*on*] (↔ hold on): She *hung up on* me. 彼女は私との電話を(一方的に)切ってしまった. **2** 【コンピュータ】フリーズする.

・*be húng up on* [*about*] ... 《口語》...が気がかりである; ...に夢中である.

■ **háng by a (síngle) háir [thréad]** 〔命などが〕危機に瀕(ﾋﾝ)している.

háng héavy (on ...'s hánds) 〔時間などが〕〈人〉にとって重荷になる.

háng ín thére 《米口語》頑張り通す, あきらめない.
— (名) U 〔通例 the 〕かかり具合, 垂れ具合: the *hang* of a gown ガウンの垂れ具合.

■ **gèt [hàve] the háng of ...** 《口語》...のこつをのみ込む; 趣旨 [大意] をつかむ.

nót cáre [gíve] a háng 《口語》[...に]まったくかまわない, 興味を示さない [*about*].

◆ **háng glider** C ハンググライダー (で飛ぶ人).
  háng glíding U ハンググライダーで飛ぶこと.

hang·ar [hǽŋɡər] (名) C (飛行機の)格納庫.

hang·dog [hǽŋdɔ̀ːɡ, -dɔ̀ɡ] (形) 〔限定用法〕〈顔つきが〉恥じ入った, おどおどした, すまなそうな.

＊**hang·er** [hǽŋər] (名) C ハンガー, 洋服掛け (coat hanger); つり手, 自在かぎ.

hàng·er-on [hǽŋ·ers-on [hǽŋərzán, -ón]) C 子分, 取り巻き.

hang·ing [hǽŋiŋ] (名) **1** [〜s] 壁掛け布, カーテン. **2** U C 絞殺, 絞首刑 (death by hanging). **3** C [〜s] つるす [つるされる] こと.

hang·man [hǽŋmən] (名) (複 **hang·men** [-mən]) **1** C 絞首刑執行人. **2** U ハングマン《言葉当て遊びの一種》.

hang·nail [hǽŋnèil] (名) C (爪(ﾂﾒ)の)ささくれ.

hang·out [hǽŋàut] (名) C 《口語》たまり場.

hang·o·ver [hǽŋòuvər] (名) C **1** 二日酔い: have [suffer from] a *hangover* 二日酔いである. **2** 〔制度・習慣などの〕名残, 後遺症 [*from*].

han·gul [háːŋɡuːl] (名) U 〔しばしば H-〕ハングル《朝鮮 [韓国] 語の表音文字》.

hang·up [hǽŋʌp] (名) C **1** 《口語》[...についての]不安の種; こだわり, コンプレックス [*about*]. **2** 【コンピュータ】ハングアップ《システムの停止》.

hank [hǽŋk] (名) C (糸などの) 1巻き, 1かせ.

han·ker [hǽŋkər] (動) (自) 《口語》[...を]切望する [*after, for*]; [...したくて]うずうずする [*to do*].

han·ker·ing [hǽŋkəriŋ] (名) [a 〜] [...に対する／...したいという]切望 [*for, after / to do*].

han·kie, han·ky [hǽŋki] (名) (複 **han·kies** [-z]) C 《口語》ハンカチ (handkerchief).

han·ky-pan·ky [hǽŋkipǽŋki] (名) U 《口語》いんちきしばしばこっけい》ごまかし, いんちき, いかさま; 浮気.

Ha·noi [hænɔ́i, hə-] (名) (固) ハノイ《ベトナムの首都》.

Han·o·ver [hǽnouvər] (名) (固) ハノーバー家《英国の王家 (1714–1901)》.

Hàn·se·át·ic Léague [hǽnsiætik-, hǽnzi-] [the 〜] ハンザ同盟《中世にドイツ北部の諸都市が結んだ商業同盟》.

Hán·sen's disèase [hǽnsənz-, háːn-] (名) U 【医】ハンセン(氏)病 (leprosy).

han·som [hǽnsəm] (名) C ＝hánsom cáb ハンサム, 辻馬車《2人乗り1頭立ての二輪馬車》.

hap·haz·ard [hæphǽzərd] (形) 偶然の; でたらめな, 無計画な.

hap·haz·ard·ly [〜li] (副) 偶然に; でたらめに.

hap·less [hǽpləs] (形) 〔限定用法〕《文語》不運な.

＊＊＊**hap·pen** [hǽpən]

【基本的意味は「偶然に起こる (take place, especially without being planned)」】

— (動) (三単現 **hap·pens** [〜z]; 過去・過分 **hap·pened** [〜d]; 現分 **hap·pen·ing** [〜iŋ])
— (自) **1** [...に](偶然に)起こる, 生じる, 発生する [*to*]: The accident *happened* in the tunnel. 事故はトンネル内で起きた ／ I will go there whatever may *happen*. 何が起きようとも私はそこへ行く ／ Something unhappy must have *happened to* him. 彼の身に何か不幸なことが起こったに違いない ／ What *happened to* that

happening / happy

team? あのチームはいったいどうしたんだ / What's *happening*? いったいどうしたのですか;《米口語》調子はどうだい.

2 [進行形不可]「 happen+to do]偶然…する;「 It (so) happens+that 節」偶然…(ということ)である: I *happened to* be out then. =*It happened that* I was out then. 私はその時偶然外にいた / Do you *happen to* remember his address? ひょっとして彼の住所を覚えていませんか / *It (so) happened that* he was from London. 偶然にも彼はロンドン出身だった.

■ *as it háppens* たまたま;折しく;あいにく: *As it happens*, I can't attend the meeting today. あいにく, 私はきょうの会議には出られない.
háppen alóng (自) 偶然やって来る.
háppen bý (自) たまたま通りかかる.
háppen on [upón] ... (他) …に偶然出くわす; …を偶然見つける.

*hap・pen・ing [hǽpəniŋ] 名 C **1** [しばしば ~s] 出来事, (突発)事件 (→ EVENT 類義語).
2《古風》ハプニング(ショー)《即興演技》.
— 形《俗語》最新(流行)の, かっこいい.

*hap・pi・ly [hǽpili]

— 副 **1** 幸福に; 楽しく, 愉快に: The birds are singing *happily*. 小鳥が楽しそうにさえずっている / They lived *happily* ever after. 彼らはその後ずっと幸せに暮らしました《◇物語の結びの文句》/ He did not die *happily*. 彼は幸せな死に方をしなかった (= He did not die in a happy way.) 《◇ **2** の用例との違いに注意》.
2 [文修飾] 幸いにも, 運よく: *Happily*, he did not die. 幸運なことに彼は死ななかった.
3 うまく, 適切に.

*hap・pi・ness [hǽpinəs]

— 名 U **1** 幸福, 幸せ; 喜び, 満足 (↔ unhappiness): Money can't buy *happiness*. 金で幸福は買えない.
2 幸運 (good luck): I wish you every *happiness*. ご多幸をお祈りいたします.
3 (表現などの)適切さ, 巧みさ.

***hap・py [hǽpi]

— 形 (比較 hap・pi・er [~ər]; 最上 hap・pi・est [~ist]) **1** (a) (人が) [...で] 幸福な, 楽しい, うれしい [about, at, with] (↔ unhappy): I'm feeling very *happy*. 私はとても幸せな気分です / I have never been *happier*. これほど幸せなことはない / They are *happy about* that team's victory. 彼らはそのチームの勝利を喜んでいる.
(b) [be happy+to do] …してうれしい; 喜んで…する (pleased) (➔ [LET'S TALK]); [be happy+that 節] …ということがうれしい: I am *happy to* hear that he got first prize. 彼が1等賞を取ったと聞いてうれしいです / I will *be happy to* attend your party. 喜んでパーティーに出席します / He *was happy that* his son had decided to take over his business. 彼は息子が商売を継ぐ決心をしてくれたのでうれしかった / I'm *happy that* I have you here. = I'm *happy to* have you here. ようこそおいでくださいました.
2 (物事が) 楽しい, 愉快な, うれしい: We spent many *happy* hours playing tennis. 私たちはテニスをして何時間も楽しく過ごした / This is the *happiest* day of my life. きょうは私の人生で一番幸せな日です.
3 […に] 満足している, […が] 気に入っている [about, at, with]: Are you *happy with* your life? あなたは今の生活に満足していますか / He will never be *happy about* this arrangement. 彼はこの取り決めに決して満足しないだろう.
4 (出来事が) 幸運な (lucky); めでたい: by a *happy* chance 幸運にも / by a *happy* coincidence 幸いにも偶然が重なって / *Happy* birthday (to you)! = Many *happy* returns (of the

LET'S TALK 喜びを表す表現

[基本] **I'm happy to help ....**

Miho: Thanks for helping me with my English.
（私の英語を手伝ってくれてありがとう）

Jenny: Not at all. I'm happy to help you anytime.
（どういたしまして. いつでも喜んで手伝いますよ）

「be happy + to 不定詞(…してうれしい)」は喜びを表す表現です. happy の代わりに glad, pleased, delighted を使ってもかまいません. また, 感嘆文を用いて, How happy I am to help ...!(…を手伝うことができるとはなんてうれしいんでしょう)のように言うこともあります.

ほかに, It を主語にして, It's nice to help ....(…を手伝うことができてうれしい)のように言うこともできます.

[類例] A: Hello, Dolly. It's nice to have you back with us.
（ハロー, ドーリー. あなたが帰ってきてくれてうれしいよ）

B: Hello, Harry. It's nice to be back home.
（ハロー, ハリー. 帰ってくることができてうれしいわ）

day)! 誕生日おめでとう.
5《格式》《言葉などが》適切な, 巧みな: A *happy* idea came to me. 私に名案が浮かんだ.
■ (*as*) **háppy as a lárk** [*the dáy is lóng, Lárry*] とても幸せな.
◆ **háppy énding** [C]《物語などの》ハッピーエンド, めでたい結末.
háppy évent [C] 慶事, (特に) 子供の誕生.
háppy hóur [単数形で]《酒場などの》サービスタイム《通例, 酒が割引になる》.
háppy médium [単数形で] 適切な折衷(さっ)案, 妥協案; 中庸(ちゅう).
háp·py-gò-lúck·y 形 楽天的な, のんきな.
Haps·burg, Habs·burg [hǽpsbəːrg] 名 固 ハプスブルク家《オーストリアやスペインの旧王家》.
ha·rangue [hərǽŋ] 名 C《群衆に対する》熱弁, 《長くて退屈な》お説教.
— 動 他 …に（向かって）熱弁をふるう, お説教する.
— 自 […に] 熱弁をふるう {*to*}.
har·ass [həræs, hǽrəs / hǽrəs] 動 他
1《人》を［心配事・いやがらせなどで］（繰り返し）悩ます, 苦しめる {*by, with*}: She was *harassed* by her whimsical boss. 彼女は気まぐれな上司に悩まされた. **2**《敵》を繰り返し攻撃する.
har·assed [həræst, hǽrəst / hǽrəst] 形 悩んだ, 不安な; 疲れ切った.
har·ass·ment [həræsmənt, hǽrəs- / hǽr-əs-] 名 U 悩まされる こと; いやがらせ: sexual *harassment* セクシャルハラスメント, セクハラ, 性的いやがらせ.
har·bin·ger [háːrbindʒər] 名 C《文語》前触れ, 前兆; 先駆者, 先駆け.

★**har·bor**,《英》**har·bour**
[háːrbər] 名 動
— 名 (複 **har·bors**,《英》**har·bours** [~z]) [C][U]
1 港 (cf. port《harbor を含む》港, 港町》: a natural [an artificial] *harbor* 天然 [人工] の港 / leave *harbor* 出港する / Several ships are in *harbor*. 数隻(ま)の船が入港している.
2 避難所, 隠れ場所: give *harbor* to … …をかくまう.
— 動 他 **1**《悪意など》を心に抱く: She *harbored* a secret grudge against him. 彼女は彼に対してひそかに恨みを抱いた. **2**《逃走犯など》をかくまう, …に隠れ場所を与える.

★★★ **hard** [háːrd] 形 副

原義は「強い, 強力な」.
① 硬い, 堅い, 固い.　　　　　　　　　　　　形 **1**
② 難しい.　　　　　　　　　　　　　　　　形 **2**
③ 熱心な; 熱心に.　　　　　　　　　　形 **3**; 副 **1**
④ 激しい; 激しく.　　　　　　　　　　形 **4**; 副 **2**
⑤ 厳しい.　　　　　　　　　　　　　　　　形 **5**

— 形 (比較 **hard·er** [~ər]; 最上 **hard·est** [~ist]) **1** 硬い, 堅い, 固い (↔ *soft*) (→ FIRM²) [類義語]: a *hard* bed 硬いベッド / *hard* money 硬貨 (cf. paper money 紙幣) / Diamond is the *hardest* mineral known. ダイヤモンドは知られている限りで最も硬度の高い鉱物である.
2　(a) 難しい, 困難な (difficult) (↔ *easy*): *hard* work 困難な仕事 / Today's exam was *hard* for me. きょうの試験は私には難しかった. (b) [It is hard (for …)+to do] (…が) …するのは難しい: *It is hard for* young people *to* find good jobs nowadays. 最近は若い人がいい仕事を見つけるのは難しい. (c) [be hard + to do]《人・もの》が …しにくい (◇ do は他動詞): Portuguese *is hard to* learn. ポルトガル語は覚えにくい (= It is hard to learn Portuguese.).
3 熱心な, よく働く, 懸命な: Bob is a *hard* worker. ボブは仕事［勉強］熱心です / After several years of *hard* study my nephew passed the entrance exam. 数年にわたる懸命な勉強で甥(#)が入学試験に合格した.
4《運動・動作などが》激しい, 猛烈な: a *hard* blow 強打 / She gave the door a *hard* kick. 彼女はドアを思い切りけった.
5 厳しい, 厳格な; 無情な, 断固たる: a *hard* look 怖い目つき / His father is a *hard* person. 彼のお父さんは厳格な人です / Those people drive a *hard* bargain. あの人たちは容赦なく値切る.
6 不快な; つらい, 苦しい: *hard* times (経済的に) 苦しい時期, 不景気 / lead a *hard* life 苦難に満ちた人生を送る. **7**《天候が》厳しい: It'll be a *hard* winter. 厳しい冬になるだろう. **8**《音・色などが》耳［目］ざわりな: a *hard* voice 耳ざわりな声. **9**《事実・証拠などが》確実な, 信頼できる: *hard* evidence 動かぬ証拠. **10**《水》が硬質の;《飲料》がアルコール分の多い (◇ 22.5% 以上) (↔ *soft*): *hard* water 硬水 / *hard* liquors 強い酒. **11**《麻薬》が習慣性の. **12**〖音声〗硬音の (◇ c, g を [s], [dʒ] でなく [k], [g] と発音すること). **13**《鉛筆の芯(し)が》硬い《略語》H).
■ ***be hárd át it*** = ***be hárd at wórk*** 熱心に仕事 [勉強] している.
(be) hárd of héaring 耳が遠い (◇ しばしば deaf の《婉曲》として用いる).
be hárd on … …につらくあたる; …にとってつらい, こたえる: The coach *is* always *hard on* me. 監督はいつも私につらくあたる.
give … a hárd tíme 《口語》…をつらい目にあわせる; …につらくあたる.
hárd and fást = HARD-AND-FAST (↓).
hàve a hárd tíme (of it) つらい目にあう, 苦労する: She has *had a hard time*. 彼女はつらい目にあってきた.
the hárd wày (独力で) 苦労して; こつこつと: He learned Spanish *the hard way*. 彼はこつこつとスペイン語を習得した.
— 副 **1** 熱心に, 懸命に, 骨折って: try *hard* 必死に努力する.　**2** ひどく, 激しく, 過度に: He kicked the can *hard*. 彼は缶を思い切りけった / It is snowing [blowing] *hard*. ひどい雪 [風] です.　**3** しっかりと, 堅く, 十分に: I held the string *hard*. 私はひもをしっかり握った / He usually boils eggs *hard*. 彼はたいてい卵を固ゆでにする.　**4** 苦しんで, やっと: breathe *hard* やっと息をする.

5 接近して, すぐ近くに (close): follow *hard* after [behind] ... …のすぐあとに続く.
■ **be hárd dóne by**《口語》不当な扱いを受ける.
be hárd hít[…によって] ひどい打撃を受ける [*by*].
be hárd pút [*préssed, púshed*]《口語》[…するのに] 困っている, 苦労する [*to do*].
be hárd úp 金に困っている; […がなくて] 困っている [*for*]: They *are hard up for* food and clothes in that country. その国では食糧や衣類に事欠いている.
gò hárd with ... …にとってつらいことになる: If you don't obey the rules, it will *go hard with* you. その規則に従わないととんでもないことになりますよ.
hárd bý《文語》すぐ近くに.
hárd on [*upòn*] ... …に迫って: My father is *hard on* eighty. 私の父はもうすぐ80歳になる.
tàke (**it**) **hárd** 深刻に受けとめる. (▷ [動] hárden)
◆ hárd cásh Ⓤ《小切手に対して》現金.
hárd cópy Ⓤ ハードコピー《コンピュータから紙などに印刷したデータ》.
hárd cúrrency ⓊⒸ《経済》ハードカレンシー《国際的に信用がおかれ, 外貨と交換できる通貨》.
hárd dísk [dísc] Ⓒ《コンピュータ》ハードディスク《大容量の記憶装置》.
hárd féelings Ⓤ《複数扱い》恨み, 遺恨: No *hard feelings*. 悪く思わないで.
hárd lábor Ⓤ《刑罰としての》重労働.
hárd lúck Ⓤ 不運; [間投詞的に] 残念だったね.
hárd róck Ⓤ《音楽》ハードロック.
hárd séll [単数形で] 押し売り.
hárd-and-fást [形]《限定用法》《規則などが》厳重な, 変えられない; がんじがらめの.
hárd·báck [háːrdbæk] [名][形] = HARDCOVER (↓).
hárd·báll [háːrdbɔːl] Ⓤ《米》《ソフトボールに対して》野球; Ⓒ《野球の》硬球.
■ **pláy hárdball**《口語》強硬手段をとる.
hárd-bít·ten [形]《人が》手ごわい, 頑強な; 頑固な.
hárd·bóard [háːrdbɔːrd] 名Ⓤ《建》ハードボード, 硬質繊維板《木材の繊維を加熱圧縮したもの》.
hárd-bóiled [形] **1**《卵などが》固ゆでの (cf. soft-boiled 半熟の). **2**《口語》無情な, 冷酷な; 《文体が》ハードボイルドの: a *hard-boiled* detective novel ハードボイルド探偵の推理小説.
hárd·bóund [háːrdbáund] [形] = HARDCOVER (↓).
hárd-córe [形]《通例, 限定用法》強固な;《ポルノなどが》露骨な.
hárd córe 名Ⓤ《通例 the ～》《組織の》中核《グループ》;《英》《れんが・石のかけらなど》道路の底石.
hárd-cóver [háːrdkʌ̀vər] 名Ⓒ ハードカバー, 堅い表紙で装丁した本 (hardback).—[形] 堅い表紙で装丁した (hardback, hardbound).
hárd-édged [形] 辛らつな, 手厳しい.
*hard·en [háːrdən] [動] Ⓐ **1**〈ものを〉堅くする, 固める (↔ soften): High temperature treatment *hardens* stainless steel. ステンレスは高温処理で硬度が増す. **2**〈人・心を〉[…に対して] 非情 [冷酷] にする; 無感覚にする [*to, against*]: He *hardened* his heart and scolded the boys. 彼は心を鬼にして少年たちをしかった. **3**〈体など〉を鍛える.
—Ⓘ 堅くなる, 固まる; 冷酷になる; 無感覚になる: The snow *hardened* into ice. 雪は固まって氷になった. (▷ [形] hárd)
hárd·ened [háːrdənd] [形] 常習の, (慣れて) 無感覚な [*to*]: a *hardened* criminal 常習犯 / become *hardened* to ... …に慣れてなんともなくなる.
hárd·héad·ed [háːrdhédid] [形] **1** 抜け目ない, 実利的な. **2** 頑固な, 石頭の.
hárd·héart·ed [háːrdháːrtid] [形] 無慈悲な.
hár·di·hood [háːrdihùd] 名Ⓤ 大胆 (さ), 度胸のよさ; 厚かましさ, ずうずうしさ, ずぶとさ.
hár·di·ness [háːrdinəs] 名Ⓤ **1** 頑健 (さ), 耐久力. **2** 大胆 (さ); ずぶとさ.
hárd-líne [形] 強硬路線の, 妥協しない.
hárd líne 名Ⓒ 強硬路線: take a *hard line* on people who drink and drive 飲酒運転をする者を厳しく取り締まる.
hárd-lín·er [名][Ⓒ] 強硬論者.

*****hard·ly** [háːrdli]
—[副] **1** [しばしば can を伴って] **ほとんど…ない**(◇ scarcely のほうが否定の意味が強い; → BARELY): I can *hardly* walk any longer. もうこれ以上歩けません / She *hardly* knows this town. 彼女はこの町のことをほとんど知らない / That player is *hardly* known in Europe. あの選手はヨーロッパではほとんど知られていない.
語法 (1) hardly は通例, 動詞の前, 助動詞・be 動詞のあとに置く.
(2)《格式》では hardly を文頭に置いて強調することがある. その場合, あとに続く文に倒置が起こる (→ 成句 hardly ... when [before] ～).
(3) hardly は否定を表す語なので, 他の否定語と共に用いることはできない. また, 付加疑問には肯定形を用いる: You can *hardly* run, *can you*? あなたはほとんど走れないのですね.
2 おそらく…ない; とても…でない: We will *hardly* win a game this season. 私たちは今シーズンは1勝もできそうにない / That's *hardly* the way to talk to your parents! 両親に対してそんな口の利き方をするものではない.
■ **hárdly àny** [*ànything*] ほとんど…ない: He has *hardly any* money. 彼はほとんどお金を持っていない / She ate *hardly anything* at the party. 彼女はパーティーでほとんど何も食べなかった.
hárdly éver めったに…しない (→ EVER 成句).
hárdly ... when [*befòre*] ～ ～するとすぐに~ (◇ 通例, ... には過去完了, ~には過去形が来る; → SOON [語法]): I had *hardly* left *when* [*before*] it began raining. =*Hardly* had I left *when* [*before*] it began raining. 私が出かけるとすぐに雨が降り出した (= As soon as I left, it began raining.).
hard·ness [háːrdnəs] 名Ⓤ **1** 堅いこと, 堅さ; 硬度 (↔ softness). **2** 困難. **3** 無情, 厳しさ.
hárd-nósed [形]《通例, 限定用法》《感傷的でなく》

冷静な; 頑固な; 現実的で抜け目ない.

hárd-préssed [形]〔仕事で〕多忙な; 追い詰められた, (金銭的に)せっぱ詰まった.

‡hard·ship [háːrdʃip] [名] [U][C] (病気・貧困などの) 苦痛, 困難, 辛苦: bear [endure] *hardship* 苦難に耐える.

hard·top [háːrdtɑ̀p / -tɔ̀p] [名] [C] ハードトップ 《屋根が鋼板で側面の窓に支柱がない乗用車》.

*hard·ware [háːrdwèər] [名] [U] **1** [コンピュータ] ハードウェア (cf. software ソフトウェア).
2 金物, 金属製品: a *hardware* store 金物屋.
3 武器; 機材.

hard·wear·ing [hɑ́ːrdwéəriŋ] [形] (《英》) (衣類などが)長持ちする, 丈夫な (《米》longwearing).

hard·wired [形] [コンピュータ] (システムが) ハードウェアに組み込まれた.

hard·wood [háːrdwùd] [名] [U] (カシ・ブナなどの) 堅木(たまく), 硬質材; [C] 広葉樹 (↔ softwood).

hárd-wórk·ing [形] 勤勉な, 勉強家の, よく働く.

*har·dy [háːrdi] [形] [比較 **hár·di·er** [-əɾ]; 最上 **har·di·est** [~ist]] **1** 頑健な, 耐久力のある, 丈夫な: a *hardy* fisherman たくましい漁師. **2** 大胆な; ずうずうしい. **3** (動植物が) 耐寒性の.

Har·dy [háːrdi] [名] [固] ハーディー Thomas Hardy 《1840–1928; 英国の小説家·詩人》.

*hare [héəɾ] [☆ [同音] hair] (複 **hares** [~z], **hare**) [C] ノウサギ《◇ rabbit より大きく耳と後ろ脚が長い. 雄は buck (hare), 雌は doe (hare)》: First catch your *hare* (then cook him). 《ことわざ》まずウサギを捕らえよ(料理はそのあと)⇒捕らぬタヌキの皮算用.

■ **(as) mád as a Márch háre** (春の発情期のウサギのように) 狂乱して, 浮かれて.

(as) tímid as a háre 大変臆病な.

rún with the háre and húnt with the hóunds 両方に味方する; 意見を容易に変える.

stárt a háre 1 ウサギを狩り出す. **2** (議論で)本題と無関係な話を持ち出す, 話をそらす.

——[動] [自] 《英口語》 (ノウサギのように) すばやく走る, 逃げ去る (*off, away*).

hare·bell [héərbèl] [名] [C] [植] イトシャジン.

hare·brained [héərbrèind] [形] (人·計画などが) 軽はずみな, 向こう見ずな.

hare·lip [héərlìp / héəlíp] [名] [U][C] [医] 口唇裂 (こうしんれつ), 兎唇(としん).

ha·rem [héərəm / hάːriːm] [名] [C] **1** ハーレム, 後宮《イスラム教国の女性部屋》. **2** 〔集合的に〕ハーレムの女性たち.

har·i·cot [hǽrikòu] 《フランス》[名] [C] [植] = háricot bèan 《英》インゲンマメ.

hark [hάːrk] [動] [自] 〔主に命令文で〕《文語》 […に] 注意して聞く〔*at*〕: Hark! 聞け / *Hark at* him! 《英口語》彼の言うことを聞いてごらん (あきれてしまうから).

■ **hárk báck** [自] (話などが) [元に] 戻る〔*to*〕.

Har·lem [háːrləm] [名] ハーレム 《米国 New York City の Manhattan 区北部の黒人が多く住む地区》.

har·le·quin [háːrlikwin] [名] [C] **1** ハーレクイン, アルルカン《パントマイム(無言劇)に出てくる派手な衣装の道化役者》. **2** 道化者, ひょうきん者.

Har·ley-Da·vid·son [háːrlidéividsən] [名] [固] 《商標》ハーレーダビッドソン《米国製の大型バイク》.

Hár·ley Strèet [háːrli-] [名] [固] ハーレー街《多くの専門医が開業している London の通り》.

har·lot [háːrlət] [名] [C] 《古》売春婦 (prostitute); みだらな女.

***harm [háːrm] [名] [動] 【原義は「苦痛 (pain)」】
——[名] [U] 害, (物質的・精神的) 損害, 危害; 悪意; 不都合: There's no *harm* in staying up a little later. 少しぐらい夜更かししても害にはならない / Exhaust gas causes *harm* to the environment. 排気ガスは環境を損なう / I suffered much *harm* from his words. 私は彼の言葉にとても傷ついた / I meant no *harm*. 私には悪気はありませんでした / What's the *harm* in telling the truth? 本当のことを言って何がいけないのか.

■ **còme to hárm** 〔通例, 否定文で〕 危害を受ける: The journalist *came to* no *harm* when reporting about the war. そのジャーナリストは戦争の報道中に何の危害も受けなかった.

dò hárm (to ...) = **dò (...) hárm** (…に) 危害を加える, (…を) 害する: The typhoon has *done* a lot of *harm to* the crops. 台風は作物に大きな被害を与えた.

dò móre hárm than góod 有害無益である.

óut of hárm's wáy 安全な所に; 無事に.

——[動] [他] …を害する, 傷つける (→ INJURE [類義語]): Will the sunlight *harm* the skin? 日光は肌を傷めますか / His improper remarks *harmed* our team's reputation. 彼の失言のせいでチームの評判に傷がついた.
(▷ [形] **harmful**)

‡harm·ful [háːrmfəl] [形] [...に] 有害な, 害を与える 〔*to*〕 (↔ harmless): *harmful* insects 害虫 / Too much drinking is *harmful to* your health. 酒の飲みすぎは健康に悪い. (▷ [名] **hárm**)
harm·ful·ly [-fəli] [副] 害をもたらして.
harm·ful·ness [~nəs] [名] [U] 有害 (なこと).

*harm·less [háːrmləs] [形] **1** [...に] 無害な, 害のない〔*to, for*〕 (↔ harmful): *harmless* to animals and humans 人畜無害な. **2** 悪意の, 罪のない: a *harmless* joke 悪意のない冗談.
harm·less·ly [~li] [副] 害を与えずに; 無邪気に.

har·mon·ic [hɑːrmάnik / -mɔ́n-] [形] [音楽] 和声の, 倍音の. — [名] [C] [音楽] 倍音.

har·mon·i·ca [hɑːrmάnikə / -mɔ́n-] [名] [C] ハーモニカ (mouth organ).

har·mon·ics [hɑːrmάniks / -mɔ́n-] [名] [U] 〔単数扱い〕 [音楽] 和声学; (広義の) 音楽理論.

*har·mo·ni·ous [hɑːrmóuniəs] [形] **1** […と] 仲のよい, むつまじい〔*with*〕; 平和な: a *harmonious* atmosphere なごやかな雰囲気. **2** (色などが) […と] 調和した, つり合いのとれた〔*with*〕: *harmonious* color combinations 調和のとれた色の組み合わせ. **3** 〔限定用法〕和声の; 耳に快い.
(▷ [名] **hármony**)
har·mo·ni·ous·ly [~li] [副] 調和して; 仲よく.

har·mo·ni·um [hɑːrmóuniəm] [名] [C] ハルモニウム (reed organ) 《足踏み式オルガン》.

har·mo·nize [háːrmənàiz] 動 他 **1** […と]を調和させる, 一致させる [*with*].
2 【音楽】…に和声を加える.
— 自 **1** […と]調和する, 一致する [*with*].
2 【音楽】合唱[合奏]する. (▷ 形 hármony)

har·mo·ny [háːrməni]

— 名 (複 **har·mo·nies** [~z]) U C **1** 調和;(利害・意見の)一致: strengthen international *harmony* 国際協調を推進する / The painter's aim was to produce a *harmony* of shape and color. 画家のねらいは形と色の調和を生み出すことであった.
2 【音楽】ハーモニー, 和音, 和声.
■ *in hármony* […と]調和[一致]して, 仲よく [*with*]: My ideas are no longer *in harmony with* yours. 私たちの意見はもはや相いれない / Her dog lives *in* perfect *harmony with* her cat. 彼女の犬と猫は実に仲がよい.
òut of hármony 調和[一致]しないで, 仲悪く.
(▷ 形 harmónious; 動 hármonize)

har·ness [háːrnis] 名 U C **1** (馬を馬車・すきなどにつなぐ)馬具, 引き具: double *harness* 2頭立て用の馬具.
2 馬具に似たもの; (パラシュートの)背負い革; (幼児・犬に付ける)革ひも, 革帯.
■ *in dóuble hárness* 協力して: work [run] *in double harness* 共働きをする, 協力して働く.
in hárness 勤務中で; […と]協力して [*with*]: die *in harness* 殉職する.
— 動 他 **1** …に馬具[引き具]を付ける.
2 〈自然の力〉を利用[動力化]する: *harness* the wind as a source of energy 風をエネルギー源として利用する.

harp [háːrp] 名 C ハープ, 竪琴(たてごと).
— 動 自 **1** ハープを弾く. **2** 《口語》[…を]繰り返して[くどくどと]言う [*on*].

harp·ist [háːrpist] 名 C ハープ奏者.
har·poon [haːrpúːn] 名 C (捕鯨用の)もり.
— 動 他 …にもりを打ち込む, …をもりでしとめる.
harp·si·chord [háːrpsikɔ̀ːrd] 名 C ハープシコード, チェンバロ《鍵盤(けんばん)楽器でピアノの前身》.
har·py [háːrpi] 名 (複 **har·pies** [~z]) C **1** [H-]【ギ神】ハルピュイア《顔と体が女で鳥の翼とつめを持つ貪欲(どんよく)な怪物》. **2** 《文語》貪欲, 残忍] な女.
Har·ris [hǽris] 名 固 ハリス Townsend] Harris《1804-78; 米国の外交官; 1856年に日米通商条約を結ぶ》.
Har·ri·son [hǽrisən] 名 固 ハリソン. **1** William Henry Harrison《1773-1841; 米国の政治家; → PRESIDENT 表》. **2** Benjamin Harrison 《1833-1901; 米国の政治家; → PRESIDENT 表》.
har·row [hǽrou] 名 C まぐわ《耕地をならす農具》.
— 動 他 **1** 〈土・畑〉をまぐわでならす.
2 [通例, 受け身で] …を苦しめる, 悩ます.
Hár·row Schóol [hǽrou(-)] 名 固 ハロー校 《London 近郊にある, 伝統のあるパブリックスクール》.
har·row·ing [hǽrouiŋ] 形 痛ましい, つらい.
har·ry [hǽri] 動 (三単現 **har·ries** [~z]; 過去・過分 **har·ried** [~d]; 現分 **har·ry·ing** [~iŋ]) 他
1 〈人〉を絶えず […のことで]悩ます, 苦しめる [*for*].
2 (戦争などで) 繰り返し…を攻撃する.

Har·ry [hǽri] 名 固 ハリー(◇男性の名; Henry の愛称).

harsh [háːrʃ] 形 **1** (気候などが)厳しい; (態度などが) […に]厳格な [*to*, *with*]: a *harsh* climate 過酷な気候 / a *harsh* judgment [punishment] 厳しい判決[処罰] / She is too *harsh with* the children. 彼女は子供に厳しすぎる.
2 (耳・目・鼻などに)不快な, 耳[目]ざわりな: a *harsh* voice 耳ざわりな声.
3 粗い(rough), ざらざらした: a *harsh* texture ざらざらした生地.
harsh·ly [~li] 副 厳しく, 荒々しく.
harsh·ness [~nəs] 名 U 厳しさ; 荒々しさ.
hart [háːrt] 名 (☆同音 heart) (複 **harts** [háːrts], **hart**)【動物】雄のアカジカ (→ DEER 関連語).
Har·vard [háːrvərd] 名 固 = Hárvard University ハーバード大学《Massachusetts 州 Cambridge にある米国最古の大学; 1636年創立》.

har·vest [háːrvist] 名 動

— 名 (複 **har·vests** [-vists]) **1** C U 収穫, 刈り入れ: She helped her father with the *harvest*. 彼女は父親が作物を取り入れるのを手伝った.
2 C 収穫高, 収穫物: gather [bring in] a *harvest* 作物を収穫する / We had a good [poor] rice *harvest* this year. 今年は米が豊作[凶作]だった.
3 C U 収穫期, 取り入れの時期.
4 [単数形で](努力・行為の)結果, 報酬: He reaped the *harvest* of his twenty years' research. 20年間の彼の研究は報われた.
— 動 他 **1** 〈作物〉を収穫する, 〈畑〉の刈り入れをする. **2** 〈努力の末〉…を手に入れる.
— 自 収穫する, 刈り入れをする.
◆ **hárvest féstival** C 《主に英》(教会で行う)収穫祭, 感謝祭.
hárvest móon [the ~] 中秋の名月, 秋分前後の満月.
har·vest·er [háːrvistər] 名 C 収穫者; 刈取り機 (cf. combine harvester 刈取り脱穀機).

has [hǽz] 動 助動

— 動 have の3人称単数現在形.
— 助動 ((弱) həz, əz, z; (強) hǽz) have の3人称単数現在形.

hás-bèen 名 C 《口語》最盛期を過ぎた人, 時代遅れの人.
hash [hǽʃ] 名 **1** U こま切れ肉料理, ハヤシ料理.
2 C 《通例 a ~》ごちゃまぜ, 寄せ集め. **3** C (旧作の)焼き直し. **4** 《口語》= HASHISH (↓).
■ *màke a hásh of ...* 《口語》…を台なしにする.
séttle ...'s hásh 《口語》〈人〉をへこます[黙らせる].
— 動 他 **1** 〈肉・野菜〉を細かく刻む, こま切れにする. **2** 《口語》…を台なしにする (*up*).
■ *hásh óut* 他 《口語》…を話し合って解決する.
hash·ish, hash·eesh [hǽʃiːʃ] 名 U ハシシ《大麻から作った麻薬》.

has・n't [hǽznt]《短縮》《口語》has not の短縮形: He *hasn't* come yet. 彼はまだ来ない.

hasp [hǽsp / háːsp] 名C (戸・窓などの) 留め具.

has・sle [hǽsl] 名CU 1《口語》面倒, 困難, 苦難. 2《米口語》激論, 口論, 言い争い.
— 動《口語》他…を(しつこく)困らせる, 悩ます.
— 自[…と]口論する[*with*].

has・sock [hǽsək] 名C 1 (祈るときにひざに敷く) ひざ布団. 2《米》足乗せ台.

hast [hǽst, (弱) həst, əst] 動 助動《古》have の2人称単数直説法現在形 (◇ *thou* と共に用いる).

***haste** [héist] 名U 1 急ぐこと, 迅速: with [without] *haste* 急いで[ゆっくり] / More *haste*, less speed.《ことわざ》急げば急ぐほど(間違えたりして) かえって時間がかかる ⇒ 急がば回れ.
2 あわてること, 軽率, 性急: In my *haste* I took the wrong train. あわてていたので, 私は列車を乗り違えた / *Haste* makes waste.《ことわざ》せいては事を仕損じる.
■ *in háste* 急いで, あわてて.
màke háste《古風》急ぐ.
(▷ 動 hásten)(形 hásty)

***has・ten** [héisən] 動 自 […へ]急ぐ, 急いで行く[*to*]; 急いで […] する (*to do*): A group of students were *hastening to* school. 生徒の一団が学校へと急いでいった / I *hasten* to add that I am not her boyfriend or anything. とりあえず言いそえますが, 私は彼女の恋人でも何でもありません.
— 他…を急がせる, せき立てる;〈足・スピード〉を速める; 促進する: She *hastened* her pace. 彼女は足を速めた. (▷ háste)

***hast・i・ly** [héistili] 副 1 急いで, あわてて: say good-bye *hastily* あわただしくさよならを言う.
2 早まって, 軽率に: Don't answer *hastily* when the problem is so serious. そのような重大な問題に対しては軽率に答えないようにしなさい.

hast・i・ness [héistinəs] 名U 急ぎ, 早急; 軽率.

***hast・y** [héisti] 形 (比較 **hast・i・er** [~ər]; 最上 **hast・i・est** [~ist]) 1《限定用法》急ぎの, あわただしい: We had a *hasty* lunch. 私たちはせわしく昼食をとった. 2 […するのに]軽率な, 早まった [*in doing*, *to do*]: Don't make a *hasty* decision. 早まった決定をしてはならない / He was *hasty in accepting* the job. 彼は軽率にもその仕事を引き受けてしまった. 3《限定用法》せっかちな, 短気な: a *hasty* temper 短気. (▷ 名 háste)

hat [hǽt]
【原義は「(頭を)覆うもの」】
— 名 (複 **hats** [hǽts]) C (縁のある) 帽子 (cf. cap (縁のない)帽子): a straw *hat* 麦わら帽子 / a silk *hat* シルクハット / put on [take off] a *hat* 帽子をかぶる[とる](◇「帽子を…する」の表現は cap と同じ; → CAP コロケーション).

■ *háng úp one's hát*《口語》くつろぐ;(仕事などを)やめる, 引退する.
hát in hánd 帽子を手にして; かしこまって.
kéep ... ùnder one's hát …を秘密にしておく.
páss the hát aróund [*róund*] 帽子を回して寄付を集める.
ráise [*tóuch*] *one's hát to ...* 帽子を上げて[帽子に触れて] …にあいさつをする.
tàke one's hát óff to ...《口語》…に脱帽する, 敬意を表する.
tálk through one's hát《口語》はったりを言う.
thrów [*tóss*] *one's hát into the ríng* 競争に参加する; 選挙に出馬する.

◆ **hát trick** C サッカー・ホッケー》ハットトリック《1人の選手が1試合に3得点を挙げること》.

hat・band [hǽtbæ̀nd] 名C 帽子のリボン.

***hatch**¹ [hǽtʃ] 名C 1 (船の甲板の) 昇降口, ハッチ;(飛行機の) 出入り口;ハッチのふた: an escape *hatch* 非常用脱出口.《比喩》言い訳. 2 (天井・床などの) 出入り口, 上げぶた;(台所と食堂の間の) 配膳口[窓].
■ *Dówn the hátch!*《口語》乾杯.
ùnder hátches 甲板下に; 落ちぶれて, 気落ちして; 死んで.

***hatch**² 動 他 1〈卵・ひな〉をかえす, ふ化させる (*out*): Don't count your chickens before they are *hatched*.《ことわざ》ひな鳥がかえらないうちにその数を数えるな ⇒ 捕らぬタヌキの皮算用.
2〈陰謀・計画など〉をたくらむ, もくろむ (*up*).
— 自〈卵・ひな〉がかえる, ふ化する (*out*).
— 名 U ふ化; C ひとかえりのひな.

hatch・back [hǽtʃbæ̀k] 名C ハッチバック《後部にはね上げドアの付いた乗用車》.

hatch・er・y [hǽtʃəri] 名 (複 **hatch・er・ies** [~z]) C (鶏・魚の) ふ化場.

hatch・et [hǽtʃit] 名C 手おの;(アメリカ先住民の) まさかり (tomahawk) (cf. ax まさかり).
■ *búry the hátchet* 和睦(ぼく)する (cf. dig up the hatchet 戦いを始める).(由来)アメリカ先住民は和睦の儀式の際に hatchet を埋めた.
◆ **hátchet jòb** C《通例, 単数形で》《口語》[…の]ひどい中傷, こきおろし [*on*].
hátchet màn C《口語》《企業の合理化のために人員・経費の削減をはかる》リストラ屋; 憎まれ役.
hátch・et・fáced 形 顔がやせてとがった.

hatch・ing [hǽtʃiŋ] 名U《製図》ハッチング, 線影.

hatch・way [hǽtʃwèi] 名C 昇降口 (hatch).

hate [héit]
【基本的意味は「…をひどく嫌う (dislike ... very much)」】
— 動 (三単現 **hates** [héits]; 過去・過分 **hat・ed** [~id]; 現分 **hat・ing** [~iŋ])
— 他《進行形不可》 1 [hate+O] …を(ひどく)嫌う, 憎む: My father *hates* violence. 私の父は暴力が大嫌いです.
2 (a) [hate+to do [動名]] …するのをいやがる, 嫌う (↔ love): She *hates to do* [*doing*] housework. 彼女は家事をするのがきらいです / I *hate* to see her crying. 私は彼女が泣いているのを見たくない.
(b) [hate+O+to do [動名]]〈人〉が…するのをいやがる: He *hates* (for) her *to* smoke.= He *hates* her *smoking*. 彼は彼女がたばこを吸うのをいやがる (◇ for を用いるのは《米口語》).
3 [hate+to do [動名]]《口語》…するのをすま

なく[残念に]思う: I *hate to* trouble [*troubling*] you. ご迷惑をおかけして恐縮です / I *hate to* say it, but you are to blame. 申し上げにくいのですが, 責任はあなたにあります.
— [名] **1** [U] [...に対する] 憎しみ, 嫌悪(感) [*for*] (↔ love). **2** [C] 憎しみの対象, 大嫌いなもの[人]. (▷ [名] hátred; [形] háteful)

*__hate·ful__ [héitfəl] [形] [人にとって] **憎むべき**, いまいましい [*to*]; 憎悪に満ちた: with *hateful* eyes 憎悪に満ちた目で / It is *hateful* of him to say that. そんなことを言うなんて彼はいやなやつだ.
hate·ful·ness [～nəs] [名] [U] 憎らしさ.

hat·er [héitər] [名] [C] 憎む人, 敵意を持つ人.

hath [(弱) həθ; (強) hǽθ] [動] [助動] 《古》 have の3人称単数直説法現在形.

hat·pin [hǽtpìn] [名] [C] (婦人帽の) 留めピン.

hat·rack [hǽtræ̀k] [名] [C] 帽子掛け.

‡**ha·tred** [héitrid] [名] [U] [C] [...に対する] **憎しみ**, 憎悪, 恨み [*of, for, toward*]: have a *hatred for* [*of*] ... …を憎んでいる. (▷ [動] háte)

hat·ter [hǽtər] [名] [C] 《古風》 帽子屋, 帽子職人.
■ (*as*) *mád as a hátter* 《口語》 気が狂った.

haugh·ti·ly [hɔ́:tili] [副] 横柄に, 傲慢(ごうまん)に.

haugh·ti·ness [hɔ́:tinəs] [名] [U] 横柄, 傲慢(ごうまん).

*__haugh·ty__ [hɔ́:ti] [形] (比較 **haugh·ti·er** [～ər]; 最上 **haugh·ti·est** [～ist]) 《軽蔑》 (人・態度が) 高慢な, 傲慢(ごうまん)な: a *haughty* look 横柄な顔つき.

‡**haul** [hɔ́:l] [動] [他] **1** …を強く引く, 引っ張る, 引きずる (*up*) (→ PULL [類義語]): *haul up* the fishing nets 魚網を引き上げる.
2 《口語》〈人〉を [警察などへ] 連行する, 引っ立てる (*up, off*) [*before, to, into*].
3 (トラックなどで)〈品物など〉を運ぶ.
— [自] [...を] 引っ張る [*at, on, upon*].
■ *hául dówn the flág* 旗を降ろす; 降参する.
hául óff [自] 《米》 (殴ろうとして) 腕を振り上げる.
— [名] **1** [C] (ひと網の) 漁獲(量); 《口語》 獲物; (盗品の) 稼ぎ. **2** [a ～] 引っ張ること. **3** [C] 運搬距離: a long-*haul* flight 長距離飛行.

haul·age [hɔ́:lidʒ] [名] [U] 《英》 運搬(作業); トラック運送(業) (《米》 trucking); 運搬費.

haul·er [hɔ́:lər], 《英》 **haul·ier** [-liər] [名] [C] (トラック) 運送業者, 運送会社; 運送用トラック.

haunch [hɔ́:ntʃ] [名] [C] **1** [通例 ～es] (人・動物の) しり, 臀部(でんぶ). **2** (食用動物の) 足と腰の部分.

‡**haunt** [hɔ́:nt] [動] [他] [進行形不可] **1** [しばしば受け身で] (精霊・幽霊などが)〈場所〉**に出る**, 出没する: The castle was said to *be haunted*. その城には幽霊が出るそうだ.
2 [通例, 受け身で] (妙な考えや悲しい思い出が) …の心に絶えずつきまとう, …の脳裏を去らない: I *am haunted* by her last words. 彼女の最後の言葉が私の脳裏から消えない.
3 《口語》 …へたびたび行く [訪れる], …に通う.
— [名] [C] [しばしば ～s] よく行く場所; たまり場; 悪の巣窟(そうくつ); 動物の生息地.

haunt·ed [hɔ́:ntid] [形] **1** 幽霊や化け物の出る: a *haunted* house お化け屋敷. **2** (人・表情などが) ものに取りつかれた(ような), 悩んでいる: a *haunted* look [expression] 何かに取りつかれたような表情.

haunt·ing [hɔ́:ntiŋ] [形] 絶えず心に浮かぶ: a *haunting* melody 忘れられないメロディー.

haute cou·ture [òut ku:túər / -tjúə] 【フランス】 [名] [U] オートクチュール 《高級婦人服の仕立て業》.

haute cui·sine [òut kwizí:n] 【フランス】 [名] [U] 高級料理.

hau·teur [houtə́:r / outə́:] 【フランス】 [名] [U] 《格式》 尊大, 横柄, 傲慢(ごうまん) (haughtiness).

Ha·van·a [həvǽnə] [名] **1** [固] ハバナ 《キューバの首都》. **2** [C] キューバ産の葉巻たばこ.

‡‡‡‡**have** [動] [助動] [名]

❶ 動 詞 (→ [動] [他])
■所有「…を持っている」(→**1**～**4**)
He has a nice bike.
(彼はすてきな自転車を持っている)

■[have＋O＋過分]「…を～してもらう;される」(→**9(a)**,**10**)
I had my picture taken.
(私は写真を撮ってもらった)
She had her wallet stolen.
(彼女は財布を盗まれた)

■[have＋O＋do]「〈人〉に…させる, してもらう」(→**9(b)**)
I had him carry the box.
(私は彼にその箱を運んでもらった)

❷ 現在完了 (→[助動]**1**)
■完了「…したところだ」(→**(a)**)
He has already done his homework.
(彼はもう宿題を終えた)

■結果「…してしまった」(→**(b)**)
He has gone to Paris on business.
(彼は仕事でパリへ行ってしまった)

■経験「…したことがある」(→**(c)**)
Have you ever eaten raw meat?
(生肉を食べたことがありますか)

■継続「…してきた」(→**(d)**)
She has been sick in bed for a week. (彼女は1週間病気で寝込んでいる)

❸ 過去完了 (→[助動]**2**)
He had already got on the train when I called him.
(私が電話したとき, 彼はもう電車に乗っていた)

❹ 未来完了 (→[助動]**3**)
I will have climbed Mt. Fuji five times if I climb it again.
(私はもう1回富士山に登ると5回登ったことになる)

— [動] [hǽv] (三単現 **has** [hǽz]; 過去・過分 **had** [hǽd]; 現分 **hav·ing** [～iŋ])

―[他] **1** (a) [have＋O] …を**持っている**, 所有している; …を(身に)着けている; (店などに)…が(置いて)ある: I *have* a good camera. 私はいいカメラを持っている / My uncle *has* a large farm. 私のおじは大きな農場を所有している / The girl *has* a gold necklace around her neck. その少女は首に金のネックレスを着けている / I *had* no money with [on, about] me then. その時私はお金の持ち合わせがなかった / Do you *have* any soy sauce? しょう油はありますか(◇客が店員に尋ねる言い方). (b) [have＋O＋to do] ～しなければならない…がある (◇この to do は形容詞的用法): He *had* plenty of work *to* do. 彼にはやるべき仕事がたくさんあった / He *has* a report *to* write by Friday. 彼は報告書を金曜日までに書かなければならない.

[語法] 「所有」を表す **have**

(1) 進行形・受け身にはできない.

(2) 《英》では疑問文・否定文に do を用いず, be 動詞と同じ作り方をすることがある. ただし, 現在では do を用いるほうが一般的: Do you *have* [《英》 *Have* you] a dictionary?―No, I don't [《英》 *haven't*]. 辞書を持っていますか ― いいえ, 持っていません.

(3) 《口語》では have の代わりに have got をしばしば用いる (→ [助動] 成句 have got).

2 〈性質・属性・特徴など〉を持っている, …がある (→ [動] **1** [語法]): She *has* a good ear for music. 彼女は音楽がよくわかっている / My room *has* two windows. 私の部屋には窓が2つある / A week *has* seven days. 1週間は7日である / A giraffe *has* a very long neck. キリンは首が長い.

3 〈家族・友人など〉を持っている; 〈使用人など〉を置いている; 〈ペットなど〉を飼っている (→ [動] **1** [語法]): I *have* two sons. 私には息子が2人いる / Bob *has* no friends. ボブには友達がいない / Do you *have* a pet? あなたはペットを飼っていますか.

4 〈感情・考えなど〉を**持っている**, 抱いている (→ [動] **1** [語法]): He *has* a great interest in Asian culture. 彼はアジアの文化に強い関心を抱いている / I *had* a fear of death then. その時私は死への恐怖を感じた / I *have* a good idea for solving this problem. 私にはこの問題解決の名案がある.

5 …を**食べる, 飲む**; 〈たばこ〉を吸う (→ EAT [類義語]): What did you *have* for breakfast this morning? けさ朝食に何を召し上がりましたか / Would you *have* another cup of tea?―No, thank you. お茶をもう1杯いかがですか ― いいえ, 結構です / He's *having* a late lunch. 彼は遅い昼食をとっているところです.

6 …を**経験する**, 〈時など〉を過ごす; 〈病気など〉にかかっている: We *had* an unusually hot summer last year. 昨年の夏はいつになく暑かった / *Have* a nice weekend! 楽しい週末を / Did you *have* a good time during the vacation? 休暇中は楽しかったですか / My wife *has* a bad cold now. 妻は今ひどいかぜを引いています.

7 [進行形不可] …を**手に入れる**, 得る, 受け取る (◇ obtain, receive などより口語的): I *had* this report only this morning. ついけさ方この報告書を受け取った / She will *have* a vacation and go to Spain next week. 彼女は来週休暇を取ってスペインに行く / There is nothing to be *had* from such books. あんな本から得るものは何もない.

8 …を**する**, 行う (◇目的語は動作・行為を表す名詞): *have* an argument 議論する / *have* a chat おしゃべりをする / *have* a dream 夢を見る / *have* a look (at ...) (…を)見る / *have* a rest ひと休みする / *have* a walk 散歩する / Let's *have* a swim after school. 放課後, 水泳をしよう.

[語法] **have** [**give, make, take**] ＋**動作を表す名詞**

(1) 通例, 名詞には a [an] を付け, 1回限りの動作を表す.

(2) 同じ意の動詞を用いるよりも口語的: He *had a fight* [He *fought*] with his friend yesterday. 彼はきのう友人とけんかした.

9 (a) [have＋O＋過分] …を～**させる, してもらう** (◇ have に強勢を置く; → [動] **10**): I must *have* my hair *cut* short. 私は髪を短く刈ってもらわなくてはならない / He *had* his house *remodeled* last year. 彼は去年家を改装した.
(b) [have＋O＋do] 〈人〉に…**させる, してもらう** (◇ have に強勢を置く): I will *have* my secretary *type* this. 秘書にこれをタイプさせよう / I *had* Bob *translate* this letter into English. 私はボブにこの手紙を英訳してもらった.

10 [have＋O＋過分] …を～**される, してしまう**, し終える (◇過去分詞に強勢を置く; → [動] **9**): He *had* his money *stolen* in a crowded bus. 彼は込んだバスの中で金を盗まれた / I *had* my leg *broken* while playing soccer. 私はサッカーをしていて足を折ってしまった.

11 (a) [have＋O] [通例, 場所・方向の副詞(句)を伴って] …を(～の状態に)**する**; …を(～へ)持って行く[来る]; 〈人〉を(客として)招く: They *had* all the trees down before they started building the road. 道路を作る前に木をすべて切り倒した / I'll *have* my son there by ten o'clock. 息子を10時までにそちらへ行かせます / We're very glad to *have* you to dinner this evening. 今晩あなたを夕食にお招きできて, とてもうれしく思います. (b) [have＋O＋C] …を～(の状態)にする: You should *have* everything ready by noon. 正午までにすべて準備しておくべきです. (c) [have＋O＋現分] 〈人〉に…させる: I *had* my friends *waiting* for an hour at the station. 私は友達を駅で1時間待たせてしまった.

12 [have＋O＋to do] …にも～する (◇ O は「the＋抽象名詞」): He *had the* kindness *to* show me the way. 彼は親切にも私に道を教えてくれた (＝He was kind enough to show me the way.＝He kindly showed me the way.).

13 [通例 will not, cannot と共に用いて] …を許す, 我慢する; [have＋O＋現分] 〈人〉に…するのを許す, …させておく: I *won't have* him *saying* such a thing. 彼にそんなことを言わせるものか.

14 (人・動物が)〈子〉を産む, もうける: My wife is *having* a baby next month. 妻は来月出産の予

have

定です. **15** 〈会など〉を開く, 催す: We're going to *have* a birthday party for Betty tomorrow. あすベティーの誕生パーティーを開く予定です. **16** 《口語》〈人〉を打ち負かす, やっつける. **17** [通例, 受け身で]《口語》…をだます: I'm afraid you've *been had*. どうやらあなたはだまされたようです.

句動詞 *hàve báck* 他 [have back＋O / have＋O＋back] **1** 〈貸したもの〉を返してもらう: Can I *have* my camera *back*? 僕のカメラを返してくれませんか. **2** …を呼び戻す.

hàve ... ín 他 **1** 〈人〉を家に招く;〈職人・医師など〉を家[部屋]へ入れる. **2** 〈もの〉を蓄えている.

hàve ón 他 [have on＋O / have＋O＋on] **1** 〈衣服〉を身に着けている; はいている, 着ている, かぶっている: Julie *has* a blue dress *on*. ジュリーは青いドレスを着ている. **2** 〈テレビなど〉をつけている. **3** 〈約束など〉がある;〈会など〉を予定している: Do you *have* anything *on* tomorrow? あすは何か予定が入っていますか. **4** 《口語》〈人〉をだます, からかう.

hàve óut 他 [have out＋O / have＋O＋out] **1** …を外へ出す;〈歯など〉を抜いてもらう, 取り除いてもらう: You'd better *have* the tooth *out*. その歯は抜いてもらいなさい. **2** 〈問題など〉に決着をつける.

・*hàve it óut* […と] (議論して) 決着をつける [*with*].

hàve ... óver 他 **1** …を客として迎える: I'm going to *have* all my friends *over* for the party next week. 来週のパーティーに友達を全員招くつもりです. **2** 〈いやなこと〉が終わりになる.

hàve ... úp 他 [通例, 受け身で]《英口語》…を告訴する; 喚問する.

■ *be nót hàving ány*《口語》[…を] 認めない, […に] 協力しない, 応じない, 関心を示さない [*of*].

have hád it《口語》**1** あきあきした, うんざりした. **2** もはやこれまでだ, だめだ: They've *had it*. 彼らはもう終わりだ. **3** 古くさくなった.

háve it **1** 〈答えなどが〉わかる: I *have it*! わかった! **2** 〈投票などで〉勝つ: The ayes *have it*. 賛成多数により可決します. **3** […から] 聞き知る [*from*]. **4**《口語》〈弾丸などで〉撃たれる; しかられる.

hàve it cóming《口語》〈人が〉当然の報いを受ける.

hàve it ín for ...《口語》…に恨みを抱く, …を嫌っている.

hàve it ín one [通例, 否定文で] […する] 能力 [素質] がある [*to do*]: I didn't know he *had it in him* to play the piano. 彼がピアノを弾けるとは知らなかった.

hàve it thát ... …と言う, 主張する: Rumor *has it that* he was killed in the accident. うわさによると彼はその事故で死んだそうです.

hàve nóthing on ...《口語》…に対し, 対抗できない.

hàve ónly to dó＝*ónly hàve to dó* …さえすればよい: You *have only to* wait for the chance to come. あなたはチャンスが来るのを待

さえすればよい / Do I *only have to* stay here? 私はここにいるだけでいいのですか.

hàve sómething [nóthing] on ... 〈人〉の弱味 [不利な証拠] を握っている [つかんでいる].

hàve to dó ◇ have to は, 子音の前では [hǽftə], 母音の前では [hǽftu] と発音する) **1** [肯定文・疑問文で] …しなければならない (→ MUST¹ 語法) (4)): I *have to* finish my homework by tomorrow. あすまでに宿題を仕上げなくてはならない / This task *has to* be done at once. この仕事はすぐにやらなくてはならない / Do I *have to* go there? 私はそこへ行かなくてはなりませんか.

語法 **have to** と **must**
(1) 現在時制では共に「…しなければならない」という意味であるが, have to が客観的事情による義務・必要を表すのに対し, must は話者の主観的判断による義務・必要を表す.《口語》では have to を用いるほうが多い.
(2) must には過去形がないので, 過去時制には had to を用いる: I *had to* go there yesterday. 私はきのうそこへ行かなくてはならなかった.
(3) 未来時制には will have to を, 完了時制には have had to を用いる. また, 助動詞のあとに来る場合も have to を用いる: I *will have to* go there tomorrow. 私はあすそこへ行かなくてはならない.

2 [否定文で] …する必要はない: You don't *have to* wait for him here. あなたはここで彼を待つ必要はない. **3** …に違いない, きっと…のはずだ (◇通例 have to のあとには be が来る): Why don't you arrest that man? He *has to* be the criminal. なぜあの男を逮捕しないのですか. 彼が犯人に違いありません (＝I'm sure he's the criminal.).

hàve to dó with ... **1** …と関係がある. **2** …を扱う.

hàve 〜 to dó with ... …と〜の関係がある (◇〜には something, anything, nothing, much, little など関係の程度を表す語が入る): *have* a lot [much] *to do with* ... …と大いに関係がある / *have* little *to do with* ... …とほとんど関係がない / I *have* something *to do with* this matter. 私はこの件にいささか関係がある / Do you *have* [《英》Have you] anything *to do with* this matter? あなたはこの件に何らかの関係がありますか / He *has* nothing *to do with* this project. 彼はこの計画にまったくかかわっていない.

hàve ... to onesèlf …を独占する, 1人で使っている: Tom *has* a large room *to himself*. トムは大きな部屋を独り占めしている.

hàve yét to dó まだ…していない (→ YET 成句).

You háve (gót) me thére.《口語》**1** 〈知らなくて〉答えられません. **2** お説ごもっとも.

── 助動 [(弱) həv, (ə)v; (強) hǽv] (三単現 **has** [(弱) həz, əz, z; (強) hǽz]; 過去 **had** [(弱) həd, əd, d; (強) hǽd]; 現分 **hav·ing** [hǽviŋ])

1 [現在完了; 現分 [has] ＋過分]

語法 現在を基準にして, 動作の完了・結果・経験・継続を表す. 従って yesterday, last week, three days ago など過去を表す副詞(句) や when で始まる節と共に用いることはできない.

haven / **Hawaiian**

(a) [完了] …したところだ, …してしまった (◇通例 already, yet, just などの副詞と共に用いる): I *have* already *finished* my homework. 私はもう宿題をしてしまった / *Has* he *painted* the fence yet? 彼はもう塀にペンキを塗り終えましたか / I've just *had* my lunch. 私はちょうど昼食を済ませたところです.

(b) [結果] …してしまった, …した: Spring *has come*. 春が来た / I *have lost* my contact lenses. 私はコンタクトレンズをなくしてしまった / They *have gone* to India. 彼らはインドへ行ってしまった (→ **動 1** (c) [語法]).

(c) [経験] …したことがある (◇通例 ever, never, once, before, often などと共に用いる): *Have* you ever *seen* a kiwi? キーウィを見たことがありますか / He *has watched* that movie five times. 彼はその映画を5回見ている / I've never *been* to Australia. 私はオーストラリアへ行ったことがない.

[語法] **have been to ...** と **have gone to ...**
(1) have been to ... は「…へ行ったことがある」という「経験」を, have gone to ... は「…へ行ってしまった (今ここにいない)」という「結果」を表す.
(2)《米》では「経験」を表すのに been の代わりに gone を用いることがある: I *have gone to* Tokyo twice. 私は東京に2度行ったことがある.

(d) [継続] …してきた, ずっと…である (◇通例 for ..., since ... などの期間を表す語句と共に用いる): I *have lived* in Tokyo for ten years. 私は10年間ずっと東京に住んでいる / My father *has been* ill since last year. 父は昨年からずっと病気です / I *have been* reading this book since this morning. 私はこの本をけさからずっと読んでいる.

(e) [未来完了の代用] (◇時・条件などを表す副詞節中に用いる): You can go out if you *have finished* your homework. 宿題が終わったら出かけてもいいよ.

2 [過去完了: had + 過分] (◇過去のある時を基準にして, 動作の完了・結果・経験・継続を表す)
(a) [完了・結果] …してしまっていた: The game *had finished* when he reached the stadium. 彼が競技場に着いたときには試合は終わっていた.
(b) [経験] …したことがあった: He asked her if she *had watched* that movie. 彼は彼女にその映画を見たことがあるかと尋ねた.
(c) [継続] ずっと…してきた: I *had eaten* nothing for three days when he visited me. 彼がやって来たとき私は3日間何も食べていない状態だった.

3 [未来完了: will [shall] have + 過分] (◇未来のある時点を基準にして, 動作の完了・結果・経験・継続を表す)
(a) [完了・結果] …してしまっているだろう: I *will* [*shall*] *have finished* my homework by the time you come to my house. あなたが私の家に来るまでに私は宿題を終えているだろう.
(b) [経験] …したことになるだろう: She *will have visited* Paris ten times if she goes there next spring. 来春パリに行けば, 彼女はパリを10回訪れたことになる.
(c) [継続] (…まで) ずっと…だろう: My father *will have been* abroad for two years next month. 父は来月で2年間海外にいることになる.

■ **hàve dóne with ...** → DONE 成句.

have gót ... 《口語》…を持っている (→ **動 1** [語法] (3)): He *has got* a sharp knife. 彼は鋭く切れるナイフを持っている / *Have* you *got* a bike? — No, I haven't. 自転車を持っていますか — いいえ, 持っていません.

[語法] (1) have got は 've got, has got は 's got と短縮されることが多い.《口語》では have, has を略し got だけになることもある.
(2) 過去形に had got を用いるのはまれ.
(3) 助動詞のあとや命令文には用いない.

have gót to dó = have to do (→ **動** 成句).
— **名** [héiv] [C] (通例 ~s) (資産を) 持っている人; (資源・核兵器を) 持っている国: There are *haves* and *have-nots* in every country. どの国にも持てる者と持たざる者がいる.

ha·ven [héivən] **名** [C] 避難所 (shelter), 安息所: a tax *haven* 税金回避地, タックスヘイブン.

háve-nòt **名** [C] (通例 the ~s) 無産者 [階級], (資産を) 持っていない人 [国]; (資源・核兵器を) 持っていない国: the haves and the *have-nots* 持てる国と持たざる国.

***have·n't [hǽvnt] 《短縮》《口語》 have not の短縮形: I *haven't* been to the U.S. before. 私は米国に行ったことがない / Have you eaten lunch? — No, I *haven't*. 昼食は済んだ? — いいえ, まだです.

***hav·ing [hǽviŋ]
— **動** have の現在分詞・動名詞.
— **助動** **1** [完了形の現在分詞; having + 過分] …してしまったあとで; …してしまったので (◇主節の時制より前の時制を表す): *Having watched* the video, she began to study. 彼女はビデオを見終えてから勉強を始めた (= After she had watched the video, she began to study.).
2 [完了形の動名詞; having + 過分] …したこと: He is proud of *having shaken* hands with the President. 彼は大統領と握手したことを誇りにしている (= He is proud that he has shaken hands with the President.).

hav·oc [hǽvək] **名** [U] (自然などの) 大荒れ, 大破壊, 大混乱: The heavy snow caused *havoc* to the crops. 大雪は作物に大きな被害を与えた.
■ **màke hávoc of ...** = **pláy hávoc with ...** = **wrèak hávoc on ...** …を台なしにする; …に大混乱を起こす: The typhoon *played havoc with* the traffic. 台風で交通が大混乱した.

haw¹ [hɔ́ː] **名** [C] [植] サンザシ (の実) (hawthorn).
haw² **動** (口ごもって) 「あー」と言う.
— **間** (通例 haw-haw で) (わっ) はっは (◇大笑い).
■ **húm** [hém] **and háw** [há] → HUM 成句.
haw³ **間** どう (馬を左へ曲がらせる掛け声).

*Ha·wai·i [həwάːji, -wάːi, -wάːi] **名** **固** **1** ハワイ《北太平洋中部にある諸島で, 1959年に米国50番目の州となった; 《略記》Haw.; 《郵略記》HI; → AMERICA 表》. **2** ハワイ島《ハワイ諸島最大の島》.
Ha·wai·ian [həwάːjən, -wάiən] **形** ハワイの,

ハワイ人[語]の.
— 名 1 ⓒ ハワイ人. 2 Ⓤ ハワイ語.
◆ Hawáiian Íslands 名《複数扱い; the ～》ハワイ諸島《北太平洋中部にある諸島》.

hawk[hɔ́ːk] 名 ⓒ 1【鳥】タカ. 2 《政治的に強硬な》タカ派(の人)《cf. dove ハト派》.

hawk·er[hɔ́ːkər] 名 ⓒ タカ使い, 鷹匠(たかじょう).

hawk·er² [hɔ́ːkər] 名 ⓒ 行商人, 呼び売り商人.

háwk-èyed 形 非常に視力がよい; 目の鋭い, 注意深い.

hawk·ish[hɔ́ːkiʃ] 形 タカ派の, 強硬派の《cf. dovish ハト派の》.

haw·ser[hɔ́ːzər] 名 ⓒ《海》《係船用》太綱.

*****haw·thorn**[hɔ́ːθɔ̀ːrn] 名 ⓒⓊ【植】サンザシ《白・ピンクの花を付け, 赤い実のなるバラ科の低木》.

Haw·thorne[hɔ́ːθɔ̀ːrn] 名 個 ホーソーン Nathaniel Hawthorne《1804–64; 米国の作家》.

*****hay**[héi] 名 Ⓤ 干し草《家畜の飼料》: Make hay while the sun shines.《ことわざ》日の照っているうちに干し草を作れ ⇨ チャンスを逃すな.
■ *hít the háy*《口語》寝る, 床につく.
màke háy of ...〈物事・場所〉を混乱させる.
◆ háy fèver Ⓤ 花粉症.

hay·cock[héikɑk/-kɔk] 名 ⓒ《早く乾くように積み上げた》干し草の山《→ HAYSTACK》.

Hay·dn[háidn] 名 個 ハイドン Franz Joseph [frɑ́ːnts jóuzəf] Haydn《1732–1809; オーストリアの作曲家》.

hay·loft[héilɔ̀ːft/-lɔ̀ft] 名 ⓒ 干し草置き場.

hay·mak·ing[héimèikiŋ] 名 Ⓤ 干し草作り.

hay·stack[héistæk] 名 ⓒ《屋外に積み上げた》干し草の大きな山《haycock を集めたもの》.
■ *lóok for a néedle in a háystack* むだ骨を折る《→ NEEDLE 成句》.

hay·wire[héiwàiər] 形《叙述用法》《口語》混乱した; 故障した: go *haywire* 混乱[故障]する;《計画が》台なしになる.

*****haz·ard**[hǽzərd] 名 1 ⓒ《偶然性の強い》危険, 冒険;[...にとっての]危険要素[*to*]《→ DANGER 類義語》: a health *hazard* = a *hazard* to health 健康上有害なもの / occupational *hazards* 職業に伴う危険.
2 Ⓤ 偶然, 運.
3 ⓒ【ゴルフ】ハザード《池・バンカーなどの障害物》.
■ *at áll házards* 万難を排して, ぜひとも.
at[*in*] *házard* 危険にさらされて.
— 動 他 1〈推測・提案などを思い切ってする[言う]〉: *hazard* a guess 大胆な推測をする. 2《格式》《何かを得るために》〈生命・財産などを賭ける〉.
◆ házard lìght ⓒ《通例～s》《車の》危険警告装置《方向指示灯すべてが同時に点滅する》.

haz·ard·ous[hǽzərdəs] 形 危険な; 健康に有害な: *hazardous* waste 有害廃棄物.

*****haze**¹[héiz] 名 1 Ⓤⓒ《しばしば a ～》かすみ, もや; 薄煙.
2 [a ～]《精神状態の》もうろう, ぼんやり: be in a *haze* 意識がもうろうとしている.

haze² 動 他《米》〈新入生など〉をいじめる《◇歓迎儀式として》;〈人〉をいじめる.

ha·zel[héizl] 名 1 ⓒ【植】ハシバミ; ハシバミの実 (hazelnut); Ⓤ ハシバミ材. 2 Ⓤ 薄茶色《◇特に目の色について》.
— 形《目の色が》薄茶色の.

ha·zel·nut[héizln̩ʌ̀t] 名 ⓒ ハシバミの実《食用》.

ha·zy[héizi] 形《比較 **ha·zi·er**[~ər]; 最上 **ha·zi·est**[~ist]》 1 かすみ[もや]のかかった, かすんだ. 2 [...について]ぼんやりした, はっきりしない[*about*]: I'm *hazy* about the circumstances of the accident. 私には事故の状況がよくわからない.

ha·zi·ly[~li] 副 かすんで; ぼんやりと.

HB《略語》= *h*ard *b*lack エイチビー《鉛筆の硬度》; *h*epatitis *B* B型肝炎.

H-bomb[éitʃbɑm/-bɔm] 名 ⓒ 水素爆弾, 水爆《◇ *h*ydrogen *bomb* の略; cf. A-bomb 原爆》.

hcf, HCF《略語》= *h*ighest *c*ommon *f*actor 最大公約数.

HDTV《略語》= *h*igh-*d*efinition *tel*evision 高品位テレビ, ハイビジョン.

*****he**[《弱》hi, i;《強》híː]
代
— 代[人称代名詞]《◇3人称単数男性の主格; → PERSONAL 文法》

1 [主語として] **彼は**[が]: What sports does Bill like? — *He* likes baseball. ビルはどんなスポーツが好きですか — 彼は野球が好きです.
語法 (1) 動物の雄にも用いる: Don't touch that dog. *He* will bite you. あの犬に触るな. かみつくぞ.
(2) 無生物でも, sun など男性として擬人化されたものに he を用いることがある: People in that ancient culture worshiped the sun because *he* gave them heat and light. その古代文明では光と熱を与えてくれるという理由で太陽を崇拝した.
(3) He で神 (God) をさすこともある.

2 [主格補語として] 彼で《◇ [híː] と発音する》; → ME

2 語法: It is *he* who broke this cup. このカップを割ったのは彼です / May I speak to Mr. Brown? — This is *he*. ブラウンさんをお願いしたいのですが — 私です《◇電話での会話》.

3 その人は[が]: I asked a boy standing by the gate who *he* was. 私は門のそばに立っている少年に君はだれかと尋ねた / Everybody did all that *he* had to do. だれもが自分のしなければならないことをすべてやった.
語法 性別がわからない場合や, 特に性別を言う必要がない場合に用いる. ただし, 現在では性差別を避けるために he or she, he/she, s/he などを用いることもある. また,《口語》では they を用いることが多い: Everybody has their duty. だれにも自分の務めがある.
■ *hé who*[*that*] *...*《文語》...する人は(だれでも)(anyone who ...).

— 名[híː] 1 ⓒ 男性,《動物の》雄 (↔ she): This chick is a *he*. このひよこは雄です.
2 [複合語で] 雄の: a *he*-goat 雄ヤギ.

He《元素記号》= *he*lium ヘリウム.

HE, H.E.《略語》= *H*is *E*minence (→ EMINENCE 2); *H*is [*H*er] *E*xcellency (→ EXCELLENCY).

head

head [héd] 名 動

①（人・動物の）頭. 名1
②頭脳, 頭（の働き）. 名2
③（ものの）頭部. 名3
④先頭, 最高位. 名4
⑤長. 名5

— 名 (複 **heads** [hédz]) [C] **1** 頭, 頭部, 顔, 首 (◇顔を含めて首から上の部分をさす. 日本語の「顔」「首」にあたることも多い; →図): He hit [patted] me on the *head*. 彼は私の頭を殴った[なでた] / He is a *head* taller than his brother. 彼は弟よりも頭ひとつ背が高い / She rested her *head* against his shoulder. 彼女は頭を彼の肩にもたせかけた / Don't put your *head* out (of) the window. 窓から顔を出さないようにしなさい / Our horse won by a *head*. うちの馬が頭の差で勝った / Watch your *head*. 《掲示》頭上注意.

▶ コロケーション ◀ 首を…
首をかしげる: *cock one's head*
首をすくめる: *duck one's head*
首を縦に振る: *nod one's head*
首を横に振る: *shake one's head*

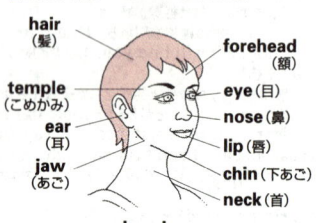

hair（髪）
forehead（額）
temple（こめかみ）
eye（目）
nose（鼻）
ear（耳）
lip（唇）
jaw（あご）
chin（下あご）
neck（首）

head 1

2 頭脳, 頭（の働き）; 能力: My sister has a clear *head*. 姉は頭がいい / I wonder how he got such an idea into his *head*. 彼はどうしてあんな考えを持つようになったのだろう / Use your *head*. 頭を使え, よく考えろ / He has a good *head* for figures. 彼は数字［計算］に強い / Two *heads* are better than one. 《ことわざ》2人の頭脳は1人の頭脳にまさる ⇒ 3人寄れば文殊(もんじゅ)の知恵.

3（ものの）頭部, 最上部, 先端: the *head* of a bed ベッドの頭部 / the *head* of a nail [hammer] 釘(くぎ)［ハンマー］の頭.

4（行列などの）先頭; 最高位, 首席: the *head* of the funeral procession 葬列の先頭 / the *head* of the list 名簿の最上位 / sit at the *head* of the table 食卓の上座(かみざ)につく.

5 長, 頭(かしら): the *head* of a family 世帯主, 家長 / The *heads* of government will meet tomorrow. 政府首脳はあす会談の予定だ.

6 人数, 人; (複 **head**)（家畜などの）頭数, 群れ: a guided tour at $100 a *head* 1人100ドルのガイド付きツアー / count *heads* 人数を数える / ninety *head* of cattle 牛90頭.

7（川などの）源, 水源: the *head* of the Mississippi River ミシシッピ川の水源.

8（野菜の）結球, 玉: a *head* of cabbage キャベツひと玉. **9**（通例 ~s）［硬貨の］表 (↔ **tail**)《人物の像がある側》: *Heads* I win, tails you lose. 表なら私の勝ち, 裏なら君の負け《◇「いずれにせよ私の勝ち」という意味で, 相手をからかっている》. **10**（テープレコーダー・ビデオなどの）ヘッド《信号の読み取り・記録をする》. **11** 項目, 題目;（新聞の）見出し (heading, headline). **12**（ビールの）泡.
13 [a ~]《主に英口語》頭痛.

■ *abòve ...'s héad* = *abòve the héad of* ... …の理解を超えて.

at the héad of ... **1** …の先頭で: She is running *at the head of* the first group. 彼女はトップ集団の先頭を走っている. **2** …の首席で: He is always *at the head of* this class. 彼はいつもこのクラスの首席です. **3** …の上部に: Write the title *at the head of* your composition. 作文の最初の所に題名を書きなさい.

báng [*béat, rún*] *one's héad agàinst a brìck wáll* → BRICK 成句.

be [*stànd*] *héad and shóulders abòve ...* …よりずっとすぐれている.

brìng ... to a héad …を危機に陥れる.

búry [*híde, háve*] *one's héad in the sànd* 危険［難局, 現実］を直視しようとしないで自然に解決するのを待つ.

cóme into [*énter*] *...'s héad* (考えなどが)…の頭に浮かぶ.

còme to a héad **1**（吹出物が）化膿(かのう)して口を開きそうになる. **2** 危機に陥る;（機が）熟する.

from héad to fóot [*héel, tóe*] 頭の先からつま先まで, 全身に; 完全に, すっかり.

gèt it into ...'s héad that ~ 〈人〉に ~ を悟らせる.

gíve ... ...'s héad …に自由に行動させる.

gó to ...'s héad（酒などが）…を酔わせる;（成功などが）…を有頂天にする, 慢心させる.

háng [*híde*] *óne's héad* うなだれる, 顔を伏せる.

hàve a (góod) héad on one's shóulders 分別がある.

hàve a swélled [*swóllen*] *héad* うぬぼれる.

hàve one's héad in the clóuds 空想にふけっている, 現実離れしたことを考える.

héad fírst [*fóremost*] 頭から; 向こう見ずに (→ HEADFIRST).

héad ón 正面から, まともに (→ HEAD-ON).

héad òver héels **1** 真っ逆さまに: The boy rolled *head over heels* down the hill. 少年は丘を真っ逆さまに転げ落ちた. **2** すっかり, 完全に: be *head over heels* in love with ... …にすっかりほれ込んでいる.

Héads or táils? 表か裏か《硬貨をトスして勝負・順番を決めるときのかけ声》.

Héads will róll.《口語》罰を受ける［首になる］者が出る, ただでは済まない.

hóld one's héad hígh 堂々とふるまう.

kéep one's héad 落ち着いている.

kèep one's héad abòve wáter（収入内で）なんとかやっている, どうにか借金せずにいる.

lóse one's héad 落ち着きを失う, かっとなる.

máke héad 進む; […に] 立ち向かう [*against*].
màke héad(s) or táil(s) of ... [通例 cannot を伴って] …を理解する.
óff one's héad 正気を失って; 無我夢中で.
on [upòn] one's héad 逆立ちして.
on [upòn] ...'s (own) héad 〈責任などが〉〈人〉にふりかかって.
one's héad óff 〘口語〙 ひどく, とても: laugh *one's head off* 大笑いする.
óut of one's héad=off one's head.
òver ...'s héad=òver the héad of ... **1** …の理解を超えて. **2** …の頭越しに, …に相談しないで.
pút ... into ~'s héad〈人〉に〈考え・期待など〉を吹き込む, 抱かせる.
pùt their [your, our] héads togéther 額を寄せて相談する.
pút ... óut of ~'s héad〈人〉から…を忘れさせる.
táke it ìnto one's héad that ... [*to dó*] …しようとふと思いつく; …する気になる.
túrn ...'s héad〈成功などが〉…を思い上がらせる.
—**動** ⑭ **1** …の先頭に立つ; …の一番前 [上] になる: Our team *headed* the march of the opening ceremony. 私たちのチームは開会式で行進の先頭を務めた / She found her name *headed* the list. 彼女は自分の名前がリストのトップにあることに気づいた. **2** …を指揮 [指導] する; …を統率する, …の長である: He has *headed* this club for thirty years. 彼はこのクラブの顧問 [監督] を30年間続けている. **3** …を […へ] 向ける [*for, toward*]: *head* the boat *for* the shore 船を岸に向ける. **4** 〘通例, 受け身で〙 …に見出し [表題] を付ける. **5** 〘サッカー〙〈ボール〉をヘディングする.
—⑮ […の方へ] 進む, 向かう [*for, toward*]: Our ship *headed* south. 私たちの船は南へ進んだ.
■ *héad óff* ⑭ **1** …の進路をそらす, …を遮る.
2 …を思いとどまらせる, 阻止する.
◆ héad còld ⑮ 鼻かぜ.
héad cóunt ⑤ 人数を数えること; 人口調査.
héad óffice ⑤ 本社, 本店 (cf. branch office 支社, 支店).
héad stárt ⑤ […より] 有利なスタート, 順調な滑り出し [*on, over*].
héad téacher ⑤ 〘英〙校長 〘米〙principal).
héad wínd ⑤ 向かい風, 逆風 (↔ tail wind).

*head·ache [hédèik] 名ⓒ **1** 頭痛: have a *headache* 頭痛がする. **2** 〘口語〙 頭痛の種, 悩み事, 難題: Juggling household expenses is a big *headache* for her. 彼女は家計のやりくりにひどく頭をかかえている.

head·band [hédbænd] 名ⓒ ヘアバンド, 鉢巻き.
head·board [hédbɔːrd] 名ⓒ〈ベッドの先端にある〉頭板 (cf. footboard 足板).
head·cheese [hédtʃiːz] 名Ⓤ 〘米〙ヘッドチーズ (〘英〙 brawn) 〘豚の頭や足の肉を煮込み, ゼラチンで固めたゼリー〙.
head·dress [héddrès] 名ⓒ 頭にかぶる飾り物.
head·ed [hédid] 形 **1** (便せんなどの上部に) レターヘッド (letter head) の付いた. **2** [複合語で] 頭が…の: clever-*headed* 頭がいい.
head·er [hédər] 名ⓒ **1** (ページなどの) 見出し,

ヘッダー (↔ footer). **2** 〘サッカー〙ヘディング.
3 逆さ飛び込み. **4** 穂先を摘む機械.
head·first [hédfəːrst] 副 形 **1** 頭から先に [の], 真っ逆さまに [の]. **2** 軽率に [な], 向こう見ずに [の].
head·gear [hédgìər] 名Ⓤ 頭飾り, かぶり物 〘◇帽子・ヘルメットなどの総称〙.
head·hunt·er [hédhʌ̀ntər] 名ⓒ **1** 〘口語〙人材引き抜き担当者, ヘッドハンター. **2** 首狩り人種.

*head·ing [hédiŋ] 名ⓒ **1** (新聞記事・章・節などの) 表題, 見出し; (手紙の) 頭書: the *heading* of the second chapter 第2章のタイトル.
2 ⓒ (飛行機・船などの) 方向, 進路. **3** ⓤⓒ 〘サッカー〙ヘディング.

head·land [hédlənd] 名ⓒ 岬, 海に突き出した陸地 (promontory).
head·less [hédləs] 形 **1** 頭 [首] のない. **2** 指導者のいない. **3** 愚かな, 思慮の足りない.

*head·light [hédlàit] 名ⓒ 〘通例 ~s〙(自動車・列車などの) ヘッドライト, 前照灯 (↔ taillight) (➡ CAR PICTURE BOX; → BICYCLE 図).

*head·line [hédlàin] 名ⓒ **1** (記事の) 見出し.
2 〘通例 ~s〙(ニュースの) 主な項目: The time is nine o'clock. Here are the *headlines*. 9時になりました. ニュースの主な項目を申し上げます.
■ *hít [máke, gráb] (the) héadlines* 新聞 [テレビ, ラジオ] に大きく取り上げられる; 評判になる.
—**動** ⑭ **1** 〈新聞記事など〉に見出しを付ける, …を見出しとして (大きく) 取り上げる: The newspaper *headlined* the tax reform. 新聞は税制改革を1面トップにした. **2** 〘米〙〈ショーなど〉の主役を務める.

*head·long [hédlɔːŋ / -lòŋ] 副 [比較なし]
1 真っ逆さまに, 頭から先に (headfirst): He fell *headlong* down the stairs. 彼は階段から真っ逆さまに落ちた. **2** 向こう見ずに, 軽率に; 大急ぎで.
—形 [比較なし; 限定用法] **1** 真っ逆さまの.
2 向こう見ずな, 軽率な.

head·man [hédmən, -mæ̀n] 名 〘複 head·men [-mən, -mèn]〙ⓒ (部族などの) 族長, 首領, 頭(かしら).
head·mas·ter [hédmæ̀stər / -màːstə] 名ⓒ 校長 〘◇〘英〙では小・中学校, 〘米〙では特に私立男子校の校長; 女性形は headmistress〙.
head·mis·tress [hédmìstrəs] 名ⓒ 女性の校長 〘◇〘英〙では小・中学校, 〘米〙では特に私立女子校の女性校長〙.

*héad-ón 形 正面の, 真っ向からの: a *head-on* collision 正面衝突.
—副 正面から; まともに (cf. broadside on 側面から): confront the issue *head-on* 問題に正面から取り組む.

head·phone [hédfòun] 名ⓒ 〘通例 ~s〙ヘッドホン: on *headphones* ヘッドホンで.
head·piece [hédpìːs] 名ⓒ かぶと, かぶり物 〘帽子・ヘルメットなど〙.

*head·quar·ters [hédkwɔ̀ːrtərz / hèdkwɔ́ːtəz] 名ⓒ 〘単数・複数扱い〙(軍隊・警察などの) 本部, 本署, 司令部; (会社の) 本社 〘〘略語〙hq, HQ〙: general *headquarters* 総司令部 〘〘略語〙GHQ〙.

head·rest [hédrèst] 名ⓒ (車の座席や歯科医・理

理髪店のいすなどの)頭支え,ヘッドレスト.
head·room [hédrùm] 名 U **1** 空き高 《橋桁(けた)・トンネルなどの天井と通過車両との間の空間》.
2 雨上の空間.
head·scarf [hédskɑ̀ːrf] 名 (複 **head·scarfs** [~s], **head·scarves** [-skɑ̀ːrvz]) ヘッドスカーフ《女性が帽子の代わりにかぶり, 普通あごの所で結ぶ》.
head·set [hédsèt] 名 C 《特に通信用マイク付きの》ヘッドホン.
head·ship [hédʃip] 名 C **1** 長の地位 [任期].
2 《英》校長の地位 [任期].
head·shrink·er [hédʃrìŋkər] 名 C 《口語・こっけい》精神科医 (psychiatrist), 精神分析医.
head·stand [hédstænd] 名 C 《頭を付けた》逆立ち, 三点倒立 (cf. handstand (手のひらで支える) 逆立ち).
head·stone [hédstòun] 名 C 墓石.
head·strong [hédstrɔ̀(ː)ŋ] 形 頑固な, 強情な.
head·wa·ters [hédwɔ̀ːtərz] 名 [複数扱い] (河川の) 源流, 上流.
head·way [hédwèi] 名 U 前進, 進歩.
■ **màke héadway** 前進 [進歩] する.
head·word [hédwəːrd] 名 C (辞書の) 見出し語.
head·y [hédi] 形 (比較 **head·i·er** [~ər]; 最上 **head·i·est** [~ist]) **1** (酒が)すぐ酔いの回る, 強い.
2 (成功などで)うきうきさせる, 意気盛んな [*with*].
3 (行動・考えなどが)性急な, 激しい.
*__heal__ [híːl] 《☆ 同音 heel》【原義は「健康な」】動 他
1 〈人・傷など〉を治す (*up*) (→ CURE 類義語): This ointment will *heal* the burn. この軟膏(こう)はやけどに効く. **2** 〈心の悲しみ・悩みなど〉をいやす, 〈不和など〉を解消させる: Only time will *heal* my broken heart. 私の失意をいやしてくれるのは時間だけだろう.
― 自 (傷などが) 治る, いえる (*up, over*): The wound *healed* by degrees. 傷は徐々に治った.
heal·er [híːlər] 名 C 治すもの, 治療薬; 治療者; (特に) 信仰による治療者: Time is a great *healer*. 《ことわざ》時がたてば傷もいえる.
heal·ing [híːliŋ] 名 U (特に宗教的な) いやし, ヒーリング; 治療 (法). ― 形 治療の.

health [hélθ]

― 名 U **1** (心身の) 健康, 健全 (↔ illness, sickness): be out of *health* 健康を害している / mental *health* 精神衛生 / Drinking too much is bad for your *health*. 酒の飲みすぎは健康に悪い.

コロケーション 健康を…
健康を害する: *damage* [*lose, ruin*] *one's health*
健康を回復する: *regain* [*recover*] *one's health*
健康を増進する: *promote one's health*
健康を保つ: *keep* [*maintain*] *one's health*

2 健康状態, 体調: be in good [poor] *health* 健康である [ない] / How is the old man's *health*? そのお年寄りの具合はどうですか.
3 (国家・社会などの) 健全さ, 活力, 繁栄.
■ *drínk (to) ...'s héalth* = *drínk a héalth to ...* = *drínk to the héalth of ...* …の健康を祝して […のために] 乾杯する.
To your héalth! = *Your (góod) héalth!* 健康を祝して! (▷ 形 héalthy).
◆ héalth càre U 健康管理, ヘルスケア; 医療.
héalth cènter C 保健所, 医療センター.
héalth certíficate C 健康診断書.
héalth clùb C スポーツ [フィットネス] クラブ.
héalth fòod U C 自然食品, 健康食品.
héalth insùrance U 健康保険 (制度).
héalth máintenance orgànization C 《米》(会員制の) 健康管理組合 (《略称》HMO).
héalth resòrt C 療養地, 保養地.
héalth sèrvice U C 公共医療サービス.
health·ful [hélθfəl] 形 《米》(食べ物・場所などが) 健康的な; (道徳的・精神的に) 健全な: *healthful* food 健康によい食品 (health food).
health·i·ly [hélθili] 副 健康で; 健全に.
health·i·ness [hélθinəs] 名 U 健康; 健全.

***health·y** [hélθi]

― 形 (比較 **health·i·er** [~ər]; 最上 **health·i·est** [~ist]) **1** (人・心などが) 健康な, 健全な (↔ ill, sick) (→ 類義語): a *healthy* child 健康な子供 / a *healthy* mind 健全な精神 / Jack looks very *healthy*. ジャックはとても健康そうです.
2 (もの・場所などが) 健康的な, 健康によい; (精神的・道徳的に) 有益な, 健全な (healthful): a *healthy* climate 健康によい気候 / *healthy* food 健康によい食べ物 / *healthy* reading for children 子供のための健全な読み物.
3 (外見・態度などが) 健康そうな, 健康を示す: a *healthy* appetite 旺盛(おうせい)な食欲. **4** (社会・経済・組織などが) 健康的な, 活気のある, 安定した.
5 (数量が) かなりある, 相当の. (▷ 名 héalth)

類義語 **healthy, well, sound**
共通する意味▶ 健康な (in a good physical or mental state)
healthy は身体・精神に「異常や病気の徴候がなく健康な状態にある」の意で, 元気・活力を示す: I'm *healthy* and happy. 私は健康で幸せです.
well は単に「病気でない, 不調でない」の意: She'll be *well* again in a few days. 彼女は2, 3日したら回復するだろう.
sound は healthy より意味が強く, 病気の徴候や欠陥のまったくないことと: He is *sound* in mind and body. 彼は心身共に健全です.

***heap** [híːp]

名 動
― 名 (複 **heaps** [~s]) **1** C 堆積(たいせき), (乱雑に積み上げた) 山, かたまり (cf. pile (きちんと重ねた) 山): a *heap* of dead leaves 枯れ葉の山 / Tidy up this *heap* of books. この本の山を整とんしなさい.
2 [a ~/~s] 《口語》たくさん [の…] [*of*] (◇動詞は *of* のあとの名詞の数に一致する): There is *heaps* of money. お金が山ほどある / There were a *heap of* people on the train. 列車には大勢の人

が乗っていた. **3** [〜s; 副詞的に]《口語》ずっと, 大いに (much) (◇比較級を強める): I feel *heaps* better today. きょうはずっと気分がいい.
■ ***áll of a héap*** **1** どさりと: He fell *all of a heap*. 彼はばったり倒れた. **2** まったく, すっかり. **3** 突然.
in a héap = ***in héaps*** **1** 山のように, 山になって: The books lie *in a heap* on the desk. 本は机の上に山と積まれている. **2** どさりと: collapse *in a heap* どっと崩れる.
— [動] [他] **1** …を積み上げる, 積み重ねる (*up*): *heap* (*up*) wealth [riches] 富を蓄積する / He raked the fallen leaves and *heaped* them under a big tree. 彼はくま手で落ち葉をかき集めて大木の下に積み上げた.
2 …に〔…を〕いっぱいのせる, 山盛りにする〔*with*〕; …を〔…に〕いっぱいのせる〔*on*〕: I *heaped* my plate *with* cakes. = I *heaped* cakes *on* my plate. 私は皿にケーキを山のように盛った.
3 〈称賛・侮辱など〉を〔…に〕山ほど与える, 浴びせる〔*on*〕: The teacher *heaped* praise *on* the student. 先生はその生徒をほめちぎった.

***hear** [híər]
【基本的意味は「…が聞こえる (be aware of sounds with one's ears)」】
— [動] (三単現 **hears** [〜z]; 過去・過分 **heard** [hə́ːrd]; 現分 **hear·ing** [híəriŋ])
— [他] **1** (a) [hear＋O] …が**聞こえる**, …を聞く: I *heard* the sound of the chimes. 鐘の音が聞こえた / Can you *hear* me?《電話》(私の声が) 聞こえますか. (b) [hear＋O＋do] …が〜するのが聞こえる (◇受け身では do が to do になることに注意): We *heard* the policeman *shout* at the driver. 警官がそのドライバーをどなりつけるのが聞こえた (= The policeman *was heard to* shout at the driver.). (c) [hear＋O＋現分] …が〜しているのが聞こえる: Can you *hear* the birds *singing* in the trees? 小鳥たちが木々の間でさえずっているのが聞こえますか.
(d) [hear＋O＋過分] …が〜されるのが聞こえる: I *heard* my name *called*. 私は名前が呼ばれるのを聞いた.
[語法] (1) **hear と listen to**
hear は「音が自然に耳に入る」の意で, 通例, 進行形や命令文にしない. これに対して, listen to は「進んで聞こうという態度で耳を傾ける」の意で, 進行形にも命令文にもなる.
(2) **hear と can hear**
hear は主に「音が瞬間的に聞こえる」ことを表し, can hear は主に「音が継続的に聞こえる」ことを表す: I *heard* the window shut. 窓が閉まるのが聞こえた / I *can hear* the window rattle. 窓ががたがた鳴っているのが聞こえる.
2 (a) [hear＋O] (うわさなどで)〔…について〕…を伝え聞く, 聞く, 聞いて知る〔*about*, *of*〕: Did you *hear* the news *of* his victory? 彼が勝ったという知らせを聞きましたか / I haven't *heard* anything *about* the accident. 私はその事故について何も聞いていない. (b) [hear＋that 節] …ということを伝え聞く: I'm pleased to *hear* *that* your brother won the prize. 私はあなたの弟さんが賞を取ったと聞いて喜んでいます. (c) [I hear＋that 節] …とうわさに聞いている: *I hear* (*that*) his sister is an excellent interpreter. 彼のお姉さんは優秀な通訳だそうです.
3 …を (聞こうとして) 聞く, …に耳を傾ける (listen to): *hear* Chopin ショパンを聴く / Let's *hear* what the speaker is saying. 講演者が言っていることに耳を傾けよう.
4 〈言い分など〉を聞いてやる; (判事が)〈事件〉を審理する; 〈願いなど〉をかなえる: She wouldn't *hear* my excuse. 彼女は私の弁明を聞こうとしなかった.
— [自] 耳が聞こえる, 聞く: My grandfather cannot *hear* well. 祖父は耳がよく聞こえない.
[句動詞] ***héar abòut ...*** [他] …のことを (詳しく) 聞く (◇通例 hear of ... よりも具体的に詳しく聞くときに用いる): Have you *heard about* the earthquake? その地震について何か聞きましたか.
héar from ... [他] …から連絡 [電話, 便り] がある: I haven't *heard from* him since then. その時以来彼から何の連絡もない / I am looking forward to *hearing from* you soon. (手紙で) すぐにご連絡いただけることを期待しております.
héar of ... [他] **1** [通例, 疑問文・否定文で] …のことを聞く, …の存在を知っている: I've never *heard of* such an unreasonable thing. そんな理不尽なことは聞いたことがない. **2** …のうわさを聞く: She has never been *heard of* again after she left for China. 中国へたったあとは彼女の消息をまったく聞かない. **3** [通例 won't, wouldn't を伴って] …を承知する, 許す: I wanted to marry him, but my parents wouldn't *hear of* it. 私は彼と結婚したかったが, 両親がどうしても許してくれなかった.
héar óut [他] [hear out＋O / hear＋O＋out] …の言うことを最後まで聞く: Please *hear* me *out*. どうか私の話を最後まで聞いてください.
■ ***héar onesèlf thínk*** [通例, 否定文で] 落ち着いてものを考える.
hèar sáy [***téll***]《古風》〔…という〕うわさを聞く〔*of*, *that* 節〕: I *hear say* (*that*) you're going to open a restaurant. 食堂を開店されるそうですね.
máke onesèlf héard (大声を上げて) 自分の声を聞かせる; (考えなどを) 聞いてもらう.

***heard** [hə́ːrd]
[動] **hear** の過去形・過去分詞.

***hear·er** [híərər] [名] [C] 聞き手, 傍聴者, 聴衆の1人.

***hear·ing** [híəriŋ] [名] **1** [U] 聴力, 聴覚: She is hard of *hearing*. = Her *hearing* is poor. 彼女は耳が遠い.
2 [C][U] 聞くこと, 聴取 ([比較] 日本で言う「ヒアリングテスト」は英語では listening comprehension test と言う): At first *hearing* I took to the song. 初めて聞いたときからその歌が好きになった.
3 [U] 聞こえる距離 [範囲].
4 [C] 聞いてやる [もらう] こと; 意見などを述べる機会; (委員会などの) 聴聞会, ヒアリング: a public *hearing* 公聴会 / get [gain] a *hearing* 言い分を聞いてもらう, 発言の機会を得る / give ... a (fair) *hearing* …の言い分を (公平に) 聞いてやる.

H

hearken

5 [C]【法】審問.
■ *in* [*withìn*] ...'s *héaring* = *in* [*withìn*] *the héaring of* ...《格式》…の聞いている所で.
óut of ...'*s héaring* = *óut of the héaring of* ... …に聞こえない所で.
◆ héaring àid [C] 補聴器.

heark·en, hark·en [háːrkən]【動】【自】《文語》[…に] 耳を傾ける (listen) [*to*].

Hearn [háːrn]【名】【固】ハーン Lafcadio [læfkǽdiòu] Hearn《1850–1904; 1896年に米国から日本に帰化した作家. 日本名は小泉八雲》.

hear·say [híərsèi]【名】[U] うわさ, 風説; 伝聞.

hearse [háːrs]【名】[C] 霊柩 (れいきゅう) 車.

***heart** [háːrt] (☆発音に注意. [同音] hart)

① 心臓.	1
② 心.	2
③ 愛情.	3
④ 元気, 熱意.	4
⑤ 中心; 核心.	5

—【名】(複 **hearts** [háːrts]) **1** [C] 心臓; 胸, 胸部: My *heart* beats fast every time I meet her. 彼女に会うとぼくはいつも心臓がどきどきする / She pressed the puppy to her *heart*. 彼女は子犬を胸に抱きしめた.

2 [C] 心, 心情 (→ MIND [類義語]): The old man has a kind *heart*. その老人は優しい心の持ち主です / My *heart* aches for those homeless people. ホームレスの人たちのことを思うと私の心は痛む / Her warm words healed my broken *heart*. 彼女の温かい言葉が私の傷ついた心をいやしてくれた / The experience opened my *heart* to wildlife protection. その経験から私は野生生物の保護について考えるようになった.

3 [U] 愛情; 人情, 親切心: He is a man of *heart*. 彼は人情味のある人です / You have no *heart*. あなたは薄情な人だ / I won her *heart*. 私は彼女の愛を勝ち取った.

4 [U] 元気, 勇気; 熱意, 興味: The news gave *heart* to the soldiers. そのニュースは兵士たちを元気づけた / I didn't have my *heart* in the work. 私はその仕事に熱が入らなかった / He put his *heart* into the research. 彼はその研究に没頭した / I have no *heart* for video games. 私はテレビ[ビデオ]ゲームに興味がない.

5 [the 〜] […の] 中心, 核心, 本質 (→ MIDDLE [類義語]); [植物の] 芯 (しん) [*of*]: the *heart* of a cabbage キャベツの芯 / The opera house is situated in the *heart* of the city. 歌劇場は市の中心部にある. **6** [C] ハート形のもの; [トランプの] ハートの札: the king of *hearts* ハートのキング.

■ *àfter* ...'s *ówn héart* …の思い[望み]通りの.
at héart 心の底では; 実際は.
bréak ...'*s héart* …をひどく悲しませる.
by héart 暗記して, そらで: learn [know] the poem *by heart* 詩を暗記する[している].
clóse [*déar, néar*] *to* ...'*s héart* …にとって大切な.
cróss one's héart (*and hópe to díe*)《自分の言葉は真実だと誓って》胸に十字架を切る.
crý one's héart óut 胸が張り裂けるほど泣く.
dò ...'*s héart góod* …を喜ばせる.
éat one's héart óut 嘆き悲しむ, くよくよ悩む; [… に] 思いこがれる [*for*].
fínd it in one's héart to dó → FIND 成句.
from the (*bóttom of one's*) *héart* 心の底から.
gìve one's héart to ... …に思いを寄せる.
gò to ...'*s* [*the*] *héart* (…の) 心を打つ.
hàve a chánge of héart (通例よい方へ) 心変わりする, 改心する.
háve a héart [命令文で]《口語・しばしばこっけい》親切である, 情け深い: *Have a heart*! 優しくしてよ.
hàve ... *at héart* …を心にかける; 切望する.
hàve one's héart in one's móuth [*thróat, bóots*] 非常に心配している, おびえている.
hàve one's héart in the ríght pláce《口語》 (見かけによらず) 思いやりがある, 人情味がある.
hàve the héart to dó [通例, 否定文・疑問文で] …する勇気がある; 無情にも…する: I didn't *have the heart to* tell her the truth. 私には彼女に真実を告げる勇気がなかった.
héart and sóul 全身全霊をささげて, 熱心に.
héart to héart 腹を割って, 腹蔵なく.
in one's héart (*of héarts*) 心の奥では, ひそかに.
lóse héart がっかりする (↔ take heart).
lóse one's héart to ... …に心を奪われる.
sèt one's héart on ... …を熱望する; …(すること) を心に決める: She *set her heart on* going to Austria to study music. 彼女は音楽を勉強するためにオーストリアへ行こうと決心した.
tàke héart 元気[勇気]を出す (↔ lose heart).
tàke ... *to héart* …を真剣に考える; …を気に病む.
to one's héart's cóntent → CONTENT² 成句.
wéar one's héart on [*upòn*] *one's sléeve* 気持ちを率直に表す, あけすけに口に出す.
with áll one's [*with one's whóle*] *héart* (*and sóul*) 心から, 喜んで, 心を込めて.
with hálf a héart いやいやながら, しぶしぶ.

◆ héart attáck [C] 心臓発作, 心臓麻痺(まひ).
héart disèase [tróuble] [C][U] 心臓病 [疾患].
héart fàilure [U] 心不全; 心臓麻痺(まひ).

heart·ache [háːrtèik]【名】[C][U] (深い) 悲しみ, 心痛.
heart·beat [háːrtbìːt]【名】[C][U] 心臓の鼓動, 心拍.
heart·break [háːrtbrèik]【名】[U] 胸の張り裂けるような思い, 深い悲哀, 耐えがたい悲しみ.
heart·break·ing [háːrtbrèikiŋ]【形】胸の張り裂けるような, 悲痛な.
heart·bro·ken [háːrtbròukən]【形】[…で] 悲嘆に暮れた, ひどく失望した [*at, over*].
heart·burn [háːrtbə̀ːrn]【名】[U] 胸やけ.
-heart·ed [haːrtid]【結合】「…の心を持った」の意を表す: warm*hearted* 心の温かい.

heart·en [háːrtn]【動】【他】[通例, 受け身で] 〈気持ち〉 を明るくさせる, …を元気 [勇気] づける, 励ます (*up, on*) (↔ dishearten).

heart·en·ing [háːrtəniŋ]【形】元気 [勇気] づける, 励ましになる: *heartening* news 朗報.

heart·felt [háːrtfèlt]【形】[限定用法] 心に深く感じ

た, 心からの: *heartfelt* sympathy 心からの同情.

*hearth [há:rθ] 名 C **1**(暖炉の)炉床. **2** 炉辺《家庭のだんらんの象徴》;《文語》家庭.
■ *héarth and hóme*《文語》家庭.

hearth·rug [há:rθrʌg] 名 C 暖炉の前の敷物.

heart·i·ly [há:rtili] 副 **1** 心から, 心を込めて; 熱心に, 熱意を持って: I am *heartily* grateful for your help. ご支援に心から感謝します. **2** 元気よく; 食欲旺盛(おうせい)で: eat *heartily* もりもり食べる. **3**《古風》まったく, 非常に.

heart·i·ness [há:rtinəs] 名 U 誠実; 熱意; 元気.

heart·land [há:rtlænd] 名 C (国・経済・産業などの)中心地域, 心臓部.

heart·less [há:rtləs] 形 無情な, 薄情な, 冷酷な.

heart·rend·ing, heart-rend·ing [há:rtrèndiŋ] 形 胸の張り裂けるような, 悲痛な.

heart-search·ing [há:rtsə̀:rtʃiŋ] 名 U 内省, 気持ちの分析.

heart·sick [há:rtsìk] 形 意気消沈した, 失望した.

heart·strings [há:rtstrìŋz] 名 [複数扱い] 心の琴線(きんせん), 深い愛情 [感情]: tug at [touch] …'s *heartstrings*〈人〉の感情を揺り動かす.

heart·throb [há:rtθrɑ̀b / -θrɔ̀b] 名 C《口語》あこがれの的《◇特に男性の俳優・歌手》; 恋人.

héart-to-héart [限定用法]隠し事のない; 心からの: have a *heart-to-heart* talk with … …と腹を割って話し合う. — 名 C 率直な話し合い.

heart·warm·ing [há:rtwɔ̀:rmiŋ] 形 (言葉などが)心の温まる, うれしい.

heart·wood [há:rtwùd] 名 U (木材の)心材, 赤味材《木の中心部の堅く赤味がかった部分》.

*heart·y [há:rti] 形 (比較 heart·i·er [～ər]; 最上 heart·i·est [～ist]) **1**《通例,限定用法》心からの, 心の温かい: a *hearty* welcome 心のこもった歓迎. **2**(特に老人が)元気な, 達者な; 熱心な: a hale and *hearty* old man かくしゃくとした老人. **3**[限定用法](食事などが)たくさんの,(食欲などが)旺盛(おうせい)な: have [take] a *hearty* meal 腹いっぱい食べる. **4**《主に英》はしゃいだ, にぎやかな.

heat [hí:t]
名 動

— 名 (複 heats [hí:ts]) **1** U 熱, 熱さ; 温度: the *heat* of the sun 太陽熱 / absorb the *heat* を吸収する / Turn down the *heat* when the water boils. お湯が沸いたら火を弱くしなさい. **2** U 《通例 the ～》暑さ, 炎暑: in the *heat* of the day 炎天下に / I don't like the *heat* of summer. 私は夏の暑さが嫌いです. **3** U 熱烈さ, 激しさ; 興奮; 最高潮: take the *heat* off 興奮をさます / We were surprised at the *heat* of their debate. 彼らの議論の激しさに私たちは驚いた. **4** C (競技などの予選の)1回: qualifying *heats* 予選. **5** U (体の)熱, ほてり《cf. fever 病気による熱》. **6** U (動物の雌の)さかり, 発情.
■ *in the héat of ...* …の真っ最中に.
in the héat of the móment かっとしたはずみで.
— 動 他 …を熱する, 暖 [温] める (up)(↔ cool): The sun *heats* the earth. 太陽は地球を暖める / She *heated* up the soup for us. 彼女は私たちのためにスープを温めてくれた.
— 自 熱くなる, 暖 [温] まる; (状況などが)緊迫する (up). (▷ 形 hót)

heat·ed [hí:tid] 形 **1** 熱した, 熱くした. **2** 興奮した, 激した; 怒った.

heat·ed·ly [～li] 副 熱せられて; 興奮して; 怒って.

*heat·er [hí:tər] 名 C ヒーター, 暖房 [加熱] 器具: an electric [oil] *heater* 電気 [石油] ストーブ.

heath [hí:θ] 名 **1** C《植》ヒース《ヒースに自生する低木》. **2** C《英》(ヒースなどの低木の茂った)荒野.

hea·then [hí:ðən] 名 (複 hea·thens [～z], hea·then) **1**《古風》異教徒 (pagan)《◇キリスト教・ユダヤ教・イスラム教の信者がお互いに自分以外の宗教の信者をさして言う》; 不信心者. **2**《口語》野蛮人; 野暮な人.
— 形《古風》異教(徒)の; 不信心な.

heath·er [héðər] 名 U《植》ヘザー《Scotlandなどに生える各種のヒース (heath) の総称》.

Héath·row Áirport [hí:θrou-] 名 固 ヒースロー空港《London 西部にある国際空港》.

*heat·ing [hí:tiŋ] 名 U 暖房(装置); 加熱: a *heating* system 暖房装置 / central *heating* セントラルヒーティング, 集中暖房.

heat·proof [hí:tprù:f] 形 耐熱(性)の.

héat-sèek·ing míssile 名 C 赤外線 [熱線] 追尾ミサイル.

heat·stroke [hí:tstròuk] 名 U《医》熱射病.

*heave [hí:v] 動 (三単現 heaves [～z]; 過去・過分 heaved [～d], 《海》hove [hóuv]; 現分 heav·ing [～iŋ]) 他 **1**《重いものを》持ち [引き] 上げる: I *heaved* a trunk onto the shelf. 私はトランクを持ち上げて棚に載せた. **2**《口語》(重いもの)をほうり投げる. **3**(うめき声)を立てる,(ため息)をつく: *heave* a groan うめき声をあげる.
— 自 **1**(規則的に)波打つ, 上下する, うねる: The runner's chest *heaved* after the race. レースのあと走者の胸は波打った. **2**(…)を力を込めて引く[巻く](*at, on*). **3** 吐く, もどす (up).
■ *Héave awáy* [hó]! 《海》よいとまけ!《錨(いかり)を上げるときのかけ声》.
héave in [into] síght《海》(船などが)見えてくる.
héave tó《海》(船が)止まる.
— 名 **1** C (重いものを)力を入れて持ち [引き] 上げること. **2** [the ～] (波などの)うねり.

***heav·en [hévən]

— 名 (複 heav·ens [～z]) **1** U [しばしば H-] 天国, 極楽 (↔ hell): go to *heaven* 天国に行く; 死ぬ / May his soul rest in *Heaven*! 彼の魂が天国で安らかならんことを(祈ります).
2 C U《口語》天国のような所 [状態], 至福, 楽園: a *heaven* on earth 地上の楽園 / I was in *heaven* when I heard the good news. その朗報を聞いて私はこの上なく幸せだった / It was sheer *heaven* touring on the island. その島での旅はこの世の極楽だった.
3 C [通例 the ～s]《文語》天空, 天, 天空 (sky).
4 U [通例 H-] 神《◇God の代用語として用いる》: *Heaven* helps those who help themselves.

《ことわざ》天は自ら助くる者を助く.
■ *by Héaven* 神かけて, きっと.
for héaven's sáke → SAKE 成句.
(Góod) Héaven(s)! おや, まあ大変, 困ったなあ《◇驚き・哀しみなどを表す》.
Héaven knóws → KNOW 成句.
in héaven's náme 一体全体《◇疑問知を強める》.
móve héaven and éarth あらゆる手をつくす.

*‡**heav·en·ly** [hévənli] 形 **1**《文語》天の, 天空の. **2**《限定用法》天国の (↔ earthly); 神々しい: the *heavenly* kingdom 天国. **3**《口語》とてもすばらしい [美しい].

◆ héavenly bódy ⓒ 天体.

héav·en·sènt 形 絶好の, 好都合な, 時宜(じぎ)を得た.

heav·en·ward [hévənwərd], **heav·en·wards** [-wərdz] 副《文語》天に向かって.

‡**heav·i·ly** [hévili] 副 **1** 重く, ずっしりと: a *heavily* loaded truck 荷を満載したトラック.
2 苦しく, 重そうに: breathe *heavily* 苦しそうに呼吸する.
3 多量に, 大いに: He used to drink *heavily*. 以前彼は大酒飲みだった.
4 密に, 濃く: a *heavily* populated area 人口密集地. **5** 激しく, ひどく: It rained *heavily* yesterday. きのうは雨がひどかった.

heav·i·ness [hévinəs] 名 ⓤ **1** 重いこと, 重さ.
2 不活発, 無気力, ぎこちなさ. **3** 重苦しさ.

‡‡**heav·y** [hévi] 形 副 名

① 重い.　　　　　　　　　　　　　　 形 **1**
② 多量の.　　　　　　　　　　　　　 形 **2**
③ 猛烈な.　　　　　　　　　　　　　 形 **3**
④ つらい.　　　　　　　　　　　　　 形 **4**

― 形 (比較 **heav·i·er** [~ər]; 最上 **heav·i·est** [~ist]) **1** 重い, 重量のある (↔ light): a *heavy* box 重い箱 / This suitcase is too *heavy* for me to lift. このスーツケースは重すぎて私は持ち上げられない / How *heavy* is the notebook computer? そのノートパソコンの重量はどれくらいですか.
2 多量 [大量] の, 大きい: a *heavy* crop 大豊作 / a *heavy* loss 大損害 / a *heavy* drinker [smoker] 大酒飲み [ヘビースモーカー] / *Heavy* casualties were reported in the battle. その戦闘で多数の死傷者が出たことが報じられた.
3 猛烈な, 激しい; (眠りなどが) 深い: a *heavy* rain [snow] 大雨 [雪] / a *heavy* sleep 熟睡 / He took a *heavy* blow on the chin. 彼はあごに強烈な一発をくらった / The traffic is *heavy* on this road. この道路は交通が激しい.
4 つらい, 耐えがたい; (責任などが) 重大な: a *heavy* task つらい仕事 / *heavy* taxes 重税 / a *heavy* responsibility 重い責任 / The freshmen have had a *heavy* week. 新入生は (忙しくて) きつい1週間を過ごした.
5《文語》[…で] いっぱいで [with]: The tree is *heavy* with apples. 木はリンゴの実でいっぱいです.
6 (外観・構造などが) 重厚な, がっしりとした; (服などが) 厚手の: He has a *heavy* build. 彼はがっしりした体格です / She wore a *heavy* overcoat. 彼女は厚手のコートを着ていた. **7** (食べ物が) しつこい, 胃にもたれる: *heavy* food 胃にもたれる料理.
8 (気分が) 重い, 沈んだ: with a *heavy* heart しょんぼりして / She had a *heavy* face. 彼女は浮かない顔をしていた. **9** (空などが) どんよりした, うっとうしい: a *heavy* sky どんよりとした空模様.
10《文章などが》重苦しい, 退屈な; わかりづらい: a *heavy* play 肩のこる芝居 / This book on economics is too *heavy* for me. この経済学の本は私には難解すぎる. **11** (動作などが) のろい, 不器用な, ぎこちない: *heavy* footsteps 重い足どり.
12《口語》[…に対して] 厳しい, 厳格な [on]: His father was so *heavy* on him. 彼の父親は彼に対してとても厳しかった. **13**《口語》[…を] たくさん使う [食べる] [on]: My old car is very *heavy* on gas. 私の古い車はガソリンをたっぷり食う.
14 (地面などが) 歩きにくい, (土地が) 耕しにくい.

■ *find ... héavy góing* …を難しく [やっかいに] 感じる; 退屈に感じる.

― 副 = HEAVILY (↑).

■ *líe [háng, sít, wéigh] héavy on [upòn] ...* …に重くのしかかっている, …を悩ます.

― 名 (複 **heav·ies** [~z]) ⓒ **1**《口語》(大男の) 用心棒. **2** (劇・映画などの) 悪役.

◆ héavy índustry ⓤ 重工業《製鉄・造船など; cf. light industry 軽工業》.

héavy métal 1 ⓤⓒ 重金属 (cf. light metal 軽金属). **2** ⓤ ヘビーメタル, ヘビメタ《エレキギターの激しいビートの効いたロック音楽》.

héavy óil ⓤ 重油.

héavy wáter ⓤ《化》重水.

heav·y·du·ty 形 《比較なし》 **1** (衣服・機械などが) 頑丈な, 強力な, 酷使に耐える. **2**《主に米口語》複雑で深刻な; 非常に重要な. **3** 高関税の.

heav·y·hand·ed 形 **1** 高圧的な, 過酷な, 非情な. **2** 不器用な; […を] 使いすぎる [with].

heav·y·lad·en 形《文語》 **1** 重荷を積んだ.
2 悩み事 [心配事] が多い.

heav·y·set [hévisét] 形 (体格の) がっしりした.

heav·y·weight [héviwèit] 名 ⓒ **1** (ボクシング・レスリングなどの) ヘビー級 [重量級] の選手. **2** 重要人物, 有力者; 有力企業.

He·bra·ic [hibréiik] 形 ヘブライの; ヘブライ人 [語] の; ヘブライ文化の.

He·bra·ism [híːbreiìzəm] 名 ⓤ **1** ヘブライ主義 [文化], ヘブライズム. **2** ヘブライ語法. **3** ヘブライ人の宗教, ユダヤ教.

He·brew [híːbruː] 名 **1** ⓒ (古代) ヘブライ人, ユダヤ人 (Jew). **2** ⓤ 古代ヘブライ語; 現代ヘブライ語《イスラエルの公用語》. ― 形 ヘブライ人 [語] の.

Heb·ri·des [hébrədìːz] 名 複 [the ~] ヘブリディーズ諸島《Scotland 北西の大西洋上にある》.

heck [hék]《口語》名 ⓤ [単数形で] 一体全体; とんでもないこと [もの]《◇ hell の婉曲語》.
― 間 ちぇっ, ちくしょう.

heck·le [hékl] 動 他 (政治演説などで) 〈演説者を〉やじり倒す, 質問攻めにする. ― 自 やじる.

heck·ler [héklər] 名 ⓒ やじを飛ばす人.

hec·tare [héktèər] 名 C ヘクタール《◇面積の単位; 1ヘクタール=100アール(ares)=10,000m²; 《略語》ha; → 巻末「度量衡」》.

hec·tic [héktik] 形 **1** 興奮した; あわただしい: a *hectic schedule* あわただしいスケジュール. **2** 《熱のためほおが》紅潮した, 熱のある.

hec·to- [hektə, -tou] 《結合》「100」の意を表す《◇母音の前では hect- になる》: *hecto*gram ヘクトグラム(100グラム) / *hecto*liter ヘクトリットル(100リットル) / *hecto*meter ヘクトメートル(100メートル).

hec·to·pas·cal [héktəpæskæl] 名 C 《気象》ヘクトパスカル《◇気圧の単位; 《略語》hPa》.

hec·tor [héktər] 《格式》動 他 …にどなりつける.
— 自 脅す, どなる.

he'd [(弱) hid; (強) híːd]
《短縮》《口語》 **1** he would の短縮形: He said *he'd* go to the party. 彼はパーティーに行くと言った.
2 he had の短縮形: He said *he'd* never been abroad. 彼は外国へ行ったことがないと言った.

hedge [hédʒ] 名 C **1** 生け垣, 垣根 (cf. fence 柵, 囲い): trim a *hedge* 生け垣を刈り込む.
2 〔…に対する〕防御手段, 予防措置〔*against*〕: a *hedge* against inflation インフレに対する備え.
— 動 他 **1** …を生け垣で囲う: The garden is *hedged* with hawthorns. 庭にはサンザシの生け垣がめぐらしてある. **2** …を〔…で〕取り囲む; …を〔規則などで〕束縛する, がんじがらめにする《*in, about, around*》〔*with*〕.
— 自 **1** 生け垣を作る〔刈り込む〕.
2 あいまいな言動をする, 言葉をにごす: You are *hedging* again. Speak out. また言い逃れをする. はっきり答えなさい.
■ *hédge agàinst* ... 他 …の予防策をとる.
hédge one's béts 《決定的失敗・大損失に備えて》危険〔賭け金〕を分散する; 両方に顔をつないでおく.
◆ **hédge fùnd** C ヘッジファンド《投機的な投資信託の1つ》.
hédge spàrrow C 《鳥》ヨーロッパカヤクグリ.

hedge·hog [hédʒhɔ̀(ː)ɡ] 名 C 《動物》ハリネズミ; 《米》ヤマアラシ.

hedge·row [hédʒròu] 名 C 《主に英》《田舎道・畑などに沿った》低木の生け垣.

he·don·ism [híːdənìzm] 名 U 快楽主義.

he·don·ist [híːdənist] 名 C 快楽主義者.

he·don·is·tic [hìːdənístik] 形 快楽主義の《者》の.

hee·bie·jee·bies [híːbidʒíːbiz] 名 《the ~; 複数扱い》《口語》いら立ち; 神経過敏.

heed [híːd] 《格式》動 他 〈忠告など〉に気をつける, 注意を払う.
— 名 U 注意, 配慮.《次の成句で》
■ *pày* [*gìve*] *héed to* ... …に注意する.
tàke héed 〔…に〕注意する〔*of*〕: You should *take heed of* your doctor's advice. 医師の意見を頭に入れておくべきです.

heed·ful [híːdfəl] 形 《格式》〔…に〕注意深い, 気をつける〔*of*〕(↔ heedless).

heed·less [híːdləs] 形 《格式》〔…に〕不注意な, 無関心な〔*of*〕(↔ heedful).

hee-haw [híːhɔ̀ː] 名 〔a ~〕ロバの鳴き声.

heel¹ [híːl] (☆ 同音 heal)
名
— 名 《複 **heels** [~z]》C **1** かかと (→ LEG 図).
2 《靴・靴下の》かかと (→ SHOE 図): shoes with high [low] *heels* かかとの高い〔低い〕靴.
3 〔~s〕ハイヒール (high heels).
4 《手の》手首に近い部分.
5 かかと状のもの; 《ものの》末端: a *heel* of cheese チーズのはしっこ.
6 《古風》卑劣漢, 悪漢.
■ *at héel* すぐあとについて.
at [*on*] ...'*s héels* 〈人〉のすぐあとに.
brìng ... *to héel* …を従わせる, 服従させる.
còme to héel **1** 《犬が》主人のすぐあとについて行く. **2** 《人が》服従する.
cóol [*kíck*] *one's héels* 長く待たされる.
díg one's héels ín 自分の立場〔主張〕に固執する.
dówn at (*the*) *héel*(*s*) **1** 《靴が》かかとのすり切れた. **2** 《人が》みすぼらしい, だらしない.
héels òver héad = head over heels (→ HEAD 成句).
kíck úp one's héels はね回る; ふざけ回る.
on the héels of ... …に引き続いて, …の直後に.
shów a cléan páir of héels = *shów one's héels* = *táke to one's héels* 一目散に逃げ出す.
túrn [*spín*] *on one's héel* くるりとうしろ向きになる, きびすを返す.
ùnder ...'*s héel* = *ùnder the héel of* ... …に踏みにじられて; …に征服されて, 支配されて.
— 動 他 **1** 《靴など》にかかとを付ける.
2 《ラグビー》《スクラムで》《ボール》をかかとで蹴って送る.
— 自 《しばしば命令文で》《犬が》あとについて行く.

heel² 動 自 《海》《船が》傾く (*over*).

heft·y [héfti] 形 《比較 **heft·i·er** [~ər]; 最上 **heft·i·est** [~ist]》《口語》 **1** たくましい, 屈強な.
2 強力な, 強烈な. **3** たくさんの, 多量〔多額〕の.

He·gel [héigəl] 名 ヘーゲル Georg Wilhelm Friedrich [géɔːrk wílhelm fríːdrik] Hegel 《1770-1831; ドイツの哲学者》.

he·gem·o·ny [hidʒéməni, hígem-] 名 U 《格式》覇権《法》, 指導〔支配〕権, ヘゲモニー (leadership)《◇特に他国に対する支配権》.

He·gi·ra, He·ji·ra [hidʒáiərə, hédʒirə] 名 《the ~》 **1** ヘジラ《622年のマホメットのメッカからメジナへの移動》. **2** イスラム紀元.

heif·er [héfər] 名 C 《まだ子牛を産まない》若い雌牛 (→ cow 関連語).

heigh-ho [héihóu, héi- / héi-] 間 《古風》あーあ, やれやれ, ほーっ《◇疲れ・退屈・失望などを表す》.

height [háit] (☆ 発音に注意)
— 名 《複 **heights** [háits]》 **1** U C 高さ, 高いこと; 身長; 海抜, 高度: That building is 260 meters in *height*. あのビルは高さ260メートルです / What's the *height* of the Tokyo Tower? 東京タワーの高さはどれくらいですか / My *height* is 160 centimeters.＝I am 160 centimeters in *height*. 私の身長は160cm です (＝I am 160 centimeters tall.) / The skydiver

jumped from a *height* of 3,000 feet. スカイダイバーは高度3千フィートから飛び降りた.
2 [C][しばしば ~s]高い所[位置]; 高地, 丘陵, 高台: She's afraid of *heights*. 彼女は高所恐怖症です / Look at that castle on the *heights*. 高台にあるあの城を見てごらん.
3 [the ~]真っ最中, 極致, 絶頂: at the *height* of the tourist season 観光シーズンの真っ盛りに / in the *height* of summer 夏の真っ盛りで / the *height* of folly 愚の骨頂. (▷ 形 **high**)

*height·en [háitən] 動 他 **1** …を高くする, 高める: *heighten* a fence 塀を高くする.
2 [量・程度など]を増す, 強める, 〈効果など〉を際立たせる: *heighten* a color effect 色彩効果を高める.
— 自 **1** 高くなる, 高まる.
2 増す, 強まる, 深まる.

Hei·ne [háinə] 名 ハイネ Heinrich [háinrik] Heine《1797-1856; ドイツの詩人》.

hei·nous [héinəs] 形 **1**《格式》〈罪・罪人などが〉極悪非道な, 憎むべき. **2**《俗語》ひどい.

*heir [éər]《☆ 発音に注意. 同音 air》《◇女性形は heiress》名 C **1** [財産・地位などの]相続人, 跡取り[*to*]: a legal *heir* 法定相続人 / the *heir* to the throne 王位継承者 / He is (the) *heir* to a large fortune. 彼は巨額の財産を相続した.《◇通例, 無冠詞》.
2 [伝統・特質などの]後継[継承]者[*to, of*]: an *heir* to the traditional art 伝統芸能の後継者.
■ *fáll héir to ...* …の相続人となる, …を受け継ぐ.
◆ **héir appárent** (複 **heirs apparent** [~z-]) C 法定推定相続人;[…の]確実な後継者[*to*].
héir presúmptive (複 **heirs presumptive** [~z-]) C 推定相続人.

heir·ess [éərəs / éəres] 名 C 女性相続人.
heir·loom [éərlù:m] 名 C **1** 先祖伝来の家宝.
2《法》法定相続動産《不動産に付帯するもの》.

heist [háist]《米口語》名 C 強盗, 夜盗《◇行為》.
— 動 他〈ものを〉盗む, 強奪する.

He·ji·ra [hidʒáiərə, hédʒirə] 名 = HEGIRA (↑).

****held** [héld] 動 **hold** の過去形・過去分詞.

Hel·en [hélən] 名 **1** ヘレン《◇女性の名; 愛称 Nell, Nellie, Nelly》.
2 = **Hélen of Tróy**《ギ神》(トロイの)ヘレネ《スパルタ王妃. トロイに連れ去られたことからトロイ戦争が起きた》.

*hel·i·cop·ter [hélǝkàptər / -kɔ̀p-] 名 C ヘリコプター (《口語》copter)(→ AIRCRAFT 図): by [in a] *helicopter* ヘリコプターで.

He·li·os [hí:liàs / -ɔ̀s] 名《ギ神》ヘリオス《太陽の神; → GOD 表》.

he·li·o·trope [hí:liətròup] 名 C **1**《植》ヘリオトロープ《向日性の小低木, 花は香水の原料》.
2《鉱》血石.

hel·i·port [hélǝpɔ̀ːrt] 名 C ヘリポート《ビルの屋上などにあるヘリコプター発着場》.

he·li·um [hí:liəm] 名 U《化》ヘリウム《《元素記号》He》.

he·lix [hí:liks] 名 (複 **hel·i·ces** [héləsìːz], **he·lix·es** [~iz]) C らせん, らせん状 (のもの).

*****hell** [hél]
— 名 (複 **hells** [~z]) **1** U [しばしば H-] 地獄 (↔ heaven, paradise): Nobody wants to be sent to *Hell* after death. 死んだあとに地獄へ送られたいと思う人などいない.
2 C U《口語》地獄のような所[状態], 生き地獄: suffer *hell* on earth この世で地獄の苦しみを味わう / The training was absolute *hell*. その訓練は地獄そのものだった.
3 [間投詞的に]《口語》くそ!, ふん!, ちくしょう: *Hell*, no! とんでもない / Well *hell*! ちくしょう.
▸ 語法 (2) 下品で乱暴な表現とされるので, 特に親しい間柄以外には用いない. このことは **4** と以下の成句にもあてはまる.
4 [the ~]《口語》一体全体《◇疑問詞を強調する; in (the) hell とも言う; → **3** 語法 (2)》: What (in) the *hell* are you doing here? ここで一体何をしているんだ.
■ *a [one] héll of a ...*《口語》ひどい…, とても…; すばらしい…: *a hell of a* noise ひどい騒ぎ / *a hell of a* cute girl すごくかわいい娘.
áll héll brèaks lóose《口語》大騒動になる.
be héll on ...《口語》…に損害を与える.
be hèll on whéels《口語》(人が)傍若無人である, 手に負えない.
còme héll or hígh wáter《口語》どんな困難が起ころうとも, 何があろうと.
for the héll of it《口語》面白半分に.
give ... héll《口語》…をしかる, 苦しめる.
Gò to héll !《口語》くたばれ; ちくしょう.
héll for léather《口語》猛スピードで.
héll to páy《口語》一大事, 大変なこと.
like héll《口語》 **1** 必死に, 死に物狂いで: I ran *like hell* to the station to catch the last train. 終電に間に合うように駅まで必死に走った.
2 [文頭で]絶対に…しない; …なんて冗談じゃない: You'd better listen to his advice. — *Like hell* I will! 彼のアドバイスに耳を傾けたほうがいいさ — だれが聞くもんか.
plày héll with ...《口語》…をめちゃくちゃにする.
ráise héll《口語》大騒ぎをする; (人に) 食ってかかる.
To héll with ...!《口語》…なんてくそ食らえだ.

*****he'll** [(弱) hil, (強) híːl]
— (短縮)《口語》 **1** he will の短縮形: *He'll* go to the U.S. next year. 来年彼は米国に行く. **2** he shall の短縮形.

hell·bent [hélbènt] 形《叙述用法》《口語》何がなんでも[…を / …しようと]決心して[*on, for* / *to do*].

hell·cat [hélkæt] 名 C《口語》性悪女; 魔女.

Hel·len·ic [helénik / helí:nik] 形 **1** ギリシャ(人)の. **2** 古代ギリシャ (人, 語, 文化) の.

Hel·len·ism [hélinìzm] 名 U ヘレニズム, 古代ギリシャ文化[思潮]《ヘブライズム (Hebraism) と共にヨーロッパ文化を形成する》.

Hel·len·is·tic [hèlinístik] 形 ヘレニズム (文化) の, 古代ギリシャの文化 [歴史, 言語, 芸術] の.

hell·ish [hélíʃ] 形 **1**《口語》非常にいやな, 不愉快

hell・ish・ly [-li] 副 ひどく, 恐ろしく.

hel・lo [həlóu / həlóu, he-] 間 名
《◇〈英〉では hallo, hullo ともつづる》
— 間 **1** やあ, こんにちは, おはよう, こんばんは
《◇時間帯にかかわらず用いるくだけた日常のあいさつ; → HI》: *Hello*, Mary, how are you? — Fine, thank you. And you? やあ, メアリー. 元気かい — ええ, 元気よ. あなたは?
2 [電話で] **もしもし**: *Hello*, this is Bob (speaking). May [Could] I speak to Sarah? — Sorry, she's out now. もしもし, ボブですけど, サラはいますか [をお願いします] — あいにく今は外出中.
3 [呼びかけ] あのう, おーい: *Hello*! Can you hear me? おーい, 聞こえるかい.
4 あれあれ, おやおや, まあ 《◇驚きを表す》.
— 名 (複 **hel・los** [~z]) C U (Hello という) あいさつ, 呼びかけ.
■ **sày helló to ...** …によろしくと言う: Please say hello to your parents. ご両親によろしく.

helm [hélm] 名 **1** C [船舶の] 舵(だ)の柄, 舵輪(だりん); 操縦装置. **2** [the ~] 支配(権), 管理職(の地位).
■ **at the hélm 1** (船の) 舵を取って. **2** […の] 実権を握って, 指導的立場で [*of*].

‡hel・met [hélmit] 名 C ヘルメット; (兵士の) 鉄かぶと; (中世の騎士が用いた) かぶと: a crash *helmet* (レーサー・飛行士・警官などの) 保安ヘルメット.

hel・met・ed [hélmitid] 形 ヘルメットをかぶった.

helms・man [hélmzmən] 名 (複 **helms・men** [-mən]) C 舵手(だしゅ), 操舵手.

‡help [hélp]
動 他

基本的意味は「助ける」.
① 手伝う. 他 1, 自 1
② 助ける. 他 2, 自 2
③ 役立つ, 促進する. 他 3, 自 3
④ 給仕する. 他 4

— 動 (三単現 **helps** [~s]; 過去・過分 **helped** [~t]; 現分 **help・ing** [~iŋ])
— 他 **1** (a) [help+O] 〈人〉を **手伝う**, 助力する 《→ 類義語》: I can't do this by myself, so please *help* me. これは私1人ではできないから手伝ってください. (b) [help+O+with [in] ...] 〈人〉の…を手伝う: I *helped* my (little) brother *with* [*in*] his homework. 私は弟の宿題を手伝った. (c) [help+O+(to) do] 〈人〉が…するのを手伝う 《◇ to は省略することが多い; 受け身では省略できない》: He was kind enough to *help* the old woman (*to*) cross the busy street. 彼は親切にもおばあさんが交通の激しい通りを横断するのを手伝ってやった / She *was helped* to do the dishes by him. 彼女は皿洗いを彼に手伝ってもらった. (d) [help+(to) do] …するのを手伝う 《◇ to は省略することが多い》: I usually *help* (*to*) cook dinner. 私はたいてい夕食の支度を手伝う. (e) [help+O] [方向を表す副詞(句)を伴って] (…するよう) 〈人〉を手伝う: Will you *help* those children into the room? あの子供たちを部屋へ入れるのを手伝ってくれますか / My right leg hurts. Please *help* me up the stairs. 右足が痛みます. 階段を上るのを手伝ってください.
2 [help+O] 〈人〉を **助ける**, 救助する; (特に経済的に) 援助する: We should *help* the starving children. 私たちは飢えている子供たちを援助すべきです / She was brave enough to *help* a child drowning in the river. 彼女は勇敢にも川でおぼれている子供を救助した.
3 (a) [help+O] …に役立つ, …を促進する: His advice didn't *help* me. 彼の助言は私には役立たなかった. (b) [help+(to) do] …に役立つ, …するのを促進する 《◇ to は省略することが多い》: This new device will *help* (*to*) reduce the exhaust gas. この新しい装置によって排気ガスが削減される. (c) [help+O+(to) do] …が~するのに役立つ, ~するのを促進する 《◇ to は省略することが多い》: The bridge *helped* the city (*to*) develop. 橋は町の発展に貢献した.
4 〈人〉に [飲食物を] 取ってやる, 給仕する [*to*]: He *helped* each guest *to* some wine. 彼は客1人1人にワインをついで回った.
5 〈病気など〉を治す, 〈苦痛〉を和らげる: This medicine will *help* your cough. この薬を飲めばあなたのせきは止まります. **6** [can, cannot を伴って] …を避ける, 抑える, やめる: I can't *help* it.= It can't be helped. それはしかたがない.
— 自 **1** […を] 手伝う, 助力する [*with, in*]: Can you *help* with the dishes? 皿洗いを手伝ってくれませんか / A friend of mine offered to *help*. 友人の1人が助力を申し出てくれた.
2 助ける: *Help*! 助けて! **3** 役立つ: Every little (bit) *helps*. 《ことわざ》 わずかなものでもすべて役立つ ⇒ ちりも積もれば山となる.

句動詞 **hélp ... óff with ~** 他 …が 〈衣服・靴など〉 を脱ぐのを手伝う: Please *help* me *off with* my boots. ブーツを脱ぐのを手伝ってください.
hélp ... ón with ~ 他 …が 〈衣服・靴など〉 を着る [はく] のを手伝う: She always *helps* her little brother *on with* his shoes. 彼女はいつも弟が靴をはくのを手伝ってやる.
hélp óut 他 [help out+O / help+O+out] [仕事などで] 〈人〉を手伝う, 助ける; [金などを出して] 〈人〉を援助する [*with*]: Tom *helped* me *out* with this difficult problem. トムはこの難題を解決するのに手を貸してくれた.
— 自 手を貸す; 援助する.

■ **Càn [Màyl] I hélp you? 1** いらっしゃいませ, 何かご用でしょうか 《店員・受付係の応対の文句; May I ...? のほうが丁寧》. **2** どうかしましたか, お手伝いしましょうか 《◇困っている人に対する呼びかけ》.
cannòt hélp dóing [but dó] …しないではいられない, 思わず…してしまう: He looked so funny that I *could not help laughing* [*but laugh*]. 彼がとてもおかしな顔をしたので私は思わずにいられなかった / I *could not help giving* up the plan. 私はその計画をあきらめるしかなかった.
cannòt hélp ... [...'s] dóing …が~するのはどう

しようもない: We *cannot help him* [*his*] *being* easygoing. 彼がのんきなのはどうしようもない.
hélp onesèlf **1** 人に頼らない, 自立する: You should *help yourself* now that you have come of age. あなたはもう成人したのだから自立すべきです. **2** [cannot を伴って] 自分の感情を抑える: She couldn't *help herself* and burst into tears. 彼女はこらえきれなくなって涙がどっとあふれ出した. **3** 自由に使う: Can I use your pen? — *Help yourself*. あなたのペンをお借りしてもよろしいですか—どうぞ (ご自由に).
hélp oneséIf to ... **1** 〔飲食物など〕を自分で取って食べる [飲む]〔*to*〕; 自由に使う: Please *help yourself to* salad. サラダを自由に取ってお召し上がりください. **2** 《口語》 …を勝手に取る, 盗む (steal).
if one can hélp it 《口語》 できれば [なるべくなら] (…しない): I won't go to the dentist *if I can help it*. 行かなくて済むなら歯医者に行きたくない.
nót if I can hélp it 《口語》 そんなことはいやだ.
nòt ... móre than ～ can hélp しないで済むこと [もの] は…しない: *Don't* use *more* gas *than* you *can help*. 必要以上のガソリンは使うな.
so hélp me (***Gód***) **1** 神に誓って (◇宣誓の終わりに言う言葉). **2** 誓って, 本当に.
— [名] (複 **helps** [～s]) **1** [U] **助け**, 手伝い; 援助: The girl cried for *help*. その少女は叫んで助けを求めた / Can I give you some *help* with your work? お仕事を少し手伝いましょうか / Thank you for your kind *help*. ご支援ありがとうございました / This book was of no *help* to me. この本は全然私の役に立たなかった.
2 [a ～] 助けになる人 [もの], 役立つもの: You were a great *help* to me. おかげ様で本当に助かりました.
3 [C] [the ～] 《米》 お手伝い, 家政婦, 使用人; [単数形で; 集合的に] 労働者: farm *help* 農場労働者 / *Help* Wanted 従業員求む (◇求人広告の文句).
4 [U] [通例, 否定文で]〔…の〕救済法, 逃げ道〔*for*〕: Even now there is *no help for* this disease. この病気には今でも治療法がない.
◆ **hélp scrèen** [C] 【コンピュータ】 ヘルプ画面.

> [類義語] **help, aid, assist**
> 共通する意味▶手伝う, 助力する (supply what is needed to achieve a goal or carry out a plan)
> **help** は「手伝う」の意を表す最も一般的な語: He *helped* me pitch a tent. 彼は私がテントを張るのを手伝ってくれた. **aid** は help より《格式》で,「強い者が弱い者に助力する」という含みがある: At Christmas, many organizations *aid* the poor. クリスマスシーズンには多くの団体が貧しい人々を援助する. **assist** は aid よりさらに《格式》で,「補佐役として補助的・従属的な助力をする」の意: The nurses *assisted* the doctor in the operating room. 看護師たちは手術室で医師を補佐した.

‡**help·er** [hélpər] [名] [C] 助ける人; 《米》 ホームヘルパー; お手伝い; 助手.

‡**help·ful** [hélpfəl]
— [形] 〔…の〕**助けになる**, 役に立つ, 有用な (useful)〔*to*〕: *helpful* advice 有益な助言 / *helpful* information 役に立つ情報 / This book was *helpful to* me in my research. この本は私の研究に役立った / It was very *helpful* of you to raise money for our charity. 私たちの慈善団体のために資金を集めていただきとても助かりました.
help·ful·ness [～nəs] [名] [U] 役立つこと, 有用性.

help·ful·ly [hélpfəli] [副] 役に立つように, 有用に.

‡**help·ing** [hélpiŋ] [名] **1** [U] 助力, 援助.
2 [C] (食べ物・料理の) **ひと盛り**, 1杯: I'd like a second *helping* of rice. ご飯のお代わりをください.
◆ **hélping hánd** [a ～] 援助の手: give [lend] ... a *helping hand* …に援助の手をさしのべる.

‡**help·less** [hélpləs] [形] **1** どうすることもできない, 自分では何もできない;〔…に対して〕無力な〔*against*〕; 頼るもののない: a *helpless* child 無力な子供 / *helpless* refugees よるべのない難民たち.
2 (表情・様子などが) 困った, 当惑した: have [wear] a *helpless* look 困り切った表情を浮かべる.
help·less·ness [～nəs] [名] [U] 無力; 独りぼっち.

help·less·ly [hélpləsli] [副] どうすることもできず; 困惑して: We just looked on the scene *helplessly*. 私たちはただ手をこまねいて現場を眺めていた.

help·mate [hélpmèit], **help·meet** [hélpmìːt] [名] [C] 協力者, 助力者; 配偶者, (特に) 妻.

Hel·sin·ki [hélsiŋki] [名] [固] ヘルシンキ 《フィンランドの首都》.

hel·ter-skel·ter [héltərskéltər] [副] あわてふためいて, 一目散に; 乱雑に.
— [形] 乱雑な.
— [名] [C] 《英》 (遊園地などの) らせん形すべり台.

hem[1] [hém] [名] [C] (布・服の) へり, 縁(ふち) 《折り返して縫った所》: take a *hem* up すそ上げをする.
— [動] (三単現 **hems** [～z]; 過去・過分 **hemmed** [～d]; 現分 **hem·ming** [～iŋ]) [他] **1** 〈布・服〉のへりを (折り返して) 縫う, 縁かがりをする, 縁取りをする.
2 …を囲む, 閉じ込める (*in*).

hem[2] [hm] [間] えへん, へん (◇せき払い. 注意を促したり, 疑いやためらいを表す).
— [動] [hém] (三単現 **hems** [～z]; 過去・過分 **hemmed** [～d]; 現分 **hem·ming** [～iŋ]) [自] えへんと言う, せき払いをする; 口ごもる.
■ ***hém and háw*** 《米》 口ごもる; 言葉をにごす.

hé-màn [名] (複 **he-men** [-mèn]) [C] 《口語・しばしばこっけい》 男らしい [筋骨たくましい] 男.

Hem·ing·way [hémiŋwèi] [名] [固] ヘミングウェー Ernest [ə́ːrnist] Hemingway 《1899-1961; 米国の作家》.

***hem·i·sphere** [hémisfìər] [名] [C] **1** 半球 (体); (地球・天球の) 半球: the Northern [Southern] *Hemisphere* 北 [南] 半球.
2 【解剖】 (脳の) 半球: the right *hemisphere* of the brain 右脳.

H

hem・line [hémlàin] 名 C (スカート・ドレスなどの)すそ(の線); 丈(作): raise [lower] the *hemline* すそを上げる[下ろす].

hem・lock [hémlàk / -lɔ̀k] 名 1 C [植]ドクニンジン; U ドクニンジンから作った毒薬. 2 = hemlock fír [sprúce] C [植] ツガ; U ツガ材.

he・mo-,《英》**hae・mo-** [hí:mou] 結合 《◇母音の前では hem-》「血」の意を表す.

he・mo・glo・bin [hí:məglòubin / hì:məglóu-] 名 U [生化] ヘモグロビン, 血色素《略記》Hb).

he・mo・phil・i・a [hì:məfíliə] 名 U [医] 血友病《出血の止まらない遺伝性の病気》.

he・mo・phil・i・ac [hì:məfíliæ̀k] 形 血友病の.
—名 C 血友病患者.

hem・or・rhage [hémərɪdʒ] 名 U C 1 [医] (多量の)出血. 2 (人材・資産などの)流出.
—動 (多量に)出血する.

hem・or・rhoids [hémərɔ̀idz] 名 [複数扱い] [医] 痔疾(じっ), 痔 (**piles**).

hemp [hémp] 名 U 1 [植] アサ(麻), 大麻. 2 麻の繊維. 3 大麻から作った麻薬.

hem・stitch [hémstìtʃ] 名 U ヘムステッチ, へり飾り《横糸を数本抜いて縦糸を数本ずつかがる》.
—動 他〈布地など〉にヘムステッチをする.

hen [hén]
—名(複 **hens** [~z]) 1 C **めんどり** (cf.《主に米》**rooster**,《英》**cock** おんどり): *Hens* lay eggs. めんどりは卵を生む.
2 C (一般に)雌の鳥; [形容詞的に] 雌の: a *hen* bird 雌の鳥 / a *hen* sparrow 雌のスズメ.
◆ **hén pàrty** C《口語》女性だけのパーティー (↔ stag party).

hence [héns] 副《格式》1 **それゆえに**, それをもとにして, したがって《◇しばしば hence のあとの動詞は省略される》: Venice is an incomparable city. *Hence* it has ten million visitors a year. ベネチアは比類なき町. だからこそ年間1千万人が訪れる.
2 今から, 今後: two weeks *hence* 今から2週間後に.

hence・forth [hénsfɔ̀:rθ] 副《格式》今後, 以後.

hence・for・ward [hènsfɔ́:rwərd] 副 = HENCEFORTH (↑).

hench・man [héntʃmən] 名(複 **hench・men** [-mən]) C《軽蔑》(政治家・ギャングの)取り巻き, 子分.

hen・coop [hénkù:p] 名 C 鶏小屋, 鶏かご.

hen・house [hénhàus] 名 C 鶏小屋, 鶏舎.

hen・na [hénə] 名 U 1 [植] ヘンナ. 2 ヘンナ染料《ヘンナの葉からとる. 赤褐色で染髪・マニキュア用》.

hen・pecked [hénpèkt] 形《口語》(夫が)妻のしりに敷かれた: a *henpecked* husband 恐妻家.

Hen・ry [hénri] 名 固 1 ヘンリー《◇男性の名;《愛称》Harry, Hal》. 2 ヘンリー8世 **Henry VIII** [ði éitθ] (1491-1547; 英国王 (1509-47)).

hep・a・ti・tis [hèpətáitis] 名 U [医] 肝炎.
◆ **hepatítis Á [B̂, C]** [A, B, C] 型肝炎.

Hep・burn [hépbə(:)rn] 名 固 1 ヘップバーン **James Curtis** [kə́:rtis] **Hepburn** (1815-1911;米国の宣教師. ヘボン式ローマ字を考案). 2 ヘップバーン **Audrey** [ɔ́:dri] **Hepburn** (1929-93; 米国の映画女優).

hep・ta・gon [héptəgàn / -gən] 名 C 7角[辺]形.

hep・tag・o・nal [heptǽgənəl] 形 7角[辺]形の.

her [(弱) hər, ər, ər; (強) hə́:r]
—代 [人称代名詞]《◇ **she** の所有格・目的格; → PERSONAL (文法)》
1 [所有格] (a) [名詞の前に付けて] **彼女の**: *Her* house is near the river. 彼女の家は川の近くにある / Mary lost *her* husband three years ago. メアリーは3年前に夫を亡くした. (b) [意味上の主語として動名詞の前に付けて] 彼女が: I have no objection to *her* joining us. 私は彼女が私たちの仲間に加わることに異議はない.
2 [目的格] (a) [動詞の目的語として] **彼女を[に]**: I'm going to marry *her* in June. 私は6月に彼女と結婚する / He gave *her* a diamond ring. 彼は彼女にダイヤの指輪をあげた. (b) [前置詞の目的語として] 彼女: The prince saw Snow White and fell in love with *her*. 王子は白雪姫を見て彼女に恋をした.
3 [主格補語 **she** の代わりに]《口語》彼女(で)(→ ME 2 語法): It's *her* who wrote this letter. この手紙を書いたのは彼女です.
4 [as, than のあとで; 主格 **she** の代わりに]《口語》彼女(→ ME 2 語法): He is shorter *than her*. 彼は彼女より背が低い (= He is shorter than she (is).) / He doesn't work so hard *as her*. 彼は彼女ほど働き者ではない.

He・ra [híərə] 名 固《ギ神》ヘラ《ゼウス(Zeus)の妻. ローマ神話のジュノー(Juno)にあたる; → GODDESS 表》.

***her・ald** [hérəld] 名 C 1 (昔の)使者, 布告者《国王からの重要な知らせを国民に伝えた》.
2 伝令, 通信伝達者 (**messenger**)《◇ *The Herald Tribune* のように新聞名にも用いることが多い》.
3 先触れ, 先駆者: a *herald* of spring 春の前触れ.
—動 他《文語》…の先触れとなる, …の到来を告げる; …を予告する (**in**): The morning star *heralds* (**in**) the dawn. 明けの明星は夜明けの到来を告げる.

he・ral・dic [herǽldik] 形 [限定用法] 紋章(学)の.

her・ald・ry [hérəldri] 名(複 **her・ald・ries** [~z]) U 紋章学; C 紋章 (**coat of arms**).

***herb** [hə́:rb / hə́:b] 名 C 1 薬用[香料]植物, ハーブ, 薬草: an [a] *herb* garden 薬草園.
2 草, 草木.

her・ba・ceous [hə:rbéiʃəs / hə(:)-] 形 草の, 薬草の; 草の葉状の.
◆ **herbáceous bórder** C (多年生の草花を植えた) 花壇の縁取り [へり].

herb・age [hə́:rbidʒ / hə́:b-] 名 U [集合的に] 牧草, 草.

herb・al [hə́:rbəl / hə́:b-] 形 [通例, 限定用法] 草の; 薬草の.
—名 C 草本誌, 植物誌, 薬草解説書.
◆ **hérbal médicine** C U 1 漢方, 薬草療法. 2 漢方薬, 薬草剤.

◆ hérbal téa [U] ハーブティー, 薬草湯.

herb·al·ist [hə́ːrbəlist / hɑ́ːb-] [名] [C] 漢方医, 薬草医; 植物学者; 薬草栽培者; 薬草商.

her·bi·cide [hə́ːrbisàid / hə́ː-] [名] [C] [U] 除草剤.

her·bi·vore [hə́ːrbivɔ̀ːr / hə́ː-] [名] [C] 草食動物 (cf. carnivore 肉食動物).

her·biv·o·rous [həːrbívərəs / həː-] [形] 草食性の. ([関連語] carnivorous 肉食性の / omnivorous 雑食性の)

her·cu·le·an [hə̀ːrkjulíːən] [形] **1** 大変な努力を要する; 非常に困難な: a *herculean* task 非常に骨の折れる仕事. **2** [しばしば H-] (力・勇気の点で) ヘラクレスのような; 怪力の; 非常に勇敢な.

Her·cu·les [hə́ːrkjulìːz] [名] **1** [固] 【ギ神・ロ神】ヘラクレス《ゼウス (Zeus) またはジュピター (Jupiter) の息子. 怪力の英雄》. **2** [C] [h-] 怪力無双の (大) 男. **3** [the ～] 【天文】ヘラクレス座.

‡**herd** [hə́ːrd] [名] [C] **1** [単数・複数扱い] (同種の動物の) **群れ** (→ GROUP [類義語]): a *herd* of cattle 牛の群れ. **2** 人の群れ, 群衆; [the ～; 単数・複数扱い]《通例, 軽蔑》大衆; 民衆: the common *herd* 一般大衆. **3** [複合語で] …を飼う人: a shep*herd* 羊飼い.

— [動] [自] [副詞 (句) を伴って] 群れる, 集まる, 集合する (*together*). — [他] **1** 〈家畜の群れ〉を駆り立てる; 〈人〉を集める. **2** 〈家畜〉の番をする.

◆ hérd ìnstinct [the ～] 群居本能, 集団本能.

herds·man [hə́ːrdzmən] (複 **herds·men** [-mən]) [名] [C] 牧夫, 家畜の世話をする人.

‡‡‡**here** [híər] (☆ [同音] hear) [副] [間]

— [副] **1** [話し手の場所や近くの場所をさして] **ここに**, ここで, ここへ (↔ there): Will you sign *here*, please? ここにサインをお願いします / Come over *here*, Bob. ボブ, こっちへおいで / He will be *here* in a moment. 彼はすぐにここへ来ます / I'll sit *here* in the car while you walk around. あなたがぶらついている間, 私はこの車の中にいます (◇ in the car は here と同格).

[語法] 場所を表す前置詞のあとに付けて, 名詞的に用いることがある: It is awfully hot in *here*. この中はすごく暑いね / Can you see the sea from *here*? ここから海が見えますか / Get out of *here*. ここから出て行け.

2 [文頭で] **さあ, ほら, ここに** (◇相手に物を渡す [示す] ときや相手の注意を引くときに用いる): *Here*'s your notebook. はい, あなたのノートですよ / *Here* are some of the pictures I took in Paris. これが私がパリで撮った写真のうちの何枚かです / *Here*'s the youth I spoke about the other day. こちらが先日お話した青年です / *Here* comes Charlie! チャーリーが来たよ.

3 この点で, ここで, この時: *Here* we can't agree. この点で私たちは同意できない.

4 [名詞のあとに付けて] **ここにいる [ある]**, ここの: My friend *here* will show you around the city. ここにいる友人が市内を案内します / This watch *here* is my favorite. ここにある時計が私のお気に入りです / It's George *here*. (電話で) ジョージです (= This is George speaking.).

■ ***hére and nów*** 今すぐ, 今この場で.

hére and thére あちこちに: We could hear that song *here and there*. その歌はあちこちで耳にした.

Hére góes! さあ始めるぞ (◇特に困難なこと・危険なことを始めるときに用いる).

Hére I ám. **1** ただいま. **2** さあ着いたぞ.

Hére it ís. **1** **はいこれです**, さあどうぞ (◇相手にものを渡すときに用いる; → Here you are.): Excuse me, but I'd like some cold medicine, please. — *Here it is*. すみません, かぜ薬をください — はい, こちらになります. **2** ここにあったよ (◇探していた物を見つけたとき).

Hére's to …! …に乾杯!

hére, thére, and éverywhere《口語》至る所に.

Hére we áre. **1** (目的地に) **さあ着いたぞ**: *Here we are* at the bus stop. さあバス停に着いたぞ. **2** (私たちが探していたのは) これだ, ほら見つかった.

Hére we gó! さあ行こう [始めよう].

Hére we gò (agáin).《口語》(特に不快なことが) ほらまた始まった, ああまたか.

Hére you áre [gó]. **1** **はいここにあります**, さあどうぞ (◇相手にものを渡すときに用いる; Here it is. が渡すものに重点があるのに対して, Here you are. は渡す相手に重点がある): Pass me the book on the desk, please. — *Here you are*. 机の上の本を取ってくれますか — はいどうぞ. **2** ほら見てごらん, いいかい (◇相手の注意を引くときに用いる).

Lóok [Sée] hére. おい, ねえ, いいかい (◇相手の注意を引くときに用いる).

néither hére nor thére どうでもよい; 問題外で.

the hére and nów 現在, 目の前のこと.

— [間] **1** **さあ, ほら**, おい (◇相手の注意を引くときなどに用いる): *Here*, take this seat, please. さあ, この席にお座りください. **2** はい (◇出席点呼などの返事): *Here*, sir [ma'am]. はい, 先生.

here·a·bout [híərəbàut / hìərəbáut], **here·a·bouts** [-bàuts / -báuts] [副] このあたりに.

*__here·af·ter__ [hìərǽftər / hìərɑ́ːftə] [副] **1** [文修飾] 今後は, 将来は; 来世で. **2** 【法】(法律文書などで) これ以下は, 今後.

— [名] [U] [通例 the ～] 将来, 未来; あの世, 来世.

he·red·i·tar·y [hirédətèri / -təri] [形] **1** (財産・家名・地位などが) 世襲の; 親譲りの, 代々の, 相続による. **2** 遺伝 (性) の.

*__he·red·i·ty__ [hirédəti] [名] [U] 遺伝; 遺伝形質.

here·of [hìərʌ́v / hìərɔ́v] [副] 【法】これに関して.

‡‡‡**here's** [híərz]《短縮》《口語》**here is の短縮形**: *Here's* your coffee. はい, コーヒーをどうぞ.

her·e·sy [hérəsi] [名] (複 **her·e·sies** [～z]) [C] [U] (特定の宗教の教義に対する) 異端; 異教; 異端の説.

her·e·tic [hérətik] [名] [C] 異端者, 異教徒; 異説を唱える人.

he·ret·i·cal [hirétikəl] [形] 異端 (者) の; 異説の.

here·to·fore [hìərtəfɔ́ːr] [副]《格式》今まで, これまで, 現在まで; 以前は.

here·up·on [hìərəpɑ́n, -pɔ́ːn / hìərəpɔ́n] [副]《格式》これに関して, この時点で; このすぐあとで.

here·with [hìərwíð, -wíθ] [副]《格式》(特に商用

her·it·a·ble [hérətəbl] 形 [法] 相続[継承]できる; [医] 遺伝性の.

her·it·age [hérətidʒ] 名 C [通例, 単数形で]
1 (文化的な)遺産, (先代から受け継がれる)伝統; 先祖伝来のもの: World *Heritage* Site (ユネスコ指定の)世界遺産.
2 相続財産, 遺産 (cf. legacy (文化)遺産).

her·maph·ro·dite [həːrmǽfrədàit] 名 C
1 男女両性具有者. 2 [動物] 雌雄同性動物, 雌雄同体; [植] 両生花, 雌雄同株.
── 形 両性具有の.

Her·mes [həːrmiːz] 名 固 [ギリシャ神話] ヘルメス《神々の使者. 科学・商業・旅・盗みなどの神; → GOD 表》.

her·met·ic [həːrmétik] 形 (空気を通さないように)密封 [密閉] した, 気密の.

her·met·i·cal·ly [-kəli] 副 密封 [密閉] して.

her·mit [həːrmit] 名 C 隠者, 世捨て人.
◆ hérmit cràb C [動物] ヤドカリ.

her·mit·age [həːrmətidʒ] 名 C 隠者 (hermit) の住居, 庵(いおり).

her·ni·a [həːrniə] 名 (複 **her·ni·as** [~z], **her·ni·ae** [-niːìː]) C U [医] ヘルニア, 脱腸 (rupture).

*he·ro [híːrou / hírou]
── 名 (複 **he·roes** [~z]) 《◇女性形は heroine だが, 2, 3 については女性についても用いる》C 1 (小説・劇・詩などの男性の) 主人公.
2 英雄, 勇者, 偉人: make a *hero* of ... …を英雄扱いする / He is one of America's national *heroes*. 彼はアメリカの国民的英雄の1人です.
3 あこがれの的, ヒーロー: Maradona was my *hero* in my childhood. マラドーナが子供時代の私のあこがれの的でした.
4 = héro sándwich 《米》ヒーローサンド《細長いパンを縦に割って肉や野菜をはさんだ大型サンドイッチ》. (▷ 形 heróic)
◆ héro wòrship U 英雄崇拝.

Her·od [hérəd] 名 固 [聖] ヘロデ《ユダヤの王》.

He·rod·o·tus [hərɑ́dətəs / -rɔ́d-] 名 固 ヘロドトス《紀元前5世紀のギリシャの歴史家》.

‡he·ro·ic [hiróuik] 形 1 英雄的な; 勇敢な, 大胆な: *heroic* deeds 英雄的行為. 2 (詩などが)英雄を扱った, 叙事詩の. 3 (文章・表現などが) 壮重な, 誇大な. 4 [美] 実物より大きい.
── 名 [~s; 複数扱い] 誇張された [芝居がかった] 言動; 勇気ある [大胆な] 行動. (▷ 名 héro)

he·ro·i·cal·ly [hiróuikəli] 副 英雄のように.

her·o·in [hérouin] 名 U ヘロイン《モルヒネ (morphine) から作る麻薬》.

‡her·o·ine [hérouin] (↔ hero) 名 C 1 (女性の)英雄, 女傑. 2 (小説・映画・劇などの) 女主人公, ヒロイン. 3 (世間の)あこがれの女性, 慕われる人.

her·o·ism [hérouìzəm] 名 U 英雄的行為, 勇気.

her·on [hérən] 名 C [鳥] サギ; アオサギ.

her·pes [həːrpiːz] 名 U [医] ヘルペス, 疱疹(ほうしん).

Herr [héər] 【ドイツ】名 (複 **Her·ren** [hérən]) C
1 …様, 殿, 氏, 君《◇英語の Mr., Sir にあたる》.
2 ドイツ人の紳士.

her·ring [hériŋ] 名 (複 **her·rings** [~z], [集合的に] **her·ring**) C [魚] ニシン; U ニシンの肉: kippered *herring* 薫製ニシン.
◆ hérring gùll C [鳥] セグロカモメ.
◆ hérring ròe U C 数の子.

her·ring·bone [hériŋbòun] 名 U [服装] ジグザグの杉綾(すぎあや)模様, ヘリンボーン (→ PATTERN 図).

***hers [həːrz]
── 代 《◇ she の所有代名詞; → PRONOUN 文法》 [単数・複数扱い] 彼女のもの《◇さすものが単数なら単数扱い, 複数なら複数扱い》: This bag is *hers*. このかばんは彼女のものです《◇ hers= her bag》 / My shoes are black and *hers* are red. 私の靴は黒で彼女のは赤です《◇ hers= her shoes》.
■ ... *of hérs* 彼女の (→ MINE¹ 語法): Mary met a friend of *hers* in the bus. メアリーはバスの中で友人に会った.

***her·self [(弱) hərsélf; (強) həːrsélf]
── 代 (複 **them·selves** [ðəmsélvz])《◇ she の再帰代名詞; 用法・成句は→ ONESELF》
1 [再帰用法] 彼女自身を [に], 彼女(自身)の体を: She was talking to *herself* before the race. 彼女はレース前に独り言を言っていた / She saw *herself* in the mirror. 彼女は鏡に映った自分の姿を見た.
2 [強調用法] 彼女自身で: Mary did it *herself*. メアリーは自分自身でそれを行った / I met the actress *herself*. 私はその女優本人に会った.

Hert·ford·shire [hɑ́ːrtfərdʃər] 名 固 ハートフォードシャー《England 南東部の州》.

hertz [həːrts] 名 (複 **hertz**) C [物理] ヘルツ《◇振動数・周波数の単位; 毎秒1サイクル; (略語) Hz》.

Hértz·i·an wáves [həːrtsiən-] 名 [複数扱い] [物理] ヘルツ波, 電磁波.

***he's [(弱) hiz; (強) híːz]
《短縮》《口語》 1 **he is** の短縮形: *He's* a student. 彼は学生です《◇ is は動詞》 / *He's* playing baseball. 彼は野球をしている《◇ is は助動詞》 / *He's* loved by everybody. 彼はみんなに愛されている《◇ is は助動詞》.
2 **he has** の短縮形《◇ has は助動詞》: *He's* been to the U.S. before. 彼は以前米国に行ったことがある / *He's* finished his homework. 彼は宿題を終えている.

hes·i·tan·cy [hézitənsi], **hes·i·tance** [-təns] 名 U ためらい, ちゅうちょ.

hes·i·tant [hézitənt] 形 […を / …することを] ためらいがちな, 決められない《*about / to do*》.

hes·i·tant·ly [~li] 副 ためらいがちに.

***hes·i·tate [hézitèit]
── 動 (三単現 **hes·i·tates** [-tèits]; 過去・過分 **hes·i·tat·ed** [~id]; 現分 **hes·i·tat·ing** [~iŋ])
── 自 1(a) […のことで] ためらう, ちゅうちょする, 気が進まない [*at, about, over*]: The salesman entered the house without *hesitating*. セールスマンはためらいもせずにその家に入った / She *hesitated about* ordering dessert because

she was on a diet. 彼女はダイエット中だったのでデザートの注文には二の足を踏んだ / Karen was *hesitating* (*about*) what to say next. カレンは次に何を言ったらいいか迷っていた (◇疑問詞句[節]の前の前置詞 (口語) ではしばしば省略される).
(b) [hesitate + to do] …するのをためらう: Don't *hesitate to* ask me a question. 遠慮せずに質問してください / I *hesitate to* say, but we can't accept your offer. 申し上げにくいのですが, あなたのお申し出はお受けできません.
2 口ごもる: He *hesitated* in replying. 彼は口ごもりながら答えた.

hes‧i‧tat‧ing‧ly [hézitèitiŋli] 副 ためらいながら.

*hes‧i‧ta‧tion [hèzitéiʃən] 名 U C **1** ためらい, ちゅうちょ; 不決断, ぐずぐずすること: without a moment's *hesitation* 一瞬のちゅうちょもなく.
2 言いよどみ, 口ごもり.

het [hét] 形 [次の成句で]
■ *hét úp* 《口語》[…に] 興奮した, やきもきした (*about*, *over*).

het‧er‧(o)‧ [hétər(ou)] 結合 《格式》「性かの, 異種の」の意を表す (↔ homo‑) (◇母音の前では通例 heter‑).

het‧er‧o‧dox [hétərədàks / -dɔ̀ks] 形 《格式》(宗教が)異端の, 正統でない; 一般通念から外れた (↔ orthodox).

het‧er‧o‧ge‧ne‧i‧ty [hètəroudʒəníːəti] 名 U 《格式》異種混交状態, 雑多.

het‧er‧o‧ge‧ne‧ous [hètəroudʒíːniəs] 形 《格式》異種の, 異質の; 異成分から成る (↔ homogeneous); 雑多の.

het‧er‧o‧sex‧u‧al [hètərousékʃuəl] 形 異性にひかれる; 異性愛の (↔ homosexual) (cf. bisexual 両性愛の).
— 名 C 異性愛の人.

het‧er‧o‧sex‧u‧al‧i‧ty [hètərousèkʃuǽləti] 名 U 異性愛 (↔ homosexuality).

heu‧ris‧tic [hjuərístik] 形 **1** 《格式》自ら発見するのを助ける, (生徒に)自分で発見させる.
2 《教育・数学》発見的な: a *heuristic* approach 発見的解決法《試行錯誤を繰り返しての問題解決》.

heu‧ris‧tics [hjuərístiks] 名 U 《単数・複数扱い》発見的解決法, 発見的教授法.

hew [hjúː] 動 (三単現 hews [~z]; 過去 hewed [~d]; 過分 hewed, hewn [hjúːn]; 現分 hew‧ing [~iŋ]) 《文語》他 (おの・なたなどで)…をたたき切る (*down*, *away*, *off*). — 自 […を](おの・なたなどで)たたき切る (*away*) [*at*].
■ *héw one's wáy* 自らの道を切り開く.
■ *héw to* … 〈人・規則など〉に従う.

hew‧er [hjúːər] 名 C (木・石を)切る人; 採炭夫.

hex¹ [héks] 《主に米》他 …にのろいをかける. — 名 C のろい, まじない.

hex² = HEXADECIMAL (↓).

hex‧a‧dec‧i‧mal [hèksədésəməl] 形 《数学・コンピュータ》16進法の.

hex‧a‧gon [héksəgən / -gɔn] 名 C 6角[辺]形.

hex‧ag‧o‧nal [hekségənəl] 形 6角形の.

hex‧a‧gram [héksəgræm] 名 C 六角[六線]星形, ダビデの星形 (◇ユダヤ教のシンボル).

*hey [héi] 間 **1** おい, やあ, あの, ちょっと (◇注意喚起・呼びかけ・驚き・喜びなどを表す発声): *Hey*, you! おい君 / *Hey*, that's nice! まあ, すばらしい
■ *Héy présto!* 《英》あーら不思議, これでこのとおり (◇手品の見せ場でのせりふ).

hey‧day [héidèi] 名 [the ~ / one's ~] (活力・繁栄などの) 全盛期, 真っ盛り, 最高潮.

hf¹, **hf.** 《略語》= *half*.

HF, **hf**² 《略語》= *high frequency* 高周波.

Hg 《元素記号》= mercury 水銀.

hgt. 《略語》= *height*.

*hi [hái] (☆同音 high)
— 間 **1** 《口語》やあ, こんにちは (◇ hello よりくだけたあいさつ): *Hi*, there! やあ, こんにちは / *Hi!* How are you? ─ Not bad. How about you? やあ, 元気? ─ まあまあだね. 君もだろう.
2 《英》ねえ, ちょっと, おい (hey).

HI 《郵略語》= *Hawaii*.

H.I. 《略語》= *Hawaiian Islands* ハワイ諸島.

hi‧a‧tus [haiéitəs] 名 (複 hi‧a‧tus‧es [~iz], hi‧a‧tus) C (通例, 単数形で) **1** 《格式》すき間, 割れ目; (仕事などの)中断, 途切れ. **2** (文章などの)脱落 (部分). **3** 《音声》母音接続 (◇2つの母音が別個の音として連続すること. preeminent の pre‑ と ‑eminent など).

hi‧ber‧nate [háibərnèit] 動 自 (動物が) 冬眠する.

hi‧ber‧na‧tion [hàibərnéiʃən] 名 U 冬眠.

hi‧bis‧cus [haibískəs] 名 C U 《植》ハイビスカス (Hawaii 州の州花).

hic‧cough [híkʌp] 名 動 = HICCUP (↓).

hic‧cup [híkʌp] 名 C **1** (通例 ~s; 単数扱い) しゃっくり: get [have] (the) *hiccups* しゃっくりが出る. **2** 一時的な中断 (遅れ, 故障).
— 動 (三単現 hic‧cups [~s]; 過去・過分 hic‧cuped, hic‧cupped [~t]; 現分 hic‧cup‧ing, hic‧cup‧ping [~iŋ]) 自 しゃっくりする.

hick [hík] 名 C 《米口語・軽蔑》田舎者.

hick‧ey [híki] 名 C 《米口語》キスマーク.

hick‧o‧ry [híkəri] 名 (複 hick‧o‧ries [~z]) C 《植》ヒッコリー《北米産のクルミ科の木》; U ヒッコリー材《家具, 道具の柄(*e*) などに用いる》.

***hid [híd] 動 hide¹ の過去形・過去分詞の1つ.

***hid‧den [hídn] 動 hide¹ の過去分詞の1つ.
— 形 隠された, 秘密の: a *hidden* meaning 隠れた意味 / a *hidden* microphone 隠しマイク.
◆ hídden agénda C 隠れた意図, 思惑.

***hide¹ [háid]
— 動 名 《基本的意味は「…を隠す (put something or someone out of sight)」》
— 動 (三単現 hides [háidz]; 過去 hid [híd]; 過分 hid‧den [hídn], hid; 現分 hid‧ing [~iŋ])
— 他 **1** …を […から] 隠す, 見えなくする (conceal) [*from*]: Where did you *hide* my glasses? 僕の眼鏡をどこに隠したんだ / Mt. Fuji was *hidden from* view by the clouds on that day. その日富士山は雲に隠れて見えなかった /

hide²

The soldiers were *hiding* themselves in the bush. 兵士たちはやぶの中に身を隠していた / Mary *hid* her face in embarrassment. メアリーはきまり悪くなって顔を背(を)けた.

2 …を […に対して] 秘密にする [*from*]: John tried to *hide* his disappointment *from* them. ジョンは彼らに失望を悟られないようにした.

—⾃[…から] **隠れる**, 身を隠す [*from*]: She *hid* in the closet on the spur of the moment. 彼女はとっさに物置きに隠れた.

■ **híde óut** ⾃ 潜伏する, 隠れている.

—名 C 《英》(バードウォッチングなどの) 観察所, 隠れ場所 (《米》 blind).

hide² **1** C (獣の) 皮, 皮革 (skin) (→ SKIN 類義語). **2** U 《口語・こっけい》(人の) 皮膚.

■ **háve a thíck híde** 《口語》面(?)の皮が厚い, 無神経である.

híde nor [or] háir of ... 《否定文・疑問文で》《口語》…の痕跡(?): I haven't seen *hide* nor *hair* of the man lately. 最近その男の姿をまったく見かけない.

hide-and-séek [-ən-], 《米》 **hide-and-gò-séek** 名 U 隠れんぼう: play (at) *hide-and-seek* 隠れんぼうをする.

hide·a·way [háidəwèi] 名 C 《口語》隠れ場所.

hide·bound [háidbàund] 形 《軽蔑》視野の狭い; 頑固な; (...に) blind).

***hid·e·ous** [hídiəs] 形 恐ろしい, ぞっとする, 醜悪な: a *hideous* wound 目をそむけたくなる傷.

hid·e·ous·ly [~li] 副 恐ろしく, ぞっとするほど.

híde-òut 名 C 隠れ家, 潜伏場所.

hid·ing¹ [háidiŋ] 名 U 隠す [隠れる] こと: be in *hiding* 隠れている, 世を忍んでいる / go into *hiding* 隠れる / come out of *hiding* 姿を現す.

◆ híding plàce C 隠れ [隠し] 場所.

hid·ing² 名 C 《古風》(繰り返し) ひっぱたくこと.

■ **be on a híding to nóthing** 《英口語》むだ骨を折っている, 無益な.

hi·er·ar·chi·cal [hàiərá:rkikəl], **hi·er·ar·chic** [-kik] 形 階級組織 [制度] の, 階層的な.

***hi·er·ar·chy** [háiərà:rki] 名 (複 **hi·er·ar·chies** [~z]) **1** C U 《集合的》単数・複数扱い》 **階級組織 [制度]**, ヒエラルキー: a rigid bureaucratic *hierarchy* 硬直した官僚制度. **2** C U 《集合的》単数・複数扱い》支配層. **3** C U 聖職位階制. **4** C 天使の階級; 《集合的に》単数・複数扱い》天使.

hi·er·o·glyph [háiərəglìf] 名 =HIEROGLYPHIC.

hi·er·o·glyph·ic [hàiərəglífik] 名 **1** 《古代エジプトの》象形文字, ヒエログリフ. **2** 《通例 ~s》象形文字の書記法 [文書]; 判読しにくい文字 [書き物].

—形 **1** (古代エジプトの) 象形文字の, ヒエログリフの (ような). **2** 判読しにくい.

hi-fi [háifái] 《口語》名 **1** U ハイファイ (high fidelity). **2** C ハイファイ再生装置.

—形 《通例, 限定用法》 ハイファイの.

hig·gle·dy-pig·gle·dy [hígəldipígəldi] 《口語》形 ひどく乱雑な, めちゃくちゃな; 大混乱した.

—副 ひどく乱雑に; めちゃくちゃに.

high

*****high** [hái] 形 副 名

—形 (比較 **high·er** [~ər]; 最上 **high·est** [~ist])

1 高い; 高い所にある (↔ low) (◇通例, 建物・山・丘などに用い, 人・動植物を言う場合には tall を用いる): a *high* tower [fence] 高い塔 [塀] / Which is *higher*, Mt. Asama or Mt. Tsukuba? 浅間山と筑波山のどちらが高いですか / My village is on a *high* plateau. 私の村は高原にある.

2 《通例, 高さを表す語を伴って》 高さが…ある: Mt. Fuji is 3,776 meters *high*. 富士山は高さ 3,776 メートルである / How *high* is this ceiling? この天井の高さはどのくらいですか / The new building is 100 stories *high*. 新しいビルは 100 階建てである.

3 (程度・割合などが) 高い, 激しい (↔ low): a *high* rate of interest 高い利率 / Lucy has a *high* fever. ルーシーは高い熱がある / The yacht sailed against a *high* wind. ヨットは強い向かい風の中を進んだ / The two parties exchanged *high* words. 両党は激しい言葉を交わした.

4 (評価・価値・価格が) 高い, 高価な; 《優先度が》高い (↔ low): *high* quality 上等, 上質 / be *high* on the agenda 優先して審議すべきである / buy ... at an unduly *high* price 不当な高値で…を買う / We have a *high* opinion of the new mayor. 私たちは新市長を高く評価している.

5 《通例, 限定用法》(身分・地位が) 高い, 高位の (↔ low): *high* society 上流社会, 社交界 / a *high* government official 政府高官 / She has reached a *high* position in the company. 彼女は会社で高い地位についた.

6 (品位・性質などが) 気高い (↔ low): a person of *high* character 高潔な人物.

7 (声・音が) 高い; (色が) 濃い: My mother's voice is very *high*. 母の声はとてもかん高い / Simon has a *high* color. サイモンは血色がいい.

8 《限定用法》(時間・季節などが) 十分進んだ, たけなわの: We are now in *high* spring. まさに今春たけなわです. **9** 元気な, 楽しい, 陽気な: The prime minister is in *high* spirits. 首相は上機嫌です. **10** 《成功などで》(気分が) 高揚した, 上機嫌な [on]. **11** 《叙述用法》《口語》《酒に》酔って, 《麻薬に》効いて [on]: Bob is a little *high on* beer. ボブはビールで少し酔っている. **12** (獲物の肉が) 熟成した, 食べ頃の.

—副 **1** 高く, 高い所に (↔ low) (→ HIGHLY): A kite is flying *high* in the sky. 凧が空高く舞い上がっている. **2** (程度・価値が) 高く, 激しく; (評価・地位が) 高く: The wind is blowing *high*. 風が激しく吹いている / Jean will rise *high* in the world. ジーンは将来出世する. **3** (声・音が) 高く: He sang *high*. 彼は高い声で歌った. **4** 豊かに, ぜいたくに: live *high* ぜいたくな暮らしをする.

■ **hígh and drý 1** (船が) 岸に乗り上げて. **2** 《口語》見捨てられて; 時勢に取り残されて.

hígh and lów あらゆる場所を, あちこちくまなく.

rùn hígh 1 (海が) 荒れる. **2** (感情が) 高ぶる.

—名 **1** C 高い所; 最高水準 [記録], 高値; 最高

気温: a market of new *highs* 新高値の相場 / hit [reach] a new *high* 新記録を作る. **2** C〖気象〗高気圧(域). **3** UC =hígh géar (自動車の)高速ギア. **4** C《米口語》=high school (→複合語). **5** U 興奮［陶酔(ぬう)］状態; 幸福感.
■ *from on high* 高い所から; 天(上)から;(命令などが)上[上司, 権威筋]から.
on high 上方に, 空中高く; 天に.
◆ hígh blóod préssure UC 高血圧.
hígh commánd [the ～]〖軍〗最高司令部; 首脳陣.
hígh commíssion C〖しばしば H- C-〗高等弁務官事務所; 高等弁務団.
hígh commíssioner C〖しばしば H- C-〗高等弁務官.
Hígh Cóurt [the ～]《英》高等法院.
hígh explósive CU 高性能爆薬.
hígh fidélity U ハイファイ, 高忠実度《口語》hi-fi).
hígh fréquency UC〖電気・通信〗高周波(《略語》HF).
hígh héels [複数扱い] ハイヒール(靴).
hígh jínks [複数扱い]《口語》どんちゃん騒ぎ.
hígh jùmp [the ～] 走り高跳び.
hígh lífe [the ～] 上流社会のぜいたくな生活.
hígh nóon U **1**《文語》正午. **2** 絶頂.
hígh póint =high spot (↓).
hígh príest C 高僧;(音楽・芸術などの)大家.
hígh schòol CU 高等学校, ハイスクール(→ SCHOOL 表); enter [graduate from] *high school* 高校に入学する[高校を卒業する].
hígh séas [the ～] 公海.
hígh séason U〖しばしば the ～〗(商売などの)繁忙期,(観光地などの)かき入れ時.
hígh spót C 最も重要な部分,(行事・活動などの)ハイライト, 見せ場.
hígh strèet C《英》本通り, 大通り(《米》main street).
hígh téa UC《英》ハイティー《午後遅めタ方早めに紅茶と共にとる軽い夕食》.
hígh technólogy U 先端技術, ハイテク(high-tech).
hígh tíde UC **1** 満潮(時). **2** 全盛期, 絶頂.
hígh tíme U …すべき時: It's *high time* for us to tell her the truth.=It's *high time* that we told her the truth. そろそろ彼女に真実を伝えるべきだ(◇ that 節中の動詞は過去形にする).
hígh tréason U〖法〗大逆罪.
hígh wáter U 満潮(時).
hígh wáter màrk C 満潮線; 最高水準, 絶頂.
hígh wíre C **1** 網渡りのロープ. **2** はらはらさせるもの, 網渡り的な(危険な)行為.
-**high** [結合形]「…の高さ」の意を表す: a 400 meter-*high* tower 400m の高さの塔.
high-and-míght·y [-ən-] 形 横柄な, 尊大な.
hígh·ball [háibɔ̀ːl] 名 C《主に米》ハイボール(ウイスキーなどのソーダ水割り).
hígh·born [háibɔ́rn] 形《古風》高貴な生まれの.
hígh·boy [háibɔ̀i] 名 C《米》脚付きの背の高いたんす(《英》tallboy)(↔ lowboy).

hígh·bred [háibréd] 形 生まれ[育ち]のよい;(動物が)純血種の.
hígh·brow [háibràu] 形《時に軽蔑》名 C 教養の高い人, 知識人; インテリぶる人.〖関連語〗lowbrow 教養の低い人 / middlebrow 教養が中程度の人
— 形 (高度に)知的な; インテリ(向き)の.
hígh-chair [háitʃèər] 名 C(テーブル付きで脚の高い)子供用の食事いす.
hígh-cláss 形〖通例, 限定用法〗 **1** 高級な, 上等の. **2** 上流階級の.
hígh-def·i·ní·tion 形〖限定用法〗高品位の, 高画質の.
◆ hígh-definítion télevision UC 高品位テレビ, ハイビジョン(《略語》HDTV).
hígh-dén·si·ty 形〖限定用法〗高密度の.
***hígh·er** [háiər] 形 副 (◇ high の比較級)
— 形 **1** より高い. **2**〖限定用法〗高等な, 高度の (↔ lower): *higher* education 高等教育 / *higher* animals 高等動物.
— 副 より高く.
hígh·er-úp 名 C〖通例 ～s〗《口語》上役, お偉方.
high·fa·lu·tin [hàifəlúːtən], **high·fa·lu·ting** [-tiŋ] 形《口語・軽蔑》(人・言葉づかいなどが)偉そうな, 仰々しい, お高くとまった.
hígh-fíve, hígh fíve 名 C《主に米》ハイファイブ, ハイタッチ《スポーツなどで頭上で手のひらをたたき合う喜びのしぐさ》.
hígh-fli·er, hígh-fly·er [háifláiər] 名 C 野心家;(事業などで)成功する人.

high-five

hígh-flówn 形(言葉が)大げさな, 偉そうな.
hígh-flý·ing [háifláiiŋ] 形 野心的な.
hígh-gráde 形〖限定用法〗高級な, 高品質の.
hígh-hánd·ed [háihǽndid] 形 横暴な.
hígh·hand·ed·ness [～nəs] 名 U 横暴.
high·jack [háidʒæk] 動 名 =HIJACK (↓).
***hígh·land** [háilənd] 名 **1**〖通例 ～s〗高地, 山地, 山岳地帯 (↔ lowland).
2〖the Highlands〗スコットランド高地地方《Scotland 北部; cf. Lowland スコットランド低地地方》.
— 形〖限定用法〗 **1** 高地の, 山地[山岳地帯]の. **2**〖H-〗スコットランド高地の.
hígh·land·er [háiləndər] 名 C 高地に住む人; 〖H-〗スコットランド高地人.
hígh-lév·el 形〖限定用法〗 **1** (会議・交渉などが)高官による, 上層部による: a *high-level* conference トップ会談. **2** 上級の. **3** (不安やウイルスの感染力などが)強い.
◆ hígh-level lánguage C〖コンピュータ〗高水準[高級レベル]プログラム言語.
hígh·light [háilàit] 動 他 …を強調する,(マーカーなどで)目立たせる. — 名 C **1**〖しばしば ～s〗(ニュース・催しなどの)重要な部分, 最も興味深い場面, ハイライト. **2**〖通例 ～s〗(絵画・写真の)最も明るい部

分. **3** [通例 ～s] 染めた髪の明るい部分.
high·light·er [háilàitər] 图 C マーカー, 蛍光ペン; ハイライト《ほおや目元を引き立てる化粧品》.

high·ly [háili]
— 副 (◇ high が「高さ・位置が高く」の意を表すのに対し, highly は「程度などが高く」の意を表す)
1 非常に, とても (very); 高度に: Juvenile delinquency is considered as one of the *highly* serious problems nowadays. 少年非行は今日非常に重大な問題の1つと考えられている / This factory is *highly* computerized. この工場は高度にコンピュータ化されている.
2 高く評価して, 好意的に: think *highly* of her new novel 彼女の新作小説を高く評価する / The mayor spoke *highly* of their rescue operation. 市長は彼らの救助作業を称賛した.
3 高い地位 [役職] に; 高収入 [高額] で: *highly* paid government officials 高給取りの国家公務員.

hígh·ly-strúng 形 = HIGH-STRUNG (↓).
hígh-mínd·ed 形 高潔な, 気高い.
hígh-nécked 形 ハイネックの, えりぐりの浅い.
high·ness [háinəs] 图 **1** U 高いこと, 高さ (↔ lowness): the *highness* of the walls 壁の高さ.
2 [H-] 殿下 (◇ 王族などに対する敬称. 呼びかけには Your Highness(es) となる): His [Her] *Highness* 殿下 [妃殿下] / His [Her] Imperial *Highness* (日本などの皇族に対して) 殿下 [妃殿下] / Their *Highnesses* the Prince and the Princess of Wales 英国皇太子ご夫妻.
hígh-óc·tane 形 (ガソリンが) 高オクタン価の, ハイオクの.
hígh-pítched 形 **1** (音・声が) 高い, かん高い.
2 (屋根などが) 急勾配(記)の, 急傾斜の.
hígh-pów·ered 形 [通例, 限定用法] **1** (エンジン・機械などが) 高出力の, 馬力の大きい, 高性能の.
2 (人が) 活動的な, 精力的な.
hígh-prés·sure 形 [限定用法] **1** 高圧の; 高気圧の (↔ low-pressure). **2** (仕事などが) ストレスのかかる. **3** (人の態度などが) 強引な.
hígh-príced 形 高価な (expensive).
hígh-pró·file 形 [限定用法] 人の注目を集める, 人目を引く.
hígh-ránk·ing 形 高位の, 高官の.
hígh-ríse 形 [限定用法] (ビルなどが) 高層の (↔ low-rise). — 图 C 高層ビル.
high-road [háiròud] 图 C **1** 《古風》幹線道路 (《主に米》 highway). **2** [通例 the ~] […への] 王道, 最善の方法, 近道 [to].
hígh-sóund·ing 形 [限定用法] (言葉・考えなどが) 大げさで中身の乏しい, 一見立派そうな.
hígh-spéed 形 [限定用法] 高速 (度) の.
hígh-spír·it·ed 形 **1** 元気いっぱいの, 活発な (↔ low-spirited). **2** (馬が) 気の立った.
hígh-strúng 形 (感情などが) 過度に敏感な, 興奮しやすい (◇ highly-strung とも言う).
high-tail [háitèil] 動 [次の成句で]
■ *hightail it* 《口語》急いで行く [逃げる].
***hígh-téch** (◇ *high-tech*nology の略) 形 [通例,

限定用法] 先端技術の, ハイテクの (↔ low-tech).
— 图 U 先端技術, ハイテク.
hígh-tén·sion 形 [限定用法]《電気》高(電)圧の.
hígh-úp 图 C 《英·格式》地位の高い人.

high·way [háiwèi]
— 图 (複 **high·ways** [~z]) C **1** 《主に米》幹線道路, 主要街道, 公道 (→ ROAD 類義語); (水・陸・空の) 交通路, 主要ルート: an interstate *highway* 州間幹線道路 / a state *highway* 州道. (比較) 日本語の「ハイウェー」とは異なり, 必ずしも「高速道路」を意味しない.「高速道路」は《米》では expressway, freeway, turnpike, thruway, 《英》では motorway などと言う)
2 […への] 王道, 本筋, 近道, 安易な方法 [to]: the *highway* to success 成功への近道.
◆ **Híghway Códe** [the ~]《英》交通法規(集).
híghway róbbery U 《米口語》法外な請求.
high·way·man [háiwèimən] 图 (複 **high·way·men** [-mən]) C 《古》(街道で人を襲った) 追いはぎ.
H.I.H. (略記) = *H*is [*H*er] *I*mperial *H*ighness.
hi·jack [háidʒæk] 動 他 (飛行機など)を乗っ取る, ハイジャックする;〈貨物〉を強奪する.
hi·jack·er [háidʒækər] 图 C 乗っ取り犯, ハイジャック犯人; 強奪犯人.
hi·jack·ing [háidʒækiŋ] 图 U C ハイジャック.
hike [háik] 動 自 ハイキングをする: go *hiking* ハイキングに行く.
— 他 **1** 《米口語》〈ズボン・靴下など〉をぐいと引き上げる (*up*). **2** 《口語》〈物価など〉を引き上げる (*up*).
— 图 C **1** ハイキング: go on [for] a *hike* ハイキングに行く. **2** 《主に米口語》(物価・給料などの) 引き上げ, 値上げ: a wage *hike* 賃上げ.
hik·er [háikər] 图 C ハイカー, 徒歩旅行者.
***hik·ing** [háikiŋ] 图 U ハイキング.
hi·lar·i·ous [hiléəriəs] 形 **1** 非常に楽しい; 陽気な, 浮かれた. **2** (話などが) 非常に面白い.
hi·lar·i·ous·ly [-li] 副 陽気に, 浮かれて.
hi·lar·i·ty [hilérəti] 图 U 陽気, 愉快.

***hill** [híl]
【原義は「隆起(する)」】
— 图 (複 **hills** [~z]) C **1** 丘, 小山 (◇ mountain より低く険しくない山をさす): On top of the *hill* you can get a fine view of the countryside. その丘の上から美しい田園風景が見渡せる.
2 坂, 坂道 (slope): run up a steep *hill* 急な坂道を走って登る.
3 (アリ・モグラなどの) 塚; (作物の根元の) 盛り土, 寄せ土.
■ *òver the híll* 《口語》(人が) 最盛期を過ぎて, もう若くはなくて, (何かをするには) 年を取りすぎて.
ùp híll and dòwn dále 《古風》(丘を登り谷を下って) はるばる遠くに [へ, まで]; 至る所くまなく.
hill·bil·ly [híbbili] 图 (複 **hill·bil·lies** [~z]) C 《米口語・しばしば軽蔑》(主に南部の) 山岳地帯 [奥地] の住人 [出身者]; 田舎者.
hill·ock [hílək] 图 C 小さい丘, 塚.
hill·side [hílsàid] 图 C 丘の斜面 [中腹].
hill·top [hílthàp / -thòp] 图 C 丘 [小山] の頂上.

hill·y [híli] [形] (比較 **hill·i·er** [~ər]; 最上 **hill·i·est** [~ist]) 丘の多い, 起伏に富んだ; 小高い.

hilt [hílt] [名] [C] (刀剣・ナイフなどの) つか, 柄(え).
■ (*úp*) *to the hílt* 徹底的に, 完全に.

*****him** [(弱) him, im; (強) hím]
— [代] [人称代名詞] (◇ he の目的格; → PERSONAL [文法]) **1** [目的格] (a) [動詞の目的語として] 彼を [に]: A man is waving his hand at you. Do you know *him*? 男の人があなたに手を振っていますが, 彼を知っているのですか / She showed *him* pictures of her childhood. 彼女は彼に子供の頃の写真を見せた. (b) [前置詞の目的語として] 彼を [に]: I asked my parents if I could go to the disco with *him*. 私は両親に彼と一緒にディスコに行ってもよいかと尋ねた.
2 [主格補語 he の代わりに] 《口語》 彼で (→ ME **2** [語法]): It's *him* who [that] wrote this book. この本を書いたのは彼です.
3 [as, than のあとで; 主格 he の代わりに] 《口語》 彼 (→ ME **3** [語法]): I am as old *as him*. 私は彼と同い年です / Nobody could run faster *than him* (=than he (could)). 彼より速く走れる者はいなかった.
4 [動名詞の意味上の主語として; 所有格 his の代わりに] 《口語》 彼が: I don't like *him* doing such a thing. 私は彼がそんなことをするのが気に入らない.

H.I.M. 《略語》 =*H*is [*H*er] *I*mperial *M*ajesty 天皇 [皇后] 陛下.

Hi·ma·la·ya [hìməléiə] [名] [固] [the ~s] =the Himaláya Móuntains ヒマラヤ山脈.

Hi·ma·la·yan [hìməléiən] [形] ヒマラヤ (山脈) の.
◆ Himaláyan cédar [C] 【植】 ヒマラヤスギ.

*****him·self** [(弱) imsélf; (強) himsélf]
— [代] (複 **them·selves** [ðəmsélvz]) (◇ he の再帰代名詞; 用法・成句は→ ONESELF)
1 [再帰用法] 彼自身を [に], 彼 (自身) の体を: He cut *himself* when he was shaving. 彼はひげをそっている時に顔を切ってしまった / Bill excused *himself* from the meeting early. ビルは会合を早めに退席した / He looked at *himself* in the mirror. 彼は鏡の中の自分の姿を見た.
2 [強調用法] 彼自身で: He did it *himself*. 彼はそれを自分でやった / I asked Jim *himself* about the matter. 私はジム本人にその件について尋ねた.

***hind**[1] [háind] [形] [限定用法] うしろの, 後部の, 後方の (↔ fore) (◇前後で対を成すものに用い, 主に動物の脚について言う. 一般に対でないものには hinder[2] を用いる): the *hind* legs of a horse 馬の後ろ脚.

hind[2] [名] (複 **hinds** [háindz], [集合的に] **hind**) [C] 【動物】 雌ジカ 《特に3歳以上のアカジカ; → DEER [関連語]》.

***hin·der**[1] [híndər] [動] [他] **1** 〈活動など〉を妨げる, 遅らせる; 〈人〉の [仕事などの] じゃまをする [*in*]: High cost of the system *hindered* its adoption. そのシステムは費用がかかるので採用できなかった. **2** 〈人〉が [...するのを] 妨げる [*from doing*]: His boss's return *hindered* Jackson *from leaving*. 上司が戻って来たのでジャクソンは出かけられなかった. (▷ [名] híndrance)

hind·er[2] [háindər] [形] うしろ [後部] の (→ HIND[1]).

Hin·di [híndi(ː)] [名] [U] ヒンディー語 《インド北部の言語; インドの公用語の1つ》.

hind·most [háin*d*mòust] [形] 《古》 最後部の.

hind·quar·ter [háindkwɔ̀ːrtər] [名] [C] [~s] (牛・羊などの) 後半身 《後ろ脚と臀部(でんぶ)を含む》.

***hin·drance** [híndrəns] [名] **1** [C] [...の] じゃまになるもの [人, こと] [*to*]: a *hindrance to* progress 進歩を妨げるもの. **2** [U] 《格式》 [...の] 妨害, 障害, 支障 [*to*]: without *hindrance* 支障なく.
(▷ [動] hínder[1])

hind·sight [háindsàit] [名] [U] 後知恵, 事後の反省 (↔ foresight).
■ *with the bénefit* [*wísdom*] *of híndsight* 今だからわかることだが, 後の祭りだが.

***Hin·du** [híndu:] [名] [C] ヒンドゥー教徒; (特に北部インドの) ヒンドゥー人; インド人.
— [形] ヒンドゥー教徒の; ヒンドゥー教の.

Hin·du·ism [híndu(ː)ìzəm] [名] [U] ヒンドゥー教.

Hin·du·stan [hìndustǽn / -stáːn] [名] [固] ヒンドゥスタン 《インドのデカン高原北部地方》; ヒンドゥー教地帯.

Hin·du·sta·ni [hìndustǽni / -stáːni] [名] [U] ヒンドゥスターニー語 《インドの主要言語の1つ》.
— [形] ヒンドゥスタン (人) の; ヒンドゥスターニー語の.

***hinge** [híndʒ] [名] [C] **1** (扉などの) ちょうつがい; 関節. **2** (物事を左右する) かなめ, 急所.
■ *óff the hínges* **1** ちょうつがいが外れて.
2 (体・精神の) 調子が狂って.
— [動] [他] [進行形不可] ...にちょうつがいを付ける.
— [自] **1** ちょうつがいで動く. **2** [進行形不可] [...に] かかっている, [...に] よる (depend) [*on, upon*]: Everything *hinges on* your decision. すべてはあなたの決断にかかっています.

*****hint** [hínt]
[名] [動] 【原義は「つかまえる」】
— [名] (複 **hints** [hínts]) **1** [C] [...という] ヒント, 暗示, 手がかり [*that* 節]: a broad [clear] *hint* わかり切ったヒント / a delicate *hint* 遠回しの暗示 / take a [the] *hint* (暗示されて) ぴんとくる / drop [give] a *hint* 暗示する, ほのめかす / He let fall a *hint that* he loved Mary. 彼はメアリーを愛していることをほのめかした.
2 [C] [しばしば ~s] [...のための / ...についての] (ちょっとした) 心得, 助言, 指示 [*for / on*]: *hints for* travelers 旅行者心得 / *hints on* cooking 料理のコツ. **3** [a ~] [...の] かすかな徴候; 微量 [*of*]: a *hint of* early spring 早春の気配 / There is just a *hint of* garlic in the salad. サラダにはほんの少しニンニクが入っている.
— [動] [他] [hint + O] ...を [人に] ほのめかす; [hint + that 節] [人に] ...ということをほのめかす [*to*] (→ SUGGEST [類義語]): He *hinted* (*to* me) *that* he was not satisfied with his work. 彼は仕事に不満があることを (私に) ほのめかした.
— [自] [...を] ほのめかす; あてこする [*at*]: He *hinted at* the engagement of his daughter to a young architect. 彼は娘が若い建築家と婚約して

H

いることをほのめかした.

hin・ter・land [híntərlænd]【ドイツ】名C
1 [通例, 単数形で] (海岸・河岸地帯の) 後背地.
2 [しばしば ~s] 奥地, へき地.

hip[1] [híp] 名C 腰, ヒップ (→ BODY 図) 《比較》hip は腰の左右に張り出した部分の片方. 全体を言うときは通例, 複数形にする. 日本語の「しり」はほぼ英語の buttocks にあたる》: He stood with his hands on his *hips*. 彼は両手を腰に当てて立っていた.
◆ híp flàsk C (しりポケットに入れる) 携帯酒びん.

hip[2] 間 ヒップ《応援・かっさいなどの発声》: *Hip, hip*, hooray [hurray]! それっ行け, 頑張れ!

hip[3] 形 (比較 **hip・per** [~ər]; 最上 **hip・pest** [~ist])《口語》(最新の流行に) 精通している, 詳しい [*to*];(最新) 流行の, かっこいい: He is *hip to* new films. 彼は映画の最新情報に詳しい.

hip-bath [hípbæθ / -bà:θ] 名C 腰湯, 座浴.

híp-bòne [hípbòun] 名C《解剖》座骨.

híp-hòp 名U ヒップホップ《1980年代に米国の黒人から生まれたラップ音楽やブレークダンスなどの文化》.

hip-hug・gers [híphʌgərz] 名《複数扱い》《米》《服》ヒップハンガーズ (《英》hipsters)《腰にぴったりする股(たぎ)の浅いズボン》.

hip・pie, hip・py [hípi] 名 (複 **hip・pies** [~z]) C ヒッピー《1960年代に現れた反体制的な若者》.

hip・po [hípou] 名 (複 **hip・pos** [~z]) C《口語》カバ (hippopotamus).

Hip・poc・ra・tes [hipákrətì:z / -pók-] 固 ヒポクラテス《460? -377? B.C.; ギリシャの医師》.

Hip・po・crat・ic [hìpəkrǽtik] 形 ヒポクラテスの.
◆ Hippocrátic óath [the ~] ヒポクラテスの宣誓《医師の倫理綱領の宣誓文》.

hip・po・pot・a・mus [hìpəpátəməs / -pót-] 名 (複 **hip・po・pot・a・mus・es** [~iz], **hip・po・pot・a・mi** [-mài]) C《動物》カバ (《口語》hippo).

hip・py [hípi] 名 (複 **hip・pies** [~z]) = HIPPIE (↑).

hip・ster [hípstər] 名 **1** C《俗語》流行に通じている人, 先取りしている人, 新しがり屋.
2 [~s]《英》= HIPHUGGERS (↑).

***hire** [háiər]《☆同音》higher)
— 動【原義は「賃金 (wage)」】
— (三単現 **hires** [~z]; 過去・過分 **hired** [~d]; 現分 **hir・ing** [háiəriŋ])
— 他 **1**〈人を〉雇う (◇《英》では通例, 短期の雇用に用いる): *hire* a part-time worker アルバイトを雇う / Our company has to *hire* several more engineers to construct the bridge. わが社はその橋の建設にあたり, 技術者をさらに何人か雇わなければならない.
2《主に英》…を [から] 賃借りする [*from*] (→ BORROW《類語》): We often *hire* bicycles *from* the cycle shop in the park. 私たちは公園の貸し自転車店でよく自転車を借りる.
3《主に英》…を賃貸しする (《米》rent) (*out*): The shop *hires* (*out*) motorboats by the hour. あの店では1時間いくらでモーターボートを賃貸しします.
■ *híre onesèlf óut* 雇われる, 賃金労働をする.
— 名《主に英》U **1** 賃借り; 賃貸し: This helicopter is on *hire*. このヘリコプターは賃貸し中です. **2** 使用料, 借用料; 賃金.

■ *for híre* 賃貸用の; 賃金のために: the room *for hire* 賃貸用の部屋 / For Hire 空車《タクシーの掲示》.
◆ híre púrchase 名U《英》分割払い (購入方式) (《米》installment plan).

hire・ling [háiərliŋ] 名C《通例, 軽蔑》金銭目あてで働く人, 金次第でどうにでもなる人.

hir・sute [hə́:rsu:t / -sju:t] 形《文語》(人の) 毛深い.

***his** [(弱) hiz, iz;(強) híz]
— 代 **1** [人称代名詞] (◇ he の所有格; → PERSONAL 《文法》) (a) [名詞の前に付けて] 彼の: *His* works are on display at that museum. 彼の作品はあの美術館に展示されている / Roy has hurt *his* shoulder badly. ロイは肩にひどいけがをした. (b) [動名詞の前に付けて;意味上の主語として] 彼が: I am surprised at *his* having made the same mistake again. 彼が同じミスを繰り返したとは驚いた.
2 [所有代名詞] (◇ he の所有代名詞; → PRONOUN《文法》) [単数・複数扱い] 彼のもの (◇ さすものが単数なら単数扱い, 複数なら複数扱い): her shoes and *his* 彼女の靴と彼の靴 (◇ his = his shoes) / My camera is lighter than *his*. 私のカメラは彼のより軽い (◇ his = his camera).
■ *... of hís* 彼の… (→ MINE[1]《語法》): I was introduced to a friend *of his*. 私は彼の友人 (の1人) に紹介された.

***His・pan・ic** [hispǽnik] 形 ラテンアメリカ (系) の, ヒスパニックの; スペインの (Spanish).
— 名C ヒスパニック《米国のラテンアメリカ系住民》.

***hiss** [hís] 動 (自) **1** (風・蒸気などが) しゅーと音を立てる: Gas was leaking with a *hissing* sound. ガスがしゅーしゅー音を立てて漏れていた. **2** […に] (非難・不満などを示して) しーっと言う [*at*].
— (他) (非難・不満などを示して表す; …をしーっと言って制止する [しかる, 追い払う], やじり倒す (*off, away, down*): She was *hissed off* the stage. 彼女はやじられて舞台を下りた.
— 名C (風・蒸気などが出す) しゅーという音; (非難・不満などを表す) しーっという音.

his・ta・mine [hístəmì:n] 名U《生化》ヒスタミン.

his・to・gram [hístəgræm] 名C《統計》ヒストグラム, 柱状図 (bar chart).

***his・to・ri・an** [histɔ́:riən] 名C 歴史家, 歴史学者.

***his・tor・ic** [histɔ́:rik / -tɔ́r-] 形 **1** 《通例, 限定用法》歴史上有名 [重要] な, 歴史的な, 歴史に残る: a *historic* event [building] 歴史的事件 [由緒ある建物] (◇《英》では an historic [ən istɔ́rik] event となることがある). **2** 歴史上実在した (historical). **3** 有史時代の (cf. prehistoric 先史時代の). (▷名 history)
◆ histórîc présent [the ~]《文法》歴史的現在《過去の描写に用いる現在時制》.

***his・tor・i・cal** [histɔ́:rikəl / -tɔ́r-]
— 形 [比較なし; 限定用法] **1** 歴史 (上) の, 歴史に関する (cf. historic 歴史上有名 [重要] な); 歴

historically

史的方法の: a *historical* character 歴史上の人物 / *historical* events 歴史上の事件.
2 史実に基づく, 歴史上実在した: a *historical* novel 歴史小説. (▷ 名 hístory)

his‧tor‧i‧cal‧ly /histɔ́:rikəli / -tɔ́r-/ 副 歴史上, 歴史的に, 歴史的に見ると.

★★★★ **his‧to‧ry** /hístəri/

【原義は「調べて知ったこと」】

— 名 (複 **his‧to‧ries** [~z]) **1** U 歴史; 史学; C 史書: ancient [medieval, modern] *history* 古代 [中世, 現代] 史 / the *history* of Africa アフリカの歴史 / study Japanese [world] *history* 日本 [世界] 史を学ぶ / *History* repeats itself.《ことわざ》歴史は繰り返す.
2 C (人の)履歴, 経歴, 前歴; (物事の)由来, 変遷;【医】病歴: a personal *history* 履歴(書) / Show me the medical *history* of this patient. この患者の既往歴を見せてください.
3 U 過去のこと, 今や重要でないこと.
4 C 『コンピュータ』ヒストリー, 検索結果.
■ **gó dówn in hístory** 歴史に残る.
máke hístory 歴史に残るようなことをする.
the rést is hístory そのあとの話は知っての通りである. (▷ 形 históric, histórical)

his‧tri‧on‧ic /hìstriάnik / -ɔ́n-/ 形 **1** 俳優の; 芝居の, 演劇の. **2** (通例, 軽蔑) わざとらしい.
— 名 [~s] U **1** [単数扱い] 演劇, 演出(法).
2 [複数扱い] (通例, 軽蔑) 芝居がかったしぐさ.

★★★ **hit** /hít/

— 動 (三単現 **hits** /híts/; 過去・過分 **hit**; 現分 **hit‧ting** [~iŋ])
— 他 **1 (a)** [hit+O] …を打つ, たたく, ぶつ, 殴る (→ BEAT 類義語): "Don't *hit* me," the child cried. 「ぶたないで」とその子は叫んだ / Please *hit* these balls to the players in the outfield. これらのボールを外野の選手に向けて打ってください / She *hit* me in the face [on the head]. 彼女は私の顔 [頭] をぶった (◇ She hit my face [head]. とすると, ぶたれた部分が強調される).
(b) [hit+O+O] 〈人に〉〈打撃などを〉加える: He *hit* me a hard blow. 彼は私をぶん殴った.
2 …にぶつかる, 当たる; 〈標的に〉命中する: The bike *hit* the utility pole. 自転車が電柱にぶつかった / The bullet *hit* the President in his heart. 凶弾は大統領の心臓に命中した / The old man was *hit* by a car while he was crossing the road. 老人は道路を横断中に車にはねられた.
3 …を […に] ぶつける [*against*]: I fell down and *hit* my head. 私は転んで頭を打った / Don't *hit* balls *against* this wall. この壁にボールをぶつけるな / He *hit* the target with an arrow. 彼は矢を的に命中させた.
4〈天災・不幸などが〉…に打撃を与える, …を襲う; …を酷評する: A severe earthquake *hit* the town. 激しい地震がその町を襲った / Everybody's pocket has been *hit* by the rise [increase] in food prices. 食料品の値上がりでだれもがふところに打撃を受けている.
5〈偶然に〉…を見つける, …に行き当たる; 〈考えなど

が〉〈人〉に思い浮かぶ; 〈気持ちなど〉にぴったり合う: *hit* the right answer 正解に行き当たる / This song just *hits* my taste in music. この歌は私の音楽の好みにぴったりです. **6** …に達する, …を記録する: *hit* 400 kilometers an hour 時速400kmに達する. **7**【野球】〈…塁打〉を打つ: *hit* a home run [triple, double, single] 本塁打 [3塁打, 2塁打, 単打] を打つ.

— 自 **1** […を] 打つ, […に] 殴りかかる [*at*]: The drunkard *hit at* the policeman. 酔っ払いは警官に殴りかかった. **2** […に] ぶつかる [*against*]: A car *hit against* the fallen tree. 車が倒木に衝突した. **3**【野球】ヒット [安打] を打つ.

句動詞 **hít báck** 自 […に] 反撃する, 反論する [*at*].
— 他 [hit back+O / hit+O+back] …に殴り返す.
hít óff 他 [hit off+O / hit+O+off] …をうまく作る; うまくまねる.
hít on [*upòn*] ... 他 …を思いつく, ふと思いつく: *hit on* a good idea to solve the question その問題を解決するいい考えが浮かぶ.
hít óut 自 **1** […を] 激しく非難する [*at, against*]. **2** […を] 激しく叩く [*at*].
■ **hit it** うまく言い当てる: You've *hit it*. その通り, ご名答.

hít it óff 《口語》 [人と] うまくやって行く; うまが合う [*with*]: He *hit it off* well with the roommate. 彼はルームメイトと意気投合した.
hít ... úp for ~《米口語》〈人〉に~をせがむ.
hít ... when ... is dówn〖ボクシング〗〈ダウンしている人〉を打つ;《口語》〈人〉の弱みにつけ込む.
hít ... where it húrts (móst)《口語》〈人〉の痛い所 [急所] を突く.

— 名 C **1** 打撃, 衝突: The boxer fell due to the unfair *hit*. そのボクサーは反則の1打で倒れた. **2** (打撃の) 命中: Mark at least seven *hits* out of ten tries. 10発のうち少なくとも7発は命中させなさい. **3**《俗》小説などの》大当たり, 大成功; ヒット曲: The musical was a big *hit*. そのミュージカルは大ヒットした. **4**【野球】安打, ヒット: a one-base [two-base, three-base] *hit* 単打 [2塁打, 3塁打]. **5**〈人に対する〉あてこすり, 酷評 [*at*]: This joke is a nasty *hit at* the prime minister. このジョークは首相に対する痛烈なあてこすりだ. **6**〖インターネット〗ヒット(数) 〈〈検索で該当した項目の件数〉; (ウェブサイトへの) アクセス件数. **7**《米俗語》殺人.
■ **hít or míss** 運任せで, イチかバチかで.
máke a hít **1** 成功する. **2** […の] 気に入る [*with*].
◆ **hít líst** C《口語》殺人 [解雇] 予定者リスト.
hít màn C 殺し屋.

hít-and-míss /-ən-/ 形 =HIT-OR-MISS (↓).
hít-and-rún /-ən-/ 形 [限定用法] **1** ひき逃げの: a *hit-and-run* accident [driver] ひき逃げ事故 [運転手]. **2** 攻撃してすぐ退く, 電撃的な: a *hit-and-run* attack 電撃的攻撃. **3**【野球】ヒットエンドランの: a *hit-and-run* play ヒットエンドラン.

hitch /hítʃ/ 動 自 **1**《口語》〈通りすがりの車〉に乗せてもらう: *hitch* a ride [《英》lift] ヒッチハイクをする, 便乗する. **2**〈かぎ・ロープなど〉を […に] 引っかけ

る；〈牛・馬などを〉[…に]つなぐ[to]. **3** 〈ズボンなど〉をぐいと引き上げる(up).
— 🈩《口語》ヒッチハイクする(hitchhike).
■ **gèt** [**be**] **hítched**《口語》結婚する[している].
— 🈔 **1** ぐいと引き上げる[動かす, 引く］こと: He gave his pants a *hitch*. 彼はズボンをぐいと引き上げた. **2** (一時的に)結び付ける[つなぐ]こと;【海】引っかけ結び. **3** 引っかかり; 故障, 障害: without a *hitch* 滞りなく.

hitch·hike [hítʃhàik] 🈔 🈩 ヒッチハイクをする（◇ **thumb** a **ride**［《英》**lift**］とも言う）.
hitch·hik·er [hítʃhàikər] 🈔 🄲 ヒッチハイカー.
hi-tech [háiték] 🈔《口語》= HIGH-TECH 先端技術の.
***hith·er·to** [híðərtùː, hìðərtúː] 🈔《格式》今まで, これまで《◇ふつう否定文で用いられていなかった事実. a fact *hitherto* unknown 今まで知られていなかった事実.
Hit·ler [hítlər] 🈔 🈯 ヒトラー Adolf [ǽdəlf/ ɑ́dɔlf] Hitler《1889–1945; ドイツの政治家. ナチス(the Nazis)の指導者で独裁政治を行った》.
hít-or-míss [-ər-] 🈔《通例, 限定用法》行き当たりばったりの, 無計画の, 山をかけた(hit-and-miss).
hit·ter [hítər] 🈔 🄲 打つ人;【野球】打者(batter).
HIV [éitʃàivíː] 🈔 🄾 ヒト免疫不全ウイルス, エイズウイルス（◇ **h**uman **i**mmunodeficiency **v**irus の略; → AIDS): *HIV* positive HIV陽性の.
***hive** [háiv] 🈔 🄲 **1** ミツバチの巣 (beehive). **2** (1つの巣にすむ)ミツバチの群れ. **3** にぎやかな[活動の盛んな]場所; 人込み: a *hive* of activity《英》活動の中心地.
— 🈔 🈩《英口語》〈ミツバチを〉巣箱に集める; 〈ミツバチが〉〈みつ〉を巣箱に蓄える.
— 🈩 (ミツバチが)巣箱に入る.
■ *hìve óff* 🈩 〈事業・会社などを〉[…から/…に] 分離独立させる[*from / into*].
hives [háivz] 🈔《単数・複数扱い》【医】じんましん.
h'm [m, hm] 🈠 えへん, へん (hem, hum, humph)《◇せき払い・注意喚起など》.
HM《略語》《英》 = *H*er [*H*is] *M*ajesty 陛下.
HMS《略語》 *H*er [*H*is] *M*ajesty's *S*hip 英国軍艦《◇女王[国王]陛下の船の意》.
ho [hóu] 🈠《古風》ほう, へえ《◇喜び・驚き・注意の喚起など》: Land *ho*!【海】おーい陸地だぞ.
hoard [hɔ́ːrd] 🈔 🄲〈財宝・食料などの〉貯蔵(物), 蓄え; 収集[*of*]: a *hoard* of old coins 秘蔵の古いコイン. — 🈩 〈宝・食料などを〉秘蔵[貯蔵]する(up), 買いだめる. — 🈔 貯蔵する; 買いだめる, (こっそりと)蓄える.
hoard·ing [hɔ́ːrdiŋ] 🈔 🄲《英》 **1** 高い板囲い, 囲い塀. **2** 広告 [掲示] 板 (《米》billboard).
hoar·frost [hɔ́ːrfrɔ̀st / -frɔ̀st] 🈔 🄾 霜, 白霜.
***hoarse** [hɔ́ːrs] 🈔 (声が)かれた, かすれた; (人が)しわがれ声の: I've got a cold, so my voice is *hoarse*. 私はかぜを引いていて声がかれている.
hoarse·ly [-li] 🈔 しわがれ声で.
hoarse·ness [-nəs] 🈔 🄾 声のかすれ.
hoar·y [hɔ́ːri] 🈔 (比較 **hoar·i·er** [-ər]; 最上 **hoar·i·est** [-ist])《文語》 **1** (髪が)白い, 灰色の; (人が)白髪(頭)の. **2** 非常に古い; 古めかしい.
hoax [hóuks] 🈔 🄲 人をかつぐこと, 悪ふざけ: play a *hoax* on ... …をかつぐ. — 🈩 🈯〈人を〉かついで[…] させる[*into doing*].
hoax·er [-ər] 🈔 🄲 (人を)かつぐ[だます]人.
hob [háb / hɔ́b] 🈔 🄲《英》(ガス[電気]こんろなどの)天板, ホットプレート.
hob·ble [hábl / hɔ́bl] 🈔 🈩 よたよたと[足を引きずって]歩く. — 🈔〈馬などの〉両脚を縛る.

***hob·by** [hábi / hɔ́bi]
— 🈔 (複 **hob·bies** [-z]) 🄲 趣味, 道楽《◇積極的にものを集めたり創造的な活動をすることをさすことが多い》: Do you have any *hobbies*? 趣味を何かお持ちですか / One of my *hobbies* is collecting stamps. 私の趣味の1つは切手の収集がある.
hob·by·horse [hábihɔ̀ːrs / hɔ́b-] 🈔 🄲 **1** 棒馬《棒の先に馬の頭が付いた子供のおもちゃ》. **2** 得意な話題; 十八番(おはこ): get on [ride] one's *hobbyhorse* 得意話を始める.
hob·gob·lin [hábgàblin / hɔ̀bgɔ́b-] 🈔 🄲 (民話の)いたずら好きな小鬼 [小妖精], お化け.
hob·nail [hábnèil / hɔ́b-] 🈔 🄲 頭の大きな鋲(びょう), 鋲釘(ちょう)《◇靴底に打つ》.
hob·nob [hábnàb / hɔ́bnɔ̀b] 🈔 🈩 (三単現 **hob·nobs** [-z]; 過去・過分 **hob·nobbed** [-d]; 現分 **hob·nob·bing** [-iŋ])《口語・軽蔑》(特に上位の者と)親しく交際する, 打ち解けて話す[*with*].
ho·bo [hóubou] 🈔 🄲 (複 **ho·bos, ho·boes** [-z]) 🄲《米》浮浪者, ルンペン; 渡り労働者.
hock¹ [hák / hɔ́k] 🈔 🄲 **1** (馬・牛・犬などの後ろ脚の)関節, 飛節(ひせつ). **2**《主に米》(豚などの)足肉.
hock² [hák / hɔ́k] 🈔 🈩《口語》…を質に入れる.
— 🈔《通例, 次の成句で》
■ *in hóck*《口語》質に入って; (人が)借金して.
***hock·ey** [háki / hɔ́ki] 🈔 🄾《球技》《主に米》アイスホッケー (ice hockey);《主に英》ホッケー (field hockey).
ho·cus-po·cus [hóukəspóukəs] 🈔 🄾 **1** ペテン, いんちき. **2** 呪文(じゅもん).
hod [hád / hɔ́d] 🈔 🄲 **1** ホッド《しっくい・レンガなどを運ぶ木製の容器》. **2** 石炭入れ.
hodge·podge [hádʒpàdʒ / hɔ́dʒpɔ̀dʒ] 🈔 🄾 🄲《米》寄せ集め, ごた混ぜ (《英口語》hotchpotch).
Hódg·kin's disèase [hádʒkinz- / hɔ́dʒ-] 🈔 🄾【医】ホジキン病《悪性リンパ腫(しゅ)》.
hoe [hóu] 🈔 🄲 くわ, (くわ形)除草器.
— 🈔 🈩 …をくわで掘り起こす[除草する](up).
— 🈔 くわを使う.
***hog** [hɔ́ːg / hɔ́g] 🈔 🄲 **1**《米》(成長した食肉用の)豚 (《主に英》pig);《主に英》(去勢された食肉用の)雄豚. **2**《口語》がつがつ食べる人, 貪欲(どんよく)な人.
■ *gò the whóle hóg*《口語》何事も徹底的にやる.
— 🈔 (三単現 **hogs** [-z]; 過去・過分 **hogged** [-d]; 現分 **hog·ging** [-iŋ])《口語》…を独り占めする, …を欲ばって取る[食べる].
hog·gish [hɔ́ːgiʃ / hɔ́giʃ] 🈔 豚のような; わがままな; 貪欲(どんよく)な, 強欲な; 汚い.
Hog·ma·nay [hàgmənéi / hɔ́gmənèi] 🈔 🄾《時に h-》《スコット》大みそか (の祝い).
hogs·head [hɔ́ːgzhèd / hɔ́gz-] 🈔 🄲 **1** ビール

hogwash

用大だる. **2** ホッグズヘッド(◇液量の単位; 1ホッグズヘッド=238.48リットル; (略語) hhd).
hog・wash [hɔ́gwɑ̀ʃ, -wɔ̀ːʃ / hɔ́gwɔ̀ʃ] 名 U《口語》くだらないもの[話], むだ話; ナンセンス.
hoi pol・loi [hɔ́i pəlɔ́i] 《ギリシャ》名〔the ~; 複数扱い〕《軽蔑》大衆, 民衆, 庶民.
*__hoist__ [hɔ́ist] 動 ⦅〈旗など〉を揚げる; 〈重いもの〉を(クレーンなどで)巻き上げる, つり上げる (*up*).
— 名 **1** U C 巻き上げ, つり上げ; 掲揚: give ... a *hoist* (up) ...を下から押し上げる. **2** C 巻き上げ機; 《主に英》荷物用エレベーター.
hoi・ty-toi・ty [hɔ́ititɔ́iti] 形 《古風》横柄な, いばった, うぬぼれた.
ho・kum [hóukəm] 名 U 《口語》でたらめ, ばか話.

****__hold__ [hóuld]
動 名

基本的意味は「保持する」.
① (手に)持つ; 所有する.　　　　他 **1, 6**
② 支える, 〈負担に〉耐える.　　　 他 **2**; 自 **1**
③ 保つ, 続く.　　　　　　　　他 **3**; 自 **2**
④ 収容する.　　　　　　　　　他 **4**
⑤ 〈行事を〉開く, 行う.　　　　 他 **5**
⑥ 心に抱く; ...と考える.　　　　他 **7**

— 動 (三単現 **holds** [hóuldz]; 過去・過分 **held** [héld]; 現分 **hold・ing** [~iŋ])
— 他 **1** [hold+O] ...を(手に)持つ, 抱える, 握る, つかむ: *Hold* a fork in your left hand. フォークは左手に持ちなさい / Mother was *holding* a big basket in her arms. 母は大きなかごを両腕に抱えていた / She *held* me by the arm. 彼女は私の腕をつかんだ(◇ She held my arm. とすると「腕」をつかんだことが強調される).
2 [hold+O] ...を支える; 〈重さ〉に耐える: This bridge will not *hold* the weight of a truck. この橋はトラックの重量を支えきれない.
3 (a) [hold+O] [修飾語(句)を伴って]...を(...の状態に)保つ: Please *hold* the temperature in this storehouse at 5°C. この倉庫の室温は5°Cに保ってください. (b) [hold+O+C] ...を~(の状態)に保つ: Please *hold* the windows open. 窓を開けておいてください / You must *hold* yourself still. 動いてはいけません.
4 [進行形不可] ...を入れることができる, 収容する: This canteen *holds* one liter. この水筒には1リットル入る / That new stadium can *hold* 100,000 people. あの新しい競技場は10万人を収容できる.
5 〈会・行事など〉を開く, 行う, 催す: *hold* a fashion show ファッションショーを開く / *hold* a party パーティーを開く / When will the election be *held*? 選挙はいつ行われるか.
6 [進行形不可] ...を所有する, 持っている; 〈地位など〉を占める: He *holds* vast land near the river. 彼は川の近くに広大な土地を所有している / That boxer *holds* the middleweight title. あのボクサーはミドル級のタイトルを保持している.
7 [進行形不可] (a) [hold+O] 〈意見・感情など〉を持つ, 心に抱く: Ann *holds* a unique opinion. アンはユニークな意見を持っている.
(b) [hold+that 節] ...と考える, 思う; [hold+O (+to be)+C] ...を~だと考える[思う]: *hold that* Bill is reliable. = I *hold* Bill (*to be*) reliable. ビルは頼りになると思う.
8 ...をとどめておく, 取っておく; 抑える: Are dead letters *held* in the post office? 配達不能郵便物は郵便局に留め置かれるのですか / Let me *hold* a seat for you. あなたのために席を取っておいてあげよう / She couldn't *hold* her anger. 彼女は怒りを抑えられなかった. **9** 〈ある状態〉を維持する, 保つ: The train is *holding* 200 kilometers an hour. その列車は時速200キロを維持している / *Hold* the line, please. (電話を切らずに)そのままお待ちください. **10** 〈城など〉を守る. **11** 〈注意など〉を引きつける. **12** 〈音程〉を保つ.
— 自 **1** 持ちこたえる, (長く)もつ: This old rope won't *hold* long. この古いロープでは持ちこたえられない. **2** (a) 〈ある状態〉が続く: How long will this fine weather *hold*? このよい天気はいつまで続くのだろうか. (b) [hold+C] 〈ある状態の〉ままでいる: *hold* aloof (from ...) (...から)遠ざかっている / *Hold* still, or you'll be shot. じっとしていろ, さもないと撃つぞ. **3** 効力がある, あてはまる: This rule does not *hold* in your case. この規則は君の場合にはあてはまらない. **4** つかまっている: *Hold* tightly, please. (バスなどで)しっかりおつかまりください. **5** (電話を)切らずに待つ.

句動詞
hóld ... agàinst ~ 他 〈過去の行動など〉のせいで〈人〉を嫌う, 非難する: Don't *hold* it *against* him that he voted against the proposal. 提案に反対投票したからといって彼を非難してはいけない.
hòld báck 他 [hold back+O / hold+O+back] **1** ...を引っ込める: *Hold back* your hand, or you'll burn yourself. 手を引っ込めていないとやけどをするよ. **2** 〈群衆など〉を押しとどめる: The crowd was *held back* by the police. 群衆は警官に阻止された. **3** 〈涙・感情など〉を抑える. **4** ...を遅らせる, ...の発達を妨げる. **5** ...を隠す, 打ち明けずにいる. — 自 **1** [...を]しり込みする, ためらう [*from*]: Don't *hold back from* expressing your opinion. 遠慮せずに自分の意見を述べてください. **2** [...に]隠し事をする, 秘密にしておく [*on*].
hòld dówn 他 [hold down+O / hold+O+down] **1** ...を押さえつける. **2** 〈価格・速度など〉を下げたままにしておく. **3** ...を抑圧する, 鎮圧する. **4** 《口語》〈地位・職など〉を維持する.
hòld fórth 自 [...について](長々と)熱弁をふるう [*on, about*].
hòld ín 他 [hold in+O / hold+O+in] **1** 〈感情など〉を抑える: *hold in* one's temper 怒りを抑える. **2** (中へ)...を引っ込めておく.
hòld óff 他 [hold off+O / hold+O+off] **1** ...を近寄らせない. **2** ...を遅らせる, 延期する (put off): You had better *hold off* mailing that letter until tomorrow. その手紙を投函するのはあすに延ばしたほうがいい.
— 自 **1** [...から]離れている; [行動を]控えている

holdall

[from]. **2** (雨が)降らないでいる,(あらしなどが)来ない.
hòld ón 圓 **1** つかまっている: *Hold on* tightly with both hands. 両手でしっかりつかまっていなさい. **2** [しばしば命令文で]待つ;(電話を)切らないでおく (↔ hang up): *Hold on* a minute. ちょっと待って;(電話で)少々お待ちください. **3** 頑張る. ― 他 [hold on + O / hold + O + on] …をとめておく, くっつけておく.
hóld ón to [**òntó**] ... 他 **1** …につかまっている: He *held on to* the log. 彼は丸太につかまっていた. **2** …を手放さないでおく: I will *hold on to* this house. 私はこの家を手放すつもりはない. **3** 〈信念など〉を守り続ける.
hòld óut 他 [hold out + O / hold + O + out] **1** 〈手など〉をさし出す: She *held out* her hand to the elderly man. 彼女は老人に手をさしのべた. **2** …を提供する, 与える. ― 圓 **1** 持ちこたえる: Will the food supplies *hold out* till the end of this month? 食料の蓄えは今月末までもつだろうか. **2** [...に抵抗して]頑張る, 耐える [against].
・***hòld óut for*** ... (交渉などで) …を要求してねばる: The workers *held out for* a raise. 労働者はねばり強く賃上げを要求した.
・***hòld óut on*** ... 《口語》 **1** 〈人〉に隠し事をする. **2** 〈人〉の要求を拒絶する, はねつける.
hòld óver 他 [hold over + O / hold + O + over] [しばしば受け身で] …を延期する;《米》〈映画など〉を(評判がよいので)続映[続演]する: That movie will *be held over* through next week. あの映画は来週いっぱい続映されます.
hóld ... òver ~ 他〈人〉に…を振りかざして脅す.
hóld to ... 他 **1** …につかまっている, しがみつく. **2** 〈約束・信念など〉を堅く守る.
hóld ... to ... 他 **1** …を〜に縛りつけておく, 固定しておく. **2** 〈人〉に〈約束など〉を守らせる.
hòld togéther 他 [hold together + O / hold + O + together] …を一緒にしておく; 団結させる. ― 圓 まとまっている; 団結している.
hòld úp 他 [hold up + O / hold + O + up] **1** …を上げ(てい)る; 支え(てい)る: *hold up* one's hands 手を上げる. **2** [しばしば受け身で] …を止める, 遅らせる: All the trains *were held up* by the heavy snow. 大雪のため全列車が遅れた. **3** (ピストルを突きつけて)〈人・銀行など〉を襲って強奪する: A man *held* me *up* and took my money. 男が私をピストルでおどして金を奪い取った. **4** …を[手本として]示す [as]. ― 圓 持ちこたえる; 〈天候などが〉続く.
hóld with ... 他 [通例, 否定文で]〈考え・計画など〉に賛成する, …を認める.

■ ***Hóld éverything!*** 《口語》待ってくれ, やめて.
Hóld it! 《口語》待て, 動かないで;(電話を切らないで)そのまま待って.

― 名 **1** Ⓤ Ⓒ (手で)持つ[つかむ, 握る]こと: Keep a firm *hold* on the rail. 手すりにしっかりつかまっていなさい / He left *hold* of the rope. 彼はロープから手を離した. **2** Ⓤ Ⓒ […に対する]支配(力), 掌握(力) [on, over]: The statesman

doesn't have a good *hold on* [*over*] people. その政治家は人心を十分に掌握していない. **3** Ⓤ […についての]理解力 [on, of]: He lacks *hold on* the situation. 彼は状況を把握していない. **4** Ⓒ 持つ所, 取っ手, 柄[手](がけなどを登るときの)手がかり, 足場. **5** Ⓒ 《レスリング》ホールド, 押さえ込み.

■ ***càtch*** [***gràb, lày, sèize, tàke***] ***hóld of*** ... …をつかむ, つかまえる: They all *caught hold of* the oars. 彼らはみなオールを握った.
gèt hóld of ... **1** =catch hold of .... **2** …を手に入れる; …を見つける.
kèep hóld of ... …をつかんでいる.
lóse hóld of ... …から手を離す; …を失う.
on hóld **1** 電話口で待たされて: Please put him *on hold* for a moment. 彼に少し待ってもらってください. **2** 延期[保留]して.
with nó hólds bárred **1** 《レスリング》どんなホールドも許されて. **2** 制限なしで, 何の制約もなく.

hold・all [hóuldɔ̀:l] 名《英》=CARRYALL
***hold・er** [hóuldər] 名Ⓒ [しばしば複合語で] **1** (…の)所有者, 保持者: a record-*holder* 記録保持者 / a stock*holder*《主に米》株主. **2** (…を)入れるもの, …入れ; …台: a pen*holder* ペン軸[立て].
***hold・ing** [hóuldɪŋ] 名 **1** Ⓤ つかむこと; 保持[保有]すること. **2** Ⓒ 借地; 小作地. **3** [しばしば〜s] 所有財産; 持ち株. **4** Ⓒ (美術館などの)所蔵品. **5** Ⓤ 《球技》ホールディング《反則行為》.
◆ ***hólding còmpany*** Ⓒ 持ち株会社, 親会社.
hold・o・ver [hóuldòʊvər] 名《主に米》(…の)残留者; 後遺症 [from];(前時代の)遺物.
hold・up [hóuldʌ̀p] 名Ⓒ **1** (…輸送などの)遅延; 交通渋滞. **2** 《口語》強奪, 強盗.

****hole** [hóʊl] (☆同音 whole)
― 名 (複 ***holes*** [〜z]) Ⓒ **1** 穴, 破れ目; くぼみ: My socks are full of *holes*. 私の靴下は穴だらけだ / She dug a *hole* in the ground for each bulb. 彼女は球根を1個ずつ植える穴を地面に掘った. **2** (動物の)巣穴: a rabbit *hole* ウサギの巣穴. **3** 《口語》むさ苦しい家[部屋]: The apartment he lives in is a *hole*. 彼が住んでいるアパートは狭苦しい. **4** (法律・理論などの)欠点, 欠陥: The new law has quite a few *holes* in it. その新しい法律には欠点がかなりある. **5** [単数形で]窮地, 苦境: He was put in a *hole*. 彼は窮地に追いやられた. **6** 《ゴルフ》(ボールを入れる)ホール, カップ《《米》cup; → GOLF 図》; ホール《ティーからカップまでのコース》.

■ ***in hóles*** 穴だらけで.
in the hóle 《米口語》借金して; 赤字で.
màke a hóle in ... 《口語》…に大穴をあける, …を使い込む: My trip *made a hole in* my savings. 私は旅行で貯金を相当使ってしまった.
néed ... like a hóle in the héad 《口語》…なんて必要ない.
pick hóles in ... …のあら探しをする.

― 動 他 **1** …に穴をあける;〈トンネルなど〉を掘る. **2** …を穴に入れる[追い込む];《ゴルフ》〈ボール〉をホールに入れる. ― 圓 穴をあける[掘る]; 穴に入る.

■ hóle óut【ゴルフ】ボールをホールに入れる;ホールアウトする《1ラウンドのプレーを終了すること》.
hóle(óut)in óne【ゴルフ】ホールインワンを達成する.
hóle úp 穴に入る;冬眠する;《口語》隠れる,潜む.
◆ hóle in óne |C|(複 holes in one)【ゴルフ】ホールインワン.

hol·i·day [hálədèi / hɔ́lədèi, -di]
—[動]【原義は「聖なる日 (holy day)」】
—|名|(複 hol·i·days [~z]) |C| **1** 祝日,祭日;休日,休業日 (↔ workday)(→表): Today is a national *holiday*. きょうは国民の祝日です.
2 [しばしば ~s]《英》休暇, 休み(《米》vacation): the Easter *holidays* 復活祭の休暇 / I'm taking a week's paid *holiday* in August. 私は8月に1週間の有給休暇を取る予定です.
3 [形容詞的に] 休[祝,祭]日(向き)の: a *holiday* resort 行楽地.
■ on hóliday = on one's hólidays《英》休暇を取って,休んで(《米》on vacation): I'll be *on holiday* all next week. 私は来週は丸々休暇を取ります.
—[動] [自]《英》休暇を過ごす(《米》vacation).

米国の主な法定公休日 (legal holidays)	
1月1日	New Year's Day 元日
1月の第3月曜日	Martin Luther King Day キング牧師記念日
2月の第3月曜日	Washington's Birthday ワシントン誕生日
	Presidents' Day 大統領の日
5月の最終月曜日	Memorial Day 戦没者追悼記念日
7月4日	Independence Day 独立記念日
9月の第1月曜日	Labor Day 労働者の日
10月の第2月曜日	Columbus Day コロンブス記念日
11月11日	Veterans Day 復員軍人の日
11月の第4木曜日	Thanksgiving Day 感謝祭
12月25日	Christmas Day キリスト降誕祭

英国の公休日 (bank holidays)	
1月1日	New Year's Day 元日
復活祭前の金曜日	Good Friday 聖金曜日
復活祭翌日の月曜日	Easter Monday 復活の月曜日
5月1日	May Day 労働祭
5月の最終月曜日	Spring (Bank) Holiday 春の公休日
8月の最終月曜日	August Bank Holiday 夏の公休日
12月25日	Christmas Day キリスト降誕祭
12月26日	Boxing Day クリスマスの贈り物の日

hol·i·day·mak·er [hálədeimèikər / hɔ́l-] |名| |C|《英》休日[休暇]の行楽客(《米》vacationer).
hol·i·ness [hóulinəs] |名| **1** |U| 神聖(であること).
2 [His [Your] H-] 聖下《ローマ教皇の尊称》.
***Hol·land** [hálənd / hɔ́l-] |名| |固| オランダ(◇公式名は the Netherlands).
Hol·land·er [háləndər / hɔ́l-] |名| |C| オランダ人 (Netherlander, Dutchman).
hol·ler [hálər / hɔ́lə]《米口語》 |動| |自| 大声で呼ぶ [叫ぶ]. —[他] …と大声で叫ぶ,どなる (out).
hol·lo, hol·loa [hálou, həlóu / hɔ́lou] |間| |動| |名| =HALLOO.

hol·low [hálou / hɔ́l-]
|形| |名| |動| |副|
—|形|(比較 more hol·low, hol·low·er [~ər]; 最上 most hol·low, hol·low·est [~ist])
1 空洞の,中空の: This tree is *hollow*. この木は中が空洞です.
2 くぼんでいる,へこんでいる: *hollow* eyes くぼんだ目 / *hollow* cheeks こけたほお.
3 うわべだけの,実質のない: *hollow* affection うわべだけの愛情 / a *hollow* promise から約束.
4 〈音・声が〉うつろな,力のない: *hollow* echoes うつろなこだま / a *hollow* voice うつろな声.
—|名| |C| **1** くぼみ,穴;(木などの)空洞: the *hollow* of the hand 手のひら. **2** くぼ地,盆地,谷間.
—|動| |他| 〈丸太など〉をくり抜く (out); [丸太などを]くり抜いて…を作る (out) [of, from]: *hollow* a boat *out of* wood 木をくり抜いてボートを作る / My mother *hollowed out* a pumpkin to curve a lantern. 母はカボチャをくり抜いてちょうちんを作った. —|自| くぼむ,うつろになる.
—|副|《口語》完全に;うつろに.
■ béat ... all hóllow …を完全に打ち負かす.
hol·low·ly [hálouli / hɔ́l-] |副| うつろに;不誠実に.
hol·low·ness [hálounəs / hɔ́l-] |名| |U| うつろなこと;不誠実.
hol·ly [háli / hɔ́li] |名|(複 hol·lies [~z]) |C| |U|【植】セイヨウヒイラギ,ホーリー《冬に赤い実のなる常緑樹で,葉・実をクリスマスの飾りに使う》.
hol·ly·hock [hálihàk / hɔ́lihɔ̀k] |名| |C| 【植】タチアオイ《観賞用多年草》.

holly

Hol·ly·wood [háliwùd / hɔ́l-] |名| **1** |固| ハリウッド《米国 Los Angeles にある映画産業の中心地》. **2** |C| アメリカ映画界[産業].
Holmes [hóumz] |名| |固| → SHERLOCK HOLMES.
hol·o·caust [hóuləkɔ̀ːst, hál- / hɔ́l-] |名| |C| 大虐殺; [the H-] ホロコースト《ナチスによるユダヤ人大虐殺》.
hol·o·gram [hóuləgræ̀m / hɔ́l-] |名| |C|【光】ホログラム《レーザー光線による立体写真》.
ho·log·ra·phy [houlágrəfi / hɔlɔ́g-] |名| |U|【光】ホログラフィー《レーザー光線による立体写真術》.
Hol·stein [hóulstiːn / hɔ́lstain] |名| |C|《米》ホルスタイン《オランダ原産の乳牛》.
hol·ster [hóulstər] |名| |C| ホルスター《腰に下げたりするピストルの革ケース》.

ho・ly [hóuli] 形 名
— 形 (比較 **ho・li・er** [~ər]; 最上 **ho・li・est** [~ist]) **1** [比較なし] 神聖な: a *holy* ground 聖域 / a *holy* day 聖日,(宗教上の)祝祭日 / a *holy* war 聖戦. **2** 神に身をささげた, 信心深い: She lived [led] a *holy* life. 彼女は信仰生活を送った. **3** [限定用法]《口語・婉曲》手に負えない, ひどい: a *holy* terror わんぱくで手に負えない子供; 恐い人.

■ **Hólyców** [**cáts, máckerel**]*!* 《主に米口語》あれまあ; ちくしょう, なんてこった; すごい.

— 名《次の成句で》
■ *the hóly of hólies* **1** 《しばしばこっけい》最も神聖な所. **2** (ユダヤ神殿の)至聖所.
◆ **Hóly Bìble** [the ~] 聖書 (the Bible).
Hóly Cíty [the ~] 聖都 《ユダヤ教徒・キリスト教徒にとってのエルサレムなど》.
Hóly Commúnion U 聖餐(きん)式; 聖体拝領《パンとぶどう酒をキリストの肉と血として授かる儀式》.
Hóly Fáther [the ~] ローマ教皇 (Pope).
Hóly Ghóst [the ~] 聖霊《三位(ぼう)一体の第3位》.
Hóly Gráil [the ~] 聖杯《キリストが最後の晩餐(さん)に用いた杯》; 切望しても決してかなわないこと.
Hóly Lànd [the ~] 聖地《パレスチナ》.
Hóly Róman Émpire [the ~] 神聖ローマ帝国《962-1806》.
Hóly Spírit = Holy Ghost (↑).
Hóly Wèek [the ~] 聖週間《復活祭前の1週間》.
Hóly Wrít [the ~] 聖書 (the Bible).

hom・age [hámidʒ / hóm-] C U《格式》尊敬, 敬意;(領主への)臣従の誓い: pay [do] *homage* to ... ...に敬意を表する.

★★★★ home [hóum] 名 副 形 動
— 名 (複 **homes** [~z]) **1** C U わが家, 自宅; 生家; 家, 住居 (→ HOUSE 類義語): I was away from *home* yesterday. 私はきのう家を留守にしていた / Everybody has a *home* of his or her own. 人にはみな自分の家がある / This is Stevenson's *home*. ここがスチーブンソンの生家です / He bought a *home* near the beach. 彼は浜辺の近くに家を買った / There is no place like *home*. 《ことわざ》わが家にまさる所なし. **2** U 家庭 (生活): run a happy *home* 幸せな家庭生活を営む / Traffic accidents have caused sorrow to many *homes*. 交通事故は多くの家庭に悲しみをもたらしている. **3** C U 故郷, 本国: Where is his *home*? 彼の故郷はどこですか / The foreign students will leave for *home* next month. その留学生たちは来月本国に帰る予定です. **4** C (孤児・老人・病人などの)収容施設, ホーム: My aunt is in a nursing *home* in the suburbs of New York. おばはニューヨーク郊外の老人ホームにいる. **5** C (動物の)生息地,(植物の)生育地: Alaska is the *home* of fur seals. アラスカはオットセイの生息地です. **6** [the ~]《文化・思想などの》発祥地, 本場: I visited England, the *home* of football. 私はサッカー発祥の地イングランドを訪れた. **7** C [競技]決勝点, ゴール; U [野球]本塁, ホームベース: reach *home* ホームインする.（比較）「ホームイン」は和製英語.

■ *at hóme* **1** 在宅で; 在宅[面会]日で: I'm *at home* on Sundays. 私は毎週日曜日は家にいる. **2** 国内で: That band is famous both *at home* and abroad. あのバンドは国内外で有名です. **3** くつろいで, 気楽で: He can feel *at home* everywhere. 彼はどこでもくつろいだ気分になれる. **4** […に] 精通して, 慣れて [*in, on, with*]: She is quite *at home with* English literature. 彼女は英文学にきわめて精通している. **5** [競技] ホームで(の), 地元で(の) (↔ *away*).

hóme awáy from hóme = 《英》*hóme from hóme* わが家のような快適な所, 第2のわが家《故郷》.
léave hóme **1** 家を出る, 外出する. **2** (親元を離れて)独立する.
màke onesèlf at hóme《口語》くつろぐ, 気を楽にする: Please sit down here and *make yourself at home*. ここに座ってお楽になさってください.

— 副 **1** わが家 [自宅] へ; 故郷 [本国] へ: go *home* 帰宅 [帰国] する / It is time we got *home*. もうそろそろ家に帰る時間です / I have to return *home* by next Sunday. 来週の日曜日までに家に戻らなければならない / John saw her *home* yesterday. きのうジョンは彼女を家まで送った / On my way *home* I lost my wallet. 私は帰宅途中で財布をなくした / I write *home* once a month. 私は月に1度わが家へ手紙を書く. **2** 《米》家に(いて), 在宅で(《英》 at home): stay *home* all day 一日じゅう家にいる. **3** (ねらった所に)思い切り, ずばりと; 急所[的]を突いて; 痛烈に: David drove the nail *home*. デイビッドは釘(ぎ)を深く打ち込んだ / Adam's advice went *home*. アダムの忠告は胸にぐさっときた.

■ *be hóme and drý*《主に英口語》成功している, うまくいっている.
bríng [*drive*] *... hóme to ~* ...を~にはっきりと感じさせる [理解させる]: Dick's dishonesty was *brought home to* Judy. ディックが不誠実なことがジュディーにははっきりとわかった.
còme hóme to ... ...の胸にこたえる; ...にはっきりとわかる.
stríke [*hít*] *hóme* 強く打つ; 致命傷を与える.

— 形 [限定用法] **1** わが家の, 家庭(用)の: a *home* address 自宅の住所 / *home* cooking 家庭料理 / We entertained the guests at our *home* bar. お客をホームバーでもてなした. **2** 故郷 [本国] の, 自国の, 国内の: *home* industries 国内産業 / *home* products 国産品. **3** (試合などが) ホームでの, 地元での (↔ *away, visiting*): a *home* game 地元での試合. **4** 力強い, 効果的な, 痛烈な: a *home* question 鋭い質問.

— 動 ⓐ 家に帰る,(ハトなどが)帰巣する;(ミサイル・飛行機などが)誘導される.

■ *hóme ín on ...* ...に的をしぼる;(ミサイルが)...に向かって進む.

◆ **hóme affáirs** [複数扱い] 内政 (↔ foreign

affairs).
hóme báse =home plate (↓).
Hóme Cóunties [the ～] ロンドン周辺の諸州.
hóme económics ⓤ《通例,単数扱い》家政学;家政科.
hóme gróund ⓒ 本拠地,ホームグラウンド.
hóme hélp ⓒ《英》ホームヘルパー《老人・病人などの世話のために公的機関から家庭に派遣される人》.
hóme móvie ⓒ《野球》ホームムービー《家庭内で楽しむ自家製の映画・ビデオ》.
Hóme Óffice [the ～]《英》内務省.
hóme páge ⓒ ホームページ《ウェブサイトの最初のページで,内容表示やリンク先が示されている.ウェブサイト全体をさすことは英語では《まれ》》.
hóme pláte ⓤ《野球》本塁,ホームベース.
hóme rúle ⓤ 地方自治.
hóme rún ⓒ《野球》ホームラン,本塁打《《口語》homer》: hit a *home run* ホームランを打つ.
Hóme Sécretary [the ～]《英》内務大臣.
hóme trúth《通例～s》耳の痛い真実.
home･bod･y [hóumbàdi/-bɔ̀di]《複 **home･bod･ies** [～z]》ⓒ《口語》出不精の人,家にいるのが好きな人;マイホーム主義の人.
hóme-bréw ⓤⓒ 自家醸造ビール[酒].
hóme-bréwed 形 自家醸造の.
home･com･ing [hóumkʌ̀miŋ] 名 **1** ⓒⓤ 帰宅,帰省;帰国. **2**《米》《高校・大学の年次》同窓会《毎年9月に卒業生が集まって在校生と交歓する. cf. class reunion (卒業後のクラス会)》.
hóme-grówn 形 **1**《果物・野菜などが》自家栽培の;地元[国内]産の. **2** 地元出身の.
home･land [hóumlæ̀nd] 名 ⓒ **1**《通例 one's ～》故国,自国,母国. **2**《南アフリカの》旧黒人居住区《人種隔離政策によって設けられていた自治区》.
＊**home･less** [hóumləs] 形 **1** 家のない,ホームレスの;飼い主のない: a *homeless* dog [cat] 野良犬 [猫]. **2** [the ～;名詞的に;複数扱い] ホームレス.
＊**home･ly** [hóumli] 形《比較 **home･li･er** [～ər];最上 **home･li･est** [～ist]》**1**《英》家庭的な,くつろいだ: a *homely* atmosphere アットホームな雰囲気.
2《英》質素な,粗末な.
3《米》《容姿が》平凡な《◊ ugly の婉曲語》.
＊**home･made** [hóummèid] 形《比較なし》**1** 自家製の,手製の. **2**《軽蔑》質素な,粗末な.
home･mak･er [hóummèikər] 名 ⓒ《主に米》ホームメーカー,家事に携わる人《◊ housewife (主婦)に取って代わりつつある語.男性にも用いる》.
home･mak･ing [hóummèikiŋ] 名 ⓤ 家事.
ho･me･op･a･thy [hòumiápəθi/-ɔ́p-] 名 ⓤ《医》ホメオパシー,同種療法《病原体と同じ作用を持つ薬物をごく少量与える治療法》.
home･own･er [hóumòunər] 名 ⓒ 持ち家居住者,住宅[マイホーム]所有者.
hom･er [hóumər] 名 ⓒ《米口語》《野球》ホームラン,本塁打 (home run).
＊**Ho･mer** [hóumər] 名 ⓟ ホメロス《紀元前8世紀頃のギリシャの詩人.『イリアス』(*Iliad*) と『オデュッセイア』(*Odyssey*) の作者と言われる》.
Ho･mer･ic [houmérik] 形 ホメロスの;雄大な.
home･room [hóumrù:m] 名 ⓤⓒ《米》《朝,授業前に集まる》ホームルーム《の時間,教室,生徒全体》.
home･sick [hóumsìk] 形 ホームシックの,《わが家・故郷などを》恋しがる [for]: feel [be] *homesick* ホームシックにかかる.
home･sick･ness [hóumsìknəs] 名 ⓤ ホームシック,郷愁.
home･spun [hóumspʌ̀n] 形 **1** 手織りの;ホームスパンの. **2** 素朴な;質素な;平凡な.
—— 名 ⓤ 手織り布;ホームスパン織りの布.
home･stay [hóumstèi] 名 ⓒ《留学生などの》家庭滞在,ホームステイ.
home･stead [hóumstèd] 名 ⓒ **1**《建物・敷地を含んだ》家屋敷;《付属建物を含んだ》農場. **2**《米》《入植者に与えられた》自作農場.
home･stretch [hóumstrétʃ] 名 ⓒ **1** ホームストレッチ (↔ backstretch)《競走用トラックの最後のコーナーを回った直線コース》. **2**《仕事・旅行などの》大詰め,最終局面 [段階].
home･town [hóumtáun] 名 ⓒ 故郷《◊出身地のほか現在住んでいる所もさす》.
home･ward [hóumwərd] 副 故郷 [本国] へ向かって,帰途について《《英》homewards》.
—— 形 [限定用法] 故郷 [本国] へ向かう,帰路の.
home･wards [hóumwərdz] 副《英》=HOMEWARD (↑).

*****home･work***** [hóumwə̀:rk]
—— 名 ⓤ **1**《学校の》宿題 (cf. housework 家事);予習: I have a lot of *homework*. 宿題がたくさんある / Have you finished your *homework*? — No, I haven't. 宿題は終わったの — ううん,まだ.
2《会議・討論などの》下調べ,準備.
3 家内工業;内職.
■ *do one's homework for ...* …のために十分下準備する.

hom･ey, hom･y [hóumi] 形《比較 **hom･i･er** [～ər];最上 **hom･i･est** [～ist]》《米口語》わが家のようにくつろげる,家庭的な,楽しい.
hom･i･ci･dal [hàməsáidəl / hɔ̀m-] 形 殺人の,殺人犯《狂》の.
hom･i･cide [háməsàid / hɔ́m-] 名《主に米》《法》**1** ⓤ 殺人(罪) (cf. murder 故意の殺人); ⓒ 殺人行為: be accused of *homicide* 殺人(罪)で起訴される / the *homicide* department (警察の)殺人捜査課. **2** ⓒ 殺人犯.
hom･i･ly [háməli / hɔ́m-] 名《複 **hom･i･lies** [～z]》ⓒ《格式》**1**《特に聖書に基づいた》説教.
2《しばしば軽蔑》《退屈な》お説教.
hom･ing [hóumiŋ] 形 [限定用法] **1** 家へ帰る,《動物が》帰巣性のある: the *homing* instinct 帰巣本能. **2**《ミサイルなどが》自動誘導の.
◆ **hóming pìgeon** ⓒ 伝書バト.
ho･mo [hóumou] 名《複 **ho･mos** [～z]》ⓒ 形 ホモ(の) 《◊ *homosexual* の略;→ GAY》.
ho･mo- [houmə] 結合 「同じ,同一の」の意を表す (↔ hetero-): *homo*geneous 同質の / *homo*nym 同音異義語 / *homo*sexual 同性愛の.
ho･mo･ge･ne･i･ty [hòumədʒəní:əti] 名 ⓤ 同質,同種;均質(性).

ho·mo·ge·ne·ous [hòumədʒíːniəs] [形] 同質の, 同種の, 同性の; 均質の (↔ heterogeneous).

ho·mog·e·nize [houmádʒənàiz / həmɔ́dʒ-] [動] [他] …を均質にする: *homogenized* milk ホモ牛乳《脂肪分の均質な牛乳》.

hom·o·graph [háməgræ̀f / hɔ́məgrɑ̀ːf] [名] [C] 同形異義語 (◇つづりは同じだが意味と発音が異なる語; lead [liːd] (導く) と lead [léd] (鉛) など).

hom·o·nym [hámənìm / hɔ́m-] [名] [C] **1** 同形同音異義語 (◇発音とつづりが同じで意味が異なる語; can (できる) と can (缶), bear (クマ) と bear (耐える) など). **2** ＝HOMOGRAPH (↑).

ho·mo·pho·bi·a [hòuməfóubiə] [名] [U] 極端な同性愛恐怖症, ホモ嫌い.

hom·o·phone [háməfòun / hɔ́m-] [名] [C] **1** 異形同音異義語 (◇発音が同じでつづりや意味が異なる語. son (息子) と sun (太陽) など). **2** 同音字 (◇ ks と x など).

Ho·mo sa·pi·ens [hóumou séipienz, -sǽp-] 【ラテン】[名] [U]〔生物〕ヒト (◇現生人類の学名); 人類.

ho·mo·sex·u·al [hòuməsékʃuəl] [形] (主に男性の) 同性愛の, ホモの (↔ heterosexual) (cf. lesbian (女性の) 同性愛の). ― [名] [C] 同性愛者, ホモ.

ho·mo·sex·u·al·i·ty [hòuməsèkʃuǽləti] [名] [U] 同性愛 (↔ heterosexuality).

hon., Hon. 《略語》＝*Hon*orable 閣下, 様, 殿.

Hon·du·ras [handjúərəs / hɔndjúə-] [名] [固] ホンジュラス《中央アメリカにある共和国; 首都テグシガルパ (Tegucigalpa)》.

hone [hóun] [動] [他] 〈ナイフ・剣など〉を砥石(といし)で研ぐ; 〈技術など〉を磨く: *hone* one's skills 腕を磨く.

‡**hon·est** [ánəst / ɔ́n-] (☆ 発音に注意) [形] [副]

― [形] (比較 **more hon·est**; 最上 **most hon·est**)

1 (a) (人が) […に関して / 人に対して] **正直な**, 偽りのない, 誠実な, 信頼できる [*in, about* / *with*]: He is an *honest* man. 彼は正直な人です / She is *honest in* her work. 彼女は自分の仕事に忠実です / Be *honest in* what you did *with* me. あなたがしたことを私に正直に話しなさい.
(b) [be honest＋to do / It is honest of ...＋to do] …が～するとは正直だ: He *is honest to* tell the truth. ＝*It is honest of* him *to* tell the truth. 本当のことを言うとは彼は正直だ.

2 (意見などが) 率直な, ありのままの: give him an *honest* opinion 彼に率直な意見を言う.

3 正当な, まともな: an *honest* profit 正当な利益 / make [earn] an *honest* living まともに働いて生計を立てる.

4 (品物が) 純生の: *honest* coffee (インスタントではない) レギュラーコーヒー.

■ ***hónest to Gód*** [***góodness***] 《口語》まったく, 本当に.

to be hónest (***with you***) [通例, 文修飾] 《口語》正直に言うと.

― [副] [間投詞的に] 《口語》本当に, うそでなく: We didn't do such a thing, *honest*! 私たちはそんなことはしていません, 絶対に.

‡**hon·est·ly** [ánəstli / ɔ́n-] [副] **1** 正直に, 誠実に; 公正に: He admitted his fault *honestly*. 彼は正直に自分の欠点を認めた. **2** [文修飾] 正直に言って, 本当のところ: *Honestly*, this job worries me. 正直なところ, この仕事には参っている.
3 [間投詞的に] 《口語》まったく, まさか, 本当に: *Honestly*! I've had enough of this fudge. まったく, もうこんなでたらめはもうたくさんだ.

‡**hon·es·ty** [ánəsti / ɔ́n-] [名] [U] **正直**, 誠実; 公正: a person of *honesty* 誠実な人 / in all *honesty* 《口語》正直なところ, 率直に言って / *Honesty* is the best policy. 《ことわざ》正直は最善の策.

‡**hon·ey** [hʌ́ni] [名] **1** [U] **はちみつ**, 糖みつ.
2 [U] 甘さ, 楽しさ; 甘いもの.
3 [C] 《主に米》いとしい人, 恋人: (My) *Honey*. あなた, 君 (◇家族・恋人への呼びかけ).
4 [C] 《主に米》すてきなもの [人], 一流品: a *honey* of a car すてきな車.
5 [形容詞的に] はちみつの (ような).

hon·ey·bee [hʌ́nibìː] [名] [C] ミツバチ (bee).

hon·ey·comb [hʌ́nikòum] [名] [U] [C] **1** ミツバチの巣. **2** ハチの巣状のもの; 亀甲(きっこう)模様. **3** [形容詞的に] ハチの巣状の; 亀甲(きっこう)模様の.

hon·ey·combed [hʌ́nikòumd] [形] [叙述用法] […で] ハチの巣状の, 穴だらけの; […が] 浸透した [*with*]: The city is *honeycombed with* vice. その街には不道徳がはびこっている.

hon·ey·dew [hʌ́nidjùː] [名] [U] (植物や昆虫から出る) 甘い汁, みつ, 甘露: a *honeydew* melon ハネデューメロン, 甘露メロン《マスクメロンの一種》.

hon·eyed, hon·ied [hʌ́nid] [形] **1** みつを含んだ, みつで甘くした. **2** (言葉・声が) みつのように甘い, お世辞の: *honeyed* words 甘言.

***hon·ey·moon** [hʌ́nimùːn] [名] [C] **1** ハネムーン, 新婚旅行 (の休暇): They are on their *honeymoon*. 彼らは新婚旅行中です.
2 《比喩》蜜月(みつげつ), 初期の親密な時期 [期間]: The *honeymoon* didn't last long for the newly allied parties. 新しい連立政党の蜜月期間は長くは続かなかった.
― [動] [自] 新婚旅行に出る; 新婚休暇を過ごす.

hon·ey·moon·er [hʌ́nimùːnər] [名] [C] 新婚旅行中の人.

hon·ey·suck·le [hʌ́nisʌ̀kl] [名] [U] [C]〔植〕スイカズラ (の類) (woodbine).

Hong Kong [háŋ káŋ / hɔ̀ŋ kɔ́ŋ] [名] [固] ホンコン (香港)《中国南部にある特別行政区. 99年間英国の直轄植民地だったが1997年に中国に返還された》.

honk [háŋk / hɔ́ŋk] [名] [C] **1** ガンの鳴き声.
2 (自動車の) 警笛 (の音).
― [動] [自] **1** ガンが鳴く. **2** […に] 警笛を鳴らす [*at*]; (優勝などを祝って) 車が一斉に警笛を鳴らす.
― [他] 〈警笛〉を鳴らす.

hon·ky-tonk [háŋkitàŋk / hɔ́ŋkitɔ̀ŋk] 《米》[名] [C] 安酒場, バー; (そこで演奏される) ホンキートンク音楽《ピアノをジャズの前身であるラグタイムで演奏する》.
― [形] **1** (音楽が) ホンキートンク (風) の. **2** 安酒場の, 安っぽい.

Hon·o·lu·lu [hɑ̀nəlúːluː / hɔ̀n-] [名] [固] ホノルル《米国オアフ島にある Hawaii 州の州都》.

H

hon·or, 《英》hon·our [ánər/ɔ́nə]

(☆発音に注意) 图 動

— 图 (複 hon·ors, 《英》hon·ours [~z])

1 U **名誉**, 名声: fight for the *honor* of one's country 祖国の名誉をかけて戦う / He won great *honor* with his bestseller. 彼は本がベストセラーになって高い名声を得た.

コロケーション 名誉を…
- 名誉を失う: *lose honor*
- 名誉を得る: *gain* [*win*] *honor*
- 名誉を傷つける: *stain* …'s *honor*
- 名誉をばん回する: *regain* [*recover*] one's *honor*

2 U **信義**, 信用; 体面, 面目: a person of *honor* 信義を重んじる人 / save one's *honor* 面目を保つ.

3 U **光栄**, 特権; C 光栄となるもの: a guest of *honor* 主賓(しゅひん) / It is a great *honor* to be invited to this meeting. この会合にご招待いただきましてとても光栄です.

4 U **尊敬**, 敬意: show [pay, give] *honor* to the painter その画家に敬意を払う.

5 [an ~]…の] 名誉となるもの [人], 誉れ [to]: She is an *honor* to our club. 彼女は私たちのクラブの誉れです.

6 [~s] 叙勲, 表彰, 勲章: He won first *honors* in the speech contest. 彼はスピーチコンテストで1位を取った.

7 [~s] (学校の) 優等: graduate with (the highest) *honors* (最)優等で卒業する.

8 [~s] 儀礼, 礼遇; 儀式: the funeral *honors* 葬儀 / I was welcomed with the highest *honors*. 私は礼をつくした歓迎を受けた. **9** [H-] 閣下 (◇市長・裁判官などに対する敬称): His [Her] *Honor* 閣下 (◇間接的に言及する場合) / Your *Honor* 閣下 (◇直接呼びかける場合).

■ **be bóund in hónor to dó** = **be (in) hónor bóund to dó** = be on one's honor to do.

be on one's hónor to dó 名誉 [面目, 面子(めんつ)] にかけて…しなければならない: I am on my honor to pass the exam. 面目にかけて試験に合格しなければならない.

dò … hónor = **dò hónor to …** **1** …の名誉となる. **2** …に敬意を払う.

dò the hónors 《口語》 (パーティーなどで) ホスト [接待] 役をする.

give one's wórd of hónor 名誉 [面目] にかけて約束する [誓う].

hàve the hónor to dó [*of dóing*] 《格式》 …する光栄に浴する.

in hónor of … = **in …'s hónor** …に敬意を表して; …を記念して, 祝って: a memorial *in honor of* those who died in the war 戦没者追悼記念 (式典).

on [**upòn**] **one's** (**wórd of**) **hónor** 名誉にかけて, 誓って.

pùt … on …'s hónor …に名誉にかけて誓わせる; …の面目 [名誉] に訴える.

— 動 他 **1** 《格式》 (人) に […の] 名誉 [栄誉] を与える [*with*]; [受け身で] …を / …することで) 光栄に思う [*for, by* / *to do*]: The university hon-ored him *with* a doctor's degree. その大学は彼に博士号を授与した. / I am very *honored to* attend this ceremony. この式典に臨席させていただき大変光栄に存じます.

2 …を尊敬する, 尊ぶ. **3** 〈協定など〉を守る; 〈小切手など〉を支払う, 受け取る: Credit cards and checks are *honored* here. 当店ではクレジットカードと小切手がご利用になれます.

hon·or·a·ble, 《英》hon·our·a·ble [ánərəbl / ɔ́n-] (☆発音に注意)

— 形 **1** 尊敬すべき, 立派な; 高潔な: *honorable* behavior 立派なふるまい / an *honorable* person 立派な人.

2 名誉ある, 称賛に値する: an *honorable* withdrawal 名誉の撤退 / an *honorable* performance 称賛に値する演技.

3 [限定用法; the H-] …閣下, 殿, 様 (◇《米》では両院議員・州議会議員・州知事などに, 《英》では伯爵以下の貴族の子・下院議員・高等法院判事などに用いる敬称; 《略語》Hon.): the *Honorable* Chief Justice 裁判長閣下.

◆ hónorable méntion C U 選外佳作.

hon·or·a·bly, 《英》**hon·our·a·bly** [ánərəbli / ɔ́n-] 副 見事に, 立派に.

hon·o·ra·ri·um [ànərɛ́əriəm / ɔ̀n-] 图 (複 hon·o·ra·ri·ums [~z], hon·o·ra·ri·a [-riə]) C 《格式》 (講演者などに支払う) 謝礼.

*hon·or·ar·y [ánərèri / ɔ́nərari] 形 [比較なし] (地位・学位などが) 名誉 (上) の; 肩書だけの, 無報酬の: an *honorary* post [office] 名誉職.

hon·or·if·ic [ànərífik / ɔ̀n-] 形 敬意を表す; 尊称を示す, 敬意の: *honorific* words 敬語.

— 图 C (特に日本語・東洋語における) 敬語; 敬称.

***hon·our [ánər / ɔ́nə] 图 動 《英》= HONOR (↑).

hon·our·a·ble [ánərəbl / ɔ́n-] 形 《英》= HONORABLE (↑).

hooch [húːtʃ] 图 U C 《米口語》密造酒.

*hood [húd] 图 C **1** (外套(がいとう)などの) フード, 頭巾(ずきん): "Little Red Riding *Hood*"『赤ずきん』(◇童話). **2** フード状のもの (電灯のかさ・自動車の幌(ほろ)など); (台所の) 煙出し. **3** 《米》(車の) ボンネット (《英》bonnet) (➡ CAR **PICTURE BOX**).

4 (大学の式服の) 背中の垂れ布. **5** 《口語》不良少年 (hoodlum).

-hood [hud] 接尾 **1** 名詞・形容詞に付けて状態・性質・身分などを表す抽象名詞を作る: child*hood* 子供時代 / false*hood* 虚偽. **2** 名詞に付けて集団・階級などを表す: brother*hood* 協会組織 / neighbor*hood* 近所の人々.

hood·ed [húdid] 形 フードをかぶった; フード [かさ, 幌(ほろ)] 付きの; フード状の: a *hooded* lamp かさ付きのランプ / a *hooded* snake コブラ.

hood·lum [húːdləm] 图 C 《口語》不良少年.

hoo·doo [húːduː] 图 (複 hoo·doos [~z]) **1** 《主に米》 U ブードゥー教 (voodoo). **2** C 《口語》 悪運を招く人 [もの], 縁起の悪いもの [人], 厄(やく)病神.

hood·wink [húdwìŋk] 動 他 …をだまして […に]

hoo・ey [húi] 名 U《米俗語》ばかな話, ナンセンス.

hoof [húf] 名《複 **hoofs** [～s], **hooves** [húːvz]》C (馬・牛などの)ひづめ; ひづめのある足.
■ **on the hóof**（畜殺されずに）生きている.

hoo-ha [húːhɑ̀ː] 名 U《口語》(取るに足らないことでの)大騒ぎ, かまびすしい議論.

hook [húk] 名 動
— 名《複 **hooks** [～s]》C 1 (ものをかけたりするための)かぎ, フック, 留め金; (電話の)受話器受け: a hat *hook* 帽子掛け / a *hook* and eye かぎホック / I hung my coat on the *hook*. 私はコートをフックにかけた. 2 釣り針 (fishhook): a *hook* and line 糸の付いた釣り針. 3 【ボクシング】フック; 【球技】フック (⟷ slice)《球が利き腕と逆の方向にそれること》. 4 かぎ状のもの; 【音楽】(音符の)旗.
■ **by hóok or by cróok** 何としてでも, 何とかして.
hóok, líne, and sínker 完全に (由来) 魚が釣り針・糸・おもりを丸ごと飲み込むことから): She accepted his story *hook, line, and sinker*. 彼女は彼の話を丸ごと信じ込んでしまった.
óff the hóok 1 窮地を脱して, 困難から解放されて. 2 (受話器が)外れて.
on one's ówn hóok 独力で, 自分の責任で.
on the hóok 困って, 窮地に陥って.
— 動 他 1 …を(かぎ・フックで)とめる, 引っかける: *hook* a dress at the back 服を背中のホックでとめる. 2 …を(かぎ・釣り針で)釣る;《口語》(結婚相手など)をつかまえる, ひっかける: *hook* a big fish 魚を釣る / *hook* a nice husband すてきな夫を射止める. 3 …をかぎ状に曲げる: I *hooked* my elbow. 私はひじをかぎ状に曲げた. 4 【ボクシング】…にフックを入れる[打つ]; 【球技】(球)をフックさせる.
— 自 かぎ[ホック]でとまる: This dress *hooks* at the back. この服は背中でホックがかかる.
hóok úp 1 …をかぎ[ホック]でとめる. 2〈電話・ステレオなど〉を接続する, 取り付ける.

hook・ah [húkə] 名 C 水ぎせる (water pipe).

hooked [húkt] 形 1 かぎ状の: a *hooked* nose かぎ[ワシ]鼻. 2 かぎ[フック]の付いた. 3《叙述用法》《口語》麻薬に}おぼれた, 夢中で [*on*]: I am *hooked* on video games. 僕はテレビゲームにはまっている.

hook・er [húkə] 名 C 1《口語》売春婦; ペテン師. 2 【ラグビー】フッカー《スクラム最前列でボールを後方にける選手》.

hook・ey [húki] 名 = HOOKY (↓).

hook・nosed [húknòuzd] 形 かぎ[ワシ]鼻の.

hook・up [húkʌ̀p] 名 C 1 (ラジオ・電話などの)回路接続(図), 配置(図). 2 (放送局間の)ネットワーク, 中継: a satellite *hookup* 衛星中継.

hook・worm [húkwə̀ːrm] 名 1 C 鉤虫(こうちゅう), 十二指腸虫. 2 U 【医】十二指腸虫症.

hook・y, hook・ey [húki] 名 U《米口語》ずる休み: play hooky (学校を)ずる休みする.

hoo・li・gan [húːligən] 名 C《俗語》ごろつき; フーリガン《英》football *hooligans*《サッカー場などで騒ぎを起こす連中》.

hoop [húːp] 名 C 1 (たる・桶(おけ)などの)たが. 2 輪(状のもの)《サーカスで動物がくぐり抜ける輪・フラフープ (hula hoop) など》. 3 (スカートを支える)張り骨. 4 【スポーツ】(クロッケーの)小門.

hoop・la [húːplɑ̀ː] 名 U 1《米》派手な宣伝, 誇大広告. 2《米口語》大騒ぎ, 熱狂. 3《英》輪投げ《輪が入るとその賞品がもらえる》.

hoo・ray [huréi] 間 = HURRAH 万歳.

hoot [húːt] 名《擬声語》C 1 ほーほー《フクロウの鳴き声; → CRY 表》. 2 (車・船の)ぶうぶういう警笛, 汽笛. 3 (不賛成・不平不満などの)わーわーとやじる声, 叫び声: The speaker was greeted with loud *hoots*. 講演者は大声でやじられた. 4《主に英》大笑い; 面白いもの.
■ **nót cáre [gíve] a hóot [twó hóots]**《口語》まったく気にしない, 少しもかまわない.
— 動 自 1 〈フクロウが〉ほーほーと鳴く;《英》〈警笛などが〉ぶうぶう鳴る. 2 大声で笑う; わーわーやじる. — 他 1《英》〈警笛などを〉[…に対して]ぶうぶう鳴らす [*at*]. 2〈人〉をやじる;〈人〉をやじって […から]追い出す (*away*, *out*) [*off*].

hoot・er [húːtə] 名 C《英》(工場の)サイレン.

hoo・ver [húːvə] 名 C《しばしば H-》《英・商標》(フーバー)電気掃除機 (vacuum cleaner).
— 動 他《英》…に掃除機をかける (*up*).

Hoo・ver [húːvə] 名 個 フーバー Herbert [hɑ́ːrbət] Clark Hoover《1874-1964; 米国の政治家; → PRESIDENT 表》.

hooves [húːvz] 名 **hoof** の複数形.

hop¹ [hɑ́p / hɔ́p] 動《三単現 **hops** [～s]; 過去・過分 **hopped** [～t]; 現分 **hop・ping** [～iŋ]》自
1 (人が)片足でぴょんと跳ぶ; (鳥・動物が)足をそろえてぴょんぴょん跳ぶ: A frog *hopped* into the pond. カエルが池に跳び込んだ.
2《口語》飛び乗る[降りる]: *hop* in [out of] a car 車に飛び乗る[車から飛び降りる].
3 (飛行機で)飛び回る, 小旅行をする.
— 他 1〈溝など〉を跳び越える: *hop* a ditch [fence] 溝[柵(さく)]を跳び越える. 2《米》〈車・電車など〉に飛び乗る. 3《口語》…を飛行機で横断する.
■ **Hóp it!**《英口語》出て行け, とっととうせろ.
Hóp to it!《口語》さっさとやれ.
— 名 C 1 (人の)片足跳び, (鳥・動物の)両足跳び; カエル跳び; 跳躍. 2《古風・口語》(略式の)ダンス(パーティー). 3 飛行 (flight).
■ **hóp, skíp [stép], and (a) júmp** 1《the ～》【スポーツ】三段跳び (triple jump). 2 [a ～] 短い距離.
on the hóp《口語》1 せかせか動き回って. 2 出し抜けに: catch ... *on the hop* …の不意をつく.

hop² 名 C 【植】ホップ《クワ科のつる性の多年草》; [～s] ホップの実《ビールの芳香苦味料》.

hope [hóup] 名 動
— 動《三単現 **hopes** [～s]; 過去・過分 **hoped** [～t]; 現分 **hop・ing** [～iŋ]》
— 他 [hope+to do [that 節]] …すること[…ということ]を望む, …したい […であればいい] と思う (→ EXPECT 類義語, ⇒ LIKE¹ **LET'S TALK**): I *hope* to visit Paris again.=I *hope* that I will

hopeful

visit Paris again. 私はパリをもう1度訪れたい / She *hopes* to hold an exhibition of her pictures. 彼女は自分の個展を開きたいと思っている / My parents *hope* (*that*) I will regain my health. 両親は私が健康を回復することを望んでいる / It is *hoped that* you will come. あなたがおいでになることを望んでおります.

[語法] (1) had hoped to do または hoped to have done とすると、望みが実現しなかったことを表す: I *had hoped* to see the movie. 私はその映画を見たかったのだが(見られなかった).
(2) 進行形を用いて丁寧な依頼を表すことがある: I'*m hoping* (*that*) you will help me. あなたのご助力がいただけるものと期待しております (◇ I *hope* (*that*) you will help me. より丁寧).

— ⓐ 希望を持つ, 期待する; [hope for ...] …を望む, 期待する: We are *hoping for* a better harvest this fall. 今年の秋はもっと収穫に恵まれることを望んでいる / Much more improvement is *hoped for* in the new expressway construction. その新高速道路建設にはさらに一層の改善が望まれる.

■ *hópe agàinst hópe* かなわぬ望みを抱く.
hópe for the bést 何とかなると思う, 最後まで望みを捨てない.
I hópe (*that*) ... …(であればいい)と思う (➡ LIKE¹ [LET'S TALK]): *I hope* (*that*) it will be sunny tomorrow. あすは晴れてほしい / Will he get well soon? — *I hope* so. 彼はじきによくなるでしょうか — そうだといいですね / Will it snow tomorrow? — *I hope* not. あすは雪が降るかな — 降らなければいいな / You're much better today, *I hope*. きょうはずっと具合がよさそうですね (◇ I *hope* を文尾に付けることもある).

— ⓝ (複 **hopes** [~s]) 1 ⓊⒸ 希望, 望み (↔ despair): My *hope* is that you have a happy life. 私の望みはあなたが幸せな人生を送ることです / It is his *hope* to be a major leaguer. 大リーガーになるのが彼の希望です / Your words gave me *hope*. あなたの言葉が私に希望を与えてくれた.

[コロケーション] 望みを…
望みを抱かせる: *raise* [*build up*] ...'*s hopes*
望みを抱く: *cherish* [*have*, *nurse*] *a hope*
望みを失う: *lose hope*
望みを打ち砕く: *dash* [*crush*, *shatter*] ...'*s hopes*
望みをかなえる: *realize* ...'*s hope*

2 ⓊⒸ […の / …という] 見込み, 可能性 [*of* / *that* 節]: There is no *hope of* his recovery. = There is no *hope that* he will recover. 彼が回復する見込みはない / Is there any *hope of* her winning? = Is there any *hope that* she will win? 彼女が勝つ可能性はあるだろうか / I do not have any *hope of* getting there by tomorrow. あすまでに私がそこへ着くのは無理です.
3 Ⓒ 希望を与える人 [もの]: Sam is regarded as the *hope* of the team. サムはそのチームのホープとみなされている / You are my last *hope*. あなたが私の最後の望みの綱です.

■ *be pàst* [*beyònd*] *hópe* 望みがない.
hóld óut hópe of ... …の見込みがある.
in hópe(*s*) *of* [*that*] ... = *in the hope of* [*that*] ... …を望んで, 期待して: I'm writing this *in hopes of* your accepting my offer. = I'm writing this *in the hope that* you will accept my offer. 私の申し出を受け入れてくださることを期待してこの手紙をしたためているところです.
live in hópe(*s*) (あくまで)望みを捨てない.
Nót a hópe! 《口語》それは無理だ, 見込みはない: I heard she wants to be a professional baseball player. — *Not a hope!* 彼女はプロ野球選手になりたいらしいよ — そりゃ無理だ.
pín [*sét*] *one's hópes on ...* …に望みをかける.

◆ **hópe chèst** Ⓒ 《米》(女性の)結婚準備の品々を入れた箱; 《比喩》嫁入り道具.

hope·ful [hóupfəl] 形 1 [通例, 叙述用法] […に] 希望を持った, 望みを抱いている, 楽観的な [*of*, *about*]; [… だと] 期待している [*that* 節]: be *hopeful of* success 成功を期待している / He is too *hopeful* about the future. 彼は将来についてあまりにも楽観的である. 2 (人・ことが) 有望な, 見込みのある: a *hopeful* prospect of success 成功の明るい見通し.
— ⓝ Ⓒ 前途有望な人: a young *hopeful* 前途有望な若者.

*ˈhope·ful·ly [hóupfəli] 副 1 希望を抱いて, 楽観的に; 有望に. 2 [文修飾] 願わくば, できれば: *Hopefully*, we'll finish the report by tomorrow. うまくいけばあすには報告書が完成する.

hope·ful·ness [hóupfəlnəs] ⓝ Ⓤ 希望に満ちていること [状態], 見込みのあること, 有望さ.

*ˈhope·less [hóupləs] 形 1 […に] 望みを失った, 見込みのない, 絶望的な [*about*, *of*]: a *hopeless* situation [state, mess] 手の施しようのない状況 / a *hopeless* illness 治る見込みのない病気 / He felt *hopeless* about his future. 彼は自分の将来に絶望した.
2 《口語》 どうしようもない, まったくひどい: a *hopeless* jerk 大ばか者.
3 《口語》 役に立たない, むだな; […が] 不得手な [*at*]; 無能な: It's *hopeless* to try to talk about it with him. その件で彼と話し合おうとしてもむだだ / I'm *hopeless at* the computer. 私はコンピュータとなるとお手上げだ.

*ˈhope·less·ly [hóupləsli] 副 1 絶望して, あきらめて. 2 絶望的に, 救いようがないほど.

hope·less·ness [hóupləsnəs] ⓝ Ⓤ 絶望; 見込みのない [絶望的な] 状態.

hop·per [hápər / hópə] ⓝ Ⓒ 1 ぴょんぴょん跳ぶ人; はねる虫 《動物》. 2 ホッパー《石炭・液体などを流し込むじょうご型容器》.

hop·scotch [hápskàtʃ / hópskòtʃ] ⓝ Ⓤ 石けり遊び.

Hor·ace [hɔ́:rəs / hɔ́r-] ⓝ ⓟ ホラチウス《65-8 B.C.; 古代ローマの詩人》.

horde [hɔ́:rd] ⓝ Ⓒ 1 [しばしば ~s]《時に軽蔑》 大群衆; (動物の) 大群, 大量 [多数] [*of* ... *of*]: *hordes* [a *horde*] *of* locusts イナゴの大群.
2 遊牧民の群れ.

ho・ri・zon [həráizn]

— 名 (複 ho・ri・zons [~z]) C **1** [通例 the ~] 地平線, 水平線: below the *horizon* 地平線の下に / above the *horizon* 地平線上に.

2 [通例 ~s] (思考・知識などの)範囲, 限界, 視野: Travel broadens [expands] our *horizons*. 旅は視野を広げる.

■ **on the horizon** 兆しが現れて; さし迫って.

hor・i・zon・tal [hɔ̀ːrəzántəl / hɔ̀rizɔ́n-] 形

1 水平の, 横の (↔ vertical); 地[水]平線上の: a *horizontal* line [plane] 水平線[面].

2 (社会・組織などが)横割りの, 対等の: a *horizontal* merger 対等合併.

— 名 C 水平線[面]; [the ~] 水平位置.

◆ horizóntal bár [体操] C 鉄棒; U 鉄棒競技.

hor・i・zon・tal・ly [hɔ̀ːrəzántəli / hɔ̀rizɔ́n-] 副 水平に, 横に.

hor・mo・nal [hɔːrmóunəl] 形 ホルモンの.

*hor・mone [hɔ́ːrmoun] 名 C [生理] ホルモン.

◆ hórmone replácement thèrapy U ホルモン置換療法 [閉経期の女性への女性ホルモン投与].

horn [hɔ́ːrn] 名 動

— 名 (複 horns [~z]) **1** C (動物の)角(つの); (カタツムリなどの)触角: grow *horns* 角が生える.

2 U (材料としての)角; C 角製品; [形容詞的に] 角製の: The knife and fork have a *horn* handle. そのナイフとフォークには角製の柄(え)が付いている. **3** C 警笛, クラクション: blow a *horn* 警笛を鳴らす. **4** C 角笛; [音楽] ホルン (French horn) (→ ORCHESTRA [PICTURE BOX]); 金管楽器 (トランペットなど). **5** C 角の形をしたもの.

■ **blów** [tóot] **one's ówn hórn** 《米口語》自慢する, ほらを吹く.

dráw [púll] **ín one's hórns** 弱気になる, 控えめになる; 節約する.

lóck hórns けんかをする, 意見が合わない.

— 動 **1** …を角で突く. **2** …に角を生やす.

■ **hórn ín** 自 《口語》[…に] 干渉する, 割り込む [on].

Horn [hɔ́ːrn] 名 [the ~] = Cápe Hórn ホーン岬 [南米大陸最南端の岬].

horned [hɔ́ːrnd] 形 [限定用法] (動物・鳥などが)角(つの)のある; 角状の: A unicorn is a one-*horned* imaginary animal. ユニコーン(一角獣)は角が1本ある想像上の動物です.

◆ hórned ówl C [鳥] ミミズク.

hor・net [hɔ́ːrnit] 名 C [昆] スズメバチ (◇ wasp より大型で針に猛毒を持つ).

■ **stír úp a hórnet's nést** ハチの巣をつつく; 大騒ぎ[面倒]を引き起こす.

horn・y [hɔ́ːrni] 形 (比較変化 horn・i・er [~ər]; 最上 horn・i・est [~ist]) **1** 角(つの)の, 角質[状]の; (皮膚が)固くさざばった. **2** 《俗語》好色な.

hor・o・scope [hɔ́ːrəskòup / hɔ́r-] 名 C **1** 星占い, 占星術. **2** 天宮図, 十二宮図 (→ ZODIAC 図).

hor・ren・dous [hɔːréndəs / hɔr-] 形 **1** 実に恐ろしい, ぞっとする. **2** 《口語》ものすごい.

hor・ri・ble [hɔ́ːrəbl / hɔ́r-] 形 **1** 恐ろしい, ぞっとする: a *horrible* sight ぞっとする光景.

2 《口語》ひどい, 不快な: a *horrible* journey とても不愉快な旅行 / How *horrible* of him to say so! そんなことを言うとは彼はひどい奴だ.
(▷ 名 hórror)

hor・ri・bly [hɔ́ːrəbli / hɔ́r-] 副 恐ろしく; ひどく: It's *horribly* cold, isn't it? ひどく寒いですね.

*hor・rid [hɔ́ːrəd / hɔ́r-] 形 《口語》 **1** 恐ろしい, いまわしい; ぞっとする光景.

2 […に対して] とてもいやな[不親切な] (to): Don't be *horrid* to me! 私にそんなにつらくあたらないで.

hor・rid・ly [~li] 副 恐ろしく; ひどく.
hor・rid・ness [~nəs] 名 U 恐ろしさ; ひどさ.

hor・rif・ic [hɔːrífik / hɔr-] 形 恐ろしい, ぞっとする (horrible); 《口語》ひどい, ものすごい.

hor・rif・i・cal・ly [-kəli] 副 ひどく.

*hor・ri・fied [hɔ́ːrəfàid / hɔ́r-] 形 (人が)怖がった, ぞっとした; あきれ果てた: I was *horrified* at the sight. 私はその光景にぞっとした / We were all *horrified* at his impudence. 私たちは彼の厚かましさにあきれ果てた.

hor・ri・fy [hɔ́ːrəfài / hɔ́r-] 動 (三単現 hor・ri・fies [~z]; 過去・過分 hor・ri・fied [~d]; 現分 hor・ri・fy・ing [~iŋ]) 他 〈人〉をぞっとさせる, 怖がらせる.

*hor・ri・fy・ing [hɔ́ːrəfàiiŋ / hɔ́r-] 形 (光景などが) ぞっとするほど恐ろしい, 恐怖心を起こさせる: *horrifying* experiences ぞっとするような経験.

hor・ri・fy・ing・ly [~li] 副 ぞっとするほどに.

*hor・ror [hɔ́ːrər / hɔ́rə] 名 **1** U (ぞっとするような)恐怖, 恐ろしさ: in *horror* ぞっとして / to ...'s *horror* = to the *horror* of ... [文修飾] …にとって恐ろしいことに / We were all filled with *horror* at the news. 私たちはみんなその知らせを聞いて身の毛がよだった. **2** C 恐ろしい[ぞっとする]こと[経験]; = hórror mòvie [film] ホラー映画: the *horrors* of famine 飢えがもたらす惨状.

3 U C […に対する] 嫌悪, 憎悪 [of]; [a ~] いやな[不愉快な]人[もの, こと]: *Horrors*! ひゃー, やだなあ / I have a *horror* of reptiles. 私は, は虫類が大嫌いです.
(▷ 形 hórrible)

◆ hórror stòry [fíction] C ホラー[恐怖]小説.

hór・ror-strùck, hór・ror-strìck・en 形 (人が) […で / …して] 恐怖に襲われた, ぞっとした [at, by / to do].

hors d'oeu・vre [ɔ̀ːr dɔ́ːrv] 【フランス】 名 (複 hors d'oeu・vres [-dɔ́ːrvz], hors d'oeu・vre) C オードブル, 前菜.

horse [hɔ́ːrs]

— 名 (複 hors・es [~iz]) **1** C 馬 (→ CRY 表); (成長した)雄馬: ride a *horse* 馬に乗る / mount [get on] a *horse* 馬にまたがる / get off a *horse* 馬から降りる / fall from one's *horse* 落馬する / train a *horse* 馬を調教する / You can lead [take] a *horse* to (the) water, but you cannot make him [it] drink. 《ことわざ》馬を水際まで連れて行くことはできるが, 水を飲ませることはできない ⇒ やる気のない者にいくら助言しても [チャンスを与えても] むだだ.

関連語 いろいろな馬
mare 雌馬 / stallion 種馬 / colt 雄の子馬 / filly 雌の子馬 / foal 子馬 / pony 小型の馬 / steed (乗馬用の) 馬 / gelding 去勢馬

2 C 【体操】鞍馬(ﾟ) (side horse); 跳馬(ﾁｮｳ) (vaulting horse). **3** C (脚付きの) 台, 脚立(ｷｬﾂ); 揺り木馬 (rocking horse). **4** [the ~s] 《口語》競馬. **5** U 《古風・俗語》ヘロイン (heroin).
6 U [集合的に] 騎兵, 騎兵隊: *horse* and foot 騎兵と歩兵, 全軍.

■ *a hórse of anóther* [*a dífferent*] *cólor* まったく別のもの [問題].
báck [*bét on*] *the wróng hórse* 負け馬に賭(ｶ)ける; (間違って) 負けているほうにつく.
be on one's hígh hórse 傲慢(ｺﾞｳﾏﾝ)な態度をとる.
chánge hórses in mídstream 途中で方針 [信念] を変える.
Dón't [*Néver*] *lóok a gíft hòrse in the móuth.* 《ことわざ》もらい物のあら探しをするな. (由来) 馬は歯を見れば年齢がわかることから)
éat like a hórse 大食する, もりもり食べる.
Hóld your hórses! 《口語》はやるな, 少し待て, 我慢しろ.
pùt the cárt befòre the hórse 本末転倒する.
(*stráight*) *from the hórse's móuth* 確かな情報源から, 直接本人から. (由来) 競馬で勝つには「馬の口から直接聞く」のが一番確実であることから)
wórk like a hórse 一生懸命働く.

— 動 (自) 馬に乗る, 馬で行く.
— (他) 〈馬車に〉 馬を付ける; …を馬に乗せる.

■ *hórse aróund* [*abóut*] (自) 《口語》 ばか騒ぎをする.

◆ hórse chèstnut C 【植】セイヨウトチノキ, マロニエ.

Hórse Guárds [the ~; 複数扱い]《英》近衛(ｺﾉｴ) 騎兵隊.
hórse làugh C ばか笑い [騒ぎ].
hórse ràce C 競馬 (の1レース).
hórse ràcing U 競馬 (racing).
hórse sènse U 《口語》常識, 生活の知恵.

*horse·back [hɔ́ːrsbæk] 名 **1** U 馬の背: a policeman on *horseback* 騎馬警官. **2** [形容詞的に]《主に米》馬に乗った, 乗馬の: *horseback* riding 乗馬. — 副《主に米》馬で, 馬に乗って: go *horseback* 馬に乗って行く.

horse·car [hɔ́ːrskɑ̀ːr] 名《英》
horse·box [hɔ́ːrsbɑ̀ks / -bɔ̀ks] 名 C (馬などを運ぶ) 馬匹(ﾋﾞﾂ)運搬車 (◇ horse trailer とも言う).
horse·flesh [hɔ́ːrsflèʃ] 名 U [集合的に] **1** 馬; (特に) 競走馬. **2** 馬肉.
horse·fly [hɔ́ːrsflài] 名 (複 horse·flies [~z]) C 【昆】アブ, ウシアブ 《大型で牛・馬にたかる》.
horse·hair [hɔ́ːrshèər] 名 U 馬の毛《(たてがみ・しっぽの毛. マットレス・いすなどの詰め物に用いる》.

*horse·man [hɔ́ːrsmən] 名 (複 horse·men [-mən]) C 乗馬者, 騎手; 馬術家; [形容詞を伴って] 馬に乗るのが…な人 (◇女性形は horsewoman): a good [poor] *horseman* 乗馬が上手 [下手] な人.
horse·man·ship [hɔ́ːrsmənʃìp] 名 U 馬術.
horse·play [hɔ́ːrsplèi] 名 U 《古風》ばか騒ぎ.

*horse·pow·er [hɔ́ːrspàuər] 名 U C 馬力《◇仕事率の単位. 1秒間に75kgの重さを1m持ち上げる力;《略語》hp, HP》: a 30 *horsepower* engine 30馬力のエンジン.

horse·rad·ish [hɔ́ːrsrædiʃ] 名 U 【植】セイヨウワサビ, ワサビダイコン《すり下ろして肉などにそえる》.
horse·shoe [hɔ́ːrsʃùː] 名 C **1** 馬蹄(ﾊﾞﾃｲ), 蹄鉄《魔よけとして戸口の上にかける地方もある》; 馬蹄形 [U字形] をしたもの. **2** [~s; 単数扱い] 蹄鉄投げ《輪投げ遊びの一種》.

◆ hórseshoe cràb C 【動物】カブトガニ.

hórse-tràd·ing 名 U **1** 馬の売買 [交換]. **2** (政治・商売などの) 抜け目のない駆け引き.
horse·whip [hɔ́ːrshwìp] 名 C 馬のむち.
— 動 (他) …を (馬のむちで) 強く打つ.
horse·wom·an [hɔ́ːrswùmən] 名 (複 horse·wom·en [-wìmin]) C 女性騎手.
hors·y, hors·ey [hɔ́ːrsi] 形 (比較 hors·i·er [~ər]; 最上 hors·i·est [~ist]) **1** 《英》競馬 [乗馬] 好きの. **2** 顔の長い, 馬面の.
hor·ti·cul·tur·al [hɔ̀ːrtəkʌ́ltʃərəl] 形 園芸の.
hor·ti·cul·ture [hɔ́ːrtəkʌ̀ltʃər] 名 U 園芸, 園芸学 [術].
hor·ti·cul·tur·ist [hɔ̀ːrtəkʌ́ltʃərist] 名 C 園芸家.

ho·san·na [houzǽnə] 【聖】名 C ホサナ《神を賛美する言葉 [叫び]》. — 間 ホサナ!, 栄光あれ!

*hose [hóuz] (☆ 発音に注意)名 (複 hos·es [~iz], hose) **1** C U ホース: a rubber *hose* ゴム管 / fire *hose*(s) 消火ホース. **2** U [集合的扱い] ストッキング, 靴下: half *hose* ソックス / a pair of *hose* 靴下 1足. **3** U (昔の男子用) 半ズボン.
— 動 (他) 〈庭など〉にホースで水をまく, 〈車など〉をホースの水で洗う (down): *hose* the car *down* 洗車する.

ho·sier·y [hóuʒəri / -ziəri] 名 U [集合的に] 靴下 [男性用下着] 類.
hos·pice [hɑ́spis / hɔ́s-] 名 C ホスピス《末期患者の苦痛を軽減するための治療施設》.

*hos·pi·ta·ble [hɑspítəbl, hɑ́spit- / hɔspít-, hɔ́spit-] 形 **1** 〔人を〕親切に [手厚く] もてなす, 歓待する [to]: a *hospitable* reception 歓待 / He is always *hospitable* to us. 彼はいつでも私たちを歓待してくれる. **2** 〔意見・提案などを〕快く受け入れる, […に] 寛大な [to]: *hospitable* to new ideas 新しい考えに寛大な. **3** (環境などが) 快適な, […に] 適した [to]. (▷ 名 hospitality)
hos·pi·ta·bly [-bli] 副 手厚く, 歓待して.

*****hos·pi·tal** [hɑ́spitl / hɔ́s-]
[原義は「客をもてなす所」]
— 名 (複 hos·pi·tals [~z]) C 病院: a general *hospital* 総合病院 / a maternity *hospital* 産院 / She went to the *hospital* to see a friend of hers. 彼女は友人を見舞いに病院へ行った.
語法 「入退院」や「通院」を表す場合,《米》では the を付けて用いるが,《英》では無冠詞で用いる: go to [into] (the) *hospital* 病院へ行く [入院する] / check into (the) *hospital* 入院する / be in [out of] (the) *hospital* 入院 [退院] している / leave (the) *hospital* 退院する.

hos·pi·tal·i·ty [hὰspətǽləṭi / hɔ̀s-] 图 **1** U 親切な[手厚い]もてなし, 歓待, 厚遇: the *hospitality* industry 接客産業 / Thanks for your kind *hospitality*. 親切なおもてなしをありがとうございます. **2** U (企業などによる, イベント会場等での)(無料の)ドリンク, 食品: corporate *hospitality* tents 協賛企業の無料ドリンクサービス用テント. (▷ 形 hóspitable).

hos·pi·tal·i·za·tion [hὰspətəlɑizéɪʃən / hɔ̀s-pɪtəlɑɪ-] 图 U 入院(治療); 入院期間.

hos·pi·tal·ize, 《英》**hos·pi·tal·ise** [hάspɪṭəlὰɪz / hɔ́s-] 動 他 [通例, 受け身で]⟨病人・負傷者⟩を入院させる.

‡**host**[1] [hóʊst] 图 C **1** (客をもてなす)ホスト(役); (大会などの)主催者[国, 地, 団体]; [形容詞的に]主催者(側)の (↔ guest); (◇女性形は hostess): act as *host* at the party パーティーのホスト役を務める / a *host* family (ホームステイの)受け入れ先 / play [be] *host* to ... …のホスト役を務める; …を接待する / the *host* city for the Olympic Games オリンピック開催都市. **2** (番組の)司会者: act as *host* for a TV show テレビのショーを司会する. **3** (ホテル・パブなどの)主人, 支配人. **4** 〖生物〗寄生生物の宿主. **5** = hóst compúter ホストコンピュータ《ネットワーク全体の中心的役割をするコンピュータ》.
— 動 他 **1** ⟨パーティー・会合など⟩のホスト役[主催者]を務める; ⟨番組の司会を務める. **2** ⟨ウェブサイト・ホームページ⟩を主宰する.

host[2] 图 C **1** 大群; 多数 [の…]: a *host* of daffodils ラッパズイセンの群生. **2** 〈古〉軍勢.

‡**hos·tage** [hάstɪdʒ / hɔ́s-] 图 C 人質; U 人質の状態: The hijackers held [took] the passengers *hostage*. ハイジャッカーは乗客を人質にとった.

hos·tel [hάstəl]【hotel, hospital と同語源】图 C **1** ホステル (youth hostel). **2** (ホームレスなどの)簡易宿泊所; 寮.

hos·tel·er, 《英》**hos·tel·ler** [hάstələr / hɔ́s-] 图 C (ユース)ホステルの利用者.

hos·tel·ry [hάstəlri / hɔ́s-] 图 (複 **hos·tel·ries** [~z]) C 〖格式〗宿屋 (inn).

‡**host·ess** [hóʊstəs] 图 C **1** (客をもてなす)女主人(役) (◇男性形は host). **2** (レストランなどの)女主人[支配人]; 女性接客係. **3** (番組の)女性司会者; (バー・クラブなどの)ホステス. **4** (まれ)(旅客機の)スチュワーデス (air hostess) (→ FLIGHT ATTENDANT); (列車・バスなどの)女性サービス係.

‡**hos·tile** [hάstəl, -tail / hɔ́stail] 形 **1** 敵の, 敵軍の: *hostile* territory 敵の領地. **2** […に]敵意のある, 反感を持った, 冷淡な [*to, toward*] (↔ friendly): a *hostile* attitude 敵意のある態度 / a *hostile* reception 冷遇 / People are often *hostile* to new ideas. 人々は新しい考えに反対することが多い. **3** (環境などが)[…に]適さない, 不利な [*to*]: The environment is *hostile* to him. その環境は彼に向いていない. (▷ 名 hostility)

‡**hos·til·i·ty** [hɑstíləti / hɔs-] 图 (複 **hos·til·i·ties** [~z]) **1** U […への / …の間の]敵意, 反感, 憎悪, 抗戦心 [*to, toward / between*]: There had been persistent *hostility* between the two families. 両家の間には積年の確執があった / He had clear *hostility* to me. 彼は私に対して敵意を抱いていた. **2** [複数形で]《格式》戦争行為, 交戦状態: open [stop, cease] *hostilities* 開戦 [停戦] する. (▷ 形 hóstile)

***‡**hot** [hάt / hɔ́t] 形 副 動【基本的意味は「熱い (having a high temperature)」】
— 形 (比較 **hot·ter** [~ər]; 最上 **hot·test** [~ɪst]) **1** 熱い, 暑い; (体が)ほてった (↔ cold) (cf. warm 暖かい, やや暑い): The kettle is so *hot* that I can't touch it. やかんは熱くて触れない / He came out pink from a *hot* bath. 彼は熱いふろから赤いい色をして出て来た / The theater was *hot* and stuffy. 劇場は暑くてむっとしていた / Strike while the iron is *hot*. 《ことわざ》鉄は熱いうちに打て ⇒ 好機を逃すな.
2 (味が)ぴりっと辛い: *hot* mustard 辛いからし / This curried chicken is very *hot*. このチキンのカレー煮はとても辛い.
3 激しい, 猛烈な, 興奮した; 激しやすい (↔ cool): He has a very *hot* temper. 彼はとても短気です / The debate became *hotter* and *hotter*. 議論は次第に熱を帯びてきた. **4** 《口語》(ニュースなどが)新しい, 入手したばかりの; 人気のある: *hot* news 最新のニュース / This story is *hot* off [from] the press. この記事は報道されたばかりです. **5** 《口語》[…に]熱心な, 熱狂的な, 夢中で [*on, for*]: She is *hot* for the movie star. 彼女はその映画俳優に熱を上げている. **6** 《口語》[…に]うまい, […に]詳しい [*on, at, in*]: My brother is very *hot* on astronomy. 兄は天文学にとても詳しい. **7** 《叙述用法》(探し物・クイズの答えに)近づいた, 迫った (↔ cold): You're getting *hot*. 正解まであと少し. **8** (獲物のにおい・足跡が)新しい (↔ cold). **9** 《俗語》(盗品が)盗んだばかりの, 足がつきやすい; (人が)お尋ね者の. **10** 活気のある, にぎやかな; ホットな: a *hot* player 絶好調の選手.
11 〖音楽〗(演奏が)即興的で強烈な: *hot* jazz ホットなジャズ. **12** 電流が流れている.
13 《俗語》放射能のある.
■ *come hót on the héels of ...* …のすぐあとに起こる.
hót and bóthered 《口語》心配して, 興奮して.
hót ùnder the cóllar かっとなって, 興奮して.
máke it [thíngs] (tòo) hót for ... 《口語》…を苦しめる, …に不愉快な思いをさせる.
nót so [tòo, thàt] hót 《口語》あまりよくない; (気分が)すぐれない: I'm *not so* [*too*] *hot* at math. 私は数学はあまり得意ではない.
— 副 熱く, 暑く; 激しく, 熱心に, 興奮して, 怒って.
— 動 (三単現 **hots** [hάts / hɔ́ts]; 過去・過分 **hot·ted** [~ɪd]; 現分 **hot·ting** [~ɪŋ]) 自 (食べ物などが)熱くなる; 激しくなる; 危険になる (*up*).
— 他 〈食べ物など〉を温める; …を激しくする, 激化させる (*up*). (▷ 名 動 héat)
◆ **hót càke** C 《米》ホットケーキ (pancake): go [sell] like *hot cakes* 《口語》飛ぶように売れる.
hót cròss bún C (聖金曜日 (Good Friday) に

食べる) 十字印の付いた菓子パン.
hót flásh [flʌ́ʃ] C (閉経期の)体のほてり.
hót líne C **1** ホットライン《2か国の政府首脳間の緊急用直通電話》. **2** 電話相談[情報]サービス.
hót pánts [複数扱い]《女性用の短い》ホットパンツ.
hót pláte C ホットプレート, 料理用鉄板.
hót pót C U 《英》ホットポット《羊肉または牛肉・ジャガイモ・タマネギなどのシチュー》.
hót potáto C **1**《英》焼きジャガイモ(《米》baked potato). **2**《口語》難問, 難局.
hót ród C《米口語》ホットロッド《高速が出るようにエンジンを改造した自動車》.
hót sèat [the ~]《口語》困難な立場, 苦境.
hót spót C **1**《口語》歓楽街. **2** 紛争地域. **3**【コンピュータ】ホットスポット《画面上でリンクが埋め込まれている部分》.
hót spríng C 温泉.
hót stúff C《口語》 **1** すぐれた人[もの]. **2** 性的魅力のある人, セクシーな人.
hót túb C《集団入浴用の》大型浴槽.
hót wár U C 熱い戦争《武力・火器を用いた戦争; cf. cold war 冷戦》.
hót wáter U **1** 湯. **2**《口語》(自ら招いた)困難, 苦境: get into *hot water* 苦境に陥る.
hót-áir 形 熱気の;《口語》ほら吹きの: a *hot-air* balloon 熱気球.
hót áir 名 U《口語》意味のない考え, ほら話.
hot·bed [hátbèd / hót-] 名 C **1** (植物を育てる)温床, フレーム. **2** [通例 a ~](犯罪・悪事などの)温床, 巣: a *hotbed* of vice [crime, terrorism] 悪《犯罪, テロリズム》の温床.
hot-blood·ed [hátblʌ́did / hót-] 形 興奮しやすい, 怒りやすい; 衝動的な; 情熱的な.
hotch·potch [hátʃpàtʃ / hótʃpòtʃ] 名 U C **1** [通例, 単数形で]《英口語》寄せ集め, ごた混ぜ(《米》hodgepodge). **2** ホッチポッチ《肉と野菜のシチュー・スープ》.
hót-dòg《米口語》形 曲芸の: *hot-dog* skiing ホットドッグスキー, スタントスキー. ── 動 (三単現 **hot-dogs** [~z]; 過去・過分 **hot-dogged** [~d]; 現分 **hot-dog·ging** [~ɪŋ]) 自 曲芸[妙技]を見せる.
hót dòg 名 C **1** ホットドッグ. **2** (ホットドッグ用の)フランクフルトソーセージ. **3** [間投詞的に]《米・古風》うまい, でかした: *Hot dog!* 万歳!

***ho·tel** [houtél] (☆ アクセントに注意)
── 名 (複 **ho·tels** [~z]) C **ホテル**, 旅館《◇ inn より規模が大きい; ➡ PICTURE BOX》: This *hotel* can accommodate 1,500 guests. このホテルは1,500人の客を収容できる.
コロケーション ホテルを[に] …
ホテルにチェックインする: *check into [in at] a hotel*
ホテルをチェックアウトする: *check out of a hotel*
ホテルに泊まる: *stay [put up] at a hotel*
ホテルを予約する: *reserve [book] a hotel room*

ho·tel·keep·er [houtélkì:pər] 名 C ホテルの所有者[経営者].
hot·foot [hátfùt / hót-] 動 自《口語》急いで[あわてて]行く.
■ *hotfoot it*《口語》急ぐ.
hot·head [háthèd / hót-] 名 C《口語》向こう見ずな人, せっかちな人; 怒りっぽい人.
hot·head·ed [háthédid / hót-] 形《口語》向こう見ずな, 性急[せっかち]な; 怒りっぽい.
hot·house [háthàus / hót-] 名 (複 **hot·hous·es** [-hàuzɪz]) C **1** 温室(greenhouse); [形容詞

PICTURE BOX hotel

❶ emergency exit 非常口
❷ doorman ドアマン ❸ revolving door 回転ドア ❹ clerk フロント係
❺ front desk フロントデスク
❻ bellhop[bellboy] ボーイ ❼ lobby ロビー

check in at the front desk (フロントでチェックインする)

receive a room key (部屋のかぎを受け取る)

hand one's bag to a bellhop (ボーイにバッグを渡す)

be shown to one's room (部屋に案内される)

ask for a wake-up call (モーニングコールを頼む)

check out (チェックアウトする)

的に]温室栽培[育ち]の(◇人にも用いる). **2** (芸術活動の)中心地.
hot・ly [hátli / hót-] 副 興奮して; 激しく, 熱心に.
hot・shot [hátʃàt / hótʃòt] 名 C 《口語》有能な人, やり手; [形容詞的に] やり手の.
hót-tém・pered 形 短気な; 怒りっぽい.
hót-wáter 形 湯の, 熱湯の.
◆ hót-wáter bàg [bòttle] C 湯たんぽ.

hound [háund] 名 C **1** [しばしば複合語で] 猟犬: a grey*hound* グレーハウンド. **2** 《口語》(趣味などに)熱中する人, ファン: an autograph *hound* (有名人の)サインを集めて回る人.
— 動 他 **1** 〈キツネなど〉を猟犬で狩る. **2** 〈人など〉を追い詰める (*down*); […から] 追い出す [*out of*]; しつこく悩ます.

*****hour** [áuər] (☆発音に注意; 同音 our)
— 名 (複 hours [～z]) C **1** 1時間《(略語) h., H, hr》[関連語] minute 分 / second 秒: half an *hour* = a half *hour* 30 分 / a quarter of an *hour* 15 分 / I'll be back in an *hour* or so. 1時間ぐらいで戻ります / We did 100 miles an *hour* along the expressway. 私たちは高速道路を時速100マイルで進んだ / It took me three *hours* to finish my homework. 私宿題を終えるのに3時間かかった / It is an *hour's* walk to the station. 駅まで歩いて1時間かかる.
2 (1日のうちのある特定の)時刻, 時間; 正時(ピょう)《分秒の端数が付かない時刻》: the rush *hour*(s) ラッシュアワー / The *hour* is 9:30 [nine thirty]. 時刻は9時30分です / I have never been here at this late *hour*. こんな遅い時間にここに来たのは初めてです / I was so busy that I skipped my lunch *hour*. 私は忙しかったので昼休みを取らなかった / It was clear in the early *hours* of the morning. 午前中の早い時間には晴れていた / Somewhere a clock struck the *hour*. どこかで時計が正時を告げた.
[語法] 24時間制では, 時刻を表すのに hours を用いる: This train will start at 15:00 [1500, 《英》15.00] *hours*. この列車は15時発車の予定です《◇ 15:00 は fifteen hundred と読む》.
3 [～s](営業・勤務などの)時間: office [business] *hours* 執務[営業]時間 / They demanded shorter working *hours*. 彼らは労働時間の短縮を要求した / Visiting *hours* at this hospital are 3:00 to 6:00 P.M. 当院の面会時間は午後3時から6時までです. **4** (授業の)時間, 時限: The *hour* lasts fifty minutes. 授業の1時間は50分です. **5** …の頃, 時期; [the ～] 現在, 現代: the person of the *hour* 時の人 / Those were the happiest *hours* of my life. それが私の人生の最高の時期でした. **6** [口語] 時計で行ける距離: How far is it? — About half an *hour* by car. 距離はどれくらいですか — 車でおよそ30分ほどです.
■ *àfter hóurs* 営業時間後に; 閉店後に.
at áll hóurs (相手の都合などおかまいなしに)いつでも, 四六時中.
by the hóur **1** 1時間ぎめで, 1時間単位で: They rent bicycles *by the hour* at that store. あの店では自転車を時間ぎめで貸している. **2** 刻一刻と.
évery hóur on the hóur = on the hour.
for hóurs 何時間も.
hóur àfter hóur 何時間も続けて.
hóur by hóur 時々刻々(と).
kèep éarly [góod] hóurs 早寝[早起き]をする;(帰宅などが)早い.
kèep láte [bád] hóurs 夜更かしをする;(帰宅などが)遅い.
kèep régular hóurs 規則正しい生活をする.
on the hóur 正時に, 毎時0分に.
òut of hóurs 勤務[営業]時間外で.
till áll hóurs 夜遅くまで.
to an [the] hóur 1時間も違わずきっかりに: ten days *to an hour* 10日間きっかり.
◆ hóur hànd (時計の)短針, 時針. [関連語] minute hand 分針 / second hand 秒針.

hour・glass [áuərglæs, -glɑ̀ːs] 名 C **1** (1時間用の)砂時計: an *hourglass* icon 【コンピュータ】砂時計アイコン《作業中を示すポインター》. **2** [形容詞的に] 腰のくびれた.

hour・ly [áuərli] 形 **1** 1時間ごと[あたり]の: an *hourly* flight 1時間に1便の飛行便 / an *hourly* paid job 時給の仕事. **2** 絶え間ない, 頻繁な.
— 副 1時間ごとに; 今か今かと: We were expecting the news *hourly*. 私たちはその知らせを今か今かと待っていた.

*****house** 名 動
— 名 [háus] (☆動 との発音の違いに注意)(複 hous・es [háuziz]) C [類義語]; ➡次ページ [PICTURE BOX]): an apartment *house* アパート(◇建物全体) / a prefabricated *house* プレハブ住宅 / a *house* for rent [《英》to let] 貸家 / My *house* has three rooms and a dining room. 私の家は部屋が3つと食堂がある.

[コロケーション] 家を…
家を改築する: *rebuild a house*
家を買う: *buy a house*
家を借りる: *rent a house*
家を建てる: *build a house*

2 [通例 the ～; 集合的に] 家の者, 家族: The noise woke up the whole *house*. その物音で家じゅうの者が目を覚ました / The whole *house* is out. 家族全員が出かけている.
3 (特定の目的のための)建物, 小屋: a hen *house* 鶏小屋.
4 [the H-] 議院, 議会; (特に)下院(→ CONGRESS 表); 議事堂; [集合的に] 議員: the *House* of Parliament 《英》議会議事堂 / enter the *House* (下院)議員になる / The *House* voted against the bill. 議会はその法案を否決した.
5 [通例 the H-] 家系, 王族: the Royal *House* 王室 / the Imperial *House* 皇室 / the *House* of Windsor ウィンザー家. **6** [通例, 単数形で] 劇場; 興行; [集合的に] 観衆, 聴衆: a movie *house* 映画館 / The theater [play] drew a full *house*. その劇場[芝居]は大入りだった. **7** 店, 商店, 商社, 会社: a trading *house* 商社 / a pub-

lishing *house* 出版社. **8** 学寮,寄宿寮;(競技のための)学生組織;[集合的に]全寮生,寄宿生. **9** 旅館;酒場: a public *house*《英》パブ (pub);《米》宿屋. **10** [形容詞的に]家の;自家製の;社内向けの: *house* wine ハウスワイン / a *house* organ [journal] 社内報.
■ *a hóuse of cárds* **1** トランプで作った家. **2**《比喩》壊れやすい建物;頼りない計画[組織].
brìng the hóuse dówn = *brìng dówn the hóuse*(演技などが)満場のかっさいを浴びる.
cléan hóuse 家を大掃除する;悪弊を一掃する.
kèep a góod hóuse **1** いい暮らしをする. **2** 客を歓待する.
kèep hóuse 家事を切り盛りする.
kèep ópen hóuse いつでも客を歓迎する.
lìke a hóuse on fíre《口語》盛んに,すらすらと.
móve hóuse《英》引っ越す,転居する.
on the hóuse(飲み物などが)無料で,店のおごりで.
pláy hóuse ままごと遊びをする.
pùt[sèt] one's hóuse in órder 身辺の整理をする,自分の問題を片づける;財政状態を立て直す.
── **動** [háuz] ⑯ **1** …に住宅を与える; …を家に入れる,泊める,収容する. **2**〈品物〉をしまう,入れる.
◆ hóuse àgent ⓒ《英》不動産業者.
hóuse arrèst ⓤ 軟禁,自宅監禁: be under *house arrest* 自宅監禁されている.
hóuse càll ⓒ(医師の)往診;(セールスマンなどの)戸別訪問,出張サービス.
hóuse dòg ⓒ 番犬.
hóuse gùest ⓒ(家への)泊まり客.
hóuse mùsic ⓤ《音楽》ハウス(ミュージック)《電子音楽を用いたディスコ用の曲》.
hóuse nùmber ⓒ 家屋番号,番地.
hóuse pàrty ⓒ(別荘などで数日にわたって催す)

接待パーティー;(接待パーティーの)招待客一行.
hóuse physícian ⓒ(病院などの)住み込み医師.

> **類義語** **house, home, residence, dwelling**
> 共通する意味▶家 (a building for people to live in)
> **house** は事務所や店の建物と区別された住居としての「家」を表す: His new *house* has five bedrooms. 彼の新しい家には寝室が5つある.
> **home** は本来「家庭」の意であるが,「家」の意にも用いる: They bought a fine *home* in the suburbs. 彼らは郊外に立派な家を買った.
> **residence** は《格式》で,壮麗な邸宅を暗示することが多い: the Prime Minister's official *residence* 首相官邸. **dwelling** は house の代わりに用いられる《格式》で,仕事のための建物と区別して「住居・住宅」を強調する: We are obliged to live in a small *dwelling*. 私たちはしかたなしに狭い住宅に住んでいる.

house・boat [háusbòut] 名 ⓒ (居住用の)船.
house・bound [háusbàund] 形(病気・高齢などのため)家に引きこもった,外出できない.
house・break・er [háusbrèikər] 名 ⓒ (通例,昼間の)押し込み強盗《◇人》.
house・break・ing [háusbrèikiŋ] 名 ⓤ 押し込み強盗,家宅侵入.
house・bro・ken [háusbròukən] 形 **1**《米》(ペットが)家の中で飼えるように(排便を)しつけられた. **2**《こっけい》(特に子供が)行儀のよい,素直な.
house・coat [háuskòut] 名 ⓒ (女性の)部屋着.
house・craft [háuskræft / -krɑ̀ːft] 名 ⓤ《主に英・古風》家庭科,家政科 (domestic science).

PICTURE BOX house

❶ chimney 煙突 ❷ dormer (window) 屋根窓 ❸ roof 屋根 ❹ shutter 雨戸 ❺ window 窓 ❻ terrace テラス ❼ front door 玄関 ❽ porch ポーチ ❾ mailbox [《英》postbox] 郵便受け ❿ garage ガレージ

mop[clean] the floor (床を掃除する)

do the laundry (洗濯する)

take the dog for a walk (犬を散歩に連れて行く)

water the flowers (花に水をやる)

check the mailbox (郵便受けを確認する)

wash the dishes (皿を洗う)

house·dress [háusdrès] 名 C (家事用の)家庭着, ホームドレス. (比較)「ホームドレス」は和製英語).

house·fly [háusflài] 名(複 **house·flies** [~z]) C 〖昆〗イエバエ.

house·ful [háusfùl] 名 C (通例 a ~)家いっぱい(の…)(*of*).

‡house·hold [háushòuld] 名 **1** C (単数・複数扱い)(使用人も含めた)家族, 家じゅうの者; 家庭, 世帯: manage one's *household* 家を切り盛りする / The whole *household* was [were] present there. 家じゅうの者がそこにいた.
2 [the H-] ((英))王室, 皇室
— 形 (限定用法) **1** 家事の, 家庭の: *household* expenses [accounts] 家計費(簿). **2** 珍しくない: be a *household* name 世間一般によく知られている名前である. **3** ((英))王室の: the *household* troops 近衛(ぶえ)師団.

house·hold·er [háushòuldər] 名 C ((格式))家屋所有者[居住者]; 世帯主, 戸主.

house·hus·band [háushʌzbənd] 名 C 家事を専業にする夫, 主夫 (↔ housewife).

*house·keep·er** [háuskìːpər] 名 C **1** 家政婦, ハウスキーパー. **2** (形容詞を伴って)家事の切り盛りが…な人: She is a good [bad] *housekeeper*. 彼女は家事の切り盛りが上手[下手]だ.

*house·keep·ing** [háuskìːpiŋ] 名 U **1** 家事(の切り盛り). **2** =hóusekeeping mòney 家計費. **3** (会社・設備などの)管理.

house·maid [háusmèid] 名 C ((古風))(女性の)お手伝い, メード.

house·man [háusmən] 名(複 **house·men** [-mən]) C **1** ((英))(病院の)インターン(((米))intern). **2** ((米))(家庭・ホテルなどの)使用人.

house·mas·ter [háusmæstər / -màː-] 名 C ((主に英))(男子寄宿学校の)寮監, 舎監.

house·mis·tress [háusmìstrəs] 名 C ((主に英))(女子寄宿学校の)(女性の)寮監, 舎監.

house·par·ent [háuspèərənt] 名 C (孤児施設・寮などの)管理者, 寮父[母]; (施設の子の)親代わりになる人(◇寮父は housefather, 寮母は housemother とも言う).

house·plant [háusplænt / -plànt] 名 C (室内に置く)観葉植物.

hóuse-pròud 形 ((主に英))家[家事]自慢の; (家をほめてもらいたくて)家の整理整とんに熱心な.

hóuse-to-hóuse 形 (限定用法) 1軒1軒の, 戸別訪問の (door-to-door): The police made *house-to-house* inquiries. 警察は1軒1軒尋ねて回った. — 副 1軒1軒で, 戸別訪問で.

house·top [háustàp / -tɔ̀p] 名 C 屋根.
■ *shóut* [*crý, procláim*] ... *from the hóusetops* …を世間に言いふらす, 公表する.

house·wares [háuswèərz] 名 (複数扱い)((米))家庭[台所]用品.

house·warm·ing [háuswɔ̀ːrmiŋ] 名 C 新築[新居移転]祝い(のパーティー).

‡house·wife [háuswàif] 名(複 **house·wives** [-wàivz]) C (専業)主婦 (↔househusband) (→HOMEMAKER); (形容詞を伴って)家事が…な女性.

house·wif·er·y [háuswàifəri / -wìf-] 名 U 主婦業; 家政, 家事 (housekeeping).

‡house·wives [háuswàivz] 名 **housewife** の複数形.

*house·work** [háuswɔ̀ːrk] 名 U 家事 (◇homework (宿題)と混同しないこと).

*hous·ing** [háuziŋ] ((☆発音に注意)) **1** U 住宅供給, 住宅事情; 住宅, 住まい: a *housing* lot 宅地 / government *housing* policy 政府の住宅政策. **2** C 〖機械〗ハウジング《機械の覆いなど》.
◆ **Depártment of Hòusing and Úrban Devélopment** [the ~] ((米))住宅都市開発省.
hóusing devèlopment [((英))estàte] C (住宅)団地.
hóusing pròject C ((主に米))(低所得者向けの)公営[市営]団地.

Hous·ton [hjúːstən / hjúːs-] 名 固 ヒューストン《米国 Texas 州南東部にある都市》.

hove [hóuv] 動 heave の過去形・過去分詞の1つ.

hov·el [hʌ́vəl, hɔ́v- / hɔ́v-] 名 C **1** 家畜小屋. **2** ((軽蔑))あばら屋, 掘っ立て小屋.

*hov·er** [hʌ́vər, hɔ́v- / hɔ́v-] 動 自 **1** (鳥・昆虫・ヘリコプターなどが)空中に浮遊[停止]する, (…の上を)旋回する (*over*): A hawk was *hovering over* the hill. 1羽のタカが丘の上を旋回していた. **2** (…の周りを)うろつく (*around, about*); (恐怖などが)(人に)つきまとう (*over*). **3** (…の間を)行きつ戻りつする, 上下する (*between*); (…を)ためらう (*on*): He's *hovering between* life and death. 彼は今生死の境をさまよっている.

hov·er·craft [hʌ́vərkræft, hʌ́v- / hɔ́vəkràːft] 名(複 **hov·er·craft, hov·er·crafts** [-ts]) C ホバークラフト《水陸両用の乗り物. 商標名から; →SHIP 図》.

how [háu] 副 名
***

❶ 疑問副詞
■ 方法・手段「どうやって」(→ 副 **1**)
How did you solve the problem?
(その問題をどのようにして解いたのですか)

■ 程度「どのくらい」(→ 副 **2**)
How tall is your father?
(あなたのお父さんの身長はどれくらいですか)

■ 状態「どんな状態[様子]で」(→ 副 **3**)
How is the weather in Tokyo this morning? (東京のけさの天気はどうですか)

■ 感嘆「なんと」(→ 副 **4**)
How fast he runs!
「how+形容詞[副詞]+主語+動詞!」
(彼はなんと走るのが速いのだろう)

❷ 関係副詞: 名詞節を導いて「…する方法」(→ 副 **6**)
That is how he got to know her.
(そのようにして彼は彼女と知り合った)

— 副 I [疑問副詞]
1 [手段・方法] (a) **どうやって**, どんな方法[手段]で, どんなふうに: *How* do you go to school? — By bicycle. どうやって通学していますか — 自転車です / *How* did you get to know him? 彼とはどうやって知り合ったのですか / *How* did you solve all the problems? あなたはどうやってすべての問題を解決したのですか. (b) [to 不定詞・節を導いて] どうやって…するか, …する方法 [手段]: She taught me *how* to cook tongue stew. 彼女は私にタンシチューの作り方を教えてくれた / Will you tell me *how* I can get to the museum? 博物館への行き方を教えてくれませんか.

2 [程度] **どのくらい**, どれほど (◇通例, 形容詞・副詞を伴う): *How* old is this building? この建物は築何年ですか / *How* long have you been here? ここに来てからどのくらいたちますか / *How* many times a week do you phone your parents? 週に何度ぞ両親に電話しますか / *How* often do you go to the movies? — Once a month. どのくらいの割合で映画に行きますか — 月に1回です / *How* soon will you be ready? — In a minute. どのくらいで準備できますか — もうすぐです / I wonder *how* far it is to the hotel. ホテルまでどのくらい(の距離が)あるのだろう.

語法 主な「How +形容詞・副詞 …?」
How far …? [距離] どのくらい遠い.
How high …? [高さ] どのくらい高い.
How long …? [長さ・時間] どのくらい長い[かかる].
How many …? [数] いくつ.
How much …? [量・値段] 量はどのくらい; いくら.
How often …? [頻度] 何回くらい.
How old …? [年齢・年数] 何歳; どのくらい古い.
How tall …? [身長・高さ] 身長[高さ]はどのくらい.

3 [状態] **どんな状態[様子]で**, どのように: *How* is your family? ご家族の皆さんはお元気ですか / *How* is the weather? 天気はどうでしょう (=What is the weather like?) / *How* did you find the movie? 映画はどうでしたか / *How* would you like your steak? — I'd like it well done. ステーキの(焼き加減)はどういたしますか — よく火を通してください / *How* do you feel about this picture? この絵をどう思いますか.

4 [感嘆] **なんと**, いかに: *How* pretty that bird is! あの鳥はなんて美しいのだろう / *How* well she sings! 彼女の歌のうまいこと!

語法 (1)「How +形容詞・副詞+主語+動詞!」の形で用いる. ただし,「主語+動詞」は省略することも多い: *How* cute (the baby is)! (その赤ちゃんは)なんてかわいいんでしょう / *How* nice (it is) of you to come! おいでくださってありがとう.
(2) 文脈から明らかな場合, 形容詞・副詞を省略して「How +主語+動詞!」の形を用いることもある: *How* (hard) it's raining! なんてひどい雨だ / *How* (much) I wish I had done as you told me! あなたの言った通りにしていたらどんなによかったことか.

5 [理由] どういうわけで, どうして (why) (◇通例 can, could を伴う): *How* could you be so careless? あなたはどうしてそんなに不注意なんだ / *How* can you say such a thing? どうしてそんなことが言えるんだ ⇒ よくもそんなことが言えたものだ.

II [関係副詞]
6 …する方法, やり方 (◇先行詞を含み, 名詞節を導く): That's *how* the accident happened. 事故はそんな風で起こったのです (=That's the way the accident happened.).

7 [接続詞的に] …ということ (that) (◇ say, tell などの動詞の目的語になる節を導く): He told me *how* he had been a star athlete in his school days. 学生時代はスター選手だったと彼は私に語った.

8 《口語》どんな方法で…しようと (however):

LET'S TALK 提案・勧誘の表現

[基本] **How about …?**

Jenny: **What shall we do next Sunday?**
(今度の日曜日は何をしましょうか)

Miho: **How about going on a picnic?**
(ピクニックに行くのはどうかしら)

提案したり, 誘ったりするときには, How about …? (…はいかがですか) と言いましょう. How about …? の代わりに Let's…. または Shall we …? を用いてもかまいません. 友達同士など親しい間柄では Do you want to go to the movies tomorrow? (あす映画を見に行かない?) といった表現をよく使います. 目上の人には I was wondering if you would like to join us for dinner? (私たちと一緒に夕食をいかがですか) のような丁寧な表現が使われます.

相手の提案に賛成ならば, That's a good idea. (それはいい考えだ) などと答えます (→ AGREE [LET'S TALK]). また, 断るときには I'm afraid を付けて言いましょう (→ AFRAID [LET'S TALK]).

[類例] A: Let's have a karaoke party, shall we? (カラオケパーティーを開きましょうよ)
B: That's a good idea. (それはいいですね)

You can act *how* you please. 好きなように行動してよい.
■ *And hów!* 《米口語》本当に, まったく (◇強い同意などを表す): It's awfully hot today, isn't it? ― *And how!* きょうはすごく暑いね―まったくだ / The temperature is rising, *and how!* 気温が上がってきたのなんのって, すごいよ.

Hów abòut ...? **1** [提案・勧誘を表して] …はいかがですか, …はどうか (➡ 前ページ [LET'S TALK]): *How about* a drink? 一杯やらないか. **2** [意見などを求めて] …はどうなのか, …についてどう思うか: I like this one. *How about* you? 私はこれが気に入りました. あなたはどうですか / *How about* your trip to Thailand? ― I really enjoyed it! タイ旅行はどうだった―すごく楽しかったよ.

Hòw about thát! [驚き・称賛を表して] すごいだろう, 本当なんだから; (実に) 驚いたね.

Hòw áre you? **1** お元気ですか, こんにちは: Hi, John. *How are you?*― I'm fine, thank you, and (how are) you? やあ, ジョン. 元気かい―元気だよ. 君はどう. **2** 初めまして (How do you do?) (◇くだけた場面で用いる).

Hów are you dóing? 《口語》元気かい (➡ NICE [LET'S TALK]).

Hòw cóme ...? 《口語》なぜ…か, どうして…なのか (◇…は平叙文): *How come* you never call me? どうして電話をくれないの.

Hów do you dó? 《格式》初めまして (◇初対面の人に対する格式ばったあいさつ. 返事にも How do you do? を用いる; ➡ NICE [LET'S TALK]).

Hòw éver (*in the wórld*) [*on éarth*]) ...? いったいどうやって…, どんなふうにして… (◇ How を強調した形): *How ever* did the cat get into the house? いったいどうやってその猫は家に入り込んだのだろう.

Hów is it (*that*) ...? なぜ…, どうして…: *How is it* (*that*) you spent all your money? どうしてあなたはお金を全部使ってしまったのですか.

Hòw múch (*is* [*are*] ...)? (…は) いくらですか: *How much was* this PC? このパソコンはいくらでしたか.

Hòw só? どうしてそうなのか, なぜですか (Why?).

Hòw's thát? **1** それをどう思うか. **2** どういうわけか. **3** 何とおっしゃったのですか.

Hów thèn? これはどうしたことだ.
― 名 C [通例 the ~] 方法, やり方: the *how*(*s*) and the why(s) 方法と理由.

*how'd [háud] 《短縮》《口語》how would, how did の短縮形: *How'd* you like your money? (銀行で) お金はどのようにいたしますか (◇札かコインかなど; How'd = How would).

how‑dah [háudə] 名 C 客かご, ハウダー (象などの背中に載せる輿(ɛ). 通例, 天蓋(ɛ̃ʎ)がある).

how‑do‑you‑do [háudʒudúː, -dʒu-], **how‑d'ye‑do** [-di-] 名 [a ~; 通例, 形容詞を伴って] 《口語》困った事態, 思いがけず生じた困難: Well, that's a fine [pretty, nice] *how-do-you-do*. おやおや, それは困ったね.

how‑dy [háudi] 間 《米口語》やあ, よう (hello) (◇ *How do* you do? の略).

***how‑ev‑er** [hauévər] 副 接
― 副 **1** [譲歩の副詞節を導いて] どんなに…しても, たとえ…でも: *However* fast I ran, I couldn't catch up with the dog. どんなに速く走っても私はその犬に追いつけなかった.

語法 (1) 「however+形容詞・副詞+主語+動詞」の形で用いる.
(2) 《口語》では no matter how のほうが一般的.
(3) 動詞に「may+動詞の原形」を用いるのは《文語》.
(4) 動詞が be 動詞の場合,「主語+動詞」が省略されることがある: *However* busy (he is), he never fails to keep a diary. どんなに忙しくても彼は欠かさず日記をつける.

2 どんな方法で…しようと, どんなふうに…しようと (in whatever way): *However* I tried to talk to her, she kept silent. 私がどんなふうに話しかけようとしても彼女は黙ったままだった.

3 [驚きを表して] いったいどうやって, どんなふうにして (◇ how を強調した形; how ever とつづることもある): *However* did you get so muddy, Bobby? ボビー, どうしてそんなに泥んこになったの.

― 接 しかし (◇文中・文頭・文尾のいずれにも用いる; → BUT [類義語]): The boy got badly injured in the accident. An ambulance, *however*, did not come soon. その少年は事故でひどいけがをしたのに, 救急車はすぐには来なかった / Jack didn't feel so hungry. *However*, he went to a coffee shop for a snack with her. ジャックはあまり空腹ではなかった. しかし, 軽食を食べに彼女とコーヒーショップへ行った.

how‑itz‑er [háuitsər] 名 C 【軍】榴弾(ゅぅだん)砲.

*****howl** [hául] 動 自 **1** (犬などが) 遠ぼえする: Your dog was *howling* throughout the night. おたくの犬が夜通しほえていましたよ.
2 (人が) 泣きわめく, 大笑いする; やじる: We all *howled with* laughter. 私たちは皆笑いこけた.
3 (風が) ひゅうひゅう鳴る: The wind *howled* among the trees. 風は音を立てて木立を渡った.
― 他 **1** (泣きわめいて) を言う. **2** どなって〈人〉を圧倒する;〈講演者など〉をやじり倒す (*down*): The audience *howled down* the speaker. 聴衆は講演者をやじり倒した.

― 名 C **1** (犬などの) 遠ぼえ.
2 (苦痛・怒りなどの) うめき, わめき声; (軽蔑・あざけりの) 大きな笑い声.
3 風のうなる音, ひゅうひゅういう音. **4** (マイクなどの) ハウリング.

howl‑er [háulər] 名 C **1** ほえる獣; わめく人.
2 《口語》大失敗, とんでもないへま.

howl‑ing [háuliŋ] 形 [限定用法] **1** (犬などが) 遠ぼえする; (風などが) ひゅうひゅう鳴る; 荒涼とした, もの悲しい: a *howling* storm 吹きすさぶあらし.
2 《口語》途方もない, すごい: a *howling* success 大成功.

***how's** [háuz] 《短縮》《口語》 **1** how is の短縮形: *How's* your father? お父さんはお元気ですか

(◇ is は動詞) / *How's* your business going? 仕事のほうは(◇ is は助動詞) **2** how has の短縮形: *How's* the problem been solved? その問題はどうやって解決したのですか.

hów・so・év・er [hàusouévər] 副《文語》たとえどんなに…でも, 何としても(however).

hów-tó 形[限定用法](書物などが)実用的案内の, 手引きの: a *how-to* book on the personal computer パソコンの手引書.

how've [háuv]《短縮》《口語》how have の短縮形: *How've* you been? 最近具合はどうかね.

hp, HP《略語》= horsepower 馬力.

hPa《略語》= hectopascal.

hq, HQ, H.Q.《略語》= headquarters 本部.

hr, hr.《略語》= hour(s).

HRH《略語》= Her [His] Royal Highness 殿下[妃殿下].

hrs, hrs.《略語》= hours.

ht, ht.《略語》= height.

HTML《略語》= Hypertext Markup Language《インターネットのウェブページを記述するプログラミング言語》.

http《略語》= hypertext transfer protocol《インターネットで HTML を転送する通信手続. ウェブサイトの URL では http://www. と記述する》.

Huang He [hwɑːŋ hə́ː / hwǽŋ-]名 固 黄河《中国北部を流れる大河》.

hub [hʌ́b]名 C **1** (車輪の)ハブ, こしき《車軸の中心; → BICYCLE 図》. **2** (興味・活動などの)中心: the *Hub* ハブ《◇米国 Boston 市の愛称》/ a transportation *hub* 交通の要衝 / a *hub* airport ハブ空港《各地への分散拠点となる空港》.

hub・bub [hʌ́bʌb]名 U 《時に a ~》がやがや, やかましい音; 騒動, 混乱.

hub・by [hʌ́bi]名 C (複 **hub・bies** [~z])《口語》亭主, 夫(◇ husband の略).

hub・cap [hʌ́bkæp]名 C (車輪の)ホイールキャップ.

hu・bris [hjúːbris]《ギリシャ》名 U《文語》高慢.

huck・le・ber・ry [hʌ́klbèri / -bəri]名 (複 **huck・le・ber・ries** [~z]) C《植》ハックルベリー《北米産のコケモモ類の低木. 実は食用》.

Huck・le・ber・ry Finn [hʌ́klbèri fín, -bəri-]名 固 ハックルベリー=フィン《米国の作家マーク=トウェインの小説の主人公でいたずら好きの少年》.

huck・ster [hʌ́kstər]名 C **1**《古風》(野菜・果物などの)行商人, 街頭売り. **2**《しばしば軽蔑》(テレビなどの)コピーライター, CM 制作者, 宣伝部員.

*__hud・dle__ [hʌ́dl]動 自 **1** 群がる, 身を寄せ合う (*together, up*): They *huddled together* under a tree. 彼らは木の下に身を寄せ合った.
2 身を丸める [縮める] (*up*). **3**『アメフト』ハドルを組む.
— 他 **1** …を寄せ集める, 積み重ねる; …を[に]詰め込む (*into*). **2** (寒さ・恐怖などで)〈身〉を縮める: The cat was *huddled* up on the quilt. 猫は布団の上で丸くなっていた.
— 名 C **1** (人の)集団, 群衆; (ものの)寄せ集め. **2**『アメフト』ハドル《作戦を練るために集まること》. **3**《口語》相談, 密談: Secret *huddles* were held. 秘密会議が持たれた.
■ **gò [gèt] ìnto a húddle** 内密に協議する.

Hud・son [hʌ́dsən]名 固 [the ~] ハドソン川《米国 New York 州東部にある》.
◆ **Húdson Báy**固 ハドソン湾《カナダ北東部》.

*__hue__[1] [hjúː]名 C《文語》色; 色合い, 色調.

hue[2] 名 C 叫び(声).
■ **ráise a húe and crý** [...への](抗議・怒り・非難の)激しい叫び声を上げる [*against*].

huff [hʌ́f]《口語》動 自 **1** はあはあ息を切らす (◇しばしば huff and puff の形で用いる); [ガラスなどに] はあーっと息を吹きかける [*on*]: They went *huffing* and puffing up the hill. 彼らははあはあ息を切らせて丘を登った. **2** ふくれ面をする, 腹を立てる. — 他 **1**『チェッカー』〈相手のこま〉を取る. **2**〈人〉を怒らせる.
— 名 C《通例 a ~》憤慨, 立腹: in a *huff* むっとして / go [get] *into a huff* むっとする, 怒る.

huff・y [hʌ́fi]形 (比較 **huff・i・er** [-ər]; 最上 **huff・i・est** [-ist])《口語》怒りっぽい; むっとしている, 気が立っている.
huff・i・ly [-fili]副 怒って, むっとして.

*__hug__ [hʌ́g]動 (三単現 **hugs** [~z]; 過去・過分 **hugged** [~d]; 現分 **hug・ging** [~iŋ])他 **1**〈人・ものなど〉を(愛情を持って)抱きしめる, (両手で)抱きかかえる;〈獣が〉〈獲物〉を前脚で抱え込む: *hug* piles of books ひと抱えの本を抱える.
2〈信条・意見など〉を抱く, …に固執する: Don't *hug* such an absurd idea. そんなばかげた考えに執着するな. **3** …に沿って進む, 離れずについて行く: The road *hugs* the river. 道路は川に沿って(走って)いる.
— 自 しっかりと抱き合う; しがみつく.
■ **húg onesèlf on [for, òver]** ... …を喜ぶ, …に満足する.
— 名 C 抱擁(号); 抱きしめること: Father gave his son a *hug* at parting. 父は別れ際に息子を抱きしめた.

***huge** [hjúːdʒ]
— 形 (比較 **hug・er** [-ər]; 最上 **hug・est** [~ist]) **1** (大きさ・量・程度などが)巨大な, 途方もなく大きい, ばく大な (↔ *tiny*) (→ 類義語): a *huge* animal 巨大な動物 / a person of *huge* talent 大変な才能の持ち主 / He won a *huge* sum of money in the lottery. 彼は宝くじでばく大な大金を当てた.
2《口語》非常な, 大変な.

> 類義語 **huge, enormous, immense, vast, giant, gigantic, tremendous**
> 共通する意味▶非常に大きい (extremely large in size, amount, or degree)
> **huge** はかさや量が「非常に大きい」の意を表す最も一般的な語: a *huge* tanker マンモスタンカー. **enormous** は「標準をはるかに超えて異常に大きい」の意: The banquet was held in an *enormous* room. 宴会は巨大な部屋で催された. **immense** は広がり・程度が「測り切れないほど広大な」の意: The Sahara Desert is *immense*. サハラ砂漠は途方もなく広い. **vast** は

> 「広がりの大きい」の意で，比喩的に「範囲の広い」ことも表す: a *vast* plain 広大な平原 / *vast* knowledge 広範な知識. **giant** は丈や力が「並外れて大きい」の意. また，類似した動植物を区別するために大型のほうの名前に付けて用いる: a *giant* firm 巨大企業 / the *giant* panda ジャイアントパンダ. **gigantic** は物理的な大きさ・力などが「同種のものの中で異常に大きい」の意. 比喩的に用いることも多い: a *gigantic* task (国家的規模の)大事業. **tremendous** は「著しく「異常に，びっくりするほど」大きい」の意: issues of *tremendous* consequence きわめて重要な問題.

huge·ly [hjúːdʒli] 副 すごく，とても.
huge·ness [hjúːdʒnəs] 名 U 巨大さ，ばく大さ.
Hu·go [hjúːgou] 名 固 ユーゴー Victor Marie [víːktɔːr maríː] Hugo《1802-85; フランスの詩人・小説家》.
Hu·gue·not [hjúːgənɑ̀t / -nòu] 名 C《史》ユグノー教徒《16-17世紀フランスの新教徒》.
huh [hm, hʌ́] 間 [文尾で]《口語》へえ，えっ，な《◇驚き・不信・念押しなどを表す》: It's very big, *huh*. へえー，大きいね.
hu·la [húːlə] 名 C フラダンス《Hawaii の民俗舞踊. hula-hula とも言う》.
  ◆ **húla hòop** C フラフープ《腰で回して遊ぶ輪》.
hulk [hʌ́lk] 名 C **1** 老朽船，廃船，廃車両.
  2《通例，軽蔑》ばかでかい人[もの]，ウドの大木.
hulk·ing [hʌ́lkiŋ] 形 [限定用法](人・ものが)大きい: a *hulking* big box 大きくてかさばる箱.
hull[1] [hʌ́l] 名 C **1**(穀物・果物などの)外皮，(豆の)さや，(ピーナッツなどの)殻, (イチゴなどの)へた.
  2(一般に外側を覆う)覆い，カバー.
  ― 動 他 …の皮[外皮，殻，へた]を取る.
hull[2] 名 C (船・飛行艇の)胴体.
hul·la·ba·loo [hʌ́ləbəlùː, hʌ̀ləbəlúː] 名(複 **hul·la·ba·loos** [~z]) C 通例，単数形で] がやがや声，大騒ぎ.
‡**hul·lo** [həlóu, hʌlóu] 間 名《英》= HELLO.
‡**hum** [hʌ́m] 動(三単現 **hums** [~z]; 過去・過分 **hummed** [~d]; 現分 **hum·ming** [~iŋ]) 自
  1(ハチ・機械などが)ぶんぶん低い音を立てる: The bees were *humming* around the flower bed. ハチが花壇の周りでぶんぶん羽音を立てていた.
  2(口を開けないで)鼻歌を歌う，ハミングする: My father often *hums* (to himself). 父はよく鼻歌を歌う. **3**(事業などが)景気がよい;[…で]活気に満ちている [*with*]: the museum *humming with* visitors 入場者であふれている博物館.
  ― 他〈歌〉をハミングする;〈人〉に鼻歌を歌って[…の状態に]させる [*to*]: My mother used to *hum* my younger brother *to* sleep. 母は鼻歌を歌って弟を寝かしつけたものだ.
  ■ **húm and háw**《英》口ごもる; ためらう;(困ったように)ふうん[えー] と言う.
  ― 名 C [単数形で] **1**(ハチ・機械などの)ぶんぶんいう低い音. **2** 鼻歌，ハミング. **3** ざわざわ[がやがや]いう騒音，雑音: the distant *hum* of traffic 遠くから聞こえてくる車の通る音.
  ― 間 ふーん，ええと《◇不満・ためらいなどを表す》.

***hu·man** [hjúːmən]
  ― 形 **1 人間の**, 人の: the *human* body 人体 / the *human* race 人類.
  2 人間的な，人間らしい; 人情味のある《◇特に心が優しくて「人間味のある」「情に厚い」の意では humane を用いる》: *human* feelings 人間らしい感情 / a *human* error 人にありがちな過ち / He is less than *human*. 彼は人間以下だ[人倫にもとる].
  ■ **be ónly húman** …も人の子，誤りはだれにもある: They *are only human*. 彼らもただの人間だ(誤りも犯す).
  ― 名 C 人間(human being).
      (▷ 名 humánity; 動 húmanize)
  ◆ **húman béing** C 人間, 人 (→ MAN [語法]).
  húman enginéering U 人間工学; 人事管理.
  húman génome C《生物》ヒトゲノム，ヒト遺伝子.
  húman ínterest U (記事などの)読者の興味をかき立てる要素.
  húman náture U 人間性 (humanity).
  húman relátions [単数扱い] (集団内の)人間関係.
  húman resóurces 1 [複数扱い] 人的資源, 人材. **2** U (会社などの)人事 [人材育成]部門.
  húman ríghts [複数扱い] 人権.
*hu·mane [hjuméin] 形 人間らしい，人情味のある，思いやりのある; 苦痛を与えない (↔ inhumane)(↔ HUMAN): *humane* killing (動物の)無痛致死 / a *humane* person = a person of *humane* character 人情味のある人. (▷ 名 humánity)
*hu·man·ism [hjúːmənìzəm] 名 U [しばしば H-] **1**(宗教に対して)人間(中心)主義, 人本[人文]主義.《比較》日本語の「ヒューマニズム」は humanitarianism (人道主義) に近い.
  2 [しばしば H-] 人文学《ルネサンス期のギリシャ・ローマ古典研究》.
hu·man·ist [hjúːmənist] 名 C **1** 人間[人本, 人文]主義者.《比較》日本語の「ヒューマニスト」は humanitarian に近い. **2** 古典学者.
hu·man·is·tic [hjùːmənístik] 形 人文主義(者)の, 人道主義の; 人道主義者の.
*hu·man·i·tar·i·an [hjuːmæ̀nətéəriən] 形 人道主義の, 博愛(主義)の. ― 名 C 人道[博愛]主義者, ヒューマニスト (→ HUMANIST [比較]).
hu·man·i·tar·i·an·ism [hjuːmæ̀nətéəriənìzəm] 名 U 人道[博愛]主義, ヒューマニズム (→ HUMANISM [比較]).
‡**hu·man·i·ty** [hjuːmǽnəti] 名(複 **hu·man·i·ties** [~z]) **1** U [集合的に; 単数・複数扱い] 人類, 人間: crimes against *humanity* 人道に対する犯罪《大量虐殺など》. **2** U 人間性, 人間であること; 人間の特性: He believes *humanity* is fundamentally good. 彼は人間の本性は善だと信じている. **3** U 博愛; 人情, 思いやり: You must treat the elderly and handicapped with *humanity*. 高齢者や障害者に思いやりをもって接しなければなりません. **4** [the humanities] 人文学, 人文科学;(ギリシャ・ラテンの)古典文学[語学].
      (▷ 形 húman, humáne)

hu・man・ize [hjúːmənàiz] 動 他 **1** …を人間らしくする; …に人間性を与える. **2** 〈状況など〉を人間に適した[快適な]ものにする: *humanize* the working environment 労働環境を改善する. (▷ 形 húman).

hu・man・kind [hjúːmənkàind] 名《集合的に; 単数・複数扱い》人類, 人間 (mankind).

hu・man・ly [hjúːmənli] 副 **1** 人間らしく: Act *humanly*. 人間らしく(慈悲を持って)行動せよ. **2** 人間の能力[知識]で: do everything *humanly* possible できる限りの手をつくす. **3** 人間として: a *humanly* unpardonable felony 人間として許されない重罪.

hu・man・oid [hjúːmənɔ̀id] 形 (ロボットなどが)人間のような. ── 名 C 人間に似たロボット.

*****hum・ble** [hámbl] 形《原義は「低い」》── 形 (比較 **hum・bler** [～ər], **more hum・ble**; 最上 **hum・blest** [～ist], **most hum・ble**) **1** (人・態度・言葉などが)つつましい, 控えめな, 謙虚な (↔ proud): a *humble* heart つつましい心 / a *humble* attitude 謙虚な態度 / He is *humble* about his success. 彼は自分の成功を鼻にかけない. **2** (身分・地位などが)低い: a man of *humble* standing 地位の低い男. **3** 粗末な, 質素な, ささやかな: a *humble* life 質素な生活 / *humble* food 粗末[質素]な食べ物. ■ éat húmble píe 誤りを認める, 平謝りに謝る. ── 動 他 **1** …を謙虚にする; 〈プライドなど〉をくじく: a *humbling* experience 謙虚さを思い知らされる[プライドをくじく]ような経験 / *humble* …'s pride …の高慢な鼻をへし折る. **2** 〈人〉を負かす.

hum・bly [hámbli] 副 **1** へりくだって, 謙虚に. **2** (身分・地位などが)低く; 質素に.

hum・bug [hámbʌg] 名 **1** C 《古風》いかさま師. **2** U C ごまかし; *Humbug!* ばかな! ── 動 (三単現 **hum・bugs** [～z]; 過去・過分 **hum・bugged** [～d]; 現分 **hum・bug・ging** [～iŋ]) 他 〈人〉をだます; だまして[…]させる [*into*]; だまして[…を]奪う [*out of*].

hum・ding・er [hámdíŋər] 名 C《単数形で》《口語》とてつもなくすばらしい人[もの].

hum・drum [hámdrʌ̀m] 形 単調な, 変化の少ない; 平凡な: a *humdrum* job 単調な仕事.

hu・mer・us [hjúːmərəs] 名 (複 **hu・mer・i** [-mərài]) C《解剖》上腕骨.

***hu・mid** [hjúːmid] 形 湿気が多い, (高温)多湿の: a *humid* summer day 蒸し暑い夏の日.

hu・mid・i・fi・er [hjuːmídəfàiər] 名 C 加湿器 (cf. dehumidifier 除湿器).

hu・mid・i・fy [hjuːmídəfài] 動 (三単現 **hu・mid・i・fies** [～z]; 過去・過分 **hu・mid・i・fied** [～d]; 現分 **hu・mid・i・fy・ing** [～iŋ]) 他〈部屋など〉を加湿する, 湿らせる.

***hu・mid・i・ty** [hjuːmídəti] 名 U 湿気, 湿度.

***hu・mil・i・ate** [hjuːmílièit] 動 他〈人〉の誇り[尊厳, 自尊心]を傷つける, 〈人〉に恥をかかせる: *humiliate* oneself 恥をかく, 面目を失う.

hu・mil・i・at・ing [hjuːmílièitiŋ] 形 恥をかかせるような, 屈辱的な: a *humiliating* failure [experience, defeat] 屈辱的な失敗[経験, 敗北].

***hu・mil・i・a・tion** [hjuːmìliéiʃən] 名 U C 恥をかかせること, 屈辱, 不面目.

***hu・mil・i・ty** [hjuːmíləti] 名 U《ほめ言葉》謙遜(ホ), 謙虚; 卑下: He is a person of great *humility*. 彼はとても謙虚です.

hum・ming [hámiŋ] 形 (ハチ・機械などが)ぶんぶん音を立てる; 《口語》ハミングする. ── 名 U C ぶんぶんいう音; 鼻歌, ハミング.

hum・ming・bird [hámiŋbə̀ːrd] 名 C 《鳥》ハチドリ《花の蜜(含)を吸うアメリカ大陸産の小鳥》.

hum・mock [hámək] 名 C 小山, 丘.

*****hu・mor**,《英》**hu・mour** [hjúːmər] 名 動 ── 名 (複 **hu・mors**, 《英》**hu・mours** [～z]) **1** U ユーモア, おかしみ, こっけい; ユーモアを理解する[表現する]力 (→ WIT 類義語): dry *humor* まじめな顔で言うユーモア / black *humor* ブラックユーモア / My father has no sense of *humor*. 私の父はユーモアがわからない / His story was full of *humor*. 彼の話はユーモアにあふれていた / He saw no *humor* in the story. 彼はその話はどこも面白いと思わなかった. **2** U C《通例 a ～》《格式》(一時的な)気分: be in a good [bad] *humor* 上機嫌[不機嫌]である / I am in no *humor* for studying. = I am not in the *humor* for studying. 私は勉強する気になれない. **3** U C 気質, 気性: Every man has his *humor*. 《ことわざ》十人十色. **4** C《古》(中世医学での)体液 (→ 参考). ── 動 他 …に調子を合わせる, …の機嫌を取る, …をなだめる; 〈人〉を甘やかす. (▷ 形 húmorous) 参考 中世医学では血液 (blood), 粘液 (phlegm), 黄胆汁 (choler), 黒胆汁 (melancholy) の四体液の配分で肉体・精神の状態, さらには気質が決まるとされていた.

hu・mor・ist,《英》**hu・mour・ist** [hjúːmərist] 名 C **1** ユーモアのある人, ユーモリスト. **2** ユーモア作家.

hu・mor・less,《英》**hu・mour・less** [hjúːmərləs] 形 ユーモア[面白み]に欠けた.

***hu・mor・ous** [hjúːmərəs] 形 ユーモアのある, こっけいな, 面白い; ユーモアを解する: a *humorous* story こっけいな話 / a *humorous* speaker ユーモアに富んだ話し手. (▷ 名 húmor)

*****hu・mour** [hjúːmər] 名 動《英》= HUMOR (↑).

hump [hámp] 名 C **1** (ラクダ・人の背中などの)こぶ. **2** 小山, 丘; (路面・土の)盛り上がり. ■ *gíve* … *the húmp*《英口語》〈人〉をいらいらさせる, 気落ちさせる. *òver the húmp* 困難を乗り越えて, 「峠を越えて」. ── 動 他 **1**〈背中など〉を丸くする (*up*): The cat *humped* itself *up* and growled. 猫は背中を丸めてうなった. **2**《英口語》〈重いもの〉をやっとのことで運ぶ.

hump・back [hámpbæk] 名 C **1** 猫背(の人)

(hunchback). **2** = **húmpback whàle**〖動物〗ザトウクジラ.
◆ húmpback brídge Ⓒ〖英〗太鼓橋.

hump・backed [hámpbæːkt]形 猫背の.
◆ húmpbacked brídge Ⓒ = humpback bridge (↑).

humph [hámf] (☆ [mmm] とも発音する) 間 ふん!, ふふん!(◇不満・軽蔑・疑いなどを表す).

Hump・ty Dump・ty [hámpti dámpti]名
1 圖 ハンプティ=ダンプティ《英国の童謡集『マザーグース』に出てくる卵を擬人化した人物》. **2**(複 **Hump・ty Dump・ties** [～z])Ⓒ《比喩》(卵のように)一度壊れたら元に戻らないもの; ずんぐりした人.

hu・mus [hjúːməs]名Ⓤ 腐植土, 腐葉土.

Hun [hán]名Ⓒ **1**〖史〗フン族(の人)《4-5世紀にヨーロッパを侵略したアジアの遊牧民》. **2** [しばしば h-]《古風》破壊者, 野蛮人.

hunch [hántʃ]動 他〈背〉を丸める, 〈体〉をかがめる, …を丸くする(*up*): He *hunched up* his shoulders over the stove. 彼はストーブに身をかがめた.
― 自 背を丸める(*up*).
― 名 Ⓒ **1** 予感, 直感, 勘: I had a *hunch* that they would marry. 彼らは結婚するような予感がした. **2** (ラクダなどの)こぶ; 大きな塊.

hunch・back [hántʃbæk]名Ⓒ 猫背(の人) (humpback).

hunch・backed [hántʃbæːkt]形 猫背の (humpbacked).

★**hun・dred** [hándrəd]名形
― 名(複 **hun・dreds** [-drədz]) **1** Ⓒ(基数の)100 (→ NUMBER 表): Open your textbook to page one *hundred*. 教科書の100ページを開きなさい.

語法 (1) **hundred, thousand** と数詞
hundred, thousand が数詞・数量を表す形容詞を伴う場合は -s を付けない(→ MILLION): three *hundred* 300 / several *thousand* 数千.
(2) 3けた以上の数字の読み方
3けた以上の数字を読む場合, 100の位のあとに and を入れる. また, 100の位が0のときは1,000の位のあとに and を入れる. ただし, 口語的な場合も《米》では and を入れないほうが一般的である: three hundred (and) forty-five 345 / two thousand (and) fifty 2,050 / twelve million, three hundred (and) seventy-five thousand, six hundred (and) seventy-eight 12,345,678.
(3) 年号の言い方
年号は通例 100の位で区切って言う: nineteen ninety-five 1995年(◇ただし, 1900年は nineteen hundred, 2000 年は two thousand, 2005年は two thousand (and) five または twenty o [óu] five と言う).

2 Ⓒ100を表す記号 (100, Cなど). **3**〔代名詞的に; 複数扱い〕100, 100個, 100人: A *hundred* of the soldiers were killed in a battle. 兵士のうち100人が戦死した. **4** Ⓤ100ドル〔セント, ポンド, ペンスなど〕; 100フィート, 100インチ. **5** Ⓒ100個〔人〕ひと組のもの. **6** [a～]100歳: Few people live to be a *hundred*. 100歳まで生きる人は少ない.

■ *a húndred to óne* 九分九厘, ほとんど確実に: *A hundred to one* he will lose the next game. まず間違いなく彼は次の試合に負ける.
by húndreds = *by the húndred(s)* 何百となく, たくさん.
húndreds of … 何百もの…, 多数の…: *Hundreds of* young people attended the concert. 何百人もの若者がコンサートにやって来た.
húndreds of thóusands of … 数十万の, 無数の.

― 形 **1** 〔限定的用法〕100の; 100個の, 100人の: She read a [one] *hundred* books in a year. 彼女は1年で100冊の本を読んだ / He is making five to six *hundred* dollars a week. 彼は週に5, 6百ドル稼いでいる. **2** [a ～]何百もの, たくさんの: I have warned you a *hundred* times. あなたには何度も警告したはずです.

■ *a húndred and óne …*《口語》多数の….
a [óne] húndred percént 100パーセント;《口語》完全に: I'm *a hundred percent* sure that she will pass the exam. 私は彼女が絶対に試験に受かると確信している.

hun・dred・fold [hándrədfòuld]形 100倍の.
― 副 100倍に.

★**hun・dredth** [hándrədθ](◇ 100th ともつづる; → NUMBER 表)形 **1** 〔通例 the ～〕100番目の, 第100の, 100位の.
2 100分の1の (→ FOURTH 形 **2**).
― 名(複 **hun・dredths** [～s]) **1** Ⓤ〔通例 the ～〕100 番目の人〔もの〕. **2** Ⓒ 100 分の1 (→ FOURTH 名 **3** 語法).

hun・dred・weight [hándrədwèit]名Ⓒ ハンドレッドウエート《◇重量の単位; 1ハンドレッドウエート=《米》100ポンド=45.359 kg, 《英》112ポンド=50.802 kg;《略語》cwt; →巻末「度量衡」》.

★**hung** [háŋ]動形
― 動 **hang** の過去形・過去分詞の1つ.
― 形 〔限定的用法〕(意見・票などが割れて)決定できない, 評決不能の;(議会が)絶対多数党のない.

Hun・gar・i・an [hʌŋgéəriən]形 ハンガリーの; ハンガリー人〔語〕の.
― 名 **1** Ⓒ ハンガリー人. **2** Ⓤ ハンガリー語.

Hun・ga・ry [hʌ́ŋgəri]名 圖 ハンガリー《ヨーロッパ中部にある共和国. 首都ブダペスト (Budapest)》.

★**hun・ger** [háŋgər]名動
― 名 **1** Ⓤ 空腹, 飢え, 飢餓; 飢饉(ॡ), 食糧不足: die of *hunger* 飢え死にする / suffer from *hunger* 飢えで苦しむ / satisfy one's *hunger* 空腹を満たす / *Hunger* is the best sauce.《ことわざ》空腹は最上のソースである ⇨ すきっ腹にまずいものなし. **2** [a ～ / one's ～]〔…に対する〕切望, 熱望 [*for*]: Naomi's *hunger for* knowledge is bottomless. ナオミの知識欲はとどまる所を知らない.
― 動 自 《文語》〔…を〕切望する, 熱望する〔*for, after*〕: He *hungers for* fame. 彼は名声を熱望している. (▷ 形 **húngry**)
◆ húnger màrch Ⓒ 飢餓行進《失業者のデモ》.
húnger strìke Ⓒ ハンガーストライキ: go on a

hungrily

hunger strike ハンストをする.
hun･gri･ly [háŋgrəli] 副 飢えて, がつがつと; 熱望[渇望]して.

hun･gry [háŋgri]
── 形 (比較 **hun･gri･er** [~ər]; 最上 **hun･gri･est** [~ist]) **1** 飢えた, 空腹の; 空腹そうな; 空腹をもたらす: feel *hungry* 空腹を覚える / *hungry* work 腹の減る仕事 / He is always *hungry*. 彼はいつも腹をすかしている / The little girl wears a *hungry* look. 少女はおなかがすいた顔をしている. **2** [叙述的用法] […を] 熱望する, 渇望する [*for*]: be *hungry for* affection 愛情に飢えている. **3** (土地などが) やせた, 不毛の: *hungry* land やせた土地. ■ **gò húngry** 十分に食べないでいる; 飢えている.
(▷ 名 húnger).

hunk [háŋk] 名 C **1** (パン・肉などの) 大きな塊, 厚切り (chunk): a *hunk* of bread [meat, cheese] パン [肉, チーズ] の塊. **2** 《俗語・通例ほめ言葉》 たくましくて魅力のある男.

hun･ker [háŋkər] 動 自 しゃがむ (*down*).

hunt [hánt]
── 動 (三単現 **hunts** [hánts]; 過去・過分 **hunt･ed** [~id]; 現分 **hunt･ing** [~iŋ])
── 他 **1** 〈動物などを〉狩る, 狩猟する;《英》(スポーツとして) 〈キツネを〉狩る (◇馬に乗り猟犬を使って行う. キツネ以外の獣・鳥などの猟には shoot を, 《米》 ではどちらにも hunt を用いる): I'm going to *hunt* wild boars with my father next Sunday. 今度の日曜に私は父とイノシシ狩りに出かける. **2** …を探し求める; 〈犯人などを〉追跡する: *hunt* a clue 手がかりを探し求める / The police have been *hunting* the fugitive for a week. 警察は逃亡者の捜索を1週間続けている. **3** […を求めて] 〈場所を〉くまなく探す [*for*]: She *hunted* the room *for* the lost [missing] button. 彼女はなくしたボタンを見つけようと部屋じゅうを探し回った. **4** …を追い立てる, 追い払う.
── 自 **1** 狩りをする, 狩猟する;《英》キツネ狩りをする: go *hunting* in the jungle ジャングルへ狩りに出かける. **2** […を求めて/場所を] 捜索する, 捜す, 探し求める [*for / through*]: *hunt for* a job 職を探す / The rescue team was *hunting through* the mountains *for* the missing climber. 救助隊は行方不明の登山者を発見するため山中を捜索していた.

句動詞 **húnt dówn** 他 [hunt down + O / hunt + O + down] 〈人・物〉をあくまで追い求める, 見つかるまで探す, 追い詰める.

húnt óut 他 [hunt out + O / hunt + O + out] 〈しまい込んだものなど〉を見つかるまで探す, 探し出す: Janet finally *hunted out* the letter from Mark. ジャネットはマークからの手紙をついに探し出した.

húnt úp 他 [hunt up + O / hunt + O + up] …を苦心して探す.

── 名 C **1** 狩り, 狩猟;《英》キツネ狩り: join the *hunt* for bears クマ狩りに参加する. **2** [通例, 単数形で] […の] 捜索, 追跡 [*for*]: Their *hunt* for new furniture took over a month. 彼らの新しい家具探しは1か月以上かかった. **3** (キツネ狩りなどの) 狩猟隊, 猟友会; 狩猟地, 猟区. ■ **gó on a húnt** 狩りに行く.
on the húnt for ... …を探して, 捜索中で.

húnt･er [hántər] 名 C **1** 狩りをする人, 猟師, ハンター; [形容詞を伴って] 狩りをするのが…な人: a good [bad] *hunter* 狩りが上手な [下手な] 人. **2** […を] 追い求める人 [*after, for*]: a job *hunter* 求職者 / a fortune *hunter* 財産めあてに結婚する人. **3** 猟犬;《英》(キツネ狩りに使う) ハンター馬 (◇ foxhunter ともいう).

húnt･ing [hántiŋ] 名 U **1** 狩猟, 狩りをすること;《英》キツネ狩り (foxhunting): go *hunting* 狩りに出かける. **2** あさること, 探求, 捜索: job [house, book] *hunting* 職 [家, 本] 探し.
◆ **húnting dòg** C 猟犬.
húnting gròund C 猟場; 探す場所: a happy *hunting ground* 欲しいものがある所; 絶好の場.

húnt･ress [hántrəs] 名 **1** 《文語》女性狩猟家 [家], 女性ハンター. **2** 雌の狩犬 [馬].

hunts･man [hántsmən] 名 (複 **hunts･men** [-mən]) C **1** 《文語》(男性の) 狩猟者, ハンター (hunter). **2** (キツネ狩りの) 猟犬係.

*****hur･dle** [hə́:rdl] 名 C **1** 【スポーツ】ハードル, 障害物; [the ~s] = húrdle ràce ハードル [障害] 競走: clear a *hurdle* ハードルを越える / the 100-meter *hurdles* 100mハードル (レース). **2** 困難, 障害: overcome many *hurdles* さまざまな困難を乗り越える.
── 動 他 〈ハードルを〉飛び越える; 〈障害・困難などを〉乗り越える.

hur･dler [hə́:rdlər] 名 C ハードル競走選手.

hur･dy-gur･dy [hə́:rdigə̀:rdi, -gə̀:r-] 名 (複 **hur･dy-gur･dies** [~z]) C **1** (街頭などで演奏する) 手回しオルガン (barrel organ). **2** ハーディガーディ (リュート (lute) に似た中世の弦楽器).

*****hurl** [hə́:rl] 動 他 **1** 〈重いものなどを〉 […に向かって] 強く投げつける, ほうり投げる [*at*] (→ THROW 類義語): He *hurled* a brick *at* the wall. 彼はレンガを壁に投げつけた. **2** 〈悪口・非難などを〉 [人に] 浴びせる [*at*]: The driver *hurled* abuse *at* the man crossing against the light. 運転手は信号を無視して横断している男に罵声(ばせい)を浴びせた.
■ **húrl oneself** […に] 飛びかかる [*at*]; [仕事などに] 打ち込む [*into*].

hurl･ing [hə́:rliŋ] 名 U 【球技】ハーリング (1チーム15人で行うホッケーに似たアイルランドの国技).

hurl･y-burl･y [hə́:rlibə̀:rli] 名 U 大騒ぎ, 騒動.

Hu･ron [hjúərən] 名 固 [Lake ~] ヒューロン湖 《北米にある五大湖 (Great Lakes) の1つ》.

hur･rah [hurɔ́:, -rɑ́: / -rɑ́:] 間 《古風》万歳!, フレー! (◇歓喜・称賛・激励などを表す): *Hurrah* for the Queen! 女王陛下万歳! / Hip, hip, *hur-rah*! ヒップ, ヒップ, フレー! 《喝采(かっさい)の声で, 通例これを3回繰り返す》.
── 名 C 「万歳」「喝采, 歓喜」の叫び.
── 動 自 万歳を唱える, 歓声を上げる.

hur･ray [huréi] 間 名 動 = HURRAH (↑).

*****hur･ri･cane** [hə́:rəkèin / hʌ́rikən] 名 C ハリケ

ーン《主に西大西洋に発生する暴風雨》(→ STORM
関連語).
◆ húrricane làmp C 強風用ランプ [カンテラ].

húr・ried [hə́ːrid / hʌ́rid] 形 大急ぎの, せき立てられた; 急場しのぎの: We had a *hurried* meal. 私たちはあわただしく食事を済ませた.

húr・ried・ly [hə́ːridli / hʌ́r-] 副 大急ぎで, せき立てられて, あわただしく.

húr・ry [hə́ːri / hʌ́ri] 動 名

— 動 (三単現 **hur·ries** [~z]; 過去・過分 **hur·ried** [~d]; 現分 **hur·ry·ing** [~iŋ])

— 自 急ぐ, 急いで行く [する]; あわてる: *hurry* home 急いで帰宅する / She *hurried* to the station to catch the last train. 彼女は終電に乗ろうと駅へ急いだ / His car *hurried* along the river to the village. 彼の車は村へと川沿いを急いだ / Ali Baba saw the robbers *hurrying* out of the cave. アリババは盗賊たちが洞窟(どうくつ)からあわてて出て行くのを目にした.

— 他 **1** 〈人〉を急がせる, せかせる; …を急いで運ぶ [送る]: Don't *hurry* me, or I may make mistakes. せかさないでください, 間違えてしまいますから / The ambulance *hurried* the old man to the hospital. 救急車はその老人を病院まで急送した. **2** 〈食事・仕事など〉を急いでする: John *hurried* breakfast and left for school. ジョンは急いで朝食をとって学校へ向かった / Good pictures shouldn't be *hurried*. せかされるとよい絵はかけない.

■ **húrry alóng** 自 急いで行く. — 他 …を急いで行かせる.

húrry awáy [**óff**] 自 急いで立ち去る. — 他 …を急いで立ち去らせる.

húrry ... ínto ~ 〈人〉をせかして~をさせる: Sally was *hurried into* spilling the milk. サリーはせかされたためミルクをこぼしてしまった.

húrry úp 自 急ぐ: *Hurry up*, Catherine. We are waiting. ぐずぐずしないで, キャサリン. みんな待っているのよ. — 他 …を急がせる.

— 名 U **1** 急ぎ, 大あわて (haste) (→ 成句).
2 [疑問文・否定文で] 急ぐ必要, 急ぐ理由: There's no *hurry* for the job. その仕事は急ぐ必要はない / Is there any *hurry*? 急ぐ必要があるのですか / No great *hurry*. そんなにあわてることはない / What's the [your] *hurry*? なぜ急ぐのですか (= Why do you hurry?).

■ **be in nó húrry to dó 1** …するのを急がない, あわてずに…する: I'm *in no hurry to* buy a new bike. 私は新しい自転車を急いで買う必要はない. **2** …をしたがらない.

in a húrry 1 急いで, すばやく: She put away the pile of books on the desk *in a hurry*. 彼女は机の上の本の山をすぐに片づけた / The criminal was *in a hurry* to run away. 犯人はあわてて逃げようとした. **2** [否定文で] すぐに, 簡単に: You can't learn a foreign language *in a hurry*. 外国語をすぐに習得することはできない. **3** [否定文で] 喜んで, 進んで.

in one's húrry […しようと] 急いだあまり [*to do*]:

In her *hurry to* leave, Jane fell down on the steps. 急いで出かけようとして, ジェーンは階段で転んでしまった.

hurt [hə́ːrt] 動 形 名【原義は「たたく (knock)」】

— 動 (三単現 **hurts** [hə́ːrts]; 過去・過分 **hurt**; 現分 **hurt·ing** [~iŋ])

— 他 **1** 〈人・体〉を傷つける, …にけがをさせる (→ INJURE 類義語): Stray bullets *hurt* the soldier at the gate. 流れ弾で門衛の兵士が負傷した / Tom *hurt* himself when he fell down from the tree. トムは木から落ちてけがをした / My father *hurt* his lower back while he was carrying a heavy bag. 父は重いバッグを運んでいて腰を痛めた.
2 …の心 [感情] を傷つける, 〈感情など〉を害する: His thoughtless remarks *hurt* her feelings. 彼の軽率な言葉は彼女の気持ちを傷つけた / It *hurts* me that she doesn't visit me. 彼女が会いに来てくれないことで私は傷ついている.
3 〈もの〉を傷つける, 破損する; …に悪影響を与える: The failure in the new project *hurt* the company seriously. 新事業の失敗によって会社は重大な損害を被った.

— 自 **1** 痛む; けがをする: My legs *hurt* after a long walk. 長く歩いたので私は足が痛い / Where does it *hurt*? どこが痛いのですか.
2 [通例, 疑問文・否定文で] 悪影響がある.

■ **It wòn't [wòuldn't] húrt (...) to dó** 《口語・時に皮肉》(…にとって) ~してもたいしたこと [不都合] はない: It wouldn't *hurt* you *to* be absent once in a while. たまに休んでもかまわないだろう.

— 形 **1** けがをした, 傷ついた: Ten passengers were badly *hurt* in the bus accident. バスの事故で乗客10人が大けがをした / The girl got *hurt* on a broken vase. 女の子は割れた花びんでけがをした.
2 (精神的に) 傷ついた, 気分を害した, 不快な: She was deeply *hurt* by his severe criticism. 彼女は彼の痛烈な批判にひどく傷ついた / I feel very *hurt* to hear that. 私はそれを聞いてとても不愉快です.

— 名 **1** [または a ~] 心の痛み, 精神的苦痛: His angry words were a serious *hurt* to her pride. 彼にどなられて彼女のプライドは大いに傷ついた. **2** C 痛み, けが.

hurt·ful [hə́ːrtfəl] 形 感情を傷つける; […に] 有害な [*to*]: say *hurtful* things 気にさわることを言う / Too much drinking is *hurtful* to your health. 酒の飲みすぎは体に悪い.

hur·tle [hə́ːrtl] 動 自 (通例, 副詞(句)を伴って)(列車・矢・石などが音を立てて) 飛ぶ, 突進する: Rocks came *hurtling* down the cliff. 岩が絶壁をがらがらと落ちてきた.

hus・band [hʌ́zbənd] 名 動【原義は「一家の主人」】

— 名 (複 **hus·bands** [hʌ́zbəndz]) 夫 (→ FAMILY 図): *husband* and wife 夫婦 (◇通例, 無冠詞) / her future *husband* 彼女の夫となる人 / He is a good *husband* and father. 彼はよき夫でありよ

hus・band・ry [házbəndri] 名U **1** 農業, 耕作: animal *husbandry* 畜産, 牧畜. **2** 《古風》倹約, 節約; 家計のやりくり.

*hush [hʌ́ʃ] 動他 **1** …を静かにさせる, 黙らせる; …を落ち着かせる, なだめる: *hush* a baby to sleep 赤ん坊をあやして寝かせる / *hush* …'s discontent …の不満を和らげる.
— 自 [しばしば命令文で] 静かになる, 黙る.
■ **húsh úp** 他〈事実・秘密など〉をもみ消す, 口止めする: The company *hushed up* their deficits. 会社は赤字をもみ消した.
— 名 **1** [または a 〜] (特に騒ぎのあとの) 静けさ, 静寂, 沈黙: A *hush* fell over [on] the room. 部屋は静まり返っていた.
— 間 [Hush!] しっ!, 静かに!
◆ **húsh mòney** U 口止め料.
húsh pùppy C ハッシュパピー (ひき割りトウモロコシを揚げた米国南部の丸い菓子).

*hushed [hʌ́ʃt] 形 [通例, 限定用法] (場所・声などが) 静かな, しんとした.

húsh-hùsh 形《口語》極秘の, 内密な: *hush-hush* inside information 極秘の内部情報.

husk [hʌ́sk] 名C **1** (穀物・果物などの) 外皮, 殻. **2** (一般に) 無用の外皮; かす, 形骸(ﾖ).
— 動他〈穀物・種子など〉の皮をむく, 殻を取る.

husk・i・ly [hʌ́skili] 副 しわがれて [ハスキーな声] で.

husk・i・ness [hʌ́skinəs] 名U 声がしわがれていること.

husk・y¹ [hʌ́ski] 形 (比較 **husk・i・er** [〜ər]; 最上 **husk・i・est** [〜ist]) **1** (声が) しわがれた, ハスキーな; (人が) しわがれ声の: a *husky* voice しわがれた声; ハスキーボイス. **2** 《主に米口語》 (特に男が) 体のがっしりした, 体格のよい.

hus・ky² 名 (複 **hus・kies** [〜z]) C ハスキー犬 (寒冷地でそり (sled) を引くのに使う).

hus・sar [həzɑ́ːr] 名C (ヨーロッパ諸国の) 軽騎兵.

hus・sy [hʌ́si] 名 (複 **hus・sies** [〜z]) C 《古風・軽蔑》浮気女, あばずれ女.

hus・tings [hʌ́stiŋz] 名 [the 〜; 単数・複数扱い] 《主に英》選挙演説 [運動]; 政見演説 (会場): on the *hustings* 選挙遊説(ｾﾞｲ)中で.

*hus・tle [hʌ́sl] (☆発音に注意) 動他 **1** …を乱暴に押す; [場所へ / 場所から] 押し込む [押し出す] [*into* / *out of*]: The policeman *hustled* the man *out of* the court. 警官はその男を法廷から引きずり出した. **2** …を急がせる; 〈人〉に無理やり […を] させる [*into*]: We were *hustled into* working. 私たちはいやいや働かされた. **3**《米口語・軽蔑》〈人〉をだまして [力ずくで] 金品を巻き上げる [手に入れる]; …を押し売りする, 不正に売買する.
— 自 **1** 急ぐ, […を] 押し分けて進む [*through*]: *hustle through* the crowd 群衆を押し分けて進む. **2**《米口語》精力的に働く, ハッスルする.
3《米俗語》売春をする.
— 名U **1** 大急ぎ; 騒ぎ, 押し合い: *hustle* and bustle 雑踏, 押し合いへし合い. **2** 大張り切り, ハッスル. **3**《米口語》詐欺, ペテン; 不正な売買.

hus・tler [hʌ́slər] 名C《米口語》**1** やり手, 活動家, 猛烈社員. **2** 押し売り; ペテン師, 詐欺師.

***hut [hʌ́t]
[原義は「隠れる所」]
— 名 (複 **huts** [hʌ́ts]) C 小屋; あばら屋, バラック (→ CABIN 類義語): There is a *hut* on the beach to keep fishing equipment in. 海岸には漁具をしまっておく小屋がある.

hutch [hʌ́tʃ] 名C **1** (ウサギなどを飼う) 箱, おり (cage). **2** (貯蔵用の) 箱, ひつ, 戸棚. **3** 小さな家, 掘っ立て小屋.

hwy. [hwy.] 《略語》= highway.

hy・a・cinth [háiəsinθ] 名 **1** C 《植》 ヒヤシンス (の花). **2** U ヒヤシンス色, 青紫色.

hy・ae・na [haiíːnə] 名 (複 **hy・ae・nas** [〜z], **hy・ae・na**) = HYENA (↓).

*hy・brid [háibrid] 名C **1** (動植物の異種の) 交配種, 雑種: A mule is a *hybrid* of a horse and a donkey. ラバはロバと馬との雑種である. **2**《言》混成語《異なった言語の要素の組み合わせから成る語. たとえば television はギリシャ語の tele とラテン語の vision から成る》. **3** ハイブリッド《異なった機器の部品を組み合わせた機器》.
— 形 **1** 雑種の, 起源の異なる: a *hybrid* dog 雑種犬. **2** ハイブリッドの.

hy・brid・ize [háibridàiz] 動他〈異種の動植物〉を交配させる, …の雑種を作る. — 自 交配種を作る.

Hyde [háid] 名《Mr. 〜》ハイド氏 (→ JEKYLL).

Hýde Párk [háid-] 名 ハイドパーク《London の中心にある公園》.

hy・dra [háidrə] 名 (複 **hy・drae** [-driː], **hy・dras** [〜z]) **1** [H-]《ギ神》ヒュドラ《ヘラクレスに退治された頭が9つある蛇》. **2** C 根絶しがたい害悪 [困難]. **3** C《動物》ヒドラ《腔腸(ｺﾞｳ)動物》.

hy・dran・gea [haidréindʒə] 名C《植》アジサイ.

hy・drant [háidrənt] 名C (街路上などにある) 消火栓 (《米》fireplug); 給水栓.

hy・drate [háidreit] 名U C《化》水化物, 含水化合物, 水酸化物. — 動他 …を水和させる, 水と化合させる. — 自 水和する, 水と化合する.

hy・drau・lic [haidróːlik] 形 [比較なし; 通例, 限定用法] **1** 水力の; 水による: a *hydraulic* power station [plant] 水力発電所. **2** 水圧 [油圧] (式) の: *hydraulic* brakes 油圧ブレーキ. **3** 水中で硬化する: *hydraulic* cement 水硬セメント.

hy・drau・lics [haidróːliks] 名U [単数扱い] 水力学;《土木》水理学 (cf. aerodynamics 空気力学).

hy・dro- [haidrou, -drə] 結合 **1**「水の, 水に関する」の意を表す: *hydro*electricity 水力電気 / *hydro*therapy 水治療法. **2**「水素の」の意を表す: *hydro*gen 水素.

hy・dro・car・bon [hàidrəkɑ́ːrbən] 名C《化》炭化水素.

hy・dro・chlo・ric [hàidrəklóːrik] 形《化》塩化水素の.
◆ **hydrochloric ácid** U 塩酸.

hy・dro・cy・an・ic [hàidrəsaiǽnik] 形《化》シアン化水素の, 青酸の.
◆ **hydrocyanic ácid** U 青酸.

hy・dro・dy・nam・ics [hàidroudainǽmiks] 名U [単数扱い] 流体 [液体] 力学.

hy・dro・e・lec・tric [hàidrouiléktrik] 形 水力発

hydroelectricity

電の: a *hydroelectric* power station [plant] 水力発電所.

hy·dro·e·lec·tric·i·ty [hàidrouilektrísəti] 名 U 水力電気.

hy·dro·flu·or·ic [hàidrouflúɔːrik] 形 [化] フッ化水素の: *hydrofluoric* acid フッ化水素酸.

hy·dro·foil [háidrəfɔ̀il] 名 C 水中翼船.

hy·dro·gen [háidrədʒən] 名 U [化] 水素 (《元素記号》H).

◆ **hýdrogen bòmb** C 水素爆弾 (H-bomb, fusion bomb).

hýdrogen peróxide U [化] 過酸化水素 (《口語》peroxide) 《消毒・漂白用》.

hy·drom·e·ter [haidrάmətər / -drɔ́m-] 名 C 液体比重計, 浮き秤(ばかり).

hy·dro·pho·bi·a [hàidrəfóubiə] 名 U 1 [医] 恐水病, 狂犬病 (rabies). 2 水を怖がること.

hy·dro·plane [háidrəplèin] 名 C 1 水上滑走艇 (レース用の平底高速モーターボート). 2 水上飛行機 (seaplane). 3 (潜水艦の) 水平舵(だ).
— 動 (《米》ぬれた路面で車が) スリップする, ハイドロプレーン現象を起こす (《英》aquaplane).

hy·dro·pon·ics [hàidrəpάniks / -pɔ́n-] 名 U [単数扱い] [農] 水栽培, 水耕法.

hy·dro·stat·ics [hàidrəstǽtiks] 名 U [単数扱い] 流体静力学.

hy·dro·ther·a·py [hàidrəθérəpi] 名 U [医] 水治療法 《湯治・プール訓練などによる治療法》.

hy·drox·ide [haidrάksaid / -drɔ́ks-] 名 C [化] 水酸化物.

hy·e·na, hy·ae·na [haiíːnə] 名 (複 **hy·e·nas, hy·ae·nas** [~z], **hy·e·nae, hy·ae·nae**) C 1 [動物] ハイエナ. 2 強欲 [残酷] な人.

***hy·giene** [háidʒiːn] 名 U 衛生; 衛生学, 健康法: public [mental] *hygiene* 公衆 [精神] 衛生.

hy·gi·en·ic [hàidʒiénik / haidʒíːnik] 形 1 衛生的な, 清潔な. 2 衛生学 (上) の, 健康に関する.

hy·gi·en·ics [hàidʒiéniks / haidʒíːniks] 名 U [単数扱い] 衛生学.

hy·gi·en·ist [haidʒíːnist] 名 C 衛生学者; 歯科衛生士 (《米》dental hygienist).

hy·grom·e·ter [haigrάmətər / -grɔ́m-] 名 C 湿度計.

hy·men [háimən / -men] 名 1 C [解剖] 処女膜. 2 [H-] 固 [ギ神] ヒュメン 《婚姻の神》.

‡**hymn** [hím] (☆ 発音に注意) 名 C 賛美歌; (一般に) 賛歌: a *hymn* to love 愛の賛歌.
— 動 賛美歌を歌って〈神〉をたたえる.

hym·nal [hímnəl] 名 C 賛美歌集 (hymnbook).

hymn·book [hímbùk] 名 = HYMNAL (↑).

hype [háip] 動 (通例, 受け身で) …の誇大宣伝をする; …をだます (*up*).
■ **hýped úp** [形容詞的に] 《口語》 […に] 興奮した; […に] 心配して, […に] そわそわして [*about*].
— 名 C いんちき; 誇大広告.

hy·per [háipər] 形 《口語》 1 興奮した, 張りつめた. 2 […を] 心配している [*about*].

hy·per- [haipər] 接頭 「超, 過度」などの意を表す (↔ hypo-): *hyper*sonic 極超音速の / *hyper*inflation 超インフレ.

hy·per·ac·tive [hàipərǽktiv] 形 (特に子供が) 異常に活動的な, 落ち着きがない, 多動性の.
hy·per·ac·tiv·i·ty [-æktívəti] 名 U (子供の) 落ち着きのなさ.

hy·per·bo·la [haipə́ːrbələ] 名 (複 **hy·per·bo·las** [~z], **hy·per·bo·lae** [-biːl]) C [数学] 双曲線.

hy·per·bo·le [haipə́ːrbəli] 名 U C [修辞] 誇張 (法); C 誇張 [誇大] 表現 (◇ a flood of tears (洪水のような涙) などの表現).

hy·per·bol·ic [hàipərbάlik / -bɔ́l-], **hy·per·bol·i·cal** [-kəl] 形 1 誇張 (法) による; 大げさな. 2 [数学] 双曲線の.

hy·per·crit·i·cal [hàipərkrítikəl] 形 《軽蔑》酷評の, 過度にあら探しをする.

hy·per·in·fla·tion [hàipərinfléiʃən] 名 U 超インフレ, 極度のインフレーション.

hy·per·link [háipərlìŋk] 名 C ハイパーリンク 《文書やファイルを他の場所へリンクすること》.

hy·per·mar·ket [háipərmὰːrkit] 名 C 《英》 (郊外の) 大型スーパーマーケット.

hy·per·op·ic [hàipəróupik] 形 [医] 遠視の (↔ myopic).

hy·per·sen·si·tive [hàipərsénsətiv] 形 1 […に] 神経過敏な [*to, about*]: *hypersensitive to* cold 寒さに敏感すぎる / She is *hypersensitive about* her appearance. 彼女は外見に神経過敏です.
2 [医] 過敏症の, アレルギー症の.

hy·per·son·ic [hàipərsάnik / -sɔ́n-] 形 極超音速の 《音速の5倍以上の速さ》.

hy·per·ten·sion [hàipərténʃən] 名 U 1 [医] 高血圧 (症) (high blood pressure) (↔ hypotension). 2 過度の緊張.

hy·per·text [háipərtèkst] 名 U C [コンピュータ] ハイパーテキスト 《文書中でクリックすると検索先へ移動できる文字, またはそのシステム》.

***hy·phen** [háifən] 名 C ハイフン (-) 《句読符号の1つ》: "Co-op" can be written with a *hyphen*. co-op はハイフンを用いて書く.
— 動 = HYPHENATE (↓).

hy·phen·ate [háifənèit] 動 他 〈語など〉をハイフンでつなぐ [分ける].

hy·phen·at·ed [háifənèitid] 形 ハイフン付きの, ハイフンでつないだ: a *hyphenated* word ハイフン付きの語 / *hyphenated* Americans 外国系米国人 (◇ Irish-American (アイルランド系米国人) のように出身地・祖先をハイフンを付けて書くことから).

hyp·no·sis [hipnóusis] 名 (複 **hyp·no·ses** [-siːz]) U C 催眠 (状態): under *hypnosis* 催眠術にかかって.

hyp·not·ic [hipnάtik / -nɔ́t-] 形 1 催眠 (術) の. 2 (人が) 催眠術にかかりやすい; 催眠状態の; (薬などが) 催眠作用のある.
— 名 C 催眠薬.

hyp·no·tism [hípnətìzəm] 名 U 催眠術 [状態].
hyp·no·tist [hípnətist] 名 C 催眠術師.
hyp·no·tize [hípnətàiz] 動 他 1 …に催眠術をかける, 催眠術をかけて […] させる [*to do*]: *hypnotize* the patient *to* sleep 催眠術をかけて患者を

眠らせる. **2** [通例,受け身で]〈人〉の判断力を鈍らせる: The audience *were hypnotized* by his eloquent speech. 聴衆は彼の雄弁に魅了された.

hy·po [háipou] 图 (複 **hy·pos** [~z]) **1** C《口語》皮下注射 (hypodermic). **2** U ハイポ (hyposulfite).

hy·po- [haipou, -pə] 接頭「下に」「以下の」の意を表す (↔ hyper-): *hypo*dermic 皮下注射.

hy·po·chon·dri·a [hàipəkándriə / -kɔ́n-] 图 U【医】ヒポコンデリー, 心気症《ちょっとした身体の異常を病気と思い込む精神病的症状》.

hy·po·chon·dri·ac [hàipəkándriæk / -kɔ́n-] 图 C【医】ヒポコンデリー[心気症]の患者.
— 形 ヒポコンデリー[心気症]の.

***hy·poc·ri·sy** [hipákrəsi / -pɔ́k-] 图 (複 **hy·poc·ri·sies** [~z]) **1** U 偽善, 見せかけ: sheer *hypocrisy* まったくの偽善. **2** C 偽善(的)行為.

***hyp·o·crite** [hípəkrìt] 图 C 偽善者, いい人ぶる人: play the *hypocrite* 偽善的にふるまう.

hyp·o·crit·i·cal [hìpəkrítikəl] 形 偽善(者)の, 偽善的な, 見せかけの.

hyp·o·crit·i·cal·ly [-kəli] 副 偽善的に.

hy·po·der·mic [hàipədə́ːrmik] 形【医】皮下の; 皮下注射(用)の: a *hypodermic* syringe 皮下注射器 / *hypodermic* injection 皮下注射.
— 图 C 皮下注射(器)(《口語》hypo).

hy·po·sul·fite [hàipəsʌ́lfait] 图 U【化】次亜硫酸ナトリウム, ハイポ (hypo)《写真現像用の定着剤》.

hy·po·ten·sion [hàipouténʃən] 图 U【医】低血圧(症) (low blood pressure) (↔ hypertension).

hy·pot·e·nuse [haipátənjùːs / -pɔ́tinjùːz] 图 C【幾何】直角三角形の斜辺.

hy·po·ther·mi·a [hàipouθə́ːrmiə] 图 U【医】低体温(症).

***hy·poth·e·sis** [haipáθəsis / -pɔ́θ-] 图 (複 **hy·poth·e·ses** [-sìːz]) C 仮説; 前提, 仮定: formulate [form] a *hypothesis* 仮説を立てる / prove a *hypothesis* 仮説を立証する.

hy·poth·e·size [haipáθəsàiz / -pɔ́θ-] 動 他 …を仮定する; […と] 仮定する [*that* 節].

hy·po·thet·i·cal [hàipəθétikəl] 形 仮説の, 仮定の; 仮説に基づいた: a *hypothetical* situation 仮定の状況.

hys·ter·ec·to·my [hìstəréktəmi] 图 (複 **hys·ter·ec·to·mies** [~z]) U C【医】子宮摘出(術).

hys·te·ri·a [histíəriə] 图 U【医・心理】ヒステリー《神経症の一種》;(一般に) 異常[病的] 興奮, 興奮[熱狂] 状態: mass *hysteria* 集団ヒステリー.

hys·ter·ic [histérik] 形 =HYSTERICAL (↓).
— 图 C ヒステリー性の人, ヒステリー患者.

hys·ter·i·cal [histérikəl] 形 **1** ヒステリー症の, ヒステリー状態の. **2**《口語》(笑いが止まらないほど)非常に面白い.

hys·ter·i·cal·ly [histérikəli] 副 **1** ヒステリックに, 異常に興奮して. **2**《口語》ひどくおかしく.

hys·ter·ics [histériks] 图 U 《単数・複数扱い》ヒステリー(の発作);《口語》突然の笑い[泣き]出し: have [fall into, go into] *hysterics* ヒステリーを起こしている[起こす] / He had the children in *hysterics*. 彼は子供たちを笑い転げさせた.

Hz《略語》=hertz ヘルツ《振動数の単位》.

I i

i, I [ái] 名(複 **i's, is, I's, Is** [~z]) **1** CU アイ《英語アルファベットの9番目の文字》. **2** C [大文字で] I字形のもの. **3** U (ローマ数字の)1(I).
■ *dót the* [*one's*] *í's and cróss the* [*one's*] *t's* → DOT 動 成句.

I[1] [(弱) ai; (強) ái]
— 代 [人称代名詞]《◇1人称単数の主格; → PERSONAL 文法》 **1** [主語として] 私は[が]: *I am a student.* 私は学生です / *Shall I help you?* 私がお手伝いしましょうか / *He and I are good friends.* 彼と私は親友です《◇人称代名詞を並べて言うときは, 通例, 2人称・3人称・1人称の順; → PERSONAL 文法》/ *I'm a good cook, aren't I?* 私は料理がうまいでしょう《◇付加疑問では aren't を用いる; → AREN'T 語法》.
2 [主格補語として] 私で《◇ [ái] と発音する; → ME **2** 語法》: It is *I.* それは私です / It is *I* who [that] painted this picture. この絵をかいたのは私です.

I[2] 〖元素記号〗= iodine ヨウ素.
I. 《略語》= *I*sland(s); *I*sle(s) 島.
IA 《郵略語》= *I*owa.
Ia. 《略語》= *I*owa.
IAAF [ài dʌbl éi éf] 《略語》= *I*nternational *A*ssociation of *A*thletics *F*ederations 国際陸上競技連盟.
IAEA 《略語》= *I*nternational *A*tomic *E*nergy *A*gency 国際原子力機関.
-i‧al [iəl] 接尾 名詞に付けて「…の性質の」「…に関する」などの意を表す形容詞を作る (-al): fac*ial* 顔の / part*ial* 一部の.
i‧amb [áiæmb], **i‧am‧bus** [aiǽmbəs] 名 C 『詩』弱強格.
i‧am‧bic [aiǽmbik] 『詩』形 弱強格の.
— 名 C (通例 ~s) 弱強格(の詩).
-i‧an [iən] 接尾 = -AN: Christ*ian* キリスト教(徒)の, キリスト教徒 / Egypt*ian* エジプト(人, 語, 文化)の, エジプト人 [語] / histor*ian* 歴史家.
I‧be‧ri‧a [aibíəriə] 名 ⑧ Iberian Peninsula → IBERIAN 複合語 (↓).
I‧be‧ri‧an [aibíəriən] 形 イベリア(半島)の.
◆ **Ibérian Península** 固 [the ~] イベリア半島《ヨーロッパ南西端でスペイン・ポルトガルがある》.
i‧bex [áibeks] 名(複 **i‧bex‧es** [~iz], **i‧bi‧ces** [íbəsìːz, ái-], **i‧bex**) C 〖動物〗アイベックス《ヨーロッパの山岳地帯にすむ野生のヤギ》.
ibid. [íbid] 〖ラテン〗《略語》= *ibid*em 副 同じ箇所に, 同書 [ページ, 節, 章] に.
-i‧ble [əbl] 接尾 [主にラテン語系の語に付けて]「…できる」「…されうる」などの意を表す形容詞を作る (-able): convert*ible* 変えられる.
IBM [áibìːém] 名 ⑧ アイビーエム《米国のコンピュータ会社. *I*nternational *B*usiness *M*achines の略》.
Ib‧sen [íbsən] 名 ⑧ イブセン Henrik [hénrik] Ibsen《1828–1906; ノルウェーの劇作家・詩人》.
IC 《略語》〖電子〗= *i*ntegrated *c*ircuit 集積回路: an *IC* card ICカード.
-ic [ik] 接尾 名詞・語幹に付けて「…の」「…に関する」「…的な」などの意を表す形容詞を作る (← -ICAL): atom*ic* 原子(力)の / econom*ic* 経済(上)の.
i/c 《略語》= *i*n *c*harge (of) (…を)担当している; *i*n *c*ommand (of) (…を)指揮している.
-i‧cal [ikəl] 接尾 = -IC: medi*cal* 医学の / musi*cal* 音楽の《◇ -ic と -ical は同じ意味であることが多いが, 異なることもある: econom*ic* 経済(上)の, 経済学の; econom*ical* 経済的な, つましい / histor*ic* 歴史上有名な; histor*ical* 歴史(上)の》.
-i‧cal‧ly [ikəli] 接尾 -ic, -ical で終わる形容詞から副詞を作る: econom*ically* 経済的に, つましく / histor*ically* 歴史的に, 歴史上.
Ic‧a‧rus [íkərəs] 名 ⑧ 〖ギ神〗イカルス《ろう付けの翼で空を飛ぶが, 太陽の熱でろうが溶けて翼が外れ, 墜落死する》.
ICBM, I.C.B.M. 《略語》= *i*ntercontinental *b*allistic *m*issile 大陸間弾道弾.

ice [áis] 名 動
— 名(複 **ic‧es** [~iz]) **1** U 氷; [通例 the ~] (川・池などにはった)氷(の面): a piece [lump] of *ice* 1片 [ひと塊] の氷 / make *ice* 氷を作る / The *ice* has melted away. 氷はすっかり溶けた / The *ice* is thick enough for skating. 氷はスケートができるほど十分に厚い.
2 C (シャーベットなどの)氷菓 (sherbet); 《主に英・古風》アイスクリーム (ice cream): She bought some *ices* for the children. 彼女は子供たちにアイスクリームを買ってやった.
3 C《米・古風》ダイヤモンド; 宝石.
■ *be* (*skáting*) *on thín íce* 危険な立場にある.
bréak the íce (パーティーなどで)場を打ち解けさせる; (問題解決などの)糸口を見つける.
cút nò íce [人に]少しも効果がない [*with*].
on íce **1** 冷やされて. **2** (計画・議論などが)凍結されて, 棚上げされて: keep [put] a project *on ice* 計画を凍結する. **3** (ショーなど)氷上の.
— 動 他 **1** 《米》…を(水で)冷やす (*down*).
2 《主に英》(ケーキなど)に砂糖の衣をかける.
■ *íce úp* [*óver*] 自 氷で覆われる, 凍る: The pond has *iced over.* 池一面に氷がはった. — 他 [受け身で] …を氷で覆う, 凍らせる. (形 icy)
◆ **íce àge** [the ~; the I- A-] 〖地質〗氷河時代, 氷河期.
íce àx [《英》**àxe**] C (登山用の)ピッケル.

íce bàg ⓒ《米》氷嚢(?)(《英》ice pack).
íce càp ⓒ《極地などの》万年雪[氷].
íce cùbe ⓒ《冷蔵庫で作る》角氷.
íce fìeld ⓒ《極地の》氷原, 浮氷原.
íce flòe ⓒ流氷,《小規模の》浮氷原 (floe).
íce hòckey Ⓤアイスホッケー(《米》hockey).
íce lólly ⓒ《英》アイスキャンデー(《米》Popsicle).
íce pàck ⓒ **1** 大浮氷群. **2**《英》= ice bag (↑).
íce pìck ⓒアイスピック《氷を割るためのきり》.
íce rìnk ⓒアイススケート場, スケートリンク.
íce shèet = ice cap (↑).
íce trày ⓒ《冷蔵庫の》製氷皿.
íce wàter Ⓤ《水で》冷やした水.

ice·berg [áisbə̀ːrg] 名 ⓒ 氷山.
■ *the típ of the íceberg*《比喩》氷山の一角.
◆ **íceberg léttuce** ⒸⓊアイスバーグレタス《日本のレタスのように巻きが堅い》.

ice-blue [áisblùː] 形《特に目が》淡いブルーの.
ice-bound [áisbàund] 形《船・港などが》氷に閉じ込められた: an *icebound* port 氷に閉ざされた港.
ice-box [áisbɑ̀ks / -bɔ̀ks] 名 ⓒ アイスボックス;《米・古風》冷蔵庫 (refrigerator).
ice-break·er [áisbrèikər] 名 ⓒ **1** 砕氷船; 砕氷器. **2** 緊張をほぐすもの[言葉, 行為].
íce-cóld 形 氷のように冷たい; 冷淡な.
ice-crèam 形 アイスクリームの.
◆ **íce-cream còne** ⓒ アイスクリームコーン《円錐(鈴)形のウエハース; それにアイスクリームを入れたもの》: Two vanilla [chocolate] *ice-cream cones*, please. バニラ[チョコレート]アイスクリームをコーンで2つください.
íce-cream sóda ⓒ《アイス》クリームソーダ《◇単に soda とも言う》.

‡**ice cream** [áis kríːm]

— 名 Ⓤⓒ **アイスクリーム**: Do you want some *ice cream* on your apple pie? アップルパイにアイスクリームをのせますか.

iced [áist] 形 **1**《飲み物が》氷で冷やした:(an) *iced* coffee [tea] アイスコーヒー[ティー]. **2**《ものが》氷で覆われた. **3** 砂糖の衣 (icing) をかけた.
Ice·land [áislənd] 名 圐 アイスランド《大西洋北方にある共和国; 首都レイキャビク (Reykjavik)》.
Ice·land·er [~ər] 名 ⓒ アイスランド人.
Ice·lan·dic [àislǽndik] 形 アイスランドの; アイスランド人[語]の. — 名 Ⓤ アイスランド語.
íce-skàte 動 ⾃ アイススケートをする.
íce skàte 名 ⓒ《通例 ~s》アイススケート靴 (skates).
íce-skàt·ing 名 Ⓤ アイススケート.
-i·cian [íʃən] 接尾 「…の専門家」「…に巧みな人」「…を学んだ人」などの意を表す名詞を作る: mus*ician* 音楽家 / polit*ician* 政治家.
i·ci·cle [áisikl] 名 ⓒ つらら.
i·ci·ly [áisəli] 副 氷よそよそしく, 冷淡に; 氷のように.
ic·ing [áisiŋ] 名 Ⓤ **1**《主に英》《ケーキなどにかける》アイシング, 糖衣(《米》frosting). **2**〖航空〗《機体・翼に付着する》薄い氷, 着氷.
■ *(the) ícing on the cáke*《軽蔑》《魅力的だが》なくてもよい添え物.

ick·y [íki] 形 (比較 **ick·i·er** [~ər]; 最上 **ick·i·est** [~ist])《口語》不快な; ねばねばした, べとつく.
i·con [áikɑn / -kɔn] 名 ⓒ **1**《絵・彫刻の》像, 肖像;《ギリシャ正教の》聖画像,《コンピュータ》アイコン《画面上の記号化した図形》.
3〖記号〗類似記号, 図象. **4** 偶像; 象徴(的人物).
i·con·o·clast [aikɑ́nəklæ̀st / -kɔ́n-] 名 ⓒ 因習打破をする人.
-ics [iks] 接尾 **1**〖単数扱い〗「…学」「…術」「…論」などの意を表す名詞を作る: econom*ics* 経済学 / gymnast*ics* 体操. **2**〖複数扱い〗活動・特性・現象などを表す名詞を作る: athlet*ics* 運動競技.
ICU《略語》= intensive care unit 〖医〗集中治療室.

‡**i·cy** [áisi] 形 (比較 **i·ci·er** [~ər]; 最上 **i·ci·est** [~ist]) **1** 氷の, 氷で覆われた: *icy* streets 凍りついた街路. **2** 氷のような, 大変冷たい: *icy* winds 身を切るような冷たい風. **3** 冷淡な, よそよそしい: an *icy* welcome 冷ややかな歓迎ぶり. (▷ Ⓢ ice)
id [íd]【ラテン】名 ⓒ《the ~》〖心理〗イド《精神の奥底にある本能的衝動の源泉》.
ID[1]《略語》= *id*entification; *id*entity: an *ID* card 身分証明書.
ID[2]《郵略語》= *Id*aho.

‡**I'd** [áid]
— 《短縮》《口語》**1** I would [should] の短縮形: *I'd* be very glad to see you again. またお会いできたらとてもうれしいのですが / *I'd* like to see him. 私は彼に会いたい.
2 I had の短縮形: *I'd* already finished my homework when she came. 彼女が来たときには私はもう宿題を済ませていた.
Id., Ida.《略語》= *Ida*ho.
I·da·ho [áidəhòu] 名 圐 アイダホ《米国北西部の州;《略語》Id., Ida.;《郵略語》ID; → AMERICA 表》.
-ide [aid] 接尾〖化〗「…化(合)物」の意を表す名詞を作る: chlor*ide* 塩化物 / ox*ide* 酸化物.

‡**i·de·a** [aidíːə / aidíə]

原義は「ものの形, 形態」.
① 思いつき, アイディア ... 1
② 考え, 意見 ... 2
③ 理解, 想像 ... 3
④ 感じ ... 4

— 名 (複 **i·de·as** [~z]) **1** ⓒ《…に対する》**思いつき**, 着想, アイディア [*of, for*] (→ 類義語): a bright [stupid] *idea* すばらしい[ばかげた]アイディア / hit upon [come up with] an *idea* アイディアを思いつく / She's a woman full of *ideas*. 彼女はアイディアに富んだ人です / I have an *idea* for a new product. 私に新製品についての案がある / How about going out for dinner tomorrow? — Good *idea*! あす外へ食事に行きませんか — いいですね.
2 ⓒ《…についての / …という》考え, 意見, 見解 [*about, on, of* / *that* 節]: He has his own

ideas about politics. 彼は政治について自分なりの考えを持っている / What is the idea of treating me like this? 私をこんなふうに扱うとはどういうつもりですか.
3 U C [...についての] 理解, 認識; 想像, 見当 [of]: get the rough idea of ... ...についてだいたい理解する / entertain the idea of going to Venice ベニスに行こうと考えている / Where has he gone? — I have no idea. 彼はどこへ行ったのですか — わかりません / I don't have the slightest [least] idea (of) what happened to him. 彼がどうなったのかさっぱりわからない (◇《口語》では疑問詞節の前の of は省略されることが多い) / This report will give you some idea of the political situation of this country. この報告書を読めばわが国の政治情勢がある程度わかるだろう / You have no idea how worried I was. 私がどんなに心配したかあなたにはわからないでしょう.
4 C [...という] (漠然とした) 感じ, 予感 [that 節]: I have an idea (that) she loves you. 彼女はあなたのことが好きなんだと思う / We had an idea that he would turn up. 彼が現れそうな予感がしていた. **5** C 観念, 概念, 思想: a fixed idea 固定観念 / the idea of time 時間の観念 / Western ideas 西洋思想. **6** C [通例 the ~] [...の] 目標, 目的 [of]: the idea of the course この講座の目標. **7** U C [哲] 観念, イデア.
■ gèt the idéa 《口語》わかる; 思い込む.
pùt idéas in ...'s héad ...に過大な [実現が無理な] 期待を持たせる.
Thát's an idéa. 《口語》それはよい考えだ.
Thát's the idéa. 《口語》その調子だ, それでいいんだ (◇人を励ますときに用いる); その通りだ, そうだ.
The (very) idéa! = Whát an idéa! なんということだ, ばかな (◇驚き・不満などを表す).
Whát's the (big) idéa? 《口語》どうしたんだ; どういうつもりなんだ.

類義語 idea, concept, thought, notion

共通する意味▶アイディア, 考え (something that is in one's mind as a representation of mental activity)

idea は「頭に思い描いたもの, 考え」を広くさす最も一般的な語: I can't bear the idea of being at his mercy. 彼の言いなりになると考えるだけで耐えられない. **concept** は個々の例に検討を加えた結果生じた「概念」や,「ある事柄がどうあるべきかを考えたもの」の意: They don't have a clear concept of freedom. 彼らは自由とはどういうものかはっきりわかっていない. **thought** は内省や推理などの論理的思考の結果として生じた「考え」の意: She expressed her thoughts about this plan. 彼女はこの計画について自分の意見を述べた. **notion** は分析を加えられていない考えで,「漠然とした気まぐれなもの」を暗示する. しっかりした根拠のないことが多い: You must beware of your preconceived notions. 先入観を持たないようにしなければならない.

---

‡**i·de·al** [aidí:əl / -díəl] 形名
— 形 [比較なし] **1** [...にとって] 理想的な, 申し分のない, うってつけの [for]: an ideal place for fishing 魚釣りに絶好の場所 / The breeze makes it an ideal day for going sailing. そよ風が吹いてセーリングには絶好の日です / Mr. Yoshida is the ideal teacher to take charge of the class. 吉田先生はそのクラスの受け持ちにうってつけの先生です.
2 想像上の, 架空の; 空想的な (↔ real): an ideal cabinet 架空の内閣 / an ideal world 理想郷.
— 名 C **1** [しばしば ~s] 理想: a person of high ideals 高い理想を持った人 / realize [attain] an ideal 理想を実現する / My ideal is to teach children the enjoyment of music. 子供たちに音楽の楽しさを教えることが私の理想です.
2 [通例, 単数形で] 理想的な人 [もの]; 模範; 典型: The player is my ideal. その選手は私の理想とする人です. (▷ 動 idealize)

i·de·al·ism [aidí:əlìzəm / -díəl-] 名 U **1** 理想主義 (↔ realism). **2** [芸] 観念主義; [哲] 観念論, 唯心論 (cf. materialism 唯物論).
i·de·al·ist [aidí:əlist / -díəl-] 名 C **1** 理想主義者; 空想家. **2** [哲] 観念論者, 唯心論者.
i·de·al·is·tic [aidì:əlístik / -dìəl-] 形 **1** 理想主義の; 空想的な. **2** 観念(論)的な.
i·de·al·i·za·tion [aidì:əlizéiʃən / -dìəlaiz-] 名 U 理想化; C 理想化されたもの.
i·de·al·ize, 《英》**i·de·al·ise** [aidí:əlàiz / -díəl-] 動 他 ...を理想化する, 理想的だと思う.
— 自 理想化する; 理想を描く. (▷ 形 idéal)
i·de·al·ly [aidí:əli / -díəli] 副 **1** 理想的に, 申し分なく; [文修飾] 理想を言えば. **2** 観念的に.
*i·den·ti·cal [aidéntikəl] 形 [比較なし] **1** [...と] 等しい, まったく同様の (↔ different) [with, to]: My watch is identical with [to] his. 私の時計は彼のと同じです. **2** [the ~; 限定用法] 同一の, 同じ (→ SAME 類義語): This is the identical person I saw last night. この人は私が昨夜会った人物です.
◆ idéntical twín C [通例 ~s] 一卵性双生児 (cf. fraternal twin 二卵性双生児).
i·den·ti·cal·ly [aidéntikəli] 副 まったく同様に.
i·den·ti·fi·a·ble [aidéntəfàiəbl] 形 身元を確認できる, 同一であると証明 [確認] できる.
‡**i·den·ti·fi·ca·tion** [aidèntəfikéiʃən] 名 **1** U 同一 (である) と見なすこと; 同一 (であること) の証明 [確認]; 身元確認, 身分証明: the identification of the dead body 遺体の身元確認. **2** U C 身分証明 [身元確認] になるもの (《略記》ID): Do you have any identification (on you)? 何か身分を証明するものをお持ちですか. **3** U 同一であると見ること, 一体感; 同一化; 行動を共にすること, 共鳴: the identification with the heroine (あこがれなどによる) ヒロインとの一体感. (▷ 動 idéntify)
◆ identification cárd C 身分証明書 (identity card, ID card).
identificátion paràde C 《英》(警察での面通しのための) 容疑者の列 (《米》line-up).

i・den・ti・fy [aidéntəfài]
【基本的意味は「…を見分ける」(recognize who or what ... is)】
— 動 (三単現 **i・den・ti・fies** [~z]; 過去・過分 **i・den・ti・fied** [~d]; 現分 **i・den・ti・fy・ing** [~iŋ])
— 他 (a) [identify + O] …を見分ける, 識別する, 特定の人[もの]であると認める: The baby grows to *identify* his or her parents. 赤ちゃんは次第に自分の親を見分けるようになる.
(b) [identify + O + as ...] ～が…であることを見分ける, ～の身元は…であると確認する: She *identified* the bag *as* hers. 彼女はそのバッグが自分のものであることを確認した.
2 [identify + O + with ...] ～を…と同一であるとみなす, 同一視する: *identify* appearance *with* reality 外見と実体とを同一視する / He tends to *identify* wealth *with* happiness. 彼は富すなわち幸福と考えがちである.
— 自 […と]同じものとなる; 一体感を持つ; 共鳴する, 1つになる [*with*]: She *identifies with* the character she is playing. 彼女は演じている役柄になり切る.
■ **idéntify onesélf as ...** …であると身元を明らかにする, 名乗る.
idéntify onesélf with ... = **becóme [be] idéntified with ...** **1** …に共鳴する; …に参加する, …と提携する. **2** …と一体化する.
(▷ 名 idéntity)

i・den・ti・kit [aidéntəkìt] 名 C **1** モンタージュ写真作製装置 (◇商標から). **2** = idéntikit pìcture モンタージュ写真.

i・den・ti・ty [aidéntəti] 名 (複 **i・den・ti・ties** [~z])
1 U C 同一人[同一物(であること), 本人[特定のもの](であること); (人の)身元, (ものの)正体: false [mistaken] *identity* 人違い / establish the *identity* of ... …の正体を突き止める. **2** U 《格式》[…との]同一性, 同一(であること), 一致 [*with*] : a sense of *identity* 一体感 / They were only united by *identity* of interests. 彼らは利害の一致のみで結ばれていた. **3** U C 独自性, 主体性, アイデンティティー; 個性, 自分らしさ: a distinct *identity* はっきりした主体性 / corporate *identity* コーポレートアイデンティティー (《略記》CI); 個性的な社風 / Don't lose your *identity* anywhere you go. どこに行っても自分らしさを失ってはいけない. (▷ 動 idéntify)
◆ idéntity càrd C 身分証明書 (ID card).
idéntity crìsis C 《心理》自己認識[同一性]の危機 (特に思春期における心理的な動揺・ノイローゼ).

id・e・o・gram [ídiəgræm, áidiə-], **id・e・o・graph** [-græf / -grɑ̀ːf] 名 C **1** 表意文字 (漢字など). **2** 表記記号 (%, $, @など).

i・de・o・log・i・cal [àidiɑ́lɑdʒikəl, ìd- / -lɔ́dʒ-] 形 **1** イデオロギー(上)の. **2** 観念的な.
i・de・o・log・i・cal・ly [-kəli] 副 イデオロギー的に.

id・e・o・logue [áidiəlɔ̀ːg, íd- / -lɔ̀g] 名 C
1 《特定の》イデオロギーの信奉者. **2** 空論家.

*i・de・ol・o・gy [àidiɑ́lədʒi, ìd- / -ɔ́l-] 名 (複 **i・de・ol・o・gies** [~z]) U C イデオロギー, 観念形態.

id・i・o・cy [ídiəsi] 名 (複 **id・i・o・cies** [~z])
1 U 愚かさ; 知的障害. **2** C 愚かな言動.

*id・i・om [ídiəm] 名 **1** C 慣用語句, 熟語, 成句, イディオム. **2** C U (ある個人・地域などに)固有の語法, 慣用法; 方言 (dialect). **3** C U (音楽・美術などの)作風, スタイル.

id・i・o・mat・ic [ìdiəmǽtik] 形 **1** 慣用語法の; イディオムの話す自然な: an *idiomatic* phrase [expression] 慣用句[表現], 成句. **2** その国[地域]の言語に特徴的な; (芸術的な)作風が独特の.
id・i・o・mat・i・cal・ly [-kəli] 副 慣用 (語法) 的に.

id・i・o・syn・cra・sy [ìdiəsíŋkrəsi] 名 (複 **id・i・o・syn・cra・sies** [~z]) C **1** (個人の)特質, 特徴; 奇行. **2** 《医》特異体質.

id・i・o・syn・crat・ic [ìdiəsinkrǽtik] 形 **1** (個人に)特有な; 風変わりな. **2** 《医》特異体質の.

*id・i・ot [ídiət] 名 C ばか(者), 間抜け: I was an *idiot* to forget my passport. パスポートを忘れるなんて私も間抜けだった.
id・i・ot・ic [ìdiɑ́tik, -ɔ́t-] 形 大ばかの, ばかげた.
id・i・ot・i・cal・ly [-kəli] 副 ばかげて; 愚かにも.

*i・dle [áidl] 形 (比較 **i・dler** [~ər]; 最上 **i・dlest** [~ist]) **1** (人が)仕事をしていない, することがない, ぶらぶらしている (◇必ずしも怠けているわけではない); 《古風・通例, 軽蔑》(人が)怠惰な, 怠けている, のらくらしている (◇この意味では lazy が普通): How do you spend the *idle* hours of weekends? 週末の暇な時間はどのようにお過ごしですか. **2** 《古風・通例, 軽蔑》(人が) 怠惰な, 怠けている, のらくらしている (◇この意味では lazy が普通): He is *idle* to the bone. 彼は生まれつきぐうたらだ. **3** (機械・施設・金などが)動いて[使われて]いない, 遊んでいる: *idle* capital 遊休資本 / Don't let money lie *idle*. 金を遊ばせておくな. **4** (通例, 限定用法)役に立たない, むだな; くだらない: an *idle* promise 空(の)約束 / an *idle* rumor 根も葉もないうわさ.
— 動 他 **1** 〈時間などを〉空費する, むだに過ごす (*away*): *idle away* half the day watching TV テレビを見て半日を無為に過ごす. **2** 〈エンジン〉をアイドリング[空転]させる. **3** 《米》〈人〉を暇にさせる, 失業させる.
— 自 **1** 怠ける, のらくらする (*about, around*). **2** (エンジンが)アイドリング[空転]する (*away*).

*i・dle・ness [áidlnəs] 名 **1** U 怠惰; 何もしないこと, 無為; 暇なこと, 仕事のないこと: live in *idleness* ぶらぶらして暮らす. **2** 無益.

i・dler [áidlər] 名 C 《古風》怠け者, 無精者.

i・dly [áidli] 副 怠けて; 何もしないで; 無益に.

*i・dol [áidl] 名 C **1** 偶像: worship *idols* 偶像を崇拝する. **2** 崇拝される人[もの], アイドル: a pop *idol* アイドルのポップ歌手 / a fallen *idol* (人気を失った)落ちた偶像.

i・dol・a・ter [aidɑ́lətər / -dɔ́l-] 名 《格式・しばしば軽蔑》偶像崇拝者; […の]崇拝者 [*of*].

i・dol・a・trous [aidɑ́lətrəs / -dɔ́l-] 形 《軽蔑》偶像を崇拝する; 盲目的に崇拝する, 心酔する.

i・dol・a・try [aidɑ́lətri / -dɔ́l-] 名 U 《軽蔑》偶像崇拝; 盲目的な崇拝, 心酔.

i・dol・ize, 《英》i・dol・ise [áidəlàiz] 動 他 …を偶像化[視]する; …を崇拝[賛美]する.

i・dyll, i・dyl [áidl] 名 C 田園詩; 田園[牧歌]の情景; (平穏素朴な)田園生活.

i・dyl・lic [aidílik] 形 田園詩の; 牧歌的な, のどかな.
-ie [i] 接尾 《口語》 **1** 名詞に付けて愛称的な「小…」の意を表す名詞を作る: bird*ie* 小鳥 / dogg*ie* 小犬, わんわん. **2** 形容詞・動詞に付けて「…の性質のあるもの」の意を表す名詞を作る: mov*ie* 映画.

i.e. [áiíː, ðǽtíz] 〔ラテン〕《略語》**すなわち**, 言い換えれば (◇ 専門書・辞典など以外では通例 that is (to say) を用いる).

if [(弱) if; (強) íf]
接 名

❶ **条件を表す副詞節を導いて** 「もし…ならば」(→ 接 **1**(a))
  <u>If it is rainy tomorrow</u>, he won't come. (あす雨ならば彼は来ないだろう)

❷ **仮定法過去** 「もし…とすれば」(→ 接 **1**(b))
  <u>If I had time</u>, I could help you.
  (時間があればあなたを手伝うことができるのだが)

❸ **譲歩の副詞節を導いて** 「たとえ…でも」(→ 接 **2**)
  He never hurries (even) <u>if he is very late</u>. (たとえどんなに遅れても彼は絶対にあわてない)

❹ **名詞節を導いて** 「…かどうか」(→ 接 **5**)
  I don't know <u>if she will come tomorrow</u>.
  (彼女があす来るかどうか私はわからない)

── 接 [従属接続詞] **I** [副詞節を導いて]
1 [仮定・条件] (a) [単なる仮定] **もし…ならば**, もし…とすれば: *If* it rains tomorrow, I will not go out. もしあす雨が降れば, 私は出かけない / Please lend me the book *if* you have finished reading it. 読み終わったら, その本を私に貸してください / I will go there *if* (it is) necessary. 必要なら私がそこへ行こう (◇ if necessary → NECESSARY 成句).
語法 (1) if 節の中では単純未来の代わりに現在時制を, 未来完了の代わりに現在完了を用いる. 上の例文の If it *rains* tomorrow は, If it will *rain* tomorrow とはしない.
(2)「もし…してくださるなら」「もし…する気があるなら」の意で, 意志を表す場合は if 節に will を用いる: I will be very glad *if* you will help me. あなたが手伝ってくださるなら私はとてもうれしい (◇ 相手の好意を期待するときの言い方).
(3) 過去の事実について述べる場合は, if 節中も主節中も共に過去時制を用いる: *If* you knew he was sick, why did you make him go there? 彼が病気だとわかっていたのなら, どうして彼をそこへ行かせたのですか.
(b) [仮定法過去] **もし…とすれば**: *If* I had wings, I could fly. もし私に翼があれば, 飛べるのだが / *If* my father were alive now, I'd be happier. もし父が今生きていれば, 私はもっと幸せだろうに / *If* I could drive a car, I would drive you to the airport. もし私に車の運転ができるなら, あなたを空港までお送りするのですが.
語法 (1) 仮定法過去は現在の事実に反することや, 未来のありそうにもないことを表す (→ SUBJUNCTIVE 文法).
(2) if 節中の述語動詞には過去形を, 主節の述語動詞には「would [should, could, might] + 動詞の原形」を用いる: *If* I *had* a million dollars, I *would* [*could, might*] *buy* that house. もし百万ドルあったら, あの家を買うのだが [ことができるだろう, かもしれない].
(3) if 節中に be 動詞を用いる場合は, 主語の人称や数にかかわりなく were を用いる. ただし《口語》では主語が you 以外の単数なら was を用いることもある: *If* I *were* [《口語》 *was*] rich, I could lend you money. もしも私が金持ちならば, あなたにお金を貸してあげることができるのだが.
(c) [仮定法過去完了] **もし…したとすれば**: *If* I had known your address, I would have written to you. もしあなたの住所を知っていたら, あなたに手紙を書いたのに / He might have been killed *if* he had been there at that time. もし彼があの時そこにいたとしたら, 死んでいたかもしれない.
語法 (1) 仮定法過去完了は過去の事実に反する仮定を表す (→ SUBJUNCTIVE 文法).
(2) if 節中の述語動詞には過去完了形を, 主節の述語動詞には「would [should, could, might] + have + 過去分詞」を用いる: *If* it *had* not *rained* yesterday, we *would* [*could*] *have gone* hiking. もしきのう雨が降らなければ, 私たちはハイキングに行ったのに [行けたのに].
(3) 過去の事実に反することを仮定し, その結果, 現在どうなっているかを述べる場合には, 主節は「主語 + would [should, could, might] + 動詞の原形」という形になる: *If* you *had* not *helped* me then, I *would* not *be* alive now. もしあの時あなたが助けてくれなかったら, 今私は生きていないだろう.
(d) [if 節に should, were to を用いて] **万一…[仮に]…すれば**: Please tell him to wait *if* I *should* be late. 万一私が遅れるようなことがあれば, 彼に待つように言ってください / *If* you *were to* have omnipotent power, what would you do? 仮にあなたに全能の力があるとしたら, 何をしますか.
語法 (1) 未来における実現の可能性が低い事柄についての仮定を表す. were to を用いるほうがより可能性が低いことを表す.
(2) 主節の述語動詞には「would [should, could, might] + 動詞の原形」を用いる. ただし, should を用いる場合には「will [shall, can, may] + 動詞の原形」を用いることもある: *If* you *should* fail again, what will you do? 万一また失敗したら, あなたはどうするつもりですか.
語法 **If … を用いない仮定法**
《文語》では, If を be (助) 動詞を主語の前に出した倒置文で仮定・条件を表すことがある: *Were* I a bird, I would fly to you. 私が鳥ならば, あなたの所へ飛んで行くのだが (= *If* I were a bird, I would fly to you.) / *Had* it not been for

his help, I could not have succeeded. もし彼の助けがなかったならば、私は成功できなかっただろう (→成句(1);→ SUBJUNCTIVE (文法)).

2 [譲歩] たとえ…でも (even if): *If* you don't like vegetables, you still must eat them for your health. たとえ野菜が好きでなくても、健康のために食べなくてはいけない / Bill is a good boy, *if* he sometimes plays a trick. ビルは時々いたずらするけど、いい子です.

3 [時・場合] …するときは (when), …のときはいつでも (whenever) (◇通例 if 節と主節の動詞は同じ時制となる): *If* there's anything you need, don't hesitate to ask. もし必要なことがあるときは、遠慮せずに言ってください / *If* he has a hard time, he reads his favorite book. 彼はつらいことがあると愛読書を読む.

4 [独立文を導き、願望・驚きを表して] …であればいいのだが; …とは驚いた (→成句 if only): *If* I could see her again! 彼女にもう一度会えればいいのだが (◇あとに主節 I would be very happy. などが省かれている) / Oh, no! *If* I haven't lost my wallet! しまった. 財布をなくしてしまった.

II [名詞節を導いて]

5 《口語》…かどうか: I don't know *if* he will come. 彼が来るかどうか私は知らない (◇ if の導く節が名詞節の場合、未来のことは未来時制で表す) / Jim asked me *if* I had called him the night before. ジムは私が前の晩に彼に電話をしたかどうか私に尋ねた / I wonder *if* it is true. それ、本当かしら / Please see *if* the gas is turned off. ガス栓が閉まっているかどうか確かめてください.

[語法] (1) if の導く名詞節は、通例 know, wonder, ask, see などの他動詞の目的語となり、間接話法で疑問文を作る (→ NARRATION (文法)).
(2) 名詞節を導く if は whether と置き換え可能. whether のみを用いる用法については→ WHETHER [語法].

as *if* … まるで…のように (→ AS 代 成句).
***éven if* …** たとえ…でも (→ EVEN 成句).
***if* a cént** [*a dáy, a díme, an ínch, an óunce, a pénny, a yárd*] 確かに、少なくとも (◇ cent, dime, penny は金額について、day は年齢について、inch, yard は長さについて、ounce は重量について用いる): The book cost forty dollars, *if a cent*. その本は確かに40ドルはした / She is fifty, *if a day*. 彼女は少なくとも50歳にはなっている.
***if* and whèn …** もし…するときには.
***if* àny** たとえあるとしても (→ ANY 代 成句).
***if* ànything** どちらかと言えば (→ ANYTHING 代 成句).
***if* éver** たとえする [ある] としても: He seldom, *if ever*, comes late. 彼はまずめったに遅刻市ない.
***if* it had nót bèen for …** もし…がなかったとしたら (◇過去の事実に反対の仮定で、仮定法過去完了. 《文語》では had it not been for … とも言う): *If it had not been for* your advice at that time, I would have failed. もしあのときあなたの忠告がなかったら、私は失敗していただろう.
***if* it were [was] nót for …** もし…がなければ (◇現在の事実に反対の仮定で、仮定法過去. 《文語》

では were it not for … とも言う): *If it were not for* the sun, we could not live at all. もし太陽がなければ、私たちはまったく生きていけないだろう.
***if* I wère yóu** 私があなたの立場なら (◇人に助言をするときの表現): *If I were you*, I would sell the car at that price. 私があなたの立場なら、その値段で車を売るだろう.
***if* nót …** **1** …とまでは…ではないにしても: He must have spent most of his money, *if not* all. 彼は自分のお金を全部とは言わないまでも、ほとんど使ってしまったに違いない. **2** もし…でなければ: Do you have a little time? *If not*, I will visit you tomorrow again. 今ちょっとお時間がありますか. もしなければ、あすまたおうかがいします.
***if* ónly …** **1** …であれば [すれば] いいのだが (◇主節を省略し、独立文で用いる; 強い願望を表す): *If only* I had a little more money! お金がもう少しあればいいのだが. **2** …でさえあれば: *If only* I had had a little more time, I could have answered all the questions. もう少し時間があれば、すべての問題に答えられたのに. **3** たとえ…だけでも (→ ONLY 成句).
***if* só** もしそうなら: She may arrive tomorrow. *If so*, she can help us. 彼女はあす来るかもしれない. もしそうなら、彼女に手伝ってもらえる.
***If* you knów what's góod for you** → KNOW 成句.
***Whát if* …?** (もし) …だったらどうなるだろう (→ WHAT 成句).

— 名 C 条件, 仮定; 疑い.

— *ífs, ánds, or búts* [《英》*ífs and búts*] 言い訳, 弁解.

if·fy [ífi] 形 (比較 **if·fi·er** [~ər]; 最上 **if·fi·est** [~ist]) 《口語》(状態・問題などが) 不確かな, あやふやな; (人が) 確信がもてない.

-i·fy [ifai] 接尾 「…化する」などの意の動詞を作る (-fy): beaut*ify* 美化する / magn*ify* 拡大する.

ig·loo [íglu:] 名 C 《イグルー》《イヌイットの丸天井形の家. 氷雪のブロックで造る》.

ig·ne·ous [ígniəs] 形 **1** [限定用法] 《地質》火成の; *igneous* rock 火成岩. **2** 火 (のような).

ig·nite [ignáit] 動 《格式》他 …を燃やす; 《人》を奮起させる. — 自 燃え出す.

ig·ni·tion [igníʃən] 名 **1** U 《格式》発火, 点火; 燃焼. **2** C 《エンジンの》点火装置: an *ignition* key 《エンジンを始動させる》イグニッションキー.

ig·no·ble [ignóubl] 形 《格式》下劣な, 下品な; 恥ずべき, 不名誉な (↔ noble).

ig·no·bly [-bli] 副 下劣 [下品] にも.

ig·no·min·i·ous [ignəmíniəs] 形 [通例, 限定用法] 《格式》不名誉な, 恥ずべき, 屈辱的な.

ig·no·min·i·ous·ly [~li] 副 不名誉に, 屈辱的に.

ig·no·min·y [ígnəmìni] 名 (複 **ig·no·min·ies** [~z]) 《格式》**1** U 不面目, 不名誉, 屈辱. **2** C 恥ずべき行為.

ig·no·ra·mus [ìgnəréiməs] 【ラテン】名 C 無知な人, 無学な人.

***ig·no·rance** [ígnərəns] 名 U **1** 無知, 無学: through *ignorance* 無知なために / Ignorance

is bliss.《ことわざ》無知は幸福 ⇨ 知らぬが仏.
2〔…を〕知らないこと〔*of*〕: *Ignorance of* the law is no excuse. 法律を知らないことは(罪の)言い訳にはならない.
(▷ 動 ignóre)

*ig·no·rant [ígnərənt] 形 **1** 無知の, 無学の (illiterate); 無知から生じる. **2**〔叙述用法〕〔…を〕知らない, 気づかない〔*of, about, on*〕;〔…ということを / …かを〕知らない〔*that* 節 / 疑問詞節〕: He is quite *ignorant about* politics. 彼は政治のことはまったく知らない / We were *ignorant of* the coming danger. 私たちは危険の接近に気づかなかった. **3**《英口語》不作法な. (▷ 動 ignóre)

ig·no·rant·ly [ígnərəntli] 副 無知で; 知らずに.

ig·nore [ignɔ́ːr]
【原義は「知らない」】
— 動 (三単現 **ig·nores** [〜z]; 過去・過分 **ig·nored** [〜d]; 現分 **ig·nor·ing** [-nɔ́ːriŋ])
— 他 …を<u>無視する</u>, 見て見ぬふりをする (◇ disregard や neglect より意図的に無視するという含みが強い): He *ignored* the stoplight. 彼は停止信号を無視した / She *ignored* him when he spoke to her. 彼女は彼が話しかけてきたとき無視した / This bill *ignores* the opinion of the public. この法案は民意を無視している.
(▷ 名 ígnorance; 形 ígnorant)

i·gua·na [igwáːnə] 名 (複 **i·gua·nas** [〜z], **i·gua·na**) イグアナ.

i·kon [áikɑn | -kɔn] 名 = ICON 聖像; アイコン.

IL《郵略語》= *Il*linois.

il- [il]《接頭》〔l で始まる語の前に付けて〕= IN-: *il*luminate …を照らす / *il*legal 違法の / *il*logical 非論理的な.

Il·i·ad [íliəd, -æd] 名〔the 〜〕『イリアス』《ホメロス作とされるトロイ戦争をテーマにした長編叙事詩》.

ilk [ílk] 名《通例, 次の成句で》
■ *of thát* [*one's, the sáme*] *ílk* 同(種)類の.

*****ill** [íl]
形 副 名【原義は「悪い」】
— 形 (比較 **worse** [wə́ːrs]; 最上 **worst** [wə́ːrst])
1〔叙述用法〕《主に英》病気の〔*で*〕;〔…(の病気)に〕かかっている〔*with*〕(↔ well, healthy): She got [became, fell] *ill*. 彼女は病気になった / He has been seriously *ill* in (the) hospital. 彼は重病で入院している / Tom is *ill* in bed *with* the flu. トムはインフルエンザにかかって寝ている.

<u>語法</u> (1)《米》では叙述用法・限定用法のどちらにも sick を用いる傾向が強く, ill を用いるのは格式ばった言い方.《英》では ill は叙述用法に, 限定用法には sick を用いる: a *sick* person 病人 / The boy was *ill*. 少年は病気だった.
(2) ill を修飾する語を伴うと限定用法も可能: a seriously [mentally] *ill* patient 重病[精神病]患者.

2〔限定用法〕悪い, 有害な (→ BAD 類義語): a man of *ill* fame 悪名高い男 / the *ill* effects of smoking 喫煙の害 / *Ill* news travels fast.《ことわざ》よくないうわさほど早く伝わる ⇨ 悪事千里を走る / *Ill* weeds grow apace.《ことわざ》雑草は茂りやすい ⇨ 憎まれっ子世にはばかる.

3〔限定用法〕好ましくない, 不十分な; 悪意のある; 不運な: *ill* manners 不作法 / *ill* feeling 悪感情 / *ill* luck 不運 / *ill* will 悪意; 敵意.

■ *íll at éase* 不安な (→ EASE 名 成句).

— 副 **1**〔しばしば複合語で〕悪く, 不正に: take things *ill* 物事を悪くとる / *ill* got, *ill* spent.《ことわざ》悪銭身につかず (→ ILL-GOTTEN).
2 不十分に, まずく: They are *ill* off. 彼らは暮らし向きがよくない (◇ badly off とも言う).

■ *spéak íll of* … …を悪く言う (→ SPEAK 成句).
thìnk íll of … …を悪く思う.

— 名 **1** U《格式》悪, 害: do *ill* 悪事を働く.
2 C〔しばしば〜s〕不幸, 災難; 悩み: the *ills* of life 人生の苦難. **3**〔the 〜; 集合的に; 複数扱い〕患者: the mentally *ill* 精神病患者.

■ *for góod or íll* よかれ悪し(かれ).

*****I'll** [áil]
《短縮》《口語》 **1** I will の短縮形: *I'll* finish my work soon. すぐに仕事を終わらせよう (◇ I'll = I will 意志未来) / *I'll* be seventeen next month. 私は来月 17 歳になる (◇ I'll = I will 単純未来). **2** I shall の短縮形.

<u>語法</u> 強い決意や意志を表すときには, 短縮形 I'll は用いず, I will, I shall を用いる: *I will* [《主に英》*shall*] meet him whatever happens. 何が起ころうとも私は必ず彼に会うつもりです.

Ill.《略語》= *Ill*inois.

ill-as·sórt·ed 形 不つり合いの, 不調和な.
ill-bréd 形 育ち[しつけ]の悪い, 不作法な.
ill-con·céived 形 (計画などが) よく練られていない, 実現不可能な.
ill-con·síd·ered 形《格式》(決定・行動などが) 思慮の足りない, 十分考えていない.
ill-de·fíned 形 はっきり定義されていない; (輪郭・範囲などが) はっきりしない, 不明確な.
ill-dis·pósed 形〔通例, 叙述用法〕《格式》〔…に〕好意的でない, 悪意を抱いた, 冷淡な〔*toward*〕.

***il·le·gal** [ilíːɡəl] 形〔比較なし〕非合法の, 不法[違法]の, 法律に反した, (スポーツなどで) ルールに反した (↔ legal): an *illegal* act 不法行為 / *illegal* workers 不法就労者 / *illegal* possession (銃などの) 不法所持 / A left turn is *illegal* here. ここでは左折は交通違反である.

il·le·gal·i·ty [ìliːɡǽləti] 名 (複 **il·le·gal·i·ties** [〜z]) **1** U 法律違反, 非合法, 不法, 違法. **2** C 不法[違法]行為.

il·le·gal·ly [ilíːɡəli] 副 非合法に, 不法に, 違法に.
il·leg·i·bil·i·ty [ilèdʒəbíləti] 名 U (字の) 読みにくさ, 判読[解読]しにくいこと, 判読不能.
il·leg·i·ble [ilédʒəbl] 形 判読[解読]しにくい.
   il·leg·i·bly [-bli] 副 判読[解読]しにくく.

il·le·git·i·ma·cy [ìlidʒítəməsi] 名 U **1**〔法〕非嫡出(セッシュ), 庶出. **2** 違法, 非合法, 不合理.

il·le·git·i·mate [ìlidʒítəmət] 形 **1**〔法〕嫡出(セッシュ)でない, 庶出の《婚姻関係にない男女間に生まれること》: an *illegitimate* child 私生児,〔法〕嫡出でない子. **2**〔限定用法〕違法の, 非合法の.
il·le·git·i·mate·ly [〜li] 副 違法に; 不合理に.

ill-e·quípped 形 **1**〔…するのに〕十分な設備がない〔*to do*〕. **2**〔…に〕適していない〔*for*〕.

ill-fát·ed 形《文語》不運な, 不幸な.

ill-fá·vored 形《格式》不運な.
ill-fóund·ed 形《格式》事実に基づかない.
ill-gót·ten 形 不正な手段で得た: *ill-gotten gains* 不正利得.
ill-hú·mored, 《英》**ill-hú·moured** 形 不機嫌な, 怒りっぽい (↔ good-humored).
il·lib·er·al [ilíbərəl] 形 **1** 心の狭い, 偏狭な.
2 反自由主義的な.
il·lic·it [ilísit] 形《通例, 限定用法》不法な, 禁制の; (社会的に) 認められていない: an *illicit* sale 密売.
il·lic·it·ly [~li] 副 不法に, 不正に.
Il·li·nois [ìlənɔ́i] 名《米国中部の州; 《略語》Ill.; 《郵略語》IL; → AMERICA 表》.
il·lit·er·a·cy [ilítərəsi] 名 U 読み書きできないこと; 無教養, 無学.
il·lit·er·ate [ilítərət] 形 (↔ literate) **1** 読み書きのできない. **2**《口語》無学の, 教養のない.
— 名 C 読み書きのできない人; 無教養な人.
ill-mán·nered 形《格式》不作法な, 粗野な.
ill-ná·tured 形《格式》意地の悪い, ひねくれた; 不機嫌な (↔ good-natured).

ill·ness [ílnəs]

— 名 (複 **ill·ness·es** [~iz]) U **病気**, 病気の状態 (↔ health); C (特定の) 病気 (→ 類義語): mental *illness* 精神的な病気 / (a) serious [major, grave] *illness* 重病 / (a) minor [slight] *illness* 軽い病気 / (a) chronic *illness* 慢性病 / come down with an *illness* 病気にかかる / get over an *illness* 病気を克服する / He retired early because of *illness*. 彼は病気のために早く引退した / She is suffering from a lingering *illness*. 彼女は長患いしている.

> **類義語 illness, sickness, disease**
> 共通する意味 病気 (a condition in which someone is not healthy)
> **illness** は「(肉体または精神の) 健康でない状態」を表し, 《英》では最も一般的な語. 《米》では比較的重い病気をさす: He died after an *illness* of a few weeks. 彼は数週間患って死んだ. **sickness** は《米》では「病気」を意味する最も一般的な語.《英》では「吐き気」の意味で使われることが多い: He is absent owing to *sickness*. 彼は病気欠しだ / She felt *sickness* at her stomach. 彼女は吐き気がした. **disease** は「特定の病名の付く病気」をさす: Parkinson's *disease* パーキンソン病 / heart *disease* 心臓病.

il·log·i·cal [ilɑ́dʒikəl / ilɔ́dʒ-] 形 非論理的な, 不合理な, 筋の通らない (↔ logical).
il·log·i·cal·ly [-kəli] 副 非論理的に, 不合理に.
il·log·i·cal·i·ty [ìlɑ̀dʒikǽləti / ilɔ̀dʒ-] 名 (複 **il·log·i·cal·i·ties** [~z]) U 非論理性, 不合理; C 不合理なこと [もの].
ill-ó·mened 形《文語》= ILL-STARRED (↓).
ill-pre·páred 形 準備不十分の.
ill-stárred 形《文語》星回りの悪い, 不運な, 不幸な.
ill-tém·pered 形《格式》怒りっぽい, 気難しい (↔ good-tempered).

ill-tímed 形 折の悪い, あいにくの.
ill-tréat 動 他 …を虐待 [冷遇] する.
ill-tréat·ment 名 U 虐待, 冷遇.

*__il·lu·mi·nate__ [ilú:mənèit] 動 他 **1** …を照らす, 明るくする, …を照明する (light up): The flash of light *illuminated* every corner of the room. 閃光(袋)が部屋の隅々まで照らした.
2 〈街路など〉をイルミネーションで飾る, 電飾する: streets *illuminated* for the celebration 祝賀のイルミネーションを施した街路. **3** 《格式》〈問題点など〉を明確にする, 解明する; 〈人〉を啓発する, 啓蒙(钌)する (enlighten).

il·lu·mi·nat·ed [ilú:mənèitid] 形 **1** イルミネーションを施した. **2** (写本などが) 彩飾された.
il·lu·mi·nat·ing [ilú:mənèitiŋ] 形 **1** (問題などを) 解明する; 啓発的な. **2** 明るくする, 照らす, 照明の.

*__il·lu·mi·na·tion__ [ilù:mənéiʃən] 名 **1** U 照明, 照らす [照らされる] こと; 照明の強度, 照度.
2 [~s]《主に英》イルミネーション, 電飾. **3** U《格式》解明; 啓発. **4** C (通例 ~s) (写本などの) 彩飾.

il·lu·mine [ilú:mən] 動 = ILLUMINATE (↑).
ill-ús·age 名 U《格式》虐待, 酷使; 悪用.
ill-úse 動 他 (通例, 受け身で)《格式》…を虐待 [酷使] する; …を悪用 [乱用] する.

*__il·lu·sion__ [ilú:ʒən] 【原義は「だます」】 名
1 C 幻覚; 幻影. **2** C U 幻想, 錯覚, 勘違い: give an *illusion* of … …と錯覚させる / I have no *illusions* about my future. 私は自分の将来に何の幻想も抱いていない / I was under the *illusion* that you really cared for me. 私はあなたが私のことを本当に好きなのだと錯覚 [誤解] していました. (▷ 形 illúsory, illúsive)

il·lu·sion·ist [ilú:ʒənist] 名 C 手品師, 奇術師.
il·lu·sive [ilú:siv] = ILLUSORY (↓).
il·lu·so·ry [ilú:səri] 形《格式》人を欺く (deceptive); 錯覚に基づく. (▷ 名 illúsion)

*__il·lus·trate__ [íləstrèit, ilʌ́streit] 動 他 **1** (通例, 受け身で) 〈本など〉にさし絵を入れる, 〈本など〉に [図表・写真などを] 入れる (with): This textbook *is illustrated with* pictures. この教科書にはさし絵が入っている. **2** 〈理論などを〉[実例・図などで] 説明する, 例示する (with); …を例証する: She *illustrated* her theory with color slides. 彼女は自分の理論をカラースライドで説明した.
(▷ 名 illustrátion; 形 illústrative)

*__il·lus·tra·tion__ [ìləstréiʃən] 名 **1** C (本の) さし絵, (説明) 図, イラスト. **2** U (図・表・実例などによる) 説明, 解説, 例証: by way of *illustration* 例証として / in *illustration* of … …の例証として. **3** C 例, 実例.
il·lus·tra·tive [íləstrèitiv, ilʌ́strətiv, íləstrətiv] 形 […の] 説明に役立つ; 実例 [例証] となる [of]: These words are *illustrative of* his character. こうした言葉は彼の性格をよく示している.
(▷ 動 illústrate)

il·lus·tra·tor [íləstrèitər, ilʌ́streitər] 名 C さし絵画家, イラストレーター.
il·lus·tri·ous [ilʌ́striəs] 形《格式》有名な, 名高

い.

ILO 《略語》= *I*nternational *L*abor *O*rganization 国際労働機関.

I'm [áim] 《短縮》《口語》**I am** の短縮形: *I'm* a freshman. 私は新入生です(◇ am は助動詞) / *I'm* good at English. 私は英語が得意です(◇ am は動詞) / *I'm* living in Tokyo now. 私は今東京に住んでいる(◇ am は助動詞).

im- [im] 《接頭》[b, m, p で始まる語の前に付けて] = IN-: *im*balance 不均衡 / *im*migrant 移住者 / *im*possible 不可能な.

im·age [ímidʒ] (☆ 発音に注意)
【原義は「似せたもの」】
— 名 (複 **im·ag·es** [~iz]) C **1** (心に浮かぶ)像, 姿, 形; 面影: An *image* of the scenery came into my mind. その景色が私の心に浮かんだ.
2 (人・組織・商品などの) 印象, イメージ; 評判: a public *image* 対外的なイメージ / The school is trying to improve its *image*. その学校はイメージアップを図っている / The affair gave her a bad *image*. その出来事で彼女はイメージダウンした. (比較)「イメージアップ」「イメージダウン」は和製英語)
3 (鏡・レンズなどの) 像; (テレビなどの) 画像, 映像: a real [virtual] *image*《光》実[虚]像 / a mirror *image* (左右が逆の) 鏡像 / digitize an *image* 画像をデジタル化する.
4 (彫刻・絵画などの) 像, 彫像, 肖像: an *image* of the Virgin Mary 聖母マリアの像 / carve an *image* in stone 石像を彫る. **5** [通例, 単数形で] [...に] よく似た人[もの], 生き写し[of]: He is the very [living, spitting] *image* of his father. 彼は父親にそっくりです. **6** [...の] 象徴; 権化 [of]: She is the *image* of diligence. 彼女は勤勉そのものです. **7** 《修辞》比喩的表現, 直喩, 隠喩.

im·age·ry [ímidʒəri] 名 U [集合的に] (特に詩などの) 比喩的表現 [描写]; 心象; 像, 彫像.

*#**i·mag·i·na·ble** [imædʒinəbl] 形 想像できる, 想像できる限りの (◇通例, 形容詞の最上級や all, every, no などの強調に用いる): every *imaginable* means [method] = every means [method] *imaginable* ありとあらゆる手段 (◇名詞のあとに置かれることがある).

*#**i·mag·i·nar·y** [imædʒənèri / -dʒinəri] 形 想像上の, 架空の, 実在しない (↔ real): The unicorn is an *imaginary* animal. ユニコン [一角獣] は想像上の動物です. (▷ 名 *imáginàtion;* 形 *imáginary*)
◆ **imáginary númber** C 《数学》虚数.

*#**i·mag·i·na·tion** [imædʒinéiʃən]
— 名 (複 **i·mag·i·na·tions** [~z]) U C **1** 想像, 想像力; 創造力, 創作力 (関連語) fancy (実際にはありそうもないこと) 想像, 空想 / fantasy (自由で途方もない) 奇想, 夢想): an active [a lively] *imagination* 豊かな想像力 / be full of *imagination* 想像力にあふれている / excite [fire] ...'s *imagination* ...の想像力をかき立てる / capture ...'s *imagination* ...の心をつかむ[とらえる] / lack *imagination* 想像力に乏しい / Use your *imagination*. 想像力を働かせなさい / She has a creative *imagination*. 彼女は創造力に豊んだ人です / I'll leave the details to your *imagination*. 詳しいことはご想像にお任せします.
2 空想的な考え, 想像の産物: pure *imagination* 単なる想像 / It's just an *imagination*. それは気のせいだよ. (▷ 動 *imágine*)

*#**i·mag·i·na·tive** [imædʒənətiv] 形 **1** 想像の, 想像力の: *imaginative* faculty 想像力. **2** 想像[創作] 力に富んだ: an *imaginative* design 斬新(ざんしん)なデザイン.

i·mag·i·na·tive·ly [~li] 副 想像力豊かに.

*#**i·mag·ine** [imædʒin]
— 動 (三単現 **i·mag·ines** [~z]; 過去・過分 **i·mag·ined** [~d]; 現分 **i·mag·in·ing** [~iŋ])
— 他 **1** (a) [imagine + O] ...を**想像する**, 心に描く; [imagine + doing] ...するのを想像する: Can you *imagine* life without cars? 車のない生活を想像できますか / He couldn't *imagine* living without his family. 彼には家族のいない生活など考えられなかった.
(b) [imagine + that 節 [疑問詞節]] ...ということを [...かを] 想像する: Just *imagine that* you are playing tennis on the center court of Wimbledon. 自分がウィンブルドンのセンターコートでプレーしているのをちょっと想像してみなさい / Can you *imagine what* it's like to be homeless? ホームレスがどんなものか想像できますか.
(c) [imagine + O + as ~ / imagine + O + (to be) C] ...が~であると想像する; [imagine + O + doing] ...が~することを想像する: Can you *imagine* him *as* a prime minister? = Can you *imagine* him (*to be*) a prime minister? 彼が総理大臣だなんて考えられますか / It is difficult to *imagine* her *becoming* a doctor. 彼女が医師になるとは考えにくい.
2 [imagine + that 節 [疑問詞節]] ...と [...かと] 思う, 推測する: I *imagine* (*that*) she will be late. 彼女は遅れて来るでしょう / I can't *imagine what* you want to say. あなたが何を言いたいのかわからない / Did he catch the last train? — I *imagine* so [not]. 彼は最終列車に間に合ったのですか—そう思います [間に合わなかったでしょう].
■ (*Jùst*) *imágine* (*that*)!《口語》そんなばかな, まさか(◇驚き・非難などを表す).
(▷ 名 *imáginàtion;* 形 *imáginary*)

i·mag·in·ings [imædʒiniŋz] 名 [複数扱い] 想像の産物, 幻想.

i·ma·go [iméigou] 名 (複 **i·ma·goes, i·ma·gos** [~z], **i·ma·gi·nes** [imædʒəniːz, iméidʒəniːz]) C 《昆》(チョウ・ガなどの) 成虫.

i·mam [imάːm] 名 **1** C《イスラム》指導者, 導師. **2** [I-] イマーム《イスラム教指導者の称号》.

im·bal·ance [imbǽləns] 名 U C 不均衡, アンバランス, 不安定 (◇ unbalance よりも一般的な語).

im·be·cile [ímbəsəl / -siːl] 名 C ばか.
— 形 [通例, 限定用法] 愚かな, ばかな (stupid).

im·be·cil·i·ty [ìmbəsíləti] 名 (複 **im·be·cil·i·ties** [~z]) **1** U 知的発育の遅れ, 低能; 愚かさ. **2** C 愚かな行い [言葉].

im・bibe [imbáib] 動《格式》他 1 〈酒など〉を飲む;〈養分・水分などを〉吸収する. 2 〈思想などを〉吸収する, 摂取する. — 自 酒を飲む; 吸収する.

im・bro・glio [imbróuljou]《イタリア》名 (複 **im・bro・glios** [~z]) C (事件・議論などの) 紛糾, ごたごた, 混乱状態;(劇・小説などの) 複雑な筋.

im・bue [imbjúː] 動 他 [通例, 受け身で]《文語》…に〔思想・感情などを〕吹き込む〔with〕: The players *were imbued with* a sense of teamwork. 選手にはチームワークの意識が浸透していた.

IMF《略語》= *I*nternational *M*onetary *F*und 国際通貨基金.

im・i・tate [ímətèit]

— 動 (三単現 **im・i・tates** [-tèits]; 過去・過分 **im・i・tat・ed** [~id]; 現分 **im・i・tat・ing** [~iŋ])
— 他 1 …を**見習う**, 模範とする, 模倣する (→ 類義語): You should *imitate* his way of serving customers. あなたは彼の接客の仕方を見習うべきです / He *imitated* Rembrandt's style. 彼はレンブラントの作風を模倣した.
2 〈動作・話し方など〉を(ふざけて) **まねる**, …の物まねをする: Helen *imitates* her sister's way of speaking. ヘレンは姉の話し方のまねをする.
3 …と外見を似せる; …を模造する: The new car *imitates* an egg in shape. その新しい車は形が卵に似ている.

> **類義語** imitate, copy, mimic
> 共通する意味▶模倣する (follow the pattern of ...)
> **imitate** は「模倣する」の意を表す最も一般的な語. 手本・原物との完全な一致は必ずしも意味しない: *imitate* the writer's style その作家の作風を模倣する / Parrots *imitate* human speech. オウムは人間の言葉をまねる. **copy** はできる限り「原物を忠実に模倣 [模写] する」の意: *copy* a famous painting 有名な絵を模写する. **mimic** は「人のしぐさ・言葉づかい・癖などをそっくりにまねる」の意. ふざけてまねたり, からかったりする場合によく用いる: She *mimicked* the nasal whine of her dog. 彼女は犬の鼻にかかった声のまねをした.

***im・i・ta・tion** [ìmətéiʃən] 名 1 U まね, 模倣, 模写, C (行動・話し方などの) 物まね, 人まね: in *imitation* of ... …をまねて [模倣して] / give an *imitation* of ... …のまねをする. 2 C 偽物, まがい物, 模造品: This diamond is an *imitation*. このダイヤは偽物です. 3 [形容詞的に] 模造の, 人造の (↔ genuine): *imitation* pearls 人造真珠.

im・i・ta・tive [ímətèitiv / -tətiv] 形《格式》模倣 [模造] の; […の] 模倣的な [したがる]〔*of*〕.

im・i・ta・tor [ímətèitər] 名 C まねをする人 [動物], 模倣者; 模造品を作る人; 独創性のない人.

im・mac・u・late [imǽkjulət] 形 1 汚れていない, しみ [ちり] ひとつない, 欠点のない; 潔白な.
◆ **Immáculate Concéption** [the ～] 〔カトリック〕(聖母マリアの) 無原罪懐胎 (の祝日) [12月8日].

im・mac・u・late・ly [~li] 副 清潔で, 欠点なく.

im・ma・nent [ímənənt] 形《格式》 1 […に] 内在する 〔*in*〕. 2 〔哲〕意識にだけ起こる, 主観的な. 3 〔神学〕(神が) 宇宙遍在の.

im・ma・te・ri・al [ìmətíəriəl] 形 1 […にとって] 重要でない, 問題にならない 〔*to*〕(↔ important). 2《格式》実体のない, 非物質的な, 無形の; 精神上の (↔ material).

im・ma・ture [ìmətjúər, -tʃúər] 形 (↔ mature) 1 (人などが) 未熟な, 未発達の;(計画などが) 未完成の. 2 (果実などが) 熟していない, 未熟な.

im・ma・tu・ri・ty [ìmətjúərəti, -tʃúər-] 名 U 未熟; 未完成; 子供っぽさ.

im・meas・ur・a・ble [imézərəbl] 形 果てしない, 広大な; はかり知れない; 計測できない.

im・meas・ur・a・bly [-əbli] 副 はかり知れないほど.

im・me・di・a・cy [imíːdiəsi] 名 U 緊急(性).

im・me・di・ate [imíːdiət]

【「im (ない) + mediate (媒介する)」で,「すぐに近づく」】
— 形 1 **すぐさまの**, 即時の: an *immediate* reaction とっさの反応 / take *immediate* action ただちに手を打つ / Please give us an *immediate* reply. すぐに返事をください.
2 [限定用法] **直接の**, じかの: the *immediate* cause of an illness 病気の直接の原因 / *immediate* contact 直接の接触〔連絡〕/ Mr. Hori is my *immediate* superior. 堀さんは私の直属の上司です. 3 [限定用法] **最も近い**, 当面の; 近接した: in the *immediate* future ごく近い将来に / the *immediate* neighbors 隣近所の人々.

***im・me・di・ate・ly** [imíːdiətli] 副 接

— 副 1 **ただちに**, すぐに, 即座に (at once): As Chuck was very tired, he fell asleep *immediately*. チャックはとても疲れていたので, すぐ眠りについた / I phoned her *immediately* after I finished my homework. 私は宿題を終えるとすぐ彼女に電話をした.
2 [しばしば副詞句の前で] **直接的に**, じかに; (距離的に) とても近くに: The bus stop stands *immediately* in front of the park gate. バス停は公園の入り口のすぐ前にある / He wasn't *immediately* involved in the crime. 彼はその犯罪に直接関係していなかった.
— 接《英・格式》…するとすぐに (as soon as): *Immediately* the door opened, the dog rushed out to her. ドアが開くとすぐにその犬は彼女の方へ走り出した.

***im・me・mo・ri・al** [ìməmɔ́ːriəl] 形《格式》記憶にないほど昔の, 遠い昔からの, 非常に古い.
■ *from* [*since*] *tíme immemórial* 大昔から.

***im・mense** [iméns] 形 広大な, 広大な; はかり知れない (→ HUGE 類義語). (▷ 名 **immensity**)

im・mense・ly [iménsli] 副 1《口語》とても, たいそう, 非常に. 2 広大に, ばく大に.

im・men・si・ty [iménsəti] 名 (複 **im・men・si・ties** [~z]) U 1 広大, ばく大. 2 [時に複数形で] ばく大なもの, 大量. (▷ 形 **immense**)

im・merse [iməːrs] 動 他 1 …を〔…に〕浸す, 漬

ける [*in*]. **2** …を […に] 没頭させる; 陥らせる [*in*].
■ *be immérsed in* ... = *immérse onesélf in* ... …にふける, 没頭する.

im·mer·sion [imə́ːrʒən / imáːʃən] 名
1 U […に] 浸すこと [浸される] こと, 漬けること [*in*].
2 U […への] 熱中, 没頭 [*in*].
3 U C 【キリスト】浸礼《体を水に浸す洗礼》.
◆ immérsion hèater C 《主に英》投入式電熱湯沸かし器《発熱器を直接液体中に入れて加熱する》.

***im·mi·grant** [ímigrənt] 名 C 《他国からの》移住者, 移民, 入植者; [形容詞的に] 移民の (cf. emigrant (他国への) 移民): *immigrants* from China in the United States 米国在住の中国移民.

im·mi·grate [íməgrèit] 動 自 [他国から / …へ] 移住する; [外国から / …へ] 入国する [*from* / *to*, *into*] (cf. emigrate (他国へ) 移住する).

***im·mi·gra·tion** [ìməgréiʃən] 名 **1** U C [他国から / …への] 移住, 移民, 入植; 入国 [*from* / *to*, *into*] (cf. emigration (他国への) 移住). **2** U [集合的に] (他国からの) 移民団, 入植者. **3** U = immigrátion contròl (空港などの) 出入国管理.

im·mi·nence [ímənəns], **im·mi·nen·cy** [-nənsi] 名 U さし迫っていること, 急迫.

im·mi·nent [ímənənt] 形 (危険などが) さし迫った, 切迫した, 今にも起こりそうな: We are in *imminent* danger. 私たちに危険が迫っている.

im·mo·bile [imóubəl / -bail] 形 動かせない, 固定された; 不動の, 静止した.

im·mo·bil·i·ty [ìmoubíləti] 名 U 固定; 静止.

im·mo·bi·li·za·tion [ìmòubəlizéiʃən / -laiz-] 名 U 動かなくすること, 固定化.

im·mo·bi·lize [imóubəlàiz] 動 他 …を動かなくする; (ギプスなどで) 〈患部などを〉固定する.

im·mod·er·ate [imádərət / imɔ́d-] 形 《格式》節度のない; 過度の, 法外な (↔ moderate).
im·mod·er·ate·ly [~li] 副 節度なく; 過度に.

im·mod·est [imádist / imɔ́d-] 形 (↔ modest) **1** 厚かましい, 無遠慮な; うぬぼれた. **2** (性的に) 慎みのない, 下品な, みだらな.

im·mo·ral·i·ty [ìmərǽləti] 名 (複 **im·mo·ral·i·ties** [~z]) **1** U 不道徳; 不品行, ふしだら. **2** C [通例, 複数形で] 不道徳な行為. (▷ 形 immóral)

***im·mor·tal** [imɔ́ːrtəl] 形 [比較なし] 不死の; 不滅の, 不朽の; 永遠の, 不変の (↔ mortal): *immortal* fame 不滅の名声. — 名 **1** C 不死の人; 不滅の名声を得た人《◇特に作家》. **2** [the Immortals] (ギリシャ・ローマ神話の) 神々.

***im·mor·tal·i·ty** [ìmɔːrtǽləti] 名 U **1** 不死, 不滅, 不朽 (↔ mortality). **2** 不朽の名声.

im·mor·tal·ize [imɔ́ːrtəlàiz] 動 他 …を不滅 [不朽] にする, 永遠にする; …に不朽の名声を与える.

im·mov·a·ble [imúːvəbl] 形 **1** (もの・日付など が) 動かせない, 動かない, 固定した (↔ movable).
2 (態度などが) 不動の, 確固とした.

im·mune [imjúːn] 形 [通例, 叙述用法] **1** 【医】 [病気・毒などに] 免疫になっている, 免疫性の [*to*, *from*]: I am *immune* to the disease. 私はその病気に免疫がある. **2** …を免れた, 免除された [*from*, *against*]; [批評などに] 動じない [*to*].
◆ immúne respònse U C 【医】免疫反応.
immúne sỳstem C 【医】免疫組織 [機構].

im·mu·ni·ty [imjúːnəti] 名 U **1** [責任・義務などの] 免除, 免責 [*from*]: diplomatic *immunity* 外交特権. **2** 【医】[病気への] 免疫 (性) [*to*, *from*].

im·mu·ni·za·tion [ìmjunəzéiʃən, imjùːnə- / -naiz-] 名 C U 免疫 (性) を与えること, 免疫法; 予防接種.

im·mu·nize [ímjunàiz / ímju-] 動 他 (予防注射によって) …に [病気への] 免疫 (性) を与える [*against*].

im·mu·no·de·fi·cien·cy [ìmjunoudifíʃənsi] 名 U 免疫不全 (→ AIDS).

im·mu·nol·o·gy [ìmjunálədʒi / -nɔ́l-] 名 U 免疫学.

im·mu·no·ther·a·py [ìmjunouθérəpi] 名 U 【医】免疫療法.

im·mure [imjúər] 動 他 《文語》…を […に] 閉じ込める, 監禁する [*in*].

im·mu·ta·bil·i·ty [imjùːtəbíləti] 名 U 《格式》不変 (性).

im·mu·ta·ble [imjúːtəbl] 形 《格式》不変の.

imp [ímp] 名 C 小悪魔, 小鬼; いたずらっ子.

***im·pact** [ímpækt] 名 (☆ とのアクセントの違いに注意) **1** C [通例, 単数形で] […への] (強い) 影響, 効果 (effect) [*on*]: The spread of the Internet is having a great *impact* on our daily life. インターネットの普及は私たちの日常生活に大きな影響を与えている. **2** U C […への] 衝撃, […との] 衝突 (crash); 衝撃力, 反発力 [*on*, *against*]: the *impact* of a collision 衝突の衝撃.
■ *on ímpact* ぶつかった衝撃で [瞬間に].
— 動 [impækt] 他 **1** …を […に] 押し込む, 詰め込む [*in*, *into*]. **2** …にぶつかる, 衝突する. **3** 《主に米》…に影響を与える. — 自 **1** ぶつかる, 衝突する. **2** 《主に米》[…に] 影響を与える [*on*].

im·pact·ed [impæktid] 形 【歯】〈歯が〉歯槽 (はそう) に埋伏 (まいふく) した.

im·pair [impéər] 動 他 〈価値・美点・力・分量など〉を減じる; 〈健康など〉を害する, 損なう, 傷つける: Smoking will *impair* your health. 喫煙は健康を損なう.

im·paired [impéərd] 形 (正常な機能が) 損なわれた, 障害のある.

im·pair·ment [impéərmənt] 名 U C 《格式》害すること, 損傷.

im·pa·la [impǽlə / -páːlə] 名 (複 **im·pa·las** [~z], **im·pa·la**) C 【動物】インパラ《アフリカ産レイヨウ》.

im·pale [impéil] 動 他 [しばしば受け身で] …を […で] 突き刺す, 刺し貫く [*on*].

im·pal·pa·ble [impǽlpəbl] 形 《格式》**1** 手で触って感じられない, 感知できない. **2** 理解しにくい.

im·pan·el [impǽnəl] 動 《過去・過分》《英》**im·pan·elled**; 現分 《英》**im·pan·el·ling**) 他 《法》〈姓名〉を陪審名簿に載せる; 〈陪審員〉を陪審名簿から選ぶ.

im·part [impάːrt] 動 他 《格式》 1 〈情報・知識・秘密など〉を […に] 知らせる, 伝える [to]. 2 …を […に] (分け) 与える, 授ける, そえる [to].

*****im·par·tial** [impάːrʃəl] 形 (判断などが) 偏らない, 偏見のない; 公平な (→ FAIR¹ 類義語) (↔ partial).

im·par·ti·al·i·ty [impὰːrʃiǽləti] 名 U […について] 偏らないこと, 不偏; 公平, 公正 [in].

im·par·tial·ly [impάːrʃəli] 副 偏らずに; 公平に.

im·pass·a·ble [impǽsəbl / -pάːs-] 形 (道などが) 通り抜けられない, (一時的に) 通行できない.

im·passe [ímpæs / æmpάːs, im-] 《フランス》 名 C (通例, 単数形で) 行き止まり, 袋小路; (交渉などの) 行き詰まり: reach an impasse 行き詰まる.

im·pas·sioned [impǽʃənd] 形 《通例, 限定用法》 (演説などが) 熱のこもった, 熱烈な; 感動的な.

im·pas·sive [impǽsiv] 形 《時に軽蔑》 1 無感動な, 感情を表さない; 平然とした. 2 無感覚な.

im·pas·sive·ly [~li] 副 平然と.

im·pas·siv·i·ty [ìmpæsívəti] 名 U 無感動; 冷静, 平然; 無感覚.

*****im·pa·tience** [impéiʃəns] 名 U 1 […に] 我慢できないこと; […に対する] じれったさ [with]; 短気, せっかち (↔ patience): with impatience いらいらして / feel impatience with … …にいらいらする. 2 […に対する] 切望 [for]; […したくて] たまらない気持ち (to do) …'s impatience to get married […の] 結婚したくてたまらない気持ち.

*****im·pa·tient** [impéiʃənt] 形 1 〈物事に〉 我慢できない; 短気な, せっかちな [about, at, of] (↔ patient); 〈人に〉 いらいらしている [with]: She is never impatient with the children. 彼女はけっして子供たちにいらいらしない. 2 《叙述用法》 […したくて] たまらない, (しきりに) […] したがる (to do); しきりに […を] 望んでいる [for]: Mary was impatient to see you. メアリーは(しきりに)あなたに会いたがっていました.

im·pa·tient·ly [impéiʃəntli] 副 我慢できずに; いらいらして; せかせかして, 性急に; 待ち遠しく.

im·peach [impíːtʃ] 動 他 1 〈公職者〉を […の罪で] 弾劾(<ruby>劾<rt>がい</rt></ruby>)する, 告訴 [告発] する [for]. 2 〈人格など〉を疑う; […で] …を非難する [for].

im·peach·a·ble [-píːtʃəbl] 形 (罪などが) 弾劾 [告発, 非難] されるべき.

im·peach·ment [impíːtʃmənt] 名 UC 《法》弾劾(がい), 告訴, 告発; 非難.

im·pec·ca·ble [impékəbl] 形 非の打ちどころのない, 申し分のない (faultless); 罪のない.

im·pec·ca·bly [-bli] 副 申し分なく.

im·pe·cu·ni·ous [ìmpikjúːniəs] 形 《格式・時にこっけい》 (いつも) 金のない, (長いこと) 貧乏な.

im·ped·ance [impíːdəns] 名 U 《または an ~》 《電気》インピーダンス 《交流回路における電気抵抗》.

im·pede [impíːd] 動 他 《格式》〈進行など〉を妨げる, じゃまする; (妨害して) 遅らせる.

im·ped·i·ment [impédəmənt] 名 C 1 《格式》 […への] 妨害 (物), 障害 [to]. 2 身体障害: a speech impediment 言語障害.

im·ped·i·men·ta [impèdəméntə] 名 (◇元来は impedimentum の複数形) 《複数扱い》旅行用手荷物; (行動を妨げる) じゃまなもの, 足まとい; 軍隊用荷物.

im·pel [impél] 動 (三単現 **im·pels** [~z]; 過去・過分 **im·pelled** [~d]; 現分 **im·pel·ling** [~iŋ]) 他 1 (考え・感情などが) 〈人〉を […へと] 促す, 駆り立てる [to, in, into]; 〈人〉を強いて […] させる (to do): What impels you to go there? 何のためにそこへ行くのですか. 2 …を押し進める, (前へ) 動かす.

im·pend·ing [impéndiŋ] 形 《通例, 限定用法》 (悪いことが) さし迫った, 切迫した, 今にも起こりそうな: an impending storm 今にも来そうなあらし.

im·pen·e·tra·ble [impénətrəbl] 形 1 突き通せない, 貫き通せない; 通り抜けられない; […を] 通さない [to, by]. 2 (奥まで) 見通せない; 不可解な.

im·pen·e·tra·bly [-bli] 副 不可解にも.

im·pen·i·tent [impénətənt] 形 《格式》頑迷な, 強情な; 悔い改めない.

imper. 《略語》《文法》 = imperative (↓).

im·per·a·tive [impérətiv] 形 1 《通例, 叙述用法》絶対に必要な, 必須の; 緊急の: It is imperative that you see a doctor immediately. あなたはどうしてもすぐ医師に診てもらう必要がある. 2 命令的な, 断固とした, 強制的な; いかめしい: an imperative tone of voice 命令口調. 3 《文法》命令法の.

— 名 1 《文法》U 命令法; C (動詞の) 命令 (法) 形. 2 C 命令; 緊急になすべきこと; 緊要事態.

◆ impérative móod [the ~] 《文法》命令法.
impérative séntence C 《文法》命令文 (→ SENTENCE 文法).

im·per·cep·ti·ble [ìmpərséptəbl] 形 […に] 感知できない, 目に見えない, 気づかれないほどの [to]; (変化などが) わずかな, かすかな; 緩慢な.

im·per·cep·ti·bly [-təbli] 副 わずか [かすか] に.

*****im·per·fect** [impə́ːrfikt] 形 《比較なし》不完全な, 不十分な; 欠点 [欠陥] のある; 未完成の.

im·per·fect·ly [~li] 副 不完全に, 不十分に.

im·per·fec·tion [ìmpərfékʃən] 名 U 不完全, 不十分, 不備; C 欠点, 欠陥.

*****im·pe·ri·al** [impíəriəl] 形 1 《比較なし; 通例, 限定用法》帝国の; しばしば I-] 帝国の; 大英帝国の; 皇帝の; 天皇 [皇后] の, 皇室の: the Imperial Household 皇室 / the Imperial Palace 皇居, 宮殿 / His [Her] Imperial Majesty 天皇 [皇后] 陛下.
2 《限定用法》英国度量衡法による: an imperial gallon 1英ガロン. (▷ 名 émperor, émpire)

im·pe·ri·al·ism [impíəriəlìzəm] 名 U 《通例, 軽蔑》帝国 [帝政] 主義 (政策), 領土拡張主義.

im·pe·ri·al·ist [impíəriəlist] 《通例, 軽蔑》 名 C 帝国 [帝政] 主義者, 領土拡張主義者; 皇帝支持者.
— 形 帝国 [帝政] 主義 (者) の.

im·pe·ri·al·is·tic [impìəriəlístik] 形 《通例, 軽蔑》帝国主義的な.

im·per·il [impérəl] 動 (過去・過分 《英》 **im·per·illed**; 現分 《英》 **im·per·il·ling**) 他 …を危うくする, 危険にさらす. (▷ 名 péril)

im·pe·ri·ous [impíəriəs] 形 傲慢(<ruby>慢<rt>まん</rt></ruby>)な.

im·pe·ri·ous·ly [~li] 副 傲慢に.

im·pe·ri·ous·ness [〜nəs] 名 U 傲慢さ.

im·per·ish·a·ble [impériʃəbl] 形《格式》不滅の, 不朽の; 永遠の; 不死の.

im·per·ma·nent [impə́ːrmənənt] 形《格式》永続しない, 一時的な, 変わりやすい.

im·per·me·a·ble [impə́ːrmiəbl] 形《文語》液体・ガスなどを〉通さない, […に] 不浸透性の [to].

im·per·mis·si·ble [impərmísəbl] 形《格式》(物事が) 許しがたい, 容認できない.

im·per·son·al [impə́ːrsənəl] 形 **1**《通例, 軽蔑》個人 (的感情) を離れた, 感情のこもらない, 素っ気ない. **2**《通例, ほめ言葉》客観的な, 一般的な, 私情をはさまない. **3** 人格を持たない, 非人間的な. **4** [限定用法]《文法》非人称の.
◆ **impérsonal prónoun** [**vérb**] C《文法》非人称代名詞[動詞] (→ IT **3, 4**; PERSONAL 文法)

im·per·son·al·ly [impə́ːrsənəli] 副 個人的でなく; 客観的に.

im·per·son·ate [impə́ːrsənèit] 動 他 …の役を演じる; …に扮(ふん)する; …のしぐさ [声, 外見など] をまねる, …になりすます.

im·per·son·a·tion [impə̀ːrsənéiʃən] 名 UC 物まね, 声色(こわいろ); 演技, (他人に) なりすますこと.

im·per·son·a·tor [impə́ːrsənèitər] 名 C 俳優; 物まね芸人, 声色を使う人.

im·per·ti·nence [impə́ːrtənəns] 名 U 生意気, 厚かましさ; (目上の人などに対する) 無礼; C 生意気 [不作法] な言動.

im·per·ti·nent [impə́ːrtənənt] 形 目上の人などに対して 生意気な, 無礼な (rude) [to].

im·per·ti·nent·ly [〜li] 副 厚かましく, 無礼にも.

im·per·turb·a·ble [impərtə́ːrbəbl] 形 落ち着いた, 冷静な, 容易に動揺しない.

im·per·turb·a·bly [-bli] 副 落ち着いて, 冷静に.

im·per·vi·ous [impə́ːrviəs] 形《通例, 叙述用法》**1**〈液体・光などを〉通さない [to]: This coat is *impervious to* rain. このコートは雨がしみ込まない. **2** […に] 影響されない, 鈍感な; [批判を] 受け入れない [to]: He is *impervious to* reason. 彼には道理が通じない.

im·pet·u·os·i·ty [impètʃuásəti / -tjuɔ́s-] 名 (複 **im·pet·u·os·i·ties** [〜z]) U 猛烈さ; せっかち; C せっかち [性急] な言動.

im·pet·u·ous [impétʃuəs] 形 猛烈な, 激しい; 性急な, せっかちな (hasty); (人・行動などが) 衝動的な.

im·pe·tus [ímpətəs] 名 **1** UC 原動力, 推進力; 勢い, はずみ, […に対する] 刺激 [to]: give [lend] (an) *impetus to* … …を促進する, …に刺激を与える. **2** U 運動量.

im·pi·e·ty [impáiəti] 名 (複 **im·pi·e·ties** [〜z])《格式》**1** U 不信心, 不敬. **2** C [しばしば複数形で] 不信心 [不敬] な行為. (▷ 形 impious)

im·pinge [impíndʒ] 動 自 《格式》[…に] 強い影響を与える [on, upon].

im·pinge·ment [impíndʒmənt] 名 U 影響.

im·pi·ous [ímpiəs, impáiəs] 形《格式》不信心な. (▷ 名 impiety)

imp·ish [ímpiʃ] 形 わんぱくな, いたずらな.

imp·ish·ly [〜li] 副 わんぱくに, いたずらっぽく.

im·pla·ca·ble [implǽkəbl, -pléikə-] 形 (憎み・恨みなどが) 執念深い; (敵などが) 容赦のない.

im·pla·ca·bly [-bli] 副 執念深く, 容赦なく.

im·plant [implǽnt / -pláːnt] 動 他 **1**〈思想などを〉[心に] 植え付ける, 吹き込む [in, into]: Courage was deeply *implanted* in his mind. 彼の魂には勇気が深く植え付けられていた. **2**〈ものを〉[…に] はめ込む; [医]〈皮膚などを〉[…に] 移植する [in, into]. ── [ímplænt / -plɑːnt] C [医] 移植 (組織) 片; 人工歯根: an organ *implant* 移植臓器 / a dental *implant* 人工歯根.

im·plau·si·ble [implɔ́ːzəbl] 形 ありそうもない, 信じがたい, 怪しい.

*__im·ple·ment__ [ímpləmənt] 名 C **1** 道具, 用具; [〜s] 用具一式 (→ TOOL 関連語): a writing *implement* 筆記用具 / farm *implements* 農機具. **2** 手段, 方法.
── 動 [ímpləmènt] 他〈計画などを〉実行 [実施] する (carry out); 〈約束・契約を〉果たす, 履行する.

im·ple·men·ta·tion [ìmpləməntéiʃən] 名 U 実行, 実施; 施行.

im·pli·cate [ímpləkèit] 動 他〈人を〉[犯罪などに] 巻き込む, 関係させる [in, with].
(▷ 名 implication)

*__im·pli·ca·tion__ [ìmpləkéiʃən] 名 **1** UC 含蓄, 含意; 示唆, 暗示: by *implication* 暗に, それとなく. **2** U [犯罪などへの] かかわり合い, 関与, 連座 [in]. **3** C [通例〜s] […に対する] (予想される) 影響, 結果 [for]. (▷ implicàte, imply)

*__im·plic·it__ [implísit] 形 **1**《格式》[…に] 暗に含まれた, […の] 言外に含まれる [in]; 暗黙の (↔ explicit): an *implicit* understanding 暗黙の了解 / There was a warning *implicit in* his words. 彼の言葉には警告の意味が含まれていた.
2 絶対的な, 無条件の.

im·plic·it·ly [〜li] 副 暗黙のうちに; 絶対的に.

*__im·plore__ [implɔ́ːr] 他《格式》〈援助・慈悲などを〉懇願 [嘆願] する; 〈人に〉[…を / …するように] 懇願 [嘆願] する [for / to do]: She *implored* his forgiveness. = She *implored* him *for* forgiveness. 彼女は彼に許しを求めた / I *implored* him not *to* leave. 私は彼に出て行かないでくださいと懇願した.

im·plor·ing [implɔ́ːriŋ] 形 哀願するような.

im·plor·ing·ly [〜li] 副 嘆願して, 哀願して.

*__im·ply__ [implái] 動 (三単現 **im·plies** [〜z]; 過去過分 **im·plied** [〜d]; 現分 **im·ply·ing** [〜iŋ]) 他 **1** [imply + O] …をほのめかす, 暗示する (→ SUGGEST 類義語); [imply + that 節] …であると暗示する: Are you *implying that* I told a lie? 私がうそをついたとでもおっしゃるんですか.
2 […ということを] 暗に意味する, 含意する [that 節]: His tone *implied* her failure [*that* she had failed]. 彼の声の調子は彼女が失敗したことを暗示していた. **3** …を (必然的に) 伴う: Life *implies* growth and death. 生あるものは必ず成長し死ぬものである. (▷ 名 implication)

*__im·po·lite__ [ìmpəláit] 形 不作法な, 無礼な, 礼儀知らずの; […に] 失礼な [to] (◇ rude のほうが強意): It was very *impolite* of him to start smoking at the table. 食事中にたばこを吸い始めるなん

im·po·lite·ly [～li] 副 無礼に, 失礼に.
im·po·lite·ness [～nəs] 名 U 不作法.
im·pol·i·tic [impálətik, -pól-] 形《格式》(言動が)思慮のない; 得策でない, 賢明でない.
im·pon·der·a·ble [impándərəbl, -pón-]《格式》形 (影響・重要性などが) はかり知れない.
— 名 C (通例～s) (正確に) 計量 [評価] できないもの; 未知数, 不測の要因.

im·port 動 名

【原義は「持ち込む, 導入する」】
— 動 [impɔ́ːrt] (☆ 名 とのアクセントの違いに注意) (三単現 **im·ports** [-pɔ́ːrts], 過去・過分 **im·port·ed** [～id]; 現分 **im·port·ing** [～iŋ])
— 他 **1** […から] …を**輸入する** [*from*] (↔ export): *import* grain *from* Australia オーストラリアから穀物を輸入する / Most of the electronic parts in this computer are *imported from* Taiwan. このコンピュータのほとんどの電子部品は台湾から輸入されている.
2 […に] …を導入する, 持ち込む [*into*]: The fashion of wearing jeans was *imported* from the States. ジーンズをはく風潮はアメリカからもたらされた.
3 [コンピュータ] 〈データなど〉を取り込む.
— 名 [ímpɔːrt] **1** U 輸入(業); [形容詞的に] 輸入の (↔ export): the *import* of rice 米の輸入, / *import* duties [controls] 輸入税 [制限].
2 C [しばしば～s] 輸入品: They sell various *imports* at the store. その店ではいろいろな輸入品を売っている.
3 U《格式》意味, 趣旨 (meaning): The students felt the *import* of the teacher's words. 生徒たちは先生の言葉の意味を感じ取った.
4 U《格式》重要性 (importance).
im·port·a·ble [impɔ́ːrtəbl] 形 輸入可能な (cf. exportable 輸出可能な).

im·por·tance [impɔ́ːrtəns]

— 名 U **1 重要性**, 重大さ: the *importance* of exercises for children 子供にとっての運動の重要性 / It's a matter of great *importance* to us. それは私たちにとって大変重要な事柄です / He attaches *importance* to health. 彼は健康を重視している.
2 重要な地位 [立場] にいること, 貫録(%): He is a man of *importance*. 彼は有力者である.
3 尊大さ: be full of one's own *importance* うぬぼれている. (▷ 形 impórtant).

im·por·tant [impɔ́ːrtənt]

【基本的意味は「重要な (having great value or meaning)」】
— 形 (比較 **more im·por·tant**; 最上 **most im·por·tant**) **1** (a) […にとって] **重要な**, 大切な, 重大な [*to, for*]: an *important* meeting 重要な会議 / play an *important* role 重要な役割を果たす / Play is *important* for children. 遊びは子供にとって重要である / Winning the game was *important* to her. その試合に勝つことは彼女にとって重要であった. (b) [It is important (for ...)+to do] (…が) ～することは重要である: *It is important for* you *to* realize the value of teamwork. チームワークの価値を認識することが大切です / *It is important to* stay calm when we have an earthquake. 地震が起こったときにはあわてないことが大切です. (c) [It is important＋that 節] …ということは重要である: *It is important that* we (should) help each other. 私たちは助け合うことが大切です (＝It is important for us to help each other.) (◇ should を用いるのは《主に英》).
2 (人が) 有力な, 偉い, 地位の高い: a very *important* person 要人 (《略語》VIP, V.I.P.) / She holds an *important* position in the Cabinet. 彼女は内閣で高い地位を占めている.
3 尊大な, 横柄な: put on *important* airs 偉そうな態度をとる.

■ **Móre [Móst] impórtant, ...** [文修飾] もっと [最も] 重要なことは (◇ What is *more* [*most*] *important* is that ... の略): *More important*, he told me the news first. さらに重要なことに, 彼はまっさきにそのニュースを私に話してくれた.
(▷ 名 impórtance).
im·por·tant·ly [impɔ́ːrtəntli] 副 **1** 重大に; 偉そうに, もったいぶって. **2** [通例 more [most] ～; 文修飾] さらに [最も] 重要なことに.
im·por·ta·tion [ìmpɔːrtéiʃən] 名 U 輸入(業), C 輸入品; (言葉・慣例など) 外国から導入されたもの (↔ exportation).
im·port·er [impɔ́ːrtər] 名 C 輸入業者; 輸入国 (↔ exporter).
im·por·tu·nate [impɔ́ːrtʃənət / -tju-] 形《格式》(人・要求などが) しつこい; […を] うるさくせがむ [*for*].
im·por·tune [ìmpərtjúːn / -tjúːn] 動 他《格式》〈人〉に […を / …するように〉うるさくせがむ, しつこく頼む [*for / to do*].

im·pose [impóuz] 動 他 **1** […に] 〈義務・罰・税など〉を課す, 負わせる [*on, upon*]: *impose* a tax [fine] *on* ... …に税 [罰金] を課す.
2 [人に] 〈意見など〉を押しつける [*on, upon*]: *impose* one's opinion *upon* others 自分の意見を人に押しつける.
— 自 **1** [人の好意などに] つけ入る, つけ込む [*on, upon*]. **2** [人を] だます [*on, upon*].

■ **impóse onesélf** 出しゃばる.
impóse onesélf on [upòn] …の所に押しかける; …にくちばしをはさむ.

***im·pos·ing** [impóuziŋ] 形 堂々とした, 印象的な.
im·po·si·tion [ìmpəzíʃən] 名 **1** U (税・義務などに) […に] 課すこと, 課税; 押しつけ [*on, upon*]. **2** C 課されたもの; 税金; 負担. **3** C (好意・弱味などに) つけ込むこと; 厚かましいこと.
im·pos·si·bil·i·ty [impàsəbíləti / -pòsə-] 名 (複 **im·pos·si·bil·i·ties** [～z]) **1** U 不可能(性). **2** C 不可能な [ありえない] こと.

im·pos·si·ble [impásəbl / -pɔ́s-]

— 形 **1** [比較なし] (a) **不可能な**, できない (↔ possible): an *impossible* plan 実行不可能な計

画 / This plan would be *impossible* without him. この計画は彼なしでは不可能だろう.
(b) [It is impossible (for ...)+to do] (…が)〜するのは不可能である: *It is impossible to do so much homework.* そんなに多くの宿題をすることはできない / *It is impossible for anyone to master a foreign language in a couple of weeks.* 外国語を数週間でマスターするのはどんな人にも不可能です.

[語法] (1) 主語には通例 it またはもの・ことが来る. 人を主語にする場合は unable を用いる: *You are unable to oppose the plan.* あなたはその計画に反対できない (= *It is impossible for you to oppose the plan.*).
(2) 主語が to 不定詞の意味上の目的語の場合は人も可能: *She is impossible to deal with.* 彼女とはとてもつき合えない (= *It is impossible to deal with her.*).

2 (a) ありえない, 信じがたい: an *impossible* story ありそうにない話.
(b) [It is impossible for ... +to do] …が〜することはありえない; [It is impossible + that 節] …であることはありえない: *It is impossible for them to live under the same roof.* = *It is impossible that they will live under the same roof.* 彼らが同じ屋根の下で暮らすなんてことはありえない.
3 《口語》(人が)我慢よりない; どうしようもない; (状況などが)手がつけられない: *You're impossible!* 君はどうしようもないね.
4 [the 〜; 単数扱い] 不可能なこと: ask for the *impossible* 無理なことを要求する, ないものねだりをする.

im·pos·si·bly [impásəbli / -pós-] 副 [通例, 形容詞・副詞を修飾して] ありそうにもなく; 信じられないほど, どうしようもなく: *impossibly* difficult どうしようもないほど難しい.

im·pos·tor, 《米》 **im·post·er** [impástər / -pós-] 名 C 他人の名をかたる人; 詐欺師, ペテン師.
im·pos·ture [impástʃər / -pós-] 名 C U 《格式》(特に身分詐称による)詐欺(行為).
im·po·tence [impətəns], **im·po·ten·cy** [-si] 名 U **1** 無力, 無能. **2** (男性の)性的不能, インポ(テンツ).
im·po·tent [impətənt] 形 **1** [通例, 叙述用法] 無力である; […することが]できない [to do, in doing]; 虚弱な. **2** (男性が)性的不能の, インポ(テンツ)の.
im·pound [impáund] 動 他 《法》《放置された車など》を一時保管する; 《ものなど》を押収 [没収] する.
im·pov·er·ish [impávəriʃ / -póv-] 動 他
1 [しばしば受け身で]〈人・家・国など〉を貧しくする. **2** 〈土地など〉をやせさせる; …の質を低下させる.
im·prac·ti·ca·bil·i·ty [impræktəkəbíləti] 名 U 実行不可能(であること).
im·prac·ti·ca·ble [impræktikəbl] 形 (計画などが)実行不可能な; 実用向きでない, 役に立たない.
im·prac·ti·cal [impræktikəl] 形 (計画などが)実際[実用]的でない; (人が)実行力がない.
im·prac·ti·cal·ly [-kəli] 副 非実際[現実]的に.
im·pre·ca·tion [ìmprikéiʃən] 名 U 《格式》

呪(のろ)うこと; C 呪い(の言葉).
im·pre·cise [ìmprisáis] 形 不正確 [明確] な, あいまいな.
im·preg·na·ble [imprégnəbl] 形 難攻不落の; 《格式》(意志・議論などが)揺るがない, 断固たる.
im·preg·nate [imprégneit] 動 他 **1** …を妊娠 [受胎, 受精] させる. **2** […を]…にしみ込ませる, […で]…を満たす [with].
im·pre·sa·ri·o [ìmprəsá:riòu] [イタリア] 名 (複 **im·pre·sa·ri·os** [〜z]) C (オペラなどの)興行主.

im·press 動 名
★★★
— 動 [imprés] (☆ 名 とのアクセントの違いに注意) (三単現 **im·press·es** [〜iz]; 過去・過分 **im·pressed** [〜t]; 現分 **im·press·ing** [〜iŋ])
— 他 **1** [進行形不可] [impress +O]〈人〉に感銘を与える, 興味を起こさせる; [しばしば受け身で][…で]〈人〉を感動させる [with, by] (→[類義語]): *Her speech impressed us deeply.* = *We were deeply impressed with [by] her speech.* 彼女の講演に私たちは深い感銘を受けた / *She has impressed me with her knowledge of science.* 彼女の科学の知識には感心させられた.
2 [impress +O +as ...]〈人〉に…という印象を与える; [impress +O +with ...]〈人〉に…を印象づける: *He impressed her as (being) a kind man.* 彼は親切な人だという印象を彼女に与えた / *The hotel impresses every visitor with their hospitality.* そのホテルの客はみな親切なもてなしを受けたという印象を持つ.
3 …を[人(の心)に]しっかり植え付ける, 覚え込ませる [on, upon]: *The teacher impressed on the students the importance of everyday practice.* 先生は生徒たちに毎日の練習の大切さを教えた / *I wish to impress on you that you must study hard now.* 今は一生懸命勉強しなくてはならないことをあなたにわかってもらいたい.
4 〈印など〉を押して[…に]型[印]を付ける; […に]押印する [on, in]: *impress* one's footprints *on* the snow 雪に足跡をつける.
— 名 [ímpres] C 《格式》押印, 刻印.
(▷ 名 impréssion; 形 impréssive)

[類義語] **impress, touch, move, affect**
共通する意味▶感動させる (have an effect upon ...'s feelings)
impress は「深く, また長く続く(好ましい)印象を心に残す」の意を表す最も一般的な語: *I was deeply impressed by his courage.* 私は彼の勇気に深く感銘を受けた. **touch** は優しさ・悲しみなどが「心を打つ, ほろりとさせる」の意: *The sad story touched him.* その悲しい話が彼をほろりとさせた. **move** は touch よりも強い感動を表す: *He was moved to tears by the sight.* 彼はその光景に感動して涙を流した. **affect** も強い感動を表し, move と置き換え可能;「強い悲しみや同情を起こさせる」の意で用いることも多い: *She was deeply affected by her husband's death.* 彼女は夫の死にひどく悲しんだ.

im·pres·sion [impréʃən]

— 名 (複 im·pres·sions [~z]) **1** ⓊⒸ [⋯への] 印象 [*on*]; 感銘, 感動: a good [bad] *impression* よい [悪い] 印象 / one's first *impression* of ⋯ ⋯の第一印象 / Her song made an *impression on* the audience. 彼女の歌は聴衆に感動を与えた.

2 Ⓒ [通例, 単数形で] 漠然とした感じ, はっきりしない考え: I had [got] an *impression* that she was not happy. 私は彼女が満足していないという感じを持った / My *impression* is that he cannot be trusted. 彼は信用できない気がする.

3 Ⓤ [⋯への] 効果, 影響 [*on*]: Punishment made little *impression on* the boys. 罰を与えてもその男の子たちにはほとんど効き目がなかった.

4 Ⓒ (特に有名人のしぐさなどの) 人まね, 物まね: do an *impression* of the President 大統領の物まねをする.

5 Ⓒ [しばしば単数形で] 印刷物, 刷(ず)り (cf. edition 改訂をした 版): the fifth *impression* of the second edition 第2版第5刷.

6 Ⓒ 押印, 刻印, 痕跡(きんせき): The police found *impressions* of his shoes left in the snow. 警察は彼の靴の跡が雪の中に残っているのを発見した.

■ *be ùnder the impréssion that ...* ⋯という印象を持っている. (▷ 動 impréss)

im·pres·sion·a·ble [impréʃənəbl] 形 感じやすい, 感受性の強い, 影響されやすい.

im·pres·sion·ism [impréʃənìzəm] 名Ⓤ [しばしば I-] 【芸】 印象主義, 印象派.

im·pres·sion·ist [impréʃənist] 名Ⓒ [しばしば I-] 【芸】 印象派の芸術家. — 形 印象派の.

im·pres·sion·is·tic [impréʃənístik] 形
1 印象主義の, 印象派の. **2** 印象に基づく.

‡im·pres·sive [imprésiv] 形 強い [深い] 印象を与える; 印象的な, 感動的な; すばらしい: an *impressive* performance 感動的な演奏 [演技]. (▷ 動 impréss)

im·pres·sive·ly [~li] 副 印象的に.

im·print [ímprint] (☆ 動とのアクセントの違いに注意) 名Ⓒ **1** (押されて残った) 印, 跡, 痕跡; 印影 (mark): a thumb *imprint* 拇印(ぼいん). **2** インプリント 《本の扉裏に印刷される発行者名・発行年月などの出版事項. 和書の「奥付」にあたる》.
— 動 [imprínt] 他 **1** 〈判・印など〉を [⋯に] 押す, 刻印する [*on*]; ⋯に [判・印など] を押す, 刻印する [*with*]: She *imprinted* her mark *on* the papers. = She *imprinted* the papers *with* her mark. 彼女は書類に印を押した. **2** 〈物事〉を [心・記憶に] 印象づける, 銘記する [*on*, *in*].

*im·pris·on [imprízən] 動 他 [しばしば受け身で] [⋯で] 〈人〉を投獄する [*for*]; 〈人〉を [⋯に] 拘束 [監禁] する [*in*]: He *was imprisoned for* murder. 彼は殺人罪で投獄された.

im·pris·on·ment [imprízənmənt] 名Ⓤ 投獄, 監禁: life *imprisonment* 終身刑.

im·prob·a·bil·i·ty [imprɑ̀bəbíləti / -prɔ̀b-] 名 (複 im·prob·a·bil·i·ties [~z]) ⓊⒸ 起こりそうにないこと, 本当らしくないこと.

im·prob·a·ble [imprɑ́bəbl / -prɔ́b-] 形 起こりそうにない, ⋯になりそうにない; 本当らしくない, 信じがたい: an *improbable* story ありそうもない話.

im·prob·a·bly [imprɑ́bəbli / -prɔ́b-] 副 ありそうもないことだが: not *improbably* ことによると.

im·promp·tu [imprɑ́mptju: / -prɔ́mptju:] 形 準備なしの, 即席の, 即興の; 間に合わせの: make an *impromptu* speech 即興でスピーチをする.
— 副 準備なしに, 即席に, 即興で.

*im·prop·er [imprɑ́pər / -prɔ́pə] 形 **1** 〔場所・目的などに〕 適切でない, ふさわしくない [*for*] (↔ proper): *improper* shoes *for* mountain climbing 登山にはふさわしくない靴. **2** (事実・規則などに) 合わない, 誤った: the *improper* use of public funds 公金の不正使用. **3** 不作法な; 不道徳な, みだらな.

◆ impróper fráction Ⓒ 【数学】 仮分数.

im·prop·er·ly [imprɑ́pərli / -prɔ́p-] 副 不適切に; 誤って.

im·pro·pri·e·ty [ìmprəpráiəti] 名 (複 im·pro·pri·e·ties [~z]) ⓊⒸ 《格式》 不適切 (な行い).

‡im·prove [imprúːv]

【原義は「利益となる」】
— 動 (三単現 im·proves [~z]; 過去・過分 im·proved [~d]; 現分 im·prov·ing [~iŋ])
— 他 **1** ⋯を改良する, 改善する; 〈技術など〉を向上 [進歩] させる: You had better *improve* your driving skills. あなたは運転技術を磨かなくてはならない / Our working conditions must be *improved*. 私たちの労働条件は改善されなくてはならない / How can I *improve* my English? どうすれば英語がうまくなりますか?

2 〈土地・建物など〉の価値を高める: This area will be *improved* if the new highway is constructed. 新しいハイウェーが建設されれば, この地域の地価は上がるだろう.

— 自 [⋯の点で] 向上する, よくなる [*in*]; (病気などから) 回復する: My English seems to be *improving*. = I seem to be *improving in* my English. 私の英語(力)はだんだんよくなってきているようだ. The patient has *improved* a great deal. 患者はかなり回復した.

■ *impróve on [upòn] ...* ⋯を改良する, よりよいものにする: She hopes to *improve on* the world record. 彼女は世界記録の更新をねらっている.
(▷ 名 impróvement)

‡im·prove·ment [imprúːvmənt]

— 名 (複 im·prove·ments [-mənts]) **1** ⓊⒸ [⋯の点での] 改良, 改善; 進歩, 向上 [*in*]: the *improvement* of service サービスの向上 / There has been no *improvement* in the traffic congestion. 交通渋滞は一向に改善されていない / You are showing great *improvement in* your English. あなたの英語はとてもよくなってきています.

2 Ⓒ [⋯での] 改良点, 改善点 [*in*, *on*]; [⋯より] 改良 [改善] されたもの [こと] [*on*, *over*]: make some *improvements on* the yard 庭にいくつか改良を加える / This new computer is a distinct *improvement over* [*on*] *the previous one.* この新型コンピュータは旧型より明らかによくなっている. (▷ **動** impróve)

im·prov·i·dence [imprάvəd*ə*ns / -prɔ́v-] **名**《格式》先見の明のなさ, 不用意; 節約心のなさ.

im·prov·i·dent [imprάvəd*ə*nt / -prɔ́v-] **形**《格式》先見の明のない, 不用意な; 節約心のない.

im·prov·i·sa·tion [ìmprɑvəzéi∫*ə*n, ìmprəv- / ìmprəvai-] **名 1** U 即席にやること, 即興. **2** C 即席演奏; 即興詩[曲, 歌].

im·pro·vise [ímprəvàiz] **動** 他 **1** 〈曲など〉を即興で作る; 即興で歌う; 即興で演奏する. **2** …をありあわせの材料で作る, 一時の間に合わせに作る. ― 自 即興で作る[演奏する, 歌う]; 一時しのぎをする.

im·pru·dence [imprúːd*ə*ns] **名** U《格式》軽率, 無分別; C 軽率な言動: have the *imprudence* to do 軽率にも…する.

__im·pru·dent__ [imprúːd*ə*nt] **形**《格式》軽率な, 無分別な(↔ prudent): How *imprudent* of you to say yes without thinking deeply. よく考えもしないでOKするとはなんて軽率なんだ.
im·pru·dent·ly [～li] **副** 軽率[無分別]に(も).

im·pu·dence [ímpjud*ə*ns] **名 1** U ずうずうしさ, 厚かましさ: have the *impudence* to do 生意気にも…する. **2** C 生意気な言動: None of your *impudence*! 生意気言うんじゃない.

__im·pu·dent__ [ímpjud*ə*nt] **形**《軽蔑》[…に / …するほど] 厚かましい, 生意気な [*to* / *to do*].
im·pu·dent·ly [～li] **副** ずうずうしく, 生意気にも.

im·pugn [impjúːn] **動** 他《格式》〈人の言動〉を疑う, …に異議を唱える; 〈議論で〉〈人〉を攻撃する.

__im·pulse__ [ímp*ʌ*ls] **名 1** U C […したいという] 衝動 [*to do*]; はずみ, 出来心: act on (an) *impulse* 衝動に駆られて行動する / I felt [was seized with] an *impulse* to jump into the pool. 私はプールに飛び込みたい衝動に駆られた. **2** C (物理的な)衝撃, 刺激; (波・プロペラなどの)急激な推進力. **3** C 『電気』衝撃(電流), インパルス.
■ *únder the ímpulse of ...* …の衝動に駆られて, …の刺激を受けて. (▷ **形** impúlsive)
◆ ímpulse bùyer C 衝動買いをする人. ímpulse bùying [púrchase] U 衝動買い.

im·pul·sion [imp*ʌ́*l∫*ə*n] **名** U 衝動[刺激]を受けること.

im·pul·sive [imp*ʌ́*lsiv] **形** 衝動的な, 衝動に駆られた. (▷ **名** ímpulse)
im·pul·sive·ly [～li] **副** 衝動的に.

im·pu·ni·ty [impjúːnəti] **名** U 罰[害, 損失]を受けない[免れる]こと: with *impunity* 罰せられずに.

im·pure [impjúər] **形 1** 不潔な, 汚れた; 不純な, 混ざり物がある. **2**《古風》みだらな.

__im·pu·ri·ty__ [impjúərəti] **名** (複 **im·pu·ri·ties** [～z]) **1** U 不純, 不潔; わいせつ. **2** C (通例, 複数形で) 不純物.

im·pu·ta·tion [impjutéi∫*ə*n] **名**《格式》**1** U (罪・責めなどを)［…に］負わせること, 着せること [*to*]. **2** C 非難, 責め; 汚名; とがめ.

im·pute [impjúːt] **動** 他《格式》〈罪・責めなどを〉［…に］負わせる;［…の］せいにする(attribute) [*to*].

***in** [(弱) in; (強) ín] (☆ **同音** inn) **前 副 形 名**

基本的意味は「…の中に」.
① [場所] …の中に; 在宅して. **前 1**; **副 2**
② [運動・方向] …の中へ; 中に. **前 2**; **副 1**
③ [時間・期間] …の間に; …たてば; …のうちで. **前 3, 4, 5**
④ [状態] …の状態で. **前 6**
⑤ [活動・場所] …にいて, …中で. **前 7**
⑥ [着用] …を着て. **前 8**
⑦ [所属・従事] …に属して; …して. **前 9**

― **前 1** [場所・位置] *…の中に* [*で, の*], …の内に (↔ out of): There is a pond *in* the park. その公園には池がある / We swam *in* the river. 私たちは川で泳いだ / They live *in* the country. 彼らは田舎で暮らしている / Three families live *in* that house. あの家には3家族が住んでいる / This boy *in* the photo is my brother. 写真に写っているこの少年は私の弟です / The sun rises *in* the east and sets *in* the west. 太陽は東から昇り西に沈む.
語法 (1) 広がりのある場所における位置と, 限られた空間の中の位置の両方を表す: She was *in* a car *in* the parking lot. 彼女は駐車場に止めてある車の中にいた.
(2) 通例 in は比較的広い場所, at は比較的狭い場所について用いる. ただし, 心理的なとらえ方などによって変わることもある (→ AT **1** **語法** (3)): He has a small store *at* Shibuya *in* Tokyo. 彼は東京の渋谷に小さな店を持っている.

2 [運動・方向] *…の中へ*, …へ (into): put one's belongings *in* a suitcase 荷物をスーツケースにしまう / The bird flew away *in* that direction. 鳥はあちらの方角に飛び去った / We got *in* the car. 私たちは車に乗った / Someone went *in* your house. だれかがあなたの家に入って行った.

3 [時間の範囲] *…の間に*, … (のうち)に (→ AT **3** **語法**): *in* the morning [afternoon, evening] 午前中 [午後に, 晩に] (◇特定の日時には on を用いる: *on* the morning of her birthday 彼女の誕生日の朝に) / *in* April 4月に / *in* 2004 2004年に / The leaves of trees turn red *in* the fall. 木の葉は秋に紅葉する / He set up the firm *in* his twenties. 彼は20代で会社を起こした.

4 [時間の経過] …たてば, …ののちに, …で: He'll be back *in* an hour. 彼は1時間後に戻ります / Can you read this book *in* two days? この本を2日で読めますか.

語法 時間を表す **in, after, within の違い**
(1) in は現在を起点とした未来の文に, after は過去の出来事を起点とした文で用いる: I'll finish this work *in* a week. この仕事は1週間で終わるだろう / I got a reply from her *after* a week. 1週間して彼女から返事が来た.
(2) within は「…以内に」の意. ただし《口語》では in でも「…以内に」の意を表すことがある: You must come back *within* [*in*] a week. あなたは1週間以内に戻らなくてはならない.

5 [期間; 否定の完了形または最上級と共に用いて] …のうちで, …の間に (for): I haven't seen her *in* years. 私は何年も彼女に会っていない / That was the *most* serious air accident *in* ten years. それは10年間で最も重大な航空機事故だった.
6 [状態] …の状態で; …の中で: *in* surprise 驚いて / *in* a hurry あわてて / Tom is *in* love with Kate. トムはケートに恋をしている / I had to walk home *in* the rain. 私は雨にぬれながら歩いて帰宅しなくてはならなかった.
7 [活動・場所] …にいて, …の中で (◇通例, 場所を表す無冠詞の名詞を伴う): *in* bed ベッドで寝ていて / *in* class 授業中で / *in* (《米》 the) hospital 入院中で / Is your daughter still *in* school? あなたの娘さんはまだ学校に通っていますか (◇ school に冠詞が付くと「まだ学校にいますか」の意味になる).
8 [着用] …を着て, …を身に着けて: students *in* uniform 制服を着た生徒たち / a man *in* sunglasses サングラスをかけた男 / The bride is dressed *in* white. 花嫁は白いドレスを着ている.
9 [所属・従事] …に属して, …に従事して; …して: be *in* the army 軍隊に入っている / He got a job *in* publishing. 彼は出版関係の仕事についた / We had a good time (*in*) *seeing* the sights of London. 私たちはロンドン見物をして楽しんだ (◇《口語》では *in* をしばしば省略する).
10 [方法・手段・材料] …を用いて, …で: a statue *in* marble 大理石の像 / write *in* ink インクで書く / pay *in* Japanese yen 日本円で支払う / We talked *in* English. 私たちは英語で話した.
11 [形状] …の形で, …をなして: break a chocolate bar *in* two 板チョコを2つに割る / Let's sit *in* a circle. 輪になって座ろう / Many people are waiting *in* line for taxis. 大勢の人が列を作ってタクシーを待っている.
12 [分野・限定] …の点で, …に関して: *in* my opinion [view] 私の意見では / Your thesis is second to none *in* quality. あなたの論文は質の点で右に出るものがない / She is strong *in* English. 彼女は英語が得意です / Japan is rich *in* natural beauty. 日本は自然の美に富んでいる.
13 [数量を限定して] …において, …では, …は: six feet *in* length 長さ6フィート / Those who want to go to college are increasing *in* number. 大学進学希望者の数が増加している.
14 [最上級のあとで; 特定の範囲を表して] …の中で, …のうちで: Jim is the best student *in* the class. ジムはクラスで最もよくできる生徒です.
[語法] (1) in のあとに来るのは主語の所属する集団・場所を表す単数名詞・代名詞.
(2) 同類の中で「最も…」は of …で表す (→ OF **2** (a) [語法]): Jim is the best student *of* us all. ジムは私たち全員の中で一番できる生徒です.
15 [*in* *doing*] …している際に, …するときに: You cannot be too careful (*in*) *driving* a car. 車を運転するときはどんなに注意しても注意しすぎということはない (◇この用法の in は文頭に来ない場合,《口語》ではしばしば省略する).
16 [割合・比率] …につき, …のうち: One *in* three of the students doesn't have breakfast. 生徒たちの3人に1人は朝食を食べない.
■ *in that ...* 《格式》…という点で, …だから (because): Smoking is dangerous *in that* it may cause lung cancer. 喫煙は肺癌(がん)を起こす可能性があるので危険です.

── 副 **1** 中に [へ], 内へ [に] (↔ out): Come *in*, please. どうぞ中へお入りください / Shall I put *in* some more milk? 牛乳をもっと入れましょうか / The burglar must have got *in* through the window on the second floor. どろぼうは2階の窓から入ったに違いない.
2 在宅して, 家の中で; 出勤して (↔ out): Hello. Is Mr. Jones *in*? もしもし, ジョーンズさんはご在宅ですか / I won't be eating *in* tonight. 今晩私は家で食事をしません. **3** (乗り物などが) 到着して; (季節などが) 到来して: The train will be *in* soon. まもなく列車が来ます / Spring is *in*. 春が来た. **4** (服装などが) 流行して (in fashion) (↔ out); (果物などが) 出回って: Will miniskirts be *in* this year? 今年はミニスカートがはやるだろうか.
5 (政党が) 政権を握って: The Republicans are *in* at present. 現在共和党が政権を握っている.
6 [野球・クリケット] 攻撃側で; [テニス] (ボールが) ライン内で, インで. **7** (潮が) 上げ潮で.
■ *be* *in at* ... …に加わっている, 出席している.
be *in for* ... **1** 〈いやなことなど〉が起こりそうである: He'll be *in for* shock at the news. 彼はそのニュースにショックを受けることになるだろう.
2 〈競技など〉に参加することになっている.
be *in for it* 《口語》罰を受けることになる.
be [*get*] *in on* ... …に加わる, 参加する.
be *in with* ... 《口語》…と親しい.
have [*have got*] *it in for* ... 《口語》…を嫌っている, …に悪意を持っている.
in and out 出たり入ったり; 内も外も: The policemen inspected the house *in and out*. 警官たちはその家の内外をくまなく調べた.
In with ...! …を入れなさい; …は入りなさい: *In with* you! 君は入りなさい.

── 形 [限定用法] **1** 中の, 内部の: an *in* patient 入院患者. **2** 政権をとっている: the *in* party 政権党, 与党. **3** 到着した, 入って来る: the *in* train 到着した列車. **4** 《口語》流行している, 人気のある: the *in* restaurant 今人気のレストラン / Blue is *in* in color. 青が流行色です. **5** (話なけが) 仲間だけに通じる, 内輪の: an *in* joke 仲間内の冗談.
── 名 [C] (通例 the 〜s) (政府) 与党 (↔ the outs).
■ *the ins and outs of ...* (物事の) 一部始終, 裏表, 詳細: He knows *the ins and outs of* show business. 彼は芸能界の裏表に通じている.

IN 《郵略語》 =Indiana.
in- [in] 〔接頭〕 (◇ b, m, p の前では im-, l の前では il-, r の前では ir- となる) **1** 「中に, 中へ」の意を表す (↔ ex-): *in*ternal 内部の / *in*sight 洞察(力).
2 形容詞・副詞に付けて「不…, 無…」などの否定・反対の意を表す: *in*capable …できない.
-in [in] 〔接尾〕 動詞に付けて「(抗議) 集会」の意を表す名詞を作る: sit-*in* 座り込み / teach-*in* 討論集会.
in. 《略語》 =inch(es).

in·a·bil·i·ty [ìnəbíləti] 名 U 〔時に an ~〕〔…することが〕できないこと〔to do〕, 無力, 無能 (↔ ability)(◇ disability は病気・事故などによる能力の欠如を表す): He had a complete *inability* to listen to other people's opinions. 彼は他人の意見に耳を傾けることがまったくできない人だった.

in·ac·ces·si·bil·i·ty [ìnəksèsəbíləti, -æk-] 名 U 近づきにくいこと, 手に入れにくいこと.

in·ac·ces·si·ble [ìnəksésəbl, -æk-] 形 **1** 〔場所などが〕〔…にとって〕近づきにくい; (ものが)手に入りにくい〔to〕: a place *inaccessible* to the public 一般の人には近づきにくい場所. **2** (人が)近づきがたい, よそよそしい; (思想などが)理解しがたい.

in·ac·cu·ra·cy [inækjurəsi] 名 (複 **in·ac·cu·ra·cies** [~z]) **1** U 不正確. **2** C 誤り, 間違い.

in·ac·cu·rate [inækjurət] 形 不正確な.
in·ac·cu·rate·ly [~li] 副 不正確に; 誤って.

in·ac·tion [inækʃən] 名 U 何もしないこと; 怠惰.

*****in·ac·tive** [inæktiv] 形 **1** 活動的でない; (機械などが)稼動[機能]していない; (工場が)操業していない, 閉鎖中の. **2** (人・動物が)不活発な, 怠惰な.

in·ac·tiv·i·ty [ìnæktívəti] 名 U 不活発, 停止状態; 怠惰; 不景気, 不況.

in·ad·e·qua·cy [inædikwəsi] 名 (複 **in·ad·e·qua·cies** [~z]) **1** U 不適切, 不十分. **2** C〔しばしば複数形で〕不十分な点. (▷ 形 inádequate)

*****in·ad·e·quate** [inædikwət] 形 〔…にとって／…するのに〕不適当な, 不十分な〔for, to / to do〕(↔ adequate): The water supply is *inadequate* to the needs of the city. 給水量はこの町の需要を満たしていない / He is *inadequate* to hold a leading position. 彼は指導的な地位につくには不適格です. (▷ 名 inádequacy)

in·ad·e·quate·ly [~li] 副 不適切に, 不十分に.

in·ad·mis·si·ble [ìnədmísəbl] 形 〔格式〕許せない, 許容できない; 承認しがたい.

in·ad·ver·tence [ìnədvə́ːrtəns] 名 U C 不注意; 見落とし.

in·ad·ver·tent [ìnədvə́ːrtənt] 形 不注意な; 怠慢な; 偶然の, 故意でない.

in·ad·ver·tent·ly [~li] 副 不注意にも, うっかり.

in·ad·vis·a·ble [ìnədváizəbl] 形 〔通例, 叙述用法〕勧められない, 得策でない, 賢明でない.

in·al·ien·a·ble [inéiljənəbl] 形 〔通例, 限定用法〕〔格式〕(権利などが)譲渡されない, 奪うことのできない: *inalienable* rights 譲渡されえない権利.

in·ane [inéin] 形 無意味な, 愚かな; 空虚な.
in·ane·ly [~li] 副 無意味に, ばかげて.

in·an·i·mate [inǽnəmət] 形 生命のない, 無生物の: an *inanimate* object 無生物.

in·an·i·ty [inǽnəti] 名 (複 **in·an·i·ties** [~z]) **1** U 愚かさ; むなしさ. **2** C 愚かな言動.

in·ap·pli·ca·ble [inæplikəbl / ìnəplí-] 形 〔…に〕適用できない〔to〕.

*****in·ap·pro·pri·ate** [ìnəpróupriət] 形 〔…に／…するのに〕不適切な, ふさわしくない〔for, to / to do〕: This painting is *inappropriate* for my room. この絵は私の部屋には似合わない.

in·apt [inæpt] 形 〔格式〕〔…に〕不適切な〔for〕.

in·ar·tic·u·late [ìnɑːrtíkjulət] 形 **1** (言葉・発音が)はっきりしない, 不明瞭(ﾘｮｳ)な. **2** (興奮・感動のため)言葉にできない; 口下手な.

in·ar·tis·tic [ìnɑːrtístik] 形 (作品などが)芸術的でない; (人が)芸術を理解しない.

in·as·much [ìnəzmʌ́tʃ] 副 〔次の成句で〕
■ *inasmúch as ...* 〔格式〕…だから, …である限りは.

in·at·ten·tion [ìnəténʃən] 名 U〔…に対する〕不注意, 怠慢, むとんちゃく〔to〕.

in·at·ten·tive [ìnəténtiv] 形 〔…に対して〕不注意な, 怠慢な〔to〕.

in·au·di·ble [inɔ́ːdəbl] 形 聞き取れない.
in·au·di·bly [-bli] 副 聞き取れないほど.

in·au·gu·ral [inɔ́ːgjərəl / -gju-] 形 〔限定用法〕就任(式)の; 開始の, 落成[開業, 開通]の: an *inaugural* ceremony 就任[落成, 開通]式.
——名 C 就任演説 (inaugural address), 就任式.

in·au·gu·rate [inɔ́ːgjərèit / -gju-] 他 **1** 〔通例, 受け身で〕〈人〉を〔…に〕就任させる〔as〕: He was *inaugurated* as President. 彼は大統領に就任した. **2** 〈公共施設などの〉使用を開始する, 落成式を行う. **3** 〈新しい事業・政策など〉を開始[発足]する.

in·au·gu·ra·tion [inɔ̀ːgjəréiʃən / -gju-] 名 **1** C 就任式, 開業[落成]式. **2** C U 就任, 開始; 開業, 開通; (新時代の)幕開け.
◆ **Inaugurátion Dày** (米国の)大統領就任式の日〔当選した翌年の1月20日〕.

in·aus·pi·cious [ìnɔːspíʃəs] 形 〔格式〕不吉な, 縁起の悪い; 不運な, 不幸な.

in·board [ínbɔ̀ːrd] 形 (モーターなどが)船内[機内]の (↔ outboard). ——副 船内[機内]に.

in·born [ínbɔ́ːrn] 形 (性質・能力などが)生まれつきの, 生来の, 先天的な.

in·bound [ínbàund] 形 本国行きの, 帰航の; (列車などが)上りの, 中心地に向かう (↔ outbound).

in·bred [ínbréd] 形 **1** 生来の, 先天的な. **2** (動物・人の)同系[近親]交配の.

in·breed·ing [ínbrìːdiŋ] 名 U 同系[近親]交配[繁殖].

in·built [ínbílt] 形 作り付けの.

inc. 《略語》= *inc*luding, *inc*lusive.

Inc. 《略語》= *inc*orporated 株式[有限]会社の.

In·ca [íŋkə] 名 (複 **In·cas** [~z], **In·ca**) **1** C インカ人《ペルーの先住民の一部族の人》: the *Incas* インカ族. **2** 〔the ~〕インカ帝国皇帝.
◆ **Ínca** [**Incáic** [iŋkéiik]] **Émpire** 〈固〉〔the ~〕インカ帝国〔12–16世紀初頭にペルーを中心に栄えたインカ族の帝国〕.

in·cal·cu·la·ble [inkælkjuləbl] 形 **1** 数え切れない, 無数の, はかり知れない(◇修飾される名詞に C U どちらも可). **2** (人・気分などが)予測できない, あてにならない.

in·can·des·cence [ìnkəndésəns] 名 U 白熱, 灼熱(ﾆﾝ); 白熱光, 輝き.

in·can·des·cent [ìnkəndésənt] 形 **1** 白熱の. **2** 輝く (brilliant); (感情などが)熱烈な.
◆ **incandéscent lámp** C 白熱灯 [電球].

in·can·ta·tion [ìnkæntéiʃən] 名 **1** U 呪文(ｼﾞｭﾓﾝ)を唱えること; 魔法. **2** C 呪文; 決まり文句.

in·ca·pa·bil·i·ty [inkèipəbíləti] 名 U 無能 (力); 無資格, 不適格.

*__in·ca·pa·ble__ [inkéipəbl] 形 **1** 無能な (↔ capable); [**be incapable of ...**] …の能力[適性]がない, (性格的に)…できない: Hal *is incapable of* telling a lie. ハルはうそがつけない. **2** (酔って)正体をなくした: drunk and *incapable* 泥酔した.

in·ca·pac·i·tate [ìnkəpǽsətèit] 動 他 [しばしば受け身で](病気・事故などが)〈人〉を無能力にする; 〈人〉に[…を]できなくさせる [*from doing, for*]: Her poor health *incapacitated* her *from working* [*for* work]. 彼女は健康がすぐれないため働けなくなった.

in·ca·pac·i·ty [ìnkəpǽsəti] 名 U […の/…する]能力がないこと, 無能, 不適格.

in·car·cer·ate [inká:rsərèit] 動 他 (通例, 受け身で)《格式》…を投獄[収監]する (imprison).

in·car·nate [inká:rnət] 形 [主に名詞のあとで](人・霊などが)肉体を持つ, 人間の姿をした, 擬人化された: a devil *incarnate* 悪魔の化身.
　——動 [inká:rneit / inkɑ:néit] 他《格式》**1** [しばしば受け身で]…に[…の]肉体を与える, …の姿を[…で]表現する [*in, as*]: They *incarnated* liberty *as* a statue. 彼らは自由を彫像で表現した. **2** [通例, 受け身で]…を具体[現実]化する, 実現する: *incarnate* an idea 着想を現実化する. **3** …の化身[権化(ごんげ)]である: That gentleman *incarnates* courage. その紳士は勇気そのもののような人である.

in·car·na·tion [ìnkɑ:rnéiʃən] 名 **1** U 具体化すること; C 具体化したもの, 化身, 権化(ごんげ): He is the very *incarnation* of health. 彼はまさに健康そのものです. **2** [the I-]《神学》受肉, 托身(たくしん)《神がキリストとなって地上に現れたこと》. **3** C 前世.

in·cau·tious [inkɔ́:ʃəs] 形 不注意な, 軽率な.

in·cen·di·ar·y [inséndièri / -diəri] 形 [限定用法] **1** 放火の; 火災を起こす: an *incendiary* bomb 焼夷(しょうい)弾. **2** 扇動的な.
　——名 (複 **in·cen·di·ar·ies** [~z]) C 焼夷弾.

in·cense[1] [ínsens] 名 U 香(こう).

in·cense[2] [inséns] 動 [しばしば受け身で]…をひどく怒らせる, 激怒させる.

*__in·cen·tive__ [inséntiv] 名 U C **1** […への]動機, 刺激 [*to, for*]: Payment is an *incentive* to hard work. 賃金をもらえるから懸命に働く気になる. **2** […する]気, やる気 [*to do*]: She has no *incentive to* play tennis. 彼女にはテニスをする気がない. **3** 報奨金, インセンティブ.

in·cep·tion [insépʃən] 名 [通例, 単数形で]《格式》(組織などの)始め, 発端.

*__in·ces·sant__ [insésənt] 形 (通例, 悪いことが)絶え間のない, ひっきりなしの: *incessant* rain 絶え間ない雨.

in·ces·sant·ly [insésəntli] 副 絶え間なく.

in·cest [ínsest] 名 U 近親相姦(そうかん)(の罪).

in·ces·tu·ous [inséstʃuəs / -tju-] 形 **1** 近親相姦(そうかん)の. **2**《軽蔑》排他的な, 身内だけで固めた.

***__inch__ [íntʃ] 名 【原義は「(1フィートの)12分の1」】
　——名 (複 **inch·es** [~iz]) **1** C インチ《◇長さの単位; 1インチ=2.54 cm;《略記》in.;→巻末「度量衡」》: five feet three *inches* 5フィート3インチ(= 5' 3")《◇記号で表す場合は"を用いる》/ The snow lay about five *inches* deep on the roof. 雪が屋根の上に5インチほど積もった. **2** [an ~;通例, 否定文で]わずかな距離, 少量; 少しも (…ない): There is not an *inch* of room to spare. 余分な空きは少しもない.
■ *by ínches* **1** ほんのわずかなところで, きわどいところで: He avoided the ball *by inches*. 彼はかろうじてボールをよけた. **2** 少しずつ.
évery ínch **1** […の]隅々まで [*of*]: He examined *every inch of* the room. 彼はその部屋を隅から隅まで調べた. **2** あらゆる点で: He is *every inch* a star. 彼はどこから見てもスターです.
if an ínch 少なくとも (→ IF 成句).
ínch by ínch 少しずつ: The ship began to move *inch by inch*. 船はゆっくりと動き始めた.
nót gíve [*búdge*] *an ínch* 一歩も退(ひ)かない, (意見を)譲らない.
to an ínch ぴったりと, 寸分たがわず.
withìn an ínch of ... もう少しで…するところで《◇ *of* のあとには名詞・動名詞が来る》: I came *within an inch of* hitting a cat while driving. 私は運転中に危うく猫をはねそうになった.
　——動 自 [通例, 方向を表す副詞(句)を伴って](苦労して)少しずつ動く, じりじり進む: The negotiation *inched* toward agreement. 交渉は合意に向かってゆっくりと進んだ.
　——他 …を(苦労して)少しずつ動かす.

in·cho·ate [inkóuət, ìnkouéit] 形《格式》(計画などが)できたて[始めった]ばかりで; 未完成の.

in·ci·dence [ínsədəns] 名 U C [通例, 単数形で]《格式》(病気・犯罪などの)発生率; 発生範囲: a high *incidence* of flu 流感の高い発生率 / the *incidence* of a tax 税の負担範囲.

***__in·ci·dent__ [ínsidənt]
　——名 (複 **in·ci·dents** [-dənts]) C **1** (ささいな)出来事, (付随的な)事件 (→ EVENT 類義語); (小説などの)挿話: a strange *incident* 奇妙な出来事 / A shooting *incident* happened near here. この近くで発砲事件が起こった. **2** (戦争などの重大事を招く)事変, 紛争: a diplomatic *incident* 外交事件 / a border *incident* 国境紛争.
■ *withòut íncident* 支障なく, 無事に.
　　　　　　　　　　　　　　　　(▷ 形 incidéntal)

in·ci·den·tal [ìnsədéntəl] 形 **1** […に]付随して起こる, ありがちな [*to*]. **2** 付随した, 主要でない: *incidental* expenses 雑費.
　——名 C [通例, 複数形で] 付随的なもの.
　　　　　　　　　　　　　　　　(▷ incident)

*__in·ci·den·tal·ly__ [ìnsədéntəli] 副 **1** [文修飾]ついでながら, ところで (by the way)《◇話の途中で人る》: *Incidentally*, how's your father? ところで, お父さんはいかがですか. **2** 付随的に; 偶然に.

in·cin·er·ate [insínərèit] 動 他 [通例, 受け身で] …を焼いて灰にする, 焼却する.

in·cin·er·a·tion [insìnəréiʃən] 名 U 焼却.

in·cin·er·a·tor [insínərèitər] 名 C 焼却炉.

in·cip·i·ent [insípiənt] 形 [限定用法]《格式》始まったばかりの;(病気の)初期の: an *incipient* cold かぜの引き始め.

in·cise [insáiz] 動 他 …に [図柄などを] 刻み込む [*with*]; […に] …を彫る [*in, into, on*].

in·ci·sion [insíʒən] 名 C U **1** 切り込むこと; 切り込み, 切り傷. **2** 【医】切開.

in·ci·sive [insáisiv] 形 (言葉・批評などが) 鋭い.

in·ci·sor [insáizər] 名 C 【解剖】門歯.

in·cite [insáit] 動 他 **1** …を刺激して […に] させる [*to*], …を […するよう] 刺激 [扇動] する [*to do*]: *incite* the people *to* demonstrate 民衆を扇動してデモをさせる. **2** 刺激 [扇動] して …を起こす: *incite* a riot 扇動して暴動を起こす.

in·cite·ment [insáitmənt] 名 U 刺激 (すること), 扇動; C 刺激 [扇動] するもの, […の] 誘因, 動機 [*of*].

in·ci·vil·i·ty [insəvíləti] 名 (複 **in·ci·vil·i·ties** [~z]) C U《格式》無礼, 不作法 (な言動).

incl. (略語) = *including*; *inclusive*.

in·clem·ent [inklémənt] 形《格式》**1** (天候が) 荒れ模様の, 厳寒の. **2** 過酷な, 無慈悲な.

__in·cli·na·tion__ [ìnkləneiʃən] 名 U C **1** [しばしば~s] […の] 好み, 意向 [*toward, for*]; […したいという] 気持ち [*to do*]: follow one's (own) *inclinations* 自分のやりたいようにする / I have no *inclination for* rock music. 私はロックは好みではない / I have no *inclination to* be a politician. 私には政治家になる気はない. **2** [単数形で] […する] 傾向, 性向 [*to do*]: He has an *inclination to* exaggerate. 彼は大げさに言う癖がある. **3** 傾く [傾ける] こと; 傾き, 勾配(こうばい); 斜面, 坂.

__in·cline__ [inkláin] (☆名 とのアクセントの違いに注意) 動《格式》他 **1** [incline + O + to do]《人》を …する気にさせる: His speech *inclined* me *to* change my mind. 彼の講演を聞いて私は気が変わった. **2**《人》の心を […に] 向ける [*to, toward*]: The experience *inclined* him *to* the weak. その経験から彼の心は弱者に向かった. **3**《もの》を傾ける;《頭》を下げる,《体》を曲げる.
— 自 **1** […] したいと思う, […] しがちである [*to do*]. **2** […の] 傾向がある [*to, toward*]: He *inclines to* [*toward*] laziness. 彼は怠けがちである. **3** (ものなどが) 傾く, 傾斜する; かがむ.
— 名 [ínklain] C 勾配(こうばい); 斜面, 坂 (slope).

__in·clined__ [inkláind] 形 **1** [叙述用法] […の/ …する] 傾向がある [*for* / *to do*]: Some people are *inclined* to take things easy. 物事を気楽に考えがちな人もいる. **2** [叙述用法] […] したい [*to do*]: I don't feel *inclined* to study today. きょうは勉強する気がしない. **3** 傾斜した.

in·close [inklóuz] 動 = ENCLOSE …を囲む.

in·clo·sure [inklóuʒər] 名 = ENCLOSURE 包囲.

***in·clude** [inklúːd] 【「in (中へ) + clude (閉じる)」から】
— 動 (三単現 **in·cludes** [-klúːdz]; 過去・過分 **in·clud·ed** [~id]; 現分 **in·clud·ing** [~iŋ])
— 他 (通例, 進行形不可) **1** (全体の中に) …を含む, 包含する (→ 類義語) (↔ exclude): The price *includes* the consumption tax. = The consumption tax is *included* in the price. その値段は消費税を含んでいる / The new Cabinet *included* three women. 新内閣は3人の女性を含んでいた / Your work *includes* filing. あなたの仕事には書類整理も含まれています.
2 …を [グループ・合計などに] 含める; …を勘定に入れる [*in, among, with*]: I tried to *include* all the guests *in* the conversation. 私は来客全員を会話に引き込もうと努力した / Do you want to be *included with* such fellows? あんな連中と同類に見られたいのですか.
 (▷ 名 inclúsion; 形 inclúsive)

類義語 **include, contain**
共通する意味▶含む (have something as a part or component)
include は「あるものを内容全体の一部として含む」の意: The price of the package tour doesn't *include* immigration tax. パッケージツアーの料金には出入国税は含まない. **contain** は「含まれるものが内容の全部である」場合に用いる: The box *contains* ten jewels. その箱には10個の宝石が入っている.

__in·clud·ed__ [inklúːdid] 形 [(代) 名詞のあとに付けて] 含まれる, …を含めて: Everyone attended the meeting, myself *included*. 私を含めて全員が会議に出席した / The price is 25 dollars, postage *included*. 値段は郵送料込みで25ドルです.

***in·clud·ing** [inklúːdiŋ]
— 前 …を含めて, …を入れて (略語 inc., incl.) (↔ excluding): Five people, *including* you, were invited to the party. あなたを含めて5人がそのパーティーに招待された / There were one hundred and fifty people on the plane, not *including* Japanese. その飛行機には日本人以外の乗客が150人乗っていた.

in·clu·sion [inklúːʒən] 名 **1** U 包含, 含むこと (↔ exclusion). **2** C 含有物. (▷ 動 inclúde)

__in·clu·sive__ [inklúːsiv] 形 **1** (料金などが) […を] 含めて, 勘定に入れて [*of*]: the cost, *inclusive of* brokerage 仲介料込みの金額. **2**《英》(数字などが) 始めと終わりを含めての (略語 inc., incl.): from Monday to Friday *inclusive* 月曜から金曜まで (《米》from Monday through Friday). **3** すべてを含めた, 一切込みの, 包括的な (↔ exclusive). (▷ 動 inclúde)

in·cog·ni·to [ìnkɑɡníːtou / -kɔɡ-] 【イタリア】 形 (有名人などが) 変名の; お忍びの.
— 副 変名で; お忍びで.

in·co·her·ence [ìnkouhíərəns] 名 U 筋道の立たないこと, 支離滅裂, 一貫しないこと.

in·co·her·ent [ìnkouhíərənt] 形 (言葉・考えが) 筋道の立っていない, 支離滅裂な; 一貫しない: an *incoherent* reply しどろもどろの答弁.
in·co·her·ent·ly [〜li] 副 支離滅裂に.

***in·come [ínkʌm] 【「in (入る) + come (来る)」で,「収入」】
— 名 (複 **in·comes** [〜z]) C U (給料など定期的な) 収入, 所得 (↔ outgo): a low [small] *income* 低収入 / a high [large] *income* 高収入 / an earned [unearned] *income* 勤労 [不労] 所得 / a monthly [an annual] *income* 月 [年] 収 / earn an *income* 収入を得る / She has an *income* of about two thousand dollars a month. 彼女は月におよそ2,000ドルの収入がある.
■ *líve beyònd [withìn] one's íncome* 収入以上 [以内] の暮らしをする, 派手 [地味] に生活する.
◆ íncome tàx U C 所得税.

in·com·ing [ínkʌ̀miŋ] 形 [限定用法] 入ってくる; 新任 [後任] の (↔ outgoing): the *incoming* tide 上げ潮 / the *incoming* calls 着信の電話.

in·com·mode [ìnkəmóud] 動 他 《格式・誇張》…に迷惑をかける, …を困らせる.

in·com·mo·di·ous [ìnkəmóudiəs] 形 《格式》(部屋などが) 狭くて窮屈な; 不便な.

in·com·mu·ni·ca·ble [ìnkəmjúːnikəbl] 形 伝達できない, (言葉で) 伝えることができない.

in·com·pa·ra·ble [ìnkɑ́mpərəbl / -kɔ́m-] 形 **1** 匹敵するものがない, 比類のない; 最高の: *incomparable* beauty 比類のない美しさ. **2** 〔…と〕比較できない [*with, to*].

in·com·pat·i·bil·i·ty [ìnkəmpæ̀təbíləti] 名 (複 **in·com·pat·i·bil·i·ties** [〜z]) U C 両立しないこと [もの], 相反すること [もの]; 性格の不一致; (コンピュータの) 非互換 (性).

in·com·pat·i·ble [ìnkəmpǽtəbl] 形 〔…と〕相反した, 両立しない; 気が合わない [*with*]; (コンピュータが) 互換性のない.

in·com·pe·tence [ìnkɑ́mpətəns / -kɔ́m-] 名 U 無能力, 不適格.

in·com·pe·tent [ìnkɑ́mpətənt / -kɔ́m-] 形 〔…するのに / …に〕無能な, 不適格な [*to do / for*]: She is *incompetent* to teach [*for* teaching] English. 彼女は英語を教える力がない.
— 名 C 無能な人; 不適格者.

in·com·plete [ìnkəmplíːt] 形 不完全な, 不備な, 未完成の.
◆ incompléte intránsitive [tránsitive] vérb C 《文法》不完全自 [他] 動詞 (→巻末「文型について」).

in·com·plete·ly [ìnkəmplíːtli] 副 不完全に.

in·com·pre·hen·si·ble [ìnkɑ̀mprihénsəbl / -kɔ̀m-] 形 〔人に〕理解できない, 不可解な [*to*]: Her accent is *incomprehensible to* us. 彼女のなまりは私たちに理解できない.

in·com·pre·hen·si·bil·i·ty [-hènsəbíləti] U 不可解.

in·com·pre·hen·si·bly [-hénsəbli] 副 理解しにくく, わかりにくに; [文修飾] 不可解なことに.

in·com·pre·hen·sion [ìnkɑ̀mprihénʃən / -kɔ̀m-] 名 U (人が物事を) 理解していない状態, 無理解.

in·con·ceiv·a·ble [ìnkənsíːvəbl] 形 **1** 〔…にとって〕想像もつかない, 思いもよらない [*to*]. **2** 《口語》信じられない (ほどの), 驚くべき.

in·con·ceiv·a·bly [ìnkənsíːvəbli] 副 思いもよらないほど; 信じられないほど.

in·con·clu·sive [ìnkənklúːsiv] 形 (議論・証拠などが) 決定的でない, うやむやな.

in·con·clu·sive·ly [〜li] 副 うやむやに.

in·con·gru·i·ty [ìnkəŋgrúːəti] 名 (複 **in·con·gru·i·ties** [〜z]) U C 不調和 (なこと), 不一致.

in·con·gru·ous [ìnkɑ́ŋgruəs / -kɔ́ŋ-] 形 **1** 〔…と〕一致しない, 不調和な; 矛盾する, (話などが) 一貫しない [*to, with*]. **2** 不適当な, 場違いの.

in·con·gru·ous·ly [〜li] 副 調和せず; 不適当に.

in·con·se·quen·tial [ìnkɑ̀nsikwénʃəl / -kɔ̀n-] 形 取るに足らない.

in·con·sid·er·a·ble [ìnkənsídərəbl] 形 (通例 not を伴って) 《格式》重要でない; わずかの: a *not inconsiderable* sum of money 大金.

in·con·sid·er·ate [ìnkənsídərət] 形 《軽蔑》思いやり [配慮] のない, 無分別な: It's *inconsiderate* of you to keep her waiting so long. 彼女をそんなに待たせるなんてあなたも思いやりがないね.

in·con·sid·er·ate·ly [〜li] 副 思いやりなく.

in·con·sis·ten·cy [ìnkənsístənsi] 名 (複 **in·con·sis·ten·cies** [〜z]) **1** U 不一致, 矛盾, 不調和. **2** C (通例, 複数形で) 矛盾した行為 [言葉].

in·con·sis·tent [ìnkənsístənt] 形 **1** (通例, 叙述的用法) 〔…と〕矛盾する, 一致しない, 調和しない [*with*]: His words are *inconsistent with* his deeds. 彼は言うこととすることが一致していない. **2** (考え・言動などが) 一貫しない, 気まぐれの.

in·con·sis·tent·ly [〜li] 副 矛盾して.

in·con·sol·a·ble [ìnkənsóuləbl] 形 (悲しみ・不幸などが) 慰めようのない; (人が) 悲嘆に暮れた.

in·con·sol·a·bly [-bli] 副 慰めようのないほど; 悲しみに沈んで.

in·con·spic·u·ous [ìnkənspíkjuəs] 形 目立たない, 人目を引かない.

in·con·spic·u·ous·ly [〜li] 副 目立たないように.

in·con·stan·cy [ìnkɑ́nstənsi] 名 U 《格式》変わりやすいこと; 気まぐれ, 移り気.

in·con·stant [ìnkɑ́nstənt / -kɔ́n-] 形 《格式》(行動などが) 変わりやすい, 気まぐれな; 移り気な.

in·con·test·a·ble [ìnkəntéstəbl] 形 議論の余地のない, 明白な, 疑いのない.

in·con·ti·nence [ìnkɑ́ntənəns / -kɔ́n-] 名 U 失禁.

in·con·ti·nent [ìnkɑ́ntənənt / -kɔ́n-] 形 失禁の.

in·con·tro·vert·i·ble [ìnkɑ̀ntrəvə́ːrtəbl / -kɔ̀n-] 形 論争の余地のない, 疑いのない.

in·con·tro·vert·i·bly [-bli] 副 疑いなく.

*in·con·ven·ience [ìnkənvíːniəns] 名 **1** U 不便, 不自由; 不都合, 迷惑: put ... to a lot of *inconvenience* = cause a lot of *inconvenience* to ... 〈人〉に大変不便 [迷惑] をかける / Please come to my office if it is no *inconvenience* to you. もしご都合が悪くなければ私のオ

フィスにいらしてください.
2 [C] 迷惑なこと[人, もの], 面倒なこと[人, もの].
— 動 他 …に不便を感じさせる, 迷惑をかける.
(▷ 形 inconvénient)

in·con·ven·ient [ìnkənví:niənt] 形 […て] 不便な, 不自由な; 不都合な, 迷惑な [to, for]: at an *inconvenient* time 都合の悪い時に / Being without a car is *inconvenient to* me. = It is *inconvenient for* me to be without a car. 車がないのは不便だ.
(▷ 名 inconvénience)
in·con·ven·ient·ly [〜li] 副 不便で; 都合悪く.
in·con·vert·i·ble [ìnkənvə́:rtəbl] 形 **1** 交換できない. **2** (紙幣が) 兌換(だかん)できない.

*__in·cor·po·rate__ [inkɔ́:rpərèit] 動 他 **1** …を […と] 合併 [合体] させる [*with*]; […に] 組み入れる [*in, into*]; 〈考えなど〉を具体化する: We *incorporated* her idea *into* our new product. 私たちは彼女のアイディアを新製品に取り入れた. **2** …を法人(組織)にする. **3** 〈人〉を[組織の一員として]受け入れる, 加入させる [*as*]: He was *incorporated as* a member of the club. 彼はクラブのメンバーとして受け入れられた. **4** …を市[州など]に編入[合併]する; 市[州など]として組織する.
— 自 法人(組織)になる;《米》有限(株式)会社になる.

in·cor·po·rat·ed [inkɔ́:rpərèitid] 形《主に米》法人組織の, 有限[株式]責任の(《英》limited)(◇ Inc. と略して社名の終わりに付ける).

in·cor·po·ra·tion [inkɔ̀:rpəréiʃən] 名 **1** [U] 合同, 合併, 合体, 編入. **2** [C] 法人(組織); 《米》会社. **3** [U] 法人設立;《米》会社設立. **4** [U] 市[州など]になること, 市制施行.

in·cor·po·re·al [ìnkɔ:rpɔ́:riəl] 形《格式》実体[形態]のない, 無形の; 霊的な (spiritual).

*__in·cor·rect__ [ìnkərékt] 形 **1** 不正確な; 正しくない, 間違った; (用法などに) 誤用の: *incorrect* information 誤報. **2** 妥当でない, 不穏当な: *incorrect* remarks 不穏当な発言.
in·cor·rect·ly [〜li] 副 不正確に; 間違って.
in·cor·ri·gi·ble [inkɔ́:ridʒəbl / -kɔ́r-] 形 (しばしばこっけい) (性格・習慣などが) 矯正できない, 直せない; 頑固な; (子供などが) 手に負えない, わがままな.
in·cor·rupt·i·ble [ìnkərʌ́ptəbl] 形 **1**《格式》(物質などが) 腐敗しない. **2** (役人などが) 買収されない, 清廉(せいれん)な.

in·crease
動 名 【「in (上に) + crease (成長する)」で,「増える」】
— 動 [inkrí:s] 名 (☆ 名 とのアクセントの違いに注意)
(三単現 in·creas·es [〜iz]; 過去・過分 in·creased [〜t]; 現分 in·creas·ing [〜iŋ])
— 自 […の点で] (大きさ・数などが) **増える**, 増加[増大]する; (力が) 強まる [*in*] (↔ decrease): The number of traffic accidents has *increased*. = Traffic accidents have *increased in* number. 交通事故(件数)が増加した / The storm *increased in* its power. あらしが強まった / The price of gas *increased* by ten percent. ガソリンの価格が10パーセント上がった.
— 他 […まで] …を増やす, 増大させる [*to*]; 〈力〉を強める: The employer *increased* her salary to £1,000. 雇い主は彼女の給料を1,000ポンドに上げた / They *increased* investments in the company. 彼らはその会社への投資を増やした.
— 名 [ínkri:s, iŋ-] [U][C] […の] 増加 (量), 増大; 増進, 強化 [*in*] (↔ decrease): a tax *increase* = an *increase in* tax 増税 / an *increase* of ten percent *in* income 10パーセントの収入増加 / The town had a gradual *increase in* population. その町は徐々に人口が増えた.
■ **on the íncrease** 増加中で, 増えている.

in·creas·ing [inkrí:siŋ] 形 次第に増加[増大]する, ますます増える.

*__in·creas·ing·ly__ [inkrí:siŋli] 副 ますます, いよいよ, だんだん (more and more): It is *increasingly* dangerous to live in big cities. 大都会に住むのはますます危険になっている.

in·cred·i·bil·i·ty [inkrèdəbíləti] 名 [U] 信じられないこと, 信用できないこと.

*__in·cred·i·ble__ [inkrédəbl] 形 **1** 信じられない; […するとは / …とは] 信じられない [*to do* / *that* 節]: It is *incredible* to me *that* you should say so. あなたがそんなことを言うなんて私には信じられない. **2** 信じがたいほどの, 驚くべき: earn an *incredible* salary すごい給料をもらう.

in·cred·i·bly [inkrédəbli] 副 **1** 信じられないほど;《口語》とても. **2** 〖文修飾〗信じられないことに.

in·cre·du·li·ty [ìnkrədjú:ləti / -djú:-] 名 [U] 容易に信用しないこと, 疑い深いこと, 不信, 懐疑.

in·cred·u·lous [inkrédʒələs / -dju-] 形 **1** 容易に信じない, 疑ぐり深い. **2** 疑うような: an *incredulous* look 疑うような目つき.
in·cred·u·lous·ly [〜li] 副 疑わしそうに.

in·cre·ment [íŋkrəmənt] 名 **1** [U] (特に給料などの金額の) 増加, 増大. **2** [C] 増加量, 増額.
in·cre·men·tal [ìŋkrəméntəl] 形 増加(量)の.

in·crim·i·nate [inkrímənèit] 動 他 〈人〉に罪を負わせる, 〈人〉を有罪にする.

in·crim·i·na·tion [inkrìmənéiʃən] 名 [U] 罪を負わせること, 有罪にすること.

in·crim·i·na·to·ry [inkrímənətɔ̀:ri / -təri] 形 (人を) 有罪とするような.

in·crus·ta·tion [ìnkrʌstéiʃən] 名 [U][C] 外皮で覆われていること; [C] 外皮, (表面の) 付着物.

in·cu·bate [íŋkjubèit] 動 **1** 〈卵〉をふ化させる, かえす. **2** 〈細菌など〉を培養する. **3** 〈計画・構想など〉を練る, 企てる, 温める.
— 自 **1** (卵が) ふ化する, かえる. **2** (細菌などが) 培養される. **3** (計画・構想などが) 温められる.

in·cu·ba·tion [ìŋkjubéiʃən] 名 **1** [U] (鳥などの) ふ化. **2** [C] (病気の) 潜伏 (期間): an *incubation* period of 20 days 20日間の潜伏期間.

in·cu·ba·tor [íŋkjubèitər] 名 [C] **1** 人工ふ化器; 培養[保育などをする人; (早産児の) 人工保育器; (細菌) 培養器. **2** ベンチャー企業への投資家.

in·cu·bus [íŋkjubəs] 名 (複 **in·cu·bi** [íŋkjubài], **in·cu·bus·es** [〜iz]) [C] **1** 男性夢魔 (睡眠中の女性を犯すという悪魔). **2** 《文語》悪夢.

in·cul·cate [inkʌ́lkeit, ínkʌlkèit] 動 他《格式》〈原理・思想・習慣など〉を[人・心に] (繰り返し) 教え込む [*in, into*]; 〈人〉に[…を] 説き聞かせる [*with*]: He

inculcation

inculcated in his children the virtue of patience. 彼は自分の子供たちに忍耐という美徳を教え込んだ / They were *inculcated with* good manners. 彼らは礼儀作法をたたき込まれた.

in·cul·ca·tion [ìnkʌlkéiʃən] 名 U《格式》(原理・思想・習慣などを) 教え込むこと.

in·cul·pate [inkʌ́lpeit, ínkʌlpèit] 動他《格式》〈人〉に罪を負わせる, 〈人〉をとがめる.

in·cum·ben·cy [inkʌ́mbənsi] 名 (複 **in·cum·ben·cies** [~z])《格式》U (公職に) 在職していること, 現職; C 在職期間.

***in·cum·bent** [inkʌ́mbənt] 形《格式》 **1**《叙述用法》[…の] 義務となっている [on, upon]: It is *incumbent on* [*upon*] you to look after your old parents. 年老いたご両親の面倒を見るのはあなたの義務です. **2**《限定用法》在職の, 現職の.
— 名 C《格式》 **1** (公職の) 在職者, 現職者.
2《英国教》(教会を持つ) 牧師, 聖職禄(ろく)所有者.

***in·cur** [inkə́ːr] 動 (三単現 **in·curs** [~z]; 過去・過分 **in·curred** [~d]; **in·cur·ring** [-kə́ːriŋ])《格式》〈損害・負債など〉をこうむる, 背負い込む〈危険・怒りなど〉を (自分から) 招く: *incur* ...'s displeasure [anger] 〈人〉の不興 [怒り] を買う.

in·cur·a·ble [inkjúərəbl] 形 治せない, 不治の: an *incurable* disease 不治の病. — 名 C 不治の病人; (行いなどが) 救いようのない人.

in·cu·ri·ous [inkjúəriəs] 形《格式》好奇心のない, 無関心な.

in·cur·sion [inkə́ːrʒən / -ʃən] 名 C U《格式》[…への] (突然の) 侵入; 侵略, 急襲 [*into*].

Ind. (略語) = *Ind*ia; *Ind*ian; *Ind*iana; *Ind*ies.

in·debt·ed [indétid] 形 (☆ 発音に注意) **1** [… に / …の] 借金 [負債] がある [*to* / *for*]: *indebted* countries 債務国 / I'm *indebted to* her *for* 1,000 dollars. 私は彼女に千ドルの借金がある.
2 [… に / …に関して] 恩義がある, 負うところがある [*to* / *for*]: We're *indebted to* you *for* your kindness. あなたのご親切に感謝しています.

in·debt·ed·ness [~nəs] 名 U 負債; 恩義.

in·de·cen·cy [indí:sənsi] 名 (複 **in·de·cen·cies** [~z]) **1** U 不作法, 下品, わいせつ. **2** C 下品 [わいせつ] な言動.

in·de·cent [indí:sənt] 形 **1** 不作法な, 下品な, わいせつな (↔ decent): an *indecent* story 卑わいな話. **2**《口語》不適当な; みっともない.
◆ indécent assáult U C《法》強制わいせつ罪.
indécent expósure U C《法》(性器の露出など) 公然わいせつ罪 [行為].

in·de·cent·ly [~li] 副 不作法に; 下品 [卑わい] に.

in·de·ci·pher·a·ble [ìndisáifərəbl] 形 解読 [判読] できない.

in·de·ci·sion [ìndisíʒən] 名 U 優柔不断.

in·de·ci·sive [ìndisáisiv] 形 **1** 優柔不断の, 決断力のない. **2** どっちつかずの: an *indecisive* answer あいまいな返事.

in·de·ci·sive·ly [~li] 副 優柔不断に; あいまいに.
in·de·ci·sive·ness [~nəs] 名 U 優柔不断.

in·dec·o·rous [indékərəs] 形 不作法な, 行儀の悪い (◇ impolite, rude などの婉曲語).

---

indemnify

***in·deed** [indí:d] (成句 in deed (実際に) から)
— 副 **1 本当に**, 確かに: Did you say so? — Yes, *indeed* [*Indeed* I did]. あなたはそう言ったのですか — もちろんですとも / He is *indeed* a man of his word. 彼は本当に約束を守る人です / A friend in need is a friend *indeed*.《ことわざ》困っているときに助けてくれる友人が本当の友人です ⇒ まさかの友こそ真の友.
2《very をさらに強調して》《主に英》実に, まったく (really): She is very kind *indeed*. 彼女は実に親切なんです / Thank you very much *indeed*. 本当にどうもありがとう.
3 [通例, 文頭で]《格式》いや実は, 実際には (in fact): He isn't happy in his heart. *Indeed*, he feels sad. 彼は心の中ではうれしくない. それどころか悲しく思っているのだ.
4 [間投詞的に; 驚き・皮肉・疑問などを表して]《主に英》まさか, へえ, まあ: *Indeed*! Did he solve the problem? まさか. 彼がその問題を解いたのですか / When will the rain stop? — When *indeed*? 雨はいつやむんだろうね — 本当にいつだろうね.

■ *indéed ..., but ~* なるほど [確かに] …だが, しかし…: *Indeed* she is very old, *but* she looks healthy. 確かに彼女は大変高齢だが健康そうに見える.

in·de·fat·i·ga·ble [ìndifǽtigəbl] 形《格式》疲れを知らない, 飽くなき, 根気強い.

in·de·fat·i·ga·bly [-bli] 副 疲れずに, 根気よく.

in·de·fen·si·ble [ìndifénsəbl] 形 **1** (攻撃から) 守り切れない. **2** 弁解 [弁明] の余地がない.

in·de·fin·a·ble [ìndifáinəbl] 形 (通例, 限定用法) 定義 [説明] できない, 名状しがたい; 漠然とした.

***in·def·i·nite** [indéfənit] 形 **1** 不明確な, 漠然とした, はっきりしない (↔ definite). **2** (数量・期間・日時などが) 未決定の, 不定の: for an *indefinite* period 無期限に.
◆ indéfinite árticle C《文法》不定冠詞 (→ ARTICLE《文法》).
indéfinite prónoun C《文法》不定代名詞 (→ 次ページ《文法》).

in·def·i·nite·ly [indéfənitli] 副 **1** 漠然と, 不明確に. **2** 不定に, 際限なく, 無期限に.

in·del·i·ble [indéləbl] 形 **1** (インク・しみなどが) 消えない. **2** (思い出などが) 消すことのできない, いつまでも残る.

in·del·i·bly [-bli] 副 消えずに; 忘れられずに.

in·del·i·ca·cy [indéləkəsi] 名 (複 **in·del·i·ca·cies** [~z]) **1** U 下品, 不作法. **2** C 下品な言動.

in·del·i·cate [indéləkət] 形《しばしば婉曲》
1 下品な, 不作法な. **2** 思いやりのない.

in·dem·ni·fi·ca·tion [indèmnəfikéiʃən] 名《法》**1** U […に対する] 賠償, 補償 [*for, against*].
2 C U 賠償 [補償] となるもの, 賠償 [補償] 金.

***in·dem·ni·fy** [indémnəfài] 動 (三単現 **in·dem·ni·fies** [~z]; 過去・過分 **in·dem·ni·fied** [~d]; 現分 **in·dem·ni·fy·ing** [~iŋ])他《法》〈人〉に [損害など] 賠償する, 弁償する [*for*]: You must *indemnify* us *for* the expense. あなたは費用を

indemnity / index

私たちに弁償する必要がある. **2** 〈人〉に[損害などに対して]保障する[*for, against*].

in・dem・ni・ty [indémnəti] 名 (複 **in・dem・ni・ties** [~z])【法】**1** U 損害補償[賠償]; 損害保障.
2 C 賠償金, 補償金.

in・dent [indént] 動 ⊕ **1** [主に受け身で] …にぎざぎざを付ける, 刻み目をつける. **2** 〈段落の1行目〉を字を下げて書く, インデントする. ― ⊜ 《主に英》【商】(正式に)注文書で[…を]発注する[*for*].
― 名 [índent, índent] C **1** ぎざぎざ, 切り込み.
2 (段落の1行目の)字下がり, インデント. **3** 《主に英》【商】[…の]申し込み; (正式の)注文書[*for*].

in・den・ta・tion [ìndentéiʃən] 名 **1** U ぎざぎざを付けること; C 刻み目; くぼみ, (海岸線などの)湾入, 深い入り組み. **2** U (段落の1行目の)字下げ; C 字下がりの空白, インデント.

in・den・ture [indéntʃər] 名 C **1** (正副2通の)契約書. **2** (通例~s) (昔の)年季奉公契約書.

in・de・pend・ence [ìndipéndəns]
― 名 U […からの]独立, 自立[*from*]; 独立心(↔ dependence): economic *independence* 経済的自立 / live a life of *independence* 自活する, 自立した生活をする / achieve [gain] *independence* 独立を達成する / Indonesia declared its *independence from* Holland in 1945. インドネシアは1945年にオランダからの独立を宣言した.
■ *the Wár of* (*Américan*) *Indepéndence*【米史】独立戦争(American Revolution)《1775-83年; 英国から独立》. (▷ 形 indepéndent)
◆ Indepéndence Dày U 《米》独立記念日《7月4日; → HOLIDAY 表》.

in・de・pend・ent [ìndipéndənt]
形 名【「in (…ない)+dependent (頼っている)」で, 「頼らない」】
― 形 **1** [他の人・ものに]頼らない, 依存しない; […から]独立している[*of*](↔ dependent); 独立心の強い: an *independent* woman 自立した女性 / Nancy is financially *independent of* her parents. ナンシーは金銭面で両親に頼っていない.
2 [比較なし](国などが)[支配などから]独立した, 自主の, 自治の[*of, from*]: an *independent* country 独立国 / The colony became *independent of* the mother country. その植民地は本国から独立した.
3 […と]無関係の[*of*]; 他の影響を受けない; 公平な, 片寄らない: an *independent* observer 中立な立場にある立会人, 監視役の中立国 / These two accidents are *independent of* each other. この2つの事故は互いに関係がない / The woman has property *independent of* her husband. その女性は夫とは別に財産を所有している.
4 (収入などが)働かなくても暮らせるだけの, 自活できる: a person of *independent* means 働かなくても暮らせるだけの財産がある人.
5 無党派の, 無所属の. **6** 《英》(学校などが)民間の, 私立の: an *independent* school 私立学校.
― 名 C [しばしば I-] 党派に属さない人, 無所属議員[候補者]. (▷ 名 indépendence)
◆ indepéndent cláuse C 【文法】独立節.

*****in・de・pend・ent・ly** [ìndipéndntli] 副 独立して, 自主的に; […とは]無関係に[*of*]: We should act *independently* of our own self-interest. 私たちは私利私欲を離れて行動すべきです.

ín-depth 形 [限定用法] 徹底的な, 詳細な, 綿密な.

in・de・scrib・a・ble [ìndiskráibəbl] 形 言葉で言い表せない, 名状しがたい.

in・de・scrib・a・bly [-bli] 副 名状しがたいほど(に).

in・de・struct・i・ble [ìndistrʌ́ktəbl] 形 破壊できない, 丈夫な, 不滅の.

in・de・ter・mi・na・ble [ìnditə́ːrminəbl] 形 決定[確定]できない, 解決のつかない.

in・de・ter・mi・nate [ìnditə́ːrmənət] 形 不確定な, 漠然とした;【数学】不定の.

*****in・dex** [índeks] 名 (複 **in・dex・es** [~iz], **in・di・ces** [-dəsìːz]) C **1** (本の)索引, (図書館などの)カード式索引 (card index); 目録.
2 = índex nùmber (物価などの)指数: a price

文法 不定代名詞 (indefinite pronoun)

代名詞のうち, 特定の人・ものではなく, 漠然と人・ものを表す語を不定代名詞と言います.

【主な不定代名詞】

■ one と none

My bike is old, so I want <u>a new</u> <u>one</u>.
(私の自転車は古いので新しいのが欲しい) =a new bike

He has two sisters, but I have <u>none</u>.
(彼は妹が2人いるが私にはいない) =no sisters

■ some と any

I have a lot of apricots. Do you want <u>any</u>? — Yes, I want <u>some</u>.
=any apricots   =some apricots
(私はアンズをたくさん持っています. いくつかいりますか — はい, いくつかください)

■ another, the other, the others, others

This hat is too big. Show me <u>another</u>.
(この帽子は大きすぎます) =another hat
(ほかのを見せてください)

I have two cats; one is black and <u>the</u> <u>other</u> is white.   もう一方
(私は猫を2匹飼っています.)
(1匹は黒で, もう1匹は白です)

Some of my classmates come to school on foot, <u>the others</u> by bus.
残りの生徒全部
(私のクラスメートの何人かは徒歩で,)
(ほかの人たちはバスで通学している)

Be kind to <u>others</u>.
ほかの人全部
(他人には親切にしなさい)

index 物価指数.

3 指標; (計器などの) 指針: This is an *index* of the country's culture. これはその国の文化の高さを示すものです. **4** 《数学》指数 (exponent), (対数の) 指標, 率. **5** =índex finger 人さし指 (forefinger) (→ HAND 図).

—動 他 **1** 〈本〉に索引を付ける; 〈項目〉を索引に入れる. **2** 〈賃金など〉を〔物価などに合わせて〕スライドさせる [*to*].

◆ índex càrd 〔C〕索引カード.

in·dex·a·tion [ìndekséiʃən] 〔名〕〔U〕《経済》(賃金・利子などの) 物価スライド制 [方式].

‡**In·di·a** [índiə]

—〔名〕〔固〕インド 《アジア南部にある共和国; 首都ニューデリー (New Delhi); 《略語》Ind.》.

◆ Índia ínk 〔U〕《米》墨, 墨汁 (《英》Indian ink).
Índia pàper 〔U〕インディアペーパー《薄くて強い上質の紙. 辞書などに使われる》.
Índia rúbber 〔C〕《時に i-》弾性ゴム; 消しゴム.

‡**In·di·an** [índiən]

—〔形〕**1** インド (人) の, インド系の: *Indian* languages インド諸語.
2 (アメリカ) インディアンの: *Indian* trails [paths] インディアンの作った道.

—〔名〕〔C〕**1** インド人; [the ~s] インド人 《◇全体》.
2 (アメリカ) インディアン 《◇今日では Native American と呼ぶことが多い》.

◆ Índian córn 〔U〕《主に米・古風》トウモロコシ (《米》corn, 《英》maize).
Índian ínk 〔U〕《英》墨, 墨汁 (《米》India ink).
Índian Ócean 〔固〕[the ~] インド洋.
Índian súmmer **1** 小春日和. **2** (人の晩年などの) 平穏な時期, 円熟期.

In·di·an·a [ìndiǽnə] 〔名〕〔固〕インディアナ《米国中東部の州;《略語》Ind.;《郵略語》IN; → AMERICA 表》.

in·di·cate [índikèit] 【「in (中へ) + dicate (示す)」から】

—〔動〕(三単現 **in·di·cates** [-kèits]; 過去・過分 **in·di·cat·ed** [~id]; 現分 **in·di·cat·ing** [~iŋ])
—〔他〕**1** [indicate + O] …をさし示す (point out); 〈方向など〉を示す (point); 〈目盛りなど〉…を示す: The altimeter *indicated* 9,000 feet above sea level. 高度計は高度9,000フィートを示していた / He *indicated* the old man in the shop. 彼はその店にいる老人を指していた.
2 [indicate + O] …を示す, 明らかにする (show); [indicate + that 節 [疑問詞節]] …ということ […か] を示す: This graph *indicates* a fall in the birthrate for the past ten years. このグラフは過去10年間の出生率の低下を示している / He *indicated* (*that*) he was leaving now. 彼はもう帰るとの意思表示をした / She *indicated* what she had in her mind. 彼女は心の中で思っていることを明らかにした.
3 [indicate + O] …の前触れである, 徴候を示す; [indicate + that 節 [疑問詞節]] (身ぶりなどで) …ということ […か] をほのめかす: The wind from the north *indicates* rain. 北風は雨の前兆です / The chairperson *indicated that* we should be silent. 議長は私たちが静かにするように身ぶりで示した.
4 [しばしば受け身で] …を必要とする: Peace and quiet [Rest and relaxation] *is indicated* in your illness. あなたの病気には安静が必要です.
—〔自〕《主に英》(運転士が) 方向指示器で合図する (《主に米》signal). (▷〔名〕indicátion)

‡**in·di·ca·tion** [ìndikéiʃən] 〔名〕**1** 〔U〕指示; 指摘, 表示. **2** 〔U〕〔C〕[…の / …する / …という] 徴候 [*of* / *of doing* / *that* 節]: There is every *indication that* it will snow. どう見ても雪になりそうです. (▷〔動〕indicáte)

in·dic·a·tive [indíkətiv] 〔形〕**1** [叙述用法] […を / …ということを] 指示 [表示] する, 暗示する [*of* / *that* 節]: His speech was *indicative of* his kindness. 彼の講演は彼の優しさを示していた.
2 《文法》直説法の, 叙実法の.
—〔名〕[the ~] =indícative móod《文法》直説法, 叙実法.

*in·di·ca·tor** [índikèitər] 〔名〕〔C〕**1** 指示する人 [もの]; (変化・異常などの) 徴候. **2** 表示器, (計器の) 針, 道路標識; (飛行機などの) 発着表示板 (→ AIRPORT, STATION [PICTURE BOX]);《英》(車の) 方向指示器 (《米》turn signal). **3** 指標: economic *indicators* 経済指標.

in·di·ces [índəsìːz] 〔名〕index の複数形.

in·dict [indáit] (☆発音に注意) 〔動〕〔他〕《主に米》《法》〈人〉を […の罪で] 告発する, 起訴する [*for*]: He was *indicted for* [on the charge of] fraud. 彼は詐欺罪で起訴された.

in·dict·a·ble [indáitəbl] (☆発音に注意) 〔形〕《主に米》《法》起訴されるべき, 起訴 [告発] しうる.

in·dict·ment [indáitmənt] (☆発音に注意) 〔名〕**1** 〔U〕《主に米》《法》告発, 起訴. **2** 〔C〕《主に米》《法》[…に対する] 告発状, 起訴状 [*for*]. **3** 〔C〕[…の] 不備 [誤り] を示すもの [*of*].

in·die [índi] 〔名〕〔C〕《口語》(映画・音楽などの) 小さな独立プロダクション 《◇ *independent* の略》.

In·dies [índiz] 〔名〕[複数扱い] 東インド諸島 (East Indies); 西インド諸島 (West Indies).

‡**in·dif·fer·ence** [indífərəns] 〔名〕〔U〕**1** […への] 無関心な, 冷淡な [*toward, to*]: with *indifference* 冷淡に, そんざいに / He shows complete *indifference toward* how he looks. 彼は自分の外見にはまったく無関心です. **2** […にとって] 重要でないこと, どちらでもよいこと [*to*]: Whether he consents or not is a matter of *indifference to* me. 彼が同意してもしなくても私にはどうでもいいことです. (▷〔形〕indífferent)

‡**in·dif·fer·ent** [indífərənt] 〔形〕**1** […に対して] 無関心な, 冷淡な, […に] 気にかけない [*to, toward*]: We should not be *indifferent to* the starving (people of) Africa. 飢えて苦しむアフリカの人々に無関心でいられません. **2** 平凡な, 目立たない; 下手な, 劣った: an *indifferent* meal まずい食事. (▷〔名〕indífference)

in·dif·fer·ent·ly [indífərəntli] 副 **1** 無関心に, 冷淡に. **2** 平凡に; 下手で, まずく.

in·dig·e·nous [indídʒənəs] 形《格式》(人・生物が)(その土地に)固有の, 原産の, 先住[土着]の(native) [to] (↔ exotic).

in·di·gent [índidʒənt] 形《格式》窮乏した.

in·di·gest·i·ble [ìndaidʒéstəbl, -di-] 形 **1** (食べ物が)消化しにくい, 消化不良の. **2** (意見・考え方などが)理解しにくい, 受け入れにくい.

in·di·ges·tion [ìndaidʒéstʃən, -di-] 名 U 消化不良(症状), 不消化; 胃腸不良, 胃痛.

in·dig·nant [indígnənt] 形 [もの・ことに / 人に]憤慨した, 怒った [about, at, over / with]: We're *indignant at* what he said. 私たちは彼の言葉に憤慨している / I was so *indignant with* him for his rudeness. 私は彼の無礼にとても腹が立った.
 (▷ 名 indignátion)

in·dig·nant·ly [indígnəntli] 副 憤慨して, 怒って.

in·dig·na·tion [ìndignéiʃən] 名 U [もの・ことへの / 人への] 憤慨(の気持ち), 怒り [about, at, over / with]: *indignation at* being kept waiting for a long time 長時間待たされたことへの怒り / in *indignation* 憤慨して / to the *indignation of* ... = to ...'s *indignation* [文修飾] …を憤慨させたことには.
 (▷ 形 indígnant)

in·dig·ni·ty [indígnəti] 名(複 **in·dig·ni·ties** [~z]) U C《文語》侮辱(的な言動), 無礼(な態度).

in·di·go [índigòu] 名 U **1** インディゴ, 藍(%)(染料). **2** = índigo blúe 藍色, インジゴブルー.
 — 形 藍(色)の, インディゴの.

in·di·rect [ìndərékt, -dai-] 形(↔ direct)
1 間接の, 間接的な: *indirect* influence 間接的な影響.
2 (道などが)まっすぐでない; 迂回(;,)した: take an *indirect* route 回り道をする.
3 副次的な, 二次的な. **4** 遠回しの, あいまいな: an *indirect* answer 持って回った返答.
◆ índirect narrátion [spéech, díscourse] U《文法》間接話法 (→ NARRATION 類義語)).
 índirect óbject C《文法》間接目的語 (→巻末「文型について」).
 índirect quéstion C《文法》間接疑問文.
 índirect táx C U 間接税 (↔ direct tax).

in·di·rect·ly [ìndəréktli, -dai-] 副 間接(的)に; 遠回しに.

in·dis·cern·i·ble [ìndisə́:rnəbl] 形 見分けがつかない, はっきり識別できない.

in·dis·ci·pline [indísəplin] 名 U 訓練不足; 無規律, 風紀の乱れ.

in·dis·creet [ìndiskrí:t] 形《人・発言などが》軽率な, 不注意な, 分別のない (↔ discreet).

in·dis·creet·ly [~li] 副 軽率に, 無分別に.

in·dis·cre·tion [ìndiskréʃən] 名 **1** U 軽率さ, 無分別さ. **2** C 軽率な言動, 分別のない行動.

in·dis·crim·i·nate [ìndiskrímənət] 形 無差別の, 見境なしの, 相手[対象]を選ばない: *indiscriminate* killing 無差別殺人.

in·dis·crim·i·nate·ly [~li] 副 無差別に.

in·dis·pen·sa·bil·i·ty [ìndispènsəbíləti] 名 U 不可欠なこと, 必須; 避けることのできないこと.

***in·dis·pen·sa·ble** [ìndispénsəbl] 形 […に / …するのに]欠くことのできない, 不可欠な, 必須の (essential) [to, for / for doing]: Computers are now *indispensable to* our society. 今やコンピュータは現代社会にとって不可欠です.
 in·dis·pen·sa·bly [-bli] 副 必ず, ぜひとも.

in·dis·posed [ìndispóuzd] 形《叙述用法》《格式》**1**《しばしば婉曲》[…で]不調な [*with*]: be *indisposed with* a headache 頭痛で気分がすぐれない. **2** […する]気がしない [*to do*].

in·dis·po·si·tion [ìndispəzíʃən] 名 U C《格式》**1**《しばしば婉曲》体調不良, 不快感. **2** […に / …する]気が進まないこと [*for / to do*].

in·dis·pu·ta·ble [ìndispjú:təbl] 形 議論の余地のない, 疑いのない, 明白な: an *indisputable* fact 疑いようのない事実.

in·dis·put·a·bly [-bli] 副 疑うまでもなく, 明白に.

in·dis·sol·u·ble [ìndisáljubl / -sɔ́l-] 形《格式》分解できない; (友情などが)堅い, 不変の.

in·dis·tinct [ìndistíŋkt] 形 はっきりしない, 不明瞭(%;)な, ぼんやりした.

in·dis·tinct·ly [~li] 副 不明瞭に, ぼんやりと.

in·dis·tinct·ness [~nəs] 名 U 不明瞭(さ).

in·dis·tin·guish·a·ble [ìndistíŋgwiʃəbl] 形 […と]区別がつかない, 見分けがつかない [*from*].

in·dis·tin·guish·a·bly [-bli] 副 見分けられないほど.

****in·di·vid·u·al** [ìndivídʒuəl] 形 名【「in (…ない) + dividual (分割できる)」で,「個々の」】
 —形 **1** [比較なし; 限定用法] 個々の, それぞれの (↔ general, collective): *individual* questions 個々の質問 / Each *individual* rag doll is handmade. どのぬいぐるみも手作りです.
 2 [比較なし; 限定用法] 個人の, 個人的な; 1人用の: an *individual* difference 個人差 / an *individual* meal 1人用の食事.
 3 (態度・スタイルなどが)独特の, 個性的な (characteristic): an *individual* personality 個性的な性格 / The author has a highly *individual* style. この著者は非常に個性的な文体の持ち主である.
 —名 C **1** 個人, 個体: respect the rights of the *individual* 個人の権利を尊重する. **2** [形容詞を伴って]《口語》(…な)人: an odd [a strange] *individual* 奇妙な人 / an obscure *individual* 無名の人物.

in·di·vid·u·al·ism [ìndivídʒuəlìzəm] 名 U 個人主義;《婉曲》利己主義.

in·di·vid·u·al·ist [ìndivídʒuəlist] 名 C 個人主義者;《婉曲》利己主義者.

in·di·vid·u·al·is·tic [ìndivìdʒuəlístik] 形 個人主義的な;《婉曲》利己主義の.

***in·di·vid·u·al·i·ty** [ìndivìdʒuǽləti] 名(複 **in·di·vid·u·al·i·ties** [~z]) U **1** (人・ものの)個性, 個人[個別]性(→ CHARACTER 類義語)); 独特さ: a work of *individuality* 個性的な作品. **2** [複数形で] 個人の特徴.

in·di·vid·u·al·ize,《英》**in·di·vid·u·al·ise** [ìndivídʒuəlàiz] 動 他 **1** …を個性的にする, …に

in·di·vid·u·al·ized [indivídʒuəlàizd] 形 個性的な; 個別化された.

in·di·vid·u·al·ly [indivídʒuəli] 副 **1** 個々に, 別々に. **2** 個人として, 個人的には. **3** 個性的に.

in·di·vis·i·bil·i·ty [ìndivìzəbíləti] 名 U **1** 分割できないこと. **2**【数学】割り切れないこと.

in·di·vis·i·ble [indivízəbl] 形 **1** 不可分の, 分けることができない. **2**【数学】(数が)割り切れない.

In·do- [índou] 結合「インド(人)の, インドとの」の意を表す: *Indo*-European インド印欧語(族).

In·do·chi·na, In·do-Chi·na [índoutʃáinə] 名 インドシナ(半島)《ベトナム・カンボジア・ラオスの3国が含まれる》.

in·doc·tri·nate [indáktrinèit / -dɔ́k-] 他《通例, 軽蔑》〈人〉に[思想などを]教え込む, 吹き込む [*with, in*].

in·doc·tri·na·tion [indàktrinéiʃən / -dɔ̀k-] 名 U《通例, 軽蔑》(思想などを)吹き込むこと, 教化.

In·do-Eu·ro·pe·an [índoujùərəpíːən] 名 U インド=ヨーロッパ語族, 印欧語族《インド・西アジア・ヨーロッパ各国で用いられている言語の大半を含む語族》.
— 形 インド=ヨーロッパ[印欧]語(族)の.

in·do·lence [índələns] 名 U《格式》怠惰, 無精.

in·do·lent [índələnt] 形《格式》怠惰な, 無精な.

in·do·lent·ly [〜li] 副 怠惰に, 無精に.

in·dom·i·ta·ble [indámətəbl / -dɔ́m-] 形《文語・ほめ言葉》不屈の, へこたれない.

In·do·ne·sia [ìndəníːʒə, -ʃə / ìndouníːziə] 名 インドネシア《アジア南東部にある共和国; 首都ジャカルタ(Jakarta)》.

In·do·ne·sian [ìndəníːʒən, -ʃən / ìndouníːziən] 形 インドネシアの; インドネシア人[語]の.
— 名 **1** C インドネシア人. **2** U インドネシア語.

‡in·door [índɔːr] 形〔限定用法〕屋内の, 室内の(↔ outdoor): *indoor* sports 屋内スポーツ.

‡in·doors [índɔːrz] 副 屋内で[に], 室内で[に](↔ outdoors): work *indoors* 内勤である / keep [stay] *indoors* (外出せずに)家にいる.

in·dorse [indɔ́ːrs] 他 = ENDORSE.

in·drawn [índrɔːn] 形〔限定用法〕**1**(息などを)吸い込んだ; 引き込まれた. **2** 内気な, 内省的な.

in·du·bi·ta·ble [indjúːbətəbl] 形《格式》明白な, 疑う余地のない, 確かな.

in·du·bi·ta·bly [-bli] 副 確かに, 明らかに.

‡in·duce [indjúːs] 他 **1** [induce +O+to do]〈人〉を…するように説得する; …する気にさせる: He was *induced* to take a day off. 彼は1日休暇を取るように勧められた / The advertisement *induced* me to buy the desk. 広告を見て私はその机を買う気になった. **2**《格式》〈感情・痛み・眠気など〉を引き起こす, 誘う: His speech *induced* sleepiness. 彼の話を聞いて眠くなった. **3**〔しばしば受け身で〕【医】(薬剤によって)〈陣痛・分娩(ぶん)〉を促進する. **4**【論】帰納的する.

in·duce·ment [indjúːsmənt] 名 UC **1** 誘導[誘引]するもの. **2** 誘因, 動機;《婉曲》わいろ.

in·duct [indʌ́kt] 他〔しばしば受け身で〕《格式》**1** …を[…に/…として]役職につかせる, 任命する[*to, into / as*]: He was *inducted* as manager of the hotel. 彼はホテルの支配人に就任した. **2**《米》…を兵役につかせる, 徴兵する. **3**《米》…を一員として迎える, [に]入会[入団]させる (*into*).

*in·duc·tion [indʌ́kʃən] 名 UC **1** 誘導; 誘発. **2**〔役職などへの〕就任(式), 入団[入会](式) (*into*). **3**〔論〕帰納(法), (帰納的)推論 (↔ deduction) 《個々の事例から一般的な法則・結論などを導き出す》. **4** (内燃機関の)吸入.

◆ indúction còil C【電気】誘導コイル.

indúction còurse C(新入生・新入社員などの)オリエンテーション, 研修, ガイダンス.

in·duc·tive [indʌ́ktiv] 形 **1**【論】帰納(法)的な, (帰納的)推論の. **2**【電気】電気[磁気]誘導の.

in·due [indjúː] 他 = ENDUE (才能などを) 与える.

‡in·dulge [indʌ́ldʒ] 他 **1** […に]ふける, 夢中になる [*in*]. **2** […を]好きなだけ飲食する [*in*];《口語》大酒を飲む: *indulge in* beef steak ステーキをたらふく食べる.
— 他 **1** 〈人〉を甘やかす (spoil), 〈人〉に好き勝手をさせる; 〔ものを〕何でも与える [*in*]: They *indulge* their son in everything he wants. 彼らは息子の欲しがるものは何でも与えてしまう.
2 [〜 oneself] […に]ふける, おぼれる [*in*]; 好きなだけ飲食する: He often *indulges* himself in daydreams. 彼はよく空想にふける.
3〈欲望など〉を満足させる.
(▷ 名 indúlgence; 形 indúlgent)

in·dul·gence [indʌ́ldʒəns] 名 **1** UC […への]甘やかし, 放任; 大目に見ること [*to, toward*]. **2** U […に]ふけること [*in*]: *indulgence in* alcohol 酒びたり. **3** C 大好物; 好きなこと[もの], 道楽, ぜいたくの対象.

in·dul·gent [indʌ́ldʒənt] 形 […に]甘い, 放任の, けじめのない [*to, toward*]; 〔人の過失などを〕大目に見る [*of*]: He is *indulgent* to his children. 彼は自分の子供たちにとても甘い. (▷ 動 indúlge)

In·dus [índəs] 名〔the 〜〕インダス川《南西チベットからアラビア海へ注ぐインド北西部の大河》.

***in·dus·tri·al [indʌ́striəl]
— 形 **1**〔比較なし; 限定用法〕産業(上)の, 工業の; 工業用の; 産業に従事する (cf. industrious 勤勉な): *industrial* waste 産業廃棄物 / an *industrial* city 工業都市 / *industrial* alcohol 工業用アルコール / an *industrial* worker 産業労働者.
2 産業[工業]が発達した: an *industrial* nation (先進)工業国.
(▷ 名 índustry; 動 indústrialize)

◆ indústrial áction U《英》ストライキ《◇労働者の抗議行動》.

indústrial árts U《米》(教科としての)工芸技術.

indústrial éspionage U 産業スパイ(行為).

indústrial estáte C《英》工業団地.

indústrial relátions〔複数扱い〕労使関係.

Indústrial Revolútion〔the 〜〕【史】産業革命《18世紀後半から19世紀初めに英国で起きた機械設備の導入による社会構造の大変革》.

indústrial schòol C **1** 実業学校. **2**《米》(非行少年の更正のための)職業訓練所.

in・dus・tri・al・ism [indʌ́striəlìzəm] 名 (重)工業主義, 産業主義.

in・dus・tri・al・ist [indʌ́strialist] 名 C 工業[産業]経営者, 実業家, 産業資本家.

in・dus・tri・al・ize [indʌ́striəlàiz] 動 他 〈国・地域など〉を産業[工業]化する; …で産業を発達させる. — 自 産業[工業]化する. (▷ 形 indústrial)

in・dus・tri・al・ized [indʌ́striəlàizd] 形 産業[工業]の発達した: the *industrialized* countries [nations] 先進工業国.

*__in・dus・tri・ous__ [indʌ́striəs] 形 勤勉な, 仕事熱心な (hard-working) (cf. industrial 産業の).
in・dus・tri・ous・ly [~li] 副 勤勉に, 仕事熱心に.
in・dus・tri・ous・ness [~nəs] 名 U 勤勉さ.

in・dus・try [índəstri]
— 名 (複 **in・dus・tries** [~z]) **1** U C 産業, 工業, 事業: heavy [light] *industry* 重[軽]工業 / a key [basic] *industry* 基幹産業 / a high-tech *industry* ハイテク産業 / the automobile [《英》motor-manufacturing] *industry* 自動車産業 / a tourist *industry* 観光産業. **2** U 《集合的に》産業界; 事業経営者: labor and *industry* 労働者と経営者. **3** U 《格式》勤勉, 精励: a man of *industry* 勤勉家. (▷ 形 indústrial, indústrious)

in・e・bri・ate [iní:brièit]《古風》形 酔っ払った. — 名 C 酔っ払い, 飲んだくれ.

in・e・bri・at・ed [iní:brièitid] 形《格式》酔っ払った, 酩酊(めいてい)した.

in・ed・i・ble [inédəbl] 形 食用に適さない: *inedible* plants 食べられない植物.

in・ed・u・ca・ble [inédʒukəbl / -édju-] 形《格式》(特に知能発育の遅れのために) 教育不可能な.

in・ef・fa・ble [inéfəbl] 形《格式》(すばらしくて) 言葉では言いつくせないほどの, 言いようのない.

in・ef・fec・tive [ìniféktiv] 形 効果がない, むだな; 効果的でない; (人が) 役に立たない, 無能な.
in・ef・fec・tive・ly [~li] 副 効果がなく, むだに.

in・ef・fec・tu・al [ìniféktʃuəl] 形 効果がない, むだな; 《軽蔑》(人が) 非力な, 無能な.
in・ef・fec・tu・al・ly [-əli] 副 効果なく, むだに.

in・ef・fi・cien・cy [ìnifíʃənsi] 名 (複 **in・ef・fi・cien・cies** [~z]) **1** U 非効率, 非能率; 能力不足. **2** C 非効率なもの[人].

*__in・ef・fi・cient__ [ìnifíʃənt] 形 非効率[非能率]な, 実効のない; (人が) 役に立たない: an *inefficient* tax system 効率の悪い税制 / an *inefficient* management 無能な経営陣.
in・ef・fi・cient・ly [~li] 副 非効率に, 能率悪く.

in・el・e・gance [inéləgəns] 名 U 優美でないこと, 粗野, やぼ(ったさ), 悪趣味.

in・el・e・gant [inéləgənt] 形 優美でない; 粗野な, やぼな, 洗練されていない.

in・el・i・gi・bil・i・ty [inèlidʒəbíləti] 名 U 無資格, 不適格.

in・el・i・gi・ble [inélidʒəbl] 形 《…の / …する》資格のない; 選ばれる資格のない 《for / to do》: be *ineligible* to vote 投票する資格がない.

in・e・luc・ta・ble [ìnilʌ́ktəbl] 形《文語》避けられない, 不可避な; 確実な.

in・ept [inépt] 形 《…に》場違いな; 不適切な; 不向きな《at, in》: an *inept* remark 場違いな発言.

in・ep・ti・tude [inéptətjù:d] 名 **1** U 場違いな, 見当違いな; 愚かさ; 不器用, 無能. **2** C 場違いな言動; 不適切な[愚かな] 行為.

in・e・qual・i・ty [ìnikwáləti / -kwɔ́l-] 名 (複 **in・e・qual・i・ties** [~z]) U 不平等, 不均等; C 《通例, 複数形で》不平等な事柄: *inequality* of opportunity 機会の不均等 / the *inequality* between the races 人種間の不平等.

in・eq・ui・ta・ble [inékwətəbl] 形 《格式》不公平な (unfair); 不公正な.

in・eq・ui・ty [inékwəti] 名 (複 **in・eq・ui・ties** [~z]) U 《格式》不公平, 不公正; 《複数形で》不公平[不公正] な事柄.

in・e・rad・i・ca・ble [ìnirǽdikəbl] 形 《格式》根絶できない, 根深い.

in・ert [iná:rt] 形 **1** (自力では)動けない, 他動的な. **2** (人が) 鈍い, 生気のない, 不活発な.
◆ inért gás U 《化》不活性ガス (noble gas).

in・er・tia [iná:rʃə] 名 U **1** 《物理》慣性, 惰性: the law of *inertia* 慣性の法則. **2** ものぐさ.
◆ inértia sèlling U 《主に英》押しつけ商法.

in・er・tial [iná:rʃəl] 形 《物理》慣性の (による).

in・es・cap・a・ble [ìniskéipəbl] 形 逃れられない, 避けられない, 不可避の; 否定できない.
in・es・cap・a・bly [-bli] 副 避けられないで.

in・es・sen・tial [ìnisénʃəl] 形《格式》《…にとって》必ずしも必要でない, 重要でない, 本質的でない《to》. — 名 C 《通例 ~s》なくても済むもの.

in・es・ti・ma・ble [inéstəməbl] 形 《格式》(基準以上で) 評価できない, はかり知れない(ほど大きい); かけがえのない: of *inestimable* value きわめて貴重な / *inestimable* damage はかり知れない損害.
in・es・ti・ma・bly [-bli] 副 はかり知れないほど.

in・ev・i・ta・bil・i・ty [inèvətəbíləti] 名 U 避けられないこと, 不可避(性); 必然性.

*__in・ev・i・ta・ble__ [inévətəbl] 形 **1** 避けられない, 不可避な; 必然の: Death is *inevitable*. 死は避けられないものである / It is *inevitable* that the Diet will be dissolved soon. 国会がまもなく解散するのは避けられない. **2** [限定用法; しばしば the ~]《口語・こっけい》お決まりの, 例の. **3** [the ~; 名詞的に; 単数扱い] 避けられないもの[状況], 運命的なこと.

*__in・ev・i・ta・bly__ [inévətəbli] 副 [主に文修飾] 必然的に, 当然のことだが; 必ず.

in・ex・act [ìnigzǽkt] 形 正確 [厳密] でない.

in・ex・cus・a・ble [ìnikskjú:zəbl] 形 弁解できない(ほど悪い), 正当化できない; 許されない.
in・ex・cus・a・bly [-bli] 副 弁解できないほどに.

in・ex・haust・i・ble [ìnigzɔ́:stəbl] 形 **1** 無尽蔵の, 使いつくすことができない. **2** 疲れを知らない.

in・ex・o・ra・bil・i・ty [inèksərəbíləti] 名 U 《格式》(物事が) 歯止めの利かない状態.

in・ex・o・ra・ble [inéksərəbl] 形 《格式》(物事が) 歯止めの利かない, 不可避的な; 説得を受けない.
in・ex・o・ra・bly [-bli] 副 《格式》制御できずに.

in・ex・pe・di・ent [ìnikspí:diənt, -eks-] 形 《格

in·ex·pen·sive [ìnikspénsiv] 形 (値打ちの割に)安価な, 費用がかからない, 手頃な価格の.

in·ex·pen·sive·ly [～li] 副 安価に, 手軽に.

in·ex·pe·ri·ence [ìnikspíəriəns] 名 U 未[無]経験, 未熟, 不慣れ, 世間知らず.

*__in·ex·pe·ri·enced__ [ìnikspíəriənst] 形 […に]経験のない, 経験不足の, 未熟な[*in*]; 世間知らずの: He is *inexperienced* in the ways of the world. 彼は世間知らずである.

in·ex·pert [inékspəːrt, ìnikspəː́rt] 形 […に]熟練していない, 素人の, […が]下手な, 不器用な[*at*].

in·ex·pli·ca·ble [ìniksplíkəbl, inékspli-] 形 (感情・気分などが) 説明[理解]できない, 不可解な (行動・事件などが) 説明[理解]できない, 不可解な.

in·ex·pli·ca·bly [ìniksplíkəbli, inékspli-] 副 説明しがたいほど, 不可解に; [文修飾] 不可解にも.

in·ex·press·i·ble [ìniksprésəbl] 形 (感情などが) 表現しがたい, 言い表せないほどの.

in·ex·press·i·bly [-bli] 副 表現しがたく, 非常に.

in·ex·pres·sive [ìniksprésiv] 形 無表情な.

in·ex·tin·guish·a·ble [ìnikstíŋgwiʃəbl] 形《文語》(火などが) 消すことのできない; (感情などが) 止められない, 抑えられない.

in·ex·tri·ca·ble [ìnikstríkəbl, inékstri-] 形《格式》 **1** 切り離せない, 逃れられない. **2** (問題などが) 込み入った, 複雑で解決できない.

in·ex·tri·ca·bly [-bli] 副 複雑に, 込み入って.

inf.《略語》=*in*fantry; *in*ferior; *in*finitive 不定詞; *in*formation.

in·fal·li·bil·i·ty [ìnfæləbíləti] 名 U 絶対確実(であること); 間違いないこと.

in·fal·li·ble [infǽləbl] 形 絶対確実な; (治療などが) 必ず効く, 間違いない, (人が) 誤りを犯さない.

in·fa·mous [ínfəməs] 形《発音に注意》 **1** […で]悪名高い[*for*]; 不名誉な. **2** いまわしい.

in·fa·my [ínfəmi] 名 (複 **in·fa·mies** [～z]) **1** U 悪名, 悪評; 不名誉. **2** C [通例, 複数形で] 不名誉な行為, 非行.

*__in·fan·cy__ [ínfənsi] 名 U **1** 幼少; [one's ～] 幼時, 幼年時代: in my *infancy* 私の幼年時代に. **2** (発達などの) 初期 (段階).

*__in·fant__ [ínfənt] 名 C **1**《格式》幼児, 乳児 (baby). **2**《英》児童 (通例, 7歳未満). ── 形 [限定用法] **1** 幼児[乳児]の(ための); 幼児[乳児]期の: *infant* food 乳児食. **2** 初期の, 未発達の.

◆ **ínfant pródigy** C 神童, 天才児, 天才少年.

ínfant schòol C《英》幼児学校 (通例, 5-7歳の児童を教育する).

in·fan·ti·cide [infǽntəsàid] 名 U (乳)幼児殺し; C (乳) 幼児殺しの犯人.

in·fan·tile [ínfəntàil] 形 **1** [通例, 限定用法] 幼児の; 幼児期の. **2** 幼児らしい, (軽蔑) 子供っぽい, 未成熟な. **3** 初期の, 発達段階の.

◆ **ínfantile parálysis** U《古風》小児まひ(◇今では polio と言う).

in·fan·try [ínfəntri] 名 U [集合的に; 単数・複数扱い]【軍】歩兵, 歩兵部隊.

in·fan·try·man [ínfəntrimən] 名 (複 **in·fan·try·men** [-mən]) C【軍】歩兵(1人).

in·fat·u·at·ed [infǽtʃuèitid / -fǽtju-] 形 [叙述用法]《通例, 軽蔑》[一時的な恋などに] 夢中になった, うつつを抜かした, のぼせ上がった[*with*].

in·fat·u·a·tion [infæ̀tʃuéiʃən / -fæ̀tju-] **1** U […に対しての] (一時的な) 夢中, のぼせ上がり, 有頂天[*for*, *with*]. **2** C 有頂天にさせるもの.

*__in·fect__ [infékt] 動 **1** [通例, 受け身で] (病気が) …に感染する; 〈人・動植物を〉[病気に]する, …に[病気を] うつす[*with*]; 〈空気・水など〉を汚染する: You must clean the cut, or it will *be infected*. 傷をきれいにしないとばい菌が入りますよ / He *was infected* with HIV through blood products. 彼は血液製剤でエイズウイルスに感染した. **2** (感情・気分などが) …に伝わる; …に[…で] 影響を与える, …を[…で] 感化する[*with*]: His sorrow *infected* the whole class. 彼の悲しみがクラスじゅうに伝わった. **3**【コンピュータ】(ウイルスなどに) 感染させる, 〈記憶装置など〉を汚染する.

in·fect·ed [inféktid] 形 (病気・コンピュータウイルスなどに) 感染した, (空気・水などに) 汚染された.

*__in·fec·tion__ [infékʃən] 名 **1** U (病気の) 感染, 伝染 (cf. contagion 接触伝染): avoid *infection* 感染を避ける. **2** C 伝染病, 感染症. **3** U 悪影響, (悪への) 感化. **4** C【コンピュータ】ウイルスの感染.

*__in·fec·tious__ [infékʃəs] 形 **1** (病気が) 感染しやすい, 伝染性の, (間接) 伝染病の (cf. contagious 接触伝染性の): *infectious* diseases (間接) 伝染病 / Is measles *infectious*? はしかはうつりますか. **2** (感情・気分などが) 他人に伝わりやすい, 影響を与える: an *infectious* laugh つられ笑い.

in·fer [infəː́r] 動 (三単現 **in·fers** [～z]; 過去・過分 **in·ferred** [～d]; 現分 **in·fer·ring** [-fə́ːriŋ]) (事実・証拠・話などから) …を推察する, 推測する[*from*]; […であると] 推論する[*that* 節]: She *inferred* his sadness *from* his look. 彼女は彼の表情から悲しみを察した / I *inferred* from her letter that she was enjoying her stay in Paris. 彼女の手紙からパリ滞在を楽しんでいることがうかがわれた.

(▷ 名 inference)

*__in·fer·ence__ [ínfərəns] 名 **1** U 推論, 推理: by *inference* 推測によって. **2** C (事実・証拠などからの) 結論, 判断: draw an *inference* from evidence 証拠から結論を引き出す. (▷ 動 infer)

in·fer·en·tial [ìnfərénʃəl] 形 推測に基づいた, 推論による.

*__in·fe·ri·or__ [infíəriər] 形 (↔ superior) **1** (品質・性能などが) […より] 劣った, 粗悪な[*to*]: feel *inferior to* ... …に引け目を感じる / My car looks *inferior to* yours. 私の車はあなたのより見劣りがする. **2**《格式》[…より] 下位の, 下級の[*to*]: an *inferior* court of law 下級裁判所.
── 名 C 地位が下位の人[もの]; 部下, 後輩. (▷ 名 infèriórity)

[語法] inferior は「ラテン比較級」と呼ばれ, 「…よりも」の意は than ではなく to で表す. 同類の語には superior, senior, junior, prior, posterior などがある.

*__in·fe·ri·or·i·ty__ [infìəriɔ́ːrəti, -ár-] 名 U […より] (品質・能力などが) 劣っていること; 劣悪, 粗悪; 下級, 下等[*to*] (↔ superiority). (▷ 形 inférior)

◆ inferiórity còmplex 名 ⓤ 劣等感; 引け目 (cf. superiority complex 優越感).

in·fer·nal [infə́ːrnəl] 形 1 《文語》地獄の(ような). 2 〔限定用法〕《口語》ひどい, ものすごい.

in·fer·nal·ly [infə́ːrnəli] 副 《口語》ひどく.

in·fer·no [infə́ːrnou] 【イタリア】名 (複 **in·fer·nos** [~z]) ⓒ 《文語》(ダンテの) 地獄 (hell); 猛火.

in·fer·tile [infə́ːrtl / -tail] 形 不毛の, (土地などが) やせた; (人・動物が) 生殖能力がない.

in·fer·til·i·ty [ìnfərtíləti] 名 ⓤ (土地の) 不毛; 生殖能力の欠如, 不妊.

in·fest [infést] 動 他 〔通例, 受け身で〕〔害虫・病気などが〕…にはびこる, たかる, たくさん巣くう〔*with*〕.

in·fes·ta·tion [ìnfestéiʃən] 名 ⓒⓤ はびこること, 横行, たくさん巣くっている状態.

in·fi·del [ínfədəl] 名 ⓒ 《古風・軽蔑》無信仰者, 不信心者; 異教徒; 〔the ~; 複数扱い〕異教徒たち.

in·fi·del·i·ty [ìnfədéləti] 名 (複 **in·fi·del·i·ties** [~z]) 1 ⓤ 無信仰, 不信心. 2 ⓤⓒ (特に夫妻への) 不誠実, 不貞, 不義; 背信 (行為).

in·field [ínfiːld] 名 1 【野球・クリケット】内野; 〔集合的に; 単数・複数扱い〕内野手 (↔ outfield) (→ BASEBALL [**PICTURE BOX**]): an *infield* fly [hit] 内野フライ [安打].

in·field·er [ínfiːldər] 名 ⓒ 【野球・クリケット】内野手 (↔ outfielder).

in·fight·ing [ínfàitiŋ] 名 1 ⓤ ボクシング・格闘技のインファイト, 接近戦. 2 ⓤ (組織内・身内間での) 内部抗争, 内紛, 内輪もめ.

in·fil·trate [ínfiltreit, infíltrèit] 動 他 1 〈政治団体など〉に密かに潜入する, 潜り込む; 〈スパイなど〉を […に] 潜入させる [*into, through*]. 2 〈物質・思想などが〉…に浸透する; 〈物質・思想など〉を […に] 浸透させる [*into, through*]. ― 自 […に] (密かに) 潜入する; 浸透する, 染み込む [*into, through*].

in·fil·tra·tion [ìnfiltréiʃən] 名 1 ⓒⓤ (政治団体などへの) 秘密の潜入, 潜り込み. 2 ⓤ 浸透.

in·fil·tra·tor [ínfiltreitər, infíltrèitər] 名 ⓒ (場所・組織への) 侵入者.

***in·fi·nite** [ínfənit] 形 1 限りない, 無限の, 数えられないほどの: Water resources are not *infinite*. 水資源は無限ではない. 2 とても多くの, とてつもなく大きな: take *infinite* patience とてつもない忍耐力を要する. 3 〖数学〗無限 (級数) の.
― 名 1 〔the ~〕果てしないもの, 無限のもの《宇宙・時間など》. 2 〔the I-〕神.

in·fi·nite·ly [ínfənitli] 副 限りなく, 果てしなく; 〔しばしば比較級と共に用いて〕非常に, はるかに.

in·fin·i·tes·i·mal [ìnfinətésəməl] 形 極微の, 極小の; 〖数学〗無限小の.

in·fin·i·tes·i·mal·ly [-məli] 副 極小に.

***in·fin·i·tive** [infínətiv] 名 ⓒ 〖文法〗不定詞 (→ **文法**): bare *infinitive* 原形不定詞 (◇不定詞には to 不定詞 (to + 動詞の原形) と原形不定詞 (to なし不定詞) とがあり, 一般に不定詞と言えば, to 不定詞をさす).
― 形 〖文法〗不定詞の: an *infinitive* phrase 不定詞句 (→ PHRASE **文法**).

in·fin·i·tude [infínətjùːd / -tjùːd] 名 ⓤ 《格式》無限 (の状態); ⓒ 無限の量 〔数, 範囲〕.

文法 不定詞 **(infinitive)**

❶ **to 不定詞**「**to + 動詞の原形**」
to 不定詞は, 文中で名詞・形容詞・副詞と同じ働きをします (詳しくは→TO).

❷ **原形不定詞** 動詞の原形
■「**S + V + O + C (= 原形不定詞)**」
この場合の動詞は知覚動詞 (see, hear など) か使役動詞 (make, let, have など). O は原形不定詞の意味上の主語になります.

I saw a cat enter the kitchen.
S V O   C
（私は猫が台所に入るのを見た）

He let me use his bike.
S V O   C
（彼は自分の自転車を私に使わせてくれた）

---

in·fin·i·ty [infínəti] 名 (複 **in·fin·i·ties** [~z]) 1 ⓤ 〔または an ~〕無限 (の状態); 無限の量 〔数, 範囲〕 (infinitude): The sea seemed to be stretching away to *infinity*. 海は無限のかなたへ広がっているかに見えた. 2 ⓒⓤ 〖数学〗無限大 (∞); 〖写真〗無限遠.

in·firm [infə́ːrm] 形 (特に老齢で) 虚弱な, 病弱な, 衰弱した; 〔the ~; 名詞的に; 複数扱い〕病弱な人たち.

in·fir·ma·ry [infə́ːrməri] 名 (複 **in·fir·ma·ries** [~z]) ⓒ (学校・工場などの) 保健室, 医務室; 病院.

in·fir·mi·ty [infə́ːrməti] 名 (複 **in·fir·mi·ties** [~z]) 1 ⓤ (精神・身体の) 虚弱さ, 病弱. 2 ⓒ 〔通例, 複数形で〕(老齢による) 疾患; 欠陥.

***in·flame** [infléim] 動 他 1 《文語》〈人〉を […で] 激怒させる; 〈感情など〉を […で] 刺激する, あおる 〔*with*〕: Jack is *inflamed with* excitement. ジャックは興奮してどきどきしている. 2 …に火をつける; 〈傷口など〉に炎症を起こさせる; …をほてらせる.

in·flamed [infléimd] 形 1 (傷口などが) 炎症を起こしている, 赤くはれ上がっている: *inflamed* eyes 充血した目. 2 興奮した, 激化した.

in·flam·ma·ble [inflǽməbl] 形 1 《英》着火しやすい, 燃えやすい, 可燃性の (flammable) (◇ nonflammable (燃えない) と混同しないよう注意). 2 (人・性格が) 激しやすい, 直情的な.

in·flam·ma·tion [ìnfləméiʃən] 名 ⓤⓒ 〖医〗炎症, はれ (た部分).

in·flam·ma·to·ry [inflǽmətɔ̀ːri / -təri] 形 1 《軽蔑》(言葉などが) 人を刺激する, 怒りを誘う. 2 〖医〗炎症を起こす, 炎症 (性) の.

in·flat·a·ble [infléitəbl] 形 ふくらますことができる, 膨張性の. ― 名 ⓒ (主にゴム・プラスチック製の) ふくらまして使用するもの《おもちゃ・ゴムボートなど》.

in·flate [infléit] 動 他 1 〔空気・ガスなどで〕…をふくらます 〔*with*〕 (↔ deflate): *inflate* a balloon 風船をふくらます. 2 〈人〉を [自慢・うぬぼれなどで] 得意にさせる 〔*with*〕. …を大げさに話す. 3 〖経済〗〈通貨〉を膨張させる, 〈物価〉をつり上げる, インフレにする. ― 自 1 ふくらむ, 膨張する. 2 〖経済〗(価格が) 上がる, インフレになる.

in·flat·ed [infléitid] 形 **1**（空気などを入れて）ふくらんだ,膨張した. **2**（話・感情などの）誇張した,大げさな;（人が）得意げな,うぬぼれた. **3**〖経済〗(価格などを) 故意につり上げた,高騰した,インフレの.

‡in·fla·tion [infléiʃən] 名 U **1**〖経済〗インフレーション,インフレ,通貨膨張 (↔ deflation): demand-pull *inflation* 需要インフレ《需要の拡大による物価上昇》/ control [curb] *inflation* インフレを抑制する / The *inflation* has been running at an annual rate of 5% for the past five years. インフレは過去5年間年率5パーセントで進行している. **2** 膨張,ふくらむ[ふくらます]こと. **3** 自慢,得意げ（言葉などの）.

in·fla·tion·ar·y [infléiʃənèri / -nəri] 形 インフレーションの,インフレ傾向の,インフレを助長[誘発]する (↔ deflationary).

◆ inflationary spiral C〖経済〗悪性インフレ.

in·flect [inflékt] 動 他 **1**〖文法〗…を語形変化させる. **2**〈声の調子・高さ〉を変える.
— 自〖文法〗語形変化する, 屈折する.

in·flec·tion, 《英》**in·flex·ion** [inflékʃən] 名 **1** CU〖文法〗語形変化（形）, 屈折. **2** U（声の）調子[高低]の変化, 抑揚.

in·flec·tion·al, 《英》**in·flex·ion·al** [inflékʃənəl] 形〖文法〗語形変化[屈折]の（ある）,屈折語の;音調変化の,抑揚の.

in·flex·i·bil·i·ty [inflèksəbíləti] 名 U **1**《軽蔑》(考え方の) 硬直性,柔軟性のなさ,頑固さ. **2** 曲がらないこと,硬直;不変(性).

in·flex·i·ble [infléksəbl] 形 **1**《軽蔑》(考え方などの) 硬直した,頑固な,不屈の. **2** 曲がらない,硬直した;固定(化)した.

in·flex·ion [inflékʃən] 名《英》= INFLECTION (↑).

*in·flict [inflíkt] 動 他 **1** […に]〈被害・打撃など〉を与える;〈好ましくないこと〉を押しつける [on, upon]: *inflict* damage *on* … …に被害を与える / He tried to *inflict* his own idea on us. 彼は自分の考えを私たちに押しつけようとした. **2** […]〈税金・罰など〉を課す [on, upon]: *inflict* an extra tax *on* … …に追加[追徴]課税する.

■ *inflict oneself on* [*upòn*] *…* 《しばしばこっけい》…に迷惑をかける, …のおじゃま虫になる.

in·flic·tion [inflíkʃən] 名 U […に]（被害・打撃などを）与えること;（好み・考えの）押しつけ;（刑罰などを）加えること [on, upon]. **2**〖刑罰〗刑罰;苦痛,迷惑.

ín-flìght 形〖限定用法〗（主に旅客機が）飛行中の,機内の: an *in-flight* movie [meal] 機内映画[食].

in·flow [ínflòu] 名 UC（品物・お金などの）流入;C 流入物[量]. (↔ outflow).

*in·flu·ence [ínfluəns] 名 《〖in(中へ) + fluence (流れ込む)〗より》

— 名 動 （複 **in·flu·enc·es** [~iz]） **1** UC […に対する] 影響, 感化（力）;作用 [on, upon]: a cultural *influence* 文化的影響 / the bad *influence* of violent films on children 暴力シーンの多い映画が子供に与える悪影響 / The President has [exerts] a strong *influence on* the people. 大統領は国民に強い影響力を持っている.

2 U […に対する]勢力,影響力;威光 [over, with]: a person of *influence* 有力者 / He has great *influence over* all the members. 彼はすべてのメンバーに対して大きな影響力を持っている.

3 C […に]影響を与える人 [もの], 有力者 [on, upon]: The teacher is a good *influence on* students. その教師は生徒によい影響を与えている.

■ *ùnder the ínfluence* 《口語》酒気を帯びて.
ùnder the ínfluence of … …の影響を受けて: The prime minister acted *under the influence of* public opinion. 首相は世論の影響を受けて行動した.
— 動 他 [influence + O] …に影響を与える, …を感化する (→ 類義語); [influence + O + to do]〈人〉に影響を与えて…させる: Japan has been *influenced* by American culture. 日本は米国文化の影響を受けてきた / My mother *influenced* me *to* work as a volunteer. 私は母の影響でボランティア活動をするようになった.

【類義語】 **influence, affect**
共通する意味▶…に影響する (produce or have an effect upon …)
influence は間接的な力によって「比較的強い影響を及ぼす」の意. 意見や態度に影響を与えるときに多く用いる: The media *influenced* public opinion. マスコミが世論に影響を与えた.
affect は直接的・具体的なものによって「影響を及ぼす」の意. 身体に影響を与えるときに多く用いる: Physical condition can *affect* the mind. 体調は精神に影響しかねない.

*in·flu·en·tial [ìnfluénʃəl] 形 […（するの）に]影響を及ぼす [*in* (doing)];勢力のある,有力な,顔の利く: be *influential* in solving the problem その問題の解決に重要な役割を果たす.

*in·flu·en·za [ìnfluénzə] 名 U〖医〗インフルエンザ,流行性感冒,《口語》flu): get [catch] *influenza* インフルエンザにかかる / be in bed with *influenza* インフルエンザで寝込む.

in·flux [ínflʌks] 名 UC 流入 (↔ efflux); C〖通例,単数形で〗(人・ものの) 到来, 殺到, (突然の) 大量流入: an *influx* of refugees 難民の大量流入.

in·fo [ínfou] 名 U《口語》情報（◇ *inform*ation の略）.

in·fold [infóuld] 動 = ENFOLD.

‡‡in·form [infɔ́ːrm] 【原義は「…を形成する」】

— 動 （三単現 **in·forms** [~z]; 過去・過分 **in·formed** [~d]; 現分 **in·form·ing** [~iŋ]）

— 他 **1** （a）［…について］〈人〉に知らせる, 通知する [*of, about*]（◇ tell のほうが口語的）: Please *inform* me *of* his arrival as soon as possible. 彼が着いたらできるだけ早く知らせてください / I have to *inform* him *about* the change of plan. 私は彼に計画の変更を知らせなければならない. (b)［ inform + O + that 節[疑問詞節[句]]］〈人〉に…と伝える, 告げる:

He *informed* me *that* you were present. 彼は私にあなたが出席していると知らせてくれた (= He informed me of your presence.) / He *informed* me on the phone (as to) *when* we should leave [*when* to leave]. 彼は電話で私たちがいつ出発すべきかを教えてくれた.

2《格式》[精神・感情など]〈人・作品〉を特徴づける, 満たす [*with*];(精神・感情などが)…に浸透する, みなぎる: The spirit of volunteering *informs* almost every American. ボランティア精神はほとんどのアメリカ人に浸透している.

— 自 情報を提供する; 〔人を〕密告する [*on*, *against*]: He *informed* on his fellow gangster. 彼はギャングの仲間を密告した.
(▷ 名 ínformátion)

*in・for・mal [infɔ́ːrməl] 形 **1** 非公式の, 略式の: an *informal* visit 非公式の訪問 / an *informal* party 略式のパーティー. **2** 形式[格式]ばらない, くつろいだ; 普段着の: *informal* clothes 平服.
3(言葉・文体などが)くだけた, 口語[会話]体の(cf. formal 格式ばった).

in・for・mal・i・ty [ìnfɔːrmǽləti] 名 (複 **in・for・mal・i・ties** [～z]) **1** U 非公式, 略式. **2** C 形式ばらない行為, 非公式の行動.

in・for・mal・ly [infɔ́ːrməli] 副 **1** 非公式に, 略式で: It was *informally* decided that Jane (should) succeed him. 彼の後任はジェーンに内定した. **2** 形式ばらずに, くつろいで.

in・form・ant [infɔ́ːrmənt] 名 C **1** 情報提供者; 密告者. **2** インフォーマント《言語・民俗調査などで調査員の質問に答える人》.

***in・for・ma・tion [ìnfərméiʃən]
— 名 (複 **in・for・ma・tions** [～z]) **1** U […についての] 情報, 知識, 資料; 通知, 報告(《口語》info) [*about*, *on*] [類義語]: two pieces [bits] of *information* 2つの情報(◇情報の数を言う場合は piece または bit を用いる) / a person of much *information* 情報通(の人) / Could you send me some *information* about tours to France? フランスのツアー旅行に関する情報を送ってくれますか / This book gives all kinds of useful *information* on how to use computers. この本はコンピュータの使い方に関するあらゆる種類の有益な情報を提供してくれる / For further *information*, please visit our site. 詳しくは小社のウェブサイトにアクセスしてください.

コロケーション 情報を…
情報を得る: *get* [*obtain*] *information*
情報を収集する: *collect* [*gather, find*] *information*
情報を提供する: *give* [*provide*] *information*
情報を漏らす: *leak information*

2 U 案内, C = information dèsk(駅・空港・ホテルなどの)案内所, 受付係(➡ DEPARTMENT [PICTURE BOX]);《米》電話番号案内(《英》directory enquiries). **3** U 【コンピュータ】情報, 資料: access *information* from a computer コンピュータで情報にアクセスする.

■ **for yóur informátion** [主に文修飾]《口語》参考までに(申し上げますと)(《略語》FYI): *For your information*, I'm not one of their relatives. 念のためお伝えしておきますが, 私は彼らの親類ではありません. (▷ 動 infórm)

◆ informátion retríeval U 【コンピュータ】情報検索(《略語》IR).
informátion scìence U 情報科学.
informátion superhíghway [the ～] 【コンピュータ】情報スーパーハイウェイ, 高速情報通信網.
informátion technòlogy U 情報技術(《略語》IT).

類義語 **information, knowledge**
共通する意味▶情報, 知識(facts that are gathered by observation, reading, etc.)
information は「情報」を表す最も一般的な語. 通例, 人から得たり, 人から得る情報をさし, 内容の知的レベル・正確さは問わない: This book will give you some helpful *information* on the matter. この本からその件に関する有益な情報が得られるだろう. **knowledge** は調査・研究・観察などから得られる「体系立った知識・思想」をさす: He has a good *knowledge* of astronomy. 彼は天文のことをよく知っている.

in・for・ma・tion・al [ìnfərméiʃənəl] 形 情報の, 情報を提供する.

in・form・a・tive [infɔ́ːrmətiv] 形 知識を与える, 情報満載の; 有益な: an *informative* book [talk] 役に立つ知識を与えてくれる本[話].

*in・formed [infɔ́ːrmd] 形 **1** [...について]知識[学識]のある, [...の]情報に明るい [*about, of, on, as to*]: an *informed* opinion (あることについて)よく知っている人[識者]の意見 / She is well *informed* [ill-informed] *about* music. 彼女は音楽についてよく知っている[知らない].
2 (見解・判断などが)情報[知識]に基づいた: an *informed* guess 十分な情報に基づいた推測.
◆ infórmed consént U 【医】インフォームドコンセント《医師が治療内容を患者に前もって知らせて同意を得ること》.
infórmed sóurces [複数扱い] 消息筋.

in・form・er [infɔ́ːrmər] 名 C 密告者(特に報酬目あてに密告する人); 情報提供者.

in・fra [ínfrə]【ラテン】副《文語》(書物などの中で)下に, 以下に, 後段に(↔ supra).

in・fra- [infrə]【接頭】通例, 形容詞に付けて「下に, 下部に」の意を表す: *infrared* 赤外線の.

in・frac・tion [infrǽkʃən] 名《格式》U 違反, 侵害; C 違反行為.

in・fra・red [ìnfrəréd] 形 [限定用法] 赤外線の.
◆ ínfrared ráys [複数扱い] 赤外線(cf. ultraviolet rays 紫外線).

in・fra・struc・ture [ínfrəstrÀktʃər] 名 C インフラ, (社会の)基盤施設, 経済基盤《道路・上下水道・鉄道・発電所など》; (団体・組織などの)下部構造[組織].

in・fre・quen・cy [infríːkwənsi] , **in・fre・quence** [-kwəns] 名 U まれなこと.
in・fre・quent [infríːkwənt] 形 まれな, たまの.
in・fre・quent・ly [infríːkwəntli] 副 まれ[たま]に.

■ **nòt infréquently** しばしば, 往々にして.
in·fringe [infríndʒ] 動 他 〈法律・契約などを〉破る, …に違反する; 〈権利などを〉侵害する.
― 自 〈権利などを〉侵害する〔*on, upon*〕: *infringe on* ...'s authority …の権利を侵害する.
in·fringe·ment [infríndʒmənt] 名 U (法律・規約などの) 違反; (商標・版権などの) 侵害.
in·fu·ri·ate [infjúərièit] 動 他 〈人〉を激怒させる.
in·fu·ri·at·ing [infjúərièitiŋ] 形 (人を) 激怒させる(ような), 非常に腹立たしい.
in·fuse [infjúːz] 動 他 **1** 《格式》〔人に〕〈思想・感情など〉を吹き込む 〔*into*〕; 〔人〕に〈思想・感情などを〉吹き込む 〔*with*〕: The new captain *infused* enthusiasm *into* the team. The new captain *infused* the team *with* enthusiasm. 新キャプテンはチームにやる気を起こさせた. **2** 〈茶など〉に湯を注ぐ, …を煎(せん)じる, 〈薬草など〉を水 [湯] に浸す.
― 自 (茶などが)出る.
in·fu·sion [infjúːʒən] 名 **1** C U (思想などの) 〔…への〕注入, 吹き込み, 鼓舞 〔*into*〕. **2** C U 注入物. **3** U (茶・薬草などの) 煎(せん)じ出し; C U 煎じ液. **4** C U 〔医〕(静脈への)注入(液), 点滴(液).
-ing [iŋ] 接尾 動詞の原形に付けて現在分詞(present participle)・動名詞(gerund)を作る.
***in·gen·ious** [indʒíːnjəs] 形 **1** 〈考えなどが〉独創的な, 巧妙な (cf. ingenuous 率直な); 〈ものが〉精巧な: an *ingenious* gadget 精巧にできている装置. **2** (人が) 発明の才がある; 器用な.
in·gen·ious·ly [～li] 副 器用に; 巧妙に.
***in·ge·nu·i·ty** [indʒənjúːəti / -njúː-] 名 U **1** 発明の才, 創意工夫; 器用さ: use one's *ingenuity* 工夫を凝らす, 頭を使う / a person of *ingenuity* 創意工夫に富んだ人 / He showed great *ingenuity* in developing the software. 彼はそのソフトの開発で大いに創意を示した. **2** (ものの) 巧妙さ, 独創性, 精巧さ. (▷ 形 ingénuous)
in·gen·u·ous [indʒénjuəs] 形 《時に軽蔑》 **1** 率直な, 正直な (cf. ingenious 独創的な). **2** 純真な, 無邪気な, うぶな.
in·gen·u·ous·ly [～li] 副 率直に.
in·gest [indʒést] 動 他 〈食物などを〉摂取する, 飲み込む; 〈思想など〉を吸収する (cf. digest 消化する).
in·ges·tion [-tʃən] 名 U (食物などの) 摂取.
in·glo·ri·ous [inglɔ́ːriəs] 形 **1** 《文語》不名誉な, 恥ずべき, 不面目な. **2** 《古》無名の.
in·got [íŋgət] 名 C 地金, インゴット, (金・銀などの) 延べ棒, 鋳塊(ちゅうかい).
in·grained [íngrèind, ingréind] 形 **1** (思想・習慣などが) 深くしみ込んだ: an *ingrained* habit 身についての習慣. **2** (汚れなどが) こびりついた.
in·grate [íngreit] 名 C 《格式》 恩知らず (の人).
in·gra·ti·ate [ingréiʃièit] 動 他 (次の成句で)
■ *ingrátiate onesèlf* 《軽蔑》 〔…に〕取り入る, 〔…の〕機嫌を取る 〔*with*〕.
in·gra·ti·at·ing [ingréiʃièitiŋ] 形 《軽蔑》 ご機嫌取りをする, 取り入ろうとする; 愛想のいい.
in·grat·i·tude [ingrǽtətjùːd / -tjùːd] 名 U 忘恩, 恩知らず (⇔ *gratitude*).
***in·gre·di·ent** [ingríːdiənt] 名 C **1** 〔料理などの〕材料, 成分; 〔混合物の〕成分 〔*of, for*〕: Sugar is an important *ingredient of* [*for*] ice cream. 砂糖はアイスクリームに欠かせない材料です. **2** 要素, 要因: Initiative and imagination are the crucial *ingredients* of success in business. 進取の気性と想像力は事業の成功に不可欠の要素です.
in·gress [íŋgres] 名 U 《文語》 **1** 中へ入ること, 進入 (↔ *egress*). **2** 中に入る権利 [自由], 入場権.
in·grown [íngròun] 形 《比較なし》内部 [内側] へ伸びた; (足のつめなどが) 肉くい込んだ.
***in·hab·it** [inhǽbət] 動 他 (人間・動物の集団が) …に住む, 生息する: The area was *inhabited* by coal miners. その地域は炭坑夫の居住区だった.
in·hab·it·a·ble [inhǽbətəbl] 形 (土地などが) 居住に適した (↔ *uninhabitable*).

in·hab·it·ant [inhǽbətənt]
― 名 (複 **in·hab·it·ants** [-tənts]) C **1** 住民, 住人, (長期的な) 居住者 (cf. resident (一時的な) 居住者): a megalopolis of ten million *inhabitants* 人口1,000万の巨大都市. **2** (ある場所に固有の) 生息動物. (▷ 動 inhábit)
in·hal·ant [inhéilənt] 名 C U 吸入薬[剤].
in·ha·la·tion [ìnhəléiʃən] 名 U 吸入, 吸い込むこと (↔ *exhalation*).
in·hale [inhéil] 動 他 自 (空気・ガス・たばこの煙などを) 吸入する, 吸い込む (↔ *exhale*).
in·hal·er [inhéilər] 名 C (酸素) 吸入器.
in·har·mo·ni·ous [ìnhɑːrmóuniəs] 形 不調和な, 不協和の; 不和の, 気の合わない.
in·here [inhíər] 動 自 《文語》 (性質・権利などが) 〔…に〕本来備わっている 〔*in*〕.
***in·her·ent** [inhíərənt, -hér-] 形 (特質などが) 〔…に〕固有の; 生まれながらの, 本来の 〔*in*〕: Generosity is *inherent in* his nature. 気前のよさは彼の持って生まれた性格である.
in·her·ent·ly [～li] 副 固有に; 生まれつき.
***in·her·it** [inhérət] 動 他 **1** 〈財産・権利〉を〔人から〕相続する 〔*from*〕: He *inherited* all the fortune *from* his father. 彼は父親から全財産を相続した. **2** 〈性格・体質など〉を〔人から〕遺伝的に受け継ぐ; 《米口語》…を〔前任者などから〕引き継ぐ, もらう 〔*from*〕: She *inherited* blue eyes *from* her mother. 彼女は母親譲りの青い目をしていた.
― 自 〔人から〕財産を相続する 〔*from*〕.
***in·her·it·ance** [inhérətəns] 名 **1** C (通例, 単数形で) 相続財産, 遺産: come into an *inheritance* 遺産を相続する. **2** U 相続, 継承: She got [received] the store by *inheritance*. 彼女はその店を相続した. **3** U 遺伝; C 遺伝的体質 [性質].
◆ inhéritance tàx U 《米》 相続税 (《英》 death duty).
in·her·i·tor [inhérətər] 名 C 相続人; 後継者.
***in·hib·it** [inhíbət] 動 他 **1** 〈自由・欲望など〉を (自発的に) 抑制する, 抑える; …を妨げる; 〈人に〉 〔…〕をさせないようにする 〔*from* (*doing*)〕: Shyness *inhibited* him *from speaking* in public. 内気な彼は人前で発言できなかった.
in·hib·it·ed [inhíbətid] 形 (恥ずかしさなどで) 抑制された; おどおどした.

in·hi·bi·tion [ìnhəbíʃən] 名 ① C **1** 抑制, 抑圧; 禁止, 妨害: lose one's *inhibitions* 自制心を失う. **2** ⓒ 禁制; 制止, 抑制.

in·hos·pi·ta·ble [ìnhɑ́spitəbl / -hɔ́s-] 形 **1** もてなしの悪い, 無愛想な, すげない. **2** (土地・場所が) 荒れている, 吹きさらしの, 住みにくい.

＊**in·hu·man** [ìnhjúːmən] 形 **1** 無慈悲な, 不人情な, 冷酷 [残酷] な (cruel). **2** 超人 [非人間] 的な.

in·hu·mane [ìnhjuːméin] 形 薄情な, 思いやりのない, 非人道的な (↔ humane).

in·hu·man·i·ty [ìnhjuːmǽnəti] 名 (複 **in·hu·man·i·ties** [～z]) Ⓤ 不人情; 残虐; ⓒ (しばしば複数形で) 非人道的 [残酷] な行為.

i·nim·i·cal [inímikəl] 形 **1** […に] 不利な, 有害な [*to*]: Smoking is *inimical* to health. 喫煙は健康に有害である. **2** […に] 敵意のある [*to*].

in·im·i·ta·ble [inímətəbl] 形 《ほめ言葉》 まねのできないほどよい, 無比の, 独特の: He always speaks in his own *inimitable* style. 彼はいつも彼ならではのうまい話し方をする.

in·iq·ui·tous [iníkwətəs] 形 《格式》 不正をわるい, 不法な; 邪悪な, よこしまな.

in·iq·ui·ty [iníkwəti] 名 (複 **in·iq·ui·ties** [～z]) 《格式》 Ⓤ 重大な不正, 不法; ⓒ 不正 [不法] 行為.

in·i·tial [iníʃəl]

— 形 《比較なし; 限定用法》 **1** 初めの, 最初の: the *initial* investment 初期投資額 / an *initial* fee 入会金 / the *initial* stage of a project 計画の初期段階.
2 頭文字による, 語頭の: an *initial* letter 頭文字.
— 名 ⓒ (語の) 頭文字; (姓名の) 頭文字, イニシャル: The *initials* "UK" stand for the United Kingdom. UKはイギリス連合王国を表す頭文字です.
— 動 (過去・過分 《英》 **in·i·tialled**; 現分 《英》 **in·i·tial·ling**) 他 …に頭文字を書く; 頭文字で署名する.

in·i·tial·ize [iníʃəlàiz] 動 他 《コンピュータ》 《システム》 をイニシャライズする; 《ディスク》 を初期化する.

＊**in·i·tial·ly** [iníʃəli] 副 初めに, 最初は (at first): *Initially*, he was for the project. 彼は最初はその計画に賛成だった.

＊**in·i·ti·ate** [iníʃièit] (☆ 名 との発音の違いに注意) 動 他 **1** 《格式》 〈計画・事業など〉 を開始する, …に着手する: *initiate* an international business 国際ビジネスに着手する. **2** 《しばしば受け身で》 …を [：]手ほどきする; (儀式などをして) 〈人〉 を […に] 入会 [加入] させる [*into*]: I was *initiated* into baseball by his father. 私は彼の父親から野球の手ほどきを受けた. — 名 [iníʃiət] ⓒ 手ほどきを受けた人, 秘伝を伝授された人; 新入会者, 入門者.

in·i·ti·a·tion [iníʃiéiʃən] 名 **1** Ⓤ 開始, 着手. **2** Ⓤ 手ほどき, (秘伝の) 伝授; 加入. **3** ⓒ = initiátion céremony 入会 [入社] 式; 成人式.

＊**in·i·tia·tive** [iníʃətiv, -ʃiə-] 名 **1** ⓒ 主導権, イニシアチブ, 率先, 先導: have [lose] the *initiative* in ... の主導権を持つ [失う]. **2** Ⓤ 《ほめ言葉》 独創力; 進取の気性: a person of great *initiative* 進取の気性に富んだ人. **3** ⓒ 発議; [通例 the ～]

《政治》 議案提出権, 発議権.
■ *on one's ówn inítiative* 自発的に.
táke the inítiative 率先して […] する [*in do·ing*].

＊**in·ject** [indʒékt] 動 他 **1** 〈薬液など〉 を […に] 注射 [注入] する [*into*]; 〈人など〉に〈薬液など〉 を注射する [*with*]: *inject* antibiotics *into* the patient's arm = *inject* the patient's arm *with* antibiotics 抗生物質を患者の腕に注射する.
2 〈意見・活気など〉 を […に] 吹き込む, 導入する [*into*]. **3** 〈資本など〉 を […に] 投入する [*into*].

＊**in·jec·tion** [indʒékʃən] 名 **1** Ⓤ ⓒ 注射, 注入; ⓒ 注射液: get [have] an *injection* 注射をしてもらう. **2** Ⓤ ⓒ (資本などの) 投入.

in·ju·di·cious [indʒuːdíʃəs] 形 《格式》 思慮の足りない, 無分別な.

in·junc·tion [indʒʌ́ŋkʃən] 名 ⓒ **1** 《格式》 […に対する / …せよとの] 命令, 指令 [*against / to do*]. **2** 《法》 (裁判所の) 差し止め命令, 禁止命令.

＊＊＊**in·jure** [índʒər]

【基本的意味は「…を傷つける」】
— 動 (三単現 **in·jures** [～z]; 過去・過分 **in·jured** [～d]; 現分 **in·jur·ing** [-dʒəriŋ])
— 他 **1** 〈身体・器官など〉 を 傷つける, …にけがをさせる; 〈作物など〉 を 害(がい)する (→ 類義語): She *injured* her knee while snowboarding. 彼女はスノーボードをしていてひざを痛めた / Smoking will *injure* your health. 喫煙は健康を害する / Miraculously, no one was killed or *injured* in the plane crash. 奇跡的なことに, その飛行機墜落事故では死者もけが人も出なかった.
2 〈感情・名誉など〉 を 傷つける, 損なう: His words *injured* her pride. 彼の言葉で彼女の自尊心は傷ついた. (▷ 名 ínjury; 形 injúrious)

> 類義語 **injure, hurt, harm, wound, damage**
> 共通する意味▶ 傷つける, 損なう (affect ... in such a way as to lessen health, strength, value, etc.)
> **injure** は「肉体的・精神的に傷つける」の意のほか, 「名誉, ものの価値を損なう」などの意でも用いる最も一般的な語: That incident *injured* the prime minister's reputation. その事件で首相の評判は落ちた. **hurt** は「肉体的・精神的に傷つける」の意の最もくだけた語: The accident *hurt* her physically and emotionally. その事故で彼女は肉体的にも精神的にも傷ついた. **harm** は「けがをさせ, 苦痛を与える」の意. 「評判などを損なう」の意で用いることもある: The terrorists *harmed* innocent people. テロリストは無関係の人まで傷つけた. **wound** は「武器・凶器で負傷させる」の意. 「感情・名誉を傷つける」の意で用いることもある: The bullet *wounded* the policeman in the left arm. その弾丸によって警官は左腕を負傷した. **damage** は「価値や機能を損なう, 損傷させる」の意. 通例, 目的語には無生物が来る: The gale *damaged* our house. その強風でわが家は損害を被った.

in·jured [índʒərd]

— 形 [限定用法] **1 けがをした**, 負傷した; [the 〜; 名詞的に; 複数扱い] 負傷者: an *injured* arm 負傷した腕 / the *injured* party 〔法〕被害者 / It is said that the number of the *injured* in the accident is more than three hundred. その事故での負傷者数は300人以上と言われている.

2 (感情・名誉などが) 傷つけられた: His remarks brought an *injured* look to her face. 彼の発言で彼女はむっとした顔つきになった.

in·ju·ri·ous [indʒúəriəs] 形 〔格式〕 **1** […に] 有害な [to]: Too much drinking is *injurious* to the liver. 飲みすぎは肝臓に悪い. **2** 中傷的な; 不正 [不当] な: *injurious* words 中傷する言葉. (▷ 動 injure)

in·ju·ry [índʒəri] 名 (複 **in·ju·ries** [〜z]) **1** […への] 負傷, けが [to]; 傷害: sustain serious *injuries* to legs 両足にひどい傷を負う.

2 […に対する] 損害, 損傷 [to]: *injury* by an earthquake 地震による損害. **3** (名誉・感情などを) 傷つけること; […に対する] 侮辱, 無礼 [to]: It was a great *injury* to his pride. それは彼の誇りを大いに傷つけた.

■ *dò ... an ínjury* = *dò an ínjury to ...* 〔口語・しばしばこっけい〕…を傷つける; …に損害を与える. (▷ 動 injure)

◆ **ínjury tìme** U 〔英〕(サッカー・ラグビーなどの) ロスタイム 《けがの手当てなどで中断した分の延長》.

in·jus·tice [indʒʌ́stis] 名 **1** U 不正, 不公平, 不当: protest against *injustice* 不公平に抗議する. **2** C 不法 [不当] な行為.

■ *dò ... an injústice* = *dò an injústice to ...* …を不当に扱う; 〈人〉を誤解する: Never *do* him *an injustice.* 彼を不当に扱ってはならない.

ink [íŋk]

— 名 動

— 名 U **1 インク** 《◇種類を言うときは C》: write in [with] red *ink* 赤インクで書く / India [〔英〕Indian] *ink* 〔米〕墨, 墨汁 / as black as *ink* 真っ黒な / various colored *inks* いろいろな色のインク. **2** (イカ・タコの出す) 墨.

— 動 他 **1** …にインクを付ける; …をインクで汚す. **2** 〔米〕〈署名など〉をインクで書く; 〔米口語〕〈契約書〉に署名する.

■ *ínk ín* 他 〈鉛筆で書いたもの〉にインクで書き入れる; …をインクでなぞる. (▷ 形 inky)

ink·ling [íŋkliŋ] 名 U 〔または an 〜; 通例, 否定文・疑問文で〕 […を / …だと] うすうす感づくこと, それとなく知っていること [*of, as to* / *that* 節]; 暗示, ヒント: I had no *inkling of* her whereabouts. 私は彼女の居所がさっぱりわからなかった.

ink·pad [íŋkpæd] 名 C スタンプ台, 印肉.
ink·stand [íŋkstænd] 名 C インクスタンド.
ink·well [íŋkwèl] 名 C インクつぼ.
ink·y [íŋki] 形 (比較 **ink·i·er** [〜ər]; 最上 **ink·i·est** [〜ist]) **1** インクの付いた: *inky* fingers インクで汚れた指. **2** 真っ黒な; 真っ暗な: *inky* darkness 真っ暗やみ. (▷ 名 ink)

in·laid [ínléid] 動 inlay の過去形・過去分詞.

in·land [ínlənd, -lænd] 形 [限定用法] **1** (海から遠い) 内陸の, 奥地の: *inland* towns 内陸の町.
2 〔英〕国内の: *inland* trade 国内貿易.
— 名 U 内地, 奥地.
— 副 [ínlænd, ínlənd] 内陸へ [に], 奥地へ [に]: go *inland* 奥地に向かって行く.

◆ **ínland révenue** 〔英〕 **1** U [または an 〜] 内国税収入 (〔米〕internal revenue).
2 [the I- R-] 内国歳入庁, 国税庁.

Inland Séa 固 [the 〜] (日本の) 瀬戸内海.

in·law [ínlɔ̀ː] 名 C 〔口語〕血のつながりのない親戚(ばう), 姻戚; 夫 [妻] の親, 義理の親.

in·lay [ínléi] 動 (三単現 **in·lays** [〜z]; 過去・過分 **in·laid** [ínléid]; 現分 **in·lay·ing** [〜iŋ]) 他 〈金・模様など〉を […に] ちりばめる, はめ込む [*in, into*]; 〈…〉で象眼する [*with*]. — [ínléi] 名 **1** U 象眼(細工), はめ込み細工; C 象眼模様. **2** C 〔歯〕インレー《虫歯治療用の詰め物》.

in·let [ínlet] 名 **1** C 入り江. **2** (水などの) 注入口, 入り口 (↔ outlet). **3** はめ込んだ物, 挿入物.

ín·line skáte 名 C [通例 〜s] インラインスケート《車輪が1列に並んだローラースケート靴》.

in·mate [ínmèit] 名 C **1** (病院・刑務所・老人ホームなどの) 入院 [入所] 者. **2** 同居人, 同室者.

in me·mo·ri·am [ìn məmɔ́ːriəm] 〔ラテン〕 前 (碑文などで) …を悼んで, …の記念に (in memory of).

in·most [ínmòust] 形 [限定用法] **1** 〔格式〕最も奥の, 最も内部の (↔ outmost). **2** 心の奥の, 胸に深く秘めた: his *inmost* thoughts 彼の心中深く秘めた思い.

inn [ín]
〖原義は「中に」〗

— 名 (複 **inns** [〜z]) C 〔主に英〕**宿屋**, 旅館, 小さな宿泊所 《◇宿屋と酒場を兼ねた古風な宿泊施設》; 酒場, 居酒屋 (pub): stay at an *inn* in the village その村の宿屋に泊まる.

〖語法〗現在では古風な宿屋をさすとき以外は, 英米ともに通例 hotel を用いる. ただし, Holiday Inn のようにホテル名に用いることがある.

in·nate [inéit] 形 [限定用法] **1** (性質などが) 生まれつきの, 生来 [生得] の, 先天的な (↔ acquired): He has an *innate* love of music. 彼は根っからの音楽好きです.

2 […に] 本質的な, 固有の [*in*].
in·nate·ly [〜li] 副 生まれつき, 生来; 本来.

in·ner [ínər]

— 形 [比較なし; 限定用法] **1 内側の**, 内部の, 奥の (↔ outer): an *inner* pocket 内ポケット / an *inner* room 奥の間 / an *inner* court 中庭.
2 精神の, 内面的な: the *inner* life 精神生活.
3 内密の, 秘密の: one's *inner* thoughts 内に秘めた思い.

◆ **ínner cíty** C (都心の) スラム地区.
ínner mán [wóman] [the 〜] (肉体に対して) 精神, 魂; 〔こっけい〕胃袋; 食欲.
ínner tùbe C (タイヤの) チューブ.

in·ner·most [ínərmòust] 形 = INMOST (↑).

in·ning [íniŋ] 名 **1**〖野球〗イニング, …回: the top [bottom] of the seventh *inning* 7回表[裏] / go into extra *innings* 延長に入る.
2〔~s; 単数・複数扱い〕(クリケットの) イニング, 打撃番. **3**〔~s; 単数・複数扱い〕《英口語》活躍〔全盛〕期, 活躍のチャンス;（政党の）政権担当〔維持〕期間: have a good *innings* 天寿を全うする; 務めを十分に果たす / The new party had its *innings*. 新党が政権を獲得した.

inn·keep·er [ínkìːpər] 名 C《古》宿屋の主人.

in·no·cence [ínəsəns] 名 U **1** 無罪, 潔白 (↔ guilt): His *innocence* was proved by the lawyer. 彼の無罪は弁護士が証明した.
2 無邪気, 天真らんまん; 単純. **3** 無知.
■ *in* **àll** *ínnocence* 何も知らずに, 無邪気に; 悪びれた様子もなく. (▷ 形 innocent)

in·no·cent [ínəsənt]
— 形 **1**［…について］無罪の, 罪のない [*of*] (↔ guilty): He was *innocent* of the crime. 彼はその罪を犯していなかった / They arrested an *innocent* man. 彼らは無実の男を逮捕した.
2 無邪気な, 天真らんまんな, けがれのない: an *innocent* smile 無邪気なほほえみ / (as) *innocent* as a child's heart 子供の心のように純粋な.
3〔物事が〕悪意のない, 害のない: *innocent* tricks [jokes] 悪意のないいたずら〔冗談〕.
4 世間知らずの; 単純な, おめでたい: I was just a child and very *innocent* at that time. 当時の私はほんの子供でまったくの世間知らずだった.
— 名 C **1** 無邪気な人〔子供〕, 無垢(く)な人.
2 世間知らず, お人よし. (▷ 名 innocence)

in·no·cent·ly [ínəsəntli] 副 罪なく; 無邪気に.

in·noc·u·ous [inákjuəs / inɔ́k-] 形《格式》
1〔薬・蛇などが〕無害な, 無毒の. **2**〔言動・物事が〕あたりさわりのない, 悪意のない.

in·no·vate [ínəvèit] 動 (他)〔…を〕刷新する, 革新する *[on, in]*. — (自) を導入する.

in·no·va·tion [ìnəvéiʃən] 名 **1** U 刷新, 革新.
2 C 新制度, 新機軸, 新しいもの: technological *innovations* 科学技術の革新.

in·no·va·tive [ínəvèitiv] 形《ほめ言葉》革新的な, 進取の, 新機軸の.

in·no·va·tor [ínəvèitər] 名 C 革新者, 刷新者.

in·nu·en·do [ìnjuéndou] 名 (複 **in·nu·en·dos**, **in·nu·en·does** [~z]) C U《軽蔑》風刺, 皮肉.

In·nu·it [ínjuit] 名 = INUIT.

in·nu·mer·a·ble [injúːmərəbl / injúː-] 形 数え切れない, 無数の: *innumerable* stars in the sky 空に浮かぶ無数の星.

in·nu·mer·ate [injúːmərət / injúː-] 形 計算〔算数〕が苦手な (cf. illiterate 読み書きができない).

in·oc·u·late [inákjəlèit / inɔ́kju-] 動 他
1〈人・動物〉に〔病気の〕予防接種をする *[against]*; [病毒・ワクチンなどを] 接種する *[with]*: be *inoculated against* cholera コレラの予防接種を受ける.
2〈人〉に〔思想などを〕吹き込む, 植え付ける *[with]*.

in·oc·u·la·tion [inàkjəléiʃən / inɔ̀kju-] 名 C U (予防) 接種, 種痘; 予防注射.

in·of·fen·sive [ìnəfénsiv] 形 無害な; 悪気のない; 目立たない.

in·op·er·a·ble [ináp(ə)rəbl / -ɔ́p-] 形 **1**〖医〗手術不能の. **2**〔計画・方法などが〕実施不可能な.

in·op·er·a·tive [ináp(ə)rətiv, -pərèi- / -ɔ́p-] 形《格式》**1**〔法律などが〕効力のない, 無効な.
2〔機械などが〕調子の悪い, 正常に動かない.

in·op·por·tune [inàpərtjúːn / inɔ́pətjùːn] 形《格式》時機を失した, 折の悪い: at an *inopportune* time [moment] 折あしく.

in·or·di·nate [inɔ́ːrdənət] 形 過度の, 法外な (excessive).

in·or·di·nate·ly [~li] 副 過度に, 法外に.

in·or·gan·ic [ìnɔːrɡǽnik] 形 **1** 無生物の, 無機物の;〖化〗無機の: *inorganic* matter 無機物.
2（社会などが）有機的組織を欠いた; 人為的な.
◆ *inòrganic chémistry* U 無機化学 (cf. organic chemistry 有機化学).

in·pa·tient [ínpèiʃənt] 名 C 入院患者 (cf. outpatient 外来患者).

in·put [ínpùt] 名 U 〔または an ~〕 **1**〖コンピュータ〗〔…への〕インプット, 入力（データ）*(to)* (↔ output): *Input* is provided by the keyboard. 入力にはキーボードを使う.
2〖電気・機械〗入力. **3**（資本・資材などの）投入;（情報提供・アドバイスなどによる）助力.
— 動（三単現 **in·puts** [-pùts]; 過去・過分 **in·put·ted** [-id], **in·put**; 現分 **in·put·ting** [-iŋ]）他〖コンピュータ〗〈データ〉を［…に〕インプット〔入力〕する *[into]*.

in·quest [ínkwest, íŋ-] 名 C **1**（陪審員による）[…の]審理;（検死官による）[…の]検死 *[on, into]*.
2《口語》[…についての]調査, 審議 *[on, into]*.

in·qui·e·tude [inkwáiətjùːd / -tjùːd] 名 U《文語》不安, 心配,（心の）動揺; [~s] 心配事.

in·quire [inkwáiər]
— 動（三単現 **in·quires** [~z]; 過去・過分 **in·quired** [~d]; 現分 **in·quir·ing** [-kwáiəriŋ]）
— 他 (a)［inquire + O］[…に]…を尋ねる, 問う *[of]*（◇ ask より《格式》）: *inquire* the time [his address] 時間（彼の住所）を尋ねる / She *inquired* (*of* the policeman) the way to the station. 彼女は（警官に）駅への道を聞いた.
(b)［inquire + 疑問詞節［句］］[…に] …か尋ねる, 聞く *[of]*: I *inquired of* him whether he was for or against the plan. 私は彼にその案に賛成か反対か尋ねた / I will *inquire* where to go. どこに行けばいいか私が聞いてみよう.
— (自)［人に / …について］尋ねる, 質問する *[of / about]*: I *inquired of* my cousin *about* his new business. 私はいとこに新しい事業について質問した.

<u>句動詞</u>) *inquire àfter ...* 他 …の安否〔健康状態〕を尋ねる: Thank you for coming to *inquire after* me. お見舞いに来てくれてありがとう.

inquire ìnto ... 他〈事柄〉を詳しく調べる: *inquire into* the cause of a traffic accident 交通事故の原因を調べる.

(▷ 名 inquiry)

in·quir·er [inkwáiərər] 名 C 尋ねる人, 調査 [探究] する人.

in·quir·ing [inkwáiəriŋ] 形《限定用法》**1** 不審そうな: with *inquiring* eyes けげんそうな目で.
2《ほめ言葉》好奇心の強い, 知り [聞き] たがる: a boy with an *inquiring* mind 探究心の旺盛な男の子.

in·quir·ing·ly [～li] 副 不審そうに; 聞きたそうに.

‡**in·quir·y** [inkwáiəri, íŋkwəri] 名《複 in·quir·ies [～z]》**1** UC 〔…についての〕問い合わせ, 質問, 照会 [*about*, *for*]; [複数形で] 案内所: a letter of *inquiry* 照会状; 見舞状 / on *inquiry* 問い合わせてみて / make several *inquiries* about the summer course 夏期講座についていくつか問い合わせをする. **2** C 〔…の〕調査, 取り調べ; 研究, 探究 [*into*]. (▷ 動 inquire)
◆ inquíry òffice C《英》(ホテル・駅などの) 受付, 案内所 (information desk).

in·qui·si·tion [ìnkwəzíʃən, iŋ-] 名 **1** UC 調査, 探究. **2** C 厳しい取り調べ [尋問]; 審理. **3** [the I-]《カトリック》(異端審理の) 宗教裁判 (所).

in·quis·i·tive [inkwízətiv] 形 〔…について〕やたらに知り [聞き] たがる, 詮索(禁)好きな [*about*].

in·quis·i·tive·ly [～li] 副 やたらに知りたがって.

in·quis·i·tor [inkwízətər] 名 C **1** (厳しい) 尋問者, 調査官. **2** [I-]《カト》宗教裁判官.

in·quis·i·to·ri·al [inkwìzətɔ́:riəl] 形 **1** 厳しく尋問する. **2** = INQUISITIVE (↑).

in·road [ínròud] 名 C [通例～s] 侵入, 侵略, 侵害.
■ **màke ínroads ìnto** [*on*, *upòn*] … …を侵害する; 〈時間・貯蓄などに〉食い込む.

in·rush [ínrʌʃ] 名 C [通例, 単数形で] 流入, 殺到.

ins.《略語》= *inches*.

in·sa·lu·bri·ous [ìnsəlú:briəs] 形《格式》(気候・環境などが) 不健康な, (社会的に) 不健全な.

‡**in·sane** [inséin] 形 **1** 正気でない, 狂気の, 精神障害のある (→ CRAZY 類義語); [the ～; 名詞的に; 複数扱い] 精神障害者. **2**《口語》非常識な.
■ **drìve** … **insáne** …を狂気に駆り立てる; …をひどくいらいらさせる. (▷ 名 insanity)

in·sane·ly [～li] 副 狂ったように.

in·san·i·tar·y [insǽnətèri / -təri] 形 非衛生的な, 不潔な, 健康によくない.

in·san·i·ty [insǽnəti] 名 U **1** 狂気, 精神障害 [錯乱]. **2** 狂気の沙汰(ś), 愚行. (▷ 形 insane)

in·sa·tia·ble [inséiʃəbl, -ʃiə-] 形 飽くことを知らない, 強欲な; 〔…を〕しきりに欲しがる [*for*, *of*]: an *insatiable* desire *for* power 飽くなき権力欲.

in·scribe [inskráib] 動 他 **1** 〈文字〉を〔石碑などに〕記す, 彫る, 刻む [*in*, *into*, *on*]; 〈石碑など〉に〔文字を〕彫る, 刻む [*with*]: *inscribe* his name *on* a tombstone = *inscribe* a tombstone *with* his name 墓石に彼の名を刻む. **2** …を〔心に〕深くとどめる, 銘記する [*on*, *in*]. **3** 〈署名などをして〉〈本など〉を〔人に〕贈る, 献呈する [*to*, *for*]. **4** 〈名前〉を登録 [記入] する.

***in·scrip·tion** [inskrípʃən] 名 **1** U 刻むこと, 銘刻 (すること). **2** C 銘, 碑文; (貨幣などの) 銘刻: an *inscription* on a gravestone 墓碑銘.
3 C (寄贈図書に記した) 題字, 署名; 献呈の辞.

in·scru·ta·ble [inskrú:təbl] 形 はかり知れない, 不可解な, 不思議な, なぞめいた.

in·scru·ta·bly [-bli] 副 はかり知れず, 不可解に.

***in·sect** [ínsekt]
【原義は「体に区切りのあるもの」】
— 名《複 in·sects [-sekts]》C **1** 昆虫 (→ 類義語): a swarm of *insects* 昆虫の群れ / an *insect* bite 虫に刺された跡.
2《口語》(広義に) 虫 (◇クモ・ミミズ・ムカデなど).

類義語 **insect, bug, worm**
共通する意味▶虫 (a small air-breathing creature that has no backbone)
insect は「(脚が6本ある) 昆虫」を表す.《口語》ではクモ・ダニ・ムカデなども含む広義の「虫」の意になることもある: His hobby is collecting *insects*, especially butterflies. 彼の趣味は昆虫, とりわけチョウの収集である. **bug** は《英》では通例,「ナンキンムシ (bedbug)」をさすが,《米口語》では「昆虫」または広く「虫全体」を表す. とりわけノミ・シラミなどの害虫をさすことが多い: The campers were plagued by *bugs*. キャンパーは虫に悩まされた. **worm** は通例, ミミズ・ヒルムジなどの細長くて脚のない「小さな虫」をさす: *Worms* are good bait for catfish. ミミズはナマズ釣りに適したえさです.

in·sec·ti·cide [inséktəsàid] 名 UC 殺虫剤.

in·sec·ti·vore [inséktəvɔ̀:r] 名 C 食虫動物 [植物].

in·sec·tiv·o·rous [ìnsektívərəs] 形 (動物・植物が) 昆虫を食べる, 食虫 (性) の.

***in·se·cure** [ìnsikjúər] 形 **1** 〔…について〕不安に感じている, 自信がない; 不確かな [*about*]: He is *insecure about* his new business. 彼は新しい事業に自信がない. **2** 安全でない, 不安定な, 危険な: *insecure* foundations 崩れそうな土台.

in·se·cure·ly [～li] 副 頼りなく; 危なっかしく.

in·se·cu·ri·ty [ìnsikjúərəti] 名 U **1** 不安, 自信のなさ; 不確実. **2** 不安定, 危険.

in·sem·i·nate [insémənèit] 動 他 …を (人工的に) 受精させる, …に (人工) 授精する.

in·sem·i·na·tion [insèmənéiʃən] 名 UC 授精 (すること): artificial *insemination* 人工授精.

in·sen·sate [insénseit] 形《格式》**1** 感覚がない. **2** 理性のない, ばかげた; 残忍な.

in·sen·si·bil·i·ty [insènsəbíləti] 名《格式》U
1 〔…に対する〕無感覚, 無意識 [*to*]; 人事不省.
2《古》〔…の感情に対する〕鈍感さ; 無関心 [*to*].

in·sen·si·ble [insénsəbl] 形《格式》**1**〔叙述用法〕〔…に〕気づかない,〔…を〕意識しない [*of*]: be *insensible* of the danger 危険に気がつかない.
2〔叙述用法〕〔…に〕無感覚な; 無神経 [鈍感] な [*to*]: be *insensible to* pain 痛みを感じない.
3〔…で〕意識のない, 人事不省の [*from*]: He lay *insensible*. 彼は気絶したまま横たわっていた.

in·sen·si·tive [insénsətiv] 形 **1** 〔他人の感情に対して〕無神経な, 鈍感な, 思いやりのない [*to*]: *insensitive to* other people's feelings 他者の気持ちがわからない. **2** 〔…に〕無感覚な,〔…を〕感じ

in·sen·si·tiv·i·ty [insènsətívəti] 名 U 鈍感; 無感覚.

in·sep·a·ra·bil·i·ty [insèpərəbíləti] 名 U 分離できないこと, 不可分性.

in·sep·a·ra·ble [insépərəbl] 形 […から] 分離できない, 不可分の; 別れられない [*from*]: *inseparable lovers* 一心同体の恋人同士.

in·sep·a·ra·bly [-bli] 副 分けられないほどに.

*‡**in·sert** [insə́ːrt] (☆名との発音の違いに注意) 動 他 **1** 〈ものを〉[…に] さし込む, 挿入する [*in, into*]: *insert* a key *into* the lock かぎを錠にさし込む. **2** [語句などを] […に / …の間に] 書き入れる; 〈広告などを〉[新聞などに] 掲載する [*in, into / between*]: *insert* a comma *between* the words 単語の間にコンマを入れる. ― [ínsəːrt] C 挿入物, (新聞などの) 折り込み広告.

in·ser·tion [insə́ːrʃən] 名 **1** U 挿入, さし込み (→ ELLIPSIS 文法). **2** C 挿入物; 書き込み; (新聞などの) 折り込み広告.

ín-sèr·vice 形 [限定用法] 現職 (中) の, 勤務中の; 現職者のための.
◆ **ín-service tráining** U 現場教育, 社内研修.

in·set [ínset] (☆動との発音の違いに注意) 名 C 挿入物; (書物の) さし込みページ; 挿入図.
― 動 [ínsét] (三単現 **in·sets** [-séts]; 過去・過分 **in·set**, **in·set·ted** [~id]; 現分 **in·set·ting** [~iŋ]) 他 〈を〉 […に] 挿入する, さし込む [*in, into*]; […に…を] はめ込む [*with*].

in·shore [ínʃɔ́ːr] 形 [通例, 限定用法] 沿岸の, 近海の; 海岸に向かう (↔ offshore): *inshore* fisheries 沿岸漁業.
― 副 沿岸に [へ], 近海に; 海岸に向かって.

in·side 名 形 副 前
***

― 名 [ínsàid, ìnsáid] (複 **in·sides** [-sàidz, -sáidz]) C **1** [通例 the ~] 内部, 内側 (↔ outside): the *inside* of the car 車の内部 / The door was locked from the *inside*. ドアは内側からかぎがかかっていた / The *inside* of the meat was quite raw. 肉は内側が生焼けだった.
2 [the ~] 《主に英》 (道路の) 内側, 建物寄り, 走行車線; (道路のカーブなどの) 内側車線, インコース: drive on the *inside* 道路の建物寄りを車で走る / The runner passed me on the *inside*. そのランナーはインコースから私を追い越した. **3** [~s] 《口語》 腹, おなか (stomach): I have a pain in my *insides*. 私はおなかが痛い. **4** [the ~] (組織などの) 内部, 内情: The criminal must be someone on the *inside*. 犯人は内部の者に違いない.
■ ***ínside óut* 1** 引っくり返して, 裏返しに: The wind blew my umbrella *inside out*. 風で傘が裏返しになった. **2** 完全に, 徹底的に.

― 形 [比較なし; 限定用法] **1** 内側の, 内部の (↔ outside): an *inside* seat 内側の座席 / the *inside* pocket of a jacket 上着の内ポケット.
2 《口語》 (組織などの) 内情に通じた, 内幕の, 秘密の: *inside* information 内部情報 / an *inside* story 内幕 / an *inside* job 《口語》 内部の犯行.

― 副 [ínsáid] [比較なし] **1** 内側に, 内部に (↔ outside): Though it's fine, the children are playing *inside*. 天気がいいのに子供たちは家の中で遊んでいる / Let's go *inside*. It's going to rain. 中へ入ろう. 雨になりそうだ. **2** 心の中で, 内心は: I pretended to be calm, but I felt very scared *inside*. 私は平気なふりをしたが, 内心はひどくおびえていた. **3** 《口語》 投獄されて.
■ ***inside of ...* 1** (時間・距離が) …以内に, …のうちに (within): I'll be back *inside of* an hour. 1時間以内に戻ります. **2** 《米》 …の中に, 内部に: *inside of* a garage ガレージの中に.

― [ìnsáid, ínsáid] 前 **1** …の中に, 内側に (◇ within より口語的): *inside* the car 車の中で / *Inside* the box was a beautiful necklace. 箱の中にはきれいなネックレスが入っていた / In Japan, you should take your shoes off before going *inside* the house. 日本では家の中に入る前に靴を脱がなければならない. **2** 《主に口語》 …以内に: *inside* an hour 1時間以内に.
◆ **ínside láne** C 《英》 (高速道路の) 低速車線; 《米》 slow lane.
ínside tráck [the ~] **1** (陸上競技用等トラックの) インコース. **2** 《米》 有利な立場.

*‡**in·sid·er** [insáidər] 名 (組織の) 内部の人, 会員; 内部の事情に明るい人, 消息通 (↔ outsider).
◆ **ínsider tráding** [**déaling**] U 《株式》 インサイダー取引 《未公開情報を利用した違法な売買》.

in·sid·i·ous [insídiəs] 形 《軽蔑》 **1** 陰険な, ずるい, 狡猾 (こうかつ) な. **2** (病気などが) 潜行性の.
in·sid·i·ous·ly [~li] 副 陰険に; こっそりと.

*‡**in·sight** [ínsàit] 名 UC [ほめ言葉] …への / …についての 洞察 (力), 眼識, 見識, 洞見 [*into / about*]: a person of (great) *insight* (深い) 洞察力のある人 / You need *insight* into human nature for this job. この仕事をするためには人間とは何たるかをよくわかっている必要がある.

in·sight·ful [~fəl] 形 [ほめ言葉] 洞察力に富む.

in·sig·ni·a [insígniə] 名 (複 **in·sig·ni·a**, **in·sig·ni·as** [~z]) C 記章, 標章 《官職・階級などを表す》.

in·sig·nif·i·cance [ìnsignífikəns] 名 U 取るに足らなさ, ささいなこと; 無意味.

*‡**in·sig·nif·i·cant** [ìnsignífikənt] 形 取るに足らない, ささいな; 無意味な: an *insignificant* change ささいな変更.

in·sig·nif·i·cant·ly [~li] 副 わずかに; 無意味に.

in·sin·cere [ìnsinsíər] 形 誠意のない, 不まじめな; うわべだけの, 偽善的な.

in·sin·cere·ly [~li] 副 誠意がなく, 不まじめに.

in·sin·cer·i·ty [ìnsinsérəti] 名 (複 **in·sin·cer·i·ties** [~z]) U 誠意のないこと, 不誠実, 不まじめ; うわべだけの言動.

in·sin·u·ate [insínjuèit] 動 他 **1** 〈不快なことなどを〉[人に] 遠回しに言う [*to*]; […であると] 遠回しに言う, ほのめかす [*that* 節]: She *insinuated* (*to* me) *that* he was insincere. 彼は不まじめだと彼女は (私に) それとなく言った. **2** 〈考えなどを〉…に [巧みに] 入り [しみ] 込ませる; [~ oneself] 徐々に [巧みに] […に] 入り込む; 巧みに […に] 取り入る [*into*]: He *insinuated* himself *into* her favor [confidence]. 彼は巧みに彼女の好意 [信頼]

in·sin·u·a·tion [insinjuéiʃən] 名 **1** ⓤ それとなくほのめかすこと、あてこすること; ⓒ あてこすり、ほのめかし: by *insinuation* 遠回しに. **2** ⓤ […に] うまく取り入ること; こっそり入り込ませること [*into*].

in·sip·id [insípid] 形 **1** 風味のない、まずい、気の抜けた. **2** 面白くない、無味乾燥な、退屈な.

in·sip·id·ly [~li] 副 《軽蔑》風味なく; 味気なく.

in·si·pid·i·ty [insipídəti] 名 《主に米》風味のないこと、気の抜けた味; 味気なさ、退屈.

‡in·sist [insíst] 《原義は「固執する」》
— 動 (三単現 **in·sists** [-sísts]; 過去・過分 **in·sist·ed** [~id]; 現分 **in·sist·ing** [~iŋ])
— ⓐ **1** […を] **強く主張する**, 言い張る, 強調する [*on, upon*]: We *insisted on* answers to his allegations. 私たちは彼が疑惑に答えるよう要求した / The speaker *insisted upon* that point. 演説者はその点を強調した / The doctor *insisted on* the child's need for surgery. 医師はその子には手術が必要だと主張した.
2 […を] 強く要求する, せがむ [*on, upon*]: We *insisted on* a full refund. 私たちは全額の返済を要求した / He *insisted on* the company paying for the accident. 彼は会社に事故の補償をするよう要求した / She *insisted on* my going there. 彼女は私にそこへ行けと言って聞かなかった.
— ⓗ **1** [insist+that 節] …だと主張する, 言い張る: He *insisted that* he was innocent. 彼は自分は無罪だと主張した (=He insisted on his innocence.). **2** [insist+that 節] …だと強く要求する: I *insisted that* I (should) pay the bill. 私は勘定は自分が持つと言い張った (◇ should を用いるのは 《主に英》).

■ *if you insist* そんなに言うなら: I'll buy you dinner tonight. — OK, *if you insist*. 今晩は食事をおごるよ — そう言うならごちそうになろう.

in·sist·ence [insístəns] 名 ⓤ […に対する] 強い主張; […の] 強要, 無理強い [*on*]: at ...'s *insistence* …にせがまれて / with *insistence* しつこく.

in·sist·ent [insístənt] 形 **1** […を / …に] としつこく [強く] 主張する, 強要する [*on, upon / that* 節]: an *insistent* demand しつこい要求 / He was *insistent on* giving up [*that* we (should) give up] the plan. 彼は計画を中止するよう主張した. **2** (音・色などが) しつこい, 目立つ, 強烈な.

in·sist·ent·ly [~li] 副 しつこく, 強情に.

in·so·far [insəfá:r / ìnsou-] 副 《次の成句で》
■ *insofár as ...* …する限り (では) (◇ in so far as ともつづる; → FAR 成句).

in·sole [ínsòul] 名 ⓒ 靴の中敷き.

in·so·lence [ínsələns] 名 **1** ⓤ 横柄、尊大、生意気. **2** ⓒ 横柄な言動.

in·so·lent [ínsələnt] 形 (通例, 下の者が) [上の人に対して] 横柄な, 無礼な, 生意気な [*to*].

in·so·lent·ly [~li] 副 横柄に, 無礼に.

in·sol·u·ble [insáljubl / -sólju-] 形 **1** (問題などが) 解決できない, 説明できない. **2** (水などに) 溶けない, 不溶解性の.

in·solv·a·ble [insálvəbl / -sólv-] 形 《主に米》 (問題などが) 解決できない (insoluble).

in·sol·ven·cy [insálvənsi / -sól-] 名 ⓤ 支払い不能, 債務超過; 破産 (状態).

in·sol·vent [insálvənt / -sól-] 形 支払い不能の; 破産した、破産 (者) の.

in·som·ni·a [insámniə / -sóm-] 名 ⓤ 不眠症.

in·som·ni·ac [insámniæk / -sóm-] 名 ⓒ 不眠症の人. — 形 不眠症の.

in·so·much [ìnsəmʌ́tʃ / ìnsou-] 副 《次の成句で》
■ *insomúch as ...* …するほど (までに).
insomúch that ... 《主に米》…するほど (までに).

in·sou·ci·ance [insú:siəns] 《フランス》 名 ⓤ 《格式》無頓着 (않음), 無関心, のんき.

insp. 《略語》=inspector (↓).

‡in·spect [inspékt] 動 ⓗ **1** …を詳しく調べる, 検査 [点検] する (→ EXAMINE 類義語): The mechanic *inspected* the car *for* defects. その整備工は車に欠陥がないか念入りに調べた. **2** …を (公式に) 視察する; 〈軍隊〉を閲兵する: *inspect* a factory [school] 工場 [学校] を視察する.

‡in·spec·tion [inspékʃən] 名 ⓒⓤ **1** 検査, 点検, 調査: On (closer) *inspection* the diamond proved to be an imitation. (よく) 調べてみると, そのダイヤモンドは偽物だと判明した. **2** 視察, 監査: aerial *inspection* 空中査察 / They made [carried out] an *inspection* of the school. 彼らはその学校を視察した.

‡in·spec·tor [inspéktər] 名 ⓒ **1** (工場などの) 検査 [調査] 官; 監督官; (バス・列車などの) 検札係: a safety *inspector* 安全監視係 / an *inspector* of taxes = a tax *inspector* 《英》税務監督官. **2** 《米》警視 (正); 《英》警部 (補).

‡in·spi·ra·tion [ìnspəréiʃən] 名 **1** ⓤ 霊感, インスピレーション; 感動, 激励: get [draw] *inspiration* from ... …から霊感を受ける. **2** ⓒ 《口語》(不意の) 思いつき, 着想, 妙案: She had a sudden *inspiration*. 彼女はとっさに名案をひらめいた. **3** [通例, 単数形で] …を激励 [鼓舞, 刺激] するもの [人] [*to, for*]. **4** 吸気. (▷ 動 inspire)

in·spi·ra·tion·al [ìnspəréiʃənəl] 形 霊感の, 霊感 (インスピレーション) を与える.

‡in·spire [inspáiər] 動 ⓗ **1** 〈人〉にやる気を出させる, 鼓舞する; 〈人〉を激励して […を] させる [*to*]; [inspire+O+to do] 〈人〉を激励して…させる: The failure *inspired* me *to* greater efforts. その失敗で私はいっそう努力する気になった / The new coach *inspired* every player *to do* his best. 新しいコーチは選手全員に自分のベストをつくすよう檄を飛ばした.
2 〈人〉を感激 [感動] させる; 〈人〉に [思想・感情など を] 吹き込む, 抱かせる [*with*]; 〈思想・感情など〉を [人に] 吹き込む, 抱かせる [*in, into*]: He *inspired* us *with* confidence. = He *inspired* confidence *in* us. 彼は私たちに自信を抱かせた. **3** 〈人・作品〉に示唆 [着想] を与える. **4** 息を吸う (↔ expire). (▷ 名 inspiration)

in·spired [inspáiərd] 形 《ほめ言葉》**1** 霊感を受けた, ひらめきのある. **2** すばらしい, 見事な: an *inspired* guess (直感による) 見事な推測. **3** (そ

in・spir・ing [inspáiəriŋ] 形 奮い立たせる、奮起させる、鼓舞する；感動的な.

inst., Inst. 《略語》= inst*i*tute; *ins*titution.

in・sta・bil・i・ty [ìnstəbíləti] 名 U 不安定（性）；（心の）不安定、移り気.

※**in・stall**,《しばしば米》**in・stal** [instɔ́:l] 動 (三単現 **in・stalls, in・stals** [～z]; 過去・過分 **in・stalled** [～d]; 現分 **in・stall・ing** [～iŋ]) 他 **1**〈設備・装置などを〉〔場所に〕取り付ける、設置する〔*in*〕: *install* an air conditioner *in* the room 部屋にエアコンを取り付ける. **2**〈人を〉(正式に)〔…に／…として〕就任させる、任命する〔*in／as*〕: He was *installed as* mayor in June. 彼は6月に市長に就任した. **3** …を〔席・場所などに〕着かせる、座らせる；ゆったり落ち着かせる〔*in, at*〕: She *installed* herself [was *installed*] *in* the front seat. 彼女は最前列の席に腰を下ろした. **4**《コンピュータ》〈ソフトを〉インストールする、組み込む. (▷ 名 instaĺlation)

※**in・stal・la・tion** [ìnstəléiʃən] 名 **1** U (設備・装置などの) 取り付け、設置；C (しばしば ～s) 設備、装置: gas stove *installations* ガスストーブ設備. **2** U 就任、任命；C 就任[任命]式. **3** (～s) 軍事基地、軍事施設. **4**《コンピュータ》U (ソフトの) インストール. (▷ 動 instáll)

※**in・stall・ment**,《英》**in・stal・ment** [instɔ́:lmənt] 名 C **1** (月賦などの) 分割払い込み、(分割払いの) 1回分の払込金: pay for the car by [in] (monthly) *installments* 自動車代金を月賦で支払う.
2 (連続番組の) 1回分；(分冊の) 1冊: a TV drama in 3 *installments* 3回連続のテレビドラマ.
◆ *instáll*ment plàn [the ～]《主に米》分割払い方式 (《英》hire purchase).

in・stance [ínstəns]
— 名 (複 **in・stanc・es** [～iz]) C **1** 例、実例、例証 (→ EXAMPLE 類義語): an exceptional *instance* 例外／give [cite] an *instance* 例を挙げる／Let's take an *instance* in history. 歴史上の例をとってみよう／There have been many *instances* of people being destroyed because of drugs. 麻薬のために身を滅ぼした人の例はこれまでに数多くある.
2 場合、事実 (→ CASE 類義語): in most *instances* ほとんどの場合／In this *instance*, I can't approve of your idea. 今回の場合はあなたの考えに賛成できない.
■ *at …'s ínstance = at the ínstance of …*《格式》〈人〉の要望 [提案, 勧め] に応じて.
for ínstance たとえば (for example): I have several hobbies. *For instance*, I like playing tennis. 私にはいくつか趣味があります. たとえばテニスをするのが好きです.
in the first ínstance《格式》まず第一に.
— 動 他《格式》…を例として挙げる.

in・stant [ínstənt]
名 形 【原義は「近くに立つ」】
— 名 (複 **in・stants** [-stənts]) C 即時、瞬間 (moment): I'll be back in an *instant*. 私はすぐに戻ります／The telephone rang at that *instant*. ちょうどそのとき電話が鳴った／He ran away from the collapsing house in an *instant*. 彼は崩れ落ちる家からとっさに逃げ出した.
■ *(at) the ínstant …* …するとすぐに: *The* [*At the*] *instant* I saw him, I knew he was the man the police were looking for. 私は彼を見たとたん、彼が警察のお尋ね者だとわかった.
for an ínstant ちょっとの間；[否定文で] 少しも…ない.
this ínstant [通例、命令文と共に]《口語》すぐその場で、たった今.
— 形 **1** 即時の、即座の: make an *instant* answer 即答する／The movie was an *instant* hit. その映画はたちまちヒットした. **2** [通例、限定] 即席の、インスタントの: *instant* coffee インスタントコーヒー／an *instant* camera インスタント [ポラロイド] カメラ. **3** 緊急の、さし迫った.

in・stan・ta・ne・ous [ìnstəntéiniəs] 形 瞬間の、即時 [即座] の；同時の: *instantaneous* adhesive 瞬間接着剤.

in・stan・ta・ne・ous・ly [～li] 副 即座に；同時に.

※**in・stant・ly** [ínstəntli] 副 即座に、ただちに、すぐに: We recognized her *instantly*. 私たちは彼女をとすぐにわかった.
— 接 …するとすぐに、…するやいなや (as soon as): *Instantly* she saw me, she smiled. 彼女は私を見たとたん、にこっとした.

※**in・stead** [instéd]
— 副 **その代わりに**、それよりも: Let's play tennis tomorrow. — How about going bowling *instead*? あしたテニスをしようよ — それよりボウリングに行くのはどう？／He doesn't study hard these days. *Instead*, he often surfs the Internet. 彼は最近あまり勉強をせず、よくインターネットで遊んでいる.
■ *instéad of …* …の代わりに；…ではなくて、…しないで (◇動名詞・前置詞句を伴う場合もある): Won't you go *instead of* me? 私の代わりに行ってくれませんか／He went there by bus *instead of* by train. 彼はそこへ列車ではなくバスで行った／She wanted to enjoy herself *instead of* working. 彼女は働かないで遊んでいたかった.

in・step [ínstèp] 名 C 足 (靴 (下) の) 甲.

in・sti・gate [ínstəgèit] 動 他〈人を〉〔…へと／…するように〕そそのかす、けしかける、扇動する〔*to／to do*〕；〈活動〉を開始する: They were *instigated to* go on a strike. 彼らは扇動されてストライキに入った.

in・sti・ga・tion [ìnstəgéiʃən] 名 U《格式》扇動、教唆(きょうさ): at …'s *instigation* = at the *instigation* of … …にそそのかされて.

in・sti・ga・tor [ínstəgèitər] 名 C《軽蔑》扇動者.

in・still,《英》**in・stil** [instíl] 動 (三単現 **in・stills**,《英》**in・stils** [～z]; 過去・過分 **in・stilled** [～d]; 現分 **in・still・ing** [～iŋ]) 他 **1**〔人・心などに〕〈思想・感情など〉を吹き込む、しみ込ませる〔*in, into*〕: The new manager tried to *instill* confidence *in*

in·stil·la·tion [ìnstəléiʃən] 名 U (思想などの)吹き込み, 教え込むこと; 滴下, 点滴.

*in·stinct [ínstiŋkt] 名 **1** U C […しようとする]本能 (to do): maternal *instinct* 母性本能 / Birds fly by *instinct*. = Birds have the *instinct* to fly. 鳥は本能で飛ぶ. **2** U C 〖物事に対する〗天性, 素質 (for): He has an *instinct* for music. 彼には音楽の才能がある. **3** C 〖しばしば ~s〗直観, 直感, 勘. (▷ 形 instinctive)

*in·stinc·tive [instíŋktiv] 形 本能的な, 本能的な, 天性の; 直感[直観]的な: an *instinctive* dislike of … …に対する本能的な嫌悪. (▷ 名 instinct)

in·stinc·tive·ly [instíŋktivli] 副 本能的に, 天性として; 直感[直観]的に.

*in·sti·tute [ínstətjùːt, -tjùːt] 名 C **1** (学術・芸術などの)学会, 協会; 研究所, 会館; (理工系の)専門学校, 大学 (《略語》inst., Inst.) (→ UNIVERSITY 類語)): Massachusetts *Institute* of Technology マサチューセッツ工科大学 (《略語》MIT). **2** 《主に米》(特定のテーマの短期間の)講習[研修]会: a teachers' *institute* 教員研修会.
— 動 〖格式〗 **1** …を導入する, 設ける; 制定する; 設立する, 開設する: *institute* some new traffic rules 新しい交通規則を導入する. **2** 〖調査・研究・手続きなど〗を始める. (▷ 名 institution)

***in·sti·tu·tion [ìnstətjúːʃən, -tjúː-]
【基本的意味は「施設 (an organization established for a particular purpose)」】
— 名 (複 in·sti·tu·tions [~z]) **1** C (社会的・教育的な)施設, 公共機関; 協会, 団体; 施設の建物: a public *institution* 公共機関 / a financial *institution* 金融機関 / the Smithsonian *Institution* スミソニアン協会 (《米国 Washington, D.C. にある国立の学術機関》) / *institutions* of higher education 高等教育機関 (《大学など》).
2 C (福祉関係の)収容施設; (婉曲)精神病院, 老人ホーム, 孤児院: set up an *institution* for the aged 老人ホームを設立する. **3** C 慣習, 慣行; 制度: the *institution* of marriage 結婚という制度. **4** U 制定, 設立, 創立: the *institution* of a new law 新法の制定.
5 C 《こっけい》おなじみの人[物事], 名物. (▷ 動 institute)

in·sti·tu·tion·al [ìnstətjúːʃənəl, -tjúː-] 形 〖通例, 限定用法〗 **1** 制度上の, 慣例的な. **2** 協会[学会, 団体]の. **3** 収容施設の.

in·sti·tu·tion·al·ize [ìnstətjúːʃənəlàiz, -tjúː-] 動 他 **1** …を制度化する, 慣例化する. **2** 〖患者・犯罪者など〗を施設に収容する.

*in·struct [instrʌ́kt] 【原義は「積み重ねる」】動 他 **1** …に […について / …するように] 指示する, 指図する, 命令する (about, on / to do); […かを] 指示する (疑問詞節[句]) (→ ORDER 類語)): She *instructed* the children to wait for a while. 彼女は子供たちに少し待つように指示した / He *instructed* me what to do next. 彼女は私に次にやることを私に指示した. **2** …に［…を］教える (in) (→ TEACH 類語)): Who *instructs* your class in English? あなたのクラスで英語を教えているのはどの先生ですか. **3** (通例, 受け身で)〖格式〗…に…ということを / …かを] 通知[報告] する (that 節 / 疑問詞節[句]). **4** 〖法〗〈弁護士〉に事件を説明して, 弁護を依頼する. (▷ 名 instruction)

***in·struc·tion [instrʌ́kʃən]
— 名 (複 in·struc·tions [~z]) **1** C 〖しばしば ~s〗[…せよという] 指示, 命令 (to do, that 節): give … *instructions* …に指示を与える / You must obey my *instructions*. 私の指示通りにしてください / The corps was under *instructions* to be stationed there. 部隊はそこに駐留せよとの命令を受けていた.
2 U 〖格式〗[…に] 教えること, 教育 (teaching) (in): under *instruction* 教育[訓練]中で / the level of *instruction* 教育水準 / provide *instruction* in physics 物理を教える / The man had very little formal *instruction*. その男は正規の教育をほとんど受けなかった.
3 C (通例 ~s) (機械などの)使用説明(書): an *instruction* manual [book] 使用説明書 / Read the *instructions* before you set up the PC. パソコンをセットアップする前に使用説明書を読んでください. **4** C 〖しばしば ~s〗〖コンピュータ〗命令. (▷ 動 instruct)

in·struc·tion·al [instrʌ́kʃənəl] 形 《格式》教育(上)の, 教授(上)の.

*in·struc·tive [instrʌ́ktiv] 形 (ほめ言葉)教育的な, 有益な, 教訓的な: *instructive* advice ためになる忠告.

*in·struc·tor [instrʌ́ktər] 名 C **1** 指導者, 教師, 教官: a swimming *instructor* 水泳のコーチ. **2** 《米》(大学の)専任講師: an *instructor* in biology 生物学の講師.

***in·stru·ment [ínstrəmənt] 【原義は「備え付けられたもの」】
— 名 (複 in·stru·ments [-mənts]) C **1** (精密・精巧な)器具, 器械, 道具; 計器 (→ TOOL 関連語)): medical *instruments* 医療器具 / optical *instruments* 光学器械 / *instruments* for measuring seismic intensity 震度を測定する計器.
2 楽器 (musical instrument): a brass [percussion, stringed, woodwind] *instrument* 金管[打, 弦, 木管] 楽器 / What *instrument* do you play? — I play the cello. あなたは何の楽器を演奏しますか — チェロです / The best *instrument* to play this song on is the clarinet. この曲を演奏するのに最適の楽器はクラリネットです.
3 手段, 方便; 手先. **4** 〖法〗文書, 証書.
◆ **ínstrument pànel** C (自動車・飛行機などの)計器盤 (dashboard).

*in·stru·men·tal [ìnstrəméntəl] 形 **1** 〖叙述用法〗《格式》[…(するの)に / …にとって] 手段[道具]になる, 助けになる, 役に立つ (in (doing) / to): He was *instrumental* in democratizing the country. 彼はその国の民主化に貢献した. **2** 〖比較なし〗楽器の; 楽器で演奏される (cf. vocal 声楽

の): *instrumental* music 器楽.

in·stru·men·tal·ist [instrəméntəlist] 名 C 器楽 (演奏) 家 (cf. vocalist 声楽家).

in·stru·men·ta·tion [instrəmentéiʃən] 名 U **1**【音楽】器楽の編成, 管弦楽法. **2**［集合的に］(機械をコントロールする) 器具類.

in·sub·or·di·nate [insəbɔ́ːrdənət] 形《格式》［目上の人に］従順［素直］でない, 反抗的な [*to*].

in·sub·or·di·na·tion [insəbɔ̀ːrdənéiʃən] 名 U C《格式》不従順, 反抗.

in·sub·stan·tial [ìnsəbstǽnʃəl] 形 **1**《文語》実体［実質］のない, 架空の, 非現実的な;(食事などが) 腹ごたえのない. **2** もろい, 弱い.

in·suf·fer·a·ble [insʌ́fərəbl] 形 (態度・行動などが) 我慢できない, 耐えられない; しゃくにさわる.

in·suf·fer·a·bly [-bli] 副 我慢できないほど.

in·suf·fi·cien·cy [ìnsəfíʃənsi] 名 (複 **in·suf·fi·cien·cies** [~z]) **1** U［または an ~］不十分, 不足; 不適当. **2** C［しばしば複数形で］不十分［不適当］な点［もの］.

*‡**in·suf·fi·cient** [ìnsəfíʃənt] 形［…に／…が］不十分な, 不足している [*for / in*];［…に］不適当な [*to, for*];［…するには］不十分な [*to do*].

in·suf·fi·cient·ly [-li] 副 不十分で; 不適当に.

in·su·lar [ínsjulər, -ʃu-, -sju-] 形 **1**《軽蔑》島国根性の, 心の狭い. **2**《格式》島の; 島に住む, 島民の.

in·su·lar·i·ty [ìnsjulǽrəti, -ʃu-, -sju-] 名 U **1**《軽蔑》島国根性, 狭量. **2** 島 (国) であること.

in·su·late [ínsəlèit, -sjə-] 動 他 **1** …を［…から］隔離する, 孤立させる [*from, against*]. **2** …を［…から］断熱［防音］する;【電気】…を［…から］絶縁する [*from, against*].

◆ **ínsulating tàpe** U 絶縁テープ.

in·su·la·tion [ìnsəléiʃən, -sjə-] 名 U **1** […からの］隔離, 孤立; 絶縁 [*against, from*]. **2** 断熱［防音］材;【電気】絶縁体.

in·su·la·tor [ínsəlèitər, -sjə-] 名 C【電気】絶縁体［物, 材］, 絶縁器, 碍子(がい);断熱［防音］材.

in·su·lin [ínsəlin, -sju-] 名 U【生化】インシュリン《膵臓(すいぞう)ホルモン. 糖尿病治療薬》.

*‡**in·sult** [insʌ́lt] (☆ 名 とのアクセントの違いに注意) 動 他〈人〉を侮辱する, はずかしめる: He *insulted* me by calling me an idiot. 彼は私をばか呼ばわりして侮辱した.

— 名 [ínsʌlt] C U［…に対する］侮辱, 侮辱的な言動, 無礼 [*to*]: an *insult* to …'s intelligence …の知能に対する侮辱; …をばかにした扱い ／ His speech was an *insult* to us all. 彼の講演は私たち全員に対する侮辱だった.

■ **ádd ínsult to ínjury** 踏んだりけったりの目にあわせる (◇痛めつけたうえに侮辱を加えるの意から).

in·sult·ing [insʌ́ltiŋ] 形 侮辱的な, 無礼な.

in·sult·ing·ly [~li] 副 侮辱的に.

in·su·per·a·ble [insjúːpərəbl] 形《格式》(困難などが) 克服できない, 越えがたい.

in·sup·port·a·ble [ìnsəpɔ́ːrtəbl] 形《格式》耐えられない, 我慢できない; 認められない.

*‡**in·sur·ance** [inʃúərəns] 名 **1** U 保険 (業); 保険契約: buy *insurance* 保険に入る ／ sell *insur-* *ance* 保険に勧誘する ／ take out *insurance* on …〈家財など〉に保険をかける ／ …の保険に加入する ／ claim for … on one's *insurance* …に対して保険金の支払いを請求する.

【関連語】 いろいろな **insurance**

accident insurance 傷害保険 ／ automobile [car] insurance 自動車保険 ／ aviation insurance 航空保険 ／ cancer insurance 癌(がん)保険 ／ fire insurance 火災保険 ／ health insurance 健康保険 ／ life insurance 生命保険 ／ social insurance 社会保険 ／ unemployment insurance 失業［雇用］保険

2 U 保険金, 保険料: pay one's *insurance* 保険料を払う. **3** U［または an ~］［…に対する］保証 (assurance); 安全策 [*against*]. (▷ 動 insúre)

◆ **insúrance àgent** [**bròker**] C 保険代理人, 保険代理店.

insúrance còmpany C 保険会社.

insúrance pòlicy C 保険証券.

insúrance prèmium C 保険料, 保険の掛け金.

insúrance sàlesman C 保険外交員.

*‡**in·sure** [inʃúər] 動 他 **1** …に［…に備えて／(額面) …の］保険をかける [*against / for*]: He *insured* his house *against* fire. 彼は家に火災保険をかけた ／ He *insured* his life *for* $300,000. 彼は自分に30万ドルの生命保険をかけた.

2 (保険業者が) …の保険を引き受ける.

3《主に米》…を保証する, 請け合う (◇ ensure のほうが一般的).

— 自［…に備えて］保険をかける [*against*]. (▷ 名 insúrance)

in·sured [inʃúərd] 形 保険に入っている; 保険をかけてある;［the ~; 名詞的に; 単数扱い］被保険者.

in·sur·er [inʃúərər] 名 C 保険会社［業者］; 保証する人.

in·sur·gen·cy [insə́ːrdʒənsi] 名 (複 **in·sur·gen·cies** [~z]) U C 反乱, 暴動.

in·sur·gent [insə́ːrdʒənt] 形 反乱を起こした, 暴動の.

— 名 C［しばしば ~s］反乱者, 暴徒.

in·sur·mount·a·ble [ìnsərmáuntəbl] 形 (困難などが) 克服できない, 乗り越えられない.

in·sur·rec·tion [ìnsərékʃən] 名 U C 反乱, (反政府) 暴動.

*‡**in·tact** [intǽkt] 形《叙述用法》手をつけていない, 損なわれていない, 無傷の, 完全な: The bag was left *intact* by the thief. どろぼうはそのかばんに手をつけなかった.

in·ta·glio [intǽljou] 【イタリア】 名 (複 **in·ta·glios** [~z]) **1** U 彫り込み, 沈み彫り (cf. relief 浮き彫り). **2** C 沈み彫り模様［デザイン］.

*‡**in·take** [íntèik] 名 **1**［単数形で］取り入れ (高), 吸入 (量); (栄養物の) 摂取量: a daily *intake* of calcium 1日当たりのカルシウム摂取量 ／ have an *intake* of breath [air] (驚きなどで) はっと息をのむ. **2**［単数形で］採用［募集］人員;［単数形で; 時に複数扱い］採用［募集］された人数: the annual *intake* of students 毎年の学生募集人員.

3 C 水［空気］の取り入れ口, 吸い込み口.

in·tan·gi·bil·i·ty [intæ̀ndʒəbíləti] 名 U 触れ

ることができないこと；つかみどころのないこと，不可解．
in·tan·gi·ble [ɪntǽndʒəbl] 形 **1** 触れることのできない；実体のない: *intangible* assets 無形資産． **2** つかみどころのない，漠然とした，不可解な．
in·te·ger [ɪ́ntɪdʒər] 名 C 《数学》整数 (cf. fraction 分数).
***in·te·gral** [ɪ́ntɪɡrəl, ɪntéɡ-] 形 **1** […に]不可欠な，絶対必要な [to]: Electricity is *integral* to our daily life. 電気は日常生活に不可欠なものです． **2** 完全な，(全体に対して)欠けるところのない；全体の． **3** 《数学》整数の；積分の: *integral* calculus 積分(学).
***in·te·grate** [ɪ́ntəɡrèɪt] 動 他 **1** 〈異人種・異教徒などを〉社会に融合[統合]させる；…の人種差別をなくす (↔ segregate). **2** 〈部分・要素を〉〔全体に〕統合する，まとめる [*into*] (↔ disintegrate)；…を […と] 結び付ける，合体させる [*with*]: The two schools were *integrated* to form one larger school. その2つの学校は統合されて1つの大きな学校になった．
― 自 〈異人種・異教徒たちが〉社会に融合する；人種差別がなくなる．
in·te·grat·ed [ɪ́ntəɡrèɪtɪd] 形 **1** (人種・宗教・文化などの)差別しない (↔ segregated). **2** an *integrated* school 人種差別のない学校． **2** 統合された，集約された． **3** (人・人格が)円満な．
◆ íntegrated círcuit C 《電子》集積回路 (《略語》IC).
***in·te·gra·tion** [ɪ̀ntəɡréɪʃən] 名 U **1** (異なった人種・宗教・文化などの社会的な)融合，差別の撤廃 (↔ segregation). **2** 統合；合併，吸収．
***in·teg·ri·ty** [ɪntéɡrəti] 名 U **1** 高潔，清廉；正直さ，誠実． **2** 《格式》完全(な状態)，無傷: territorial *integrity* 領土の保全．
in·teg·u·ment [ɪntéɡjumənt] 名 C 外皮《人・動物の皮膚，果物の皮，貝の殻など》．
***in·tel·lect** [ɪ́ntəlèkt] 名 **1** U C 知性，知力: a person of great *intellect* すぐれた知性の持ち主． **2** C 知性的な人；[the ～(s);集合的に]知識人，識者． (▷ 形 intelléctual)

in·tel·lec·tu·al [ɪ̀ntəléktʃuəl] 形 名

― 形 **1** (感情・意志に対して)知的な，知力の，知力を必要とする (cf. intelligent (人・動物などが)理解力を持っている，知能の高い): *intellectual* interests 知的関心 / an *intellectual* occupation 知的職業 / *intellectual* work 学識を必要とする仕事 / He is a man of great *intellectual* capacity. 彼は非常に知力にすぐれた人です． **2** 理知的な，聡明(ﾒｲ)な: an *intellectual* way of speaking 理知的な話し方．
― 名 C 知識人，インテリ． (▷ 名 intelléct)
◆ intelléctual próperty U 《法》(著作権・特許権などの)知的所有権，知的財産．
in·tel·lec·tu·al·ize [ɪ̀ntəléktʃuəlàɪz] 動 他 …を知的に；知的に処理する[考える]．
― 自 知的になる；知的に考える[話す，書く]．
in·tel·lec·tu·al·ly [ɪ̀ntəléktʃuəli] 副 知的に，知性の点で．

in·tel·li·gence [ɪntélɪdʒəns]
【基本的意味は「知能 (the ability to think and understand well)」】
― 名 U **1** 知能，思考力，理解力；聡明(ﾒｲ)さ，利口さ: an *intelligence* quotient 知能指数 (《略語》IQ) / an *intelligence* test 知能検査 / artificial *intelligence* 人工知能 (《略語》AI) / a child with high [normal, low] *intelligence* 高い[普通の，低い]知能を持った子供 / The *intelligence* of dolphins is well known. イルカの聡明さはよく知られている．
2 (軍事などの) 情報，報道 (information)；[単数・複数扱い] 情報(収集)部，諜報(ﾁｮｳ)機関: *intelligence* gathering 情報収集 / an *intelligence* agent スパイ / the *intelligence* bureau (軍事情報を収集する)情報部 / the *intelligence* service 秘密情報機関 / the Central *Intelligence* Agency 米国中央情報局 (《略語》CIA).
(▷ 形 intélligent)

in·tel·li·gent [ɪntélɪdʒənt]
【原義は「(多くのものから)選ぶ力のある」】
― 形 **1** 知能の高い，理解力のある，聡明(ﾒｲ)な，利口な (→ CLEVER 類義語): an *intelligent* boy [animal] 頭のよい少年[動物] / It was *intelligent* of her to point out the mistake. その間違いを指摘するなんて彼女は頭がいい．
2 《コンピュータ》データ[情報]処理機能を持つ；(ビルなどが)インテリジェントな《コンピュータで空調を集中管理するなど》． (▷ 名 intélligence)
in·tel·li·gent·ly [ɪntélɪdʒəntli] 副 聡明(ﾒｲ)に．
in·tel·li·gent·si·a [ɪntèlɪdʒéntsiə, -ɡéntsiə] 【ロシア】名 U [通例 the ～；集合的に；単数・複数扱い] 知識階級，インテリ．
in·tel·li·gi·bil·i·ty [ɪntèlɪdʒəbɪ́ləti] 名 U 理解できること，明瞭(ﾘｮｳ)さ．
in·tel·li·gi·ble [ɪntélɪdʒəbl] 形 (話などが)〔人に〕理解できる，明瞭(ﾘｮｳ)な [*to*]: dialects that are mutually *intelligible* 相互に理解できる方言．
in·tel·li·gi·bly [-bli] 副 わかりやすく，明瞭に．
In·tel·sat [ɪ́ntelsæt] 名 固 インテルサット，国際電気通信衛星機構；C インテルサット通信衛星 (*In*ternational *Tele*communications *Sat*ellite Consortium の略).
in·tem·per·ance [ɪntémpərəns] 名 U 《格式》不節制，放縦(ﾀﾞﾜ)，過度；(酒の)暴飲，飲酒癖．
in·tem·per·ate [ɪntémpərət] 形 《格式》不節制な，過度の；暴飲の，大酒を飲む．

in·tend [ɪnténd]
【原義は「(気持ちを)向ける」】
― 動 (三単現 **in·tends** [-téndz]；過去・過分 **in·tend·ed** [～ɪd]；現分 **in·tend·ing** [～ɪŋ])
― 他 **1** (a) [intend+to do [doing]] …するつもりである (◇ be going to do や be thinking of doing のほうが口語的): I *intend* to write back at once. すぐに返事を書くつもりです / I *intended* to have written back by yesterday. きのうまでに返事を書くつもりだったんだが(書かなかった)(◇ to have done は完了不定詞；

→ TO 圖 21) / What do you *intend* doing after lunch?—I *intend* to go to the gym. 昼食のあと何をするつもりですか―ジムに行くつもりです. (b) [intend+that 節] …というつもりである: I *intend that* my promise (should) be carried out at once. 約束はすぐに実行するつもりです (◇ should を用いるのは《主に英》).

2 [intend+O+to do]〈人〉に…させるつもりである: I *intend* (for) my child *to* be a doctor. 私は子供を医者にするつもりです (◇ for を用いるのは《米口語》).

3 [しばしば受け身で]〈人・もの〉を[…のために/…として]用いるつもりである, 予定する [*for/as*]; […するように] 意図する [*to do*]: This bunch of flower *is intended for* you. この花束はあなたへの贈り物です / I *intended* it *as* a joke. それは冗談のつもりでした.

4 …のつもりである, …を意図する: What do you *intend* by sending me such a letter? こんな手紙をよこすなんて, (あなたは)どういうつもりですか.
(▷ 图 inténtion, 形 intént)

in·tend·ed [inténdid] 形 **1** [限定用法] 意図的な, 故意の. **2** 《古風》婚約した, いいなずけの.
— 图 C [one's ~]《古風・こっけい》婚約者.

in·tense [inténs] 〖原義は「引き伸ばされた」〗
— 形 (比較 in·tens·er [~ər], more in·tense; 最上 in·tens·est [~ist], most in·tense) **1** (程度が) 激しい, 極度の: *intense* cold [heat] 極寒 [猛暑] / an *intense* flavor 強烈な味 / He was moaning with *intense* pain. 彼は激痛にうめいていた. **2** (感情・行為などが) 激しい, 熱烈な; […に]熱心な [*in*]: The discussion was very *intense*. その議論は白熱したものだった.

3 (人が) 感情的になりやすい, 情熱的な: *intense* love 熱愛. (▷ 图 inténsity)

in·tense·ly [inténsli] 副 強烈に, 激しく; 熱心に.
in·ten·si·fi·ca·tion [intènsəfikéiʃən] 图 U 強めること, 強化; 増大.
in·ten·si·fi·er [inténsəfàiər] 图 C 強めるもの [人]; 〖文法〗強意語 (intensive)(◇ very, quite, do のように, 語句の意味を強める語).
*in·ten·si·fy [inténsəfài] 動 (三単現 in·ten·si·fies [~z]; 過去・過分 in·ten·si·fied [~d]; 現分 in·ten·si·fy·ing [~iŋ]) 他 …を強める, 激しくする; 増強する. —自 強く[激しく]なる.
*in·ten·si·ty [inténsəti] 图 U 強烈さ, 激しさ; 熱心さ: the *intensity* of the cold 厳しい寒さ.
(▷ 形 inténse)

*in·ten·sive [inténsiv] 形 **1** 集中的な, 徹底的な;〈農業・経済などが〉集約的な (↔ extensive): *intensive* reading 精読 / *intensive* farming 〖agriculture〗集約農業. **2**〖文法〗強意の.
— 图 C〖文法〗強意語 (intensifier).
◆ inténsive cáre ùnit C (重症患者のための) 集中治療室 (《略語》ICU).

in·ten·sive·ly [inténsivli] 副 集中 [集約] 的に.
*in·tent [intént] 形 **1** 熱心な, 真剣な, 一生懸命な, 一心な: an *intent* face 真剣な顔.

2 [叙述用法]…に熱中して, 没頭 [専念]して [*on, upon*]; […しようと]熱心で, 一生懸命 […]しようとして [*on (doing)*]: He is *intent on* promotion [*getting* promoted]. 彼は昇進しようと懸命です.

— 图 U《格式》[…する] 意図, 目的; […しようとする] (悪い) たくらみ, 意図 [*to do*]: with *intent to do* …する目的で / criminal *intent*〖法〗犯意.
■ *to áll inténts (and púrposes)*《主に口語》どの点から見ても; 事実上. (▷ 動 inténd)

*in·ten·tion [inténʃən] 图 **1** U C […する] 意図, 意向, 意志; 目的 [*to do, of doing*]: by *intention* わざと, 故意に / with good *intentions* 善意から / with the *intention of doing* …するつもりで / without *intention* 何げなく; うっかり / I have no *intention to* support them. 私は彼らを支持するつもりはない / Her *intention* was [It was her *intention*] to go to New York. 彼女はニューヨークへ行くつもりだった.

2 [~s]《口語》結婚の意志. (▷ 動 inténd)

*in·ten·tion·al [inténʃənəl] 形 (特に悪いことについて) 故意の, 意図的な, 計画的な (deliberate)(↔ accidental): an *intentional* insult 意図的な侮辱.

in·ten·tion·al·ly [-nəli] 副 故意に, 計画的に.

in·tent·ly [inténtli] 副 一心 [熱心] に; 熱中して.
in·ter [intə́r] 動 (三単現 in·ters [~z]; 過去・過分 in·terred [~d]; 現分 in·ter·ring [-tə́riŋ]) 他《格式》(bury) を埋葬する (↔ disinter).
in·ter- [intər] 接頭「中, 間」「相互の[に]」の意を表す: *inter*city 都市間の / *inter*national 国際的な.
*in·ter·act [intərǽkt] 動 自 […と]相互に作用する, 互いに影響し合う [*with*].
*in·ter·ac·tion [intərǽkʃən] 图 U C […間の/…との] 相互作用, 相互の影響 [*between/with*].
*in·ter·ac·tive [intərǽktiv] 形 相互に作用する, 互いに影響し合う;〖コンピュータ〗対話式 [双方向] の.

in·ter·breed [intərbríːd] 動 (三単現 in·ter·breeds [-bríːdz]; 過去・過分 in·ter·bred [-bréd]; 現分 in·ter·breed·ing [~iŋ]) 他〈動植物〉を […と] 異種交配させる [*with*]. —自〈動植物が〉[…と] 異種交配する [*with*]; 雑種を形成する.

in·ter·cede [intərsíːd] 動 自《文語》仲裁する, [人に/人のために] とりなす [*with/for*]; […を] 嘆願する [*for*]: He interceded with the president *for* my son. 彼は私の息子のことを社長にとりなしてくれた. (▷ 图 intercéssion)

*in·ter·cept [intərsépt] 動 他 **1** …を途中で奪う [捕らえる], 横取りする; 〈通信など〉を傍受する, 盗聴する: Detectives *intercepted* him at the airport. 刑事たちは空港で彼を取り押さえた.

2 〈光・熱など〉を […から] さえぎる, 遮断する [*from*]. **3** 〈逃亡など〉を阻止する, 妨げる. **4**〖軍〗〈敵の飛行機・ミサイルなど〉を迎撃する. **5**〖球技〗〈パスされたボール〉を途中で奪う, インターセプトする.

in·ter·cep·tion [intərsépʃən] 图 U C **1** 途中で捕らえる [奪う] こと, 横取り; (通信の) 傍受; 遮断; 妨害. **2**〖軍〗迎撃. **3**〖球技〗インターセプト.
in·ter·cep·tor [intərséptər] 图 C **1**〖軍〗迎撃機 [ミサイル]. **2** 横取り [阻止する] 人 [もの].
in·ter·ces·sion [intərséʃən] 图 **1** U […との] 仲裁, 調停, とりなし, 斡旋 (あっせん) [*with*]. **2** U C [キ

リスト](人のためにする)祈願[嘆願].
(▷ 動 intercéde)

in·ter·ces·sor [ìntərsésər] 名 C 仲裁者, 調停者, とりなす人, 斡旋(ホミ)者.

***in·ter·change** [ìntərtʃéindʒ] 動 1 (2者の間で)…を交換する, 互いにやり取りする, 取り交わす: *interchange* gifts 贈り物をやり取りする.
2 …を[…と]交換する, 交替させる[*with*]. 3 (2つのもの)を置き換える, 入れ替える.
— 自 (2者が)入れ替わる, 交替する.
— 名 [íntərtʃèindʒ] 1 U C 交換, やり取り; 交替: *interchange* of personnel 人事交流 / *interchange* of pleasures and pains 楽しみと苦しみの交錯. 2 C (高速道路の)インターチェンジ.

in·ter·change·a·ble [ìntərtʃéindʒəbl] 形 (2者が)交換できる, 交替できる, 互換性がある; [叙述用法][…と]取り換えが利く[*with*].
in·ter·change·a·bly [-bli] 副 交換可能で, 交換[交替]できるように; 交替に.

in·ter·cit·y [ìntərsíti] 形 [通例, 限定用法] 都市間の; (交通などが高速で) 都市と都市を結ぶ.
— 名 [the I-] (イギリスの)都市間高速列車, インターシティ.

in·ter·col·le·giate [ìntərkəlíːdʒiət] 形 (米) 大学間の, 大学連合[対抗]の, インカレの: an *intercollegiate* football game 大学対抗のフットボール試合.

in·ter·com [íntərkàm / -kɔ̀m] 名 C (船・飛行機・会社などの)内部通話装置, インカム (◇ *intercommunication system* [*unit*] の略).

in·ter·com·mu·ni·cate [ìntərkəmjúːnikèit] 動 自 1 […と]通信し合う[*with*]. 2 (部屋などが)[…と]行き来できる[*with*].

in·ter·com·mu·ni·ca·tion [ìntərkəmjùːnikéiʃən] 名 U 相互の通信[交流].
◆ intercommunicátion sỳstem [ùnit] = INTERCOM(↑).

in·ter·con·nect [ìntərkənékt] 動 自 […と]相互に連結[連絡]する[*with*].
— 他 …を相互に連結[連絡]させる.

in·ter·con·ti·nen·tal [ìntərkàntənéntəl / -kɔ̀n-] 形 大陸間の, 大陸をつなぐ.
◆ intercontinéntal ballístic míssile C 《軍》 大陸間弾道ミサイル[弾] (《略語》 ICBM).

‡**in·ter·course** [íntərkɔ̀rs] 名 C 《格式》
1 性交, 肉体関係: sexual *intercourse* 性交.
2 《古風》 (…と / …間の)交際, 交流, 交通, 行き来 [*with* / *between*] (◇ 1 の意味に誤解される恐れがあるので注意): diplomatic *intercourse* 外交関係, 国交.

in·ter·cul·tu·ral [ìntərkʌ́ltʃərəl] 形 文化間の.

in·ter·de·part·men·tal [ìntərdìːpɑːrtméntəl / -dìpɑːrt-] 形 各部[省, 局]間の; 学部[学科]間の.

in·ter·de·pend·ence [ìntərdipéndəns] 名 U 相互依存, 助け合い.

in·ter·de·pend·ent [ìntərdipéndənt] 形 相互に依存する, 持ちつ持たれつの.

in·ter·dict [íntərdìkt] 動 他 1 《法》 [人に]…を禁止する[*to*]. 2 《カトリック》 …の職務を停止する.

— 名 [íntərdìkt] C 1 《法》 禁止(命令), 禁制. 2 《カトリック》 職務停止.

in·ter·dis·ci·pli·nar·y [ìntərdísəplənèri / -plìnəri] 形 学際的な, 2 学科(以上)がかかわる: *interdisciplinary* studies 学際的な研究.

***in·ter·est** [íntrəst, -tərèst] 名
【「inter (…の間に) + est (あるもの)」から】
— 名 (複 **in·ter·ests** [-rəsts, -rèsts])
1 U [または an ~] [… に対する] 興味, 関心 [*in*]: I have no *interest in* rock. 私はロックに興味がない / After the war most people came to take a great [keen] *interest in* politics. 戦後は国民の大半が政治にとても関心を持つようになった / I thought this movie might be of *interest* to you. 私はこの映画があなたの興味を引くかもしれないと思ったのですが.

コロケーション	興味を…
興味を失う:	*lose interest*
興味をそそる:	*arouse* [*stimulate*] *interest*
興味を引く:	*hold …'s interest*
興味を持つ:	*have* [*show, express*] *interest*

2 C 興味の対象, 関心事; 趣味: a person with wide [narrow] *interests* 興味の多い[少ない]人 / What is your main *interest*?—It is soccer. あなたが一番興味あるのは何ですか—サッカーです.
3 C [しばしば~s] 利益, ため: safeguard …'s *interests* …の利益を保護する / He pursued his own *interests* in business. 彼は仕事で自分の利益を追求した / This project will be in the public *interest*. この計画は公共の利益につながる.
4 U […の]利息, 利子[*on*]: at high *interest* 高利で / simple [compound] *interest* 単[複]利 / You must pay ten percent *interest on* the loan. あなたは貸付金に対して10パーセントの利息を払わなくてはならない.
5 C […への]利害関係; […の]利権, 株[*in*]: a conflict of *interests* 利害の衝突 / He has an *interest in* this project. 彼はこの事業に関与している / My father had an *interest in* that firm. 私の父はその会社に出資していた.
6 [the ~s; 集合的に; 複数扱い] (利害を同じくする)同業者, 関係者: the steel *interests* 鉄鋼業者.
■ **hàve …'s ínterests at heart** …のためを心から思っている.

in the ínterest(s) of … …の(利益の)ために: Police power should be strengthened *in the interest of* public safety. 公安のために警察力を強化すべきである.

to …'s ínterest …の(利益の)ために: It is not *to your interest* to refuse. 断るのはあなたのためにならない.

with ínterest 1 興味を持って: I read this book *with* much *interest*. 私はこの本を興味深く読んだ. 2 利息を付けて.

— 動 他 1 〈人に〉[…への]興味を抱かせる, 関心を持たせる[*in*]: It may *interest* you to know that he quit his job. 耳よりな話だと思いますが, 彼は仕事をやめたのです / Could I *interest* you *in* (buying) this painting? この絵はいかがでしょ

うか(お求めになりませんか).
2 [(人)を[…に]関係させる, 参加させる [*in*]: I tried to *interest* John *in* our project. 私はジョンを私たちの事業に参加させようとした.
■ *ínterest onesélf in ...* …に興味を持つ; …に利害関係を持つ: I *interested myself in* his plan. 私は彼の計画に興味を持った.
◆ ínterest gròup [C] 利益集団《共通の利害・関心などを持つ集団》.
ínterest ràte [C] 利(子)率.

‡in·ter·est·ed [íntrəstɪd, -tərèst-]
— 形 **1** (a) 興味[関心]を持った: an *interested* look 興味がありそうな顔つき.
(b) [be interested in ...] …に興味[関心]がある(◇ in のあとは名詞または動名詞): My grandfather *is interested in* shrines and temples. 私の祖父は神社仏閣に興味を持っている / Tom *is* very *interested in* collecting butterflies. トムは蝶(ﾁｮｳ)の収集にとても興味がある. (c) [be interested+to do] …することに興味[関心]がある: We're *interested to* know your opinion. 私たちはあなたのご意見をおうかがいしたいのです.
2 […に] 利害関係がある, 関係している [*in*]; 私心のある: *interested* parties 〖法〗利害関係者.
in·ter·est·ed·ly [〜li] 副 興味を持って.

‡in·ter·est·ing [íntrəstɪŋ, -tərèst-]
【基本的意味は「関心を引く (attracting someone's attention)」】
— 形 (a) […に] 興味を起こさせる, 面白い [*to, for*] (↔ dull): an *interesting* story [man] 面白い話 [男] / This article is *interesting* to me. この記事は私には興味深い. (b) [It is interesting+to do [that 節]] …するのは […ということは] 興味深い: *It is interesting to* listen to him. 彼の話を聞くのは面白い / *It's interesting that* the incident was not reported on TV. 面白いことに, その事件はテレビで報道されなかった.
(c) [be interesting+to do] (人・物事を)…するのは興味深い: The chemistry experiment *was interesting* to watch. その化学の実験は見ていて面白かった(= It was *interesting* to watch the chemistry experiment). (関連語) amusing 楽しくさせる / entertaining (芸能などが)楽しい / exciting 興奮させる / funny おかしい)

in·ter·est·ing·ly [íntrəstɪŋli, -tərèst-] 副 興味深く; [文修飾] 面白いことに.

in·ter·face [íntərfèɪs] 名 [C] **1** […の間の] 境界面, 接触面; 接点, 共通領域 [*between*]. **2** 〖コンピュータ〗インターフェース《ユーザー・ソフトウェア・ハードウェア間の接点もしくは接点となる機器》.
— 動 [他] …を […と] インターフェースで連結 [連動] する [*with*]. — [自] **1** […と] インターフェースで連結 [連動] する [*with*]. **2** […と] 交流する, 協力する [*with*].

‡in·ter·fere [ìntərfíər] 動 [自] **1** […に] 干渉する, 口出しする, 介入する [*in*]: Don't *interfere in* others' affairs. 他人のことに口出ししてはいけない.
2 […の] じゃまをする, […を] 妨害する [*with*]:

Their interests *interfere with* ours. 彼らの利害と私たちの利害は衝突している / Don't let play *interfere with* business. 遊びが仕事のじゃまになってはいけない. **3** (英・婉曲) [女性・子供に] 暴行する [*with*].

‡in·ter·fer·ence [ìntərfíərəns] 名 **1** [U] […への] 干渉, 口出し, 介入 [*in, with*].
2 [U] […への] 妨害, 障害; 衝突 [*with*]. **3** [U] 〖電波などの〗干渉 (ラジオの) 混信, 受信障害. **4** [C] 〖スポーツ〗妨害行為, インターフェア.

in·ter·fer·on [ìntərfíərɑn / -rɔn] 名 [U] 〖生化〗インターフェロン《抗ウイルス作用があるたんぱく質》.

in·ter·ga·lac·tic [ìntərgəlǽktɪk] 形 〖天文〗銀河系間の.

in·ter·im [íntərɪm] 形 [限定用法] 中間の; 当座の, 臨時の, 仮の: an *interim* report 中間報告.
— 名 [U][C] [通例 the 〜] = ínterim pèriod 合間: in the *interim* その間(ｱｲﾀﾞ)に, さしあたり.

‡in·te·ri·or [ɪntíəriər]
— 形 [限定用法] **1** 内部の, 内側の; 室内の (↔ exterior): the *interior* decoration [design] 室内装飾 / The *interior* walls were painted light blue. 内壁はライトブルーに塗られた.
2 内陸の, 内地の; 奥地の: an *interior* village 奥地の村. **3** 内面的な, 内心の, 精神的な.
— 名 [C] **1** [通例, 単数形で] 内部, 内側; 室内 (↔ exterior): the *interior of* the building 建物の内部 / The car's *interior* is quite large. その車の車内はかなり広い. **2** [the 〜] 内陸部, 奥地: the *interior of* Tibet チベットの奥地. **3** [the 〜] 内政, 内務: the Department [Secretary] of the *Interior*《米》内務省 [長官].
◆ intérior décorator [desígner] [C] インテリアデザイナー, 室内装飾家.

interj. (略語) = *interjection* (↓).

in·ter·ject [ìntərdʒékt] 動 [他] (人の発言中に) 不意に〈言葉など〉をさしはさむ.
— [自] (人の発言中に) 不意に言葉をさしはさむ.

‡in·ter·jec·tion [ìntərdʒékʃən] 名 **1** [C] 〖文法〗間投詞, 感嘆詞 ((略語) interj.) (→ 文法).
2 [U] (言葉・叫びなどを) 不意にさしはさむこと, 不意の発声 [叫び, 言葉]; 感嘆.

文法 **間投詞 (interjection)**

間投詞は, 喜び・悲しみ・驚き・苦痛などを表したり, 人の注目を引くために用いる言葉です.

Wow! You look very nice!
喜び (わあ, あなたとてもすてきですよ)
Ah, me! She didn't come after all!
悲しみ (ああ, ついに彼女は来なかった)
Oh, my! The window is broken!
驚き (おや, 窓が割れているよ)
Ouch! The crab pinched my finger!
苦痛 (痛いっ, カニに指をはさまれた)
Hey! You dropped your wallet!
呼びかけ (おい, さいふを落としたよ)

in·ter·lace [ìntərléis] 動 他 〈ひもなど〉を[…と]より合わせる、織り交ぜる、組み合わせる [*with*].
— 自 織り交ざる、絡み合う、組み合わさる.

in·ter·lard [ìntərlɑ́ːrd] 動 他 《文語》〈文章・談話など〉に[…を]混ぜる、挿入する [*with*].

in·ter·link [ìntərlíŋk] 動 他 …を[…と]連絡する、つなぎ合わせる [*with*].

in·ter·lock [ìntərlák / -lɔ́k] 動 他 …を組み合わせる、連結させる; 連動させる.
— 自 組み合わさる、連結する; 連動する.

in·ter·loc·u·tor [ìntərlɑ́kjutər / -lɔ́k-] 名 C 《格式》対話者、対談者、話し相手.

in·ter·lop·er [íntərlòupər] 名 C 干渉する人、出しゃばり者; 不法侵入者.

in·ter·lude [íntərlùːd] 名 C **1** 合間; 合間の出来事: a brief *interlude* of peace between wars 戦争と戦争の間のつかの間の平和. **2** 幕あい、幕あいの小演芸《劇》. **3** 《音楽》間奏曲.

in·ter·mar·riage [ìntərmǽridʒ] 名 U **1** 〈異なる人種・宗教・階級間の〉結婚、国際結婚. **2** 近親[血族]結婚.

in·ter·mar·ry [ìntərmǽri] 動 (三単現 **in·ter·mar·ries** [~z]; 過去・過分 **in·ter·mar·ried** [~d]; 現分 **in·ter·mar·ry·ing** [~iŋ]) 自 **1** 〈異なる人種・宗教・階級の人と〉結婚する、国際結婚をする [*with*].
2 […と] 近親[血族]結婚をする [*with*].

in·ter·me·di·ar·y [ìntərmíːdièri / -diəri] 名 (複 **in·ter·me·di·ar·ies** [~z]) C […の間の]仲介者、仲裁人 [*between*]; 仲介(の手段): serve [act] as an *intermediary* 仲介する、橋渡しをする.
— 形 仲介の、仲裁の; 中間の.

‡**in·ter·me·di·ate** [ìntərmíːdiət] 形 […の]中間の [*between*]; 中級の: the *intermediate* course 中級コース《課程》.
— 名 C 中間物、仲介者.

◆ intermédiate ránge ballístic míssile C 中距離弾道ミサイル[弾]《略語》IRBM.

intermédiate schóol C 《米》中学校《juniorhigh school》; 高等小学校《4年生から6年生までの小学校》.

in·ter·ment [ìntə́ːrmənt] 名 C U 《格式》埋葬.

in·ter·mez·zo [ìntərmétsou] 【イタリア】 名 C (複 **in·ter·mez·zos** [~z], **in·ter·mez·zi** [-métsiː]) C 《音楽》間奏曲; 〈劇などの〉幕あいの演芸《劇》.

in·ter·mi·na·ble [ìntə́ːrmənəbl] 形 《通例、軽蔑》果てしない; 長たらしい、だらだらと続く.
in·ter·mi·na·bly [-bli] 副 果てしなく.

in·ter·min·gle [ìntərmíŋgl] 動 自 […と]混ざる [*with*]. 他 …を[…と]混ぜる [*with*].

in·ter·mis·sion [ìntərmíʃən] 名 **1** U C 休止、中断. **2** C 《主に米》〈演劇などの〉幕あい、休憩時間《英》interval》; 〈試合の前半と後半の間の〉休憩時間.

■ *withòut intermíssion* 絶え間なく、休みなく.

in·ter·mit·tent [ìntərmítənt] 形 時々途切れる、断続的な; 間欠[周期]的な: an *intermittent* spring 間欠泉《geyser》 / *intermittent* fever 〖医〗間欠熱 / Tomorrow's weather will be cloudy with *intermittent* snow. あすの天気は曇り時々雪でしょう.

in·ter·mit·tent·ly [~li] 副 断続的に; 間欠的に.
in·ter·mix [ìntərmíks] 動 =INTERMINGLE (↑).
in·tern[1], **in·terne** [íntəːrn] 名 C 《米》インターン、医学研修生 《英》houseman.
in·tern[2] [ìntə́ːrn] 動 他 〈捕虜など〉を(一定の区域内に)抑留[収容]する.

‡**in·ter·nal** [ìntə́ːrnəl] 形 [比較なし] **1** 《通例、限定用法》内部の《略語》int.》(↔ external); 体内の; 〈薬が〉内服の: *internal* organs 内臓 / *internal* bleeding 内出血. **2** 国内の、内政の. **3** 内面的な、本質的な; 精神的な.

◆ intérnal combústion èngine C 内燃機関.

intérnal médicine U 内科、内科学.

intérnal révenue [the ~] 《米》内国税収入《英》inland revenue》.

Intérnal Révenue Sèrvice [the ~] 《米》国税庁、内国歳入庁《略語》IRS.

in·ter·nal·ize [ìntə́ːrnəlàiz] 動 他 …を内面化する; 〈習慣・思想・価値観など〉を(学習・経験によって)自分のものにする、吸収する、身につける.

in·ter·nal·ly [ìntə́ːrnəli] 副 **1** 内部に; 内面的に; 精神的に. **2** 国内で; 内部から.

‡**in·ter·na·tion·al** [ìntərnǽʃənəl] 形 名
【「inter (…の間) + national (国の)」から】
— 形 **国際的な**、国家間の、国際上の《略語》intl.): *international* law 国際法 / an *international* exhibition 万国博覧会 / New Tokyo *International* Airport 新東京国際空港《成田空港》 / An *international* conference will be held in Tokyo next month. 来月東京で国際会議が開かれます.
— 名 C 《英》国際競技会; 国際競技会出場者.

◆ Internátional Atómic Énergy Ágency [the ~] 国際原子力機関《略語》IAEA.

Internátional Cóurt of Jústice [the ~] 国際司法裁判所《略語》ICJ.

internátional dáte line [the ~; しばしば I-D-L-] 国際日付変更線《date line》.

Internátional Lábor Organizàtion [the ~] 国際労働機関《略語》ILO.

Internátional Mónetary Fùnd [the ~] 国際通貨基金《略語》IMF.

Internátional Olýmpic Commíttee [the ~] 国際オリンピック委員会《略語》IOC.

in·ter·na·tion·al·ism [ìntərnǽʃənəlìzəm] 名 U 国際主義(↔ nationalism); 国際性.

in·ter·na·tion·al·ist [ìntərnǽʃənəlist] 名 C 国際主義者.

in·ter·na·tion·al·i·za·tion [ìntərnǽʃənəlizéiʃən / -nəlai-] 名 U 国際化; 国際管理化.

in·ter·na·tion·al·ize [ìntərnǽʃənəlàiz] 動 他 …を国際的にする; 国際管理下に置く.

in·ter·na·tion·al·ly [ìntərnǽʃənəli] 副 国際的に、国際上、国家間で.

in·ter·ne·cine [ìntərníːsən, -nés- / -níːsain] 形 《格式》互いに殺し合う[滅ぼし合う]、共倒れの.

in·tern·ee [ìntəːrníː] 名 C 被抑留者; 捕虜.

‡**In·ter·net** [íntərnèt] 名 [the ~] **インターネット**《コンピュータを用いた世界規模の情報通信ネットワーク

in·tern·ist [íntə:rnist] 名 C 《米》内科医.

in·tern·ment [intə́:rnmənt] 名 **1** U 抑留, 留置, 収容. **2** C 抑留[留置, 収容]期間.
◆ intérnment càmp C 捕虜収容所.

in·ter·pen·e·trate [ìntərpénətrèit] 動 他 …に浸透する. — 自 互いに浸透し合う.

in·ter·per·son·al [ìntərpə́:rsənəl] 形 個人間の, 対人関係の.

in·ter·phone [íntərfòun] 名 C 《米》(船・会社などの)内部[構内]電話, インカム (intercom).

in·ter·plan·e·tar·y [ìntərplǽnətèri / -itəri] 形 《限定用法》《天文》惑星間の.

in·ter·play [íntərplèi] 名 U [… / …の間の]相互作用; 交錯 [*of* / *between*].

In·ter·pol [íntərpòul / -pɔ̀l] 名 C 国際刑事警察機構, インターポール (◇ *In*ternational Criminal *Pol*ice Organization の略).

in·ter·po·late [intə́:rpəlèit] 動 他 《格式》 **1** 〈文書〉に〈修正〉語句を書き込む, 改ざんする; 〈(修正)語句〉を […に]書き込む[*into*]. **2** …に口をはさむ.

in·ter·po·la·tion [intə̀:rpəléiʃən] 名 U C 《格式》(文書への)書き込み; (意見など)をさしはさむこと.

in·ter·pose [ìntərpóuz] 動 《格式》他 **1** …を […(の間)に]置く, 入れる, 挿入する [*in*, *between*, *among*]. **2** 〈異議など〉をさしはさむ.

‡in·ter·pret [intə́:rprit] 『原義は「間に立って世話する」』動 他 **1** …を解釈する, 説明する; …を […と]解釈[判断]する [*as*]: I *interpreted* her silence *as* consent. 私は彼女の沈黙を同意と見なした. **2** …を通訳する: His speech was *interpreted* into Russian. 彼の講演はロシア語に通訳された. **3** (自分の解釈に従って)…を演じる, 演出 [演奏]する: *interpret* the role of King Lear リア王の役を独自の解釈で演じる.
— 自 通訳する: Will you please *interpret* for me? 私の通訳をしていただけませんか.
(▷ 名 intèrprétátion)

‡in·ter·pre·ta·tion [intə̀:rprit éiʃən] 名 U C **1** 解釈, 説明; (夢などの)判断: put [place] an *interpretation* on … …に(ひとつの)解釈を与える / *Interpretation* of the law must be strict. 法律の解釈は厳格であるべきです. **2** 通訳(すること): simultaneous *interpretation* 同時通訳. **3** (独自の解釈による)演技, 演出, 演奏: He became famous for his original *interpretation* of "King Lear." 彼は『リア王』の独創的な演出で有名になった. (▷ 動 íntérpret)

in·ter·pre·ta·tive [intə́:rprətèitiv / -tətiv] 形 解釈 [説明]の, 説明 [解釈]的な; 通訳の.

‡in·ter·pret·er [intə́:rpritər] 名 C **1** 通訳(者): a simultaneous *interpreter* 同時通訳者. **2** 解釈者, 解説者; 演出家.

in·ter·ra·cial [ìntəréiʃəl] 形 (異)人種間の.

in·ter·reg·num [ìntərrégnəm] 名 (複 **in·ter·reg·nums** [~z], **in·ter·reg·na** [-nə]) C 国王・元首の)空位期間; (内閣総辞職などによる)政治の空白期間; 休止 [中絶]期間.

in·ter·re·late [ìntərriléit] 動 他 …を相互に関係させる [関係づける].
— 自 […と]相関関係にある [*with*].

in·ter·re·lat·ed [ìntərriléitid] 形 […と]相関関係にある [*with*].

in·ter·re·la·tion [ìntərriléiʃən] 名 U C 相互 [相関]関係.

in·ter·re·la·tion·ship [ìntərriléiʃənʃip] 名 = INTERRELATION (↑).

in·ter·ro·gate [intérəgèit] 動 他 **1** …に質問する (ask); …を尋問する, 取り調べる. **2** 〈コンピュータ〉に応答指令信号を送る, 問い合わせる.

in·ter·ro·ga·tion [intèrəgéiʃən] 名 U C 質問, 尋問.
◆ interrogátion màrk [pòint] C 疑問符 (?) (question mark).

in·ter·rog·a·tive [ìntərágətiv / -rɔ́g-] 名 《文法》[the ~] = interrogative séntence 疑問文 (→ QUESTION (文法)); C 疑問詞 (→ 次ページ (文法)). — 形 **1** 《文法》疑問の. **2** 《格式》不審そうな, 物を問いたげな.
◆ interrógative ádjective C 疑問形容詞.
interrógative ádverb C 疑問副詞.
interrógative prónoun C 疑問代名詞.

in·ter·ro·ga·tor [intérəgèitər] 名 C 質問者; 尋問者.

in·ter·rog·a·to·ry [ìntərágətɔ̀:ri / -rɔ́gətəri] 形 《格式》疑問の, 質問の; 不審そうな.

‡in·ter·rupt [ìntərʌ́pt] 『inter (…の間を) + rupt (破壊する)」から』
— 動 (三単現 **in·ter·rupts** [-rʌ́pts]; 過去・過分 **in·ter·rupt·ed** [~id]; 現分 **in·ter·rupt·ing** [~iŋ])
— 他 **1** […で]〈話し手・作業者・話など〉の**じゃまをする**, …を妨害する [*with*]: *interrupt* the speaker *with* questions 質問して話し手のじゃまをする / Don't *interrupt* me while I'm reading. 私の読書中にじゃまをしないでください / Excuse me for *interrupting* you, but may I talk to you for a second? お仕事 [お話]中すみませんが, ちょっとお話ししてもよろしいですか.
2 〈仕事など〉を中断する, 中止する: The telephone call *interrupted* his work. 電話が入ったので彼は仕事を中断した / The TV program was *interrupted* by a news bulletin. そのテレビ番組は臨時ニュースによって中断された.
3 〈視野など〉をさえぎる: That high-rise apartment *interrupts* the view. その高層マンションが眺めをさえぎている.
— 自 **1** じゃまする, 口出しをする: Excuse me for *interrupting*. お話し中すみません / Don't *interrupt* while I'm working. 仕事中はじゃまをするな.
2 中断する.

‡in·ter·rup·tion [ìntərʌ́pʃən] 名 U C 中断; 妨害, じゃま; 不通; C 妨害物, じゃま物: traffic *interruption* due to heavy snow 大雪による交通の途絶 / without *interruption* 絶えず, 絶え間なく.

in·ter·scho·las·tic [ìntərskəlǽstik] 形 (中学・高校の) 学校間の, 学校対抗の.

in·ter·sect [ìntərsékt] 動 他 **1** …と交差する, 交わる. **2** [しばしば受け身で] …を横切る.
— 自 (線・面などが) 交差する, 交わる.

※**in·ter·sec·tion** [ìntərsékʃən] 名 **1** C (道路の) 交差点 (crossroads): Walk along this street until the third *intersection*, and turn left. この通りを3つ目の交差点まで歩いて左に曲がってください.
2 U 交差; 横断, 横切ること.

in·ter·sperse [ìntərspə́ːrs] 動 他 [しばしば受け身で] …をまき散らす, 散在させる; …に […を] 点在させる, 変化をそえる [*with*]: the sky *interspersed with* stars 星屑が散らばっている空.

in·ter·state [ìntərstéit] 形 [限定用法] 州間の, 州連合の: an *interstate* highway 州間幹線道路.
— 名 C [時に I-] (米) 州間高速道路.

in·ter·stel·lar [ìntərstélər] 形 [限定用法] 星間の, 惑星間の.

in·ter·stice [intə́ːrstis] 名 C [通例 ~s] (格式) すき間, 割れ目, 裂け目 (in).

in·ter·twine [ìntərtwáin] 動 他 …を […と] 絡み合わせる, 織り合わせる, 織り込む [*with*]: The fence was all *intertwined with* ivy. その柵 (さく) にはツタが一面に絡み付いていた.
— 自 […と] 絡み [もつれ] 合う [*with*].

in·ter·ur·ban [ìntərə́ːrbən] 形 [限定用法] 都市間の: *interurban* highways 都市間高速道路.

in·ter·val [íntərvəl]

【原義は「柵 (さく)・壁の間のすき間」】
— 名 (複 in·ter·vals [~z]) C **1** (時間の) 間隔, 隔たり, 合間; 休止期間: an *interval* of five years 5年の隔たり / at regular *intervals* 一定の間隔で / She got back to work after a short *interval*. 彼女は短い休みのあと仕事に戻った.
2 (場所の) 間隔, 隔たり, 距離: at *intervals* of fifty meters 50メートル置きに / Cars on expressways should maintain a proper *interval*. 高速道路では適切な車間距離を保つべきである.
3 (英) (芝居・音楽などの) 幕あい, 休憩時間 ((米) intermission).
4 【音楽】音程.
■ **at intervals** 時々; とびとびに, 所々に.
in the interval その合間に.

※**in·ter·vene** [ìntərvíːn] 動 自 **1** [2つの物事・時期の間に] 起こる, 入る, 介在する; じゃまに入る [*between*]: About a month *intervenes between* Thanksgiving and Christmas. 感謝祭とクリスマスとの間には約1か月ある.
2 […の] 仲裁をする [*in, between*]; […に] 干渉する [*in*]: *intervene in* a dispute 争議の仲裁をする.

in·ter·ven·ing [ìntərvíːniŋ] 形 [限定用法] (時間・ものが) 間にある, 間にはさまれた: during the *intervening* years その間の数年間に.

※**in·ter·ven·tion** [ìntərvénʃən] 名 CU **1** 仲裁, 調停; 介入, 干渉: We oppose any other country's armed *intervention* in this dispute. 私たちはこの紛争に対する第三国の軍事介入に反対する.
2 間に入ること, 介在.

in·ter·view [íntərvjùː]

名 動 「「inter (…の間に) + view (見ること)」で, 「面接」」
— 名 (複 in·ter·views [~z]) C […との / 就職などの] 面接, 面談 [*with* / *for*]; 会談, 対談: a job *interview* 就職の面接 / have an *interview with* … と会見 [面談] をする / She will have an *interview for* a job at a computer company next week. 彼女は来週コンピュータ会社の面接試験がある.

文法 疑問詞 (interrogative)

❶ **疑問代名詞 who, which, what**
文中で主語・目的語・補語の働きをします.
Who arrived first? — Tom (did).
主語　(だれが最初に着きましたか — トムです)
Which is your hat? — The blue one.
補語　(どれがあなたの帽子ですか — 青いのです)
Who did you see at the party? — Jane.
目的語　(あなたはパーティーでだれに会いましたか — ジェーンです)
What are you looking for? — My glasses.
前置詞の目的語
　　(あなたは何を探しているのですか — 眼鏡です)

❷ **疑問副詞 when, where, why, how**
時・場所・理由・方法などを表します.
When does the final begin? — At seven.
時　(決勝は何時に始まりますか — 7時です)
Where did you take this photo? — In Cairo.
場所　(どこでこの写真を撮りましたか — カイロです)
Why are you late? — Because I missed the bus.
理由　(なぜ遅刻したのですか — バスに乗り遅れたからです)
How do you come to school? — By bus.
方法　(あなたはどうやって学校に来ますか — バスで来ます)

❸ **疑問形容詞 what, which, whose**
名詞を修飾します.
What language does he speak? — French.
(彼は何語を話しますか — フランス語です)
Which pencil is yours? — The short one.
(どちらの鉛筆があなたのですか — 短いほうです)
Whose umbrella is this? — (It's) Mine.
(これはだれの傘ですか — 私のです)

2 (記者などの) **インタビュー**, 取材訪問; [...との] (公式の) 会見 [*with*]: a television [press] *interview* テレビ [記者] 会見 / The president gave an *interview* to the reporters. 大統領は記者会見を行った.
— 動 他 **1** 〈人〉と面接する; 〈人〉に [就職などのための] 面接試験をする [*for*]: Ten candidates were *interviewed for* the job. 10人の志願者が就職の面接を受けた. **2** 〈人〉に [...について] インタビューする [*about*]: The reporters *interviewed* the celebrity *about* the scandal. 記者たちはその有名人にスキャンダルについてインタビューした.

in·ter·view·ee [ìntɚvjuíː] 名 C 面接を受ける人, インタビューされる人.
in·ter·view·er [íntɚvjùːɚr] 名 C インタビューする人, インタビューアー; (就職試験などの) 面接者.
in·ter·weave [ìntɚwíːv] 動 (三単現 **in·ter·weaves** [~z]; 過去 **in·ter·wove** [-wóuv]; 過分 **in·ter·wo·ven** [-wóuvən]; 現分 **in·ter·weav·ing** [-iŋ]) 他 ...を [...に] 織り交ぜる, 織り込む, 編み合わせる; 混ぜ合わせる [*with*].
in·tes·tate [intésteit] 形 (通例, 叙述用法) 法 遺言状を残さない; die *intestate* 遺言を残さずに死ぬ.
in·tes·tin·al [intéstənəl] 形 (通例, 限定用法) 腸の: an *intestinal* disorder 腸の障害 [疾患].
in·tes·tine [intéstin] 名 C (通例 ~s) 解剖 腸: the large [small] *intestine* 大 [小] 腸.
*in·ti·ma·cy** [íntəməsi] 名 (複 **in·ti·ma·cies** [~z]) **1** U [...との] 親密さ, 親交; [...の] 詳しい知識 [*with*]: They are on terms of *intimacy with* each other. 彼らは互いに親しい間柄である. **2** C (しばしば複数形で) 愛情表現 (キス・抱擁など). **3** U (婉曲) [...との] 情交, (不倫の) 肉体関係 [*with*].
‡**in·ti·mate**[1] [íntəmət] 形 **1** [...と] 親密な, 親しい [*with*]: an *intimate* friend 親友 (◇ a close [good] friend の方が一般的). **2** 親しみのある, くつろげる. **3** (限定用法) 個人的な, 私的な (private); 内密の; 内心の, 心の底からの: one's *intimate* affairs 私事. **4** (限定用法) (知識などが) 詳しい, 詳細な, 深い: She has an *intimate* knowledge of astrology. 彼女は星占いに詳しい.
5 (婉曲) [...と] 肉体関係にある [*with*].
■ be on íntimate térms with ... ...と親密な関係である; (婉曲) ...と肉体関係にある.
— 名 C (しばしば one's ~) 親友.
(▷ 名 íntimacy)
in·ti·mate[2] [íntəmèit] 動 他 (格式) ...をほのめかす; [人に / ...と] それとなく知らせる, 遠回しに言う, ほのめかす [*to* / *that* 節] (→ SUGGEST 類義語).
in·ti·mate·ly [íntəmətli] 副 親密に, 親しく; 心 (の底) から.
in·ti·ma·tion [ìntəméiʃən] 名 U C (格式) [...の / ...との] ほのめかし, 暗示 [*of* / *that* 節]; 通告, 公表. (▷ 動 íntimate[2])
in·tim·i·date [intímədèit] 動 他 ...を脅す [...]; 〈人〉を脅して [...] させる [*into*]: The hijackers *intimidated* the passengers *into* silence. 乗っ取り犯は乗客を脅して黙らせた.
in·tim·i·dat·ing [intímədèitiŋ] 形 (人を) 威嚇(ぃ)するような, おびえさせるような, 恐ろしい.
in·tim·i·da·tion [intìmədéiʃən] 名 U C 脅し, 威嚇(ぃ), 脅迫.
intl., int'l (略語) = *international*.

*****in·to** [(子音の前) íntə; (母音の前) íntu; (強) íntuː]
【「in (中) + to (...へ)」から】

① [運動・動作の方向] ...の中へ [に]. **1**
② [変化・結果] ...に (なる, 変わる). **2**
③ [状態・活動] ...に (陥って); ...に (従事して). **3**
④ [時間的移行・経過] ...になるまで. **4**

— 前 **1** [運動・動作の方向] **...の中へ [に]**, ...の方向へ [に] (↔ out of; → 図): put all ingredients *into* a blender すべての材料をミキサーに入れる / speak *into* a microphone マイクに向かってしゃべる / Knock before you go *into* a room. 部屋に入る前にノックしなさい / She dived *into* the sea. 彼女は海に飛び込んだ / I threw a stone *into* the pond. 私は石を池の中へ投げ込んだ.
語法 (口語) では into の代わりに in を用いることがある. ただし, in は「(移動の結果) その中で静止した状態」を, into は「中への移動, 帰着点」を強調する: The child fell *into* [*in*] a hole. その子は穴に落ちた.

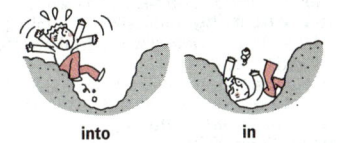

into   in

2 [変化・結果] **...に** (なる, 変わる): change *into* a dress ドレスに着替える / burst *into* tears 突然泣き出す / cut a pizza *into* six ピザを6つに切る / Milk is made *into* cheese. 牛乳でチーズを作る / Please translate this passage *into* Japanese. この文章を日本語に訳してください / He persuaded his son *into* going to college. 彼は息子を説得して大学へ行かせた.
3 [状態・活動] 〈ある状態〉に (陥って); 〈活動など〉に (従事して): slide *into* a depression 憂うつになる / conduct research *into* genes 遺伝子の研究をする / Most people came *into* difficulties after the war. 戦後ほとんどの人が生活苦に陥った.
4 [時間的移行・経過] **...になるまで**: I had to study far *into* the night. 私は夜遅くまで勉強しなければならなかった / His stay extended *into* September. 彼の滞在は9月まで延びた.
5 [衝突・接触・出会い] ...にぶつかって (against): The car crashed *into* the guardrail. その車はガードレールにぶつかった / I ran *into* my cousin in town this morning. 私はけさ町でいとこに出くわした. **6** (口語) ...に夢中になって: She has been *into* aerobics for years. 彼女はここ何年かエアロビクスに夢中になっている. **7** (割り算で) ...を割って: 7 *into* 21 is [goes] 3. 21割る7は3 [21÷7=3] (= 21 divided by 7 is 3.).

in·tol·er·a·ble [intάlərəbl / -tɔ́l-] 形 (痛み・圧力などが) 耐えられない, 非常に激しい: *intolerable* pain 耐えがたいほど激しい痛み.
in·tol·er·a·bly [-bli] 副 耐えられないほど.

in·tol·er·ance [intάlərəns / -tɔ́l-] 名 U 1 (異なる意見・考え方に対する) 許容度のなさ, 度量の狭さ; 排他性. 2 耐えられないこと [状態].

***in·tol·er·ant** [intάlərənt / -tɔ́l-] 形 《通例, 軽蔑》[異なる意見・考え方などが] 許容[我慢]できない; (人が) 寛容でなく, 度量の狭い [*of*]: Many people are *intolerant* of the beliefs of others. 他人の信念に寛容でない人は多い.

in·tol·er·ant·ly [~li] 副 寛容でなく; 我慢できず.

***in·to·na·tion** [ìntənéiʃən] 名 1 U C 音声 イントネーション, 音調; (声の) 抑揚. 2 U 《音楽》 (楽器・声などの) 音調, 声調.

in·tone [intóun] 動 他 〈祈りなど〉を吟唱する, 単調に唱える.

in to·to [in tóutou] 【ラテン】 副 全体として; 完全に, すっかり.

in·tox·i·cant [intάksikənt / -tɔ́ks-] 名 C (人を) 酔わせるもの, 酒, アルコール飲料 (◇ 総称).

in·tox·i·cat·ed [intάksikèitid / -tɔ́ks-] 形
1 酔った, 酩酊した. 2 […に] うっとりした, 興奮している; […に] 夢中になった [*by, with*]: The audience were *intoxicated by* [*with*] her songs. 聴衆は彼女の歌声にうっとりすると聞き入った.

in·tox·i·cat·ing [intάksikèitiŋ / -tɔ́ks-] 形
1 (人を) 酔わせる: *intoxicating* drinks 酒, アルコール飲料. 2 夢中にさせる.

in·tox·i·ca·tion [intὰksikéiʃən / -tɔ̀ks-] 名 U 1 (酒に) 酔った状態, 酩酊. 2 興奮, 陶酔.

intr. (略語) = *intransitive* ( ).

in·tra- [intrə] 接頭 「…の範囲内の, 内部 [内側] の」の意を表す (↔ extra-): *intra*state 州内の / *intra*venous 静脈内の.

in·trac·ta·ble [intræktəbl] 形 《格式》 (人が) 頑固な, 強情な; (問題などが) 扱いにくい, 手に負えない.

in·tra·mu·ral [ìntrəmjúərəl] 形 《米》 学内だけの, 学内対抗の (↔ extramural).

in·tra·net [íntrənèt] 名 C 《コンピュータ》 イントラネット (企業内・組織内のネットワーク).

in·tran·si·gence [intrǽnsidʒəns] 名 U 《格式・軽蔑》 妥協しないこと, 頑固.

in·tran·si·gent [intrǽnsidʒənt] 形 《格式・軽蔑》 (政治的意見などで) 妥協しない, 頑固な.

in·tran·si·tive [intrǽnsətiv, -zə-] 形 《文法》 自動詞の (《略語》 intr., intr.) (↔ transitive).
— 名 C = **intránsitive vérb** 自動詞 (《略語》 vi, v.i.; → 巻末「文型について」).

in·tra·state [ìntrəstéit] 形 《米》 州内の.

in·tra·ve·nous [ìntrəvíːnəs] 形 《医》 静脈の, 静脈内の; 点滴の: an *intravenous* injection 静脈注射. — 名 C 静脈注射; 点滴 (《略語》 IV).

in·trench [intréntʃ] 動 = ENTRENCH.

in·trep·id [intrépid] 形 《格式》 恐れを知らない, 勇敢な, 大胆不敵な.

in·tri·ca·cy [íntrikəsi] 名 (複 **in·tri·ca·cies** [~z]) 1 U 複雑さ. 2 C 《通例, 複数形で》入り組んだ構造, 複雑なもの [こと], 込み入った部分.

***in·tri·cate** [íntrikət] 形 複雑な, 入り組んだ, 込み入った (→ COMPLEX 類義語): an *intricate* pattern 込み入った [複雑な] 模様.
in·tri·cate·ly [~li] 副 複雑に, 入り組んで.

in·trigue [intríːɡ] 動 他 〈人の〉 好奇心をそそる, 興味を引き起こす: Lisa was *intrigued* by the wall painting. リサはその壁画に強く引かれた.
— 自 《文語》 [人に対して] 陰謀を企てる, ひそかに策をめぐらす [*against*].
— 名 [íntriːɡ, intríːɡ] U C 策謀, 謀略: a political *intrigue* 政治的陰謀.

***in·tri·gu·ing** [intríːɡiŋ] 形 好奇心をそそる, 興味津々(しんしん)の: an *intriguing* fact 興味深い事実.
in·tri·gu·ing·ly [~li] 副 興味深く.

in·trin·sic [intrínsik, -zik] 形 《格式》 (性質・価値などが) 本来備わっている; […に] 本質的な, 固有の [*to, in*]: *intrinsic* value 本来の価値.

in·trin·si·cal·ly [intrínsikəli, -zi-] 副 《格式》 生まれながらに; 本来, 本質的に, 固有に.

in·tro [íntrou] 名 (複 **in·tros** [~z]) C 《口語》 (談話などの) 序論, (音楽の) イントロ, 序奏 (◇ *introduction* の略).

in·tro- [intrə] 接頭 「中で, 中へ (into), 内側へ (inward)」の意を表す (↔ extro-): *intro*duce 導入する / *intro*vert 内向的な人.

*****in·tro·duce** [ìntrədjúːs / -djúːs]

【「intro (中へ) + duce (導く)」から】
— 動 (三単現 **in·tro·duc·es** [~iz]; 過去・過分 **in·tro·duced** [~t]; 現分 **in·tro·duc·ing** [~iŋ])
— 他 1 〈人〉を […に] 紹介する [*to*] (→ NICE **LET'S TALK**): Let [Allow] me *introduce* myself. My name is Steve Smith. 自己紹介させていただきます. 私はスティーブ・スミスと申します / He *introduced* me *to* the transfer student. 彼は私をその転校生に紹介してくれた / May I *introduce* you *to* my friend, John? 私の友人のジョンを紹介します.

語法 (1) 格式ばった場では上のような introduce を使った表現を用いる. くだけた場では次のような表現を用いることが多い: Hi, I'm Steve Smith. こんにちは. スティーブ・スミスです (◇ 自己紹介) / Kate, meet my friend. ケイト, 友達を紹介するよ (◇ 人の紹介).
(2) 人を紹介するときの代名詞には this を用いる: David, *this* is Janet. デイビッド, こちらがジャネットです.

2 〈流行・風習・技術・思想など〉を […に] 導入する, 取り入れる, もたらす [*to, into*]: *introduce* new technology *into* a factory 新しい技術を工場に導入する / This is the magazine famous for *introducing* the latest fashion. これが最新の流行を紹介するので有名な雑誌です.

3 〈人〉に〈新しいものを〉経験させる, 手ほどきする, 教える [*to*]: He *introduced* me *to* the tea ceremony. 彼は私に茶道の手ほどきをしてくれた.

4 〈議案など〉を […に] 提出する [*to, before*]; 〈話題など〉を […に] 持ち出す [*into*]: The government *introduced* a new bill *to* the parliament. 政府は新法案を議会に提出した. 5 〈話・演奏など〉を

introduction / **invaluable**

[…で] 始める [with, by]: He *introduced* his speech *by* telling a joke. 彼は冗談を言って話を切り出した. **6**《格式》…を […に] 入れる, 挿入する [*into*]. (▷ 名 introdúction; 形 introdúctory)

in・tro・duc・tion [ìntrədʌ́kʃən]

—名 (複 in・tro・duc・tions [~z]) **1** ⓊⒸ[しばしば ~s] […への] 紹介, 披露; 紹介状 [*to*]: a letter of *introduction* 紹介状 / give ... an *introduction* to Mr. Smith …にスミスさんへの紹介状を書いてやる / I'll make the *introductions*. 私が(みなさんの)紹介をしましょう / Thank you for your *introduction*. ご紹介いただきありがとうございます.
2 Ⓤ[…への] 導入, 採用, 伝来; Ⓒ導入[採用]されたもの [*into, to*]: the *introduction* of new technology *into* a factory 工場への新しい技術の導入 / the *introduction* of foreign capital 外資導入 / The *introduction* of computers has changed the way of business. コンピュータの導入は仕事のやり方を変えた.
3 Ⓒ[通例 one's ~] […の] 初めての体験 [*to*]: It was my first *introduction* to reggae music. それがきっかけでレゲエを聞くようになった.
4 Ⓒ(本・話などの) 序論, 前置き [*to*]. **5** Ⓒ[…の] 入門(書), 序説 [*to*]: an *introduction* to American literature アメリカ文学入門. **6** Ⓒ【音楽】序奏, 導入部, イントロ.

in・tro・duc・to・ry [ìntrədʌ́ktəri] 形 《通例, 限定用法》 **1** 紹介の; 始まりの, 導入の: an *introductory* chapter 序章. **2** 入門の, 手ほどきの. **3** (価格などの) 新商品販売促進のための.

in・tro・spec・tion [ìntrəspékʃən] 名 Ⓤ 内省, 自己分析.

in・tro・spec・tive [ìntrəspéktiv] 形 内省的な, 自己分析の.

in・tro・ver・sion [ìntrəvə́ːrʒən / -ʃən] 名 Ⓤ 【心理】内向性.

in・tro・vert [íntrəvə̀ːrt] 名 Ⓒ【心理】内向的な人, 内気でもの静かな人 (↔ extrovert).
— 形 内向的な (introverted).

in・tro・vert・ed [íntrəvə̀ːrtid] 形 内向的な, 内向性の, 自分にしか関心がない (↔ extroverted).

*__in・trude__ [intrúːd] 動 ⾃ […に] 侵入する, 割り込む [*into*]; […の] じゃまをする [*on, upon*]: I hope I'm not *intruding*. おじゃまではないでしょうね.
— 他 〈考え・意見などを〉〈人に〉 押しつける, 強いる [*on, upon*]; …を […に] 割り込ませる [*into*]: He often *intrudes* his prejudices *on* us. 彼はよく私たちに自分の偏見を押しつける. (▷ 名 intrúsion)

in・trud・er [intrúːdər] 名 Ⓒ 侵入 [乱入] 者; じゃまする人, 出しゃばる人.

in・tru・sion [intrúːʒən] 名 ⒸⓊ […への] 侵入 [*into*]; 妨害 (行為); (意見などの) […への] 押しつけ [*on, upon*]: Pardon this *intrusion*. おじゃまですみません. (▷ 動 intrúde)

in・tru・sive [intrúːsiv] 形 じゃまな, 出しゃばりな, 押しつけがましい; 押し入る: *intrusive* neighbors 押しつけがましい隣人たち.

in・trust [intrʌ́st] 動 = ENTRUST 任せる.

in・tu・it [intjúːit / -tjúː-] 動《格式》他 …を直感 [直観] する, 直観的に知る.

*__in・tu・i・tion__ [ìntjuíʃən / -tju-] 名 **1** Ⓤ 直感, 直観, ひらめき: a flash of *intuition* 直観的なひらめき / by *intuition* 直感で, 直観的に / My *intuition* told me she was not telling the truth. 私は彼女は本当のことを言っていないと直感した. **2** Ⓒ 直観的な認識 [判断]: have an *intuition* that … …だと直観的に判断する.

in・tu・i・tive [intjúːətiv / -tjúː-] 形 直感 [ひらめき] の, 直観的な.
in・tu・i・tive・ly [~li] 副 直感で, 直観的に.

In・u・it [ínjuit] 【原義は「人間」】 名 (複 **In・u・its** [-its], **In・u・it**) **1** Ⓒ イヌイット人《北米北部やグリーンランドに住む民族. 他の民族も含めて Eskimo に代わる語として用いることもある》. **2** Ⓤ イヌイット語.

in・un・date [ínəndèit] 動 他 [しばしば受け身で] **1** 《格式》…を水浸しにする (flood): The heavy rain *inundated* the village. 大雨で村は浸水した. **2** …を […で] 満たす; […が] 殺到する [*with*]: They were *inundated with* complaints. 彼らの所に苦情が殺到した.

in・un・da・tion [ìnəndéiʃən] 名 ⒸⓊ **1** 《格式》洪水; 水浸し状態. **2** (要求・応募などの) 殺到.

in・ure [injúər] 動 他《格式》《通例, 受け身で》…を [主に不快・つらさに] 慣れさせる, 我慢強くさせる [*to*]: *inure* oneself *to* … …に慣れる.

*__in・vade__ [invéid] 動 他 **1** …を侵略する, …に武力侵攻する; (病気などが) …を襲う: Hitler *invaded* France in 1940. ヒトラーは1940年にフランスに侵攻した. **2** …に (多数で) 押し寄せる, なだれ込む: The beach is *invaded* with surfers in summer. 夏になると海岸にサーファーが押し寄せる.
3〈私生活・権利など〉を侵害する, …に干渉する: The actress claimed that news reporters were *invading* her privacy. その女優は報道関係者がプライバシーを侵害していると主張した.
— ⾃ **1** (武力で) 侵略する, 侵入する. **2** 大挙して押し寄せる. (▷ 名 invásion; 形 invásive)

*__in・vad・er__ [invéidər] 名 Ⓒ 侵略者, 侵入者.

*__in・va・lid__[1] [ínvəlid / -lìːd, -lìd] 名 Ⓒ (長期の) 病人, 病弱者《☆ invalid[2] との発音の違いに注意》.
— 形 **1** 病弱な, 重病の. **2** 病人用の: an *invalid* diet 病人食.
— 動 《通例, 受け身で》 …を病気 [けが] のために […から] 引退 [除籍, 退役] させる (*out*) [*of*]; …を病人として扱う.

in・val・id[2] [invǽlid] 形 (↔ valid) **1** 【法】 無効な, 効力のない. **2** 根拠がない, 説得力のない.

in・val・i・date [invǽlidèit] 動 他 …を無効にする, 失効させる.

in・val・i・da・tion [invæ̀lidéiʃən] 名 Ⓤ (書類・証明書などが) 有効でなくなること, 失効.

in・va・lid・i・ty [ìnvəlídəti] 名 Ⓤ **1** (法的に) 効力がないこと, 無効. **2** 病弱, (病気による) 就労不能.

*__in・val・u・a・ble__ [invǽljuəbl] 形 […にとって] 非常に価値のある, 貴重な, かけがえのない [*to*] (→ VALUABLE 類義語): *invaluable* advice 貴重な助言.

in·var·i·a·ble [invέəriəbl] 形 不変の, 変化のない, 一定の; 【数学】定数の.

in·var·i·a·bly [invέəriəbli] 副 変わることなく; 常に, 決まって: Grandpa *invariably* gets up at five. おじいちゃんは必ず5時に起きる.

***in·va·sion** [invéiʒən] 名 CU 1 [⋯への] 侵略, 武力侵攻 [*of*]; (病気などの) 侵入: Iraq's *invasion of* Kuwait イラクのクウェート侵攻. 2 [私生活・権利などの] 侵害 [*of*]: an *invasion of* privacy プライバシーの侵害. 3 殺到: an *invasion of* applicants 志願者の殺到.
(▷ **invade**)

in·va·sive [invéisiv] 形 侵略的な; (病気などが) 体をむしばんでいく, 体の組織を冒す. (▷ **invade**)

in·vec·tive [invéktiv] 名 U 《格式》毒舌, 悪口.

in·veigh [invéi] 動 自 《格式》[⋯を] 激しく非難する, ののしる [*against*].

in·vei·gle [invéigl] 動 他 《格式》〈人〉をだまして [⋯] させる; 〈人〉を [⋯に] 誘い込む; 言葉巧みに [⋯] させる [*into* (*doing*)]: The salesclerk *inveigled* me *into buying* the PC. 店員の巧みな言葉につられて私はそのパソコンを買ってしまった.

*in·vent [invént]
【原義は「出くわす」】
—— 動 (三単現 **in·vents** [-vénts]; 過去・過分 **in·vent·ed** [~id]; 現分 **in·vent·ing** [~iŋ])
—— 他 1 〈新しいもの・考え・方法など〉を**発明する**, 創り出す: Thomas Edison *invented* the motion-picture projector. トーマス=エジソンは映写機を発明した.
2 《しばしば軽蔑》〈物語・うそなど〉を作る, でっち上げる: *invent* an excuse 言い訳をこしらえる / Why did you *invent* such a story? なぜあなたはそんな話をでっち上げたのですか.

*in·ven·tion [invénʃən]
—— 名 (複 **in·ven·tions** [~z]) 1 U **発明**, 考案; 発明の才, 創造力: the *invention* of the radio ラジオの発明 / He has rich powers of *invention*. 彼には豊かな創造力がある / Necessity is the mother of *invention*. 《ことわざ》必要は発明の母.
2 C 発明品, 新案, 新工夫: a wonderful [great, brilliant] *invention* すばらしい発明品 / The company tried to promote its *invention* to Asian countries. その会社は自社の開発商品をアジア各国に売り込もうとした.
3 CU 作り話, 作り事, でっち上げ: The story is an obvious *invention*. その話は明らかなでっち上げだ.

in·ven·tive [invéntiv] 形 発明の才がある, 創意にあふれた [富んだ].
in·ven·tive·ness [~nəs] 名 U 発明の才, 創意.

***in·ven·tor** [invéntər] 名 C 発明家, 発明 [考案] 者.

in·ven·to·ry [ínvəntɔ̀ːri / -təri] 名 (複 **in·ven·to·ries** [~z]) 1 C 在庫一覧, (商品・資産) 目録: make [take] (an) *inventory* 目録 [一覧] を作る, 在庫を調べる. 2 U [集合的に] 《米》在庫品; 棚卸し: clear the *inventory* 在庫を一掃する.

in·ver·ness [ìnvərnés] 名 C インバネス 《取り外し可能な長いケープの付いた男性用コート》.

in·verse [invə́ːrs, ínvəːrs] 形 [通例, 限定用法] 1 順序が逆の, 逆の. 2 反比例の.
—— 名 1 U [the ~] 逆, 反対; 逆並びの: "Top" is the *inverse* of "pot." top は pot とつづりが逆である. 2 C 正反対のもの, 逆のこと. 3 C 【数学】逆数.
◆ ínverse propórtion U 【数学】反 [逆] 比例.

in·verse·ly [invə́ːrsli] 副 逆に, 反対に.

in·ver·sion [invə́ːrʒən / -ʃən] 名 CU 1 《格式》逆 (の状態), 逆転, 反転. 2 【文法】倒置, 語順転倒 (→次ページ **文法**).

in·vert [invə́ːrt] 動 他 《格式》1 ⋯の (前後・上下・内外) を逆にする: *invert* a glass コップを逆さにする. 2 〈立場・位置など〉を逆転させる, 反対にする. 3 【文法】⋯の順を倒置する.
◆ invérted cómmas [複数扱い] 《英》引用符 (' ' または " ") (quotation marks).

in·ver·te·brate [invə́ːrtəbrət, -brèit] 名 C 【動物】無脊椎(ツイ)動物.
—— 形 【動物】無脊椎の, 背骨のない.

***in·vest** [invést] 動 他 1 〈金など〉を [⋯に] 投資する; 〈時間・労力など〉を [⋯に] つぎ込む [*in*]: You should not *invest* all your money in that new company. あなたはその新会社に持ち金を全部投資すべきではありません. 2 [しばしば受け身で] 《格式》[権力・地位など] を 〈人〉に授ける, 付与する [*with*]: The new ambassador will be *invested with* full powers. 新しい大使は全権を与えられるだろう.
—— 自 [⋯に] 投資する, 資金をつぎ込む; [⋯を] 購入する [*in*]: The company decided to *invest in* the project. 会社はその事業への投資を決定した.

***in·ves·ti·gate** [invéstigèit] 動 他 〈原因など〉を (詳細に) 調査する, 捜査する, 研究する (→ EXAMINE 類語): *investigate* the cause of the explosion 爆発の原因を調査する. —— 自 [⋯を] 調査 [捜査, 研究] する [*into*]. (▷ 名 **investigàtion**)

*in·ves·ti·ga·tion [invèstigéiʃən]
【基本的意味は「調査 (a careful examination to discover the truth)」】
—— 名 (複 **in·ves·ti·ga·tions** [~z]) UC (詳しい) 調査, 研究; 捜査, 事実究明: a criminal [murder] *investigation* 犯罪 [殺人] の捜査 / the Federal Bureau of *Investigation* 米国連邦捜査局 《略記》FBI / The airport police are going to make [carry out] an *investigation* into the causes of the air crash. 空港警察はその飛行機事故の原因究明に乗り出す予定である / On closer *investigation*, the number of suspects was narrowed to five. 綿密な捜査の結果, 容疑者は5人に絞られた.
■ ùnder investigátion 調査 [捜査] 中で.
(▷ 動 **invéstigàte**)

in·ves·ti·ga·tive [invéstigèitiv / -gətiv] 形 調査の, 調査に関する: *investigative* journalism (新聞などの) 調査報道.

in·ves·ti·ga·tor [invéstigèitər] 名 C 1 刑

investiture / invitation

事, 捜査員. **2** 研究者, 調査員.
in・ves・ti・ture [invéstətʃər] 名 ©〖格式〗(官職などの)授与, 任官, 認証; 授与[任官, 認証]式.
in・vest・ment [invéstmənt] 名 **1** Ü投資, 出資. **2** ©［…への］投資[出資]額［*in*］: make an *investment* of ¥100 million in the project その事業へ1億円を出資する. **3** ©(金銭的な)投資の対象; (努力・助力などを)つぎ込む対象.
◆ invéstment trùst ÜC投資信託.
in・ves・tor [invéstər] 名 ©投資家, 出資者.
in・vet・er・ate [invétərət] 形〖限定用法〗〖軽蔑〗
1 (因襲・偏見などが) 根深い; (習慣・考え方などが) 固定化した, 頑固な: an *inveterate* prejudice 根強い偏見. **2** (病気などが) 慢性の, 常習的な: an *inveterate* liar よくうそをつく人.
in・vid・i・ous [invídiəs] 形 **1** (言葉・態度などが) 腹立たしい, しゃくな; 妬(ねた)み [恨み] を買うような: be in an *invidious* position 妬まれる立場にある. **2** 偏った, 不公平な; 不愉快な.
in・vig・i・late [invídʒəlèit] 動 他 自 《英》(…の)試験監督をする (《米》proctor).
in・vig・i・la・tor [invídʒəlèitər] 名 ©《英》試験監督(者) (《米》proctor).
in・vig・or・ate [invígərèit] 動 他〈人〉を活気づける, 活気を与える.
in・vig・or・at・ing [invígərèitiŋ] 形 活気づける, さわやかな: an *invigorating* early-morning walk さわやかな早朝の散歩.
in・vin・ci・ble [invínsəbl] 形〖通例ほめ言葉〗無敵の; (精神・考えなどが) 不屈の, 確固たる: the *Invincible* Armada (16世紀スペインの) 無敵艦隊.

in・vi・o・la・ble [ínváiələbl] 形〖格式〗破ってはならない, 神聖な: *inviolable* rights 不可侵の権利.
in・vi・o・late [ínváiələt] 形〖格式〗(約束などが) 破られていない, 侵されていない: The secret remained *inviolate*. 秘密は保たれたままだった.
in・vis・i・bil・i・ty [invìzəbíləti] 名 Ü 目に見えないこと, 不可視性.
‡**in・vis・i・ble** [invízəbl] 形 **1**［…に］見えない［*to*］, 不可視の (↔ visible): *invisible* rays 不可視光線 / *invisible to* the naked eye 肉眼では見えない. **2** 視野に(入ってい)ない; 姿を見せない: The girl kept herself *invisible* in the closet. 女の子はクローゼットに入ったまま姿を見せなかった.
3〖通例, 限定用法〗(資産・損益などが) 表面に出ない, 帳簿に記録されない.
— 名 **1** ©目に見えないもの. **2**［~s］貿易外取引項目《投資・保険・観光など》.
◆ invísible ínk Üあぶり出しインク.
invísible tráde Ü貿易外取引.
in・vis・i・bly [-bli] 副 目につかないほど, 目立たずに.

‡**in・vi・ta・tion** [invitéiʃən]
— 名 (複 **in・vi・ta・tions** [~z]) **1** ÜC［…への］招待,［…へ］招く［招かれる］こと［*to*］: a letter of *invitation* 招待状 / accept [decline] an *invitation* 招待を受ける [断る] / Entrance [Admission] by *Invitation* Only《掲示》招待者以外入場お断り / I've got an *invitation to* the party. 私はパーティーの招待を受けた (◇「招待状を受け取った」の意にもなるので, はっきりさせる場合は, 通例 I was asked to come to the party. のよ

文法 倒置・強調 (inversion・emphasis)

【倒置】
主語と(助)動詞の語順が逆になることを倒置と言います.

■ 疑問文 (詳しくは→QUESTION 文法)
Do you speak French?
(あなたはフランス語を話しますか)
Where are you from? ― I'm from China.
(どちらのご出身ですか ― 中国です)

■「so+(助)動詞+主語」
I'm hungry. ― So am I.
(お腹がすいた ― 私もです)
I like fishing. ― So do I.
(私は釣りが好きです ― 私も好きです)

【強調】
■ It is ~ that ...
Billy met Paul yesterday.
(ビリーはポールにきのう会った)
この文をIt is ~ that ... の文型で強調するには, It is のあとに強調したい語句を置きます.
It was Billy that met Paul yesterday.
主語を強調
(ポールときのう会ったのはビリーだった)

It was Paul that Billy met yesterday.
目的語を強調
(ビリーがきのう会ったのはポールだった)
It was yesterday that Billy met Paul.
副詞を強調
(ビリーがポールに会ったのはきのうだった)

■ 副詞(句)・補語・目的語を文頭に出す強調
倒置が起こることがあります.
Never have I met such a girl!
副詞　倒置
(あんな女の子には会ったことがない)
Great was his surprise when he heard it.
補語　倒置
(それを聞いたときの彼の驚きは大きかった)
This job he kept for ten years.
目的語 (この仕事を彼は10年間やり続けた)

■「do [does, did]+動詞の原形」
動詞の前にdo [does, did]を付けると動詞が強調されます. このdo [does, did]は強く発音します.
He did paint this picture.
(彼が確かにこの絵をかいた)

invite

うに言う) / Thank you for your kind *invitation*. お招きいただきありがとうございます.
2 C =invitátion càrd [...への]招待状, 案内状 [*to*]: I received an *invitation to* the party. 私はそのパーティーの招待状を受け取った / We sent out 300 *invitations to* our wedding. 私たちは結婚式の招待状を300通送った.
3 U C [...への]勧誘, 誘惑; [悪事などへの]誘因 [*to*]: An unlocked suitcase is an *invitation to* theft. かぎをかけないスーツケースはわざわざ盗んでくださいと言っているようなものだ. (▷ 動 invíte)

in・vite 動名
【原義は「尋ねる」】
— 動 [inváit] (三単現 **in・vites** [-váits]; 過去・過分 **in・vit・ed** [~id]; 現分 **in・vit・ing** [~iŋ])
— 他 **1** (a) [invite+O (+to ...)]〈人〉を (...に)**招待する**, 誘う: She *invited* him *to* the garden party. 彼女は彼を園遊会に招いた / It's very kind of you to *invite* me. ご招待いただきありがとうございます. (b) [invite+O+to do]〈人〉を...するように誘う, 招く: He *invited* his friends *to* have dinner with his family. 彼は友達を招いて家族と一緒に食事をした / She was *invited to* join the club. 彼女はそのクラブへの入会を誘われた.
2 [格式] (a) [invite+O]〈意見など〉を[人に]**求める**, 依頼する [*from*]: The speaker *invited* questions and comments *from* the audience. 発言者は聴衆に質問と感想を求めた.
(b) [invite+O+to do]〈人〉に...するよう頼む: He *invited* me *to* make a speech. 彼は私に講演を依頼してきた. **3**〈困難など〉を引き起こす, 招く: His reckless driving *invited* a traffic accident. 彼の無謀な運転が事故を招いた.

■ *invíte* ... *ín*〈人〉を家に招き入れる.
invíte ... *óut*〈人〉を(食事などに)誘い出す.
invíte ... *óver* [*aróund, róund*]〈人〉を[食事などに]自分の家へ招待する [*for*].
— 名 [ínvait] C [口語] 招待(状) (invitation). (▷ 名 invitátion)

*in・vit・ing [inváitiŋ] 形 人の心を引きつける, 魅力のある; 食欲をそそる: The pie looks very *inviting*. パイがおいしそうだね.

in・vit・ing・ly [inváitiŋli] 副 魅力的で; うまそうに.

in vi・tro [in ví:trou] 【原義は「ガラスの中で (in glass)」】【生物】動 試験管内で, 人工環境で, 体外で.
— 形 試験管内での, 人工環境での, 体外での: *in vitro* fertilization 体外 [試験管内] 受精.

in・vo・ca・tion [ìnvəkéiʃən] 名 C U 【文語】 **1** [神への] 祈り [*to*]; (儀式での) 初めの祈り (の言葉). **2** [援助・支援を求める] 訴え, 嘆願.

in・voice [ínvois] 名 C [商] (品目と代金が記された) 送り状, 仕切り状, インボイス, 請求書.
— 動 [商] 〈品物〉の送り状 [請求書] を送付する [*for*]; [人へ]〈品物〉の送り状を送付する [*to*]: He was *invoiced for* the computer. 彼の所にコンピュータの請求書が送られてきた.

in・voke [invóuk] 動 名 [格式] **1** 【法】...を行使する, 発動する, 〈法律〉に訴える; 〈原則など〉を引き合いに出す: *invoke* the law 法に訴える. **2**〈神〉に庇護(ひ)を祈る, 祈願する;〈援助・支持など〉を嘆願する. **3**〈霊など〉を呼び出す;〈感情など〉を呼び起こす.

in・vol・un・tar・i・ly [inv`ɒləntérəli / -vɒ́ləntərə-] 副 **1** 思わず; 知らず知らず. **2** 不本意ながら, しかたなく.

in・vol・un・tar・y [invɒ́ləntèri / -vɒ́ləntəri] 形 **1** 意志に反した, 不本意な, いやいやながらの. **2** 故意でない, 無意識の: an *involuntary* cry 思わず口に出た叫び. **3** 【生理】自ら制御できない, 不随意の: *involuntary* muscles 不随意筋.

in・volve [invɒ́lv / -vɒ́lv]【「in (中へ) + volve (巻く)」から】
— 動 (三単現 **in・volves** [~z]; 過去・過分 **in・volved** [~d]; 現分 **in・volv・ing** [~iŋ])
— 他 **1** [involve+O (+in ...)] ...を(災難・犯罪などに)**巻き込む**, かかわらせる: A slip of the tongue *involved* him *in* the quarrel. 彼は失言のせいでけんかに巻き込まれた / Nobody wanted to get *involved in* his private affairs. だれも彼の私事に巻き込まれたくなかった / The company's bankruptcy *involved* its business connections *in* financial difficulties. その会社の倒産で取引先は資金難に陥った.
2 [involve+O (+in ...)]〈人〉を(...に)**参加させる**, 加わらせる: *involve* him *in* a project 彼を計画に加わらせる / The effort to *involve* students *in* their community through volunteerism was successful. ボランティア活動を通して学生を地域社会に参加させる試みは成功した.
3 [通例, 進行形不可] ...を(必然的に)**含む**, 必要とする, 伴う; ...に影響する: The operation *involves* no risk. その手術に危険はない / This job *involves* high computing skills. この仕事は高度なコンピュータ操作の技術が必要です.

■ *invólve onesèlf* [...に] かかわる [*in*].

in・volved [invɒ́lvd / -vɒ́lvd]
— 形 **1** (a) [be [get] involved+in [with] ...] ...**と関係** [**関連**] **がある**, かかわりがある: *be involved with* [*in*] a crime 犯罪に関与する [巻き込まれる]. (b) [通例, 名詞のあとで] [...に] 関係している [*in, with*]: The reporter tried to have contact with the people *involved* in the accident. その記者は事故にあった人々に接触しようとした.
2 [通例, 叙述用法] [...に] 夢中である, 没頭している [*in, with*]; [人と] 親密な関係にある [*with*]: She was deeply *involved in* playing the piano. 彼女は熱心にピアノを弾いていた.
3 複雑な, 込み入った (→ COMPLEX 類義語).

*in・volve・ment [invɒ́lvmənt / -vɒ́lv-] 名 U **1** [...に] 巻き込まれること; [...との] かかわり合い, [...への] 参加, 関与, 介入 [*in, with*]: active *involvement* in the fundraising campaign 募金運動への積極的参加 / military *involvement* 軍事介入. **2** [...への] 熱中, 情熱, [人への] 愛着 [*in*].

in・vul・ner・a・bil・i・ty [inv`ʌlnərəbíləti] 名 U 不死身, すきがないこと, 難攻不落.

in・vul・ner・a・ble [invʌ́lnərəbl] 形 **1** 損害 [傷] を受けない, 不死身の. **2** [非難・攻撃などに対して]

弱点のない, すきのない, 難攻不落の《to》.

in·ward [ínwərd] 形《限定用法》 **1** 内部の, 内側の《にある》; 内側へ向かっての (↔ *outward*): an *inward* bend 内曲がり. **2** 心の中での, 内面での: *inward* feelings (表に出さない) 心の中の気持ち / smile an *inward* smile 心の中でにっこりする.
— 副 **1** 中へ, 内側へ (向かって) (↔ *outward*): push the door *inward* ドアを外側から内側へ押す. **2** (心の) 内面へ, 心の中へ.
◆ [~s] 《口語》はらわた, 腸.

in·ward·ly [ínwərdli] 副 **1** ひそかに; 心の中で, 内心では. **2** 内部で [へ], 内側で [へ].

in·wards [ínwərdz] 副《英》 = INWARD (↑).

I/O, i/o《略語》= *i*nput/*o*utput『コンピュータ』入出力.

IOC《略語》= *I*nternational *O*lympic *C*ommittee 国際オリンピック委員会.

i·o·dine [áɪədàɪn] 名 U **1**『化』ヨウ素, ヨード《元素記号 I》. **2**《口語》ヨードチンキ《消毒液》.

i·on [áɪən] 名 C『化』イオン《電気を帯びた原子(団)》.

-ion [jən, ((ʃ, ʒ, tʃ, dʒ)のあとでは) ən]《☆直前の音節に第1アクセントがある》接尾 動作·状態·結果などを表す名詞を作る: act*ion* 行動 / fus*ion* 融合.

I·o·ni·a [aɪóʊniə] 名 固 イオニア《小アジア西部地域の古称. 古代ギリシャの植民地》.

I·on·ic [aɪɑ́nɪk / -ɔ́n-] 形 **1**『建』イオニア式の: an *Ionic* column イオニア式円柱. **2** イオニア(人)の.

i·on·i·za·tion [àɪənɪzéɪʃən / -ənaɪ-] 名 U『化』イオン化, 電離.

i·on·ize [áɪənàɪz] 動 他 …をイオン化 [電離] する.
— 自 イオン化 [電離] する.

i·on·iz·er [áɪənàɪzər] 名 C イオン化装置.

i·on·o·sphere [aɪɑ́nəsfɪər / -ɔ́n-] 名 [the ~] 電離層 [圏]《成層圏の上にあり, 電波を反射する》.

i·o·ta [aɪóʊtə] 名 **1** C U イオタ (ι, Ι)《ギリシャ語アルファベットの9番目の文字; → GREEK 表》. **2** [an ~ / one ~; 通例, 否定文で] ごくわずか [の…]《*of*》: not an [one] *iota* of …. 少しも…がない.

IOU [àɪoʊjúː] 名 (複 **IOUs, IOU's** [~z]) C 借用証書《◇ *I owe you*. の発音に由来する》: an *IOU* for ¥1,000,000 100万円の借用証書.

I·o·wa [áɪəwə / -oʊə] 名 固 アイオワ《米国中部の州;《略語》Ia.;《郵略語》IA; → AMERICA 表》.

IP《略語》*I*nternet *p*rotocol インターネット上の通信規約.

IPA《略語》= *I*nternational *P*honetic *A*lphabet 国際音標文字.

IPO《略語》= *i*nitial *p*ublic *o*ffering《米》『証券』(株式の) 初上場.

IQ《略語》= *i*ntelligence *q*uotient 知能指数.

ir- [i] 接頭 [r で始まる語の前に付けて] = IN-: *ir*rational 不合理な / *ir*regular 不規則な / *ir*responsible 無責任な.

Ir.《略語》= *Ir*eland; *Ir*ish.

IRA [àɪəréɪ]《略語》= *I*rish *R*epublican *A*rmy アイルランド共和軍《北アイルランドの地下組織》.

I·ran [ɪrɑ́ːn, ɪræn] 名 固 イラン《アジア南西部にある共和国. 旧称 Persia; 首都テヘラン (Teh(e)ran)》.

I·ra·ni·an [ɪréɪniən, ɪrɑ́ːn-] 形 イランの; イラン人 [語] の; ペルシャ語の.
— 名 **1** C イラン人. **2** U イラン語; ペルシャ語.

I·raq [ɪrɑ́ːk, ɪrǽk] 名 固 イラク《アジア南西部にある共和国. 首都バグダッド (Baghdad)》.

I·ra·qi [ɪrɑ́ːki, ɪrǽ-] 形 イラクの; イラク人 [語] の.
— 名 (複 **I·ra·qi, I·ra·qis** [~z]) **1** C イラク人. **2** U イラク語.

i·ras·ci·bil·i·ty [ɪræsəbíləti] 名 U《格式》怒りっぽいこと, 短気, かんしゃく.

i·ras·ci·ble [ɪrǽsəbl] 形《格式》怒りっぽい, 短気な.

i·rate [aɪréɪt] 形 (不公正などに) 激怒した, 憤慨した.

IRBM《略語》= *i*ntermediate *r*ange *b*allistic *m*issile 中距離弾道ミサイル 〖弾〗.

ire [áɪər] 名 U《格式》怒り (anger).

Ire.《略語》= *Ire*land.

***Ire·land** [áɪərlənd] 名 固 **1** アイルランド島《グレートブリテン島の西にある. アイルランドと英国領北アイルランドから成る;《略語》Ir., Ire.》. **2** アイルランド《アイルランド島南部の共和国; 首都ダブリン (Dublin);《略語》Ir., Ire.》.　(▷ 形 Írish)

I·rene [aɪríːn / aɪríːni] 名 **1** アイリーン《◇女性の名》. **2** [aɪríːni]『ギ神』エイレネ《平和の女神. ローマ神話のパックス (Pax) にあたる》.

ir·i·des·cence [ɪrɪdésəns] 名 U 虹(ぷ) [玉虫] 色.
ir·i·des·cent [ɪrɪdésənt] 形 虹(ぷ) [玉虫] 色の.

i·rid·i·um [ɪrídiəm] 名 U『化』イリジウム《元素記号 Ir》.

i·ris [áɪərɪs] 名 (複 **i·ris·es** [~ɪz], **ir·i·des** [áɪərɪdìːz, ír-]) C **1**『解剖』(眼球の) 虹彩(`ポ`); (→ EYE 図). **2**『植』アイリス (の花)《アヤメ属の多年草》.

I·ris [áɪərɪs] 名 固 **1**『ギ神』イリス《虹(ぷ)の女神》. **2** アイリス《◇女性の名》.

***I·rish** [áɪərɪʃ] 形 アイルランドの; アイルランド人 [語] の 《略語》Ir.》. — 名 **1** [the ~; 複数扱い v] アイルランド人. **2** U アイルランド語 《◇ Irish Gaelic とも言う》; アイルランド英語 《略語》Ir.》.
　　　　　　　　　　　　　　　　　　　　(▷ 名 Íreland)

◆ Írish cóffee C U アイリッシュコーヒー《ウイスキーが入っていて生クリームが浮かべてある》.

Írish potáto C U《米》ジャガイモ (potato).

I·rish·man [áɪərɪʃmən] 名 (複 **I·rish·men** [-mən]) C アイルランド人男性.

I·rish·wom·an [áɪərɪʃwùmən] 名 (複 **I·rish·wom·en** [-wìmɪn]) C アイルランド人女性.

irk [ə́ːrk] 動 他 [通例 It を主語にして] 〈人〉をうんざり [いらいら] させる, 悩ます: It *irks* me to do such a thing. そんなことをするのはうんざりだ.

irk·some [ə́ːrksəm] 形《格式》うんざりする.

*****i·ron** [áɪərn] 《☆ 発音に注意》
名 形 動
— 名 (複 **i·rons** [~z]) **1** U 鉄《元素記号 Fe》;(食物·動物に含まれる) 鉄分: cast [wrought] *iron* 鋳 [鍛] 鉄 / as hard as *iron* (鉄のように) とても堅い / This chair is made of *iron*. この椅子は鉄でできている / Strike while the *iron* is hot. 《ことわざ》鉄は熱いうちに打て ⇒ 好機を逃すな.

2 U (鉄のように) 堅いこと, 強固; 冷酷なこと: a

man of *iron* 意志の強い人, 冷酷な人.
3 ⓒ アイロン; こて: a steam *iron* スチームアイロン / run [pass] an *iron* over a shirt シャツにアイロンをかける.
4 ⓒ 鉄製品; 鉄器: fire *irons* 暖炉用鉄具 (火かき棒・火ばさみなど).
5 ⓒ 〖ゴルフ〗アイアン 《ヘッドが金属製のクラブ》.
6 [～s] 〔主に文語〕 足かせ, 手かせ (fetters).
■ **hàve mány [óther] írons in the fíre** 同時にいろいろなことに手を出す.
rúle with a ród of íron [an íron hánd] 厳しく統治する.
―― 形 〔限定用法〕 鉄の, 鉄製の; 鉄のように堅い; 冷酷な: an *iron* pot 鉄製のポット / an *iron* will 堅い意志.
―― 動 ⾃ アイロンをかける; 〔通例 well, easily などの副詞を伴って〕 (布などが)アイロンがかかる: This cloth *irons* easily. この生地はアイロンがかけやすい. ―― 他 …にアイロンをかける.
■ ***íron óut*** ⽤ **1** …にアイロンをかける, …のしわをアイロンで伸ばす. **2** 〈問題・困難など〉を解決する.
◆ Íron Áge [the ～] 〖考古〗鉄器時代.
Íron Cúrtain [the ～] 鉄のカーテン 《旧ソ連・東欧の旧社会主義諸国と西欧諸国との間にあるとされた障壁》.
íron lády ⓒ 厳格で非情な女; [the I- L-] 鉄の女 《◇ Margaret Thatcher の異名》.
íron lúng ⓒ 鉄の肺 《人工呼吸装置》.
íron mán ⓒ 〔時に I- M-〕鉄人, タフな選手; トライアスロン 《◇過酷な三種競技を iron man race と言ったことから》.
íron rátions [複数扱い] (登山家や兵士などの) 非常用携帯食.
i·ron·clad [áiərnklǽd] 形 **1** 鉄板をかぶせた; (軍艦などが) 装甲の. **2** 〈契約などが〉厳格な.
―― [áiərnklæ̀d] ⓒ 〖史〗 = íronclad wárship (19世紀後半の)装甲艦.
i·ron·ic [airɑ́nik / -rɔ́n-], **i·ron·i·cal** [-kəl] 形 皮肉の, 反語的な; 皮肉好きな: with *ironic* politeness いんぎん無礼に. (▷ 名 irony)
i·ron·i·cal·ly [airɑ́nikəli / -rɔ́n-] 副 皮肉に, 反語的に; 〔文修飾〕皮肉にも.
i·ron·ing [áiərniŋ] 名 ⓤ **1** アイロンがけ: do the *ironing* アイロンがけをする. **2** 〔集合的に〕アイロンをかけた[かける]衣類.
◆ íroning bòard ⓒ アイロン台.
i·ron·mon·ger [áiərnmʌ̀ŋɡər] 名 ⓒ 《英》金物屋 《◇人》; [時に ～'s] 金物屋《◇店舗》.
i·ron·stone [áiərnstòun] 名 ⓤ **1** 〖鉱〗鉄鉱石, 鉄鉱. **2** 白色の硬質陶器.
i·ron·ware [áiərnwèər] 名 ⓤ 〔集合的に〕鉄製品; 鉄器; (台所用の)金物.
i·ron·work [áiərnwə̀ːrk] 名 **1** ⓤ 鉄製品.
2 [～s; 単数・複数扱い] 製鉄工場, 鉄工所.
***i·ro·ny** [áiərəni] 〖原義は「知らないふりをすること」〗 名 (複 **i·ro·nies** [～z]) **1** ⓤ 皮肉, あてこすり; 反語 《◇ sarcasm, satire ほどの悪意はない》. **2** ⓤ ⓒ 皮肉な状況 [結末], 皮肉な出来事 (巡り合わせ): the *irony* of fate 運命の巡り合わせ [皮肉].
(▷ 形 irónic)

ir·ra·di·ate [iréidièit] 動 他 **1** …に光を当てる, …を照らす. **2** …を啓発する; 〈事実など〉を明らかにする. **3** 〈顔など〉を [喜びなどで] 輝かす [with, by]. **4** 〈光など〉を発する; 〖医〗…を放射線照射で治療する; 〈食品など〉を放射線で処理する.
ir·ra·di·a·tion [irèidiéiʃən] 名 ⓤ **1** 発光, 放射; 輝き. **2** 〖医〗放射線照射[治療] (irradiation treatment). **3** 啓発, 解明.
***ir·ra·tion·al** [iréʃənəl] 形 **1** 不合理な, 理屈に合わない: *irrational* behavior [arguments] ばかげた行動 [議論]. **2** (動物などが)理性のない. **3** 〖数学〗無理(数)の.
ir·ra·tion·al·i·ty [iræ̀ʃənǽləti] 名 ⓤ 非 [不] 合理(性); 理性のないこと, 分別のないこと.
ir·ra·tion·al·ly [iréʃənəli] 副 不合理に; 理性を失って.
ir·rec·on·cil·a·ble [irèkənsáiləbl] 形 **1** (人などが)妥協 [和解] しない, 協調しない. **2** (思想・意見などが)〔…と〕調和しない; 両立しない [with]: *irreconcilable* differences 和解できない意見の相違《◇離婚の理由としてよく使われる表現》.
ir·re·cov·er·a·ble [irikʌ́vərəbl] 形 回収できない; 取り返しのつかない, 元通りにならない.
ir·re·deem·a·ble [iridíːməbl] 形 **1** 救いがたい, 取り返しのつかない: *irredeemable* mistakes 取り返しのつかないミス. **2** 買い戻しできない; 〈国債などが〉償還されない; 〈紙幣などが〉兌換(だかん)できない.
ir·re·duc·i·ble [iridjúːsəbl / -djúː-] 形 **1** 減らせない, 小さくできない: the *irreducible* minimum 最小限. **2** これ以上〔…に〕変えられない, 単純化できない [to].
ir·ref·u·ta·ble [irifjúːtəbl] 形 反論できない: *irrefutable* evidence 反論の余地のない証拠.
***ir·reg·u·lar** [iréɡjulər] 形 **1** 不規則な, 変則の: an *irregular* pulse 不整脈. **2** (形態・配置などが)そろわない; 平らでない, でこぼこの: an *irregular* coastline 入り組んだ海岸線 / *irregular* teeth 並びの悪い歯. **3** (行為などが)常軌を逸した, だらしのない: *irregular* behavior 不品行. **4** (手続きなどが)正規でない; 不正な, 不法な. **5** 〖軍〗正規軍 [兵] でない. **6** 〖文法〗不規則 (変化) の.
―― 名 ⓒ 〔通例 ～s〕〖軍〗(ゲリラなどの)不正規軍[兵]. (▷ 名 irregulárity)
◆ irrégular conjugátion ⓤ ⓒ 不規則活用.
irrégular vérb ⓒ 不規則動詞.
ir·reg·u·lar·i·ty [irèɡjulǽrəti] 名 (複 **ir·reg·u·lar·i·ties** [～z]) **1** ⓤ 不規則; 不ぞろい; 不定期. **2** 〔通例, 複数形で〕不規則なこと [もの]; 不ぞろいなもの; (道路などの)でこぼこ. **3** ⓒ 〔通例, 複数形で〕不行跡; 不品行. (▷ 形 irrégular)
ir·reg·u·lar·ly [iréɡjulərli] 副 不規則に, 変則的に, 不定期に; 不ぞろいで.
ir·rel·e·vance [iréləvəns] 名 **1** ⓤ 無関係; 見当違い, 的外れ. **2** ⓒ 無関係な事柄; 見当違いの事柄 [行為].
ir·rel·e·van·cy [iréləvənsi] 名 (複 **ir·rel·e·van·cies** [～z]) = IRRELEVANCE (↑).
***ir·rel·e·vant** [iréləvənt] 形 〔…に〕関係のない, 無関係の [to]; 見当違いの, 的外れの: Your remarks are completely *irrelevant to* this problem.

あなたの発言はこの問題にはまったく見当違いです.

ir·re·li·gious [irilídʒəs] 形《格式》無宗教の,反宗教の,不信心な,不敬な.

ir·re·me·di·a·ble [ìrimíːdiəbl] 形《格式》不治の,治療不能の;取り返しのつかない.

ir·rep·a·ra·ble [irépərəbl] 形 回復[修繕]できない;取り返しのつかない.

ir·rep·a·ra·bly [-bli] 副 取り返しのつかないほど.

ir·re·place·a·ble [ìripléisəbl] 形 かけがえのない;取り換えられない.

ir·re·press·i·ble [iriprésəbl] 形《感情などが》抑えられない,抑制できない.

ir·re·proach·a·ble [ìripróutʃəbl] 形《格式》非の打ちどころのない,申し分ない.

ir·re·sist·i·ble [irizístəbl] 形 1《感情などが》抑え切れない,《魅力的で》我慢できない;魅力的な,愛らしい: an *irresistible* impulse [urge] 抑え切れない衝動. 2《力などが》打ち勝てない,抵抗できない: an *irresistible* force 不可抗力.

ir·re·sist·i·bly [irizístəbli] 副 いやおうなく.

ir·res·o·lute [irézəlùːt] 形《格式》ためらっている;優柔不断の,決断力のない.

ir·res·o·lute·ly [～li] 副 優柔不断で,ぐずぐずと.

ir·re·spec·tive [irispéktiv] 形《次の成句で》
■ *irrespective of ...*《前置詞的に》…にかかわらず,関係なく: We must do it *irrespective of* whether we like it or not. 好むと好まざるとにかかわらず,私たちはそれをしなければならない.

ir·re·spon·si·bil·i·ty [ìrispɑ̀nsəbíləti / -spɔ̀n-] 名U 無責任,責任を負わないこと.

ir·re·spon·si·ble [ìrispɑ́nsəbl / -spɔ́n-] 形 1 無責任な,責任感のない;信頼できない. 2《人が》[…に対して]責任がない,責任を問われない,責任能力のない [for]: He was thirteen, so he was legally *irresponsible for* his behavior. 彼は13歳だったので,自分の犯した行為について法的責任を問われなかった.

ir·re·triev·a·ble [ìritríːvəbl] 形 取り返しのつかない;回復できない.

ir·re·triev·a·bly [-bli] 副 取り返しのつかないほど.

ir·rev·er·ence [irévərəns] 名U 非礼,不遜(ふそん).

ir·rev·er·ent [irévərənt] 形 非礼な;不遜(ふそん)な.

ir·rev·er·ent·ly [～li] 副 非礼にも;不遜にも.

ir·re·vers·i·ble [ìrivə́ːrsəbl] 形 1 裏返せない;逆転できない. 2《約束・決定などが》取り消せない,変更できない.

ir·rev·o·ca·ble [irévəkəbl] 形 取り消せない,変更[廃止]できない;取り返しのつかない: an *irrevocable* decision 《もう変更できない》最終決定.

ir·rev·o·ca·bly [-bli] 副 取り返しのつかないほど.

ir·ri·gate [írəɡèit] 動他 1 …をかんがいする,〈土地・田〉に水を引く. 2【医】〈傷口〉を洗浄する.

ir·ri·ga·tion [ìrəɡéiʃən] 名U 1 かんがい: an *irrigation* canal 用水路. 2【医】《傷口の》洗浄.

ir·ri·ta·bil·i·ty [ìrətəbíləti] 名U 1 怒りっぽいこと,短気. 2【生理】《刺激に対する》感受性.

ir·ri·ta·ble [írətəbl] 形 1 怒りっぽい,短気な,かんしゃく持ちの. 2【生理】過敏な.

ir·ri·ta·bly [-bli] 副 怒りっぽく;いらいらして.

ir·ri·tant [írətənt] 形 刺激する;いらいらさせる.

— 名C いらいらさせるもの;刺激物.

***ir·ri·tate** [írətèit] 動他 1 …をいらいらさせる,怒らせる: The delay in departure *irritated* her. 出発の遅れに彼女はいらいらした. 2【生理】…を刺激する,ひりひりさせる.

ir·ri·tat·ed [írətèitid] 形 1 [人に/もの・ことに]いらいらした,怒った [against, with / at]: I soon became *irritated* by her grouching. 私はまもなく彼女のぐちに腹が立ってきた. 2《体の器官が》炎症を起こした,ひりひりする.

ir·ri·tat·ing [írətèitiŋ] 形 1 いらいらさせる,じらす,腹立たしい: an *irritating* habit 不愉快なくせ. 2 刺激する,ひりひりする.

ir·ri·tat·ing·ly [～li] 副 いらいらさせて.

***ir·ri·ta·tion** [ìrətéiʃən] 名UC 1 いら立ち,いら立たせること;立腹,怒らせること. 2【生理】刺激;【医】《刺激の》炎症.

ir·rup·tion [irʌ́pʃən] 名UC《格式》突入,乱入.

IRS《略語》= *I*nternal *R*evenue *S*ervice 米国国税庁,内国歳入庁.

is [(強) íz; (弱) əz, z, s] 動[助動]《◇ *be* の3人称単数現在形;→ BE 表》
— 動自 1 [is+C] …である《◇ C は名詞・代名詞・形容詞》: He is American. 彼はアメリカ人です / It's cold outside today. きょうは外は寒い / Is everything all right?—Yes, thanks, ma'am. 万事順調ですか—はい,奥様,ありがとうございます.
2 《副詞(句)を伴って》…にいる,存在する(→ BE 動 自 2): There is a book on the desk. 机の上に本が1冊ある / Where is Dad?—I think he *is* in his study. お父さんはどこ?—書斎にいるはずよ.
— 助動 1 [現在進行形; is+doing] …しているところだ;…するはずだ,…する予定だ(→ BE 助動 1): My father is *mowing* the lawn. 父は芝を刈っています / Bill is *coming* to see me this afternoon. きょうの午後ビルが私に会いに来ることになっている.
2 [受け身; is+過分] …される,…されている(→ BE 助動 2): Butter is *made* from milk. バターは牛乳から作る.
3 [is+to do] …することになっている;…すべきである(→ BE 助動 3): Tom is *to* arrive here at six. トムは6時にここに到着することになっている.
4 [完了形; is+過分] …した,…してしまっている(→ BE 助動 4).

is., Is.《略語》= *is*land(s)(↓),*isl*e(s)(↓).

I·saac [áizək] 名個 1 アイザック《◇男性の名;愛称 Ike》. 2【聖】イサク《アブラハムとサラの子》.

I·sa·iah [aizéiə / -záiə] 名個 1 イザヤ《ヘブライの預言者》. 2 イザヤ書《旧約聖書中の1書;略語 Isa.》.

-i·sa·tion [izeiʃən / aizei-]《接尾》《英》= -IZATION.

ISBN《略語》= *i*nternational *s*tandard *b*ook *n*umber 国際標準図書番号.

ISDN《略語》= *i*ntegrated *s*ervices *d*igital *n*etwork 統合サービスデジタル通信網.

-ise [aiz]《接尾》《英》= -IZE.

-ish [iʃ]《接尾》 1 地名・国名に付けて「…の」「…に属

する」「…性の」の意を表す形容詞を作る: Dan*ish* デンマークの. **2** 名詞・形容詞に付けて「…の性質を持つ」「…のような」の意を表す形容詞を作る: child*ish* 子供っぽい / fool*ish* ばかげた. **3** 形容詞に付けて「やや…の」「…気味の」の意を表す: red*dish* やや赤い. **4** 《口語》数詞に付けて「(年齢・時刻などが)およそ, 約」の意を表す形容詞を作る: thirty*ish* 30歳ぐらいの.

Ish・ma・el [íʃmiəl, -meiəl] 名 **1** 〖聖〗イシュマエル《ユダヤ人の始祖アブラハムの息子》. **2** C《社会》のけ者, 放浪者.

isl., Isl. 《略語》= *island* (↓); *isle* (↓).

✱Is・lam [ísluːm, iz-, isláːm, iz-] 名 U **1** イスラム教, 回教. **2** 《集合的に》イスラム教国〖圏〗, イスラム教徒. **3** イスラム教文化.

Is・lam・a・bad [islɑ́ːməbɑ̀d, iz-, -bǽd] 名 固 イスラマバード《パキスタンの首都》.

Is・lam・ic [islǽmik, iz-, -lɑ́ːm-] 形 イスラム教(徒)の.

Is・lam・ist [ísluːmist, iz-] 名 C イスラム教徒; イスラム教〖文化〗支持者.

✱✱✱is・land [áilənd] (☆発音に注意)
〔原義は「水に囲まれた土地」〕
— 名 (複 **is・lands** [-ləndz]) C **1** 島 (《略語》 I, Is., Isl.); 〔形容詞的に〕島の, 島のような: the Hawaiian *Islands* ハワイ諸島 / an isolated *island* in the middle of the ocean 絶海の孤島 / Japan is an *island* country. 日本は島国です.
2 島に似たもの, 孤立した場所; (道路上の)安全地帯 (safety 〖英〗 traffic〗 island).

is・land・er [áiləndər] 名 C 島民, 島の住民.

*****isle** [áil] (☆発音に注意, 〖同音〗aisle) 名 C 〖詩語〗小島, 島 (◇散文では固有名詞に用いる; 《略語》 I., Is., Isl.): the British *Isles* イギリス諸島 / the *Isle* of Mann マン島.

is・let [áilət] 名 C 小島.

ism [ízəm] 名 C 《口語・通例, 軽蔑》主義, 学説, 教義, 理論, イズム.

-ism [izəm] 接尾 名詞・形容詞に付けて「行為・主義・学説・特性・(病的)状態」などを表す名詞を作る: capital*ism* 資本主義 / social*ism* 社会主義 / Darwin*ism* ダーウィン説 / American*ism* アメリカ方法.

✱✱is・n't [íznt]
《短縮形》《口語》is not の短縮形: This *isn't* my bag. これは私のかばんではない (◇ is は動詞) / There *isn't* any milk in the fridge. 冷蔵庫にミルクがない (◇ is は動詞) / She *isn't* reading a book. 彼女は本を読んでいない (◇ is は助動詞) / English is spoken in Canada, *isn't* it? 英語はカナダでも話されていますね (◇ isn't の is は助動詞; 付加疑問文).

ISO 《略語》 **1** = *International Organization for Standardization* 国際標準化機構. **2** イソ感度《ISO が定めた写真フィルムの露光指数》.

i・so- [aisə] 接頭 「同一の」「類似の」の意を表す: *iso*tope 同位元素.

i・so・bar [áisəbɑ̀ːr] 名 C 〖気象〗等圧線.

✱i・so・late [áisəlèit] 動 他 **1** …を孤立させる; 〈患者など〉を […から] 隔離する [*from*]: The village is *isolated* by the flood. その村は洪水で孤立している / No country can *isolate* itself *from* international problems. どの国も国際問題と無縁ではいられない. **2** 〈問題・原因など〉を区別して考える, はっきりさせる. **3** 〖生物〗〈細菌など〉を分離する; 〖化〗…を単離する.

*****i・so・lat・ed** [áisəlèitid] 形 **1** 孤立した; 隔離[分離]された: an *isolated* village 〖island〗 孤立した村〖孤島〗. **2** 〔限定用法〕(事例などが)単発的な, 単独で生じた: an *isolated* case 単一事例.

*****i・so・la・tion** [àisəléiʃən] 名 U C **1** 孤立; 隔離: an *isolation* hospital 隔離病院 / in *isolation* (from …) (…から) 孤立して; ほかと切り離して. **2** 分離; 〖化〗単離.

i・so・la・tion・ism [àisəléiʃənìzəm] 名 U 〖政治・経済上の〗〔不干渉〕主義.

i・so・la・tion・ist [-nist] 名 C 孤立主義者.

i・sos・ce・les [aisɑ́səlìːz / -sɔ́s-] 形 〖幾何〗二等辺の: an *isosceles* triangle 二等辺三角形.

i・so・tope [áisətòup] 名 C 〖化〗アイソトープ, 同位元素, 同位体.

ISP 《略語》= *Internet Service Provider* インターネットサービスプロバイダ《接続サービス会社》.

Isr. 《略語》= *Israel*; *Israeli*.

Is・ra・el [ízriəl / -reiəl] 名 固 **1** イスラエル《中東の共和国; 首都エルサレム (Jerusalem)》. **2** 《集合的に; 複数扱い》(古代) イスラエル人, ユダヤ人. **3** 〖史〗イスラエル王国.

Is・rae・li [izréili] 形 (現代の) イスラエル(人)の.
— 名 (複 **Is・rae・li, Is・rae・lis** [〜z]) C (現代の) イスラエル人.

Is・ra・el・ite [ízriəlàit, -reiəl-] 名 C (古代) イスラエル人, ユダヤ人.
— 形 (古代) イスラエル(人)の; ユダヤ(人)の.

ISSN 《略語》= *international standard serial number* 国際標準逐次刊行物番号.

✱✱is・sue [íʃuː]
〔原義は「外へ出るもの」〕
— 名 (複 **is・sues** [〜z]) **1** C 問題(点), 争点, 論点: an energy 〖environmental〗 *issue* エネルギー〖環境〗問題 / a political 〖social〗 *issue* 政治〖社会〗問題 / a burning *issue* 緊急の問題 / His age isn't the *issue*. 彼の年齢が問題なのではない.

▎**コロケーション** 問題を [に] …
問題を解決する: *settle an issue*
問題に取り組む: *address an issue*
問題を持ち出す: *raise* 〖*bring up*〗 *an issue*
問題を論じる: *discuss an issue*

2 C 〖新聞・雑誌などの〗発行物, 刊行物; 発行部数: the April *issue* of a magazine 雑誌の4月号.
3 U 発行; 支給, 配布; 〖集合的に〗(軍隊などへの) 支給品, 官給品: the *issue* of a newspaper 新聞の発行 / the *issue* of blankets to the sufferers 被災者への毛布の支給.
4 C 結果 (→ RESULT 類義語): bring the case to a happy *issue* 事件を丸く収める.
5 U 〖集合的に; 単数・複数扱い〗(古) 〖法〗子供, 子孫: die without *issue* 子孫を残さずに死ぬ.
■ *at issue* 論争中で[の]: That is the point *at*

issue now. それが今論争中の点です.
màke an íssue (òut) of ... …を問題にする; 〈つまらないこと〉を騒ぎ立てる.
tàke íssue with ... …と論争する, …に異議を唱える.
— 動 (三単現 **is·sues** [〜z]; 過去・過分 **is·sued** [〜d]; 現分 **is·su·ing** [〜iŋ]) 他 **1** [issue+O]〈印刷物・切手・通貨など〉を発行する, 出版する;〈宣言・命令など〉を出す, 公布する: *issue* a visa ビザを発行する / The commemorative stamps of the event will be *issued* next week. そのイベントの記念切手は来週発行される.
2〈人〉に〈ものを〉支給する, 渡す [*with*];〈もの〉を〈人に〉支給する [*to*]: The new employees were *issued with* uniforms.＝Uniforms were *issued to* the new employees. 新しい従業員は制服を支給された.
— 自《格式》[…から] 出る, 流出する, 現れる [*from*]: Cold water *issues from* the spring. その泉から冷たい水がわき出る.
-ist [ist] 接尾 「…する人」「…の専門家」「…主義者」「…の性格の人」などの意を表す名詞を作る: guitar*ist* ギター奏者 / journal*ist* ジャーナリスト / tour*ist* 旅行者 / optim*ist* 楽天主義者.
Is·tan·bul [ìstənbúːl / ìstɑːmbúl, -tæn-] 名 固 イスタンブール《トルコの都市. 旧称コンスタンチノープル (Constantinople)》.
isth·mus [ísməs]《ʼ 発音に注意》名(複 **isth·mus·es** [〜iz], **isth·mi** [ísmai]) C 地峡: the *Isthmus* of Panama [Suez] パナマ[スエズ]地峡.

it [(弱) it; (強) ít]
代 名

❶ 前述の単数名詞をさして (→**1**)
I have a watch, but **it** has broken down.
(私は時計を持っているがそれは故障している)

❷ 話題になっている事物をさして (→**2**)
I hear he is sick in bed. Is **it** true?
(彼は病気で寝ていると聞いていますが, 本当ですか)

❸ 天候・時間・距離などを表して (→**3**)
It snowed a lot yesterday.
天候 (きのうは雪がたくさん降った)
It is ten thirty now.
時間 (今, 10時半です)
It is five miles to the coast.
距離 (海岸までは5マイルある)

❹ 形式主語・形式目的語として (→**5, 6**)
It is easy for me to drive this car.
形式主語　　　　　真主語
(この車を運転するのは私には簡単です)
I found **it** difficult to pass the exam.
形式目的語　　　　真目的語
(その試験に通るのは難しいとわかった)

— 代 [(弱) it; (強) ít] [人称代名詞]《◇3人称単数中性の主格・目的格; → PERSONAL (文法)》
1 [前述の単数名詞をさして] **(a)** [主語として] **それは** [**が**]《◇物事だけでなく性別が不明か問題でない場合の人や動物にも用いる. 日本語に訳さないことが多い》: Whose dictionary is this? – *It* is mine. これはだれの辞書ですか – 私のです / Please don't touch the baby; *it* is sleeping now. 赤ちゃんに触らないでください. 今眠っていますから / There's someone at the door. Go and see who *it* is. 玄関にだれか来ています. だれなのか見てきてください.
(b) [目的語として] **それを** [**に**]: I bought a book and read *it* until midnight. 私は本を買って夜中までそれを読んでいた / Betty made a doll and gave *it* to her sister. ベティーは人形を作って妹に(それを)あげた《◇ it が直接目的語の場合, 間接目的語は to … や で … の形で it のあとに置く》/ Ross has a dog and takes a walk with *it* every morning. ロスは犬を飼っていて, 毎朝散歩に連れて行く.
2 [話題になっている事物をさして] **それは** [**が**]《◇日本語に訳さないことが多い》: Who is *it*? – *It*'s me. どなたですか – 私です / Everyone wishes to own a large lot of land, but *it* is almost impossible in big cities. だれもが広い土地を所有したいと思っているが, 大都市ではほとんど不可能である《◇ it ＝to own a large lot of land》.
3 [天候・時間・距離・明暗などを表して]《◇日本語に訳さない》: *It* is fine but very windy today. きょうは晴れているが風がとても強い / *It*'s eight o'clock. (今は)8時ちょうどです / How far is *it* from here to the museum? – *It*'s about two miles. ここから博物館までどのくらいの距離ですか – 約2マイルです / *It* was still dark outside when I awoke. 目が覚めたとき外はまだ暗かった.
4 [漠然と状況・事情を表して]《◇日本語に訳さない》: Now *it*'s your turn. さああなたの番です / How is *it* going with you? – *It* couldn't be better. 調子はどうですか – 上々です.
5 [形式主語; あとに来る不定詞・節などを受ける]
(a) [**It is ... to do**] 〜するのは…だ: *It is* bad *to* tell lies. うそをつくことはよくない / *It* may *be* impossible *to* get tickets for the game. 試合のチケットを手に入れるのは不可能かもしれない / *It* makes me happy *to* think of the trip. 旅行のことを考えると楽しくなる.
(b) [**It is ... for [of] 〜 to do**] …するとは〜は…だ《◇ It is のあとに brave, careful, careless, clever, foolish, honest, kind, polite, wise など人の性質を表す形容詞が来る場合は of を用いる》: *It is* natural *for* children *to* respect their parents. 子供が両親を尊敬するのは自然なことである / *It is* kind *of* you *to* tell me the way. 道を教えてくださりありがとうございます / *It was* careless *of* him *to* forget to lock the door. ドアのかぎをかけ忘れるなんて彼もうかつだった.
(c) [**It is ... (〜's) doing**] (〜が) …するのは…だ: *It*'s difficult *your persuading* him. あなたが彼を説得するのは難しい (＝It is difficult for you to persuade him.) / *It is* no use *crying*

over spilt milk. 《ことわざ》こぼれた牛乳を惜しんで泣いてもむだだ ⇨ 覆水盆に返らず.
(d) [It is ... +that 節] …である[する]のは…だ: *It's* a pity (*that*) I can't join you. あなたと一緒できないのは残念です(◇《口語》では that を省略できる) / *Is it* really necessary *that* she (should) go there by herself? 彼女は本当に1人でそこへ行く必要があるのですか(◇ should を用いるのは《主に英》).
(e) [It is ... +疑問詞節] …(かどう)かは…だ: *It is* not clear *what* the cause of the fire was. 火事の原因は明らかになっていない / *It is* doubtful *whether* the work will be finished on time. その仕事が時間通りに終わるかどうかは疑わしい.
(f) [It is said [thought, known など] + that 節[疑問詞節]]: *It is said that* Bill is a great lover of golf. ビルは大のゴルフ好きだと言われている(= Bill is said to be a great lover of golf.) / *It is* not *known why* she quit her job. なぜ彼女が勤めをやめたのかだれも知らない.

6 [形式目的語; あとに来る不定詞・名詞節などを受ける]: I found *it* easy to skate. スケートはやってみると(意外と)簡単だった(◇堅い言い方. 現在では I found (that) it is easy to skate. の形で表すことが多い) / Nobody thought *it* probable that the volcano would erupt. その火山が噴火するとはだれも考えなかった / You can depend upon *it* that they will help you. 大丈夫, 彼らは手伝ってくれますよ.

7 [It seems [appears, happens, follows など]+that 節] 《that 節をさして. 日本語に訳さない》: *It seems* [*appears*] *that* she knows the fact. 彼女はその事実を知っているらしい(= She seems [appears] to know the fact.) / *It happened that* Bob was out then. ボブはその時たまたま外出中だった(= Bob happened to be out then.).

8 [強調構文; It is 〜+that ...] …なのは〜だ (◇ It is のあとに強調したい語句を置く. 主語・目的語・副詞(句・節)などを強調することができる. → INVERSION《文法》): *It was* Mary *that* wrote this report last year. 去年この報告書を書いたのはメアリーだった / *It was* this report *that* Mary wrote last year. メアリーが去年書いたのはこの報告書だった / *It was* last year *that* Mary wrote this report. メアリーがこの報告書を書いたのは去年だった.

<u>語法</u> (1) 上の例は次の文の主語・目的語・副詞句を, それぞれ It is と that の間に移動させたものと考えられる: Mary wrote this report last year. メアリーは去年この報告書を書いた.
(2) It のあとの be 動詞の時制は通例 that 節中の動詞の時制に一致させる. また主語を強調するときには that 節中の強調する語の人称・数に一致させる: *It was* yesterday *that* I went there. 私がそこへ行ったのはきのうです / *It is I that* am wrong. 間違っているのは私です.
(3) 強調される語句が「人」のときは that の代わりに who を,「もの」のときは which を用いることもある: *It was* Rachel *who* left the room last. 最後に部屋を出たのはレイチェルです / *It was* this PC *which* she used in writing novels. 彼女は小説を書くのにこのパソコンを使った.

9 [慣用的に特定の動詞(句)に付けて]《◇通例, くだけた表現となる. 日本語には訳さない》: When Tom saw his teacher, he ran for *it*. トムは先生を見ると一目散に逃げた / We had a good time of *it* yesterday. 私たちはきのうは楽しく過ごした / Let's foot *it*. 歩いて行こう.

■ **if it had nót bèen for ...** → IF 成句.
if it were [was] nót for ... → IF 成句.
Thát's ít. → THAT 代成句.
Thís is ít. 《口語》(必要なものが)さあ手に入ったぞ.

— 名 [ít] ⓤ (鬼ごっこなどの)鬼.

IT《略語》= ínformation technology 情報技術.
It., **Ital.**《略語》= Italian; Italy.
ital.《略語》= italic(s)(↓).

*****I·tal·ian** [itæljən] 形 イタリアの; イタリア人[語]の: an *Italian* opera イタリア歌劇.
— 名 **1** Ⓒ イタリア人. **2** Ⓤ イタリア語.
(▷ 名 Italy)

i·tal·ic [itǽlik] 形 《印刷》イタリック体[斜体]の: an *italic* letter イタリック体の文字.
— 名 Ⓒ 《通例 〜s》= itálic týpe《印刷》イタリック体: print in *italics* イタリック体で印刷する.

i·tal·i·cize [itǽləsàiz] 動 他 …をイタリック体で印刷する; …にイタリック体の指定をする《通例, 下線を引く》.

I·tal·o- [itǽlou]《結合》「イタリアの」「イタリアと…のびの」の意を表す: *Italo*phile イタリアびいき.

*****It·a·ly** [ítəli] 名 固 イタリア《ヨーロッパ南部の共和国; 首都ローマ (Rome);《略語》It., Ital.》.
(▷ 形 Itálian)

*****itch** [ítʃ] 名 Ⓒ 《通例, 単数形で》 **1** かゆさ, かゆみ;《医》疥癬(かいせん). **2**《口語》[…したい]強い欲望 [*for*, *to do*]: She has an *itch* to see John. 彼女はジョンに会いたくてたまらない.
— 動 自 **1** かゆい, むずがゆい: My nose *itches*. 鼻がかゆい / I *itch* all over. 体じゅうがかゆい.
2《通例, 進行形で》《口語》[…したくて]たまらない [*for*, *to do*]: I was *itching* to tell the news. 私はその知らせを話したくてむずむずしていた.
— 他 …をかゆくする. (▷ 形 itchy)

itch·y [ítʃi] 形 《比較 itch·i·er [〜ər]; 最上 itch·i·est [〜ist]》 **1** かゆい, むずがゆい; 疥癬(かいせん)にかかった. **2** 欲しくて[したくて]たまらない.
■ **gèt** [**hàve**] **ítchy féet**《主に英口語》(旅に)出かけたくてむずむずしている; 落ち着きがない.
(▷ 名 itch)

it'd [ítəd]《☆発音に注意》
《短縮》《口語》 **1** it would の短縮形: *It'd* be good if you came with us. あなたが私たちと一緒に来てくれればありがたいのですが / John said *it'd* clear up soon. じきに晴れ上がるだろうとジョンは言った.
2 it had の短縮形: *It'd* been raining for three days when I left the country. 私が出国したとき, すでに3日間雨が降り続いていた.

-ite [ait] 接尾 **1** 場所・主義などを表す名詞に付けて

「…の住民」「…の信奉者」の意を表す: Tokyo*ite* 東京人. **2** 化石・塩類・商品などを表す名詞を作る: dynam*ite* ダイナマイト / ebon*ite* エボナイト.

i·tem [áitəm]
【原義「同様に」から「項目」】
— 名 (複 **i·tems** [～z]) ⓒ **1 項目**, 品目; 箇条; 条項: a luxury *item* ぜいたく品 / each *item* on the agenda 議事日程の各項目 / many types of stationery *items* 多くの種類の文房具 / Do you have any fragile *items* in your luggage? 手荷物に壊れやすいものは入っていませんか.
2 (新聞記事などの)1項目 (news item); 《俗語》うわさの種: local *items* 地方記事 / an *item* of news = a news *item* 1つのニュース.
■ *ítem by ítem* 項目ごとに.

i·tem·ize [áitəmàiz] 動 他 …を箇条書きにする, 項目別に分ける, …の明細を書く.

i·tin·er·ant [aitínərənt, itín-] 形 [限定用法]《格式》巡回する, 遍歴中の; 地方巡回の: an *itinerant* salesman [preacher] 巡回販売員 [説教師].
— 名 ⓒ 巡回者, 遍歴者, 巡回判事 [説教師].

i·tin·er·ar·y [aitínərèri, itín- / -nərəri] 名 (複 **i·tin·er·ar·ies** [～z]) ⓒ **1** 旅行日程(表), 旅程, 旅行計画. **2** 旅行案内書, 旅行記.

-i·tis [aitis] 接尾 **1** [医]「…炎(症)」の意を表す名詞を作る: bronch*itis* 気管支炎 / tonsil*itis* 扁桃腺(せんとう)炎. **2** 《口語・こっけい》「…熱」「…マニア」の意を表す名詞を作る: golf*itis* ゴルフ熱.

it'll [ítl]
《短縮》《口語》 **1** it will の短縮形: *It'll* rain tomorrow. あすは雨だろう / *It'll* be great to see your old friend again. 旧友に再会するのはすばらしいことだろう.
2 it shall の短縮形.

its [(弱) its; (強) íts]
— 代 [人称代名詞]《◇ it の所有格; → PERSONAL (文法)》 (a)[名詞の前に付けて]**その**, それの: Kyoto is famous for *its* beautiful temples. 京都は美しい寺で有名です / This table has lost one of *its* legs. このテーブルは脚が1本なくなっている.
(b) [動名詞の前に付けて; 意味上の主語として] **それが**: The value of the house is increased by *its* being next to a park. 公園に隣接しているので, その家は価値が上がっている.

it's [(弱) its; (強) íts]
《短縮》《口語》 **1** it is の短縮形: *It's* hot today. きょうは暑いです《◇ is は動詞》 / *It's* important to study every day. 毎日勉強することが大切です《◇ is は動詞》 / *It's* raining outside. 外は雨が降っている《◇ is は助動詞》.
2 it has の短縮形《◇ has は助動詞》: *It's* stopped sleeting. みぞれが(降り)やんだ / *It's* been raining since yesterday. きのうから雨が降り続いている.

it·self [itsélf]
— 代 (複 **them·selves** [ðəmsélvz])《◇ it の再帰代名詞; 用法・成句は→ ONESELF》
1 [再帰用法] **それ自身を [に]**: The dog seemed to have hurt *itself*. その犬はけがをしたようだった / History repeats *itself*. 歴史は繰り返す / The cat was looking at *itself* in the pond. 猫は池に映った自分の姿を見ていた.
2 [強調用法] それ自身, そのもの: He is kindness *itself*. 彼は非常に親切です / The story *itself* is interesting. 物語それ自体が面白い.

it·ty-bit·ty [ítibíti], **it·sy-bit·sy** [ítsibítsi] 形 《口語》ちっちゃな.

ITV 《略語》= *I*ndependent *T*elevision 《英》(民間の)独立テレビ放送; *i*nstructional *t*elevision 教育用テレビ.

-i·ty [əti] 接尾 形容詞に付けて状態・性質などを表す抽象名詞を作る: pur*ity* 純粋さ / regular*ity* 規則性.

IV 《略語》= *i*ntrav*e*nous 点滴.

I've [áiv]
《短縮》《口語》I have の短縮形《◇ have は助動詞》: *I've* been in the U.S. before. 私は以前アメリカにいたことがある / *I've* finished my homework. 私は宿題を済ませた / *I've* never spoken to her. 私は彼女に話しかけたことがない.

-ive [iv] 接尾 「…の性質を持つ」「…の傾向がある」「…しがちな」などの意を表す形容詞を作る: act*ive* 活動的な / nat*ive* 生まれつきの.

i·vied [áivid] 形 《文語》ツタで覆われた.

i·vo·ry [áivəri] 名 (複 **i·vo·ries** [～z]) **1** ⓤ 象牙(げ); 象牙色. **2** ⓒ [しばしば複数形で] 象牙細工, ピアノの鍵盤(けん): tickle the *ivories* 《こっけい》ピアノを弾く. **3** [形容詞的に] 象牙製の; 象牙色の; 象牙のような.
◆ **ívory tówer** ⓒ 《しばしば軽蔑》象牙の塔《世間から遊離した学究生活などの象徴》.

i·vy [áivi] 名 ⓤ 植 ツタ, キヅタ, ツタの類.
◆ **Ivy Léague** [the ～] 《米》アイビーリーグ《米国北東部の名門8私立大学(ハーバード・エール・ペンシルベニア・プリンストン・コロンビア・ブラウン・ダートマス・コーネル)の総称》; アイビーリーグ運動競技連盟.
Ivy Léaguer ⓒ アイビーリーグの学生 [卒業生].

IWC 《略語》= *I*nternational *W*haling *C*ommission 国際捕鯨委員会.

-i·za·tion [izeiʃən / aizei-] 接尾 「…化」「…にすること」などの意の名詞を作る《◇《英》では -isation ともつづる》: civiliz*ation* 文明 / symboliz*ation* 象徴化 / nationaliz*ation* 国有化.

-ize [aiz] 接尾 「…化する」「…にする」「…の性質を与える」などの意を表す動詞を作る《◇《英》では -ise ともつづる》: civil*ize* 教化する / emphas*ize* 強調する / organ*ize* 組織する.

J j

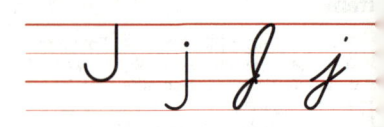

j, J [dʒéi] 名 (複 **j's, js, J's, Js** [~z]) **1** CU ジェイ《英語アルファベットの10番目の文字》. **2** C[大文字で] J字形のもの.

J 《略記》=joule(s)【物理】ジュール.

jab [dʒæb] 動 (三単現 **jabs** [~z]; 過去・過分 **jabbed** [~d]; 現分 **jab·bing** [~iŋ]) 他 **1** …を[とがったもので] ぐいと[すばやく]突く《*with*》; …を[…に]突き刺す《*into*》: The robber *jabbed* a gun *into* my back. 強盗は私の背中に銃を突きつけた. **2**【ボクシング】〈相手に〉ジャブを出す.
―自 **1** […を] ぐいと突く, […に]突き刺す《*at*》: He *jabbed at* his grilled fish with chopsticks. 彼は焼き魚を箸(はし)で突き刺した. **2**【ボクシング】〈相手に〉ジャブを出す《*at*》.
―名 C **1** すばやい突き[刺し];【ボクシング】ジャブ. **2**《英口語》《皮下》注射, 接種.

jab·ber [dʒǽbər] 動 自 (興奮して)早口にしゃべる, (不明瞭(めい)に) ぺちゃくちゃしゃべる《*away*》.
―他 …を早口に[ぺちゃくちゃ]しゃべる《*out*》.
―名 U [または a ~] 早口のおしゃべり.

*****jack** [dʒæk] 名 C **1** ジャッキ: He lifted the car on a *jack*. 彼はジャッキで車を持ち上げた. **2**【トランプ】ジャック(knave);《the *jack* of clubs クラブのジャック》. **3**【電気】(プラグの)差し込み口, ジャック. **4** [~s; 単数扱い] ジャックス《お手玉に似た遊び》; C ジャックスで使う小石[金属片](jackstone). **5**(ローンボウリング(lawn bowling)の)標的用白球. **6**【海】(国籍を示す)船首旗(cf. the Union Jack 英国国旗). **7**《米》雄ロバ《ウサギ》.
―動 《次の成句で》
■ **jáck ín**《英口語》〈仕事など〉をやめる.
jáck úp 他 **1** …をジャッキで持ち上げる: They *jacked up* the car to change the tire. 彼らはタイヤを交換するため車をジャッキで持ち上げる. **2**《口語》〈値段など〉をつり上げる.
◆ **jáck rábbit** C【動物】ノウサギ《北米産》.

Jack [dʒæk] 名 **1** 男 ジャック《◇男性の名; John の愛称》. **2** C [しばしば j-] 男, やつ;(ねえ)君《◇見知らぬ人への呼びかけ》: *Jack* of all trades, and master of none.《ことわざ》何でもやる人はどれも完全にはできない⇒多芸は無芸, 何でも貧乏(⇒ JACK-OF-ALL-TRADES) / Every *Jack* has his Jill.《ことわざ》どんな男にもお似合いの女がいる⇒割れ鍋(なべ)にとじぶた.
■ *before you can* [*could*] *sày Jáck Róbinson*《口語》あっという間に.
Jáck and Jíll [Gíll] 若い男女[恋人同士].
◆ *Jáck Fróst*(擬人化された)霜, 厳寒《◇主に子供に話すときに言う》.

jack·al [dʒæk(ə)l] 名 (複 **jack·als** [~z], **jack·al**) C **1**【動物】ジャッカル《アジア・アフリカ産のイヌ科の動物》. **2** 自分勝手な人.

jack·ass [dʒǽkæs] 名 C **1**《米俗語》間抜け, とんま. **2** 雄ロバ.

jack·boot [dʒǽkbùːt] 名 **1** C (ひざの上まである)長靴《軍人用》. **2** [the ~] 強圧的な支配[態度]: under the *jackboot* of …の圧政下で.

jack·daw [dʒǽkdɔ̀ː] 名 C【鳥】コクマルガラス《ヨーロッパ産のカラス. 鳴き声がうるさい》.

*****jack·et** [dʒǽkit]
―名 (複 **jack·ets** [-its]) C **1** (男性用・女性用の)上着, ジャケット; ジャンパー: a leather *jacket* 革の上着, 革ジャン / put on [take off] a *jacket* 上着を着る[脱ぐ].
2 (本の)カバー(book [dust] jacket)(cf. cover (本の)表紙).
3 (丸ごと焼いたジャガイモの)皮: potatoes baked in their *jackets* 皮ごと焼いたジャガイモ.
4《米》(レコードの)ジャケット《《英》sleeve》.

jáck-in-the-bóx 名 (複 **jack-in-the-boxes** [~iz]) C びっくり箱.

jack·knife [dʒǽknàif] 名 (複 **jack·knives** [-nàivz]) C **1** ジャックナイフ《大型で折りためる》. **2**【水泳】ジャックナイフ《飛び込み技》.
―動 **1** (トレーラーなどの連結部が)V字型に折れ曲がる. **2** ジャックナイフ型で飛び込む.

jàck-of-áll-trádes 名 (複 **jacks-of-all-trades** [dʒæks-]) C [時に J-] 何でも屋, よろず屋(→ JACK 2 用例).

jáck-o'-làn·tern [dʒæk ə-] C [時に J-] カボチャちょうちん《ハロウィーン(Halloween) にカボチャに目・鼻・口をくり抜いて作る》.

jack·pot [dʒǽkpɑ̀t / -pɔ̀t] 名 C【トランプ】(ポーカーの)積み立て賭(か)け金;(クイズなどの)多額の積み立て賞金.
■ *hít the jáckpot*【トランプ】積み立て賭け金を手に入れる;《口語》大当たりする, 大成功を収める.

Jack·son [dʒǽksən] 名 固 **1** ジャクソン Andrew Jackson《1767‐1845; 米国の政治家; → PRESIDENT 表》. **2** ジャクソン《米国 Mississippi 州の州都》.

Ja·cob [dʒéikəb] 名 固 **1** ジェイコブ《◇男性の名》. **2**【聖】ヤコブ《イサク(Isaac)の次男でアブラハム(Abraham)の孫》.

Jac·o·be·an [dʒæ̀kəbíːən] 形【英史】ジェームズ 1 世時代(1603‐25) の.

Ja·cuz·zi [dʒəkúːzi] 名 C《商標》ジャクージ《噴流式の泡風呂》.

jade [dʒéid] 名 U **1**【鉱】ひすい, 玉(ぎょく). **2** ひすい色(緑色).

jad·ed [dʒéidid] 形 […に]疲れ切った; 飽き飽きした, うんざりした《*with*》.

Jaf·fa [dʒǽfə] 名 C [時に j-]《英》ジャファ《イスラ

jag [dʒǽg] 名 C《口語》(酔っ払っての)ばか騒ぎ; (一時的に感慨などに)ふける[おぼれる]こと: a crying *jag* 泣きじゃくり.

jag・ged [dʒǽgid] 形《通例,限定用法》(岩などが)ぎざぎざした: *jagged* rocks とがった岩.

jag・ged・ly [~li] 副 ぎざぎざに.

jag・uar [dʒǽgwɑːr / -gjuə] (☆発音に注意) 名 C《動物》ジャガー, アメリカヒョウ《北米・中南米にすむネコ科の猛獣》.

jail [dʒéil] 名《◇《英》では gaol ともつづる》
1 C U 刑務所, 監獄 (prison); 拘置[留置]所《◇特に米国では未決囚や軽犯罪犯の収容所》: be sent to *jail* = be put in *jail* 収監される / break [escape from] *jail* 収監する. **2** U 留置, 監禁.
— 動 他 …を監獄に入れる: The prisoner was *jailed* for two years. その囚人は2年間投獄されていた.

jail・bird [dʒéilbə̀ːrd] 名 C《◇《英》では gaol bird ともつづる》《口語》常習犯; 囚人, 前科者.

jail・break [dʒéilbrèik] 名 C (集団)脱獄.

jail・er [dʒéilər] 名 C (刑務所の)看守.

Ja・kar・ta [dʒəkɑ́ːrtə] 名 固 ジャカルタ《インドネシアの首都》.

ja・lop・y [dʒəlápi / -lɔ́pi] 名 (複 **ja・lop・ies** [~z]) C《口語》ぼろ自動車, ぽんこつ車.

jam¹ [dʒǽm] 名 U《◇味付けは《C》ジャム: apple *jam* リンゴジャム / spread *jam* on bread パンにジャムを塗る.
■ *jám tomórrow*《英口語》実現しない約束.

jam² 動 (三単現 **jams** [~z]; 過去・過分 **jammed** [~d]; 現分 **jam・ming** [~iŋ]) 他 **1** …を[乗り物・容器などに]詰め込む, 押し込む [*into*]: She tried to *jam* everything *into* her suitcase. 彼女はスーツケースに何もかも詰め込もうとした.
2 …を急に強く押す, 踏む (*on*); 〈指などを〉[…に / …の間に]はさむ, はさんで傷つける [*in* / *between*]: Tom *jammed* the brakes *on*. トムはブレーキをぐいと踏んだ. **3**〈場所などを〉…でふさぐ, 満たす, いっぱいにする (*up*) [*with*]: The crowds *jammed* the lobby. 群衆がロビーにあふれた. **4**〈通信などを〉妨害する, 〈機械などを〉動かなくする; 〈電話〉の回線をパンクさせる (*up*).
— 自 **1** […に]ぎっしり詰まる, 入り込む [*in*, *into*]: Students *jammed into* the elevator. 学生たちはエレベーターへなだれ込んだ. **2** (機械などの内部・部品がつかえて)動かなくなる (*up*): The lock has *jammed*. 錠が開かなくなってしまった. **3**《口語》ジャズ[ロック]を即興演奏する.
— 名 C **1** 渋滞, 混雑: a traffic *jam* 交通渋滞.
2 (機械の詰まりによる)故障, 停止, ジャム. **3**《口語》困難, 窮地, 困った事態: get into [be in] a *jam* 窮地に陥る[陥っている].
◆ **jám sèssion** C ジャムセッション《ジャズやロックの即興演奏会》.

Ja・mai・ca [dʒəméikə] (☆発音に注意) 名 固 ジャマイカ《西インド諸島中の国で, 英連邦の一員; 首都キングストン (Kingston)》.

Ja・mai・can [dʒəméikən] 形 ジャマイカの; ジャマイカ人の. — 名 C ジャマイカ人.

jamb [dʒǽm] 名《建》抱(だ), わき柱《出入り口・窓枠などの側面になる》.

jam・bo・ree [dʒæ̀mbərí:] 名 C **1**《口語》にぎやかな集会[宴会], お祭り騒ぎ. **2** ジャンボリー《ボーイ[ガール]スカウトの全国[国際]大会》.

James [dʒéimz] 名 固 **1** ジェームズ《◇男性の名;《愛称》Jim, Jimmy》. **2**《聖》ヤコブ《十二使徒の1人. 大ヤコブ (St. James the Greater) と小ヤコブ (St. James the Less) がいる》. **3**《英史》ジェームズ1世 **James I** [-ðə fə́ːrst]《1566-1625; イングランド王 (1603-25); 王権神授説を唱えた》.
4《英史》ジェームズ2世 **James II** [-ðə sékənd]《1633-1701; イングランド王 (1685-88)》.

jammed [dʒǽmd] 形 **1** (機械などが)動かなくなった: The door is *jammed* shut. ドアがつかえて開かない. **2** (指などが)はさまれた: I got my fingers *jammed* in the automatic door. 私は自動ドアに指をはさまれた. **3** […で]いっぱいの, 充満した [*with*]: The train was *jammed* with vacationers. 列車は行楽客で込み合っていた.

jam-packed [dʒǽmpǽkt] 形《口語》[…で]ぎゅうぎゅう詰めの, 混雑した; […を]詰め込んだ [*with*].

Jan. (略語) = January.

Jane [dʒéin] 名 固 ジェーン《◇女性の名;《愛称》Janet, Jennie, Jenny》.
◆ **Jáne Dóe** [単数形で]《法》ジェーン=ドウ《◇ John Doe の女性の場合; → JOHN 複合語》.

Jan・et [dʒǽnit] 名 固 ジャネット《◇女性の名; Jane の愛称》.

jan・gle [dʒǽŋgl] 動 自 **1**(鐘・ベルが)じゃんじゃん鳴る, (金属がぶつかって)じゃらじゃらいう.
2(音などが)〈耳・神経などに〉さわる [*on*, *upon*].
— 他 **1**〈鐘・ベルなど〉をじゃんじゃん鳴らす, 〈硬貨など〉をじゃらじゃらいわせる.
2〈神経など〉をいら立たせる.
— 名 [単数形で] (鐘・金属などの)じゃんじゃん[じゃらじゃら]いう音, やかましい響き.

jan・i・tor [dʒǽnətər] 名 C《米》(学校・ビルなどの)管理人, 用務員 (《英》caretaker).

***Jan・u・ar・y** [dʒǽnjuèri / -əri]【→ MONTH 表】
— 名 U 1月《略語》Jan.》: He will be home in *January*. 彼は1月に帰国する / I was born on *January* 1, 1985. 私は1985年1月1日生まれです.

語法 (1) 月の名前と前置詞
「…月に」と言うときには in, 「(…年)…月…日に」と言うときには on を用いる: I'm going to Seoul in February. 私は2月にソウルへ行く / She left São Paulo *on* April 6. 彼女は4月6日にサンパウロを出発した.
(2) 日付の表し方
「2002年6月30日」は次のように表す:《米》June 30, 2002 (◇ June thirty [(the) thirtieth], two thousand and two と読む) /《英》30 June, 2002 (◇ the thirtieth of June [June the thirtieth], two thousand and two と読む).

Ja・nus [dʒéinəs] 名 固《ロ神》ヤヌス《門・戸口の守護神で, 頭の前後に顔を持つ》.

Jap [dʒǽp] 名 C 日本人, ジャップ.
— 形 日本(人)の, ジャップの.
Jap. (略語) = Japan; Japanese 《◇軽蔑的な Jap との混同を避け, 通例 Jpn, JPN が使われる》.
ja·pan [dʒəpǽn] 名 (原産地の Japan から) U 漆 (うるし); C 漆器(しっき). (cf. china 陶器) U = japan wàre 漆器類.

Ja·pan [dʒəpǽn]
— 名 固 日本《(略語) Jpn, JPN, Jap.》《◇最近は日本語の Nippon, Nihon も使われる. 略語としては Jpn, JPN を使う傾向にある; → JAP.》: a video game made in *Japan* 日本製テレビゲーム / *Japan*'s role in international relations 国際関係における日本の役割 / the Sea of *Japan* 日本海.
◆ **Japán Cúrrent** [the 〜] 日本海流, 黒潮(the Black Stream).

Jap·a·nese [dʒæpəníːz]
— 形 日本の; 日本人 [語] の: *Japanese* history 日本史 / modern *Japanese* grammar 現代日本語文法 / How do you like *Japanese* food? 日本食[和食]はお好きですか / They are typical *Japanese* tourists. 彼らは典型的な日本人旅行者です.
— 名 (複 **Jap·a·nese**) **1** C 日本人; [the 〜;集合的に; 複数扱い] 日本人, 日本国民: I met a *Japanese* in Mozambique. 私はモザンビークで1人の日本人と出会った / Where did the ancestors of the *Japanese* come from? 日本人の祖先はどこから来たのだろうか.
2 U 日本語: More and more people are studying *Japanese* in many parts of the world. 日本語を勉強する人が世界各地で増えてきている. (▷ 名 Japan)
◆ **Jápanese ápricot** C [植] 梅(の木).
Jápanese lántern C 提灯(ちょうちん).
Jap·a·nése-A·mér·i·can 形 日米(間)の; 日系米人の. — 名 C 日系米人.
Jap·a·nize [dʒæpənáiz] 動 他 …を日本(人)風にする, 日本化する.
Jap·a·nol·o·gy [dʒæpənálədʒi / -nɔ́l-] 名 U 日本学, 日本研究.
ja·pon·i·ca [dʒəpánikə / -pɔ́n-] 名 C [植]
1 ツバキ(camellia). **2** ボケ.
*jar¹ [dʒɑ́ːr] 名 C **1** (広口の) びん, つぼ, かめ.
2 びん[つぼ]1杯(の量): a *jar* of jam ジャム1びん. (比較) 日本語の「ジャー」は英語の「魔法びん(thermos (bottle))」に相当する.
*jar² 動 (三単現 jars [〜z]; 過去・過分 jar·red [〜d]; 現分 jar·ring [dʒɑ́ːriŋ]) 自 **1** 耳ざわりな音を出す, きしる; [… に] (きしりながら) ぶつかる [against, on, upon]: The door *jarred* open. ドアがぎいっと開いた. **2** […に] 不快感を与える, [神経などに] さわる [on, upon]: His violin *jars* on my nerves [ears]. 彼のバイオリンは私の神経[耳]にさわる. **3** (意見などが) […と] くい違う, 一致しない; (色などが) […と] 調和しない [with].
— 他 **1** …を (急な衝撃で) 痛める, 傷つける.

2 …にぶつかる. **3** …をきしらせる, 震動させる.
— 名 C **1** [単数形で] 急な衝撃, 痛み; 震動.
2 きしる音, 耳ざわりな音.
jar·gon [dʒɑ́ːrgən] 名 U C **1** (特定の職業・グループの) 専門 [特殊] 用語, 隠語: official *jargon* 官庁用語. **2** 訳のわからない言葉, たわ言.
jas·mine, jas·min [dʒǽzmin, dʒǽs-] 名 U [植] ジャスミン《モクセイ科の低木》.
jas·per [dʒǽspər] 名 U [鉱] 碧玉(へきぎょく).
jaun·dice [dʒɔ́ːndəs, dʒɑ́ːn-] 名 U **1** [医] 黄疸(おうだん). **2** ひがみ, 偏見.
jaun·diced [dʒɔ́ːndəst, dʒɑ́ːn-] 形 **1** ひがんだ, 偏見を持った: take a *jaundiced* view of ... …について偏見を抱く. **2** 黄疸(おうだん)にかかった.
jaunt [dʒɔ́ːnt, dʒɑ́ːnt] 名 C (行楽のための) 小旅行, 遠足. — 自 レジャーに出かける.
jaun·ty [dʒɔ́ːnti, dʒɑ́ːn-] 形 (比較 **jaun·ti·er** [〜ər]; 最上 **jaun·ti·est** [〜ist]) **1** 陽気な, 快活な. **2** いきな, スマートな, さっそうとした: wear a hat at a *jaunty* angle 帽子を気取ってかぶる.
jaun·ti·ly [-təli] 副 陽気に; さっそうと.
Ja·va [dʒɑ́ːvə] 名 **1** 固 ジャワ《インドネシア領の島》. **2** U C [通例 j-] 《米俗語》 (ジャワ産の) コーヒー. **3** U [コンピュータ] 《商標》 ジャバ 《主にインターネットで使用されるプログラミング言語》.
jav·e·lin [dʒǽvəlin] 名 **1** C (やり投げ用の) やり(cf. spear (狩猟用の)). **2** [the 〜] = jávelin thròw [競技] やり投げ.
*jaw [dʒɔ́ː] 名 **1** C あご (→ HEAD 図): the upper [lower] *jaw* 上下[あご] / a strong square *jaw* 頑丈な四角いあご / drop one's *jaw* 口をぽかんと開ける《驚き・失望などの表情》 / set one's *jaw* あごを引く《固い決意を示す》. **2** [〜s] (特に動物の) 口部《◇上下のあごの骨と歯も含む》: A shark was coming toward him with its *jaws* open. 口を開けたサメが彼に迫ってきた. **3** [〜s] (谷・海峡などの) 狭い入り口; (機械・道具などの) はさむ部分.
4 U C 《口語》 中傷[軽蔑] など; お説教.
■ **Stóp** [**Hóld**] **your jáw!** 黙れ.
the jáws of déath 死地, 死の危険: in [out of] *the jaws of death* 死の淵(ふち)に落ちて[を脱して].
— 自 《口語・時に軽蔑》 [人に] くどくどとしゃべる [説教する] (*away*) [*at*].
jaw·bone [dʒɔ́ːbòun] 名 C あごの骨; (特に) 下あごの骨.
jaw·break·er [dʒɔ́ːbrèikər] 名 C **1** 《口語》発音しにくい言葉. **2** 《米口語》 固いあめ玉.
jay [dʒéi] 名 C [鳥] カケス.
jay·walk [dʒéiwɔ̀ːk] 自 赤信号や交通法規を無視して道路を横断する.
jay·walk·er [dʒéiwɔ̀ːkər] 名 C 信号や横断禁止を無視する歩行者.
*jazz [dʒǽz] 名 U [音楽] ジャズ: play (standard) *jazz* (スタンダード) ジャズを演奏する.
■ **and áll that jázz** [列挙のあとで] 《口語》 …とかいった (くだらない) もの [こと], …や何やら.
— 動 〈曲〉 をジャズ風に演奏 [編曲] する.
■ **jázz úp** 他 《口語》 …を活気づける, 面白くする; 飾り立てる; 〈曲〉 をジャズ風に演奏する.
◆ **jázz bànd** C ジャズバンド.

jazz·man [dʒǽzmæn] 名(複 **jazz·men** [-mèn]) C《米》ジャズ演奏家.

jazz·y [dʒǽzi] 形(比較 **jazz·i·er** [~ər]; 最上 **jazz·i·est** [~ist])《口語》 **1** ジャズ(風)の, ジャズ的な. **2** 明るい色の, 目を引く.

jct.《略記》=*junction*.

jeal·ous [dʒéləs] 形《しばしば軽蔑》 **1** 嫉妬(しっ)深い, やきもちをやく; [叙述用法]に嫉妬して, ねたんで [*of*]: a *jealous* lover 嫉妬深い恋人 / in a *jealous* rage 嫉妬のあまりかっとなって / He is *jealous of* her success. 彼は彼女の成功をねたんでいる. **2** 油断のない, 用心した; [叙述用法](権利・財産などを)失わないように用心[警戒]して [*of, for*]: with a *jealous* eye 油断のない目で / She is *jealous of* her own rights. 彼女は自分の権利を失わないように用心している. (▷ 形 jéalousy)

jeal·ous·ly [dʒéləsli] 副 嫉妬(しっ)深く, ねたんで; 油断なく, 用心深く.

jeal·ous·y [dʒéləsi] 名(複 **jeal·ous·ies** [~z]) **1** U C [人・成功などへの] 嫉妬(しっ), ねたみ [*of, toward*]: personal *jealousy* 個人的な嫉妬 / petty *jealousies* けちなねたみ / He showed *jealousy* of his friend's reputation. 彼は友人の名声をねたんだ. **2** U 『…への』すきのない用心[警戒] [*of*]. (▷ 形 jéalous)

jean [dʒíːn] 名 **1** [~s] ジーンズ, ジーパン, ジーン布[デニム]製のズボン: a pair of *jeans* ジーンズ1本.《比較》日本語の「ジーパン」は jeans と pants を組み合わせた和製英語. **2** U ジーン布《運動服・作業服用の細綾(つづら)織りの綿布》.

jeep [dʒíːp] 名 C《時に J-》ジープ《馬力のある小型自動車; 商標名から》.

jeer [dʒíər] 動 自[人・行為などを]あざける, 冷やかす, やじる: Some of the students *jeered* at the principal. 中には校長をやじる学生もいた.
— 他 …をあざける, 冷やかす, やじる: *jeer* off the idea その考えを一笑に付す.
— 名 あざけり, 冷やかし, やじ.

jeer·ing·ly [dʒíərɪŋli] 副 あざけって, 冷やかして.

Jef·fer·son [dʒéfərsən] 名 固 ジェファソン Thomas Jefferson (1743–1826; 第3代大統領 (1801–09); → PRESIDENT 表).

Je·ho·vah [dʒɪhóuvə] 名 固《聖》エホバ, ヤーウェー《旧約聖書中の神》.

◆ **Jehóvah's Wítnesses** [the ~] エホバの証人, ものみの塔《キリスト教の一派》.

je·june [dʒɪdʒúːn] 形《格式》 **1**(書き物などが)無味乾燥な, 貧弱な, 面白みのない: a *jejune* story つまらない話. **2** 未熟な, 子供っぽい.

Je·kyll [dʒékəl, dʒíː-] 名 固 ジキル博士 (Dr. Jekyll)《スティーブンソンの小説『ジキル博士とハイド氏』の主人公で, 薬を飲むと悪人ハイド氏 (Mr. Hyde) に変身する》.

■ ***Jékyll and Hýde*** C 二重人格者.

jell [dʒél] 動 自 **1** ゼリー状に固まる (jelly). **2**(考え・計画などが)具体化する, 固まる(《英》gel): My ideas haven't *jelled* yet. 私の考えはまだ固まっていない. — 他 **1** …をゼリー状にする. **2**〈考え・意見など〉を具体化する, 固める.

jel·lied [dʒélid] 形 [限定用法]《主に英》ゼリー化した, ゼリー状にした: *jellied* eels ウナギのゼリー寄せ.

***jel·ly** [dʒéli] 名(複 **jel·lies** [~z]) **1** U C ゼリー, 《特に》フルーツゼリー; ゼリー菓子. **2** U《米》ゼリージャム(《英》jam)《透明なジャム》: orange *jelly* オレンジのゼリージャム. **3** U [または a ~] ゼリー状のもの.

◆ **jélly bèan** C ゼリービーン《豆の形をしたゼリー菓子》(◇ jellybean ともつづる).

jel·ly·fish [dʒélifɪʃ] 名(複 **jel·ly·fish, jel·ly·fish·es** [~iz]) C **1** クラゲ. **2**《口語》意志薄弱な人, 意気地のない人.

jem·my [dʒémi] 名 C《英》= JIMMY バール.

jeop·ard·ize [dʒépərdàɪz] 動 他 …を危険にさらす, 危うくする (endanger).

jeop·ard·y [dʒépərdi] 名 U 危険 (danger).

■ ***in jeopardy*** 危険な状態に, 危険にさらされて: He put his life *in jeopardy* to save the drowning child. 彼はおぼれている子供を助けるために自らの命を危険にさらした.

Jer·e·mi·ah [dʒèrɪmáɪə] 名 固《聖》 **1** エレミヤ《ヘブライの悲観的預言者》. **2** エレミヤ書《旧約聖書中の1書; 《略記》Jer.》.

Jer·i·cho [dʒérɪkou] 名 固 エリコ《パレスチナ (Palestine) のヨルダン川西岸の古都》.

***jerk**[1] [dʒə́ːrk] 名 C **1** ぐいと引く[押す, 突く, ねじる]こと. **2** 筋肉のけいれん. **3**《重量挙げ》ジャーク. **4**《俗語・軽蔑》《特に男の》どじ, 間抜け.

■ ***give ... a jérk*** …をぐいと引く.

with a jérk ぐいと, ぐんと; がたんと: The dump truck started *with a jerk*. ダンプカーはがたんと揺れて動き出した.

— 動 他 …を(急に)ぐいと引く[押す, 突く, ねじる]; [jerk+O+C] ぐいと引いて[押して] …の状態にする: He *jerked* a big fish out of the water. 彼は大きな魚を水からぐいと引き上げた / She *jerked* the door open. 彼女はドアをぐいと引いて開けた.

— 自 ぐいと[急に]動く, がたんと動く; ぴくぴくする, けいれんする: The bus *jerked* along. バスはがたんがたん揺れながら進んだ / The train *jerked* to a stop [halt]. 列車はがたんと止まった.

■ ***jérk aróund*** 他《米口語》〈人〉を(意図的に)引き回す; いらいらさせる.

jérk óff 自《主に米俗語》〈男が〉自慰をする.

jérk óut 他〈言葉など〉を急に言う, 口ばしる.

jerk·y[1] [dʒə́ːrki] 形(比較 **jerk·i·er** [~ər]; 最上 **jerk·i·est** [~ist]) **1** 急に[ぐいと]動く, がたんと動く; ぴくぴくする, けいれんする: (話しぶりが)つっかえがちの. **2**《俗語》どじな, 間抜けな.

jerk·i·ly [-kəli] 副 がたがたに; ぴくぴくと; つかえて.

jerk·i·ness [~nəs] 名 U がたがた動くこと.

jer·ky[2] [dʒə́ːrki] 名 U ジャーキ(牛)肉, ビーフジャーキー.

jer·ry-built [dʒéribɪlt] 形《軽蔑》安普請(ぶしん)の, バラック建ての; 粗製乱造の.

jer·sey [dʒə́ːrzi] 名 **1** U ジャージ《柔らかくて伸縮性のある服地》. **2** C ジャージのセーター[シャツ].

Jer·sey [dʒə́ːrzi] 名 **1** 固 ジャージー島《イギリス海峡にある英国領の島》. **2** C ジャージー種の乳牛《ジャージー島原産》.

Je·ru·sa·lem [dʒərúːsələm] 名 固 エルサレム

《イスラエル (Israel) とヨルダン (Jordan) の国境にある都市. イスラエルの首都. キリスト教・ユダヤ教・イスラム教の聖地》.

◆ Jerúsalem ártichoke [C][U]【植】キクイモ《塊茎は食用》.

*jest [dʒést]《古風》名 **1** [C] 冗談, しゃれ (→ JOKE); [U][C] からかい, 冷やかし. **2** [C] 物笑いの種.
■ *in jést* ふざけて, 冗談で.
màke a jést of ... …をからかう, 物笑いの種にする.
— 動 自 […について] 冗談を言う, ふざける [*about*]: I *jest*. ほんの冗談だよ.

jest·er [dʒéstər] 名 [C] **1** (中世の王侯・貴族に雇われた) 道化師. **2** 冗談を言う人, おどけ者.

Jes·u·it [dʒézuət / dʒézjuit] 名 [C] **1**【カトリック】イエズス会 (Society of Jesus) の修道士 [会員]. **2** [j-]《口語・軽蔑》詭弁(ﾍﾞﾝ)家, 策略家.

*****Je·sus** [dʒíːzəs] 名 間
— 名 イエス(キリスト)(Jesus Christ)《キリスト教の創始者; → CHRIST》.
— 間《俗語》くそっ!, ちくしょう!, あっ! (Jesus Christ)《◇驚き・怒りなどを表す. キリスト教徒には侮辱ととられるので使用に注意》.

‡**Jésus Chríst** 名 間 = JESUS (↑).

*****jet**¹ [dʒét] 名 動【原義は「投げる」】
— 名 (複 **jets** [dʒéts]) [C] **1** ジェット機 (jet plane): travel by *jet* ジェット機で旅行する / She flew to New York in her private *jet*. 彼女は自家用ジェット機でニューヨークへ飛んだ. **2** (水・蒸気・ガスなどの) 噴出, 噴射: a *jet* of water 水の噴出 / a *jet* of gas ガスの噴出. **3** 噴出口, 吹き出し口: a gas *jet* ガスの噴出口, ガスバーナー. **4** ジェットエンジン (jet engine).
— 動 (三単現 **jets** [dʒéts]; 過去・過分 **jet·ted** [~id]; 現分 **jet·ting** [~iŋ]) 自 **1**《口語》ジェット機で行く [旅行する]. **2** 噴出する, 射出する.
— 他 …を噴出させる, 吹き出す (*out*).

◆ **jét éngine** [C] ジェットエンジン (→ AIRCRAFT 図).

jét làg 時差ぼけ: get [suffer from] *jet lag* 時差ぼけにかかる [かかっている].

jét pláne [C] ジェット機.

jét propúlsion [U] ジェット推進.

jét sèt [the ~; 集合的に; 単数・複数扱い] ジェット族《ジェット機で世界中を飛び回る上流有閑階級》.

jét strèam [the ~] ジェット気流《対流圏上部を吹く強い偏西風》.

jet² [dʒét] 名 [U]【鉱】黒玉(ﾀﾞﾏ); 黒玉色, 漆黒.

jét-bláck 形 (髪などが) 漆黒の, 黒くて光沢のある.

jet·foil [dʒétfɔ̀il] 名 [C]【商標】ジェットホイル《ジェットエンジンを装備した水中翼船》.

jet·lin·er [dʒétlàinər] 名 [C] ジェット旅客機.

jét-pro·pélled 形 ジェット (推進) 式の.

jet·sam [dʒétsəm] 名 [U]【海】投げ荷《遭難時に船体を軽くするために海に捨てられた貨物; cf. flotsam 浮き荷》.

jet·ti·son [dʒétəsən] 動 他 **1** (難破船・遭難機などが) 〈積み荷など〉を投げ捨てる. **2** 〈不要なもの〉を捨てる; 〈考えなど〉を放棄する.

jet·ty [dʒéti] 名 (複 **jet·ties** [~z]) [C] 突堤, 防波堤; 桟橋.

‡**Jew** [dʒúː] 名 [C] (ユダヤ教徒である) ユダヤ人 (Jewish person); ユダヤ教徒. (▷ 形 Jéwish)

‡**jew·el** [dʒúːəl]《☆ 発音に注意》名 [C] **1** 宝石: She was wearing a necklace set with *jewels*. 彼女は宝石をちりばめたネックレスをしていた. **2** [通例 ~s] 宝石入りの装身具. **3**《口語》貴重 [大切] な人 [もの]; 宝物: She makes a *jewel* of her son. 彼女は息子をとても大事にしている. **4** (時計の) 石: a watch with 21 *jewels* 21石の腕時計.
■ *the jéwel in the crówn* (物事の) 最も価値 [魅力] のある部分; 白眉(ﾊｸﾋﾞ).

◆ **jéwel bòx [càse]** [C] 宝石箱.

jew·eled,《英》**jew·elled** [dʒúːəld] 形 宝石で飾られた, 宝石をちりばめた, 宝石入りの: a ring *jeweled* with precious stones 宝石で飾られた指輪.

jew·el·er,《英》**jew·el·ler** [dʒúːələr] 名 [C] **1** 宝石商, 貴金属商. **2** 宝石 (細工) 職人. **3** [~'s] 宝石店, 貴金属店.

***jew·el·ry**,《英》**jew·el·ler·y** [dʒúːəlri] 名 [集合的に] 宝石類, (宝石・貴金属などの) 装身具《◇個々の宝石は a jewel》: This necklace is my favorite piece of *jewelry*. このネックレスは私のお気に入りのアクセサリーだ.

***Jew·ish** [dʒúːiʃ] 形 ユダヤ人の; ユダヤ人らしい: the *Jewish* people ユダヤ民族 / the *Jewish* religion ユダヤ教. (▷ 名 Jéw)

Jew·ry [dʒúːəri] 名 [U] [集合的に]《格式》ユダヤ人 [民族].

JFK《略語》= John Fitzgerald Kennedy (→ KENNEDY); John F. Kennedy International Airport.

jib¹ [dʒíb] 名 [C] **1**【船舶】ジブ《船首に張る三角帆》. **2** (起重機の) 腕の部分, ジブ.

◆ **jíb bòom** [C]【船舶】ジブブーム, 第2斜檣(ﾏｽﾄ).

jib² [dʒíb] 動 (三単現 **jibs** [~z]; 過去・過分 **jibbed** [~d]; 現分 **jib·bing** [~iŋ]) 自《古風》(人が) […に] 二の足を踏む, ためらう, しり込みする [*at*].

jibe¹ [dʒáib] 名 動 = GIBE あざけり, あざける.

jibe² 動《主に米》[…と] 一致する [*with*].

jif·fy [dʒífi], **jiff** [dʒíf] 名 [a ~]《口語》瞬時, ちょっとの間 (moment).
■ *in a jíffy* [*jíff*]《口語》すぐに.

jig [dʒíg] 名 [C] **1** ジグ《3拍子の活発なダンス》; ジグの曲. **2**【機】ジグ《機械の制御装置》.
— 動 (三単現 **jigs** [~z]; 過去・過分 **jigged** [~d]; 現分 **jig·ging** [~iŋ]) 自 **1** ジグを踊る. **2** (特に上下に) 急激に動く (*about, up and down*).

jig·ger [dʒígər] 名 [C] ジガー《酒類の計量カップ》.

jig·gle [dʒígl]《口語》動 他 …を (左右 [上下] に) 軽く揺さぶる, 小刻みに動かす: *jiggle* one's legs 貧乏揺すりをする. — 自 軽く揺れる.
— 名 [C] 軽い揺さぶり, 震動.

jig·saw [dʒígsɔ̀ː] 名 [C] **1** 糸のこぎり. **2** = jígsaw pùzzle ジグソーパズル: a 50-piece *jigsaw* 50ピースのジグソーパズル.

ji·had [dʒiháːd / -hǽd]【アラビア】名 C (通例, 単数形で)(イスラム教徒の) 聖戦, ジハード;[…のための/…に対する] 運動, 戦い [*for* / *against*].

Jill [dʒíl] 名 **1** 固 ジル (◇女性の名). **2** C [j-] 女, 娘, 恋人, 妻.

jilt [dʒílt] 名 他 (衝動的に)〈恋人〉をふる, 捨てる.
── C 恋人を捨てる人.

Jim [dʒím] 名 固 ジム (◇男性の名; James の愛称).
◆ **Jím Crów, jím crów** 《米》 **1** U 黒人差別. **2** C 《軽蔑》黒人. **3** [形容詞的に] 黒人(専用)の; 黒人差別の: a *Jim Crow* school [car] (かつての)黒人専用学校[車].

jim·my [dʒími] 《米》名 (複 **jim·mies** [~z]) C (強盗が使う) バール, かなてこ (《英》jemmy).
── 動 (三単現 **jim·mies** [~z]; 過去・過分 **jim·mied** [~d]; 現分 **jim·my·ing** [~iŋ]) 他 …をバール[かなてこ] でこじ開ける.

Jim·my, Jim·mie [dʒími] 名 固 ジミー (◇男性の名; James の愛称).

jin·gle [dʒíŋgl] 名 **1** [単数形で](硬貨・鈴などの)ちりんちりん[りんりん]という音. **2** C (広告用の)調子よく響く詩句[歌].
── 動 自 ちりんちりん[りんりん]と鳴る;(詩句・歌などが) 調子よく響く: Coins *jingled* in his pocket. お金が彼のポケットの中でじゃらじゃら鳴った.
── 他 …をちりんちりん[りんりん]と鳴らす.

jin·go [dʒíŋgou] 名 (複 **jin·goes** [~z]) C 《軽蔑》好戦的愛国主義者, 主戦論者, 強硬外交論者.
■ ***By jíngo!*** 《口語》 ほんとうに, まったく, 誓って (◇驚き・強い主張などを表す).

jin·go·ism [dʒíŋgouìzəm] 名 U 《軽蔑》好戦的愛国主義, 強硬外交政策, (感情的な) 主戦論.

jin·go·ist [dʒíŋgouist] 名 C 《軽蔑》好戦的愛国主義者, 強硬外交論者, 主戦論者.

jin·go·is·tic [dʒìŋgouístik] 形 《軽蔑》好戦的愛国主義(者)の, 強硬外交論(者)の, 主戦論(者)の.

jinks [dʒíŋks] 名 [複数扱い] 《口語》浮かれ騒ぎ: high *jinks* どんちゃん騒ぎ (→ HIGH 複合語).

Jin·ni [dʒíːni / dʒíni] 名 (複 **Jin·ni**) 【イスラム教】精霊, 魔物.

jinx [dʒíŋks] 名 C (通例, 単数形で)《口語》[…に対して] 縁起が悪いこと, 縁起の悪いもの[人];不運, 悪運 [*on*]. (比較) 日本語の「ジンクス」は幸運・不運の両方をさすが, 英語は「縁起が悪いこと」のみをさす): break a *jinx* ジンクスを破る / put a *jinx* on … …に不運をもたらす.

jit·ters [dʒítərz] 名 [the ~; 複数扱い]《口語》神経過敏, 神経質, どきどき, びくびく, そわそわ: have [get] the *jitters* いらいら[びくびく]する.

jit·ter·bug [dʒítərbʌ̀g] 名 C ジルバ《テンポが速くて奔放なジャズダンス》; ジルバを踊る人.

jit·ter·y [dʒítəri] 形 《口語》神経過敏の, いらいら[びくびく, はらはら]している.

jive [dʒáiv] 名 **1** U [しばしば the ~]【音楽】ジャイブ《テンポの速いジャズ》; ジャイブに合わせて踊るダンス. **2** U 《米口語》訳のわからない話, たわ言.
── 動 自 **1** ジャイブを演奏する; ジャイブに合わせて踊る. **2** 《米口語》いいかげんな話をする.

── 他 《米口語》〈人〉をいいかげんな話でだます.

Jnr. (略記) = *junior*.

Joan [dʒóun] 名 固 ジョーン (◇女性の名).
◆ **(Sàint) Jóan of Árc** [-áːrk] 固 ジャンヌダルク《1412-31; 百年戦争でフランスを勝利に導いた少女. のちに聖女に列せられる》.

***job** [dʒáb / dʒɔ́b] 名
── 名 (複 **jobs** [~z]) C **1** (有給の) 仕事, 職, 勤め口 (→ OCCUPATION 類義語): do a side *job* 副業をする / a part-time *job* アルバイト, パートの仕事 / What kind of *job* do you have? ― I'm working for a trading company. お仕事は何ですか―貿易会社に勤めています.

コロケーション 仕事を[に]…
仕事に応募する: *apply for a job*
仕事を変える: *change jobs*
仕事を探す: *look [hunt] for a job*
仕事につく: *get [find] a job*
仕事を辞める: *quit [give up] one's job*

2 (ある特定の) 仕事, 用事; 役目, 務め (→ WORK 類義語): Today I had a *job* of cleaning the windows. きょうは窓掃除の仕事があった / It's your *job* to feed the parakeet. インコにえさをやるのはあなたの役目です / Sorry, but I have a little *job* to do. あいにくですがちょっと用事があるんです.
3 [単数形で] 骨の折れること: It's quite a *job* for May to make both ends meet. メイにとってやりくりして暮らすのはなかなか大変です. **4** 《口語》(代) 物, 品 (柄), 事件: Your new car is a fine *job*, isn't it? あなたの新しい車はすばらしいですね. **5** 《口語》悪事, 犯罪;(特に) 強盗: a bank *job* 銀行強盗 / an inside *job* 内部の者の犯行.
■ ***gìve … úp as a bád job*** 《英》…に見切りをつける, …をあきらめる.
Gòod jób! でかした, よくやった.
It's a góod jób (that) … 《英口語》…とはついている, 運がいい.
júst the jób 《英口語》おあつらえ向きのもの.
líe dòwn on the jób 仕事をさぼる.
màke a góod [bád, póor] jób of … …をうまく[下手に]やる.
màke the bést of a bád jób 《主に英》何とか事態を切り抜ける, やりくりする.
òff the jób 仕事を休んで.
òn the jób 仕事[勤務]中で.
òut of a jób 失業中で.
── 動 (三単現 **jobs** [~z]; 過去・過分 **jobbed** [~d]; 現分 **job·bing** [~iŋ]) 自 **1** 賃仕事をする. **2** (公職を利用して) 私腹を肥やす.
── 他〈株など〉を売買する, 仲介する.
◆ **jób àction** C 順法闘争; 職場闘争.
jób cèntre C 《英》公共職業紹介センター.
jób descrìption C [通例 a ~] 職務規定.
jób lòt C (安物の) まとめ売り [買い].

Job [dʒóub] 名 固 【聖】 ヨブ 《「ヨブ記」の主人公》; ヨブ記《旧約聖書中の1書》.

job·ber [dʒábər / dʒɔ́bə] 名 C **1** 卸商, 仲買人;《英》株式仲買人. **2** 賃[請負い] 仕事の職人.

job・bing [dʒábiŋ / dʒɔ́b-] 形 [限定用法]《英》賃仕事をする; 臨時雇いの.

jób-hòp・per 名 C《口語》仕事を転々とする人.

jób-hùnt 動 自《口語》職[仕事]を探す.

job・less [dʒábləs / dʒɔ́b-] 形 仕事のない, 失業中の; [the ~; 名詞的に; 複数扱い] 失業者.

job・less・ness [~nəs] 名 U 失業(状態).

jób-shàr・ing, jób shàr・ing 名 U ジョブシェアリング, 分担労働《失業(者)増加の回避策として1つの仕事を2人(以上)で分担する》.

jock [dʒák / dʒɔ́k] 名 C **1**《米口語》運動選手. **2** =JOCKEY(↓). **3**《口語》=disk jockey ディスクジョッキー(→ DISK 複合語).

***jock・ey** [dʒáki / dʒɔ́k-] 名 C (競馬の)騎手.
— 動 他〈人〉をだます;〈人〉をだまして[説得して]…させる(*into doing*);〈人〉をだまして[…を]取り上げる(*out of*).
■ *jóckey for posítion* 競争相手を押しのけて有利な地位[位置]を得ようとする.

jock・strap [dʒákstræp / dʒɔ́k-] 名 C (男性用)運動用サポーター.

jo・cose [dʒoukóus, dʒə-] 形《文語》ふざけた, おどけた.

joc・u・lar [dʒákjulər / dʒɔ́k-] 形《格式》こっけいな, ひょうきんな.

joc・u・lar・i・ty [dʒàkjulǽrəti / dʒɔ̀k-] 名 (複 **joc・u・lar・i・ties** [~z]) U こっけいさ, おどけ; C こっけいな[おどけた]言動.

joc・und [dʒákənd / dʒɔ́k-] 形《文語》快活な, 陽気な, 楽しい.

jodh・purs [dʒádpərz / dʒɔ́d-] 名 [複数扱い] 乗馬ズボン.

Joe [dʒóu] 名 **1** 個 ジョー(◇男性の名; Josephの愛称). **2** C [しばしば j-]《米俗語》男, やつ, 人.
◆ **Jóe Blóggs** [-blǽgz / -blɔ́gz] C《英》=Joe Blow.
Jóe Blów C《米》普通の人.

***jog** [dʒág, dʒɔ́ːg / dʒɔ́g] 動 (三単現 **jogs** [~z]; 過去・過分 **jogged** [~d]; 現分 **jog・ging** [~iŋ]) 自 **1** ゆっくり走る, ジョギングする(*along, on*): They were *jogging along* the river bank. 彼らは川沿いの土手をジョギングしていた. **2**(車などが)がたごと揺れて進む(*along*). **3**《口語》(人が)どうにかやっていく,(物事が)どうにか運んでいく,(仕事が)どうにか進む(*along, on*).
— 他 **1** …を軽く揺する[突く, 押す]: jog …'s elbow (注意を引くため)…のひじをちょっと突く.
2〈記憶・注意〉を呼び起こす: jog …'s memory …の記憶を呼び覚ます.
— 名 [通例 a ~] **1** ジョギング, ゆっくりしたランニング: Dad goes for a *jog* in the park every evening. 父は毎日夕方に公園へジョギングをしに行く. **2** 軽い揺さぶり [突き, 押し].
◆ **jóg tròt** [a ~] (馬の)緩歩(ホゥム); ゆっくりした規則的な歩調.

jog・ger [dʒágər, dʒɔ́ːgər / dʒɔ́gə] 名 C ジョギングをする[している]人.

***jog・ging** [dʒágiŋ, dʒɔ́ːgiŋ / dʒɔ́g-] 名 U ジョギング《ゆっくりした駆け足》.

jog・gle [dʒágl / dʒɔ́gl]《口語》動 他 …を(軽く上下に)揺する.
— 自 (軽く上下に)揺れる.

Jo・han・nes・burg [dʒouhǽnəsbə̀ːrg] 名 個 ヨハネスバーグ《南アフリカ共和国最大の都市》.

john [dʒán / dʒɔ́n] 名 C《米口語》トイレ.

John [dʒán / dʒɔ́n] 名 個 **1** ジョン(◇男性の名;《愛称》Jack, Johnny, Johnnie).
2【聖】[St. ~] 使徒ヨハネ《キリストの十二使徒の1人》. **3**【聖】ヨハネ伝, ヨハネによる福音書《新約聖書中の1書》. **4**【聖】バプテスマのヨハネ, 洗礼者ヨハネ(John the Baptist)《キリスト出現を預言し, 彼に洗礼を施した》. **5** [King ~] ジョン王(1167?-1216; 大憲章に署名した英国王(1199-1216)).
◆ **Jóhn Búll** U C《古風・時に軽蔑》ジョンブル《イングランド(人)または英国(人)を表す; cf. Uncle Sam アンクルサム》.
Jóhn Dóe [単数形で]【法】ジョン=ドウ《実名不詳のときの訴訟当事者の仮名; 女性は Jane Doe》.

John・ny, John・nie [dʒáni / dʒɔ́ni] 名 (複 **John・nies** [~z]) **1** 個 ジョニー(◇男性の名; Johnの愛称).
2 C [しばしば j-]《古風》男, やつ.

John・son [dʒánsən / dʒɔ́n-] 名 個 ジョンソン.
1 Samuel Johnson《1709-84; 英国の辞書編集者・批評家. Dr. Johnson と呼ばれる》. **2** Andrew Johnson《1808-75; 米国の政治家; → PRESIDENT 表》. **3** Lyndon Baines [líndənbéinz] Johnson《1908-73; 米国の政治家. 愛称 LBJ; → PRESIDENT 表》.

joie de vivre [ʒwá: də ví:vrə, -ví:v] U【フランス】生きる喜び (joy of living).

*****join** [dʒɔ́in] 動 (三単現 **joins** [~z]; 過去・過分 **joined** [~d]; 現分 **join・ing** [~iŋ])
— 他 **1** …に参加する, 加わる: I'd like to *join* the drama club. 私は演劇部に入りたい / He *joined* the TV debate. 彼はテレビ討論会に参加した / I'll *join* you later in the restaurant. 後ほどレストランで一緒にします / We are going to a concert tomorrow evening. Why don't you *join* us? 私たちはあすの晩コンサートに行きます. あなたも一緒にどうですか.
2〈2つ以上のもの〉をつなぐ, 結合する, 合わせる; …を[…に]つなぐ(*to*)(→ 類義語): The girls *joined* hands and danced round in a circle. 女の子たちは手をつなぎ輪になって踊った / The carpenter *joined* the shelf *to* the wall. 大工は壁に棚を取り付けた.
3(川・道路などが)…とつながる, …に合流する: Where does this stream *join* the Sumida? この川はどこで隅田川と合流していますか.
4 [結婚・友情などによって]…を1つにする(*in*): We two are *joined* (to each other) *in* deep friendship. 私たち2人は深い友情で結ばれている.
— 自 **1** つながる, 統合する, 合流する: The three villages *joined* together to form a town. 3つの村が合併して1つの町になった / The two roads *join* here. その2本の道はここで1つになる.
2 参加する, 加わる, 一緒になる.

join ín 自 参加する, 加わる: We're playing a game of cards, do *join in*! これからトランプをするところで, ご一緒にどうぞ.

jóin in ... 他 …に参加する, 加わる: Karen wouldn't *join in* our conversation. カレンは私たちの会話に加わろうとしなかった.

jóin úp 自 組織の一員になる; (軍隊に) 入隊する.

jóin úp with ... 他 …の仲間に加わる; …と一緒になる, 合併する, 提携する.

jóin with ... in ~ …と一緒に~をする: She *joined with* her classmates *in* decorating the classroom. 彼女はクラスメートに協力して教室の飾り付けをした.

■ **jóin báttle** 《文語》戦い [争い] を始める.

—名 C 接合箇所; 継ぎ目, 縫い目. (▷名 jóint)

類義語 join, connect, link, unite, combine

共通する意味▶結合する (put or bring together two or more things)

join は2つ以上の離れているものを「直接触れ合うよう結合する」の意: She *joined* the broken pieces with glue. 彼女は接着剤で破片をくっつけた. **connect** はそれぞれの独立性・個性を失わずに「何かを媒介にして結び付ける」の意: The Tomei Expressway *connects* Tokyo and Nagoya. 東名高速は東京と名古屋をつないでいる. **link** も個性を保ちながら「連結する」ことで, 不可分の強いつながりを示す: They *linked* arms to form a circle. 彼らは腕を組んで輪になった. **unite** は2つ以上のものが「個性を捨てて結合し新しい統一体を作る」の意: They are planning to *unite* the factions into a party. 彼らは分派を統合して一つの党にしようともくろんでいる. **combine** は2つ以上のものを, しばしば個々の特徴がわからなくなるくらいに「結合する, 混合する」の意: Hydrogen *combines* with oxygen to form water. 水素は酸素と結合して水になる.

join·er [dʒɔ́inər] 名 C 1 指物(さしもの)師, 建具師. 2 《口語》いろいろな団体に入りたがる人.

join·er·y [dʒɔ́inəri] 名 U 1 指物(さしもの)業, 建具職. 2 《集合的に》建具類, 指物.

***joint** [dʒɔ́int] 名 形 動 《原義は「つながれた(もの)」》

—名 (複 **joints** [dʒɔ́ints]) C 1 関節, 節(ふし): the finger *joints* 指の関節 / the knee [elbow] *joint* ひざ [ひじ] の関節.
2 継ぎ目, 接点, 接合部分: the *joints* in a pipe 管の継ぎ目 / a universal *joint* 自在継手.
3 《英》(骨付きの)肉の切り身. 4 《俗語》(人の)たまり場, 安酒場. 5 《口語》マリファナ入りのたばこ.

■ **óut of jóint** 1 関節が外れて, 脱臼(だっきゅう)して. 2 (調子・歯車が) 狂って.

—形 [限定用法] 共同の, 共有の, 共通の: *joint* owners 共有者 / *joint* liability 連帯責任 / issue a *joint* statement 共同声明を発表する.

—動 他 1 …を継ぎ目で接合する. 2 〈肉〉を関節 (のところ) で大きく切り分ける. (▷動 jóin)

◆ **jóint accóunt** C (銀行の) 共同預金口座.

jóint stóck U 株式資本, 共同資本.
jóint vénture C 合弁事業.
joint·ly [dʒɔ́intli] 副 一緒に, 共同で, 合同で.
jóint-stóck còmpany 名 C 株式会社.
joist [dʒɔ́ist] 名 C 《建》根太(ねだ), 梁(はり)《天井・床板を支える横木》.

***joke** [dʒóuk] 名 動

—名 (複 **jokes** [~s]) C 1 冗談, しゃれ, ジョーク; からかい; おどけ (cf. jest あざける, 皮肉を含む冗談): a practical *joke* 悪ふざけ / make [tell, crack] a *joke* 冗談を飛ばす / carry a *joke* too far 冗談の度がすぎる / I had a *joke* with her on the train. 私は列車の中で彼女と冗談を言い合った / Didn't you get his *joke*? 彼の冗談がわからなかったのですか.
2 [単数形で]《口語》物笑いの種: What a (big) *joke*! (とんだ) お笑いぐさだ.

■ **be [gò, gèt] beyónd a jóke** 笑い事ではない [なくなる].

be nó jóke 冗談 [笑い事] では済まない, 真剣なことである.

cannót tàke a jóke 冗談を冗談として受け流せない.

for [as] a jóke 冗談のつもりで.

pláy a jóke on ... …をからかう, 笑い物にする.

—動 自 [人に / …について] 冗談を言う; からかう [*with* / *about*]: This is no *joking* matter. これは冗談事ではない / Tom is *joking with* Mary *about* her new hairstyle. トムはメアリーの新しい髪型をからかっている / You must [You've got to] be *joking*. まさか, ご冗談でしょう.

■ **àll jóking asíde** = 《英》**jóking asíde [apárt]** [しばしば文修飾; 文頭に置いて] 冗談はさておき.

jok·er [dʒóukər] 名 C 1 冗談を言う人. 2 《口語》(無能な) 人, やつ. 3 《トランプ》ジョーカー.

■ **the jóker in the páck** どうなるか予測がつかない人 [もの, こと].

jok·ing·ly [dʒóukiŋli] 副 冗談に, しゃれて.

***jol·ly** [dʒɑ́li / dʒɔ́li] 形 (比較 **jol·li·er** [~ər]; 最上 **jol·li·est** [~ist]) 1 〈人が〉陽気な, 愉快な (cheerful). 2 《古風》すてきな, すばらしい: have a *jolly* time 楽しく過ごす.

—副《英口語》とても, ひどく (very).

■ **jólly wéll** 《英口語》実に, まったく《◇動詞・副詞を強める).

—動 (三単現 **jol·lies** [~z]; 過去・過分 **jol·lied** [~d]; 現分 **jol·ly·ing** [~iŋ])《英口語》
1 〈人〉をおだてし, せき立てる (*along*);〈人〉をおだてて […] させる [*into* (*doing*)]. 2 〈場所など〉を飾り立てる, 楽しい雰囲気にする (*up*).

◆ **Jólly Róger** [the ~] 海賊旗《頭蓋(ずがい)骨と2本の骨を組み合わせた図柄》.

jolt [dʒóult] 動 他 1 …を (強く) 揺さぶる: A severe earthquake *jolted* Kobe. 激しい地震が神戸を揺さぶった [襲った]. 2 〈人〉にショックを与える; ショックを与えて […の状態に] する (*into*).

—自 (車などが) 急に揺れる; がたがた揺れながら進む (*along*): *jolt along* a rough road でこぼこした

道をがたがたと進む.
— 名 C [通例, 単数形で] **1** 激しい揺れ. **2** 衝撃, ショック, 驚き.

jolt·y [dʒóulti] 形 (比較 **jolt·i·er** [~ər]; 最上 **jolt·i·est** [~ist]) 動揺の激しい, がたがた揺れる.

Jo·nah [dʒóunə] 名 個 **1** 《聖》ヨナ《ヘブライの預言者》; ヨナ書《旧約聖書中の1書》.

Jones [dʒóunz] 名 個 **1** ジョーンズ《◇英米で最も一般的な姓の1つ》. **2** [the ~es] 近所の人.
■ **kèep úp with the Jóneses** 近所の人や友人に負けまいと見栄を張る.

jon·quil [dʒáŋkwil / dʒɔ́ŋ-] 名 **1** C 《植》キズイセン《黄水仙》. **2** U 淡黄色.

Jor·dan [dʒɔ́ːrdn] 名 個 **1** ヨルダン《中東の王国; 首都アンマン (Amman)》. **2** [the ~] ヨルダン川《ガリラヤ湖を通り死海に注ぐ川》.

Jo·seph [dʒóuzif] 名 個 **1** ジョーゼフ《◇男性の名; 愛称》Jo, Joe》. **2** 《聖》ヨセフ《ヤコブの子》. **3** 《聖》ヨセフ《キリストの母マリアの夫》.

josh [dʒáʃ / dʒɔ́ʃ] 動 他《古風》(悪意なしに)…をからかう, 冷やかす.
— 自 冗談を言う (joke); からかう, 冷やかす.

Josh·u·a [dʒáʃuə / dʒɔ́ʃ-] 名 **1** 個 ジョシュア《◇男性の名》. **2** 《聖》ヨシュア《モーセ (Moses) の後継者》; ヨシュア記《旧約聖書中の1書; 略語》Josh.》.

jos·tle [dʒásl / dʒɔ́sl] 動 他 …を (ひじなどで) 押す, 突く: *jostle* one's way 押し分けて進む / Don't *jostle* me. 押さないでください.
— 自 **1** […を] 押す, 突く, 押し合う [*against*].
2 […と / …を] 争う, 競い合う [*with / for*].

jot [dʒát / dʒɔ́t] 名 [a ~; 通例, 否定文で]《古風》少し (も…ない): She doesn't care a *jot* for our advice. 彼女は私たちの忠告など少しも気にとめない.
— 動 (三単現 **jots** [dʒáts / dʒɔ́ts]; 過去・過分 **jot·ted** [~id]; 現分 **jot·ting** [~iŋ]) 他 …をざっと書きとめる, メモする (*down*).

jot·ter [dʒátər / dʒɔ́t-] 名 C メモ帳.

jot·ting [dʒátiŋ / dʒɔ́t-] 名 C [通例~s]《口語》メモ, 覚え書き.

joule [dʒúːl, dʒául] 名 C 《物理》ジュール《◇熱量・仕事などエネルギーの単位; 略語》J》.

‡jour·nal [dʒə́ːrnl] 【原義は「毎日の」】
— 名 (複 **jour·nals** [~z]) C **1** (学会などの) 雑誌, 定期刊行物, 機関誌: a weekly *journal* 週刊誌 / a medical *journal* 医学雑誌.
2 (日刊・週刊の) 新聞《◇紙名に用いることも多い》: The Wall Street *Journal* ウォールストリートジャーナル.
3 日記, 日誌《◇ diary に比べやや公的なものをさす》: keep a ship's *journal* 航海日誌をつける.

jour·nal·ese [dʒə̀ːrnəlíːz] 名 U 《軽蔑》ジャーナリズム [新聞] 特有の (決まりきった) 口調 [文体].

*jour·nal·ism** [dʒə́ːrnəlìzəm] 名 U **1** ジャーナリズム《新聞・雑誌・ラジオ・テレビなどの事業》; 新聞・雑誌界: go into *journalism* ジャーナリズムの世界に入る. **2** [集合的に] 新聞・雑誌類.

‡jour·nal·ist [dʒə́ːrnəlist] 名 C ジャーナリスト; 新聞 [雑誌, 放送] 記者; 報道 [マスコミ] 関係者; 新聞・雑誌業者: He is a *journalist* on the local paper. 彼は地方紙の記者です.

jour·nal·is·tic [dʒə̀ːrnəlístik] 形 [限定用法] ジャーナリズムの; 新聞・雑誌 (記者) 的な.

‡‡jour·ney [dʒə́ːrni] 名 動 【原義は「1日の行程」】
— 名 (複 **jour·neys** [~z]) C **1** 旅行, 旅 (→ TRIP 類義語): a train *journey* 列車の旅 / go on a *journey* to … …へ旅に出る / break one's *journey* 旅を中断する, 途中下車する / She is making [taking] a *journey* to Russia. 彼女はロシアを旅行中です.
2 旅程, 行程: It's five days' *journey* from here. そこはここから5日の行程です.
■ **one's jóurney's énd**《文語》旅路の終わり; 人生行路の果て.
— 動 自 [副詞句を伴って]《文語》旅行する (travel).

jour·ney·man [dʒə́ːrnimən] 名 (複 **jour·ney·men** [-mən]) C《古風》**1** (年季を終えた) 一人前の職人, 熟練職人 [工員]. **2** (トップクラスではないが) 腕の確かな職人 [労働者, 選手].

joust [dʒáust] 動 自 […と]《古》馬上槍(ず)試合をする; 競い合う [*with, against*].

Jove [dʒóuv] 名 個《ロ神》ユピテル (Jupiter).
■ **By Jóve!**《古風》おや, まあ, あら《◇驚き・喜びなどを表す》.

jo·vi·al [dʒóuviəl] 形《文語》陽気な, 快活な, 楽しい.

jo·vi·al·ly [-əli] 副 陽気に.

jo·vi·al·i·ty [dʒòuviǽləti] 名 U《文語》陽気, 快活, 楽しさ.

jowl [dʒául] 名 C **1** [通例~s] あご (jaw), 下あご; 頬お (cheek) の下部. **2** (太った人の) あごのたるみ.

‡joy [dʒɔ́i]
— 名 (複 **joys** [~z]) **1** U 喜び, 歓喜, うれしさ (→ PLEASURE 類義語): I'm filled with *joy* of the birth of my daughter. 私は娘が生まれた喜びでいっぱいです / She shared her *joy* of victory with her teammates. 彼女は勝利の喜びをチームメートと分かち合った.
2 C […にとって] 喜びとなるもの, 喜びのもと [*to*]: the *joys* and sorrows of life 人生の哀歓 / Her children are a great *joy* to her. 彼女にとって子供たちは一番の喜びのもとです.
3 U [通例, 否定文・疑問文で]《英口語》成功, 満足: I tried to take her out, but I didn't get any *joy*. 彼女を連れ出そうとしたが, だめだった.
■ **for jóy** 喜んで, 喜びのあまり: He jumped *for joy*. 彼女は喜びのあまり跳び上がらんばかりだった.
to …'s jóy = to the jóy of … [文修飾] …の喜んだことには: *To* his parents' *joy* [*To the joy of* his parents], he passed the university entrance examination. 両親にとってうれしいことに息子が大学入試に合格した. (▷ 形 jóyful).

Joyce [dʒɔ́is] 名 個 ジョイス James Joyce《1882-1941; アイルランドの小説家・詩人》.

‡joy·ful [dʒɔ́ifəl] 形 (人・気分が) とてもうれしい, 喜び

joy・ful・ly [dʒɔ́ifəli] 副 うれしそうに, 楽しく.
joy・less [dʒɔ́iləs] 形 喜びのない, わびしい: a *joyless* country life わびしい田舎暮らし.
joy・less・ly [〜li] 副 つまらなく, わびしく.
joy・ous [dʒɔ́iəs] 形 《文語》= JOYFUL (↑).
joy・ous・ly [〜li] 副 = JOYFULLY (↑).
joy・rid・ing [dʒɔ́iràidiŋ] 名 U 車を盗んで乗り回す犯罪.
joy・stick [dʒɔ́istik] 名 C (飛行機の) 操縦桿(%); (機械・コンピュータゲームなどの) 操作レバー.
J.P., JP 《略語》= *J*ustice of the *P*eace 治安判事.
JPEG [dʒéipèg] 名 【コンピュータ】ジェイペグ《静止画像データの圧縮方式; *J*oint *P*hotographic *E*xperts *G*roup の略》.
Jpn, JPN 《略語》= *J*apan; *J*apanese (→ JAP.).
Jr., Jr 《略語》= *j*unior.
ju・bi・lant [dʒúːbələnt] 形 歓喜に満ちた, 歓声をあげて喜ぶ.
ju・bi・la・tion [dʒùːbəléiʃən] 名 《格式》 **1** U 歓喜, 歓呼. **2** C [通例〜s] 祝賀, 祝祭.
ju・bi・lee [dʒúːbilìː] 名 **1** C (25年・50年などの)記念祭; 祝典, 祝賀: a silver [golden] *jubilee* 25 [50] 周年記念祭 / a diamond *jubilee* 60 [75] 周年記念祭. **2** U 歓喜, 大喜び.
Ju・dah [dʒúːdə] 名 固 **1** 【聖】ユダ《ヤコブの子》. **2** ユダ《パレスチナ南部にあった古代王国》.
Ju・da・ism [dʒúːdəìzəm / -deiìzəm] 名
1 ユダヤ教 (信仰). **2** ユダヤ主義; ユダヤ人気風.
Ju・das [dʒúːdəs] 名 **1** 固 【聖】= *J*údas Iscáriot [iskǽriət] (イスカリオテの) ユダ《キリストを裏切った弟子》. **2** C [通例 a 〜] 裏切り者.

judge [dʒʌdʒ]

名 [基本的意味は「裁く人」]

— 名 (複 **judg・es** [〜iz]) C **1** [しばしば J-] 裁判官, 判事: the presiding *judge* 裁判長 / a *Judge* of the High Court 高等裁判所判事.
2 (討論・競技などの) 審判, 審判員, 裁定者 (→ 類義語): a *judge* of a speech contest 弁論大会の審査員 / a panel of *judges* 審査員団.
3 […の] 鑑定家, 目利き [*of*]: He is a good *judge of* antiques. 彼は骨とう品の目利きです.

— 動 (三単現 **judg・es** [〜iz]; 過去・過分 **judged** [〜d]; 現分 **judg・ing** [〜iŋ])
— 他 **1** (a) [judge+O] …を[…で] 判断する, 評価する [*by, from, on*]: You should not *judge* people *by* their appearance. 人を見かけで判断してはいけない. (b) [judge+that節 [疑問詞節]] …であると […かを] 判断する: I *judged that* I could win the race. 私はその競走に勝てると判断した / I could not *judge who* had committed the crime. だれがその犯罪を犯したのか私は判断できなかった. (c) [judge+O+(to be) C] …を〜だと判断する: I *judged* her (*to be*) married. 私は彼女が結婚していると判断した (= I *judged that* she was married.).
2 [judge+O] 〈人・事件〉を裁判する, 審理する;

[judge+O+C] …に〜と判決を下す: *judge* a case 事件を裁く / The court *judged* the accused innocent [guilty]. 裁判所は被告に無罪 [有罪] の判決を下した.
3 …の審判をする, …を審査する: *judge* the singing contest 歌のコンテストの審査をする.
— 自 **1** […について] 判断する, 評価する [*of*].
2 裁判する, 判決を下す. **3** 審判をする, 審査する: *judge* between the contestants 出場者を審査する.

■ *júdging from* [*by*] ... [文修飾] …から判断すると: *Judging from* the looks of the sky, it is going to rain. 空模様からすると雨が降りそうだ.

【類義語】 **judge, referee, umpire**
共通する意味▶審査員, 審判 (a person who makes decisions in situations in which there is a conflict of views)
judge は弁論大会・コンテスト・品評会・展覧会などの「審査員」をさす: He was asked to be a *judge* at the speech contest. 彼は弁論大会の審査員を頼まれた. **referee** はサッカー・ラグビー・アイスホッケー・バスケットボール・ボクシング・レスリングなどの「審判員, レフェリー」をさす: a soccer *referee* サッカーのレフェリー. **umpire** は野球・クリケット・バレーボール・バドミントン・テニス・卓球などの「審判員, 主審」をさす: a baseball *umpire* 野球の主審.

***judg・ment,** [dʒʌ́dʒmənt]
《しばしば英》**judge・ment**

— 名 (複 **judg・ments**, 《英》**judge・ments** [-mənts]) **1** U C […についての] 意見, 考え; 批判 [*on, about, of*]: In my *judgment*, that team needs a good coach. 私の見るところではあのチームにはすぐれたコーチが必要です / She has her own *judgment* of modern art. 彼女は現代芸術について自分なりの考えを持っている.
2 U 判断力, 分別; U C 判断, 判定: make a *judgment* 判断する / reserve *judgment* 判断をさし控える / a person of sound *judgment* しっかりとした判断力の持ち主 / She always acts on her own *judgment*. 彼女はいつも自分の判断で行動する.
3 U C 判決; U 裁判, 審判: The presiding judge pronounced *judgment* on the murderer. 裁判長は殺人犯に判決を下した. **4** C [通例 a〜] 《格式》天罰: It is a *judgment* on you for bullying them. それは彼らをいじめた罰だよ.

■ *agàinst one's bétter júdgment* 不本意ながら, しないほうがいいと思いながら.
páss júdgment on ... …に判断 [判決] を下す; …を批判する.
sít in júdgment on ... …を裁判する; …を偉そうに批判する.

◆ *J*údgment *D*ày (神の) 最後の審判の日; この世の終わり (◇ the Last Judgment, the Day of Judgment, Doomsday とも言う).

judg·men·tal, 《英》**judge·men·tal** [dʒʌdʒméntl]形 1 判断(上)の. 2 《しばしば軽蔑》感情的に判断を下しがちな, 性急に判断を下す.

ju·di·ca·ture [dʒúːdikèitʃər / -kətʃə]名 1 《格式》U 1 裁判(権), 司法(権); 司法行政[事務]. 2 [the ~; 集合的に; 単数·複数扱い]=JUDICIARY(↓).

*__ju·di·cial__ [dʒuːdíʃəl]形《限定用法》1 裁判(上)の, 司法の, 司法による: a *judicial* decision 判決 / *judicial* power 司法権. 2 判断力のある, 公正な, 公平な.

ju·di·cial·ly [-ʃəli]副 司法[裁判]上; 裁判で; 公正に.

ju·di·ci·ar·y [dʒuːdíʃièri / -ʃəri]名(複 **ju·di·ci·ar·ies** [~z])《格式》1 C 司法制度; 司法部. 2 [the ~; 集合的に; 単数·複数扱い]裁判官; 司法当局.

ju·di·cious [dʒuːdíʃəs]形《格式》思慮分別のある, 賢明な, 判断力の確かな.

ju·di·cious·ly [~li]副 思慮深く, 賢明に.

*__jug__ [dʒʌg]名 1 C 《英》水差し(《米》pitcher)《取っ手の付いた広口容器》. 2 C 《米》(水を入れる)つぼ, かめ《栓がコルクで取っ手の付いた細口容器》. 3 C 水差し1杯(の量): a *jug of water* 水差し1杯の水. (比較)ビール用の取っ手付き大型コップを日本語で「ジョッキ」と呼ぶが, これは jug のなまったもの. 英語では mug と言う; →図)

jug《米》 jug《英》 mug

jug·ful [dʒʌ́gfùl]名 C 水差し1杯(の量).

jug·ger·naut [dʒʌ́gərnɔ̀ːt]名 1 C 《戦争など》巨大な破壊力(を持つもの); 《服従や犠牲を強いる》絶対的な制度[風習]. 2 《英》大型トレーラー.

jug·gle [dʒʌ́gl]動 自 1 [ボール·皿などの]曲芸[ジャグリング]をする [*with*]: *juggle with* balls ボールのジャグリングをする. 2 [...を]ごまかす, 操作する [*with*]: *juggle with* figures 数字をごまかす. ─他 1 ...で曲芸[ジャグリング]をする. 2 ...をだます, だまして...から[...を]だまし取る (*out of*): They *juggled* her *out of* her money. 彼らは彼女から金をだまし取った. 3 〈仕事·時間など〉をうまくやりくりする, 調整する; ...を[...と]両立させる [*with*].

jug·gler [dʒʌ́glər]名 C 1 《物投げの》曲芸師, ジャグラー, 奇術師. 2 ペテン師.

jug·u·lar [dʒʌ́gjələr]形《解剖》頸部(ポ)の, 咽喉(ど)部の; 頸静脈の.
─名 C = júgular véin 頸静脈.
■ *gó for the júgular* 《口語》相手の弱点をつく.

*__juice__ [dʒúːs]名
─名(複 **juic·es** [~iz]) 1 U C ジュース, 《果物·野菜·肉などの》汁: meat *juice* 肉汁 / a glass [bottle] of apple *juice* 1杯[1びん]のリンゴジュース / *juices* of carrot and tomato ニンジンとトマトのジュース / What would you like to drink? – Well, two orange *juices*, please. 何をお飲みになりますか–ええと, オレンジジュースを2つください.
(比較)日本語の「ジュース」と異なり, 天然果汁100%またはそれに近いものだけをさす. それ以外の清涼飲料は soft drink という.
2 U C 《しばしば~s》《動物の》体液; 分泌液: digestive *juices* 消化液.
3 U 《口語》ガソリン; 電気, エネルギー源.
─名 U 《...の》ジュース[汁]をしぼる.
■ *júice úp* 他《米口語》...に活力を与える; ...を面白くする, 盛り上げる. (▷形 júicy)

juic·er [dʒúːsər]名 C 《米》ジューサー, 果汁しぼり器 (《英》squeezer).

juic·i·ness [dʒúːsinəs]名 U 水分[汁]の多いこと.

*__juic·y__ [dʒúːsi]形 (比較 **juic·i·er** [~ər]; 最上 **juic·i·est** [~ist]) 1 《果物·肉など》水分[汁]の多い. 2 《口語》《話などが》興味をそそる, きわどい, やりがいのある. 3 《口語》《取引などが》もうけになる, おいしい. (▷名 júice)

juke·box [dʒúːkbàks / -bɔ̀ks]名 C ジュークボックス.

Jul.《略語》= *July*.

ju·lep [dʒúːləp]名 C U 1 《米》ジューレップ (mint julep) 《ウイスキーに砂糖·ハッカ·氷を入れた飲み物》. 2 《薬を飲みやすくするための》砂糖水.

Jul·ian [dʒúːljən]名 固 ジュリアン(◇男性の名). ♦ Júlian cálendar [the ~]ユリウス暦《ジュリアス=シーザー (Julius Caesar) の定めた旧太陽暦》.

Ju·liet [dʒúːljət]名 固 1 ジュリエット(◇女性の名). 2 ジュリエット《シェイクスピア作『ロミオとジュリエット』の女主人公》.

Ju·lius Cae·sar [dʒúːljəs síːzər]名 → CAESAR.

***__Ju·ly__** [dʒulái]名 [→ MONTH 表]
─名 U 7月(《略語》Jul.)(→ JANUARY 語法): the Fourth of *July* 7月4日《米国独立記念日》/ We will have a training camp in *July*. 7月に合宿がある.

jum·ble [dʒʌ́mbl]動 他 [しばしば受け身で] 1 ...をごちゃごちゃ[乱雑]にする (*up, together*): My clothes and socks *are* all *jumbled up* in the drawer. 服と靴下は全部引き出しに押し込んである.
2 〈考えなど〉を混乱させる (*up, together*).
─名 1 [a ~]ごた混ぜ, 寄せ集め; 混乱(状態).
2 U 《英》がらくた, 不用品 (《米》rummage).
♦ júmble sále C 《英》慈善バザー (《米》rummage sale).

jum·bo [dʒʌ́mbou]名 (複 **jum·bos** [~z]) C = júmbo jét ジャンボジェット機.
─形《限定用法》《口語》特大の, ずば抜けて大きな.

***__jump__** [dʒʌ́mp]動
─動 (三単現 **jumps** [~s]; 過去·過分 **jumped** [~t]; 現分 **jump·ing** [~iŋ])
─自 1 跳ぶ, 跳躍する: *jump* about 跳び回る /

jump down 跳び降りる / **jump** aside 飛びのく / How far can you **jump**? どのくらい遠くまで[高く]跳べますか / She **jumped** out of bed and changed her clothes in a hurry. 彼女はベッドから跳び起きるとあわてて着替えをした / The cat **jumped** on to the table. 猫はテーブルの上に跳び乗った / Don't **jump** in [into] the pool. プールに飛び込まないでください / I **jumped** into his car. 私は彼の車に飛び乗った.
2《驚きなどで》ぎょっと[どきっと]する, はっとする: A strange sound made her **jump**. 妙な音に彼女はどきっとした / My heart **jumped** for joy. 私の胸は喜びではずんだ.
3《値段・価値などが》急に上がる, はね上がる: His temperature **jumped** sharply toward evening. 夕方, 彼の体温は急に上がった / Prices **jumped** (up) 20% last month. 先月物価が20パーセントはね上がった. **4**《話などが》急に変わる, 躍進する, 飛ぶ: Her lectures **jump** from one topic to another. 彼女の講義は次々に話が飛ぶ.
— ⑲ **1** …を跳び越える: **jump** a ditch [fence] 溝[垣根]を跳び越える / **jump** the rails [track] (列車が)脱線する / The speeding car **jumped** the curve and crashed. スピードを出しすぎた車はカーブを曲がり切れずに衝突した. **2**《動物など》に跳び越えさせる: **jump** the circus lion through a hoop サーカスのライオンに輪をくぐらせる. **3**《本など》を飛ばして読む (skip): **Jump** the third chapter and read on. 第3章は飛ばして読み続けなさい. **4**《口語》…に急に飛びかかる, 襲いかかる. **5**《米口語》《列車など》にただ乗りする.

| 句動詞 | **júmp at** ... ⑲〈申し出など〉に飛びつく:
jump at an invitation 誘いに飛びつく.
júmp ín ⑥(会話などに) 口をはさむ, 割って入る.
júmp on ... ⑳…に急に飛びかかる, 襲いかかる. **2** …をしかりつける.
júmp óut at ... ⑳〈ものが〉〈人〉の目につく.

■ **júmp shíp 1**(船員が)船から脱走する, 船を見捨てる. **2** 組織を裏切る, 忠誠を放棄する.
júmp the gún 1(よく考えもせずに)早まってする. **2**【競技】フライングする.
jump to one's féet ぱっと立ち上がる.

— 图(複 **jumps** [~s])**1** C 跳躍, ひと跳び, ジャンプ; U (陸上・スキーなどの)跳躍競技; C ジャンプの障害物: at a **jump** ひと跳びで / make a **jump** 跳ぶ / a **jump** of six meters 6メートルの跳躍 / the broad [long] **jump** 走り幅跳び / the high **jump** 走り高跳び / the triple **jump** 三段跳び / The horse cleared the final **jump** easily. 馬は最後の障害を楽々と跳び越えた.
2 [a ~] はっとすること; [the ~s] 落ち着きのなさ: John gave a **jump** when the teacher called his name. ジョンは先生に名前を呼ばれてぎょっとした. **3** [a ~] 急上昇, 急騰: In Moscow there has been a **jump** in the price of food. モスクワでは食品の値段が急に上がった. **4** [a ~](話題の)急変化,(論理の)飛躍: make a **jump** from one topic to another ふいに話題を転じる.
■ **be [stáy, kèep] óne [a] júmp ahéad**《口語》[…より]一歩先んじている, 一枚上手である [*of*].

gèt [hàve] the júmp on ...《口語》…より優勢である, …をリードする.
◆ júmp rope C (縄跳びの)縄 《英》skipping rope); U 縄跳び (◇ jump rope は「縄跳びをする」の意にもなる).

júmped-úp 圏《限定用法》《英口語・通例、軽蔑》成り上がりの; 思い上がった.

jump·er[1] [dʒʌ́mpər] 图 C **1**《米》ジャンパースカート《ブラウス類の上に着る袖(そで)なしのワンピース; 《英》pinafore).
2《英》(プルオーバー式の) セーター.
3 作業用上着, ジャンパー.(比較 日本語の「ジャンパー」にあたるのは jacket や windbreaker)
4 [~s]《米》ロンパース (rompers).

jump·er[2] 图 C **1** 跳ぶ人;【スポーツ】跳躍選手.
2 障害レース用の馬;(ノミなど)跳びはねる虫.

jump·y [dʒʌ́mpi] 圏 (比較 **júmp·i·er** [~ər]; 最上 **júmp·i·est** [~ist])《口語》神経過敏な, びりびりした (nervous).

jun.《略語》= *junior*.
Jun.《略語》= *June*; *junior*.

***junc·tion** [dʒʌ́ŋkʃən] 图 **1** C (鉄道の)連絡駅, 乗換駅. **2** C (川・道路などの)合流点; 交差点 (intersection): Follow the road to a *junction* and turn right. 道路を交差点まで行って, 右に曲がりなさい. **3** U C 接合(点), 連結;【電気】= júnction bòx (ケーブル保護用の)接続箱.

junc·ture [dʒʌ́ŋktʃər] 图《格式》**1** C (重大な)時点, 場合; 重大時, 危機: at this *juncture* この重大な時に. **2** U 接続; C 接合点, 継ぎ目.

*****June** [dʒúːn]
[→ MONTH 表]
— 图 U 6月《略語》Jun.) (→ JANUARY 語法):
They are going to get married on *June* 10. 彼らは6月10日に結婚する予定です.
◆ Júne bríde C ジューンブライド(◇6月に結婚する花嫁は幸福になると信じられている).

Jung·frau [júŋfrau] 图《固》ユングフラウ《スイス南部のアルプスの高峰; 4,158m》.

***jun·gle** [dʒʌ́ŋɡl] 图 **1** C U 《通例 the ~》(熱帯地方の)ジャングル, 密林(地帯): a dense *jungle* うっそうとしたジャングル. **2** C 《単数形で》もつれたもの, 複雑に入り組んだもの; 生存競争の場: an asphalt [a concrete] *jungle* アスファルト[コンクリート] ジャングル, 生存競争の激しい[ビルの林立する殺伐の]大都会.
■ **the láw of the júngle** ジャングルの掟(おきて)《弱肉強食》.
◆ júngle gỳm C 《米》ジャングルジム(元は商標).

***jun·ior** [dʒúːnjər] 圏 **1** […より]年下の, 年少の [*to*],(↔ senior); 若い方の(◇同姓同名の親子・兄弟のうち, 年少者である息子・弟を示すために姓のあとに付ける. 通常は《略語》 Jr., Jun. を使う): Martin Luther King, *Jr.* マーティン=ルーサー=キング=ジュニア / He is three years *junior to* me. = He is *junior to* me by three years. 彼は私より3歳年下です (= He is three years younger than I [me]).
2(役職などが)下位の, 下級の; 後輩の: a *junior* officer 下級役人, 下士官 / *junior* in rank 地位

juniper

が低い.
3〖米〗(4年制で)第3学年の; (大学・高校の)最高学年より1年下の; 〖英〗小学生の, 学童の (7-11歳).
——名(複 **jun·iors** [~z]) **1**〖one's ~〗年下の者; 下級〖下位〗者; 後輩, 後任者: He is three years my *junior*. = He is my *junior* by three years. 彼は私より3歳年下〖私の3年後輩〗です. **2** C〖米〗ジュニア《高校・大学の最高学年より1年下の学生. 4年制なら3年生, 3年制なら2年生; → SENIOR》. **3** C〖英〗上級小学生《後期小学校(junior school)の生徒》. **4**〖J-〗〖米口語〗息子《◇特に長男》.

◆ **júnior cóllege** C〖米〗短期大学.
júnior hígh (schòol) C〖米〗中学校《(elementary school と (senior) high school の中間で, 日本の中学校に相当する; → SCHOOL 表》.
júnior léecturer C〖英〗(大学の)講師(assistant lecturer).
júnior schòol C〖英〗後期小学校《infant school を終えた7-11歳の生徒が通う4年制小学校》.
ju·ni·per [dʒúːnəpər] 名 C U〖植〗ネズ, トショウ(杜松)《ヒノキ科の常緑低木で, 実は薬用》.

*****junk**[1] [dʒʌ́ŋk] 名 **1** U〖口語〗がらくた, くず; くだらないもの. **2**〖俗語〗麻薬, ヘロイン.
——動 他〖口語〗…を(がらくたとして)捨てる.

◆ **júnk bònd** C ジャンクボンド《信用度が低くリスクの高い債券》.
júnk fòod U〖口語・軽蔑〗ジャンクフード《ポテトチップなどの高カロリーで栄養の偏ったスナック食品》.
júnk màil U〖軽蔑〗ジャンクメール《ダイレクトメールなど》.
júnk shòp C がらくた店, 古道具屋.
junk[2] 名 C ジャンク《中国の平底帆船》.
jun·ket [dʒʌ́ŋkit] 名 **1** U C ジャンケット《牛乳に酸を加えて凝固させた甘い食品》. **2** C〖口語・軽蔑〗(公費による)視察旅行《実際は行楽が目的》.
junk·ie, junk·y [dʒʌ́ŋki] 名 (複 **junk·ies** [~z]) C〖俗語〗麻薬〖ヘロイン〗常習者; (パソコン・ゲームなどの)「中毒者」.
junk·yard [dʒʌ́ŋkjɑːrd] 名 C〖米〗廃品置き場, 古鉄〖廃車, くず物〗置き場(scrapyard).
Ju·no [dʒúːnou] 名 固 **1**〖ロ神〗ジュノー, ユノ《Jupiter の妻で神々の女王》; → GODDESS 表.
Ju·pi·ter [dʒúːpətər] 名 固 **1**〖ロ神〗ジュピター, ユピテル(Jove)《神々の主神で天の支配者.〖ギ神〗のゼウスにあたる》; → GOD 表. **2**〖天文〗木星.
Ju·ras·sic [dʒuəræsik] 〖地質〗形 ジュラ紀〖系〗の: the *Jurassic* period ジュラ紀《約1.5～2億年前の》. —— 名〖the ~〗ジュラ紀〖系〗.
ju·rid·i·cal [dʒuərídikəl] 形〖格式〗司法上の, 裁判上の; 法律上の.
ju·ris·dic·tion [dʒùərisdíkʃən] 名 U **1** 司法〖裁判〗権. **2** 管轄権, 支配権: within〖outside〗…'s *jurisdiction* …の権限内〖外〗で.
ju·ris·pru·dence [dʒùərisprúːdəns] 名 U〖格式〗法学. **2** 法体系.
ju·rist [dʒúərist] 名 **1**〖格式〗法学者; 法学生. **2** 法律専門家《裁判官・弁護士など》.
*****ju·ror** [dʒúərər] 名 C 陪審員《(全)陪審員(jury)の一員》; → JURY〖背景〗.

jury

ju·ry [dʒúəri]
——名 (複 **ju·ries** [~z]) C〖集合的に〗**1**〖法〗陪審, (全)陪審員: sit〖serve〗on a *jury* 陪審員を務める / The *jury* is〖are〗divided in opinion. 陪審(員)の意見が分かれている《◇集団としては単数扱い, 個々をさすときは複数扱い》/ The *jury* came to〖brought in〗a verdict of not guilty. 陪審は無罪の評決を下した.

❚〖背景〗通例, 一般市民から選ばれた12名の陪審員(juror)から成る. 裁判に立ち会い, 全員一致による評決(verdict)を下して裁判長に答申する.

2 (競技会・コンテストなどの)審査員(団), 審査委員会.
◆ **júry bòx** C (法廷での)陪審員席.
ju·ry·man [dʒúəriːmən] 名 (複 **ju·ry·men** [-mən]) C 陪審員(juror).
ju·ry·wom·an [dʒúəriwùmən] 名 (複 **ju·ry·wom·en** [-wìmin]) C (女性の)陪審員(juror).

*****just** 【原義は「法にかなった」】
——副〖(弱) dʒəst; (強) dʒʌ́st〗**1 ちょうど**, まさしく(exactly): *just* two o'clock ちょうど2時 / It's *just* six now. 今ちょうど6時です / Your sister is *just* like you, isn't she? あなたの妹さんはあなたにそっくりですね / He was running *just* by the river. 彼は川のすぐそばを走っていた / This is *just* what I needed. これこそまさしく私が必要としていたものです.

2〖完了形と共に用いて〗(今) …したばかり, たった今《◇〖米口語〗では通例, 過去形と共に用いる》: He has *just* left my house. 彼は今私の家を出たばかりです / He (has) *just* finished the work. 彼はたった今仕事を終えたばかりです.

3〖進行形・未来を表す文と共に用いて〗今にも, すぐに, ちょうど: He is *just* starting. 彼はすぐに出発します / She was *just* about to have lunch when I called her. 私が電話をしたとき彼女はちょうど昼食を食べようとしていた.

4〖命令文と共に〗ちょっと, まあ《◇注意を引いたり強調したりする》: *Just* let me speak, will you? ちょっと私にしゃべらせてくれませんか / *Just* think of it! まあよく考えてごらん!

5 ただ…だけ, …にすぎない(only): He said so *just* to please you. 彼はただあなたを喜ばすためにそう言ったのさ / She is *just* a child. 彼女はほんの子供にすぎない / I don't *just* dislike snakes; I hate it. 私は蛇はちょっと苦手なんていうものではない. 大嫌いなんだ.

6〖しばしば only を伴って〗やっとのことで, かろうじて(barely): I managed only *just* to be in time. 私はやっとのことで間に合った / She braked suddenly and *just* avoided an accident. 彼女は急ブレーキをかけてなんとか事故を免れた.

7〖口語〗まったく(really), 全然(absolutely)《◇強調として用いる》: He was *just* delighted with your present. 彼は君のプレゼントをとても喜んでいた / I'm *just* thirsty. ほんとにのどが渇いた / Why not have this sushi? – Sorry, but I *just* can't eat sushi. このすしはいかが – ごめん, でも

justice — juxtaposition

しは全然食べられないんだ.
■**jùst abóut**《口語》**1** ほぼ, だいたい (almost); ほとんど: *just about* everybody ほぼだれもが / *just about* all night ほぼひと晩じゅう / I've *just about* finished. 私はほぼ終わりました. **2** まったく, まさに.

júst as **1** ちょうど…と同様に: He was studying *just as* he always did. 彼はいつもと同じように勉強していた. **2** ちょうど…するとき: My father came back *just as* I left for school. 私が学校に出かけたとき父が戻って来た.

jùst nów → NOW 成句.

jùst ón〔時間・数量などを表す語を伴って〕《英口語》ちょうど; かれこれ: It was *just on* nine when he visited me. 彼が私のところに来たのはちょうど9時だった.

—形 [dʒʌ́st] (比較 **more just**, **just·er** [~ər]; 最上 **most just**, **just·est** [~ist]) **1** (人・判断などが) 公正な, 公平な (→ FAIR¹ 類義語): a *just* person 公明正大な人 / a fair and *just* decision 公正で公正な判断 / We must be equally *just* to any person. 私たちはだれに対しても公平でなければならない. **2** (意見・行為などが) 正当な, もっともな, 根拠がある: *just* indignation もっともな怒り / He has a *just* claim. 彼は当然の要求をしている / It is only *just* that you should complain. あなたが不平を言うのはもっともです. **3**〔限定用法〕(賞賛などが) 当然の, ふさわしい (deserved): He was given a *just* reward. 彼は当然の報償を与えられた. **4** (表現・測定などが) 正確な, 本当の (exact): a *just* description 正確な記述.
(▷ 名 jústice; 動 jústify)

***jus·tice** [dʒʌ́stis]
—名 (複 **jus·tic·es** [~iz]) **1** [U] 正義; 公正, 公平: a sense of *justice* 正義感 / social *justice* 社会正義 / The court must treat everyone with equal *justice*. 法廷では万人が公平に扱われなければならない.
2 [U] 正当, 妥当, 合法: the *justice* of one's remark 発言の妥当性 / the *justice* of the plea 申し立ての正当さ.
3 [U] 裁判 (すること), 裁き; 司法, 訴訟手続: a court of *justice* 法廷 / the Department of Justice 《米》司法省.
4〔しばしば **J**-〕裁判官, 判事, 治安判事《◇《米》では連邦および州の最高裁判所の判事を,《英》では最高法院の判事をさす; Mr. を付けて示すことが多い》: Mr. *Justice* King キング判事殿.

■ **bring ... to jústice** …を法によって処罰する, 裁判にかける.
dò jústice to ... = dò ... jústice **1** …に公平な取り扱いをする, …を正当に評価する: I cannot *do justice to* that pianist without listening to her live performance. 生演奏も聞かないであのピアニストを正当に評価することは私にはできない.
2 …の本領〔真価〕を十分に発揮させる: This CD *does justice to* her skill in playing the piano. このCDは彼女のピアノ演奏の技量を十分に示している.

dò onesèlf jústice = dò jústice to onesèlf 自分の本領〔真価〕を十分に発揮する.
in jústice to ... …を公平に評価すれば.
(▷ 形 júst)

◆ Jústice of the Péace [C] 治安判事《主に軽犯罪を扱う地方判事;《略語》JP, J.P.》.

jus·ti·fi·a·ble [dʒʌ́stəfàiəbl] 形 正当と認められる, 弁明のできる, もっともな, 筋の通った: *justifiable* defense 正当防衛.

jus·ti·fi·a·bly [dʒʌ́stəfàiəbli] 副 正当に; 〔文修飾〕…するのは当然だ, しても無理ない.

*****jus·ti·fi·ca·tion** [dʒʌ̀stəfəkéiʃən] 名 [C][U] **1** […に対する] 弁明, 弁護; 正当化 (の根拠) [for]: He has no *justification for* his delay. 彼は自分の遅れを正当化できない. **2**《印刷》行末ぞろえ.
■ **in jùstificátion of** [for] **...** …を弁護して, 正当化して.

jus·ti·fied [dʒʌ́stəfàid] 形〔叙述用法〕**1** (決定などが) 正当な. **2** […するのは] もっともな, 正しい [in]: He is *justified in* saying that. 彼がそう言うのももっともである.

*****jus·ti·fy** [dʒʌ́stəfài] 動 (三単現 **jus·ti·fies** [~z]; 過去・過分 **jus·ti·fied** [~d]; 現分 **jus·ti·fy·ing** [~iŋ]) 他〈行為・主張などを〉正しいとする, …の正当性を証明する, 弁明する, 弁護する: I don't think the end *justifies* the means. 私は目的が手段を正当化するとは思わない / No argument can *justify* child abuse. いかなる論議をもってしても幼児虐待は正当化できない. **2**《印刷》(欧文の組版で)〈文〉の行末をそろえる.
■ **jústify onesèlf** 自分の行為を正当化する; 自己弁護する.
(▷ 形 júst)

just·ly [dʒʌ́stli] 副 **1**〔文修飾〕当然のことながら: Mozart is *justly* numbered among the greatest composers. 当然のことだが, モーツァルトは偉大な作曲家の1人である. **2** 正しく, 公正に: He was *justly* rewarded. 彼は正当な報酬を受けた. **3** 正確に.

jut [dʒʌ́t] 動 (三単現 **juts** [dʒʌ́ts]; 過去・過分 **jut·ted** [~id]; 現分 **jut·ting** [~iŋ]) 自 突き出る, 張り出す (out, forth): Several rocks *jutted out* into the sea. いくつかの岩が海へ突き出ていた.
—他〈あごなど〉を突き出す.

jute [dʒúːt] 名 [U] **1**《植》ツナソ, 黄麻(おうま). **2** ジュート, ツナソの繊維《帆布・南京(ナンキン)袋などの材料》.

Jute [dʒúːt] 名 [the ~s] ジュート人;《the ~s》ジュート族《5-6世紀に英国 Kent 地方に移住したゲルマン族》.

*****ju·ve·nile** [dʒúːvənəl, -nàil / -nàil] 形 **1**〔限定用法〕少年少女 (向き) の: *juvenile* magazines 少年少女向きの雑誌. **2**〔しばしば軽蔑〕若い; 青少年特有の; 子供っぽい, 未熟な.
—名 [C] **1** 少年少女, 青少年. **2** (劇・映画などの) 子役. **3** 少年少女向きの図書.

◆ júvenile cóurt [C] 少年裁判所.
júvenile delínquency [U] 少年犯罪〔非行〕.
júvenile delínquent [C] 非行少年〔少女〕.

jux·ta·pose [dʒʌ̀kstəpóuz] 動《格式》…を並置する, 並列する.

jux·ta·po·si·tion [dʒʌ̀kstəpəzíʃən] 名 [U][C]《格式》並置, 並列.

K k

K k *K k*

k, K [kéi] 名 (複 k's, ks, K's, Ks [~z]) **1** ⓒⓊ ケイ《英語アルファベットの11番目の文字》. **2** ⓒ [大文字で]K字形のもの. **3** ⓒ[大文字で]【野球】三振 (strikeout). **4** (複 k, K) ⓒ《口語》1,000: $50K 5万ドル (= $50,000).

k, K[1]《略語》= *k*ilo キロメートル, キログラム; *k*ilo- (= 1,000).

K[2]《略語》= *k*ilobyte 【コンピュータ】キロバイト《◇記憶容量の単位; 1キロバイトは 1,024バイト》.

K[3]《元素記号》= potassium カリウム《◇ラテン語の *k*alium から》.

k.《略語》= *k*arat カラット; *k*ilogram(s).

K.《略語》= *K*öchel number 【音楽】ケッヘル番号《モーツァルトの年代順作品番号》.

ka·bob [kəbɑ́:b] 名 = KEBAB (↓).

Ka·bul [kɑ́:bul] 名 圄 カブール《アフガニスタンの首都》.

Kaf·ka [kɑ́:fkə] 名 圄 カフカ Franz [frɑ́:nts] Kafka (1883-1924; プラハ生まれの作家》.

kai·ser, Kai·ser [káizər] 名 ⓒ 皇帝, カイゼル《神聖ローマ帝国 (962-1806)・オーストリア帝国 (1804-1918)・ドイツ帝国 (1871-1918) 皇帝の称号》.

kale [kéil] 名 ⓒⓊ【植】ケール《葉がキャベツに似ているが結球しない》.

ka·lei·do·scope [kəláidəskòup] 名 ⓒ 万華(まんげ)鏡, 目まぐるしく変わるもの.

ka·lei·do·scop·ic [kəlàidəskɑ́pik / -skɔ́p-], **ka·lei·do·scop·i·cal** [-kəl] 形 万華鏡のような, 目まぐるしく変化する.

Kam·chat·ka [kæmtʃǽtkə] 名 [the ~] カムチャツカ《シベリア北東部にある半島》.

Kan.《略語》= *Kan*sas (↓).

Kan·a·ka [kənǽkə] 名 ⓒ カナカ人《ハワイなど太平洋諸島の先住民》.

***kan·ga·roo** [kæ̀ŋɡərúː] 名 (複 kan·ga·roos [~z], kan·ga·roo) ⓒ【動物】カンガルー.

◆ **kángaroo cóurt** 《口語》人民[リンチ]裁判.

Kans.《略語》= *Kans*as.

Kan·sas [kǽnzəs] 名 圄 カンザス《米国中央部にある州;《略語》Kans., Kan.;《郵略語》KS; → AMERICA 表》.

◆ **Kánsas Cíty** 圄 **1** カンザスシティー《米国 Missouri 州西部にある都市》. **2** カンザスシティー《米国 Kansas 州北東部にある都市》.

Kant [kǽnt] 名 圄 カント Immanuel [imǽnjuəl] Kant (1724-1804; ドイツの哲学者》.

ka·o·lin [kéiəlin] 名 Ⓤ カオリン, 高陵土, 白陶土《陶磁器・薬品の原料》.

ka·pok [kéipɑk / -pɔk] 名 Ⓤ パンヤ, カポック《パンヤの木の種子を包む綿. クッションなどに詰める》.

kap·pa [kǽpə] 名 ⓒⓊ カッパ(κ, K)《ギリシャ語アルファベットの10番目の文字; → GREEK 表》.

ka·put [kəpút] 形 《叙述用法》《口語》壊れた.

Ka·ra·chi [kərɑ́:tʃi] 名 圄 カラチ《パキスタン南部の港湾都市》.

kar·at [kǽrət] 名 ⓒ カラット《《英》 carat》《◇金の純度を示す単位; 24分の1が金である場合が1カラット. 純金は24カラット;《略語》k., kt.)》.

Kar·en [kǽrən, kɑ́:r-] 名 圄 カレン《◇女性の名》.

kar·ma [kɑ́:rmə] 名 Ⓤ **1** 【ヒンドゥー教・仏教】カルマ, 業(ごう). **2** 宿命, 運命.

kart [kɑ́:rt] 名 ⓒ《英》ゴーカート (go-kart).

Kash·mir [kǽʃmiər] 名 **1** 圄 カシミール《インドの北西部の地方. インド・パキスタン間の係争地》. **2** [k-] = CASHMERE カシミア.

Kate [kéit] 名 圄 ケート《◇女性の名; Katharine, Catherine の愛称》.

kay·ak [káiæk] 名 ⓒ カヤック《イヌイットが用いる皮張りの狩猟用小舟》;《競技用の》カヤック.

Ka·zakh·stan [kæ̀zækstɑ́:n] 名 圄 カザフスタン《中央アジアにある共和国; 首都アスタナ (Astana)》.

kayak

KC《略語》《英》= *K*ing's *C*ounsel 勅選弁護士.

Keats [kí:ts] 名 圄 キーツ John Keats (1795-1821; 英国の詩人》.

ke·bab, ka·bob [kəbɑ́b / -bǽb] 名 ⓒ[通例 ~s]【料理】カバブ《トルコなどの肉と野菜の串(くし)焼き料理; cf. shish kebab シシカバブ》.

keel [kí:l] 名 ⓒ【海】竜骨, キール.

■ *on an éven kéel* (船が)傾かなくて, 水平になって;(物事・事態が)安定して, 落ち着いて.

— 動 [次の成句で]

— *kéel óver* (船が)転覆する;(人が)倒れる.

***keen** [kí:n]

— 形 (比較 keen·er [~ər]; 最上 keen·est [~ist]) **1** […に] 熱心な, 熱中している [*on*, *about*]; […を / …するのを / …ということを]切望して, 熱望して [*about*, *on* / *to do* / *that* 節] (→ EAGER 類義語》): a *keen* jogger ジョギングに熱心な人 / She is *keen* on (painting) pictures. 彼女は絵(をかくこと)に夢中である / He is *keen* about visiting the museum. = He is *keen* to visit the museum. 彼はその博物館に行きたがっている / He is *keen* that she (should) attend the party. 彼女がパーティーに出席することを彼は切望している.

keenly

2 (頭・感覚などが) 鋭敏な, 明敏な: a *keen* sense of smell 鋭い嗅覚 / He has a *keen* mind [judgment]. 彼は頭が明敏である [鋭い判断力がある]. **3** (寒さなどが) 厳しい; (光・音などが) 強烈な; (言葉などが) 辛らつな; (痛みなどが) 激しい (↔ dull): a *keen* cry 甲高い叫び / a *keen* critic 厳しい批評家 / a *keen* pain 激しい痛み / the cold, *keen* wind 身を切るように冷たい風.
4 (刃物などが) 鋭い, よく切れる (↔ dull, blunt).
*kéen·ly [kíːnli] 副 鋭く, 鋭敏に; 厳しく, 痛烈に; 熱心に: The cold is *keenly* felt. 寒さが身にしみる.

***keep** [kíːp] 動 名

基本的意味は「保つ」.
① …のまま [状態] にしておく. 他 **1**; 自 **1** (a), **2**
② ずっと持っている; 保管する. 他 **2**, **3**
③〈約束・秘密など〉を守る. 他 **4**
④〈日記〉をつける. 他 **5**

— 動 (三単現 **keeps** [~s]; 過去・過分 **kept** [képt]; 現分 **keep·ing** [~iŋ])
— 他 **1** (a) [keep + O + C] …を~のまま [状態] にしておく, 保つ: *Keep* the door open. ドアを開けたままにしておきなさい / A bad flu kept her in bed for three days. ひどいインフルエンザで彼女は3日間寝込んだ. (b) [keep + O + 現分] …を~しているままにしておく: *Keep* the water *running* 水を出しておく / I'm sorry to have *kept* you *waiting*. お待たせしてすみません. (c) [keep + O + 過分] …を~されたままにしておく: *Keep* your eyes *shut*. 目を閉じていてください.
2 [keep+O] …をずっと持っている, 保有する: You can *keep* that dictionary. I don't need it any more. その辞書はさしあげます. 私はもういらないから / *Keep* the change. おつりは(チップとして) 取っておいてください / Can I *keep* your CD one more week? あなたのCDをもう1週間借りていてもいいですか.
3 [keep+O] (しばらくの間) …を […のために] 取っておく, 保管する, 預かる [for]: *Keep* these valuables in the safe-deposit box, please. この貴重品を貸し金庫に保管しておいてください / You should *keep* this money *for* the future. このお金は将来のために取っておいたほうがよい / Will you *keep* this seat *for* me while I go and make a phone call? 私が電話をかけに行く間, この席を取っておいてくれませんか.
4〈約束・秘密など〉を守る: *keep* one's promise [word] 約束を守る / Can you *keep* a secret? あなたは秘密を守れますか.
5〈日記・記録など〉を(継続的に)つける: Do you *keep* a diary? 日記をつけていますか / *Keep* an account of what you have said. 自分が言ったことを書きとめておきなさい.
6〈家族などを〉を養う;〈家畜など〉を飼う, 所有する (◇「ペットを飼う」の意では have が一般的): *keep* a large family 大家族を養う / He *keeps* over ten cows. 彼は10頭以上の牛を飼っている. **7**〈店

など〉を経営する;〈家事など〉を営む: *keep* house 家事を営む / *keep* a gas station ガソリンスタンドを経営する. **8**〈人〉を引きとめておく: He was *kept* at the customs as long as two hours. 彼は税関に2時間も引きとめられた. **9**〈ある動作・状態〉を続ける: *keep* watch 見張りを続ける / Does your watch *keep* good time? あなたの時計は時間が正確ですか. **10**《格式》 […から]〈場所など〉を守る [from]: *keep* goal ゴールを守る / May God *keep* you (*from* harm)! 神の御加護がありますように. **11**〈式など〉を行う,〈祝日・誕生日など〉を祝う (→ CELEBRATE 類義語). **12** (店などが)〈商品〉をいつも置いている.
— 自 **1** (a) [keep + C] ずっと…のまま [状態] である: *keep* quiet 静かにしている / With this rain, it's hard to *keep* dry. この雨では実的な状態のままでいるのは難しい. (b) [keep + 現分] …し続ける, ずっと…する: *Keep* smiling. 笑顔を絶やさないで / It *kept* raining for five days. 5日間雨が降り続いた.
2 (ある位置に) ずっととどまる, (ある方向に) ずっと進んでいく: *keep* indoors 家にいる / *keep* at a distance 少し離れている / *Keep* (to the) right. 《掲示》右側通行で (を守れ).
3 (食べ物などが新鮮なまま) もつ, (よい天気が) 続く: This fish won't *keep*; let's eat it right now. この魚はもたないだろうから今すぐ食べよう.

句動詞 **kéep àfter** … 他 **1** (せきたてるように)〈人〉にしつこく言う;〈人〉をしかる [*to do*]: She always *keeps after* her children *to* study. 彼女はいつも子供たちに勉強しなさいとうるさく言っている. **2** …を追いかけ回す.
kéep at … 他〈仕事など〉を根気よくやる: *Keep at* it, you've nearly finished. 頑張って, もうすぐ終わりですよ.
kéep … **at ~** 他〈人〉に~を (がんばって) 続けてやらせる: My mother *kept* me *at* my studies until the exams were over. 試験が終わるまで母は私に勉強を続けさせた.
kèep awáy 自 [… に] 近寄らない, [… から] 離れる [*from*]: *Keep away from* the tiger's cage. トラのおりには近寄らないで / You should *keep away from* sweets. 甘いものはやめたほうがいいよ. — 他 [keep away + O / keep + O + away] …を [… に] 近づけない, [… から] 離れさせる [*from*]: *Keep* children *away from* the river. 子供たちを川に近づかせるな.
kèep báck 他 [keep back + O / keep + O + back] **1** …を […から] 遠ざける, 離しておく [*from*]: They could not *keep* the girls *back from* the actor. 彼らは少女たちが俳優に群がるのを阻止できなかった. **2**〈情報など〉を [… に] 隠す [*from*]: I *kept back* nothing *from* you. 私はあなたに隠していることは何もありません. **3**〈感情〉を抑える. **4**〈一部〉を取っておく.
— 自 [… から] 離れている [*from*]: *Keep back from* the fire. 火事から離れていなさい.
kèep dówn 他 [keep down + O / keep + O + down] **1**〈体・声など〉を下げる: *Keep* your head *down* till I shout "OK." 私が「OK」と

keeper

叫ぶまで頭を上げるな．**2**〈費用・怒りなど〉を抑える: *keep* the cost of living *down* 生活費を抑える．**3**〈人など〉を抑圧する, 押さえつける: The government will not be able to *keep* the people *down* for much longer. 政府はこれ以上国民を押え込むことはできないだろう．**4**〈口にしたもの〉を吐かずにいる．
—圓 **1** 伏せて［しゃがんで］いる．**2**〈風などが〉弱まる, 静まる．

***keep from* ...** 他 …を避ける, 抑える: We could not *keep from* crying over that story. 私たちはその物語を聞いて泣かずにはいられなかった．

keep ... from ~ 他 **1** …を~させない: *Keep* the children *from* swimming. 子供たちを泳がせないでください．**2** …を~に知らせないでおく: She *kept* the information *from* the police. 彼女はその情報を警察に隠しておいた．

kèep ín 圓 [keep in ＋O ／ keep ＋O＋in] **1** …を中に入れておく, 居残りさせる: Our teacher *kept* us *in* for a meeting. 先生は私たちをミーティングのために居残りさせた．**2**〈感情〉を抑える: *keep* one's anger *in* 怒りを抑える．**3**〈火など〉を燃やし続ける．—圓 **1** 中にいる, 閉じこもっている．**2**〈火が〉燃え続ける．
・**kèep ín with ...** 他〈自分の利益のために〉〈人〉と仲よくしている．

kèep óff 圓 **1** 離れている. *Keep off.*《掲示》立ち入り禁止．**2**〈雨・雪などが〉降らない．
—[keep off ＋O ／ keep ＋O ＋off] …を近寄らせない．

keep óff ... 他 **1** …に近寄らない: *Keep off* the grass [cage].《掲示》芝生立ち入り禁止 [おりに近づくな]．**2**〈話題など〉に触れない: Will you *keep off* the subject? その話には触れないでくれますか．**3**〈食物・酒など〉を口にしない, 避ける: You should *keep off* alcohol. 酒を控えなさい．

keep ... óff ~ 他 **1** …を~に近寄らせない: *keep* the crows *off* the residential area カラスを住宅地に近づけないようにする．**2** …に〈食物・酒など〉を口にさせない．

kèep ón 他 **1** 進み続ける: *Keep* straight *on* till you see the museum. 博物館が見えるまでまっすぐ行きなさい．**2**《口語》[...について] ぺらぺらと話し続ける [*about*]．—[keep on ＋O ／ keep ＋O ＋on] **1** …を身に着け続けている: Don't *keep* your sweater *on* if it gets wet. セーターはぬれたら脱ぎなさい．**2** …を雇い続ける．**3**〈明かりなど〉をつけたままにする．
・**kèep ón at ...** 他 …に［…について ／ …するよう］しつこく言う; しつこくせがむ [*about ／ to do*]．
・**kèep ón dóing** …し続ける（◇ keep doing に比べ, 行為の反復・継続を強調し, 行為者に対するいら立ちを暗示することが多い; → 圓 **1**(b)）: The teams *kept on playing* in the rain. 両チームは雨の中で試合を続けた ／ Don't *keep on* complaining about that! そのことをいつまでもぶつぶつ言い続けるな．

kèep óut 他 [keep out ＋O ／ keep ＋O ＋out] …を締め出す, 中に入れない: It's not good to *keep out* all foreign goods. 外国製品をすべて締め出すのは好ましくない．—圓 中に入らない．

kèep óut of ... 他 **1** …に近寄らない, 入らない: Please *keep out of* my room. 私の部屋に入らないでください．**2** …に加わらない, …を避ける: *Keep out of* their quarrel. 彼らのけんかに巻き込まれないようにしなさい．

kèep ... óut of ~ 他 **1** …を~に近寄らせない, ~から離れさせる: The cook *keeps* everybody *out of* the kitchen while she is working. その料理人は仕事中はだれも厨房(ちゅうぼう)に入らせない．**2** …を~に加わらせない．

kèep to ... 他 **1**〈規則・計画など〉に従う, 守る: *keep to* the traffic rules 交通ルールに従う．**2**〈場所・話題など〉から離れない, 逸脱しない: When you speak, *keep to* the point. 話をするときは脱線しないでください．

kèep ... to ~ 他〈人〉を~から脱退させない: You promised to deal with it and I'll *keep* you *to* it. あなたはそれに対処すると約束したのだから, 必ず実行してもらいます．

kèep togéther 他 [keep together ＋O ／ keep ＋O ＋together] …をまとめておく, 協調させる．

kèep únder 他 [keep under ＋O ／ keep ＋O ＋under]〈感情など〉を抑える;〈人〉を抑圧する．

kèep úp 他 [keep up ＋O ／ keep ＋O ＋up] **1** …を続ける, 持続する: Please *keep* your talking *up*. どうぞお話を続けてください．**2**〈水準・体力など〉を保つ, 保持する;〈家など〉を維持する: You must *keep* your strength *up*. 体力をつけなくてはなりません．**3** …を起こしておく: The work *kept* me *up* until one o'clock. 仕事のために私は1時まで起きていた．—圓 **1**〈天候などが〉続く: If the rain *keeps up* till tomorrow, the cherry blossoms will be ruined. もし雨があすまで続くと, 桜の花がだめになってしまうだろう．**2**〈値段などが〉高いままである;〈士気が〉衰えない．**3** 遅れないでついて行く．
・**kèep it úp**〈仕事などを〉どんどんやる, 頑張る．
kèep úp with ... 他〈他人・勉強・流行など〉に遅れないでついて行く: *keep up with* the times 時勢に遅れない．

■ **keep góing**（困難でも）頑張ってやり続ける．
kéep ... góing …に活動を続けさせる; 生命活動を続けさせる: What *keeps* you *going?* あなたの生きがいは何ですか．

kéep (**onesèlf**) **to oneself** 人とつき合わない．
kéep ... to oneself〈計画・ニュースなど〉を人に話さない, 秘密にしておく．

—图 **1** Ⓤ 生活 (費), 衣食住: earn one's *keep* 生活費を稼ぐ．**2** Ⓒ（中世の城の）主塔, キープ（◇日本の城の本丸, 天守閣にあたる）．

■ **for kéeps**《口語》**1** いつまでも, 永遠に．**2** 勝ったら取ったものは返さない約束で; 本気で: play *for keeps* …を本気でやる．

＊kéep・er [kí:pər] 图 Ⓒ **1** 守る人, 番人．**2**（動物の）飼育係, 飼い主．**3** [しばしば複合語で]〈英〉者, 管理人, 後見人: a shop*keeper*《英》店主 ／ a store*keeper*《米》店主．**4**《スポーツ》（ゴール）キーパー．

keep·ing [kíːpiŋ] 名 U **1** 保存, 保管, 維持: leave in ...'s *keeping* …の管理に任せる. **2** 世話, 飼育; 扶養.

■ *in kéeping with* ... …と調和[一致]して.
óut of kéeping with ... …と調和[一致]しないで.

keep·sake [kíːpsèik] 名 C 記念品, 形見の品.
keg [kég] 名 C (ビールなどを入れる小さい)たる.

◆ kég bèer U 《英》たる詰めビール.

Kel·ler [kélər] 名 固 ケラー Helen (Adams) Keller《1880–1968; 米国の著述家・社会事業家. 目・口・耳が不自由という三重苦を克服した》.
ke·loid [kíːloid] 名 C ケロイド.
kelp [kélp] 名 U ケルプ《コンブなど大型の海藻》.
Kelt [kélt] 名 = CELT ケルト人.
Kelt·ic [kéltik] 形 = CELTIC ケルト(人)[語]の.
kel·vin [kélvin] 名 C [時に K-] 《物理・化》ケルビン温度, 絶対温度《◇英国の物理学者 William Thomson Kelvin の名から; 《略記》K》.

◆ Kélvin scàle C ケルビン[絶対温度]目盛り.

ken [kén] 名 U 《古い句で》

■ *beyónd* [*óutside*] ...'s *kén* 《古風》…には理解できない: Stocks and shares are *beyond* [*outside*] *my ken*. 株のことは私にはわからない.
— 動 (三単現 **kens** [~z], 過去・過分 **kenned** [~d], 現分 **ken·ning** [~iŋ]) 他《スコット》…を知っている.

Ken. 《略語》= *Ken*tucky.
Ken·ne·dy [kénədi] 名 固 ケネディ John Fitzgerald [fitsdʒérəld] Kennedy《1917–63; 米国第35代大統領. JFK とも略す; → PRESIDENT 表》.
ken·nel [kénəl] 名 C **1** 犬小屋《米》(doghouse); 犬の訓練所. **2** [しばしば ~s] 《英》犬舎.
Kén·sing·ton Gárdens [kénziŋtən-] 名 固 ケンジントン公園《London のハイドパークの西側に位置する公園》.
Kent [ként] 名 固 ケント《ドーバー海峡に面する英国 England 南東部の州》.
Ken·tuck·y [kəntʌ́ki] 名 固 ケンタッキー《米国中東部の州; 《略語》Ken., Ky.; 《郵略語》KY; → AMERICA 表》.
Ken·ya [kénjə, kíːn-] 名 固 ケニア《アフリカ東部の共和国; 首都ナイロビ (Nairobi)》.
Ken·yan [kénjən, kíːn-] 形 ケニアの; ケニア人の.
— 名 C ケニア人.
Kep·ler [képlər] 名 固 ケプラー Johannes [jouháːnis] Kepler《1571–1630; ドイツの天文学者》.

***kept** [képt] 動 keep の過去形・過去分詞.

ker·a·tin [kérətən] 名 U 《生物》ケラチン, 角質《毛・つめ・角などの主成分》.
kerb [kə́ːrb] 名 C 《英》= CURB 縁石(炭).
ker·chief [kə́ːrtʃif] 名 C (複 **ker·chiefs** [~s], **ker·chives** [-tʃivz]) C ネッカチーフ (neckerchief), スカーフ;《古風》ハンカチ.
ker·nel [kə́ːrnəl] 名 C **1** 仁(じん)《果実・木の実などの種の中身》. **2** (問題の) 核心, 要点: a *kernel* of truth 真実の核心.
ker·o·sene, ker·o·sine [kérəsìːn] 名 U 《米・豪》灯油《英》paraffin);[形容詞的に] 灯油を使用した: a *kerosene* stove 石油ストーブ.

kes·trel [késtrəl] 名 C 《鳥》チョウゲンボウ《小型のタカ》.
ketch [kétʃ] 名 C ケッチ《2本マストの小型帆船》.
***ketch·up** [kétʃəp] 名 U ケチャップ《◇ catchup, 《米》catsup ともつづる》.
‡**ket·tle** [kétl] 名 C やかん, 湯沸かし, 鍋(¯¯): Please put the *kettle* on. やかんを火にかけてください / The *kettle* is boiling. やかんが沸騰している.

■ *a fíne* [*prétty*] *kéttle of físh* 始末に負えないこと, 困った状態.《由来》魚のごった煮から》
anóther [*a dífferent*] *kéttle of físh*《口語》まったくの別問題[別人].

ket·tle·drum [kétldrÀm] 名 C 《音楽》ケトルドラム《打楽器ティンパニの別称; → TIMPANI》.
Kew [kjúː] 名 固 キュー《London 郊外の住宅地》.

◆ Kéw Gárdens 名 キュー植物園《英王立植物園 (the Royal Botanic Gardens) の通称》.

***key** [kíː] 名 形 動
— 名 (複 **keys** [~z]) C **1** 鍵(¯¯) (→ LOCK): a master *key* 親鍵, マスターキー / a skeleton [duplicate] *key* 合い鍵 / a bunch of *keys* ひと束の鍵 / a *key* to my room 私の部屋の鍵 / put a *key* in the lock 鍵を錠前にさし込む.
2 [問題・なぞなどを解く]鍵, 手がかり, 秘けつ [*to*]; (地図などの)記号表: the *key* to success 成功の秘けつ / Your story gave me the *key* to the problem. 私はその問題を解く手がかりをあなたの話から得た / Who holds the *key* to the mystery? そのなぞを解く鍵を握っているのはだれですか.
3 (楽器・コンピュータなどの)鍵(¯¯), キー: press the shift *key* シフトキーを押す.
4《音楽》(長短の)調: The *key* of the national anthem is C major. その国歌はハ長調である.
5 (声・色などの)調子; (思想などの)基調: sing out of *key* 調子はずれに歌う.
6 [...にとっての] 要所, 関門, 重要地点 [*to*].
— 形 [比較なし] 主要な, 基本的な, 鍵となる: a *key* point 重要な点 / *key* industries 基幹産業.
— 動 他 **1** …に鍵をかける (lock); 《機械》…をくさび[ボルト, ピンなど]でとめる.
2 [しばしば受け身で] 〈楽器などを〉調律する; …を […に] 合わせる [*to*]: The program *is keyed to* a younger audience. その番組は若い視聴者向けに作られている.

■ *kéy ín* 他 《コンピュータ》〈データ〉を入力する, 打ち込む (enter).

kéy úp 他 [しばしば受け身で] 〈人〉を緊張させる, 興奮させる: The players *were keyed up* before the game. 試合前, 選手たちは緊張していた.

◆ **kéy ríng** C 鍵輪(リング状の) キーホルダー.《比較》「キーホルダー」は和製英語》

kéy sìgnature C 《音楽》調子記号, 調号 (#, ♭).
kéy stàtion C 《放送》キーステーション, 親局《放送網の中心局》.
kéy wòrd C キーワード《文などの解釈にとって鍵となる重要な語》;《コンピュータ》キーワード《情報検索の手引きとなる語》.

***key·board** [kíːbɔ̀ːrd] 名 C (ピアノ・コンピュータなどの)鍵盤(¯¯), キーボード (➡ COMPUTER [PICTURE

key·hole [kíːhòul] 名 C (ドアの)鍵穴(鷲).

Keynes [kéinz] 名 個 ケインズ John Maynard [méinərd] Keynes《1883 - 1946; 英国の経済学者》.

key·note [kíːnòut] 名 C **1** (演説などの)主旨; (政策などの)基調, 基本方針: give the *keynote* address 基調演説を行う. **2**【音楽】主音《音階の第1音》.

key·pad [kíːpæd] 名 C キーパッド《電話・コンピュータのテンキーやテレビゲームのコントローラなど》.

key·punch [kíːpʌ̀ntʃ] 動 他《米》〈パンチカード〉にキーパンチで穴を開ける.
— 名 C《米》キーパンチ.

key·stone [kíːstòun] 名 C [通例, 単数形で]
1【建】(アーチの)くさび石, かなめ石. **2** (意見・信念などの)要点, 主旨 (keynote).
◆ **Kéystone Státe** [the ~] かなめ石の州《ペンシルベニア (Pennsylvania) 州の愛称; → AMERICA 表》.

kg 《略語》= kilogram(s).

KGB 【ロシア】名 [the ~] (旧ソ連の)国家保安委員会.

kha·ki [kǽki/ kɑ́ːki] 形 カーキ色の.
— 名 U **1** カーキ色. **2** カーキ色の服地; [~s] カーキ色のズボン〔軍服〕.

khan [kɑːn, kæn] 名 C [しばしば K-] カーン, ハーン, 汗(ᠬᠠᠨ)《中世の中央アジア諸国の統治者の尊称》.

Khmer [kəméər] 名 (複 **Khmers** [~z], **Khmer**)
1 C クメール人《カンボジアの主要民族》.
2 U クメール語.

kHz 《略語》= kilohertz キロヘルツ.

kib·butz [kibúts] 名【ヘブライ】(複 **kib·but·zim** [kibutsíːm], **kib·butz·es** [~iz]) C キブツ《イスラエルの集団農場》.

***kick** [kík] 動 名【基本的意味は「…をける (hit ... with one's foot)」】
— 動 (三単現 **kicks** [~s]; 過去・過分 **kicked** [~t]; 現分 **kick·ing** [~iŋ])
— 他 **1** (a) [kick+O] …をける, けとばす; [副詞(句)を伴って] …をけって動かす: *kick* a ball をける / He *kicked* the man in the knee. 彼はその男のひざをけった / She *kicked* the chair over. 彼女はいすをけってひっくり返してしまった. (b) [kick+O+C] …をけって~(の状態)にする: *kick* the door open ドアをけって開ける.
2【アメフト・サッカー・ラグビー】けって〈得点〉を入れる: *kick* five goals 5ゴールを入れる.
3〈悪習〉を断つ, やめる.
— 自 **1** […をめがけて] ける [at]: *kick* at the door ドアをける / The baby *kicked* and cried. 赤ちゃんは足をばたばたさせて泣いた. **2** (銃が発射の反動で)はね返る, 後座する (recoil).
句動 ***kick abóut** (...) = kick around (...).
***kíck agàinst** ... 他 …に反抗 [抵抗] する; 不平を言う.

***kíck aróund** 他 [kick around+O / kick+O +around] **1** …を乱暴に扱う, 虐待する; 酷使する: I'm tired of being *kicked around* by my boss. 上司にこき使われるのにはもううんざりだ. **2** …をあれこれ検討する: *kick around* several ideas いくつかの案を検討する. — 自
1 (あてもなく)うろつき回る. **2** [進行形で] 放置されている.

***kick aróund** ... 他 **1** …をうろつき回る: He spent the winter *kicking around* the south of Europe. 彼は南ヨーロッパを歩き回って冬を過ごした.
2 [進行形で] …に放置されている.

***kíck báck** 他 [kick back+O / kick+O+ back] **1** …をけり返す, …に仕返しをする.
2 …にリベートをする. — 自 **1** はね返る.
2 (病気などが)ぶり返す.

***kíck ín** 自 (口語) 効果が現れ始める. — 他 [kick in+O / kick+O+in] **1** 〈ドアなど〉をけ破って入る. **2**《米》〈割り当て金〉を払う.

***kíck óff** 自 **1**【アメフト・サッカー・ラグビー】試合を開始する: The final will *kick off* at nine. 決勝は9時キックオフです. **2** […で] 始める, 始まる [with]: The celebration *kicked off* with a fireworks display. 祝賀式典は花火の打ち上げで始まった. — 他 [kick off+O / kick+O+off] **1** 〈靴など〉をけって脱ぐ. **2** …を […で] 始める [with]: They *kicked off* the ceremony *with* a fanfare. 彼らはその式典をファンファーレで始めた.

***kíck óut** 他 [kick out+O / kick+O+out]
1 …を追い出す. **2** …を除名する, 解雇する.

***kíck ... óut of ~** 他 …を~から追い出す, 追放する: The landlord *kicked* him *out of* his apartment. 家主は彼をアパートから追い出した.

***kíck úp** 他 [kick up+O / kick+O+up]
1 …をけり上げる, 〈ほこりなど〉を立てる. **2** (口語) 〈騒ぎなど〉を引き起こす: *kick up* a fuss [row] 騒ぎを起こす.
■ ***kíck oneself** 自分を責める, 後悔する.
— 名 **1** C けること, けとばすこと: He gave the door a *kick*. 彼はドアをけった. **2** C【アメフト・サッカー・ラグビー】キック (すること): a penalty *kick* ペナルティーキック / She gave the ball a hard *kick*. 彼女はボールを強くけった. **3** C (口語) (強烈な)スリル, 興奮: (just) for *kicks* スリルを求めて; 面白半分に / He gets a *kick* [his *kicks*] from skateboarding. 彼はスケートボードをすごく楽しんでいる. **4** U (口語) (酒などの)効き目, 刺激性.
5 C (発射の時の銃の)反動. **6** C (口語) 不平, 苦情, 抗議.

kick·back [kíkbæk] 名 C|U (口語) (支払い金の)一部返却; リベート; (賃金などの) ピンはね.

kick·off [kíkɔ̀ːf / -ɔ̀f] 名 (複 **kick·offs** [~s]) C [通例, 単数形で] **1** (サッカー・アメフト・ラグビーなどの) キックオフ, 試合開始. **2** (口語) 始まり, 開始: for a *kickoff* まず初めに.

***kid** [kíd]
名 形 動
— 名 (複 **kids** [kídz]) **1** C (口語) 子供

kiddie

(child); 若者 (◇呼びかけも可): The *kids* are playing soccer. 子供たちはサッカーをしている. **2** ⓒ子ヤギ (cf. goat ヤギ). **3** ⓤⓒ子ヤギの皮, キッド革: These gloves are made of *kid*. この手袋はキッド革製です.
◆ kíd [kíd's] stúff ⓤ 子供っぽいもの, 単純なもの.
―形 **1** 《口語》年下の: my *kid* brother [sister] 私の弟[妹]. **2** キッド革の.
■ hándle [tréat] ... with kíd glóves 〈人〉を細心の注意を払って[優しく]扱う.
―動 (三単現 **kids** [kídz]; 過去・過分 **kid·ded** [~id]; 現分 **kid·ding** [~iŋ]) 他《口語》…をからかう, …に冗談を言う; …をだます: He was just *kidding* you. 彼はあなたをからかっていただけだよ.
―自 からかう, 冗談を言う: He is always *kidding*. 彼は冗談ばかり言っている.
■ kíd onesélf 思い違いをする, 甘い考えを持つ.
Nó kídding. 《口語》 **1** [文尾を下げて] 冗談じゃないよ, 本当だよ. **2** [No kidding? で文尾を上げて] まさか, うそでしょう, うっそー.
Yóu're kídding!《口語》まさか, 冗談でしょう.

kid·die, kid·dy [kídi] 名(複 **kid·dies** [~z]) ⓒ《口語》子供.

*kid·nap [kídnæp] 動 (三単現 **kid·naps** [~s]; 過去・過分 **kid·napped**,《時に米》**kid·naped** [~t]; 現分 **kid·nap·ping**,《時に米》**kid·nap·ing** [~iŋ]) 他〈人〉を(身代金目的で) 誘拐する, さらう: The child was *kidnapped* and thirty million yen was demanded for her release. その少女が誘拐されて身代金3千万円の要求があった.
―名ⓤ 誘拐; [形容詞的に] 誘拐の: a *kidnap* victim 誘拐の犠牲者.

kid·nap·per [kídnæpər] 名ⓒ 誘拐者, 誘拐犯人 (◇《米》では kidnaper ともつづる).

kid·nap·ping [kídnæpiŋ] 名ⓤ 誘拐 (◇行為) (《米》では kidnaping ともつづる).

*kid·ney [kídni] 名ⓒ [解剖] 腎臓(%); ⓤⓒ (食用となる) 動物の腎臓.
◆ kídney bèan ⓒ インゲン豆.
kídney stòne ⓒ [医] 腎臓結石.

Kil·i·man·ja·ro [kìləməndʒáːrou] 名 固 キリマンジャロ山《タンザニア北部の火山でアフリカ最高峰; 標高5,895m》.

******kill** [kíl]
動 名【原義は「消滅させる」】
―動 (三単現 **kills** [~z]; 過去・過分 **killed** [~d]; 現分 **kill·ing** [~iŋ])
―他 **1** (a) [kill+O] …を殺す,〈植物〉を枯らす (→ 類義語): The burglar *killed* two policemen with the gun. 強盗は2人の警官を銃で殺した / The snow will *kill* these plants. 雪でこれらの草木は枯れてしまうだろう / The water pollution may *kill* the fish in the river. 水質汚染でその川の魚は死んでしまうかもしれない.
(b) [be killed (in ...)] (事故・戦争などで) 死ぬ: Over 2,000 soldiers *were killed in* the battle. 戦闘で2千人以上の兵士が死亡した.
2 〈効果など〉を損なう,〈計画など〉をだめにする: The green scarf *kills* her beautiful dress. 緑色のスカーフのために彼女の美しいドレスが台なしだ / His careless remark *killed* the conversation. 彼の不用意な発言で座が白けた.
3 〈時間〉をつぶす: She *killed* time [three hours] playing video games. 彼女はテレビゲームをして時間[3時間]をつぶした.
4 〈痛みなど〉をなくす: You should take this medicine to *kill* the pain. 痛み止めにこの薬を飲んだらいいですよ. **5** [通例, 進行形で] 〈痛みなどが〉〈人〉をひどく痛めつける, 参らせる: My shoulders *are killing* me! 肩が痛くてたまらない. **6** 〈人〉を魅了する, 楽しませる: That comedian *killed* me. あのコメディアンはおかしくて参ったね.
―自 **1** 人殺しをする. **2** 〈植物が〉枯れる.
■ kíll óff …を全滅させる.
kíll onesélf **1** 自殺する. **2** 《口語》無理をする, 大変な努力をする.
kíll ... with kíndness 度のすぎた歓待をして…をだめにする, …にありがた迷惑なことをする.
―名 [単数形で] **1** (特に猟で動物を) 殺すこと. **2** 猟でしとめた動物.
■ be ín at the kíll 最後[勝利]の決定的瞬間[クライマックス]に居合わせる, 物事の最後を見届ける.

> 類義語 **kill, murder, assassinate, slay, slaughter**
> 共通する意味▶ …を殺す (deprive ... of life)
> **kill** は「殺す」の意を表す最も一般的な語であるが, 人が殺害するだけでなく, 機械・車・地震などが人の命を奪う, 死なせるという場合にも使う: The drought *killed* the fruit trees. 干ばつで果樹が枯れた / She managed to *kill* a yawn. 彼女は何とかあくびをかみ殺した. **murder** は「計画性をもって不法に人を殺す」の意: He denied that he had *murdered* his wife. 彼は妻殺しを否認した. **assassinate** は「著名人, 特に政界の指導者を暗殺する」の意: President Kennedy was *assassinated*. ケネディ大統領は暗殺された. **slay** は聖書からの引用以外ではあまり用いない. ただし新聞の見出しではしばしば過去分詞 slain を用いる: Underworld leader *slain* 暗黒街のボス殺害される. **slaughter** は「動物を食肉処理する」の意. 人間に用いると「残忍に[大量に]虐殺する」の意を表す: *slaughter* the cattle 牛を食肉処理する / The burglar *slaughtered* the entire family. 強盗は一家を惨殺した.

*kill·er [kílər] 名ⓒ **1** 殺人者, 殺人犯人; 殺し屋. **2** 命取り(になるもの), 致命的なもの: An ulcer can be a *killer*. 潰瘍(ぶ)は命取りになることがある. **3** [形容詞的に] 命を奪う, 死に至る. **4** [形容詞的に]《米口語》とても魅力的な.
◆ kíller ìnstinct [単数形で] 殺害本能, 闘争本能.
kíller whàle ⓒ [動物] シャチ.

kill·ing [kíliŋ] 形 **1** (人・動物を) 殺す; (植物を) 枯らす. **2** 致死の (fatal). **3** 死ぬほどつらい; (歩調などが) 非常に速い: walk at a *killing* pace すさまじい速さで歩く. **4** 魅惑的な, ほれぼれするような.
―名ⓤⓒ **1** 殺害, 殺人. **2** (狩りでの) 獲物.
■ máke a kílling 《口語》(突然) 大もうけする.

kill·joy [kíldʒòi] 名ⓒ《軽蔑》座を白けさせる人, 興

をそぐ人.

kiln [kíln] 名C [しばしば複合語で](れんがなどを焼く)かま: a brick-*kiln* れんががま / a lime-*kiln* 石灰がま. ── 動 他 …をかまで焼く.

‡ki・lo [kíːlou] 名 (複 **ki・los** [~z]) C 《口語》キロメートル(kilometer); キログラム(kilogram).

kil・o- [kílə] 接頭 「1,000」の意を表す: *kilo*gram キログラム / *kilo*liter キロリットル.

kil・o・byte [kíləbàit] 名C《コンピュータ》キロバイト(◇記憶容量単位; 1キロバイト=1,024バイト).

kil・o・cal・o・rie [kíləkæ̀ləri] 名 C キロカロリー(◇熱量単位; 1キロカロリー=1,000カロリー;《略語》kc, kc.).

‡kil・o・gram,《英》**kil・o・gramme** [kíləgræm] 名 C キログラム(《口語》kilo)(◇重量単位; 1キログラム=1,000 g;《略語》kg; →巻末「度量衡」).

kil・o・hertz [kíləhə̀ːrts] 名 (複 **kil・o・hertz**) C キロヘルツ(◇周波数単位; 1キロヘルツ=1,000ヘルツ;《略語》kHz).

kil・o・li・ter,《英》**kil・o・li・tre** [kíləlìːtər] 名 C キロリットル(◇容積単位; 1キロリットル=1,000リットル;《略語》kl, kl.; →巻末「度量衡」).

‡kil・o・me・ter,
《英》kil・o・me・tre
[kilάmətər, kíləmìːtər / kíləmìːtə, kilɔ́mətə]
── 名 (複 **kil・o・me・ters** [~z]) C キロメートル(◇長さの単位; 1キロメートル=1,000m;《略語》km; →巻末「度量衡」): I walk five *kilometers* every day. 私は毎日5キロメートル歩く.

kil・o・watt [kíləwὰt / -wɔ̀t] 名 C キロワット(◇電力単位; 1キロワット=1,000ワット;《略語》kw, kW).

kíl・o・wàtt-hóur 名 C キロワット時(◇電力量の単位;《略語》kwh, kWh).

kilt [kílt] 名 C キルト《スコットランド高地人の成人男性が伝統的にはく格子縞(じま)でひざ丈のひだスカート;今は女性も着用する》.

kil・ter [kíltər] 名 [次の成句で]
■ *òut of kílter* 不調で, 故障して.

＊kin [kín] 名 U《古風》1 [集合的に; 複数扱い]親族, 家族; 親戚. 2 血縁[血族]関係.
■ *be nó kín (to ...)* (…の)親戚ではない; (…と)無関係である.
...'s [the] néxt of kín《格式》…の最近親者.

‡kind[1] [káind]
── 名 (複 **kinds** [káindz]) 1 C 種類(sort), 部類(class): a new *kind* of computer = a computer of a new *kind* 新しい種類のコンピュータ(◇後者は特に種類を強調した言い方) / three *kinds* of apples 3種類のリンゴ / There are many *kinds* of fish in this aquarium. この水族館には多くの種類の魚がいる / This is the *kind* of book I dislike. これは私の好まない種類の本です / What *kind* of sport do you like? どんな種類のスポーツが好きですか.
[語法] (1) kind のあとに続く名詞には通例, 冠詞を付けない. ただし What kind of ...? の場合,《口語》では a [an] を付けることがある: What *kind of (a)* car do you have? どんな種類の車をお持ちですか.
(2)「この種類の…」は次のように言う.
(a) 1 種類をさす場合: this *kind* of hat=《口語》these *kind* of hats この種類の帽子.
(b) 2 種類以上をさす場合: these *kinds* of hats これらの種類の帽子.
2 [the ~] 特定の種類の人: He isn't the leading *kind*. 彼は人の先頭に立つような人ではない.
3 [one's ~] 同類の人[もの]: I don't like his *kind*. 私は彼のような人間は好きではない.

■ *a kínd of ...*《口語》一種の…, …のようなもの: A slingshot could be *a kind of* weapon. パチンコも一種の武器ということになる.
áll kínds of ... いろいろな…; あらゆる種類の….
in kínd 1 (返礼・仕返しに対して)同種類のもので: We repaid their violence *in kind*. 彼らの暴力に対して同じく暴力で仕返しした. 2 現物で: pay tax *in kind* 現物で税金を払う.
kínd of ... [副詞的に; 通例, 形容詞・動詞の前に付けて]《口語》いくらか…, ある程度…, …みたい(◇ kind o', kinda, kinder などとつづることがある): It's *kind of* hard, isn't it? ちょっと固いようだね / I *kind of* worried about the result of the exam. 私はテストの結果を少し心配した.
... of a kínd 1 《通例, 軽蔑》名ばかりの…, お粗末な…: A wooden box was a desk *of a kind*. 木箱が机代わりだった. 2 同じ種類の….

‡kind[2] [káind]
── 形 (比較 **kind・er** [~ər]; 最上 **kind・est** [~ist]) 1 […に]親切な, 思いやりのある(↔ unkind) [to] (→ 類義語): A *kind* old man showed me the way. 親切なおじいさんが道案内をしてくれた / She said a very *kind* thing to me. 彼女は私にとても優しい言葉をかけてくれた / Be *kind* to others. 人には親切にしなさい / I'll carry your bag. ── That's *kind* of you. かばんをお持ちしましょう ── どうもご親切に.
2 [be kind + to do] …するとは親切だ; [it is kind of ... + to do] …するとは〈人〉は親切だ: Wat was so *kind* to help me out of the difficulty. ワットが親切にも私を窮状から助け出してくれた / It is very *kind* of you *to* say so. そう言ってくださってどうもありがとうございます.
■ *be kínd enòugh to dó = be só kínd as to dó*《格式》親切にも…する: Would you be *kind enough to* tell me the way to the station? 恐れ入りますが駅までの道を教えていただけませんか.

[類義語] **kind, kindly**
共通する意味▶親切な (showing or having a gentle, considerate nature)
kind は「親切な」性質を強調し, 思いやり・同情心に厚いという事実を示す: He is *kind* at heart. 彼は根は優しい. **kindly** は通例, 限定用法で用い, kind と置き換え可能なことも多いが《古風》.態度・行為から受ける親切そうな感じを強調することがある: a *kindly* woman 親切な女の人.

kind·a [káində], **kind·er** [káindər] 副《米俗語》= kind of (→ KIND¹ 成句).

kin·der·gar·ten [kíndərgà:rtən]【ドイツ】名 C U 幼稚園《米国では通例5歳児, 英国では2-5歳児が通う; cf. nursery 保育園》.

*__kind·heart·ed__ [káindhá:rtid] 形 親切な, 心の優しい, 思いやりのある.

kind·heart·ed·ly [~li] 副 親切に, 心優しく.

kin·dle [kíndl] 動 他 **1** ...に火をつける, 燃やす; 〈火〉をつける: *kindle* a fire 火をつける.
2〈感情など〉を燃え立たせる: *kindle* hopes [interest, anger] 希望 [関心, 怒り] をかき立てる.
— 自 **1** 燃える, 火がつく. **2** [...で] 明るくなる, 輝く; 興奮する, かっとなる [*with*]: Her eyes *kindled with* delight. 彼女の目は喜びで輝いた.

kind·li·ness [káindlinəs] 名 U 親切, 優しさ; C 親切な行為.

kin·dling [kíndliŋ] 名 U (点火用の) たきつけ, 木っ端, 木片.

*__kind·ly__ [káindli] 副 **1** 親切に (も), 優しく: He *kindly* offered me help. 彼は親切にも手を貸してくれた.
2 [命令文·依頼の疑問文で]《やや古風·格式》どうぞ, どうか (please): Would you *kindly* stop teasing me? すみませんが私をからかうのをやめてくれませんか (◇丁寧な言い方だが please と異なり, しばしば話者のいら立ちを伝えることがある).
■ *tàke kíndly to* ... [否定文·疑問文で] 自然に [快く] ...を受け入れる; ...になじむ: His children don't *take kindly to* me. 彼の子供たちは私になついてこない.
— 形 (比較 **kind·li·er** [~ər]; 最上 **kind·li·est** [~ist]) [通例, 限定用法]《古風》心の優しい, 思いやりのある (kind) (→ KIND² 語義). She gave me a *kindly* smile. 彼女は私に優しくほほ笑んだ.

*__kind·ness__ [káindnəs] 名 **1** U 親切 (さ), 優しさ: Thank you for your *kindness*. ご親切ありがとうございます.
2 C 親切な行為 [態度]: Will you do [show] me a *kindness*? = Will you do [show] a *kindness* to [for] me? ひとつお願いしたいことがあるのですが.
■ *hàve the kíndness to dó* 親切にも...する: He had the *kindness* to give me a ride to the station. 彼は親切にも私を駅まで車で送ってくれた.

kin·dred [kíndrəd] 名《格式》 **1** [複数扱い; 集合的に] 親類, 親族. **2** U 血縁 [親戚] 関係.
— 形 [限定用法]《格式》血縁 [親類] の; 同類の: *kindred* spirits 気の合う人たち, 同好の士 / English and Dutch are *kindred* languages. 英語とオランダ語は同族語である.

ki·net·ic [kinétik, kai-] 形 [通例, 限定用法]
1 動的な (↔ static); 活発な (active): *kinetic* art 動く芸術《レーザー光線·モーターなどを利用する》.
2【物理】運動 [動力] の, 動力学の: *kinetic* energy 運動エネルギー.

ki·net·ics [kinétiks, kai-] 名 U [単数扱い]【物理】動力学 (dynamics).

kin·folk [kínfòuk] 名 [複数扱い]《米·古風》親類 [親族] (の人々) (relatives,《英》kinsfolk).

***king** [kíŋ] 【原義は「高貴な一族の子孫」】
— 名 (複 **kings** [~z]) C **1** 王, 国王, 君主 (cf. queen 女王): the *King* of Spain スペイン国王 / William I became *King* of England in 1066. ウィリアム1世は1066年に英国王になった (◇ William I は William the first と読む).
2 ...王, (ある分野での) 第一人者; (同種の中で) 最高のもの: the home-run *king* ホームラン王 / Carnegie, the steel *King* 鉄鋼王カーネギー / the *king* of beasts 百獣の王《ライオン》.
3【トランプ】キング;【チェス】キング, 王将 (→ CHESS 図): the *king* of hearts ハートのキング.
■ *líve like a kíng*（王のように）ぜいたくな [快適な] 暮らしをする.
◆ **Kìng Jámes Vérsion** [the ~] 欽定(きんてい)訳聖書 (Authorized Version).
Kíng's Énglish [the ~] キングズイングリッシュ, 純正英語《英国の標準英語; 女王の治世では Queen's English と言う》.
King [kíŋ] 名 キング Martin Luther King, Jr.《1929-68; 米国の牧師·黒人公民権獲得運動の指導者》.
【背景】1955年にアトランタで市内バスのボイコット運動を行い, 裁判で正義人側の勝利を勝ち取った Martin Luther King 牧師は, その後も黒人の社会的·政治的平等を求める公民権運動の中心として活躍した. ワシントン大行進 (1963) における "I have a dream" で始まる演説でも有名. 非暴力主義を貫いたが, 1968年に暗殺された.

***king·dom** [kíŋdəm] 【「king (王) + dom (領地)」から】
— 名 (複 **king·doms** [~z]) **1** C 王国《王または女王が統治する国; cf. empire 帝国》: the United *Kingdom* 連合王国, 英国 / The Netherlands is a *kingdom*. オランダは王国である.
2 C (学問·芸術などの) 分野, 領域: Biology is his *kingdom*. 生物学が彼の研究領域です.
3 C (自然を3つに分けた) ...界: the animal [plant, mineral] *kingdom* 動物 [植物, 鉱物] 界.
(関連語) **kingdom** より下の分類:【動物】phylum,【植】division 門 / class 綱 / order 目 / family 科 / genus 属 / species 種).
4 [the ~] 神の国: the *Kingdom* of God [Heaven] 天国.
■ *blów [blást] ... to kíngdom cóme*《口語》...を殺す [破壊する].
till [until] kíngdom cóme《口語》永久に, いつまでも.

king·fish·er [kíŋfìʃər] 名 C【鳥】カワセミ.

King Kong [kíŋ kóŋ] 名 固 キングコング《映画などに登場する巨大なゴリラ》.

king·ly [kíŋli] 形 (比較 **king·li·er** [~ər]; 最上 **king·li·est** [~ist]) 王 (のような); 王にふさわしい, 堂々とした, 豪快な.

king·mak·er [kíŋmèikər] 名 C (政党などの) 黒幕, キングメーカー《要職の人選を左右する人》.

king·pin [kíŋpìn] 名 C《口語》(集団の) 中心人物,

大物, 親玉.

king·ship [kíŋʃip] 名 U **1** 王の身分 [地位]; 王位, 王権. **2** 王政.

kíng-size, kíng-sized 形 **1** 特大の, キングサイズの: a *king-size* bed キングサイズのベッド.
2 《米口語》強い, 並外れた.

Kings·ton [kíŋstən, kíŋztən] 名 固 キングストン《ジャマイカの首都》.

kink [kíŋk] 名 C **1** (綱などの) よじれ, もつれ; (髪の) 縮れ. **2** 《主に米》(首・背などの) 痛み, こり. **3** (計画などの) 不備, 欠陥; (機械などの) 故障: work [iron] out the *kinks* 問題点を解決する. **4** (性格の) ひねくれ; 奇妙な性格 [癖, ふるまい].
— 動 他 …をよじる, もつれさせる.
— 自 よじれる, もつれる.

kink·y [kíŋki] 形 (比較 **kink·i·er** [~ər]; 最上 **kink·i·est** [~ist]) **1** (綱などの) よじれた, もつれた; (髪の) 縮れた. **2** 《口語》風変りな; (性格が) ひねくれた; (性的に) 異常な.

kins·folk [kínzfòuk] 名 《英》= KINFOLK.

kin·ship [kínʃip] 名 U **1** 親類 [血族] 関係.
2 (性質などの) 類似; 密接な関連.

kins·man [kínzmən] 名 (複 **kins·men** [-mən]) C 《古》親類の男性 (◇女性形は kinswoman).

ki·osk [kí:ask / -ɔsk] 《トルコ》名 C **1** キオスク《駅の売店・新聞売り場など》. **2** 《英》電話ボックス.

kip[1] [kíp] 名 C キップ皮《子牛・子羊などの皮》.

kip[2] 名 U [または a ~] 《英口語》(ひと) 眠り.

kip·per [kípər] 名 C キッパー, 薫製ニシン.

kirsch [kíərʃ] 名 U キルシュ《ドイツ産の強い酒》.

kis·met [kízmet] 名 U 《文語》宿命, 運命.

＊kiss [kís] 動 名
— 動 (三単現 **kiss·es** [~iz]; 過去・過分 **kissed**

[~t]; 現分 **kiss·ing** [~iŋ])
— 他 **1** (a) [kiss+O] …に**キスをする**, 口づけする: He *kissed* me on the cheek. = He *kissed* my cheek. 彼は私のほほにキスした.
(b) [kiss+O+O] 〈人〉に〈別れなど〉のキスをする: She *kissed* me good-bye [good-night]. 彼女は私にお別れ [お休み] のキスをした.
2 《文語》(微風などが) …にそっと触れる: The breeze *kissed* my hair. そよ風が私の髪をそっとなでた.
— 自 キスする.
■ *kíss and téll* 《口語》(情事などの) 秘密をもらす; 信頼を裏切る.
kíss awáy 〈涙・悲しみなど〉をキスで取り去る: She *kissed away* her baby's tears. 彼女は泣いている赤ちゃんをキスしてなだめた.
— 名 C **1** キス, 口づけ: exchange *kisses* with ... …と口づけを交わす / give ... a *kiss* …にキスする / throw [blow] a *kiss* to ... …に投げキスをする = throw [blow] … 投げキスをする.
2 《文語》(微風などの) 軽い接触.
■ *the kíss of déath* 《こっけい》死の口づけ《見てくれはよいが命取りとなる行為や言葉》.
the kíss of lífe 《主に英》(口移し式の) 人工呼吸; 起死回生の策.

＊kit [kít] 名 **1** C 用具 [道具] 一式; (部品などの) ひとそろい, U [集合的に] 《英》装備, 服装: a skiing *kit* スキー用具 (一式) / a model airplane *kit* 模型飛行機セット / in full *kit* 完全装備で.
2 C 道具箱 [kəbú:dəl] 《古風》救急箱.
■ *the whóle kít and cabóodle* 《古風》一切がっさい (合わせたもの); だれもかも.
— 動 (三単現 **kits** [kíts]; 過去・過分 **kit·ted** [~id]; 現分 **kit·ting** [~iŋ]) [次の成句で]

PICTURE BOX **kitchen**

❶ cupboard 食器棚 ❷ hood 煙出し
❸ microwave (oven) 電子レンジ ❹ toaster トースター ❺ faucet 蛇口 ❻ refrigerator 冷蔵庫
❼ freezer 冷凍庫 ❽ sink 流し ❾ dishwasher 皿洗い機 ❿ stove レンジ ⓫ oven オーブン

mix together the flour and milk (小麦粉と牛乳を混ぜる)

beat the flour and eggs (小麦粉と卵をかき混ぜる)

pare some apples (リンゴの皮をむく)

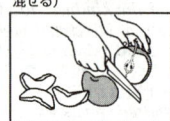

chop up the apples (リンゴを切る)

stew the apples (リンゴを煮る)

bake an apple pie (アップルパイを焼く)

- **kít óut** [**úp**] 他《英》…を装備させる, …に[必要なものを]そろえさせる [*with*].
- ◆ **kít bàg** C 旅行かばん, ナップザック (knapsack);《主に英》(兵士などの) 背のう; 用具袋.

***kitch·en [kítʃən]
【原義は「料理する」】
— 名 (複 **kitch·ens** [~z]) C 台所, 調理場, キッチン (→前ページ PICTURE BOX): I usually eat breakfast in the *kitchen*. 私はふだん台所で朝食をとる.
- ■ **éverything but the kítchen sínk**《口語》何もかも《◇人が必要以上に持って来る場合に言う》.
- ◆ **kítchen càbinet** C **1** 台所用戸棚. **2** (大統領などの) 私設顧問団.
- **kítchen gàrden** C 家庭菜園.
- **kítchen sínk** C 台所の流し (台) (→成句(↑)).
- **kitch·en·et(te)** [kìtʃənét] 名 C (アパートなどの) 簡易台所.
- **kitch·en·ware** [kítʃənwèər] 名 U [集合的に] 台所道具, キッチン用品.
- ***kite** [káit] 名 C **1** たこ(凧). **2**【鳥】トビ, トンビ.
  - ■ **flý a kíte 1** たこ揚げをする. **2**《英口語》世論を探る, 観測気球を上げる.
  - *Gó flý a káte!*《米俗語》消え失せろ.
- **kith** [kíθ] 名 [次の成句で]
  - ■ **kíth and kín** [通例, 複数扱い]《古風》親類縁者, 親類知己, 家族や友人.
- **kitsch** [kítʃ]《ドイツ》名 U 通俗性, キッチュ《映画・装飾などがけばけばしくて俗悪なこと》.
- **kit·ten** [kítn] 名 C 子猫: (as) playful as a *kitten* 子猫のように遊び好きな.
  - ■ **háve kíttens**《口語》ひどく心配する [不安がる], いらいらする.
- **Kit·tie, Kit·ty** [kíti] 名 固 キティー《◇女性の名; Catherine, Katharine の愛称》.
- **kit·ty**¹ [kíti] 名 (複 **kit·ties** [~z]) C《幼児》にゃんにゃん, にゃんこ, 子猫 (kitten).
- **kit·ty**² 名 (複 **kit·ties** [~z]) C [通例, 単数形で]
  1 (トランプの)賭(か)け金, 積み金. **2**《口語》共同の積立金.
- **ki·wi** [kíːwiː] 名 **1** C【鳥】キーウィ《ニュージーランドの飛べない鳥》. **2** U C = **kíwi frùit**【植】キーウィ(フルーツ)《中国原産の果物》.

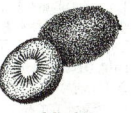

kiwi 1   kiwi 2

- **KKK, K.K.K.**《略語》= *K*u *K*lux *K*lan クークラックスクラン.
- **kl, kl.**《略語》= *k*iloliter(s) キロリットル.
- **klax·on** [klǽksən] 名 C (昔の自動車などの) 警笛, クラクション (horn)《◇元来は商標名》.
- **Klee·nex** [klíːneks] 名 U C《商標》クリネックス《ティッシュペーパー》.
- **klep·to·ma·ni·a** [klèptəméiniə] 名 U【心理】(病的な) 盗癖.
- **klep·to·ma·ni·ac** [klèptəméiniæk] 名 C【心理】(病的な) 盗癖のある者 《◇ **klepto** [kléptou] とも言う》.
- **km**《略語》= *k*ilometer(s).
- **knack** [nǽk] 名 C [通例, 単数形で]《…の》技巧, こつ, わざ (skill)《*of, for*》: He has the *knack* of cooking rice. 彼はご飯を炊くこつを心得ている.
- **knack·ered** [nǽkərd] 形《英口語》くたびれ果てた, 疲れ切った.
- **knap·sack** [nǽpsæk] 名 C ナップザック, リュックサック (rucksack).
- **knave** [néiv] 名 C《古風》悪党, 悪漢.
- **knead** [níːd] 動 他 **1**〈粉・粘土など〉をこねる, 練る;〈パンなど〉をこねて作る. **2**〈筋肉〉をもむ.

***knee [níː]《☆発音に注意》
名 C
— 名 (複 **knees** [~z]) C **1** ひざ, ひざがしら (→ BODY, LEG 図): bend [flex] one's *knee* ひざを曲げる [伸ばす] / He banged his *knee* on the desk. 彼は机にひざをぶつけた.
2 (ズボンなどの) ひざの部分.
- ■ **bríng** [*fórce*] **... to ...'s knées** …を屈服させる.
- **gò** [*fàll*] (*dówn*) **on one's knées** (祈り・服従のために) ひざまずく.
- **knée to knée** […と] ひざをつき合わせて [*with*].
— 動 他 …をひざで押す [打つ, ける]. (▷ 動 **knéel**)
- ◆ **knée brèeches** [複数扱い] (ひざ丈の) 半ズボン.
- **knee·cap, knee-cap** [níːkæp] 名 C【解剖】膝蓋(しつがい)骨, ひざの皿.
- **knee-déep** 形 **1** ひざまでの深さの. **2** [叙述用法]〔仕事・困難などに〕深くはまって [*in*]: He is *knee-deep* in debt. 彼は借金で首が回らない.
- **knee-hígh** 形 ひざまでの高さの.
  - ■ **knée-high to a grásshopper**《古風・こっけい》(特に子供が) とても小さい: I've known her since she was *knee-high to a grasshopper*. 私は彼女がちっちゃな頃から知っている.
- **knee-jérk** 形 [限定用法] (反応・意見などが) 決まり切った, 陳腐な.
- ***kneel** [níːl] 動 (三単現 **kneels** [~z]; 過去・過分 **knelt** [nélt], **kneeled** [~d]; 現分 **kneel·ing** [~iŋ]) 自 ひざまずく, ひざをつく (*down*): We *knelt* (*down*) in prayer. 私たちはひざまずいて祈った. (▷ 名 **knée**)
- **knee-lèngth** 形 [限定用法] ひざまで届く: a *knee-length* skirt ひざ丈のスカート.
- **knees-úp** 名 C [通例, 単数形で]《英口語》陽気で楽しい (ダンス) パーティー.
- **knell** [nél] 名 C《文語》弔いの鐘の音; 不吉な前兆: sound [ring] the *knell* for … …の予鐘を鳴らす.
- ***knelt** [nélt] 動 kneel の過去形・過去分詞.

***knew [njúː / níːu]《☆同音 new》
動 know の過去形.

- **knick·er·bock·ers** [níkərbùkərz / -bɔ̀k-] 名 [複数扱い] ニッカーボッカー, ニッカーズ《ひざ下で締めるゆったりとした半ズボン. 登山・スポーツ用》.
- **knick·ers** [níkərz] 名 [複数扱い] **1**《米》=

NICKERBOCKERS. **2**《英》《女性用の》パンティー(panties).
■ **gèt one's kníckers in a twíst**《英口語》怒る, 興奮する.
knick·knack [níknæk] 名 C 《通例 ~s》《口語》(安価な)装身具, 装飾用小物.

knife [náif] (☆発音に注意)
名 動
—名 (複 **knives** [náivz]) C **1** ナイフ, 小刀; 包丁: a paper *knife* ペーパーナイフ / a table *knife* 食卓用ナイフ / a clasp *knife* 折りたたみ式ナイフ / a sharp [dull, blunt] *knife* よく切れる [あまり切れない] ナイフ / a *knife* and fork (ひと組の)ナイフとフォーク.
2《手術用の》メス (surgical knife).
■ **gó ùnder the knífe**《こっけい》手術を受ける.
hàve [gèt] one's knífe in [into] ...《口語》…に恨み [敵意] を抱く.
like a (hót) knífe through bútter いとも簡単に.
twist [túrn] the knífe in the wóund 傷口に塩を塗るようなことを言う, いやなことを思い出させる.
—動 他 …をナイフで傷つける: *knife* ... to death 〈人を〉ナイフで刺し殺す.
knife-èdge 名 C **1** ナイフの刃. **2** 鋭くとがったもの;《山の》切り立った尾根.
■ **on a knife-èdge** [...で] とても心配で, はらはらして [*about*]; 不安定 (な状態) で.

knight [náit] (☆同音 night)
名 動
—名 (複 **knights** [náits]) C **1** 騎士《中世に君主に仕えて武芸に励んだ身分の高い武士》: the *Knights* of the Round Table《アーサー王伝説の》円卓の騎士.
2《英》ナイト爵 (の人)《王または女王によって Sir の称号を授けられる非世襲制の爵位; Sir Winston Churchill, Sir Winston《ウィンストン=チャーチル卿》, ウィンストン卿》のように呼ぶ》.
3【チェス】ナイト《《略記》Kt; → CHESS 図》.
■ **a knight in shíning ármor** 輝くよろいをまとった騎士《困った時に危険や困難から救ってくれる人》.
—動 他 〈人〉にナイトの爵位を授ける.
knight-er·rant 名 (複 **knights-er·rant** [náits-]) C 武者修行者, 遍歴の騎士.
knight·hood [náithùd] 名 C U 騎士の身分; [the ~; 集合的に] 騎士団; ナイトの爵位.
knight·ly [náitli] 形《文語》騎士らしい; 勇敢な.

knit [nít] (☆発音に注意)
[原義は「結び目を作る」]
—動《三単現 **knits** [níts]; 過去・過分 **knit·ted** [~id], **knit**; 現分 **knit·ting** [~iŋ]》
—他 **1** (a) [knit+O] ...を(針で)編む; ...を編んで [...に] する (*into*); [...から] ...を編む [*out of, from*]: socks *knitted* by machine 機械編みのソックス / She *knitted* this yarn *into* a sweater. = She *knitted* a sweater *out of* this yarn. 彼女はこの毛糸を編んでセーターを作った. (b) [knit+O+O / knit+O+for ...] ...に~を編んでやる: She *knitted* her husband a muffler. = She *knitted* a muffler *for* her husband. 彼女は夫にマフラーを編んであげた.
2 ...を結ぶ, つなぐ (join) (*together*): They were *knitted together* by love. 彼らは愛で結ばれていた.《まゆ》を寄せる, ひそめる (frown).
4《過去分詞 knit で; 通例, 複合語で》引き締まった; 団結した: a well-*knit* frame 引き締まった体.
—自 **1** 編み物をする: My grandmother was *knitting* by the window. 祖母は窓辺で編み物をしていた. **2** くっつく, 接合する, 結ばれる (*together*): I hope the broken bone will *knit* soon. 早くその骨折した骨がつながるといいね.
knit·ter [nítər] 名 C **1** 編む人. **2** 編み機.
knit·ting [níṭiŋ] 名 U 編むこと; 編み物: a piece of *knitting* 1つの編み物.
■ **stíck [ténd] to one's knítting**《口語》《他人に干渉しないで》自分の仕事に専念する.
◆ **knítting machìne** C 編み機.
knítting nèedle C 編み針[棒].
knit·wear [nítwèər] 名 U ニット (ウェア)《毛糸で編んだ衣料品》.

knives [náivz]
名 knife の複数形.

* **knob** [náb / nɔ́b] (☆同音 nob) 名 C **1**《ドア・引き出しなどの》取っ手, ノブ (→ DOOR 図): turn a *knob* 取っ手を回す.
2《ラジオ・テレビ・機械類の調整用の》つまみ, スイッチ: pull a *knob* つまみを引っ張る / a control *knob* 調整つまみ.
3《木の幹の》こぶ, 節(ふし). **4** [a ~]《バターなどの》小さな塊 [*of*]. **5**《主に米》小高い丘, 小山.
knob·bly [nábli / nɔ́b-] 形《比較 **knob·bli·er** [~ər]; 最上 **knob·bli·est** [~ist]》《英》= KNOBBY (↓).
knob·by [nábi / nɔ́bi] 形《比較 **knob·bi·er** [~ər]; 最上 **knob·bi·est** [~ist]》《米》こぶの多い, こぶ状 [こぶだらけ] の, 節(ふし) くれだった.

knock [nák / nɔ́k] (☆発音に注意)
—動《三単現 **knocks** [~s]; 過去・過分 **knocked** [~t]; 現分 **knock·ing** [~iŋ]》
—自 **1** [...を] たたく, 打つ, ノックする, こつこつたたく [*at, on*] (→ BEAT 類義語): I hear someone *knocking at* [*on*] the door. だれかがドアをノックしているのが聞こえる.
2 [...に] (どすんと) ぶつかる, 衝突する (bump) [*against, into*]: The child *knocked into* the pile of cans. その子供は缶詰の山にぶつかった.
3《エンジンなどが》ノッキングを起こす, 《故障して》かたかた音を立てる.
—他 **1** (a) [knock+O] ...を打つ, たたく, 殴る: A strange man *knocked* me on the head. = A strange man *knocked* my head. 知らない男が私の頭を殴った.
(b) [knock+O+C] ...を殴って~(の状態)にする: The robber *knocked* him unconscious. その強盗は彼を殴って意識不明にした.
2 ...を [...に] ぶつける, 衝突させる [*against, on*]: He *knocked* himself *against* the wall. 彼は壁にぶつかった.

3 …を打って[たたいて]作る: *knock* a hole in the door ドアに穴を開ける. **4**《口語》…の悪口を言う, …をけなす.

句動詞 *knóck aróund [abóut]*《口語》⓵ **1** 放浪する, うろつく; 動き回る. **2**《進行形で》(…に)いる, ある, 放ってある. **3**《…と》つきあう, 交際する[*with*]. ― ⓶ **1** [knock + O + around [about]] …を手荒く扱う, こづき回す. **2** [knock around [about] + O / knock + O + around [about]] …を話し合う, 検討する. **3**《口語》…を放浪する, うろつく; 動き回る: She *knocked around* South America for a year. 彼女は1年間南米を放浪した.

knóck báck [knock back + O / knock + O + back] **1**《口語》〈酒〉をぐいと飲む, あおる. **2**《英》を妨げる. **3**《英》を負かす. *knóck ... báck ~*《口語》に〈ある金額〉を出費させる (cost).

knóck dówn ⓶ [knock down + O / knock + O + down] [しばしば受け身で] **1** …を打ち倒す; 論破する; 〈車〉がはねる: A dog was *knocked down* by a bus. 犬がバスにはねられた. **2** 〈建物など〉を取り壊す, 解体する. **3**《口語》…を値切る, 〈人〉に値段をまけさせる; …を競り落とす.

knóck ... ínto ~ **1** …を~に打ち込む. **2** 〈知識など〉を~にたたき込む.

knóck óff ⓶ [knock off + O / knock + O + off] **1** …をたたき落とす. **2**《口語》〈仕事など〉をやめる, 終える (stop): *knock off* work at five 5時に仕事をやめる. **3**《口語》…を手早く片づける: Let's *knock* this problem *off* and go ahead. この問題を片づけて先へ進もう. **4**《口語》〈値段〉を割り引く, まける. **5**《俗語》…を盗む, かっぱらう. **6**《俗語》…を殺す. ― ⓵《口語》〈仕事を〉やめる, 終える. ・*Knóck it óff!* やめろ, 黙れ.

knóck óut ⓶ [knock out + O / knock + O + out] **1** 〈相手〉をノックアウトする; …を破壊する; 気絶させる: The sudden change in pressure *knocked* the diver *out* for a few minutes. 突然水圧が変わったため潜水作業員は数分間気を失った. **2**《競技》〈相手〉を敗退させる, 負かす. **3** …を破壊する, めちゃめちゃにする. **4**〈人〉をへとへとにさせる. **5** …をたたき出す. **6**《口語》…を製造する. ・*knóck onesélf óut*《口語》懸命に努力する, (全力をつくして)へとへとになる.

knóck óver ⓶ [knock over + O / knock + O + over] **1** …をひっくり返す: She *knocked over* a lamp while cleaning the room. 彼女は部屋の掃除をしているとき電気スタンドを倒してしまった. **2**〈車が〉をはねる. **3**《米口語》…に強盗に入る. **4** …を仰天させる, びっくりさせる.

knóck togéther ⓶ [knock together + O / knock + O + together]《口語》…を急いで作る[こしらえる].

knóck úp ⓶ [knock up + O / knock + O + up] **1** …を突き上げる. **2**《口語》…を急いで作る[用意する]. **3**《英口語》〈窓・ドアなど〉をノックして〈人〉を起こす. **4**《通例, 受け身で》《口語》…を妊娠させる: get *knocked up* 妊娠する.

― 名 Ⓒ **1** たたく[たたかれる]こと, ノック, 打撃, 殴打; たたく[ノックの]音: I got a *knock* on the head. 私は頭を殴られた / There is a *knock* at [on] the door. だれかがドアをノックしている. 《比較》日本語で言う野球の「ノック(練習)」は和製英語. 英語では fielding practice と言う. **2**《エンジンの》ノッキング(の音). **3**《口語》不幸, 不運, 災難: I took hard *knocks* during my trip. 私は旅行中ひどい目にあった.

knock·a·bout [nákəbàut / nɔ́k-] 形 [限定用法]《英》(喜劇などが) 騒々しい, ドタバタ形式の.

knock·down [nákdàun / nɔ́k-] 形 [限定用法] **1** 打ち倒すような, 圧倒的な. **2** (価格が) 破格の, 最低の. **3** 〈家具などが〉組み立て[折りたたみ]式の; ノックダウン[現地組み立て]方式の. ― 名 Ⓒ《ボクシング》ノックダウン.

knock·er [nákər / nɔ́kə] 名 Ⓒ **1** (玄関の) たたき金, ノッカー(doorknocker) 【蘭】: bang a *knocker* ノッカーを鳴らす. **2** たたく人, (戸を)ノックする人.

knóck-knèed 形 X脚の (cf. bandylegged がにまたの).

knock-off [nákɔ̀ːf / nɔ́kɔ̀f] 名 Ⓒ《米口語》(ブランド商品などの) 模造品, イミテーション.

knock-ón 名 Ⓒ《ラグビー》ノックオン《球を手や腕に当てて前方に落とす反則》. ― 形 [限定用法]《英》連鎖の. ◆ knóck-ón effèct Ⓒ 連鎖反応, ドミノ効果.

*¶**knock-out** [nákàut / nɔ́k-] 名 Ⓒ **1** たたきのめすこと;《ボクシング》ノックアウト (《略記》KO). **2**《口語》すばらしい人[もの]. **3**《主に英》勝ち抜き戦, トーナメント (《米》elimination). ― 形 **1** ノックアウトの; 〈人を〉意識不明にする. **2**《口語》すごい, 魅力的な.

knock-up [nákʌ̀p / nɔ́k-] 名 Ⓒ《英》(特にテニスなどで) ウォームアップ《試合直前の軽い練習》.

knoll [nóul] 名 Ⓒ 円丘; 小山, 塚.

*¶**knot** [nát / nɔ́t]《☆同音語 not》名 Ⓒ **1** 結び目, 結び: make a *knot* in the string ひもに結び目を作る. **2** 飾り結び, リボン. **3** 小さな群れ; [集団]: a *knot* of people 人々の群れ. **4** 困難, 難関. **5** (夫婦などの)絆(きずな) (bond): a nuptial *knot* 夫婦のつながり. **6** (糸・髪などの)もつれ; (木・筋肉の)こぶ, (胃などの)締めつけられる感じ; (板の)節(ふし). **7**《海》ノット《船の速度単位; 1ノットは1時間に1海里(1,852m)進む速さ》. ■ *tíe the knót*《口語》結婚する (get married). *tíe ... (úp) in [ínto] knóts*《口語》…を混乱させる, 苦境に陥れる.

― 動 ⓶ (三単現 knots [náts / nɔ́ts]; 過去・過分 knot·ted [~id]; 現分 knot·ting [~iŋ])〈ひもなど〉を結ぶ; …に結び目を作る; …を結び付ける[合わせる]: He *knotted* his tie tightly. 彼はネクタイをつく締めた.

― ⓵ 結び目ができる, もつれる: This string never *knots*. このひもは絶対もつれない. (▷ 形 knótty).

knot·hole [náthòul / nɔ́t-] 名 Ⓒ (木材の) 節穴.

knot·ted [nátid / nɔ́tid] 形 **1** 結び目のある; 節

(t)のある, 節くれだった. **2** もつれた.
■ **Gèt knótted!**《英俗語》うるさい, いいかげんにしろ.

knot・ty [náti / nɔ́ti]形《比較 **knot・ti・er** [~ər]; 最上 **knot・ti・est** [~ist]》 **1** 結び目の多い, こぶ[節(t)]だらけの: *knotty* wood 節だらけの木材. **2** 複雑な, 込み入った: a *knotty* problem [question] 込み入った問題. (▷ 名動 knót)

****know** [nóu] 動 名

① 知っている. .... 他 **1**; 自
② 知り合いである. .... 他 **2**
③ 見分ける. .... 他 **3**

— 動 (三単現 **knows** [~z]; 過去 **knew** [njúː / nú]; 過分 **known** [nóun]; 現分 **know・ing** [~ɪŋ])

— 他[進行形不可] **1** (a) [know+O]〈もの・事柄など〉を<u>知っている</u>, わかっている, 知る, わかる: I *know* her phone number. 私は彼女の電話番号を知っている / He *knows* Spanish a little. 彼はスペイン語が少しわかる / She *knows* everything about the tango. 彼女はタンゴのことなら何でも知っている / How do you *know* that? どうしてそれを知っているのですか.
(b) [know+(that) 節] …ということを知っている: I *know* (*that*) she is an honest person. 私は彼女が正直な人だということを知っている.
(c) [know + 疑問詞節 [句]] …かを知っている: Do you *know* where he is now? 彼が今どこにいるか知っていますか / Do you *know* how to play the accordion? アコーディオンの弾き方を知っていますか / I don't *know* whether it's true or not. それが本当かどうか私にはわからない.
(d) [know+O+to be ... [as ...]] ~が…であると知っている: He *knows* her *to be* bright. 彼は彼女が頭がよいことを知っている / I *know* her *to be* [*as*] a musician. 私は彼女が音楽家であることを知っている (=I know (that) she is a musician.).

2 [know+O]〈人〉と<u>知り合いである</u>, つき合いがある;〈場所〉に詳しい: Do you *know* my sister? — Yes, I have *known* her since school days. 姉とお知り合いですか—ええ, 学生時代からのつき合いです / I'd like to get to *know* him. 私は彼と知り合いになりたい / She *knows* Tokyo well. 彼女は東京をよく知っている.

[語法]「know+人」は個人的に面識がある場合に用いる. 面識はないがうわさなどで間接的に知っている場合は know of ... などを用いる (→成句): I *know of* Mr. Bush, but I don't *know* him (personally). ブッシュ氏のことはうわさに聞いているが (個人的には) 面識はない.

3 (a) [know+O]〈人・ものの価値など〉を<u>見分ける</u>, 認める, 識別する; 判断する: She *knows* a good pearl necklace just by glancing at it. 彼女は見ただけでよい真珠のネックレスを見分けられる / You would hardly *know* him if you saw him now. 今彼に会っても彼だとはわからな

いだろう.　(b) [know+O+from ...] ~を…と見分ける, 識別 [区別] する: *know* right *from* wrong 善悪の区別ができる.

4 (a) [know+O] …を経験する: They've *known* hunger for many years. 彼らは長年にわたって飢餓に苦しんでいる. (b) [know+O+(to) do] [完了時制・過去時制で] ~が…したことを見て [聞いて] 知っている (◇《英》では to を省くことがある): I have never *known* him (*to*) run. 彼が走るのを見たためしがない.

— 自 知っている, わかっている: It's quite interesting. — I *know*. 本当におもしろいよ—知っているさ / I think so, but I don't *know* for certain. そうは思うけど, 確かなことは知らない.

■ **as fár as I knów** 私の知っている限りでは: *As far as I know*, they're getting married soon. 私の知る限り彼らは近々結婚する予定です.

as you knów ご存じのように: *As you know*, in the U.S. the academic year begins in September. ご存じのように, アメリカでは新学年は9月に始まります.

for áll I knów よくは知らないけれど, たぶん: *For all I know*, he may go to India next month. よくは知らないが, 彼は来月インドに行くらしい.

Gód [*Góodness, Héaven, Lórd*] *knóws*《口語》 **1** [疑問詞節 [句] を伴って] …かはだれにもわからない: *God knows* who broke this window. だれがこの窓ガラスを割ったのかはわからない.
2 [that 節を伴って] 確かに, 必ず: *God knows* (*that*) my judgment is right. 私の判断は絶対に正しい.

I dòn't knów. さあどうでしょう (◇相手の発言に対して遠回しに不賛成の気持ちを表す): That car is really cool, isn't it? — Oh, *I don't know*. あの車すてきでかっこいいとは思わないかい, どうかな.

if you knów what's góod for you《口語》わが身を守りたければ…しなさい (◇人を脅して何かをさせるときに用いる): *If you know what's good for you*, you'll return the money by tomorrow. あすまでに金を返さないとひどい目にあうぞ.

I knòw whát. (突然思いついて) いい考えがある: What can we get her for her birthday? — Oh, *I know what*. Let's give her a huge cake. 彼女の誕生日祝いに何を買ってあげようか—そうだ, すごく大きなケーキをプレゼントしようよ.

I wòuldn't knów.《口語》私にわかるはずがない.

knów about ... …について (具体的にいろいろと) 知っている: He *knows about* computers, but he doesn't have his own computer. 彼はコンピュータについてよく知っているが自分では持っていない.

knów a thíng or twó (経験から物事を) 知っている, 常識 [良識] がある, 抜け目がない.

knów bétter 分別がある, わきまえている.

knów bétter than to dó …するほどばかでない: I *know better than to* trust the salesperson. そのセールスマンを信用するほど私はばかではない.

knów of ... …を知っている, 多少は耳にしている (→ 他 **2**[語法]): Do you *know of* a good tourist spot? どこかいい観光地を知りませんか.

knów one's búsiness = *knów whát's whát*

常識[良識]がある (know a thing or two).
lèt ... knów《...に知らせる》: Please *let me know* whether you will join us. ご参加いただけるかどうかお知らせください.
Nót that I knów òf. 私の知る限りではそうではない: Does he have a girlfriend? *—Not that I know of.* 彼には恋人がいますか—いないと思うけど.
(Wéll,) whát do you knów! これは驚いた.
Whó knòws? 何とも言えない, だれにわかるだろうか; ひょっとすると: Will they win? *— Who knows?* 彼らは勝つだろうか — 何とも言えません.
you knów《口語》あの, えーと (◇文頭・文中・文尾に付けて, 相手の同意を求めたり, 間を置いて表現を和らげるのに用いる; → LET¹ [**LET'S TALK**]): "*You know,*" he said, "that's very interesting." 彼は「あのね, それはとても面白いんだ」と言った.
You knòw sómething [whát]?《口語》ねえ, ちょっと聞いてよ (◇相手の注意を引くのに用いる).
you knòw whàt I méan 私の言いたいことはわかるでしょ.
You néver knòw. 何とも言えないね, さあどうだろう (◇明確な返答を避けるのに用いる).
━━ 名 [次の成句で]
■ **in the knów**《口語》事情に通じて: Those who are *in the know* are unlikely to argue against the plan. 事情を知っている人はその計画に反対だろうに.

knów-àll 名《英口語・軽蔑》= KNOW-IT-ALL (↓).
knów-hòw 名 Ⓤ《口語》ノウハウ, こつ, 実際的知識[能力]; 特殊技術(情報): business *know-how* 事業のこつ / a person with the *know-how* to edit a dictionary 辞書編集のノウハウを持った人.
know·ing [nóuiŋ] 形《通例, 限定的用法》**1** 物知り(顔)の, (秘密などを) 知っていそうな; 物知っている: a *knowing* look いかにも知っているみたいな顔つき. **2** 抜け目のない; 知っていながらの, 故意の.
know·ing·ly [nóuiŋli] 副 **1** 知ったかぶりをして, 心得顔に. **2** 故意に, わかっていてわざと: He didn't *knowingly* break the rule. 彼はいけないと知っていて規則を破ったのではない.
knów-it-àll 名 Ⓒ《口語・軽蔑》知ったかぶりをする人, 博識ぶる人《英》know-all.

***knowl·edge** [nálidʒ / nól-]

━━ 名 **1** Ⓤ[または a ~]知識 (→ INFORMATION [類義語]): a piece of *knowledge* 一片の知識 / practical *knowledge* 実際に役立つ知識 / My *knowledge* of French is rather poor. 私のフランス語の知識はかなり貧弱である / He has a (good) *knowledge* of Latin. 彼はラテン語をよく知っている / A little *knowledge* is a dangerous thing.《ことわざ》少しばかりの知識は危険である ⇒ 生兵法は大けがのもと.

[コロケーション] 知識を...
知識を得る: *acquire* [*gain*] *knowledge*
知識を吸収する: *absorb* [*soak up*] *knowledge*
知識をひけらかす: *parade* [*show off*] *one's knowledge*
知識を深める: *deepen one's knowledge*

2 Ⓤ [事実などを / ...ということを]知ること, 知っている状態; 認識, 理解 [*of / that* 節]: He has been married without his parents' *knowledge* [without his parents' knowing about it]. 彼は両親が知らないうちに結婚していた / It's common *knowledge* that he is a great scholar. 彼が偉大な学者であることはだれもが認めるところです / I have no *knowledge of* his whereabouts. 私は彼の居所を知らない.
3 Ⓤ 学問, 学識: a person of considerable *knowledge* かなり学識のある人.
■ **còme [be bròught] to ...'s knówledge**《格式》...に知られるようになる.
to (the bést of) ...'s knówledge《文修飾》...の知る限りでは: *To the best of my knowledge,* his story is true. 私の知っている限りでは彼の話は本当です.

knowl·edge·a·ble [nálidʒəbl / nól-] 形 [...について] よく知っている, 精通している [*about*].

***known** [nóun]

━━ 動 know の過去分詞.
━━ 形 **1** [限定的用法] 広く知られた, 既知の (↔ unknown): This is the smallest *known* dragonfly. これは知られている限り最小のトンボです / There is no *known* cure for this disease. この病気の治療法はまだわかっていない.
2 (a) [be known to ...] ...に知られている: The doctor *is known to* everybody in the village. その医師は村のみんなに知られている.
(b) [be known as ...] ...として知られている (cf. a.k.a. 別名, またの名を): She's *known as* a great scientist. 彼女は偉大な科学者として知られている.
(c) [be known for ...] ...で知られている: Niagara Falls *is known for* its grand beauty. ナイアガラの滝はその壮大な美しさで有名です.
(d) [be known + to do] ...することで知られている: She *is known* to have ESP. 彼女は超能力があることで知られている.
■ **becòme knówn** 知られるようになる, わかる.
màke knówn ...を知らせる, 明らかにする: The government will have to *make known* its attitude toward the opposition parties' new proposal. 政府は野党の新提案に対する態度を明らかにしなければならないだろう.
màke onesèlf knówn to ... ...に自己紹介をする.

knuck·le [nákl] 名 **1** Ⓒ (指の付け根の) 指関節, 指の節(ふし); [the ~s] げんこつ. **2** Ⓒ Ⓤ (子牛・豚などの) ひざ関節; ひざ関節の肉.
■ **near the knúckle**《英口語》(冗談などが) きわどい, わいせつな.
ráp ... on [òver] the knúckles ...を厳しくしかる (→ RAP 成句).
━━ 動 他 ...をげんこつでたたく [押す].
■ **knúckle dówn**《口語》本気になって [...に] 取りかかる, 本腰を入れる [*to*].
knúckle únder《口語》[...に] 屈服 [降参]する, 「かぶとを脱ぐ」 [*to*].
◆ **knúckle bàll** Ⓒ 《野球》ナックルボール.

knúck・le-dùst・er 名《英》= brass knuckles (→ BRASS 複合語).

KO [kéióu](◇ *knock*o*ut*の略)《口語》『ボクシング』名(複 **KO's** [~z]) C ノックアウト.
— 動 (三単現 **KO's** [~z]; 過去・過分 **KO'd** [~d]; 現分 **KO'・ing** [~iŋ]) 他 …をノックアウトする (knock out).

ko・a・la [kouɑ́ːlə] 名 C 『動物』= koála bèar コアラ《オーストラリア産の有袋(ʿ̀ʿ)動物》.

Koch [kɔ́ːk / kɔ́k] 名 固 コッホ Robert Koch《1843–1910; ドイツの医師・細菌学者. コレラ菌・結核菌を発見》.

Ko・dak [kóudæk] 名 C 《商標》コダック《米 Eastman Kodak 社製のフィルム・カメラ》.
◆ **Kódak mòment** C《こっけい》写真に撮っておきたい場面, 決定的瞬間.

kohl [kóul] 名 U コール《アラビアなどの女性がアイシャドーに使う化粧用墨(ば)》.

kohl・ra・bi [kòulrɑ́ːbi] 名 (複 **kohl・ra・bi, kohl・ra・bies** [~z]) U C 『植』コールラビ, カブカンラン《キャベツの一種. 茎を食用にする》.

ko・la [kóulə] 名 = COLA コラの木[実].

kook・a・bur・ra [kúkəbə̀ːrə / -bʌ̀rə] 名 C 『鳥』ワライカワセミ《オーストラリア産》.

Ko・ran [kərǽn / kɔːrɑ́ːn] 名 [the ~] コーラン《イスラム教の聖典》.
Ko・ran・ic [~ik] 形 コーランの.

***Ko・re・a** [kəríːə / -ríə]
— 名 朝鮮, 韓国《現在は次の2つの国に分かれている》. **1** 韓国 (South Korea)《首都ソウル (Seoul); 正式名は大韓民国 (the Republic of Korea)》. **2** 北朝鮮 (North Korea)《首都ピョンヤン (Pyongyang); 正式名は朝鮮民主主義人民共和国 (the Democratic People's Republic of Korea)》.
(▷ 形 Koréan)

***Ko・re・an** [kəríːən / -ríən]《☆ アクセントに注意》形
— 形 朝鮮[韓国](人)の; 朝鮮[韓国]語の.
— 名 (複 **Ko・re・ans** [~z]) **1** C 朝鮮[韓国]人; [the ~; 集合的に; 複数扱い] 朝鮮[韓国]の国民.
2 U 朝鮮[韓国]語.
(▷ 名 Koréa)
◆ **Koréan Wár** [the ~] 朝鮮戦争《1950–53》.

ko・sher [kóuʃər] 形 **1** ユダヤ教の教えに従って調理された (食べ物を売る [出す]). **2**《口語》本物の, 適法の.

kow・tow [kàutáu]【中国】名 C 叩頭(ぎ)《昔の中国式の礼で, 平伏して頭を地に付ける》.
— 動 自 […に] 叩頭する [to];［…に] へつらう, おもねる [to].

kph, KPH 《略語》= *k*ilometers *p*er *h*our 時速…キロメートル.

Kr 《元素記号》= krypton クリプトン.

Krem・lin [krémlin] 名 固 [the ~] クレムリン宮殿《モスクワにあり, 現在はロシア連邦政府が入っている》.

kro・na [króunə] 名 C (複 **kro・nor** [-nɔːr], **kro・nur** [-nər]) クローナ《◇スウェーデン・アイスランドの通貨単位》; クローナ銀貨.

kro・ne [króunə] 名 C (複 **kro・ner** [-nər]) クローネ《◇デンマーク・ノルウェーの通貨単位》;《略語》kr.).

kryp・ton [kríptɑn / -tɔn] 名 U 『化』クリプトン《希ガス元素;《元素記号》Kr》.

KS 《郵略語》= *K*ansas.

kt. 《略語》= *k*ara*t* カラット.

Kua・la Lum・pur [kwɑ́ːlə lumpúər] 名 固 クアラルンプール《マレーシアの首都》.

Ku・blai Khan [kúː(ː)blai kɑ́ːn] 名 固 フビライカン《1216? –94; 中国元朝の初代皇帝 (1271–94)》.

ku・dos [kjúːdas / kjúːdɔs] 名 U 名声, 栄誉.

Ku Klux Klan [kjúː klʌ̀ks klǽn] 名 固 [the ~] クークラックスクラン, 3K団《1915年米国で結成され, ユダヤ人・黒人などの排斥を標榜する白人至上主義の秘密結社;《略語》KKK, K.K.K.》.

kum・quat [kámkwɑ̀t / -kwɔ̀t] 名 C 『植物』キンカン(の実)《英》cumquat.

kung fu [kʌ́ŋ fúː, kúŋ-]【中国】名 U カンフー《空手に似た中国の拳法(ぷ)》.

Ku・ril(e) [kjúəriːl / kuríːl] 名 固 = Kúril Íslands [the ~] 千島列島.

Ku・wait [kuwéit / kjuː-] 名 固 クウェート《アラビア半島北東部の国; またその首都》.
Ku・wai・ti [-ti] 形 名 C クウェートの(人).

kw, kW 《略語》= *k*ilo*w*att(s) キロワット.

kwh, kWh 《略語》= *k*ilo*w*att-*h*our(s) キロワット時.

KY 《郵略語》= *K*entuck*y*.
Ky. 《略語》= *K*entuck*y*.

Kyr・gyz [kiərɡíːz / kə́ːɡiz] 名 固 キルギス《正式名は Kyrgyz Republic. 中央アジアの共和国; 首都ビシュケク (Bishkek)》.

Kyr・gyz・stan [kiərɡistǽn, -stáːn] 名 固 キルギスタン《キルギス共和国 (Kyrgyz Republic) の旧称》.

L l

l, L [él] 名 (複 l's, ls, L's, Ls [~z]) **1** ⓒ Ⓤ エル 《英語アルファベットの12番目の文字》. **2** ⓒ [大文字で] L字形のもの. **3** Ⓤ (ローマ数字の) 50.
4 [the L] 《米口語》高架鉄道 (elevated railroad) 《◇ el ともつづる》. **5** ⓒ [大文字で] 《英》(自動車の)運転練習者, 仮免許運転者 (learner driver) 《◇車の前後にLのマーク (L-plate) を付ける》.
6 ⓒ [大文字で] (特に衣服の) Lサイズ.

L¹ 《略語》= Lake; Latin; left¹; length; longitude 経度; 《英》Liberal (Party) 自由党.

£, L² [páund(z)] 《略語》= pound(s) ポンド 《◇英国の通貨単位. ラテン語 libra(e) の頭文字から》: £5.30 (= five (pounds) and thirty (pence)) 5ポンド30ペンス 《◇.30は thirty p [píː] とも読む》.

l.¹ [láin] 《略語》= line (文章の)行, (詩の)行 《◇複数形は ll. [láinz]): l. 17 17行目 (= line seventeen) / ll. 24–26 24行目から26行目まで (= from line twenty-four to line twenty-six)》.

l.² 《略語》= lake; latitude 緯度; left¹; length 長さ; liter(s).

L. 《略語》= Lady; Lake; Latin; Left¹.

la [láː] 名 Ⓤⓒ《音楽》ラ《ドレミ音階の6番目の音》.
LA¹ 《郵略》= Louisiana.
LA², L.A. 《略語》= Latin America ラテンアメリカ; Los Angeles ロス, ロサンゼルス.
La. 《略語》= Louisiana.

lab [léb] 名 ⓒ《口語》実験室, ラボ 《◇ laboratory の略》.

Lab 《略語》《英》= Labour (Party) 労働党.

*la·bel [léibl] 名 ⓒ **1** (中身・持ち主・送り先などを示す) はり札, はり紙, 荷札, ラベル, タグ: She put *labels* on her baggage. 彼女は荷物に荷札を付けた. **2** (人・団体・思想などの特徴を示す) 通り名, レッテル; 標号; (分類のための) ラベル, 表示 《たとえば《米》, 《動物》など》. **3** (CDなどの) レーベル; 商標.
— 動 (過去・過分《英》la·belled; 現分《英》la·bel·ling) 他 **1** …に札を付ける, ラベル[はり紙]をはる: [label + O + C] …という札[ラベル] をはる: That box is *labeled* "Fragile." あの箱には「壊れ物」というラベルがはってある.
2 [label + O + (as) C] (ラベルをはって) …を…と divvy する, 〈人〉を…と呼ぶ, 〈人〉に~のレッテルをはる: He was *labeled* (*as*) a "dodger." 彼には「いかさま師」のレッテルがはられた.

la·bi·al [léibiəl] 形 唇の; 《音声》唇音 (ねん) の.
— 名 ⓒ《音声》唇音《[p] [b] [m] [f] [v] など》.

*la·bor, 《英》la·bour [léibər] 名 動【原義「苦難, 苦痛」から】労働, (骨の折れる) 仕事】
— 名 (複 la·bors, 《英》la·bours [~z]) **1** Ⓤ 労働, 勤労, 努力 《◇特にきつい肉体労働をさす》: hard *labor* (刑罰としての) 重労働 / mental [physical] *labor* 頭脳 [肉体] 労働 / manual *labor* 力仕事, 肉体労働 / a division of *labor* 分業 / eight-hour *labor* (1日) 8時間労働 / do [perform] backbreaking *labor* 骨の折れる仕事をする.
2 Ⓤ [集合的に; 単数・複数扱い] 労働者階級, 労働者側: organized *labor* 組織労働者 / skilled *labor* 熟練労働者 / seasonal [migrant] *labor* 季節労働者 / *labor* relations 労使関係 / a conflict between capital and *labor* 労使紛争 / the Department of *Labor* 《米》労働省 (《英》the Ministry of *Labour*).
3 ⓒ (骨の折れる) 仕事, 労作: a *labor* of love (金が目的でなく) 好きでやる仕事 / This novel was a *labor* of five years. この小説は5年がかりの労作であった.
4 Ⓤ 分娩 (ﾍﾞﾝ), 陣痛 (labor pains): go into *labor* 陣痛が始まる / be in *labor* 分娩中である; 《比喩》産みの苦しみを味わっている. **5** [Labour] (英国などの) 労働党 (the Labour Party).
— 動 ⓐ **1** 働く, […に / …しようと] 精を出す, 努力する, 苦労する [*over, at* / *to do*]: *labor over* [*at*] one's work 仕事に精を出す / He *labored* for years *to* complete the work. 彼はその仕事を完成するのに長年努力した. **2** (人・乗り物などが) 苦労して進む: The old man *labored* up the steep hill. その老人は苦労して急な坂を登った.
— ⓗ …を (必要以上に) くどくどと [詳しく] 論じる.
■ *lábor ùnder* ... 〈1〉〈病気・困難など〉で苦しむ, 悩む. 〈2〉〈誤解など〉を抱く.
◆ **lábor càmp** ⓒ 強制労働収容所.
Labor Dày Ⓤ《米・カナダ》労働者の日《9月第1月曜日; 法定休日 (legal holiday); → HOLIDAY 表》.
lábor fòrce ⓒ [通例 the ~] (ある国の) 労働力, 雇用可能人口; (会社などの) 全労働者.
lábor màrket [the ~] 労働市場.
lábor ùnion ⓒ《米》労働組合 (《英》trade(s) union).
Lábour Pàrty [the ~] (英国などの) 労働党.

*lab·o·ra·to·ry [lǽbərətɔ̀ːri | ləbɔ́rətəri] 【「labor (働く) + atory (場所)」から】名 (複 lab·o·ra·to·ries [~z]) **1** ⓒ 実験室 [所], 研究室 (の; (薬品などの) 製造所 (《口語》lab): a chemical *laboratory* 化学実験室 / a language *laboratory* 語学演習室.
2 [形容詞的に] 実験 (室) 用の: *laboratory* animals 実験用動物.

la·bored,《英》la·boured [léibərd] 形 **1** (文章・話などが) 苦心した, 苦労した跡のある; 不自然な, ぎこちない: a *labored* joke こじつけの冗談. **2** 困難な, 苦しい: *labored* breathing 苦しそうな呼吸.

*la·bor·er,《英》la·bour·er [léibərər] 名 ⓒ (肉体) 労働者, 作業員: a day *laborer* 日雇い労働者.

lábor-inténsive 形 多くの労働力を必要とする,労働集約的な (cf. capital-intensive 資本集約的な).

*******la·bo·ri·ous** [ləbɔ́ːriəs] 形 **1** 骨の折れる,労力を要する,面倒な,困難な: *laborious* work 骨の折れる仕事. **2**(文章・話などが)苦労した跡の見える; ぎこちない. **3** 勤勉な,よく働く.

la·bo·ri·ous·ly [ləbɔ́ːriəsli] 副 苦心[苦労]して.

lá·bor-sàv·ing 形《限定用法》労力節約[省力]の.

*****la·bour** [léibər] 名 動《英》= LABOR (↑).

Lab·ra·dor [lǽbrədɔ̀ːr] 名 **1** 固 ラブラドル半島《カナダ東部ハドソン湾と大西洋の間にある》. **2** 固 ラブラドル地方《ラブラドル半島東部》. **3** C = **Lábrador retríever** ラブラドルレトリーバー《カナダ原産で猟犬や盲導犬に用いる; → DOG 図》.

la·bur·num [ləbə́ːrnəm] 名 C U 固 キングサリ《マメ科の低木. 黄色い花は飾りに用いられる》.

lab·y·rinth [lǽbərìnθ] 名 C **1** 迷宮, 迷路 (maze). **2** もつれた状態, 混迷した事態.

lab·y·rin·thine [lǽbərínθən, -θiin / -θain] 形 **1** 迷宮[迷路]の(ような). **2** 入り組んだ, 込み入った, もつれた, 複雑な.

lac [lǽk] 名 U ラック《ワニス・塗料などの原料》.

‡**lace** [léis] 名 **1** U レース(編み); 〔形容詞的に〕レースの: a *lace* curtain レースのカーテン. **2** C(靴・服などの)(締め)ひも. **3** U (軍服の)モール.
— 動 他 **1** ひもで締める〔縛る〕(*up*): *lace* (*up*) the shoes 靴ひもを締める. **2**〈ひもなどを〉(穴に)通す〔*up*〕〔*through*〕. **3** …をレース〔モール〕で飾る; …に〔レース〔モール〕で〕縁飾りを付ける〔*with*〕: This chair is *laced with* gold. このいすは金のへり飾りが付いている. **4**〈布〉に〔糸などで〕織り込む, 刺しゅうする〔*with*〕;〈手・指〉を組む. **5**〈飲み物〉に〔少量のアルコールを〕加える〔*with*〕: tea *laced with* whisky ウイスキーを少々入れた紅茶.
— 自 **1** (靴などが)ひもで結ばれる〔締まる〕(*up*). **2**《口語》〔…を〕殴る, こきおろす〔*into*〕. (▷ lácy)

lac·er·ate [lǽsərèit] 動 他 **1**〈皮膚などを〉(乱暴に)切り裂く. **2**〈心などを〉傷つける.

lac·er·a·tion [læ̀səréiʃən] 名 **1** C〔通例 ~s〕裂傷. **2** U 切り裂くこと; (心などを)傷つけること.

láce-ùp《主に英》名 C〔通例 ~s〕編み上げ靴.
— 形 (靴が) 編み上げの.

lach·ry·mal [lǽkrəməl] 形 **1** 涙の; 涙もろい. **2**〔解剖〕涙腺(だ)の: a *lachrymal* duct 涙管 / *lachrymal* glands 涙腺.

lach·ry·mose [lǽkrəmòus] 形《格式》(人が)涙もろい,(話などが)涙を誘う.

*****lack** [lǽk] 名 動【基本的意味は「不足 (the state of not having enough)」】
— 名 U〔または a ~〕〔…の〕不足, 欠乏〔*of*〕: *lack of* time [money, food] 時間[金, 食糧]不足 / *lack of* sleep 睡眠不足 / There is a certain *lack of* enthusiasm among the members. 何だかメンバーに熱意が欠けている.
■ **for [through] láck of ...** …が不足して; …がないために.
— 動 他〔受け身・進行形不可〕〈必要なもの・欲しいもの・資格など〉が不足している; …を欠いている: What he *lacks* is confidence. 彼に欠けているのは自信である / The company *lacks* sufficient money to invest in new products. その会社は新製品に投資するだけの資金がない.
■ **láck for ...**〔通例, 否定文で〕…がなくて困っている: She *lacked for* nothing that money could buy. 彼女は金で買えるものには何ひとつ不自由しなかった.

lack·a·dai·si·cal [læ̀kədéizikəl] 形 無気力な, 活気のない; 熱意のない; もの憂げな.

lack·ey [lǽki] 名 C《軽蔑》おべっか使い.

*****lack·ing** [lǽkiŋ] 形《叙述用法》[…が]不足している; 欠けている [*in*]: The employees were *lacking in* diligence. 従業員には勤勉さが欠けていた.

lack·lus·ter,《英》**lack·lus·tre** [lǽklʌ̀stər] 形 光沢のない; (目などが)どんよりした; 活気のない: *lackluster* eyes どんよりした目 / a *lackluster* performance 生彩を欠いた演奏〔演技〕.

la·con·ic [ləkánik / -kɔ́n-] 形《格式》(人が)口数の少ない, むだ口を利かない.

la·con·i·cal·ly [-kəli] 副 簡潔に.

lac·quer [lǽkər] 名 U **1** ラッカー《つや出し塗料》; 漆(うるし) (Japanese lacquer). **2**〔集合的に〕= **lácquer wàre** 漆器(うるし)《類》. **3**《古風》ヘアスプレー.
— 動 他 …にラッカー[漆]を塗る.

la·crosse [ləkrɔ́ːs / -krɔ́s] 名 U ラクロス《かご状のスティックを使うホッケーに似た屋外球技》.

lac·ta·tion [læktéiʃən] 名 U 乳の分泌; 授乳(期).

lac·tic [lǽktik] 形 乳の, 乳からとれる.

◆ **láctic ácid** U 乳酸.

lac·tose [lǽktous] 名 U〔化〕乳糖.

la·cu·na [ləkjúːnə / -kjúː-] 名 (複 **la·cu·nae** [-niː], **la·cu·nas** [~z]) C《格式》(原稿などの)脱漏(部分); 空白.

lac·y [léisi] 形 (比較 **lac·i·er** [~ər]; 最上 **lac·i·est** [~ist]) レース(状)の, レースのような. (▷ 名 láce)

‡**lad** [lǽd] 名 **1** 若者, 少年 (cf. lass 少女). **2**《口語》男, やつ. **3**〔the ~s〕《英口語》(男同士の)仲間, 連中.

‡**lad·der** [lǽdər] 名 C **1** はしご: climb (up) a *ladder* はしごを上る / place a *ladder* against ... …にはしごをかける / It is unlucky to go under a *ladder*. はしごの下をくぐるのは不吉だ《迷信》. **2**(成功・出世などの)手段, 手づる, 道;(身分・地位などの)段階: climb the *ladder* of success 出世階段を上る. **3**《英》(ストッキングの)伝線, 糸のほつれ《米》run).
— 自《英》(ストッキングが)伝線する, ほつれる《米》run). — 動 他〈ストッキング〉を伝線させる.
◆ **ládder trùck** C《米》(消防用の)はしご車.

lad·en [léidən] 形《文語》**1** 荷を積んだ; 〔…で〕満

lacrosse

ladies

載した[持った][*with*]: a heavily [fully] *laden truck* 荷物を満載したトラック / a tourist *laden with* baggage 荷物がいっぱいの旅行者. **2** […に]苦しんでいる,悩んでいる[*with*]. **3** [複合語で](…で)いっぱいの;(いっぱいで)苦しんでいる: smoke-*laden* air 煙でいっぱいの空気.

la・dies [léidiz]
—名 **1** lady の複数形.
2 ⓒ [通例 the 〜, the ladies';単数扱い]《英》女性用公衆トイレ(→ MEN 参考)).
◆ ládies' mán ⓒ 女性と過ごすのが好きな男,(女にもてる)女好きの男.
ládies' róom ⓒ《米》女性用トイレ(《英》ladies).

la・dle [léidl] 名 ⓒ 玉じゃくし,お玉 (→ COOKING 図);ひしゃく.
—動 他 …をお玉ですくう;ひしゃくでくむ: *ladle* soup into the bowl スープをボウルにつぐ.
■ *ládle óut* 他 …をひしゃくで[お玉で]すくう;〈賞賛など〉をむやみに与える.

la・dy [léidi]
【原義は「パンをこねる人」】
—名 (複 **la・dies** [〜z]) **1** ⓒ 女性,婦人 (◇ woman の丁寧語だが,現在ではやや《古風》とされる); [複数形で;呼びかけ] 女性のみなさん: an older *lady* 老婦人 / Who's that young *lady*? あの若い女の方はだれですか / Good morning, *ladies*! (女性に対して) 皆さん,おはようございます / *Ladies* and Gentlemen! 皆さん (◇ 演説などの初めに聴衆に向かって発する言葉).
2 [形容詞的に] 女性の,女の: a *lady* doctor 女医 / a *lady* lawyer 女性弁護士.
語法 (1) woman を用いるほうが一般的: a *woman* doctor 女医.
(2) 性差別を避けるため,特に必要のない限り,職業の男女の区別はしない傾向にある.
3 ⓒ 淑女 (↔ *gentleman*);(家柄のよい女性をさして)奥様,お嬢様: the First *Lady* ファーストレディ,(米国)大統領夫人 / behave like a *lady* 淑女らしくふるまう.
4 [L-;姓に付けて]《英》… (卿(ポ)) 夫人 (◇ Lord または Sir の称号を持つ貴族の夫人の敬称);[名に付けて] …令嬢 (◇ 伯爵以上の貴族の娘の敬称): *Lady* Gauntlett ゴーントレット卿夫人 / *Lady* Jane ジェーン嬢.
■ *the lády of the hóuse*《古風》一家の主婦.

la・dy・bird [léidibə̀ːrd] 名 《英》= LADYBUG (↓).
la・dy・bug [léidibʌ̀g] 名 ⓒ《米》テントウムシ.
la・dy・fin・ger [léidifìŋgər] 名 ⓒ《米》レディーフィンガー《指の形をしたカステラ》.
lá・dy-in-wáit・ing 名 (複 **la・dies-in-wait・ing** [-z-]) ⓒ (女王・王女の) 侍女, 女官.
lá・dy-kìll・er 名 ⓒ《口語・しばしば軽蔑》色男,女たらし.
la・dy・like [léidilàik] 形《古風・通例ほめ言葉》貴婦人[淑女] らしい,気品のある,(女性らしく)しとやかな.
la・dy・ship [léidiʃìp] 名 **1** ⓒ [しばしば L-]《英》奥様,お嬢様 (◇ Lady の称号を持つ女性に対する敬称; your *Ladyship(s)*, her *Ladyship*, their

lambskin

Ladyships として,それぞれ you, she [her], they [them] の代わりにも用いる). **2** Ⓤ 貴婦人 (Lady) の地位 [身分].

*lag [lǽg] 動 (三単現 **lags** [〜z];過去・過分 **lagged** [〜d];現分 **lag・ging** [〜iŋ]) 自 **1** […から] 遅れる [*behind*]; のろのろ歩く: Never *lag behind* our group. 私たちのグループから遅れるな. **2** [仕事・競争などに] ついていけない,遅れをとる (*behind*) [*in*]: *lag behind in* production 生産が遅れる.
—名 Ⓤⓒ 遅れること,遅延;時間の隔たり,ずれ (time lag).

la・ger [láːgər] 名 Ⓤⓒ =láger béer 貯蔵ビール,ラガービール《加熱後,貯蔵熟成にたえる》.
lag・ging [lǽgiŋ] 名 Ⓤ 保温材,被覆[断熱]材.
la・goon [ləgúːn] 名 ⓒ 潟(ポ);礁湖(ピッ゚)《環礁 (atoll) に囲まれた海面》.
lah [láː] 名 〖音楽〗= LA ラ (の音).

*laid [léid]
動 lay¹ の過去形・過去分詞.
láid-báck 形 (人・態度などが)のんびりした,気楽な.

*lain [léin]
動 lie¹ の過去分詞.
lair [léər] 名 ⓒ (野獣の) ねぐら,巣;(悪人などの) 隠れ家,アジト.
laird [léərd] 名 ⓒ《スコット》地主,領主.
lais・sez faire, lais・ser faire [lèisei féər, lès-] 〖フランス〗名 Ⓤ (特に経済上の) 自由放任 [無干渉] 主義, レッセフェール.
la・i・ty [léiəti] 名 [the 〜;集合的に;複数扱い]
1 俗人,(一般) 信徒,平信徒 (cf. clergy 聖職者).
2 素人,門外漢.

*lake [léik]
【原義「水たまり」から「湖,池」】
—名 (複 **lakes** [〜s]) ⓒ **1** 湖,湖水 (《略語》L, L.): *Lake* Biwa 琵琶湖 《通例, 湖の名称は Lake ... の形で表す》 / the Great *Lakes* (北米の) 五大湖 (→ GREAT 複合語) / We camped on [at] the *lake*. 私たちは湖のほとりでキャンプをした.
2 (公園などの) 池;ダムの貯水池,貯蔵池.
◆ Láke District [Còuntry] [the 〜] 湖水地方《England 北西部の風光明媚(ポ)の湖沼・山岳地帯》.

lake・side [léiksàid] 名 [the 〜] 湖岸,湖畔.
—形 [限定用法] 湖畔の.
la・ma [láːmə] 名 ⓒ チベット仏教 [ラマ教] の僧.
La・ma・ism [láːməìzəm] 名 Ⓤ チベット仏教,ラマ教.
*lamb [lǽm] (☆発音に注意) 名 **1** ⓒ 子羊 (→ SHEEP). **2** Ⓤ 子羊の肉,ラム (→ MEAT 表) (cf. mutton 羊肉). **3** ⓒ《口語》おとなしい子[人],無邪気な子.
■ *like a lámb* (*to the sláughter*) 従順に;(危険や困難に気づかないほど) 無邪気に.
—動 自 〈羊が〉子を産む.
◆ the Lámb (of Gód) 神の子羊,キリスト.
lam・baste [læmbéist], **lam・bast** [-bǽst] 動
他 **1** …をひどく打つ,ぶん殴る. **2** …をひどくしかる,非難する.
lamb・da [lǽmdə] 名 ⓒ Ⓤ ラムダ (λ, Λ)《ギリシャ語アルファベットの11番目の文字;→ GREEK 表》.
lamb・skin [lǽmskin] 名 **1** ⓒ 子羊の毛皮《コ

ート・手袋・装飾品用》. **2** ⓤ 子羊のなめし革.

lame [léim]形 **1** 足の不自由な《やや軽蔑的なたとえ handicapped や disabled などに代えることがある》: She is *lame* in the right leg. 彼女は右足が不自由である. **2**《議論・説明などが》見え透いた,説得力のない: a *lame* excuse 下手な言い訳.

◆ láme dúck ⓒ **1**《主に米》(任期切れ間近で)有効な働きができない現職大統領[議員]. **2** 無能な人,役に立たない人[もの].

lame·ly [~li]副 足が不自由で; (説明・答えなどで)歯切れ悪く,下手に.

la·mé [lɑːméi / láːmei]【フランス】名 ⓤ ラメ《金糸・銀糸を織り込んだ織物》.

*****la·ment** [ləmént]動 他 **1** …を嘆く,悲しむ,悼(いた)む: She *lamented* the death of her father. 彼女は父親の死を嘆いた. **2** …を悔やむ, 残念に思う: We *lament* the fact that this company cannot continue to make a profit. 私たちが社が利益を上げ続けられないという事実を残念に思う.

— 自 […を]嘆く,悲しむ [*for*, *over*].

— 名 ⓒ **1** […に対する] 悲嘆; 悔やみ [*for*, *over*]. **2** 哀悼の詩歌, 哀歌.

lam·en·ta·ble [læməntəbl, ləmén-]形《格式》悲しむべき,嘆かわしい; 悔やまれる; 不満足な,劣った: a *lamentable* fault ひどい過失.

lam·en·ta·bly [-bli]副 嘆かわしいほど.

lam·en·ta·tion [læməntéiʃən]名《格式》ⓤ 悲嘆, 嘆き, 哀悼; ⓒ 悲嘆の声.

lam·i·nate [læmənət]名 ⓤⓒ 積層プラスチック, 薄板 [薄片] 状の製品.

lam·i·nat·ed [læməneitid]形 薄板状の,薄板を重ねて作った; ラミネート加工した: *laminated* wood 合板, ベニヤ板.

*****lamp** [lǽmp]
【原義は「輝くこと」】

— 名 (複 **lamps** [~s]) ⓒ **ランプ**; 明かり,照明器具: turn [on] off] a *lamp* 明かりをつける[消す].

関連語 いろいろな lamp
bedside lamp ベッドサイドランプ / electric lamp 電灯 / floor [《英》standard] lamp フロアーランプ / fluorescent lamp 蛍光灯 / gooseneck lamp (首が自在に曲がる) 電気スタンド / incandescent lamp 白熱灯 / neon lamp ネオン灯 / oil lamp 石油ランプ / safety lamp 安全灯 / spirit lamp アルコールランプ / street lamp 街灯 / table lamp 卓上電気スタンド

lamp·light [lǽmplàit]名 ⓤ 灯火, ランプの光.
lamp·light·er [lǽmplàitər]名 ⓒ **1** (昔の街灯の) 点灯夫. **2**《米》点灯用のつけ木[こより].
lam·poon [læmpúːn]名 ⓒ 風刺文 [詩].
— 動 他 …を文[詩]で風刺する.
lamp·post [lǽmppòust]名 ⓒ 街灯柱.
lamp·shade [lǽmpʃèid]名 ⓒ ランプのかさ.
LAN [lǽn]名 ⓒ ラン, 同一建物[企業]内情報通信網《◇ *l*ocal *a*rea *n*etwork の略》.
Lan·ca·shire [lǽŋkəʃiər / -ʃə]名 固 ランカシャー《England 北西部の州》.
Lan·cas·ter [lǽŋkəstər]名 固 **1** ランカスター

《England 北西部の都市》. **2**【英史】ランカスター家 (the House of Lancaster)《英国の王室 (1399–1461). 紋章は赤バラ; cf. York ヨーク家》.

lance [lǽns / láːns]名 ⓒ **1** (騎兵の) 槍(やり).
2 =LANCET.
— 動 他【医】…を (ランセットで) 切開する.
◆ lánce còrporal ⓒ《米海兵隊》兵長; 《英陸軍》伍(ご)長代理.

Lan·ce·lot [lǽnsəlɑt / láːnsələt]名 固 ランスロット《アーサー王伝説の円卓騎士の1人》.

lanc·er [lǽnsər / láːnsə]名 ⓒ (昔の) 槍(やり)騎兵.
lan·cet [lǽnsit / láːn-]名 ⓒ **1**【医】ランセット《外科用の両刃メス》. **2** =láncet àrch【建】鋭尖(えいせん) [ランセット] アーチ. **3** = láncet wìndow【建】鋭尖 [ランセット] 窓.

*****land** [lǽnd]
名 動【基本的意味は「陸 (the surface of the earth that is not covered by water)」】

— 名 (複 **lands** [lǽndz]) **1** ⓤ [しばしば the ~] (海に対する) **陸**(↔ sea) (cf. earth (空に対する) 陸): *Land* occupies about one-third of the earth's surface. 陸地は地球の表面の約3分の1を占めている / They managed to reach [come to] *land*. 彼らはなんとか陸にたどり着いた.
2 ⓤ (用途・性質から見た) 土地, 耕地; [または ~s] (一定の自然条件を持った) 地帯: fertile [barren] *land* 肥沃(ひよく)な [不毛の] 土地 / arable *land* 耕地 / forest *land* 森林地帯 / cultivate [plow] the *land* 土地を耕す.
3 ⓤ [または ~s] 所有地,(資産としての) 土地: private [public] *land* 私有 [公有] 地 / a plot of *land* 一区画の土地 / He owns some *land* in the country. 彼は田舎にいくらか土地を持っている.
4 ⓒ《文語》国土, 国土《◇通例 country を用いる》; [集合的に; 単数・複数扱い] 国民: one's own [native] *land* 故国 / The whole *land* rejoiced over the good news. 全国民がそのよい知らせに喜んだ. **5** ⓒ《文語》領域, 世界, 国: the *land* of dreams 夢の国. **6** ⓒ [the ~] 田園; 田園生活: go back to the *land* 田園生活に戻る; 帰農する.

■ *by lánd* 陸路で.

in the lánd of the líving《口語・こっけい》目が覚めて; (病気が) 治って, 回復して.

sée [*fínd óut*] *hòw the lánd líes* (行動する前に) 情勢をうかがう, 状況を把握する.

— 動 他 **1**《人》を上陸させる, 降ろす; 《荷物》を陸揚げする;《飛行機》を着陸させる: The ship *landed* the crew and goods at the port. 船は港で船員と貨物を降ろした / The fisherman *landed* the boat on the beach. 漁師は船を岸に引き揚げた.
2《魚》を釣り上げる;《口語》…を勝ち取る, 獲得する: *land* a big fish 大きな魚を釣り上げる / *land* a prize 賞を勝ち取る / *land* a high-paying job 高給のもらえる職にありつく.

3 [land+O]《口語》《打撃など》を […に] 加える [*in*, *on*]; [land+O+O]《人》の […に] 《打撃など》を加える [*in*, *on*]: I *landed* a punch *in* his eye. ＝ I *landed* him a punch *in* the eye. 私は彼の目に一発食らわせた.

4《口語》《人》を [… の状況に] 陥らせる [*in*]; [主に受

け身で]〈人〉に[面倒などを]押しつける[with]: The crime *landed* him *in* jail. その犯罪で彼は刑務所入りになった / He *was landed with* the tedious work. 彼は退屈な仕事を押しつけられた.
— 自 1 (飛行機が)[…に]着陸する(↔ take off); (人が)[…に]着陸する, (船が)[…に]着岸する, 入港する[*at, in, on*]: We will be *landing at* Narita Airport in five minutes. 当機はあと5分で成田空港に着陸します(◇機内アナウンス).
2 (空中を動いているものが)[…に]止まる; 落ちる[*in, on*]: A bird *landed on* the tree. 鳥が木に止まった / I lost my footing and *landed in* the river. 私は足を踏み外して川に落ちてしまった.
3 《口語》(面倒などが)〈人に〉降りかかる[*on*]; (人が)〈困った状態などに〉なる, 陥る[*in*]: They *landed in* trouble. 彼らは困ったことになった.
■ *lánd on ...* 他《米口語》…を厳しくしかる.
lánd úp 自《口語》(長い旅のあとで)[…に]到着する, たどり着く; (あげくの果てに)[…に]陥る[*in*]: *land up in* captivity ついに捕らわれの身となる.
◆ lánd àgent 〔C〕《英》土地[地所]管理人.
lánd mìne 〔C〕(軍)地雷.
lánd òffice 〔C〕《米》公有地管理局.
lánd refòrm 〔C〕農地改革, 土地改革.
Lánd Ròver 《商標》ランドローバー《英国製の四輪駆動車》.

land·ed [lændid]〔形〕(限定用法)(貴族・家系などが)土地[地所]持ちの; 広大な土地[地所]の.

land·fall [lændfɔ̀ːl]〔名〕〔C〕 1 (航海・飛行で)陸地を初めて見ること; 初認陸地. 2 着陸, 着岸.

land·fill [lændfìl]〔名〕〔U〕ごみの埋め立て処理; 〔C〕埋め立て地, ごみ処理場.

land·hold·er [lændhòuldər]〔名〕〔C〕地主, 土地の所有者; 借地人.

*****land·ing** [lændiŋ]〔名〕 1〔U|C〕上陸; 着陸; 陸揚げ: a *landing* on the moon 月着陸 / an emergency *landing* 緊急着陸 / a forced *landing* (飛行機の)不時着 / a soft *landing* 軟着陸 / Our plane made a successful *landing*. 私たちの飛行機は着陸に成功した. 2〔C〕上陸場, 陸揚げ場; 波止場. 3〔C〕(階段の)踊り場.
◆ lánding cràft 〔C〕(軍)上陸用舟艇(とうてい).
lánding fìeld [gròund]〔C〕(ヘリコプターなどの)発着場, 滑走路.
lánding gèar 〔U〕(航空)着陸[着水]装置 (→ AIRCRAFT 図).
lánding nèt たも網《釣った魚をすくう網》.
lánding stàge 〔C〕(乗客用・船荷用の)浮き桟橋.
lánding strìp 〔C〕滑走路.

*****land·la·dy** [lændlèidi]〔名〕(複 **land·la·dies** [~z]) 《◇男性形は landlord》〔C〕 1 女家主, 女地主. 2 《英》(旅館・下宿屋・パブなどの)女主人.

land·less [lændləs]〔形〕 1 土地のない, 土地をもたない. 2 陸地のない.

land·locked [lændlɑ̀kt | -lɔ̀kt]〔形〕 1 (国などが)陸地に囲まれた, 海への出口のない. 2 (魚が)陸封(型)の.

*****land·lord** [lændlɔ̀ːrd]〔名〕《◇女性形は landlady》〔C〕 1 家主, 地主(↔ tenant). 2 《英》(旅館・下宿屋・パブなどの)主人, 経営者.

land·lub·ber [lændlʌ̀bər]〔名〕〔C〕《古風》新米船員, 海[船]に不慣れな人, 陸(おか)者.

*****land·mark** [lændmɑ̀ːrk]〔名〕〔C〕 1 (航海者・旅行者の)目印(となるもの), 陸標, ランドマーク《高い木・建物・塔など》. 2 (土地の)境界標. 3 画期的な事件[発見]; [形容詞的に]画期的な.

land·mass [lændmæs]〔名〕〔C〕広大な土地; 大陸.

lánd-òf·fice búsi·ness 〔名〕《米》ぼろもうけの商売, 急成長の事業.

land·own·er [lændòunər]〔名〕〔C〕土地所有者, (特に)大地主.

*****land·scape** [lændskèip]〔名〕 1〔C〕景色, 風景; 眺望 (view). 2〔C〕風景画; 〔U〕風景画法. 3〔C〕状況; 見通し, 展望.
— 動 他 [しばしば受け身で]〈場所〉の景観を手入れする[直す], …を美化[緑化]する.
◆ lándscape àrchitect 〔C〕景観設計者.
lándscape àrchitecture 〔U〕(道路・建物・公園などの)景観設計, 造園(学).
lándscape gàrdener 〔C〕造園家.
lándscape gàrdening 〔U〕造園術.

land·slide [lændslàid]〔名〕〔C〕 1 地滑り, 土砂崩れ, 山崩れ (slide). 2 = lándslide vìctory (選挙での)地滑り的[圧倒的]勝利.

land·slip [lændslìp]〔名〕〔C〕《英》(小規模な)地滑り (《米》slide, mudslide).

lands·man [lændzmən]〔名〕(複 **lands·men** [-mən])〔C〕陸上生活者[勤務者](↔ seaman).

land·ward [lændwərd]〔副〕陸の方へ, 陸に向かって(↔ seaward). — 〔形〕陸の方の, 陸に向かう.

land·wards [lændwərdz]〔副〕《英》= LANDWARD.

*****lane** [léin]〔名〕〔C〕 1 (家・壁などの間の)小道, 細道; 路地; [L-]〔街路名で〕…通り: a blind *lane* 袋小路, 行き止まりの道 / It is a long *lane* that has no turning. 《ことわざ》曲がり角のないのは長い道だ ⇒ どんな長い道でも曲がり角がある ⇒ 待てば海路の日和(ひより)あり.
2 車線, レーン: change *lanes* 車線を変更する.
3 (船・飛行機などの)航路: an air *lane* 空路 / a sea *lane* 航路, シーレーン. 4 (競走・競泳の)コース; (ボウリングの)レーン.

lang. 《略語》= language.

lan·guage [læŋgwidʒ]
【原義は「舌」】
— 〔名〕(複 **lan·guag·es** [~iz]) 1〔U〕言語, 言葉: spoken [written] *language* 話し[書き]言葉 / *language* acquisition 言語習得 / Humans possess *language*. 人間は言語を持っている.
2〔C〕(ある国の)国語, …語: a foreign *language* 外国語 / a national *language* 国語 / an international [a world] *language* 国際語 / one's native [first] *language* 母語 / the Japanese *language*《格式》日本語(◇通例, 単に Japanese と言う) / English is spoken as a second *language* in many countries. 英語は多くの国々で第2言語として話されている.
3〔U〕言葉づかい, 語法, 言い回し: bad [violent, strong] *language* 汚い[激しい, きつい]言葉 / polite *language* 丁寧な言葉づかい / biblical

language 聖書の言い回し / speak in everyday *language* 日常語で話す / Watch your *language*. 言葉づかいに注意しなさい.
4 ⓊⒸ 専門語, 術語, 用語: scientific *language* 科学用語 / legal *language* 法律用語.
5 ⓊⒸ (音声・文字を用いない) 言葉; 【コンピュータ】言語: gesture *language* 身ぶり言葉 / sign [finger] *language* 手話 / a programming *language* プログラム言語 / the *language* of dolphins イルカの (伝達手段としての) 言語.
■ *spéak* [*tálk*] *the sáme lánguage* 言わんとすること [考え方] が同じである, 気持ちが通じる.
◆ lánguage láboratory Ⓒ LL教室 (《口語》language lab). (比較 LLは和製略語)

lan·guid [læŋgwid] 形 だるい, もの憂い, 活気のない; 無気力な, 熱意のない: with a *languid* gesture だるそうに.

lan·guid·ly [~li] 副 もの憂げに, のろのろと.

lan·guish [læŋgwiʃ] 動 ⓘ **1** [...に] 苦しむ [*under, in*]. **2** (人が) 元気がなくなる, だれる; (花が) しぼむ. **3** [...に] 恋い焦がれる [*for*].

lan·guor [læŋgər] 名 (主に文語) **1** Ⓤ (通例, 心地よい) けだるさ, もの憂さ, 疲労感; 無気力, 無関心. **2** Ⓤ うっとうしさ, もの憂い静けさ. **3** Ⓒ [しばしば~s] もの憂い感傷, もの思い.

lan·guor·ous [læŋgərəs] 形 (主に文語) (心地よく) けだるい, もの憂い; うっとりしい.

lan·guor·ous·ly [~li] 副 けだるく, もの憂げに.

lank [læŋk] 形 **1** (頭髪が) まっすぐで柔らかい, 直毛の. **2** やせた, ひょろ長い (lanky).

lank·y [læŋki] 形 (比較 lank·i·er [~ər]; 最上 lank·i·est [~ist]) (人・手足などが) ひょろ長い.

lan·o·lin [lænəlin], **lan·o·line** [-li:n] 名 Ⓤ ラノリン (精製羊毛脂. 化粧品・軟こうの原料).

***lan·tern** [læntərn] 名 **1** ランタン, 角灯, カンテラ: a Chinese [Japanese] *lantern* ちょうちん. **2** (灯台の) 灯火室. **3** 【建築】明かり窓, 頂塔.

lantern 1　　lantern 3

lán·tern-jáwed 形 (人が) 頬おがこけてあごが突き出た, あごのしゃくれた.

lan·yard [lænjərd] 名 Ⓒ **1** (笛・ナイフなどをつるす) 細ひも. **2** 【海】締め綱.

La·oc·o·ön [leiákouən / -ɔ́koun] 名 圃 【ギ神】ラオコオン 《トロイア (Troy) の祭司. トロイア戦争でギリシャ軍の計略を見破り, 木馬の城内引き入れに反対したために殺された》.

La·os [láus, lá:ous / láus, lá:ɔs] 名 圃 ラオス 《インドシナ半島の国; 首都ビエンチャン (Vientiane)》.

Lao-tzu [láutsʌ́] 名 圃 老子 《604?–531 B.C.; 中国の哲学者. 道教 (Taoism) の祖》.

*lap¹ [lǽp] 名 Ⓒ **1** ひざ, もも (いすに座ったときのもの上部; → KNEE): I held a kitten on my *lap*. 私はひざに子猫を乗せていた. **2** (スカートなどのひ) ざの部分. **3** 育てる環境, 安楽な場所; 管理, 保護: in Fortune's *lap* 幸運に恵まれて / drop [dump] ... in [on] ~'s *lap* (《口語》) ...を~に押しつける.

■ *in the láp of lúxury* ぜいたくざんまいに.
in the láp of the góds (将来のことが) 神の手にゆだねられて [た], 人力の及ばない.
◆ láp dòg Ⓒ **1** 小型のペット犬 《ひざに乗せられる》. **2** (軽蔑) 他人の言いなりになる人.
láp robe Ⓒ (《米》) ひざ掛け (《英》rug).

*lap² 動 (三単現 laps [~s]; 過去・過分 lapped [~t]; lap·ping [~iŋ]) 他 (競走・水泳などで) 〈人〉をトラック [プール1往復] 抜く, 周回遅れにする.
—ⓘ (競走・水泳) 1周 [1往復] に... かかる, ラップタイムを記録する.
—名 Ⓒ **1** (競技用トラックの) 1周, ラップ; (プールの) 1往復. **2** (旅行などの) 行程.
◆ láp tìme ⓊⒸ (競走などの) ラップタイム.

*lap³ 動 (三単現 laps [~s]; 過去・過分 lapped [~t]; lap·ping [~iŋ]) 他 **1** (動物などが) 〈ミルク・水など〉をぺろぺろなめる, ぴちゃぴちゃ飲む: The kitten is *lapping* milk. 子猫がぴちゃぴちゃとミルクを飲んでいる.
2 (波などが) 〈岸など〉を洗う, ひたひたと打ち寄せる.
—ⓘ **1** ぺろぺろなめる. **2** (さざ波が) [...に] ひたひたと打ち寄せる [*against, at, on*].
■ *láp úp* **1** ~を飲み干す, がつがつ食べる.
2 ... を熱心に聞く; 〈言葉・お世辞〉をうのみにする.
—名 **1** Ⓒ (ぺろぺろと) なめること; ひとなめ分.
2 Ⓤ [通例 the ~] (打ち寄せる) さざ波の音.

la·pel [ləpél] 名 Ⓒ (背広・コートなどの) 襟 (えり) の折り返し, 折り襟, ラペル.

lap·i·dar·y [læpədèri / -dəri] 形 宝石細工の.
—名 (複 lap·i·dar·ies [~z]) Ⓒ 宝石細工職人.

Lap·land [læplænd] 名 圃 ラップランド 《スカンナビア半島の北部》.

Lapp [lǽp] 名 **1** Ⓒ ラップ (ランド) 人.
2 Ⓤ ラップ (ランド) 語.

*lapse [lǽps] 名 Ⓒ **1** (ちょっとした) 間違い, 過失: a *lapse* of memory 度忘れ. **2** [通例, 単数形で] (時の) 経過, 推移, (過去の) 一時期: after a *lapse* of several years 数年後に. **3** [...からの] 堕落, 逸脱 [*from*]; [...に] 陥ること [*into*].
—動 ⓘ **1** [...から] 堕落する [*from*]; 落ちぶれて [...に] なる; [...に] 陥る [*into*]: *lapse into* silence 黙り込む / *lapse from* good manners 行儀を忘れてふるまう. **2** (習慣などが) 消滅する; (権利などが) 失効する, 無効になる. **3** (時が) たつ (*away*).

lapsed [lǽpst] 形 (限定用法) **1** (信仰・習慣などを) 捨てた. **2** 【法】(権利などが) 失効した, 無効の.

lap·top [læptàp / -tɔ̀p] 名 Ⓒ ラップトップ (ひざ乗せ) (型の) コンピュータ.
—形 (限定用法) ラップトップ型の (→ DESKTOP).

La·pu·ta [ləpjúːtə] 名 圃 ラピュータ島 《スウィフト作の『ガリバー旅行記』に出てくる空中に浮かぶ島》.

lap·wing [lǽpwìŋ] 名 Ⓒ 【鳥】タゲリ 《チドリ科》.

lar·ce·ny [lá:rsəni] 名 (複 lar·ce·nies [~z]) 【法】Ⓤ 窃盗罪; Ⓒ 窃盗.

larch [lá:rtʃ] 名 Ⓒ 【植】カラマツ; Ⓤ カラマツ材.

lard [lá:rd] 名 Ⓤ ラード 《精製した豚の脂》.

larder

— 動 他 **1** …にラードを塗る. **2**〈調理前の肉〉にベーコン[豚肉]をはさむ. **3**《しばしば軽蔑》〈文章など〉を[…で]飾る (*with*).

lard·er [láːrdər] 名 © (家庭の)食料貯蔵室[置き場]; U 貯蔵食料.

large [láːrdʒ]
形 名【原義は「豊富な」】

— 形 (比較 **larg·er** [～ər]; 最上 **larg·est** [～ist])
1 大きい, 大型の, 広い; (服などが) Lサイズの (《略語》L); 《婉曲》太った (↔ small) (→ 類義語) : a *large* house [tree] 大きな家[木] / a *large* man 大柄な[太った]男 / The United States is the third *largest* country in the world. アメリカは世界で3番目に面積の大きな国です / Our yard is *large* enough to have a wedding party. うちの庭は結婚披露パーティーを開けるほど大きい / This sweater is a little bit tight. Do you have a *larger* one? このセーターは少しきついです. もっと大きいのはありますか / A *large* coffee, please. コーヒーのラージを1つください.

2 多量の, 多大の; (規模などの)大きい: a *large* company [audience] 大企業[観衆] / a *large* number of people 多数の人々 (◇ a lot of people より堅い表現. number の ほか amount, quantity, sum などの前にも large を用いる) / a *large* income 多くの収入 / He has a *large* family. 彼は多くの子供を抱えている.

3 (心・見識などが)広い, 寛大な: a person with a *large* heart 大きな心の持ち主.

4 (問題などが)重要な; 深刻な (serious).

■ (*as*) *lárge as life* → LIFE 成句.

lárger than life → LIFE 成句.

— 名 [次の成句で]

■ *at lárge* **1** 捕まらないで: The killer is still *at large*. 殺人犯はまだ逮捕されていない.
2[名詞のあとに付けて]全体として, 一般的に: Now soccer is popular with the nation *at large*. 今やサッカーは国民全体に人気がある.

◆ lárge intéstine © [the ～] 大腸.

[類義語] large, big, great
共通する意味▶大きい (above average in size, extent, etc.)
large は通例, 「寸法・規模・数量などが大きい」ことを表す. big, great と交換可能なことも多い: a *large* meal 大量の食事 / a *large* [big] dog 大きな犬. **big** は特に「体積の大きさ・重さ」を表す口語的な語. また「重大な, 偉大な」などの意も表す: a *big* man 体の大きな男, 重要人物 / a *big* mistake 重大な誤り. **great** は特に「寸法・程度などが大きい」ことを表す. 驚嘆・畏敬(いけい)の念などの感情を伴うことが多い. また「偉大な」の意で用いることも多い: a *great* river 大河 / a *great* composer 偉大な作曲家.
---

large·heart·ed [láːrdʒháːrtid] 形 寛大な, 心の広い; 親切な.

large·ly [láːrdʒli] 副 **1** 大いに; 主として, 大部分は: Our success is *largely* due to her effort. 私たちの成功は彼女の努力によるところが大きい.
2 多量に; 大規模に; 寛大に, 気前よく.

large·ness [láːrdʒnəs] 名 U **1** 大きさ, 広さ; 多大. **2** 心の広さ, 寛大さ.

lárge-scále 形 [限定用法] **1** 大規模の (↔ small-scale). **2** (地図が)縮尺の大きい.

◆ lárge-scale integrátion U《コンピュータ》大規模集積 (《略語》 LSI).

lar·gess, lar·gesse [laːrdʒés, -ʒés]【フランス】名 U **1**《格式》(地位・身分の高い人に)気前よく金品を与えること; 気前のよい贈り物 [施し物].

lar·go [láːrɡou]【イタリア】【音楽】副 形 ラルゴで [の], きわめて遅く[遅い]. — 名 (複 **lar·gos** [～z]) © ラルゴの曲 [楽章, 楽節].

lar·i·at [læriət] 名 © 《米》投げ縄 (lasso).

*ˈlark¹ [láːrk] 名 © ヒバリ (skylark): (as) happy as a *lark* とても楽しい.

■ *ríse* [*be úp, gèt úp*] *with the lárk* 早起きする.

lark² 名 © [通例, 単数形で] 《口語》(愉快な)いたずら, ふざけ, 冗談: for a *lark* ふざけて, 冗談で / What a *lark*! なんて面白いんだろう.

— 動 自 《口語》ふざける, 浮かれる, いたずらをする (*about, around*).

lar·va [láːrvə] 名 (複 **lar·vae** [láːrviː], **lar·vas** [～z]) © 【昆】幼虫 (cf. pupa さなぎ / imago 成虫); 【生物】幼生《オタマジャクシなど》.

lar·val [láːrvəl] 形 [限定用法] 幼虫の, 幼生の.

lar·yn·gi·tis [lærindʒáitis] 名 U【医】喉頭(こうとう)炎.

lar·ynx [læriŋks] 名 (複 **la·ryn·ges** [lərindʒiːz], **lar·ynx·es** [～iz]) ©【解剖】喉頭(こうとう) (《口語》voice box).

la·sa·gna, 《主に英》**la·sa·gne** [ləzáːnjə]【イタリア】名 U ラザニア, ラザーニャ《平たいパスタの一種で, チーズ・ひき肉などと重ねて焼く》.

las·civ·i·ous [ləsíviəs] 形 《軽蔑》**1** みだらな, 好色な. **2** 扇情的な, 挑発的な.

las·civ·i·ous·ly [～li] 副 みだらに; 扇情的に.

*ˈla·ser [léizər] 名 © レーザー (装置) (◇ *l*ight *a*mplification by *s*timulated *e*mission of *r*adiation の略).

◆ láser dísc [dìsk] © レーザーディスク (《略語》LD).

láser prínter © レーザープリンター.

*ˈlash [læʃ] 名 © **1** [通例 ～es] まつげ (eyelash). **2** 痛烈な非難[皮肉]. **3** むちの(先の)ひも. **4** むち打ち; [the ～] (昔の)むち刑; 刑: be given ten *lashes* むちで10回打たれる.

— 動 他 **1** (ひもなどで) …を[…に]結び付ける (*down, together*) [*to*]. **2** (雨・風・波などが) …に激しく打ちつける. **3** 〈人〉をやり込める, 非難する: She *lashed* her husband. 彼女は夫をののしった. **4** 〈人・動物〉を[むちなどで]打つ[*with*]. **5** 〈人〉を駆り立てて[ある状態]にする[*into*]. **6** (動物が)〈尾〉を激しく振る.

— 自 **1** (雨・風などが)[…に]激しく打ちつける[*at, against*]. **2** […を]激しく非難する[*into*].
3 (尾が)激しく動く (*about, around*).

■ *lásh óut* 自 **1** […を]激しく殴る; 非難する, やり込める [*at, against*]. **2**《英口語》[…に]金を浪費する[*on*].

lash・ing [læʃiŋ] 名 C **1** 〘通例〜s〙(縛る)ひも、縄、ロープ. **2** [〜s]《主に英口語》たくさん〘の飲食物など〙(of). **3** むち打ち；ののしり.

*__lass__ [lǽs] 名 C 《主にスコット》《○男性形は lad》若い女、少女. **2** 恋人 (sweetheart)《女性》.

las・si・tude [lǽsətjùːd/-tjùːd] 名 U 《格式》 **1** 疲労、だるさ、倦怠(けんたい)感. **2** 怠惰；気乗りのなさ.

las・so [lǽsou/ləsúː] 名 (複 **las・soes, las・sos** [〜z]) C (牛・馬などを捕らえる)投げ縄.
— 動 他 (牛・馬などを)投げ縄で捕らえる.

★★★★**last**[lǽst/láːst] 形 副 【元来は「late の最上級」】

— 形 **1** [the 〜]（順序・時間などが）**最後の**、終わりの (↔ first)：the *last* scene of the play その劇の最後の場面 / We caught the *last* train. 私たちは最終電車に間に合った / December is the *last* month of the year. 12月は1年の最後の月です / Tom was the *last* person to arrive here. トムは一番最後にここに来た（→ **4**）.

2 [限定用法]**この前の** 昨…、先…；[the 〜]この、最近の (↔ next)：*last* year 昨年 / *last* month 先月 / *Last* week we went on a hike around Lake Tama. 先週私たちは多摩湖畔にハイキングに行った / My aunt has been in bed for the *last* ten days. おばはここ10日ほど床についている.

 語法 (1) last は現在を基準にして「一番近い過去」を表す. したがって last Tuesday は基準となる曜日によって「先週の火曜日」「今週の火曜日」の2つの意味にとれる.
(2) last year [month, week など]は冠詞・前置詞なしで副詞句になる (cf. next その).
(3) 過去のある時を基準にして「その前の…」というときには、the previous … または the … before を用いる：the *previous* year = the year *before* その前年.
(4)「きのうの…」の意を表す場合、morning, afternoon には yesterday を用いるが、night には last を用いる：last night 昨晩 / *yesterday* morning [afternoon] きのうの朝[午後] (→ EVENING **語法** (4)).

3 [通例 the 〜；限定用法]最後に残った (final)：eat the *last* piece of cake ケーキの最後の1切れを食べる / This is my *last* chance. 私にとってこれが最後のチャンスです.

4 [the 〜]最も[…し]そうにない［…するのに〕最も不適な [to do, that 節]：He is the *last* person *to* deceive us. 彼は私たちをだますような人ではない / This is the *last* thing *(that)* I want. これは私の一番欲しくないものだ.

5 [the 〜/ one's 〜]最終的[決定的]な；臨終の：Father drew his *last* breath last night. 父は昨夜息を引き取った. **6** [the 〜]最新の、最新型の（○ latest のほうが一般的）：the *last* thing in skiwear. これが最新のスキーウェアです.

■ *at one's* [*the*] *lást gásp* → GASP 成句.
at the lást móment → MOMENT 成句.
évery lást … → EVERY 成句.
for the lást tíme これを最後に：*For the last time*, I ask you a favor. これが最後だから、願いを聞いてほしい.

in the lást resórt → RESORT 成句.
lást thìng (*at níght*) 1日の終わりに、寝る前に.
the lást … but óne [*twó*] 終わりから2番目[3番目]の…：He was *the last* person *but one* to come over. 彼は最後から2番目にやって来た.
(*the*) *lást tíme …* この前…したとき：*The last time* I saw her, she looked very well. この前会ったとき、彼女はとても元気そうだった.
to the lást mán → MAN 成句.

— 副 **1 最後に** 一番終わりに (↔ first)：come to school *last* 最後に登校する / David stood up and spoke *last*. デイビッドが最後に立ち上がって発言した / Japan ranked *last* but one in social welfare. 日本は社会福祉では下から2番目にランクされた.
2 この前：It's quite an age since I saw you *last* [I *last* saw you]. 本当にしばらくぶりですね.

■ *lást but nòt léast* 最後に大事なことを申し上げます、大事なことを1つ言い忘れました（○スピーチなどで用いる）：*Last but not least*, my thanks are due to the people who have helped me. 最後に大事なことを申し上げます. お手伝いくださった方々に心から感謝申し上げます.

lást of áll 一番最後に.

— 名 **1** [the 〜；単数・複数扱い]最後の人[もの]：Ben was the *last* to arrive. ベンは最後に到着した / He drank the *last* of the whiskey. 彼はウイスキーの残りを飲み干した.
2 [the 〜]最後、終わり、結末 (end)：the *last* of the movie その映画の結末.

■ *at* (*lóng*) *lást* ついに、やっと（○満足できる結果をさす. long を用いると意味が強調される）：*At last* I passed the test. ついに私は試験に合格した.
… befòre lást 2つ前の…、先々…：the week [month, year] *before last* 先々週[先々月、一昨年]（○一昨日は the day before yesterday）.
héar [*sée*] *the lást of …* …を聞く[見る]のも最後.
to [*till*] *the lást*《格式》最後まで、死ぬまで.

◆ Lást Júdgment [the 〜]《キリスト》最後の審判.
lást náme C 姓、名字 (→ NAME **語法**).
lást stráw [the 〜] (忍耐などの)限界を超える最後のわずかな負担. (由来) It's the *last straw* that breaks the camel's back. (ラクダの背骨を折る最後に載せた1本のワラである) ということわざから)
Lást Súpper [the 〜]《聖》最後の晩餐(ばんさん)《キリストが受難の直前に弟子たちと共にした食事》.
lást wórd [the 〜] **1** 《議論などにおける》決定的発言、最後の発言 [on]. **2** 《口語》〘…の〙最新型 [in].

★**last**[2] 動 自 **1** 続く、継続する (continue)：The rain *lasted* (for) a week. 雨は1週間降り続いた（○継続や状態を表す動詞のあとでは時間・距離を表す for は省略できる；→ FOR **6** **語法**）.
2 持続する、持ちがよい：Of all colors green *lasts* least. 色の中で緑が一番変色しやすい.
3 足りる、間に合う：Have you got enough food to *last* (for) 10 days? 10日分の食料を持っていますか.

― 他 《人》に（とって）十分である,《人》を持ちこたえさせる;（人が）…の間生き抜く(*out*): One thousand dollars will *last* me (for) one month. 私は1か月1,000ドルあれば十分やっていけるだろう / She will not *last out* this winter. 彼女はこの冬は持たないでしょう.

*__last·ing__ [lǽstiŋ / láːst-] 形 永続する, 永久の; 長持ちする, 耐久力のある.

__last·ly__ [lǽstli / láːst-] 副 （項目を列挙したあとで）最後に, 終わりにあたって（cf. firstly 最初に）.

__lást-mín·ute__ 形 [限定用法] 最後の瞬間の, 直前の, どたん場の, 時間切れ寸前の.

__Las Ve·gas__ [lɑːs véigəs / læs-] 名 ラスベガス《米国 Nevada 州南東部の都市. ギャンブルの町として有名. 近年は家族で行ける観光地ともなった》.

__lat.__ 《略語》= *lat*itude 緯度.

__Lat.__ 《略語》= *Lat*in.

*__latch__ [lǽtʃ] 名 Ⓒ （戸・門・窓などの）掛け金, ラッチ, かんぬき.

■ __on the látch__ 《英》かぎを解除して《ロックせずにドアを閉めた状態にしておくこと》.

― 他 （戸など）に掛け金をかける.
― 自 （戸など）に掛け金がかかる.

■ __látch on__ 《英口語》意味がわかる.

__látch ón to__ [ónto] ... 《口語》 __1__ 《人》にくっついて離れない, つきまとう;《人》と親しくつき合う. __2__《話》を理解する. __3__ …を手に入れる.

__latch·key__ [lǽtʃkiː] 名 Ⓒ 掛け金の鍵（ぎ）.
◆ __látchkey chìld__ [kìd] Ⓒ《古風》鍵っ子.

*__late__ [léit]
― 形 副 【原義は「動きがのろい」】

― 形 （比較 lat·er [~ər], lat·ter [lǽtər]; 最上 lat·est [~ist], last [lǽst / láːst]）（◇ later, latest は「時間」について, latter, last は「順序」について言う場合に用いる） __1__ […に] 遅れた, 遅刻した [*for*]（↔ early）; […するのが] 遅れる [*in doing*]: be *late for* school [a date with her] 学校 [彼女とのデート] に遅刻する / I'm sorry I'm *late*. 遅れてすみません / Our flight was forty minutes *late*. 私たちの飛行機は40分遅れた / I was *late in coming* to my appointment. 私は約束に遅れた / It is never too *late* to mend. 《ことわざ》改めるのに遅すぎることは決してない.

__2__ （時が）遅い; 夜更けの（↔ early）: a *late* riser 朝寝坊の人 / The accident happened in the *late* afternoon. 事故は午後遅く起きた / It's getting *late*. I must be leaving now. もう遅くなったので,失礼します / How *late* are you open? 何時まで営業していますか.

__3__ 終わりに近く, 末期の, 晩年の: *late* autumn 晩秋 / in the *late* 20th century 20世紀末期に / He intended to be a doctor in his *late* thirties. 彼は30代後半になって医師を志した.

__4__ [the ~ / one's ~] 故…, 最近亡くなった: her *late* husband 彼女の亡夫. __5__ [限定用法] 最近の; （ニュースなどが）最新の: Here is the *late* news. 最新のニュースをお伝えします. __6__ [the ~]《格式》最近やめた, 前の, 前任の (former).

― 副 （比較 lat·er; 最上 lat·est） __1__ （時間に）遅れて,遅刻して;（時期的に）遅れて（↔ early）: He arrived a little too *late*. 彼は少し遅れて到着した / The meeting began one hour *late*. 会議は1時間遅れで始まった / This flower comes out *late*. この花は遅咲きです / Better *late* than never.《ことわざ》遅くともしないよりはまし.

__2__ （時刻が）遅く, 遅くまで（↔ early）: stay up *late* at night 夜更かしする / get up *late* 遅く起きる,朝寝坊する / She worked *late* to finish her paper last night. 彼女は昨夜遅くまでかかってレポートを書き終えた.

__3__ （ある期間の）終わり頃に: *late* in the afternoon 午後遅くに / The battle ended *late* in the 1980s. その戦闘は1980年代後半に終わった.

■ __as láte as ...__ つい…に: She moved out of her apartment *as late as* last month. 彼女はつい先月アパートを出た.

__láte in the dáy__ 《軽蔑》遅すぎて, 時機を失して.

__láte of ...__ 《格式》最近まで…にいた: Mr. Green, *late of* the Navy 最近まで海軍にいたグリーン氏.

__of láte__ 《格式》近頃, 最近 (recently).

__till láte__ 遅くまで.

__late·com·er__ [léitkÀmər] 名 Ⓒ 遅参者, 遅刻者.

*__late·ly__ [léitli]

― 副 [通例, 現在完了と共に用いて] __最近__, 近頃 (recently): Have you seen him *lately*? 最近彼に会いましたか / I *have been* putting on weight *lately*. 私は最近太ってきている / Beth *hasn't* been looking well *lately*. ベスは最近体の具合がよくないようだ.

【語法】 lately は通例, 現在完了と共に用いる. recently も現在完了と共に用いるが, 過去形と共に用いることもある: I haven't seen her *lately* [*recently*]. 私は最近彼女に会っていない / *Recently* I saw her shopping at the supermarket. 最近スーパーで彼女が買い物をしているのを見た.

__la·ten·cy__ [léitənsi] 名 Ⓤ 潜伏（期）; 潜在.
◆ __látency pèriod__ Ⓒ（病気などの）潜伏期.

__láte-night__ 形 [限定用法] 深夜の, 深夜営業の: a *late-night* TV program テレビの深夜番組.

__la·tent__ [léitənt] 形 __1__ [通例, 限定用法] __1__ 隠れている, 潜在する: *latent* abilities 潜在能力. __2__【医】潜伏性の: a *latent* disease 潜伏期にある病気 / the *latent* period 潜伏期.

*__lat·er__ [léitər]
― 副 形 （◇ late の比較級）

― 副 __1__ あとで, 後ほど（↔ earlier）: Five years *later* he came back. 5年後に彼は帰って来た / See you *later*!《口語》ではまた, さようなら（◇文字通り「あとで会おう」もあるが, 通例は別れのあいさつ）/ I'll call back *later*. またあとでこちらから電話します. __2__ より遅れて: I came home *later* than usual. 私はいつもより遅く帰宅した.

■ __láter ón__ もっとあとで, 後ほど: You will find the book instructive later *on*. あとになってその本がためになることがわかるだろう.

__nò__ [nòt] __láter than ...__ 遅くとも…までに: *no later than* June 5 遅くとも [必ず] 6月5日までに.

__sóoner or láter__ 遅かれ早かれ (→ SOON 成句).

―形 1 もっとあとの, もっと遅い, より最近の (↔ earlier): a *later* event その後起こった出来事 / *later* news 続報 / I took a *later* bus. 私は後発のバスに乗った / It was *later* than I had expected. 思ったより遅くなっていた.
2 (時期が) 終わりのほうの, 後期の: in one's *later* life 晚年に / in the *later* part of 1990 1990年後半に《◇通例 latter を用いる》.

lat·er·al [lǽtərəl] 形《通例, 限定用法》横の, 横に向かっての, 横からの (↔ longitudinal); 側面の: a *lateral* pass 『アメフト』横パス.
◆ *láteral thínking* Ⓤ 水平思考《既成概念にとらわれず, 自由な発想で問題を多角的に考察すること》.
lat·er·al·ly [-li] 副 横に, 横から, 側面に.

★★★lat·est [léitist]
形 副 《◇ late の最上級》
―形 1 [the ~] 最新の, 最近の (↔ earliest): the *latest* fashion 最新のファッション / his *latest* novel 彼の最新作の小説 / Here is the *latest* news from Washington. ワシントンから最新のニュースをお伝えします.
2 最も遅い, 最終の《◇ last を用いるのが普通》: He is the *latest* comer. 彼が最後に来た人です.
■ *at* (*the*) *látest* 遅くとも (↔ at the earliest): She'll come here by five *at* (*the*) *latest*. 彼女は遅くとも5時までにはここに来るだろう.
―副 一番遅く, 一番あとで: She arrived there *latest*. 彼女は一番遅くそこに着いた.
―名 [the ~] 《口語》最新のもの《最新のニュース・ファッションなど》: What's the *latest*? 何か変わったことでもあるかい.

la·tex [léiteks] 名《複 **la·tex·es** [~iz], **lat·i·ces** [lǽtəsìːz]》 ⓊⒸ (ゴムの木などの) 乳液, ラテックス; 《ラテックスに類似した》合成乳剤.

lath [lǽθ / lɑːθ] 名《複 **laths** [lǽðz, lǽθs / lɑːðz, lɑːθs]》 Ⓒ 『建』 木摺(ずり), 木舞(こまい), ラス《格子状に組んで壁や屋根の下地にする薄く細い木片》; 細長いもの.

lathe [léið] 名 旋盤, レース; ろくろ.

lath·er [lǽðər / lɑːðə] 名 Ⓤ《または a ~》せっけんの泡; (馬などの) 泡汗.
■ *in a láther* (口語) 興奮して; びくびくして.
―動 1 (ひげをそるために) …にせっけんの泡を塗る (*up*). **2** (口語) …をぶん殴る. **―自** (せっけんが) 泡立つ (*up*); (馬などが) 泡汗をかく.

★★★Lat·in [lǽtən / -tin]
名 形 『ローマの南東にあった国家の名 (Latium) から』
―形 1 ラテン語の. **2** ラテン (系) 民族の; (特に) ラテンアメリカ系の: the *Latin* races [peoples] ラテン民族《イタリア・フランス・スペイン・ポルトガルなどの諸民族》 / *Latin* music ラテン音楽《ラテンアメリカ諸国の音楽の総称》. **3** ラテン語系の言語 (特にスペイン語) を使う国 [民族] の.
―名 1 Ⓤ ラテン語《(略語) L., Lat.》.
参考 ローマ帝国の発展とともに広がったラテン語は中世には学術語や教会の公用語として, また15世紀終わり頃までは外交語としても広く用いられていた. 現在のイタリア語・フランス語・スペイン語・ポルトガル語などはラテン語が分化してできた言語である.
2 Ⓒ ラテン (系) 民族の人; (特に) ラテンアメリカ人.

◆ **Látin América** 名 ラテンアメリカ《スペイン語・ポルトガル語などのラテン語系言語を公用語とする中南米諸国の総称》.
Lát·in-A·mér·i·can, Látin Américan 形 ラテンアメリカ (人) の. **―名** Ⓒ ラテンアメリカ人.
Lat·in·ism [lǽtənìzəm] 名 ⓊⒸ **1** ラテン語風, ラテン語法. **2** ラテン的特質 [性格].
Lat·in·ize [lǽtənàiz] 動 他 …をラテン (語) 風にする; ラテン語に訳す.

★lat·i·tude [lǽtətjùːd / -tjùːd] 【原義は「広さ, 幅」】 名 **1** ⓊⒸ 緯度《赤道から極までの距離を度で表す; (略語) L, l., lat.; cf. longitude 経度》: the north [south] *latitude* 北 [南] 緯 / in [at] *lat.* 35°40′ N 北緯35度40分に《◇ 35°40′ N は thirty-five degrees forty minutes north と読む》. **2** Ⓒ《通例 ~s》(緯度から見た) 地方, 地帯: high [low] *latitudes* 高緯度 [低緯度] 地帯.
3 Ⓤ 《格式》(思想・行動などの) 自由 [寛容] 度.
lat·i·tu·di·nal [lǽtətjúːdənəl / -titjuːdi-] 形 《限定用法》緯度の.
lat·i·tu·di·nar·i·an [lǽtətjùːdənéəriən / lǽtitjùːdi-] 形 《格式》(特に宗教の面で) 寛容な. **―名** (宗教的な) 自由主義的な人.
la·trine [lətríːn] 名 Ⓒ (野営地などの) 簡易トイレ.
lat·te [lɑ́ːtei, lǽtei] 『イタリア』 名 ⓊⒸ ミルク入りエスプレッソコーヒー, カフェラッテ《◇ *caffè* [kǽfei] *latte* とも言う》.

★★★lat·ter [lǽtər]
形 名
―形 《◇ late の比較級》 **1** [the ~ / one's ~] (時間的に) あとのほうの, 後半の, 末の: her *latter* days 彼女の晚年 / the *latter* half of the 20th century 20世紀後半 / The actor appears in the *latter* part of the movie. その俳優は映画の後半に登場する.
2 [the ~] (2つのもののうち) 後者の (↔ the former)《◇ 3つ以上の場合は the first, the second, …, the last を用いる》: I prefer the *latter* poem to the former. (この2編の詩では) 前の詩よりもあとの詩のほうがよいと思う.
―名 [the ~] 後者, あとのもの (↔ the former)《◇ 複数名詞を受ける場合は複数扱い》: I have a brother and a sister; the former is in Sendai, but the *latter* is in Sapporo. 私には兄と姉がいる. 兄 [前者] は仙台にいるが, 姉 [後者] は札幌町にいる.

lát·ter-dáy 形 《限定用法》近代 [現代] の.
◆ **Látter-day Sáint** Ⓒ 末日(まつじつ)聖徒《モルモン教徒 (Mormon) の自称》.
lat·ter·ly [lǽtərli] 副 《格式》 **1** 近頃, この頃 (recently) (↔ formerly). **2** 晚年 [末期] に.
lat·tice [lǽtis] 名 **1** Ⓒ 格子; = *láttice wíndow* 格子窓. **2** Ⓤ 格子細工 (latticework).
lat·tice·work [lǽtiswə̀ːrk] 名 Ⓤ 格子細工 [模様].
Lat·vi·a [lǽtviə] 名 個 ラトビア《バルト海沿岸の共和国; 首都リガ (Riga); 1991年独立を回復》.
laud [lɔ́ːd] 動 他 《格式》…を崇めたたえる, 称賛する.
laud·a·ble [lɔ́ːdəbl] 形 《格式》(行い・態度などが) 称賛に値する, 立派な, あっぱれな.

laud·a·to·ry [lɔ́ːdətɔ̀ːri / -təri] 形《格式》称賛の, 賛美の, ほめたたえる

laugh [lǽf / láːf] (☆発音に注意) 動 名【基本的意味は「笑う」】

— 動 (三単現 **laughs** [~s]; 過去・過去分 **laughed** [~t]; 現分 **laugh·ing** [~iŋ])

— 自 (声を立てて)**笑う**, (ばかにして)嘲笑(ちょう)する (→ 類義語): *laugh* aloud [out loud] 声を立てて笑う / burst out *laughing* 突然笑い出す / Don't make me *laugh*.《口語》笑わせるな, ばかを言うな(◇相手の間違った発言や無理な要求に対して言う) / Don't *laugh*, but I've decided to propose to her. 笑うなよ, 実は彼女にプロポーズすることにしたんだ / *Laugh* and grow fat.《ことわざ》笑って太りなさい⇒笑う門には福来たる.

— 他 **1** [laugh+O]〈同意など〉を笑って示す, …を笑って言う: *laugh* a reply 笑って答える / "You've got to be kidding!" she *laughed*. 「冗談でしょ」と彼女は笑って言った. **2** [laugh oneself+C] 笑いすぎて…になる, …な状態になるくらい笑う: His joke made me *laugh* myself hoarse. 私は彼のジョークで声がかれるほど笑った.

句動詞 **láugh at ...** 他 **1** 〈人・話などを見たり聞いたりして〉笑う: *laugh at* a joke ジョークを聞いて笑う. **2** 〈人の行動〉などをあざ笑う, (笑って)ばかにする: Don't *laugh at* his mistake. 彼の間違いを笑ってはいけない.

láugh awáy = laugh off (↓).

láugh ... ínto ~ 他〈人〉を笑って~させる: The teacher *laughed* him *into* silence. 先生が笑ったので彼は黙ってしまった.

láugh óff 他 [laugh off+O / laugh+O+off] …を笑い飛ばす, 一笑に付す: He *laughed off* their warnings. 彼は彼らの警告を一笑に付した.

láugh ... óut of ~ 〈人〉を笑って~をやめさせる

■ **láugh a ... láugh** …な笑い方をする(◇ give a ... laugh のほうが一般的; → 名 1): *laugh* a subdued *laugh* 静かに笑う.

láugh áll the wáy to the bánk《口語》たやすく大金を手に入れる.

láugh in ...'s fáce〈人〉を面と向かってあざ笑う.

láugh like a dráin《英》大笑いする.

láugh on the óther [wróng] síde of one's fáce《口語》(笑っていたのが)急に泣き出す, しょげる.

láugh úp one's sléeve → SLEEVE 成句.

You have to [You've gót to] láugh.《口語》くよくよばかりしていないで物事の楽しい面を見なさい.

— 名 C **1** **笑い**, 笑い声; 笑い方: a hearty [forced] *laugh* 心からの[作り]笑い / suppress [stifle] a *laugh* 笑いをこらえる / He gave a merry *laugh*. 彼は陽気に笑った / His words got a great *laugh*. 彼の言葉でみんな大笑いした. **2**《口語》笑いの種, 面白いこと[人]; お笑いぐさ: It was a *laugh* to be with him. 彼と一緒にいると面白かったよ.

■ **for a láugh** = **for láughs** **1** 冗談で, 笑いを誘おうと. **2** 楽しみに (for fun).

have a (góod) láugh 楽しい時を過ごす.

have the lást láugh(負けそうに見えて)最後に勝つ[笑う]. (▷ 名 láughter)

類義語 **laugh, chuckle, giggle, smile, grin, sneer**
共通する意味▶笑う (make a sound or facial expression to express amusement, happiness, etc.)
laugh は「笑う」の意を表す最も一般的な語. おかしさ・照れ隠し・あざけりなどさまざまな理由で「声を立てて笑う」こと: The clown made the children *laugh*. ピエロが子供たちを笑わせた.
chuckle は低い声で「くすくす笑う」または内心満足して声も立てずに「ほくそ笑む」の意: He *chuckled* over a comic book. 彼は漫画本を読んでくすくす笑った. **giggle** は通例, 子供や若い女性が「くっくっと笑う」の意: Girls *giggle* over nothing. 女の子たちはなんでもないことでくすくす笑う. **smile** は声を立てずに「にっこりする, ほほ笑む」の意. 通例, 喜び・満足・上機嫌・賛成・親しみなどの気持ちを表すが, 時として冷笑を意味することもある: She *smiled* when she heard the good news. 彼女は朗報を聞いてにっこりした.
grin は大きく口をあけ歯を見せて, 声を立てずに「にっこり[にやりと]笑う, にんまりする」の意. 気取らない陽気さ・茶目っ気・友好・達成の喜びなどを表す: She *grinned* at me. 彼女は私ににっこりと笑いかけた. **sneer** は軽蔑するように顔をゆがめ「あざ笑う, せせら笑う」の意: "You call this a dinner?" he *sneered*.「こんなものが食事と言えるのかね」と彼はせせら笑った.

laugh·a·ble [lǽfəbl / láː-] 形 **1** ばかばかしい, 考慮する価値がない. **2**《まれ》こっけいな.
laugh·a·bly [-bli] 副 ばかばかしいほど.

laugh·ing [lǽfiŋ / láː-] 形 **1** 笑っている; うれしそうな, 陽気な. **2** 笑うべき, おかしい: It is no *laughing* matter. 笑いごとではない.
— 名 U 笑うこと, 笑い (laughter).
◆ **láughing gàs** U《化》笑気(ガス)《麻酔剤》.
láughing jáckass C《口》《鳥》ワライカワセミ (kookaburra)《オーストラリア産》.

laugh·ing·ly [lǽfiŋli / láː-] 副 **1** 笑いながら, 笑って. **2** 《しばしば軽蔑》冗談に, ふざけて.

laugh·ing·stock [lǽfiŋstɑ̀k / lɑ́ːfiŋstɔ̀k] 名 C 嘲笑(ちょうしょう)の的, 物笑いの種, 笑いもの: be a *laughingstock* of ... …の笑いものになる.

laugh·ter [lǽftər / láːftə]
— 名 U (連続的な)**笑い**, (大きな)笑い声; 笑い方: hearty *laughter* 心からの笑い / derisive *laughter* 嘲りの笑い / burst into *laughter* わっと笑い出す, 吹き出す / roar with *laughter* 高笑いする / *Laughter* is the best medicine.《ことわざ》笑いは最良の薬なり. (▷ 動 láugh)

launch¹ [lɔ́ːntʃ, lɑ́ːntʃ / lɔ́ːntʃ] 動 名《ミサイル・ロケットなど》を発射する, 打ち上げる: *launch* a spaceship 宇宙船を打ち上げる. **2**〈船〉を進水させる;〈ボートなど〉を水面に降ろす, 浮かべる. **3**〈事業・仕事など〉を始める;〈新製品・本など〉を世に出す,

launch²

発売する；〈攻撃などを〉開始する: *launch* a new business 新しい事業を始める. **4** 〈人を〉〈事業などに〉乗り出させる [*in, into, on*]: *launch* one's son *into* politics 息子を政界に送り出す. **5** 〈槍(ﾔﾘ)などを〉投げる；〈矢を〉放つ.
■ **láunch ínto ...** …に乗り出す, 着手する.
láunch óut 1 [...を]急に[思い切って]始める [*into*]: He *launched out into* business on his own. 彼は自力で事業に乗り出した. **2** [人を]非難する [*at*].
――名 [単数形で] (ロケット・ミサイルなどの)発射；(船の)進水；(事業の)開始, 着手；発売；(新聞・雑誌などの)創刊,(本の)出版, 発行.
◆ láunch [láunching] pád ⓒ (ロケット・ミサイルの)発射台.

launch² [lɔ́ːntʃ, lɑ́ːntʃ / lɔ́ːntʃ] 名ⓒ **1** ランチ, 汽艇《遊覧用の大型モーターボート》. **2** (艦載の)大型ボート.

launch·er [lɔ́ːntʃər, lɑ́ːn- / lɔ́ː-] 名ⓒ (ミサイル・ロケットなどの)発射装置 [台].

laun·der [lɔ́ːndər, lɑ́ːn- / lɔ́ː-] 動他 **1** 《格式》…を洗濯する；洗ってアイロンをかける. **2** 〈不正な金を〉合法的なものに見せかける, マネーロンダリングする, 〈資金を〉洗浄する.

laun·der·ette [lɔ̀ːndərét, lɑ̀ːn- / lɔ̀ː-], **laun·drette** [-drét] 名ⓒ 《英》= LAUNDROMAT.

Laun·dro·mat [lɔ́ːndrəmæt, lɑ́ːn- / lɔ́ː-] 名ⓒ 《米》《商標》コインランドリー.

***laun·dry** [lɔ́ːndri, lɑ́ːn- / lɔ́ː-] 名(複 **laun·dries** [~z]) **1** ⓒ 洗濯屋, クリーニング店: She sent her dress to the *laundry*. 彼女はドレスをクリーニングに出した. **2** ⓤ [the ~; 集合的に] 洗濯物: do the *laundry* 洗濯をする / hang the *laundry* out to dry 洗濯物を外に干す.
◆ láundry básket ⓒ 《英》洗濯物入れ, 洗濯かご (linen basket, 《米》 hamper).
láundry list ⓒ 《口語》買い物のリスト；予定表.

Lau·ra [lɔ́ːrə] 名圖 ローラ《◇女性の名》.

lau·re·ate [lɔ́ːriət] 名ⓒ **1** 栄冠を受けた人, 受賞者. **2** 桂冠詩人. ――形 **1** 月桂(冠)冠を頂いた. **2** [しばしば名詞のあとで] 名誉[栄誉]を受けた: a poet *laureate* 桂冠詩人.

***lau·rel** [lɔ́ːrəl / lɔ́r-] 名 **1** ⓒⓤ [植] ゲッケイジュ(月桂樹).【参考】 南ヨーロッパ原産のクスノキ科の常緑小高木. 葉を香料として用いた. 古代ギリシャでは競技の勝者に枝と葉で編んだ冠を与えた. **2** [~s] (栄誉をしるす)月桂冠 (laurel wreath); 名誉, 栄誉, 栄冠: win [gain] *laurels* 栄誉[名声]を得る.
■ **lóok to one's láurels** 名誉[地位]を守る.
rést on one's láurels 《通例, 軽蔑》名誉[栄光]の上にあぐらをかいて努力[精進]しない.

lav [lǽv]〔英口語〕= LAVATORY (↓).

***la·va** [lɑ́ːvə, lǽvə] 名ⓤ 溶岩.

lav·a·to·ri·al [lævətɔ́ːriəl] 形 〈ジョークなどが〉トイレ[排便]に関する, 下ネタの (cf. scatological 糞便の).

***lav·a·to·ry** [lǽvətɔ̀ːri / -təri] 名(複 **lav·a·to·ries** [~z]) ⓒ **1** 洗面所, 便所, トイレ (→ TOILET【参考】). **2** 《米》(壁に取り付けた) 洗面台；(水洗)便器.

law

lav·en·der [lǽvəndər] 名ⓤ **1** [植] ラベンダー《シソ科の芳香性常緑低木》；乾燥ラベンダー《衣類の虫よけ》. **2** ラベンダー[薄紫]色.
――形 ラベンダー[薄紫]色の；ラベンダーの香りの.
◆ lávender wáter ⓤ ラベンダーの香水.

***lav·ish** [lǽviʃ] 形 **1** 気前のよい；[…を]物惜しみしない [*in, with*]: be *lavish in* [*with*] money [help] お金[援助]を惜しまない. **2** 浪費家の, ぜいたくな: a *lavish* spender 浪費家. **3** 豊富な, 十分な, あり余るほどの.
――動他 […に]〈愛情・お金などを〉惜しみなく[気前よく]与える；浪費する [*on, upon*]: He *lavished* expensive gifts *on* her. 彼は彼女への贈り物に惜しげもなく金を使った.

lav·ish·ly [~li] 副 惜しげなく, ぜいたくに.

law
[lɔ́ː]
【原義「定められた」から「法」】
――名(複 **laws** [~z]) **1** ⓤ [通例 the ~] 法, 法律: within the *law* 法の許す範囲内で / by *law* 法律によって / keep [obey] the *law* 法律を守る / break [violate] the *law* 法律を破る / It is against the *law* to smoke here. この場所での喫煙は禁じられています / Everybody is equal before the *law*. 人はすべて法の前に平等である / Necessity knows [has] no *law*. 《ことわざ》必要の前に法律はない ⇒ 背に腹はかえられぬ.
2 ⓒⓤ […に対する](個々の) **法律**, 法令, 法規 [*against*]: a *law against* child abuse 児童虐待を禁止する法律 / an amendment to a *law* 法律の修正条項 / pass [enact, adopt] a *law* 法律を通過させる[制定する] / repeal [revoke] a *law* 法律を廃止する.

【関連語】 いろいろな law
civil law 民法 / commercial law 商法 / criminal law 刑法 / federal law 《米》連邦法 / international law 国際法 / state law 《米》州法

3 ⓒ [通例 the ~] 慣例, 慣習；作法；(スポーツなどの)規則, ルール, 規定；(宗教上の)戒律, おきて: the *laws* of the Church キリスト教のおきて / the *laws* of courtesy 礼儀作法 / the *laws* of soccer サッカーのルール.
4 ⓤ 法学, 法律学；[通例 the ~] 法律を扱う職業, 弁護士業；法曹界: study *law* 法学を学ぶ / the *law* department 法学部 / follow the *law* 弁護士になる / practice *law* 弁護士を開業する.
5 ⓒ [通例 the ~] (科学・自然などの) 法則, 原則: the *law* of gravity [物理] 引力の法則 / the *law* of supply and demand [経済] 需要と供給の法則 / Mendel's *laws* [生物] メンデルの法則.
6 [the ~; 単数・複数扱い] 《口語》警察. **7** ⓤ 法律的手続き, 訴訟: resort to *law* 法に訴える.
■ **be a láw untò [to] onesélf** 自分の思い通りにふるまう, 慣習を無視する.
gò to láw […を相手取って]訴えを起こす, […を]告訴する [*against, with*].
láw and órder [単数・複数扱い] 法と秩序, 治安.
láy dówn the láw […に] 高圧的なものの言い方をする；[…に] 厳しくしかる [*to*].
tàke the láw into one's òwn hánds(法律によ

the láw of áverages 世の常、よくあること.
Thére is nó láw agàinst ... 《口語》…してはいけない法律などない、…は許されている.
◆ **láw cóurt** [C] 法廷、裁判所.
láw enfòrcement [U] 法の執行.
láw fìrm [C]《米》(会社組織の)法律事務所.
láw schòol [C]《米》ロースクール、法学大学院《弁護士・裁判官などの法律家を養成するための大学院》.

láw-a·bìd·ing [形] 法を守る、順法の (↔ law-breaking): *law-abiding* citizens (法を守る)善良な市民.

law·break·er [lɔ́ːbrèikər] [名][C] 法律違反者.

law·break·ing [lɔ́ːbrèikiŋ][形] 法律を破る [守らない]、法律違反の、違法の (↔ law-abiding).
— [名][U] 法律違反.

***law·ful** [lɔ́ːfəl][形]《格式》法律で認められた、合法の、正当な; 法定の (legal)、(子供が) 嫡出(ちゃくしゅつ)の: a *lawful* act 合法的行為 / by *lawful* means 合法的手段で / a *lawful* child 嫡出子 / *lawful* age 法定年齢、成年 / *lawful* money 法定貨幣.
law·ful·ly [-fəli] [副] 合法的に、正当に.

law·giv·er [lɔ́ːgìvər] [名][C] 立法者、法律制定者.

law·less [lɔ́ːləs] [形](国・地域などが) 無法(状態)の; (人・行為などが) 無法な、不法な.
law·less·ly [~li] [副] 無法に、理不尽に.
law·less·ness [~nəs] [名][U] 無法(状態).

law·mak·er [lɔ́ːmèikər] [名][C]《主に米》立法者、(国会)議員 (legislator).

law·man [lɔ́ːmæn] [名](複 **law·men** [-mèn]) [C]《米》法律の執行官[者]《保安官・警官など》.

*****lawn**¹ [lɔ́ːn]
【原義は「空地」】
—[名](複 **lawns** [~z]) [C] 芝生、芝地: mow the *lawn* 芝を刈る / The *lawn* was well kept. その芝生はよく手入れされていた / Keep off the *lawn*《掲示》芝生に入るべからず.
◆ **láwn bòwling** [U]《米》ローンボウリング、ボウルズ (《英》bowls).
láwn mòwer [C] 芝刈り機.
láwn pàrty [C]《米》園遊会 (《英》garden party).
láwn tènnis [U]《格式》テニス (tennis).

lawn² [名][U] ローン《薄地の綿またはリンネルの布》.

Law·rence [lɔ́ːrəns / lɔ́r-] [名][固] **1** ローレンス、ロレンス《♢男性の名; 愛称 Larry》.
2 ロレンス David Herbert [hɑ́ːrbərt] Lawrence 《1885-1930; 英国の小説家・詩人; 通称 D. H. Lawrence》.
3 ロレンス Thomas Edward Lawrence 《1888-1935; 英国の考古学者・軍人. 「アラビアのロレンス (Lawrence of Arabia)」と呼ばれる》.

law·suit [lɔ́ːsùːt / -sjùːt] [名][C]《法》(民事)訴訟《♢単に suit とも言う》: enter [bring (in)] a *lawsuit* against ... …に対して訴訟を起こす.

*****law·yer** [lɔ́ːjər, lɔ́iər]
—[名](複 **law·yers** [~z]) [C] 弁護士、法律家 (→ [類義語]): a practicing *lawyer* 開業弁護士 / consult a *lawyer* 弁護士に相談する / The company hired a corporation *lawyer*. その会社は顧問弁護士を雇った.

[類義語] **lawyer, counselor, attorney**
共通する意味▶ 弁護士 (a person who is authorized to advise or represent others in a court of law)
lawyer は「弁護士」をさす最も一般的な語: A very able *lawyer* defended him in court. 非常に有能な弁護士が法廷で彼を弁護した.
counselor は法廷で訴訟事件を扱う「法廷弁護士」をさす.《米》ではまた trial lawyer とも言う: After consulting with the *counselor*, the defendant changed his plea. 弁護士と相談して被告は申し立てを変更した. **attorney** は、厳密には、依頼に応じて遺言書・契約書などを作成したり、財産の譲渡・相談などの法律[裁判]事務を扱う「事務弁護士」をさす.《米》ではしばしば lawyer の代わりに用いる: He had his *attorney* draw up his will. 彼は弁護士に遺言書を作成させた.

lax [lǽks] [形] **1** ゆるんだ、たるんだ. **2** (規則・人などが) 厳格でない、手ぬるい; (行状が) だらしない.
3 《医》(腸が) ゆるんだ、下痢を起こしている (loose).
4 《音声》(母音が) 弛緩(しかん)音の (↔ tense).
lax·ly [~li] [副] ゆるんで、たるんで.

lax·a·tive [lǽksətiv] [形] (薬などが) 通じに効く.
— [名][C] 《緩》下剤、通じ薬.

lax·i·ty [lǽksəti] [名][U] 締まりのないこと; だらしなさ; 不正確さ、あいまいさ.

*****lay**¹ [léi]
[動][名]

基本的意味は「…を横たえる」(put ... down in a certain position).
① …を横たえる、置く   [他] 1
② …を敷く、覆う   [他] 2
③ 〈食卓など〉を用意する   [他] 3
④ 〈卵〉を産む   [他] 4

—[動](三単現 **lays** [~z]; 過去・過分 **laid** [léid]; 現分 **lay·ing** [~iŋ])
—[他] **1** [lay+O] …を〔場所に〕横たえる、置く; 〔…に〕〈人〉を寝かせる [on, in] (cf. lie 横たわる): She *laid* her coat *on* the chair. 彼女はコートをいすの上に置いた / He *laid* the baby *in* the bed. 彼は赤ん坊をベッドに寝かせた.
2 [lay+O] [...に]〈じゅうたんなど〉を敷く [on, over]; ...の表面を […で] 覆う [塗る] [with]; 〈鉄道・ケーブルなど〉を敷設する; 〈れんがなど〉を積む: *lay* bricks れんがを積む / We *laid* the carpet *on* the floor. = We *laid* the floor *with* the carpet. 私たちは床にじゅうたんを敷いた / Electric wires were *laid* into the ground in this area. この地域では電線は地中に敷設された.
3 [lay+O] 〈食卓など〉を用意する、準備する (set); 〈計画など〉を立てる; 〈わな〉を仕掛ける: *lay* plans for driving away crows カラスを撃退する計画を立てる / *lay* the table for dinner 夕食のテーブルを用意する.

4 [lay+O]《鳥・昆虫などが》〈卵〉を産む: new-laid eggs 生みたての卵 / lay four eggs 卵を4個産む. **5** [lay+O]《…に》〈強調・信頼など〉を置く;《…に》〈税金・義務・責任など〉を課す,負わせる[on, upon]: lay emphasis *on* the importance of tax reform 税制改革の重要性を強調する / She laid the blame *on* him. 彼女はその責任を彼に負わせた. **6** [lay+O+C] …を(ある状態に)する,置く: She *laid* her heart bare to me. 彼女は私に胸の内を明かしてくれた / The war *laid* the city in ruin. 戦争で街は廃墟と化した. **7**《…に》〈問題など〉を提示する[before];〈異議・訴訟など〉を申し立てる,主張する: *lay* claim to the property 財産の権利を主張する / The plan was *laid before* the committee. その計画は委員会に提出された. **8**〈恐れ・疑いなど〉を静める,落ち着かせる;〈雨などが〉〈ほこりなど〉を抑える: *lay* one's fears 不安を和らげる. **9**《…に》《…であることに》〈金など〉を賭(か)ける[*on* / that 節]: *lay* $100 *on* the race そのレースに100ドル賭ける. **10**《通例, 受け身で》〈小説などの場面〉を《…に》設定する[in].

[句動詞] **láy abòut ...**《古風》=lay into ...(↓).

lày asíde(他)[lay aside+O / lay+O+aside] **1**(中断して)…をわきに置く: He *laid aside* the book he was reading when the phone rang. 電話が鳴ったので彼は読みかけの本をわきに置いた. **2**(将来に備えて)…を蓄える(lay by). **3**〈考え・計画など〉を捨てる,あきらめる.

lày bý(他)=lay aside **2**(↑).

lày dówn(他)[lay down+O / lay+O+down] **1**…を下に置く,降ろす: She *laid* herself *down* on the sofa. 彼女はソファーに横たわった. **2**〈規則・条件など〉を定める,決める. **3**〈武器など〉を捨てる.

lày ín(他)[lay in+O / lay+O+in](予測される不足に備えて)…を蓄えておく(lay up): *lay in* food and fuel 食糧と燃料を蓄える.

láy ìnto ...(他)《口語》《…に》〈人〉を殴る; 非難する(lay about) [*with*]: The suspect *laid into* the victim *with* a bat. 容疑者は被害者をバットで殴った.

lày óff(他)[lay off+O / lay+O+off]《通例, 受け身で》…を(一時的にまたは永久に)解雇する: More than 1,000 people *were laid off* because of the recession. 景気後退のため千人以上が解雇された. — (自)《口語》やめる.

láy òff ...(他)《口語》…をやめる: *lay off* drinking 酒を飲むのをやめる.

lày ón(他)[lay on+O / lay+O+on]《主に英》〈食事など〉を提供する, 準備する; 〈電気・ガスなど〉を引く.

·lày it ón(*a bìt thíck*)《口語》やたらとほめる; 誇張する.

lày óut(他)[lay out+O / lay+O+out] **1**(準備して)…を広げる,並べる: *lay out* plates on the table 皿をテーブルに並べる. **2**…を設計する, 計画する. **3**(会議などの場で)〈計画・意見など〉を述べる,提出する. **4**〈死体〉の埋葬を準備する. **5**《口語》《…に》〈大金〉を使う[*on*]. **6**《口語》〈人〉をたたきのめす.

lày óver(自)《米》《…で》途中下車する(stop over)[*at, in*].

lày úp(他)[lay up+O / lay+O+up] **1**《通例, 受け身で》〈人〉を寝込ませる: I *was laid up* because of a cold. 私はかぜで寝込んでしまった. **2**=lay in(↑). **3**〈問題など〉を抱え込む. **4**(修理のために)〈船・車など〉を使わないでおく.

— 名 ⓤ《通例 the ~》位置,状態: the *lay* (《英》lie) of the land 地勢; 状況.

***lay²** [léi]
動 lie¹ の過去形.

lay³ 形《限定用法》**1**(聖職者に対して)平信徒の,俗人の. **2**(専門家に対して)素人の.

lay·a·bout [léiəbàut] 名 ⓒ《英口語》怠け者, のらくら者; 浮浪者.

lay·a·way [léiəwèi] 名 ⓤ《米》予約購入(制), (代金完納時に商品を受け取る)商品留め置き方式.
— 形《米》予約購入の,商品留め置き方式の: on the *layaway* plan 予約購入方式で.

lay-by [-] (複 **lay-bys** [~z])ⓒ《英》(鉄道・道路の)待避線[所].

lay·er [léiər, léər] 名 ⓒ **1** 層; ひと重ね, (ペンキの)ひと塗り; 階層: a thick *layer* of dust 厚く積もったほこり / the ozone *layer*《気象》オゾン層. **2**《通例, 複合語で》置く[積む, 敷く]人: a brick*layer* れんが積み職人.
— 動 **1** …を層にする. **2**《園》〈木〉を取り木する, 取り木して増やす. **3**〈髪〉を段カットにする.
◆ **láyer cáke** ⓤⓒ レーヤーケーキ《ジャムやクリームをはさんである》.

lay·ette [leiét] 名 ⓒ 新生児用品一式《産着(うぶぎ)・おむつなど》.

lay·man [léimən] 名(複 **lay·men** [-mən])(◊女性形は laywoman [léiwùmən]; → LAYPERSON) ⓒ **1** (聖職者に対して)平信徒, 俗人. **2** 素人, 門外漢.

*lay-off [léiɔ́ːf / -ɔ̀f] 名(複 **lay-offs** [~s]) ⓒ レイオフ, (不況時の)一時解雇, 一時帰休, 自宅待機; 活動休止期.

lay·out [léiàut] 名 ⓒ (都市・建物などの)設計, 配置; 設計図; (新聞・雑誌などの)割り付け, レイアウト.

lay·o·ver [léiòuvər] 名 ⓒ《米》(飛行機の)乗り継ぎのための待ち時間; 途中下車《英》stopover.

lay·per·son [léipə̀ːrsən] 名 ⓒ 平信徒; 素人《性差別を避けて layman, laywoman の代わりに用いる》.

laze [léiz] 動 (自)怠ける, のらくら暮らす(*about, around*).

la·zi·ly [léizili] 副 怠けて, ぶらぶらと; もの憂げに.

la·zi·ness [léizinəs] 名 ⓤ 怠惰, 無精.

***la·zy** [léizi]
《原義「ゆるい」から「のろい」》
— 形(比較 **la·zi·er** [~ər]; 最上 **la·zi·est** [~ist]) **1**《軽蔑》《…について》怠惰な, 無精な, ものぐさな(*about*)(↔ diligent): a *lazy* person 怠け者 / I've become *lazy about* answering

lazybones

letters. 私は手紙の返事を書くのがおっくうになった.
2(時が)もの憂げな, 気のめいる, けだるい: a hot, *lazy* day 暑くてけだるい一日.
3(動き・流れが)のろい, ゆったりとした: a *lazy* brook ゆったりと流れる小川.

◆ **lázy Súsan** [C]《米》(食卓の中央に置き料理を載せて回して取る)回転式の盆 (《英》dumbwaiter).

la·zy·bones [léizibòunz] 名 (複 **la·zy·bones**) [C]《口語》怠け者, 無精者.

lb, lb. [páund(z)] (複 **lb, lb., lbs, lbs.** [páundz])《略語》ポンド (pound(s)) (◇重量単位; ラテン語で「はかり」を意味する語; → POUND[1]): 1 *lb* 1ポンド (◇ a [one] pound と読む) / 3 *lb(s)* 3ポンド (◇ three pounds と読む).

lc, l.c.[1]《略語》[印刷]=*l*owercase 小文字.

LC, L.C.[1]《略語》=《米》*L*ibrary of *C*ongress;《英》*L*ord *C*hamberlain [*C*hancellor].

L/C, L.C.[2], **l.c.**[2]《略語》=*l*etter of *c*redit 信用状 (→ LETTER 関連語).

LCD, l.c.d.《略語》=【数学】*l*east [*l*owest] *c*ommon *d*enominator 最小公分母; *l*iquid *c*rystal *d*isplay 液晶表示 [ディスプレイ].

LCM, l.c.m.《略語》=【数学】*l*east [*l*owest] *c*ommon *m*ultiple 最小公倍数 (↔ GCM).

Ld, ld.《略語》=*L*ord; *l*imited.

LD《略語》=*l*aser *d*isc [*d*isk] レーザーディスク; *l*earning *d*isability 学習障害.

L-driv·er [éldràivər] [C]《英》(指導者同乗の)仮免許運転練習者 (learner driver).

lea [lí:] 名 [C] [詩語] 草地, 牧草地 (pasture).

leach [lí:tʃ] 動 (他) **1**〈液体〉をこす, 濾過する.
2〈可溶成分〉を[…から]こし取る, こし出す (*out, away*)[*from*]. — (自) こし取られる, (こされて)しみ出る (*out, away*).

★★★★ **lead**[1] [lí:d] (☆ lead[2] との発音の違いに注意)
動 名 [原義は「(先に) 行く」]
— (動) (三単現 **leads** [lí:dz]; 過去・過分 **led** [léd]; 現分 **lead·ing** [~iŋ])
— (他) **1** [lead+O]〈人・動物〉を[…へ]**導く**, (先に立って)**案内する** [*to, into*] (→ GUIDE 類義語): I'll *lead* you to the station. 駅までご案内しましょう / She was *led* into the principal's office. 彼女は校長室に案内された / He *led* the blind man down the steps. 彼は目の見えない男性の手を引いて階段を下りた.

2 [lead+O]〈道などが〉〈人〉を[…へ]**たどり着かせる** [*to*]: These signs will *lead* you *to* the exit. この標識に従って行けば出口に着くでしょう / This street *leads* you *to* the city hall. この道を行けば市役所に着きます.

3 [lead+O] …を[…の分野で]リードする, 〈集団〉の先頭を行く (*in*): She *leads* the class *in* English. 彼女は英語はクラスで一番です / This laboratory *leads* the world *in* the field of artificial intelligence. この研究所は人工知能の分野では世界の最先端を行く.

4 (a) [lead+O+to [into] ...]〈人〉を〈ある状態・行為〉に至らせる: What *led* you *to* this conclusion? あなたはどうしてこの結論に至ったのですか. (b) [lead+O+to do]〈人〉を…する気にさせる, …するようにさせる: The rumor *led* her *to* distrust her husband. そのうわさを聞いて彼女は夫が信じられなくなった.

5〈集団〉を指導する, 率いる;〈討論など〉を引っ張っている: *lead* a discussion 討論の中心となる / *lead* a strike ストライキを指導する.

6〈…な生活〉を送る: *lead* a miserable [quiet] life みじめな [静かな] 生活を送る.

— (自) **1** 案内する, 先に立って行く: I'll *lead*. You guys follow me. 私が先に行くから, 君たちはついて来なさい.
2〈道などが〉[場所へ]通じている [*to, into*]: This path *leads* to the backyard. この小道は裏庭へ通じている / All roads *lead* to Rome.《ことわざ》すべての道はローマに通ず ⇒ ある目的を達成する手段はいくつもある.
3 […で] 先頭 [一番] である, リードする [*in*]: That country now *leads* in the space development. その国は今や宇宙開発において先陣をきっている / Our side *leads* by 7 to 4. 私たちのチームが7対4でリードしている.
4 [結果を] 引き起こす, 結果として [ある状態に] なる [*to*]: His ignorance has *led* to such a large loss. 彼の無知がこのような大損失をもたらした.

句動詞 **léad awáy** (他) [lead away+O / lead+O+away] …を連れ去る, 誘い出す.

léad óff (自) **1** […で] 始める, 口火を切る [*with*]: The interrogation *led off with* a simple question. 取り調べは簡単な質問から始まった. **2** [野球] (試合・回の) 先頭打者を務める.
— (他) **1** …を […で] 始める [*with*]. **2** [野球]〈試合・回〉の先頭打者を務める. **3**(ドア・道などが) …に通じる.

léad ón (他) [lead on+O / lead+O+on]〈人〉を […で] だます [*with*].

léad ón to ... (他) **1**(出来事などが) …につながる, …をもたらす. **2**(戸口などが) …に通じる.

léad úp to ... (他) **1** …の原因となる, …につながる: His careless words *led up to* total misunderstanding. 不用意な発言がもとで彼はすっかり誤解された. **2**〈ある方向〉に話を向ける.

■ **léad the wáy** 先頭に立って行く (→ WAY[1] 成句).

— 名 [C] **1** [通例, 単数形で] 先導; 指導; 手本 (→ 成句 take the lead): Japan followed the *lead* of the US in its educational reform. 日本は教育改革において合衆国を手本とした.

2 [通例, 単数形で] (競争における) 先頭, 優位, リード: The runner held the *lead* all the way to the finish. そのランナーはゴールまでずっと先頭に立っていた / He has the *lead* over the other candidate in the presidential election. 彼は大統領選挙で対立候補をリードしている.

3 [しばしば the ~] (劇の) 主役: play the *lead* in "Othello" オセロで主役を演じる.

4 [形容詞的に] 先頭の, 先導の: the *lead* car 先導車 / a *lead* guitarist リードギタリスト《中心となるギター奏者》. **5** (問題解決・事件などの) 手がかり, 糸口 (clue). **6**《英》(犬などをつなぐ) 革ひも (《米》leash). **7** [電気] 導線, 引き込み線. **8** [しばしば

the ～》《英》《新聞・テレビニュースなどの》トップ記事；導入部.
■ **tàke the léad** 先頭を切る；指揮的立場に立つ: Mary *took the lead* in the parade. メアリーがパレードの先頭に立った.
ùnder the léad of ... …の指導の下で.

***lead**² [léd] 〔☆ **lead**¹ との発音の違いに注意〕名
1 ⓤ 鉛 (《元素記号》Pb). **2** ⓒⓤ 黒鉛 《鉛筆の芯(し)の材料》；鉛筆の芯. **3** ⓤ《集合的に》《米・古風》弾丸 (bullets). **4** 《～s》鉛板ぶき屋根；鉛の窓枠.

lead·ed [lédid] 形 (ガソリンなどが)加鉛の；鉛で覆われた，鉛枠の付いた.

lead·en [lédən] 形 **1** 《限定用法》《古》鉛の，鉛製の. **2** 《文語》鉛色の，灰色の: *leaden* skies 鉛色の［どんよりした］空. **3** 重い；重苦しい；活気のない.

lead·er [líːdər]

— 名《複 **lead·ers** [～z]》ⓒ **1 指導者**, リーダー，指揮者；党首, 主将: the *leader* of the workers' union 労働組合のリーダー / a political *leader* 政界の指導者 / The young man was a *leader* in the reform movement. その青年は改革運動の指導者だった.

2 (競争などの)首位［先頭］に立つ人, 先導者: the *leader* in the race レースの先導者 / the current *leader* in the baseball championship 野球のペナントレースで現在首位のチーム.

3 《米》指揮者 (conductor);《英》(オーケストラの)首席バイオリン奏者 (《米》concertmaster).

4 《英》社説, 論説 (《米》editorial);《米》トップ記事 (《英》lead, lead story).

5 (テープやフィルムの)引き出し部分.

***lead·er·ship** [líːdərʃìp] 名 **1** ⓤ 指導［指揮］者の地位［任務］: Who will take over the *leadership* of Japan? だれが日本の指導者の任務を引き継ぐのだろうか / He lacks the capacity for *leadership*. 彼は指導者としての能力に欠ける.
2 ⓤ 指導（力），統率（力），指揮: demonstrate [display] *leadership* 指導力を発揮する / under ...'s *leadership* = under the *leadership* of ... の指導のもとで. **3** ⓒ《集合的に；単数・複数扱い》指導者たち，指導部，首脳部: I hear the *leadership* of your company will change soon. あなたの会社の経営陣が近々代わるそうですねえ.

lead-free [léd-] 形 (ガソリンなどが)無鉛の.

lead-in [líːd-] 名 ⓒ **1** (アンテナと受信機をつなぐ)引き込み線. **2** (テレビ［ラジオ］番組などの)導入部，前置き.

***lead·ing** [líːdiŋ]

— 形《比較なし；限定用法》**1 主な**, 主要な；(人が)指導的な，有力な，一流の (→ CHIEF **類義語**): the *leading* countries 主要国 / a *leading* figure in economic circles 経済界の指導的人物.
2 主役の: a *leading* actor 主演俳優 / She played the *leading* role in the movie. 彼女はその映画で主役を演じた. **3** 先頭に立つ，先導する: the *leading* car 先導車.

◆ **léading árticle** ⓒ 《英》(新聞の)社説, 論説 (《米》editorial);《米》トップ記事 (《英》lead).
léading lády ⓒ 主演女優.
léading líght ⓒ 重要人物, 有力者.
léading mán ⓒ 主演男優.
léading quéstion ⓒ《法》誘導尋問.

léad·ing-édge 形《限定用法》(技術などが)最先端の，最新の (state-of-the-art).

léading édge 名 ⓒ **1** 《通例，単数形で》(科学技術などの)最先端. **2** (飛行機の翼などの)前縁.

lead·off [líːdɔ̀ːf / -ɔ̀f] 形《野球》(打順が)先頭の: the *leadoff* batter 先頭打者. — 名 ⓒ **1** 開始，着手. **2** 最初にやる人；《野球》先頭打者.

leaf [líːf]

名 動 《原義は「はぎ取ること」》
— 名 《複 **leaves** [líːvz]》**1** ⓒ (木・草の)葉 (cf. blade (長く平らな草の)葉 / foliage (集合的に)(1本の)木の葉 / needle (針状の)葉): dead *leaves* 枯れ葉 / red [yellow] *leaves* 紅［黄］葉 / fresh green *leaves* 新緑の若葉 / sweep up the fallen *leaves* 落ち葉をかき集める (◇落下中の落ち葉が falling leaves) / The maple *leaves* are turning red. カエデの葉が色づき始めている.
2 ⓒ (本などの)紙の1枚, 表裏2ページ: Four *leaves* are missing in this booklet. この冊子は4枚［8ページ］の落丁がある. **3** ⓤ (金属の)箔(は) (◇ foil¹ より薄い): gold *leaf* 金箔. **4** ⓒ (折りたたみ式テーブルの板の)折りたたみ部分.
■ **tàke a léaf from [òut of] ...'s bóok** …の例にならう，…を手本にする.
tùrn óver a néw léaf 心を入れ替えて生活を一新する, 行動を改めようと決心する.
— 動《次の成句で》
■ **léaf through ...** 《本など》のページをざっとめくる，《本》にざっと目を通す.

◆ **léaf mòld** 《英》**mòuld** ⓤ 腐葉土.

leaf·age [líːfidʒ] 名 ⓤ《集合的に》葉.
leaf·less [líːfləs] 形 葉のない；葉の落ちた.
***leaf·let** [líːflət] 名 ⓒ (宣伝用などの)1枚刷りの印刷物，ちらし，パンフレット.
— 動 ⓐ ⓣ (ある地域に)ちらしを配る.
leaf·y [líːfi] 形《比較 **leaf·i·er** [～ər], 最上 **leaf·i·est** [～ist]》**1** 葉の多い［茂った］；葉が作る: a *leafy* shade 緑陰. **2** 木［緑］が多い. **3** 葉状の.

***league** [líːɡ] 名 ⓒ **1** 同盟，連盟；盟約: the *League* of Nations 国際連盟. **2**《スポーツ》競技連盟，リーグ: the major [minor] *leagues*《米プロ野球の》メジャー［マイナー］リーグ. **3**《集合的に》連盟参加者［団体，国］. **4**《口語》(品質・等級による)同等物, 範疇(はんちゅう), 階級, 水準.
■ **be in léague with ...** …と同盟［連合］している，…と結託している.
be nót in the sáme léague as ... …には及びもつかない，…よりひどく劣っている.
— 動《格式》ⓣ …を［…と］同盟［団結］させる [*with*]. — ⓐ 同盟［団結］する (*together*).

◆ **léague táble** ⓒ《主に英》(競技会への)参加者［チーム］成績一覧表.

***leak** [líːk] 動 ⓐ **1** (容器・屋根・船などが)漏る: This roof *leaks* badly. この屋根はひどく漏る.
2 (水・ガス・油などが)漏れる，漏れ出る；しみ込む

leakage

(*in*): Gas is *leaking* from [out of] the pipe. ガスがパイプから漏れている / The rain began to *leak in*. 雨が漏れてきた.
3 (秘密などが)漏れる, リークする (*out*).
— 他 〈水・ガス・油など〉を漏らす: The tank is *leaking* oil. タンクから油が漏れている.
2 〈秘密など〉を [...に] 漏らす, 漏えいする, リークする (*out*) [*to*]: He *leaked* the information *to* the press. 彼はその情報を報道陣に漏らした.
— 名 C **1** 漏れ口, 漏れ穴: seal [stop] a *leak* 漏れ口をふさぐ / repair *leaks* in the roof 屋根の雨漏り箇所を修理する. **2** (水・ガス・油などの)漏れ; 漏電; 漏れた水 [ガス, 油]; 漏出量: an oil *leak* 油 [石油] 漏れ / a radiation *leak* 放射能漏れ. **3** (秘密の)漏えい, リーク. **4** [通例 a ~]《俗語》放尿: take [have] a *leak* 小便をする.
■ *spríng a léak* (穴があいて) 中身が漏れ出す.

leak・age [líːkidʒ] 名 **1** UC (水・ガスなどが)漏れること: (a) *leakage* of gas ガス漏れ / a *leakage* of nuclear waste 核廃棄物の漏出. **2** C 漏出物; 漏れ量. **3** CU (秘密などの)漏えい.

leak・y [líːki] 形 (比較 **leak・i・er** [~ər]; 最上 **leak・i・est** [~ist]) 漏る, 漏れやすい, 漏れ穴のある.

*****lean**[1] [líːn]
— 動 (三単現 **leans** [~z]; 過去・過分 **leaned** [~d],《英》**leant** [lént]; 現分 **lean・ing** [~iŋ])
— 自 **1** (通例, 副詞(句)を伴って)**傾く**, 傾斜する; 上体を曲げる: *lean* forward 前かがみになる / The tower *leans* to the north. その塔は北に傾いている / He *leaned* out of the window to see me. 彼は私を見ようと窓から身を乗り出した.
2 [...に] もたれる, 寄りかかる [*against, on*]: *lean against* a wall 壁に寄りかかる / The old man came *leaning* on his cane. その老人は杖(?)にすがってやって来た. **3** (感情・意見などが) [...の] 傾向にある, [...に] 傾く [*to, toward*]: He *leans* to conservatism. 彼は保守的な傾向がある.
— 他 **1** ...を [...に] もたせかける, 立てかける [*against, on*]: *lean* one's elbow *on* the table テーブルにひじをつく / He *leaned* his bike *against* the wall. 彼は自転車を壁にもたせかけた. **2** (通例, 副詞(句)を伴って)...を傾ける, 曲げる: *lean* one's head forward 頭を下げる.
■ *léan on ...* **1** ...に頼る, ...をあてにする: The party has *leaned* heavily on her popularity. その政党は彼女の人気にすっかり頼っていた.
2 《口語》...に圧力をかける, ...を脅す.
léan [bénd] óver báckward(s) → BEND 動 成句.

*****lean**[2] 形 **1** (人・動物が)やせた, 体が締まった, ぜい肉のない (↔fat) (→THIN 類義語). **2** (肉などが)脂肪のない, 赤身の: *lean* meat 赤身の肉. **3** [通例, 限定用法] 貧弱な, (土地などが)不毛の. **4** (会社・組織が)(むだを省いて)スリム化した.
— 名 U (脂肪のない)赤身肉.

lean・ing [líːniŋ] 名 C [...への] 偏向, 傾向, 性癖; 好み [*to, toward*]. — 形 傾いている.

lean・ness [líːnnəs] 名 U やせていること; (肉に)脂肪のないこと.

*****leant** [lént] 動《英》**lean**[1] の過去形・過去分詞.

léan-tò 名 (複 **lean-tos** [~z]) C 差し掛け小屋.

*****leap** [líːp]
動
— 動 (三単現 **leaps** [~s]; 過去・過分 **leaped** [~t],《英》**leapt** [lépt]; 現分 **leap・ing** [~iŋ])
— 自 **1 跳ぶ**, 跳びはねる (◇通例 jump よりも高く跳ぶことを表す): *leap* for joy うれしくて跳びはねる / She *leaped* down from the tree. 彼女は木から飛び降りた / The dog *leaped* over the fence easily. その犬は垣根を楽々と跳び越えた / Look before you *leap*. 《ことわざ》跳ぶ前に見よ ⇒ 転ばぬ先の杖(?).
2 (通例, 副詞(句)を伴って)さっと [急に] 動く: *leap* to one's feet さっと立ち上がる / *leap* into a train 電車に飛び乗る.
3 《文語》(心が) 踊る, 躍動する, どきっとする: My heart *leaped* when I saw her. 彼女を見て私の胸は高鳴った. **4** (物価などが)急激に上昇する.
— 他 **1** 《文語》...を跳び越える. **2** 〈人・動物〉に [...を] 跳び越えさせる [*across, over*].
■ *léap at ...* ...に(喜んで)飛びつく: *leap at* a chance チャンスに飛びつく.
— 名 C **1** 跳躍, 跳んだ距離 [高さ]; 飛躍, 躍進: with a *leap* 一足跳びに / take a ten-foot *leap* 10フィート跳ぶ / The company made the *leap* to an international computer manufacturer. その会社は国際的なコンピュータメーカーへと飛躍をとげた. **2** [...の] 急増, 急上昇 [*in*]: a *leap in* prices 物価の上昇 [高騰].
■ *a léap in the dárk* 向こう見ずな行動, 暴挙.
by léaps and bóunds とんとん拍子に.
◆ **léap yèar** C U 閏(うるう)年.

leap・frog [líːpfrɔ̀g / -frɔ̀g] 名 U 馬跳び.
— 動 自 馬跳びをする; (馬跳びのように)跳ぶ [進む]. — 他 〈...〉を (馬跳びのように)跳び越える.

*****leapt** [lépt] 動《英》**leap** の過去形・過去分詞.

*****Lear** [líər] 名 固 リア《シェイクスピア作の悲劇の1つ『リア王』の主人公》.

*****learn** [ləˊːrn]

基本的意味は「学ぶ」.	
① 学ぶ, 習得する.	他 1; 自 1
② 覚える, 記憶する.	他 2
③ 知る, 聞く.	他 3; 自 2
④ 身につける; ...するようになる.	他 4

— 動 (三単現 **learns** [~z]; 過去・過分 **learned** [~d],《英》**learnt** [ləˊːrnt]; 現分 **learn・ing** [~iŋ])
— 他 **1** (a) [learn + O] ...を**学ぶ**, 学習する, 習得する (↔ teach) (→類義語): Where did you *learn* English? どこで英語を学んだのですか / He *learned* computer skills in college. 彼は大学でコンピュータ技術を習得した. (b) [**learn + to do** [疑問詞句]] ...のしかたを習う, ...すること [...か] を学ぶ: *learn* (*how*) *to* read and write 読み書きを学ぶ. C [**learn + that** 節] ...ということを学ぶ: We have *learned that* slow and steady wins the race. 私たちは「急がば回れ」ということを学んだ.

2 [learn+O] …を覚える，記憶する (memorize): *learn* the script of a play 劇の台本を覚える．
3 (a) [learn+O] …を知る，聞く，悟る: I *learned* the news on television. 私はそのニュースをテレビで知った． (b) [learn+that 節 [疑問節]] …ということを […かを] 知る: We are sorry to *learn that* the President will soon resign. 大統領が近く辞任するということを聞いて残念です / I have yet to *learn whether* he has arrived there or not. 彼がそこに着いたかどうか私はまだ知らない．
4 (a) [learn+O] 〈習慣・態度など〉を身につける: *learn* bad habits 悪癖が身につく．
(b) [learn+to do] …する [できる] ようになる: *learn to ride a bike* 自転車に乗れるようになる．
— 自 **1** 〈知識・技術などを〉 […について] 学ぶ，教わる，覚える [*from / about*]: *learn* quickly [slowly] 物覚えが早い [遅い] / *learn from* one's experience [mistakes] 経験 [失敗] から学ぶ．
2 […のことを] 知る，聞く [*of, about*]: I *learned of* his marriage just now. 彼の結婚のことは今聞いたばかりです．

■ *learn ... by héart* …を暗記する．
léarn one's lésson 懲りる，教訓を得る [学ぶ].
léarn ... the hárd wày …を苦労して学ぶ．

類義語 learn, study
共通する意味▶学ぶ (get knowledge of ... or skill in ...)
learn は勉強・経験・指導などによって「知識 [技術] を身につける」，つまり「習い覚える」の意: He *learned* three languages easily. 彼は3か国語を簡単に習得した．**study** は学習・読書・考察などによって「覚えようとする，理解しようと努力する」の意．その結果習得できたかどうかは問題としない: He is *studying* for exams. 彼は試験に備えて勉強している．

---

*learn・ed [lɚːnid] (☆ 発音に注意) 形 **1** 学問のある，博学な; […に] 精通している [*in*]: a *learned* person 学者 / He is well *learned in* the classics. 彼は古典文学によく精通している．
2 [限定用法] 学問的な，学術的な: a *learned* book 学術書 / a *learned* society 学会．
3 [lɚːnd] [限定用法] (生得的ではなく) 学習 [経験] によって獲得した，後天的な．

*learn・er [lɚːrnər] 名 C **1** 学習者; 初学者，初心者; 弟子: She is a fast [slow] *learner*. 彼女は物覚えが早い [遅い]． **2** = léarner dríver 〈英〉仮免許運転者, (自動車の) 運転練習者 (L-driver).
◆ léarner's pérmit C 〈米〉運転仮免許証 (〈英〉provisional licence).

*learn・ing [lɚːrniŋ] 名 U **1** 学ぶこと，学習．
2 学問，学識，知識; 博識: a person of great *learning* 深い学識のある人．
◆ léarning cúrve C 〔教育〕学習曲線．
léarning disability C 〔心理〕学習障害 《読み書き・計算などの技術習得が困難なこと》．

*learnt [lɚːrnt] 動 〈英〉 learn の過去形・過去分詞．

*lease [líːs] 名 C **1** (土地・家屋などの) 賃貸借契約，借地 [借家] 契約; (事務機器などの) リース; 賃貸 [賃借] 契約書 (◇ 貸す人は lessor, 借りる人は lessee): put (out) ... to *lease* …を賃貸しする / take a house on a *lease* of [for] two years 2年契約で家を借りる． **2** 賃貸 [賃借] 期間; 賃借権．

■ *a néw léase on* [〈英〉*of*] *life* 寿命が運よく延びること; 立ち直ること: Her recovery from the disease gave her *a new lease on* [*of*] *life*. 病気から回復して彼女はさらに人生を楽しめるようになった．
by [*on*] *léase* 賃貸し [賃借り] で．
— 動 他 〈土地・家屋など〉を […に] 賃貸しする (*out*) [*to*]; […から] 借りる [*from*] (→ LEND 類義語);
[lease+O+O / lease+O+to ...] 〈人〉に 〈土地・家屋など〉を賃貸しする: *lease a house to* her = *lease her* a house 彼女に家を賃貸しする．

léase-bàck 名 C U (土地・建物の) 賃貸借契約付き売却, 売却借用 《売却人が借用料を払って使い続けること. sale and lease-back とも言う》．

lease・hold [líːshòuld] 名 U 〔法〕借地, (不動産などの) 賃貸 [賃借] 物件; 土地 [家屋] 賃借権．
lease・hold・er [líːshòuldər] 名 C 〔法〕借地 [借家] 人．

leash [líːʃ] 名 C 〈米〉 **1** (犬などをつなぐ) 革ひも, 鎖 (〈英〉lead). **2** 束縛; 制御, 抑制．
■ *hóld* [*hàve, kèep*] *... in* [*on*] (*a*) *léash* 〈犬など〉を鎖でつなぐ; …を束縛する; 制御する．
stráin at the léash 束縛を脱しようともがく, 自由に行動しようとはやる．
— 動 他 〈米〉…を革ひも [鎖] でつなぐ; …を束縛する; 抑制 [制御] する．

***least [líːst]
形 副 代 (◇ little の最上級)
— 形 [限定用法] **1** [通例 the ~] 一番少ない…, 最少の… (↔ most): He has the *least* experience in our office. 私たちの会社では彼が一番経験に乏しい / This car uses the *least* amount of gasoline. この車は最もガソリンを食わない． **2** [通例 the ~] 最少の…でさえ: The *least* wind will turn the windmill. 風が少しでもあれば風車は回る．

■ *nòt the léast ...* 少しの…もない: I did *not* feel *the least* danger. 危険は少しも感じなかった．
— 副 **1** [時に the ~] (程度などが) 一番少なく (↔ most): Tom slept *least* of the three. トムは3人の中で一番睡眠が少なかった / His success was the *least* expected. 彼の成功は最も予想外のことだった / *Least* said, soonest mended. 《ことわざ》口数が少ないほど早く償われる (◇「余計な弁解はしないほうがいい」ということ)．

2 [形容詞・副詞を修飾して] 一番…でない: What do you think is the *least* important of the three? 3つの中で一番重要でないのはどれだと思いますか / Our plan went *least* successfully. 私たちの計画はまったくうまく進まなかった．

■ *lèast of áll* 最も…でない，とりわけ…でない: I like this movie *least of all*. 私はこの映画が一番嫌いです．
nót léast 《格式》特に，とりわけ: The amount of

imports from China is increasing, *not least* in textile products. 中国からの輸入量が特に繊維製品の分野で増加している.
— 代 [不定代名詞][通例 the ～] 一番少ないもの, 最少: We expected the *least* from David. デイビッドからはまるで期待しなかった / She has the *least* to do. 彼女はやることが一番少ない.

■ ***at (the) léast*** **1** 少なくとも, せめて (↔ at (the) most): You should *at least* do your homework. 少なくとも宿題ぐらいはすべきです / It must cost a hundred dollars *at least*. それは最低でも100ドルはするはずです.　**2** それでも, 少なくとも, ともかく (◇悪い点の中によい点があることを述べる): He may be arrogant, but *at least* he is reliable. 彼は横柄かもしれないが少なくとも信用はできる.　**3** 少なくとも (◇前言をより正確に言い換える): He is a good person, *at least* I think he is. 彼はいい人です. 少なくとも私はそう思う.
nót in the léast 少しも…ない (not at all): Am I troubling you? ―No, *not in the least*. ご迷惑でしょうか――いいえ, 少しも.
to sày the léast (of it) 控え目に言っても.

least・ways [líːstwèiz], **least・wise** [-wàiz] 副 《主に米口語》少なくとも; ともかく (at least).

leath・er [léðər]

— 名 (複 **leath・ers** [～z]) **1** ⓤ **なめし革**, 皮革: genuine [imitation] *leather* 本 [模造] 革 / patent *leather* エナメル革 / This sofa is made of *leather*. このソファーは革製です.
2 [～s] 《バイクに乗る人の》革の服.　**3** [形容詞的に] 革 (製) の: a *leather* jacket 革のジャケット.

leath・er・ette [lèðərét] 名 ⓤ **1** [L-]《商標》レザーレット《革に似せた紙または布》.　**2** 模造革.
leath・er・y [léðəri] 形 革のような; 堅い; 丈夫でしなやかな: *leathery* meat 堅い肉.

leave[1] [líːv]

原義は「そのままにする」.
① 去る; 出発する.　　　　　　他 **1**; 自 **1**
② 退学 [卒業] する, 辞める.　　他 **2**; 自 **2**
③ 置いて行く; 置き忘れる.　　他 **3, 4**
④ …のままにしておく.　　　　他 **5**
⑤ 残す; 残して死ぬ.　　　　　他 **6, 7, 8**

— 動 (三単現 **leaves** [～z], 過去・過分 **left** [léft]; 現分 **leav・ing** [～iŋ])
— 他　**1** [leave+O] [… へ向かって]《場所》を**去る**, 離れる; 出発する [*for*] (↔ arrive at): I *leave* home at eight o'clock on weekdays. 私は平日は8時に家を出る / We are *leaving* this town *for* Tokyo tomorrow. 私たちはあす東京に向けてこの町を出発します / Our plane *leaves* Portland at 2:30 P.M. 私たちの乗る飛行機は午後2時30分にポートランドを出発します.
2 [leave+O]《学校》を退学する;《英》卒業する (◇ graduate from のほうが一般的);《職・会社》を辞める: He *left* school at 16. 彼は16歳のとき学校を辞めた [卒業した] / She *left* her job to enter a law school. 彼女はロースクールに入るために仕事を辞めた.
3 [leave+O]《人》を置いて [あとに残して] 行く, 《人》と別れる, …を見捨てる: He *left* his family when he went to Europe. ヨーロッパに行ったとき, 彼は家族を置いて行った.
4 [leave+O]《もの》を置き忘れる: I *left* my bag on the bus. 私はかばんをバスに置き忘れた (→ FORGET [語法]).
5 (a) [leave+O+C] …を～のままにしておく, ほうっておく: Don't *leave* the window open. 窓を開けっぱなしにするな / He has *left* the lights on. 彼は電灯をつけっぱなしにしている.
(b) [leave+O+現分 [過分]] …を～する [～される] ままにしておく: I *left* him *sleeping*. 私は彼を眠ったままにしておいた / We can't *leave* this problem *unsolved*. この問題を未解決のままにしておけない.　(c) [leave+O+to do]《人》に…するままにさせておく: *Leave* them *to* do as they like. 彼らに好きなようにさせておきなさい.
6 [leave+O]《印象・傷・痕跡(など)》などを残す: I hope this won't *leave* a stain. これがしみにならなければいいのだが / She *left* a strong impression on the interviewer. 彼女は面接試験官に強烈な印象を残した.
7 [leave+O]《食べ物など》を残す; [leave+O+O / leave+O+for ...]《人》に《もの・仕事など》を残しておく, とっておく《伝言など》: Don't *leave* your peas. エンドウ豆を残さずに食べなさい / Let's *leave* him some meat.＝Let's *leave* some meat *for* him. 彼にいくらか肉を残しておこう / She *left* a note for me.＝She *left* me a note. 彼女は私に置き手紙を残した / Can I *leave* a message? 伝言をお願いできますか.
8 (a) [leave+O]《家族など》を残して死ぬ: The soldier *left* a wife and three children. その兵士は妻と3人の子供を残して死んだ.
(b) [leave+O+O / leave+O+to ...]《人》に《財産など》を残して死ぬ: He *left* his children a large amount of money.＝He *left* a large amount of money *to* his children. 彼は子供たちに多額のお金を残して死んだ.
9 (a) [leave+O+to [with] ...]《もの・こと》を《人》に任せる, ゆだねる; 預ける: I will *leave* the decision *to* you. 決定はあなたに任せます / *Leave* it *to* me. 私にお任せください.
(b) [leave+O+with ...] ～を《人》に預ける, 託す;《責任・仕事など》を《人》に負わせる: Can I *leave* my child *with* you? 子供を預かってもらえますか / My husband *leaves* me *with* all the housework. 夫は家事をすべて私に押しつける.
(c) [leave+O+to do]《人》に…することを任せる: I was *left* *to* design that office. 私はその事務所の設計を任された.
10 《引き算で》…を余りとして残す: Six from ten *leaves* (you) four. 10から6を引くと4残る [10－6＝4].

— 自　**1** [… へ向かって] **去る**; 出発する [*for*]: We'd better be *leaving* now. そろそろおいとましたほうがよさそうだ / This plane *leaves* for

Toronto on time. 当機はトロントに向けて定刻に出発いたします. **2** 退学[卒業]する; 退職する.

句動詞 **léave asíde** 他 [leave aside＋O / leave＋O＋aside] 〈問題など〉を考慮しない, そのままにしておく.

léave behínd 他 [leave behind＋O / leave＋O＋behind] **1** …を置き忘れる, 置き去りにする: I *left* the key *behind*. 私は鍵(ぎ)を忘れて来てしまった. **2** [通例, 受け身で]〈人・国など〉を追い越す: I *was left behind* in mathematics. 私は数学でほかの人より遅れてしまった. **3** 〈記録・名声など〉を残す.

léave óff 他 [leave off＋O / leave＋O＋off] **1** 〈仕事・議論など〉をやめる: *Leave off* your work now. もう仕事はやめなさい / He suddenly *left off* speaking. 彼は突然しゃべるのをやめた. **2** 〈衣類など〉を脱ぐ, 着ないでおく.
— 自 止まる, 終わる; (雨が)やむ.

léave ... óff ～ 他 …を〈リストなど〉から外しておく.

léave óut 他 [leave out＋O / leave＋O＋out] …を考慮に入れない, 対象から外す: Don't *leave* me *out* when you have a party. パーティーをするときは忘れずに呼んでね.

·**Léave it óut!** 《英口語》うそをつくな, いいかげんにしろ.

léave ... óut of ～ 他 …を～から外す, 省く: Tom was *left out of* the team. トムはチームから外された[チームに選ばれなかった].

léave óver 他 [leave over＋O / leave＋O＋over] [通例, 受け身で]〈残り〉を残す, 余す: A lot of sandwiches were *left over* from the party. パーティーでたくさんのサンドイッチが残った.

■ **léave ... alóne** …をほうっておく (→ ALONE 形 成句).

léave ... bé …をそっとしておく, ほうっておく.

léave it at thát それ以上[は]何も[言わない]でおく.

léave ... to ít (あとは)…の勝手にさせておく.

léave ... to onesélf …をひとりにする, そっとしておく: *Left to himself*, he would draw pictures. ほっておかれると彼は絵をかいたものだった.

léave wéll (enòugh) alóne (すでに満ち足りている)現状をそのままにしておく.

*__leave__² [líːv] 名 U **1** (特に軍隊・官庁の)休暇; 休暇期間: annual [maternity, sick] *leave* 年次[出産, 病気] 休暇 / two weeks' *leave* 2週間の休暇を取る. **2** 《格式》[…の]許可 (permission) [*to do*]: ask for *leave* to stay out 外泊の許可を求める / without *leave* 無断で.

■ *a* **léave** *of* **ábsence** (許可された) 休暇.

on léave 休暇中で: He is home on *leave*. 彼は休暇で帰宅中です.

tàke (one's) léave of ... 《格式》…に別れを告げる.

: **take léave of** one's **senses** 正気を失う.

leaved [líːvd] 形 **1** 葉がある, 葉を付けている: *leaved* branches 葉が付いている枝. **2** [複合語で] …の葉のある, …枚の: a four-*leaved* clover 四つ葉のクローバー.

leav·en [lévən] [☆発音に注意] 名 **1** U 酵母, パン種, イースト. **2** C U 《文語》(内部から)徐々に影響[活気]を与えるもの, (徐々に現れる)影響力, 気運.
— 動 他 **1** 〈...〉に[...で]活気づける, 興味深いものにする; ...に[...を]加えて[変化させる]る [*with*]. **2** 《古風》...をパン種でふくらませる, 発酵させる.

***__leaves__¹** [líːvz] 名 leaf の複数形.

‡**leaves**² 動 leave¹ の3人称・単数・現在形.

léave-tàk·ing 名 U 《文語》別れを告げること.

leav·ings [líːvɪŋz] 名 [複数扱い]《古風》残り[余り]物, 食べ残し, くず.

Leb·a·non [lébənən] 名 固 レバノン《地中海東岸の共和国; 首都ベイルート (**Beirut**)》.

lech·er·ous [létʃərəs] 形 (蔑) 好色な, みだらな, わいせつな (◇通例, 男性に用いる).

lech·er·y [létʃəri] 名 U (軽蔑) 好色; みだらな行為.

lec·tern [léktərn] 名 C (教会の) 聖書台; (講演者用の) 書見台, 演台.

***__lec·ture__** [léktʃər] 名 動 [原義は「読むこと」]
— 名 (複 **lec·tures** [～z]) C **1** […に関する] 講義, 講演 [*on, about*]: a *lecture* room 講堂 / attend a *lecture* 講義に出る / He gave [delivered] a *lecture* on [about] English literature. 彼は英文学の講義をした.

2 [...に関する] 訓戒, 小言, 説教 [*on, about*]: I got a stern *lecture on* speeding. 私はスピード違反で厳しいお説教を食らった.

— 動 (三単現 **lec·tures** [～z]; 過去・過分 **lec·tured** [～d]; 現分 **lec·tur·ing** [-tʃərɪŋ]) 自 [...について / ...に] 講義をする, 講演をする [*on, about* / *to*]: *lecture* on philosophy *to* graduates 大学院生に哲学の講義をする.
— 他 **1** …に[...のことで]説教する, 訓戒する [*about, on*]: My father always *lectures* me *about* the way I speak. 父は私の話し方のことでいつも私に説教する. **2** 〈人〉に講義をする.

*__lec·tur·er__ [léktʃərər] 名 C **1** 講演者, 講師. **2** (大学の) 講師《米国では非常勤, 英国では専任》.

lec·ture·ship [léktʃərʃɪp] 名 C 講師の地位[職].

***__led__** [léd] 動 lead¹ の過去形・過去分詞.

LED 《略記》= *l*ight-*e*mitting *d*iode 【電子】発光ダイオード.

‡**ledge** [lédʒ] 名 C **1** 棚, (細長い) 棚状の出っ張り. **2** (岸に近い海中の) 岩棚. **3** 鉱脈.

ledg·er [lédʒər] 名 C **1** 【簿記】元帳, 台帳, 原簿. **2** = ledger line 【音楽】加線.

lee [líː] 名 [the ～] **1** 物陰, 風の当たらない所[側]. **2** [海] 風下, 風下側; [形容詞的に] 風下(側)の: by the *lee* 逆帆になって / under the *lee* 風下に[へ].

Lee [líː] 名 **1** リー (◇男性の名). **2** リー Robert Edward Lee 《1807-70; 米国の南北戦争時の南軍総司令官》.

leech [líːtʃ] 名 C **1** 【動物】ヒル (**bloodsucker**): cling [stick] like a *leech* ヒルのようにしつっこく離れない. **2** (軽蔑) 他人から金を吸い取る人, 高利貸し; 吸血鬼 (のような人).

leek [líːk] 名 C 【植】リーキ, 西洋ニラネギ《スープなど

leer [líər] 動 @ [...を]横目で見る, いやらしい目つきで見る[at]. ── 名 C (通例 a ~)いやらしい目つき, 流し目《好色・悪意・ずるさ・残忍さなどの表情》.

leer·y [líəri] 形 (比較 leer·i·er [~ər]; 最上 leer·i·est [~ist])《叙述用法》《口語》疑い深い, 用心深い; [...を]警戒している[of].

lees [líːz] 名 [the ~; 複数扱い] (たるやびんの底にたまる)かす; drink [drain] ... to the lees ...を飲み干す; ...の苦労をなめつくす.

lee·ward [líːwərd] 《海》形 副 風下の[に](↔ windward).

lee·way [líːwèi] 名 U 1 (活動などの)自由, 裁量, ゆとり, 余地. 2 《英》(仕事などの)遅れ: make up *leeway* 遅れを取り戻す. 3 《海》風圧; 《航空》偏流; 風圧差.

***left**¹ [léft]
形 副 名【原義は「弱い, 力のない」】
── 形 [比較なし] 1 《限定用法》**左の**, 左側の, 左手の (↔ right)《略語》L, l): write with one's *left* hand 左手で書く / You can see Mt. Fuji on the *left* side. 左側に富士山が見えます / Take a *left* turn at the second corner. 2つ目の角を左に曲がりなさい. 2 《しばしば L-》左翼の, 左派の.
── 副 [比較なし] **左に**, 左側へ (↔ right): Turn *left* at the bank. 銀行の所で左に曲がりなさい.
── 名 (the ~ / one's ~) **左**, 左側 (↔ right): Turn to the *left* at the next corner. 次の角を左に曲がりなさい / The museum is on your *left*. 美術館は左手にあります / They keep (to the) *left* in Ireland, too. アイルランドでも左側通行です (◇ to the を省くと left は 副).
2 (the ~, the L-; 集合的に; 単数・複数扱い] 左翼, 左派, 革新派. 3 C (通例 a ~) 左に曲がること, 左折: Take [Make] a *left* at the next crossing. 次の交差点で左折しなさい. 4 C = **léft fíelder**《野球》左翼手, レフト. 5 C《ボクシング》左のパンチ.
◆ **léft fíeld** U 1《野球》レフト, 左翼 (➡ BASEBALL [PICTURE BOX]). 2《米口語》主流から離れた立場[意見]: out in *left field* 風変わりで.

***left**² [léft]
動 **leave**¹ の過去形・過去分詞.

léft-hánd 形 《限定用法》 1 左手の, 左側の, 左方の (↔ right-hand): *left-hand* traffic 左側通行 / a *left-hand* drive car 左ハンドル車 / a *left-hand* turn 左折 / on the *left-hand* side of a road 道の左側に. 2 左手による, 左手を使った; (人が)左利きの; 左利き用の: a *left-hand* hitter 左打者.

léft hánd 名 C 左手; 左側.

*l**éft-hánd·ed** 形 1 (人が)左利きの; 左利き用の, 左手を使った (↔ right-handed): a *left-handed* pitcher 左腕投手 / *left-handed* scissors 左利き用のはさみ / She is *left-handed*. 彼女は左利きです. 2 (ねじなどが)左巻きの, (錠などが)左回しの, (ドアなどが)左開きの.
3 《米》(賛辞・言葉などが)誠意のない, うわべだけの.
── 副 左手で, 左利きで; 左方へ: write *left-handed* 左手で字を書く.

léft-hánd·er 名 C 左利きの人; 《野球》左腕投手 (southpaw); 《ボクシング》左手のパンチ[ブロー] (↔ right-hander).

left-ie [léfti] 名 = LEFTY (↓).

left·ism [léftizəm] 名 U 左翼(主義).

left·ist [léftist] 名 C 左翼[左派]の人, 急進派の人 (↔ rightist). ── 形 左翼[左派]の, 急進派の.

léft-lúggage òffice 名 C《英》(駅の)手荷物預り所 (《米》checkroom, baggage room).

left·o·ver [léftòuvər] 名 C 1 [~s](だれの皿にも盛られなかった)残り物の料理. 2 過去の遺物.
── 形 《限定用法》残り物の (◇食べ物).

left·ward [léftwərd] 形 左側の, 左方向の (↔ rightward). ── 副 左側に, 左方向に.

left·wards [léftwərdz] 副《英》= LEFTWARD.

léft-wíng 形 左翼の, 左派の, 革新[急進]派の; 《スポーツ》左翼[レフトウィング]の (↔ right-wing).

léft wíng 名 C 左翼, 左派, 革新[急進]派; 《スポーツ》左翼, レフトウィング (↔ right wing).

léft-wíng·er 名 C 左翼[左派]の人, 革新[急進]派の人; 《スポーツ》左翼[レフトウィング]の選手 (↔ right-winger).

left·y [léfti] 名 (複 left·ies [~z]) C 1《主に米口語》左利きの(人). 2《英口語・やや軽蔑》左翼[左派]の人 (leftist).

***leg** [lég]
名 動
── 名 (複 **legs** [~z]) 1 C **足**, 脚 (◇通例, 太ももの付け根から下全体をさすが, 《米》ではひざから足首までを表すこともある; cf. foot (足首から下の)足; → 図; → BODY 図): an artificial *leg* 義足 / front [hind] *legs* (動物の)前[後]足 / with one's *legs* crossed 脚を組んで / Humans have four limbs, two arms and two *legs*. 人間には2本の腕と2本の脚の四肢がある.

┏━**コロケーション**━━足を... ━━━━━━┓
足を上げる: *raise* [*lift*] one's leg
足を組む: *cross* one's legs
足を下げる: *lower* one's leg
足を開く: *spread* one's legs
足を曲げる: *bend* one's legs
┗━━━━━━━━━━━━━━━━━━━━┛

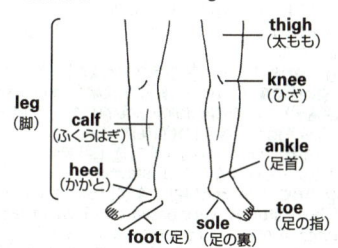

leg (脚)
thigh (太もも)
knee (ひざ)
calf (ふくらはぎ)
ankle (足首)
heel (かかと)
toe (足の指)
foot (足)
sole (足の裏)

2 C (机・いすなどの)脚; (衣装の)脚部, すそ: a trouser *leg* ズボンのすそ / The chair has four *legs*. そのいすには4本の脚がある.
3 C U (食用動物の)足, もも肉: *legs* of chicken 鶏のもも肉. 4 C (旅程の)一区間, 一行程; (スポーツの)ひと試合, 一戦: the last *leg* of a trip 旅行

の最後の行程.

■ *Bréak a lég!* 幸運を祈る; 頑張って!《◇元は舞台に出る人に対して言った》.

gíve ... a lég úp〈人〉が馬にまたがるのを助ける;〈困っている人〉を援助する; 有利にする.

nót hàve a lég to stánd òn《口語》正当な根拠がない.

on one's lást légs《口語》(人が)ひどく疲れて, 死にかかって; (ものが)古くなって, 壊れかかって.

púll ...'s lég(冗談を言って)…をからかう.

sháke a lég(通例, 命令文で)《口語》急ぐ.

shów a lég(通例, 命令文で)《口語》起きる.

strétch one's légs → STRETCH 成句.

táke to one's légs 逃げる.

—— 動 (三単現 **legs** [~z]; 過去・過分 **legged** [~d]; 現分 **leg·ging** [~iŋ]) [次の成句で]

■ *lég it*《英口語》逃げる, 立ち去る.

◆ **lég wàrmer** C(通例 ~s)レッグウォーマー.

***leg·a·cy** [légəsi] 名(複 **leg·a·cies** [~z])C 遺産 (cf. heritage 文化的な遺産; 相続財産); 先祖伝来のもの, (文化)遺産; 遺物.

‡**le·gal** [líːgəl] 形 [比較なし] **1** [限定用法]法律(上)の, 法律に関する: a *legal* adviser 法律顧問 / take *legal* action [steps] 法的手段をとる, 告訴する. **2** 合法的な, 適法の, 正当な (↔ illegal).
3 法定の: a *legal* price 法定価格. **4** 法律家[弁護士]の: *legal* circles 法曹界.
(▷ 名 láw, legality; 動 légalize)

◆ **légal áge** U 法定年齢, 成年.

légal áid U 法律扶助(貧困者の訴訟経費補助).
légal hóliday C《米》法定休日, 祝日 (《英》bank holiday) (→ HOLIDAY 表).
légal ténder U 法定貨幣, 法貨.

le·gal·ism [líːgəlìzm] 名 U 法律万能主義.
le·gal·is·tic [lìːgəlístik] 形 法律万能主義の.
le·gal·i·ty [li(ː)gǽləti] 名 U 適法[合法](性); 順法. (▷ 形 légal)
le·gal·i·za·tion [lìːgəlizéiʃən / -gəlai-] 名 U 合法化, 適法化.
le·gal·ize [líːgəlàiz] 動 他 …を合法[適法]化する; 法律上正当と認める. (▷ 形 légal)
le·gal·ly [líːgəli] 副 **1** 法律的に. **2** 合法的に.
le·gate [légət] 名 C **1** ローマ法王の特使. **2** 使節, 国使.
leg·a·tee [lègətíː] 名 C《法》遺産受取人, 受遺者.
le·ga·tion [ligéiʃən] 名 **1** C 公使館 (→ EMBASSY 関連語). **2** C [集合的に; 単数・複数扱い] 公使一行, 公使館員. **3** U 公使[使節]派遣.
le·ga·to [ligɑ́ːtou]《イタリア》形 副《音楽》レガートの[で], なめらかな[に] (cf. staccato 断音の[で]).

‡**leg·end** [lédʒənd] 名 **1** C 伝説, 言い伝え: Those stories were based on German *legends*. その物語はドイツの伝説に基づいていた.
2 U [集合的に](民族・国民の)伝説, 民間伝承; 伝承文芸. **3** C 伝説的人物, 伝説化した話: She became a *legend* in her own lifetime. 彼女は存命中に伝説的人物になった. **4** C (貨幣・メダルなどの)銘. **5** C《文語》(地図・図表などの)凡(はん)例, 解説;(絵などの)説明文. (▷ 形 légendàry)

leg·end·ar·y [lédʒəndèri / -dəri] 形 **1** 伝説(上)の. **2**《口語》有名な. (▷ 名 légend)

leg·er·de·main [lèdʒərdəméin] 名 U《古風》
1 手品, 奇術; 早業. **2** ごまかし, 欺き; トリック.

-leg·ged [légid] 結合 「足[脚]が…な, …足[脚]の」の意を表す: a three-*legged* stool 3本脚の腰掛け / a three-*legged* race 二人三脚 / a long-*legged* man 脚の長い男 / a cross-*legged* posture 脚を組んだ姿勢.

leg·ging [légiŋ] 名 C **1** (通例 ~s) きゃはん, ゲートル. **2** [~s] レギンス《小児用保温ズボン》.

leg·gy [légi] 形 (比較 **leg·gi·er** [~ər]; 最上 **leg·gi·est** [~ist]) **1** (子供・動物の子などが)脚が(ひょろ)長い; 脚線美の. **2** 茎のひょろ長い.

leg·i·bil·i·ty [lèdʒəbíləti] 名 U (筆跡・印刷などの)読みやすさ.

leg·i·ble [lédʒəbl] 形 (筆跡・印刷などが)読みやすい, 判読できる (↔ illegible).

leg·i·bly [-bli] 副 読みやすく, 読めるように.

***le·gion** [líːdʒən] 名 **1** C [単数・複数扱い] 軍隊, 大軍, 軍団; (古代ローマの)軍団. **2**《文語》多数, 大群 (multitude). **3** (通例 L-) 在郷軍人会.
—— 形 [叙述用法]《文語》多数の, 無数の.

le·gion·ar·y [líːdʒənèri / -nəri] 形 古代ローマ軍団の; (一般に)軍団の. —— 名 (複 **le·gion·ar·ies** [~z]) C (古代ローマ軍団の)兵士.

le·gion·naire [lìːdʒənéər] 名 C [しばしば L-](フランスの)外人部隊の兵士; 在郷軍人会の会員.

◆ **legionnáires' diséase** U 在郷軍人病《肺炎の一種》.

leg·is·late [lédʒəslèit] 動 自 […を禁止する／を認める]法律を制定する [*against / for*].
—— 他 …を法律で定める. (▷ 名 lègislátion)

‡**leg·is·la·tion** [lèdʒəsléiʃən] 名 U **1** 立法, 法律制定: The Diet has the power of *legislation*. 国会には立法権がある. **2** [集合的に](制定された)法律, 法令. (▷ 動 législàte)

***leg·is·la·tive** [lédʒəslèitiv / -lətiv] 形 [主に限定用法]立法(上)の; 立法権のある, 立法府の: a *legislative* body 立法府.

***leg·is·la·tor** [lédʒəslèitər] 名 C 立法府[議会]の議員, 国会議員; 法律制定者, 立法者.

***leg·is·la·ture** [lédʒəslèitʃər] 名 C [通例 the ~]立法府, 立法機関;《米》州議会.

le·git [lidʒít] 形 [叙述用法]《口語》= LEGITIMATE.

le·git·i·ma·cy [lidʒítəməsi] 名 U **1** 合法性, 正当性. **2** 嫡出(ちゃくしゅつ); 正統, 正系.

***le·git·i·mate** [lidʒítəmət] (☆ 形 と動 との発音の違いに注意) 形 (↔ illegitimate) **1** 合法[適法]の. **2** 嫡出(ちゃくしゅつ)の《正妻から生まれた》; 正統な: a *legitimate* child 嫡出子. **3** 筋の通った, 妥当な, 正当な: a *legitimate* claim 正当な要求.
—— [-mèit]《米》= LEGITIMIZE (↓).

le·git·i·mate·ly [-mətli] 副 合法的に, 正当に; 嫡出で.

le·git·i·mize [lidʒítəmàiz] 動 他 **1** …を合法と認める, 合法化する, 正当とする. **2** 〈子供〉を嫡出(ちゃくしゅつ)子とする.

leg·room [légrùː)m] 名 U (座席の下の)脚を伸ばせる空間[広さ].

leg·ume [légjuːm, ligjúːm] 名 C **1**《植》マメ科

leg・work [légwə̀ːrk] 名 U《口語》(取材などの)歩き回る仕事, 取材活動;《刑事の》聞き込み捜査.

lei [léi, léiːi] 名 C レイ《首にかける花輪》.

Leices・ter [léstər] 名 1 レスター《英国 England 中部にある Leicestershire の州都》. **2** C【動物】レスター種の羊. **3** U レスターチーズ《牛乳から作る固いチーズ》.

Leices・ter・shire [léstərʃər, -ʃiər] 名 レスターシャー《英国 England 中部にある州》.

‡lei・sure [líːʒər / léʒə] 名 **1** U 余暇《仕事から解放された時間》;〔…する／…のための〕暇, 自由時間 [to do / for]《比較 日本語の「レジャー」のように娯楽と関係しているとは限らない》: I don't have leisure to read the paper. 私は新聞を読む暇がない. **2** [形容詞的に] 余暇の; 暇な, 暇の多い: leisure time [hours] 余暇.
■ *at léisure* **1** 暇で, 手すきで. **2** ゆっくり, 急がず, 時間をかけて: Marry in haste, (and) repent at leisure.《ことわざ》急いで結婚, ゆっくり後悔.
at one's léisure 暇な時に, 都合のよい時に.
◆ **léisure cènter** C レジャーセンター《公共のスポーツ・娯楽施設》.

lei・sured [líːʒərd / léʒəd] 形 **1** [限定用法] 暇の多い, 有閑の: the leisured classes 有閑階級. **2** ゆっくりした.

lei・sure・ly [líːʒərli / léʒə-] 形 ゆっくり[のんびり]した, 悠然たる. — 副 ゆっくり, のんびりで.

leit・mo・tif, leit・mo・tiv [láitmoutìːf]【ドイツ】名 C **1** 【音楽】ライトモチーフ, 示導動機 (leading motive)《楽曲全体に繰り返される楽句・主題》. **2**《作品に繰り返し現れる》主題, 中心思想.

LEM《略語》= *l*unar *e*xcursion *m*odule 月面着陸[探査]機.

lem・ming [lémiŋ] 名 C【動物】レミング, タビネズミ《小型の齧歯(ξ2)類. 繁殖しすぎると集団で溺死(ξ2)するとされる. しばしば群集心理で行動する人や組織のたとえに用いる》: like lemmings 群集心理で.

‡lem・on [lémən] — 名 (複 lem・ons [~z]) **1** C U レモン, レモンの実; C レモンの木: a slice of lemon レモン1切れ / tea with lemon レモンティー《◇ lemon tea は「レモン風味の紅茶」》/ squeeze a lemon レモンをしぼる. **2** U = lémon yéllow レモン色, 淡黄色. **3** U《英》レモン飲料. **4** C《口語》不快なもの, 欠陥品; 欠陥車. **5** C《英口語》ばかなやつ.
— 形 レモン色の; レモン風味の.
◆ **lémon cúrd** U レモンカード《バター・卵・レモン汁・砂糖を混ぜたもので, パンに付ける》.
lémon gràss U【植】レモングラス《特に東南アジア諸国で料理に使われる香草》.
lémon sòda U C《米》レモンソーダ.
lémon squèezer C《英》《レモン・オレンジなどの》果汁しぼり器《=《米》juicer》.

lem・on・ade [lèmənéid] 名 U C **1**《英》レモネード《《米》lemon-lime》《炭酸飲料. 日本語の「ラムネ」はこのなまり》. **2** レモン水《レモン汁に砂糖・水を加えた飲み物》. **3**《英》レモンソーダ《《米》lemon soda》《ソーダ水にレモン汁を入れた飲み物》.

lém・on-lìme, lémon lìme 名 U C《米》レモンライム《炭酸飲料》.

le・mur [líːmər] 名 C【動物】キツネザル《主にマダガスカル島産の夜行性動物》.

‡‡‡lend [lénd]
【原義は「あとに残す」】
— 動 (三単現 **lends** [léndz]; 過去・過分 **lent** [lént]; 現分 **lend・ing** [~iŋ])
— 他 **1** [lend (+O)+O / lend+O(+to …)]《人》に《金・もの》を**貸す** (↔ borrow) (→ 類義語): A usurer lends money at high interest. 高利貸しは高利で金を貸す / Could you lend me a pen? ペンを貸してくれませんか / He lent me 10 dollars. = He lent 10 dollars to me. 彼は私に10ドル貸してくれた.
2 [lend+O+O / lend+O+to …]《人》に《力・助けなど》を貸す, 与える;…に《重要性など》を加える: He lends support to a volunteer group. 彼はボランティア団体を支援している / This piece of evidence is sure to lend further support to his argument. この証拠によって彼の議論はさらに堅固なものになるだろう.
— 自《銀行などが》〔…に〕金を貸す 〔to〕.
■ *lénd an éar to …* → EAR¹ 成句.
lénd (…) a hánd 《人を》〔…で〕手伝う, 助ける 〔with〕.
lénd itsèlf to … 《ものが》…に適している: This book doesn't lend itself to beginners. この本は初心者には不向きです.
lénd onesèlf to … 《人が》…に協力する, 加担する.
lénd óut 他 《本・車などを》〔人に〕貸し出す 〔to〕.

> **類義語** **lend, loan, rent, lease, let**
> 共通する意味▶**貸す** (grant the temporary use or possession of something)
> **lend** は通例, 返却を条件にお金や移動可能なものを「ただで貸す」の意. ただし, お金の場合は「利子を取って貸す」の意になることもある: I lent him my bicycle. 私は彼に自転車を貸した / Banks lend money at interest. 銀行は利子を取って金を貸す. **loan** は《主に米》で lend と同じ意に用いる: Loan me your pen [ten dollars]. ペンを[10ドル]貸してください. **rent** は移動可能・不可能を問わず, 車・土地・建物などを「賃貸しする」の意. 「賃借りする」の意でも用いる: I rented a car for a day. 私はレンタカーを1日借りた / We rented the cottage to a young couple. 私たちは若い夫婦に別荘を賃貸しした. **lease** は契約に基づいて一定期間, 一定料金で土地・建物や物品を「賃貸しする」または「賃借りする」の意: She leased the building to the company. 彼女はその会社にビルを賃貸しした / He leased the farm from a local farmer. 彼は地元の農場主から農場を賃借りした. **let** は《主に英》で「家・部屋などを賃貸しする」の意.《米》では rent を用いる: She let the cottage to a writer. 彼女は別荘をある作家に賃貸しした.

lend・er [léndər] 名 C 貸す人, 貸し主; 金貸し.

length

***length [léŋkθ]
【基本的意味は「長さ(the measurement of something from end to end)」】
― 名 (複 **lengths** [~s]) **1** U (ものの)**長さ**, 寸法, 縦; 距離; C プールの縦の長さ: the *length* of a skirt スカートの丈(長) / The bridge is 150 meters in *length*. = The *length* of the bridge is 150 meters. その橋の長さは150メートルです (◇ The bridge is 150 meters long. のように long を用いるのが普通) / What is the *length* of the room? その部屋の奥行きはどれくらいですか.
2 UC (時間・書物・演説などの)**長さ**, 期間: the *length* of the meeting [book] 会議 [本] の長さ / Most university classes are ninety minutes in *length*. 大学での授業の長さはたいてい90分です / Can you estimate the *length* of time it will take to finish your work? 仕事を終えるのにどれぐらいの時間がかかるか推測できますか.
3 [the ~] (ものの)全長, 端から端: The explorer traveled the *length* of the Nile. その探検家はナイル川を(上流から下流まで)ずっと旅行した.
4 C (競馬の)1馬身; (ボートレースの)1艇身: win by a *length* 1馬身 [艇身] の差で勝つ.
5 C ある長さのもの; (規格・目的に合った)長さ: a *length* of string (一定の長さの)1本のひも.
■ **at árm's léngth** → ARM¹ 成句.
at fúll léngth 手足を伸ばして, 大の字になって.
at léngth 1 詳細に; 長時間にわたって: He described his trip to Thailand to me *at length*. 彼は私にタイへの旅行のことを長々と話した. **2**《文語》ついに, ようやく (at last).
gó to gréat [ány] léngths [...するためには]どんなことでもする [to do].
the léngth and bréadth of ... ...の至る所, の隅々まで全部. (▷ 形 long, lengthy).

***length・en** [léŋkθən] 動 他 を**長くする**, 伸ばす; 〈時間などを〉延長する (↔ shorten): have one's coat *lengthened* コートの丈を長くしてもらう. ― 自 長くなる, 伸びる, 延びる. (▷ 形 long).

length・ways [léŋkθwèiz], **length・wise** [-wàiz] 形 縦の; 長い. ― 副 縦に; 長く.

length・y [léŋkθi] 形 (比較 **length・i・er** [~ər]; 最上 **length・i・est** [~ist]) (時間的に) 長い; 《しばしば軽蔑》(話などが) 長たらしい, くどい. (▷ 名 length).

le・ni・en・cy [líːniənsi], **le・ni・ence** [-əns] U 寛大さ; 慈悲 (深さ).

le・ni・ent [líːniənt] 形 〈人に/もの・ことに〉寛大な, 情け深い; 甘い [*with, to, toward* / *about*].
le・ni・ent・ly [~li] 副 寛大に; 情け深く; 甘く.

Len・in [lénin] 名 圃 レーニン Vladimir Ilyich [vlædəmiər ilítʃ] Lenin 《1870–1924; ロシア革命の指導者; Nikolai [nìkəlái] Lenin とも言う》.

***lens** [lénz] (「レンズマメ (lentil)」と形が似ていることから) 名 C **1** (眼鏡・カメラなどの)**レンズ**: a convex [concave] *lens* 凸 [凹] レンズ / a telephoto *lens* 望遠レンズ. **2**【解剖】(眼球の)水晶体. **3** (通例 ~es) コンタクトレンズ (contact lens).

***lent [lént] 動 lend の過去形・過去分詞.

Lent [lént] 名 圃 【キリスト】四旬節, 受難節《聖灰水曜日から復活祭前日までの日曜日を除く40日間. 断食やざんげを行う》.

len・til [léntəl] 名 C 【植】レンズマメ, ヒラマメ.

len・to [léntou]【イタリア】【音楽】形 レントの, 遅い. ― 副 レントで, 遅く.

Le・o [líːou] 名 **1** ① 【天文】 獅子(ΐ)座 (the Lion);【占星】獅子宮, 獅子座 (→ ZODIAC 図). **2** C 獅子座 [獅子宮] 生まれの人《7月23日–8月22日生まれ》. **3** ② レオ《男性の名》.

Le・o・nar・do da Vin・ci [líːənɑ́ːrdou də víntʃi] 名 圃 レオナルド＝ダ＝ビンチ《1452–1519; イタリアの芸術家・科学者》.

le・o・nine [líːənàin] 形 ライオンの(ような); 勇猛な.

leop・ard [lépərd] (☆ 発音に注意) 名 **1** C【動物】**ヒョウ** (◇女性形は leopardess): Can the *leopard* change his [its] spots? ヒョウはその斑点(災)を変えられようか《人の性格は変わらないことを言う聖書の言葉から》. **2** U ヒョウの毛皮.

le・o・tard [líːətɑ̀ːrd] 名 C レオタード.

lep・er [lépər] 名 C ハンセン病患者.

lep・re・chaun [léprəkɔ̀ːn] 名 C (アイルランド民話の)レプラコーン《老人の姿をした小妖精. 捕らえると宝の隠し場所を聞き出せるといわれる》.

lep・ro・sy [léprəsi] 名 U 【医】ハンセン病.

les・bi・an [lézbiən] 形 (女性間の)同性愛の, レズの. ― 名 C 同性愛の女性, レズ (cf. gay 男性の同性愛者).

les・bi・an・ism [lézbiənìzəm] 名 U (女性間の)同性愛.

le・sion [líːʒən] 名 C **1** 損傷, 傷. **2**【医】病変, (後遺症として残った)組織 [機能] 障害.

***less [lés] 形 副 代 (◇ little の比較級)
― 形 **1** [不可算名詞に付けて] [...より] (量・程度が)**より少ない**, 少量の [*than*] (↔ more): The fee will be *less* than one hundred dollars. 料金は100ドルより少ないだろう / You should eat *less* salt. あなたは塩の摂取量を減らすべきです / He has *less* interest in history *than* she does. 彼は彼女ほど歴史に興味がない / More haste *less* speed.《ことわざ》急がば回れ.
2 [数えられる名詞に付けて]《口語》[...より] (数が) より少ない [*than*] (◇非標準的な用法で, fewer が一般的): The company employed *less* recruits *than* last year. その会社の新入社員は昨年よりも少なかった.
― 副 **1** [動詞を修飾して] [...より] (程度・度合が) **より少なく**, もっと下回って [*than*] (↔ more): Walk more and ride *less*. もっと歩き, 車に乗ることをもっと減らしなさい / I exercise *less* than I used to. 私は以前ほど運動をしなくなった.
2 [形容詞・副詞を修飾して] [...より] より...でなく [*than*]: This book is *less* interesting *than* that one. この本はあの本よりもつまらない (◇《口語》では次の言い方が一般的: This book is not so [as] interesting as that one.) / He gets angry *less* often *than* he did before. 彼は以前よりも怒ることが少なくなった.
3 [通例 than を伴って] むしろ...でない (◇同一の人

[もの]の性質・状態を比較する): Tom is *less* shy than unsociable. トムは内気というよりむしろ非社交的だ (= Tom is not so [as] shy as unsociable.).

■ *léss and léss* ... だんだん[ますます]…でなくなって: The singer became *less and less* popular. その歌手はだんだん人気がなくなった.

léss than ... 決して…でない, とても…とは言えない: The decision was *less than* fair. その決定は公平なものとは言えなかった.

líttle léss than ... …とほとんど同じくらいに.

móre or léss → MORE 副 成句.

múch (stíll, éven) léss [否定文で] まして(…でない): I couldn't stand up, *much less* help the boy. 私は立ち上がることができなかった. ましてその少年を助けることはとても無理だった.

nó léss 実に, 驚くなかれ.

nó léss than ... …も, …ほどたくさんの (◇数量が多いことを強調する): Tom weighs *no less than* 120 kilograms. トムは120キロもある.

nó léss ... *than* ~ ~に劣らず…, ~と同じ程度に… (◇両方とも同じくらい程度の高いことを強調する): This will be *no less* an event *than* a world war. これは世界戦争に匹敵するほどの大事件である.

nóne the léss それにもかかわらず (nonetheless).

nóthing léss than ... …にほかならない, まさに…で: It is *nothing less than* an invasion of my privacy. それはまさに私のプライバシーの侵害です.

nót léss than ... 少なくとも…: This china costs *not less than* five thousand pounds. この磁器は少なくとも5,000ポンドはする.

nót léss ... *than* ~ ~にまさるとも劣らないほど… (◇同等以上に程度の高いことを表す): Henry is *not less* clever than his father. ヘンリーは父親にまさるとも劣らず賢明です.

— 代 [不定代名詞] […より] より少ない量 [数, 額] [*than*]: You'll arrive there in *less than* ten minutes. 10分足らずでそこへ着くでしょう / He understood less of money matters *than* a child. 彼はお金のことについては子供ほどにもわかっていなかった.

■ *in léss than nó tíme* すぐに, あっと言う間に.

— 前 …だけ少ない, …を引いた (minus): a month *less* two days 1か月に2日足りない日数 / The change is $35, *less* the 10% charge. 10パーセントの手数料を引いて, お返しは35ドルになります. (▷ 動 léssen)

-less [ləs] 接尾 **1** 名詞に付けて「…のない, …を欠く」「…の及ばない」の意を表す形容詞を作る: end*less* 終わりのない / price*less* 金では買えない.

2 動詞に付けて「…できない, …しない」の意の形容詞を作る: count*less* 数え切れない.

les·see [lesíː] 名 C 賃借人, 借地人, 借家人 (↔ lessor).

less·en [lésən] (☆同音 lesson) 動 他 を少なく [小さく]する, 減らす: His salary was *lessened*. 彼の給料は下がった.

— 自 少なく[小さく]なる, 減る: The prices began to *lessen*. 物価が下がり始めた. (▷ 形 léss)

less·er [lésər] 形 [限定用法]《格式》より小さい, より少ない; より劣った, より重要でない (◇ little の比較級 less に -er を付けた形で, 可算名詞に付くことが多い. *than* ... を伴わない): *lesser* nations 弱小国 / a *lesser* writer 二流作家 / to a *lesser* extent [degree] より少ない程度に / the *lesser* of two evils 2つの悪のうちでもましなほう.

— 副 [通例, 複合語で] より少なく; あまり…でない: a *lesser*-known singer あまり有名でない歌手.

◆ **lésser pánda** C [動物] レッサーパンダ (アライグマ科; cf. giant panda (ジャイアント) パンダ).

***les·son** [lésən] (☆同音 lessen)
【原義は「読むこと」】

— 名 (複 **les·sons** [~z]) C **1** [主に英] (学校での)[…の] 授業 (時間), 学課 (《米》class) [*in, on*] (◇通例 in は学科, on はその中の各分野に用いる); (技能を教える) レッスン, けいこ, 習い事: a music *lesson* 音楽の授業 / a *lesson on* grammar 文法の授業 / give *lessons in* English 英語の授業をする / take vocal *lessons* 声楽のレッスンを受ける / Did you understand today's math *lesson*? きょうの数学の授業はわかりましたか.

2 (教科書の) 課: *Lesson* 5 第5課 / a German textbook of 12 *lessons* 12課から成るドイツ語の教科書.

3 [人にとっての] 教訓 [*to*]; 訓戒, 戒め: teach him a *lesson* in manners 彼に礼儀作法について訓戒する / Let this be a *lesson to* you. このことをあなたにとっての教訓としなさい / We can learn some *lessons* from this disaster. 私たちはこの災害からいくつか教訓を学ぶことができる.

4 [キリスト] 日課 (礼拝で朗読する聖書の1節).

les·sor [lesɔ́ːr, lésɔːr] 名 C 賃貸人, 地主, 家主 (↔ lessee).

***lest** [lést] 接 **1** 《格式》…しないように; …するといけないから: Write down my address *lest* you (should) forget it. 忘れないように私の住所を書きとめておきなさい / I went out with my umbrella *lest* it (might) rain. 雨が降るといけないので傘を持って出かけた.

[語法] (1) lest はやや《古風》で,《口語》では so that ... not, for fear that ..., in case ... を用いる: Write down my address *so that* you *don't* forget it. / I went out with my umbrella *in case* it rained.

(2) lest のあとの should, might は《米》では通例用いず, 仮定法現在とする; → SHOULD **9**.

2 《格式》…ではないかと, …しはしないかと: I feared *lest* my son (should) lose his way. 私は息子が道に迷うのではないかと心配した.

[語法] 通例 be afraid, be anxious などや, 動詞・名詞の fear, danger, terror のあとに用いる.《口語》では lest の代わりに that を用いて I feared *that* my son would [might] lose his way. のように言うことが多い.

***let**[1] [lét]
動 名

— 動 (三単現 **lets** [léts]; 過去・過分 **let**; 現分 **let·ting** [~iŋ])

— 他 **1** [let+O+do] …に(望み通りに) ~させる, ~させておく: He *let* me drive his car. 彼は自分の車を私に運転させてくれた / She *let* the stereo play loudly all night. 彼はひと晩じゅうステレオを大きな音でかけていた.

[語法] (1) 通例 let は「相手の意志通りにすることを許す」の意. 強制の意を含むときは make を用いる (→ MAKE 5 [語法] (1)).
(2) 通例, 受け身は be allowed to do で代用することが多い: I *was allowed to* drive his car. 私は自分の車を運転することを許された.
(3) let のあとの原形不定詞が文脈から明らかな場合には, 省略可能: She wanted to play soccer, but her mother would not *let* her (play). 彼女はサッカーをやりたかったが, 母親が許そうとしなかった.

2 [let+O+do][命令文で;1人称の目的語を伴って]〈私・私たち〉に…させてください: *Let* me take your coat. コートをお預かりしましょう / Please *let* us know if you need anything. 何か必要なものがあったら知らせてください / Could you *let* me use the phone? 電話を使わせていただけますか(◇非常に丁寧な依頼の表現).

3 [let+O][副詞(句)を伴って]…を通す, 行かせる; [let+O+C](◇Cは形容詞)…を〜の状態にする: *Let* me by [past], please. 通してください / Be careful not to *let* the dog loose. 犬を放さないように注意しなさい.

4 [let us do]…しよう: *Let us* pray for Kelly's recovery. ケリーの回復を祈りましょう.

[語法] (1) ほとんどの場合, let's を用いる (→ LET'S). let us do とするのは上の例のような格式ばった場面に多い.
(2) この意味での let us は通例 [léts, létəs] と発音される. [lét ʌs] と発音すると **2** の意になる.

5 [let+O+do][命令文で;3人称の目的語を伴って]〈人〉に…させなさい: *Let* him clean his room. 彼に自分の部屋を掃除させなさい / *Let* him say what he will. 彼に言いたいことを言わせなさい. **6** [let+O+do](数学などで)〈もの〉を…であると仮定する: *Let* line AB be parallel to CD. 線分 AB が CD と平行であるとしよう.

7 〈主に英〉〈人に〉〈住居など〉を貸す, 賃貸する [*to*] (〈米〉rent) (= LEND [類義語]): She *lets* rooms *to* students. 彼女は学生に部屋を貸している.

— 圓〈英〉貸される, 借り手がある: This room *lets* for 65,000 yen a month. この部屋は月6万5千円です.

[句動詞] **lèt dówn** 働 [let down+O / let+O+down] **1** …をがっかりさせる, 落胆させる: The news *let* her *down*. その知らせを聞いて彼女は落胆した. **2** …を下げる;〈飛行機〉を降下させる. **3** 〈英〉〈タイヤ・風船など〉の空気を抜く.

lèt ín 働 [let in+O / let+O+in] **1** 〈人〉を(部屋などの中へ)入れる: Don't *let* anyone *in*. だれも家[部屋]の中に入れてはいけません. **2** 〈ものが〉〈光・水・空気など〉を通す.

·lèt ... ín for …〈口語〉〈人〉を〈やっかいなこと〉に引き込む: You'll *let* yourself *in for* more trouble by doing that. そんなことをすればあなたもっとやっかいな目にあうだろう.

·lèt ... ín on 〜〈口語〉〈人〉に〈秘密など〉を打ち明ける: She *let* me *in on* a secret. 彼女は私に秘密のことを打ち明けた.

lèt ... ínto 〜 働 **1** …を〜の中へ入れる: She *let* the stranger *into* the house. 彼女はその見ず知らずの人を家に入れた. **2** 〈人〉に〈秘密など〉を打ち明ける (let ... in on 〜). **3** [通例, 受け身で] …を〜にはめ込む.

lèt óff 働 [let off+O / let+O+off] **1** (罰を課さないで)〈人〉を許してやる: He will never *let* his son *off* this time. 彼は今回は息子を決して許さないだろう. **2** 〈銃など〉を撃つ, 〈爆弾など〉を破裂させる. **3** 〈人〉を乗り物から降ろす.

lèt ... óff 〜 …〈人〉を〜から解放する, 放免する: The soldier was *let off* duty early. その兵士は早目に勤務を免除された.

lèt ón 圓 [しばしば否定文で]〈人に〉秘密をもらす [*to*]: I've got a new boyfriend, but don't *let on to* anyone. 私に新しいボーイフレンドができたけど, だれにも言わないでね. — 働〈…ということ〉を口外する, もらす: Never *let on* (that) I am leaving my job. 私が仕事を辞めることは決して口外しないでください.

lèt óut 働 [let out+O / let+O+out] **1** …を[…から]外に出す [*of*];〈水・空気など〉を抜く: We *let* the dogs *out of* the room. 私たちは犬を部屋から出した. **2** 〈叫び声など〉を発する: *let out* a scream [cry] 叫び声を上げる. **3** 〈家賃など〉をもらす, 口に出してしまう. **4** 〈服〉の寸法を大きくする. **5**〈主に英〉〈部屋・家など〉を貸す (〈米〉rent). — 圓〈米〉〈学校・芝居などが〉終わる, 引ける.

lèt thróugh 働 [let through+O / let+O+through] …を通す: We can't *let* you *through*. あなたを通すわけにはいかない.

lèt úp 圓 **1** 〈雨・あらしなどが〉やむ, 弱まる: The storm will *let up* soon. あらしはすぐにおさまるだろう. **2** [否定文で]〈人が〉力を抜く, 手を休める; […に] 優しくする [*on*].

■ **lèt alóne ...** …はもちろんのこと (→ ALONE [形] [成句])

lèt ... alóne …をほうっておく (→ ALONE [形] [成句]).

lèt ... bé …をほうっておく, じゃましない: Just *let* it *be*. ほうっておきなさい.

lèt drópt [fáll] ... **1** …を落とす, こぼす. **2** 〈秘密など〉をうっかり[わざと]もらす.

lèt ... gó **1** 〈つかんでいるもの〉を放す: *Let* her *go*. 彼女を放せ. **2** …を自由にしてやる, 解放する. **3** 〈人〉を解雇する. **4** 〈考えなど〉を捨てる.

lèt gó of ... 〈つかんでいるもの〉を放す: Don't *let go of* the rope. ロープを放さないでください.

lèt ... háve it〈口語〉…をひどくやっつける; ひどくしかる.

lèt it gó (at thát) それ以上言わないことにする, それでよいことにする.

Lèt me sée [thínk].〈口語〉ええと, そうですね (→ 次ページ LET'S TALK): Where did you see him? — *Let me see* ..., in the school library. どこで彼を見かけたんですか — ええと …, 学校の図書室です.

lèt onesèlf gó **1** 思いのままにふるまう, はめを外す. **2** 身なりをかまわない.

let us [**lèt's**] *sáy* → SAY 成句.
lèt wéll (enòugh) alóne (よいことを悪くならないように) そのままにしておく.
to lét = **to be lét** 《英》賃貸しの(《米》for rent): *To Let*《掲示》貸家(あり).

let² [lét] 名 C 《テニス・バドミントン》レット《ネットに触れて入ったサーブ; サーブのやり直しとなる》.

-let [lət, lɪt] 接尾 **1** 名詞に付けて「小…」の意を表す名詞を作る: book*let* 小冊子 / star*let* 小さい星. **2** 名詞に付けて「(身につける) …飾り」の意を表す名詞を作る: arm*let* 腕章 / brace*let* 腕輪.

let·down [létdàun] 名 C **1** 《口語》[通例 a ～] 失望, 落胆, 期待外れ. **2** 減少, 減退, 衰退.

le·thal [líːθəl] 形 死をもたらす, 致死の; 致命的な: a *lethal* dose (薬の) 致死量 / *lethal* weapons 凶器; 死の兵器《核兵器など》.

le·thar·gic [ləθάːrdʒɪk] 形 **1** 無気力な, けだるい; 不活発な. **2** 眠気を誘う.

leth·ar·gy [léθərdʒi] 名 U **1** 無気力, 倦怠(%); 無関心; 不活発. **2** (病的な) 眠気; 昏睡(%)状態.

Le·the [líːθi(ː)] 名 **1** 《ギ神話》レテ, レーテー《黄泉(よみ)の国を流れる「忘却」の川. その水を飲むと過去をすべて忘れる》. **2** U 忘却 (oblivion).

****let's** [léts] (◇ let us の短縮形)

[**let's** + *do*]《口語》…しよう (→ HOW [**LET'S TALK**]): *Let's* play tennis. テニスをしよう / *Let's* get out of here. ここを出ましょう / Shall we go out for lunch? – Yes, *let's*. [No, *let's* not.] 昼食を食べに行こうか – ええ, そうしましょう [いや, よしましょう].

語法 (1) 付加疑問には通例 shall we? を用いる: *Let's* go shopping, *shall we*? 買い物に行きましょうよ.
(2) Let's ... の否定は通例 Let's not ... を用いる. ただし《米》では Let's don't ..., 《英》では Don't let's ... と言うこともある: *Let's not*

talk about it. その話はやめよう.
■ *Lèt's sée.* ええと, そうですねえ (= Let me see. → [**LET'S TALK**])

******let·ter** [létər]
名 動【原義は「個々の文字」】

— 名 (複 let·ters [～z]) **1** C 手紙, 封書, 書簡 (◇通例, 封筒に入っている手紙をさす) (→次ページ図): drop a *letter* into a mailbox 郵便ポストに手紙を投函する / Here's a *letter* for you. ほら, あなたあての手紙ですよ / We will inform you about the test results by *letter*. 検査結果は手紙でお知らせします (◇ by のあとでは無冠詞).

関連語 いろいろな letter
business letter 商用の手紙 / registered letter 書留の手紙 / special-delivery [《英》express] letter 速達の手紙 / fan letter ファンレター / letter of credit 信用状 [紹介状, 推薦状] / love letter ラブレター / personal letter 私信

コロケーション 手紙を [の] …
手紙を受け取る: *receive* [*get*] *a letter*
手紙を開封する: *open* [*unseal*] *a letter*
手紙を書く: *write a letter*
手紙を出す: *send* [《米》*mail*, 《英》*post*] *a letter*
手紙の返事を出す: *answer a letter*

2 C 文字, 字 (◇アルファベットなどの表音文字をさす; cf. character (漢字などの) 表意文字): a capital [small] *letter* 大 [小] 文字 / a block *letter* ブロック体 / The English alphabet has 26 *letters*. 英語のアルファベットは26文字である.

3 [～s; 単数・複数扱い]《格式》文学; 学識; 著述(業): a man of *letters* (男の) 文筆家; 文学者 / the profession of *letters* 著述業.

4 [the ～] (内容に対して) 字句, 字義, 文字通りの意味: keep to the *letter* of the law 法律の条文を厳格に守る. **5** C 《米》(服などの胸に付ける) 学校名のイニシャル《学校代表のスポーツ選手に与える》:

LET'S TALK ためらいの言葉

[基本] **Let me see.**

Bill: **On what page do we begin today's history lesson?** (きょうの歴史の授業は何ページからですか)

Miho: **Let me see ..., on page 40, I think.**
(ええと…, 40ページからだと思います)

　会話の中で即答できずに間をとるときには, Let me see. などと言いましょう. well を加えて Well, let me see. と言えば, さらに考える時間を置くことができます. 日本人が「ええと」と言うのと同じように「アム (um)」または「アー (uh)」とためらいの声を発することもあります. これらはゆっくり言うとよい

でしょう.
　間をとるために you know を発話の途中にはさむこともあります. この場合の you know は「ご存じのように」という意味はありません.
　人に何かを聞かれたら, 黙ったままではいけません. ためらいの言葉を使って, 自分の考えを整理してから返答するようにしましょう.

[類例] A: Do you want to go to a baseball game? (野球の試合を見に行きませんか)
B: Well, you know ..., I'm not interested in baseball.
(ええと…, 私は野球に興味がないのです)

a *letter* jacket イニシャル入りのジャケット.
■ *to the létter* 文字通りに;正確に,厳密に.
— 動 他 …に文字を入れる[書く]. (▷ 形 literal)
◆ létter bòmb C (開けると爆発する)手紙爆弾.
létter bòx C《英》 1 (個人の)郵便受け(《米》mailbox). 2 郵便ポスト(《米》mailbox).
létter càrrier C《米》郵便配達人 (mail carrier).
létter òpener C《米》ペーパーナイフ(《英》paper knife)(電動式の)レターオープナー.

[手紙の書き方]

■便せんの書式

```
       ① 17 Iwato-cho, Shinjuku-ku
          Tokyo 162-0832
          JAPAN

          ② May 16, 2003

       ③ Ms. Lucy Jones
          3711 West 230th St.
          Torrance, CA 90505
          U.S.A.

       ④ Dear Lucy,


              本文 (body)



              ⑤ Sincerely,
              ⑥ Kimura Ai
                 KIMURA Ai
```

① 発信人の住所 ② 日付 ③ 受取人の名前と住所
④ 始めのあいさつ ⑤ 終わりのあいさつ ⑥ 署名
(注) 1. ①,③は相手が親しい場合,しばしば省略する.
2. ⑤のほかの表現:(親しい相手)Your friend, Yours, Love など/(目上の人)Sincerely yours [《英》Yours sincerely] など.

■封筒の書式

```
① KIMURA Ai
   17 Iwato-cho, Shinjuku-ku
   Tokyo 162-0832
   JAPAN

                  ② Ms. Lucy Jones
  BY AIR MAIL        3711 West 230th St.
                     Torrance, CA 90505
                     U.S.A.
```

① 発信人の名前と住所 ② 受取人の名前と住所

let·tered [létərd] 形《格式》学問[教養]のある.
let·ter·head [létərhèd] 名 1 C レターヘッド《便せんの上部に印刷された会社名・所在地など》.
2 U レターヘッド付きの便せん.
let·ter·ing [létəriŋ] 名 U 1 レタリング《デザイン文字を書き入れる[刻む,刷り込む]こと》.
2 書き入れた[刻んだ,刷り込んだ]文字.
lét·ter-pér·fect 形《米》 1 (文書・校正などが)細部に至るまで正確な. 2 せりふ[言葉]を完全に覚えている (《英》word-perfect).

let·ting [létiŋ] 名 C《英》貸家,貸しアパート.
*__let·tuce__ [létəs] 名 1 U (食用の) レタス: three heads of *lettuce* レタス3個. 2 C 《植》レタス, チシャ, サラダ菜.
let-up [létλp] 名 U [または a 〜] (活動の)停止, 減小;(風雨などの)弱まること, 衰えること.
leu·ke·mi·a, 《英》**leu·kae·mi·a** [lukí:miə] 名 U《医》白血病.
leu·ko·cyte, leu·co·cyte [lú:kəsàit] 名 C 《生理》白血球 (white blood cell).
lev·ee [lévi] 名 C (川の)堤防, 土手.

***lev·el** [lévəl] 名 形 動【原義は「はかり, てんびん」】
— 名 (複 **lev·els** [〜z]) 1 C U (知識・技術などの) **水準**, レベル;(達した)量, 程度;(社会的地位・価値などの)高さ: a country of high [low] cultural *levels* 文化レベルの高い[低い]国/the blood sugar *level* 血糖値/a conference at the cabinet *level* 閣僚級の会議/The *level* of his work is not satisfactory. 彼の仕事の出来は満足のいくものではない.
2 C U 水平[面線];(水平面の)高さ,標高: at one's eye *level* 目の高さで/bring a surface to a *level* ある面を水平にする/The top of this mountain is four thousand meters above sea *level*. この山の頂上は海抜4,000メートルです.
3 C (建物などの)階,(地層などの)層: We parked the car on *Level* 3, didn't we? 車は3階に止めたよね.
4 C (アルコール)水準器 (spirit level).
■ *on a lével* […と]同じ高さで, 同等に [*with*].
on the lével《口語》正直な[に], 本当の[に].
— 形 1 水平な, 平らな: a *level* teaspoon of salt スプーンすり切り1杯の塩/The scale must be placed on a *level* floor. そのはかりは平らな床に置かなければならない.
2 […と]同じ高さの, 同じ水準の;《英》(スポーツで)同等の, 同点の [*with*]: His head was *level* with his father's chest. 彼の頭は父親の胸の高さだった/Our team drew *level* in injury time. 私たちのチームはロスタイムに同点に追いついた.
3 (声・視線などが)変化のない;冷静な, 沈着な: speak in a *level* voice 落ち着いた声で話す.
■ *dò one's lével bést* 最善[全力]をつくす.
— 動 (三単現 **lev·els** [〜z]; 過去・過分 **lev·eled**, 《英》**lev·elled** [〜d]; 現分 **lev·el·ing**, 《英》**lev·el·ling** [〜iŋ]) 他 1 …を水平にする, 平らにする: *level* the playground 運動場の地ならしをする.
2 …を平等にする, 水準化する: *level* the score (スポーツで)同点にする.
3 〈銃など〉を(水平に構えて)[…に]向ける;〈非難など〉を[…に]浴びせる, 向ける [*at*, *against*]: The hunter *leveled* his gun *at* the bear. そのハンターはクマに銃のねらいをつけた.
4 〈建物など〉を破壊する, なぎ倒す;〈人〉を殴り倒す: The storm *leveled* the building to the ground. その建物はあらしで倒壊した.

lével óff 自 **1** 安定する,横ばい状態になる: Stock prices have *leveled off* recently. 最近株価は安定している. **2** (飛行機が)水平飛行に移る. — 他 [level off + O / level + O + off] …を平らにする,ならす.

lével óut = level off (↑).

lével úp 自 [level up + O / level + O + up] …を同じ高さ [水準] に上げる,均一にする.

lével with ... (《口語》) …にとざっくばらんに話す.

◆ **lével cróssing** C (英) 踏切,(鉄道の)平面交差(点)(《米》grade crossing).

lev·el·er, (英) **lev·el·ler** [lévələr] 名 C 平等にする人 [もの]; 平等主義者; 差別撤廃論者.

lev·el·head·ed [lévəlhédid] 形 分別 [良識] のある, 冷静な.

*__lev·er__ [lévər, líːvər / líːvə] 【原義は「持ち上げる (raise)」】名 C **1** [機械] てこ,レバー,バール;(車の)変速レバー: a hand *lever* 手動レバー. **2** (目的達成のための)手段,てこ.
— 動 他 **1** …をてこで動かす (*up*): *lever up* a stone 石をてこで持ち上げる. **2** ⟨人⟩を解任する.

lev·er·age [lévəridʒ, líːv- / líːv-] 名 U **1** てこの作用. **2** 影響力; 手段; てこ入れ.

lev·er·et [lévərət] 名 C [動物] 子ウサギ.

le·vi·a·than [ləváiəθən] 名 C **1** [聖] リバイアサン(巨大な海獣). **2** 巨大なもの,(特に)鯨.

Le·vi's, Le·vis [líːvaiz] 名 [複数扱い] 《商標》リーバイス(《ジーンズ》).

lev·i·tate [lévitèit] 動 自 (魔術などで) 空中に浮揚する. — 他 …を空中に浮揚させる.

lev·i·ta·tion [lèvitéiʃən] 名 U 空中浮揚.

lev·i·ty [lévəti] 名 (複 **lev·i·ties** [~z]) (格式)
1 U 軽率,軽はずみ; 不まじめ. **2** C 軽率な言動.

lev·y [lévi] 名 (複 **lev·ies** [~z]) C **1** (税金・罰金などの) 取り立て, 徴収; 徴収額, 賦課金: make [put] a *levy* on imports 輸入品に課税する.
2 徴兵; 徴募兵 (数). **3** [法] 差し押え.
— 動 (三単現 **lev·ies** [~z]; 過去・過分 **lev·ied** [~d]; 現分 **lev·y·ing** [~iŋ]) 他 …に(税金・罰金などを)課す [*on, upon*]; 徴収する, 取り立てる: *levy* taxes *on* goods 商品に課税する.

lewd [lúːd] 形 (体つきが) みだらな, わいせつな.

lewd·ness [~nəs] 名 U わいせつ.

lex·i·cal [léksikəl] 形 **1** [言] 語彙(い)の, (音声・文法に対して) 語の. **2** 辞書的な; 辞書(編集)の.

lex·i·cog·ra·pher [lèksikágrəfər / -kɔ́g-] 名 C 辞書編集者; 辞書学者.

lex·i·co·graph·ic [lèksikəgrǽfik], **lex·i·co·graph·i·cal** [-kəl] 形 辞書編集上の.

lex·i·cog·ra·phy [lèksikágrəfi / -kɔ́g-] 名 U 辞書編集; 辞書学.

lex·i·col·o·gy [lèksikálədʒi / -kɔ́l-] 名 U [言] 語彙(い)論.

lex·i·con [léksikàn / -kən] 名 C **1** 辞書 (特にギリシャ語・ラテン語・ヘブライ語など古典語の辞書).
2 (特定の分野・作家などの) 語彙(い), 用語集.
3 [言] 語彙目録, 辞典.

Lex·ing·ton [léksiŋtən] 名 固 レキシントン《米国 Massachusetts 州東部の都市; 1775年4月19日この地で独立戦争の火ぶたが切られた》.

lex·is [léksis] 名 (複 **lex·es** [léksiːz]) **1** C (特定の言語・個人などの) 語彙(い). **2** U [言] 語彙論.

lf, LF 《略語》= *left field(er)* 左翼 (手); *low frequency* 低周波 (↔ hf).

lh, LH 《略語》= *left hand* [音楽] 左手(使用) (↔ rh).

*__li·a·bil·i·ty__ [làiəbíləti] 名 (複 **li·a·bil·i·ties** [~z])
1 U […の / …する] 責任, 義務 [*for / to do*]: limited [unlimited] *liability* 有限 [無限] 責任 / *liability* to pay taxes 納税の義務 / product *liability* 製造物責任 (《略語》PL). **2** C [通例, 複数形で] 負債, 債務 (cf. asset 資産). **3** U […の] 傾向があること, […に] なりやすいこと [*to*]: *liability* to disease 病気にかかりやすいこと.
4 C [通例, 単数形で] (口語) 不利になるもの [人], 足手まとい, やっかい者.

*__li·a·ble__ [láiəbl] 形 [叙述的用法] **1** [be liable + to do] …しがちである, しやすい(◇好ましくないことに用いる; → LIKELY [類義語]); …しそうである: She *is liable* to get angry. 彼女は怒りっぽい人です.
2 [病気などに] かかりやすい [*to*]: The area is *liable to* floods. その地域は洪水になりやすい.
3 (人が) […に] (法的) 責任がある [*for*]; […を] 免れない, 科せられるべき [*to*]: You are *liable for* the debt. あなたはその負債を払う責任がある / Anyone who breaks the law is *liable to* a fine. その法律を犯す者は罰金を科せられます.

li·ai·son [líːəzàn / liéizɔn] 【フランス】名 **1** U [または a ~] (部隊間・組織間の) (…との) (緊密な) 連絡, 接触 [*between / with*]. **2** C (婉曲) (男女間の …との) 密通 [*between / with*]. **3** C [音声] リエゾン, 連結発音.

*__li·ar__ [láiər] 名 C (常習的な) うそつき (→ LIE²): You're a *liar*. あなたはうそつきだ(◇強い非難・侮辱を表すので, 軽く「うそだろう」と言う場合は Is it true?, Really? などが適切).

lib [lib] 名 U (古風・口語) 解放 (運動) (◇ *liberation* の略): women's *lib* ウーマンリブ.

li·ba·tion [laibéiʃən, li-] 名 C (神への)酒, お神酒; お神酒を注ぐこと.

li·bel [láibəl] 名 **1** U [法] (文書などによる) 名誉毀損(きそん) (罪); C 名誉毀損文書, 中傷 [誹謗(ひぼう)] 文書. **2** C (口語) […の] 侮辱となるもの [*on*].
— 動 (過去・過分 (英) **li·belled**; 現分 (英) **li·bel·ling**) 他 …に対する誹謗文書を公にする; …の名誉を毀損する, …を中傷する.

li·bel·ous, (英) **li·bel·lous** [láibələs] 形 名誉毀損(きそん)の, 中傷の, 誹謗(ひぼう)の.

*__lib·er·al__ [líbərəl] 形 **1** (人が) […において / 人に対して] 自由な, 心の広い, 寛大な [*in / to*]; (考えなどが) 偏見のない: She is *liberal* in her views. 彼女はものの見方が自由です. **2** (政治・宗教上の) 自由主義の, 進歩的な, リベラルな; [L-] (英国などの) 自由党の: *liberal* thought [ideas] 自由思想. **3** (人が) [金などに] 気前のよい, […を] 惜しまない [*with, of*]: He is *liberal with* [*of*] money. 彼は金離れがよい. **4** (ものが) 豊富な, たくさんの: a *liberal* gift たっぷりの贈り物. **5** 厳密でない (↔ strict); (解釈などが) 自由な, 字句にとらわれない: a *liberal* translation 意訳. **6** [教育] 一般教育 [教養] の.

―名C自由[進歩]主義者, リベラルな人; [L-](英国などの) 自由党員. (▷ 名 liberty)
◆ **líberal árts** [the ～]《主に米》(大学の)(一般)教養科目《専門科目に対し, 歴史・哲学・語学など》.
Líberal Démocrats [the ～]《英》自由民主党.
líberal educátion U高等普通[一般教養]教育.
Líberal Párty [the ～] 自由党.
líberal stúdies [複数扱い]《主に英》(大学の) 一般教養科目.

lib·er·al·ism [líbərəlìzəm] 名U(政治的・社会的) 自由主義.

lib·er·al·i·ty [lìbərǽləti] 名U《格式》 **1** 気前のよさ, 物惜しみしないこと. **2** 寛大さ, 心の広さ.

lib·er·al·i·za·tion [lìbərələzéiʃən / -laiz-] 名U自由にすること, 自由化.

lib·er·al·ize [líbərəlàiz] 動他 **1** …を自由化する. **2** 〈規則など〉を緩和する. **3** 〈心〉を寛大にする.

lib·er·al·ly [líbərəli] 副 **1** 気前よく, 惜しげもなく. **2** 豊富に, 大量に.

*__lib·er·ate__ [líbərèit] 動他 **1** …を[支配・束縛・不安などから] 自由にする, 解放する [*from*]: The Allied Forces *liberated* Paris. 連合軍はパリを解放した. **2** 【化】〈気体など〉を[化合物から] 遊離させる [*from*].

lib·er·at·ed [líbərèitid] 形(社会的・性的偏見などから) 解放された; 進歩的な.

lib·er·a·tion [lìbəréiʃən] 名U **1** 解放. **2** 解放運動 (lib): women's *liberation* ウーマンリブ.

lib·er·a·tor [líbərèitər] 名C解放者.

Li·ber·i·a [laibíəriə] 名固リベリア《アフリカ西部の共和国; 首都モンロビア (Monrovia)》.

li·be·ro [líːbərou]【イタリア】名(複 **li·be·ros** [～z]) C【サッカー】リベロ《特定のマークする相手を持たず, 自由に動き回れる守備の選手》.

lib·er·tar·i·an [lìbərtéəriən] 名C(思想・表現などの) 自由擁護者, 自由(意志)論者.
―形自由を擁護する, 自由論を主張[支持]する.

lib·er·tine [líbərtìːn] 名C放蕩(ほうとう)者.

***lib·er·ty** [líbərti]
―名(複 **lib·er·ties** [～z]) **1** U(束縛などからの または権利としての) 自由, 解放: *liberty* of speech 言論の自由 / religious [political] *liberty* 信教の[政治的]自由 / gain *liberty* 自由を得る.
2 U[通例 the ～](行動・出入りなどの) 自由, 権利, 許可: I have the *liberty* of his library. 私は彼の蔵書を自由に利用することができる. **3** [単数形で] 勝手, 気まま, 度を越した自由: I took the *liberty* of calling on him without an introduction. 私は失礼にも紹介状なしで彼を訪問した.
■ ***at líberty***《格式》 **1** 自由で, 解放されて: They set the prisoner *at liberty*. 彼らはその囚人を釈放した. **2** 自由に[…]できる [*to do*]: I'm not *at liberty to* talk about the matter. 私はその問題について勝手にお話しできない.
tàke líberties with ... **1** 〈文章など〉を勝手に変える. **2** 《古風》〈人〉になれなれしくする.
(▷ 形 liberal)
◆ **Líberty Bèll** 固[the ～]《米》自由の鐘《1776年に米国の独立を記念して鳴らした鐘》.
Líberty Ísland 固リバティー島《米国の New York 湾内の小島. 自由の女神像 (the Statue of Liberty) がある》.

li·bid·i·nous [libídənəs] 形 **1** 好色な, みだらな. **2** 【精神分析】リビドー (libido) の[に関する].

li·bi·do [libíːdou] 名(複 **li·bi·dos** [～z]) UC **1** 【精神分析】リビドー《本能から発するエネルギーと欲望》. **2** 性的衝動, 性欲.

Li·bra [líːbrə] 名 **1** 固【天文】天秤(てんびん)座 (the Balance). **2** 固【占星】天秤宮 [座] (→ ZODIAC 図). **3** C天秤座生まれの人《9月23日－10月22日生まれ. Libran [líːbrən] とも言う》.

*__li·brar·i·an__ [laibréəriən] 名C司書, 図書館員.

***li·brar·y** [láibrèri / -brəri]【原義は「本」】
―名(複 **li·brar·ies** [～z]) C **1** 図書館, 図書室: a public *library* 公共図書館 / a lending [reference] *library* 貸し出し[閲覧専用]図書館 / a traveling [《英》mobile] *library* 巡回図書館 / *library* science 図書館学 / I got two books out of the municipal *library*. 私は市立図書館から本を2冊借りた / My *library* books are due tomorrow. 私が図書館から借りた本はあす返さなければならない.
2 蔵書; (CD・レコードなどの) コレクション: a private *library* 個人蔵書 / build up a *library* 蔵書を増やす / Dylan has a good *library* on rock music. ディランはすばらしいロック音楽のコレクションを持っている. **3** (個人の) 書斎, 書庫.
4 …文庫, 双書; (CDなどの) シリーズもの, 全集: the Everyman's *Library* エブリマン双書.

li·bret·tist [librétist] 名C(オペラなどの) 台本作者.

li·bret·to [librétou] 名(複 **li·bret·tos** [～z], **li·bret·ti** [-tiː]) C(オペラなどの) 歌詞, 台本.

Lib·y·a [líbiə] 名固リビア《アフリカ北部の共和国; 首都トリポリ (Tripoli)》.

Lib·y·an [líbiən] 形リビアの; リビア人の.
―名Cリビア人.

lice [láis] 名 louse の複数形.

‡**li·cense,** 《英》**li·cence** [láisəns] (◇《英》では普通名は licence, 動は license とつづる) 名
1 UC免許, (公的な) 許可, 認可: apply for [obtain, get] a *license* to do …する免許を申請[取得]する / TV *licence* fee《英》テレビ受信料 / under *license* 許可を受けて, 許可されて. **2** C免許証[状], 許可証, 鑑札: get a driver's *license* [《英》driving *licence*] 自動車運転免許証をとる. **3** U(言動・思想の) 自由; 過度の自由, 放縦, 放埓(ほうらつ). **4** U(作家・芸術家などの) 破格, 型破り.
■ ***a lícense to prínt móney*** (正式に認められた) ばく大な費用がかかる計画[事業].
―動他 **1** …に[…する / …の] 許可[免許状]を与える [*to do* / *for*]: He was *licensed to* sell [*for* the sale of] liquors. 彼は酒類の販売許可を得た. **2** 〈本・劇〉の出版[上演]を許可する; 〈特許など〉の使用を許可する.
◆ **lícense nùmber** C《米》(車の) 登録ナンバー (《英》registration number).

L

lícense pláte ⓒ《米》(車の) ナンバープレート (《英》numberplate) (→ CAR **PICTURE BOX**).

lícensing hòurs [複数扱い]《英》(パブの) 営業時間.

li·censed,《英》**li·cenced** [láisənst] 形 免許を受けた;《英》酒類の販売を許可された.

◆ **lícensed pràctical núrse** ⓒ《米》免許実務看護婦 [師].

li·cen·see [làisənsíː] 名 ⓒ 免許 [許可] を受けた人, 免許所有者;《英》酒類販売免許所有者.

li·cen·tious [laisénʃəs] 形《格式》みだらな, 好色な; 放蕩(ほうとう)の, 不道徳な.

li·chen [láikən] (☆ 発音に注意) 名 ⓤ **1**【植】地衣(ちい) (類) [岩や木に付くこけ]. **2**【医】苔癬(たいせん).

***lick** [lík] 動 他 **1** (人・動物が) 〈ものを〉 なめる, なめて食べる; [lick+O+C] 〈ものを〉 なめて…(の状態) にする (◇ C は形容詞): *lick* one's lips 舌なめずりする / The cat *licked* the plate clean. 猫は皿をきれいになめつくした.
2《文語》(炎・波などが) …をかすめる, なめる; 飲み込む (*up*). **3**《口語》(競技などで) …を負かす.
4《口語》(罰として) …を殴る.
— 自《文語》(炎・波が) […を] なめるように広がる (*at*, *against*); 〈口などを〉なめる (*at*).

■ **líck ... ínto shápe**《口語》〈人〉を一人前に鍛える;〈物事を〉仕上げる.
líck one's wóunds **1** 傷口をなめる. **2** 痛手をいやす, 敗北 [失敗] から立ち直ろうとする.
líck ...'s bóots《口語》…にこびへつらう.

— 名 **1** ⓒ (通例, 単数形で) なめること, ひとなめ: have a *lick* at ... …をひとなめする.
2 [a ～] ひとなめ分の量, 少量; (ペンキなどの) ひと塗り. **3** ⓒ《口語》殴ること. **4** [a ～]《主に英口語》猛スピード: at a full *lick* 全速力で.

■ **gíve ... a líck and a prómise**《口語》…をいいかげんにやる, 少しだけやって済ませる.

lick·ing [líkiŋ] 名《口語》 **1** [a ～] 殴ること: give ... a good *licking* 〈人〉を散々に殴る.
2 [a ～]《口語》(スポーツなどでの) 敗北: get [take] a *licking* 負ける.

lic·o·rice,《英》**liq·uo·rice** [líkəris, -riʃ] 名 **1** ⓤ カンゾウ(甘草); カンゾウの根 (のエキス)《薬・菓子などの原料》. **2** ⓒ ⓤ カンゾウ入りキャンディー.

***lid [líd]
【原義は「覆い」】
— 名 (複 **lids** [lídz]) ⓒ **1** (容器の) ふた: the *lid* of a jar [kettle] びん [やかん] のふた / put a *lid* on the pot なべにふたをする / take the *lid* off the jam jar ジャムのびんのふたを開ける.
2 まぶた (eyelid).

■ **pùt the (tín) líd on ...**《英口語》〈人の計画など〉を台なしにする, 終わらせる.
tàke [blów] the líd òff ... = líft the líd òn ... …を暴露する.

**lie¹ [lái]
動 名【基本的意味は「横たわる (be in a flat position)」】

— 動 (三単現 **lies** [～z]; 過去 **lay** [léi]; 過分 **lain** [léin]; 現分 **ly·ing** [～iŋ])
— 自 (通例, 副詞 (句) を伴って) **1** 横になる, 横

たわる (cf. **lay** 他 …を横たえる): *lie* in bed (病気・就寝などで) 床につく / *lie* on one's back [stomach, side] あお向けに [うつぶせに, 横向きに] 横たわる / The woman was *lying* on the couch. その女性はソファーの上で横になっていた.
2 (ものが) ある, 置いてある, 存在する: A letter was *lying* on the desk. 1通の手紙が机の上にあった / There were packages *lying* all over his room. 彼の部屋の至る所に荷物が置いてあった.
3 [lie+C] …の状態にある, …のままである: The diary *lay* open on her desk. 日記は彼女の机の上に開かれたままだった / This car has been *lying* idle for years. この車は何年も使われていない / The fallen leaves *lay* thick on the ground. 落ち葉が地面にびっしり積もっていた.
4 (土地・建物などが) 位置する; (景色などが) 広がっている: The village *lies* to the north of Mt. Yatsugatake. その村は八ヶ岳の北に位置している / The canyon *lay* before us. 私たちの眼前に渓谷が広がっていた.
5 (事実や原因などが) […に] ある, 見いだされる (*in*): Her failure *lies in* her lack of self-confidence. 彼女の失敗は自信のなさが原因だ.
6《格式》(死体が) 埋葬されている, 眠っている.

句動詞 **líe aróund** [*abóut*] 自 (ものが) 散らかっている: Don't leave your clothes *lying around*. 服を散らかしたままにしないで. **2** (何もしないで) ぶらぶらする.

líe báck 自 **1** くつろぐ, 何もしないでいる.
2 あお向けになる; もたれる: *lie back* in the armchair ひじ掛けいすにもたれる.

líe behínd ... 自 …の背後にある; …の原因 [理由] となっている.

líe dówn 自 (休むために) 横になる, 寝る.
·**tàke ... lýing dówn** 〈罪・侮辱など〉を甘んじて受ける.

líe ín 自《英》朝寝坊する (sleep in).

líe on [upón] ... (責任などが) …にかかっている, …次第である: Our fortune *lies on* the result. 私たちの運命はその結果にかかっている.

líe úp 自 **1** (長い間) 病気で寝ている. **2** 身を隠す, なりを潜める.

líe with ... 〈人〉の役目 [責任] である: The decision *lies with* you. 決めるのはあなたです (= It's up to you to decide.).

— 名 ⓒ (通例 **the** ～) ありか, 位置, 方向;【ゴルフ】ライ (打ったボールの止まった位置);《英》地形, 地勢; 状況 (《主に米》the lay of the land).

**lie² [lái]
名 動
— 名 (複 **lies** [～z]) ⓒ うそ, 偽り (↔ truth): a barefaced [white] *lie* 露骨な [悪意のない] うそ / a pack of *lies* うそ八百 / tell a *lie* うそをつく / His story was all *lies*. 彼の話はすべてうそだった. (比較) 日本語の「うそ」よりずっと強い非難や軽蔑の意を表す. 日本語の軽い意味での「うそ」は fib に相当する. (→ LIAR).

■ **gíve the líe to ...**《格式》〈言葉・うわさなど〉が偽りであることを示す [明らかにする].

— 動 (三単現 **lies** [~z]; 過去・過分 **lied** [~d]; 現分 **ly·ing** [~iŋ]) 圓 **1** 《…に／…について》うそをつく《to／about》: I *lied*. 私はうそをついた／He *lied to* me *about* his career. 彼は経歴について私にうそをついた. **2** (ものが) 欺く, 惑わす.

■ *líe one's wáy óut of …* うそをついて…から逃れる.

lie through one's téeth 《口語》 ひどいうそをつく.

◆ **líe detéctor** C うそ発見器 (polygraph).

Liech·ten·stein [líktənstàin] 图 リヒテンシュタイン《オーストリアとスイスの間にある小公国; 首都ファドゥーツ (Vaduz)》.

lied [líːd, líːt]【ドイツ】图 (複 **lied·er** [líːdər]) C リート, ドイツ歌曲.

líe-in 图 C **1** 《口語》(抗議・デモでの) 横たわり戦術. **2** (通例, 単数形で) 《英口語》 朝寝坊.

lieu [lúː／ljúː] 图《格式》《次の成句で》

■ *in líeu of …* …の代わりに (instead of …).

Lieut. 《略語》= *lieut*enant.

*__lieu·ten·ant__ [luːténənt／leftén-] 《☆《米》《英》の発音の違いに注意》图 C 《略語》**Lieut.**》**1** 《米陸軍》中尉 (first lieutenant), 少尉 (second lieutenant); 《英陸軍》中尉. **2** 《海軍》大尉. **3** (上官の) 代理, 副官. **4** 《米》警察隊員; 消防副隊長.

◆ **lieuténant cólonel** C 《陸軍・米空軍・海兵隊》 中佐 《略語》 Lt. [Lieut.] Col.》.

lieuténant commánder C 《海軍》 少佐 《略語》 Lt. [Lieut.] Comdr.》.

lieuténant géneral C 《陸軍・米空軍》 中将.

lieuténant góvernor C 《米》 州副知事; 《英》 (植民地の) 副総督 《略語》 Lt. [Lieut.] Gov.》.

lieuténant júnior gráde C 《米海軍》 中尉.

*__**life**__ [láif]

基本的意味は「生命 (the quality of being alive)」.

① 生命; 命.	1, 2
② 生物.	3
③ 人生; 生活.	4, 6
④ 一生; 伝記.	5, 9
⑤ 元気, 活力源.	7, 8

— 图 (複 **lives** [láivz]) **1** U 生命, 命, 生きていること (↔ death): the origin of *life* 生命の起源／the struggle for *life* 生存競争／the right to *life* 生存権／a matter of *life* and death 死活問題／There was a sign of *life* in the seedling. その苗木には生命の息吹があった.

2 C (個人の) 命, 人命, 生命: His *life* is in danger. 彼の命は危険な状態にある／Over 5,000 people lost their *lives* in the disaster. その災害で5,000人以上が亡くなった.

▶コロケーション◀ 命を…
命を失う: *lose* one's *life*
命を奪う: *take* [*claim*] …'s *life*
命をかける [危険にさらす]: *risk* one's *life*
命をささげる: *give* [*sacrifice*] one's *life*
命を救う: *save* …'s *life*

3 U [集合的に] 生物, 生き物: animal [plant] *life* 動物 [植物] ／ You can see various marine *life* here. ここではさまざまな海洋生物を見ることができます／There seems to be no *life* on the planet. その惑星には生き物がいないように思われる.

4 U 人生, 生きること; 世間: this *life* この世／*Life* is full of surprises. 人生は驚きに満ちている／He has much experience of *life*. 彼はたくさんの人生経験がある／That's *life*. = Such is *life*. それが人生, 人生とはそんなものさ《◇不幸な経験のあとなどに言う》.

5 C U 一生, 生涯; C (機械などの) 寿命: all one's *life* 生まれてこのかた, 生涯ずっと／through *life* 終生／the *life* of a car 車の耐用年数／devote one's *life* to medicine 医学に一生をささげる／live out one's *life* 天寿を全うする／lead [live] a peaceful [stormy] *life* 安らかな [波乱に富んだ] 一生を送る／She applied herself to volunteer work late in *life*. 彼女は晩年ボランティア活動に打ち込んだ／I'll never forget your kindness for the rest of my *life*. あなたのご親切は一生忘れません.

6 C U (特定の) 生活, 暮らし方: daily *life* 日常生活／country [city] *life* 田舎 [都会] の生活／married [single] *life* 結婚生活／campus *life* 学生生活／family *life* 家庭生活／She started a new *life* in New York. 彼女はニューヨークで新しい生活を始めた.

7 U 元気, 活気; 動き: The children are full of *life*. 子供たちは元気いっぱいだ.

8 U 活力源, 生活の楽しみ, 生きがい: She was the *life* and soul of the party. 彼女はパーティーの花だった／His work is his *life*. 仕事が彼の生きがいだ. **9** C = *life stòry* 伝記 (biography): the *life* of Mozart モーツァルトの伝記.

10 U (作品のモデルなどの) 実物, 本物; 実物大: a picture painted from *life* 写生画／The story is very true to *life*. その話はまったくの実話です.

11 U = *life impríso nment* 終身刑 (→成句 for life): The judge gave the defendant *life*. 裁判官は被告に終身刑を言い渡した.

■ *(as) lárge [bíg] as lífe* **1** 実物大で, 等身大で. **2** 正真正銘の, 紛れもなく (その本人で).

bring … to lífe **1** …を生き返らせる. **2** 〈行事など〉を活気づかせる, 盛り上げる.

còme to lífe **1** 意識を取り戻す; 活気づく: The movie *came to life* in the latter part. その映画は後半で面白くなった. **2** (機械などが) 急に動き出す. **3** (よくないことが) 現実になる.

for déar [óne's] lífe 必死で, 死にもの狂いで: run *for dear life* 死にもの狂いで走る.

for lífe 死ぬまで (の), 終身 (の): The criminal was sentenced to prison *for life*. 犯人は終身刑の判決を受けた.

for the lífe of me 《口語》 どうしても 《◇通例, 否定文で用いる》: I can't *for the life of me* recall his name. 私はどうしても彼の名前を思い出せない.

hàve the tíme of one's lífe → TIME 成句.

in óne's lífe 生まれてこのかた, 一生で 《◇通例, 最上級の形容詞, あるいは完了形の否定文と共に用いる》: I have never *in my life* seen anyone as

life-and-death

stubborn as he is. 私は生まれてこのかた彼ほど頑固な人に会ったことがない.
lárger than lífe 誇張されて.
Nót on yòur lífe! 《口語》とんでもない, まっぴらだ.
tàke one's lífe in one's (ówn) hánds 死の危険を冒す.
tàke one's (ówn) lífe 自殺する.
to the lífe 実物そっくりに.
◆ **lífe assúrance**《英》= life insurance (↓).
lífe bèlt ⒸC救命帯.
lífe bùoy ⒸC救命ブイ.
lífe cỳcle ⒸC《生物》生活環, ライフサイクル《個体が発生した次の代の子を生むまでの過程》.
lífe expèctancy ⒸUC平均余命; 平均寿命.
lífe fòrm ⒸC生命体.
Lífe Guàrds [the ~]《英》近衛(ごえ)騎兵連隊.
lífe hìstory ⒸC **1**《生物》生活史《発生から死までの過程》. **2** (人の)一生; 伝記.
lífe insùrance ⓊU生命保険.
lífe jàcket ⒸC救命胴衣.
lífe presèrver ⒸC《米》救命具.
lífe ràft ⒸC(ゴム製の) 救命いかだ (raft).
lífe scìence ⒸC《通例~s》ライフサイエンス, 生命科学《生命体を対象とした総合的な学問》.
lífe séntence ⒸC《法》終身刑, 無期懲役(の判決).
lífe spàn ⒸC(人・機械・ものなどの)寿命.
lífe vèst ⒸC《米》救命胴衣 (life jacket).
life-and-death 形《限定用法》生死にかかわる; きわめて重大な.
life·blood [láifblÀd] ⒸU **1** 活力の源; 不可欠な要素. **2**《文語》(生命に不可欠の) 血液, 生き血.
life·boat [láifbòut] ⒸC救命ボート《艇》; 救助艇.
life·guard [láifgà:rd] ⒸC **1** (海水浴場・プールなどの) 救助員, 監視員 (lifesaver).
2 護衛(兵).
life·less [láifləs] 形 **1**《文語》生命のない, 死んだ (dead); 生物のいない. **2** 活気[元気]のない.
life·like [láiflàik] 形 生きているような, 生き写しの; 真に迫った.

lifeguard

life·line [láiflàin] ⒸC **1** 救命索; (潜水夫の)命綱. **2** ライフライン, 生命線《重要な輸送路・通信網など》; 唯一の頼り, 생명선.
life·long [láiflɔ̀(ː)ŋ / -lɔ̀ŋ] 形 一生の, 終生の.
lif·er [láifər] ⒸC終身刑の囚人.
life·sav·er [láifsèivər] ⒸC **1** 人命救助者; 救命具. **2** = LIFEGUARD 1 (↑). **3** 苦境[危機] から救ってくれる人[もの].
life·sav·ing [láifsèiviŋ] 形 人命救助の, (薬などが) 命を救う. ⓃⓊ 人命救助(法).
life-size(d) 形 等身大の, 実物大の.
life·style, life style [láifstàil] ⓃⒸ(個人・集団の) 生活様式, 暮らしぶり, 生き方.
life-sup·pòrt sýstem ⒸC **1** 生命維持装置. **2**《生態》 (生命維持に必要な) 環境, 生態系.
life·time [láiftàim] ⓃⒸ **1**《通例, 単数形で》生涯, 一生; (ものの) 寿命, 存続期間: the chance of a lifetime 生涯にまたとない好機. **2**《形容詞的に》生涯の, 一生の: lifetime employment 終身雇用.
life·work [láifwə́:rk] ⓃⓊⓊ 一生の仕事[事業], ライフワーク (◇ life's work とも言う).

lift

**** **lift** [líft]
ⓋⓃ

—動 (三単現 **lifts** [lífts]; 過去・過分 **lift·ed** [~id]; 現分 **lift·ing** [~iŋ])

—他 **1**…を[…から] **持ち上げる**, 引き上げる (*up*) (↔ *lower*); […から]…を持ち上げて[手に取って] 移す (*out of, from, off*); 〈物資・人員など〉を空輸する (airlift): *lift* the suitcase *up* to [*down from*] the rack スーツケースを手で持って網棚に上げる[網棚から下ろす] / *lift* the receiver 受話器を取る / I could not *lift up* the rock *off* the ground. 私はその岩を地面から持ち上げられなかった.

2〈目・頭・手足など〉を上げる, 上に向ける (*up*): *Lift* your arms *up* high. 腕を高く上げてください / She *lifted* her eyes to him. 彼女は目を上げて彼を見た. **3**〈地位・境遇など〉を高める;〈人〉を向上させる,〈気持ち〉を高揚させる (*up*): *lift up* one's spirits 元気を出す / He *lifted* himself out of poverty by his industry. 彼は勤勉によって貧困から抜け出した / That song *lifts* our spirits. あの歌を聞くと元気が出て来る. **4**〈封鎖・制限・負担など〉を解除する; 除去する: *lift* the ban on the magazine その雑誌の発売禁止を解除する / The trade barriers between the two countries should be *lifted*. その2カ国間の貿易障壁は撤廃すべきである. **5**《文語》〈声〉を張り上げる (*up*) (↔ *lower*). **6**〈ジャガイモ・野菜など〉を掘る (dig out). **7**《口語》〈小物〉を […から] 盗む, 万引する;〈人の考え・文章など〉を […から] 盗用する (*from*).

—自 **1** (持ち) 上がる (*off*): This stone won't *lift*. この石はどうしても持ち上がらない. **2** (雲・霧などが) 晴れる: The clouds will *lift* soon. 雲はすぐに晴れるだろう. **3** (気分などが) 晴れる.

■ **lift óff** 自 (ロケットなどが) 打ち上げられる.

—名 **1** ⒸC《通例 a ~》持ち上げる[上がる]こと; 持ち上がる距離[重量]: He gave the box a *lift*. 彼はその箱を持ち上げた. **2** [a ~] (車などに)乗せる[乗せてもらう] こと (ride): He gave her a *lift* to her house. 彼は彼女を家まで車で送った. **3** ⒸC《英》 エレベーター (《米》elevator): take the *lift* to the fifth floor 6階までエレベーターで行く (→ FLOOR 語法). **4** Ⓤ《または a ~》《口語》(気分などの) 高揚, 高まり: The story gave him a *lift*. その話を聞くと彼は元気が出た. **5** Ⓤ《航空》揚力; 上昇力.

lift-off [líftɔ̀(ː)f / -ɔ̀f] ⒸⓊ《航空》ロケット・ミサイルなどの) 打ち上げ, 発射; 発射時点.

lig·a·ment [lígəmənt] ⒸC **1**《解剖》靭帯(にんたい). **2** 結び付けるもの, きずな.

lig·a·ture [lígətʃùər / -tʃə] ⒸC縛るもの, ひも, 帯; 包帯, 《医》縫合[結紮(けっさつ)]糸.

**** **light**[1] [láit]
ⓃⓄ 形 動 《原義は「明るい」》

—名 (複 **lights** [láits]) **1** Ⓤ **光**, 光線; 明るさ: a ray [beam] of *light* 光線 / the *light* of a

light²

candle ろうそくの光 / The sun radiates a large amount of *light*. 太陽は大量の光線を放射する / You should have enough *light* when you read a book. 本を読むときは十分明るくするようにしなさい / *Light* travels faster than sound. 光は音よりも速く伝わる.

2 C **明かり**, 照明, 電灯 (electric light); [通例 ~s] 信号灯 (traffic lights): Can you see the *lights* over there? 向こうの明かりが見えますか / The *light* went out. 明かりが消えた / Stop! The *light* is still red. 止まって. まだ信号が赤だよ.

関連語 いろいろな light
backup [《英》 reversing] light (自動車の)後退灯 / brake light (自動車の)ブレーキランプ / flashlight 懐中電灯 / footlight フットライト / head light (自動車の)ヘッドライト / neon light ネオン灯 / reading light (機内などの)読書灯 / strobe light ストロボ

コロケーション 明かりを…
明かりをつける: *turn* [*switch, put*] *on the light*
明かりを消す: *turn off* [*turn out, switch off*] *the light*
明かりを強くする: *turn up the light*
明かりを弱く[暗く]する: *turn down the light*

3 U 自然の明かり, 日光; 昼間; 夜明け: get up before *light* 夜明け前に起きる / The *light* is beginning to fail. 日が暮れようとしている.

4 C [通例 a ~] (点火用の)火, 火花: strike a *light* マッチの火をつける / Do you have a *light*? = Have you got a *light*? (たばこの)火をお持ちですか (◇この意味では fire を用いない).

5 C 考え方, 見方, 見解 (view): look at the matter in an entirely new *light* その問題をまったく新しい観点で見る.

6 U [または a ~] (目の)輝き, きらめき: I remember the strange *light* in his eyes. 私は彼の目の不思議な輝きを覚えている.

7 C (建物の)明かり取り(窓). **8** U C (絵・写真などの)明るい部分: *light* and shade 明暗. **9** C (精神的な)光明, 啓発.

■ *according to one's light* 《格式》自分の判断[知識]に従って.

bring ... to light …を明るみに出す, 明らかにする: He *brought* the fact *to light*. 彼はその事実を明るみに出した.

come to light (事実などが)明るみに出る, 明らかになる.

go out like a light 《口語》すぐに眠ってしまう; 意識を失う.

in a good [*bad*] *light* 有利[不利]に; よい[悪い]点を強調して.

in (*the*) *light of ...* …を考慮して, …の点から.

see the light **1** (人が)生まれる; (ものが)日の目を見る, 世に出る. **2** (苦難の末に)理解に達する, わかる. **3** 改宗する.

set light to ... 《英》…に火をつける, 点火する (《米》set fire to ...).

shed [*throw, cast*] *light on* [*upon*] *...* …を説明[解決]する, 解決する: This finding will *shed light on* the long-standing problem. この発見で長い間解決のつかなかった問題が解決することになる.

stand in ...'s light …に当たっている光をさえぎる; …のじゃまをする.

── 形 (比較 **light·er** [~ər]; 最上 **light·est** [~ist]) **1 明るい** (↔ dark) (→ BRIGHT 類義語): A kitchen should be *light*. 台所は明るくなくてはならない / It was getting *light* outside. 外は明るくなってきていた.

2 (色が)薄い, 淡い (light-colored); (顔が)色白の: a *light* green skirt 薄緑色のスカート.

── 動 (三単現 **lights** [láits]; 過去・過分 **light·ed** [~id], **lit** [lít]; 現分 **light·ing** [~iŋ])
他 **1** …に**火をつける**, …を点灯する (→ 句動詞 light up): *light* a candle [cigarette] ろうそく[たばこ]に火をつける.

2 [通例, 受け身で] …を明るくする, 照らす (→ 句動詞 light up); …を活気づける: The room *was lit* by hundreds of candles. その部屋は何百ものろうそくで明るかった.

3 《古風》(人)を明かりをつけて案内する.
── 自 火がつく, 点灯する: This wood won't *light*. この木はどうしても火がつかない.

句動詞 *líght on* [*upòn*] *...* 他 **1** …を偶然発見する, …に出くわす. **2** (鳥などが)…に止まる.

líght úp 他 [light + up + O / light + O + up]
1 (たばこ)に火をつける. **2** …を明るくする, ライトアップする: These illuminations will *light up* the street. このイルミネーションで通りが明るくなるだろう. ── 自 **1** たばこ[パイプ]に火をつける. **2** (街路・車の)明かりをつける, ライトアップする. **3** (顔などが)明るくなる.

◆ líght bùlb C 電球 (bulb).
líght mèter C 《写》露出計.
líght pèn C 《コンピュータ》ライトペン《ディスプレイ上で動かし, コンピュータに指示を与える》; バーコード読み取りペン.

***light² [láit]
形 副

── 形 (比較 **light·er** [~ər]; 最上 **light·est** [~ist]) **1 軽い**, 軽量の; 比重の小さい (↔ heavy): *light* clothing 軽い服 / Feathers are *light*. 羽毛は軽い / Aluminum is a useful *light* metal. アルミニウムは有用な軽金属です / She is five kilos *lighter* than her sister. 彼女はお姉さんより5キロ体重が軽い.

2 [通例, 限定用法] (量が)少ない; (程度などが)低い: a *light* meal 軽い食事 / a *light* sleep 浅い眠り / We will have a *light* shower in the evening. 夕方さっとにわか雨が降るでしょう.

3 (仕事などが)楽な, 軽い (easy); (罰・病気などが)軽い: a *light* illness [exercise] 軽い病気[運動] / do *light* work 軽い仕事をする.

4 (動作などが)軽快な, 敏しょうな: with *light* footsteps 軽やかな足取りで / He is *light* on his feet. 彼は軽やかに動く.

5 肩のこらない, 娯楽的な (↔ serious): a *light* opera 軽[喜]歌劇, オペレッタ / *light* reading 軽い読み物.

6 苦労[悲しみ]のない; 屈託のない: be *light* at heart 快活である.

7 軽薄な, 気まぐれな; 浮気な. **8** 目まいがする, ふらふらする. **9** (酒類が)アルコール分の少ない. **10** (パン・ケーキなどが)ふっくらした. **11** 〖軍〗軽装備の.

■ **màke líght of ...** …を軽んじる, 軽視する: Human rights should not be *made light of*. 人権を軽視してはならない.

— 副 **1** 軽装で, 身軽に: travel *light* 身軽に旅行する. **2** 軽く, 軽快に: sleep *light* 眠りが浅い.

◆ **líght áircraft** [C] 軽飛行機.

líght héavyweight [C]《ボクシング・レスリング》ライトヘビー級選手.

líght índustry [U][C] 軽工業 (↔ heavy industry).

*__light·en__¹ [láitən] 他 **1** …を明るくする, 照らす: A full moon *lightened* the path. 満月が小道を照らしていた. **2** 〈顔など〉を晴れやかに[明るく]する;〈目〉を輝かす. **3** 〈色〉を薄く[淡く]する.
— 自 **1** (空などが)明るくなる. **2** (顔などが)明るく[朗らかに]なる;(目が)輝く. **3** [It を主語として]稲妻が光る. **4** (色が)薄くなる.

*__light·en__² 動 他 **1** 〈荷など〉を軽くする, 減らす. **2** 〈税金・負担など〉を軽減する,〈苦痛など〉を和らげる: *lighten* the burden of taxation 税負担を軽減する. **3** 〈心・気持ち〉を楽に[軽く]する.
— 自 (荷などが)軽くなる; (負担などが)軽くなる; (心・気持ちが)楽に[軽く]なる, ほっとする.

■ **Líghten úp!**《口語》元気を出して, 気楽にね.

light·er¹ [láitər] [C] (たばこ用)ライター; 火[明かり]をつける人[もの].

light·er² [C]《海》はしけ.

líght·face [láitfèis] [名][C] 〖印刷〗肉細活字 (↔ boldface).

líght-fín·gered 形 **1**《口語》手癖が悪い. **2** (楽器の演奏などが)手先の器用な.

líght-fóot·ed 形 足の速い; 敏しょうな.

líght·héad·ed [láithédid] 形 **1** (発熱・飲酒などで)頭がふらふらする. **2** 軽薄な; 愚かな.

líght·héart·ed [láithá:rtid] 形 のんきな, 気楽な; 陽気な, 浮き浮きした.

*__light·house__ [láithàus] [名] (複 **light·hous·es** [-hàuziz]) [C] 灯台: a *lighthouse* keeper 灯台守.

*__light·ing__ [láitiŋ] [C] **1** 照明(法); 照明効果. **2** 点火, 点灯. **3** 照明装置.

‡__light·ly__ [láitli] 副 **1** 軽く, そっと, 静かに: She touched the flower *lightly*. 彼女はその花にそっと触れた. **2** 少し, ちょっと: sleep *lightly* 少し眠る. **3** 軽快に, すばしこく: skip *lightly* 軽やかにはねる. **4** [通例, 否定文で] 軽率に, 軽々しく: Don't think *lightly* of him. 彼を軽視してはならない. **5** 容易に, やすやすと. **6** 無邪気に, 快活に.

■ **gèt óff líghtly** うまく逃れる; 軽い罪ですむ.

light·ness¹ [láitnəs] [名][U] **1** 明るいこと, 明るさ; 照明度. **2** (色の)薄さ, 淡い色合い.

light·ness² [U] **1** 軽いこと. **2** 軽快さ, 機敏さ; 手際のよさ; 優美さ. **3** 軽率さ, 軽はずみさ. **4** (態度・振舞の)陽気さ, 快活さ.

*__light·ning__ [láitniŋ] [名][U] 稲妻, 稲光, 雷光 (◇雷鳴は thunder, 稲妻と雷鳴をあわせて thunderbolt と言う): be struck by (a bolt of) *lightning* 雷に打たれる / a streak of *lightning* 一条の雷光 / a flash of *lightning* 稲光.

■ **líke (gréased) líghtning** = **líke (a stréak of) líghtning** 稲妻[電光石火]のようにすばやく.

— 形 [限定用法] すばやい, 電光石火の: with [at] *lightning* speed 電光石火の速さで.

◆ **líghtning bùg** [C]《米》ホタル (firefly).

líghtning condúctor《英》= lightning rod.

líghtning ròd [C]《米》避雷針.

líghtning stríke [C] 抜き打ちスト.

líght·ship [láitʃìp] [名][C]《海》灯(台)船.

líghts-óut [名][U] (寄宿舎・軍隊などの)消灯時間.

líght·wèight [láitwèit] [名] **1** [C] 標準体重以下の人[動物]. **2** [C]《ボクシングなどの》ライト級選手. **3** [C]《軽蔑》つまらない人, 軽薄な人.
— 形 **1** 軽量の, 標準重量以下の. **2** ライト級の. **3** 《軽蔑》つまらない, たいしたことのない.

líght-yèar [名][C] **1** 〖天文〗光年 (◇光が1年で進む距離. 1光年= 約9兆4,600億キロメートル). **2** [通例 ~s]《口語》非常に長い間.

lik·a·ble [láikəbl] 形 好ましい, 人好きのする; 魅力ある (◇ likeable ともつづる).

‡__like__¹ [láik]

— 動[名]【原義は「人を喜ばせる」】
— 動 (三単現 **likes** [~s]; 過去・過分 **liked** [~t]; 現分 **lik·ing** [~iŋ]) 他 [通例, 進行形不可] **1**
(a) [like + O] …を好む, …が好きである (↔ dislike): I *like* movies. 私は映画が好きです (◇一般的な好みを言う場合, 目的語は通例, 複数形) / I *like* her, but I don't love her. 私は彼女が好きだが, 愛してはいない (◇ love のほうが like よりも強い感情を表す) / I *like* cats better than dogs. 私は犬よりも猫のほうが好きです / I *like* rock music very much. 私はロック音楽が大好きです / He *likes* PE best of all subjects. 彼はすべての科目の中で体育が一番好きです / Sam is *liked* by everybody. サムはみんなに好かれている.

(b) [like + doing [to do]] …することを好む; [否定文で] …する気がしない (◇特に《英》では, 動名詞は一般的・習慣的な事柄に用い, 不定詞は特定の場合に言及するときに用いることが多い): I *like* reading. 私は読書が好きです / She *likes* to go to concerts together more than anything else. 私は何よりも音楽会に行くのが好きです / I *like* swimming, but I don't *like* to swim here. 私は水泳は好きであるが, ここでは泳ぎたくない.

(c) [like + O + C] …が~であるのを好む, 望む: I *like* my eggs soft. 私は卵は半熟が好きです.

(d) [like + O + doing [to do]] …に~させたい, …が~するのを好む: I *like* her *to* come. 私は彼女に来てもらいたい / She *likes* you [your] *speaking* like this. 彼女はあなたのこのような話し方が好きです (◇ doing の意味上の主語が代名詞の場合は, 目的格と所有格のどちらも用いる).

2 (a) [would [should] like + O] 〈もの〉が欲しい[よい]と思う: I *would* [*should*] *like* this book, please. この本が欲しいのですが / Would you *like* another cup of tea? もう1杯お茶はいかがですか (◇ Would you like ...? は, ものを勧めたり希望を聞いたりする場合に用いる).

(b) [would [should] like+to do] …したいと思う (➡ [LET'S TALK]): What *would* you *like to* have for breakfast? 朝食は何を召し上がりますか / I'd *like to* have a word with you. ちょっとお話ししたいことがあるのですが.

語法 (1) want よりも丁寧な表現.《口語》ではしばしば短縮されて 'd like になる.
(2) should は《主に英》で, 主語が1人称の場合に用いる.《米》では通例 would を用いる.

(c) [would [should] like+to have done] …したかったのに (◇実現しなかった願望を表す): I *would like to have* attended the party. パーティーに出席したかったのですが.

(d) [would [should] like+O+to do] 〈人〉に…してもらいたい, …させたい: I'd *like* you *to* come. あなたに来ていただきたいのですが (◇《米》では I'd *like for* you *to* come. とも言う).

(e) [would [should] like+O+C] …を〜にしてもらいたい: I'd *like* my coffee black. コーヒーはブラックにしてください.

3 (通例, 否定文で)《口語》(食べ物などが) …の体質に合う: Eggs don't *like* me. 卵は私の体質に合わない.

— **副** 好む, 望む: Do as you *like*. 好きなようにしなさい (◇従属節中で用いる).

■ *How do you like …?* …をどう思いますか (◇意見や好き嫌いを尋ねるときに用いる): *How do you like* Kyoto? I *like* it very much. 京都は気に入りましたか―とても気に入りました.

How would you like …? **1** …はいかがですか (◇勧めるときに用いる): *How would you like* a cup of tea? 紅茶はいかがですか. **2** …はどうしますか (◇調理のしかたなどを尋ねるときに用いる): *How would you like* your steak? ステーキの焼き加減はどうなさいますか (→ STEAK).

I'd like to know [see] … …にお目にかかりたい […を見せてもらいたい] ものだ (◇皮肉的に用いる): *I'd like to see* you speak in public. あなたが人前で話すのを見たいものだ (話さないでしょうが).

if you like **1** よろしかったら: I'll come with you *if you like*. ご迷惑でなかったらご一緒しましょう. **2** そう言いたいのでしたら: I'll admit I'm a little selfish *if you like*. なんなら, 私は少しわがまであることを認めます.

I like that! [反語的に]《口語》ひどいじゃないか, とんでもないよ, 面白いね.

like it or not 好むと好まざるにかかわらず.

— **名** [〜s] 好み, 好きなこと: one's *likes* and dislikes 人の好き嫌い.

****like² [láik] **形 前 副 接 名**

— **形** (比較 more like; 最上 most like) **1** [限定用法] **同じような**, 等しい; 同量 [額] の (↔ unlike): a *like* sum 同額 / men of *like* tastes 同じ趣味の人 / *Like* father, *like* son. 《ことわざ》この父にしてこの息子あり ⇒ カエルの子はカエル.

2 [叙述用法] 似ている, 同様な (alike) (↔ unlike): The twins are as *like* as two peas. その双子はうり二つです.

— **前 1** (外見などが) **…のような**, …に似ている (↔ unlike): His brother is just *like* him. 彼の弟は彼にそっくりです / The child looks very much *like* an angel. その子はまるで天使のようだ (◇ just, very much は like を修飾しているので, like は形容詞ともとれる) / There's no place *like* home. 《ことわざ》わが家のようによい場所はない ⇒ 住めば都.

2 (程度・やり方などが) **…のように**, …と同様に (↔ unlike): He behaves *like* a child. 彼は子供みたいにふるまう / She ran *like* the wind. 彼女は風のように速く走った / What does it look *like*? それは何に見えますか / I wish I could swim *like* a fish. 魚のように泳げればいいのに.

3 …らしい, …に特徴的な: It is just *like* her to say so. そう言うなんていかにも彼女らしい / Why did he cut the class? It wasn't *like* him. どう

LET'S TALK 希望の表し方

[基本] I'd like to send….

Clerk: **May I help you?**
（いらっしゃいませ）

Kenji: **I'd like to send this letter by special delivery.**
（この手紙を速達で送りたいのですが）

希望を伝えるには「I'd like ＋ to 不定詞（私は…したい）」を使いましょう. want を用いるよりも丁寧な言い方です.

I hope (that) …. （…であることを望む）は, 自分または相手にとって望ましいことを希望するときに使います. I hope (that) this book is useful for your studies. と言えば,「この本があなたの研究に役立つといいですね」の意になります. また, 相手の発言を受けて, I hope so [not]. （そうだと[そうでないと]いいと思う）という表現もよく使われます.

I wish …. （…であればよいのになあ）は, 実現不可能と思われることを望む場合に使います. wish のあとの節には仮定法の動詞を用います.

[類例] A: How do you like Japan? （日本はいかがですか）
B: It's wonderful. But I wish I could speak Japanese better.
（すばらしいです. だけどもっと上手に日本語が話せたらいいのですが）

4《口語》(たとえば)…のような (such as): large cities *like* Tokyo 東京のような大都市 / There are a lot of sights here. ― *Like* what? このあたりには有名な名所があります――たとえば(どんな)?
■ *like* ánything [*crázy*, *mád*]《口語》激しく.
like thís [thát] この[その]ように[な]: Push it *like* this. こんなふうにそれを押してください.
lóok like ... → LOOK 成句.
móre like ... (数量が)むしろ…に近い.
nóthing like ... **1** …ほどよいものはない: There's *nothing like* hot stew when it's very cold. 寒いときは熱いシチューほどおいしいものはない. **2** まったく…に似ていない.
sómething like ... **1** …のようなもの: I saw *something like* a ghost. 私は幽霊みたいなものを見た. **2** およそ, 約: He paid *something like* $10 for it. 彼はそれに10ドルくらい払った. **3** ちょっとした, たいした…: We had *something like* dinner. 私たちはちょっとしたごちそうを食べた.
Thát's mòre like it.《口語》そうこなくちゃ.
Whát is ... líke? …はどんな様子か: *What is* the weather *like* in Dublin? ダブリンの天候はどうですか.

― 副 **1** (通例, 文末に置いて)《口語》…みたいな, いわば: He looks angry, *like*. 彼は怒っているみたいだ. **2**《俗》まあ, その(くつなぎの言葉として文頭・文中・文尾で用いる): It was, *like*, hell. それは, まあ, 地獄だった.
■ I'm [He's, She's] líke ...《米口語・非標準》私[彼, 彼女]は…と言った(◇ I [He, She] *was* like ... とも言う).
(as) líke as nót《口語》おそらく, たぶん.
like enóugh = mòst líke《口語》たぶん: *Like enough*, it will snow tonight. たぶん今晩は雪になるだろう.

― 接 **1**《口語》…のように, …と同様に (as): I wish I could speak English well *like* you do. あなたのように英語が上手に話せればよいのに / *Like* I was saying, we can't fund the project. 先ほど申し上げたように, 私たちはその計画に資金援助できません. **2**《口語》まるで…のように: He talks *like* he knows everything. 彼はまるですべてを知っているかのように話す(◇《as if + 仮定法》と違って, 直説法が続く).

― 名 ⓒ (通例 the [one's] 〜; 否定文・疑問文で)似た人[もの], 同様な人[もの]: Have you ever seen the *like*? 似たものを見たことがありますか.
■ and the like …など, 同様のもの: He likes marine sports, such as surfing, scuba diving *and the like*. 彼はサーフィンやスキューバダイビングなど, マリンスポーツが好きです.
or the like その他同様のもの, …など.
the líkes of ...《口語》…のような人[もの]: *the likes of* me 私のような(つまらない)者.

-like [laik] 接尾 名詞に付けて「…のような, …らしい」「…に適した」の意を表す形容詞を作る: child*like* 子供らしい / business*like* 事務的な.
like・a・ble [láikəbl] 形 = LIKABLE 好ましい.
like・li・hood [láiklihùd] 名 Ⓤ [または a 〜] (…の/…という)可能性 (probability), 見込み, 公算 [*of* / *that* 節]: Is there any *likelihood of* her marrying [*that* she will marry] him? 彼女が彼と結婚する可能性はありますか / There is a strong *likelihood of* his winning. 彼が勝つ見込みは大いにある.
■ in áll líkelihood おそらく, 十中八九.

*****like・ly** [láikli] 形
― 形 (比較 like・li・er [〜ər], more like・ly; 最上 like・li・est [〜ist], most like・ly) **1** [叙述的用法] (a) ありそうな, …らしい (↔ unlikely) (→ 類義語): I've heard she will quit the tennis club, but it's hardly *likely*. 私は彼女がテニス部をやめると聞いたが, それはまず考えられない.
(b) [be likely + to do] …しそうである: It *is likely to* rain. 雨が降りそうだ / She *is* not *likely to* come. 彼女は来そうもない(= It isn't *likely* that she will come.). (c) [It is likely + that 節] …ということがありそうだ: *It is likely that* it will snow tonight. 今夜は雪が降りそうだ (= It is *likely* to snow tonight.).
2 [限定的用法] 本当らしい, もっともらしい: make a *likely* excuse もっともらしい言い訳をする / That's a *likely* story. まさかそんなことがあるものか(◇反語的に疑いを示す).
3 [限定的用法] あつらえ向きの, ちょうどよい: a *likely* youth for the job その仕事に適した青年 / a *likely* place for hunting [to hunt] 狩猟にもってこいの場所. **4** [限定的用法] 有望な, 見込みのある (promising): a *likely* candidate 有望な候補者.
― 副 たぶん, おそらく (probably) (◇《英》では通例 very, most, quite と共に用いる): He will *likely* come late. たぶん彼は遅れてやって来るだろう / I will most *likely* go to the office tomorrow. あすはたぶん会社に行きます.
■ (as) líkely as nót おそらく, たぶん (probably).
Nót líkely!《口語・主に英》とんでもない, いやだ (◇強い否定の返答・拒絶): Are you afraid? ― *Not likely!* あなた怖いのですか――とんでもない.
(▷ 名 likelihood)

|類義語| **likely, apt, liable**
共通する意味▶ありそうな (having a high probability of occurring or being true)
likely は確実性を予想して「ありそうな」の意を表す最も一般的な語: She is *likely* to live to be at least a hundred. 彼女は少なくとも100歳までは生きそうだ. **apt** は生まれつきまたは習慣的に「…になりやすい傾向がある」ことを表す. ただし《米口語》では likely と同じように用いる: He is *apt* to catch cold at the change of seasons. 彼は季節の変わり目にはかぜを引きやすい. **liable** は「好ましくない状態に陥りやすい」ことを表す. ただし《米口語》では likely と同じように用いる: She is *liable* to obesity though she doesn't eat much. 彼女は小食なのに太りやすい.

like・mínd・ed 形 同じ考え[意見, 趣味]を持っている, 同好の, うまが合う.

lik・en [láikən] 動 (他)《通例, 受け身で》《格式》…を [に] たとえる, なぞらえる [to]: Life is often likened to a voyage. 人生はよく航海にたとえられる.

****like・ness** [láiknəs] 名 **1** [...に] (よく) 似ていること [to], [...の間の] 類似 (resemblance) [between]: He bears much likeness to his father. 彼は父親によく似ている. **2** [C]《通例, 単数形で》[...の] 類似点 [to]. **3** [U]《通例, 単数形で; 前に形容詞を付けて》肖像画 [写真]: a good likeness of my father よく描けている父の肖像画.

****like・wise** [láikwàiz] 副《格式》 **1** 同じように, 同様に (in the same way): Watch how he does it and then do likewise. 彼がどうするか見て, それから同じようにしなさい. **2** さらに (moreover);…もまた (also): The room was very good and likewise the food. 部屋はとてもよかったし, 食事もよかった.

****lik・ing** [láikiŋ] 名《格式》 **1** [a ～]〔...に対する〕好感, 愛好 [for, to]: have a liking for ... …を好む / She has developed [acquired] a liking for opera. 彼女はオペラが好きになった. **2** [U]《通例 one's ～》趣味, 嗜好(しこう) (taste). ■ *take a líking to* ... …が好きになる, 気に入る. *to one's líking* …の好み [望み] に合った [て]: It is not to my liking to travel by plane. 私は飛行機で旅をするのを好まない.

****li・lac** [láilək] 名 **1** [C]《植》ライラック, リラ (香りの強い庭木). **2** [U] ライラックの花. **3** [U] 藤色, 薄紫色, ライラック;《形容詞的に》藤色の, 薄紫色の.

Lil・li・put [líləpʌt] 名 (固) リリパット《スウィフト作『ガリバー旅行記』に出てくる小人国》.

Lil・li・pu・tian [lìləpjúːʃən] 形 **1** リリパット [小人] の. **2** [l-] 非常に小さい, つまらない.

Li・lo, Li-Lo [láilou] 名 (複 Li-los, Li-Los [～z]) [C]《英》《商標》ライロー《エアマット, 空気マットレス》.

lilt [lílt] 名 **1** [a ～] 陽気で軽快な調子 [旋律, 話しぶり]. **2** [C] 陽気で軽快な歌.

lilt・ing [líltiŋ] 形 (声・曲などが) 軽快な, 陽気な.

*****lil・y** [líli]

—名 (複 **lil・ies** [～z]) [C] **1**《植》ユリ, ユリの花. **2** (ユリの花のように) 純潔な人 《◇ lily の花言葉は「純潔」》; 美しい人.

◆ *líly of the válley* (複 lilies of the valley) [C]《植》スズラン.

líl・y-whíte 形 **1**《文語》純白の, 潔白な, (心が) 汚れのない. **2**《主に米口語》黒人排斥の.

Li・ma [líːmə] 名 (固) リマ《ペルーの首都》.

****limb** [lím]《☆発音に注意》名 [C] **1** (人・動物の) 手足 (1本), 肢《'》(《胴体・頭部と区別される四肢の1つ》 (cf. body 胴体): the upper [lower] limbs 上 [下] 肢 / on four limbs 四つんばいで. **2** (木の) 大枝, (鳥の) 翼.

■ *óut on a límb* 困難な立場で, 孤立無援で.
téar ... límb from límb …をばらばらに切り離す, 八つ裂きにする.

lim・ber [límbər] 形 (体・動きが) しなやかな, 柔軟な; 機敏な. —動 (自)(体・動きなど) しなやかになる. —(他)〈体など〉を柔軟にする (up).
■ *límber úp* (特に競技前などに) ウォームアップをする, 筋肉をほぐす, 柔軟体操をする.

lim・bo[1] [límbou] 名 [U] **1** 不確実な [どっちつかずの] 状態; in (a state of) limbo どっちつかずの状態で. **2** [しばしば L-]《キリスト》リンボ《天国と地獄の中間》.

lim・bo[2] 名 (複 **lim・bos** [～z]) [C]《通例 the ～》リンボーダンス《反り身になってバーの下をくぐる曲芸的な踊り》.
—動 (自) リンボーダンスをする.

****lime**[1] [láim] 名 [U]《化》石灰; 生(き)石灰 (quicklime).
—動 (他) …に石灰をまく, …を石灰 (水) で処理する.

lime[2] 名 **1** [C]《植》ライム (の実)《ミカン科の低木で果汁を料理などに使う》. **2** [U] = líme gréen 薄緑 [黄緑] 色, ライムグリーン. **3** [U] = líme jùice ライムジュース《ライムの果汁》.

lime[3] 名 = LINDEN《植》リンデン.

lime・ade [làiméid] 名 [U] ライムエード《ライム果汁に砂糖・水を加えた清涼飲料》.

lime・light [láimlàit] 名 **1** [the ～] 注目の的: come [get] into the limelight 脚光を浴びる, 注目の的になる / in the limelight 脚光を浴びて, 注目を集めて. **2** [U] ライムライト《昔の舞台照明》.

lim・er・ick [límərik] 名 [C]《文学》五行戯詩, リメリック《5行から成るこっけい詩》.

lime・stone [láimstòun] 名 [U]《鉱》石灰岩 [石]: a limestone cave 鍾乳(しょうにゅう)洞.

***lim・it** [límit]

—名 (複 **lim・its** [-mits]) [C] **限界**, 限度; 制限: an age limit 年齢制限 / the upper [lower] limit 上限 [下限] / set a limit on ... …に制限を設ける / I have reached the limit of my patience. 私はもう我慢の限界に達している / There is no limit to that child's imagination. あの子の想像力はとどまることなく広がっている / Speed limit: 40 MPH《掲示》制限速度: 時速40マイル. **2** [C] [しばしば ～s] 境界, 境界線; (境界線で囲まれた) 区域, 範囲: within [outside] the city limits 市内 [市外] で. **3** [the ～]《口語》我慢のならない人 [もの]; 忍耐の限度 [限界]: That's the limit. もう我慢できない, いいかげんにしてほしい.

■ *òff límits* 立入禁止 (で) (out of bounds): This room is off limits to children. この部屋は子供は立入禁止です.
withìn límits 適度に, ある限度内で.
withòut límits 無制限に, 限りなく.

—動 (他) …を [...に] 制限する, 限る [to]: I limited my expenses to 100 dollars a week. 私は出費を週100ドルに制限した / I will limit myself to educational matters. 私は教育問題だけを取り上げます / The wedding reception was limited to a few close friends. 結婚披露宴はごく親しい友人だけで行われた. (▷ 名 limitátion).

****lim・i・ta・tion** [lìmitéiʃən] 名 **1** [U] 制限する [される] こと: arms limitation = the limitation on armaments 軍備制限, 軍縮. **2** [C]《通例 ～s》制限するもの, 制約, 限定, 規制; (能力などの) 限界;

We should know our own *limitations*. 私たちは自分の限界を知るべきである. (▷ 動 límit)

*lim·it·ed [límitid] 形 **1** […に] 限られた, 有限の [*to*]; […の点で] 乏しい [*in*]: a *limited* edition 限定版 / *limited* war 局地戦, 限定戦争 / within *limited* time 一定時間内に / He is of *limited* talent. 彼はあまり才能が豊かではない. **2**《米》(列車・バスが) 特別の, 特急の: a *limited* express 特急. **3**【商】(会社が) 有限責任の.
◆ límited (liabílity) còmpany C《英》有限会社(◇社名のあとでは Ltd. と略す).

lim·it·ing [límitiŋ] 形 制限［制約, 限定］する.

lim·it·less [límitləs] 形 無限の, 無制限の; 果てしなく広大な: *limitless* possibilities 無限の可能性.

lim·o [límou] 名 (複 **lim·os** [~z])《口語》= LIMOUSINE (↓).

lim·ou·sine [líməzìːn, lìməzíːn] 名 C リムジン《運転席と客席の間に仕切りが付いた大型高級車》; リムジン (バス)《市内と空港を結ぶ旅客送迎用バス》. [比較]「リムジンバス」は和製英語.

*limp¹ [límp] 動 圓 **1** 足を引きずる: He *limped* along the street. 彼は足を引きずって通りを歩いた. **2** (車・船などが) のろのろ進む. **3** (景気などが) もたつく, 進展しない; (話などが) たどたどしい.
—— 名 C [通例 a ~] 足を引きずること: walk with a *limp* 足を引きずって歩く.

limp² 形 **1** ぐにゃぐにゃした, 締まりのない;（筋肉などが）たるんだ;（植物などが）しおれた. **2** 元気がない, 弱々しい, 疲れた;（意志などが）薄弱な: a *limp* response [handshake] 力のない返答 [握手].

lim·pet [límpit] 名 C カサガイ《岩などに付着する》: cling [hold on] to a pillar like a *limpet* 柱にしっかりしがみつく.

lim·pid [límpid] 形《文語》**1**（水・目などが）澄んだ, 透明な (clear). **2**（文体などが）明解(%)な.

lim·y [láimi] 形 (比較 **lim·i·er** [~ər]; 最上 **lim·i·est** [~ist]) 石灰から成る, 石灰質の.

linch·pin, lynch·pin [líntʃpìn] 名 C **1** (車の) 輪止めピン［くさび］. **2** [通例 the ~]（物事の）かなめ,（組織の）要(*)となる人.

***Lin·coln [líŋkən]
—— 名 圄 リンカーン Abraham Lincoln《1809‐65; 米国の第16代大統領; → PRESIDENT 表》.
◆ Líncoln Cénter [the ~] リンカーンセンター《New York 市にある芸術の総合施設》.
Líncoln's Bírthday U《米》リンカーン誕生日《2月12日; 現在は大統領の日 (Presidents' Day) に統合; → HOLIDAY 表》.

Lin·da [líndə] 名 圄 リンダ (◇女性の名).

Lind·bergh [líndbə:rg] 名 圄 リンドバーグ Charles Augustus Lindbergh《1902‐74; 米国の飛行家. 1927年大西洋無着陸横断飛行に初めて成功》.

lin·den [líndən] 名 C【植】リンデン《シナノキ・ボダイジュなどの落葉高木》.

***line¹ [láin]
名 動
—— 名 (複 **lines** [~z]) **1** C 線, 直線; 筋: draw a *line* with a ruler 定規で線を引く.

[関連語] いろいろな line
solid line 実線 / broken line 破線 / dotted line 点線 / straight line 直線 / curved line 曲線 / wavy line 波線 / parallel lines 平行線 / diagonal line 対角線.

2 C (人・ものの) 列, 並び (◇写真を撮るときのように横に並ぶ列は row と言う;《主に米》(順番待ちの) 列, 行列《英》queue): a *line* of trees 並木 / push into a *line* 列に割り込む / There was a long *line* of people waiting outside Tokyo Dome. 東京ドームの外で待っている人が長い列をなしていた.

3 C (文章の) 1行, (詩の) 行 (略語) l, l., 複数形は ll, ll.): Look at the third *line* from the bottom. 下から3行目を見なさい / Write on every other *line*. 1行置きに書きなさい.

4 [~s] せりふ, 台詞: Mary was memorizing her *lines*. メアリーはせりふを覚えようとしていた.

5 C ひも, 綱, 針金; 釣り糸 (fishing line), 物干し綱 (clothesline): hang the washing on the *line* 洗濯物をひもにかける.

6 C 電話線, 電線; 電話の接続: Please hold the *line*. そのまま [電話を切らずに] お待ちください / The *line* is busy [《英》engaged]. お話し中です (◇交換手などの言葉).

7 C (バス・列車・飛行機などの) 路線, 航路; 線路; 運輸会社: a main [branch] *line* 本 [支] 線 / a network of railroad *lines* 鉄道網 / Change here to the Tozai *Line*. 東西線はここで乗り換えです.

8 C 境界線, 国境線 (borderline); 限界; (競技などの) 線, ライン: a goal *line* ゴールライン / the *line* between fantasy and reality 幻想と現実との境 / The town is two miles from the state *line*. 町は州境から2マイルの所にある.

9 C [しばしば ~s] 方針, 主義; 政策, 路線: the party *line* 党の方針 / The police took a hard [soft] *line* with the demonstrators. 警察はデモ隊に対して強硬 [柔軟] な措置をとった.

10 C 商売, 職業; 好み, 得手; 専門: What *line* are you in? ご職業は何ですか / Cooking is my wife's *line*. 料理は妻の得意とするところです.

11 [the ~] 進路, 方向: in the *line* of fire 弾丸の飛んで来る方向に / the *line* of flight 飛行進路.

12 [a ~]《口語》短い手紙, 短信, 一筆: Drop me a *line*. 一筆お便りください. **13**（顔の）しわ, 縫い目: Her brow was creased with *lines* of worry. 彼女の額には苦悩のしわが寄っていた.

14 [~s] 輪郭 (outline), 形: sleek *lines* of a sports car スポーツカーのかっこいい形. **15** C 系統, 血筋: Elizabeth I, the last ruler of the Tudor *line* チューダー王朝の最後の統治者であるエリザベス1世. **16** C 線 (経度・緯度を表す) 線; 赤道 (equator). **17** C【商】種類, 在庫品, 仕入れ品目: a full *line* of ski wear スキーウェアの品ぞろえ. **18** C (戦いの) 前線, 戦線; 横隊.

19 C《口語》調子のいい話, おべんちゃら.

■ *áll alòng the líne* 至る所で; あらゆる点で.
bríng ...ìnto líne **1** …を一直線にする. **2** …を説得して […に] 同調させる, 同意させる [*with*].

cóme [fáll, gèt] ínto líne 1 一直線になる. 2 […に] 同調する, 意見が一致する [*with*].
dówn the líne 〖米口語〗完全に; まっすぐに.
dráw a líne […を] 区別する [*between*].
dráw the líne 一線を画する, […は] しない [*at*].
gèt [hàve] a líne on ... 〖口語〗…について何かを学ぶ; …についての情報を得る [持っている].
in (a) líne 一列になって, 並んで: stand *in (a) line* 一列に並ぶ.
in líne for ... 〈地位など〉を手に入れる見込みで.
in líne with ... …と一致して, 同調して.
kéep ... in líne …を抑制 [制限] する.
on a líne with ... …と同等で, 同じ高さで.
on líne 1 〖コンピュータ〗オンラインで, (ネットワークなどに) つながっていて. 2 (機械などが) 作動中で.
on the líne 1 電話に出て: Mr. Bush is *on the line*. Please go ahead. ブッシュさんが電話にお出になりました. お話しください〖交換手の言葉〗. 2 〖口語〗(評判・仕事・地位などが) 危うくなって, 瀬戸際で. 3 即座に. 4 〈絵などが〉目の高さで.
óut of líne 1 一直線でない. 2 […と] 一致しないで, 同調しないで [*with*]. 3 〖口語〗統一 (行動) を乱して.
réad between the línes 行間を読む, 言外の意味を読み取る.
tóe the líne (指示などに) 従う, 言われた通りにする.
— 動 1 〈紙などに〉線を引く, …に線でかく: *line* the blackboard 黒板に線を引く. 2 (通例, 受け身で) 〈道など〉に […を] 一列に並べる [*with*]: The street *is lined* with poplars. 通りに沿ってポプラが植えてある / The walls *were lined* with paintings. 壁には絵がびっしりかかっていた. 3 〈顔〉にしわをつくる: Worry *lined* her face. 心労で彼女の顔にしわができた. 4 〖野球〗〈ボール〉をライナーで運ぶ. — 自 〖野球〗ライナーを打つ.
■ **líne óut** (自) 〖野球〗ライナーを打ってアウトになる.
líne úp (自) 1 並ぶ, 行列する: *Line up* in single file. 一列に並びなさい. 2 整列する, 勢ぞろいする. — 他 1 …を整列させる, 並べる. 2 〈行事・集会など〉を手配する, 取り決める, 確保する.
líne úp behìnd ... (他) …を (政治的に) 支持する.

◆ **líne dràwing** [C] 線画.
líne drìve [C] 〖野球〗ライナー (〖口語〗liner).
líne prìnter [C] ラインプリンター 〖行単位で印刷する高速プリンター〗.

line² [láin] 動 (他) 〖しばしば受け身で〗 1 …に […で] 裏を付ける, 裏打ち [裏張り] する [*with*]: The jacket *is lined* with silk. 上着には絹の裏地が付いている. 2 …の内部 [内側] を […で] 覆う [*with*].
■ **líne one's póckets [púrse]** 〖口語〗(不正な手段で) 大金を得る, 私腹を肥やす.

lin·e·age [líniidʒ] 名 [U][C] 〖格式〗血統, 家系; 家柄, 種族.
lin·e·al [líniəl] 形 1 〖格式〗〈家系が〉直系の, 正統の; 先祖伝来の: a *lineal* descendant 直系の子孫. 2 線の (linear).
lin·e·a·ment [líniəmənt] 名 [C] 〖通例 ～s〗〖格式〗 1 顔の特徴, 顔立ち; 体つき. 2 (一般に) 特徴.
*__**lin·e·ar**__ [líniər] 形 1 線の, 直線の; 線を用いた. 2 〖通例, 限定用法〗長さの. 3 〖数学〗一次 (元) の: a *linear* equation 一次方程式.
◆ **línear mótor** [C] リニアモーター 〖直線運動をする〗: a *linear motor* car リニアモーターカー.
lined [láind] 形 1 (紙などが) 線 [罫 (ケイ)] の引いてある. 2 (皮膚に) しわの寄った.
line·man [láinmən] 名 (複 **line-men** [-mən]) [C] 1 (電線などの) 架線作業員; (鉄道の) 保線係.
2 〖米〗〖アメフト〗ラインマン 〖スクリメージラインに並んだ選手〗.
*__**lin·en**__ [línin] 名 [U] 1 リネン, リンネル, 亜麻 (アマ) 布. 2 〖しばしば ～s〗リネン [亜麻] 製品 〖シーツ・テーブルクロスなど〗. 3 〖古〗下着.
■ **wásh one's dírty línen in públic [at hóme]** 内輪の恥を人前にさらす [隠しておく].
◆ **línen bàsket** [C] 〖英〗洗濯かご (〖米〗laundry basket).
líne-òut 名 [C] 〖ラグビー〗ラインアウト.
*__**lin·er¹**__ [láinər] 名 1 [C] 定期船; (大型の) 定期旅客機.
2 [C] 〖口語〗〖野球〗ライナー (line drive).
3 [U][C] アイライナー (eyeliner) 〖化粧品〗.
lin·er² 名 [C] 裏打ち, 裏地, ライナー; (ごみ容器などの) 内張り, 内袋.
◆ **líner nòtes** [複数扱い] 〖米〗ライナーノート (〖英〗sleeve notes) 〖CD・カセットなどのジャケットや付録に書いてある解説〗.
lines·man [láinzmən] 名 (複 **lines-men** [-mən]) [C] 1 〖球技〗線審, ラインズマン. 2 架線作業員; 保線係 (lineman).
line-up [láinʌp] 名 [C] 1 (通例, 単数形で) 人の列, 行列; 整列. 2 〖スポーツ〗ラインアップ 〖先発出場選手の名前とポジション一覧〗; (団体などの) 顔ぶれ, 陣容: the starting *lineup* (野球などの) 先発メンバー. 3 〖米〗(警察で面通しされる) 容疑者の列 (〖英〗identification parade). 4 (ラジオ・テレビ番組の) 放送予定表.
-ling [liŋ] 接尾 1 〖しばしば軽蔑〗名詞・形容詞などに付けて […に関係する人 [もの]」の意を表す: hire*ling* (金目あての) 雇われ人. 2 名詞に付けて「小…, 子…」の意を表す: duck*ling* 子ガモ, アヒルの子.
*__**lin·ger**__ [líŋɡər] 動 (自) 1 ぐずぐずする, 居残る (*on*); ぶらぶらする: The girls were *lingering* around the store. 女の子たちはその店でねばっていた. 2 (病気が) 長引く; (病人が) 持ちこたえている (〈蝶などが〉なかなか直らない (*on*).
3 […に] 手間取る (*on, over*): *linger over* a meal 食事に時間をかける.
lin·ge·rie [lɑ̀ːndʒəréi, -ríː / lǽnʒəri] 〖フランス〗 名 [U] (女性の) 肌着類, ランジェリー.
lin·ger·ing [líŋɡəriŋ] 形 1 長引く, ぐずつく; いつまでも残っている: a *lingering* doubt なかなか消えない疑問. 2 名残惜しそうな.
lin·ger·ing·ly [líŋɡəriŋli] 副 長引いて, ぐずつきと; 名残惜しそうに.
lin·go [líŋɡou] 名 (複 **lin·gos, lin·goes** [～z]) [C] 1 〖口語〗(特定の業界などの) 用語, 仲間言葉.
2 (外国語・専門語など) ちんぷんかんぷんの言葉.
lin·gua fran·ca [líŋɡwə frǽŋkə] 〖イタリア〗名 (複 **lin·gua fran·cas** [～z], **lin·guae fran·cae** [líŋɡwiː frǽŋkiː]) [C] リンガフランカ 〖商用などに用い

lin·gual [líŋgwəl] 形 舌の, 舌状の; 〖音声〗舌音の.

*lin·guist [líŋgwist] 名 C **1** 言語学者. **2** 語学の才能のある人; [前に形容詞を付けて] 外国語が…な人: an excellent *linguist* 外国語が堪能な人.

lin·guis·tic [liŋgwístik] 形 言語の, 言語学 (上) の. (▷ 名 lánguage)

lin·guis·ti·cal·ly [-tikəli] 副 言語学的に.

lin·guis·tics [liŋgwístiks] 名 U 〖単数扱い〗言語学.

lin·i·ment [línəmənt] 名 C U 塗り薬.

lin·ing [láiniŋ] 名 C U 裏地 (を付けること), 裏打ち.

*link [líŋk] 〖原義は「鎖」〗名 C **1** 結び付けるもの [人]; […の間の…との] きずな, 関連 (*between* / *with*): the *link between* drinking and liver cancer 飲酒と肝臓癌(がん)の関係. **2** (鎖の) 輪, 環(ゎ): a *link* in a chain 鎖の輪 (の1つ).
3 〖通例~s〗カフスボタン (cuff links).

— 動 他 …を […と] 連結する, つなぐ; 関連させる (*up*, *together*) (*to*, *with*) (→ JOIN 類義語): This new highway *links* the two big cities. この新しい幹線道路は2つの大都市を結んでいる.

— 自 […と] 連結する, つながる (*up*, *together*) (*to*, *with*): Our company will soon *link up* (*together*) with the hotel chain. 私たちの会社はまもなくそのホテルチェーンと提携するだろう.

◆ línk(ing) vèrb C 〖文法〗連結動詞 (◇ be, become など).

link·age [líŋkidʒ] 名 **1** U 〖または a ~〗結合, 連結 (状態). **2** C (鎖の) 輪 (◇全体), 連鎖; U 〖機械〗リンク装置. **3** リンケージ《複数の案件を関連させて有利な解決を図る外交政策》.

link·man [líŋkmæn] 名 (複 **link·men** [-mèn]) C (放送番組の) 総合司会者.

links [líŋks] 名 〖単数・複数扱い〗(特に海岸沿いの風の強い) ゴルフ場 (◇一般のゴルフ場は golf course [links] と言う).

link-up [líŋkʌp] 名 C 連結 (装置), 結合; 提携.

li·no [láinou] 名 (複 **li·nos** [~z]) 《主に英口語》= LINOLEUM (↓).

li·no·le·um [linóuliəm] 名 U リノリウム《《英口語》lino》《床張りなどの合成材, もとは商標》.

lin·seed [línsìːd] 名 U 亜麻仁(に)《亜麻 (flax) の種子》.

◆ línseed òil U 亜麻仁油《塗料などの原料, 油絵の具の溶剤》.

lint [línt] 名 U **1** 《主に米》糸 [綿] くず, けば.
2 リント (布) 《柔らかいリンネル布で, 包帯用》.

lin·tel [líntəl] 名 C 〖建〗まぐさ《窓・戸の上の横木》.

Li·nux [línʌks, líːn-] 名 《商標》リナックス《パソコン用 UNIX 互換 OS のオープンソース版》.

*li·on [láiən]

— 名 (複 **li·ons** [~z]) C **1** ライオン(◇女性形は lioness): as brave as a *lion* ライオンのように勇気がある.
2 《文語》勇敢な人; 名士, 名物男, 人気者.
■ *beárd the líon in its* [*his*] *dén*《怖い相手に》勇敢に立ち向かう.
thrów [*tóss*] ... *to the líons*〈人〉を見捨てる,

〈人〉を苦境 [危険] にさらす.
◆ líon's sháre [the ~] 分け前の大半, 一番いいところ. (由来 イソップ物語から)

li·on·ess [láiənəs] 名 C 雌ライオン.

li·on·heart·ed [láiənháːrtid] 形《文語》勇敢な, 豪胆な: the *Lionhearted* 獅子心(ビ)王《英国王リチャード1世の異名》.

li·on·ize [láiənàiz] 動 他〈人〉をもてはやす.

**lip [líp]〖原義は「だらりと垂れているもの」〗

— 名 (複 **lips** [~s]) **1** C 唇《唇の赤味を帯びた部分だけでなく, 鼻の下など唇の周りも含めてさすこともある; → HEAD 図》: the upper [lower] *lip* 上 [下] 唇 / thin [plump] *lips* うすい [ふっくらした] 唇 / He kissed her on the *lips*. 彼は彼女の唇にキスをした.
2 〖~s〗(発声器官としての) 口 (mouth): open one's *lips* 口を開く, 話す.
3 C (水差しなどの) 口, 縁, へり, 注ぎ口: the *lip* of a cup 茶わんの縁.
4 U 〖通例 one's ~〗《口語》無礼な言葉, 口答え: None of your *lip*! 生意気言うな / Watch your *lip*! 言葉に気をつけろ.

■ *bíte one's líp* 唇をかむ (→ BITE 動 成句).
cúrl one's líp 口をゆがめる (◇軽蔑を表す).
háng (*úp*) *on ...'s líps* = *háng on the líps of ...* 〈人〉の話に聞き入る.
kèep a stíff úpper líp (歯をくいしばって) 苦境に耐える, 弱音をはかない.
líck [*smáck*] *one's líps* 舌つづみを打つ, 舌なめずりする; 楽しみにする; 満足げである.
My líps are séaled. 内緒にしておくよ.
pùt a [*one's*] *fínger to one's líps* 唇に指を当てる《黙れの合図》.
rèad ...'s líps …の言っていることを唇の動きから察知する, 読唇(ど)する; 注意して聞く: *Read my lips.* 私の言うことをよく聞きなさい.

◆ líp glòss U C リップグロス《唇に塗るつや出し》.
líp rèading U 読唇 (術).
líp sèrvice U 口先だけの好意 [敬意, 賛意, 支持]: He paid [gave] *lip service* to my proposal. 彼は口先では私の提案を支持すると言った.

lip·id [lípid] 名 C 〖生化〗脂質.

lip·o·suc·tion [lípəsʌ̀kʃən] 名 U 脂肪吸引法《余分な脂肪を除去する美容外科手術》.

lip·py [lípi] 形 (比較 **lip·pi·er** [-ər]; 最上 **lip·pi·est** [-ist])《英口語》生意気な, 無礼な.

líp-rèad 動 (三単現 **lip-reads** [-rìːdz]; 過去・過分 **lip-read** [-rèd]; 現分 **lip-read·ing** [~iŋ]) 自 他 (…を) 読唇する, 読唇術を用いて理解する.

lip·salve [lípsæ̀lv, -sàːlv] 名 C U《主に英》唇用軟膏(ぶ), リップクリーム.

*lip·stick [lípstik] 名 C U 口紅: wear [use] *lipstick* 口紅を付ける / remove [wipe off] *lipstick* 口紅を落とす.

liq·ue·fac·tion [lìkwifǽkʃən] 名 U 液化 (状態), 液状化; 融解.

liq·ue·fy [líkwifài] 動 (三単現 **liq·ue·fies** [~z]; 過去・過分 **liq·ue·fied** [~d]; 現分 **liq·ue·fy·ing** [~iŋ])《格式》自 他 溶ける, 液化する; 融解する.

liquescent

— 他 …を溶かす, 液化させる.
◆ **líquefied nátural gàs** U 液化天然ガス(《略語》LNG).
líquefied petróleum gàs U 液化石油ガス, LPガス(《略語》LPG, LP gas).

li·ques·cent [likwésənt] 形 (気体・固体が)液化する[しやすい]; 融解する[しやすい].

li·queur [likə́ːr / -kjúə]【フランス】名 U リキュール《甘味と香りがある強い酒》; C リキュール1杯.

**liq·uid [líkwid] 名 形

— 名 (複 **liq·uids** [-widz]) **1** UC 液体, 流動体(関連語) solid 固体 / gas 気体): Water is a *liquid*. 水は液体である.
2 C 【音声】流音 《[l], [r]など》.
— 形 (通例, 限定的用法) **1** 液体の, 流動体の: *liquid* food 流動食 / *liquid* measure 液量(単位) / *liquid* medicine 水薬 (→ MEDICINE 類義語).
2【経済】(財産などが)現金化しやすい, 流動性の: *liquid* assets 流動資産 / *liquid* capital 流動資本. **3** 《文語》澄んだ, 透明な: *liquid* eyes 澄んだ目. **4** 《文語》(音が)流れるような, なめらかな: the *liquid* song of a bird 鳥の流麗なさえずり.
◆ **líquid crýstal** UC 《化》液晶.
líquid crýstal displáy C 《電子》液晶表示(《略語》LCD).

liq·ui·date [líkwidèit] 動 他 **1** 〈負債・損害賠償などを〉返済する, 清算する. **2** 〈倒産した会社を〉整理[清算]する. **3** 《口語》〈人などを〉殺す; 一掃する.
— 自 〈負債を〉清算する; 〈会社が〉倒産する.

liq·ui·da·tion [lìkwidéiʃən] 名 U **1** (倒産会社の)整理, 清算; (会社の)破産, 解散: go into *liquidation* (会社が)解散する, 倒産する. **2** (負債などの)返済.

liq·ui·da·tor [líkwidèitər] 名 C (公認)整理管財人 《倒産会社などの清算事務にあたる》.

liq·uid·i·ty [likwídəti] 名 U 【経済】換金性.

liq·uid·ize [líkwidàiz] 動 他 〈…を〉液化する; 〈果物などを〉ジュースにする.

liq·uid·iz·er [líkwidàizər] 名 C 《英》(料理用)ミキサー(《米》blender).

***liq·uor [líkər] 名

— 名 (複 **liq·uors** [~z]) UC **1** 《米》強い酒, 蒸留酒(《英》spirits) 《ウイスキー・ブランデー・ジン・ラムなど》: He drinks some beer but no *liquor*. 彼はビールいくらか飲むが強い酒は飲まない.
2 《英》(一般に)アルコール飲料, 酒.

liq·uo·rice [líkəris, -riʃ] 名 《英》= LICORICE.

li·ra [líərə] 名 (複 **li·re** [líərei], **li·ras** [~z]) C リラ《◇イタリアの旧通貨単位, 現在は euro に統合; 《略語》L, Lit.; → EURO; トルコの通貨単位; 《略語》LT, TL》.

Li·sa [líːsə, -zə] 名 固 リサ《◇女性の名; Elizabeth の愛称》.

Lis·bon [lízbən] 名 固 リスボン《ポルトガルの首都》.

lisle [láil] 名 C U = lísle thrèad ライル糸《手袋・靴下などを編む堅く(強)よりの木綿糸》.

lisp [lísp] 名 C (通例 a ~) 舌足らずの発音[話し方].
— 動 自(他) 〈…を〉舌足らずに発音する[言う].

---

lit

***list¹ [líst] 名 動【原義は「細長い紙片」】
— 名 (複 **lists** [lísts]) C **一覧表**, リスト, 表; 目録; 名簿; 明細書を: a *list* of fares 料金表 (→ STATION [**PICTURE BOX**]) / a boarding *list* 乗客名簿 / a price *list* 価格表 / a shopping *list* 買い物リスト / a waiting *list* キャンセル待ち名簿 / make [draw] up a *list* 目録を作る / My name is [stands] first on the *list*. 私の名前は名簿のトップにある / They put my name on the *list*. 私の名前が名簿に載った.
— 動 他 〈…を〉表にする, 名簿[目録]に載せる(比較 日本語の「リストアップ」は和製英語): *List* all the names. 全員の氏名を表にしなさい / The furniture is *listed* at 50,000 yen. その家具は価格表に5万円と出ている.
◆ **líst price** C 表示価格, 定価.

list² [a ~] 傾斜, 傾き; (船が)傾くこと.
— 動 自 (船が)傾く. — 他 〈船〉を傾かせる.

list·ed [lístid] 形 **1** 《英》(建物が)文化財に指定された. **2** (会社が証券取引所に)上場された.

***lis·ten [lísən] 動 名【☆ 発音に注意】【基本的意味は「(注意して)聞く(make an effort to hear something)」】
— 動 (三単現 **lis·tens** [~z]; 過去・過分 **lis·tened** [~d]; 現分 **lis·ten·ing** [~iŋ])
— 自 **1** (a) (注意して) **聞く**, 聴く, 耳を傾ける (→ HEAR 類法(1)): *listen* carefully 注意深く聞く / *Listen*, guys! みんな, 聞いてくれ.
(b)【**listen to ...**】…を聞く, 聴く: *listen to* music [a lecture] 音楽[講演]を聴く / Please *listen to* me. 私の言うことを聞いてください.
(c)【**listen to ...** + 現分 [**do**]】…が~している[する]のを聞く[聴く]: We *listened to* the girl *playing* [*play*] the piano. 私たちは彼女がピアノを弾いている[弾く]のに聴き入った.
2 [忠告などに] 耳を貸す, 従う《*to*》: He didn't *listen to* my advice. 彼は私の忠告を聞かなかった / She always *listens to* her parents. 彼女はいつも両親の言うことに従う.
■ **lísten for ...** …に耳を澄ます, …に聞き耳を立てる: She was *listening for* the telephone. 彼女は電話が鳴らないかと耳を澄ませていた.
listen ín 1 […を] 盗聴する, 盗み聞きする《*on, to*》. **2** (ラジオで)[…を] 聞く《*to*》: *listen in to* the English conversation program 英会話番組を聞く. **3** (人の話を)黙って聞く.
listen óut for ... …に注意して耳を傾ける.
— 名 [a ~]《口語》聞くこと: Have a *listen to* the song I wrote. 私が書いた歌を聞いてください.

lis·ten·a·ble [lísənəbl] 形《口語》(音楽などが)聴いて楽しい, 耳に快い.

*lis·ten·er [lísənər] 名 C **1** 聞く[聴く]人, 聞き手: a good *listener* 聞き上手. **2** (ラジオの)聴取者 (cf. viewer (テレビの)視聴者).

list·less [lístlis] 形 (疲れて)元気のない, 無関心な. **2** (暑さなどで)だるそうな, だらけた.

list·less·ly [lístləsli] 副 だるそうに; 元気なく.

**lit [lít] 動 light¹ の過去形・過去分詞.

lit. 《略語》= liter(s); *lit*erature.

lit・a・ny [lítəni] 名 《複 **lit・a・nies** [~z]》 C
1 《キリスト》 連禱《司祭の唱える祈りに会衆が唱和する》. **2** くどくどした話.

li・tchi, ly・chee [líːtʃi, lái-/làitʃíː] 名 C 《植》 ライチ, レイシ (の実) 《中国産の常緑高木で実は食用》.

＊**li・ter,** 《英》 **li・tre** [líːtər] 名 C リットル《◇容積単位; 1リットル=1,000 cc; 《略語》l, lit; →巻末「度量衡」》.

lit・er・a・cy [lítərəsi] 名 U 読み書き[識字]能力; 教養 (↔ illiteracy) (cf. numeracy 計算能力): computer *literacy* コンピュータを使いこなす能力.

＊**lit・er・al** [lítərəl] 形 **1** [通例, 限定用法] 文字[字義]通りの (cf. literary 文学の); 逐語的な: a *literal* translation 逐語訳, 直訳 / the *literal* hell 文字通りの地獄. **2** 《主に軽蔑》 字句の意味にこだわる, 想像力の乏しい; 面白みのない.
— 名 C 《英》《印刷》誤字, 誤植 (typo).

＊**lit・er・al・ly** [lítərəli] 副 **1** 文字[字義]通りに, 逐語的に (cf. figuratively 比喩的に): translate *literally* 逐語的に訳する, 直訳する / She took what I said *literally*. 彼女は私が言ったことを真に受けた. **2** 《口語・強意》まったく, 本当に: We were *literally* exhausted. 私たちはすっかり疲れ切っていた.

＊**lit・er・ar・y** [lítərèri / lítərəri] 【原義は「文字の」】
— 形 **1** [限定用法] 文学の, 文芸の, 文学的な: a *literary* work 文学作品 / *literary* studies 文学研究 / the *literary* column 文芸欄.
2 [限定用法] 文章家の; 文学に通じた: a *literary* person 文学者, 文士 / the *literary* world 文学界, 文壇. **3** 文語(体)の, 書き言葉の (↔ colloquial, spoken): a *literary* style 文語体 / *literary* language 文語.

lit・er・ate [lítərət] 形 **1** 読み書きができる; 教養のある, 教育を受けた (↔ illiterate) (cf. numerate 計算能力のある). **2** [主に複合語で] …に通じた, …の知識がある: computer-*literate* コンピュータを使える.

lit・e・ra・ti [lìtərɑ́ːti] 名 [the ~; 複数扱い]《格式》学者, 文学者, 知識人; 知識階級.

＊**lit・er・a・ture** [lítərətʃər] 【原義は「文字」】
— 名 U **1** 文学, 文芸, [集合的で] 文学作品 《略語 lit.》: Japanese *literature* 日本文学 / polite [popular] *literature* 純[大衆]文学.
2 [または a ~] 文献, 論文; 資料: the *literature* on ceramic art 陶芸に関する文献.
3 (特に宣伝・広告のための) 印刷物, ちらし: advertising *literature* 広告印刷物.

lithe [láið] 形 しなやかな, 柔軟な.

lith・i・um [líθiəm] 名 U 《化》 リチウム《《元素記号》Li》.

lith・o・graph [líθəgræf / -grɑ̀ːf] 名 C リトグラフ, 石版(画).

li・thog・ra・phy [liθɑ́grəfi / -θɔ́g-] 名 U 石版印刷(術).

Lith・u・a・ni・a [lìθjuéiniə] 名 リトアニア《バルト海沿岸にある共和国; 首都ビリニュス (Vilnius)》.

lit・i・gant [lítigənt] 名 C 《法》訴訟当事者《原告または被告》.

lit・i・gate [lítigèit] 動 自 《法》訴訟を起こす.
— 他 《法》…を訴訟に持ち込む, 法廷で争う.

lit・i・ga・tion [lìtigéiʃən] 名 U 《法》訴訟.

li・ti・gious [litídʒəs] 形 《格式》訴訟好きな.

lit・mus [lítməs] 名 U 《化》 リトマス《酸に触れると赤くなり, アルカリでは青くなる色素》.
◆ **lítmus pàper** U 《化》 リトマス(試験)紙.
lítmus tèst C **1** [通例, 単数形で] 本質・真価が試される時; 試金石. **2** リトマス試験.

＊**li・tre** [líːtər] 名 《英》= LITER (↑).

LittD, Litt. D. 【ラテン】《略語》文学博士 (Doctor of Literature [Letters]).

＊**lit・ter** [lítər] 名 **1** U (紙くずなど) 散らかったもの; がらくた: No *litter*. 《掲示》ごみを捨てるな. **2** U (家畜用の) 寝わら; (猫などの) 室内トイレ用の砂.
3 C 担架. **4** C [単数・複数扱い] (動物の) ひと腹の子 《◇全体》.
■ *a litter of*... …が散らかった状態.
— 動 他 **1** [通例, 受け身で] (紙くずなど) を散らかす; (部屋など) を […で] 散らかして汚す [*with*]: His room *was littered with* bits of paper. 彼の部屋は紙くずが散らかっていた. **2** …に寝わら[敷きわら] を敷く (*down*).
— 自 **1** (ごみなどを) 散らかす: No *littering*. 《掲示》ごみを捨てるな. **2** (動物が) 子を産む.
◆ **lítter lòut** C 《英口語》= LITTERBUG (↓).

lit・ter・bag [lítərbæ̀g] 名 C 《米》(特に車内の) くず入れ.

lit・ter・bas・ket [lítərbæ̀skit], **lít・ter・bìn** 名 C 《英》(公園などの) くず入れ.

lit・ter・bug [lítərbʌ̀g] 名 C 《米口語・軽蔑》所かまわずごみを捨てる人 (《英》 litter lout).

＊**lit・tle** [lítl] 形 副 代

❶ 大きさ「小さい」(→ 形 **1**)
She lives in a little house.
(彼女は小さい家に住んでいる)

❷ 量・程度
■ [a little + 不可算名詞] 「少しの…」(→ 形 **2**)
I have a little money with me.
(私は少しはお金を持ち合わせている)

■ [little + 不可算名詞] 「ほとんどない…, 少しの…しかない」(→ 形 **3**)
I have little money with me.
(私はお金の持ち合わせがほとんどない)

❸ 重要性「取るに足らない」(→ 形 **6**)
He cares about little things.
(彼はささいなことを気にする)

littoral

— 形 (比較 less [lés], less・er [lésər], 《米口語》lit・tler [～ər]; 最上 least [líːst], 《米口語》lit・tlest [～ist]) **1** [通例, 限定用法] 小さい, かわいい (↔ big) (→ SMALL [類義語]): a *little* bird 小鳥 / There is a *little* garden at the back of the house. 家の裏に小さな庭がある / Did you hear that *little* noise? あの小さな音が聞こえましたか.
2 (比較 less; 最上 least) [a little + 不可算名詞] 少しの…, 少量の…, 多少の…: Would you like *a little* wine? 少しワインをお飲みになりますか / I had *a little* difficulty (in) finding the house. その家を見つけるのに少し手間取った / *A little* learning [knowledge] is a dangerous thing. 《ことわざ》生兵法は大けがのもと.
3 (比較 less; 最上 least) [little + 不可算名詞] ほとんどない…, 少しの…しかない, ほんのわずかの… (↔ much): There is *little* wine left in the bottle. びんにはワインはほとんど残っていない / I had very *little* time to talk with him. 私は彼と話す時間がほとんどなかった / I have *little* interest in politics. 私は政治にほとんど興味がない.

[語法] (1) little は量が少ないこと, 程度が低いことを表す. 数が少ないことを表すには few を用いる.
(2) **2** は肯定的な意味を表す, **3** は否定的な意味を表すが, この違いは話し手の見方によるもので, 必ずしも量の多少によるとは限らない.

4 年少の, 年下の, 幼い: my *little* boy [girl] 私の息子[娘] / my *little* brother [sister] 私の弟[妹] / When I was *little*, I had a sweet tooth. 子供の頃, 私は甘い物が好きだった.
5 (時間・距離などが) 短い, わずかな: Kate will be home in a *little* while. ケートはまもなく帰宅します / I'll go a *little* way with you. しばらくお供しましょう.
6 (比較 less・er; 最上 least) [限定用法] 取るに足らない, つまらない; くだらない (↔ great): Don't worry about such a *little* thing. そんなつまらないことでくよくよするな / *Little* things please *little* minds. 《ことわざ》つまらない人はつまらないことに興じるものだ.

■ *little or nó...* ほとんど…(が)ない: I have *little or no* time. 私にはほとんど時間がない.
nò líttle... 多くの…, 少なからぬ….
nòt a líttle... 少なからぬ, かなり多くの…: She has *not a little* knowledge of Latin music. 彼女はラテン音楽の知識がかなりはある.
ònly a líttle... ほんのわずかの…, …はほとんどない: There was *only a little* hope for his success. 彼が成功する見込みはほとんどなかった.
quìte a líttle... 《口語》かなり多くの…: He spends *quite a little* time in studying. 彼は勉強にかなりの時間を使う.
the líttle ... (that) ～ = *whàt líttle ...* ～ 少しだが～するすべての…: John gave *the little* money (*that*) [*what little* money] he had to the poor girl. ジョンはなけなしの金を全部かわいそうな少女にあげた.

— 副 (比較 less; 最上 least) **1** [a ～] 少しは, 多少は, やや: Sleep *a little*. 少し寝なさい / Can you speak German? — Yes, *a little*. ドイツ語が話せますか — ええ, 少しは / This room is *a little* hot, isn't it? この部屋は少し暑いですね / Is your cold *a little* better? かぜは少しよくなりましたか / I left home *a little* after seven this morning. けさは7時ちょっと過ぎに家を出た.
2 [無冠詞で] ほとんど…ない, めったに…ない (↔ much) (◇通例 very, so を伴う): My brother studies very *little*. 私の弟はほとんど勉強しない / The painter was *little* known in Japan. その画家は日本ではほとんど無名だった.
3 [無冠詞で] 少しも…ない, まったく…ない (not at all) (◇ believe, care, dream, expect, guess, know, realize, suspect, think などの動詞の前に付ける): I *little* dreamed that I would meet her again. 彼女に再び会えるとは夢にも思わなかった / *Little* did he think he would marry her. = He *little* thought he would marry her. 彼は彼女と結婚することになるとは思ってもみなかった (◇ *Little* を文頭に置くと倒置が起こる).

■ *nòt a líttle* 少なからず, 大いに: He was *not a little* disappointed. 彼は少なからず失望した.

— 代 [不定代名詞; 単数扱い] (↔ much) **1** [a ～] 少し, 少量: Give me just *a little* of that whiskey. あのウイスキーをほんの少しください / Only *a little* is enough for me. 私はほんの少しで十分です.
2 [無冠詞で] 少し, ほんのわずか: *Little* remains for me to tell. 私が話すことはほとんど残っていない / He thinks a long time and then says very, very *little*. 彼は長時間考えてから, ほんの少しだけ発言する / There is *little* that we can do now. 私たちが今できることはほとんどない.

■ *àfter a líttle* しばらくして.
for a líttle しばらくの間.
líttle by líttle 少しずつ, 徐々に: She is getting better *little by little*. 彼女は少しずつよくなっている.
líttle or nóthing = *líttle if ánything* ほとんど何もない.
màke líttle of ... **1** …を軽く見る, 見くびる (↔ make much of ...): Don't *make little of* his effort to improve. 彼の向上心を軽く見てはいけない. **2** …をほとんど理解できない.
the líttle (that) ... = *whàt líttle ...* わずかだが…するすべてのもの: I did *the little (that)* [*what little*] I could. 私はできる限りのことはやった.

◆ Líttle Béar [the ～] 〖天文〗 小ぐま座.
Líttle Dípper [the ～] 〖米〗 小北斗七星.
líttle fínger © 小指 (→ HAND 図).
líttle pèople [the ～; 集合的に] **1** 一般大衆, 庶民. **2** (特にアイルランド伝説中の) 小妖精(こびと).
Líttle Rhódy [-róudi] 〖米〗 リトルローディー《米国 Rhode Island 州の愛称; → AMERICA 表》.
líttle tóe © 足の小指.

lit・to・ral [lítərəl] 〖文語〗 海岸[湖岸]の, 沿岸の.
— 名 © 沿岸地帯.

li・tur・gi・cal [litə́ːrdʒikəl] 形 [通例, 限定用法] 礼拝(式)の; 典礼(式)の.

lit・ur・gy [lítərdʒi] 名 (複 lit・ur・gies [～z]) ©

1 礼拝式, 典礼. **2** [通例 the L-] 祈祷(*)文集.

liv・a・ble, live・a・ble [lívəbl]形 **1** (家・気候などが)住みやすい, 住むのに適した: This apartment is *livable* in. このアパートは住みやすい(◇叙述的用法の場合, しばしば in を伴う). **2** (人生が)生きる価値のある, 生きられる, (物事が)[…に]耐えられる, 我慢できる [*with*]; どうにかなる.

***live¹ [lív] (☆ live² との発音の違いに注意)

【基本的意味は「生きる」】

— 動 (三単現 **lives** [〜z]; 過去・過分 **lived** [〜d]; 現分 **liv・ing** [〜iŋ])

— 自 **1** [副詞(句)を伴って] 住む, 居住する: Where do you *live*? — I *live* in Osaka. どちらにお住まいですか — 大阪に住んでいます / He *lives* in a large house. 彼は大きな家に住んでいる / She *lives* at 107 Broad Street. 彼女はブロード通り 107 番地に住んでいる / We once *lived* abroad. 私たちはかつて外国に住んでいた.

[語法] 進行形にするとその場所に一時的に住んでいることを表す: My father *is living* abroad now. 父は今海外在住です.

2 [副詞(句)を伴って] (ある方法・状態に)生活する, 暮らす; [live＋C] …の状態で暮らす: *live* comfortably 快適に暮らす / He *lived* in luxury at that time. 彼は当時ぜいたくな暮らしをしていた / She wanted to *live* free from care. 彼女は気苦労のない生活がしたかった.

3 生きる, 生きている, 生存する(↔ die): No creature can *live* without water. どんな生物も水なしでは生きられない / My grandfather *lived* to be 102. 私の祖父は102歳まで生きた / *Live* and let *live*. 《ことわざ》自分も生き他人も生かせ⇒互いにじゃまぜずにやっていく.

4 存続する, (心などに)残る: His kindness to us will *live* long in our hearts. 私たちに対する彼の親切は私たちの心に長く残るだろう.

5 人生を楽しむ, 存分に生きる: You should *live* a little. 少しは人生を楽しみなさいよ.

— 他 **1** (人生・生活)を送る(→成句 live a ... life): *live* a life of peace and quiet 平穏な生活を送る / You should *live* your life the way you like. あなたは自分の好きなように生きるべきです.

2 〈思想など〉を実践して生きる: St. Francis *lived* religion every day. 聖フランシスコは毎日の生活で信仰を実践した.

[句動詞] **live by ...** 他 **1** …で生計を立てる, 収入を得る: *live by* selling fish 魚を売って生計を立てる. **2** 〈規則など〉に沿って生活する: *Live by* your own ethics. あなた自身の倫理観に従って生きなさい.

live dówn 他 [live down＋O / live＋O＋down] 〈過去の過ちなど〉をその後の生き方で償う, 忘れさせる: He will never *live down* the scandal. 彼にはそのスキャンダルが生涯つきまとうだろう.

live for ... 他 …を生きがいとする: We need something to *live for*. 私たちは生きがいとするものが必要です.

live ín 自 住み込みで働く; (学生が)学内に住んで勉強している(↔ live out).

live óff ... 他 …から収入[食料]を得る, …で生計を立てる; …のやっかいになる: He *lives off* his parents. 彼は親の世話になって生活している.

live ón 自 生き続ける, 存在し続ける: Mozart is dead, but his music *lives on*. モーツァルトはこの世にいないが, 彼の音楽は生き続ける.

live on ... 他 **1** 〈収入・金〉で暮らしていく: They *lived on* the money from their son. 彼らは息子からの金で暮らしを立てていた. **2** …を食べて生きる: *live on* vegetables alone 野菜だけを食べて生きる, 菜食主義である.

live óut [live out＋O / live＋O＋out] **1** …を生き抜く, 生き延びる: He might not *live out* the summer. 彼はこの夏を越せないかもしれない. **2** 〈思想・夢など〉を実践して生きる. — 自 通いで働く, 通勤する; (学生が)通学して勉強する(↔ live in).

live thróugh ... 他 …を生き抜く, 経験する: My grandmother *lived through* several hard times. 祖母は何度かつらい時期を切り抜けた.

live togéther 自 一緒に生活する, 同棲(*)する.

lìve úp to ... 〈期待など〉にこたえる: I can't *live up to* my parents' expectations. 私は両親の期待にこたえられない.

live with ... 他 **1** …と一緒に生活する; 同棲(*)する: *live with* my parents. 私は両親と一緒に住んでいる. **2** …を我慢する, 受け入れる, 甘んじる: I have to *live with* my bad knee. 私はひざの痛みに耐えて生きなくてはならない.

■ **live a ... life** …の人生[生活]を送る: She *lived* a happy [wonderful] *life* in Acapulco. 彼女はアカプルコで幸せな[すばらしい]生活を送った.

live and bréathe ... …に熱中する, 夢中になる.

live it úp 《口語》豪勢に遊び暮らす.

**live² [láiv]

形 副

— 形 [通例, 限定用法] [比較なし] **1** (動植物が)生きている(↔ dead)(→ ALIVE **1** [語法]): a *live* fish [animal] 生きている魚 [動物].

2 (テレビ・ラジオが)生放送の, 実況の; (演技・演奏などが)生の, ライブの: a *live* program 生放送番組 / a *live* concert ライブコンサート / sing in front of a *live* audience 観客を前にして歌う.

3 (爆弾などが)まだ爆発していない; (マッチなどが)まだ使っていない.

4 (石炭などが)燃えている; (電線・回路などが)電流の通じている.

5 (問題などが)現在関心を集めている, 当面の: a *live* concern 目下の関心事. **6** 【球技】(ボールが)有効な, 生きている.

■ ***a reál live ...*** 《口語》本物の…: Look! A real *live* panda! ごらんよ. 本物のパンダだよ.

— 副 (テレビ・ラジオが)生放送で, 実況で; (演技・演奏などが)生で, ライブで: The World Series was broadcast *live* from New York. ワールドシリーズはニューヨークから生放送された.

◆ **líve wíre** C **1** 電流の通じている電線. **2** 《口語》活動的な人, 精力的な人.

-lived [laivd, livd / livd] 結合 「…の命の, 命が…

な」の意を表す: long-*lived* 長命の.

líve-ìn [lív-] 形《限定用法》**1**《従業員などが》住み込みの.
2《口語》《結婚しないで》同棲(ざい)している.

*__líve·li·hood__ [láivlihùd] 名《通例 a ~ / one's ~》生計, 暮らし; 生活手段: She earns her *livelihood* by writing. 彼女は著述で生計を立てている《物書きである》.

líve·li·ness [láivlinəs] 名 U 元気のよさ, 活発さ; 陽気さ; 鮮やかさ.

líve·long [lívlɔ̀ːŋ, -lɔ̀ŋ] 形《限定用法》《米·古風》《退屈するほど》長い, 久しい; 丸一じゅう: (all) the *livelong* day 日中ずっと [夜通し].

※※líve·ly [láivli]
— 形《比較 líve·li·er [~ər]; 最上 líve·li·est [~ist]》**1**《人が》元気のよい;《行動などが》活発な: a *lively* boy 元気のよい少年 / a *lively* discussion 活発な議論 / My grandfather is still *lively*. 私の祖父はまだ健在です.
2《陽気な, にぎやかな: *lively* music にぎやかな音楽.
3《色が》鮮やかな: *lively* green 鮮やかな緑.
4《描写などが》真に迫った;《感情などが》激しい.
5《はらはらするような, やっかいな; 忙しい: have a *lively* time はらはらするような [きりきり舞いの] 時を過ごす.

■ lóok lívely《口語》元気よく [きびきびと] 動く.
màke thìngs [it] lívely for ... …に気をもませる, 迷惑をかける.

liv·en [láivən] 動 他 …に生気を与える, …を活発 [陽気] にする (*up*).
— 自 活発 [陽気] になる (*up*): The party *livened up* as soon as Jane appeared. ジェーンが顔を見せたとたん, パーティーは盛り上がった.

*__liv·er__[1] [lívər] 名 **1**C 肝臓. **2** U (食材としての) レバー, 肝(き).
◆ líver sàusage U《英》レバーソーセージ.

liv·er[2] [lívər] 名《前に形容詞を伴って》…な生活をする人: a fast *liver* 道楽者 / a hearty *liver* 大食漢.

liv·er·ied [lívərid] 形《使用人が》お仕着せ (livery) を着た.

liv·er·ish [lívəriʃ] 形《英口語》《暴飲暴食で》具合の悪い.

Liv·er·pool [lívərpùːl] 名 固 リバプール《England 北西部の港湾都市》.

liv·er·wurst [lívərwə̀ːrst] 名 U《米》レバーソーセージ (《英》liver sausage).

liv·er·y [lívəri] 名《複 liv·er·ies [~z]》**1**CU《家臣・使用人などの》制服, お仕着せ: in *livery* お仕着せを着た. **2**C《車などの》レンタル会社.
◆ lívery còmpany C《英》《ロンドンの》同業組合《◇そろいの制服 [式服] を着用するところから》.

※※lives[1] [láivz] 名 life の複数形.

*__lives__[2] [lívz] live[1] の3人称・単数・現在形.

live·stock [láivstɔ̀k] 名 U《集合的に; 単数・複数扱い》《羊・牛・馬などの》家畜類.

liv·id [lívid] 形 **1**《通例, 叙述用法》かんかんに（なって）怒った.
2 青黒い;《打ち身などで》青黒くなった: *livid*

bruises 青あざになった打ち身.

※※※liv·ing [lívin]
— 形 **1** 生きている (↔ dead) (→ ALIVE **1**)《類法》: all *living* things [creatures] 生きとし生けるもの, すべての生き物 / Is your grandfather *living*? あなたのおじいさんはご健在ですか.
2《限定用法》現在使われている, 現行の; 現存の: *living* languages 現在使われている言語, 現代語 / the greatest *living* conductor 当代随一の指揮者.
3《限定用法》生き写しの: John is the *living* image of his father. ジョンは父親にそっくりです.
4 生活の（ための）: *living* expenses [costs] 生活費 / *living* necessaries 生活必需品.
5《限定用法》生き生きした, 元気のある;《信仰などが》強い, 篤(あつ)い: a *living* faith 篤(あつ)い信仰.
— 名 **1** C《通例 a ~ / one's ~》生計, 暮らし; 生活費: the cost of *living* 生活費 / work for a *living* 生活のために働く / earn [get, make] one's *living* as a writer 作家として生計を立てる.
2 U 暮らし方, 生活方法: *living* in the town 都会暮らし / plain *living* 質素な生活 / a style of *living* 生活様式.
3《the ~; 集合的に; 複数扱い》生きている人々: the *living* and the dead 生者と死者.
4 U 生きていること, 生存: the joy of *living* 生きていることの喜び.
◆ líving fóssil 生きた化石《カブトガニ・シーラカンスなど》.

líving ròom C 居間 (《主に英》sitting room) (→ 次ページ [PICTURE BOX]).

líving stàndard C 生活水準.

líving wáge [a ~] 生活給《最低限の生活を維持するだけの給料》.

líving will C《米》リビングウィル, 生前 (発効の) 遺書《尊厳死を希望することを表明するもの》.

Liv·ing·stone [lívinstən] 名 固 リビングストン David Livingstone 《1813-73; 英国の宣教師・アフリカ探検家》.

Liz [líz] 名 固 リズ《◇女性の名; Elizabeth の愛称》.

liz·ard [lízərd] 名 C トカゲ, ヤモリ; U トカゲの皮.

ll., ll.《略語》= *l*ines (→ L.[1]).

-'ll [l]《短縮》will, shall の短縮形: I'll = I will [shall] / you'll = you will / he'll = he will / she'll = she will / it'll = it will / that'll = that will / they'll = they will.

lla·ma [láːmə] 名《複 lla·mas [~z], lla·ma》《動物》ラマ《南米産のラクダ科の家畜》.

LL.D.《ラテン》《略語》法学博士 (Doctor of Laws).

Lloyd's [lɔ́idz] 名 固 ロイズ《1688年 London で海上保険を扱うため創設された保険引受人団体》.

LNG《略語》= *l*iquefied *n*atural *g*as 液化天然ガス.

lo [lóu] 間《古》見よ!, それ!
■ ló and behóld《こっけい》《意外さを表して》なんとまあ驚くなかれ.

loach [lóutʃ] 名 C ドジョウ.

＊＊＊**load** [lóud] [動][名]

―[動] (三単現 **loads** [lóudz]; 過去・過分 **load·ed** [～id]; 現分 **load·ing** [～iŋ])

―[他] **1** 〈車・船など〉に〔荷などを〕**積む**, 載せる (*up*)〔*with*〕; 〈荷など〉を〔車・船などに〕積む〔*into, onto*〕: I *loaded* my car *with* groceries. = I *loaded* groceries *into* my car. 私は車に食料品を積み込んだ / They *loaded* the ship *up with* over 300 cars. 彼らはその船に300台以上の車を積んだ.

2 (a)〈銃〉に**弾丸を込める**, 装塡(そうてん)する; 〈カメラ・洗濯機など〉にフィルム［洗濯物など］を入れる: *load* a gun [camera, washing machine] 銃に弾丸［カメラにフィルム, 洗濯機に洗濯物］を入れる.
(b)〈銃・カメラなど〉に〔弾丸・フィルムなどを〕**入れる**〔*with*〕; 〈弾丸・フィルムなど〉を〔銃・カメラなどに〕入れる〔*in, into*〕: I *loaded* my camera *with* a roll of film. = I *loaded* a roll of film *in* [*into*] my camera. 私はカメラにフィルムを入れた.

3 〈人〉に〔…を〕たくさん与える; 〔…で〕負担をかける, 圧迫する (*down*)〔*with*〕: He *loaded* me *with* responsibilities. 彼は私に責任を負わせた / The teacher *loaded* us *down with* a lot of homework. 先生は私たちに宿題を山ほど出した.

4 【コンピュータ】〈データ・プログラムなど〉を主記憶装置［メモリー］に読み込む, ロードする.

5 【野球】〈塁〉を埋める: *load* the bases 満塁にする.

―[自] **1** **荷を積む**; 乗客を乗せる (*up*): The freighter finished *loading*. 貨車は荷を積み終えた.

2 (カメラ・銃が) フィルム［弾丸］を装塡される.

―[名] (複 **loads** [lóudz]) [C] **1** [通例 a ～] **荷**, 積み荷: carry a *load* of coal 石炭の積み荷を運ぶ / This truck can carry a ten-ton *load*. このトラックは10トンの荷を運ぶことができる.

2 [しばしば複合語で] (乗り物の) **積載量**, 1台分の積み荷: two *loads* of hay 干し草2台分 / a train *load* [train*load*] of passengers 1列車の乗客.

3 [～s / a ～]《口語》**たくさん**〔の…〕〔*of*〕: *loads of* money たくさんのお金 / She has a *load of* dolls. 彼女は人形をたくさん持っている.

4 (精神的な) **負担**, 重荷, 苦労: a *load* of worry 気苦労 / Passing the test took a *load* off my mind. テストに合格して私はひと安心した.

5 (人・機械の) 仕事量, 割り当て, ノルマ: My teaching *load* is 18 hours a week. 私の受け持っている授業時間は週18時間です.

6 (洗濯機に入れる) 1回分の洗濯物.

7 (建物が支える) 重み, 荷重; 【電気】負荷.

■ ***gèt a lóad of ...*** [通例, 命令文で]《口語》〈すばらしいものなど〉に注目する.

＊**load·ed** [lóudid] [形] **1** **荷を積んだ**; (乗り物が) 満員の; 物が詰まった; フィルム［弾丸］の入った; 【野球】満塁の: a *loaded* bus 満員のバス / a *loaded* truck (荷物を) 満載したトラック / a *loaded* pistol 弾丸の入った銃 / with bases *loaded* 満塁で.

2 [叙述用法]《口語》たんまり金がある.

3 [叙述用法]《口語》ぐでんぐでんに酔った.

4 《口語》(酒などに) 混ぜ物をした; (いかさま用にサイコロに) 鉛を詰めた.

5 (議論などが) 公正でない, 偏った; (質問などが) わなにかけるような, 含みのある: a *loaded* question 誘導尋問.

load·ing [lóudiŋ] [名] [U] **1** 荷積み, 積載; [集合的に] 荷, 貨物. **2** 装塡(そうてん), 装弾; (テープなどの) ロー

PICTURE BOX **living room**

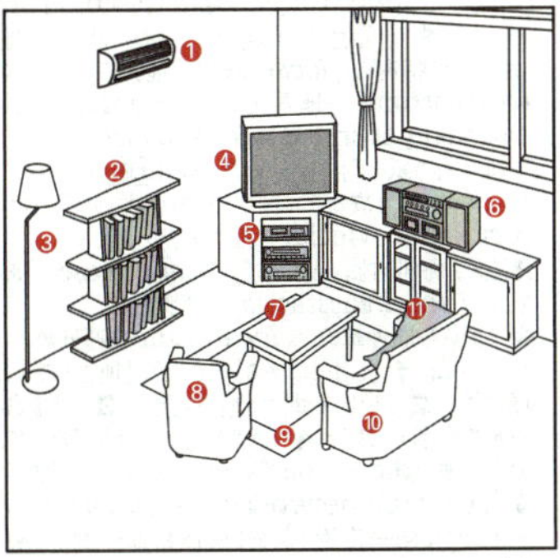

❶ air conditioner エアコン ❷ bookcase 本棚 ❸ floor lamp フロアスタンド ❹ television テレビ ❺ videocassette recorder ビデオ ❻ stereo(set) ステレオ ❼ coffee table コーヒーテーブル ❽ armchair ひじ掛けいす ❾ rug 敷物 ❿ sofa ソファー ⓫ cushion クッション

sit in an armchair (いすに座る)

lie down on a sofa (ソファーに横になる)

play cards (トランプをする)

watch TV (テレビを見る)

listen to music (音楽を聴く)

have a chat over a cup of tea (お茶を飲みながらおしゃべりをする)

L

ディング. **3** 付加保険料.

lóad·star [lóudstɑ:r] 图 = LODESTAR.

‡loaf¹ [lóuf] 图 (複 **loaves** [lóuvz]) **1** ⓒ (一定の形の) ひとかたまりのパン (→ BREAD 図): *a loaf of bread* パンひとかたまり [1個] (cf. a slice [piece] of bread 1切れのパン; → 図) / Half a *loaf* is better than none [no bread]. (ことわざ) 半分のパンでもないよりはまし ⇨ 時には妥協も必要. **2** ⓒ ローフ (パン形に焼いた肉 [魚] 料理): (a) meat *loaf* ミートローフ.

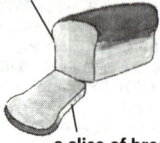

a loaf of bread
a slice of bread

loaf² 働 《口語》 圓 のらくら暮らす [過ごす], ぶらつく (*about, around*).
— 他 〈時間〉をのらくら過ごす (*away*).

lóaf·er [lóufər] 图 ⓒ **1** 怠け者; 浮浪者. **2** [しばしば **L**-] 《商標》 ローファー 《底が平らでひもなしの革靴; → SHOE 図》.

loam [lóum] 图 Ⓤ Ⓒ 《地質》 ローム 《砂・沈泥・粘土を含む肥沃(ひよく)な土壌》; (一般に) 肥沃な黒土.

loam·y [−i] 形 ローム (質) の.

‡loan [lóun]
图 働
— 图 (複 **loans** [∼z]) **1** ⓒ 貸付金, ローン, 融資; 貸与 [貸借] 物; 公債; 借款(しゃっかん): a public [government] *loan* 公 [国] 債 / a house [housing] *loan* 住宅ローン / get [receive] a *loan* (on ...) (…を担保に) 融資を受ける / take out a *loan* (on ...) (…を抵当にして) 借金をする / ask [apply] for a *loan* 借金 [ローン] を申し込む / The bank made a $5 million *loan* to the company. その銀行はその会社に500万ドルの融資をした.
2 Ⓤ 貸し付け; 貸す [借りる] こと: May I have the *loan* of your tape recorder? あなたのテープレコーダーをお借りできますか / I gave him the *loan* of my camera. 私は彼にカメラを貸した.
■ **on lóan** 貸し付け [借り入れ] で; (サッカーなどで) レンタル移籍の: I have three books *on loan* from the school library. 私は本を3冊学校の図書館から借りている.
— 働 他 《主に米》 [**loan**＋O] …を貸す; [**loan**＋O＋O / **loan**＋O＋to ...] …に~を貸す (→ LEND 類義語): I *loaned* him some books. = I *loaned* some books *to* him. 私は彼に何冊か本を貸した.
◆ **lóan shàrk** ⓒ 《口語・軽蔑》 高利貸し.

lóan·word [lóunwə:rd] 图 ⓒ 外来語, 借用語.

loath [lóuθ] 形 《叙述用法》 《格式》 《…するのを》 いやがって, 《…する》 気がしない 《*to do*》.

loathe [lóuð] 働 他 《進行形不可》 …をひどく嫌う; [**loathe**＋doing] …をひどく嫌うこと: He *loathed* going to the dentist. 彼は歯医者へ行くのをいやがった.

lóath·ing [lóuðiŋ] 图 Ⓤ 強い嫌悪感; 憎悪.

lóath·some [lóuðsəm, lóuθ-] 形 《格式》 非常によくない; 不快な.

‡loaves [lóuvz] 图 **loaf**¹ の複数形.

lob [láb / lɔ́b] 图 ⓒ (テニス・サッカーなどで) ロブ 《前衛や相手選手の頭上を越えてコートやゴールに山なりに落ちる打法 [け り方], またはその球》.
— 働 (三単現 **lobs** [∼z]; 過去・過分 **lobbed** [∼d]; 現分 **lob·bing** [∼iŋ]) 他 **1** 〈もの〉を空高く打ち [投げ] 上げる. **2** (テニスなどで) 〈ボール〉をロブで打つ; (サッカーで) 〈ボール〉を (相手選手の頭上を超えて) 高くけ上げる. — 圓 (テニスなどで) ロブを打つ.

‡lob·by [lábi / lɔ́bi] 图 (複 **lob·bies** [∼z]) ⓒ
1 (ホテル・劇場などの) ロビー (➡ HOTEL **[PICTURE BOX]**): the *lobby* of a hotel = a hotel *lobby* ホテルのロビー. **2** 《主に英》 (議事堂内の) 会見室 《議員が陳情者との会見などで用いる》; 投票者控え室. **3** 陳情団, 圧力団体, ロビー.
— 働 (三単現 **lob·bies** [∼z]; 過去・過分 **lob·bied** [∼d]; 現分 **lob·by·ing** [∼iŋ]) 圓 (議案の) (通過のため / 否決のため) 議員に圧力をかける, ロビー活動 [陳情] をする (*for* / *against*).
— 他 〈議員〉に《…するように》陳情する《*to do*》; 〈議案〉を議員に圧力をかけて通過させる: They *lobbied* the bill through the Congress. 彼らはロビー活動を展開して議会でその議案を通過させた.

lób·by·ist [lábist / lɔ́b-] 图 ⓒ ロビイスト, 陳情者 [院外] 団の1人 《議員らに圧力をかけるための院外活動家》.

lobe [lóub] 图 ⓒ **1** 耳たぶ (earlobe). **2** (建物などの) 丸い突出部; 《解剖》 葉(よう) 《肺葉・大脳葉など臓器の丸い突出部》.

lo·bot·o·mize [loubátəmàiz / -bɔ́t-] 働 他 《医》 …にロボトミー (手術) を施す.

lo·bot·o·my [loubátəmi / -bɔ́t-] 图 (複 **lo·bot·o·mies** [∼z]) ⓒ Ⓤ 《医》 ロボトミー 《前頭葉白質切除術》.

lob·ster [lábstər / lɔ́b-] 图 **1** ⓒ ロブスター 《はさみ (claw) のある大型食用エビ》; イセエビ (spiny lobster). **2** Ⓤ ロブスターの身.

‡‡‡lo·cal [lóukəl]
形 图 《原義は「場所 (place)」》
— 形 **1** その土地 [地方] の, 地元の, その地方 [地域] に特有の: *local* news 地元のニュース / *local* customs 一地方の習慣 / We take both a national paper and a *local* paper. うちでは全国紙と地方紙の両方をとっている. (比較) 日本語で言う「ローカル」と異なり,「田舎の」の意はない.「田舎の」は rural, provincial に相当する)
2 《医》 局部的な, 局所的な: *local* disease 局部的疾患 / *local* anesthesia 局部麻酔.
3 《米》 各駅停車の: a *local* train 普通列車.
— 图 ⓒ **1** [しばしば ∼s] その土地 [地方] の人, 地域住民. **2** 《米》 (新聞の) 地方記事. **3** 《米》 各駅停車の列車 [バス]. **4** 《米》 (労働組合などの) 支部, 分会. **5** [the ∼ / one's ∼] 《英》 行きつけのパブ.
◆ **lócal área nétwork** ⓒ ローカルエリアネットワーク, ラン, 同一建物 [企業] 内情報通信網 《(略語) LAN》.

lócal cáll ⓒ 市内通話 (↔ long-distance call).

lócal cólor Ⓤ 地方色, 郷土色.

lócal góvernment Ⓤ 地方自治; ⓒ 地方自治体.

lócal tíme Ⓤ 現地時間 (↔ standard time).

lo·cale [loukǽl / -káːl] 《フランス》 图 ⓒ **1** (事

lo·cal·i·ty [loukǽləti] (複 **lo·cal·i·ties** [~z]) C **1** 場所, 近辺. **2** (事件などの) 現場.

lo·cal·i·za·tion [lòukələzéiʃən / -kəlai-] 名 U《格式》地方化, 地方分権; 局限, 局地化.

lo·cal·ize [lóukəlàiz] 動《格式》**1** …を局限する; …を特定の場所[時代]に設定する;〈病気を〉局部にとどめる[抑える]. **2** …の場所を突き止める.

lo·cal·ly [lóukəli] 副 **1** ある地域で; 局地的に. **2** 近くで, 地元で.

lo·cate [lóukeit, loukéit / loukéit]
【原義は「ある場所に置く」】
— 動 (三単現 **lo·cates** [-keits]; 過去・過分 **lo·cat·ed** [~id]; 現分 **lo·cat·ing** [~iŋ])
— 他 **1**〔通例, 受け身で〕〈建物などを〉[…に]置く, 設置する, 位置させる [*in, on*]: The new stadium *is located on* the hill. 新しい競技場は丘の上にある / We *located* our new branch office in Paris. わが社はパリに新しい支店を設けた.
2 …の場所を探し出す, 突き止める; 所在(地)を確認する: The police *located* the robber. 警察はそのどろぼうの所在を突き止めた. — 自《米》[…に]住居を置く, 住み着く; 事務所[店, 工場]を持つ [*in*].

lo·ca·tion [loukéiʃən] 名 **1** C 場所, 位置, 所在地: This is a suitable *location* for hospitals. ここは病院にうってつけの場所です. **2** C U《映画などの》ロケ(地), 野外撮影(地): go on *location* ロケに行く. **3** U 位置[所在]確認: the *location* of the missing plane 行方不明機の捜索. **4** C【コンピュータ】ロケーション, (データの) 記憶場所.

■ *on locátion*《映画の》ロケ中で.

loc. cit. [lák sít / lɔ́k-]【ラテン】《略語》上記引用箇所中に (in the place cited) (cf. *op. cit.* 前掲(引用)書中に).

loch [lák / lɔ́k] 名 C 《スコット》湖 (lake); (細長い) 入江: *Loch* Ness ネス湖.

lock[1] [lák / lɔ́k] 動 名
***
— 動 (三単現 **locks** [~s]; 過去・過分 **locked** [~t]; 現分 **lock·ing** [~iŋ])
— 他 **1** …に鍵(ﾂ)をかける, 錠を下ろす (↔ *unlock*): Don't forget to *lock* the door. 必ず[忘れずに]ドアに鍵をかけなさい / The suitcase was *locked*. スーツケースに鍵がかかっていた.
2 …を(鍵をかけて)[…に]閉じ込める, しまい込む [*in*]: I *locked* myself *in* my room. 私は自分の部屋に閉じこもった / She *locked* her jewels *in* the safe. 彼女は宝石を金庫にしまい込んだ.
3 …を固定する;〈指・腕などを〉組み合わせる; …を抱きしめる: *lock* a boat to the post 船をくいに固定する / The mother *locked* her child in her arms. その母親は子供を腕に抱きしめた.
— 自 **1** 鍵[錠]がかかる, 錠が下りる: This room won't *lock*. この部屋はどうしても鍵がかからない / The door *locks* automatically. そのドアは自動的に錠がかかる. **2** 固定される, 組み合う: The gears have *locked* into one another. 歯車はお互いにかみ合った.

句動詞 *lóck awáy* 他 [lock away + O / lock + O + away] **1** …を(鍵をかけて)しまい込む, 保管する. **2** …を監禁[隔離]する (lock up). **3**〈換金できないかたちで〉〈資金を〉投資する.

lóck ... ín 他 …を閉じ込める; 取っ組ませる.

lóck ón to [òntou] ... 他《ミサイルなどが》…をレーダーで自動的に探知追跡する.

lóck óut 他 [lock out + O / lock + O + out] **1**〈人を〉[…から] 締め出す [*of*]: The father *locked* his son *out of* the house. 父親は息子を家から締め出した. **2**〈労働者を〉工場閉鎖して締め出す, ロックアウトする (→ LOCKOUT).

lóck úp 他 [lock up + O / lock + O + up]
1〈家などの〉戸締まりをする: Make sure the house is *locked up* before you leave. 出かける前に家の戸締まりを確かめなさい. **2** …をしまい込む: I *locked up* my money in the safe. 私は自分の金を金庫にしまい込んだ. **3** …を閉じ込める; 監禁する. **4**〈資金を〉投資する.

— 名 (複 **locks** [~s]) **1** C 錠, 鍵, 錠前 (cf. *key* (lock にさし込む) 鍵) 比較 日本語の「鍵」は key と lock の両方をさす): put a key to [in] a *lock* 鍵を錠にさし込む / The door was on [off] the *lock*. ドアは錠がかけられて[外されて]いた.

■ コロケーション 鍵を…
鍵を開ける: *open* [*turn*] *a lock*
鍵をかける: *fasten* [*set*] *a lock*
鍵をこじ開ける: *pick a lock*

2 U (動かないように) 固定すること, (機械の) 停止, ロック. **3** C 閘(ﾂ)門, 水門《運河などにある, 水位を調節して船を移動させる装置》. **4** C【レスリング】ロック, 固め技.

■ *lóck, stóck, and bárrel* 一切がっさい, 完全に.

ùnder lóck and kéy **1** 安全な場所に保管して. **2** 投獄されて.

lock[2] [lák / lɔ́k] 名 **1** 髪のひと房, 巻き毛: a *lock* of hair ひと房の髪. **2** [~s]《詩語》頭髪.

lock·a·ble [lákəbl / lɔ́k-] 形 錠[鍵(ﾂ)]のかけられる, ロック可能な.

Locke [lák / lɔ́k] 名 固 ロック John Locke《1632–1704; 英国の哲学者》.

lock·er [lákər / lɔ́kə] 名 C **1** ロッカー; コインロッカー;【海】(弾薬・衣類などを入れる) 箱, 船室.
2《米》(レストラン・工場などの) 冷凍食品貯蔵車.

◆ *lócker ròom* C ロッカールーム, 更衣室.

lock·et [lákit / lɔ́k-] 名 C ロケット《中に写真などを入れて首にかけるペンダント》.

lock·jaw [lákdʒɔ̀ː / lɔ́k-] 名 U《破傷風の初期の》開口障害; 破傷風【医】tetanus).

lock·keep·er [lákkìːpər / lɔ́k-] 名 C 水門番, 水門操作員.

lock·out [lákàut / lɔ́k-] 名 C 工場閉鎖; ロックアウト, 締め出し《労働争議における経営者側の戦術》.

lock·smith [láksmìθ / lɔ́k-] 名 C 錠前屋[師], 鍵(ﾂ)師.

lock·up [lákʌ̀p / lɔ́k-] 名 C **1** (小規模の) 留置場. **2** 固定(されること).

lo·co·mo·tion [lòukəmóuʃən] 名 U《格式》運動, 移動(力).

lo·co·mo·tive [lòukəmóutiv] 名 C《米》機関車: a steam *locomotive* 蒸気機関車, SL.

― 形 移動(性)の, 運動[移動]する: a *locomotive* engine 機関車.

lo·cust [lóukəst] 名 C【昆】イナゴ, バッタ《大量発生して農作物に大きな被害を与える》.

lo·cu·tion [loukjúːʃən] 名 U 話し方, 言葉づかい; 【言】(特定の地方・集団などでの)慣用語法.

lode [lóud] 名 C 〔通例, 単数形で〕【鉱】鉱脈, 鉱床.

lode·star, load·star [lóudstɑ̀ːr] 名 C《主に文語》 **1** 道しるべの星; [the ~] 北極星(polestar). **2** 〔単数形で〕指導原理, 指針.

‡**lodge** [ládʒ / lɔ́dʒ] 名 C **1** 山小屋/(避暑用の)山荘. **2**《主に英》(私有地の)番小屋, (工場・大学などの)守衛[門衛]詰所. **3** (組合・秘密結社仕などの)支部集会所;〔集合的に〕支部会員. **4**《米》アメリカ先住民の住居(wigwam). **5** (ビーバーの)巣.
― 動 自 **1** […に / …の家に]泊まる, 宿泊する [*at, in / with*]: I *lodged* at my uncle's. = I *lodged with* my uncle. 私はおじの家に泊まった. **2** (弾丸などが)[体内などに]とどまる;(骨などが)[…に]つかえる [*in*]. **3**【心・記憶に】残る [*in*]. 保管しておける [*in, with*].
― 他 **1**〈人〉を[…に]泊める, 下宿させる [*at, in*]. **2**〈弾丸・矢などを〉[…に]打ち込む [*in*]. **3**〈抗議など〉を[…に対して / 当局に]訴える, 提出する [*against / with*]: *lodge* a complaint *against* the noise *with* the police 騒音に対する苦情を警察に届け出る. **4** […に]〈金など〉を預ける [*in, with*].

*‡**lodg·er** [ládʒər / lɔ́dʒə] 名 C 下宿人, 間借り人 (《米》roomer)《◇通例, 食事はつかない; cf. boarder 賄(まかな)い付きの下宿人》: take (in) *lodgers* = keep *lodgers* 下宿人を置く.

*‡**lodg·ing** [ládʒiŋ / lɔ́dʒ-] 名 **1** U [または a ~] (一時的に泊まる)宿;宿泊(すること): board and *lodging* 賄い付きの下宿 / ask for a night's *lodging* 一夜の宿を求める. **2** [~s] 貸間, 下宿屋《◇通例, 1室でも複数形にする》: live in *lodgings* 間借り[下宿]している.

◆ **lódging hòuse** 名 C《英》(賄いなしの)下宿屋(《米》rooming house)《◇賄い付きは boardinghouse》.

loft [lɔ́ːft / lɔ́ft] 名 C **1** 屋根裏(部屋)(attic); (馬小屋・納屋(なや)の2階の)干し草置場(hayloft). **2**《主に米》(倉庫・工場などの)上階, ロフト; (教会・講堂の)上階(席), ギャラリー. **3** ハト小屋.
― 動 他《ゴルフなどで》〈ボール〉を高く打ち上げる.

loft·i·ly [lɔ́ːftili / lɔ́ft-] 副 高く; 高慢に.

*‡**loft·y** [lɔ́ːfti / lɔ́fti] 形 (比較 **loft·i·er** [~ər]; 最上 **loft·i·est** [~ist])〔通例, 限定用法〕**1**《文語》非常に高い, そびえ立つ. **2** (思想などが)高尚な, 高邁(こうまい)な. **3**《軽蔑》高慢な, 傲慢(ごうまん)な.

‡‡**log**¹ [lɔ́ːg, lɑ́g / lɔ́g] 名 C【原義は「切り倒された木」】
― 名【原義は「切り倒された木」】
― 名 **1 丸太**(薪(たきぎ)): The hut was built of *logs*. 小屋は丸太でできていた. **2** 航海[航空]日誌(logbook); (自動車などの)工程日誌, (機械の)運転日誌.

■ *sléep like a lóg*《口語》ぐっすり眠る.
― 動 (三単現 **logs** [~z]; 過去・過分 **logged** [~d]; 現分 **log·ging** [~iŋ])他 **1**〈ある場所〉の木を伐採する. **2** …を航海[航空]日誌に記入する; 〈ある距離〉を航行[飛行]する.

■ **lóg ín** [*ón*] 自【コンピュータ】ログオンする, (情報を得るために)コンピュータをシステムに接続する.
lóg óff [*out*] 自【コンピュータ】ログオフする, (情報を得て)システムへの接続を終了する.

◆ **lóg càbin** 名 C 丸太小屋.

log² (略記) = *logarithm* 対数.

lo·gan·ber·ry [lóugənbèri / -bəri] 名 (複 **lo·gan·ber·ries** [~z]) C【植】ローガンベリー《(の実)イチゴの一種で, 実は食用》.

log·a·rithm [lɔ́ːgəriðm, lɑ́g- / lɔ́g-] 名 C【数学】対数(《略記》log): a common *logarithm* 常用対数 / a natural *logarithm* 自然対数.

log·a·rith·mic [lɔ̀ːgəríðmik, lɑ̀g- / lɔ̀g-] 形 対数の.

log·book [lɔ́ːgbùk / lɔ́g-] 名 C **1** 航海[航空]日誌; 業務日誌. **2**《英》自動車登録証[台帳].

loge [lóuʒ]【フランス】名 C《米》(劇場などの)仕切り席; 2階正面席;(競技場の)上層特別席.

log·ger [lɔ́ːgər, lɑ́g- / lɔ́g-] 名 C 材木切り出し人, きこり(lumberjack).

log·ger·heads [lɔ́ːgərhèdz, lɑ́g- / lɔ́g-] 名〔次の成句で〕
■ *at lóggerheads* [人と] けんか [口論] して [*with*].

log·ging [lɔ́ːgiŋ, lɑ́g- / lɔ́g-] 名 U 木材切り出し, 伐採搬出.

‡**log·ic** [ládʒik / lɔ́dʒ-]【「log (言葉) + ic (学問)」から】 名 U **1** 論理, 論法, 推理法; (専門分野の)理論: a leap of *logic* 論理の飛躍 / chop *logic* 理屈をこねる. **2** 論理学. **3** 道理, 筋道; 正当な論理; 必然性, 説得力: That is not *logic*. それは筋道が通らない / It's not good *logic* to change the plan. 計画を変更するのは妥当とは言えない. **4**【コンピュータ】論理素子; 設計原理.

‡**log·i·cal** [ládʒikəl / lɔ́dʒ-] 形 **1** 論理的な, 筋の通った (↔ illogical): His argument was *logical*. 彼の主張は筋が通っていた. **2** (論理上)必然的な, 当然の. **3** 論理学の[上の].

log·i·cal·ly [ládʒikəli / lɔ́dʒ-] 副 時に文修飾 論理的に(言えば); 筋道を立てて; 必然的に.

lo·gi·cian [loudʒíʃən] 名 C 論理学者; 論理を巧みに操る人, 論法家.

lo·gis·tic [loudʒístik], **lo·gis·ti·cal** [-kəl] 形 作戦上の; 兵站(へいたん)学の.
lo·gis·ti·cal·ly [loudʒístikəli] 副 作戦的に.

lo·gis·tics [loudʒístiks] 名 U〔単数・複数扱い〕 **1**【軍】兵站(へいたん)学; 兵站業務《兵員や軍需品の輸送・補給, 宿営, 糧食などを扱う》. **2** (物資の)運用計画, (難事業の)実施計画.

log·jam [lɔ́ːgdʒæ̀m, lɑ́g- / lɔ́g-] 名 C 丸太水路がふさがること;《主に米》停滞, 渋滞, 行き詰まり.

log·o [lóugou] 名 (複 **log·os** [~z])《口語》= LOGOTYPE **2** (↓).

lo·gos [lóugɑs / lɔ́gɔs] 名 U **1** 〔しばしば L-〕【哲】ロゴス《宇宙を支配する法則》. **2**【キリスト】神の言葉; (三位(さんみ)一体の第2位である)キリスト.

lo·go·type [lɔ́ːgətàip / lɔ́g-] 名 **1**【印刷】連字活字, ロゴタイプ《fl, fi, Æ など》. **2** ロゴ(マーク)《商品名・会社名を表すデザイン文字; 略して logo とも言う》.

og·roll·ing [lɔ́:ɡròuliŋ, lɑ́ɡ- / lɔ́ɡ-] 名U《主に米国》(政治家の)なれ合い,(同業者の)助け合い.

oin [lɔ́in] 名 **1**〖～s〗《文語》(人の)腰,腰部;《婉曲》生殖器. **2** CU (食用動物の)腰肉.
■ **gírd (úp) one's [the] lóins** 気を引き締める.

oin·cloth [lɔ́inklɔ̀:θ / -klɔ̀θ] 名 (複 **loin·cloths** [-klɔ̀:ðz, -klɔ̀:θs / -klɔ̀θs]) C 下帯; (熱帯地方の人が付ける)腰布.

oi·ter [lɔ́itər] 動自 **1** […を] (目的もなく)うろつく, ぶらつく, 徘徊(はいかい)する [*around, about*]: *loiter around* the shop 店の中をうろつく. **2** のらくら [ぐずぐず]する.

oll [lál / lɔ́l] 動自 (舌などが)だらりと垂れる (*out*); だらりともたれかかる, ゆったり寝そべる (*about, around*). ― 他 (犬などが)〈舌〉をだらりと垂らす (*out*);〈手・頭〉をだらりともたれさせる.

ol·li·pop, lol·ly·pop [lálipàp / lɔ́lipɔ̀p] 名 C 棒付きキャンディー;《主に英》棒付きアイスキャンディー (popsicle).

◆ **lóllipop làdy [màn]** C《英》学童道路横断指導員(《"Stop. Children crossing."「止まれ. 学童横断中」と書いた円盤を掲げる).

ol·ly [láli / lɔ́li] 名 (複 **lol·lies** [～z])《英口語》
1 = LOLLIPOP **1. 2**U《古風》金 (money).

lon. (略語) = longitude 経度.

Lon·don [lándən] (☆ 発音に注意)

― 名 固 ロンドン《英国 (the United Kingdom) およびイングランド (England) の首都》.

◆ **Lóndon Brídge** 固 ロンドンブリッジ《the City とテムズ川南岸地区を結ぶ橋》.

Lon·don·der·ry [lándəndèri] 名 固 ロンドンデリー《北アイルランド北西部の州. その州都》.

Lon·don·er [lándənər] 名 C ロンドン市民[子].

lone [lóun] 形 (限定用法)《文語》 **1** (人が)1人の,連れのない(◇叙述用法では alone を用いる), さびしい, 心細い, 孤独な: a *lone* traveler 1人旅の人 / a *lone* parent (配偶者がいなくて)ひとりで子供の面倒を見る親. **2** (物が)ただ1つの;《詩》(場所が)孤立した, 人里離れた: a *lone* house in the wood 森の中の一軒屋.

◆ **Lóne Stár Stàte** [the ～] 1星州《米国テキサス (Texas) 州の愛称; → AMERICA 表》.

lóne wólf C《口語》単独行動をとる人, 一匹狼.

lone·li·ness [lóunlinəs] 名U 孤独, さびしさ.

lone·ly [lóunli]

― 形 (比較 **lone·li·er** [～ər]; 最上 **lone·li·est** [～ist]) **1** さびしい, 心細い: I felt very *lonely* when I first left home. 初めて親元を離れたとき私はとても心細かった. **2** 独りの, 孤独の (→ ALONE 類義語): visit and cheer up the *lonely* shut-ins 孤独な寝たきりの病人を訪ねて元気づける.
3 (場所が)孤立した, 人里離れた.

◆ **lónely héarts** [複数扱い] 交際相手を求める人たち: a *lonely hearts* column (新聞の)交際欄.

lon·er [lóunər] 名 C《口語》1人でいたがる人, 孤独を愛する人; 単独行動をとる人[動物], 一匹狼(おおかみ) (lone wolf).

lone·some [lóunsəm] 形《主に米》 **1** [連れ・仲間を求めて]さびしい, 心細い [*for*] (→ ALONE 類義語): feel lonesome *for* her. **2** (場所が)人里離れた.
■ **by [on] one's lónesome**《口語》1人で (all alone); 独力で.

***long¹** [lɔ́:ŋ / lɔ́ŋ] 形 副 名【基本的意味は「長い (measuring a great distance or period of time)」】

― 形 (比較 **long·er** [lɔ́:ŋɡər / lɔ́ŋɡər]; 最上 **long·est** [lɔ́:ŋɡist / lɔ́ŋɡist]) **1** (長さ・距離などが)長い (↔ short);《口語》背の高い (tall): *long* hair 長い髪 / a *long* nose 高い鼻 / Which is *longer*, the Tone River or the Shinano River? 利根川と信濃川とではどちらが長いですか.
2 (時間・期間などが)長い, 長くかかる (↔ short, brief): a *long* vacation 長期休暇 / a *long* run ロングラン, 長期興業 (→ LONG-RUN) / Ten years is a *long* time. 10年は長い / The days are getting *longer* and *longer*. 日がだんだん長くなっている / They won't be *long* (in) arriving here. 彼らはまもなくここに到着するだろう.
3 〔通例, 長さを表す語を伴って〕長さが…の: How *long* was his home run? ―It was about 150 meters *long*. 彼のホームランはどのくらい飛びましたか―150メートルくらいでした / How *long* was his speech? ―It was two hours *long*. 彼の演説はどのくらいでしたか―2時間でした / The book is 500 pages *long*. その本は500ページ(の長さ)です.
4 長ったらしい, なかなか終わらない: a *long* lecture 長ったらしい講義 / It has been a very *long* day. きょうは長い長い1日だった.
5 [音声] 長音の, 音が長い (↔ short): *long* vowels 長母音《英語の [ɑ:] [ə:] [i:] [u:] [ɔ:] など》.
■ **at the lóngest** 長くても, せいぜい.

be lóng on ..., but shórt on ～《口語》…をたくさん持っているが～が少ない: *be long on* ideas, *but short on* cash アイディアはたくさんあるが金がない.

hàve a lóng mémory 記憶力がいい.

It was [will be] a lóng tìme befòre ... …するのに時間がかかった[かかるだろう], なかなか…しなかった[しないだろう]: *It was a long time before* I came to. 私は意識が戻るまでに時間がかかった.

It was nòt [will nòt be] lóng befòre ... まもなく…した[するだろう]: *It will not be long before* the rainy season starts. まもなく梅雨入りだろう.

Lóng tìme nò sée!《口語》しばらく, 久しぶり (◇一般的には I haven't seen you for a long time. / It's been a long time. などと言う).

― 副 (比較 **long·er**; 最上 **long·est**) **1** [通例, 疑問文・否定文で] 長い間: Have you known him *long*? 彼とは長くお知り合いですか / He didn't study Spanish *long*. 彼は短期間しかスペイン語を勉強しなかった.

語法 (1) 肯定文では通例 (for) a long time を用いる: The fine weather lasted (*for*) *a long time*. 晴天が長く続いた (cf. The fine weather did not last *long*. 晴天は長続きしなかった).

(2) so, too, enough など修飾語が付く場合や比較級・最上級の場合は肯定文でも用いる: Her

wrist ached from playing the violin *so long.* ずっとバイオリンを弾いていたので彼女は手首が痛かった / *Stay here a little longer.* もう少し長くここにいなさいよ.

2 [ago, before, since などの前に付けて] ずっと (前に, あとに): *long ago* ずっと昔に / *long before* ずっと前に / *She has long since graduated from this school.* 彼女はずっと前にこの学校を卒業した / It was *long* past twelve when my father returned home. 父が帰宅したときには12時をとっくに過ぎていた.

3 [通例 all を伴って] …じゅう: *all day [night] long* 一日 [ひと晩] じゅう / *The road is closed all winter long.* その道路は冬はずっと閉鎖される.

■ *as lóng as ...* **1** [前置詞的に] …の間, …もの間: He kept talking *as long as* five hours. 彼は5時間も話し続けた. **2** [接続詞的に] …する限り [間] は (while): *As long as* you stay here, you have to obey my rules. ここにいる間は, 私のルールに従ってもらいます. **3** [接続詞的に] …さえすれば (if only): You can go out, *as long as* you promise to be back before 11. 11時前に帰ってくると約束するなら, 外出してもいいよ.

nò lónger ... = nòt ... àny lónger もう…ではない: She's *no longer* here. = She isn't here *any longer*. 彼女はもうここにはいません.

Sò lóng!《口語》じゃあまた, さようなら (◇親しい人同士で用いる).

so lóng as ... = as long as ... **3**.

— 名 U 長い間 [時間]: He doesn't have *long* to live. (病気などで) 彼はもう長くはないだろう.

■ *befòre lóng* まもなく, やがて (soon): She'll be back *before long.* 彼女はまもなく戻るでしょう.

for lóng [通例, 疑問文・否定文で] 長い間: We did not see her *for long.* 私たちは長い間, 彼女に会わなかった.

tàke lóng [通例, 疑問文・否定文で] […するのに] 長くかかる [*to do*]: I didn't *take* so *long* to make up my mind. 私はそんなに決断するのに時間がかからなかった.

The lóng and (the) shórt of it is that ...《口語》要するに…である: *The long and (the) short of it is that* we didn't go there. 要するに私たちはそこに行かなかったのです.

(▷ 名 léngth; 動 léngthen)

◆ lóng fáce C 浮かぬ顔, 悲しい顔: make [pull] a *long face* 浮かぬ顔をする.

Lòng Ísland 名 ロングアイランド《米国 New York 州南東部の島》.

lóng jòhns [複数扱い]《防寒用の》ズボン下.

lóng jùmp [the ~]《英》(走り) 幅跳び (《米》broad jump).

lóng shòt C **1**《映画》遠写し (↔ close shot). **2** 成功する [勝つ] 見込みのない人.
3 [a ~] 大ばくち, (競馬の) 大穴.

lóng wáve U《電気》長波 (波長1,000m 以上).

*lóng² 動 圓 [long for ...] … を切望する, [long (for ...) + to do] […が) …することを切望する: *long for* a peaceful life 平穏な生活を切望する / He is *longing* to study abroad. 彼は海外留学をしたがっている / I *long for* the summer *to* come. 夏が来るのが待ち遠しい.

long. 《略語》= longitude 経度.

lóng·a·wáit·ed 形 [限定用法] (行事・結果などが) 長いこと待ち望んだ.

lóng·boat [lɔ́ːŋbòut / lɔ́ŋ-] 名 C ロングボート (帆船搭載の大型ボート).

lóng·dís·tance 形 [限定用法] 長距離の, 遠くまで行く: a *long-distance* (phone) call 長距離電話 / a *long-distance* runner 長距離ランナー.

lóng dístance 名 C 長い距離; U 長距離電話.
— 副 長距離電話で: call *long distance* 長距離電話をかける / I talked *long distance* with my mother. 私は母と長距離電話で話した.

lóng·drawn·óut, lóng·dráwn 形 長引いた, 長ったらしい.

lónged-for 形 [限定用法] 待望の, 待ち望んでいた.

lon·gev·i·ty [landʒévəti / lɔn-] 名 U《格式》長寿, 長命; 寿命.

Lóng·fel·low [lɔ́ːŋfèlou / lɔ́ŋ-] 名 ロングフェロー Henry Wadsworth [wádzwə:rθ / wɔ́dz-] Longfellow 《1807–82; 米国の詩人》.

lóng·hand [lɔ́ːŋhæ̀nd / lɔ́ŋ-] 名 U (タイプ・速記に対して) 手書き (cf. shorthand 速記).

lóng·hául 形 (主に飛行機の便などが) 長距離の: a *long-haul* flight 長距離 (運航) 便.

lóng·horn [lɔ́ːŋhɔ̀:rn / lɔ́ŋ-] 名 C ロングホーン《角の長い食肉牛. Texas longhorn とも言う》.

*lóng·ing [lɔ́ːŋiŋ / lɔ́ŋ-] 名 CU […に対する] あこがれ, 熱望 [*for*]; […したい] 強い願望 [*to do*]: a *longing for* peace 平和への希求 / She felt a sudden *longing to* see her old friends. 彼女は急に昔の友人に会いたくなった.
— 形 [限定用法] 切望する, あこがれの: with a *longing* look あこがれのまなざしで.

lóng·ing·ly [~li] 副 切望して, あこがれて.

lóng·ish [lɔ́ːŋiʃ / lɔ́ŋ-] 形《口語》(やや) 長めの.

*lón·gi·tude [lándʒətjùːd / lɔ́ndʒitjùːd] 名 UC [地理] 経度;《略語》L, L., lon., long.; cf. latitude 緯度, meridian 子午線): *longitude* twenty-five degrees ten minutes west = *long.* 25°10′ W 西経25度10分 / Tokyo is at *longitude* 139°45′ east. 東京は東経139度45分にある.

lon·gi·tu·di·nal [làndʒətjúːdənəl / lɔ̀ndʒitjúː-] 形 **1** 経度 [経緯] の. **2** 長さの; 縦の (↔ lateral);《格式》(研究が) 長期的な, ある期間の.

lóng·lást·ing 形 長持ちする; 長く続く, (効果が) 持続する: *long-lasting* effects 長く持続する効果.

lóng·lífe 形《英》(特に電池などが) 長持ちする, (牛乳などが) 長期保存可能な, ロングライフの.

lóng·líved [-lívd] 形 長命の, 長寿の; (ものが) 長持ちする, 耐久期間の長い; 長年年にわたる.

lóng·pláy·ing 形 (レコードが) 長時間演奏の, LP盤の: *long-playing* record LPレコード (《略語》LP).

lóng·ránge 形 [限定用法] **1** 長距離の, 長距離に達する: a *long-range* missile 長距離ミサイル.
2 (計画などが) 長期の, 長期間にわたる.

lóng·rún(·ning) 形 [限定用法] 長期間続く, ロン

グランの(◇最上級は longest-run(ning)).
long・shore・man [lɔ́ːŋʃɔ̀ːrmən / lɔ́ŋ-] 名 (複 **long・shore・men** [-mən]) C 《米》港湾 (荷揚げ) 労働者 (《英》docker).
long・sight・ed [lɔ́ːŋsáitid / lɔ́ŋ-] 形 (↔ **short-sighted**) **1** (通例, 叙述用法)《英》遠くまで見える; 遠視の (《米》farsighted). **2** 先見の明 [洞察力] のある.
lóng-stánd・ing 形 [限定用法] 長年にわたる.
lóng-súf・fer・ing 形 (苦痛などに) 長い間耐えてきた, 辛抱強い; 苦労の絶えない.
︎lóng-térm 形 [限定用法] **長期の**; (手形などが) 長期満期の (↔ **short-term**): a *long-term* bond 長期債券 / a *long-term* plan 長期計画.
long・time [lɔ́ːŋtàim / lɔ́ŋ-] 形 [限定用法] 長い間の, 長年にわたる.
long・ways [lɔ́ːŋwèiz / lɔ́ŋ-] 副 《主に英》= LONGWISE (↓).
long・wear・ing [lɔ́ːŋwéəriŋ / lɔ́ŋ-] 形 《米》(服・靴などが) 長持ちの, 丈夫な (《英》hardwearing).
long・wind・ed [-wíndid] 形 息の長く続く;《軽蔑》(特に文章・話が) 長ったらしい, 冗漫な.
long・wise [lɔ́ːŋwàiz / lɔ́ŋ-] 副 縦に; 長く (lengthways,《主に英》longways).
loo [lúː] 名 (複 **loos** [~z]) C 《英口語》トイレ.
loo・fa(h) [lúːfə] 名 C ヘチマ (の実); U ヘチマの網状繊維.

★★★★ look [lúk]
— 動 (三単現 **looks** [~s]; 過去・過分 **looked** [~t]; 現分 **look・ing** [~iŋ])
— 自 **1** (a) (意識的に) **見る**, 目を向ける (→ SEE 類義語): If you *look* carefully, you can see Mt. Fuji from here. よく注意して見れば, ここから富士山が見えます / May I help you? — No, thank you. I'm just *looking*. ご用件がうかがいましょうか — 結構です. 見ているだけですから / *Look*! A swallow is flying above the bridge. 見て, ツバメが橋の上を飛んでいるよ. (b) [**look at ...**] …を見る, …に注目する: *Look at* me. 私の顔を見なさい / He always *looks at* himself in a mirror. 彼はしょっちゅう鏡で自分を見ている. (c) [**look at ... + doing [do]**] …が〜している [〜する] のを見る: *Look at* the girl *swimming* in the pool. 少女がプールで泳いでいる姿をご覧なさい / I *looked at* the man come up to the gate. 私はその男が門に近づくのを見た.
2 [look (+to be) + C] **…のように見える**, …みたいの (◇ C は形容詞・名詞) (→ APPEAR 類義語): He *looks* young for his age. 彼は年の割に若く見える / She *looked* happy. 彼女は幸せそうだった / She *looks* good in a pink dress. = A pink dress *looks* good on her. 彼女にはピンクのドレスが似合う / He *looks to be* an able secretary. 彼は見たところ有能な秘書のようです.
3 [副詞(句)を伴って](建物が)(…に)面している, 向いている: This room *looks* north. この部屋は北向きです / I'd like a room which *looks* on the sea. 海の見える部屋がいいのですが.
— 他 **1** [look + 疑問詞節] (通例, 命令文で) …かどうか調べる, 確かめる: Let me *look* who it is. だれが来たのか見てきます / *Look if* he will come to the meeting. 彼が会合に来るか確かめなさい / *Look where* you're going! 気をつけろ, どこを見て歩いているんだ / *Look what* you've done! 何ということをしてくれたんだ. **2** …をじっと見る, 見つめる: I can't *look* her in the face [eye]. 私は彼女の顔 [目] をまともに見られない. **3** [通例, 進行形で]《口語》[…しようと] 思う, […することを] 計画する (aim) [*to do*]: I'm *looking to* travel in Africa next year. 私は来年アフリカを旅行するつもりです. **4** 〈年齢・役など〉にふさわしく見える: The actress *looks* her age. その女優は年相応に見える. **5** 《古風》(表情・態度で)〈感情・意思など〉を表す, 示す: She *looked* her dissatisfaction. 彼女は不満を態度で表した.

句動詞 **lóok abòut** (...) = look around (...).
lóok àfter ... 他 **1** …の世話をする, 面倒を見る: Will you *look after* the dog while we are away? 留守の間犬の世話をしていただけますか. **2** …を見送る.
lóok ahéad 自 前方を見る; 将来を考える.
lóok aróund [**róund**] 自 **1** 見回す, 振り向く: I *looked around*, but I saw nothing there. 私はあたりを見回したが何も見えなかった. **2** [...を求めて] 調べる, 探し回る [*for*]. **3** 見物して回る, 見学する.
lóok aróund [**róund**] ... 他 **1** …を見回す. **2** …を見学する: Can we *look around* the Imperial Palace? 皇居の見学はできますか.
lóok at ... 他 **1** …を見る (→ 自 1). **2** …を (詳しく) 調べる, 検証する: The inspectors *looked at* the passenger's bags. 検査官は乗客のかばんを調べた. **3** …を考える, 判断する: We don't *look at* the result that way. 私たちは結果をそういうふうには受け止めていない.
4 [通例, 命令文で] …のことを考える; …を教訓とする.
·**nòt múch to lóok at** 《口語》見栄えがしない.
·**to lóok at ...** …を外見で判断すると, 見た目には: *To look at* her, you would not think she is an actress. 一見したところでは彼女が女優だとは思えないだろう.
lóok awáy 自 目をそらす.
lóok báck 自 **1** 振り向く, 振り返る. **2** [過去を] 顧みる, 振り返る [*on*]: Don't *look back on* your past. 自分の過去を振り返るな.
·**nèver [nòt] lóok báck** 進歩 [前進] し続ける; 順調をきわめる.
lóok dówn 自 **1** 見下ろす: If you *look down* from here, you can see the whole city. ここから見下ろすと街が一望できます. **2** 目を伏せる. **3** (景気などが) 下降する.
·**lóok dówn on [upòn]** ... …を軽蔑する: They *look down on him*. 彼らは彼を軽蔑している.
lóok for ... 他 **1** …を**探す**, 求める: What are you *looking for*? 何をお探しですか. **2** 《口語》〈面倒など〉を自ら招く. **3** 〈人・こと〉を期待する: I'll *look for* you at the reception. 歓迎会には来ていただけますね.

lóok fórward to ... [しばしば進行形で] …を楽しみにする, …が待ち遠しい（◇ to のあとは名詞・動名詞; ➡次ページ **LET'S TALK**）: We *are looking forward to* the summer vacation. 私たちは夏休みが待ち遠しい / I *look [am looking] forward to* hearing from you. ご連絡をお待ちしております.

lóok ín 自 **1**《口語》[人のところに／場所に]立ち寄る[*on* / *at*]: Please *look in on* me when you come to Tokyo. 東京においでの折にはお立ち寄りください / I *looked in at* the bookstore on my way home. 帰宅途中に本屋に立ち寄った. **2** 中をのぞく.

lóok in ... 他 …をのぞいて見る.

lóok into ... 他 **1** …を調べる, 調査[捜査]する: A committee was formed to *look into* the accident. その事故の調査のため委員会がつくられた. **2** …の中をのぞく.

lóok ón 自 傍観する: We only *looked on* when the fire broke out. その火事が起きたとき私たちはただ傍観するばかりでした.

lóok on [upón] ... 他 **1**（ある感情で）…を見る: Many people *looked on* the new prime minister with enthusiasm. 多くの人が新首相に熱い視線を送った. **2** …を [であると] 見なす, 考える [*as*]: She *looked on* her husband *as* a good friend. 彼女は夫をよい友達と考えていた. **3** …に面する (→ 自 **3**).

lóok óut 自 **1**[通例, 命令文で]（危険などに）気をつける, 注意する: *Look out!* A car is coming! 気をつけろ, 車が来るぞ. **2** 外を見る: *look out* (of) the window 窓から外を見る（◇《米》ではしばしば of を省略する）. — 他 [look out + O / look + O + out]《英》…を探し出す, 選び出す.

·lóok óut for ... **1** …を探す. **2**〈人〉の世話をする.

·lóok óut on [òver] ... …〈窓・建物など〉を見渡す, 見晴らす.

lóok óver 他 [look over + O / look + O + over]〈書類など〉を調べる, …をざっと見る: *look over* the report 報告書に目を通す.

lóok óver ... 他 **1** …越しに見る, …を見渡す. **2**〈過ちなど〉を見逃す (overlook).

lóok thróugh 他 [look through + O / look + O + through] …をよく調べる, …に目を通す: He *looked* my paper *through*. 彼は私の論文にさっと目を通した.

lóok through ... 他 **1** …を通して見る, …越しに見る: He was *looking through* the window into the darkness of the night. 彼は窓越しに夜の暗やみを見ていた. **2** …を見て見ぬふりをする, 無視する. **3**〈心・策略など〉を見抜く.

lóok to ... **1**〈人〉に […を／…することを] 期待する, あてにする [*for* / *to do*] (→ 自 **3**): He *looked to* his father *for* financial support [*to* support him financially]. 彼は父親に経済的な援助を期待していた. **2** …に注意する, 気をつける: You should *look to* your health. 健康には気をつけなさい. **3** …の方を見る; …に面する.

lóok towárd ... 他 **1** …の方を見る; …に面する. **2** …の傾向がある.

lóok úp 他 [look up + O / look + O + up] **1**〈単語・情報など〉を調べる, 探す: *look up* the word in the dictionary 単語を辞書で調べる. **2**〈人〉を訪ねる: When you come to Boston, *look* me *up*. ボストンに来たら私を訪ねてください. — 自 **1** 見上げる: *look up* at the stars in the sky 星空を見上げる. **2**[進行形で]（景気などが）上向く, 上昇する.

·lóok úp to ... …を尊敬する: Who do you *look up to*? 尊敬する人物はだれですか.

■ **lóok alíve**[通例, 命令文で]《口語》急ぐ, きびきびやる.

lóok as if [thóugh] ...（まるで）…のように見える, …しそうだ (→ as if [though] (AS 成句)): You *look as if* you had seen a ghost. 幽霊でも見たような顔をしているね / It *looks as if* that company is going to fail. あの会社はつぶれそうだ.

Lóok hére!《古風》いいかい, ほら（◇相手の注意を促すときなどに用いる）.

lóok líke ... **1** …に似ている: Bill *looks like* his father. ビルは父親似です. **2**（外見上）…のように見える; …しそうだ（◇時に節を伴う）: What does your new house *look like*? あなたの新居はどんな建物ですか / It *looks like* rain. 雨が降りそうだ (= It *looks as if* it is going to rain.).

lóok onesélf いつものように元気である: You don't *look yourself*. いつもの元気がないですね.

lóok the óther wáy そっぽを向く; 見て見ぬふりをする, 見逃す.

lóok (to it) that ...[命令文で] …するように注意する, …となるように取り計らう (see to it that ...).

lóok ... úp and dówn〈人〉をじろじろ見つめる.

lòok wéll そうである; 魅力的に見える.

— 名 C **1**[通例 a 〜] 見ること, ちらっと見ること; take [have] a *look* at ... …を見る; …に目を通す, …を調べる / take [have] a *look* around 見回す, 見て回る / He cast [gave, stole, threw] a *look* at her in her bikini. 彼は彼女のビキニ姿をちらっと見た.

2[通例 a 〜] 表情, 顔つき, 目つき: a vacant [puzzled] *look* ぼんやりとした [困った] 表情 / She gave me an angry *look*. 彼女は私に怒った目つきをした / There was a *look* of dissatisfaction on his face. 彼の表情は不満げだった.

3 外観, 様子 (= APPEARANCE **類義語**): His watch has an expensive *look*. 彼の腕時計は高そうに見える / I don't like the *look* of those clouds; we should go back right now. 雲の様子が心配だ. すぐ帰ったほうがいい.

4[通例 〜s] 容貌 (ぼう), 美貌: keep [lose] one's *looks* 容貌を保つ [が衰える] / She has really good *looks*. 彼女はけばけばしい美貌の持ち主です.

5（ファッションの）流行の型, ルック.

■ **by [from] the lóok(s) of ...** …の外観 [様子] から判断すると: *By the look of* the sky, it will

snow in the afternoon. 空模様からすると午後は雪になるだろう.
◆ lóoking glàss [C]《文語》鏡, 姿見 (mirror).

lóok·a·like [名][C]《口語》そっくりな人[もの], うりニつの人[もの]; 類似så: a James Dean *look-alike* ジェームズ=ディーンのそっくりさん.

lóok·er [lúkər] [名][C] **1** 見る人; 検査[調査]をする人. **2**《口語》美人 (◇ good-looker とも言う).

lóok·er-ón 《複 look·ers-on [lúkərz-]》[C] 傍観者, 見物人, やじ馬 (onlooker): *Lookers-on* see most of the game.《ことわざ》試合は見物人のほうがよくわかる ⇨ 岡目八目.

lóok-ìn [名][a ~]《口語》 **1** ちょっと見る[のぞく]こと; (短い)調査; 短時間の訪問: Why don't you give John a *look-in*? ジョンのところにちょっと寄ってみないか. **2**《英口語》(試合などの) 勝ち目, 勝算; 割り込める可能性: have a *look-in* 勝ち目がある.

lóok·out [lúkàut] [名][C] **1** (通例, 単数形で)[…の]見張り, 監視; 用心, 警戒 [for]: Keep a good *lookout* for that man. あの男をしっかり見張っていなさい.
2 見張り人, 監視員; 見張り所, 望楼.
3《口語》(自分で)気をつけるべきこと: That's not my *lookout*. それは私の知ったことではない[勝手にしなさい]. **4**《英口語》見込み, 見通し.
■ be on the lóokout for ... …を警戒している; 探している.

loom[1] [lúːm] [名][C] 機(はた), 機織り機.

loom[2] [動][自] ぼんやり現れる, ぼうっと見える (*up*); (危険などが) 気味悪く迫る.
■ lóom lárge (人・ものが) ぬっと現れる; (恐れなどが) 大きくなる; (危険などが) さし迫る.

loon [lúːn] [名][C] 怠け者, ろくでなし.

loon·y [lúːni] 《口語》《比較 loon·i·er [~ər]; 最上 loon·i·est [~ist]》 正気でない; 間抜けな.
— [名](複 loon·ies [~z]) [C] 正気でない人.

loop [lúːp] [名][C] **1** (糸・ひもなどで作る) 輪, 環: make a *loop* 輪にする. **2** 輪[環] 状のもの [道路, 運河]; 環状の留め金; 避妊リング (《米》ring); 【航空】宙返り; 《英》= lóop line (鉄道の) 環状線. **3**【電気】閉[環状]回路;【コンピュータ】ループ (《プログラム》の反復処理).
— [動][他] …をループにする; 輪で囲む (*up*); ⟨輪を⟩描く: *loop* the loop (飛行機が) 宙返りする.
— [自] 輪[輪状]になる, 輪の形に動く; 宙返りする.

loop·hole [lúːphòul] [名][C] **1** (法律などの) 抜け穴[道]: tax *loopholes* 税の抜け道. **2** (城壁の) 銃眼, 狭間(はざま).

***loose** [lúːs] (☆ 発音に注意)
[形][動][副][名]
— [形] (比較 loos·er [~ər]; 最上 loos·est [~ist]) **1** (結び方などが) ゆるい, ゆるんだ, ぐらぐらした (↔ tight): a *loose* knot ゆるい結び目 / a *loose* screw ゆるんだねじ / I have a *loose* tooth. 歯がぐらぐらしている.

2 (服などが) だぶだぶの, ゆったりした (↔ tight): a *loose* coat だぶだぶの上着 / The ring is *loose* on her finger. その指輪は彼女の指にはゆるい.

3 [比較なし] 結んでいない, 束(たば)ねていない, 包装していない; ばらの: *loose* hair 結んでいない髪 / *loose* papers とじてない書類 / buy pencils *loose* 鉛筆をばらで買う.

4 [比較なし][叙述用法] 解き放たれた, 自由になった: leave a dog *loose* 犬をつながないで[放し飼いにして]おく / The trapped mouse tried to get *loose*. わなにかかったネズミは逃げようとした.

5 (考えなどが) 締まりのない, 散漫な; (定義などが) あいまいな, いいかげんな: a *loose* thinker 散漫な考えの持ち主 / His explanation was too *loose* for me to understand. 彼の説明はあいまいすぎて私には理解できなかった. **6** [限定用法] (性格・行動が) ずぼらな, だらしのない, ルーズな;《古風》(道徳的に) ふしだらな, 不品行な: lead a *loose* life ふしだらな生活を送る / Billy has a *loose* tongue. ビリーは口が軽い. **7** (織物などの) 目の粗い: a *loose* weave

---

LET'S TALK 期待の表し方

[基本] I'm looking forward to ....

Jenny: **What are you going to do first in New York?** (ニューヨークではまず何をしますか)

Miho: **Sightseeing. I'm looking forward to seeing the Statue of Liberty.**
(観光です. 自由の女神を見るのを楽しみにしています)

「…するのを楽しみにしています」と期待を表すには, I'm looking forward to .... と言いましょう. to のあとは名詞または動名詞が続きます. この表現を使って, 手紙の末尾に I'm looking forward to your reply [hearing from you]. (あなたからのご返事をお待ちしています) のように用いることができます.

expect を用いると, 人に対する期待を表すことができますが, 「人に…することを (当然のこととして) 期待する」というやや強制的な意味になります.

[類例] A: I expect her to do well on the exam. (彼女には試験でがんばってほしい)
B: I'm sure she will. Don't worry. (彼女は大丈夫ですよ. 心配しないでください)

目の粗い織り[編み]方. **8** 〈腸が〉ゆるんだ,〈(腹が)くだっている〉: *loose* bowels 下痢(腹).
■ **be at lóose énds** 何もすることがない.
bréak lóose […から]逃げる; 自由になる[*from*].
còme lóose ほどける, ゆるむ;〈歯などが〉はずれる, ぐらつく.
cút lóose 他 …を切り離す; 自由にする. ━自 […から]逃げ出す; 自由になる[*from*].
háng [stáy] lóose《米口語》落ち着いている.
lèt lóose 他 **1** …を放す, 逃がす. **2** 〈人〉を自由にする. **3** 〈怒り〉を[…に]ぶちまける[*on*]. ━自 **1** 自由になる. **2** 勝手にふるまう[しゃべる].
túrn [sét] lóose 他 …を自由にする.
━動 他 **1** 〈結び目など〉をほどく, 解く; ゆるめる. **2** …を放す, 解放する, 自由にする. **3** 〈矢など〉を放つ,〈銃など〉を撃つ.
━副[通例, 複合語で]ゆるく: *loose*-jointed 関節のやわらかい.
━名[次の成句で]
■ **on the lóose**(束縛から逃れて)自由で, 野放しで; ばか騒ぎをして, 浮かれて. (▷ 動 lóosen)
◆ **lóose énd** [C][~s](問題などの)未解決[未処理]部分, (仕事の)やり残した部分.

lóose-léaf[限定用法]ルーズリーフ式の.

loose·ly [lúːsli] 副 **1** ゆるく, だらりと. **2** 大ざっぱに; 漠然と. **3** だらしなく, 締まりなく.

*loos·en [lúːsən] 動 他 **1** …をゆるめる, ほどく; ばらばらにする[↔ tighten]: You'd better *loosen* your tie. ネクタイをゆるめたまえい. **2**〈束縛・約束などから〉…を自由にする, 解放する[*from*];〈規制などを〉ゆるめる, 緩和する. **3**〈腸〉に通じをつける;〈咳(¿)など〉を鎮める.
━自 ゆるむ, たるむ;(気持ちが)ほぐれる.
■ **lóosen úp** **1** 準備運動をする, ウォームアップする. **2** くつろぐ, 打ち解ける. ━他 …をゆるめる, ほぐす; …を気楽に考える: *Loosen up* your muscles before the race. レースの前に筋肉をほぐしなさい. (▷ 形 loose)

loot [lúːt] 動 他 […から]〈もの〉を略奪する[*from*];〈家・町など〉を荒らす. ━自 略奪する.
━名 U **1** 戦利品, 略奪品;(官吏の)不正利得. **2**《口語》金(money), 贈り物.

lóot·er [lúːtər] 名 C 略奪[強奪]者.

lop [láp / lɔ́p] 動(三単現 **lops** [~s]; 過去・過分 **lopped** [~t]; 現分 **lop·ping** [~iŋ]) 他 **1**〈枝など〉を切り落とす, 刈り込む(*off, away*). **2**〈余分なもの〉を取り除く, 除去する(*off, away*).

lope [lóup] 動 自(通例, 副詞(句)を伴って)(ウサギなど四足動物が)(ゆっくりと)跳ねて行く, 跳躍する;(人が)大またで走る[歩く]. ━名 U[または a ~](動物の)跳躍;(人の)大またの走り方[歩調].

lóp-èared 形(動物が)垂れ耳の.

lop·sid·ed [lápsàidid / lɔ́p-] 形 **1** 一方に傾いた; ふぞろいな,(左右)不均衡の, 偏った. **2**(勝負・スコアが)一方的な.

lo·qua·cious [loukwéiʃəs] 形(格式)多弁の, おしゃべりな;(小鳥・水流などが)騒がしい.

***lord [lɔ́ːrd] 名 動
━名(複 **lords** [lɔ́ːrdz]) **1** [L-]《英》…卿(ぱっ)

(◇侯爵・伯爵・子爵・男爵の称号に代用する尊称(⇔公爵・侯爵の子息, 伯爵の長男の名前に付ける尊称として用いる): *Lord* Byron バイロン卿. **2** [the Lords]《英》[複数扱い]上院議員; [単数扱い]上院(the House of Lords)(→ CONGRESS 表). **3** C《英》(侯爵以下の)貴族, 華族(peer).
4 [the L-]主, 神(God); [the L- / Our L-]キリスト(Christ); [L-; 呼びかけ]主よ: in the year of our *Lord* 2000 西暦 2000 年に(= in A.D. 2000).
5 C 支配者, 統治者, 首長;(歴史)(封建時代の)領主, 君主: a feudal *lord* 封建君主 / the *lord* of the manor 荘園領主. **6** C(業界などの)有力者, 大立者: a steel *lord* 鉄鋼王.
■ **(as) drúnk as a lórd**《口語》ひどく酔って.
Góod [Óh] Lórd! おやおや, おやまあ(◇驚き・恐怖・上機嫌などを表す).
líve like a lórd(王侯のように)ぜいたくに暮らす.
Lórd bléss me [my sóul]! ああ, おやおや, さあ大変(◇驚きなどを表す).
my Lórd [milɔ́rd, mai-]《英》閣下(◇侯爵以下の貴族・主教・市長・高等法院長官[判事]に呼びかけるときの敬称).
the Hóuse of Lórds《英》上院(→ CONGRESS 表).
━動[次の成句で]
■ **lórd it òver ...** 他《軽蔑》…に対して偉そうな態度で接する, いばり散らす.
◆ **Lórd (Hígh) Cháncellor** [the ~]《英》大法官《最高位の司法官で上院議長》.
Lòrd Máyor [the ~]《英》(London など大都市の)市長: *Lord Mayor's* Day ロンドン市長就任日.
Lórd's Dày [the ~]主日(とぅ), 主の日, 日曜日(Sunday).
Lórd's Práyer [the ~]《聖》主の祈り(Our Father)(新約聖書「マタイ伝」第6章,「ルカ伝」第11章にある).
Lórd's Súpper [the ~] **1** 最後の晩餐(ぱ)(Last Supper). **2** 聖餐(¿)式.

lord·ly [lɔ́ːrdli] 形(比較 **lord·li·er** [~ər]; 最上 **lord·li·est** [~ist]) **1**(ほめ言葉)君主(貴族)にふさわしい; 威厳のある, 堂々とした. **2**(軽蔑)尊大な, 傲慢(だっ)な, 横柄な.

lord·ship [lɔ́ːrdʃip] 名 **1** U 君主[貴族]の地位; […に対する]領主としての権力[*over*]. **2** C[しばしば L-]《英》閣下《貴族・主教・裁判官の尊称》.

lore [lɔ́ːr] 名 U **1** 民間伝承, 言い伝え; 伝承的知識. **2**(一般に特定分野の)知識.

Lor·e·lei [lɔ́ːrəlài] 名 固 ローレライ《ドイツの伝説で, 美しい歌声で船乗りを誘惑するライン川の魔女》.

lorn [lɔ́ːrn] 形(詩語)孤独な, さびしい, 荒涼たる.

*lor·ry [lɔ́ːri / lɔ́ri] 名(複 **lor·ries** [~z]) C
1《英》トラック(《米》truck): a tank *lorry* タンクローリー車. **2**(鉱山などの)貨車, トロッコ.

***Los An·ge·les** [lɔːs ǽndʒələs / lɔs ǽndʒəliːz]【元はスペイン語で,「天使たち(the angels)の意」】名 固 ロサンゼルス《California 州南西部にある米国第2の都市;(略語)LA》.

lose

[lúːz] (☆発音に注意)【基本的意味は「…をなくす (have ... taken away)」】

— 動 (三単現 **los‧es** [〜iz]; 過去・過分 **lost** [lɔ́ːst / lɔ́st]; 現分 **los‧ing** [〜iŋ])

— 他 **1** …を**なくす**, 紛失する, (どこかに)置き忘れる (◇具体的な場所が明示される場合は leave を用いる): He always *loses* his umbrella. 彼はしょっちゅう傘をなくす / She *lost* her wallet. 彼女はさいふをなくした.

2 〈肉親・職など〉を**失う**, なくす: He *lost* his job as prime minister. 彼は首相の職を失った / I *lost* my mother five years ago. 5年前に母を亡くしました.

3 〈試合・戦争など〉で〔…に〕**負ける** [*to*] (↔ win): The party *lost* the election. その政党は選挙に負けた / Portugal *lost* the semifinal *to* France. ポルトガルは準決勝でフランスに敗れた.

4 〈状態など〉を保てなくなる, 失う; 〈体重など〉を減らす: *lose* one's health [temper] 健康を損なう [かんしゃくを起こす] / *lose* weight [speed] 減量 [減速] する / He has *lost* interest in physics. 彼は物理に興味がなくなった.

5 〈時間・労力など〉を**むだにする**, 浪費する; 〈ある金額〉を損する: We've *lost* two hours arguing over nothing. くだらない議論で2時間むだにしてしまった / There is no time to *lose*. ぐずぐずしてはいられない.

6 〈機会など〉を逃す, 逸する; 〈言葉など〉を聞き逃す: She *lost* the chance to take part in the Olympics. 彼女はオリンピックに参加する機会を逃した / I'm afraid I *lost* you. あなたの言ったことを聞き逃がした気がします.

7 〈人など〉を見失う; 〈道〉に迷う; 〈追っ手〉をまく: She *lost* her child in the crowd. 彼女は人込みの中で子供を見失った / I'm afraid we've *lost* the way. どうやら道に迷ったようだ.

8 (時計が)…だけ遅れる (↔ gain): This watch *loses* about three minutes a day. この時計は1日約3分遅れる. **9** [lose + O + O] 〈人〉に〜を失わせる: His careless words *lost* him the job. 彼は不用意な発言で失職した.

— 自 **1** 〔…に〕負ける [*to*]: Italy *lost to* France (by a score of) two to one. イタリアはフランスに2対1で敗れた / She *lost* by only three votes in the election. 彼女はわずか3票差で落選した.

2 損をする: You'll never *lose* on this contract. あなたはこの契約で決して損しないだろう.

3 (時計が)遅れる (↔ gain).

■ *lóse onesèlf* **1** …に迷う, 途方に暮れる: She *lost herself* in a lonely place. 彼女はさびしい場所で道に迷った. **2** 〔…に〕夢中になる, 没頭する [*in*]: He *lost himself in* the mystery novel. 彼はミステリー小説を読みふけった.

lóse óut 自 **1** 〔…の〕機会を奪われている [*on*]. **2** 〔…に〕負ける [*to*]. **3** 〔…で〕大損する [*on*].

los‧er [lúːzər] 名 **1** (競技などで)負けた人, 敗者 (↔ winner); 負け馬: a good *loser* 負けても悪びれない人. **2** (いつも)失敗する人, 落後者; 損をする人.

los‧ing [lúːziŋ] 形 負ける, 勝ち目のない, 損をする: a *losing* game 負けとわかっている試合.

— 名 U 失敗; 〔〜s〕(投機などでの) 損失, 損害.

loss

[lɔ́ːs / lɔ́s]

— 名 (複 **loss‧es** [〜iz]) **1** U C **失うこと**, 紛失, 喪失; 人の死: *loss* of memory 記憶喪失 / *Loss* of health is worse than *loss* of wealth. 健康の喪失は富の損失よりも悪い / She was overcome with a sense of *loss* after her dog died. 彼女は飼い犬に死なれて喪失感に打ちひしがれていた / Everyone grieved the *loss* of the president. だれもが大統領の死を嘆いた.

2 C 損失 (物), 損害 (額): suffer a *loss* 損害をこうむる / His transfer was a great *loss* to the team. 彼の移籍はチームにとって大きな損失だった.

3 U C 敗北, 失敗 (↔ win): twenty wins and two *losses* 20勝2敗 / the *loss* of the race そのレースでの敗北. **4** C [通例 a 〜] (量・程度などの) 減少, 低下: a *loss* in weight 目方の減少.

5 U 浪費, むだ使い: *loss* of time 時間の浪費.

■ *at a lóss* **1** 〔…に / …するのに〕当惑して, 困って [*for / to do*]; 〔…してよいか〕途方に暮れて〔疑問詞節〔句〕〕: He was *at a loss for* words. 彼は言葉に詰まった / I was *at a loss* what to do. 私は何をすればよいのかわからず途方に暮れた. **2** 損をして: sell products *at a loss* 製品を原価より安く売る.

be a déad lóss 《口語》一文の価値もない.
cút one's lósses 損失の少ないうちに手を引く.
◆ **lóss adjùster** C (保険会社の)損害査定人.
lóss lèader C (客寄せのために損をして売る)目玉商品, おとり商品.

lost

[lɔ́ːst / lɔ́st]

— 動 lose の過去形・過去分詞.

— 形 **1 失った**, なくなった: a *lost* purse なくした財布 / *lost* love 失恋 / My confidence was completely *lost* after losing the game. 試合に負けて私は完全に自信をなくした. **2** (道などに)迷った; 途方に暮れた: a *lost* child 迷子 / I got *lost* while driving in the forest. 森の中を運転中に道に迷った / Without her help we would have totally been *lost*. 彼女の助けがなければ私たちはすっかり途方に暮れていただろう. **3** (時間・労力などが)失われた, 浪費された: make up for *lost* time 遅れを取り戻す. **4** 負けた, 取り損なった: a *lost* battle 負けいくさ / the *lost* prize 取り損ねた賞品. **5** 死んだ, 滅びた: The traditional craft seems *lost*. その伝統工芸は滅びたようだ.

■ *be lóst in ...* …に夢中である: Now he *is lost in* his experiment. 今彼は実験に夢中です.

be lóst on [upòn] ... …に理解されない, 効き目がない: Her kind advice *was lost on* him. 彼女の親切な忠告も彼には通じなかった.

be lóst to ... 《格式》 **1** もはや…のものでなくなっている: The chance of winning the game *was lost to* them. 彼らが試合に勝つ見込みはなくなった. **2** …に対して無関心である, …を感じない: He *is lost to* shame. 彼は恥知らずです.

Gèt lóst! 《口語》うせろ, 出て行け.

◆ lóst and fóund (òffice) |C| 遺失物取扱所.
lóst cáuse |C| 成功の見込みのない [失敗した] 運動.
lóst próperty |U| 遺失物: a *lost property office* 《英》遺失物取扱所.

lot [lάt / lɔ́t]
— 名 (複 **lots** [láts / lɔ́ts]) **1** [a ～ / ～s]《口語》**たくさんのもの[こと]**, 多数, 多量: I have *a lot* to do. 私はすることがたくさんある / There's *lots* you don't know. あなたが知らないことがたくさんある (◇口語では There's + 複数形が用いられる) / He knows quite *a lot* about history. 彼は歴史についてとても多くのことを知っている.
2 [a ～ / ～s; 副詞的に]《口語》大変, ずっと (◇強調して a whole lot と言うこともある): Thanks *a lot*. どうもありがとう / He worked *a lot*. 彼は大いに働いた / I feel *a* (*whole*) *lot* better today. きょうはずっと気分がいい.
3 |U| くじ引き, 抽選 (方法); |C| (1本1本の) くじ: by *lot* くじ引き [抽選] で / We drew *lots* to decide who should go first. 私たちはだれが最初に行くかを決めるためにくじを引いた.
4 |C|《米》(土地の) 区画, 用地, 敷地; 《米》(映画の) 撮影所, スタジオ (の敷地): a parking *lot* 駐車場 / a vacant *lot* 空き地.
5 [a ～ / one's ～] 運命, 宿命: a hard *lot* つらい巡り合わせ / I'm happy with my *lot*. 私は自分の運命に満足している. **6** |C| (人・ものの) ひと組, (商品の) ひと山; (製品などの) ロット: one dollar a *lot* ひと山1ドル / Another *lot* of students came here. もうひと組の学生がここに来た. **7** |C| [形容詞を伴って]《口語》やつ, 連中: a bad *lot* 悪いやつ.
8 [the ～; 単数・複数扱い]《主に英》全部, そっくり: That's the *lot*. それで全部です.
■ *a lót of* ... = *lóts of* ... 《口語》たくさんの…:
He drank *a lot* [*lots*] *of* beer. 彼は大量のビールを飲んだ / She has *a lot* [*lots*] *of* friends. 彼女には友人がたくさんいる.

語法 (1) 数または量が多い場合に用いる.
(2) 通例, 肯定文で用いる. 疑問文・否定文では通例 many, much を用いる.
(3) lots of ... のほうが a lot of ... より口語的で意味が強い.

thrów [*cást*] *ín one's lót with* ... …と運命を共にする.

loth [lóuθ] 形 = LOATH.
lo·tion [lóuʃən] 名 |C||U| 洗浄液; 化粧水, ローション: eye *lotion* 目薬 / suntan *lotion* 日焼け止め.
*lot·ter·y [lάtəri / lɔ́t-] 名 (複 **lot·ter·ies** [～z])
1 |C| 宝くじ, 富くじ; 福引き: a *lottery* ticket 宝くじの札, 福引き券. **2** |U| [または a ～]《しばしば軽蔑》運, 巡り合わせ: It is often said that marriage is a *lottery*. よく「結婚は運だ」と言われる.
lo·tus [lóutəs] 名 |C| **1** 《植》ハス, スイレン.
2 《ギ神》ロートス (食べると夢見心地になる実).
3 《建》蓮華(れんげ)模様 (古代エジプト建築にある).
◆ lótus position |C| [通例 the ～] 蓮華座, 結跏趺坐(けっかふざ) (ヨーガ・座禅の座り方).
ló·tus-èat·er 名 |C| (一般に) 現実から逃避して安逸にひたる人 (→ LOTUS **2**).

loud [láud]
形 副【基本的意味は「大きな音を出す (making a sound of high volume)」】
— 形 (比較 **loud·er** [～ər]; 最上 **loud·est** [～ist]) **1** (音・声が) **大きい**, 大きな音を出す: Jack has a *loud* voice. ジャックは声が大きい / They sang in *loud* voices. 彼らは大声で歌った / *Loud* music was coming from the next door. 隣の家から大音量の音楽が聞こえてきた.
2 やかましい, 騒々しい: a *loud* meeting 騒々しい会合 / Don't be so *loud*. そんなに騒々しくするな.
3 《軽蔑》(要求などが) しつこい, うるさい: Tom is *loud* in his demands. トムはしつこく要求する.
4 《軽蔑》(色・服装などが) けばけばしい, 派手な; (人・態度などが) 下品な; 不作法な: She is wearing a *loud* dress. 彼女は派手なドレスを着ている.
— 副 大声で, 声高に: Speak *louder*. もっと大きな声で言いなさい.
■ *lóud and cléar* はっきりと, わかりやすく.
òut lóud 声に出して, 聞こえるように.

loud·hail·er [láudhéilər] 名《英》= BULLHORN メガホン.
*loud·ly [láudli] 副 **1** 大声で, 声高に (↔ low) (cf. aloud 声に出して): Speak more *loudly*. もっと大きな声で話しなさい. **2** やかましく, 騒々しく, うるさく. **3** けばけばしく, 派手に: She was *loudly* dressed. 彼女は派手な服装をしていた.
loud·mouth [láudmàuθ] 名 (複 **loud·mouths** [-màuðz]) |C|《口語・軽蔑》口やかましい人; 大声でしゃべりまくる人; 大口をたたくやつ, ほら吹き.
loud·mouthed [-màuðd] 形 口やかましい, よくしゃべる, うるさい.
loud·ness [láudnəs] 名 |U| **1** 音 [声] の大きさ, 大声, やかましさ, 騒々しさ. **2** けばけばしさ, 派手さ.
*loud·speak·er [láudspìːkər] 名 |C| 拡声器; (ラジオの) スピーカー: speak through a *loudspeaker* 拡声器を使って話す.
Lou·is [lúːis, lúːi] 名 **1** ルイス (◇男性の名; 《愛称》Lou). **2** [lúːi] ルイ《フランス国王ルイ1世からルイ18世まで》: *Louis XIV* [-ðə fɔ́ːrtíːnθ] ルイ14世 (1638-1715; 在位1643-1715; フランス絶対王政の頂点を築いた).
Lou·ise [luːíːz] 名 ルイーズ (◇女性の名. Louisa [luːíːzə] とも言う; 《愛称》Lou).
Lou·i·si·an·a [luːìːziǽnə, lùːizi-] 名 ルイジアナ 《米国南部にある州;《略語》La.;《郵便語》LA; → AMERICA 表》.
*lounge [láundʒ] 名 **1** |C| (ホテルなどの) 談話室, ラウンジ, ロビー; (空港などの) 待合室;《主に英》(家庭の) 居間. **2** |C| 寝いす, 長いす.
— 動 自 **1** [… に] (ゆったり) もたれかかる, 座る [*over*, *against*, *on*]: *lounge on* a sofa ソファーにゆったりもたれる / *lounge in* an armchair ひじ掛けいすにゆったり座る. **2** [… を] ぶらつく, ぶらぶら歩く [*around*, *about*]: *lounge around* [*about*] the streets 街をぶらつく. **3** ぼんやり時を過ごす (*around*, *about*).
◆ lóunge bàr |C|《英》パブの特別室 (saloon) (cf. public bar パブの一般席).
lóunge lìzard |C|《米口語・軽蔑》(バーなどで女性

目当てにたむろするきざな男; 酔客.
lóunge súit ⓒ《英・古風》(礼装用ではない普段着の)背広(《米》business suit).
loung·er [láundʒər] 图ⓒ **1** 怠け者, のらくら者 (idler). **2**《屋外に置く》安楽いす.
loupe [lúːp] 图ⓒルーペ, 拡大鏡.
louse [láus] 图ⓒ **1**(履 **lice** [láis])シラミ;〔鳥・魚・植物につく〕lous·es [~iz]》《口語》卑劣なやつ, ろくでなし.
— 動[láuz, láus] 他 …からシラミを取る.
■ **lóuse úp** 他《米口語》…を台なしにする.
lous·y [láuzi] 形(比較 **lous·i·er** [~ər]; 最上 **lous·i·est** [~ist]) **1** シラミだらけの. **2**《口語》汚い; 不潔な; ひどい, みじめな;〔…が〕下手な〔at, with〕. **3**《古風》〔金などを〕してたま持っている〔with〕. **4**《古風》《場所が》〔観光客などで〕いっぱいの〔with〕.
lout [láut] 图ⓒ 乱暴者, 不作法な男〔若者〕.
lout·ish [-tiʃ] 形 乱暴な, 不作法な.
lou·ver,《主に英》**lou·vre** [lúːvər] 图ⓒ よろい張り〔板〕, よろい窓〔日よけと通風用〕.
Lou·vre [lúːvrə] 图[the ~] ルーブル美術館(パリにあるフランス国立美術館; 1793年開館).
lov·a·ble [lávəbl] 形 愛らしい; 愛敬のある.

***love** [láv]
動 图ⓒ
— 動(三単現 **loves** [~z]; 過去・過分 **loved** [~d]; 現分 **lov·ing** [~iŋ])
— 他 **1** [love+O][進行形不可] …を<u>愛する</u>, …に恋する(◇ like よりも強い感情を表す): He *loves* his children [country]. 彼は自分の子供たち[国]を愛している / We *love* each other. 私たちは愛し合っています / That baseball player is *loved* by everyone. その野球選手はみんなから愛されている / *Love* me, *love* my dog.《ことわざ》私を愛するなら(欠点も含め)私のすべてを愛しなさい.
2 (a) [love+O] …が大好きである: He *loves* his job very much. 彼は自分の仕事が大いに気に入っています / Do you like cake? — I *love* it! ケーキは好きですか—大好きよ.
(b) [love+to do / love+doing] …することが好きである(↔ hate): She *loves* to sing. = She *loves* singing. 彼女は歌うことが大好きです.
3 (a) [would [should] love to do] …したいと思う: I'd *love to* go with you, but I can't. ご一緒したいのですがだめなんです / Would you like a drink? — I'd *love to* have one. (お酒を)1杯いかがですか—いただきます.
(b) [would [should] love+O+to do] 〈人〉に…してもらいたい: I'd *love* you *to* come to my birthday party. 私の誕生パーティーにはあなたにぜひ来ていただきたいのですが.
— 自 恋する, 人を愛する.
— 图(履 **loves** [~z]) **1** Ⓤ〔家族・友人などへの〕愛, 愛情, 好意〔for, of〕: *love* for one's country 愛国心 / *love* of one's family 家族愛 / a mother's *love* for her children 子供に対する母親の愛情. **2** Ⓤ〔異性への〕愛, 恋愛; 性愛〔for, of〕: platonic [romantic] *love* プラトニック[ロマンチック]な恋愛(感情) / *love* at first sight 一目ぼれ / declare [express] one's *love for* ... …に愛を打ち明ける / The couple swore eternal *love*. ふたりは永遠の愛を誓った / *Love* is blind.《ことわざ》恋は盲目. **3** Ⓤ[または a ~]〔…に対する〕愛好, 愛着〔of〕; ⓒ 好きなもの: have a *love of* sports スポーツが好きである / Latin music is my great *love*. 私はラテン音楽が大好きだ.
4 ⓒ 恋人, 愛人: She is my friend's *love*. 彼女は友達の恋人です. **5** ⓒ 魅力的な[かわいい]もの. **6** [呼びかけ]《英口語》あなた, ねえ: Come over here, *love*. ねえ, こっちへ来て. **7** Ⓤ《テニス》ラブ, 0点: *love* fifteen ラブフィフティーン[0-15].
8 Ⓤ(神の人に対する)慈愛.
■ **be in lóve** […に]恋している[with]: She *is in love with* him. 彼女は彼に恋している.
fáll in lóve 〔…が〕好きになる, 〔…に〕恋をする[with]: He *fell in love with* her. 彼は彼女に恋をした.
for lóve 好きで, 好意で; 報酬[損得]なしで.
for lóve or [**nor**] **móney** (通例, 否定文で)《口語》絶対に, 何があっても: I won't see him *for love or money*. どんなことがあっても彼とは会わない.
for the lóve of Gód [**Héaven**]《古風》 どうかお願いだから.
gíve [**sénd**] **my lóve to** ... …によろしく伝える: *Give my love to* your father. お父さんによろしくお伝えください.
màke lóve […と]セックスする[to, with].
There is nó [**líttle**] **lóve lóst betwéen** ... …の関係は冷たい, …は犬猿の仲である(◇「失うべき愛情もないほど」が元の意).
With lóve さようなら(◇親しい人への手紙の結びの文句; 単に Love とも書く;→ LETTER 図).
◆ **lóve affàir** ⓒ **1** 情事, 不倫(affair).
2 […への]熱中, 熱狂[with]: the English *love affair* with gardening イギリス人の園芸熱.
lóve lètter ⓒ 恋文, ラブレター.
lóve nèst ⓒ 愛の巣《男女が密会する部屋など》.
lóve stòry ⓒ 恋愛小説〔物語〕, ラブストーリー.
love·bird [lávbə̀ːrd] 图ⓒ **1** ボタンインコ(雌雄の仲がよい). **2** [~s]《こっけい》仲のよい恋人同士; おしどり夫婦.
love·child [lávtʃàild] 图(履 **love·chil·dren** [-tʃìldrən]) ⓒ(婉曲)婚外子, 私生児.
love·less [lávləs] 形 愛のない; つれない: a *loveless* marriage 愛のない結婚.
love·li·ness [lávlinəs] 图Ⓤ 愛らしさ; 美しさ; 魅力;《口語》すばらしさ.

***love·ly** [lávli]
— 形(比較 **love·li·er** [~ər]; 最上 **love·li·est** [~ist])

1 美しい, かわいらしい, 快い(→ BEAUTIFUL [類義語]): a *lovely* dress 美しいドレス / a *lovely* child かわいらしい子供 / She looked *lovely* in red. 赤い服を着た彼女は美しかった.
2《口語》すばらしい, すてきな, 楽しい: *lovely* weather とてもよい天気, 快晴 / We had a *lovely* day. 私たちは楽しい1日を過ごした / What

love·mak·ing [lʌ́vmèikiŋ] 名 U セックス, 愛撫.

lov·er [lʌ́vər] 名 C **1** 恋人, 愛人 (◇通例, 肉体関係があり, 男女ともに用いる); [~s] 恋人同士.
2 […の]愛好家, 賛美者 [*of*]: a *lover* of jazz = a jazz *lover* ジャズ愛好者.

love·sick [lʌ́vsìk] 形 恋い焦(こ)がれる, 恋に悩む.

lov·ing [lʌ́viŋ] 形 **1** 通例, 限定用法] **1** 愛する, 愛情に満ちた; 愛情を表した: *loving* glances [words] 愛情のこもったまなざし [言葉] / Your *loving* mother お前を愛する母より《子にあてた手紙の結び》. **2** [複合語で] …を愛する, …の好きな: peace-*loving* 平和を愛する.
◆ lóving cùp C **1** 親愛の杯《昔, 宴会などで回し飲んだ取っ手付きの大杯》. **2** 優勝カップ.
lóving kíndness U やさしい思いやり.

lov·ing·ly [lʌ́viŋli] 副 愛情に満ちて[を込めて].

low¹ [lóu] 形 副 名

— 形 (比較 **low·er** [~ər]; 最上 **low·est** [~ist])
1 〈位置・高さなどが〉低い; 低い所にある (↔ **high**) 《◇人の身長には short を用いる》: a *low* ceiling 低い天井 / a *low* tree 低い木 / make a *low* bow 深々と頭を下げる / The clouds were *low* in the sky. 空に雲が低く垂れこめていた.
2 〈程度・割合などが〉低い, 少ない; 〈勢いが〉弱い (↔ **high**): a *low* temperature 低い温度 / a *low* speed 低速 / *low*-salt soy sauce 減塩しょうゆ / a *low* battery 切れかけた電池.
3 〈評価・価値・価格などが〉低い, 安価な (↔ **high**): at very *low* prices 大変安い値段で / get *low* marks on a test テストで悪い成績を取る / He has a *low* opinion of himself. 彼は自分をだめな人間だと思っている.
4 〈身分・地位などが〉低い; 〈優先度が〉低い(↔ **high**): a *low* form of life 下等生物 / Daniel belonged to the team *lowest* in the standings. ダニエルは最下位のチームに所属していた.
5 〈品位・性質などが〉低い, 下劣な, 下品な: *low* manners 品のない態度 / He has *low* tastes in clothes. 彼は服の趣味がよくない.
6 〈声・音が〉低い (↔ **high**); 小さい (↔ **loud**): speak in a *low* voice 低い[小さな]声で話す.
7 元気のない, ふさぎ込んだ: in *low* spirits 元気な[/ feel *low* 気がめいる.
8 [供給などが] 足りない, 不足している [*on, in*]: We are *low* on oil. 石油が不足している / The supply of medicine is running *low* in the country. その国では医薬品の供給が不足している.

■ **at (the) lówest** 最低でも, 少なくとも.
bring ... lów [通例, 受け身で]《古風》…を衰えさせる, 落ちぶれさせる.

— 副 **1** (空間的に)低く, 低い所に (↔ **high**): bend *low* 低くかがむ / Swallows are flying *low*. ツバメが低く飛んでいる. **2** (程度・割合などが)低く; (評価・地位などが)低く: I bought the land *low*. 私はその土地を安く買った / You value yourself too *low*. あなたはあまりに自分を低く評価しすぎている. **3** (声・音が)低く (↔ **high**); 小声で (↔ **loud**): speak *low* 低い声で話す. **4** (数量などが)低く, 乏しく; 質素に: live *low* 質素に暮らす.

■ **láy ... lów** **1** 〈人〉を打ち倒す; …を滅ぼす.
2 [しばしば受け身で]〈人〉を病気にする.
lie lów 1 うずくまる. **2** (好機をうかがって)じっとしている.

— 名 **1** C 低い所; 最低水準[記録], 底値: The stock prices hit [reached] an all-time *low*. 株価は史上最安値を記録した. **2** 《気象》低気圧(域). **3** U C = lów géar (自動車などの)低速ギア.

◆ lów blóod prèssure U C 低血圧.
lów fréquency C 低周波, 長波《略語》LF》.
lów lífe **1** U 犯罪者の生活; C《口語》犯罪者, やくざ者. **2** U (大都市などでの)下層階級の生活.
lów prófile C [通例 a ~] 低姿勢, 控えめな態度.
lów séason U [しばしば the ~] (商売・観光などの)閑散期, シーズンオフ.
lów tíde C 干潮(時).
lów wáter U 干潮(時).
lów wáter màrk = LOW-WATER MARK (↓).

low² [lóu] 動 自《文語》〈牛が〉もーと鳴く.
low·brow [lóubràu] 名《発音に注意》形 《通例, 軽蔑》教養のない; 低俗な, 俗悪な (↔ **highbrow**).
lów-cál 形《口語》低カロリーの (◇ **cal** は *calorie* から).
lów-cláss 形 低級な, 質の悪い; 下層階級の.
lów-cút 形 〈衣服が〉襟(えり)ぐりの深い.
low·down [lóudàun] 《口語》 名 [the ~] […の] 内幕, 実情, 真相, 秘密情報 [*on*].
— 形 [lóudàun] [限定用法] 卑劣な, 下劣な.

low·er¹ [lóuər] 形 動 名

— 形 **1** 〈高さ・位置が〉**より低い** (◇ **low¹** の比較級); 下の方の, 低地の: the *lower* lip 下唇 / *lower* deck 下(げ)甲板 / This tower is *lower* than that. この塔はあの塔より低い.
2 [限定用法] 〈程度・割合・地位などが〉低い; 下等な; 下層の: the *lower* animals 下等動物 / a *lower* court 下級裁判所.
3 [限定用法] 〈川の〉下流の; 南部の: the *lower* Amazon アマゾン川下流.

— 動 (三単現 **low·ers** [~z]; 過去・過分 **low·ered** [~d]; 現分 **low·er·ing** [lóuəriŋ]) 他 **1** 〈高さ・位置〉を低くする, 下げる, 降ろす (↔ **raise**, **lift**): *lower* one's head 頭を下げる / *lower* one's eyes 目を伏せる / They *lowered* the piano down to the ground carefully. 彼らは慎重にピアノを地面に降ろした. **2** 〈程度・価格・地位など〉を下げる, 落とす: *lower* the price 価格を下げる / *lower* blood pressure 血圧を下げる. **3** 〈声・音〉を小さくする, 弱める: *lower* one's voice 声を落とす. — 自 (程度・価格などが)低くなる, 下がる; 減る: His voice *lowered*. 彼の声は小さくなった.

■ **lówer onesélf** [通例, 否定文・疑問文で] 品位を落とす, 下品[卑劣]なことをする.

— 副 より低く (◇ low の比較級): Throw *lower*, please. もっと低く投げてください.
◆ Lówer Hóuse [the ~](二院制の議会の)下院 (↔ Upper House) (→ CONGRESS 表).

low·er² [láuər]《☆発音に注意》動 ⾃ **1** (空模様が)あやしくなる. **2**《文語》[…に]顔をしかめる [*at*].

lów·er·case [lóuərkéis] 名 U《印刷》小文字(活字)(《略語》lc, l.c.) (cf. uppercase 大文字(活字)). — 形《印刷》小文字(活字)の.

lów·er-cláss 形《古風》下層階級の.

lówer cláss 名 [the ~(es); 単数・複数扱い]《古風》下層階級 (↔ upper class).

lów·er·most [lóuərmòust] 形 最低の, 最も下の; どん底の (↔ uppermost).

low·est [lóuist] (◇ low¹ の最上級) 形 **1** 最も下の, 最低の. **2** 最も安い.
■ at (the) lówest 少なくとも, 最低でも.
◆ lówest [léast] cómmon denóminator [the ~] **1**【数学】最小公分母(《略語》LCD, l.c.d.). **2**(多数の人々の)共通項; 一般大衆.
◆ lówest [léast] cómmon múltiple [the ~]【数学】最小公倍数(《略語》LCM, l.c.m.).

lów-fát 形 (食品が)低脂肪の, ローファットの.

lów-kéy, lów-kéyed 形 (表現・文体などが)控えめの, 穏やかな, 抑制された; (調子を)抑えた.

low·land [lóulənd] 名 **1** C [通例 ~s]低地 (↔ highland). **2** [the Lowlands]スコットランド低地地方 (cf. Highlands スコットランド高地地方).
— 形 **1** [限定用法]低地の. **2** [L-]スコットランド低地地方の.

low·land·er [lóuləndər] 名 C **1** 低地に住む人; [L-]スコットランド低地地方の人.

low·li·ness [lóulinəs] 名 U 身分[地位]の低いこと, みすぼらしさ.

low·ly [lóuli] 形 (比較 **low·li·er** [~ər]; 最上 **low·li·est** [~ist])(身分・地位が)低い, みすぼらしい.

lów·ly·ing 形 (土地が)低い, 低地の; 低い所にある.

lów-nécked 形 =LOW-CUT (↑).

low·ness [lóunəs] 名 U (位置・身分・価値などの)低いこと, 安価なこと; みすぼらしさ; 元気のなさ.

lów-páid 形 低賃金の.

lów-pítched 形 **1** (音・声が)低い, 低音の. **2** (屋根が)傾斜のゆるい.

lów-prés·sure 形 [限定用法] **1** 低圧の; 低気圧の. **2** のんきな, 悠長な; 穏やかな.

lów-ríse 形 [限定用法](建物が)低層の (↔ high-rise).

lów-spír·it·ed 形 元気のない, 意気消沈した, 憂うつな (↔ high-spirited).

lów-téch 形 ローテク[低技術]の (↔ high-tech).

lów-wá·ter màrk 名 C **1** 干潮標; (川・湖の)低水位標. **2** 最低水準, どん底状態.

lox¹ [láks] 名 C《主に米》サケの薫製 (smoked salmon).

lox², LOX [láks / lɔ́ks] 名 U 液体酸素 (◇ *liq*uid *ox*ygen の略).

loy·al [lɔ́iəl] 形 (君主・国家などに)忠誠[忠実]な; [人に]誠実な, 義理堅い; [主義・誓約に]忠実な [*to*] (↔ disloyal) (cf. royal 王の): be *loyal to* one's country 国に忠誠をつくす. (▷ 名 lóyalty)

loy·al·ist [lɔ́iəlist] 名 C **1** 忠臣, 勤王派; (内乱時の)体制[政府]擁護者. **2** [L-]《英》(北アイルランドの)英国帰属支持者. **3**《米史》(独立戦争当時の)英国政府支持者, 英国擁護派.

loy·al·ly [lɔ́iəli] 副 忠誠心をもって; 忠実[誠実]に.

loy·al·ty [lɔ́iəlti] 名 (複 **loy·al·ties** [~z]) **1** U […への]忠誠, 忠義; 忠実(さ), 誠実(さ) [*to, for*] (↔ disloyalty): show one's *loyalty to* the company 会社への忠誠を示す. **2** C [通例, 複数形で]忠誠心; 忠実[誠実]な行為. (▷ 形 lóyal)

loz·enge [lázəndʒ / lɔ́z-] 名 C **1** ひし形. **2** ひし形のもの《キャンディーなど》; (甘味入りの)せき止め錠剤《元はひし形をしていた》.

LP [élpí:] 名 (複 **LPs, LP's** [~z]) C LP盤(レコード) (◇ *l*ong-*p*laying (record) の略).

LPG《略語》=*l*iquefied *p*etroleum *g*as 液化石油ガス (◇ L.P.G., LP gas ともつづる).

L-plate [élplèit] 名 C《英》仮免許運転プレート《白地に赤で L を記したもの; *L*earner-*plate* の略》.

Lsd, £sd [élèsdí:] 名 U **1** ポンド=シリング=ペンス《1971年以前の英国通貨単位》. **2**《英・古風》金銭.

LSD 名 U エルエスディー, LSD《幻覚剤の1種》.

LSI《略語》= *l*arge-*s*cale *i*ntegration [*inte*grated circuit]【電子】大規模集積(回路).

Lt.《略語》= *l*ieu*t*enant【陸軍】中尉, 【海軍】大尉.

Ltd, Ltd., ltd.《略語》《英》= *l*imi*t*ed company 有限(責任)会社.

lu·bri·cant [lú:brəkənt] 名 U C 潤滑油[剤]; 《比喩》円滑にするもの.

lu·bri·cate [lú:brəkèit] 動 他 **1** 〈機械など〉に油をさす[塗る]. **2**〈皮膚など〉を[…で]滑らかにする [*with*]. **3**〈物事の進行など〉を円滑にする.

lu·bri·ca·tion [lù:brəkéiʃən] 名 U 滑らかにすること; 潤滑油をさすこと, 注油.

lu·bri·ca·tor [lú:brəkèitər] 名 C **1** 潤滑剤[油]; 円滑にする人[もの]. **2** 注油器[装置].

lu·bri·cious [lu:bríʃəs] 形《格式》みだらな.

lu·cern [lu:sə́:rn] 名 U《英》【植】アルファルファ, ムラサキウマゴヤシ (alfalfa).

lu·cid [lú:sid] 形 **1** わかりやすい, 明快な. **2** 意識の確かな, 正気の.

lu·cid·ly [~li] 副 わかりやすく, 明快に.

lu·cid·i·ty [lu:sídəti] 名 U **1** (思考などの)わかりやすさ, 明快さ. **2** 意識が確かなこと, 正気.

Lu·ci·fer [lú:səfər] 名 **1** 魔王, ルシフェル (Satan). **2**《詩語》明けの明星《金星 (Venus)》.

***luck [lʌ́k] 名 動《原義は「(幸運な)出来事」》
— 名 **1** 運, 運勢; 巡り合わせ: have good [bad, hard] *luck* 運がいい[悪い] / trust to *luck* 運に任せる / They emigrated to Brazil to try their *luck* there. 彼らは運を試そうとブラジルに移住した.
2 幸運, つき: beginner's *luck* 初心者の幸運, ビギナーズラック / You're in [out of] *luck*. あなたはついている[いない] / I wish you *luck* in your new life. 新しい生活での幸運をお祈りします / I had the *luck* to find a new part-time job. 私は運よく新しいアルバイトを見つけた.

■ *Àny lúck?* 《口語》うまくいったかい, どうだった.
as lúck would háve it 幸いにも, 運よく; あいにく (◇どちらの意になるかは文脈による; good または bad, ill を付けて区別する場合もある): *As (good) luck would have it,* I passed the exam. 私は運よくその試験に合格した.
Bád [Hárd, Tóugh] lúck! 運が悪かったですね, お気の毒さま(◇同情・慰めの言葉).
be dówn on one's lúck 《口語》(不運続きで)金に困っている.
Bétter lúck nèxt tíme! この次はきっとうまくいきますよ, 次に期待してますよ; (子供に)今度は頑張ろうね.
for lúck 縁起をかついで, お守りに.
Gòod lúck! = The bést of lúck! 《口語》幸運を祈ります; お元気で, 頑張って(◇別れるときのあいさつ; ▶**LET'S TALK**).
Jùst my lúck! 《口語》本当についてないなあ.
Nó lúck? 《口語》うまくいかなかったのかい.
Nó sùch lúck! 《口語》(残念ながら)だめだった, そうはいかなかったね.
pùsh one's lúck → PUSH 動 成句.
wórse lúck [文中・文末で]《英口語》運悪く, あいにく.

— 動 [次の成句で]

■ *lúck óut* 《米口語》運が向く, ついている.

*luck‧i‧ly [lÁkəli] 副 《通例, 文修飾》運よく, 幸運[好都合]にも: *Luckily,* I didn't get hurt at all. 幸いなことに私はまったくけがをしなかった.

luck‧less [lÁkləs] 形 《文語》不幸な, 不運な.

*****luck‧y** [lÁki]

— 形 (比較 luck‧i‧er [~ər]; 最上 luck‧i‧est [~ist]) **1** (a)[…で/…にとって] **運のよい**, 幸運な, at, in / for〉: a *lucky* guess (答えなどがまぐれ当たり) / She was *lucky* at cards. 彼女はトランプでついていた / I was *lucky (in)* finding a seat. 私は運よく席を見つけた (◇《口語》では in を省略することが多い) / *Lucky (for)* you. ついてるね.

(b) [**be lucky (enough)＋to do**] 幸運にも…する; [**It is lucky (for…) to do [that 節]**] (…が) 〜するとは幸運である: I *was lucky (enough) to* pass the test. = It *was lucky that* I passed the test. 私が試験に合格できたのは幸運である.

2 幸運をもたらす: a *lucky* charm 幸運のお守り / a *lucky* number 縁起のいい数字.

■ *I [You] should be só lúcky!* 《口語》そんなこと無理だよ, できるわけない(◇予定や要求が実現しそうもないときの言葉).
stríke lúcky 幸運に巡り合う.

◆ lúcky díp C 《英》つかみ取り; 福袋(《米》grab bag).

lu‧cra‧tive [lú:krətiv] 形 (仕事・商売などが) 利益をもたらす, もうかる.

lu‧cre [lú:kər] 名 U 《軽蔑・こっけい》金銭的利益, もうけ; 金銭: filthy *lucre* 不浄の金, 不正利得.

lu‧di‧crous [lú:dəkrəs] 形 ばかげた, こっけいな.
lu‧di‧crous‧ly [~li] 副 ばかばかしく, こっけいに.

lug[1] [lÁg] 動 (三単現 **lugs** [~z]; 過去・過分 **lugged** [~d]; 現分 **lug‧ging** [~iŋ]) 他 〈もの〉を苦労して運ぶ, 引きずる; 〈人〉を […に] 無理に連れて行く [*to*].

lug[2] 名 C **1** 取っ手, 柄(え), つまみ. **2** 《英・こっけい》耳. **3** 《米・古風》がさつ者, 愚か者.

luge [lú:ʒ] 【フランス】名 C リュージュ(1人または2人乗りの競技用小型そり).

****lug‧gage** [lÁgidʒ]【原義は「引きずる (lug) もの」】
— 名 U 《主に英》**手荷物(類)**(《主に米》baggage)(→ BAGGAGE 語法): a piece of *luggage* 手荷物1個 / check [claim] one's *luggage* 手荷物を預ける [受け取る].

◆ lúggage lábel C 《英》手荷物の荷札 (《米》baggage tag).
lúggage ràck C (列車・バスなどの) 網棚.
lúggage tícket C 《英》手荷物引換券 [預かり証] (《米》baggage check).
lúggage vàn C 《英》(列車の) 手荷物車, 荷物車両 (《米》baggage car).

lu‧gu‧bri‧ous [lugjú:briəs] 形 《文語・こっけい》ひどく悲しげな, 悲嘆に暮れている, 痛ましい.

lug‧worm [lÁgwə̀:rm] 名 C 《動物》ゴカイ, クロムシ(釣りのえさ).

Luke [lú:k] 名 固 **1** ルーク(◇男性の名). **2** [St. ~]《聖》(聖)ルカ(新約聖書「ルカ伝」の作者とされる). **3**《聖》ルカ伝, ルカによる福音書(新約聖書中の1冊).

luke‧warm [lú:kwɔ́:rm] 形 **1** (液体などが) なまぬるい. **2** (態度などが) 気乗りしない.

lull [lÁl] (✿発音に注意) 動 他 **1** 〈赤ん坊など〉を寝かしつける, あやす, なだめる: *lull* a baby to sleep 赤ん坊をあやして寝かしつける
2 (だまして)〈疑い・怒りなど〉を静める;〈人〉をだまして […の状態に] させる [*into*]: He *lulled* them *into* a false sense of security. 彼は彼らをだまして偽りの安心感を与えた.
— 自 (海・風などが) なぐ, 静まる.
— 名 [通例, 単数形で] (海・風などの) なぎ, 小やみ, (病気などの) 小康状態; [活動の] 小休止 [*in*]: the *lull* before the storm あらしの前の静けさ / a *lull in* the conversation 会話の途切れ.

lull‧a‧by [lÁləbài] 名 (複 **lull‧a‧bies** [~z]) C 子守歌.

lum‧ba‧go [lʌmbéigou] 名 U 《古風》腰痛.

lum‧bar [lÁmbər] 形 《解剖》腰(部)の, 腰椎(ついの: *lumbar* puncture 腰椎穿刺(せんし).

***lum‧ber**[1] [lÁmbər] 名 U **1** 《主に米》材木, 木材(《英》timber). **2** 《主に英》がらくた, (家具などの) 不用品.
— 動 他 **1** [しばしば受け身で]《口語》〈人〉に [仕事・責任などを] 押しつける [*with*]. **2** 《主に米》〈木材〉を切り出す, …を伐採する.
— 自 《米》木材を切り出す, 木を伐採して製材する.

◆ lúmber jàcket C ランバージャケット (木材切り出し人が着るような厚手の毛の上着).
lúmber ròom C 《英》がらくたを入れる部屋, 物置.

lum‧ber[2] [lÁmbər] 自 [副詞(句)を伴って] どしんどしん(のしのし)歩く; ごとごと進む(*along, by, past*).

lum‧ber‧jack [lÁmbərdʒæ̀k] 名 C 《主に米・カ

lum・ber・man [lʌ́mbərmən] 名 (複 **lum・ber・men** [-mən]) C 《主に米・カナダ》木材切り出し人, きこり (◇ lumberjack とも言う); 製材業者, 材木商.

lum・ber・yard [lʌ́mbərjɑ̀ːrd] 名 《米》材木置き場, 貯木場 (《英》 timberyard).

lu・mi・nar・y [lúːmənèri / -nəri] 名 (複 **lu・mi・nar・ies** [~z]) C (その道の)権威者, 指導的人物.

lu・mi・nos・i・ty [lùːmənásəti / -nɔ́s-] 名 U (肌などの)輝き; 【天文】光度.

*__lu・mi・nous__ [lúːmənəs] 形 発光する, 光る; (部屋などが)明るい; 照明された: a *luminous* body 発光体 / *luminous* paint 蛍光塗料.

lu・mi・nous・ly [~li] 副 光り輝いて.

***lump**[1] [lʌ́mp] 名 動 【原義は「切れ端」】
—名 (複 **lumps** [~s]) C **1** (小さく固い)かたまり (cf. mass (大きな)かたまり): a *lump* of ice 氷塊 / buy pork in a *lump* 豚肉をかたまりで買う.

2 こぶ, はれ, しこり: a *lump* on the neck 首にできたしこり / I've got a *lump* on my head. 私は頭にこぶができた.

3 角砂糖 (1個) (sugar lump): How many *lumps* (of sugar) would you like to have in your tea? 紅茶に角砂糖をいくつお入れしますか.

4 《英口語・軽蔑》頭の鈍い人, 間抜け.

■ *a lúmp in the* [*one's*] *thróat* (感動・悲しみなどで)胸がいっぱいになること.

tàke one's lúmps 《米口語》当然の報いを受ける.
—動 他 …を […と] 1つにまとめる, いっしょくたにする (*together*) [*with*].

◆ **lúmp súm** C 合計総額, 一括払い (の金額).

lump[2] [lʌ́mp] 動 《次の成句で》
■ *lúmp it* 《口語》文句を言わずに受け入れる, 我慢する: like it or *lump it* いやが応でも.

lump・ish [lʌ́mpiʃ] 形 のろまな; 間抜けな.

lump・y [lʌ́mpi] 形 (比較 **lump・i・er** [~ər]; 最上 **lump・i・est** [~ist]) こぶだらけの, でこぼこの; (水面が)波立った.

Lu・na [lúːnə] 名 【ロ神】ルナ《月の女神》.

lu・na・cy [lúːnəsi] 名 U **1** 愚かさ, 正気でないこと. **2** 《古風》精神異常.

*__lu・nar__ [lúːnər] 形 月の(作用による); 月旅行用の (cf. solar 太陽の): the *lunar* orbit 月の公転軌道.

◆ **lúnar cálendar** [the ~] 太陰暦.

lúnar eclípse C 月食.

lúnar (excúrsion) módule C 月着陸船, 月面探査機(《略語》LM, LEM).

lúnar mónth C 太陰月(引)《新月から新月までの約29.5日》.

lúnar yéar C 太陰年《約354日》.

lu・na・tic [lúːnətik] 名 C **1** 大ばか者, 変人.
2 《古風》精神障害者 (mental patient).
—形 **1** (行為などが)常軌を逸した, ばかばかしい. (由来) 昔は月の光を浴びると精神に異常をきたすと信じられていた》 **2** 《古風》精神に障害のある, 正気でない (insane).

◆ **lúnatic frínge** [the ~] (政治運動などの)少数過激派分子.

***lunch** [lʌ́ntʃ] 名 動 【元来は luncheon の略】
—名 (複 **lunch・es** [~iz]) **1** U C 昼食, ランチ: a business [working] *lunch* 商談[仕事]をしながらの昼食, ビジネスランチ / a school *lunch* 学校給食 / go out for *lunch* 昼食を食べに行く / have [eat] a light *lunch* 軽い昼食をとる / He was at *lunch* when I visited him. 私が彼を訪ねたとき彼は昼食中だった / I had sandwiches for *lunch*. 私は昼食にサンドイッチを食べた.

2 C U (昼の)弁当: a picnic *lunch* ピクニックの弁当 / Why don't you take your *lunch* with you? お弁当を持って行ったらどうですか.

● **背景** アメリカの高校生のランチ事情
アメリカの高校のカフェテリアでは, ハンバーガー, ピザ, サラダといった軽い食事が中心になっている. サンドイッチとリンゴのような簡単な弁当を茶色の紙袋 (brown bag) に入れて家から持って来て, 芝生の上で食べることも多い. アメリカではこの brown bag が弁当の代名詞になっている.

アメリカの高校生のランチ

■ *óut to lúnch* **1** 昼食のため外出中で. **2** 《口語》〈気が〉散漫[変なことを言うほど]取り乱した.
—動 自 《格式》昼食をとる: We *lunched* at the pub. 私たちはそのパブで昼食をとった.

◆ **lúnch bòx** C 弁当箱.

lúnch brèak [hòur] C 昼休み, 昼食時間.

lúnch mèat = luncheon meat (→ LUNCHEON 複合語).

***lunch・eon** [lʌ́ntʃən] 名 C U 《格式》**1** 昼食, 軽食, 弁当. **2** (正式の)昼食会, 午餐(ぶ)会.

◆ **lúncheon mèat** U ランチョンミート《ハム・ソーセージなど調理済み(缶詰)食肉》.

lúncheon vòucher C 《英》昼食券《手当として社員に支給される》(《略語》LV).

lunch・eon・ette [lʌ̀ntʃənét] 名 C 《主に米》軽食堂, 簡易食堂, スナック; (学校・工場などの)食堂.

lunch・room [lʌ́ntʃrùːm] 名 C 《主に米》軽食堂, 簡易食堂; (学校・工場などの)昼食堂.

lunch・time [lʌ́ntʃtàim] 名 U C 昼食時(間).

***lung** [lʌ́ŋ] 名 C 《通例 ~s》肺, 肺臓: *lung* capacity 肺活量 / *lung* cancer 肺癌(燃).

■ *at the tóp of one's lúngs* 声を限りに, 大声で.

háve góod lúngs 声が大きい, 声量がある.

lunge [lʌ́ndʒ] 動 自 […に] 突く; […めがけて] 突っ込む, 突進する (*out*) [*at, toward*].
—名 C **1** 【フェンシング】突き, ファント. **2** […への] 突っ込み, 突進 [*at*].

lu・pine, 《英》 lu・pin [lúːpin] 名 C 《植》ルピナス.

lurch[1] [lə́ːrtʃ] 動 自 急に傾く; よろめく.
—名 C (船・車などが)急に傾くこと; よろめき: give a *lurch* 急に傾く.

lurch² [lə́ːrtʃ] 图 [次の成句で]
■ **leave ... in the lúrch** (口語) …が困っているのを見捨てる, …を見殺しにする.

‡**lure** [lúər / ljúə] 動 (他) 〈人〉を […に] 誘惑する (tempt) (*on*) (*into, to*); 〈人・動物〉を […から] 誘い出す (*away, out*) (*from*); …を […に] 誘い込む, おびき寄せる (*in, into*): He was *lured into* a trap. 彼はわなにはまった / They *lured* the cat *away from* the flower bed. 彼らは猫をうまく誘って花壇から離れさせた.
── 图 © **1** 誘惑するもの [手段] (通例, 単数形で) 魅力, 魅惑: the *lure* of adventure 冒険の魅力. **2** おとり; (釣り用) 擬似ばり(*), ルアー.

lu·rid [lúərid / ljúər-] 形 **1** ぞっとする, 気味の悪い. **2** (色などが) どぎつい, けばけばしい.
lu·rid·ly [~li] 副 けばけばしく, 毒々しく.

lurk [ləːrk] 動 (自) **1** (人・動物などが) [場所に] 潜む, 隠れる, 待ち伏せる (*behind, in, under*). **2** (疑念・危険などが) […に] 潜在する (*in*). **3** こっそりと行動する, 潜行する (*about, around*).

lus·cious [lʌ́ʃəs] 形 **1** おいしい, 香り [味] のよい (delicious). **2** (音楽・文体などが) 甘美な.
3 (口語)(女性が) 官能的な, 魅力的な.

lush¹ [lʌ́ʃ] 形 **1** (草木が) 青々と茂った, みずみずしい. **2** ぜいたくな, 豪華な.

lush² 图 © (米口語) 大酒飲み, 酔っ払い, アル中.

*****lust** [lʌ́st] 图 UC **1** [金銭や権力などへの] 強い欲望, 渇望 (*for, of*): a *lust for* power 権力欲 / the *lust* of conquest 征服欲. **2** 性欲, 肉欲.
── 動 (自) (しばしば軽蔑) **1** […を] 渴望 [熱望] する (*after, for*). **2** […に] 欲情する (*after, for*).

*****lus·ter**, (英) **lus·tre** [lʌ́stər] 图 **1** U [または a ~] 光沢, つや, 輝き. **2** U 栄光, 栄誉, 名声: shed [throw] *luster* on ... …に栄光を与える.

lust·ful [lʌ́stfəl] 形 好色な, みだらな; 食欲(ば)の.
lust·ful·ly [-fəli] 副 みだらに; 貪欲に.

lust·i·ly [lʌ́stəli] 副 たくましく, 力強く, 元気よく.

lus·tre [lʌ́stər] 图 (英) = LUSTER (↑).

lus·trous [lʌ́strəs] 形 光沢 [つや] のある; 輝く.

lust·y [lʌ́sti] 形 (比較 **lust·i·er** [~ər]; 最上 **lust·i·est** [~ist]) 力強い, たくましい.

lute [lúːt] 图 © リュート (中世の弦楽器).

Lu·ther [lúːθər] 图 **1** ルーサー (◇男性の名). **2** ルター, ルーテル Martin Luther (1483–1546; ドイツの宗教改革者).

Lu·ther·an [lúːθərən] 形 ルターの, ルター派の.
── 图 © ルターの信奉者, ルター派の信者.

lux [lʌ́ks] 图 (複 **lux, lux·es** [~iz]) © (物理) ルクス (◇照度単位; (略語) lx).

Lux·em·bourg [lʌ́ksəmbə̀ːrg] 图 ルクセンブルグ (ベルギー・フランス・ドイツに囲まれた大公国; その首都).

lux·u·ri·ance [lʌgʒúəriəns] 图 U **1** (植物などの) 繁茂, 豊富さ. **2** (文体などの) 華麗さ.

lux·u·ri·ant [lʌgʒúəriənt] 形 **1** (植物などが) 繁茂した, よく育った; (収穫などが) 豊かな.
2 (髪が) ふさふさした. **3** (文体などが) 華麗な.
lux·u·ri·ant·ly [~li] 副 繁茂して; 豊かに.

lux·u·ri·ate [lʌgʒúərièit] 動 (自) **1** […に] ふける; …を (のんびり) 楽しむ (*in*).

*****lux·u·ri·ous** [lʌgʒúəriəs] 形 ぜいたくな, 豪華な. (▷ 图 lúxury)

lux·u·ri·ous·ly [lʌgʒúəriəsli] 副 ぜいたくに.

‡**lux·u·ry** [lʌ́kʃəri, lʌ́gʒəri] 图 (複 **lux·u·ries** [~z]) **1** U ぜいたく, 豪華: live in *luxury* ぜいたくに暮らす. **2** © ぜいたく品, 高級品. **3** U (ぜいたくな) 楽しみ, 喜び, 快楽. **4** [形容詞的に] ぜいたくな, 豪華な: a *luxury* hotel 豪華ホテル / a *luxury* car 高級車. (▷ 形 luxúrious)
◆ **lúxury tàx** UC 奢侈(しゃ)税.

Lu·zon [luːzán / -zɔ́n] 图 ルソン (フィリピン諸島最大の島; 南部に首都マニラ (Manila) がある).

LW (略語) = long wave 長波.

-ly [li] (接尾) **1** 形容詞・分詞に付けて「様態・頻度・程度・時間」などを表す副詞を作る: happi*ly* 幸福に / quick*ly* 速く / smiling*ly* にこにこして.
2 名詞に付けて「…のような」「…らしい」の意を表す形容詞を作る: mother*ly* 母親のような / man*ly* 男らしい. **3** 名詞に付けて「…ごとの [に]」の意を表す形容詞・副詞を作る: dai*ly* 毎日 (の) / month*ly* 毎月 (の).

ly·ce·um [laisíːəm, (米) láisiəm] 图 © (米・旧式) 公会堂, 文化会館; 文化団体 [協会].

ly·ing¹ [láiiŋ] 動 lie¹ の現在分詞・動名詞.

ly·ing² 動形
── 動 lie² の現在分詞・動名詞.
── 形 うそをついている, 偽りの: a *lying* report うその報告書 / a *lying* person うそつき.
── 图 U うそをつくこと, 偽り.

lymph [límf] 图 U (生理) リンパ (液); 体液.
◆ **lýmph glànd** [nòde] © リンパ腺(*) [節].

lym·phat·ic [limfǽtik] 形 リンパの; リンパ液を分泌する.
── 图 © リンパ管.

lynch [líntʃ] 動 (他) (通例, 群衆が) 〈人〉をリンチ [私刑] によって殺す. (比較) 通例, 裁判抜きで人を絞首刑にすることをさし, 日本語の「リンチ」のように単なる「暴力的制裁」ではない.
◆ **lýnch làw** U 私刑, リンチ.

lynx [líŋks] 图 (複 **lynx, lynx·es** [~iz]) © (動物) オオヤマネコ.

Ly·ra [láiərə] 图 (天文) 琴座 (the Lyre).

lyre [láiər] 图 **1** © (古代ギリシャの) 竪琴(たてごと), リラ. **2** (天文) 琴座 (the Lyre).

lyre·bird [láiərbə̀ːrd] 图 © (鳥) コトドリ (オーストラリア産. 雄は竪琴(き)状に尾羽を広げる).

*****lyr·ic** [lírik] 形 [限定用法] **1** 叙情 (詩) の, 叙情的な: *lyric* poetry 叙情詩. **2** 歌 (用) の.
── 图 © **1** 叙情詩 (cf. epic 叙事詩). **2** [~s] (ミュージカル・流行歌などの) 歌詞.

lyr·i·cal [lírikəl] 形 **1** = LYRIC 1 (↑). **2** […に] 夢中の (*about*): wax *lyrical about* [*on*] ... …について熱心に語る.

lyr·i·cal·ly [-kəli] 副 熱情的に, 大げさに.

lyr·i·cism [lírəsìzəm] 图 U 叙情性; 感傷.

lyr·i·cist [lírəsist] 图 © **1** (ミュージカル・流行歌などの) 作詞家. **2** 叙情詩人.

M m

m, M [ém]名(複 m's, ms, M's, Ms [～z]) **1** ⓒⓊ エム《英語アルファベットの13番目の文字》. **2** ⓒ [大文字で] M字形のもの. **3** Ⓤ《ローマ数字の》1,000.

m, m. 《略語》=*m*ale 男性(の), 雄(の); *m*asculine【文法】男性(の); *m*eter(s); *m*ile(s); *m*inute(s)¹.

M, M.¹ 《略語》=*M*ach【物理】マッハ; *M*ajesty 陛下; *m*ark² マルク; *M*aster; *m*edium (大きさが)中; *m*ega- メガ; *M*onday.

-'m [m]《短縮》《口語》 **1** am の短縮形.
2 ma'am の短縮形: Yes'*m*. はい奥様.

M.² 《略語》(複 **MM.**)=*M*onsieur …氏.

*★**ma** [máː]名ⓒ[しばしば M-]《幼児》お母ちゃん, ママ (cf. pa お父ちゃん)《◇ *ma*(m)ma の略》.

MA¹《郵略記》=*M*assachusetts.

MA², **M.A.**《略語》=*M*aster of *A*rts 文学修士.

*★**ma'am** [(弱) məm; (強) mǽm]《◇ madam の略》ⓒ **1**《米口語》奥様, お嬢さん, 先生《◇女性に対する丁寧な呼びかけ. 店員が女性客に, 生徒が女性教師に使う》: Yes, *ma'am*. はい, 奥様[先生].
2《英口語》女王様, 奥方様《◇呼びかけ》.

Mac [mǽk]名 **1**《口語》マック《◇男性の名》.
2《米口語》だんな, お客さん《◇名前のわからない男性に対するややぶしつけな呼びかけ》. **3** ⓒⓊ《商標》マック《米国アップルコンピュータ社製パソコン, マッキントッシュ (Macintosh) の愛称》.

Mac- [mək, mæk, (k, g の前で) mə, mæ]《接頭》「…の息子(son of ...)」の意を表す《◇スコットランド系・アイルランド系の姓に見られる; Mc-, Mc-, M'-ともつづる》. *M*acArthur マッカーサー / *M*cDonald's マクドナルド《◇ハンバーガーチェーンの店名》.

ma·ca·bre [məkáːbrə]【フランス】形 不気味な; 死を思わせる.

mac·ad·am [məkǽdəm]名 **1** ⓒ = macádam ròad マカダム(舗装)道路《砕石をアスファルトで固める》. **2** Ⓤ (道路用)砕石.

màc·a·dám·i·a nùt [mæ̀kədéimiə-]ⓒ マカダミアナッツ《豪州やハワイで多く産するナッツ》.

mac·a·ro·ni [mæ̀kəróuni]【イタリア】名 ⓤ マカロニ《短い筒状のパスタ》.

mac·a·roon [mæ̀kərúːn]名ⓒ マカロン《アーモンドやココナッツ入りのクッキー》.

Mac·Ar·thur [məkáːrθər]名(固) マッカーサー Douglas [dʌ́gləs] MacArthur《1880-1964; 米国陸軍元帥. 日本占領軍の最高司令官(1945-51)》.

ma·caw [məkɔ́ː]名ⓒ〔鳥〕コンゴウインコ《長い尾をした中南米産の大型インコ》.

Mac·beth [məkbéθ, mæk-]名(固) マクベス《シェイクスピア作の四大悲劇の1つ. その主人公名》.

mace¹ [méis]名ⓒ **1** 鎚矛(つちほこ)《◇先端に鉤(かぎ)くぎの付いた中世の武器》. **2** 職杖(しょくじょう)《英国の下院議長・市長・大学総長などが儀式に用いる杖(つえ)》.

mace² 名Ⓤ メース《ナツメグの皮を用いた香辛料》.

Mac·e·do·ni·a [mæ̀sədóuniə, -njə]名(固)
1 マケドニア《ギリシャ北方にあった古代王国. アレキサンダー大王の時代に栄えた》. **2** マケドニア《バルカン半島にある共和国; 首都スコピエ (Skopje)》.
Mac·e·do·ni·an [-niən, -njən]形 マケドニアの; マケドニア人[語]の.
—名 **1** ⓒ マケドニア人. **2** Ⓤ マケドニア語.

mac·er·ate [mǽsəreit]動(他) …を水[湯]に浸して柔らかくする. —(自) **1** (水・湯に)浸って柔らかくなる. **2** (断食・心配事などで)やつれる, やせ衰える.

Mach [máːk, mǽk]名ⓒ = **Mach nùmber**【物理】マッハ《◇速度単位. マッハ1は音速に等しい》《略語》M.

ma·che·te [mətʃéti]名ⓒ マチェーテ《中南米で伐採用の道具・武器として用いるなた》.

Mach·i·a·vel·li [mæ̀kiəvéli]名(固) マキャベリ Niccolò [nikouló:-] Machiavelli《1469–1527; イタリアの政治家・思想家. 主著『君主論』》.

Mach·i·a·vel·li·an [mæ̀kiəvéliən]形(目的のためには手段を選ばない)マキャベリ流[主義]の; 権謀術数を用いる, 策謀にたけた.

***★**ma·chine** [məʃíːn]《☆発音に注意》名動(他)
—名(複 **ma·chines** [～z]) ⓒ **1** 機械(装置): a washing *machine* 洗濯機 / a vending *machine* 自動販売機 / a sewing *machine* ミシン《(比較)日本語の「ミシン」は machine の発音がなまったもの》/ run [operate] a *machine* 機械を操作する / Most watches are made by *machine* these days. 今日ではほとんどの時計が機械で作られる / This *machine* is out of order [in good order]. この機械は故障している[調子がいい].
2《口語》コンピュータ; 自動販売機; オートバイ; 車; 飛行機. **3**《軽蔑》(あまり考えず)機械的に行動する人. **4**[単数・複数扱い]機構, 組織; [集合的に](政党などの)執行部, 幹部, 黒幕: a social *machine* 社会機構 / the Democratic *machine* 民主党幹部.
—動(他) …を機械で作る, 機械にかける; ミシンにかける. (▷ 形 mechánical, 動(他) méchanize)
◆ machíne còde = machine language.
machíne lànguage Ⓤⓒ〔コンピュータ〕機械語.
machíne tòol ⓒ 工作機械, 電動工具.
machíne translátion Ⓤ 機械翻訳《コンピュータによる翻訳》.

ma·chine-gun [məʃíːngʌ̀n]動(他) …を機関銃で撃つ, 機銃掃射する.

machíne gùn 名ⓒ 機関銃, マシンガン.

ma·chine-made [məʃíːnmèid]形 機械製の (↔ handmade).

ma·chine-read·a·ble [məʃíːnríːdəbl]形 (データが)コンピュータ

で読み取り[処理]できる.

ma·chin·er·y [məʃíːnəri]
— 名 U **1** [集合的に] 機械類, 機械装置 (◇ machine が「個々の機械」をさすのに対し, machinery は「機械装置全体」をさす. 意味上は machinery = machines だが単数扱い): There is a lot of *machinery* in the factory. 工場にはたくさんの機械がある.
2 (装置・設備などの) 機械部分, 作動部分: the *machinery* of a ship 船の機関部. **3** 機構, 組織: the *machinery* of government 政治機構.

ma·chin·ist [məʃíːnist] 名 C 機械操作[運転]者; 機械製作[修理]工.

ma·chis·mo [mɑːtʃíːzmou / mətʃíːz-] 【スペイン】名 U (おおげさな) 男らしさ, たくましさ.

ma·cho [mɑ́ːtʃou] 【スペイン】形《口語》男らしさ[勇ましさ] を (おおげさに) 自慢する.

Mac·in·tosh [mǽkintɑʃ / -tɔʃ] 名 C U 《商標》マッキントッシュ《米国アップルコンピュータ社製パソコン》《愛称》Mac》.

mack·er·el [mǽkərəl] 名 (複 **mack·er·el**, **mack·er·els** [~z]) C《魚》サバ; U サバの肉.

mack·in·tosh [mǽkintɑʃ / -tɔʃ] 名 C《主に英・古風》レインコート《英口語》mac(k)).

mac·ra·mé [mǽkrəmèi / məkrɑ́ːmi] 【フランス】名 U マクラメ《より糸で編んだレースや房飾り》.

mac·ro- [mǽkrou] 結合形「長い, (非常に) 大きい」などの意を表す(↔micro-): *macro*economics マクロ[巨視的]経済学 / *macro*molecule 高分子 / *macro*phage マクロファージ, 大食細胞.

mac·ro·bi·ot·ics [mǽkroubɑiɑ́tiks / -ɔ́t-] 名 U [単数扱い] 菜食・粗食による健康法.

mac·ro·cosm [mǽkrəkɑ̀zm / -kɔ̀zm] 名 **1** (the ~) 大宇宙(↔microcosm). **2** C (小体系を含む) 全体系, 総体.

mac·ro·ec·o·nom·ics [mǽkrouekənɑ́miks / -nɔ́m-] 名 U [単数扱い] マクロ[巨視的]経済学《国全体としての所得と投資の関係といった巨視的な視点から経済問題を扱う経済学の一分野》.

ma·cron [mǽkrɑn, méik- / -rɔn] 名 C《音声》長音記号 (¯), マクロン《ā, ēのように母音の上に付けて長母音を示す》; cf. breve 短音記号》.

mac·ro·scop·ic [mǽkrəskɑ́pik / -skɔ́p-] 形 肉眼で見える; 巨視的な(↔microscopic).

***mad** [mǽd]
— 形 (比較 **mad·der** [~ər], 最上 **mad·dest** [~ist]) **1** [叙述用法]《主に米口語》[人に対して / …のことで] 怒って, 頭にきて (angry) [at, with / about, for]: The coach got *mad* at the players *about* their sluggish play. コーチは選手たちの怠慢なプレーに怒った / She was *mad* at herself *for* losing her purse. 彼女は財布をなくした自分に腹を立てていた.
2 気が狂った, 精神障害を起こした (insane)《◇現在では mentally ill のほうが一般的》: She went [ran] *mad* after her child's death. 子供が死んだあと彼女は精神に異常をきたした.
3 (a) 正気でない, 無謀な(→ CRAZY 類義語): a

mad scheme 無謀な計画 / Some famous inventions began as *mad* ideas. 有名な発明の中にはばかげた考えから始まったものもある. (b) [be mad +to do / It is mad of ... +to do] ~するとは…はどうかしている: You *are mad* to drive so fast. = *It is mad of* you to drive so fast. そんなに車をとばすなんて君はどうかしている.
4 [通例, 叙述用法]《口語》[…に] 熱中して, 夢中になって [about, on]; [… が] 欲しくてたまらなくて [for]: a sports-*mad* country スポーツに熱狂する国 / She is *mad* about the stage. 彼女は演劇に夢中です / The boy was *mad for* a motorcycle. その少年はバイクが欲しくてたまらなかった.
5 手に負えない, 荒れ狂った: Everyone made a *mad* dash [rush] for the door. みな気が狂ったようにドアの方に突進した.
■ **drive ... mád 1** …をひどく怒らせる. **2** …の気を狂わせる.
like mád《口語》狂ったように, 激しく, 必死に.
◆ **mád ców disèase** U 狂牛病(→ BSE).

Mad·a·gas·car [mǽdəgǽskər] 名 固 マダガスカル《アフリカ南東にある島で, 共和国; 首都アンタナナリボ(Antananarivo)》.

***mad·am** [mǽdəm] 名 (複 **1** mes·dams [meidɑ́m / méidæm], **1** 以外で **mad·ams** [~z]) C
1 [しばしば M-] 奥様; お嬢様 (◇女性に対する丁寧な呼びかけで, 男性の sir にあたる. しばしば ma'am と略す). **2** [Dear M-] 拝啓《◇未知の女性あての手紙 (商用文など) の冒頭に用いる》. **3** [M-; 女性の官職名・姓に付けて] …殿 (◇敬称). **4** [通例 little ~]《英口語・軽蔑》生意気 [横柄] な若い女性.

***Ma·dame** [mǽdəm / mədǽm] 【フランス】名 (複 **Mes·dames** [meidɑ́m / méidæm]) C …夫人; 奥様 (◇フランス系女性への敬称.《英》では外国女性にも用い, 単独または姓(名)・称号の前に付ける.《略語》Mme.): *Madame* Chirac シラク夫人.

mad·cap [mǽdkæp] 形 [通例, 限定用法] 向こう見ずな, むちゃな: a *madcap* plan むちゃな計画.

mad·den [mǽdn] 動 他 [通例, 受け身で] …を発狂させる; 激怒させる, いらいらさせる.

mad·den·ing [mǽdniŋ] 形 **1** 腹立たしい, いらいらさせる. **2** (痛みなどが) 猛烈な: *maddening* pain 猛烈な痛み.

***made** [méid]
— 動 make の過去形・過去分詞.
— 形 **1** [限定用法] 人工 [人造] の; 寄せ集めの, でっち上げの. **2**《口語》成功確実な; 成功した: a *made* man 成功間違いなしの男. **3** [複合語で] …製の; (人が) …の体つきの: foreign-*made* goods 外国製品.

Ma·dei·ra [mədíərə] 名 **1** 固 マデイラ諸島《大西洋中東部にある. ポルトガル領》. **2** U [しばしば m-] マデイラワイン《甘口の強い白ワイン》.
◆ **Madéira càke** U《英》マデイラケーキ《スポンジケーキの一種》.

mad·e·leine [mǽdəlin] 名 C マドレーヌ《ほたて貝の形をしたスポンジケーキ》.

Ma·de·moi·selle [mǽdəmwəzél] 【フランス】名 (複 **Mes·de·moi·selles** [mèidəmwəzél])

1 [姓(名)の前に付けて] …嬢; 令嬢(◇フランス系の未婚女性に対する敬称. Miss に相当する;《略語》Mlle.). **2** お嬢さん (◇特にフランス系の若い女性への呼びかけ).

máde-to-méas·ure 形 (衣服などが)体形に合わせて作った, あつらえの.

máde-to-ór·der 形 《米》(衣服・家具などが)注文で作られた, オーダーメードの, あつらえの (custommade) (↔ ready-made). (《比較》「オーダーメード」は和製英語)

máde-úp 形 **1** 作り上げた; でっち上げた: a *made-up* story 作り話. **2** 化粧した: a heavily *made-up* woman 厚化粧の女性.

mad·house [mǽdhàus] 名 C **1** (通例, 単数形で)《口語・軽蔑》(ごった返して)騒々しい場所.
2 《古》精神病院 (mental hospital).

Mad·i·son [mǽdəsən] 名 マディソン James Madison (1751–1836; 米国の政治家; → PRESIDENT 表).

◆ Mádison Ávenue 名 マディソンアベニュー《New York 市にある大通りで, 広告業の中心地》. (米国の)広告業界.

Mádison Squáre Gárden 名 マディソンスクエアガーデン《New York 市にあるスポーツセンター》.

mad·ly [mǽdli] 副 **1** 《口語》猛烈に, 必死に: He fell *madly* in love with her. 彼は彼女に恋い焦がれた. **2** 気が狂ったように.

mad·man [mǽdmæn] 名 (複 mad·men [-mèn]) C 狂人 (◇女性形は madwoman).

✽mad·ness [mǽdnəs] 名 U **1** 狂気. **2** 狂気の沙汰(ミミ), 愚の骨頂: It would be sheer *madness* to do such a thing. そんなことをするなんてまさに狂気の沙汰です. **3** 激怒. **4** 熱狂, 夢中.

Ma·don·na [mədánə / -dɔ́nə] 【イタリア】名 **1** 名 [the ~] 聖母マリア (Virgin Mary). **2** C 聖母マリアの画像 [彫像].

Ma·dras [mədrǽs / -drɑ́ːs] 名 **1** 名 マドラス《インド南東部の港湾都市. タミル語ではチェンナイ (Chennai)》. **2** [mǽdrəs / mədrǽs] U [m-] マドラス木綿 [絹].

Ma·drid [mədríd] 名 名 マドリード《スペインの首都》.

mad·ri·gal [mǽdrigəl] 名 C 《音楽》マドリガル《16–17世紀に英国などで流行した無伴奏の合唱曲》.

mael·strom [méilstrəm] 名 C **1** (海や川にできる) 大渦巻き (◇ whirlpool より大規模; 《米 M-》ノルウェー北西岸沖の大渦巻き). **2** (通例, 単数形で)《文語》大混乱, 激動.

ma·es·tro [máistrou / maés-] 【イタリア】名 (複 ma·es·tros [~z], ma·es·tri [-tri]) C **1** 名指揮者, 大音楽家, 大作曲家 (◇ M- で敬称として名前の前に用いることもある).
2 (一般に) 大芸術家.

Ma·fi·a [máːfiə, mǽfiə] 【イタリア】名 **1** [the ~; 単数・複数扱い] マフィア《米国・イタリアの犯罪組織》. **2** C [m-] 有力者集団, 閥(ミ).

mag [mǽg] 名 C 《口語》雑誌 (magazine).

✽✽✽mag·a·zine [mǽgəzìːn, mǽgəzìːn / mæ̀gəzíːn]
—名 (複 mag·a·zines [~z]) C **1** 雑誌, 定期刊行物 (cf. journal 《学会などの》雑誌, 機関誌): a monthly [weekly] *magazine* 月 [週] 刊誌 / a women's *magazine* 女性誌 / He takes [subscribes to] some fashion *magazines*. 彼はファッション誌を何冊か購読している.
2 (連発銃の) 弾倉. **3** (カメラ・映写機の) フィルム入れ, マガジン. **4** 弾薬庫, 火薬庫.

Mag·da·lene [mǽgdəlìn / mæ̀gdəlíːni] 名 **1** 名 [the ~] 《聖》マグダラのマリア (St. Mary Magdalene)《キリストが救った女性》. **2** C [m-] 《文語》更生した売春婦; その収容施設.

Ma·gel·lan [mədʒélən / məgélən] 名 名 **1** マゼラン Ferdinand [fə́ːrdənæ̀nd] Magellan (1480? –1521; ポルトガルの航海者. 初めて世界を1周した遠征隊の隊長). **2** [the Strait of ~] マゼラン海峡 《南米大陸南端にある》.

ma·gen·ta [mədʒéntə] 名 U **1** 赤紫色, マゼンタ. **2** マゼンタ《染料》. —— 形 赤紫色の.

mag·got [mǽgət] 名 C ウジ (虫).

Ma·gi [méidʒai] (◇ Magus [méigəs] の複数形) 名 [the ~; 複数扱い]《聖》東方の三博士《キリスト降誕のとき贈り物を持って祝いに来た3人の賢者》.

✽✽✽mag·ic [mǽdʒik] 名 形
—— 名 U **1** 魔法, 魔術: The wizard practiced [worked] *magic* on her. 魔法使いは彼女に魔法をかけた.
2 奇術, 手品: The teacher often performs *magic* before the students. その先生はしばしば生徒たちの前で手品を披露する.
3 魔力, 魅力, 不思議な力: Everyone is attracted to the *magic* of his works. だれもが彼の作品の魅力に引きつけられる.

■ *like mágic* = *as if by mágic* 魔法のように, たちどころに.

—— 形 [限定用法] **1** 魔法の: a *magic* spell [words] 呪文(ミネ) / a *magic* mirror マジックミラー. **2** 奇術の, 手品の: *magic* tricks 奇術.
3 《英口語》すばらしい, すごい. (▷ 名 mágical)

◆ mágic cárpet C (空飛ぶ) 魔法のじゅうたん.

mágic éye C 《口語》光電管 (photoelectric cell).

mágic squáre 魔方陣《縦・横・斜めのどの方向に加えても和が等しくなる正方形の数字の配列表》.

mágic wánd C 魔法の杖(ミ); (複雑な問題をたちどころに解決する) 妙案 (wand).

✽mag·i·cal [mǽdʒikəl] 形 **1** 魔法の(力による), 魔法のような; 不思議な: *magical* powers 魔力 / The effect was *magical*. 効果はてきめんだった.
2 《口語》神秘的な, 魅力的な. (▷ 名 mágic)

mag·i·cal·ly [-kəli] 副 魔法のように; 不思議にも.

✽ma·gi·cian [mədʒíʃən] 名 C **1** 奇術 [手品] 師; マジシャン (witch, wizard). **2** 魔術師.

mag·is·te·ri·al [mæ̀dʒəstíəriəl] 形 **1** 権威のある; (態度・声などが) 威厳のある; 高圧的な, 横柄な: a *magisterial* manner 横柄な態度. **2** [限定用法] 行政官の, 治安判事の.

mag·is·tra·cy [mǽdʒəstrəsi] 名 (複 mag·is·tra·cies [~z]) **1** C U 行政官 [治安判事] の職 [任期, 管区]. **2** [the ~; 集合的に; 単数・複数扱い]

行政官, 治安判事.

*mag·is·trate [mǽdʒəstrèit] 名C **1** 行政官: the chief [first] *magistrate* 行政の最高責任者《大統領・知事など》. **2** 治安判事 (justice of the peace)《軽犯罪を裁く下級判事》.

mag·lev [mǽglèv]《◇ *magnetic levitation* の略》名C マグレブ《磁気浮上式高速鉄道》.

mag·ma [mǽgmə] 名U 【地質】マグマ, 岩漿.

Mag·na Car·ta [Char·ta] [mǽgnə káːrtə]【ラテン】名 (the)【英史】マグナカルタ, 大憲章 (Great Charter) 《1215年に英国王ジョンが貴族と国民の自由と権利を認めた勅許状. 英国憲法の基礎》.

mag·na·nim·i·ty [mæ̀gnəníməti] 名U 度量の大きいこと, 寛大, 太っ腹.

mag·nan·i·mous [mægnǽnəməs] 形 度量の大きい, 寛大な, 太っ腹の.

mag·nate [mǽgneit] 名C 《実業界の》大物, 有力者, 大立者, …王 (→ MOGUL **2** 関連語): an oil *magnate* 石油王.

mag·ne·sia [mægníːʃə, -ʒə] 名U 【化】マグネシア, 酸化マグネシウム《制酸剤・下剤などに用いる》.

mag·ne·si·um [mægníːziəm] 名U 【化】マグネシウム《元素記号 Mg》.

*mag·net [mǽgnit] 名C **1** 磁石 (cf. compass 方位磁石): a horseshoe *magnet* U字[馬蹄(ぴ)]形磁石 / a bar *magnet* 棒磁石. **2**《人を》引きつけるもの[人, 場所] *(for, to)*: Trafalgar Square is a *magnet* for tourists. トラファルガー広場は観光客に人気がある. (▷ 形 magnetic)

*mag·net·ic [mægnétik] 形 **1** 磁石の, 磁気を帯びた. **2** 人を引きつける: a *magnetic* personality 魅力的な人柄. (▷ 名 magnet)
◆ magnétic dísk C 《コンピュータ》磁気ディスク.
magnétic fíeld C 《物理》磁場, 磁界.
magnétic héad C 磁気ヘッド《媒体に記録された磁気信号を電気信号に変換する》.
magnétic levitátion U C 《鉄道》磁気浮上式 (高速鉄道), マグレブ (maglev).
magnétic néedle C 《羅針盤・磁石の》磁針.
magnétic nórth U [the ~] 磁北.
magnétic póle C 磁極.
magnétic stórm C 磁気あらし.
magnétic tápe C U 磁気テープ.

mag·net·ism [mǽgnətìzəm] 名U **1** 磁気 (作用), 磁力, 磁性. **2** 人を引きつける力, 魅力.

mag·net·ize [mǽgnətàiz] 動 他 **1** 《鉄など》に磁気[磁性]を与える, …を磁化する. **2**〈人〉を引きつける, 魅了する.

mag·ne·to- [mægníːtou] 結合 磁気 (力) の: a *magneto*-optical disk [disc] 光磁気 [MO] ディスク.

mag·ni·fi·ca·tion [mæ̀gnəfikéiʃən] 名
1 U 拡大 (すること). **2** C 拡大図. **3** U C 《光》《レンズなどの》倍率. (▷ 動 magnify)

*mag·nif·i·cence [mægnífisəns] 名U 壮大さ, 壮麗[華麗]さ: the *magnificence* of Niagara Falls ナイアガラ瀑布(ぼ)の壮大さ.

***mag·nif·i·cent [mægnífisənt]
── 形 **1** 《外観・景観が》壮大な, 見事な, 華麗な, 堂々とした: a *magnificent* cathedral 壮麗な大聖堂 / a *magnificent* view 壮大な眺め / He looked *magnificent* in his uniform. 彼は制服を着ると堂々として見えた.
2 すばらしい, 最高の: What a *magnificent* day! 実にいい天気だ.
3《考え・行いが》立派な.

mag·nif·i·cent·ly [mægnífisəntli] 副 壮大に, 堂々と; すばらしく; 立派に.

mag·ni·fi·er [mǽgnəfàiər] 名C 拡大するもの; 拡大鏡, 虫めがね.

*mag·ni·fy [mǽgnəfài] 動 (三単現 mag·ni·fies [~z]; 過去・過分 mag·ni·fied [~d]; 現分 mag·ni·fy·ing [~iŋ]) 他 **1**《レンズなどで》…を拡大する: This microscope *magnifies* objects 1,000 times. この顕微鏡は対象を1,000倍に拡大する.
2 …を誇張する, 大げさに言う (exaggerate): She *magnified* her problem. 彼女は自分の抱えている問題を誇張した. (▷ 名 màgnificátion)
◆ mágnifying gláss C 拡大鏡, 虫めがね.

*mag·ni·tude [mǽgnətjùːd / -tjùːd] 名
1 U 《形・規模などが》大きいこと; 大きさ, 《大小の》規模: the *magnitude* of the universe 宇宙の壮大さ. **2** U 重要さ: He doesn't understand the *magnitude* of the problem. 彼は事の重大さがわかっていない. **3** C 《天文》《星の》等級, 光度.
4 C 《地震の規模を表す》マグニチュード《略語》M).
■ *of the first magnitude* 最も[非常に]重要な, 一流の;《天文》1等星の: a star *of the first magnitude* 1等星.

mag·no·li·a [mægnóuliə] 名C 《植》マグノリア《モクレン, コブシ, タイサンボクなど》.
◆ Magnólia Státe [the ~] モクレン州《米国 Mississippi 州の愛称; → AMERICA 表》.

mag·num [mǽgnəm] 名C **1** 通常より大きなもの. **2**《ワインなどの容器》大びん《約1.5リットル入り》. **3** マグナム弾; [M-] 《商標》マグナム拳銃《普通のピストルより大きくて強力》.
◆ mágnum ópus【ラテン】【単数形で】《文学・芸術の》最高傑作,《作家・芸術家の》代表作.

mag·pie [mǽgpài] 名C **1** 《鳥》カササギ《よくさえずり, 小さな光るものを集める習性がある》.
2《口語》《がらくたの》収集魔; おしゃべりな人.

Mag·yar [mǽgjɑːr] 名 **1** C マジャール人《ハンガリーの主要民族》. **2** U マジャール[ハンガリー]語. ── 形 マジャール人[語]の.

ma·ha·ra·jah, ma·ha·ra·ja [mɑ̀ːhərάːdʒə] 名C マハラージャ, 大王《インド王侯の尊称》.

ma·hat·ma [məhάːtmə] 名 [M-] マハトマ《インドで高貴な人の名にそえる尊称》: *Mahatma* Gandhi マハトマ=ガンジー《単に Mahatma とも言う》.

mah-jongg, mah·jong [mὰːʒάŋ / -dʒɔ́ŋ] 名 U 《中国》マージャン (麻雀).

ma·hog·a·ny [məhɑ́gəni / -hɔ́g-] 名 (複 ma·hog·a·nies [~z]) **1** C 《植》マホガニー《熱帯アメリカ産の常緑高木》; U マホガニー材《高級家具用》.
2 U マホガニー色, 赤褐色.
── 形 マホガニー製の; 赤褐色[マホガニー色]の.

Ma·hom·et [məhάmit / -hɔ́mit] 名 = MOHAMMED.

maid [méid]

—名(複 maids [méidz]) ⓒ **1** (女性の)**お手伝い**, メード: It needs three *maids* to take care of this big house. この大きな家を維持管理するにはお手伝いが3人必要です.
2 《文語》少女, 未婚女性.

◆ máid of hónor [《英》hónour]《複 maids of honor [《英》honour]》 **1** 花嫁に付きそう未婚女性の長 (principal bridesmaid). **2** (女王·王女に仕える未婚の) 女官, 侍女.

maid·en [méidən]形 [限定用法] **1** 《文語》(女性の) 未婚の, 処女の: a *maiden* lady 未婚女性. **2** 初めての, 処女…; (土地などが) 未踏の: a *maiden* voyage 処女航海.
—名 ⓒ **1**《文語》乙女, 処女. **2** (競馬の) 未勝利馬.

◆ máiden náme ⓒ (女性の) 結婚前の姓, 旧姓.

maid·en·ly [méidnli]形《文語》**1** 娘 [処女] らしい; しとやかな, 優しい. **2** 少女の.

mail [méil] (☆同音語 male)
名 動

—名 **1** Ⓤ **郵便**, 郵便制度《◇《英》では外国向け郵便以外には通例 post を用いる》: domestic [foreign] *mail* 国内[外国] 郵便 / air *mail* 航空郵便 / sea *mail* 船便 / surface *mail* 普通便《陸上便·船便など》/ Please answer by return *mail*. 折り返しご返事ください. **2** Ⓤ [集合的に] (1回に配達される) **郵便物**: Would you bring me today's *mail*? きょうの郵便物を持って来てくれませんか / Is there any *mail* for me this morning? けさは何か私に郵便物が来ていますか.

コロケーション 郵便物を…
郵便物を受け取る: *get* [*receive*] mail
郵便物を送る: *send* (*out*) mail
郵便物を転送する: *forward* mail
郵便物を配達する: *deliver* the mail

3 Ⓤ Ⓒ 電子郵便 (email).
■ *by máil* 郵便で (《英》by post): She sent a parcel *by mail*. 彼女は郵便で小包を送った.
—動 他 **1** 《米》[mail＋O] …を郵送する, 投函する([mail＋O＋O / mail＋O＋to ...]〈もの〉を〈人〉に郵送する): Will you *mail* this letter for me? 私のこの手紙を出してくれませんか / He *mailed* his father a package. =He *mailed* a package to his father. 彼は父親に小包を送った. **2** …にEメールを送る.

◆ máil càrrier ⓒ 《米》郵便配達 [集合] 人 (→ MAILMAN).

máil dròp ⓒ 《米》郵便受け (《英》letter box).
máiling lìst ⓒ **1** (ダイレクトメールなどの) 郵送先名簿. **2** 【コンピュータ】メーリングリスト《電子メールを利用して会員間で情報を交換するシステムおよびその会員のリスト》.

mail·bag [méilbæg] 名 ⓒ **1** (輸送用の) 郵便袋. **2** 《米》郵便配達かばん (《英》postbag).

mail·box [méilbàks / -bòks] 名 ⓒ **1** 《米》郵便ポスト (《英》postbox)《上部がかまぼこ形の青い箱》: put a letter into the *mailbox* 手紙をポストに投函する. **2** 《米》(個人用の) 郵便受け, ポスト (《英》letter box) (→ HOUSE **PICTURE BOX**).
3 【コンピュータ】(電子メールの) メールボックス.

mail·er [méilər] 名 ⓒ **1** 郵便物の送り主.
2 《米》郵送用筒 [封筒]. **3** 【コンピュータ】メーラー《電子メール用ソフト》.

*__mail·man__ [méilmæn] 名 (複 mail·men [-mèn]) ⓒ 《米》郵便配達 [集合] 人 (《英》postman)《◇性差別を避けるためには mail carrier を使う》.

máil-òr·der 形 通信販売の: *mail-order* catalog [distributor] 通信販売カタログ [販売業者].

máil òrder 名 Ⓤ 通信販売: I bought this camera *by mail order*. このカメラは通信販売で買った《◇米国では国土が広いため通信販売が盛ん》.

mail·shot [méilʃɑ̀t / -ʃɔ̀t] 名 Ⓤ ⓒ メールショット《ダイレクトメールによるパンフレット類, その送付》.

maim [méim] 動 他〈人〉に傷害を与える, …を障害者にする (cripple): He was *maimed* in an accident. 彼は事故で体が不自由になった.

***main [méin]
形 動

—形 [限定用法] **主な**, 主要な (→ CHIEF **類義語**): a *main* road 幹線道路 / the *main* building 本館 / the *main* office 本社 / a *main* event メインイベント, 重要な行事 / He wrote down the *main* points of the speech. 彼はスピーチの要点を書き取った.
■ *by máin fórce* [*stréngth*]《文語》全力で.
the máin thíng 肝心な [最も重要な] もの: *The main thing* is to keep costs low. 肝心なことは経費を低く抑えることです.
—名 ⓒ (水道·ガスなどの) 本管, (電気の) 本線; [the ~s]《英》(建物への電気などの) 引き込み線 [管]: the [a] gas *main* ガス供給本管.
■ *in the máin* 概して, 大部分は: The rumor was, *in the main*, true. そのうわさはだいたい本当だった.

◆ máin chánce [the ~] 絶好の機会.

máin cláuse ⓒ 【文法】主節 (→ CLAUSE **文法**).
máin drág ⓒ [the ~]《米口語》本通り, 目抜き通り.

Máin Strèet Ⓤ《米》**1** (小都市の) 大通り, 中心街 (《英》high street). **2** (小都市特有の) 偏狭で実利的な人々 [生活, 考え方].

Maine [méin] 名 メーン《米国北東部 New England 地方北端にある州; 《略記》Me.; 《郵略記》ME;》→ AMERICA 表》.
■ *from Máine to Califórnia* 米国全土で.

main·frame [méinfrèim] 名 ⓒ 【コンピュータ】メインフレーム, 汎用 [大型] コンピュータ.

*__main·land__ [méinlænd / -lənd] 名 ⓒ **1** [the ~] **本土**《◇周辺の島や半島に対して用いる》: the *mainland* of Greece ギリシャ本土 / A big typhoon hit the *mainland* of Japan. 大型台風が本州を襲った《◇日本の「本州」は Honshu も可》. **2** [形容詞的に] 本土の: *mainland* Britain 英国本土, (グレート) ブリテン島.

main·line [méinlàin] 形 [限定用法] **1** 本線の, 幹線沿いの. **2** 主流派の, 体制側の.
—動 他 自 《俗語》(麻薬を) 静脈に注射する.
máin líne ⓒ (鉄道の) 幹線; 幹線道路.

main·ly [méinli] 副 [比較なし] 主に, 主として; 大部分は (mostly): The accident was *mainly* due to his carelessness. 事故は彼の不注意が主たる原因だった / The workers in our office are *mainly* women. 私たちの職場の職員は大部分が女性です.

main·mast [méinmæst / -mà:st] 名 C《海》メインマスト《船の一番大きな帆柱》.

main·sail [méinsèil, -sal] 名 C《海》メインスル, 主帆《メインマストの一番下に付ける帆》.

main·spring [méinspriŋ] 名 C **1**《時計の》主ぜんまい. **2**《通例, 単数形で》主因, 主な動機.

main·stay [méinstèi] 名 **1** C《海》メインマストを支える綱. **2**《通例, 単数形で》大黒柱, 頼りの綱.

main·stream [méinstrì:m] 名 **1**《the ~》《活動・思想などの》主流, 大勢. **2** C《川》の本流.
— 動 他 **1**《通例, 受け身で》…を主流にする.
2《障害児などを普通クラスに入れる.
— 形 主流の, 正統派の.

***main·tain** [meintéin]
【「main (手に) + tain (保つ)」から】
— 動《三単現 main·tains [~z]; 過去・過分 main·tained [~d]; 現分 main·tain·ing [~iŋ]》
— 他 **1** [maintain + O] …を維持する, 続ける, 保つ (keep): They try to *maintain* the quality of their products. 彼らは製品の品質維持に努めている / The price of this gum has been consistently *maintained*. このガムの値段はずっと変わっていない.
2 [maintain + O]《建造物・機械などを》(手入れして) 整備する, 保守 [保全] する, 管理する: You should *maintain* your car regularly. あなたは車を定期的に整備しなければならない / This museum is *maintained* by the city. この博物館は市が管理している.
3 [maintain + O (that 節)] …を […であると] 主張する, 断言する: He *maintained* his innocence. 彼は自分の無罪を主張した / She *maintained* that she had been home all night. 彼女は自分はひと晩じゅう家にいたと主張した.
4《家族などを》養う (support): He became too poor to *maintain* his family. 彼は貧乏になり家族を養えなくなった / She can *maintain* herself on her salary. 彼女は自分の給料で生活していける.
(▷ 名 máintenance)

‡**main·te·nance** [méintənəns] 名 U **1** 維持, 保持; 持続: the *maintenance* of law and order 法と秩序の維持. **2**《設備・道路などの》整備, 保守, メンテナンス: car *maintenance* 車の整備 / This house needs a lot of *maintenance*. この家はかなり手入れが必要です. **3**《家族の》扶養;《主に英》《特に別れた妻子への》扶養料, 養育費.
(▷ 動 maintain)

◆ máintenance òrder C《英》扶養命令.

mai·son·ette [mèizənét]《フランス》名 C メゾネット《《米》duplex apartment》《1戸が上下階を利用する形態のマンション》.

maize [méiz]《☆ [同音] maze》名 U **1**《英》トウモロコシ《の実》《《米》corn》. **2** 薄黄色.

Maj.《略語》= *Major* 少佐.

***ma·jes·tic** [mədʒéstik], **ma·jes·ti·cal** [-kəl] 形 威厳のある, 見事で美しい; 荘厳な, 雄大な: The castle looked *majestic* on the hill. 城は丘の上で威容を誇っていた.
(▷ 名 májesty)

ma·jes·ti·cal·ly [mədʒéstikəli] 副 雄大に.

‡**maj·es·ty** [mædʒəsti] 名《複 maj·es·ties [~z]》 **1** U 威厳, 尊厳; 荘厳, 雄大で美しいこと: the *majesty* of the law 法の尊厳. **2** C [M-] 陛下《○王族に対する敬称. 男性には His, 女性には Her, 複数の場合は Their, 直接の呼びかけは Your を前に付ける. すべて3人称扱い》: His *Majesty* the King 国王陛下 / His *Majesty* the Emperor 皇帝 [天皇] 陛下 / Her *Majesty* the Queen [Empress] 女王 [皇后] 陛下 / Your *Majesties* 両陛下 / His [Her] *Majesty's* Ship 英国軍艦《○国王在位時は His, 女王在位時は Her;《略語》HMS》.
(▷ 形 majéstic)

ma·jor [méidʒər] 形 名 動
— 形 [比較なし; 通例, 限定用法]《↔ minor》
1 主要な, 一流の, 重大な; 《手術が》命にかかわる: the *major* industries 主要産業 / a *major* problem 重大問題 / a *major* artist 一流の芸術家.
2《大きさ・数量・程度が》より大きい, より多い, 過半数の: the *major* vote 多数票 / The *major* part of (the) year 1年の大半 / The *major* part of the town was destroyed by the earthquake. 地震で町の大部分が崩壊した.
3《米》《学科・課程の》専攻の (special): Her *major* field of study is Chinese history. 彼女の専門分野は中国史です. **4**《音楽》長音階の, 長調の: a *major* key 長調. **5** 成人の.
— 名 **1** C《陸軍・米空軍》少佐. **2**《米》専攻科目: His *major* at college is economics. 彼の大学での専攻は経済学です. **3** C《米》専攻学生: She is a physics *major*. 彼女は物理学専攻の学生です. **4** U《音楽》長調, 長音階 (↔ minor): Mozart's "Piano Sonata in G *Major*" モーツァルトのピアノソナタト長調. **5** C《法》成人《英国では18歳以上, 米国では州によって異なるが多くは18歳以上》. **6**《the ~s》メジャーリーグ《major leagues》.
— 動 自《米》[…を] 専攻する [in]《《英》read》: I decided to *major in* chemistry. 私は化学を専攻することにした.
(▷ 名 majórity)

◆ májor géneral C《陸軍・米空軍》少将.

májor léague C《米》《野球》メジャーリーグ, 大リーグ (↔ minor league).

májor léaguer C《米》メジャーリーグの選手, メジャー [大] リーガー (↔ minor leaguer).

ma·jor·ette [mèidʒərét] 名 C バトンガール (drum majorette).

***ma·jor·i·ty** [mədʒɔ́:rəti / -dʒɔ́rəti] 名
— 名《複 ma·jor·i·ties [~z]》(↔ minority)
1 [単数形で; 単数・複数扱い] 大多数, 大部分: The (great) *majority* of people is [are] against war. 大多数の人は戦争に反対である /

The *majority* was [were] for his proposal. 大多数が彼の提案を支持していた. **2** [単数形で] 過半数;《米》絶対多数(《英》absolute majority) (cf. plurality 相対多数): be in the [a] *majority* 過半数を占める / gain a *majority* 過半数を獲得する / The ruling coalition has a comfortable *majority* in the Diet. 連立与党は国会で安定多数を占めている. **3** C [通例, 単数形で] (下位との)得票差: He won by a large [narrow] *majority*. 彼は大差をつけて [小差で] 当選した. **4** C [通例 the ~] 多数派, 多数党; [形容詞的] 多数の, 多数党の: *majority* decision 多数決 / a *majority* opinion 多数意見. **5** U [法] 成年: reach [attain] the legal *majority* 法律上の成年に達する. (▷ 形 májor)

***make [méik] 動 名

基本的意味は「作る」「…させる」.
① 作る, 作ってやる.　　　　　　　　　他 1, 2
② (ある動作を) 行う.　　　　　　　　　他 3
③ …を~にする.　　　　　　　　　　他 4
④ …に~させる.　　　　　　　　　　他 5

— 動 (三現 **makes** [~s]; 過去・過分 **made** [méid]; 現分 **mak·ing** [~iŋ])

— 他 **1** (a) [make+O] …を**作る**, 製作 [製造] する;〈文書など〉を作成する,〈法律など〉を制定する: *make* a model plane 模型飛行機を作る / *make* a bridge 橋を造る / *make* laws 法律を制定する / *make* a will 遺言状を作成する / She *made* plans for the school festival. 彼女は学園祭の計画を立てた / This hat is *made* in Mexico. この帽子はメキシコ製です. (b) [make+O+O] / make+O+for ...]〈人〉に〈もの〉を作ってやる: She sometimes *makes* us bracelets. =She sometimes *makes* bracelets *for* us. 彼女は時々私たちにブレスレットを作ってくれる.
2 (a) [make+O] (使用できるように) …を用意する, 整える: *make* a bed ベッドを整える / *make* a fire 火をおこす / *make* breakfast 朝食を用意する. (b) [make+O+O / make+O +for ...]〈人〉に〈食事など〉を用意する: She *made* me a cup of tea.=She *made* a cup of tea *for* me. 彼女は私にお茶を1杯入れてくれた.
3 (a) [make+O] …をする, 行う (◇Oは動作・行為を表す名詞; → HAVE 動 8 語法): *make* an attempt 試みる / *make* a call 電話する / *make* a choice 選ぶ / *make* an effort 努力する / *make* haste 急ぐ / *make* a mistake 間違いを犯す / *make* progress 進歩する / *make* a speech 演説をする / *make* an appointment 会う約束をする / I must *make* a decision on this matter right now. 私はこの件について今すぐ決定を下さなくてはならない. (b) [make+O+O] / make+O+to ...]〈人〉に〈提案など〉をする: He *made* them another suggestion.=He *made* another suggestion *to* them. 彼は彼らに別の提案を行った.
4 (a) [make+O+C] …を~にする (◇Cは

名詞・形容詞); …を~に任命 [選出] する: Tom *made* Mary his wife. トムはメアリーを妻にした / They *made* Bill captain of the team. 彼らはビルをチームの主将に任命した / Flying *makes* her nervous. 飛行機に乗ると彼女は不安になる / What *makes* you so sad? 何がそんなに悲しいの / I want to *make* it clear that this baby is not mine. この赤ちゃんが私の子ではないことをはっきりさせておきたい. (b) [make+O+過分] …が~されるようにする: I tried to tell them what I needed, but I could not *make* myself *understood*. 私が必要としているものを彼らに伝えようとしたが, 理解してもらえなかった.
5 [make+O+do] …に (強制的に) ~させる: My father *made* me go to school though I felt sick that morning. その朝は気分が悪かったのに父は私を登校させた / The coach *made* them practice till dark. コーチは暗くなるまで彼らに練習をさせた.

語法 (1) make が「(強制的に) …させる」の意であるのに対し, let は「(許可して) …させる, (放任して) …させておく」の意を表す. また, have は「…してもらう, ~させる」の意: I *made* him go. (行きたがっていなかったが) 彼を行かせた / I *let* him go. (行きたがっていたので) 彼を行かせた / I *had* him go. 彼に行ってもらった.
(2) 受け身は「be made+to do」となる. 受け身では to 不定詞を用いることに注意: They *made* her work until late at night. → She *was made* to work until late at night. 彼女は夜遅くまで働かせられた.
(3) 物が主語の場合は make に強制の意味は含まれない: This photo *makes* you look very young. この写真ではあなたはとても若く写っている / What *made* her laugh so much? 何が彼女をあんなに笑わせたのだろう.

6 [make+O]〈事柄・状態〉を生じさせる: Don't *make* noises at table. 食事中はやかましくするな / Please *make* room for my desk. 私の机を置く場所をあけてください / I'm sorry to have *made* such trouble for all of you. 皆さんにご迷惑をおかけして申し訳ありません.
7 [make+O]〈金銭・名声など〉を得る;〈得点・成績など〉を上げる;〈友人など〉をつくる: *make* a lot of money 大金をもうける / *make* good grades よい成績を取る / *make* a name for oneself 名を上げる / He *makes* a living writing articles. 彼は記事を書いて生計を立てている / She can easily *make* friends with anyone. 彼女はだれとでもすぐに仲よくなれる.
8 (ある要素が) …を構成する; (総数が) …になる: Hydrogen and oxygen *make* water. 水素と酸素で水になる / Two and four *make(s)* six. 2 足す4は6である [2+4=6] / This *makes* the fifth time she has refused his offer. 彼女が彼の申し出を断るのはこれで5度目です.
9 [make+O+(to be) C] …を~と思う, 見積もる (estimate ... as): What time do you *make* it?—I *make* it about ten. 今何時だと思いますか—10時くらいだと思います / He *made* the

amount 200 dollars. 彼は総額を200ドルと見積もった. **10** [make+O]〈将来〉…になる, …の素質がある(◇ O には通例, 好ましい意味の形容詞を伴った名詞が来る); [make+O+O] …にとって…になる: He will *make* an excellent pianist. 彼はすばらしいピアニストになるだろう / This CD will *make* good listening. このCDは聴きごたえがあるだろう / Mary will *make* Tom a good wife. =Mary will *make* a good wife for Tom. メアリーはトムにとってよい妻になるだろう.
11〈ある距離〉を進む;〈ある速度〉で進む: I wonder how many miles we have *made* since this morning. けさから何マイル進んだかな / The car was *making* fifty miles an hour. その車は時速50マイルで走っていた. **12**《口語》〈目的地など〉に着く;〈列車・会合など〉に間に合う,〈会合など〉へ行く: We *made* the village before nightfall. 私たちは日暮れ前にその村に着いた / Leave at once, and you can *make* the last train. すぐ出発すれば終電に間に合いますよ / I'm afraid I can't *make* the meeting next week. 来週の会合には出られないと思う. **13**〈記事などが〉〈新聞など〉に載る;〈チームなど〉の一員となる: *make* the Japanese national team 日本代表チームのメンバーになる / The news of the earthquake *made* the front page of the major papers. 地震のニュースが主要新聞の1面に載った. **14**〈目的・案〉に賛成する, 約束する: We *made* a deal. 私たちは約束したわよ.
— 圓 **1**〔副詞(句)を伴って〕進んで行く: *make* toward ... …に向かって進む.
2 [make+C] …(の状態)になる(◇ C は形容詞): *make* merry 浮かれる / *make* ready 準備する.
3 [make+to do]《古風》…しようとする: He *made* to say something. 彼は何か言おうとした.
4〈潮〉がさしてくる.
[句動詞] **máke at ...** 他 …を目がけて進む;…に襲いかかる.
máke awáy 圓 急いで去る (make off).
máke awáy with ... 他 **1** =make off with .... **2**《古風》…を滅ぼす, 殺す (kill).
máke for ... 他 **1** …の方へ(急いで)行く: The mother swallow *made for* her nest to feed her babies. お母さんツバメはひなにえさを与えるため巣へと急いだ. **2** …に役立つ, …に寄与する: I hope his speech will *make for* a better understanding between the groups. 彼の話がグループ間の理解促進に役立ってほしい. **3** お似合いである, うってつけだ.
máke ... fróm ~ …から…を作る(◇材料が原形をとどめていない場合に用いる. 原形をとどめている場合は make ... of ~ を用いる): Marmalade is *made from* fruit and sugar. マーマレードは果物と砂糖で作る.
máke ... ínto ~ …から~を作る (make ~ from ...);…を~にする, 作り変える: They *made* the garage *into* a studio. 彼らはガレージをスタジオにした.

máke like ... 他《米口語》…をまねる, 演じる.
máke ... of ~ **1** …を~で作る (→ make ... from ~): I *made* this toy house *of* wood and paper. 私はこのおもちゃの家を木と紙で作った. **2** ~を…にする: He wishes to *make* a pianist *of* his daughter. 彼は娘をピアニストにしたいと思っている. **3** ~を…と思う: What do you *make of* her new song? あなたは彼女の新曲をどう思いますか.
máke óff 圓 急いで去る, 逃げ去る (make away).
máke óff with ... 他《口語》…を持ち去る, 盗む (make away with): A thief has *made off with* my bag. どろぼうが私のかばんを盗んだ.
máke óut 他 [make out+O / make+O+out]《口語》 **1** …をやっと見分ける: I could just *make out* his signature. 私は彼の署名がやっと判読できた. **2**〔通例, 否定文・疑問文で; しばしば can, could を伴って〕…を理解する: I can't *make out* what you mean. 私にはあなたの言おうとしていることがわからない. **3**《口語》(偽って)…と見せかける, 主張する; [make out+that 節] …であると見せかける: Bill often *makes out (that)* he is sick. ビルはしょっちゅう仮病を使う / That actor isn't as good as he [she] is *made out* to be. あの俳優はそれほどうまくない. **4**〈文書〉を作成する: I *made out* a check. 私は小切手を切った. **5** …を証明する, …と結論づける: How will you *make it out*? あなたはそれをどう立証しますか. — 圓〔通例 How で始まる疑問文で〕《口語》〈人と〉うまくやる, 〈事業など〉がうまくいく〔with〕: How is he *making out* with his new job? 彼の新しい仕事はうまくいっていますか.
máke ... óut of ~ =make ... of ~ **1**, **2** (◇「材料」を明確にしたい場合などに用いる).
máke óver 他 [make over+O / make+O+over] **1** …を[…に]譲渡する〔to〕: He *made over* his estate *to* his neighbor. 彼は土地を隣人に譲渡した. **2**《米》…を作り直す: You'll have to *make* your paper *over*. あなたはレポートを書き直さなくてはならないだろう.
máke úp 圓 **1** 化粧する; 扮装する: She doesn't *make up* even when she goes out. 彼女は出かけるときでも化粧をしない.
2 仲直りする: Tom and Jane kissed and *made up* after their quarrel. トムとジェーンはけんかのあとにキスをして仲直りした.
— 他 [make up+O / make+O+up]
1〔…で〕…を構成する〔of〕: That club is *made up* of one hundred thousand members. あのクラブの会員は10万人だ. **2**〈話など〉を作り出す, でっち上げる: I don't think she has *made up* such a story. 彼女が作り話をしているとは思わない. **3** …を〔…の役に〕扮装(殺)させる〔as〕: She sometimes goes out without *making* herself *up*. 彼女は化粧をしないで出かけることもある / The girl is *made up as* a princess. その少女はお姫様に扮

make-believe

している. **4** …を埋め合わせる, 補う;〈借金などを〉返済する: I had to work overtime to *make up* my loss. 私は損失を埋め合わせるために残業しなくてはならなかった. **5**〈数量などを〉満たす. **6**〈ベッド・部屋などを〉用意する. **7** …を作成する;〈服などを〉仕立てる;〈薬などを〉調合する. **8**〈小包などを〉まとめる;〈干し草などを〉束ねる.
máke úp for ... 他 …の埋め合わせをする: We should *make up for* the lost time immediately. 遅れはただちに取り戻すべきである.
máke úp to ... 他《軽蔑》…に近づく, 取り入る.
máke with ... 他《米俗談》〈金・食事などを〉出す;〈体の一部を〉使う.
■ *be máde for ...* (生まれつき)…に向いている, …向きにできている: He *is* not *made for* outdoor sports. 彼は屋外スポーツに向いていない.
be máde to dó (生まれつき)…するのに向いている.
hàve (gót) it máde《口語》成功したも同然だ.
máke as if [thòugh] to dó …しようとする, …するようなふりをする: He *made as if to* walk away. 彼は行ってしまうようなふりをした.
màke ... dó = màke dó with ... → DO¹ 成句.
màke dó withòut ... → DO¹ 成句.
máke it《口語》**1**[…に]間に合う, うまく行き着く[*to*]: I wonder if we'll *make it*. 私たち, 間に合うかしら. **2** 成功する (succeed): I'm sure she'll *make it* as a singer. 彼女はきっと歌手として世に出ると思う. **3**[会などに]出席する, 都合をつけて行く[*to*];〈決勝戦などに〉勝ち進む: *make it to* the quarterfinals 準々決勝に進出する. **4**《英口語》《日時などを》…にする, …と決定する: Can you *make it* next Sunday? 今度の日曜日でご都合はいかがですか. **5**[…まで/…の間]持ちこたえる, (病人が)生き延びる; やり通す[*to* / *through*].
máke it úp[…と]和解する, 仲直りする[*with*].
máke it úp to ...〈人〉に[迷惑などの]埋め合わせをする[*for*].
máke or bréak [már] ... …を成功させるか失敗させるかのどちらかだ: This plan will *make or break* him. この計画が彼の命運を左右する.

―名 **1** C|U 型, 形式, 種類: This watch is too expensive. Show me some cheaper *makes*. この時計は高すぎる. もっと安いのをいくつか見せてください. **2** C|U …製, 銘柄: a car of Italian *make* イタリア製の車 / What *make* is this computer? — It's an Apple. このコンピュータはどこのですか—アップル社のです. **3** U 体々, 体つき (build);(人の) 気質, 性格.
■ *on the máke*《口語》金もうけ[出世]に夢中で.

máke-be·lìeve 名 U 見せかけ, 作り事.
―形 見せかけの, 架空の.

máke-dó 形〔限定用法〕仮の, 急造の.

máke-ò·ver 名 C 模様替え, 改造;(ヘアスタイル・服装などを変えての) 変身, イメージチェンジ.

*__**mak·er**__ [méikər] 名 **1** C〔しばしば複合語で〕作る人, 製造者: a dress*maker*(婦人服の)洋裁師 / a trouble*maker* ごたごたを起こす人. **2** C〔しばしば ~s〕製造業者, メーカー. **3** [the M- / one's [our] M-]創造主, 神 (God): meet [go to] one's *Maker*《婉曲》死ぬ.

make-shift [méikʃìft] 名 C 間に合わせ(のもの), 一時しのぎの物: We used a box as a *makeshift* for a desk. 私たちは机がないので箱で間に合わせた.
―形 間に合わせの, 一時しのぎの.

*__**make·up, make-up**__ [méikʌ̀p] 名 **1** U 化粧;(俳優などの)メーキャップ, 扮装(ɛんɛ̀ʌ); [集合的で]化粧品, メーキャップ用品: put on [take off] *makeup* 化粧をする[落とす]. **2** U[通例, 単数形で]構造, 構成;(人の)性格, 体質: the physical *makeup* of a human being 人間の身体構造 / the *makeup* of the crew 乗員の構成. **3** U[通例, 単数形で][印刷](本・新聞などの) 組み方, 割り付け. **4** C[米] 再試験, 追試験.

make·weight [méikwèit] 名 C **1** 規定の重量にするために加えるおもり. **2** 不足を補うためだけの人[もの], 付け足し.

*__**mak·ing**__ [méikiŋ] 名 **1** U 作ること, 生成, 製作(過程), 製造 (法): dictionary-*making* 辞書づくり. **2** U 発達[形成] 過程: the *making* of English 英語の歴史. **3** [the ~][…の] 成功[発展]の要因[*of*]: Constant efforts were the *making* of him. 不断の努力が彼のもとになった. **4** [the ~s][…に不可欠な]要素, 素質[*of*]: He has the *makings* of a first-rate diplomat. 彼には第一級の外交官になれる素質がある.
■ *in the máking* つくられつつある, 製作中の; 発達[進行]中の; 修業中の: a scholar *in the making* 学者の卵 / a history *in the making* つくられつつある歴史, 眼前に展開中の歴史.
of òne's (ówn) máking 自ら招いた, 自業自得の.

mal- [mæl] 接頭 **1**「悪い, 悪く, 不良の」の意を表す: *mal*function 機能不全 / *mal*treat 虐待[酷使]する. **2**「…でない, 不…」の意を表す: *mal*content 不満を持った. **3**「不完全な[に], 不十分な[に]」の意を表す: *mal*formed 不格好な.

Ma·lac·ca [məlǽkə] 名 固 **1** マラッカ(マレーシア南部の港湾都市). **2** [the Strait of ~]マラッカ海峡《マレー半島とスマトラ島の間の海峡》.

mal·ad·just·ed [mæ̀lədʒʌ́stid] 形 **1**【心理】(環境に) 不適応の, 適応障害の. **2** 調整不良の.

mal·ad·min·is·tra·tion [mæ̀lədmìnəstréiʃən] 名 U 失政, 悪政(の失態); 不手際.

mal·a·droit [mæ̀lədrɔ́it] 形《格式》不器用な, 手際の悪い; 気の利かない.

mal·a·dy [mǽlədi] 名 (複 **mal·a·dies** [~z]) C《格式》**1**(特に慢性的な) 病気 (disease). **2**(社会的・道徳的)病弊, 弊害, 腐敗.

Mal·a·gas·y [mæ̀ləgǽsi] 名 (複 **Mal·a·gas·y, Mal·a·gas·ies** [~z]) C マダガスカル (Madagascar) の住民; U マダガスカル語.
―形 マダガスカルの; マダガスカル人 [語] の.

ma·laise [məléiz] 名 U [または a ~] **1**(原因不明の) 不快(感), 不調. **2**(社会などの一時的な) 停滞, 沈滞.

ma·lar·i·a [məlέəriə] 名 U【医】マラリア.

ma·lar·i·al [məlέəriəl] 形 マラリア(性)の, マラリアにかかった; マラリアの多発する.

Ma·lay [məléi] 形 マレー人[語]の; マレー半島[諸島]の.――名 **1** C マレー人. **2** U マレー語.
◆ **Maláy Archipélago** 固 [the ~]マレー諸島.

Maláy Península 图[the ～]マレー半島.
Ma·lay·a [məléiə] 名 图 マレー半島 (Malay Peninsula).
Ma·lay·sia [məléiʒə, -ʃə / -ziə] 名 图 マレーシア《マレー半島南部とボルネオ島北部から成る立憲君主国; 首都クアラルンプール (Kuala Lumpur)》.
Ma·lay·sian [məléiʒən, -ʃən / -ziən] 形 マレーシアの; マレーシア人の; マレー諸島の.
— 名 C マレーシア人.
mal·con·tent [mælkəntént / mǽlkəntènt] 名 C 不平[不満]分子, 反抗者.
— 形 不満を持った, 反抗的な; 問題を起こす.
Mal·dives [mɔ́ːldiːvz] 名 图 モルディブ《インド洋北部の群島から成る共和国; 首都マレ (Male)》.

★★★male [méil] 形 名
— 形 (↔ female) **1** 男性の: the *male* sex 男性 / a *male* child 男の子 / a *male* model 男性モデル. **2** 雄の: a *male* flower 雄花.
3〖機械〗雄の, 凸型の: a *male* screw 雄(*)ねじ.
— 名 C **1**(女性に対し)男性. **2**(雌に対し)雄.
◆ **mále cháuvinism** U《軽蔑》男性優越主義, 女性差別主義.
mále cháuvinist C《軽蔑》男性優越主義者, 女性差別主義者.
mal·e·dic·tion [mælədíkʃən] 名 C《格式》のろい(の言葉) (curse); 悪口.
mal·e·fac·tor [mǽləfæktər] 名 C《格式》悪人; 犯罪人 (criminal).
ma·lef·i·cent [məléfəsənt] 形《格式》[…に]害を及ぼす, 有害な [to]; 悪事を働く (↔ beneficent).
ma·lev·o·lence [məlévələns] 名 U 悪意, 敵意.
ma·lev·o·lent [məlévələnt] 形［…に]悪意のある, 敵意を見せる [to, toward] (↔ benevolent).
mal·for·ma·tion [mælfɔːrméiʃən] 名 U C 奇形(になること), 不格好.
mal·formed [mælfɔ́ːrmd] 形 奇形の; 不格好な.
mal·func·tion [mælfʌ́ŋkʃən] 名 U C《器官などの》機能不全;（機械などの）故障.
— 動 ⾃《器官・機械などが》正常に働かない.
Ma·li [máːli] 名 图 マリ《アフリカ西部の共和国; 首都バマコ (Bamako)》.

*****mal·ice** [mǽlis] 名 U **1**(強い)悪意, 敵意, 恨み: I bear you no *malice*. = I bear no *malice* toward you. 私はあなたに何の恨みもない. **2**〖法〗犯意《◇殺意など》: with *malice* aforethought 計画的犯意[予謀]を持って, 殺意があって.

*****ma·li·cious** [məlíʃəs] 形 **1** 悪意を持った, 意地の悪い: a *malicious* smile 意地の悪い笑い.
2〖法〗犯意のある, 故意の: *malicious* mischief 故意の器物破損.
ma·li·cious·ly [məlíʃəsli] 副 意地悪く.
ma·lign [məláin]形[限定用法]《格式》（◇ malignant のほうが普通; ↔ benign) **1** 有害な; 悪意のある: a *malign* influence 悪影響. **2**〖医〗(病気が)悪性の.
— 動 他 (通例, 受け身で)…の悪口を言う.
ma·lig·nan·cy [məlígnənsi] 名(複 ma·lig·nan·cies [～z]) **1** U《格式》強い悪意, 敵意. **2**〖医〗U(病気の)悪性(度); C 悪性腫瘍(*).

ma·lig·nant [məlígnənt] 形(↔ benign)
1《格式》大変有害な;（人・行為などが)悪意[敵意]に満ちた: a *malignant* glance 敵意に満ちた視線.
2〖医〗(病気が)悪性の, 致命的な: a *malignant* tumor 悪性腫瘍(*).
ma·lig·ni·ty [məlígnəti] 名(複 ma·lig·ni·ties [～z]) **1** U 悪意, 根深い恨み, 強い憎悪. **2** C 悪意に満ちた行為[言葉].
ma·lin·ger [məlíŋgər] 動 ⾃(通例, 進行形で)《軽蔑》(義務・勤務などを免れるために)仮病を使う.

*****mall** [mɔ́ːl] 名 C **1** モール《屋根のある大規模な歩行者専用ショッピングセンター. shopping mall とも言う》. **2** 木陰のある散歩道; 遊歩道.
mal·lard [mǽlərd / -lɑːd] 名(複 mal·lards [-lərdz / -lɑːdz], [集合的に] mal·lard) C〖鳥〗マガモ《野ガモ (wild duck) の一種》; U マガモの肉.
mal·le·a·bil·i·ty [mæliəbíləti] 名 U **1**（金属の)展性. **2**(人・性質などの)順応性.
mal·le·a·ble [mǽliəbl] 形 **1**(金属が)打ち延ばせる, 展性のある. **2**(人・性格が)順応性[柔軟性]のある, 従順な, 素直に聞き入れる.
mal·let [mǽlit] 名 C **1** 木づち. **2**(クロッケー・ポロに使う)打球づち.
mal·low [mǽlou] 名 C〖植〗ゼニアオイ《紫・ピンク・白の花を咲かせる観賞用二年草》; アオイ科の植物.
mal·nour·ished [mælnə́ːriʃt / -nʌ́r-] 形(通例, 叙述用法)栄養失調[不良]の.
mal·nu·tri·tion [mælnjuːtríʃən / -njuː-] 名 U 栄養失調[不良].
mal·o·dor·ous [mælóudərəs] 形《文語》
1 悪臭のする, 臭い. **2**(社会的・法的に)受け入れられない.
mal·prac·tice [mælprǽktis] 名 U C **1**(医師の)医療過誤, 弁護過誤;（専門家の)業務過誤.
2〖法〗不正[背任]行為.
malt [mɔ́ːlt] 名 **1** U 麦芽, モルト《大麦などを発芽させてから乾燥したもの. ビール・ウイスキーの醸造に用いる》. **2** C *malt* whisky モルトウイスキー; = málthe_liquor 麦芽酒, ビール.
Mal·ta [mɔ́ːltə] 名 图 マルタ《地中海の島で共和国; 首都バレッタ (Valletta)》.
malt·ed [mɔ́ːltid] 形 麦芽にした[で作った].
◆ **málted mílk** U C 麦芽粉乳; モルトミルク《牛乳に麦芽粉乳を混ぜた飲み物》.
Mal·tese [mɔːltíːz] 形 マルタの; マルタ人[語]の.
— 名(複 **Mal·tese**) **1** C マルタ人. **2** U マルタ語. **3** C = Máltese dóg マルチーズ《白く長い毛を持つ耳の垂れた小型犬; → DOG 図》.
◆ **Máltese cróss** C マルタ十字架.
Mal·thus [mǽlθəs] 名 图 マルサス Thomas Robert Malthus《1766 - 1834; 英国の経済学者》.
mal·treat [mæltríːt] 動 他〈人・動物〉を虐待する.
mal·treat·ment [mæltríːtmənt] 名 U 虐待.
ma·ma [máːmə / məmáː] 名《米口語》= MAMMA (↓).
◆ **máma's bòy** C《米》マザコン男性[坊や] (mother's boy);《英》mummy's boy.
mam·bo [máːmbou / mǽm-] 名(複 mam·bos [～z]) U C マンボ《ラテンアメリカのダンス(曲)》.

mam・ma [mɑ́ːmə / məmɑ́ː] 名 C 《口語》お母ちゃん, ママ (cf. papa お父ちゃん) (◇幼児語;《米》mom(my),《英》mum(my) のほうが一般的).

mam・mal [mǽməl] 名 C 哺乳(ﾆﾕｳ)動物.

mam・ma・li・an [məméiliən] 形 哺乳(ﾆﾕｳ)動物(類)の.

mam・ma・ry [mǽməri] 形 [限定用法]《解剖》乳房の, 乳腺(ｾﾝ)の.

◆ **mámmary glànd** C 乳腺.

mam・mo・gram [mǽməɡræm] 名 C《医》(乳癌(ｶﾞﾝ)発見のための)乳房X線写真.

mam・mon [mǽmən] 名 U **1** (通例,軽蔑)(欲の象徴としての)富. **2** [M-]《聖》富の神,強欲の神: a worshiper of *Mammon* 拝金主義者.

mam・moth [mǽməθ] (☆発音に注意) 名 C
1《古生》マンモス《更新世の巨象》. **2** 巨大なもの.
— 形 [限定用法] 巨大な: a *mammoth* project 巨大プロジェクト.

mam・my [mǽmi] 名 (複 **mam・mies** [~z]) C
1《幼児》ママ, マミー, おかあちゃん (mamma).
2《米・古》黒人の乳母(ｳﾊﾞ).

man [mǽn]

— 名 (複 **men** [mén]) **1** C (大人の)男, 男性; [無冠詞で; 集合的に] (女に対して) 男 (というもの) (↔ woman): a young [middle-aged] *man* 若い[中年の]男 / the *men*'s 200-meter race 男子200メートル走 / Three *men* were standing at the gate. 門の所に3人の男が立っていた / He is not a boy, but a *man*. 彼は子供ではなく大人です / *Man* usually does not live longer than woman. 一般的に男は女よりも寿命が短い.
2 U [無冠詞で; 集合的に] 人類, 人間 (mankind): *Man* is not immortal. 人間は不滅ではない / Only *man* can laugh. 笑えるのは人間だけである.
[語法] 現在は man, mankind の代わりに a human being, the human race, a person, people を用いて性差別を避ける傾向にある.
3 C (男女の別なく一般に)人: A *man* cannot live twice. 人は二度生きられない / Every *man* has his strong points. どんな人にも長所がある.
[語法] (1) 複数形には通例 people を用いる.
(2) 現在では性差別を避けるため, man の代わりに person を用いる傾向にある.
4 C 男らしい人: You must act like a *man*. あなたは男らしく行動しなければならない / Come on, be a *man*! ほら, 男らしくしなさい. **5** C [ある性格などを持った]人,…家(ｶ),…者(ｼｬ) [*of*]: a *man of* ambition 野心家 / a *man of* character 人格者 / a *man of* his word 約束を守る人. **6** [the ~ / one's ~] ふさわしい人, 適任者: He is the *man* for the post. 彼はそのポストに最適の人物です / If you need a trainer, Bob is your *man*. トレーナーが必要ならボブが適任です. **7** C (男の)使用人; [通例,複数形で]部下,従業員: officers and *men* 将校と兵士 / She was trusted by her *men*. 彼女は部下から信頼されていた. **8** C《口語》夫; 愛人, 恋人. **9** [呼びかけ]《口語》ねえ, 君;[間投詞的に]《米口語》おい, ちょっと (◇怒り・いら立ち・興奮などを表す): Stop it, *man*! おい, やめろ.

10 C (チェス・チェッカーなどの)こま.

■ *as óne mán* 《文語》一斉に, そろって.
be mán enòugh = *be enóugh of a mán* 立派で男らしい.
be one's ówn mán (支配を受けずに)自由である.
mán and bóy《古風》子供のときからずっと.
to the lást mán = *to a mán* 満場一致で; 最後の1人まで: The soldiers fought and died *to the last man*. 兵隊は1人残らず戦死した.

— 動 (三単現 **mans** [~z]; 過去・過分 **manned** [~d]; 現分 **man・ning** [~iŋ]) 他 …に人員を配置する: They hurried to *man* the ship. 彼らは急いで船に乗員を配置した.

◆ **mán Fríday** (複 **men Friday, men Fridays**) C (忠実な)男性従業員[秘書] (◇ Friday は "Robinson Crusoe" の登場人物の名).

Man [mǽn] 名 固 =the Ísle of Mán マン島《アイリッシュ海 (Irish Sea) にある英国領の島》.

-man [mən, mæn] 結合 (複 **-men** [mən, men])
1「…の(男性)住民,…国人(男性)」の意を表す: Iris*hman* アイルランド人(男性). **2**「…に従事[関係]する人」の意を表す: police*man* 警官 / post*man*《英》郵便集配人 / camera*man* カメラマン.

[解説]「…に従事する人」を表す結合辞
性差別を避けるため, -man や -woman の代わりに -person や -er を用いる傾向にある: chairman (議長) → chairperson / fireman (消防士) → fire fighter / policewoman (女性の警官) → police officer

man・a・cle [mǽnəkl] 名 C [通例 ~s] **1** 手錠; 手かせ, 足かせ. **2** 束縛(するもの).
— 動 他 **1** …に手錠をかける. **2** …を束縛する.

man・age [mǽnidʒ]

— 動 (三単現 **man・ag・es** [~iz]; 過去・過分 **man・aged** [~d]; 現分 **man・ag・ing** [~iŋ])
— 他 **1** [manage+O]〈事業・組織などを〉管理する, 経営する, 運営する;〈スポーツチームなど〉の監督を務める: *manage* a football team サッカーチームの監督をする / He *manages* a large factory. 彼は大きな工場を経営している / My wife *manages* our home quite well. 妻は家庭をうまく切り盛りしている.
2 [manage+O]〈機械などを〉操縦する, 操作する;〈人・動物〉をうまく扱う;〈馬など〉を乗りこなす: It is hard to *manage* a yacht in such a strong wind. こんな強風の中でヨットをあやつるのは難しい / Can you *manage* children well? あなたは子供の扱いは上手ですか.
3 (a) [manage+O] どうにか[何とか]やりとげる: I think I can *manage* this homework in an hour. 1時間で何とかこの宿題を片づけることができると思う. (b) [manage+to do] どうにか[何とか]…する;《皮肉》不覚にも…する: She *managed* to catch the first train. 彼女はどうにか始発列車に間に合った.
4 [しばしば can, could を伴って]《口語》〈時間・お金などを〉何とか手に入れる, 都合する;〈食べ物〉を平らげる: I can *manage* a month's vacation if I work hard for the next few months. これから

数か月間一生懸命働けば何とか休暇を1か月取れるだろう / Can you *manage* another slice of cake? ケーキをもうひと切れ食べられますか.
— 自 やりくりする, 何とかやっていく: He *manages* on his income. 彼は収入内でやりくりしている / She can *manage* by herself. 彼女は何とか1人でやっていける / How do you *manage* without an air conditioner? エアコンなしでどうやって過ごしているの.
◆ mánaging diréctor ⓒ 〖英〗 専務 (取締役); 社長 (《略語》MD).
mánaging éditor ⓒ 編集長.

man・age・a・ble [mǽnidʒəbl] 形 扱いやすい, 従順な; 処理しやすい, 操作[管理]できる: This trouble is *manageable*. この故障は簡単に処置できる.

***man・age・ment** [mǽnidʒmənt]

— 名 Ⓤ **1 経営**, 管理, 運営; [形容詞的に] 経営の: a *management* consultant 経営コンサルタント / Bad *management* was one cause of the failure. 経営のまずさが倒産の原因の1つであった / The business is under foreign *management*. その会社は外国人が経営権を握っている.
2 [集合的に; 単数・複数扱い] 経営者(側), 経営陣; 管理職: The *management* decided to close three factories. 経営陣は3つの工場の閉鎖を決定した / Labor and *management* did not always agree. 労使の意見はいつも一致したわけではなかった.
3 手際のよさ, 処理[管理]能力, 駆け引き: It took a good deal of *management* to get him to do it. 彼にそれをやらせるにはあの手この手を使わなければならなかった.

***man・ag・er** [mǽnidʒər]

— 名 (複 **man・ag・ers** [~z]) Ⓒ **1 管理者**, 経営者, 支配人: a general *manager* 総支配人 / He became the business *manager* at that company. 彼はその会社の営業部長になった.
2 (スポーツチームなどの) 監督; (芸能人などの) マネージャー: a stage *manager* 舞台監督 / a baseball *manager* 野球の監督 (《サッカー, バスケットボールの監督は通例 coach》. (**比較**) 「世話係」の意の「マネージャー」は英語では a caretaker と言う) **3** [通例, 形容詞を伴って] (家計などの) やりくりが…な人: a good [bad] *manager* やりくりが上手[下手]な人.

man・ag・er・ess [mǽnidʒərəs / mæ̀nidʒərés] 名 Ⓒ 女性経営者 (◇ manager の女性形).
man・a・ge・ri・al [mæ̀nədʒíəriəl] 形 [限定用法] 支配人の; 経営 [管理] (上) の: *managerial* posts 管理職 (のポスト).
man・a・tee [mǽnətiː, mæ̀nətíː] 名 Ⓒ 〖動物〗 マナティー, 海牛 (ぎゅう)《草食性の水生哺乳 (ほにゅう) 動物》.
Man・ches・ter [mǽntʃèstər, -tʃis-] 名 マンチェスター《England 北西部にある商工業都市》.
M & A (《略語》) = *m*erger *a*nd *a*cquisition 〖経営〗 企業の合併買収.
man・da・rin [mǽndərin] 名 **1** Ⓒ 〖英〗 高級官僚, 高官; 〖史〗 (中国清朝の) 高級官吏, 役人. **2** Ⓤ [M-] 北京官話, 標準中国語. **3** Ⓒ = mándarin

órange 〖植〗 マンダリン《ミカンの類》.
◆ mándarin dúck Ⓒ 〖鳥〗 オシドリ.
***man・date** [mǽndeit, -dit] 名 Ⓒ **1** [通例, 単数形で] (選挙民が議員・政府に与える) 権限, 権限委託 (期間). **2** (公式の) 命令, 指令.
— 動 [mǽndeit / mændéit] 他 …に [する] 権限を与える [to do]; 〖米〗 …を義務づける.
man・da・to・ry [mǽndətɔ̀ːri / -təri] 形 **1** 法に定められた, 命令的な, 強制的な; 必須の: the *mandatory* retirement age of 60 60歳の定年. **2** 委任統治の.
Man・de・la [mændélə] 名 マンデラ Nelson Mandela《1918-; 南アフリカ共和国の黒人運動指導者. 同国初の黒人大統領 (1994-99)》.
man・di・ble [mǽndəbl] 名 Ⓒ **1** (哺乳 (ほにゅう) 動物・魚の) あご, (特に) 下あご. **2** (鳥の) 下[上] くちばし. **3** (昆虫などの) 大あご.
man・do・lin [mændəlín] 名 Ⓒ 〖音楽〗 マンドリン (◇弦楽器の一種).
man・drake [mǽndreik] 名 Ⓒ 〖植〗 マンドラゴラ, マンドレーク《ナス科の有毒植物》.
mane [méin] 名 Ⓒ **1** (馬・ライオンなどの) たてがみ. **2** 〖口語〗 (人間の) 長いふさふさした髪.
mán・eat・er 名 Ⓒ **1** 人食い動物《ライオン・トラなど》. **2** 〖口語・こっけい〗 男をもてあそぶ女.
mán・eat・ing 形 [通例, 限定用法] 人食いの.
Ma・net [mənéi / mænéi] 名 マネ Édouard [eidwáːr] Manet《1832-83; フランスの画家》.
***ma・neu・ver**, 〖英〗 **ma・noeu・vre** [mənúːvər] 名 Ⓒ **1** 策略, 陰謀; 巧妙な操作: political *maneuvers* 政治工作 / room for [to] *maneuver* 計画変更 [操作] の余地. **2** [通例 ~s] 〖軍〗 (軍隊・軍艦などの) 作戦行動; 大演習.
— 動 **1** …を巧みに動かす [操作する]; …を巧みに操って移動させる: He *maneuvered* his car into the garage. 彼は車を巧みに運転してガレージに入れた. **2** 〖軍〗 …に作戦行動をとらせる; …に演習をさせる. — 自 **1** 策略をめぐらす, 工作する; 巧みに動く. **2** 〖軍〗 作戦行動をとる; 演習する.
ma・neu・ver・a・ble, 〖英〗 **ma・noeu・vra・ble** [mənúːvərəbl] 形 (車・飛行機などが) 操縦しやすい, 扱いやすい, 機動性のある.
ma・neu・ver・ing, 〖英〗 **ma・noeu・vring** [mənúːvəriŋ] 名 Ⓤ Ⓒ 駆け引き, 手腕.
man・ful [mǽnfəl] 形 男らしい; (特に逆境に立たされた女性に) 勇ましい, 断固とした (manly).
man・ful・ly [-li] 副 男らしく; 断固として.
man・ga・nese [mǽŋgəniːz] 名 Ⓤ 〖化〗 マンガン (《元素記号》Mn).
man・ger [méindʒər] 名 Ⓒ かいば [まぐさ] おけ.
■ *a dóg in the mánger* → DOG 成句.
man・gle [mǽŋgl] 動 他 **1** [しばしば受け身で] …をずたずたに切る, 押しつぶす. **2** 〈文章・演奏などを〉台なしにする, ぶち壊す.
man・go [mǽŋgou] 名 (複 **man・goes**, **man・gos** [~z]) Ⓒ 〖植〗 (熱帯産の常緑高木); マンゴーの果実《食用. 若い果実はピクルスにして食べる》.
man・grove [mǽŋgrouv] 名 Ⓒ 〖植〗 マングローブ, 紅樹《熱帯の海浜・河口に群生する森林性の樹木》.
man・gy [méindʒi] 形 (比較 **man・gi・er** [~ər]; 最

上 **man·gi·est** [～ist]) **1** (家畜が) 疥癬(かいせん)にかかった. **2** 《口語》(毛が抜けて) 汚い, みすぼらしい.

man·han·dle [mǽnhæ̀ndl] [動] [他] **1** 〈人〉を手荒く扱う. **2** (重い物を) 手 [人力] で動かす.

Man·hat·tan [mænhǽtən] [名] [固] マンハッタン《New York 市内の島. 商業の中心地; Manhattan Island とも言う》.

man·hole [mǽnhòul] [名] [C] マンホール.

***man·hood** [mǽnhùd] [名] [U] **1 成人男子であること**; (男子の) **成年**; **壮年期** (↔ womanhood): reach [arrive at, come to] *manhood* 成人する / in the prime of *manhood* 男盛りの. **2** 男らしさ; 勇気. **3** [the ～; 集合的に; 単数・複数扱い]《文語》(一国の) 成人男子, 全男性.

mán-hòur [名] [C] 人時(にんじ)《1人1時間の仕事量》.

man·hunt [mǽnhʌ̀nt] [名] [C] 犯人捜査 [追跡].

ma·ni·a [méiniə] (☆ 発音に注意) [名] **1** [C] [U] [… に対する] 異常な熱意, 熱狂, …熱 [*for*] (◇「人」ではなく「状態」を表す; → MANIAC **2**): Brazil has a *mania for* football. ブラジルはサッカーに熱狂的である. **2** [U] [医] 躁(そう)病 (cf. depression うつ病).

-ma·ni·a [meiniə] [結合]「…熱, …癖」の意を表す.

ma·ni·ac [méiniæ̀k] [名] [C] **1** 狂気じみた人. **2** 《口語》熱狂的愛好者, …マニア: a car *maniac* カーマニア / a speed *maniac* スピード狂.
— [形] 狂気の; 狂気じみた.

ma·ni·a·cal [mənáiəkəl] [形] 熱狂的な; 狂気の.

man·ic [mǽnik] [形] **1** [医] 躁(そう)病の [にかかった]. **2** 熱狂した, 興奮した. **3** ひどく忙しい.

mán·ic-de·prés·sive [医] [形] 躁(そう)うつ病の.
— [名] [C] 躁うつ病患者.

man·i·cure [mǽnikjùər] [名] [U] [C] マニキュア, (手の) つめの手入れ (cf. pedicure 足のつめの手入れ; nail polish マニキュア液). — [動] [他] 〈手のつめ〉にマニキュアを塗る; …を手入れする.

man·i·cur·ist [mǽnikjùərist] [名] [C] マニキュア (美容) 師.

***man·i·fest** [mǽnifèst]《格式》[形] (見て・心に) **明白な**, 一目瞭然の, はっきりした (obvious).
— [動] [他]《格式》 **1** …**を明らかにする**, 〈感情・関心など〉をはっきり表す, 示す: *manifest* displeasure [satisfaction] 不快 [満足] 感を顔に出す / He *manifested* his concern about it in his speech. 彼は演説の中でそのことについて懸念を表明した. **2** (物事が) …を証明する, …の証拠となる: The evidence *manifested* his innocence. その証拠で彼の潔白が明らかになった.
■ ***mánifest onesèlf*** (兆候・幽霊などが) 現れる: The disease *manifested itself* two days after. 病気の症状は2日後に現れた.

man·i·fes·ta·tion [mæ̀nifestéiʃən] [名]《格式》 **1** [C] 明示, 表明; 表れ, しるし: His anger was a clear *manifestation* of his discontent. 彼の怒りは明らかに不満の表れだった. **2** [U] 明らかにすること. **3** [C] (幽霊・霊魂などの) 出現.

man·i·fest·ly [mǽnifèstli] [副]《格式》明白に.

man·i·fes·to [mæ̀niféstou]【イタリア】[名] (複 **man·i·fes·tos, man·i·fes·toes** [～z]) [C] 政党 [候補者] による公約, 政権公約, 宣言 (書), 声明 (文).

man·i·fold [mǽnifòuld] [形]《格式》多様な; 多岐にわたる: *manifold* functions さまざまな機能.
— [名] [C] 【機械】多岐管, マニホールド.

man·i·kin [mǽnikin] [名] [C] **1** 人体解剖模型. **2** マネキン人形 (mannequin).

Ma·nil·a [mənílə] [名] **1** [固] マニラ《フィリピンの首都》. **2** [U] [通例 m-] = maníla hémp マニラ麻; = maníla páper マニラ紙《包装・封筒用》(◇ manilla ともつづる).

***ma·nip·u·late** [mənípjulèit] [動] [他] **1** 〈機械など〉**を巧みに扱う**, 操作する: *manipulate* a puppet 人形を操る. **2** 《通例, 軽蔑》〈人・世論〉を操る; 〈株価・通貨など〉を操作する, 〈計算・帳簿など〉をごまかす: *manipulate* public opinion 世論を操る.

ma·nip·u·la·tion [mənìpjuléiʃən] [名] [C] [U] **1** 巧みな扱い [操作]. **2** (価格・通貨などの) 操作; (計算・帳簿などの) ごまかし. **3** [医] 触診.

ma·nip·u·la·tive [mənípjulèitiv / -lə-] [形] 《通例, 軽蔑》巧みに扱う, 操作する; ごまかしの.

ma·nip·u·la·tor [mənípjulèitər] [名] [C] **1** 《軽蔑》巧みに操作する人; 改ざん者. **2** 遠隔操作装置, マニピュレータ.

Man·i·to·ba [mæ̀nitóubə] [名] [固] マニトバ《Canada 中部の州》.

*****man·kind** [mæ̀nkáind, mǽnkàind]

— [名] [U] [集合的に; 単数・複数扱い] **1 人類**, 人間 (◇代名詞は it; → MAN [名] **2** [語法]): *Mankind* is destroying itself. 人類は自らを破壊しつつある. **2** 《まれ》男性, 男 (◇代名詞は he).

man·like [mǽnlàik] [形] **1** 人に似た. **2** 男らしい (◇よい意味にも悪い意味にも使う); (女性が) 男のような, 男まさりの.

man·li·ness [mǽnlinəs] [名] [U] 男らしさ.

***man·ly** [mǽnli] [形] (比較 **man·li·er** [～ər]; 最上 **man·li·est** [～ist]) **1** 《ほめ言葉》(男性が) **男らしい**, 雄々しい; 勇敢な, 毅然(きぜん)とした (◇男性の美点を強調する. virile より口語的): a *manly* act 男らしい行為 / He had a *manly* bearing. 彼は毅然とした態度だった. **2** 男性用の, 男にふさわしい: a *manly* sport 男性的なスポーツ.

mán-máde [形] 人工の, 人造の (◇性差別を避けて artificial を用いる傾向にある); 合成の.

man·na [mǽnə] [名] [U] **1** [聖] マナ《イスラエル人が荒野で神から与えられた食物》. **2** (思いがけない) 天の恵み: *manna* from heaven 天からの恵み.

manned [mǽnd] [形] (宇宙船などが) 有人の.

man·ne·quin [mǽnikin] [名] [C] **1** (衣服陳列用の) マネキン人形. **2** 《古風》ファッションモデル.

******man·ner** [mǽnər]

【原義は「手で扱う方法」】

— [名] (複 **man·ners** [～z]) **1** [C] [通例, 単数形で]《格式》**方法**, やり方 (→ METHOD [類義語]): Use this machine in this *manner*. この機械はこのやり方で使いなさい / She solved the problem in a professional *manner*. 彼女は手慣れた方法でその問題を解決した / There is something awkward in his *manner* of speaking. 彼の話し方にはどこかぎこちないところがある.
2 [単数形で] (他人に対する) **態度**, **物腰**: a pleas-

ant [cold] *manner* 好ましい[冷たい]態度 / She always sees others in a polite *manner*. 彼女はいつも丁寧な物腰で人に接する.
3 [～s] 行儀, 礼儀作法: table *manners* テーブルマナー / I have good [no] *manners* 行儀がよい[悪い] / It is bad *manners* to rest your elbows on the table. テーブルにひじをつくのは不作法です / Where are your *manners*? (子供に対して) お行儀はどうしたの.
4 [～s] 風習, 慣習, 習慣: *manners* and customs of the Japanese 日本人の風俗習慣 / Other times, other *manners*. 《ことわざ》時代が変われば風習も変わる. **5** 〖C〗《通例, 単数形で》(芸術・文学の)様式, 作風: This painting is in the *manner* of Monet. この絵画はモネ風です.
■ **àll mánner of ...** 《格式》あらゆる種類の…; さまざまな….
(as) to the mánner bórn 生まれながらの.
by nó mànner of méans = **nòt by ány mànner of méans** まったく…でない, 決して…しない.
in a mánner (of spéaking) ある意味で; いわば.

man·nered [mǽnərd] 形 **1** (話し方などが)気取った, きざな. **2** 《複合語で》行儀が…の: well-*mannered* 行儀のよい / ill-[bad-]*mannered* 行儀の悪い.

man·ner·ism [mǽnərìzəm] 名 **1** 〖C〗U〗(言動・身ぶりなどの)癖, 特徴. **2** 〖U〗(文学・芸術などの)型にはまった表現形式, マンネリズム. (比較)日本語の「マンネリに陥る」は, 英語では become stereotyped [routine] などと言う.

man·ner·ly [mǽnərli] 形 礼儀正しい, 丁寧な.
man·nish [mǽniʃ] 形 《通例, 軽蔑》(女性が)男のような, 男まさりの; (服装などが)男っぽい: a *mannish* walk 男のような歩き方.

ma·noeu·vre [mənúːvər] 名 動 《英》= MANEUVER.

mán-of-wár 名 (複 **men-of-war**) 〖C〗《古》軍艦 (warship).

*****man·or** [mǽnər] 名 〖C〗 **1** 《英史》(封建時代の)荘園, 領地: the lord of the *manor* 荘園領主. **2** 大邸宅. **3** 《英俗語》警察管轄区.
◆ **mánor hòuse** 〖C〗(荘園内の)領主の邸宅.

man·pow·er [mǽnpàuər] 名 〖U〗 **1** (動員可能な)有効総人員, 人的資源. **2** (機械力などに対する)人力, 人手.

man·sard [mǽnsɑːrd] 名 〖C〗 = **mánsard ròof** マンサード屋根 《四方が二重勾配(ぶ)の屋根》.

man·ser·vant [mǽnsə̀ːrvənt] 名 (複 **men·ser·vants** [ménsə̀ːrvənts]) 〖C〗《古風》下男, 従僕, しもべ 《◇女性形は maidservant》.

***man·sion** [mǽnʃən] 名 《原義は「とどまる場所, すみか」》〖C〗 **1** 大邸宅. (比較)部屋が数十もある邸宅をさす. 日本で言う「マンション」は《米》apartment house, 《英》block of flats, 「高級分譲マンション」は condominium と言う. **2** 《通例 Mansions》《英》…マンション 《◇アパートなどの名に用いる》.
◆ **Mánsion Hóuse** [the ～] ロンドン市長公邸.
mán-sìzed, mán-sìze 形 《限定用法》大人用の[向きの](大きさの); 大型の 《◇特に広告文で用いる》.

man·slaugh·ter [mǽnslɔ̀ːtər] 名 〖U〗 殺人; 〖法〗故殺(ξ), 予謀なき殺人《計画性がなく, 一時的な激情などによる殺人; cf. murder 謀殺》.

*****man·tel·piece** [mǽntlpìːs] 名 〖C〗 マントルピース; 暖炉棚《暖炉上部の木材・石・大理石などで作られた飾り棚. 暖炉自体は firepiece と言う》.

man·tel·shelf [mǽntlʃèlf] 名 (複 **man·tel·shelves** [-ʃèlvz]) = MANTELPIECE (↑).

man·tis [mǽntis] 名 (複 **man·tis·es** [～iz], **man·tes** [-tiːz]) 〖C〗〖昆〗カマキリ (praying mantis).

*****man·tle** [mǽntl] 名 〖C〗 **1** 《格式》(権威・地位を象徴する)マント; 責任: take on [assume, wear] the *mantle* of ... …の役を引き受ける. **2** 《文語》覆い, 包み隠すもの. **3** (袖(ξ)なしの) 外套(ξ), マント. **4** (ガス灯・ランプを覆う)マントル. **5** 〖地質〗マントル《地球の地殻と核との間の層》.
— 動 他 《文語》…を覆う, 包む.

mán-to-mán 形 《限定用法》《口語》 **1** (話し合いなどが)率直な, 腹を割った. **2** 《球技》1対1防御の. (比較)日本語で対応・指導などが「マンツーマンの, 1対1の」という場合, 英語では one-to-one を用いる》

mán to mán 副 《口語》1対1で(話し合いなどで)率直に.

*****man·u·al** [mǽnjuəl] 形 **1** 手の; 手製の, 手を使う; 手動(式)の (↔ automatic): *manual* control 手動制御. **2** (労働などが)肉体の: *manual* labor 肉体労働 / a *manual* worker 肉体労働者.
— 名 〖C〗 **1** 手引き, マニュアル, 取扱説明書: a computer *manual* コンピュータのマニュアル《使用説明書》. **2** 〖音楽〗(オルガンの)鍵盤(ξ). **3** (車の)マニュアルトランスミッション.
◆ **mánual álphabet** 〖C〗 (聾啞(ξ)者用の)手話文字, 手話アルファベット (→図).
mánual tráining 〖U〗 (学校教科の)工作, 工芸.
man·u·al·ly [-əli] 副 手で; 手動で.

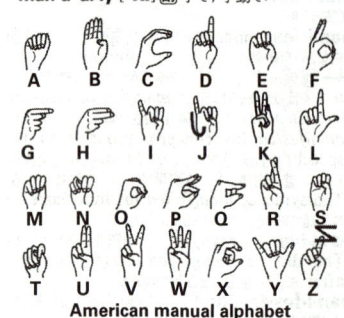

American manual alphabet

*****man·u·fac·ture** [mæ̀njufǽktʃər] 動 名 【「manu (手で) + facture (作ること)」から】
— 動 (三単現 **man·u·fac·tures** [～z]; 過去・過分 **man·u·fac·tured** [～d]; 現分 **man·u·fac·tur·ing** [-tʃəriŋ])
— 他 **1** (機械により大規模に)…を<u>製造する</u>, [

manufacturer

に]加工する[*into*]: *manufacture* plastics *into* toys プラスチックをおもちゃに加工する / We *manufacture* shoes in this factory. この工場では靴を製造しています.
2 〈話など〉をでっち上げる; 〈作品など〉を粗製乱造する: *manufacture* evidence 証拠をでっち上げる.
—名 **1** U (機械による大規模な)製造, 製作, 生産; 製造業: the *manufacture* of computer parts コンピュータ部品の製造 / domestic [foreign] *manufacture* 国内[海外]生産. **2** C (通例 ~s) 製品.

man·u·fac·tur·er [mæ̀njufǽktʃərər]
—名 (複 man·u·fac·tur·ers [~z]) C (大規模な)製造業者, メーカー; 工場主: a camera *manufacturer* カメラメーカー.

man·u·fac·tur·ing [mæ̀njufǽktʃəriŋ] 名 U
製造(業)(《略語》 mfg.).
—形 《限定用法》製造の, 工業の: the *manufacturing* industry 製造業.

*ma·nure [mənjúər] 名 U (特に牛馬のふんなどの)肥料, 肥やし (cf. fertilizer 化学肥料): chemical [artificial] *manure* 化学[人工]肥料 / organic *manure* 有機肥料.
—動 他 〈土地·作物など〉に肥料を施す.

*man·u·script [mǽnjuskrípt] 名 C **1** (手書きまたはタイプで打った)原稿, 草稿(《略語》 MS., ms., 複 MSS, mss): an unpublished *manuscript* 未刊原稿. **2** (印刷術発明以前の)写本.
■ *in mánuscript* 原稿のままで[の], 未発表の[で].

Manx [mǽŋks] 形 マン島(the Isle of Man)の; マン島人[語]の.
—名 **1** (the ~; 集合的に; 複数扱い) マン島人. **2** U マン島語.
◆ **Mánx cát** [méni] C 《動物》マンクス猫.

***man·y [méni] 形 代

❶ 形容詞「多くの」(→ 形)
Are there many birds in this park?
(この公園には鳥がたくさんいますか)

❷ 不定代名詞「多数」(→ 代1)
Many are optimistic about it.
(多くの人々がそのことを楽観している)
Many of the boys are rugby fans.
(その少年たちの多くがラグビーファンです)

—形 (比較 **more** [mɔ́:r]; 最上 **most** [móust]) 多くの, 多数の, たくさんの (⇔ few): Do you write *many* New Year's cards? あなたは年賀状をたくさん書きますか / He doesn't have *many* ties. 彼はネクタイをあまり持っていない / Not *many* people liked his paintings. 彼の絵が気に入った人は多くなかった / How *many* birds are in this cage? このかごの中には鳥が何羽いますか / I made too *many* careless mistakes. 私はケアレスミスをしすぎた.

語法 (1) 可算名詞の複数形と共に用いて「数が多いこと」を表す.「量が多いこと」を表すには much を用いる.
(2) 通例, 疑問文·否定文で用いる. 肯定文に many を用いるのは《格式》で, a lot of, lots of, a large number of を用いるのが一般的.
(3) so, as, too, how などと一緒に使う場合は肯定文でも普通に用いる.
(4) many を叙述用法に用いるのは《まれ》.

■ *a gòod mány* ... かなり多くの...: He has *a good many* rivals. 彼にはライバルがかなり多い.
a grèat mány ... とても多くの...: *A great many* people applied for tickets for the World Cup. 非常に多くの人がワールドカップのチケットを申し込んだ.
as mány ... (それと)同数の...: He won ten trophies in *as many* championships. 彼は10大会すべてで優勝した.
as mány as ... [数詞を伴って] ...もの(多数の): She takes care of *as many as* twenty old people every day. 彼女は毎日20人もの老人の世話をする.
as mány ... *as* ~ ~と同数の..., ~と同じくらいたくさんの...: He has *as many* pen pals *as* I have. 彼には私と同じ数の文通仲間がいる / Stay with us *as many* days *as* you want. 好きなだけ何日でもいてください.
be óne tòo many 1つ[1人]多すぎる; 1つ[1人]余計[じゃま]である: There *is one too many* in the car. この車に乗るには1人多すぎる.
be (óne) tòo many for ... ...の手に余る, ...よりまさっている: I soon found he *was one too many for* me. 私は彼のほうが一枚上手(うわて)だとすぐ気づいた.
like só mány ... あたかも...のように: The cars moved on *like so many* snails. 車はまるでカタツムリのように進んだ.
mány a ... 《文語》多くの... (◇ ... には単数名詞が来る).
Mány's the ... (*that* [*who*]) ~. ~である...は多い: *Many's the* time (*that*) we played golf together. 私たちは何度も一緒にゴルフをした.
nót as [*so*] *mány* ... *as* ~ ~ほど多くの...はない: I don't write *as* [*so*] *many* letters *as* he does. 私は彼ほど多くの手紙は書かない.
só mány ... **1** そんなに[非常に]多くの...: *So many* young girls rushed up to the singer. 大勢の若い女の子がその歌手のところにかけ寄った. **2** 同数の..., それだけの数の...: *So many* men, *so many* minds. 《ことわざ》人間の数だけ心がある ⇒ 十人十色(じゅうにんといろ). **3** いくついくつの..., いくらいくらの...: He said he had sent *so many* pears to *so many* friends. いくついくつのナシをこれこれの友人に送ったと彼は言った.

—代 [不定代名詞] **1** [複数扱い] 多数, たくさんの人 (⇔ few): *Many* were pleased with that team's winning the championship. 多くの人がそのチームの優勝を喜んだ / *Many* of her works are exhibited in that gallery. 彼女の作品の多くはあの美術館で展示されている / There

are *many* who believe his lies. 彼のうそを信じている人がたくさんいる / How *many* attended that actor's wedding? あの俳優の結婚式には何人出席しましたか.
2 [the ~] 大勢の人,一般大衆 (↔ the few): Statesmen must protect the rights of the *many*. 政治家は大衆の権利を擁護しなければならない.

■ *a gòod mány* かなり多くの人 [もの]: *A good many* of them gave up smoking for their health reasons. 彼らのうちのかなりの人が健康上の理由でたばこをやめた.

a grèat mány とても多くの人 [もの]: In those days *a great many* of the Japanese houses were made of wood. 当時,日本の家屋の大多数は木造だった.

as mány それと同数の(人 [もの]): He won ten games and lost *as many*. 彼は10勝10敗だった.
as mány agáin さらに同数の(もの); 2倍の数: I got five, but really needed *as many again*. 私は5つ手に入れたが,実際にはその倍が必要だった.
as mány as ... …と同数のもの, …と同じくらいたくさんのもの: He has *as many as* you do. 彼はあなたと同じ数だけ持っている / You may take *as many as* you want. 欲しいだけ取ってかまいません.
só mány **1** そんなに [非常に] 多くのもの: Don't take *so many* at a time. 一度にそんなにたくさん取るな. **2** いくついくつ, いくらいくら; ある一定数: They sell lemons at *so many* for a dollar. レモンは1ドルいくつで売っている.

mán·y-síd·ed [形] **1** 多面的な, 多方面にわたる; 多才な, 多芸な: a *many-sided* problem 複雑な問題. **2** (図形などが) 多くの辺のある.

Ma·o·ri [máːouri, máuri] [形] マオリ人 [語] の.
— [名] (複 **Ma·o·ris** [~z], **Ma·o·ri**) **1** [C] マオリ人《New Zealand の先住民》. **2** [U] マオリ語.

Mao Ze·dong [máu dzədúŋ], **Mao Tse·tung** [máu tsətúŋ] [名] ⦅個⦆ 毛沢東《1893-1976; 中国の政治家. 中国共産党主席(1945-76)》.

***map** [mǽp] [名] [動]

— [名] (複 **maps** [~s]) [C] **1** (1枚の) 地図 (→ 類義語): a road *map* of Tokyo 東京の道路地図 / a relief *map* 模型 [立体] 地図 / read a *map* 地図を読む [読み取る] / draw a rough *map* to the station 駅までの略図をかく / Consult a *map* where Uruguay is on. ウルグアイがどこにあるか地図で調べなさい.
2 天体図, 星座図; 図解.
■ *óff the máp* ⦅口語⦆ (地図に載らないほど)へんぴな; 存在しない.
pùt ... on the máp (土地など)を有名にする.
— [動] (三単現 **maps** [~s]; 過去・過分 **mapped** [~t]; 現分 **map·ping** [~iŋ]) [他] **1** …の地図を作る. **2** …の形態 [配置] を示す [知る].
■ *máp óut* ⦅他⦆ **1** …の地図を作る. **2** …を(詳細に)計画する: Let's *map out* where to go for our spring vacation. 春休みにどこへ行くかの計画を立てよう.

[類義語] **map, atlas, chart**
共通する意味▶地図 (a representation on a flat surface of all or part of the earth's surface)
map は1枚ずつの「地図」または天体図・天気図のような地図式の「図解」をさす: a world *map* 世界地図 / a weather *map* 天気図 / a sketch *map* 見取図. **atlas** は地図式の地図を束ねて本の形にまとめた「地図帳, 図表集, 図解書」などをさす: a world *atlas* 世界地図(帳) / an anatomical *atlas* 解剖図解書. **chart** は海の深浅・海流などをしるした「海図」, 空路の様子をしるした「航空図」, ものの変動を示す「図表」などの意: a temperature *chart* 気温図表.

‡**ma·ple** [méipl] [名] **1** [C] =**máple trèe** ⦅植⦆ カエデ, モミジ; [U] カエデ材. **2** [U] メープルシロップの風味.

◆ máple léaf [C] カエデの葉 ⟨◇カナダの象徴⟩.
máple súgar [U] カエデ糖.
máple sýrup [U] メープルシロップ, カエデ糖蜜(みつ).
map·ping [mǽpiŋ] [名] [C] **1** 地図製作. **2** ⦅数学⦆ 写像; ⦅コンピュータ⦆ マッピング.
*mar [máːr] [動] (三単現 mars [~z]; 過去・過分 marred [~d]; 現分 mar·ring [máːriŋ]) [他] …を傷つける; 損なう, 台なしにする: That hotel *mars* the beauty of the scenery around here. そのホテルのせいでこのあたりの景観が台なしだ.
Mar. ⦅略語⦆ = *March*.
ma·ra·ca [məráːkə / -rǽkə] [名] [C] (通例 ~s) ⦅音楽⦆ マラカス《ラテン音楽のリズム楽器》.
*mar·a·thon [mǽrəθɑn / -θən] (☆発音に注意) [名] **1** [C] = **márathon ràce** マラソン(競走)《標準距離は42.195 km》. (由来) 紀元前490年にアテネ軍がギリシャのマラトン (Marathon) でペルシャ軍を破り, その勝利を伝えるために伝令がアテネまで走った故事から) **2** 長距離競走; 耐久競走 [競技]: a dance *marathon* (持続時間を競う) ダンスマラソン. **3** [形容詞的に] (会議・スピーチなどが) 長時間に及ぶ; 耐久力を要する: a *marathon* speech of six hours 延々6時間に及ぶ講演.
ma·raud·er [mərɔ́ːdər] [名] [C] 略奪者.
*mar·ble [máːrbl] [名] **1** [U] 大理石: a statue in *marble* 大理石像 / (as) cold [hard] as *marble* (大理石のように) ひどく冷たい [堅い]; 冷酷な.
2 [~s; 集合的に] 大理石の彫刻群. **3** [C] ビー玉, はじき玉; [~s; 単数扱い] ビー玉遊び: play *marbles* ビー玉遊びをする. **4** [形容詞的に] 大理石の; (大理石のように) 冷たい, 堅い, 滑らかな: a *marble* floor 大理石の床.
■ *lóse one's márbles* ⦅口語⦆ 正気でなくなる.
mar·bled [máːrbld] [形] **1** 大理石模様の.
2 (肉が) 霜降りの.

‡**march** [máːrtʃ] [動]

— [動] (三単現 **march·es** [~iz]; 過去・過分 **marched** [~t]; 現分 **march·ing** [~iŋ])
— [自] [通例, 副詞(句)を伴って] 行進する, 進軍する: *march* 10 miles a day 1日に10マイル行進

する / The army *marched* through London. 軍隊はロンドンを通って行軍した / Demonstrators are *marching* along the street. デモ隊は通りを行進している.

2 堂々と歩く;(しばしば怒って)どんどん[さっさと]歩く: After hearing the news, she *marched* out of the room. 彼女はその知らせを聞くと部屋からさっさと出て行った.

3 (物事が)進展する, 進行する: Time *marches* on. 時がたつ.

— 他 [通例, 副詞(句)を伴って]…を行進させる;〈人〉を(強制的に)歩かせる, 連行する: The teacher *marched* the children out of the burning building. 先生は子供たちを燃えさかる建物から連れ出した.

— 名 (複 march·es [~iz]) **1** U C 行進, 進軍: a forced *march* 強行軍 / About 100,000 people joined the peace *march*. およそ10万人が平和行進に参加した. **2** C [音楽] 行進曲, マーチ: a wedding [funeral] *march* 結婚 [葬送] 行進曲. **3** C (行進の)行程, 距離; U (行進の)歩調: a day's *march* 1日の行程 / a double *march* 駆け足 / at a quick *march* 早足で. **4** [the ~][*of*]…の進展, 進行[*of*]: the *march* of science 科学の発展 / You cannot resist the *march* of time. 時の流れに逆らうことはできない.

■ *be on the márch* 行進[行軍]中である;進展[進行]中である.

stéal a márch on ... …を出し抜く, …の機先を制する.

◆ márching òrders [複数扱い] **1** [軍] 進軍[出撃] 命令. **2** (英口語) 解雇通知 (《米口語》walking papers).

***March [máːrtʃ]
—— [→ MONTH 表]
—— 名 U 3月 (《略語》Mar.) (→ JANUARY 語法): *March* comes in like a lion and goes out like a lamb. 《ことわざ》3月はライオンのようにやって来て, 子羊のように去って行く《英国の3月の天候 (厳しい上旬と穏やかな下旬)を表したもの》.

mar·chion·ess [máːrʃənəs / màːʃənés] 名 C 侯爵夫人 [未亡人]; 女侯爵.

márch-pàst 名 C 分列行進, パレード.

Mar·co·ni [maːrkóuni] 名 圕 マルコーニ Guglielmo [guːljélmou] Marconi 《1874-1937;イタリアの電気技師. 無線通信を完成》.

Mar·co Po·lo [máːrkou póulou] 名 圕 マルコ・ポーロ 《1254-1324;イタリアの旅行家》.

Mar·di Gras [máːrdi gràː] 【フランス】 名 圕 懺悔(ザンゲ)火曜日 《謝肉祭 (carnival) の最終日で多彩な行事でにぎわう. 四旬節 (Lent) の始まる前日》.

*mare[1] [méər] 名 C 雌馬, 雌ロバ (→ HORSE 関連語): a brood *mare* 繁殖用の雌馬 / Money makes the *mare* (to) go. 《ことわざ》金は(しぶとい)雌馬も歩かせる ⇒ 地獄の沙汰(サタ)も金次第.

ma·re[2] [máːrei] 名 C (複 ma·ri·a [-riə]) 《月・火星などの》海 《表面の黒く見える部分》.

Mar·ga·ret [máːrɡrət] 名 圕 マーガレット 《女性の名;愛称 Maggie, Meg, Peg(gy) など》.

*mar·ga·rine [máːrdʒərən / màːdʒəríːn] (☆発音に注意) 名 U マーガリン.

mar·ga·ri·ta [màːrɡəríːtə] 名 U C マルガリータ 《テキーラと(レモンなどの)柑橘系ジュースのカクテル》.

marge [máːrdʒ] 名 《英口語》= MARGARINE (↑).

*mar·gin [máːrdʒin] 名 C **1** (ページなどの)余白, 欄外 *b*: leave a *margin* 余白を残す / make notes in the *margin* 欄外にメモする.

2 縁, へり, 端 (edge); 岸: on [at] the *margin* of the forest 森のはずれに.

3 (時間・金銭などの)余裕, ゆとり: a safety *margin* 十分な余裕 / a *margin* for error 誤差 / allow a *margin* of ten minutes 10分の余裕を見ておく. **4** (能力・状態などの)限界. **5** (得票数・得点などの)差, 開き: by a small *margin* of five votes 5票の僅差(キンサ)で / win by a wide *margin* 大差で勝つ. **6** [商] 利ざや, マージン: A large *margin* of profit is looked for. 大きな利ざやが期待される.

*mar·gin·al [máːrdʒinəl] 形 **1** 重要でない, ささいな: a *marginal* problem ささいな問題.

2 [通例, 限定用法] 限界の, ぎりぎりの;損をしない程度の: *marginal* sales 収支とんとんの販売 / *marginal* profits [costs, utility] [経済] 限界利益 [費用, 効用] / *marginal* land やせた耕作地. **3** [英] (議席・選挙区などが) 僅差(キンサ)で争われる: a *marginal* seat [constituency] 僅差で得た議席 [選挙区]. **4** [限定用法] 余白の, 欄外の: *marginal* notes 傍注.

mar·gin·al·ize [máːrdʒinəlàiz] 動 他 …を主流から外す, わきへ追いやる;…の重要性を失わせる.

mar·gin·al·ly [máːrdʒinəli] 副 限界ぎりぎりで, わずかに.

mar·gue·rite [màːrɡəríːt] 名 C [植] マーガレット 《ヒナギクの一種》.

Ma·ri·a [məríːə, -ráiə] 名 圕 マリア, マライア 《◇女性の名》.

Már·i·an·a Íslands [mèəriǽnə-] 名 圕 [the ~] マリアナ諸島 《フィリピン東方の群島》.

Ma·rie An·toi·nette [mərí: æntwənét] 名 圕 マリー・アントワネット 《1755-93; フランス王ルイ16世の妃. フランス革命で処刑された》.

mar·i·gold [mǽriɡòuld] 名 C [植] マリーゴールド; キンセンカ.

mar·i·jua·na, mar·i·hua·na [mæ̀rəhwáːnə] (☆発音に注意) 名 U **1** [植] インド大麻(タイマ).

2 マリファナ 《大麻を乾燥させて作る麻薬》.

ma·rim·ba [məríːmbə] 名 C [音楽] マリンバ 《音板に共鳴管のついた木琴》.

ma·ri·na [məríːnə] 名 C マリーナ 《ヨットなど小型船舶用の港》.

mar·i·nade [mæ̀rinéid] 名 U C マリネ, マリネード 《酢・油・香辛料などを混ぜた漬け汁. 肉・魚の味付け用》. — 動 = MARINATE (↓).

mar·i·nate [mǽrinèit] 動 他 〈肉・魚〉をマリネードに漬ける, マリネにする.

*ma·rine [məríːn] 形 [限定用法] **1** 海の;海にすむ;海産の: *marine* products 海産物 / *marine* plants [animals] 海洋植物 [動物] / a *marine* cable 海底ケーブル. **2** 船舶(用)の;航海の;海事の: a *marine* chart 海図 / *marine* transporta-

mariner

tion 海上輸送. **3** 海軍の,海兵隊の.
― **名 1** ©[しばしば M-]海兵隊員: the Royal *Marines* 英国海兵隊. **2** [the Marines]= Maríne Còrps [the ～]米国海兵隊. **3** Ⓤ[集合的に](一国の)船舶,商船隊;海軍.
■ **Téll thát** [*it*] **to the Marínes!**《米口語》そんなことを信じるものか,うそをつけ!

mar·i·ner [mǽrinər] 名©《文語》水夫,船員,船乗り(sailor): a *mariner*'s compass 羅針(しん)盤 / a master *mariner* 船長.

mar·i·o·nette [mæriənét] 名© マリオネット,(糸で操る)操り人形(puppet).

mar·i·tal [mǽrətəl] 形[限定用法]結婚の,婚姻の;夫婦(間)の: *marital* vows 夫婦の誓い.
◆ **márital stàtus** Ⓤ 結婚歴,婚姻状況《未婚・既婚・離婚歴の有無など》.

mar·i·time [mǽritàim] 形[通例,限定用法]
1 海に関連した,海の,海事の: *maritime* law 海事法 / *maritime* trade 海運業. **2** 海岸近くの,沿海の,沿岸に住む[生息する]: a *maritime* people 海洋民族.

mar·jo·ram [mάːrdʒərəm] 名 Ⓤ[植]マヨラナ,マージョラム《シソ科の多年草.薬用・香味料》.

★★★★ mark¹ [mάːrk]
名 動【原義は「境界の印」】
― 名(複 **marks** [～s]) **1** © (表面にある) 痕跡(せき), 傷(跡); しみ, 汚れ; 斑点(はん): There are some scratch *marks* on his cheek. 彼のほおにひっかき傷がいくつかある / My dog left dirty *marks* on the rug. 犬がじゅうたんを汚した.
2 © 印, 記号, 符号: an exclamation *mark* 感嘆符(!) / punctuation *marks* 句読点 / Put a question *mark* at the end of this sentence. この文は最後に疑問符を付けなさい.
3 ©《主に英》成績, 得点, 評価 (《主に米》grade): full *marks* 満点 / a pass [fail] *mark* 及第[落第]点.
4 © 的, 標的; 目標; 軽蔑の的, だまされ[からかわれ]やすい人: hit the *mark* 的に当てる; 成功する / miss the *mark* 的を外す; 失敗する.
5 © 影響, 感化: The coach left [made] his *mark* on a lot of players. そのコーチは多くの選手に影響を与えた. **6** ©[通例, 単数形で] (感情・性質などの)現れ, 徴候; 特色: We all stood up as a *mark* of respect to the President. 私たちは全員, 大統領に敬意を表して起立した / Using bright colors is a *mark* of his paintings. 鮮やかな色使いが彼の絵の特徴です. **7** [the ～]《主に英》標準, 水準: This work is above [below] the *mark*. この作品は水準以上[以下]である. **8** ©[しばしば M-](車・機械・武器などの)型, 式: a *Mark* 4 gun 4型銃. **9** ©[競技]出発点: On your *mark* [《英》*marks*], get set, go! 位置について, 用意, どん. **10** ©《古》(自分の名前を書けない人が署名の代わりに書く)×[+]の印.
■ **be quíck** [**slów**] **òff the márk** 飲み込みが早い[遅い], 頭の回転が早い[遅い].
besìde [**òff, wíde of**] **the márk** 的を外れて; 見当違いで.
gíve ... fúll márks […について] …に満点をつける;

…を賞賛する [*for*].
màke one's márk 有名になる, 名を成す.
on the márk 正確に, 的を射て, 適切で.
úp to the márk 標準に達して; [通例, 否定文で]《古風》元気で.

― 動(三単現 **marks** [～s]; 過去・過分 **marked** [～t]; 現分 **mark·ing** [～iŋ])
― 他 **1** [mark+O] …に跡を付ける; しみ[斑点など]を付ける: The spilt tea has *marked* the tablecloth. こぼれた紅茶でテーブルクロスにしみが付いた / His hands were *marked* with scratches. 彼の手にはひっかき傷がついていた.
2 (a) [mark+O] …に~の印 [記号] などを付ける [*on*]; …に[～の]印を付ける [*with*]: She *marked* her name *on* her watch. = She *marked* her watch *with* her name. 彼女は腕時計に自分の名前を入れた / Hospitals are *marked on* this map. この地図には病院が印で示されている. (b) [mark+O+C] …に~の印を付ける: He *marked* the document secret. 彼はその書類にマル秘の印を付けた. **3** 《主に英》〈答案〉を採点する, …に点をつける (《主に米》grade): I have to *mark* all these examination papers by tomorrow. 私はあすまでにこの答案を全部採点しなくてはならない. **4** …を特徴づける, 際立たせる; 〈感情など〉を表す: Her smile *marked* her satisfaction with my proposal. 彼女の笑みは私の申し出に満足であることを示していた. **5** …を祝う, 記念する: This festival is to *mark* the 300th anniversary of our town. この祭りはわが町誕生の300周年を記念するものです. **6**《古風》…に注意を払う, 注目する: *Mark* what I say. 私の言うことをよく聞きなさい. **7**[競技]〈相手〉をマークする. **8** (時計が)〈時刻〉を示す: The clock *marked* ten. 時計が10時を示していた.
― 自 跡[しみ]が付く; 印を付ける: This white tablecloth *marks* easily. この白いテーブルクロスはしみが付きやすい.

句動詞 **márk dówn** 他 [mark down + O / mark + O + down] **1** …を書きとめる: *Mark down* what he says. 彼の言うことを書きとめなさい. **2** …を値引き[値下げ]する. **3**〈人〉を […と]みなす, 考える [*as*]. **4**〈生徒など〉に低い点をつける.
márk óff 他 [mark off + O / mark + O + off] **1** …を[～と]区別する; 境界線を引いて区画する [*from*]. **2** (リストなどで) …を済みの印を付ける.
márk óut 他 [mark out + O / mark + O + out] **1**〈土地など〉を区切る, 区画する. **2** …を目立たせる.
·márk ... óut for ～ [通例, 受け身で] …を~のために選び出す: Bill *is marked out for* promotion next year. ビルは来年昇進する.
márk úp 他 [mark up + O / mark + O + up] **1** …を値上げする. **2** …に高い点をつける.
■ **márk tíme** 足踏みする, (足踏みして)待つ; ぐずぐずする, 停滞する.

mark² 名© マルク《◇ドイツの旧通貨単位で, 現在は euro に統合; 《略語》M; → DEUTSCHE MARK》.

Mark [mάːrk] 名 固 **1** マーク (◇男性の名).
2 【聖】使徒マルコ《キリストの弟子》; マルコ伝, マルコによる福音書《新約聖書中の1書》.
marked [mάːrkt] 形 **1** 著しい, 際立った; 明白な: a *marked* difference 著しい相違 / in *marked* contrast to ... …と著しい対照を成して.
2 (敵などに) ねらわれている, 注目された: a *marked* person ねらわれている人; 要注意人物. **3** 印 [符号] 付きの.
mark・ed・ly [mάːrkidli] (☆発音に注意) 副 著しく, 目立って; 明らかに.
mark・er [mάːrkər] 名 C **1** 印 [符号] を付ける人 [道具]; マジック [サイン] ペン (cf. highlighter 蛍光ペン). **2** (試験・競技などの) 得点記録者. **3** 目印; 道標, 標識; (本の) しおり; 記念碑.

mar・ket [mάːrkit]
—名 (複 **mar・kets** [-kits]) **1** C 市場(ぱ), 市(ぢ) ((略語) mkt); U [しばしば無冠詞で] (市場での) 売買, 買い物: a flower *market* 生花市場 / a wholesale *market* 卸売市場 / a flea *market* のみの市 / The antique *market* is held every Saturday. 骨とう市は土曜ごとに立つ / She goes to (the) *market* twice a week. 彼女は週に2回市場へ (買い物に) 行く.
2 C U [通例, 単数形で] 市場(ぢょう), 取引; 販路, 需要: the cotton *market* 綿花市場 / the money [stock] *market* 金融 [株式] 市場 / the job [labor] *market* 労働市場 / cultivate a new foreign *market* 新しい国外市場を開拓する / There is no *market* for such a product. このような製品には需要がない.
3 C 市況, 相場: an active [a dull] *market* 活発な [停滞した] 市況 / The *market* is very steady. 市況はとても手堅い / The *market* rose [fell] suddenly. 相場が急騰 [急落] した. **4** C 食料品店: a fish [meat] *market* 鮮魚 [精肉] 店.
■ *be in the market for ...* …を買うつもりでいる.
bring ... to márket …を売りに出す.
còme into the márket 売りに出る.
find a márket 販路が見つかる, 売りさばける.
on the márket 売りに出て; 売られて: She put [placed] her tea things *on the market*. 彼女は自分の茶道具を売りに出した.
pláy the márket (株式の) 投機をする.
—動 他 …を売りに出す, 市場に出す; 売り込む: Many new types of PCs are *marketed* each year. 毎年新型のパソコンがたくさん市場に出る.
—自 《米》(市場で) 買い物をする: go *marketing* 買い物に出かける.
◆ márket dày C 市の立つ日.
márket gárden C 《英》市場向け野菜 [果物] 農園 / 《米》 truck farm).
márket príce C 市場価格, 相場 (market).
márket reséarch U 市場調査, マーケットリサーチ.
márket tòwn C (定期的に) 市の立つ町.
márket vàlue U 市場価値.
mar・ket・a・ble [mάːrkitəbl] 形 **1** 市場性のある, よく [すぐ] 売れる. **2** 売買上の; 市場の.

mar・ket・eer [mὰːrkətíər] 名 C 市場商人.
*****mar・ket・ing** [mάːrkitiŋ] 名 U **1** マーケティング《製品計画から販売までの商業活動全般》. **2** 市場での売買;《主に米》買い物, ショッピング.
mar・ket・place [mάːrkitplèis] 名 C **1** 市の立つ広場. **2** [the ~の] 市場; 商業界.
mark・ing [mάːrkiŋ] 名 C [通例 ~s] (毛皮・鳥の羽根の) 斑(ξ)点, しま, 模様. **2** U 印 [符号] を付けること, マーキング; [主に英] 答案の採点.
marks・man [mάːrksmən] 名 (複 **marks・men** [-mən]) C 射撃の名手; 射手.
marks・man・ship [mάːrksmənʃip] 名 U 射撃の腕前; 射撃術.
Mark Twain [mάːrk twéin] 名 固 マーク=トウェイン《1835-1910; 米国の小説家》.
mark-up [mάːrkʌp] 名 C [通例, 単数形で]
1 (定価の) 値上げ (額). **2** 【商】利幅.
◆ márkup lánguage U 【コンピュータ】 マークアップ言語《レイアウト指定などを文書に埋め込む》.
mar・lin [mάːrlin] 名 (複 **mar・lins** [~z], **mar・lin**) C 【魚】カジキ《口先がやり状に突き出した大型魚》.
*****mar・ma・lade** [mάːrməlèid] 名 U マーマレード.
mar・mo・set [mάːrməzèt, -sèt] 名 C 【動物】マーモセット, キヌザル《中南米産の小型の猿》.
mar・mot [mάːrmət] 名 C 【動物】マーモット《アルプス・ピレネー山脈にすむリスに似た動物. 「モルモット (guinea pig)」とは異なる》.
ma・roon[1] [mərúːn] 形 くり色の, えび茶色の.
—名 U くり色, えび茶色.
ma・roon[2] 動 他 [しばしば受け身で] 〈人〉を孤立させる; 無人島に置き去りにする.
marque [mάːrk] 【フランス】 名 C (高級車などの) ブランド, 車種, 型.
mar・quee [mɑːrkíː] 名 C **1** (園遊会などの) 大テント. **2** 《米》(劇場・ホテルなどの) 入り口のひさし.
mar・quess [mάːrkwis], **mar・quis** [mάːrkwəs, mɑːrkíː] 名 C (英国の) 侯爵.
mar・que・try, mar・que・te・rie [mάːrkitri] 名 U (家具などの) 象眼(弦)細工, 寄せ木細工.

*****mar・riage** [mǽridʒ]
—名 (複 **mar・riag・es** [~iz]) **1** C U 結婚, 婚姻 (↔ divorce): an arranged *marriage* 見合い結婚 / a love *marriage* 恋愛結婚 / a *marriage* of convenience 政略結婚.
2 U 結婚生活: I have a happy *marriage* with Meg. 私はメグと幸せな結婚生活を送っている.
3 C 婚礼, 結婚式 (wedding).
4 U C (密接な) 結合, 融合, 調和.
■ *by márriage* 結婚による: one's uncle *by marriage* 夫 [妻] のおじ. (▷ 動 márry)
◆ márriage bùreau C 結婚相手紹介所.
márriage certificate C 結婚証明書.
mar・riage・a・ble [mǽridʒəbl] 形 《古風》(特に女性が) 婚期に達した, 年頃の.

*****mar・ried** [mǽrid]
—形 **1** 結婚している, 既婚の, 夫 [妻] のある (↔ single): a *married* couple 夫婦 / Is he *married* or single? 彼は結婚していますか, 独身で

すか. **2** [限定用法] 結婚の, 夫婦生活の: *married life* 結婚[夫婦]生活.
■ **be márried to ...** **1** …と結婚している: She *was married to* a younger man. 彼女は自分より年下の男性と結婚していた. **2** …に熱中している, 打ち込んでいる: He *is married to* football. 彼はサッカーに夢中です. **3** …と密接に結び付いている.
── 名 [通例～s] 結婚した[している]人: young *marrieds* 結婚したばかりの若い2人.

mar·row [mǽrou] 名 **1** Ü [解剖] 髄, 骨髄 (bone marrow). **2** Ü [the ～] […の] 真髄, 核心 [*of*]: the *marrow of* an issue 問題の核心. **3** ⓒ Ü 《英》セイヨウカボチャ (vegetable marrow, 《米》squash).
■ **to the márrow** 骨の髄まで; 徹底的に.

mar·row·bone [mǽroubòun] 名 ⓒ 髄入りの骨 《スープなどのだしをとる》.

***mar·ry** [mǽri]
── 動 (三単現 **mar·ries** [～z]; 過去・過分 **mar·ried** [～d]; 現分 **mar·ry·ing** [～iŋ])
─ 他 **1** 〈人と〉結婚する (◇ get married to ... のほうが口語的) (↔ divorce): She *married* someone she had only known for three weeks. 彼女は知り合ってたった3週間で結婚した / Will you *marry* me? 私と結婚してくれませんか.
2 〈牧師などが〉〈人〉の結婚式を執り行う: Which priest is going to *marry* them? どちらの牧師が彼らの結婚式を執り行うのですか.
3 〈親が〉〈子〉を[…と]結婚させる (*off*) [*to*]: He *married* his daughter (*off*) *to* a rich man. 彼は娘を金持ちの男に嫁がせた.
4 《格式》…を[…と]固く結び合わせる, 合体させる (*up*) [*with, to*].
─ 自 《格式》結婚する: He *married* young [late in his life]. 彼は早婚[晩婚]だった / *Marry* in haste and repent at leisure. 《ことわざ》あわてて結婚, ゆっくり後悔.
■ **be márried to ...** → MARRIED 成句.
gèt márried […と]結婚する[*to*] (◇ marry 自 より口語的でよく用いられる): Jose and Beth will *get married* in June. ホセとベスは6月に結婚する / He wanted to *get married to* Beth. 彼はベスと結婚したかった.
márry into ... 結婚して…の一員になる: She *married into* a noble family. 彼女は結婚して貴族の一員になった.
márry móney 金持ちと結婚する.
(⇒ 名 márriage)

*****Mars** [máːrz] 名 圐 **1** 『天文』火星 (cf. Martian 火星人). **2** [ロ神] マルス (軍神; → GOD 表).

Mar·seil·laise [mὰːrsəléiz / -seiéiz] 【フランス】名 [通例 La [lɑː] ～] ラ=マルセイエーズ《フランス国歌》.

Mar·seilles [mɑːrséi, -séilz] 名 圐 マルセイユ 《フランス南東部の地中海に面する港湾都市》.

‡marsh [máːrʃ] 名 ⓒ Ü 沼地, 湿地.
◆ **mársh gàs** Ü 沼気, メタンガス (methane).

‡mar·shal [máːrʃəl] 名 ⓒ **1** 元帥, 司令官; (フランスなどの) 陸軍元帥: a Field *Marshal* 《英陸軍》元帥 / a *Marshal* of the Royal Air Force 《英空軍》元帥. **2** 《米》連邦保安官 (cf. sheriff 『英安官』); 警察 [消防] 署長. **3** 儀礼 [競技] 進行係.
── 動 (過去・過分 《英》 **mar·shalled**; 現分 《英》 **mar·shal·ling**) **1** …を整列させる; 〈考え・意見など〉を整理する, まとめる: *marshal* the soldiers 兵士を整列させる. **2** …を (儀礼にのっとって) 案内する, 先導する: *marshal* people into the presence of the Queen 人々を女王の前に誘導する.
◆ **márshalling yàrd** ⓒ 《英》(鉄道の) 操車場.

Már·shall Íslands [máːrʃəl-] 名 圐 [the ～; 複数扱い] マーシャル諸島《西太平洋ミクロネシア東部の諸島から成る共和国; 首都マジュロ (Majuro)》.

marsh·land [máːrʃlænd] 名 Ü 湿地帯, 沼沢地.

marsh·mal·low [máːrʃmèlou / màːʃmǽl-] 名 ⓒ Ü マシュマロ《卵白・ゼラチンなどで作るふわふわした白い菓子》.

marsh·y [máːrʃi] 形 (比較 **marsh·i·er** [～ər]; 最上 **marsh·i·est** [～ist]) **1** 沼地の, 湿地(帯)の, じめじめした. **2** 沼地の多い; 沼地に生じる.

mar·su·pi·al [mɑːrsúːpiəl] 名 ⓒ 《カンガルー・コアラなどの》有袋動物.

mart [máːrt] 名 ⓒ **1** 市場(いちば) (market); 商業中心地. **2** スーパーマーケット (supermarket).

mar·ten [máːrtən] 名 ⓒ [動物] テン《イタチ科の肉食動物》; Ü テンの毛皮.

***mar·tial** [máːrʃəl] 形 [通例, 限定用法] **1** 《格式》戦争の, 軍隊の: *martial* songs 軍歌. **2** 軍人らしい, 勇ましい: a *martial* spirit 軍人精神.
◆ **mártial árts** ⓒ《東洋の》格闘技, 武芸《柔道・空手・テコンドーなど》.
mártial láw Ü 戒厳令: The capital is now under *martial law*. 首都は目下, 戒厳令下にある.

Mar·tian [máːrʃən] 形 火星の (cf. Mars 火星).
── 名 ⓒ (想像上の) 火星人.

mar·tin [máːrtən] 名 ⓒ [鳥] ツバメ科の鳥《イワツバメ・ショウドウツバメなど》.

mar·ti·net [màːrtənét] 名 ⓒ《格式》規律に厳格な人[軍人].

mar·ti·ni [mɑːrtíːni] 名 Ü ⓒ マティーニ《ジンとベルモットのカクテル》.

Mártin Lúther Kíng Dày [máːrtən-] 名 圐 《米》キング牧師記念日《キング牧師の生誕記念日; 1月15日だが, 法定休日は1月第3月曜日; → HOLIDAY 表; → KING 『背景』》.

***mar·tyr** [máːrtər] 名 ⓒ **1** 殉教者; (信仰・主義などに) 殉じる人: a *martyr* to duty 殉職者 / He died a *martyr* in the cause of peace. 彼は平和のために命をささげた. **2** (しばしば軽蔑) (同情してもらいたくて) 犠牲者 [受難者] ぶる人. **3** 《古風》 [病気などに] 絶えず苦しむ人 [*to*].
■ **màke a mártyr of oneself** 《しばしば軽蔑》犠牲者 [受難者] ぶる; 自分を犠牲にする.
── 動 他 [通例, 受け身で] …を殉教者として殺す; 迫害する, 苦しめる.

mar·tyr·dom [máːrtərdəm] 名 ⓒ Ü 殉教, 殉死; 受難, 苦難.

***mar·vel** [máːrvəl] 動 (三単現 **mar·vels** [～z]; 過去・過分 **mar·veled**, 《英》 **mar·velled** [～d]; 現分

mar·vel·ing, 《英》**mar·vel·ling** [~iŋ] 自 […に]驚く,驚嘆する [at]: I *marveled at* her ability to charm. 私は彼女の人をそらさない能力に感嘆した. ― 他 […であることに]驚く [that 節]; […かと]不思議がる (wonder) [疑問節]: We *marveled that* he had returned safe. 私たちは彼が無事に帰って来たことに驚いた.
― 名 **1** 驚くべきこと,驚異,不思議; [~s]すばらしい結果: the *marvels* of modern science 現代科学の驚異 / This medicine works [does] *marvels*. この薬は驚くほどよく効く. **2** [通例 a ~] 驚くべき [もの]; 驚くほど […を]持った人[もの] [*of*]: He is a *marvel of* patience. 彼は驚くほど我慢強い人です. (▷ 形 márvelous)

‡**mar·vel·ous**,《英》**mar·vel·lous** [má:rvələs] 形 **1** 驚くべき,不思議な. **2** 《口語》すばらしい,すてきな: *marvelous* weather [news] とてもいい天気[知らせ] / It is *marvelous* to see you again. 再びあなたに会えるなんて本当にすばらしい.
(▷ 名 márvel)

mar·vel·ous·ly,《英》**mar·vel·lous·ly** [má:rvələsli] 副 驚くほど; すばらしく.

Marx [má:rks] 名 マルクス Karl [ká:rl] Marx 《1818-83; ドイツの経済学者・哲学者》.

Marx·ism [má:rksìzəm] 名 Ⓤ マルクス主義.

Marx·ist [má:rksist] 名 Ⓒ マルクス主義者. ― 形 マルクス主義者の.

Mar·y [méəri] 名 圄 **1** メアリー, メリー《◇女性の名;《愛称》May, Moll, Molly, Polly》. **2** [聖] 聖母マリア (Virgin Mary).

Mar·y·land [mériland] 名 圄 メリーランド《米国東部の州;《略語》Md.;《郵略語》MD; → AMERICA 表》.

mar·zi·pan [má:rzipæn] 名 Ⓤ マジパン《すりつぶしたアーモンド・砂糖・卵などで作る菓子》.

masc.《略語》= masculine (↓).

mas·car·a [mæskǽrə / -ká:rə] 名 Ⓤ マスカラ, まつ毛染め.

*‡**mas·cot** [mǽskɑt -kɔt] 名 Ⓒ《競技チームなどの》マスコット《幸運をもたらすとされる人・動物・物》.

*‡**mas·cu·line** [mǽskjəlin] 形 (↔ feminine) **1** 男(性)の; 男らしい: a *masculine* walk 力強い足取り. **2**《女性が》男のような, 男まさりの (mannish): She has a *masculine* voice. 彼女の声は男っぽい. **3** 【文法】男性の《《略語》m, m., masc.》(→ GENDER): a *masculine* noun 男性名詞 / the *masculine* gender 【文法】男性.

mas·cu·lin·i·ty [mæskjəlínəti] 名 Ⓤ 男らしさ (↔ femininity).

ma·ser [méizər] 名 Ⓒ【物理】メーザー《マイクロ波の増幅装置. 超遠距離レーダーなどに利用; cf. laser レーザー》.

mash [mǽʃ] 名 **1** Ⓤ Ⓒ マッシュ《穀粒などを湯で溶いた家畜の飼料》. **2** Ⓤ 麦芽汁《ビール・ウイスキーの原料》. **3** Ⓤ《英口語》マッシュポテト (mashed potatoes). ― 動 他《ゆでたジャガイモなどを》すりつぶす (up).

‡**mask** [mǽsk / má:sk] 名 Ⓒ **1**《正体を隠すための》仮面, 覆面;《芝居などの》面: a Halloween *mask* ハロウィーンの仮面 / put on a *mask* 仮面をかぶる; 正体を隠す / throw off one's *mask* 仮面を脱ぐ; 正体を現す / The robber wore a stocking *mask*. 強盗はストッキングで顔を隠していた. **2**《保護用の》マスク, 面: a gas *mask* ガスマスク. **3**《通例,単数形で》覆い隠すもの; 見せかけ, 口実. **4**《顔用の》化粧パック (face pack).
■ *ùnder the [a] másk of ...* ...の仮面をかぶって, ...を装って: He stole the money *under the mask of* charity. 彼は慈善を装って金を盗んだ.
― 動 他 **1** ...に面[マスク]を着ける, ...を仮面で覆う[隠す]. **2**《感情・本性などを》隠す: A smile *masked* her grief. 彼女は笑みをたたえて悲しみをごまかした. **3**《におい・味など》を目立たなくする, 消す: This perfume will *mask* the unpleasant smell. この香水でいやなにおいが消えます.

masked [mǽskt / má:skt] 形 **1** 仮面[覆面]を着けた, 変装した: a *masked* ball 仮面[仮装]舞踏会. **2** 隠れた, 覆われた.

másk·ing tàpe 名 Ⓤ マスキング[保護]テープ《塗装時に塗装しない部分を保護する》.

mas·o·chism [mǽsəkìzəm] 名 Ⓤ【心理】マゾヒズム, 被虐性愛《虐待されることを喜ぶ性的倒錯; ↔ sadism》.

mas·o·chist [mǽsəkist] 名 Ⓒ【心理】マゾヒスト, 被虐性愛者 (↔ sadist).

mas·o·chis·tic [mæsəkístik] 形【心理】マゾヒストの, 被虐性愛(者)の (↔ sadistic).

*‡**ma·son** [méisən] 名 Ⓒ **1** 石工(く̀ぅ) (stonemason); れんが職人. **2** [M-] = FREEMASON.

Ma·son·ic [məsánik / -sɔ́n-] 形《時に m-》フリーメーソン (主義) の (→ FREEMASON).

ma·son·ry [méisənri] 名 Ⓤ **1** 石工(く̀ぅ) [れんが工] の職[技術]. **2** 石造建築 (の部分).

masque [mǽsk /《同音》mask] 名 Ⓒ **1** 仮面劇《16-17世紀に英国で流行した芝居》; その脚本. **2** = MASQUERADE 1 (↓).

mas·quer·ade [mæskəréid] 名 **1** Ⓒ 仮装[仮面]舞踏会, 仮装(仮装). **2** Ⓤ Ⓒ 見せかけ, ふり. ― 動 自 […の]ふりをする; […に]変装する [*as*].

*‡**mass** [mǽs] 名 形 動
― 名 (複 **mass·es** [~iz]) **1** Ⓒ《形の定まらない大きな》塊 (cf. lump 小さく固い塊); 一団, 集団: a *mass of* rock 岩の塊 / *masses of* ice 氷塊 / a cold air *mass* 寒気団 / 1 つの *mass* ひと塊になった. **2** [a ~ / ~es]《口語》多数[の...], 多量[の...] [*of*]: a great *mass of* garbage 大量のごみ / *Masses of* people gathered in the park. 大勢の人が公園に集まった.
3 [the ~]《...の》大部分, 主要部 [*of*]: The *mass of* tourists to this town visit this temple. この町へ来る観光客の大半がこの寺を訪れる.
4 [the ~es] 一般大衆, 庶民; 労働者階級: the elite and the *masses* エリートと一般大衆.
5 Ⓤ かさ, 大きさ, 容積, 重量;【物理】質量.
■ *be a máss of ...*《口語》...だらけである《◇通例, 好ましくない状態を表す》: His paper *is a mass of* errors. 彼のレポートは間違いだらけです.
in the máss 全体として, 概して.
― 形 [限定用法] 大量の, 多数の; 大衆の; 大規模

な: *mass* murder 大量殺人 / a *mass* society 大衆社会 / on a *mass* scale 大規模に.
— 動 他 …をひとかたまりにする,集結させる. — 自 ひとかたまりになる,集結する. (▷ 形 **mássive**)

◆ máss communicátion U C マスコミ《新聞・テレビ・ラジオなどによる大衆(大量)伝達》.(比較)日本語の新聞・テレビなどの大衆伝達媒体の意の「マスコミ」は,英語では the mass media と言う)

máss média [the ～; 単数・複数扱い](新聞・テレビ・ラジオなどの)大衆伝達媒体,マスメディア(◇単に the media と言うことが多い).

máss méeting C (特に政治的な)大衆集会.

máss nóun C 【文法】質量名詞《不可算の物質名詞と抽象名詞を含む総称》(↔ countable noun).

máss prodúction U 大量生産,マスプロ.

Mass [mǽs] 名 1 U C しばしば m-】【カトリック】ミサ,ミサ聖祭: high [solemn] *Mass* 荘厳ミサ《聖歌隊の音楽つきのミサで香をたく》/ low *Mass* 読誦(どくしょう)ミサ《聖歌隊の音楽がつかない》 / attend [go to] *Mass* ミサに出席する. 2 C 〖通例 m-〗ミサ曲.

Mass. 〖略語〗= Massachusetts.

Mas·sa·chu·setts [mæ̀səʧúːsits] 名 ⦅地⦆ マサチューセッツ《米国 New England 地方にある州;〖略語〗Mass.;〖郵略記〗MA; → AMERICA 表》.

mas·sa·cre [mǽsəkər] 名 C 1 大量虐殺.
2 〖口語〗(スポーツなどの)完敗.
— 動 他 1 …を大量に虐殺する. 2 〖口語〗…を完敗させる,てんぱんに負かす[やっつける].

mas·sage [məsɑ́ːʒ / mǽsɑːʒ] 名 U C マッサージ,あんま: give [have] a *massage* マッサージをする[受ける]. — 動 他 1 …にマッサージをする.
2 〈数字・証拠など〉を不正に操作する,改ざんする.

◆ masságe pàrlor C マッサージパーラー《性風俗の店であることが多い》.

mas·seur [mæsə́ːr / -sə́ː] 【フランス】名 C (男性の)マッサージ師.

mas·seuse [mæsúːz / -sə́ːz] 【フランス】名 C (女性の)マッサージ師.

mas·sif [mæsíːf / mǽsiːf] 名 C 【地質】大山塊(さんかい),断層地塊; 連峰.

‡**mas·sive** [mǽsiv] 形 1 大きくて重い,どっしりした; 堂々とした,立派な: a *massive* rock 巨大な岩.
2 (体格・顔立ちなどが)がっしりした,大柄な: That boxer has a *massive* jaw. あのボクサーはあごががっしりしている. 3 (程度・範囲などが)大きい,はなはだしい,深刻な; 大規模な,大量の: a *massive* earthquake 大規模な地震 / make *massive* efforts 大変な努力をする / *massive* pain 激しい痛み. (▷ 名 **máss**)

mas·sive·ly [～li] 副 どっしりと; 大規模に.

mas·sive·ness [～nəs] 名 U 大きくて重いこと.

máss-pro·dúce 動 他 …を大量生産する.

‡**mast** [mǽst / mɑ́ːst] 名 C 1 〘海〙マスト,帆柱.
2 高い柱; 旗ざお; 〘英〙(アンテナ用)鉄塔.

mas·tec·to·my [mæstéktəmi] 名 (複 mas·tec·to·mies [～z]) U C 〘医〙乳房切除(術).

***mas·ter** [mǽstər / mɑ́ːstə]
名 動 形
— 名 (複 mas·ters [～z]) C 1 主人 ◂; 飼い主; 雇い主,親方(◇女性形は mistress): the *master*

of a house 一家の主人(◇性差のない head のほうが好まれる) / A dog reacts to its *master's* voice. 犬は飼い主の声に反応する.
2 […の] 名人,大家 [at, in, of] (◇女性形は mistress); (過去の)偉大な画家: a *master in* classical music クラシック音楽の巨匠 / He is a *master at* making French pastries. 彼はフランス菓子作りの名人です.
3 〖通例 M-〗修士《博士(doctor) と学士(bachelor) の間の学位; [～'s] 〘口語〙修士号(master's degree): a *Master of* Laws 法学修士.
4 〘英・古風〙(小・中学校の)男の先生(teacher) (◇女性形は mistress): a math *master* 数学の先生. 5 (CD・磁気テープなどの)マスター,原盤,親盤.
6 〖M-〗〘古風〙坊ちゃん(◇召使いなどが主人の息子を呼ぶときに用いる): *Master* William ウィリアム坊ちゃま.

■ *be máster in one's òwn hóuse* (他人から干渉されずに)思い通りにやる.

be máster of … …を自由にできる,…に通じている: *be master of* oneself 自制できる / No one *is master of* his or her own fate. 運命は自分の思い通りにはならない.

be one's ówn máster 自分の思い通りにできる; 独立している.

— 動 他 1 …を習得する,…に習熟する: She has *mastered* French. 彼女はフランス語を習得した. 2 …を支配する,征服する; 克服する: *master* one's anger 怒りを抑える / *master* the situation 事態を掌握する.

— 形 【限定用法】 1 主要な,主な: a *master* bedroom 主寝室. 2 基本になる,大もとの,親装置の: a *master* switch 親スイッチ / a *master* copy マスターコピー《原本・マスターテープなどコピー[複製]のもとになるもの》. 3 熟達した,名人の: a *master* hand すぐれた腕前の人 / a *master* pianist 名ピアニスト. 4 親方の: a *master* carpenter 大工の親方,棟梁(とうりょう).

◆ máster càrd C (トランプの)切り札; 奥の手.

máster kèy C マスターキー,親鍵(おやかぎ).

Máster of Árts (複 Masters of Arts) C 文学修士《人文科学・社会科学の学位 (取得者); 〖略語〗MA, M.A.》.

máster of céremonies 〖しばしば M- of C-〗 (複 masters of ceremonies) C (行事・番組などの)司会者,進行係(emcee);〖略語〗MC).

Máster of Scíence (複 Masters of Science) C 理学修士《自然科学・工学・数学などの学位 (取得者); 〖略語〗MS, MSc, M.Sc.》.

máster plán C 総合基本計画,マスタープラン.

máster's degrèe C 修士号(◇〘口語〙では単に a master's とも言う).

máster sérgeant C 〘米陸軍・空軍・海兵隊〙曹長.

Másters Tóurnament [the ～] 〘ゴルフ〙マスターズトーナメント《世界4大トーナメントの1つ. 米国 Georgia 州オーガスタで毎年行われる》.

mas·ter·ful [mǽstərfəl / mɑ́ːs-] 形 1 人扱いが上手な,統率力のある; 巧みな,見事な. 2 横柄

mas・ter・ly [mǽstərli / mάːs-] 形《ほめ言葉》名人[大家]にふさわしい; 熟達した, 見事な.

mas・ter・mind [mǽstərmàind / mάːs-] 名 C (すぐれた)立案者, 指導者; 首謀者, 黒幕.
— 動 〈計画などを〉巧みに立案する, 画策する.

＊mas・ter・piece [mǽstərpìːs / mάːs-] 名 C 傑作, 名作, 代表作.

mas・ter・stroke [mǽstərstròuk / mάːs-] 名 C 見事な腕前, 巧みな処置, 神業(かみわざ).

mas・ter・work [mǽstərwə̀ːrk / mάːs-] 名 C 傑作, 名作 (masterpiece).

＊mas・ter・y [mǽstəri / mάːs-] 名 U **1** [...に対する]支配(力), 統制(力); [...の]克服 [over, of]: the *mastery of* the air [sea] 制空[海]権 / He has complete *mastery* over his employees. 彼は従業員をよく統率している. **2** [...に対する]優勢, 優越; 勝利, 克服 [over, of]. **3** 精通, 熟達.

mast・head [mǽsthèd / mάːst-] 名 C **1**《海》マストの先, 檣頭(しょうとう). **2**《出版物の》発行人欄.

mas・ti・cate [mǽstikèit]《生理》動 他 ...をかむ, 咀嚼(そしゃく)する (chew). — 自 かむ, 咀嚼する.

mas・ti・ca・tion [mæ̀stikéiʃən] 名 U《生理》咀嚼(そしゃく).

mas・tiff [mǽstif] 名 《複 **mas・tiffs** [~s]》 C 〘動物〙マスチフ《大型犬》.

mas・to・don [mǽstədàn / -dɔ̀n] 名 C《古生》マストドン《新生代第3紀に生息した象に似た動物》.

mas・tur・bate [mǽstərbèit] 動 自 自慰(じい)[マスターベーション, オナニー]をする.

mas・tur・ba・tion [mæ̀stərbéiʃən] 名 U 自慰(じい), マスターベーション, オナニー.

★mat¹ [mǽt]
— 名《複 **mats** [mǽts]》 C **1** マット, 敷き物; むしろ, ござ; 畳 (straw mat): She put [laid] down a *mat* under the bed. 彼女はベッドの下にマットを敷いた. **2** 《玄関の》靴ふき (doormat); バスマット (bath mat): I wiped my shoes on the *mat*. マットで靴の汚れを落とした. **3** 《皿・コップ・花びんなどの》下敷き; 《写真の》台紙. **4** 《体操・レスリング用の》マット. **5** [通例, 単数形で]《雑草・毛などの》もつれ. **6** 《コルク製の》鍋敷き, コースター.
— 動《三単現 **mats** [mǽts]; 過去・過分 **mat・ted** [~id]; 現分 **mat・ting** [~iŋ]》他 **1** ...にマットを敷く. **2** ...をもつれさせる. — 自 もつれる.

mat², matte, matt [mǽt] 形《表面が》光沢のない, つや消しの (↔ **glossy**): *mat* glass 曇りガラス.

mat・a・dor [mǽtədɔ̀ːr]《スペイン》名 C マタドール《剣で牛にとどめを刺す主役の闘牛士》.

match¹ [mǽtʃ]
名 動 【原義は「仲間」】
— 名《複 **match・es** [~iz]》 C 動 **1** 試合, 競技 (→ 類義語): a boxing [golf] *match* ボクシング[ゴルフ]の試合 / a friendly *match* 親善試合 / win [lose] a *match* 試合に勝つ[負ける] / We'll have [play] a tennis *match* tomorrow. 私たちはあすテニスの試合をする.
2 [通例, 単数形で] [...の]競争相手, 好敵手; 同等のもの, 匹敵するもの [for]: The challenger was no *match for* the champion in skill. 挑戦者はチャンピオンに技でかなわなかった / Anne is more than a *match for* me in math. 数学ではアンが私より上手(うわて)です / He has never found [met] his *match*. 彼はまだ一度も負けたことがない.
3 [通例, 単数形で][...に]似合いの人[もの][for]; 対を成すものの片方: The blue shirt and gray tie are a good *match*. その青いシャツとグレーのネクタイはよく合っている / I think Matt is a perfect *match for* you. マットは君にぴったりの人だと思うよ. **4**《古風》結婚相手, 配偶者; 結婚, 縁組み (marriage): She wanted to make a rich *match*. 彼女はお金持ちと結婚したがっていた. **5**《コンピュータ》《検索で》一致した文字列.

— 動《三単現 **match・es** [~iz]; 過去・過分 **matched** [~t]; 現分 **match・ing** [~iŋ]》
— 他 **1** [match+O] ...と調和する, ...に似合う; ...を[...と]調和させる [with, to]: The curtain *matches* the carpet in color. カーテンはじゅうたんと色が合っている / This hat doesn't *match* his age. この帽子は彼の年齢に合わない / You should *match* your tie *to* your jacket. ネクタイは上着に合わせるようにしなさい.
2 [match+O] [...の点で]...に匹敵する, ...と対等である [in, for]: I can't *match* him *in* singing. 歌では私は彼にかなわない / The hotel can't be *matched for* service. サービスのよさにかけてはそのホテルに並ぶところはない.
3 [match+O] ...を[...と]競争させる, 取り組ませる [against, with]: They *matched* the strongest amateur team *against* [*with*] a professional team. 彼らはアマチュアの最強チームをプロチームと対戦させた. **4** [match(+O)+O] または match+O (+for ...)] [...に]~と合うものを見つけてやる: Can you *match* me this jacket? =Can you *match* this jacket *for* me? この上着に合うものはありませんか.
— 自 [...と]調和する, [...に]合う [with]: The tie and your suit *match* well. = The tie *matches* well *with* your suit. そのネクタイはあなたの服にぴったりだ / Meg wore a green dress with shoes to *match*. メグは緑のドレスとそれに合った靴を履いていた.

■ *match úp to ...*〈期待など〉に十分こたえる.
◆ **mátch póint** [C U]《競技》マッチポイント《試合の勝敗を決める最後の1点》.

類義語 match, game
共通する意味体 試合 (a sports event where teams or people compete under specific rules)
match は通例 -ball の付かない競技に, **game** は -ball の付く競技に用いる. ただし《英》ではいずれの場合にも **match** を用いることが多い: a wrestling [fencing, tennis, badminton, cricket] *match* レスリング[フェンシング, テニス, バドミントン, クリケット]の試合 / a baseball [basketball, football] *game* 野球[バスケットボール, (アメリカン)フットボール[サッカー]]の試合.

match² [mǽtʃ] 图 Ⓒ マッチ: a box of *matches* マッチ1箱 / strike [light] a *match* マッチをする[つける] / put [set] a *match* to ... …にマッチで火をつける.

match·book [mǽtʃbùk] 图 Ⓒ (はぎ取り式)紙マッチ.

match·box [mǽtʃbɑ̀ks / -bɔ̀ks] 图 Ⓒ マッチ箱. ── 厖 とても小さな: a *matchbox* apartment ちっぽけなアパート.

match·less [mǽtʃləs] 厖 《文語》無比の, 無類の.

match·mak·er [mǽtʃmèikər] 图 Ⓒ **1** 結婚仲介人, 仲人(なこうど). **2** 試合の組み合わせを決める人.

match·mak·ing [mǽtʃmèikiŋ] 图 Ⓤ 結婚の仲介;(試合などの)組み合わせの決定.

match·stick [mǽtʃstìk] 图 Ⓒ (特に燃えさしの)マッチ棒.

‡**mate¹** [méit] 图 Ⓒ **1** [しばしば複合語で]《口語》仲間, 友達, 連れ;仕事仲間: a class*mate* 同級生 / a play*mate* 遊び仲間 / a school*mate* 同窓生 / a room*mate* 同室者. **2** (鳥・動物の)一方;《主に米》(対を成すものの)片一方;《主に米》配偶者, 連れ合い《夫または妻》: the *mate* to this shoe = this shoe's *mate* この靴の片方 / She finally found her *mate*. 彼女はとうとう結婚相手を見つけた. **3** 《英・豪・口語》兄貴, 兄弟, 相棒(◇仕事仲間などへの親しみを込めた呼びかけ).

4 《海》航海士: the first *mate* 一等航海士.

5 《英》(職人などの)助手, 見習い: a builder's *mate* 建築助手.

── 動 (動物が)[…と]つがう; 連れそう[*with*]: the *mating* season 交尾期.

── 他 (動物を)[…と]つがいにする;〈人を〉[…と]結婚させる[*with*].

mate² 图 Ⓤ = CHECKMATE (チェスの)詰み; 詰める.

‡**ma·te·ri·al** [mətíəriəl] 图 厖 [原義は「物質」]
── 图 (複 ma·te·ri·als [~z]) **1** Ⓤ Ⓒ 原料, 材料: raw *material* 原料 / building *materials* 建材 / What kind of *material* is the house built of? その家はどんな建材で造られていますか.
2 Ⓤ Ⓒ (服の)生地, 織物: dress *material* 服地 / The bedspreads are made of quilted *material*. ベッドカバーはキルト地で作られている.
3 [~s] 用具, 道具: sewing *materials* 裁縫道具 / writing *materials* 筆記用具. **4** Ⓤ Ⓒ […の]資料, 題材[*for*]: collect [gather] *materials* 資料を集める / good *material* for a novel 小説に格好の題材. **5** Ⓤ 人材, 人物, …向きの人.

── 厖 [通例,限定用法] **1** 物質的な, 物質の(↔ spiritual); 有形の, 具体的な: *material* property 有形財産 / *material* civilization 物質文明 / *material* needs 物質的欲求《食物・住居など》.
2 肉体的な, 身体の; 官能的な, 感覚的な, 《軽蔑》物欲的な, 世俗的な: *material* pleasures 肉体的快楽. **3** […にとって]必須の, 大切な, 重大な;《法》判決の決め手となる[*to*]: facts *material* to the investigation 調査に不可欠な事実 / *material* evidence 重要証拠.

◆ matérial nóun Ⓒ《文法》物質名詞(→ NOUN 文法).

ma·te·ri·al·ism [mətíəriəlìzəm] 图 Ⓤ **1** 《哲》唯物論(↔ idealism). **2** 物質主義, 実利主義.

ma·te·ri·al·ist [mətíəriəlist] 图 Ⓒ **1** 唯物論者. **2** 物質[実利]主義者.
── 厖 **1** 唯物論的な; 唯物論者の. **2** 物質[実利]主義(者)の.

ma·te·ri·al·is·tic [mətìəriəlístik] 厖 **1** 唯物論(者)の. **2** 物質[実利]主義(者)の.

ma·te·ri·al·i·za·tion [mətìəriələzéiʃən / -laiz-] 图 Ⓤ 具体化, 実現.

ma·te·ri·al·ize, 《英》**ma·te·ri·al·ise** [mətíəriəlàiz] 動 ⓘ **1** (計画・夢などが)実現する, 具体化する: Our plans didn't *materialize*. 私たちの計画は実現しなかった. **2** (人などが)急に現れる. **3** (幽霊・魂などが)形になって現れる.
── 他 …に形を与える;〈計画・夢などを〉実現する.

ma·te·ri·al·ly [mətíəriəli] 副 物質的に; 身体的に; 大いに, かなり.

*****ma·ter·nal** [mətə́:rnəl] 厖 **1** [通例, 限定用法] 母の, 母らしい, 母としての (motherly)(↔ paternal): *maternal* love 母性愛 / *maternal* instincts 母性本能. **2** 母方の.

ma·ter·nal·ly [-nəli] 副 母として, 母親らしく.

ma·ter·ni·ty [mətə́:rnəti] 图 厖 [限定用法] 妊産婦(のための): a *maternity* dress マタニティードレス, 妊婦服. ── 图 Ⓤ 母であること, 母性.

◆ matérnity hòspital [wàrd] Ⓒ 産院[産科病棟].

matérnity lèave Ⓤ 産休, 出産育児休暇.

mat·ey [méiti]《英口語》厖 (比較 mat·i·er [~ər]; 最上 mat·i·est [~ist]) 人づき合いのいい, 親しみのある. ── 图 Ⓒ (呼びかけで) 相棒.

‡**math** [mǽθ] 图《米口語》= MATHEMATICS (↓).

*****math·e·mat·i·cal** [mæ̀θəmǽtikəl], **math·e·mat·ic** [-ik] 厖 **1** 数学の, 数学用の; 数理的な: *mathematical* analysis 数理的分析 / *mathematical* instruments 数学用具《コンパス・分度器など》. **2** 正確な, 厳密な: with *mathematical* precision きわめて正確に.

math·e·mat·i·cal·ly [-kəli] 副 数学的に; 正確に.

*****math·e·ma·ti·cian** [mæ̀θəmətíʃən] 图 Ⓒ 数学者; 数学を学んでいる学生.

********math·e·mat·ics** [mæ̀θəmǽtiks]
── 图 Ⓤ **1** [単数扱い] 数学 《米口語》 math, 《英口語》 maths. 《関連語》 arithmetic 算数 / algebra 代数 / geometry 幾何学
2 [単数・複数扱い] 計算, 数学的な処理: My *mathematics* are [is] weak. 私は数字に弱い.

maths [mǽθs] 图《英口語》= MATHEMATICS (↑).

mat·i·nee, mat·i·née [mæ̀tənéi / mǽtənèi]《フランス》 图 Ⓒ (演劇などの)昼間興行, マチネー.

mat·ins [mǽtənz / -tinz] 图 Ⓤ [しばしば M-; 単数・複数扱い]《キリスト》朝の礼拝, 朝課《最初の聖務日課》.

ma·tri- [meitri, mæ̀tri] 結合 「母の」「女性の」の意を表す(↔ patri-): *matri*archy 母系家族制.

ma·tri·arch [méitriɑ̀:rk] 图 Ⓒ 女家長, 女族長; 女性リーダー(↔ patriarch).

ma・tri・ar・chal [mèitriɑ́ːrkəl] 形 女家長の, 女族長の; (社会・集団などが) 女性支配の.

ma・tri・arch・y [méitrià:rki] 名 (複 **ma・tri・arch・ies** [～z]) UC 女家長 [女族長] 制, 母系家族制; 女性支配 (↔ patriarchy).

mat・ri・cide [mǽtrəsàid / méit-] 名 U 母親殺し; C 母親殺しの犯人 (cf. patricide 父親殺し).

ma・tric・u・late [mətríkjəlèit] 動 自 (試験に) 大学に入学する. — 他 …に大学の入学を許可する.

ma・tric・u・la・tion [mətrìkjəléiʃən] 名 CU (大学への) 入学許可; 大学入学.

mat・ri・mo・ni・al [mæ̀trimóuniəl] 形 [通例, 限定用法] 《格式》結婚の, 婚姻の; 夫婦間の.

mat・ri・mo・ny [mǽtrimòuni / -məni] 名 U 《格式》結婚, 婚姻, 夫婦関係: enter into *matrimony* 結婚する.

ma・trix [méitriks] 名 (複 **ma・tri・ces** [méitrisìːz], **ma・trix・es** [～iz]) C **1** (発生・成長の) 母体, 基盤: the *matrix* of culture = the cultural *matrix* 文化の基盤. **2** 鋳型; 〖印刷〗(活字の) 字母, 母型, 紙型(ﾋﾓ); (レコードの) 原盤. **3** 〖数学〗行列. **4** 〖鉱〗(宝石・鉱物などを含んだ) 母岩.

ma・tron [méitrən] 名 C **1** 《主に文語》(年配の上品な) 既婚女性. **2** 《英・古風》看護婦長 (senior nursing officer). **3** 《主に英》寮母;《主に米・古風》女性看守.

ma・tron・ly [méitrənli] 形 (既婚女性らしく) 落ち着いた, 品のある; 貫禄(ﾋﾞﾆ)のある, 小太りの.

mat・ted [mǽtid] 形 **1** マットを敷いた. **2** (髪などが) もつれた. **3** (雑草などが) 生い茂った.

matte [mǽt] 形 = MAT².

mat・ter [mǽtər]
名 動【原義は「物質」】
— 名 (複 **mat・ters** [～z]) **1** C 事柄, 問題, 事件: a private *matter* 私事 / the *matter* in [at] hand 当面の問題 / The *matter* is quite serious. その問題は非常に重大です / Are you interested in international *matters*? 国際問題に関心がありますか / It's no laughing *matter*. それは笑い事ではない.
2 [the ～; 通例, 疑問文・否定文で] […に関する] 困ったこと, やっかい [面倒] なこと; 故障〔with〕: Nothing is the *matter* with my camera.＝There is nothing the *matter* with my camera. 私のカメラはどこも故障していない / Is (there) anything the *matter* with your car? あなたの車はどこか故障しているのですか.
3 [～s] (ある時点での漠然とした) 事態, 情勢: as *matters* stand 現状では / *Matters* are not so simple as you think. 事態はあなたが思っているほど単純ではない / He always takes *matters* easy. 彼はいつでものんきにかまえている.
4 U [通例, 否定文・疑問文で] 重大事, 重要性, 意義: an affair of little *matter* たいして重要でない事件 / It is [makes] no *matter* whether he consents or not. 彼が同意してもしなくてもどうでもいい. **5** U 〖物理〗物質, …質, …体: mineral *matter* 鉱物 / organic *matter* 有機物 / liquid *matter* 液体 / solid *matter* 固体.
6 U [形容詞を伴って] (印刷・出版された) もの; 印刷物, 郵便物: postal *matter* 郵便物 / printed *matter* 印刷物. **7** U (書物・演説などの) 内容, 本質, 主題: subject *matter* 主題.

■ *a mátter of ...* **1** …の問題: a matter of life and death 死活問題 / It's just a *matter of* time before the Diet dissolves. 国会解散はまさに時間の問題だ. **2** およそ…: It's *a matter of* two miles from here to the station. ここから駅までおよそ2マイルです / He'll be back in *a matter of* weeks. 彼は数週間で帰るだろう.

as a mátter of cóurse → COURSE 成句.
as a mátter of fáct → FACT 成句.
for thát màtter そのことなら, それについてさらに [付け加えて] 言えば: They know nothing about democracy, or *for that matter*, about politics. 彼らは民主主義について, いやもっとはっきり言

LET'S TALK 気づかいの言葉

[基本] What's the matter?

Miho: **What's the matter? You look a little pale.**
(どうしたのですか. 少し顔色が悪いですよ)

Bill: **I have a headache.**
(頭が痛いのです)

　何かに困っていたり, 体の具合が悪そうな人には, What's the matter (with you)? (どうしたのですか) と声をかけましょう. What's wrong (with you)? または Is anything wrong (with you)? と言ってもかまいません. この表現は What's the matter with the TV? (テレビはどうしたのだろうか) のように, with のあとにものを置いて, それが故障している理由を尋ねるのにも用いることもできます.

　相手の気づかいの言葉に「何でもないですよ」と答える場合は, Nothing in particular. と言えばよいでしょう.

[類例] A: Is anything wrong? (どうかしましたか)
B: I'm having some trouble writing a term paper.
(期末のレポートを書くのに困っているのです)

えば，政治について何もわかっていない．
in the mátter of ... = *in mátters of ...*《文語》…に関しては．
lèt the mátter dróp [rést] 放っておく，手を引く．
Nò mátter! たいしたことではない，心配無用．
nò mátter whát [whích, whó, whére, whén, hów] ... たとえ何が[どれが，だれが，どこに，いつ，いかに]…でも《◇ whatever, whichever などより口語的》: I cannot believe him *no matter what* he says [may say]. たとえ彼が何と言おうと私は彼を信じられない / *No matter how* hard you (may) practice, you can't master in a day how to drive a car. どんなに一生懸命練習しても，1日で車の運転をものにすることはできない．
to màke mátters wórse → WORSE 成句．
Whàt's the mátter (with ...)? **1** （…は）どうしたの: What's the *matter with* your nose? 鼻をどうかしたのですか(➡前ページ[LET'S TALK])． **2** …は何をやっているんだ《◇驚き・非難を表す》．
── 動《三単現 **mat·ters** [~z], 過去・過分 **mat·tered** [~d]; 現分 **mat·ter·ing** [-tərɪŋ]》
── 自《通例 It を主語にして，疑問文・否定文で; 進行形不可》重要である: *It matters* little to me where they (may) work. 彼らがどこで働こうと私にはほとんど関係ない / *It doesn't matter* whether he comes on time or not. 彼が時間通りに来ようと来なくても問題ではない / Such criticism does not *matter* to me. そんな批評は私にはどうでもよい．

Mat·ter·horn [mǽtərhɔ̀ːrn] 名 固 《the ~》マッターホルン《アルプス山脈の高峰; 4,448 m》．

mát·ter-of-cóurse 形 当然の，（態度などが）平然とした: in a *matter-of-course* manner 平然と．

mát·ter-of-fáct 形 事実に即した，実際的な; 味気ない，事務的な: speak in a *matter-of-fact* way 事務的に話す．

mát·ter-of-fáct·ly 副 実際的に; 事務的に．

Mat·thew [mǽθju:] 名 固 **1** マシュー《◇男性の名;《愛称》Matt, Matty》. **2** [St. ~] 聖 使徒マタイ《キリストの弟子で福音書の著者の1人》. **3** 聖 マタイ伝, マタイによる福音書《新約聖書中の1書;《略記》Matt.》.

mat·ting [mǽtɪŋ] 名 U **1** マットの材料．
2 《集合的に》マット，ござ，畳．

mat·tock [mǽtək] 名 C 鍬(くわ); 《一方の刃の先が平らな》つるはし．

*_**mat·tress** [mǽtrəs] 名 C《ベッドの》マットレス: a spring *mattress* スプリング入りマットレス．

mat·u·ra·tion [mæ̀tʃʊréɪʃən] 名 U **1** 《格式》成熟, 円熟;《チーズ・ワインなどの》熟成． **2** 医 《傷などの》化膿(かのう)．

*_**ma·ture** [mətʃʊ́ər, -tʃʊ́ɚ- / -tʃʊ́ə, -tjʊ́ə] 形《比較 **ma·tur·er** [-rər], 最上 **ma·tur·est** [-rɪst]》
1 《果物などが》熟した, 成熟した;《チーズ・ワインなどが》熟成した;《生物が》十分成長した (↔ immature)(→ RIPE 類義語): *mature* wine [cheese] 熟成したワイン[チーズ] / The grapes are not *mature* yet. ブドウはまだ熟していない． **2** 《人・精神が》十分成長した, 円熟した, 分別のある: a *mature* actor 円熟した俳優． **3** 《限定用法》《格式》《計画などが》熟慮した, 慎重な: a *mature* plan 十分練った計画． **4** 《経済・産業・市場が》成熟した．
5 商《手形・債券などが》満期になった．
── 動 **1** 成熟する, 熟す;《チーズなどが》熟成する: This fruit has not *matured* enough to be picked. この果実はまだ摘み取れるほど熟していない． **2** 商《手形・債券などが》満期になる．
── 他 …を成熟させる (ripen); …を仕上げる, 完成する: Experience has *matured* him greatly. 経験を積んで彼は大いに成長した．

*_**ma·tu·ri·ty** [mətʃʊ́ərəti, -tʃʊ́ɚ- / -tʃʊ́ər-, -tjʊ́ər-] 名 U **1** 成熟, 円熟; 完成: sexual *maturity* 性的成熟 / come to [reach] *maturity* 成熟[円熟]する．
2 商《手形・債券などの》満期, 支払い期日．

maud·lin [mɔ́ːdlɪn] 形 涙もろい, 感傷的な．

Maugham [mɔːm] 名 固 モーム William Somerset [sʌ́mərsèt] Maugham《1874-1965; 英国の作家》．

maul [mɔːl] 動 他 **1** 《通例, 受け身で》《動物が》《人・動物を》食いちぎる． **2** …を酷評する; 手荒く扱う．

maun·der [mɔ́ːndər] 動 自《主に英》**1** だらだら話す[ぐちる] (*on*)． **2** ぶらぶら歩く (*about*).

Mau·pas·sant [mòupəsɑ́ːŋ / mòupəsɔ̀ŋ] 名 固 モーパッサン Henri Guy de [ɑːnríː ɡiː da / ɔ̃nríː-] Maupassant《1850-93; フランスの作家》．

Mau·ri·ta·ni·a [mɔ̀ːrətéɪniə] 名 固 モーリタニア《アフリカ北西部にある共和国; 首都ヌアクショット (Nouakchott)》．

Mau·ri·ti·us [mɔːrɪ́ʃəs] 名 固 モーリシャス《マダガスカル島の東方にある島で, 共和国; 首都ポートルイス (Port Louis)》．

mau·so·le·um [mɔ̀ːsəlíːəm] 名《複 **mau·so·le·ums** [~z], **mau·so·le·a** [-liːə]》 C 壮大な墓, 霊廟(れいびょう), 陵(みささぎ)．

mauve [móuv] 名 U ふじ色． ── 形 ふじ色の．

mav·er·ick [mǽvərɪk] 名 C **1** 《米》所有者の焼き印のない子牛． **2** どの派にも属さずに行動する人, 一匹狼(おおかみ), 異端児《◇特に政治家について言う》．

maw [mɔː] 名 C 《文語》**1** 《肉食動物の》のど, 胃.
2 すべてを飲み込むもの; 奈落(ならく)．

mawk·ish [mɔ́ːkɪʃ] 形 涙もろい, いやに感傷的な．

max. 《略語》= *maximum* (↓).

*_**max·im** [mǽksɪm] 名 C 格言, 金言; 処世訓．

max·i·mal [mǽksəməl] 形 最大限の, 最高の (↔ minimal)．

max·i·mize,《英》**max·i·mise** [mǽksəmàɪz] 動 他 …を最大にする, 極限まで増やす (↔ minimize)．

*_*_**max·i·mum** [mǽksəməm] 名 形
── 名《複 **max·i·mums** [~z], **max·i·ma** [-mə]》C 最大限, 最大数, 最大量; 最高点;《数学》極大, 極大, 最大値 (↔ minimum)(《略語》max.): reach the *maximum* 最大限[頂点]に達する / He turned up the volume on the stereo to the *maximum*. 彼はステレオの音量を最大に上げた / I got 90 marks out of a *maximum* of 100. 私は100点満点で90点を取った．
── 形《比較なし; 限定用法》最大の, 極大の, 最高の:

the *maximum* temperature 最高気温.

may [(弱) mei; (強) méi]

> ❶ 推量・可能性 「…かもしれない」(→**1**)
> He may be at home now.
> (彼は今,家にいるかもしれない)
>
> ❷ 許 可 「…してもよい」(→**2**)
> You may [may not] go home.
> (君は家に帰ってもよい[帰ってはいけない])
>
> ❸ 祈 願 「…しますように」(→**6**)
> May your son return safe!
> (ご子息が無事帰還されますように)

— **助動** (過去 **might** [(弱) mait; (強) máit])
1 [推量・可能性] (a) **[may do] …かもしれない** (→ MIGHT[1] ❻ 語法): That rumor *may* be true. あのうわさは本当かもしれない / She *may* possibly have a talent for music. ひょっとすると彼女には音楽の才能があるのかもしれない / It *may* or *may* not snow tomorrow. あすは雪が降るかもしれないし降らないかもしれない / Even a skillful player *may* sometimes make errors. 上手な選手でもエラーをすることがある. (b) **[may have＋過分] …した[であった]かもしれない** (◇過去のことについての推量・可能性を表す): She *may have* told a lie. 彼女はうそをついたのかもしれない / It *may* not *have* been true that he had gone to Berlin. 彼がベルリンへ行ってしまったというのは本当でなかったのかもしれない.

語法 推量・可能性を表す **may**
(1) 否定文では not は may ではなく動詞を否定する: He *may* not come. 彼は来ないかもしれない (＝ It is possible that he won't come.).
(2) 疑問文には用いない. 代わりに次のように言う: Is it likely to rain tomorrow? あすは雨が降るだろうか / Can that rumor be true? あのうわさは本当だろうか.

2 [許可] (a) **…してもよい**: You *may* order anything on the menu. メニューの中からどれでも注文していいですよ / You *may* not use your mobile phone in the hospital. 病院内では携帯電話は使用禁止です.
(b) **[May I do?] …していいですか** (➡ **LET'S TALK**]): *May I* use your dictionary?―Yes, certainly [No, please don't]. / Yes, you *may* [No, you *may* not]. あなたの辞書を使ってもいいですか―ええ,いいですよ [いいえ,だめです] / *May I* speak to Mr. Taylor? テイラーさんをお願いします (◇電話で) / *May I* help you? 何かお探しですか (◇店員が客に).

語法 (1) **May I ...? と Can I ...?**
May I ...? のほうが丁寧だが,格式ばった言い方なので《米口語》では Can I ...? を用いることが多い.
(2) **May I ...? に対する答え方**
Yes, you *may*. や No, you *may* not. は子供や目下の人に対して用いるぞんざいな答え方.通例,肯定の答えには Yes, certainly. / Yes, please. / Sure. / Why not? などを,否定の答えには No, please don't. などを用いる.

3 [譲歩] (a) **[may do, but ...] ~かもしれないが…である**: He *may* be a genius, *but* he lacks a sense of humor. 彼は天才かもしれないが,ユーモアのセンスに欠けている. (b) [副詞節中に用いて] **たとえ…でも**: No matter what he *may* say, I don't believe him.＝Whatever he *may* say, I don't believe him. たとえ彼が何と言おうと私は彼を信じない (◇《口語》では may を使わないことが多い; → WHATEVER **形** 語法).

4 [目的を表す副詞節の中で] **…するために,…するように**: Please speak slowly so that we *may* understand you. 私たちにわかるようにゆっくり話してください.

5 [可能]《格式》…できる (can): Work hard

LET'S TALK 許可の求め方

[基本] **May [Can] I ...?**

Miho: **May I use your racket?**
　　　(あなたのラケットを借りてもいいですか)

Jenny: **Sure.**
　　　(ええ,もちろん)

相手に許可を求めるときには,May [Can] I ...? (…してもいいですか) と言いましょう. あとに please を付けるとより丁寧な言い方になります. 答え方は,許可する場合には,Yes, you may [can]. または Of course. (いいですよ) などと言います. 断る場合には,Sorry, I'm going to use it. (すみません. 私が使うんです) のように sorry と言ってから,断る理由を付け加えるようにしましょう.

ほかに,Do you mind if ...? という言い方があります. これを直訳すると「…することを気にしますか」という意味ですから,許可する場合は,No, I don't. または No, not at all. (いいですよ) などのように否定文で答えます.

[類例] A: Do you mind if I use this computer? (このコンピュータを使ってもいいですか)
　　　B: Of course not. (もちろん,いいですよ)

while you *may*. 働けるうちにしっかり働きなさい.
6 [祈願]《文語》…します[でありますように]《◇語順は「may＋主語＋do」となる》: *May* he live long!＝Long *may* he live! 彼が長生きしますように.

■ **cóme what máy** → COME 成句.
máy (jùst) as wèll dó → WELL¹ 副 成句.
mày wéll dó → WELL¹ 副 成句.

***May** [méi]

【→ MONTH 表】

— 名 **1** ⓤ 5月 (→ JANUARY 語法): In Japan, *May* 5 is Children's Day. 日本では5月5日はこどもの日です.
2 [m-] (複 **mays** [～z]) ⓒ《英》《植》サンザシ (hawthorn)《◇5月に開花することから》.

Ma·ya [máiə, máːjə] 名 (複 **Ma·yas** [～z, **Ma·ya**) **1** ⓒ [the ～] マヤ族《中米の先住民》. **2** ⓒ マヤ人; ⓤ マヤ語.

***may·be** [méibi]

《◇ It *may* be that … の略》

— 副 **ひょっとしたら**, たぶん, ことによると《◇ perhaps より口語的; → PROBABLY 語法》: *Maybe* he'll be prime minister some day. ひょっとしたら彼はいつか首相になるかもしれない / Are you coming tonight? — *Maybe*. あなたは今晩来ますか—たぶん行きます / *Maybe* I am wrong. どうやら私が間違っているようです.

May·day [méidei] 名 ⓒ《時に m-》メーデー《船舶・航空機などが発する国際無線救難信号》.

Máy Dày 名 ⓒ **1** 五月祭《5月1日に行われる春の祭り》. **2** ⓤ メーデー, 労働祭《5月1日. 英国では公休日 (bank holiday); → HOLIDAY 表》.

May·flow·er [méifláuər] 名 ⓒ メイフラワー号《1620年に英国の清教徒がアメリカ大陸へ渡った船》.

may·fly [méiflài] 名 (複 **may·flies** [～z]) ⓒ《昆》カゲロウ《5月頃に出現する》.

may·hem [méihem] 名 ⓤ 破壊行為, 大混乱.

may·n't [méint]《短縮》may not の短縮形.

***may·on·naise** [méiənèiz / mèiənéiz]《フランス》名 ⓤ マヨネーズ; マヨネーズであえた料理.

***may·or** [méiər / méə]

— 名 (複 **may·ors** [～z]) ⓒ **市長**, 町長, 村長; (地方自治体の)長, 行政長官《◇女性形は mayoress だが, 現在では男女とも mayor を用いることが多い》: Who will be elected *mayor*? だれが市長に選出されるだろうか.

may·or·al·ty [méiərəlti / méər-] 名 ⓤ《格式》市[町, 村]長の職[任期].

may·or·ess [méiərəs / meərés] 名 ⓒ **1** 女性市長[町長] (→ MAYOR). **2** 市長[町長]夫人.

may·pole [méipòul] 名 ⓒ《しばしば M-》五月柱, メイポール《花とリボンで飾った柱で, 以前は五月祭 (May Day)にその周囲で踊った》.

maze [méiz] 名 ⓒ **1** 迷路, 迷宮 (labyrinth): find one's way out of a *maze* 迷路から抜け出す. **2** [a ～] 当惑: be in a *maze* 途方に暮れる.

ma·zur·ka, ma·zour·ka [məzə́ːrkə] 名 ⓒ マズルカ《ポーランドの軽快なダンス》; マズルカ舞曲.

MB《略語》＝*m*ega*b*yte メガバイト.

MBA《略語》＝*M*aster of *B*usiness *A*dministration 経営(管理)学修士.

MC《略語》＝*m*aster of *c*eremonies 司会者; *M*ember of *C*ongress 国会議員.

Mc·Car·thy·ism [məkáːrθiìzm] 名 ⓤ マッカーシズム《1950年代の米国の反共キャンペーン》.

Mc·Coy [məkɔ́i] 名 [the (real) ～]《口語》(まぎれもない)本人, 本物.

Mc·Don·ald's [məkdánəldz / -dɔ́n-] 名 ⓒ《商標》マクドナルド《米国のハンバーガーチェーン》.

Mc·Kin·ley [məkínli] 名 個 **1** [Mount ～] マッキンリー山《Alaska 州にある北米大陸の最高峰, 6,194m》. **2** マッキンリー William McKinley《1843-1901; 米国の政治家; → PRESIDENT 表》.

MD¹《郵略語》＝*M*arylan*d*.
MD²《略語》＝*m*ini*d*isc.
Md.《略語》＝*M*arylan*d*.
M.D.【ラテン】《略語》医学博士 (Doctor of Medicine).

***me** [(弱) mi(ː); (強) míː]

— 代 [人称代名詞]《◇ I の目的格; → PERSONAL 文法》

1 [目的格] (a) [動詞の目的語として] **私を[に]**: I know that man, but he says he doesn't know *me*. 私はあの男を知っているが, 彼は私を知らないと言う / Please tell *me* the way to the library. 図書館へ行く道順を教えてください.
(b) [前置詞の目的語として] **私を[に]**: Betty, will you go shopping with *me* this afternoon? ベティー, 午後私と一緒に買い物に行きませんか.
2 [主格補語 I の代わりに]《口語》私で: Who is it? — It's *me*. どなたですか—私です.

語法 It's I [he, she, we, they]. のように主格を用いるのが正式とされるが, 《口語》では It's me [him, her, us, them]. のように目的格を用いることが多い.

3 [as, than のあとで; 主格 I の代わりに]《口語》私: He is three inches taller than *me*. 彼は私より3インチ背が高い / She looks as old as *me*. 彼女は私と同じくらいの年に見える.

語法 **as, than** のあとに来る人称代名詞

人称代名詞が動詞を伴わない場合, 《口語》では主格の代わりに目的格を用いることが多い. ただし, 動詞を伴う場合は主格を用いる: She's as tall as *me*. ＝ She's as tall as *I am*. 彼女は私と身長が同じです.

4 [動名詞の意味上の主語として; 所有格 my の代わりに]《口語》私が: My father doesn't like *me* going out at night. 父は私が夜外出するのをよく思っていない. **5** [独立的に I の代わりに用いて]《口語》私: I'd like to have some coffee. — *Me*, too. 私はコーヒーが飲みたい—私も / Hey, you! — *Me*? おい, 君—私ですか. **6** [間投詞的に; 驚きを表して] まあ, あら: Oh, *me*! おや, まあ / Dear *me*! まあ, 驚いた.

ME¹《郵略語》＝*M*ain*e*.
ME², **M.E.**《略語》＝*M*iddle *E*nglish 中(期)英語.
Me.《略語》＝*M*ain*e*.

mead [míːd] 名 U はちみつ酒.

mead・ow [médou] 名 U C 1 (干し草を作る)牧草地, 草原 (cf. pasture 放牧場). 2 川辺[湖畔]の低湿地.

mead・ow・lark [médoulɑ̀ːrk] 名 C 〔鳥〕マキバドリ《北米産のムクドリモドキ科の鳥》.

mea・ger, 《英》**mea・gre** [míːgər] 形 1 (体・顔などが)やせた: a *meager* face やせ細った顔. 2 (食べ物・収入などが)貧弱な, 不十分な: a *meager* income 乏しい収入 / a *meager* meal 粗末な食事.

★meal¹ [míːl]
【原義は「定まった時間」】
— 名 (複 **meals** [~z]) C 1 (1日の定時の)食事; 食事の時間: eat between *meals* 間食する / Don't watch TV at *meals*. 食事中はテレビを見ないで / Take this medicine after *meals*. 食後にこの薬を飲みなさい. [関連語] breakfast 朝食 / lunch 昼食 / dinner 正餐(さん), (主に)夕食 / supper 夕食 / tea《英》午後[おやつ](の時間) / brunch ブランチ.

コロケーション	食事を…
食事を出す	*serve a meal*
食事を作る	*cook [fix, prepare] a meal*
食事をとる	*have [take, eat] a meal*
食事を抜く	*skip a meal*

2 一度の食事, 1食(分): a light [heavy] *meal* 軽い[十分な]食事.
■ **màke a méal of ...**《口語》…を大げさに扱う; …に必要以上の時間[労力]をかける.

meal² [míːl] 名 U 1 (麦・豆などの)あらびき粉. 2《米》ひき割りトウモロコシ (cornmeal).

meal・time [míːltàim] 名 U C 食事の時間.

meal・y [míːli] 形 (比較 **meal・i・er** [~ər]; 最上 **meal・i・est** [~ist]) 1 あらびき粉の, ひき割りトウモロコシの. 2 粉をふいた: *mealy* potatoes 粉(こ)ふきイモ.

méal・y-móuthed 形《軽蔑》(奥歯にものがはさまったように) はっきり言わない, 婉曲に[遠回しに]言う: Don't be so *mealy-mouthed*. もって回った言い方はしないでください.

★★★mean¹ [míːn]

① …を意味する.	他 1
② …のつもりで言う.	他 2
③ …にとって重要性がある.	他 3
④ …するつもりである.	他 4

— 動 (三単現 **means** [~z]; 過去・過分 **meant** [mént]; 現分 **mean・ing** [~iŋ])〔進行形不可〕
— 他 1 (a) [mean+O] (言葉・事物が)…を意味する, 示す: What does this word *mean*? この単語はどういう意味ですか / This sign *means* "no parking." この標識は「駐車禁止」を示す. (b) [mean+that 節] …ということを意味する: The crosses on the exam paper *mean that* your answers are incorrect. 答案用紙の×印はあなたの答えが間違っていることを示す.
2 (a) [mean+O] (言葉などを) …のつもりで言う, …をさして言う;〈言葉など〉を[…の]つもりで言う〔as, for〕: What do you *mean* by that? それはどういうことですか / She *meant* fifteen. 彼女は15と言ったが, 50と言うつもりだったのだ / Don't worry. She didn't *mean* you. 心配しないで, 彼女はあなたのことを言ったんじゃないから / You can't *mean* that *as* a joke! あんなことを冗談で言うもんじゃない.
(b) [mean+that 節] …ということを言おうとする: I *mean that* you don't have to worry. 心配ご無用だと言っているのです.
3 [mean+O+to ...] …にとって~という重要性がある, …にとって~な意味を持つ《◇ O には程度を表す語句が入る》: Fame *means* nothing *to* him. 名誉などは彼には何の意味もない / A happy home *means* a lot *to* a child. 子供には幸せな家庭がとても大切です.
4 (a) [mean+to do] …するつもりである《◇ intend より口語的》: I have *meant* to see you all these three days. 私はこの3日間ずっと君に会いたいと思っていた / I'm sorry. I didn't *mean to* hurt you. ごめん, 君を傷つけるつもりはなかったんだ. (b) [mean+O+to do] …に~させるつもりである: Jane *means* (for) him *to* escort her. ジェーンは彼にエスコートしてもらうつもりです《◇ for が入るのは《米口語》》.
5 (a) [mean+O [動名]] …という[…する]結果になる: A damp breeze from the sea usually *means* rain. 海から湿った風が吹くとたいてい雨になる / Lending him money *means* giving it away. 彼にお金を貸すと結局くれてやることになる. (b) [mean+that 節] …という結果になる: His absence *means* (*that*) our team will lose the game. 彼が出場できないと私たちのチームは試合に負けてしまう.
6 [mean (+O)+O / mean+O (+to ...)] (…に)〈益・害など〉を与える[加える]つもりである: I *meant* him no harm. = I *meant* no harm *to* him. 私は彼に対して悪意はなかった.
7 […に]…を予定する, あてるつもりである〔for〕: She *meant* the money *for* her son's education. 彼女はその金を息子の教育にあてることにした.
— 自 [well, ill などの副詞を伴って]…な気持ちを抱いている: He *means* well [ill] by [to, toward] me. 彼は私に好意[悪意]を抱いている.
■ *be méant for* ... …に向かっている; …になることに決まっている: This book *is meant for* beginners. この本は初心者向けである / She *was meant for* a poet. 彼女は詩人になるように生まれついていた / This watch *is meant for* you. この時計はあなたへの贈り物です.
be méant to dó《英》…しなければならない; …することになっている.
I méan《口語》つまりその, いやその《◇前言の訂正や言い換えなどに用いる; ➡次ページ [LET'S TALK]》.
I méan it. = *I méan what I sáy.* 私は本気で言っているのです.

★mean² [míːn] 形 1 (品性・行為が)卑劣な, さもしい: His *mean* behavior made them angry. 彼の卑劣なふるまいに彼らは腹を立てた / It is *mean* of him not to invite you. = He is *mean* not to invite you. 君を招待しないなんて彼はあんまりだ. **2** 《主に英》(特に金銭面で)けちな, しみったれた (stingy, 《米》cheap) (↔ generous): Scrooge was *mean* with [about, over] money. スクルージは守銭奴だった. **3** 《主に米》意地悪な, たちの悪い; 扱いにくい: She is *mean* to her juniors. 彼女は後輩に意地悪だ / No one has ever managed that *mean* horse. これまでにあの暴れ馬を乗りこなした人はいない. **4** [限定用法](能力・性質などが)劣った, 貧弱な: The shoes are of *mean* quality. その靴は品質が悪い. **5** 《文語》貧弱な, みすぼらしい: a *mean* log cabin みすぼらしい丸太小屋. **6** 《口語》すばらしい, 巧みな. **7** 《古風》(身分・地位などが)低い, 卑しい.

■ *nò méan ...* 《口語》なかなか立派な…, 並々ならぬ…, たいした…: His uncle is *no mean* painter. 彼のおじさんはなかなかの画家です.

***mean**[3] 形 [限定用法] **1** 平均の (average): What is the *mean* monthly income of Japanese families? 日本人世帯の平均月収はいくらですか. **2** 中間の, 中庸の: a *mean* position 中道的な立場.

— 名 C **1** [the ~]【数学】平均(値): The *mean* of 5, 7, 9, and 11 is 8. 5, 7, 9, 11の平均値は8である. **2** 中間(点), 中庸, 中道: strike a *mean* 中を取る.

me·an·der [miǽndər] 動 自 **1** (川・道などが)曲がりくねる. **2** (人が)あてもなく歩く, さまよう (wander). **3** (人が)とりとめのない話をする.
— 名 C [通例 ~s] **1** 曲がりくねった道, (川などの)蛇行. **2** ぶらぶら歩き.

****mean·ing** [míːniŋ] 名 形
— 名 (複 **mean·ings** [~z]) C U **1** (言葉などの)**意味**; 意図, 伝えたいこと: a basic [figurative] *meaning* 基本的[比喩的]な意味 / This word has various *meanings*. この単語にはさまざまな意味がある / I couldn't understand his *meaning*. 私は彼の言おうとすること[意図]がわからなかった / What's the *meaning* of this? これはいったいどういうつもりなんだ.

2 (人生などの)意義; 重要性: Now life has a new *meaning* for him. 今や彼にとって人生は新たな意味を持つことになった.

■ *with méaning* 意味ありげに.
— 形 [限定用法] 意味ありげな, 意味深長な: a *meaning* look 意味ありげな顔つき.

***mean·ing·ful** [míːniŋf(ə)l] 形 意味のある; 意味深長な; 重要な, 有意義な: a *meaningful* smile 意味深長な微笑.

mean·ing·ful·ly [míːniŋfəli] 副 意味ありげに, 意味深長に; 有意義に.

mean·ing·less [míːniŋləs] 形 無意味な, 無益な, 目的のない: *meaningless* questions [arguments] 無意味な質問[議論].

mean·ly [míːnli] 副 **1** 卑しく, みすぼらしく. **2** 卑劣で, 意地悪に. **3** けちけちと, しみったれて.

mean·ness [míːnnəs] 名 U **1** 卑しさ, みすぼらしさ. **2** 卑劣さ; けち.

*****means** [míːnz]
— 名 (複 **means**) **1** C [単数・複数扱い][(…の)…する]**手段**, 方法 (way, method) [of, to / to do]: Language is a *means* of communication. 言語は伝達手段の1つである / I know several *means of* generating electricity. = I know several *means to* generate electricity. 私は発電の方法をいくつか知っている / The end justifies the *means*. 《ことわざ》目的が手段を正当化する ⇨ 目的のためには手段を選ばず.

2 U [複数扱い] 資力, 財産, 富 (wealth): a man of *means* 資産家 / live within [beyond] one's *means* 収入に見合った[収入以上の]暮らしをする / He has the *means* to buy even a castle. 彼には城が買えるほどの財力がある.

LET'S TALK 言い換えの表現

[基本] I mean....

Kenji: **Do you think I should buy this software?**
(ぼくはこのソフトを買うべきだと思いますか)

Bill: **I don't think so. I mean, it's difficult to use.**
(そうは思いません. というのは, それは使い方が難しいのです)

前に言ったことが相手に正しく伝わらなかったり, 間違えてとらえられそうなときには, I mean (つまり) と言ってから, 補足の説明をしましょう. What I mean is .... または That is .... と言ってもかまいません.

in other words (言い換えれば) を使うと, There is a three-year guarantee on this computer. In other words, you don't have to pay repair costs for three years. (このコンピュータには3年間の保証が付いています. つまり, 3年間は修理費を払わなくてよいのです) のように, 前に言ったことを別の言葉で説明することになります.

[類例] A: Do you like your new job? (新しい仕事は気に入っていますか)
B: Not so much. That is, it's interesting but difficult.
(それほどではありません. つまり, 仕事は面白いのですが, 難しいのです)

■ ***by áll mèans*** **1**《口語》ぜひどうぞ, もちろんです(certainly)(◇丁寧な承諾の返事として用いる): May I use your bicycle? – *By all means*. 自転車をお借りしてもいいですか – どうぞ, どうぞ.
2《格式》何としても, ぜひとも, 必ず: You should *by all means* listen to his advice. あなたは彼の忠告にぜひ耳を傾けるべきです.
by ány mèans **1**[否定文で] どうしても［決して］(…でない): He could not persuade her *by any means* to change her mind. 彼にはどうしても彼女に考えを変えるよう説得することができなかった.
2[疑問文で] どうにかして: Can't you *by any means* remember the suspect's face? 何とか容疑者の顔を思い出せませんか.
by fáir mèans or fóul どんな手を使っても, 手段を選ばず.
by méans of ... …によって, …を用いて: We were able to communicate *by means of* gesture. 私たちは身ぶりで意志を伝えることができた.
by nó mèans 決して…でない(not ... at all): She is *by no means* interested in sports. 彼女はスポーツには全然興味がない.
by sóme mèans or óther 何とかして.
wáys and méans → WAY¹ 成句.

*****meant** [mént] 動 mean¹ の過去形・過去分詞.

***mean·time** [míːntàim] 名[the ~] その間(の時間), 合間.
■ ***for the méantime*** さしあたり, 当座は.
in the méantime それまでの間に, そうこうするうちに; その一方では (meanwhile): I will go to the party later. *In the meantime* I've got some work to finish. 私は遅れてパーティーに行きます. その前に終えなければならない仕事があるのです.
── 副《口語》= MEANWHILE (↓).

***mean·while** [míːnhwàil] 副 その間に, そうこうするうちに: Her baby slept. *Meanwhile* she wrote a letter. 赤ん坊が寝ている間に彼女は手紙を1通書いた.

mea·sles [míːzlz] 名 U [時に the ~; 単数扱い]【医】はしか: German *measles* 風疹(ふうしん) / catch [have] *measles* はしかにかかる [かかっている].

mea·sly [míːzli] 形 (比較 **mea·sli·er** [~ər]; 最上 **mea·sli·est** [~ist]) **1** はしかにかかった. **2**《口語・軽蔑》つまらない; ちっぽけな, わずかな.

meas·ur·a·ble [méʒərəbl] 形 測ることができる, 予測できる; 適度な; かなりの: There is a *measurable* difference between the two experiments. その2つの実験にはかなりの相違がある.

*****meas·ure** [méʒər] 動 名【基本的意味は「…を測る(find the size, length, quantity of ...)」】
── 動 (三単現 **meas·ures** [~z]; 過去・過分 **meas·ured** [~d]; 現分 **meas·ur·ing** [-ʒəriŋ])
── 他 **1**〈大きさ・長さ・量など〉を**測る**, …の寸法を測る(*up*): We *measured* the height of the tree. 私たちはその木の高さを測った / They *measured* the room. 彼らはその部屋の広さを測った / She *measured* me for a jacket. 彼女は上着を作るために私の寸法をとった.

2 …を[…によって／…と比べて]判断する, 評価する [*by* / *against*, *with*]: *measure* Russia *against* the United States ロシアを米国と比較する / In Japan they often *measure* a person *by* his or her school career. 日本では人を学歴で評価することがよくある.
3 …を調整する, つり合わせる; 十分考慮する.
── 自 **1**[進行形不可] …の大きさ[長さ, 量など]がある: The bridge *measures* 100 feet long. その橋は長さ100フィートです. **2** 測る, 測定する, 寸法をとる.
■ ***méasure óff*** 他 測って…の長さで切る; …を区分する: *measure off* four yards of cloth 生地を4ヤード測って切る.
méasure one's wíts [stréngth] agàinst ... …と知恵[力]比べをする.
méasure óut 他 …を[…に]分配する, 測り分ける [*to*]: The government *measured out* food *to* the refugees. 政府は難民に食料を分配した.
méasure úp to ... 〈基準・期待など〉にかなう, 達する: His grade did not *measure up to* his parents' expectations. 彼の成績は両親の期待には届かなかった.

── 名 **1** C [通例 ~s][…する／…のための／…に対する]対策, 処置, 手段 [*to do* / *for* / *against*]: *measures for* safety 安全対策 / *measures against* traffic accidents 交通事故対策 / We must take drastic *measures* to improve environmental conditions. 私たちは環境を改善するために思い切った措置をとらなければならない.
2 U [しばしば a ~] ある程度 [*of*...], かなりの度合い; 限度 [*of*]: There is a *measure of* truth in her story. 彼女の話にはかなり真実味がある / Edison's inventiveness knew no *measure*. エジソンの発明の才は限りなかった.
3 C (評価・判断の)基準, 尺度: A school grade is not the true *measure* of a student's ability. 学校の成績は生徒の能力を示す真の尺度ではない. **4** U 寸法, 大きさ, 分量; 重さ: take a *measure* 寸法を測る / His waist *measure* is 74 centimeters. 彼のウエストは74センチです.
5 U 計量, 計量法; C 計量単位: dry [liquid] *measure* 乾 [液] 量 / metric *measure* メートル法 / weights and *measures* 度量衡.
6 C 計量器具, メジャー: a tape *measure* 巻き尺 / a yard *measure* ヤード尺.
7 C 法案, 条例 (bill). **8** C U《米》【音楽】小節, 拍子; (詩の)韻律, 格. **9**【数学】約数.
■ ***beyónd méasure***《格式》非常に, 並外れて.
for góod méasure おまけに, 余分に, そのうえ.
gìve fúll [shórt] méasure 品物の目方をたっぷりめに[少なめに]計る.
in fáir [làrge] méasure だいぶ, 大いに.
in sóme méasure 幾分, ある程度.
tàke [gèt] ...'s méasure = tàke [gèt] the méasure of ... **1** (服を作るために)〈人〉の寸法をとる. **2**〈人〉の能力[人格]を判断する.
to méasure 寸法に合わせて.
withìn méasure 適度に.
◆ **méasuring cùp** C 計量カップ.

meas·ured [méʒɚd] 形 **1**（言葉などが）慎重な, 考慮した: speak in *measured* words 慎重に言葉を選んで話す. **2** 正確に測った. **3** ゆっくりと, 規則正しい, 整然とした. **4** 韻文の, 律動的な.

meas·ure·less [méʒərləs] 形《文語》無限の (limitless); 測定できない.

＊meas·ure·ment [méʒɚmənt] 名 **1** ⓤ 測定, 測量; 計量法: the metric system of *measurement* メートル法. **2** ⓒ 測定値;〔通例 ~s〕寸法（長さ・幅・厚さ）. **3**〔~s〕体の(スリー)サイズ（バスト・ウエスト・ヒップ）.

＊＊＊＊meat [míːt]（☆ 同音 meet）
【原義は「食物」】
— 名（複 **meats** [míːts]）**1** ⓤⓒ（食用の）肉
（◇通例, 獣肉をさすが, 鶏肉を含めることもある; cf. fish 魚肉, flesh（食用でない）肉）(→ 表): chilled [frozen] *meat* 冷蔵[冷凍]肉 / ground *meat* ひき肉 / a piece of *meat* ひと切れの肉 / slice *meat* 肉をスライスする / I can't eat any *meats* except chicken. 私は鶏肉以外の肉は食べられない.

動物とその肉	
cattle 牛	beef 牛肉
calf 子牛	veal 子牛の肉
pig 豚	pork 豚肉
sheep 羊	mutton 羊肉
lamb 子羊	lamb 子羊の肉
deer シカ	venison シカの肉
chicken 鶏肉	chicken 鶏肉
turkey 七面鳥	turkey 七面鳥の肉

2 ⓤ（果物・貝などの）実, 肉: the *meat* of a walnut クルミの果肉 / lobster *meat* ロブスターの身. **3** ⓤ（重大な）内容, 実質, 要点: a new idea full of *meat* 内容の十分ある新しい考え / There was not much *meat* in his speech. 彼の演説にはたいした中身がなかった. **4** ⓤ《古》食事; 食物: One man's *meat* is another man's poison.《ことわざ》ある人にとっては食物でも別の人にとっては毒になる⇒甲の薬は乙の毒, 好みは人それぞれ.

■ **be meat and drink to ...**（物事が）…にとって非常な楽しみである; …にとってたやすい.

the meat and potatoes《米口語》基本, 要点.

meat·ball [míːtbɔ̀ːl] 名 **1**（生）肉だんご, ミートボール. **2**《口語》鈍感な人.

meat·loaf [míːtlòuf] 名（複 **meat·loaves** [-lòuvz]）ⓒⓤ《料理》ミートローフ（ひき肉に卵・タマネギなどを加えてパンの形に焼いたもの）.

meat·y [míːti] 形（比較 **meat·i·er** [~ɚr]; 最上 **meat·i·est** [~ist]）**1** 肉の（ような）. **2** 肉の多い;《口語》肉づきのよい: a man with *meaty* shoulders 肩のもり上がった男. **3**《口語》内容の充実した: a *meaty* discussion 中身のある議論.

Mec·ca [mékə] 名 **1** 圐 メッカ（サウジアラビア西部の都市. イスラム教の聖地）. **2** ⓒ〔しばしば a m-〕あこがれの土地,（活動の）中心地; 発祥の地.

＊me·chan·ic [mikǽnik] 名 ⓒ 機械工, 熟練した職工: a car [an auto] *mechanic* 自動車(修理)工.

＊me·chan·i·cal [mikǽnikəl] 形 **1** 機械(上)の; 機械で動く, 機械製の: a *mechanical* toy 機械仕掛けのおもちゃ. **2**〔しばしば軽蔑〕(人・行動などが) 機械的な, 個性のない; 無表情な: a *mechanical* gesture（何げなくする）習慣的なしぐさ / in a *mechanical* way 機械的に. **3** 機械に強い: I'm not a bit *mechanical*. 私はまったく機械に弱い. **4** 力学的な, 物理的な力による.

◆ **mechánical enginéering** ⓤ 機械工学.

mechánical péncil ⓒ《米》シャープペンシル（《英》propelling pencil).（比較「シャープペンシル」は和製英語）

me·chan·i·cal·ly [mikǽnikəli] 副 機械を用いて, 機械仕掛けで; 機械的に; 無表情に.

＊me·chan·ics [mikǽniks] 名 **1**〔単数扱い〕力学; 機械学. **2**〔通例 the ~; 複数扱い〕仕組み, 構造; 技術, 技法.

＊mech·a·nism [mékənìzəm] 名 **1** ⓒⓤ 機械（装置）: This *mechanism* needs to be repaired. この機械は修理の必要がある. **2** ⓒ 仕組み, 機構, メカニズム: the *mechanism* of a clock 時計の仕組み / the *mechanism* of government 統治機構. **3** ⓒ（操作の）過程, 手法.

mech·a·nis·tic [mèkənístik] 形 機械論(者)の.

mech·a·ni·za·tion [mèkənəzéiʃən / -naiz-] 名 ⓤ 機械化; 機甲化.（▷ 名 machine）

mech·a·nize [mékənàiz] 動 …を機械化する;〈軍隊などを〉機甲化する: *mechanized* forces 機甲部隊.

＊med·al [médl]【metal と同語源】名 ⓒ メダル, 記章, 勲章: a gold *medal* 金メダル / She was presented [awarded] a *medal* for long service. 彼女の長年の功労に対して勲章が授与された / Every *medal* has its reverse.《ことわざ》何事にも裏がある.

med·al·ist,《英》**med·al·list** [médlist] 名 ⓒ **1** メダル受賞者, メダリスト: a gold *medalist* 金メダリスト. **2** メダル製作者.

me·dal·lion [mədǽljən] 名 ⓒ **1**（装飾用の）大型メダル. **2**（メダル型の）円形装飾〔模様〕.

＊med·dle [médl] 動（自）《通例, 軽蔑》**1**〔…に〕干渉する, おせっかいを焼く〔*in*, *with*〕: Don't *meddle in* my affairs. 人のことに余計な口を出すな. **2**〔他人の持ち物などを〕いじる, もてあそぶ〔*with*〕: Who has been *meddling with* my papers? 私の書類をいじっていたのはだれだ.

med·dler [médlɚ] 名 ⓒ おせっかい焼き.

med·dle·some [médlsəm] 形 おせっかいな.

＊me·di·a [míːdiə] 名 **1** medium の複数形. **2**〔the ~; 集合的; 単数・複数扱い〕マスメディア,（新聞・テレビ・ラジオなどの）大衆伝達媒体 (the mass media).

me·di·ae·val [mìːdíːvl, mèd-] 形《英》= MEDIEVAL (↓).

me·di·al [míːdiəl] 形《格式》**1** 中間[中央]の, 中間に位置する. **2** 平均の, 並みの (average).

me·di·an [míːdiən] 形 中間の(にある), 中央の(を通る). — 名 ⓒ **1** = **médian stríp**《米》(高速道路の) 中央分離帯 (《英》central reserva-

me‧di‧ate [míːdièit] 動 自 [...の間を]仲裁する, 調停する; 仲介する [between]: *mediate between two countries at war* 交戦中の両国を調停する.
― 他 1 〈紛争など〉を調停する; 〈協定・和平など〉を仲介して成立させる: *mediate a strike* ストライキを調停する / *mediate a ceasefire between two countries* 2国間の停戦の仲介をする. 2 〈情報・伝言など〉を伝える, 取り次ぐ: *mediate a message* メッセージを取り次ぐ.

me‧di‧a‧tion [mìːdiéiʃən] 名 U 調停, 仲介.

me‧di‧a‧tor [míːdièitər] 名 C 調停者, 仲介者.

med‧ic [médik] 名 C 1 《口語》医師; 《英》医学生, インターン (medico). 2 《米口語》衛生兵.

Med‧ic‧aid [médikèid] 名 U 《時に m-》《米》メディケイド《低所得者のための医療補助制度; *medical aid* の略; cf. Medicare メディケア》.

med‧i‧cal [médikəl]

― 形 [限定用法] 1 医学の, 医療の: *medical science* 医学 / *medical care* 医療 / a *medical certificate* (健康)診断書 / *She is getting medical treatment from Dr. Brown.* 彼女はブラウン博士の治療を受けている / *You should have a medical examination [checkup].* あなたは健康診断を受けたほうがよい. 2 内科の (cf. surgical 外科の): a *medical ward* 内科病棟.
― 名 1 《英口語》健康診断: *have a medical* 健康診断を受ける.

med‧i‧cal‧ly [médikəli] 副 医学上, 医学的に.

med‧i‧ca‧ment [mədíkəmənt, médik-] 名 U C 《格式》薬剤, 医薬 (medicine).

Med‧i‧care [médikèər] 名 U 《時に m-》《米》メディケア《65歳以上の老人に対する医療保険制度; *medical care* の略; cf. Medicaid メディケイド》.

med‧i‧cat‧ed [médikèitid] 形 薬の入った, 薬用の: *medicated soap* 薬用石けん.

med‧i‧ca‧tion [mèdikéiʃən] 名 1 U C 薬物, 薬剤. 2 U 薬物治療.

Med‧i‧ci [méditʃiː] 名 《the ~》メディチ家《15-16世紀にイタリアのフィレンツェで栄えた一族》.

me‧dic‧i‧nal [mədísənəl] 形 薬の, 薬用の, 薬効のある: *medicinal herbs* 薬草.

med‧i‧cine [médəsən / médsən] 【原義は「治療の技術」】

― 名 (複 med‧i‧cines [~z]) 1 U C 薬, (特に)内服薬 (→ 類義語): a *medicine* for headache 頭痛薬 / *prescribe medicine* 薬を処方する / *Take this medicine between meals.* 食間にこの薬を飲みなさい / *A good medicine tastes bitter.* 《ことわざ》良薬は口に苦し.
2 U 医学; 医術: *clinical medicine* 臨床医学 / *Chinese medicine* 漢方 / *He practiced medicine in a remote place.* 彼はへき地で開業医をしていた. 3 U 内科(学) (cf. surgery 外科(医学)).
■ **gíve ... a dóse [táste] of ...'s ówn médicine** …にされた通りに仕返しをする.
táke one's médicine 《通例こっけい》(自業自得の)罰を甘受する, つらいことに耐える.

◆ **médicine chèst** C (洗面所の)薬用の小型の戸棚.

médicine màn C (北米先住民などの)まじない師.

> **類義語 medicine, pill, tablet, powder, liquid, capsule, ointment**
> **共通する意味**▶薬
> **medicine** は病気の治療・予防・鎮痛などのための「医薬」の意で, 特に内服薬をさす. medicine はその形状によって次のように分けられる: **pill** 丸薬 / **tablet** 錠剤 / **powder** 粉薬 / **liquid** 水薬 / **capsule** カプセル / **ointment** 軟こう.

med‧i‧co [médikòu] 名 (複 med‧i‧cos [~z]) C 《口語》医師; 医学生《英》medic).

me‧di‧e‧val, 《英》**me‧di‧ae‧val** [mìːdiíːvəl, mèd-] 形 1 中世(風)の, 中世的な: *medieval history* 中世史. 2 古くさい, 古風な, 旧式の.

me‧di‧o‧cre [mìːdióukər] 形 《軽蔑》並の, 二流の, 平凡な: a *mediocre actor* 二流の役者.

me‧di‧oc‧ri‧ty [mìːdiákrəti] 名 (複 me‧di‧oc‧ri‧ties [~z]) 1 U 平凡, 月並み, 凡庸. 2 C 平凡な人, 凡人.

med‧i‧tate [médətèit] 動 自 〈人が〉[...について] 熟考する, 回想する; 瞑想(めいそう)する [on, upon]: *He meditated on [upon] his past life.* 彼はこれまでの人生についてじっくり振り返ってみた.
― 他 ...を計画する, 企てる; [...すること]を企てる, もくろむ [doing]: *meditate revenge* 復讐(ふくしゅう)を企てる / *meditate suicide* 自殺を図る / *He meditated resigning.* 彼は辞職を考えていた.

med‧i‧ta‧tion [mèdətéiʃən] 名 1 U 熟考; (宗教的な)瞑想(めいそう): *sit in meditation* 座って瞑想にふける. 2 C 《しばしば ~s》瞑想録.

med‧i‧ta‧tive [médətèitiv / -tətiv] 形 瞑想(めいそう)にふける; 思索的な.

Med‧i‧ter‧ra‧ne‧an [mèditəréiniən] 形 《通例, 限定用法》地中海(沿岸)の: a *Mediterranean climate* 地中海性気候.
― 名 《the ~》= the Mediterránean Séa 地中海.

me‧di‧um [míːdiəm]

― 形 1 [限定用法] (大きさ・程度などが) 中間の, 中位の; 普通の: a *medium* size Mサイズ, 中型 / a man of *medium* height 中背の男 / a computer of *medium* quality 中品質のコンピュータ. 2 (肉の焼き方が) ミディアムの (→ STEAK).
― 名 (複 me‧di‧a [-diə], me‧di‧ums [~z]) C 1 (通信・伝達・表現などの) 手段, 方法, 機関: an advertising *medium* (新聞・テレビなどの)広告媒体 / mass *media* マスメディア, 大衆伝達媒体 / *E-mail is one of the prime media of communication.* Eメールは主要な通信手段の1つです. 2 媒介, 媒体(物): *Water can be a medium of electricity.* 水は電気の媒体となりうる. 3 生活環境: *Water is the medium in which fish live.* 水は魚が生きる場所である. 4 中間, 中位: *strike [hit] a happy medium* うまく中庸を得る [守る]. 5 (複 me‧di‧ums) 巫女(みこ), 霊媒.

M

■ ***by*** [***thròugh***] ***the médium of ...*** …を通して.
◆ **médium fréquency** [U][C]〘電気〙中間周波数, 中波 (medium wave)(《略語》MF).
médium wáve [U][C]〘電気〙中波(《略語》MW).

mé·di·um-sìzed [形] 中型[中規模]の, Mサイズの.

med·ley [médli] [名][C] **1** (異種の) 寄せ集め, ごた混ぜ: the *medley* of races in New York ニューヨークの雑多な人種. **2**〘音楽〙混成曲, メドレー.
◆ **médley rèlay** [C] (水泳などの) メドレーリレー.

Me·du·sa [mədjúːsə / -djúːzə] [名][固]〘ギ神〙メドゥーサ《ゴルゴン3姉妹 (Gorgons) の1人. 頭髪が蛇で, 見た者を石に変える》.

***meek** [míːk] [形] **おとなしい**, 従順な; 意気地のない: (as) *meek* as a lamb 非常におとなしい.

meek·ly [míːkli] [副] おとなしく, 従順に.

meek·ness [míːknəs] [名][U] おとなしさ, 従順さ.

***meet [míːt] [動][名]

> 基本的意味は「人に会う (come together with someone)」.
> ① (人に) 会う; 面会する. [他] **1**, **2**; [自] **1**
> ② 初めて会う. [他] **3** ; [自] **1**
> ③ 出迎える. [他] **4**
> ④ 交わる. [他] **5** ; [自] **3**
> ⑤ (困難などに) 遭遇する; 対戦する. [他] **6**, **7**; [自] **4**

—[動] (三単現 **meets** [míːts]; 過去・過分 **met** [mét]; 現分 **meet·ing** [~iŋ])

—[他] **1** 〈人〉に**会う**, (偶然に) 出会う; (目が)〈他の人の目〉と合う: I happened to *meet* an old friend of mine at a restaurant. 私はレストランで偶然旧友に出会った / She is the most beautiful woman I've ever *met*. 彼女は私が今までに出会った中で一番美しい女性です / My heart jumped when my eyes *met* hers. 彼女と目が合ったとき私は心臓が跳び上がった.
2 〈人〉と**面会する**; 約束して会う: I'm going to *meet* him this afternoon. 私はきょうの午後彼に会う予定です / *Meet* me in front of the entrance at six. 6時に玄関前で待っていてください / The prime minister *met* the press yesterday. 首相はきのう記者会見をした.
3 〈人〉と**初めて会う**, 知り合いになる: Nice [《主に英》Pleased] to *meet* you. 初めまして, お知り合いになれてうれしいです (◇初対面の人に対するあいさつ; ➡ NICE [LET'S TALK]) / Donna, come and *meet* my brother. ドナ, 来て. 兄を紹介するわ / Nice *meeting* you. = Nice to have *met* you. お会いできてうれしかったです (◇初対面の人と別れるときのあいさつ).
4 〈人・乗り物〉を〔…で〕**出迎える**〔*at*〕: I *met* my aunt *at* the station at nine this morning. 私はけさ9時に駅へおばを迎えに行った / The tour guide will *meet* your plane. 現地ガイドが到着便をお出迎えします.
5 (道・川などが) …と**交わる**; …に接する, 触れ合う: This highway *meets* another at the village. この幹線道路はその村で別の幹線道路と交わる / Her hand *met* his and she blushed. 彼女は手が彼の手に触れたので顔を赤らめた.
6 〈困難など〉に**遭遇する**, 経験する: *meet* one's end [death]《婉曲》死ぬ / We *met* a storm during mountaineering. 私たちは登山中にあらしにあった.
7 (試合で)〈敵〉と**戦う**, 対戦する; 〈困難など〉に立ち向かう: Germany *met* Brazil in the World Cup finals. W杯決勝でドイツはブラジルと対戦した. **8** 〈要求など〉にこたえる,〈希望など〉をかなえる: I won't *meet* such a demand. そんな要求に応じるものか. **9** 〈負債・費用など〉を支払う: He couldn't by any means *meet* his debts. 彼はどうしても借金を支払えなかった.

—[自] **1** **会う**, 出会う; (目などが) 合う; **知り合いになる**: We two *met* by chance. 私たち2人が出会ったのは偶然でした / Let's *meet* for lunch on Saturday. 土曜日に昼食をご一緒しましょう.
2 (人が) **会合する**; (会などが) 開かれる: The Diet will *meet* next Monday. 国会は来週の月曜日に開会の予定である.
3 (道などが) 交わる; 合流する; (列車などが) すれ違う; (ものが) 触れ合う: The ancient city was built where the two rivers *meet*. その古代都市は2つの川が合流する所に造られた.
4 (試合で) 対戦する, 争う.

[句動詞] ***méet úp*** [自]〔…と〕出会う, 落ち合う〔*with*〕: Let's *meet up* after school. 放課後に会おう.
méet with ... [他] **1** 〈困難など〉を**経験する**;〈称賛・非難など〉を受ける: They *met with* great difficulties in trying to cross the border. 彼らは国境を越えようとしたが大きな障害に遭遇した. **2**《主に米》…と (公式に, 約束して) **会う**, 会見 [会談] する: The Japanese Prime Minister is going to *meet with* the U.S. President next month. 日本の首相は来月, 米国大統領と会見する予定である.

■ ***méet ... halfwáy*** → HALFWAY 成句.
There's móre to [***in***] ***... than méet the éye*** [***éar***]. …には外見[目に見えるもの]以上のものがある.

—[名][C] **1**《主に米》競技会 (《英》meeting): a track [swim] *meet* 陸上 [水泳] 競技会. **2**《英》(キツネ狩りの前の) ハンターたちの勢ぞろい.

***meet·ing [míːtiŋ]

—[名] (複 **meet·ings** [~z]) **1** [C] **会合**, **会議**, 集会 (→ [類義語]): an emergency *meeting* 緊急集会 / a staff *meeting* スタッフ会議 / The general *meeting* was postponed until next week. 総会は来週に延期された / She is at [in] a *meeting* now. 彼女は今会議中です.

[コロケーション] **会議を [に]…**
会議を終える: ***close a meeting***
会議に出席する: ***attend a meeting***
会議を招集する: ***call*** [***convene***] ***a meeting***
会議を始める: ***open a meeting***
会議を催す: ***hold*** [***have***] ***a meeting***

2 [the ~; 単数・複数扱い] 集会に出席した人々, 参加者一同, 会衆: A famous grammarian will address the *meeting*. さる著名な文法学者が参加

3 C [通例, 単数形で] 出会い, 遭遇; 面会: a chance *meeting* with an old friend 旧友との偶然の出会い / I fell in love with her at our first *meeting*. 私は彼女にひと目ぼれした.
4 C (《英》(運動) 競技会 (《米》meet): an athletic *meeting* 運動会; 陸上競技会.
◆ méeting hòuse C (《米》) (クエーカー教徒の) 教会堂;《英》(非英国国教派の) 礼拝堂.
méeting plàce C 会場, 集会場所.

[類義語] **meeting, conference, assembly, convention, gathering**
共通する意味▶会合 (a coming together of people)
meeting は「会合」の意を表す最も一般的な語. 会の規模に関係なく, 小規模の会合から議会などの公式の会合もさす: Our club holds a *meeting* every Saturday. 私たちのクラブは毎週土曜日に会合がある. **conference** は重要な, または専門的な問題を協議するために多数の人が集まって行う「公式な会談, 会議」の意: a summit *conference* 首脳会談. **assembly** は大勢の人が「計画的・組織的に集まる会」の意: the General *Assembly* of the United Nations 国連総会. **convention** は政党・宗教団体などの代表者が大規模に集結する会で, 通例「定期大会」の意: a party *convention* 党大会. **gathering** は3人以上の打ち解けた「集まり」の意: There was a social *gathering* of about twenty people. 20人ほどが参加した社交的な集まりがあった.

Meg [még] 名 固 メグ《◇女性の名; Margaret の愛称》.
meg·a- [mégə] 結合 **1** 「大」の意を表す: *mega*phone メガホン. **2** 「100万 (倍)」の意を表す: *mega*hertz メガヘルツ / *mega*ton メガトン.
meg·a·bit [mégəbìt] 名 C [コンピュータ] メガビット《◇情報量単位; 1メガビット = 約100万ビット;《略語》Mb; → BIT³》.
meg·a·byte [mégəbàit] 名 C [コンピュータ] メガバイト《◇情報量単位; 1メガバイト = 約100万バイト;《略語》MB; → BYTE》.
meg·a·hertz [mégəhə̀ːrts] 名 (複 **meg·a·hertz**) C 『電気』メガヘルツ《◇周波数単位; 1メガヘルツ = 100万ヘルツ;《略語》MHz》.
meg·a·lith [mégəlìθ] 名 C [考古] (有史以前に信仰の対象とされたと考えられる) 巨石.
meg·a·lo·ma·ni·a [mègəlouméiniə] 名 U 『精神』誇大妄想 (狂).
meg·a·lo·ma·ni·ac [mègəlouméiniæk] 『精神』名 C 誇大妄想 (狂) の患者. ── 形 誇大妄想の.
meg·a·lop·o·lis [mègəlάpəlis / -lɔ́p-] 名 C 巨大都市, メガロポリス《都市が連なった大都市圏》.
meg·a·phone [mégəfòun] 名 C メガホン, 拡声器.
meg·a·ton [mégətʌ̀n] 名 C 100万トン, メガトン《◇「TNT火薬100万トン相当の爆発力」の意もある》.
meg·a·watt [mégəwὰt / -wɔ̀t] 名 C 『電気』メガワット, 100万ワット (《略語》MW).

Me·kong [méikɔ́ːŋ / miːkɔ́ŋ] 名 固 [the ~] メコン川《チベット高原に発し, 南シナ海に注ぐ大河》.
mel·a·mine [méləmìːn] 名 U 『化』メラミン (樹脂).
mel·an·cho·li·a [mèlənkóuliə] 名 U 『精神』《古風》うつ病《◇現在では depression と言う》.
mel·an·chol·ic [mèlənkάlik / -kɔ́l-] 《格式》形 憂うつな, ふさぎ込んだ; うつ病の. ── 名 C 陰気な人; うつ病患者.
***mel·an·chol·y** [méləŋkὰli / -kəli] 《☆アクセントに注意》名 U 《格式》 **1** 憂うつ, ふさぎ込み; もの思い: sink into *melancholy* 憂うつになる. **2** もの悲しさ, 哀愁. ── 形 **1** 憂うつな, ふさぎ込んだ; 憂うつにさせる. **2** もの悲しい.
Mel·a·ne·sia [mèləníːʒə / -ziə] 名 固 メラネシア《南西太平洋にある島々の総称》.
Mel·a·ne·sian [mèləníːʒən / -ziən] 形 メラネシアの; メラネシア人 [語] の.
── 名 **1** C メラネシア人. **2** U メラネシア語.
mé·lange [meilάːʒ] 《フランス》名 C [通例, 単数形で] 混合物, 寄せ集め; ごた混ぜ.
mel·a·nin [mélənin] 名 U 『生化』メラニン, (皮膚を黒くする) 黒い色素.
Mél·ba tóast [mélbə-] 名 U メルバトースト《かりかりに焼いた薄切りのトースト》.
Mel·bourne [mélbərn, -bɔːrn] 名 固 メルボルン《オーストラリア南東部の港湾都市》.
me·lee, mê·lée [méilei / méilei] 《フランス》名 C [通例, 単数形で] 乱闘, 混戦; 雑踏.
mel·lif·lu·ous [məlífluəs] 形 《格式》(音楽・声などが) 甘美な, 流麗な.
***mel·low** [mélou] 形 (比較 **mel·low·er** [~ər]; 最上 **mel·low·est** [~ist]) **1** (果物などが) 熟して甘い, 柔らかく熟した; (ワインなどが) 芳醇(ほうじゅん)な《→ RIPE [類義語]》: a *mellow* peach よく熟した桃 / *mellow* cheese 熟成したチーズ. **2** (色・光・声などが) 柔らか [豊か] で美しい, 落ち着いた, 快い: the *mellow* tones of the violin バイオリンの心地よい音色. **3** (人格が) 円熟した, 穏健な: The years have made him *mellow*. 歳月を重ねることで彼も人間ができてきた. **4** 陽気な, 愛想のよい; ほろ酔いかげんの; くつろいだ.
── 動 他 …を熟させる; 円熟させる.
── 自 熟する; 円熟する: Wine *mellows* with age. ワインは年とともにまろやかになる.
me·lod·ic [məlάdik / -lɔ́d-] 形 『音楽』 **1** 旋律の, 旋律に関する. **2** = MELODIOUS (**1**).
me·lo·di·ous [məlóudiəs] 形 《格式》旋律 [調子] の美しい, 音楽的な, 旋律的な. (▷ 名 **mélody**)
mel·o·dra·ma [mélədrὰːmə] 名 **1** U C メロドラマ《感傷的な通俗劇》. **2** C メロドラマ的な事件 [行為].
mel·o·dra·mat·ic [mèlədrəmǽtik] 形 メロドラマ風の, 芝居がかった, 感傷的で大げさな.
mel·o·dra·mat·i·cal·ly [-kəli] 副 メロドラマ風に, 芝居がかって.
****mel·o·dy** [mélədi] 《原義は「歌」》
── 名 (複 **mel·o·dies** [~z]) **1** C U 『音楽』

ロディー, (主) 旋律; 歌曲, 調べ: a haunting *melody* 忘れられないメロディー / hum a *melody* 歌をロずさむ / The piano carries the *melody* in this song. この曲ではピアノが主旋律を受け持つ. (関連語 harmony 和音 / rhythm リズム)
2 ⓒ 快い調べ, 美しい音楽: old Scottish *melodies* 古くて懐かしいスコットランドの歌曲.
(▷ 形 melódic, melódious)

*mel･on [mélən] 名 **1** ⓒ メロン. (関連語 cantaloupe カンタロープ / muskmelon マスクメロン / watermelon スイカ). **2** Ⓤ メロンの果肉.

*****melt** [mélt]
【原義は「柔らかい」】
── 動 (三単現 **melts** [mélts]; 過去・過分 **melt･ed** [～id]; 現分 **melt･ing** [～iŋ])
── 自 **1** 溶ける, 解ける, 溶解する (*away*); 溶けて […に] なる (*into*) (類義語): The snow has begun to *melt*. 雪が解け始めた / Ice *melts into* water. 氷は解けて水になる.
2 〈心・感情などが〉和らぐ, 哀れみの情を起こす (*away*): Her anger quickly *melted*. 彼女の怒りはすぐに和らいだ / His heart *melted* when he saw the puppy. 子犬を見て彼の心はなごんだ.
3 次第に見えなくなる (*away*); 〈色・音などが〉次第に […に] 変化する, 溶け込む (*into*): He soon *melted* into the crowd. 彼はまもなく人込みの中に消えた.
── 他 **1** 〈ものを〉溶かす, 溶解する (*away*): *Melt* the butter in a frying pan. フライパンの上でバターを溶かしなさい.
2 〈心・感情など〉を和らげる: Her smile always *melts* my heart. 彼女の笑顔で私の心はいつも和らぐ. **3** …を徐々に散らす, 消散させる, 薄くする.
■ *mélt dówn* 他 〈金属など〉を溶かす, 鋳つぶす.
mélt in the móuth 〈食べ物が〉おいしい, 柔らかい.

類義語 melt, dissolve, thaw
共通する意味▶溶ける (change from a solid into a liquid state)
melt は「溶ける」の意を表す最も一般的な語.「熱によって固体が液体に変わる」ことと「固体が液体中で溶ける」ことの両方の意を表す: *melt* two sugar lumps in a cup of coffee 角砂糖2つをコーヒーに溶かす / The chocolate *melted* in the heat. 暑さでチョコレートが溶けた. **dissolve** は melt と同じ意であるが, 「固体が液体の中で」溶けるの意で用いるほうが多い: *Dissolve* sugar in water, and you get sugared water. 砂糖を水に溶かすと砂糖水ができる. **thaw** は凍ったものが「熱によって解けて元の状態に戻る」の意: She *thawed* the frozen meat in the microwave oven. 彼女は冷凍肉を電子レンジで解凍した.

melt･down [méltdàun] 名 Ⓤⓒ (原子炉の) 炉心溶融, メルトダウン; (株価などの) 暴落.
melt･ing [méltiŋ] 形 **1** 溶ける. **2** 〔通例, 限定用法〕〈声などが〉優しい, 人を誘う, 感傷的な.
■ *be in the mélting pòt* 《英》 流動的である, 固定 [決定] していない.

◆ **mélting pòint** ⓒ 【物理】 融点, 融解点.
mélting pòt ⓒ **1** (金属を溶かす) るつぼ.
2 〔通例, 単数形で〕 (人種・文化の) るつぼ 《多様な人種や階層の混じり合った国 [地域]. 特に米国》.

Mel･ville [mélvil] 名 個 メルビル **Herman** [hɚ́ːrmən] **Melville** 《1819-91; 米国の小説家》.

*****mem･ber** [mémbɚr]
── 名 (複 **mem･bers** [～z]) ⓒ **1** (団体・組織などの) 一員, 構成員, 会員, メンバー (cf. fellow 特別会員): a *member* of the family 家族の一員 / a life [full] *member* 終身 [正] 会員 / *member* countries [states] 加盟国 / recruit new *members* 新会員を募集する / I am a *member* of the baseball team. 私は野球チームの一員です (＝I belong to the baseball team.).
2 [M-] (特に英米の) 下院議員: a *Member* of Congress 《米》下院議員 (《略記》MC) / a *Member* of Parliament 《英》下院議員 (《略記》MP).
3 《古》 体の一部, 器官, 特に) 手足 (limb); 《婉曲》 陰茎 (penis). **4** 《数学》 (方程式の) 項, 辺.

****mem･ber･ship** [mémbɚrʃìp] 名 **1** Ⓤ (組織・団体の) 一員であること; 会員の資格 [地位, 身分]: a *membership* card 会員証 / a *membership* fee 会費 / apply for *membership* 入会の申し込みをする. **2** ⓒ 〔通例, 単数形で〕 会員数; 〔集合的に; 単数・複数扱い〕 会員: This club has a small [large] *membership*. このクラブは会員が少ない [多い].

mem･brane [mémbrein] 名 Ⓤ 【解剖】 (薄) 膜, 細胞膜.
mem･bra･nous [mémbrənəs] 形 膜 (状) の; 膜を形成する.

me･men･to [məméntou] 名 (複 **me･men･to(e)s** [～z]) ⓒ 思い出となるもの, 記念品, 形見.

mem･o [mémou] 名 (複 **mem･os** [～z]) ⓒ 《口語》 メモ; (社内の) 回状 《◇ *memo*randum の略》: a *memo* pad メモ帳 (→ STATIONERY 図) / take a *memo* メモを取る.

mem･oir [mémwɑːr] 《フランス》 名 ⓒ **1** 〔通例 ～s〕 回顧録, 体験記; 自叙伝. **2** 《格式》 伝記; 言行録. **3** 紀要, 研究論文集.

***mem･o･ra･ble** [mémərəbl] 形 **1** […で] 記念すべき, 重要な 〔*for*〕: a *memorable* experience 忘れられない体験. **2** 覚えやすい.
mem･o･ra･bly [-bli] 副 はっきりと, 顕著に.

mem･o･ran･dum [mèmərǽndəm] 名 (複 **mem･o･ran･dums** [～z], **mem･o･ran･da** [-də]) ⓒ **1** 《格式》 覚書, メモ, 備忘録; (社内の) 回状 (《口語》 memo): make a *memorandum* of … …をメモ [覚書] にしておく. **2** 【法】 覚書契約 (書); 【商】 (会社の) 定款 (款). **3** (外交上の) 覚書.

***me･mo･ri･al** [məmɔ́ːriəl] 名 ⓒ **1** 〔人・ことの〕 記念物, 記念碑 〔館〕 〔*to*〕; 記念祭 〔行事〕: a war *memorial* 戦没者記念碑 / The church service was a *memorial* to the disaster victims. 礼拝はその災害の犠牲者を追悼するものであった.
2 〔通例 ～s〕 年代記, 歴史的記録.
── 形 〔限定用法〕 記念の; 追悼の: a *memorial* tree 記念樹 / a *memorial* service for … …の

追悼式.　　　　　　　　　　　（▷ 名 memory）

◆ Memórial Dày [U]《米》戦没者追悼記念日《法定休日で, 多くの州で5月の最終月曜日. Decoration Day とも言う; → HOLIDAY 表》.

mem·o·rize [méməràiz]《英》**mem·o·rise** [méməràiz] 動 他 …を記憶する, 暗記する, 覚える: We must *memorize* this song in English. 私たちはこの歌を英語で覚えなければならない.（▷ 名 memory）

mem·o·ry [méməri]

— 名（複 **mem·o·ries** [~z]）**1** [U] 記憶, 覚えていること; 記憶の範囲: lose one's *memory* 記憶を失う / She drew a picture of the criminal's face from *memory*. 彼女は記憶を頼りに犯人の顔をかいた / Foreign place names often escape [slip] my *memory*. 私は外国の地名をよく忘れる / That was the most exciting game in [within] my *memory*. あれは私が覚えている限りで最高の試合だった.
2 [C][通例, 形容詞を前に付けて][…に対する]記憶力[for]: He has a good [poor, bad] *memory for* faces. 彼は人の顔を覚えるのが得意[苦手]です / My sister has a long [short] *memory*. 姉は物覚えがいい[忘れっぽい].
3 [C] 思い出, 追憶: childhood *memories* 子供の頃の思い出 / I have a lot of happy *memories* of my years at college. 私には大学時代の楽しい思い出がたくさんある.
4 [C][U]【コンピュータ】記憶装置, メモリー; 記憶容量.　**5** [U]（死後の）名声.

■ **commit ... to mémory**《文語》…を記憶する, 暗記する.

if(*my*) *mémory sérves me*(*ríght*[*corréctly, wéll*]) 私の記憶に間違いがなければ, 思い違いでなければ.

in mémory of ... …を記念して, しのんで: They erected this monument *in memory of* their great leader. 彼らは偉大な指導者をしのんでこの記念碑を建てた.

to the mémory of ... = *to ...'s mémory* [文修飾] …をしのんで, …の霊にささげて.

within [*in*] *líving mémory* 今なお記憶に残って.
（▷ 動 mémorize; 形 memórial）

men [mén]
名 man の複数形.

◆ mén's ròom [C][通例 the ~]《米》男性用公衆トイレ.

【参考】 公衆トイレは, 男性用を men's room,《英》gents, 女性用を women's room,《英》ladies と言う.《米・婉曲》comfort station,《英・婉曲》public convenience とも言う（→ TOILET【参考】）.

*mean·ace [ménəs]《☆発音に注意》名 **1** [U][C][…への]脅威, 危険なもの[人][to]; 脅迫: a serious *menace to* world peace 世界平和に対する重大な脅威.　**2** [C]《口語》やっかい者, 迷惑な人[もの].
— 動 他 …を脅迫する, おどす;［…で］おびやかす[*with*]: The typhoon *menaced* the Tohoku district *with* floods. 台風のため東北地方は洪水の恐れがあった.

men·ac·ing [ménəsiŋ] 形 威嚇(いかく)的な; 脅迫的な.

men·ac·ing·ly [~li] 副 威嚇的に; 脅迫的に.

me·nag·er·ie [mənǽdʒəri]【フランス】名 [C] **1** [集合的に]（見せ物の）動物.　**2**（サーカスなどの）巡回動物園.

Men·ci·us [ménʃiəs] 名 個 孟子(もうし)《372-289 B.C.; 中国の思想家》.

mend [ménd]
動

— 動 (三単現 **mends** [méndz]; 過去・過分 **mended** [~id]; 現分 **mend·ing** [~iŋ])
— 他 **1** ⟨もの⟩を直す, 修理する（→ 類義語)): She *mended* the rip in her skirt with a needle and thread. 彼女は針と糸でスカートのほころびを縫った / Can you *mend* these shoes? この靴を修理してくれませんか.
2 ⟨行いなど⟩を直す; ⟨事態など⟩を改善する: Keeping silent will not *mend* matters. 黙っていても事態はよくならない.
— 自 **1**《口語》（病人・傷など）治る, 回復する;（事態が）好転する: His broken bone will *mend* within a month. 彼の骨折は1か月以内に治るだろう.　**2**（人が）改心する: It is never too late to *mend*.《ことわざ》改心するのに遅すぎることはない.
— 名 [C]（衣服などの）修繕箇所.

■ *òn the ménd*《口語》（病人が）快方に向かって;（事態・景気が）好転しかけて.

類義語 **mend, repair, fix, patch**
共通する意味＝修理する (put something in good condition again)
mend は手先などで「比較的小規模で簡単な修理を行う」の意: I had him *mend* the umbrella. 私は彼に傘を修理してもらった. **repair** は「損傷・消耗の度合いが大きなものや構造が比較的複雑なものを修理する」の意: *repair* a TV set テレビを修理する / They *repaired* the banks. 彼らは堤防を改修した. **fix** は《口語》で, mend, repair の代わりに用いる: *fix* a watch 時計を修理する. **patch** は穴や裂け目に「つぎ当てをして修理する」の意: Will you *patch* the inner tube? 中のチューブの穴を修理してくれませんか.

---

men·da·cious [mendéiʃəs] 形《格式》**1**（話・報道などが）虚偽の, 偽りの.　**2**（人が）うそつきの.

men·dac·i·ty [mendǽsəti] 名（複 **men·dac·i·ties** [~z]）《格式》**1** [U] うそをつくこと[癖], 正直でないこと.　**2** [C] うそ, 虚偽.

Men·del [méndəl] 名 個 メンデル Gregor Johann [gréigɔːr jóuhɑːn / -hæn] Mendel《1822-84; オーストリアの植物学者》.

◆ Méndel's láws [複数扱い]【生物】メンデルの（遺伝の）法則.

Men·dels·sohn [méndəlsən] 名 個 メンデルスゾーン Felix [féiliks] Mendelssohn《1809-47; ドイツの作曲家》.

mend·er [méndər] 名 [C] 修繕 [修理] する人.

men·di·cant [méndikənt]《格式》形 **1** 物ごいをする.　**2** 托鉢(たくはつ)の.

― 名 C **1** 物ごい (beggar). **2** 托鉢修道士.

mend・ing [méndiŋ] 名 U 繕い (物).

men・folk [ménfòuk] 名 《複数扱い》《古風》(家族・社会の中での) 男連中, 男たち (men).

me・ni・al [míːniəl] 《通例, 軽蔑》形 (仕事などが) つまらない, 熟練 [知識] のいらない; 召使いのすべき.
― 名 C 召使い, 奉公人.

men・in・gi・tis [mènindʒáitis] 名 U《医》髄膜炎.

men・o・pause [ménəpɔːz] 名 U [the ～]《生理》月経閉止 (期), 更年期 (the change of life).

men・ses [ménsiːz] 名 [the ～; 単数・複数扱い] 生理, 月経, メンス.

men・stru・al [ménstruəl] 形 生理 [月経] の.
◆ ménstrual périod C《格式》月経 (期間).

men・stru・ate [ménstruèit] 動 自 月経がある.

men・stru・a・tion [mènstruéiʃən] 名 U C 月経 (期間), メンス.

men・su・ra・tion [mènʃəréiʃən] 名 U **1** 測定, 測量. **2**《数学》求積法.

mens・wear [ménzwèər] 名 U 紳士服, 男性用衣料, メンズウェア.

-ment [mənt]《接尾》動詞につけて「結果・状態・動作・手段」などを表す名詞を作る: development 発達 / disappointment 失望 / movement 運動.

‡**men・tal** [méntəl]

― 形 [比較なし] **1** **精神の**, 心の (↔ physical): mental development 精神の発達 / mental health 精神衛生 / mental cruelty 精神的虐待.
2 知能の, 知的な 知能.
3 [限定用法] 精神病 [障害] の; 精神病患者のための: a *mental* disease [illness] 精神病 / a *mental* patient 精神病患者.
4 [限定用法] 頭の中で行う, そらでする: *mental* arithmetic 暗算 / a *mental* image 心象 / make [take] a *mental* note of his telephone number 彼の電話番号を覚えておく.
5《口語》正気でない.
◆ méntal áge C 精神年齢.

*men・tal・i・ty [mentǽləti] 名 (複 men・tal・i・ties [～z]) **1** U 知能, 知性; 精神作用: a person of high [low] *mentality* 知能の高い [低い] 人 / abnormal *mentality* 異常心理. **2** C [通例 a ～] 心的傾向, ものの考え方; 精神状態: Though he is an adult, he has a *mentality* of a child. 彼は大人だが考え方は子供だ.

men・tal・ly [méntəli] 副 精神的に, 頭 [心] の中で (↔ physically).
■ **mèntally hándicapped** [*disábled*] **1** 精神に障害のある. **2** [the ～; 名詞的に; 複数扱い] 精神障害者.

men・thol [ménθɔːl / -θɔl] 名 U《化》メントール, はっか脳.

men・tho・lat・ed [ménθəlèitid] 形 (たばこ・軟こうなどが) メントールを含んだ.

‡‡‡**men・tion** [ménʃən]

動 【原義は「思い出させる」】
― 動 (三単現 **men・tions** [～z]; 過去・過分 **men・tioned** [～d]; 現分 **men・tion・ing** [～iŋ])

― 他 **1** (a) [mention + O] ...を (軽く) **話に出す**, ...に言及する; ...を [人に] (手短に) 話す [*to*]: Did Susan *mention* me when you spoke to her? スーザンと話をしたとき, 彼女は私のことを何か言っていましたか / He is *mentioned* in this article as a tyrant. この記事の中で彼は独裁者だと書かれている / He *mentioned* his promotion *to* his wife. 彼は妻に昇進のことを話した. (b) [mention + 動名] ...と言う: He *mentioned* having met the old man. 彼はその老人と会ったことを告げた. (c) [mention (to ...) + that 節 [疑問詞節]] (人に) ...であると [...かを] 言う: He *mentioned* to his parents *that* he was thinking of studying abroad. 彼は両親に海外留学を考えているともらした / She forgot to *mention* when the meeting would start. 彼女は会議が始まる時間を言い忘れた.
2 ...の名を挙げる, (功績を認めて) ...を表彰する: Tom *mentioned* a useful contact in New York. トムはニューヨークにいる有力な関係者の名前を口にした / He was *mentioned* for his outstanding achievement in physics. 彼は物理学におけるすぐれた業績に対して表彰された.
3 [受け身で] [...の] 候補として] 名前を挙げる [*as*].
■ ***Dòn't méntion it.***《口語》(お礼・おわびの言葉に対して) どういたしまして: Thank you for the ride. ― *Don't mention it.* 車に乗せてくれてありがとう―どういたしまして.

nòt to méntion ... ...は言うまでもなく (◇通例, 文頭には用いない): He has a villa in Riviera, *not to mention* several expensive cars. 彼は5, 6台の高級車は言うまでもなく, リビエラに別荘まで持っている.

― 名 **1** U 話に出すこと, 言及 (すること): These facts deserve *mention*. こういった事実は話題にする価値がある / There was no *mention* of the case in this morning's newspapers. 事件のことはきょうの朝刊には何も出ていない.
2 C [通例, 単数形で] 批評, 寸評; (功績に対する) 表彰: a special *mention* 特別にほめること, 特別表彰.
■ **màke méntion of ...** ...のことを言う, ...に言及する.

men・tor [méntɔːr] 名 C (信頼できる) よき指導者 [助言者], (恩) 師.

*men・u [ménjuː] 名 C **1** (レストランなどの) メニュー, 献立表: Bring me the *menu*, please. メニューを見せてもらえませんか. **2** (出される) 料理, 食事. **3**《コンピュータ》メニュー《処理の選択肢》.

me・ow [miáu]《擬声語》名 C にゃーお《猫の鳴き声; → MEW》. ― 動 自 にゃーおと鳴く.

MEP《略語》= Member of the European Parliament 欧州議会議員.

Meph・i・stoph・e・les [mèfəstáfəliːz / -stɔ́f-] 名 固 メフィストフェレス《ドイツの伝説上の悪魔》.

mer・can・tile [máːrkəntìːl / -tàil] 形 **1** [限定用法]《格式》商人 [商業] の. **2**《経済》重商主義の.
◆ mércantile maríne C《主に英》= merchant marine (→ MERCHANT 複合語).

Mer・cá・tor('s) projéction [mə(ː)rkéitər(z)-]

mer·ce·nar·y [mə́ːrsənèri / -sənəri] 形
1 (軽蔑) 金銭[欲得]ずくの, 報酬目あての; 貪欲(ドンヨク)な. 2 (軍隊などに) 金で雇われた.
― 名 (複 -nar·ies [~z]) C (外国の軍隊に雇われた) 傭兵(ヨウヘイ); 金銭ずくで働く人.

***mer·chan·dise** [məːrtʃəndàiz] 名 U [集合的に] 商品: This store has a large stock of *merchandise*. この店は品ぞろえが豊富です.
― 動 他 1 …を売買[取引]する. 2 (宣伝・広告などに) …の販売を促進する.

mer·chan·dis·ing [məːrtʃəndàiziŋ] 名 U
1 キャラクター商品(グッズ). 2 (商)(米)マーチャンダイジング(宣伝広告を含む総合的販売戦略).

*****mer·chant** [məːrtʃənt] 名 形
― 名 (複 **mer·chants** [-tʃənts]) C 商人, 貿易商; (米) 小売り商, 商店主 (storekeeper): a wine *merchant* ワイン商 / a *merchant* of death 死の商人 (武器の製造・販売業者)/ "The *Merchant* of Venice"『ベニスの商人』(シェイクスピア作の喜劇).
― 形 商業[商人]の; 貿易の: a *merchant* ship 商船 / the *merchant* service (一国の) 海上貿易.
◆ **mérchant bànk** C (主に英) マーチャントバンク(企業相手に海外証券の発行・為替(カワセ)手形の引き受けなどの業務を行う銀行).

mérchant marine ((英) **návy**) [the ~; 集合的に] (一国の) 全商船; 全商船の乗組員.

mer·chant·man [məːrtʃəntmən] 名 (複 **merchant·men** [-mən]) C (古風) 商船(ブネ).

***mer·ci·ful** [məːrsifəl] 形 1 [… に対して] 慈悲深い, 情け深い [to, toward] (↔ merciless): She is *merciful* to others. 彼女は他人に対して思いやりがある. 2 (苦しみを終わらせてくれて) ありがたい, 神の恵みによる: Her death was a *merciful* release. 彼女は死によって苦しみから解放された.

merci·ful·ly [məːrsifəli] 副 1 慈悲深く, 情け深く. 2 [文修飾] ありがたいことに, 幸運にも.

***mer·ci·less** [məːrsiləs] 形 […に対して] 無慈悲な, 情け容赦のない; 残酷な [to, toward]: He was *merciless* to the film. 彼はその映画を酷評した.
mer·ci·less·ly [~li] 副 無慈悲に, 情け容赦なく.

mer·cu·ri·al [məːrkjúəriəl] 形 1 水銀の, 水銀を含んだ. 2 (文語)(気分などが) 変わりやすい: a *mercurial* temperament 移り気な性格. 3 (文語) 機知に富む; 生き生きした.

‡**mer·cu·ry** [məːrkjuri] 名 1 U (化) 水銀 (quicksilver) ((元素記号) Hg): *mercury* poisoning 水銀中毒. 2 U [the ~] (温度計・気圧計の) 水銀柱: The *mercury* fell to 5°C this morning. けさは気温が5度まで下がった.

Mer·cu·ry [məːrkjuri] 名 1 [天文] 水星. 2 [ローマ神] メルクリウス, マーキュリー(科学・商業・旅行・雄弁の神; → GOD 表).

mér·cu·ry-và·por làmp 名 C 水銀灯.

‡**mer·cy** [məːrsi] 名 (複 **-cies** [~z]) 1 U […に対する] 慈悲, 情け; 寛大さ [to, toward, on]: without *mercy* 情け容赦なく / They showed *mercy* to their enemies. = They had *mercy* *on* their enemies. 彼らは敵に温情を示した. 2 C [通例 a ~] (口語) 幸運, ありがたいこと: That's a *mercy*! それはありがたい / It's a *mercy* that she wasn't hurt in the accident. 事故で彼女がけがしなかったのは本当に幸運です.
■ **at the mércy of ...** = **at ...'s mércy** …のなすがままに(なって).
for mércy's sàke お願いだから.
léave ... to the (ténder) mércies of ~ = **léave ... to ~'s (ténder) mércies** (こっけい) …を〈人〉のしたい放題にさせる; …を〈人〉の手でひどい目にあわせる.
Mércy (ón [upón] us)! おや, まあ, 大変 (◇驚き・恐怖などを表す).
thrów onesèlf on ...'s mércy = **thrów onesèlf on the mércy of ...** …の情けにすがる.
◆ **mércy flìght** C 救急飛行 (遠隔地の病人を飛行機で運ぶこと); 救援[救難] 飛行.
mércy kìlling C U 安楽死; (ひん死の動物の) 薬殺.

*****mere** [míər] 形 (原義は「純粋な」)
― 形 [比較なし; 限定用法] (◇意味を強めるために the merest [mίərist] を用いることがある) **ほんの**, 単なる…にすぎない, …だけの (only): a *mere* scratch ほんのかすり傷 / She is a *mere* child. 彼女はほんの子供です (= She is merely a child.) / They lost the game by a *mere* two points. 彼らはわずか2点差で試合に負けた / He shuddered at the *merest* thought of it. 彼はそれをちょっと考えただけでも身震いした.

*****mere·ly** [mίərli] 副
― 副 **ただ**, 単に (◇ only より (格式)): I *merely* tried to help her. 私はただ彼女を助けようとしただけです / Don't blame me for the bad news; I'm *merely* the messenger. 私はただお伝えするだけですから, 悪い知らせだからといって私を責めないでください / I said that *merely* as a joke. 私は冗談でそう言っただけです.
■ **nòt mérely ... but (àlso) ~** 単に…だけでなく ~もまた (not only ... but (also) ~).

mer·e·tri·cious [mèrətríʃəs] 形 (格式) 見かけ倒しの; (装飾・文体などが) 俗悪な, けばけばしい.

***merge** [məːrdʒ] 動 自 1 (会社などが) […と] 合併する [with]. 2 […に] 溶け込む, 混ざる, 次第に […に] なる [into]; (川・道などが) 合流する: The twilight *merged into* total darkness. たそがれはいつしか真っ暗やみになった.
― 他 1 〈会社などを〉[…に] 合併する, 合併させる [into]: We *merged* our two businesses *into* one. わが社は2つの事業を1つに統合した.
2 …を混ぜる, 同化させる, 溶け込ませる.

***merg·er** [məːrdʒər] 名 U C (企業などの) (吸収) 合併, 合同; (2つのものの) 結合.

me·rid·i·an [məridiən] 名 C 1 子午線, 経線 (cf. longitude 経度): the prime *meridian* 本初子午線 (経度0°). 2 絶頂 (期), 全盛期.

me·ringue [məræŋ]【フランス】名 1 U メレンゲ (泡立てた卵白に砂糖を加えたもの. ケーキなどの

せる）. **2** ⓒ メレンゲ菓子.

me·ri·no [mərí:nou] 名 (複 **me·ri·nos** [~z])
1 ⓒ(動物)＝merino sheep メリノ羊《スペイン原産》. **2** Ⓤ メリノ(毛)糸；メリノ毛織物.

‡**mer·it** [mérit] 名 **1** ⒸⓊ(通例~s)長所, とりえ, 美点(↔ fault, demerit); *merit*s and demerits 長所と短所 / The plan has a lot of *merit*. その計画にはいいところが多い.
2 Ⓤ 価値, 真価；[通例~s] 是非, よしあし: literary [economic] *merit* 文学的[経済的]価値 / Every case must be judged on its *merit*s. 事件はすべてそれ自体の是非に基づいて判断が下されるべきである. **3** Ⓒ (通例~s) 功績, 手柄: They were treated according to their *merit*s. 彼らは功績に応じて処遇された.
■ **máke a mérit of ...** …を誇る, 自慢する.
― 動 他 (進行形不可)《格式》〈賞・罰などに〉値する(deserve): *merit* reward [punishment] 報酬[罰]に値する.
◆ **mérit sýstem** [the ~]《米》(公務員の任官・人事の)実力本位制.

mer·i·toc·ra·cy [mèritákrəsi / -tɔ́k-] (複 **mer·i·toc·ra·cies** [~z]) 名 **1** ⒸⓊ 実力主義(社会); Ⓤ (通例 the ~; 集合的で；単数・複数扱い) 知的エリート階級[層], 実力派.

mer·i·to·ri·ous [mèritɔ́:riəs] 形 《格式》称賛に値する, 立派な；価値のある.

mer·maid [má:rmèid] 名 Ⓒ **1** (女の)人魚, マーメード(↔ merman). **2**《米》女子水泳選手.

mer·man [má:rmæn] 名 (複 **mer·men** [-mèn]) Ⓒ **1** (男の)人魚(↔ mermaid). **2**《米》男子水泳選手.

‡**mer·ri·ly** [mérili] 副 **1** 陽気に, 楽しく: We laughed *merrily*. 私たちは陽気に笑った.
2 (軽蔑)気楽に, 何も考えずに.

mer·ri·ment [mérimənt] 名 Ⓤ《格式》陽気な騒ぎ, お祭り騒ぎ；面白がって笑うこと.

mer·ri·ness [mérinəs] 名 Ⓤ 陽気な騒ぎ；楽しさ.

***mer·ry** [méri] 〖原義は「つかの間の, 短い」〗
― 形 (比較 **mer·ri·er** [~ər]；最上 **mer·ri·est** [~ist]) **1**《古風》**陽気な**, 快活な, 愉快な: The joke brought a *merry* laugh. そのジョークで陽気な笑い声がわき起こった.
2 [通例, 叙述用法]《英口語》ほろ酔い(気分)の: get *merry* 一杯機嫌になる.
■ **máke mérry** 《文語》(飲んだり歌ったりして)浮かれ騒ぐ, 陽気に遊ぶ.
Mèrry [**A mèrry**] *Chrístmas* (**to you**)! 楽しいクリスマスを, クリスマスおめでとう.
The móre, the mérrier. 人が多ければ多いほど楽しい.

mér·ry-go-róund 名 Ⓒ **1** 回転木馬, メリーゴーランド(《米》car(r)ousel,《英》roundabout).
2 [通例, 単数形で] 目まぐるしい変化, 急展開.

mer·ry·mak·ing [mérimèikiŋ] 名 Ⓤ《文語》浮かれ騒ぐこと, お祭り騒ぎ；酒宴.

me·sa [méisə] 名 Ⓒ《米》(地学) メサ《頂上が平らで周囲が崖になった地形. 米国南西部に多い》.

mes·ca·line [méskəlin] 名 Ⓤ メスカリン《サボテンからとる幻覚剤》.

‡**mesh** [méʃ] 名 **1** Ⓒ(ワイヤーや糸の)網の目.
2 Ⓤ 網細工, 網；網目状の織物[編物], メッシュ.
3 Ⓒ[しばしば~es] 複雑な網状のもの[組織, 機構]; わな: the *meshes* of the law 法の網.
4 Ⓒ (機械)(歯車などの)かみ合い.
■ **in mésh** (歯車が)かみ合って.
― 動 他 **1** …をからませる. **2** (機械) 〈歯車などを〉かみ合わせる. ― 自 **1** (歯車などが)〔…と〕かみ合う〔**with**〕. **2** (指などが)〔…から〕からみ合う. **3** (考えなどが)〔…と〕うまく合う, 調和する〔**with**〕.

mes·mer·ize [mézməràiz] 動 他 **1**[しばしば受け身で] …を魅惑する, とりこにする. **2** …に催眠術をかける(hypnotize).

mes·on [míːzan / -ɔn] 名 Ⓒ (物理) 中間子.

Mes·o·po·ta·mi·a [mèsəpətéimiə] 名 メソポタミア《西アジアのチグリス川とユーフラテス川にはさまれた地域. 古代文明の発祥地》.

Mes·o·zo·ic [mèsəzóuik, mèz-] 名 [the ~] (地質) 中生代. ― 形 中生代の.

‡**mess** [més] 名 **1** Ⓤ [または a ~] 乱雑, 散らかった状態；不潔, だらしなさ: His room was (in) a terrible *mess*. 彼の部屋はひどく散らかっていた / Her clothes were a *mess*. 彼女はひどい身なりだった. **2** [a ~]《口語》困った状態, 窮地；失敗: His financial affairs are in a real *mess*. 彼の財政事情は本当に困ったことになっている / He's getting into a *mess* now. 彼は今面倒なことに巻き込まれている. **3** Ⓤ [または a ~] 散らかしたもの, ごみ；汚いもの；(婉曲)(犬・猫などの)ふん: Clean up the *mess*. がらくたを片づけなさい. **4** Ⓒ[通例, 単数形で] だらしない人: I look like a *mess*, don't I? ひどい格好でしょ. **5** Ⓒ[単数・複数扱い] (軍隊などの)食事仲間；Ⓒ (軍隊などの)食堂；Ⓤ (仲間との)食事: be at *mess* 食事中である.
■ **máke a méss of ...** …を台なしにする.
máke a méss of it《口語》へまをする.
― 動 他 **1**〈部屋などを〉散らかす, 汚す(**up**)；〈ペットが〉排せつして…を汚す: Don't *mess* up my room. 私の部屋を散らかすな. **2**〈計画などを〉台なしにする. ― 自 **1** (軍隊などで)〔…と〕一緒に食事をとる(**together**)〔**with**〕. **2** へまをする.
■ **méss aróund** 《英》 *abóut* 自《口語》 **1** ぶらぶらする. **2** (子供などが)ふざけ回る. **3** (道具・機器などを)いじり回す〔**with**〕. **4** 〔…と〕不倫する〔**with**〕. ― 他〈人〉をひどい目にあわせる；〈庭木など〉を乱暴に扱う.
méss with [in] ... 他 [通例, 否定命令文で]〈人・計画など〉に干渉する；ちょっかいを出す.

***mes·sage** [mésidʒ] 〖原義は「送られたもの」〗
― 名 (複 **mes·sag·es** [~iz]) Ⓒ **1** 〔…への／…からの〕**伝言**, ことづて, メッセージ〔*for, to* / *from*〕；〔…という〕知らせ〔*to do, that* 節〕: a congratulatory *message* 祝辞 / an email [e-mail] *message* Eメール / There's a *message for* you *from* your father. お父さんからあなたへて伝言があります / Brenda is not here. Shall I take a *message*? 今ブレンダはいません. 伝言をおうかがいしましょうか / He got a *message that* his

father is in a critical condition. 彼は父親が危篤だとの知らせを受け取った.

コロケーション	メッセージを…
メッセージを受け取る	*get* [*receive*] *a message*
メッセージを送る	*send a message*
メッセージを伝える	*deliver a message*
メッセージを残す	*leave a message*

2《公式の》メッセージ, 通達;《米》(大統領の) 教書: the State of the Union *Message*（米国大統領が年頭に述べる）一般教書. **3**［通例 the ~］（本などの）要旨, 教訓. **4**（テレビ・ラジオの）コマーシャル. **5**（宗教家の）お告げ, 神託.
■ gèt the méssage《口語》(相手の真意を) 理解する, (話が) ピンとくる.

*mes·sen·ger [mésəndʒər] 名 C **1** 使い(の者), 使者; 郵便配達人, 使い走り: a diplomatic *messenger* 外交使節 / I'll send you this report by (a) *messenger*. 使いを出してこの報告書をお届けします. **2**【生化学】伝達子, メッセンジャー《遺伝情報を運ぶ化学物質》.
■ blàme [shòot] the méssenger 悪い知らせを伝えに来た［間違いを指摘した］人に腹を立てる.

Mes·si·ah [məsáiə] 名 **1** 園［the ~］《ユダヤ教》救世主, メシア;《キリスト教》イエス＝キリスト. **2** C［通例 m-］救世主, 救済者.

Mes·si·an·ic [mèsiǽnik] 形《格式》**1** 救世主［メシア］(Messiah) の. **2**［通例 m-］救済者の.

Messrs.,《主に英》**Messrs** [mésərz] 名 …御中《◇ Monsieur の複数形 *Messieurs* の略. 主に複数の人名を冠する会社名の前に付け, あて名などに用いる》.

méss·ùp 名 C《口語》混乱; 失敗, 失策.

mess·y [mési] 形（比較 **mess·i·er** [~ər]; 最上 **mess·i·est** [~ist]）**1** 取り散らかした, 乱雑な; 汚い, 汚れた. **2**《口語》やっかいな, 面倒な.
mess·i·ly [-səli] 副 乱雑に; 汚らしく.

*****met** [mét] 動 meet の過去形・過去分詞.

Met [mét] 名［the ~］**1**《米口語》(New York 市の) メトロポリタン歌劇場［団］(the Metropolitan Opera House [Company]); メトロポリタン美術館 the Metropolitan Museum of Art. **2**《英口語》ロンドン警視庁 (the Metropolitan Police). **3**［形容詞的に］《英口語》気象の (meteorological): the *Met* Office《英国の》気象庁.

met·a- [metə]接頭「超越して」「変化して」「あとに」「共に」などの意を表す: *meta*bolism 新陳代謝.

met·a·bol·ic [mètəbálik / -ból-] 形［通例, 限定用法］【生物】新陳代謝の, 物質交代の.

me·tab·o·lism [mətǽbəlìzəm] 名 U C 【生物】新陳代謝, 物質交代.

*****met·al** [métl]
― 名（複 **met·als** [~z]）**1** U C 金属; 合金;【化】金属元素;［形容詞的に］金属製の: a heavy [light] *metal* 重［軽］金属 / precious *metals* 貴金属 / be made of *metal* 金属製である. **2** U 金属製品.　　　　　　　　　　　　(▷ 形 metállic)
◆ métal detèctor C 金属探知器［ゲート］.
métal fatìgue U【物理】金属疲労.

met·a·lan·guage [métələŋgwidʒ] 名 C U メタ言語《言語の説明に用いる言語・記号体系》.

***me·tal·lic** [metǽlik] 形［主に限定用法］**1** 金属 (製) の; 金属を含む: a *metallic* element 金属元素. **2** 金属に似た; 金属的な: a *metallic* sound 金属性の音 / *metallic* blue 光沢のある青.　　　(▷ 名 métal)

met·al·lur·gist [métələ:rdʒist / metǽlə-] 名 C 冶金学者, 冶金技師.

met·al·lur·gy [métələ:rdʒi / metǽlədʒi] 名 U 冶金(学)術.

met·al·work [métəlwə:rk] 名 U 金属細工(品).

met·a·mor·phose [mètəmɔ́:rfouz] 動《格式》他 …を［…に］変形［変質, 変態］させる［*into*］. ― 自［…に］変形［変質, 変態］する［*into*］: A larva *metamorphoses into* a chrysalis and then *into* a butterfly. 幼虫はさなぎからチョウになる.

met·a·mor·pho·sis [mètəmɔ́:rfəsis] 名（複 **met·a·mor·pho·ses** [-si:z]）C U **1**《格式》著しい変化, 変容, メタモルフォーゼ. **2**【生物】変態.

***met·a·phor** [métəfɔ:r / -fə] 名 U C［修辞］隠喩（ᵎᵘ）, 暗喩, メタファー《◇ 直喩 (simile) とは異なり like, as を用いない》: Life is a voyage. 人生は航海である.

met·a·phor·i·cal [mètəfɔ́:rikəl / -fɔ́r-] 形 隠喩（ᵎᵘ）的な, 隠喩を含んだ; 比喩的な.
met·a·phor·i·cal·ly [-kəli] 副 隠喩で; 比喩的に.

met·a·phys·i·cal [mètəfízikəl] 形 **1** 形而上（ᵎʲᵒᵘ）学の. **2**（言葉・考えなどが）難解な.
met·a·phys·i·cal·ly [-kəli] 副 形而上学的に.

met·a·phys·ics [mètəfíziks] 名 U［単数扱い］**1** 形而上（ᵎʲᵒᵘ）学. **2** 抽象論;（机上の）空論.

mete [mí:t] 動 他《格式》〈賞罰などを〉［…に］割り当てる, 与える (allot) *(out) [to]*.

me·te·or [mí:tiər] 名 C 流星 (shooting star, falling star); 隕石（ᵎⁿᵘ）.

me·te·or·ic [mì:tiɔ́:rik / -ɔ́r-] 形［通例, 限定用法］**1** 流星の. **2**（経歴などが）一時的に華々しい. **3** 大気の, 気象上の.

me·te·or·ite [mí:tiəràit] 名 C 隕石（ᵎⁿᵘ）.

me·te·or·o·log·i·cal [mì:tiərəládʒikəl / -lɔ́dʒ-] 形 気象 (学上) の: a *meteorological* observatory 気象台 / a *meteorological* satellite 気象衛星 / the *Meteorological*［《口語》Met］Office（英国の）気象庁《◇日本の「気象庁」は the *Meteorological* Agency》.

me·te·or·ol·o·gist [mì:tiərálədʒist / -rɔ́l-] 名 C 気象学者.

me·te·or·ol·o·gy [mì:tiərálədʒi / -rɔ́l-] 名 U 気象学.

*****me·ter**[1],《英》**me·tre**[1] [mí:tər]
【原義は「計測した寸法」】
― 名（複 **me·ters**,《英》**me·tres** [~z]）C メートル《◇長さの単位;《略語》m;→巻末「度量衡」》: The tower is 333 *meters* high. その塔は高さ 333 メートルです.　　　　　　　　(▷ 形 métric)

***me·ter**[2] 名 C（ガス・水道・電気・タクシーなどの）メーター, 計量器: a taxi *meter* タクシーメーター / a parking *meter*（コイン式の）パーキングメーター.

M

— [動] [他] …をメーターで計る.

me·ter³, 《英》 **me·tre²** [名] **1** [U] (詩の) 韻律(法); [C] 歩格 《詩の韻律単位》. **2** [U] 〖音楽〗 拍子.

-me·ter [mətər] [結合] (◇ **2, 3** は 《英》 -metre) **1** 「…を計る器具, …計」の意を表す: baro*meter* 気圧計 / thermo*meter* 温度計. **2** 〖詩〗 「…歩格」の意を表す. **3** 「…メートル」の意を表す: centi*meter* センチメートル / kilo*meter* キロメートル.

meth·ane [méθein / míːθ-] [名] [U] 〖化〗 メタン.

‡meth·od [méθəd] 【原義は「あとを追うこと」】
— [名] (複 **meth·ods** [méθədz]) **1** [C] […の] (組織的な) 方法, 方式 〔*of, for*〕 (→ [類義語]): a traditional [an alternative] *method* 伝統的な [今までとは違う] やり方 / a new *method for* treating the disease その病気の新しい治療法 / the oral *method of* English instruction 英語の口頭教授法 / adopt [employ, use] his unique *method* 彼のユニークな方法を用いる / You should do it in your *method*. あなたは自分なりのやり方ですべきです.
2 [U] (物事の) 筋道, 順序; 秩序; きちょうめんさ: a man of *method* きちょうめんな人 / There's *method* in his madness. 彼の狂気には筋道が通っている, 見かけほどむちゃでない (◇シェイクスピアの『ハムレット』のせりふから). (▷ [形] methódical)

> [類義語] **method, manner, fashion, way**
> 共通する意味▶方法 (a means or procedure for doing something)
> **method** は「精巧な技法を用いる, 効率を考えた方法」の意: the most up-to-date *method* of teaching 最新の教授法. **manner** はよいにつけ悪いにつけ「個性的で, 特徴のあるやり方」の意: I don't like his *manner* of speaking. 私は彼のしゃべり方が気に入らない. **fashion** も個性的ではあるが「外面的な, 流行に左右された様式」を暗示する: He pronounces English words in German *fashion*. 彼は英語をドイツ語風に発音する. **way** は「方法」の意を広く表す: I'll show you the simplest *way* to solve the problem. その問題の最も簡単な解き方を教えよう.

me·thod·i·cal [məθɑ́dikəl / -θɔ́d-] [形] **1** 秩序立った, 組織的な, 体系的な (systematic). **2** きちょうめんな, 入念な.
me·thod·i·cal·ly [-kəli] [副] 組織的に, 整然と.

Meth·od·ism [méθədìzəm] [名] [U] 〖キリスト〗 メソジスト派; メソジスト派の教義.

Meth·od·ist [méθədist] [名] [C] メソジスト教徒.
— [形] メソジスト教徒 [派] の.

meth·od·ol·o·gy [mèθədɑ́lədʒi / -dɔ́l-] [名] (複 **meth·od·ol·o·gies** [~z]) [U] [C] 方法論; 方法, 方式 (method).

meth·yl [méθəl] [名] [U] 〖化〗 メチル (基).
◆ méthyl álcohol [U] メチルアルコール.

méth·yl·at·ed spírits [méθəlèitid-] [名] [U] 変性アルコール 《工業用》.

me·tic·u·lous [mətíkjələs] [形] 細かいことに気を配る, […に] 細心の, 非常に注意深い 〔*in*〕.
me·tic·u·lous·ly [~li] [副] 非常に注意して.

mé·tier [métjei / -tièi] 【フランス】 [名] [C] 《格式》 職業, 商売; 専門 (分野), 得意の分野.

‡me·tre [míːtər] [名] 《英》 = METER[1,3].

met·ric [métrik] [形] **1** メートル (法) の: go *metric* メートル法を採用する. **2** = METRICAL (↓). (▷ [名] méter¹)
◆ métric sỳstem [the ~] メートル法.
métric tón [C] (メートル) トン (◇重量単位; 1 (メートル) トン = 1,000 kg; 《略語》 m.t.; →巻末「度量衡」).

met·ri·cal [métrikəl] [形] **1** 韻律の, 韻文の. **2** 測量 [測定] の, 計量の (metric).

met·ri·ca·tion [mètrikéiʃən] [名] [U] メートル法移行, メートル法化.

met·ro [métrou] [名] (複 **met·ros** [~z]) [C] [しばしば M-; 通例 the ~] 地下鉄 (◇特にパリの地下鉄をさす): by *metro* 地下鉄で.

met·ro·nome [métrənòum] [名] [C] 〖音楽〗 メトロノーム.

‡me·trop·o·lis [mətrɑ́pəlis / -trɔ́p-] (☆ アクセントに注意) [名] [C] **1** (国・州・地域の) 主要都市; 大都市; 首都 (capital); [the M-] 《英》 ロンドン. **2** (産業・文化などの) 中心地. (▷ [形] mètropólitan)

‡met·ro·pol·i·tan [mètrəpɑ́lətən / -pɔ́l-] [形] [比較なし; 通例, 限定用法] **1** 大都市の; 首都の; 主要都市の: the *metropolitan* area 首都 [大都市] 圏. **2** (植民地に対して) 本国の.
— [名] [C] **1** 大都市 [首都, 主要都市] の住民; 都会人. **2** = metropólitan bíshop 〖キリスト〗 首都大司教 [大主教]. (▷ [名] metrópolis)
◆ Metropólitan Muséum of Árt [the ~] メトロポリタン美術館 (《米口語》 the Met).
Metropólitan Ópera Hòuse [the ~] メトロポリタン歌劇場 (《米口語》 the Met).
Metropólitan Políce [the ~] ロンドン警視庁 (Scotland Yard; 《英口語》 the Met).

-me·try [mətri] [接尾] 「測定法 [学, 術]」の意を表す名詞を作る: geo*metry* 幾何学.

met·tle [métl] [名] [U] 勇気; 気概, 根性; 気性, 気質: a man of *mettle* 気骨のある人.
■ ***be on* [*upòn*] *one's méttle*** 発奮している.
pút ... on ...'s méttle …を奮気させる.
shów* [*próve*] *one's méttle 発奮 [奮気] する.

mew [mjúː] 《擬声語》 [名] [C] にゃーお (meow) 《猫・カモメなどの鳴き声; → CRY 表》.
— [動] [自] (猫が) にゃーおと鳴く, (カモメが) 鳴く.

mews [mjúːz] [名] (複 **mews**) [C] 《英》 (昔, 馬小屋だった建物に囲まれた) 路地, 中庭.

Mex. 《略語》 = *Mex*ican; *Mex*ico.

***Mex·i·can** [méksikən] [名] [C] **メキシコ人**.
— [形] メキシコ (人) の.

***Mex·i·co** [méksikòu] [名] [固] **メキシコ** 《北米南部の共和国; 首都メキシコシティー (Mexico City); 《略語》 Mex.》.
◆ Gúlf of México [the ~] メキシコ湾.

mez·za·nine [mézənìːn / métsə-] [名] [C] 〖建〗

1 中2階. **2**《米》(劇場の) 2階桟敷(ﾎﾞｯｸｽ)(の前列).
mez·zo [métsou, médzou]【イタリア語】副【音楽】適度に: *mezzo* forte [piano] やや強く [弱く], メゾフォルテ [メゾピアノ].
— 名 (複 **mez·zos** [〜z])＝MEZZO-SOPRANO (↓).
méz·zo·so·prá·no [métsousouprɑ́:nou] (複 **mez·zo·so·pra·nos**)【音楽】**1** U メゾソプラノ, 次高音. **2** C メゾソプラノ歌手.
mez·zo·tint [métsoutìnt, médzou-] 名 **1** U メゾチント (彫法) (線よりも明暗の調子を主とした銅版術). **2** C メゾチント版画.
mf¹《略語》＝*mezzo forte* メゾフォルテ.
mf², **MF**《略語》＝*medium frequency* 中波.
mg《略語》＝*milligram*(s) ミリグラム.
Mg《元素記号》＝*magnesium* マグネシウム.
mgr., **Mgr.**《略語》＝*manager*.
MHz《略語》＝*megahertz* メガヘルツ.
mi [mí:] 名 U C【音楽】ミ (ドレミ音階の第3音).
MI¹《略語》＝*Michigan* (↓).
MI²《略語》《英》＝*Military Intelligence* 軍事情報部.
mi.《略語》《米》＝*mile*(s).
MIA《略語》＝*missing in action* 戦闘中行方不明 (者).
Mi·am·i [maiǽmi] 名 固 マイアミ《米国 Florida 州南東部沿岸の観光都市》.
mi·aow, mi·aou [miáu] 名 動《英》＝MEOW にゃーおと鳴く.
mi·as·ma [miǽzmə, mai-] 名 (複 **mi·as·ma·ta** [〜tə], **mi·as·mas** [〜z]) C **1**《文語》**1**(沼などから発生する)毒気. **2** 不吉[いや]な雰囲気; 悪影響.
mi·ca [máikə] 名 U【鉱】雲母(ｳﾝﾓ), きらら.
***mice** [máis] 名 mouse の複数形.
Mich.《略語》＝*Michaelmas* (↓); *Michigan* (↓).
Mi·chael [máikəl] 名 固 **1** マイケル《◇男性の名;《愛称》Mickey, Micky, Mike》. **2** [St. 〜]【聖】大天使ミカエル.
Mich·ael·mas [míkəlməs] 名 U C 聖ミカエル祭 (Michaelmas Day)《9月29日》.
Mi·chel·an·ge·lo [màikəlǽndʒəlòu] 名 固 ミケランジェロ《1475-1564; イタリアの造形芸術家》.
Mich·i·gan [míʃigən] 名 固 **1** ミシガン《米国中北部の州;《略語》Mich.;《愛称》MI; → AMERICA 表》. **2** [Lake 〜] ミシガン湖《米国の五大湖 (Great Lakes) の1つ. 3番目に大きい》.
Mick·ey Móuse [míki-] 名 **1** 固 ミッキーマウス《ウォルト・ディズニーの漫画映画の主人公》. **2** 取るに足らないもの, 安直なもの, がらくた.
mi·cro [máikrou] 名 (複 **mi·cros** [〜z])＝MICROCOMPUTER (↓).
mi·cro- [maikrou] 結合「小, 微小」「100万分の1」の意を表す (↔ macro-): *micro*cosm 小宇宙 / *micro*scope 顕微鏡.
mi·crobe [máikroub] 名 C 微生物, 細菌.
mi·cro·bi·ol·o·gy [màikroubaiɑ́lədʒi / -ɔ́l-] 名 U 微生物学, 細菌学.
mi·cro·bi·o·log·i·cal [-bàiəlɑ́dʒikəl / -lɔ́dʒ-] 形 微生物学の, 細菌学の.

mi·cro·bus [máikroubʌ̀s] 名 C《米》マイクロバス, 小型バス《英》minibus).
mi·cro·chip [máikroutʃìp] 名 C【電子】マイクロチップ《集積回路のチップ》.
mi·cro·com·put·er [máikroukəmpjù:tər] 名 C 超小型コンピュータ, マイコン.
mi·cro·cop·y [máikroukɑ̀pi / -kɔ̀pi] 名 (複 **mi·cro·cop·ies** [〜z]) C (マイクロフィルムによる) 縮小複写, 縮小コピー.
mi·cro·cosm [máikroukɑ̀zəm / -kɔ̀zəm] 名 C **1** 小宇宙, ミクロコスモス (↔ macrocosm). **2** (宇宙の縮図としての) 人間 (社会); 縮図: The family is a *microcosm* of society. 家庭は社会の縮図である.
mi·cro·ec·o·nom·ics [màikrouèkənɑ́miks / -nɔ́m-] 名 U【単数扱い】ミクロ[微視的]経済学 (↔ macroeconomics)《個々の企業・家計などの経済活動を扱う経済学の一分野》.
mi·cro·e·lec·tron·ics [màikrouilèktrɑ́niks / -trɔ́n-] 名 U【単数扱い】マイクロエレクトロニクス, 微小電子工学.
mi·cro·fiche [máikroufi:ʃ] 名 (複 **mi·cro·fiche, mi·cro·fich·es** [〜iz]) U C マイクロフィッシュ《《口語》fiche》シート状マイクロフィルム》.
mi·cro·film [máikroufìlm] 名 U C マイクロフィルム《文献保存用の縮小撮影フィルム》.
— 動 他 〜 をマイクロフィルムに撮る.
mi·cro·ma·chine [máikrouməʃì:n] 名 C【機械】マイクロマシン, 微細 [超小型] 機械.
mi·crom·e·ter [maikrɑ́mətər / -krɔ́m-] 名 C マイクロメーター, 測微計.
mi·cron [máikrɑn / -krɔn] 名 (複 **mi·crons** [〜z], **mi·cra** [-krə]) C ミクロン《◇長さの単位; 1ミクロン＝100万分の1m; (記号) μ》.
Mi·cro·ne·sia [màikrəní:ʒə / -ziə] 名 固 **1** ミクロネシア《西太平洋上にある諸島群》. **2** ミクロネシア連邦《ミクロネシア中部にある国; 首都パリキール (Palikir)》.
Mi·cro·ne·sian [màikrəní:ʒən / -ziən] 形 ミクロネシアの, ミクロネシア人 [語] の.
— 名 **1** C ミクロネシア人. **2** U ミクロネシア語.
mi·cro·or·gan·ism [màikrouɔ́:rgənìzəm] 名 C 微生物.
***mi·cro·phone** [máikrəfòun] 名 C マイクロホン, マイク《《口語》mike》: speak into a *microphone* マイクを通して話す.
mi·cro·proc·es·sor [máikroupràsesər / -pròusesə] 名 C【コンピュータ】マイクロプロセッサ, マイコン《超小型コンピュータの中央演算処理装置》.
***mi·cro·scope** [máikrəskòup] 名 C 顕微鏡: an electron *microscope* 電子顕微鏡 / observe [examine] ... through [under] a *microscope* 顕微鏡で...を観察する [調べる].
■ **pút ... ùnder the mícroscope** ...を詳細に調べる.
mi·cro·scop·ic [màikrəskɑ́pik / -skɔ́p-], **mi·cro·scop·i·cal** [-kəl] 形 **1**【限定用法】顕微鏡の; 顕微鏡による. **2** 顕微鏡でしか見えない, 微小の: a *microscopic* organism 微生物. **3** 微視的な (↔ macroscopic).

mi·cro·scop·i·cal·ly [-kəli] 副 微細[微視的]に.
mi·cro·sec·ond [máikrousèkənd] 名 C マイクロ秒《◇時間の単位; 1マイクロ秒 = 100万分の1秒》.
mi·cro·sur·ger·y [màikrousə́ːrdʒəri] 名 U 顕微鏡手術, マイクロ手術.
mi·cro·wave [máikrəwèiv] 名 C **1** [物理] マイクロ波, 極超短波《波長が1mmから30cmまでの電波》. **2** = mícrowave óven 電子レンジ.
── 動 他《食品を》電子レンジで調理する.

*__mid__ [míd] 形 [限定用法] **中央の**, 中間の, 中部の: in _mid_ September 9月半ばに.

mid- [míd] 接頭「中央の, 中間の, 中部の」の意を表す: _Mid_east 中東 / _mid_summer 真夏.

mid·air [mídéər] 名 U 空中: in _midair_ 空中で.

Mi·das [máidəs] 名 固《ギ神話》ミダス《触れるものすべてを黄金に変える力を持つ王》.
◆ Mídas tòuch [the ~] 金もうけの才能.

***mid·day** [míddéi, -dèi] 名 U 正午, 真昼(noon)(↔ midnight)《形容詞的に》正午の, 真昼の: at _midday_ 正午に / a _midday_ meal 昼食.

*****mid·dle** [mídl] 名 形
── 名 (複 **mid·dles** [~z]) **1** [the ~] **真ん中**, 中央, 中間;《期間の》中頃 (→ 類義語): the _middle_ of the sky 空の真ん中 / The man in the _middle_ in this picture is my brother. この写真の真ん中にいるのが私の兄です / This meatloaf isn't cooked in the _middle_. このミートローフは中まで火が通っていない / Can you finish the work by the _middle_ of this month? 今月の中頃までに仕事を終えることができますか. **2** [the ~ / one's ~]《口語》《人体の》胴, 腰: Tom is fat around the _middle_. トムは腹が出ている.
■ _dówn the míddle_ 半分に, 真っ二つに: split the bill _down the middle_ 勘定を折半する.
in the míddle of ... **1** …の真ん中に; …の中頃に: He was standing in the _middle of_ the road. 彼は道の真ん中に立っていた / The fire broke out _in the middle of_ the night. 火事は真夜中に起こった. **2** …の最中に, …で忙しくて: The phone rang _in the middle of_ dinner. 夕食の最中に電話が鳴った.
── 形 [比較なし; 限定用法] **1** 真ん中の, 中央の, 中間の: the _middle_ boy in the first row 1列目の真ん中の少年 / the _middle_ daughter of three 3人姉妹の真ん中の娘 / He died in his _middle_ fifties. 彼は50代半ばで死んだ. **2** 中ぐらいの, 並の,《思想・行動などが》中道の: a house of _middle_ size 並の大きさの家 / take [steer] a _middle_ course 中道を行く. **3** [M-] 中期の, 中世の.
◆ míddle áge U 中年, 壮年《およそ40~60歳》.
Middle Áges [the ~;単数・複数扱い] 中世《西洋史で5世紀から15世紀までの時代をさす》.
Middle América 1 中米《メキシコ・中央アメリカ・西インド諸島を含めた地域》. **2** U 米国中西部 (the Midwest). **3** U [集合的に]《米国の》中産 [中流] 階級 (の人々).
Middle Atlántic Státes [the ~] 米国中部大西洋沿岸諸州《New York, New Jersey, Pennsylvania, Delaware, Maryland の5州から成る地域》.
Míddle Énglish U 中(期)英語《1100~1500年頃の英語;《略語》 ME》.
míddle fínger C 中指 (→ HAND 図).
míddle mánagement U [単数・複数扱い] 中間管理職.
míddle náme C ミドルネーム (→ NAME 語法).
míddle schòol C **1**《米》中(間)学校, ミドルスクール《4-4-4制の中間の4年制学校で, 5~8年生を教育する; → SCHOOL 図》. **2**《英》公立の中等学校《8~12歳, 9~13歳の生徒を教育する》.

類義語 **middle, center, heart**
共通する意味 中央 (the point equally distant from the ends or outer parts)
middle は線の「両端から等距離」, 面の「中央」の意のほかに, 特に時間・活動の「真ん中」の意も表す: the _middle_ of the room 部屋の中央 / in the _middle_ of winter 真冬に. **center** は円・面・立体などの「中心点」の意. 時に場所・活動的「重要な中心」を表す: the _center_ of a circle [sphere] 円 [球] の中心 / the _center_ of public attention 衆目の的. **heart** は「心臓」という意味から生じた「重要な中央部」の意のほかに, 「最も重要な点, 核心」の意も表す: The city hall is in the _heart_ of the city. 市庁舎は市の中心部にある / What is the _heart_ of the problem? その問題の核心は何ですか.

***míd·dle-áged** 形 中年の;[the ~;名詞的に] 中年の人々 (→ middle age (MIDDLE 複合語)).
◆ middle-aged spréad [búlge] U 中年太り.

mid·dle·brow [mídlbràu] 形《通例, 限定用法》《主に軽蔑》学問 [教養] が中程度の《人向きの》(→ HIGHBROW 関連語).

míd·dle-cláss 形 中産 [中流] 階級の [的な].

míddle cláss 名 [the ~(es);集合的に;単数・複数扱い] 中産 [中流] 階級《一般に医師・教師・実業家などを含む; cf. upper class 上流階級》.

míd·dle-dís·tance 形 [限定用法]《陸上競技で》中距離の《◇800~5,000m》.

míddle dístance 名 [the ~] **1**《絵画・風景などの》中景《関連語》 foreground 前景 / background 背景》. **2**《陸上》中距離.

***Míddle Éast** 名 固 [the ~] 中東《北東アフリカから南西アジアまでの地域; cf. Far East 極東》.
Míddle Éastern 形 中東の.

mid·dle·man [mídlmæ̀n] 名 (複 **mid·dle·men** [-mèn]) C **1** 仲買人, ブローカー. **2** 仲介者.

míd·dle-of-the-róad 形《通例, 限定用法》《政策・政治家などが》中道の, 穏健な.

míd·dle-sízed 形 普通の大きさの, 中型の.

míd·dle·weight [mídlwèit] 名 C《ボクシング・重量挙げなどの》ミドル級の選手.

Míddle Wést 名 = MIDWEST (↓).
Míddle Wéstern 形 = MIDWESTERN (↓).

mid·dling [mídliŋ] 形《口語》 **1** 中ぐらいの, 並の. **2** [叙述用法]《健康状態が》まあまあの.
■ _fáir to míddling_《口語》 まあまあの.

mid・dy [mídi] 名 (複 **mid・dies** [～z]) C **1** 《口語》=MIDSHIPMAN(↓). **2** =míddy blòuse ミディブラウス《セーラーカラーの女性・子供用ブラウス》.

Mid・east [mídìːst] 名 形 [the ～]《米》= Middle East (↑).

mid・field [mídfìːld] 名 U (サッカーなどで)ミッドフィールド《ピッチの中央部分》.

mid・field・er [mídfìːldər] 名 C (サッカーなどで)ミッドフィールダー《主にピッチ中央でプレーする》.

midge [mídʒ] 名 C (ユスリカ・ブヨなどの) 小昆虫.

midg・et [mídʒit] 名 C **1** 小さい人;《英口語》ちび. **2** 超小型のもの. ── 形 超小型の.

mid・i [mídi] 名 ミディ《丈がふくらはぎまでのスカート・ドレス・コートなど; maxi と mini の中間》.
── 形 [限定用法](スカート・ドレスなどが) ミディの.

MIDI [mídi] 《略語》=*m*usical *i*nstrument *d*igital *i*nterface ミディ《電子楽器の相互連動についての国際規格》.

mid・land [mídlənd] 名 **1** C [通例 the ～](国の)中部地方, 内陸部. **2** [the M-](米国の)中部. **3** [the Midlands] イングランド中部. **4** [M-]= Mídland díalect 米国 [イングランド] の中部方言.
── 形 [限定用法] 中部地方の, 内陸部の.

míd-lífe crísis [mídlàif-] C 中年の危機《青春期の終わりを自覚し, 自信喪失・無気力に陥る》.

‡mid・night [mídnàit]
【「mid (真ん中) + night (夜)」から】
── 名 **1** U 真夜中, 夜の12時; 夜半 (↔ midday, noon) (→ DAY 図): after [before] *midnight* 夜の12時過ぎに [前に] / The accident happened at twelve o'clock *midnight*. 事故は夜12時に起こった / He studied till near *midnight*. 彼は真夜中近くまで勉強した.
2 [形容詞的に] 真夜中の; 真っ暗な: a *midnight* train 深夜列車.
■ *búrn the mídnight óil* 夜遅くまで勉強 [仕事] をする.
◆ mídnight blúe U (黒に近い) 濃紺.
mídnight sún [the ～] (南極・北極圏の夏に見られる) 真夜中の太陽; 白夜.

mid・point [mídpòint] 名 C [通例, 単数形で] 中間 [中心] 点, 真ん中, 中央.

mid・riff [mídrif] 名 (複 **mid・riffs** [～s]) C 横隔膜 (diaphragm); 胴の中央部, みぞおち.

mid・ship・man [mídʃipmən] 名 (複 **mid・ship・men** [-mən]) C 《米》海軍士官学校生徒;《英》海軍少尉候補生.

míd-síze(d) 形 中型 [中規模] の.

‡midst [mídst] 名 U [通例 the ～ / one's ～] 真ん中, 中央; (行為・期間などの) 最中.
■ *in our [your, their] mídst* 《格式》私たち [あなたたち, 彼ら] の中で.
in the mídst of ... ...の真ん中 [中央] に; ...の最中に: *in the midst of* the crowd 群衆の中で.

mid・stream [mídstríːm] 名 U **1** 流れの中ほど, 中流. **2** (物事の) 途中: in *midstream* (話などの) 途中で.

mid・sum・mer [mídsámər] 名 U **1** 真夏; 夏至(ピ)の頃. **2** [形容詞的に] 真夏の: "A *Midsummer Night's Dream*"『真夏の夜の夢』《シェイクスピアの喜劇》.
◆ Mídsummer('s) Dáy U C 洗礼者ヨハネの祭日《6月24日》.

mid・term [mídtə̀ːrm] 名 **1** U (学期・任期などの) 中間. **2** C [時に ～s] 中間試験. ── 形 [限定用法] 中間の: a *midterm* election 中間選挙.

mid・town [mídtàun] 《米》名 U (山の手 (uptown) と繁華街 (downtown) の) 中間地区.
── 形 中間地区の [にある]. ── 副 中間地区へ [で].

mid・way [mídwéi] 形 [限定用法] 中途 [中ほど] の; (2つのものの) 中間の性質の. ── 副 [...の/...への] 途中 [中ほど] に; 中間で [*between / through*].
── 名 [mídwèi] C 《米》(博覧会・謝肉祭などの) 中間広場; (催し物の行われる) 中道(ﾅｶﾐﾁ).

Míd・way Íslands [mídwèi-] 名 [the ～] ミッドウェー諸島《ハワイ北西にある米領の諸島》.

mid・week [mídwìːk] 形 副 週の半ばの [に].

Mid・west [mídwést] 名 [the ～] 米国中西部 《Iowa, Illinois, Minnesota など米国中部の北側12州からなる地域》.

Mid・west・ern [mídwéstərn] 形 米国中西部の.

mid・wife [mídwàif] 名 (複 **mid・wives** [-wàivz]) C 助産婦, 産婆; 産婆役.

mid・win・ter [mídwíntər] 名 U 真冬; 冬至の頃.

mid・year [mídjìər] 名 **1** U 1年の中頃. **2** [～s]《米口語》中間試験 (期間).
── 形 [限定用法] 1年の中頃の.

mien [míːn] 名 U [または a ～]《文語》物腰, 風采(ﾌｳｻｲ), 顔の表情: with a sorrowful *mien* 悲しみの表情を浮かべて.

miffed [míft] 形 [叙述用法]《口語》[...に] むっとした [*at*].

MIG, MiG [míg] 名 C ミグ《旧ソ連製戦闘機》.

‡might¹ [(弱) mait; (強) máit]
(◇ may の過去形)

❶ 直説法
■時制の一致「...するかもしれない」「...してもよい」(→**1, 2**)
She said that she *might* be at home.
(彼は家にいるかもしれないと彼女は言った)
He asked if he *might* come in.
(彼は入ってもいいかと尋ねた)

❷ 仮定法
■可能性・推量「...するかもしれない」(→**6**)
He *might* come if he were free.
(暇があれば彼は来るかもしれないのに)
She *might* come tomorrow.
(もしかするとあす彼女が来るかもしれない)

■[Might I do?] 許可・容認「...してもよいですか」(→**7**)
Might I stay here? ── Certainly.
(ここにいてもいいですか ── いいですとも)

might² / Mike

— **[助動]** **I** [直説法]（◇時制の一致による過去）

1 [可能性・推量]（a）[might do] **…するかもしれない**: He said that it *might* rain that night. 彼は夜には雨が降るかもしれないと言った（＝He said, "It may rain tonight."）/ I thought he *might* know something about the secret. 彼はその秘密について何か知っているかもしれないと私は思った．（b）[might ＋ have ＋ 過分] …したかもしれない: He said that she *might have had* an accident. 彼女は事故にあったのかもしれないと彼は言った．

2 [許可] …してもよい: She asked if she *might* use the telephone. 彼女は電話を借りてもいいか尋ねた（＝She said, "*May* I use the telephone?"）/ The teacher told us (that) we *might* use dictionaries during the test. 先生は私たちにテスト中に辞書を使ってもいいと言った．

[語法] 直説法での might

時制の一致による may の過去形として従属節に用いる．主節または独立節に用いて「…かもしれなかった」「…してもよかった」という純粋な過去を表すことは《まれ》．その場合は通例 could または was [were] allowed to を用いる．

3 [譲歩] (たとえ) …しても [しようとも]: Whatever I *might* say, he never changes his mind. 私が何と言おうと彼は決して考えを変えない．

4 [目的] …するために，…できるように: He spoke in a low voice so that no one *might* hear. 彼はだれにも聞かれないように小さな声で話した．

5 [希望・懸念] …するように，…ではないか（◇希望・懸念などを表す動詞に続く名詞節で用いる）: We hoped that he *might* get well soon. 私たちは彼が早くよく[健康に]なるようにと願った．

II [仮定法]（→ SUBJUNCTIVE **[文法]**）

6 [可能性・推量]（a）[条件文の帰結節で][might do] **…するかもしれない**; [might have done] …したかもしれない: He *might* succeed if he were a little more diligent. 彼がもう少し勤勉なら成功するかもしれないのに（◇仮定法過去）/ If she had known your phone number, she *might have called* you. 電話番号を知っていたら，彼女はあなたに電話したかもしれない（◇仮定法過去完了）．（b）[独立文で][might do] **…するかもしれない**; [might have ＋ 過分] …したかもしれない（→ MIGHT-HAVE-BEENS）: He *might* come here this evening. ひょっとすると今晩彼はここに来るかもしれない / She *might have gone* there yesterday. ひょっとしたら彼女はきのうそこへ行ったのかもしれない / *Might* she be over forty? もしかすると彼女は40歳を越えているのだろうか（◇可能性を示す may は疑問文には用いないが，might は疑問文にも用いる）．

[語法] 話者の確信度

通例 might < may < could < can < should < ought < would < will < must の順に確信度が増すとされる．

7 [許可・容認][Might I do?] …してもよいですか（◇ May I …? より丁寧）: *Might I* use your office? – Certainly. 事務所をお借りしてもよろしいですか－ええ，どうぞ．

8 [依頼・提案] …してください，…したらどうですか: You *might* pass me the pepper. こしょうをとっていただけますか / You *might* ask a policeman about it. そのことならお巡りさんに聞くといいですよ．

9 [非難] …してもよさそうなものだ: You *might* say "Good morning." 「おはよう」くらい言ってもいいだろう / You *might have told us* before you left. 出発する前に私たちに知らせてくれてもよかったのに（◇過去に実現されなかったことに対する非難を表す）．

10 [不確実][(こっけい)(いったい)] …だろうか（◇疑問文で用いる）: Who *might* he be? いったい彼はだれなんだろうか．

■ *might* (*jùst*) *as wèll dó* → WELL¹ **[副]** 成句．
mìght wéll dó → WELL¹ **[副]** 成句．

***might²** [máit] **[名] [U]** 力，権力: armed *might* 武力 / with all one's *might* 全力をつくして，懸命に / *Might* is right. 《ことわざ》力は正義 ⇨ 勝てば官軍． （▷ **[形]** míghty）

might-have-béens [名] [the ～; 複数扱い]《口語》(願っていたが) 実現しなかったこと，今となってはどうにもならないこと（→ MIGHT¹ **6** (b)）．

might·i·ly [máitili] **[副]**《主に文語》**1** 勢いよく，力強く，激しく．**2** 大いに，非常に．

***might·n't** [máitnt] **[短縮]**《古風》might not の短縮形．

‡**might·y** [máiti] **[形]** (比較 might·i·er [～ər]; 最上 might·i·est [～ist]) **1**《主に文語》力強い，強力な: a *mighty* blow 強烈な一撃 / The pen is *mightier* than the sword. 《ことわざ》ペンは剣よりも強し．**2**《主に米口語》並外れた．**3**《文語》広大な: the *mighty* ocean 大海原．

■ *hígh and míghty* いばりくさった，偉そうな．
—— **[副]**《主に米口語》とても，大変 (very): I'm *mighty* pleased. 私はとてもうれしい． （▷ **[名]** might²）

mi·graine [máigrein / míːg-] **[名] [U] [C]** [医] 偏頭痛．

mi·grant [máigrənt] **[名] [C]** **1** 渡り鳥；回遊魚．**2** 季節労働者；移住者．
—— **[形]** ＝MIGRATORY (↓)．

***mi·grate** [máigreit / maigréit] **[動] [自]** **1** […から / …へ]移住する [*from* / *to*] (cf. emigrate (他国へ)移住する, immigrate (他国から)移住する): They *migrated* from Japan *to* the United States. 彼らは日本からアメリカへ移住した．**2** (鳥・魚などが)(定期的に)[…から / …へ / …の間を]移動する，渡る，回遊する [*from* / *to* / *between*]．

mi·gra·tion [maigréiʃən] **[名] 1** **[U] [C]** 移住；(鳥・魚などの) 渡り，回遊．**2 [C]** [集合的に] 移住者の群れ，渡り鳥 [回遊魚など] の群れ．

mi·gra·to·ry [máigrətɔːri / -təri] **[形] 1** (動物などが)移住性の，定期的に移動する (↔ resident, sedentary): a *migratory* bird 渡り鳥 / a *migratory* fish 回遊魚．**2** (人の) 季節移動の．

mike [máik] **[名] [C]**《口語》マイク，マイクロホン (microphone)．
—— **[動]** [次の成句で]
■ *míke ... úp* **[他]**《口語》…にマイクを装着する．

Mike [máik] **[名]** マイク（◇男性の名; Michael の

mil.《略語》= *mi*litary.

Mi·lan [miláen] 名 固 ミラノ《イタリア北部の都市》.

mild [máild]
【原義は「柔らかい」の意】
— 形 (比較 **mild·er** [~ər]; 最上 **mild·est** [~ist]) **1** (人・性格などが) 優しい, 温厚な, おとなしい (→ SOFT 類義語): He always speaks in a *mild* tone. 彼はいつも穏やかな口調で話します / Kate has a *mild* manner. ケートは物腰が柔らかです.

2 (天候などが) 温暖な, 穏やかな: a *mild* winter 暖冬 / We have had *mild* weather these days. このところ穏やかな天気が続いている.

3 (罪・病気・程度などが) 適度な, 厳しくない, 軽い; (石けんなどが) 刺激の少ない: a *mild* fever 軽い発熱 / a *mild* punishment 軽い罰 / *mild* exercise 適度な運動 / *mild* soap 肌にやさしい石けん.

4 (味・香りなどが) 強くない, 口当たりのよい: *mild* beer 苦味の少ないビール.

— 名 U 《英》マイルド《苦味の少ないビール》.

mil·dew [míldjù: / -djù:] 名 U **1** (食物・紙・衣類・革などに生える) 白かび. **2**【植】うどんこ病.
— 動 ...に白かびを生やす.
— 自 白かびが生える.

mild·ly [máildli] 副 **1** 穏やかに, 優しく. **2** 少し, わずかに.
■ **to pùt it míldly** [文修飾]《口語》控えめに言えば [言っても].

míld-mán·nered 形 物腰の柔らかな, 温厚な.
mild·ness [máildnəs] 名 U 温厚, 温和; 温暖.

mile [máil]
【原義は「千歩」】
— 名 (複 **miles** [~z]) **1** C マイル《◇距離の単位; 1マイル = 1,609.3m;《略語》m, mi.; →巻末「度量衡」》: seventy *miles* per hour 時速70マイル 《◇ **70 mph** と略す》 / a nautical *mile* 海里《1海里 = 1,852m》 / London is ten *miles* from here. ロンドンはここから10マイルです.

2 [~s]《口語》かなりの距離; [副詞的に] はるかに, ずっと: The hospital is *miles* away from here. その病院はここからかなり離れた所にある / The march was *miles* long. 行進の列はずっと続いていた / I'm feeling *miles* better tonight, thank you. おかげさまで、今晩は調子がずっといいです. **3** [the ~] 1マイル競走.

■ **be míles awày** (考え事をしていて) ぼんやりしている.
gò the éxtra míle もうひと頑張りする.
rùn a míle《口語》[...から] 逃げ出す *[from]*.
sèe [téll, spòt] ... **a míle óff**《口語》...がすぐにわかる.
stánd [stíck] óut a míle (事実などが) 明らかである; (人が) 目立っている.

***mile·age** [máilidʒ] 名 **1** U [または a ~] 総マイル数; (自動車の) 走行距離: a used car with a low *mileage* 少ししか走っていない中古車.

2 U [または a ~] (ガソリン1ガロンあたりの) 走行マイル数, 燃費: I get good *mileage* from [out of] this car. この車は燃費がいい. **3** U [または a ~] (レンタカー・鉄道などの) 1マイルあたりの料金; = *míleage allówance* 1マイルあたりの旅費.

4 U《口語》使用量; 利益, 有用性: get a lot of *mileage* out of ... ...を大いに利用する.

5 U = **míleage sýstem** (航空会社の) マイレージ特典.

mile·om·e·ter, mi·lom·e·ter [mailɑ́mətər / -lɔ́m-] 名 C《英》(車の) 走行距離計《《米》odometer》.

mile·post [máilpòust] 名 C《主に米》マイル標, 里程標.

mile·stone [máilstòun] 名 C [a ~] **1** [歴史・人生での] 画期的な事件, 節目 *[in]*. **2** 里程標, マイル標石.

mi·lieu [miljú: / mí:ljə:]【フランス】名 (複 **mi·lieus** [~z], **mi·lieux** [~(z)]) C (通例, 単数形で)《格式》(社会的) 環境, 境遇, 周囲.

mil·i·tan·cy [mílətənsi] 名 U 好戦的なこと (aggressiveness); 闘志; 交戦状態.

***mil·i·tant** [mílətənt] 形 **1** (政治運動(家)などが) 過激な, 戦闘的な; 好戦的な. **2** 交戦中の.
— 名 C 過激な人, 闘士; 好戦的な人.

mil·i·ta·rism [mílətərìzəm] 名 U (通例, 軽蔑) 軍国主義, 軍国思想.

mil·i·ta·rist [mílətərist] 名 C 軍国主義者.
mil·i·ta·ris·tic [mìlətərístik] 形 軍国主義の.

military [mílətèri / -təri]
— 形 [限定的用法] **1** 軍の, 軍隊の, 軍事(用)の; 陸軍の (cf. naval 海軍の): *military* history 戦史 / *military* forces 軍隊 / a *military* base 軍事基地 / *military* training 軍事訓練 / a *military* hospital 陸軍病院.

2 軍人の, 軍人らしい (cf. civil 民間人の): a *military* man 軍人 / a *military* uniform 軍服.
— 名 [the ~; 単数・複数扱い] 軍隊, 陸軍, 軍; The government called in the *military*. 政府は軍に出動を要請した.

◆ **mílitary acádemy 1** [the ~] 陸軍士官学校. **2** C《米》軍隊式の男子私立学校.
mílitary políce [the ~; 単数・複数扱い] 憲兵隊 《略語》**MP**.
mílitary políceman C 憲兵《《略語》**MP**》.
mílitary sérvice U 兵役.

mil·i·tate [mílətèit] 動 自《格式》(証拠・事実などが) [...に] 不利に働く [作用する] *[against]*.

***mi·li·tia** [məlíʃə] 名 C (通例 the ~; 集合的に; 単数・複数扱い) 民兵, 市民軍;《米》国民兵《兵士となりうる18-45歳の男子市民》.

mi·li·tia·man [məlíʃəmən] 名 (複 **mi·li·tia·men** [-mən]) C 民兵;《米》国民兵.

milk [mílk]
— 名 動 **1** 牛乳, ミルク; 乳: fresh *milk* (保存用に加工されていない) 生乳 / low-fat *milk* 低脂肪乳 / condensed *milk* コンデンスミルク / powdered *milk* 粉ミルク / skim《英》skimmed] *milk* スキムミルク / *milk* products 乳製品 / a bottle [carton] of *milk* 牛乳1びん[パック] / It is no use crying over spilt *milk*.《ことわざ》こぼれた牛乳を嘆いてもしかたがない ⇒ 覆水(ふくすい)盆に返ら

ず. **2**〈植物の〉乳液, 樹液: coconut *milk* ココナッツミルク, ココヤシの胚(ﾋﾞ)乳.
■ *the mílk of húman kíndness*《文語》心の優しさ, 人情.〖由来〗シェイクスピア作の『マクベス』から）
— 動 他 **1**〈牛などの〉乳をしぼる: *milk* a cow 牛の乳をしぼる. **2**《口語》〈金・情報などを〉〔人から〕だまし取る〔*from*〕;〈人などから〉〔金・情報などを〕引き出す〔*of*〕: *milk* money *from* him = *milk* him *of* money 彼から金をだまし取る.
— 自《牛などが》乳を出す.
◆ **mílk chócolate** U ミルクチョコレート.
mílk càrt C（小型の）牛乳配達車.
mílk flòat C《英》（電動式の）牛乳配達車.
mílk róund C（毎日の）牛乳配達（区域）.
mílk rùn C《米口語》停車駅の多い列車（の運行）, 着陸地の多い飛行機の定期便（コース）.
mílk shàke C ミルクセーキ《牛乳・卵黄・砂糖などで作る冷たい飲み物》.
mílk tòoth C《英》乳歯（《主に米》**baby tooth**）.
milk-and-wá·ter 形《限定用法》（話などが）つまらない, 内容の乏しい; 感傷的な;（反乱が）腰くだけの.
milk·er [mílkər]名 C **1** 乳しぼりをする人; 搾乳器. **2** 乳を出す家畜, 乳牛.
milk·maid [mílkmèid]名 C《古》（昔の）乳しぼりの女性（**dairymaid**）.
milk·man [mílkmæn]名（複 **milk·men** [-mən]）C 牛乳配達人, 牛乳屋.
milk·weed [mílkwìːd]名 C U《植》白い乳液を分泌する植物,（特に）トウワタ.
mílk-whíte 形 乳白色の.
milk·y [mílki] 形（比較 **milk·i·er** [～ər]; 最上 **milk·i·est** [～ist]）**1** 乳のような; 乳白色の; 白く濁った: a *milky* skin ミルクのような白い肌. **2**（牛が）乳をよく出す;（木が）樹液をよく出す. **3**（大量の）ミルクの入った.（▷ 名 **milk**）
◆ **Mílky Wáy** [the ～] 天の川, 銀河（**Galaxy**）.

‡mill [míl] 名 C **1** 製粉所, 粉ひき場（**flour mill**）; 水車小屋（**water mill**）. **2** 粉砕器; 製粉機, ひきうす: a coffee *mill* コーヒーミル / The *mills* of God grind slowly(, but they grind exceedingly small).《ことわざ》神のひきうすはゆっくりと（しかし確実に）ひく = 悪事はいつか露見する. **3** 工場, 製作所: a textile [steel, paper] *mill* 織物[製鋼, 製紙]工場.
■ *gó [pùt ...] through the míll*（…に）苦しい経験をする[させる]; 厳しい訓練を受ける[させる], 鍛える[].
— 動 他 **1**〈穀物などを〉うすでひく, 製粉する; 粉砕する: The wheat was *milled* into flour. 小麦は製粉された. **2**〈金属〉をプレスする, 圧延する; 切削する; …を機械にかける.
— 自《口語》（家畜・人の群れなどが）うろうろ動き回る, ひしめき合う（*about*, *around*）: A crowd of people were *milling* about in the park. たくさんの人が公園をぶらついていた.
◆ **míll whèel** C 水車の（輪）.
Mill [míl]名 ミル **John Stuart Mill**《1806-73; 英国の経済学者・哲学者》.
mil·len·ni·um [miléniəm]名（複 **mil·len·ni·a** [-niə], **mil·len·ni·ums** [～z]）**1** C 千年間, 千年紀, ミレニアム; 千年祭. **2** [the ～]《聖》至福千年《キリストが再臨してこの世を統治する千年間》.
3 [the ～]（遠い未来の）理想の時代, 黄金時代.
mil·le·pede [míləpìːd]名 = **MILLIPEDE**（↓）.
***mill·er** [mílər]名 C 製粉業者, 粉屋: Every *miller* draws water to his own mill.《ことわざ》粉屋は自分の水車小屋に水を引く ⇨ 我田引水.
mil·let [mílit]名 U《植》アワ［キビ, ヒエ］（の類）; 雑穀《食料・飼料》.
Mil·let [miːjéi / míːrei, -jei]名 ミレー **Jean François** [ʒáːn frɑːnswáː] Millet《1814-75; フランスの画家》.
mil·li- [mílə]接頭「…の1,000分の1」の意を表す: *milli*gram ミリグラム / *milli*meter ミリメートル.
mil·liard [míljɑːrd, -liɑːrd]名 C《英・古風》10億（**billion**）.
mil·li·bar [míləbɑ̀ːr]名 C ミリバール（◇気圧単位; 1ミリバール = 1,000 分の 1 バール; 現在は **hectopascal**（ヘクトパスカル）を使う）.
mil·li·gram,《英》**mil·li·gramme** [míləgræm]名 C ミリグラム（◇重量単位; 1ミリグラム = 1,000分の1グラム;（略語）mg; → 巻末「度量衡」）.
mil·li·li·ter,《英》**mil·li·li·tre** [míləlìːtər]名 C ミリリットル（◇容量単位; 1ミリリットル = 1,000分の1リットル;（略語）ml; → 巻末「度量衡」）.
***mil·li·me·ter**,《英》**mil·li·me·tre** [míləmìːtər]名 C ミリメートル（◇長さの単位; 1ミリメートル = 1,000分の1メートル;（略語）mm; → 巻末「度量衡」）.
mil·li·ner [mílənər]名 C《古風》婦人帽製造[販売]業者.
mil·li·ner·y [mílənèri / -nəri]名 U 婦人用帽子類; 婦人帽製造[販売]業.

***mil·lion** [míljən]
— 名（複 **mil·lions** [～z]）**1** C（基数の）100万（→ **NUMBER** 表）《◇数詞・数量を表す形容詞を伴う場合は -s を付けない》: three and a half *million* = three *million* and a half 350万 / twelve *million* 1,200万 / a population of a [one] hundred *million* 人口1億.〖関連語〗**billion** 10億 / **trillion** 1兆)
2 C 100万を表す記号（m など）.
3［代名詞的に; 複数扱い］100万, 100万個, 100万人. **4**［U］100万ドル［ポンド, ユーロなど］.
■ *in a míllion*《口語》めったにない…, 飛び切り上等の….
míllions of ... 多数の…, 無数の….
— 形 **1**［限定用法］100万の, 100万個の, 100万人の: More than two *million* people use this station a day. 1日に200万人以上がこの駅を利用する. **2**［a ～］多数の, 無数の: a *million* mistakes 数々の間違い.
***mil·lion·aire** [mìljənéər]名 C 百万長者, 大金持ち（cf. **billionaire** 億万長者）.
mil·lionth [míljənθ]形 **1**［通例 the ～］100万番目の（→ **NUMBER** 表）. **2** 100万分の1の.
— 名 **1**［通例 the ～］100万番目（の人, もの）.
2 C 100万分の1.
mil·li·pede, mil·le·pede [míləpìːd]名 C ヤ

mill・pond [mílpànd / -pɔ̀nd] 名 C 水車用貯水池.

mill・stone [mílstòun] 名 C 1 石うす. 2 (精神的な)重荷: a *millstone* around [round] ...'s neck 《比喩》〈人〉にとっての重荷.

mi・lom・e・ter [mailámətər / -lɔ́m-] 名《英》= MILEOMETER.

milt [mílt] 名 U (魚の)白子(しらこ), 魚精.

Mil・ton [míltən] 名 固 ミルトン John Milton《1608-74; 英国の詩人》.

Mil・wau・kee [milwɔ́:ki] 名 固 ミルウォーキー《米国 Wisconsin 州南東部, Michigan 湖畔の港湾都市》.

mime [máim] 名 1 C U 身ぶり, 手ぶり, しぐさ: in *mime* 身ぶりで[手ぶりで]. 2 C 《古代ギリシャ・ローマの》無言道化芝居; 道化師. 3 U パントマイム(pantomime); C パントマイム役者.
— 動 他 …をまねる, 〈役柄〉をパントマイムで演じる.
— 自 パントマイムを演じる.

mi・met・ic [mimétik] 形 1 模倣の, まねの; 偽りの, 見せかけの. 2 【生物】擬態の(mimic).

***mim・ic** [mímik] 動 (三単現 **mim・ics** [~s]; 過去・過分 **mim・icked** [~t]; 現分 **mim・ick・ing** [~iŋ]) 他 1 …をまねる, まねてからかう (→ IMITATE 類義語): My brother *mimics* the way I speak. 弟は私の話し方をまねてからかう. 2 (ものが)…に似ている. 3 【生物】(動物が)…の形[色]に擬態する.
— 名 C 物まねをする人, 人のまねをする動物: He is a wonderful *mimic*. 彼は物まねがうまい.
— 形 《限定用法》 1 見せかけの, 模倣の: a *mimic* battle 模擬戦, 戦争ごっこ. 2 【生物】擬態の: *mimic* coloring 保護色.

mim・ic・ry [mímikri] 名 (複 **mim・ic・ries** [~z]) 1 U まねること, 物まね, 模倣. 2 C 模造品. 3 U 【生物】擬態.

mi・mo・sa [mimóusə, -zə] 名 C U 【植】ミモザ(の花), オジギソウ.

min 《略語》= *min*imum; *min*or; *min*ute(s).

Min. 《略語》= *Min*ister 大臣; *Min*istry 省.

min・a・ret [mìnərét] 名 C ミナレット《イスラム教寺院(mosque)の尖塔(せんとう)》.

mince [míns] 動 他 〈肉・タマネギなど〉を細かく刻む, …をひき肉にする: *minced* meat ひき肉.
— 自 《軽蔑》(特にホモセクシュアルの人が)気取って小またで歩く; 気取って話す.
■ *not mínce mátters* [*(one's) wórds*] (不快なことを) はっきり言う: He doesn't *mince matters*. 彼はものをずけずけ言う.
— 名 U 1 《英》細かく刻んだ肉, ひき肉 (◇特に beef を言う). 2 《米》= MINCEMEAT 1 (↓).
◆ **mínce píe** C U ミンスパイ《ミンスミート(mincemeat) の入ったパイ》.

mince・meat [mínsmi:t] 名 U 1 ミンスミート《レーズン・リンゴのみじん切りとひき肉を混ぜたパイの具》. 2 《英》= MINCE 1 (↑).
■ *màke míncemeat* [*out of*] ... 1 …を切り刻む. 2 《口語》…を徹底的にやっつける, 論破する.

minc・er [mínsər] 名 C 《英》肉ひき器(《米》meat grinder).

minc・ing [mínsiŋ] 形 《通例, 軽蔑》(態度・口調などが)気取った, 澄ました; 気取って歩く[話す].

*****mind** [máind] 名 動

原義は「記憶, 考えること」.

名 ① 心, 精神. **1**
  ② 知性; 知力. **2**
  ③ 意見, 意向. **3**
  ④ 記憶 (力). **4**
動 ① (…を) いやがる. 他 1; 自 1
  ② (…に) 気をつける. 他 2; 自 2

— 名 (複 **minds** [máindz]) 1 C U 心, 精神 (↔ body) (→ p.979 類義語): a state of *mind* 気分 / an open [a narrow] *mind* 広い[狭い]心 / There was no doubt in her *mind* that he was telling the truth. 彼は本当のことを言っていると彼女は信じて疑わなかった / A sound *mind* in a sound body. 《ことわざ》健全なる精神は健全なる肉体に宿る.

2 U 《または a ~》知性; 知力, 頭脳 (intellect): The boy has a very quick [sharp] *mind*. その少年は頭の回転がとても速い / Reading improves your *mind*. 読書は知性を向上させる / Use your *mind* before you ask. 人に聞く前に自分の頭を使いなさい[自分で考えてみなさい].

3 C 意見, 意向, 考え方; 望み, 好み: Please let me know your *mind* about this. これに関してあなたの意見を聞かせてください / I have no *mind* to follow such silly advice. 私はそんなばかげた忠告に従う気は毛頭ない.

4 U 記憶 (力); 注意 (力): I can't get her out of my *mind*. 私は彼女のことが忘れられない / My *mind* wandered as the speaker talked on and on. 講演者がだらだら話しているうちに私は集中力が切れた / You should fix your *mind* on your work. あなたは仕事に専念すべきです / Out of sight, out of *mind*. 《ことわざ》見え[会わ]なくなると, 忘れられていく ⇒ 去る者は日々に疎(うと)し.

5 U 正気, 理性: presence of *mind* 心の平静, 落ち着き / be of sound *mind* 正気である / He lost his *mind* when he heard the sad news. 彼はその悲報を聞いて正気を失ってしまった.

6 C (知性を持った) 人: He is respected as one of today's greatest *minds*. 彼は当代随一の知性の持ち主として尊敬されている / Great *minds* think alike. 賢い人は皆同じように考える (◇意見が一致したときにふざけて言う).

■ *be àll in the [...'s] mínd* (病気などが) 思い過ごしである.

béar [*kéep*] ... *in mínd* = *béar* [*kéep*] *in mínd that* ... …を記憶にとどめている, 覚えている: You should *bear in mind that* time is money. 時は金なりということを肝に銘じるべきです.

be in [*of*] *twó mínds abòut* ... …のことで心を決めかねている, 迷っている.

be of óne [*the sáme*] *mínd* […について] 意見 [気

mind

be on ...'s mínd …の気にかかっている: *What's on your mind?* 何が気がかりなんですか; 何かご用ですか; 何を考えているのですか.

bríng [cáll] ... to mínd　**1**（人が）…を思い出す: *I can vividly bring my childhood to mind.* 私は子供時代のことをはっきり思い出すことができる.　**2**（もの・ことが）…を思い出させる: *That song called my school days to mind.* その歌を聞いて私は学生時代を思い出した.

còme [spríng] to mínd = **cóme into ...'s mínd**（人の）頭に浮かぶ, 思いつく.

gìve [pùt, sèt] one's mínd to ... …に専念する, 心を注ぐ.

gò óut of one's mínd 発狂する.

gò óut of ...'s mínd〈人〉に忘れられる.

hàve a mínd of one's ówn 自分自身の考えを持っている.

hàve a mínd to dó …する気がある: *I have a mind to enter the race.* 私はそのレースに出場するつもりである.

hàve a góod mínd to dó …したい気が十分にある.

hàve hálf a mínd to dó …したい気がする; …する気がないでもない.

hàve ... in mínd　**1** …を考えている, もくろんでいる: *He seems to have something in mind.* 彼は何かもくろんでいるようだ.　**2** = bear [keep] ... in mind（↑）.

hàve it in mínd to dó …するつもりでいる.

hàve ... on [upón] one's mínd …を気にかけている, 心配している.

kèep one's mínd on ... …に専念する, 心を注ぐ.

knòw one's ówn mínd（通例, 否定文で）意志がはっきりしている, 決心がついている.

màke úp one's mínd　**1**［…しようと /…という ことを /…かを］決心する［*to do* / *that* 節 / 疑問詞節］: *I made up my mind to* go at once. 私はすぐ行く決心をした / *She couldn't make up her mind which* dress to buy. 彼女はどのドレスを買うたらよいか決心がつかなかった.　**2**［…に］違いないと考える,［…だと］結論づける［*that* 節］.　**3**［悪い事態などを］しかたがないと覚悟する［*to*］.

pùt ... in mínd of ~ …に~を思い出させる.

pùt ... out of one's mínd …を（意図的に）忘れる.

sèt one's mínd on ... …を決心する; 熱望する.

slíp ...'s mínd …に忘れられる,〈物事が〉…には思い出せない: *The title of the book has completely slipped my mind.* 私はその本のタイトルが全然思い出せないでいる.

spéak one's mínd 自分の意見をはっきり言う.

tàke one's mínd óff ... …のことを忘れる.

tàke ...'s mínd óff ~ ~のことを〈人〉から忘れさせる.

to mý mínd［文修飾］《英口語》私の考えでは: *To my mind,* you are too optimistic. 私の考えでは, あなたは楽観的すぎる.

túrn one's mínd to ... …に注意［関心］を向ける.

――動（三単現 **minds**［máindz］; 過去・過分 **minded**［~id］; 現分 **mind·ing**［~iŋ］）他　**1**（通例, 疑問文・否定文で）(a)［mind+O］…をいやがる, 気にする: *I don't mind* the heat. 私は暑さは平気です / *Don't mind* me. I'll leave here soon. どうぞおかまいなく. すぐにここを出ますから / *Do you mind* spaghetti for lunch? 昼食はスパゲッティでいいですか. (b)［mind（+O）+doing］〈人が〉…するのをいやがる: *I don't mind practicing* the piano every day. 私は毎日ピアノの練習をするのはいやではない / *We don't mind* your [you] *staying* with us. 私たちと一緒にいてもかまいません（◇ O が代名詞のときは所有格または目的格）. (c)［mind+that 節［疑問詞節］］…ということを［…かを］気にする: *I don't mind what* they do. 彼らが何をしようと私は気にしない.　**2**［通例, 命令文で］《主に英》(a)［mind+O］…に気をつける, 用心する（《主に米》watch）: *Mind* the pan! It's hot. なべに気をつけて. 熱いから / *Mind* your step!《掲示》足元に注意. (b)［mind+that 節［疑問詞節］］…するように［…かに］気をつける: *Mind (that)* you don't leave your belongings behind. 持ち物を置き忘れないよう注意してください / *Mind what* you say in front of your superiors. 目上の人に対しては言葉に気をつけなさい.　**3**《主に英》(一時的に)…の世話をする（《主に米》watch）: *mind* the store 店番をする.　**4**《進行形不可》《米》…をよく聞く, …に従う: *Mind* what your parents say. 親の言うことをよく聞きなさい.
――自　**1**［否定文・疑問文で］［…を］いやがる, 気にする［*about*］: *Don't mind about* such a rumor. あんなうわさを気にするな / Would you like your egg fried or boiled? ― *I don't mind.* 卵は焼くのとゆでるのとどちらがよろしいですか―どちらでもかまいません.　**2**《主に英》注意する, 用心する: *Mind,* a car is coming! 気をつけて. 車が来るよ.　**3**《米》従順である: Your dog *minds* well. 君の犬は言うことをよく聞く.

■ **Do you mínd?** やめてください（◇相手の行為などに対する困惑を表す）.

I dòn't mínd if I dó.《口語》いいですね, いただきます（◇食べ物などを勧められたときに言う）.

I dòn't mínd télling you ... はっきり言って…, 言わせてもらえば….

if you dòn't mínd《口語》　**1** よかったら, さしつかえなければ: We'll have dinner at this restaurant *if you don't mind.* よかったらこのレストランで食事をしよう.　**2**《皮肉》失礼ですが.

I wòuldn't [shòuldn't] mínd ...《口語》…があってもよい, 欲しい（◇願望を表す丁寧な表現）: *I wouldn't mind* a glass of milk. 私は牛乳をコップ1杯欲しい.

Mínd and dó《口語》気をつけて…しなさい, きっと…しなさい: *Mind and finish* your homework by noon. 必ず正午までに宿題を済ませなさい.

mínd (you)［挿入語句として］いいですか, よく聞いてください: I'll give you advice, but, *mind you,* this is the last time. 忠告しておくが, いいかね, これが最後だよ.

Mínd your ówn búsiness. → BUSINESS 成句.

Néver mínd! 《口語》気にするな；何でもない: I forgot to bring the CD you lent me. — *Never mind!* Any day will be fine. 貸してもらったCDを持って来るのを忘れてしまいました — 気にしないで. いつでもいいですよ.
Néver you mínd. 《主に英口語》おまえの知ったことか，おせっかいはよせ.
Wòuld [Do] you mínd dóing? …していただけませんか: *Would you mind lending* me some money? 少しお金を貸していただけませんか.

[語法] (1) 人にものを依頼するときの丁寧な表現.
(2) mind は「いやがる」の意なので、応じる場合は通例 Not at all. / Of course not. (ええ、いいですとも) などと否定文で答える. しかし、実際には Sure. / Of course. などを使うこともある.
(3) 応じられない場合、単に Yes. または Yes, I would [do]. と答えるだけでは失礼にあたる. 通例 I'm sorry I can't. と言ってから理由を述べる.

Wòuld [Do] you mínd if …? …してもよろしいですか (→ MAY [LET'S TALK]): *Would you mind if* I use your cell phone? あなたの携帯電話を使ってもよろしいですか.
Wòuld [Do] you mínd my dóing? 私が…してもよろしいでしょうか: *Would you mind my using* your computer? — No, I wouldn't. [Yes, I would.] あなたのコンピュータを使ってもかまいませんか — ええ、どうぞ [いや、困ります].

[語法] (1) Would [Do] you *mind* if …? および Would [Do] you *mind* my doing? は人に許可を求めるときの丁寧な表現.
(2) 応じる場合は Would [Do] you *mind* doing? の時と同じ.
(3) 応じられない場合は I'd rather you didn't. (遠慮していただけるとありがたいのですが) のように答えると丁寧.

◆ **mínd réader** [C] 《しばしばこっけい》読心術者.
mínd's éye [one's ～ / the ～] 心の眼, 想像力.

[類義語] **mind, heart, soul, spirit**
共通する意味：心 (the part of a person that is concerned with his or her thoughts or feelings)
mind は「心」の意を表す最も一般的な語. 特に「認知・思考・記憶などの能力」の意: He has an inquiring *mind* on everything. 彼はすべてのことに探究心を持っている. **heart** は「感情の宿る心」の意: She has a warm *heart*. 彼女は心が温かい. **soul** は肉体と区別される非物質的な「精神、心」の意. ただし、肉体に宿って生命を与える「魂、霊魂」の意でも用いられ、不滅と考えられている: There was a fear of failure deep in his *soul*. 彼の心の奥には失敗に対する恐怖があった / They believe the *soul* of a dead person goes to heaven. 人々は死者の魂は天国へ行くと信じている. **spirit** は soul と交換可能であるが soul ほど宗教的な響きはない. また、物事の根本的な意義・理念としての「精神」の意でも用いる: His act is against the *spirit* of the law. 彼の行為は法の精神に反する.

mind-bènd·ing [形] 《口語》 **1** どきっとさせる (mind-blowing). **2** 幻覚を引き起こす.
mind-blòw·ing [形] 《口語》 **1** 驚くべき, ひどく興奮させる. **2** 《薬などが》幻覚性の.
mind-bòg·gling [形] 《口語》想像を絶する, 信じられないほど複雑怪奇な；驚くべき.
mind·ed [máindid] [形] 《叙述用法》《格式》[…する] 気がある, […したいと] 思う (inclined) [*to do*]: He could save the firm if he were so *minded*. その気になれば, 彼はその会社を救えるのに.
-mind·ed [maindid] [結合] **1** 形容詞に付けて「…な心・性質を持った」の意を表す: evil-*minded* 邪悪な / open-*minded* 心の広い, 偏見のない.
2 副詞に付けて「…に関心のある」の意を表す: politically-*minded* 政治に関心がある.
3 名詞に付けて「…指向の」「…重視の」の意を表す: safety-*minded* 安全重視の.
mind·er [máindər] [名] [C]《英》 **1** [通例, 複合語で] 世話をする人, 管理人: a baby-*minder* 《英》ベビーシッター (baby-sitter). **2** 《俗語》ボディーガード.
mind·ful [máindfəl] [形] 《叙述用法》[…に] 配慮する, 注意深い；[…を] 忘れない, 心にとめる [*of*]: Be *mindful of* your health. 健康に留意しよう.
mind·less [máindləs] [形] **1** 《通例, 軽蔑》思慮のない, 愚かな (stupid)；(仕事などが) 知性を必要としない, (単純で) 退屈な. **2** 《叙述用法》…に気にしない, 心にとめない [*of*]: He jumped into the river, *mindless of* the danger. 彼は危険を顧みずに川に飛び込んだ.
mind·less·ly [～li] [副] 愚かにも; 不注意で.
mind·set [máindsèt] [名] [C] ものの考え方, 態度.

mine [máin]

— [代]《◇ I の所有代名詞; → PRONOUN (文法)》[単数・複数扱い] **私のもの**《◇さすものが単数なら単数扱い, 複数なら複数扱い》: That book is *mine*. あの本は私のです《◇ mine = my book》/ Your gloves are made of leather, and *mine* are of wool. あなたの手袋は革で, 私のはウールです《◇ mine = my gloves》.

■ **... of míne**…の: a friend *of mine* 私の友人 (の1人) / That's no business *of mine*. それは私の知ったことではない.

[語法] a, an, the, this, that, these, those, some, any, no と所有格を並べて用いることはできない. その代わりに「of + 所有代名詞」を名詞のあとに付ける: this book *of mine* 私のこの本 / some friends *of yours* 何人かのあなたの友人.

*****mine**[2] [名] [C] **1** 鉱山；鉱坑: a gold [coal] *mine* 金鉱 [炭鉱] / open (up) a *mine* 鉱山を開発する. **2** 地雷；機雷: an antipersonnel *mine* 対人地雷 / clear [remove, sweep] *mines* 地雷を取り除く. **3** [a ～]《知識・情報などの》宝庫: a *mine* of information 情報の宝庫.

— [動] **1**《鉱石など》を採掘する；…に坑道を掘る: They *mine* gold in South Africa. 南アフリカでは金を採掘している. **2** [しばしば受け身で]《地雷・機雷》を敷設する；…を地雷 [機雷] で爆破する. **3**《事典など》を参照する.

— 他 [鉱石などを]採掘する [for].

mine-field [máinfìːld] 名 C **1** 地雷[機雷]敷設区域, 地雷[機雷]原. **2** 危険地帯; 危険をはらんだもの[箇所]: The kitchen can be a *minefield* for children. 台所は子供には危険な場所でもある.

*****min-er** [máinər] 名 C 坑夫, 鉱山労働者: a coal *miner* 炭坑労働者.

******min·er·al** [mínərəl] 名形

—名 (複 **min·er·als** [~z]) C **1** 鉱物, 無機物; (栄養素としての)ミネラル: Coal is a *mineral*. 石炭は鉱物です / This salt is rich in *minerals*. この塩はミネラル分が豊富です.
2 (通例 ~s) (英) = mineral water (→複合語).
—形 [限定用法] 鉱物(質)の, 鉱物を含んだ; 無機の: *mineral* ores 鉱石.
◆ **míneral wàter** U C ミネラルウォーター, 鉱(泉)水.

min·er·al·o·gy [mìnərǽlədʒi] 名 U 鉱物学.
min·er·al·o·gist [-dʒist] 名 C 鉱物学者.
Mi·ner·va [miná:rvə] 名 固 《ロ神》 ミネルバ《知恵・芸術などの女神; → GODDESS 表》.
mi·ne·stro·ne [mìnəstróuni] 《イタリア》 名 U ミネストローネ《野菜・パスタ・豆入りのスープ》.
mine-sweep·er [máinswìːpər] 名 C 《軍》(機雷除去にあたる)掃海艇.
Ming [míŋ] **1** 固 (中国の) 明(ミン), 明朝《1368-1644》. **2** U 明朝の磁器.

*****min·gle** [míŋgl] 動 他 …を[…と]混ぜる (*together*) [*with*] (→ MIX 類義語): Their respect was *mingled* with surprise. 彼らの尊敬には驚きが入り混じっていた.
—自 **1** […と]混ざる (mix) [*with*]: Oil does not *mingle* with water. 油は水と混じり合わない.
2 [人と]交際する, つき合う [*with*]; […に]参加する [*in*]: In the market, Muslims *mingled* with Christians. 市場ではイスラム教徒とキリスト教徒が共存していた.

min·i [míni] 名 C **1** ミニスカート (miniskirt).
2 = MINICOMPUTER. **3** [M-] 《英》《商標》 ミニ《小型乗用車》.
min·i- [míni] 接頭 名詞に付けて「小型の, 小…」「ミニの」の意を表す《◇ *mini*ature の略》: *mini*bus マイクロバス / *mini*skirt ミニスカート.

*****min·i·a·ture** [míniətʃər, -tʃuər / mínətʃə] 名 **1** C 小型模型, ミニチュア: a *miniature* of the Eiffel Tower エッフェル塔の模型. **2** C 細密(肖像)画; U 細密画法. **3** C (中世の写本などの)彩色画, 彩色文字.
■ **in míniature** 小規模の, (そのまま)縮小した.
—形 [限定用法] 小型の, 縮小した, ミニチュアの: a *miniature* garden 箱庭.

min·i·a·tur·ist [míniətʃərist / mínə-] 名 C 細密画家.
min·i·a·tur·ize [míniətʃəràiz / mínə-] 動 他 …を小型化する.
min·i·bus [mínibʌ̀s] 名 C マイクロ[小型]バス.
min·i·cab [mínikæ̀b] 名 C 《英》小型タクシー.
min·i·car [mínikɑ̀ːr] 名 C (超)小型自動車 (subcompact car).

min·i·com·put·er [mínikəmpjùːtər] 名 C 小型汎用コンピュータ, ミニコン.
Min·i·Disc, min·i·disc [mínidisk] 《商標》 ミニディスク, MD 《音楽用小型CD》.
min·im [mínim] 名 C **1** 《英》《音楽》二分音符 (《米》half note). **2** ミニム《液量単位; 1ミニム=60分の1ドラム (dram) = 約0.06ミリリットル》.
3 微量; 微小なもの; つまらないもの.
min·i·ma [mínimə] 名 minimum の複数形.

*****min·i·mal** [mínimal] 形 最小(限度)の, 最低の; きわめてわずかの (↔ maximal): lead a *minimal* existence ぎりぎりの生活をする.
min·i·mal·ly [-məli] 副 最小(限度)に.
min·i·mize [mínimàiz] 動 他 **1** …を最小限にする, できるだけ少なく[小さく]する (↔ maximize): *minimize* the risks 危険を最小限にする. **2** …を最小限に評価する; 軽視する.

******min·i·mum** [mínimem] 名形

—名 (複 **min·i·ma** [-mə], **min·i·mums** [~z]) C [通例, 単数形で] 最小限, 最低(限); 最低量[数]; 《数学》極小 (↔ maximum) (《略語》 min): an absolute *minimum* 最小限 / at a [the] *minimum* 最低でも / keep [reduce] the cost to a *minimum* 費用を最低限に抑える[減らす] / This tour needs a *minimum* of two participants. このツアーは最低2名の参加者が必要です.
—形 [比較なし; 限定用法] 最小(限)の, 最低(限)の: a *minimum* charge [price] 最低料金 / The *minimum* age for driving is eighteen. 車を運転できるのは18歳以上です.
◆ **mínimum wáge** C [通例, 単数形で] 《経済》 (法律などで定められた)最低賃金.

*****min·ing** [máiniŋ] 名 U 採鉱, 採掘; 鉱業: coal *mining* 炭鉱業 / a *mining* engineer 鉱山技師.
min·ion [mínjən] 名 C [通例, 軽蔑] **1** (権力者の)手先, 子分. **2** お気に入り, 寵児(チョウジ), 寵臣.
min·i·skirt [míniskə̀ːrt] 名 C ミニスカート.

******min·is·ter** [mínistər] 名動 【原義は「召使い」】

—名 (複 **min·is·ters** [~z]) C **1** [しばしば M-] (ヨーロッパ諸国・日本などの) 大臣, 閣僚 (《米》では secretary (長官) が大臣に相当する. ただし, 《英》でも secretary を用いることがある): the Prime *Minister* 総理大臣, 首相 / a cabinet *minister* 閣僚 / the *Minister* of Foreign Affairs = the Foreign *Minister* 外務大臣, 外相.
2 公使 《ambassador (大使) の次位》; 使節: the British *Minister* to Japan 駐日英国公使.
3 牧師, 聖職者《◇主に《英》では非国教派の, 《米》では新教の牧師をさす》.
—動 自 《格式》 […に] 仕える; [… の] 世話をする [*to*]: *minister* to the sick 病人の世話をする.
(▷ 形 ministérial)

min·is·te·ri·al [mìnistíəriəl] 形 **1** 大臣の; 内閣の, 政府の. **2** 聖職者[牧師]の.
(▷ 名 mínister)

min·is·tra·tion [mìnistréiʃən] 名 《格式》
1 U C [通例 ~s] (病人の)世話, 看護; 援助, 奉仕.
2 U 牧師の職務.

min·is·try [mínistri] 名 (複 **min·is·tries** [~z])
1 [しばしば M-] C (日本・英国などの)省; 省令: the *Ministry* of Finance 財務省. **2** [しばしば the M-] C 内閣 (cabinet); U [集合的に] 閣僚, 大臣. **3** [the ~] 大臣の職務 [任期]. **4** C 聖職者 [牧師]の職務 [布教活動]; [the ~; 集合的に] 聖職者, 牧師: enter [go into] the *ministry* 牧師になる, 聖職につく. **5** U C 奉仕, 援助, 貢献.

mink [míŋk] 名 **1** C 【動物】ミンク《イタチ科の小動物》. **2** U ミンクの毛皮; C ミンクのコート.

Minn. 《略語》= *Minnesota* (↓).

Min·ne·so·ta [mìnisóutə] 名 固 ミネソタ《米国中北部にある州; 《略語》Minn.; 《郵略語》MN; → AMERICA 表》.

min·now [mínou] 名 C 【魚】小さな淡水魚《釣り餌(ミ)に》; (一般に) 小魚, ざこ; 取るに足らないもの.

***mi·nor** [máinər] 形 名 動
— 形 [比較なし; 通例, 限定用法] (↔ major)
1 (大きさ・数量・程度が) **小さいほうの**, 少ないほうの (→ SMALL 類義語); 少数(派)の: a *minor* gain わずかなもうけ / a *minor* political party 少数派の政党 / She had a *minor* share in the profits. 彼女の利益の分け前が少なかった.
2 たいして重大 [重要] でない; 二流の, マイナーな: *minor* faults 小さな欠点 / *minor* illness 軽い病気 / a *minor* operation 簡単な手術 / play a *minor* part [role] わき役を演じる.
3 【音楽】短調の: the C *minor* scale ハ短調音階.
4 《米》(科目・課程の) 副専攻の: a *minor* subject 副専攻科目.
— 名 (↔ major) **1** C 【法】未成年者: It is illegal to serve alcohol to *minors*. 未成年者にお酒を出すのは違法である. **2** C 《米》(大学の科目・課程の)副専攻科目. **3** U 【音楽】短調. **4** [the ~s] マイナーリーグ (minor leagues).
— 動 自 《米》 […を] 副専攻する (*in*).
(▷ 名 minority)

◆ mínor léague C 《米》マイナーリーグ (↔ major league).

***mi·nor·i·ty** [mənɔ́rəti, mai- / mainɔ́r-] 名 (複 **mi·nor·i·ties** [~z]) (↔ majority) **1** C [通例 a ~; 単数・複数扱い] **少数部分**, 半数に満たない数: Only a *minority* of the population is interested in politics. = Only a *minority* of people are interested in politics. 政治に関心のある人は全体の半数に満たない (◇動詞の数は of の次の名詞に合わせる). **2** C (人種・言語・宗教上の) 少数派; (議会などの) 少数派: ethnic *minorities* 少数民族, マイノリティ / a *minority* opinion 少数意見. **3** U 【法】未成年 (期).
■ **be in a minority of one** [しばしばこっけいに] ただ 1 人の少数派である, 孤立無援である.
be in the [a] minority 少数派である.
(▷ 形 mínor)

◆ minórity góvernment C 少数与党内閣.
minórity lèader C 《米》少数党の院内総務.

Mi·nos [máinəs, -nɔs] 名 固 【ギ神話】ミノス《クレタの王. ゼウスとエウロペの息子》.

Min·o·taur [mínətɔːr / máin-] 名 固 [the ~]

【ギ神話】ミノタウロス《人身牛頭の怪物》.

min·ster [mínstər] 名 C [しばしば M-] 《英》(修道院付属の)教会堂, 大寺院; [教会の名前として] …大聖堂: York *Minster* ヨーク大聖堂.

min·strel [mínstrəl] 名 C **1** (中世の)吟遊詩人; 《古・詩語》詩人, 歌手, 音楽家. **2** ミンストレル《ミンストレルショーに出演する芸人》.

◆ mínstrel shòw C ミンストレルショー《19世紀米国南部で流行. 白人が黒人に扮(ミ)して歌や踊り, 寸劇などを演じた》.

***mint**[1] [mínt] 名 **1** C U 【植】ハッカ, ミント. **2** U ハッカ (油). **3** C [口語] ハッカ入りキャンディー (peppermint).

◆ mínt júlep C 《米》ミントジュレップ《ハッカの葉を混ぜて作ったカクテル. 単に julep とも言う》.
mínt sàuce U ミントソース.

mint[2] 名 C **1** 造幣局. **2** [a ~] 《口語》多額 [の…] *of*: make a *mint* (*of* money) 大もうけする.
— 動 他 **1** (貨幣)を鋳造する. **2** (新語)を造る.
— 形 [限定用法] 作りたての, 真新しい, 未使用の: stamps in *mint* condition 未使用の切手.

min·u·et [mìnjuét] 名 C 【音楽】メヌエット (の曲)《3拍子の優雅なダンス》.

***mi·nus** [máinəs] 形 前 名
— 形 [比較なし] **1** [限定用法] **マイナスの**, 負の); 陰の (↔ plus): a *minus* number 負数 / *minus* electricity 陰電気.
2 (温度が) 氷点下の, 零下の: The temperature was *minus* 5 (degrees). 気温は零下5度だった.
3 [評点のあとに付けて] マイナスの, (基準点より) 劣る: I got an A *minus* on my report. 私はレポートでAマイナス (の成績) をもらった (◇ A⁻ と書き, A minus と読む). **4** [限定用法] 好ましくない, 不利な: a *minus* factor マイナス要因.
— 前 **1** …を引いた (↔ plus): Seven *minus* three is [leaves, equals] four. 7引く3は4 [7-3=4]. **2** 《口語》…なしで, …のない (without): He went to school *minus* his lunch. 彼は弁当を持たずに学校へ出かけた.
— 名 C **1** = mínus sígn マイナス記号, 負号 (−). **2** 負数. **3** 欠点, 不足; 損失.

mi·nus·cule [mínəskjùːl] 形 **1** 小文字の.
2 非常に小さい: a *minuscule* room 小部屋.

***min·ute**[1] [mínit] 名 動 【原義は「より小さいもの」】
— 名 (複 **min·utes** [-nits]) **1** C (時間の単位の) 分, 《略語》m, min; → HOUR 【関連語】: at ten *minutes* past three 3時10分に / It's five *minutes* to nine. 9時5分前です / It's a twenty-*minute* walk to their home. 彼らの家まで歩いて20分です (◇数詞をハイフンでつないで形容詞的に使うときは単数形) / I was ten *minutes* late. 私は10分遅刻した.
2 [a ~] 瞬間, 短い時間: Wait a *minute*. = Just a *minute*. ちょっと待ってください / He stopped walking for a *minute*. 彼はちょっと歩くのをやめた / It only takes a *minute* to prepare breakfast. 朝食を作るのにたいして時間はかからない / Have you got a *minute*? — Sure. 少し時

minute² 間がありますか. — もちろん.
3 ⓒ (角度の) 分 (1度 (one degree) の60分の1; 〖記号〗′): longitude one hundred and thirty-one degrees twenty-five *minutes* east 東経131度25分 (◇ long. 131°25′ E とも書く).
4 ⓒ 覚書, メモ; [~s] (会議の) 議事録: take *minutes* of a meeting 会議の議事録をとる.
■ *any mínute* すぐに; It may begin to snow (*at*) *any minute*. 今すぐにも雪が降り出すかもしれない.
at the lást mínute どたん場で.
in a mínute すぐに; I'll be there *in a minute*. すぐにそちらにまいります.
nòt for a [óne] mínute 少しも…ない.
the mínute (that) ... [接続詞的に] …するとすぐに: I knew her *the minute* I saw her. 見たとたん彼女だとわかった.
this (véry) mínute 今すぐに: Let's begin *this minute*. 今すぐ始めよう.
to the mínute きっかりその時間に: at ten *to the minute* 10時きっかりに.
úp to the mínute 〖口語〗最新の (up-to-date).
— 動 他 〖主に英〗…を議事録に書きとめる.
◆ mínute hànd ⓒ (時計の) 分針, 長針.

***mi·nute²** [mainjúːt] (☆発音に注意) 形 (比較 **mi·nut·er** [-ər]; 最上 **mi·nut·est** [-ist]) **1** ごく小さな, 微細な (＞ SMALL 類義語): a *minute* amount of gold dust 微量の砂金.
2 詳細な, 綿密な: in *minute* detail 詳細にわたって.
3 ささいな, 取るに足りない.

mi·nute·ly [mainjúːtli] 副 **1** 詳細に, 綿密に. **2** わずかに (slightly).

min·ute·man [mínitmæn] 名 (複 **min·ute·men** [-mèn]) ⓒ [しばしば M-] 〖米史〗緊急応召民兵 〖独立戦争時, 即時応召に備えていた〗.

‡**mir·a·cle** [mírəkl] 名 ⓒ **1** 奇跡; [形容詞的に] 奇跡の: do [work, perform] a *miracle* [*miracles*] 奇跡を行う / a *miracle* drug 特効薬.
2 奇跡, 驚異; すばらしい実例, 模範: It was a *miracle* that he recovered from the disease. 彼が病気から回復したのは奇跡でした.
(▷ 形 miráculous)
◆ míracle plày ⓒ 奇跡劇 〖中世の宗教劇〗.

mi·rac·u·lous [mərækjələs] 形 奇跡的な, 奇跡を起こす; 驚くべき: a *miraculous* survival [recovery] 奇跡的な生還 [回復]. (▷ 名 míracle)

mi·rac·u·lous·ly [mərækjələsli] 副 〖しばしば文修飾〗奇跡的に.

mi·rage [məráːʒ / míraːʒ] 名 ⓒ **1** 蜃気楼 (しんきろう). **2** 妄想, 幻覚; はかない夢 [望み].

Mi·rán·da rìghts [məréndə-] 名 〖複数扱い〗〖米〗ミランダ権利 〖被疑者が黙秘権などを行使できる権利〗.

mire [máiər] 〖文語〗名 Ⓤ 泥沼, ぬかるみ; 泥.
— 動 他 〖主に受け身で〗**1** …を泥で汚す, ぬかるみにはまらせる. **2** …を窮地 [苦境] に追い込む.

*****mir·ror** [mírər] 名 動
— 名 (複 **mir·rors** [~z]) ⓒ **1** 鏡, 姿見 (looking glass); 反射鏡: a hand *mirror* 手鏡 / a rearview *mirror* バックミラー (比較「バックミラー」は和製英語) / a side [〖英〗wing] *mirror* サイドミラー / She was looking at herself in the *mirror*. 彼女は鏡に映る自分の姿を見ていた.
2 […を] 忠実に映すもの [*of*]: This poll is the *mirror of* public opinion. この世論調査結果は世論を如実に反映している.
— 動 他 **1** …を (鏡のように) 写し出す, 反映する: Fashion *mirrors* the age. 流行は時代を写し出す. **2** …によく似ている.
◆ mírror ìmage ⓒ (左右が逆に映る) 鏡像.

mirth [məːrθ] 名 Ⓤ 〖文語〗上機嫌, 陽気 (な笑い).

mirth·ful [məːrθfəl] 形 〖文語〗陽気な; 楽しい.

mirth·less [məːrθləs] 形 〖文語〗陰気な, 悲しげな: a *mirthless* laugh さびしげな [暗い] 笑い.

mis- [mis] 接頭 「誤って [た], 悪く [い], 不利に [な], 否…」などの意を表す: *mis*place 置き間違える / *mis*judge 判断を誤る / *mis*fortune 不幸.

mis·ad·ven·ture [mìsədvéntʃər] 名 ⓒ Ⓤ 〖格式〗不運な出来事; 不運, 災難 (misfortune): by *misadventure* 不運にも / death by *misadventure* 〖英〗事故死 (accidental death).

mis·al·li·ance [mìsəláiəns] 名 〖格式〗不適切な結びつき, (特に) 不つり合いな結婚.

mis·an·thrope [mísənθròup, míz-] 名 ⓒ 〖格式〗人間嫌い [不信] の人, つき合いの悪い人.

mis·an·throp·ic [mìsənθrápik, mìz- / -θrɔ́p-], **mis·an·throp·i·cal** [-kəl] 形 〖格式〗人間嫌い [不信] の.

mis·an·thro·py [misǽnθrəpi, miz-] 名 Ⓤ 〖格式〗人間嫌い [不信], 厭世 (えんせい).

mis·ap·pli·ca·tion [mìsæplikéiʃən] 名 Ⓤ ⓒ 誤用, 乱用, 悪用: a *misapplication* of the rules ルール適用上の誤り.

mis·ap·ply [mìsəplái] 動 (三単現 **mis·ap·plies** [~z]; 過去・過分 **mis·ap·plied** [~d]; 現分 **mis·ap·ply·ing** [~iŋ]) 他 〖主に受け身で〗…を誤用 [乱用, 悪用, 不正使用] する.

mis·ap·pre·hen·sion [mìsæprihénʃən] 名 Ⓤ ⓒ 〖格式〗誤解, 思い違い.

mis·ap·pro·pri·ate [mìsəpróupriət] 動 〖格式〗〈金・財産〉を横領 [着服] する; 悪用 [不正使用, 誤用] する.

mis·ap·pro·pri·a·tion [mìsəpròupriéiʃən] 名 Ⓤ ⓒ 〖格式〗横領, 着服, 使い込み; 悪用.

mis·be·got·ten [mìsbigátən / -gɔ́t-] 形 〖限定用法〗**1** 〖格式・こっけい〗(人が) 役立たずの, 卑しむべき. **2** (考え・計画などが) いい加減 [お粗末] な.

mis·be·have [mìsbihéiv] 動 自 不作法なふるまいをする, 行儀が悪い.

mis·be·hav·ior, 〖英〗**mis·be·hav·iour** [mìsbihéivjər] 名 Ⓤ 不作法, 不品行.

mis·cal·cu·late [mìskǽlkjəlèit] 動 他 …を計算違いする, …の判断を誤る, 見込み違いをする.
— 自 計算違いをする; 判断を誤る.

mis·cal·cu·la·tion [mìskælkjəléiʃən] 名 Ⓤ ⓒ 計算間違い; 誤算, 判断の誤り, 見込み違い.

***mis·car·riage** [mìskǽridʒ] 名 Ⓤ ⓒ **1** 流産: have a *miscarriage* 流産する. **2** 失敗; 誤算.
■ *miscárriage of jústice* 〖法〗誤審.

mis・car・ry [mìskǽri] 動 (三単現 **mis・car・ries** [~z]; 過去・過分 **mis・car・ried** [~d]; 現分 **mis・car・ry・ing** [~iŋ]) 圓 **1** 流産する. **2**《格式》(計画などが)失敗する.

mis・cast [mìskǽst / -káːst] 動 (三単現 **mis・casts** [-kǽsts / -káːsts]; 過去・過分 **mis・cast**; 現分 **mis・cast・ing** [~iŋ]) 他 (通例, 受け身で) **1**〈俳優など〉を不適当な役につける: She *is miscast* as Juliet. 彼女はジュリエット役に不向きです. **2**〈劇・映画などで〉不適切な配役をする: The movie *is* badly *miscast*. その映画は配役がひどい.

***mis・cel・la・ne・ous** [mìsəléiniəs] 形《限定用法》種々雑多な;(人が)多才な;多方面にわたる;(主要項目に入らない)その他の(《略語》 misc.).

mis・cel・la・ny [místʃəlèini / miséləni] 名 (複 **mis・cel・la・nies** [~z]) C **1** (種々雑多な)寄せ集め: a *miscellany* of objects 種々雑多な品物. **2** [しばしば複数形で] 文集(の作品), 論文集.

mis・chance [mìstʃǽns / -tʃáːns] 名 CU 不運(な出来事), 不幸(misfortune): by *mischance*〔文修飾〕運悪く, 不運にも.

***mis・chief** [místʃif] 名 (複 **mis・chiefs** [~s]) **1** U (子供などの)いたずら, 悪ふざけ: eyes full of *mischief* 茶目っ気たっぷりの目つき / be up to *mischief* いたずらをしている[たくらんでいる] / get [go] into *mischief* いたずらを始める / Keep the kids out of *mischief*, will you? 子供がいたずらをしないように気をつけてね. **2** U《格式》被害, 損害(damage); 迷惑;(精神的)悪影響: mean *mischief* 悪意を抱く / The *mischief* (of it) is that .... 困るのは…である. **3** C いたずらっ子.
■ *do ... a míschief*《主に英口語》〈人〉を傷つける; 殺す.
màke míschief いたずらをする; [...の間に] 不和を生じさせる, 水をさす[*between*].
(▷ 形 míschievous)

mís・chief-màk・er 名 C 故意に争いの種をまく人, 人の仲を裂く人.

***mis・chie・vous** [místʃivəs] 形 **1** (態度・表情が)いたずらっぽい, いたずら好きな: a *mischievous* smile いたずらっぽい笑み. **2** 悪意のある, 害を及ぼす(harmful), 人を傷つける: a *mischievous* rumor 人を傷つけるうわさ. (▷ 名 míschief)

mis・chie・vous・ly [~li] 副 いたずらっぽく.

mis・chie・vous・ness [~nəs] 名 U いたずらっぽさ, 茶目っ気; 悪意.

mis・con・ceived [mìskənsíːvd] 形 見当違いの, 間違った, 誤解した.

mis・con・cep・tion [mìskənsépʃən] 名 CU 誤った考え, 誤(ã)見, 誤解, 思い違い.

mis・con・duct [mìskándʌkt / -kɔ́n-] (☆動との発音の違いに注意) 名 U《格式》**1**(職務上の)不始末, 業務上過失; 管理上の不手際. **2** 不品行.
— [mìskəndʌ́kt] 動 他《格式》**1** …の管理[処置]を誤る. **2**[~ oneself] 不正を働く.

mis・con・struc・tion [mìskənstrʌ́kʃən] 名 UC《格式》**1** 誤解, 意味の取り違え: be open to *misconstruction* 誤解を招きやすい. **2** 誤った構成[構文].

mis・con・strue [mìskənstrúː] 動 他《格式》…を誤解する; …の意味を取り違える.

mis・count [mìskáunt] 動 他 …を数え間違う.
— 圓 数え間違う.
— 名 [mískaunt, mìskáunt] C 数え間違い.

mis・deed [mìsdíːd] 名 C [通例 ~s]《格式》悪行, 犯罪行為.

mis・de・mean・or,《英》**mis・de・mean・our** [mìsdimíːnər] 名 C **1**《法》(米国および1967年まで英国で)軽犯罪 (cf. felony 重罪). **2**《格式》非行, 不品行.

mis・di・rect [mìsdərékt, -dai-] 動 他 [しばしば受け身で] **1**〈人〉に間違った道[場所, 方法]を教える. **2**〈手紙など〉のあて名を間違える. **3**〈能力・腕力など〉を誤った目的に使う, 悪用する: Their abilities have *been misdirected*. 彼らのせっかくの能力がむだに使われてきた. **4**〈判事が〉〈陪審員〉に間違った指示を与える.

mis・di・rec・tion [-rékʃən] 名 UC (道の)教え間違い; あて名の誤記; 見当違い.

***mi・ser** [máizər] 名 C《軽蔑》けちん坊, 欲張り, 守銭奴. (▷ 形 míserly)

***mis・er・a・ble** [mízərəbl] 形 **1**(人・生活などが)みじめな, 不幸な: She was *miserable* when he didn't call her. 彼が電話してくれないと彼女はひどく悲しかった. **2**《限定用法》(物事・状況が)みじめな気持ちにさせる, 不愉快な, 粗末な; (量が)わずかな: a *miserable* house みすぼらしい家. **3**(天気などが)いやな, 不愉快な: What *miserable* weather! なんていやな天気なんだろう. **4**[通例, 限定用法] (人が)卑劣な, 恥ずべき: It was *miserable* of you to make fun of him. 彼を笑いものにすると は君ならひどいじゃないか. (▷ 名 mísery)

mis・er・a・bly [mízərəbli] 副 **1** みじめに, 悲惨に, 情けないほど: fail *miserably* みじめな敗北をする. **2** 貧弱に, みすぼらしく: be *miserably* paid わずかしか給料をもらっていない. **3** ひどく.

mi・ser・ly [máizərli] 形《軽蔑》けちな, しみったれた, 欲深い; ごくわずかな. (▷ 名 míser)

***mis・er・y** [mízəri] 名 (複 **mis・er・ies** [~z]) **1** UC [時に複数形で] (貧乏・悲しみなどによる)みじめさ, 悲惨さ, 不幸: live in *misery* みじめな生活をする. **2** UC 苦悩の種, 悲惨なこと[状況]: the miseries of one's youth 若い頃の苦しい生活. **3** C 《英口語》いつも不平を言う人, 不平家: Don't be such a *misery*. そんなにぼやかないで.
■ *màke ...'s lífe a mísery* …の生活を不幸にする[悩ます].
pùt ... òut of its [...'s] mísery **1**〈人・動物など〉を安楽死させる. **2**〈人〉に真実[事実]を伝えて安心させる. (▷ 形 míserable)

mis・fire [mìsfáiər] 動 圓 **1** (銃が)不発に終わる, (エンジンなどが)点火しない. **2** (計画などが)失敗する; (しゃれ・冗談などが)受けない, 効果がない.
— 名 [mísfaiər, mìsfáiər] C **1** 不発, 不点火. **2** 不首尾, 失敗.

mis・fit [mísfit] 名 C (仕事・環境などへの)不適応[不適任, 不適格]者, 順応できない人: a social *misfit* 社会的不適応者, まわりに順応できない人.

***mis・for・tune** [mìsfɔ́ːrtʃən] 名 **1** U 不幸, 不運 (bad luck), 逆境: suffer [meet with] *mis-*

fortune 不幸[不運]な目にあう / by *misfortune* 不幸にも / I had the *misfortune* to lose my passport. 困ったことに私はパスポートをなくしてしまった. **2** C […にとって] 不幸な出来事 [*for*]: *Misfortunes* never come singly. 《ことわざ》悪いことは重なる ⇨ 泣きっ面にハチ, 弱り目にたたり目.

mis·giv·ing [mísgíviŋ] 名 C U 《通例 ~s》《成り行きへの》不安, 懸念; 疑い [*about*]: I have a few *misgivings about* what you are going to do. あなたのしようとしていることを懸念しています.

mis·guid·ed [mìsgáidid] 形 判断を誤った, 見当違いの: *misguided* ideas 見当違いの考え.

mis·han·dle [mìshǽndl] 動 **1** …の対処[処理]を誤る. **2** …を乱暴に扱う, 虐待する.

mis·hap [míshæp, mìshǽp] 名 **1** C (さほど深刻でない) 災難, 不運な出来事: without *mishap* 何事もなく, 無事に. **2** U 不運, 不幸.

mis·hear [mìshíər] 動 (三単現 **mis·hears** [~z]; 過去·過分 **mis·heard** [-hə́ːrd]; 現分 **mis·hear·ing** [-híəriŋ]) 他 …を聞き違える, 聞き誤る.

mis·hit [míshít] 動 (三単現 **mis·hits** [-híts]; 過去·過分 **mis·hit**; 現分 **mis·hit·ting** [~iŋ]) 他 (ゴルフなどで)〈ボール〉を打ち損なう, 打ち損じる.
── 名 C 打ち損じ, 凡打.

mish·mash [míʃmæʃ] 名 U 《通例 a ~》《口語》ごた混ぜ, 寄せ集め (hodgepodge).

mis·in·form [mìsinfɔ́ːrm] 動 他 《しばしば受け身で》(故意または偶然に)〈人〉に［…について]誤った情報を伝える, 誤解させる [*about*]: We have been *misinformed* of the venue of the conference. 私たちは間違った会議場を教えられていた.

mis·in·for·ma·tion [mìsinfərméiʃən] 名 U 《しばしば婉曲》(わざと流す) 間違った情報.

mis·in·ter·pret [mìsintə́ːrprət] 動 他 …を […と] 誤解する, 誤った解釈をする [*as*].

mis·in·ter·pre·ta·tion [mìsintə̀ːrprətéiʃən] 名 U C 誤解; 誤った解釈 [説明], 誤訳.

mis·judge [mìsdʒʌ́dʒ] 動 他 …の判断を誤る, 誤審する; 不当に評価する, 見くびる.

mis·judg(e)·ment [mìsdʒʌ́dʒmənt] 名 U C 誤った判断, 誤審.

mis·lay [mìsléi] 動 (三単現 **mis·lays** [~z]; 過去·過分 **mis·laid** [-léid]; 現分 **mis·lay·ing** [~iŋ]) 他〈もの〉をどこかに置き忘れる; 置き忘れる.

***mis·lead** [mìslíːd] 動 (三単現 **mis·leads** [-líːdz]; 過去·過分 **mis·led** [-léd]; 現分 **mis·lead·ing** [~iŋ]) 他 **1**〈人〉を誤った方向に導く, だまして［…]させる [*into*]: Her appearance *misled* us into believing that she was rich. 私たちは外観から彼女を金持ちだと思ってしまった. **2**〈人〉を誤解させる, 欺く;〈人〉の判断を誤らせる: I didn't mean to *mislead* you. あなたをだますつもりはなかった.

***mis·lead·ing** [mìslíːdiŋ] 形 人の判断を誤らせる; 誤解を招く, 紛らわしい: a *misleading* description 紛らわしい[誤解を招きやすい] 説明.

mis·lead·ing·ly [~li] 副 誤解を招くように.

***mis·led** [mìsléd] 動 *mislead* の過去形·過去分詞.

mis·man·age [mìsmǽnidʒ] 動 他 …の管理[処理, 運営]を誤る[失敗する]; …をやり損なう.

mis·man·age·ment [mìsmǽnidʒmənt] 名 U 経営［管理, 処理, 運営]の不手際, 不始末.

mis·match [mísmætʃ, mìsmǽtʃ] 名 C 不適当な組み合わせ, ミスマッチ; 不つり合いな結婚.
── [mìsmǽtʃ] 動 他 …を不適当［不つり合い]に組み合わせる; …に不つり合いな結婚をさせる.

mis·matched [mìsmǽtʃt] 形 不つり合いな.

mis·name [mìsnéim] 動 他 《通例, 受け身で》…を間違った名前で呼ぶ; 不適切な名前をつける.

mis·no·mer [mìsnóumər] 名 C 誤った名前 [名称], 誤称; 呼び誤り, 不正確な名称 [呼称].

mi·sog·y·ny [misádʒəni / -sɔ́dʒ-] 名 U 《格式》女嫌い.

mi·sog·y·nist [-nist] 名 C 女嫌いの男.

mis·place [mìspléis] 動 **1** …を置き忘れる (mislay). **2**〈信用·愛情など〉を間違った場所に置く;〈愛情など〉を間違って […に] 注ぐ［与える] [*in, on*]: She *misplaced* confidence *in* them. 彼女は誤って彼らを信頼してしまった.

mis·placed [mìspléist] 形 《愛情·信頼などが》間違って注がれた[与えられた], 見当違いの.

mis·play [mìspléi] 名 C 《スポーツ》エラー, 失策.
── 動 他 (競技などで) …をミス[エラー] する, …し損なう: *misplay* a ball ボールを取り損なう.

***mis·print** [mísprint] 名 C 誤植, ミスプリント.
── [mìsprínt] 動 他 …を誤植する.

mis·pro·nounce [mìsprənáuns] 動 他 …を間違って […と] 発音する, …の発音を間違う [*as*].

mis·pro·nun·ci·a·tion [mìsprənʌ̀nsiéiʃən] 名 U C 間違った発音.

mis·quote [mìskwóut] 動 他 …を間違って [不正確に] 引用する.

mis·quo·ta·tion [-kwoutéiʃən] 名 U C 間違った [不正確な] 引用 (語句).

mis·read [mìsríːd] 動 (三単現 **mis·reads** [-ríːdz]; 過去·過分 **mis·read** [-réd]; 現分 **mis·read·ing** [~iŋ]) 他 **1** …を読み違える. **2**〈状況〉を読み違える: *misread* the situation 状況を読み誤る. **3** …を […と] 誤読する [*as*].

mis·re·port [mìsripɔ́ːrt] 動 他 《通例, 受け身で》…を誤って [偽って] 報告する, 誤報する.
── 名 C U 誤報, 虚報.

mis·rep·re·sent [mìsreprizént] 動 他 《しばしば受け身で》…を誤って [歪曲して, 不正確に] 伝える.

mis·rep·re·sen·ta·tion [mìsreprizentéiʃən] 名 U C 虚報;《法》不実表示.

mis·rule [mìsrúːl] 名 U 失政, 悪政.

*****miss** [mís]
　　　　動 名

基本的意味は「…を外す (fail to hit something)」.
① 外す, 打ち[当て] 損なう. …………… 他 **1**
② 見落とす. …………………………… 他 **2**
③〈乗り物〉に乗り損なう. ……………… 他 **3**
④〈機会など〉を逃す. …………………… 他 **4**
⑤〈人〉がいないのをさびしく思う. …… 他 **5**

── 動 (三単現 **miss·es** [~iz]; 過去·過分 **missed** [~t]; 現分 **miss·ing** [~iŋ])
── 他 **1** [miss+O]〈ねらったもの〉を**外す**, 打

ち [当て] 損なう, 捕らえ損なう: *miss* the target 的を外す / The ball narrowly *missed* the goal. ボールはわずかにゴールを外れた / The outfielder *missed* the ball. 外野手はボールを捕り損ねた.
2 [miss+O] …を見落とす, 見つけ損なう, 見損なう;〈要点など〉を理解できない: The city hall is on your left. You can't *miss* it. 市役所は左手にあります. すぐにわかりますよ / I *missed* his speech. 私は彼の講演を聞き損ねった / I'm *missing* the point. 要点がわかりません.
3 [miss+O]〈乗り物〉に乗り損なう,〈人〉に会えない: I *missed* the last train by two minutes. 私はあと2分というところで終電に間に合わなかった / I hurried to the airport to see my friend off, but I *missed* him. 私は友人を見送ろうと空港へ急いだが, 会えなかった.
4 (a) [miss+O]〈機会など〉を逃す: *miss* one's breakfast 朝食を食べ損なう / He *missed* a good chance [opportunity] for promotion. 彼は昇進の好機を逃した. (b) [miss + doing] …し損なう: You can't *miss* visiting SoHo while you're in New York. ニューヨークにいる間にぜひソーホーを訪れてください.
5 (a) [miss+O]〈人〉がいないのをさびしく思う; …がないのに気づく: I'll *miss* you. あなたがいなくなるとさびしくなります《◇名残を惜しむときなどの言葉》/ When did you first *miss* your wallet? 財布がないのに初めて気づいたのはいつですか.
(b) [miss+doing] …できなくてさびしく思う, …したことを懐かしく思う: He *missed* having a good time in Florida. 彼はフロリダで楽しく過ごしたことを懐かしく思った.
6 (a) [miss+O]〈災害・混雑など〉を避ける, 免れる: He narrowly *missed* the accident. 彼は危うく事故を免れた. (b) [miss+doing] …するのを免れる: The dog just *missed* being hit by a car. その犬はもう少しで車にはねられるところだった.
7 …に欠席する;〈約束など〉を果たさない; …を省略する, 抜かす: Because of a cold she *missed* two classes in the morning. かぜのため彼女は午前中の授業を2コマ休んだ.
— ⓐ **1** 的から外れる, 当たらない: His first two arrows *missed*. 彼の最初の2本の矢は外れた.
2 […に] 失敗する〔*in*〕.
■ *miss out* ⓐ [よいこと・楽しいことに] ありつけない, 手に入れ損なう, […の] 機会を逸する〔*on*〕: He *missed out* on the splendid dinner. 彼はごちそうにありつけなかった. — ⓑ〈英〉…を省く.
miss the boat → BOAT 成句.
— 名 ⓒ **1** 失敗, やり損ない, 外れ: He gave up after ten *misses*. 彼は10回失敗したあげくあきらめた / A *miss* is as good as a mile.《ことわざ》わずかでも外れは外れ ⇒ 五十歩百歩. **2** 免れること; 避けること: a near *miss*〈衝突などの〉ニアミス.
■ *give … a miss*《英口語》…を抜かす, 避ける, …しないですます: I *gave* Mr. Smith's class *a miss* today. 私はきょうスミス先生の授業を休んだ.

****Miss** [mís]
— 名 ⓒ (複 **Miss・es** [～iz]) **1** …さん, 嬢: *Miss* Smith スミスさん / *Miss* Mary White メアリー=ホワイト嬢 / This is *Miss* Brown speaking.《電話口で相手に対し》こちらはブラウンです.
[語法] (1) 未婚女性の姓または姓名の前に付ける. 既婚女性には Mrs. を用いるが, 最近では未婚・既婚を区別せず Ms. を用いる傾向が強い (→ Ms.).
(2) 姉妹を一緒に言うときには, the *Miss* Taylors または the *Misses* Taylor (テイラー姉妹) と言う. 後者のほうが《格式》.
2 [しばしば m-]《古風》お嬢さん, ねえさん, 娘さん 《◇若い女性への呼びかけとして用いる. 失礼にあたる場合もあるので ma'am を用いるほうが一般的》: Excuse me, *miss*. Can I have a menu, please? すみません. メニューをもらえますか.
3《英》先生《◇女性教師への呼びかけとして用いる》: Good morning, *Miss*. 先生, おはようございます.
4 Ⓤ ミス…《◇美人コンテストなどで国名・地名などの前に付ける》: *Miss* USA ミスアメリカ.
5 Ⓒ [m-]《英・こっけい》少女, 女子生徒 [学生].

Miss.《略語》= Mississippi (↓).
mis・sal [mísəl] 名 Ⓒ [しばしば M-]『カトリック』ミサ典書《ミサのリスト》; (一般に) 祈祷(きとう)書.
mis・shap・en [misʃéipən] 形 不格好な, 奇形の.
***mis・sile** [mísəl / -sail] 名 Ⓒ **1** ミサイル, 誘導弾: fire [launch] a *missile* ミサイルを発射する / a nuclear *missile* 核ミサイル / a cruise [guided] *missile* 巡航[誘導]ミサイル / an intercontinental ballistic *missile* 大陸間弾道弾《《略語》ICBM). **2** 飛び道具《やり・石・矢など》.

***miss・ing** [mísiŋ]
— 形 **1** 紛失した; 行方不明の; [the ～; 名詞的に; 複数扱い] 行方不明者: a *missing* watch なくした腕時計 / the dead, wounded, and *missing* 死傷者と行方不明者 / Two climbers were *missing* after the snowstorm. 吹雪のため2人の登山者が行方不明となった.
2 欠けている (lacking); […が] ない〔*with*〕: an old man *missing with* teeth 歯の抜けた老人 / Three pages are *missing* from this report. この報告書は3ページ欠けている.
■ *missing in action*『軍』戦闘中行方不明の《《略語》MIA》.
◆ **míssing línk 1** Ⓒ (一連のものの中の) 欠けた部分. **2** [the ～]〈生物〉失われた環(わ)《進化の過程で類人猿と人間との間に介在したと考えられる生物》.
míssing pérson Ⓒ (捜索願いが出ている) 行方不明者; 失踪者.
***mis・sion** [míʃən] 名 **1** Ⓒ (外国などへ派遣される) 使節(団), 代表(団): a trade *mission* 通商使節団 / a good-will *mission* 親善使節. **2** Ⓤ Ⓒ (派遣される人の) 使命, 任務;〈戦闘機・宇宙船による〉任務飛行: go on [be sent on] a special *mission* to … 特別任務を帯びて…へ行く[派遣される]. **3** Ⓤ Ⓒ 天職; (一生の) 使命: My *mission* in life is to help the refugees. 私の人生の使命は難民を救うことです. **4** Ⓤ Ⓒ 伝道, 布教; 伝道[布教]団 [本部, 区]. **5** [～s] 伝道 [布教] 活動.
■ *Mission accomplished.* 任務完了(しました).
(▷ 形 míssionàry)

mis·sion·ar·y [míʃənèri / -ʃənəri] 名(複 **mis·sion·ar·ies** [~z]) C 宣教師, 伝道者.
— 形 伝道[布教]の; 宣教[伝道]師の(ような): *missionary* work 布教活動. (▷ 名 míssion)

Mis·sis·sip·pi [mìsisípi] 名 **1** ミシシッピ《米国中南部の州; (略語) Miss.;《郵略語》MS; → AMERICA 表》. **2** [the ~] ミシシッピ川.

mis·sive [mísiv] 名 C《こっけい》手紙, 書簡.

Mis·sou·ri [mizúəri] 名 **1** ミズーリ《米国中部の州; (略語) Mo., Mis.;《郵略語》MO; → AMERICA 表》. **2** [the ~] ミズーリ川《ミシシッピ川の支流》.

mis·spell [mìsspél] 動 (三単現 **mis·spells** [~z]; 過去·過分 **mis·spelled** [~d], **mis·spelt** [-spélt]; 現分 **mis·spell·ing** [~iŋ]) 他 …のつづりを間違える: He often *misspells* words. 彼はつづりをよく間違える.

mis·spell·ing [mìsspéliŋ] 名 C U 誤ったつづり.

mis·spend [mìsspénd] 動 (三単現 **mis·spends** [-spéndz]; 過去·過分 **mis·spent** [-spént]; 現分 **mis·spend·ing** [~iŋ]) 他《時間·金など》を浪費する.

mis·spent [mìsspént] 動 misspend の過去形·過去分詞.
— 形 浪費した, むだ使いした.

mis·step [mìsstép] 名 C《米》過失; つまずき.

mis·sus [mísəz] 名 C《通例, 単数形で》《口語·しばしばこっけい》**1** [通例 the ~ / one's ~] 妻, 家内. **2** [呼びかけ]《英》奥さん.

mist [míst] 名 動【原義は「暗黒, 霧」】
— 名 (複 **mists** [místs]) **1** U C 霧, もや(◇ fog より薄く, haze より濃い): The *mist* has cleared off. 霧が晴れた / The *mist* rose. 霧が立ち昇った / The valley is veiled in a thick [thin] *mist*. 谷は濃霧[薄いもや]に包まれている. **2** U [または a ~]《目》のかすみ;《ガラス面などの》曇り [*on*]: *mist* on a window 窓ガラスの曇り / see through a *mist* of tears 涙で曇った目で見る. **3** U C《判断·記憶などを》曇らせるもの, ぼんやりさせるもの. **4** [a ~]《スプレーなどの》霧.
— 動 自 **1** 霧[もや]がかかる; (目が)曇る (*over*, *up*)): The windshield began to *mist over*. フロントガラスが曇り始めた. / [It を主語として] 霧雨[こぬか雨]が降る: It was *misting* that morning. その朝は霧雨が降っていた.
— 他《涙が》《目》をかすませる, 《蒸気など》が …を曇らせる, かすませる (*over*, *up*)): Tears *misted* her eyes. 彼女の目は涙でかすんだ. (▷ 形 místy)

mis·take [mistéik] 名 動【「mis(間違って)+take(取る)」から】
— 名 (複 **mis·takes** [~s]) C 誤り, 間違い; 誤解, 思い違い (→ ERROR 類義語): a big [minor] *mistake* 大きな[ささいな]誤り / Your composition has a few spelling *mistakes*. あなたの作文にはつづりの間違いがいくつかある / There must be some *mistake*. 何か誤解[手違い]があるに違いない / It was a *mistake* to show them our plan. 私たちの計画を彼らに教えたのは間違いだった / We must learn from our *mistakes*. 私たちは失敗から学ばなくてはならない.

▶ コロケーション 間違いを…
間違いを犯す: *make a mistake*
間違いを正す: *correct a mistake*
間違いを認める: *admit one's mistake*
間違いを許す: *excuse [forgive] a mistake*

■ **and nó mistáke** [文尾で]《口語》間違いなく, 確かに: He will give us a hand, *and no mistake*. 彼は私たちに手を貸してくれますよ, きっと.
by mistáke 誤って, 間違えて: He must have taken my umbrella *by mistake*. 彼は私の傘を間違えて持って行ったに違いない.
Máke nó mistáke(abóut it). 間違いないぞ, 確かだよ.
— 動 (三単現 **mis·takes** [~s]; 過去 **mis·took** [-túk]; 過分 **mis·tak·en** [-téikən]; 現分 **mis·tak·ing** [~iŋ]) 他 **1** を間違える, 誤る; 誤解する: He *mistook* the address and knocked on the wrong door. 彼は住所を間違えて違う家のドアをノックした / She sometimes *mistakes* what I say. 彼女は時々私の言うことを誤解する. **2** …を [と…と] 取り違える (*for*): He *mistook* me *for* my sister. 彼は私を姉と間違えた.
■ **there is nó mistáking(…)** (…)を間違えるはずがない.

mis·tak·en [mistéikən] 動 形
— 動 mistake の過去分詞.
— 形 **1** [叙述用法](人が)[…に関して / …の点で] 誤った, 誤解した [*about* / *in*]: I was completely *mistaken* about the schedule. 私は日程をすっかり勘違いしていた / You're *mistaken* in thinking that way. そんなふうに考えるなんてあなたは間違っていますよ / If I'm not *mistaken* [Unless I'm *mistaken*], that's his father. 私の思い違いでなければ, あの人は彼のお父さんです. **2**《行動·考えなど》が間違った, 誤った: *mistaken* ideas [views] 間違った考え / a case of *mistaken* identity 人違い.

mis·tak·en·ly [~li] 間違って, 誤解して.

mis·ter [místər] 名 **1** [M-]=MR. **2**《呼びかけ》《米口語》だんな, おじさん, もし (sir)(◇氏名のわからない男性への呼びかけ; cf. Mac だんな》: Hey, *mister*, you dropped something. もしもし, 何か落としましたよ.

mis·time [mìstáim] 動 他 …の時機[タイミング]を逸する; 《ボール》を打ち損なう: His *mistimed* remark infuriated the people. 彼の時をわきまえない発言はその場にいた人々を憤慨させた.

mis·tle·toe [míslətòu] 名 U C《植》ヤドリギ《寄生植物》: During the Christmas season, a kiss under the *mistletoe* is not uncommon. クリスマスにはヤドリギの下でよくキスをする《クリスマス飾りのヤドリギの下にいる異性にはキスをしてよいという風習がある》.

mis·took [mistúk] 動 mistake の過去形.

mis·trans·late [mìstrænsléit, -trænz-] 動 他 …を誤訳する.

mis·treat [mìstríːt] 動 他 [主に受け身で] 《人·動物など》を虐待する, 酷使する.

mis·treat·ment [mìstríːtmənt] 名 U 虐待.

mis・tress [místrəs] 名 (複 **mis・tress・es** [~iz]) C **1** 女主人, 主婦 (↔ master). **2** 《古風》女性支配者; 女性雇い主[飼い主]; [しばしば M-](強国などをたとえて)女王. **3** 女性の大家[名人].
4《英・古風》女性教師. **5**《古風》めかけ, 情婦.
■ **be mistress of ...** (女性が)…を自由にできる.
be one's ówn místress (女性が)自立している, 束縛されていない.

mis・tri・al [mìstráiəl] 名 C 《法》 **1** (訴訟手続き上の不備による)審理無効. **2**《米》(陪審員の評決不一致による)未評決審理, 評決不能.

mis・trust [mìstrʌ́st] 動 他 …を信頼[信用]しない, 疑う; [~でないか]と思う[*that* 節]: *mistrust* oneself 自分に自信が持てない. ― 自 疑いを抱く.
― 名 U [時に a ~][…に対する]不信(感), 疑惑 [*of*, *in*]: I always have some *mistrust* of the information in television. 私はいつもテレビの情報をあまり信用していない.

mis・trust・ful [mìstrʌ́stfəl] 形 […を]信用しない, 疑い深い [*of*].

***mist・y** [místi] 形 (比較 **mist・i・er** [~ər]; 最上 **mist・i・est** [~ist]) **1** 霧の深い, 霧のかかった: It was cold and *misty* outside. 外は寒くて霧がかかっていた. **2**（目が）涙にくれた. **3**（考え・記憶などが）ぼんやりとした, 漠然とした: *misty* memories ぼんやりとした記憶. (▷ 名 míst).
míst・i・ly 副 霧が深く[かかって]; ぼんやりと.

mis・un・der・stand [mìsʌndərstǽnd] 動 (三単現 **mis・un・der・stands** [-stǽndz]; 過去・過分 **mis・un・der・stood** [-stúd]; 現分 **mis・un・der・stand・ing** [~iŋ]) 他〈言葉・人など〉を誤解する(↔ understand): She *misunderstood* me [what I said]. 彼女は私の言ったことを誤解した.
― 自 誤解する, 考え違いをする.

mis・un・der・stand・ing [mìsʌndərstǽndiŋ] 名 U C **1** […についての]誤解, 考え違い [*about*, *of*]: clear up a *misunderstanding* 誤解を晴らす / There must be some *misunderstanding*. 何か誤解があるに違いない. **2**〔しばしば婉曲〕[…との/…間での]意見の相違, 不和, けんか [*with* / *between*]: I had a little *misunderstanding* with my husband. 私は夫とちょっとしたけんかをした.

***mis・un・der・stood** [mìsʌndərstúd] 動 **misunderstand** の過去形・過去分詞.

mis・us・age [misjúːsidʒ] 名 U **1**（言葉・語句などの）誤用, 乱用. **2** 虐待, 酷使.

***mis・use** [mìsjúːs] 名 U C 誤用, 乱用: the *misuse* of power 権力の乱用. ― [mìsjúːz] 動 〔通例, 受け身で〕
1 …を誤用[乱用]する: Antibiotics *are* often *misused*. 抗生物質は乱用されることが多い.
2 …を虐待[酷使]する.

MIT 《略記》= *Massachusetts Institute of Technology* マサチューセッツ工科大学.

Mitch・ell [mítʃəl] 名 **1** ミッチェル《◇男性の名》. **2** ミッチェル Margaret Mitchell《1900-49; 米国の女性作家. 主著『風と共に去りぬ』》.

mite[1] [máit] 名 C《動物》ダニ (tick).

mite[2] 名 C **1** [a ~] わずかな量[額]. **2** [a ~] 副詞的に]《古風》ちょっと (a little): I felt a *mite* nervous. 私はちょっと緊張した. **3** わずかだが精いっぱいの寄付: a widow's *mite* 貧者の一灯《新約聖書から》. **4**《古風》(かわいそうな)子供: Poor *mite*! かわいそうに.
■ **nòt ... a míte**《口語》全然…ない (not ... at all).

mit・i・gate [mítəgèit] 動 他《格式》〈苦痛・悲しみなど〉を和らげる, 軽減する;《法》〈刑〉を軽くする.
◆ **mítigating círcumstances**〔複数扱い〕《法》(刑の)情状酌量事由.

mit・i・ga・tion [mìtəgéiʃən] 名 U《格式》緩和, 鎮静;《法》減刑: in *mitigation* 減刑を求めて.

***mitt** [mít] 名 C **1** =MITTEN **1**(↓). **2**（指先が露出した)女性用長手袋. **3**（野球用の）ミット.
4（調理用の）ミトン, なべつかみ (mitten): an oven *mitt* オープンミトン. **5**〔通例 ~s〕《俗語》（握り）こぶし, げんこ (fist);《俗語》ボクシング用グローブ.

mit・ten [mítən] 名 C **1** ミトン《親指だけ分かれている手袋》. **2** =MITT 2, 4 (↑).

***mix** [míks] 動 名
― 動 (三単現 **mix・es** [~iz]; 過去・過分 **mixed** [~t]; 現分 **mix・ing** [~iŋ])
― 他 **1** [mix + O] …を[…と]混ぜる, 混合する [*with*] (→ 類義語); …を[…に]加える [*into*]: *mix* flour *with* [and] eggs 小麦粉と卵を混ぜる / *mix* sugar *into* milk 砂糖を牛乳に加える / *Mix* all the ingredients together. すべての材料を混ぜ合わせなさい.
2 (a) [mix + O]（混ぜて）…を作る,〈薬など〉を調合する: She *mixed* a perfume. 彼女は(材料を混ぜ合わせて)香水を調合した. (b) [mix + O + O / mix + O + for ...]〈人〉に〈ものを〉調合して作ってやる: She *mixed* me a cocktail. =She *mixed* a cocktail *for* me. 彼女は私にカクテルを作ってくれた.
3 …を[…と]結び合わせる; 調和させる [*with*].
4《音楽・放送》〈別々の録音〉をミキシングする, 編集して1本にする.
― 自 **1** […と]混ざる, 混合する [*with*]: Oil and water do not *mix*. =Oil does not *mix* with water. 油と水は混ざらない.
2 (人が) […と] 交際する, […に]とけ込む [*with*]: She doesn't *mix* well with the neighbors. 彼女は近所の人たちと付き合いがうまくいっていない.
3 〔通例, 否定文で〕[…と] 合う, 調和する [*with*]: Alcohol and pregnancy don't *mix*. アルコールと妊娠は両立しない ⇒ 妊娠中の飲酒は危険である.
〔句動詞〕**míx ín** 他 [mix in + O / mix + O + in]〈食品〉を混ぜ合わせる.
míx úp 他 [mix up + O / mix + O + up]
1 …をよく混ぜ合わせる: Let's *mix up* the cards once more. もう一度カードをシャッフルしよう. **2** …を[…と]混同する [*with*]: They often *mix* me *up with* my cousin. 彼らは私をいとことよく混同する. **3** …を乱雑にする;〈人〉を混乱させる: Don't *mix up* these papers. この書類をごちゃごちゃにしないでね / She was all *mixed up* after the accident. 事故のあと彼

mixed

女はすっかり頭が混乱していた. **4** [通例, 受け身で] [よくないことに] **関係する** (*in*); [悪い仲間] とかかわり合いになる (*with*): Don't get *mixed up with* those hooligans. あのごろつきどもとはかかわり合いになるな.

・**míx it úp** 《口語》 […と] けんかする, 口論する [*with*].

— 名 **1** ⓒ [通例, 単数形で] (異なるもの・人の) 混合 (体), 寄せ集め: a *mix* of people いろいろな人の集まり / This painting offers a strange *mix* of vulgarity and elegance. この絵は粗野と洗練が入り混じった奇妙な感じを与える.
2 ⓒⓊ [通例, 複合語で] (材料がすでに調合されている) インスタント食品, (料理の) もと: a cake *mix* ケーキのもと. **3** ⓒ 【音楽】 ミキシングした録音 [音楽] (remix). (▷ 名 míxture).

類義語 **mix, mingle, blend**
共通する意味▶ 混ぜる (combine together, usually into a uniform whole)

mix は「混ぜる」の意を表す最も一般的な語. 混ぜた結果, 各成分が識別できなくなる場合にも, できる場合にも用い, 「均一に混ざり合う」の意を含む: *Mix* flour and water to make paste. 小麦粉と水を混ぜ合わせて生地を作りなさい. **mingle** は「元の各成分が識別できるように混ぜ合わせる」の意: My expectation was *mingled* with fear. 私の期待感は恐怖心とないまぜになっていた. **blend** は望ましい質・効果を得るために「同じものの異なった品種を混ぜ合わせる」の意: Will you *blend* mocha with Blue Mountain for me? 私にはモカとブルーマウンテンをブレンドしてくれませんか.

---

mixed-úp 形 《口語》 精神的に [情緒的] に混乱した; 社会に適応できない.

mix·er [míksər] 名 ⓒ **1** 混合機, 攪拌(ホビ)器, ミキサー (◇果物や野菜に使う「ミキサー」は 《米》 blender, 《英》 liquidizer と言う); コンクリートミキサー: a food *mixer* フードミキサー. **2** 【放送・音楽】 ミキシング担当者 [装置]. **3** 《口語》 社交家: a good [bad] *mixer* つき合い上手 [下手]. **4** 《米・古風》 親睦会. **5** (アルコール飲料を割る) ミキサー 《ソーダなど》.

***mix·ture** [míkstʃər]
— 名 (複 **mix·tures** [~z]) **1** Ⓤ **混合**; 混合する [もの] こと: by *mixture* 混ぜ合わせて / The *mixture* of red and blue produces purple. 赤と青を混合すると紫になる.
2 ⓒⓊ 混合物, 混じり合ったもの; 混合薬: a *mixture* of flour, milk, and eggs 小麦粉と牛乳と卵を混ぜ合わせたもの / a cough *mixture* 咳(セッ)止め薬. **3** [a ~] (感情などの) 入り混じったもの, 混合: a curious *mixture* of love and hatred 愛情と憎悪が奇妙に混じりあった感情. (▷ 動 mix)

mix-úp 形 頭の混乱した.
mkt. 《略語》 = *market*.
ml 《略語》 = *mile*(s); *milliliter*(s).
Mlle., Mlle 《略語》 = *Mademoiselle*.
mm 《略語》 = *millimeter*(s).
Mme., Mme 《略語》 = *Madame*.
Mn 《元素記号》 = *manganese* マンガン.
MN 《郵略語》 = *Minnesota*.

mne·mon·ic [nimánik / -mɔ́n-] (☆発音に注意) 名 ⓒ 記憶の助けとなる語句 《覚え歌など》.
— 形 記憶を助ける, 記憶 (術) の.
mne·mon·ics [-iks] 名 Ⓤ [単数扱い] 記憶術.

mo [móu] 名 [a ~; 副詞的に] 《英口語》 ちょっと (moment): Hang on a *mo*. (電話で) ちょっと待って.
MO[1] 《郵略語》 = *Missouri*.
MO[2] 《略語》 = *magneto-optical* 光磁気の (→ MAGNETO-): an *MO* disk 光磁気ディスク, MO (ディ).
mo. 《略語》 = *month*(s).
Mo. 《略語》 = *Missouri*.

***moan** [móun] 動 ⓘ **1** (苦痛・悲しみなどで) うめく, うめき声を上げる: *moan* with pain 苦痛のあまりうめく. **2** 《英口語》 […について] 不平を言う, ぶつぶつ言う (*about*): The British are always *moaning about* the weather. 英国人は天気のことでいつも文句を言っている.
— ⓣ **1** 〈言葉〉 をうめくように言う (*out*); […と] 嘆く, 不平を言う (*that* 節): Mother is always *moaning that* I don't study enough. 母はしょっちゅう私がちゃんと勉強しないととぼしている.
2 〈死者〉 を悼む; 〈不幸・死など〉 を嘆く, 悲しむ.
— 名 ⓒ **1** (苦痛・悲しみなどの) うめき声: utter [give] a *moan* うめき声を上げる. **2** 《英口語》 不平, 愚痴. **3** 《文語》 (風・海などの) うなり.

moan·er [móunər] 名 ⓒ めく人; 不平を言う人.
***moat** [móut] 名 ⓒ (城・都市・動物園などの) 堀.
moat·ed [~id] 形 堀を巡らした.

※**mob** [máb / mɔ́b] 名 ⓒ [集合的に] **1 暴徒, やじ馬** 《◇普通の「群衆」は crowd》: An angry *mob* gathered in front of the embassy. 怒った暴徒が大使館の前に集まった.
2 [the ~] 《古・軽蔑》 大衆, 烏合(ゔ゛)の衆; [形容詞的に] 大衆の. **3** 《口語》 暴力団, やくざ; [the M-] マフィア. **4** [通例, 単数形で] 《口語》 (動物の) 群れ.
— 動 (三単現 **mobs** [~z]; 過去・過分 **mobbed** [~d]; 現分 **mob·bing** [~iŋ]) ⓣ [通例, 受け身で]

mo·bile [móubəl / -bail] 形 **1** 動かしやすい,可動[移動]式の;(人が)動きやすい,動き回れる: a *mobile computer* モバイルコンピュータ《携帯型ノートパソコンなど》/ He's more *mobile* now that he has an electric wheelchair. 彼は電動車いすを手に入れたので前より自由に動き回れる. **2** (社会などが)流動的な. **3** (表情などが)変化に富んだ;(心などが)変わりやすい,気まぐれな. **4** (軍)機動力のある: *mobile* troops 機動部隊.
— 名 [móubi:l / -bail] C **1** = móbile scúlpture [米] 動く彫刻, モビール. **2** = móbile phóne 携帯電話 (cellular phone).
◆ móbile hóme C《米》(トレーラー式)移動住宅 (motor home).
◆ móbile líbrary C《英》移動図書館 (《米》bookmobile).

mo·bil·i·ty [moubíləti / -laiz-] 名 U **1** 動きやすさ, 可動性. **2** (社会的)流動性: upward *mobility* 社会的上昇志向. **3** (表情・心などの)変わりやすさ, 移り気. **4** (軍隊などの)機動力.

mo·bi·li·za·tion [mòubəlizéiʃən / -laiz-] 名 U C **1** (軍隊・工場などの)動員. **2** (富などの)運用, 流通; [法](不動産の)動産化.

mo·bi·lize [móubəlàiz] 動 他 《軍隊・支持者など》を動員する; (産業などを)戦時体制にする.
— 自 (軍隊などが)動員される.

mob·ster [mábstər / mɔ́b-] 名 C《主に米》暴力団[ギャング]の一員 (gangster).

moc·ca·sin [mákəsn / mɔ́k-] 名 C 《通例 ~s》モカシン《柔らかい革製でかかとのない靴》.

mo·cha [móukə / mɔ́kə] 名 U **1** 《しばしば M-》モカコーヒー《昔, イエメンの Mocha 港から船積みされた》. **2** モカ香料. **3** モカ革《手袋用の薄い羊皮》. **4** チョコレート色.

‡**mock** [mák / mɔ́k] 動 (三単現 **mocks** [~s]; 過去・過分 **mocked** [~t]; 現分 **mock·ing** [~iŋ])《格式》他 **1** 《人・物事》をあざける, ばかにする (make fun of); 《人の行為など》をからかってまねる: They *mocked* her efforts at cooking. 彼らは彼女のせっかくの料理をけなした. 《人の努力など》をあざ笑う: The box *mocked* all our efforts to put it away. 私たちはその箱を何とか片づけようといろいろ努力したがだめだった. **3** 《人》を欺く, 《期待》を裏切る. — 自 […を]あざける, ばかにする (at).
■ **móck úp** 他 《口語》…の実物大模型を作る.
— 形 [限定用法] にせの, まがい物の; 見せかけの (↔ real): a *mock* battle [trial] 模擬戦 [裁判] / with *mock* kindness 親切なふりをして.
— 名 **1** C《通例 ~s》《英口語》模擬試験 (《米》preliminary [trial] exams). **2** U C あざけり(の).
■ **màke (a) móck of ...** 《文語》…をあざ笑う (make a mockery of ...). (▷ 名 móckery)

mock·er·y [mákəri / mɔ́k-] 名 (複 **mock·er·ies** [~z]) **1** U あざけり, 愚弄(²³); **2** C あざけりの言葉 [行為]. **2** C 《通例, 単数形で》[…の] あざけりの的, 笑いぐさ [to]. **3** [a ~] 偽物, 模造品.
■ **hóld ... úp to móckery** …を笑いものにする.
màke a móckery of ... **1** …をあざ笑う.
2 …に水をさす;《努力・親切など》を無にする. (▷ 動 móck)

mock·ing·bird [mákiŋbə̀:rd / mɔ́k-] 名 C [鳥] マネシツグミ《ほかの鳥の鳴きをまねがうまい》.

mock·ing·ly [mákiŋli / mɔ́k-] 副 あざけって.

móck·úp 名 C 実物大の模型.

mod. 《略語》= moderate (↓); modern.

mod·al [móudəl] 形 《通例, 限定用法》 **1** 様式の, 形態上の. **2** [文法] 法 (mood) の (→ MOOD²).
3 [音楽] 旋法の, 音階の.
— 名 C = módal auxíliary [文法] 法助動詞 (◇ can, may, must, ought to, should など, 話者の心的態度を示す助動詞; → AUXILIARY).

‡**mode** [móud] 名 **1** C [格式] 様式, 方法 (way, manner, method); 形態, 様態: a *mode* of life [living] 生活様式 / a *mode* of speech 話し方.
2 C U モード《特定の機能を果たす機器の状態》: The spaceship is in reentry *mode*. 宇宙船は大気圏突入モード[体勢]になっている. **3** U C [通例 the ~] [格式] 流行 (fashion), モード: in *mode* 流行して (in fashion) / out of *mode* 流行遅れで / This type of skiwear will be the *mode* this winter. 今年の冬はこの種のスキーウェアがはやるだろう. **4** [単数形で] [口語・こっけい] (気持ちの)状態, 気分, …モード: I'm in holiday [work] *mode*. 今はお休み [仕事] モードです. **5** C [文法] 法 (mood). **6** C [音楽] 音階; 旋法.

***mod·el** [mádl / mɔ́dl] 名 形 動 《原義は「尺度」》
— 名 (複 **mod·els** [~z]) C **1** 模型, ひな型, 見本 [of]; [彫刻などの] 原型 [for]: a plastic *model of* a plane プラモデルの飛行機.
2 […の] 模範, 手本 [of]: Make her your *model*. 彼女をお手本にしなさい / He is a *model of* hard work. 彼は勤勉の模範である.
3 (文学作品・彫刻・絵などの)モデル: a fashion *model* ファッションモデル / She was used as a *model* in this novel. 彼女はこの小説のモデルになった. **4** (車・服などの)型, 様式, デザイン: the latest *models* of Ford cars フォード社製の車の最新型 / That computer company will put new *models* on the market next month. そのコンピュータ会社は来月新モデルを売り出す予定です.
5 《英口語》[…に] そっくりな人 [もの], 生き写し [of]: She is a perfect *model of* her mother. 彼女は母親に瓜(ª)二つです.
■ **àfter the módel of ...** …を模範 [手本] にして.
— 形 [限定用法] **1** 模型の: a *model* house [home] モデルハウス / a *model* airplane 模型飛行機. **2** 模範の, 手本となる, 理想的な: a *model* student 模範(的な)学生, 模範生 / a *model* husband 理想的な夫.
— 動 (三単現 **mod·els** [~z]; 過去・過分 **mod·eled,**《英》**mod·elled** [~d]; 現分 **mod·el·ing,**《英》**mod·el·ling** [~iŋ]) 他 **1** […の]形をした, 模型 [原型] を作る [out of, in]; …を […に] 形作る [into]: *model* a plane *in* [*out of*] clay = *model* clay *into* a plane 粘土で飛行機を作る.

2 [...にならって] ...を作る, 形成する [*after, on, upon*]: This building was *modeled after* the city hall of Paris. この建物はパリの市庁舎をモデルにして造られた. **3** モデルとして〈服など〉を着る.
― 圓 **1** [...で] 模型 [原型] を作る [*in*]: *model in* clay 粘土細工をする. **2** [...の] モデルになる [*for*].
■ *módel onesélf on* [*upòn*] ... =を手本にする, ...にならう.

mod·el·ing, 《英》**mod·el·ling** [mάdəliŋ / mɔ́d-] 图 U **1** 模型製作(業). **2** 《ファッション》モデル業: a *modeling* contract モデルの契約.

mo·dem [móudem] 图 C 《コンピュータ》モデム, 変復調装置《通信回線に接続する装置; *modulator-demodulator* の略》.

★★★ **mod·er·ate** 形 图 動
― 形 [mάdərət / mɔ́d-] **1** [比較なし] (量・質・規模などが) 適度の, 中くらいの; (気候などが) 穏やかな: *moderate* exercise 適度な運動 / a *moderate* climate 温和な気候 / a family of *moderate* means 中流家庭 / He had *moderate* success in his business. 彼は商売でまあまあの成功を収めた. **2** [...に関して] 穏健な, 極端に走らない; 節度のある [*in*] (↔ excessive, extreme): *moderate* policies 穏健な政策 / a man with *moderate* views 穏健な思想の持ち主 / Jack is *moderate* in his views. ジャックは穏健な考え方をする. **3** (値段が) あまり高くない; まあまあの, そこそこの: *moderate* prices [rates] 手ごろな値段 [料金] / *moderate* skills まずまずの腕前.
― 图 [mάdərət / mɔ́d-] C 穏健な人; (特に政治的な) 穏健主義者.
― 動 [mάdərèit / mɔ́d-] 《格式》他 **1** 〈要求・感情・言葉などを〉和らげる; 静める. **2** 《米》...の司会 (moderator) をする. ― 圓 **1** 和らぐ, 穏やかになる; (風などが) 静まる. **2** 《英》司会をする. **3** 調停 [仲裁] 者として介入する [を務める].

*mod·er·ate·ly [mάdərətli / mɔ́d-] 副 適度に, ほどほどに; 穏やかに, 節度を守って: a *moderately* priced car 手ごろな価格の車.

*mod·er·a·tion [màdəréiʃən / mɔ̀d-] 图 U C 《格式》 適度, 節度; 穏健, 温和; [...の] 緩和, 軽減 [*in*]: eat in *moderation* ほどほどに食べる / use *moderation* 節度を守る / *Moderation in all things*. 《ことわざ》万事ほどほどに.

mod·e·ra·to [mɑ̀dərάːtou / mɔ̀d-]【イタリア】 形 副 《音楽》モデラート [ほどよいテンポの] (で).

mod·er·a·tor [mάdərèitər / mɔ́d-] 图 C **1** 調停者, 仲裁者. **2** 司会, 議長 (chairperson). **3** 調節器, 調整器.

★★★ **mod·ern** [mάdərn / mɔ́dən] 图 图【原義は「ちょうど今」】
― 形 **1** [比較なし; 限定用法] 現代の, 最近の (present-day) (↔ ancient); 近代の (→ 類義語): *modern* times 現代, 近代 / *modern* life 現代生活 / *modern* music 現代音楽 / *modern* art モダンアート, 現代芸術 [美術] / *modern* history 近代史. **2** (服装・設備などが) 現代的な, 最新 (式) の (up-to-date); 当世 [現代] 風の: This factory is full of *modern* facilities. この工場には最新の設備がそろっている.
― 图 C [通例 ~s] 新しい考え方 [思想] の持ち主, 現代人. (▷ 動 módernize)
◆ **Módern Énglish** U 近代英語 《1500年から現在までの英語; 《略語》ModE, Mod.E》.
módern lánguage C [通例 ~s] 現代語, 近代語 《特に現在ヨーロッパで話されている言語》.

類義語 modern, contemporary, recent, current
共通する意味 ▶ 現代の (of the present time)
modern は歴史の時代区分の「現代の, 近代の」のほか, 服装・設備などが「現代的, 最新式」の意にも用いる: a *modern* building 現代風の建物. **contemporary** は「同時代の, 同世代の」の意で, 「現代」にも適用されるが, modern よりもさす時間の幅がずっと狭い: *contemporary* music [art] 現代音楽 [芸術]. **recent** は contemporary よりもさらに時間の幅が狭く, 少し前の過去から現在までの「最近の」をさす: That air accident is still a *recent* event. その飛行機事故はまだ最近の出来事だ. **current** は recent とほぼ同義で, 「現在通用している」ことを強調する: *current* English 時事 [現行] 英語 / Of these *recent* magazines, only one is still *current*. これらの最近の雑誌のうち, 今も発行されているのは1誌だけである.

mod·ern·ism [mάdərnizəm / mɔ́d-] 图 **1** U 現代 [近代] 的傾向, 現代風. **2** U 《芸術上の》モダニズム. **3** U [M-] 《宗教》近代主義 《現代科学で聖書を解釈する》. **4** C 現代的表現, 現代語法.

mod·ern·ist [mάdərnist / mɔ́d-] 图 C 現代 [近代] 主義者; 《芸術上の》モダニスト; [M-] 《宗教》近代主義者. ― 形 現代 [近代] 主義 (者) の.

mod·ern·is·tic [màdərnístik / mɔ̀d-] 形 現代 [近代] 主義の, 現代 [近代] 的な.

mo·der·ni·ty [mɑdɔ́ːrnəti / mɔd-] 图 (複 **mo·der·ni·ties** [~z]) U 《格式》現代 [近代] 性, 現代風; C 現代 [近代] 的なもの.

mod·ern·i·za·tion [màdərnizéiʃən / mɔ̀dənaiz-] 图 U C 現代 [近代] 化.

mod·ern·ize, 《英》**mod·ern·ise** [mάdərnàiz / mɔ́d-] 他 現代 [近代] 化する.
― 圓 現代 [近代] 的になる. (▷ 形 módern)

★★★ **mod·est** [mάdist / mɔ́d-] 【原義は「適当な尺度に合った」】
― 形 **1** [ほめ言葉] [...に関して] 謙遜 (炊) した, 謙虚な, 控えめな (↔ arrogant) [*about, in*]: He was *modest* about his success. 彼は自分の成功を鼻にかけなかった / She is *modest* in behavior. 彼女は立ち居るまいが控えめです.
2 (大きさ・値段・価値などが) 適度の, ほどほどの; 質素な, ささやかな: at *modest* cost ほどほどの費用で / She prefers a *modest* lifestyle. 彼女はつつましい暮らし方を好む.
3 (特に女性の服装・態度などが) 上品な, しとやかな; 慎み深い. (▷ 图 módesty)

mod·est·ly [mάdistli / mɔ́d-] 副 控えめに, 謙遜(坎)して; しとやかに.

mod·es·ty [mάdisti / mɔ́d-] 名 U 1 《通例, ほめ言葉》謙遜(坎), 謙虚, 控えめ (↔ vanity). **2** (女性の)しとやかさ, 内気.
■ *in áll módesty* 《口語》控えめに言っても.
(▷ 形 **módest**)

mod·i·cum [mάdikəm / mɔ́d-] 名 C [a ~] 《格式》[…を]少々, わずかの[…の][of]《◇ of のあとは通例, 抽象名詞》.

mod·i·fi·ca·tion [màdəfikéiʃən / mɔ̀d-] 名 **1** U C [デザイン・仕様・計画などの] 修正, 部分的変更 [to, on]: He made a few *modifications* on his plan. 彼は計画を少し変更した. **2** U 緩和, 加減. **3** U C 【文法】修飾, 限定. (▷ **módify**)

mod·i·fi·er [mάdəfàiər / mɔ́d-] 名 C **1** 【文法】修飾語[句, 節]《→ SENTENCE 文法》; →巻末「文型について」). **2** 修正する人[もの].

*‡**mod·i·fy** [mάdəfài / mɔ́d-] 動 (三単現 **mod·i·fies** [~z]; 過去・過分 **mod·i·fied** [~d]; 現分 **mod·i·fy·ing** [~iŋ]) 他 **1** 〈計画・意見など〉を修正する, (部分的に)変更する: I need to *modify* my original design. 私は元の設計を修正する必要がある.
2 〈要求・条件など〉を緩和する, 加減する: *modify* one's demands 要求に手加減を加える.
3 【文法】…を修飾 [限定] する.
(▷ 名 **mòdificátion**)

mod·ish [móudiʃ] 形 《時に軽蔑》流行の, 流行を追った; 当世風の, モダンな, しゃれた.

mod·u·lar [mάdʒulər / mɔ́dju-] 形 【限定用法】 **1** 基準単位 [寸法] による, モジュールの. **2** (規格化された部品で組み立てる) モジュール式の.
◆ **módular jáck** C モジュラージャック《電話線の差し込み口》.

mod·u·late [mάdʒulèit / mɔ́dju-] 動 他
1 《格式》…を調節する, 調整する. **2** 《格式》〈声などの〉調子を変える. **3** 【電子】〈電波〉を変調する, …の周波数を変える;【音楽】…を転調する.
― 自 【音楽】[…から / …へ] 転調する [*from / to*];【電子】(電波が)変調する.

mod·u·la·tion [màdʒuléiʃən / mɔ̀dju-] 名 C **1** 調節, 調整. **2** (音声・リズムの) 抑揚; (音調の) 変化. **3** 【電子】変調;【音楽】転調.

mod·ule [mάdʒu:l / mɔ́dju:l] 名 C **1** (特に建築などの) 測定基準 [単位]. **2** 【電子・建築】モジュール《特定の機能を担う交換可能な部品》. **3** 【宇宙】モジュール《単独飛行できる宇宙船のユニット》: a command *module* 指令船 / a lunar *module* 月面着陸機. **4** 《主に英》(大学などの) 履修単位.

mo·dus vi·ven·di [móudəs vivéndi, -dai] 【ラテン】名 U [しばしば *one's* ~]《格式》 **1** (一時的) 妥協; 暫定案. **2** 生き方.

mog·gy, mog·gie [mάgi / mɔ́gi] 名 (複 **mog·gies** [~z]) C 《英口語》猫 (cat).

mo·gul [móugəl] 名 C 《スキー》モーグル《こぶ [隆起]のある急斜面を滑るフリースタイル競技》.

Mo·gul [móugəl] 名 **1** ムガール人《16世紀にインドを征服し, ムガール帝国を建てたモンゴル人》; (一般に) モンゴル人 (Mongolian). **2** [m-] 重要人物, 権力者; (ある業界での) 成功者, 大立て者.
(関連語) newspaper baron 新聞王 / steel lord 鉄鋼王 / oil magnate 石油王 / media mogul メディア王 / tycoon (実業界の) 大物》.

mo·hair [móuheər] 名 U C モヘア《アンゴラヤギの毛》; モヘア織り; C モヘア織りの服.

Mo·ham·med [mouhǽmid] 名 ムハンマド, マホメット《570? − 632; イスラム教の開祖. Muhammad, Mahomet ともつづる》.

Mo·ham·med·an [mouhǽmidən] 形 ムハンマド [マホメット] の; イスラム教の.
― 名 C 《古風》イスラム教の信徒, 回教徒《◇現在はこの語を避け, Muslim, Moslem を用いる》.

Mo·ham·med·an·ism [mouhǽmidənizm] 名 U 《古風》イスラム教, 回教 (Islam).

moi·e·ty [mɔ́iəti] 名 (複 **moi·e·ties** [~z]) C 《通例, 単数形で》【法】(財産などの) 半分 (half); (2分割した) 片方, 一部分.

moil [mɔ́il] 動 《次の成句で》
■ *tóil and móil* あくせく働く.

moist [mɔ́ist] 形 **1** (ほどよい) 湿り気のある; […で]湿った (damp) [*with*] (→ WET 類義語); 雨の多い (rainy): *moist* surroundings 湿気の多い場所. **2** […で]ぬれた [*with*]; 涙もろい: Her eyes became *moist with* emotion. 彼女の目は感極まってるんだ. **3** 〈食べ物などが〉しっとりした.
(▷ 名 **moisture**, 動 **móisten**)

mois·ten [mɔ́isən] 動《☆発音に注意》他 …を湿らせる, ぬらす. ― 自 湿る, ぬれる; (目が) うるむ.
(▷ 形 **moist**)

*‡**mois·ture** [mɔ́istʃər] 名 U 湿気, 水蒸気, 水分.
(▷ 形 **moist**)

mois·tur·ize [mɔ́istʃəràiz] 動 他〈肌など〉に湿り気[潤い]を与える, …を湿らす.

mois·tur·iz·er [mɔ́istʃəràizər] 名 C U モイスチャライザー《肌を潤すクリーム》; C 加湿器.

mo·lar [móulər] 名 C 臼歯(きゅう), 奥歯.

mo·las·ses [məlǽsiz] 名 **1** U 《米》糖みつ 《《英》 treacle》《製糖の過程で生じる褐色のシロップ》. **2** (サトウキビの) 糖液.

****mold**[1], 《英》**mould**[1] [móuld] 名 **1** C 鋳型, 型, (菓子型などの) 流し型. **2** C 型に流し込んで作ったもの《ゼリー・鋳物など》: a pudding *mold* 流し型で作ったプリン. **3** U C 《通例, 単数形で》(人の) 性格, タイプ: a man of artistic *mold* 芸術家タイプの男.
― 動 他 **1** […を]型に入れて…を作る, […から] …を作る [*out of, from, in*]; …から[…に] 作る [*into*]: *mold* a bust *out of* clay 粘土から胸像を作る / She *molded* the clay *into* a figure of a child. 彼女は粘土で子供の像を作った. **2** 〈人格・性格など〉を形成する, …の形成に影響を与える: He was *molded* on his father. 彼は父親を手本に育てられた. ― 自 (体に)ぴったりまとわりつく.

mold[2], 《英》**mould**[2] 名 U かび.

mold[3], 《英》**mould**[3] 名 U 沃土(よく), 肥えた土地: leaf *mold* 腐葉土.

mold·er, 《英》**mould·er** [móuldər] 動 自 朽ちる; (次第に) 崩れる (*away*).

mold·ing,《英》**mould·ing** [móuldiŋ]名
1【U】型に入れて作ること; 鋳造, 塑造(ぞう). **2**【C】型に入れて作ったもの; 鋳造[塑造]物. **3**【C】【建】くり形《建物・家具などの帯状の装飾》.

mold·y,《英》**mould·y** [móuldi]形 (比較 **mold·i·er,**《英》**mould·i·er** [～ər]; 最上 **mold·i·est,**《英》**mould·i·est** [～ist]) **1** かびの生えた, かび臭い: *moldy* cheese かびの生えたチーズ / go *moldy* かびが生える. **2**《口語・軽蔑》時代遅れの, 古臭い: *moldy* tradition 古臭い伝統.

***mole**[1] [móul]名【C】 **1**【動物】モグラ. **2**《口語》(組織の中に入り込んだ)スパイ.

mole[2]名【C】ほくろ, あざ.

mo·lec·u·lar [məlékjələr]形《限定用法》【物理・化】分子(molecule)の, 分子から成る: *molecular* structure 分子構造 / *molecular* biology 分子生物学 / *molecular* weight 分子量.

‡**mol·e·cule** [máli kjù:l / mɔ́l-]名【C】 **1**【物理・化】分子. **2** (一般に)微粒子, 微量.

mole·hill [móulhìl]名【C】モグラ塚.
■ *màke a móuntain òut of a mólehill* ささいなことを大げさに言う, 針小棒大に言う.

mo·lest [məlést]動他 **1** …を悩ます, 苦しめる, …に嫌がらせをする. **2**《時に婉曲》〈女性・子供に〉乱暴を働く, みだらな行為[セクハラ]する.

mo·les·ta·tion [mòulestéiʃən]名【U】 **1** いじめること; 妨害, 干渉. **2**《婉曲》〈女性・子供に対する〉性的な乱暴[いたずら], セクハラ.

mo·lest·er [məléstər]名【C】〈女性・子供に〉性的嫌がらせをする人; 痴漢.

Mo·lière [mouljéər / móliɛə]名圏 モリエール《1622–73; フランスの喜劇作家》.

mol·li·fi·ca·tion [màlifikéiʃən / mɔ̀l-]名【U】(人を)なだめること; (怒りなどの)鎮静, 軽減.

mol·li·fy [málifài / mɔ́l-]動 (三単現 **mol·li·fies** [～z]; 過去・過分 **mol·li·fied** [～d]; 現分 **mol·li·fy·ing** [～iŋ])他〈人〉をなだめる, 〈怒り・苦痛など〉を和らげる, 静める.

mol·lusk,《主に英》**mol·lusc** [málesk / mɔ́l-]名【C】【動物】軟体動物.

mol·ly·cod·dle [málikɑ̀dl / mɔ́likɔ̀dl]動他 《通例, 軽蔑》…を甘やかす.

Mó·lo·tov cócktail [málətɔ̀:f- / mɔ́lətɔ̀f-]名【C】火炎びん.

molt,《英》**moult** [móult]動自 (動物が)毛[角]が生え変わる; (蛇・昆虫などが)脱皮する.
—名【U】【C】生え変わり; 脱皮; 生え変わり[脱皮]期.

***mol·ten** [móultən]動 **melt** の過去分詞.
—形 [比較なし; 通例, 限定用法]〈金属・岩石など〉が溶融した (溶かして)鋳造した《◇高熱で溶けるのには molten, 低温で溶けるものは melted を用いる》: *molten* lava 溶岩 / a *molten* image 鋳像.

mol·to [móultou / mɔ́l-]【イタリア】副【音楽】モルト, 非常に. (very).

mo·lyb·de·num [məlíbdənəm]名【U】【化】モリブデン《金属元素;〖元素記号〗Mo》.

*****mom** [mám / mɔ́m]
—名 (複 **moms** [～z])【C】《米口語》お母さん, ママ《英口語》mum》(cf. **dad** お父さん): a working *mom* 働くお母さん / Where's your *mom*? お母さんはどこ / What's up, *Mom*? お母さん, どうしたの.
[語法] (1) 母親に対する親しみを表す語で, 大人も用いる. (2) 呼びかけでは通例, 固有名詞のように大文字で始め, 冠詞は付けない.

MoMA, MOMA [móumə]《略語》= **M**useum **o**f **M**odern **A**rt ニューヨーク近代美術館, モマ.

móm-and-póp 形《限定用法》《米》夫婦[家族]で経営している, 小規模な.

******mo·ment** [móumənt]
【原義は「動き」】
—名 (複 **mo·ments** [-mənts]) **1**【C】《しばしば副詞的に》瞬間, ちょっとの間: I only saw her a *moment* ago. ついさっき彼女を見かけた / *Moments* later, we heard an explosion. 次の瞬間, 爆発音が聞こえた / Just a *moment*, please. = Wait a *moment*, please. = One *moment*, please. 少々お待ちください.

2【C】《通例, 単数形で》(特定の)時期, 機会: Both reached the goal at the same *moment*. 両者は同時にゴールをした / You're in a crucial *moment* of your life. あなたは人生の重大な時期にあるのです / The *moment* to decide has come at last. ついに決断の時が来た.

3【U】《通例「名詞 + of ... moment」の形で》重要性, 重大さ《◇ importance より《格式》》: a matter of great [little, no] *moment* 重大な[取るに足らない]事柄.

■ *(at) ány móment* いつなんどき, 今にも: We may have snow *(at) any moment*. 今にも雪が降ってきそうです.

at the lást móment ぎりぎりになって, どたん場で.
at the [*this, the présent*] *móment* ちょうど今, ちょうどその時: Father is not busy *at the moment*. 父は今のところ忙しくありません.
at this móment in tíme 現時点において(は).
for a móment ちょっと(の間): Would you come in *for a moment*? ちょっとお寄りになりませんか.
for the móment さしあたり, 当座は: You don't have to hurry *for the moment*. さしあたって急ぐ必要はない.
hàve one's [*its*] *móments* うまくいっている, 絶好調である.
in a móment すぐ, たちまち, あっという間に: My mother will be back *in a moment*. 母はすぐ戻ります.
nòt ... for a móment 少しも…ない: I did *not* doubt his character *for a moment*. 私は彼の人格を少しも疑わなかった.
... of the móment 今の…; 今話題の…: the man *of the moment* 時の人.
the móment of trúth 決定的瞬間; 正念場.
the (*véry*) *móment* (*that*) ...《接続詞的に》…するやいなや (as soon as): The little boy began to cry *the* (*very*) *moment* (*that*) he saw the big lion in the zoo. その幼い男の子は動物園の大きなライオンを見たとたん泣き出した.
thís móment 今すぐに: Go back home *this*

mo‧men‧tar‧i‧ly [mòuməntérəli / móumən-tər-] 副 **1** ほんの少しの間，瞬間的に: He paused *momentarily* and looked around. 彼は一瞬立ち止まってあたりを見回した．**2** 今か今かと，今にも: She was expecting you *momentarily*. 彼女はあなたが来るのを今か今かと待っていた．**3** 《米》すぐに，ただちに (immediately).

mo‧men‧tar‧y [móuməntèri / -təri] 形 [比較なし] **1** 瞬間の，つかの間の；はかない: *momentary* pleasure つかの間の喜び / She hesitated in *momentary* confusion. 彼女は一瞬ろうばいしてたじろいだ．**2** 《限定用法》今にも起こりそうな，刻一刻の． (▷ 名 *moment*).

mo‧men‧tous [mouméntəs] 形 《通例，限定用法》重大な，ゆゆしい: *momentous* news 重大ニュース． (▷ 名 *móment*).

mo‧men‧tum [mouméntəm] 名 (複 **mo‧men‧ta** [-tə], **mo‧men‧tums** [~z]) **1** U はずみ，勢い: gain [gather] *momentum* 勢いがつく / lose *momentum* 勢いを失う．**2** U C 《物理》運動量．

mom‧ma [mámə / mɔ́mə] 名 C 《米口語・幼児》ママ，お母さん．

*__mom‧my__ [mámi / mɔ́mi] 名 (複 **mom‧mies** [~z]) C 《米口語・幼児》お母ちゃん，ママ (《英口語》mummy) (cf. daddy お父ちゃん).

Mon. 《略語》= *Mon*day.

Mon‧a‧co [mánəkòu / mɔ́n-] 名 固 モナコ 《地中海沿岸にある公国．観光地として有名》．

Mo‧na Li‧sa [móunə líːsə, -zə] 名 固 [the ~] モナリザ《レオナルド=ダ=ビンチ作の女性の肖像画》．

*__mon‧arch__ [mánərk / mɔ́n-] 名 C **1** 君主，絶対的支配者 《王・女王・皇帝など》: an absolute *monarch* 専制君主．
2 《比喩》王者，大立て者．

mo‧nar‧chi‧cal [mənɑ́ːrkikəl], **mo‧nar‧chic** [-kik] 形 《限定用法》**1** 君主の [らしい]．
2 君主国 [政治] の；君主制 (支持) の．

mon‧ar‧chism [mánərkìzəm / mɔ́n-] 名 U **1** 君主制，君主主義．**2** 君主制支持 [擁護]．

mon‧ar‧chist [mánərkist / mɔ́n-] 名 C 君主制支持 [擁護] 者．

mon‧ar‧chy [mánərki / mɔ́n-] 名 (複 **mon‧ar‧chies** [~z]) **1** U 《通例 the ~》君主政治，君主政体．**2** C 君主国 (cf. republic 共和国): an absolute *monarchy* 専制君主国 / a constitutional *monarchy* 立憲君主国．

mon‧as‧ter‧y [mánəstèri / mɔ́nəstəri] 名 (複 **mon‧as‧ter‧ies** [~z]) C 《通例，男子の》修道院，僧院 (cf. convent, nunnery 女子修道院).

mo‧nas‧ti‧cal [-tikəl], **mo‧nas‧ti‧cal** [-tikəl] 形 **1** 修道院の，修道士の．**2** 禁欲的な．

mo‧nas‧ti‧cism [mənǽstisìzəm / mɔ́n-] 名 U 修道院制度；修道院生活．

mon‧au‧ral [mànɔ́ːrəl / mɔ̀n-] 形 **1** 《録音・再生などが》モノラルの (monophonic) (cf. stereophonic ステレオの)．
2 片耳 (用) の．

***Mon‧day** [mándèi, -di] → WEEK 表
— 名 (複 **Mon‧days** [~z]) **1** U C 《通例，無冠詞で》月曜日 (《略語》Mon., M.) (→ SUNDAY 語法).
2 [形容詞的に] 月曜日の．**3** [副詞的に] 《口語》月曜日に； [~s] 《米口語》月曜日ごとに．

Mo‧net [mounéi / mɔ́nei] 名 固 モネ Claude [klɔ́ːd] Monet (1840-1926; フランスの画家).

mon‧e‧tar‧ism [mánətərìzəm / mán-] 名 U 《経済》マネタリズム，通貨 (至上) 主義《通貨供給量の調整で国家経済を制御できるとする経済政策理論》．

mon‧e‧tar‧ist [mánətərist / mán-] 名 C マネタリスト，通貨 (至上) 主義者．

*__mon‧e‧tar‧y__ [mánətèri / mánitəri] 形 《限定用法》**1** 貨幣の，通貨の: a *monetary* unit 貨幣単位 / the *monetary* system 通貨制度．**2** 金銭上の；財政上の． (▷ 名 *móney*).

***mon‧ey** [máni]
【基本的意味は「金(ฅ)」(coins or notes which are used to buy things)】
— 名 U **1** 金(ฅ)，金銭；貨幣，通貨: I have no *money* for [to pay] the rent. 私は家賃を支払う金がない / He has wasted good *money* on gambling. 彼はギャンブルに大金を使ってしまった / I ran out of *money* soon after I started business. 私は商売を始めてすぐに金に困った / Time is *money*. 《ことわざ》時は金なり / *Money* talks. 《ことわざ》金がものを言う ⇨ 地獄の沙汰(ฅ)も金次第．

関連語 いろいろな金
bill [note, paper money] 紙幣 / cash 現金 / coin 硬貨 / easy money あぶく銭 / plastic money 《口語》クレジットカード / pocket [spending] money 小遣い / prize money 賞金 / seed money 《新事業の》資金

コロケーション 金を…
金を預ける: **deposit** *money*
金を貸す: **lend** [**loan**] *money*
金を稼ぐ: **earn** [**make**] *money*
金を借りる: **borrow** *money*
金を使う: **spend** *money*
金を引き出す: **draw** [**withdraw**] *money*
金を両替する: **change** *money*

2 財産，富: a person of *money* 資産家 / lose one's *money* 財産を失う / Nobody can take his/her *money* to the grave. 財産を墓場まで持って行ける人はいない．

■ **be made of móney** 《口語》大金持ちである．
for mý mòney 《口語》私の考えでは (in my opinion).
gét [**háve**] **one's móney's wòrth** 支払った金に見合うだけのものを得る．
hàve móney to búrn 《口語》捨てるほど金がある．
in the móney 《口語》《急に》金が入って；金持ちで．
móney for jám [**óld rópe**] 《英口語》ぼろもうけ．
on the móney 《米口語》(予想などが) ぴったりの中して；まさに正確に．
pùt móney ìnto ... …に投資する．
pùt (**one's**) **móney on ...** …に (金を) 賭(ษ)ける，

…の成功を確信する.

pùt one's móney where one's mouth ís 《口語》約束通りに実行する [金を出す].

thrów góod móney àfter bád 損の上塗りをする. (▷ 形 mónetàry)

◆ **móney màrket** [C] (短期) 金融市場.

móney òrder [C] 《主に米》為替, 郵便為替 (《英》postal order).

móney supplỳ [the 〜] 【経済】マネーサプライ, 通貨供給量.

mon·ey·bag [mʌ́nibæg] 名 [C] **1** 金入れ, 財布. **2** [〜s; 単数扱い] 《口語・通例, 軽蔑》金持ち.

món·ey·chànge·er [-] 名 [C] **1** (通例, 内外貨の) 両替商. **2** 《米》両替機.

mon·eyed [mʌ́nid] 形 《限定用法》《格式》 **1** 金持ちの, 裕福な (◇しばしば rich の誇張表現として用いる). **2** 金銭 (上) の, 金銭による.

món·ey·grùb·bing 形 《限定用法》《口語》貪欲(どんよく)な, 欲深い.

mon·ey·lend·er [mʌ́nilèndər] 名 [C] 金貸し (特に高利貸しを言う).

mon·ey·mak·er [mʌ́nimèikər] 名 [C] 金もうけのうまい人; 《口語・通例, ほめ言葉》もうかる仕事.

mon·ey·mak·ing [mʌ́nimèikiŋ] 名 [U] 金もうけ. ― 形 《限定用法》金もうけに熱心な; もうかる.

-mon·ger [mʌŋɡər, mʌŋ-/mʌŋ-] 結合 **1** 《主に英》「…商, …屋」の意を表す: fish*monger* 魚屋. **2** 《通例, 軽蔑》「…する人」の意を表す: gossip*monger* うわさをまき散らす人.

Mon·gol [mɑ́ŋɡəl/mɔ́ŋ-] 形 = MONGOLIAN (↓).

Mon·go·li·a [mɑŋɡóuliə/mɔŋ-] 名 圖 **1** モンゴル 《アジア内陸部の国; 首都ウランバートル (Ulan Bator)》. **2** モンゴル, 蒙古(もうこ) 《モンゴルおよび中国国内モンゴル自治区からなる地域》.

Mon·go·li·an [mɑŋɡóuljən/mɔŋ-] 形 モンゴル [蒙古(もうこ)]の; モンゴル人 [語]の. ― 名 [C] モンゴル 〔蒙古〕人. **2** [U] モンゴル語.

Mon·gol·oid [mɑ́ŋɡəlɔ̀id/mɔ́ŋ-] 【人類】形 モンゴロイドの, 蒙古人種の. ― 名 [C] モンゴロイド, 蒙古人種.

mon·goose [mɑ́ŋɡuːs/mɔ́ŋ-] 名 [C] 【動物】マングース 《ジャコウネコ科の肉食動物》.

mon·grel [mʌ́ŋɡrəl] 名 [C] (動植物の) 雑種; 雑種犬. ― 形 雑種の; 混血の.

mon·ied [mʌ́nid] 形 = MONEYED (↑).

***mon·i·tor** [mɑ́nətər/mɔ́n-] 名 [C] **1** モニター, 監視 [表示] 装置: a heart *monitor* 心臓モニター. **2** (海外放送などの) 聴取員, モニター; (選挙などの) 公式監視員. **3** (テレビの) 画面; [コンピュータ] モニター, ディスプレイ (➡ COMPUTER [PICTURE BOX]). **4** 《英》学級委員. ― 動 **1** …を (モニター装置で) 監視 [チェック] する. **2** 〈放送・電話などを〉傍受 [記録] する.

***monk** [mʌŋk] 名 [C] 修道士 (cf. nun 修道女); (一般の) 僧.

*****mon·key** [mʌ́ŋki] 名 動
― 名 (複 **mon·keys** [〜z]) [C] **1** 【動物】(通例, 尾のある) 猿 (cf. ape 尾のない猿): a troop of *monkeys* 猿の群れ / as mischievous as a *monkey* 猿のようにいたずら好きな.
2 《口語》いたずらっ子: Cut it out, you little *monkey*! やめなさい, このいたずらっ子め.

■ **a mónkey on one's báck** 《口語》(麻薬中毒などの) やっかいな問題.

màke a mónkey (òut) of ... 《口語》〈人〉をばかにする, 笑いものにする.

― 動 《次の成句で》

■ **mónkey aróund [abóut]** 《口語》 **1** ふざける, いたずらする. **2** 「…を」 いじくり回す [*with*].

◆ **mónkey bùsiness** [U] 《口語》いんちき, ごまかし; (面倒な事態を招く) 《俗語》.

mónkey nùt [C] 《英口語》ピーナッツ, 落花生.

mónkey wrènch [C] 《米》モンキーレンチ, 自在スパナ (adjustable spanner).

monk·ish [mʌ́ŋkiʃ] 形 修道士の (ような); 《通例, 軽蔑》修道士じみた, お堅い.

mon·o [mɑ́nou/mɔ́n-] 形 《口語》= MONAURAL モノラルの. ― 名 (**mon·os** [〜z]) 《口語》 [U] モノラル; [C] モノラルレコード.

mon·o- [mɑnə, mɑnou/mɔnə] 結合 「単一の, 単独の」 の意を表す (↔ poly-): *mono*rail モノレール.

mon·o·chrome [mɑ́nəkròum/mɔ́n-] 名 [C] 単色画; 白黒写真, モノクロ; [U] 単色画法.
― 形 (絵などが) 単色の; (映画・写真などが) 白黒の.

mon·o·cle [mɑ́nəkl/mɔ́n-] 名 [C] 片めがね.

mon·oc·u·lar [mɑnɑ́kjələr/-kjuː-] 形 単眼の (cf. binocular 両眼の).

mon·o·cy·cle [mɑ́nəsàikl/mɔ́n-] 名 [C] 一輪車 (unicycle).

mo·nog·a·mous [mənǽɡəməs/-nɔ́ɡ-] 形 一夫一婦 (制) の.

mo·nog·a·my [mənǽɡəmi/-nɔ́ɡ-] 名 [U] 一夫一婦制 (cf. polygamy 一夫多妻制).

mon·o·gram [mɑ́nəɡræm/mɔ́n-] 名 [C] モノグラム 《姓名の頭文字などを図案化したもの》.

mon·o·graph [mɑ́nəɡræf/mɔ́nəɡrɑ̀f] 名 [C] [特定のテーマに関する] 学術論文, モノグラフ [*on*].

mon·o·lin·gual [mɑ̀nəlíŋɡwəl/mɔ̀n-] 形 1言語使用の (関連語 bilingual 2言語使用の / multilingual 多言語使用の): a *monolingual* dictionary 1言語辞典 《英英辞典など》.

mon·o·lith [mɑ́nəliθ/mɔ́n-] 名 [C] **1** (建築・彫刻用の大きな) 一枚岩; 一本石の碑 [柱], モノリス. **2** 《しばしば軽蔑》巨大で融通の利かない組織.

mon·o·lith·ic [mɑ̀nəlíθik/mɔ̀n-] 形 **1** 一枚岩の. **2** 巨大な. **3** 《しばしば軽蔑》(組織などが) 融通の利かない, 画一的で自由がない.

mon·o·logue, 《米》**mon·o·log** [mɑ́nəlɔ̀ːɡ/mɔ́nəlɔ̀ɡ] 名 [C] **1** (劇の) 独白, モノローグ (cf. dialogue 対話); 独り芝居; 独白形式の作品.
2 《口語》(会話の場を独り占めする) 長話, 長談義.

mon·o·ma·ni·a [mɑ̀nəméiniə/mɔ̀n-] 名 [U] [または a 〜] 1つのことへの熱中; 凝り性, 偏執狂.

mon·o·ma·ni·ac [mɑ̀nəméiniæ̀k/mɔ̀n-] 名 [C] 1つのことに熱中する人; 凝り屋; 偏執狂.
― 形 偏執狂的な.

mon·o·phon·ic [mɑ̀nəfɑ́nik/mɔ̀nəfɔ́n-]

1（録音・放送が）モノラルの（**monaural**,《口語》**mono**）(cf. **stereophonic** ステレオの). **2**【音楽】単旋律(曲)の.

mon・oph・thong [mάnəfθɔːŋ / mɔ́nəfθɔŋ] 名 C【音声】単母音 (cf. **diphthong** 二重母音).

mon・o・plane [mάnəplèin / mɔ́n-] 名 C 単葉(飛行)機 (cf. **biplane** 複葉機).

mo・nop・o・lis・tic [mənɑ̀pəlístik / -nɔ̀p-] 形 独占的な, 専売の; 独占主義(者)の.

mo・nop・o・li・za・tion [mənɑ̀pələzéiʃən / -nɔ̀pəlai-] 名 U 独占(化), 専売(化).

*__mo・nop・o・lize__,《英》__mo・nop・o・lise__ [mənɑ́pəlàiz / -nɔ́p-] 他 **1** 〈生産・販売・市場など〉を独占する; …の独占［専売］権を得る: *monopolize* the oil industry 石油産業を独占する. **2** 〈会話・時間など〉を独り占めにする.

*__mo・nop・o・ly__ [mənɑ́pəli / -nɔ́p-] 名 (複 **mo・nop・o・lies** [~z]) **1** C《…の／…する》独占(権), 専売(権); 独り占め《*of*,《米》**on** / **to** *do*》: make a *monopoly of* [*on*] … …を独占[専売]する／ gain [hold] a *monopoly* 独占［専売］権を得る［握っている］. **2** C 専売品; 独占会社, 独占事業(権を持つ)会社, 独占事業: The postal service is a government *monopoly*. 郵便事業は政府の独占事業である. **3** U C （通例 M-）《商標》モノポリー《不動産売買などを模倣して行う盤上ゲーム》.

mon・o・rail [mάnərèil / mɔ́n-] 名 **1** U モノレール(の線路). **2** C モノレールの電車.

mon・o・so・di・um glu・ta・mate [mɑ̀nəsóudiəm glúːtəmèit / mɔ̀n-] 名 U【化】グルタミン酸ソーダ《化学調味料》.

mon・o・syl・lab・ic [mɑ̀nəsilǽbik / mɔ̀n-] 形 **1**【音声】単音節(語)の (cf. **polysyllabic** 多音節の). **2** （返事などが）素っ気ない: He gave *monosyllabic* replies. 彼は素っ気ない返事をした.

mon・o・syl・la・ble [mάnəsìləbl / mɔ́n-] 名 C **1**【音声】単音節語 (cf. **polysyllable** 多音節語). **2** 素っ気ない言葉.

mon・o・the・ism [mάnəθiːìzəm / mɔ́n-] 名 U 一神教 (cf. **polytheism** 多神教).

mon・o・tone [mάnətòun / mɔ́n-] 名 U〔または a ~〕**1** （話し方などの）（色彩・文体など の）単調さ: speak in a *monotone* 一本調子で話す. **2**【音楽】単調音.

*__mo・not・o・nous__ [mənɑ́tənəs / -nɔ́t-]《☆アクセントに注意》形 単調な, 一本調子の; 退屈な: in a *monotonous* voice 抑揚のない声で／a *monotonous* job 単調な仕事.

mo・not・o・nous・ly [~li] 副 単調に.

mo・not・o・ny [mənɑ́təni / -nɔ́t-] 名 U 単調さ, 一本調子; 退屈.

mon・ox・ide [mənɑ́ksaid / -nɔ́ks-] 名 U C【化】一酸化物: carbon *monoxide* 一酸化炭素.

Mon・roe [mənróu] 名 固 モンロー **1** James Monroe 《1758-1831; 米国の政治家; → PRESIDENT 表》. **2** Marilyn [mǽrəlin] Monroe 《1926-62; 米国の映画女優》.

◆ Monróe Dóctrine [the ~] モンロー主義《モンロー大統領による外交上の相互不干渉政策》.

Mon・sieur [məsjə́ːr]【フランス】名 (複 **Mes・sieurs** [meisjə́ːr(z)]) C …氏, …様, …さん《◇英語の Mr. または呼びかけの Sir に相当する敬称;《略語》M., 複数形 Messrs., MM.》.

mon・soon [mɑnsúːn / mɔn-] 名 **1** [the ~] モンスーン《インド洋・東南アジアで吹く季節風》. **2** [the ~] （モンスーンの吹く）雨期. **3** C《口語》豪雨.

‡__mon・ster__ [mάnstər / mɔ́n-] 名 C **1** 怪物, 化け物. **2**《口語》(途方もなく)大きなもの. **3** 極悪非道な人. **4**〔しばしばこっけいに〕いたずらっ子.
— 形〔限定用法〕《俗語》巨大な, 異常に大きい.

mon・stros・i・ty [mɑnstrɑ́səti / mɔnstrɔ́s-] 名 (複 **mon・stros・i・ties** [~z]) **1** C 見苦しい〔醜悪な〕もの; 巨大なもの《◇建物など》. **2** U 怪奇, 奇怪, 醜悪, 醜怪.

*__mon・strous__ [mάnstrəs / mɔ́n-] 形 **1** 怪物のような, 奇怪な; 怖い; 極悪非道の; ひどい. **2** 巨大な, 途方もない: a *monstrous* amount of money 巨額の金.

mon・strous・ly [~li] 副 ひどく; とてつもなく.

Mont.《略語》= *Montana*.

mon・tage [mɑntɑ́ːʒ / mɔn-]【フランス】名 **1** C【美・写】合成画; モンタージュ［合成］写真. **2** U 合成画法［写真技術］. **3** C【映画・テレビ】モンタージュ《異なった画面・要素を1つにまとめる手法》.

Mon・tan・a [mɑntǽnə / mɔn-] 名 固 モンタナ《米国北西部の州;《略語》Mont.;《郵略語》MT; → AMERICA 表》.

Mont Blanc [mɔ̀ːm blάːŋ] 名 固 モンブラン《アルプスの最高峰 (4,810m)》.

Mon・te Car・lo [mὰnti kάːrlou / mɔ̀n-] 名 固 モンテカルロ《モナコの観光地. カジノで有名》.

Mont・gom・er・y [məntgΛ́məri] 名 固 モントゴメリ《米国 Alabama 州の州都》.

***__month__ [mΛ́nθ]
— 名 (複 **months** [~s]) C **1** 月《略語》m., mo.; 複数形は mos., ms.; → 次ページ表》: last [this, next] *month* 先［今, 来］月／the *month* before last 先々月／the *month* after next 再来月／ The membership fee is ten dollars a [per] *month*. 会費は月に10ドルです／ What day of the *month* is it today? – It's the tenth. きょうは何日ですか－10日です.

語法 (1) every, this, last, next などと共に前置詞を伴わない副詞句を作る: They married in Hawaii last *month*. 彼らは先月ハワイで結婚した／ Jane will be sixteen next *month*. ジェーンは来月16歳になる.
(2)「…月に」の場合は前置詞 in を用いる: In what *month* were you born? – In September. あなたは何月生まれですか－9月です.

2（時の長さとしての）**1 か月**: a baby two *months* old = a two-*month*-old baby 生後2か月の赤ん坊／ I have not seen him for *months*. 私は何か月も彼に会っていない.

■ *by the mónth* 月ぎめで: In Japan most workers are paid *by the month*. 日本では大部分の労働者は月給制です.

in a mónth of Súndays 〔通例, 否定文で〕《口

語》とても長い間: I haven't seen them *in a month of Sundays*. 彼らにはずっと会っていない.
mónth àfter mónth = *mónth ín, mònth óut* 毎月毎月, 来る月も来る月も.
mónth by mónth 月ごとに.

月名の由来

January (1月)	ヤヌス(Janus)にちなむ.
	ヤヌスは後頭部にも顔を持つ, 物事の始めと終わりを司るローマ神話の神.
February (2月)	罪の清めの祭り(februa)にちなむ.
	罪の清めの祭りは古代ローマで2月15日に行われた.
March (3月)	「マルス(Mars)の月」の意.
	マルスはローマ神話の軍神.
April (4月)	「開く」の意のラテン語 aperirire から.
	ほかにもいくつかの説がある.
May (5月)	「マイア(Maia)の月」の意.
	マイアはローマ神話の成長の女神.
June (6月)	「ユノ(Juno)の月」の意.
	ユノはローマ神話の結婚の女神.
July (7月)	ジュリアス=シーザー(Julius Caesar)にちなむ.
	シーザーはローマの政治家で, この月に生まれた.
August (8月)	アウグストゥス(Augustus)にちなむ.
	アウグストゥスはローマの皇帝で, この月に生まれた.
September (9月)	*「7番目の月」の意のラテン語から.
October (10月)	「8番目の月」の意のラテン語から.
November (11月)	「9番目の月」の意のラテン語から.
December (12月)	「10番目の月」の意のラテン語から.

*現在と順序がずれているのは, 旧ローマ暦が March から始まっていたため. のちに March の前に January と February の2か月が加えられた.

***month・ly** [mʌ́nθli] 形 副 名
— 形 [限定用法] **1 毎月の**, 月1回の, 月ぎめの: a *monthly* magazine 月刊誌 / a *monthly* meeting 月例の会合, 月例会 / a *monthly* salary of $3,000 3,000ドルの月給.
2 1か月間の, 1か月続く: *monthly* rainfall 月間降雨量 / a *monthly* train pass (鉄道の)1か月定期乗車券.
— 副 毎月, 月に1回: He goes *monthly* to New York on business. 彼は月に1回ニューヨークに出張する.
— 名 (複 **month・lies** [~z]) C **1** 月刊誌 (→ DAILY 関連語).
2 [複数形で] 生理, 月経.

Mon・tre・al [mὰntriɔ́ːl / mɔ̀n-] 名 C モントリオール《カナダ Quebec 州にある港湾都市》.

‡**mon・u・ment** [mɑ́njəmənt / mɔ́n-] 名 C
1 [...の]記念碑[像,建造物]; 墓碑 [to, of]: put [set] up a *monument to* (the memory of) a great musician 大音楽家をたたえて記念碑を建てる.
2 (歴史的・考古学的な)記念物, 遺跡: historical [natural] *monuments* 史的[天然]記念物.
3 不朽の業績, 金字塔; [...の]顕著な例 [to, of].
4 [the M-] (1666年の)ロンドン大火記念塔《ロンドン橋の近くにある》.

*__mon・u・men・tal__ [mὰnjəméntl / mɔ̀n-] 形
1 [限定用法] 記念碑[像,建造物]の; 記念になる: a *monumental* building 記念建造物.
2 (通例, 限定用法) (作品などが) 不朽[不滅]の, 歴史に残る; 記念すべき: a *monumental* achievement 記念すべき偉業. **3** [通例, 限定用法] 巨大な, 堂々とした. **4** [通例, 限定用法] (ミスなどが)ひどい, 途方もない: a *monumental* blunder とんでもないへま.

mon・u・men・tal・ly [-təli] 副 記念として; 堂々と; 途方もなく, ひどく.

moo [múː] 《擬声語》名 (複 **moos** [~z]) C もー《牛の鳴き声; → CRY 表》.
— 動 自 (牛が)もーと鳴く.

mooch [múːtʃ] 動 自 《口語》ぶらつく, うろつく (*about, around*). — 他 《米口語》...を[人に]ねだる, たかる; 盗む [*off, from*]: *mooch* money *off* him 彼に金をねだる.

móo-còw 名 C《幼児》もーもー (cow).

***mood**¹ [múːd]
【原義は「心 (mind)」】
— 名 (複 **moods** [múːdz]) C **1** (一時的な)[...したい]**気分**, 気持ち; 機嫌 [*for, to do*]: He was in a good [bad] *mood* that day. その日は機嫌がよかった[悪かった] / Her *moods* change quickly. 彼女は気分がすぐに変わる / The announcement put me in a sad *mood*. その発表で私は悲しい気分になった / He was in no *mood for* practicing [*to* practice]. 彼は練習する気になれなかった.

比較 **mood** と **atmosphere**
mood は人の一時的な心的状況を表す語. 日本語の「(場所の)ムード, よい雰囲気」は atmosphere に相当する: This restaurant has a lot of *atmosphere*. このレストランはとてもムードがある.

2 [通例 ~s] 不機嫌, むっつり; 気まぐれ (→ MOODY): a person of *moods* 気分屋 / She is in a *mood* today. = She is in one of her *moods* today. 彼女はきょう機嫌が悪い.
3 [通例, 単数形で](作品・会合などの)雰囲気; (世間の)風潮: The *mood* of the meeting was tense. 会議の雰囲気は張りつめていた.
◆ **móod mùsic** U ムード音楽; (ドラマなどの)効果音楽.

mood² 名 C [文法] 法 (◇話者の心的態度を表す動詞の形. 英語には直説法・仮定法・命令法がある).
(▷ 形 módal)

mood・y [múːdi] 形 (比較 **mood・i・er** [~ər]; 最上 **mood・i・est** [~ist]) (通例, 軽蔑) **1** 気まぐれな.
2 不機嫌な, むっつりした.

mood・i・ly [~li] 副 気まぐれに; 不機嫌に.

*****moon** [múːn] 名 動
— 名 (複 **moons** [～z]) **1** [通例 the ～] 月 (→図): The *moon* shines at night. 月は夜輝く / The *moon* wanes [waxes]. 月が欠ける [満ちる] / Who was the first person on the *moon*? 月に最初に着陸したのはだれですか.

[語法] (1) 月の形について述べるときには通例, 不定冠詞を付ける: *a* full [half-] *moon* 満 [半] 月.
(2) 英米では月の色は silver (銀色) とされる.
(3) 代名詞は she または it で受ける.

【月の名称】

new moon (新月)
half-moon (半月)
crescent (三日月)
full moon (満月)

2 C (惑星の) 衛星 (satellite): the *moons* of Jupiter 木星の衛星.
3 U [the ～] 月光 (moonlight).
■ *ásk* [*crý*] *for the móon* 《口語》 まったく無理なものを欲しがる, ないものねだりをする.
ónce in a blúe móon 《口語》 ごくまれに.
òver the móon 《英口語》 […で] この上もなく喜んで [*at*, *about*].
the mán in the móon 月の中の人; 月面の模様.
— 動 [次の成句で]
■ *móon abóut* [*aróund*] (自) 《口語》ふらふら歩き回る.
móon òver ... (他) 《古風》〈好きな人・もの〉を思ってぼんやり過ごす.

moon·beam [múːnbìːm] 名 C (一条の) 月の光.
moon·less [múːnləs] 形 月の出ていない.
*****moon·light** [múːnlàit] 名 U 月光: walk by [in the] *moonlight* 月明かりの中を歩く.
— 形 月光の, 月明かりの; 月夜の [に行う]: a *moonlight* stroll 月夜の散歩.
— 動 (過去・過分 **moon·light·ed** [～id]) (自) 《口語》 (特に夜間に本来の仕事以外の) アルバイトをする.
◆ **móonlight flít** [**flítting**] C 《英口語》夜逃げ.
moon·light·er [múːnlàitər] 名 C (こっそり) アルバイト [内職] をする人.
moon·lit [múːnlìt] 形 [限定用法] 月に照らされた.
moon·rise [múːnràiz] 名 U C 月の出 (の時刻).
moon·scape [múːnskèip] 名 C 月面風景; 月面写真; (月面のような) 荒涼とした風景.
moon·set [múːnsèt] 名 U C 月の入り (の時刻).
moon·shine [múːnʃàin] 名 U **1** 月光 (moonlight). **2** 《軽蔑》 ばかげた考え [計画, 話], たわ言. **3** 《主に米口語》 密造 [密輸入] 酒.
moon·shin·er [～ər] 名 C 《主に米口語》 酒類密造 [密輸入] 者.
moon·stone [múːnstòun] 名 U C 月長石, ムーンストーン《乳白色の宝石. 6月の誕生石; → BIRTHSTONE 表》.
moon·struck [múːnstrʌk] 形 《口語》正気でない; ぼうっとなった (◇月光のせいで狂気になると考えられたことから; cf. lunatic 常軌を逸した).

moon·y [múːni] 形 (比較 **moon·i·er** [～ər]; 最上 **moon·i·est** [～ist]) **1** 《口語》ぼんやりした; 夢見がちな. **2** 月の (ような); 月に照らされた.
*****moor**[1] [múər] 名 U C [しばしば ～s] 《主に英》(ヒースの茂る) 荒野, 荒れ地 (moorland).
moor[2] 動 (他) 〈船を〉 […に] つなぐ, 停泊させる [*to*].
— (自) (船が) 停泊する, 錨 (いかり) を下ろす (anchor).
Moor [múər] 名 C ムーア人《アフリカ北西部に住むアラブ系のイスラム教徒》.
moor·hen [múərhèn] 名 C 【鳥】バン《水鳥》.
moor·ing [múəriŋ] 名 **1** U 係船; 停泊.
2 [～s] 係船具 (ロープ・鎖・錨 (いかり) など); 係船所.
■ *lóse one's móorings* 心のよりどころを失う.
Moor·ish [múəriʃ] 形 ムーア人 (Moor) の; ムーア風 [式] の.
moor·land [múərlənd] 名 U [しばしば ～s] 《主に英》(ヒースの茂る) 荒野, 荒れ地 (moor).
moose [múːs] 名 (複 **moose**) C 【動物】 **1** アメリカヘラジカ, ムース《北米産の大型シカ》. **2** 《米》ヨーロッパヘラジカ (elk).
moot [múːt] 形 **1** 議論の分かれる, 未解決の: a *moot* point [question] 論点, 未解決の問題.
2 《米》実用的価値 [意味] がない, (純) 理論上の.
— 動 (通例, 受け身で) 《格式》 〈計画・問題など〉を議題にのせる, 討議する; …を提案する.
◆ **móot cóurt** C (学生による) 模擬裁判.
***mop** [máp / mɔ́p] 名 C **1** モップ《柄付き床ぞうきん》; (皿洗い用) 柄付きスポンジ. **2** 《口語》モップ状のもの: a *mop* of hair ぼさぼさの髪. **3** (通例, 単数形で) モップのひとふき, モップがけ: give ... a *mop* …をモップでふく.
— 動 (三単現 **mops** [～s]; 過去・過分 **mopped** [～t]; 現分 **mop·ping** [～iŋ]) (他) **1** …をモップでふく [掃除する]: *mop* the floor 床をモップで掃除する. **2** 〈涙・汗など〉を […で] ぬぐう [*with*]; 〈額〉をぬぐう: *mop* one's brow 額の汗をぬぐう.
■ *móp úp* **1** …を (モップなどで) ふき取る; 〈汗など〉をぬぐう. **2** 〈仕事など〉を終える, 片づける.
3 〈敵の残党〉を掃討する.
mope [móup] 動 (自) 《軽蔑》ふさぎ込む, 意気消沈する; (ふさぎ込んで) うろつく (*about*, *around*).
— 名 **1** C しょんぼりした [陰気な] 人. **2** [a ～] ふさぎ込むこと. **3** [the ～s] 憂うつ, 意気消沈.
mo·ped [móupəd] 名 (☆発音に注意) C モペット, 小型バイク (◇通例, 50 cc 以下をさす).
mop·pet [mápit / mɔ́p-] 名 C 《口語・通例, ほめ言葉》(かわいい) 子供, (特に) 女の子.

***** **mor·al** [mɔ́ːrəl / mɔ́r-] 名 形 【原義は「習慣の, 慣習の」】
— 形 **1** [限定用法] 道徳の, 道徳上の, 倫理的な; 道義的な: *moral* standards 道徳の基準 / a *moral* sense 道徳観念 / a *moral* responsibility 道義的責任 / *moral* obligations 道義的義務 / He refused the proposal on *moral* grounds. 彼は道徳上の理由でその提案を断った.
2 道徳的な; 品行方正な, (性的に) 純潔な (↔ immoral): She has always led a *moral* life. 彼女はずっと品行方正な生活を送ってきた.
3 [比較なし; 限定用法] 精神的な, 心の (spiritual): a *moral* victory [defeat] 精神的勝利 [敗

北]/ We'll give you *moral* support. 私たちはあなたを精神的に支援しよう.
4 [限定用法] 善悪の区別がつく,道徳的判断のできる: A child is not a *moral* being. 子供は善悪の区別がつかない. **5** 教訓的な.

— 名 C **1** (物語・経験などから得る) 教訓 (lesson): draw a *moral* from a story 物語から教訓を得る / There is a *moral* to the movie. その映画には1つの教訓がある.
2 [〜s] (社会の) モラル,道徳,行動基準;(個人の) 品行,身持ち: public *morals* 風紀 / a person of loose [easy] *morals* 身持ちのよくない人.
3 [〜s; 単数扱い] 倫理(学).
(▷ 名 morálity; 動 móralize)

◆ móral fíber [(英) fíbre] U (道徳的) 精神力.
móral házard U (経営などでの) 倫理 [責任感] の欠如, モラルハザード.

*mo･rale [mərǽl / -rɑ́ːl] (☆発音に注意) 名 U (個人・軍隊・国民などの) 士気, モラール, 意気込み: boost [raise] *morale* 士気を高める / destroy [undermine] *morale* 士気をくじく.

mor･al･ist [mɔ́ːrəlist / mɔ́r-] 名 C 道徳家; 道徳主義者;《しばしば軽蔑》説教好き, 道学者.

mor･al･is･tic [mɔ̀ːrəlístik / mɔ̀r-] 形 (通例, 軽蔑) 教訓的な, 道徳主義の; 説教好きの, 道学者的な.

*mo･ral･i･ty [mərǽləti] 名 (複 mo･ral･i･ties [〜z]) **1** U 道徳性, 倫理性 (↔ immorality): the *morality* of the citizens 市民の道徳性.
2 U (個人の) 徳性; 品行方正: a man of *morality* 有徳の士. **3** U 道徳(律), 道義; 倫理 (ethics): public *morality* 公衆道徳. **4** C (特定社会・個人の) 道徳; 道徳観念. **5** C 道徳劇 道徳劇《15-16世紀にヨーロッパで流行した教訓劇》; cf. miracle play 奇跡劇]. (▷ 形 móral)

mor･al･ize [mɔ́ːrəlàiz / mɔ́r-] 動 (通例, 軽蔑)[…について] 説教する (*about, on, upon*).
— 他 **1** 〜を道徳的に解釈する; …から教訓を引き出す. **2** 〈人〉を教化する. (▷ 形 móral)

mor･al･ly [mɔ́ːrəli / mɔ́r-] 副 **1** 道徳的に (見て), 道徳[道義]上 (↔ immorally): It is *morally* wrong. それは道徳的によくない. **2** 事実上, 間違いなく: *morally* certain まず確実な [で].

mo･rass [mərǽs] 名 **1** C (主に文語) 沼地, 低湿地. **2** [単数形で] (比喩) 難局, 窮地; (情報などが) 込み入っていること.

mor･a･to･ri･um [mɔ̀ːrətɔ́ːriəm / mɔ̀r-] 名 (複 mor･a･to･ri･ums [〜z], mor･a･to･ri･a [-riə]) C **1** (政府などによる) […の] 一時停止 [延期] (期間) (*on*);《義務遂行の》猶予期間. **2** 【法】 支払い猶予(令), モラトリアム; 支払い猶予期間.

*mor･bid [mɔ́ːrbid] 形 **1** (考え・人などが) 病的な, 不健全な: a *morbid* interest in horror movies ホラー映画への異常な興味. **2** 【医】 病気の [による].

mor･bid･ly [〜li] 副 病的に, 異常なほど.

mor･bid･i･ty [mɔːrbídəti] 名 **1** U (精神の) 病的な状態 [性質], 不健全. **2** U [または a 〜] 【医】 (ある地方での) 疾病罹患(りかん)率.

mor･dant [mɔ́ːrdənt] 形 **1** (格式) (批評などが) 辛辣(しんらつ)な, 毒舌の. **2** (酸などが) 腐食性の.

******more** [mɔ́ːr] 形 代 副 (◇ many, much の比較級)
— 形 **1** [many の比較級; 可算名詞に付けて] […より] **もっと多くの**, …よりたくさんの (↔ fewer) [*than*]: He reads *more* books *than* I [me]. 彼は私よりも多くの本を読みます / We have *more* typhoons in September *than* in August. 9月は8月より台風が多い.
2 [much の比較級; 不可算名詞に付けて] […より] **もっと多くの**, もっと多量の [*than*] (↔ less): We have had *more* rain this month *than* last month. 今月は先月よりも雨がたくさん降った / We need *more* help. 私たちはもっと多くの助けが必要です / He spends *more* time *than* anyone else surfing the Net. 彼は性のだれよりもネットサーフィンに時間を費やす.
3 [しばしば数詞や any, some, no などのあとで] さらに多くの, まだその上の (◇可算・不可算名詞の両方に用いる): Did you see any *more* people there? そこでは性かの人に会いましたか / Won't you have some *more* coffee? もう少しコーヒーをいかがですか / I want to ask one *more* question. 私はもう1つ質問したいのですが / He'll have to pay a little *more* tax *than* last year. 彼は税金を昨年より少し余計に払わなければならないだろう / We need a few *more* eggs. もう少し卵が必要です.

■ *móre and móre* ... ますます多くの… (◇可算・不可算名詞の両方に用いる): The new mayor soon came to be trusted by *more and more* people. 新市長は次第に多くの人に信頼されるようになった / He gave *more and more* time to his research. 彼はますます多くの時間を自分の研究にささげた.

— 代 [不定代名詞] **1** [単数・複数扱い] […より] **もっと多くの人 [もの, こと]**, もっと多数 [多量] [*than*] (↔ fewer, less): *More* have joined our club *than* usual. いつもより多くの人が私たちのクラブに入った / Don't spend *more than* is necessary. 必要以上の金を使うな / It means *more than* meets the eye. それには目に見える以上の深い意味がある.
2 [単数扱い] それ以上のもの [こと, 人]: I have no *more* to add to it. それにつけ加えることはありません / Do you have any *more* in your bag? かばんの中にもっとありますか / Would you like some *more*? もう少しいかがですか / I'd like to see *more* of you. あなたにまたお目にかかりたい / You saw Ricky? Tell me *more*! リッキーに会ったんだって? もっと話してよ.

■ *and whàt is móre* [挿入語句として] そのうえ, おまけに: She is beautiful, *and what is more*, she is smart. 彼女は美人だし, その上頭もいい.
be móre of a ... than 〜 〜よりむしろ…である: He *is more of a* dreamer *than* a man of action. 彼は行動家というよりむしろ夢想家です.

— 副 [much の比較級] **もっと多く**, いっそう [*than*] (↔ less): You should exercise *more*. あなたはもっと運動をするべきだ / She laughs *more than* anyone else. 彼女はだれより

もよく笑う / He likes soccer far *more than* baseball. 彼は野球よりもサッカーのほうがはるかに好きです.
2 [...より]もっと, さらに(*than*)(◇3音節以上および大部分の2音節の形容詞・副詞に付けて比較級を作る; →巻末「変化形の作り方」): His English is *more* fluent *than* mine. 彼の英語は私のより流暢(%%)です / The climate there was *more* pleasant *than* I had expected. そこの気候は思っていたより快適だった / Walk *more* carefully. もっと注意して歩きなさい / She is the *more* intelligent of the two. 2人のうちでは彼女のほうが頭がよい(◇2者を比較する場合は the を付ける).
3 [...よりは]むしろ (rather) [*than*]: He was *more* sad *than* disappointed. 彼はがっかりしたというよりはむしろ悲しかった(◇同じ人[もの]について2つの異なった性質[状態]を比較するときは, 形容詞が -er を付けて比較級を作る語でも more を用いる) / He was *more* (a) critic *than* (a) writer. 彼は作家というよりはむしろ評論家だった.
4 さらに, そのうえ: Try once *more*. もう一度やってごらん / The audience wants to listen to you some *more*. 聴衆はあなたの話をもう少し聞きたがっています / I want to jog a little *more*. 私はもう少しジョギングをしたい.
■ *àll the móre* (それだけ)いっそう: His faults make him *all the more* popular. 彼は欠点があることでいっそう人気がある.
... and nó móre[前の名詞を受けて]ただそれだけである, ...にすぎない: He was a liar *and no more*. 彼はうそつきだったというだけのことです.
àny móre これ以上 (→ ANY 成句).
little móre than ... ほとんど...も同然, ...にすぎない: It was *little more than* a toy for children. それはほとんど子供のおもちゃ同然のものだった.
móre and móre [形容詞・副詞と共に]ますます...に: Mary became *more and more* charming as she grew up. メアリーは成長するにつれてますます魅力的になっていった.
móre or léss **1** 多かれ少なかれ, 多少とも (almost); だいたい: I've *more or less* finished my job. 私の仕事はあらかた終わった. **2** [数量を表す語(句)と共に]約, だいたい: It's ten miles *more or less* to the city hall. 市役所までは10マイルほどです.
móre than ... [名詞・形容詞・動詞・副詞(句・節)と共に]...以上の, とても...な: There are *more than* eighty active volcanoes in Japan. 日本には80を超える活火山がある(◇英語の *more than* eighty は日本語の「80以上」と違って80を含まない. 厳密に「80以上」を表すには eighty or [and] more とする) / *More than* one crow was cawing among the trees. 何羽かのカラスが木の中で鳴いていた(◇「more than one+名詞の単数形」は単数扱い) / This job requires *more than* just computer skills. この仕事には単なるコンピュータの技術以上のものが求められる / His mother was *more than* pleased to see her son's girlfriend. 彼の母親は息子の恋人に会って非常に気に入った / The cold wind was *more than* I could stand. その冷たい風は私には耐えられないほどだった.
móre than a líttle [形容詞の前で]《格式》少なからず, 非常に (very).
móre than éver ますます, いよいよ.
mùch móre [肯定文で]なおさら...である: It is hard to be a home-run king, *much more* to win a triple crown. ホームラン王になるのは難しいし, 三冠王になるのはもっとずっと難しい.
nèither móre nor léss than ... ちょうど...; ...にほかならない: He is *neither more nor less than* a good actor. 彼はまさにうまい役者だ.
nò móre **1** もはや...しない: I promise I'll see him *no more*. 彼にはもう会わないことを約束します. **2** [否定文を受けて]《文語》...もまた~でない[しない]: Fred is not tired, and *no more* is Tom. フレッドは疲れていないし, トムも疲れていない. **3** [be no more の形で]《文語》死んだ, (かつてあったものが) 存在しない.
nò móre than ... **1** ...だけ, ...にすぎない(◇数量が少ないことを強調する): I had *no more than* ten dollars. 私はほんの10ドルしか持っていなかった. **2** = nothing more than (↓).
nò móre ... than ~ ~と同様...でない: Bill is *no more* familiar with the opera *than* Jim is. ジム同様ビルもオペラのことをよく知らない.
nòt móre than ... ...より少なく, せいぜい...: I can stay here not *more than* three days. 私はここにはせいぜい3日しかいられない.
nòt móre ... than ~ ~ほど...でない: She is *not more* talkative *than* he is. 彼女は彼ほど話し好きではない(◇ no more ... than ~ の場合は「2人とも話し好きではない」の意になる).
nòthing móre than ... ただ...にすぎない: He's *nothing more than* a child. 彼はほんの子供だ.
the móre ..., the móre ~ ...すればするほど~する (→ THE 副 **1**).

***more·o·ver** [mɔːróuvər]
— *副*《格式》**さらに**, そのうえ: It was dark and cold, and *moreover* it began to rain. 暗くて寒いうえに雨が降り出した / I like the design of this car. *Moreover*, it has a high-powered engine. 私はこの車のデザインが好きだ. そのうえ高性能エンジンも搭載されている.

mo·res [mɔ́ːreiz, -riːz] 图《複数扱い》《格式》【社会】(社会の基本的)慣習, しきたり, 道徳規範.

morgue [mɔ́ːrg] 图 C **1** (身元不明の) 死体公示所《身元確認・検死のために死体を安置する》; (病院などの) 遺体安置所 (mortuary). **2** 《しばしばこっけい》活気[人け]のない場所. **3** 《口語》(新聞社などの) 資料室.

mor·i·bund [mɔ́ːribʌnd / mɔ́r-] 形 瀕死(%%)の, 死にかかった; (文明・言語などが) 滅びかけている.

Mor·mon [mɔ́ːrmən] 图 C モルモン教徒.
— 形 モルモン教(徒)の.

Mor·mon·ism [mɔ́ːrmənizəm] 图 U モルモン教《1830年に米国で興ったキリスト教の一派》.

morn [mɔ́ːrn] 图 C 《通例, 単数形で》《詩語》朝, 「あした」(morning); 暁 (dawn).

morn・ing [mɔ́ːrniŋ]

— 名 (複 **mornings** [~z]) **1** ⓊⒸ 朝, 午前 (◇夜明けから正午または昼食の終わるまで; → DAY 図; → EVENING 【語法】): on Monday *morning* 月曜の朝に(◇特定の日の「朝に」は on)/ tomorrow [yesterday] *morning* あす[きのう]の朝に / Every *morning* he leaves home at seven. 彼は毎朝7時に家を出る / Mike called me at five in the *morning*. マイクは朝の5時に私に電話をかけてきた / I jog in the park early in the *morning*. 私は朝早く公園でジョギングをする. **2** [形容詞的に] 朝の: *morning* tea 朝に飲む紅茶 / a *morning* paper 朝刊.
3 [~s; 副詞的に] (主に米) (いつも) 朝に, 毎朝.

■ **from mórning till [to] níght** 朝から晩まで: He often works *from morning till night*. 彼はしばしば朝から晩まで働く.

gòod mórning おはようございます (→見出し).

mórning, nóon, and níght 昼も夜も, 絶えず.

— 間 おはよう! (good morning).

◆ **mórning còat** Ⓒ モーニングコート《男性の正装の上着. morning dress の一部》.

mórning drèss Ⓤ モーニング《男性の昼間の正装ひとそろい》.

mórning glòry ⒸⓊ〖植〗アサガオ.

mórning sìckness Ⓤ (しばしば朝に起こる) 吐き気; つわり.

mórning stár [the ~] 明けの明星《夜明け前に東の空に見える星. 通例, 金星 (Venus) をさす; cf. evening star 宵(よい)の明星》.

mórn・ing-áf・ter pìll Ⓒ《セックスのあとで服用する》経口避妊薬.

Mo・roc・co [mərákou / -rɔ́k-] 名 固 モロッコ《アフリカ北西岸の王国; 首都ラバト (Rabat)》.

mo・ron [mɔ́ːrɑn, -rɔn]名Ⓒ《口語・軽蔑》ばか, 間抜け.

mo・rose [mərɔ́us]形 不機嫌な, むっつりした.
mo・rose・ly [~li]副 不機嫌な, むっつりと.

mor・pheme [mɔ́ːrfiːm] 名 Ⓒ〖言〗形態素《意味を持つ最小の言語単位. たとえば books の book- と -s; cf. phoneme 音素》.

mor・phine [mɔ́ːrfiːn]名Ⓤ〖薬〗モルヒネ.

mor・phol・o・gy [mɔːrfálədʒi / -fɔ́l-] 名 Ⓤ
1〖生物〗形態学; 形態, 組織. **2**〖言〗形態[語形]論, 語形変化 (cf. syntax 統語論).

mor・row [mɔ́ːrou, már- / mɔ́r-] 名 [the ~]《文語》**1** 翌日 (the next day). **2** 将来.

Morse [mɔ́ːrs]名 **1** 固 モース, モールス Samuel Morse (1791–1872; 米国の発明家. 長短の符号から成るモールス式電信を発案). **2** Ⓤ《口語》= **Mórse códe [álphabet]** モールス符号.

mor・sel [mɔ́ːrsəl]名 Ⓒ [食べ物の] ひと口, ひと切れ [*of*]. **2** [a ~; 通例, 疑問文・否定文・条件文などに] [… の] 少量, ひとかけら [*of*].

*mor・tal [mɔ́ːrtəl]形 [比較なし] **1** 死ぬべき (運命の), 死を免れない (⇔ immortal): Humans are *mortal*. 人間は死を免れない. **2** 致命的な; 死の, 臨終の: a *mortal* wound 致命傷 / the *mortal* moment 死の瞬間, 臨終. **3** [限定用法] 人間の; この世の: beyond *mortal* power 人間の力の及ばない. **4** [限定用法] (敵などが) 許して [生かして] おかない; (争いなどが) 死ぬまで続く: a *mortal* combat 死闘. **5** [限定用法] 恐るべき; はなはだしい: in a *mortal* hurry ひどく急いで / He was in *mortal* fear. 彼はひどく恐れていた.

— 名 Ⓒ **1** [通例 ~s] (主に文語) (神ではなく, 命に限りのある) 人間. **2** [形容詞を伴って] (こっけい) 人, やつ: mere [ordinary] *mortals* like us 私たちのような凡人.

◆ **mórtal sín** ⓊⒸ〖カトリック〗大罪.

***mor・tal・i・ty** [mɔːrtǽləti]名 **1** Ⓤ死ぬべき運命, 死を免れないこと (⇔ immortality). **2** Ⓤ[または a ~] (戦争などでの) 大量死. **3** Ⓤ[または a ~] 死亡者数; = **mortálity ràte** 死亡率 (death rate): the infant *mortality* rate 乳幼児死亡率.

mor・tal・ly [mɔ́ːrtəli]副 **1** 死ぬほどに, 致命的に: be *mortally* wounded 瀕(ひん)死の重傷を負っている. **2** ひどく, はなはだしく.

mor・tar[1] [mɔ́ːrtər]名Ⓤモルタル, しっくい.

mor・tar[2] 名 Ⓒ **1** 乳鉢, すり鉢. **2**〖軍〗迫撃砲.

mor・tar・board [mɔ́ːrtərbɔːrd]名Ⓒ **1** (モルタルをのせる) こて板. **2** 角帽《式典用》.

***mort・gage** [mɔ́ːrgidʒ] (☆発音に注意)名
1 ⓊⒸ〖法〗抵当 (に入れること); 抵当貸付, 住宅ローン; 抵当権: a *mortgage* loan 抵当貸し, (いわゆる) ローン / place a *mortgage* on the property 不動産を抵当に入れる / take out a *mortgage* ローンを組む. **2** Ⓒ 抵当による借金; ローンの金額.
3 Ⓒ 抵当証書.

— 動 他 **1** [人に / … を借りるために] … を抵当に入れる [*to* / *for*]: I *mortgaged* my house *to* him *for* twenty million yen. 私は家を抵当に彼から2千万円借りた. **2** 〈命・能力などを〉[… に] 賭(か)ける, 保証として与える [*to*]: He *mortgaged* his life to the job. 彼は仕事に命を賭けた.

mor・tice [mɔ́ːrtis]名動 = MORTISE (↓).

mor・ti・cian [mɔːrtíʃən]名Ⓒ(米) 葬儀屋 (undertaker).

mor・ti・fi・ca・tion [mɔ̀ːrtəfikéiʃən] 名 **1** Ⓤ屈辱, 悔しさ; Ⓒ 無念[屈辱]の種: to …'s *mortification* [文修飾] … にとって悔しいことに. **2** Ⓤ (宗教的な) 苦行, 禁欲.

mor・ti・fy [mɔ́ːrtəfài]動 (三単現 **mor・ti・fies** [~z]; 過去・過分 **mor・ti・fied** [~d]; 現分 **mor・ti・fy・ing** [~iŋ]) 他 **1** (偏, 受け身で) … に恥をかかせる, 屈辱感を与える: be *mortified* by [at] one's blunder へまをして恥をかく [恐縮する]. **2** 《文語》(苦行・禁欲によって)〈情欲・感情など〉を抑える: *mortify* the flesh 苦行をする.

mor・ti・fy・ing [mɔ́ːrtəfàiiŋ]形 悔しい, 屈辱的な.

mor・tise, mor・tice [mɔ́ːrtis] 名 Ⓒ〖建〗(木材などにあける) ほぞ穴 (cf. tenon ほぞ).
— 動 他〖建〗〈木材など〉を[… に] ほぞ継ぎする (*together*) [*to*, *into*], … にほぞ穴をあける.

◆ **mórtise lòck** Ⓒ《英》箱錠.

mor・tu・ar・y [mɔ́ːrtʃuèri / -tjuəri]名(複 **mor・tu・ar・ies** [~z]) Ⓒ (病院・葬儀場などの) 霊安室, 遺体安置所. — 形 [限定用法] 《格式》死の; 埋葬の.

mos.〖略語〗= months.

mo·sa·ic [mouzéiik] (☆発音に注意) 名 **1** Ｕ モザイク(の手法), 寄せ木細工; Ｃ モザイク細工[模様]の作品, モザイク画. **2** Ｃ [通例, 単数形で] モザイク風のもの; 寄せ集め. **3** Ｕ = mosáic disèase 【植】モザイク病《ウイルスによって葉が変色する》.
— 形 モザイク(模様)の; 寄せ集めの.

Mo·sa·ic [mouzéiik] 形 モーセ(Moses) の.
◆ **Mosáic Láw** [the ~] モーセの律法《主に旧約聖書の初めの5書に書かれている》.

***Mos·cow** [máskau, -kou / móskou] 名 固 モスクワ《ロシアの首都》.

Mo·selle [mouzél] 名 **1** 固 [the ~] モーゼル川《フランスに発しドイツでライン川に合流する》. **2** Ｕ [時に m-] モーゼル《ドイツ産の辛口白ワイン》.

Mo·ses [móuziz] 名 固 【聖】モーセ, モーゼ《古代イスラエルの指導者・預言者》.

mo·sey [móuzi] 動 自 《米口語・しばしばこっけい》 **1** ぶらぶら歩く, ぶらつく (along, around). **2** (急いで)立ち去る, ずらかる (along).

Mos·lem [mázləm / máz-] 名 形 = MUSLIM.

mosque [másk / mósk] 名 Ｃ モスク, イスラム教寺院.

‡**mos·qui·to** [məskí:tou] 名 (複 **mos·qui·to(e)s** [~z]) Ｃ 蚊: *mosquito* bites 蚊に刺された跡 / be bitten by a *mosquito* 蚊に刺される.
◆ **mosquíto nèt** Ｃ 蚊帳(è).

‡**moss** [mɔ́:s / mɔ́s] 名 Ｕ Ｃ 【植】コケ(苔): The rocks were covered with *moss*. 岩はコケに覆われていた (→ GATHER 動 他 **1**).
◆ **móss grèen** Ｕ モスグリーン(色).

moss·y [mɔ́:si / mɔ́si] 形 (比較 **moss·i·er** [~ər]; 最上 **moss·i·est** [~ist]) **1** コケの生えた, コケで覆われた. **2** コケのような. **3** 《米俗語》古臭い.

‡*****most** [móust] 形 代 副 《◇ many, much の最上級》
— 形 **1** [many の最上級; 通例 the ~; 可算名詞に付けて] (数が) **最も多くの**, 一番多い (↔ fewest): Who got the *most* votes? 得票数が最も多かったのはだれですか / Of the three sisters Sue has the *most* books. 3姉妹の中でスーが一番多くの本を持っている.
2 [much の最上級; 通例 the ~; 不可算名詞に付けて] (量が) **最も多くの**, (程度が) 最も高い (↔ least): Tom earned the *most* money. トムが一番金を稼いだ / I have the *most* fun when I'm playing tennis. 私はテニスをしているときが一番楽しい.
3 [無冠詞で] たいていの, ほとんどの: *Most* kids like ice cream. 子供はたいていアイスクリームが好きです / I eat *most* kinds of food. 私はたいていのものを食べます.

— 代 [不定代名詞] **1** [the ~] **最大数**, 最大量: He did the *most* he could. 彼はできるだけのことをやった / They have a lot of books, and David has the *most*. 彼らは本をたくさん持っているが, デイビッドが一番多い / The *most* he earns a day is 100 dollars. 彼が1日に稼ぐのは最高で100ドルです.
2 [無冠詞で] […の] **大部分**, たいてい の人[もの]: *Most of* his novels are best sellers. 彼の小説はほとんどがベストセラーです / *Most* find the problem too difficult. たいていの人はその問題が非常に難しいことがわかります.

【語法】 *most of* の次に来る名詞や代名詞が単数なら *most* は単数扱い, 複数なら複数扱いになる: *Most of* his evening time is spent (in) watching TV. 彼は夜はほとんどテレビを見て過ごす / *Most of* these books are for high school students. これらの本の大部分は高校生用である.

■ **at (the) móst** せいぜい, 多くて (↔ at (the) least): I can save five dollars a week *at (the) most*. 私が貯金できるのは週にせいぜい5ドルです.
màke the móst of ... …を最大限に利用する: You should *make the most of* your opportunities to speak English. あなたは英語が話せる機会を最大限に利用すべきです.

— 副 [much の最上級] **1** [時に the ~; 動詞を修飾して] (程度などが) **最も多く**, 一番 (↔ least): Who worked (the) *most*? だれが一番働きましたか / What they need *most* is medicine. 彼らが最も必要としているのは薬です.
2 [通例 the ~] **最も**, 一番 (◇ 3音節以上および大部分の2音節の形容詞・副詞に付けて最上級を作る; →巻末「変化形の作り方」): Roses are the *most* popular flowers in Britain. バラは英国で最も人気のある花です / July 4th is the *most* important holiday in America. 7月4日は米国で最も大事な祝日です / He drives the *most* carefully of all the people in his family. 彼は家族の中で一番慎重に運転する (◇ 副詞または同一の人[もの]を比較する場合には the を付けないことが多い; → THE 冠詞 **6** 語法).
3 [形容詞・副詞を修飾して] 《格式》非常に, とても (very): This is a *most* useful tool. これはとても役に立つ道具です / He will *most* probably come. 彼はきっと来るでしょう.

【語法】(1) very が客観的なことを述べる場合に用いるのに対し, *most* は話者の個人的感情や意見を述べる場合にのみ用いる.
(2) -est を付けて最上級を作る形容詞・副詞にも *most* を用いることができる: a *most* brave soldier 非常に勇敢な兵士.

4 《米口語》ほとんど (almost) (◇ all, anyone, everybody, anything などと共に用いる): *Most* every day, he goes jogging in the park. ほとんど毎日, 彼は公園へジョギングに出かける.
■ **mòst of áll** 何 [だれ] よりも, とりわけ: She wanted to eat sushi *most of all*. 彼女は何よりもすしが食べたかった.

-most [moust] 接尾 名詞・形容詞・副詞に付けて「最も…, 一番…」などの意を表す形容詞を作る: top*most* 最高の / southern*most* 最南端の.

‡*****most·ly** [móustli]
— 副 **たいてい**; 大部分は, 主に (mainly, chiefly): We are *mostly* out on Sundays. 私たちは日曜日はたいてい出かけている / She uses her car *mostly* for driving to work. 彼女は車を主に通勤に使っている.

MOT 名[C]《英》車検(証)(◇ *Ministry of Transport* から。「車検」は MOT test とも言う).

mote [móut] 名[C]《古風》ちり,(ほこりの)微片.

＊mo‧tel [moutél]《☆アクセントに注意》名[C]《「motor + hotel」から》名 モーテル(《米》*motor lodge*).

＊moth [mɔ́ːθ/mɔ́θ] 名(複 **moths** [mɔ́ːðz, mɔ́ːθs/mɔ́ðs])[C]《昆》 **1** ガ(蛾).
2 =**clóthes móth** イガ(衣蛾)《幼虫が衣服などを食害する》.

moth‧ball [mɔ́ːθbɔ̀ːl/mɔ́θ-] 名[C]《通例 ～s》(ナフタリンなどの)防虫剤の玉,虫よけ玉.
■ *in móthballs* しまい込まれて;棚上げされて.
── 動 他 …をしまい込む;棚上げにする.

móth‧èat‧en 形 **1**《衣類が》虫に食われた.
2《軽蔑》使い古した,ぼろぼろの;時代遅れの.

＊＊＊moth‧er [máðər] 名 動
── 名(複 **moth‧ers** [～z]) **1**[C] **母**,母親(→ FAMILY 図): Is your *mother* fine? お母さんはお元気ですか / She is the *mother* of three. 彼女は3児の母親です / Mother is not at home today. 母はきょうは家にいません(◇自分の母をさすときや家族の間ではしばしば固有名詞と同じように無冠詞で大文字で始める).

語法 子供が母親を呼ぶとき,通例《米》では mom, mommy,《英》では mum, mummy を用いる.父親は dad, daddy を用いる. Mother [Father] は改まった場合の呼び方.

2 [the ～]生み出すもの,源,母体: Hard work is the *mother* of success. 勤勉は成功の母である.
3《形容詞的に》母(のような): a *mother* bird 母鳥 / *mother* earth 母なる大地.
4 [M-;呼びかけ]おばさん,おばあさん(◇年配の女性に対して主に男性が用いる). **5** [M-][C]《女子修道院長の敬称として》マザー: *Mother* Teresa マザーテレサ. **6** [the ～]母性,母性愛.
■ *at one's móther's knée* 母のひざの上で,小さい頃に.
évery móther's són《古風》だれもかれも.
── 動 他 **1** …の母となる;《思想・作品など》を生み出す. **2** 母親代わりに…の世話をする;《子供》を過保護に扱う. (▷ 形 **mótherly**)

◆ **móther còuntry** [the ～/one's ～] 母国.
Móther Góose 固 マザーグース《英国古来の民間童謡集の作者とされる架空の人物》.
Móther Góose rhỳme [C]《主に米》マザーグース,童謡,わらべ歌(《主に英》nursery rhyme).
móther lòde [C]《通例,単数形で》《米》(金・銀などの)主鉱脈;「宝の山」.
Móther Náture [U] 自然,自然の摂理.
Móther's Dày [U] 母の日《米国・カナダでは5月の第2日曜日;英国では四旬節(Lent)の第4日曜日》.
móther shìp [C] 母船,母艦.
móther tóngue [C] 母語,母国語.

moth‧er‧hood [máðərhùd] 名[U] **1** 母であること;母性(愛). **2**《集合的に》母親.

móth‧er‧in‧làw 名(複 **moth‧ers‧in‧law**, **moth‧er‧in‧laws**) [C] 義理の母,義母,しゅうとめ《配偶者の母親》.

moth‧er‧land [máðərlænd] 名[C] **1** 生まれ故郷,故国;先祖の地,祖国. **2** 発祥の地.

moth‧er‧less [máðərləs] 形 母(親)のない.

moth‧er‧like [máðərlàik] 形 母(親)らしい[のような].

moth‧er‧ly [máðərli] 形 母(親)らしい[のような];(母のように)優しい;母としての.
(▷ 名 **mother**)

móth‧er‧to‧bé 名(複 **moth‧ers‧to‧be**) [C] 近々母(親)になる人,妊婦,まもなく赤ん坊が生まれる女性.

mo‧tif [moutíːf]《フランス》名(複 **mo‧tifs** [～s]) [C] **1**(芸術作品の)主題,モチーフ,テーマ. **2**(デザイン・建築などの)基調. **3**(楽曲の)モチーフ.

＊＊＊mo‧tion [móuʃən] 名 動《原義は「動くこと」》
── 名(複 **mo‧tions** [～z]) **1**[U] **運動**,動き,(天体の)運行(→ MOVEMENT 類義語): the laws of *motion* 運動の法則 / the accelerated *motion* 加速度運動 / in slow *motion* スローモーションで / the *motion* of the Jupiter 木星の運行 / The swaying *motion* of the ship made me feel sick. 私は船の揺れで気分が悪くなった.
2[C] 動作,身ぶり,しぐさ(gesture): a nimble *motion* of her hand 彼女のすばやい手ぶり / He made a *motion* at [to] us to stop talking. 彼は私たちにしゃべりをやめるよう身ぶりで示した.
3[C][…する/…という] 動議,提案 [*to do* / *that* 節]: on the *motion* of the chairperson 議長の発議で / a *motion* to take a vote 採決の動議 / The motion that the school (should) accept foreign students was adopted. 当校は外国人生徒を受け入れるべきであるという動議は可決された(◇ should を用いるのは《主に英》).

コロケーション 動議を [に] …
動議を可決する: *carry* [*pass*] *a motion*
動議に賛成する: *second a motion*
動議を提出する: *make* [*propose*] *a motion*
動議を否決する: *reject a motion*

4[C]《主に英・格式》便通;[～s] 排泄(はいせつ)物.
■ *gó through the mótions* (*of dóing*)《口語》(…している)しぐさをする,お義理で(…)する.
in mótion《機械などが》動いて,運転中の[で]: The machine is *in motion*. 機械が作動中です.
pùt [*sèt*] *... in mótion*〈機械など〉を作動させる;〈計画など〉を実行する.
── 動 他《通例,副詞(句)を伴って》…に身ぶりで合図する;〈人〉に[…するように]合図する [*to do*]: I *motioned* him in [out]. 私は彼に入る[出て行く]よう合図した / The teacher *motioned* the students *to* be quiet. 先生は生徒たちに静かにするよう身ぶりで合図した.
── 自 [人に/…するように] 身ぶりで合図する [*to, for / to do*]: He *motioned to* the waiter *to* come over. 彼はウエーターに来るよう合図した.
(▷ 動 **móve**)

◆ **mótion pícture** [C]《米》映画(movie).
mótion síckness [U]《米》乗り物酔い.

＊mo‧tion‧less [móuʃənləs] 形 動かない,静止した: stand *motionless* じっと立っている.

＊mo‧ti‧vate [móutəvèit] 動 他 **1**〈人〉に[～す

motivated

る]動機を与える, …を[~するように]刺激する[to do]; …にやる気を起こさせる: What *motivated* you *to* work hard? よく勉強するようになったきっかけは何でしたか. **2**[しばしば受け身で]…の動機となる: The lie *was motivated* by vanity. そのうそは虚栄心から出たものだった.

***mo‧ti‧vat‧ed** [móutəvèitid] 形 **1** 動機づけられた, 動機のある. **2** やる気のある.

***mo‧ti‧va‧tion** [mòutəvéiʃən] 名 **1** UC[…の / …する]動機づけ, 刺激, 誘引; やる気, 意欲 [*for* / *to do*]. **2** U自主性, 積極性.

***mo‧tive** [móutiv] C **1**[…の]動機, 誘因; 真意 [*for, of*]: the *motive for* the crime 犯罪の動機 / She helped the man from *motives of* kindness. 彼女は親切心からその男を助けた.
2 =MOTIF(↑).
—形[限定用法] **1** 起動力[原動力]の: *motive* power 原動力. **2** 動機となる.

mo‧tive‧less [-ləs] 形 動機のない.

mot‧ley [mátli / mót-] 形[限定用法] **1**《軽蔑》種々の, ごちゃ混ぜの, 雑多な. **2**《文語》(衣服が)色とりどりの, まだらな.

mo‧to‧cross [móutoukrɔ̀ːs / -krɔ̀s] 名U モトクロス《オートバイのクロスカントリーレース》.

*****mo‧tor** [móutər]
—名(複 **mo‧tors** [~z]) C **1** モーター, 発動機; エンジン, 原動機: an electric *motor* 電動機 / start [turn off] a *motor* モーターを動かす[止める] / stop the car and leave the *motor* running 車を止めてエンジンをかけたままにしておく.
2《英口語》自動車(car).
—形[限定用法] **1** モーターで動く, 発動機の: a *motor* ship 発動機船. **2**《主に英》自動車(用)の: the *motor* industry 自動車産業. **3**《生理》運動の: *motor* nerves 運動神経.
—自《英・古風》車で行く, ドライブする.

◆ **mótor hòme** C(旅行用の)移動住宅車, キャンピングカー.
mótor lòdge C《米》モーテル(motel).
mótor pòol C《米》カープール(car pool).
mótor scòoter C スクーター(scooter).
mótor vèhicle C 動力車《自動車・電車など》.

mo‧tor‧bike [móutərbàik] 名 = MOTOR-CYCLE(↓).

mo‧tor‧boat [móutərbòut] 名C モーターボート(→ SHIP 図).

mo‧tor‧cade [móutərkèid] 名C 車に乗っての行進, 自動車パレード.

***mo‧tor‧car** [móutərkà:r] 名C《古風》自動車(《米》automobile).

***mo‧tor‧cy‧cle** [móutərsàikl] 名C オートバイ, 単車(motorbike).

***mo‧tor‧cy‧clist** [móutərsàiklist] 名C オートバイ乗り, ライダー(⇔人).

mo‧tor‧ing [móutəriŋ]《古風》 名U 自動車運転(術); ドライブ. —形 車の, ドライブの.

mo‧tor‧ist [móutərist] 名C《格式》(特に自家用)自動車運転者, ドライバー.

mo‧tor‧ized [móutəràizd] 形[限定用法]

1(乗り物などが)エンジンの付いた. **2**(農業などが)動力化された;(軍隊などが)自動車を装備した.

mo‧tor‧way [móutərwèi] 名C《英》高速道路(《米》expressway, freeway).

mot‧tled [mátld / mót-] 形 まだらの, ぶちの.

***mot‧to** [mátou / mót-] 名(複 **mot‧to(e)s** [~z]) C **1** 座右の銘,(教訓的な)標語, モットー《◇個人・団体が指針としている名言・金言で, 政治的・宣伝上のスローガン(slogan)とは異なる》: a school [family] *motto* 校訓[家訓] / To do the best I can is my *motto*. ベストをつくすことが私のモットーです.
2(巻頭の)題辞, 引用句;(紋章などに記した)題銘.

***mould** [móuld] 名動《英》= MOLD¹,²,³.
mould‧er [móuldər] 動《英》= MOLDER.
mould‧ing [móuldiŋ] 名《英》= MOLDING.
mould‧y [móuldi] 形《英》= MOLDY.
moult [móult] 動 名《英》= MOLT.

***mound** [máund] 名C **1**(土砂・石などの)山, 小丘; 土手;(墓の)盛り土, 塚;(防御用の)土塁.
2 [a ~]《比喩》[…の]山 [*of*]: a *mound of* letters 手紙の山. **3**《野球》(投手の)マウンド(⇒ BASEBALL [PICTURE BOX]): take the *mound*(投手が)登板する.

*****mount**¹ [máunt]
—動 名《原義は「(高い所へ)登る」》
—動(三単現 **mounts** [máunts]; 過去・過分 **mount‧ed** [~id]; 現分 **mount‧ing** [~iŋ])
—他 **1**《格式》〈丘・演壇など〉に登る(climb), 上がる,〈はしごなど〉を上る: *mount* a platform 演壇に上がる / *mount* a ladder はしごを上る / The fire fighters *mounted* the stairs two at a time. 消防士たちは階段を2段ずつ駆け上った.
2〈自転車・馬など〉に乗る, またがる(ride);[しばしば受け身で]〈人〉を[馬などに]乗せる [*on*]: *mount* a bicycle [horse] 自転車[馬]に乗る / He *was mounted on* a white horse. 彼は白馬にまたがっていた.
3〈催し・運動など〉を準備する, 起こす;〈攻撃など〉を仕掛ける: *mount* an exhibition 展示会を催す / They *mounted* a campaign to remove landmines. 彼らは地雷除去のキャンペーンを起こした / They will *mount* a powerful attack on the government. 彼らは政府に対して激しい攻撃を加えるだろう.
4〈もの〉を[…に]載せる, すえ付ける;〈写真など〉を[…に]はる [*on, in*];〈宝石など〉を[…に]はめ込む [*in*]: *mount* a picture *on* paper 写真を台紙にはる / *mount* diamonds *in* a ring 指輪にダイヤモンドをはめ込む.
5〈動物〉を標本にする, 剝製(はくせい)にする.
—自 **1**(次第に)増える, 増大する(up)(increase): Prices are *mounting* rapidly. 物価は急速に上昇している. **2**[自転車・馬などに]乗る, またがる(ride) [*on*]: *mount on* a horse 馬に乗る. **3**[…に]登る, 上がる [*to*].
■ *móunt guárd*《…の》見張りにつく, 見張りをする [*over*].
—名C **1**《格式》乗用馬. **2** 台, 台紙,(スライドの)マウント;(顕微鏡の)スライド;(宝石などの)台.

***mount**² 名C **1** [M-...] 山(◇山の名の前に付け

M

る; 《略語》 Mt.): *Mount* [Mt.] Everest エベレスト山. **2** 《古》 山 (mountain).

‡moun·tain [máuntn / -tin] 【基本的意味は「山 (a very high, usually steep, hill)」】

— [名] (複 **moun·tains** [~z]) **1** [C] 山: a snow-capped *mountain* 雪を頂いた山 / a volcanic *mountain* 火山 / climb [go up] a *mountain* 山に登る / descend [go down] a *mountain* 山を下りる / Mt. Fuji is the highest *mountain* in Japan. 富士山は日本で最も高い山です.

[語法] (1) 個々の山には Mt. または Mount を用い, mountain は固有名詞の前には付けない (→ MT., MOUNT²).
(2) mountain は hill よりも高く, 通例, 山頂が険しいものをさす.

2 [~s] 山脈, 連山: the Rocky *Mountains* ロッキー山脈.

3 [a ~/ ~s] 山ほど多く〔の…〕[*of*]: a *mountain of* scraps ごみの山 / I have *mountains of* homework today. きょうは山ほど宿題がある.

4 [形容詞的に] 山の; 山に住む[生える]: *mountain* plants 高山植物 / a *mountain* road 山道.

◆ móuntain bìke [C] マウンテンバイク (《略語》 MB).
móuntain chàin [rànge] [C] 山脈, 連山.
móuntain lìon [C] 【動物】 クーガー (cougar), ピューマ (puma).
móuntain sìckness [U] 【医】 高山病.
Móuntain (Stándard) Tìme [U] 《米》 山地標準時 (《略語》 MST).
Móuntain Stàte [固] [the ~] 山岳州 《米国 West Virginia 州の愛称; → AMERICA 表》.

moun·tain·eer [màuntəníər] (☆ 発音に注意) [名] [C] 登山家 [者]; 山地の住人.

***moun·tain·eer·ing** [màuntəníəriŋ] [名] [U] (スポーツとしての) 登山.

‡moun·tain·ous [máuntənəs] (☆ 発音に注意) [形] **1** 山の多い, 山地の: a *mountainous* district 山地. **2** 山のような, 巨大な.

moun·tain·side [máuntənsàid / -tin-] [名] [C] [通例 the ~] 山腹, 山の斜面.

moun·tain·top [máuntəntàp / -tintɔ̀p] [名] [C] 山頂 (cf. peak とがった山頂).

mount·ed [máuntid] [形] **1** 馬に乗った: the *mounted* police 騎馬警官隊. **2** 台紙にはった; すえ付けた, 組み立てた.

mount·ing [máuntiŋ] [名] **1** [U] 乗る[登る]こと; 乗馬. **2** [U] 取り付け, すえ付け, 装備. **3** [C] (写真などの) 台紙; (宝石などの) 台; 表装.

— [形] [限定用法] ますます増える, だんだん高まる.

***mourn** [mɔ́ːrn] [動] [自] **1** 〔不幸・損失などを〕嘆く, 悲しむ [*over*]: He *mourned over* the death of his wife. 彼は妻の死を嘆いた. **2** 〔死者を〕悼む, 〔人の〕喪に服する [*for*]: *mourn for* the dead friend 亡き友を悼む.

— [他] 〈不幸・損失など〉を嘆き悲しむ.

mourn·er [mɔ́ːrnər] [名] [C] (死などを) 悼む人, 嘆く人; 会葬者: the chief *mourner* 喪主.

***mourn·ful** [mɔ́ːrnfəl] [形] **1** 悲しみに沈んだ; 死者を悼む: a *mournful* voice 悲しげな声. **2** 痛ましい; 陰気な.

mourn·ful·ly [-fəli] [副] 深く悲しんで; 痛ましく.

mourn·ing [mɔ́ːrniŋ] [名] [U] **1** 悲しみ, 悲嘆; 哀悼 (の意を表すこと). **2** 喪中, 服喪期間; 喪服, 喪章: go into *mourning* 喪に服する; 喪服を着る / go out of *mourning* 喪が明ける; 喪服を脱ぐ.

■ ***in móurning*** 〔人のために〕喪に服して, 喪中で; 喪服を着て [*for*]: The flag was at half-mast as *in mourning for* the dead. 死者に哀悼の意を表して半旗が掲げられた.

◆ móurning bànd [C] (腕に巻く) 喪章.

‡mouse [máus]

— [名] (複 **mice** [máis]) [C] **1** 【動物】 ネズミ, ハツカネズミ (◇ rat より小さいものをさし, 卑下・貧困・乱雑を連想させる) (→ CRY 表): a house *mouse* 家ネズミ / a field *mouse* 野ネズミ / catch a *mouse* ネズミを捕まえる / When the cat is away, the *mice* will play. 《ことわざ》 猫がいない間にネズミは遊ぶ ⇨ 鬼のいぬ間に洗濯.

2 [通例, 単数形で] 《口語》 内気な人, 恥ずかしがり屋; 臆病者 (◇特に女性に対して用いる).

3 (複 **mous·es** [~iz], **mice**) 【コンピュータ】 マウス 《画面のカーソルを動かす装置; ➡ COMPUTER [PICTURE BOX]》: move [click] a *mouse* マウスを動かす [クリックする].

■ ***pláy cát and móuse with ...*** → CAT 成句.

◆ móuse pàd [《英》 màt] [C] 【コンピュータ】 マウスパッド 《マウス用の下敷き》.

mous·er [máuzər] [名] [C] ネズミを捕る動物 《特に猫》.

mouse·trap [máustræ̀p] [名] [C] ネズミ捕り (器).

mous·sa·ka [mùːsəkáː / muːsáːkə] [名] [U] 【料理】 ムサカ 《ギリシャ・トルコのグラタン料理》.

mousse [múːs] 【フランス】 [名] [C] [U] **1** ムース 《ゼリー状に固めた冷菓》. **2** ムース 《泡状の整髪料》.

***mous·tache** [mʌ́stæʃ, məstǽʃ / məstáːʃ, mus-] [名] 《英》 = MUSTACHE.

mous·y, mous·ey [máusi] [形] (比較 **mous·i·er** [~ər]; 最上 **mous·i·est** [~ist]) **1** (髪などが) (茶色っぽい) グレーの. **2** (特に女性が) 内気な; さえない. **3** ネズミの (ような); ネズミの多い.

‡mouth [名] [動] 【原義は「かむこと」】

— [名] [máuθ] (☆ 複数形の発音, [動] との発音の違いに注意) (複 **mouths** [máuðz]) [C] **1** (人・動物の) 口, 口もと: He was sleeping with his *mouth* open. 彼は口を開けたまま眠っていた / Don't talk with your *mouth* full. 口に食べ物を入れたまましゃべってはいけない / Good medicine is bitter in the *mouth*. 《ことわざ》 良薬は口に苦(にが)し.

[コロケーション] 口を…
口を開ける: *open one's mouth*
口をいっぱいにする: *cram* [*stuff*] *one's mouth* (*full*)
口をすすぐ: *rinse one's mouth*
口を閉じる: *close* [*shut*] *one's mouth*

2 [通例, 単数形で] 口の形をしたもの, (びんなどの)口; 出入り口; 河口: the *mouth* of a bottle びんの口 / the *mouth* of a purse さいふの口 / at the *mouth* of the Thames テムズ川の河口で.

3 (話す器官としての) 口; 口の利き方, 発言, 減らず口: have a foul [dirty] *mouth* 口が悪い / open one's *mouth* しゃべり出す / Shut your *mouth*! 黙れ / None of your *mouth*! 生意気なことを言うんじゃない.

4 養うべき人, 扶養家族 (◇特に子供をさす): I have three *mouths* to feed. 私には扶養家族が3人いる.

■ **be àll móuth** 《口語》まったく口先だけである.
dówn in the móuth《口語》がっくりして, しょげて.
from móuth to móuth (うわさなどが) 口から口へ, 口づてに.
give móuth to ... …を口に出す, 述べる.
háve a bíg móuth《口語》口が軽い, おしゃべりである; 大口をたたく.
kéep one's móuth shút《口語》口が堅い, (秘密を守って) 黙っている.
màke ...'s móuth wáter (食べ物が) 〈人〉によだれを出させる; 〈人〉に欲しがらせる.
shóot one's móuth òff《口語》(余計な [よく知らない] ことを) ぺらぺらしゃべる.

── 動 [máuð] 他 **1** …を声を出さずに口の動きで伝える. **2** …を気取ってしゃべる; 知ったかぶりをして言う. **3** …について [しゃべりまくる, 知ったかぶりをして] 言う (*off*) [*about*].

◆ **móuth òrgan** C ハーモニカ (harmonica).

-mouthed [mauðd, mauθt] 結合 **1**「口が…の」の意を表す: wide-*mouthed* 口の大きな.
2《通例, 軽蔑》「話し方 [声] が…の」の意を表す: loud-*mouthed* 声の大きい.

***mouth·ful** [máuθfùl] 名 **1** C ひと口分; [通例 a ~] (食べ物の) 少量 (*of*): in a [one] *mouthful* ひと口で / have a *mouthful of* lunch ごく軽い昼食をとる. **2** [a ~]《口語·通例こっけい》長くて発音しにくい語(句). **3** [a ~]《米口語》名言, ご名答: say a *mouthful* 名言を吐く.

mouth·piece [máuθpìːs] 名 C **1** (楽器などの) 吹き口; (電話の) 送話口; (ボクシング) マウスピース《舌をかまないように口の中に入れる》; (パイプの) 吸い口; (水道管の) 蛇口. **2** [通例, 単数形で] (しばしば軽蔑)「…の」代弁者 [*of*] (◇人·新聞など).

móuth-to-móuth 形 [限定用法] (人工呼吸などが) 口移しの: *mouth-to-mouth* resuscitation 口移しの人工呼吸.

móuth·wash [máuθwɔ̀ːʃ, -wɑ̀ʃ / -wɔ̀ʃ] 名 U C 口腔(こう)洗浄剤, うがい薬.

móuth·wa·ter·ing [máuθwɔ̀ːtəriŋ] 形 (食べ物が) よだれが出そうな, おいしそうな.

mou·ton [múːtɑn / -tɔn] 名 U ムートン《ビーバーやアザラシの毛皮に似せて加工した羊の毛皮》.

mov·a·ble, move·a·ble [múːvəbl] 形 **1** 動かせる, 移動できる (↔ immovable). **2** (祭日などが) 年によって日の変わる. **3** 【法】動産の (↔ real).
── 名 C (移動できる) 家具, 家財; [通例 ~s] 【法】動産.

◆ **móvable féast** C 移動祝祭日《年によって日付が変わる祝祭日. 復活祭 (Easter) など》.

***move** [múːv]

動 名 【基本的意味は「…を動かす (put ... in a different position or place)」】

── 動 (三単現 **moves** [~z]; 過去·過分 **moved** [~d]; 現分 **mov·ing** [~iŋ])

── 他 **1** [move + O] …を動かす, 移動させる: Please *move* this desk from here to that corner. この机をここからあの隅の所へ移動してください / All the children were *moved* to the safety zone. 子供たちはみんな安全地帯に移された.

2 [move + O] […に] 〈人〉を異動させる; 〈家など〉を移転させる [*to*]; 〈仕事〉を変える: *move* jobs 仕事を転々とする / He was *moved* to the Nagoya branch last year. 彼は昨年名古屋支店に異動になった / The university *moved* their campus *to* the suburbs. その大学はキャンパスを郊外に移転させた.

3 (a) [move + O] 〈人〉を感動させる; 〈人〉に [ある感情を] 起こさせる [*to*] (→ IMPRESS 類義語): His story *moved* her a great deal. 彼の話は彼女を大いに感動させた / His speech *moved* us *to* tears. 彼の講演に私たちは心を動かされ涙を流した / Her comical expression *moved* me *to* laughter. 彼女のおかしな表情に私は笑い転げた. (b) [move + O + to do] 〈人〉の心を動かして…させる, 〈人〉に…する気を起こさせる: What *moved* you to study abroad? あなたはなぜ留学する気になったのですか / I felt *moved* to help the victims of the earthquake. 私は地震の被災者を助けたいという気持ちになった.

4 〈動議〉を提出する; […ということを] 提案する [*that* 節]: *move* an amendment 修正の動議を提出する / We *moved that* the meeting (should) be adjourned. 私たちは会議の休会を提案した (◇ should を用いるのは《主に英》).

5 【チェス】〈こま〉を動かす. **6** 〈腸〉に通じをつける.

── 自 **1** 動く, 移動する; (天体などが) 運行する; (体などが) 揺れ動く; (口語) (車などが) 速く走る: Don't *move*. 動くな / Please *move* back. 下がってください / She *moved* toward the door. 彼女はドアに近づいた / The audience *moved* to the music. 観客は音楽に合わせて体を揺り動かした.

2 […に] 移動する, 引っ越す; (人が) 異動になる [*to, into*]: We are going to *move to* [*into*] our newly built house next weekend. 今度の週末に私たちは新築の家に引っ越します / He has *moved to* the sales department. 彼は営業部に異動になった.

3 進行する, 進展する: The work *moved* ahead greatly today. きょうは仕事がかなりはかどった / Things are *moving* more quickly than we expected. 事態の展開は私たちの予想を超えている.

4《口語》立ち去る, 出発する: We have to get *moving* in a few minutes. 私たちはあと 2, 3分したら出発しなくてはならない.

5 […に対して] 行動を起こす [*on*]: The government should *move* quickly *on* this issue. 政府はこの問題に速やかに対処すべきである.

6 動議を出す，[…を]提案する[for]: They *moved for* an adjournment. 彼らは休憩を提案した．
7 [社交界などで] 活躍する[*in, among*]: She *moves in* good society. 彼女は上流社会に出入りしている． 8《口語》(商品が)売れる． 9【チェス】こまを動かす． 10 (腸の)通じがつく．

句動詞 *móve abóut* [*aróund*] 圓 動き回る；転々と住所[職場]を変える． ― 他 …を動き回らせる．
móve alóng 圓 (立ち止まらずに)どんどん前進む: *Move along* there, please. そこの人，立ち止まらないでください． ― 他 [move along＋O ／ move＋O＋along] …を前進させる；(警官などが)〈人〉を立ち去らせる．
móve alóng ... …に沿って進む: *Move along* the platform. プラットホームの中ほどまでお進みください．
móve awáy 圓 立ち去る，転居する: They *moved away* from here a few days ago. 彼らは2, 3日前にここを引き払った．
móve dówn 圓 (レベル・地位などが) 下がる． ― 他 [move down＋O ／ move＋O＋down] …のレベル[地位]を下げる，…を格下げする．
móve ín 圓 1 移り住む，引っ越して来る．
2 (新しい分野に)進出する，参入する[*on*]．
3 […に]襲いかかる[*on*]．
・*móve ín with* ... …の所に移り住む；…と同棲(どうせい)する．
móve óff 圓 立ち去る；(電車などが)発車する．
móve ón 圓 1 (先へ)どんどん進む: They continued to *move on* after a short break. 彼らは短い休憩のあと再び進み続けた．
2 [新しい話題などへ]移る，(状況などが)[よりよいものに]変わる[*to*]: Can we *move on to* the next topic? 次の話題に進んでもいいですか． ― 他 [move on＋O ／ move＋O＋on] (警官などが)〈人〉を立ち去らせる．
móve óut 圓 […から]出て行く，出発する[*of*]．
móve óver 圓 1 席を詰める: Could you *move over* a bit? 少し席を詰めてもらえませんか． 2 (後輩などに) 地位を譲る．
3 […へ]移行する，切り替える[*to*]．
móve úp 圓 1 (レベル・地位などが)[…に]上がる；昇進[進級]する[*to*]: He *moved up to* the general manager. 彼は部長に昇進した． 2 席を詰める (move over). ― 他 [move up＋O ／ move＋O＋up] […に]…のレベル[地位]を上げる，…を昇進[進級]させる[*to*]．

■ *móve héaven and éarth* […するために]ありとあらゆる努力をする[*to do*]．
móve with the tímes 社会の変化に合わせて行動[考え方]を変える．

― 名 Ⓒ 1 (通例，単数形で)動き，行動，動作: The police watched his every *move*. 警察は彼の動きを逐一見張った．
2 […するための／…への]手段，打つ手[*to do* ／ *toward, to*]: It was a smart *move to* get the two parties to hold talks over the issue. その問題について両党に話し合いをさせたのは賢明な処置だった． 3 […への] 移動，移転，転居，引っ越し[*to*]；転職． 4 【チェス】こまの動かし方，手．

■ *gèt a móve òn* [しばしば命令文で]《口語》急ぐ，出かける．
màke a móve 1 動く，移動する；[…へ]転居する[*to*]: It's time to *make a move*. そろそろ出発しないと． 2 [しようと]手段[処置]をとる[*to do*]．
on the móve 1 動き回って，(転々と)移動中で《口語》on the go): He is always *on the move*. 彼はいつもせわしなく動き回っている． 2 (物事が)進行中で，(人が)活躍中で．
(▷ 名 móvement, mótion)

***move·ment** [múːvmənt]

― 名 (複 move·ments [-mənts]) 1 Ⓒ Ⓤ 動き，運動；移動；(天体などの) 運行 (→ 類義語): eye [hand] *movements* 目[手]の動き／the *movement* of the stars 星の運行／a *movement* of migratory birds to the north 渡り鳥の北への移動／There was a *movement* outside. 外で何かが動いた．

2 Ⓒ (政治・社会的な) 運動，活動；[単数・複数扱い] 運動団体: an anti-war *movement* 反戦運動／the civil rights *movement* 公民権運動／the women's liberation *movement* 女性解放運動．

3 Ⓒ 動作，身ぶり: quick [slow] *movements* すばやい[緩慢な]身のこなし／a woman with graceful *movements* 身のこなしが優雅な女性／They were marching with rhythmic *movements*. 彼らはリズミカルに行進していた／The clown's *movements* delighted the little boy. ピエロの動作を見て男の子は喜んだ．

4 Ⓒ [通例～s；所有格のあとで] (人の) 行動，動静，活動: The police kept an eye on the suspect's *movements*. 警察は容疑者の行動を監視した／His sudden *movements* caused troubles. 彼の突然の行動は面倒を引き起こした．

5 Ⓤ Ⓒ (世間・時代などの)動向，潮流，傾向；(人口の)変動: the *movement* of our age 現代の潮流／the *movement* toward deflation デフレの傾向． 6 Ⓤ [事件・物語などの]展開，変化，発展[*in*]: There has been no *movement* in the investigation of the incident. その事件の捜査には何の進展もない． 7 Ⓤ (株式市場・商品相場などの) 活気，変動: upward *movement* in the yen's value 円高の動き． 8 Ⓒ (時計などの)装置，仕掛け． 9 Ⓒ《音楽》楽章． 10 Ⓒ《格式》便通，排泄(はいせつ)物．
(▷ 動 móve)

類義語 movement, motion
共通する意味▶動き (the act or process of changing place or position)
movement は「物体の移動，運動，または具体的動作」を表す: the *movement* of planets 惑星の運行／The room shakes with my *movement*. 彼が動くたびに部屋が揺れる．
motion は「具体的運動，移動」のほかに「抽象的・規則的な運動，状態化」も表す: the *motion* [*movement*] of a pendulum 振り子の動き／the law of *motion* 運動の法則．

mov·er [mú:vər] 名 C **1** [通例, 修飾語を伴って] 動く人 [もの, 動物]; 移転者: a slow *mover* 動作がのろい人 [動物]. **2** 動議提出者; 発起人. **3** 《米》引っ越し業者 (《英》 remover).
◆ **móvers and shákers** [複数扱い] 有力者.

***mov·ie** [mú:vi]

— 名 (複 **mov·ies** [~z])《主に米》 **1** C 映画 (film, 《英》 cinema): Let's go to the *movie*. その映画を見に行こう / How was the *movie*? — It was great! 映画はどうだった — 面白かったよ / There's a Woody Allen *movie* on TV tonight. 今夜テレビでウディー=アレンの映画をやる.

関連語 いろいろな movie
action movie アクション映画 / adventure movie 冒険映画 / Hollywood movie ハリウッド映画《米国 Los Angeles の Hollywood で作られた映画. 特殊効果を使った大がかりなものが多い》 / home movie ホームムービー / horror movie ホラー映画 / romantic movie 恋愛映画 / science fiction movie SF映画

コロケーション 映画を…
映画を監督する: *direct a movie*
映画を上映する: *show a movie*
映画を製作する: *make [produce] a movie*
映画を(映画館で)見る: *see a movie*
映画を(テレビで)見る: *watch [see] a movie*

2 [the ~s] 映画 (の上映); 映画館 (movie theater, 《英》 cinema): go to the *movies* 映画を見に行く.
3 [形容詞的に] 映画の: a *movie* actor [actress] 映画俳優 [女優] / a *movie* director 映画監督.
4 [the ~s] 映画界; 映画産業.
◆ **móvie stàr** C 《主に米》映画スター (《主に英》 film star).
móvie thèater [hòuse] C 《米》映画館 (《英》 cinema).

mov·ie·go·er [mú:vigòuər] 名 C 《米》よく映画を見に行く人, 映画ファン.

‡**mov·ing** [mú:viŋ] 形 **1** [限定用法] 動く, 移動する; 動かす, 原動力となる: He was the *moving* spirit [force] behind the plan. 彼がその計画の主導者 [原動力] だった. **2** (人を)感動させる, 涙を誘う. **3** 移転[引っ越し]のための.
◆ **móving pícture** C 《古風》(個々の) 映画.
móving sídewalk [《英》 **pávement**] C 《米》動く歩道.
móving stáircase C 《古風》エスカレーター (escalator).
móving vàn C 《米》引っ越し用トラック (《英》 removal van).

mov·ing·ly [~li] 副 感動的に, 感動させて.

*****mow** [móu] 動 (三単現 **mows** [~z]; 過去 **mowed** [~d]; 過分 **mowed, mown** [móun]; 現分 **mow·ing** [~iŋ]) 他 (鎌(#)・芝刈り機などで)〈草・麦・芝など〉を刈る, 刈り取る; 〈畑など〉の穀物 [草] を刈る: *mow* grass [the lawn] 草 [芝] を刈る / *mow* a field 畑の穀物 [草] を刈る. — 自 刈る, 刈り入れる.
■ **mów dówn** 他 (機関銃・砲火などで)…を手当たり次第になぎ倒す, 掃射する.

mow·er [móuər] 名 C **1** 刈り取り機; 芝刈り機 (lawn mower). **2** 刈り取る人.

*****mown** [móun] 動 mow の過去分詞の1つ.

Mo·zam·bique [mòuzəmbí:k] 名 固 モザンビーク《アフリカ南東部の共和国; 首都マプート (Maputo)》.

Mo·zart [móutsɑ:rt] 名 固 モーツァルト Wolfgang Amadeus [wúlfgæŋ æmədéiəs] Mozart (1756–91; オーストリアの作曲家).

moz·za·rel·la [màtsərélə / mòtsə-] 名 U モッツァレラ《イタリア産の白いチーズ》.

MP, M.P. 《略語》 = *M*ember of *P*arliament (英国の) 下院議員; *M*ilitary *P*olice 憲兵隊; 《口語》 *m*ilitary *p*oliceman 憲兵.

MPEG [émpeg] 《略語》 = *M*oving *P*icture *E*xperts *G*roup 『コンピュータ』エムペグ《動画データの圧縮方式》.

mpg 《略語》 = *m*iles *p*er *g*allon ガソリン1ガロンあたり…マイル走行.

mph 《略語》 = *m*iles *p*er *h*our 時速…マイル.

***Mr., Mr** [místər]

— 名 (複 **Messrs., Messrs** [mésərz]) **1** …さん, 様, 殿, 氏, 先生: *Mr*. Black ブラックさん / This is *Mr*. Smith speaking. (電話口で相手に対し) こちらはスミスです / Here are *Mr*. and Mrs. Gray. こちらがグレイ夫妻です.
語法 (1) 元来は Mister の略. 《英》では通例ピリオドなしで用いる. 《米》では一般の男性に, 《英》では lord, sir などの称号・爵位を持たない男性に用いる (→ LORD, SIR).
(2) Mr. White, Mr. John White のように成人した男性の姓または姓名の前に付ける.
2 [役職名の前に付けて; 呼びかけ] …殿, 閣下: *Mr*. President 大統領閣下 / *Mr*. Chairman 議長.
3 [土地・職場・スポーツなどを代表する人物に用いて] ミスター…: *Mr*. Baseball ミスターベースボール / *Mr*. Right 理想的な夫, 自分にぴったりの人 / *Mr*. Clean ミスタークリーン 《清廉潔白な人》 / *Mr*. Big (犯罪組織などの) 大物.

MRI 《略語》 = *m*agnetic *r*esonance *i*maging 磁気共鳴画像診断(法).

***Mrs., Mrs** [mísiz]

— 名 (複 **Mmes., Mmes** [meidá:m / meidǽm]) **1** …夫人, さん, 様, 先生: *Mrs*. White ホワイト夫人 / Dear *Mrs*. Taylor テイラー様《◇手紙の書き出しに用いる》 / Is *Mrs*. Brown there? ブラウンさんはいらっしゃいますか.
語法 (1) 元来は Mistress の略. 《英》では通例ピリオドなしで用いる. 《米》では一般の既婚女性に, 《英》では Lady などの称号を持たない既婚女性に用いる (→ LADY).
(2) Mrs. John White のように夫の姓名の前に付けるのが正式であるが, 現在では本人の名を入れて, Mrs. Jane White のように呼ぶことも多い. 友人間の手紙や未亡人の場合も女性の姓名に付ける.
(3) 未婚女性には Miss を用いるが, 最近は未婚・既婚を区別せず Ms. を用いる傾向が強い (→ MS.).
2 [土地・職場・スポーツなどを代表する既婚女性に用

MS¹

いて] ミセス…: *Mrs*. Superefficiency てきぱき仕事をこなす(既婚の)女性社員.

MS¹ 《郵略語》= *Mis*sissippi.

MS², **MS.** 《略語》= *m*anu*s*cript 原稿.

MS³, **MSc**, **M.Sc.** 《略語》= *M*aster of *Sc*ience 理学修士.

‡**Ms.,** 《主に英》**Ms** [míz]【*Mrs*. と *Miss* の合成語】
图(複 **Mses., Mses, Ms.'s, Ms's** [～iz])©[女性の姓・姓名の前に付けて]…さん, 様, 先生: *Ms*. Smith ミスミスさん(◇ 未婚か既婚かを区別しない).

MS-DOS [émèsdás / -dɔ́s] 图 U《コンピュータ》《商標》エムエスディー, ドス《米国マイクロソフト社製のパソコン用基本ソフト; *M*icrosoft *D*isk *O*perating *S*ystem の略》.

MSS, MSS., mss, mss. 《略語》= *m*anu*s*cript*s* 原稿(《 MS², MS. の複数形》.

MST, MT¹ 《略語》= *M*ountain (*S*tandard) *T*ime 《米》山地標準時《西経105°の標準時》.

MT² 《郵略語》= *M*on*t*ana.

‡**Mt., Mt** [máunt] 《略語》= [山の名前に付けて]= *M*oun*t* …山: *Mt*. Fuji 富士山.

Mts., mts. 《略語》= *m*oun*t*ains.

mu [mjúː] 图©U ミュー(*μ, M*)《ギリシャ語アルファベットの12番目の文字; → GREEK 表》.

***much** [mʌ́tʃ] 形代副

---

❶ **形容詞** 「多量の」(→ 形)
There is <u>much</u> water in the jar.
(びんの中には水がたくさんある)

❷ **不定代名詞** 「多量」(→ 代 **1**)
He wasted <u>much of his precious time</u>.
(彼は貴重な時間をだいぶむだにした)

❸ **比較級の強調** 「はるかに」(→ 副 **2**)
Light travels <u>much</u> faster than sound.
(光は音よりもずっと速く伝わる)

— 形 (比較 **more** [mɔ́ːr]; 最上 **most** [móust]) 多量の, たくさんの, 多くの(↔ little): I don't have *much* money with me. 私はお金の持ち合わせがあまりありません / Hurry up! There isn't *much* time. 急いで. あまり時間がないよ / Every year typhoons bring *much* rain to Japan. 台風は毎年たくさんの雨を日本にもたらす / After *much* consideration, he refused the offer. 彼は長いこと考えた末にその申し出を断った / How *much* snow does Sapporo have in January? 札幌では1月にどのくらい雪が降りますか.

[語法] (1) 不可算名詞と共に用いて「量が多いこと」を表す. 「数が多いこと」を表すには **many** を用いる.
(2) 通例, 疑問文・否定文で用いる. 肯定文で much を用いるのは《格式》で, much の代わりに **a lot of, lots of, a plenty of** などを用いる: My grandfather has *a lot of* spare time.

祖父には暇な時間がたくさんある.
(3) 肯定文でも so, as, too, how などとは共に用いる: He wastes *too much* money on gambling. 彼は賭(か)け事に金を使いすぎる.
(4) much を叙述用法に用いるのは《まれ》.

■ *as múch as ...* 〔数詞を伴って〕 …もの (量の): He makes *as much as* 1,000 dollars a day. 彼は1日に1,000ドルも稼ぐ.

as múch ... as ~ ~と同じ量(程度)の…, ~と同じくらいたくさんの…: He has *as much* free time *as* I do. 彼には私と同じくらい自由な時間がある / I will give you *as much* money *as* you want. あなたが欲しいだけお金をあげよう.

be tòo [a bít] múch (for ...) **1** (…には)多すぎる; ひどすぎる: *Is* it *too [a bit] much* to ask him to help us again? あの人にまた援助をお願いするのは無理でしょうか. **2** (…の)手に負えない, 手に余る: This question *is too much for* me. この問題は私の手に負えない.

nót as [so] múch ... as ~ ~ほど多くの…はない: He does *not* have *as [so] much* leisure *as* me [*as* I (do)]. 彼には私ほどの暇はない.

só múch ... **1** それほど多くの…: For such a young person, he has *so much* knowledge about the world. 彼は若い割には世の中のことをよく知っている. **2** 同じ量の…, それほどの…: All his labor was just *so much* waste of energy. 彼の労働はすべてが労力のむだ使いにすぎなかった. **3** …につきいくら.

— 代 **1** [不定代名詞; 単数扱い] 多量, たくさん(のもの)(↔ little): There is not *much* to see in the town. その町にはたいして見るものがない / *Much* of what she says is false. 彼女が言うことには多分にうそがある / It's not good to eat *much* for supper. 夕食にたくさん食べるのはよくない / We had *much* to learn from him. 私たちは彼から学ぶことがたくさんあった / I haven't heard *much* of him recently. 最近彼のことはあまり聞きません.

2 [通例, 否定文で] たいしたこと, 重要なこと: His house is not *much* at a glance, but very comfortable to live in. 彼の家は一見するとぱっとしないが住むには快適である.

■ *as múch* ちょうどそれだけ(の量(程度)): I've found I can't give up smoking. – I thought *as much*. たばこはやめられないとわかりました — そんなことだと思ってましたよ / I can never do *as much*. 私にはそこまではできない.

as múch agáin (as ...) (…の)さらに同量; (…の)2倍の量(→ AGAIN 成句): I had to pay *as much again as* before. 私は前の2倍払わなければならなかった.

as múch as ... …と同量(同程度): I bought *as much as* you. 私はあなたと同じだけ買った / Take *as much as* you need. 必要なだけ取りなさい.

as múch as ... can dó …が~できる精いっぱいのこと: It *was as much as* I *could do* to persuade him to give up. あきらめるように彼を説得することが私にできる精いっぱいのことだった.

be nót mùch of a ... たいした…ではない: He is

not much of a lawyer. 彼はたいした弁護士ではない.

màke múch of ... **1** …を重視する, 大切にする (↔ make little of ...): We should *make much of* the process, not the result. 私たちは結果ではなく過程を重視しなければならない. **2** 《通例, 否定文で》…をよく理解する.

nóthing [**nòt ánything**] **múch** 特別に言うほどではないこと [もの]: Thank you for the advice. — Oh, it's *nothing much*. 助言をありがとうございます—たいしたことではありません.

só múch **1** そんなに多くのもの: He eats *so much* for a child. 彼は子供にしては大食いだ.
2 …につきいくら; ある一定量: She worked for *so much* a week. 彼女は1週間につきいくらで働いた / In America gas is usually sold at *so much* a gallon. 米国ではガソリンは普通1ガロンいくらで売っている.

so múch for ... **1** …についてはそれで終わり: *So much for* today. きょうはこれでおしまい (彼が授業の終わりなどに言う言葉). **2** 《軽蔑》…とはそんなものさ: *So much for* her performance! 彼女の演技なんてせいぜいそんなものさ.

this múch これだけは; こんなに: You had better finish *this much* today. きょうここまでは終わらせたほうがいいですよ.

— **副**《比較·最上 most》**1** **非常に**, 大変; 〔否定文で〕あまり. (a) 〔動詞を修飾して〕: He isn't at home *much*. 彼はあまり家にいない / I don't see him *much* these days. 最近はあまり彼を見かけない / Does your stomach hurt *much*? 胃はかなり痛みますか.
【語法】単独では通例, 否定文·疑問文で用いる. 肯定文で用いる場合は very, so, too などを前に付ける: Thank you *very much*. 大変ありがとうございました / I like him *so much*. 私は彼のことがとても好きです / He smokes *too much*. 彼はたばこを吸いすぎる.
(b) 〔過去分詞を修飾して〕: She is *much* depended on by her classmates. 彼女はクラスメートからとても頼りにされている / This road is *much* used by tourists. この道は旅行者によく利用されている.
【語法】形容詞化している過去分詞を修飾する場合には通例 very を用いる: She was *very* tired [frightened]. 彼女はとても疲れて [おびえて] いた.
(c) 〔形容詞を修飾して〕《◇ afraid, aware などの叙述用法の形容詞や different, superior などの比較の意味を含む形容詞を強める》: She is (very) *much* afraid of snakes. 彼女は蛇をとても怖がる / Her sons are *much* different from each other. 彼女の息子たちは全然似ていない.
(d) 〔too, rather や前置詞句を修飾して〕: She is *much* too young to travel by herself. 彼女は1人旅をするにはあまりにも若すぎる / I'd *much* rather remain here alone. 私はむしろ1人でここに居残りたい.

2 〔形容詞·副詞の比較級·最上級を修飾して〕はるかに, ずっと: China is *much* larger than Japan. 中国は日本よりはるかに大きい / Americans change their jobs *much* more frequently than Japanese. 米国人は日本人よりも職業を変えることがはるかに多い / His dishes are *much* the best. 彼の料理が断然一番おいしい.

3 ほとんど, だいたい 《nearly》《◇ the same, like など「同じ」の意味を表す語句を修飾する》: Their hobbies are *much* the same. 彼らの趣味はだいたい同じです / Moreover, they are *much* of an age. そのうえ彼らは性が同じ年齢である.

■ *as múch as ...* **1** …と同じだけ多く: I loved you *as much as* she did. 私は彼女に負けないくらいあなたを愛していたわ. **2** 〔動詞の前に用いて〕ほとんど, 事実上: They *as much as* gave him up for lost. 彼らは彼を行方不明になったとしてほとんどあきらめた.

múch as ... …だけれども 《although》: *Much as* I tried, I failed to contact him. やってみたが, 私は彼と連絡を取ることができなかった.

múch léss → LESS **成句**.

múch móre → MORE **成句**.

Nòt múch. **1** 相変わらずだ 《◇ 近況を聞かれたときの返事》: What's new these days? — *Not much*. 最近はどうだい—相変わらずだよ. **2** とんでもない 《Certainly not.》.

nòt [**nèver**] **so múch as do** …さえしない: After the accident he could *not so much as* remember his own name. 事故のあと, 彼は自分の名前すら思い出せなかった.

nòt so múch ... as [**but**] **〜** …よりはむしろ〜 《◇ but を用いるのは誤りとされるが, 実際には時々用いる》: To me, she was *not so much* a sister *as* [*but*] a mother. 私にとって彼女は姉というよりは母親だった.

so múch the bétter [**wórse**] (…ならば) ますます〔なおよく〕いい [悪い]: If you can speak both English and French, *so much the better*. 英語とフランス語を両方話せるなら, なおさら結構です.

without so múch as dóing …さえしないで: She ran away in a hurry *without so much as looking* back. 彼女は振り向きもせず急いで走り去った.

much·ness [mÁtʃnəs] **名** [次の成句で]
■ *be múch of a múchness*《英口語》似たりよったり [大同小異] である.

mu·ci·lage [mjúːsəlidʒ] **名** U **1** 《主に米》ゴムのり 《英》gum). **2** 【植】(植物の分泌する) 粘液.

muck [mÁk] **名** U 《口語》**1** ごみ; 汚物; 泥.
2 (動物の) ふん; 肥やし, 堆肥(ﾀｲﾋ)《manure》.

■ *màke a múck of ...*《口語》…を汚す; 台なしにする.

— **動** ⓣ《口語》**1** …に肥やしをやる. **2** …を汚す, 散らかす.

■ *múck abóut* [*aróund*]《英口語》ⓘ のらくらする; うろつき回る. — ⓣ をぞんざいに扱う.

múck úp ⓣ《口語》**1** …を汚す. **2** …を台なしにする; …にしくじる.

muck·rak·ing [mÁkrèikiŋ] **名** U (マスコミなどが) 醜聞 [汚職] を暴露すること, あら探し.

muck·y [mÁki] **形** 《比較 muck·i·er [〜ər]; 最上 muck·i·est [〜ist]》《口語》**1** 汚い; 肥やしの (よ

mu・cous [mjúːkəs] 形 粘液の; 粘液を分泌する.
◆ múcous mémbrane [the ~][解剖] 粘膜.

mu・cus [mjúːkəs] 名 U 粘液, やに《鼻汁 (nasal mucus), 目やになど》.

‡mud [mʌ́d]

— 名 U 泥, ぬかるみ: Your shoes are splashed with *mud*. 靴に泥がかかっていますよ / The car (got) stuck in the *mud* on the country road. 車が田舎道でぬかるみにはまった.

■ *...'s náme is múd*《口語》…は評判が悪い.
thrów [flíng, slíng] múd at ... …をけなす, 中傷する. (▷ 形 múddy)

◆ **múd bàth** C **1**(健康・美容用の)泥風呂. **2**[単数形で] 泥沼, ぬかるみ.

múd flàt C [しばしば ~s] 干潟(ひがた).

múd pìe C (子供が作って遊ぶ)泥まんじゅう.

mud・dle [mʌ́dl] 名 C [通例 a ~] 混乱(状態), めちゃくちゃ; (頭が)混乱[ぼんやり]した状態: get into a *muddle* 混乱する / in a *muddle* 雑然として; 混乱して, ぼんやりして / make a *muddle* of ... …を台なしにする. — 動 他 **1** …をごちゃごちゃにする (*together, up*), …を台なしにする, やり損なう. **2**〈人・頭〉を混乱[ぼんやり]させる, まごつかせる (*up*). **3** …を混同する, 取り違える (*up*).
— 自 [...で] まごつく, もたもたする (*with*).

■ *múddle alóng [ón]*《英》何とかやっていく.
múddle thróugh 自《主に英》何とか切り抜ける.

mud・dled [mʌ́dld] 形《口語》混乱した, とんちんかんな.

múd・dle-héad・ed 形《英》頭が混乱した.

mud・dler [mʌ́dlər] 名 C マドラー《飲み物をかき混ぜる棒》.

‡mud・dy [mʌ́di] 形 (比較 **mud・di・er** [~ər]; 最上 **mud・di・est** [~ist]) **1** 泥だらけの; ぬかるみの: a *muddy* road ぬかるんだ道. **2**(液体が)濁った, (光・色などが)くすんだ. **3**(頭が)ぼんやりした, (顔色が)さえない; (考えなどが)あいまいな.
— 動 (三単現 **mud・dies** [~z]; 過去・過分 **mud・died** [~d]; 現分 **mud・dy・ing** [~iŋ]) 他 …を泥で汚す, 濁らせる; 〈頭など〉を混乱させる. (▷ 名 mud)

mud・flap [mʌ́dflæp] 名 C《英》(自動車などの)泥よけ(《米》splash guard).

mud・guard [mʌ́dɡɑ̀ːrd] 名 C《英》(自動車などの)泥よけ(《米》fender).

mud-pack [mʌ́dpæ̀k] 名 C (美容用の)泥パック.

mud・slide [mʌ́dslaid] 名 C 土石流, 泥流.

mud・sling・ing [mʌ́dslìŋiŋ] 名 U (選挙などでの)中傷, 個人攻撃; 泥仕合.

mues・li [mjúːzli] 名 U《料理》ミューズリー《ナッツ・ドライフルーツなどの入った朝食用シリアル》.

muff¹ [mʌ́f] 名 (複 **muffs** [~s]) C マフ《手を温める筒状の防寒具》.

muff² 動 **1**《口語・軽蔑》〈仕事など〉をしくじる, 〈機会〉を逃す (*up*). **2**《球技》〈球〉を取り損なう.
— 名 (複 **muffs** [~s]) C **1**《口語》失敗.
2《球技》落球, エラー.

muf・fin [mʌ́fin] 名 C **1**《米》マフィン《カップ型に入れて焼くパン》. **2**《英》イングリッシュマフィン (《米》English muffin)《平たい円形のパン》.

muf・fle [mʌ́fl] 動 他 **1**(声・音を小さくするため)…を包む; 〈音〉を消す, 小さくする; 〈光〉を弱める. **2**(防寒・保護のため)[…に]…を包む, くるむ (*up*) [*in*]: *muffle* one's head (*up*) *in* a scarf 頭をスカーフで(すっぽり)覆う.

muf・fled [mʌ́fld] 形(音が)こもった, 押し殺した, 聞き取りにくい.

muf・fler [mʌ́flər] 名 C **1**《米》(自動車などの)消音装置, マフラー (《英》silencer). **2**《古風》マフラー, 襟(えり)巻き (scarf).

*mug¹ [mʌ́ɡ] 名 C **1** マグカップ《取っ手の付いた円筒形の金属[陶]製大型カップ; →JUG 図》; (ビールの)ジョッキー. **2** マグカップ1杯分 (mugful). **3**《口語》ごろつき, 暴漢;《英口語》間抜け, とんま, だまされやすい人, 「カモ」. **4**《口語》顔, 面(つら).
■ *a múg's gáme*《英口語・軽蔑》割の合わない仕事, むだ骨.
— 動 (三単現 **mugs** [~z]; 過去・過分 **mugged** [~d]; 現分 **mug・ging** [~iŋ]) 他 (路上などで) …を襲って金を奪う. — 自《米口語》[カメラに向かって]わざと変な顔をする [*for*].

◆ **múg shòt** C《口語》(犯人・容疑者の)顔写真.

mug² 動《英口語》他 (試験前に)〈学科〉をがり勉する, 詰め込み勉強する (*up*). 自 がり勉する (*up*).

mug・ger [mʌ́ɡər] 名 C (路上)強盗《◇人》.

mug・ging [mʌ́ɡiŋ] 名 U C (路上)強盗《◇行為》.

mug・gins [mʌ́ɡinz] 名 C《英口語・こっけい》間抜け, とんま, ばか《◇特に自分のことを言う》.

mug・gy [mʌ́ɡi] 形 (比較 **mug・gi・er** [~ər]; 最上 **mug・gi・est** [~ist])《口語》むし暑い, 暑苦しい.

Mu・ham・mad [mouhǽmid] 名 = MOHAMMED.

Mu・ham・mad・an [mouhǽmidən] 形 名 = MOHAMMEDAN.

mu・lat・to [mjulǽtou, mə-] 名 (複 **mu・lat・to(e)s** [~z])《古風・通例, 軽蔑》白人と黒人の(1代目の)混血, ムラット.

mul・ber・ry [mʌ́lbèri / -bəri] 名 (複 **mul・ber・ries** [~z]) **1** C《植》クワ(の木) (mulberry tree); クワの実. **2** U 濃い赤紫色.

mulch [mʌ́ltʃ] 名 U [または a ~] 根覆い《植物の根を保護するための敷きわらなど》.

mule¹ [mjúːl] 名 C **1** ラバ《雄ロバと雌馬の雑種》: (as) stubborn [obstinate] as a *mule* 非常に頑固 [強情] な. **2**《口語》意地っぱり, 愚かな人. **3**《俗語》麻薬密輸者「運び人」.

mule² 名 C [通例 ~s] ミュール《サンダルのようにつっかける靴》.

mul・ish [mjúːliʃ] 形《軽蔑》(ラバのように)強情な.

mull¹ [mʌ́l] 動 他〈ワイン・ビールなど〉に砂糖・香料などを入れて温める.

mull² 動 他 …をじっくり考える, 検討する (*over*).

Mul・lah [mʌ́lə] 名 C ムラー《イスラム教の律法学者への敬称》.

mul・let [mʌ́lit] 名 (複 **mul・let, mul・lets** [-lits]) C《魚》ボラ (gray mullet); ヒメジ (red mullet).

mul・lion [mʌ́ljən] 名 C《建》(窓の)縦仕切り.

mul・ti- [mʌlti, -tai, -tə] 結合《「多くの, 多数の」

「多様な」の意を表す: *multi*national 多国籍の.
mul·ti·col·ored, 《英》**mul·ti·col·oured** [mʌ́ltikʌ́lərd] 形 多色の.

mul·ti·cul·tur·al [mʌ̀ltikʌ́ltʃərəl] 形 多文化 [多民族] から成る, 多文化の.

mul·ti·cul·tur·al·ism [mʌ̀ltikʌ́ltʃərəlìzəm] 名 U 多文化主義.

mul·ti·far·i·ous [mʌ̀ltiféəriəs] 形 多種多様な, さまざまの, 多方面の.

mul·ti·lat·er·al [mʌ̀ltilǽtərəl] 形 **1** 多国間の, 多国参加の: *multilateral* agreements 多国間協定. **2** 多面的な, 多角的な.

mul·ti·lin·gual [mʌ̀ltilíŋgwəl] 形 (人が) 多言語 [多国語] を話す; (文書・掲示などが) 数か国語併用の, 多言語使用の.

mul·ti·me·di·a [mʌ̀ltimíːdiə] 名 U マルチメディア (mixed media) 《文字・音声・映像など複数のメディアを組み合わせたコミュニケーション》. ── 形 [限定用法] マルチメディアの.

mul·ti·mil·lion·aire [mʌ̀ltimíljənéər] 名 C 億万長者, 大金持ち, 大富豪.

mul·ti·na·tion·al [mʌ̀ltinǽʃənəl] 形 多国籍 (企業) の; 多国家の. ── 名 C 多国籍企業.

***mul·ti·ple** [mʌ́ltəpl] 形 [通例, 限定用法] **1** 多様な, 多くの部分 [要素] から成る; 複合的な; 【電気】並列の, 複式の: a *multiple* collision 玉突き衝突 / a *multiple* birth (双子などの) 多重出産.
2 【数学】倍数の: a *multiple* number 倍数.
── 名 C **1** 【数学】倍数: the least [lowest] common *multiple* 最小公倍数 (《略語》LCM).
2 《主に英》= múltiple stóre [shóp] チェーンストア (chain store).
◆ múltiple personálity disòrder U 多重人格障害.
múltiple sclerósis U 【医】多発性硬化症.

múl·ti·ple-chóice 形 (質問などが) 多肢選択 (式) の: a *multiple-choice* test 多肢選択式テスト.

mul·ti·plex [mʌ́ltəplèks] 形 **1** (映画館が) マルチプレックスの. **2** 多様な; 複合の (multiple).
3 多重放送 [通信] の.

***mul·ti·pli·ca·tion** [mʌ̀ltəplikéiʃən] 名 **1** U C 【数学】掛け算, 乗法 (↔ division) (◇3×5=15 で3を multiplicand (被乗数), 5を multiplier (乗数), 15を product (積) と言う; 掛け算の言い方→ MULTIPLY [語法]). **2** U 《格式》増加; 増殖, 繁殖.
◆ multiplicátion sígn C 乗法記号 (×).
multiplicátion tàble C 掛け算表, 九九表 (◇単に table とも言う. 英米の表は12×12まである).

mul·ti·plic·i·ty [mʌ̀ltəplísəti] 名 U [または a ~] 多数 (であること), 多様性 (variety): a *multiplicity* of use 多数の用途.

mul·ti·pli·er [mʌ́ltəplàiər] 名 C 【数学】乗数 (→ MULTIPLICATION).

***mul·ti·ply** [mʌ́ltəplài] 動 (三単現 **mul·ti·plies** [~z]; 過去・過分 **mul·ti·plied** [~d]; 現分 **mul·ti·ply·ing** [~iŋ]) 他 **1** …に […を] 掛ける [*by*] (↔ divide): What do you get if you *multiply* 7 *by* 9? 7に9を掛けたらいくつになりますか.
[語法] 掛け算の言い方: (1) 4×5=20は次のように言う (① ② はくだけた言い方): ① Four fives are twenty. ② Four times five is [makes, equals] twenty. ③ Four *multiplied* by five is twenty.
(2) 「九九」にあたる暗記法はなく ② の言い方で覚える: 1×1=1 One times one is one. / 1×2=2 One times two is two.
2 …を増やす; 【生物】繁殖させる.
── 自 **1** 増える; 【生物】繁殖する: Rats *multiply* rapidly. ネズミは急速に繁殖する. **2** 掛け算をする.

mul·ti·pur·pose [mʌ̀ltipə́ːrpəs] 形 多目的 [多用途] の (versatile).

mul·ti·ra·cial [mʌ̀ltiréiʃəl] 形 多民族 [多人種] の, 多民族 [多人種] から成る.

mul·ti·sto·ry, 《英》**multi-sto·rey** [mʌ̀ltistɔ́ːri] 形 [限定用法] 《主に英》(建物が) 多層 [高層] の.
── 名 C 《英口語》立体駐車場.

mùl·ti-tásk·ing 名 C 【コンピュータ】マルチタスク (単一の CPU で複数の作業を同時に処理すること).

***mul·ti·tude** [mʌ́ltətjùːd / -tjùːd] 名 (複 **mul·ti·tudes** [-tjùːdz / -tjùːdz]) C **1** [単数・複数扱い] 《格式》多数, 大勢: a *multitude* of people 多くの人 / a noun of *multitude* 【文法】集合名詞.
2 [the ~(s); 単数・複数扱い] [時に軽蔑] 大衆, 庶民; 《文語》群衆.
■ cóver [híde] a múltitude of síns 《主にこっけい》悪いことを隠す.

mul·ti·tu·di·nous [mʌ̀ltətjúːdinəs / -tjúː-] 形 《格式》多数 [無数] の; 多様な.

****mum**¹ [mʌ́m]
── 名 (複 **mums** [~z]) C 《英口語》お母さん, ママ (《米口語》mom) (cf. dad お父さん).

mum² 形 [叙述用法] 《口語》黙っている (silent): Let's keep *mum* about this. このことはだれにも言わないことにしよう. ── 名 U 沈黙.
■ *Múm's the wórd!* 《口語》内緒だよ.

mum³ 名《口語》= CHRYTHEMUM.

mum·ble [mʌ́mbl] 動 **1** …を (口をあまり開けずに) もぐもぐ [ぶつぶつ] 言う; […と] ぶつぶつ言う [*that* 節]: He *mumbled* that he was hungry. 彼はおなかがすいたとぶつぶつ言った. **2** …をもぐもぐ食べる. ── 自 もぐもぐ [ぶつぶつ, ぼそぼそ] 言う.
── 名 C [通例 a ~] もぐもぐ [ぶつぶつ] 言うこと [声], つぶやき.

mum·bo jum·bo [mʌ́mbou dʒʌ́mbou] 名 U 《口語・軽蔑》訳のわからない言葉 [呪文 (じゅ)], ナンセンス; ばかげた儀式: It's just *mumbo jumbo*! たわ言だ. (由来 西アフリカの神 Mumbo Jumbo より)

mum·mi·fi·ca·tion [mʌ̀mifikéiʃən] 名 U ミイラ化.

mum·mi·fy [mʌ́mifài] 動 (三単現 **mum·mi·fies** [~z]; 過去・過分 **mum·mi·fied** [~d]; 現分 **mum·mi·fy·ing** [~iŋ]) 他 **1** (死体) をミイラにする.
2 (もの) を (乾燥させて) 干からびさせる.

***mum·my**¹ [mʌ́mi] 名 (複 **mum·mies** [~z]) C 《英口語・幼児》お母ちゃん, ママ (《米》mommy) (cf. daddy お父ちゃん).

mum·my² 名 C **1** (特に古代エジプトの) ミイラ.

mumps 1012 **Muscovite**

2 (ミイラのように) やせこけた人, 干からびたもの.

mumps [mÁmps] 图 U [しばしば the ～; 単数扱い]【医】流行性耳下腺(炎)炎, おたふくかぜ.

munch [mÁntʃ] 動 他 …をむしゃむしゃ[ばりばり]食べる. ― 自 […を] むしゃむしゃ [ばりばり] 食べる (*away*) [*at, on*].

mun·dane [mÀndéin, mÁndèin] 形 **1** ありふれた; つまらない (*boring*). **2**《格式》世俗の.

Mu·nich [mjú:nik] 图 固 ミュンヘン《ドイツ南部の工業都市》.

***mu·nic·i·pal** [mju:nísəpəl] 形《通例, 限定用法》市[町]の, 地方自治体の; 市[町]営の: a *municipal* office 市役所, 町役場 / the *municipal* government 市[町]政, 市[町]当局 / a *municipal* high school 市[町]立高校.

mu·nic·i·pal·i·ty [mju:nìsəpǽləti] 图 (複 **mu·nic·i·pal·i·ties** [～z]) C 地方自治体《市・町などに》; [単数・複数扱い] 市[町]当局.

mu·nif·i·cent [mju:nífisənt] 形《格式》気前のよい, 寛大な (*generous*).

mu·ni·tion [mju:níʃən] 图 [～s] 軍需[軍用]品《武器・弾薬類など》.
― 形《限定用法》軍需[軍用] (品)の.

mu·ral [mjúərəl] 形《限定用法》壁の, 壁に描かれた: *mural* paintings 壁画. ― 图 C 壁画.

‡**mur·der** [mə́:rdər] 图 動《基本的意味は「殺人 (the crime of killing someone on purpose)」》
― 图 (複 **mur·ders** [～z]) **1** U (故意の) 殺人, 人殺し; 【法】謀殺 (cf. homicide 故意のまたは過失による殺人); C 殺人事件: mass *murder* 大量殺人 / serial *murders* 連続殺人事件 / a *murder* case 殺人事件 / commit [do] *murder* 人殺しをする / He was charged with the attempted *murder* of his neighbor. 彼は隣人に対する殺人未遂容疑で告発された. / *Murder* will out.《ことわざ》悪事は必ず露見する ⇨ 悪事は千里を走る.
2 U《口語》大変困難な [つらい] 経験: It is *murder* to get on the train during rush hour. ラッシュアワーの電車に乗るのはとても大変です.

■ *gèt awáy with múrder*《口語・こっけい》好き勝手なことをやったうえに罰を逃れる [逃げおおせる].
scréam [yéll] blóody [《英》blúe] múrder《口語》苦痛 [恐怖] で大声を上げる; 大騒ぎして呼び立てる.

― 動 他 **1** …を (意図的に) 殺害する, 殺す;【法】…を謀殺する (→ KILL 類義語): The president was almost *murdered* by the terrorist. 大統領はテロリストに危うく殺害されるところだった. / The identity of the *murdered* man is unknown. 殺された男の身元はわかっていない.
2《口語》(下手な演奏・発音などで)〈音楽・芝居など〉を台なしにする, ぶち壊す: The pianist *murdered* the concert. そのピアニストはコンサートを台なしにした. **3**《口語》(特にスポーツで) …に完勝する.

***mur·der·er** [mə́:rdərər] 图 C 殺人者, 人殺し, 殺人犯《◇女性形は murderess》.

mur·der·ess [mə́:rdərəs] 图 C《古風》女性の殺人者 [殺人犯].

mur·der·ous [mə́:rdərəs] 形《通例, 限定用法》**1** 殺人の, 殺意のある; 凶悪な, 残忍な. **2**《口語》殺人的な, ものすごい, 耐えがたい: *murderous* heat うだるような暑さ.

mur·der·ous·ly [～li] 副 殺意をもって; 残忍に.

murk [mə́:rk] 图 U [the ～]《文語》暗やみ, 薄暗がり.

murk·y [mə́:rki] 形 (比較 **murk·i·er** [～ər]; 最上 **murk·i·est** [～ist]) **1** 暗い, 薄暗い, (やみ・霧などが) 濃い; 黒ずんだ, (水が) 濁った. **2**《軽蔑》怪しげな, いかがわしい: a *murky* past うしろ暗い過去.

‡**mur·mur** [mə́:rmər] 图 **1** C つぶやき, ささやき, (ぼそぼそ言う) 低い話し声. **2** C (連続的な) かすかな音; (聴衆などの) かすかな反応; (風・木の葉・波などの) ざわめき, (川などの) さらさらいう音: the *murmur* of a brook 小川のせせらぎ. **3** C (不平・不満の) ぶつぶつ言う声, ぐち: without a *murmur* 不平を言わずに. **4** U C【医】(聴診器から聞こえる) 心臓の音, 心音.
― 動 自 **1** 低い[かすかな] 音を立てる, ; (川などが) さらさらいう; ささやく. **2** ぶつぶつ不平を言う: He *murmured* at the decision. 彼は判定に不平を漏らした. ― 他 …をつぶやく, ささやく; […と] つぶやく (*that* 節): *murmur* a few words of prayer 祈りの言葉を二言, 三言つぶやく.

Múr·phy's Láw [mə́:rfiz-] 图 U《主に米》マーフィーの法則《「仕事は常に予想以上の時間がかかる」など, こっけいな経験則》.

mus·cat [mÁskæt, -kət] 图 C【植】マスカット (ブドウ).

‡**mus·cle** [mÁsl]《☆発音に注意》图 動
― 图 (複 **mus·cles** [～z]) **1** C U 筋肉《◇1つ1つの筋肉を表すときは C》: abdominal [arm] *muscles* 腹筋 [腕の筋肉] / a voluntary [an involuntary] *muscle* 随意 [不随意] 筋 / a *muscle* pain 筋肉痛 / stretch *muscles* 筋肉を伸ばす / pull [strain] a *muscle* 筋肉を痛める, 肉離れを起こす / The *muscles* in my leg ache. 足の筋肉が痛い / This exercise will develop the *muscles* of the chest. この運動で胸の筋肉が発達します.
2 U 筋力, 腕力; 力: a man with [of] *muscle* 腕力の強い人 / He put *muscle* into his work. 彼は自分の仕事に力を注いだ.
3 U 影響力, 圧力, 権力: military [political] *muscle* 軍事 [政治] 力.

■ *fléx one's múscles* 力 [技能] を誇示する; 威嚇(い)する.
nòt móve a múscle びくともしない.
― 動 [次の成句で]
■ *múscle ín* 自 […に] 強引に割り込む, [〜の] 縄張りを荒らす [*on*].《▷ 形 múscular》.

mús·cle-bòund 形 (過度の運動で) 筋肉が硬直した;《比喩》柔軟性のない.

mus·cle·man [mÁslmæn] 图 (複 **mus·cle·men** [-mèn]) **1** 筋骨隆々たる男, 筋肉マン. **2** 用心棒, ボディーガード.

Mus·co·vite [mÁskəvàit] 图 C モスクワ (Moscow) 市民, モスクワっ子. ― 形 モスクワ (市民) の.

mus·cu·lar [mʌ́skjulər] 形 **1** 筋肉の: a *muscular* pain 筋肉痛 / *muscular* strength 筋力. **2** 筋骨たくましい; 力強い. (▷ 名 múscle)
◆ múscular dýstrophy Ｕ《医》筋ジストロフィー, 筋萎縮症.

mus·cu·lar·i·ty [mʌ̀skjulǽrəti] 名Ｕ 筋肉のたくましさ, 力強さ, 強壮.

***muse** [mjúːz] 動 自 [...について] もの思いにふける, 熟考する [*about*, *on*, *over*]: *muse* on the memories of one's youth 青春の思い出にふける. ―他 (心の中で) ...と [...と] 言う, つぶやく.

Muse [mjúːz] 名Ｃ **1** [通例 the ~s]《ギリシャ神》ミューズ, ムーサ《学問・詩・音楽をつかさどる9人の女神; music, museum の語源になった》. **2** [通例 one's m- / the m-] 詩的霊感, 芸術的なひらめき.

mu·se·um [mjuːzíːəm / -zíəm]
【語源は「ミューズの神々 (the Muses) の神殿」】
―名 (複 mu·se·ums [~z]) Ｃ 博物館; 美術館; 史料館: a science *museum* 科学博物館 / an art *museum* 美術館 (《主に英》an art gallery) / the British *Museum* 大英博物館 / the *Museum* of Modern Art ニューヨーク近代美術館 (《略語》MoMA) / You can see a full-size model of a dinosaur at the *museum*. その博物館では恐竜の実物大模型が見られます.
◆ muséum píece Ｃ **1** (博物館所蔵の) 逸品, 珍品. **2**《こっけい》時代遅れの人 [もの].

mush[1] [mʌ́ʃ] 名 **1** Ｕ《米》トウモロコシがゆ. **2** Ｕ [または a ~] (通例, 軽蔑) かゆ状の [どろどろした] もの [食べ物]. **3** Ｕ (軽蔑) 感傷 (的な言葉).

mush[2]《米・カナダ》名 Ｃ (雪中の) 犬ぞりでの旅. ―動 自 (雪中で) 犬ぞり旅行をする. ―間 進め!, 行け!《犬ぞりでの掛け声》.

mush·er [mʌ́ʃər] 名 犬ぞりを駆る人.

***mush·room** [mʌ́ʃruːm, -rum] 名 Ｃ **1** (食用) キノコ, マッシュルーム. **2** (キノコのように) 急成長するもの. **3** = múshroom clòud キノコ雲 (核爆発のときなどに生じる); キノコ雲のような炎 [煙].
―動 自 **1** キノコをとる: go *mushrooming* キノコ狩りに行く. **2** (時に軽蔑) 急激に成長 [発展] する; 成長 [発展] して [...に] なる [*into*]: New condominiums are *mushrooming* around here. このあたりはマンションが続々と建ちつつある. **3** (空で) キノコ状に広がる.

mush·y [mʌ́ʃi] 形 (比較 mush·i·er [~ər]; 最上 mush·i·est [~ist]) **1** かゆ状の, どろどろした, ふやけた. **2**《口語・軽蔑》感傷的な, 涙ちょうだいの.

mu·sic [mjúːzik]
【語源は「ミューズの神々 (the Muses) の業(ゎざ)」】
―名Ｕ **1** 音楽; 音楽作品, 楽曲: the *music* of Mozart モーツァルトの曲 / a beautiful piece of *music* 美しい曲 / dance to the *music* 音楽に合わせて踊る / What kind of *music* do you like? ― I like pop *music*. どんな音楽が好きですか― ポピュラー音楽が好きです.
関連語 いろいろな music
background music バックグラウンドミュージック / classical music クラシック音楽 / country music カントリーウエスタン / dance music ダンス曲 / ethnic music 民族 [民俗] 音楽 / contemporary music 現代音楽 / rock music ロックミュージック / soul music ソウルミュージック

コロケーション 音楽 [楽曲] を...
音楽を演奏する: *play* [*perform*] *music*
音楽を聴く: *listen to music*
楽曲を作曲する: *compose* [*write*] *music*
楽曲を編曲する: *arrange music*

2 楽譜; [the ~] 譜面, 楽譜集 (➡ ORCHESTRA [PICTURE BOX]): play without *music* 楽譜なしで演奏する / read *music* 楽譜を読む.
3 音楽を理解する力, 音感: My son has excellent *music*. 私の息子にはすぐれた音感がある.
4 (音楽のような) 気持ちのよい音.
■ *be music to ...'s ears* (ニュースなどが)〈人〉を喜ばせる.
face the music《口語》自分の行いの結果を率直に受け入れる, 非難 [罰] を受け入れる.
set ... to music〈詩など〉に曲をつける.
(▷ 形 músical)
◆ músic bòx Ｃ《米》オルゴール (《英》musical box).

music hàll《英》 **1** Ｕ バラエティーショー《20世紀前半に流行した歌・踊り・曲芸・寸劇などを取り合わせた演芸》. (《米》vaudeville). **2** Ｃ 演芸場 (《米》vaudeville theater).

músic stànd Ｃ 譜面台 (➡ ORCHESTRA [PICTURE BOX]).

mu·si·cal [mjúːzikəl]
形 名
―形 **1** [限定用法] 音楽の, 音楽を伴う: a *musical* composer 作曲家 / a *musical* performance 演奏 / a *musical* score 楽譜 / She has a lot of *musical* talent. 彼女には豊かな音楽の才能がある. **2** 音楽的な; 楽才のある, 音楽好きな: a *musical* family 音楽 (好き) の一家. **3** 音楽のような, 聞いて快い: a *musical* voice 美声.
―名 Ｃ ミュージカル: a Broadway *musical* ブロードウェーミュージカル《米国 New York 市の Broadway 地区で上演されるミュージカル》/ stage a *musical* ミュージカルを上演する / Did you see any *musicals* in London? ロンドンで何かミュージカルを見ましたか.
(▷ 名 músic)

〖背景〗 Musical 劇・音楽・踊りの融合
ミュージカルは音楽・踊りが劇の展開に不可欠な演劇の一様式で, 元々は喜劇的な題材を扱ったものが中心だったが, 現在ではさまざまな題材を扱っている. また, 大がかりな仕掛けを使い, 劇的効果を高めたものが多い. New York 市の Broadway は多くの劇場が集まり, ミュージカルの本場とされる.

◆ músical bòx Ｃ《英》オルゴール (《米》music

box).

músical cháirs [単数扱い] **1** いす取りゲーム. **2** [しばしば軽蔑] (仕事などを)次々に変わること.

músical ínstrument [C] 楽器.

mu・si・cal・ly [mjúːzikəli] 副 **1** 音楽的に, 音楽上. **2** 調子よく.

***mu・si・cian** [mjuːzíʃən] (☆アクセントに注意)

—名 (複 **mu・si・cians** [~z]) [C] **1 音楽家** (指揮者・作曲家・演奏家・歌手など), ミュージシャン: a rock [jazz] *musician* ロック [ジャズ] ミュージシャン / John Lennon is one of the world's most famous *musicians*. ジョン=レノンは世界的に最も有名なミュージシャンの1人です.
2 音楽 [演奏] にすぐれた人; 音楽のわかる人.

mu・si・cian・ship [mjuːzíʃənʃip] 名 [U] 音楽の才能, 楽才; 演奏技術.

mu・si・col・o・gy [mjùːzikálədʒi / -kɔ́l-] 名 [U] 音楽学, 音楽理論.

musk [mʌ́sk] 名 [U] ジャコウ(ジャコウジカの雄からとる香料); ジャコウの香り.
◆ **músk dèer** [C] [動物] ジャコウジカ (中央アジア産の小型のシカ).

mus・ket [mʌ́skət] 名 [C] [史] マスケット銃 (ライフル銃 (rifle) 以前の旧式歩兵銃).

musk・mel・on [mʌ́skmèlən] 名 [C] [植] マスクメロン(の実).

musk・rat [mʌ́skræt] 名 [C] [動物] ジャコウネズミ《北米産のカワネズミ》; [U] ジャコウネズミの毛皮.

musk・y [mʌ́ski] 形 (比較 **musk・i・er** [~ər]; 最上 **musk・i・est** [~ist]) ジャコウの(香りがする): a *musky* smell [scent] ジャコウの香り.

Mus・lim [mʌ́zləm, mús-] 名 [C] イスラム教徒《◇イスラム教徒の意で一番好まれる語》.
—形 イスラム教(徒)の.

mus・lin [mʌ́zlin] 名 [U] **1** モスリン (薄い木綿地). **2** [米] キャラコ, 平織り綿布 (calico).

muss [mʌ́s] 他 [米口語]〈特に髪などを〉をくしゃくしゃ[めちゃくちゃ]にする (up).

mus・sel [mʌ́səl] 名 [C] [貝] ムールガイ; ムラサキイガイ (blue mussel), カラスガイ (食用二枚貝).

****must**¹ [(弱) məst; (強) mʌ́st] [助動] 名

❶ 義務・必要 「…しなければならない」(→**1**)
You <u>must</u> apologize to her.
(あなたは彼女にわびなければならない)

❷ [must not do] 禁止 「…してはいけない」(→**2**)
You <u>must not</u> touch this box.
(この箱にさわってはいけない)

❸ 確信のある推量 「…に違いない」(→**3**)
He <u>must</u> be hungry.
(彼は腹が減っているに違いない)
My father <u>must</u> have read my letter.
(父は私の手紙を読んだに違いない)

—助動 **1** [義務・必要] (a) [must do] [通例, 肯定文・疑問文で] **…しなければならない**, …する必要がある: You *must* do this work quickly. あなたはこの仕事を急いでやらなくてはならない (◇ You must …. は命令文に相当する: = Do this work quickly.) / We *must* always be kind to the elderly. 私たちは高齢者に対していつも親切でなければならない / I'm afraid I *must* be going now. そろそろ帰らなければなりません / *Must* I call her at once? — Yes, you *must*. すぐ彼女に電話をしないといけませんかーえぇ, しないといけません (◇ No で答えるときは次のように言う: No, you need not [don't have to]. いいえ, その必要はありません).

[語法] (1) 過去・未来・完了の時制の文に must を用いることはできない. 代わりにそれぞれ had to, will have to, have had to を用いる (→ HAVE 助 成句 have to do [語法] (2) (3)).
(2) ただし, 時制の一致によって従属節に過去形が用いられる場合には, 通例, 従属節の must をそのまま過去形として用いる (had to を用いることもある): She told me that she *must* [had to] go to the station. (=She said to me, "I must go to the station.") 駅へ行かなければならないと彼女は私に言った.
(3) must と have to の違いについては → HAVE 助 成句 have to do [語法] (1).
(4) 義務を表す助動詞は以下の順に意味が弱くなる: must > have to > had better > ought to > should.

(b) [must have done] …していなければならない: Applicants for the job *must have graduated* in architecture. その仕事に応募する者は建築学科を卒業していなければならない.
2 [禁止] [must not do] **…してはいけない**, …すべきではない (◇ may not よりも強い禁止を表す): You *must not* go out alone at night. 夜は1人で外出してはならない / You *must not* make any noise in a hospital. 病院の中で騒いではいけません.

[語法] must not do は「禁止」を表す. must にして「…する必要がない」と言う場合には, do not have to あるいは need not を用いる: You *don't have to* go to school tomorrow. あすは学校へ行かなくてよい.

3 [必然性・確信のある推量] (a) [must do] **…に違いない**, きっと…のはずだ (→ MIGHT¹ **6** [語法]): Her story *must* be true. 彼女の話は真実に違いない (=I'm sure (that) her story is true.) / You *must* be kidding. 冗談でしょう / You *must* be tired after your long flight. 長い空の旅でお疲れでしょう / He looks very serious. He *must* have some problem. 彼はひどく深刻な顔をしている. 何か問題を抱えているに違いない.
(b) [must have done] **…した [であった] に違いない** (◇過去の事柄に関する推量を表す): She *must have known* the truth. 彼女は真相を知っていたに違いない (=I'm sure (that) she knew the truth.) / I *must have left* my baggage on the train. 荷物を電車の中に忘れたに違いない.

must² 1015 **mutiny**

[語法] (1) 否定の意味の「…のはずがない」を表すには cannot [can't] を用いる (→ CAN¹ 4 (b)): It *cannot* be false. それが間違いであるはずはない. また,「…した[であった] はずがない」は cannot have done で表す: He *cannot have stolen* the money. 彼がその金を盗んだはずはない.
(2) 《米》ではこの意味で must not を用いることがある: He *must not* be in the office. 彼が会社にいるはずはない.

4 [勧誘・希望] ぜひ…してください; ぜひ…したい: You *must* come and see me tonight. ぜひ今夜遊びにいらしてください / I *must* invite you this weekend. あなたをこの週末にぜひお招きしたい.

5 [mÁst][強い自己主張] …(する)と言ってきかない: He *must* always do as he likes. 彼はいつも自分のしたいようにしないと気がすまない / If you *must* know, I'll tell you the truth. どうしても知りたいのなら, 本当のことを教えよう.

6 [必然性] 必ず…するものだ: Man *must* die. 人は必ず死ぬ.

7 [過去の不運]《まれ》あいにく…した: Just as I was going out, it *must* begin to rain. 出かけようとした矢先, あいにく雨が降り出した.

■ *if you múst* どうしてもと言うのなら (しかたない).
─ 名 **1** [C][通例 a ~]《口語》絶対に必要なもの, ぜひなければならないもの: This book is a *must* for students of economics. この本は経済学を学ぶ者にとって必読書である.
2 [形容詞的に] 必要な, 必須の: a *must* course for medical students 医学生の必修科目.

must² [mÁst] 名 U (発酵前の) ブドウジュース.

*****mus・tache,**《英》**mous・tache** [mÁstæʃ, məstǽʃ / məstáːʃ, mus-] 名 **mus・tach・es,**《英》**mous・tach・es** [~iz] C 口ひげ (→ BEARD 図): wear [have, grow] a *mustache* 口ひげを生やしている.

mus・ta・chio [məstǽʃiòu / -táː-] 名 (複 **mus・ta・chios** [~z]) C [通例 ~s] (大きな) 口ひげ.

mus・ta・chi・oed [məstǽʃiòud / -táːʃioud] 形 口ひげを生やした.

mus・tang [mÁstæŋ] 名 C [動物] ムスタング (米国南西部産の野生馬).

*****mus・tard** [mÁstərd] 名 **1** U マスタード, (西洋) からし.
2 C U [植] カラシナ (leaf mustard): *mustard* and cress カラシナとクレソンのサラダ. **3** U からし色, 濃黄色.
■ *(as) kéen as mústard*《英口語》非常に熱心な, やる気満々の.
cút the mústard《米口語》期待にそう, うまくいく; 要求基準に達する.
◆ *mústard gàs* U マスタードガス, イペリット 《毒ガス》.

mus・ter [mÁstər] 動 他 **1** 〈勇気など〉を奮い起こす (*up*); 〈支持・援助〉を求める, 集める: *muster up* the courage to do 勇気を出して…する.
2 〈兵士・船員など〉を召集する, 点呼する (*up*).
─ 自 (兵士などが) 集まる.
■ *múster ín [óut]* 他《米》〈兵士〉を入隊 [除隊] させる.
─ 名 C (兵士などの) 召集; (特に軍人の) 群れ.
■ *páss múster* 一応の基準に達する, 合格する.

*****must・n't** [発音に注意]
《短縮》《口語》must not の短縮形: You *mustn't* tell a lie. うそをついてはならない / Can I smoke here? — No, you *mustn't*. ここでたばこを吸ってもいいですか─いいえ, いけません / You must finish your homework by tomorrow, *mustn't* you? あなたはあすまでに宿題を終わらせなければならないのですよね.

mus・ty [mÁsti] 形 (比較 **mus・ti・er** [~ər]; 最上 **mus・ti・est** [~ist]) **1** かびた, かび臭い. **2** (考えなどが) 古臭い, 時代遅れの, 陳腐な.

mu・ta・ble [mjúːtəbl] 形《格式》変わりやすい (changeable), 気まぐれな.

mu・ta・bil・i・ty [mjùːtəbíləti] 名 U 変わりやすさ.

mu・tant [mjúːtənt] 名 C [生物] 突然変異体, 変種; 《口語》(想像上の) 奇形生物, ミュータント.
─ 形 突然変異の[による].

mu・tate [mjúːteit / mjuːtéit] 動 自 突然変化する; [生物] 突然変異する.
─ 他 …を突然変化させる; [生物] […に] 突然変異させる [*into*].

mu・ta・tion [mjuːtéiʃən] 名 **1** U C [生物] 突然変異. **2** U (一般に) 形・質などの変化. **2** U [言] 母音変異, ウムラウト (→ UMLAUT).

*****mute** [mjúːt] 形 (比較 **mut・er** [~ər]; 最上 **mut・est** [~ist]) **1** 無言の, 沈黙した (silent); 黙秘した: a *mute* bow [appeal] 無言のおじぎ [訴え] / stand *mute* 黙秘する.
2《古風》(障害のため) ものが言えない (dumb); (猟犬が) ほえない.
3 [言] (文字などが) 発音されない, 黙字の (silent).
─ 名 C **1**《古風》ものが言えない人 (dumb).
2 せりふのない役者. **3** [言] 黙字. **4** (楽器の) 弱音器; (機器の) 無音装置.
─ 動 他 **1** …の音を弱める; 〈楽器〉に弱音器を付ける. **2** 〈色調〉を弱める, ぼかす.
◆ *múte bùtton* C 保留ボタン 《電話で一時的に音声の出力をゼロにするボタン》; ミュート [無音] ボタン 《テレビなどで音量をゼロにするボタン》.

mut・ed [mjúːtid] 形 **1** (音が) 弱められた; (楽器が) 弱音器の付いた. **2** (色が) ぼかされた, 薄められた: *muted* green くすんだ緑色. **3** (感情表現・批判などが) 控えめな, 抑制された.

mute・ly [mjúːtli] 副 無言で, 音を立てずに.

mu・ti・late [mjúːtəlèit] 動 他 [しばしば受け身で] **1** 〈人・動物の手足〉を切断する, 切り刻む; 〈身体〉をひどく傷つける. **2** (肝心な部分を削除して) 〈作品など〉を台なしにする, 骨抜きにする.

mu・ti・la・tion [mjùːtəléiʃən] 名 U C (手足などの) 切断, 切除; 損傷.

mu・ti・neer [mjùːtəníər] 名 C 暴徒;〔軍〕(上官に対する) 反抗 [反逆] 兵, 暴動 [反乱] 兵.

mu・ti・nous [mjúːtənəs] 形 **1** 不穏な, 反抗的な (rebellious): *mutinous* looks 反抗的な目つき. **2** 反乱 [暴動] の: *mutinous* soldiers 反乱兵.

*****mu・ti・ny** [mjúːtəni] 名 (複 **mu・ti・nies** [~z])

mutt 1016 **mysteriously**

⊎|ⓒ(軍隊などの)反乱, 暴動; (特に上官への)反抗: the Indian *Mutiny* インド大反乱, セポイの反乱《1857-59年にインド北部で起きたインド人傭兵(ﾖｳﾍｲ)の反乱》.

── 動 (三単現 **mu・ti・nies** [~z]; 過去・過分 **mu・ti・nied** [~d]; 現分 **mu・ti・ny・ing** [~ɪŋ]) ⓐ[…に対して]暴動を起こす; [上官に]反抗する《*against*》.

mutt [mʌ́t] 名 ⓒ《口語》**1** ばか, 間抜け. **2** (野良)犬, 雑種犬.

‡**mut・ter** [mʌ́tər] 動 ⓐ **1** (低い声で)つぶやく; […について]ぶつぶつ不平を言う《*about, against, at*》: He is always *muttering about* his wage. 彼は給料のことでいつも不平を言っている / Don't *mutter* to yourself. ぶつぶつ独り言を言わないでください.

2 (雷などが遠くで)低く鳴り響く.

── 他 (不平・脅しの言葉など)をぶつぶつ言う; […と]つぶやく, 不平を言う《*that* 節》.

── 名 ⓒ (通例, 単数形で) つぶやき, 不平; 低い音.

‡**mut・ton** [mʌ́tən] 名 ⓊU 羊肉, マトン (cf. lamb 子羊の肉) (→ MEAT 表).

■ *mútton dréssed (úp) as lámb*《英口語・軽蔑》若作りの中年 《◇特に女性に対して言う》.

◆ **mútton chòp 1** ⓒ 羊のあばら肉. **2** [~s] (耳元の部分が細く下が広い) ほおひげ (mutton chop whiskers) 《◇形が羊のあばら肉に似ている》.

‡**mu・tu・al** [mjúːtʃuəl] 形 [比較なし] **1** 相互の, 相互的な, お互いへの: *mutual* trust [distrust] 相互信頼 [不信] / *mutual* understanding 相互理解.

2 [限定用法] 共通の, 共同の: share a *mutual* interest 利害が共通する.

◆ **mútual fùnd** ⓒ《米》投資信託 (会社) 《《英》unit trust》.

mu・tu・al・i・ty [mjùːtʃuǽləti] 名 Ⓤ 相互 [相関] 関係; 相互依存.

*__mu・tu・al・ly__ [mjúːtʃuəli] 副 互いに, 相互に: *mutually* exclusive 二者択一の.

muu-muu [múːmuː] 名 ⓒ ムームー 《ハワイの女性が着る長くゆったりしたドレス》.

Mu・zak [mjúːzæk] 名 Ⓤ [時に m-] 《商標》 ミューザック 《レストラン・待合室などのBGM》.

muz・zle [mʌ́zl] 名 ⓒ **1** (犬・馬などの)鼻口部, 鼻づら. **2** (犬などにはめる)口輪. **3** 銃口, 砲口.

── 動 他 [しばしば受け身で] **1** (犬など)に口輪をかける [はめる]. **2** 《軽蔑》(人)に口止めをする; (新聞など)の言論を封じる: The government *muzzled* the press. 政府は報道管制を敷いた.

muz・zy [mʌ́zi] 形 (比較 **muz・zi・er** [~ər]; 最上 **muz・zi・est** [~ɪst]) 《英口語》 **1** (病気・飲酒などで) もうろうとした. **2** (画像・映像などが)ぼやけた, 不鮮明の (fuzzy).

MVP 《略語》= *m*ost *v*aluable *p*layer 最優秀選手(賞).

MW《略語》= *m*edium *w*ave 中波; *m*egawatt.

MX 《略語》= *m*issile *e*xperimental (米国の)次期戦略ミサイル.

‡**my** 代間

── 代 [(弱) mai; (強) máɪ] [人称代名詞] 《◇ I の所有格; → PERSONAL (文法)》 **1 (a)** [名詞の前に付けて] 私の: This is *my* room. これが私の部屋です / Take *my* advice. 私の忠告に従いなさい / *My* plane arrived on time. 私の (乗った) 飛行機は定刻に着いた. **(b)** [動名詞の前に付けて; 意味上の主語として] 私が: Would you mind *my* closing the window? 窓を閉めてもよろしいですか.

2 [呼びかけの名詞の前に付けて] 《◇親しみ・哀れみなどの気持ちを表す》: *My* boy. おい坊や / Listen, *my* dear. ねえお前, 聞いておくれ.

── 間 [máɪ] 《主に女性》 まあ, おや 《◇驚き・喜びなどを表す. My goodness! などと表すこともある》: Oh *my*! おやまあ (驚いた) / *My*, how lovely! まあ, なんてかわいらしいのでしょう.

Myan・mar [mjɑ́ːnmɑːr, mjæn-] 名 ミャンマー 《東南アジアの連邦国. 1989年に旧称のビルマ (Burma) から改称; 首都ヤンゴン (Yangon)》.

my・col・o・gy [maɪkɑ́lədʒi / -kɔ́l-] 名 Ⓤ 菌学.

my・na, my・nah [máɪnə] 名 ⓒ = mýna [mýnah] bìrd [鳥] 九官鳥 (の類).

my・o・pi・a [maɪóupiə] 名 Ⓤ **1** 【医】近視 (shortsightedness). **2** 《軽蔑》 近視眼的なこと.

my・op・ic [maɪóupɪk, -ɑ́p-] 形 **1** 【医】近視の (↔ hyperopic). **2** 《軽蔑》 (考えなどが) 近視眼的な, 視野の狭い.

myr・i・ad [míriəd] 《文語》 名 ⓒ [a ~ / ~s] 無数: *myriads* [a *myriad*] of stars 無数の星.

── 形 [限定用法] 無数の (countless).

myrrh [mə́ːr] 名 Ⓤ ミルラ, 没薬(もつやく) 《芳香性樹脂》.

myr・tle [mə́ːrtl] 名 ⓒ 【植】 **1** テンニンカ, ギンバイカ 《南ヨーロッパ産の常緑低木》. **2** 《米》ヒメツルニチソウ 《多年性のつる草》.

‡‡**my・self** [maɪsélf]

── 代 (複 **our・selves** [àuərsélvz])《◇ I の再帰代名詞; 用法・成句は → ONESELF》

1 [再帰用法] 私自身を [に]; 私 (自身) の体を: I cut *myself* with a knife. 私はナイフでけがをした / I found *myself* lying on the grass. (気がつくと) 私は芝生の上に寝ていた / I made *myself* a cup of coffee. 私はコーヒーを1杯入れた.

2 [強調用法] 私自身: I made this necklace *myself*. このネックレスは私が作りました / I *myself* don't like it. それが気に入らないんだ, 私は / She invited me *myself*. 彼女はこの私を招待してくれた.

‡‡**mys・te・ri・ous** [mɪstíəriəs]

── 形 **1** 神秘的な, 不思議な; なぞの, 不可解な: a *mysterious* murder なぞの殺人事件 / a *mysterious* letter (差出人または中身が) なぞの手紙 / His father disappeared in *mysterious* circumstances. 彼の父親はなぞの失踪をした.

2 [叙述用法] (人が) 心の内を隠しがちな: She remains very *mysterious* about her engagement. 彼女は自分の婚約のことをなかなか明かさない. (▷ 名 mýstery)

mys・te・ri・ous・ly [mɪstíəriəsli] 副 神秘的に, 不思議 (なこと) に; なぞめいて.

mys‧ter‧y [místəri]【原義は「秘密の儀式」】
― 名 (複 **mys‧ter‧ies** [~z]) **1** C 神秘的なこと, 不思議なこと; [形容詞的に] 神秘的な: the *mysteries* of nature 自然界の不思議[神秘] / It's a *mystery* to me why she is absent. なぜ彼女が欠席しているのか私には皆目わからない.
2 U 神秘(性), 不思議: His past is veiled in *mystery*. 彼の過去は神秘に包まれている.
3 C (物語・映画などの)ミステリーもの, 怪奇[推理]もの: a *mystery* novel 推理小説.
4 C [通例, 複数形で] (宗教上の)秘儀, 奥義.
■ *máke a mýstery of* ... …を秘密にする.
(▷ 形 mystérious)

mys‧tic [místik] 形 [通例, 限定用法] **1** 秘法[秘儀]の: *mystic* words 呪文(じゅもん). **2** 神秘論(者)の, 神秘主義的な (mystical). **3** 神秘的[不思議]な.
― 名 C 神秘論[主義]者.

mys‧ti‧cal [místikəl] 形 **1** 神秘主義(者)の. **2** 神秘的な, 霊的能力を持つ.

mys‧ti‧cism [místəsìzəm] 名 U **1** 神秘主義, 神秘論(瞑想(めいそう)や修業によって真理や神との合一を得ようとする).
2 あいまい[不合理]な思考.

mys‧ti‧fi‧ca‧tion [mìstəfikéiʃən] 名 **1** U 《軽蔑》(人を)惑わすこと, 困惑させること, 煙に巻くこと; C (人を)惑わすもの. **2** U 神秘化.

mys‧ti‧fy [místəfài] 動 (三単現 **mis‧ti‧fies** [~z]; 過去・過分 **mis‧ti‧fied** [~d]; 現分 **mis‧ti‧fy‧ing** [~iŋ]) 他 **1** 〈人〉を惑わす, 困惑させる, 煙に巻く: His speech *mystified* us all. 彼の話に私たちはみな煙に巻かれてしまった.
2 …を神秘化する.

mys‧tique [mistíːk] 名 U [通例 the ~ / a ~] 神秘性, 神秘的雰囲気.

***myth** [míθ] 名 (複 **myths** [~s]) **1** C 神話: the Greek *myths* ギリシャ神話.
2 U [集合的に] 神話 (mythology). **3** C 根拠のない社会通念; 作り話, 架空のもの[人]; 人[もの]についての伝説[神話].

myth‧i‧cal [míθikəl] 形 神話(中)の; 架空[想像上]の: a *mythical* creature [figure] 神話に登場する生き物[人物].

myth‧o‧log‧i‧cal [mìθəládʒikəl / -lɔ́dʒ-] 形 神話の, 神話学(上)の; 想像上の (mythical).

my‧thol‧o‧gist [miθálədʒist / -θɔ́l-] 名 C 神話学者[作者].

my‧thol‧o‧gy [miθálədʒi / -θɔ́l-] 名 (複 **my‧thol‧o‧gies** [~z]) **1** U [集合的に] 神話; C 神話集: ancient *mythology* 古代神話. **2** U 神話学[研究].

N n

n, N [én] 名 (複 **n's, ns, N's, Ns** [~z]) **1** |C||U| エヌ《英語アルファベットの14番目の文字》. **2** |C| [大文字で]N字形のもの. **3** |U|《通例,小文字で》〖数学〗不定整数, 不定量: *n*th n 番目の.

N[1]〖元素記号〗= nitrogen 窒素.

N[2], **N.**〖略語〗= north; northern; nuclear.

'n [ən]〖短縮〗《口語》**1** and の短縮形. **2** than の短縮形. **3** 前置詞 in の短縮形.

'n' [ən]〖短縮〗《口語》and の短縮形: rock 'n' roll ロックンロール.

n.〖略語〗= *n*ame; *n*euter 中性の; *n*oon; *n*orth; *n*orthern; *n*ote; *n*oun 名詞; *n*umber.

Na〖元素記号〗= sodium ナトリウム《◇ラテン語 *na*trium から》.

NA, N.A.〖略語〗= North America; North American.

n/a, N/A〖略語〗= not applicable 該当せず《◇用紙に記入するときに自分には関係のない欄に書く》.

NAACP [én dʌbléi sì: pí:, én èiéi sì: pí:, næsp] 名 [the ~] 全米黒人地位向上協会《◇ National Association for the Advancement of Colored People の略》.

nab [nǽb] 動 (三単現 **nabs** [~z]; 過去・過分 **nabbed** [~d]; 現分 **nab·bing** [~iŋ]) 他《口語》**1**《犯人などを》(現行犯で)捕らえる, 逮捕する (arrest). **2** …をひったくる, ひっつかむ.

na·bob [néibɑb, -bɔb] 名 |C| (18–19世紀のインド帰りの, 特に英国人の)大富豪, 金持ち, 権力者.

na·dir [néidiər] 名 **1** [the ~]〖天文〗天底 (↔ zenith) 2 |C|《天体観測者から真下に伸ばした線が天球と交わる点》. **2** |C|《通例, 単数形で》《文語》(不幸・不況・失意などの)どん底, 絶望状態.

nag[1] [nǽg] 動 (三単現 **nags** [~z]; 過去・過分 **nagged** [~d]; 現分 **nag·ging** [~iŋ]) 自 **1**《人に》うるさく小言を言う [at]. **2**《心配・痛みなどが》《人を》苦しめる, 悩ます [at]: The problem *nag*ged at him. その問題で彼は悩まされた.
— 他 **1**《人に》うるさく小言を言う. **2**《人に》[…を /…するよう] うるさくせがむ [for / to do, into doing]: John *nagged* his father *for* a new bike [*to buy* a new bike]. ジョンは父親に新しい自転車を買ってくれるようしつこくせがんだ. **3**《心配事などが》《人を》苦しめる, 悩ます.
— 名 |C|《口語》うるさく小言を言う人.

nag[2] [nǽg] 名 |C|《口語》老いぼれ馬, 駄馬.

nag·ging [nǽgiŋ] 形 [限定用法] (不安・痛みなどが)絶えずつきまとう, しつこい; がみがみ言う: a *nagging* pain しつこい痛み.

nai·ad [náiæd, náiəd] 名 (複 **nai·ads** [-ædz, -ədz], **nai·a·des** [-di:z]) |C|〖ギ神〗ナイアス《水の精》.

*** nail** [néil] 名 動

— 名 (複 **nails** [~z]) |C| **1** くぎ, びょう (cf. peg 留めくぎ): draw [pull out, remove] a *nail* くぎを抜く / hit a *nail* with a hammer = hammer a *nail* 金づちでくぎを打つ / He drove a *nail* into the board. 彼は板にくぎを打ち込んだ. **2**《人の手足の》つめ (→ HAND 図);《鳥獣の》つめ: bite [chew] one's *nails* つめをかむ《◇後悔やいら立ちを示す》/ cut [break] one's *nails* つめを切る [はがす] / paint one's *nails* つめにマニキュア液を塗る.《関連語》fingernail 手のつめ / thumbnail 親指のつめ / toenail 足のつめ / claw (鳥獣の)かぎづめ / talon 猛鳥のつめ)

■ *(as)* **hárd** [**tóugh**] **as náils**《口語》**1** (心が)冷酷な, 感情を示さない. **2** (体が)丈夫な, たくましい.

drive a náil into ...'s cóffin《口語》(心配事などが)…の寿命を縮める, 命取りになる.《由来》「棺おけにくぎを打ち込む」の意から》

hít the náil on the héad《口語》正解を言い当てる, うまく[適切に]言い当てる; ずばり急所を突く.

on the náil《英口語》即座に; 即金で.

— 動 他 **1**《ものを》[…に]くぎで打ちつける [on, to]: *nail* a notice *on* [*to*] the wall 掲示を壁に打ちつける. **2**《目などを》[…に]くぎづけにする [on, to]: Her eyes were *nailed* to the TV. 彼女の目はテレビにくぎづけになっていた. **3**《口語》《犯人などを》捕まえる. **4**《口語》《うそ・不正などを》暴く: *nail* a lie うそを暴く.

■ **naíl dówn 1** …をくぎでとめる. **2**《口語》[…について]《人の》言質[確約]をとる, 同意させる [to].

naíl úp《絵などを》壁などにくぎで掛ける; …をくぎで打ちつける.

◆ **náil clippers** [複数扱い] つめ切り.

náil file |C| つめやすり.

náil pòlish |U||C|《米》マニキュア液, つめのつや出し剤《英》nail varnish.

náil scissors [複数扱い] つめ切りばさみ.

náil vàrnish《英》= nail polish.

náil-bìt·ing 形 [限定用法] 不安に [はらはら] させる.

nail-brush [néilbrʌʃ] 名 |C| つめブラシ.

Nai·ro·bi [nairóubi] 名 固 ナイロビ《ケニアの首都》.

*** na·ïve, na·ive** [naií:v, nɑ:í:v]《フランス》形 **1**《主に軽蔑》単純 [未熟] な, 世間知らずの, だまされやすい《比較》日本語の「ナイーブ」はよい意味で使われるが, 英語の naive は軽蔑した意味が普通》: You are *naive* to believe him. = It is *naive* of you to believe him. 彼の言うことを信じるなんて君は単純だね. **2** 無邪気な, 純真な, 素朴な.

na·ive·ly, na·ïve·ly [〜li] 副 単純に; 無邪気に.
na·ive·té, na·ïve·té [nɑːiːvətei, nɑːiːvəˈ-]【フランス】名 **1** Ü《主に軽蔑》幼稚さ, 世間知らず.
2 Ü 純真, 素朴, 無邪気; C《通例〜s》単純な言動.
na·ive·ty, na·ïve·ty [nɑːiːvəti, nɑː-] 名《複 **na·ive·ties, na·ïve·ties** [〜z]》= NAIVETÉ (↑).

na·ked [néikid] (☆発音に注意)
【原義は「むき出しの」】
— 形 **1** [比較なし] **裸の** (→ BARE 類義語); 《体の一部が》むき出しの: a *naked* body 裸体 / stark *naked* すっ裸の / He was *naked* to the waist. 彼は上半身裸だった.
2 [限定用法] むき出しの, 覆いのない: a *naked* tree (葉が落ちた) 裸の木 / a *naked* (light) bulb 裸電球. **3** [限定用法] あからさまな, ありのままの: the *naked* truth ありのままの真実.
◆ **náked éye** [the 〜] 肉眼, 裸眼.
na·ked·ly [〜li] 副 むき出しに, あからさまに.
na·ked·ness [〜nəs] Ü 裸の状態, むき出し.
nam·by-pam·by [nǽmbipǽmbi]《口語・軽蔑》形 感傷的な; 優柔不断な. — 名《複 **nam·by-pam·bies** [〜z]》C 感傷的な話; 優柔不断な人.

name [néim] 名 動
— 名《複 **names** [〜z]》C **1** 名, 名前, 姓名, 名称: a full *name* フルネーム, 略さない姓名 / a false *name* 偽名 / a pen *name* ペンネーム / a stage *name* 芸名 / a brand *name* 商標名 / My *name* is Robert, but just call me Bob. 私の名前はロバートですが, 簡単にボブと呼んでください / Write down your *name* and address here. ここにお名前とご住所を書いてください / Do you know the *name* of the star? あの星の名前を知っていますか / This bridge doesn't have a *name*. この橋には名前がついていない.
[語法] (1) 名前の表し方
(a) 欧米では個人名 (first name, given name) が姓 (last name, family name) の前に来る: George Washington ジョージ=ワシントン.
(b) 個人名と姓の間に中間名 (middle name) を持つ人も多い. 中間名はしばしば頭文字だけで表す: George Walker Bush ジョージ=ウォーカー=ブッシュ (George W. Bush).
(2) 名前の尋ね方
相手の名前の尋ね方には次のようなものがある: What's your *name*? お名前は何ですか 《◇大人に用いると無礼な感じになるので子供に対するとき以外は避ける》/ Your *name*, please? (↗) お名前をどうぞ 《◇受付などで相手の名前を尋ねるときの口語的な言い方》/ May I have [ask] your *name*(, please)? (↗) お名前は何とおっしゃいますか 《◇丁寧な言い方》.
2 [通例 a 〜] […という] 評判, 名声 [*for*]: have a (good) *name* for beauty 美人だと評判である / leave a *name* behind 後世に名を残す / The manager wants to make a *name* for the hotel. 支配人はホテルの評判を上げたいと思っている. **3** 有名人, 名士; [形容詞的に]《主に米》有名な, 名の通った; 一流の: a *name* brand 一流ブランド [銘柄] / In the history of English literature Shakespeare is the greatest *name*. シェイクスピアは英文学史上最も偉大な作家である.
4 名目, 名義; 虚名, 名目だけのもの: His post is a mere *name*. 彼の地位は単に名ばかりのものです.
■ **by náme 1** 名指しで: Our teacher summoned each of us *by name*. 先生は私たち1人1人を名指しで呼び出した. **2** 名前で: Surely you know him at least *by name*. 彼の名前ぐらいはご存じでしょう. **3** 名前は: The man was Joseph *by name* and a carpenter by trade. その男は名前をヨセフと言い, 職業は大工だった.
by the náme of ... …という名前で [の]: In our class he goes *by the name of* Andy. 私たちのクラスでは彼はアンディーと呼ばれている.
cáll ... námes = **cáll námes at ...** 〈人〉をののしる, 〈人〉の悪口を言う.
in áll but náme (名目はともかく) 事実上.
in Gód's [**Héaven's**] **náme** = **in the náme of Gód** [**Héaven**] **1** [疑問文で] 一体全体: What *in God's name* are you doing? 一体全体何をしているのだ. **2** 神に誓って.
in náme ónly 名ばかりの; 名目上: a coach *in name only* 名ばかりのコーチ.
in the náme of ... 1 …の名にかけて: *In the name of* Lord, I'm telling the truth. 主の名にかけて私は真実を述べています. **2** …の名目で, 名において: kill *in the name of* revolution 革命の名のもとに殺す. **3** …の名義で: He has the money deposited at a bank *in the name of* his wife. 彼はその金を妻名義で銀行に預けている.
màke a náme for onesèlf = **máke one's náme** 名を上げる, 有名になる.
pùt one's náme dówn for ... …の候補者 [応募者] として名前を記入する.
the náme of the gáme《口語》最も重要なこと.
to one's náme [否定文で] 自分の所有の: I don't have a dollar *to my name*. 金は1ドルも持っていない.
ùnder the náme of ... (本名とは異なる) …という名で; …という商品名 [名称] で.

— 動 (三単現 **names** [〜z]; 過去・過分 **named** [〜d]; 現分 **nam·ing** [〜iŋ])
— 他 **1** (a) [name+O] …に名前をつける: She asked her father to *name* her baby. 彼女は父親に赤ん坊に名前をつけてくれるよう頼んだ.
(b) [name+O+C] …を〜と名づける: He *named* his son Dylan. 彼は息子をディランと名づけた / Captain Cook *named* the islands the "Sandwich Islands." クック船長はそれらの島々を「サンドイッチ諸島」と名づけた.
2 [name+O] …の名前を挙げる [言う]: Can you *name* all the plants on the terrace? テラスにある植物の名前を全部言えますか.
3 [name+O+(as [for, to be])C] …を〜に指名する, 任命する: The coach *named* Mike (*as*) captain. コーチはマイクをキャプテンに指名した / She was recently *named* (*to be*) the conductor of this orchestra. 彼女は最近このオーケストラの指揮者に任命された.
4 〈日時など〉をはっきり決める, 指定する: *name* the

name-calling

day (for the wedding) 結婚式の日取りを決める / You can name the price for this painting. この絵の値段はあなたが決めてください.
■ *náme ... (~) àfter* 〘(米)*for*〙 ～にちなんで…を(...と)名づける: He was *named* George *after* 〘*for*〙 his father. 彼は父親の名をとってジョージと名づけられた.
náme námes (共犯者の)名を公表する〘挙げる〙.
to náme but a féw 2, 3例を挙げると.
yòu náme it 〘ものを列挙したあとで〙《口語》何でも: He is good at tennis, golf, swimming, *you name it*. 彼はテニス, ゴルフ, 水泳など何でもうまい.
◆ náme tàg C 名札.

náme-càll·ing 名 U 悪口を言うこと.

náme-dròp 動 (三単現 **name-drops** [~s]; 過去・過分 **name-dropped** [~t]; 現分 **name-drop·ping** [~iŋ]) 自 《口語・軽蔑》さも親しげに〘知り合いであるかのように〙有名人の名前を口にする.

name·less [néimləs] 形 **1** 名のない; 名のわからない: The baby elephant is as yet *nameless*. 象の赤ちゃんにはまだ名前はない. **2** 〘通例, 限定用法〙無名の, 名もない (↔ **well-known**): a *nameless* writer 名もない作家. **3** 名を明かさない; 匿名の: a *nameless* letter 匿名の手紙. **4** 〘通例, 限定用法〙《文語》言いようのない; 言うも恐ろしい.

*name·ly [néimli] 副 すなわち, 言い換えると, つまり (◇文頭には用いず, 言い換え語句の直前に置かれる): the highest mountain in Japan, *namely*, Mt. Fuji 日本で一番高い山, つまり富士山.

name·plate [néimplèit] 名 C 名札, 表札.

name·sake [néimsèik] 名 C **1** 〘通例 one's ~〙同名の人 〘もの〙. **2** 名をある人からもらった人.

Na·mib·i·a [nəmíbiə] 名 固 ナミビア 《アフリカ南西部の共和国; 首都ウィントフック (Windhoek)》.

nan[1] [næn] 名 C 《英口語・幼児》おばあちゃん.

nan[2], **naan** [nɑːn] 名 U ナン《インドの平らなパン》.

Nan·cy [nǽnsi] 名 固 ナンシー 《◇女性の名; Ann, Anna, Anne の愛称》.

Nan·jing [nǽndʒiŋ], **Nan·king** [nǽnkíŋ] 名 固 ナンキン (南京)《中国江蘇省の省都. 長江に臨む》.

nan·ny [nǽni] 名 (複 **nan·nies** [~z]) C **1** 乳母; ナニー《ベビーシッター兼家庭教師の住み込み女性》. **2** 《英口語・幼児》おばあちゃん 《《口語》 grandma, granny》.
◆ nánny gòat C 雌ヤギ (cf. billy goat 雄ヤギ).

na·no- [nǽnə, -nou] 結合 「ナノ」,「10億分の1」の意を表す: *nano*gram ナノグラム / *nano*meter ナノメートル / *nano*second ナノ秒.

nan·o·tech·nol·o·gy [nǽnətəknɑ́lədʒi] 名 U ナノテクノロジー《100ナノメートル以下の材料を扱う加工技術》.

*nap[1] [næp] 名 C うたた寝, 居眠り, 昼寝: take 〘have〙 a *nap* うたた寝〘居眠り, 昼寝〙をする.
— 動 (三単現 **naps** [~s]; 過去・過分 **napped** [~t]; 現分 **nap·ping** [~iŋ]) 自 うたた寝〘居眠り, 昼寝〙をする.
■ *cátch ... nápping* 《口語》〈人〉の不意をつく, 油断につけ込む.

nap[2] [næp] 名 〘単数形で〙(ビロードなどの)けば, ナップ.

na·palm [néipɑːm] 名 **1** U 〘化〙ナパーム 《ゼリー状ガソリン. 焼夷(い ́)弾・火炎放射器用》. **2** C = nápalm bòmb ナパーム弾 《大型焼夷弾》.

nape [néip] 名 C うなじ, 襟(î)首, 首筋 《◇通例 the nape of the 〘one's〙 neck の形で用いる》.

naph·tha [nǽfθə] 名 U 〘化〙ナフサ《ガソリンに近い揮発油. エチレンなどの原料となる》.

naph·tha·lene, naph·tha·line [nǽfθəlìːn] 名 U 〘化〙ナフタリン《防虫剤・染料用》.

*nap·kin [nǽpkin] 名 C **1** (食卓用の布・紙製の)ナプキン (table napkin, 《英》 serviette).
2 《米》生理用ナプキン (sanitary napkin).
◆ nápkin rìng C ナプキンリング《食卓用のナプキンに巻いておく環》.

Na·ples [néiplz] 名 固 (☆発音に注意)ナポリ《イタリア南部の港湾都市. イタリア名 Napoli》: See *Naples* and (then) die.《ことわざ》ナポリを見てから死ね ⇒ 日光を見ずして結構と言うなかれ.

*Na·po·le·on [nəpóuliən] 名 固 **1** ナポレオン1世 Napoleon Bonaparte [bóunəpɑ̀ːrt] 《1769-1821; フランス皇帝 (1804-15)》. **2** ナポレオン3世 Louis Napoleon Bonaparte 《1808-73; ナポレオン1世の甥(î). フランス皇帝 (1852-70)》.

Na·po·le·on·ic [nəpòuliɑ́nik / -ɔ́nik] 形 ナポレオン1世(時代)の; ナポレオンのような, 独裁的な.

nap·py [nǽpi] 名 (複 **nap·pies** [~z]) C 《英》おむつ《《米》 diaper》.

narc [nɑːrk] 名 C 《米俗語》麻薬捜査〘取締〙官.

nar·cis·sism [nɑ́ːrsəsìzəm] 名 U 〘心理〙ナルシ(シ)ズム, 自己陶酔(症), 自己愛.

nar·cis·sist [nɑ́ːrsəsist] 名 C ナルシ(シ)スト, 自己陶酔者.

nar·cis·sis·tic [nɑ̀ːrsəsístik] 形 〘心理〙自己愛の, 自己陶酔的な.

nar·cis·sus [nɑːrsísəs] 名 (複 **nar·cis·sus·es** [~iz], **nar·cis·si** [-sísai]) C 〘植〙スイセン.

Nar·cis·sus [nɑːrsísəs] 名 固 《ギ神》ナルキッソス《泉に映った自分の姿に恋い焦がれて水死し, スイセンの花になった美少年》.

nar·cot·ic [nɑːrkɑ́tik / -kɔ́t-] 名 **1** 〘しばしば ~s〙《主に米》麻薬, 麻酔薬; 睡眠剤.
— 形 **1** 〘限定用法〙《主に米》麻薬の, 麻薬中毒の. **2** (薬剤が) 麻酔(性)の, 催眠性の.

narked [nɑːrkt] 形 《英俗語》困った, 悩んだ.

*nar·rate [nǽreit, næréit / nəréit] 動 他 …を物語る, 述べる, 話す; 〈映画・放送などの〉語り手 〘ナレーター〙を務める. — 自 物語る.
(▷ 名 narrátion; 形 名 nárrative)

*nar·ra·tion [næréiʃən / nə-] 名 **1** U 《格式》物語ること, 語り, ナレーション: Bill did the *narration* of the play. ビルが劇でナレーションを担当した. **2** C U 《格式》物語, 話. **3** U 〘文法〙話法 (→次ページ 文法)): direct 〘indirect〙 *narration* 直接〘間接〙話法.
(▷ 動 nárrate)

*nar·ra·tive [nǽrətiv] 名 **1** C U 《格式》物語, 話 (story); (会話部分に対して)地の文. **2** U 物語ること; 語り口, 話術. — 形 〘通例, 限定用法〙物語風〘体〙の; 語りの, 話術の.
(▷ 動 nárrate)

*nar·ra·tor [nǽreitər, næréi- / nəréitər] 名 C

語り手, ナレーター.

nar・row [nǽrou] 形 動 名

── 形 (比較 **nar・row・er** [~ər]; 最上 **nar・row・est** [~ist]) **1** 幅が狭い, 細い (↔ broad, wide) (cf. small 面積が狭い): a *narrow* river 細い川 / a *narrow* street 狭い通り / He has *narrow* shoulders. 彼は肩幅が狭い.
2 (知識・範囲などが) 狭い, 限られた (↔ broad, wide): He has only a *narrow* knowledge of science. 彼は科学について限られた知識しか持っていない / He has a very *narrow* circle of friends. 彼の交友範囲は非常に狭い.
3 《限定用法》かろうじての, やっとの, きわどい: a *narrow* victory [defeat] 辛勝[惜敗] / The driver had a *narrow* escape from death. ドライバーは命拾いした / I passed the exam by a *narrow* margin. 私は試験にかろうじてパスした.
4 (心の) 狭い, 狭量な (↔ broad): He has a *narrow* mind. 彼は心が狭い / He takes a *narrow* view of right and wrong. 彼は善悪について狭い見方をする.
5 《格式》(幅が) 厳密[綿密]な.
── 動 自 狭くなる, 細くなる: The road *narrowed* more as we went uphill. 坂道を登って行くにつれ道路はさらに狭くなった.
── 他 **1** …を狭くする, 細くする: *narrow* one's eyes 目を細める (◇疑惑・怒りなどを表す). **2**〈範囲など〉を […に] 狭める, 絞る (*down*) [*to*]: Let's *narrow* our list (*down*) to two or three candidates. リストから候補者を2,3人に絞ろう.
── 名 [~s; 単数・複数扱い] 海峡, 瀬戸.

◆ **nárrow bóat** C 《英》(運河用の) 細長い船.
nárrow gáuge C (鉄道の) 狭軌 《レールの幅が1.435m 未満のもの; cf. broad gauge 広軌》.

***nar・row・ly** [nǽrouli] 副 **1** かろうじて, 間一髪で (barely); わずかに: The driver swerved and *narrowly* missed hitting the boy. ドライバーはハンドルを切ったのでかろうじてその少年をひかずにすんだ. **2**《格式》綿密に, 念入りに (carefully).
3 狭く; 狭義に: They interpreted the word *narrowly*. 彼らはその語を狭義に解釈した.
nár・row-mínd・ed 形 心の狭い, 狭量な, 偏狭な (↔ broad-minded).
nár・row-mínd・ed・ness 名 U 狭量, 偏狭.
nar・row・ness [nǽrounəs] 名 U 狭さ; 狭量.
nar・whal, nar・wal [ná:rhwəl / -wəl] 名 C 【動物】イッカク (一角)《北極海にすむ歯クジラ》.
NASA [nǽsə, ná:sə] 名 固 米国航空宇宙局, ナサ (◇ *N*ational *A*eronautics and *S*pace *Ad*ministration の略).
na・sal [néizəl] 形 **1**《限定用法》鼻の, 鼻に関する: the *nasal* cavity 鼻腔(くう). **2** 鼻にかかった, 鼻声の;【音声】鼻音の: a *nasal* voice 鼻声 / *nasal* sounds 鼻音《[m][n][ŋ] など》.
── 名 C 【音声】鼻音.

文法 話 法 (narration)

【話法の種類】
❶ **直接話法** 人の言ったことをそのまま伝える方法
❷ **間接話法** 人の言ったことを話者自身の立場から言い換えて伝える方法

【話法の転換の例】
■ 平叙文
　He said to me, "I bought this ring for you yesterday."
→ He told me that he had bought that ring for me the day before.
　(彼はその前日にその指輪を私のために買ったと言った)
[注意点]
❶ 代名詞の人称を話者の立場に合わせる
❷ 副詞や指示代名詞を必要に応じて変える
❸ 伝達動詞は tell などに変える
❹ 伝達動詞が過去の時は, 従属節の動詞を過去形または過去完了形にする (時制の一致)

■ 疑問文
　"Bill, did you find your key?" asked Mary.
→ Mary asked Bill if he had found his key.
　(メアリーはビルにかぎを見つけたか聞いた)
　He said to her, "What are you looking for?"
→ He asked her what she was looking for. (彼は彼女に何を探しているのか尋ねた)
[注意点]
❶ 一般疑問文は if を用い, 主語と動詞は平叙文の語順にする
❷ 特殊疑問文は, 疑問詞をそのまま用い, 主語と動詞は平叙文の語順にする
❸ 伝達動詞は ask などに変える

■ 命令文
　She said to him, "Please help me."
→ She asked him to help her.
　(彼女は彼に助けてくれるよう頼んだ)
[注意点]
伝達動詞は tell, ask, order などに変え, 「tell [ask, order] +目的語+to 不定詞」の語順にする

■ 感嘆文
　She said, "What a big apple this is!"
→ She exclaimed what a big apple that was. (彼女はこれはなんと大きなりんごだろうと叫んだ)
[注意点]
伝達動詞は exclaim, cry などが用いられる

na·sal·ize [néizəlàiz] 動 他 …を鼻(にかかった)声で言う; …を鼻音化する.

nas·cent [nǽsənt, néis-] 形 《限定用法》《格式》発生しかけている; 発生期の; 初期の.

Nash·ville [nǽʃvil] 名 固 ナッシュビル《米国 Tennessee 州の州都》.

nas·ti·ly [nǽstili / ná:s-] 副 **1** 不快に; 汚く. **2** 意地悪く, 悪意をもって.

nas·ti·ness [nǽstinəs / ná:s-] 名 U **1** 不快, 汚さ, 不潔. **2** 意地悪さ.

*__nas·ty__ [nǽsti / ná:s-] 形 《比較 **nas·ti·er** [~ər], 最上 **nas·ti·est** [~ist]》 **1** 不快な, いやな (↔ nice); 汚い: This meat smells *nasty*. この肉にいやなにおいがする. **2** 意地の悪い, 悪意のある; 卑劣な: turn *nasty* 意地悪くなる;《主に英》攻撃的になる / That is a *nasty* thing to say. ひどいことを言うじゃないか / It's *nasty* of you to speak ill of her. 彼女の悪口を言うなんて君も意地悪だね. **3** やっかいな, 扱いにくい; (病気・傷・打撃などが) 重い, ひどい: a *nasty* situation やっかいな立場 / a *nasty* job 手に負えない [いやな] 仕事 / give ... a *nasty* one …に鋭い一撃 [ひじ鉄] をくらわす. **4** (天候・海などが) 険悪な, 荒れ模様の. **5** 《通例, 限定用法》いやらしい, 卑わいな.
— 名 《複 **nas·ties** [~z]》 C **1** いやな [卑劣な] 人 [もの]. **2** 《英》ホラービデオ [映画].

na·tal [néitl] 形 《限定用法》 出生 [出産] の, 誕生の.

Na·than·i·el [nəθǽniəl] 名 固 ナサニエル《◇男性の名;《愛称》Nat》.

***na·tion** [néiʃən]
— 名 《複 **na·tions** [~z]》 C **1** 《集合的に; 通例, 単数扱い》 国民 (→ RACE 類義語): the Italian [German] *nation* イタリア [ドイツ] 国民 / the voice of the *nation* 国民の声 / The prime minister spoke on TV to the *nation*. 首相はテレビで国民に語りかけた.
2 国家, 国 (→ COUNTRY 類義語): developed [developing] *nations* 先進 [発展途上] 国 / establish a new *nation* 新しい国家を建設する / Most *nations* on the committee objected to the proposal. 委員会の国の大半はその提案に反対した.
3 (言語・歴史・文化などを同じくする) 民族 (people), 種族 《◇必ずしも1つの国家とは限らない》: the Jewish *nation* ユダヤ民族.　(▷ 形 nátional)

***na·tion·al** [nǽʃənəl] 形 名
— 形 《比較なし; 限定用法》 **1** 国民の, 国民的な; 民族特有の: a *national* character 国民性 / a *national* holiday 国民の祝 (祭) 日 / a *national* referendum 国民投票 / Soccer is the *national* sport in Brazil. ブラジルではサッカーは国民的なスポーツです.
2 国家の, 国の; 国内的な: a *national* flag 国旗 / a *national* interest 国益 / *national* events 国内の出来事 / Spanish is the *national* language of Peru. スペイン語はペルーの国語です.
3 国立の, 国有の: a *national* museum 国立博物館 / a *national* university 国立大学.
4 全国的な; 中央の (↔ local): a *national* newspaper 全国紙 / a *national* election 全国選挙.
— 名 C [修飾語を伴って] (ある国の) 市民, 国民; [通例 ~s] (特に外国に居住する) …国籍の人: a Thai *national* タイ (国籍) の人 / Japanese *nationals* living abroad 在外邦人.
(▷ 名 nátion)

◆ **nátional ánthem** C 国歌.

national convéntion [the ~] 《米》(政党の) 全国大会《4年に1度開かれ, 大統領候補の指名, 政策・党規などを決定する》.

Nátional Gállery [the ~] 英国国立美術館.

nátional góvernment C 中央政府; 挙国一致内閣.

Nátional Guárd [the ~] 《米》 州兵, 州軍《各州において組織される民兵軍》.

Nátional Héalth Sèrvice [the ~] 《英》 国民健康保険制度 (《略語》NHS).

nátional íncome U (年間の) 国民所得.

Nátional Insúrance U 《英》 国民保険制度《◇失業者・病人などに支給; 《略語》NI》.

Nátional Léague [the ~] ナショナルリーグ《米国プロ野球の2大リーグの1つ; cf. American League アメリカンリーグ》.

nátional párk C 国立公園.

nátional sérvice U [しばしば N- S-] 《主に英》 徴兵制度 (《米》 draft) 《英国では1962年に廃止》.

Nátional Trúst [the ~] 《英》ナショナルトラスト《自然や史跡の保護を目的とする協会》.

na·tion·al·ism [nǽʃənəlìzəm] 名 U **1** 国家主義, 国粋主義 (↔ internationalism); 愛国心 (patriotism). **2** 民族 (独立) 主義.

*__na·tion·al·ist__ [nǽʃənəlist] 名 C **1** 民族 (独立) 主義者. **2** 国家 [愛国] 主義者.
— 形 《限定用法》 国家 [民族] 主義 (者) の.

na·tion·al·is·tic [næ̀ʃənəlístik] 形 《しばしば軽蔑》 国家 [愛国, 民族] 主義 (者) の, 国家主義的な.

*__na·tion·al·i·ty__ [næ̀ʃənǽləti] 名 《複 **na·tion·al·i·ties** [~z]》 **1** U C 国籍: acquire [have] Japanese *nationality* 日本国籍を取得する [持っている] / What is your *nationality*? = What *nationality* are you? — I'm Spanish. 国籍はどこですか—スペインです.
2 C 民族 (race): the different *nationalities* of Russia ロシアの諸民族.
3 U 国家的独立 [存在], 独立国家としての地位: achieve [attain] *nationality* 独立国家となる, 国家として独立する.

na·tion·al·i·za·tion [næ̀ʃənələzéiʃən / -laiz-] 名 U **1** 国有 [国営] 化. **2** 国民 [国家] 的なものにすること, 全国的な普及.

na·tion·al·ize [nǽʃənəlàiz] 動 他 **1** …を国有 [国営] 化する. **2** …を国民 [国家] 的なものにする. **3** [通例, 受け身で] …を帰化させる.

na·tion·al·ly [nǽʃənəli] 副 **1** 国家 [国民] 的に, 国家的見地から. **2** 全国的に, 全国規模で: televise *nationally* テレビで全国放送する.

ná·tion-státe 名 C (単-) 民族国家.

na·tion·wide [nèiʃənwáid] 形 全国的な, 全国規模の: a *nationwide* broadcast 全国放送.

― 副 全国的に, 全国規模で.

na・tive [néitiv]
形 名 【原義は「生まれた」】

― 形 [比較なし] **1** [限定用法] 出生地の, 故郷の; 母国の: one's *native* language [tongue] 母(国)語 / one's *native* country 母国, 故国.
2 [限定用法] (人が)その土地に生まれた, 生粋(きっすい)の: a *native* Londoner 生粋のロンドンっ子.
3 (動植物・文化などが) [ある土地に] 特有の, 原産の, 土着の [*to*]: a *native* custom その土地固有の慣習 / Tobacco is *native* to America. たばこはアメリカ原産です.
4 (性格などが)[…に] 生まれつきの, 生来の [*to*] (◇好ましい性質について用いる; → NATURAL 形 4): *native* ability as a painter 画家としての天賦の才能 / Such cheerfulness was *native* to her. そのような快活さは彼女に生まれつき備わっていた.
5 [限定用法]《しばしば軽蔑》(特に白人から見て)先住民の: *native* tribes 先住民.
6 自然のままの: the *native* beauty of a marsh 湿地の自然のままの美しさ.
■ *gò nátive*《しばしばこっけい》(旅行者・移住者などが)その土地の風習に従う.

― 名 C **1** [ある土地で] 生まれた人 [*of*]; (特定の)土地の人: a *native* of Ireland アイルランド生まれの人. **2** [しばしば ~s]《しばしば軽蔑》(特に白人から見た)先住民: African *natives* アフリカ先住民. **3** 原産 [固有] の動物 [植物].
◆ Nátive Américan C ネイティブアメリカン, アメリカ先住民 (◇現在では American Indian に代わって用いられる).
nátive spéaker C ネイティブ(スピーカー), [ある言語を] 母語として話す人 [*of*].

Na・tiv・i・ty [nətívəti]
名 (複 Na・tiv・i・ties [~z])
1 [the ~] キリスト降誕(祭), クリスマス.
2 C キリスト降誕の絵画 [彫刻].
◆ Natívity plày C (クリスマスに子供たちが演じる)キリスト降誕劇.

natl. (略記) =*national*.

NATO, Na・to [néitou]
(☆発音に注意) 名 ナトー, 北大西洋条約機構 [1949年設立; *N*orth *A*tlantic *T*reaty *O*rganization の略].

nat・ter [nǽtər]
《英口語》動 自 […について]ぺちゃくちゃしゃべる; 不平を言う (*away, on*)[*about*].
― 名 [a ~] おしゃべり, 雑談.

nat・ty [nǽti]
形 (比較 **nat・ti・er** [~ər]; 最上 **nat・ti・est** [~ist])《古風・口語》(服装などが)きちんと[こざっぱり]した (neat), ぱりっとした.

nat・u・ral [nǽtʃərəl]
― 形 **1** [限定用法] 自然の, 天然の, 自然界の: *natural* resources 天然資源 / *natural* forces 自然の力 [雨・風など] / *natural* phenomena 自然現象 / *natural* disasters 天災.
2 (a) (結果・成り行きが)当然の, あたり前の, 自然な: the *natural* result [conclusion] 当然の結果 [結論] / It's a *natural* reaction for her to get angry. 彼女が腹を立てるのは当然の反応だ.
(b) [It is natural+*that* 節 / It is natural for ... +*to do*] …が~するのは当然だ: *It was only* natural *that* he should lose [he lost]. = *It was only* natural *for* him *to* lose. 彼が負けたのは至極当然のことだった.
3 自然のままの, 加工していない, 人の手を加えない (↔ artificial): *natural* food 自然食品 / This lake is in its *natural* state. この湖は自然のままの状態にある. **4** [通例, 限定用法] […に] 生まれつきの, 本来の [*to*] (◇好ましい性質にも好ましくない性質にも用いる; → NATURE 形 4): a *natural* poet 生まれながらの詩人 / a *natural* talent for singing 生まれつきの歌の才能. **5** 気取らない, 自然な: her *natural* manner 彼女の気取らない態度. **6** [限定用法] (親・子などが)実の, 血のつながった: a *natural* mother 実母, 生みの母. **7**【音楽】(音階が)ナチュラルの, 本位の (→ 名 2).
■ *còme nátural to ...*《口語》…には楽々[簡単に] できる. (come naturally to).
― 名 C **1** [通例, 単数形で]《口語》[…に]うってつけの人 [もの] (*for*); 生来の素質のある人: He is a *natural* for the captain of our team. 彼は私たちのチームのキャプテンにうってつけ(の人)です.
2 =nátural sígn 【音楽】(音階の)ナチュラル, 本位音; 本位記号 (♮). (▷ 名 náture)
◆ nátural chíldbirth U 自然分娩(べん).
nátural gás U 天然ガス.
nátural hístory U 博物学《動物学・植物学・鉱物学の総称》; 自然史.
nátural scíence U C [通例 ~s] 自然科学.
nátural seléction U 【生物】自然淘汰(とうた).

nat・u・ral-bórn 形 生まれつきの, 天性 [生得] の.
nat・u・ral・ism [nǽtʃərəlìzm] 名 U 【文学・芸・哲】自然主義.
nat・u・ral・ist [nǽtʃərəlist] 名 C **1** 自然愛好家, ナチュラリスト《特に戸外で動植物を観察・研究する人》; 博物学者. **2** 【文学・芸・哲】自然主義者.
― 形 =NATURALISTIC (↓).
nat・u・ral・is・tic [nǽtʃərəlístik] 形 **1** 自然愛好家の; 博物学(者)の. **2** 【文学・芸・哲】自然主義の, 自然主義的な. **3** 自然によく似た.
nat・u・ral・i・za・tion [nǽtʃərələzéiʃən / -laiz-] 名 U (外国人の)帰化; (動植物の)帰化, 移植; (外国の言語・習慣などの)移入.
nat・u・ral・ize,《英》**nat・u・ral・ise** [nǽtʃərəlàiz] 動 他 [通例, 受け身で] **1** […に / …として] 〈外国人を〉帰化させる, …を市民として認める [*in, into* / *as*]: John became [*was*] *naturalized* in Japan in 1978. ジョンは1978年に日本に帰化した.
2 〈動植物を〉[…に] 移植する, 風土に慣らす; 〈外国の習慣・言語など〉を […に] 取り入れる [*in, into*]: *naturalized* plants 帰化植物.

***nat・u・ral・ly [nǽtʃərəli]
― 副 **1** [比較なし, 文修飾] 当然, もちろん: *Naturally* he said yes. 当然彼は「はい」と言った (=It was natural that he said yes.) / They *naturally* think so. 彼らはもちろんそう思っている / Are you going to the party? ― *Naturally*. パーティーに行きますか ― もちろん.
2 自然に, 飾らずに, ふだん [いつも] 通りに: behave *naturally* 自然にふるまう / speak French *natu-*

rally フランス語を自然な感じで話す. **3** [比較なし] 生まれつき, 生来 (by nature): *naturally* curly hair 生まれつきの巻き毛. **4** 天然[自然]に, ひとりでに: grow *naturally* 自生する.
■ còme náturally to ... …には楽々[簡単に]できる, 生来 … に身についている: Dancing *comes naturally* to her. 彼女はダンスが上手だ.

nat·u·ral·ness [nǽtʃərəlnəs] 名 U 自然な状態; 気取りがないこと, 当然であること.

***na·ture [néitʃər] 〖原義は「生まれながらのもの」〗
— 名 (複 na·tures [~z]) **1** U 自然, 自然界, 自然現象, 自然の力 (→ art); [しばしば N-] 自然の女神, 造物主: the beauties of *nature* 自然の美 / a lover of *nature* = a *nature* lover 自然を愛する人 / Mother *Nature* 母なる大自然 / the laws of *nature* 自然の法則 / Back to *nature*. 《標語》自然に帰れ.
2 U C 性質, 性分, 天性; (物事の) 本質, 特質: a person of good [ill] *nature* 気立ての優しい [意地の悪い] 人 / human *nature* 人間性 / It is not in his *nature* to lie. 彼は性格的にうそがつけない / Our dog has a very nice *nature*. うちの犬はとても穏やかな性質です / Habit is second *nature*. 《ことわざ》習慣は第二の天性である.
3 [単数形で] 種類 (type, kind): I'm not interested in things of that *nature*. 私はそういう種類のことには興味がない.
4 U 《婉曲》生理的要求 (◇主に排泄(ﾊﾞ)をさす): feel the call of *nature* 尿意 [便意] を催す.
■ agàinst náture = cóntrary to náture 不自然な [に]; 不道徳な [に].
by náture 生まれつき, 生来: She is adventurous *by nature*. 彼女は生まれつき冒険好きです.
in a státe of náture **1** 未開の状態で. **2** (こっけい) 丸裸で.
in náture **1** 本来, 本質的に: She is kind *in nature*. 彼女は本質的に優しい人です. **2** [最上級を強調して] まったく, この上なく; [疑問詞を強調して] 一体全体; [否定文を強調して] 少しも: What *in nature* is this? 一体全体これは何なのか.
in the cóurse of náture 自然の成り行きで; 普通にいけば.
in [of] the náture of ... …の性質を帯びて [持って] いる, …のような.
in the náture of thìngs [文修飾] ことの性質上; 当然ながら.
lèt náture tàke its cóurse 成り行きに任せる.
(▷ 形 nátural)
◆ náture resèrve C 自然保護区.
náture stùdy U (小学校などの) 自然研究, 理科.
náture tràil C (自然観察ができる) 遊歩道, 自然道.

-natured [neitʃərd] 〖結合〗「…の性質を持った, 性質が…の」の意を表す: good-*natured* 善良な / ill-*natured* 意地の悪い.

na·tur·ism [néitʃərìzəm] 名 U 裸体主義, ヌーディズム (nudism).

na·tur·ist [néitʃərist] 名 C 裸体主義者 (nudist).

na·tur·o·path [néitʃərəpæθ] 名 C 自然療法医.

na·tur·op·a·thy [nèitʃərάpəθi / -rɔ́p-] 名 U 自然療法 《食事や運動, 空気などによる治療》.

naught [nɔ́ːt] 名 **1** C U 《主に英》ゼロ, 零 (zero, nought). **2** U 《文語》無 (nothing).
■ còme [gò] to náught 《文語》失敗に終わる.

*naugh·ty [nɔ́ːti] 形 (比較 naugh·ti·er [~ər]; 最上 naugh·ti·est [~ist]) **1** (子供が) いたずらな, 行儀の悪い, 言うことを聞かない; 《主に英・こっけい》(大人が) 行儀の悪い: It's *naughty* of you to throw stones at a dog. = You're *naughty* to throw stones at a dog. 犬に石を投げるなんて悪い [いけない] 子だ. **2** (婉曲) みだらな, 下品な.
naugh·ti·ly [~li] 副 行儀悪く; 下品に.
naugh·ti·ness [~nəs] 名 U わんぱく; 下品さ.

nau·se·a [nɔ́ːziə, -siə] 名 U **1** 吐き気, むかつき; 船酔い. **2** (激しい) 嫌悪(感).

nau·se·ate [nɔ́ːzièit, -si-] 動 他 〈人〉に吐き気を催させる; 不快感を起こさせる.
— 自 [...に] 吐き気を催す; [...を] 嫌悪する [*at*].

nau·se·at·ing [nɔ́ːzièitiŋ, -si-] 形 吐き気を催させる; とても不快で, むかつくような.

nau·seous [nɔ́ːʃəs, -ziəs, -siəs] 形 **1** 《格式》吐き気を催させる (ような); ひどくいやな. **2** 《主に米》(人が) 吐き気がする, むかつく.

nau·ti·cal [nɔ́ːtikəl] 形 航海(術)の, 海事の; 船舶の; 船員の: *nautical* charts 海図.
◆ náutical míle C 海里 (sea mile) 《◇海上での距離単位; 1海里 = 1,852m》.

nau·ti·lus [nɔ́ːtələs] 名 (複 nau·ti·lus·es [~iz], nau·ti·li [-lài]) **1** C 〖動物〗オウムガイ; アオイガイ, カイダコ (paper nautilus). **2** [the N-] ノーチラス号 《米国の世界初の原子力潜水艦》.

*na·val [néivəl] 形 〖限定用法〗海軍の (cf. military 陸軍の); 軍艦の: a *naval* base 海軍基地 / *naval* power 海軍力, 制海権 / the *Naval* Academy 《米》海軍兵学校. (▷ 名 návy)

nave [néiv] 名 C 〖建〗身廊(ｼﾞﾝ) 《会衆席がある教会堂の中央部分》.

na·vel [néivəl] 名 (☆ 同音 naval) C **1** へそ (→ body 図): a *navel* cord [string] へその緒.
2 [比喩] 中心(点), 中央 (of).
◆ nável òrange C 〖植〗ネーブル (オレンジ).

nav·i·ga·bil·i·ty [nævigəbíləti] 名 U **1** (河川・海などが) 航行可能なこと. **2** (船舶・航空機などが) 操縦可能なこと.

nav·i·ga·ble [nǽvigəbl] 形 **1** (河川・海などが) 航行可能な. **2** (船舶・航空機などが) 操縦可能な.

*nav·i·gate [nǽvigèit] 動 他 **1** (船舶・航空機などを) 操縦 [運転] する; 誘導する: *navigate* a ship [plane] 船 [飛行機] を操縦する. **2** 〈海・河川など〉を航行する; 〈空〉を飛行する: *navigate* the Pacific 太平洋を航海する. **3** 〈道など〉を通り抜ける.
4 〖コンピュータ〗(インターネット上の) 〈ウェブサイト〉を移動する.
— 自 **1** 操縦 [運転, 誘導] する; 航行する. **2** ナビゲートする 《同乗者が運転者の道案内をする》.

*nav·i·ga·tion [nævigéiʃən] 名 U **1** 航海, 航行, 飛行; 誘導. **2** 航海 [航空] 術, 航法.

nav·i·ga·tor [nǽvigèitər] 名 C **1** 航海[航空]士, ナビゲーター《操縦士・運転者に進路などを知らせる》. **2** 航海[航行]者. **3** (航空機の)自動操縦装置; カーナビ.

***na·vy** [néivi]
【原義は「船」】
— 名 (複 **na·vies** [~z]) **1** C [しばしば the ~, the N-; 単数・複数扱い] 海軍; 海軍力 関連語 army 陸軍 / air force 空軍 / the United States [the U.S.] Navy 米国海軍 / the British [the Royal] Navy 英国海軍 / join the *navy* 海軍に入る: He has been in the *navy* for thirty years. 彼は30年間海軍に勤務している.
2 C [集合的に] (一国の) 全艦船; 海軍軍人.
3 U = **návy blúe** 濃紺色, ネイビーブルー《英国海軍の制服の色》; [形容詞的に] 濃紺色の, ネイビーブルーの. (▷ 形 nával).

nay [néi] 副 **1** 否(な), いや (no) 《◇採決の「反対」で用いる以外は《古》》(↔ yea, aye). **2** [接続詞的に]《文語》いやむしろ: He is slim, *nay*, skinny. 彼はほっそりしている, いやかやせすぎだ.
— 名 **1** U C 否(という語); 拒否.
2 C 反対投票(者) (↔ yea, aye): There are 120 ayes against 30 *nays*. 反対30に対して賛成は120です.
■ *sáy … náy* 《文語》〈人〉に否と言う.
The náys háve it!《議会で》反対多数です.

Naz·a·rene [næ̀zərí:n] 名 **1** C ナザレ人(び)《ナザレの町民》. **2** [the ~] イエス・キリスト.

Naz·a·reth [nǽzərəθ] 名 固 ナザレ《キリストが育ったとされる, 現在のイスラエル北部の町》.

Na·zi [ná:tsi] 名 (複 **Na·zis** [~z]) C **1** ナチ党員; [the ~s] ナチス, ナチ党《国家社会主義ドイツ労働者党の通称》. **2** [しばしば n-] ナチズム信奉者.
— 形 ナチスの, ナチズムの.

Na·zism [ná:tsìzəm], **Na·zi·ism** [-tsìːəm] 名 U ナチズム, ドイツ国家社会主義.

n.b., N.B. [énbí:, nóutə béni, -bí:ni] 【ラテン】《文語》注意せよ《◇ラテン語 *nota bene* (= note well) の略》.

NBA 《略語》= *N*ational *B*asketball *A*ssociation 全米バスケットボール協会.

NBC 《略語》= *N*ational *B*roadcasting *C*ompany NBC放送(会社)《米国の3大テレビ局の1つ》.

NC 《郵略語》= *N*orth *C*arolina.

N.C. 《略語》= *N*orth *C*arolina.

NCAA [én sì: dʌ̀bl éi] 《略語》= *N*ational *C*ollegiate *A*thletic *A*ssociation 全米大学体育協会.

NCO 《略語》= *n*on*c*ommissioned *o*fficer 《軍》下士官.

NC-17 [én sì: sèvəntí:n] 《記号》《米》《映画で》17歳未満入場禁止《◇ *no children* (under) *17* の略; → FILM 表》.

ND 《郵略語》= *N*orth *D*akota.

-nd [nd] 接尾 1以外の2で終わる数字に付けて序数詞を作る: 2*nd* 2番目の (second) / 42*nd* 42番目の (forty-second) (cf. 12th (twelfth)).

N.D., N. Dak. 《略語》= *N*orth *Dak*ota.

Ne 《元素記号》= neon ネオン.

NE[1] 《郵略語》= *Ne*braska.
NE[2], **N.E.**[1] 《略語》= *n*ortheast; *n*ortheastern.
N.E.[2] 《略語》= *N*ew *E*ngland.

Ne·an·der·thal [niǽndərθɔ̀:l / -tà:l] 名 C **1** = Neánderthal màn ネアンデルタール人《旧石器時代の原始人》. **2** [しばしば n-]《こっけい》粗野で頭の鈍い人, 野蛮人.
— 形 ネアンデルタール人の; 古臭い, 野蛮な.

neap [ní:p] 形 [限定] (潮が) 小潮(ごき)の.
— 名 C = néap tìde 小潮《干満潮差が最小》.

Ne·a·pol·i·tan [nì:əpɑ́lətən / nìəpɔ́li-] 形 ナポリ (Naples) の, ナポリ風の.
— 名 C ナポリ人, ナポリっ子.
◆ Neápolitan íce crèam U C ナポリタンアイスクリーム《色と味の違うアイスクリームが重ねてある》.

****near** [níər]
【基本的意味は「近くに[の]」】
— 前 **1** (場所・時間が) …の近くに, 近くへ[で] 《◇元来は *near to* の *to* が省略されたもので比較変化が可能》: There is someone *near* the gate. 門の近くにだれかいる / Do you live *near* here? この近くにお住まいですか / He came home *near* midnight. 彼は夜の12時近くに帰宅した.
2 (状態・関係が) ほとんど…; …しそうで: Your composition is *near* perfection. あなたの作文はほぼ完璧(なき)だ / The poor dog was *near* death. かわいそうにその犬は死にかかっていた.
■ *còme néar dóing* もう少しで [危うく] …しそうになる: She came *near* making a new record. 彼女はもう少しで新記録を達成するところだった.
— 副 (比較 **near·er** [nírər]; 最上 **near·est** [nírist]) **1** (場所・時間が) 近くに[へ]; 接近して (↔ far): My son lives quite *near*. 息子はすぐ近くに住んでいる / Our graduation is drawing *near*. 卒業式が間近に迫っている / Please come *nearer* to me. もっと私の近くに来てください.
2 ほとんど《◇ **nearly** のほうが一般的》: The war lasted *near* five years. 戦争は5年近く続いた / She was *near* mad to see it. 彼女はそれを見て気が狂いそうであった.
■ *as néar as … can dó* …が~する限りでは.
còme néar to dóing もう少しで [危うく] …しそうになる《◇《口語》では *to* を省略することが多い; → 前 成句》.
néar at hánd → at hand (HAND 名 成句).
near bý 近くに, 近くで: There was a car accident *near by*. 近くで自動車事故があった.
néar on [*upòn*] … (時間などが) ほとんど…で: It was *near on* midnight. 夜の12時近くだった.
nòt ánywhere néar = *nówhere néar* まったく …でない: This plan is *nowhere near* practicable. この計画はまったく実行不可能です.
— 形 (比較 **near·er** [nírər]; 最上 **near·est** [nírist]) **1** (場所・時間が) […に] 近い, 接近した (↔ far) [*to*] (→ 類義語): in the *near* future 近い将来 / The new stadium is *near to* the beach. 新しい競技場は海岸の近くにある / Shall we change our seats *nearer* (to) the screen? スクリーンにもっと近い席へ移りませんか《◇あとに *to* を伴うほうが一般的》/ It takes thirty minutes to

the *nearest* station. 最寄りの駅まで30分かかる(◇限定用法で「場所が近い」の意の場合は原級 near ではなく nearby を用いる).
2《限定用法》(関係が)近い,関係の深い;親密な(close): a *near* relative 近親(者) / my *nearest* and dearest《こっけい》私の家族《親友》.
3（本物に)近い: There is a *near* resemblance between these products. これらの製品は酷似している.
4《限定用法》きわどい: I had a *near* escape from the accident. 私は危うく事故を免れた.
5《英》(車・道などの)左側の(↔ off).
— 動《格式》…に近づく: The construction of the new bridge is now *nearing* completion. 新しい橋の建造は今や完成に近づきつつある.
— 自 近づく: Lunchtime *neared*. もうすぐ昼休みだった.
◆ Néar Éast 名 [the 〜] (中) 近東 (Middle East) (◇現在では中東に含まれる).
néar míss C **1** (航空機などの)ニアミス,異常接近 (◇人・ことについても言う). **2** 至近弾. **3** 今一歩のところ,惜しい出来.

[類義語] **near, close**
共通する意味▶近い (at a short distance in space, time, degree, or relationship)
near は「距離・時間・間柄などが近い」の意: the *nearest* park 最寄りの公園 / in the *near* future 近い将来 / a *near* relation 近親者.
close は near よりも近接の度合いがはるかに大きい: a *close* view 近景 / We were sitting very *close* together. 私たちはくっつくように座っていた.

‡near・by [nìərbái] 形《比較なし》《限定用法》近くの,そばの: a *nearby* park 近所の公園.
— 副《比較なし》近くで［に］, 近所で［に］ (near by): He lives *nearby*. 彼は近所に住んでいる.

‡near・ly [níərli]
— 副 **1** ほとんど, もう少しで (→ ALMOST [類義語]): *nearly* every day ほぼ毎日 / He is *nearly* eighty. 彼はもうすぐ80歳です / It is *nearly* noon. まもなく正午です / The train was *nearly* full. 列車はほぼ満員だった.
2 危うく…しそうで, もう少しで…するところで: He *nearly* missed the train. 彼は危うく列車に乗り遅れるところだった.
■ **nót néarly**《口語》決して…でない (not at all): He has some money, but *not nearly* enough. 彼には少しお金があるが十分というほどではない.

near・ness [níərnəs] 名 U **1** […に]近いこと, 近接 (*to*). **2** [...に]似ていること, 近似 (*to*).
near・side [níərsàid]《英》形《限定用法》(道路・車・馬などの)左側の (↔ offside).
— 名 [the 〜] (道路・車・馬などの)左側 (↔ offside): on the *nearside* 左側で[に].
near・sight・ed [nìərsáitid] 形 **1**《主に米》近視の (《主に英》shortsighted) (↔ farsighted).
2 先見の明がない, 近視眼的な.

‡neat [níːt]《原義は「輝く」》
— 形《比較 neat・er [〜ər]; 最上 neat・est [〜ist]》 **1** きちんとした, (人が)きれい好きな; (容姿などが)端正な; (服が)こざっぱりした: a *neat* suit きちんとしたスーツ / a *neat* man 身なりがきちんとした男性 / *neat* handwriting きれいな字［筆跡］ / Keep your classroom *neat* and tidy. 教室はきちんと整頓(\$\text{\tiny{とん}}\$)しておきなさい / She put her clothes in a *neat* pile on the bed. 彼女はベッドに服をきちんと重ねて置いた.
2 適切な; 巧みな, 手際のよい: a *neat* answer 適切な答え / a *neat* explanation 手際のよい説明.
3《米口語》すてきな, すばらしい: a *neat* car かっこいい車. **4** (酒などが)水で割らないで (straight).
*neat・ly [níːtli] 副 きちんと, 小ぎれいに; 手際よく: *neatly* trimmed hair きれいに刈られた髪.
neat・ness [níːtnəs] 名 U 小ぎれいな[きちんとしている]こと.

Neb., Nebr.《略記》= *Nebraska*.
Ne・bras・ka [nəbrǽskə] 名 (米) ネブラスカ 《米国中部の州》《略記》 Neb., Nebr.;《郵略記》 NE; → AMERICA 表》.
neb・u・la [nébjulə] 名 (複 **neb・u・las** [〜z], **neb・u・lae** [-liː]) C《天文》星雲; 銀河.
neb・u・lar [nébjulər] 形 星雲(状)の.
neb・u・lous [nébjuləs] 形《格式》(考え・表現などが)漠然とした, 不明瞭(\$\text{\tiny{りょう}}\$)な (vague).

‡nec・es・sar・i・ly [nèsəsérəli / nésəsər-] 副
1 必然的に, 必ず; どうしても: Neglect of health *necessarily* leads to illness. 不摂生は必ず病気につながる. **2**［否定語と共に用いて］必ずしも (…でない) (◇部分否定を表す): Shouting is *not necessarily* the best way to make yourself understood. 大声で言うことが理解してもらうための最善の方法とは限らない.

‡nec・es・sar・y [nésəsèri / -səri] 形
— 形 **1** (a)［…にとって／…するのに］必要な, なくてはならない [*to, for* / *to do*]: *necessary* kitchen utensils これだけは必要な台所用品 / Exercise is *necessary for* [*to*] good health. 運動は健康のために必要である / What is *necessary to* stay young? 若さを保つには何が必要ですか. (b) [**It is necessary** (**for ...**) **+to do**] (…にとって) 〜する必要がある: *It is necessary* (*for* you) *to* return the book at once. (あなたは)すぐに本を返す必要がある. (c) [**It is necessary+that 節**] …ということは必要である: *It is necessary that* she (should) have the operation. 彼女はその手術を受ける必要がある (◇ should を用いるのは《主に英》; =It is necessary for her to have the operation.).
2《限定用法》必然的な, 避けられない; 当然の: a *necessary* result [consequence] 必然的な結果 / a *necessary* action やむをえない行動 / a *necessary* evil 必要悪.
■ **if nécessary** (もし) 必要ならば: You can use my car, *if necessary*. 必要なら私の車を使っても

かまいません.
— 名 (複 **nec·es·sar·ies** [～z]) **1** 《複数形で》《…に》必要な物, 必需品 [*for*]: daily *necessaries* 日用品(◇ daily necessities とも言う)/ *necessaries for* a trip 旅行の必需品. **2** [the ～]《口語》必要なこと [*行動*]: do the *necessary* 必要な措置を講じる.
(▷ 名 nécessity)

ne·ces·si·tate [nəsésətèit] 動 他 《格式》 **1** …を必要とする, 必然的に伴う; […することを]必要とする [*doing*]: The situation *necessitated* a prompt action. その状況では速やかな行動をとる必要があった. **2** 《通例, 受け身で》…にやむなく [余儀なく] […]させる [*to do*].

ne·ces·si·tous [nəsésətəs] 形 貧困な, 困窮している (◇ poor の婉曲語).

‡ne·ces·si·ty [nəsésəti]
— 名 (複 **ne·ces·si·ties** [～z]) **1** U [または a ～] [… の / …する] 必要(性), 必要なこと [*for, of / to do*]: the *necessity* of studying English 英語を勉強する必要性 / There is no *necessity* for going there. = There is no *necessity to* go there. そこに行く必要はない / We won't buy another car until the *necessity* arises. 必要になるまでは車をもう1台買うのはやめておく / *Necessity* is the mother of invention. 《ことわざ》必要は発明の母.
2 C 必要な物, 必需品: The cell phone is a *necessity* for students. 携帯電話は学生の必需品です / Air and water are the *necessities* of life. 生存のためには水と空気が不可欠です.
3 U 貧困, 窮乏. **4** C 必然(性), 当然のこと.
■ *be ùnder the necéssity of dòing* …する必要に迫られている.
by [*of*] *necéssity* 必然的に, やむをえず.
from [*òut of*] *necéssity* 必要に迫られて: He sold his car *out of necessity*. 彼は必要に迫られて車を売った. (▷ 形 nécessàry)

‡neck [nék] 名 動

— 名 (複 **necks** [～s]) **1** C 首 (◇頭と胴の間の部分; → HEAD 図, BODY 図): crane one's *neck* (よく見るために)首を伸ばす / twist one's *neck* 首の筋をちがえる / Kate wears a gold chain around her *neck*. ケイトは首に金の鎖を着けている / I've got a stiff *neck*. 私は首[肩]がこっている. **2** C (衣服の)襟(を), 襟元: a round *neck* 丸首 / a V-*neck* Vネック / Her blouse was open at the *neck*. 彼女のブラウスは襟元があいていた.
3 C 首状の部分, くびれた部分, (びんなどの)首; 地峡, 海峡: the *neck* of a bottle びんの首 / a *neck* of land [the sea] 地峡[海峡].
4 U C 首の肉 (→ BEEF 図).
■ *a páin in the néck* → PAIN 成句.
be úp to one's néck in … 《口語》《困難に》陥っている; 《仕事など》でとても忙しい: She's *been up to her neck in* work these days. 近頃彼女は仕事でてんてこまいの忙しさだ.
bréak one's néck **1** 首の骨を折る, 首の骨を折って死ぬ. **2** 《口語》精いっぱい努力する.

bréathe dòwn …'s néck 《口語》…を間近で監視する; 《前の走者》のうしろに張りつく.
by a néck 【競馬】首の差で; (一般に)小差で: win [lose] *by a neck* 小差で勝つ[負ける].
gét it in the néck 《英口語》ひどい目にあう, ひどく罰せられる[しかられる].
néck and néck 《口語》(競走などで)肩を並べて, 互角に, 接戦で.
néck of the wóods [通例 this ～ / one's ～] 《口語》(ある)土地, (特定の)地域.
rísk one's néck 《口語》[…のために]命をかける [*for*].
rúb [*scrátch*] *the báck of one's néck* 首のうしろに手をやる (◇いら立ちのしぐさ).
sáve one's néck 《口語》命拾いをする.
stíck one's néck òut 《口語》あえて危険なことをする, 問題になるようなことを言う.
— 動 自 《口語》(男女が)抱き合ってキスをする.

neck·band [nékbænd] 名 C **1** シャツの台襟(%)《カラーを取り付ける所》. **2** ネックバンド《装飾用の首ひも》.

neck·er·chief [nékərtʃif, -tʃiːf] 名 (複 **neck·er·chiefs** [～s]) C ネッカチーフ, 襟(%)巻き.

‡neck·lace [nékləs] 名 C ネックレス, 首飾り: wear a *necklace* ネックレスを着けている.

neck·line [néklàin] 名 C ネックライン《婦人服の襟(%)ぐりの線》: a low [round] *neckline* 深くえぐれた[丸みのある]ネックライン.

‡neck·tie [néktài] 名 C 《米》ネクタイ(◇現在では通例 tie を使う).

nec·ro·man·cy [nékrəmænsi] 名 U
1 《文語》(死者の霊との交信による)占い, 降霊術.
2 (特に悪事を目的とした)魔術, 黒魔術.

nec·ro·phil·i·a [nèkrəfíliə] 名 U 《精神》死体愛好(症), 屍姦(%).

ne·crop·o·lis [nekrάpəlis, -krɔ́p-] 名 C 《文語》(特に古代都市の)埋葬地, 共同墓地.

nec·tar [néktər] 名 U **1** 【植】花の蜜(%). **2** (一般に)おいしい飲み物, 甘露. **3** 《ギ神·ロ神》ネクタル《不老不死の効力を持つ神々の酒》.

nec·tar·ine [nèktəríːn / néktəriːn] 名 C 《植》ネクタリン, ズバイモモ《表面に毛のない桃》; その木.

Ned [néd] 名 ネッド (◇男性の名; Edgar, Edmund, Edward, Edwin の愛称).

nee, née [néi] 《フランス》 形 旧姓の (◇既婚女性の名のあとに付けて旧姓を示す): Mrs. Mary Smith, *née* White メアリー=スミス夫人, 旧姓ホワイト.

‡need [níːd] 動 名 助動

— 動 (三単現 **needs** [níːdz]; 過去·過分 **need·ed** [～id]; 現分 **need·ing** [～iŋ])
— 他 **1** [need+O] …を必要とする: You *need* a rest. あなたには休養が必要です / Painting *needs* a lot of skill. 絵をかくためには相当の熟練を必要とする / Do you *need* any help? お手伝いしましょうか / Your reply is *needed* by the end of the month. 月末までにご返事ください.

2 (a) [need+to do] …する必要がある: You don't *need to* report it to the

police. そのことを警察に知らせる必要はありません / Do we *need* to attend the meeting? 私たちはその会合に出席する必要がありますか / This computer *needs* to be fixed. このコンピュータは修理の必要がある (= This computer *needs* fixing). (→ **3**). (b) [need + O + to do]〈人〉に…してもらう必要がある: I *need* someone *to* help me. だれかに手伝ってもらう必要がある.
3 (a) [need + doing]〈人・ものが〉…される必要がある: These pants *need* pressing. このズボンはアイロンをかける必要がある (= These pants *need* to be pressed.) / The baby *needs* bathing. 赤ん坊をお風呂に入れる必要がある.
(b) [need + O (+ to be) + 過分]〈もの・こと〉を…してもらう必要がある: I *need* this letter (*to be*) *typed* in a hurry. この手紙を急いでタイプしてもらわねばならない.
—名 (複 **needs** [ní:dz]) **1** U [または a ~]〔…の / …する〕必要(性); 義務〔*for, of* / *to do*〕: There is an urgent *need for* skilled workers. 熟練工が至急必要だ / We have no *need of* your help. あなたの助けは必要としていない / There's no *need for* you *to* apologize. = There's no *need of* your apologizing. あなたが謝る必要はない.
2 C 〔通例 ~s〕必要なもの[こと]; 需要, ニーズ: our daily *needs* 日用品 / meet the *needs* of the public 人々の要望にこたえる.
3 U 困難な状況; 貧困: He offered a helping hand to us in our time [hour] of *need*. 彼は私たちが困っているときに援助の手をさしのべてくれた / A friend in *need* is a friend indeed. 《ことわざ》困ったときの友こそ真の友.
■ *be in néed of ...* …を必要とする: Our restaurant *is* badly *in need of* a good cook. うちのレストランには腕のよいコックがぜひとも必要です.
if néed(s) bé 必要であれば.
—助動 **1** 〔否定文・疑問文で〕…する必要がある: He *need* not attend the meeting. 彼は会合に出る必要はない (= He doesn't *need* to attend the meeting.) / *Need* I say more? これ以上はもう言うまでもないでしょう / *Need* I go right now? – Yes, you must. [No, you *need* not.] 今すぐ行く必要がありますか – はい, そうしなくてはなりません [いいえ, その必要はありません] / I'll fetch you an umbrella, so you *needn't* get wet in the rain. 雨にぬれなくてすむように傘を持って来てあげよう.
[語法] (1) 過去形はない. 過去・未来を表すときは動詞の *need to do* を用いる: She *needed to* rest. 彼女には休息する必要があった / You will not *need to* come. あなたは来なくていいだろう. (2) need を助動詞的に用いるのは《格式》で, 動詞の *need to do* を用いるほうが一般的である.
2 [need not have + 過分] …しなくてもよかった(のに) 〈◇必要はなかったが, 実際には過去にその行為があったことを示す: Tom *need not have gone* there by taxi. トムはタクシーでそこへ行く必要はなかったのに〈◇ didn't *need* to do を用いると, 行為が行われたかどうかは不明となる).

need·ful [ní:dfəl] 形 《格式》 〔…に〕必要な, なくてはならない (necessary) 〔*for*〕.

nee·dle [ní:dl]
★★★ 名 動 〔原義は「縫うこと」〕
—名 (複 **nee·dles** [~z]) C **1** 針, 縫い針 (sewing needle), 編み棒: a *needle's* eye = the eye of a *needle* 針の穴 / a *needle* and thread 糸を通した針 〈◇単数扱い〉 / thread a *needle* 針に糸を通す. **2** (注射器などの)針; (磁石・羅針盤・計器類の)針 (cf. hand (時計などの)針). **3** 針状のもの; 『植』針葉: pine *needles* 松葉.
■ *look for a néedle in a háystack* 《口語》見つかる見込みのない探し物をする.
—動 他 **1** …を針(のようなもの)で刺す [縫う]. **2** 《口語》…を〔…のことで〕からかう, 刺激する〔*about*〕; …をからかって〔…〕させる〔*into*〕.

*need·less [ní:dləs] 形 不必要な, 無用の, むだな: *needless* worry [work] むだな心配 [仕事].
■ *néedless to sáy* 〔通例, 文頭で〕言うまでもなく, もちろん.

need·less·ly [ní:dləsli] 副 必要もないのに, むだに: worry *needlessly* いたずらに心配する.

nee·dle·work [ní:dlwə̀ːrk] 名 U 針仕事, 裁縫; 刺繍(しゅう).

‡**need·n't** [ní:dnt] 《短縮》《口語》 **need not** の短縮形: You *needn't* worry about trifles. つまらないことを気に病む必要はない.

needs [ní:dz] 副 〔次の成句で〕
■ *must néeds dó = néeds must dó* 《古・通例, こっけい・皮肉》必ず…する; きっと…になる.

need·y [ní:di] 形 〔比較 **need·i·er** [~ər]; 最上 **need·i·est** [~ist]〕貧乏な (poor); [the ~; 名詞的に; 複数扱い] 貧しい人々.

ne'er [néər] 副《詩語》= NEVER.

né'er-do-wèll [~] 名《古風》ろくでなし, 役立たず.

ne·far·i·ous [nifé(ə)riəs] 形《格式》極悪な.

neg. 《略語》= negative (↓).

ne·gate [nigéit] 動 他 《格式》 **1** …を無効 [帳消し]にする. **2** …を否定 [否認] する, 打ち消す.

ne·ga·tion [nigéiʃən] 名 **1** UC 《格式》否定, 打ち消し, 否認 (↔ affirmation); 否定的陳述, 反論. **2** U 欠如, 欠乏, 存在しないこと: Chaos is the *negation* of order. 混沌(とん)とは秩序が欠落していることだ. **3** U 〖文法〗否定 (→次ページ (文法)).

‡**neg·a·tive** [négətiv] 形 **1** 否定の, 打ち消しの; 拒否の, 不賛成の (↔ affirmative); 〖文法〗否定の: a *negative* question 否定疑問文 (→ QUESTION (文法)) / a *negative* answer [vote] 拒絶の返事 [反対票]. **2** 消極的な, 積極性に欠ける (↔ positive); 悲観的な, 否定的な: a *negative* personality 消極的な性格 / a *negative* view 悲観 [否定]的な見解. **3** (影響などが)有害な; (結果などが)期待外れの, 成果のない; 役に立たない: a *negative* effect on ... …への悪影響 / with *negative* results 成果が上がらずに. **4** 〖数学〗負の, マイナスの; 〖電気〗負の, 陰の; 〖医〗(検査結果が)陰性の; 〖写〗陰画の, ネガの (↔ positive): the *negative* sign マイナス符号 (−) / a *negative* quantity 負数, 負量 / *negative* electricity 陰電気 / test *negative* for HIV エイズ検査の結果, 陰性と出

る / a *negative* film ネガ(フィルム).

—名 C **1** 否定; 拒否; 否定の言葉[返答]; 〖文法〗否定語(句)《no, not, never, none, nothing, nowhere など》: We can express a *negative* without using a *negative*. 否定は否定語を使わなくても表せる.
2 [the ~](討論などでの)反対者側, 否定的立場.
3 〖数学〗負数, 負量; 〖電気〗陰電気, (電池の)陰極板; 〖写〗ネガ, 陰画 (↔ positive).
■ **in the négative** 《格式》否定で[の]; 拒否して[の] (↔ in the affirmative): She answered *in the negative*. = Her answer was *in the negative*. 彼女の返事は「ノー」だった.

—動 他《格式》**1** [しばしば受け身で] …を否定[拒否]する; …に反対(決議)をする.
2 …の誤りを証明する, …を反証する.

◆ négative póle C〖磁石の〗南極, S極; 〖電気〗陰極, 負極 (↔ positive pole).

négative séntence C 〖文法〗否定文 (→ SENTENCE 文法).

neg·a·tive·ly [négətivli] 副 否定的に; 消極的に.

ne·glect [niglékt] 動名

—動 (三単現 **ne·glects** [-glékts]; 過去・過分 **ne·glect·ed** [~id]; 現分 **ne·glect·ing** [~iŋ])

—他 **1** [neglect+O]〈義務・仕事などを〉怠る, おろそかにする; …を無視[放置]する: He *neglected* his duty. 彼は義務を怠った / The house has been *neglected* for years. その家は何年も放置されてきた / They *neglected* their children. 彼らは子供たちの世話を怠った.

2 [neglect+to do 動名]](不注意や怠慢で)…しない, …することを怠る: Don't *neglect* to brush [*brushing*] your teeth. 歯磨きを忘れないようにしなさい.

—名 U 怠慢; ほうっておく[おかれる]こと, 放置; 無視; 育児放棄: *neglect* of duty 義務の怠慢.

ne·glect·ed [nigléktid] 形 ほうっておかれた, 無視された.

ne·glect·ful [nigléktfəl] 形 《格式》[…に対して] 怠慢な; 不注意[無関心]な, 無頓着(むとんちゃく)な, 投げやりな; [… を]かまわないで, ほったらかして [*of*]: be *neglectful of* one's duty 義務を怠る.

neg·li·gee, né·gli·gé [nèglǝʒéi / négliʒèi] 【フランス】名 C **1**(女性用)部屋着, (薄手の)ガウン. (比較) 日本語の「ネグリジェ」とは異なり, 寝巻きなどの上に着る)
2 普段着, 略服.

文法 否定 (negation)

【否定を表す語】

■ **not, never** 述語動詞を否定します.
There was <u>not</u> any snow in the yard.
(庭に雪はなかった)
He <u>never</u> breaks his promise.
(彼は決して約束を破らない)

■ **no** 名詞の前に置いて, 否定文を作ります.
I have <u>no</u> money on me now.
(=I don't have any money on me now.)
(私は今お金を持ち合わせていない)

■ **none, nothing** など 否定を表す代名詞です.
<u>None</u> of us attended the party.
(私たちはだれもパーティーに出席しなかった)
She told me <u>nothing</u> about it.
(彼女はそれについて何も私に言わなかった)

【語・句・節の否定】

not は語・句・節を否定することもできます.
I ordered tea, <u>not coffee</u>.　語
(私はコーヒーではなく紅茶を注文した)
He slept on the floor, <u>not in the bed</u>.
(彼はベッドではなく床の上で眠った)　句
What counts is what you do, <u>not what you say</u>.　節
(大切なのは何をするかで, 何を言うかではない)

【部分否定】

all, always などを not で否定すると「すべてが[いつも]…するとは限らない」の意を表します.
I have <u>not</u> read <u>all</u> these books.
(私はこれらの本を全部読んだわけではない)
He is <u>not</u> <u>always</u> at home on Sundays.
(彼は日曜にはいつも家にいるわけではない)

【準否定】

hardly, seldom などを用いて, 「ほとんど…でない」「めったに…しない」の意を表します.
I could <u>hardly</u> understand what he said.
(私は彼の言うことがほとんど理解できなかった)
He <u>seldom</u> says anything.
(彼はめったに口をきかない)

【二重否定】

否定を表す語句を重ねて, 肯定の意を表します.
She <u>never</u> goes out <u>without</u> shopping at that store.
(彼女は出かけるといつもその店で買い物をする)

【否定語句を用いない否定】

■ 修辞疑問
Who knows why? (=Nobody knows why.)
(だれがわけを知ろうか⇨だれも知らない)

■ 否定を表す慣用表現
They were <u>far from</u> happy.
(彼らは少しも幸せではなかった)
I am <u>too</u> tired <u>to</u> walk any farther.
(私はとても疲れているのでこれ以上歩けない)

***neg·li·gence** [néglidʒəns] 名 **1** Ⓤ 怠慢; 不注意; 投げやりなこと: Many accidents are due to human *negligence*. 多くの事故が人の不注意から起こっている. **2** Ⓒ 怠慢 [投げやり] な行為. **3** Ⓤ [法] 過失: gross *negligence* 重過失.

***neg·li·gent** [néglidʒənt] 形 **1** […に] 怠慢な; 不注意な [of, in]: He was *negligent* of his duties. 彼は義務を怠った. **2** 無造作な, 無頓着な. **neg·li·gent·ly** [~li] 副 怠慢で; 無造作に.

***neg·li·gi·ble** [néglidʒəbl] 形 無視できる, 取るに足らない, ささいな; ごくわずかな: a *negligible* difference 問題にするほどではないわずかな違い.

ne·go·ti·a·ble [nigóuʃiəbl] 形 **1** 交渉の余地がある, 話し合いで解決できる: The rent is *negotiable*. 家賃は交渉の余地がある. **2** [商] (小切手・手形などが) 譲渡 [換金] 可能な. **3** (通例, 叙述用法) (道路・川・橋などが) 通行可能な.

‡**ne·go·ti·ate** [nigóuʃièit] 動 ⓐ [人と・…のことで] 交渉する, 協議 [折衝] する [with / about, for, on, over]: He *negotiated* with the owner *about* the rent. 彼は家賃について家主と交渉した. ― ⓣ **1** [人と] …を交渉する; (交渉して) [人と] …を取り決める, 協定する [with]: *negotiate* a treaty *with* … …と (交渉して) 条約を結ぶ / They *negotiated* a loan of one million dollars. 彼らは100万ドルのローンを取り決めた. **2** [口語] (難所などを)うまく通り抜ける; (困難・障害などを)乗り越える, 克服する; うまく処理する: The car had trouble *negotiating* the sharp curves. その車は急なカーブを曲がるのに苦労した. **3** [商] (小切手・手形などを) 譲渡する, 流通させる, 換金する.

■ **còme to the negótiating tàble** 交渉 [協議] の席に着く, 交渉を始める.

***ne·go·ti·a·tion** [nigòuʃiéiʃən] 名 ⓤⓒ [しばしば ~s] 交渉, 折衝, 話し合い: be in *negotiation* with … …と交渉中である / under *negotiation* 交渉中で / start [enter into, open] *negotiations* with … …と交渉を始める.

ne·go·ti·a·tor [nigóuʃièitər] 名 ⓒ 交渉者, 折衝者: a tough *negotiator* 手ごわい交渉相手.

***Ne·gro** [ní:grou] 名 (複 Ne·groes [~z]) ⓒ [古風] (アフリカ系) 黒人 (◇ 軽蔑的な響きがあるので通例は black, または African-American が用いられる).
― 形 [時に n-] 黒人の, 黒人に関する: *Negro* [*black*] spirituals 黒人霊歌.

Ne·groid [ní:grɔid] 形 [時に n-] 黒色人種 (系) の, ネグロイドの.
― 名 ⓒ 黒色人種 (系) の人, ネグロイド.

Neh·ru [néiru: / néəru:] 名 ⓟ ネルー Jawaharlal [dʒəwá:hərlɑ:l] Nehru 《1889-1964; インドの政治家; 独立後の初代首相 (1947-64)》.

neigh [néi] 〖擬声語〗 動 ⓐ (馬が) いななく.
― 名 ⓒ ひひーん 〖馬のいななき; → CRY 表〗.

*****neigh·bor,** 《英》**neigh·bour**

[néibər] (◇ つづりに注意)
― 名 (複 **neigh·bors**, 《英》**neigh·bours** [~z]) ⓒ
1 近所の人, 隣人 (◇ マンションなどの上下階の人もさす): He is a good [bad] *neighbor*. 彼は近所づき合いがよい [悪い].
2 近くにいる人, 隣席の人; 近くにあるもの [場所]; 隣国: He was my *neighbor* at the table. 彼は食卓で私の隣に座っていた / The United States and Canada are *neighbors*. アメリカとカナダは隣国同士です. **3** 仲間, 同胞.

*****neigh·bor·hood,**
《英》**neigh·bour·hood**

[néibərhùd] (◇ つづりに注意)
― 名 (複 **neigh·bor·hoods,** 《英》**neigh·bour·hoods** [-hùdz]) ⓒ **1** 近所, 近隣地域, (特定の) 場所, 地域; [形容詞的に] 近所の: jog in a *neighborhood* park 近くの公園でジョギングをする / There are no bookstores in this *neighborhood*. この近くに書店はない.
2 [通例 the ~; 集合的に] 近所の人々 (neighbors): The whole *neighborhood* looked up to him. 近所の人みんなが彼を尊敬していた.

■ *in the neighborhood of …* **1** …の近くに: He lives *in the neighborhood of* the university. 彼は大学の近くに住んでいる. **2** およそ…, 約… (about): The price of the book is *in the neighborhood of* \$150. その本の値段はおよそ150ドルです.

***neigh·bor·ing,** 《英》**neigh·bour·ing** [néibəriŋ] 形 [限定用法] 近所の, 近くの, 隣の; 隣接した: the *neighboring* town 隣町 / *neighboring* countries 近隣諸国.

neigh·bor·li·ness, 《英》**neigh·bour·li·ness** [néibərlinəs] 名 ⓤ (隣人としての) 親切さ, 思いやり, 近所づき合いのよさ.

neigh·bor·ly, 《英》**neigh·bour·ly** [néibərli] 形 隣人らしい, 親切な, 近所づき合いのよい.

*****neigh·bour** [néibər]
名 《英》= NEIGHBOR (↑).

*****neigh·bour·hood** [néibərhùd]
名 《英》= NEIGHBORHOOD (↑).

*****nei·ther** [ní:ðər / náiðər] 形 代 副 接

― 形 [単数可算名詞の前に付けて] (2つ・2人のうち) どちらの…も～でない (not either) (◇ 全否定を表す; → EITHER 形 〖語法〗): *Neither* hat matches this dress. どちらの帽子もこのドレスに合わない / I accepted *neither* proposal. 私はどちらの提案も受け入れなかった / I have seen *neither* one of the twins. 私はその双子のどちらにも会ったことがない (= I have not seen either one of the twins.).

― 代 [不定代名詞] [通例, 単数扱い] (2つ・2人のうちの) どちらも…ない (not either) [of] (cf. none (3つ [3人] 以上のうち) どれも [だれも] …ない): *Neither of* my parents knows [《口語》know] the story. 私の両親はどちらもその話を知らない (◇ 《口語》では複数扱いになることがある) / Would you like a cup of tea or coffee? ― *Neither*, thank you. 紅茶かコーヒーを1杯いかがですか ― どちらも結構です [いりません].

— 副 [否定文[節]のあとで] **…もまた~ない**: I don't like carrots. – *Neither* do I. 私はニンジンが好きではありません – 私も好きではありません / If you won't go, *neither* will I. あなたが行かないのなら, 私も行きない (= If you won't go, I won't go either.) / He isn't good at sports and *neither* is his wife. 彼はスポーツが得意ではないし, 彼の奥さんもそうらしい.

語法 (1) neither のあとでは倒置になり,「neither +(助)動詞+主語」の順になる.
(2) 肯定文[節]のあとでは so, also, too などを用いる: I like dogs. – So do I. 私は犬が好きです — 私もです.

— 接 [neither ... nor ~] **…でもなく~でもない**: My father *neither* drinks *nor* smokes. 父は酒も飲まず, たばこも吸わない / I'm *neither* rich *nor* poor. 私は金持ちでも貧乏でもない / The cat was *neither* in the house *nor* in the yard. 猫は家の中にも庭にもいなかった.

語法 (1) neither A nor B の A と B には通例, 文法的に対等な語句が来る.
(2) neither A nor B が主語の場合, 動詞は通例 B に一致させる: *Neither* you *nor* I *am* responsible. あなたにも私にも責任はない.
(3)《口語》では neither A, (nor) B, nor C の型になる場合もある: I have a feeling of *neither* pleasure, (*nor*) pain, *nor* sorrow. 私が感じているのは喜びでも痛みでも悲しみでもない.

Nel·son [nélsən] 名 ネルソン Horatio [həréiʃiou] Nelson 《1758–1805; 英国の海軍提督》.

Nem·e·sis [néməsis] 名 **1**《ギ神》ネメシス《因果応報の神》. **2** [n-] U《文語》天罰, 因果応報; (複 **nem·e·ses** [-siːz]) C 天敵, 強敵, 難関.

ne·o- [niːou, niːə] 接頭「新しい」「後期の」の意を表す: *Neo*lithic 新石器時代の.

ne·o·clas·sic [nìːouklǽsik], **ne·o·clas·si·cal** [-kəl] 形《芸》新古典主義の, 新古典派の.

ne·o·co·lo·ni·al·ism [nìːoukəlóuniəlìzəm] 名 U 新植民地主義《旧植民地国に対して, 経済的・政治的支配の存続を図ろうとする政策》.

ne·o·lith·ic [nìːəlíθik] 形 [しばしば N-] 《考古》新石器時代の (cf. paleolithic 旧石器時代の): the *Neolithic* Age [Era, Period] 新石器時代 (the New Stone Age).

ne·ol·o·gism [niːάlədʒìzəm, niːəl-/ niːɔ́l-] C 新語, 新造語; (既存語句の) 新語義.

ne·on [níːɑn / -ɔn]《☆発音に注意》名 U《化》ネオン《《元素記号》Ne》.
◆ **néon líght** [**lámp**] C ネオン灯.
néon sígn C ネオンサイン.

ne·o·na·tal [nìːəneitəl] 形 新生児 (用) の.
ne·o·Na·zi [nìːounάːtsi] 名 C ネオナチ.
— 形 ネオナチの.
ne·o·Na·zism [-tsìzəm] 名 U ネオナチズム.
ne·o·phyte [níːəfàit] 名 C **1** 初心[新参]者. **2**《格式》新改宗者.

Ne·pal [nəpɔ́ːl, -pάːl] 名 ネパール《南アジアの王国; 首都カトマンズ (Kathmandu)》.

‡**neph·ew** [néfjuː / névjuː, néfjuː] 名 C 甥 (おい) (cf. niece 姪 (めい)) (→ FAMILY 図).

ne·phro·sis [nəfróusis] 名 U《医》ネフローゼ.

nep·o·tism [népətìzəm] 名 U《軽蔑》(人材登用などでの) 縁者びいき, 身内 [縁故者] 優遇.

Nep·tune [néptjuːn] 名 **1**《ロ神》ネプトゥヌス, ネプチューン《海の神; → GOD 表》. **2**《天文》海王星.

nerd [nə́ːrd] 名 C《口語》**1** つまらない人, ださいやつ. **2** コンピュータマニア [おたく].

Ne·re·id [níːriid] 名《ギ神》ネレイス《海の精》. **2**《天文》ネレイド《海王星の第2衛星》.

Ne·ro [níːrou / níə-] 名 ネロ《37–68; ローマ皇帝 (54–68). キリスト教徒を迫害した暴君》.

‡‡**nerve** [nə́ːrv] 名 動

— 名 (複 **nerves** [~z]) **1** C 神経, 神経線維: motor *nerves* 運動神経 / the optic *nerve* 視神経 / *nerve* strain 神経疲労.

2 [~s] 神経過敏, 神経質, いら立ち, ヒステリー: affect ...'s *nerves* …の神経にさわる / calm [settle] one's *nerves* いら立ちを静める / suffer from *nerves* ノイローゼにかかっている / She is all *nerves*. 彼女はすっかり神経質になっている.

3 U 勇気, 度胸; 気力, 精力: a man of *nerve* 度胸のある男の人 / lose one's *nerve* 勇気をなくす / It takes *nerve* to mention it to him. そのことを彼に言うには勇気がいる.

4 U [または a ~] 厚かましさ, ずぶとさ, 無礼: What a *nerve*! まあ, なんとずうずうしい.

■ **be a búndle [bág] of nérves** 非常に神経過敏である, いらいら [びりびり] している.

gèt on ...'s nérves《口語》〈人〉の神経にさわる, 〈人〉をいらいらさせる: The noise *got on my nerves*. 雑音が私の神経にさわった.

hàve the nérve to dó **1** …する勇気がある: He had the *nerve* to speak out. 彼は堂々と自分の意見を述べる勇気があった. **2**《口語》厚かましくも…する: She had the *nerve* to ask me to send money. 彼女はずうずうしくもお金を送るように私に言ってきた.

hít [tóuch] a (ráw) nérve《人が気にする》痛いところに触れる, 気にさわることを言う.

stráin évery nérve […しようと] 全力をつくす [*to do*].

— 動 [次の成句で]
■ **nérve onesèlf for ...** [*to dó*]《格式》…のため […するため] に勇気を出す. (▷ 形 **nérvous**)
◆ **nérve cèll** C《解剖》神経細胞.
nérve cènter C **1**《解剖》神経中枢. **2**(組織などの) 中枢 (部分), 首脳部.
nérve gàs U 神経ガス《神経を侵す毒ガス》.

nerve·less [nə́ːrvləs] 形 **1** 勇気のない. **2**(指・手などが) 力の (入ら) ない. **3** 冷静な. **4**《解剖》神経のない.

nérve-ràck·ing, nérve-wràck·ing 形 神経にさわる [こたえる], いらいらさせる.

‡‡‡**nerv·ous** [nə́ːrvəs]

— 形 **1** 神経質な, 神経過敏な, いらいらした: a *nervous* person 神経質な人 / Lack of sleep made Tom *nervous*. トムは寝不足でいらいらして

いた. **2** あがって，びくびくして；[…に]不安になっている [*about, of*]: I got *nervous* before the audience. 私は聴衆を前にあがっていた / Betty felt *nervous about* her first flight. ベティーは初めて飛行機に乗るので不安を感じていた.

3 [限定用法] 神経(性)の: *nervous* diseases 神経病. (▷ 名 nérve)

◆ nérvous bréakdown C 神経衰弱, ノイローゼ.

nérvous sỳstem [the ~] [解剖] 神経系(統).

nerv·ous·ly [nə́ːrvəsli] 副 神経質に, いらいらして; あがって.

nerv·ous·ness [nə́ːrvəsnəs] 名 U 神経質, いら立ち.

nerv·y [nə́ːrvi] 形 (比較 **nerv·i·er** [~ər]; 最上 **nerv·i·est** [~ist]) (口語) **1** (米) 厚かましい, ずうずうしい. **2** (英) 神経質な; すぐびくびくする.

Ness [nés] 名 圃 (Loch ~) ネス湖 (Scotland 北西部にあり, ネッシー (Nessie) がすむと伝えられる).

-ness [nəs, nis] 接尾 形容詞などに付けて「性質・状態」を表す抽象名詞を作る: dark*ness* 暗さ / idle*ness* 怠けること / tired*ness* 疲労.

Nes·sie [nési] 名 圃 ネッシー《ネス湖にすむと言われる怪獣; the Loch Ness Monster の愛称》.

***nest** [nést] 名 動

— 名 (複 **nests** [nésts]) C **1** (鳥・小動物・魚・昆虫などの) 巣: a swallow's *nest* ツバメの巣 / sit [be] on a *nest* 巣につく[ついている] / build [make] a *nest* 巣を作る. (関連語) hive ミツバチの巣 / lair 野生動物のねぐら / web クモの巣).

2 居心地のよい場所, 休息所; 避難所: The couple built a comfortable *nest* by the beach. 夫婦は浜辺に居心地のよい住居を建てた.

3 (悪党の) 巣窟(ぞっくつ), 隠れ家; (犯罪などの) 温床: a *nest* of social evils 社会悪の温床.

4 [集合的に] 同じ巣の中のもの; (鳥・虫などの) 群れ: a *nest* of chicks 一つの巣のひとかえりのひな.

5 (入れ子式の) 箱[皿など] の一式.

■ *féather one's (ówn) nést* 金持ちになる; 私腹を肥やす.

léave [flý] the nést (鳥が) 巣立つ; (人間の子供が) 親元を離れる.

— 動 自 **1** 巣を作る, 巣ごもる. **2** (大小のサイズのものが) ぴったり組み合わさる.

◆ nést ègg C (将来に備える) 準備金, 蓄え.

*nes·tle [nésl] 動 自 **1** ゆったりと横たわる[座る, 寝そべる] [*down, in*]: She *nestled down* in a chair. 彼女はゆったりといすに座った. **2** […に] 身をすり寄せる, 寄りそう [*up*] [*to, against*]: The child *nestled up to* his mother. その子は(甘えて) 母親にすり寄った. **3** (家・村などが) […(の間)に] 囲まれて[守られて] いる, ぴったり納まる, [山などのふところに] 抱かれている [*among, in, into*]: The village *nestles in* the bosom of the hills. 村は山なみのふところにすっぽりと抱かれている.

— 他 **1** 〈頭・顔などを〉 […に] すり寄せる [*on, against*]; …を抱き寄せる: The child *nestled* his head *on* his mother's breast. その子は母親の胸に頭を埋めた. **2** …をゆったりと横たえる: He *nestled* himself on the sofa. 彼は心地よさそうにソファーに身を横たえた.

nest·ling [néstliŋ] 名 C (巣立ち前の) ひな鳥.

***net¹** [nét] 名 動

— 名 (複 **nets** [néts]) **1** C 網, ネット; (サッカー・バスケットボールなどの) ゴール (ネット): cast [throw] a *net* 投網(とあみ)を打つ / drag a *net* 網を引く / lay a *net* 網を張る / put up a *net* (テニスなどの) ネットを張る / catch fish in a *net* 網で魚を捕る / kick the ball into the *net* ボールをゴールに蹴り込む.

関連語 いろいろな net
butterfly net 虫捕り網 / fishing net 漁網 / life [safety] net 救助網 / mosquito net 蚊帳(かや) / tennis net テニス用ネット (➡ TENNIS [PICTURE BOX])

2 U 網状のもの; 網細工. **3** C 放送網, 通信網 (network). **4** [the N-] (口語) インターネット (Internet): surf the *Net* ネットサーフィンをする. **5** C (警察の) 捜査網, 包囲網; わな, 計略: The fugitive escaped the *net*. 逃亡者は捜査の網を逃れた.

■ *cást one's nét wíde* 八方手をつくす.

— 動 (三単現 **nets** [néts]; 過去・過分 **net·ted** [~id]; 現分 **net·ting** [~iŋ]) 他 **1** …を網で捕る: *net* fish 魚を網で捕る. **2** …にネットをかぶせる [張る]: *net* a plant to protect it from bugs 植物に虫よけのネットをかける. **3** (サッカーで)〈ゴール〉を挙げる; (テニス・バドミントンなどで)〈球〉をネットにかける.

***net²**, (英) **nett** [nét] 形 **1** [限定用法] 正味の, 掛け値のない (↔ gross): a *net* price 正価 / a *net* profit 純益 / *net* weight 正味重量. **2** (結果などが) 最終的な; the *net* result 最終的な結果.

— 動 他 …の純益を上げる: They *netted* over three million dollars from the deal. 彼らはその取引で 300 万ドル以上の純益を上げた.

net·ball [nétbɔ̀ːl] 名 U (英) ネットボール (バスケットボールに似た女性向きの競技).

neth·er [néðər] 形 [限定用法] (古風) 下の, 下方の (lower): *nether* garments ズボン / the *nether* world [regions] 冥土(めいど), 地獄.

Neth·er·land·er [néðərlændər] 名 C オランダ人 (Dutchman, Dutchwoman).

***Neth·er·lands** [néðərləndz] (原義は「低い土地」) 名 圃 [the ~; 通例, 単数扱い] オランダ, ネーデルランド 《ヨーロッパ北西部の王国; 首都アムステルダム (Amsterdam); (略語) Neth.; Holland の正式名称; cf. Dutch オランダ (人, 語) の》.

net·i·quette [nétikèt] 「net + etiquette」から 名 U 〖コンピュータ〗ネチケット《ネットワーク利用上のエチケットやマナー》.

net·i·zen [nétizən] 「net + citizen」から 名 C 〖コンピュータ〗ネチズン《ネットワークの利用者》.

nett [nét] 形 動 (英) = NET² (↑).

net·ting [nétiŋ] 名 U [集合的に] 網細工, 網製品: fish *netting* 漁網.

net·tle [nétl] 名 C **1** 〖植〗イラクサ《葉・茎にとげがある雑草》. **2** いらいらさせるもの[こと].

■ *grásp the néttle* (英) 敢然と困難に立ち向かう.

— 動 他 [通例, 受け身で]《口語》…をいらいらさせる, 怒らせる (irritate).

◆ néttle ràsh ⓊⒸ《英》[医] じんましん.

net·work [nétwəːrk] 名

【「net (網 (状のもの))＋work (細工, 製作)」から】
— 名 (複 net·works [~s]) Ⓒ 1 (鉄道・電線・血管などの) 網状組織, 網状のもの; (企業などの) チェーン; (人の) 情報網: a road network 道路網 / a network of supermarkets スーパーマーケットチェーン / a network of police = a police network 警察網 / a network of friends 友人の輪 [ネットワーク] / There is a network of subways throughout Manhattan. マンハッタンには地下鉄網が張り巡らされている.

2 (テレビ・ラジオの) **ネットワーク**, 放送網; 【コンピュータ】ネットワーク, 通信網: a national [local] network of TV stations テレビの全国 [地方] ネットワーク / a neural network 【コンピュータ】ニューラルネットワーク《人間の脳の働きに倣ったシステム》.

— 動 他 **1** 【コンピュータ】〈コンピュータ〉をネットワークに接続する. **2** 〈番組など〉をネット局で放送する.
— 自 [人と] 交流する, (仕事上の) 関係を作る [*with*].

net·work·ing [nétwəːrkiŋ] 名 Ⓤ (個人・組織間などの) 情報網 (活用), ネットワーク作り; 【コンピュータ】ネットワーク組織 (の活用).

*neu·ral [njúərəl / njúər-] 形 【解剖】神経 (系) の.
neu·ral·gia [njuərǽldʒə / njuər-] 名 Ⓤ [医] (顔面などの) 神経痛.
neu·ral·gic [-dʒik] 形 [医] 神経痛の.
neu·ri·tis [njuəráitis / njuər-] 名 Ⓤ [医] 神経炎.
neu·ro- [njúərou, -rə/njuər-] 結合「神経 (の)」の意を表す: *neuro*sis 神経症.
neu·ro·log·i·cal [njùərəládʒikəl / njùərəlɔ́dʒ-] 形 神経学の; (病気が) 神経の.
neu·rol·o·gist [njuərálədʒist / njuərɔ́l-] 名 Ⓒ 神経学者, 神経科医.
neu·rol·o·gy [njuərálədʒi / njuərɔ́l-] 名 Ⓤ 神経学.
neu·ron [njúəran / njúərɔn], neu·rone [-roun] 名 Ⓒ 【解剖】神経単位, ニューロン.
neu·ro·sis [njuəróusis / njuər-] 名 (複 neu·ro·ses [-siːz]) ⓊⒸ [医] 神経症, ノイローゼ.
neu·rot·ic [njuərátik / njuərɔ́t-] 形 神経症の, ノイローゼの; 神経過敏な. — 名 Ⓒ 神経症患者.
neu·ter [njúːtər / njúː-] 動 他 [通例, 受け身で]《婉曲》〈動物〉を去勢する. — 形 **1** [生物] 無性の, 中性の. **2** [文法] 中性の (→ GENDER).

‡**neu·tral** [njúːtrəl / njúː-] 形 **1** 中立の; 中立国の; 不偏不党の, 公平な; どっちつかずの: a *neutral* nation 中立国 / a *neutral* zone 中立地帯 / stand *neutral* 中立の立場をとる / He was *neutral* on the subject. その問題について彼は中立だった. **2** (特徴・種類などが) はっきりしない; (色が) くすんだ, 灰色の;【音声】(母音が) あいまいな: a *neutral* vowel あいまい母音《[ə] など》. **3**【化】中性の. **4**【機械】(自動車のギアが) ニュートラルの.
— 名 **1** Ⓒ 中立の人, 中立国 (民). **2** ⓊⒸ 中間色, 灰色. **3** Ⓤ【機械】(ギアの) ニュートラル, 中立位置: The car is in *neutral*. 車のギアはニュートラルになっている. (▷ 名 neutrálity; 動 néutralize)

neu·tral·i·ty [njuːtrǽləti / nju·-] 名 Ⓤ **1** 中立 (状態); 中立政策: unarmed *neutrality* 非武装中立. **2** 【化】中性. (▷ 形 néutral)
neu·tral·i·za·tion [njùːtrələzéiʃən / njùːtrəlaiz-] 名 Ⓤ 中立化; 中立;【化】中和.
neu·tral·ize [njúːtrəlàiz/njúː-] 動 他 **1**〈国・地域など〉を中立化する. **2** …を無効 [無力] にする. **3**【化】〈溶液〉を中和する. (▷ 形 néutral)
neu·tri·no [njuːtríːnou / nju·-] 名 (複 neu·tri·nos [~z]) Ⓒ【物理】ニュートリノ, 中性微子《電気的に中性で質量がほとんどない素粒子》.
neu·tron [njúːtran / njúːtrɔn] 名 Ⓒ【物理】中性子, ニュートロン《◇原子核を構成する物質》.

◆ néutron bòmb Ⓒ 中性子爆弾.

Nev. (略語)＝*Ne*vada.

Ne·vad·a [nivǽdə, -váːdə / -váːdə] 名 固 ネバダ《米国西部の州;(略語) Nev.;(郵便語) NV; → AMERICA 表》.

***nev·er** [névər]

— 副 **1 一度も…ない**, どんな時にも…ない: He *never* skips breakfast. 彼は朝食を抜くことはしない / She is *never* at home on Sundays. 彼女は日曜日にはいつも家にいない / I have *never* been to Africa. 私はアフリカに行ったことが一度もない / George *never* made a mistake. ジョージは間違いをしたことがなかった / I will *never* see him again. 私は二度と彼に会わない (つもりだ).

> [語法] (1) never は助動詞の前, be動詞・助動詞のあとに置く. ただし, 助動詞を強調するために助動詞の前に置くこともある: I *never* have contradicted him. 私が彼に反論したことは一度もない.
> (2)《格式》で, 強調のために never を文頭に置くと倒置が起こる: *Never* will I have such luck again. このような幸運は二度とないだろう.
> (3)「1回限りの」または「短時間に終了する」動作を否定する場合には *not* を用いる: I could *not* meet her. 私は彼女に会えなかった.

2 決して…ない (◇ not よりも強い否定を表す): Well, I *never* (did)! まさか, なんとまあ (◇驚き・疑いなどを表す) / *Never* mind!《口語》気にするな / *Never* fear!《古風》心配するな / I *never* knew hockey is so much fun. アイスホッケーがこんなに楽しいものだとは知らなかった / He *never* even smiled. 彼は (その時) にこりともしなかった / That'll *never* do! そんなことは通用するものか, それは困るよ. **3**[間投詞的に]《口語》まさか, とんでもない: Are you going to marry him? — *Never*! 彼と結婚するのですか — とんでもない.

■ *àlmost néver* めったに [まず] …ない.

néver ... but ~ …すれば必ず～する: It *never* rains *but* it pours.《ことわざ》降れば必ずどしゃ降り ⇨ 悪いことは重なるものだ.

nèver éver《口語》絶対に…ない (◇ never より強い否定を表す): I'll *never ever* forget your kindness. あなたのご親切は絶対に忘れません.

nèver the ... for ~ ～だからといって…ということはない (◇ ... には比較級が来る): We were *never*

nev·er-end·ing 形 終わることのない, 果てしない.
nev·er·more [nèvərmɔ́ːr] 副《詩語》二度と…しない (never again).
nev·er-nev·er 名 **1** [the ～]《英·こっけい》分割払い, 月賦 (◇「いつまでも払い切れないもの」という冗談から): on the *never-never* 分割払いで.
2 [C] = néver-néver lànd おとぎの国, 理想郷 (◇童話『ピーターパン』の主人公 Peter Pan が住む夢の国の名から).

***nev·er·the·less** [nèvərðəlés]
— 副《文修飾》《格式》**それにもかかわらず**, それでも, やはり (however, still) (◇しばしば but, although と共に用いる): She did not like the man, but she helped him *nevertheless*. = Although she did not like the man, she helped him *nevertheless*. 彼女はその男が嫌いだったが, それでも彼を助けた / It was cloudy. *Nevertheless*, they started. 曇っていたが, それでも彼らは出かけた.

***new** [njúː / njuː] (☆同音 knew)
— 形 (比較 **new·er** [～ər]; 最上 **new·est** [～ist]) **1** 新しい (↔ old); 新しくできた[発見された]: a *new* song 新曲 / *new* potatoes 新ジャガ / a *new* discovery 新発見 / (A) Happy *New* Year! 新年おめでとう (→ NEW YEAR 成句) / Did you buy one of the *new* (car) models this year? 今年の新型(の車)を買ったのですか.
2 [比較なし] 新品の, 使用していない (↔ used): a *new* motorbike 新品のオートバイ / The store sells both *new* and used computers. その店では新品と中古のどちらのコンピュータも売っている.
3 [比較なし; 限定用法] 新任の, 今度来た: a *new* teacher 新任の教師 / He is the *new* face on the team. 彼はチームの新顔です.
4 [比較なし] [〈に〉] 未経験の, 慣れていない; [人に]よく知られていない [to]: I'm *new* to this job. = This job is *new* to me. この仕事は初めてです / That musical was something quite *new* to me. そのミュージカルは私にとって未知のものだった. **5** [比較なし; 限定用法]《精神·健康などが》一新した, 新規まき直しの: the *new* South Africa 新生南アフリカ / He started a *new* life. 彼は新たな人生を始めた.
■ **as góod as néw** 新品同然で.
be a néw òne on …《人》にとって初耳である.
new from … …から出て来たばかりの (◇ fresh from … とも言う): Our math teacher is *new from* college. 数学の先生は大学を出たての人です.
Whát's néw?《口語》変わりはないかい (◇親しい間柄でのあいさつ): Hey, Stuart! *What's new?* — Nothing much. やあ, スチュワート. 変わりはないかい — まあまあだよ.
— 副 新しく, 最近 (newly) (◇通例, 過去分詞と共に複合語を作る): a *new*-laid eggs 生みたての卵.

◆ **Néw Áge** U ニューエイジ《西欧の価値観を拒否して精神世界や環境問題に関心を寄せる運動》.

Néw Críticism [the ～]【文学】新批評《作者の思想·伝記でなく作品そのものを分析する》.
Néw Déal [the ～] ニューディール政策《1930年代にフランクリン = ルーズベルト大統領が米国の経済復興と社会保障充実のために実施した政策》.
Nèw Guín·ea 名 ニューギニア《オーストラリア北方の島で **Papua** とも呼ばれる. 東半分がパプアニューギニア, 西半分がインドネシア領》.
néw mán [C]《主に英》新しい男性《家事·育児などを進んで分担する新しいタイプの男性》.
néw móon [C] 新月(の時) (→ MOON 図).
Nèw Sòuth Wáles 名 ニューサウスウェールズ《オーストラリア南東部の州;《略語》NSW》.
Néw Téstament [the ～] 新約聖書 (cf. the Old Testament 旧約聖書).
néw tòwn [C]《英》ニュータウン《計画的に住宅·商店·工場群などを整備して建設した町》.
néw wáve [C] [U] [しばしば the N- W-]《芸術·政治などの》新しい傾向, ニューウェーブ.
Néw Wórld [the ～] 新世界, 《ヨーロッパ·アフリカ·アジアに対して》アメリカ大陸 (↔ Old World).
néw yéar → 見出し.

new·born [njúːbɔ́ːrn / njúː-] 形 [限定用法] 生まれたばかりの — 名 新生児.
New·cas·tle [njúːkǽsl / njúːkɑ̀ːsl] 名 ニューカッスル《**England** 北部の港湾都市》.
■ **cárry [táke] cóals to Néwcastle**《英》余計な[必要のない]ことをする (→ COAL 成句).
new·com·er [njúːkʌ̀mər / njúː-] 名 [C]
1 […へ] 新しく来た人, […の] 新参者, 新人 [*to*].
2 [その分野での] 初心者 (beginner) [*to, in*].
Nèw Dél·hi [-déli] 名 ニューデリー《インドの首都》.
new·el [njúːəl / njúː-] 名 [C] = néwel pòst【建】《階段の上下両端で手すりを支える》親柱.
Nèw Éngland 名 ニューイングランド《米国北東部の **Maine, New Hampshire, Vermont, Massachusetts, Connecticut, Rhode Island** の6州から成る地域》.
new·fan·gled [njúːfǽŋgld / njúː-] 形 [通例, 限定用法]《通例, 軽蔑》《考え方·道具などが》新しいだけの, 流行を追った; 奇をてらった.
new·found [njúːfàund / njúː-] 形 新発見の.
New·found·land [njúːfəndlənd, -lænd / njúː-] 名 **1** 名 ニューファンドランド島《カナダ東部》. **2** 名 ニューファンドランド《カナダ東部の州》.
3 [C] = Néwfoundland dóg【動物】ニューファンドランド(犬)《黒毛で大型の救助犬》.
Nèw Hámpshire 名 ニューハンプシャー《米国北東部, **New England** 地方の州;《略語》N.H.;《郵略語》NH; → AMERICA 表》.
Nèw Jérsey 名 ニュージャージー《米国東部の州;《略語》N.J.;《郵略語》NJ; → AMERICA 表》.
***new·ly** [njúːli / njúː-] 副 [通例, 過去分詞の前で]
1 最近, 近頃 (recently): a *newly* married couple 新婚夫婦. **2** 新たに, 新しいやり方で.
new·ly·wed [njúːliwèd / njúː-] 名 [C] 新婚の人; [～s] 新婚夫婦. — 形 新婚の.
Nèw México 名 ニューメキシコ《米国南西部の州;《略語》N.Mex., N.M.;《郵略語》NM; →

new・ness [njúːnəs / njúː-] 名 U 新しさ; 不慣れ.

New Or・le・ans [njùː ɔ́ːrliənz, -ɔːrlíːnz / njùː ɔːlíːənz, -ɔ́ːliənz] 名 地 ニューオーリンズ《米国 Louisiana 州の港湾都市》.

news [njúːz / njúːz] (☆発音に注意)
【原義は「新しいもの」】

—名 U 1 〔…についての / …という〕**ニュース**, (放送・新聞などによる) 報道 〔*about, of / that* 節〕 (◇数える場合は a piece [an item] of news または a news item のように言う); [the 〜] (テレビ・ラジオの) ニュース番組: international [national, local] *news* 国際 [全国, 地方] ニュース / political [economic] *news* 政治 [経済] ニュース / cover the *news* ニュースを取材 [報道] する / Did you hear the *news about* [*of*] the accident? その事故についてのニュースを聞きましたか / Here is the latest *news* from London. ロンドンから最新のニュースをお伝えします / The *news that* she was engaged spread around the country. 彼女が婚約したというニュースが国じゅうに広まった.
2 〔…の / …という〕**便り**, 知らせ, 消息; 変わったこと 〔*of, about / that* 節〕: What's the *news*? 何か変わったことはありませんか / John's marriage was *news* to me. ジョンの結婚は私には初耳だった / Have you got any *news of* Lily? リリーについて何か消息をご存知ですか / No *news* is good *news*. 《ことわざ》便りのないのはよい便り / Bad *news* travels fast [apace]. 《ことわざ》悪いうわさは速く伝わる ⇨ 悪事千里を走る. **3** ニュースになる人 [こと], ニュースの材料: Her remarks are always *news*. 彼女の発言はいつもニュースになる.
■ *be in the néws* (人・事件が) ニュース種 [世間の話題] になっている.
brèak the néws (to ...) (…に) 悪い知らせを告げる.

◆ néws àgency C 通信社.
néws bùlletin C 1 《英》(テレビ・ラジオの) 短いニュース番組. 2 《米》臨時ニュース.
néws cònference C 記者会見 (press conference).

news・a・gent [njúːzèidʒənt / njúːz-] 名 C 《英》新聞雑誌販売業者 (《米》newsdealer).
news・boy [njúːzbɔ̀i / njúːz-] 名 C 新聞売り子 (newsvendor); 新聞配達人 (paperboy).
news・cast [njúːzkæst / njúːzkɑ̀ːst] 名 C 《主に米》(テレビ・ラジオの) ニュース放送 [番組].
news・cast・er [njúːzkæstər / njúːzkɑ̀ːstə] 名 C (テレビ・ラジオの) ニュースアナウンサー (《英》newsreader) (比較) 日本語の「キャスター」にあたる英語は anchorman, anchorwoman.
news・deal・er [njúːzdìːlər / njúːz-] 名 C 《米》新聞雑誌販売業者 (《英》newsagent).
news・flash [njúːzflæ̀ʃ / njúːz-] 名 C 《主に英》(テレビ・ラジオの) ニュース速報 (《米》news bulletin).
news・hound [njúːzhàund / njúːz-] 名 C 《口語》取材記者.
news・let・ter [njúːzlètər / njúːz-] 名 C (関係[購読] 者に配送する) 時事通信, 会報; 社内報; (官庁の) 公報.
news・man [njúːzmən / njúːz-] 名 (複 news・men [-mən]) C 報道記者 (newsperson).

news・pa・per [njúːzpèipər / njúːs-]
—名 (複 news・pa・pers [〜z]) 1 C **新聞** (paper): a morning [an evening] *newspaper* 朝刊 [夕刊] / a national [local] *newspaper* 全国 [地方] 紙 / an English (language) *newspaper* 英字新聞 / Today's *newspapers* say [report] that there is going to be a cabinet reshuffle. 内閣改造が近く行われるときょうの新聞各紙が報じている / I read about her victory in the *newspaper*. 私は彼女の勝利を新聞で読んだ / Our school *newspaper* comes out monthly. 私たちの学校新聞は月に1回発行されます.

コロケーション	新聞を…
新聞を購読する:	*take* [*subscribe to*] *a newspaper*
新聞を配達する:	*deliver newspapers*
新聞を発行する:	*publish a newspaper*

2 C 新聞社. **3** U 新聞紙.
news・pa・per・man [njúːzpèipərmæ̀n / njúːs-] 名 (複 news・pa・per・men [-mèn]) C 新聞記者, 新聞編集者; 新聞経営者, 新聞社オーナー.
news・print [njúːzprìnt / njúːz-] 名 U 新聞紙.
news・read・er [njúːzrìːdər / njúːz-] 名 C 《英》= NEWSCASTER (↑).
news・reel [njúːzrìːl / njúːz-] 名 C ニュース映画.
news・room [njúːzrùːm / njúːz-] 名 C (新聞社・放送局の) ニュース編集室.
news・stand [njúːzstæ̀nd / njúːz-] 名 C (街頭・駅などの) 新聞雑誌売り場.
news・wor・thy [njúːzwə̀ːrði / njúːz-] 形 報道価値のある, ニュース種になる.
news・y [njúːzi / njúːzi] 形 (比較 news・i・er [-ər]; 最上 news・i・est [-ist]) (手紙などが) 話題に満ちた.

newsstand

newt [njúːt / njúːt] 名 C 【動物】イモリ.
New・ton [njúːtən / njúː-] 名 1 個 ニュートン Sir Isaac Newton 《1642–1727; 英国の物理学者》. **2** C [n-] 【物理】ニュートン (◇力の単位).
New・to・ni・an [njuːtóuniən / njuː-] 形 ニュートン (学説) の.

néw yéar 名 1 C [通例 the 〜] 新年.
2 [N-Y-] 元日; 正月 (◇元日を含めた数日間).
■ (*A*) *Háppy Néw Yéar!* = *I wish you a Háppy Néw Yéar!* 新年おめでとう; よいお年を (◇返答は Same to you.).
◆ Néw Yéar's 《米》 **1** = New Year's Day (↓). **2** = New Year's Eve (↓).
Néw Yèar's Dáy U 元日 《1月1日; → HOLIDAY 表》.

Néw Yèar's Éve ⓤ 大みそか《12月31日》.

***New York** [njùː jɔ́ːrk / njùː-]
─ 名 ⓖ **1** ニューヨーク《米国北東部の州；《略語》N.Y.；《郵略語》NY；→ AMERICA 表》. **2** ニューヨーク市《◇正式には New York City》.

***New York City** [njúː jɔ̀ːrk síti / njúː-]
─ 名 ⓖ ニューヨーク市《米国 New York 州東南部, ハドソン河口の港湾都市. 商業・金融の中心地で, 米国最大の都市；《略語》NYC》.

New York·er [njùː jɔ́ːrkər / njùː-] 名 ⓒ ニューヨーク市[州]人.

*‎**New Zea·land** [njùː zíːlənd / njùː-] 名 ⓖ ニュージーランド《南太平洋にある英連邦の国；首都ウェリントン (Wellington)；《略語》NZ, N.Z.》.

New Zea·land·er [～ər] 名 ⓒ ニュージーランド人.

***next** [nékst] 形 副 名
─ 形 **1**(時間が)次の, 翌…, 来…(↔ last): See you *next* week. じゃあまた来週(会いましょう)/ We'll go skiing *next* Sunday. 私たちは今度の日曜日にスキーに行きます / I'm going to travel in Europe *next* year [summer]. 私は来年[来年の夏]ヨーロッパ旅行をする予定です / Please reply to this letter in the *next* two weeks. 2週間以内にこの手紙にご返事ください.
[語法] (1)「現在」を基準にして「来週[月, 年など]」と言うときは the を付けない.「過去・未来のある時」を基準にして「その翌週[月, 年など]」と言うときには the を付ける: Jane came to Tokyo in 2000 and left the *next* year. ジェーンは2000年に東京に来て, その翌年に去った.
(2)「きょう」を基準にして「あす[明朝など]」と言うときは tomorrow を用いる.「過去・未来のある日」を基準にして「(その)翌日[翌朝など]」と言うときは (the) next を用いる: *tomorrow* morning 明朝 / (*the*) *next* morning 翌朝.
(3) next は「次の」ということで, 意味があいまいになることがある. たとえば *next* Friday は「今週の金曜日 (this coming Friday)」「来週の金曜日 (on Friday next week)」のどちらにもなる.

2[通例 the ～](順序が) 次の: the *next* turn 次の番 / The *next* thing you should do is cleaning. あなたが次にやるべきことは掃除です.
3[通例 the ～](場所が) 次の, 隣の: the *next* room 隣室 / Let's get off the bus at the *next* stop. 次の停留所でバスを降りよう.
■ *in the néxt pláce* 第2に, 次に.
nèxt dóor (to ...) (…の)隣に[の]: the girl *next door* 隣の女の子 / They live *next door* to him. 彼らは彼の隣に住んでいる.
nèxt dóor to ... ほとんど…: It's *next door* to impossible. それはほとんど不可能です.
néxt to ... **1**(場所が) …の隣に[の]: She always sits *next to* Ann. 彼女はいつもアンの隣に座る / The hospital is *next to* the stadium. その病院はスタジアムの隣にある. **2**(順序が) …の次に[の]: *Next to* apple pie, my favorite dessert is ice cream. アップルパイの次に私が好きなデザートはアイスクリームです. **3**[否定を表す語句と共に用いて] ほとんど…: *next to* impossible ほとんど不可能で / I bought this bike for *next to* nothing. 私はこの自転車をただ同然で買った.
(the) néxt ... but óne [twó] 1つ[2つ]置いて次の….
(the) néxt tíme **1** 今度, この次は: I'm sure I can kick a goal *next time*. 今度は絶対にゴールを決めてやる. **2**[接続詞的に] 今度…するときには: *Next time* I come, I'll bring the photo. 今度来るときはその写真を持って来ます.
─ 副 **1** 次に, 今度: What would you like to see *next*? 次は何をご覧になりたいですか / First, beat the egg thoroughly. *Next*, add a cup of milk. まず卵をよくかき混ぜます. 次にカップ1杯の牛乳を加えます. **2**[最上級と共に用いて] 2番目に: the *next* biggest hall in the city 市で2番目に大きいホール.
─ 名 ⓤ [動向] 次の人[もの]: Who's *next*? 次はどなたですか / *Next*, please! 次の方, どうぞ / The *next* to arrive was John. 次に到着したのはジョンだった / So far the problems have been easy, but the *next* looks difficult. ここまでは問題はやさしかったが, 次のは難しそうだ.
■ *the wéek [mónth, yéar] àfter néxt* 再来週[月, 年].

next-dòor 形 [限定用法] 隣家の, 隣の: our *next-door* neighbors 隣の人たち (= our neighbors next door).

nex·us [néksəs] 名 (複 **nex·us, nex·us·es** [～iz]) ⓒ **1**(格式) 結び付き, つながり, 関係 (connection). **2**[文法] ネクサス《*He sang.* や I heard *him singing.* のような主語述語関係》.

NFL《略語》= National Football League 全米フットボールリーグ.

NGO《略語》= nongovernmental organization 非政府組織.

NH《郵略語》= New Hampshire.

N.H.《略語》= New Hampshire.

NHL《略語》= National Hockey League 北米アイスホッケーリーグ.

NHS《略語》[the ～] = National Health Service《英》国民健康保険制度.

Ni《元素記号》= nickel ニッケル.

NI, N.I.《略語》= National Insurance《英》国民保険制度; Northern Ireland 北アイルランド.

Ni·ag·a·ra [naiǽgərə] 名 **1** ⓖ [the ～]ナイアガラ川《米国・カナダ国境の川》. **2** [the ～] = Niágara Fálls ナイアガラの滝《ナイアガラ川にかかる》. **3** ⓒ [しばしば n-] 激流, 洪水;《比喩》殺到.
■ *shóot Niágara* 大冒険をする《◇「ナイアガラの滝を下る」の意から》.

nib [níb] 名 ⓒ **1** ペン先. **2**(一般に)とがった先端. **3**(鳥の)くちばし.

nib·ble [níbl] 動 ⓐ **1**[…を]少しずつかじる[かじって食べる][*at, on*]. **2**[申し出・誘惑などに]気のあるそぶりを見せる, 興味を示す[*at*].
─ ⓗ **1** …を少しずつかじる (*away*); かじって穴をあける. **2**〈財産など〉を少しずつ減らす[なくす]

Nicaragua 1037 **nickel**

(*away, off*).
— 名 C **1** [a ～][…の] ひとかじり [*at, on, of*]; ひとかじり [ひと口 [*at, on, of*]; ひとかじり [ひと口] の量: Just try a *nibble of* this cheese. このチーズをひと口かじってごらん. **2** [～s]《口語》少量の食べ物, 軽食.

Nic·a·ra·gua [nìkərá:gwə / -rǽgjuə] 名 固 ニカラグア《中米の共和国; 首都マナグア (Managua)》.

****nice** [náis]
— 形 (比較級 **nic·er** [~ər]; 最上級 **nic·est** [~ist]) **1** すてきな, すばらしい, 愉快な (↔ nasty) (➡ HAPPY [**LET'S TALK**])；(食べ物が) おいしい: You look so *nice* in that dress. そのドレス, よく似合うよ / *Nice* weather we're having. = It's *nice* today. いい天気ですね / Have a *nice* day. 行ってらっしゃい, 楽しんでいらっしゃい, ごきげんよう《◇別れのあいさつ》 / *Nice* shot [catch, play]! ナイスショット[キャッチ, プレー] / Did you have a *nice* time in Guam? グアムでは楽しかったですか / It's *nice* to be here. お招きくださってありがとう / It's been *nice* meeting you. お目にかかれてよかったです《◇初対面の人と別れるとき. 2回目からは seeing を用いる》 / How do you like the cake? — Oh, it's so *nice*. このケーキの味はいかがですか — まあ, とてもおいしいわ.
2 (a)[…に] 親切な, やさしい (kind) [*to*]: He is a *nice* man. 彼はいい人だ / She was always *nice* to me. 彼女はいつも私に優しかった. (b)[It is nice of ... +to do / be nice+to do] ～するとは…は親切だ: It was *nice of* him *to* lend me his umbrella. = He was *nice* to lend me his umbrella. 彼は親切にも私に傘を貸してくれた / How *nice of* you *to* come! 来てくださってありがとう. **3**《口語・皮肉》けっこうな, ひどい, 困った: What a *nice* answer you gave me! なんとまあ立派な返事をしてくれたもんだ. **4**《格式》細密な, 微細な: *nice* shades of meaning 意味の微妙なニュアンス. **5**《古風》上品な, 高尚な.
■ (*It's*) *Nice to méet you.* 初めまして (➡ [**LET'S TALK**]).

níce and ... [nàisən] [形容詞・副詞を強調して]《口語》とても…だ: The room is *nice and* comfortable. その部屋はとても居心地がよい.

Nice [ní:s] 名 固 ニース《南フランスの港湾都市》.

nice·ly [náisli] 副 **1** 立派に, 上手に; 心地よく, 楽しく; 親切に. **2**《口語》きちんと, 具合よく, 順調に: He's doing *nicely*. 彼はうまくやっている. **3**《格式》入念に; 正確に.

nice·ness [náisnəs] 名 U 人のよさ, やさしさ.

ni·ce·ty [náisəti] 名 (複 **ni·ce·ties** [~z]) **1** U《格式》正確さ, 精密さ. **2** U 微妙さ; C [通例, 複数形で] 微妙[詳細]な点, (法律・社交上の) 細かい点: the *niceties* of meaning 意味の微妙な差違. **3** C [通例, 複数形で] 上品[優雅] なもの; 楽しみ: the *niceties* of life 生活を優雅にするもの.
■ *to a nícety*《格式》正確に, ぴったり.

niche [nítʃ] 名 C **1** 壁龕(がん), ニッチ《彫刻・花びんなどを置く壁のくぼみ》. **2** [人・ものに] ふさわしい場所 [仕事, 地位] [*for*]: He has found a *niche for* himself in the educational world. 彼は教育界に適職を得た. **3** すき間産業.

Nich·o·las [níkələs] 名 固 [St. ～] 聖ニコラス《4 世紀頃の小アジアの司教. 子供などの守護聖人. Santa Claus は彼に由来する》.

nick [ník] 名 **1** C (目印としての) 刻み目; 小さな切り傷. **2** [the ～]《英口語》刑務所; 警察署.
■ *in góod* [*bád, póor*] *níck*《英口語》調子がよく[悪く]て.
in the nick of tíme 折よく, 間に合って.
— 動 他 **1**《口語》…に刻み目をつける; 軽く切り傷をつける. **2**《英口語》…を盗む. **3**《英口語》…を逮捕する.

****nick·el** [níkəl] 名 **1** U《化》ニッケル《元素記号 Ni》. **2** C《米国・カナダ》5 セント白銅貨; [a ～] 少額の金: I won't give him a *nickel*. 彼にはびた

LET'S TALK 出会いのあいさつ

[基本] **Nice to meet you.**

Jenny: **Emily, this is Miho, my friend from Japan.**
(エミリー, こちらは私の友人で日本から来たミホよ)
Emily: **Nice to meet you.** (はじめまして)
Miho: **Nice to meet you, too.** (こちらこそ, はじめまして)

　初対面の人に「はじめまして」とあいさつするときには Nice to meet you. と言いましょう. How do you do? は格式ばった言い方です.
　知っている人に出会ったときは, Hello. または Hi. (やあ) と言います. How are you? (お元気ですか) もあいさつの言葉です.《口語》で

は How are you doing? / What's up? / How are things? とも言います. これらに対する答えは, Fine, thank you. / All right. / I'm OK. (元気です) などです. そのあとに, And you? (あなたはどうですか) などの相手を気づかう言葉を加えるとよいでしょう.

[類例] A: Hi, John. How are you doing? (ジョン, 元気ですか)
B: Not bad at all. How about you? (元気だよ. あなたはどうですか)

一文やらない.

◆ níckel sílver ⓊU 洋銀《亜鉛・銅・ニッケルの合金》.

‡nick·name [níknèim] 名C **1** 《…への／…というニックネーム，あだ名《for / of》(◇人だけでなく，もの・場所などにも付ける). **2** 《…への／…という》愛称《for / of》《Margaret を Meg, Thomas を Tom, William を Bill と呼ぶなど》.
— 動他 [nickname + O + C]《人・ものなど》に～とあだ名[愛称]を付ける，…を～とあだ名[愛称]で呼ぶ: The boy with sandy hair was *nicknamed* "Ginger." 黄土色の髪の少年は「ショウガ」という愛称で呼ばれた.

nic·o·tine [níkətìːn] 名Ⓤ《化》ニコチン.

‡niece [níːs] 名C 姪(めい)《cf. nephew 甥(おい)《兄弟[姉妹]の娘; → FAMILY 図》.

NIES [níːz] 名《複数扱い》新興工業経済地域《◇ newly industrializing economies の略》.

nif·ty [nífti] 形《比較 nif·ti·er [～ər]; 最上 nif·ti·est [～ist]》《口語》気の利いた; 巧みな.

Ni·ger [náidʒər / niːʒéə] 名 固 ニジェール《アフリカ北西部の共和国; 首都ニアメー(Niamey)》.

Ni·ger·i·a [naidʒíəriə] 名 固 ナイジェリア《アフリカ北西部の英連邦内の共和国; 首都アブジャ(Abuja)》.

nig·gard·ly [nígərdli] 形《軽蔑》《お金などに》けちな《with》; (金額などが)わずかな, 乏しい.

nig·ger [nígər] 名 C《軽蔑》黒人, ニガー《◇ Negro 以上に人種差別的なので使用を避ける》.

nig·gle [nígl] 動自 **1** 《つまらないことに》こだわる, あれこれ文句を言う《about, over》. **2** 《ささいなことで》《人》を悩ませる, いらいらさせる;《人の》あら探しをする《at》: She *niggled at* him. 彼女は彼にあれこれとけちをつけた.
— 他《人》を悩ませる, いらいらさせる.

nig·gling [níglig] 形《限定用法》ささいなことにこだわる, こせこせした; (仕事などが)やっかいな, 面倒な, くだらない.

nigh [nái] 形 副《文語》近くの[に] (near).

***night [náit]
— 名《複 nights [náits]》 **1** Ⓒ Ⓤ 夜, 晩《→ DAY 図》: a clear *night* 晴れた夜 / a moonlit [moonless] *night* 月の(明るい)夜[月の出ていない夜] / (for) three *nights* on end = for three consecutive [successive] *nights* 3夜連続で / I had a sleepless *night*. 私はひと晩ぐっすり眠れなかった / We spent the *night* chatting about the trip. 私たちは夜を徹して旅行の話をした / *Night* came [fell]. (日が暮れて)夜になった.

語法 (1) 単に「夜に」は at night だが, 特定の夜を示す場合は on を用いる: They will arrive *on* Friday *night*. 彼らは金曜日の夜に到着する / They flew to Paris *on* the *night of* May 15. 彼らは5月15日の夜パリへ飛び立った.
(2) this, that, yesterday, tomorrow, every, one などが付く場合は前置詞を伴わず副詞的に用いる: every *night* 毎晩 / tomorrow *night* あすの夜 / last *night* 昨夜.

2 [形容詞的に] 夜の, 夜間の: a *night* flight 夜間飛行, 夜行便 / a *night* breeze 夜風 / on the *night* shift 夜勤で.

3 [～s; 副詞的に]《主に米》毎夜; たいていの晩に: I usually stay up *nights* watching TV. 私はたいてい毎晩テレビを見て夜更かしをする.

4 Ⓤ 夜の中み, 暗やみ.
■ **áll níght (lóng)** 夜通し, ひと晩じゅう.
at níght 夜に: Owls are most active *at night*. フクロウは夜間最も活動する.
by níght (昼に対して) 夜に: He works *by night* and sleeps by day. 彼は夜働いて昼に眠る.
góod níght →見出し.
hàve a góod [bád] níght 安眠する[できない].
hàve an éarly [a láte] níght 早寝[夜更かし]する.
hàve a níght óut 夜に外出して楽しむ.
màke a níght of it 飲み(遊び, 踊り)明かす.
níght àfter níght 夜ごとに, 毎晩, 毎夜.
níght and dáy = dáy and níght 昼も夜も.
the òther níght 先日の晩[夜] (▷ 形 nightly)
◆ níght depósitory [《英》sáfe] C 《銀行の》夜間金庫.
níght gàme C 夜間試合, ナイター. (比較 日本語の「ナイター」は和製英語)
níght líght C (寝室・病室などの) 常夜[終夜] 灯.
níght òwl C《口語》夜更かしをする人; 夜型人間.
níght schòol C 夜間学校.
níght spòt = NIGHTCLUB (↓).
níght wàtch **1** Ⓤ 夜間警備, 夜警 (の仕事).
2 [the ～; 集合的に] 夜警団.
níght wátchman C 夜間警備員, 夜警.

night·cap [náitkæp] 名 C **1**《口語》寝酒.
2 ナイトキャップ《寝るときにかぶる帽子》.

night·clothes [náitklòuðz] 名《複数扱い》(パジャマなどの)寝巻き.

night·club [náitklʌ̀b] 名 C ナイトクラブ.

night·dress [náitdrès] 名 C (女性用のゆったりした)寝巻き (nightgown).

*night·fall [náitfɔ̀ːl] 名 Ⓤ 夕暮れ, 日没時 (cf. daybreak 夜明け): at *nightfall* 夕暮れ時に.

night·gown [náitgàun] 名 C《主に米》(女性の)寝巻き (nightdress).

night·hawk [náithɔ̀ːk] 名 C **1**〔鳥〕(北米産の)ヨタカ. **2** 夜型人間 (night owl).

night·ie [náiti] 名 C《口語》(女性用の)寝巻き (nightgown).

*night·in·gale [náitəngèil, -tip- / -tip-] 名 C **1**〔鳥〕ナイチンゲール, サヨナキドリ《欧州産の渡り鳥で, 雄が夜間に美しい声で鳴く》. **2** 美声の持ち主.

Night·in·gale [náitəngèil, -tip- / -tip-] 名 固 ナイチンゲール Florence Nightingale《1820 – 1910; 近代看護法の基礎を築いた英国の看護婦》.

night·jar [náitdʒɑ̀ːr] 名 C〔鳥〕ヨーロッパヨタカ.

night·life [náitlàif] 名 Ⓤ (ナイトクラブなどでの)夜遊び, 夜の社交生活〔娯楽〕.

night·long [náitlɔ̀ːŋ, -lɔ̀ŋ] 副《文語》夜通し, 徹夜で.
— 形《限定用法》夜通しの, 徹夜の.

night·ly [náitli] 形《限定用法》夜の; 夜ごとの, 毎夜行われる[起こる]: *nightly* rounds (警備員の)夜回

り. ― 副 夜間に; 毎夜. (▷ 名 night)

*night・mare [náitmèər] 名 1 C U 悪夢, 恐ろしい夢: have a *nightmare* 悪夢を見る. 2 《口語》恐ろしいこと[経験], ひどい心配[恐怖]: a *nightmare* scenario 最悪の事態.

night・mar・ish [náitmèəriʃ] 形 悪夢のような.

night・shirt [náitʃə̀ːrt] 名 C (ひざまであるシャツ型の男性用)寝巻き.

night・stick [náitstìk] 名 C 《米》(警官の)警棒 (billy, 《英》truncheon).

night・time [náittàim] 名 U 夜間 (↔ daytime); [形容詞的に] 夜間の: in the *nighttime* = at *nighttime* 夜間に.

night・wear [náitwèər] 名 U 寝巻き.

ni・hil・ism [náihəlìzəm] (☆発音に注意) 名 U ニヒリズム, 虚無主義; 《政治》無政府主義.

ni・hil・ist [náihəlist] 名 C ニヒリスト, 虚無主義者; 無政府主義者.

ni・hil・is・tic [nàihəlístik] 形 ニヒリズムの; 無政府主義の.

Ni・ke [náiki(:)] 名 固 《ギ神》ニケ《翼を持つ勝利の女神; → GODDESS 表》.

nil [níl] 名 U 1 無, ゼロ (nothing). 2 《英》(競技の得点の)ゼロ, 零点: He won by a score of three to *nil* [3-0]. 彼は3対0で勝った.

Nile [náil] 名 固 [the ~] ナイル川《アフリカ東部を流れて地中海に注ぐ大河》.

*nim・ble [nímbl] 形 (比較 nim・bler [~ər]; 最上 nim・blest [~ist]) 1 すばやい, すばしこい, 敏捷(びんしょう)な: He is *nimble* of foot [*nimble* on his feet]. 彼は足が速い. 2 のみこみが速い, 機転が利く: have a *nimble* mind 頭の回転が速い.

nim・bly [nímbli] 副 すばやく, 敏捷(びんしょう)に.

nim・bus [nímbəs] 名 (複 nim・bi [-bai], nim・bus・es [~iz]) 1 C U 《気象》雨雲, 乱雲. 2 C 《美》(神仏・聖人などの)円光の後光, 光輪 (halo). 3 C (人やものの周りに漂う神秘しい)雰囲気, オーラ.

nim・by, Nim・by, NIM・BY [nímbi] 名 (複 nim・bies [~z]) C 《口語》ニンビー《ごみ処理場・核施設などの建設そのものには賛成だが, 自宅付近に建つのには反対する人. *not in my backyard* の略》: a *nimby* attitude 住民エゴ丸出しの態度.

nin・com・poop [nínkəmpùːp] 名 C 《古風・口語》ばか, 間抜け, とんま (fool).

****nine [náin]
名 形
― 名 (複 nines [~z]) 1 U (基数の) 9 (→ NUMBER 表). 2 C 9を表す記号 (9, ix, IX など). 3 [代名詞的に; 複数扱い] 9つ, 9個, 9人. 4 U 9時, 9分; 9歳; 9ドル[セント, ポンド, ペンスなど]; 9フィート, 9インチ. 5 C 9つ[9個, 9人]ひと組のもの; 【野球】ナイン. 6 C [トランプ] 9の札.
― 形 1 [限定用法] 9の, 9個の, 9人の.
2 [叙述用法] 9歳で.

■ nine times òut of tén 《口語》十中八九, たいてい, ほとんどいつも.

nine・pin [náinpìn] 名 1 [~s; 単数扱い] ナインピンズ, 九柱戯 《ボウリングの原型》. 2 C 九柱戯 (ninepins) 用の柱 [ピン]: go down like *ninepins* (多くの人が)ばたばたと倒れる.

****nine・teen [nàintíːn]
名 形
― 名 (複 nine・teens [~z]) 1 U (基数の) 19 (→ NUMBER 表). 2 C 19を表す記号 (19, xix, XIX など). 3 [代名詞的に; 複数扱い] 19, 19個, 19人.
4 U 19時, 19分; 19歳; 19ドル[セント, ポンド, ペンスなど]; 19フィート, 19インチ. 5 C 19個[19人]ひと組のもの.

■ tálk ninetéen to the dózen 《英口語》しゃべりまくる.
― 形 1 [限定用法] 19の, 19個の, 19人の.
2 [叙述用法] 19歳で.

***nine・teenth [nàintíːnθ]
形 名 (◇ 19th ともつづる; → NUMBER 表)
― 形 1 [通例 the ~] 19番目の, 第19の; 19位の. 2 19分の1の (→ FOURTH 形 2).
― 名 (複 nine・teenths [~s])
1 U [通例 the ~] 19番目の人[もの].
2 U [通例 the ~] (月の) 19日 (→ FOURTH 名 2).
3 C 19分の1 (→ FOURTH 名 3 [語法]).

*nine・ti・eth [náintiəθ] (◇ 90th ともつづる; → NUMBER 表) 形 1 [通例 the ~] 90番目の, 第90の; 90位の. 2 90分の1の (→ FOURTH 形 2).
― 名 (複 nine・ti・eths [~s]) 1 U [通例 the ~] 90番目の人[もの]. 2 C 90分の1 (→ FOURTH 名 3 [語法]).

níne-to-fíve 形 [限定用法] (勤務時間が)朝9時から夕方5時までの, 勤め人の: a *nine-to-five* job サラリーマンの仕事.

***nine・ty [náinti]
名 形
― 名 (複 nine・ties [~z]) 1 U (基数の) 90 (→ NUMBER 表). 2 C 90を表す記号 (90, XC など). 3 [代名詞的に; 複数扱い] 90個, 90人. 4 U 90分; 90歳; 90ドル[セント, ポンド, ペンスなど]; 90フィート, 90インチ. 5 C 90個[人]ひと組のもの.
6 [one's nineties] 90歳代; [the nineties] (世紀の) 90年代.
― 形 1 [限定用法] 90の, 90個の, 90人の.
2 [叙述用法] 90歳で.

nin・ny [níni] 名 (複 nin・nies [~z]) C 《古風・口語》ばか, 間抜け, とんま (fool).

***ninth [náinθ]
形 名 (◇ 9th ともつづる; → NUMBER 表)
― 形 1 [通例 the ~] 9番目の, 第9の; 9位の.
2 9分の1の (→ FOURTH 形 2).
― 名 (複 ninths [~s])
1 U [通例 the ~] 9番目の人[もの].
2 U [通例 the ~] (月の) 9日 (→ FOURTH 名 2).
3 C 9分の1 (→ FOURTH 名 3 [語法]).
4 C 《野球》9回, 最終イニング.

*nip[1] [níp] 動 (三単現 nips [~s]; 過去・過分 nipped [~t]; 現分 nip・ping [~iŋ]) 他 1 …をつねる, つまむ, はさむ; かむ: My fingers were *nipped* in the door. ドアに指をはさまれた. 2 …を摘み[むしり]取る, はさみ切る, かみ切る (*off, away*); 〈草など〉をしむる (*out*): *nip* a wire with pliers 針金をペンチで切る. 3 〈成長・発達・計画などを〉妨げる, 阻む: The dry weather *nipped* the growth of the

nip² plants. 日照りが草木の成長を阻んだ. **4** 《霜・風などが》…を枯らす, 痛めつける: The frost *nipped* the buds. 霜でつぼみがやられた.

— 自 **1** [...を]つねる, はさむ; かむ [*at*]. **2** 《風・寒さなどが》肌を刺す; 《薬などが》しみる. **3** 《英口語》急ぐ (hurry); 走る: *nip* along 急いで行く / *nip* off [away] すばやく立ち去る (逃げる).

■ *nip ... in the búd* 《問題など》の芽を摘む; 《事故など》を未然に防ぐ.

— 名 [a ~] **1** つねる [かむ] こと. **2** 身を切るような寒さ, 冷たさ; 霜害: There is a *nip* in the air. 空気が肌を刺すように冷たい. **3** 《チーズなどの》強いにおい [味]; ぴりっとする味.

■ *nip and túck* 《米口語》(競技などで) 互角で [の]; (どちらに転ぶかは) 五分五分で [の].

nip² 名 C 《通例 a ~》《強い酒の》少量, ひと口: a *nip* of rum ひと口のラム酒.

nip·per [nípər] 名 C **1** [~s] はさむ [つまむ] 道具 《ペンチ・ニッパー・ピンセットなど》; 《俗語》手錠: a pair of *nippers* ペンチ1丁. **2** [~s] 《カニ・エビなどの》はさみ. **3** 《英口語》《特に男の》子供, 小僧.

nip·ple [nípl] 名 C **1** (人間の)乳首, 乳頭 《動物の乳首は通例 teat と言う》. **2** 乳首状のもの; 《米》哺乳(ほにゅう)びんの乳首.

nip·py [nípi] 形 《比較 **nip·pi·er** [~ər]; 最上 **nip·pi·est** [~ist]》《口語》**1** 《風などが》身を切るような, 冷たい, 厳しい. **2** 《英》すばしこい, 機敏な.

nir·va·na [nìərvɑ́:nə]【サンスクリット】 名 **1** Ｕ《通例 N-》《仏教・ヒンドゥー》涅槃(ねはん) 《苦痛などから解放された至福の境地》. **2** Ｕ Ｃ 極楽; 法悦.

Ni·sei [ní:sei, -séi]【日本】 名 (複 **Ni·sei**) Ｃ 《米》二世《日本人移民である一世の子. 帰化している》.

nit [nít]《☆同音 knit》 名 Ｃ **1** 《シラミなど》寄生虫の卵 《幼虫》. **2** 《英口語》ばか, 間抜け.

ni·ter,《英》**ni·tre** [náitər] 名 Ｕ《化》**1** 硝酸カリウム, 硝石《火薬の原料》. **2** 硝酸ナトリウム《肥料の原料》.

nít·pick·ing [-] 名 Ｕ 《口語・軽蔑》ささいなことへのこだわり; 細かいあら探し.

ni·trate [náitreit] 名 Ｕ Ｃ《化》硝酸塩; 硝酸肥料.

ni·tric [náitrik] 形《化》窒素の, 窒素を含む.

◆ **nítric ácid** Ｕ《化》硝酸 (HNO_3).

nítric óxide Ｕ《化》(一)酸化窒素 (NO).

***ni·tro·gen** [náitrədʒən] 名 Ｕ《化》窒素 《元素記号》N).

◆ **nítrogen dióxide** Ｕ《化》二酸化窒素 (NO_2) 《有毒ガスで大気汚染の原因になる》.

nítrogen fixátion Ｕ《化》窒素固定 《大気中の遊離窒素を原料に窒素化合物を作ること》.

ni·tro·glyc·er·in(e) [nàitrəglísərin] 名 Ｕ《化》ニトログリセリン《ダイナマイトなどの原料. 狭心症治療薬としても用いる》.

nit·ty-grit·ty [nítigríti] 名《the ~》《口語》(問題の) 核心, 本質; 基本的事実: get down to the *nitty-gritty* 問題の核心に迫る.

nit·wit [nítwìt] 名 Ｃ 《口語・軽蔑》ばか, 間抜け.

nix [níks]《米俗語》副 いや, だめ (no).

— 動 他 …を拒否 [却下] する《◇新聞見出し語に多い》.

Nix·on [níksən] 名 固 ニクソン Richard Milhous [mílhaus] Nixon 《1913-94; 米国の政治家; → PRESIDENT 表》.

NJ《郵略語》= New Jersey.

N.J.《略語》= New Jersey.

NM《郵略語》= New Mexico.

N.Mex., N.Mex.《略語》= New Mexico.

***no** [nóu]《☆同音 know》
副 形 名

❶ 副詞

■ 否定の答え 「いいえ」(→ 副 1)
Are you tired? — No, I'm not.
(疲れましたか — いいえ, 疲れてはいません)

■ 比較級の前に付けて 「少しも…ない」
(→ 副 4)
Our dog is <u>no</u> bigger than this cat.
(うちの犬はこの猫ほどの大きさしかない)

❷ 形容詞

■ 名詞の否定 「1人[1個]も…ない」
(→ 形 1)
I have <u>no</u> children.
(私には子供がいない)

■ [be no+名詞] 「決して…でない」
(→ 形 2)
He is <u>no</u> scholar.
(彼が学者だなんてとんでもない)

■ 掲示 「…禁止」(→ 形 3)
<u>No</u> parking. (駐車禁止)
<u>No</u> dogs. (犬同伴禁止)

— 副 **1** [質問・勧誘などに対する否定の答えとして] (↔ yes) [肯定(疑問)文に対して] **いいえ** (違います, そうではありません): Are you a student? — *No*(, I'm not). あなたは学生ですか — いいえ (, 学生ではありません) / Do you like "natto"? — *No*(, I don't). 納豆は好きですか — いいえ (, 好きではありません) / Would you like some tea? — *No*, thank you. お茶でもいかがですか — いいえ, 結構です / I think he is from Arizona. — *No*, he is from Texas. 彼はアリゾナ州出身だと思います — いいえ, テキサス州出身です.
(b) [否定疑問文に対して] **はい** (違います, そうではありません): Isn't she a singer? — *No*(, she isn't). 彼女は歌手ではないのですか — ええ (, 違います) / Didn't you know? — *No*(, I didn't). 知らなかったのですか — はい (, 知りませんでした) / You don't know him, do you? — *No*(, I don't). あなたは彼を知らないのですね — ええ (, 知りません).

[語法] 英語では質問の形式に関係なく返事の内容が肯定なら Yes, 否定なら No と答えるので, 日本語の問いの「はい」「いいえ」とは逆になることがある.

2 [否定を強調して] それどころか, いや実際は 《◇ not, nor と共に用いる》: None of his friends believed him; *no*, *not* even his wife. 彼の友人はだれも彼の言葉を信じなかった. 彼の奥さんさえ信じなかった / He couldn't lift the stone; *no*, *nor* did he move it. 彼はその石を持ち上げるどころか,動かすことさえできなかった.

3 [間投詞的に付けて] まさか,そんな (◇驚き・不信を表す): He was shot. — Oh, *no*! 彼は銃で撃たれました — えっ,まさか / Finish this work within a week. — *No*, that's impossible! この仕事は1週間で終えなさい — えっ,それは無理です.

4 [比較級の前に付けて] 少しも…ない (◇しばしば「no + 比較級 + than …」の形で用いる): He could walk *no* farther. 彼はそれより先は歩けなかった (= He couldn't walk any farther.) / The computer is *no* bigger than a dictionary. このコンピュータは辞書くらいの大きさしかない.

— 形 [限定用法] **1** (a) [可算名詞に付けて] 1人 [1個] も…ない (not any): I have *no* brother(s). 私には兄弟はいない (= I don't have any brothers.) / There was *no* child [There were *no* children] in the park. 公園には子供が1人もいなかった / There are *no* books on the shelf. 棚の上には本は1冊もない.

語法 単数形・複数形のいずれにも付けることができる. どちらを用いるかは話者次第だが,1人[1個]しかないものには単数形を,2人[2個]以上あるものには複数形を用いるのが一般的.

(b) [不可算名詞に付けて] 少しも…ない: I have *no* time to play tennis. 私にはテニスをする暇がない / There's *no* milk left in the fridge. 冷蔵庫に牛乳は残っていない / *No* mail came this morning. けさは郵便物が来なかった.

2 決して…でない, …などというものではない (◇「be no (+ 形容詞) + 名詞」の形で強い否定を表す): He is *no* genius. 彼は天才でもなんでもない (◇ He is not a genius. は単に「彼は天才ではない」の意になる) / I'm *no* expert in computers. 私がコンピュータの専門家だなんてとんでもない / This is *no* easy problem for me. これは私にとって決して簡単な問題ではない.

3 [動名詞・名詞の前に付けて] …禁止, …お断り (◇通例,掲示などに用いる): *No* smoking. 禁煙 / *No* pictures, please. 写真を撮らないでください.

■ **Nó wáy!** [口語] だめ,いや (→ WAY[1] 成句).

there is nó dóing → THERE 形 成句.

— 名 (複 noes, nos [~z]) C U **1** いいえ [いや, だめ] (という返事),否定,拒否 (↔ yes): Don't say *no*. いやと言わないでください / What do you say to having a rest here? — I wouldn't say *no*. ここでひと休みしようか — いいですね / I won't take *no* for an answer. いやとは言わせませんよ.

2 [通例,複数形で] 反対投票 (↔ yes, ay(e)): The *noes* have it! 反対多数 (◇議長などの発言).

◆ **nó síde** U [ラグビー] ノーサイド, 試合終了.

*****no., No.** [nʌ́mbər] 名 (複 **nos., Nos.** [~z]) C [無冠詞で数字の前に置いて] 第…, …番, 第…号: Beethoven's Symphony No.9 ベートーベンの交響曲第9番 / *nos.* 5, 6, and 7 5番と6番と7番 / *No.* 10 (Downing Street) ダウニング街10番地 (◇ロンドンの英国首相官邸住所).

nó-ac·còunt 形 [米口語] 価値のない,役立たずの.

No·ah [nóuə] 名 [聖] ノア (神の命により箱舟 (Noah's ark) を造り,自身と家族,あらゆる動物のつがいを乗せて洪水を逃れたヘブライの族長).

◆ **Nóah's árk** U [聖] ノアの箱舟.

nob·ble [nɑ́bl / nɔ́bl] 動 他 [英口語] **1** (勝たせないために) 〈競走馬〉に薬物を与える. **2** (賄賂 (ぬゐ) などで) 〈人〉を買収する,抱き込む.

No·bel [noubél] 名 固 ノーベル Alfred Bernhard [báːrnhɑːrd] Nobel (1833–96; スウェーデンの化学者でダイナマイトの発明者.その遺産でノーベル賞基金が創設された).

◆ **Nóbel príze** [C] [しばしば N- P-] ノーベル賞 (平和,物理学,化学,医学・生理学,文学,経済学の6部門がある).

*****no·bil·i·ty** [noubíləti] 名 **1** 気高さ,高貴さ, 高潔さ: a person of *nobility* 高潔な人.

2 [the ~; 集合的に] 貴族階級.

*****no·ble** [nóubl]
形 名 [原義は「有名な」]

— 形 (比較 **no·bler** [~ər]; 最上 **no·blest** [~ist]) [通例,限定用法] **1** 気高い,高潔な; (人格などが) 立派な (↔ ignoble): a *noble* ideal 崇高な理想 / a person of *noble* character 高潔な人格者 / It was *noble* of him to offer help. 彼が援助を申し出たのは立派だった.

2 身分の高い,貴族の: a *noble* family 貴族の一家 / a person of *noble* birth 高貴な生まれの人.

3 見事な,堂々とした,威厳のある: a *noble* horse 見事な馬 / a *noble* cathedral 荘厳な大聖堂.

4 (金属が) 腐食しない: *noble* metals 貴金属.

— 名 C [通例 ~s] 貴族 (peer).

no·ble·man [nóublmən] 名 (複 **no·ble·men** [-mən]) C 貴族 (◇女性形は noblewoman).

nó·ble-mínd·ed 形 気高い,心の高潔な.

no·blesse o·blige [noublés oublíːʒ] [フランス] 名 U 高い身分に伴う (道徳上の) 義務 [責任].

no·ble·wom·an [nóublwùmən] 名 (複 **no·ble·wom·en** [-wìmin]) C 貴族の婦人, 貴婦人 (◇ nobleman の女性形).

*****no·bly** [nóubli] 副 **1** 気高く,高貴に;堂々と,立派に: behave *nobly* 立派にふるまう. **2** 貴族として [らしく]: be *nobly* born 貴族として生まれる.

*****no·bod·y** [nóubədi, -bɑ̀di / -bədi, -bɑ̀di] 代

— 代 [不定代名詞] [単数扱い] だれも…ない (not anybody): There's *nobody* in the kitchen. 台所にはだれもいない (= There isn't anybody in the kitchen.) / I saw *nobody* I knew at the party. パーティーでは知っている人には1人も会わなかった / *Nobody* can tell what will happen in the future. 将来何が起こるかはだれにもわからない / *Nobody* else wears red shoes except you. あなたのほかに赤い靴をはいている人はいません.

語法 (1) no one と同じ意だが, nobody のほうが口語的.
(2) 単数扱いであるが,《口語》では they で受けることが多い (→ SOMEBODY 語法 (3)): *Nobody* raised *their* hands. だれも手を挙げなかった.

— 名 (複 **no·bod·ies** [~z]) C [通例,単数形で] 取るに足らない人,名もない人: He is just a *nobody* in politics. 彼は政界では小物にすぎない.

noc·tur·nal [nɑktə́ːrnəl / nɔk-] 形 **1** [限定

nocturne

用法)《格式》夜の, 夜間の. **2**【動物】夜行性の; 【植】夜咲きの(↔ diurnal).

noc・turne [nɑ́ktərn / nɔ́k-] 名 C 【音楽】夜想曲, ノクターン(◇特にピアノ曲を言う); 【美】夜景画.

*** nod [nɑ́d / nɔ́d] 動 名

— 動 (三単現 **nods** [nɑ́dz / nɔ́dz]; 過去・過分 **nod・ded** [~id]; 現分 **nod・ding** [~iŋ])

— ⓐ **1** (同意などを表すために)**うなずく**, 首を縦に振る (cf. shake one's head 首を横に振る); [...に / to do]: nod in agreement 同意してうなずく / She *nodded* when I asked her to come for a drive. 彼女をドライブに誘ったら彼女はうなずいた.

2 [...に]会釈する[to, at]: Bill always *nods* to his neighbors. ビルは近所の人にいつも会釈する.

3 うたたねする, こっくりする (off): *nod off* for a few minutes 数分間うとうとする.

4 しくじる, ミスをする. **5** (草木などが上下に)揺れる: *nodding* pansies 風になびくパンジー.

— ⓣ **1** 〈首+O〉〈首〉を縦に振る: She *nodded* her head contentedly. 彼女は満足げにうなずいた.

2 (a) [nod+O]〈承諾・賛意など〉をうなずいて示す: She *nodded* her approval. 彼女はうなずいて賛成した.

(b) [nod+O+O / nod+O+to ...]〈人〉にうなずいて〈同意など〉を示す: He *nodded* me a welcome. = He *nodded* a welcome *to* me. 彼はうなずいて私を歓迎してくれた.

■ *hàve a nódding acquáintance with* ... 〈人〉とあいさつする程度の知り合いである; 〈物事〉をわずかに[ほんの少し]知っている.

— 名 C (通例 a ~) **1** うなずき; 会釈: She gave me a *nod*. 彼女は私に会釈した. **2** 居眠り.
■ *gèt the nód*[口語][...から]同意[承認]を得る[*from*].

give ... the nód = *give the nód to ...*[口語] ...に同意する, ...を承諾する.

on the nód《英口語》顔 (パス)で; 採決なしに.

node [nóud] 名 C **1** 節(ぶ), こぶ, はれ.
2 【植】(茎・幹の)こぶ, (枝・葉の付け根の)節(ぶ). **3** 【天文】交点. **4** 【解剖】結節, 節(ぶ): a lymph *node* リンパ節.

nod・u・lar [nɑ́dʒulər / nɔ́dju-] 形 こぶ[節] (nodule) のある, こぶ[節] 状の.

nod・ule [nɑ́dʒuːl / nɔ́djuːl] 名 C **1** (植物・身体に生じる)小さなこぶ, 節(ぶ); 小結節; 【植】根粒(特にマメ科植物の根に生じる小さなこぶ). **2** (鉱物の)小塊.

No・el, No・ël [nouél]【フランス】名《文語・詩語》
1 Ⓤ クリスマス (Christmas). **2** [n-] クリスマス祝歌 (Christmas carol).

nó-flỳ zóne 名 C 飛行禁止区域.

nog・gin [nɑ́gin / nɔ́g-] 名 C《古風》 **1** (酒の)少量. **2**《口語》頭.

nó-gó 形《英口語》立入禁止の.
◆ **nó-gó àrea** C《英口語》 **1** 部外者立入禁止区域. **2** 議論しないほうがよい[不都合な]話題.

nó-góod《米俗語・軽蔑》形 役立たずの, ろくでもない. — 名 C 役立たず(の人[もの]).

no・how [nóuhàu] 副[通例, 否定語と共に用いて]《俗語》決して[少しも]...ない: I *can't* believe him *nohow*. 私は彼の言葉を全然信じられない.

*** noise [nɔ́iz] 名 動

— 名 (複 **nois・es** [~iz]) **1** Ⓒ Ⓤ (通例, 不快な)音, 騒音, 物音 (→ SOUND 類語)): I heard a strange *noise* downstairs. 下の階で変な音がした / I can't stand that loud *noise*. あのひどい騒音には我慢できない / Don't make so much *noise* when you eat. 食べるときにそんなに耳ざわりな音を立ててはいけない.

2 Ⓤ (テレビ・ラジオなどの)雑音, ノイズ.
3 Ⓤ【コンピュータ】ノイズ, 無意味な情報.
■ *a bíg nóise*《軽蔑》大物, 実力者, お偉方.
màke (a) nóise **1** やかましい音を立てる: He *makes a noise* instead of music when he practices the violin. 彼のバイオリンの練習は音楽というより騒音だ. **2**[口語][...について]騒ぎ立てる[*about*].
màke nóises[...のことを]騒ぎ立てる; それとなく言う[*about*]; [形容詞を伴って] ...なことを言う: *make* encouraging *noises* 励ます.   (▷ 形 nóisy)
— 動 ⓣ ...を言いふらす.

noise・less [nɔ́izləs] 形[限定用法] 音のしない[小さい], 静かな, 雑音のない[少ない] (↔ noisy).

noise・less・ly [nɔ́izləsli] 副 音を立てずに, 静かに (↔ noisily).

nois・i・ly [nɔ́izili] 副 騒々しく, やかましく, 大きな音を立てて (↔ noiselessly).

nois・i・ness [nɔ́izinəs] 名 Ⓤ 騒がしさ, 喧騒(ごき).

noi・some [nɔ́isəm] 形《文語》不快な; 悪臭のする.

*** nois・y [nɔ́izi]

— 形 (比較 **nois・i・er** [~ər]; 最上 **nois・i・est** [~ist]) **やかましい**, 騒々しい (↔ quiet): *noisy* boys やかましい少年たち / a *noisy* classroom 騒々しい教室 / Don't be so *noisy*! そんなにうるさくするな.   (▷ 名 nóise)

no・mad [nóumæd] 名 C **1** [しばしば ~s] 遊牧民. **2** 放浪者 (wanderer).

no・mad・ic [noumǽdik] 形 **1** 遊牧の: a *nomadic* tribe 遊牧民族. **2** 放浪(者)の, 放浪癖のある: live [lead] a *nomadic* life 放浪生活を送る.

no-màn's-lánd [nóumǽnzlǽnd] 名 Ⓤ C **1** 所有者のいない土地; 荒れ地. **2** [時に N-](向かい合う両軍の)中間地帯, 無人地帯.

nom de guerre [nɑ́m də géər / nɔ́m-]【フランス】名 (複 **noms de guerre**, **nom de guerres** [~z]) C 仮名, 偽名.

nom de plume [nɑ́m də plúːm / nɔ́m-]【フランス】名 (複 **noms de plume**, **nom de plumes** [~z]) C 筆名, ペンネーム (pen name).

no・men・cla・ture [nóumənklèitʃər / nouménklətʃə] 名《格式》 **1** Ⓤ C (分類学的)命名法, 用語体系. **2** Ⓤ [集合的に] 学術用語; 学名.

***nom・i・nal** [nɑ́mənəl / nɔ́m-] 形 **1** 名目[名義](上)の (↔ real); (金額などが)ほんのわずかの, 申し訳

nom·i·nal·ly [nάmənəli / nɔ́m-] 副 **1** 名目[名義]上(は). **2**《文法》名詞的に, 名詞として.

＊nom·i·nate [nάmənèit / nɔ́m-]【原義は「名を付ける」】動 他 **1**〈人〉を(候補者として)[…に]指名する, 推薦する[for, as]: Mr. Jones will be *nominated for* [*as*] President. ジョーンズ氏は大統領候補に指名されるだろう. **2** [nominate＋O＋as [to be] ...]〈人〉を…に任命する(◇ …には役職・地位を表す語が来る): The president *nominated* him *as* [*to be*] a manager. 社長は彼を部長に任命した. **3**〈日時・場所〉を(正式に)指定する, 決める.

＊nom·i·na·tion [nὰmənéiʃən / nɔ̀m-] 名 U C (候補者の)指名, 推薦；任命；U 指名[任命]権: He got the Republican *nomination* for President. 彼は共和党の大統領候補の指名を得た.

nom·i·na·tive [nάmənətiv / nɔ́m-] 形《文法》主格の: the *nominative* case 主格.
— 名 [the ～] 主格 (↑ CASE¹); C 主格の語.

nom·i·nee [nὰməní: / nɔ̀m-] 名 C […に]指名[推薦, 任命]された人[*for*].

non- [nɑn / nɔn] 接頭「非…, 不…, 無…」などの意を表す: *non*stop 直行の / *non*bank ノンバンク.(語法) 通例, non- は単なる否定を表し, dis-, in-, un- は積極的な否定を表す: *non*human 人間以外の / *in*human 思いやりのない.

non·age [nάnidʒ / nóun-] 名 U **1**《法》未成年 (minority)《米国の多くの州や英国では18歳未満》. **2** 未成熟(期), 幼年(期).

non·a·ge·nar·i·an [nὰnədʒənéəriən / nòun-] 形 名 90歳(代)の(人).

non·ag·gres·sion [nὰnəgréʃən / nɔ̀n-] 名 U (2国間の)不可侵, 不侵略: a *nonaggression* pact 不可侵条約.

non·al·co·hol·ic [nὰnælkəhɔ́:lik / nɔ̀nælkəhɔ́l-] 形 アルコールを含まない.

non·a·ligned [nὰnəláind / nɔ̀n-] 形 非同盟[中立]の: a *nonaligned* nation [country] 中立国.

non·a·lign·ment [nὰnəláinmənt / nɔ̀n-] 名 U 非同盟(主義), 中立(主義).

non·bank [nάnbæŋk / nɔ́n-] 名 C ノンバンク《銀行以外の金融機関[会社]》.

nonce [nάns / nɔ́ns] 名《次の成句で》
■ **for the nónce**《文語》当分, さしあたり.
◆ **nónce wòrd** C《文法》臨時語,(その場限りの)間に合わせの語.

non·cha·lance [nὰnʃəláːns / nɔ́nʃələns] 名 U 平静, 平然とした態度, 無関心: with *nonchalance* 平然と.

non·cha·lant [nὰnʃəláːnt / nɔ́nʃələnt] 形 平然とした, 平静な, 無頓着(むとんちゃく)な, 無関心な.
non·cha·lant·ly [～li] 副 平然と.

non·com·bat·ant [nὰnkəmbǽtənt, -kάmbət- / nɔ̀nkɔ́mbət-] 名 C《軍》(軍医・従軍牧師などの)非戦闘員；(戦時の)一般市民.

non·com·mis·sioned [nὰnkəmíʃənd / nɔ̀n-] 形 任命されて[辞令を受けて]いない.
◆ **noncommíssioned ófficer** C《軍》下士官(《略語》NCO) (cf. commissioned officer 士官).

non·com·mit·tal [nὰnkəmítəl / nɔ̀n-] 形 態度をはっきり示さない, あいまいな.
non·com·mit·tal·ly [-təli] 副 あいまいに.

non·con·duc·tor [nὰnkəndʌ́ktər / nɔ̀n-] 名 C《物理》不導体, 絶縁体.

non·con·form·ist [nὰnkənfɔ́:rmist / nɔ̀n-] 名 C **1**(体制・制度などに)従わない人, 反体制的な人. **2** [しばしば N-]《英》非国教徒.
— 形 **1** 反体制的な. **2**《英》非国教徒の.

non·con·form·i·ty [nὰnkənfɔ́:rməti / nɔ̀n-] 名 U **1**(体制・制度などに)従わないこと, 非協調；不調和. **2** [しばしば N-]《英》非国教主義.

non·de·script [nὰndiskrípt / nɔ́ndiskrìpt] 形 特徴のない, 目立たない.

＊＊＊＊none [nʌ́n] 代 副

— 代 [不定代名詞] **1** [none of＋複数名詞；単数・複数扱い] (3つ・3人以上のうちの) **どれも**[だれも] …ない (cf. neither (2つ・2人のうち) どちらも…ない): *None of* the students were [was] there. 生徒はだれもそこにいなかった / *None of* the eggs were [was] broken. 卵は1つも割れていなかった / I want to talk to *none of* them. 私は彼らのだれとも話をしたくない.

(語法) (1) no one, nobody より《格式》.
(2) of のあとに来る名詞には the, these, 所有格などの限定語句が付く: *None of* these [my] motorcycles are expensive. ここにある[私の]バイクはどれも高くない.

2 [none of＋単数名詞；単数扱い] 少しも…ない: You should waste *none of* your money. お金は少しもむだにすべきではない / *None of* the water is left in the canteen. 水筒には水が一滴も残っていない.

3 [先行する単数名詞を受けて] 少しも[何も, だれも] …ない: Is there any wine left in that bottle? — No, there is *none* (left). あのびんにはワインがいくらか残っていますか — いいえ, 全然残っていません.

4 [単独で] どれも[だれも] …ない: *None* can tell when this war will end. この戦争がいつ終わるかだれにもわからない / There was [were] *none* to help him. 彼を助ける者はだれもいなかった.

■ **hàve nóne of ...** …は受け入れない, 容赦しない: He would *have none of* my proposal. 彼は私の申し出を受け入れようとしなかった.

nóne bùt ...《文語》…だけが(～する): *None but* the brave deserve the fair. 勇者のみが美人を得るに値する (◇英国の詩人ドライデンの言葉).

Nóne of ...! …はやめろ, よせ；ごめんだ: *None of* your tricks! いたずらはやめろ / *None of* your business! 君の知ったことじゃない, 余計なお世話だ.

nóne óther than ...《驚きを表して》…にほかならない: He was *none other than* our president. 彼こそほかならぬうちの社長だった.

—副 少しも [決して] …ない.
■ **nòne the ... for ~** ～だからといってそれだけ…ということはない(◇ には比較級が来る): Man is none *the* happier *for* his wealth. 人は裕福だから幸せということはない.
nòne the léss それにもかかわらず (nonetheless).
nóne tòo ... …すぎるどころではない: Their service was *none too* good. 彼らのサービスは決してよすぎることはなかった (あまりよくなかった).

non・en・ti・ty [nánénəṭi / nɔn-] 名(複 **non・en・ti・ties** [~z]) **1** C(軽蔑)取るに足りない人[もの]. **2** C実在しない[架空の]もの; U実在しないこと.

non・es・sen・tial [nὰnisénʃəl / nɔn-] 形 本質的ではない, 不必要な, 重要でない.
— 名 C 不必要なもの, 重要でないもの[人].

none・the・less [nʌ̀ndəlés] 副《格式》それにもかかわらず (nevertheless) (◇ none the less ともつづる): Mary has some faults, but I love her *nonetheless*. メアリーにはいくらか欠点がありますが, それでも私は彼女を愛しています.

non・e・vent, non-e・vent [nɑ̀nivént / nɔn-] 名C《口語》期待外れの出来事[行事].

non・ex・ist・ence [nὰnigzístəns / nɔn-] 名U C 実在[存在] しないこと[もの].

non・ex・ist・ent [nὰnigzístənt / nɔn-] 形 実在[存在] しない.

non-fat [nɑ̀nfǽt / nɔn-] 形 限定用法 無脂肪の, 脱脂の: *nonfat* milk 脱脂乳.

non・fic・tion [nɑ̀nfíkʃən / nɔn-] 名 U ノンフィクション (↔ fiction) 《事実に基づいた作品》.

non・fi・nite [nɑ̀nfáinait / nɔn-] 形 **1** 限定されない (infinite). **2** 《文法》非定形の.

non・flam・ma・ble [nὰnflǽməbl / nɔn-] 形 (布・素材が) 不燃性の (↔ (in)flammable).

non・gov・ern・men・tal [nὰngʌ̀vərnméntəl / nɔ̀ŋgʌ́vən-] 形 非政府 (組織), 民間の: a *nongovernmental* organization 非政府組織, 民間公益団体 (《略語》NGO).

non・in・ter・ven・tion [nὰnintərvénʃən / nɔn-] 名 U 《内政》不干渉, 不介入.

nòn-í・ron 形 ノーアイロンの, アイロン不要の.

non・nu・cle・ar [nὰnnjúːkliər / nɔ̀nnjúː-] 形 非核の, 核兵器を保有しない.

nó-nó 名(複 **no-nos** [~z]) C 《通例 a ~》《米口語》して[言って] はならないこと.

non・ob・ser・vance [nὰnəbzɔ́ːrvəns / nɔn-] 名 U (規則・法律・習慣などの) 無視, 違反.

nò・nón・sense 形 限定用法 《通例, ほめ言葉》真剣な, まじめな; 実務的な, てきぱきした.

non・pa・reil [nὰnpərél / nɔ̀npəréil] 《文語》 限定用法 比類のない, 《天下》 無比の.
— 名 C 比類なき人 [もの], 極上品.

non・par・ti・san [nὰnpɑ́ːrtəzən / nɔ̀npɑ̀ːrtizǽn] 形 (政治的に) 党派的でない, 超党派の.

non・pay・ment [nὰnpéimənt / nɔn-] 名 U 不払い, 未納.

non・plused, non・plussed [nὰnplʌ́st / nɔn-] 形 《通例, 叙述用法》当惑した, とまどった.

non・pro・fes・sion・al [nὰnprəféʃənəl / nɔn-] 形 非専門職の; ノンプロ, アマチュアの.
— 名 C 非専門家; ノンプロ, アマチュア (選手).

non-prof・it [nὰnpráfit / nɔ̀nprɔ́f-] 形 限定用法 《米》非営利的な, 営利を目的としない: a *nonprofit* organization 非営利団体 (《略語》NPO).

non-pro・lif・er・a・tion [nὰnprəlìfəréiʃən / nɔn-] 名 U (核・化学兵器の) 拡散防止, 非拡散: the nuclear *nonproliferation* treaty 核拡散防止 [不拡散] 条約 (《略語》NPT).

non-res・i・dent [nὰnrézədənt / nɔn-] 形 **1** (任地・特定の場所に) 居住しない. **2** 通学の.
— 名 C (任地などに) 居住しない人; (大学などで寮生に対して) 通学生; (ホテルの) 宿泊以外の客.

non-re・sist・ant [nὰnrizístənt / nɔn-] 形 無抵抗(主義)の.— 名 C 無抵抗主義者.

non-re・stric・tive [nὰnristríktiv / nɔn-] 形 《文法》非制限的な (→ RELATIVE 《文法》).

***non・sense** [nɑ́nsens / nɔ́n-]
【「non (無…)」＋「sense (意味)」】
— 名 U **無意味な言葉**; ナンセンス, ばかげた考え [こと, もの, 行為]; 形容詞的に 無意味な, ナンセンスな: talk *nonsense* くだらないことを言う / His idea is *nonsense*. 彼の考えはばかげている / None of your *nonsense*. ばかなまねはやめろ, ばかなことは言うな.
■ *màke (a) nónsense of ...*《英》…をだめにする.
— 間 ばかな, 信じられない.

non・sen・si・cal [nɑnsénsikəl / nɔn-] 形 無意味な, ばかげた, ナンセンスな.

non se・qui・tur [nὰn sékwətər / nɔn-] 【ラテン】名 C《格式》誤った推論; 不合理な結論.

non・smok・er [nὰnsmóukər / nɔn-] 名 C **1** たばこを吸わない人: *nonsmoker*'s rights 嫌煙権. **2**《英》(鉄道の) 禁煙車; (客車の) 禁煙席.

non・smok・ing [nὰnsmóukiŋ / nɔn-] 形 限定用法 禁煙の; (人が) たばこを吸わない: a *non-smoking* area 禁煙席.

non・stan・dard [nὰnstǽndərd / nɔn-] 形 (言葉・用法が) 標準的でない; (サイズなどが) 基準外の.

nòn-stárt・er 名 C《通例, 単数形で》《口語》成功する見込みのない人; 現実味のない考え [計画].

non-stick [nὰnstík / nɔn-] 形 (フライパンなどが) 焦げつかない, テフロン加工の.

non-stop [nὰnstɑ́p / nɔ̀nstɔ́p] 形 限定用法 途中で止まらない, 直行 [直結, 直通] の, ノンストップの: a *nonstop* train 直行列車 / a *nonstop* flight to Tokyo (飛行機の) 東京への直航便.
— 副 途中で止まらず, 直行 [ノンストップ] で; 休みなく, ぶっ続けで: fly *nonstop* from Tokyo to Paris 東京からパリまでノンストップで飛ぶ.

non-un・ion [nὰnjúːnjən / nɔn-] 形《通例, 限定用法》労働組合に属さない; 労働組合を認めない.

non-ver・bal [nὰnvɔ́ːrbəl / nɔn-] 形 言葉を用いない, 言葉によらない: *nonverbal* communication (身ぶりなどによる) 非言語コミュニケーション.

non-vi・o・lence [nὰnváiələns / nɔn-] 名 U 非暴力.

non-vi・o・lent [nὰnváiələnt / nɔn-] 形 非暴力(主義)の: *nonviolent* protest [resistance] 暴力に訴えない抗議 [抵抗].

non·white [nànʰwáit / nòn-] 名 C 白色人種でない人. ― 形 白色人種でない, 非白人の.

‡**noo·dle**¹ [nú:dl] 名 C [通例 ~s] ヌードル, めん類, パスタ: instant *noodles* 即席めん.

noo·dle² [nú:dl] 名 C 《米・口語》頭;《古風》ばか(者).

nook [núk] 名 C (部屋などの) 隅, かど (corner); 引っ込んだ [奥まった, 隠れて人目につかない] 所.
■ **évery nóok and cránny** [**córner**] 《口語》隅から隅 [隅々] まで, 至る所で.

‡‡‡**noon** [nú:n]
― 名 U 正午, 真昼 ((略語) n.; → DAY 図) (↔ midnight): at high *noon* 正午 [真昼] に / go for lunch half an hour before [after] *noon* 正午の30分前 [後] に昼食に出かける / Let's meet at the station at 12 (o'clock) [around] *noon*. 昼の12時 [12時頃] に駅で待ち合わせよう.

noon·day [nú:ndèi] 名 U《文語》正午, 真昼.

‡**no one** [nóu wàn]
― 代 [不定代名詞] [単数扱い] だれも ～ない, 1人も ～ない (◇ nobody のほうが口語的; → NOBODY 語法): *No one* knows when the meeting starts. だれもいつ会合が始まるかを知らない / He has *no one* to talk to. 彼には話し相手が1人もいない.

noose [nú:s] 名 C 1 (引くと締まる) 輪縄, 投げ縄. 2 [the ~] 絞首刑用の縄; 絞首刑.

nope [nóup] 副《口語》= NO 1, 3 (↔ yep).

‡**nor** [(弱) nər; (強) nɔ́:r]
― 接 1 [neither ... nor ～] …でもなければ ～でもない (→ NEITHER 接 語法): It is *neither* too hot *nor* too cold today. きょうは暑すぎることも寒すぎることもない / *Neither* you *nor* I am wrong. あなたも私も間違っていない.
2 [not, no, never などの否定語のあとで] …もまた ～ない (◇ nor の代わりに or を用いることもある; → OR 2): I am *not* good at mathematics, *nor* physics, *nor* chemistry. 私は数学も物理も化学も得意でない.
3 [否定文のあとで] …もまた ～ない (◇ nor のあとでは倒置が起こる): I don't like carrot. ― *Nor* do I. 僕はニンジンが好きではない ― 私もです / I don't play golf, *nor* does my brother. 私はゴルフをやらないし, 弟もやらない.

Nor. 《略語》= *Nor*way ノルウェー.

No·ra [nɔ́:rə] 名 名 ノラ (◇ 女性の名; Eleanor, Eleanore, Elinor の愛称).

Nor·dic [nɔ́:rdik] 形 1 北欧(人)の. 2 《スキー》ノルディック競技の《クロスカントリーとジャンプから成る; cf. alpine アルペン競技の》.

norm [nɔ́:rm] 名 C《通例 the ~》標準 (standard); [~s] (社会の) 基準; (一般的の) 水準, 平均: the *norms* of the society 社会の規範.

‡**nor·mal** [nɔ́:rməl] 形名
【「norm (標準) + al (…の)」から】
― 形 1 正常な, 標準の, 普通の (↔ abnormal) (→ COMMON [類義語]): the *normal* condition 正常な状態 / lead a *normal* life 普通の生活を送る / This traffic jam is *normal* here. このあたりではこうした交通渋滞は珍しいことではない / It is quite *normal* (for us) to make a mistake sometimes. (私たちが) 時々間違いをするのはごく普通のことである.
2 (精神などが) 正常な;(発育などが) 標準の.
― 名 U 正常 (な状態), 普通, 標準; 平均: be above [below] *normal* 標準 [以上 [以下] である / return to *normal* 正常な状態に戻る.

nor·mal·cy [nɔ́:rməlsi] 名 = NORMALITY (↓).
nor·mal·i·ty [nɔ:rmǽləti] 名《格式》正常, 常態.
nor·mal·i·za·tion [nɔ̀:rməlizéiʃən / -laiz-] 名 U 標準化, 正常化.
nor·mal·ize [nɔ́:rməlàiz] 動 他 …を標準化する, (特に国際関係)を正常化する. ― 自 正常化する.

‡**nor·mal·ly** [nɔ́:rməli] 副 1 普通に, 正常に (↔ abnormally). 2 [文修飾] 普通は, いつも: She *normally* leaves the office at five. 彼女は普通は5時に退社する.

Nor·man [nɔ́:rmən] 名 1 C ノルマン人《スカンジナビア半島からフランスのノルマンディーに移り住み, 11世紀にイングランドを征服した》. 2 C ノルマンディー (Normandy) 人. 3 U = Nórman Frénch ノルマンフランス語《中世にノルマン人がノルマンディー地方で用いたフランス語》.
― 形 1 ノルマン人の; ノルマンディー人の.
2 《建》ノルマン風 [式] の.
◆ **Nórman Cónquest** [the ~] 《史》ノルマン征服《ウィリアム征服王 (William the Conqueror) 率いるノルマン軍による1066年のイングランド征服》.

Nor·man·dy [nɔ́:rməndi] 名 固 ノルマンディー《英仏海峡に面したフランス北部の地方》.

nor·ma·tive [nɔ́:rmətiv] 形《格式》規範的な, 基準を定める: *normative* grammar 規範文法 (cf. descriptive grammar 記述文法).

Norse [nɔ́:rs] 形 古代スカンジナビア人 [語] の.
― 名 U 古代スカンジナビア語.

Norse·man [nɔ́:rsmən] 名 (複 **Norse·men** [-mən]) C《文語》古代スカンジナビア人, バイキング.

‡‡‡**north** [nɔ́:rθ] 名形副
― 名 1 U《通例 the ~; しばしば N-》北, 北方, 北部 ((略語) N, N., n.) (↔ south): I live in the *north* of Tokyo. 私は東京の北部に住んでいる / She lives twenty miles to the *north* of Sydney. 彼女はシドニーから北へ20マイルの所に住んでいる / His house stands on the *north* of mine. 彼の家は私の家の北隣にある / An icy wind was blowing from the *north*. 肌を刺すような冷たい風が北から吹いていた.(比較) 日本語では方位を「東西南北」と言うが, 英語では north, south, east, and west の順で言う》.
2 [the N-]《米》北部地方 [諸州];《英》イングランドの北部地方.
3 [the N-] (北の) 先進諸国,「北」(↔ the South).
― 形 [比較なし; 限定用法; しばしば N-]
1 北の, 北部の, 北方の; 北向きの, 北への (↔ south) (→ EAST 形 語法): the *north* sea 北の海 / A road runs along the *north* side of

the lake. 湖の北側沿いに一本の道路が延びている.
2 (風が)北からの: a *north* wind 北風.
— 副 [比較なし; しばしば N-] **北に**, 北へ: The ship was sailing out *north*. 船は北に向かって航行していた / Our front door faces *north*. うちの玄関は北向きだ.

■ *úp nórth* 《口語》北へ[に] (↔ down south).
(▷ 形 nórthern)

◆ Nórth América 名 北アメリカ, 北米.
Nórth Américan C 北米人; [形容詞的に] 北アメリカの, 北米の.
Nórth Atlántic Tréaty Organizátion [the ~] 北大西洋条約機構 (《略語》NATO).
Nórth Ísland 名 [the ~] (ニュージーランドの)北島.
Nórth Kórea 名 北朝鮮 (→ KOREA **2**).
Nórth Póle 名 [the ~] 北極 (点).
Nórth Séa 名 [the ~] 北海 (《Great Britain 島とスカンジナビア半島の間に広がる海)).
Nórth Stár [the ~] 北極星 (Polaris).

north·bound [nɔ́ːrθbàund] 形 [限定用法] (船・列車などが)北へ向かう, 北行きの.

Nórth Car·o·lí·na [-kæ̀rəláɪnə] 名 名 ノースカロライナ 《大西洋に面した米国南東部の州; 《略語》N.C.; 《郵略語》NC; → AMERICA 表》.

Nórth Da·kó·ta [-dəkóʊtə] 名 名 ノースダコタ 《米国中北部の州; 《略語》N. Dak., N.D.; 《郵略語》ND; → AMERICA 表》.

***north·east** [nɔ̀ːrθíːst] 名 U **1** [通例 the ~] 北東 (《略語》NE). **2** [the ~] 北東部(地方); [the N-] 《米》北東部地方 (◇ New England の諸州).
— 形 [比較なし; 限定用法] 北東の; (風が)北東からの.
— 副 北東へ[に]. (▷ 形 nòrthéastern)

north·east·er [nɔ̀ːrθíːstər] 名 C 北東から吹く強風 [暴風].

north·east·er·ly [nɔ̀ːrθíːstərli] 形 北東にある; 北東への; (風が)北東からの.

north·east·ern [nɔ̀ːrθíːstərn] 形 [通例, 限定用法] 北東(部)の; 北東への; 北東からの.

north·east·ward [nɔ̀ːrθíːstwərd] 副 北東へ, 北東向きに (《主に英》northeastwards).
— 形 北東への, 北東向きの.

north·east·wards [nɔ̀ːrθíːstwərdz] 副 《主に英》= NORTHEASTWARD (↑).

north·er·ly [nɔ́ːrðərli] 形 北の; 北方への; 北からの: in a *northerly* direction 北の方へ.

*****north·ern** [nɔ́ːrðərn] (☆発音に注意)
— 形 [比較なし; 通例, 限定用法] **1 北の**; 北向きの, 北への; (風が)北からの (↔ southern) (→ EAST 形 [語法]): the *northern* side of a house 家の北側 / a *northern* accent 北部なまり.
2 [N-] 《米》米国北部の: the *Northern* states 北部諸州. (▷ 名 nórth)

◆ Nórthern Hémisphere [the ~] 北半球.
Nórthern Íreland 名 北アイルランド 《アイルランド島の北東部で, グレートブリテンと共にイギリス (the United Kingdom) を構成する》.

Nórthern líghts [the ~; 複数扱い] 北極光.
Nórthern Térritory 名 [the ~] オーストラリア北部の連邦政府の直轄地.

north·ern·er [nɔ́ːrðərnər] 名 C **1** 北部地方の人 [出身者]. **2** [N-] 《米》北部諸州の人.

north·ern·most [nɔ́ːrðərnmòust] 形 最北(端)の.

nórth-nòrth·éast 名 U [通例 the ~] 北北東 (《略語》NNE).
— 形 北北東の[へ]; (風が)北北東の[から].

nórth-nòrth·wést 名 U [通例 the ~] 北北西 (《略語》NNW).
— 形 北北西の[へ]; (風が)北北西の[から].

North·um·ber·land [nɔːrθʌ́mbərlənd] 名 名 ノーサンバーランド 《England 北部の州》.

***north·ward** [nɔ́ːrθwərd] 副 北の方へ, 北向きに (《主に英》northwards).
— 形 [通例, 限定用法] 北の方への, 北向きの.

***north·wards** [nɔ́ːrθwərdz] 副 《主に英》= NORTHWARD (↑).

***north·west** [nɔ̀ːrθwést] 名 **1** U [通例 the ~] 北西 (《略語》NW). **2** [the ~] 北西部(地方); [the N-] 《米》北西部地方 《特に Washington, Oregon, Idaho の3州をさす》. — 形 [比較なし; 通例, 限定用法] 北西の; (風が)北西からの.
— 副 北西へ[に]. (▷ 形 nòrthwéstern)

◆ Nórthwest Térritories 名 [the ~; 単数扱い] ノースウエストテリトリーズ 《カナダ北部の準州》.

north·west·er [nɔ̀ːrθwéstər] 名 C 北西から吹く強風 [暴風].

north·west·er·ly [nɔ̀ːrθwéstərli] 形 北西にある; 北西への; (風が)北西からの.

north·west·ern [nɔ̀ːrθwéstərn] 形 [通例, 限定用法] 北西(部)の; 北西への; 北西からの.

north·west·ward [nɔ̀ːrθwéstwərd] 副 北西へ, 北西向きに (《主に英》northwestwards).
— 形 北西への, 北西向きの.

north·west·wards [nɔ̀ːrθwéstwərdz] 副 《主に英》= NORTHWESTWARD (↑).

Norw. (《略語》= *Norway*; *Norwegian*.

***Nor·way** [nɔ́ːrweɪ] 名 名 ノルウェー 《スカンジナビア半島西部の王国; 首都オスロ (Oslo); 《略語》Nor., Norw.》.

Nor·we·gian [nɔːrwíːdʒən] 形 ノルウェーの; ノルウェー人[語]の.
— 名 **1** C ノルウェー人. **2** U ノルウェー語.

nos., Nos. [nʌ́mbərz] [ラテン] 名 no., No. の複数形: *nos.* 1–3 1番から3番まで.

*****nose** [nóuz] 名 動
— 名 (複 **nos·es** [~ɪz]) **1** C **鼻** (→ HEAD 図): a flat *nose* ぺちゃんこな鼻 / an aquiline *nose* わし[かぎ]鼻 / a bulbous *nose* だんご鼻 / His *nose* is running [bleeding]. 彼は鼻水[鼻血]が出ている.

コロケーション 鼻を…
| 鼻をかむ: *blow one's nose*
| 鼻をこする: *rub one's nose*
| 鼻をつまむ: *hold one's nose*
| 鼻をほじる: *pick one's nose*

2 [C] (鼻のように)突起した部分; (航空機の)機首: the *nose* of a gun 銃口 / raise [lower] the *nose* of a plane 飛行機の機首を上げる[下げる]. **3** [a ~] 嗅覚(きゅうかく); [...を]かぎつける能力, 勘 [*for*]: A dog has a sharp [keen] *nose*. 犬は嗅覚が鋭い / The detective has a *nose for* a crime. その刑事は犯罪に対する勘がよく働く.

■ **by a nóse**【競馬】鼻差で; (一般に)わずかな差で. **cút óff** one's *nose* **to spíte** one's *fáce*《口語》腹立ちまぎれに(かえって)自分に不利なことをする. **fóllow** one's *nóse* まっすぐに進む; 直感に頼る. **gèt úp** ...'s *nóse*《英口語》...をいら立たせる. **hàve a nóse róund**《英口語》ぐるっと見回す, 探し回る. **háve** one's *nóse* **in** ...《口語》...を熱心に読む. **kèep** one's *nóse cléan*《口語》面倒なことに巻き込まれないようにする, 手を汚さない. **kéep** one's *nóse óut of* ...《口語》...に干渉しない, 口を出さない. **léad** ... **by the nóse**〈人〉を自分の思い通りに操る《使う》. **lóok dówn** one's *nóse* **at** ...《口語》〈人〉を見くだす, ばかにする. **màke a lóng nóse at** ... = **thúmb** one's *nóse* **at** ...《口語》〈人〉をばかにする《人に向かって親指を鼻先につけ, 他の指を広げて振る軽蔑のしぐさ》. **nóse to táil**《英》〈車などが〉渋滞になって, 車間を詰めて(bumper-to-bumper). **on the nóse**《米口語》ぴたりと, 正確に: get up at six *on the nose* 6時きっかりに起きる. **páy through the nóse**《口語》[...に]とんでもない[法外な]金を払う, ぼられる [*for*]. **póke [stíck]** one's *nóse* **into** ...《口語》...に余計な干渉をする, おせっかいをやく. **pùt** ...'s *nóse óut of jóint*《口語》〈人〉の鼻を明かす; 〈人〉をいらいらさせる. **rúb** ...'s *nóse* **in it [the dírt]**《口語》〈人〉の失敗をしつこく責め立てる. **spéak [tálk] through** one's *nóse*《口語》鼻声で話す. **tùrn úp** one's *nóse* **at** ...《口語》〈人〉を鼻であしらう, 軽蔑する. **ùnder** ...'s (**véry**) *nóse*《口語》〈人〉の目の前で; 〈人〉に対して公然と. **with** one's *nóse* **in the áir**《口語》偉そうに.

— 動 他 **1** (動物が)...に鼻をすりつける; ...を鼻で押す. **2** 〈船・車などを〉ゆっくり動かす. — 自 **1**《口語》[...に]干渉する, おせっかいをする [*into*]: Don't *nose into* my affairs. 私のことに余計な干渉をするな. **2** [副詞(句)を伴って]〈船などが〉ゆっくりと進む.

■ **nóse abóut [aróund, róund]** 自《口語》[...を求めて]あちこちかぎ回る, 探し回る [*for*].

nóse óut 他 **1**《口語》〈秘密など〉をかぎつける. **2**《米口語》...をわずかな差で破る, ...に辛勝する.

◆ **nóse bàg** [C]《英》(馬の首につける)かいば桶[袋]《《米》feedbag》.

nóse còne [C] ノーズコーン《ロケットなどの円錐(えん)形の頭部》.

nose·bleed [nóuzblìːd] 名 [C] 鼻血(を出すこと):

have a *nosebleed* 鼻血が出る.

nóse-dìve 動 自 **1** (航空機などが)急降下する. **2** (株価などが)暴落する.

nóse dìve 名 [C] **1** (航空機などの)急降下. **2** (株価などの)暴落.

nose·gay [nóuzgèi] 名 [C]《文語》(ドレスなどに付ける)小さな花束 (cf. **corsage** コサージュ).

nos·ey [nóuzi] 形 = NOSY (↓).

nosh [náʃ / nɔ́ʃ] 名 **1** [a ~]《英口語》食事;《米》軽食, おやつ. **2** [U]《英口語》食べ物, 食料. — 動《口語》食べる; 間食する.

nó-shòw 名 [C]《口語》(レストランなどで)予約しながら現れない客, 来ると言って来ない人.

nos·tal·gi·a [nɑstǽldʒiə / nɔs-] 名 [U] (過ぎ去ったものなどへの)郷愁, ノスタルジア [*for*].

nos·tal·gic [nɑstǽldʒik / nɔs-] 形 郷愁の; [...への]追懐にふける [*about, for*].

nos·tal·gi·cal·ly [-kəli] 副 郷愁にふけって.

nos·tril [nástrəl / nɔ́s-] 名 [C] 鼻の穴, 鼻孔.

nos·trum [nástrəm / nɔ́s-] 名 [C] **1**《古風》(いかがわしい)妙薬; 万能薬. **2**《格式》(問題などの)(解決には導きそうもない)妙案 [*for*].

nos·y [nóuzi] 形 (比較 **nos·i·er** [~ər]; 最上 **nos·i·est** [~ist]) おせっかいな, 詮索(せんさく)好きの.

◆ **nósy párker** [C] [しばしば **N- P-**]《口語》おせっかい(屋), 詮索好きな人.

***not** [nát / nɔ́t] (☆ 同音 knot)

❶ **動詞の否定**「...でない, ...しない」(→**1**)
The rumor is *not* true. (そのうわさは本当ではない)
We do *not* come to school on Saturdays. (私たちは土曜日は学校に来ない)
Don't be noisy. (騒がしくするな)

❷ **語・句・節の否定** (→**2**)
Not a sound was heard in the room. (その部屋では物音ひとつ聞こえなかった)
He comes from Kobe, *not from Nara*. (彼は奈良ではなくて神戸の出身です)

❸ **不定詞・分詞・動名詞の否定** (→**3**)
I told him *not to touch* the box. (私は彼にその箱にさわるなと言った)

❹ **否定を含む節の代用** (→**7**)
Will it rain tomorrow? — I hope *not*.
=that it will not rain tomorrow
(あす雨が降るだろうか―そうならなければいいと思います)

— 副 [短縮形 **-n't** [-nt]] ...でない, ...しない.

I【文全体の否定】

1【述語動詞の否定】(a)【平叙文で】(◇《口語》では通例, 短縮形を用いる): He is*n't* [is *not*] a good pianist. 彼はピアノをうまく弾けない / She did*n't* [did *not*] laugh. 彼女は笑わなかった / I was*n't* [was *not*] invited to the party. 私はパーティー

に招待されなかった / We haven't [have not] seen her this week. 今週は彼女を見かけていない / I can't [cannot] swim. 私は泳げない / She shouldn't [should not] have told him the truth. 彼女は彼に真実を話すべきではなかった / You may not enter this room. あなたはこの部屋に入ってはいけません.

【語法】 I don't think [believe, suppose など] ... の形で用いると従属節の内容が否定されることが多い: I don't think it will snow tomorrow. あしたは雪にならないと思います(= I think it will not snow tomorrow.).

(b) [疑問文で]: Isn't this your wallet? これはあなたの財布ではありませんか / Aren't you tired? お疲れではないですか / Don't you see? わかりませんか / Doesn't she like meat? 彼女は肉が嫌いなのですか / Haven't you finished your homework yet? まだ宿題を終えていないのですか.

【語法】 通例, 短縮形を用いる.「助動詞＋主語＋not＋動詞」「be [have]＋主語＋not＋補語[目的語]」の形を用いるのは《格式》: Do you not know them? あなたは彼らを知らないのですか / Is it not a lovely day? すてきな日ですね.

(c) [命令文で] (◇常に「Don't [Do not]＋動詞の原形」の形で用いる): Don't open the door. ドアを開けてはいけない / Don't be afraid. 恐れるな / Don't make me laugh. 笑わせないで.

(d) [付加疑問で] (◇通例 isn't, don't, haven't などの短縮形を用いる): That's a new car, isn't it? あれは新車ですね / He told you about it, didn't he? 彼はそのことをあなたに話しましたね / You have seen her, haven't you? 彼女に会ったことがありますね.

II [特定の語句の否定]
2 [語・句・節の否定]: It is a moth, not a butterfly. それはチョウではなくてガです / I had not a little anxiety. 私は少なからぬ不安を抱いていた / The bus was not five yards away. バスは5ヤードと離れていなかった / I like him because he is sweet, not because he is rich. 彼を好きなのは金持ちだからではなく優しいからです.

3 [不定詞・分詞・動名詞の否定] (◇not はそれぞれの前に付ける): The doctor warned him not to drink. 医師は彼に酒を飲まないように言った / Not knowing what to say, I remained silent. 何と言えばよいかわからなくて私は黙っていた.

4 [部分否定] 必ずしも…でない, (全部が)…とは限らない (◇all, both, every, always, altogether, entirely, necessarily, quite などと共に用いる): Not all birds can fly. すべての鳥が飛べるわけではない / Not everybody agreed. 全員が同意したわけではなかった / The rich are not always happy. 金持ちがだれでも幸せとは限らない.

5 [全面否定] 少しも [全部] …ない (◇any, either などと共に用いる): I don't have any friends in India. インドには友人が1人もいない / She didn't accept either of their offers. 彼女は彼らの申し出のどちらも受け入れなかった.

6 [二重否定] (◇否定を表す語と共に用いて遠回しに肯定を表す): I dismissed her and not without reason. 私は彼を解雇した, 理由がないわけではなかった [理由は大いにあった].

7 [否定を含む節の代用] (◇ be afraid, hope, think; certainly, perhaps, probably などのあとで用いる): Do you think she will come? — I'm afraid not. 彼女は来ると思いますか — 来ないと思います / Will it snow today? — I hope not. きょう雪が降るだろうか — 降らないといいですね / Can you come to the party? — Probably not. パーティーには来られますか — たぶん無理です / Will she be there, or not? 彼女はそこにいるだろうか, いないだろうか.

8 [非標準] (◇否定を表す語と共に用いて強い否定を表す): I don't know nothing about it. それについては一切知らない.

■ *nót a (síngle)* ... ただの1つ [1人] も…ない (no): *Not a (single) star was to be seen in the sky that night.* その晩は空には星ひとつ見えなかった.

nòt at áll **1** 全然…でない (→ at all (ALL 代名句)). **2** どういたしまして (◇お礼などに対する返事): Thank you for the nice souvenir. — *Not at all.* すてきなおみやげをありがとうございます — どういたしまして.

nót ... but ~ …ではなく~: He is *not* a poet, *but* a musician. 彼は詩人ではなく音楽家です / The important thing is *not* what you think *but* what you do. 大事なのは何を考えているかではなく, 何をやるかです.

nòt ónly ... but (álso) ~ …だけでなく~も (→ ONLY 成句).

nót that ... …(というわけ)ではないけれども: What is she doing now? *Not that* I care. 彼女は今頃何をしているだろう. といっても, 別に気がかりなわけではないのだが.

*no‧ta‧ble [nóutəbl] 形 […で]注目すべき, 著名な; 重要な, すぐれた [*for*]: a resort *notable for* its hot springs 温泉で知られた保養地.
— 名 C (複 ~s) 有名人, 名士.

no‧ta‧bly [nóutəbli] 副 **1** 目立って, 顕著に: Many people were invited, *notably* the mayor. たくさんの人々が招待されましたが, 中でも目立ったのは市長でした. **2** 特に, とりわけ.

no‧ta‧rize [nóutəràiz] 動 他 [しばしば受け身で] 〈契約・証書・遺言など〉を公認する, 認証する.

no‧ta‧ry [nóutəri] 名 (複 **no‧ta‧ries** [~z]) C = nótary públic (複 **no‧ta‧ries pub‧lic, no‧ta‧ry pub‧lics**) 公証人.

no‧ta‧tion [noutéiʃən] 名 U C **1** (記号・符号などによる) 表記 [表示] (法): mathematical [musical] *notation* 数式 [音譜]. **2** 《米》注釈, メモ (を取ること).

notch [nátʃ / nɔ́tʃ] 名 C **1** […への] (V字形の) 切り込み, 刻み (*in, on*). **2** 《米》 (谷あいの) 峠. **3** 段階, 程度 (degree).
— 動 他 **1** (目印・記録などのために) …に (V字形の) 切り込みを [刻み目] を付ける; 刻み目を付けて記録する. **2** 《口語》 〈勝利・得点など〉 を得る (*up*).

***note** [nóut] 名 動 【原義は「印, 記号」】
— 名 (複 **notes** [nóuts]) **1** C メモ, 覚え書き;

Don't forget to make a *note* of his telephone number. 彼の電話番号を忘れずにメモしておきなさい / He eagerly took *notes* of the writer's speech. 彼は熱心に作家の講演を書き取った / She lectured without a *note* [from *notes*]. 彼女はメモなしで[メモを見ながら]講義した.（比較 日本語の「ノート」に相当する語は notebook）

2 ⓒ 簡単な[短い]手紙; 外交文書, 公式の通達: a *note* of invitation 招待状 / an exchange of *notes* between governments 政府間での外交文書の交換 / write a *note* of thanks [thank-you *note*] 礼状を書く / He left a *note* saying he'd be back by six. 彼は6時までに帰るという書き置きを残した.

3 ⓒ 注, 注釈（《略記》n.）: See *notes* on p. 109. 109ページの注釈を見よ.

4 ⓒ 《英》紙幣, 札（さつ）（《米》bill）: a ten-pound *note* 10ポンド紙幣 / pay fifty pounds in *notes* 札で50ポンド支払う.

5 [単数形で] 語調, 調子: There was a *note* of satisfaction [disappointment] in his voice. 彼の声には満足[落胆]したような調子があった.

6 ⓒ [声・楽器などの] 音色, 音; 【音楽】音符, 楽譜; (ピアノの) 鍵（けん）: a whole [a quarter, an eighth] *note* 全 [4分, 8分] 音符 / Her high *notes* are quite unique. 彼女の高音は比類のないすばらしさである / I can't read a *note* of music. 私は音符がまったく読めない.

7 Ⓤ 注目, 注意 (notice): take *note* of ... …に注目する / His opinion is worthy of *note*. 彼の意見は注目に値する. **8** Ⓤ 著名, 名声: a person of *note* 名士, 有名人. **9** ⓒ 記号, 符号.

■ compáre nótes 情報[意見]を交換する; 体験[感想]を述べ合う.

strike [*sóund*] *a nóte of ...* …の意見を伝える.

strike the ríght [*wróng*] *nóte* 適切な[見当外れの]ことを言う[行う]. （由来 ピアノで正しい[間違った]鍵をたたくことから）

— 動 （他）《格式》**1** (a) [note + O] …に注意する, 注目する: Please *note* what I say. 私の言うことに注意してください. (b) [note + that 節［疑問節］] …ということに[…かに]注意[注目]する: I *noted* that some of the audience were asleep during his speech. 私は聴衆の何人かが彼の講演中に居眠りしているのに気がついた / *Note* how she moves her hands. 彼女がどのように手を動かすかをよく見なさい.

2 …のことを述べる, …に言及する: As I *noted* the fact in my report, there is no specific medicine for this disease. 事実を報告書に書いておいたように, この病気には特効薬はない.

3 …を書きとめる, …のメモを取る (*down*): She *noted down* every word he said. 彼女は彼が言ったことを全部メモした.

***note·book [nóutbùk]

— 名 （複 note·books [~s]）ⓒ **1** ノート, 帳面; 手帳: a loose-leaf *notebook* ルーズリーフ式のノート.

2 ＝nótebook compùter ノート型パソコン.

*not·ed [nóutid] 形 […で／…として] 有名 [著名] な, 際立った [*for* / *as*] (→ FAMOUS 類義語): a *noted* writer 有名な作家 / a director *noted for* science fiction films SF映画で名高い映画監督.

note·pad [nóutpæd] 名 ⓒ (はぎ取り式の) メモ帳, 用紙つづり (writing pad).

note·pa·per [nóutpèipər] 名 Ⓤ 便箋（びんせん）; メモ用紙.

*note·wor·thy [nóutwə̀ːrði] 形 (物事・事件などが) 注目すべき, 著しい, 目立った.

****noth·ing [nʌ́θiŋ] 代名副

— 代 [不定代名詞] [単数扱い] 何も…ない, 少しも…ない: There is *nothing* in this bag. このバッグには何も入っていない (= There is not anything in this bag.) / I've got *nothing* to do now. 今はすることがない / *Nothing* will change her mind. どんなことがあっても彼女の気持ちは変わらないだろう / Do you have anything to declare? – *Nothing*. (税関で) 何か申告するものがありますか – ありません.

語法 (1) 文頭に来る場合を除いて not ... anything で置き換えられる (→ ANYTHING 代 **2**).
(2) nothing を修飾する形容詞はそのあとに置く: There's *nothing* more precious than health. 健康ほど大切なものはない.

— 名 （複 noth·ings [~z]）**1** Ⓤⓒ つまらないこと[もの, 人]: He easily gets angry about *nothing*. 彼は何でもないことで怒り出す / He is a real *nothing*. 彼は実につまらない男だ / What's the matter with you? – It's *nothing*. どうしたのですか – 何でもありません.

2 Ⓤ 無, 空（くう）; ゼロ: It's better than *nothing*. それでも何もないよりはましです / We won the final game one to *nothing*. 私たちは決勝戦に1対0で勝った / My little sister is five feet *nothing*. 妹は身長が5フィートちょうどです.

■ *be nóthing to ...* **1** …にとって何でもない: Money or fame *is nothing to* him. 金も名声も彼の眼中にない. **2** …とは比べものにならない: My efforts *are nothing to* yours. 私の努力などあなたの努力とは比べものにならないほど微々たるものだ.

còme to nóthing むだになる, 失敗に終わる.

dò nóthing but dó ただ…するだけである, …ばかりする: The child *did nothing but cry*. その子はただ泣くばかりだった.

for nóthing **1** 無料で, ただで: He fixed my car *for nothing*. 彼はただで私の車を修理してくれた. **2** 何の理由もなく; むだに: It was not *for nothing* that she studied abroad. 彼女が留学したのはむだではなかった.

hàve nóthing to dò with ... …と全然関係がない (→ have ~ to do with ... (HAVE 動 成句)).

màke nóthing of ... **1** [can を伴って] …が理解できない: I can *make nothing of* this scribble. 私にはこの走り書きは何のことか理解できない.
2 …を何とも思わない, …が平気である: He *made nothing of* walking to school for an hour. 彼は1時間歩いて学校へ行くことを何とも思わなかった.

nothing but ... …だけ, …にすぎない: He gives us *nothing but* trouble. 彼は面倒ばかりかける.
nothing dóing 《口語》 **1** [間投詞的に] だめだ, いやだ: Can you help me? — *Nothing doing!* 手伝ってくれませんか — いやです. **2** むだである, 成果がない.
nothing if nòt この上もなく, 実に…: My sister is *nothing if not* easygoing. 姉は実にのんびりしている.
nothing of ... 少しも…でない, …なところが全然ない: The professor is *nothing of* a pedant. その教授は学者ぶったところが少しもない / I heard she's a good singer. — *Nothing of the kind!* 彼女は歌がうまいそうだね — とんでもない.
There is nóthing (èlse) for it but to dó …するよりほかはない.
There is nóthing líke ... …ほどよいものはない: *There is nothing like* an evening shower after a muggy day. 蒸し暑い1日のあとの夕立ほどありがたいものはない.
(There is) Nóthing to ìt. 《口語》 そんなの簡単だ.
thìnk nóthing of ... …を何とも思わない (→ THINK 成句).
to sáy nóthing of ... …は言うまでもなく (→ SAY 成句).
— 副 少しも [決して] …ない (not ... at all): I care *nothing* about it. 私はそのことは全然気にしていない / She looks *nothing* like her sister. 彼女はお姉さんに少しも似ていない.
■ ***nóthing nèar [lìke] as [so] ... as ~*** とても~ほど…ではない: He is *nothing near as* clever *as* his brother. 彼はお兄さんほど賢くない.

noth·ing·ness [nʌ́θiŋnəs] 名 U **1** 無 (の状態), 空(⟨), 実在しないこと. **2** 無意味, 無価値.

no·tice [nóutis] 名 動
— 名 (複 **no·tic·es** [~iz]) **1** U 通知, 予告; (退職・解雇・解約などの) 事前通告; 辞表: *notice* on the time and date of the meeting 会合の日時の通知 / hand in one's *notice* 辞表を出す / She received *notice* that the concert was canceled. 彼女はコンサートが中止になったとの通知を受け取った / Please give us two weeks' *notice* if you will attend the party. パーティーにご出席の場合は2週間前にお知らせください.
2 C 掲示, びら; 公告, 公示: *notices* of deaths in the newspapers 新聞の計(⁺)報 [死亡] 欄 / He put up [posted] a *notice* to rent the apartment. 彼はアパートを貸しますとの掲示を出した.
3 C (新刊本・劇などの) 短評, 批評: His new book got good *notices* in the papers. 彼の新著は新聞各紙で好評を博した.
4 U 注意, 注目: attract *notice* 注意を引く, 人目につく / He closed the door quietly to escape her *notice*. 彼は彼女に気づかれないようにドアを静かに閉めた.
■ ***at a móment's nótice = at shórt nótice*** 直前に知らされて, 急な話で: I was transferred *at short notice*. 私は急な辞令で転勤になった.
benéath ...'s nótice …にとって取るに足らない, 注目に値しない.
brìng ... to ~'s nótice …を~に注目させる, ~の目にとまらせる.
còme to ...'s nótice …の注意を引く, 目にとまる.
tàke nótice of ... [しばしば否定文で] …に注意を払う: He took no [little] *notice of* my advice. 彼は私の忠告にまったく [ほとんど] 耳を貸さなかった.
until fúrther nótice 追って通知があるまで.
without nótice. 予告なしに, 無断で: He quit his job *without notice*. 彼は予告なく仕事を辞めた.
— 動 (三単現 **no·tic·es** [~iz]; 過去・過分 **no·ticed** [~t]; 現分 **no·tic·ing** [~iŋ]) 他
1 (a) [notice+O] …に気づく, …を見つける: She *noticed* a hole in her shirt. 彼女はシャツの穴に気がついた. (b) [notice+that 節 [疑問詞節]] …ということ […かどうか] に気づく: He *noticed that* someone was following him. 彼はだれかがあとをつけているのに気づいた. (c) [notice+O+do [doing]] …が~する [~している] のに気づく: He did not *notice* me *steal* down the stairs. 彼は私が階段をそっと下りるのに気づかなかった / I *noticed* an ant *carrying* a crumb of bread. アリがパンくずを運んでいるのを見つけた.
語法 「notice+O+do」を受け身にする場合, do の代わりに to do を用いるのは 《まれ》 で, 通例 doing を用いる: He wasn't *noticed leaving* [《まれ》 *to leave*] the house. 彼は家を出るのを気づかれなかった.
2 …に言及する; 〈新刊本・劇など〉 を批評する: Her performance was favorably *noticed* in newspapers. 彼女の演技は新聞で好意的な批評を受けた.
— 自 注意を払う, 気がつく: I cleaned the house up, but nobody *noticed*. 家じゅうをきれいに掃除したのに, だれも気づかなかった.
◆ **nótice bòard** C 《英》 掲示板 (《米》 bulletin board).

no·tice·a·ble [nóutisəbl] 形 […で] 目立つ, 人目を引く [for]; 著しい, 注目すべき (remarkable): a composition with no *noticeable* mistakes これといって目につく誤りのない作文.
no·tice·a·bly [-bli] 副 目立って; 著しく.

no·ti·fi·a·ble [nóutəfàiəbl] 形 [通例, 限定用法] 《英》 (病気が) 通知すべき, 保健所に届け出るべき.

no·ti·fi·ca·tion [nòutəfikéiʃən] 名 《格式》 **1** U C 通知, 連絡, 届け出. **2** C [通例 a ~] 通知書, 届け出書.

no·ti·fy [nóutəfài] 動 (三単現 **no·ti·fies** [~z]; 過去・過分 **no·ti·fied** [~d]; 現分 **no·ti·fy·ing** [~iŋ]) 他 …に […を] 通知 [通告, 通報] する (inform) [of]; …に […と/…かを] 通知する [that 節 / 疑問詞 (句)]: *notify* the police *of* an accident 警察に事故を通報する / You will be *notified when* to appear in court. あなたはいつ出廷すべきかを通知があるだろう.

no·tion [nóuʃən] 名 C **1** […についての / …という] 考え, 意見, 観念 [of / that 節] (→ IDEA 類義語): I had a *notion that* she was reliable. 私は彼

女は頼りになると思っていた. **2** (ふとした)思いつき; […の/…しようという]意図,意向 *of*/*to do*): I had a sudden *notion to* visit a friend. 私は友人を訪ねようと急に思いついた / I have no *notion of* marrying her yet. 私はまだ彼女と結婚するつもりはない.
3 [~s]《米》(服飾・裁縫用の)小間物,小道具.

no·tion·al [nóuʃənəl] 形 **1** 観念的な;抽象的な. **2** 想像上の,架空の.

no·to·ri·e·ty [nòutəráiəti] 名 U《軽蔑》(悪い)悪評,悪名: achieve [acquire, gain] *notoriety* 悪評を買う.

*no·to·ri·ous** [noutɔ́ːriəs] 形《軽蔑》[…で/…として]悪名高い,(悪い意味で)評判の(*for*/*as*)(cf. famous(良い意味で)評判の): This street is *notorious for* traffic congestion. この通りは交通渋滞で有名です.

no·to·ri·ous·ly [~li] 副 悪名高く.

No·tre Dame [nòutər dáːm, -déim / nòutrə-]【フランス】名 固 **1** (パリの)ノートルダム寺院. **2** 聖母マリア(Virgin Mary, Our Lady).

Not·ting·ham·shire [nátiŋəmʃiər / nɔ́t-] 名 固 ノッティンガムシャー《England 中部の州》.

*not·with·stand·ing** [nàtwiθstǽndiŋ, -wið- / nɔ̀t-] 前《格式》…にもかかわらず(in spite of): They traveled on, *notwithstanding* the storm. = They traveled on, the storm *notwithstanding*. 彼らはあらしをついて旅を続けた《◇目的語のあとに置くこともある》.
— 副《格式》それにもかかわらず,やはり(nevertheless): He insisted on going alone, *notwithstanding*. 彼は依然として1人で行くと言い張った.

nou·gat [núːgət / -gɑː] 名 U C ヌガー《ナッツなどを入れたキャンディー》.

nought [nɔ́ːt] 名 U《古風》ゼロ,零; 無.
◆ **nóughts and crósses** U《英》= TICK-TACK-TOE 三目(ミミ)並べ.

***noun** [náun]
— 名(複 **nouns** [~z]) C 【文法】名詞《略語 n.; →文法》. (▷ 形 nóminal).
◆ **nóun cláuse** C 名詞節(→ CLAUSE 文法).
nóun phráse C 名詞句(→ PHRASE 文法).

*nour·ish** [nə́ːriʃ / nʌ́r-] 動 他 **1**(食物・栄養などを与えて)…を養う,育てる: a well-*nourished* baby 丸々と太った赤ん坊. **2**《状態・計画など》を助長する,強化する. **3**《格式》《感情・希望など》をはぐくむ,抱く: *nourish* a passion for music 音楽への情熱を抱く.

nour·ish·ing [nə́ːriʃiŋ / nʌ́r-] 形 栄養のある.

*nour·ish·ment** [nə́ːriʃmənt / nʌ́r-] 名 U《格式》**1** 栄養(物),滋養,食物: take [get] *nourishment* 栄養をとる / Compost is good *nourishment* for plants. 堆肥(な)は植物にとって格好の栄養である. **2** 養育,育成.

nou·veau riche [nùːvou ríːʃ]【フランス】名(複 **nou·veaux riches** [~]) C《軽蔑》(にわか)成り金.

nou·velle cui·sine [nuːvél kwizíːn]【フランス】名 U ヌーベルキュイジーヌ《ソースに頼らず素材の新鮮さを生かした新しいスタイルのフランス料理》.

Nov.《略語》= *November*.

no·va [nóuvə] 名(複 **no·vas** [~z], **no·vae** [-viː]) C【天文】新星《急に明るくなった星; cf. supernova 超新星》.

No·va Sco·tia [nòuvə skóuʃə] 名 固 ノバスコシア《カナダ東端の半島およびそれを含む州》.

文法 名詞 (noun)

名詞は,人・もの・ことの呼び名を表す語です.

【名詞の数】
日本語では単数でも複数でも名詞の形は変わりませんが,英語では数えられるものを2つ以上さすときには,名詞を複数形にします《複数形の作り方は→巻末「変化形の作り方」》.
I have a <u>watch</u> and he has <u>three watches</u>.
(私は1つ,彼は3つの時計を持っている)

【可算名詞と不可算名詞】
名詞は,単数形・複数形の別があるものとないものに分けられます.

❶ **可算名詞** 1人[1つ],2人[2つ]…と数えられる名詞です.2人[2つ]以上のときには複数形にします.

❷ **不可算名詞** 数えられない名詞です.複数形を持たず,常に単数形で用います.

【名詞の種類】
名詞は,意味によって次の5つに分けられます.

可算名詞	普通名詞	1人[1つ],2人[2つ]…と数えられる人[もの・こと]の名を表す [例] boy, girl, cat, tree, river, party
	集合名詞	1人[1つ],2人[2つ]…と数えられる人[もの・こと]の集合体を表す [例] family, class, crew, audience
不可算名詞	固有名詞	人・もの・場所などの固有の呼び名を表す [例] Tom, Japan, London
	物質名詞	1つ,2つ…と数えられないものの名を表す [例] water, air, sugar, gold
	抽象名詞	動作・性質・状態・抽象概念などを表す [例] attention, honesty, youth, beauty

nov·el[1] [nάvəl / nɔ́v-]
— 名 (複 **nov·els** [~z]) C (長編) **小説** (→ STORY 関連語); [the ~] (ジャンルとしての) 小説: a detective [romantic] *novel* 推理[恋愛]小説 / make a *novel* into a movie 小説を映画化する.

nov·el[2] 形《通例, ほめ言葉》**目新しい**, 斬新(ざん)な; 奇抜な: a *novel* idea 斬新な考え.
(▷ 形 nóvelty)

nov·el·ette [nὰvəlét / nɔ̀v-] 名 C 短編[中編]小説;《英・軽蔑》安っぽい恋愛[ロマンス]小説.

*****nov·el·ist** [nάvəlist / nɔ́v-] 名 C 小説家.

no·vel·la [nouvélə] 名 (複 **no·vel·las** [~z], **no·vel·le** [-liː]) C 中編小説.

***nov·el·ty** [nάvəlti / nɔ́v-] 名 (複 **nov·el·ties** [~z]) 1 U 目新しさ, 珍しさ, 新奇さ. 2 C 目新しいもの[こと, 経験], 珍しいもの[こと, 経験]. 3 C [通例, 複数形で] 安くて目新しい製品[商品]《おもちゃ・みやげ物・装飾品など》.
(▷ 形 novel[2])

No·vem·ber [nouvémbər, nə-] 【→ MONTH 表】
— 名 U 11月《略語》Nov.; → JANUARY 語法》: I saw him on *November* 2. 私は11月2日に彼に会った (◇ November (the) second と読む).

nov·ice [nάvis / nɔ́vis] 名 C 1 […の] 初心者, 未経験者 [*at, in*]: a *novice* at skiing スキーの初心者. 2 《宗教》見習い僧 [尼], 修練者.

*****now** [náu] 副 接 名
— 副 1 **今**, 現在: He is out *now*. 彼は今外出しています / Do you have time *now*? 今お時間はありますか / She lives in Milan *now*. 彼女は今ミラノに住んでいます / What time is it *now*? 今何時ですか.
2 **今すぐに**, ただちに, 今から: Let's have some tea *now*. すぐお茶にしましょう / Can I go home *now*? 今すぐ [もう] 家に帰ってもいいですか.
3 [間投詞的に] **さあ**, さて, ところで; こら, おい (◇ 話題を変えるときや注意を促すときに用いる): *Now*, listen carefully. さあ, よく聞いてください / *Now* what? さて, 次は何ですか / *Now* be careful. おい, 気をつけろ.
4 [過去時制で] その時, 今や, それから (◇ 物語などの中で用いる): She was *now* a national singer. 今や彼女は国民的歌手であった.
5 [時間を表す語句と共に用いて] 現在から数えて, もう: It is *now* ten years since my mother died. 母が死んでもう10年になる.
■ **cóme nòw** さあさあ, これこれ, まあまあ (◇ 催促や注意をするとき, 慰めるときに用いる).
(**èvery**) **nów and thén** [**agáin**] しばしば, 時々: She gives me a call *every now and then*. 彼女は時々私に電話をしてくる.
(*it's*) **nów or néver** 今しかない, 今を逃したらチャンスはない.
jùst nów 1 [現在時制で] **ちょうど今**: The baby is fast asleep *just now*. 赤ん坊はちょうど今ぐっすり眠っている. 2 [過去時制で] **つい先ほど**: He arrived *just now*. 彼はついしがた到着した.
nów for ... 《口語》さて次は…だ: And *now for*

the sports news. 次はスポーツニュースです.
Nów, nów! 《口語》まあまあ, おいおい (◇ 相手をなだめるときなどに用いる).
nów ..., nów [thén] ~ 時には…また時には~: Her mood kept changing; *now* merry, *now* sad. 彼女の気分は変わり続けた. ある時には陽気で, またある時には悲しそうだった.
nów thèn 《口語》これこれ, おい, ねえ (◇ 相手の関心を引くときなどに用いる).
right nów 1 ちょうど今, 現在: Sorry, he's out *right now*. すみません. 彼は今外出中です. 2 今すぐに: I'll come *right now*. 今すぐまいります.
— 接 [しばしば now that ... で] 今や…であるから, …である以上は, …であるからには: *Now (that)* you are a high school student, we'll raise your allowance. お前も高校生になったから, 小づかいを上げてやろう.
— 名 U 現在, 今, 目下: *Now* is the time to go back home. もう帰宅する時間です.
■ **às of nów** 今現在で, 今のところ (は); 今から.
by nów 今頃は (もう): She must be home *by now*. 彼女は今頃はもう家に着いているはずです.
for nów 当分は, さしあたり: Good-bye *for now*! じゃあまたね.
from nów ón 今後は, これからずっと: You should be more careful *from now on*. これからはもっとよく気をつけなさい.
untíl [till, úp to] nów 今までは.

*****now·a·days** [náuədèiz] 副 (以前と比べて) 近頃は, 今は, 最近は (◇ 通例, 現在形の動詞と共に用いる): *Nowadays* people don't read books as much as they used to. 今はかつてほど本が読まれなくなった.

*****no·where** [nóuhwèər]
— 副 **どこに [へ] も…ない** (not anywhere): I could not find the key *nowhere*. かぎはどこにも見当たらなかった (= I couldn't find the key anywhere.) / I will go *nowhere* today. 私はきょうどこへも行かない / Houses of this kind are *nowhere* to be seen these days. 最近ではこのような家はどこにも見かけない.
語法 (1) not anywhere のほうが口語的.
(2) 名詞的に用いることもある: There was *nowhere* to hide the money. 金の隠し場所はどこにもなかった.
■ **from [òut of] nówhere** どこからともなく, 突然.
gèt [gò] nówhere 何の成果もない, うまくいかない: He was *getting nowhere* with his homework. 彼は宿題が一向に終わらなかった.
gèt ... nówhere 〈人〉の役に立たない: Complaining to her will *get you nowhere*. 彼女に文句を言ってもむだです.
in the míddle of nówhere 《口語》人里離れた所に, 孤立した所に.
nówhere néar とても…ではない (→ NEAR 形 成句).

nó-wín 形 (どう見ても) 勝ち目のない: a *no-win* situation 八方ふさがり (の状況).

***nox·ious** [nάkʃəs / nɔ́k-] 形 《格式》〔人体・健康に〕有害な, 有毒な [*to*]: *noxious* fumes 有毒ガス.

noz·zle [názl / nózl] 名C(ホース・バーナーなどの)噴出口, ノズル, 吹き出し.

NPT 《略語》= (nuclear) *non*proliferation *t*reaty 核拡散防止条約.

NRA 《略語》= *N*ational *R*ifle *A*ssociation 全米ライフル協会.

NRC 《略語》= *N*uclear *R*egulatory *C*ommission (米国の)原子力規制委員会.

NSC 《略語》= *N*ational *S*ecurity *C*ouncil (米国の)国家安全保障会議.

NT, N.T. 《略語》= *N*ew *T*estament 新約聖書 (cf. OT, O.T. 旧約聖書).

-n't [nt] 《短縮》not の短縮形: don't = do not / didn't = did not / hadn't = had not / isn't = is not / won't = will not.

nth [énθ] 形 **1** 最後の, 何番目かわからないほどあとの. **2** 〖数学〗 n 番目の, n 倍の, n 次の.
■ *to the nth degree* 《口語》最大限に, 極端に.

nu [njúː / njúː] 名CU ニュー (ν, Ν) 《ギリシャ語アルファベットの13番目の文字; → GREEK 表》.

nu·ance [njúːɑːns / njúː-] [フランス] 名CU (意味・色彩・感情などの)微妙な差異, ニュアンス.

nub [náb] 名C 〖通例, 単数形で〗要点, 核心.

nu·bile [njúːbəl / njúːbail] 形《格式・こっけい》(女性が)結婚適齢期の; 性的魅力のある.

nu·cle·ar [njúːkliər / njúː-]
— 形 **1** 原子力の; 原子核の, 核の; 核兵器の: a *nuclear* power plant [station] 原子力発電所 / a *nuclear* bomb 核爆弾 / a *nuclear* test [war] 核実験 [戦争] / ban *nuclear* weapons 核兵器の使用を禁止する.
2 (国が)核を保有する: *nuclear* powers 核(兵器)保有国 / go *nuclear* 核保有国になる.
(▷ 名 núcleus)
◆ núclear disármament U 核軍縮.
núclear énergy U 原子力.
núclear fámily C 核家族《夫婦と子だけの家族》.
núclear físsion U 〖物理〗核分裂.
núclear fúsion U 〖物理〗核融合.
núclear reáctor C 原子炉.
núclear wáste U 核廃棄物.
núclear wínter C 核の冬《核戦争後に予想される地球の寒冷化現象》.

nu·cle·ar-frée 形 〖通例, 限定用法〗核のない, 核兵器禁止の: a *nuclear-free* zone 非核武装地帯.

nu·clé·ic ác·id [njuːklíːik- / njuː-] 名U〖生化〗核酸《DNA, RNA など》.

*****nu·cle·us** [njúːkliəs / njúː-] 名 (複 **nu·cle·i** [-kliài], **nu·cle·us·es** [~iz]) C **1** 中核, 中心. **2** 〖物理〗原子核; 〖生物〗細胞核. (▷ 形 núclear)

*****nude** [njúːd / njúːd] 形 裸の, 裸体の, ヌードの.
— 名 **1** C 〖美〗裸体画, 裸像, ヌード写真. **2** [the ~] 裸体: pose [swim] in the *nude* ヌードでポーズをとる [裸で泳ぐ].

nudge [nádʒ] 動他 **1** (注意を引くために)〈人〉をひじで軽く押す [突く]; …を(押しのけて)進む: He *nudged* me and pointed to the mountain. 彼は私をひじで突いて山の方を指さした / They *nudged* their way through the crowd. 彼らは群衆を押し分けて進んだ. **2** 〈人〉を説得する, (活動に)駆り立てる.
— 自 ひじで(軽く)押す; 押しのけて進む.
— 名 C (ひじで)軽く押す [つつく] こと.

nud·ism [njúːdizəm / njúː-] 名U 裸体主義, ヌーディズム《裸で生活すること》.

nud·ist [njúːdist / njúː-] 名C 裸体主義者, ヌーディスト.

nu·di·ty [njúːdəti / njúː-] 名U 裸(の状態).

nug·get [nágit] 名C **1** (天然の)金塊, (貴金属の)小さな塊. **2** 貴重なもの《◇情報など》: *nuggets* of information 貴重な情報. **3** (小さく丸い)食べ物: chicken *nuggets* チキンナゲット.

*****nui·sance** [njúːsəns / njúː-] 名《☆発音に注意》C **1** 〖通例 a ~〗迷惑(な行為); 迷惑をかける人 [もの, こと]; うるさい人 [もの, こと], やっかいもの [こと]: Don't make a *nuisance* of yourself. 人に迷惑をかけるな / What a *nuisance*! しまった! うるさいな. **2** (公共の事物・良俗に対する)侵害, 違反行為; (騒音などの)公害: Commit no *nuisance*. = No *nuisance* here. 《英・掲示》小便無用 [禁止], ごみ捨て禁止.

nuke [njúːk / njúːk] 動他《口語》…を核兵器で攻撃する.
— 名 C 《口語》核兵器; 原子力発電所: No *nukes*! 核兵器 [原発] 反対.

null [nál] 形 **1** (法律上)効力のない, 無効な. **2** 存在しない; 〖数学〗ゼロの: a *null* set 空集合.
■ *núll and vóid* 〖法〗無効の[で].

nul·li·fi·ca·tion [nàləfikéiʃən] 名U《格式》無効にすること, 破棄, 取り消し.

nul·li·fy [náləfài] (三単現 **nul·li·fies** [~z]; 過去・過分 **nul·li·fied** [~d]; 現分 **nul·li·fy·ing** [~iŋ]) 動他《格式》**1** …を(法的に)無効にする, 破棄する. **2** 〈努力・成果など〉をむだ [帳消し] にする.

nul·li·ty [náləti] 名U〖法〗(婚姻などの)無効.

*****numb** [nám] 形《☆発音に注意》(寒さなどで)感覚が麻痺(き)した, しびれた [*with*]: My hands were *numb* with cold. 寒さで手がかじかんだ.
— 動 他 〖しばしば受け身で〗…を無感覚にする, 麻痺させる: She *was numbed* with grief [by his death]. 彼女は悲しみ [彼の死] でぼう然となった.

*****num·ber** [námbər] 名C
— 名 (複 **num·bers** [~z]) C **1** 数, 数字《→次ページ表》: an even [odd] *number* 偶 [奇] 数 / a cardinal [an ordinal] *number* 基 [序] 数 / a whole *number* 整数 / a decimal *number* 小数 / a fractional *number* 分数 / One is my lucky *number*. 1は私のラッキーナンバーです. **2** C (電話・部屋などの)番号; …号, …番《略語》no., No., n.): a (tele)phone *number* 電話番号 / a house *number* 家屋番号 / a license *number* 車の登録番号 / platform *No.* 4 4番線ホーム / What is your room *number*? — *No.*305. 部屋は何号室ですか — 305 号です / Could you give me your office *number*? 勤務先の電話番号を教えてもらえませんか / You've got the wrong *number*. (電話で)番号違いです. **3** U C 〖…の〗数, 総数 〖*of*〗: The *number* of

number

desks in the room is twenty. 部屋の中の机の数は20です / The *number of* traffic accidents is increasing year by year. 交通事故の件数は年々増加している / What was the *number of* couples married last year? 昨年結婚したカップルは何組ですか.

4 [～s] 多数, 大勢; 数の上での優勢, 数の優位: win by the force of *numbers* 数の力で勝つ / There is safety in *numbers*. 《ことわざ》数の多いほうが安全.

5 [単数形で]《格式》集団, 仲間, グループ: He is one of our *number*. 彼は私たちの仲間です.

6 C 一編の曲, 音楽;(番組などの)演目, 出し物: a *number* from the opera オペラの中の1曲.

7 C (雑誌などの)1冊; 号: the latest *number* of "TIME"『タイム』の最新号 / a back *number* バックナンバー.

8 U C 【文法】数 (→ PERSONAL **文法**): a noun in the singular *number* 単数の名詞.

9 C [通例 a ～]《口語》商品; (売り物の)服: a beautiful *number* きれいな服.

10 C [通例 a ～]《口語》女の子.

11 [the ～s]《米》数当てとばく《新聞掲載の統計数字などに賭ける》.

■ *a númber of ...* かなりの…, 多数の…; いくらかの…: There were *a number of* passengers on the bus. バスには多く[数人]の乗客がいた(◇ a number of ... は複数扱い).

[数詞]

基数 (cardinal numbers)	(アラビア数字)	(ローマ数字)	序数 (ordinal numbers)	
zero	0			
one	1	I	first	1st
two	2	II	second	2nd
three	3	III	third	3rd
four	4	IV	fourth	4th
five	5	V	fifth	5th
six	6	VI	sixth	6th
seven	7	VII	seventh	7th
eight	8	VIII	eighth	8th
nine	9	IX	ninth	9th
ten	10	X	tenth	10th
eleven	11	XI	eleventh	11th
twelve	12	XII	twelfth	12th
thirteen	13	XIII	thirteenth	13th
fourteen	14	XIV	fourteenth	14th
fifteen	15	XV	fifteenth	15th
sixteen	16	XVI	sixteenth	16th
seventeen	17	XVII	seventeenth	17th
eighteen	18	XVIII	eighteenth	18th
nineteen	19	XIX	nineteenth	19th
twenty	20	XX	twentieth	20th
twenty-one	21	XXI	twenty-first	21st
twenty-two	22	XXII	twenty-second	22nd
thirty	30	XXX	thirtieth	30th
forty	40	XL	fortieth	40th
fifty	50	L	fiftieth	50th
sixty	60	LX	sixtieth	60th
seventy	70	LXX	seventieth	70th
eighty	80	LXXX	eightieth	80th
ninety	90	XC	ninetieth	90th
one hundred	100	C	one hundredth	100th
five hundred	500	D	five hundredth	500th
one thousand	1,000	M	one thousandth	1,000th
five thousand	5,000	$\overline{V}$	five thousandth	5,000th
six thousand four hundred (and) thirty-two	6,432	$\overline{V}$MCDXXXII	sixty thousand four hundred (and) thirty-second	6,432nd
ten thousand	10,000	$\overline{X}$	ten thousandth	10,000th
fifty thousand	50,000	$\overline{L}$	fifty thousandth	50,000th
one hundred thousand	100,000	$\overline{C}$	one hundred thousandth	100,000th
five hundred thousand	500,000	$\overline{D}$	five hundred thousandth	500,000th
one million	1,000,000	$\overline{M}$	one millionth	1,000,000th

(注) 数詞にはほかに, billion (10億), trillion (1兆) などがある.

[語法] (1) …には複数名詞が入り, 全体で複数扱いになる.
(2)「かなりの」か「いくらかの」かは文脈によって決まる. どちらなのかをはっきりさせる場合は great, large, good, small などを number の前に付ける: He has *a large number of* pets. 彼は多くのペットを飼っている / *A small number of* students came to school yesterday. きのうは生徒が少ししか学校に来なかった.

ány númber of … …がいくらでも, 多くの….
beyònd* [*withòut*] *númber [名詞のあとに付けて]《文語》無数の.
hàve* [*gèt*] *…'s númber 《口語》〈人〉の正体 [本心] を見抜く, 知る.
in gréat* [*smáll*] *númbers 多数 [少数] で.
in númber 数の上で; 総計で: We exceeded them *in number*. 私たちは数の上では彼らにまさっていた.
númbers of … 多くの…, 多数の….
…'s númber is úp 《口語》〈人〉の運がつきる; …は万事休すである, 死にかけている.

— [動] [他] **1** …に番号を付ける: Seats are *numbered* from 1 to 50. 席には1から50までの番号が付いている.
2 … (の数) に達する, 合計…になる: The party of climbers *numbered* 40 in all. 登山隊は総勢40人になった.
3 …を [… の中に] 含む, [… の] 数に入れる [*among*]: She is *numbered among* the best writers in Japan. 彼女は日本における最もすぐれた作家の1人に数えられている. **4** [受け身で]《口語》…を限定する; …の数 [期間] を定める: Her days *are numbered*. 彼女の命 [人気など] はあとわずかだ. **5**《文語》…を数える, 勘定する.
— [自] **1** 合計 […の] 数になる [*in*]: The attendance at the meeting *numbered in* hundreds. 会合の出席者は数百人に上った. **2** […に] 含まれる, […の中に] 数えられる [*among*].
◆ númber crùnching [U]《口語・こっけい》(コンピュータを用いた) 大きな数の計算; 複雑な計算.
númber óne [U] **1** 大物, トップ, 第一人者; [形容詞的に] 最も重要な, 一流の: the *number one* priority 最優先事項. **2** 自分自身: look after *number one* 自分の利益だけを考える.
Númber Tén [No. 10] [固] 英国首相官邸 (→ NO.).
númber twó [U]《口語》第二の実力者.

num·ber·less [nʌ́mbərləs] [形]《文語》無数の.
num·ber·plate [nʌ́mbərplèit] [名] [C]《英》(車の) ナンバープレート (《米》license plate) (➡ CAR [PICTURE BOX]).
numb·ly [nʌ́mli] [副] 麻痺(まひ)して, しびれて.
numb·ness [nʌ́mnəs] [名] [U] 麻痺(まひ), しびれ.
numb·skull [nʌ́mskʌ̀l] [名] = NUMSKULL (↓).
nu·mer·a·cy [njúːmərəsi / njúː-] [名] [U] 計算能力 (のあること) (cf. literacy 読み書き能力).
‡**nu·mer·al** [njúːmərəl / njúː-] [名] [C] 数字, 数を表す文字 [記号]; 【文法】数詞: Arabic [Roman] *numerals* アラビア [ローマ] 数字.
— [形] 数の, 数字の, 数を表す.

nu·mer·ate [njúːmərət / njúː-] [形] 計算能力のある (cf. literate 読み書きのできる).
nu·mer·a·tion [njùːməréiʃən / njùː-] [名] [U] [C] 数えること; 計算法, 数え方: decimal *numeration* 十進法.
nu·mer·a·tor [njúːmərèitər / njúː-] [名] [C] 【数学】(分数の) 分子 (cf. denominator 分母).
***nu·mer·i·cal** [njuːmérikəl / njuː-] [形] [限定用法] 数の, 数字で表した, 数を用いた: a *numerical* equation 数式 / in *numerical* order 番号順に.
nu·mer·i·cal·ly [-kəli] [副] 数の上で, 数的に.

‡**nu·mer·ous** [njúːmərəs / njúː-]
— [形]《格式》**1** 多数の, たくさんの (many): We had *numerous* telephone calls today. きょうは何回も電話がかかってきた / She has been scolded for arriving late on *numerous* occasions. 彼女は遅刻で何度もしかられている.
2 [単数形の集合名詞を修飾して] 多数から成る (large): a *numerous* collection of paintings たくさんの絵のコレクション.

nu·mi·nous [njúːmənəs / njúː-] [形]《文語》超自然の, 神秘的な; 神霊の, 神聖な.
nu·mis·mat·ics [njùːməzmǽtiks / njùː-] [名] [U] [単数扱い] 貨幣 [古銭, 記章など] の収集研究, 貨幣 [記章] 学; コイン収集.
num·skull, numb·skull [nʌ́mskʌ̀l] [名] [C]《口語》ばか, のろま (blockhead).
***nun** [nʌ́n] [名] [C] 修道女, 尼僧 (cf. monk 修道士).
nun·ci·o [nʌ́nsiòu] [名] (複 **nun·ci·os** [~z]) [C] ローマ教皇 [法王] 使節.
nun·ner·y [nʌ́nəri] [名] (複 **nun·ner·ies** [~z]) [C]《文語》女子修道院, 尼僧院 (convent).
nup·tial [nʌ́pʃəl, -tʃəl]《格式・こっけい》[形] [限定用法] 結婚の, 婚姻の, 結婚式の.
— [名] [~s] 結婚式.

‡**nurse** [nɔ́ːrs] [名] [動] 【原義は「養うこと」】
— [名] (複 **nurs·es** [~iz]) [C] **1** 看護師 [婦], 看護人: a chief [head] *nurse* 看護師長, 婦長 / a hospital *nurse* 病院看護師 / a school *nurse* 学校の養護教諭 / a registered *nurse*《米》正看護師 / a practical *nurse*《米》准看護師.
2《古風》乳母(うば) (wet nurse); 保母, 子守 (dry nurse).
— [動] [他] **1** 〈人〉を看護する, 看病する, 介抱する; [受け身不可]〈病気・けが〉を治すために養生する: *nurse* a cold 養生してかぜが治るのを待つ / She *nursed* her old mother. 彼女は年老いた母親の看病をした.
2 [受け身不可]〈恨み・希望・計画など〉を心に抱く: She had long *nursed* the hope that Jim would marry her. 彼女は長い間ジムが自分と結婚してくれるという希望を抱いていた.
3 …を大切に育てる,〈才能など〉を育成する, 育(はぐく)む: *nurse* a young tree 苗木を育てる. **4** …を大事に抱く, 抱き締める; 大事にする: The mother *nursed* her baby in her arms. 母親は赤ん坊を腕に抱き締めた. **5**〈乳児〉に乳をやる, 授乳する.
— [自] **1** 看護 [看病] する, 看護師 [婦] として働く.

2 授乳する;(赤ん坊が)[...の]乳を飲む[*at*].

nurse・maid [nə́ːrsmèid] 图 C 《古風》子守女.

***nurs・er・y** [nə́ːrsəri] 图 (複 **nurs・er・ies** [~z]) C
1 子供部屋, 育児室; 託児所, 保育所 (day nursery, 《米》day-care center).
2 苗床, 育種場, 養樹園; 養殖場; (悪などの)温床: Poverty is a *nursery* of crime. 貧困は犯罪の温床である.
◆ **núrsery núrse** C 《英》保母 [父].
núrsery rhỳme C (伝承的な) 童謡, わらべ歌.
núrsery schòol C (通例3-5歳児の) 保育所, 保育園.
núrsery slòpe C [通例 ~s] 《英》(スキー場の)初心者用ゲレンデ(《米》bunny slope).

nurs・er・y・man [nə́ːrsərimən] 图
(複 **nurs・er・y・men** [-mən]) C 苗木屋, 苗木栽培[種苗(にょい)]業者, 養樹園経営者.

nurs・ing [nə́ːrsiŋ] 图 U 看護; 看護師[婦]の職務, 育児, 保育: a school of *nursing* 看護学校.
◆ **núrsing bòttle** C 《米》哺乳びん.
núrsing hòme C (通例, 私立の)老人ホーム;《主に英》(私立の)病院; 産院.
núrsing mòther C 乳母, 養母.

***nur・ture** [nə́ːrtʃər] 動 他 《格式》**1** [しばしば受け身で]...を育てる, 養育する; ...に栄養を与える: tomatoes *nurtured* in the greenhouse 温室栽培のトマト.
2 ...を仕込む, 教育[養成]する.
3 〈計画など〉を育む(はぐ); 〈感情〉を持ち続ける.
— 图 U 《格式》(特に子に対する親の) 教育, 訓練; 養育, 飼育; *nurture* rather than nature 生まれ[氏(うじ)] より育ち.

***nut** [nʌ́t]

— 图 (複 **nuts** [nʌ́ts]) C **1** (殻の堅い) 木の実, 堅果, ナッツ (cf. berry (殻のない) 小果実; →図): crack a *nut* 木の実を割る.

[いろいろなナッツ]

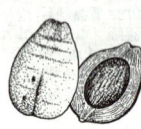

chestnut walnut
coconut peanut pistachio

2 【機械】ナット, 留め[親]ねじ (cf. bolt (ナットをはめる) ボルト).
3 《口語・軽蔑》熱中する人, ...ファン: a soccer *nut* サッカー狂.
4 《口語・軽蔑》ばか, 変人. **5** 《口語》頭.
■ *a hárd [tóugh] nút to cráck* 《口語》手ごわい問題, 難事業; 扱いにくい人, 難敵, 強敵.
be núts (abòut ...) 《俗語》(...に)夢中である.
dó one's nút 《英口語》ひどく怒る.
for núts [通例 can't と共に用いて] 《英口語》さっ

ぱり, 全然: He *can't* speak English *for nuts*. 彼は全然英語が話せない.
óff one's nút 《英口語》気が変になって.
the núts and bólts 《口語》[...の]基本, 初歩, 土台; [機械の] しくみ [*of*].
◆ **nút càse** C 《口語》狂人; 奇人, 変人.

nút-brówn 形 クリ色の.

nut・crack・er [nʌ́tkræ̀kər] 图 C [しばしば ~s] クルミ割り器 (◇単に cracker とも言う).

nut・meg [nʌ́tmeg] 图 **1** C 【植】ニクズク (熱帯産の常緑高木). **2** U ナツメグ (ニクズクの種子を粉末にしたもの. 香味料・薬用).

nu・tri・a [njúːtriə / njúː-] 图 C ヌートリア《南米原産の水辺に生息するねずみに似た動物》; U ヌートリアの毛皮.

nu・tri・ent [njúːtriənt / njúː-] 图 C 栄養分, 滋養(食品); 食物. — 形 栄養のある, 滋養になる.

nu・tri・ment [njúːtrəmənt / njúː-] 图 C U 《格式》栄養分, 滋養物; 食物.

***nu・tri・tion** [njuːtríʃən / njuː-] 图 U **1** 栄養(摂取); 栄養物, 食物. **2** 栄養学.
nu・tri・tion・al [-nəl] 形 栄養上の.

nu・tri・tious [njuːtríʃəs / njuː-] 形 栄養たっぷりの, 栄養になる.

nu・tri・tive [njúːtrətiv / njúː-] 形 **1** 栄養の[に関する]. **2** 《格式》栄養になる.

nut・shell [nʌ́tʃèl] 图 C (クルミなど) 木の実の殻.
■ *(to pút it) in a nútshell* 《口語》要するに.

nut・ty [nʌ́ti] 形 (比較 **nut・ti・er** [~ər]; 最上 **nut・ti・est** [~ist]) **1** ナッツの味[香り]の; ナッツを多く含む. **2** 《口語》頭が変になった, いかれた.
■ *(as) nútty as a frúitcake* 気が変になった, すっかりいかれた (→ FRUITCAKE 成句).

nuz・zle [nʌ́zl] 動 自 (人・動物などが)(愛情表現として) 鼻[口, 頭]を[...に] こすりつける, 押しつける, すり寄せる (up) [*against*].
— 他 ...に鼻[口, 頭] をこすりつける.

NV 《郵略語》=*Nevada*.

NW 《略語》=*northwest; northwestern*.

NY 《郵略語》=*New York* (◇州).

N.Y. 《略語》=*New York* (◇州).

NYC, N.Y.C. 《略語》=*New York City*.

‡**ny・lon** [náilɑn / -lɔn] 图 **1** U ナイロン.
2 [~s] 《古風》ナイロンのストッキング: a pair of *nylons* ナイロンストッキング1足.

***nymph** [nímf] 图 C **1** ニンフ, (森・山などの) 妖精《ギリシャ・ローマ神話に登場する美少女の妖精; cf. sylph 空気の精》. **2** 《詩語》少女, おとめ.

nymph・et [nímfit, nimfét] 图 C 《口語・こっけい》性的魅力のある(美)少女, 小妖精.

nym・pho・ma・ni・a [nìmfəméiniə] 图 U 《軽蔑》(女性の) 異常性欲, 色情狂.

nym・pho・ma・ni・ac [nìmfəméiniæk] 《口語》形 (女性の) 色情狂の. — 图 C (女性の) 色情狂.

NYSE 《略語》=*New York Stock Exchange* ニューヨーク証券取引所.

NZ, N.Z. 《略語》=*New Zealand*.

O o

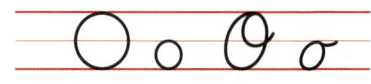

o, O [óu] 名 (複 **o's, os, O's, Os**) **1** C U オウ《英語アルファベットの15番目の文字》. **2** C [大文字で] O字形のもの. **3** C (電話番号などの) ゼロ (zero) 《◇たとえば 6005 は six o o [óu óu] five または six double o [óu] five などと読む》. **4** U [大文字で] (血液型の) O型.

O[1] [óu] 間《◇大文字で書き、直後にコンマや感嘆符 (!) を付けない; → OH[1]》**1**［名前の前に付け、呼びかけで]《詩語》おお, ああ: *O* God, help me! 神よ、お助けを. **2** 《驚き・恐怖・願望などを表して》おお, ああ《◇現在は oh が普通》: *O* dear (me)! おやまあ.

O[2] 《元素記号》= oxygen 酸素.

o' [ə] 前 of の短縮形《◇ of のくだけた発音を書き表したもの; → O'CLOCK》: a cup *o'* coffee コーヒー1杯.

O' [ou, ə] 接頭 アイルランド系の姓に付く《◇元来は「…の息子 (son of ...)」の意を表した》: *O'*Hara, *O'*Brien (cf. Mac-, Fitz-).

O. 《略語》= Ohio.

oaf [óuf] 名 (複 **oafs** [~s]) C《通例, 男の》ばか者, 間抜け; 無骨者: You stupid *oaf*! このばか者.

oaf·ish [óufiʃ] 形《通例, 男が》ばかな, 間抜けな.

O·a·hu [ouáːhuː] 名 固 オアフ《Hawaii 州中央部の島. 島内の Honolulu は州都》.

oak [óuk]
— 名 (複 **oaks** [~s]) **1** C = **óak trèe**【植】オーク (の木)《カシワ・ナラ・カシなどのブナ科コナラ属の広葉樹木の総称. 実は acorn (ドングリ)》: Little strokes fell great *oaks*.《ことわざ》こつこつとおので打てば大きなオークの木も切り倒すことができる ⇨ 点滴石をもうがつ. **2** U オーク材《堅い材質で, 船舶・家具などに用いる》; [形容詞的に] オーク材の, オーク材で作った: a yacht made of *oak* オーク材で造ったヨット / an *oak* chair オーク製のいす.

oak·en [óukən] 形 [限定用法]《主に文語》オーク (材, 製) の《◇普通は名詞 oak を形容詞的に用いる》.

OAP 《略語》《英》= old *age* pension 老齢年金; old *age* pensioner 老齢年金受給者.

‡**oar** [ɔ́ːr] 名 C **1** オール, かい, ろ《◇ボートの側面に固定する. 固定しないのは paddle と言う》: pull on the *oars* オールでこぐ / He pulls a good *oar*. 彼はこぐのがうまい. **2** こぎ手: a good [bad] *oar* 上手な [下手な] こぎ手.

■ *pút* [*shóve, stíck*] *one's óar in* ...《英口語》…に余計な世話を焼く, 干渉する.

oar·lock [ɔ́ːrlàk, -lɔ̀k] 名 C《米》オール受け, かい受け《英》rowlock).

oars·man [ɔ́ːrzmən] 名 (複 **oars·men** [-mən]) C (ボートの) こぎ手《◇女性形は oarswoman》.

OAS 《略語》= Organization of American States 米州機構.

*****o·a·sis** [ouéisis] 《☆ 発音に注意》名 (複 **o·a·ses** [-siːz]) C **1** オアシス《砂漠の中の緑地》. **2** 憩い [くつろぎ] の場所.

oast [óust] 名 C (ホップなどの) 乾燥がま.
◆ **óast hòuse** C《英》(ホップなどの) 乾燥場.

‡**oat** [óut] 名 C [通例 ~s; 単数・複数扱い] **1** オートムギ [カラスムギ, エンバク] (の粒)《オートミールの原料や飼料などにする》. **2** [~s; 単数扱い] = OATMEAL (↓).

■ *be òff one's óats*《英口語》食欲がない.
féel one's óats《口語》元気いっぱいである, 生き生きする.
sów one's wíld óats (若い時に) 多数の異性と交際する, 若い時に道楽する.

oat·cake [óutkèik] 名 C オートケーキ《ひき割りオートムギで作る薄いビスケット》.

‡**oath** [óuθ] 名 (複 **oaths** [óuðz, óuθs]) C **1** 誓い; 誓約; 【法】宣誓: keep [break] one's *oath* 誓いを守る [破る] / take an *oath* to do …すると誓う《確約する》/ the *oath* of allegiance 忠誠の誓い《アメリカで公務員が就任するときなどに行う》/ Repeat the *oath* after me. 私のあとに続けて誓いの言葉を繰り返しなさい / I've given my *oath* not to drink. 私は禁酒を誓った. **2** 神名乱用《怒り・驚きなどを神聖な言葉で表すこと. God damn you! (この野郎), By God! (ちくしょう) など》; [通例 ~s] のろいの言葉, 悪態 (swearword).

■ *on* [*upòn*] *one's óath*《古風》誓って.
pút [*pláce*] ... *on* [*ùnder*] *óath*【法】(法廷などで) …に宣誓させる.
ùnder [*on*] *óath*【法】真実を述べると宣誓して.

‡**oat·meal** [óutmìːl] 名 U **1** ひき割りオートムギ. **2**《主に米》オートミール (《英》porridge)《ひき割りオートムギを牛乳や水で溶いたかゆ; 主に朝食用; cf. cereal シリアル》.

OAU 《略語》= Organization of African Unity アフリカ統一機構.

ob·bli·ga·to [àblɔgáːtou / ɔ̀b-]【イタリア】形【音楽】(伴奏が) 省略できない, 不可欠の, 必須の.
— 名 (複 **ob·bli·ga·tos** [~z], **ob·bli·ga·ti** [-tiː]) C【音楽】(不可欠な) 助奏, オブリガート.

ob·du·ra·cy [ábdjurəsi / ɔ́bdju-] 名 U《格式・通例, 軽蔑》頑固さ, 強情.

ob·du·rate [ábdjurət / ɔ́bdju-] 形《格式・通例, 軽蔑》頑固な, 強情な (stubborn).

*****o·be·di·ence** [oubíːdiəns, əbíː-] 名 U […への] 服従, 従順, 忠実 (↔ disobedience) [*to*]: *obedience to* an order 命令への服従 / The money was given to the Red Cross in *obedience to* his wishes. 金は彼の意向にそって赤十字に寄付された. (▷ 動 obéy; 形 obédient)

‡**o·be·di·ent** [oubíːdiənt, əbíː-] 形 [...に] 従順な,

obeisance

素直な,〔親・教師などの〕言うことをよく聞く (↔ disobedient): an *obedient* child 素直な子供 / The hunting dogs sat down, *obedient to* his order. 猟犬は彼の命令通りにお座りした.
(▷ 動 obéy; 名 obédience)

o·be·di·ent·ly 副 従順に, 素直に

o·bei·sance [oubéisəns, oubíː-] 名《格式》
1 [C|U] お辞儀, 敬礼: make (an) *obeisance* to ... …にお辞儀する. **2** [U] 敬意, 尊敬; 服従: pay *obeisance* to ... …に敬意を表する.

ob·e·lisk [ábəlisk / ɔ́b-] 名 [C] **1** オベリスク, 方尖(ほうせん)塔. **2**《印刷》短剣符[標](†) (dagger).

o·bese [oubíːs] 形《格式》(病的に)肥満した.

o·be·si·ty [oubíːsəti] 名 [U]《格式》(病的な)肥満.

***o·bey** [oubéi, ə-]

【基本的意味は「…に従う (do what someone or something asks or orders you to do)」】

— 動 (三単現 **obeys** [~z]; 過去・過分 **obeyed** [~d]; 現分 **obey·ing** [~iŋ])

— 他〈人・命令・法律など〉に**従う**, 服従する (↔ disobey); …に従って行動する: *obey* the orders [law] 命令[法律]に従う / I *obeyed* my parents. 私は両親の言うことに従った.

— 自 従う, 服従する.
(▷ 名 obédience; 形 obédient)

ob·fus·cate [ábfəskèit / ɔ́bfʌs-] 動 他《格式》〈物事〉をわかりにくくする;〈人〉を混乱させる

***o·bit·u·ar·y** [əbítʃuèri / -tʃuəri] 名 (複 **o·bit·u·ar·ies** [~z]) [C] (新聞などの)死亡記事, 故人の略歴: an *obituary* notice (新聞の)死亡記事.

obj.《略語》= 〘文法〙object; objective.

***ob·ject** 名 動

— 名 [ábdʒikt / ɔ́b-] (複 **ob·jects** [-dʒikts]) [C]
1 物, 物体: a small sharp *object* 小型で鋭利な物体 / a household *object* 家庭用品 / an inanimate *object* 無生物 / an unidentified flying *object* 未確認飛行物体, UFO.
2〘動作・感情の〙**対象**, 的(まと) [*of*]: an *object* of investigation 調査対象 / an *object* of pity [admiration] 哀れみ[あこがれ]の的 / He was made the *object* of severe criticism. 彼は厳しい批判の的にされた.
3 目的, ねらい, 目標 (aim): What is the *object* of the Antarctic expedition? その南極探検の目的は何ですか / She went to New York with the *object* of studying drama. 彼女は演劇を勉強するためにニューヨークへ行った.
4〘英文法〙**目的語**(《略語》obj.; → 巻末「文型について」): a direct [an indirect] *object* 直接[間接]目的語.
5《口語》奇妙な [哀れむ, みじめな] やつ [もの].
■ (be) *nó óbject* …は問わない: Age (is) *no object*〔掲示〕年齢不問 / Expense [Money] *is no object*. 費用[金]はいくらかかってもかまわない.

— 動 [əbdʒékt] 自 (…に)**反対する**, 異議を唱える, […を]いやがる [*to*]: I wanted to get a dog, but my father *objected* strongly. 私は犬を飼いたかったが, 父が強く反対した / I *object to* the plan. 私はその計画に反対です / My mother *objected to* my father's reading a newspaper at the table. 母は父が食事中に新聞を読むことに文句を言った.

— 他〔…と言って〕反対する [*that* 節]: They *objected that* it was too early to carry out the plan. 彼らは計画実行は時期尚早だと言って反対した.

◆ **óbject lèsson** [C] 実物教育; (教訓となる)実例.

óbject lèns [glàss] [C] 対物レンズ.

***ob·jec·tion** [əbdʒékʃən] 名 **1** [U|C]〔…に対する〕**反対, 異議**, 異論, 不服 [*to, against*]: without *objection* 異議なく / *Objection*! (法廷などで)異議あり / I have no *objection to* [*against*] the decision. 私は決定に異議ありません / He had an *objection* to our project. 彼は私たちの計画に反対した. **2** [C]〔…に対する〕反対の理由 [根拠], 難点 [*to, against*]: I stated some of my *objections* to the new idea. 私は新構想に対する反対理由をいくつか述べた.

***ob·jec·tion·a·ble** [əbdʒékʃənəbl] 形 不愉快[いや]な, 気に入らない; 反対すべき, 異議のある: an *objectionable* manner 不愉快な態度.

***ob·jec·tive** [əbdʒéktiv] 名 [C] **1 目的**, 目標 (object); 目的[目標]物;〘軍〙目標地点: achieve [attain, gain] one's *objective* 目的を達成する. **2** = objéctive cáse (the ~)〘文法〙目的格 (objective case) (《略語》obj.; → PERSONAL 文法). **3**〘光〙対物レンズ (object lens [glass]).

— 形 **1** 客観的な, 公平な (↔ subjective): Let's try to take an *objective* view of the situation. 客観的に状況を見ることにしよう.
2 物体の, 実在する.
3〘文法〙目的格の, 目的語の.

◆ **objéctive cómplement** [C]〘文法〙目的格補語 (→ 巻末「文型について」).

ob·jec·tive·ly [əbdʒéktivli] 副 客観的に, 公平に (↔ subjectively).

ob·jec·tiv·i·ty [àbdʒektívəti / ɔ̀b-] 名 [U] 客観的なこと, 客観性, 公平さ (↔ subjectivity).

ob·jec·tor [əbdʒéktər] 名 [C] 反対者, 異議を唱える人.

ob·jet d'art [ɔ̀ːbʒei dáːr / ɔ̀b-]《フランス》名 (複 **ob·jets d'art** [~]) [C] (小)美術品, オブジェ.

ob·li·gate [áblaɡèit / ɔ́b-] 動 他《格式》〈人〉に[…する](道徳・法律上の)義務を負わせる [*to do*].

ob·li·gat·ed [áblaɡèitid / ɔ́b-] 形〔叙述的用法〕《格式》**1**[…する]義務がある [*to do*].
2〔人に / …に対して〕ありがたく思う [*to / for*];(恩義を感じて)[…]しなければならないと思う [*to do*]: I feel *obligated* to her *for* her help. 私は彼女の援助をありがたく思っている.

***ob·li·ga·tion** [àblaɡéiʃən / ɔ̀b-] 名 **1** [C|U]〔…に対する / …する〕**義務**, 責任 [*to / to do*]: He fulfilled [met] his *obligation*. 彼は責任を果たした. **2** [C]〔…への〕恩義, 義理, 感謝 [*to, toward*]: I felt an *obligation* to him for his kindness. 私は彼の親切に恩義を感じた. **3** [C] 債務(証書).
■ *be ùnder (an) obligátion* [*ùnder nó obli-*

gátion] **1**［…する］義務がある［ない］[to do]: I am under no obligation to apologize to her. 彼女に謝罪をする義務など私にはない. **2** …に恩義がある［ない］[to].

pláce [**pút**] ... **ùnder an obligátion** …に恩を施す; …に義務を負わせる.

ob·lig·a·to·ry [əblígətɔ̀:ri / -təri] 形 **1**《格式》［…に］義務として課された, 強制的な [for, on, upon]: Undergoing the physical checkup is *obligatory for* all employees. 健康診断を受けることは全社員の義務となっています. **2**（学科などが）必修の（↔《米》elective,《英》optional）: an *obligatory* subject 必修科目. **3**《しばしばこっけい》お決まりの, 毎度ながらの, 習慣化している.

‡**o·blige** [əbláidʒ] 動 他 **1** …を義務づける; [oblige+O+to do] 《通例, 受け身で》…に~することを強制する［義務づける］, やむをえず~させる（→ FORCE 類義語）: Parents *are obliged* by law *to* send their children to school. 親が子供を就学させることは法律によって義務づけられている.
2《丁寧》［…で／…して］〈人〉に恩義を施す, 親切にする;〈人〉を喜ばす [with / by doing]: He *obliged* me *with* a loan of 100,000 yen. 彼は親切にも私に10万円貸してくれた.
3《受け身で》《丁寧・古風》［…に対して］感謝する [to]: I'm much *obliged to* you. どうもありがとうございます（◇ Thank you. よりかしこまった言い方で今はあまり使われない）: I'd *be obliged* if you would do it. そうしてくださるとありがたいのですが（◇非常に丁寧な依頼）.
— 自 ［…で／…して］(人)を喜ばせる,〈人の〉頼みをかなえてやる, 好意を示す [with / by doing]: I'd be happy to *oblige*.《口語》（依頼に対して）喜んでお引き受けいたします.

o·blig·ing [əbláidʒiŋ] 形 喜んで［…の〕世話をする, ［…に〕親切な [to]: He's always *obliging* to us. 彼はいつも私たちに親切です.
o·blig·ing·ly [～li] 副 親切に(も), 快く.

ob·lique [əblí:k] 形 **1** 斜めの, 傾斜した (sloping). **2**《通例, 限定用法》遠回しの, 婉曲な, 間接的な (indirect): make *oblique* references to the problem その問題に遠回しに言及する. **3**《数学》（角度が）斜角の; 斜線［斜面］の.
— 名 Ｕ Ｃ ＝ oblíque strôke [slǽʃ] 斜線, スラッシュ（/）.
◆ **oblíque ángle** Ｃ 斜角（直角以外の角）.
ob·lique·ly [～li] 副 遠回しに; 斜めに.

ob·lit·er·ate [əblítərèit] 動 他 **1** …を破壊しつくす, 取り除く: The town was *obliterated* by bombs. 町は爆撃で完全に破壊された. **2** …を（完全に）消し去る, 消去［抹消］する (erase).

ob·lit·er·a·tion [əblìtəréiʃən] 名 Ｕ 消去; 抹殺.

ob·liv·i·on [əblíviən] 名 Ｕ **1** 忘れ去る［忘れ去られる］こと, 忘却: His name fell [sank] into *oblivion*. 彼の名は世間から忘れ去られた. **2** 無意識状態, 意識不明, 人事不省.

ob·liv·i·ous [əblíviəs] 形《通例, 叙述用法》［…に〕気づかない, 無意識の (unaware) [of, to]; ［…を〕忘れた [of]: He is *oblivious of* [to] what is happening right now. 彼は今起きていることに気づいていない.
ob·liv·i·ous·ly [～li] 副 気づかずに; 忘れて.

ob·long [ábləŋ / ɔ́bləŋ] 形 長方［長円］形の; 横長の. — 名 Ｃ 長方［長円］形.

ob·lo·quy [áblǝkwi / ɔ́b-] 名 Ｕ《格式》**1** 悪口, 中傷 (abuse). **2** 恥辱, 不名誉 (dishonor).

ob·nox·ious [əbnákʃəs / -nɔ́k-] 形 ［…にとって〕不快な, いやな, 気にさわる (offensive) [to].
ob·nox·ious·ly [～li] 副 不快に, いやな感じで.

o·boe [óubou] 名 Ｃ《音楽》オーボエ（木管楽器）.
o·bo·ist [óubouist] 名 Ｃ《音楽》オーボエ奏者.

ob·scene [əbsí:n] 形 **1** わいせつな, 卑わいな, みだらな: *obscene* publications わいせつ出版物. **2** むかむかさせる（ような）, 実にひどい.
ob·scene·ly [～li] 副 わいせつに, みだらに.

ob·scen·i·ty [əbsénəti] 名 (複 **ob·scen·i·ties** [～z]) **1** Ｕ わいせつ; 卑わい. **2** Ｃ（通例, 複数形で）わいせつな行為; 卑わいな言葉.

‡**ob·scure** [əbskjúər] 形 (比較 **ob·scur·er** [-skjúərər]; 最上 **ob·scur·est** [-skjúərist])
1（意味などが）はっきりしない, 不明瞭(Meiryō)な, あいまいな;［…に〕わかりにくい [to]: The reason of his retirement is *obscure to* me. 彼の引退理由は私にはよくわからない. **2**（人が）世に知られていない, 無名の. **3** 人目につかない, 隠れた. **4** 薄暗い (dim), ぼんやり見える: an *obscure* corner of the room 薄暗い部屋のすみ.
— 動 他 …を隠す, 見えなくする;〈意味など〉をわかりにくくする: Clouds *obscured* the moon. 月は雲に隠れた.
ob·scure·ly [əbskjúərli] 副 あいまいに; それとなく, 人知れず.

*** ob·scu·ri·ty** [əbskjúərəti] 名 (複 **ob·scu·ri·ties** [～z]) **1** Ｕ はっきりしないこと, 不明瞭(Meiryō), あいまいさ; Ｃ 不明瞭な点, わかりにくいところ. **2** Ｕ 世に知られていないこと, 無名: She now lives in *obscurity*. 彼女は今では（世に知られず）ひっそり暮らしている. **3** Ｕ《文語》薄暗さ, 薄暗がり.

ob·se·qui·ous [əbsí:kwiəs] 形《軽蔑》〔上司などに〕こびへつらう, 卑屈な [to, toward].

ob·serv·a·ble [əbzə́:rvəbl] 形 **1** 観察できる; 目につく; 注目すべき. **2** 祝うべき; 守るべき.
ob·serv·a·bly [-bli] 副 著しく, 目立って.

*** ob·serv·ance** [əbzə́:rvəns] 名 **1** Ｕ（法律・慣習などを）守ること,［…の〕順守;［…に〕従うこと [of]: the *observance* of the rules and regulations 規則や規定の順守. **2** Ｕ《祝祭日などを》祝うこと [of]: in *observance* of Easter 復活祭を祝って. **3** Ｃ ［しばしば ～s]（宗教的な）式典, 儀式.
（▷ 動 obsérve）

ob·serv·ant [əbzə́:rvənt] 形 **1** [...に〕注意深い, 油断のない (watchful) [of, about]; 観察力の鋭い. **2**（宗教的慣例・法律などを）順守する,（信者などが）（戒律を〕厳守する [of].（▷ 動 obsérve）
ob·serv·ant·ly [～li] 副 注意深く; 順守して.

ob·ser·va·tion [àbzərvéiʃən / ɔ̀b-]
— 名 (複 **ob·ser·va·tions** [～z]) **1** Ｕ Ｃ 観察（すること）; 観測; 診察, 検査: make a meteorological *observation* 気象観測をする / We use

this electron telescope for the *observation* of distant stars. この電子望遠鏡を使って遠い星の観測をする / They learned the habits of migratory birds by close *observation*. 彼らは綿密に観察することで渡り鳥の習性を知った.

2 ⓤ (人に)見られること,人目(につくこと),注目(notice);監視: avoid[escape] *observation* 人目を避ける / He came under the new director's *observation* because of his great talent. 彼はそのすぐれた才能により新監督の目にとまった.

3 ⓤ 観察力: a person of keen *observation* 観察力の鋭い人.

4 ⓒ [通例 ~s] 観察[観測]記録[結果]: *observations* on the social life of bees ミツバチの社会生活に関する観察結果.

5 ⓒ (観察に基づく)[…についての]所見,発言,意見(remark)[*about, on*]: a personal *observation* 個人的な意見 / He made a keen *observation* about human nature. 彼は人間の本質について辛らつな意見を述べた.

■ *under observátion* (容疑者などが)監視されて;(患者が)モニターされて: We must keep the injured *under observation*. 私たちはけが人を監視する必要がある. (▷ 動 obsérve)

◆ observátion pòst ⓒ《軍》監視所.

ob·ser·va·tion·al [àbzərvéiʃənəl / -bə-] 形 [通例,限定用法] 観察[観測](用)の;観察に基づく: an *observational* device 観測機器.

*ob·serv·a·to·ry [əbzə́ːrvətɔ̀ːri / -təri] 名 (複 ob·serv·a·to·ries [~z]) ⓒ 天文台,観測所,気象台,測候所;展望台: a meteorological *observatory* 気象台.

***ob·serve** [əbzə́ːrv]
【基本的意味は「…を観察する(watch ... carefully)」】
── 動 (三単現 ob·serves [~z]; 過去・過分 ob·served [~d]; 現分 ob·serv·ing [~iŋ])
── 他 **1** (a) [observe+O] …を観察する,注目する,(注意して)見守る(watch): In science class they *observed* the growth of tadpoles. 理科の授業で彼らはオタマジャクシの成長を観察した. (b) [observe+疑問詞節[句]] …かを観察する: Let's *observe* what he does next. 彼の次の行動を見守ろう / *Observe* how to run this new machine. この新しい機械をどのように動かすかよく見ていなさい.

2 《格式》(a) [observe+O] …に気がつく,…を認める(notice): Did you *observe* anything suspicious? 何か不審なことに気づきませんでしたか. (b) [observe+O+do[doing]] …が～する[～している]のに気づく: They all *observed* him leave the room. 彼らはみな彼が部屋から出て行くのに気がついた (◇受け身では do の代わりに to do を用いる: He was *observed* to leave the room.) / I *observed* two planes *taking* off at the same time. 2機の飛行機が同時に離陸するところを目にした. (c) [observe+that 節] …ということに気がつく: I *observed* that the clock was ten minutes fast. 私は時計が10分進んでいることに気づいた.

3 《格式》[observe+O]〈意見〉を述べる,言う;[observe+that 節] …と言う: She *observed that* the student had been late three days this week. その生徒は今週3日遅刻したと彼女は言った. / Glancing at her, he *observed*, "You must be tired." 彼女をちらっと見て「あなたはきっと疲れているのですよ」と彼は言った.

4 〈規則・命令など〉を守る,順守する: *observe* orders 命令に従う / You are supposed to *observe* silence in the library. 図書館では静粛に (◇掲示に用いる).

5 《格式》〈式典など〉を行う,〈祭日・記念日など〉を祝う (→ CELEBRATE 類義語): The company *observed* the 30th anniversary of its founding last year. その会社は昨年,創立30周年を祝った.

── 自 観察する,観測する.
(▷ 名 òbservátion, obsérvance)

*ob·serv·er [əbzə́ːrvər] 名 ⓒ **1** [...の]観察[観測]者;[政府などの]消息筋[*of*];監視員. **2** (会議などの)オブザーバー《意見は述べるが議決権はない》: I attended the conference as an *observer*. 私は会議にオブザーバーとして出席した.

*ob·sess [əbsés] 動 他 [通例,受け身で] 〈妄想・欲望などが〉…に取りつく,…を悩ます: He was *obsessed* by [with] a fantastic notion. 彼はとてつもない考えに取りつかれた.

*ob·ses·sion [əbséʃən] 名 **1** ⓤ [妄想・強迫観念などに]取りつかれること [*about, with*]. **2** ⓒ […に対する]強迫[固定]観念,妄想 [*about, with*]: an *obsession* with death 死への強迫観念.

ob·ses·sion·al [əbséʃənəl] 形 […に対する]強迫観念[妄想]に取りつかれた [*about*]: Mary is *obsessional* about cleanliness [tidiness]. メアリーは異常なほどきれい好きです.

ob·ses·sive [əbsésiv] 形 〈妄想などが〉取りついて離れない,執拗(しつよう)な;[…に]取りつかれたような [*about*]: an *obsessive* interest in sex 性への異常な関心.
── 名 ⓒ 強迫観念[妄想]に取りつかれた人;《精神》強迫神経症にかかった人 (◇強迫神経症患者は obsessive-compulsive).

ob·ses·sive·ly [~li] 副 取りつかれたように.

ob·sid·i·an [əbsídiən] 名 ⓤ 《鉱》黒曜石[岩]《火山岩の一種で粉末を断熱材に用いる》.

ob·so·les·cence [àbsəlésəns / -bə-] 名 ⓤ すたれかけていること.
■ *plánned* [*búilt-in*] *obsoléscence* (意図的に)製品の老朽化や流行遅れを早めること.

ob·so·les·cent [àbsəlésənt / -bə-] 形 すたれかけた,旧式の.

ob·so·lete [àbsəlíːt, ábsəlìːt / ɔ̀bsəlìːt] 形 すたれた,もはや用いられない;時代遅れの(out of date): an *obsolete* word 死語,廃語 / *obsolete* customs すたれた慣習.

‡**ob·sta·cle** [ábstəkl / ɔ́b-] 名 ⓒ […に対する]障害(物),困難,じゃま(になるもの) [*to*]: an *obstacle* to one's success [career] 人の成功[経歴]にとって妨げになるもの / put *obstacles* in the way of ... …のじゃまをする,…を妨げる.

◆ **óbstacle còurse** [C] **1** 障害(物)の多いコース[道]. **2** 《軍》障害物のある訓練場.
óbstacle ràce [C] 障害物競走.
ob·stet·ric [əbstétrik], **ob·stet·ri·cal** [-kəl] 形 《通例,限定用法》産科(学)の: the *obstetric* ward 産科病棟.
ob·ste·tri·cian [àbstətríʃən / ɔ̀b-] 名 [C] 産科医.
ob·stet·rics [əbstétriks] 名 [U] 《単数扱い》産科学, 助産術.

*__**ob·sti·na·cy**__ [ábstənəsi / ɔ́b-] 名 (複 **ob·sti·na·cies** [~z]) [U] 頑固さ, 意地っ張り, 強情; [C] 執拗(しつよう)な言動.

*__**ob·sti·nate**__ [ábstənət / ɔ́b-] 形 **1** 《通例, 軽蔑》[…に関して] 頑固な, 強情な, 意地っ張りの (*in*). **2** (抵抗などが) 執拗(しつよう)な; (病気が) 治りにくい: *obstinate* resistance 執拗な抵抗 / an *obstinate* cough [cold] しつこいせき[かぜ].

ob·sti·nate·ly [ábstənətli / ɔ́b-] 副 頑固に, 強情に; 執拗に.

ob·strep·er·ous [əbstrépərəs] 形 (人・ふるまいなどが) 手に負えない, 制御できない; 騒々しい.

*__**ob·struct**__ [əbstrʌ́kt] 動 他 **1** 〈道路・通行など〉をふさぐ, 通れなくする (block); …のじゃまをする, 〈視界など〉を妨げる: The car crash *obstructed* the traffic. 衝突事故で道路が渋滞した.
2 〈計画・議決など〉を妨げる, 妨害する: *obstruct* a plan 計画 (の進行) を妨害する.
(▷ 名 **obstrúction**; 形 **obstrúctive**)

*__**ob·struc·tion**__ [əbstrʌ́kʃən] 名 **1** [U] 妨害, 障害, じゃま; (道路などを) ふさぐこと; 議事妨害: *obstruction* of justice 司法妨害. **2** [C] じゃま物, 障害物; ふさぐ物: There is an *obstruction* in the pipe. パイプに何か詰まっている. **3** [U][C] 《スポーツ》オブストラクション 《反則となる妨害行為》.
(▷ 動 **obstrúct**)

ob·struc·tion·ism [əbstrʌ́kʃənìzəm] 名 [U] 議事妨害.

ob·struc·tion·ist [əbstrʌ́kʃənist] 名 [C] 議事妨害者; (わざと) じゃまして遅らせる人.

ob·struc·tive [əbstrʌ́ktiv] 形 […の] 妨害となる, じゃまになる [*to, of*]. (▷ 動 **obstrúct**)

__ob·tain__ [əbtéin] 【原義は「保持する」】
— 動 (三単現 **ob·tains** [~z]; 過去・過分 **ob·tained** [~d]; 現分 **ob·tain·ing** [~iŋ])
— 他 《格式》 **1** [obtain+O] (努力して) …を得る, 手に入れる, 獲得する (→ GET [類義語]): *obtain* permission 許可を得る / *obtain* information 情報を得る / *obtain* one's objective 目的を達する / Where can I *obtain* a map of Tokyo? 東京の地図はどこで手に入りますか.
2 [obtain+O / obtain+O+for ...] 〈物事が〉 …に〜を得させる, もたらす: That song *obtained* her fame. = That song *obtained* fame *for* her. その歌が彼女に名声をもたらした.
— 自 [進行形不可] 《格式》 (習慣・制度・法律などが) 一般に行われている, 通用する: These morals no longer *obtain* among young people today. こういう道徳は今日の若者の間では通用しない.

ob·tain·a·ble [əbtéinəbl] 形 《通例, 叙述用法》入手可能な, 取得できる, 買える.

ob·trude [əbtrúːd] 動 《格式》 他 **1** …を […に] 無理強いする, 押しつける [*on, upon*]; [〜 oneself] […に] 出しゃばる [*on, upon*]: Don't *obtrude* your opinions *on* others. 自分の意見を他人に押しつけるな. **2** 〈頭など〉を突き出す.
— 自 **1** […に] 口出しする, 出しゃばる [*on, upon, into*]. **2** 突き出る.

ob·tru·sive [əbtrúːsiv] 形 押しつけがましい, 厚かましい, 出しゃばり [目立ちすぎ] の; 目[耳]ざわりな.
ob·tru·sive·ly [~li] 副 厚かましく; 目立って.

ob·tuse [əbtjúːs / -tjúːs] 形 **1** 《軽蔑》 […に] 鈍感な, 愚かな (stupid) [*in*]. **2** 《数学》 鈍角の (↔ acute): an *obtuse* angle 鈍角 (→ ANGLE 図).
ob·tuse·ness [~nəs] 名 [U] 鈍感さ.

ob·verse [ábvəːrs / ɔ́b-] 名 [the 〜] **1** (貨幣・メダルなどの) 表, 表面 (↔ reverse); (一般に) 表, 表側: the *obverse* of a coin コインの表側. **2** 《格式》 […の] 反対 (のもの [面]), 対立物 (*of*).

ob·vi·ate [ábvièit / ɔ́b-] 動 他 《格式》 〈危険・困難など〉を除去する, 取り除く (remove): The new road has *obviated* the need to go through the city. 新しい道路のおかげで市内を通る必要がなくなった.

__ob·vi·ous__ [ábviəs / ɔ́b-]
— 形 **1** [人に] 明らかな, 明白な (evident); (見れば) すぐわかる, 見えすいた [*to*]: an *obvious* fact 明らかな事実 / It is *obvious* to everybody that he is right. 彼が正しいことはだれの目にも明らかです / There is no *obvious* reason to reject the proposal. その提案を拒否すべき明白な理由はない. **2** わかりきった, 言う必要のない; [the 〜; 名詞的に] わかりきったこと: make an *obvious* statement = state the *obvious* わかりきったことを言う.

__ob·vi·ous·ly__ [ábviəsli / ɔ́b-]
— 副 《通例, 文修飾》 明らかに, 明白に; 言うまでもなく: The dress is *obviously* the wrong one for a party. その服はどう見てもパーティー向きではない (= It is obvious that the dress is the wrong one for a party.) / *Obviously,* he is the most likely candidate for the next president. 言うまでもなく, 彼は次期大統領の最も有力な候補者です.

oc·a·ri·na [àkəríːnə / ɔ̀k-] 名 [C] オカリナ 《陶製または金属製の笛》.

__oc·ca·sion__ [əkéiʒən] 名 動
— 名 (複 **oc·ca·sions** [~z]) **1** [C] […の] 場合, 時, 折 [*of*] (→ CASE[1] [類義語]): on this [that] *occasion* この時に際して [あの時には] / on all *occasions* = on every *occasion* あらゆる場合に / on the *occasion of* his arrival 彼が到着したときに / We've met each other on several *occasions*. 私たちは今までに何度か会ったことがある / This is not an *occasion* for wasting time. 時間をむだに使っている場合ではない.

2 ⓒ 行事, 祭典; (特別な) 出来事: celebrate the *occasion* 祭典を祝う / Marriage is one of the biggest *occasions* in life. 結婚は人生における最も重大な出来事の1つである.

3 Ⓤⓒ [...の / ...する] 機会, 好機 [*for* / *to do*]: I had a few *occasions for* using a train during my trip. 私は旅行中に列車を利用する機会が2,3回あった / I had no *occasion to* speak to him. 私は彼と話すチャンスがなかった / I'll tell him the truth if the *occasion* arises. 機会があったら[必要があれば]彼に真実を伝える.

4 Ⓤ《格式》[...の / ...する] 原因, 理由, 根拠 [*for*, *of* / *to do*]: There is no *occasion* for refusing [*to* refuse] it. それを断る理由はない.

■ **on occásion(s)** 時折, 時々 (occasionally): I drop into the pub after work on *occasion*. 私は仕事が終わったあと時々パブに立ち寄る.

ríse to the occásion 臨機応変に対処する.

tàke occásion to dó 機会をとらえて...する.

— 動 《格式》...が...の誘因となる, 〈人〉に〈心配など〉を引き起こす: The boy *occasioned* his parents much anxiety. その少年は両親を大変心配させた. (▷ 形 occásional)

‡**oc·ca·sion·al** [əkéiʒənəl] 形 [比較なし; 通例, 限定用法] **1** 時折の, 時々の: It will be cloudy with *occasional* rain today. きょうは曇り時々雨でしょう. **2** 《格式》特別な場合のための [に用いる]; 〈家具などが〉臨時の, 予備の: an *occasional* chair 補助いす. (▷ 形 occásional)

‡**oc·ca·sion·al·ly** [əkéiʒənəli] 副 時々, 時折, たまに (◇ sometimes より頻度が低い): I *occasionally* skip lunch. 私はたまに昼食を抜く / She eats out only *occasionally*. 彼女はたまにしか外食しない.

Oc·ci·dent [áksədənt / ɔ́k-] 名 [the ~] 《文語》西洋, 欧米 (↔ Orient).

oc·ci·den·tal [àksədéntl / ɔ̀k-] 形 [時に O-] 《格式》西洋の, 欧米の (↔ oriental).
— 名 Ⓒ 西洋人, 欧米人 (Westerner).

oc·cult [əkʌ́lt, ákʌlt / ɔ́kʌlt, əkʌ́lt] 名 [the ~] 神秘的なもの [力], オカルト; 神秘学.
— 形 神秘的な (mysterious), 魔術的な, 超自然的な: *occult* sciences 神秘学 《占星術など》.

oc·cult·ist [~ist] 名 Ⓒ オカルトの信奉者.

oc·cu·pan·cy [ákjəpənsi / ɔ́k-] 名 《複 oc·cu·pan·cies [~z]》 Ⓤ 《格式》 (土地・家屋などの) 占有, 居住, (ホテルなどの) 客室利用; Ⓒ 占有期間.

oc·cu·pant [ákjəpənt / ɔ́k-] 名 Ⓒ 《格式》
1 (土地・家屋などの) 居住者; (地位などの) 占有者.
2 (乗り物・座席・部屋などに) いる人.

‡**oc·cu·pa·tion** [àkjəpéiʃən / ɔ̀k-] 名 **1** Ⓒ 職業, 仕事 (→ 類義語): a highly [poorly] paid *occupation* 高給 [低賃金] の仕事 / She is an anchor by *occupation*. 彼女の職業はニュースキャスターです. **2** Ⓤ (土地・家屋などの) 占有, 居住: After 5 years' *occupation* of that house, she moved to a new one. 彼女はその家に5年間住んだあと新居へ移った. **3** Ⓤ (軍隊などの) 占領, 占拠; (職務の) 保持; Ⓒ 占有 [占領, 在職] 期間. **4** Ⓒ (時間の) 過ごし方; 暇つぶし, 気晴らし (pas-time): Gardening is a healthy *occupation*. 園芸は健康的な気晴らしです. (▷ 動 óccupỳ)

類義語 occupation, profession, work, job, business
共通する意味 ▶ 職業 (daily work one does, especially to earn one's living)
occupation は業種に関係なくどんな「職業」でもさす一般的な語: What's his *occupation*? — He is a taxi driver. 彼の職業は何ですか — タクシーの運転手です. **profession** は専門知識・技術を必要とする「専門的職業」をさす: the teaching *profession* 教職 / the acting *profession* 俳優業. **work** は occupation 同様にどんな「仕事, 職業」にも用いる. **job** は仕事の期間や種類に関係なく「有給の仕事, 職」をさす: He took a *job* as a watchman. 彼はガードマンとして就職した. **business** は狭い意味では商業・金融などの「サービス業の業務」をさすが, 広く「職業, 家業」を表すのにも用いる: the *business* of a stockbroker 株式仲買人の仕事 / What's your father's *business*? お父さんのお仕事は何ですか.

oc·cu·pa·tion·al [àkjəpéiʃənəl / ɔ̀k-] 形 《通例, 限定用法》職業の, 職業に起因する, 職業に関する: an *occupational* disease 職業病.

◆ occupátional thérapist 名 Ⓒ 作業療法士. occupátional thérapy Ⓤ 《医》作業療法 《患者に軽作業を課しながら行う治療》.

oc·cu·pied [ákjəpaid / ɔ́k-] 形 **1** (土地・建物などが) 使用中の, 占有された; 《米》(トイレ・席が) 使用中の 《《主に英》 engaged》 (↔ vacant): *Occupied* 《揭示》 (トイレなどが) 使用中 / Is that seat *occupied*? その席はだれか来ますか.
2 (地域・国などが) 占拠 [占領] された.

■ **be óccupied with [in]** ... ...に追われている; ...に忙しい: She was busily *occupied with* [*in*] cooking. 彼女はせっせと料理を作っていた.

oc·cu·pi·er [ákjəpàiər / ɔ́k-] 名 Ⓒ 《主に英》(土地・家などの一時的な) 占有者, 借家 [借地] 人.

‡**oc·cu·py** [ákjəpài / ɔ́k-] 【基本的意味は「...を占める (take up a space or time)」】
— 動 《三単現 oc·cu·pies [~z]; 過去・過分 oc·cu·pied [~d]; 現分 oc·cu·py·ing [~iŋ]》
— 他 **1** 〈場所・建物など〉を**占める**, 占有する (↔ vacate); ...に住む: The PC *occupies* a lot of space on my desk. 私の机はパソコンにスペースの多くをとられている / The news *occupied* most of the front page of the paper. そのニュースは新聞の第一面の大部分を占めた / He has *occupied* this room for ten years. 彼はこの部屋に10年間住んでいる.

2 〈土地・国など〉を**占領する**; 〈建物など〉を占拠する: The rebel forces *occupied* the television station. 反乱軍はテレビ局を占拠した.

3 〈地位・職務など〉につく, 占める: She has *occupied* the post of chairperson for five years. 彼女は5年間議長職を占めてきた.

4 〈時間〉を費やす,使う: Playing video games *occupies* most of my free time. 私は暇な時間のほとんどをテレビゲームをして過ごす.
5 〈心など〉をいっぱいにする,占める: Deep anxieties *occupied* my mind all day. いろいろと深刻な心配事で1日じゅう頭がいっぱいだった.

■ **óccupy onesèlf with [in] ...** = be occupied with [in] ... (→ OCCUPIED 成句).

(▷ 名 òccupátion)

‡oc·cur [əkə́ːr]

— 動 (三単現 **oc·curs** [~z]; 過去・過分 **oc·curred** [~d]; 現分 **oc·cur·ring** [əkə́ːriŋ])
—⾃ **1** 〖格式〗(思いがけないことが) **起こる**, 発生する (happen): The fire *occurred* at midnight. 火事は夜中の12時ごろに起こった / When did the crash *occur*? 墜落事故はいつ起こったのですか.

2 [occur to ...] 〈考えなどが〉〈人〉に思い浮かぶ: A happy idea *occurred to* me suddenly. ある名案がふと私の頭に浮かんだ / It did not *occur to* me to take my umbrella. 傘を持って出ようとは考えなかった / It *occurred to* her that the rumor might be true. 彼女はうわさが本当かもしれないとふと思った.

3 [副詞(句)を伴って] 〖格式〗〈ものが…に〉存在する (exist), 見受けられる: Chicken pox *occurs* mainly in young children. 水ぼうそうは小さい子供によく見られる. (▷ 名 occúrrence)

‡oc·cur·rence [əkə́ːrəns / əkʌ́r-]
1 C 出来事, 事件 (→ EVENT 類義語): an everyday [a common] *occurrence* 日常茶飯事 / an unexpected *occurrence* 思いがけない出来事.

2 U (事件などが) 起こること, 発生: a phenomenon of frequent [rare] *occurrence* しばしば起こる [めったに起こらない] 現象. (▷ 動 occúr)

‡o·cean [óuʃən]

— 名 (複 **o·ceans** [~z]) C **1** [通例 the ~] **大洋**, 海; [(主に米)海 (the sea); [形容詞的に] 大洋の: *ocean* currents 海流 / an *ocean* liner 外洋航路船 / He sailed alone across the *ocean*. 彼は1人で大洋を横断した.

2 [the ... O-] …洋.
〖関連語〗 世界の五大洋
the Antarctic Ocean 南極海 / the Arctic Ocean 北極海 / the Atlantic Ocean 大西洋 / the Indian Ocean インド洋 / the Pacific Ocean 太平洋

3 [an ~] 果てしない広がり; [an ~ / ~s] 大量の…, 無数 [の…] [*of*]: an *ocean* of sand 果てしなく続く砂の海 / an *ocean* of difficulties [money] 多くの困難 [大金].

o·cean·go·ing [óuʃəngòuiŋ] 形 (船が) 遠洋 [外洋] 航行の.

O·ce·an·i·a [òuʃiǽniə / -siáːn-] 名 オセアニア, 大洋州 《オーストラリア・ニュージーランドおよび中部・南部太平洋の島々の総称》.

o·ce·an·ic [òuʃiǽnik] 形 大洋 (のような); 大洋にすむ; 海洋性の. (▷ 名 ócean)

o·ce·an·og·ra·pher [òuʃənágrəfər / -nɔ́g-] 名 C 海洋学者.

o·ce·an·og·ra·phy [òuʃənágrəfi / -nɔ́g-] 名 U 海洋学, 海洋研究.

o·ce·lot [ásəlàt / ɔ́səlɔ̀t] 名 C 〖動物〗オセロット 《中南米産のヒョウに似た大ヤマネコ》.

o·cher, 《英》 **o·chre** [óukər] 名 U **1** 黄土(ぉぅど) 《絵の具の原料》. **2** 黄土色, オーカー, オークル.
— 形 黄土色の, オーカー [オークル] の.

‡o'clock [əklák / əklɔ́k]
(◇ *of the clock* の短縮形)
— 副 (ちょうど) …時: leave on the 7 *o'clock* train 7時の列車でたつ / It's 8 *o'clock* now. 今8時です / Shall we meet at twelve *o'clock* noon? 昼の12時に会いませんか.

〖語法〗 (1) 「…時~分」 という場合は o'clock は付けない: It's three ten. 3時10分です.
(2) 「午前」「午後」 を表す a.m., p.m. と共には用いない: It's ten *a.m.* 午前10時です.

OCR 《略語》= 〖コンピュータ〗 *optical character reader* 光学式文字読み取り装置; *optical character recognition* 光学式文字認識.

Oct., Oct. 《略語》= *October*.

oct- [akt / ɔkt], **oc·ta-** [aktə / ɔk-] 接頭 「8…」の意を表す.

oc·ta·gon [áktəgàn / ɔ́ktəgən] 名 C **1** 八角 [八辺] 形 (cf. pentagon 五角形; → FIGURE 図). **2** 八角形の建物.

oc·tag·o·nal [aktǽgənəl / ɔk-] 形 八角 [八辺] 形の.

oc·tane [áktein / ɔ́k-] 名 U 〖化〗オクタン 《石油中の無色の液体炭化水素》: high-*octane* gasoline ハイオクタンガソリン.
◆ **óctane nùmber [ràting]** U オクタン価.

oc·tave [áktiv, -teiv / ɔ́k-] 名 C **1** 〖音楽〗オクターブ, 8度音程; 第8音. **2** 〖詩〗8行連句.

oc·ta·vo [aktéivou / ɔk-] 名 (複 **oc·ta·vos** [~z]) U 8つ折り判 《全紙を8つ折り (16ページ) にした判型; cf. folio 2つ折り判, quarto 4つ折り判》; C 8つ折り判の本.

oc·tet, oc·tette [aktét / ɔk-] 名 C **1** 〖音楽〗八重奏 [唱] 曲; 八重奏 [唱] 団. **2** = OCTAVE **2**.

oc·to- [aktou / ɔk-] 接頭 = OCT-. (↑).

‡Oc·to·ber [aktóubər / ɔk-]
[→ MONTH 表]
— 名 U 10月 (《略語》Oct.) (→ JANUARY 〖語法〗): *October* 31 is Halloween. 10月31日はハロウィーンです.

oc·to·ge·nar·i·an [àktədʒənéəriən, -tou- / ɔ̀k-] 名 C 80(歳)代の人.

*oc·to·pus [áktəpəs / ɔ́k-] 名 (複 **oc·to·pus·es** [~iz], **oc·to·pi** [-pai]) C 〖動物〗タコ 《英米では devilfish (悪魔の魚) とも言い, ほとんど食べない》.

oc·u·lar [ákjulər / ɔ́kju-] 形 〖通例, 限定用法〗 視覚の (visual), 目の; 目による.

oc·u·list [ákjulist / ɔ́kju-] 名 C 〖古風〗眼科医 (eye doctor).

OD 《略語》= *overdose* 薬の飲みすぎ.

ODA 《略語》= *Official Development Assistance* 政府開発援助.

O

****odd [ɑ́d / ɔ́d]
【原義は「奇数」】
— [形] (比較 **odd·er** [〜ər]; 最上 **odd·est** [〜ist])
1 風変わりな, 奇妙な, 異常な (→ STRANGE [類義語]): an *odd* fish 奇人, 変人 / He is an *odd* man. 彼は風変わりな人です / Something *odd* happened to me yesterday. きのう私に奇妙なことが起こった / It is *odd* that she is late. 彼女が時間に来ないとは変です.
2 [比較なし; 限定用法] **臨時の**, ; 時折の; 雑多な: *odd* jobs 臨時の仕事; 雑用 / She goes to the movies at *odd* times. 彼女は時々映画に行く.
3 [比較なし; 限定用法] **片方だけの**, 半端な: an *odd* slipper スリッパの片方 / *odd* volumes of a collection of Renoir's paintings 全巻そろっていないルノワールの画集.
4 [比較なし] **奇数の** (↔ even): an *odd* number 奇数 / in the *odd* month 奇数月に.
5 [比較なし; 数詞のあとに用いて] 端数の, …あまりの: sixty-*odd* years ago 60数年前.
■ ***ódd màn* [*òne*] *óut*** 仲間外れの人; 半端なもの.
(▷ [名] óddity)

odd·ball [ɑ́dbɔ̀ːl / ɔ́d-] ((主に米口語)) [名] [C] 変わり者, 変人. — [形] 変人の.

odd·i·ty [ɑ́dəti / ɔ́d-] [名] (複 **odd·i·ties** [〜z])
1 [C] 奇妙な [風変わりな] 人 [もの]; 奇行: She's a bit of an *oddity*. 彼女はちょっと変わっている.
2 [U] 奇妙さ, 風変わり; 奇癖. (▷ [形] ódd)

ódd-jób màn [名] [C] 雑用をする人; 便利屋.

***odd·ly** [ɑ́dli / ɔ́d-] [副] **1** [通例, 文修飾] 奇妙 [不思議] なことに: *Oddly* enough, he failed (in) math, his favorite subject. 奇妙なことに彼は得意な数学を落とした. **2** (言動などが) 奇妙 [奇異] に.

odd·ness [ɑ́dnəs / ɔ́d-] [名] [U] 風変わり (なこと), 奇妙なこと; 半端.

***odds** [ɑ́dz / ɔ́dz] [名] [通例, 複数扱い] **1** 見込み, 可能性 (probability): The *odds* are that our team will win. 私たちのチームがたぶん勝つだろう.
2 勝ち目; 優劣の差: They are fighting against heavy *odds*. 彼らは強敵と戦っている. **3** (賭(か)け事の) 賭け率, オッズ; (競技の弱者に与える) ハンディキャップ, 有利な条件: lay [give] ... *odds* of 〜 〈人〉に〜の有利な条件 [賭け率] を与える.
■ ***agàinst* (*áll*) *the ódds*** 激しい抵抗 [困難] にもかかわらず.
be at ódds [...と / ...のことで] 不和である, 争っている [*with* / *about, over, on*].
by áll ódds [比較級・最上級を強めて] 確かに, 断然.
It* [*Thàt*] *màkes nó ódds. ((英口語)) どちらでもかまわない, 大差はない.
lóng ódds 勝ち目 [可能性] の少ないこと.
òver the ódds ((英口語)) 予想以上に, 法外に [の].
shórt ódds 勝ち目 [可能性] の大きいこと.
Whát's the ódds? ((英口語)) そんなことはどうでもいい, それがどうしたというんだ.
◆ **ódds and énds** [((英)) **sóds**] [複数扱い] ((口語)) 半端物, くず.

ódds-ón [形] ((口語)) 勝ち目のある; 可能性の高い, …しそうな (likely): the *odds-on* favorite 勝ち目のある馬 [候補者], 本命.

ode [óud] [名] [C] 【文学】 頌歌(しょうか), 頌詩, 賦(ふ), オード ((特定の人・ものに寄せる叙情詩)).

O·din [óudin] [名] [固] 【北欧神話】 オーディン ((文化・知識・戦争・死者をつかさどる最高神)).

o·di·ous [óudiəs] [形] ((格式)) [...にとって] 憎むべき, 不愉快な [*to*].

o·di·um [óudiəm] [名] [U] ((格式)) 悪評; 非難; 憎悪.

o·dom·e·ter [oudɑ́mətər / -dɔ́m-] [名] [C] ((米)) (車などの) 走行距離計 (((英)) mileometer).

‡**o·dor,** ((英)) **o·dour** [óudər] [名] **1** [C] (通例は不快な) **におい** (→ SMELL [類義語]): body *odor* 体臭 / the *odor* of medicine hanging in the air 空中に漂う薬のにおい. **2** [an 〜] [...の] 気配, 気味 [*of*]: an *odor of* suspicion 疑惑の気配. **3** [U] 評判: She is in bad *odor* with her fellow workers. 彼女は同僚に評判がよくない.

o·dor·if·er·ous [òudərífərəs] [形] ((文語・こっけい)) よい香りのする (odorous).

o·dor·less, ((英)) **o·dour·less** [óudərləs] [形] においのない, 無臭の.

o·dor·ous [óudərəs] [形] ((文語)) よい香りの, かぐわしい; においのする.

O·dys·se·us [oudísiəs / ədísjuːs] [名] [固] 【ギ神】 オデュッセウス ((ギリシャの将軍で『オデュッセイア』(*The Odyssey*) の主人公; ラテン名 Ulysses)).

Od·ys·sey [ɑ́dəsi / ɔ́d-] [名] **1** [the 〜] オデュッセイア ((ホメロスの作と伝えられる叙事詩)).
2 [C] [o-] ((文語)) (困難に満ちた) 長い冒険の旅.

OE ((略語)) = *O*ld *E*nglish 古 (期) 英語.

OECD ((略語)) = *O*rganization for *E*conomic *C*ooperation and *D*evelopment 経済協力開発機構.

OED, O.E.D. ((略語)) = *O*xford *E*nglish *D*ictionary オックスフォード英語辞典.

Oed·i·pus [édəpəs / íːdi-] [名] [固] 【ギ神】 オイディプス ((知らずに父を殺し母を妻としたテーベの王)).
◆ **Óedipus còmplex** [the 〜] 【精神】 エディプスコンプレックス ((無意識のうちに男の子が母親を慕い父親に反発する傾向; cf. Electra complex エレクトラコンプレックス)).

o'er [ɔ́ːr / óuə] ((詩語)) [前] [副] = OVER.

oe·soph·a·gus [isɑ́fəgəs / iːsɔ́f-] [名] (複 **oe·soph·a·gi** [-gài]) ((主に英)) = ESOPHAGUS 食道.

****of** [((弱)) əv, ə; ((強)) ʌ́v, ɑ́v / ɔ́v]

I [部分関係]	
①[所有・所属] …の (所有する).	1
②[部分] …の中の [で].	2
③[材料・要素] …で作った; …から成る.	3
④[分量・種類] …の量の, …の入った.	4
II [分離]	
⑤[分離・距離・奪取] …から (離れて).	8
⑥[出所・起源] …から (の).	9
⑦[原因・理由] …で, …のため.	10
III [修飾関係]	
⑧[同格関係] …という.	12
⑨[目的格関係] …を.	13
⑩[主格関係] …の.	14

― 前 I [部分関係]

1 [所有・所属] (a) …の, …の所有する, …に属する: the handlebars *of* a bicycle 自転車のハンドル / the playground *of* our school 私たちの学校のグラウンド / the father *of* the bride 花嫁の父 / a mother *of* two 2児の母 / the rights *of* all people すべての人の権利 / Hamlet, the prince *of* Denmark デンマーク王子, ハムレット / the streets *of* New York ニューヨークの街路.

語法 (1) 人・動物の場合には所有格を用いることが多い: Mr. Brown's passport = the passport *of* Mr. Brown ブラウンさんのパスポート / the fox's tail = the tail *of* the fox キツネの尾.
(2) 無生物の場合でも所有格を用いることがある: today's newspaper きょうの新聞 / Japan's role in international cooperation 国際協力における日本の役割.

(b) [「of + 所有格・所有代名詞」の形で]〈人〉の: a friend *of* mine 私の友人(◇友人の不特定の1人をさす; cf. my friend 特定の1人の友人) / that necklace *of* my mother's 母のあのネックレス / a picture *of* the artist's その画家が所有している[描いた]絵(の1枚) (cf. a picture by the artist その画家が描いた絵 / a picture *of* the artist その画家を描いた絵; → **13**).

2 [部分] …の中の(で), …のうちの(で): That is just one *of* the problems. それは問題の1つにすぎない / Most *of* the students live in the dormitory. ほとんどの学生は寮で暮らしている / Part *of* the freeway is blocked by the landslide. 高速道路の一部が土砂崩れで不通です / He can run (the) fastest *of* the three. 彼は3人の中で一番足が速い / Why did he go *of* all people? 人もあろうになぜ彼が行ったのですか.

3 [材料・要素] …で作った; …から成る(→ FROM 7): a family *of* eight 8人家族 / This toy is made *of* wood. このおもちゃは木でできている / She bought a dress *of* silk. 彼女は絹のドレスを買った / Water is composed *of* oxygen and hydrogen. 水は酸素と水素で構成されている.

4 [分量・種類] …の, …の量の, …の入った: a sheet *of* paper 1枚の紙 / three pieces *of* chalk 3本のチョーク / a piece *of* apple pie ひと切れのアップルパイ / two pounds *of* sugar 2ポンドの砂糖 / an old pair *of* gloves 1組の古い手袋.

5 [性質・特徴] …の性質を持った, …の(◇「of + 抽象名詞」で形容詞的な働きをする): a matter *of* great importance とても大事な問題 (= a very important matter) / It is *of* no practical use. それは実用性がない / That is too much for a girl *of* seven. それは7歳の女の子には無理です.

語法 age, color, size などの前の of は省略されることが多い: We are (*of*) the same age. 私たちは年が同じです / The old man's eyes were (*of*) the same color as the sea. 老人の目は海と同じ色をしていた.

6 [関連] …について[関して](の): a map *of* the world 世界地図 / She read the children a story *of* ancient Rome. 彼女は子供たちに古代ローマの物語を読んでやった / He is quick *of* understanding. 彼は理解が早い / I am convinced *of* his innocence. 私は彼の無実を確信している.

7 [時間]《古風》…(の時)に, などによく: *of* late 最近 / arrive *of* an evening 夕方に着く.

II [分離]

8 [分離・距離・奪取] …から(離れて), …を除いて: I live within half a mile *of* the station. 私は駅から半マイル以内に住んでいる / His criticism is wide *of* the mark. 彼の批評は的外れである / Within three months *of* their marriage they divorced. 彼らは結婚してから3か月とたたないうちに離婚した / We cleared the streets *of* snow. 私たちは通りから雪を取り除いた (= We cleared snow from the streets.) / This pill will cure you *of* your headache. 君の頭痛はこの薬で治るでしょう / He is old enough to be independent *of* his parents. 彼は親離れしてもよい年頃です.

9 [出所・起源] …から(の), …の: a man *of* Texas テキサス出身の男 (◇ a man from Texas なら「テキサスからやって来た男」という広い意味になる) / He was born *of* Italian parents. 彼はイタリア人を両親として生まれた / May I ask a favor *of* you? お願いがあるのですが.

10 [原因・理由] …で, …のため (from): My father died *of* a heart attack. 父は心臓麻痺(まひ)で亡くなった / She quit the job *of* her own (free) will. 彼女は自分の意志で退職した / I'm sick and tired *of* hearing about that. そのことについて聞かされるのはうんざりだ.

11 [時間]《米》…前 (to): It's five (minutes) *of* nine. 9時5分前です.

III [修飾関係]

12 [同格関係] …という, …の (◇ of の前に「the + 名詞」が来る): the City *of* New York ニューヨーク市 / the state *of* California カリフォルニア州 / the three *of* them 彼ら3人全員 (cf. three *of* them 彼らのうち3人; → **2**) / I remember the name *of* Billy. 私はビリーという名前は覚えている / He entered college at the age *of* thirty. 彼は30歳で大学に入った / He has the habit *of* biting his nails. 彼にはつめをかむ癖がある.

13 [目的格関係] …を, …の (◇ of のあとの名詞が前の名詞の意味上の目的語になる): The villagers' fear *of* a flood increased. 洪水に対する村人の心配が増した / Her love *of* nature can be felt in this poem. この詩には彼女の自然を愛する心が感じられる / Mr. Green is our teacher *of* English. グリーン先生は私たちの英語の先生です / He is a great reader *of* detective stories. 彼は推理小説をたくさん読む / Who was the inventor *of* the telephone? 電話を発明したのはだれですか.

14 [主格関係] …の, …が (◇ of のあとの名詞が前の名詞の意味上の主語になる): the affection *of* a mother to her children 子供に対する母親の愛情 / the love *of* God 神の (人に対する) 愛 (◇前後関係から「(人の) 神に対する愛」の意にもなる; → **13**) / the songs *of* the Beatles ビートルズの曲 /

The arrival *of* the train was announced. 列車の到着がアナウンスされた.
15 [It is ... of 〜+to do] 〜が…するのは…である: *It's* very kind *of* you *to* show us around. 私たちを案内してくださってありがとうございます (= You are very kind to show us around.) / *It was* wise *of* her *to* ask for his advice. 彼女が彼に助言を求めたのは賢明だった / *It's* good *of* you *to* offer to help us. 援助を申し出てくださってありがとうございます.

[語法] (1)この文型の … には kind, nice, good, foolish, careless, wise, rude など，人の性質を表す形容詞が入る.
(2) of 〜 が to do の意味上の主語になる.

16 [修飾・比喩; a ... of a 〜] …のような〜: an angel *of* a baby 天使のような赤ちゃん.

off [ɔ́ːf / ɔ́f]
前 副 形

基本的意味は「…から離れて (away from something)」．
①［位置・運動］(…から) 離れて. 前 1, 2; 副 1, 2; 形 1
②［分離］(…から) 外れて. 副 3; 形 3
③［解放］(仕事を) 休んで. 前 4; 副 4
④［減少］(値段を) 割引して. 前 5; 副 5

— 前 **1** [位置] …から離れて, 隔たって: The boat was a mile *off* the shore when it sank. 船は岸から1マイル離れた所で沈んだ / My aunt lives in a small village *off* the main highway. おばは幹線道路から外れた小さな村に住んでいる / Please keep *off* the grass. 《掲示》芝生に入らないでください.

2 [運動・方向] …から (取り去って, 降りて): fall *off* a ladder はしごから落ちる / I got *off* the bus at the next stop. 私は次の停留所でバスを降りた / Please take the dishes *off* the table. 食卓の皿を片づけてください / Get the bicycle *off* the porch right now. 今すぐ玄関から自転車をどけなさい / The girl picked herself up *off* the bed. 女の子はベッドから起き上がった.

3 [分離] …から外れて, 取れて, 脱げて: A button is coming *off* your jacket. 上着のボタンが取れかかっていますよ / The paint has peeled *off* the walls. 壁のペンキがはげ落ちている / Your remarks are *off* the point. あなたの発言は的外れです.

4 [解放] 〈仕事など〉から離れて, …を休んで (↔ on): Two thirds of the staff are *off* duty today. きょうは職員の3分の2が非番です / Donna is *off* work with the flu. ドナはインフルエンザで仕事を休んでいる (cf. out of work 失業して).

5 [減少] …から割引して, 差し引いて: All goods are on sale at 50% *off* the usual price. すべての商品が平常価格の5割引で売り出し中です.

6 [禁止・休止]《口語》…をやめて, 控えて: Bob is *off* liquor at the moment. ボブは今は酒を控えている.

7 《口語》…から (from) (◇ buy, borrow と共に用いる): Sam *borrowed* a few dollars *off* his brother. サムは兄から数ドル借りた.

8 …に頼って; …を食べて: live *off* junk food ジャンクフードを常食とする (◇ live on … が普通).

— 副 **1** [位置] (時間的・空間的に) 離れて, 先に: The gas station is still five miles *off*. ガソリンスタンドはまだ5マイル先です / The city hall is *off* to the right. 市役所は右のずっと先です / The day is not far *off* when we can travel to the moon. 私たちが月に旅行できる日も遠くはない.

2 [運動・方向] 向こうの方へ; 去って, 出発して: The criminal jumped into a car and drove *off*. 犯人は車に飛び乗って走り去った / I'm *off* to Chicago tomorrow. 私はあすシカゴへたつ / I must be *off* now. もう失礼しなければなりません / *Off* we go! 出かけるぞ; さあ, やろう.

3 [分離]〈衣類などを〉脱いで; 〈部品などが〉外れて, 取れて (↔ on): You have to take *off* your shoes in a Japanese house. 日本の家屋では靴を脱がなくてはならない / Please leave the piano lid *off*. ピアノのふたは開けたままにしておいてください / I cannot see well with my glasses *off*. 私は眼鏡を外すとよく見えない.

4 [解放]〈仕事などを〉休んで, 休暇で: The manager is *off* today. 支配人はきょうはお休みです / I think I'll have [take] a week *off* this summer. 今年の夏は1週間休みを取ろうと思う.

5 [停止]〈機能などが〉止まって, 切れて (↔ on); 〈出来事などが〉中止になって, やめて: Will you turn *off* the air conditioner? エアコンを止めてくれませんか / The water [gas] is *off*. 給水 [ガス] が止まっている / The heating goes *off* at night. 夜になると暖房が切れる / The railroad strike will be called *off*. 鉄道ストは中止になるだろう.

6 [well, badly などの副詞を伴って] 暮らし向きが…で: The family is well [badly] *off*. その一家は暮らし向きがよい [生活が苦しい].

7 [減少] 割引して: All sweaters are 40% *off*. セーターはすべて4割引です.

8 変で; 衰えて; 調子が悪く;《主に英》〈食べ物が〉傷んで: I'm feeling a bit *off* today. きょうは少し体調 [具合] がよくない / This milk is *off*. この牛乳はすっぱくなっている.

9《主に英》〈メニューの料理が〉品切れで: I'm sorry, but oysters are *off*. (レストランで) 申し訳ありませんが, カキは切らしております.

10 すっかり, 完全に: finish *off* a drawing 絵を仕上げる / pay *off* the debts 借金を完済する.

■ ***off and ón = ón and óff*** 時々: If you use English just *off and on*, you won't progress rapidly. たまにしか英語を使わないならば急速に上達することはないでしょう.

óff of ... 《米口語》…から: Take this bug *off of* my shoulder! 私の肩からこの虫を取ってください.

Óff with ...! …を取れ, 除け: *Off with* your hats! 帽子取れ! / *Off with* you! 出て行け.

— 形 **1** [限定用法] 離れた, 向こうの: the *off* side of the wall 壁の向こう側.

2 (中心から) 外れた, わきにそれた: an *off* street 横町 / an *off* issue 枝葉末節の問題.

3 仕事のない, 休暇の: What do you do on your *off* days [on your days *off*]? 休みの日は何をしていますか.
4 [限定用法] 季節外れの, シーズンオフの; 不調の, 不況の: Air tickets are cheaper during the *off* season. シーズンオフには飛行機の切符は安くなる.
5 《英》(車·道などの) 右側の (↔ near).

off- [ɔːf / ɔf] [接頭] **1** 名詞·動詞に付けて「…から離れて」の意を表す: *off*-street 表通りから離れた, 横町の. **2** 「(色が) 混ざった, くすんだ」の意を表す: *off*-white オフホワイト (の)《灰色がかった白》.

of·fal [ɔ́ːfəl / ɔ́f-] 名 U 《動物の》内臓, くず肉.

off·beat [ɔ́ːfbíːt / ɔ́f-] 形《口語》風変わりな, 型破りな, とっぴな (unusual).

óff-Bròad·way 名 U オフブロードウェー《New York のブロードウェー街を離れた小劇場で上演される実験的·前衛的演劇. さらに前衛的なものを off-off-Broadway と言う》; [集合的に] その劇場.
—— 形 オフブロードウェーの.
—— 副 オフブロードウェー (の劇場) で.

óff-cól·or, 《英》**óff-cól·our** 形 **1** [叙述用法]《主に英》顔色が悪い, 気分 [健康] がすぐれない: I'm a bit *off-color* this evening. 今夜は少し体調がよくない. **2** (冗談などが) わいせつな, きわどい.

óff-cùt 名 C (木材などの) くず, 切れ端, (紙などの) 裁ち落とし (くず).

óff-dú·ty 形 非番の, 休みの.

of·fence [əféns] 名《英》= OFFENSE (↓).

of·fend [əfénd] 動 他 **1** [しばしば受け身で] […で]〈人〉の感情を害する, …を […に] 怒らせる (hurt) [*by*, *at*, *with*]: I *was offended by* [*at*] his blunt remarks. 私は彼のぶしつけな言葉に腹が立った / He *is* easily *offended*. 彼はすぐに腹を立てる / She *is offended with* him. 彼女は彼に腹を立てている.
2 〈人·目·耳·感覚など〉に不快感を与える: *offend* the eye [ear] 目 [耳] ざわりである.
—— 自 《格式》(人) が罪を犯す, 〈法·慣習など〉を破る; […に] 背く [*against*]: Your behavior would *offend against* morality the law. あなたのふるまいは道徳 [法律] に反する. (▷ 形 offensive)

of·fend·er [əféndər] 名 C **1** (法律の) 違反者, 犯罪者 (criminal): a first *offender* 初犯者 / an old [a repeated, a hardened] *offender* 常習犯.
2 不快な人 [もの], 無礼者.

of·fend·ing [əféndiŋ] 形 [限定用法]《しばしばこっけい》(人に) 不快感を与える, いやな.

of·fense, 《英》**of·fence** [əféns] (☆ **3** では《米》で通例 [ɔ́ːfens, ɑ́f-] と発音する)
—— 名 (複 **of·fens·es**, 《英》**of·fenc·es** [~iz])
1 C […に対する] **違反**, 反則; 罪, 犯罪 (crime) [*against*]: an *offense against* the law 法律違反 / a minor [serious] *offense* 軽犯罪 [重罪] / He committed a traffic *offense*. 彼は交通違反を犯した / What *offense* was he arrested for? 彼は何の罪で逮捕されたのですか.
2 U|C [(人の) 感情を害すること [もの] [*to*]; 侮辱, 無礼; 立腹: an *offense to* the eye [ear] 目 [耳] ざわり (なもの) / We should try not to cause *offense*. 人の感情を害さないよう気をつけるべきです / Her bad behavior caused me great *offense*. 彼女の不作法に私はとても腹が立った.
3 U 攻撃; [通例 the ~]《スポーツ》攻撃側 (のチーム) (↔ defense): play *offense* 攻撃側に立つ, 攻撃する / *Offense* is the best defense. 攻撃は最大の防御である.

■ **Nò offénse.**(私の言ったことに) 悪気はなかったのです; 気を悪くしないでください.

tàke offénse […で] 怒る, かっとなる [*at*]: Don't *take offense at* what I say. 私の言うことに腹を立てないでください. (▷ 形 offensive; 動 offénd)

of·fen·sive [əfénsiv] (☆ 形 **3** ではしばしば [ɔ́ːfensiv, ɑ́f- / ɔ́f-]) 形 **1**《格式》[…にとって] 不快な, いやな [*to*]: The noise is *offensive to* the ear. その音は耳ざわりです.
2 […にとって] 無礼な, 侮辱的な, 腹立たしい [*to*]: an *offensive* manner [joke] 無礼な態度 [冗談] / His speech was highly *offensive to* female employees. 彼のスピーチは女性従業員に対する非常な侮辱であった.
3 攻撃 (用) の, 攻撃的な (↔ defensive): *offensive* weapons [missiles] 攻撃用武器 [ミサイル] / take *offensive* action 攻撃する.
—— 名 C [しばしば the ~] 攻撃, 攻勢: take [assume, go on] the *offensive against* the enemy 敵に対して攻勢に出る. (▷ 動 offénd)
■ **be on the offénsive** 攻撃中 [的] である.

of·fen·sive·ness [~nəs] 名 U 腹が立つこと.

of·fen·sive·ly [əfénsivli] 副 **1** 感情を害するように, 無礼 (なまで) に. **2** 攻撃的に; 攻撃面では.

of·fer [ɔ́ːfər / ɔ́fə]【原義は「(神に) 供え物をする」】
—— 動 (三単現 **of·fers** [~z]; 過去·過分 **of·fered** [~d]; 現分 **of·fer·ing** [-fəriŋ])
—— 他 **1** (a) 〈人に〉〈もの〉を**提供する**, さし出す: *offer* a reward for further information 詳しい情報 (提供者) に謝礼 [賞金] を出す / Does your company *offer* a good salary? あなたの会社は給料がいいですか / The princess smiled and *offered* her hand. 王女はほほ笑んで (握手をしようと) 手をさし出した.
(b) [offer + O + O / offer + O + to ...]〈人〉に〈もの〉を提供する, さし出す: Kate *offered* them some cookies. = Kate *offered* some cookies *to* them. ケートは彼らにクッキーをすすめた / Tom *offered* the elderly man his seat. トムさんは老人に (自分の) 席をゆずった / My father has been *offered* a job in Canada. 父はカナダで仕事をしないかと言われている.
(c) [offer + to do] …しようと申し出る: She *offered* to drive me home. 彼女はお宅まで車で送りましょうと言ってくれた.
2 (a) [offer + O]〈意見·礼など〉を述べる, 提案する: *offer* a comment [an objection] 意見 [異議] を述べる / *offer* advice about ... …についてアドバイスを与える.
(b) [offer + O + O / offer + O + to ...]〈人〉

に〈意見・礼など〉を述べる: I must *offer* you my apology. = I must *offer* my apology *to* you. 私はあなたにおわびしなければなりません.
3 [offer＋O＋for ...]〈もの〉を〈ある金額〉で売りに出す;〈ある金額〉で…を買おうと申し出る: Jim *offered* the camera *for* \$1,000. ジムはそのカメラを1,000ドルで売りに出した / The billionaire *offered* ten million dollars *for* the painting by Renoir. 億万長者はルノワールのその絵を1千万ドルで買おうと言った.
4《格式》〈神など〉に〈祈り・いけにえなど〉をささげる, 供える《*up*》[*to*]: *offer* (*up*) a prayer of thanks *to* God 神に感謝の祈りをささげる / *offer* (*up*) a lamb as a sacrifice 子羊をいけにえとして供える.
5〈抵抗など〉を示す, 企てる;〈暴力・危害など〉を加えようとする: *offer* resistance 抵抗する.
──㉔ **1** 申し出る, 提案する. **2**（チャンスなどが）訪れる, 生じる.
■ *óffer itsélf* [*themsélves*]《格式》（チャンスなどが）現れる, 到来する.
──名 C **1** [... の / ... するという] 申し出, 申し込み, 提案《*of* / *to do*》: accept [refuse] an *offer of* marriage 結婚の申し込みを受け入れる [断る] / We considered his *offer* to resign. 私たちは辞職したいという彼の申し出を検討した / He made me a definite *offer*. = He made a definite *offer* to me. 彼は私にはっきりした提案をした.
2（買い手側の）付け値; 格安提供《割引》価格: He made an *offer* of \$500 for the watch. 彼はその腕時計を500ドルで買おうと言った.
■ *on óffer* 利用 [入手] できる（available）; 売り物の;《英》（値引きして）売りに出て.
únder óffer《英》（売家などが）売約済みで.

*of·fer·ing [ɔ́ːfəriŋ／ɔ́f-]名 **1** U 申し出, 提供,（神への）奉献: the *offering* of aid 援助の申し出.
2 C 提供される物品;（神への）ささげ物, いけにえ,（教会への）献金: a burnt *offering* 焼いて神にささげるいけにえ, 燔祭(はんさい) / a peace *offering*《口語》和解のための贈り物.

of·fer·to·ry [ɔ́ːfərtɔ̀ːri／ɔ́fətəri]名（複 **of·fer·to·ries** [~z]）C **1**（礼拝時の）献金.
2[しばしば O-]《カトリック》（ミサでの）パンとワインの奉献.

off·hand [ɔ́ːfhǽnd／ɔ́f-]形《限定用法》 **1** 無造作な, ぞんざいな, 不作法な: I was upset by his *offhand* manner. 私は彼の不作法な態度で不愉快になった. **2** 即座の, 即刻の; 即席の.
──副 **1** 即座に; 即席に, 用意なしに: She answered the question *offhand*. 彼女はその質問に即座に答えた. **2** 無造作に, ぞんざいに, 不作法に.

off·hand·ed·ly [ɔ́ːfhǽndidli／ɔ́f-]副 = OFF-HAND (↑).

***of·fice** [ɔ́ːfis, ɑ́f-／ɔ́f-]【原義は「仕事をすること」の意】
──名（複 **of·fic·es** [~iz]） **1** C **事務所**; 会社, 営業所; 職場, 勤め先;《米》医院: the head [main] *office* 本社 / a branch *office* 支社 / a ticket *office*（駅の）出札窓口 / a lost and found [《英》lost property] *office* 遺失物取扱所 / a doctor's *office* 診察室 / I will be in the *office* this afternoon. きょうの午後は会社にいます / Professor Smith's *office* is on the fifth floor. スミス教授の研究室は5階にある / Our new *office* will be opened in Beijing. わが社の新しい営業所が北京に開設される.
2 C 役所, 官庁;[通例 O-]《米》（省の下の）局, 部,《英》省, 庁: a post *office* 郵便局 / the Foreign [Home] *Office*《英》外務[内務]省 / the *Office* of the U.S. Trade Representative 米国通商代表部.
3 U C（重要な）役職; 公職, 官職: take [leave] *office* 就任 [辞任] する / in *office* 役職について, 在職して;（政党が）政権を担当して / out of *office* 役職から離れて;（政党が）政権を担当せずに / He has held the *office* of President for more than a year. 彼が大統領の座について1年以上になる.
4 C 役割, 役目: perform [act in] the *office* of the spokesperson 報道官の役割を果たす.
5 [the ~;集合的に;単数扱い]（事務所の）**全職員**: The whole *office* was invited to the party. 全職員がパーティーに招待された.
6[通例 ~s]《格式》尽力, 世話, 親切: I managed to see the president through her good *offices*. 彼女の尽力で何とかその社長に会えた.
 (▷ 形 official)

◆ *óffice automátion* U オフィスオートメーション《コンピュータなどを用いた事務処理の自動化》.
óffice bòy [**gìrl**] C《古風》（会社などの）雑用係, 使い走り.
óffice bùilding [《英》**blòck**] C オフィスビル.
óffice hòurs [複数扱い]営業 [執務, 勤務] 時間.
óffice wòrker C（事務系の）会社員, 職員.《比較》「サラリーマン」「OL」は和製英語

of·fice·hold·er [ɔ́ːfishòuldər, ɑ́f-／ɔ́f-]C《主に米》公務員, 役人.

***of·fi·cer** [ɔ́ːfisər, ɑ́f-／ɔ́f-]
──名（複 **of·fi·cers** [~z]）C **1**（陸・海・空軍の）**士官**, 将校: a military [a naval, an air force] *officer* 陸[海, 空]軍将校 / *officers* and men 将兵 / a commanding *officer* 指揮官.
2 役人, 公務員（◇地位の高い役人をさすことが多い）;（会社・団体などの）役員, 幹事: a customs *officer* 税関吏 [職員] / a chief executive *officer* 最高経営責任者（の略語）CEO.
3 警官, 巡査（police officer）;[呼びかけ]お巡(まわ)りさん: an *officer* on duty 当直の警官 / Excuse me, *officer*, could you tell me the way to the subway station? すみません, お巡りさん, 地下鉄の駅へ行く道を教えていただけませんか.
4 高級船員, 船長, 航海士（◇ sailor よりも上位）: a first [chief] *officer* 一等航海士.

***of·fi·cial** [əfíʃəl]【☆アクセントに注意】
形名
──形《通例, 限定用法》 **1** **公の**, 職務 [公務] 上の（↔ unofficial, private）: *official* duties 公務 / an *official* residence 官邸, 公邸 / an *official* document 公文書 / The President will make an *official* visit to China next month. 大統領は来月中国を公式訪問する予定です.

officialdom

2 公認の, 公式の (authorized); 表向きの: an *official* record 公式[公認]記録 / the *official* reason for ... …の表向きの理由 / The United Nations has six *official* languages. 国連には6つの公用語がある.

3 役人らしい, お役所風の: an *official* manner 官僚的な態度.

— 名 C **1** 公務員, 役人; (会社などの) 役員, 職員: a public *official* 公務員 / a government *official* 国家公務員 / a high *official* 高官 / a company *official* 会社役員.

2《米》《競技》審判(員). (▷ 名 *óffice*)

of·fi·cial·dom [əfíʃəldəm] 名 U 《しばしば軽蔑》 **1**〔集合的に〕官僚, 公務員, 役人. **2** お役所仕事.

of·fi·cial·ese [əfìʃəlíːz] 名 U《口語·軽蔑》(不必要に難解な)お役所言葉, 官庁用語.

***of·fi·cial·ly** [əfíʃəli] 副 **1**〔職務上〕公式〔正式〕に; 職務上, 公人として: We were *officially* engaged. 私たちは正式に婚約した.

2〔文修飾〕公式〔正式〕には; 公式発表で, 表向きは: *Officially*, he was in the hospital. Actually he was missing. 彼は表向きは入院中だが, 実は行方不明であった.

of·fi·ci·ate [əfíʃièit] 動 自 **1**〔…で〕職務を行う, 役割を務める[*at*]; 〔…としての〕役を務める[*as*]: He *officiated as* chair *at* the conference. 彼はその会議で議長を務めた. **2**(聖職者が)〔儀式を〕つかさどる[*at*]. **3**《競技》審判員を務める.

of·fi·cious [əfíʃəs] 形 《軽蔑》〔…の点で〕おせっかいな, さし出がましい[*in*].

of·fi·cious·ly [~li] 副 おせっかいにも.

off·ing [ɔ́ːfiŋ / ɔ́f-] 名 沖, 沖合.
■ *in the óffing* 近いうちにやって来そうな[で], 遠からず起こりそうな[で]: He will get a job *in the offing*. 彼は近いうちに就職するだろう.

óff·kéy 形 副 調子外れの[に]; 的外れの[に].

off·li·cence 名《英》U 酒類販売免許; C 酒類販売〔小売〕店 (《米》package [liquor] store).

óff·lím·its 形〔…に〕立入禁止の[*to*]: This area is *off-limits to* outsiders. この区域は部外者立入禁止です.

óff·líne 形 副《コンピュータ》オフラインの[で]《◇端末がネットワークに接続されていない; ↔ on-line》.

off·load [ɔ́ːflóud / ɔ́f-] 動 他 **1** …の荷を降ろす. **2**〈不要なものなど〉を人に押しつける[売りつける].

óff·péak 形〔通例, 限定用法〕ピーク時でない, シーズンオフの: *off-peak* periods 閑散期.

off·print [ɔ́ːfprìnt / ɔ́f-] 名 C (雑誌·論文などの)抜き刷り.

óff·pùt·ting 形 《主に英口語》(人)を不快にする, 当惑させる.

óff·róad 形 オフロード(用)の《道路以外の場所を走行する》: an *off-road* vehicle オフロード用の乗り物《車·オートバイなど》.

óff·scréen 形 映画〔テレビ〕に映らない(所での); 実生活の, 私生活での.
— 副 映画〔テレビ〕に映らない所で; 私生活で.

óff·séa·son 名 〔the ~〕シーズンオフ, 閑散期. 《比較》「シーズンオフ」は和製英語

— 形 副 シーズンオフの[で], 季節外れの[で].

***off·set** [ɔ́ːfsét, ɔ́ːfsèt / ɔ̀fsét, ɔ́fsèt] 動 (三単現 **off·sets** [-séts, -sèts]; 過去·過分 **off·set**; 現分 **off·set·ting** [~iŋ]) 他 **1** …を相殺する, 埋め合わせる: A raise in pay is often *offset* by a rise in prices. 賃上げが物価上昇で帳消しになることが多い.

2《印刷》…をオフセット印刷にする.
— 名 [ɔ́ːfsèt / ɔ́f-] C **1**《印刷》オフセット印刷. **2** 相殺〔帳消しに〕するもの, 埋め合わせ.

off·shoot [ɔ́ːfʃùːt / ɔ́f-] 名 C **1**(幹から出る)横枝, 側枝. **2**(組織の)分派; 分家. **3** 支流.

***off·shore** [ɔ́ːfʃɔ́ːr / ɔ́f-] 形〔通例, 限定用法〕
1 沖(合)の; (風が)沖に向かう (↔ inshore): *offshore* fishing 沖合〔近海〕漁業.
2《商》国外〔海外〕の;《金融》オフショアの: an *offshore* market オフショア市場, 免税市場.
— 副 沖(合)に; (風が)沖に向かって: The boat was rapidly carried *offshore* by the current. ボートは潮流によってどんどん沖へ流された.

off·side [ɔ́ːfsáid / ɔ́f-] 形 **1**《球技》オフサイドの (↔ onside). **2**〔限定用法〕《英》(車·通りなどの)右側の (↔ nearside).
— 副《球技》オフサイドで.
— 名 **1** U《球技》オフサイド. **2** 〔the ~〕《英》(車·通りなどの)右側.

***off·spring** [ɔ́ːfspriŋ / ɔ́f-] 名 (複 **off·spring**) C **1**〔集合的に〕《単数·複数扱い》子供(たち), 子孫; 動物の子《◇単数でも不定冠詞は用いない》: Their *offspring* are all clever. 彼らの子供はみな頭がいい.

2 結果, 所産: Computers are the *offspring* of modern technology. コンピュータは現代科学技術の産物である.

off·stage [ɔ́ːfstéidʒ / ɔ́f-] 副 形 舞台裏で[の]; (俳優が)舞台を離れて(の), 私生活で[の].

óff·stréet 形〔限定用法〕表通りから離れた, 横町の: *off-street* parking 裏通りの駐車.

óff·the·réc·ord 形 副 記録しない(で), 非公開〔オフレコ〕の.

óff·the·shélf 形 副 (商品が)既製の[で], 出来合いの[で].

óff·the·wáll 形《口語》ばかげた, とっぴな, 奇妙な.

óff·white 名 U オフホワイト, 灰色〔黄色〕がかった白.
— 形 オフホワイトの.

oft [ɔ́ːft / ɔ́ft] 副〔通例, 複合語で〕《詩語》しばしば (often): an *oft*-quoted writer よく引き合いに出される作家.

******of·ten** [ɔ́ːfən, ɔ́ːftən / ɔ́fən, ɔ́ftən]
【基本的意味は「しばしば (many times)」】

— 副 (比較 **more of·ten**,《まれ》**of·ten·er** [~ər]; 最上 **most of·ten**,《まれ》**of·ten·est** [~ist]) **1** しばしば, 何度も, よく (↔ seldom) (→ ALWAYS 語法): They *often* go to the movies together. 彼らはしばしば一緒に映画を見に行く / My father would *often* take me to the park with him. 父はよく私をその公園に連れて行ってくれた / I am *often* at home on

Sundays. 日曜日は家にいることが多い / I have *often* been to Hokkaido. 私は何度も北海道へ行ったことがある / I haven't traveled abroad very *often*. 私はそれほど多くは海外旅行をしていない / Do you come here *often*? ここにはよく来るのですか.

2 多くは, たいてい (◇通例, 複数名詞と共に用いる): Young girls *often* like that type of singer. 女の子はたいていああいうタイプの歌手が好きです.

■ *as óften as* ... …するたびに (whenever); …回も: *As often as* I can, I call my grandmother in Niigata. 私は機会さえあれば新潟の祖母に電話をかけるようにしています.

as óften as nót しばしば, よく, たいがい (commonly).

èvery so óften [通例, 文尾で] 時々 (sometimes).

hòw óften 何回, どのくらいの頻度で: *How often* do you exercise a week? あなたは週に何回運動をしますか.

mòre óften than nót よく, たいてい (usually) (◇ often より多い): *More often than not* she comes late to school. 彼女はよく学校に遅刻して来る.

o·gle [óugl] 動 〖軽蔑〗他 …をいやらしい目つきで見る. — 自 […を] いやらしい目つきで見る [*at*].

o·gre [óugər] 名 C (民話の) 人食い鬼; 恐ろしい人.

***oh[1] [óu]

— 間 **1** [驚き・恐怖・喜び・悲しみ・非難などを表して] **おお, ああ, まあ** (◇通例, 直後にコンマや感嘆符を伴う。→ O[1]): *Oh*, my (gosh)! ああ, 驚いた / *Oh, boy!* おやまあ / *Oh*, no! ああ, やめて / *Oh!* I've forgotten my umbrella. あっ, 傘を忘れてきた / *Oh*, how cute the baby is! まあ, なんてかわいい赤ちゃんでしょう.

2 [相手の発言に対して] **ああ, まあ**; [ためらいなどを表して] **えーと, その―**: *Oh*, I see. ああ, なるほど / The weather forecast says it will rain this weekend. ― *Oh*, really? My family has already planned a picnic. 天気予報によると週末は雨だよ―えっ, 本当? 家族でピクニックに行く予定なのに / His name was, *oh*, Clark Smith. 彼の名前は, えーと, クラーク=スミスでした.

3 [呼びかけ] おい, ねえ, ちょっと―: *Oh*, Jennifer! Do you have time now? ねえ, ジェニファー. 今時間はありますか.

oh[2] 名 C ゼロ (0) (◇電話番号を口頭で伝える場合などに用いる; → ZERO 〖語法〗).

OH (郵略語) = *Ohio*.

O. Hen·ry [óu hénri] 名 固 オー=ヘンリー《1862-1910; 米国の作家; 本名 William Sydney Porter》.

O·hi·o [ouháiou] 名 固 **1** オハイオ《米国北東部の州》;(略語) O.;(郵略語) OH; → AMERICA 表》.

2 [the 〜] オハイオ川 (Mississippi 川の支流).

ohm [óum] 名 C 〖電気〗オーム (Ω)《電気抵抗の単位》.

OHP (略語) = *overhead projector* オーバーヘッドプロジェクター.

***oil [óil]
名 動 〖原義は「オリーブオイル」〗

— 名 (複 oils [〜z]) **1** U C **油**《◇動物性・植物性・鉱物性を問わない》: olive [corn, safflower, salad] *oil* オリーブ [コーン, ベニバナ, サラダ] 油 / cooking *oil* 料理用油 / various vegetable *oils* さまざまな植物性油 / hair *oil* ヘアオイル, 整髪用の油 / machine *oil* 機械油.

2 U **石油**: crude *oil* 原油 / heavy [light] *oil* 重 [軽] 油 / an *oil* company 石油会社 / drill for *oil* 石油を掘る.

3 [〜s] 油絵の具; C 油絵: an exhibition of *oils* 油絵の展覧会 / paint in *oils* 油絵をかく.

■ *búrn the mídnight óil* (仕事・勉強のために) 夜遅くまで起きている.

òil and wáter 水と油; 相性のよくないもの: Mark and Susan are like *oil and water*. マークとスーザンは水と油のようである [性格が合わない].

póur óil on the fláme(s) 火に油を注ぐ, 怒りをかき立てる [あおる].

póur óil on tróubled wáters 紛争を収拾する.

stríke óil 地下の油田を発見する; 幸運をつかむ.

— 動 他 …に油をさす [塗る, 引く]: *oil* a bicycle 自転車に油をさす.

■ *óil the whéels* 物事を順調に進める.

(▷ 形 óily)

◆ **óil còlor** U C [通例 〜s] 油絵の具.

óil field C 油田.

óil pàint = oil color (↑).

óil pàinting C 油絵; U 油絵画法.

óil pàlm C 〖植物〗油ヤシ《ヤシ油をとる》.

óil pàn C 〖機械〗油受け (sump).

óil slìck C (水面に) 流出した油, 油膜.

óil tànker C タンカー, 油輸送船.

óil wèll C 油井(ﾕｾｲ), 油田.

oil·can [óilkæn] 名 C 油さし, 注油器.

oil·cloth [óilklɔ:θ | -klɔ́θ] 名 U オイルクロス, 油布 《油で防水処理した布. テーブルクロスなどに使う》.

óil-fíred 形 石油を燃料とする.

oil·man [óilmən] 名 (複 oil·men [-mən]) C 油田経営者; 製油業者.

óil rìg [óilrìg] 名 C (特に海洋の) 石油掘削装置.

oil·skin [óilskin] 名 **1** C [通例 〜s] (船員などの着る) 油布製の防水服. **2** U 油布, 防水布.

oil·y [óili] 形 (比較 oil·i·er [−ər]; 最上 oil·i·est [−ist]) **1** 油の, 油状の; 油を含んだ; 油っぽい (◇ 油まみれのぼろ布 / *oily* fried food 油っこい揚げ物. **2** 〖軽蔑〗お世辞のうまい, (態度などの) 調子のよい.

(▷ 名 óil)

oink [óiŋk] 名 C 〖擬声語〗ぶうぶう《豚の鳴き声; → CRY 表》.

— 動 自 (豚が) ぶうぶう鳴く.

oint·ment [óintmənt] 名 C U 軟こう, (化粧用) クリーム (→ MEDICINE 〖類義語〗).

■ *a flý in the óintment* → FLY[2] 成句.

***OK[1], **O.K.** [òukéi]

名 副 形 《口語》

— 形 [叙述用法] **よろしい**, 大丈夫で; まずまずで (okay): Everything is *OK*. すべて問題ない / Are you feeling *OK*? 気分はいいですか / Is it

OK if I drive your car? =Is it *OK* for me to drive your car? あなたの車を運転してもいいですか / Is this plan *OK* with you? この計画はよろしいですか / How was the movie? ― Well, it was *OK*. 映画はどうだった―まあまあだったよ.
— 副 **1**《納得・承知・同意を表して》**よろしい**, はい, オーケー: Can you give me a hand? ― *OK*. 手を貸してもらえませんか―いいですよ / *OK*, you can come in now. はい, もう入ってもいいですよ / *OK*, I'll try. よし, やってみましょう.
2《相手に念を押して》**いいね, わかったね**: You must come back by eight, *OK*? 8時には帰って来なさい, いいね.
3《相手をなだめて》**わかったよ**: *OK*, you are right. わかった, あなたの言う通りです.
4 うまく, 順調に, きちんと (well): Are you doing *OK*? 調子はいいですか / Everything went *OK*. すべてうまくいった.
— 動 《三単現 **OK's, O.K.'s** [~z]; 過去・過分 **OK'd, O.K.'d** [~d]; 現分 **OK'ing, O.K.'ing** [~iŋ]》他《物事》を承認する, 許可する, オーケーする《◇新聞の見出しなどで用いる》: Japan *OK's* Trade Regulation 日本が貿易規制を承認.
— 名 《複 **OK's, O.K.'s** [~z]》C 承認, 許可: We need the teacher's *OK* to have a party. パーティーをするには先生の許可が必要です.

OK²《郵略語》=Oklahoma.

o‧ka‧pi [oukɑ́ːpi] 名 C 動 オカピ《中部アフリカ産. キリンに似ているが, 小型で首が短い》.

o‧kay [òukéi] 形 副 動 名《口語》=OK¹ (↑).

O‧khotsk [oukɑ́tsk ‧kɔ́tsk] 名 固 [the Sea of ~] オホーツク海《日本海の北東, カムチャツカ半島, 千島列島, サハリン島に囲まれた海域》.

Okla.《略語》= Oklahoma.

O‧kla‧ho‧ma [òukləhóumə] 名 固 オクラホマ《米国南部の州;《略語》Okla.;《郵略語》OK; → AMERICA 表》.

o‧kra [óukrə] 名 U C 植 オクラ《アオイ科の植物. さやを食用にする;《米》では gumbo とも言う》.

old [óuld] 形 名 【原義は「成長した」】
— 形 《比較 **old‧er** [~ər]; 最上 **old‧est** [~ist]》
1《人・動物が》**年を取った**, 老いた (↔ young)《→次ページ 類義語》; [the ~; 名詞的に; 複数扱い] 老人 (senior citizens): an *old* elephant 老いた象 / a home for the *old* 老人ホーム / Be kind to *old* people. お年寄りにやさしくしなさい / Some people become more stubborn as they grow *older*. 年を取るにつれてますます頑固になる人もいる / She'll know better as she grows *older*. 彼女も年を取るにつれてものがわかるようになるだろう.
2 …**歳の**, …歳になっている; …の年月がたった: a ten-year-*old* boy 10歳の男の子 / a seven-month-*old* girl 生後7か月の女の子 / How *old* is he? ―He's fifteen (years *old*). 彼は何歳ですか―15歳です / Our house is thirty years *old*. 私たちの家は築30年です.
3 [older] 年上の, 年長の (↔ younger); [oldest]

最年長の: my *older* brother(s) 兄(たち) / our *oldest* daughter 私たちの長女 / Tom is two years *older* than Jane. =Tom is *older* than Jane by two years. トムはジェーンよりも2歳年上です / The *oldest* of the children [the three, them] is John. 子供たち [3人, 彼ら] のうちで最年長はジョンです.
語法 家族内での年齢を比べる場合,《主に英》では older, oldest の代わりに elder, eldest を用いる (→ ELDER 語法).
4《もの・ことが》**古い**, 古びた (↔ new); 昔の, 古代の: an *old* custom 古くからの慣習 / *old* clothes 古着 / in *old* times = in the *old* days 昔 / There is an *old* church in the village. 村には古い教会がある / He still uses an *old* typewriter. 彼はいまだに旧式のタイプライターを使っている.
5《懐かしさを込めて》昔からの, なじみの; 以前の, かつての: one's *old* friend 旧友 / my *old* home 私がかつて住んでいた家 / People were more courteous in those good *old* days. 古きよき時代には人々はもっと礼儀正しかった.
6 [限定用法; 親しい男性同士が呼びかけるときなどに前に付けて] *Old* boy [chap, man]! ねえ, 君 / Good *old* Mark! やあ, マーク.
7 [限定用法] 老練な, 経験を積んだ: that *old* veteran politician あの老練な政治家.
■ **ány òld ...**《口語》どんな…でも: Any *old* jacket will do. どんなジャケットでもかまいません.
— 名 [次の成句で]
■ **of óld**《文語》昔の; 昔は: the days *of old* 往時.

◆ **óld áge** U 老年, 老齢《通例65歳以上》.

óld bóy C **1**《英》(男性の) 卒業生 (《米》alumnus). **2**《英口語》中年男性, おじさん.

óld-boy nètwork [the ~] C 《特にパブリックスクール》卒業生の学閥; [単数・複数扱い] 学閥の同窓会.

óld còuntry [the ~]《移民の》母国《特に米国人にとってのヨーロッパ各国をさす》.

Óld Énglish U 古(期)英語《700-1100年頃の英語;《略語》OE, O.E.; → ME²》.

óld fláme C 昔の恋人.

óld gírl C **1**《英》(女性の) 卒業生 (《米》alumna). **2**《英口語》中年女性, おばさん.

Óld Glóry [the ~]《米口語》星条旗 (Stars and Stripes).

óld guárd [the ~]《政党などの》保守派 (の人々).

óld hánd C 熟練者, ベテラン.

óld hát →見出し.

óld lády C 老婦人; [one's ~ / the ~]《俗語》母親, おふくろ; 妻, かみさん; (女性の) 恋人.

óld máid C **1**《軽蔑》結婚していない (中年) 女性. **2**《口語》何かと気にしすぎる人, 堅苦しい人.

óld mán 1 C **2** [one's ~ / the ~]《俗語》父親, おやじ; 夫, 亭主; (男性の) 恋人. **3** [O‑ M‑] (社長・親方などをさして) おやじ.

óld máster C《特に15‑18世紀ヨーロッパの》大画家; その作品.

Óld Níck U《古風》悪魔 (the Devil).

óld péople's hòme C《主に英》老人ホーム

(retirement home).

Óld Testáment [the ~] 旧約聖書 (cf. New Testament 新約聖書).

óld wíves' tàle [C]《口語》迷信;ばかげた話[考え].

óld wóman 1 [C] 老女《軽蔑的な表現なので使用を避け, elderly woman を用いる》. 2 [C]《口語・軽蔑》(主に男性の)口うるさい人, 小心者. 3 [the ~/ one's ~]《口語》女房;おふくろ.

> 類義語 **old, aged, elderly**
> 共通する意味▶年老いた (having passed youth and middle age)
> **old** は「年老いた」の意を表す最も一般的な語: My father is an *old* man now. 父はもう年を取っている. **aged** は old よりも《格式》.「非常に高齢である」ことを表し, 肉体的・精神的大衰えも含意する: an *aged* man 高齢の男性 / a home for the *aged* 老人ホーム. **elderly** は年配者の風格・威厳を暗示し, old や aged よりも丁寧な語: a resort hotel catering for *elderly* people 年配者向けのリゾートホテル.

old·en [óuldən]形《限定用法》《古・詩語》古いの: in the *olden* days [times] 昔は.

‡**óld-fásh·ioned** 形 時代[流行]遅れの, 旧式な, 古風な;昔かたぎの: She wears *old-fashioned* glasses. 彼女は古めかしい眼鏡をかけている.

óld hát 形《叙述用法》《軽蔑》古臭い.

old·ie [óuldi] 名 [C]《口語》古いもの《古い映画の, 以前に流行した歌など》; 古風な人, 老人.

old·ish [óuldiʃ] 形 やや年取った; 古めかしい.

óld-máid·ish [óuldméidiʃ]形《軽蔑》細かいことにうるさい, 口やかましい.

old·ster [óuldstər]名 [C]《口語・しばしば, こっけい》老人, 年配の人 (↔ youngster).

óld-tíme 形《限定用法》昔の;古風な;古参の.

óld-tím·er [~][C] 1 古参(者), 古株. 2《主に米》老人.

óld-wórld 形《限定用法》旧世界の,《米国に対して》ヨーロッパ風の;《ほめ言葉》《場所・性質などが》古びた魅力をもつ, 古風な.

Óld Wórld [the ~]旧世界《ヨーロッパ・アジア・アフリカ》(↔ New World);《アメリカから見た》ヨーロッパ大陸.

o·le·an·der [óuliændər / òuliændər] 名 [C]〔植〕セイヨウキョウチクトウ.

o·le·o [óuliòu] 名 [U]《米口語》マーガリン (◇ *oleomargarine* の略).

o·le·o·mar·ga·rine [òulioumɑ́ːrdʒərin / óulioumà̤dʒəriːn] 名 [U]《米》マーガリン (margarine).

ol·fac·to·ry [ɑlfǽktəri / ɔl-] 形 嗅覚(きゅうかく)の: the *olfactory* organs 嗅覚器官.
— 名 (複 **ol·fac·to·ries** [~z]) [C]《通例, 複数形で》〔解剖〕嗅覚器官.

ol·i·garch [ɑ́ləgɑ̀ːrk / ɔ́l-] 名 (複 **ol·i·garchs** [~s]) [C] 寡頭(かとう)政治の支配者.

ol·i·gar·chy [ɑ́ləgɑ̀ːrki / ɔ́l-] 名 (複 **ol·i·gar·chies** [~z]) 1 [U,C] 寡頭(かとう)政治(の国).

2 [C]《集合的に》少数独裁者[派].

‡**ol·ive** [ɑ́liv / ɔ́l-] 名 1 [C]〔植〕オリーブ(の木)《南欧産の常緑樹で実を食料や食用にする》. 2 [U] オリーブ《暗い黄緑》色 (olive green).
— 形 オリーブの;オリーブ色の.
◆ **ólive brànch** [単数形で] オリーブの枝《平和・和解の象徴》: hold out [offer, extend] an [the] *olive branch* to ... に和平を申し入れる.

ólive dráb [U] 濃い黄緑色《米陸軍服に用いる》.

ólive òil [U] オリーブ油.

ól·ive-grèen 形 暗い黄緑色の (olive).

ólive gréen 名 [U] 暗い黄緑色 (olive).

-ol·o·gist [ələdʒist / ɔl-] 接尾「…学者」「…論者」の意を表す: biol*ogist* 生物学者.

-ol·o·gy [ələdʒi / ɔl-] 接尾「…学」「…論」の意を表す: sociol*ogy* 社会学.

O·lym·pi·a [əlímpiə, ou-] 名 ⑲ オリンピア《ギリシャ南西部の平野; 古代オリンピック競技の発祥地》.

*****O·lym·pi·ad** [əlímpiæd, ou-] 名 [C] 1《格式》オリンピック(競技)大会 (the Olympic Games). 2 オリンピア紀《古代ギリシャでオリンピア競技会から次の競技会までの4年間》.

O·lym·pi·an [əlímpiən, ou-] 名 1《ギ神》オリンポス山の十二神の1人. 2 オリンピック選手.
— 形 1 オリンポスの神の;オリンポス山の. 2《しばしば o-》(オリンポスの)神のような, 堂々とした.

‡**O·lym·pic** [əlímpik, ou-] 形《限定用法》オリンピック(競技)の: an *Olympic* village オリンピック選手村 / the *Olympic* flame オリンピックの聖火. — 名 [the ~s; 単数・複数扱い] = Olympic Games (↓).
◆ **Olýmpic Gámes** [the ~; 単数・複数扱い] オリンピック(競技大会);《古代ギリシャの》オリンピア競技会.

O·lym·pus [əlímpəs, ou-] 名 ⑲ [Mount ~] オリンポス山《神々が山頂に住んだとされるギリシャ北部の山》. 2 [U]《詩語》(神々の住む)ところ.

O·man [oumɑ́ːn] 名 ⑲ オマーン《アラビア半島東南端の首長国;首都マスカット (Muscat)》.

om·buds·man [ɑ́mbudzmən / ɔ́m-] 名 (複 **om·buds·men** [-mən]) ⑲ オンブズマン, 行政監察官《市民の行政への苦情を処理する》.

o·me·ga [ouméigə / óumigə] 名 1 [C,U] オメガ (ω, Ω)《ギリシャ語アルファベットの最後の文字;→ GREEK 表》. 2 [the ~] 最後, 終わり (↔ alpha).

*****om·e·let, om·e·lette** [ɑ́mələt / ɔ́m-] 名 [C] オムレツ: You can't make an *omelet* without breaking eggs.《ことわざ》卵を割らずにオムレツは作れない ⇒ まかぬ種は生えぬ.

*****o·men** [óumən] 名 [C,U] 前ぶれ, 前兆, きざし (◇ 善悪のいずれにも用いる): a good [bad] *omen* 吉兆 [凶兆]: Comets were thought to be bad *omens*. 彗星(すいせい)は悪い前兆と思われていた.

om·i·cron [ɑ́məkrɑ̀n, óum- / oumáikrɔn] 名 [C,U] オミクロン (o, O)《ギリシャ語アルファベットの15番目の文字;→ GREEK 表》.

*****om·i·nous** [ɑ́minəs / ɔ́m-] 形 不吉な, 縁起の悪い; [...の] 前兆となる [*of*]: be *ominous of* downfall 没落の前兆である.

om·i·nous·ly [ámɪnəsli / ɔ́m-] 副 不吉に, 無気味に; [文修飾] 無気味にも.

*__o·mis·sion__ [oʊmíʃən, əmíʃ-] 名 **1** Ｕ省略; 脱落; Ｃ省略されたもの: There were some *omissions* in the list. 名簿には脱落がいくつかあった. **2** Ｕ怠慢, 不注意, 落ち度. (▷ 動 omit).

‡__o·mit__ [oʊmít, əmít] 動 (三単現 **o·mits** [-míts]; 過去・過分 **o·mit·ted** [〜id]; 現分 **o·mit·ting** [〜ɪŋ]) 他 **1** (わざと, またはうっかりして)…を省略[除外]する, 抜かす (leave out): He has *omitted* her name from the list. 彼はリストから彼女の名を除いた.
2 …を怠る; [omit + to do / omit + doing] (わざと, またはうっかりして) …しない; …し損なう, …するのを忘れる: Please don't *omit to* answer [*answering*] his letter. 彼の手紙に返事を出すのを忘れないでください. (▷ 名 omission).

om·ni- [amni / ɔm-] 接頭 「すべての, 全…」の意を表す: *omni*potence 全能 / *omni*present 遍在する.

om·ni·bus [ámnɪbʌs, -bəs / ɔ́m-] 名 Ｃ
1 (1冊に収めた)個人選集[作品集](通例, 廉価版): a Dickens *omnibus* ディケンズ選集. **2** [形容詞的に] 集大成の, 包括的な. **3** (古) = BUS バス.

om·nip·o·tence [amnípətəns, ɔm-] 名 Ｕ 《格式》無限の力, 全能; [the O-] 全能の神 (God).

om·nip·o·tent [amnípətənt, ɔm-] 形 《格式》全能の, 絶大な権力を持つ.
— 名 [the O-] 全能の神 (God).

om·ni·pres·ence [ɑ̀mnɪprézəns / ɔ̀m-] 名 Ｕ 《格式》遍在, 同時に至る所にある [見かける] こと.

om·ni·pres·ent [ɑ̀mnɪprézənt / ɔ̀m-] 形 《格式》遍在している, 同時に至る所にある [見かける].

om·nis·cience [amníʃəns, ɔmníʃiəns] 名 Ｕ 《格式》何でも知っていること, 全知; 博識.

om·nis·cient [amníʃənt, ɔmníʃiənt] 形 《格式》何でも知っている, 全知の; 博識の.

om·niv·o·rous [amnívərəs / ɔm-] 形 **1** 動物, 人が何でも食べる, 雑食性の (cf. carnivorous 肉食性の, herbivorous 草食性の). **2** 何にでも興味を持つ: an *omnivorous* reader 乱読家.

‡__on__ [(弱) ən, (強) án, ɔ́ːn / ɔ́n] 前 副 形

基本的意味は「接触して…の上に」.
① [接触・位置] (…の) 上に. 前 **1**; 副 **1**
② [着用・所持] (…の) 身につけて. 前 **2**; 副 **2**
③ [近接] …に面して. 前 **3**
④ [日時] …に. 前 **4**
⑤ [根拠・条件] …に基づいて. 前 **5**
⑥ [道具・手段] …で. 前 **6**
⑦ [継続] 先へ, 続けて. 副 **3**

— 前 **1** [接触・位置] __…の上に__, …に接して, …の表面に; …に乗って (↔ off): Let's sit *on* the grass and have our lunch. 芝生に座って昼食を食べよう / Put your books down *on* the table. テーブルの上に本を置きなさい / Flies can walk *on* the ceiling. ハエは天井を歩くことができる / Look at the poster *on* the wall. 壁にはってあるポスターをご覧なさい / He got *on* the train. 彼は列車に乗った / She slapped me *on* the cheek. 彼女は私の頬をぴしゃりと打った / We had breakfast *on* the plane. 私たちは機内で朝食をとった / I stored the data *on* a floppy. 私はデータをフロッピーに保存した / You'll find the key to this question *on* the next page. 次のページにこの問題を解くヒントがある.

語法 上下の位置関係を表す前置詞
on は上下を問わず, あるものの表面に接触していることを表す. **over** は「…から離れて真上に」の意. **under** は「…から離れて真下に」の意. **above** は「…から離れてより高い所に」の意で, 真上だけでなく, 斜め上方も表す. **below** は「…から離れてより低い所に」の意で, 真下だけでなく, 斜め下方も表す.

2 [着用・所持] __の身につけて,__ …に履いて, …にかぶって (上に): Sophie has a diamond ring *on* her finger. ソフィーは指にダイヤの指輪をしている / I didn't have any change *on* me. 私は小銭の持ち合わせがなかった / That dress really looks good *on* you. そのドレスはあなたが着ると本当によく似合う / She put a raincoat *on* her child. 彼女は子供にレインコートを着せた.

3 [近接] …に面して, …の近くに, …のほとりに; …の方に: He lives *on* Baker Street. 彼はベーカー街に住んでいる / Mexico lies *on* the south of the United States. メキシコは米国の南に接している / Our cottage is *on* a lake. 私たちの別荘は湖畔にある / Turn to the right, and you will see a white building *on* your left. 右に曲がると, 左手に白い建物があります.

4 [日時] 〈特定の日時〉__に__ (→ AT 語法): *on* July 4, 1980 1980年7月4日に / the news *on* the hour 定時 [正時] のニュース / The final examinations begin *on* coming Monday. 期末試験は今度の月曜日からです / *On* a hot summer day, my father breathed his last. 夏の暑い日に父は息を引き取った / Carol called me *on* Friday night. 金曜の夜にキャロルから電話があった / It happened *on* the morning of February 26. それは2月26日の朝に起こった.

5 [根拠・条件] __…に基づいて__, …によって: She always acts *on* her parents' advice. 彼女はいつも両親の助言に従って行動する / This report is not based *on* fact. この報告は事実に基づいていない / *On* what condition will you agree? どんな条件なら賛成しますか.

6 [道具・手段] __…で__, …によって: go *on* the ten o'clock bus 10時のバスで行く / She played the school song *on* the piano. 彼女はピアノで校歌を弾いた / The event was broadcast live *on* television. そのイベントはテレビで生中継された / This car runs *on* electricity. この車は電気で走る / I'll call him *on* the phone tomorrow. あす彼に電話します.

7 [支点・依存] __…を支えて__, …を支点として; …に頼って, …によって: lie down *on* one's back 仰向けになる / Can you stand *on* your hands [head]? あなたは逆立ちができますか / The earth rotates on its axis. 地球は地軸を中心に自転している / I often depend *on* my friend to help me with my homework. 私はしばしば友達が宿題を手伝ってくれるのをあてにしてしまう / What does the turtle live *on*? その亀は何を食べて生きているのですか.

8《格式》…するとすぐに, …と同時に(◇ on のあとには動作を表す名詞・動名詞が来る): *On* seeing the policeman, he ran away. 警官の姿を見たとたん, 彼は逃げた(= As soon as he saw the policeman, he ran away.) / I was so tired that I went straight to bed *on* my arrival at the hotel. 疲れていたのでホテルに着くとすぐベッドにもぐり込んだ / Brochures will be sent (to you) *on* request. パンフレットはご請求あり次第お送りいたします / *On* closer investigation, we found out that he had no alibi for that time. さらに詳しく調査してみると, 彼にはその時刻のアリバイがないことがわかった.

9[状態・従事] …している最中で, …の状態で; ⟨用事など⟩で, …に従事して(↔ off): I dropped in at the bookstore *on* my way home. 帰宅途中に書店に寄った / The department store is *on* fire! デパートが火事だ / The airline pilots are *on* strike. その航空会社のパイロットはストライキ中です / The number of traffic accidents is *on* the increase. 交通事故の件数が増加している / She was in Milan *on* business last week. 彼女は先週ミラノに出張していた / I'm here *on* a short visit. 私は当地に短期の滞在で来ている / The TV show he is *on* is very interesting. 彼が出ているテレビ番組はとても面白い.

10[所属] …の一員で; …で働いて: There are eleven people *on* a football team. サッカー(の メンバー)は1チーム11人です / He is *on* the standing committee of the society. 彼は協会の常任委員の1人です / My sister is a reporter *on* the New York Times. 姉はニューヨークタイムズの記者です.

11[主題] …について(の), …に関する(→ ABOUT 前 1): a book *on* the Internet インターネットに関する本 / He offered his advice *on* how to promote trade with China. 彼は中国との貿易促進の方法について助言をした / The minister refused to comment *on* trade friction. 大臣は貿易摩擦についてコメントすることを避けた.

12[対象] …に対して, …に向かって: He spends a lot of money *on* video games. 彼はテレビゲームに大金をつぎ込んでいる / The work *on* the building will be started early next month. ビルの建築工事は来月早々に始まる / There is a tax *on* everything we buy. 何を買っても税金がかかる.

13[不利益] …にとって困ったことに; …に損害をかけて; …に対して: a joke *on* him 彼にあてつけた冗談 / He slammed the door *on* me. 彼女は私の鼻先でばたんとドアを閉めた.

14[負担]《口語》…のおごりで, …持ちで: The dinner is *on* me. 夕食は私のおごりです / The drinks tonight are *on* the house. 今晩の飲み物は店のサービスです. **15**[無冠詞の同じ名詞を前後に置いて] …が重なって, …が次々に: suffer disaster *on* disaster 次から次へと災難をこうむる / We won victory *on* victory. 私たちは連戦連勝だった. **16**[比較] …と比べて: Your English shows a great improvement *on* last year. あなたの英語は去年に比べるとかなり上達した.

── 副 **1**[接触] 上に, 乗って; 表面に; 離れずに, しっかりと: The train was so crowded that we couldn't get *on*. 列車はとても込んでいたので私たちは乗ることができなかった / Is everybody *on*? みんな乗りましたか / The lid is not *on* properly. ふたがきちんと閉まっていない / Hold [Hang] *on* tight! しっかりつかまって.

2[着用・所持] 身につけて, 履いて, かぶって, ⟨眼鏡を⟩かけて(↔ off): Steve had his cap *on* backward. スティーブは帽子を後ろ向きにかぶっていた / He was in bed with his shoes *on*. 彼は靴を履いたままベッドで寝ていた / Put your coat *on* before you go out. 外出する前に上着を着なさい.

3[継続] 先へ, 続けて; どんどん, ずっと: Keep *on* a little farther, and you'll reach the city hall. そのままもう少し行けば, 市役所に着きます / Now, go *on*! Tell me the whole thing. さあ, 続けて. 全部話しなさい / From now *on* I'll be more careful. これからはもっと気をつけます.

4[作動]⟨電気・ガスなどが⟩通じて,⟨機械などが⟩動いて,⟨スイッチが⟩入って(↔ off): turn *on* the hot tap コックをひねって湯を出す / Will you switch *on* the air conditioner? エアコンのスイッチを入れてくれますか / Is the computer *on*? コンピュータのスイッチは入っていますか / The heater remained *on* all night. ひと晩じゅうヒーターがついたままだった.

■ **and só òn** → so[1] 成句.
ón and óff = off and on (→ OFF 成句).
ón and ón どんどん, 引き続き: We drove *on and on* through the night. 私たちはひと晩じゅう車を走らせ続けた.

── 形 [叙述用法] **1** (ことが) 行われて, 進行中で, 始まっていて; ⟨映画・劇が⟩上映[上演]中で: Our summer sale is *on*. 当店ではサマーセールを開催中です / What's *on* at the theater? その劇場では何をやっていますか / The concert was already *on*. 音楽会はもう始まっていた.

2 (ことが) 予定されて, 計画されて: Is the party *on* tomorrow? パーティーはあすですか / I have nothing *on* tonight. 今晩は何の予定もない.

■ **be ón abòut …**《口語》…のことでぐずぐず言う.
be ón at …《口語》…に[…するように]しつこく言う, がみがみ言う [*to do*].
be ón to … …に気づいている (→ ONTO **2**).

***once [wʌns] 副 接 名

── 副 **1** 1度, 1回; [否定文で] 1度も (…ない): He goes to the barbershop *once* a month [every two weeks]. 彼は月に[2週間に]1度理髪店へ行く / I went to Paris only *once*. 私はパリへは1度だけ行った / He hasn't written a letter to

me *once*. 彼は私に1度も手紙をくれたことがない / I've visited that stadium twice: *once* to watch the game and *once* to play the game. 私はその競技場に2回行ったことがある. 1回は試合を観に, 1回は試合をしにだ.
2 かつて, 昔 (ある とき): I have *once* been to London. 私はかつてロンドンへ行ったことがある / There was *once* an old temple in this village. この村に以前古い寺があった.
3 [if 節で] いったん, ひとたび (…すれば): If *once* he makes up his mind to do something, he carries it out by all means. 彼はいったん何かをしようと決心したら, 必ずそれをやり遂げる.
■ **móre than ónce** 1度ならず, 再三再四: I warned him *more than once*. 私は彼に何度も警告した.
ònce agáin [móre] もう1度: Let's do it *once again [more]*. もう1度やってみよう.
ónce (and) for áll (これを最後に) きっぱりと; 今回限り: You should stop smoking *once (and) for all*. あなたはきっぱり禁煙するべきです.
ónce in a blúe móon → MOON 成句.
ónce in a whíle 時々, たまに: *Once in a while*, he phones home. 彼は時折郷里に電話をする.
ónce or twíce 1度か2度, 何回か.
ónce tòo óften またもや, あまりにたびたび.
ónce upòn a tíme **1** 昔々 (◇物語の出だしの文句): *Once upon a time*, there lived an old man. 昔々, ある所に1人のおじいさんが住んでいた. **2** 《口語》 古き良き時代には.
── 接 いったん…すれば; …するとすぐ: *Once* you have learned how to swim, you will never forget it. 泳ぎは1度身につけば決して忘れない / *Once* the meal was finished, the discussion began. 食事が終わるとすぐに議論が始まった.
── 名 U 1度, 1回: As for me, *once* is enough. 私は1度でたくさんだ.
■ **áll at ónce 1** 突然 (suddenly): *All at once* we felt a big earthquake. 突然大きな地震を感じた. **2** (まったく) 同時に, 1度に (at the same time): Nobody can cope with everything *all at once*. だれだって1度にすべてをうまく処理することはできない.
at ónce 1 すぐに (immediately): I have to leave *at once*. 私はすぐに出発しなければならない. **2** 同時に, 1度に: All the students began talking *at once*. 生徒全員が一斉にしゃべり始めた.
be at ónce … and ~ 《文語》…であると同時に…でもある: Her dance *is at once* graceful *and* dynamic. 彼女の踊りは優雅であると同時に力強くもある.
(jùst) for ónce = jùst this ónce 《口語》今度だけは (例外として).

ónce-ò·ver 名 [単数形で] さっと目を通す [調べる] こと: give … the [a] *once-over* …にざっと目を通す, 〈人〉をざっと一べつする.

on·com·ing [ʌ́nkʌ̀miŋ, ɔ́ːn-/ ɔ́n-] 形 [限定用法] 近づいて来る: the *oncoming* car 対向車.
── 名 U 接近; 到来: the *oncoming* of winter 冬の到来.

***one** [wʌ́n] (☆ 同音 won) 名 形 代

❶ 数を表して「1つの」(→ 形 1)
There was only one lion in the cage.
(おりの中にはライオンが1頭しかいなかった)

❷ 時を表す語に付けて「ある」(→ 形 3)
One rainy morning she left home.
(ある雨の朝彼女は家を出ていった)

❸ 可算名詞の繰り返しを避けて
■ 前出の名詞と同種類のものをさして「1つ (のもの)」(→ 代 1(a))
John has a car. I want one, too.
=a car
(ジョンは車を持っている. 私も車が欲しい)

■ 修飾語句を伴って「…なもの」(→ 代 1(b))
Compare his recent works with his earlier ones. (彼の最近の作品を以前の作品と比べなさい)
=works

❹ another, the other と呼応して「一方のもの [人]」(→ 代 2)
They punched one against another.
(彼らは互いに殴りあった)
These two are exactly alike, so we can't tell one from the other.
(この両者はうり二つで見分けがつかない)

❺ 前出の名詞とは無関係に「(一般に) 人」(→ 代 4)
One must take responsibility for one's actions. (人は自分の行動に責任をとらなければならない)

── 名 (複 **ones** [~z])
1 U (基数の) 1 (→ NUMBER 表). **2** C 1 を表す記号 (1, i, I など). **3** [代名詞的に; 単数扱い] 1つ, 1個, 1人. **4** U 1時, 1分; 1歳; 1ドル [セント, ポンド, ペンスなど]; 1フィート, 1インチ. **5** C (さいころの) 1の目. **6** [a ~] 《英口語》 大胆な人, 珍しい人. **7** [the O-; 通例, 修飾語を伴って] …なもの: the Holy *One* 神 / the Evil *One* 悪魔. **8** U 《口語》一撃; (酒の) 1杯.
■ **(áll) in óne** 1つ [1人] で全部を兼ねて.
as óne みな一斉に, まとまって.
at óne 《格式》 […と] 一体となって; 意見が一致して [*with*].
for óne 個人的には.
gèt … in óne 《口語》 …をすぐに理解する.
gét òne óver (on) … 《口語》 …より優位に立つ.
óne and áll 《古風》 みな, だれもかも.
óne by óne 1つ [1人] ずつ.
òne úp […より] (心理的に) 優位に立って [*on*] (→ ONE-UPMANSHIP).

one

━━ 形 **1** [限定用法] **1つの**, 1個の, 1人の(◇「1つ」を強調する場合以外は通例 a または an を用いる): in *one* word ひと言で言えば / *one* hundred 100 / *One* Way《掲示》一方通行 / There was *one* man at the gate. 門の所に男が1人いた.

2 [叙述用法] **1歳で**.

3 [時を表す語に付けて](過去・未来の)**ある**: *one* winter morning ある冬の朝に / *One* day he went to town with his dog. ある日, 彼は犬を連れて町へ出かけた / Come and see us *one* evening. いつか夕方にでも遊びに来てください.

4 [another, other と呼応して] **一方の**, (ある)1つの: It takes over ten minutes to walk from *one* end of the bridge to the *other*. その橋を端から端まで歩くと10分以上かかる / Only *one* student passed, and all the *others* failed. 生徒は1人だけが合格して, 他の者は全員不合格だった / To think is *one* thing, to act is *another*. 考えることと行動することは別のことである.

5 [the ~/ one's ~] **ただ1つの**(only)(◇ one に文の強勢を置く): That's the *one* way to succeed. それが成功するための唯一の方法です / His *one* hope is to live in peace. 彼のたった1つの望みは静かに暮らすことです. **6** [可算; 同一の]: They all fled in *one* direction. 彼らはみな同じ方向に逃げ去った / We are all of *one* mind on this matter. この件についてでは私たちはみんな同じ意見です. **7**《格式》…という人(a certain): *One* Fred Brown called to see you. フレッド=ブラウンという方があなたにお会いしたいと訪ねて来られました(◇ Mr., Mrs. などが付く場合は通例 a を用いる). **8** [形容詞を伴って]《米口語》とても…, なかなかの…: He is *one* great ballplayer. 彼はとてもすばらしい野球選手だ.

■ **be áll óne** […にとって] 同じことである (be all the same)[*to*].

be máde óne = **becóme óne** 夫婦になる.

for óne thìng (理由の)1つには(→ THING 成句).

óne and the sáme まったく同一の.

óne or twó 1つか2つの; いくらかの (a few).

━━ 代 [不定代名詞](複 ones [~z]) **1** [可算名詞の繰り返しを避けて](a)[前出の名詞と同種類のものをさして] **1つ(のもの)**, 1人: This pie tastes good. You should take *one*. このパイはおいしいですよ. あなたもぜひ1つどうぞ / There are some stamps in the drawer if you need *one*. 切手が必要なら引き出しに何枚か入っています / I know a good secretary if you need *one*. 必要でしたらすぐれた秘書を知っておりますよ.

語法 (1) one は「a [an] + 名詞」の代わりに用い, 不特定のものをさす. 特定のものをさす場合は it を用いる. また, 複数で不特定のものをさす場合は通例 some を用いる: I don't have a pencil. Can you lend me *one*? 鉛筆がないので貸してもらえますか (◇どの鉛筆でもよい) / This is the pencil you gave me. You can use *it*. これはあなたが私にくれた鉛筆です. どうぞ使ってください (◇特定の鉛筆をさす) / I have a lot of pencils. I'll give you *some*. 私は鉛筆をたくさん持っていますよ. 何本かあげましょう (◇複数の鉛筆をさす).

(2) 不可算名詞の場合は名詞を繰り返すか省略する: I like red wine, but he prefers white (wine). 私は赤ワイン好きだが彼は白の方が好きだ.
(3) 所有格と共に用いることはできない. その場合は所有代名詞を用いる. ただし, 形容詞を伴う場合は所有格を付けることができる (→ (b)): Something is wrong with my PC. Can I borrow *yours*? 私のパソコンは調子が悪い. あなたのをお借りしてもいいですか.

(b)[修飾語句を伴って] **…なもの, 人**: I have lost my watch. I must buy a new *one*. 腕時計をなくしてしまったので新しいのを買わなくては / I'll buy you a baseball cap. How about that red *one*? 野球帽を買ってあげよう. あの赤いのはどうかな / This picture is the *one* I like best. この絵は私が一番好きな絵です / I want some oranges. ― We have nice and sweet *ones*. オレンジが欲しいのですが ― とても甘いのがございます / Your PC is more efficient than my new *one*. あなたのパソコンは私の新しいものより高性能です / Meg is the *one* with red hair. メグは赤毛(の人)です / She is *one* who has never been hard up for money. 彼女はお金に困ったことなどない人です.

2 [another, the other と呼応して] **一方のもの[人], 片方**: We have two dogs. *One* is black and *the other* is white. うちでは犬を2匹飼っています. 1匹は黒で, もう1匹は白です / The two birds are so much alike that I cannot tell *one* from *the other*. 2羽の鳥はとても似ていて私には区別がつかない / I've read *one* yesterday and I'll read *another* tonight. 1冊はきのう読みました. もう1冊は今晩読みます.

3 [形容詞を伴って] **…な人**: my loved *one* 私が愛する人 / Come on here, little [young] *ones*. みんな, こちらへいらっしゃい.

4《格式》(一般に)**人, (人は)だれでも**: *One* must keep one's [《米》his or her] promise. 私たちは約束を守らなければならない / What would *one* do in this situation? こういう立場に置かれたら人はどうするだろうか.

語法 One を受ける代名詞には one を用いるのが正式だが, 《米》では he, 最近では she, they を用いることが多い: *One* should do *their* best when *they* promise to do something. 何かをやると約束したときはだれでも全力をつくすべきだ.

5 [any, no, every, some などを伴って] **人, もの**(◇ no, every 以外は通例1語にする): There was *no one* in the house. 家にはだれもいなかった / *Every one* of us cannot be a poet. 私たちはだれもが詩人になれるわけではない.

6「one of + 複数名詞」で; 単数扱い]**…のうちの1人**: *One of* my cousins is going to visit us tomorrow. あす, いとこが1人私たちを訪ねて来る / Collecting stamps is *one of* my hobbies. 切手収集は私の趣味の1つです.

■ **óne àfter anóther** (3つ以上のものが)次々に, 1つ[1人]ずつ.

óne àfter the óther **1** (2つのものが)交互に.
2 (3つ以上のものが)順々に, 次々に.

òne anóther お互い (→ **each other** (EACH 代 成句)) 語法: They said goodbye to *one another*. 彼らは互いにさよならを言った / They use *one another*'s car freely. 彼らはお互いの車を自由に使っている.

óne-hórse 形 **1** (馬車などが) 1頭立ての, 1頭で引く. **2** 《口語》(村などが) ちっぽけな, 貧弱な.

óne-lín·er 名 C 《口語》(喜劇などでの) 短いジョーク, 寸言 《◇1行で十分なほど短いことから》.

óne-mán 形 [限定用法] 1人だけで行う, 1人で操作する; 1人から成る (比較 日本語で言う「ワンマン＝自分勝手な(人)」の意味はない. 女性の場合は **one-woman** とも言う): a *one-man* show (絵などの)個展; (歌・踊りなどの) ワンマンショー / a *one-man* band 1人楽団《多種類の楽器を1人で演奏する大道芸(人)》; 《口語》単独行動[活動].

óne·ness [wʌ́nnəs] 名 U 同一 [単一]性; 一致, 調和, 団結.

óne-níght stánd 名 C **1** ひと夜 [1回, 1か所] 限りの公演 [興行]. **2** 《口語》ひと夜限りの情事 (の相手).

óne-óff 《主に英口語》形 [限定用法] 1回限りの: a *one-off* payment 1回払い.
— 名 C 1回限りのもの; ユニークな存在 [人].

óne-píece 形 [限定用法] (水着などが) ワンピースの. (比較 日本語で言う婦人服の「ワンピース」は英語では普通 dress という; cf. **two-piece** ツーピースの).

on·er·ous [óunərəs, ʌ́n-/óun-, ɔ́n-] 形 《格式》(仕事・任務などが) 困難な, 面倒な, やっかいな.

***one's** [wʌnz]
— 代 **1** 自分の, その人の 《◇**one** の所有格》: One must do *one's* best. 人はベストをつくさなければならない.
語法 (1) 《米》では **one's** の代わりに **his, her, their** を用いることが多い (→ **ONE** 4 語法).
(2) 辞書などでは主語と一致する所有格の一般形として **one's** を用いる. 実際に用いる場合には, 主語に合わせて **one's** を **his, her, their** などに変える. たとえば do *one's* best を I を主語とする文で用いる場合は do my best となる.
2 **one is, one has** の短縮形 《◇**has** は助動詞》.

***one·self** [wʌnsélf]
— 代 [再帰代名詞] (→ **PRONOUN** 文法) **1** [再帰用法] 自分自身を[に], 自分 (自身) の体を: One should give *oneself* a good rest after work. 仕事のあとは十分に休養するべきです / To know *oneself* is sometimes difficult. 自分自身を知ることは時として難しい.
語法 (1) 動作が自分自身に及ぶことを表す. 発音するときに前の語に強勢を置く.
(2) 場所・方向を示す前置詞の目的語になる場合は再帰代名詞の代わりに通常の人称代名詞を用いることが多い: He looked about him. 彼は自分の周りを見回した / She drew the lamp close to her. 彼女は明かりを手元に引き寄せた.
(3) **one** を受ける再帰代名詞には **oneself** を用いるのが正式だが, 《米》では **himself** を用いることが多い.

(4) 辞書などでは再帰代名詞の一般形として **oneself** を用いる. 実際に用いる場合には主語に合わせて **oneself** を **himself, herself, themselves** などに変える. たとえば by *oneself* を I を主語とする文で用いる場合は by myself となる.
2 [強調用法] 自分自身で[が], 自ら: One should write *one's* résumé *oneself*. 自分の履歴書は自分で書くべきである / I saw the president *himself*. 私は社長本人に会った.

■ **be [féel] líke onesélf** [通例, 否定文で] 体調がよい.

be onesélf 1 本来の自分である, (体調が) 正常である: The clean-up batter *is* not *himself* today. きょうは4番バッターが本調子でない.
2 自然にふるまう.

besìde onesélf われを忘れて (→ **BESIDE** 成句).

by onesélf 1 1人で, 独りぼっちで, 自分だけで (alone). **2** (他人の助けを借りずに) 独力で, 1人で, 自分で: Did your little daughter really make this doll *by herself*? お宅のお嬢さんが本当に1人でこの人形を作ったのですか (→ **for oneself** 2).
3 ひとりでに, 自然に: All the lights went out *by themselves*. すべての明かりがひとりでに消えた.

for onesélf 1 自分自身のために, 自分用に: Tom put aside the only sound desk *for himself*. トムは傷んでいない唯一の机を自分用に確保した. **2** (他人の助けを借りずに) 独力で, 自分で 《◇**by oneself** と異なり, **for oneself** には「自分のために」の含みがある》: Clean your room *for yourself*. 自分の部屋をちゃんと掃除をしなさい.

in onesélf それ自体で, それだけでは, 本来は 《◇通例 **in itself** [**themselves**] の形で, 事物について用いる》: Competition is not necessarily bad *in itself*. 競争それ自体は必ずしも悪いことではない.

to onesélf 自分だけに [で]; 自分の心の中に [で]: My son has the largest room *to himself*. 息子は一番大きな部屋を独り占めしている / Amy kept her tender feelings for him *to herself*. エイミーは彼への性のかな思いを胸に秘めていた.

óne-síd·ed 形 **1** 一方に偏った, 不公平な (unfair): a *one-sided* view 偏った見方, 偏見.
2 (試合などが) 一方的な (lopsided): a *one-sided* game 一方的な試合, ワンサイドゲーム.

one·time [wʌ́ntàim] 形 [限定用法] 以前の, かつての (former).

óne-to-óne 形 [限定用法] (関係・対応などが) 1対1の 《◇日本語の「マンツーマン」にあたる言い方; → **MAN-TO-MAN**》: a *one-to-one* class [lesson] 1対1 [マンツーマン] の授業.

óne-tráck 形 **1** (鉄道が) 単線の. **2** (心が) 1つのことしか考えられない, 単細胞の: He's got a *one-track* mind. 彼は1つのことにとらわれている.

one-up·man·ship [wʌ̀nʌ́pmənʃip] 名 U (相手より) 1歩優位に立つこと [こつ].

óne-wáy 形 **1** 一方通行の (cf. **two-way** 対面通行の); 1方向だけの: a *one-way* street 一方通行の通り / *one-way* traffic 一方通行 / a *one-way* mirror マジックミラー. **2** 《米》(乗車券が) 片道の (《英》single): a *one-way* ticket to Miami マイアミまでの片道切符. **3** 一方的な: a *one-way*

on・going [ángòuiŋ, ɔ́ːn-/ ɔ́n-] 形 [通例,限定用法] 目下継続中の (continuing); 進行 [進展] 中の (developing).

****on・ion** [ʌ́njən] 名 U C タマネギ.
■ *knów one's ónions* 《口語》(ある事柄に)精通している,万事心得ている.

ón・line 形 副 《コンピュータ》オンラインの [で] (◇端末がネットワークに接続されている) (↔ *off-line*): go *on-line* オンライン化される / an *on-line* system オンラインシステム.

on・look・er [ánlùkər, ɔ́ːn-/ɔ́n-] 名 C 見物人,傍観者 (cf. *spectator* (スポーツなどの) 観客).

*****on・ly** [óunli] 副 形 接
—— 副 **1** ただ…だけ: The paperback is *only* five dollars. そのペーパーバック(の値段)はたったの5ドルです / He is *only* a beginner. 彼は初心者にすぎません / She *only* forgot about it. 彼女はそのことを忘れていただけのことです / I play the piano *only* on Sunday afternoons. 私がピアノを弾くのは日曜の午後だけです.
語法 (1) only は原則として,修飾する語句の直前に置き,修飾される語句を強く発音する: *Ónly* Pául came. ポールだけが来た / Paul ònly cáme; he said nothing. ポールはただ来ただけで,何も言わなかった.
(2) 《口語》では動詞の前または be 動詞・助動詞のあとに置くことが多く, only が修飾する語句を強く発音する: I ònly have tén dollars with me. 私は10ドルしか持ち合わせていない.
2 [「名詞 + only」の形で] …だけ, …専用 (◇しばしば掲示に用いる): Staff *only* 職員専用 / Non-smokers *only* 禁煙席 [車].
3 [過去を示す副詞 (句) を修飾して] つい…, ほんの…: Tom came *only* yesterday [an hour ago]. トムが来たのはついきのう [ほんの1時間前] のことです.
■ *háve ónly to dó* = *ónly háve to dó* …しさえすればよい (→ HAVE 動 成句).
if ónly ... …でありさえいいのだが (→ IF 接 成句).
nòt ónly ... but (*àlso*) ~ …だけでなく~もまた: He is *not only* an actor *but* (*also*) a director. 彼は俳優だけでなく監督でもある / She is eager *not only* to do her work, *but* (*also*) to help others do their work. 彼女は熱心に自分の仕事をするだけでなく,他人の仕事も熱心に手伝う.
語法 (1) 「…」と「~」には文法的に同等の語句が来る.
(2) 主語になる場合,述語動詞の人称・数は通例「~」に一致させる: *Not only* Tom *but* (*also*) his friends are devoting themselves to their work. トムだけでなく彼の友人たちも自分の仕事に専念している.
ònly júst **1** かろうじて, やっと: She *only just* passed the exam. 彼女はかろうじて試験に合格した. **2** たった今 (…したばかり); つい最近: I *only just* finished my work. 私はたった今仕事を終えたばかりです.
ònly to dó **1** [目的] ただ…するために: He came *only to* ask about that. 彼はそれについて質問するためだけに来た. **2** [結果] (結局) …するだけのために, (結果は) …するだけので: He walked in the rain *only to* catch a cold. 彼は雨の中を歩いたが,かぜを引いただけだった.
ònly tóo ... **1** 非常に, とても: I'll be *only too* pleased to help you. お役に立てれば大変うれしく存じます. **2** 残念 [遺憾(ひん)] ながら: The rumor proved *only too* true. 残念ながらそのうわさは事実であることが判明した.
—— 形 [限定用法] **1** [単数名詞に付けて] ただ1つ [1人] の, 唯一の: This is the *only* seat that's not been booked yet. まだ予約されていないのはこの席だけです / He is an *only* child. 彼はひとりっ子です / I tell him everything because he is my *only* close friend. 彼はたった1人の親友なので彼には何でも話します. **2** [複数名詞に付けて] ただ…だけの: These are the *only* vacant rooms at the moment. 現在,空室はこれだけです / The *only* foreign languages (that) I can speak are English and French. 私が話せる外国語は英語とフランス語だけです. **3** [通例 the ~] 最適な, 最高の: He is the *only* person for the post. 彼こそその地位に最適な人物です.
■ *óne and ónly ...* 唯一無二の (◇ only を強調した言い方): This is your *one and only* chance. これがあなたに与えられたたった1度のチャンスです.
—— 接 《口語》 **1** [補足的に] ただし, しかし: He'd be delighted to talk to you, *only* he's too busy at the moment. 彼はあなたとお話しできることを喜ぶでしょうが, (あいにく) 今彼は多忙なのです. **2** …ということがなければ: He'd succeed in life, *only* (that) he is rather short-tempered. 少し短気なところがなければ彼は出世するだろうに.

on・o・mat・o・poe・ia [ànəmǽtəpíːə/ ɔ̀n-] 名 [言] U 擬音 [声] (による語形成); C 擬音 [声] 語 (◇ hiss (しゅーという音), ticktack (時計の音), boom (ぶーん [ぴーん] という音) など).

on・rush [ánrʌ̀ʃ, ɔ́ːn-/ ɔ́n-] 名 C U [通例,単数形で] (感情などの) 激発, 奔流; 突進.

on・set [ánsèt, ɔ́ːn-/ ɔ́n-] 名 C [the ~] **1** (病気・異常など不快なことの) 始まり, 開始, 徴候: the *onset* of a cold かぜの引き始め. **2** 攻撃, 突撃.

on・shore [ánʃɔ́ːr, ɔ́ːn-/ ɔ́n-] 形 副 陸の方へ向かう [向かって]; 陸上 [沿岸] の [で] (↔ *offshore*): an *onshore* wind 海風.

on・side [ánsáid, ɔ́ːn-/ ɔ́n-] 形 副 《球技》(オフサイドでなく) 正しい位置の [に] (↔ *offside*).

on・slaught [ánslɔ̀ːt, ɔ́ːn-/ ɔ́n-] 名 C […に対する] 猛攻撃 [*on*]: make an *onslaught on* one's enemy 敵を激しく攻める.

on・stage [ánstéidʒ, ɔ́ːn-/ ɔ́n-] 形 副 舞台上の [で] (↔ *offstage*).

On・tar・i・o [ɑntéəriòu/ ɔn-] 名 固 **1** オンタリオ (カナダ南部の州; 州都トロント (Toronto); 《略語》Ont.). **2** [Lake ~] オンタリオ湖 (カナダと米国の間にある五大湖 (Great Lakes) の1つ).

*******on・to** [(子音の前で) ántə, ɔ́ːn-/ ɔ́n-; (母音の前で) -tu]
—— 前 **1** …の上へ, …に (◇ on to ともつづる;

on が接触した状態を表すのに対し, **onto** は動作の結果として接触することを表す): jump *onto* the train 列車に飛び乗る / The actor walked *onto* the stage. 俳優は舞台に上がった / He fixed the red carpet *onto* the floor. 彼は床に赤いじゅうたんを敷いた / The child climbed up *onto* his father's shoulders. 子供は父親の肩によじ登った. **2**《口語》(計略などに)気づいて: The police are *onto* their plot. 警察は彼らの陰謀を察知している.

on・tol・o・gy [ɑntɑ́lədʒi / ɔntɔ́l-] 名 U《哲》存在論.

o・nus [óunəs] 名 [the ~] 義務;(過失などに対する)責任: The *onus* is on me to prove his innocence. 彼の潔白を立証する責任は私にある.

‡**on・ward** [ánwərd, ɔ́:n- / ɔ́n-] 副《米》(目標・場所などへ空間的に)前へ (ahead), 前方へ進んで;(時間的に)先に (forward), …以後: from now [then] *onward* これ[それ]から, これ[それ]以降《◇ from now [then] on より強意的》/ from 2002 *onward* 2002 年以降 / She hurried *onward* through the crowd. 彼女は人込みの中を急いだ.
— 形[限定用法] 前方への; 前進[進歩]する: The army will continue its *onward* march. 軍は前進を継続するだろう.

‡**on・wards** [ánwərdz, ɔ́:n- / ɔ́n-] 副《主に英》= ONWARD (↑).

on・yx [ɑ́niks / ɔ́n-] 名 U《鉱》シマメノウ, オニックス.

oo・dles [ú:dlz] 名[単数・複数扱い]《口語》多量, 多数 (lots): *oodles* of information 大量の情報.

oof [ú:f] 間《しばしば, こっけい》うーっ《◇腹を打たれて発するうめき声など》.

ooh [ú:] 間 おおっ《◇感嘆・喜び・不快などの叫び》.
— 動 (自) おおっと叫ぶ.

oo・long [ú:lɔːŋ / -lɔŋ] 名 U ウーロン茶.

oomph [úmf] 名 U《口語》活力, 精力 (energy); 魅力, (特に)性的魅力.

oops [ú(:)ps] 間《口語》おっと, やっ, しまった (whoops)《◇失敗したときの軽い驚きを表す》.

ooze[1] [ú:z] 動 (自) **1** (液体などが)[…から / …を通して]にじみ出る, 流出[分泌]する [*from* / *through*]: Oil is *oozing* out of the tanker. 石油がタンカーから少しずつ流れ出ている. **2** (勇気などが)だんだんなくなる (*away*); (秘密などが)漏れる (*out*): My spirits began to *ooze away* bit by bit. 気力が徐々にくじけかけた.
— (他)〈液体・魅力などを〉にじみ出す[出させる], 漏らす: Judy's toes were *oozing* blood. ジュディーの両足のつま先から血がにじみ出ていた.
— 名 U にじみ出ること[出たもの], 分泌(物).

ooze[2] 名 U (水底の)ヘドロ, 汚泥.

oo・zy [ú:zi] 形 (比較 **oo・zi・er** [~ər]; 最上 **oo・zi・est** [~ist]) じくじく[たらたら]出る, にじみ出る; 泥のような, 泥を含む.

op [ɑp / ɔp] 名 C《英口語》手術, オペ;《軍事》作戦《◇ operation の略》.

op.《略語》= *op*us 音楽作品.

o.p., O.P.《略語》= *o*ut of *p*rint 絶版になって.

o・pac・i・ty [oupǽsəti] 名 U **1** 不透明度;【写】不透明度. **2** あいまいさ; 難解さ.

o・pal [óupəl] 名 C U【鉱】オパール, 蛋白(なん)石《10月の誕生石》; → BIRTHSTONE 表.

o・pal・es・cence [òupəlésns] 名 U 乳白光[色].

o・pal・es・cent [òupəlésnt] 形《格式》乳白光を発する; 乳白色の, オパールのような.

o・paque [oupéik] 形 **1** 不透明な, [光などを] 通さない [*to*]《↔ transparent》. **2** 光沢のない, くすんだ. **3** わかりにくい, 不明瞭(な)な: The truth remains *opaque*. 真相はいまだにやぶの中である.
o・paque・ly [~li] 副 不透明に; 不明瞭に.

óp árt [áp- / ɔ́p-] 名 U《美》オプアート《光学的トリックや錯視効果を利用した抽象美術; optical art ともいう; cf. pop art ポップアート》.

op. cit. [ɑ́p sít / ɔ́p-]【ラテン】《略語》前掲(引用)書中に (in the work cited).

OPEC [óupek] 名 石油輸出国機構, オペック《◇ *O*rganization of *P*etroleum *E*xporting *C*ountries の略》.

Op・Ed, op-ed [ɑ́péd / ɔ́p-] 形《米》(新聞の)署名記事面[オプエドページ]の《◇ *op*posite *ed*itorial (page) の略. 社説の対向面になることから》.

‡‡**o・pen** [óupən] 形 動 名

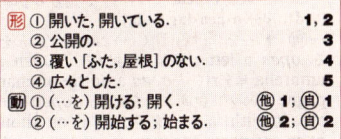

形	① 開いた, 開いている.	1, 2
	② 公開の.	3
	③ 覆い[ふた, 屋根]のない.	4
	④ 広々とした.	5
動	① (…を)開ける; 開く.	他1; 自1
	② (…を)開始する; 始まる.	他2; 自2

— 形 (比較 **o・pen・er** [~ər]; 最上 **o・pen・est** [~ist]) **1** 開いた (状態の), 開いている《↔ closed, shut》; (花が)開いた, 咲いた: an *open* book [window] 開いたままの本[窓] / She pushed the door *open*. 彼女はドアを押し開けた / Keep your eyes *open*. 目を開けていなさい. **2** [通例, 叙述用法] (店・事務所などが)開いている, 営業中の: That store is *open* around the clock. あの店は 24 時間営業です / The museum is *open* from ten to six. 博物館は 10 時から 6 時まで開いています / The flea market is *open* on Sundays. フリーマーケットは毎週日曜日に開かれます / WE'RE *OPEN*《掲示》営業中.

3 公開の, (施設などが)[…に]開放されている《↔ closed》[*to*]: an *open* class 公開講座 / be *open* to all citizens すべての市民に開放されている / Politicians' tax statements must be *open* to the public (eye). 政治家の税金の申告書は一般に公表されるべきである.

4 覆い[ふた, 屋根]のない; (衣服の)襟(な)が開いた; 戸が開いた: an *open* car オープンカー / an *open* shirt オープンシャツ / The bottle of wine was left *open*. ワインのびんは栓が開いたままだった.

5[限定用法] 広々とした, さえぎるものがない: the *open* sea (視界をさえぎるもののない) 大海原 / live in the *open* country 広々とした土地に住む.

6[通例, 叙述用法] (地位・時間・場所が)あいている, 利用できる: The post [job] is still *open*. その地位[仕事口]はまだあいたままです / I find only

open-air / **open air**

Thursday afternoons *open*. 私は木曜日の午後しかあいていない / The highway is not *open* yet. その幹線道路はまだ不通です.

7 〔叙述用法〕［…の〕余地がある；［…を］受けやすい；［…に］無防備な〔*to*〕: be *open* to criticism 批判にさらされやすい / The new bill is *open* to questions. その新しい法案には疑問の余地がある.

8 率直な, 隠し立てのない (→ FRANK 類義語); 公然の, あからさまな: an *open* secret 公然の秘密 / an *open* mind 偏見のない心 / He has an *open* character. 彼はざっくばらんな性格です.

9 〔問題が〕未解決の, 未決定の: an *open* question 未解決の問題 / Let's not leave it *open*. それを棚上げにしておくのはやめよう.

10 凍らない; 霜〔雪, 霧〕のない; 温暖な: *open* weather 温暖な気候. **11** 〔期日が〕無指定の, オープンの; 《英》〔小切手が〕持参人払いの: an *open* ticket 期限指定のないチケット, オープンチケット. **12**〔繊維・織物・格子などが〕目の粗い.

■ **láy onesèlf ópen to ...** 〈非難・攻撃など〉に身をさらす, みすみす…を招く.

làv ... ópen 1 …を切開する, 切り開く. **2** 〈秘密・陰謀〉を暴く.

─ 動 (三単現 **o·pens** [~z]; 過去・過分 **o·pened** [~d]; 現分 **o·pen·ing** [~ɪŋ])

─ 他 1 は**開ける**, 開く (↔ close); 〈ふた〉を取る: *open* a letter 手紙を開封する / *open* an umbrella 傘を開く / *open* a bottle of champagne シャンパン(のボトル)を開ける / *open* one's eyes [mouth] 目〔口〕を開ける / You should *open* car doors for women. 女性に対しては車のドアを開けてあげるべきです / I *opened* the windows wide. 私は窓を大きく開けた / *Open* your textbook to [《英》at] page 31. 教科書の31ページを開けなさい.

2 …を**開始する**, 始める; 〈事務所・店など〉を開く;〈口座など〉を開設する: *open* a new university 新しい大学を創設する / The police *opened* an investigation into the incident. 警察は事件の捜査を始めた / A trade fair was *opened* in Frankfurt. フランクフルトで見本市が開かれた / I *opened* an account with the Barclays Bank. 私はバークレー銀行に口座を開いた.

3 〈道・新しい領域など〉を**切り開く**, 開通させる;〈建物など〉を利用できるようにする: *open* ground 開墾する / The new bridge will be *opened* this Saturday. 新しい橋は今週の土曜日に開通する.

4 …を［…に］**開放〔公開〕する**; 公表する〔*to*〕: This castle is now *opened* to the public. 現在この城は一般公開されている.

5 〈心など〉を［…に〕開く, 〈本心〉を打ち明ける〔*to*〕: Finally he *opened* his heart to his counselor. ようやく彼はカウンセラーに心を開いた.

─ 自 1 〔ドア・窓などが〕**開く** (↔ close); 〔花が〕咲く: The door *opened*, and Jane came in. ドアが開いてジェーンが入って来た / This window won't *open*. この窓はどうしても開かない.

2 〔学期・会期などが〕**始まる**, 開始する, 〔店などが〕開く: The conference will *open* at 10. 会議は10時から始まる / In Japan school *opens* in April. 日本では学校は4月から始まる. **3** 〔景色などが〕広がる, 見渡せる: A valley *opened* below the hill. 丘のふもとに谷間が広がっていた. **4** 〔道などが〕開通する: The new railroad will *open* between the two cities next year. 来年その2都市を結ぶ新しい鉄道が開通します. **5** 本を開く: *open* to page 37 37ページを開く.

句動詞 ópen ínto [ónto] ... ─ 他 〔ドア・部屋などが〕…(の方)に通じる: The corridor *opens into* the dining hall. 廊下は食堂に通じている.

ópen óut 自 1 〔場所・眺望が〕広がる: The street *opens out* into the square. 街路は広場に通じている. **2** 〔人が〕［…に〕打ち解ける〔*to*〕.
─ 他 [open out + O / open + O + out] …を広げる: *open out* a newspaper 新聞を広げる.

ópen úp 自 1 〔店・事務所などが〕開く, 開店する: A new supermarket will *open up* next month. 新しいスーパーが来月開店する. **2** 〔主に命令文で〕〔ドアを〕開ける: "*Open up*!" the policeman shouted. 「ドアを開けろ」と警官が叫んだ. **3** ［…に］打ち解ける, 心を開く〔*to*〕; 口を割る: The child won't *open up* to us. その子は私たちに心を開こうとしない. **4** 〔道が〕開ける;〔比喩〕〔展望〕が開ける. **5** 砲撃を開始する.
─ 他 [open up + O / open + O + up] **1** 〈包みなど〉を開く: He *opened up* the present. 彼はプレゼントを開けた. **2** 〈店・事務所など〉を(新規)開店する, オープンする. **3** 〈土地〉を開発する, 切り開く. **4** 〈機会など〉を生む, 設ける. **5** 〈傷口など〉を開く, 切開する.

─ 名 [the ～] **1** 戸外, 野外, 空き地. **2** [しばしば O-] 〔ゴルフ・テニスなどの〕オープントーナメント: the US Open 〔ゴルフ・テニスの〕全米オープン.

■ **bríng ... (óut) ìnto the ópen** 〈秘密など〉を公表する, 明るみに出す.

in the ópen 1 戸外〔野外〕で. **2** 〔計画・秘密などが〕知れ渡って, 明るみに出て: His scheme is *in the open*. 彼の計画は知れ渡っている.

◆ **ópen círcuit** [C]【電気】開回路.

ópen dáy《英》= open house **2**.

ópen hóuse 1 [U] 自宅開放; [C] 自宅開放パーティー. **2** [C] 《米》〔学校・工場などの〕一般公開日. **3** [C] 《米》〔売家などの〕一般公開, オープンハウス.

ópen létter [C] 〔質問・抗議などの〕公開状《新聞・雑誌に掲載される》.

ópen márket [C] 公開〔自由〕市場.

ópen sándwich [C][U] 《英》 オープンサンド(イッチ)《はさまずに片側1枚のパンだけに具をのせたもの》.

ópen séa [the ～] **1** 公海; 外洋, 外海.

ópen séason [U] **1** 〔狩猟などの〕解禁期.
2 ［…に対する〕一斉に非難を浴びせる時期〔*on*〕.

ópen sésame → SESAME 成句.

ópen shóp [C] オープンショップ (↔ closed shop)《労働組合員も非労働組合員も雇う事業所》.

Ópen Univérsity [the ～] 《英》公開〔放送〕大学《テレビ・ラジオなどを利用した通信制教育制の大学》.

ó·pen-áir 形 〔通例, 限定用法〕戸外〔野外〕の: an *open-air* concert 野外音楽会 / an *open-air* cafe オープンカフェ《テラスで飲食できる》.

ó·pen áir 名 [the ～] 戸外, 野外: in the *open*

air 戸外[野外]で.

ó·pen-and-shút 形 (紛争・議論などが)簡単に解決する; (事実関係が)明白な: an *open-and-shut* criminal case 単純な刑事事件.

o·pen·cast [óupənkæst / -kɑ̀ːst] 形《英》(鉱山が)露天掘りの[による].

ó·pen-dóor 形 [通例, 限定用法] 門戸開放の, 機会均等の: an *open-door* policy 門戸開放政策.

ó·pen dóor 名 [the ~] **1** 門戸開放, 機会均等. **2** 出入り[立ち入り]の自由.

ó·pen-énd·ed 形 (時間・目的などに)制限のない, 自由な; 必要に応じて変更可能な: an *open-ended* discussion 自由討論.

o·pen·er [óupənər] 名 C **1** (通例, 複合語で)開く人; 開始者; 開ける道具, 缶切り, 栓抜き: a can [《英》tin] *opener* 缶切り / a bottle *opener* 栓抜き. **2** 開幕試合; (ショーなどの)最初の出し物.
■ **for ópeners**《口語》手始めに, 皮切りとして.

ó·pen-éyed 形 副 **1** 目を開いた[て]; (驚いて)目を丸くした[て]. **2** 油断のない[なく], 用心深い[く]. **3** 十分に承知の上の[で].

ó·pen-fáced 形 **1** 素直な(顔をした). **2** 表面がむき出しの, (サンドイッチなどが)オープンサンド式の: an *open-faced* sandwich《米》オープンサンド (open sandwich).

o·pen·hand·ed [óupənhændid] 形 **1** 気前のよい, 寛大な. **2** 手を広げた.

o·pen·heart·ed [óupənhɑ́ːrtid] 形 隠し立てしない, 率直な; 親切[寛大]な; 気前のよい.

ó·pen-héart súr·ger·y 名 C 医 心臓切開手術.

o·pen·ing [óupəniŋ] 名 形

— 名 (複 **o·pen·ings** [~z]) **1** U C 開始, 開くこと; 開業, 開通, 開会: the *opening* of a theatrical performance 劇の開演 / the *opening* of an expressway 高速道路の開通.
2 U C 始め, 冒頭, (劇の)初演: the *opening* of the book その本の最初の部分.
3 C 穴, すきま; 空き地: an *opening* in the forest 森林内の木のまばらな空き地 / a large *opening* in the wall 壁の大きな穴.
4 C [...の / ...する] 機会, 好機 [for / to do]: There are many *openings* for trade with China. 中国と貿易をする機会はたくさんある.
5 C [地位などの] 空き, 欠員, 就職口 [for]: Do you have an *opening* for an interpreter in your company? 御社に通訳の欠員はありますか.

— 形 [限定用法] **開始の**, 始めの (↔ closing): an *opening* ceremony 開会式 / an *opening* address [speech] 開会の辞.

◆ **ópening hòurs** [the ~] 営業[開館]時間.
ópening níght U C (演劇などの)初日(の夜).
ópening tìme [the ~] 始業時刻, 開店時刻.

o·pen·ly [óupənli] 副 **1** 率直に (frankly), 包み隠さずに: He *openly* admitted that he was in the wrong. 彼は自分が間違っていることを率直に認めた. **2** 公然と, あからさまに, 人前で.

ó·pen-mínd·ed 形 心の広い, 新しい考えを進んで受け入れる, 寛大な; 偏見のない.

ó·pen-mínd·ed·ness 名 U 寛大さ.

ó·pen-móuthed 形 口を開けた; (驚き・ショックなどで)口をぽかんと開けた.
— 副 口を(あんぐりと)開けて.

ó·pen-nécked 形 (シャツなどが)開襟(かいきん)の, オープンの(一番上のボタンをしない).

o·pen·ness [óupənnəs] 名 U **1** 開いていること, 開放(状態). **2** 率直さ; 心の広いこと, 寛大さ.

ó·pen-plán 形 (建物・部屋・オフィスが)オープンプランの, 細分化されていない.

ó·pen plán 名 C [建] オープンプラン《間仕切りを最小限にする設計(図)》.

o·pen·work [óupənwɚrk] 名 U 透かし細工[彫り], 透かし模様[織り, 編み].

op·er·a[1] [ápərə / ɔ́p-] 名 U C オペラ, 歌劇; C オペラ劇場, 歌劇場; 歌劇団: a comic *opera* 喜歌劇 / a grand *opera* 正歌劇, グランドオペラ / go to the *opera* オペラを見に行く.

◆ **ópera glàsses** [複数扱い] オペラグラス.
ópera hòuse C オペラ劇場, 歌劇場.

o·pe·ra[2] [óupərə] 名 opus の複数形.

op·er·a·ble [ápərəbl / ɔ́p-] 形 実施[使用]できる; [医] (病気・症状が)手術可能な.

op·er·ate [ápərèit / ɔ́p-]
【原義は「働く」】

— 動 (三単現 **op·er·ates** [-rèits], 過去・過分 **op·er·at·ed** [~id]; 現分 **op·er·at·ing** [~iŋ])

— 自 **1** (機械などが) **動く**, 作動する; (組織などが)機能する: The engine is *operating* normally. エンジンは正常に動いている / This machine *operates* on batteries. この機械は電池で動く.
2《格式》[…に] 作用する, 影響する; (薬などが)[…に] 効く [on, upon]; [制度・法律などが…に有利に / …に不利に] 働く [in favor of / against]: The new system doesn't seem to be *operating* in their favor. 新しいシステムは彼らに有利とはなっていないようだ / Overwork *operates on* your mental health. 過労は精神状態に(悪)影響を及ぼす.
3 (会社などが)事業を行う, 営業する: Our company *operates* in South America. わが社は南米を本拠地として営業している.
4 [人に / …の] 手術をする [on / for]: The doctor *operated on* her *for* appendicitis. その医師は彼女に虫垂炎の手術を行った.
5 […に対して](主に軍事)行動をとる [against].

— 他 **1** (機械など)を操作する, 運転する: Do you know how to *operate* the heating system? 暖房装置の操作方法はご存知ですか.
2〈工場・会社など〉を経営する, 管理する: He *operates* several companies. 彼はいくつかの会社を経営している. (▷ 名 òperátion; 形 óperative)

◆ **óperating ròom** C《米》(病院の)手術室.
óperating sỳstem C [コンピュータ] オペレーティングシステム《コンピュータが稼働する装置やプログラムを管理する基本ソフト;《略語》OS》.
óperating tàble C 手術台.
óperating thèatre《英》= operating room (↑); (昔の)階段式手術教室.

op·er·at·ic [àpərǽtik / ɔ̀p-] 形 [通例, 限定用

法] オペラの, 歌劇の; オペラ風 [向き] の.

***op·er·a·tion** [ɑ̀pəréiʃən / ɔ́p-]

— 名 (複 op·er·a·tions [~z]) **1** ⓒ [人への / …の] **手術** [on / for] (《英口語》op): a surgical *operation* 外科手術 / have [undergo] a heart transplant *operation* 心臓移植手術を受ける / perform an *operation* on … for stomach cancer …の胃癌(ぃん)を手術する.
2 ⓒ (一連の) **作業**, 仕事, 活動 (activity): peace-keeping *operations* (国連の) 平和維持活動 (《略語》PKO) / The rescue *operation* for the climbing party was successful. 登山隊の救出活動は成功した.
3 Ⓤ (機械などの) **運転**, 操作: the *operation* of a dump truck ダンプカーの運転 / It's easy to learn the *operation* of this computer. このコンピュータの操作はたやすく覚えられる.
4 ⓒ Ⓤ (事業などの) 運営, 経営; 企業, 会社: a multinational *operation* 多国籍企業 / the *operation* of a hotel ホテルの経営.
5 Ⓤ (器官などの) 働き, 作用; 効力, 影響: the *operation* of the muscles 筋肉の働き / the *operation* of a medicine 薬の効能.
6 ⓒ (通例~s) 軍事行動, 作戦; 作戦本部; (空港などの) 管制室: a base of *operations* 作戦基地.
7 ⓒ 【数学】演算, 運算; 【コンピュータ】演算.
■ **còme [gò] ínto operátion** (機械などが) 動き始める; (法律などが) 施行される.
in operátion 運転 [操業] 中で; 実施中で; 経営して: Don't touch the machine while it's *in operation*. 運転中の機械には触らないでください.
pùt [bríng] … into operátion 〈機械など〉を動かす; 〈法律など〉を施行する. (▷ 動 óperàte).
◆ **operátions reséarch** Ⓤ オペレーションズリサーチ (《軍事作戦や企業の経営・管理などについての数理的分析》; 《略語》OR》.

op·er·a·tion·al [ɑ̀pəréiʃənəl / ɔ́p-] 形 **1** (通例, 叙述用法) (機械などが) 運転 [使用] できる, 運用 [操作] 可能な: The factory is fully *operational*. 工場はフル操業できる状態だ. **2** [限定用法] 運営 [経営] 上の; 操作 [使用] 上の: *operational* faults 操作上のミス. **3** 【軍】作戦上の.
◆ **operátional reséarch** Ⓤ 《主に英》= operations research (→ OPERATION 複合語).

*__op·er·a·tive__ [ɑ́pərətiv, -rèi- / ɔ́p-] 形 **1** (工場などが) 操業している; (機械などが) 運転している, 稼働中の. **2** (法律・計画などが) 実施されている; 影響を及ぼす; (薬などが) 効き目 [効力] のある: The new tax law will be *operative* by 2002. 新しい税法は2002年までに施行される. **3** [限定用法] (語句などが) 肝心 [適切] な: the *operative* word (表現としての) 重要な言葉; 重要語; (法律文書の) 有効文言. **4** 手術の.
— 名 ⓒ **1** 工員; 熟練工. **2** 《米》刑事, 探偵; スパイ, 秘密工作員. (▷ 動 óperàte).

‡**op·er·a·tor** [ɑ́pərèitɚ / ɔ́p-] 名 ⓒ **1** (機械の) 運転者, 操作係, 技士 [師]: a computer *operator* コンピュータオペレーター. **2** (電話の) 交換手 (telephone operator) (◇呼び出し可も).

3 (企業の) 経営者.
4 《口語・やや軽蔑》手腕家, やり手.

op·er·et·ta [ɑ̀pərétə / ɔ́p-] 名 ⓒ オペレッタ, 喜歌劇, 小歌劇.

oph·thal·mic [ɑfθǽlmik, ɔf-] 形 [限定用法] 【医】目の; 眼炎の.

oph·thal·mol·o·gist [ɑ̀fθælmɑ́lədʒist / ɔ̀fθælmɔ́l-] 名 ⓒ 眼科医 (eye doctor).

oph·thal·mol·o·gy [ɑ̀fθælmɑ́lədʒi / ɔ̀fθælmɔ́l-] 名 Ⓤ 【医】 眼科学.

o·pi·ate [óupiət] 名 ⓒ アヘン剤; 鎮静 [催眠] 剤.
— 形 アヘンを含んでいる; 鎮静 [催眠, 麻酔] の.

o·pine [oupáin] 動 (他) 〈…という〉意見を述べる (say); 〈…と〉考える 《that 節》.

***o·pin·ion** [əpínjən]

【原義は「考えること」】
— 名 (複 o·pin·ions [~z]) **1** ⓒ Ⓤ […についての] **意見**, 考え, 見解 [about, on, of]: form an *opinion* 考えをまとめる / I have my personal *opinion* about the proposal. 私はその提案について私なりの意見を持っている / What's your *opinion* of the new tax system? 新しい税制についてどのようなご意見をお持ちですか.

□ コロケーション 意見を…
| 意見を受け入れる: *accept* …'s opinion
| 意見を変える: *change* one's opinion
| 意見を交換する: *exchange* opinions
| 意見を述べる: *express* [*give, state, voice, offer*] one's opinion
| 意見を求める: *seek* [*ask for*] …'s opinion

2 Ⓤ 世論 (public opinion): The general *opinion* is divided on the matter of capital punishment. 死刑に関する世論一般は分かれている.
3 [a ~; 形容詞を伴って] 判断, 評価: We have a high [low] *opinion* of the work. 私たちはその作品を高く [低く] 評価している.
4 ⓒ (専門家の) 所見, 判断, 意見: according to the medical *opinion* 医師の判断によれば / get an expert *opinion* 専門家の意見を聞く.
■ ***a mátter of opínion*** 意見の分かれる問題: It's *a matter of opinion*. それは見解の相違だ.
be of the opínion that … 《格式》…という意見を持っている: I *am of the opinion that* he is the best person for that job. 私は彼がその仕事に最も適任だと思っている.
hàve nó opínion of … …をそれほどよく思わない.
in …'s opínion …の考えでは (➡ THINK [LET'S TALK]): *In my opinion*, the operation is quite safe. 私の考えではその手術はまったく安全だ.
◆ **opínion pòll** ⓒ 世論調査 (poll).

o·pin·ion·at·ed [əpínjənèitid] 形 《軽蔑》自説を曲げない, 頑固な, 意地っ張りの; 独断的な.

*__o·pi·um__ [óupiəm] 名 Ⓤ アヘン (《麻薬》).
◆ **ópium pòppy** ⓒ 【植】 (アヘンをとる) ケシ.

o·pos·sum [əpɑ́səm / -pɔ́s-] 名 (複 **o·pos·sums** [~z], ~) ⓒ 【動物】オポッサム, フクロネズミ (《米口語》possum) (《米国産の有袋類》).

opp. (《略語》) = opposite (↓).

*__op·po·nent__ [əpóunənt] 名 ⓒ **1** (試合・討論な

どの)相手, 対抗[対立]者, 敵: beat [defeat] one's *opponent* 敵を打ち負かす. **2** 〔…に対する〕反対者〔*to, of*〕: *opponents to* [*of*] racism 人種差別反対者.

op·por·tune [ὰpərtjú:n / ɔ́pətjù:n] [形]《格式》(時間が) 都合のいい; (言葉・行為などが) 適切な, タイムリーな (↔ inopportune): at an *opportune* time [moment] 都合のよい時に.
(▷ [名] ὸpportúnity)

op·por·tun·ism [ὰpərtjú:nìzəm / ɔ̀pətjú:n-] [名] [U]《軽蔑》日和(ひよ)見主義, ご都合主義.

op·por·tun·ist [ὰpərtjú:nist / ɔ̀pətjú:n-] [名] [C]《軽蔑》日和(ひよ)見[ご都合]主義者, 風見鶏.

op·por·tun·is·tic [ὰpərtju:nístik / ɔ̀pətju:n-] [形]《軽蔑》日和(ひよ)見的な, ご都合主義の.

****op·por·tu·ni·ty** [ὰpərtjú:nəti / ɔ̀pətjú:n-]
— [名] (複 **op·por·tu·ni·ties** [~z]) [U] [C]〔…の / …する〕(よい) **機会**, 好機, チャンス〔*of, for* / *to do*〕: at the first [earliest] *opportunity* 機会があり次第 / find [lose, miss] an *opportunity* 機会を見いだす[逃す] / give [offer] an *opportunity* チャンスを与える / I don't have much *opportunity to* travel [*of* traveling, *for* traveling] abroad. 私は海外旅行をする機会があまりない / Take every *opportunity to* speak English. 英語を話す好機があればいつでもそれを活用しなさい / I would like to take this *opportunity of* thanking [*to* thank] you for helping me. この機会に私を援助してくださったお礼を申し上げます. (▷ [形] ὸpportúne)

****op·pose** [əpóuz]
【「op (…に対して) + pose (置く)」から】
— [動] (三単現 **op·pos·es** [~iz]; 過去・過分 **op·posed** [~d]; 現分 **op·pos·ing** [~iŋ])
— [他] **1** …に**反対する**, 抵抗する; …を妨害する, 阻む: *oppose* a scheme 計画に反対する / *oppose* the government 政府に反対する / Building the new soccer stadium was *opposed* by the local residents. 新しいサッカースタジアムの建設は地元住民の反対にあった / The governor *opposed* passing the new bill. 知事は新しい法案の通過に反対した.
2《格式》…を〔…に〕対比[対抗]させる〔*to, against*〕, …と対立する, 対照をなす: In this painting, the dark sky *opposes* the white houses. この絵では暗い空が白い家々とコントラストをなしている. — [自] 反対する.
(▷ [名] ὸpposítion; [形] ópposite)

***op·posed** [əpóuzd] [形] [**be opposed to …**] …に**対立する**, 反対している: My mother *was opposed to* my driving. 母は私が運転することに反対していた / Good *is opposed to* evil. 善の反対は悪である.
■ *as oppósed to …* …とは対照的に[な].

op·pos·ing [əpóuziŋ] [形] 対立[対抗]する, 逆の.

****op·po·site** [ápəzit / ɔ́p-] [形] [名] [前] [副]
— [形] [比較なし] **1**〔…と〕**正反対の**, 逆の〔*to*〕: the *opposite* sex 異性 / the *opposite* effect 逆効果 / He turned the dial in the *opposite* direction. 彼はダイヤルを逆に回した / The twins are *opposite to* each other in character. その双子は性格が正反対である.
2 (位置が)〔…の〕**向こう側の**, 反対側の〔*to*〕(→ [前]): Our house is *opposite to* the field. 私たちの家は畑と向かい合っている / I saw her standing on the *opposite* side of the street. 彼女が通りの反対側に立っているのが見えた / They lived in the house *opposite*. 彼らは向かいの家に住んでいた (◇名詞のあとに置かれることもある).
— [名] (複 **op·po·sites** [-zits]) [C] [通例 the ~] **逆のこと** [**もの**]; 反対のこと [人, もの]: Day is the *opposite* of night. 昼は夜の逆である / Ted's reply was just the *opposite* of what I had expected. テッドの返事は私の予想とはまるで逆のものだった.
— [前] …**の向こう側に** [**の**], …の反対の方向 [位置] に: The drugstore is just *opposite* Smith's. ドラッグストアはスミスさんの家の真向かいにある / He runs a grocery store *opposite* the hospital. 彼は病院の向かいで食料雑貨店を経営している / We sat *opposite* each other. 私たちは向かい合って座った.
— [副] [比較なし] 向こう側に, 反対の方向 [位置] に.
(▷ [動] oppóse)

◆ **ópposite númber** [C] [通例 one's ~] (他の職場・組織などで) 対等の地位 [立場] にいる人.

***op·po·si·tion** [ὰpəzíʃən / ɔ̀p-] [名] **1** [U]〔…に対する〕**反対**, 対立, 敵対; 抵抗, 妨害〔*to*〕: in *opposition to* … …に反対 [抵抗] して / offer *opposition to* … …に反対する / meet with strong *opposition* 強硬な抵抗 [反対] にあう / There was little *opposition to* his proposal. 彼の提案に対して反対はほとんどなかった. **2** [集合的に; 単数・複数扱い] 相手, ライバル; 対戦相手 [チーム]; [しばしば the O-] 野党, 反対党 (opposition party) (↔ ruling party): His [Her] Majesty's *opposition* 《英》野党. (▷ [動] oppóse)

***op·press** [əprés] [動] [他] **1** …を (不当・残酷に) **圧迫** [**抑圧**] **する**, 虐(しいた)げる. **2** [通例, 受け身で] …に重圧 [圧迫感] を与える; …を悩ます, 憂うつにする (depress): She *was oppressed* by [with] worries. 彼女は心配事でふさぎ込んでいた / A rainy day *oppresses* me. 雨の日は気がめいる.
(▷ [名] oppréssion; [形] oppréssive)

op·pressed [əprést] [形] **1** 抑圧された, 虐(しいた)げられた. **2** [the ~; 名詞的に; 複数扱い] 抑圧された人々; 被抑圧階級.

***op·pres·sion** [əpréʃən] [名] **1** [U] [C] 圧迫 (する [される] こと), 抑圧; 圧政; 虐待: political *oppression* of the weak 弱者に対する政治的抑圧 / groan under *oppression* 圧政 [虐待] に苦しむ. **2** [U] 圧迫感, 心の重荷; 憂うつ, 意気消沈: a sense of *oppression* 重苦しい感じ.
(▷ [動] oppréss)

op·pres·sive [əprésiv] [形] **1** 抑圧的な; 過酷な: *oppressive* taxes 重税. **2** (雰囲気などが) 重苦しい; (天候などが) うっとうしい, 暑苦しい: the

O

oppressive heat of summer むしむしとした夏の不快な暑さ. (▷ 動 **oppréss**)
op·pres·sive·ly [~li] 副 抑圧して; うっとうしく.
op·pres·sor [əprésər] 名 C 抑圧者; 専制君主.
op·pro·bri·ous [əpróubriəs] 形《格式》(発言·態度が)侮辱的な, 口汚い, 無礼な.
opt [ápt / ópt] 動 自 […を / …することを]選ぶ, 選択する [*for* / *to do*]: I opted *for* staying [*to* stay] at home. 私は家にいることにした.
■ **ópt óut** 自 […に]参加しないことを選ぶ, […から]身を引く, 脱退する [*of*]: Part-time workers will *opt out of* the pension scheme. パートタイマーは年金に入らないことになるだろう.
op·tic [áptik / óp-] 形 [限定用法] 目の, 視覚の, 視力の: the *optic* nerve 視神経.
***op·ti·cal** [áptikəl / óp-] 形 [通例, 限定用法]
1 視覚の, 視力の: an *optical* illusion 目の錯覚, 幻覚. **2** 光学の: *optical* instruments 光学器機.
◆ óptical árt = OP ART オプアート.
óptical cháracter réader C 光学式文字読み取り装置 (《略語》OCR).
óptical dísk [dísc] C 光ディスク.
óptical fíber [《英》fíbre] C 光ファイバー.
op·ti·cal·ly [áptikəli / óp-] 副 視覚[光学]的に.
op·ti·cian [aptíʃən / op-] 名 C 眼鏡屋 (◇人), 眼鏡商; 光学器機商 [製造業者].
op·tics [áptiks / óp-] 名 U [単数扱い] 光学.
op·ti·mal [áptiməl / óp-] 形 [限定用法] 最適の, 最善の, 最上の (optimum).
***op·ti·mism** [áptimìzəm / óp-] 名 U 楽天主義, 楽観論 (↔ pessimism): Some agree *optimism* that the economy will improve. 経済が好転するだろうという楽観論に同調する人々もいる.
***op·ti·mist** [áptimist / óp-] 名 C 楽天主義者, 楽観論者 (↔ pessimist).
‡**op·ti·mis·tic** [àptimístik / òp-] 形 […について / …だと]楽天[楽観]的な [*about* / *that* 節]; 楽天主義の (↔ pessimistic): an *optimistic* person [mood] 楽天的な人 [気分] / She is *optimistic about* her future. 彼女は自分の将来を楽観している.
op·ti·mis·ti·cal·ly [-kəli] 副 楽天 [楽観] 的に.
op·ti·mize, 《英》**op·ti·mise** [áptimàiz / óp-] 動 他 …を最も効果的にする, 最大限に利用する; 『コンピュータ』(データなどを)最適化する.
op·ti·mum [áptiməm / óp-] 形 [限定用法] 最適 [最上, 最善] の: the *optimum* rate of economic growth 最適の経済成長率.
— 名 (複 op·ti·mums [~z], op·ti·ma [-mə]) C (成長·繁栄などの)最適条件.
‡**op·tion** [ápʃən / óp-] 名 **1** U 選択 (すること); […する] 選択権, 選択の自由 [*of doing, to do*]: at ...'s *option* …が自由に選べて [の随意に] / have the *option of taking* [*to take*] French or German フランス語かドイツ語のいずれかを選択できる / You have no *option but to* go ahead. 前進するほかない. **2** C 選択できる [される] もの, 選択肢; 《英》選択科目: He had two *options* to take. 彼には選択肢が2つあった / There are three *options* open to you. あなたの選択肢は3つある. **3** C (車などの) オプション《標準装備されず好みで選ぶ装備品·部品》. **4** C 『商』(株式·債券などに対する)選択売買権, オプション [*on*].
■ **kèep [lèave] one's óptions ópen** 選択の余地を残しておく, 最終決定をしないでおく: Japan keeps [leaves] its options open for the moment. 日本は当面の選択の余地を残している [態度を保留している].
op·tion·al [ápʃənəl / óp-] 形 **1** 選択の自由な, 任意[随意]の (↔ obligatory): Dress *optional*.(パーティーの招待状などで)服装自由. **2**《英》(科目が)選択の (《米》elective): an *optional* subject 選択科目.
op·tion·al·ly [-nəli] 副 任意 [随意, 自由] に.
op·to·e·lec·tron·ics [àptouilèktrániks / òptouilèktrón-] 名 U [単数扱い] 光電子工学, オプトエレクトロニクス.
op·tom·e·trist [aptámətrist / optóm-] 名 C 検眼士, 視力測定者.
op·u·lence [ápjələns / óp-] 名 U 富, 富裕(さ); 豊富さ.
op·u·lent [ápjələnt / óp-] 形《格式》**1** 富裕な (wealthy). **2** 豊富な. **3** 華やかな, ぜいたくな.
o·pus [óupəs] 名 (複 **o·pe·ra** [óupərə], **o·pus·es** [~iz]) C [通例, 単数形で] **1** [しばしば O-] 音楽作品 (《略語》op.): Beethoven's *Opus* 95 ベートーベンの作品95番. **2** (一般に)芸術 [文学]作品.

*****or** [(弱) ər; (強) ɔ́ːr]

❶ 肯定文·疑問文で「…か~, …または~」(→1)
Canadians speak English or French.
(カナダ人は英語かフランス語を話す)
Are these sneakers for boys or for girls?
(これらのスニーカーは男の子用ですか, それとも女の子用ですか)

❷ 否定語のあとで「…でも~でも(ない)」(→2)
She does not like dogs or cats.
(彼女は犬も猫も好きではない)

❸ 命令文などのあとで「さもないと」(→3)
Hurry up, or you will be late.
命令文 (急ぎなさい, そうしないと遅れますよ)

❹ 言い換え「すなわち, 言い換えれば」(→4)
This is an escalator, or a moving staircase.
(これはエスカレーター, つまり動く階段です)

❺ 譲歩「…でも~でも」(→5)
We want an able secretary, male or female. (男性でも女性でも有能な秘書を求めています)

OR[1]

—接 [等位接続詞] **1** [選択] [肯定文・疑問文で] …か〜, …または〜: Which do you like better, fish *or* meat? 魚と肉とどちらが好きですか / Is your suit navy *or* gray? あなたのスーツは濃紺ですか, グレーですか / Put the vase on the shelf *or* on the desk. 花びんは棚か机の上に置きなさい / Are you going *or* staying here? 出かけますか, それともここに残りますか / He may *or* may not come. 彼は来るかもしれないし, 来ないかもしれない / Shall I call you, *or* will you call me? 私が電話しましょうか, それともあなたがかけてくれますか.

語法 A or B
(1) A と B には文法的に対等の働きをする語句・節が入る.
(2) 主語になる場合, 動詞は B に一致させる: You *or* I am wrong. あなたか私のどちらかが間違っている.
(3) 相手に選択を求める場合, 通例, A (↗) or B (↘) と発音し, or は強音 [ɔ́ːr] となる: Would you like some tea (↗) *or* coffee (↘)? - Coffee, please. お茶になさいますか, それともコーヒーになさいますか—コーヒーをお願いします (◇返事に Yes, No は使えない).
(4) ただし, 選択の意味が弱く,「お茶かコーヒーでも飲みますか」と聞く場合, Would you like some tea *or* coffee (↗)? のように or を弱音 [ər] で発音し, some tea or coffee を一気に上昇調で言う. これに対しては Yes, No で返事することもできる.
(5) 3つ以上の語句を結ぶ場合, or は通例, 最後の語句の前にのみ用い, その他の位置にはコンマのみを用いる: You can choose French, German(,) *or* Chinese as the second foreign language course. 第2外国語としてフランス語かドイツ語か中国語を選択できます.

2 [否定語のあとで] …でも〜でも (ない) (→ NOR **2**): She doesn't cook *or* do the cleaning. 彼女は料理も掃除もしない / I d*o*n't have a cell phone *or* a PC. 私は携帯電話もパソコンも持っていない.
3 [命令文などのあとで] さもないと, そうでなければ: Write it down, *or* you will forget it. 書きとめておきなさい, でないと忘れてしまいますよ (= If you don't write it down, you will forget it.) / I've got another engagement this evening; *or* I would certainly come to your dinner party. 今晩は先約があります. そうでなければもちろんお宅の夕食会にうかがうのですが.
4 [言い換え] **すなわち**, つまり, 言い換えれば (◇通例 or の前にコンマを置く): My major is meteorology, *or* the study of weather conditions. 私の専攻は気象学, つまり天候の研究です / The thermometer reads 32°F, *or* 0°C. 温度計は力氏32度つまりセ氏0度を示しています.
5 [譲歩] …でも〜でも: You can dance *or* sing here, but you must stay indoors. ここで踊るうが歌おうがかまわないが, 外には出ないように.

■ *éither ... or* 〜 → EITHER 接 **1**.
or élse → ELSE 成句.
or ràther → より正確に言うと.
... or sò …かそこいら, …くらい: It took me half an hour *or so* to get there. そこに行くのに30分ほどかかった.
... or sómething [*sómebody, sómewhere*] 《口語》…か何かか [だれか, どこか]: There's a mouse *or something* under the roof. 天井裏にネズミか何かがいる / She put her ring on the desk *or somewhere*. 彼女は指輪を机の上かどこかに置いた.
... or twó …か2つ [2日, 2人], …以上, …ほど (◇…には単数名詞が入る): She will be coming in a minute *or two*. 彼女は1分ほどで来ます.

OR[1] 《郵略語》= Oregon.
OR[2] 《略語》= operations research オペレーションズリサーチ; operating room 手術室.

-or [ər] 接尾 **1** 動詞に付けて「…する人, …するもの」の意を表す名詞を作る: actor 俳優; 行為者 / elevator エレベーター / sailor 船員. **2**「動作・状態・性質」などを表す名詞を作る (◇《英》では -our とつづる語もある): behavior ふるまい, 動作 (《英》behaviour) / harbor 港 (《英》harbour) / terror 恐怖.

or·a·cle [ɔ́ːrəkl / ɔ́r-] 名 C **1** (古代ギリシャの) 神のお告げ, 神託; 神託を授かる場所; 託宣所. **2** (神託を告げる) 巫女(さ), 祭司. **3** (こっけい) 賢人.
■ *wórk the óracle* 《口語》(裏工作をして) うまくやる, 成功する.

o·rac·u·lar [ɔːrǽkjələr / ɔr-] 形 **1** 神託の (ような). **2** なぞめいた, わかりにくい.

‡**o·ral** [ɔ́ːrəl] 形 [比較なし] **1** 口頭の, 口述の (spoken) (↔ written): an *oral* examination [test] in English 英語の口頭 [口述] 試験.
2 【医】口の, 口部 (口腔(ひ))の; (薬の) 経口 [内服] の: the *oral* cavity 口腔 / an *oral* vaccine 経口ワクチン / *oral* hygiene 口腔衛生.
— 名 C 口頭 [口述] 試験.
◆ *óral súrgeon* C 口腔外科医.

o·ral·ly [ɔ́ːrəli] 副 口頭 [口述] で; 経口 [内服] で.

***or·ange** [ɔ́ːrindʒ, ɑ́r- / ɔ́r-] (☆ 発音に注意) 名
— 名 (複 *or·ang·es* [~iz]) **1** C 【植】**オレンジ**《柑橘(な)類の果実, およびその樹木の総称》: a navel *orange* ネーブル (オレンジ) / a sour *orange* ダイダイ / a mandarin *orange* ミカン / squeeze an *orange* オレンジをしぼる. **2** U オレンジ色.
3 U C オレンジジュース (orange juice).
— 形 オレンジ (色) の: fresh *orange* juice 新鮮なオレンジジュース / *orange* peel オレンジの皮.
◆ *órange blóssom* U C オレンジの花 《純白; 純潔の象徴として花嫁の髪に付けたり花束にする》.

or·ange·ade [ɔ̀ːrindʒéid, ɑ̀r- / ɔ̀r-] 名 U オレンジエード 《オレンジ果汁に砂糖・水を加えた飲料》.

o·rang·u·tan [ərǽŋətæn / ɔːr-], **o·rang·u·tang** [-tæŋ] 名 C 【動物】オランウータン.

o·ra·tion [əréiʃən, ɔː-] 名 C (正式の) 演説, 式辞 (→ SPEECH 類義語): deliver a funeral *oration* 弔辞を述べる.

or·a·tor [ɔ́ːrətər / ɔ́r-] 名 C 演説者; 雄弁家.

or·a·tor·i·cal [ɔ̀ːrətɔ́rikəl / ɔ̀rətɔ́r-] 形 **1** 演説 (者) の; 雄弁の: an English *oratorical* contest 英語弁論大会. **2** 演説口調の; 修辞的な.

or·a·to·ri·o [ɔ̀:rətɔ́:riou / ɔ̀r-] 名 (複 **or·a·to·ri·os** [~z]) UC 〖音楽〗オラトリオ, 聖譚(たん)曲《宗教的題材を扱い, 独唱・合唱・管弦楽から構成される楽曲》.

or·a·to·ry¹ [ɔ́:rətɔ̀:ri / ɔ́rətəri] 名 U **1** 雄弁(術). **2**《時に軽蔑》修辞, 美辞麗句.

or·a·to·ry² 名 (複 **or·a·to·ries** [~z]) C 小礼拝堂, 祈祷(きとう)所.

orb [ɔ́:rb] 名 C **1**《文語》球, 球体; 天体. **2**(上に十字架の付いた)宝珠《王権の象徴の1つ》.

*__or·bit__ [ɔ́:rbit] 名 **1** UC 〖天文〗(惑星・人工衛星などの)軌道: put a satellite in [into] *orbit* round the earth 人工衛星を地球を回る軌道に乗せる. **2** [the ~ / ...'s ~] 活動範囲, 勢力圏.
— 動 他 (軌道に乗って)…の周りを回る;〈人工衛星〉を軌道に乗せる. — 自 軌道を回る; 軌道に乗る.

or·bit·al [ɔ́:rbətəl] 形 軌道の;《英》(道路が)都市の周辺部を環状に通る.

*__or·chard__ [ɔ́:rtʃərd] 名 **1** C (特に柑橘(かんきつ)類以外の)果樹園 (cf. grove 柑橘類の果樹園): an apple *orchard* リンゴ園 / a cherry *orchard* サクランボ園. **2** [集合的に] (果樹園の)果樹.

**__or·ches·tra__ [ɔ́:rkistrə] (☆ アクセントに注意)
— 名 (複 **or·ches·tras** [~z]) C **1** [単数・複数扱い] オーケストラ, 管弦楽団 [→ PICTURE BOX]: a string *orchestra* 弦楽合奏団 / a symphony *orchestra* 交響楽団 / The *orchestra* was [were] playing a symphony. オーケストラは交響曲を演奏していた《◊楽団のメンバーを強調する場合は複数扱い》.
2 = **órchestra pìt** オーケストラピット, オーケストラ席《劇場の舞台手前の一段低い場所》; → THEATER [PICTURE BOX]》.

3《米》(劇場の)1階正面席 (《英》stalls).

or·ches·tral [ɔ:rkéstrəl] 形 [通例, 限定用法]オーケストラ(用)の: *orchestral* music 管弦楽.

or·ches·trate [ɔ́:rkistrèit] 動 他 **1** 〖音楽〗…を管弦楽用に作曲[編曲]する. **2** …を結集[編成]する, 組織する, お膳立てする: *orchestrate* an election campaign 選挙運動を組織する.

or·ches·tra·tion [ɔ̀:rkistréiʃən] 名 UC 管弦楽作曲(法), 管弦楽編成(法).

or·chid [ɔ́:rkid] 名 C **1** 〖植〗(特に栽培種の)ラン(の花). **2** U うす紫色.

or·chis [ɔ́:rkis] 名 C 〖植〗(特に野生種の)ラン.

or·dain [ɔ:rdéin] 動 他 **1** 〖キリスト〗〈人〉を(聖職者に)任命する: be *ordain* priest 聖職者に任命される. **2**《格式》(神・運命などが)…を[…と / …するように]定める; 命じる [*that* 節 / *to do*].

*__or·deal__ [ɔ:rdí:l] 名 C 厳しい試練, 苦しい体験: endure an *ordeal* 試練に耐える.

***__or·der__ [ɔ́:rdər] 名 動

原義は「列, 順序」.
名 ① 命令, 指示.　　　　　　　　　　1
　② 順序.　　　　　　　　　　　　　2
　③ 注文.　　　　　　　　　　　　　3
　④ 秩序, 規律.　　　　　　　　　　4
動 ①(…を)命じる.　　　　　　他 1; 自
　②(…を)注文する.　　　　　　他 2; 自

— 名 (複 **or·ders** [~z]) **1** C [しばしば ~s] […せよとの / …という]**命令**, 指示 [*to do* / *that* 節]: a direct *order* 直接の指示 / an executive *order* 大統領令 / He shouted an *order* for his men *to* fire. 彼は部下に砲撃しろと叫んだ /

PICTURE BOX orchestra

❶ timpani ティンパニ　❷ bow 弓
❸ music stand 譜面台　❹ music 楽譜
❺ baton 指揮棒　❻ conductor 指揮者
❼ podium 指揮台

play the cello (チェロを弾く)

play the clarinet (クラリネットを吹く)

play the flute (フルートを吹く)

play the horn (ホルンを吹く)

play the trumpet (トランペットを吹く)

play the violin (バイオリンを弾く)

He had *orders that* he (should) report to the police right away. 彼はただちに警察に出頭するよう命令を受けた (◇ should を用いるのは《主に英》).

[コロケーション] 命令を [に] …
命令に従う: ***obey an order***
命令に違反する: ***violate an order***
命令を実行する: ***carry out*** [***execute***] ***an order***
命令を出す: ***give an order***
命令を取り消す: ***cancel*** [***revoke***] ***an order***

2 [U] [C] 順序, 順番, 順: ascending [descending] *order* 昇順 [降順] / The names are listed in *order* of entry. 名前は登録順に記載されています / The books are arranged in alphabetical *order*. 本はアルファベット順に並んでいます / Check the *order* of performances in the program. プログラムで演奏順序を確認しなさい.

3 [U] [C] 〔…の / …からの〕 注文 〔*for* / *from*〕; 注文品: fill an *order* 注文に応じる / cancel an *order* 注文を取り消す / I'd like to make [place] an *order for* some books. 本を何冊か注文したいのですが / May [Can] I take your *order*, please? — Well, a cappuccino for her and an espresso for me, please. ご注文はお決まりですか—ええ, 彼女にカプチーノ, 私にはエスプレッソをください / Nowadays, takeout *orders* are wrapped in grease-proof paper. この頃は持ち帰りの品は油のしみない紙に包んでくれる.

4 [U] (社会の) 秩序, 規律, 治安; 議事 (進行) 規則; (会議などの) 慣行: law and *order* 法と秩序 / the natural *order* of things 世の習い [定め] / maintain peace and *order* in the community 地域社会の治安を維持する / *Order*! *Order*! (議事規則に従って) 静粛に!

5 [U] 整とん, きちんとした状態; (一般に) 状態, 調子 (→成句 in order, out of order): This computer is in good working *order*. このコンピュータは順調に動いています. **6** [C] 為替: a $700 money [《英》 postal] *order* 700ドルの郵便為替 / cash an *order* 為替を換金する.

7 [C] 等級, 種類; [しばしば〜s] 階級, 階層: a conductor of the first *order* 一流の指揮者 / the higher [lower] *orders* 上層 [下層] 階級.

8 [C] (聖職の) 位階; 聖職: take [be in] (holy) *orders* 聖職につく [ある]. **9** [C] 修道会; (慈善・互助) 団体: the *Order* of Jesuits イエズス会.

10 [C] (特定の) 勲位, 勲章: the *Order* of Merit メリット勲位 [勲章]. **11** [the 〜] 【建】 様式, 柱式.

12 [C] 【生物】 目(もく) (→ CLASSIFICATION **3**).

13 [U] 【軍】 隊形.

■ ***by*** [***at***] ***órder*** (***of*** ***…***) (…の) 命令により.

cáll … to órder (議長が) …に静粛を求める; …に開会を宣言する.

còme to órder 静かになる.

in órder **1** 順を追って, 順番に: Turn the cards up *in order*. カードを1枚ずつ順番にめくってください. **2** 整って, 整然と: We spent the whole day putting the storehouse *in order*. 私たちは丸1日かけて倉庫の整理をした / At the opening ceremony, the athletes paraded onto the field *in order*. 開会式で選手たちは整然と行進しながら入場した. **3** (機械などが) 調子よく, 順調に: The air conditioner isn't *in order*. エアコンの調子が悪い. **4** 規則にかなった, 正式の: The customs official checked my passport and found everything *in order*. 税関職員は私のパスポートを調べ, 何も問題のないことを確認した. **5** その場にふさわしい, 適切な.

in órder that … 《格式》 …する目的で (◇ so that … のほうが口語的): We contacted them at once *in order that* we might get their understanding. 彼らの了解を取り付けるために, 私たちはただちに彼らに連絡した.

in òrder to dó …するために (◇ to do よりも目的の意味が強調される): Every summer, *in order to* escape the heat of Tokyo, we go to Karuizawa. 毎年夏は, 東京の暑さを避けるために私たちは軽井沢に行く.

in [***at***] ***shórt órder*** すばやく.

màde to órder あつらえた, オーダーメイドの: a dress *made to order* オーダーメイドのドレス.

of [***in***] ***the órder of …*** 《英・格式》 = on the order of … (↓).

on órder 注文済み [中] で.

on the órder of … 《米・格式》 ほぼ…, およそ… (about).

òut of órder **1** 乱雑な, 順序が乱れて: Please don't get those cards *out of order*. あのカード (の順番) をばらばらにしないでください. **2** (機械などが) 故障して: This car seems (to be) *out of order*. この車は故障しているようだ. **3** (議事規則が) 違反の. **4** (行為・人が) 無礼な.

tàke órders from … = ***tàke …'s órders*** …の命令 [指示] を受ける, …に従う: Why must I *take orders from* him? なぜ私が彼に指図されなければならないのですか.

the órder of the dáy **1** 時代の趨勢(すうせい), 風潮, はやり. **2** 議事日程; 要求されていること.

to órder 注文に従って, あつらえて.

ùnder órders to do …するように命令を受けて.

— [動] (三単現 **or·ders** [〜z]; 過去・過分 **or·dered** [〜d]; 現分 **or·der·ing** [-dəriŋ])

— [他] **1** (a) [order＋O] …を命じる, 指示する (→ [類義語]); [方向を表す副詞 (句) を伴って] …に (…へ) 行く [来る] ように命じる: The Premier *ordered* a ban on imports from that country. 首相はその国からの輸入の禁止を命じた / The umpire *ordered* the player off the field. 審判は選手に退場を命じた. (b) [order＋O＋to do] …に〜するように命じる; [order＋that 節] …ということを命じる: The doctor *ordered* her *to* take the medicine every day. = The doctor *ordered that* she (should) take the medicine every day. 医師は彼女に毎日薬を飲むよう指示した (◇ should を用いるのは《主に英》) / They were *ordered* not *to* smoke in the office. 彼らは職場ではたばこを吸わないよう指示を受けた / The police *ordered* the vehicle (*to* be) pulled away. 警察は車両を撤去するように命じた (◇ to be を省くのは《米》).

O

2 (a) [order+O] …を〔…に〕注文する〔*from*〕: Look at the menu and *order* your own breakfast. メニューを見て自分で朝食を注文しなさい / He *ordered* three CDs *from* the CD shop. 彼はCD店にCDを3枚注文した.
(b) [order+O+for… / order+O+O] …のために~を注文する: He *ordered* a glass of wine *for* her. = He *ordered* her a glass of wine. 彼は彼女のためにワインを1杯注文した.
3《格式》…を整理〔整とん〕する: *order* the drawer 引き出しを整理する.
— 圓 注文する; 命令する: I walked (over) to the counter and *ordered*. 私はカウンターまで歩いて行って注文した.
■ *órder ... abóut* [*aróund*]《軽蔑》〈人〉をこき使う, 〈人〉にあれこれ命じる.

類義語 order, command, direct, instruct

共通する意味▶命令する (tell someone of a lower position or rank to do something)
order は「命令する」の意を表す最も一般的な語: She *ordered* the dog to sit. 彼女は犬にお座りを命じた. **command** は *order* よりも〈格式〉で, 君主·軍指揮官など「絶対権限を持つ者が正式に命令する」の意: The officer *commanded* the unit to retreat. 士官はその部隊に退却を命じた. **direct** は手順·方法などを説明し, 助言をそえて「…するように指図する」の意. 命令の意は弱い: He *directed* us to cut down expenses. 彼は私たちに経費を切り詰めるように指示した.
instruct は *direct* よりも〈格式〉で, 「細部にわたって具体的に指示する」の意: The president *instructed* his secretary to make arrangements for accommodations. 社長は秘書に宿の手配をするように指示した.

---

or·dered [ɔ́ːrdərd] 形 整然とした, 秩序のある.
or·der·li·ness [ɔ́ːrdərlinəs] 名 U 整とん〔整理〕のよさ; きちょうめんさ; 規律正しさ.
*__or·der·ly__ [ɔ́ːrdərli] 形 **1**（もの·場所が）整とんされた, 整理された (↔ disorderly): an *orderly* desk 整とんされた机. **2**〈人〉がきちょうめんな, きちんとした. **3** 秩序〔規則〕を守る, 規律正しい, 行儀がいい; 従順な, おとなしい: in an *orderly* way 秩序を守って, 行儀よく.
— 名 (複 **or·der·lies** [~z]) C **1** 病棟用務員.
2《軍》(将校の) 当番兵, (陸軍病院の) 看護兵.

or·di·nal [ɔ́ːrdənəl] 形 順序の; 序数の (cf. cardinal 基数の).
— 名 C = órdinal númber [númeral]【文法】序数詞, 序数 (→ NUMBER 表).

or·di·nance [ɔ́ːrdənəns] 名 C (地方自治体の) 条例; 法令, 布告: a city *ordinance* 市条例.

or·di·nar·i·ly [ɔ̀ːrdənérəli / ɔ́ːdənər-] 副
1〔文修飾〕普通に; 通常, たいてい (usually): *Ordinarily*, he wears glasses. 彼はふだん眼鏡をかけている. **2** 普通に, 人〔世間〕並みに: The girl behaved quite *ordinarily*. 少女はまったくふだん通りにふるまった.

or·di·nar·y [ɔ́ːrdənèri / ɔ́ːdənəri] 形
— 形 **1** 普通の, 通常の (↔ extraordinary) (→ COMMON 類義語): an *ordinary* day 平日 / She came to the party in an *ordinary* dress. 彼女はパーティーに普段着で来た / The incident occurred on an *ordinary* Monday morning. 事件は普通の月曜日の朝に起こった.
2《しばしば, 軽蔑》ありふれた, 平凡な; 並以下の, やや劣っている: *ordinary* people 平凡な人々 / *ordinary* life ありふれた人生 / a very *ordinary* room かわりばえがしない部屋.
■ *in the órdinary wày* 普通は, まともなら.
— 名 (複 **or·di·nar·ies** [the ~]) 普通の状態; 普通のこと〔人, もの〕.
■ *òut of the órdinary* 並外れた, 普通でない: Her ability was *out of the ordinary*. 彼女の能力は並外れたものだった.
◆ órdinary séaman C 《英海軍》二等海軍《略語》OS》.

or·di·na·tion [ɔ̀ːrdənéiʃən] 名 U C【キリスト】聖職授任 (式), 叙階 (式).

ord·nance [ɔ́ːrdnəns] 名 U [集合的に] 大砲; (武器·弾薬などの) 軍需品.
◆ órdnance sùrvey《英》**1** U C 陸地測量 (地図). **2** [the O- S-] (英国政府の) 陸地測量部.

*__ore__ [ɔ́ːr] 名 U C 鉱石, 原鉱: iron *ore* 鉄鉱石.

Ore., Oreg.《略記》= Oregon.

o·reg·a·no [ərégənou / ɔ̀rigɑ́ː-] 名 U【植】オレガノ, ハナハッカ《乾かした葉を香辛料にする》.

Or·e·gon [ɔ́ːrigən, -ɑ̀r- / ɔ̀r-] 名 オレゴン《米国北西部の州;《略記》Ore., Oreg.; 《郵略語》OR; → AMERICA 表》.

or·gan [ɔ́ːrgən] 名
【原義は「器具」】
— 名 (複 **or·gans** [~z]) C **1** (生物の) 器官, 臓器: internal *organs* 内臓 / digestive *organs* 消化器 / sense *organs* 感覚器官 / the *organs* of speech 発声器官 / donate an *organ* 臓器を提供する.
2 オルガン, (特に) パイプオルガン《◇足踏み式のものは reed organ, harmonium と言う》: a pipe *organ* パイプオルガン / an electronic *organ* 電子オルガン / play the *organ* オルガンを演奏する.
3《格式》(公共の) 機関, 組織: *organs* of government 政治機関 / The International Court of Justice is the judicial *organ* of the United Nations. 国際司法裁判所は国連の司法機関である. **4**《格式》[しばしば ~s] 機関誌〔紙〕, 広報紙; 報道機関: *organs* of public opinion 世論 (報道) の機関《新聞·テレビなど》/ an official *organ* 公報 / a house *organ* 社内報.
(▷ 動 órganize; 形 orgánic)
◆ órgan grìnder C (街頭の) 手回しオルガン弾き.
órgan trànsplant C 臓器移植.

or·gan·dy, or·gan·die [ɔ́ːrgəndi] 名 U オーガンディー《薄地の綿布. 婦人服地などに使う》.

*__or·gan·ic__ [ɔːrgǽnik] 形 **1** [通例, 限定用法] 有機体〔物〕の, 生物の〔から生じた〕;【化】有機の (↔

inorganic): *organic* compounds 有機化合物. **2** [通例, 限定用法](食品が)有機肥料を用いた, 化学肥料[薬品]を使わずに栽培した: *organic* vegetables 有機(栽培)野菜 / *organic* food 無農薬[自然]食品. **3** 器官[臓器]の; [医]器質性の: *organic* diseases 器質性疾患《臓器自体の病気》. **4** 有機的な, 系統的な[組織的]な: an *organic* whole 有機的な統一体. **5** [⋯に]本質的[根本的]な[to]. (▷ 名 órgan)
◆ orgánic chémistry ⓊⒸ 有機化学.
orgánic fárming Ⓤ 有機農業.
or·gan·i·cal·ly [-kəli] 副 有機的[系統的]に; 有機肥料で.

or·gan·i·sa·tion [ɔ̀ːrɡənizéiʃən / -nai-]
名《英》= ORGANIZATION (↓).

or·gan·ise [ɔ́ːrɡənàiz]
動《英》= ORGANIZE (↓).

or·gan·ism [ɔ́ːrɡənìzəm] 名Ⓒ **1** 有機体, 生物《動物・植物》: a microscopic *organism* 微生物. **2** 有機的な組織体《社会・国家など》.

or·gan·ist [ɔ́ːrɡənist] 名Ⓒ オルガン奏者.

or·gan·i·za·tion, 《英》or·gan·i·sa·tion
[ɔ̀ːrɡənizéiʃən / -nai-]
— 名 (複 **or·gan·i·za·tions**, 《英》**or·gan·i·sa·tions** [~z]) **1** Ⓒ (共通の目的を持った)組織体, 団体, 協会: a political [civil] *organization* 政治[市民]団体 / a nongovernmental *organization* 非政府組織(《略語》NGO) / the World Health *Organization* 世界保健機構(《略語》WHO) / form [run] a voluntary *organization* ボランティア団体を組織[運営]する.
2 Ⓤ 組織化, 編成: He was entrusted with the *organization* of the research committee. 彼は調査委員会の編成を一任された.
3 Ⓤ 構成, 組織, 機構; 組織[系統]立てること: the *organization* of the human body 人体の構造 / His essay lacks *organization*. 彼の小論文は構成がなっていない. (▷ 動 órganize)
or·gan·i·za·tion·al [ɔ̀ːrɡənizéiʃənəl / -nai-] 形 [通例, 限定用法] **1** 組織化する, 編成する. **2** 組織の; 構成の.

or·gan·ize, 《英》or·gan·ise [ɔ́ːrɡənàiz]
【「organ (組織) + ize (⋯にする)」から】
— 動 (三単現 **or·gan·iz·es**, 《英》**or·gan·is·es** [~iz]; 過去・過分 **or·gan·ized**, 《英》**or·gan·ised** [~d]; 現分 **or·gan·iz·ing**, 《英》**or·gan·is·ing** [~iŋ])
— 他 **1** ⋯を組織する, 編成する, 創立する: They are trying to *organize* a new political party. 彼らは新しい政党を組織[創立]しようとしている / The teacher *organized* the class into five groups. 先生はクラスを5つのグループに分けた / This book is *organized* into eight chapters. この本は8つの章から成る.
2 〈会・催し物など〉を準備する, 主催する, 企画する: *organize* a party [concert] パーティー[コンサート]を準備する / She *organized* a tour around the world. 彼女は世界一周ツアーを企画した.
3 ⋯を体系づける, 〈考えなど〉をまとめる: *organize* one's opinion 考えをまとめる.
4 〈人〉を組織して[⋯に]作る[into]; 《主に米》〈会社など〉に労働組合を作る: *organize* workers *into* a union 労働者を組織して労働組合を作る.
— 自 **1** 組織化する, 結束する. **2** 《主に米》労働組合を作る. (▷ 名 órgan, òrganizátion)

*__or·gan·ized__ [ɔ́ːrɡənàizd] 形 **1** 組織[編成]された; 労働組合に加入した: *organized* crime 組織犯罪 / *organized* labor [集合的に] 組織労働者.
2 能率のいい, 段取りのいい; よく整理された: a very *organized* person 仕事をてきぱきとこなす人.

*__or·gan·iz·er__ [ɔ́ːrɡənàizər] 名Ⓒ 組織者; 創立者; (興行などの)主催者, 幹事; (組合などの)オルグ.

or·gasm [ɔ́ːrɡæzəm] 名ⓊⒸ[生理]オルガスム, 性的絶頂感.

or·gi·as·tic [ɔ̀ːrdʒiǽstik] 形 飲めや歌えの大騒ぎの; 酒神祭(orgies)の.

or·gy [ɔ́ːrdʒi] 名 (複 **or·gies** [~z]) Ⓒ **1** (しばしば軽蔑) 飲めや歌えの大騒ぎ. **2**《口語》[⋯への]過度の熱中, [⋯の]やりすぎ[*of*]: an *orgy of* shopping 買い物三昧(ざんまい). **3** [複数形で](古代ギリシャ・ローマで密かに行われた)酒神祭(飲み歌い踊る大酒宴).

o·ri·el [ɔ́ːriəl] 名Ⓒ = óriel wíndow[建](階上の)出窓, 張り出し窓.

*__o·ri·ent__ [ɔ́ːriənt] 名 [the O-]《古風》東洋, アジア (の国々) (the East) (↔ Occident).
— 形 [限定用法]《詩語》東(方)の (eastern).
— 動 [ɔ́ːrièmt] 他 (↔ disorient) **1** [しばしば受け身で]〈人・考えなど〉を〔環境・事態などに〕適応させる, 方向づける; ⋯の関心を[⋯へ]向ける[*to, toward*]: This course *is oriented toward* [*to*] freshmen. このコースは新入生向けです / The freshmen need time to *orient* themselves *to* [*toward*] college life. 新入生が大学生活に慣れるのには時間がかかる. **2** ⋯の位置[方向]を定める, ⋯の方角で⋯を向く: The building is *oriented* south. ビルは南向きです.

*__o·ri·en·tal__ [ɔ̀ːriéntəl] 形 [しばしば O-] 東洋 (風) の (Eastern) (↔ occidental): *oriental* art 東洋美術 / *oriental* studies 東洋研究.
— 名Ⓒ [時に O-]《古風・しばしば軽蔑》東洋人.

o·ri·en·tal·ist [ɔ̀ːriéntəlist] 名Ⓒ [しばしば O-] 東洋学者.

o·ri·en·tate [ɔ́ːriəntèit] 動 = ORIENT (↑).

*__o·ri·en·ta·tion__ [ɔ̀ːriəntéiʃən] 名ⓊⒸ **1**《主に米》(新入生・社員などに対する)オリエンテーション, 適応指導, 方向づけ: an *orientation* course (新入生などへの)オリエンテーション講座 / receive a week's *orientation* 1週間のオリエンテーションを受ける. **2** (環境への)適応, 順応. **3** [⋯に対する]志向, 態度[*to, toward*]; 方針[態度]の決定: America has always had an *orientation toward* pragmatic education. 米国は常に実用主義教育を志向してきた. **4** (建物などの)方位決定.

*o・ri・ent・ed [ɔ́ːrièntid] 形［しばしば複合語で］方向づけられた，…志向の，…に関心を持った，…を重視する: a male-*oriented* society 男性本位の社会 / a child-*oriented* home 子供中心の家庭 / China-*oriented* diplomacy 中国重視の外交.

o・ri・en・teer・ing [ɔ̀ːriəntíəriŋ] 名 U オリエンテーリング《いくつかの定められた地点を巡る競技》.

or・i・fice [ɔ́ːrəfis / ɔ́r-] 名 C《文語》(特に人体の)開口部, 穴 (opening)《口・鼻など》.

orig.《略語》= origin; original; originally.

***or・i・gin [ɔ́ːridʒin / ɔ́r-] 名 (☆アクセントに注意)《原義は「始まり」》
—名 (複 or・i・gins [~z]) 1 C U 起源, 発端, 始まり; 由来, 原因: the *origin* of civilization 文明の起源 / the *origin* of the rumor うわさのもと / The *origin* of the big fire is unknown. その大火事の原因は不明である / The fable has its *origin* in Greece. その寓話(ぐうわ)はギリシャに由来する. 2 U ［時に ~s］生まれ (birth), 血統, 素性: He is of Spanish *origin*. = He is Spanish by *origin*. 彼はスペイン系だ.
(▷ 形 oríginal; 動 oríginàte)

***o・rig・i・nal [ərídʒənəl] 形 名
—形 1 ［比較なし; 限定用法］最初の, 元の; 本来の: the *original* inhabitants 先住民 / Do you know the *original* owner of this house? この家の最初の持ち主を知っていますか / The *original* meaning of the word "school" is "leisure." school (学校) という単語の元々の意味は leisure (余暇) です.
2 独創的な; 新奇な, 目新しい: He is an *original* painter. 彼は独創的な画家です / The plan is very *original*. その計画はとても斬新(ざんしん)だ.
3 ［通例，限定用法］(コピーでない) 原物の, 原作［原文］の; 元の: She saw an *original* Picasso in Madrid. 彼女はマドリードでピカソの原画を見た.
—名 C 1 ［the ~］原物, 原型, 原画, 原作: The *original* of the painting has been lost. その絵の原画は紛失してしまった. 2 (写真などの) 本人. 3 ［the ~］原文, 原語: Did you read "Macbeth" in the *original*? あなたは『マクベス』を原文で読みましたか. 4 《口語》奇妙な［風変わりな］人, 変人.
(▷ órigin, origináliy)

*o・rig・i・nal・i・ty [ərìdʒənǽləti] 名 U 独創性; 創造力, 創意工夫, 奇抜さ: a person ［work］ of *originality* 創意に富んだ人［作品］.
(▷ 形 oríginal)

‡o・rig・i・nal・ly [ərídʒənəli] 副 ［比較なし］元は, 元来, 初めは; 生まれは: The firm was *originally* a small battery maker. その会社は元は小さな電池製造会社だった / Her family *originally* come from Corsica. 彼女の家族はコルシカ島の出身だ. 2 独創的に; 斬新(ざんしん)に: an *originally* planned design 独創的に練られたデザイン.

‡o・rig・i・nate [ərídʒənèit] 動 ［進行形不可］
1 ［(格式)］(物事が) […から]起こる, 発生する, 生じる ［in, from］: The custom *originated in* France. その慣習はフランスで始まった / The accident *originated from* carelessness. 事故は不注意から起こった. 2 (物事が) […に]始まる; […の]考案になる ［with, from］: This theory *originated with* Newton. この学説はニュートンが創案した. —他 …を始める, 起こす; …を発明［創造］する: *originate* a political movement 政治運動を起こす.
(▷ 名 órigin)

o・rig・i・na・tor [ərídʒənèitər] 名 C 創作者; 創始［創設］者; 元祖, 考案者.

o・ri・ole [ɔ́ːriòul] 名 C 鳥 1 コウライウグイス. 2 《米》ムクドリモドキ.

O・ri・on [əráiən] 名 1 【天文】オリオン座. 2 【ギ神】オリオン《巨人の狩人で死後星座になった》.
◆ Oríon's bélt 名 【天文】オリオン座の3つ星.

or・mo・lu [ɔ́ːrməlùː] 名 U オルモル《銅・亜鉛・すずの合金. 金の代用品となる》; 模造金箔(きんぱく).

‡or・na・ment [ɔ́ːrnəmənt]（☆動詞との発音の違いに注意）名 1 U 装飾, 飾り (decoration): by way of *ornament* 装飾として / a chair rich in *ornament* 装飾を凝らしたいす. 2 C 装飾品, 装身具: Christmas tree *ornaments* クリスマスツリーの飾り. 3 C ［(古風)］ […にとって]誇り［名誉, 看板］となる人［もの］［to］.
—[ɔ́ːrnəmènt] 他 ［通例, 受け身で］…を飾る ［with］: The crown *is ornamented with* diamonds. 王冠はダイヤで飾られている.

*or・na・men・tal [ɔ̀ːrnəméntəl] 形 飾りの, 装飾用の, 装飾的な (decorative);《軽蔑》飾り立てた: an *ornamental* plant 観賞植物.

or・na・men・ta・tion [ɔ̀ːrnəmentéiʃən] 名 U 装飾; ［集合的に］装飾品.

or・nate [ɔːrnéit] 形 《時に軽蔑》飾りの多い, 飾り立てた; (文体が)華麗な, 凝った.

or・nate・ly [~li] 副 飾り立てて; 華麗に.

or・ner・y [ɔ́ːrnəri] 形 ((比較 or・ner・i・er [~ər]; 最上 or・ner・i・est [~ist]))《米口語》頑固な, 強情な; へそ曲がりの.

or・ni・thol・o・gist [ɔ̀ːrnəθáːlədʒist / -θɔ́l-] 名 C 鳥類学者.

or・ni・thol・o・gy [ɔ̀ːrnəθáːlədʒi / -θɔ́l-] 名 U 鳥類学.

‡or・phan [ɔ́ːrfən] 名 1 C 孤児, 親のない子.
2 ［形容詞的に］親のない; 孤児の (ための): an *orphan* home 孤児院.
—他 ［通例, 受け身で］…を孤児にする: She *was orphaned* at five. 彼女は5歳で孤児になった.

or・phan・age [ɔ́ːrfənidʒ] 名 C 孤児院.

Or・pheus [ɔ́ːrfjuːs, -fiəs] 名 【ギ神】オルペウス, オルフェウス《竪琴(たてごと)の名手》.

or・tho・don・tics [ɔ̀ːrθədɑ́ntiks / -dɔ́n-] 名 U ［単数扱い］歯列矯正(学).

*or・tho・dox [ɔ́ːrθədɑ̀ks / -dɔ̀ks] 形 1 (思想・信念などが) 正統の, 公認された. 2 (宗教が) 正統派の, 正説の (↔ heterodox). 3 ［O-］ギリシャ正教(の); ユダヤ教正統派の. 4 伝統的な, 因習的な; ありきたりの, 月並みな.
◆ Órthodox Chúrch ［the ~］東方正教会.

or・tho・dox・y [ɔ́ːrθədɑ̀ksi / -dɔ̀ksi] 名 (複 or・tho・dox・ies [~z]) U C 1 (宗教上の) 正説,

正統性. **2** 正統派的慣行 [信念] (に従うこと).
or·tho·graph·ic [ɔ̀ːrθəɡrǽfik], **or·tho·graph·i·cal** [-kəl] 形 正書法の; 正しいつづりの.
or·thog·ra·phy [ɔːrθɑ́ɡrəfi / -θɔ́g-] 名 U 正書法; (字の) つづり方 (法).
or·tho·pe·dic, 《英》**or·tho·pae·dic** [ɔ̀ːrθəpíːdik] 形 整形外科の [に関する].
or·tho·pe·dics, 《英》**or·tho·pae·dics** [ɔ̀ːrθəpíːdiks] 名 (単数扱い) 整形外科.
Or·well [ɔ́ːrwel, -wəl] 名 固 オーウェル George Orwell 《1903–50; 英国の小説家・随筆家》.
-o·ry [ɔːri, əri / əri] 接尾 **1**「…の性質 [働き] を持つ」の意を表す形容詞を作る: compuls*ory* 強制的な / preparat*ory* 準備の. **2**「…する場所 [もの]」の意を表す名詞を作る: dormit*ory* 寮.
OS《略語》= *O*ld *S*tyle 旧暦; *o*rdinary *s*eaman 二等船員; *o*perating *s*ystem オペレーティングシステム; *o*ut *o*f *s*tock 在庫切れ.
Os·car [ɑ́skər / ɔ́s-] 名 **1** 固 オスカー《♢男性の名》. **2** C〔映画〕オスカー《米国で毎年のアカデミー賞受賞者に授与される金色の小型立像》.
os·cil·late [ɑ́silèit / ɔ́s-] 動 自 **1**(振り子のように) 揺れ動く. **2**《格式》(考え・態度などが)〔…の間で〕揺れ動き, 動揺する《*between*》: He *oscillated between* two options. 彼はどちらを選ぼうか迷った. **3**〔物理〕振動する.
os·cil·la·tion [ɑ̀siléiʃən / ɔ̀s-] 名 UC〔物理〕振動; (考え・心などの) 動揺, ぐらつき.
o·sier [óuʒər / -ziə] 名 C〔植〕コリヤナギ (の枝).
-o·sis [ousəs] 接尾「…の状態 [過程]」「…病」の意を表す名詞を作る: hypn*osis* 催眠状態 / neur*osis* 神経症 / tubercul*osis* 結核.
Os·lo [ɑ́zlou, ɑ́s- / ɔ́z-, ɔ́s-] 名 固 オスロ《ノルウェーの首都》.
os·mo·sis [ɑzmóusis, ɑs- / ɔz-, ɔs-] 名 U **1**〔化・生物〕浸透 (性). **2**(知識・考えなどの) 浸透.
os·prey [ɑ́spri, -prei / ɔ́s-] 名 C〔鳥〕ミサゴ (fish hawk)《タカの一種. 魚を主食とする》.
os·si·fi·ca·tion [ɑ̀səfikéiʃən / ɔ̀s-] 名 U **1**〔医〕骨化. **2**(感情・考えなどの) 硬 (直) 化, (習慣などの) 固定化.
os·si·fy [ɑ́səfài / ɔ́s-] 動 (三単現 **os·si·fies** [~z]; 過去・過分 **os·si·fied** [~d]; 現分 **os·si·fy·ing** [~iŋ]) 他 **1**〔医〕…を骨化させる. **2**《軽蔑》〈考えなど〉を硬 (直) 化させる,〈習慣など〉を固定化する. ─ 自 **1**〔医〕骨化する. **2**《軽蔑》(考えなどが) 硬 (直) 化する, (習慣などが) 固定化する.
os·ten·si·ble [ɑsténsəbl / ɔs-] 形 (限定用法)(理由などが) 表面上の; 見せかけの (⇔ real): the *ostensible* reason [purpose] of his trip abroad 彼の海外旅行の表向きの理由 [目的].
os·ten·si·bly [-bli] 副 表面上, うわべは.
os·ten·ta·tion [ɑ̀stentéiʃən / ɔ̀s-] 名 U《軽蔑》(知識・富などの) 誇示, 見せびらかし; 見栄.
os·ten·ta·tious [ɑ̀stentéiʃəs / ɔ̀s-] 形《軽蔑》これ見よがしの, 見栄をはる; けばけばしい.
os·ten·ta·tious·ly [~li] 副 これ見よがしに.
os·te·o·path [ɑ́stiəpæ̀θ / ɔ́s-] 名 C 整骨医.
os·te·o·po·ro·sis [ɑ̀stioupəróusis / ɔ̀stiou-pɔːróu-] 名 U〔医〕骨粗鬆 (ﾂﾞｿｳ) 症.

os·tra·cism [ɑ́strəsìzəm / ɔ́s-] 名 U **1**(社会的な) 追放, 村八分. **2**(古代ギリシャの) 陶片追放《秘密投票で僣主 (せんしゅ) となる恐れのある有力者の名を陶片に記し一定数になると国外に追放した》.
os·tra·cize,《英》**os·tra·cise** [ɑ́strəsàiz / ɔ́s-] 動 他 **1**〈人〉を(社会的に)追放する. **2**(古代ギリシャで)…を陶片追放にする.
os·trich [ɑ́stritʃ, ɔ́ːs- / ɔ́s-] 名 (複 **os·trich·es** [~iz], ~) **1**〔鳥〕ダチョウ. **2**《口語》現実逃避者. (由来 ダチョウは危険が迫ると砂に頭を突っ込んで隠れたつもりでいるという俗説から)
OT, O.T.《略語》= *O*ld *T*estament 旧約聖書; *o*ccupational *t*herapy 作業療法.
OTC《略語》= *o*ver-*t*he-*c*ounter (証券などが) 店頭取引の; (薬が) 処方箋 (せん) なしで買える.
O·thel·lo [əθélou] 名 固 オセロ《シェイクスピアの四大悲劇の1つ. その主人公》.

＊＊＊oth·er [ʌ́ðər]
形 代 副
── 形 (限定用法) **1** **ほかの**, 別の: in *other* words 言い換えれば / You should eat not only meat but *other* dishes as well. 肉ばかりでなくほかの料理も食べなさい / *Other* people may go there, but you should not. ほかの人はそこに行くかもしれないが, あなたは行くべきではない / (Do you have) Any *other* questions? ほかに何か質問は (ありませんか) / I have no *other* jacket than this one. 私はこれ以外にジャケットを持っていない / I'll ask some *other* person for help. だれかほかの人に手伝いを頼むつもりです / Janet speaks better French than any *other* student in her class. ジャネットはクラスのどの生徒よりも上手にフランス語を話す.

【語法】通例, 複数名詞を修飾する. 単数名詞を修飾する場合は some, any, no などを伴うか, *other* の代わりに another を用いる (→ ANOTHER 形 **2**).

2 [the ~ / one's ~] (2 つのうちで) **もう1つの**; 反対の; (3 つ以上のうちで) **そのほかの**, 残りの (remaining): My uncle lives on the *other* side of the street. おじは通りの向かい側に住んでいる / We cannot see the *other* side of the moon from the earth. 地球から月の裏側を見ることはできない / Put your *other* hand on your head. もう一方の手を頭の上に置いてください / Bob was for the plan, but all the *other* members of the class were against it. ボブは計画に賛成したが, 彼以外のクラスの人は全員反対だった.

■ amòng óther thìngs とりわけ (→ AMONG 成句).

èvery óther 1つ置きの (→ EVERY 成句).

nóne óther than ... ほかならぬ… (→ NONE 成句).

on the óther hànd 他方では (→ HAND 成句).

óther than ... [通例, 否定文で]…以外の, …とは異なる: I don't wish her to be *other than* she is. 私は今のままの彼女でいてほしいと思う.

the óther dày [nìght, èvening, wèek] 先日 [先夜, このあいだの晩, 数週間前] (◇日本語の「先日」よりも現在に近く, 2, 3日 [週] 前のことをさす).

the óther wày aróund [abóut, róund] あべこべに, 逆に: He took her words *the other way*

around. 彼は彼女の言葉を逆にとった.
— 代 [不定代名詞] (複 **oth·ers** [~z]) **1** [通例 ~s] **ほかのもの**, ほかの人たち; 他人: Don't depend too much on *others*. 他人に頼りすぎてはいけない / One of the passengers was killed and seven *others* (were) injured. 乗客のうち1人が死亡し, 7人が負傷した / I don't like this hat. Do you have any *other*(*s*) of this size? この帽子は気に入りません. 同じサイズでほかにありませんか / Some (people) like jazz, *others* prefer classical music. ジャズが好きな人もいるし, クラシックの方が好きな人もいる.

語法 単数形で用いる場合は some, any, no などを伴うか, other の代わりに another を用いる (→ ANOTHER 代 **2**).

2 [the ~] (2つのうちの) もう一方のもの [人]; [the ~s] (3つ以上のうちの) **そのほかのもの** [人], 残りのもの [人] 全部: He had a glass in one hand and a bottle of wine in the *other*. 彼は片手にグラス, もう一方の手にワインのボトルを持っていた / She always sits far away from the *others*. 彼女はいつもほかの人から離れて座る / I have three dogs. One is black, and the *others* are white. 私は犬を3匹飼っている. 1匹は黒で, 残る2匹は白です / Some like rock music and the *others* don't. ロックが好きな人もいるが, その他の人は (全員) ロックが嫌いである (cf. Some like rock music and others don't. ロックが好きな人もいれば, 嫌いな人もいる).

語法 3つ以上のものについて言う場合でも, 残りが1つの場合は the other を用いる: I have three dogs. One is black, another is white and *the other* [third] is black and white. 私は犬を3匹飼っている. 1匹は黒で1匹は白, もう1匹は黒と白のぶちです.

■ *amòng óthers* とりわけ (→ AMONG 成句).
èach óther お互い (→ EACH 代 成句).
of áll óthers すべてのうちで, とりわけ.
óne àfter the óther 次々に (→ ONE 代 成句).
... or óther なんらかの…, …か何か (one ... or another) (◇ ... には「some + 単数名詞」または something, somebody, somehow などが入る): For *some* reason *or other* he was not invited to the party. 何らかの理由で彼はそのパーティーに招かれなかった.
the óne ..., the óther ~ 先のは…, あとのは~ (→ ONE 代 **2**).
thís, thát, and [*or*] *the óther* あれこれ (→ THIS 成句).

— 副 [other than ... の形で; 通例, 否定文で] …以外に (except); …とは別に, …ではなく: We had no choice *other than* to wait and see. 私たちは成り行きを見守るしかなかった.

*****oth·er·wise** [ʌ́ðərwàiz] 副 形

【「other (他の) + wise (方法で)」から】
— 副 **1** [接続詞的に] **もしそうでなければ**, さもなければ (if not): Do as you're told, *otherwise* you'll be in trouble. 言われた通りにしなさい. さもないと面倒なことになりますよ / I was lucky I had an umbrella with me. I would have gotten wet *otherwise*. ちょうど傘を持っていて助かった. もしそうでなければぬれてしまっただろう.

2 […とは] 別の方法で, 違ったふうに [*than*]: I believe *otherwise*. 私はそうではないと信じている / How about going to the movies tonight? — I'm sorry, but I'm *otherwise* engaged. 今晩映画に行きませんか — ごめんなさい. ほかに予定があるのです / He could not do *otherwise than* he believed. 彼は自分が信じる通りの行動しかとれなかった.

3 **そのほかの点では**, それを別にすれば: It rained a little during the picnic, but *otherwise* it was a success. 途中少し雨が降ったことを除けば, ピクニックは成功だった.

■ *... and óthermise* …やそのほか, …や何か.
... or óthermise **1** …あるいはその反対; …にせよその反対にせよ: happiness *or otherwise* 幸福か不幸か / All workers, men *or otherwise*, must have equal opportunity. すべての労働者は男でも女でも平等な機会を与えられなければならない. **2** …か何かほかの方法で: I will go there by car *or otherwise*. 私は車か何かでそこに行きます.
— 形 [叙述用法] […とは] 別の, 違った [*than*]: His story is *otherwise than* the fact. 彼の話は事実とは違っている.

oth·er·world·ly [ʌ̀ðərwə́ːrldli] 形 現実から遊離した, 浮世離れした, 非現実的な; あの世 [来世] の.

o·ti·ose [óuʃiòus, óuti-] 形 《格式》 (言葉・考えなどが) 不必要な, 余分な, 冗長な (redundant).

Ot·ta·wa [átəwə / ɔ́t-] 名 圓 オタワ 《カナダの首都》.

***ot·ter** [átər / ɔ́t-] 名 (複 **ot·ters** [~z], **ot·ter**) C 【動物】カワウソ; U カワウソの毛皮.

ot·to·man [átəmən / ɔ́t-] 名 (複 **ot·to·mans** [~z]) C **1** [O-] オスマン帝国民; トルコ人.
2 (背・ひじ掛けのない) 長いす; クッション付き足台.
— 形 [O-] オスマン帝国の; トルコ人の.
◆ **Óttoman Émpire** 圓 [the ~] オスマン (トルコ) 帝国.

ouch [áutʃ] 間 痛い, あいたっ 《◇ 痛みなどを突然感じたときの反射的な叫び》.

*****ought** [ɔ́ːt] (☆発音に注意)

— 助 [助動] **1** (a) [義務・当然] [ought + to do] **…すべきである**, …するのが当然である (→ MUST¹ 助動 **1 語法** (4)): We *ought to* always keep our promise. 約束は常に守るべきである / You *ought* not to smoke in this area. この場所ではたばこを吸ってはいけない / He *ought to* apologize, *ought*n't he? 彼はわびるべきですよね.
語法 (1) 過去形はなく, 常に ought を用いる. ただし, 《米口語》 では疑問文・否定文で to を省くことがある.
(2) 常に ought to do の形で用いる.
(b) [非難・後悔] [ought + to have + 過分] …すべきだった (のに), …するのが当然だった (のに): Mike *ought to have* handed in his paper a week ago. マイクは1週間前にレポートを提出すべきだった (のにそうしなかった) / You *ought* not *to have* asked the lady her age. あなたはその女性

に年を聞くべきではなかった (のに聞いてしまった).
2 [忠告・助言] [ought+to do] …するほうがよい, …すべきである: You *ought to* phone your parents more often. あなたはご両親にもっと頻繁に電話をすべきです / You *ought not* to stay indoors on a nice day like this. こんないい天気の日に家に閉じこもっていてはいけません.
3 [推量] [確認してはいないが, 理屈の上では「当然…のはずだ」という推量を表す; → MIGHT¹ **6** 語法))
(a) [ought+to do] …するはずだ, おそらく…だ: Father *ought to* be at the office by now. 父は今時分は会社にいるはずです / She *ought to* understand what the picture means. 彼女はその写真が何を意味するかわかるはずです.
(b) [ought+to have+過分] …した[だった]はずだ, おそらく…したろう: They *ought to have gotten* back home by this time. 彼らは今頃家に帰っているはずです.

ought·n't [ɔ́tnt] ((短縮))《口語》 ought not の短縮形 (◇疑問文では shouldn't のほうが一般的): You *oughtn't* to do such a thing. そんなことをすべきではない / *Oughtn't* we to apologize to him? 彼に謝ったほうがよいのではありませんか.

ounce [áuns] 名 **1** ⓒ オンス (◇重量単位; 1オンス = 28.349g; ((略記)) oz.; → 巻末「度量衡」); 金衡[薬用]オンス (troy ounce) (◇1金衡[薬用]オンス = 31.1035g; ((略記)) ozt.): eight *ounces* of cheese 8オンスのチーズ. **2** ⓒ 液量オンス (fluid ounce) (◇容積単位; 1オンス=《米》29.6ミリリットル, 《英》28.4ミリリットル; ((略記)) fl. oz.).
3 [an ~; 否定文・条件文で] 《口語》少量, わずか: She hasn't got an *ounce* of reserve. 彼女には遠慮というものがかけらもない.

our [áuər; (弱) ɑːr]
—代 [人称代名詞] (◇ we の所有格; → PERSONAL 文法) **1 (a)** [名詞の前に付けて] 私たちの, 我々の: *Our* daughter wants to study abroad. うちの娘は海外留学を望んでいる / Let me tell you something about *our* school. 私たちの学校について少しお話しください. **(b)** [動名詞の前に付けて; 意味上の主語として] 私たちが, 我々が: My father doesn't like *our* loafing around. 父は私たちが働きもせずにぶらぶらしているのが好きではない. **2** [話題になっている] あの, 例の: Here comes *our* man. ほら, 例の男がやって来たぞ.
3 [新聞・雑誌の論説などで] 筆者の, 本紙[誌]の.
4 [君主が自分のことをさして] 朕(ちん)の, 余(よ)の.
◆ Our Fáther ⓊⰒキリスト(我らが父なる)神; [the ~] 主の祈り.
Our Lády Ⓤ《キリスト》聖母マリア.
Our Lórd Ⓤ《キリスト》(我らが主)キリスト.

ours [áuərz]
—代 (◇ we の所有代名詞; → PRONOUN 文法) [単数・複数扱い] 私たちのもの, 我々のもの (◇さすものが単数なら単数扱い, 複数なら複数扱い): Your family is bigger than *ours*. お宅はうちより家族が多い (◇ ours=our family) / *Ours* is a very old school. 私たちの学校はとても古い学校です

(◇ ours = our school).
■ *... of óurs* 私たちの, 我々の (→ MINE¹ 語法): Do you love this garden *of ours*? うちのこの庭, 気に入りましたか.

our·self [àuərsélf]代《文語》(◇君主・筆者の we (→ WE **5, 7**) の再帰代名詞) **1** [強調用法] 私自身, 朕(ちん)自ら. **2** [再帰用法] 私自身を[に], 朕自らを[に].

***our·selves** [àuərsélvz, ɑːr-]
—代 (◇ we の再帰代名詞; 用法・成句は→ ONESELF)
1 [再帰用法] 私たち自身を[に], 私たち(自身)の体を: We amused *ourselves* at the party. 私たちはパーティーで楽しく過ごした / We must take care of *ourselves*. 自分(たち)のことは自分(たち)でしなければならない / We washed *ourselves* in the river. 私たちは川で水浴した.
2 [強調用法] 私たち自身で(で), みずから: We laid out our garden *ourselves*. = We *ourselves* laid out our garden. 私たちは自分たちで庭の設計をした / He blamed us *ourselves* for negligence. 彼は私たちの怠慢を非難した.

-ous [əs]接尾「…の多い, …性の」「…の特徴を持つ, …に似た」の意を表す形容詞を作る: famous 有名な / mountainous 山の多い / precious 高価な.

oust [áust]動他《格式》〈人〉を[職・地位などから]追い出す, 放逐する [*from*]: *oust* the president *from* office 社長を退陣させる.

oust·er [áustər]名ⓊⒸ《米》追放, 放逐.

***out** [áut]
副 形 前 名 動

基本的意味は「外へ (away from inside)」.	
①[方向] 外へ[に].	副 **1**
②[位置] 外で.	副 **2**
③[出現] 現れて.	副 **3**
④[明瞭] はっきりと.	副 **4**
⑤[完遂] すっかり.	副 **5**

—副 **1** [方向] 外へ, 外に (↔ in); (外へ)突き出て, 広げて: My grandfather goes *out* for a walk every afternoon. 祖父は午後はいつも散歩に出る / Get *out* right now! 今すぐに外へ出ろ / The dentist pulled *out* a decayed tooth. 歯科医は虫歯を1本抜いた / The girl was spreading *out* the tablecloth. 少女はテーブルクロスを広げているところだ / Stretch your arms *out* a bit. 両腕を少し伸ばしてください.
2 [位置] 外で; 不在で; (遠く) 離れて (↔ in): Let's eat *out* this evening, shall we? 今晩は外で食事をしませんか / Please step inside. It's cold *out* there. どうぞ中へお入りなさい. 外は寒いですから / The boss is *out* for lunch at the moment. 上司はただ今昼食のため外出中です / Sorry, that book is *out* now. 残念ながら, その本は貸し出し中です / My uncle lives (far) *out* in the country. おじは片田舎に住んでいる.
3 [出現] (外に)現れて, 出現して; (本が)出版されて; (花が)咲いて: A fierce-looking man came *out*

from behind the curtain. カーテンの背後から残忍そうな顔をした男が現れた / The book will come *out* in a week or two. その本は1,2週間で出版の運びとなる / The tulips will soon be *out*. チューリップはまもなく咲くでしょう / All crimes will come *out* sooner or later. あらゆる犯罪は遅かれ早かれ露見するものだ.
4【明瞭】〈声が〉はっきりと, 大声で;〈輪郭が〉くっきりと; 率直に: The teacher read *out* the message to all of us. 先生は私たち全員に聞こえるようメッセージを読み上げた / The tower stood *out* against the blue sky. 塔は青空を背景にくっきりと立っていた / If you have an opinion about this matter, speak *out*. この問題についてご意見があれば, 遠慮なく発言してください.
5【完遂】すっかり, 徹底的に, 最後まで: After the day's work, I was tired *out*. 1日の仕事を終えて私は疲れ切っていた / Fight it *out*. 徹底的に闘い抜け / Please hear me *out*. どうか最後まで私の話を聞いてください.
6【消滅】なくなって, 消えて;〈期限などが〉切れて: Due to the power cut, all lights were *out*. 停電のため, 明かりがすべて消えてしまった / Please pay the rent before the month is *out*. 月末までに家賃を払ってください / Owing to an unusually long spell of dry weather, the city's water supply has run *out*. 異常とも言える長い日照りのために, 市の水道が枯渇してしまった.
7〈流行が〉すたれて (↔ in): This kind of music is *out* now. この手の音楽はもうはやらない.
8はずれて;〈機械が〉故障して;〈体調が〉不調で: The machine is *out* again. 機械がまた故障した / He is *out* with a bad cold. 彼はひどいかぜで参っている. **9** 仕事を休んで. **10** 政権から離れて: Due to a scandal, the politician is *out*. その政治家はスキャンダルで失脚した. **11**【野球・クリケット】アウトになって.

■ **be óut and abóut**〈病気が治って〉外出できるようになる.

be óut for ...《口語》…を得ようと懸命である: They *are* all *out for* a victory. 彼らは全員が勝利のために懸命になっている.

be óut to dó《口語》…しようと懸命である: They *are out to* win the race. 彼らはそのレースに勝とうと懸命になっている.

gèt óut from únder《米口語》危機を脱する.

óut and awáy〈比較級・最上級を強めて〉はるかに.

óut of ... **1**【方向】…の〈中から〉外へ (↔ in, into): take money *out of* the purse 財布から金を出す / The fish jumped *out of* the water. 魚は水中から跳びはねた / He ran *out of* the room. 彼は部屋から走り出た. **2**【位置】…の外で, …から離れて (↔ in): She lives a few miles *out of* town. 彼女は町から数マイル離れた所に暮らしている. **3**【範囲】…の範囲外に, …を越えて: *out of* hearing 聞こえない所で / The bird suddenly flew *out of* sight. 鳥は突然視界から飛び去った / That's *out of* the question. それは問題外です. **4** …のない状態に; …から離れて: He has been *out of* work for three months. 彼は3か月間, 職についていない / She is now *out of* danger. 彼女はもはや危機を脱している / Don't cheat others *out of* their money. 他人をだまして金をまき上げてはいけない. **5**【消滅】…がなくなって, 切れて: We are nearly *out of* salt. 塩が切れそうです / This PC is *out of* stock. このパソコンは品切れです. **6**【原因・動機】…だから, …で: *out of* necessity 必要に迫られて / I asked her *out of* curiosity. 私は好奇心から彼女に尋ねた. **7**【原料・材料】…から, …を使って: He made a toy *out of* three tin plates. 彼は3枚のブリキでおもちゃを作った. **8**〈ある数〉の中から,〈いくつかあるもの〉のうちから: Take one *out of* these pencils. これらの鉛筆の中から1本取りなさい. **9**【起源・出所】…から: a phrase *out of* Shakespeare シェイクスピアからの言い回し.

óut of it (àll)《口語》孤立して, 仲間外れになって; 〈事件などに〉無関係で; 酔って.

Óut with it!《口語》言ってしまえ, 白状しろ.

── 形 【限定用法】**1** 外の, 離れた: an *out* island cottage 離島の別荘. **2** 外へ向かう, 離れて行く: an *out* flight 出発便. **3**〈サイズなどが〉普通でない, 特大の.

── 前《主に米》〈ドア・窓などを〉から外へ: No one went *out* the door. だれもドアの外へ出て行かなかった / I'm looking *out* the window at the sea. 私は窓から海を眺めているところです.

── 名 **1** Ｕ Ｃ 外部, 外側. **2** Ｃ【野球・クリケット】アウト. **3** [an ~]《口語》言い訳, 口実. **4** [the ~s] 野党 (↔ the ins).

── 動 出る; 露呈する, ばれる: The truth will *out*. 真実は〈いつかは〉明らかになるものである.

── …を追い出す;〈火などを〉消す.

out- [aut]〔接頭〕**1** 動詞・名詞に付けて「…以上に, …よりすぐれて」などの意を表す: *out*live より長生きする / *out*run より速く走る. **2** 名詞に付けて「外の, 外へ」「…に」「…に」「離れた」などの意を表す: *out*side 外側に / *out*look 見晴らし.

out·age [áutidʒ] 名 Ｕ Ｃ **1**《米》〈電気・ガス・水道などの〉供給停止〈期間〉, 停電. **2** 目減り, 減量.

óut-and-óut 形【限定用法】徹底的な, 完全な.

out·back [áutbæk] 名 [the ~] 未開拓地, 奥地.

out·bid [àutbíd] 動 (三単現 **out·bids** [-bídz]; 過去·過分 **out·bid**; 現分 **out·bid·ding** [~ŋ])〈競売で〉〈人〉より〈…に〉高い値を付ける〈for〉.

out·board [áutbɔːrd] 形【限定用法】船外〔機外〕の;〈船・飛行機の〉外側寄りの (↔ inboard).
── 副 船外〔機外〕へ;〈船・飛行機の〉外側寄りへ.
◆ **óutboard mótor** Ｃ 船外モーター, 船外機《船尾の外側に取り付ける》.

out·bound [áutbaund] 形〈船・飛行機が〉外国行きの;〈交通機関が〉市外〔郊外〕に向かう (↔ inbound): *outbound* traffic 市外への車の流れ.

*****out·break** [áutbrèik] 名 Ｃ 〈戦争・暴動・病気などの〉突発, 勃発〈of〉; 発生;〈感情などの〉爆発, 激発〈of〉: an *outbreak of* war 戦争の勃発.

out·build·ing [áutbìldiŋ] 名 Ｃ 離れ家, 付属の建物《《英》outhouse》《納屋・馬小屋・ガレージなど》.

*****out·burst** [áutbəːrst] 名 Ｃ〈感情・エネルギーなどの〉爆発〈of〉: an *outburst of* laughter 爆笑.

out·cast [áutkæst / -kɑ̀ːst] 名 C [社会・家から]追放された人, 浮浪者 [*from, of*]: an *outcast from* society [home] 社会[家]から追放された人.
— 形 追放された, 見捨てられた.

out·class [àutklǽs / -klɑ́ːs] 動 他 [しばしば受け身で] …よりすぐれている, …にまさる: He *was outclassed* by the other runners from the start. 彼はスタートからほかの走者に大きく遅れた.

__out·come__ [áutkʌ̀m] 名 C [通例, 単数形で] 結果, 成果 (→ RESULT 類義語); 成り行き: the *outcome* of the general election 総選挙の結果.

out·crop [áutkrɑ̀p / -krɔ̀p] 名 C [地層・鉱脈などの]露出 (部分), 露頭.

out·cry [áutkrài] 名 (複 out·cries [~z])
1 C U [⋯への](強い)抗議 (protest) [*against, about, over*]: They raised an *outcry against* the new tax. 彼らは新税に抗議した.
2 C 叫び(声), 悲鳴.

out·dat·ed [àutdéitid] 形 **1** 時代遅れの, 旧式な (out-of-date). **2** (証明書などが)期限の切れた.

out·did [àutdíd] 動 outdo の過去形.

out·dis·tance [àutdístəns] 動 他 (格式)(競走などで)⟨相手⟩を大きく引き離す (↔ indistance) ⟨相手⟩に勝つ.

__out·do__ [àutdúː] 動 (三単現 out·does [-dʌ́z]; 過去 out·did [-díd]; 過分 out·done [-dʌ́n]; 現分 out·do·ing [~iŋ])他 (格式) […において]⋯にまさる, ⋯をしのぐ; ⋯に打ち勝つ [*in*]: not to be *outdone* (人に)負けるものか[負けないように]と / I *outdid* him *in* math. 数学は彼より私のほうができた.
■ **outdó onesélf** これまでになく[非常に]努力する.

out·done [àutdʌ́n] 動 outdo の過去分詞.

__out·door__ [áutdɔ̀ːr] 形 [比較なし; 限定用法] 戸外[野外]の; 野外活動を好む (↔ indoor): *outdoor* sports 屋外スポーツ / *outdoor* clothes 外出着 / *outdoor* advertising 屋外広告.

__out·doors__ [àutdɔ́ːrz] 副 [比較なし; 限定用法] 戸外[野外]で[へ] (↔ indoors): sleep *outdoors* 野宿する / It is still warm *outdoors*. 外はまだ暖かい.
— 名 [the ~; 単数扱い] 戸外, 野外: the great *outdoors* (都市から離れた)大自然, 雄大な自然.

__out·er__ [áutər]
— 形 [比較なし; 限定用法] **1** **外側の**, 外部の (↔ inner): the *outer* world 外界; 世間 / *outer* clothes 上着.
2 (中心から)離れた: the *outer* regions 辺境 / the *outer* suburbs of London ロンドンの中心部からは遠く離れた郊外 (Outer London).
◆ **óuter spáce** U (大気圏外の)宇宙空間 (◇単に space とも言う).

out·er·most [áutərmòust] 形 [通例, 限定用法] 最も外側の; 中心から最も離れた (↔ innermost).

out·er·wear [áutərwèər] 名 U [集合的に] (野外で服の上に着る)コート類, アウターウェア.

out·face [àutféis] 動 他 **1** (格式) ⋯に勇敢[大胆]に立ち向かう. **2** ⋯をにらみつけてひるませる.

out·fall [áutfɔ̀ːl] 名 C 河口, (下水の)落ち口.

out·field [áutfìːld] 名 **1** [the ~] [野球・クリケット] 外野; [集合的に; 単数・複数扱い] 外野手 (↔ infield) (➡ BASEBALL [PICTURE BOX]). **2** C (農家から)離れた所にある畑.

out·field·er [áutfìːldər] 名 C [野球・クリケット] 外野手 (↔ infielder).

out·fight [àutfáit] 動 (三単現 out·fights [-fáits]; 過去・過分 out·fought [-fɔ́ːt]; 現分 out·fight·ing [~iŋ])他 ⋯と戦って勝つ, ⋯を圧倒する.

__out·fit__ [áutfit] 名 C **1** (ある目的に使う)装備[用具]一式: a camping *outfit* = an *outfit* for camping キャンプ用品一式. **2** (ある目的のための)衣装ひとそろい《装身具・靴などを含む》: a bride's *outfit* = an *outfit* for a bride 花嫁衣装. **3** [集合的に; 単数・複数扱い] (口語)(仕事に従事する)一団, 一行; 部隊; 会社, 企業.
— 動 (三単現 out·fits [-fits]; 過去・過分 out·fit·ted [-id]; 現分 out·fit·ting [~iŋ])他 ⟨人など⟩に[仕度品などを]供給する, 装備する (furnish) [*with*]: be *outfitted with* clothes 衣服が支給される / They were *outfitted* for camping. 彼らはキャンプ用の装備をしていた.

out·fit·ter [áutfitər] 名 C (米)旅行[運動]用品商; (英・古風)紳士用品店 [商].

out·flank [àutflǽŋk] 動 他 **1** (敵)を側面から攻撃する. **2** (相手)の裏をかく, ⋯を出し抜く.

out·flow [áutflòu] 名 C [通例, 単数形で] 流出(量); 流出物 (↔ inflow).

out·go [áutgòu] 名 (複 out·goes [~z]) C 支出, 出費 (↔ income).

out·go·ing [áutgòuiŋ] 形 **1** 社交的な, 気さくな. **2** [限定用法] 出て[去って]行く, 退職[退任, 引退]する (retiring) (↔ incoming).
— 名 [~s] (主に英)支出, 出費.

out·grow [àutgróu] 動 (三単現 out·grows [~z]; 過去 out·grew [-grúː]; 過分 out·grown [-gróun]; 現分 out·grow·ing [~iŋ])他 **1** 成長して⟨衣服など⟩が合わなくなる; ⟨習慣・考えなど⟩から脱する: *outgrow* one's clothes [shoes] 大きくなって衣服[靴]が合わなくなる. **2** ⟨人⟩より(体・身長が)大きくなる; 早く成長する: He *outgrew* his older brothers. 彼は兄たちより体が大きくなった.
■ *outgrów one's stréngth* (幼年期に)体が急に大きくなって体力が伴わない.

out·growth [áutgròuθ] 名 C **1** (しばしば望ましくない)自然の成り行き, 当然の結果; 副産物.
2 伸び出たもの⟨枝など⟩; 芽吹き.

òut-Hér·od [-] 動 [次の成句で]
■ *out-Héród Héród* ヘロデ王をしのぐほど残虐である (◇シェイクスピア作『ハムレット』から).

out·house [áuthàus] 名 (複 out·hous·es [-hàuziz]) C (米)屋外の便所; (英) = OUTBUIDING.

__out·ing__ [áutiŋ] 名 C 遠足, 遠出, ピクニック; (スポーツの試合への)出場: go on an *outing* to the park 遠足で公園へ行く.

out·land·ish [àutlǽndiʃ] 形 [通例, 軽蔑] 奇妙な, 異様な (strange).

out·last [àutlǽst / -lɑ́ːst] 動 他 ⋯より長持ちする, 長く続く; 長生きする (outlive).

__out·law__ [áutlɔ̀ː] 名 C 無法者, ならず者, 犯罪者; [史] 法の庇護⑵を奪われた人.
— 動 他 **1** ⟨行為・活動など⟩を非合法化する, 禁止

する. **2** 《史》〈人〉から法の庇護を奪い取る.
out・lay [áutlèi] 图UC(通例, 単数形で)(仕事・活動を始めるにあたっての)[…への]支出, 経費 [*on*, *for*]: a large *outlay on* [*for*] the wedding ceremony 結婚式にかかる多大な費用.

***out・let** [áutlèt] 图C **1** [水・ガスなどの]出口, 排出口 [*for*](↔ inlet): an *outlet for* water 水の排出口.
2 [感情・才能などの]はけ口 [*for*]: Music is an *outlet for* the emotions. 音楽は感情のはけ口である.
3 《米》(電気の)コンセント(《英》 (wall) socket, (power) point).(比較)「コンセント」は和製英語) **4** (商品の)販路, 市場;(系列の)小売店, 販売代理店: a retail *outlet* 小売店.

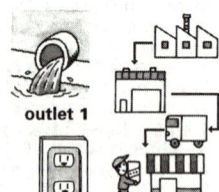

outlet 1
outlet 3　outlet 4

*****out・line** [áutlàin] 图動
【「out(外の) + line(線)」で,「概要」の意】
——图(複 **out・lines** [~z]) C **1 概要**, 要旨, あらまし: a broad [rough] *outline* 概略 / write an *outline* of a novel 小説のあら筋を書く / The mayor gave an *outline* of his plan for the urban renewal. 市長は都市の再開発計画の概要を述べた. **2** 輪郭, 外形; 略図; 略歴: draw the *outline* of a school 学校の略図をかく / I saw the dim *outline* of the building. 建物の輪郭がおぼろげに見えた.
■ *in óutline* 輪郭だけ; 概略だけ, ざっと.
——動他 **1** …の要点を述べる, 概略を説明する: The Prime Minister *outlined* his plan for political reform. 首相は政治改革案の概略を述べた. **2** …の輪郭をかく, 略図をかく; …の輪郭を引き立たせる: The tower was *outlined* against the blue sky. 塔は青空に浮かび上がっていた.

***out・live** [àutlív] 動他 **1** 〈人〉より長生きする; …より長く続く[残る]; …を生き延びる, 乗り越える: My grandmother *outlived* her husband by ten years. 私の祖母は祖父より10年長生きをした.
2 長生き[長続き]して…を失う: My bicycle has *outlived* its usefulness. 私の自転車はもう寿命がつきて使いものにならなくなった.

***out・look** [áutlùk] 图C(通例, 単数形で) **1** 見晴らし, 眺め (view): The hilltop has [commands] a pleasant *outlook* over the valley. 山頂から谷を見下ろす景観はすばらしい.
2 […の]見通し, 展望, 前途, 見込み [*for*]: the economic *outlook* 経済展望 / have a bright [dull] *outlook for* business 景気の見通しが明るい[暗い] / the weather *outlook for* tomorrow あすの天気概況.
3 […への]見解, 態度 [*on*, *upon*, *about*]: an optimistic *outlook on* life 楽観的な人生観.
out・ly・ing [áutlàiiŋ] 形 [限定用法] 中心から離れた; 遠い, へんぴな.

out・ma・neu・ver, 《英》**out・ma・noeu・vre** [àutmənjúːvər / -núːvə] 動他 …に策略[戦術]で勝つ, …の裏をかく.

out・mod・ed [àutmóudid] 形《しばしば軽蔑》流行遅れの, 旧式な(↔ up-to-date).

out・most [áutmòust] 形 = OUTERMOST.

out・num・ber [àutnʌ́mbər] 動他(通例, 受け身で)…より数が多い, …に数でまさる.

óut-of-dáte 形[限定用法]時代遅れの; 期限切れの (↔ up-to-date)(◇叙述用法では out of date とつづる).

óut-of-dóor 形 = OUTDOOR 戸外の.

óut-of-dóors 副 = OUTDOORS 戸外で; 戸外.

óut-of-the-wáy 形 **1** 人里離れた, 片田舎の.
2 風変わりな, 珍しい.

óut-of-wórk 形 失業中の.

out・pa・tient [áutpèiʃənt] 图C(病院の)外来患者(↔ inpatient).

out・per・form [àutpərfɔ́ːrm] 動他(機械などが)…より性能がよい, …をしのぐ.

out・place・ment [áutplèismənt] 图CU(雇用主が行う他社への)再就職のあっせん.

out・play [àutpléi] 動他(競技で, うまくプレーして)〈相手〉に勝つ.

out・point [àutpɔ́int] 動他(ボクシングなどで)…より多くの点数[ポイント]を取る, …に判定で勝つ.

out・post [áutpòust] 图C **1**《軍》前哨(しょう)部隊[基地];《米》在外基地. **2** 辺境の居留地.

out・pour・ing [áutpɔ̀ːriŋ] 图C(通例 ~s) **1**(感情の)ほとばしり, 発露 [*of*]. **2** 流出(物).

‡**out・put** [áutpùt] 图 **1** UC(通例, 単数形で)(一定期間の)生産高, 産出高; 生産品, 作品(数): the monthly *output* of cars 車の月間生産台数. **2** U《コンピュータ》出力(データ);《電気・機械》出力 (↔ input).
——動(三単現 **out・puts** [-pùts]; 過去・過分 **out・put**, **out・put・ted** [~id]; 現分 **out・put・ting** [~iŋ])他 …を産出[出力]する.

***out・rage** [áutrèidʒ] 图 **1** U 激しい怒り, 憤慨.
2 UC […に対する]乱暴, 暴力, 暴行; 不法行為 [*against*, *on*, *upon*]; 侮辱行為: commit an *outrage on* ... …に暴行を働く(◇ rape の婉曲表現) / Terrorism is an *outrage against* humanity. テロリズムは人道に背く行為である.
——動他 **1** (通例, 受け身で)(言動・人などが)〈人〉を憤慨させる, 激怒させる: They *were outraged* by his remarks. 彼らは彼の発言に激怒した.
2〈法律・道徳など〉を破る; …に乱暴する, 暴行を加える. (▷ 形 óutrágeous)

***out・ra・geous** [àutréidʒəs] 形 **1** 法外な, 無茶な; 途方もない: an *outrageous* price 法外な値段. **2** (態度などが)乱暴な, 無礼な: His *outrageous* behavior made everyone angry. 彼の無礼なふるまいにだれもが怒った. (▷ 图 óutràge)
out・ra・geous・ly [~li] 副 法外に; 乱暴に.

out・ran [àutrǽn] 動 outrun の過去形.

out・rank [àutrǽŋk] 動他 …より地位が高い.

out・reach [áutrìːtʃ] 图U(主に米)地域に密着した福祉[奉仕]活動.

out・rid・er [áutràidər] 名C (オートバイまたは馬に乗った)警護の警官.

out・rig・ger [áutrìgər] 名C《船舶》(カヌーなどの)舷外(ぜん)浮材《転覆防止用》; クラッチ受け; 舷外浮材付きの船〔カヌー〕.

***out・right** [àutráit] 副 **1** 完全に, 徹底的に (completely): The village was destroyed *outright* by the earthquake. 村は地震で完全に崩壊した. **2** 率直に, 公然と: laugh *outright* 無遠慮に笑う. **3** すぐに, 即座に: be killed *outright* 即死する.
— 形 [áutràit] [限定用法] **1** 完全な, 徹底的な. **2** 率直な, あからさまな, 明白な: an *outright* lie 真っ赤なうそ.

out・run [àutrán] 動 (三単現 **out・runs** [~z]; 過去 **out・ran** [-rǽn]; 過分 **out・run** [-rán]; 現分 **out・run・ning** [~iŋ]) 他 **1** …より速く〔遠くまで〕走る. **2** …の範囲〔制約〕を超える.

out・sell [àutsél] 動 (三単現 **out・sells** [~z]; 過去・過分 **out・sold** [-sóuld]; 現分 **out・sell・ing** [~iŋ]) 他〈人〉より多く売る;〈ほかのもの〉より多く売れる.

***out・set** [áutsèt] 名 [the ~] 初め, 最初, 始まり (beginning).
■ **at** [**from**] **the** *outset* 最初に〔から〕, 初めから.

out・shine [àutʃáin] 動 (三単現 **out・shines** [~z]; 過去・過分 **out・shone** [-ʃóun / -ʃón]; 現分 **out・shining** [~iŋ]) 他 …より明るく光る〔輝く〕; …よりすぐれている, …にまさる.

out・shone [àutʃóun / -ʃón] 動 outshine の過去形・過去分詞.

out・side 名形副前

— 名 [àutsáid, áutsàid] (複 **out・sides** [-sáidz, -sàidz]) C [通例 the ~] **1** 外側, 外部, 外面 (↔ inside): The *outside* of the water tank is painted white. その水槽の外側は白く塗られている / You can't see its contents from the *outside*. その中身は外からは見えない. **2** 外観, 外見; 見かけ: From the *outside*, the building looked like a temple. その建物の外観は寺院のようであった / You cannot judge things from the *outside* only. 物事は見かけだけでは判断できない. **3**《主に英》(道路の中央寄り)追い越し車線. **4**(組織などの)部外, 局外.
■ **at the** (**véry**) *outsíde* 多くて, せいぜい (at (the) most).
óutside ín 裏返しに (inside out).
— 形 [áutsàid] [比較なし] [限定用法] **1** 外側の, 外部の, 戸外の (↔ inside): the *outside* world 外の世界,(学校などに対して)実社会 / The *outside* walls of the building are red brick. その建物の外壁は赤れんが(造り)です. **2** 部外の, 局外の, 外部からの: an *outside* opinion 部外(者)の意見 / National policy should not be determined by *outside* influences. 国策の決定が国外勢力に左右されてはならない. **3** 最大限の, 極限の (maximum): an *outside* estimate 最高の見積もり / That's the *outside* price I can offer. それがど提示できる最大限の買い値です. **4**(可能性・機会などの)ごくわずかの, 万に一つの (slight): an *outside* chance わずかな見込み.
— 副 [àutsáid] [比較なし] 外側に, 外部に, 戸外に (↔ inside): Let's go *outside* for some fresh air. 新鮮な空気を吸いに外へ出よう《◇ go outside が単に「屋外へ出る」ことであるのに対して, go out は「比較的遠くへ出かける」ことの意》/ Put your soaked umbrella *outside*! ずぶぬれの傘を外に置きなさい / It's still dark *outside*. 外はまだ暗い.
■ *outside of* ...《米口語》**1** …の外に〔へ, で〕: Will you wait *outside of* the room? 部屋の外で待っていてくれませんか. **2** …の範囲を超えて (beyond): The problem is simply *outside of* my comprehension. その問題は私にはさっぱり理解できない. **3** …以外に, …を除いて (except): Nobody knew the correct answer *outside of* me. 私以外にはだれも正解を知らなかった.
— 前 [àutsáid] **1** …の外に, 外部に, 外側に: I have never taken a trip *outside* the country. 私は国外に旅行したことがない. **2** …の範囲を超えて (beyond): It is *outside* my power to get a position for you. 私にはあなたに職を見つけてやるだけの力はない. **3** …以外に, …を除いて (except): Do you have any pets *outside* that dog? あの犬以外にペットを飼っているのですか.

***out・sid・er** [àutsáidər] 名C **1** 部外者, よそ者;(当事者に対する)第三者 (↔ insider); (社会的)異端者, のけ者. **2** 勝ち目のない競技者〔馬など〕: a rank *outsider* まったく勝ち目のない人〔馬〕.

out・size [áutsàiz], **out・sized** [-sàizd] 形 (通例, 限定用法) (衣服などが) 特大の.

***out・skirts** [áutskə̀ːrts] 名 [複数扱い] 郊外, 町外れ; 周辺: on the *outskirts* of ... …の郊外に.

out・smart [àutsmάːrt] 動 他《口語》…に知恵でまさる, …の裏をかく (outwit).
■ *outsmárt onesèlf* 自分で自分の首を絞める.

out・sold [àutsóuld] 動 outsell の過去形・過去分詞.

out・sourc・ing [áutsɔ̀ːrsiŋ] 名U (業務の)外部委託, アウトソーシング.

out・spo・ken [áutspóukən] 形 (意見などが)率直な, 遠慮のない (frank): The young are more *outspoken* than adults are. 若い人は大人より率直に話す.

out・spo・ken・ly [~li] 副 率直に, 遠慮なく.

out・spread [áutspréd] 形 広がった, 伸びた; 広げた: with *outspread* arms = with arms *outspread* 両腕を広げて.

‡**out・stand・ing** [àutstǽndiŋ] 形 **1** 目立った, 傑出した, 群を抜いた: an *outstanding* achievement 卓越した業績. **2** [比較なし] 未払いの; 未解決の, 残っている (unsolved): *outstanding* problems 未解決の問題.

out・stand・ing・ly [àutstǽndiŋli] 副 目立って, 群を抜いて.

out・stay [àutstéi] 動 他〈人・限度〉より長居する: *outstay* one's welcome 長居して嫌われる / *outstay* one's coffee break コーヒーブレイク〔お茶の時間〕を長くとりすぎる.

out・stretched [àutstrétʃt] 形 (腕・翼などが)い

out·strip [àutstríp] 動 (三単現 **out·strips** [~s]; 過去・過分 **out·stripped** [~t]; 現分 **out·strip·ping** [~iŋ]) 他 …を追い越す; …にまさる.

out·take [áuttèik] 名 C (映画・テレビ番組の) カットされた部分, 失敗場面, NG場面.

out·vote [àutvóut] 動 他 …に得票数でまさる.

‡**out·ward** [áutwərd] 形 [比較なし; 限定用法]
1 外へ向かう; 国外への (⇔ homeward): an *outward* voyage 行き [往路] の航海, 外国航路.
2 表面 [外面] 的な, 外に現れた, 見せかけの (⇔ inward): *outward* kindness うわべの親切さ / to all *outward* appearances [文修飾] (実際はともかく) 見かけ上, 見たところ.
3 外側にある, 外 (部) の; (精神に対して) 肉体の; 外界の: *outward* things 周囲の事物.
— 副 **1** 外 (部) へ, 外側へ向かって (⇔ inward): The door opens *outward*. そのドアは外へ開く.
2 国外 [外洋] へ; 港 [出発点] を離れて (⇔ homeward): a spaceship bound *outward* (基地から) 発進する宇宙船.

óut·ward-bóund 形 外国行き [外航] の.

out·ward·ly [áutwərdli] 副 外見上, 表面上: look *outwardly* cheerful うわべは快活そうに見える.

out·wards [áutwərdz] 副 《主に英》 = OUTWARD (↑).

out·weigh [àutwéi] 動 他 **1** …より重要である, 価値がある: The advantages of the project far *outweigh* the disadvantages. その計画は長所が欠点をはるかに上回る. **2** …より重い.

out·wit [àutwít] 動 (三単現 **out·wits** [-wíts]; 過去・過分 **out·wit·ted** [~id]; 現分 **out·wit·ting** [~iŋ]) 他 …を出し抜く, …の裏をかく (outsmart).

out·worn [àutwɔ́:rn] 形 [通例, 限定用法] (習慣・考えが) 旧式な, すたれた; 使い古した.

ova [óuvə] 名 ovum の複数形.

*****o·val** [óuvəl] 形 卵形の; 楕円 (だえん) 形の.
— 名 C 卵形 (のもの); 楕円.

◆ **Óval Óffice** [Róom] [the ~] (米国ホワイトハウス内の) 大統領執務室.

o·var·i·an [ouvéəriən] 形 [限定用法] 【解剖】卵巣の; 【植】子房の.

o·va·ry [óuvəri] 名 (複 **o·va·ries** [~z]) C 【解剖】卵巣; 【植】子房.

o·va·tion [ouvéiʃən / əu-] 名 C 《格式》 (群衆の) 大かっさい, (民衆の) 大歓迎: a standing *ovation* (観客・聴衆による) 総立ちでの拍手かっさい.

‡**ov·en** [ʌ́vən] (☆ 発音に注意) 名 C オーブン, 天火 (てんぴ); かまど, 炉 (ろ) (→ KITCHEN PICTURE BOX): a microwave *oven* 電子レンジ / hot from the *oven* 焼きたての, 出来たての / like an *oven* 《口語》 蒸し風呂のように暑い.

ov·en·proof [ʌ́vənprù:f] 形 (食器・容器が) オーブン [電子レンジ] で使用できる, オーブン耐熱性の.

óv·en-rèad·y 形 (食品が下ごしらえ済みで) オーブン [電子レンジ] で温めるだけの.

ov·en·ware [ʌ́vənwèər] 名 U 〔集合的に〕 (オーブン・電子レンジ用の) 耐熱食器 [容器].

***o·ver** [óuvər] 前 副

① [位置] (…の) 上に.	前 1, 2; 副 1
② [動作] (…を) 越えて.	前 3; 副 2
③ [全面] (…の) 至る所に.	前 4; 副 4
④ [期間] …の間じゅう.	前 5
⑤ [超過] …より多く.	前 6; 副 8

— 前 **1** [位置] **…の上に**, …の上方に (⇔ under) (◇接触していないで「真上」を表す; → ON 前 **1** [語法]): We saw a rainbow *over* the mountain. 山の上に虹(にじ)が見えた / A wasp was buzzing around *over* my head. スズメバチが私の頭の上をぶんぶん飛び回っていた / She put a frying pan *over* the fire. 彼女はフライパンを火にかけた.
2 [接触位置] **…を覆って**, …にかぶさって: Muddy water splashed *over* me. 泥水が私にはねかかった / She wore a jacket *over* the sweater. 彼女はセーターの上に上着を着た / His hair hung down *over* his eyes. 彼の髪は目にかかっていた / I stumbled *over* a rock and fell. 私は石につまずいて転んだ.
3 [動作] **…を越えて**, …の向こうへ (→ ACROSS 図); [位置・状態] …を越えた所に, …の向こうに〈困難などを乗り越えて〉: The cat jumped *over* the fence easily. 猫は軽々と塀を飛び越えた / The principal looked at us *over* his glasses. 校長先生は眼鏡越しに私たちを見た / The museum is just *over* the street. 博物館はちょうど通りの向こう側です / Are you completely *over* your cold? かぜはすっかり治りましたか.
4 [全面] …にわたって, …の一面に (◇しばしば all を伴う; →成句 all over …): Don't scatter toys *over* the floor. おもちゃを床じゅうに散らかさないで / We took a walk *over* the campus. 私たちは学内をくまなく散歩した / There will be snow *over* the Kanto Plain in the afternoon. 午後は関東平野全域で雪が降るでしょう.
5 [期間] **…の間じゅう**, …にわたって: I will be at my parents' home *over* Thanksgiving. 私は感謝祭の間はずっと実家にいます / I was in bed with a cold *over* the weekend. 私は週末ずっとかぜで寝込んでいた / *Over* the last few years my little brother has grown quite tall. 弟はここ数年の間でずいぶん背が高くなった.
6 [超過] (数量が) **…より多く**, …を超えて (more than) (⇔ under): children *over* seven 8歳以上の子供 (◇7歳は含まない. 「7歳以上の子供」とはっきり示すときは children of seven and [or] *over* などと言う. → 副 **8**) / Aunt Mary stayed with us for *over* a week. メアリーおばさんは1週間以上うちに泊まった / *Over* a million copies of the book were sold in a year. その本は1年で百万部以上売れた.
7 [支配] **…を支配して**, 制して (⇔ under): The king ruled *over* the country with compassion. 王は思いやりをもって国を治めた / She has

good control *over* the committee. 彼女は委員会を上手に運営している.
8 [従事]〈飲食・仕事など〉をしながら: Let's discuss it *over* lunch. 昼食を食べながらそのことを話し合おう / I fell asleep *over* my homework. 私は宿題をしているうちに眠ってしまった.
9 [関連]…のことで, …に関して (about): They got into an argument *over* politics. 彼らは政治をめぐって議論を始めた / Our main problem is *over* lack of funds. 私たちの抱える一番の問題は資金不足に関してである.
10 [手段]〈電話・ラジオなど〉を通じて, …で (on): I heard the news *over* the radio. 私はそのニュースをラジオで聴いた / I can't talk about it *over* the phone. そのことは電話では話せない.
11 [数学]…分の (◇分数の分母を示す): three *over* seven 7分の3 (= three sevenths).
■ *áll óver* ... …の至る所に, …じゅうに: The mist spread *all over* the town. 霧が町全体を覆っていた / He traveled *all over* Japan by bike. 彼は自転車で日本の津々浦々を旅した.
óver and abóve ... …に加えて, …以上に (besides).

— *副* **1** [位置] 上の方へ, 真上に; 突き出して: I saw something flying *over*. 何かが頭上を飛んでいるのが見えた / He leaned *over* to the child. 彼はその子の方へ身をかがめた.
2 [動作] 越えて, 向こうへ, あちら[こちら]へ; あふれて: He went *over* and spoke to the children. 彼は子供たちの所へ行き, 話しかけた / Come *over* here, Bob. ボブ, こっちへおいで / The soup's boiling *over*! スープがふきこぼれているよ.
3 [転倒] 倒れて, ひっくり返って; 逆さに; 折り曲がって: turn *over* the page ページをめくる / fold the newspaper *over* 新聞を折りたたむ / He fell *over* on the slippery sidewalk. 彼は滑りやすい歩道でひっくり返った.
4 [全面] 一面に, 至る所に (◇しばしば all を伴う; → 成句 all over): The pond will soon be frozen *over*. 池はまもなく一面に氷が張るだろう / The singer is famous the world *over*. その歌手は世界じゅうで名を知られています.
5 [完遂] 初めから終わりまで, すっかり: Would you read my report *over*? 私のレポートにひと通り目を通していただけませんか / I'll stay *over* till August. 私は8月までずっと滞在します.
6 [終了] 終わって, 済んで (finished): Is the game *over*? 試合は終わりましたか / The rain was *over* before noon. 雨は昼前に上った.
7 [反復] 繰り返して, もう一度: Repeat the poem many times *over* until you learn it by heart. 暗記するまでその詩を繰り返し唱えなさい / Count the change *over*. もう一度釣り銭を数え直しなさい.
8 [超過] (数量が) 超えて; 余って, 残って: people aged 65 and *over* 65歳以上の人々 (→ *副* **6**) / There is some money (left) *over*. お金がいくらか残っている.
9 [相手に] 渡って, 譲って: He picked up a coin and chucked it *over* (to me). 彼はコインを拾って (私に) ほうってよこした / They handed the thief *over* to the police. 彼らはどろぼうを警察に引き渡した.
■ *áll óver* **1** 一面に: She covered the child *all over* with a blanket. 彼女は子供を毛布ですっぽりとくるんでやった. **2** どう見ても, いかにも…らしい: That's Mike *all over*. それはいかにもマイクらしい. **3** すっかり終わって, 片づいて.
(*áll*) *óver agáin* もう一度, 改めて: I had to clean the room *all over again*. 私は部屋を掃除し直さなければならなかった.
óver agàinst ... …と対照して; …と向かい合って.
óver and (*agáin*) 何度も, 繰り返して: do the same thing *over and over again* 同じことを何度も繰り返す.
òver hére こちらに [で].
òver thére 向こうに, あちらに: There's a restaurant *over there*. 向こうにレストランがある.

o·ver- [óuvər] 接頭 **1** 「上(の位)の, 上から, 上部に」の意を表す (↔ under-): *over*head 頭上の[に].
2 「過度に, あまりに…すぎる」の意を表す: *over*protect 過保護にする. **3** 「横断して」の意を表す: *over*seas 海外の[へ].

o·ver·act [òuvərǽkt] 動 《軽蔑》他〈役〉を大げさに演じる. — 自 大げさに演じる.

o·ver·age [òuvəréidʒ] 形 […の] 制限 [規定] 年齢を越えた [for] (↔ underage).

*⁑**o·ver·all** [óuvərɔ́ːl] 形 [比較なし; 限定用法] 全体の, 全部の; 端から端までの: the *overall* cost 総費用 / the *overall* length of the bridge 橋の全長.
— 副 **1** [文修飾] 全体として, 全体的に見て, 概して: *Overall*, our business is going well. 全体としては私たちの事業はうまくいっている. **2** 全部で; 端から端まで.
— 名 [óuvərɔːl] C **1** [~s] 《米》 オーバーオール, 胸当て付きズボン (《英》 dungarees). **2** 《英》 上っ張り, (白衣などの) 仕事着, スモック (smock).
3 [~s] 《英》 (上下続きの) 作業着, つなぎ (《米》 coveralls).

o·ver·arch [òuvərɑ́ːrtʃ] 動 《主に文語》 他 …の上にアーチをかける; …をアーチ形に覆う. — 自 アーチ形にかかる.

o·ver·arch·ing [òuvərɑ́ːrtʃiŋ] 形 **1** 全体にかかわる; 包括的な. **2** アーチ形の, アーチを描く.

o·ver·arm [óuvərɑ̀ːrm] 形 《主に英》 形 [球技] 上手(²ʷ)投げの; [水泳] 抜き手の (overhand). — 副 上手投げで; 抜き手で.

o·ver·ate [òuvəréit, -ét] 動 overeat の過去形.

o·ver·awe [òuvərɔ́ː] 動 [通例, 受け身で]〈人〉を畏怖(ⁱᶠ)させる, 威圧する.

o·ver·bal·ance [òuvərbǽləns] 動 自 平衡 [バランス] を失う, バランスを失って倒れる. — 他 **1** …の平衡 [バランス] を失わせる, …をひっくり返す. **2** …より重い, 重要性 [価値] が…にまさる.

o·ver·bear [òuvərbéər] 動 (三単現 **over·bears** [~z]; 過去 **over·bore** [-bɔ́ːr]; 過分 **over·borne** [-bɔ́ːrn]; 現分 **over·bear·ing** [-béəriŋ]) 他 …を押さえつける, 威圧 [制圧] する.

o·ver·bear·ing [òuvərbéəriŋ] 形 《軽蔑》 高圧

的な, 傲慢(ぷ)な, 横柄な.

o・ver・bid [òʊvərbíd] 動 (三単現 **o・ver・bids** [-bídz]; 過去・過分 **o・ver・bid**; 現分 **o・ver・bid・ding** [～iŋ]) 他〈競売で〉[…に]〈人〉より高値を付ける [for]; 【トランプ】(ブリッジで)〈手札〉より高く競る. ― 自〈品物に〉高値を付ける [for]; 【トランプ】(ブリッジで)手札より高く競る.

o・ver・blown [òʊvərblóʊn] 形 **1**〈花などが〉盛り[満開]を過ぎた. **2**《格式》〈話・身ぶりなどが〉大げさな, 誇張した.

o・ver・board [óʊvərbɔ̀ːrd] 副 船外に, (船から)水中に: fall *overboard* 船から落ちる.
■ *gò óverboard*《口語・しばしば軽蔑》熱中する, 深入りする.
thrów ... óverboard …を船から水中に捨てる; …を見捨てる, 放棄する.

o・ver・book [òʊvərbúk] 動 自 他〈飛行機・ホテルなどに〉定員を超える予約を取る[受け付ける].

o・ver・bur・den [òʊvərbə́ːrdən] 動 他〔通例, 受け身で〕…に〔負担・責任などを〕負わせすぎる; 〔荷物などを〕積みすぎる [with].

‡**o・ver・came** [òʊvərkéim] 動 **overcome** の過去形.

o・ver・cap・i・tal・i・za・tion [òʊvərkæpətəlizéiʃən / -laiz-] 名 U 資本の過大評価; 過剰投資.

o・ver・cap・i・tal・ize [òʊvərkǽpətəlàiz] 動 他 **1**〈会社〉の資本を過大評価する. **2**〈事業など〉に資本(金)をかけすぎる. ― 自 **1** 資本を過大評価する. **2** 資本(金)をかけすぎる.

o・ver・cast [òʊvərkǽst / -káːst] 形〈空が〉一面に曇った, 雲で覆われた.

o・ver・charge [òʊvərtʃɑ́ːrdʒ] 動 他 **1**〈人〉に[…に対して]不当に高い料金を要求する, 実際より多く請求する [for](↔ undercharge): The repairman *overcharged* me for the job. 修理屋は私に不当な修理代を請求した. **2** …に〔荷などを〕積みすぎる; 〔感情などを〕込めすぎる [with].
― 自 不当に高い料金を要求する [請求]する.

o・ver・cloud [òʊvərkláʊd] 動 他〔通例, 受け身で〕 **1**〈空〉を雲で覆う. **2**〈顔など〉を曇らせる.

****o・ver・coat** [óʊvərkòʊt] 名 C (防寒用の)オーバー, 外套(ぶ)〔比較〕「オーバー」は和製英語): put on [take off] an *overcoat* オーバーを着る[脱ぐ].

‡**o・ver・come** [òʊvərkám] 動 (三単現 **o・ver・comes** [～z]; 過去 **o・ver・came** [-kéim]; 過分 **o・ver・come** [-kám]; 現分 **o・ver・com・ing** [～iŋ]) 他 **1** 〈人〉が〈敵・困難・恐怖など〉に打ち勝つ, …を負かす, 克服する (→ DEFEAT 類義語): She *overcame* all difficulties. 彼女はあらゆる困難に打ち勝った. **2**〔通例, 受け身で〕〈人〉を[…で](精神的・肉体的に)参らせる, 弱らせる [by, with]: He was *overcome by* [*with*] the heat. 彼は暑さで参っていた.
― 自 打ち勝つ; 勝利する.

o・ver・crowd [òʊvərkráʊd] 動 他〈場所〉に[人・ものを]入れすぎる; …を[…で]混雑させる [with].

o・ver・crowd・ed [òʊvərkráʊdid] 形〈場所が〉[…で]込み合った, ひどく混雑した, 超満員の [with].

o・ver・de・vel・op [òʊvərdivéləp] 動 他 **1** …を過度に発達させる. **2**【写】〈フィルム〉を現像しすぎる: *overdeveloped* films 現像過度のフィルム.

o・ver・did [òʊvərdíd] 動 overdo の過去形.

o・ver・do [òʊvərdúː] 動 (三単現 **over・does** [-dʌ́z]; 過去 **over・did** [-díd]; 過分 **over・done** [-dʌ́n]; 現分 **over・do・ing** [～iŋ]) **1** …をやりすぎる, …の度を越す;〈表現など〉を誇張しすぎる: *overdo* exercise 運動しすぎる.
2〈調味料など〉を使いすぎる.
3 〔通例, 受け身で〕…を煮[焼き]すぎる.
■ *overdò it* [*thìngs*] 働きすぎる; 度がすぎる.

o・ver・done [òʊvərdʌ́n] 動 overdo の過去分詞.
― 形 煮[焼き]すぎた (↔ underdone).

o・ver・dose [óʊvərdòʊs] 名 C (薬の)飲みすぎ, 過剰投与: She took an *overdose* of sleeping pills. 彼女は睡眠薬を適量以上に飲んだ.
― 動 [òʊvərdóʊs] 他〈人〉に〈薬〉を与えすぎる, 過剰投与する [with]. ― 自〈薬〉を飲みすぎる [on].

o・ver・draft [óʊvərdræ̀ft / -drɑ̀ːft] 名 C 【商】当座貸し[借り]越し, 過越(ぷ)(《預金残高以上に小切手や手形を振り出すこと》.

o・ver・draw [òʊvərdrɔ́ː] 動 (三単現 **o・ver・draws** [～z]; 過去 **o・ver・drew** [-drúː]; 過分 **o・ver・drawn** [-drɔ́ːn]; 現分 **o・ver・draw・ing** [～iŋ]) 他【商】〈預金〉を超過引き出しする, 借り越す; 〈手形〉を振り出しすぎる, 過越(ぷ)をする.
― 自 超過引き出しをする.

o・ver・drawn [òʊvərdrɔ́ːn] 動 overdraw の過去分詞.
― 形〔通例, 叙述用法〕【商】〈当座預金が〉貸し[借り]越しの;〈手形が〉過振(ぷ)の.

o・ver・dressed [òʊvərdrést] 形 着飾りすぎの.

o・ver・drew [òʊvərdrúː] 動 overdraw の過去形.

o・ver・drive [óʊvərdràiv] 名 C U【機械】オーバードライブ《燃費を節約するために高速走行のままエンジンの回転数を減じるギア》.
■ *gó into óverdrive* **1** オーバードライブにする. **2** 猛烈に働き出す.

o・ver・due [òʊvərdjúː / -djúː] 形 **1** 支払い[返却]期限が過ぎた, 未払いの: The rent is three months *overdue*. 家賃が3か月分たまっている. **2** 期日に遅れた; 〈乗り物などが〉遅れている, 延着の.

****o・ver・eat** [òʊvəríːt] 動 (三単現 **o・ver・eats** [-íːts]; 過去 **o・ver・ate** [-éit / -ét]; 過分 **o・ver・eat・en** [-íːtən]; 現分 **o・ver・eat・ing** [～iŋ]) 自 食べすぎる (eat too much).

o・ver・eat・en [òʊvəríːtn] 動 overeat の過去分詞.

o・ver・em・pha・size [òʊvərémfəsàiz] 動 他 …を強調しすぎる, 過度に強調する.

o・ver・es・ti・mate [òʊvəréstəmèit] 動 (↔ underestimate) 他 …を過大評価する, 買いかぶる.
― 自 過大評価する.
― 名 [òʊvəréstəmət] C 過大評価, 買いかぶり (↔ underestimate).

o・ver・ex・pose [òʊvərikspóʊz] 動 他〈フィルム〉を露出過度にする; …を[…に]さらしすぎる [to](↔ underexpose).

o・ver・ex・po・sure [òʊvərikspóʊʒər] 名 U C 【写】露出過度 (↔ underexposure).

o・ver・feed [òʊvərfíːd] 動 (三単現 **o・ver・feeds**

[-fíːdz]; 過去・過分 **o·ver·fed** [-féd]; 現分 **o·ver·feed·ing** [～iŋ]) [他] 〈人・動物〉に食べさせすぎる.
— [自] 食べすぎる.

o·ver·flew [òuvərflúː] [動] overfly の過去形.

‡**o·ver·flow** [òuvərflóu] (☆ [名] とのアクセントの違いに注意) [動] [自] **1** (川などが) 氾濫(はんらん)**する**; (容器などが) 〔…で〕**あふれる** 〔*with*〕; (水・人などが) 〔…に〕あふれ出る 〔*into, onto*〕: The river *overflows* every year. その川は毎年氾濫する. **2** (心・場所などが) 〔…で〕 いっぱいになる 〔*with*〕: Her heart *overflowed with* joy. 彼女の心は喜びにあふれた.
— [他] **1** (水などが) …から**あふれ出る**, …で氾濫する: The river *overflowed* its banks. 川は両岸で氾濫した. **2** (人・水などが) 〈場所・容器など〉から 〔…へ〕 あふれ出る 〔*into, onto*〕.
— [名] [óuvərflòu] **1** [U][C] (人・ものの) 氾濫; あふれ出たもの [人]. **2** [U][C] (人口・商品などの) 過多, 過剰. **3** [C] (あふれ出た水の) 排出口 [管].

o·ver·flown [òuvərflóun] [動] overfly の過去分詞.

o·ver·fly [òuvərflái] [動] (三単現 **o·ver·flies** [～z]; 過去 **o·ver·flew** [-flúː]; 過分 **o·ver·flown** [-flóun]; 現分 **o·ver·fly·ing** [～iŋ]) [他] …の上空を飛行する; 〈他国〉の領空を侵犯する.

o·ver·grown [òuvərgróun] [形] **1** 〔植物などが〕一面に生い茂った 〔*with*〕: *overgrown* gardens and paths 草の生い茂った庭や小道 / an old house *overgrown with* weeds 雑草のいっぱい生い茂る古い邸宅. **2** [通例, 限定用法] 《しばしば軽蔑》 (人・作物などが) 大きくなりすぎた, 育ちすぎた.
■ *an óvergrown chíld* [*kíd*] (大人なのに) 子供じみた人, 子供っぽい大人.

o·ver·growth [óuvərgròuθ] [名] **1** [an ～] 一面に生い茂ったもの. **2** [U] 繁茂, 過度の成長.

o·ver·hand [óuvərhæ̀nd] [形] **1** 〖球技〗 上手(うわ)投げ [打ちおろし] の (overarm) (↔ underhand): an *overhand* pitch オーバースロー. **2** 〖水泳〗 抜き手の: an *overhand* stroke 抜き手.
— [副] **1** 〖球技〗 上手投げ [打ちおろし] で, オーバースローで. **2** 〖水泳〗 抜き手で.

o·ver·hang [òuvərhǽŋ] (☆ [名] とのアクセントの違いに注意) [動] (三単現 **o·ver·hangs** [～z]; 過去・過分 **o·ver·hung** [-hʌ́ŋ]; 現分 **o·ver·hang·ing** [～iŋ]) [他] **1** …の上にかかる, 上に突き出る, 張り出す. **2** (危険などが) 〈人など〉に迫る. — [自] **1** 突き出る, 張り出す. **2** (危険などが) 迫る.
— [名] [óuvərhæ̀ŋ] [C] [通例, 単数形で] (崖(がけ)などの) 張り出し, 突出部; 〖建〗 張り出し 《バルコニーなど》.

o·ver·haul [òuvərhɔ́ːl] [動] [他] **1** 〈車など〉を分解修理 [点検] する, オーバーホールする; …を徹底的に調べる: have one's car *overhauled* 車をオーバーホールしてもらう. **2** 《英》 …に追いつく; …を追い越す (overtake).
— [名] [óuvərhɔ̀ːl] [C] 分解修理 [点検], 整備, オーバーホール; 精密検査.

‡**o·ver·head** [òuvərhéd] [副] **頭上に** [**で, を**]; (空) 高く; 階上に.
— [形] [óuvərhèd] [限定用法] 頭上の; 高架の.
— [名] [óuvərhèd] [C] **1** [《英》 では通例 ～s] = óverhead cósts 間接経費, 一般諸経費. **2** 〖テニス〗 スマッシュ (smash).
◆ óverhead projéctor [C] オーバーヘッドプロジェクター 《映写装置; 《略語》 OHP》.

***o·ver·hear** [òuvərhíər] [動] (三単現 **o·ver·hears** [～z]; 過去・過分 **o·ver·heard** [-hɔ́ːrd]; 現分 **o·ver·hear·ing** [-híəriŋ]) [他] 〈会話など〉を**たまたま耳にする**, 漏れ聞く; …が 〔…するのを / …しているのを〕 たまたま耳にする 〔*do / doing*〕 (cf. eavesdrop 盗み聞きする): I *overheard* him say he was quitting his job. 私は彼が勤めを辞めると言っているのをたまたま耳にした.

o·ver·heard [òuvərhɔ́ːrd] [動] overhear の過去形・過去分詞.

o·ver·heat [òuvərhíːt] [動] [自] (エンジンなどが) 過熱 [オーバーヒート] する.
— [他] …を過熱 [オーバーヒート] させる.

o·ver·heat·ed [òuvərhíːtid] [形] (景気などが) 過熱した; (人が) かっとした, ひどく興奮した.

o·ver·hung [òuvərhʌ́ŋ] [動] overhang の過去形・過去分詞.

o·ver·in·dulge [òuvərindʌ́ldʒ] [動] [他] …を甘やかしすぎる, わがまま放題にさせる.
— [自] 〔…に〕 夢中になる, ふける 〔*in*〕.

o·ver·is·sue [óuvərìʃuː] [名] [U] (債券などの) 乱発, 過剰発行.

o·ver·joyed [òuvərdʒɔ́id] [形] [叙述用法] 〔…に / …して〕 大喜びの, 有頂天の 〔*at, with / to do*〕.

o·ver·kill [óuvərkìl] [名] [U] **1** (特に核兵器の) 過剰殺傷 [破壊] 力. **2** 過剰, やりすぎ.

o·ver·lad·en [òuvərléidən] [形] 〔…の〕 荷を積みすぎた; 〔…で〕 飾り [入れ] すぎた 〔*with*〕.

o·ver·laid [òuvərléid] [動] overlay¹ の過去形・過去分詞.

o·ver·lain [òuvərléin] [動] overlie の過去分詞.

***o·ver·land** [óuvərlæ̀nd] [形] [限定用法] **陸上** [**陸路**] **の**. — [副] 陸上で [を], 陸路で [を].

‡**o·ver·lap** [òuvərlǽp] [動] (三単現 **o·ver·laps** [～s]; 過去・過分 **o·ver·lapped** [～t]; 現分 **o·ver·lap·ping** [～iŋ]) [自] 〔…と〕 (部分的に) **重なる**, 共通点がある 〔*with*〕: Economics and politics *overlap*. 経済学と政治学は共通する部分がある.
— [他] …を重ね合わせる; …より外にはみ出す: The tiles on the roof *overlap* one another. 屋根瓦(がわら)は互いに重なり合っている.
— [名] [óuvərlæ̀p] [U] 重複, 重なり; [C] 重複する部分: an *overlap* of 50 cm 50センチの重複部分.

o·ver·lay¹ [òuvərléi] [動] (三単現 **o·ver·lays** [～z]; 過去・過分 **o·ver·laid** [-léid]; 現分 **o·ver·lay·ing** [～iŋ]) [他] [通例, 受け身で] …を 〔…で〕 覆う; …に 〔…を〕 かぶせる, 上塗り [上張り] をする 〔*with*〕.
— [名] [óuvərlèi] [C] 覆い, 上張り, 上敷き.

o·ver·lay² [動] overlie の過去形.

o·ver·leaf [óuvərlìːf / òuvərlíːf] [副] 裏面に, 裏 [次ページ] に: See *overleaf*. 裏 (面) をご覧ください.

o·ver·lie [òuvərlái] [動] (三単現 **o·ver·lies** [～z]; 過去 **o·ver·lay** [-léi]; 過分 **o·ver·lain** [-léin]; 現分 **o·ver·ly·ing** [-láiiŋ]) [他] …の上に横たわる, …の上を覆う; 添い寝して誤って〈赤ん坊〉を窒息させる.

o·ver·load [òuvərlóud] [動] [他] **1** …に荷を積みすぎる; 負担をかけすぎる. **2** 〈回路など〉に電流を流

O

しすぎる, 〈バッテリーなど〉に充電しすぎる.
— 名 [óuvərlòud] C [通例, 単数形で] **1** 過積載; 荷重な負担. **2** [電気] 過負荷.

*o·ver·look [òuvərlúk] 動 他 **1** …を見下ろす, 見渡す: The hotel *overlooks* the ocean. ホテルからは海が見渡せる. **2** …を見落とす, 見逃ごす: I *overlooked* a spelling error. 私はつづりミスを見落とした. **3** …を大目に見る, 見逃す: Please *overlook* his carelessness. 彼の不注意は大目に見てやってください. **4** …を監督[監視]する.

o·ver·lord [óuvərlɔ̀:rd] 名 C [史] (諸侯の上に立つ封建時代の) 君主.

o·ver·ly [óuvərli] 副 [しばしば否定文で] 過度に, あまりに; 非常に.

o·ver·manned [òuvərmǽnd] 形 (工場などが) 人員過剰の (overstaffed) (↔ undermanned).

o·ver·mas·ter [òuvərmǽstər / -má:s-] 動 他《文語》…を圧倒する; …を克服する.

o·ver·much [òuvərmʌ́tʃ] 副《文語・こっけい》過度に; [否定文で] あまり (…でない): I don't like tea *overmuch*. 紅茶はあまり好きでない.

‡o·ver·night [òuvərnáit] 副 **1** 夜通し, ひと晩じゅう: I stayed *overnight* at his house. 私は彼の家に1泊した. **2**《口語》一夜のうちに, 突然に: He became a celebrity *overnight*. 彼はたちまち有名人になった. **3** 前の晩に: She made preparations *overnight* for an early start. 早朝の出発に備えて彼女は前の晩に旅に準備をしていた.
— 形 [óuvərnàit] [限定用法] **1** 夜通しの, 晩じゅうの; 前夜からの. **2** ひと晩の, 1泊の; 1泊用の, 短期旅行用の: an *overnight* bag 1泊旅行用のバッグ. **3**《口語》あっという間の, 突然の: an *overnight* success またたく間の成功.

o·ver·paid [òuvərpéid] 動 overpay の過去形・過去分詞.

o·ver·pass [óuvərpæ̀s / -pɑ̀:s] 名 C 《米》(立体交差の) 高架道路, 陸橋, 歩道橋《英》flyover].

o·ver·pay [òuvərpéi] 動 (三単現 **o·ver·pays** [~z]; 過去・過分 **o·ver·paid** [-péid]; 現分 **o·ver·pay·ing** [~iŋ]) 他 […に対して] …だけ余計に払う [*for*]; 〈人〉に報酬を払いすぎる (↔ underpay).

o·ver·play [òuvərpléi] 動 他 **1** …の (価値・重要性など) を誇張しすぎる (↔ underplay). **2** 〈役〉を大げさに演じる.
■ *overpláy* one's *hánd* 自分の力を過信する.

o·ver·pop·u·lat·ed [òuvərpápjulèitid / -pɔ̀p-] 形 人口過剰の (↔ underpopulated).

o·ver·pop·u·la·tion [òuvərpàpjuléiʃən / -pɔ̀p-] 名 U 人口過剰 [過密].

o·ver·pow·er [òuvərpáuər] 動 他〈相手〉を負かす; 圧倒する: He was *overpowered* by the heat. 彼は暑さに参ってしまった.

o·ver·pow·er·ing [òuvərpáuəriŋ] 形 **1** 圧倒的な, 強烈な, 抗しがたい: an *overpowering* smell 耐えがたいにおい. **2** (人が) 威圧 [高圧] 的な.

o·ver·priced [òuvərpráist] 形 値段が高すぎる.

o·ver·pro·duc·tion [òuvərprədʌ́kʃən] 名 U 過剰生産.

o·ver·proof [òuvərprú:f] 形 (酒類が) 標準強度以上のアルコール分を含んだ.

o·ver·pro·tect [òuvərprətékt] 動 他 〈子供〉を過保護にする.

o·ver·pro·tec·tive [òuvərprətéktiv] 形 過保護の.

o·ver·ran [òuvərrǽn] 動 overrun の過去形.

o·ver·rate [òuvərréit] 動 他 [しばしば受け身で] …を過大評価する, 買いかぶる (↔ underrate).

o·ver·reach [òuvərrí:tʃ] 動 他 **1** …を越えて延びる. **2** …を出し抜く.
■ *overréach* oneself 無理をしてしくじる.

o·ver·re·act [òuvərriǽkt] 動 自 [… に] 過剰反応する [*to*].

o·ver·re·ac·tion [òuvərriǽkʃən] 名 C U 過剰反応, 行きすぎた反応.

o·ver·rid·den [òuvərrídən] 動 override の過去分詞.

o·ver·ride [òuvərráid] 動 (三単現 **o·ver·rides** [-ráidz]; 過去 **o·ver·rode** [-róud]; 過分 **o·ver·rid·den** [-rídən]; 現分 **o·ver·rid·ing** [~iŋ]) 他 **1** …に優先する. **2**〈命令・要求など〉を無視する;〈決定など〉をくつがえす. **3** …を踏みつぶす [にじる].

o·ver·rid·ing [òuvərráidiŋ] 形 [限定用法] 最優先の, 最も重要な.

o·ver·rode [òuvərróud] 動 override の過去形.

o·ver·rule [òuvərrú:l] 動 他 (権限で)〈決定など〉をくつがえす, 却下する, 無効にする: The judge *overruled* the previous decision. 裁判官は [二] 審の判決をくつがえした.

*o·ver·run [òuvərrʌ́n] 動 (三単現 **o·ver·runs** [~z]; 過去 **o·ver·ran** [-rǽn]; 過分 **o·ver·run** [-rʌ́n]; 現分 **o·ver·run·ning** [~iŋ]) 他 **1** [しばしば受け身で] …を荒らす, 侵略する. **2** [しばしば受け身で] (害虫などが) …に群がる, (雑草などが) …にはびこる; (人が) 押し寄せる: The field *was overrun* with [by] weeds. 野原には雑草が生い茂っていた. **3**〈期限・範囲など〉を超える: The lecturer *overran* his time. 講演者は持ち時間を超過した. **4** [野球]〈塁〉をオーバーランする.
— 自 (川・水が) あふれる, 氾濫する; 超過する; [野球] オーバーランする.
— 名 C 行きすぎ; (予算・時間などの) 超過.

o·ver·saw [òuvərsɔ́:] 動 oversee の過去形.

‡o·ver·seas [òuvərsí:z] 副 [比較なし] 海外 [外国] へ [で] (abroad): live *overseas* 海外で暮らす / students *overseas* 外国で学んでいる留学生.
— 形 [比較なし; 限定用法] 海外の, 外国の; 海外向けの; 外国からの: *overseas* students 外国からの留学生 / an *overseas* broadcast 外国向け放送.

*o·ver·see [òuvərsí:] 動 (三単現 **o·ver·sees** [~z]; 過去 **o·ver·saw** [-sɔ́:]; 過分 **o·ver·seen** [-sí:n]; 現分 **o·ver·see·ing** [~iŋ]) 他〈作業・従業員など〉を監督する, 見張る.

o·ver·se·er [óuvərsì:ər] 名 C 監督者, 職長.

o·ver·sell [òuvərsél] 動 (三単現 **o·ver·sells** [~z]; 過去・過分 **o·ver·sold** [-sóuld]; 現分 **o·ver·sell·ing** [~iŋ]) 他 **1** …を (在庫・配送能力を超えて) 売りすぎる. **2**《口語》…をほめすぎる.

o·ver·shad·ow [òuvərʃǽdou] 動 他 **1** …に影を投げかける, …を暗くする: Oak trees *overshadow* the garden. オークの木が庭に影を作って

o·ver·shoe [óuvərʃùː] 图 C (通例 ~s) オーバーシューズ (防寒・防水のために靴の上に履く).

o·ver·shoot [òuvərʃúːt] 動 (三単現 **o·ver·shoots** [-ʃúːts]; 過去・過分 **o·ver·shot** [-ʃát/-ʃɔ́t]; 現分 **o·ver·shoot·ing** [~iŋ]) 他 **1** 〈標的〉をはずす. **2** 〈目的地点〉を行き過ぎる; 〈滑走路〉をオーバーランする.
— 自 行き過ぎる.
■ *overshoot the márk* 度を越す, やりすぎる.

o·ver·shot [òuvərʃát/-ʃɔ́t] 動 overshoot の過去形・過去分詞.

o·ver·sight [óuvərsàit] 图 **1** U C 見落とし, 不注意: *by* [*through*] (*an*) *oversight* 不注意で[に], 不注意で. **2** U [*or* an ~] 監督, 監視.

o·ver·sim·pli·fi·ca·tion [òuvərsìmpləfikéiʃən] 图 U C 過度の単純化.

o·ver·sim·pli·fy [òuvərsímpləfài] 動 (三単現 **o·ver·sim·pli·fies** [~z]; 過去・過分 **o·ver·sim·pli·fied** [~d]; 現分 **o·ver·sim·pli·fy·ing** [~iŋ]) 他 …を過度に単純化する, 単純[簡素]化しすぎる.

o·ver·size [òuvərsáiz], **o·ver·sized** [-sáizd] 形 特大の; 大きすぎる.

***o·ver·sleep** [òuvərslíːp] 動 (三単現 **o·ver·sleeps** [~s]; 過去・過分 **o·ver·slept** [-slépt]; 現分 **o·ver·sleep·ing** [~iŋ]) 自 寝過ごす, 寝坊する.

o·ver·slept [òuvərslépt] 動 oversleep の過去形・過去分詞.

o·ver·sold [òuvərsóuld] 動 oversell の過去形・過去分詞.

o·ver·spend [òuvərspénd] 動 (三単現 **o·ver·spends** [-spéndz]; 過去・過分 **o·ver·spent** [-spént]; 現分 **o·ver·spend·ing** [~iŋ]) 自〈資力以上に〉[…に] 金をかけすぎる[使いすぎる] [*on*].
— 图 [óuvərspènd] C (英) (予算) 超過, むだ使い (overrun).

o·ver·spent [òuvərspént] 動 overspend の過去形・過去分詞.

o·ver·spill [óuvərspìl] 图 U C [通例, 単数形で] (英) (過密のために) 都心から郊外へ移り住む人々; (人・ものの) 過剰.

o·ver·staffed [òuvərstǽft/-stáːft] 形 (会社などの) 人員[従業員]が多すぎる, 人員過剰の (↔ understaffed).

o·ver·state [òuvərstéit] 動 他 …を大げさに言う, 誇張する (↔ understate).

o·ver·state·ment [òuvərstéitmənt] 图 **1** U 誇張. **2** C 誇張表現 (↔ understatement).

o·ver·stay [òuvərstéi] 動 他 …の限度を越えて長居する (outstay).

o·ver·step [òuvərstép] 動 (三単現 **o·ver·steps** [~s]; 過去・過分 **o·ver·stepped** [~t]; 現分 **o·ver·step·ping** [~iŋ]) 他 …を踏み越す; …の限界を越す: *overstep the mark* やりすぎる, 度を越す.

o·ver·stock [òuvərstɑ́k/-stɔ́k] 動 他 …に〈商品などを〉供給しすぎる, 仕入れすぎる [*with*].

o·ver·sub·scribed [òuvərsəbskráibd] 形 (株式・債券・入場券などが) 申し込みが多すぎる.

o·ver·sup·ply [òuvərsəplái] (☆ 動 とのアクセントの違いに注意) 图 (複 **o·ver·sup·plies** [~z]) U C 供給過剰.
— 動 [òuvərsəplái] (三単現 **o·ver·sup·plies** [~z]; 過去・過分 **o·ver·sup·plied** [~d]; 現分 **o·ver·sup·ply·ing** [~iŋ]) 他 …を供給しすぎる.

o·vert [ouvə́ːrt] 形 [通例, 限定用法] (格式) 明白な, 公然の, 隠し立てのない (↔ covert).

***o·ver·take** [òuvərtéik] 動 (三単現 **o·ver·takes** [~s]; 過去 **o·ver·took** [-túk]; 過分 **o·ver·tak·en** [-téikən]; 現分 **o·ver·tak·ing** [~iŋ]) 他 **1** …に追いつく (catch up with); 〈他の車・走者など〉を追い越す; (規模・成果などで) …を上回る: Supply will *overtake* demand. 供給は やがて需要を上回る. **2** 〈仕事など〉の遅れを取り戻す. **3** [通例, 受け身で] 〈事件・災難・恐怖など〉が …に襲いかかる, 突然 …の身にふりかかる: *be overtaken* by a storm あらしに襲われる.
— 自 (英) (車が) 追い越しをする: No *overtaking*. (掲示) 追い越し禁止 ((米) No passing.).

***o·ver·tak·en** [òuvərtéikən] 動 overtake の過去分詞.

o·ver·tax [òuvərtǽks] 動 他 **1** …に無理を強いる, 過度の負担をかける, …を酷使する: *overtax* oneself 無理をする. **2** …に重税をかける [課す].

ò·ver-the-cóunt·er 形 [限定用法] **1** (米) (証券などが) 店頭取引の ((略語) OTC). **2** (薬が) 処方箋(せん)なしで買える ((略語) OTC).

o·ver·threw [òuvərθrúː] 動 overthrow の過去形.

***o·ver·throw** [òuvərθróu] 動 (三単現 **o·ver·throws** [~z]; 過去 **o·ver·threw** [-θrúː]; 過分 **o·ver·thrown** [-θróun]; 現分 **o·ver·throw·ing** [~iŋ]) 他 **1** 〈政府・体制など〉を転覆させる, 打倒する; 〈制度など〉を廃止する: *overthrow* the traditional beliefs 因襲的な考え方を打破する. **2** …をひっくり返す, 倒す. **3** (野球) …に暴投する.
— 图 [óuvərθròu] C **1** [通例 the ~] 転覆, 打倒: the *overthrow* of the old order 旧体制の打倒. **2** (球技) 暴投. (比較) 日本語の「オーバースロー」に相当する英語は overhand pitch).

***o·ver·thrown** [òuvərθróun] 動 overthrow の過去分詞.

***o·ver·time** [óuvərtàim] 图 U **1** 時間外 [超過] 勤務, 残業: do *overtime* 残業をする / unpaid *overtime* 無報酬[サービス]残業. **2** 超過勤務[残業] 手当: earn *overtime* 残業代を稼ぐ. **3** (米) [スポーツ] 延長時間; 延長戦 ((略語) OT) ((英) extra time).
— 副 時間外に: work *overtime* 残業をする.
— 形 [限定用法] 時間外 [超過勤務] の: *overtime* pay 超過勤務[残業] 手当.

o·vert·ly [ouvə́ːrtli] 副 (格式) 明白に, 公然と, 隠し立てせずに (↔ covertly).

o·ver·tone [óuvərtòun] 图 C **1** 〔音楽〕上音, 倍音. **2** [通例 ~s] (言葉の) 含み, 含蓄, ニュアンス: There were racial *overtones* in his remarks. 彼の発言には人種差別的な含みがあった.

***o·ver·took** [òuvərtúk] 動 overtake の過去形.

***o·ver·top** [òuvərtɑ́p/-vətɔ́p] 動 (三単現 **o·ver·tops** [~s]; 過去・過分 **o·ver·topped** [~t];

overture | 1104 | **own**

現分 **o·ver·top·ping** [~iŋ]

o·ver·ture [óuvərtʃùər] 名C 1 〖音楽〗序曲, 前奏曲. 2 [しばしば~s]〖交渉・協定などの/…への〗申し入れ, 提案〖*of, for / to*〗: make *overtures of peace to* ... …に和平交渉を申し出る.

*__o·ver·turn__ [òuvərtə́:rn] 動 他 1 …をひっくり返す, 横転[転覆]させる; 〈決定など〉をくつがえす(upset): My car was *overturned* in the accident. 私の車は事故で横転した. 2 〈政府など〉を打倒する. ― 自 ひっくり返る, 横転[転覆]する.

o·ver·use [òuvərjú:z] (☆ 名 とのアクセントの違いに注意) 動 他 …を使いすぎる, 酷使[乱用]する.
― 名 [óuvərjú:s] U 使いすぎ, 酷使, 乱用.

o·ver·val·ue [òuvərvǽljuː] 動 他 …を過大評価する, 重視しすぎる.

o·ver·view [óuvərvjùː] 名C 概観, 総覧, 大要.

o·ver·ween·ing [òuvərwíːniŋ] 形 [通例, 限定用法]《格式》うぬぼれた, 尊大な, 生意気な.

o·ver·weigh [òuvərwéi] 動 他 1 …より重い, 重要である. 2 …を圧迫[圧倒]する.

o·ver·weight [óuvərwèit] (☆ 名 とのアクセントの違いに注意) 形 […だけ] 重量超過の; 太りすぎの [*by*] (↔ underweight).
― 名 [óuvərwèit] U 重量超過, 太りすぎ.

*__o·ver·whelm__ [òuvərhwélm] 動 他 1 〈数・力・勢いで〉…を圧倒する, やっつける: They were *overwhelmed* by the enemy. 彼らは敵に圧倒された. 2 [しばしば受け身で] …を[…で] (精神的に)苦しめる, 困惑させる, 途方に暮れさせる [*with, by*]: I was *overwhelmed with* [*by*] the news. 私はその知らせに打ちひしがれた. 3《文語》(洪水などが)…を埋没させる, 飲み込む.

*__o·ver·whelm·ing__ [òuvərhwélmiŋ] 形 [通例, 限定用法] (数・勢力などが) 圧倒的な.
o·ver·whelm·ing·ly [~li] 副 圧倒的に.

*__o·ver·work__ [òuvərwə́:rk] 動 他 〈人・動物〉を働かせすぎる, 酷使する; 〈文・言葉〉を使いすぎる: *overwork* oneself 働きすぎる.
― 自 働きすぎる: If you *overwork*, you'll get ill. 働きすぎると体をこわすよ.
― 名 U 働きすぎ, 過労.

o·ver·worked [òuvərwə́:rkt] 形 1 過労の, 酷使された. 2 使いすぎの, 使い古された.

o·ver·write [òuvərráit] 動 (三単現 **o·ver·writes** [-ráits]; 過去 **o·ver·wrote** [-róut]; 過分 **o·ver·writ·ten** [-rítən]; 現分 **o·ver·writ·ing** [~iŋ]) 他 1 …を詳しく書きすぎる, 凝った文体で書く. 2 〖コンピュータ〗〈データ〉を上書きする.

o·ver·wrought [òuvərró:t] 形 1 興奮[緊張]しすぎた. 2 〈文体・細工など〉凝り[飾り]すぎた.

o·vip·a·rous [ouvípərəs] 形 〖生物〗卵生の (cf. viviparous 胎生の).

o·void [óuvɔid] 形 卵形の. ― 名C 卵形のもの.

ov·u·late [ávjulèit / ɔ́v-] 動 自 〖生物・生理〗排卵する.

ov·u·la·tion [àvjuléiʃən / ɔ̀vjuː-] 名 U C 〖生物・生理〗排卵.

o·vum [óuvəm] 名 (複 **o·va** [óuvə]) C 〖生物〗卵子, 卵.

ow [áu] 間 うっ, 痛いっ (◇突然の痛みなどを表す).

*__owe__ [óu] 動 (三単現 **owes** [~z]; 過去・過分 **owed** [~d]; 現分 **ow·ing** [~iŋ])
― 他 [通例, 進行形不可] 1 (a) [owe+O (+*for* ...)] 〈人〉に (…のことで) 金を借りている; 〈金〉を(…のことで)借りている: I *owe* him *for* the ticket. 私は彼に切符代の借りがある / We still *owe* two hundred thousand dollars *for* the house. 私たちはまだ家のローンが20万ドル残っている.
(b) [owe+O+O / owe+O+*to* ...] 〈人〉に〈金〉を借りている, 〈人〉に〈金〉を支払う義務がある: I *owe* you $200. = I *owe* $200 *to* you. 私はあなたに200ドルを借りている (◇略式の借用証書では IOU $200 と書く) / How much do I *owe* you? = What do I *owe* you? ― That'll be seventy dollars. おいくらですか― 70ドルになります.

2 [owe+O+*to* ...] 〈人〉に~のことで恩義を受けている: I *owe* my success *to* you. 私が成功したのはあなたのおかげです / He *owes* it *to* his wife that he has been a successful statesman. 彼は夫人のおかげで政治家として成功できた.

3 [owe+O+O / owe+O+*to* ...] 〈人〉に〈義務など〉を負っている; 〈人〉に〈ある感情〉を抱いている: I *owe* you an apology for being late. 遅刻したことをあなたにおわびしなくてはなりません / She *owes* him a letter. = She *owes* a letter *to* him. 彼女は彼に手紙を出さなくてはならない.
― 自 […の] 借りがある [*for*]: I still *owe for* the car. 私にはまだ車のローンが残っている.

*__ow·ing__ [óuiŋ] 形 [通例, 叙述用法] 〈金が〉[…に] 借りとなっている, 未払いの [*to*].
■ **ówing to ...** …のために, …が原因で (because of): *Owing to* the rain, the match was canceled. 試合は雨で中止になった.

‡**owl** [ául] 名C 1 〖鳥〗フクロウ, ミミズク《英知の象徴; → CRY 表》: (as) wise as an *owl* 非常に賢い. 2 夜更かしをする人. 3 取りすました人.

owl·et [áulət] 名C フクロウ (owl) の子.

owl·ish [áuliʃ] 形 〈顔が〉フクロウのような [に似た]《特に丸顔で, めがねをかけて賢そうな人を言う》.

‡‡**own** [óun] 形【原義は「所有された」】
― 形 [「所有格+own」で] 1 自分自身の, …自身の, 独特の, 特有の: Use your *own* pencil. 自分の鉛筆を使いなさい / My sister makes her *own* everyday clothes. 姉は自分の普段着は自分で作る / Each nation has its *own* customs. 各民族にはそれぞれ独特の慣習がある.

2 独自の, 自分自身でする: I must do it in my *own* way. 私はそれを自分独自の流儀でやらないわけにはいかないのです.

3 (肉親などが) 実の, 血を分けた: He is my *own* father. 彼は実の父です.

4 [(代) 名詞的に] 自分自身のもの: He carried her bag and his *own*. 彼は彼女と自分のかばんを持ち歩いた / This computer is my *own*. このコ

owner

■ (áll) on one's ówn 1 ひとりで, 単独で (alone): My aunt lives all *on her own*. おばは独り暮らしです. 2 独力で, 自分の力で: My son made this kite *on his own*. 息子はだれの力も借りずにこの凧(⊖)を作った.

cóme into one's ówn (財産・地位・名声などが)手に入る; 真価を認められる, 本領を発揮する.

gèt [háve] one's ówn báck 《口語》[…に]復讐(ふ゛)する, 仕返しをする [*on*].

hóld one's ówn […に対して]自分の立場を守り通す, 屈しない [*against*]; (病人が) 持ちこたえる.

of one's ówn [直前の名詞を修飾して] 1 …自身の, 自分だけの: He seems to be living in a world *of his own*. 彼は自分だけの世界に閉じこもっているように見える. 2 (それ, その人) 独特の: Her way of speaking has a charm *of its own*. 彼女の話し方には(彼女)独特の魅力がある.

... of one's ówn dóing 自分自身で~した…: She always carries a handbag *of her own* making. 彼女はいつも自分で作ったハンドバッグを持ち歩いている.

— 動 他 [進行形不可] 1 …を所有する, 持っている (◇ have よりも《格式》): Bill's father *owns* a grocery store in town. ビルのお父さんは町に食料雑貨店を持っている / She *owned* the Wimbledon championship for three years straight. 彼女は3年間続けてウィンブルドンのテニス選手権を保持した.

2《古風》…を […であると] 認める (admit), 白状する [*as, to be*]: He would not *own* his error. 彼は自分の誤りを認めようとはしなかった.

— 自 《古風》[…に]自白する, 認める [*to*]: He *owned to* the theft. 彼は窃盗を白状した.

■ ówn úp 《口語》[…を]すっかり白状する, 素直に認める [*to*]: No one *owned up to* having stolen the money. 金を盗んだことを認めた者はなかった.

◆ ówn góal [C]《英》 1 [サッカー] オウンゴール, 自殺点. 2 《口語》意図が裏目に出た言動, 失言.

ówn·er [óunər]
— 名 (複 own·ers [~z]) [C] 持ち主, 所有者: a house *owner* 家屋所有者 / a part *owner* of the company その会社の共同所有者 / He is the *owner* of this yacht. 彼はこのヨットの持ち主です (= He owns this yacht.).

ówn·er-óc·cu·pi·er [名][C]《英》持ち家に住んでいる人, 自宅所有者 (cf. tenant 借家人).

ówn·er·ship [óunərʃip] 名 [U] 所有者であること, 所有(権): the *ownership* of the land その土地の所有権.

óx [áks / ɔ́ks]
— 名 (複 ox·en [áksn / ɔ́ksn]) [C] (労役用に去勢した) 雄牛, (一般に) 牛《労働・忍耐などの象徴; → cow [関連語]》: (as) strong as an *ox* (雄牛のように) とても強い.

Ox·bridge [áksbridʒ / ɔ́ks-] 名 [U]《英・時に軽蔑》オックスブリッジ《オックスフォード (Oxford)・ケンブリッジ (Cambridge) の両大学をさす; 名門大学の象徴; cf. redbrick 赤れんが大学, Ivy League アイビーリーグ》.

ox·cart [ákskɑːrt / ɔ́ks-] 名 [C] 牛車.

óx·en [áksn / ɔ́ksn] 名 ox の複数形.

Ox·ford [áksfərd / ɔ́ks-] 名 1 圀 オックスフォード《England 南部の都市. オックスフォード大学の所在地》. 2 = OXFORDSHIRE (↓). 3 [C]《畜》英国産の角のない大型の羊.

◆ Óxford Univérsity 圀 オックスフォード大学《12世紀創立の英国最古の, 代表的な大学》.

Ox·ford·shire [áksfərdʃər / ɔ́ks-] 名 圀 オックスフォードシャー《England 南部の州. Oxford とも言う》.

ox·i·dant [áksədənt / ɔ́k-] 名 [C]【化】オキシダント《強酸化性物質の総称. 光化学スモッグの主因》.

ox·i·da·tion [àksədéiʃən / ɔ̀k-] 名 [U]【化】酸化.

ox·ide [áksaid / ɔ́k-] 名 [U][C]【化】酸化物.

ox·i·di·za·tion [àksədizéiʃən / ɔ̀k-] 名 [U] 酸化.

ox·i·dize [áksədàiz / ɔ́k-] 動 他 …を酸化させる; さびつかせる. — 自 酸化する; さびる.

Ox·on [áksan / ɔ́ksɔn] 名 = OXFORDSHIRE《◇特に住所の表示に用いる》.

Ox·o·ni·an [aksóuniən / ɔk-] 形 オックスフォード (大学) の《略記》Oxon》.
— 名 [C] オックスフォード大学生 [出身者]; オックスフォード生まれの人.

ox·tail [ákstèil / ɔ́ks-] 名 [U][C] オックステール, 牛の尾《スープ用》.

ox·y·a·cet·y·lene [àksiəsétəlin, -lìːn / ɔ̀k-] 名 [U]【化】酸素アセチレン.

óx·y·gen [áksidʒən / ɔ́k-] 名 [U]【化】酸素《元素記号》O》: lack of *oxygen* 酸欠.

◆ óxygen màsk [C]【医】酸素マスク.
óxygen tènt [C]【医】酸素テント.

ox·y·gen·ate [áksidʒənèit / ɔ́k-] 動 他【化】…を酸素で処理する, …に酸素を加える.

ox·y·gen·a·tion [àksidʒənéiʃən / ɔ̀k-] 名 [U] 酸素処理; 酸化.

óys·ter [óistər] 名 [C] カキ《貝》: (as) close as an *oyster* 非常に無口な [口の固い] / Never eat an *oyster* unless there's an R in the month. 月のつづりにRのない月 (5-8月) にはカキを食べるな.

■ The wórld is one's óyster. 世界は…の思い通りである.

◆ óyster bèd [C] カキ養殖場.
óyster càtcher [C]【鳥】ミヤコドリ.

oz, oz. 《略語》= ounce(s) オンス《◇重さの単位》.

*o·zone [óuzoun] 名 [U] 1【化】オゾン. 2《口語》(海辺などの) 新鮮で (健康によい) 空気.

◆ ózone hòle [C]【気象】オゾンホール《南極上空などの極端にオゾンが減少しているオゾン層》.
ózone làyer [the ~]【気象】オゾン層.

ó·zone-frìend·ly 形 (製品などが) オゾン (層) にやさしい, オゾン (層) を破壊しない.

ozs. 《略語》= ounces オンス《◇重さの単位》.

P p

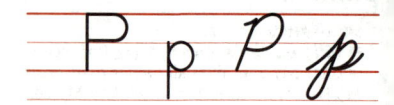

p, P [píː] 名 (複 **p's, ps, P's, Ps** [~z]) **1** ©U ピー《英語アルファベットの16番目の文字》. **2** © [大文字で] P字形のもの.
■ **mínd one's p's and q's** 言行に注意する.

p[1] 《略語》《英口語》= pence, penny: **6** *p* 6ペンス (◇ six pence または six p [píː] と読む).

p[2] 《略語》= *piano*[2]《音楽》弱い.

P[1] 《元素記号》= *phosphorus* リン.

P[2] 《略語》= *parking* 駐車場所.

p.[1] 《略語》= *page* ページ (◇複数形は pp. [péidʒiz]): *p.* 7 7ページ (= page seven) / 20 *pp.* 20ページ (= twenty pages)(◇総数を表す) / *pp.* 5–8 5ページから8ページまで (= from page five to page eight = pages five to eight).

p.[2] 《略語》= *participle* 分詞; *past* 過去 (時制).

*__pa__ [páː] 名©[しばしば P-]《主に米口語・古風》お父ちゃん (cf. ma お母ちゃん)(◇ *papa* の略. 通例, 無冠詞. 現在では dad, daddy が一般的).

PA[1] 《郵略語》= *Pennsylvania*.

PA[2] 《略語》= *personal assistant* 個人秘書; *public address system* 拡声装置.

Pa. 《略語》= *Pennsylvania*; *pascal*.

p.a. 《略語》= *per annum* 1年あたり.

***__pace__ [péis]
名 動 【原義は「歩幅」】
— 名 (複 **pac·es** [~iz]) © **1** [単数形で] (歩行・物事の進行などの) <u>速度</u>, 歩調, ペース, テンポ: at a good *pace* かなりの速さで / at a snail's *pace* のろのろと / quicken [slow] one's *pace* 歩調を速める [ゆるめる] / walk at a quick *pace* 早足で歩く / They work at their own *pace*. 彼らはマイペースで仕事をする / He can't stand with the *pace* of the life in Tokyo. 彼は東京の生活のテンポに耐えられない.

2 歩, 1歩 (step); 歩幅 (◇通例, 約75センチ): take two *paces* forward 2歩前進する.

3 [単数形で] 馬の歩き方; 側対歩 (amble)《馬が同じ側の前後の足を同時に上げる歩き方》.

■ **fórce the páce** ペースを上げて走る; 普通より早く行う.

kèep páce with ... …と同じ速さで行く, …に遅れをとらない.

pùt ... through ...'s páces …の力量を試す.

sèt the páce 先導して歩調を定める; 模範を示す.

shów [gò through] one's páces 力量を示す.

— 動 ⊜ **1** [通例, 副詞(句)を伴って] ゆっくり歩く; (心配・不安などのために) 行ったり来たりする: He was *pacing* up and down in front of the operating room. 彼は手術室の前を行ったり来たりしていた. **2** (馬が) 側対歩で行く.

— 動 ⊕ **1** …をゆっくり歩く; (心配・不安などのために) 行ったり来たりする: *pace* the room 部屋の中を歩き回る.

2 …を歩いて測る, 歩測する (*off, out*).

3 【スポーツ】〈走者・騎手など〉にペースを示す.

pace·mak·er [péismèikər] 名© **1** (先頭に立って) 速度を決める競走者, ペースメーカー; 先導者. **2** 【医】ペースメーカー《脈拍調整装置》.

pace·set·ter [péissètər] 名© = PACEMAKER **1** (↑).

pach·y·derm [pækidə:rm] 名©【動物】厚皮動物《カバ・象・サイなど》.

*__pa·cif·ic__ [pəsífik] 【peace と同語源】 形 穏やかな; 平和を愛する.

***__Pa·cif·ic__ [pəsífik]
形 名
— 形 太平洋の: the *Pacific* states (米国の) 太平洋沿岸諸州.
— 名 [the ~] = Pacific Ócean 太平洋 (→ OCEAN 関連語): He sailed across the *Pacific* by himself. 彼は船で太平洋を単独横断した.
◆ **Pacífic (Stándard) Tìme** U《米》太平洋標準時 (《略語》PST).

pac·i·fi·ca·tion [pæsəfikéiʃən] 名 U 静めること, 鎮静化; 和解; 平和の回復.

pac·i·fi·er [pæsəfàiər] 名© **1** 《米》(乳児の) おしゃぶり (《英》dummy). **2** 調停 [なだめる] 人.

pac·i·fism [pæsəfizəm] 名 U 平和主義.

pac·i·fist [pæsəfist] 名©平和主義者, 反戦論者.
— 形 平和主義者の, 反戦の.

pac·i·fy [pæsəfài] 動 (三単現 **pac·i·fies** [~z]; 過去・過分 **pac·i·fied** [~d]; 現分 **pac·i·fy·ing** [~iŋ]) ⊕ **1** …を静める, なだめる. **2** …の平和を回復する, …を鎮定する.

***__pack__ [pæk]
動 名
— 動 (三単現 **packs** [~s]; 過去・過分 **packed** [~t]; 現分 **pack·ing** [~iŋ])
— ⊕ **1** (a) [pack+O]〈もの〉の<u>荷造りをする</u>;〈容器〉にものを詰める;〈もの〉を [容器に] 詰める [*into*]: *pack* a suitcase スーツケースに荷物を詰める / All the books were *packed into* cardboard boxes. すべての本は段ボール箱に詰められた. (b) [pack+O+with ...] …で〈容器〉をいっぱいにする: The cooler was *packed* with fish. クーラーボックスは魚でいっぱいだった.
(c) [pack+O+O / pack+O+for ...]〈人〉に〈もの〉を詰めてやる: Do you *pack* your child a lunch every day? = Do you *pack* a lunch *for* your child every day? あなたは毎日お子さんにお弁当を作ってあげますか.

2 [通例, 受け身で]〈人〉を [場所に] 詰め込む [*in, into*];〈場所〉に〈人〉を詰め込む [*with*]: Hundreds of people *were packed in* the train. 何百人も

の人々が列車にぎっしり乗っていた / The stadium *was packed with* fans. 球場はファンでいっぱいだった.
3 …にパッキング[詰め物]を当てる;[割れ物などの周囲に]〈詰め物〉をする[*round, around*]: *Pack* the water pipes. 水道管にパッキングを当てなさい.
4 《米》〈銃など〉をいつも持ち歩く: *pack* a gun 銃を持ち歩く.
5 〈食品〉を缶詰[パック]にする: *pack* fish in cans 魚を缶詰にする. **6** 〈土・雪など〉を(吹き寄せて)固める(*down*). **7** 《口語・軽蔑》〈委員会・陪審など〉を自分に都合のよい人々で固める. **8**【コンピュータ】〈データ〉を圧縮する(compress).(↔ unpack).
―圓 **1** ものを詰める,荷造りする;[通例,副詞(句)を伴って](ものがうまく)包装できる,箱に収まる: *pack* for traveling 旅行の荷造りをする / These tools don't *pack* easily into that box. これらの道具をその箱に収めるのは容易ではない.
2〈人など〉に[…に]群がる,詰めて入る[*into*]: They *packed into* the auditorium. 彼らは講堂に詰めかけた. **3** 〈土・雪など〉が固まる.
句動詞 *páck awáy* ⽥ [pack away + O / pack + O + away]…を容器にしまう,片づける.
páck ín ⽥ [pack in + O / pack + O + in]
1《口語》〈人・演技など〉が〈大勢の人〉を引きつける: Her show *packed* them *in*. 彼女のショーは彼らを引きつけた. **2**《英口語》〈仕事・勉強など〉をやめる. **3** …を詰め込む.
・*páck it ín* [しばしば命令文で]《口語》〈仕事・活動など〉をやめる.
páck óff ⽥ [pack off + O / pack + O + off]《口語》〈人〉をせき立てて追い出す,送り出す: She *packed* her son *off* to school. 彼女は息子をせき立てて学校へ送り出した.
páck úp ⽥ [pack up + O / pack + O + up]
1 …を荷造りする,(旅行などのために)〈荷物〉をまとめる: *Pack* your things *up*. 身の回りのものをまとめなさい. **2**《英口語》〈仕事など〉をやめる.
―圓 **1** 荷造りをする. **2**《口語》仕事を終える. **3**《主に英口語》(エンジンなどが)かからなくなる.
■ *sénd … pácking*《口語》 **1**〈人〉を追いやる;お払い箱にする;負かす,敗退させて荷物をまとめさせる.
―图 **1** C 荷物,包み;リュックサック(backpack)(→ 類義語):carry a heavy *pack* 重い荷物を運ぶ.
2 C《主に米》(たばこなど同種のものが一定量入った)箱,包み: a *pack* of cigarettes たばこ1箱. (比較)牛乳など飲食物の紙容器をさす「パック」は英語では carton と言う.
3 C (猟犬・オオカミなどの)群れ,(悪人などの)一味,(航空機・潜水艦の)一隊(→ GROUP 類義語);ボーイ[ガール]スカウト団: a *pack* of hounds 猟犬の一群.
4 C《主に英》トランプひと組(《主に米》 deck): a *pack* of cards トランプひと組. **5** [a ~] 多数[の…],たくさん[の…][*of*]: a *pack* of lies うそ八百.
6 C【医】湿布;【美容】(美顔用)パック.
◆ páck ànimal C 荷物を運ぶ動物(馬・牛など).
páck ìce U 流氷(ice pack).

類義語 **pack, package, packet, bundle** 共通する意味: 包み,荷物(a number of things wrapped or tied together)
pack は運搬時にかさばらないように「固く縛ったり包んだりした包み,荷物」の意. 《主に米》では「一定量の入っている包み,箱」の意にも用いる: a peddler's *pack* 行商人の荷物 / ten *packs* of 20 cigarettes たばこ20本入り10箱. **package** は《主に米》で,輸送や販売のために適度な大きさにきちんと包装された「小荷物,包装容器」の意: a *package* of books 本1包み / a *package* of detergent 洗剤1箱. **packet** は package よりも「小さな入っている包み,箱」の意にも用いる.《英》では「一定量の入っている包み,箱」の意にも用いる: a *packet* [《主に米》pack] of gum ガムの箱. **bundle** は運搬や貯蔵に便利なように「たくさんのものを縛った り包んだりした束,包み」を意す: a *bundle* of hay [letters] 干し草[手紙]の束.

***pack・age** [pǽkidʒ] 图動

―图 (複 **pack・ag・es** [~iz]) C **1** 《主に米》(小型または中型の)包み,小包,小荷物(《主に英》parcel)(→ PACK 類義語): wrap a gift *package* 贈り物をラッピングする / There's a *package* for you. あなたあての小包がありますよ.

コロケーション 小包を…
小包を受け取る: *get* [*receive*] *a package*
小包を送る: *send a package*
小包を配達する: *deliver a package*
小包を開く: *open* [*unwrap*] *a package*
小包を郵送する: *mail* [《英》*post*] *a package*

2《米》包装紙,包装容器,箱(《英》 packet): a *package* of cookies クッキー1箱. **3** ひとまとめのもの;一括提案[法案]. **4**【コンピュータ】パッケージソフト(software package).
―動 **1** …を(きちんと)包装する,荷造りする (*up*). **2** …を[…として]示す,見せる (*as*).
◆ páckage dèal C 一括取引,セット販売.
páckage hòliday《英》= package tour (↓).
páckage stòre C《米・古風》(店内では飲めない)酒類小売店(《英》off-licence).
páckage tòur C パッケージツアー,パック旅行.

pack・ag・ing [pǽkidʒiŋ] 图 U 包装材料(《包装容器・包み紙など》;荷造り,包装.

***packed** [pǽkt] 形 **1** (部屋・乗り物などに)[…で]満員の,すし詰めの (crowded) [*with*]: a train *packed with* tourists 旅行者で満員の列車.
2 [叙述用法](人が)荷造りを終えた.

pack・er [pǽkər] 图 C **1** 荷造り人[機];梱包(こんぽう)業者. **2** 缶詰業者;《米》食品包装出荷業者.

***pack・et** [pǽkit] 图 C **1** 小さな包み[束](→ PACK 類義語): a *packet of* letters 1束の手紙. **2** [a ~]《英口語》大金: make a *packet* 大もうけする. **3**【コンピュータ】パケット(伝送用に分割したデータの単位): *packet* transfer communication パケット通信.
■ *cátch* [*gét, stóp, cóp*] *a pácket*《英俗語》ひどい目にあう;ひどくしかられる.

pack・ing [pǽkiŋ] 名 U **1** 包装, 荷造り, 梱包(設): do the *packing* 荷造りをする. **2**《箱・ひもなどの》荷造り[包装]材料, (損傷防止の)詰め物.
◆ pácking bòx [càse] C (木製の)荷箱.

***pact** [pækt] 名 C 協定, 条約 (treaty); 契約: sign a nonaggression *pact* 不可侵条約に調印する.

***pad**¹ [pæd] 名 C **1** (摩擦・損傷を防ぐ)当て物, 詰め物; 『球技』胸 [すね] 当て; (洋服の肩などの) パッド. **2** (はぎ取り式の) 用せん1冊: a drawing *pad* 画用紙1冊, 『関連語』 notepad メモ帳 / sketchpad 写生帳. **3** 肉球(芝) (犬・猫などの足裏の柔らかい厚肉). **4** (スタンプ) 印肉, スタンプ台 (inkpad). **5** (ロケットなどの) 発射台 (launching pad). **6** (スイレンなど水草の) 浮き葉. **7** [通例, 単数形で] 『古風・口語』家, ねぐら.

— 動 (三単現 **pads** [∼dz]; 過去・過分 **pad・ded** [∼id]; 現分 **pad・ding** [∼iŋ]) 他 [しばしば受け身で] …に […で] 当て物 [詰め物] をする [*with*].

■ *pád óut* 他 (話・文章などを) […で] 不必要にふくらます, 水増しする [*with*].

pad² 動 (自) (足早で軽やかに) 歩く (*along*).

pad・ding [pǽdiŋ] 名 U **1** 詰め物 『古綿・毛などの』. **2** (紙面の) 埋め草記事.

***pad・dle** [pǽdl] 名 C **1** (幅広のカヌー用) かい, パドル (→ OAR). **2** [a ∼] (カヌーなどを) こぐこと, ひとこぎ; (犬などが) ばちゃばちゃ泳ぐこと: have a *paddle* こぐ. **3** かい状のもの (◇動物の水かきなど); (料理用の) へら, しゃもじ. **4** (卓球などの) ラケット. — 動 他 (カヌーなどを) こぐ. — 自 **1** かい [パドル] でこぐ. **2** 犬かきで泳ぐ; (浅瀬を) ばちゃばちゃ歩く.

■ *páddle one's ówn canóe* 《口語》独立して [独り立ちして] やっていく, 自活する.
◆ páddle stèamer [bòat] C 外輪船.
páddle whèel C (外輪船の) 外輪.
páddling pòol C 《英》(子供の) 水遊び場 (《米》 wading pool).

pad・dock [pǽdək] 名 C **1** 『競馬』パドック, 下見所 (《客が出走前の馬を下見する場所》). **2** (馬小屋近くの) 運動用小馬場.

pad・dy [pǽdi] 名 (複 **pad・dies** [∼z]) C = paddy field 水田, 稲田 (rice paddy).

pad・lock [pǽdlàk | -lɔ̀k] 名 C 南京(ガ)錠. — 動 他 …に南京錠をかける, …を南京錠でつなぐ.

pa・dre [pɑ́:dri, -drei] 名 C 『しばしば P-』《口語》従軍牧師 (chaplain); 神父, 司祭 (◇しばしば呼びかけに用いる).

pae・an [pí:ən] 名 C 《文語》感謝 [勝利] の歌, 賛歌.

pae・di・a・tri・cian [pì:diətríʃən] 名 《英》= PEDIATRICIAN 小児科医.

pae・di・at・rics [pì:diǽtriks] 名 《英》= PEDIATRICS 小児科.

pa・el・la [pɑ:élə / pai-] 【スペイン】 名 U 『料理』パエリヤ (《スペイン風炊き込みごはん》).

***pa・gan** [péigən] 名 《時に軽蔑》**1** (キリスト・ユダヤ・イスラム教以外の) 異教徒. **2** 無宗教者.
— 形 《時に軽蔑》異教 (徒) の; 無宗教の.

***page**¹ [péidʒ] 名 (複 **pag・es** [∼iz]) C 『原義は「とじられたもの」』**1** (本などの) ページ, (印刷物の) 1枚, 1葉 (《略語》p.; 複 pp.): the title *page* (本の) 扉 / turn the *page* (over) ページをめくる / Open your books to [《英》at] *page* 15. 本の15ページを開けなさい / You will find the article on *pages* 20 to [《米》through] 25. その記事は20 – 25 ページにある / The paper is 20 *pages* long. その論文の長さは20ページです. **2** (新聞・雑誌などの) 欄, 面: the sports [show-biz] *pages* スポーツ [芸能] 欄. **3** 《文語・比喩》(特に重要で画期的な) 出来事, 時期: the brightest *page* in the history of our nation わが国の歴史における最も輝かしい時期.
— 動 他 …にページ [ナンバル] を付ける.

page² 動 他 (デパート・駅などの場内放送で) 〈人〉を呼び出す: *Paging* Ms. Lisa Smith. Please come to the lost and found. お呼び出しいたします. リサ＝スミス様, 遺失物取扱所までお越しください.
— 名 C **1** 《古風》(ホテルなどの) ボーイ (pageboy). **2** (結婚式で) 花嫁に付きそう男子《英》pageboy. **3** 《米》(国会議員の) 雑用係.

***pag・eant** [pǽdʒənt] 名 C **1** (歴史的場面を扱った) 野外劇, ページェント; 《文語・比喩》(歴史・人生などの) ドラマ. **2** C 華やかな行列. **3** U (無意味な) 壮観, 虚飾. **4** C 《米》美人コンテスト (beauty pageant).

pag・eant・ry [pǽdʒəntri] 名 U **1** 壮観, 華美, 華やかな見せもの. **2** こけおどし, 虚飾.

page・boy [péidʒbɔ̀i] 名 = PAGE² **1**, **2** (↑).

pag・er [péidʒər] 名 C ポケットベル (beeper). (比較)「ポケットベル」は和製英語.

pa・go・da [pəgóudə] 名 C (仏教寺院の) 塔, パゴダ: a five-storied *pagoda* 五重の塔.

***paid** [péid] — 動 pay の過去形・過去分詞.
— 形 **1** [限定用法] 有給の; (人が) 雇われた: *paid* leave 有給休暇 / a *paid* worker 賃金労働者. **2** 支払い済みの; 現金化された (↔ unpaid): *Paid* with thanks. お支払い金, 確かに受領いたしました (◇領収書に記入される決まり文句).

■ *pùt páid to* ... …を台なしにする; …にけりをつける.

***pail** [péil] 名 [☆同音 pale] C 《主に米》**1** バケツ, 手おけ (bucket). **2** バケツ [手おけ] 1杯 (分) (pailful): a *pail* of water バケツ1杯の水.

pail・ful [péilfùl] 名 C バケツ [手おけ] 1杯 (分).

***pain** [péin] 動 [原義は「刑罰」] — 名 (複 **pains** [∼z]) **1** U C (肉体的) 苦痛, 痛み (→ 類義語): a sharp [dull] *pain* 鋭い [鈍い] 痛み / a chronic *pain* 慢性的な痛み / a piercing *pain* 刺すような痛み / cry out in *pain* 痛さのあまり叫ぶ / He was in great *pain*. 彼は激痛に苦しめられていた / I have a *pain* in my shoulder. 私は肩が痛い.

コロケーション	痛みを…
痛みを覚える:	*feel* [*suffer* (*from*)] pain
痛みを我慢する:	*bear* [*endure*, *stand*] pain
痛みを和らげる:	*ease* [*relieve*] pain

2 U (精神的な) 苦痛, 苦悩: His misdeeds

caused his parents great *pain*. 彼の非行に両親はひどく悩んだ / It took me years to get over the *pain* of my mother's death. 母を亡くした苦しみから立ち直るのに私は何年もかかった.
3 [～s] 骨折り, 努力, 苦労 (→ EFFORT 【類義語】): with great *pains* 非常に苦労して / She spares no *pains* to help others. 彼女は労を惜しまずに人を手助けする / No *pains*, no gains. 《ことわざ》苦労なしには利益は得られない ⇒ 苦は楽の種.
4 [a ～]《口語》いやな [うんざりさせる] こと [人].
■ *a páin in the néck*《口語》いやな [うんざりさせる] こと [人], 悩みの種.
be at (*gréat*) *páins to dó* …しようと (大いに) 骨を折っている [努力している].
for one's páins 骨折ってやったのに.
on [*únder*] *páin of* ... 《格式》違反すれば…の罰を免れないという条件で.
táke (*gréat*) *páins* […しようと / …に] (非常に) 骨を折る, 努力する [*to do* / *over*, *with*].
— 動 他 [受け身不可] **1** 《格式》…を苦悩させる: It *pained* him to see her suffer. 彼女が苦しむのを見て彼は心が痛んだ. **2** 《古》…に苦痛を与える.

【類義語】**pain, ache**
共通する意味▶痛み (a sensation of hurting, discomfort, or suffering)
pain は「痛み」の意を表す最も一般的な語. 痛みの種類を問わず, あらゆる語に用いる: I have a *pain* in my chest. 私は胸が痛い / She experienced the *pain* of parting. 彼女は別れのつらさを味わった. *ache* は通例, 身体の一部の「持続的な鋭い痛み」を表し, 痛む局部を示す語に付いて複合語を作ることが多い. また「精神的苦痛」を表すこともある: a head*ache* 頭痛 / a heart*ache* 心痛, 苦悩.

pained [péind] 形 (気持ち・表情が) 苦痛に満ちた, 苦しそうな; […に] 傷つけられた, 腹を立てた [*at*].
***pain‧ful** [péinfəl] 形 **1** (肉体的に) 痛い, 苦しい (↔ painless): My arms are still *painful*. 両腕がまだ痛い.
2 (精神的に) つらい, 耐えがたい; 困難な: a *painful* experience つらい経験 / It is very *painful* for me to tell him the truth. 彼に本当のことを言うのはとてもつらい. **3**《口語》(演技・演奏などが) 見る [聞く] に耐えない.
pain‧ful‧ly [péinfəli] 副 **1** (肉体的に) 痛がって, (精神的に) 苦しんで. **2** 骨折って. **3** ひどく, とても: *painfully* tired ひどく疲れた.
pain‧kill‧er [péinkìlər] 名 C 痛み止め, 鎮痛剤.
pain‧less [péinləs] 形 **1** (肉体的・精神的に) 痛み [苦痛] のない (↔ painful): *painless* childbirth 無痛分娩(笑). **2**《口語》たやすい, 楽な.
pains‧tak‧ing [péinztèikiŋ] 形 (仕事・作品が) 骨の折れる; 念入りな, 丹精込めた; (人が) 勤勉な.
******paint** [péint]
名 動
— 名 (複 **paints** [péints]) **1** U C ペンキ, 塗料: give the wall a coat of white *paint* 壁を白いペンキで塗る / The *paint* is coming off the walls. 壁からペンキがはげかかっている / Wet *paint*!《掲示》ペンキ塗り立て.

【コロケーション】 ペンキを…
ペンキを薄める: *thin* [*dilute*] *paint*
ペンキを…に塗る: *spread* [*apply*] *paint to* ...
ペンキを…に吹きつける: *spray paint on* ...
ペンキを混ぜる: *mix paints*

2 [～s] 絵の具: tubes of *paints* チューブ入りの絵の具 / a set of oil [water] *paints* 油 [水彩] 絵の具1セット.
3 U《古風》化粧品 [おしろい・口紅など].
— 動 (三単現 **paints** [péints]; 過去・過分 **paint‧ed** [～id]; 現分 **paint‧ing**) 他 **1** (a) [paint+O] …にペンキを塗る: *paint* a house 家のペンキ塗りをする / The bench is newly *painted*. ベンチはペンキ塗り立てです.
(b) [paint+O+C] …を～色に塗る: *paint* a wall yellow 壁を黄色に塗る.
2 〈絵を〉絵の具でかく (cf. draw 絵を〈鉛筆・ペンなどで〉かく): I *painted* a picture of my mother. 私は母の絵をかいた.
3 …に化粧をする, マニキュア [口紅など] を塗る: *paint* one's lips 口紅を塗る. **4** …を (言葉で) 生き生きと表現する: *paint* daily occurrences in one's diary 日記に日常の出来事を生き生きと表現する. **5** 〈塗り薬を〉塗る.
— 自 ペンキを塗る; [絵の具で] 絵をかく [*in*]: *paint* in oils 油絵をかく.
■ *páint ín* 他 …をかき入れる.
páint óut 他 …を (ペンキで) 塗りつぶす.
paint‧box [péintbàks / -bɔ̀ks] 名 C 絵の具箱.
paint‧brush [péintbrʌ̀ʃ] 名 C ペンキ用のはけ; 絵筆.
*****paint‧er**[1] [péintər]
— 名 (複 **paint‧ers** [～z]) C **1** 絵かき, 画家: a portrait *painter* 肖像画家 / a landscape *painter* 風景画家. **2** ペンキ職人, 塗装工.
paint‧er[2] 名 (船の) もやい綱.
*****paint‧ing** [péintiŋ]
— 名 (複 **paint‧ings** [～z]) **1** C (絵の具でかいた) 絵 (cf. drawing (鉛筆・ペンなどでかいた) 絵): an oil *painting* 油絵 / a wall *painting* 壁画 / an abstract [a representational] *painting* 抽象 [具象] 画 / do a *painting* 絵をかく / This is a *painting* of [by] my father. これは父をかいた [父がかいた] 絵です.
2 U 絵をかくこと, 画法: I study Monet's style of *painting*. 私はモネの画法を研究している.
3 U ペンキ塗装; (陶磁器の) 絵付け.
paint‧work [péintwə̀ːrk] 名 U (車・壁などの) 塗装 (部分).
*****pair** [péər]
名 動 【原義は「等しいもの」】
— 名 (複 **pairs** [～z]) C **1** (2つを対にして使うものの) ひと対, 1対 (→次ページ類義語); **2**【語法】: a *pair* of shoes [gloves] 靴1足 [手袋ひと組] / three *pairs* of socks 靴下3足.
2 (めがね・はさみなど2つの部分から成るものの) 1個:

pairing

a *pair* of pants [trousers] ズボン1本 / a *pair* of glasses めがね1個 / two *pairs* of compasses コンパス2個.

【語法】(1) 数詞を伴う場合は単数形・複数形のいずれも可能だが、現在では複数形のほうが一般的：two *pairs* of binoculars 双眼鏡2個.
(2) a [the など] pair of ... を受ける動詞は単数：This *pair* of boots *is* a present from Tom. この(1足の)ブーツはトムからの贈り物です．**3**〖単数・複数扱い〗(人間の)2人組，(夫婦・婚約者など)ひと組の男女 (couple)；(動物の)ひと組，つがい：a married *pair* 夫婦 / a mating *pair* of doves ハトのつがい / five *pairs* of dancers ダンサーのペア5組．**4**〖トランプ〗同位の札2枚，ペア：a *pair* of queens クイーンのペア．

■ *in pairs* 2人 [2つ]ひと組になって，ペアを組んで：Chopsticks are used *in pairs*. はしは2本ひと組で使う / These studs are sold *in pairs*. このピアスは2つひと組で売られている．

━ 動 (通例，受け身で) …を2人 [2つ]ひと組ずつにする；結婚させる；…を[…と]組み合わせる [*with*]：*pair* the socks 靴下を2つひと組ずつにそろえる / Each child *was paired with* an adult for the event. その種目のために子供はそれぞれ大人とペアを組まされた．

■ *pair óff* 自[…と]ペアになる；結婚する [*with*]． ━ 他 …を[…と]ペアにする；結婚させる [*with*]．
páir úp 自[…と]ペアを組む [*with*]．━ 他 …に[…と]ペアを組ませる [*with*]．

【類義語】**pair, couple**
共通する意味▶ (関連のある) 2つのもの (two things that are related in some way)
pair は通例「2つのものをひと組にして使うもの」や相関関係にある「2つの部分から成るもの」をさす: a *pair* of socks 靴下1足．**couple** は「同種のものの2つ」をさすが，それが対を成すとは限らない: a *couple* of pencils 2本 [数本]の鉛筆．

pair·ing [péəriŋ] 名 C ペア，組み合わせ．
pais·ley [péizli] 名 U《時に P-》ペイズリー織《ペイズリー模様の毛織物》；ペイズリー模様《細密で多彩な勾玉(誌)模様； → PATTERN 図》．
*pa·ja·mas, 《英》py·ja·mas [pədʒɑ́ːməz] 名 〖複数扱い〗パジャマ《◇上着 (top, shirt) とズボン (bottoms, pants) とでひと組》: a pair [suit] of *pajamas* パジャマ1着 / *pajama* trousers パジャマのズボン《◇形容詞的に用いる場合は単数形となる》/ change into *pajamas* パジャマに着替える．
Pa·ki·stan [pǽkistæn / pùːkistɑ́ːn] 名 固 パキスタン《インドの西に接する共和国；首都イスラマバード (Islamabad)》．
Pak·i·stan·i [pæ̀kistǽni / pùːkistɑ́ːni] 形 パキスタンの；パキスタン人の． ━ 名 C パキスタン人．
*pal [pǽl] 名 C《口語》**1** 友達，仲間，仲よし，(→ FRIEND【類義語】): a pen *pal* 《米》ペンパル，文通友達 (《英》pen friend)．**2** おい，お前，君《◇ぞんざいな呼びかけ》．

━ 動 (三単現 **pals** [~z]；過去・過分 **palled** [~d]；現分 **pal·ling** [~iŋ]) 自《口語》[…]と仲よくなる (*up*)；つき合う (*around*) [*with*]．

***pal·ace** [pǽləs]
━ 名 (複 **pal·ac·es** [~iz]) C **1**〖しばしば P-〗宮殿；(君主の)公邸；(大主教・高官などの)官邸: the Imperial *Palace* 皇居 / Buckingham *Palace* バッキンガム宮殿．**2** 豪邸，大邸宅．
(▷ 形 palátial)
◆ pálace revolútion C 宮廷 [側近] 革命《現政権の有力者・高官・側近によるクーデター》．
pal·at·a·ble [pǽlətəbl] 形 **1** (飲食が) (食べ物が) 口に合う，おいしい．**2** (物事が)納得のいく，好ましい．
pal·a·tal [pǽlətəl] 形 〖音声〗口蓋音の．━ 名 C 口蓋(𝕒)音 (◇ [j] など)．
pal·ate [pǽlət] 名 C **1**〖解剖〗口蓋(𝕒)《口内の天井にあたる部分》: the hard [soft] *palate* 硬[軟]口蓋．**2** C U (通例，単数形で) 味覚；鑑識力；好み: suit one's *palate* 口 [好み]に合う．
pa·la·tial [pəléiʃəl] 形 宮殿のような，豪華な，広壮な． (▷ 名 pálace)
pa·lav·er [pəlǽvər / -láːvə] 名 U《口語》**1** おしゃべり，長話．**2** 面倒，から騒ぎ．

***pale**[1] [péil] (☆【同音】pail)
━ 形 (比較 **pal·er** [~ər]；最上 **pal·est** [~ist])
1 (顔が) 青白い，青ざめた，血の気がない: a *pale* complexion 青ざめた顔色 / You look *pale*. 顔色が悪いですね / He turned *pale* at the sight of blood. 彼は血を見て青ざめた．
2 (色が) 薄い，淡い: *pale* blue 空色，水色．
3 (光が) 薄い，弱い: *pale* moonlight 淡い月光．
━ 動 自 **1** (顔が) 青ざめる；(色が) 薄くなる；(光が) 弱まる: She *paled* when she heard the news. その知らせを聞いて彼女は顔が青ざめた．
2 […と比べて]見劣りする [*before, beside*]: My problems with my job *pale* beside hers. 私が仕事で抱えている問題など、彼女の抱えている問題に比べたら取るに足らない．

pale[2] 名 C (柵(𝕤)を作る先のとがった) くい (paling)．
■ *beyónd* [*outsíde*] *the pále* (言動が) 世間の常識から外れて，不穏当で．

pale·face [péilfèis] 名 C《軽蔑》白人《◇呼びかけにも用いる．北米先住民が用いたとされる》．
pale·ly [péilli] 副 **1** (顔色が)青ざめて，血の気がすぐれずに．**2** (色・光が)薄(暗)く，淡く．
pale·ness [péilnəs] 名 U **1** 青ざめていること，青白さ．**2** (色の) 薄いこと；(明かりの) 薄暗さ．
pa·le·o·lith·ic [pèiliəlíθik / pæ̀-, pèi-] 形 〖しばしば P-〗【考古】旧石器時代の (cf. neolithic 新石器時代の)．
pa·le·on·tol·o·gy [pèiliɑntɑ́lədʒi / pæ̀liɔn-tɔ́l-, pèi-] 名 U〖古生〗古生物学，化石学．
Pal·es·tine [pǽləstàin] 名 固 パレスチナ《ヨルダン川と地中海の間の地域》: the *Palestine* Liberation Organization パレスチナ解放機構《略語》PLO》．
Pal·es·tin·i·an [pæ̀ləstíniən] 形 パレスチナ人の． ━ 名 C パレスチナ人．

◆ Palestínian Authόrity [the 〜] パレスチナ(暫定)自治政府.

pal·ette [pǽlət] 名 **1** C (絵の具の)パレット, 調色板. **2** (特定の画家・画派が用いる) 独特の色彩.

◆ pálette knίfe C パレットナイフ《絵の具を調合するナイフ》.

pal·i·mo·ny [pǽləmòuni / -məni] 名 U 《米》パリモニ《元の同棲(芝)相手に支払う(別居)手当; cf. alimony 離婚手当》.

pal·in·drome [pǽlindròum] 名 C 回文《前後どちらから読んでも同じになる語句や文. level / Was it a cat I saw? など》.

pal·ing [péiliŋ] 名 **1** C (通例 〜s) くい. **2** [〜s] (くいを巡らせた) 柵(き).

pal·i·sade [pæ̀ləséid] 名 **1** C (防御用の) 柵(き), 矢来(き). **2** [〜s] 《米》(海・川の) 断崖(だ), 絶壁.

pal·ish [péiliʃ] 形 やや青ざめた, 青白い.

pall[1] [pɔ́ːl] 動 国 (物事が)〔人を〕飽きさせる,〔人にとって〕つまらなくなる〔on, upon〕.

pall[2] 名 **1** C (ビロードの) 棺(か)の覆い;《古》(遺体の入った) 棺. **2** [a 〜] (闇(や)・煙などの) 幕, とばり.

pal·la·di·um [pəléidiəm] 名 U 《化》パラジウム (白金族の元素;《元素記号》Pd).

pall·bear·er [pɔ́ːlbɛ̀ərər] 名 C (葬式で)棺(か)に付きそう人, 棺をかつぐ人 (bearer).

pal·let [pǽlət] 名 C (フォークリフト用などの) パレット, 移動式荷台.

pal·li·ate [pǽlièit] 動 他 《格式》 **1** (病気など)を一時的に和らげる. **2** (弁解などで)〈過失など〉を軽く見せようとする, 言いつくろう.

pal·li·a·tion [pæ̀liéiʃən] 名 U 《格式》 **1** (病気などの) 一時的緩和. **2** (過失などの) 弁解.

pal·li·a·tive [pǽlièitiv / -ətiv] 名 C 《格式》

1 一時しのぎの薬, 鎮痛剤; 一時しのぎの手段. **2** (通例, 軽度) 弁明, 言い逃れ.

pal·lid [pǽlid] 形 **1** (顔色などが) 青白い, 青ざめた (◇ pale よりも強意的で病的な状態をさす). **2** つまらない, 精彩に欠けた (dull).

pal·lor [pǽlər] 名 U [または a 〜] (特に病的な) 青白さ, 蒼白(薔).

pal·ly [pǽli] 形 (比較 **pal·li·er** [〜ər]; 最上 **pal·li·est** [〜ist]) 《叙述用法》《口語》〔...と〕親しい, 仲がいい (friendly) 〔with〕.

‡**palm**[1] [pɑ́ːm] 名 C 手のひら, 掌(たなご) (→ HAND 図):
hold a kitten in one's *palm* 手のひらに子猫を載せる / read ...'s *palm*〈人〉の手相を見る / *palm* reading 手相占い.

■ *cróss* ...'*s pálm* (*with sílver*)〈人〉に金をつかませる, 賄賂(か)を渡す.

grése [*óil*] ...'*s pálm*《口語》〈人〉に賄賂を渡す.

háve an ítching [*ítchy*] *pálm*《口語》どん欲に金[賄賂]を欲しがる.

háve [*hóld*] ... *in the pálm of one's hánd*〈人〉を意のままに操る, 完全に支配している.

— 動 他 (手品で) ...を手のひらに隠す.

■ *pálm óff* 他 〔人を〕だまして〈偽物など〉をつかませる〔on, upon, onto〕. **2** 〔うそなどで〕〈人〉をだます〔with〕.

palm[2] 名 C **1** = pálm trèe《植》ヤシ, シュロ. **2** シュロの葉《勝利・栄誉の象徴》; [the 〜] 勝利.

◆ pálm òil U ヤシ油.

Pálm Súnday 副《キリスト》シュロの聖日《復活祭直前の日曜日》.

pal·met·to [pælmétou] 名 (複 **pal·met·tos, pal·met·toes** [〜z]) C 《植》パルメット《米国南東部産の扇形の葉を持つヤシ》.

◆ Palmétto Státe 副 パルメット州《South Carolina 州の愛称; → AMERICA 表》.

palm·ist [pɑ́ːmist] 名 C 手相見, 手相占い師.

palm·is·try [pɑ́ːmistri] 名 U 手相占い, 手相術.

palm·top [pɑ́ːmtɑ̀p / -tɔ̀p] 名 C パームトップコンピュータ《手のひらに載る大きさのコンピュータ》.

palm·y [pɑ́ːmi] 形 (比較 **palm·i·er** [〜ər]; 最上 **palm·i·est** [〜ist]) **1** ヤシの茂った. **2** (過去が) 繁盛した, 輝かしい: in his *palmy* days 彼の全盛時代に.

pal·pa·ble [pǽlpəbl] 形 《格式》 **1** 触知できる. **2** 明白な, はっきりした, 明らかな.

pal·pate [pǽlpeit] 動 他 《医》 ...を触診する.

pal·pi·tate [pǽlpitèit] 動 国 **1** (心臓が) どきどきする. **2** 〔恐怖などで〕震えおののく, 〔喜びなどで〕どきどき [わくわく] する 〔with〕.

pal·pi·ta·tion [pæ̀lpitéiʃən] 名 U C (通例 〜s) 動悸(す); get *palpitations* 動悸がする.

pal·sy [pɔ́ːlzi] 名 U 《医》(震えを伴う) 麻痺(ま), しびれ: cerebral *palsy* 脳性 (小児) 麻痺.

— 動 他 ...を麻痺させる.

pal·try [pɔ́ːltri] 形 (比較 **pal·tri·er** [〜ər]; 最上 **pal·tri·est** [〜ist]) **1** (金額などが) ごくわずかの. **2** つまらない, 無価値な.

Pa·mirs [pəmíərz] 名 副 [the 〜] パミール高原《アジア中部のタジキスタンにある》.

pam·pas [pǽmpəz, -pəs] 名 [the 〜; 複数扱い] パンパス《南米, 特にアルゼンチンの大草原》.

◆ pámpas gràss U パンパスグラス, シロガネヨシ《パンパスに生えるススキに似た植物》.

pam·per [pǽmpər] 動 他〈子供など〉を甘やかす.

*__**pam·phlet** [pǽmflət] 名 C パンフレット, 小冊子. ([関連語] brochure (営業・広告用の) パンフレット / program (演劇などの) プログラム)

pam·phlet·eer [pæ̀mflətíər] 名 C (社会・時事問題の) パンフレットの筆者 [発行人].

‡‡‡**pan**[1] [pǽn] 名

— 名 (複 **pans** [〜z]) C **1** (通例, 片手の) 平なべ (cf. pot (深めの) 両手なべ);《米》ケーキ型《《英》tin》: a frying *pan* フライパン / a stew *pan* シチューなべ / pots and *pans* なべかま類, 炊事用具.

2 平なべ状のもの;《米》選鉱なべ; 天びんの皿.

3 《主に英》便器《《米》bowl》.

— 動 (三単現 **pans** [〜z]; 過去・過分 **panned** [〜d]; 現分 **pan·ning** [〜iŋ]) 他 **1** (通例, 受け身で)《口語》...を酷評する, こきおろす. **2** 〈砂金など〉を洗ってより分ける〔off, out〕. **3** ...を平なべで調理する.

— 国 砂利を洗って〔砂金を〕より分ける〔for〕.

■ *pán óut*《口語》(...という) 結果になる, うまくいく: Roger's project didn't *pan out*. ロジャーの計画はうまくいかなかった.

pan[2] (◇ panorama の略) 動 他《映画・テレビ》(カメ

ラが) パンする《画面にパノラマ的効果を与えるために左右 (上下) に動かしながら撮影する》.
— ⦿ 〈カメラ〉をパンさせる.

Pan [pǽn] 图《ギリシャ神》パン, 牧羊神《牧羊・森・野原の神で, よく人を驚かす. panic の語源》.

pan- [pæn] 〘結合〙「全…」「総…」「汎(ハン)…」の意を表す《◇固有名詞 (の形容詞形) に付くときは Pan-》: *pan*theism 汎神論 / *Pan*-Pacific 環太平洋の.

pan·a·ce·a [pæ̀nəsíːə] 图 C〘しばしば軽蔑〙万能薬 (cure-all); (ありえないような) 解決策.

Pan·a·ma [pǽnəmɑ̀ː, pǽnəmɑ́ː] 图 ⓟ パナマ《中米南部の共和国; その首都》.

◆ Pánama Canál《the ~》パナマ運河.
Pánama hát C パナマ帽.

Pàn-A·mér·i·can 形 全米の《北・中・南米全体をさす》; 全 [汎(ハン)] 米 (主義) の.

Pàn-A·mér·i·can·ism 图 U 全 [汎(ハン)] 米主義.

pan·cake [pǽnkèik] 图 1 C《米》パンケーキ, ホットケーキ. 2 UC (化粧用の) パンケーキ《固形のファンデーション》. 3 C = páncake lànding《航空》(失速による) 平落ち着陸.

■ (as) flát as a páncake まったく平べったい; (話などが) 期待外れの, つまらない.

◆ Páncake Dày《主に英》= Shrove Tuesday ざんげ火曜日.
páncake ròll C《英》春巻 (spring roll).

pan·cre·as [pǽŋkriəs] 图 C〘解剖〙膵臓(ゾウ).

pan·cre·at·ic [pæ̀ŋkriǽtik] 形〘解剖〙膵臓(ゾウ)の: *pancreatic* juice 膵液.

pan·da [pǽndə] 图 C〘動物〙1 (ジャイアント) パンダ (giant panda). 2 レッサーパンダ (lesser panda).

◆ pánda càr C《英》パトカー (patrol car)《◇以前は白の太い縞(シマ)があったことから》.

pan·dem·ic [pændémik] 形 (病気が) 広域に広がる (cf. endemic (病気が) 地方特有の).
— 图 C 全国 [世界] 的流行病.

pan·de·mo·ni·um [pæ̀ndəmóuniəm] 图 C 大混乱, 無秩序; 修羅場.

pan·der [pǽndɚ] ⦿ (軽蔑) 〈人・欲望などに〉 迎合する; 〈人の弱みなどに〉 つけ込む 〔to〕.

Pan·do·ra [pændɔ́ːrə] 图《ギリシャ神》パンドラ《ゼウス (Zeus) が造った人類最初の女性》.

◆ Pandóra's bóx《ギリシャ神》パンドラの箱《パンドラが禁を犯して開けたため諸悪が地上に飛び出し, 最後に希望だけが残った箱. 転じて「諸悪の根源」の意》: open (a) *Pandra's box* 思いがけない災難を招く.

p. & p. 〘略語〙《英》= *postage and packing* 郵送料と包装料.

*pane [péin] (☆〘同音〙pain) 图 C (1枚の) 窓ガラス (windowpane): a *pane* of glass 窓ガラス1枚.

pan·e·gyr·ic [pæ̀nədʒírik] 图《格式》C〔…への〕賛辞, 称賛の演説〔on, upon〕. U 激賞.

*****pan·el** [pǽnl]
图 ⦿【原義は「小さな布切れ」】
— 图 (複 pan·els [~z]) C 1 (ドア・壁などの) パネル, 羽目板; a wall *panel* 壁板 / a solar *panel* ソーラーパネル, 太陽電池板.

2 [集合的に; 単数・複数扱い] 討論参加者団, パネル; 委員会; (コンテストなどの) 審査員団《(クイズ番組などの) 解答者団: a *panel* of experts 専門家委員会 / The *panel* is made up of seven scholars. 審査団は7名の学者で構成されている.

3 (車・航空機などの) 計器盤; 配電盤, 制御盤: a control *panel* 制御盤 / the (instrument) *panel* of a jet plane ジェット機の計器盤.

4〘絵〙画板; パネル画〘写真〙パネル. 5 [集合的に]〘法〙陪審員 (名簿) (jury panel). 6 (車や飛行機の) 金属板. 7 (服・スカートに飾り付ける) 長方形の布.

■ be on the pánel 討論者団 [委員会, 審査員団, 陪審員] の一員である.
— ⦿ (過去・過分 -*elled*; 現分《英》 **pan·el·ling**) (通例, 受け身で) …にパネルをはめる, 鏡板を張る.

◆ pánel discùssion C パネルディスカッション, 公開討論会.

pan·el·ing,《英》**pan·el·ling** [pǽnəliŋ] 图 U 1 パネル [鏡板, 羽目板] 用の木材. 2 [集合的に] 装飾用のパネル [鏡板, 羽目板].

pan·el·ist,《英》**pan·el·list** [pǽnəlist] 图 C 公開討論会 (panel discussion) の討論者《比較》「パネラー」は和製英語》; (クイズ番組の) 解答者.

***pang** [pǽŋ] 图〘通例 ~s〕1 (一時的な) 激痛, 苦痛: (the) *pangs* of hunger 激しい空腹.
2 心痛, 苦悩: the *pangs* of conscience 良心の呵責(カシャク).

pan·han·dle [pǽnhændl] 图 C 1 (フライパンなどの) 柄(エ). 2《米》(州境の) 細長い地域.
— ⦿ ⦿《米口語》(街路で) 物ごいをする.

◆ Pánhandle Státe〘愛称〙パンハンドル州《West Virginia 州の俗称》.

****pan·ic** [pǽnik] 图 1 UC 恐慌 (状態), 恐怖, パニック (→ FEAR〘類義語〙); 大あわて, 狼狽(ロウ): be in [get into] a *panic* (about …) (…で) パニック状態になっている [なる] / There was *panic* after the earthquake. 地震のあとパニックが起こった. 2 C〘経済〙恐慌, パニック. 3 [形容詞的に] あわてふためいた, 狼狽した, 恐慌の.

■ be at pánic stàtions パニック状態である, あわてふためいている.

púsh [préss, hít] the pánic bùtton《口語》あわてふためく.

— ⦿ (三単現 **pan·ics** [~s]; 過去・過分 **pan·icked** [~t]; 現分 **pan·ick·ing** [~iŋ]) ⦿ 〔…に〕恐慌 [パニック] を起こす, うろたえる, あわてふためく 〔at〕: Don't *panic*! あわてるな.

— ⦿ …をうろたえさせる; [しばしば受け身で] あわてて […] させる 〔into doing〕: They *were* panicked *into running* away. 彼らはあわてて逃げ出した.

pan·ick·y [pǽniki] 形《口語》恐慌状態の, あわてふためいた.

pán·ic-strìck·en [-strìkən] 形 恐慌をきたした.

pan·nier [pǽniɚ] 图 C (特に馬・オートバイの両側に付ける) 荷かご, 荷物入れ; 背負いかご.

pan·o·ply [pǽnəpli] 图 (複 **pan·o·plies** [~z]) 1 C〘甲冑〙昔のひとそろい. 2 U 立派な〘完璧(カン)な〙装い [飾り付け].

pan·o·ram·a [pæ̀nərǽmə / -ráːmə] 图 C
1 全景, パノラマ; 全景画〘写真〙. 2 (連続して移り

pan·o·ram·ic [pæn*ə*ræmik] 形 [限定用法] パノラマ式の, 全景の見える.

pan·pipe [pænpàip] 名 C 《通例 ～s》 《音楽》 パンパイプ 《音高の異なる単管の笛を順に並べた吹奏楽器. Pan's pipes とも言う》.

***pan·sy** [pǽnzi] 名 (複 **pan·sies** [～z]) **1** C 《植》 パンジー, 三色(f&k)スミレ. **2** U すみれ色. **3** C 《口語・軽蔑》 めめしい男; 同性愛の男性, ゲイ.

***pant** [pǽnt] 動 自 **1** [...で] あえぐ, はあはあ言う [*from, after*]; 息を切らして走る [動く] (*along, down*): *pant from* running 走って息を切らす. **2** 〔通例, 進行形で〕 [...を] 熱望 [渇望] する [*for*].
— 他 ...をあえぎながら言う (*out*): "I can't run any further," the boy *panted*. 「もうこれ以上走れないよ」と少年はあえぎながら言った.
— 名 あえぎ, 息切れ; (心臓の) 動悸(s&k).

pan·ta·loons [pæntəlúːnz] 名 《複数扱い》 パンタロン 《ゆったりしてすその細い女性用の長ズボン》; (19世紀の) 男性用のぴったりしたズボン; 《米・こっけい》 (一般的に) ズボン (pants).

pan·the·ism [pǽnθiizəm] 名 U 汎(k&h)神論 《万物に神が宿るとする信仰》; 多神教.

pan·the·ist [pǽnθiist] 名 C 汎(k&h)神論者; 多神教信者.

pan·the·is·tic [pænθiístik], **pan·the·is·ti·cal** [-kəl] 形 汎(k&h)神論の; 多神教の.

pan·the·on [pǽnθiàn / -θiən] 名 **1** [the P-] 圏 パンテオン, 万神殿 《紀元前27年にローマに建てられた, すべての神々を祭る神殿》. **2** C (一般に一国の偉人・英雄を祭る) 殿堂. **3** C [集合的に] (国民の信仰する) 神々.

pan·ther [pǽnθər] 名 (複 **pan·thers** [～z], **pan·ther**) C 《動物》 ヒョウ (leopard) 《◇特に黒いヒョウをさす》; 《米》 ピューマ (puma).

***pant·ies** [pǽntiz] 名 《複数扱い》 《口語》 (女性用の) パンティー, (子供用の) パンツ: a pair of *panties* 1枚のパンティー.

pan·to·graph [pǽntəgræf / -gràːf] 名 C **1** (電車の) パンタグラフ. **2** 写図 [縮図] 器.

pan·to·mime [pǽntəmàim] 名 **1** U C パントマイム, 無言劇 (mime); 《英》 (通例, クリスマスに演じる) おとぎ芝居. **2** U 身ぶり, 手まね.

***pan·try** [pǽntri] 名 (複 **pan·tries** [～z]) C 食料品置き場, 食器室 《通例, 台所に隣接している》.

****pants** [pǽnts]
《◇ *pantaloons* の略》
— 名 《複数扱い》 **1** 《主に米》 **ズボン**, パンツ 《主に米》 trousers): sweat *pants* スウェットパンツ / work *pants* ワークパンツ 《作業用ズボンの総称》 / a pair of *pants* ズボン1本 / Jack put on [took off] his *pants*. ジャックはズボンをはいた [脱いだ].
2 《主に英》 (下着の) パンツ, ズボン下 (underpants); パンティー (panties).
■ *bóre* [*scáre*] *the pánts off* ...《口語》 〈人〉を ひどく退屈させる [怖がらせる].
cátch ... *with* ...*'s pánts dówn* 《口語》 〈人〉の 不意をつく.
wéar the pánts 《米口語》 夫をしりに敷く.

pant·suit [pǽntsùːt, -sjùːt] 名 C 《米》 パンツスーツ 《スラックスと上着を組み合わせた女性用スーツ》.

pant·y·hose, pant·i·hose [pǽntihòuz] 名 《複数扱い》 《米》 パンティーストッキング 《《英》 tights》.

pap [pǽp] 名 U **1** (幼児・病人が食べる) パンがゆ, どろどろしたもの. **2** 《口語・軽蔑》 くだらないもの [本, テレビ番組, 話など].

‡**pa·pa** [páːpə / pəpáː] 名 C 《口語・幼児》 **お父ちゃん**, パパ (cf. mamma お母ちゃん) 《◇ dad(dy) のほうが一般的》.

pa·pa·cy [péipəsi] 名 (複 **pa·pa·cies** [～z]) **1** [the ～] ローマ教皇 (Pope) の職 [権威]. **2** C ローマ教皇の任期. **3** U [しばしば P-] 教皇制度.

pa·pal [péipəl] 形 [比較なし; 限定用法] ローマ教皇 (Pope) の; 教皇政治の; ローマカトリック教会の.

pa·pa·raz·zo [pàːpərάːtsou / pæpərǽ-] 【イタリア】 名 (複 **pa·pa·raz·zi** [-tsi]) 有名人を追いかけ回すカメラマン, パパラッチ.

pa·pa·ya [pəpáiə] 名 C U 《植》 パパイアの木 [実].

*****pa·per** [péipər]
名 形 動
— 名 (複 **pa·pers** [～z]) **1** U **紙** 《筆記用紙・包装紙など》: *Paper* is made from wood pulp. 紙は木材パルプから作られる / The present was wrapped in red *paper*. プレゼントは赤い紙に包まれていた.

〖語法〗 紙の数え方
piece を用いて表す. ただし, 一定の大きさ・形を持つ紙の場合は sheet も用いる: a *piece* [two *pieces*] of *paper* 1枚 [2枚] の紙 / a *sheet* [two *sheets*] of *paper* 1枚 [2枚] の (同じ大きさ・形の) 紙.

〖関連語〗 いろいろな paper
blank paper 白紙 / carbon paper カーボン紙 / recycled paper 再生紙 / scratch [《英》 scrap] paper メモ用紙 / toilet paper トイレットペーパー / wrapping paper 包装紙 / writing paper 便せん

2 C **新聞** (newspaper): a daily *paper* 日刊紙 / a morning [an evening] *paper* 朝 [夕] 刊 (紙) / a local [nationwide] *paper* 地方 [全国] 紙 / subscribe to a *paper* 新聞を講読する / I read the news in the *paper*. そのニュースは新聞で読んだ.

3 [～s] 書類, 文書; (身分などの) 証明書: state *papers* 公文書 / identification *papers* 身分証明書 / draw up *papers* 書類を作成する.

4 C [...に関する] 論文; (学校の課題の) レポート [*about, on*]; (政府機関が出す) 報告書: do [write] a *paper on* modern art 現代芸術に関するレポートを書く / a white *paper* 白書 / publish a *paper* 論文を (刊行物に) 発表する.

5 C 《英》 試験問題 (用紙); 答案: grade [mark] the exam *papers* 答案を採点する / The English *paper* was difficult. 英語の試験問題は難しかった. 〖比較〗 日本語の「ペーパーテスト」は英語では a written test と言う. **6** C U 紙幣 (paper money). **7** U C 壁紙 (wallpaper).

■ *commít* ... *to páper* ...を書きとめる.
nòt wórth the páper it's written on まったく

paperback

価値がない.
on páper 紙[書類]の上で(の); 理論上[の]: a nice plan *on paper* 机上では立派な計画.
pùt*[*sèt*] *pén to páper 筆をとる, 書き始める.
—形 [限定用法]紙(製)の); 書類(用)の; 紙[書類]の上(だけ)の: a *paper* bag 紙袋 / a *paper* cup 紙コップ / a *paper* plan 机上の空論.
—動 他 ...に紙をはる, ...を紙で包む; ...に壁紙をはる: She *papered* the kitchen (in) white. 彼女は台所に白い壁紙をはった.
■ *páper òver ...* **1** ...を紙で覆う. **2** ...のうわべを取り繕う.

◆ **páper clìp** [C] 紙ばさみ, クリップ.
páper knìfe [C]《英》ペーパーナイフ(《米》letter opener).
páper móney [U] 紙幣(→ HARD 形 1).
páper nàpkin [C] (使い捨て)紙ナプキン.
páper ròute [《英》ròund][C] (毎日の)新聞配達
páper tíger [C]《軽蔑》張り子の虎(な)《虚勢を張る人, 見かけ倒しのもの》.
páper wédding [C] 紙婚式《結婚1周年; → WEDDING 表》.

pa·per·back [péipərbæk] 名 [C] ペーパーバック(本), 紙表紙本 (paperback edition); [U] ペーパーバック版 (cf. hardcover ハードカバー版): in *paperback* ペーパーバック(版)で.
pa·per·boy [péipərbɔ̀i] 名 [C] 新聞配達(販売)の少年 (◇女性形は papergirl).
pa·per·less [péipərləs] 形 [限定用法] (仕事・オフィスなどが) ペーパーレスの, 紙を使わない《紙の代わりに LAN, インターネットなどを使う》.
pa·per·weight [péipərwèit] 名 [C] 文鎮, 紙押え, ペーパーウエート.
pa·per·work [péipərwə̀:rk] 名 [U] 文書業務, 事務, デスクワーク (desk work); 事務書類.
pa·per·y [péipəri] 形 紙の(ような); 薄くて乾いた.
pa·pier-mâ·ché [pèipərməʃéi / pæpieimǽʃei]《フランス》張り子の材料, 紙粘土.
pa·pist [péipist] 名 [C] 《軽蔑》カトリック教徒.
pa·poose [pæpú:s / pə-] 名 [C] **1**《古》(北米先住民の)赤ん坊. **2** 赤ん坊を背負う袋.
pa·pri·ka [pəprí:kə / pǽprikə] 名 **1** [C] 【植】パプリカ, 甘トウガラシ. **2** [U] パプリカ《甘トウガラシの実から作った粉末香辛料》.
Páp·u·a Nèw Guínea [pǽpjuə-] 名 固 パプアニューギニア《ニューギニア島の東半分と周辺の島から成る共和国; 首都ポートモレスビー (Port Moresby)》.
pa·py·rus [pəpáiərəs] 名 (複 **pa·py·rus·es** [~iz], **pa·py·ri** [-rai]) **1** [U] 【植】パピルス, カミガヤツリ《ナイル川流域原産の葦(あし)の一種. paper の語源》. **2** [U] パピルス紙; [C] パピルス古文書.

***par** [pá:r] 名 [U] **1** [または a ~] 同等, 同位, 同水準. **2** 【ゴルフ】パー《各ホールまたはコースの基準打数》(cf. birdie バーディー / bogey ボギー / eagle イーグル): two over *par* 2オーバー[アンダー]パー. **3** 標準(的状態), 常態. **4** = **pár válue** 《経済》(株券などの)額面(価格); 平価: at *par* 額面価格で.
■ *be nòt úp to pár*《口語》= be under par.
be [*stànd*] *on* [*upòn*] *a pár with ...* ...と同様[同等]である, ...と肩を並べる.
be pár for the cóurse (通例, 何か悪いことが起きるのが)いつものことである, 思った通りである.
be under [*belòw*] *pár*《口語》標準以下である; いつもの調子[状態]でない.

par. 《略記》= *par*agraph 段落.
par·a- [pǽrə] 接頭 **1** "...のかたわらに, そばに" の意を表す: *para*llel 平行線. **2** "...に類似した" "副次的な" の意を表す: *para*medic 医療補助員.
3 "...を超えた" "異常な" の意を表す: *para*noia 偏執症. **4** "防護の" の意を表す: *para*sol 日傘.
***par·a·ble** [pǽrəbl] 名 [C] (特に聖書中の)たとえ話, 寓話(ぐうわ).
pa·rab·o·la [pərǽbələ] 名 [C] 【幾何】放物線.
par·a·bol·ic [pæ̀rəbólik / -ból-] 形 放物線(状)の: a *parabolic* antenna パラボラアンテナ.
***par·a·chute** [pǽrəʃù:t] 名 [C] パラシュート, 落下傘《口語》chute).
—動 他 ...をパラシュートで降下させる[落とす].
—自 パラシュートで降下する.
par·a·chut·ist [pǽrəʃù:tist] 名 [C] パラシュートで降下する人, 落下傘兵.
***pa·rade** [pəréid] 名 **1** [C] 行列, 行進, パレード: walk in a *parade* 行列して歩く / There was a *parade* on May Day. メーデーのパレードが行われた. **2** [C]【軍】閲兵(たこ)(式), 観兵式. **3** [C]《しばしば軽蔑》[...の] 誇示, 見せびらかし [*of*]: He made a *parade* of his wealth. 彼は財産のあることをひけらかした. **4** [C] 《《英》商店街.
■ *on paráde* パレードに参加して; (俳優・スターが)総出演で, オンパレードで;【軍】(軍隊が)閲兵を受けて.
—動 他 **1**〈通りなど〉を行進する, 練り歩く.
2〈軍隊〉を閲兵のために整列[行進]させる. **3**《しばしば軽蔑》を見せびらかす, ひけらかす.
—自 **1** 行進する, パレードする, 練り歩く. **2** (軍隊)が閲兵のために整列[行進]する. **3**《しばしば軽蔑》(見せびらかすために)歩き回る.
◆ **paráde gròund** [C] 閲兵場.
par·a·digm [pǽrədàim] 《☆発音に注意》名 [C]
1 [格式] [...の] 典型, 実例, 模範 (example) [*of*].
2 方法論, パラダイム《ある時代・分野に特徴的な理論的枠組み》. **3**【文法】語形変化(表).
***par·a·dise** [pǽrədàis] 名 **1** [U]《しばしば P-》; 無冠詞で] 天国, 極楽 (heaven) (↔ hell). **2** [C] 楽園, 絶好の場所: This beach is a *paradise* for surfers. この浜辺はサーファーたちの楽園です.
3 [P-; 無冠詞で]【聖】エデンの園 (the Garden of Eden). **4** [U] この上ない幸福, 至福.
***par·a·dox** [pǽrədɑ̀ks / -dɔ̀ks] 名 **1** [U,C] 逆説, パラドックス《No news is good news. (便りのないのはよい便り)など》. **2** [C] 矛盾した(ように見える)こと[言葉, 人].
par·a·dox·i·cal [pæ̀rədɑ́ksikəl / -dɔ́k-] 形 逆説的の, 逆説的な; 矛盾した.
par·a·dox·i·cal·ly [pæ̀rədɑ́ksikəli / -dɔ́k-] 副 逆説的に; [文修飾] 逆説的に言えば.
***par·af·fin** [pǽrəfin] 名 [U] **1** = **páraffin wàx** パラフィン, 石ろう《石油から採取するろう状の物質. ろうそくなどの原料》. **2** = **páraffin òil**

paraffin

《英》灯油(《米》kerosene).
par·a·glid·ing [pǽrəglàidiŋ] 名 U パラグライディング《パラグライダーを使って滑空するスポーツ》.
par·a·gon [pǽrəgɑ̀n / -gən] 名 C 典型,鑑(ﾂ゙), 模範, 手本: a *paragon* of virtue 美徳の鑑.

***par·a·graph** [pǽrəgræf / -grɑ̀ːf] 名 動

— 名(複 **par·a·graphs** [~s]) C **1** (文章の)段落, 節, パラグラフ: an introductory *paragraph* 冒頭の節 / Each *paragraph* must include one main idea. 各段落は1つの主要な考えを含んでいなければならない.
2 (新聞などの)小記事, 寸評, 短評: an editorial *paragraph* 短い社説. **3** 段落記号(¶).
— 動〈文章〉を段落に分ける.

Par·a·guay [pǽrəgwài] 名 地 パラグアイ《南米中部の国; 首都アスンシオン(Asunción)》.
par·a·keet [pǽrəkìːt] 名 C 〖鳥〗(小型の)インコ.
***par·al·lel** [pǽrəlèl] 形 [比較なし] **1** [...と]平行な [to, with]: *parallel* lines 平行線 / The highway runs *parallel* to [with] the railroad. その道路は鉄道と平行して走っている. **2** [...と]類似の, 同様な [to, with]: a *parallel* case 類似例 / My situation is *parallel* to yours. 私の立場はあなたの立場に似ている. **3** 〖電気〗(電池などの)並列(式)の: a *parallel* circuit 並列回路.
— 名 **1** C 平行線[面]. **2** C 〖地理〗緯(度)線 (parallel of latitude): the 38th *parallel* (韓国と北朝鮮を分ける)38度線. **3** C [...と]同等な人[もの], 匹敵する人[もの] [to, with]. **4** C [...との / ...の間の]相似(物), 類似(点) [with / between]. **5** U 〖電気〗並列 (cf. series 直列).
■ *dráw a párallel betwèen ...* 〈2者〉を比較して類似点を示す.
in párallel [...と]並行して, 同時に [with]; 〖電気〗並列(式)で.
on a párallel with ... ...と平行して; ...に似て.
without (a) párallel 比べるものがない, 比類ない: Picasso was a painter *without parallel* in his age. ピカソはその時代の傑出した画家だった.
— 動(過去·過分《英》**par·al·lelled**; 現分《英》**par·al·lel·ling**) 他 〖格式〗**1** ...に平行している: The highway *parallels* the railroad. その道路は鉄道と平行している. **2** ...と似ている: His story closely *paralleled* what you told me. 彼の話はあなたの話とよく似ていた. **3** ...に匹敵[類似]する: Nobody *parallels* her in cooking. 料理で彼女になう者はいない.
◆ *párallel bárs* [しばしば the ~; 複数扱い] 〖体操〗平行棒.
párallel párking U (路肩との)平行駐車.
párallel prócessing U 〖コンピュータ〗並列処理.
par·al·lel·ism [pǽrəlelìzəm] 名 **1** U 平行. **2** U 類似; C 類似点.
par·al·lel·o·gram [pæ̀rəléləgræm] 名 C 〖幾何〗平行四辺形.
Par·a·lym·pics [pæ̀rəlímpiks] 名 [the ~; 複数扱い] パラリンピック《身障者の国際スポーツ大会》.
par·a·lyse [pǽrəlàiz] 動 他《英》= PARALYZE (↓).
pa·ral·y·sis [pərǽləsis] 名 (複 **pa·ral·y·ses** [-sìːz]) U C **1** 〖医〗麻痺(ﾏﾋ): infantile *paralysis* 小児麻痺. **2** 麻痺状態; 無(気)力: the *paralysis* of traffic 交通マヒ.
par·a·lyt·ic [pæ̀rəlítik] 形 **1** 麻痺(ﾏﾋ)した. **2** 麻痺状態[無力]の. **3** 《英口語》ひどく酔った.
— 名 C 麻痺症状の人.
‡**par·a·lyze**, 《英》**par·a·lyse** [pǽrəlàiz] 動 他 [しばしば受け身で] **1** ...を麻痺させる: He *is paralyzed* from the waist down. 彼は腰から下が麻痺している. **2** [...で] ...を無力にする;〈機能など〉を止める, 麻痺させる;〈人〉をすくませる [with]: Ferryboat service *was paralyzed* by the storm. 連絡船の便が暴風で不通になった / He *was paralyzed with* fear. 彼は恐怖ですくんだ.
par·a·med·ic [pæ̀rəmédik] 名 C 医療補助員.
pa·ram·e·ter [pərǽmətər] 名 **1** C 〖数学〗媒介変数, パラメーター; 〖統計〗母数, パラメーター. **2** [通例 ~s] 要素, 要因; 制限(範囲), 限界.
par·a·mil·i·tar·y [pæ̀rəmílitèri / -tɑ̀ri] 形 [通例, 限定用法]軍を補助する; 準軍隊組織の.
— 名(複 **par·a·mil·i·tar·ies** [~z]) C 準軍隊組織のメンバー.
***par·a·mount** [pǽrəmàunt] 形 [比較なし] 最高の, 最重要な; 最高権力を有する; [...に]優先する [over, to]: the *paramount* leader 最高指導者 / of *paramount* importance 何より重要な.
par·a·noi·a [pæ̀rənɔ́iə] 名 U 〖精神〗偏執病[症], パラノイア. **2** 《口語》被害[跨κ]妄想.
par·a·noi·ac [pæ̀rənɔ́iæk] 形 名 = PARANOID.
par·a·noid [pǽrənɔ̀id] 形 **1** 〖精神〗パラノイアの, 偏執病[症]の. **2** 偏執症的性格の, 被害妄想の.
— 名 C 〖精神〗偏執病[症]患者; 被害妄想の人.
par·a·nor·mal [pæ̀rənɔ́ːrməl] 形 科学[理屈]では説明できない, 超常的な, 超自然的な: *paranormal* phenomena 超常現象.
— 名 [the ~] 超常現象.
par·a·pet [pǽrəpit, -pèt] 名 C (バルコニー・橋などの)欄干, 手すり; (城などの)胸壁.
par·a·pher·na·li·a [pæ̀rəfərnéiliə] 名 U
1 道具類一式, 設備. **2** (個人の)手回り品.
3 [the ~] 《英》煩雑(ﾊﾝ)な手続き.
*****par·a·phrase** [pǽrəfrèiz] 動 他 ...を言い換える, 意訳する. — 自 言い換える.
— 名 C (言葉の)言い換え, 意訳, パラフレーズ.
par·a·ple·gi·a [pæ̀rəplíːdʒiə, -dʒə] 名 U 〖医〗対麻痺(ｲ゙); (脊髄(ｾ゙)の障害による)下半身の麻痺).
par·a·sail·ing [pǽrəsèiliŋ] 名 U パラセーリング《モーターボートにパラシュートを引かせて滑空するスポーツ》.
par·a·site [pǽrəsàit] 名 C **1** 〖生物〗寄生動物[虫]; 寄生植物. **2** 《軽蔑》食客, 居候(ｲｿﾞ); やっかい者.
par·a·sit·ic [pæ̀rəsítik], **par·a·sit·i·cal** [-kəl] 形 **1** 寄生する. **2** (病気が)寄生虫による.
3 《軽蔑》寄生虫的な, 居候(ｲｿﾞ)の.
***par·a·sol** [pǽrəsɔ̀ːl, -sɑ̀l / -sɔ̀l] 名 C [「para(防ぐ)+sol(太陽)」から] 日傘, パラソル.
par·a·troop·er [pǽrətrùːpər] 名 C 落下傘兵, 空挺(ｸｳﾃｲ)部隊員.
par·a·troops [pǽrətrùːps] 名 [複数扱い] 落下

傘部隊, 空挺()部隊.
par·a·ty·phoid [pærətáifɔid] 名 U 〖医〗パラチフス.
par a·vion [pὰːræviɔ́ːŋ] 〖フランス〗副 航空便で (by airmail).
par·boil [pάːrbɔ̀il] 動 他 …をさっと[軽く]ゆでる, 湯通しする.

★★★ par·cel [pάːrsl] 名動【原義は「小さな部分」】
— 名 (複 **par·cels** [~z]) C **1**《主に英》包み, 小包, 小荷物 (《主に米》package): a *parcel* of books 本の入った包み / do up a *parcel* 小包を作る (◇その他,「小包を…する」の表現は package と同じ; → PACKAGE ■コロケーション■).
2 (土地の) 1区画.
■ **párt and párcel of ...** → PART 名 成句.
— 動 (過去・過分《英》**par·celled**; 現分《英》**par·cel·ling**) 他 **1** …を小包にする (*up*). **2** …を分配する, 分ける (*out*).
◆ **párcel póst** U 小包郵便 〔略語〕 p.p.).
parch [pάːrtʃ] 動 他 **1** (太陽などが)〈土地・植物など〉を干からびさせる. **2** [通例, 受け身で]《口語》〈人〉ののどをからからにする.
parched [pάːrtʃt] 形 **1** (土地などが)干からびた.
2《口語》のどがからからの.
parch·ment [pάːrtʃmənt] 名 **1** U 羊皮紙《古代・中世の筆写用材》. **2** C 羊皮紙文書[写本, 画].

★★★ par·don [pάːrdn] 名動
— 名 (複 **par·dons** [~z]) **1** UC (古風)〖非礼・過ちなどに対しての〗許し, 許すこと, 容赦 (*for*): I asked his *pardon for* my rudeness. 私は彼に非礼をわびた. **2** C 〖法〗恩赦, 大赦. **3**〖カトリック〗U 免罪; C 免罪符.
■ **I bég your párdon.**《丁寧》**1** [下降調または上昇調で発音して] 失礼しました, ごめんなさい (I'm sorry.) (◇ちょっとした過失や非礼をわびるのに用いる). **2** [下降調または上昇調で発音して] 失礼します, すみません (Excuse me.) (◇非礼を前もってわびるのに用いる). **3** [上昇調で発音して] 失礼ですが (Excuse me.) (◇見知らぬ人に話しかけたり, 相手の言うことに賛成しかねるときなどに用いる): *I beg your pardon*, (ノ) I still can't believe this. 失礼ですが, まだおっしゃることが信じられません.
I bég your párdon?《丁寧》もう一度おっしゃってくださいませんか (→ LET'S TALK).
— 動 (三単現 **par·dons** [~z]; 過去・過分 **par·doned** [~d]; 現分 **par·don·ing** [~iŋ]) 他
1 (a) [pardon+O] …を許す, 大目に見る, 容赦する (→ FORGIVE 類義語): I *pardoned* his fault. 私は彼の過失を大目に見てやった.
(b) [pardon …'s+doing / pardon+O+for doing]〈人〉が～したことを許す: *Pardon my interrupting* your conversation. =*Pardon* me *for interrupting* your conversation. お話の邪魔をして申し訳ありません.
(c) [pardon+O+O]〈人〉の〈失敗など〉を許す: They *pardoned* me my mistake. 彼らは私のミスを許してくれた.
2〈人・罪など〉を赦免する, 特赦する.
■ **Párdon me.** = I beg your pardon. (↑).
Párdon (me)? = I beg your pardon? (↑).
par·don·a·ble [pάːrdənəbl] 形《格式》許すことができる, 容赦[許容]できる.
par·don·a·bly [pάːrdənəbli] 副《格式》許すことができる程度に, 無理もないことながら.
pare [péər] 動 他 **1** 〈刃物で〉〈果物など〉の皮をむく. **2** 〈つめ〉を切る, 切りそろえる. **2** …を[…から] 削り取る (*off*, *away*, *down*) [*from*]. **3** …を徐々に削減する (*down*): *pare* (*down*) ... to the bone …をぎりぎりまで切り詰める.

★★★ par·ent [péərənt] 【原義は「子を産むこと」】
— 名 (複 **par·ents** [-rənts]) C **1** 親 (◇父または母) (↔ child); [~s] 両親: foster *parents* 養父母 / Jane has only one *parent*. ジェーンには片

LET'S TALK 聞き返しの言葉

[基本] Pardon?

Bill: **You're going out with me tomorrow, aren't you?**
(あしたデートしてくれるよね)

Miho: **Pardon? Did you say tomorrow?**
(もう一度言ってください. あしたですか)

相手の言ったことがよくわからなかったときには, Pardon? (ノ)(もう一度おっしゃってください) と言って聞き返します. Pardon me? (ノ) と言ってもかまいません. I beg your pardon? と言えば, 丁寧な言い方になります. ゆっくり話してほしいときには, Would you speak a little more slowly? (もう少しゆっくり話していただけませんか) と言いましょう.

英語で話すとき, 日本人は相手の言ったことがよくわからなくてもにこにこしたり, うなずいたりしていることがしばしばあります. そうすると上の例の場合, Bill はデートを承知したものと思ってしまいます. 相手の言ったことがわからなかったらきちんと聞き返し, 承知したのなら Yes, しないのなら No と, 自分の意志をはっきり示すようにしましょう.

[類例] A: Please pick me up around seven o'clock. (7時頃に迎えに来てください)
B: I'm sorry, but could you say that again? (すみません, もう一度言ってください)

親しかいない / The couple became *parents* last year. その夫婦は昨年子供が生まれた.
2 [形容詞的に] 親の; もとの: the *parent* birds 親鳥 / a *parent* company 親会社.
3 《文語》根源, もと (cause). (▷ 形 paréntal)

par·ent·age [péərəntɪdʒ] 名 U 家柄, 出身, 血統: of mixed *parentage* 混血.

*__pa·ren·tal__ [pəréntl] 形 《通例, 限定用法》親 (として) の; 親のような [にふさわしい]: *parental* responsibilities 親の責任. (▷ 名 párent)
◆ paréntal guídance U PG 《親と同伴でなければ未成年者が入場を認められない映画; → FILM 表》.

*__pa·ren·the·sis__ [pərénθəsɪs], 複 **pa·ren·the·ses** [-siːz] C **1** 《通例, 複数形で》丸かっこ, パーレン (( )); 《略語》paren.; → BRACKET 関連語]: put ... into [in] *parentheses* …をかっこに入れる.
2 《文法》挿入語句 (◇通例, 挿入語句は前後をかっこ・コンマ (,)・ダッシュ (—) などで区切る).
■ *in paréntheses* [parénthesis] ちょっと (付け足して) 説明しますが; ついでながら, ちなみに.

par·en·thet·ic [pærənθétɪk], **par·en·thet·i·cal** [-kəl] 形 [限定用法] **1** かっこに入れた, かっこを使用した. **2** 挿入語句の; 補足的な.
par·en·thet·i·cal·ly [-kəli] 副 補足的に.
par·ent·hood [péərənthʊd] 名 U 親であること.
par·ent·ing [péərəntɪŋ] 名 U 育児, 子育て.
Par·ent-Téach·er Associátion 名 C 父母と教師の会, ピーティーエー (《略語》PTA).

par ex·cel·lence [pɑ̀ːrèksəlɑ́ːns / pɑ̀ːréksəlɑ̀ːns] 【フランス】 副 特にすぐれて, 抜きんでて.
—形 [名詞のあとに付けて] 特にすぐれた, 比類ない: a painter *par excellence* 傑出した画家.

par·fait [pɑːrféɪ] 【フランス】 名 U パフェ 《アイスクリームに果物・生クリームなどを加えたデザート》.

pa·ri·ah [pəráɪə, péəriə] 名 C **1** 《社会》のけ者, のけ者にされる国 [組織]. **2** 《通例 P-》《古》パリア 《インドの最下層民》.

par·ing [péərɪŋ] 名 **1** U 《野菜・果物の》皮をむくこと, 削る [切る] こと: a *paring* knife 果物ナイフ.
2 C 《通例 ~s》むいた皮, 削った [切った] くず.

*__Par·is__[1] [pǽrɪs] 名 固 パリ 《フランスの首都》.
Par·is[2] 名 固 《ギリシャ神話》 パリス 《トロイの王子, スパルタの王妃ヘレネを奪ってトロイ戦争を引き起こした》.

*__par·ish__ [pǽrɪʃ] 名 C **1** 《キリスト教の》教区 《教会行政上の最小単位を成す区域》. **2** 《英》《行政》教区 《地方自治の最小単位》. **3** 《the ~》 《集合的に》単数・複数扱い 《英》教区民; 《米》1つの教会の全信者. **4** 《米》 《Louisiana 州の》郡 (◇ほかの州では county と言う).
◆ párish clérk C 教区教会の書記.

pa·rish·ion·er [pərɪ́ʃənər] 名 C 教区民.
Pa·ri·sian [pərɪ́ʒən / -ziən] 形 パリの; パリ市民 [パリっ子] の; パリ風の.
—名 C パリ市民, パリっ子, パリジャン.

par·i·ty [pǽrəti] 名 U 《または a ~》 **1** 〔…との〕同等, 対等, 同程度 [*with*]: on a *parity* with ... …と同等 [対等] で.
2 《米》農産物価格標準, パリティ (方式) 《農産物価格と農家の生活費との比率》. **3** 《経済》《他国の通貨との》平価; 等価.

*__park__ [pɑːrk] 名 動 【原義は「狩猟用の囲い地」】
—名 (複 **parks** [~s]) C **1** 公園 (◇通例, 広大なものをさす; cf. square (町の中の小さな) 公園, 広場); 遊園地 (amusement park); 国立公園: a theme *park* テーマパーク / I jog in the *park* every morning. 私は毎朝公園でジョギングをする.
2 《米》 parking lot, 《英》 car park): a coach *park* 《英》長距離バス駐車場.
3 《米口語》野球場, 競技場; [the ~] 《英口語》(サッカー・ラグビーの) 競技場: a baseball *park* 野球場 (ballpark). 《英》 《私有の》 大庭園 《田舎にある貴族などの邸宅を囲んだ広大な土地》.
—動 **1** 〈車を〉駐車する: He *parked* his car in a non-parking zone and got fined. 彼は駐車禁止区域に駐車して罰金を科せられた.
2 《口語》〈人・ものを〉〔人に〕預ける 〔*on, with*〕: She *parked* her children *on* her mother for the day. 彼女はその日子供たちを母親に預けた.
—自 駐車する: You cannot *park* here. ここには駐車できません.
◆ Párk Ávenue 固 パークアベニュー 《New York 市の Manhattan にある大通り》.

par·ka [pɑ́ːrkə] 名 C 《米》パーカ, アノラック (《英》 anorak) 《防水性生地でできたフード付き防寒服. もとはイヌイットの服》.

*__park·ing__ [pɑ́ːrkɪŋ]
—名 U **1** 駐車: illegal *parking* 違法駐車 / No *Parking*《掲示》駐車禁止.
2 駐車場 (《略語》P).
◆ párking garàge C 《米》 駐車場ビル.
párking lòt C 《米》(屋外) 駐車場 (《英》car park).
párking lìghts 駐車灯 (《英》sidelights).
párking mèter C パーキングメーター.
párking tìcket C 駐車違反切符.

Par·kin·son's disèase [pɑ́ːrkɪnsənz-] 名 U 《医》パーキンソン病 《震え・運動障害などが起きる》.
Pár·kin·son's Làw 名 U パーキンソンの法則 《「公務員の数は仕事量に関係なく一定の割合で増加する」といった風刺的な経済法則》.

park·land [pɑ́ːrklænd] 名 U **1** 公園用地, 公園向きの土地. **2** 《英》 《地方の大邸宅を囲む》緑地.
park·way [pɑ́ːrkweɪ] 名 C 《米》パークウェー, 公園道路 《両側や中央分離帯に植栽のある広い道路》.

par·lance [pɑ́ːrləns] 名 U 《格式》話しぶり, 口調; 言葉づかい; 語法, 用語: in common [legal] *parlance* 一般的な [法律上の] 言葉で (は).

par·lay [pɑ́ːrleɪ / -li] 動 他 《米》〈資金などを〉〔…まで〕うまくふやす, 〈能力・実績などを〉〔…に〕利用する 〔*into*〕.

par·ley [pɑ́ːrli] 《古風》 名 C 会談, 交渉; 《軍》和平交渉. —動 自 交渉する; 和平会談をする.

*__par·lia·ment__ [pɑ́ːrləmənt] (☆発音に注意)
—名 (複 **par·lia·ments** [-mənts]) **1** C 議会, 国会: a national [provincial] *parliament* 国会 [地方議会] / dissolve [summon, convene] a

parliament 議会を解散 [招集] する.
2 [P-] (英国の) 議会, 国会 (→ [類義語]; → CONGRESS 表): enter [go into] *Parliament* 下院議員になる / a Member of *Parliament* 下院議員 (《略語》MP, M.P.) / *Parliament* is now in session. 国会は今開会中です.
(▷ 形 pàrliaméntary)

[類義語] **Parliament, Congress, Diet**
共通する意味》議会 (the highest law-making body of a country)
Parliament は「英国議会」をさす: *Parliament* consists of the House of Lords and the House of Commons. 英国議会は上院と下院から成る. **Congress** は「アメリカ合衆国議会」または特に中南米の「共和制国家の議会」をさす: *Congress* consists of the Senate and the House of Representatives. 米国議会は上院と下院から成る. **Diet** は「日本・スウェーデン・デンマークなどの国会」をさす: The Japanese *Diet* consists of the House of Representatives and the House of Councilors. 日本の国会は衆議院と参議院から成る.

par·lia·men·tar·i·an [pɑ̀ːrləmentéəriən] 名 [C] 議院 [議会] の規則や慣行に詳しい人 [議員].

‡**par·lia·men·tar·y** [pɑ̀ːrləméntəri] 形 《通例, 限定用法》議会の, 国会の; 議会で制定した: *parliamentary* government 議会政治.
(▷ 名 párliament)

‡**par·lor**, 《英》**par·lour** [pɑ́ːrlər] 名 [C]
1 [複合語で] (ある業種の) 店, 営業所: a beauty *parlor* 美容院 / an ice-cream *parlor* アイスクリーム店. **2** 《古風》客間.
◆ **párlor càr** [C] 《米》パーラーカー, 特等客車.
párlor gàme [C] 《古風》室内ゲーム 《クイズなど》.

Par·me·san [pɑ́ːrməzɑːn; pɑ̀ːrmizǽn] 名 [U]
= **Pármesan chéese** パルメザンチーズ《北イタリアのパルマ産の硬質チーズ. 粉末にして用いる》.

Par·nas·sus [pɑːrnǽsəs] 名 **1** 《地》 [Mount ～] パルナッソス山《ギリシャ中部の山でアポロとミューズの聖地》. **2** 《文芸 [芸術] の中心》; 詩壇, 文壇.

pa·ro·chi·al [pəróukiəl] 形 **1** 《軽蔑》(考えなどが) 偏狭 [狭量] な; 地方的な. **2** 《通例, 限定用法》教区 (parish) の.
◆ **paróchial schòol** [C] 《主に米》(教会などが経営する) 教区立小 [中, 高等] 学校.

par·o·dy [pǽrədi] 名 《複 **par·o·dies** [～z]》
1 [C][U] パロディー; 替え歌. **2** [C] 《軽蔑》下手な模倣. ── 動《三単現 **par·o·dies** [～z]; 過去・過分 **par·o·died** [～d]; 現分 **par·o·dy·ing** [～iŋ]》他 …をパロディー化する; 下手にまねる.

pa·role [pəróul] 名 [U] 仮出所; [a ～] 仮出所期間: on *parole* 仮出所中の [で]. ── 動 他 …を仮出所させる.

par·ox·ysm [pǽrəksìzm] 名 [C] **1** 《医》発作, けいれん, ひきつけ. **2** (怒り・笑いなどの感情の) 激発: a *paroxysm* of rage 激怒.

par·quet [pɑːrkéi; páːkei] 《フランス》名 **1** [U] 寄せ木細工 (の床). **2** [C] 《米》(劇場の) 1 階前部席 (《英》stalls).

par·ri·cide [pǽrisàid] 名 《格式》[C] 親 [近親] 殺しの犯人; [U] 親 [近親] 殺し (の行為). 《[関連語] matricide 母殺し / patricide 父殺し》

‡**par·rot** [pǽrət] 名 [C] **1** 《鳥》オウム: repeat like a *parrot* おうむ返しに繰り返す. **2** (通例, 軽蔑) 意味もわからずに他人の言葉を繰り返す人: play the *parrot* 人の口まねをする.
■ (in) párrot fáshion 《英, 通例, 軽蔑》おうむ返しに, 猿まねして; 棒暗記的.
── 動 他 …をおうむ返しに言う, 意味もわからずに繰り返す.

par·ry [pǽri] 動 《三単現 **par·ries** [～z]; 過去・過分 **par·ried** [～d]; 現分 **par·ry·ing** [～iŋ]》他 〈質問・剣・打撃など〉をかわす, 回避する, 受け流す.
── 名 《複 **par·ries** [～z]》[C] **1** (フェンシングなどで) 突きを払うこと, かわし. **2** 言い逃れ, はぐらかし.

parse [pɑ́ːrs; páːz] 動 他 《文法》〈文〉を分析する《文中の語の品詞・文法的関係などを説明する》.

par·si·mo·ni·ous [pɑ̀ːrsəmóuniəs] 形 《格式》極端にけちな, しみったれた.

par·si·mo·ny [pɑ́ːrsəmòuni / -məni] 名 [U] 《格式》過度の倹約つつ; けち, しみったれ.

pars·ley [pɑ́ːrsli] 名 [U] 《植》パセリ.

pars·nip [pɑ́ːrsnip] 名 《植》[C] パースニップ, アメリカボウフウ; [C][U] パースニップの根 《食用》.

par·son [pɑ́ːrsn] 名 [C] **1** 《古風》(英国国教会の) 教区牧師. **2** (一般に) 牧師, 聖職者.

par·son·age [pɑ́ːrsənidʒ] 名 [C] (教区) 牧師館.

‡‡‡**part** [pɑ́ːrt]
名 動 副 《基本的意味は「部分」》
── 名 《複 **parts** [pɑ́ːrts]》 **1** [C] 部分: Cut this cake into six *parts*. このケーキを 6 つに切りなさい / There is a crack in the upper *part* of the wall. 壁の上の方にひびが入っている / He couldn't understand the important *part* of the lecture. 彼はその講義の重要な部分を理解することができなかった.

2 [U][C] […の] 一部 (分) [*of*]: *Part of* the bread is covered with mold. そのパンにはかびの生えている所がある / *Part of* the leaf is dead. その (1枚の) 葉は一部が枯れている / I wrote *part of* this book. 私がこの本の一部を書いた.

[語法] (1) 通例 part of … の形で用いる. ただし, 特に全体と対比させて「ある限られた一部分」を言う場合は a part of … を用いる: Only *a part of* the students passed the examination. 一部の生徒だけが試験に合格した.
(2) a part of … が主語になる場合, …が単数名詞なら単数扱い, 複数名詞なら複数扱いになる: *Part of* these pictures *were* taken in India. これらの写真の一部はインドで撮影された.

3 [C] [しばしば～s] (機械などの) 部品: spare *parts* 予備部品 / automobile [car] *parts* 車の部品.

4 [C] (芝居などの) 役 (role); せりふ: the leading [principal] *part* 主役 / a supporting *part* わき役 / act [play] the *part* of Hamlet ハムレット役を演じる.

5 [U] [または a ～] 役割, 役目, 務め; 参加: do one's *part* 自分の役割を果たす / perform an

important *part* in the school festival 学園祭で重要な役目を果たす.
6 [C]地方, 地域: from every *part* [all *parts*] of the world 全世界から / What *part* of the country do you come from? どの地方のご出身ですか.
7 [U]《論争・競技などの》一方の側 (side): Neither *part* yielded an inch in the negotiation. 交渉ではどちらの側も一歩も譲らなかった.
8 [C][基数詞を伴って]《計量などにおける》割合; [序数詞を伴って]…分の1: Mix one *part* whiskey with three *parts* water. ウイスキー1に対して水3の割合で混ぜてください. **9** [C]《文学作品などの》部, 編; 巻《略語》pt.): This story is composed of six *parts*. この話は6部から成る. **10** [C]《音楽》音部, 声部, パート: sing the alto *part* アルト声部を歌う. **11** [C]《米》《髪の》分け目(《英》parting). **12** [〜s]《文語》才能, 資質.

■ *for óne's pàrt* …としては: *For my part*, I have no objection. 私としては異議がありません.
for the móst pàrt 大部分は, たいてい: My students are *for the most part* hardworking. 私の学生はほとんど全員がとてもよく勉強する.
in pàrt 一部分は, いくらか: His story is true only *in part*. 彼の話は一部分しか真実でない.
on …'s pàrt = *on the pàrt of …* …のほう［側］では: There was much enthusiasm for the project *on the part of* the inhabitants. 住民の側ではその事業を歓迎する気運が強かった.
pàrt and párcel of … …の最も重要部分.
pláy a pàrt [… において] 役割を果たす [*in*]: He *played a* leading *part in* the negotiations. 彼はその交渉で主導的な役割を果たした.
tàke … in góod pàrt《古風》…を好意的に解釈する, 善意にとる.
tàke pàrt (in …) (…に)参加する: *take part in* a race レースに参加する.
tàke …'s pàrt = *tàke the pàrt of …* …の味方をする, 肩を持つ: I *took his part* in the argument. その論争で私は彼に味方した.
the bést [bétter] pàrt of … …の大部分.

— 動 他 **1** …を分ける, 分割する (→ SEPARATE [類義語]): Let's *part* the class in two. クラスを2つに分けよう / He *parts* his hair in the middle [on the left side]. 彼は髪を真ん中 [左側] で分けている. **2**《格式》〈人〉を [… から] 引き離す, 別々にする [*from*]: Unavoidable circumstances *parted* the child *from* his parents. やむをえない事情でその子は両親と離別することになった.
— 自 **1**《格式》[… と] 別れる, 離れる [*from*]: They kissed each other when they *parted*. 彼らは別れるときにキスを交わした / She will *part from* her husband. 彼女は夫と別居するだろう. **2**《文語》分かれる, 分離［分岐］する: The road *parts* here. 道路はここで分岐している.
■ *pàrt with …* …を手放す, 譲り［売り］渡す.

— 副 一部分は, ある程度 (partly)《◇通例 part …, part 〜 の形で用いる》: The project was *part* successful, *part* unsuccessful. その計画は一部は成功だったが, 一部は失敗だった.
(▷ 形 pártial)

◆ párt of spéech (複 parts of speech) [C]【文法】品詞 (→ 文法)

***par·take** [pɑːrtéik] 動 (三単現 **par·takes** [〜s]; 過去 **par·took** [-túk]; 過分 **par·tak·en** [-téikən]; 現分 **par·tak·ing** [〜iŋ]) 自《格式》**1** […に] 参加する, 加わる (take part) [*in*]: *partake in* a wedding reception 結婚披露宴に出る. **2**《古風》〈…を〉(共に)食べる［飲む］ [*of*]: We *partook of* dinner with her. 私たちは彼女と夕食を共にした. **3** 幾分 […の] 性質［気味］がある [*of*]: His manner *partakes of* insolence. 彼の態度には少々ご慢なところがある.

par·terre [pɑːrtéər] 名 [C] パルテア《花壇と芝生・通路を装飾的に配置した庭》.

Par·the·non [pɑ́ːrθənɑ̀n / -nən] 名 固 [the 〜] パルテノン《紀元前5世紀にギリシャのアテネに建てられた女神アテナの神殿》.

***par·tial** [pɑ́ːrʃəl] 形 **1** [比較なし; 通例, 限定用法] 部分的な, 一部 (分) の, 局部的な (↔ total); 不完全な (↔ complete): a *partial* eclipse of the sun 部分日食 (cf. total eclipse of the sun 皆既(かいき)日食) / *partial* knowledge 不完全な知識. **2** [通例, 叙述用法] 不公平な, […に] えこひいきをする [*to, toward*] (↔ impartial). **3** [叙述用法]《格式》[…が] 特に好きで [*to*]: Tom is *partial to* fruit. トムは果物に目がない. (▷ 名 part)

◆ pártial negátion [U][C]【文法】部分否定 (→

文法 品 詞 (parts of speech)

英語には，次のような品詞があります（詳しい用法は各項目を参照）．

品詞		主な働き	例
名詞	noun	人・もの・ことの呼び名を表す	dog, water
代名詞	pronoun	名詞の繰り返しを避けるために用いる	I, she, they
形容詞	adjective	名詞・代名詞を修飾したり，動詞の補語になる	big, beautiful
動詞	verb	主語の動作や状態を表す	eat, play, like
副詞	adverb	動詞・形容詞・他の副詞などを修飾する	now, here, very
前置詞	preposition	名詞・代名詞の前に置き，形容詞句・副詞句を作る	in, on, over
接続詞	conjunction	語と語，句と句，節と節を結ぶ	and, but, when
間投詞	interjection	喜び・悲しみ・驚き・苦痛などを表す	oh, ah
冠詞	article	名詞に付けて，不定のものか特定のものかを表す	a, an, the
助動詞	auxiliary verb	動詞の意味を補ったり，時制・態を表す	can, may, must

par・ti・al・i・ty [pɑːrʃiǽləti] 名 **1** U 部分[局部]的なこと; 不完全さ (↔ **impartiality**). **2** U《通例, 軽蔑》不公平, […への] えこひいき [*for, to, toward*]. **3** [a 〜]《格式》[…への] 強い好み [*for, to, toward*].

*__par・tial・ly__ [pɑ́ːrʃəli] 副 **1** 部分的に, 不完全[不十分]に (*partly*): It's *partially* true. それは一部は正しい. **2**《軽蔑》不公平に, えこひいきして.

*__par・tic・i・pant__ [pɑːrtísəpənt] 名 C […の] 参加者, 関係者, 当事者 [*in, to*].

‡__par・tic・i・pate__ [pɑːrtísəpèit] 動 自《格式》[物事に] 参加する, 加わる (*take part*); […を] 共にする [*in*]: *participate* in a festival 祭りに参加する.

*__par・tic・i・pa・tion__ [pɑːrtìsəpéiʃən] 名 U […への] 参加, 加入, […に] 関与すること.

par・tic・i・pa・to・ry [pɑːrtísəpətɔ̀ːri / pɑːtìsipéitəri] 形《格式》参加(方式)の: *participatory* democracy 参加型民主主義.

par・ti・cip・i・al [pɑːrtəsípiəl] 形【文法】分詞の: a *participial* phrase 分詞句 (→ PHRASE 〈文法〉).
◆ participíal ádjective C【文法】分詞形容詞 (◇ *boring*, *tired* など).
participíal constrúction C【文法】分詞構文 (→ 〈文法〉).

‡__par・ti・ci・ple__ [pɑ́ːrtəsìpl] 名 C【文法】分詞 (→ 次ページ 〈文法〉);《略語》p., part.).

par・ti・cle [pɑ́ːrtikl] 名 C **1** 小さな粒, 微粒子; 小片: *particles* of sand 砂粒. **2** 少量, 微量; [a 〜] 少し [少量] [の…] [*of*]: There is not a *particle* of food in the refrigerator. 冷蔵庫には食べ物が少しもない. **3**【文法】不変化詞 (◇ 前置詞・接続詞など, 変化形を持たない品詞); 接頭[接尾] 辞, 小辞. **4**【物理】粒子; 素粒子.

par・ti・col・ored,《英》**par・ti・col・oured** [pɑ́ːrtikʌ̀lərd] 形 **1** まだら(染め)の, 色とりどりの; (動物に) 斑(ぶち)のある. **2**《比喩》多彩な, 波乱[変化]に富む.

***__par・tic・u・lar__ [pərtíkjələr] 形 名
— 形 **1** [比較なし; 限定用法] 特定の (↔ *general*); [*this*, *that* のあとに付けて] 特にこの[の, その] (→ SPECIAL 〈類義語〉): Is there any *particular* food you don't like? 何か嫌いな食べ物はありますか / Why did he choose this *particular* book? なぜ彼は特にこの本を選んだのか / She was late for school on that *particular* day. その日に限って彼女は遅刻した. **2** [比較なし; 限定用法] 格別の, 特別の: He has no *particular* reason to do it. 彼にはそれをしなければならない格別な理由はない / Pay *particular* attention to his behavior. 彼の行動には特に注意を払いなさい / Do you have anything *particular* to do this evening? 今晩特にしなければならないことがありますか. **3** [叙述用法] […について] (好みが) やかましい, 気難しい [*about, over*]: She is *particular* about her clothes. 彼女は服装にうるさい. **4**《格式》[通例, 限定用法] 詳細な: give a *particular* account 詳細な説明をする.
— 名 **1** [〜s] 詳細, 詳しい情報: go [enter] into *particulars* 詳細にわたる / I gave him the *particulars* of her background. 私は彼に彼女の生い立ちを詳しく話した.
2 C 個々の事項, 点: in every *particular* [all *particulars*] あらゆる点で.
■ *in particular* とりわけ, 特に: I have nothing *in particular* to say. 私は特に言うことはない.

par・tic・u・lar・i・ty [pərtìkjəlǽrəti] 名 (複 **par・tic・u・lar・i・ties** [〜z]) **1** U 特殊[特異, 独自](性); C 特徴, 特質, 特色 (↔ *generality*).

〈文法〉 **分詞構文 (participial construction)**

【分詞構文が表す意味】

　現在分詞で始まる語群が, 付帯状況・時・原因・理由・条件などを表すことがあります. この語群は通例, 文頭または文尾に置かれます.

■ **付帯状況**「…しながら」
John walked away, humming a song.
(ジョンは鼻歌を歌いながら歩いていった)

■ **時**「…するとき」「…すると」
Opening the window, I saw a rainbow in the sky.
(=When I opened the window, I saw…)
(窓を開けると空ににじが見えた)

■ **原因・理由**「…するので」「…なので」
Knowing nothing of the city, I hired a guide.
(=Since I knew nothing of the city, I hired…)
(その市のことを何も知らなかったので, 私はガイドを雇った)

■ **条件**「…すれば」「…であれば」
Hearing his name, you'll never forget it. (=If you hear his name, …)
(彼の名前は一度聞けば決して忘れないだろう)

【過去分詞で始まる分詞構文】

受け身の意味を表します. 過去分詞の前に being を補うと, 現在分詞で始まる分詞構文と同じ形になります.

(Being) Surrounded by the sea, Japan has a mild climate.
(海に囲まれているので, 日本の気候は温暖です)

【独立分詞構文】

文の主語と分詞の意味上の主語が異なる場合は, 分詞の前に主語を置きます. これを独立分詞構文と言います.

The window being open, the room was cool. ──分詞の主語　文の主語
(窓が開いていたので部屋は涼しかった)

par・tic・u・lar・ize [pərtíkjələràiz] 動《格式》他 (…を) 詳細に述べる; 列挙する.

***par・tic・u・lar・ly** [pərtíkjələrli]
— 副 特に, とりわけ (especially): I'm *particularly* grateful to my parents. 私は特に両親に感謝している / She is attractive, *particularly* when she is playing the piano. 彼女は魅力的で, 特にピアノを弾いているときがそうです / I don't *particularly* want to see that movie. 私はその映画を特に見たいとは思わない.

part・ing [pá:rtiŋ] 名 **1** UC 別れ (ること), 別離, 死別. **2** UC 分けること, 分離, 分割; C 分かれ目, 分岐点: the [a] *parting* of the ways 分かれ道, 行動 [人生] の分かれ目. **3** C《英》(髪の) 分け目 (《米》 part). — 形 **1** 別れの; 臨終の: a *parting* gift [kiss] 餞別(葉) [別れのキス]. **2** 去って行く. **3** 分ける, 分離する.
◆ párting shót C 捨てぜりふ.

par・ti・san, par・ti・zan [pá:rtəzən / pà:tizǽn] 名 C **1**《通例, 軽蔑》(ある党派・主義などの) 熱烈な支持者, 同志. **2**《軍》パルチザン, ゲリラ隊員.
— 形 **1**《通例, 軽蔑》(政策などが) 党派に偏った; 偏見のある. **2** パルチザンの.

par・ti・san・ship [pá:rtəzənʃip / pà:tizǽn-] 名 U 党派心 [意識]; (盲目的な) 支持, 加担.

par・ti・tion [pa:rtíʃən, pər-] 名 **1** U (土地などの) 分割, 区分; 仕切ること. **2** C 分割 [区分] された部分; (部屋などの) 仕切り, パーティション.
— 動 他 **1** …を […に] 仕切る (off) [into]: *partition off* the room *into* two 部屋を2つに仕切る. **2** …を […に] 分割 [分配, 区分] する (out) [into].

***part・ly** [pá:rtli]
— 副 部分的に, 一部は; ある程度, 幾分か: What she said was *partly* true. 彼女の言ったことの一部は本当だった / It was *partly* your fault. それは幾分かはあなたも悪かったのだ / Peter was not happy *partly* because she didn't come. 彼女が来なかったこともあってピーターは不満だった.

***part・ner** [pá:rtnər] 名
— 名 (複 **part・ners** [~z]) C **1** 配偶者, 連れあい《妻または夫》; 恋人: a marriage [live-in] *partner* 結婚 [同棲(営)] 相手 / a *partner* in life 生涯の伴侶(営).
2〖…を共にする〗仲間, 協力者; 〖…の〗共同経営者, 共同出資者 [in]: a *partner in* business 事業の協力者 [共同経営者] / Tom is a business *partner* with me. トムは私の仕事仲間です.
3〖ダンス・ゲームなどでの〗パートナー, 組む相手 [in]: a card *partner* トランプで組む相手 / I was *partners* with him *in* table tennis. 私は卓球で彼と組んだ《◇複数形になることに注意》.
— 動 他 …と組む, 提携する (off, up); …を […と] 組ませる [with]: I was *partnered* (up) with Tom. 私はトムと組まされた.
— 自 […と] 組む (off, up) [with].

***part・ner・ship** [pá:rtnərʃip] 名 **1** U 協力, 提携, 共同: in *partnership* with … …と共同で [提携して] / enter [go] into *partnership* with …

〈文法〉分詞 (participle)

分詞は, 動詞と形容詞の性質をあわせ持つ動詞の形です.

【分詞の形】

	基本的意味	形
現在分詞	…している	動詞の原形＋-ing
過去分詞	…される	動詞の原形＋-(e)d 不規則動詞

【分詞の用法】

❶ 現在分詞

■「be動詞＋現在分詞」(進行形)
He <u>is sleeping</u>. (彼は眠っています)

■ 名詞を修飾する
a <u>barking</u> <u>dog</u> (ほえている犬)
　　↑　　現在分詞＋名詞

<u>the boy</u> <u>standing</u> at the gate
　↑　　　　↑　名詞＋現在分詞
(門のところに立っている少年)

■ 動詞の補語になる
He came <u>singing</u> in the rain.
(彼は雨の中を歌いながらやって来た)

I kept him <u>waiting</u> in the room.
(私は彼を部屋で待たせておいた)

❷ 過去分詞

■「be動詞＋過去分詞」(受け身)
This picture <u>was</u> <u>taken</u> in 2001.
(この写真は2001年に撮られた)

■「have[has, had] ＋過去分詞」(完了形)
She <u>has</u> just <u>come</u> home.
(彼女は今帰ってきたところです)

■ 名詞を修飾する
a <u>locked</u> <u>door</u> (かぎのかけられたドア)
　　↑　　過去分詞＋名詞

a <u>flower</u> <u>called</u> a forget-me-not
　↑　　　　↑　名詞＋過去分詞
(忘れな草と呼ばれる花)

■ 動詞の補語になる
The door remained <u>closed</u>.
(ドアは閉ざされたままだった)

I heard my name <u>called</u>.
(私は自分の名前が呼ばれるのを聞いた)

…と提携する. **2** [U][C] 共同事業[経営]; 組合; 商会: a limited *partnership* 有限責任会社 / an unlimited [a general] *partnership* 合名会社.

par·took [pɑːrtúk] 動 partake の過去形.

par·tridge [pɑ́ːrtridʒ] 名 (複 **par·tridg·es** [~iz], **par·tridge**) [C] [鳥] ヤマウズラ; [U] ヤマウズラの肉.

***párt-tíme** 形 パートタイムの, アルバイト[非常勤]の; (学校が)定時制の (cf. full-time フルタイムの): have a *part-time* job パート(タイム)の仕事[アルバイト]をする / on a *part-time* basis パートタイムで / a *part-time* high school 定時制高校.
— 副 パートタイムで, 非常勤で; (学校が)定時制で: Susie works *part-time* at a boutique. スージーはブティックでアルバイトをしている.

párt tíme 名 [U] パートタイム, 非常勤.

párt-tím·er 名 [C] パートタイマー, 非常勤(勤務)者.

*****par·ty** [pɑ́ːrti] 名 動 [原義は「分けられた部分」]
— 名 (複 **par·ties** [~z]) [C] **1 パーティー**, (社交上の)集まり, 会: We met at Michael's *party*. 私たちはマイケルのパーティーで会った / Will you come to my birthday *party*? 私の誕生日パーティーに来てくれますか / The *party* was so much fun. パーティーはとても楽しかった. / Did you enjoy the *party*? パーティーは楽しかったですか.

[関連語] **いろいろな party**
Christmas party クリスマスパーティー / dinner party 夕食会 / farewell [welcome] party 送別[歓迎]会 / garden [lawn] party 園遊会 / pajama [slumber] party パジャマパーティー 《特に10代の少女が友人の家に集まり, パジャマ姿で語り明かす》 / stag [hen] party 男性[女性]だけのパーティー / surprise party サプライズパーティー 《主役を驚かすために本人に内緒で準備する》

[コロケーション] **パーティーを[に]…**
パーティーをお開きにする: *break up a party*
パーティーに出席する: *attend a party*
パーティーを開く: *have* [*give*, *throw*] *a party*
パーティーに招かれる: *be invited to a party*

2 政党, 党; 党派; [形容詞的に] 政党の, 党派の: *party* tactics 党利党略 / The Democratic *Party* and the Republican *Party* are the two major *parties* in the United States. 民主党と共和党はアメリカ合衆国の二大政党です.
3 [単数・複数扱い] (人の)一団, 一行, 隊, 連中: a search [rescue] *party* 捜索[救助]隊 / the chairman and his *party* 会長とその一行 / The whole *party* got rounded up. 犯行グループは全員が一斉に検挙された. **4** (契約・訴訟などの)当事者, 関係者; (それぞれの)側; (電話の)相手: an interested *party* 利害関係者 / a third *party* 第三者 / Your *party* is on the line. 先方が出られました 《◇電話交換手などの言葉》.

■ **be** (**a**) **párty to …** 《格式》〈悪いこと〉に加担する.

— 動 (三単現 **par·ties** [~z]; 過去・過分 **par·tied** [~d]; 現分 **par·ty·ing** [~iŋ]) 自 《米口語》(パーティーなどで)浮かれ騒ぐ.

◆ **párty líne** [C] **1** (電話の)共同加入線.
2 [the ~] (政党の)路線, 政策.

párty píece [C] 《英口語》 (パーティーでの)得意の出し物, 十八番(おはこ).

párty pólitics [U] 政党政治; 党利党略.

párty póoper [C] 座をむけさせる人, 興ざめな人.

párty wáll [C] (隣家との)境界壁.

par·ve·nu [pɑ́ːrvənjùː / -njùː] 【フランス】 名 形 《格式》 成金(なりきん), 成り上がり者 (upstart).

pas·cal [pæskǽl] [C] [物理] パスカル 《◇圧力単位; 1パスカル=1ニュートン/m²;《略語》Pa》.

Pas·cal [pæskǽl] 名 固 パスカル Blaise [bléiz] Pascal 《1623–62; フランスの哲学者・数学者・物理学者. 主著 *Pensées* [パンセ]》.

PASCAL [pæskǽl] 名 [U] [コンピュータ] パスカル 《プログラミング言語の1つ》.

pas·chal [pǽskəl] 形 [しばしば P-] (ユダヤ人の)過ぎ越しの祭り[祝い] (Passover) の; 《古》 (キリスト教の)復活祭の.

pas de deux [pὰ: də dúː / -dɔ́ː] 名 (複 **pas de deux**) [C] 【フランス】 パドドゥ 《古典バレエの対舞》.

*****pass** [pǽs / pɑ́ːs] 動 名
— 動 (三単現 **pass·es** [~iz]; 過去・過分 **passed** [~t]; 現分 **pass·ing** [~iŋ])
— 自 **1 通る**, 通行する, 動いて行く; 通り過ぎる, 追い越す: Let me *pass*, please. どうぞ通してください / The cat suddenly *passed* in front of me. 猫が突然私の前を通った.
2 (時が)**たつ**, 経過する: As time *passed*, his health began to fail. 時がたつにつれて彼の健康は衰え始めた / Ten years have *passed* since I left home. 私が家を出てから10年たった.
3 (事態が)過ぎ去る, 終わる; (ものが)消滅する; (痛み・感情などが)なくなる, 消え去る: The storm will soon *pass*. あらしはじきに やむだろう.
4 (試験などに)合格する (↔ fail); (議案・案件などが)可決[承認]される, 通る: I'm sure you'll *pass*. あなたはきっと合格しますよ / A bill *passes* and becomes law. 法案は通過して法律となる.
5 […として] 通用する, 通る [*as, for*]: She can *pass as* [*for*] a teenager. 彼女は10代と言っても通用する / He *passes* by the name of Jay. 彼はジェイという名前で通っている.
6 […から / …に] 変化[推移] する; なる [*from / to, into*]: *pass from* one job *to* another ある職から別の職に移る / The politician has *passed into* oblivion. その政治家は忘れられてしまった.
7 (犯罪・過失が)大目に見られる, 見過ごされる: We can't let it *pass* unpunished. 私たちはそれを処罰しないで済ますわけにはいかない.
8 (権利・財産などが)[…に] 移る, 渡る [*to*]: All his possessions *passed to* his sister when he died. 彼が死んで全財産が彼の妹の手に渡った.
9 […の間で] (言葉・手紙・視線などが)交わされる [*between*]: Words of love *passed between* them. 2人の間で愛の言葉が交わされた.
10 (申し出などを)断る; (クイズなどで)[回答を]見送る, 棄権する [*on*]; [トランプ] パスする.
11 [球技] パスする, ボールを渡す.
— 他 **1** [pass+O] …の**そばを通る**, 通行す

る; …を通り過ぎる, 追い越す: I came across an old friend of mine when I *passed* the post office. 郵便局の前を通ったとき旧友に偶然出会った / The street was too narrow for two cars to *pass* each other. その通りは2台の車がすれ違えないほど狭かった.
2 [pass+O] …を手渡す, 回す, 伝える; [pass+O+O / pass+O+to ...]〈人〉に〈くもの〉を手渡す[回す]: *Pass* (me) the salt, please. 塩を取ってください / *Pass* him the message at once.＝*Pass* the message *to* him at once. すぐにその伝言を彼に伝えてください.
3〈時間〉を過ごす, 送る(spend): She *passed* the sleepless night counting sheep. 彼女は眠れない夜を羊を数えて過ごした / He was *passing* most of his time idly. 彼は大半の時間をこれといって何もせずに過ごしていた.
4〈試験〉に合格する, パスする;〈人・もの〉を合格させる (⇔ fail);〈議会・審議会が〉〈議案〉を可決する;〈議案が〉〈議会など〉を通過する: He *passed* the entrance examination. 彼は入学試験に合格した / The teacher *passed* him. 先生は彼を合格させた / The House of Representatives *passed* the bill. 衆議院はその法案を可決した.
5〈手・視線〉を動かす;〈糸・針金・ロープ〉を巻く, 通す, 渡す: *pass* a thread through the eye of a needle 針の穴に糸を通す / She *passed* her eyes over my paper. 彼女は私のレポートに目を通した.
6〈理解などの範囲〉を超える: His behavior *passes* my comprehension. 彼の行動は私には理解できない. **7**〔人・ものに〕〈判決・判断〉を下す [on]: *pass* (a) sentence *on* him 彼に判決を下す.
8 …を無視する, 見逃す. **9**〈球技〉〈ボール〉をパスする: He *passed* the ball to the forward. 彼はフォワードの選手にボールをパスした. **10**〈排泄物〉を出す.

句動詞 *páss alóng* 自 どんどん先へ進む: *Pass* right *along*, please. (乗客などに対して)中ほどへお進みください.
páss alòng ... 他 …を通る, 通行する: The ship *passed along* the canal. 船は運河を進んだ.
páss aróund 他 [pass around+O / pass+O+around] …を(順々に)回す, 手渡す.
páss awáy 自 **1**〈婉曲〉〈人が〉死ぬ, 亡くなる (pass on). **2** 立ち去る, 過ぎ去る;〈怒り・恐れなどが〉消えうせる. ― 他 [pass away+O / pass+O+away]〈時間〉を(のんびりと)過ごす.
páss bý 自 **1** (そばを)通って行く. **2**〈時間・機会など〉が過ぎ去る. ― 他 [pass by+O / pass+O+by] …を大目に見る: Let's *pass by* the small errors. 小さなミスは大目に見よう.
páss by ... 他 …を素通りする, (素知らぬ顔で)…を通り過ぎる: Did he *pass by* your house this morning? 彼はけさお宅の前を通り過ぎませんでしたか.
páss dówn 他 [pass down+O / pass+O+down] [しばしば受け身で] …を[次の世代などに]伝える [to].
páss óff 他 [pass off+O / pass+O+off] **1** (偽って) …を […と] **思わせる**, […として] 通す [as]: He *passed* himself *off as* a nobleman. 彼は貴族だと偽った. **2** …をあっさりと片づける, 受け流す. ― 自 [通例, 副詞(句)を伴って]《英》(行事などが)進む, 終わる.
páss ón 自 **1** (そのまま)通り過ぎる: *Pass on*, please. 前にお進みください. **2**〈婉曲〉死ぬ (pass away). ― 他 [pass on+O / pass+O+on] **1** …を〔…に〕**渡す, 伝える** [to]: Mr. Baker *passed* his money *on to* his child. ベイカー氏は財産を子供に譲渡した. **2**〈利益など〉を[…に]還元する [to].
páss óut 自 **1** 気絶する, 意識を失う. **2**《英》(士官学校などを) 卒業する. ― 他 [pass out+O / pass+O+out] …を配る: The teacher *passed* the papers *out*. 先生は試験問題を配った.
páss óver 他 [pass over+O / pass+O+over] **1** …を無視する, …に触れない; 大目に見る. **2** [通例, 受け身で]〈昇進などで〉〈人〉を考慮に入れない.
páss òver ... 他 **1** …の上[上空]を通り過ぎる. **2** …をざっと見る[読む]; 復習する.
páss róund 自 ＝ pass around (↑).
páss thróugh 自 通り抜ける.
páss thróugh ... 他 **1** …を通り抜ける, 出る: A good idea *passed through* his mind. いい考えが彼の頭に浮かんだ. **2**〈困難・苦労〉を経験する: *pass through* the hard times 苦しい時期を乗り切る.
páss úp 他 [pass up+O / pass+O+up]〈好機〉を見送る, 逃す: *pass up* a chance for promotion 昇進のチャンスを見送る.

― 名 (複 **pass·es** [～iz]) C **1** 入場[通行]許可(証); 無料入場券, 定期券: a commuter *pass* 通勤定期(券) / get a *pass* to the final 決勝戦の入場券を手に入れる. **2** 合格, パス;《英》(大学の)普通及第: get a *pass* in math 数学の試験に通る. **3**『トランプ』パス;『球技』パス;『野球』四球による出塁;『フェンシング』突き: throw a *pass* to the forward フォワードにパスを送る. **4** 峠; 山道: a mountain *pass* 山道 / cross a *pass* 峠を越す. **5** (飛行機などの)上空通過. **6** (特に手品・催眠術などでの)手の動き. **7** [a ～]〈古風〉困った状況.
■ *bríng* ... *to páss*〈格式〉〈事態〉を引き起こす.
còme to páss〈格式〉〈事態〉が起こる, 〈事柄が〉実現する.
màke a páss at ...〈口語〉〈異性〉に言い寄る, ちょっかいを出す.

pass·a·ble* [pǽsəbl | pɑ́ːs-] 形 **1 まずまずの, 一応満足できる: have a *passable* knowledge of Chinese そこそこ中国語ができる. **2** (道・森などが)通行できる, 通れる;(川が)渡れる.
pass·a·bly [pǽsəbli | pɑ́ːs-] 副 まずまず, 一応.

*****pas·sage** [pǽsidʒ]
― 名 (複 **pas·sag·es** [～iz]) **1** C **通路**, 廊下; 水路: a *passage* into a court 中庭への通路 / an air *passage* 通風孔 / The teachers' room is at the end of this *passage*. 職員室はこの廊下の

突き当たりにあります.
2 ⓊⒸ 通行, 通過: force *passage* through a crowd 人込みを押し分けて進む / No *passage* (this way). 《掲示》(この先)通行禁止.
3 Ⓤ[または a ～](船・飛行機による)旅行(voyage); 船賃, 航空運賃: pay one's *passage* to London ロンドンまでの運賃を支払う / I hope you'll have a safe *passage* across the Pacific. 太平洋を無事に横断されますよう祈ります.
4 Ⓒ (文章・楽曲・演説などの)一節; 引用箇所[部分]: quote a *passage* from Hemingway ヘミングウェーの一節を引用する.
5 Ⓤ 時の経過; 状態の推移: with the *passage* of time 時がたつにつれて. **6** Ⓤ[または a ～](議案などの)可決, 通過. **7** Ⓒ (体内の)導管.
■ ***wórk*** one's ***pássage*** 船内で働いて船賃の代わりとしながら旅行する.

pas·sage·way [pǽsɪdʒwèi] 名Ⓒ 通路, 廊下.
pass·book [pǽsbùk / páːs-] 名Ⓒ《米》預金通帳(bankbook).
pas·sé [pæséi / pǽsei]《フランス》形 《通例, 叙述用法》時代遅れの, 古臭い;(女性が)盛りを過ぎた.

‡**pas·sen·ger** [pǽsəndʒər]
— 名 (複 **pas·sen·gers** [～z]) Ⓒ **1** (乗員に対して)乗客; 旅客, 船客; [形容詞的に]乗客(用)の: a transit *passenger* (飛行機などの)乗り継ぎ客 / a *passenger* list 乗客名簿 / a *passenger* plane 旅客機 / a *passenger* car [ship, train] 客車[客船, 旅客列車] / All the *passengers* should be on board. 乗客の皆様はご搭乗ください.
2《英口語》(組織の中の)足手まといの, 無能な人.
◆ **pássenger sèat** Ⓒ (車の)助手席; 乗客席.
*****pass·er·by** [pǽsərbái / páːs-] 名(複 **pass·ers·by** [-sɚz-]) Ⓒ 通行人, 通りがかりの人.
pas·sim [pǽsim]《ラテン》副 (文献の)あちこちに, 随所に.
*****pass·ing** [pǽsɪŋ / páːsɪŋ] 形《限定用法》**1** 通過する, 通りがかりの;(時が)過ぎ行く: with every *passing* day 日ごとに. **2** つかの間の, 一時の, はかない: a *passing* joy つかの間の喜び. **3** ふとした, はずみの, 偶然の: a *passing* remark 何げない言葉. **4** (成績評価が)合格[及第]の: a *passing* grade [mark] 合格点.
— 名 Ⓤ **1** 通過, 通行;(時の)経過;(車の)追い越し: with the *passing* of the years 年がたつにつれて / No *passing*.《米》《掲示》追い越し禁止(《英》No overtaking.). **2** 終末, 消滅《婉曲》死(death). **3** (議案・法案の)通過, 可決; 合格.
■ ***in pássing*** ついでに(言えば), ちなみに; 通りがかりに: mention ... *in passing* ついでに…に触れる.
◆ **pássing shót** [**stróke**] Ⓒ 《テニス》パッシングショット《ネットに詰めた相手の横を抜くショット》.

‡**pas·sion** [pǽʃən] 名 **1** ⓊⒸ 熱情, 激情, 情熱: Picasso's *passion* for painting 絵に対するピカソの情熱 / John spoke with *passion*. ジョンは熱を込めて話した. **2** ⓊⒸ[…に対する] 情欲, 愛欲 [*for*]. **3** Ⓒ [単数形で] […への]熱中, 愛着 [*for*]; 夢中になるもの, 大好きなもの: Tom has a *passion for* soccer. = Soccer is Tom's *passion*. トムはサッカーに夢中です. **4** [a ～] かんしゃく, 激怒: Mary was in a *passion*. メアリーはかんかんに怒っていた. **5** [the P-] キリストの受難《劇[曲, 物語]》.
■ ***flý*** [***fáll***, ***gét***] ***into a pássion*** かっとなる.
thrów ... ***into a pássion*** …をかっとさせる.
(▷ 形 **pássionate**)
◆ **pássion frùit** ⓒⓊ《植》パッションフルーツ. **Pássion plày** Ⓒ キリスト受難劇.
‡**pas·sion·ate** [pǽʃənət] 形 **1** 情熱的な, 熱烈な: make a *passionate* speech 熱のこもったスピーチをする. **2** 情欲的な, 好色な(◇ sensual の婉曲表現). **3** 怒りっぽい, 短気な: have a *passionate* nature 短気である. (▷ 名 **pássion**)
pas·sion·ate·ly [pǽʃənətli] 副 **1** 情熱的に, 熱烈的に, 激しく. **2** 激怒して.
pas·sion·less [pǽʃənləs] 形 情熱[熱情]のない; 冷静な, 落ち着いた.

‡**pas·sive** [pǽsiv] 形 **1** 受動的な, 受け身の; 主体的でない, 消極的な(↔ active): a person of *passive* nature 消極的な性格の人. **2** 無抵抗の, 服従的な: *passive* obedience 黙従. **3**《文法》受け身の, 受動態の(↔ active).
— 名 [the ～] = **passive vóice**《文法》受け身, 受動態(→ voice 文法).
◆ **pássive resístance** Ⓤ 消極的抵抗《暴力には訴えず, 非協力・不服従などによる抵抗》.
pássive smóking Ⓤ 受動[間接]喫煙《他人のたばこの煙を吸わされること》.
pas·sive·ly [pǽsivli] 副 **1** 受動的に, 受け身で; 消極的に. **2** 無抵抗に, 逆らわずに.
pas·siv·i·ty [pæsívəti] 名Ⓤ **1** 受動[消極]性(↔ activity). **2** 無抵抗, 従順.
pass·key [pǽskìː / páːs-] 名Ⓒ 親かぎ, マスターキー(master key).
Pass·o·ver [pǽsòuvər / páːs-] 名Ⓤ [しばしば the ～] 過越しの祭り[祝い]《奴隷の身分から解放されてエジプトから脱出できたことを記念するユダヤ人の祝祭》.
‡**pass·port** [pǽspɔ̀ːrt / páːs-] 名Ⓒ **1** パスポート, 旅券; 通行(許可)証: get [issue] a *passport* パスポートを取得する[交付する]. **2** […への]確かな手段, 方法 [*to*]: a *passport* to fame [success, wealth] 名声 [成功, 富] への確かな方法.
pass·word [pǽswɚːd / páːs-] 名Ⓒ **1** (仲間の判別や入場のための)合言葉. **2**《コンピュータ》パスワード《アクセスに必要な暗証文字列》.

‡***past** [pǽst / páːst] 形 名 前 副
— 形《比較なし》**1** 過去の, 過ぎ去った; 終わった: Wise people never forget their *past* experience. 賢明な人は過去の経験を決して忘れない / Fishermen settled here in years *past*. ずっと昔に漁師たちが当地に住みついた / Winter is *past* and spring has come. 冬が去り春が来た.
2 [しばしば the ～] 過ぎたばかりの, 最近の, この… (◇通例, 完了時制の文で用いる); (今から)…前の: three weeks *past* 3週間前 / I have not been well for the *past* few days. この数日私は体の具合がよくない.

3 [限定用法] 前任の, 元の: The *past* president of the club nominated his successor. クラブの前会長が後継者を指名した.
4 [限定用法]【文法】過去の, 過去時制の, 過去形の.
―― 名 **1** [the ~]**過去**; 過ぎ去ったこと, 昔のこと: look back on the *past* 過去を振り返る / learn from the *past* 過去に学ぶ / We cannot undo the *past*. 過去のことは元に戻せない / It happened in the distant *past*. それは遠い昔に起こったことです.
2 [a ~ / one's ~] (人の) 経歴, 前歴; (国などの) 過去の歴史; 公にできない暗い経歴 [過去]: a person with a (shady) *past* いわくつきの人物 / This country has a glorious *past*. この国には輝かしい歴史がある.
3 [the ~] = past ténse【文法】過去時制 (《略語》pt.; → TENSE **文法**).
―― 前 **1** [時間] **…を過ぎて** (《米》after); 〈年齢〉を超えて: It's ten (minutes) *past* eight now. 今8時10分過ぎです / It was long *past* midnight when we got home. 家に戻ったときには, とっくに真夜中を過ぎていた / She is *past* thirty. 彼女は30歳を超えている.
2 [場所] **…を通り過ぎた所に, …の先に**: I walked *past* the shop before I knew it. 知らないうちに私はその店を通り過ぎていた / The museum is a mile *past* the station. 美術館は駅の1マイル先にある / He hurried *past* me. 彼は急いで私を追い越して行った. **3** [範囲・能力] **…を超えて, …の及ばないところに**; 〈ある状態〉を過ぎて (beyond): This book is *past* my comprehension. この本は私には理解できない / The singer was *past* his peak. その歌手も盛りを過ぎていた.
■ *be pást it* [英口語] (年を取りすぎて) 昔のようにできない; (機械などが) 役に立たない.
I wóuldn't pùt it pást … …なら[…することを]やりかねないと思う [*to do*]: I wouldn't put it *past* him *to* betray us. 彼なら私たちを裏切りかねない.
―― 副 (場所を) 通り過ぎて; (時が) 過ぎて: The children ran *past* laughing. 子供たちは笑いながら走り過ぎて行った / Five years went *past* without hearing from him. 彼からの便りがないまま5年が過ぎた.
◆ **pást máster** [C] [の] 名人, 大家 [*at*].
pást párticiple [C]【文法】過去分詞 (→ PARTICIPLE **文法**).
pást pérfect [the ~]【文法】過去完了形 (→ PERFECT **文法**).
pást progréssive [the ~]【文法】過去進行形 (→ PROGRESSIVE **文法**).

pas·ta [pάːstə / pǽs-] 【イタリア】 名 **1** [U] パスタ (スパゲッティ・マカロニなどめん類の総称). **2** [C] パスタ料理.

‡**paste** [péist] 名 [U][C] **1** (接着用の) のり; のり状のもの: stick two sheets of paper (together) with *paste* 2枚の紙をのりではり合わせる. **2** 練り粉, 生地 (dough) (《小麦粉・バターなどを練り合わせたパイなどの材料》. **3** ペースト (《魚肉・野菜などをすりつぶしたもの》): liver *paste* レバーペースト. **4** 人造宝石; (人造宝石製造用) 鉛ガラス.
―― 動 他 **1** 〈もの〉を […に] **のり付けする**, くっつける (*together*) [*on, to*]; …に […を] のり付けする [*with*]: He *pasted* a notice *on* [*to*] the wall. 彼は壁にビラをはり付けた. **2**【コンピュータ】〈データ〉をはり付けする, ペーストする.
―― 自【コンピュータ】ペーストする.

páste·bóard [péistbɔ̀ːrd] 名 [U] 厚紙, ボール紙.

pas·tel [pæstél / pǽstəl] 名 **1** [U][C] パステル (《クレヨンの一種》). **2** [C] パステル画. **3** [C] [通例 ~s] パステルカラー (《淡い色調》).
―― 形 [限定用法] パステル (画) の; (色が) パステル調の, 淡い: *pastel* blue パステルブルー.

Pas·teur [pæstə́ːr] 名 パスツール Louis [lúːi] Pasteur (1822 – 95; フランスの細菌学者・化学者).

pas·teur·i·za·tion [pæ̀stʃərəzéiʃən / pɑ̀ːstʃərai-] 名 [U] (特に牛乳の) 低温殺菌法.

pas·teur·ize [pǽstʃəràiz / pάːs-] 動 他 …を低温殺菌する: *pasteurized* milk 低温殺菌牛乳.

pas·tiche [pæstíːʃ] 名 [C][U] (文学・美術・音楽の) 模倣作品 (《模倣したり, 部分的に寄せ集めたもの》).

pas·tille [pæstíːl] 名 [C] (《主に英》) トローチ (troche), 薬用ドロップ (《のどの痛み止め》).

‡**pas·time** [pǽstàim / pάːs-] 名 [C] **気晴らし, 娯楽, 趣味**: a national *pastime* 国民的娯楽.

past·ing [péistiŋ] 《☆発音に注意》名 **1** [C] [通例 a ~] (口語) ぶん殴ること; 酷評; (スポーツなどでの) 大敗. **2** [U] (コンピュータ) 〈データ〉のペースト.

pas·tor [pǽstər / pάːs-] 名 [C] 【プロテ】牧師 (☆通例, プロテスタント教会の牧師をさす).

pas·to·ral [pǽstərəl / pάːs-] 形 **1** 牧畜の: *pastoral* people 遊牧民. **2** 《文語》田園生活の, 牧歌的な. **3** 牧師の, 精神的指導の: *pastoral* care (牧師・教師などが与える) 助言.

pas·tra·mi [pəstrάːmi] 名 [U] パストラミ (《香辛料を利かせた牛肉の燻製 (くんせい)》).

‡**pas·try** [péistri] 名 (複 **pas·tries** [~z]) **1** [U] (パイの皮やケーキの生地用の) 小麦粉の練り物. **2** [C] ペーストリー (《パイ・タルトなどの練り粉菓子》).

‡**pas·ture** [pǽstʃər / pάːs-] 名 **1** [U][C] 牧草地, (放牧用の) 牧場 (cf. meadow (干し草をとる) 牧草地). **2** [U] 牧草.
■ *gréener* [*néw*] *pástures* = *pástures gréener* [*néw*] 今より魅力的な仕事 [場所].
pùt … óut to pásture **1** 〈家畜〉を牧草地に放す. **2** 《口語》(高齢のために) 〈人〉を引退させる.
―― 動 他 〈家畜〉を放牧する; …に牧草を食べさせる.
―― 自 (家畜が) […で] 牧草を食う [*on*].

past·y[1] [péisti] 形 (比較 **past·i·er** [~ər]; 最上 **past·i·est** [~ist]) **1** (顔色が) 青白い, 生気のない. **2** のり (練り粉) のような.

pas·ty[2] [pǽsti] 名 (複 **pas·ties** [~z]) [C] (《英》) パスティー (《肉・野菜・チーズなどの入った小型のパイ》).

‡**pat**[1] [pǽt] 動 (三単現 **pats** [~ts]; 過去・過分 **pat·ted** [~id]; 現分 **pat·ting** [~iŋ]) 他
1 (手のひらで) **軽くたたく, なでる** (→ BEAT **類義語**) (◇激励・慰めなどの気持ちがこもる): Ted *patted* Nancy's shoulder. = Ted *patted* Nancy on the shoulder. テッドはナンシーの肩を軽くたたいた (◇「pat + 人 + on the + 体の一部」の語順に注

意). **2** 〈もの〉をたたいて[…(の形)に]する (*down*) [*into*]: *pat* the dough *into* a flat cake 生地をたたいて平らなケーキ型にする.

■ *pát ... on the báck* (ほめて・賛成して) …の背中をぽんとたたく; …をほめる, 励ます, 慰める.
— 名 **1** ⓒ 軽くたたくこと. **2** 〔a ~〕(軽く)ぽんとたたく音. **3** ⓒ (バターなどの)小さな塊.
■ *a pát on the báck* 〖口語〗称賛の言葉, 激励: give ... *a pat on the back* …をほめる.

pat² 形 〖通例,限定用法〗 **1** ぴったりの, 適切な. **2** 《しばしば軽蔑》〈返答などが〉用意していたかのような, 出来すぎの.
— 副 用意していたかのように, 即座に.
■ *háve ... dówn* [《英》*óff*] *pát* …を知りつくしている, 覚え込んでいる.
stànd pát 《主に米》方針を変えない, 立場を守る.

pat. (略記)=*patent* (↓), *patented*.

*__patch__ [pétʃ] 名 ⓒ **1** 継ぎ (はぎ), 当て布: pants with *patches* on [at] the knees 両ひざに継ぎ当てのあるズボン. **2** 眼帯 (eye patch), ばんそうこう. **3** (不規則な色の)斑点(髪), まだら: a white dog with black *patches* 黒い斑(ぎ)のある白い犬. **4** 小さな畑: a potato *patch* ジャガイモ畑. **5** (警官などの)担当区域. **6** パッチワーク用の)布の小片. **7** 〖コンピュータ〗 パッチ (《実行ファイルのプログラムの応急処置的な修正》).
■ *be nót a pátch on ...* 《英口語》…とは比べものにならない (ほど劣っている), …にはほど遠い.
gó thròugh [*hít*] *a bád pátch* 《主に英口語》不運 [不幸] な目にあう.
in pátches 所々, あちこち.
— 動 ⑲ **1** …に継ぎを当てる, 継ぎはぎをする; …を(一時的に)繕う, つなぎ合わせる (*together*) (→ MEND [類義語]): *patch* trousers ズボンに継ぎを当てる. **2** 〖コンピュータ〗〈プログラム〉を臨時に修正する, パッチを当てる.
■ *pátch úp* ⑲ **1** …に継ぎはぎをする; (応急の)修理をする;〈傷口〉の手当てをする. **2** 〈争い・不和など〉を解決する, 解決する.
◆ *pátch pòcket* ⓒ 縫い[張り]付けポケット.

patch·work [pǽtʃwə̀ːrk] 名 **1** Ⓤ パッチワーク, 継ぎはぎ細工. **2** 〔a ~〕《軽蔑》寄せ集め.

patch·y [pǽtʃi] 形 (比較 **patch·i·er** [~ər]; 最上 **patch·i·est** [~ist]) **1** 継ぎはぎだらけの; 寄せ集めの. **2** 切れ切れの. **3** 不完全な, むらのある.

pate [péit] 名 〖古・とっけい〗 頭頂部, 脳天.

pâ·té [pɑːtéi / pǽtei] 〖フランス〗名 Ⓤⓒ パテ (《ペースト状にした肉・魚・パンなどに塗る》); そのパイ.
◆ *pâté de foie gras* [~ də fwɑ́: grɑ́ː] Ⓤ 〖料理〗フォアグラ (ガチョウの肝臓のパテ).

‡**pat·ent** [pǽtənt, péit-, pǽt-] 名 ⓒ **1** […の] 特許 (権), 専売特許, パテント [*for, on*] (《略語》pat.): apply *for* [take out, obtain] a *patent for* [*on*] an invention 発明品の特許を申請する [取る]. **2** (専売)特許品, 特許証.
— 形 〖限定用法〗 **1** 特許の, 特許権を持った. **2** (े口語) 明白な, わかり切った. **3** 〖口語〗(方法・装置などが)目新しい, 独特の.
— 動 ⑲ 〈ものの特許 (権)〉を取る.
◆ *pátent léather* Ⓤ (黒の)エナメル革.

pátent médicine Ⓤⓒ 特許医薬品; 売薬.
pátent óffice 〔the ~ / the P- O-〕特許局.
pátent ríght ⓒ (発明などの)特許権.

pat·ent·ly [pǽtəntli / péit-, pǽt-] 副 《格式》明らかに, はっきりと (◇通例, 悪いことに用いる).

*__pa·ter·nal__ [pətə́ːrnəl] 形 **1** 父の, 父らしい; 父のような (↔ maternal): *paternal* love 父性愛. **2** (血縁が)父方の: one's *paternal* aunt 父方のおば.

pa·ter·nal·ly [-nəli] 副 父らしく, 父として.

pa·ter·nal·ism [pətə́ːrnəlìzəm] 名 Ⓤ (通例, 軽蔑》父親的温情主義; 保護者的な干渉.

pa·ter·nal·is·tic [pətə̀ːrnəlístik] 形 《通例, 軽蔑》父親的温情主義の; 保護者ぶった.

pa·ter·ni·ty [pətə́ːrnəti] 名 Ⓤ **1** 〖法〗父系; 父性. **2** 父であること, 父権.
◆ *patérnity lèave* Ⓤ 父親の育児 [出産] 休暇.
patérnity sùit ⓒ 〖法〗父親認知訴訟.

path [pǽθ / pɑ́ːθ]

— 名 (複 **paths** [pǽðz, pǽθs / pɑ́ːðz]) ⓒ **1** (人・動物が歩いて自然にできた) 小道, 細道 (footway); (公園などの) 歩道, 散歩道 (pathway): a *path* through the woods 森を通り抜ける小道. **2** 進路, 軌道: the *path* of a typhoon 台風の進路 / the *path* of a satellite 衛星の軌道 / Don't stand in my *path*. 私のゆくてのじゃまをしないでください. **3** (行動などの) 方針, 方向.
■ *cróss ...'s páth* …に偶然出会う.

‡**pa·thet·ic** [pəθétik] 形 **1** 哀れな, 悲しみを誘う, 痛ましい; 感傷 [感動] 的な: the *pathetic* condition of the refugees 難民の悲惨な状況. **2** 〖口語・軽蔑〗まったく不十分な; ひどい, 情けない (くらい下手な).

pa·thet·i·cal·ly [pəθétikəli] 副 **1** 哀れに, 悲しそうに; 感傷的に. **2** 不十分に, ぶざまに.

path·find·er [pǽθfàindər / pɑ́ːθ-] 名 ⓒ (未開地の)探検者; (物事の)草分け, 先駆者.

path·o·gen [pǽθədʒən] 名 ⓒ 〖医〗病原体, 病原菌.

path·o·gen·ic [pæ̀θədʒénik] 形 病気を引き起こす; 病原(性)の: *pathogenic* bacteria 病原菌.

path·o·log·i·cal [pæ̀θəlɑ́dʒikəl / -lɔ́dʒ-] 形 **1** 病理学(上)の, 病理(上)の. **2** 病気の[による]. **3** 〖口語〗病的な, 異常な.

pa·thol·o·gist [pəθɑ́lədʒist / -θɔ́l-] 名 ⓒ 病理学者.

pa·thol·o·gy [pəθɑ́lədʒi / -θɔ́l-] 名 Ⓤ 病理学.

*__pa·thos__ [péiθɑs / -θɔs] 名 Ⓤ **1** 《格式》(芸術・人生の)悲哀, ペーソス, 哀感. **2** 《米》パトス, 情念.

path·way [pǽθwèi / pɑ́ːθ-] 名 ⓒ **1** 小道, 細道, 歩道 (path). **2** (目標への) 進路, 道筋 [*to*].

‡**pa·tience** [péiʃəns] 名 Ⓤ **1** 忍耐(力); (…する) 我慢 [辛抱] 強さ; 根気, 頑張り [*with*] (↔ impatience): lose (one's) *patience with* ... …に我慢できなくなる / run out of *patience with* ... …に愛想をつかす / try [test] ...'s *patience* …を(我慢できないほど)いらいらさせる / I have no *patience with* rude people. 私は粗野な人には我慢できない / We had the *patience* to wait

for six months. 私たちは辛抱強く半年待った.
2《英》【トランプ】ペイシェンス《《米》solitaire)《1人でするトランプ遊び》. (▷ 形 pátient)

***pa·tient** [péiʃənt] (☆ 発音に注意)
名形 [原義は「耐えること」]
— 名 (複 pa·tients [-ʃənts]) C 患者,(医師から見た)病人: a cardiac [cancer] *patient* 心臓病[癌(がん)]患者 / see [examine] a *patient* 患者を診察する.《関連語》inpatient 入院患者 / outpatient 外来患者.
— 形 **1** 我慢[辛抱]強い (↔ impatient);[叙述用法][人に/物事を]じっと我慢[辛抱]する《with/of》: a *patient* child 我慢強い子供 / You are *patient* with children. あなたは子供に対して辛抱強い人です / He has been *patient* of hardship. 彼はずっと苦難に耐えてきた.
2 根気よく働く,勤勉な (diligent).
(▷ 名 pátience)

pa·tient·ly [péiʃəntli] 副 我慢[辛抱]強く,根気よく,気長に.

pat·i·na [pətíːnə / pǽtinə] 名 U [または a 〜]
1(青銅器などの)緑青(ろくしょう). **2**(家具・木製品などの)(古)つや,古色. **3**(人の)風格,貫禄(かんろく).

pa·ti·o [pǽtiòu]《スペイン》名(複 pa·ti·os [〜z]) C **1**(スペイン風の)中庭,パティオ. **2**(食事やだんらんなどに用いる)テラス.

pa·tois [pǽtwɑː]《フランス》名(複 pa·tois [〜z]) C U (しばしば軽蔑)方言,お国[地方]なまり.

pat·ri- [pǽtri] 結合「父の」の意を表す (↔ matri-): *patri*archy 家父長制度.

pa·tri·arch [péitriàːrk] 名 C **1** 家父長,族長 (↔ matriarch); 長老,古老. **2**【宗教】(初期キリスト教会の)司教 (bishop); [通例 P-]【カトリック】(教皇の次位の)総大司教; (東方正教会の)総主教.

pa·tri·ar·chal [pèitriáːrkəl] 形 **1** 家父長の,家父長制度の. **2**(社会などが)男性支配の.

pa·tri·arch·y [péitriàːrki] 名 (複 pa·tri·arch·ies [〜z]) **1** U 家父長[族長]制度 (↔ matriarchy); 家父長[族長]政治. **2** C 家父長制[父権]社会; 男性中心社会.

Pa·tri·cia [pətríʃə, -ʃiə] 名 パトリシア《♀女性の名;《愛称》Pat, Patty》.

pa·tri·cian [pətríʃən] 名 C **1**(古代ローマの)貴族,パトリキ. **2**(一般に)貴族.
— 形 **1**(古代ローマの)貴族の. **2** 貴族の[らしい];貴族的な.

pat·ri·cide [pǽtrisàid] 名 U 父親殺し(の犯罪); C 父親殺しの犯人 (cf. matricide 母親殺し).

Pat·rick [pǽtrik] 名 **1** パトリック《♂男性の名;《愛称》Pat》. **2** [St. 〜] 聖パトリック《アイルランドの守護聖人》.
◆ St. Pátrick's Dày 聖パトリックの祝日《3月17日.アイルランドのシンボルカラーの緑を取り入れた衣服・アクセサリー・カードなどで祝う》.

pat·ri·mo·ni·al [pæ̀trimóuniəl] 形《格式》世襲の,先祖伝来の.

pat·ri·mo·ny [pǽtrəmòuni / -məni] 名 U [または a 〜]《格式》**1** 世襲[相続]財産,家督.
2 文化遺産.

***pa·tri·ot** [péitriət / pǽt-] 名 C 愛国者,志士.

***pa·tri·ot·ic** [pèitriátik / pæ̀triɔ́t-] 形 愛国的な,愛国心の強い: Be *patriotic*. 愛国心を持て.

***pa·tri·ot·ism** [péitriətìzəm / pǽt-] 名 U 愛国心.

pa·trol [pətróul] 動 (三単現 pa·trols [〜z]; 過去・過分 pa·trolled [〜d]; 現分 pa·trol·ling [〜iŋ]) 他 …を巡回する,パトロールする,巡視する.
— 自 巡回[巡視]する.
— 名 **1** U C 巡回,パトロール,巡視: be [go (out)] on *patrol* パトロール中である[に出かける].
2 C 巡回者; [集合的に; 単数・複数扱い] パトロール隊,偵察隊; 偵察(哨戒(しょうかい))機,巡視船: the highway *patrol*《米》ハイウェーパトロール.
3 C [集合的に; 単数・複数扱い] ボーイ[ガール]スカウトの班.
◆ patról càr C (警察の)パトロールカー,パトカー(《米》squad car).
patról wàgon C《米》囚人護送車.

pa·trol·man [pətróulmən] 名 (複 pa·trol·men [-mən]) C《米》パトロール警官;《英》自動車巡回員《自動車事故・故障車などの世話をする》.

***pa·tron** [péitrən] (☆ 発音に注意) 名 C **1**《格式》(商店などの)ひいき客,お得意,常連: a regular *patron* of that store あの店の常連客. **2**(芸術・事業などの)後援者,保護者,パトロン《*of*》.
◆ pátron sáint C 守護聖人《特定の土地・人・職業の保護者とされる聖人》.

pa·tron·age [pǽtrənidʒ, péit-] 名 U **1**《米》ひいき,愛顧. **2**(事業・芸術などの)後援,保護.
■ ùnder the pátronage of ... = ùnder ...'s pátronage …の保護[後援]の下で.

pa·tron·ess [péitrənəs / pèitrənés] 名 C 女性のひいき客; 女性の後援者[パトロン].

pa·tron·ize [péitrənàiz / pǽt-] 動 他 **1**《格式》〈商店など〉をひいきにする. **2**〈芸術など〉を保護[後援]する. **3**《軽蔑》…に見下すような態度をとる.

pa·tron·iz·ing [péitrənàiziŋ / pǽt-] 形《軽蔑》見下すような,横柄な.

pa·tron·iz·ing·ly [〜li] 副 横柄に,見下すように.

pat·sy [pǽtsi] 名 (複 pat·sies [〜z]) C《米口語・軽蔑》だまされやすい人; 責めを負わされる人.

pat·ter[1] [pǽtər] 動 自 (雨が) ばらばらと降る; ばたばたと音を立てる〈走る,歩く〉.
— 名 [単数形で] ばらばら[ばたばた]という音: the *patter* of rain ばらばら当たる雨の音.
■ the pátter of tíny féet (こっけい) 赤ん坊のよちよち歩く音; 赤ん坊の誕生.

pat·ter[2] 名 U [または a 〜] おしゃべり; (手品師・物売りなどの)早口の口上.

pat·tern [pǽtərn] (☆ アクセントに注意)
名 動 [原義は「模範となるもの」]
— 名 (複 pat·terns [〜z]) C **1**(行動などの)型,パターン,様式,傾向; (製品などの)型,様式: behavior *patterns* of monkeys 猿の行動様式 / a sentence *pattern* 文型 / All his novels follow the same *pattern*. 彼の小説はすべて同じ展開です.
2 [通例,単数形で] […の]模範,手本《*of*》; [形容詞的に]模範的な: a *pattern of* honesty 正直のお手本 / a *pattern* husband 模範的な夫 / set a

の機会に満ちている.
páve the wáy for [*to*] ... …への道を開く, …を容易[可能]にする: This treaty will *pave the way for* [*to*] world peace. 本条約によって世界平和への道が開かれるだろう.

pave・ment [péivmənt] 图 **1** U 《米》(道路の)舗装. **2** C 《米》舗装道路;《英》(舗装した)歩道(《米》sidewalk)(cf. dirt road 舗装されていない道路). **3** C 舗装した所, 舗装面.
◆ **pávement àrtist** C 《英》大道画家(《米》sidewalk artist)《歩道にチョークで絵をかいて, 通行人から金をもらう画家》.

pa・vil・ion [pəvíljən] 图 C **1** (博覧会などの)展示館[場], パビリオン. **2** 大型テント. **3** 《主に米》(病院などの)分館, 別棟, 別館. **4** 《主に英》(野外競技場脇の)付属建物《選手控え室など》.

pav・ing [péiviŋ] 图 **1** U 舗装道路[部分, 面].
2 C《通例 ~s》= **páving stòne**(舗装用)敷石.

*paw [pɔ́:] 图 C **1** (かぎつめ (claw) のある動物の)足(cf. hoof (ひづめのある動物の)足): a cat's *paw* 猫の足. **2** 《口語・こっけい》(人の)手.
— 動 他 **1** (動物が)〈人・ものを〉前足でたたく[触る, ひっかく], (馬が)〈地面を〉ける: The dog *pawed* the door. 犬はドアを足でひっかいた.
2 《口語》〈人〉を手荒で[不器用に]扱う, 触る;〈女性〉に(なれなれしく)触る (*about, around*).
— 自 **1** (動物が)前足で[…を]たたく[触る, ひっかく], (馬が)前足で〈地面などを〉ける [*at*].
2 《口語》[…を]手荒で[不器用に]扱う [*at*].

pawn[1] [pɔ́:n] 動 他 …を質(に)に入れる.
— 图 **1** U 質(入れ): a jewel in [at] *pawn* 質に入った宝石. **2** C 質草, 担保.

pawn[2] 图 C **1** 《チェス》ポーン《将棋の歩(ふ)に相当する駒(こま); → CHESS 図》. **2** (他人の)手先.

pawn・bro・ker [pɔ́:nbròukər] 图 C 質屋(の人), 質屋の主人.

pawn・shop [pɔ́:nʃàp / -ʃɔ̀p] 图 C 質屋(の店).

***pay** [péi]
動 图 《原義は「(貸し手を)安心させる」》
— 動 (三単現 pays [~z]; 過去・過分 paid [péid]; 現分 pay・ing [~iŋ])
— 他 **1** (a) [pay+O]〈賃金・代金・借金など〉を払う, 支払う;「…の代金として」〈人〉に金を払う;〈金〉を払う [*for*]: *pay* school expenses 学費を払う / I *paid* the check. 私は勘定を払った / How much did you *pay for* this car? この車を買うのにいくら支払いましたか. (b) [pay+O+O / pay+O+to ...]〈人〉に〈賃金・代金・借金など〉を払う: I *paid* the travel agent 1,000 dollars. = I *paid* 1,000 dollars *to* the travel agent. 私は旅行代理店に1,000ドルを払った.
(c) [pay+O+to do]〈人〉に金を払って …させる[してもらう]: We'll *pay* him *to* be on our program. 出演料を払って彼にわが局の番組に出演してもらう.
2 (a) [pay+O]〈事柄・行為などが〉〈人〉に利益をもたらす, 引き合う;〈人〉に報いる: It will *pay* you to get behind the leader of the new party. 新党の指導者を支持しておくと有利だろう.

---

pattern for new employees 新入社員に模範[手本]を示す.
3 [...の] 原型, 模型 (model);(洋裁の)型紙; 鋳型 [*for*]: a *pattern for* a dress ドレスの型紙.
4 模様, 柄, 意匠(→図): a striped *pattern* しま模様 / a floral *pattern* 花柄.

[いろいろな模様]

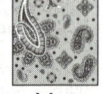

herringbone (ヘリンボーン)　**gingham** (ギンガム)　**paisley** (ペイズリー)

5 (服地などの)見本.
— 動 他 **1** [...を手本に] …を作る [行う]; …を模倣する, まねる [*on*].
2 …に [...の] 模様を付ける [*with*].

pat・ty [pǽti] 图 (複 pat・ties [~z]) C **1** パティー《ひき肉などを小さな円盤状に焼いたもの》.
2 《主に米》小さいミートパイ.

Pat・ty [pǽti] 图 固 パティー《◇女性の名; Patricia の愛称》.

pau・ci・ty [pɔ́:səti] 图 U《または a ~》《格式》欠乏, 不足: a *paucity* of evidence 証拠不十分.

Paul [pɔ́:l] 图 固 **1** ポール《◇男性の名》.
2 《St. ~》聖パウロ《初期キリスト教の伝道者》.
◆ **Pául Búnyan** 固 ポール=バニヤン《米国北部の伝説中の怪力無双のきこり》.

paunch [pɔ́:ntʃ] 图 C 腹, 胃;《しばしばこっけい》(男性の)太鼓腹.

paunch・y [pɔ́:ntʃi] 形 (比較 paunch・i・er [~ər]; 最上 paunch・i・est [~ist])《しばしばこっけい》(男性が) 太鼓腹の.

pau・per [pɔ́:pər] 图 C《古風》極貧の人, 貧民.

***pause** [pɔ́:z]
動 图
— 動 (三単現 paus・es [~iz]; 過去・過分 paused [~d]; 現分 paus・ing [~iŋ])
— 自 **1** […のために / …するために] (話・仕事などを一時的に) 中断する, 休む, ひと息入れる [*for* / *to do*]: She *paused* for breath in the middle of her talk. 彼女は話の途中でひと息ついた / I *paused to* drink some water. 私は水を飲むために手を休めた. **2** [...を] ためらう, 思案する [*on, upon*]. — 他 〈テープ・CDなど〉を一時停止する.
— 图 **1** C U [...の途中の](一時的な)休止, 中断; 息継ぎ, 区切り [*in*]: a *pause* in the conversation 会話の中断 / Let's make [take] a *pause* for tea. ひと息入れてお茶にしよう / She spoke for two hours without *pause*. 彼女は2時間話し続けた.
2 C 《音楽》フェルマータ, 延長記号 (⌒, ⌣).
■ *gíve ... páuse* = *gíve páuse to ...* 〈人〉をちゅうちょさせる,〈人〉に考える間を与える.

*pave [péiv] 動 他 [通例, 受け身で]〈道路などを〉[...で] 舗装する [*with*]: The streets were *paved with* asphalt. 街路はアスファルトで舗装されていた.
■ *be páved with góld* (場所が)成功[金もうけ]

(b) [pay+O+O]〈人〉に…の利益をもたらす: The part-time job will *pay* you $100 a day. そのアルバイトは1日100ドルになる.

3 [pay+O] […に]〈敬意・注意〉を払う [*to*];〈人〉に〈訪問〉をする [*to, on*]; [pay+O+O]〈人〉に〈敬意・注意〉を払う;〈人〉を〈訪問〉する: No one *paid* attention *to* my words. だれも私の言葉に注意を払わなかった / I *paid* a visit *to* [a call *on*] my old college professor. 私は母校の教授を訪ねた / He *paid* a compliment *to* that singer. =He *paid* that singer a compliment. 彼はその歌手に賛辞を呈した.

――自 **1** 支払う;[…の]代金を払う [*for*]: Can I *pay* by credit card [in cash]? クレジットカード[現金]で支払えますか / His company *pays* well. 彼の会社は給料がいい / Mary *paid* for the tickets. メアリーがチケット代を払った.

2（事柄が）引き合う,利益をもたらす,もうかる,採算がとれる: Crime doesn't *pay*. 犯罪は割に合わない / It won't *pay* to argue with him. 彼と議論しても得にならない.

3 […の] 報いを [副] を受ける, 償いをする [*for*]: He will have to *pay*, sooner or later. 彼はいずれつけを払わなくてはならなくなる / You'll *pay for* this. あなたはこの報いを受けるだろう.

句動詞 *páy báck* 他 [pay back+O / pay+O+back] **1**〈人〉に〈借金など〉を返す [*to*];〈人〉に借金を返す: I have to *pay* the money *back to* him. 私は彼に借りた金を返さなければならない / He *paid* me *back*. 彼は私に借金を返した.

2〈人〉に […の] 報復をする [*for*]: She *paid* him *back for* his insult. 彼女は彼の侮辱に仕返しをした.

páy dówn 他 [pay down+O / pay+O+down] **1**〈金〉を即金で払う: I'll *pay* the whole price *down*. 即金で全額払おう.

2《米》〈頭金〉を払う.

páy ín 他 [pay in+O / pay+O+in]〈金〉を銀行 [口座] に払い込む.

páy ... into ~ 他〈金〉を〈銀行口座〉に振り [払い] 込む: He has *paid* 5,000 dollars *into* my account. 彼は私の口座に5,000ドルを振り込んだ.

páy óff 他 [pay off+O / pay+O+off]

1（給料を全額支払って）〈人〉を解雇する: The temporary employees were *paid off*. 臨時雇いは解雇された. **2**〈負債〉を清算する: I *paid* all my debts *off*. 私は負債を完済した. **3**（口止めなどのために）〈人〉に金を払う,買収する.

――自（企画などが）成功する,採算がとれる.

páy óut 他 [pay out+O / pay+O+out]

1〈多額の金〉を出費する: He *paid out* $30,000 for the car. 彼は車に3万ドルを出費した. **2**〈ロープなど〉を繰り出す.

páy úp 自〈金〉を全額返済する,完済する.

■*páy as you gó*《米》 **1**（つけでなく）現金 [即金] で支払う. **2**（収入の範囲内で）やっていく.

3（税金を）源泉徴収してもらう.

páy one's wáy 費用を自分で負担する,自活する.

――名U **1** 給料,手当 (→ 類義語): retirement *pay* 退職金 / a *pay* raise [increase] 賃上げ / live on unemployment *pay* 失業手当で生活する / She gets good *pay* for the work. 彼女はその仕事で高い給料をもらっている / No work, no *pay*. 働かなければ,賃金は支払われない.

2 [形容詞的に] 有料の: *pay* television 有料テレビ (放送).

■ *be in the páy of* ...《通例,軽蔑》…に雇われている,(敵など) に金で買われている.

◆ *páy dírt* U《米》採算のとれそうな鉱脈;《米口語》成功（の見込み）,金づる: hit [strike] *pay dirt* 成功のかぎを見つける,大もうけする.

páy èenvelope [《英》pàcket] C 給料袋,給料.
páy phòne [tèlephone] C 公衆電話.
páy slìp C 給料明細書.

類義語 **pay, wage, salary, fee**
共通する意味▶給料 (money given for work or services)
pay は「給料,賃金」の意を表す最も一般的な語: How much tax is taken out of your *pay*? あなたは給料からどれくらい税金を引かれますか.
wage は主に肉体労働者などに短期間単位で支給される「時間給,日給,週給」をさす: He earns a good *wage*. 彼はかなりの賃金を得ている.
salary は事務職・専門職・管理職などに「年俸・月給・週給などの形で支払われる給料」をさす: a monthly *salary* of 5,000 dollars 5,000ドルの月給. **fee** は医師・弁護士などに支払われる「1回の仕事に対する報酬,謝礼」をさす: The lawyer's *fee* was higher than I expected. その弁護士への報酬は思ったよりも高かった.

pay·a·ble [péiəbl] 形 [叙述用法] […に] 支払うべき,支払うことができる;支払い満期の [*to*]: a check *payable* to the bearer 持参人払いの小切手.

pay·check,《英》**pay·cheque** [péitʃèk] 名C 給料支払い用の小切手;《主に米》給料,収入.

pay·day [péidèi] 名C 給料日,支払い日.

pay·ee [peìː] 名C (手形・小切手などの) 受取人,被支払人.

pay·er [péiər] 名C (手形・小切手などの) 支払人,払渡人 (cf. taxpayer 納税者).

pay·load [péilòud] 名C **1** 有料荷重 (船舶・飛行機の貨物・乗客など料金収入の対象となる積載物の量). **2** ミサイルの弾薬量.

pay·mas·ter [péimæstər / -màːs-] 名C 給与支払係;会計課長 [部長];《軍》主計官.

***pay·ment** [péimənt]
――名 (複 **pay·ments** [-mənts]) **1** U 支払い,返済,納入,払い込み: *payment* by installment 分割払い / *payment* in full 全額払い.

2 C（分割払いなどの1回の）支払い金 [額]: make a down *payment* on a car 車の頭金を払う / make ten monthly *payments* of 20,000 yen for a computer コンピュータの代金として毎月2万円を10回にわたって支払う.

3 U […に対する] 報酬,弁償;仕返し [*for*]: I gave her a watch in *payment for* her devotion. 献身に対するお礼として私は彼女に腕時計をプレゼン

トした.
pay·off [péiɔːf, -ɔ̀f] 图(複 **pay·offs** [~s])《口語》 **1** U(給料・借金などの)支払い; C 支払い日. **2** C「…の」報酬, 成果; 報い「for」: get [take] *payoffs for …* …の報酬を受ける. **3** C いわく. **4** C 結末. **5** C《米》(銀行の)ペイオフ制度.

pay·out [péiàut] 图 C《口語》(高額の)支払い(金)《保険金・賞金など》.

pay·roll [péiròul] 图 **1** C 給料支払い簿;(給料が支払われる)従業員名簿. **2** [単数形で] 支払い給料総額: (a) *payroll* tax 給与所得税.
■ ***on* [*off*] *the páyroll*** 雇われて[解雇されて].

Pb 《元素記号》= lead 鉛.

PC 《略語》= Peace Corps 平和部隊; *personal computer* パソコン; *police constable*《英》巡査; *political correctness*(表現・行動などが)差別的でないこと; *politically correct*(表現・行動などが)差別的でない.

p.c. 《略語》=*percent* パーセント; *petty cash* 小口現金; *postcard* はがき.

PCB 《略語》=*polychlorinated biphenyl* 〖化〗 ポリ塩化ビフェニール《有害化学物質》.

pct. 《略語》《米》=*percent* パーセント.

pd. 《略語》=*paid* 支払い済みの(伝票に書く).

PDA 《略語》=*personal digital* [*data*] *assistant*〖コンピュータ〗携帯情報端末.

PDT 《略語》=*Pacific Daylight Time*《米》太平洋夏時間.

PE 《略語》=*physical education* 体育.

****pea** [píː]
— 图 (複 **peas** [~z]) C 〖植〗 エンドウ(豆): green *peas* グリーンピース.
■ **(*as*) *like as twò péas* (*in a pód*)** 《口語》うり二つで, とてもよく似ている.

*****peace** [píːs] (☆ 同音 piece) 《原義は「(手を)つなぐこと」》
— 图 U **1** [または a ~] 平和 (↔ war); 平和な期間: in time of *peace* 平和に / the *peace* movement 平和運動 / maintain global *peace* 世界平和を維持する / achieve *peace* 平和を実現する.
2 [通例 the ~] 治安, 社会秩序: keep [break, disturb] the *peace* 治安を守る[乱す] / The new mayor brought the *peace* to this city. 新しい市長によってこの市には秩序がもたらされた.
3 平穏, 静けさ, 安らかさ: *peace* in the home 家庭の平穏 / Let me have a little *peace*. 私を少しそっとしておいてください / He lost his *peace* of mind. 彼は心の平静を失った.
4 [または a ~] 和平, 和解; [時に P-] 講和[平和]条約(peace treaty): negotiate (a) *peace* with an enemy country 敵国と和平交渉をする / *Peace* was signed between the two countries. 両国の間で講和条約が調印された.
■ ***at péace*** **1** 平和に, 平穏に (↔ at war): I wish all the world were *at peace*. 世界じゅうが平和だったら本当によいのに思う. **2** 「…と」仲よく「*with*」: I am *at peace* with him. 私は彼と仲がよい. **3** 〖婉曲〗死んで.

be at péace with onesèlf [*the wòrld*] 落ち着いている, 安心している.
hòld [*kéep*] *one's péace* 沈黙を守る.
in péace 平和に, 安らかに: die *in peace* 安らかに死ぬ / leave … *in peace* …をそっとしておく.
màke one's péace 「…と」仲直りする「*with*」.
màke péace 「…と」講和する, 和解する「*with*」;「…の間を」仲裁する, 仲直りさせる「*between*」.
◆ Péace Còrps [the ~] 平和部隊《発展途上国を援助するために米国政府が派遣する団体》.
péace òffering C 和解のための贈り物.
péace tréaty C 平和[講和]条約.

peace·a·ble [píːsəbl] 形 **1** (人が)平和を好む, おとなしい. **2** 穏やかな, 平和な.
peace·a·bly [-bli] 副 穏やかに, 平和に.

*****peace·ful** [píːsfəl]
— 形 **1** 平和な, 穏やかな, 温和な (→ QUIET 類義語): a *peaceful* sleep 安らかな眠り / a *peaceful* man 温和な人 / She wants to live in the *peaceful* countryside. 彼女は静かな田舎で暮らすことを望んでいる.
2 平和的な; 平和を好む; 平時の (↔ wartime): a *peaceful* settlement of disputes 紛争の平和的解決 / *peaceful* uses of atomic energy 原子力の平和利用 / The Japanese are a *peaceful* people. 日本人は平和を愛する国民です.
peace·ful·ly [píːsfəli] 副 平和に; 穏やか[静か]に.
peace·ful·ness [píːsfəlnəs] 图 U 穏やかさ.

***peace·keep·ing** [píːskìːpiŋ] 图 U 平和維持.
— 形 [限定用法] 平和維持の(ための).
◆ péacekeeping fórce [the ~]《国連の》平和維持軍《略語》PKF.
péacekeeping operátions [複数扱い]《国連の》平和維持活動《略語》PKO.

péace-lòv·ing 形 平和を愛する.

peace·mak·er [píːsmèikər] 图 C 調停者, 仲裁人.

peace·time [píːstàim] 图 U 平和な時, 平時 (↔ wartime): in *peacetime* 平時に.

****peach** [píːtʃ] 图 **1** C 〖植〗 桃(の実), 桃の木: a *peach* pie ピーチパイ. **2** U 桃色; [形容詞的に] 桃色の, ピンクの. **3** [a ~]《古風・ほめ言葉》すてきな人[女の子]; すばらしいもの.

****pea·cock** [píːkɑ̀k / -kɔ̀k] 图(複 **pea·cocks** [~s], **pea·cock**) C **1** 〖鳥〗(特に雄の)クジャク (cf. peahen 雌のクジャク). **2** 見栄っぱり(の人).
■ (*as*) *próud as a péacock* いばった.
◆ péacock blúe U (光沢のある)緑青色.

pea·hen [píːhèn] 图 C 〖鳥〗 雌のクジャク.

*****peak** [píːk]
图 C
— 图(複 **peaks** [~s]) C **1** [通例, 単数形で] 絶頂, 最高点, 頂点; [形容詞的に] 最高点の, 絶頂の: the *peak* of happiness 幸福の絶頂 / He goes to the office avoiding the *peak* hours. 彼はラッシュのピーク時を避けて出勤する / Sales reached a new *peak*. 売り上げが過去最高を超えた / She is at the *peak* of her career as a singer. 彼女は歌手として絶頂期にある.

2(とがった)山頂, 最高峰 (cf. mountaintop 山頂): Mt. Fuji's *peak* = the *peak* of Mt. Fuji 富士山頂. **3** 先端, とがった先: the *peak* of a roof 屋根の先. **4** 帽子のひさし, つば (visor).
— 動 **1** 最高点[頂点, ピーク]に達する.

peaked [píːkt] 形《限定用法》(先の)とがった;(帽子及び)ひさしのある.

*****peal** [píːl](☆[同音] peel)名C **1** 鐘の響き. **2**(雷・大砲・笑い声などの)とどろき: sudden *peals* of laughter 急にわき起こる笑い声. **3**《音楽》(調子を合わせて演奏する)ひと組の鐘, 鐘楽(しょう).
— 動 他(鐘などを)鳴り響かせる, とどろかせる.
— 自(鐘などが)鳴り響く, とどろく (out).

*****pea‧nut** [píːnʌt]名 **1** C《植》ピーナッツ, 落花生 (groundnut) (→ NUT 図). **2**[~s; 単数扱い]《口語》はした金;価値のないもの. **3**[形容詞的に]ピーナッツ入りの;《主に米》取るに足らない.
◆ **péanut bùtter** U ピーナッツバター.

*****pear** [péǝr](☆[同音] pair)名C《植》(西)洋ナシ(の実). **2** = péar trèe 洋ナシの木.

*****pearl** [pə́ːrl]名 **1** C 真珠(6月の誕生石; → BIRTHSTONE 表); [~s] 真珠の首飾り; U 真珠層《貝殻の内側の光沢を帯びた部分》: an artificial [imitation] *pearl* 模造真珠 / a cultivated [cultured] *pearl* 養殖真珠. **2** C《文語》真珠に似たもの《露・涙など》: *pearls* of dew 露の玉. **3** C 貴重な[美しい]もの[人]; 宝, 精華.
4 U = péarl gráy 真珠色. **5**[形容詞的に]真珠を散りばめた;真珠色[製]の;真珠状の: *pearl* studs 真珠のピアス.
■ *cást péarls befòre swíne*《ことわざ》豚に真珠を投げ与える ⇨ 猫に小判. (▷ 形 péarly)
◆ **péarl dìver** C 真珠貝採取の潜水夫.
Péarl Hárbor [pə́ːrl]真珠湾《米国 Hawaii 州オアフ (Oahu) 島にある軍港. 1941年に日本軍が奇襲した》.
péarl òyster C 真珠貝《アコヤガイなど》.

pearl‧y [pə́ːrli]形(比較 **pearl‧i‧er** [~ǝr];最上 **pearl‧i‧est** [~ist])《通例,限定用法》真珠のような;真珠で飾った. (▷ 名 péarl)
◆ **Péarly Gátes** [the ~]《口語》天国の門.

péar-shàped 形 洋ナシ形の;腰の周りが大きい.

*****peas‧ant** [pézǝnt]名C **1** 小作農, 農民;農業労働者 (cf. farmer 農業経営者の). **2**《口語・軽蔑》教育[教養]のない人, 粗野な人.

peas‧ant‧ry [pézǝntri]名U[the ~; 集合的に; 単数・複数扱い]小作農, 小作農階級.

peat [píːt]名 U ピート, 泥炭《燃料・肥料用》; C 泥炭塊《燃料用》: a *peat* bog 泥炭沼, 泥炭地.

peat‧y [píːti]形(比較 **peat‧i‧er** [~ǝr];最上 **peat‧i‧est** [~ist])泥炭の, 泥炭の多い.

*****peb‧ble** [pébl]名 C(海岸・川床などの丸い)小石.
■ *be nòt the ónly pébble on the béach* 大勢いる中の1人にすぎない, 他にもいる. (▷ 形 pébbly)

peb‧bly [pébli]形(比較 **peb‧bli‧er** [~ǝr];最上 **peb‧bli‧est** [~ist])小石の多い. (▷ 名 pébble)

pe‧can [pikɑ́ːn / -kén]名 C《植》ペカン《北米産のクルミ科の高木》; = pecán nùt ペカンの実《食用》.

pec‧ca‧dil‧lo [pèkǝdílou]【スペイン】名(複 **pec‧ca‧dil‧los**, **pec‧ca‧dil‧loes** [~z])軽い罪, 微罪, ささいな[ちょっとした]過ち.

*****peck**¹ [pék]動 他 **1**(鳥が)(くちばしで)…をつつく, つつむ;(鳥が)つついて)〈穴〉を[…に]あける [*in*]: *peck* a hole *in* the tree 木をつついて穴をあける. **2**《口語》…に軽くキスをする: Tom *pecked* me on the cheek. トムは私の頬に軽くキスした.
— 自 **1**(鳥が)〈…を〉(くちばしで)つつく, つつむ (*away*) [*at*]: The birds were *pecking at* grains of rice. 鳥が米粒をつついていた. **2**(食欲がなくて)[食べ物を]少しだけ食べる [*at*].
3(くちばしなどで)つつくこと[音];つついてできた穴. **2**《口語》軽いキス.
◆ **pécking òrder** [the ~] **1**(鶏など鳥の群れの)つつき順位《強い鳥が弱い鳥をつつく》. **2**(しばしばこっけい)《人間社会の》序列, 階級の順位.

peck² [pék]名 C ペック《穀量単位; 1ペック = 8クォート (quarts) =《米》8.810リットル, 《英》9.096リットル;《略語》pk., pks.》.

peck‧er [pékǝr]名 **1** C《鳥》キツツキ (woodpecker). **2**《米俗語》ペニス (penis).
■ *Kéep your pécker úp.*《英俗語》しょげるな.

peck‧ish [pékiʃ]形《通例, 叙述用法》《英口語》(少し)腹の減った.

pec‧tin [péktin]名 U《化》ペクチン.

pec‧to‧ral [péktǝrǝl]形《通例, 限定用法》**1**《解剖》胸の, 胸部の: a *pectoral* fin (魚の)胸びれ / *pectoral* muscles 胸筋. **2** 胸に付ける[を飾る].

*****pe‧cu‧liar** [pikjúːljǝr / -liǝ]
— 形 **1** 妙な, 変な, 一風変わった (→ STRANGE [類義語]): a *peculiar* taste 変な味 / John is a little *peculiar*. ジョンは少し変わっている / It's *peculiar* that she broke the appointment. 彼女が約束を破ったなんて変だ.
2[…に]独特の, 特有の [*to*]: customs *peculiar to* this country この国独特の風習 / That expression is *peculiar to* the officials. その表現は役人特有のものである.
3《通例, 限定用法》特別な, 特殊な: a *peculiar* value of this book この本の持つ特別な価値.
4《叙述用法》《英口語》気分が悪い: feel *peculiar* 少し気分が悪い. (▷ 名 pecùliárity)

*****pe‧cu‧li‧ar‧i‧ty** [pikjùːliǽrǝti]名(複 **pe‧cu‧li‧ar‧i‧ties** [~z])UC **1** 風変わり[異常]な点;奇習: *peculiarities* of her dress 彼女の服装の変わっているところ. **2** 特性, 特色, 特質. (▷ 形 pecúliar)

*****pe‧cu‧liar‧ly** [pikjúːljǝrli / -liǝli]副 **1** 特に, 特別に: *peculiarly* difficult 特に難しい. **2**(奇)妙に, 変に, 一風変わって. **3** 特有[固有]で.

pe‧cu‧ni‧ar‧y [pikjúːnièri / -niǝri]形《格式》金銭(上)の: *pecuniary* aid 金銭的援助.

ped‧a‧gog‧ic [pèdǝgɑ́dʒik / -góʤ-], **ped‧a‧gog‧i‧cal** [-kǝl]形 教育学の, 教授法の.

ped‧a‧gogue, ped‧a‧gog [pédǝgɑ̀g / -gòg] 名 **1**《軽蔑》口うるさい教師. **2**《古》教師.

ped‧a‧gog‧y [pédǝgòudʒi / -gòdʒi]名 U 教育学, 教授法.

*****ped‧al** [pédǝl]名C(自転車・ピアノなどの)ペダル, 踏み板 (→ BICYCLE 図): a brake [an accelerator]

pedal (自動車の)ブレーキ [アクセル] ペダル / press the *pedal*(s) ペダルを踏む.
— 動 (過去・過分《英》**ped·alled**; 現分《英》**ped·al·ling**) 他 〈自転車など〉のペダルを踏む, …をペダルを踏んで動かす.
— 自 (自転車などの) ペダルを踏む [踏んで進む].

ped·ant [pédənt] 名 C 《軽蔑》 **1** 学者〔物知り〕ぶる人; 理屈屋. **2** 細事〔規則〕にうるさい人.

pe·dan·tic [pidǽntik] 形 《軽蔑》 **1** 学者ぶった, 物知り顔の; 理屈屋の. **2** 細事〔規則〕にうるさい.

ped·ant·ry [pédəntri] 名 U 《軽蔑》 **1** 学者〔物知り〕ぶること. **2** 細事〔規則〕にこだわること, しゃくし定規なこと.

ped·dle [pédl] 動 他 **1** 〈商品〉を売り歩く, 行商する. **2** 〈考えなど〉を言いふらす, ばらまく. **3** 〈麻薬〉を売る. — 自 売り歩く, 行商する.

ped·dler, 《英》**ped·lar** [pédlər] 名 C **1** 《米》行商人, 売り歩く人. **2** (思想などを)切り売りする人; (うわさなど)広める人. **3** 〈麻薬〉の売人.

ped·es·tal [pédistəl] 名 C (花びん・彫像)の台; (彫像・円柱などの)台座, 柱脚.
■ *pùt [sèt] ... on a pédestal* 〈人〉を尊敬する, 崇拝する, 祭り上げる.

***pe·des·tri·an** [pədéstriən] 名 C 歩行者; 徒歩旅行者: *Pedestrians* Only 《掲示》歩行者専用.
— 形 **1** 〔限定用法〕徒歩の, 歩行の; 歩行者(専)用の: a *pedestrian* bridge 歩道橋. **2** 《軽蔑》(話・文章などが)平凡な, つまらない, 単調な.
◆ pedéstrian cróssing C 《英》横断歩道(《米》crosswalk).

pedéstrian máll [《英》précinct] C (都心の)自動車通行禁止区域, 歩行者天国.

pe·di·a·tri·cian, 《英》**pae·di·a·tri·cian** [pìːdiətríʃən] 名 C 小児科医.

pe·di·at·rics, 《英》**pae·di·at·rics** [pìːdiǽtriks] 名 U 〔通例, 単数扱い〕小児科(学).

ped·i·cure [pédikjùər] 名 **1** U C 足の指・つめの手入れ, ペディキュア (cf. manicure マニキュア). **2** U 足の(たこ・まめなどの)治療.

ped·i·gree [pédigrìː] 名 **1** U C 家系, 家柄; (動物の) 血統. **2** C 系図, 系譜; (純血種家畜の)血統書: a family *pedigree* 家系図. **3** 〔形容詞的に〕(動物が) 純血種の, 血統の明らかな: a *pedigree* dog 血統書付きの犬.

ped·lar [pédlər] 名 C = PEDDLER (↑).

pe·dom·e·ter [pidámətər / -dɔ́m-] 名 C 歩数計, 万歩計.

pee [píː] 動 自 《口語》小便をする (urinate).
— 名 〔または a ~〕 《口語》小便(をすること).
■ *hàve [gò for] a pée* 《口語》小便する〔に行く〕.

peek [píːk] 動 自 […を]そっとのぞく [at].
— 名 C [a ~] のぞき見, 盗み見: have [take] a *peek* at … …をそっとのぞき見〔盗み見〕する.

peek·a·boo [pìːkəbúː] 名 U 〔間〕いないいないばあ (《英》peepbo) (◇赤ん坊をあやす遊び (の発声)).

***peel** [píːl] 動 他 **1** 〈果物・野菜〉の皮をむく (◇手や皮をき器でむくときに用いる; cf. pare (ナイフで)…の皮をむく); [*peel* +O+O / *peel* +O+for …] 〈人〉に〈果物など〉の皮をむいてやる: *peel* a banana [potato] バナナ [ジャガイモ] の皮をむく / I *peeled* him an orange. = I *peeled* an orange for him. 私は彼にオレンジの皮をむいてやった.
2 〈皮など〉を […から] はぐ, むく [*off, from*] (→成句 peel off **1**).
— 自 (果物・野菜の皮が) むける; (ペンキ・壁紙などが) はがれる: These potatoes *peel* easily. このジャガイモは簡単に皮がむける.
■ *kèep one's èyes péeled* 油断なく見張る.
péel awáy = peel off.
péel óff 他 **1** 〈皮など〉をはぐ, むく. 〈衣服〉を (すっかり) 脱ぐ. — 自 **1** (皮などが) むける, はがれる. **2** 衣服を (すっかり) 脱ぐ. **3** (飛行機・車などが) 編隊 [集団] から離れる.
— 名 U C (果物・野菜などの) 皮; むいた皮 (→ SKIN 類義語): apple *peel* リンゴの皮.

peel·er [píːlər] 名 C 〔通例, 複合語で〕(果物・野菜の) 皮むき器.

peel·ing [píːliŋ] 名 〔通例 ~s〕(果物・野菜の) むいた皮: apple *peelings* リンゴのむいた皮.

***peep¹** [píːp] 動 自 **1** […を / …から]のぞき見する; こっそり [そっと] 見る [*at, into / through*]: *peep* through the keyhole 鍵(☆)穴からのぞき見する. **2** (草花・太陽・月などが) のぞく, 姿を見せる.
— 名 C **1** 〔通例 a ~〕のぞき見, 盗み見; こっそり [ちらっと] 見ること: have [take] a *peep* at … …をちらっと見る. **2** [the ~] 見え [出] 始め, 出現: at the *peep* of day 夜明けに.
◆ péeping Tóm C 〔時に P-〕《軽蔑》のぞき見する人, のぞき魔.
péep shòw C **1** のぞきからくり《穴から箱の中の動く絵などをのぞく》. **2** ストリップショー.

peep² 〔擬声語〕名 C **1** ピーピー, ちゅーちゅー (ひな鳥・ネズミなどの鳴き声; → CRY 表). **2** [a ~; 通例, 否定文で] ひと言; 泣き言; うわさ, 消息: I haven't heard a *peep* out of her for a month. 彼女から1か月間何の連絡もない. **3** 《英口語・幼児》ピーピー, ピーピー (自動車の警笛音).
— 動 自 **1** ピーピー [ちゅーちゅー] 鳴く.

peep·bo [píːpbòu] 名 U 《英》= PEEKABOO (↑).

peep·er [píːpər] 名 C **1** 《軽蔑》のぞき見する人. **2** 《古風》目.

peep·hole [píːphòul] 名 C (ドア・壁などの)のぞき穴, 節穴(ホム).

***peer¹** [píər] 名 C **1** 《英》(男性の) 貴族 (◇女性形は peeress); 上院議員 (→ CONGRESS 表): *peers* of the realm (英国の) 世襲貴族 《上院に列する資格を持つ貴族》. **2** (年齢・地位・能力などが) 同等の人; 同僚, 仲間: It would be hard to find his *peer*. 彼に匹敵する人を見つけるのは困難だろう.
◆ péer gròup C 《社会》(同じ社会的背景・地位・年齢などの) 仲間集団, 同業集団.

***peer²** [píər] 動 自 **1** […を / …の中を] じっと見る, 見入る [*at / into*]. **2** 見えてくる, 現れる.

peer·age [píəridʒ] 名 **1** U [the ~; 集合的に; 単数・複数扱い] 貴族, 貴族階級 [社会]. **2** C 貴族の地位 [身分]: inherit a *peerage* 貴族の地位を受け継ぐ. **3** C (家系が書かれた) 貴族名鑑.

peer·ess [píərəs] 名 C 《英》女性貴族 (◇男性形は peer); 貴族夫人.

peer·less [píərləs] 形 比類ない, 無比の.

peeve [píːv] 名 C《口語》しゃくの種; いら立ち.

peeved [píːvd] 形《口語》[…に]いら立った [*about*].

pee·vish [píːviʃ] 形 気難しい; 不平の多い.

pee·vish·ly [~li] 副 気難しく; だだをこねて.

‡**peg** [pég] 名 C **1**（木製・金属製の）留めくぎ (cf. nail くぎ); (帽子・上着などの)掛けくぎ, …掛け: a hat *peg* 帽子掛け. **2** テント用のくい (tent peg); (土地の境界を示す)くい; (たるなどの)栓. **3**《英》洗濯ばさみ (clothes peg,《米》clothespin). **4**（弦楽器の）ねじ, 糸巻き (tuning peg).

■ *a squáre pég in a róund hóle = a róund pég in a squáre hóle* 不適任者.《由来》「丸いくぎに四角いくぎ」「四角い穴に丸いくぎ」から)

óff the pég《英》(服などが) 既製で, つるしで: buy a suit *off the peg* 既製服を買う.

táke [*bríng*] … *dówn a pég* (*or twò*)《口語》〈人〉をやり込める,〈人〉に思い知らせる.

— 動（三単現 **pegs** [~z]; 過去・過分 **pegged** [~d]; 現分 **peg·ging** [~iŋ]）他 **1** …をくぎ [くい] でとめる; …にくぎ [くい] を打つ. **2**〈賃金・価格など〉を […に] 凍結 [固定] する [*at, to*]. **3**《主に米口語》…を […と] 認める, 判断する, 見定める [*as*]. **4**《口語》〈石など〉を投げる;【野球】〈球〉をすばやく投げる.

■ *pég awáy at* …《受け身不可》《英口語》…を一生懸命に [せっせと] やる.

pég dówn 他 **1**〈テントなど〉をくいを打ってとめる. **2**〈人〉を […に] くぎ付けにする, (規則などで) 縛りつける, 拘束する [*to*]: I *pegged* him *down* to his word. 私は彼にきちんと約束を守らせた.

pég óut 他 **1**〈境界〉をくいでつける, …を区画する. **2**《英》〈洗濯物〉を洗濯ばさみでとめる. — 自《主に英口語》死ぬ; 疲れ果てる.

◆ **pég lèg** C《口語》木製義足 (wooden leg).

Peg·a·sus [pégəsəs] 名 **1**【ギ神】ペガサス, 天馬《怪物メドゥーサの血から生まれた翼のある馬》. **2**【天文】ペガサス座.

peg·board [pégbɔ̀ːrd] 名 **1** C U ハンガーボード《ものをつるせるよう穴が開いている板》. **2** C (ゲームの点数計算用の) くぎさし盤.

pe·jo·ra·tive [pidʒɔ́ːrətiv, -dʒɑ́rə-] 形《格式》軽蔑的な, 悪口の.

Pe·kin·ese [pìːkiníːz] 形 名 = PEKINGESE (↓).

‡**Pe·king** [píːkíŋ] 名 ペキン (北京)《中華人民共和国の首都; 最近では Beijing とつづる》.

◆ **Péking mán** U【人類】北京 [ペキン] 原人.

Pe·king·ese [pìːkiŋíːz] 形 ペキン (人) の.
— 名（複 **Pe·king·ese**）**1** C ペキン (生まれ) の人. **2** U (中国語の) ペキン方言 [官話]. **3** C （複 **Pe·king·ese, Pe·king·es·es** [~iz]）【動物】ペキニーズ《中国原産の愛玩(がん)用の小型犬》.

pe·lag·ic [pəlǽdʒik] 形《格式》の; 遠洋 [外洋] に生息する; 遠洋で行う: *pelagic* fishery 遠洋漁業.

pel·i·can [pélikən] 名 C【鳥】ペリカン.

◆ **pélican cróssing** C《英》押しボタン式横断歩道.

pel·let [pélit] 名 C **1** (紙・粘土などを丸めた) 小球, 玉. **2** 小弾丸, 鉄砲玉; 散弾.

pell-mell [pélmél] 副《古風》**1** めちゃくちゃに, 乱雑に. **2** あわてて, 向こう見ずに.

pel·lu·cid [pəlúːsid] 形《文語》透明な, 澄んだ.

pel·met [pélmit] 名 C《英》(カーテン上部の) 金具隠し, 飾り布 (《米》valance).

pelt¹ [pélt] 動 他 **1**〈人〉に〔石などを〕(続けて) 投げつける [*with*],〈人・物〉に […を] (続けて) 投げつける [*at*];〈人〉に〔質問などを〕浴びせる [*with*]: *pelt* a dog *with* stones = *pelt* stones *at* a dog 犬に石を投げつける. **2** (雨・風などが) …を強く打つ.
— 自 **1** (雨などが) 激しく降る (*down*). **2**《口語》速く走る (*along, down, up*).
— 名［次の成句で］

■ (*at*) *fúll pélt* 全速力で.

pelt² 名 C (羊・ヤギなどの毛が付いたままの) 生皮; (なめしていない) 毛皮.

pel·vic [pélvik] 形 [限定用法]【解剖】骨盤の.

pel·vis [pélvis] 名（複 **pel·vis·es** [~iz], **pel·ves** [-viːz]）C【解剖】骨盤.

pen¹ [pén]
名 動【原義は「羽」】
— 名（複 **pens** [~z]）C **1** ペン, ボールペン, 万年筆《元来はペン軸 (penholder) にペン先 (nib) が付いたものをさしたが, 現在では万年筆 (fountain pen), ボールペン (ballpoint pen), フェルトペン (felt-tip pen) をさす》: Write your papers in *pen* [*with a pen*]. レポートはペンで書きなさい. **2** [通例, 単数形で] 文章, 文筆; 文筆業: a fluent *pen* 流麗な文体 / The pen is mightier than the sword.《ことわざ》ペンは剣よりも強し.

■ *pùt* [*sèt*] *pén to páper* 筆をとる, 書き始める.
— 動（三単現 **pens** [~z]; 過去・過分 **penned** [~d]; 現分 **pen·ning** [~iŋ]）他《格式》…をペンで書く: She *penned* a note to her husband who had left her. 彼女は別れた夫に一筆書いた.

◆ **pén nàme** C ペンネーム.

pén pàl《主に米》ペンフレンド, 文通友達 (《英》pen-friend).

pen² 名 C (家畜などの) 囲い, おり.
— 動（三単現 **pens** [pénz]; 過去・過分 **penned** [~d], **pent** [~t]; 現分 **pen·ning** [~iŋ]）他〈動物など〉を囲いに入れる, 閉じ込める (*up, in*).

pen³ 名 C《米口語》刑務所 (penitentiary).

Pen., pen.（略語）= pen*insula* 半島.

PEN [pén]（略語）= International Association of *P*oets, *P*laywrights, *E*ditors, *E*ssayists, and *N*ovelists 国際ペンクラブ.

pe·nal [píːnl] 形 **1** [比較なし; 限定用法]【法】刑の, 刑罰の; 刑事【法廷】上の: the *penal* code 刑法. **2** [限定用法] 罰を受けるべき; 罰として支払うべき: a *penal* charge 罰金. **3** 非常に厳しい, 過酷な: *penal* taxation 酷税. (▷ 名 pénalty)

◆ **pénal sérvitude** U 懲役 (刑).

pénal sèttlement [còlony] C 流刑地.

pe·nal·ize [píːnəlàiz] 動 他 **1**〈物事が〉〈人〉を不利な立場に置く. **2**〈人・行為〉を […の理由で] 罰する;〈人〉を有罪と宣告する [*for*]. **3**【スポーツ】[…に対して]〈反則者〉にペナルティーを与える [*for*].

‡**pen·al·ty** [pénəlti] 名（複 **pen·al·ties** [~z]）**1** C U […に対する] 刑罰, 処罰 [*for*]: the maximum *penalty* 最高刑 / the *penalty for* mur-

der 殺人に科す刑. **2** ⓒ 罰金, 科料 (fine); 違約金: a *penalty* for speeding スピード違反の罰金. **3** ⓒ 罰, 報い; 不利. **4** ⓒ 『スポーツ』ペナルティー; 『サッカー・ラグビー』=**pénalty kìck** ペナルティーキック; =**pénalty gòal** ペナルティーゴール.

■ *on* [*ùnder*] *pénalty of* ... 違反すれば…の罰に処せられるという条件で.

páy the pénalty **1** 罰金を払う. **2** 刑罰を受ける; 当然の報いを受ける. (▷ 形 **pénal**)

◆ **pénalty àrea** ⓒ 『サッカー』ペナルティーエリア.
pénalty bòx ⓒ **1** 『アイスホッケー』ペナルティーボックス. **2** 『サッカー』= penalty area.
pénalty clàuse ⓒ (契約中の)違約条項.
pénalty shóot-out ⓒ 『サッカー』PK戦.

pen·ance [pénəns] 名 **1** ⓤⓒ 悔い改め, ざんげの苦行; 償いの行為. **2** ⓤ 『カトリック』告解.

■ *dò pénance for* ... …の償いをする.

pén-and-ínk 形 《通例, 限定用法》 ペンでかいた.

*****pence** [péns] 名 **penny 1** の複数形.

pen·chant [péntʃənt] 〖フランス〗 名 ⓒ 《通例, 単数形で》 […に対する] 強い好み, 趣味, 傾向 [*for*].

****pen·cil** [pénsl]
— 名 (複 **pen·cils** [~z]) ⓒ **1** 鉛筆: a mechanical *pencil* シャープペンシル (◇ a sharp *pencil* は「先のとがった鉛筆」の意) / a *pencil* case 筆箱 / sharpen a *pencil* 鉛筆を削る.
2 鉛筆形のもの: an eyebrow *pencil* まゆ墨.
3 〖光〗 光束, 光線束.
— 動 (過去・過分 《英》 **pen·cilled** [~d]; 現分 《英》 **pen·cil·ling** [~iŋ]) …を鉛筆で書く[描く]: a *penciled* sketch 鉛筆でかいたスケッチ.

■ *péncil ín* 他 …をとりあえず予定に入れておく.

pend·ant [péndənt] 名 ⓒ ペンダント.
pend·ent [péndənt] 形 《通例, 比較なし》《文語》 **1** 垂れ下がった, ぶら下がった. **2** (岩・がけなどが) 突き出た, 張り出した.

***pend·ing** [péndiŋ] 形 《格式》 **1** 《通例, 叙述用法》(問題などが)未(決)定の, 未解決の, 懸案の: The case is still *pending*. 事件はまだ解決していない. **2** (危険・災害などが) さし迫った, 切迫した.
— 前 《格式》 …まで (until): *pending* his return 彼が帰るまで.

pen·du·lous [péndʒələs / -dju-] 形 《文語》 垂れ下がって[ぶら下がって] いる; 揺れている.

***pen·du·lum** [péndʒələm / -dju-] 名 ⓒ (時計などの) 振り子.

■ *the swing of the péndulum* 振り子の揺れ[動き]; (権力・世論・情勢などの) 動き, 変化, 揺れ.

Pe·nel·o·pe [pənéləpi] 名 固 〖ギ神〗 ペネロペ 《オデュッセウスの貞節な妻》.

pen·e·tra·ble [pénətrəbl] 形 浸透[貫通]できる, 入り込める; 見抜ける.

***pen·e·trate** [pénətrèit] 動 他 **1** …を貫通する, 貫く, (声・光などが) …を通る: A bullet *penetrated* the wall. 弾が壁を貫いた. **2** (液体・гаsなどが) …にしみ込む; (思想などが) …に浸透する, 強い影響を与える; 〈組織・市場などに〉入り込む: The rain *penetrated* his coat. 雨が彼の上着にしみ込んだ. **3** 〈人の心・秘密など〉を見抜く, 見通す.
— 自 **1** (ものが)[…に] 貫く [*through*]; […まで[の中へ]] しみ通る, 浸透する, 広がる [*to* / *into*]: Smoke *penetrated through* the house. 煙が家じゅうに広がった. **2** […を] 見抜く [*into*, *through*]. **3** 《口語》 (ことが) 理解される, 意味が通じる.

pen·e·trat·ing [pénətrèitiŋ] 形 **1** 貫通する; 突き刺すような, (寒さが) 身にしみる; (声などが) よく通る. **2** 洞察力のある; (目つきが) 鋭い.

pen·e·tra·tion [pènətréiʃən] 名 ⓤ **1** 浸透, 侵入; 貫通. **2** 洞察力, 眼識.
pen·e·tra·tive [pénətrèitiv / -trə-] 形 **1** 浸透 [貫通] する. **2** 明敏な, 洞察力のある.

***pén-friend** 名 ⓒ 《英》 ペンフレンド, 文通友達 (《主に米》 pen pal).

****pen·guin** [péŋgwin] 名 ⓒ 〖鳥〗 ペンギン.
pen·hold·er [pénhòuldər] 名 ⓒ ペン軸; ペン立て.
pen·i·cil·lin [pènəsílin] 名 ⓤ 〖薬〗 ペニシリン.
***pen·in·su·la** [pənínsələ / -sju-] 名 **1** ⓒ 半島 (《略語》 Pen., pen.). **2** [the P-] イベリア半島.
pen·in·su·lar [pənínsələr / -sju-] 形 半島の.
pe·nis [píːnis] 名 (複 **pe·nis·es** [~iz], **pe·nes** [-niːz]) ⓒ 〖解剖〗 ペニス, 陰茎.

pen·i·tence [pénətəns] 名 ⓤ 《格式》[罪に対する] 悔い改め, ざんげ, 後悔 [*for*].
pen·i·tent [pénətənt] 《格式》 形 [罪に対して] 悔い改めた, 後悔している [*for*].
— 名 ⓒ 罪を悔いる人; 〖カトリック〗 告解者.
pen·i·ten·tial [pènəténʃəl] 形 《格式》 悔い改め [ざんげ] の, 後悔の.
pen·i·ten·tia·ry [pènəténʃəri] 名 (複 **pen·i·ten·tia·ries** [~z]) ⓒ 《米》 刑務所 (prison, 《米口語》 pen).
pen·knife [pénnàif] 名 (複 **pen·knives** [-nàivz]) ⓒ ポケット [懐中] ナイフ (pocketknife).
pen·light [pénlàit] 名 ⓒ ペンライト 《ペン形の小型懐中電灯》.
pen·man·ship [pénmənʃip] 名 ⓤ 《格式》 書法; 書道, 習字; 筆跡.
Penn [pén] 名 固 ペン William Penn 《1644–1718; 英国のクエーカー教徒の指導者で, 米国 Pennsylvania 州の創建者》.
Penn., Penna. 《略語》 = *Pennsylvania*.
pen·nant [pénənt] 名 ⓒ **1** (細長い) 三角旗; 校旗. **2** 《米》 優勝旗, ペナント: a *pennant* race (野球の) 公式戦 / win the *pennant* 優勝する.
pen·ni·less [péniləs] 形 無一文の, 金を持っていない; 非常に貧乏な (◇ poor より強意的).
Penn·syl·va·nia [pènsəlvéinjə / -niə] 名 固 ペンシルベニア 《米国東部の州; 《略語》 Pa., Penn., Penna.; 《郵略語》 PA; → AMERICA 表》.

◆ **Pénnsylvania Dútch 1** ドイツ系; 集合的に; 複数扱い》 ドイツ系ペンシルベニア人. **2** ⓤ 《1の用いる》 英語まじりのドイツ語方言.

*****pen·ny** [péni]
— 名 (複 **pen·nies** [~z]) ⓒ **1** (複 **pence** [péns]) ペニー, ペンス (◇英国の通貨単位; 1ペンス

= 1/100 ポンド;《略語》p): This chocolate costs 70 *pence*. このチョコレートは70ペンスです / In for a *penny*, in for a pound.《ことわざ》やりかけたことは最後までやり通せ.

2《英》**1ペニー硬貨**: He gave me five *pennies*. 彼は私にペニーを5枚くれた.

3《米・カナダ》**1セント硬貨**: change a dime into *pennies* 10セント硬貨を1セント硬貨にくずす.

4 [a ～] **一文, ほんのわずかの金**《◇通例, 否定文で用いる》: This vase isn't worth a *penny*. この花びんは一文の価値もない / He usually goes out without having a *penny* on him. 彼はふだん1円も持たずに外出する.

■ *A pénny for your thóughts.*《口語》何を考えているのですか, 意見を聞かせてくれ.

a prètty pénny《口語》かなり多額の金.

be twó [tén] a pénny《英口語》安物である, 二束三文である.

spénd a pénny《英口語》トイレに行く.《由来》有料トイレが1ペニーだったことから)

The pénny (has) drópped.《英口語》(言われたことが)やっとわかった.

túrn [máke, éarn] an hónest pénny こつこつとまじめに働いて稼ぐ.

tùrn úp like a bád pénny《英》(いやな人が)しつこくやって来る.

pén·ny-pínch·ing《軽蔑》形 けちな, しみったれの. ━名 U けち.

pen·ny·worth [péniwə̀ːrθ / -wə(ː)θ, pénəθ] 名 (複 **pen·ny·worths** [～s], **pen·ny·worth**) C《英》**1**《古風》1ペニー分(のもの). 1ペニーで買える量. **2** [a ～; 否定文で] 少量, 少額: not a *pennyworth* 少しも…でない.

‡**pen·sion**[1] [pénʃən] 名 C 年金, 恩給; 扶助料: draw [receive] one's *pension* 年金を受け(取)る / live on a *pension* 年金で暮らす.
━動 他〈人〉に年金 [恩給] を与える.

■ *pénsion óff* 他 [しばしば受け身で]《口語》〈人〉に年金 [恩給] を与えて退職させる.

pen·sion[2] [pɑːnsjóun / pɑːnsiɔ̃ːŋ]【フランス】名 C (ヨーロッパ大陸のまかない [食事] 付きの) 下宿舎.

pen·sion·a·ble [pénʃənəbl] 形 年金 [恩給] を受ける資格のある; 年金 [恩給] の付く.

pen·sion·er [pénʃənər] 名 C 年金 [恩給] 受給者, 年金生活者.

pen·sive [pénsiv] 形 もの思いに沈んだ; 悲しげな.
pen·sive·ly [～li] 副 もの思わしげに; 悲しげに.

pen·ta- [pentə], **pent-** [pent] 結合 「5 (five)」 の意を表す: *pentagon* 五角形.

pen·ta·gon [péntəgɑ̀n / -gən] 名 **1** C《幾何》五角形, 五辺形 (→ FIGURE 図). **2** [the P-] ペンタゴン《米国 Virginia 州 Arlington にある国防総省の五角形の建物》; 米国国防総省.

pen·tag·o·nal [pentǽgənəl] 形 五角形の.

pen·ta·gram [péntəgræ̀m] 名 C 五角の星形, 星印 (☆)《昔, 魔術の記号として用いた》.

pen·tam·e·ter [pentǽmətər] 名 C《韻律》5歩格《1行に5つの詩脚がある詩行》.

pen·tath·lon [pentǽθlən] 名 U [通例 the ～]《スポーツ》五種競技 (cf. decathlon 十種競技); the modern *pentathlon* 近代五種競技《フェンシング・馬術・射撃・陸上・水泳を1日1種目ずつ行う》.

Pen·te·cost [péntikɔ̀ːst / -kɔ̀st] 名 U **1**《キリスト》五旬節 [祭], 聖霊降臨祭 (**Whitsunday**)《**Easter** 後の第7日曜日》. **2**《ユダヤ教》ペンテコステ《過ぎ越しの祭り後50日目に行う収穫祭》.

Pen·te·cos·tal [pèntikɔ́ːstəl / -kɔ́s-] 形 五旬節 [祭] の, 聖霊降臨祭の; ペンテコステ (派) の.

pent·house [pénthàus] 名 C 屋上住宅《ビルの最上階にある高級住宅》;(マンション)最上階の部屋.

pént-úp 形 [通例, 限定用法] 閉じ込められた; うっ積した.

pe·nul·ti·mate [pənʌ́ltimət] 形 [限定用法]《文語》最後から2番目の.

pe·num·bra [pənʌ́mbrə] 名 (複 **pe·num·brae** [-briː], **pe·num·bras** [～z]) C **1**《天文》(日食・月食の) 半影 (部). **2**《絵》濃淡 [明暗] の境, ぼかし部分.

pe·nu·ri·ous [pənjúəriəs, -njúəri-] 形《格式》非常に貧乏な, 窮乏した.

pen·u·ry [pénjəri] 名 U《格式》極貧, 貧窮.

pe·on [píːən] 名《スペイン》C 日雇いの労働者《米国南西部・中南米で, 特に借金返済のために働く人》.

pe·o·ny [píːəni] 名 (複 **pe·o·nies** [～z]) C《植》シャクヤク, ボタン.

***peo·ple** [píːpl]《☆発音に注意》
━名 動 《原義は「大衆, 民衆」》
━ 名 **1** [複数扱い] 人々; 世間の人たち: old [young] *people* 老人 [若者] / The shop was crowded with a lot of *people*. 店は多くの客で混雑していた / Ten *people* got seriously injured in the accident. 10人がその事故で大けがをした / *People* say that she will go on the stage next year. 彼女は来年舞台に立つそうだ.

2 [修飾語句を伴って; 複数扱い] (特定の階級・集団の) 人々: city *people* 都市住民 / *people* of the lower classes 下層階級の人々 / They are the *people* who have succeeded as bankers. 彼らは銀行家として成功した人たちです.

3《複 **peo·ples** [～z]》C 国民, 民族 (→ RACE[2] 類義語): the Portuguese *people* ポルトガル国民 / respect the cultures of other *peoples* 他民族の文化を尊重する.

4 [the ～; 複数扱い] 一般民衆; 庶民, 大衆: a man [woman] of the *people* 大衆に人気のある人, 庶民の味方 / the common *people* 庶民.

5 [one's ～; 複数扱い]《古風》家族, 親戚: How are your *people* doing? ご家族の皆さんはいかがお過ごしですか.

6 [しばしば one's ～; 複数扱い] 部下; 臣民.

■ *gó to the péople* (選挙で) 国民に信を問う.

of áll péople **1** [挿入句的に] 人もあろうに: I can't believe that Maggie has decided to marry Brian, *of all people!* マギーが人もあろうにブライアンと結婚することにしたなんて信じられない.

2 [(代) 名詞のあとで] だれよりもまず.

━ 動 他 [通例, 受け身で]《文語》〈場所・土地〉に人を住まわせる, 植民する.

pep [pép] 名 U《口語》元気, 気力, 活力: full of *pep* 元気いっぱいで.

— 動 (三単現 **peps** [~s]; 過去・過分 **pepped** [~t]; 現分 **pep·ping** [~ɪŋ]) 他《口語》…を元気[活気]づける, 激励する (*up*).

◆ **pép pill** ⓒ《口語》覚醒(ホシ)剤, 興奮剤.

pép tàlk ⓒ《口語》(スポーツの監督などの)激励(の言葉), はっぱ, 檄(ケ), (短い)激励演説.

‡pep·per [pépər] 名 **1** Ⓤ コショウ: black [white] *pepper* 黒[白]コショウ / a dash of *pepper* ひと振りのコショウ / sprinkle [put] *pepper* on … …にコショウを振る. **2** ⒸⓊ《植》コショウ[トウガラシ]類の木; トウガラシの実: red *peppers* トウガラシ / green [sweet] *peppers* ピーマン.
— 動 **1** …にコショウを振る, コショウで味を付ける. **2** 〈人〉に〈弾丸・質問・非難などを〉浴びせる [*with*]. **3** …に […を] 振りまく; 〈話など〉に〈冗談・引用句などを〉散りばめる [*with*].

◆ **pépper mìll** ⓒ コショウひき.

pépper pòt ⓒ《英》(ふたに小さな穴を開けた円筒形の)コショウ入れ(《主に米》pepperbox).

pép·per-and-sált 形〔通例, 限定用法〕(服地などが) 霜降りの; (毛髪・ひげなどが) ごま塩の.

pep·per·box [pépərbɑ̀ks / -bɔ̀ks] 名 ⓒ《主に米》コショウ入れ(《英》pepper pot).

pep·per·corn [pépərkɔ̀ːrn] 名 ⓒ 干した(黒)コショウの実.

pep·per·mint [pépərmìnt] 名 **1** Ⓤ = péppermint trèe【植】セイヨウハッカ(の木). **2** Ⓤ = péppermint òil ハッカ油. **3** ⓒ ハッカ入りキャンディー [ドロップ] (mint).

pep·per·y [pépəri] 形 **1** コショウ(のような), コショウ味の; ぴりっとした. **2** 怒りっぽい, 短気な.

pep·py [pépi] 形 (比較 **pep·pi·er** [~ər]; 最上 **pep·pi·est** [~ɪst])《口語》元気いっぱいの.

pep·sin [pépsɪn] 名 Ⓤ **1**【生化】ペプシン《胃液に含まれるたんぱく質分解酵素》. **2** 消化剤.

pep·tic [péptɪk] 形 消化を助ける, 消化力のある.

◆ **péptic úlcer** ⓒ【医】(胃の) 消化性潰瘍(ビリ).

‡per [(弱) pər; (強) pə́ːr]
— 前〔無冠詞の単数名詞を伴って〕…につき, …ごとに (◇主に商業・技術用語に用いる. 一般には a, an を用いる): $3 *per* meter 1メートルにつき3ドル / 100 miles [kilometers] *per* hour 時速100マイル[キロ] / The lodging charge is 75 dollars *per* person. 宿泊料は1人75ドルです.

■ **às per ...**〔前〕に従って(according to): *as per* instructions 指示に従って.

às per úsual《口語》いつものように (as usual).

per- [pər]〔接頭〕「すっかり, 完全に」「…を通して, ずっと」などの意を表す: *per*fect 完全な / *per*suade 説得する / *per*spective 遠近画法.

per·am·bu·late [pəræmbjəlèɪt] 動 自他 《古風》(…を)ぶらつく, 歩き回る.

per·am·bu·la·tion [pəræ̀mbjəléɪʃən] 名 Ⓤⓒ《古風》散策 (すること).

per·am·bu·la·tor [pəræmbjəlèɪtər] 名 ⓒ《主に英・古風》乳母車(《英》pram).

per an·num [pəræ̀nəm]〔ラテン〕副〔格式〕1年につき, 1年ごとに(《略記》p.a.).

per cap·i·ta [pər kǽpətə]〔ラテン〕〔格式〕形 副 1人あたりの[で], 頭割りの[で].

‡per·ceive [pərsíːv] 動〔進行形不可〕**1** [perceive+O](五感で)…を知覚する, 認める, …に気づく; [perceive+O+*doing*] …が~するのに気づく: He *perceived* a slight change in color. 彼はかすかな色の変化に気づいた / I *perceived* him *entering* the room. 私は彼が部屋に入って来るのに気づいた.

2 (a) [perceive+O] …を理解する, 悟る, …がわかる: She didn't *perceive* its significance. 彼女にはその重要性がわからなかった.

(b) [perceive+O+(to be) C / perceive+O+*as* C] …が~であることがわかる; [perceive+that [疑問詞] 節] …であること […か] がわかる: I *perceived* Tom (*to be*) a hardworking student. = I *perceived that* Tom was a hardworking student. 私はトムが勤勉な学生だということがわかった / I *perceived* his behavior *as* a challenge to me. 私は彼の行為が私に対する挑戦だと気がついた.

(▷ 名 perception; 形 percéptible, percéptive)

‡per·cent,《主に英》**per cent**
[pərsént] 名
【「per (…につき) + cent (100)」から】
— 名 (複 **per·cent, per cent**) **1** ⓒ パーセント, 100分の1;〔形容詞的に〕パーセントの(《記号》%): interest at 10 *percent* = 10 *percent* interest 1割の利息 / leave a fifteen *percent* tip for the waiter ウエーターに15パーセントのチップを置く / Prices have increased by 20 *percent*. 物価は20パーセント上昇した.

語法「... percent of ~」が主語になる場合, 動詞は~に合わせる: More than eighty *percent of* smokers *say* they would like to quit smoking. 喫煙者の80パーセント以上が禁煙したいと言っている / Ten *percent of* the sum *was* paid. 総額の1割が支払われた.

2 Ⓤⓒ《口語》割合, 百分率 (percentage).
— 副 …パーセントだけ: His salary went up fifteen *percent*. 彼の給料は15パーセント上がった / I am one hundred *percent* for your proposal. 私はあなたの提案に全面的に賛成します.

‡per·cent·age [pərséntɪdʒ] (☆ 発音に注意) 名
1 Ⓤⓒ〔通例, 単数形で〕百分率, パーセンテージ: What *percentage* of your salary do you spend on clothing? 給料の何パーセントを衣服に使いますか.

2 ⓒ〔通例 a ~〕割合, 比率, 部分: A large *percentage* of the students come to school by car. 学生の多くが車で登校する.

3 ⒸⓊ〔通例, 単数形で〕(パーセントで示す)手数料, 利率, 割引.

4 Ⓤ〔通例, 否定文で〕《口語》利益, もうけ; 得になること: There is no *percentage* in quarreling. 口論しても何の得にもならない.

per·cep·ti·ble [pərséptəbl] 形〔格式〕**1** 知覚[認知, 感知]できる: *perceptible* to the ear 耳に聞こえる / a barely *perceptible* sound かすかな音. **2** かなりの.

(▷ 動 percéive)

per・cep・ti・bly [pərséptəbli] 副《格式》知覚[認知, 感知]できほどに; 目につくほどに, かなり.

per・cep・tion [pərsépʃən] 名 ⓊⒸ 1 知覚(すること), 知覚作用, 知覚[認知]力: extrasensory *perception* 超感覚的知覚(《略語》ESP).
2 《…の》理解, 洞察《*of*》; 《…という》認識《*that* 節》: John had no *perception of* what had happened. 何が起こったのかジョンにはさっぱりわからなかった. (▷ 動 percéive)

per・cep・tive [pərséptiv] 形 1 知覚の; 知覚力のある. 2 《ほめ言葉》知覚[感覚]の鋭い; 洞察力に富む, 明敏な. (▷ 動 percéive)

perch¹ [pə́ːrtʃ] 名 Ⓒ 1 (鳥の)止まり木: take one's *perch* (鳥が)止まり木に止まる. 2 《口語》高い(安全な)場所[座席]; 高い地位.
■ **knóck ... óff ...'s pérch** 1 〈人を〉打ち負かす, 滅ぼす. 2 〈人に〉身のほどを思い知らせる.
— 動 @ 1 (鳥が)《…に》止まる《*on, upon*》.
2 (人が)《高いいすなどに》腰かける《*on, upon*》.
— 他 〈鳥・人などを〉《…に》止まらせる; 〈建物などを〉《高い場所に》建てる, 置く《*on, upon*》: a church *perched on* a hill 丘の上に建てられた教会.

perch² 名 (複 **perch, perch・es** [~iz]) Ⓒ《魚》パーチ(スズキの類の淡水魚. 食用).

per・chance [pərtʃǽns / -tʃɑ́ːns] 副《古》ことによると, たぶん (perhaps).

per・cip・i・ent [pərsípiənt] 形《格式》明敏な.

per・co・late [pə́ːrkəlèit] 動 @ 1 (思想・情報などが)《…に》浸透する, 徐々に広がる《*through*》.
2 (パーコレーターで)コーヒーがいれる; (液体が)濾過(ｶろか)される. — 他 1 (パーコレーターで)〈コーヒーを〉いれる(《口語》perk). 2 〈液体などを〉《…で》濾過する《*through*》.

per・co・la・tion [pə̀ːrkəléiʃən] 名 ⓊⒸ (液体の) 濾過(ｶろか), 浸透.

per・co・la・tor [pə́ːrkəlèitər] 名 Ⓒ パーコレーター(濾過(ｶろか)式コーヒーわかし器); 濾過器.

per・cus・sion [pərkʌ́ʃən] 名 1 Ⓤ [集合的に; 単数・複数扱い]《音楽》打楽器; [the ~] 《音楽》パーカッション. 2 ⓊⒸ (通例, 固い物体の)衝突, 撃突; (衝突による)振動, 衝撃.
◆ **percússion cáp** Ⓒ (弾丸の)雷管.
percússion ìnstrument Ⓒ《音楽》打楽器(ドラム・シンバル・木琴など).

per・cus・sion・ist [pərkʌ́ʃənist] 名 Ⓒ 打楽器奏者.

per・di・tion [pərdíʃən] 名 Ⓤ《格式》1 (死後) 地獄に落ちること; 地獄 (hell). 2 《古》破滅.

per・e・grine [pérəgrin] 名 Ⓒ = peregrine fálcon [鳥] ハヤブサ.

per・emp・to・ry [pərémptəri] 形《格式》1 (命令などが)有無を言わせない, 断固とした. 2 《軽蔑》(人・態度などが)命令的な, 横柄(ｵｳへい)な.

per・en・ni・al [pəréniəl] 形 1 《植》多年生の(→ ANNUAL 関連語). 2 《通例, 限定用法》永続する, 絶え間ない.
— 名 Ⓒ《植》多年生植物, 多年草.

per・en・ni・al・ly [-əli] 副 絶え間なく, 永久に.

pe・re・stroi・ka [pèrəstrɔ́ikə] 《ロシア》名 Ⓤ ペレストロイカ(旧ソ連のゴルバチョフ政権による改革).

per・fect 発 名 動

— 形 [pə́ːrfikt] (☆ 動 との発音の違いに注意)[通例, 比較なし] **1 完全な**, 完璧(ｶん)な, 申し分のない (↔ imperfect) (→ COMPLETE 類義語): a *perfect* game 《野球》完全試合 / That boxer is in *perfect* condition. そのボクサーは調整が十分です / She got a *perfect* score on the test. 彼女はテストで満点を取った / His golf swing is *perfect*. 彼のゴルフのスイングは完璧だ.
2 《…に》**最適の**, うってつけの (ideal) 《*for*》: This is a *perfect* place for a picnic. ここはピクニックに最適な場所です / He is *perfect for* the role of Shylock. 彼はシャイロック役にうってつけです.
3 《限定用法》寸分たがわない, 正確な (exact): a *perfect* copy 本物通りの写し《複製》.
4 《限定用法》まったくの: a *perfect* stranger 赤の他人 / It's *perfect* nonsense. それはまったくナンセンスです.
5 《限定用法》《文法》完了の, 完了形の.
— 名 [pə́ːrfikt] [the ~]《文法》完了形 (→次ページ **文法**), 完了時制.
— 動 [pərfékt] 他 …を完成する, 完全なものにする; …を仕上げる (complete) (▷ 名 perféction)
◆ **pérfect pítch** Ⓤ《音楽》絶対音感.

per・fect・i・ble [pərféktəbl] 形 完全にすることが可能な, 完成可能な.

per・fec・tion [pərfékʃən] 名 Ⓤ 1 完全(なこと), 完璧(ｶん), 申し分のないこと: aim for *perfection* 完璧を目指す. 2 完全に仕上げること, 完成, 仕上げ: work on the *perfection* of an invention 発明品の仕上げに取り組む.
■ **to perféction** 完全[完璧]に, 申し分なく.
(▷ 形 pérfect)

per・fec・tion・ism [pərfékʃənìzəm] 名 Ⓤ《時に軽蔑》完全主義; 凝り性.

per・fec・tion・ist [pərfékʃənist] 名 Ⓒ《時に軽蔑》完璧(ｶん)[完全]主義者; 凝り性の人.

per・fect・ly [pə́ːrfiktli] 副 1 完全[完璧(ｶん)]に, 申し分なく: This suit fits *perfectly*. この背広はぴったりです. 2 まったく, 完全に; とても: He is *perfectly* happy. 彼はとても幸福です.

per・fid・i・ous [pərfídiəs] 形《文語》《…に対して》不誠実な, 裏切りの 《*to, toward*》.

per・fi・dy [pə́ːrfədi] 名 (複 **per・fi・dies** [~z])《文語》Ⓤ 不誠実, 裏切り; Ⓒ 裏切り[背信]行為.

per・fo・rate [pə́ːrfərèit] 動 他 1 …に穴をあける, …を突き抜く. 2 (通例, 受け身で)〈紙〉にミシン目を入れる. — @ 1 《…に》穴をあける《*through*》; 《…に》突入する《*into*》.

per・fo・ra・tion [pə̀ːrfəréiʃən] 名 1 Ⓤ 穴をあけること. 2 Ⓒ [通例 ~s] ミシン目, 切り取り線.

per・force [pərfɔ́ːrs] 副《文語》必然的に; やむをえず, いやおうなしに.

per・form [pərfɔ́ːrm]

— 動 (三単現 **per・forms** [~z]; 過去・過分 **per・formed** [~d]; 現分 **per・form・ing** [~iŋ])
— 他 **1** 〈仕事・儀式などを〉**行う**, 実行する; 〈義務

・約束など〉を成し遂げる, 果たす: *perform* a wedding ceremony 結婚式を執り行う / *perform* an operation (医師が)手術を行う / *perform* one's duty [promise] 義務 [約束] を果たす.
2 〈劇〉を上演する, 〈役〉を演じる, 〈曲〉を演奏する: She *performed* her part perfectly. 彼女は自分の役を完璧(%%)に演じた / He *performed* "Moonlight Sonata" well on the piano. 彼は『月光ソナタ』をピアノで上手に演奏した.
— 圓 **1** 演じる; 〔楽器を〕演奏する 〔on, at〕: *perform* live on television テレビで生演奏をする / She *performs* skillfully **on** the flute. 彼女はフルートの演奏が上手です.
2 〔副詞(句)を伴って〕(機械などが)動く, 作用する; (人が)うまくやる: The medicine *performed* well in tests. その薬は試験ではよく効いた.
3 (動物が)芸をする. (▷ 图 performance)
◆ perfórming árts [the ~] 舞台芸術 《演劇・オペラ・ダンスなど》.

***per·form·ance [pərfɔ́:rməns]

— 图(複 per·form·anc·es [~iz]) **1** C 公演, 上演; 演奏, 演技: a musical *performance* 音楽の演奏 / a live *performance* 生演奏 / There are afternoon and evening *performances* of "Macbeth" on Sunday. 日曜日は『マクベス』の昼夜興行がある.

2 C 出来栄え, 成績: Jennie's *performance* in the tournament was fine. トーナメントでのジェニーの成績はすばらしかった.
3 U (機械などの)性能; (人の)技能: examine the *performance* of the car 車の性能を調べる.
4 U (任務などの)遂行, 実行, 履行: Bill is faithful in the *performance* of his duties. ビルは職務の遂行に忠実です. **5** [a ~] 《口語》 愚行; 面倒なこと: What a *performance*! なんてばかなことを,なんというざまだ. (▷ 動 perform)
***per·form·er** [pərfɔ́:rmər] 图 C **1** 演技 [演奏]者; 俳優, 歌手. **2** [通例, 修飾語を伴って] 演技 [演奏] が…な人; 熟練者: a good *performer* on the piano ピアノが上手な人.
***per·fume** [pə́:rfju:m, pə:rfjú:m] 图 U C
1 香水, 香料: put on *perfume* 香水を付ける.
2 よいにおい, 芳香 (fragrance) (→ SMELL 類義語): the *perfume* of roses バラの香り.
— 動 [pərfjú:m, pə́:rfju:m] 他 **1** …に香水 [よいにおい] を付ける. **2** 《文語》…を芳香で満たす.
per·fum·er·y [pərfjú:məri] 图 (複 per·fum·er·ies [~z]) **1** U 香水製造(業). **2** C 香水製造 [販売] 所. **3** U 〔集合的に〕香水類.
per·func·to·ri·ly [pərfʌ́ŋktərəli] 副 《格式》おざなりに, いいかげんに, 通り一遍に.
per·func·to·ry [pərfʌ́ŋktəri] 形 《格式》
1 (言動・行為が)おざなりの, いいかげんな, 通り一遍

文法 完了形 (perfect)

【完了形の種類】
完了形は通例, 基準とする時点によって次の3つに分けられます.

	基準	形
現在完了形	現在	have[has]+過去分詞
過去完了形	過去のある時点	had+過去分詞
未来完了形	未来のある時点	will have+過去分詞

【現在完了形の用法】
■ 完了 「…したところである」
　The game has just begun.
　(試合はちょうど始まったところです)
■ 結果 「…してしまった」
　I have lost my bike key.
　(私は自転車のかぎをなくしてしまった)
■ 経験 「…したことがある」
　He has visited Hawaii three times.
　(彼はハワイに3回行ったことがある)
■ 継続 「ずっと…している」「ずっと…である」
　She has lived in Sendai since 1990.
　(彼女は1990年からずっと仙台に住んでいる)

【現在完了形と現在形・過去形の関係】
現在完了形と現在形・過去形の関係を図で示す

と次のようになります.
❶ I moved to Paris in 1995.
　過去形 (私は1995年にパリへ引っ越した)
❷ I live in Paris now.
　現在形 (私は今パリに住んでいる)
❸ I have lived in Paris since 1995.
　現在完了形
　(私は1995年からずっとパリに住んでいる)

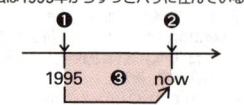

```
                    ❶          ❷
          ─────────▓▓▓────────▓▓▓─────
                  1995    ❸    now
```

【過去完了形・未来完了形の用法】
基準とする時点が異なるだけで, 現在完了形と同じく完了・結果・経験・継続を表します.
　The train had left the station when we arrived. 過去完了形—完了
　(私たちが着いたときには, 列車は駅を出発してしまっていた)
　He proposed to her. She had waited for that moment for years. 過去完了形—継続
　(彼は彼女にプロポーズした. 彼女はその瞬間を何年も待ち続けていた)
　I will have finished reading this book by tomorrow. ── 未来完了形—完了
　(私はあすまでにこの本を読み終えているだろう)

per·go·la [pə́ːrɡələ] 名 C パーゴラ《ツタなどをはわせた棚を屋根にしたあずまや》; つる棚.

****per·haps** [pərhǽps, prǽps]
— 副 ことによると, ひょっとして, おそらく, たぶん (→ PROBABLY 語法): *Perhaps* it will rain tomorrow. もしかするとあしたは雨が降るかもしれない / *Perhaps* you're right. たぶんあなたが正しいのだろう / The fish I missed was really big, *perhaps* one meter. 私が逃した魚はとても大きかった. もしかすると1メートルはあったろう / Do you think prices will go up? — *Perhaps* [*Perhaps* not]. 物価は上がると思いますか — おそらく上がるでしょう [上がらないでしょう] / *Perhaps* you would be good enough to tell me how to solve the problem? その問題を解く方法を教えていただけませんか《◇丁寧な依頼》.

per·i·dot [péridɑt, -dòu / -dɔ̀t] 名 U 【鉱】ペリドット《8月の誕生石》; → BIRTHSTONE 表).

***per·il** [pérəl] 名 《文語》 **1** U 危険《にさらされること》, 危機 (→ DANGER 類義語). **2** C《通例〜s》危険なこと [もの]: at all *perils* どんな危険を冒しても.

■ **at one's péril** 《しばしばこっけいに》危険を覚悟で; 自分の責任で《◇忠告・警告に用いる》: You swim here *at your peril*. ここで泳ぐと危ないぞ.

in péril (**of** ...) 《文語》(…の) 危険にさらされて: They were *in peril of* their lives. = Their lives were *in peril*. 彼らは生命の危険にさらされていた. (▷ 形 périlous; 動 impéril)

***per·il·ous** [pérələs] 形 《文語》非常に危険な, 危険に満ちた. (▷ 名 péril)

per·il·ous·ly [〜li] 副 危うく; 危険を冒して.

pe·rim·e·ter [pərímətər] 名 C **1** (平面の) 周囲 (の長さ). **2** (区画地などの) 境界線.

****pe·ri·od** [píəriəd]
名 形 間 [原義は「1周」]
— 名 (複 **pe·ri·ods** [-ədz]) C **1** 期間, 時期 (→ 類義語): Jim stayed with us for only a short *period*. ジムはほんの短期間しかうちに泊まらなかった / Our birthrate has been decreasing over a *period* of ten years. わが国の出生率は10年間にわたって減り続けている / We are in a transitional *period*. 今は過渡期である.

2 時代; [the 〜] 当代, 現代: the Edo *period* 江戸時代 / the present *period* 現代 / He is the greatest comedian of the *period*. 彼は当代随一のコメディアンです.

3 授業時間, 時限;《スポーツ》ピリオド《試合を数等分したひと区切り》: the first *period* of an ice hockey game アイスホッケーの試合の第1ピリオド / He was in class until the fourth *period*. 彼は4時限目まで授業に出ていた.

4《米》《文法》終止符, ピリオド(.)《《英》full stop): put a *period* at the end of (a) sentence 文末に終止符を打つ.

5【医】(病気などの) 段階, …期, 期間: a latent *period* 潜伏期間. **6** 月経 (期), 生理 (menstrual period). **7**【物理・天文】周期;【数学】(循環小数の) 循環節;【音楽】音節. **8**【地質】紀《代 (era) の下位区分; → ERA 関連語).

■ **pùt a périod to ...** …に終止符を打つ, …を終わらせる, 終わりにする (put an end to).

— 形 [限定用法] ある時代の, 時代物の: *period* costume [furniture] 時代物の衣装 [家具].

— 間《主に米口語》以上, それだけ《《英口語》full stop》《◇文末に置いてその文を強調する》: You cannot see the president, *period*! 社長に会うことはできない, 以上.

類義語 **period, era, epoch, age**
共通する意味▶時期, 時代 (a portion or division of time)
period は「時期・時代」を表す最も一般的な語. どんな長さの期間にも用いる: for a *period* of five months 5か月間 / the Renaissance *period* ルネサンス期. **era** は「根本的な変化や新しい発展などによって特徴づけられる時代」をさす: the pre-Christian *era* キリスト以前の時代 / the *era* of the Industrial Revolution 産業革命の時代. **epoch** は「era の幕開け」をさす: That incident marked an *epoch* in history. その事件は歴史に新時代を画した. **age** は「特定の支配者や明確な特色によって代表される時代」で, era よりも長い期間を表すことが多い: the *age* of Churchill チャーチルの時代 / the Stone *Age* 石器時代.

pe·ri·od·ic [pìəriɑ́dik / -ɔ́d-] 形 [限定用法] 周期的な, 定期的な; 断続的な.

◆ **periódic láw** [the 〜]【化】周期律.

periódic táble [the 〜]【化】(原子番号による元素の) 周期(律) 表.

***pe·ri·od·i·cal** [pìəriɑ́dikəl / -ɔ́d-] 名 C (日刊紙を除く) 定期刊行物, 雑誌: a trade *periodical* 業界誌.

— 形 [通例, 限定用法] **1** 定期刊行 (物) の: a *periodical* magazine 定期刊行誌. **2** = PERIODIC (↑).

pe·ri·od·i·cal·ly [pìəriɑ́dikəli / -ɔ́d-] 副 周期的に, 定期的に; 時々.

per·i·pa·tet·ic [pèripətétik] 形《格式》歩き回る; (仕事で) 渡り歩く, 巡回する.

pe·riph·er·al [pərífərəl] 形 **1** 周辺 (部) にある, 周囲の. **2** […ほど] 重要でない [*to*]. **3**【解剖】末梢(ょぅ)の: *peripheral* nerves 末梢神経. **4**【コンピュータ】周辺装置の.

— 名 C《通例〜s》= perípheral devíce《コンピュータ》周辺装置《スキャナー, プリンターなど》.

pe·riph·er·y [pərífəri] 名 (複 **pe·riph·er·ies** [-z]) C **1** 《通例 the 〜》周囲, 周辺 (部);(円などの) 外周, 円周. **2** [the 〜] (政界などの) 非主流派. **3**【解剖】末梢.

pe·riph·ra·sis [pərífrəsis] 名 (複 **pe·riph·ra·ses** [-sìːz]) C《格式・時に軽蔑》回りくどい [遠回しの] 言い方 [表現].

per·i·scope [pérəskòup] 名 C ペリスコープ, (潜水艦の) 潜望鏡; 展望鏡《塹壕(ざんごう)などで使う》.

***per·ish** [périʃ] 動 自 **1** 《主に文語》死ぬ《◇ die, be killed の婉曲法; → DIE¹ 類義語》; 滅びる, 消え去

perishable

る, 消滅する: Many people *perished* in the plane crash. 飛行機の墜落事故で多くの人命が失われた. **2**《英》(品質が)低下する; 腐る.
■ *Pérish the thóught!*《口語》(不快感·反対を表して)冗談じゃない, とんでもない, それはごめんだね.

per·ish·a·ble [périʃəbl] 形 (食品などが)腐りやすい. ── 名 [~s] 腐りやすいもの[食品].

per·ished [périʃt] 形《英口語》とても寒い.

per·ish·ing [périʃiŋ] 形 **1**〔叙述用法〕(人·天候が)ひどく寒い. **2**《古風》いまいましい, ひどい (◇ damn の婉曲語).

per·i·to·ni·tis [pèrətənáitis] 名 U《医》腹膜炎.

per·i·wig [périwìg] 名 C (18世紀頃に用いた白い) かつら《今日の英米では特に法律家が着ける》.

per·i·win·kle¹ [périwìŋkl] 名 **1** CU《植》ツルニチニチソウ《キョウチクトウ科の常緑植物》. **2** U 明るい青紫色.

per·i·win·kle² 名 C タマキビ貝 (winkle)《食用》.

per·jure [pə́ːrdʒər] 動〔次の成句で〕
■ *pérjure oneséf*《法》(宣誓後で) 偽証する.

per·ju·ry [pə́ːrdʒəri] 名 (複 **per·ju·ries** [~z]) U C《法》(宣誓後の) 偽証; 偽証罪.

perk¹ [pə́ːrk] 動〔次の成句で〕
■ *pérk úp* 他 …を元気[活気]づける; 引き立たせる. ── 自 元気になる, 活気づく.

perk² 名 C〔通例 ~s〕《口語》(職務上の) 特典 (◇ perquisite の略).

perk³ 名《口語》他 自 (パーコレーターで)(コーヒーを)いれる (◇ percolate の略).

perk·y [pə́ːrki] 形 (比較 **perk·i·er** [~ər]; 最上 **perk·i·est** [~ist])《ほめ言葉》(人が) 生き生きとした, 自信たっぷりな.

perm [pə́ːrm] 名 C パーマ (ネント)《米 permanent》. ── 動 他 (髪)にパーマをかける.

per·ma·nence [pə́ːrmənəns] 名 U 永久, 永続(性); 不変, 耐久(性).

per·ma·nen·cy [pə́ːrmənənsi] 名 = PERMANENCE (↑).

***per·ma·nent** [pə́ːrmənənt] 形 名

── 形 **1 永久の**, 永久的な, 永遠の (↔ temporary); (雇用などが) 終身の: a *permanent* address (連絡用の) 定住所 / a *permanent* tooth 永久歯 / *permanent* employment 終身雇用. **2** 常置の, 常設の: a *permanent* committee 常任委員会.

── 名 C《米》= pérmanent wáve パーマ(ネント) (perm).

per·ma·nent·ly [pə́ːrmənəntli] 副 永久[永遠]に, いつまでも; 不変に.

per·me·a·ble [pə́ːrmiəbl] 形《格式》(…の) 透過[浸透]性の (ある) [to, by].

per·me·a·bil·i·ty [pə̀ːrmiəbíləti] 名 U 浸透性.

per·me·ate [pə́ːrmièit] 動 他 **1** (液体などが) …に透過[浸透]する; (においなどが) …に充満する. **2** (思想などが) …に広がる, 普及する.
── 自 (…に) 浸透する, 普及する (*into, through*).

per·me·a·tion [pə̀ːrmiéiʃən] 名 U 浸透; 普及.

per·mis·si·ble [pərmísəbl] 形《格式》許される, さしつかえない.

***per·mis·sion** [pərmíʃən] ── 名 U(…する) **許可**, 許し, 認可 (↔ prohibition) (*to do*): ask for *permission* 許可を求める / give [grant] *permission* 許可を与える / get [obtain] *permission* 許可を得る / You have my *permission* to go out. 出かけてもよろしい / No admittance without *permission*.《掲示》許可なく立入禁止.
■ *with your permission* お許しがあれば, さしつかえなければ: *With your permission*, I'd like to leave work early today. お許しがあれば, きょうは会社を早退したいのですが. (▷ permit)

per·mis·sive [pərmísiv] 形《しばしば軽蔑》寛大[寛容]な, 自由放任の: the *permissive* society (性などに関して) 寛大な社会 / He is too *permissive* with his children. 彼は子供に対して甘い.

per·mis·sive·ness [~nəs] 名 U 寛大さ; 放任.

***per·mit** 動 名【原義は「通過させる」】

── 動 [pərmít] (三単現 **per·mits** [-míts]; 過去·過分 **per·mit·ted** [~id]; 現分 **per·mit·ting** [~iŋ])

── 他 **1**《格式》(a) [permit + O] …を**許可する**, 許す (allow): *permit* the use of a new medicine 新薬の使用を許可する / Alcohol is not *permitted* in this stadium. この競技場では酒を飲むこと) は許されていない.
(b) [permit + 動名] …することを許す: They don't *permit* smoking in the office. 会社では禁煙です / My parents *permitted* my *driving*. 両親は私が運転することを許してくれた.
(c) [permit + O + O]〈人〉に …を許す: She didn't *permit* me any words of reply. 彼女は私が返事することを許さなかった.
(d) [permit + O + to do]〈人〉が…するのを許す: The doctor will not *permit* you *to* drink. 医師はあなたが酒を飲むのを許さないだろう.
2 …を可能にする; …が [すること が] できるようにする [*to do*]: Such small windows do not *permit* enough light *to* come in. そのような小さな窓では十分な光が入らない.

── 自 **1** (もの·計画などが) 許す, 可能にする: The flea market will be held tomorrow, weather *permitting*. 天気がよければあすフリーマーケットが開かれます / I'll come in July if my health *permits*. もし健康が許せば7月にまいります.
2〔通例, 否定文で〕《格式》(…の) 余地がある [*of*]: The facts *permit of* no doubt. その事実には疑念をさしはさむ余地はない.

── 名 [pə́ːrmit] C 許可(証): a work *permit* 就労許可証. (▷ 名 permission)

per·mu·ta·tion [pə̀ːrmjutéiʃən] 名 **1** C 並べ替え, 順序の変更. **2** UC《数学》順列.

per·mute [pərmjúːt] 動 他 …の配列[順序]を変える.

per·ni·cious [pərníʃəs] 形《格式》非常に有害な; 致命的な.
◆ pernícious anémia U《医》悪性貧血.

per·nick·et·y [pərníkəti] 形《英口語》= PER-

SNICKETY (↓).

per・o・ra・tion [pèrəréiʃən] 名 U C 《格式》
1 (演説などの)締めくくりの部分, 結び. 2 (長くて内容のない)演説, 長口舌.

per・ox・ide [pəráksaid / -rók-] 名 U 《化》
1 過酸化物. 2 過酸化水素(水) (hydrogen peroxide)《殺菌・消毒・毛髪脱色用》.

*__per・pen・dic・u・lar__ [pə̀ːrpəndíkjulər] 形
1 垂直の, 直立した;〔線・面に対して〕直角を成す [to] (vertical);(崖(が))などが) 切り立った: a *perpendicular* line 垂直線 / The wall is *perpendicular* to the floor. 壁は床と直角を成す.
2 [P-]《建》垂直様式の《英国のゴシック建築様式》.
— 名 1 C 垂線; 垂直面. 2 U《通例 the ~》垂直の姿勢[位置].

per・pe・trate [pə́ːrpətrèit] 動 他《格式》〈犯罪など〉を犯す (commit);〈ばかげたこと〉をしでかす.

per・pe・tra・tion [pə̀ːrpətréiʃən] 名《格式》U 悪事を犯す[働く]こと; C 悪事, 犯行.

per・pe・tra・tor [pə́ːrpətrèitər] 名 C《格式》悪事を犯す[働く]人; 加害者, 犯人.

*__per・pet・u・al__ [pərpétʃuəl] 形 1《文語》永久[永続]的な, 永久の, 不朽の (eternal): *perpetual* snow 万年雪. 2 (しばしば軽蔑)(愚痴・おしゃべりなどに)絶え間ない;《口語》たびたびの: *perpetual* chatter のべつ幕なしのおしゃべり. 3 終身の.
♦ perpétual cálendar C 万年暦.
perpétual mótion U《物理》(機械の)永久運動《エネルギーを消費せず永久に続く》.

per・pet・u・al・ly [pərpétʃuəli] 副 1 永久[永続]的に. 2 絶え間なく, ひっきりなしに.

per・pet・u・ate [pərpétʃuèit] 動 他 …を永続化する; 不朽にする.

per・pet・u・a・tion [pərpètʃuéiʃən] 名 U 永続させること, 永久化.

per・pe・tu・i・ty [pə̀ːrpətjúːəti / -tjúː-] 名 U 永続性; 不滅, 不朽; C 永続するもの.
■ *in perpetúity* 永久に, 無期限に (forever).

*__per・plex__ [pərpléks] 動 他 1 〈人〉を〔…で〕悩ませる, 当惑させる. 2 〈事態・問題など〉を複雑にする, 混乱させる. (▷ 名 perpléxity)

*__per・plexed__ [pərplékst] 形〔…に〕当惑した, 困った, 途方に暮れた [about, at, by, over]: He was *perplexed at*[*by*] the question. 彼はその質問に当惑した.

per・plex・ed・ly [pərpléksidli] (☆発音に注意) 副 困って, 当惑して, 途方に暮れて.

per・plex・ing [pərpléksiŋ] 形 (人を)当惑させる(ような), 途方に暮れさせる, 面倒な, 面倒な.

*__per・plex・i・ty__ [pərpléksəti] 名 (複 **per・plex・i・ties** [~z]) 1 U 当惑, 途方に暮れること: in *perplexity* 当惑して. 2 C《通例, 複数形で》当惑させるもの, 困った[やっかいな]事: clear up *perplexities* 難題を片づける. (▷ 動 perpléx)

per・qui・site [pə́ːrkwizit] 名 C《通例 ~s》《格式》1 給料外の給付;臨時収入, 心付け, チップ. 2 役得, 特典; 特権(《口語》perk).

Per・ry [péri] 名 固 ペリー — Matthew Calbraith [kǽlbreiθ] Perry《1794-1858; 米国の提督. 1853年浦賀に来航して日本に開国を要求した》.

per se [pə̀ːr séi, -síː]【ラテン】副 それ自体は[で].

*__per・se・cute__ [pə́ːrsikjùːt] 動 他 1 〈人〉を〔政治・宗教などの理由で〕迫害する, 虐待する, 虐げる [for]: be *persecuted for* one's religious beliefs 信仰のために迫害される. 2〈人〉を〔…で〕(うるさく)悩ます, 苦しめる (harass)[*with*]: John *persecuted* me *with* questions. ジョンは私を質問攻めにした.

per・se・cu・tion [pə̀ːrsikjúːʃən] 名 U C 迫害, 虐待: suffer *persecution* 迫害を受ける.
♦ persecútion còmplex C《心理》被害妄想.

per・se・cu・tor [pə́ːrsikjùːtər] 名 C 迫害者.

Per・seph・o・ne [pərséfəni] 名 固《ギ神》ペルセポネ《冥界(%)の女王; → GODDESS 表》.

Per・se・us [pə́ːrsiəs, -suːs / -sjuːs] 名 固
1《ギ神》ペルセウス《ゼウスの子で, 怪物メドゥーサを退治した英雄》. 2《天文》ペルセウス座.

*__per・se・ver・ance__ [pə̀ːrsəvíərəns] 名 U《ほめ言葉》忍耐(力), 根気強さ, 頑張り.

*__per・se・vere__ [pə̀ːrsəvíər] 動 自《ほめ言葉》耐える, 辛抱する;〔…を〕やり抜く [at, in, with]: The chemist *persevered in* his studies. その化学者はたゆまず研究に励んだ.

per・se・ver・ing [pə̀ːrsəvíəriŋ] 形 辛抱強い.

Per・sia [pə́ːrʒə / -ʃə] 名 固 ペルシャ《1935年までのイランの旧称》.

Per・sian [pə́ːrʒən / -ʃən] 形 ペルシャの; ペルシャ人[語]の. — 名 1 C ペルシャ人. 2 U ペルシャ語. 3 C = Pérsian cát ペルシャネコ.
♦ Pérsian cárpet[rúg] C ペルシャじゅうたん.
Pérsian Gúlf 固《the ~》ペルシャ湾.

per・si・flage [pə́ːrsiflɑ̀ːʒ] 名 U《軽い》からかい.

per・sim・mon [pərsímən] 名 C《植》カキ(の木), カキの実.

*__per・sist__ [pərsíst] 動 自 1〔…に〕固執する,〔…を〕強く主張する [in]; 辛抱強く〔…し / …を〕続ける [in doing / with]: John always *persists in* his opinion. ジョンはいつも自分の意見に固執する / He *persisted in* asking her out. 彼はしつこく彼女をデートに誘った. 2 持続する, 存続[残存]する: The custom still *persists* in this country. その風習はいまだにこの国に残っている.
(▷ 形 persístent; 名 persístence)

per・sist・ence [pərsístəns] 名 U 1 固執, しつこさ; 粘り強さ, 頑張り: with *persistence* しつこく. 2 永続[持続](性). (▷ 動 persíst)

*__per・sist・ent__ [pərsístənt] 形 1〔…に〕固執する, しつこい; 粘り強い [in]: The reporter was *persistent in* her questions. その記者は粘り強く質問した. 2 (悪いことが)いつまでも続く, 持続する, 永続的な: *persistent* headaches しつこい頭痛. (▷ 動 persíst)

per・sist・ent・ly [pərsístəntli] 副 1 しつこく, 頑固に; 粘り強く. 2 いつまでも[永続]的に.

per・snick・e・ty [pərsníkəti] 形《米口語》ささいなことにくよくよする, 気の小さい.

*__**per・son**__ [pə́ːrsn]
— 名 (複 **per・sons** [~z]) 1 C 人, 個人《◇性別・年齢を問わず, 1人の人間をさす. 複数形には

people を用いることが多い);《修飾語句を伴って》(…な)人, やつ: a missing *person* 行方不明者 / an old *person* 老人 / Chris is a generous *person*. クリスは寛大な人物です / Twenty *persons* [people] were killed in the accident. その事故で 20 人が死んだ / I don't like that *person*. あいつは好きじゃない.

2 C《通例, 単数形で》《格式》(人の)身体; 容姿: Before boarding, all passengers have their *person* and baggage checked. すべての乗客は搭乗前に身体と手荷物の検査を受ける.

3 U C《通例 the ~》《文法》人称 (→ PERSONAL 文法).

■ *in pérson* 自分で, (代理人でなく)本人が: The President appeared *in person* on the stage. 大統領本人が舞台に現れた.

in the pérson of ...《格式》…という(人物として): I found a fine companion *in the person of* John Brown. ジョン=ブラウンというすばらしい協力者が見つかった.

on [abóut] one's pérson《格式》身に着けて, 携帯して. (▷ 形 pérsonal)

-per·son [pə:rsn]《結合》「…に従事[関係]する人」の意を表す名詞を作る (◇性差別を避けるための語; → -MAN 歴史): chair*person* 議長 / sales*person* 店員.

per·so·na [pərsóunə] [ラテン] 名 (複 **per·so·nae** [-ni:], **per·so·nas** [~z]) C **1**《心理学》ペルソナ《仮面をかぶった人格》. **2**《劇中の》登場人物.

per·son·a·ble [pə́:rsnəbl] 形 **1**《通例, 限定用法》《特に男性が》容姿の整った (good-looking). **2** 愛想のよい, 感じのよい.

per·son·age [pə́:rsnidʒ] 名 C《格式》**1** 有名人; 重要人物. **2** 登場人物, (歴史上の)人物.

***per·son·al** [pə́:rsənəl] 形《3 以外は比較なし》

— 形 **1** 個人の, 個人的な, 私的な (→ 類義語): one's *personal* opinion 個人的な意見 / a *personal* call 私用電話, 指名通話 / He had two weeks off because of a *personal* matter. 彼は私事で 2 週間の休みを取った / Don't leave your *personal* property in this room. この部屋に私物を置かないでください.

2《限定用法》本人自らの, 直接の: a *personal* visit [call] (代理人でなく)本人自らの訪問 / a *personal* interview 個人面談.

3 私事に触れる, 個人に向けた, 個人攻撃の: make a *personal* attack 個人攻撃をする / Don't ask *personal* questions. 私事に関する質問をしてはいけない / (It's) nothing *personal*. 君に個人的なうらみがあるわけじゃない.

4《限定用法》身体の; 容姿の: *personal* hygiene 体の衛生.

5《文法》人称の.

— 名 C《米》(新聞・雑誌の)個人広告, 尋ね人欄の記事. (▷ 名 pérson, pèrsonálity)

◆ pérsonal assístant C 個人秘書 (《略語》PA).

pérsonal cólumn C (新聞・雑誌の)個人広告欄.

pérsonal compúter C パーソナルコンピュータ, パソコン (《略語》PC).

pérsonal efféects [複数扱い] 身の回り品.

pérsonal órganizer C システム手帳; 電子手帳.

pérsonal prónoun C《文法》人称代名詞 (→次ページ 文法).

pérsonal stéreo C ヘッドホンステレオ.

【類義語】 **personal, private**
共通する意味▶個人的な (belonging to or concerning a particular person)
personal は「特定個人に関する」の意で, common (公共の) に対する語: It's a matter of *personal* taste. それは個人の好みの問題です.
private は「私的な」の意で, public (公の), official (公務上の) に対する語: I'm speaking in my *private* capacity. 私は今私人として[個人の資格で]発言しているのです.

***per·son·al·i·ty** [pə̀:rsənǽləti]

— 名 (複 **per·son·al·i·ties** [~z]) **1** U C 個性, 性格 (→ CHARACTER 類義語); 人柄, 人間的魅力: a person with much *personality* 個性豊かな人 / His *personality* is too strong. 彼は個性が強すぎる / We have completely different *personalities*. 私たちは性格がまったく違う.

2 U C 人格, 人間性: a double *personality* 二重人格 / the *personality* of each student 生徒1人1人の人格.

3 C 有名人; すぐれた個性の持ち主: a TV *personality* テレビタレント. (▷ 形 pérsonal)

◆ personálity cùlt C《軽蔑》個人[英雄]崇拝.

per·son·al·ize [pə́:rsənəlàiz] 動《通例, 受け身で》**1**《氏名などを記入して》…を個人専用のものとする. **2**《しばしば軽蔑》〈議論など〉を個人的な問題にすりかえる. **3** …を擬人化する.

‡**per·son·al·ly** [pə́:rsənəli] 副 **1**《主題に対応して》自分自身で, 本人がじきじきに: The manager showed me *personally* around the office. 部長自ら社内を案内してくれた. **2**《目的語に対応して》個人的に: I know him *personally*. 私は彼を個人的に知っている. **3**《文修飾》《主に口語》自分(個人)としては: *Personally*, I think you are right. 私としては, おっしゃることは正しいと思います. **4** (一個の)人間として, 人柄として. **5**《動詞のあとで》《軽蔑》自分に向けられたものとして, (個人に)あてつけて: take her remarks *personally* 彼女の発言を自分へのあてつけて受け取る.

*per·son·i·fi·ca·tion [pərsànəfikéiʃən, -sòn-] 名 **1** U C 擬人化, 人格化;《修辞》擬人法. **2**《通例 the ~》 […の]権化(ごん), 化身(け), 典型 [*of*]: the *personification* of evil 悪の権化.

per·son·i·fy [pərsánəfài / -sɔ́n-] 動 (三単現 **per·son·i·fies** [~z]; 過去・過分 **per·son·i·fied** [~d]; 現分 **per·son·i·fy·ing** [~iŋ])他《通例, 進行形不可》**1** …を擬人[人格]化する: *personify* nature 自然を擬人化する. **2** …の化身(け)[権化(ごん), 典型]となる; …を具現[体現]する: He is gentleness *personified*. 彼は温厚そのものです.

per·son·nel [pə̀ːrsənél]（☆アクセントに注意）名
[U] **1** [集合的に; 通例, 複数扱い] 職員, 隊員, 社員; [形容詞的に] 職員の: military *personnel* 軍人. **2** [単数・複数扱い] 人事課[部]; [形容詞的に] 人事の: the *personnel* department 人事部.

pér·son-to-pér·son 形 **1** 《主に米》(長距離電話が) 指名通話の (cf. station-to-station 番号通話の): a *person-to-person* call 指名通話《指名した相手が出てから料金計算が始まる》.
2 面と向かっての.

per·spec·tive [pərspéktiv] 名 **1** [U]《美》遠近(画)法, 透視画法[図法]; [C] 透視図. **2** [U][C] 距離感, 遠近感; 遠景, 眺め. **3** [U] (物事の) つり合いのとれた見方, 大局的な見方; [C] (将来の) 見通し, 展望: view ... from a new *perspective* …を新しい観点からとらえる.

■ **in perspéctive 1** 遠近(画)法にかなって.
2 大局的に; つり合いがとれて: keep the situation *in perspective* 状況を大局的にとらえる.
òut of perspéctive 遠近(画)法から外れて; つり合いの [に], バランスがくずれて; 展望を欠いて.

per·spi·ca·cious [pə̀ːrspikéiʃəs] 形《格式》洞察力 [判断力, 理解力] のある; (頭脳) 明敏な.

per·spi·cac·i·ty [pə̀ːrspikǽsəti] 名 [U]《格式》洞察力; 明敏さ, 聡明(ミミ゙)さ.

per·spi·ra·tion [pə̀ːrspəréiʃən] 名 [U] 発汗(作用); 汗 (◇ sweat より上品な語).

per·spire [pərspáiər] 動 自 汗をかく, 発汗する (◇ sweat より上品な語).

per·suade [pərswéid]【原義は「強く勧める」】
— 動 (三単現 **per·suades** [-swéidz]; 過去・過分 **per·suad·ed** [～id]; 現分 **per·suad·ing** [～iŋ])
— 他 **1** (a) [persuade+O]〈人〉を説得する: You'd better give up *persuading* him. 彼を説得するのはあきらめたほうがいい. (b) [persuade+O+to do] …するよう〈人〉を説得する, 〈人〉を説得して…させる: *persuade* him *to* [*not to*] go there そこに行く [行かない] よう彼を説得する. (c) [persuade+O+into [out of] ...] …する [しない] よう〈人〉を説得する: I *persuaded* her *into* telling the truth. 私は彼女を説得して真実を語らせた（=I *persuaded* her to tell the truth.）/ He *persuaded* his daughter *out of* traveling alone. 彼は娘を説得して1人で旅行するのをやめさせた（=He *persuaded* his daughter not to travel alone.）.
2 [persuade+O+of ... [that 節]]〈人〉に…を信じさせる, 納得させる (convince): He *persuaded* us *of* his innocence. =He *persuaded* us *that* he was innocent. 彼は自らの無実を私たちに納得させた / I am *persuaded of* her happiness. =I am *persuaded that* she is happy. 私は彼女が幸福であると確信している.
(▷ 名 persuásion; 形 persuásive)

per·sua·sion [pərswéiʒən] 名 **1** [U] 説得; 説

文法 人称代名詞 (personal pronoun)

【人称代名詞の変化】

人称代名詞は, 数・人称・格・性の違いによって, 次のように変化します.

■ **数** 単数・複数
■ **人称** 話者から見た立場
　❶ 1人称: 自分
　❷ 2人称: 話を聞いている相手
　❸ 3人称: 話題に上っている人・もの
■ **性** 男性・女性・中性
■ **格** 文中の他の語句に対する文法的関係
　❶ 主格: 主語・補語になる
　❷ 所有格: 名詞の前に付けて, 所有を表す
　❸ 目的格: 目的語・補語になる

数	人称・性		格		
			主格	所有格	目的格
単数	1人称		I	my	me
	2人称		you	your	you
	3人称	男性	he	his	him
		女性	she	her	her
		中性	it	its	it
複数	1人称		we	our	us
	2人称		you	your	you
	3人称		they	their	them

【人称代名詞の用法】

■ 人称代名詞は, 通例, 次の順で並べます.
　2人称→3人称→1人称
You and Tom and I are friends.
（あなたとトムと私は友達です）

■ ある特定の人物ではなく, 漠然と「人々」の意で we, you, they を用いることがあります. これらの代名詞は通例, 日本語には訳しません.
They speak Portuguese in Brazil.
（ブラジルではポルトガル語を話します）

■ it には, 時・天候・距離などを漠然と表して文の主語として用いたり, 形式主語・形式目的語として用いる用法があります.
It is spring in Australia now.
時 （今オーストラリアは春です）
It was rainy yesterday.
天候 （きのうは雨だった）
It is two miles from here to the station.
距離 （ここから駅までは2マイルある）
It is wrong to tell lies.
形式主語　　真主語
（うそをつくのは悪いことです）
I found it easy (for me) to read the book. 形式目的語　　真目的語
（その本を読むのは容易だとわかった）

得力: powers of *persuasion* 説得力. **2** ⓊⒸ 《格式》確信, 信念; 信仰, (政治的)信条; 宗派: political [religious] *persuasion* 政治[宗教]的信念. **3** [the ~]《格式・こっけい》種族.
(▷ 動 persuáde)

per·sua·sive [pərswéisiv] 形 説得力のある, 説得の上手な; 口のうまい. (▷ 動 persuáde)

per·sua·sive·ly [pərswéisivli] 副 説得力を持って, 言葉巧みに.

pert [pə́ːrt] 形 **1** (若い女性が) 小生意気な; 元気のよい, 生き生きとした. **2** (服装などが) 魅力的な.

per·tain [pərtéin] 動 ⾃ **1** […に] 直接関係がある [*to*]: problems *pertaining to* the environment 環境に関する問題. **2** [...に] 属する [*to*]. (▷ 形 pértinent)

per·ti·na·cious [pə̀ːrtənéiʃəs] 形 《格式》 **1** 不屈の, 断固とした. **2** しつこい, 頑固な.

per·ti·nac·i·ty [pə̀ːrtənǽsəti] 名 Ⓤ 《格式》しつこさ, 頑固さ; 粘り強さ, 頑張り.

* **per·ti·nent** [pə́ːrtənənt] 形 ⾃ 《格式》 […に] 直接関係した (relevant) [*to*]; 適切な: It is not *pertinent to* this problem. それはこの問題に直接関係ない. (▷ 動 pertáin)

per·ti·nent·ly [-li] 副 直接関係して; 適切に.

per·turb [pərtə́ːrb] 動 ⾃ 〈心・人〉をかき乱す, 動揺させる, 不安にする.

per·tur·ba·tion [pə̀ːrtərbéiʃən] 名 Ⓤ (心が) かき乱す [乱される] こと, 動揺, 不安.

per·turbed [pərtə́ːrbd] 形 動揺した, 不安な.

Pe·ru [pərúː] 名 ペルー《南米北西部の共和国; 首都リマ (Lima)》.

pe·rus·al [pərúːzəl] 名 ⓊⒸ 《格式》熟読; 通読.

pe·ruse [pərúːz] 動 ⾃ 《格式》 **1** …を熟読する; 通読する. **2** …を精査する.

Pe·ru·vi·an [pərúːviən] 形 ペルーの; ペルー人の.
— 名 Ⓒ ペルー人.

per·vade [pərvéid] 動 ⾃ (香りなどが) …に広がる; (思想などが) …に浸透[普及]する, 行き渡る.

per·va·sive [pərvéisiv] 形 (においなどが) 広がる; 浸透力のある, 行きわたっている.

per·va·sive·ly [-li] 副 行きわたって; 普及して.

per·verse [pərvə́ːrs] 形 **1** (人・言動などが) つむじ曲がりの, ひねくれた; 強情な, 非を認めない. **2** (行動などが) 正道から逸脱した; (性的に) 倒錯した.

per·verse·ly [-li] 副 ひねくれて; 倒錯して.

per·ver·sion [pərvə́ːrʒən / -ʃən] 名 ⓊⒸ **1** 堕落させる[する]こと, (正道からの)逸脱. **2** こじつけ, 曲解; 誤用, 悪用. **3** (性的)倒錯.

per·ver·si·ty [pərvə́ːrsəti] 名 Ⓤ つむじ曲がり, 強情; (性的)倒錯.

per·vert [pərvə́ːrt] 動 (☆名との発音の違いに注意) ⾃ **1** …を邪道に導く, 堕落させる; 〈判断などを〉誤らせる: *pervert* the course of justice 正義の道をゆがめる. **2** …を誤用[悪用]する; 曲解[誤解]する. **3** 〈人〉を (性的) 倒錯に導く.
— 名 [pə́ːrvəːrt] Ⓒ 《軽蔑》(性的)倒錯者.

per·vert·ed [pərvə́ːrtid] 形 (行動などが) 正道から逸脱した, 堕落した; (性的に) 倒錯した.

pe·se·ta [pəséitə] 【スペイン】 名 Ⓒ ペセタ 《◇スペインの旧通貨単位. 現在は euro に統合》.

pes·ky [péski] 形 (比較 **pes·ki·er** [~ər]; 最上 **pes·ki·est** [~ist]) 《限定用法》《主に米口語》やっかいな, うるさい, 面倒な.

pe·so [péisou] 【スペイン】 名 (複 **pe·sos** [~z]) Ⓒ ペソ 《◇中南米諸国, フィリピンなどの通貨単位; 《略語》p.》.

pes·sa·ry [pésəri] 名 (複 **pes·sa·ries** [~z]) Ⓒ 《医》ペッサリー《女性用避妊具》; 膣(ちつ)座薬.

* **pes·si·mism** [pésəmìzəm] 名 Ⓤ 悲観, 厭世(えんせい)観; 悲観主義, 厭世観 (↔ optimism).

* **pes·si·mist** [pésəmist] 名 Ⓒ 悲観論者, 厭世(えんせい)家; 悲観しがちな人 (↔ optimist).

* **pes·si·mis·tic** [pèsəmístik] 形 […について] 悲観[厭世(えんせい)]的な [*about*]; 悲観[厭世]主義の (↔ optimistic): a *pessimistic* outlook 悲観的な見通し / He is *pessimistic about* the future of the firm. 彼は会社の将来を悲観している.

pes·si·mis·ti·cal·ly [-kəli] 副 悲観[厭世]的に.

* **pest** [pést] 名 Ⓒ **1** 有害動物, 害虫: garden *pests* 草木の害虫. **2** 《通例 a ~》《口語》やっかいな人[もの]; 手に負えない子.

pes·ter [péstər] 動 ⾃ 《口語》〈人〉を […で](しつこく)悩ます, 困らせる [*with*]; 〈人〉に […を]くれと [...してくれと] しつこくせがむ [*for / to do*]: Tom *pestered* his mother *for* money. トムは母親にお金をせがんだ.

pes·ti·cide [péstisàid] 名 ⓊⒸ (特に農業用の) 殺虫剤, 害虫駆除剤.

pes·ti·lence [péstiləns] 名 ⓊⒸ 《文語》(悪性の) 伝染病, 疫病 (plague); (腺(せん)) ペスト.

pes·ti·len·tial [pèstilénʃəl], **pes·ti·lent** [péstilənt] 形 **1** 《格式》疫病の[をもたらす]; 有害な. **2** 《限定用法》《文語・時にこっけい》うるさい, しつこい.

pes·tle [pésṭl] 名 Ⓒ 乳棒; すりこぎ.

***pet**¹ [pét]
名 形 動【原義は「小さい」】
— 名 (複 **pets** [péts]) Ⓒ **1** ペット, 愛玩(あいがん)動物: have [keep] a cat as a *pet* ペットとして猫を飼う / make a *pet* of a hamster ハムスターをペットにする.
2 《時に軽蔑》お気に入りの人 (favorite): a teacher's *pet* 先生のひいきの子.
3 [呼びかけ] 《英口語》君, いい子.
— 形 《比較なし; 限定用法》 **1** ペットの: a *pet* dog 愛犬 / a *pet* shop ペットショップ.
2 得意の; お気に入りの; 大の: a *pet* theory 持論 / my *pet* hate [peeve] 私の大嫌いなもの.
— 動 (三単現 **pets** [péts], 過去・過分 **pet·ted** [~id]; 現分 **pet·ting** [~iŋ]) ⾃ **1** …をかわいがる, ペットにする. **2** 〈動物など〉をやさしくなでる; 《口語》〈異性〉を愛撫(あいぶ)する, ペッティングする.
— ⾃ 《口語》愛撫する, ペッティングをする.
◆ **pét nàme** Ⓒ 愛称 (nickname).

pet² 名 不機嫌になること, すねること.

PET [pét] 《略》= *p*oly*e*thylene *t*erephthalate ポリエチレンテレフタレート: a *PET* bottle ペットボトル.

pet·al [pétəl] 名 Ⓒ 《植》花弁, 花びら.

pe·ter [píːtər] 動 [次の成句で]

■ **péter óut** 次第に消える, しり切れとんぼになる.
Pe·ter [píːtər] 名 固 **1** ピーター《♂男性の名; 愛称》Pete). **2** [Saint ~]《聖》ペトロ《キリストの十二使徒の1人》. **3**《聖》ペトロの手紙《新約聖書中の書簡; 略語》Pet.).

■ **rób Péter to páy Pául** 借金を借金で返す.

◆ **Péter Pán 1** 固 ピーターパン《バリー作の同名の劇の主人公》. **2** C いつまでも童心を失わない人.
Péter Rábbit 固 ピーターラビット《ビアトリクス=ポター作の童話の主人公のウサギの名》.

pet·it [péti / péti, pəti]《フランス》形 小さな.

◆ **pétit bóurgeois**(複 **petits bourgeois**) C プチブル, 小市民; 欲の深い人; [形容詞的に] プチブル[小市民]の.

pe·tite [pətíːt]《フランス》形《女性が》小柄な.

*__**pe·ti·tion**__ [pətíʃən] 名 C **1**[...を求める / ...に反対する] 請願(書), 陳情[請願](書)[**for** / **against**]: file a *petition* **for**[*against*] ...... を求める[...に反対する] 請願(書)を提出する.
2《法》(裁判所への)申し立て(書).
3《格式》(神などへの)祈願.
— 動 他 ...に[...を求めて] **請願する, 嘆願する**[**for**]; ...に[...するよう / ...することを] 請願[嘆願, 要請]する《**to do** / **that** 節》: *petition* the court *for* his release = *petition* the court *to* release him = *petition* the court *that* he (should) be released 彼の釈放を裁判所に嘆願する.
— 自 ...に賛成の / ...に反対の) 請願[嘆願, 要請]をする; 請願書を提出する[**for** / **against**]: She *petitioned for* a retrial. 彼女は再審を申し立てた.

pe·ti·tion·er [pətíʃənər] 名 C 請願[陳情, 嘆願]者, 申立人;《法》(離婚訴訟の) 原告.
pet·rel [pétrəl] 名 C《鳥》ウミツバメ, ミズナギドリ.
pet·ri·fac·tion [pètrifǽkʃən] 名 **1** U 石化(作用); C 化石. **2** U 茫然(ぜん)自失, 硬直状態.
pet·ri·fied [pétrifàid] 形 **1** 化石になった, 化石化した. **2** [...に] おびえ切った, すくんだ[*of*].
pet·ri·fy [pétrifài] 動 (三単現 **pet·ri·fies**[~z]; 過去·過分 **pet·ri·fied**[~d]; 現分 **pet·ri·fy·ing**[~iŋ]) 他 **1**〈動植物など〉を化石化する, 石に変える. **2**〈人〉を〈恐怖·驚きなどで〉すくませる[*with*].
— 自 化石になる; 体がすくむ.
pet·ro- [petrou]《結合》「石油の」「岩(石)の」の意を表す: *petroleum* 石油.
pet·ro·chem·i·cal [pètroukémikəl] 名 C 石油化学製品; [形容詞的に] 石油化学(製品)の.
pet·ro·dol·lar [pétroudàlər / -dɔ̀lə] 名 C[通例 ~s] オイルマネー, オイルダラー (oil dollar)《産油国が原油輸出によって得たドル》.

*__**pet·rol**__ [pétrəl](☆同音 petrel) 名 U《英》ガソリン(《米》gas, gasoline).

◆ **pétrol bómb** C《英》ガソリン爆弾, 火炎びん.
pétrol stàtion C《英》ガソリンスタンド, 給油所 (filling [service] station, 《米》gas station).

*__**pe·tro·le·um**__ [pətróuliəm] 名 U 石油: refine crude *petroleum* 原油を精製する.

◆ **petróleum jélly** U ワセリン (Vaseline).
pet·ti·coat [pétikòut] 名 **1** C ペチコート《女性用下着》. **2**[形容詞的に]《軽蔑·こっけい》女性支配)の: *petticoat* government 女性支配[上位].
pet·ti·fog·ging [pétifàgiŋ, -fɔ̀ɡ- / -fɔ̀ɡ-] 形 **1** ずるい, 卑劣な. **2** つまらない, 取るに足らない.
pet·tish [pétiʃ] 形〈人が〉怒りっぽい, すぐ不機嫌になる;〈言動が〉腹立ちまぎれの.

*__**pet·ty**__ [péti] 形 (比較 **pet·ti·er**[~ər]; 最上 **pet·ti·est**[~ist]) **1**[通例, 限定用法] 取るに足らない, つまらない; 程度の軽い: a *petty* quarrel ささいなけんか. **2** 心の狭い, 狭量な; ささいなことにこだわる. **3** 小規模の; 下級の, 劣った: a *petty* official 下級官吏, 小役人.

◆ **pétty bóurgeois** = petit bourgeois プチブル (→ PETIT 複合語).
pétty cásh U [通例 the ~] 支払い用小口現金.
pétty lárceny U C 軽窃盗罪.
pétty ófficer C《海軍》下士官.
pet·ti·ness [~nəs] 名 U 狭量.
pet·u·lance [pétʃələns] 名 U《軽蔑》[...に対して] すねること, 不機嫌; いら立ち[*at*].
pet·u·lant [pétʃələnt] 形《軽蔑》すねた, 不機嫌な;《つまらないことに》怒りっぽい, 短気な.
pe·tu·nia [pitjúːnjə / -tjúː-] 名 C《植》ペチュニア, ツクバネアサガオ《南米原産の観賞用植物》.
pew [pjúː] 名 C **1**(教会のベンチ形の)座席, 信者席. **2**《英口語》(一般に) 座席.
pew·ter [pjúːtər] 名 U **1** シロメ《錫(ず)·鉛などの合金. 食器に用いた》. **2**[集合的に] = **péwter wàre** シロメ製の器物.

PG《略語》= **p**arental **g**uidance 親[保護者]と同伴でなければ未成年者の入場が認められない映画(→ FILM 文化): *PG*-13《米》13歳未満は親[保護者]同伴指定の映画.

Pg.《略語》= **P**ortugal ポルトガル; **P**ortuguese ポルトガル(人)の.

pH [píːéitʃ] 名 C[通例, 単数形で]《化》ペーハー《水素イオン濃度指数. 0から14まであり, 0が酸性度が最も高い; *p*otential of *h*ydrogen の略》.

pha·lanx [féilæŋks / fǽl-] 名 C[単数複数扱い] **1**《史》(古代ギリシャの)(密集)方陣《盾(た)と槍(や)で作る戦闘隊形》. **2**(人·車などの)密集.
phal·lic [fǽlik] 形 男根の(ような); 男根崇拝の.
phal·lus [fǽləs] 名 (複 **phal·li**[fǽlai], **phal·lus·es**[~iz]) C **1** ファルス《生殖力の象徴である男根像》. **2**《解剖》ペニス, 陰茎 (penis).
phan·tasm [fǽntæzəm] 名 C《文語》 **1** 幻(ま), 幻影; 幻想 (fantasy). **2** 幽霊 (ghost).
phan·tas·ma·go·ri·a [fæntæzməɡɔ́riə / -ɡɔ́r-] 名 C《文語》 **1**(夢のような)変幻きわまりない光景. **2** 走馬灯.
phan·ta·sy [fǽntəsi] 名 (複 **phan·ta·sies**[~z]) = FANTASY.
phan·tom [fǽntəm] 名 C《文語》 **1** 幽霊, おばけ (ghost): "The *Phantom* of the Opera" 『オペラ座の怪人』《◇ミュージカル·映画》. **2** 幻影, 幻想, 妄想; [形容詞的に] 想像上の, 妄想の: *phantom* pregnancy 想像妊娠. **3** 実体のない[有名無実の] 人[もの].
Phar·aoh [féərou] 名 C [時に p-] ファラオ《古代エジプトの王; その称号》.
Phar·i·see [fǽrisìː] 名 C **1** パリサイ人(ど)《律法

と儀式を厳格に守った古代ユダヤ教の一派》. **2** [p-] 《軽蔑》(宗教上の)形式主義者;偽善者.

phar·ma·ceu·ti·cal [fɑ̀ːrməsúːtikəl / -sjúː-] 形 《通例, 限定用法》製薬[調剤]の, 薬剤(師)の. ― 名 C 《通例 ~s》調合薬.

phar·ma·cist [fɑ́ːrməsist] 名 C **1** 薬剤師(《米》druggist, 《英》chemist). **2** 《しばしば ~'s》《英》薬局, 薬屋(《主に米》pharmacy).

phar·ma·col·o·gy [fɑ̀ːrməkɑ́lədʒi / -kɔ́l-] 名 U 薬(物)学, 薬理学.

phar·ma·co·poe·ia [fɑ̀ːrməkəpíːə] 名 C 薬局方(ぽ)《薬剤の種類・用法などを載せた政府刊行物》.

phar·ma·cy [fɑ́ːrməsi] 名 (複 **phar·ma·cies** [~z]) **1** C 《主に米》薬局, 薬屋(《英》pharmacist('s)). **2** U 薬学; 調剤学; 製薬業.

phar·yn·gi·tis [fæ̀rindʒáitis] 名 U 《医》咽頭(いんとう)炎.

phar·ynx [fǽriŋks] 名 (複 **phar·ynx·es** [~iz], **pha·ryn·ges** [fəríndʒiːz]) C 《解剖》咽頭(いんとう).

phase [féiz] 名 C **1** (変化・発達などの)段階, 局面; 時期: enter (on [upon]) a new *phase* 新たな段階に入る. **2** (物事の)面, 側面, 様相. **3** 《天文》(月などの)相; 《物理》位相, フェーズ; 《化》相.
■ *in [òut of] pháse* […と]同調して[しないで], 一致して[しないで] 《*with*》.
― 動 他 《しばしば受け身で》〈物事〉を段階的に行う.
■ *pháse dówn* 他 …を段階的に削減する.
pháse ín 他 …を段階的に取り入れる[導入する].
pháse óut 他 …を段階的に廃止[停止, 除去]する.

Ph.D., PhD [píːeitʃdíː] 名 《略語》[…の] 博士号 (Doctor of Philosophy) 《*in*》: get a *Ph.D.* [*PhD*] *in* law 法学博士号を取得する.

*__pheas·ant__ [fézənt] 名 (複 **pheas·ants** [-zənts], **pheas·ant**) **1** C 《鳥》キジ; キジの類の鳥. **2** U キジの肉.

*__phe·nom·e·na__ [fənɑ́mənə / -nɔ́m-] **phe·nomenon** の複数形.

phe·nom·e·nal [fənɑ́mənəl / -nɔ́m-] 形 **1** 驚くべき, 並外れた. **2** (自然)現象の.
phe·nom·e·nal·ly [-nəli] 副 驚くほど《に》.

*__phe·nom·e·non__ [fənɑ́mənɑ̀n / -nɔ́mənən] 名 C (複 **phe·nom·e·na** [-nə]) 現象, (知覚できる)事象: a social [natural] *phenomenon* 社会[自然]現象 / a common *phenomenon* よくある現象. **2** (複 **phe·nom·e·na**, **phe·nom·e·nons** [~z]) 驚くべき[並外れた]もの[こと]; 天才. (▷ 形 phenómenal)

pher·o·mone [férəmòun] 名 C 《生化》フェロモン《昆虫の性フェロモンなど動物が体内から分泌して同種の他個体に影響を与える化学物質》.

phew [fjúː] 間 1) 《☆ 実際は口笛に似た音になる》《擬声語》 うわあ, ちぇっ《◇驚き・失望などを表す》; やれやれ, ふう《◇安堵(ど)・息切れなどを表す》.

phi [fái] 名 C U ファイ (φ, Φ) 《ギリシャ語アルファベットの21番目の文字; → GREEK 表》.
◆ *Phí Bèta Káppa* 《米》優等学生友愛会《1776年創設. 成績優秀な大学生のクラブ》; その会員.

phi·al [fáiəl] 名 C 水薬びん, 小型のガラスびん.
Phil. 《略語》 = *Phi*lippine フィリピンの.
Phil·a·del·phi·a [fìlədélfiə] 名 固 フィラデルフィア《米国 Pennsylvania 州南東部の都市; 1776年に独立宣言の行われた地; 《略語》Phila.》.

phi·lan·der·ing [filǽndəriŋ] 《軽蔑》形 (男が)ふしだらな, 浮気な. ― U 浮気.

phil·an·throp·ic [fìlənθrɑ́pik / -θrɔ́p-] 形 博愛(主義)の, 情け深い; 社会[慈善]事業の.

phi·lan·thro·pist [filǽnθrəpist] 名 C 博愛主義者; 慈善(事業)家.

phi·lan·thro·py [filǽnθrəpi] 名 (複 **phi·lan·thro·pies** [~z]) U 博愛, 人類愛, 慈善; 慈善活動; C 慈善団体[事業].

phi·lat·e·list [filǽtəlist] 名 C 切手収集家.

phi·lat·e·ly [filǽtəli] 名 U 切手収集.

-phile [fail] 結合 「…を好む[愛する]人」の意を表す (↔ -phobe): biblio*phile* 愛書家 / Anglo*phile* 親英家.

phil·har·mon·ic [fìlhɑːrmɑ́nik, fìlər- / -mɔ́n-] 形 《限定用法》音楽(愛好)の; [P-; 名称として]交響楽団の: the Vienna *Philharmonic* Orchestra ウィーンフィルハーモニー管弦楽団.
― 名 C 《通例 P-; 名称として》交響楽団.

-phil·i·a [filiə] 結合 「…の傾向」「…の病的愛好」の意を表す (↔ -phobia): hemo*philia* 血友病.

*__Phil·ip·pine__ [fíləpìn] 形 フィリピン(諸島)の; フィリピン人 (Filipino) の.

*__Phil·ip·pines__ [fíləpìnz] 名 固 [the ~]
1 フィリピン《東南アジアの共和国; 首都マニラ (Manila)》.
2 = the Philippine Islands フィリピン諸島.

phil·is·tine [fíləstìːn / -tàin] 名 C **1** 《軽蔑》俗物, 教養のない人. **2** [P-] 《聖》ペリシテ人《古代パレスチナ (Palestine) 南西部に住んでいた民族》.

phil·o·log·i·cal [fìlǝlɑ́dʒikəl / -lɔ́dʒ-] 形 文献学の; 《古風》言語学の.

phi·lol·o·gist [filɑ́lədʒist / -lɔ́l-] 名 C 文献学者; 《古風》言語学者.

phi·lol·o·gy [filɑ́lədʒi / -lɔ́l-] 名 U **1** 文献学. **2** 《古風》言語学 (linguistics).

*__phi·los·o·pher__ [filɑ́səfər / -lɔ́s-] 名 C
1 哲学者. **2** 賢人, 賢人.
◆ *philósopher's stóne* [the ~] 賢者の石《中世に金属をきに変える力があるとされた物質》.

*__phil·o·soph·ic__ [fìləsɑ́fik / -sɔ́f-], **phil·o·soph·i·cal** [-kəl] 形 **1** 《通例, 限定用法》哲学の[に関する]. **2** 《ほめ言葉》[…について]達観した, […に]動じない; 理性的な, 冷静な.

phil·o·soph·i·cal·ly [fìləsɑ́fikəli / -sɔ́f-]
1 哲学的に; 哲学者らしく. **2** 《ほめ言葉》淡々と, 理性的[冷静]に.

phi·los·o·phize [filɑ́səfàiz / -lɔ́s-] 動 自 […について](哲学的に)考察[思索]する 《*about*》.

*__phi·los·o·phy__ [filɑ́səfi / -lɔ́s-] 名 (☆ 発音に注意) 「*philo* (愛すること) + *sophy* (知) 」から (複 **phi·los·o·phies** [~z]) **1** U 哲学: meta-physical *philosophy* 形而(じ)上学.
2 C (特定の)哲学体系; 原理: the *philosophy* of Socrates ソクラテスの哲学.
3 C 人生観, 人生[処世]哲学; (ものの)考え方: a *philosophy* of life 人生観. **4** U 達観, 悟り; 冷静さ.

phlegm [flém]（☆発音に注意）名U **1**【生理】痰(た), 鼻水; 粘液. **2** 落ち着き, 冷静.

phleg・mat・ic [flegmǽtik], **phleg・mat・i・cal** [-kəl] 形 落ち着いた, 冷静な.

phlox [fláks / flɔ́ks] 名（複 **phlox, phlox・es** [~iz]）C【植】フロックス, クサキョウチクトウ《北米原産の多年草》.

-phobe [foub] 結合「…を嫌う［恐れる］人」の意を表す（↔ -phile）: xeno*phobe* 外国人嫌いの人.

pho・bi・a [fóubiə] 名UC［…に対する］恐怖症, 病的嫌悪［*about, of*］.

-pho・bi・a [foubiə] 結合「…恐怖症」「…嫌い」の意を表す（↔ -plilia）: xeno*phobia* 外国人嫌い.

pho・bic [fóubik] 形 C 恐怖症の人.

-pho・bic [foubik] 結合 …恐怖症の（人）: acro*phobic* 高所恐怖症の.

Phoe・ni・cia [fəníʃə] 名 固 フェニキア《紀元前1300-700年頃, 地中海東岸に栄えた古代王国》.

Phoe・ni・cian [fəníʃən] 形 フェニキアの; フェニキア人［語］の.
― 名 **1** C フェニキア人. **2** U フェニキア語.

phoe・nix, phe・nix [fíːniks] 名 C【エジプト神】フェニックス, 不死鳥《500-600年ごとに自ら焼死し, 灰の中から蘇(よみがえ)る霊鳥. 不死・復活の象徴》.
■ *rìse* [*arise*] *lìke a phóenix*（*from the áshes*）不死鳥のように蘇る, 打撃から立ち直る.

*****phone¹** [fóun]（◇ tele*phone* の略）
― 名（複 **phones** [~z]）**1** U（通信体系としての）電話, 電話網（→ TELEPHONE [PICTURE BOX]）: talk over [on] the *phone* 電話で話をする / Will you answer the *phone* for me? 私に代わって電話に出てくれませんか / You are wanted on the *phone*. あなたに電話がかかっています.
2 C 電話（機), 受話器: a mobile [cell, cellular]*phone* 携帯電話 / pick up the *phone* 受話器を取る, 電話に出る / hang up the *phone* 受話器を置く, 電話を切る / May I use your *phone*? 電話を貸していていただけますか.
■ *be on the phóne* **1** 電話中である, 電話に出ている. **2**《英》電話を引いてある.
by phóne 電話で: make a reservation *by phone* 電話で予約をする.
― 動（三単現 **phones** [~z]; 過去・過分 **phoned** [~d]; 現分 **phon・ing** [~iŋ]）《主に英》
― 他 **1** [phone + O] …に電話する, 電話をかける（call）（*up*）: I'll *phone* you (*up*) later. あとで電話します.
2 (a) [phone + O + O / phone + O + to ...] …に～を電話で伝える: I *phoned* him the result. = I *phoned* the result *to* him. 私は電話で彼に結果を伝えた. (b) [phone + O + to do] …に～するように電話で伝える: I *phoned* him *to* come at once. すぐ来るよう彼に電話した.
― 自 ［…に］電話をかける［*to*］: Who *phoned to* you? あなたに電話してきたのはだれですか.
■ *phóne ín* **1**（会社などに）電話を入れる［かける］.
― 他（会社などに）…を電話で知らせる.
◆ **phóne bòok** C《口語》電話帳（telephone directory）（→ TELEPHONE [PICTURE BOX]）.

phóne bòoth [《英》bòx] C 公衆電話ボックス.
phóne càll C 電話をかけること, 通話: make a *phone call* 電話をかける.
phóne nùmber C 電話番号.

phone² 名 C【音声】音(た), 単音.
phóne-càrd [fóunkɑːrd] 名 C テレホンカード.
phóne-in 名 C《英》（テレビ・ラジオの）視聴者（電話）参加番組（《米》call-in）.
pho・neme [fóuniːm] 名 C【音声】音素《個々の言語における音声上の最小単位》.

***pho・net・ic** [fənétik] 形 **1**（言語の）音声の; 音声［発音］を表す: the (international) *phonetic* alphabet（国際）音標文字 / *phonetic* signs [symbols] 発音記号. **2** 音声学（上）の.
pho・net・i・cal・ly [-kəli] 副 音声（学）的に.
pho・net・ics [fənétiks] 名 U【言】音声学.

pho・ney [fóuni] 形 名 = PHONY（↓）.
phon・ic [fɑ́nik / fɔ́n-] 形【音声】音声（上）の.
phon・ics [fɑ́niks / fɔ́n-] 名 U【単数扱い】フォニックス《つづり字と発音の関係を重視した教授法》.

pho・no・graph [fóunəgrǽf / -grɑ̀ːf] 名 C《米・古風》(旧式の) 蓄音機（《英》gramophone）.
pho・nol・o・gy [fənɑ́lədʒi / -nɔ́l-] 名 U【言】**1** 音韻論. **2**（1つの言語の）音韻体系［記述］.

pho・ny, pho・ney [fóuni] 形（比較 **pho・ni・er** [~ər]; 最上 **pho・ni・est** [~ist]）《口語》にせの, まやかしの;（人が）不誠実な.
― 名（複 **pho・nies, pho・neys** [~z]）C《口語》にせもの, まやかし; 詐欺師, ペテン師.

phooey [fúːi] 間《口語》へぇー, ふーん（◇疑惑・軽蔑・失望などを表す）.

phos・phate [fɑ́sfeit / fɔ́s-] 名 UC **1**【化】リン酸塩. **2** [通例 ~s] リン酸肥料.

phos・pho・res・cence [fɑ̀sfərésəns / fɔ̀s-] 名 U リン光（を発すること）, 青光り; リン光性.

phos・pho・res・cent [fɑ̀sfərésənt / fɔ̀s-] 形 リン光を発する, 青光りする; リン光性の.

phos・pho・rus [fɑ́sfərəs / fɔ́s-] 名 U【化】リン, 燐(りん)《非金属元素;《元素記号》P》.

*****pho・to** [fóutou]（◇ *photograph* の略）
― 名（複 **pho・tos** [~z]）C 写真: take a *photo* 写真を撮る（◇ その他, 「写真を…する」の表現は picture と同じ; → PICTURE【コロケーション】）.
◆ **phóto fínish** C（競馬などの）写真判定;（選挙などの）大接戦.

pho・to- [foutou] 結合「光」「写真」の意を表す: *photo*graph 写真 / *photo*synthesis 光合成.

pho・to・chem・i・cal [fòutoukémikəl] 形 光化学の: *photochemical* smog 光化学スモッグ.

pho・to・cop・i・er [fóutəkɑ̀piər / -kɔ̀p-] 名 C（写真式）コピー機（copier）.

pho・to・cop・y [fóutəkɑ̀pi / -kɔ̀pi] 名（複 **pho・to・cop・ies** [~z]）C（写真式）コピー, 複写（copy）.
― 動（三単現 **pho・to・cop・ies** [~z]; 過去・過分 **pho・to・cop・ied** [~d]; 現分 **pho・to・cop・y・ing** [~iŋ]）他〈文書などを〉複写する（copy）.

pho・to・e・lec・tric [fòutouiléktrik] 形【物理】光電(こうでん)（子）の.
◆ **photoeléctric céll** C 光電池; 光センサー.

pho·to·gen·ic [fòutədʒénik] 形 (人・顔などが) 写真向きの, 写真写りのよい, 写真に適している.

‡pho·to·graph [fóutəgræf / -gràːf]

名 動 「「photo (光) + graph (記録)」から」
— 名 (複 **pho·to·graphs** [~s]) C 写真 ((口語) photo, picture): a black and white *photograph* 白黒写真 / She took a *photograph* of her son. 彼女は息子の写真を撮った / I will have my *photograph* taken. 自分の写真を撮ってもらおう (◇その他,「写真を…する」の表現は picture と同じ; → PICTURE コロケーション).
— 動 他 …を写真に撮る, 撮影する: *photograph* Mt. Fuji 富士山の写真を撮る. — 自 写真の写りが…である: She *photographs* well [badly]. 彼女は写真写りがいい[悪い]. (▷ 形 phòtográphic).

*__pho·tog·ra·pher__ [fətágrəfər / -tɔ́g-] C (プロの) カメラマン, 写真技師 (cf. cameraman (映画・テレビの) 撮影技師); (一般に) 写真を撮る人: a press *photographer* 報道カメラマン.

*__pho·to·graph·ic__ [fòutəgræfik] 形 [通例, 限定用法] 写真の[による], 写真(撮影)用の: *photographic* film 写真用フィルム / a *photographic* studio 写真撮影所. (▷ 名 phótogràph).
◆ photográphic mémory C 写真のように正確[鮮明]な記憶(力).
pho·to·graph·i·cal·ly [-kəli] 副 写真によって, 写真のように.

‡**pho·tog·ra·phy** [fətágrəfi / -tɔ́g-] 名 U 写真術; 写真撮影(業): No *Photography* 《掲示》 写真撮影禁止.

pho·to·gra·vure [fòutəgrəvjúər] 名 【印刷】 1 U グラビア[凹版(とつ)] 印刷. 2 C グラビア写真.
pho·to·jour·nal·ism [fòutədʒə́ːrnəlìzəm] 名 U フォトジャーナリズム, (ニュース雑誌などの) 写真主体の編集方式.
pho·to·jour·nal·ist [fòutədʒə́ːrnəlist] 名 C 報道写真家.
pho·ton [fóutan / -tɔn] 名 C 【物理】 光子 (◇光のエネルギー単位).
pho·to·syn·the·sis [fòutəsínθəsis] 名 U 【生化】 光合成.
phr. (略語) = phrase (↓).
phras·al [fréizəl] 形 【文法】 句の.
◆ phrásal vérb C 【文法】 句動詞 (◇「動詞 + 副詞」「動詞 + 前置詞」などの形で1語の動詞と同様の働きをするもの; → 巻末「句動詞について」).

‡phrase [fréiz]

名 動 「原義は「話すこと」」
— 名 (複 **phras·es** [~iz]) C 1 熟語, 成句, 慣用句: a set *phrase* 決まり文句, 成句.
2 【文法】 句 (→ 文法).
3 表現, 言い回し, 言葉づかい: a colloquial *phrase* 口語表現 / use a simple [vague] *phrase* 簡潔な[あいまいな]言葉を使う.
4 名言, 警句, 寸言. 5 【音楽】 楽句.
■ **a túrn of phráse** 言い回し, 表現.
to cóin a phráse ユニークな言い方をすれば (◇陳腐な言い方をするときにふざけて使う).
túrn a phráse うまいことを言う.
— 動 他 1 …を言葉で表す, 表現する. 2 【音楽】 …を楽句に区切る.

文法 句 (phrase)

2 語または 2 語以上でまとまった意味を表す語群を句と言います.

[句の形]
句は, 始まる語句によって前置詞句・不定詞句・分詞句・動名詞句の 4 つに分けられます.

[句の種類]
句は, 働きによって 3 つに分けられます.

❶ 名詞句 文の主語・目的語・補語になります. 名詞句になるのは, 不定詞句・動名詞句です.
To help others is to help yourself.
　主語　　　　　補語
(他人を助けることは自分を助けることである)
Collecting seashells is my hobby.
　主語　　　(貝がらを集めるのは私の趣味です)
At last I finished reading the book.
(私はやっとその本を読み終えた)　　目的語
I decided to follow my father's advice.
(私は父の助言に従うことに決めた)　　目的語

❷ 形容詞句 名詞を修飾します. 形容詞句になるのは, 前置詞句・不定詞句・分詞句です.

Look at the castle on the hill.
　　　　　　　　　　前置詞句
(丘の上の城をご覧なさい)
The child had nobody to play with.
　　　　　　　　　　　　不定詞句
(その子には遊び相手がいなかった)
What is the language spoken in Mexico?
　　　　　　　　　　　　　分詞句
(メキシコでは何語が話されていますか)

❸ 副詞句 時・場所・理由・目的・様態などを表します. 副詞句になるのは, 前置詞句・不定詞句・分詞句です.
The train arrived at Mito before ten.
　　　　　　　　　場所　　　時
(列車は10時前に水戸に着いた)
Living near the beach, he often goes fishing. 理由
(浜辺の近くに住んでいるので, 彼はしばしば釣りに出かける)
I came here to see Bill. (私はビルに会うためにここへ来た)
　　　　　目的
Handle it with care. (それは注意して取り扱いなさい)
　　　　　様態

phra・se・ol・o・gy [frèiziáladʒi / -ól-] 名U 1 語法; 言葉づかい, 言い回し. 2 (特定社会・分野の) 用語, 術語, 専門語.

◆ phráse bòok C (特に旅行者のための外国語の) 慣用表現集.

phras・ing [fréiziŋ] 名U 1 語法; 言い回し, 言葉づかい (phraseology). 2 【音楽】フレージング《メロディーを楽句に区切ること》.

phre・nol・o・gy [frənáladʒi / -nól-] 名U 骨相学《骨格から人の性質などを判断する学問》.

PHS 《略語》= Public Health Service (米国) 公衆衛生局.

phy・lum [fáiləm] 名 (複 phy・la [-lə]) C 【生物】門《動植物分類上の最大の区分. 綱(ś)の上の区分》.

physical [fízikəl] 名形
— 形 1 [限定用法] 身体の, 肉体の (↔ mental): physical exercise 体操 / physical strength 体力 / physical pain 肉体的苦痛 / physical punishment 体罰 / physical and mental health 肉体面と精神面の健康.
2 [限定用法] 物質的な (material); 自然 (界) の (natural): the physical world 物質[自然]界.
3 [限定用法] 物理学 (上) の; 自然科学の, 物理的な: a physical phenomenon 物理的現象.
4 《口語》(スポーツなどで) 荒っぽい (◇ rough の婉曲語). 5 性的な; 人の体に触りたがる.
— 名 C = physical examination 健康診断.

◆ phýsical educátion U 体育 (《略語》PE).
phýsical geógraphy U 自然地理学.
phýsical science U [または〜s] 自然科学《物理学など》.
phýsical thérapy U 理学療法 (《略語》PT).
phýsical tráining U《英》体育 (《略語》PT).

*phys・i・cal・ly [fízikəli] 副 1 身体的に, 肉体的に (↔ mentally): a physically handicapped [challenged] person 身体障害者. 2 物理 (学) 的に; 物質的に (↔ spiritually); [否定語と共に用いて]《口語》まったく, 到底: physically impossible 物理的に[まったく] 不可能な.

*phy・si・cian [fizíʃən] 名 C《主に米・格式》医師; (特に) 内科医 (◇ doctor のほうが一般的; cf. surgeon 外科医》.

*phys・i・cist [fízisist] 名 C 物理学者.

phys・ics [fíziks] 名 U [単数扱い] 物理学: nuclear physics 原子物理学 / particle physics 素粒子物理学 / theoretical physics 理論物理学.

phys・i・o- [fiziou] 《結合》「自然 (力) の, 物理の」「身体の」の意を表す: physiology 生理学.

phys・i・og・no・my [fìziágnəmi / -ónə-] 名 (複 phys・i・og・no・mies [〜z]) 1 C 人相, (性格を表す) 顔つき. 2 U 人相学. 3 U 地形, 地勢.

phys・i・o・log・i・cal [fìziəládʒikəl / -lódʒ-] 形 生理学 (上) の, 生理的な, 生理的な.

phys・i・ol・o・gist [fìziáladʒist / -ól-] 名 C 生理学者.

*phys・i・ol・o・gy [fìziáladʒi / -ól-] 名 U 1 生理学. 2 [通例 the 〜] 生理 (機能).

phys・i・o・ther・a・pist [fìziouθérəpist] 名 C 理学療法医[士].

phys・i・o・ther・a・py [fìziouθérəpi] 名 U 理学療法《投薬でなくマッサージや運動などによる療法》.

*phy・sique [fizí:k] 名 C (特に男性の) 体格.

pi [pái] 名 1 C U パイ (π, Π) 《ギリシャ語アルファベットの16番目の文字; → GREEK 表》. 2 U《数学》円周率, パイ (《記号》π).

pi・a・nis・si・mo [pì:ənísimou]【イタリア】【音楽】形副 ピアニシモの[で], きわめて弱い[弱く] (《略語》pp) (↔ fortissimo). — 名 (複 pi・a・nis・si・mos [〜z]) C ピアニシモ, 最弱音部.

*pi・an・ist [piǽnist, pí:ən- / pí:ən-] 名 C ピアニスト; ピアノを弾く人.

piano¹ [piǽnou]
— 名 (複 pi・an・os [〜z]) C ピアノ: play the piano ピアノを弾く / tune a piano ピアノを調律する / have piano lessons ピアノのレッスンを受ける / play a song on the piano ピアノで曲を弾く.

pi・a・no² [piá:nou]【イタリア】形副【音楽】弱音の[で] (↔ forte) (《略語》p.).

pi・az・za [piǽtsə]【イタリア】名 (複 pi・az・zas [〜z]; pi・az・ze [piǽtsei]) C (特にイタリアの都市の) 広場, 市場.

pic・a・dor [píkədɔ̀:r] 名 C ピカドール《闘牛で馬に乗って牛に槍(ś)を刺す役》.

pic・a・resque [pìkərésk] 形 (小説が) 悪漢を扱った [主人公とした]: a picaresque novel 悪漢小説.

Pi・cas・so [piká:sou / -kǽs-] 名 ピカソ Pablo [pá:blou] Picasso (1881–1973; スペイン生まれの画家・彫刻家》.

Pic・ca・dil・ly [pìkədíli] 名 ピカデリー《London の中心にある繁華街》.

◆ Píccadilly Círcus 名 ピカデリーサーカス《Piccadilly の東端にある円形広場》.

pic・ca・lil・li [pìkəlíli] 名 U ピカリリー《刻んだ野菜にからしなどの香辛料を利かせたピクルス》.

pic・co・lo [píkəlòu] 名 (複 pic・co・los [〜z]) C ピッコロ《フルートより高い音を出す小型の横笛》.

pick [pík] 動 名【原義は「突き通す」】
— 動 (三単現 picks [〜s]; 過去・過分 picked [〜t]; 現分 pick・ing [〜iŋ])
— 他 1 [pick+O] …を選ぶ, 選び取る (→ CHOOSE 類義語): pick one's words carefully 言葉を慎重に選ぶ / He was picked as the conductor of that orchestra. 彼はそのオーケストラの指揮者に選ばれた / You can pick any piece of cake. どのケーキを選んでもいいですよ.
2 (a) [pick+O] …を摘み取る, (指で) つまみ取る: They pick bananas while they are green. バナナは青いうちに摘み取る.
(b) [pick+O+O / pick+O+for …] …に〜を摘んでやる: I'll pick you some roses. = I'll pick some roses for you. あなたにバラを少し摘んであげよう.
3 (鳥などが) 〈えさを〉つついて食べる, ついばむ; 〈肉・毛・羽を〉むしり取る, 〈とげなどを〉抜き取る: A bird was picking worms out of the ground. 鳥が地面の虫をついばんでいた / He picked the meat from the bones. 彼は骨から肉を切り取った.

pickax | **pickup**

4 …をつつく, つついて穴を掘る; つついて […に]〈穴など〉をあける [*in*]: *pick* the ground with a shovel シャベルで地面を掘る / A woodpecker *picked* a hole *in* the tree. キツツキが(くちばしでつついて)木に穴をあけた.
5 〈鼻・歯などを〉ほじくる: *pick* one's nose 鼻をほじくる / *pick* one's teeth (ようじで)歯をほじくる.
6 …の中のものを抜き取る: I had my pocket *picked* in a crowded train. 私は満員電車の中でポケットの中身をすられた.
7 [人に]〈けんかなどを〉ふっかける [*with*]: He is always *picking* quarrels *with* us. 彼はいつも私たちにけんかをふっかけてばかりいる. **8** 〈針金などで〉〈錠などを〉こじ開ける. **9** 〈欠点などを〉探す.
10 《米》〈ギターなどを〉つま弾く (pluck).
―⾃ **1** つつく, 少しずつ食べる. **2** 選ぶ, 選び取る. **3** (果実などを) 摘む.

句動詞 *pick at …* ⾃ **1** …をつつく, 少しずつ食べる: I wasn't hungry and just *picked at* my food. 私は空腹ではなかったので食べ物をほんの少しだけつまんだ. **2** (指で) …をつまむ; …をつま弾く. **3** …のあら探しをする, …に小言を言う.
pick óff ⾃ [pick off + O / pick + O + off]
1 …を摘み取る, むしり取る: *pick* some leaves *off* to give the apples more sunlight リンゴによく日光が当たるように葉を摘み取る. **2** 〈鳥・人などを〉(1羽・1人ずつ) ねらい撃ちにする.
pick on … ⾃ 《口語》 **1** 〈人のあら探しをする, 〈人が〉かみしゃくにさわる, いじめる: You shouldn't *pick on* little boys! 小さな男の子をいじめてはいけない. **2** …を選び出す, 選んで…に決める.
pick óut ⾃ [pick out + O / pick + O + out]
1 …を選び出す (choose): At registration, I had trouble *picking out* my courses. 私は登録の際に科目を選ぶのに苦労した. **2** (多くの中から)…を識別する, 見つけ出す: I *picked* this book *out* in the bookstore. 私は本屋でこの本を見つけ出した. **3** 〈通例, 受け身で〉…を際立たせる. **4** 〈意味を〉判別する, 理解する. **5** (記憶に頼って) 〈曲などを〉演奏する.
pick óver ⾃ [pick over + O / pick + O + over] 〈よいものを〉選び出す; 念入りに調べる.
pick úp ⾃ [pick up + O / pick up + O + up]
1 …を拾う, 拾い上げる; 取り上げる: *pick up* the receiver 受話器を取る / *pick up* an empty can 空き缶を拾う. **2** 〈人〉を車に乗せる; 〈タクシー〉を拾う: I'll *pick* you *up* at five o'clock. 5時に車で迎えに行きます / Let's *pick up* a taxi. タクシーを拾おう.

pick up 1   pick up 2

3 [通例, 受け身で] 〈犯人〉を逮捕する, 捕まえる: He *was picked up* for drunk driving. 彼は飲酒運転で捕まった. **4** 〈外国語などを〉聞き覚える, 自然に身につける: Where did you *pick up* that slang word? どこでその俗語を覚えたのですか. **5** …を手に入れる, 得る; 〈病気などに〉かかる: She *picked up* the ticket for the musical. 彼女はそのミュージカルのチケットを手に入れた.
6 《口語》(偶然に)〈人〉と親しくなる, (特に男性が)〈女性〉をひっかける. **7** 〈ラジオ・無線〉を受信[傍受]する. **8** (中断のあとで) …を再開する; 〈健康などを〉取り戻す. **9** 〈部屋〉を片づける. **10** […のことで]…にがみがみ言う, …をしかる [*on*].
11 〈スピード〉を上げる.
― ⾃ **1** (健康などが) 持ち直す, 回復する: You'll soon *pick up*. すぐに元気になりますよ. **2** (景気などが) 回復する, 立ち直る: Business is *picking up* rapidly. 景気は急速に持ち直しつつある. **3** (荷物を)まとめる, 部屋を片づける.
4 (活動などを) 再開する.
pick onesélf úp (倒れたあとで)起き上がる; (失敗などから)立ち直る.
pick úp on … …に気づく;〈話題など〉を再び取り上げる.
pick úp with … …と親しくなる.

■ *pick and choose* ⾃ えり好みする.
pick … apárt [*to píeces*] …をばらばらにする; …のあら探しをする.
pick one's wáy [*stéps*] 足元に注意しながら歩く.
―名 **1** ⓊⒸ 選ぶこと, 選択(権); Ⓒ〖米口語〗選ばれた人[もの]: Take your *pick*. どれでも好きなのを選びなさい. **2** [the ~] 最上のもの. **3** Ⓒ つつく[ほじる]道具 (きり・つまようじなど); つるはし: an ice *pick* アイスピック. **4** Ⓒ 《口語》(ギターなどの) ピック. **5** Ⓒ 収穫物 [量].

pick・ax, 《英》**pick・axe** [píkæks] 名Ⓒ つるはし.
pick・er [-ər] 名Ⓒ 〔通例, 複合語で〕摘む人;摘み取り機: a cotton *picker* 綿摘み人[機].
＊**pick・et** [píkit] 名Ⓒ **1** (スト破りを防ぐ労働組合の)監視員; ピケライン (picket line). **2** 〖軍〗見張り, 哨兵(しょう). **3** 〖しばしば ~s〗(先のとがった)くい.
― 動他 **1** (スト中に)〈工場など〉を監視する, にピケを張る. **2** 〈哨兵〉を配置する. **3** …に柵(さく)を巡らす. ⾃ ピケを張る; 監視組になる.
◆ **pícket fénce** Ⓒ くい柵, くい垣.
pícket líne Ⓒ (労働争議などの) ピケライン.

pick・ing [píkiŋ] 名 **1** Ⓤ 摘み取ること, 採集; 掘ること. **2** [~s] (通例〈得る)) もうけ, 役得: easy *pickings* 苦労せずに得たもうけ.
＊**pick・le** [píkl] 名 **1** ⒸⓊ 〔通例 ~s〕ピクルス《野菜を酢や塩で漬けたもの. 特に《米》でキュウリ, 《英》でタマネギのものをさす》. **2** Ⓤ (ピクルス用)漬け汁. **3** Ⓒ [通例 a ~] 《口語》困った立場 [状況]: be in a *pickle* 苦境にある, 困っている.
― 動他 …をピクルスにする, 酢漬けにする.
pick・led [píkld] 形 **1** ピクルスにした, 酢漬けにした. **2** 〔叙述用法〕《古風・口語》酔っ払った.
pick-me-ùp 名Ⓒ《口語》元気づけのもと《酒・コーヒー・栄養剤など》, 強壮剤.
＊**pick・pock・et** [píkpɑ̀kit / -pɔ̀kit] 名Ⓒ すり (〈人).
＊**pick・up** [píkʌ̀p] 名 **1** Ⓒ 拾うこと. **2** Ⓒ 《主に

《米》= **píckup trùck**(無蓋(ぉぉぃ)の)小型トラック.
3 C(人・荷物を)乗せること. **4** C《口語・しばしば軽蔑》行きずり[火遊び]の相手. **5** C《米口語》(健康・景気などの)好転, 回復. **6** U《米》車の加速(力). **7** C(レコードプレーヤーの)ピックアップ.

pick・y [píki](比較 **pick・i・er** [~ər]; 最上 **pick・i・est** [~ist])《米口語・軽蔑》[…に関して]えり好みする, 気難しい[*about*].

pic・nic [píknik] 名 動

—名(複 **pic・nics** [~s]) C **1** ピクニック,(戸外での食事が中心の)行楽, 遠足; 戸外での食事: go on [for] a *picnic* ピクニックに出かける / a *picnic* basket [hamper] ピクニック用バスケット / We occasionally have a *picnic* in our front yard. 私たちは時々自宅の前庭で食事をする.
2《英》(ピクニック用の)弁当: pack [eat] a *picnic* 弁当を詰める[食べる].
■ **be nó picnic** 楽しくない, 楽ではない: It's no *picnic* to take three tests in one day. 1日に3つのテストを受けるのは決して楽ではない.
—動(三単現 **pic・nics** [~s]; 過去・過分 **pic・nicked** [~t]; 現分 **pic・nick・ing** [~iŋ])自 ピクニックをする; 戸外で食事をする.

pic・nick・er [píknikər]名 C ピクニックをする人.
pi・co- [píːkou]《結合》「1兆分の1」の意を表す: *pico*gram 1兆分の1グラム.
pic・to・graph [píktəgræf, -grɑːf]名 C
1 絵文字, 象形文字. **2** 絵グラフ, 統計図表.
*__pic・to・ri・al__ [piktɔ́ːriəl]形 **1** 絵画の, 絵[写真]で表した; 絵[写真]入りの: a *pictorial* biography 絵[写真]入りの伝記. **2**(描写などが)絵のような, 真に迫った.
—名 C 写真中心の雑誌[新聞]. (▷ 名 **pícture**)
pic・to・ri・al・ly [-əli]副 絵[写真]入りで.

pic・ture [píktʃər] 名 動【原義は「かかれたもの」】

—名(複 **pic・tures** [~z]) **1** C 絵, 絵画; 肖像画: draw a *picture* (ペン・鉛筆などで)絵をかく / paint a *picture* (絵の具・ペンキなどで)絵をかく / exhibit *pictures* at a gallery 美術館で絵画を展示する / a *picture* of [by] my wife 妻をかいた[妻がかいた]絵 / The scenery in Alaska is as beautiful as a *picture*. アラスカの風景は絵のように美しい.
2 C 写真 (photograph): She always looks good in *pictures*. 彼女はいつも写真写りがいい / This *picture* is out of focus. この写真はピンぼけだ / No *Pictures* 《掲示》写真撮影禁止.
コロケーション 写真を…
写真を現像する: *develop pictures*
写真を撮る: *take a picture* [*pictures*]
写真を引き伸ばす: *enlarge pictures*
写真を焼き増しする: *reprint pictures*
3 C 映画(特に映画業界の人が使う) (movie, film); [the ~s]《英・古風》映画館 (cinema), 映画産業[界]: go to the *pictures*《英》映画を見に行く / Everybody spoke well of the *picture*. だれもがその映画を称賛した.
4 C[通例, 単数形で](映画・テレビの)映像, 画像, 画面: The new television has a very clear *picture*. 新しいテレビは画面が非常に鮮明です.
5 C[通例, 単数形で]生き生きとした描写, 活写; イメージ: The essay gives a vivid *picture* of his life. その随筆は彼を生き生きと描いている.
6 [the ~]状況, 様子 What's the *picture*? どんな様子ですか.
7 [the ~][…の]生き写し; 具現されたもの[*of*]: She is the *picture* of honesty [her mother]. 彼女は誠実そのものです[母親にそっくりです].
8 [a ~](絵のように)美しいもの[人, 風景]: That castle is really a *picture*. あの城はとても美しい.
■ **gèt the pícture**《口語》事情[状況]を把握する.
in [óut of] the pícture **1** 事情に通じて[うとくて]. **2** 目立って[目立たないで].
—動 他 **1** [picture+O] …を心に描く, 想像する; [picture+O+doing] …が…している姿を心に描く: Can you *picture* life without electricity? 電気のない生活を想像できますか / She often *pictures* herself *traveling* in Europe. 彼女はヨーロッパ旅行している自分をしばしば想像する. **2** …を絵にかく; 描写する: He *pictured* the beauty of the town in his poem. 彼は詩でその町の美しさを描写した.
(▷ 形 **pictórial**)

◆ **pícture bòok** C 絵本; 図鑑.
pícture càrd C(トランプの)絵札; 絵はがき.
pícture wíndow C 見晴らし窓《外の景色が眺められる大きな1枚ガラスの窓》.
píc・ture-póst・card 形《限定用法》《英》絵のように美しい (picturesque).
pícture póstcard 名 C《英》絵はがき.
*__pic・tur・esque__ [piktʃərésk]形 **1** 絵のように美しい: a *picturesque* village 絵のように美しい村.
2(言葉・表現などが)生き生きとした, 真に迫った.
3(人・ふるまいなどが)人目を引く, 一風変わった.

pid・dle [pídl]動 自 **1**《口語・幼児》おしっこをする (urinate). **2**《主に米口語》あてもなく時を過ごす, ぶらぶらする (*around*, *about*).
pid・dling [pídliŋ]形《口語・軽蔑》取るに足らない.
pidg・in [pídʒin]名 U C[言]ピジン語《通用語として用いる混成言語; cf. Creole クレオール語》.
◆ **pídgin Énglish** U[言]ピジン英語《アジア・アフリカなどの一部で用いる原地語と混合した英語》.
*__pie__ [pái]名 **1** C U《料理》パイ《肉・果物などを練り粉の皮に包んで焼いた料理・菓子》: bake a *pie* パイを焼く / a slice [piece] of *pie* パイ1切れ.
関連語 apple pie アップルパイ / meat pie ミートパイ / mince pie ミンスパイ / pork pie 豚肉のパイ / pumpkin pie パンプキンパイ
2 [通例 the ~]《米》(収益などの)全体, 総額.
■ **(as) éasy as píe**《口語》とても簡単な.
éat húmble píe 平謝りする (→ HUMBLE 成句).
hàve a fínger in év ery [the] píe あらゆることに関係する (→ FINGER 成句).
píe in the skÿ《口語》あてにならない楽しみ, はかない望み, 絵にかいたもち (cf. jam tomorrow《英口語》実現しない約束).
◆ **píe chàrt** C 円グラフ (cf. bar graph 棒グラフ).

piebald

píe crùst ⓊⒸ パイ皮.
pie·bald [páibɔːld] 形 (馬などが) 白黒まだらの, 多色の.
── 名 Ⓒ (白と黒の) まだら馬; 白黒まだらの動物.

piece
[píːs] (☆同音 peace) 名 動

── 名 (複 piec·es [~iz]) Ⓒ **1** [...の]**1つ**, 1枚, 1本 [of] (◇物質名詞・抽象名詞などの不可算名詞を数えるときの単位として用いる): a *piece of* chalk チョーク1本 / a *piece of* furniture 家具1つ / a *piece of* news [information] 1つのニュース[情報] / three *pieces of* paper 紙3枚 / What we need is a strong *piece of* evidence. 私たちが必要としているのは強力な証拠です.

2 (全体から分けられた) 断片, かけら, 一部分: a *piece of* land ひと区画の土地 / He cut the pizza into six *pieces*. 彼はピザを6つに切った / He bit a large *piece* out of the apple. 彼はそのリンゴを大きくひとかじりした.

3 (セットになったものの) 1つ; (機械などの) 部品, 構成要素; 構成員: a band consisting of thirty *pieces* 30人編成の楽団 / a jigsaw puzzle with 1,200 *pieces* 1,200ピースのジグソーパズル.

4 (文芸・演劇・美術・音楽などの) 作品, 1曲, 1編: She played some piano *pieces* we knew well. 彼女は私たちがよく知っているピアノ曲を何曲か弾いた / The dramatist is writing a new *piece*. その劇作家は新しい脚本を書いている.

5 (製品の) 単位, 個; (布・紙などの) ひと巻き: a *piece of* wallpaper 壁紙ひと巻き.

6 [the ~] 仕事量, 出来高: pay the employees by the *piece* 従業員に出来高で支払う.

7 硬貨 (coin): a ten-cent *piece* 10セント硬貨.

■ (*áll*) *in óne piece* (ものが) 破損せずに, そのままで; (人が事故で) 傷つかずに, 無事で.

(*áll*) *of a píece* [...と] (まったく) 同類で; 調和して, 一致して [*with*].

*gò (*áll*) to píeces* **1** ばらばらになる. **2** (精神的・肉体的に) だめになる, 参ってしまう.

in píeces ばらばらになって, 粉々になって.

pick úp the píeces 事態を収拾する, (大失敗などの) 後始末をする.

piece by píece 1つ1つ, 少しずつ.

púll [*pick*, *téar*] ... *to píeces* **1** ...を引き裂く. **2** ...をこき下ろす, ...のあら探しをする.

sáy [*spéak*] *one's píece* 言いたいことを率直に言う, 自分の考えを述べる.

to píeces ばらばらに, 粉々に, ずたずたに: The rock broke [fell, came] *to pieces*. 岩は粉々に砕けた.

── 動 [次の成句で]

■ *píece togéther* (働) 〈断片・情報など〉をつなぎ合わせる, まとめる: He *pieced* the events *together* in chronological order. 彼は事件を発生順にまとめた.

pi·èce de ré·sis·tance [piés də rèzistáːns] 【フランス】 名 (複 **pi·èces de ré·sis·tance** [~]) Ⓒ (一連のものの中で) 最も重要なもの, 主要作品.

piece·meal [píːsmìːl] 副 少しずつ, 断片的に.
── 形 少しずつの, 断片的な.

piece·work [píːswə̀ːrk] 名 Ⓤ 出来高払いの仕事.

pied [páid] 形 [限定用法] (動物が) まだらの, 雑色の.
◆ **Pied Píper** [the ~] (ハーメルンの) まだら服の笛吹き (《ドイツの伝説の主人公》); [時に p-p-] (よくない企てに誘う) 勧誘者.

pied-à-terre [pièidɑːtéər] 【フランス】 名 (複 **pieds-à-terre** [~]) Ⓒ 仮住居, セカンドハウス, 別宅.

***pier** [píər] 名 Ⓒ **1** 桟橋, 埠頭 (ふとう); 遊歩桟橋 《海に突き出した桟橋. レストラン・遊技場などがある》. **2** 橋脚, 橋台; (アーチを支える) 支柱.

‡**pierce** [píərs] 動 他 **1** ...を突き通す, 刺し通す; ...を貫通する; ...に穴をあける: The bullet *pierced* the wall. 弾丸は壁を貫通した / I had my ears *pierced*. 私は耳にピアスの穴をあけた.

2 (音・叫び声などが) ...を突き破る; (光が) (暗やみ) にさし込む: A scream *pierced* the silence. 悲鳴が沈黙を引き裂いた.

3 (苦痛・寒けなどが) ...の身にしみる, 〈人・体などを〉突き刺す; ...を深く感動させる: My heart was *pierced* with grief. 悲しみで心が張り裂けそうだった. **4** ...を見抜く, 洞察する.

── 自 [...を] 貫く, 突き抜ける [*through*]; [...に] 突き刺さる [*into*].

pierc·ing [píərsiŋ] 形 **1** (音・叫び声などが) つんざくような. **2** (目などが) 鋭い, 洞察力のある; (批評などが) 辛らつな. **3** (寒さ・風などが) 刺すような, 身にこたえる; 心にしみる.

pierc·ing·ly [~li] 副 耳をつんざくほど, 鋭く.

Pi·er·rot [píərou / píər-] 【フランス】 名 Ⓒ **1** ピエロ (パントマイムの道化役). **2** [p-] 道化役.

***pi·e·ty** [páiəti] 名 (複 **pi·e·ties** [~z]) **1** Ⓤ 敬虔 (けい), 信心 (↔ impiety). **2** Ⓒ 敬虔な言行.
(▷ 形 píous)

pig
[píɡ] 名 動

── 名 (複 **pigs** [~z]) **1** Ⓒ 【動物】豚 (《米》hog) (→ CRY 表): *Pigs* might fly (if they had wings). 《ことわざ》(翼があれば) 豚も飛ぶ ⇒ そんなことありえない; 不思議なこともあるものだ.

2 Ⓤ 豚肉 (pork) (→ MEAT 表): roast *pig* (子) 豚の丸焼き. **3** Ⓒ (口語・軽蔑) 薄汚いやつ, 大食いの人, 強欲な人; いやなやつ [こと]. **4** Ⓒ (俗語) 警官. **5** Ⓤ 金属塊; 銑 (せん) 鉄; 鋳型.

■ *a píg in the míddle* 板ばさみになった人.

búy a píg in a póke (口語) よく調べないで買う. (由来) 昔, 袋の中は子豚と偽って子猫を売りつけた詐欺商法から. この poke は「袋」の意.

màke a píg of onesèlf (口語) がつがつ食べる, がぶがぶ飲む.

── 動 (三単現 **pigs** [~z]; 過去・過分 **pigged** [~d]; 現分 **pig·ging** [~iŋ]) [次の成句で]

■ *píg óut* (俗語) [...を] がつがつ食べる [*on*].

‡**pi·geon** [pídʒən, -dʒin] 名 **1** Ⓒ ハト (◇野生のハトも飼いハトもさす; cf. dove (小型のハト)); Ⓤ ハトの肉: a carrier *pigeon* 伝書バト.

2 Ⓒ 【射】クレー (clay pigeon).

pi·geon·hole [pídʒənhòul] 名 Ⓒ **1** (書類などの) 区分け棚, 整理棚. **2** (ハト小屋の) 仕切り巣箱.

■ *pùt ... into a pígeonhole* ...を型にはめる, 固定観念で見る.

pigeon-toed

— 動 他 1 〈書類など〉を区分け棚 [整理棚] に入れる; 分類整理する. 2 〈人・もの〉を型にはめる, 類型化する. 3 〈案など〉を握りつぶす, 棚上げする.

pí·geon-tòed 形 (歩き方が) 内またの.

pig·ger·y [pígəri] 名 (複 **pig·ger·ies** [~z]) C《英》養豚場, 豚小屋.

pig·gish [pígiʃ] 形《軽蔑》豚のような; 不潔な; (豚のように) 大食いの.

pig·gy [pígi] 名 (複 **pig·gies** [~z]) C《幼児》ぶうちゃん,《口語》子豚.
— 形 (比較 **pig·gi·er** [~ər]; 最上 **pig·gi·est** [~ist]) 1 (目・鼻などが) 豚のような. 2《口語》(特に子供が) がつがつ食べる.

◆ **píggy bànk** C (豚の形をした) 小型貯金箱.

pig·gy·back [pígibæk] 副 肩車で, おんぶして.
— 名 肩車, おんぶ.
— 動 他〈…に〉便乗する [*on*]; 肩 [背] に載せて運ぶ.

pig·head·ed [píghedid] 形《軽蔑》強情な.

pig·let [píglət] 名 C 子豚.

pig·ment [pígmənt] 名 1 UC 絵の具, 顔料. 2 UC 生物》色素.

pig·men·ta·tion [pìgmənteiʃən] 名 U 1 着色, 染色. 2《生物》色素形成;《生理》色素沈着.

pig·my [pígmi] 名 = PYGMY.

pig·pen [pígpen] 名 1 C《米》豚小屋 (pigsty). 2《米口語》汚い所, 不潔な場所.

pig·skin [pígskìn] 名 1 U 豚の皮; 豚革. 2 C《米口語》アメリカンフットボールの球.

pig·sty [pígstài] 名 (複 **pig·sties** [~z]) C 1 豚小屋 (《米》pigpen). 2《口語・軽蔑》汚い [不潔な] 場所, 散らかった場所.

pig·tail [pígtèil] 名 C (主に少女の) おさげ髪 (《主に米》braid) (cf. ponytail ポニーテール).

pike[1] [páik] 名 C (昔, 歩兵が用いた) やり, ほこ.

pike[2] [páik] 名 C (複 **pike, pikes** [~s])《魚》カワカマス《大型の食用淡水魚》.

pike[3] [páik] 名 C《米》有料高速道路 (turnpike).

pike·staff [páikstæf / -stàːf] 名 (複 **pike·staves** [-stèivz]) C やりの柄(え).

pi·laf, pi·laff [piláːf / píːlæf] 名 (複 **pi·lafs, pi·laffs** [~s]) UC《料理》ピラフ《香辛料などを加えて味付けした米に肉・魚などを入れて炊いたもの》.

pi·las·ter [piléstər] 名 C《建》柱形(がた), 壁柱, ピラスター《壁から張り出して作った装飾用の柱》.

pil·chard [píltʃərd] 名 (複 **pil·chard, pil·chards** [-tʃərdz]) C《魚》ピルチャード《ニシン科の食用魚》.

pile[1] [páil]
名 動【原義は「柱」】
— 名 (複 **piles** [~z]) 1 C **積み重ね**, きちんと積み重ねられた) 山 (cf. heap (乱雑に積み重ねた) 山): a *pile* of plates to wash 洗わなければならない皿の山 / Put the newspapers in a *pile* on the floor. 床に新聞紙を積み重ねておきなさい.
2 [a ~ /~s] たくさん (の…), 大量 (の…) [*of*]《◇動詞は of のあとの名詞の数に一致する》: a *pile* of troubles 多くの問題 / I've got *piles* of homework to do. やらなくてはならない宿題が山ほどある.
3 C 大金, 財産, 富: He made a *pile* on the stock market. 彼は株で大金を稼いだ.
4 C《格式》大建築物.
— 動 他 …を […に] **積み重ねる**, 積み上げる [*on*]; …に …を積み重ねる [*with*]: They *piled* bags of cement *on* the truck. = They *piled* the truck *with* bags of cement. 彼らはセメントの袋をトラックに積んだ.
— 自 1 たまる, 積もる, 積み重なる. 2 [...へ /...から] 殺到する, どやどやと入る [出る] [*into* / *out of*]: Twelve people *piled into* the van. 12名の人がバンに乗り込んだ.

■ **píle it ón**《口語》大げさに言う, 誇張する.
píle òn the ágony《口語》苦しみを大げさに話す.
píle úp 1 積み重なる. 2《口語》(車が) 玉突き衝突する. — 他 …を積み重ねる.

pile[2] [páil] 名 C (建築物の) 基礎ぐい, パイル.

◆ **píle drìver** C くい打ち機.

pile[3] [páil] 名 C 細く柔らかい毛, 綿毛, (ビロードなどの) けば; パイル織り.

piles [páilz] 名 [複数扱い]《口語》痔(ぢ) (hemorrhoids).

pile·up [páilʌp] 名 C《口語》(車の) 玉突き衝突.

pil·fer [pílfər] 動 他 自〈…を〉盗む, くすねる.

pil·grim [pílgrim] 名 1 C 巡礼者, 聖地参拝者. 2 [the Pilgrims] = Pilgrim Fathers; C [P-] ピルグリムファーザーズの1人.

◆ **Pílgrim Fáthers** [the ~] ピルグリムファーザーズ《1620年に Mayflower 号で英国から米国に渡った102人の清教徒》.

pil·grim·age [pílgrimidʒ] 名 1 CU 巡礼の旅, 聖地詣(もう)で: go on [make] a *pilgrimage* 巡礼の旅に出る. 2 C (特別の目的を持った) 長旅.

pill [píl] 名 C 1 丸薬, 錠剤 (→ MEDICINE 類義語): a sleeping *pill* 睡眠薬 / take a *pill* 薬を飲む. 2 [the ~ / the P-]《口語》ピル, 経口避妊薬: be on the *pill* ピルを常用している / go on [come off] the *pill* ピルを服用し始める [ピルの服用をやめる]. 3 いやな [苦しい] こと;《通例, 単数形で》《米語》不愉快な人.

■ **a bítter píll (to swállow)** 耐えなければならないいやなこと.

súgar [swéeten] the píll いやな [苦しい] ことを受け入れやすくする.

pil·lage [pílidʒ] 名 U (特に戦争中の) 略奪; C 略奪物, 戦利品.
— 動 他 自〈…を〉略奪 [強奪] する.

pil·lar [pílər] 名 C 1 柱, 支柱; 記念碑《円柱》. 2 柱状のもの, (火・煙などの) 柱: a *pillar* of fire [smoke] 火柱 [煙の柱]. 3 中心的人物 [存在], 大黒柱; 要所.

■ **from píllar to póst** あちこちへ, 右往左往して, たらい回しにされて.

◆ **píllar bòx** C《英・古風》(円柱形の赤い) 郵便ポスト《◇米国のは箱形で mailbox と言う》.

pill·box [pílbàks / -bɔ̀ks] 名 C 1 丸薬 [錠剤] 入れ. 2《軍》トーチカ《コンクリート造りの小型防御陣地》. 3 (上部が平らな) 円帽の縁なし婦人帽.

pil·lion [píljən] 名 C (オートバイなどの) 後部座席.

■ **ríde píllion** (オートバイなどの) 後部に乗る.

pil·lo·ry [píləri] 名 (複 **pil·lo·ries** [~z]) C さらし台《首と手を板の間にはさんで固定した昔の刑具》.

— 動 (三単現 **pil·lo·ries** [~z]; 過去・過分 **pil·lo·ried** [~d]; 現分 **pil·lo·ry·ing** [~iŋ]) 他 [通例, 受け身で] 〈人〉を笑い者にする, さらし者にする; さらし台にさらす.

‡**pil·low** [píloʊ] 名 C まくら (➔ BEDROOM [PICTURE BOX]); まくら状のもの: consult (with) one's *pillow* = take counsel of one's *pillow* ひと晩寝てじっくり考える / have a *pillow* fight (子供が) まくらの投げ合いをする.
— 動 他 〈頭〉を […に] 載せる [on]: *pillow* one's head *on* one's arm 腕まくらをする.
pil·low·case [píloʊkèɪs] 名 C まくらカバー.
pil·low·slip [píloʊslìp] 名 = PILLOWCASE (↑).

***pi·lot** [páɪlət] 名 動 形【原義は「櫂(かい), 舵(かじ)」】
— 名 (複 **pi·lots** [-ləts]) C **1 パイロット**, 操縦士: a jet *pilot* ジェット機のパイロット / a test *pilot* 試験飛行操縦士 / a chief *pilot* 機長. **2** (船の) 水先 (案内) 人. **3** 案内人, 指導者.
— 動 他 **1**〈飛行機など〉を操縦する;〈船〉の水先案内をする: He *pilots* his plane on Sundays. 彼は毎週日曜日に自家用機を操縦する. **2** …を案内する, 指導 [先導] する: The boys *piloted* me through the crowd to the station. 少年たちは雑踏の中を駅まで私を案内してくれた. **3**〈法案など〉を通す.
— 形 [限定用法] 試験的な, 予備的な: a *pilot* farm 実験農場.
◆ **pílot bùrner** = pilot light **1** (↓).
pílot làmp C パイロットランプ, 表示灯.
pílot lìght C **1** (点火用) 口火, 種火. **2** = pilot lamp (↑).

pi·men·to [pɪméntoʊ]【スペイン】名 (複 **pi·men·tos, pi·mien·tos** [~z]) **1** C 植 ピメント. **2** U オールスパイス (allspice) (ピメントの実からとる香辛料).
pimp [pímp] 名 C ポン引き; (売春婦の) ひも.
— 動 自 […に] 売春のあっせんをする [for].
pim·per·nel [pímpərnèl] 名 C 植 ルリハコベ.
pim·ple [pímpl] 名 C にきび, 吹き出物.
pim·pled [pímpld] 形 にきび [吹き出物] のできた.
pim·ply [pímpli] 形 (比較 **pim·pli·er** [~ər]; 最上 **pim·pli·est** [~ɪst]) = PIMPLED (↑).

***pin** [pín] 名 動【原義は「くぎ (peg)」】
— 名 (複 **pins** [~z]) C **1 ピン**, 留め針: a safety *pin* 安全ピン / stick a *pin* into cloth 布に留め針をさす / It is so quiet that you could hear a *pin* drop. 針が1本落ちても聞こえるくらい静かだ. **2** [しばしば複合語で] 飾りピン (ブローチ・ネクタイピンなど): a collar *pin* えりピン. **3** 留めくぎ, 留め具, くさび. **4** [ゴルフ] (ホール位置を示す) 旗ざお; [ボウリング] ピン; (弦楽器の) 糸巻き. **5** [a ~; 通例, 否定文で] 少しも (…ない): I don't care a *pin*. まったくかまわない.
■ (*as*) *bríght* [*néat*] *as a néw pín* とてもぴかぴか [きちんと] して.
for twó pins 《英・古風》 すぐにでも, きっかけがあれば.
on píns and néedles やきもきして, はらはらして.

píns and néedles (手足が) しびれてちくちくする感じ.
— 動 (三単現 **pins** [~z]; 過去・過分 **pinned** [~d]; 現分 **pin·ning** [~ɪŋ]) 他 **1** [副詞 (句) を伴って] …をピンでとめる (*up*): *pin* a poster *up* on the wall 壁にポスターをはる.
2 …を […に] くぎ付けにする, 押さえつける, 縛りつける [*against*]: I was *pinned against* the floor. 私は床に押さえつけられて身動きできなかった. **3**〈罪など〉を […の] せいにする;〈希望など〉を […に] かける [*on*]: Philip is *pinning* his hopes *on* inheriting his father's money. フィリップは父親の財産を相続することに望みをかけている.
■ *pín dówn* 他 **1**〈人〉を動けなくする: He was *pinned down* under the fallen wall. 彼は倒れた塀の下敷きになって動けなくなった. **2** …をはっきりさせる, …の正体を突き止める: She tried to *pin down* the source of the rumor. 彼女はそのうわさの出所を突き止めようとした. **3** […について]〈人〉の態度を明確にさせる [*on, to*].
◆ *pín móney* U 小遣い銭, へそくり.
PIN [pín] 名 C (カードの) 暗証番号 (◇ *p*ersonal *i*dentification *n*umber の略. PIN number とも言う).
pin·a·fore [pínəfɔːr] 名 C **1** (主に子供用の) エプロン, ピナフォア (《英口語》 pinny).
2 《英》 = pínafore drèss エプロンドレス, ジャンパースカート (《英》 jumper).
pin·ball [pínbɔːl] 名 U ピンボール (ゲーム).
◆ **pínball machìne** C ピンボール機.
pince-nez [pǽnsnèɪ, píns-] 【フランス】 名 (複 **pince-nez** [-nèɪz]) C [単数・複数扱い] 鼻眼鏡.
pin·cer [pínsər] 名 **1** [~s] やっとこ, ペンチ, くぎ抜き, 毛抜き: a pair of *pincers* やっとこ1丁.
2 C [通例 ~s] (エビ・カニの) はさみ.
◆ **píncer's mòvement** C 軍 はさみ撃ち.
***pinch** [pínʧ] 動 他 **1** …をつねる, つまむ, はさむ: *pinch* …'s arm …の腕をつねる / I *pinched* my finger in the door. 指をドアに指をはさんだ.
2 (靴・帽子などが) …を締めつける: The shoes *pinch* my toes. 靴がきつくてつま先が痛い. **3** [通例, 受け身で] …を苦しめる, 困らせる; (寒さなどが) …を縮み上がらせる; やつれさせる, 衰えさせる: She was *pinched* with cold. 彼女は寒さに縮み上がった. **4**《口語》…を盗む, くすねる.
— 自 **1** つねる, つまむ. **2** (靴などが) 締めつける: My new shoes *pinch* a lot. 新しい靴はひどくきつい. **3** […を] 切り詰める, けちる [*on*].
■ *pínch and scrápe* けちけち (節約) する.
pínch óff 他 〈芽・枝など〉を摘み取る.
— 名 **1** C つねること, つまむこと, はさむこと: She gave me a *pinch* on the hand. 彼女は私の手をつねった. **2** C ひとつまみ, 少量: a *pinch* of salt 塩少々. **3** [the ~] 苦しみ, 困難; 危機, ピンチ: when [if] it comes to the *pinch* まさかの時は.
■ *féel the pínch*《口語》金に困っている.
in [《英》*at*] *a pínch*《口語》いざという時に.
táke … with a pínch of sált〈人の話〉を割引いて聞く (→ SALT 成句).
◆ **pínch hìtter** C 野球 ピンチヒッター, 代打.

pinched [píntʃt] 形 1 (病気などで)(顔が)やつれた. 2 [金がなくて]困って [for].

pinch-hit 動 (三単現 **pinch-hits** [-híts]; 過去・過分 **pinch-hit**; 現分 **pinch-hit·ting** [~ɪŋ]) 自 《米》 1 【野球】代打に立つ. 2 [...の]代役を務める [for].

pin·cush·ion [pínkùʃən] 名 C 針刺し, 針山.

*__pine__[1]__ [páin] 名 1 C =**píne trèe**【植】松(の木). 2 U 松材.
◆ **píne còne** C 松かさ, 松ぼっくり.
píne nèedle C 《通例, 複数形で》松葉.

pine[2] 動 自 1 [...を]思い焦がれる, 恋い慕う [for]; [...することを]切望する [to do].
2 (病気などで)やつれる, やせ衰える (away).

pine·ap·ple [páinæpl] 名 C U 【植】パイナップル(の実, 木).

pine·wood [páinwùd] 名 1 C 《しばしば ~s; 単数扱い》松林.

ping [píŋ] 《擬音語》名 C ぴゅーん, ぴしっ(弾丸が飛ぶときや硬いものがガラスなどに当たるときの音).
— 動 自 1 ぴゅーん[ぴしっ]と音がする. 2 《米》(エンジンなどが)がたがたと音を立てる (《英》pink).

*__ping-pong__ [píŋpɔ̀ŋ, -pɑ̀ŋ / -pɔ̀ŋ] 名 U 《口語》卓球, ピンポン (**table tennis**).

pin·head [pínhèd] 名 C 1 ピンの頭. 2 ちっぽけなもの, くだらないもの. 3 《口語》ばか, 間抜け.

pin·hole [pínhòul] 名 C 針であけた穴, 小さな穴.
◆ **pínhole càmera** C ピンホールカメラ(レンズの代わりに小さな穴を利用する).

pin·ion[1] [pínjən] 名 C 1 【鳥】翼の先端部; 風切り羽. 2 《文語》翼 (**wing**).
— 動 他 《通例, 受け身で》 1 (飛べないように)〈鳥〉の翼の先端を切る. 2 〈人の手足〉を縛る, ...を押さえつけて動けなくする.

pin·ion[2] 名 C 【機械】(大歯車にかみ合う)小歯車.

***__pink__[1]__** [píŋk]
名 形 動
— 形 1 桃色の, ピンクの: She turned *pink* with shame. 彼女は恥ずかしさで赤面した.
2 (政治的に)左翼がかった (◇「左翼の」は **red**).
— 名 1 U 桃色, ピンク(比較 日本語の「ピンク」のように性的な意味合いはない): I like yellow better than *pink*. 私はピンクより黄色が好きです.
2 U ピンク色の服: be dressed in *pink* ピンク色の服を着ている. 3 U C ピンク色の染料[絵の具, ペンキ]. 4 C 【植】ナデシコ, セキチク. 5 C 左翼がかった人. 6 [the ~] 典型; 最高の状態, 極致: the *pink* of elegance 優雅の極致.
■ **in the pínk** 《古風》とても健康で.
◆ **pínk slíp** C 《米口語》解雇通知.

pink[2] 動 自 《英》(エンジンが)がたがたと音を立てる (《米》ping).

pink·ie, pink·y [píŋki] 名 (複 **pink·ies** [~z]) C 《主に米》小指.

pink·ish [píŋkiʃ] 形 ピンク[桃色]がかった.

*__pin·na·cle__ [pínəkl] 名 C 1 《通例, 単数形で》頂点, 絶頂. 2 【建】(教会などの)小尖塔(きょう), ピナクル. 3 《主に文語》頂上, 峰.

pin·ny [píni] 名 (複 **pin·nies** [~z]) C 《英口語・幼児》エプロン, ピナフォア (**pinafore**).

Pi·noc·chi·o [pinóukiòu] 名 固 ピノキオ《童話の主人公の木の人形. うそをつくと鼻が伸びる》.

pin·point [pínpɔ̀int] 名 C 非常に小さい点.
— 形 《限定用法》 1 (目標などが)非常に小さな. 2 きわめて正確な [精密な].
— 動 他 1 〈位置など〉を正確に示す. 2 ...を正確に指摘する [記述する].

pin·prick [pínprìk] 名 C 1 針のひと刺し, (針であけたような) 小さな穴[点]. 2 ちょっとした心配事.

pin·stripe [pínstràip] 名 C 1 (服地の)極細縞(ぎ). 2 極細縞の服 [布地].

*__pint__ [páint] 名 C 1 パイント (◇ 液量単位; 1パイント=《米》0.473リットル, 《英》0.568リットル; 《略語》pt., p.; ⇒巻末「度量衡」). 2 パイント (◇ 乾量単位; 1パイント=《米》0.551リットル, 《英》0.568リットル; 《略語》pt., p.). 3 1パイントの容器; 《英》1パイントのビール.

pínt-size, pínt-sized 形《限定用法》《口語》ちっぽけな, 取るに足らない; ちびの.

pin-up [pínʌ̀p] 名 C 1 ピンナップ《ピンで壁にとめる人物写真》. 2 ピンナップのモデル.

pin·wheel [pínhwìːl] 名 C 《米》おもちゃの風車(ぎょう); 《英》windmill.

*__pi·o·neer__ [pàiəníər] (☆アクセントに注意) 名 C 1 開拓者. 2 [思想・研究などの]先駆者, 創始者, 草分け, パイオニア [*in, of*]: a *pioneer* of modern art 現代アートの先駆者. 3 [形容詞的に]開拓者の; 先駆的な, 最初の: the *pioneer* spirit 開拓者魂 [精神].
— 動 他 ...を切り開く, 開拓する; ...の先駆けとなる, ...を創始する. — 自 開拓者になる; 先駆者になる.

pi·o·neer·ing [pàiəníəriŋ] 形《限定用法》先駆的な, 先駆けとなる, 草分けの.

*__pi·ous__ [páiəs] 形 1 敬虔(ﾊﾞ)な, 信心深い (↔ **impious**): a *pious* Muslim 敬虔なイスラム教徒.
2 《軽蔑》敬虔ぶった, 偽善的な. (名 **piety**)
pi·ous·ly [~li] 副 敬虔に, 信心深く.

pip[1] [píp] 名 C (リンゴ・オレンジなどの)種 (**seed**).

pip[2] 名 C 《通例 the ~s》《英》(時報・電話などの)ピッという音.

pip[3] 動 (三単現 **pips** [~s]; 過去・過分 **pipped** [~t]; 現分 **pip·ping** [~ɪŋ]) 他 《英口語》(競技などで)〈人〉をかろうじて負かす.

__pipe__ [páip]
名 動
— 名 (複 **pipes** [~s]) C 1 導管, 筒, パイプ: a water [gas] *pipe* 水道[ガス]管 / a service *pipe* (本管からの)引き込み管 / an exhaust *pipe* (車などの)排気管.
2 (刻みたばこ用の)パイプ, キセル; パイプたばこ1服分: smoke [puff on] a *pipe* たばこを1服吸う.
3 管楽器, 笛; (パイプオルガンの)パイプ; [~s]《英口語》バグパイプ, 風笛 (**bagpipe**).
4 (鳥の)さえずり; (人の)かん高い声.
■ *__Pùt thát in your pípe and smóke it.__* 《口語》(小言や一方的な通告のあとで) 言った通りにしてくれ.
— 動 他 1 [しばしば受け身で]〈液体・気体〉を[...に]管で送る [*to, into*]: Water is *piped into* our house from a well. うちは井戸から水を引いている. 2 [通例, 受け身で]〈音楽など〉を有線放送で流

pipeline

す: *piped* music 有線放送で流れる音楽. **3**〈管楽器〉を吹く, 演奏する. **4** …をかん高い声で言う. **5**〈ケーキ・衣服など〉に縁取りをする.
— 📖 **1** 笛を吹く; 管楽器を演奏する. **2**〈鳥が〉さえずる; 〈人が〉かん高い声で言う.
■ *pipe dówn*〚通例, 命令文で〛〚口語〛話す〚騒がしくする〛のをやめる: *Pipe down!* 静かにしろ.
pípe úp〚口語〛〈…を〉かん高い声でしゃべり始める [*with*].
◆ **pípe òrgan** ⓒ〚音楽〛パイプオルガン.

pipe·line [páiplàin] 名 ⓒ **1**（石油・ガスなどの）パイプライン, 輸送管路. **2**（流通などの）ルート.
■ *in the pípeline* 輸送中で; 進行〚準備〛中で.

pip·er [páipər] 名 ⓒ 笛を吹く人; バグパイプ奏者.
■ *páy the píper* 費用を負担する.

pi·pette, pi·pet [pipét] 名 ⓒ〚化〛ピペット《少量の液体の計量などに用いる細いガラス管》.

pip·ing [páipiŋ] 名 Ⓤ **1** 配管（系統）, 導管. **2** 笛を吹くこと, 管楽器の演奏; 笛の音. **3**〚通例 the ~〛（小鳥などの）鳴き声; かん高い声. **4** パイピング《衣服のひも飾り・縁飾り》;（ケーキの）飾り.
— 形〚限定用法〛（声・音が）かん高い.
— 副〚次の成句で〛
■ *píping hót*〚口語〛（食べ物・飲み物などが）しゅうしゅうと音を立てるほど熱い, あつあつの.

pi·quan·cy [pí:kənsi] 名 Ⓤ **1**（味が）ぴりっと辛いこと; 痛快, 小気味よさ.

pi·quant [pí:kənt] 形 **1**（味が）ぴりっとする, 辛い. **2** 痛快な, 小気味よい.

pique [pí:k] 名 Ⓤ（特に自尊心を傷つけられての）立腹, 不機嫌, 不興: in a fit of *pique* = out of *pique* 腹立たちまぎれに.
— 動 他 **1**〚通例, 受け身で〛〈人〉を怒らせる; …の自尊心を傷つける. **2**〈好奇心・興味〉をそそる.

pi·ra·cy [páiərəsi] 名 Ⓤ **1** 海賊行為. **2** 著作〚特許〛権侵害.

pi·ra·nha [pərínjə] 名 ⓒ〚魚〛ピラニア《南米産のどう猛な肉食の淡水魚》.

‡**pi·rate** [páiərət] 名 **1** ⓒ 海賊, 略奪者; 海賊船. **2** 著作〚特許〛権侵害者; 無許可ラジオ〚テレビ〛放送局. **3**〚形容詞的に〛著作権侵害の, 海賊版の; （放送などが）無許可の: a *pirate* video 海賊版ビデオテープ. — 動 他 **1** …を略奪する. **2** …の著作〚特許〛権を侵害する, 海賊版を作る.

pi·rat·i·cal [paiərǽtikəl] 形 **1** 海賊の（ような）, 海賊行為の. **2** 著作〚特許〛権侵害の.

pir·ou·ette [pìruét]〚フランス〛名 ⓒ〚バレエ・スケート〛つま先旋回, ピルエット.
— 動 📖 つま先旋回をする, ピルエットする.

Pi·sa [pí:zə] 名 ピサ《ピサの斜塔（the Leaning Tower of Pisa）で有名なイタリア北西部の都市》.

Pis·ces [páisi:z, pís-] 名 **1**〚天文〛魚座（the Fishes）;〚占星〛双魚宮（→ ZODIAC 図）. **2** ⓒ 魚座〚双魚宮〛生まれの人（2月20日～3月20日生まれ）.

piss [pís]（◇公共の場では使ってはいけないタブー語）動 📖〚俗語〛小便をする（urinate）.
■ *píss abòut* [*aróund*]〚英俗語〛だらだらする.
piss óff〚俗語〛**1**〚通例, 命令文で〛出て行く.
— 他 …を悩ます, むかつかせる.
— 名 Ⓤ〚俗語〛小便（をすること）.

pissed [píst] 形〚俗語〛**1**〚主に英〛酔った. **2**〚米〛〚…に〛うんざりした（*with, at, about*）.

pis·tach·i·o [pistǽʃiòu, -tá:-] 名（複 **pis·tach·i·os** [~z]）ⓒ **1**〚植〛ピスタチオ（の木）. **2** = pistáchio nút ピスタチオナッツ（◇食用; → NUT 図）.

pis·til [pístil] 名 ⓒ〚植〛雌しべ, 雌（し）ずい（cf. stamen 雄しべ）.

‡**pis·tol** [pístəl] 名 ⓒ ピストル, 拳銃（けんじゅう）: fire a *pistol* at … …目がけてピストルを撃つ.
■ *hóld a pístol to …'s héad* …の頭にピストルを突きつける;〈人〉を脅す.

pis·ton [pístən] 名 ⓒ〚機械〛ピストン;〚音楽〛（金管楽器の）ピストン.

‡**pit¹** [pít] 名 ⓒ **1**（地面の）穴, くぼみ; 落とし穴: dig a *pit* 穴を掘る. **2** 採掘坑〚場〛; 炭坑: a gravel *pit* 砂利採掘場. **3**（体の）くぼみ, へこみ（cf. armpit わきの下）: あばた, ほうそう〚にきび〛の跡: the *pit* of the stomach みぞおち. **4**〚通例 the ~〛オーケストラ席（orchestra pit）. **5**〚通例 the ~〛（英・古）（劇場の後方（2階席の下））;〚集合的に〛（安い）1階席の観客. **6**〚通例 the ~s〛（カーレース場の）ピット《給油・整備などを行う》;（自動車修理工場の）ピット《自動車の下部修理用のくぼみ》. **7**（一段低くしてある）闘鶏〚闘犬〛場.
■ *be the píts*〚口語〛最悪〚最低〛である.
— 動（三単現 **pits** [píts]; 過去・過分 **pit·ted** [~id]; 現分 **pit·ting** [~iŋ]）他 **1**〚…に〛くぼみをつける, 穴をあける; 〈…〉に〔あばたなどの〕跡をつける[*with, by*]: be *pitted with* rust さびで穴だらけになっている. **2**〈人・能力など〉を〚…に〛対抗させる; …を〚…と〛組み合わせる[*against*]: She *pitted* her wits *against* his strength. 彼女は彼の力に知恵で対抗した.
◆ **pít stòp 1**（カーレースで）ピットに入ること. **2**〚米口語〛（ドライブ中の）トイレ〚食事〛休憩.

pit² [pít] 名 ⓒ〚米〛（桃などの）核, 種（stone）.
— 動 他〚米〛…の核〚種〛を取り除く.

pit·a·pat [pítəpæt]〚擬声語〛副（口語）（雨音などが）ぱらぱらと;（足音などが）ぱたぱたと;（鼓動などが）どきどきと（pitter-patter）.
— 名〚単数形で〛〚口語〛ぱらぱら〚ぱたぱた, どきどき〛（という音）.

‡**pitch¹** [pítʃ] 名 動
— 動（三単現 **pitch·es** [~iz]; 過去・過分 **pitched** [~t]; 現分 **pitch·ing** [~iŋ]）他 **1**（ねらいを定めて）…を **投げる**, ほうる（→ THROW 類義語）;〚野球〛〈ボール〉を投球する: He *pitched* the letter into the fire. 彼は手紙をたき火に投げ入れた / He *pitches* a nice fast ball. 彼はすばらしい速球を投げる.
2〈テントなど〉を張る;〈くいなど〉を立てる: *pitch* camp [a tent] キャンプ〚テント〛をする.
3〚音楽〛…を調節する, …の調子を整える: This song is *pitched* too high. この曲は高すぎる.
4 …を〔あるレベルに〕定める, 調整する [*at*]: He *pitched* his speech at a very simple level. 彼はとても単純なレベルで話をした.
5〈船など〉を縦〔上下〕に（激しく）揺らす.

pitch²

6 〈品物など〉を […に] 売り込む (at).
— 圓 1 を投げる;《野球》投手する: My dream is to *pitch* in the World Series. 私の夢はワールドシリーズで投手を務めることです.
2 (船などが) 上下に揺れる, 縦揺れする (cf. roll 揺れる): The ship *pitched* and rolled in rough seas. 船は荒海で縦に横に揺れた.
3 [副詞(句)を伴って] つんのめる, 倒れる;(下方に) 傾斜する: I stumbled on a stone and *pitched* forward. 私は石につまずいて転び, 前に倒れた.
4 [契約などを得ようと] 売り込む (for).
■ *pitch ín*《口語》1 […で] 協力 [援助] する [with]. 2 (精力的に仕事に) 取りかかる; もりもり食べ始める.
pítch ínto ...《口語》1 〈人〉を激しく攻撃する, しかり飛ばす. 2 (精力的に)〈仕事〉に取りかかる; …をもりもり食べ始める.
pítch óut(他) …をほうり出す. — 圓《野球》ピッチアウトする《盗塁などを警戒してストライクゾーンを外れた球を投げる》.

— 名 (複 **pitch·es** [~iz]) 1 ⓒ《野球》投げること, 投球: a wild *pitch* 暴投 / strike out on three *pitches* 三球三振する.
2 ⓒ (音·声の) 高低, 調子: a high [low] *pitch* 高い [低い] 音. 3 ⓒ《口語》売り込み (口上).
4 Ⓤ [または a ~] (物事の) 程度; 頂点, 最高点.
5 Ⓤ《英》《サッカー·ホッケーなどの》競技場, ピッチ (field). 6 ⓒ (船·飛行機の) 縦揺れ, 上下動.
7 Ⓤⓒ 傾斜 (度), 勾配(絽): a steep *pitch* 急な傾斜 [勾配].

pitch² 名 Ⓤ ピッチ《石油などを蒸留したあとに残る黒い粘着性物質》.
■ *(as) bláck [dárk] as pítch* 真っ黒 [真っ暗] な.

pitch-bláck 形 真っ黒な, 真っ暗な.
pitch-dárk 形 真っ暗な.
pítched báttle 名 ⓒ 激戦; (陣容を整えた) 正々堂々の対決 [戦闘], 会戦.
***pitch·er¹** 名 ⓒ 1 水さし 《《英》jug》《広口の注ぎ口と取っ手が付いたもの》. 2《英》(通例, 陶製で取っ手が2つ付いた) 大型の水さし: *Pitchers have ears.*《ことわざ》壁に耳あり《◇ ears は水さしの取っ手と耳の意味をかけている》.
***pitch·er²** 名 ⓒ《野球》投手, ピッチャー; 投げる人: a left-handed *pitcher* 左腕投手 (southpaw) / a starting *pitcher* 先発投手.
pitch·fork [pítʃfɔ̀ːrk] 名 ⓒ (干し草用の) くま手.
— 動 (他) 〈干し草など〉をかき上げる.
pit·e·ous [pítiəs] 形《主に文語》哀れを誘う, 痛ましい, 悲しげな. (▷ 名 **píty**)
pit·e·ous·ly [~li] 副 哀れに, 悲しそうに.
pit·fall [pítfɔ̀ːl] 名 ⓒ 落とし穴; 思わぬ危険, わな.
pith [píθ] 名 Ⓤ 1 (植·解剖) 髄 (茎·骨などの中心のスポンジ状部分). 2 [the ~] (議論などの) 核心, 要点.
pith·e·can·thro·pus [pìθikǽnθrəpəs, -kænθróu-] 名 (複 **pith·e·can·thro·pi** [-pai]) ⓒ 【人類】ピテカントロプス, 猿人.
pith·y [píθi] 形 (比較 **pith·i·er** [~ər]; 最上 **pith·i·est** [~ist]) 1 (表現などが) きびきびした, 簡潔な; 含蓄のある. 2 髄 (のような), 髄の多い.

pit·i·a·ble [pítiəbl] 形《格式》1 哀れな, かわいそうな. 2 みじめな. (▷ 名 **píty**)
pit·i·a·bly [-əbli] 副 哀れにも; 情けないほど.
***pit·i·ful** [pítifəl] 形 1 哀れを誘う, 哀れな, 痛ましい. 2 卑しむべき, 浅ましい. (▷ 名 **píty**)
pit·i·ful·ly [-fəli] 副 哀れなほど, みじめに.
pit·i·less [pítiləs] 形 無情 [冷酷] な; 容赦のない.
pit·i·less·ly [~li] 副 無情に, 冷酷に.
pit·man [pítmən] 名 (複 **pit·men** [-mən]) ⓒ 炭坑作業員, 坑夫.
pit·tance [pítəns] 名 ⓒ (通例, 単数形で) わずかな報酬 (収入); 少額.
pit·ted¹ [pítid] 形 (表面が) 穴だらけの, あばた面の.
pit·ted² 形 (果物の) 核 [種] を取り除いた.
pit·ter-pat·ter [pítərpæ̀tər]《擬音語》副 名 = PITAPAT.
Pitts·burgh [pítsbəːrg] 名 圀 ピッツバーグ《米国 Pennsylvania 州南西部の都市》.
pi·tu·i·tar·y [pitjúːətèri, -tjúːɪtəri] 名 (複 **pi·tu·i·tar·ies** [~z]) ⓒ = pituítary glànd【解剖】脳下垂体. — 形 脳下垂体の.

***pit·y** [píti]
名 動【原義は「信仰深いこと」】
— 名 (複 **pit·ies** [~z]) 1 Ⓤ 哀れみ, 同情 (→ 類義語): The sad story aroused everyone's *pity*. その悲しい話はみんなの同情を誘った / The tyrant showed no *pity* for the weak. その暴君は弱者に対して同情を示さなかった.
2 ⓒ [通例 a ~] 残念なこと, 気の毒なこと: It is a great *pity* (that) this magazine will cease to be published. この雑誌が廃刊になるのはとても残念です / The *pity* was that John was not in time. 気の毒なことにジョンは間に合わなかった / I think I won't be able to join you. — What a *pity*! ご一緒できないと思います — それは残念です.
■ *feel píty for ...* = *háve [táke] píty on ...* …を哀れむ, 気の毒に思う; …に同情する.
for píty's sàke《口語》後生だから, どうか.
móre's the píty《口語》残念なことに, 不運にも: The rumor is true, *more's the pity*. そのうわさは本当です, 残念ですが.
òut of píty 気の毒に思って, 同情して: The boy let the bird go *out of pity*. かわいそうに思って少年は鳥を逃がしてやった.

— 動 (三単現 **pit·ies** [~z]; 過去·過分 **pit·ied** [~d]; 現分 **pit·y·ing** [~iŋ]) [通例, 進行形不可] (他) …を気の毒に思う, かわいそうに思う, …に同情する: I sincerely *pity* these unfortunate people. この不幸な人々に私は心から同情します. (▷ 形 **píteous, pítiable, pítiful**)

類義語 **pity, sympathy, compassion**
共通する意味 ► 同情 (a feeling for the sorrow or distress of another)
pity は他人の苦しみや不幸に対して感じる「悲しみ・遺憾(殻)の気持ち」を表す. 時として軽蔑を含むこともある: They felt *pity* for the poor. 彼らは貧者を哀れんだ. **sympathy** は「他人と感情を共にし, 心から同情すること」を表す: She felt *sympathy* for the war orphans. 彼女は戦災

孤児に同情した. **compassion** は pity よりも強い「同情」を表し、救ってやりたいという気持ちを含む: She has great *compassion* for the weak. 彼女は弱者に対する同情心が厚い.

piv・ot [pívət] 名C **1**〖機械〗回転[旋回]軸、ピボット. **2**(議論などの)要点、中心となる人[もの].
— 動 他 …を回転軸上に置く; …にピボットを付けて回転させる. — 自 **1**[…を軸にして]回転する、旋回する[*on*]. **2**[…に]依存する、[…で]決まる[*on*].

piv・ot・al [pívətəl] 形 **1** 回転軸の. **2** 中枢の、重要な.

pix・el [píksəl] 名C〖コンピュータ〗ピクセル、画素《画像の最小構成単位》.

pix・ie, pix・y [píksi] 名(複 **pix・ies** [~z])C 小妖精(ほう).

pi・zazz, piz・zazz [pəzǽz] 名U《口語》元気、活力; 派手さ、かっこよさ.

***piz・za** [píːtsə]〖イタリア〗名C U〖料理〗ピザ.
◆ *pízza pàrlor* C ピザパーラー、ピザの店.

piz・ze・ri・a [pìːtsərí:ə] 名C ピザの店.

piz・zi・ca・to [pìtsikáːtou]〖イタリア〗形〖音楽〗ピチカートの、指でつまびいて.
— 副〖音楽〗ピチカートで、指でつまびいて.
— 名(複 **piz・zi・ca・ti** [-ti(ː)], **piz・zi・ca・tos** [~z]) C〖音楽〗ピチカートの曲、ピチカート楽節〖奏法〗.

PKF《略語》= *p*eace*k*eeping *f*orce (国連の) 平和維持軍.

PKO《略語》= *p*eace*k*eeping *o*perations (国連の) 平和維持活動.

PL《略語》= *p*roduct *l*iability 製造物責任.

pl.《略語》= *pl*ural〖文法〗複数(形).

***plac・ard** [plǽkɑːrd] 名C プラカード; ポスター、張り紙、掲示. — 動 他〈壁など〉にポスター[掲示]をはる; …を張り紙で掲示する.

pla・cate [pléikeit / pləkéit] 動 他《格式》〈人〉をなだめる、慰める;〈怒りなど〉を静める.

pla・ca・to・ry [pléikətɔ̀:ri / pləkéitəri] 形《格式》なだめる(ような)、懐柔的な.

******place** [pléis] 名 動【原義は「広場」】
— 名(複 **plac・es** [~iz]) **1** C 場所、所: one's *place* of birth 出生地 / one's *place* of work 職場、勤務先 / This would be a good *place* for soccer. ここはサッカーをするのによい場所だろう / Smoking is forbidden in public *places*. 公共の場所では禁煙です / We need a *place* to park our car. 駐車する場所が必要です.
2 C 地域、地方、都市: What *places* in Japan do you like? 日本のどの地方が好きですか / He grew up in a small *place* in Ohio. 彼はオハイオ州の小さな町で育った.
3 C (本・楽譜などの特定の) 箇所;(病気の) 患部: a sore *place* on one's back 背中の痛い所 / I forgot to mark my *place* in this novel. 私はこの小説の読みかけの所に印を付けた.
4 C 席、座席;(順番待ちの列の) 場所: take one's *place* 席に座る / There were still some *places* left on the train. 列車には空席がまだいくらか残っていた.
5 C〖通例 one's ~〗《口語》家、自宅: Come and have a dinner at our *place*. 私たちの家に夕食を食べに来てください.
6 C〖通例、単数形で〗職、仕事口; 役目; 地位、身分: get [lose] a *place* 職を得る[失う] / It's your *place* to do it. それをするのがあなたの役目です / He has an important *place* in that club. 彼はそのクラブで重要な地位にある.
7 C 立場、境遇: She knows her *place*. 彼女は自分の立場をわきまえている. **8** C 本来の[決められた]場所: Put this chair back to its *place*. このいすを元の場所に戻しなさい. **9** C〖通例、単数形で〗(名簿などの) 順序、順位;(競技・レースなどの) 入賞順位;《米》〖競馬〗2位入賞: win (the) first *place* 1位になる. **10** U 空間、余地(space). **11** C〖数学〗桁(ξ)、位(ξ)〗: to three *places* of decimals = to three decimal *places* 小数点以下3桁まで.
■ *àll óver the plàce* **1** 至る所で: There are Christmas decorations *all over the place*. 至る所にクリスマスの飾り付けがしてあった. **2** 散らかって、非常に乱雑な.

chánge pláces[…と]席[場所]をかわる; 地位[立場、役割]を取り替える[*with*].

fáll ìnto pláce(様子・事情が)はっきりしてくる;(話が)つじつまが合う.

from pláce to pláce あちこちに.

give pláce to ...(格式)…に席を譲る; …に取って代わられる: Typewriters *gave place to* computers in the 1980s. 1980年代にタイプライターはコンピュータに取って代わられた.

gó plàces **1**〖通例、進行形で〗《口語》成功する. **2** いろいろな所に行く.

in pláce **1** あるべき場所に、きちんと: Put your CDs *in place*. CDを元の場所にしまいなさい.
2(制度などが)機能している.

in pláce of ... = in ...'s pláce …の代わりに: Use my book *in place of* the one you lost. あなたがなくした本の代わりに私の本を使いなさい.

in the fírst pláce そもそも; 第一に.

knów one's pláce 身のほどを知る.

òut of pláce **1**(あるべき位置から)はずれた状態で: The glasses are *out of place*. グラスの位置がおかしい. **2** 場違いな、不適切な: I felt completely *out of place* at that meeting. その会合で自分がまったく場違いだと感じた.

pùt ... in ...'s pláce〈人〉に身のほどを知らせる.

pùt onesèlf in ...'s plàce〈人〉の身になってみる.

tàke pláce(起こるべくして) 起こる (cf. happen (偶発的に) 起こる);(行事など) が行われる: When will the wedding ceremony *take place*? 結婚式はどこで行われるのですか.

tàke ...'s pláce = *tàke the pláce of ...* …の代わりをする、…に取って代わる: No one can *take* that player*'s place*. だれにもあの選手の代わりを務めることはできない.

— 動(三単現 **plac・es** [~iz]、過去・過分 **placed** [~t]、現分 **plac・ing** [~iŋ]) 他 **1**[しばしば副詞(句)を伴って]…を置く、すえる(put): He *placed* his bag on the desk. 彼はかばんを机の上に置いた / She *placed* her car in front of the

entrance. 彼女は玄関の前に車を止めた.
2〈人〉を〈ある地位・役職に〉つける, 配置する: We'll *place* her in [with] the accounting section. 彼女は経理部配属にしよう / He was *placed* as a member of the committee. 彼はその委員会の委員に任命された.
3［…に]〈信用・価値など〉を置く;〈希望・期待など〉をかける［*in, on, upon*］: The Japanese *place* too much weight *on* what others think. 日本人は他人の考え方を気にしすぎる.
4〈注文など〉を出す;〈電話〉を入れる: *place* an order for the book その本を注文する.
5 …を順位付ける, 査定［推定, 判定］する: The interviewers *placed* him second best. 面接担当者は彼を2番目に好ましい人物と判定した.
6［通例, 否定文で]〈人・ものの正体を突き止める; だ［何]であるか思い出す, 見［聞き]分ける: She said hello to me, but I can't *place* her. 彼女は私にあいさつをしたが, どうもだれだか思い出せない.
7［通例, 受け身で]〈競走などで〉…を〈ある順位に〉入賞させる;《米》〈競馬で〉2位までに入賞させる.
— 圓《競走で》〈ある順位に〉入賞する;《米》〈競馬で〉2位以内に入る.
◆ pláce cárd ⓒ〈宴会などでの〉座席札.
pláce kìck ⓒ【球技】プレースキック《ボールを地面に置いてけること》.
pláce màt ⓒ〈食器の下に敷く〉食卓マット.
pláce sètting ⓒ〈食卓に置かれる1人分の〉食器・ナイフ・フォークひとそろい《の配置》.
pla·ce·bo [pləsíːbou] 图（複 **pla·ce·bos, pla·ce·boes** [~z]）ⓒ 偽薬, プラシーボ; 気休め.
place·ment [pléismənt] 图 **1** ⓒⓊ 置くこと; 配置. **2** Ⓤ 職業紹介, 就職斡旋(ﾂ); ⓒ 仕事. **3** ⓒ【球技】プレースメント《プレースキックをするためにボールを地面に置くこと》.
◆ plácement òffice ⓒ〈大学などの〉就職課.
plácement tèst ⓒ クラス分け《実力》試験.
pla·cen·ta [pləséntə] 图（複 **pla·cen·tas** [~z], **pla·cen·tae** [-tiː]）ⓒ【解剖】胎盤;【植】胎座.
***plac·id** [plǽsid] 形〈人・動物が〉おとなしい, 落ち着いた;〈物事・環境などが〉穏やかな, 静かな.
pla·cid·i·ty [pləsídəti] 图Ⓤ 落ち着き; 平穏.
plac·id·ly [plǽsidli] 副 落ち着いて; 穏やかに.
pla·gia·rism [pléidʒərizm] 图 **1** Ⓤ〈他人の文章・考えなどの〉剽窃(ﾋﾟｮｳ), 盗用. **2** ⓒ 剽窃《盗用》したもの.
pla·gia·rist [pléidʒərist] 图ⓒ 剽窃(ﾋﾟｮｳ)《盗用》者.
pla·gia·rize [pléidʒəràiz] 動他〈他人の文章・考えなど〉を剽窃(ﾋﾟｮｳ)《盗用, 盗作》する.
***plague** [pléig] 图 **1** ⓒⓊ 疫病, 伝染病;［the ~]ペスト. **2** ⓒ 災難, 天災;《害虫などの》異常発生, はびこり: a *plague* of locusts イナゴの異常発生. **3** ⓒ［通例, 単数形で]《口語》やっかいなもの［人］, 人を悩ます物事.
■ *A plágue on ...!*《文語》いまいましい…め.
— 動他〈人〉を［…で]絶えず悩ます, …を［質問などで]困らせる［*with*］.
plaice [pléis] 图（複 **plaice, plaic·es** [~iz]）【魚】ⓒ カレイ, ヒラメ; Ⓤ カレイ［ヒラメ]の肉.

plaid [plǽd]《☆ 発音に注意》图 **1** ⓒ《スコットランド高地人が用いる》格子縞(ｼﾞﾏ)［タータンチェック]の肩掛け. **2** Ⓤ 格子縞《の織物》.
*****plain** [pléin]《☆同園 plane》
形 副 图《原義は「平らな」》
— 形（比較 **plain·er** [~ər]; 最上 **plain·est** [~ist]） **1** 明白な, はっきりした; わかりやすい, 平易な: a *plain* fact 明白な事実 / It is *plain* that you are right. あなたが正しいのは明白です / Answer the questions in *plain* words. 質問にはわかりやすい言葉で答えなさい.
2 簡素な, 質素な,《食べ物に》淡泊な, あっさりした, 何も加えていない: a *plain* dress 質素な服 / *plain* yogurt プレーンヨーグルト.
3《ものが》飾りのない;《布が》無地の, 平織りの《絵などが》着色していない;《紙が》罫(ｹｲ)のない: *plain* cloth 無地の布 / *plain* paper 罫のない紙.
4《言葉・態度などが》率直な, 飾り気のない《frank》: a *plain* man 気さくな男性 / She told me her *plain* feelings. 彼女は私に率直な気持ちを話してくれた.
5《軽蔑》《特に女性が》不器量な. **6**［限定用法]普通の, 平凡な: *plain* people 庶民. **7**［限定用法]まったくの: *plain* nonsense まったくのたわ言.
■（*as*）*pláin as dáy*［*the nóse on your fáce*］非常に明白な.
to be plain with you［文修飾]率直に言うと: *To be plain with you*, I don't like musicals. 正直なところ, 私はミュージカルが好きではない.
— 副 **1** はっきりと; わかりやすく, 平易に: Please speak *plainer*. もっとわかりやすく話してください. **2**《口語》まったく: Your answer is *plain* wrong. あなたの答えは全然間違っている.
— 图 **1** ⓒ 平野, 平地;［しばしば ~s; 単数扱い]《大》平原: the (Great) *Plains* 大平原地帯《米国ロッキー山脈東部の平原地帯》. **2** Ⓤ 平編み《メリヤス編み（plain stitch）.
◆ pláin chócolate Ⓤ《英》《ミルクの入っていない》プレーンチョコレート（《米》dark chocolate）.
pláin sáiling Ⓤ《物事の》順調な進行, とんとん拍子に運ぶこと.
plain-clóthes 形［限定用法]《警官・刑事が》私服の, 平服の.
plain-clothes·man [pléinklóuðzmən] 图（複 **plain-clothes-men** [-mən]）ⓒ 私服警官［刑事］.
***plain·ly** [pléinli] 副 **1** 明白に, はっきりと;［文修飾]明らかに: *Plainly*, he is guilty. 明らかに彼は有罪です. **2** 率直に, ありのままに: to put it *plainly* 率直に言えば. **3** 質素に, 簡素に: She was dressed *plainly*. 彼女は質素な身なりだった.
plain·ness [pléinnəs] 图Ⓤ **1** 明白さ. **2** 率直さ. **3** 質素, 地味; 不器量.
plain·song [pléinsɔ̀ːŋ / -sɔ̀ŋ] 图Ⓤ【キリスト】単旋律聖歌《中世の教会音楽の一形式》.
pláin-spó·ken 形 率直な言い方をする; 無遠慮な, あからさまな.
plaint [pléint] 图ⓒ《文語》悲嘆, 嘆き.
plain·tiff [pléintif] 图ⓒ【法】原告, 提訴人（cf. defendant 被告）.
***plain·tive** [pléintiv] 形 哀れな, もの悲しげな.

plain・tive・ly [〜li] 副 哀れに，もの悲しげに．
plait [pléit / plǽt] 《古風》名 C 《しばしば〜s》《英》編んだもの，おさげ髪（《主に米》braid）．
— 動 他 〈髪・わらなど〉を編む．

plan [plǽn]
名 動【原義は「平面図」】

— 名 (複 **plans** [〜z]) C **1** […の/…する]計画，プラン，案，予定 [*for* / *to do*] (→ 類義語): We can't change our *plans*. 私たちは計画を変更できない / He made *plans for* his trip to China. 彼は中国旅行の計画を立てた / I think it's a good plan to ask an expert for advice. 専門家に助言を求めるのはいい考えだと思う / Do you have any *plans for* the summer vacation? 夏休みに何か計画はありますか．

コロケーション 計画を…
- 計画を実行する: *carry out a plan*
- 計画を立てる: *draw out* [*work out*] *a plan*
- 計画を中止する: *stop* [*drop*] *a plan*
- 計画を発表する: *announce a plan*

2 設計図，平面図; (市街などの詳細な)地図，案内図: a floor *plan* (建物の)平面図，間取図 / a working *plan* 工作図 / ask an architect to draw a *plan* for one's new house 建築家に新居の設計を依頼する．
3 (支払いなどの)方式，やり方: on a monthly installment *plan* 月賦で．
■ **gò accórding to plán** 計画[予定]通りに進む: Everything *went according to plan*. 万事計画通りにうまくいった．

— 動 (三単現 **plans** [〜z]; 過去・過分 **planned** [〜d]; 現分 **plan・ning** [〜iŋ])
— 他 **1** (a) [plan+O] …を計画する，立案する: Mr. Brown is *planning* a small party at his home. ブラウン氏は自宅でささやかなパーティーを開く計画を立てている / I need to *plan* my schedule again. 私はもう一度予定を立て直す必要がある．(b) [plan+to do] …する案を立てる，…するつもりである (➡ LET'S TALK): I am *planning to* show my mother around Kyoto. 私は母に京都を案内するつもりです．**2** …を設計する，…の図面[設計図]をかく: They asked a celebrated architect to *plan* the theater. 彼らは著名な建築家に劇場の設計を依頼した．
— 自 **1** […の]計画を立てる [*for*]: They *planned for* a homecoming party. 彼らは同窓会の計画を立てた．**2** […する]つもり[計画]である [*on*] (◇ plan to do より口語的): What do you *plan on* starting? 何を始めるつもりですか．
■ **plán óut** 他 …を綿密に計画する．

類義語 **plan, scheme, project, schedule**

共通する意味≫計画 (a method for doing something or achieving an end or result)

plan は「計画」の意を表す最も一般的な語: The mayor has a *plan* for renewing the business district. 市長は商業地区の改造計画を持っている．**scheme** は《主に英》で用い，しばしば「非現実的で実行不可能な計画」を表す．また，「悪だくみ，陰謀」という悪い意味で用いることも多い: a *scheme* to increase sales 販売促進計画 / a *scheme* to rob a bank 銀行強盗の陰謀．**project** は「綿密に立案された大がかりな計画」の意: the government's highway construction *project* 政府の幹線道路建設計画．**schedule** は計画実施の段取りや時間の割り振りを示す「予定(表)，時間表」の意: What's on the *schedule* today? きょうはどんな予定になっていますか．

plane¹ [pléin] (☆ 同音 plain)
名 形【原義は「平らな面」】
— 名 (複 **planes** [〜z]) C **1** 《口語》飛行機 (《米》airplane, 《英》aeroplane) (→ AIRCRAFT

LET'S TALK 予定の述べ方

[基本] **I'm planning to get....**

Bill: **I'm planning to get a driver's license.**
(運転免許を取る予定です)
Kenji: **Really? That's great!**
(本当ですか．それはすごいですね)

はっきり決まった予定を述べるときには，「be planning + to 不定詞 (…する予定である)」を使いましょう．「be going + to 不定詞」を使ってもかまいません．

また，go, come, leave, start, arrive などの往来・発着を表す動詞は，現在進行形を用いてはっきり決まった予定を表すことができます．

I'm leaving for New York next week. は，「私は来週ニューヨークへ出発することが決まっています」という意味です．

まだはっきりと決まっていない予定を述べるときには，I'm thinking of leaving for... (…に出発しようかと思っている) のように think を用いるとよいでしょう．

[類例] A: What will you do after you graduate from high school?
(高校を卒業したあと，どうする予定ですか)
B: I'm thinking of going on to college. (大学に進学しようと思っています)

plane²

図): a passenger *plane* 旅客機 / a transport *plane* 輸送機 / get on a *plane* = board a *plane* 飛行機に乗る / get off [out of] a *plane* 飛行機から降りる / Our *plane* took off for Vancouver. 私たちの飛行機はバンクーバーに向けて離陸した.

2 平面, 水平面: a horizontal *plane* 水平面 / a vertical *plane* 垂直面.

3 水準, 程度, 段階: The discussion was on a high *plane*. その議論はレベルの高いものだった.

— 形 [比較なし; 限定用法] 平らな, 平面の: a *plane* surface 平らな表面.

— 動 (自) (飛行機・鳥が) 滑空する; (船が) 水面を滑走する.

◆ **pláne geómetry** U 平面幾何学.

plane² 名 C かんな.
— 動 他 …にかんなをかける; …にかんなをかけて平らにする. — 自 かんなをかける.

‡**plan・et** [plǽnit] 名 C 【天文】惑星. (cf. a (fixed) star 恒星)

plan・e・tar・i・um [plæ̀nətéəriəm] 名 (複 **plan・e・tar・i・ums** [~z], **plan・e・tar・i・a** [-riə]) C プラネタリウム, 星像投影機; プラネタリウム館 [室].

plan・e・tar・y [plǽnətèri / -təri] 形 [通例, 限定用法] 惑星の(ような). (▷ 名 plánet)

*****plank** [plǽŋk] 名 C **1** 厚板; 板材 《通例, 厚さ5-15cm, 幅20cm以上で, board より厚い》.

2 (政党綱領などの) 主要項目.

■ ***wálk the plánk*** 船から突き出た板の上を目隠しして歩く《海賊の捕虜処刑法》.

plank・ing [plǽŋkiŋ] 名 U 板張り(すること); [集合的に] 床板, 敷き板.

plank・ton [plǽŋktən] 名 U 【生物】プランクトン, 浮遊微生物.

*****plan・ner** [plǽnər] 名 C 計画者, 立案者.

*****plan・ning** [plǽniŋ] 名 U 計画(すること); (特に社会的・経済的な)計画; 都市計画: family *planning* 家族計画.

◆ **plánning permíssion** U 《主に英》(新築・増改築の) 建築許可, 開発許可.

‡‡**plant** [plǽnt / plɑ́ːnt]

— 名 (複 **plants** [plǽnts / plɑ́ːnts]) **1** C 植物; (樹木に対して) 草, 草本; 苗木: *plants* and animals 動植物 《◇日本語と語順が異なることに注意》 / flowering *plants* 顕花植物 / a medicinal [poisonous] *plant* 薬 [毒] 草 / garden *plants* 園芸植物 / water a *plant* 植物に水をやる / The study of *plants* is called botany. 植物の研究は植物学と呼ばれる.

2 C 工場, 生産施設: a power *plant* 発電所 / a manufacturing *plant* 製造工場 / a sewage disposal *plant* 下水処理場.

3 U 機械装置, (大型・集中) 設備: the heating *plant* for a hospital 病院用暖房設備.

4 C 《罪をかぶせるために他人の衣服などに忍び込ませた》 盗品, 銃砲品.

5 C 《口語》 スパイ, 回し者.

— 動 他 **1** 〈植物〉を〔土地に〕植える〔*in*〕; 〈土地〉に〔植物を〕植える〔*with*〕: British people love to plant roses *in* their gardens. イギリス人は庭にバラを植えるのが好きです / I *planted* the field *with* tomatoes. 私は畑にトマトを植えた.

2 〈警官など〉を配備する, 配置する; (しっかりと) …を据(*)える, 立たせる: *plant* oneself in a chair いすにどっかりと座る / Along the main streets were *planted* armed policemen. 目抜き通りには武装警官が配置されていた.

3 〈爆発物など〉を仕掛ける: The bomb was discovered which had been *planted* in the building. ビルに仕掛けられていた爆弾が発見された.

4 〈スパイなど〉を送り込む; 《口語》(罪をかぶせるために) …を〔…に〕忍び込ませる〔*on*〕: Someone *planted* the gun *on* him. だれかが彼の服に銃を忍ばせた.

5 〈思想・考えなど〉を教え込む, 植え付ける.

■ ***plánt óut*** 他 (鉢・苗床から) …を(取り出して露地に) 移し植える; …を(一定の) 間隔を置いて植える.

◆ **plánt pót** C 植木鉢.

plan・tain¹ [plǽntin / -tin] 名 C 【植】 オオバコ.

plan・tain² [plǽntin] 名 C 【植】 プランテーン, 料理用バナナ(の木 [実]).

‡**plan・ta・tion** [plæntéiʃən / plɑːn-] 名 C
1 プランテーション, 大農園: a coffee *plantation* コーヒー農園. **2** 植林地.

plant・er [plǽntər / plɑ́ːntə] 名 C **1** プランテーション経営者, 大農園主. **2** 種まき機. **3** プランター《草花を植える飾り容器》.

plaque [plǽk / plɑ́ːk] 名 **1** C (金属・陶製などの) 刻板, 飾り板. **2** U 【歯】 歯垢(*).

plas・ma [plǽzmə] 名 **1** U 【生理】 血漿(*) (blood plasma). **2** U 【物理】 プラズマ.

‡**plas・ter** [plǽstər / plɑ́ːstə] 名 **1** U しっくい, プラスター, 壁土. **2** U = pláster of Páris 焼きこう; ギプス: in *plaster* ギプスをして [した].

3 C U こう薬; 《英》 ばんそうこう.

— 動 他 **1** …にしっくいを塗る. **2** 〈体〉にこう薬をはる. **3** …を(表面に) 塗り付ける, 一面にはる; …に […を] べたべた塗る [はる] 〔*with*〕.

■ ***pláster óver*** 他 **1** …にしっくいを塗る; 〈割れ目など〉をしっくいで繕う: *plaster over* the walls 壁にしっくいを塗る. **2** 〈欠点など〉を包み隠す.

◆ **pláster cást** C **1** 石こう像. **2** ギプス.

plas・ter・board [plǽstərbɔ̀ːrd / plɑ́ːstə-] 名 U プラスターボード, 石こうボード 《壁・天井・間仕切りなどに用いる石こうを芯(*)にした薄板》.

plas・tered [plǽstərd / plɑ́ːs-] 形 **1** しっくいを塗った; 石こうで作った. **2** […で] べたべたになった 〔*with*〕. **3** 〔叙述用法〕《口語》酔っ払った.

plas・ter・er [plǽstərər / plɑ́ːs-] 名 C 左官.

‡‡**plas・tic** [plǽstik] 名 形

— 名 (複 **plas・tics** [~s]) **1** U C プラスチック, 合成樹脂; ビニール; [~s] プラスチック [ビニール] 製品: This lunch box is made of *plastic*. この弁当箱はプラスチック製です / We should recycle *plastics*. プラスチックは再利用しなければならない.

2 U 《口語》 = plástic móney クレジットカード.

— 形 **1** プラスチック (製) の, ビニール (製) の: a *plastic* greenhouse ビニールハウス / a *plastic*

bag (スーパーなどでくれる) レジ袋, ポリ袋. **2** 思うままの形にできる, 可塑(ネネ)性の: a *plastic* substance 可塑性の物質. **3** 人工的な; 作られた.
◆ plástic árt ⓤ [または ～s] 造形美術.
plástic bómb [explósive] ⓒ プラスチック爆弾.
plástic súrgeon ⓒ 形成外科医.
plástic súrgery ⓤ 形成外科.
plástic wráp ⓒ 《米》(食品包装用の) ラップ.

plas·ti·cine [plǽstəsìːn] 图 [時に P-] 《英》《商標》プラスチシン 《工作用粘土》.

plas·tic·i·ty [plæstísəti] 图 ⓤ 柔軟性, 適応性; 可塑(ネネ)性.

★★★ plate [pléit]

图 動 【原義は「平らなもの」】

—— 图 (複 **plates** [pléits]) **1** ⓒ 皿, 平皿 (→ DISH 類義語); ひと皿分 (の料理); (皿に盛った) 1人前の食事: a paper *plate* 紙皿 / a soup *plate* スープ皿 / a dinner *plate* ディナープレート / a *plate* of fish and chips フィッシュアンドチップス1皿.
2 ⓒ 金属板, 平板, 板金: a copper *plate* 銅板.
3 ⓒ 表札, 看板, (自動車の) ナンバープレート (《米》 license plate, 《英》 numberplate): The *plate* on the door said "FOR SALE." ドアの看板には「売家」と書いてあった.
4 ⓒ [the ～] 《野球》本塁, ホームプレート (home plate); ピッチャープレート (pitcher's plate).
5 ⓒ 《地質》プレート 《地球の表層部を構成している岩板》. **6** ⓒ 《動物》(は虫類などの) 甲, うろこ.
7 ⓒ 《印刷》版; (本などの) 図版; 《写真》感光板.
8 ⓒ (牛肉の) ばら肉 (→ BEEF 図). **9** ⓤ (金・銀などの) めっき; [集合的に] 金属製の食器. **10** [the ～] (教会の) 献金皿.
■ *hánd* [*give*] ... *on a pláte* 《口語》 やすやすと ...を人に渡す [与える].
have a lót [*enóugh, tóo múch*] *on one's pláte* 《口語》 やるべきことが山ほどある.
—— 動 ⑲ **1** ...にめっきをする [*with*].
2 ...を板金で覆う.
◆ pláte gláss ⓤ (厚手で上質の) 板ガラス.
pláte tectónics ⓤ 《地質》プレートテクトニクス 《プレートの動きによって地殻変動が起こるとする学説》.

*** **pla·teau** [plætóu / plǽtou] (複 **pla·teaus, pla·teaux** [～z]) ⓒ **1** 高原, 台地. **2** (学習・事業などの) 停滞期; (景気の) 安定期.

plate·ful [pléitfùl] ⓒ 皿1杯分の料理.
plate·let [pléitlət] ⓒ 《解剖》血小板.

★★★ plat·form [plǽtfɔ̀ːrm]

—— 图 (複 **plat·forms** [～z]) ⓒ **1** 演壇, 壇; 教壇 (➔ CLASSROOM [PICTURE BOX]); 舞台: a speaker's *platform* 演壇 / mount a *platform* 壇上に上がる / The prime minister is on the *platform*. 総理大臣が演説をしている.
2 (駅の) プラットホーム: a departure [an arrival] *platform* 発車 [到着] ホーム / The train for Kyoto leaves from *platform* 2. 京都行きの列車は2番線から出ます.
3 [the ～] 《米》(客車の) 乗降口, デッキ; 《英》 (バスの) 乗降口. **4** [通例, 単数形で] (政党の) 綱領, 公約. **5** (人が働くための) 高い足場; (海底油田開発のための) プラットホーム. **6** [～s] = plátform shòes 厚底靴. **7** 《コンピュータ》 プラットホーム 《システム開発の基盤となるハード [ソフト] ウェア》.

plat·ing [pléitiŋ] 图 ⓤ (金・銀などの) めっき.
plat·i·num [plǽtənəm] 图 ⓤ 《化》 プラチナ, 白金 (《元素記号》 Pt).
◆ plátinum blónde ⓒ 《口語》 プラチナ色の髪をした女性.

plat·i·tude [plǽtətjùːd / -tjùːd] 图 ⓒ 《軽蔑》月並みな言葉, 陳腐な決まり文句.

plat·i·tu·di·nous [plæ̀tətjúːdənəs / -tjùːd-] 形 月並みな, 陳腐な.

Pla·to [pléitou] 图 圄 プラトン 《427?-347? B.C.; 古代ギリシャの哲学者》.

pla·ton·ic [plətánik / -tɔ́n-] 形 **1** 観念的な; (恋愛の) プラトニックな: *platonic* love プラトニックラブ, 精神的恋愛. **2** [P-] プラトン哲学の.

pla·toon [plətúːn] 图 ⓒ 《単数・複数扱い》 **1** 小集団, 一団. **2** 《軍》小隊.

plat·ter [plǽtər] 图 ⓒ 《米》 **1** (肉・魚などを盛る) 大皿; 大皿料理. **2** 《米・古風》レコード.

plat·y·pus [plǽtipəs] 图 ⓒ 《動物》カモノハシ.

plau·dit [plɔ́ːdit] 图 ⓒ 《通例 ～s》《格式》かっさい, 拍手, 絶賛.

plau·si·bil·i·ty [plɔ̀ːzəbíləti] 图 ⓤ 本当らしさ, ことらしやかなこと, もっともらしさ.

* **plau·si·ble** [plɔ́ːzəbl] 形 **1** (話などが) まことしやかな, もっともらしい. **2** 《軽蔑》口先のうまい.

plau·si·bly [plɔ́ːzəbli] 副 まことしやかに.

★★★ play [pléi]

動 图

原義は「活動する」.
動 ⓘ ① 遊ぶ. ⓘ 1; ⑲ 1
② 競技をする. ⓘ 2; ⑲ 2
③ 演奏する. ⓘ 3; ⑲ 3
④ 演じる. ⓘ 4; ⑲ 4
图 ① 遊び. **2, 3**
② 競技; 競技ぶり. **2, 3**
③ 劇. **4**

—— 動 (三単現 **plays** [～z]; 過去・過分 **played** [～d]; 現分 **play·ing** [～iŋ])
—— ⓘ **1** [...と [で]] 遊ぶ; [...を] いじる, もてあそぶ [*with*]: The children were *playing* in the vacant lot. 子供たちは空き地で遊んでいた / Don't *play with* matches. マッチで火遊びをしてはいけない.
2 競技をする, 試合をする; [...と] 対戦する [*against*]: He *played* in the final. 彼は決勝戦に出場した / Liverpool will *play against* Arsenal next Sunday. 今度の日曜日にリバプールはアーセナルと対戦する.
3 弾く, 演奏する; (楽器などが) 鳴る: She once *played* in that orchestra. 彼女はかつてそのオーケストラで演奏していた / The music box began to *play*. オルゴールが鳴り出した.
4 芝居をする, 演じる; (劇・映画などが) 上演 [上映] される: She is to *play* in a TV drama tonight. 彼女は今晩テレビドラマに出演することになっ

ている / What is *playing* at the Piccadilly Theatre now? ピカデリー劇場では今何を上演していますか.

5 ふるまう; [play＋C] …のふりをする: *play* bravely 勇敢にふるまう / She *played* asleep then. 彼女はその時眠っているふりをした.

6 [副詞(句)を伴って]〈動物・鳥などが〉はね回る, 飛び回る;〈旗などが〉翻(ஂ゙゚)る;〈光・影などが〉ちらちらする, きらきら輝く: Seagulls were *playing* above the shore. カモメが海岸を飛び回っていた.

7〈水・光などが〉ふき出す;［…に］向けられる［*on*, *over*］. **8** 賭(゜)ける, 賭け事をする.

— ⓗ **1** [play＋O]〈遊びなど〉を**する**; …ごっこをする: Let's *play* cards. トランプをしよう / Do you like *playing* video games? テレビゲームは好きですか / The children were *playing* store. 子供たちはお店屋さんごっこをしていた.

2 [play＋O]〈競技〉を**する**(◇通例, 競技名は無冠詞で用いる); …と対戦する: *play* baseball [basketball, soccer] 野球［バスケットボール, サッカー］をする.

3 (a) [play＋O]〈楽器〉を弾く, 演奏する (◇楽器名には通例 the を付ける);〈曲〉を演奏する;〈CD・テープなど〉をかける: I can *play* the piano. 私はピアノが弾けます / The band *played* "God Save the Queen." 楽団は『女王に神のご加護あれ』を演奏した / *Play* this CD, please. このCDをかけてください. (b) [play＋O＋O / play＋O＋for[to] …]〈人〉に〈曲など〉を演奏してやる: She *played* me an American folk song.＝She *played* an American folk song *for* me. 彼女は私にアメリカの民謡を演奏してくれた.

4〈芝居で〉〈役〉を**演じる**;〈場面〉を演じる;〈劇〉を上演する;〈場所〉で公演する: He *played* (the part of) Othello quite well. 彼はオセロ(の役)をとても上手に演じた / We *played* "King Lear" at the school festival. 私たちは学園祭で『リア王』を演じた.

5 …のふりをする;［…において]〈ある役割〉を果たす [*in*]: Don't *play* the fool. ばかなまねはよせ / Japan is *playing* an important role *in* helping developing countries. 日本は途上国の援助に重要な役割を果たしている.

6 [人に]〈策略・いたずら〉を仕掛ける [*on*]: He often *plays* tricks on me. 彼はよく私にいたずらをする / You'd better not *play* a joke on him. あの人をからかわないほうがいい.

7 (試合で) …の役割をする, …のポジションを務める;〈人〉を起用する: He *played* catcher in the game. 彼はその試合で捕手を務めた / The coach *played* a new player as a pinch hitter. コーチは新人をピンチヒッターとして起用した.

8 ［…に]〈光など〉を当てる;〈水・砲火など〉を浴びせる, 放射する［*on*, *over*］: *play* a spotlight *on* an actor 俳優にスポットライトを当てる. **9**〈球〉を打つ;『トランプ』〈札〉を出す;『チェス』〈駒(゛)〉を動かす. **10**〈金〉を賭ける.

句動詞 *pláy alóng* ⓘ ［…と]協調する［*with*］.
— ⓗ [play along＋O / play＋O＋along]〈人〉に返事[決定]を待たせておく,〈人〉をじらす.

pláy aróund [*abóut*] ⓘ (口語) **1** 遊び回る,〈動物が〉飛び回る. **2** ［…を]もてあそぶ, いじる [*with*]. **3** ［…と〕浮気をする [*with*].

pláy at … ⓗ **1** …を遊び半分にやる, いい加減にやる. **2** …ごっこをして遊ぶ.

pláy báck ⓗ [play back＋O / play＋O＋back] **1**〈録音[録画]した音楽・映像など〉を再生する. **2**〈球〉を返球する.

pláy dówn ⓗ [play down＋O / play＋O＋down] …を軽く扱う, 軽視する(↔ play up).

pláy óff ⓗ (同点・引き分けのときに) **プレーオフ[優勝決定試合]をする**.

pláy … óff agàinst 〜 ⓗ (自己の利益のために) …を〜と張り合わせる, 対抗させる.

pláy on [*upón*] … ⓗ〈人・性質など〉を利用する, つけ込む: He *played on* her tenderness. 彼は彼女の優しさにつけ込んだ.

pláy óut ⓗ [play out＋O / play＋O＋out] **1**〈試合・芝居〉を最後までやる,〈曲〉を最後まで演奏する. **2**〈感情など〉を行動に表わす.

・*be pláyed óut* へとへとになっている;〈蓄えが〉尽きている.

pláy úp ⓗ [play up＋O / play＋O＋up] **1** …を強調する, 重視する(↔ play down).
2〈人〉を困らせる. — ⓘ ⦅英口語⦆ **1** いたずらをする. **2**〈機械・体などが〉調子が悪い.

・*pláy úp to* … **1**〈人〉にこびる, 同調する. **2**〈俳優〉の助演をする.

pláy with … ⓗ **1** …と[で]遊ぶ; もてあそぶ (→ ⓘ**1**). **2**〈考えなど〉を弄(ᵁ)ぶ;抱く.

■ *play for tíme* 時間を稼ぐ, 引き延ばしを図る.
play hárd to gét (口語) (女性が, 男性をじらすために) 無関心を装う; 興味がないそぶりをする.
play into …'s *hánds*＝*play into the hánds of* … …の思うつぼになる.
play it cóol [*ríght*, *sáfe*, *stráight*] 冷静に[適切に, 無理なく, 率直に]ふるまう.
play oneself ín (スポーツで) 体を徐々に慣らしていく, 徐々に調子をつかむ.

— 图 (複 **plays** [〜z]) **1** Ⓤ **遊び**, 遊戯; 気晴らし(◇特に気晴らしのための遊びをさす; cf. game (ルールに従う) 遊び): I liked *play* better than school. 私は学校(の勉強)より遊びのほうが好きだった / All work and no *play* makes Jack a dull boy. ⦅ことわざ⦆ 勉強ばかりで遊ばないジャックはだめな子になる ⇒ よく学びよく遊べ.

2 Ⓤ 競技(をすること); 競技の順: There will be no *play* this afternoon. 午後の競技は中止されるだろう / It's your *play*. 君がプレーする番だ.

3 Ⓤ 競技ぶり, プレー; (人の) ふるまい, 行動: fair [rough] *play* フェア［ラフ］プレー.

4 Ⓒ **劇**, 芝居; 戯曲, 脚本: Shakespeare's *plays* シェイクスピアの戯曲 / Let's go to a *play* tonight. 今晩芝居を見に行こう.

【コロケーション】 劇を[に] …
劇を演出する: *direct a play*
劇を書く: *write a play*
劇を再上演する: *revive a play*
劇を上演する: *put on a play*
劇に出る: *act* [*perform*] *in a play*

5 ⓤ(精神・想像力の)活動(の余地);(ものの動ける)余地,(機械などの)遊び. **6** [the ～]《文語》(光などの)ちらつき;(表情などの)微妙な動き: the *play* of light on water 水面の光の揺らめき.

■ **brìng** [**càll**] ... **into pláy** …を働かす,活用する.

còme into pláy 活動しだす,働き始める.

in fúll pláy [稼動].

in pláy **1** 戯れに,ふざけて: I only said that *in play*. それはただの冗談ですよ. **2**《球技》(球が)生きて,セーフで(↔ out of play).

màke a pláy for ... …を得ようと画策する.

màke gréat [**múch**] **pláy abòut** [**of**] **...** …を(大いに)力説[吹聴]する.

òut of pláy《球技》(球が)死んで,アウトで(↔ in play).

◆ **pláying cárd** ⓒ トランプの札 (card).

play·a·ble [pléiəbl] 形 **1** (競技場などが)プレー可能な,競技ができる. **2** 演奏[上演]できる.

play·act [pléiækt] 動《しばしば軽蔑》芝居をする,ふりをする;大げさにふるまう.

play·back [pléibæk] 名ⓒ 録音[録画]の再生.

play·bill [pléibìl] 名ⓒ 演劇のポスター[ビラ];《米》演劇のプログラム.

play·boy [pléibɔ̀i] 名ⓒ プレイボーイ,遊び人.

pláy-by-pláy《米》名ⓒ(通例,単数形で)(スポーツなどの)実況放送. ── 形 実況放送の.

★★★play·er [pléiər]

── 名(複 **play·ers** [～z])ⓒ **1** 競技者,選手: a baseball *player* 野球選手 / There are no reserve *players* on our team. うちのチームは控え選手がいない.

2 (楽器の)演奏者: a piano *player* ピアノ演奏者 / a skillful *player* on the flute 上手なフルート奏者.

3 役者,俳優 (actor): a movie [stage] *player* 映画 [舞台] 俳優. **4** CD [レコード] プレーヤー.

5 (仕事などで)ある役割を果たす人.

◆ **pláyer piáno** ⓒ 自動ピアノ.

play·fel·low [pléifèlou] 名ⓒ = PLAYMATE (↓).

play·ful [pléifəl] 形 **1** ふざけた,まじめでない,本気でない. **2** 元気な,陽気な,楽しそうな.

play·ful·ly [-fəli] 副 ふざけて;陽気に.

play·ful·ness [～nəs] 名ⓤ ふざけること.

play·go·er [pléigòuər] 名ⓒ 芝居の常連.

‡play·ground [pléigràund] 名ⓒ **1** (学校・公園などの)運動場,遊び場. **2**《米》(公共の)運動場,遊園地 (《英》recreation ground);行楽地.

play·group [pléigrùːp] 名ⓒ《英》私設保育園 (playschool).

play·house [pléihàus] 名ⓒ **1** 劇場. **2** おもちゃの家 (《英》Wendy house).

*****play·mate** [pléimèit] 名ⓒ《古風》(子供の)遊び友達,遊び仲間 (playfellow).

play-off [pléiɔ̀(ː)f / -ɔ̀f] 名ⓒ (同点あるいは引き分け後の)再試合;優勝決定戦,プレーオフ.

play·pen [pléipèn] 名ⓒ ベビーサークル,幼児の遊び場用の囲い (pen).

play·room [pléirù(ː)m] 名ⓒ (子供の)遊戯室.

play·school [pléiskùːl] 名ⓒ《英》私設保育園 (playgroup).

play·thing [pléiθìŋ] 名ⓒ **1** おもちゃ (toy). **2** おもちゃにされる人,慰みもの.

play·time [pléitàim] 名ⓤ 遊び[休み]時間.

play·wright [pléirài t] 名ⓒ 劇作家,脚本家.

pla·za [pláːzə / plǽ-]【スペイン】名ⓒ(市・町などの)広場,**⑴**《主に米》ショッピングセンター.

plc, PLC《略語》=*p*ublic *l*imited *c*ompany《英》(株式公開の)有限公司,株式会社.

*****plea** [plíː] 名ⓒ **1** […に対する]嘆願,請願 [*for*]. **2** (通例,単数形で)《法》抗弁,申し立て. **3** [...の]弁解,言い訳 [*of*]: on the *plea* of ... …を口実に.

◆ **pléa bàrgaining** ⓤ《法》司法取引.

*****plead** [plíːd] 動(三単現 **pleads** [plíːdz]; 過去・過分 **plead·ed** [～id], 《米》**plead** [pléd]; 現分 **plead·ing** [～iŋ]) 自 **1** [人に/物事などを/…することを] 嘆願[懇願] する [*with* / *for* / *to do*]: She *pleaded* with them *for* silence [*to* be silent]. 彼女は彼らに静黙を求めた. **2** [...を] 弁護する [*for*]; 《法》[...に対して] 抗弁する [*against*]: They *pleaded against* the oppression. 彼らは抑圧に対して抗議した.

── 他 **1** (a) [plead + O] …を言い訳 [口実] にする: She *pleaded* headache and left work earlier. 彼女は頭痛を訴えて会社を早退した.
(b) [plead + that 節] …であると弁解する,言い訳として…と言う: He *pleaded that* he hadn't known about the rule. 彼はそのルールのことは知らなかったと弁解した. **2** [plead + O] …を弁護する;《法》…を抗弁する,申し立てる.
3 [plead + that 節] …と懇願する.

■ **pléad guílty** [**nót guílty**] (告発に対して)(被告が) 自分の罪を認める [認めない].

plead·ing [plíːdiŋ] 名ⓤ 嘆願;弁護.
── 形 嘆願する(ような),訴えるような.

plead·ing·ly [～li] 副 嘆願するように.

‡pleas·ant [plézənt] (☆ 発音に注意)
《基本的意味は「楽しい (causing a feeling of happiness)」》

── 形 (比較 **more pleas·ant, pleas·ant·er** [～ər]; 最上 **most pleas·ant, pleas·ant·est** [～ist])

1 (a)(物事が) 楽しい,気持ちのよい,快適な; [...に] 気持ちよい [*to*]: a *pleasant* trip 楽しい旅 / a *pleasant* cottage 快適な別荘 / This melody is *pleasant* to the ear. このメロディーは耳に心地よい. (b) [It is pleasant + to do] …することは楽しい: *It is pleasant* to listen to this song. この歌は聴いていて楽しい (= This song is pleasant to listen to.).

2 (人・性格などが) 感じのよい,好ましい; [...に] 愛想のよい [*to*]: a *pleasant* person 感じのよい人 / Clerks should be *pleasant* to customers. 店員は客に愛想よくしなければならない.

3 (天気が) 気持ちよい,晴れている: *pleasant* weather よい天気. (▷ 動 please.)

‡pleas·ant·ly [plézəntli] 副 楽しく,愉快に;愛想よく: The girl smiled *pleasantly* to me. その女の子は愛想よく私ににほえ笑みかけた.

pleas・ant・ry [plézəntri] 名 (複 **pleas・ant・ries** [~z]) C 《通例,複数形で》冗談,ユーモラスな言葉; (あいさつなどの)礼儀上の言葉.

please [plí:z]
【動】【原義は「喜ばせる」】

— 副 **1** 《通例,命令文で》**どうぞ**,どうか: *Please* sit down. どうぞおかけください / *Please* don't ever forget the appointed time. どうか約束の時間を決して忘れないでください / Wait another five minutes, *please*. あと5分お待ちください (◇ please を命令文のあとに付ける場合は前にコンマを置く) / Attention, *please*. お知らせいたします / Check, *please*. お勘定をお願いします.

2 《疑問文に付けて》**どうか**,すみませんが: Will you mail this letter, *please*? この手紙をポストに入れてもらえますか / Would you *please* give me a ride to the station? すみませんが,駅まで乗せて行っていただけませんか / May I have your name, *please*? お名前をお聞かせいただけますか.

3 《申し出や誘いに答えて》**お願いします**: Would you like some cake? — Yes, *please* [No, thank you]. ケーキはいかがですか—ええ,お願いします [いいえ,結構です].

4 《間投詞的に》**お願いです**; 《抗議して》やめてください: *Please*! I'm in a hurry. やめてくれ.私は急いでいるんだ.

— 動 (三単現 **pleas・es** [~iz]; 過去・過分 **pleased** [~d]; 現分 **pleas・ing** [~iŋ])
— 他 《進行形不可》 **1** …を**喜ばせる**,満足させる,楽しませる,…の気に入る: The news will *please* your mother. その知らせを聞いたらあなたのお母さんは喜ぶだろう / It is hard to *please* him. =He is hard to *please*. 彼を満足させるのは難しい,彼は気難しい.

2 《as, what などが導く関係副詞節中で》…したいと思う,…を好む (like): Write *what* you *please*. 好きなことを書きなさい / You can take as many books *as* you *please*. 好きなだけ本を持って行っていいですよ.

— 自 《進行形不可》 **1** 人を喜ばせる,人の気に入る: He always tried hard to *please*. 彼はいつも他人に好かれようと心がけた.

2 《従属節中で》したいと思う,好む (like): Let me do as I *please*. 私の好きなようにさせてくれ / You can stay here as long as you *please*. あなたは好きなだけここにいてかまいません.

■ **if you pléase 1** 《格式》どうか,よろしければ,恐れ入りますが: I must be going, *if you please*. 恐れ入りますが,おいとまさせていただきます. **2** 《古風》驚いたことに,なんとまあ: He knew the answer beforehand, *if you please*. 驚いたことに彼は事前に答えを知っていたのです.

pléase Gód 神のおぼしめしならば,願わくば.
pléase onesélf 《通例,命令文で》《口語・皮肉》自分の好きなようにする: *Please yourself*. 勝手にしろ. (▷ 形 pléasant; 名 pléasure)

pleased [plí:zd]
— 形 **1** 《叙述用法》[…を / …ということを] **喜んで**,満足して,気に入って [*about, at, with* / *that*

節]: Was she *pleased about* the results? 彼女はその結果を喜んでいましたか / Jim is *pleased with* his grade. ジムは自分の成績に満足している / He was *pleased that* his son had returned. 彼は息子が帰って来てうれしかった.

2 《限定用法》うれしそうな,満足そうな: a *pleased* look うれしそうな顔つき.

■ **be pléased to dó** 《丁寧》 **1** …してうれしい: He *was pleased to* hear the news. 彼はその知らせを聞いて喜んだ / (I'm) *Pleased to* meet you. 初めまして. **2** 喜んで…する: If you want, I'll *be pleased to* help you. お望みなら喜んでお手伝いします. **3** ありがたくも…してくださる (◇敬意または皮肉を表す).

pléased with onesélf 《しばしば軽蔑》(自分のしたことに)自己満足して.

pleas・ing [plí:ziŋ] 形 《格式》愉快な,楽しい; 気持ち[感じ]のいい,魅力のある: The music is *pleasing* to the ear. その曲は耳にとても心地よい.
pleas・ing・ly [~li] 副 心地よく,満足して.
pleas・ur・a・ble [pléʒərəbl] 形 《格式》愉快な,心地よい,楽しい (enjoyable).
pleas・ur・a・bly [-əbli] 副 愉快に,楽しく.

pleas・ure [pléʒər] (☆ 発音に注意)

— 名 (複 **pleas・ures** [~z]) **1** U […する] **喜び**,楽しみ,満足 [*of doing*] (→類義語) : I gradually understand the *pleasure* of painting. 私は絵をかくことの楽しさがだんだんわかってきた / Dancing gives me great *pleasure*. = It gives me great *pleasure* to dance. 私は踊ることが大好きです.

2 C 楽しいこと,喜びを与えるもの; 娯楽; U (肉体的)快楽: a *pleasure* resort 歓楽地 / share one's *pleasures* and pains 苦楽を共にする / It's a *pleasure* to see you. お会いできてうれしい.

3 U 《通例 one's 〜》《格式》意志,希望,都合: consult …'s *pleasure* …の希望を伺う / What's his *pleasure* in this matter? この件に関して彼の意向はどうですか.

■ **at one's pléasure** 好きなときに,随時 [随意] に.
for pléasure 楽しみで,遊びで (↔ on business): This time I went to New York *for pleasure*. 今回は遊びでニューヨークに行った.

háve the pléasure of … 《格式》…させていただく,…の光栄に浴する: I *had the pleasure of* meeting the Queen. 私は女王にお目にかかる光栄に浴した.

(It's) Mý pléasure. = **The pléasure is míne.** どういたしまして,こちらこそ: Thank you for your advice. — *My pleasure*. ご助言ありがとうございます—どういたしまして.

tàke pléasure in … …を楽しむ,喜んで…する: He *takes pleasure in* teaching. 彼は教えることを楽しんでいる.

with pléasure 《口語》喜んで,快く: Will you join our party? — Yes, *with pleasure*. 私たちのパーティーに参加してくださいませんか—ええ,喜んで. (▷ 動 please)

◆ **pléasure bòat** C レジャー用の船,遊覧船.

[類義語] **pleasure, delight, joy, enjoyment**
共通する意味▶喜び (an agreeable feeling of satisfaction or happiness)
pleasure は「喜び」の意を表す最も一般的な語: Thank you. – The *pleasure* is mine. ありがとう—どういたしまして / The gift gave him a lot of *pleasure*. その贈り物に彼は大喜びした.
delight は「突然でつかの間の大きな喜び」を表す: The child danced around her in *delight*. その子はうれしさのあまり彼女の周りを踊り回った.
joy は「持続的な大きな喜び」を表す: They were filled with *joy* at her safe return. 彼女が無事に帰って彼らは大喜びだった. **enjoyment** は「穏やかな喜び, 楽しみ」を表す: The old man's greatest *enjoyment* is walking with his dog. その老人の最大の楽しみは犬と散歩することです.

pleat [plíːt] 名 C (スカートなどの) プリーツ, ひだ.
pleat·ed [plíːtid] 形《通例, 限定用法》ひだの付いた.
pleb [pléb] 名 C《通例 ~s》《口語・軽蔑》庶民, 大衆, 民衆.
ple·be·ian [pləbíːən] 名 C **1** (古代ローマの) 平民. **2**《軽蔑》庶民, 大衆, 下賤(げ)な人.
— 形 **1** (古代ローマの) 平民の. **2**《軽蔑》庶民[大衆]の; 下賤《粗野》.
pleb·i·scite [plébisàit / -sit] 名 C 国民投票, 一般投票: hold a *plebiscite* 国民投票を行う.
plec·trum [pléktrəm] 名《複 **plec·trums** [~z], **plec·tra** [-trə]》C《音楽》(マンドリン・ギターなど弦楽器の) ピック, つめ (《口語》pick).
pled [pléd] 動《米》plead の過去形・過去分詞.
*****pledge** [pléʤ] 名 **1**《格式》《…するとの / との》誓約, 固い約束 (promise) 《*to do* / *that* 節》; (選挙などでの) 公約: give [take, make] a *pledge* 誓約する / fulfill one's *pledge* 約束を果たす. **2** U 抵当, 担保, 質入れ; C 抵当の品, 質草: put [give, lay] ... in *pledge* …を質[担保]に入れる. **3**《愛情などの》しるし, 証(ぁゕ), 保証《*of*》; (愛のしるしとしての) 子供: as a *pledge* of love [friendship] 愛情[友情]の証として. **4** C《米》(クラブなどへの) 入会誓約者, 仮入会者.
■ sign [take] *the plédge*《古風》禁酒を誓う.
— 動 **1** (a)《pledge + O》《人に》…を誓う《*to*》: *pledge* support 支持を誓う / *pledge* loyalty to the king 国王に忠誠を誓う (b)《pledge + to do《that節》》…すること《…ということ》を誓う: He *pledged* never to drink again. = He *pledged* that he would never drink again. 彼は二度と酒を飲まないと誓った. **2**〈人に〉《…を / …すること》誓約させる《*to* / *to do*》: The boy *pledged* himself to keep the secret. 少年は秘密を守ることを誓った. = The boy was *pledged* to secrecy. **3** …を《…の》抵当に入れる, 担保にする, 質に入れる《*for*》. **4**《米》…に (クラブなどの) 入会を誓約させる.
Ple·ia·des [plíːədìːz / pláiə-] 名《the ~; 複数扱い》**1**《ギ神》プレイアデス《アトラスの7人の娘》. **2**《天文》すばる, プレアデス《牡牛(ホヒ)座にある星団》.
ple·na·ry [plíːnəri, plénə-]《格式》形《通例, 限定用法》**1** (会議などが) 全員出席の: a *plenary* session 全体会議. **2** (権力などが) 完全な, 無条件の, 全権の: *plenary* powers 全権.
plen·i·po·ten·ti·ar·y [plènipəténʃəri]《格式》名《複 **plen·i·po·ten·ti·ar·ies** [~z]》C 全権大使[使節, 委員]. — 形 全権のある, 絶対の: an ambassador *plenipotentiary* 全権大使.
plen·i·tude [plénətjùːd / -tjùːd] 名 U《文語・誇張》十分, 充実; 充満; 豊富.
plen·te·ous [pléntiəs] 形《文語》豊富[潤沢]な.
*****plen·ti·ful** [pléntifəl] 形 (あり余るほど) 豊富な, 潤沢な, 実り豊かな: a *plentiful* harvest 豊作.
(▷ 名 **plenty**)
plen·ti·ful·ly [-fəli] 副 豊富に, 潤沢に.

*******plen·ty** [plénti] 名 形 副
— 名 U **1**《通例, 肯定文で》**十分**, たくさん (↔ lack); [*plenty of* …] (あり余るほど) たくさんの…: He always has *plenty* to do. 彼はいつもやることがたくさんある / You'll need *plenty* of money to start a new business. 新しい事業を始めるには多くの金が必要になる.
[語法] (1) *plenty of* … が主語の場合, 動詞は of のあとに来る名詞の数に合わせる: There are *plenty of* music videos in my study. 私の書斎にはたくさんの音楽ビデオがある / *Plenty of* time is left before the concert begins. コンサートが始まるまでまだたっぷり時間がある.
(2) 通例, 肯定文で用いる. 否定文では much または many, 疑問文では enough を用いる.
2《格式》(ものの) 豊富さ: a year of *plenty* 豊年.
■ *in plénty* 十分に; 豊かに.
— 形《比較なし》《米口語》十分な, 豊かな: Computers were not so *plenty* in those days as they are now. 当時は現在ほどコンピュータの数が多くなかった.
— 副《比較なし》《口語》十分に《◇ *plenty* … enough の形で用いることが多い》; 《原級・比較級を修飾して》《米口語》ずっと…, たくさんの…: The offer was *plenty* good enough for me. その申し出は私にはまったく申し分なかった / It's *plenty* colder than usual. 例年よりずっと寒い.
(▷ 形 **plentiful**)
ple·num [plíːnəm] 名《複 **ple·nums** [~z], **ple·na** [-nə]》C 全体会議, 全員出席の会議.
pleth·o·ra [pléθərə] 名《a ~》《格式》過多《の…》, 過剰《の…》《*of*》.
pleu·ri·sy [plúərəsi] 名 U《医》肋(ろ)膜[胸膜]炎.
plex·us [pléksəs] 名《複 **plex·us·es** [~iz], **plex·us**》C《解剖》(神経・血管などの) 網状組織, 叢(そう).
pli·a·ble [pláiəbl] 形 **1** 曲げやすい, 柔軟[しなやか]な. **2** (性質などが) 適応性のある, 融通の利く. **3** (人に) 影響されやすい, (人の) 言いなりの, 従順な.
pli·ant [pláiənt] 形 = PLIABLE (↑).
pli·ers [pláiərz] 名《複数扱い》ペンチ, プライヤー.
*****plight** [pláit] 名 C《通例, 単数形で》(通例, 悪い) 状態; 苦境, 窮地: in a terrible *plight* ひどい状態で.
plim·soll [plímsəl] 名 C《通例 ~s》《英》スニーカー.

― (《米》sneaker).

◆ Plímsoll lìne [márk] ©《海》満載喫水線.

plinth [plínθ] 图 ©《建》(円柱・彫像の)(方形)台座.

PLO《略語》= *P*alestine *L*iberation *O*rganization パレスチナ解放機構.

*__plod__ [plád / plɔ́d] 動 (三単現 **plods** [pládz / plɔ́dz]; 過去・過分 **plod·ded** [~id]; 現分 **plod·ding** [~iŋ]) 圓 **1** (重い足取りで)ゆっくり進む (*along*, *on*): The old man *plodded* along. その老人はとぼとぼ歩いて行った. **2**《物事に》こつこつ取り組む, [仕事を]骨折ってする (*away*) [*at*, *through*].

■ *plód one's wáy* 重い足取りで歩く.

plod·der [plάdər / plɔ́də] 图 © **1** とぼとぼ[ゆっくり]歩く人. **2**《通例, 軽蔑》こつこつ働く[勉強する]人; まじめだけが取りえの人; のろま.

plonk [pláŋk / plɔ́ŋk] 图動《口語》= PLUNK.

plop [pláp / plɔ́p]《擬声語》图 ©《通例, 単数形で》ぽちゃんという音, ぽとんという落下音.

― 動 (三単現 **plops** [~s]; 過去・過分 **plopped** [~t]; 現分 **plop·ping** [~iŋ]) 圓 **1** ぽちゃんと音がする;[…に]ぽちゃんと落ちる [*into*]. **2** (人が)(疲れて)[…に]体を投げ出す (*down*) [*into*, *on*].
― 他 …をぽちゃんと落とす.

plo·sive [plóusiv]《音声》图 © 破裂音(◇[p][b][t][d][k][g]などの音). ― 形 破裂音の.

***__plot__ [plát / plɔ́t]
图動《原義は「小区画の土地」》

― 图 (複 **plots** [pláts / plɔ́ts]) © **1** […に対する/…する] たくらみ, 陰謀, 計略 [*against* / *to do*]: uncover a *plot* 陰謀を暴く / devise [hatch] a *plot* to rob a bank 銀行強盗を企てる. **2** (劇・小説などの)筋, 構想, プロット: build the *plot* of the play その劇の筋を組み立てる. **3** (小区画の)土地, 敷地: a building *plot* 建築用地. **4**《米》(建物・土地などの)図面, 平面図.

― 動 (三単現 **plots** [pláts / plɔ́ts]; 過去・過分 **plot·ted** [~id]; 現分 **plot·ting** [~iŋ]) 他 **1** …をたくらむ,〈陰謀〉をめぐらす;[…することを]たくらむ [*to do*]: They are *plotting* to blow up the building. 彼らはそのビルを爆破することをたくらんでいる. **2** …の図面[図表]をかく;〈航路など〉を(地)図に記入する: The navigator *plotted* the plane's course. 航空士が飛行機の航路図を作製した. **3** …の構想を練る;〈小説など〉の筋を作る (*out*). **4**〈土地〉を[区分]する, 分ける (*out*).
― 圓 […に対して]陰謀を企てる, たくらむ [*against*]: They are *plotting against* the Premier. 彼らは首相に対して陰謀を企てている.

plot·ter [plátər / plɔ́tə] 图 © **1**《通例 ~s》陰謀者, 計画者. **2** 製図器具. **3**《コンピュータ》プロッター《図表出力装置》. **4** 航路図作製者.

*__plough__ [pláu]《英》图 **1** = PLOW (↓). **2** [the P-]《英》《天文》北斗七星《《米》Big Dipper). ― 動《英》= PLOW (↓).

plov·er [plʌ́vər] 图 ©《鳥》チドリ.

*__plow__, 《英》**plough** [pláu] 图 **1** ©(耕作用の)すき(トラクター・牛・馬などで引く). **2** © すきに似た道具; 除雪機.

― 動 他 **1**〈土地〉をすきで耕す, すく (*up*);〈根・雑草など〉を掘り起こす (*out*, *up*): *plow* (*up*) a field 畑を耕す. **2** …をかき分けて進む;〈船が〉〈波〉を切って進む: He *plowed* his way through the crowd. 彼は群衆をかき分けて進んだ.
― 圓 **1** すきで耕す. **2** [障害などを] かき分けて[骨折って]進む;[仕事・勉強などを] こつこつする [*through*]: The fishing boat *plowed through* the storm. 漁船はあらしをついて進んだ.

■ *plów báck* 他《利益》を[…に]再投資する [*into*]. **2** 〈草〉を(肥料として)畑にすき込む.
plów into ... **1** …に衝突する, 突っ込む.
2〈仕事〉に元気よく取りかかる.

plow·man, 《英》**plough·man** [pláumən] 图 (複 **plow·men**, 《英》**plough·men** [-mən]) ©《古》馬にすきを引かせる人.

plow·share, 《英》**plough·share** [pláuʃèər] 图 © すきの刃.

ploy [plɔ́i] 图 © うまい手,(人をだます)策略, 術策.

*__pluck__ [plʌ́k] 動 他 **1**〈羽・毛など〉をむしり取る, 引き抜く (*out*), …の羽をむしる: *pluck* a chicken 鶏の羽をむしる / *pluck out* a gray hair 白髪を1本抜く. **2** …をぐいと引く; …を[…から]引っ張り出す [*from*]. **3**〈楽器の弦〉をかき鳴らす(《米》pick). **4**《文語》〈花・果実など〉を摘む.
― 圓 […を]ぐいぐい引っ張る [*at*]: He *plucked at* my sleeve. 彼は私のそでを引っ張った.

■ *plúck* ... *òut of the áir* …を急に思いつく.
plúck úp 他 …を引き抜く. ― 圓 勇気を出す.
plúck úp (the) cóurage 勇気を奮い起こす.
― 图 **1** [a ~] ぐいと引く[引っ張る]こと.
2 Ⓤ《古風》勇気, 元気, 決断.

pluck·y [plʌ́ki] 形 (比較 **pluck·i·er** [~ər]; 最上 **pluck·i·est** [~ist])《口語》勇気のある, 大胆な.

*__plug__ [plʌ́g] 图 © **1** 栓 (➡ BATHROOM [PICTURE BOX]): pull out a *plug* 栓を抜く. **2**《電気》差し込み, プラグ;《英口語》(壁の)差し込み口, ソケット: put the *plug* in the outlet プラグをコンセントに差し込む. **3**《口語》(エンジンの)点火プラグ.
4《口語》(放送番組による)さりげない宣伝.
5 (板状に)固めたもの《かみたばこなど》.

■ *púll the plúg on* ... …を急にやめる, 打ち切る.
― 動 (三単現 **plugs** [~z]; 過去・過分 **plugged** [~d]; 現分 **plug·ging** [~iŋ]) 他 **1**〈穴など〉に[…で]栓をする,〈穴など〉を[…で]ふさぐ, 詰める (*up*) [*with*] (↔ unplug): *plug up* a hole 穴をふさぐ.
2 …を(放送番組で)さりげなく宣伝する.
3《米・古風》〈人〉を(銃で)撃つ.
― 圓〈物事に〉こつこつ取り組む (*away*) [*at*].
■ *plúg ín* 他 …のプラグをコンセントに差し込む.
plúg into ... …に接続する, つながる.

plug·hole [plʌ́ghòul] 图 ©《英》(流し・浴槽などの)排水口 (《米》drain).

plúg-in 形 (電気器具が)差し込み(接続)式の.

*__plum__ [plʌ́m] 图 **1** ©《植》プラム(の実), 西洋スモモ;= *plúm trèe* 西洋スモモの木. **2** Ⓤ 濃紫色[プラムパープル]. **3** ©《口語》すばらしいもの.
― 形 **1**《口語》すばらしい, 有利な: a *plum* job 割のいい仕事. **2** 濃紫色[プラムパープル]の.

◆ *plúm púdding* Ⓤ Ⓒ《英》プラムプディング (Christmas pudding)《クリスマスの菓子》.

plum·age [plúːmidʒ] 名 U 〖集合的に〗羽毛.
plumb[1] [plʌ́m] 《☆発音に注意》名 C おもり, 垂球.
■ **òff** [**òut of**] **plúmb** 垂直でない, 傾いている.
— 形 **1** 垂直な. **2** 《米口語》まったくの.
— 副 **1** 垂直に. **2** 《口語》正確に. **3** 《米口語》まったく, 完全に.
— 動 他 **1** 〈海など〉の深さを測る. **2** 〈心の中など〉を探る, 理解しようと努力する.
■ **plúmb the dépths of …** 〈絶望・不幸など〉のどん底に落ちる[を経験する].
◆ **plúmb líne** C (おもりの付いた)下げ振り糸.
plumb[2] [plʌ́m] 動 他 〈建物などに〉配管工事をする.
■ **plúmb ín** 〈洗濯機など〉を排水管に取り付ける.
plumb·er [plʌ́mər] 名 C 配管工, 水道工事人.
plumb·ing [plʌ́miŋ] 名 U **1** (水道・ガスなどの)配管工事. **2** (建物内の)配管(設備).
*__plume__ [plúːm] 名 C **1** (通例 ~s) (大きな)羽 (cf. feather 小さな羽). **2** 〖しばしば ~s〗(帽子などの)羽飾り. **3** (煙などが空中に舞い上がった)小さな雲: a *plume* of smoke もくもく立ち昇る煙.
— 動 他 **1** (鳥が)〈羽〉を整える. **2** …を羽で飾る.
■ **plúme onesèlf on** [**upòn**] **…** 《文語》…を自慢する, …に得意になる.
plum·met [plʌ́mit] 動 自 **1** […に]まっすぐに落ちる (*down*) [*to*]. **2** (物価などが)急落する.
plum·my [plʌ́mi] 形 (比較 **plum·mi·er** [~ər]; 最上 **plum·mi·est** [~ist]) **1** スモモの(ような); スモモの入った. **2** 《英口語》すてきな, 結構な.
*__plump__[1] [plʌ́mp] 形 (通例, ほめ言葉) 丸々と太った, 肉付きのよい (◇ fat の婉曲語としても用いる): a *plump* baby 丸々と太った赤ん坊.
— 動 他 〈人など〉を丸々と太らせる; 〈クッションなど〉をふくらませる (*up, out*).
plump[2] 動 自 どすんと落ちる[倒れる] (*down*).
— 他 …を[…に]どすんと落とす[投げ出す] (*down*) [*in, on*].
■ **plúmp for …** 《口語》(よく考えて)…を選ぶ.
*__plun·der__ [plʌ́ndər] 動 他 〈人・場所〉から[ものを]略奪する, 強奪する [*of*]; 〈もの〉を[人・場所]から盗む [*from*]: They *plundered* the castle *of* its treasures. 彼らは城から財宝を略奪した.
— 自 〖人・場所から〗略奪する [*from*].
— 名 U 略奪; 〖集合的に〗略奪品, 盗品.
plun·der·er [plʌ́ndərər] 名 C 略奪者, 盗賊.
*__plunge__ [plʌ́ndʒ] 動 他 **1** …を[…に]突っ込む, 投げ[突き]入れる [*into, in*]: He *plunged* his hands *into* [*in*] his pockets. 彼はポケットに両手を突っ込んだ. **2** …を[…の状態に]陥れる, 追い込む [*into, in*]: He was *plunged into* grief by the news. 彼はその知らせを聞いて悲嘆に暮れた.
— 自 **1** […に]飛び込む, 突っ込む, 突進する [*into, in*]: He *plunged* down the slope. 彼は坂をまっしぐらに駆け下りた. **2** […の状態に]陥る, 突入する [*into, in*]; […に]急に始める […*into*]: *plunge into* debt 借金をこしらえる. **3** (株価などが)急落する. **4** (船が)縦[上下]に揺れる. **5** (衣服のえり元が)深くえぐれている.
— 名 C **1** (通例, 単数形で)飛び込むこと, 飛び込み; ひと泳ぎ; 突入, 突進: take a *plunge* into a pond 池に飛び込む. **2** (価格などの)急落.
■ **tàke the plúnge** 思い切ってやる.
plung·er [plʌ́ndʒər] 名 C **1** (ゴム製吸引カップ付きの)排水管清掃具. **2** 〖機械〗ピストン.
plunk [plʌ́ŋk] 《擬声語》動 《口語》**1** …をどすん [ばん]と投げ出す[置く] (plonk) (*down*).
2 〈弦楽器など〉をぼろんと鳴らす (*out*).
— 自 **1** どすんと落ちる[倒れる, 座る] (*down*).
2 〈弦楽器などが〉ぼろんと鳴る (*away*).
— 名 [a ~] 《口語》ぼろんと鳴らすこと [音]; どすんという音. — 副 どすんと, まともに.
plu·per·fect [plùːpə́ːrfikt] 名 〖the ~〗〖文法〗過去完了, 大過去 (past perfect).
*__plu·ral__ [plúərəl] 形 **1** 〖文法〗複数(形)の (《略語》pl.) (↔ singular): a *plural* noun 複数名詞.
2 複数の, 2つ[2人]以上の.
— 名 〖文法〗**1** U (通例 the ~) = plúral nùmber 複数((略語) pl.). **2** C = plúral fòrm 複数形 (→ NOUN 〖文法〗). (▷ 形 plurálity)
plu·ral·ism [plúərəlìzm] 名 U 《格式》**1** 多元的共存, 多元性 (国家・社会などで人種・宗教・文化などの異なる集団が共存すること); 〖哲〗多元論.
2 (通例, 軽蔑)(特に聖職での)兼務.
plu·ral·ist [plúərəlist], **plu·ral·is·tic** [plùərəlístik] 形 《格式》多元的な; 多元論者の.
plu·ral·i·ty [pluəræləti] 名 (複 **plu·ral·i·ties** [~z]) **1** U 〖文法〗複数. **2** C 《格式》多数(の…), 多種多様(の…) [*of*]. **3** C U 《主に米》(過半数に達しない)最高得票数; (次点者との)得票差; 相対多数 (cf. majority 絶対多数). (▷ 形 plúral)

***__plus__ [plʌ́s] 形 前 名
— 形 〖比較なし〗**1** 〖限定用法〗プラスの, 正の; 陽の (↔ minus): a *plus* quantity 正数.
2 〖数字のあとに付けて〗…以上の: It will take thirty *plus* days to finish the work. その仕事を終えるには30日以上かかるだろう / The girls are all sixteen *plus*. 女の子はみな16歳以上です.
3 〖評点のあとに付けて〗(基準点より)上位の: a grade of B *plus* Bプラスの成績 (◇ B⁺ と書く).
4 〖限定用法〗プラスの, 有利な: a *plus* factor プラス要因.
— 前 **1** …を加えた (↔ minus): Three *plus* five is [equals] eight. 3足す5は8 [3+5=8].
2 《口語》…に加えて, …のほかに: You need a college degree *plus* experience to get this job. この仕事につくには学位に加えて経験が必要です.
— 名 C **1** = plús sìgn プラス記号, 正符号 (+). **2** 《口語》有利な点, 利点; 利益.
plush [plʌ́ʃ] 名 U フラシ天 〖毛足の長いビロード〗.
— 形 **1** フラシ天製の. **2** 〖限定用法〗《口語》豪華な: a *plush* hotel 豪華なホテル.
plush·y [plʌ́ʃi] 形 (比較 **plush·i·er** [~ər]; **plush·i·est** [~ist]) = PLUSH (↑).
Plu·tarch [plúːtɑːrk] 名 固 プルタルコス 《46?-120?; 古代ギリシャの伝記作家. 主著『英雄伝』》.
Plu·to [plúːtou] 名 固 **1** 〖ギ神〗プルトン 《冥界(めいかい)の神; → GOD 表》. **2** 〖天文〗冥王(めいおう)星.

plu·toc·ra·cy [pluːtɑ́krəsi / -tɔ́k-] 名 (複 **plu·toc·ra·cies** [~z]) **1** ⓤ 金権政治, 金持ち支配; ⓒ 金権国家. **2** ⓒ 財閥, 富豪階級.

plu·to·crat [plúːtəkræt] 名 ⓒ 金権政治家; 富豪.

plu·to·crat·ic [plùːtəkrǽtik] 形 金権政治(家)の; 富豪の, 財閥の.

plu·to·ni·um [pluːtóuniəm] 名 ⓤ 【化】 プルトニウム (《元素記号》 Pu).

*__ply__ [plái] 動 (三単現 **plies** [~z]; 過去・過分 **plied** [~d]; 現分 **ply·ing** [~iŋ]) 他 **1** 〈人に〉〈飲食物などを〉しつこく勧める; 〈質問などを〉しつこくする (*with*): She *plied* her guests *with* drinks. 彼女は客に飲み物をしきりに勧めた. **2** 《文語》 〈仕事〉に精を出す. **3** 《文語》 〈船などが〉〈川などを〉(定期的に) 往復する. **4** 《古・文語》〈道具など〉をせっせと使う, 巧みに用いる.
— 自 **1** 《文語》(船・バスなどが) 〔…の間を / …を〕定期的に往復する [*between* / *across*]: Ferryboats *ply across* the channel. フェリーが海峡を往復している. **2** 《英》(タクシーなどが)〈客を〉待つ [*for*], 〔…で〕客待ちをする [*at*].
■ *plý for híre* 《英》(タクシーなどが) 客を待つ.

Ply·mouth [plíməθ] 名 **1** プリマス《英国南西部の港湾都市; 1620年メイフラワー号 (the Mayflower) が出港した地》. **2** プリマス 《米国 Massachusetts 州東部の港湾都市. ピルグリムファーザーズ (Pilgrim Fathers) が植民した地》.
◆ **Plýmouth Còlony** 名 プリマス植民地 (1620年にピルグリムファーザーズの築いた植民地).

ply·wood [pláiwùd] 名 ⓤ 合板(ばん), ベニヤ板 (→VENEER 比較).

PM, P.M.[1] 《略語》《主に英》= *P*rime *M*inister.

p.m., P.M.[2] [píːém] 【ラテン語の *post meridiem* (= afternoon) の略】
《略語》午後 (↔ a.m., A.M.): School ends at 3:30 *p.m*. 学校は午後3時半に終わる (◇ three thirty p.m. と読む).
語法 (1) 数字のあとに付ける. o'clock と一緒には用いない.
(2) 通例, 小文字を用いる. また, pm, PM とつづることもある.
(3) 会話では通例 in the afternoon を用いる.

pneu·mat·ic [njuː)mǽtik / nju(ː)-] 〈☆ 発音に注意〉形 《限定用法》(圧搾) 空気の入っている; (圧搾) 空気で動く: a *pneumatic* tire 空気入りタイヤ.
◆ **pneumátic dríll** ⓒ 《主に英》(圧搾) 空気ドリル 《主に削岩機など》.

*__pneu·mo·ni·a__ [njuː)móunjə / nju(ː)-] 〈☆ 発音に注意〉名 ⓤ 【医】肺炎.

PO, P.O. 《略語》= *p*etty *o*fficer; *p*ost *o*ffice.

poach[1] [póutʃ] 動 他 **1** …を密猟 [密漁] する. **2** (密猟・密漁目的で)〈他人の土地〉に侵入する; 〈他人の権利〉を侵害する; 〈人の考えなど〉を横取りする.
— 自 **1** 〔…を〕密猟 [密漁] する [*for*]. **2** (密猟・密漁目的で)〔他人の土地に〕侵入する; 〔他人の権利を〕侵害する [*on*, *upon*].

poach[2] 動 他 〈卵・魚・果物などを〉熱湯に落としてゆでる: *poached* eggs 落とし卵.

poach·er [póutʃər] 名 ⓒ 密猟 [密漁] 者; 侵入者.

POB, PO Box 《略語》= *p*ost-*o*ffice *b*ox (郵便局の) 私書箱.

pocked [pɑ́kt / pɔ́kt] 形 = POCKMARKED (↓).

***__pock·et__** [pɑ́kit / pɔ́k-] 名 動 【原義は「小さな袋」】
— 名 (複 **pock·ets** [-kits]) ⓒ **1** ポケット: He is standing with his hands in his *pockets*. 彼はポケットに両手を入れて立っている / I took my wallet out of my back *pocket*. 私はズボンのうしろのポケットから財布を取り出した.
2 〔形容詞的に〕小型の, ポケット型の, 携帯用の: a *pocket* calculator 小型電卓 / a *pocket* dictionary ポケット判の辞書.
3 ポケット状のもの; (車のドアなどにある) 物入れ, (座席のうしろなどにある) 網袋 (pouch): She left the magazine in the seat *pocket*. 彼女は雑誌を座席の網袋に置き忘れた.
4 小遣い銭, 所持金; 財力, ふところ具合: pay out of one's *pocket* 自腹を切って払う / have a deep *pocket* 十分な資金がある.
5 孤立した小地区 [集団]. **6** 【地質】鉱脈瘤(りゅう), 鉱穴. **7** 【ビリヤード】玉受け, ポケット. **8** エアポケット (air pocket).
■ *be* [*líve*] *in èach óther's póckets* 《主に英口語》(2人が) いつもぴったり寄りそっている.
háve … in òne's pócket …を手の内にしている, 完全に自分のものにしている.
in [*òut of*] *pócket* 《英口語》もうけて [損をして].
líne one's (*ówn*) *póckets* 私腹を肥やす.
pick …'s pócket 〈人〉にすりを働く.
pùt one's hánd in one's pócket 金を出す.
— 動 他 **1** …をポケットに入れる [しまい込む]: She *pocketed* her keys. 彼女はかぎをポケットに入れた. **2** 〈金〉を着服する, 盗む; 〈金〉を懐にする.
3 【ビリヤード】〈球〉をポケットに入れる. **4** 〈怒りなど〉を抑える, 顔に表さない.
◆ **pócket mòney** ⓤ 小遣い銭, 小銭; 《英》(子供への) 小遣い 《米》 allowance).
pócket vèto ⓒ 《米》(大統領・州知事などの) 議案拒否権 《議案に署名しないことで行使する》.

pock·et·book [pɑ́kitbùk / pɔ́k-] 名 ⓒ **1** 《米》札入れ, 財布 (wallet). **2** (小型の) 手帳. **3** 《米》文庫本, ペーパーバック. **4** 《米・古風》(特に肩ひものない) ハンドバッグ.

pock·et·ful [pɑ́kitfùl / pɔ́k-] 名 ⓒ ポケットいっぱい 〔の…〕; 《口語》たくさん 〔の…〕 〔*of*〕.

pock·et·knife [pɑ́kitnàif / pɔ́k-] 名 (複 **pock·et·knives** [-nàivz]) ⓒ (折りたたみ式の) 小型ナイフ.

pócket-size, pócket-sìzed 形 ポケット判の; 小型の.

pock·mark [pɑ́kmɑ̀ːrk / pɔ́k-] 名 ⓒ あばた.

pock·marked [pɑ́kmɑ̀ːrkt / pɔ́k-] 形 あばたのある; 〔叙述用法〕〔…で〕あばた状の 〔*with*〕.

pod [pɑ́d / pɔ́d] 名 ⓒ **1** (豆の) さや; さや状のもの. **2** 【航空】ポッド 《燃料・荷物などを入れる格納庫》. — 動 (三単現 **pods** [pɑ́dz / pɔ́dz]; 過去・過分 **pod·ded** [~id]; 現分 **pod·ding** [~iŋ]) 他 〈豆〉のさやをむく.

POD 《略語》= *p*ay *o*n *d*elivery 着払い.

podg·y [pάdʒi / pɔ́dʒi] 形 =PUDGY 太った.
po·di·a·trist [pədáiətrist] 名 C 《米》足病(治療)医(《英》chiropodist).
po·di·a·try [pədáiətri] 名 U 《米》《医》足病学, 足病治療.
po·di·um [póudiəm] 名 (複 **po·di·ums** [~z], **po·di·a** [-diə]) C (オーケストラの)指揮台(→ ORCHESTRA [**PICTURE BOX**]);演壇.
Poe [póu] 名 固 ポー Edgar [édʒər] Allan Poe 《1809–49;米国の詩人・小説家》.

***po·em** [póuəm]
【原義は「作られたもの」】
― 名 (複 **po·ems** [~z]) C (1編の)詩, 詩的な文章 (cf. poetry (文学の一形式としての)詩): a lyric [an epic] *poem* 叙情[叙事]詩 / compose [write] a *poem* 詩作する. (▷ 形 poétic)

***po·et** [póuit]
【原義は「作る人」】
― 名 (複 **po·ets** [póuits]) C 詩人;詩人肌の人;空想家: a Romantic *poet* ロマン派の詩人.
◆ **póet láureate** (複 **poet laureates, poets laureate**) C 《しばしば P- L-》《英》桂冠(%)詩人(国王任命の王室付き詩人).
po·et·ess [póuətəs / pòuités] 名 C 《古風》女流詩人(◇今は poet が普通).
‡po·et·ic [pouétik] 形 **1** 詩の;詩的な: a *poetic* drama 詩劇 / *poetic* imagery 詩的比喩表現. **2** 詩人の, 詩人独特の. (▷ 名 póem)
◆ **poétic jústice** U 詩的正義《文学作品に見られる勧善懲悪・因果応報の思想》.
poétic lícense U 詩的許容《文学的効果のため韻律・文法・論理などからの逸脱を許すこと》.
***po·et·i·cal** [pouétikəl] 形 **1** [限定用法]詩の(形をとった), 韻文で書かれた: the *poetical* works of Keats キーツの詩集. (▷ =POETIC (↑).
po·et·i·cal·ly [-kəli] 副 詩的に.
‡po·et·ry [póuətri] 名 U **1** (文学の一形式としての)詩, 詩歌, 韻文;[集合的に](ある時代・詩人などの)詩, 詩集(一編の)詩(cf. verse [epic] poetry 叙情[叙事]詩. **2** [ほめ言葉]詩情.
pó·go stìck [póugou-] 名 C ポーゴー, ホッピング《1本棒にばねの付いた玩具》(空)乗って跳ねて遊ぶ》.
po·grom [póugrəm / pó-] 【ロシア】名 C 大虐殺, (特に)ユダヤ人虐殺.
poign·an·cy [pɔ́injənsi] 名 U 痛切[辛らつ]さ.
***poign·ant** [pɔ́injənt] 形 (☆発音に注意)**1** (悲しみなどが)胸を刺すような, 強烈な: *poignant* regret 痛切な悔恨. **2** (皮肉などが)辛らつな, 痛烈な. **3** (においが)鼻をつんと[ぴりっと]辛い.
poign·ant·ly [~li] 副 痛切に;痛烈に, 鋭く.
poin·set·ti·a [pɔinsétiə] 名 C 【植】ポインセチア.

****point** [pɔ́int]
【原義は「(針などで)刺した点」】
― 名 (複 **points** [pɔ́ints]) C **1** [通例 the ~] (話などの)要点, 重点, 留意点;意見, 考え: come [get](straight) to the *point* (ずばり)要点を言う / I take your *point*, but I can't agree with you. おっしゃることはわかりますが, 賛成はできません / He missed the *point* of that lecture. 彼はその講義の要点がつかめなかった / The *point* is that I was in another place at that time. 肝心なのは私はその時は別の場所にいたということです.
2 問題(点), 重要な事柄: She deals with several *points* of that project. 彼女はその事業のいくつかの重要事項を担当している / In working out an itinerary, you must keep the following *points* in mind. 旅行計画を作成するにあたっては, 次の諸点に留意しなさい.
3 点, 地点, (特定の)箇所;時点: the starting *point* = the *point* of departure 出発点 / a turning *point* in history 歴史の転換点 / the *point* of no return 後戻りできない段階.
4 (とがったものの)先, 先端;岬: the *point* of a pin [pencil] ピン[鉛筆]の先 / This knife has a very sharp *point*. このナイフの先端はとても鋭い.
5 意義, 意味;目的, 効用: There's no *point* in making a fuss. 騒ぎ立てても意味がない / I don't see the *point* of discussing this issue. 私は何のためにこの問題を話し合うのかがわからない.
6 特徴, 特色(のある点): a strong [weak] *point* 長所[短所] / a selling *point* セールスポイント. (比較 セールスポイントは和製英語)
7 限界点, 限度, 程度: I can follow his lecture up to a *point*. 私はあの先生の講義をある程度までは理解できる.
8 (テニス・バスケットボール・ラグビーなどの)得点, 点数(《略記》pt.;→ SCORE [関連語]): gain [score] a *point* 1点取る / beat the opponent by ten *points* to three 10対3で試合相手に勝つ.
9 (温度計・圧力計など目盛りの)点, 度: the boiling [freezing] *point* 沸点[氷点] / thirty *points* below zero 氷点下30度.
10 句読点, 終止符(period);【数学】小数点(decimal point)(◇2.5 は two *point* five と読む). **11** 【印刷】(活字の)ポイント《活字の大きさを表す単位》. **12** 《英》(電気の)コンセント(power point, 《米》outlet). **13** [~s]《英》【鉄道】転轍(⁶)器, ポイント(《米》switch).
■ *at áll póints* あらゆる点で, 完全に.
be on the póint of dóing (まさに)…するところである: I *was on the point of* going out when the phone rang. 外出しようとしたら電話が鳴った.
besíde the póint =off the point (↓).
gíve ... póints = gíve póints to ... …にハンディキャップを与える;…にまさる.
in póint (今問題にしている事柄に)あてはまる, 適切な: a case *in point* 適切な事例.
in póint of ... …の点では, …に関しては.
máke a póint of dóing = máke it a póint to dó 必ず[努めて]…することにしている;…することを重視する: I *make it a point to* review the lessons. 私は必ず復習することにしている.
nót to pùt tóo fíne a póint on it 率直に言えば.
òff the póint 見当違いの, 的外れの, 要領を得ないで: Your criticism of that book is *off the point*. その本に対するあなたの批判は見当違いです.
póint by póint 1つ1つ, 逐一, 詳細に.
póint of víew → VIEW 成句.
strétch [stráin] a póint 譲る;特別[例外]扱いする.

***to* the póint** 要領を得た, 適切な: His explanation was *to the point*. 彼の説明は的を射ていた.
***to* the póint of ...** ...と言ってよいほど (の).
***when* it cómes to the póint** いざとなると.
— 動 (三単現 **points** [póints]; 過去・過分 **pointed** [〜id]; 現分 **point·ing** [〜iŋ]) 自 **1** 〈…を〉指さす, さし示す [*at, to*]; 〈…の方向に〉向く [*to, toward*]: It is not polite to *point at* a person. 人をさすのは失礼です / The hands of the clock *point to* twelve midnight. 時計の針が深夜12時をさしている.
2 [...を]指摘する; 示す, 暗示する [*to*]: All the signs *point* to an economic collapse. すべての徴候が経済的破綻を示している.
— 他 **1** ...を[ある目標・方向に]向ける [*at, to*]: The hunter *pointed* his gun *at* the deer. ハンターは銃をシカに向けた. **2** ...をさし示す, 指さす: The policeman *pointed* the way to the station. 警官は駅へ行く道をさし示してくれた.
3 〈先端〉をとがらす, 鋭くする (sharpen).
■ **póint óut** (他) **1** ...を指さす, さし示す: The guide *pointed out* the cathedral. ガイドはその大聖堂を指さした. **2** [...に]...を指摘する [*to*]; [...ということを]指摘する [*that* 節]: Experts *point out that* oil resources are not limitless. 専門家たちは石油資源は無尽蔵ではないと指摘している.
póint úp 《格式》...を強調する, 目立たせる.
point-blánk 形《限定用法》 **1** 至近距離から発射した, 直射の. **2** 率直な, 単刀直入の, あからさまな.
— 副 **1** 直射で, 至近距離で. **2** 単刀直入に.
***point·ed** [póintid] 形 《通例, 限定用法》 **1** 先がとがった, 鋭い: a *pointed* hat とんがり帽子.
2 (言葉などが) 辛らつな, 鋭い: a *pointed* comment 辛らつな論評. **3** (特定の人に)向けられた, あてつけた.
point·ed·ly [〜li] 副 とがって; 鋭く; あてつけに.
point·er [póintər] 名 © **1** さし示す人[もの]; (さすのに用いる)棒; (時計・計器などの)針. **2** 〖動物〗ポインター〈猟犬の一種〉. **3** [...についての]助言 [*on*]; [...の]暗示(となるもの), 指標 [*to*]. **4** 〖コンピュータ〗ポインタ〈画面上の位置を示すマーク〉.
poin·til·lism [póintəlìzəm, pwǽn-] 名 Ⓤ 《美》点描画法.
point·less [póintləs] 形 **1** 要領を得ない; 無意味な. **2** (試合などが) 無得点の. **3** 先のない, 鈍い.
póint·less·ly [〜li] 副 要領を得ずに; 無意味に.
póint-of-sále 形 店頭での, 販売時点の.
póint of sále 名 ©《通例, 単数形で》売り場, 店頭, 販売時点 (《略語》POS).
***poise** [póiz] 名 Ⓤ **1** つり合い, バランス, 平衡.
2 (心の)平静, 落ち着き: keep [maintain] one's *poise* 平静を保つ. **3** (優雅な)身のこなし, 姿勢.
— 動 (他) つり合わせる, バランスをとる.
***poised** [póizd] 形 **1** 《叙述用法》 [...の/...する]用意ができている [*for / to do*]: The government is *poised to* take action if the crisis continues. 政府は危機が続くなら行動を起こす用意がある. **2** 《叙述用法》 [...の間で]動揺している [*between*]. **3** 《叙述用法》 空中 [宙] に浮いた. **4** 落ち着いた, 平静な.

*****poi·son** [póizən] 名【原義は「飲み物」】
— 名 (複 **poi·sons** [〜z]) **1** ⒸⓊ 毒, 毒物, 毒薬: Those mushrooms contain a deadly *poison*. あれらのキノコには猛毒を含んでいる / They hate each other like *poison*. 彼らは犬猿の仲である / One man's meat is another man's *poison*. 《ことわざ》甲の薬は乙の毒. **2** ⒸⓊ 害毒, 弊害: the *poison of* pornography ポルノの害毒. **3** Ⓤ 《口語・こっけい》アルコール飲料, 酒.
— 動 (他) **1** ...に毒を入れる; ...を毒殺する: The victim was *poisoned* (to death). 被害者は毒殺された. **2** ...を汚染する, 有害なものにする: The company is *poisoning* the river with industrial waste. その会社は産業廃棄物で川を汚染している. **3** (精神的に) ...を害する, だめにする.
(▷ 形 **póisonous**)

◆ **póison gás** Ⓤ 毒ガス.
póison ívy ⒸⓊ 〖植〗ツタウルシ.
poi·soned [póizənd] 形 毒の入った; 汚染された.
poi·son·er [póizənər] 名 © 毒殺者; 毒物.
poi·son·ing [póizəniŋ] 名 ⓊⒸ 中毒: food [gas] *poisoning* 食[ガス]中毒.
***poi·son·ous** [póizənəs] 形 **1** 有毒の, 有害な: a *poisonous* snake [mushroom] 毒蛇[キノコ].
2 (道徳的に)有害な; 悪意ある, 意地悪い; 不快な: a *poisonous* tongue 毒舌. (▷ 形 **póison**)
poi·son·ous·ly [〜li] 副 有毒に; 悪意に満ちて.
pói·son-pén lèt·ter 名 © (匿名の)中傷[いやがらせ]の手紙.

‡**poke** [póuk] 動 (他) **1** ...を(指・ひじ・棒などで)突く, つつく [*with*]; 〈火など〉を(棒で突いて)かき立てる: He *poked* me in the ribs *with* his elbow. 彼は(注意を促そうと)ひじで私のわき腹をつついた.
2 〈指・頭・棒など〉を[...に]突っ込む [*in, into, through*]; 〈頭など〉を[...から]突き出す [*out of, out*]: She *poked* her head *out of* the window. 彼女は窓から頭を突き出した. **3** 突いて[...に] 〈穴〉をあける [*in, through*]: *poke* a hole *in* the board 板に穴をあける.
— (自) **1** [...を](指・棒などで)突く, つつく [*at*].
2 (もの)が[...から] 突き出る, はみ出る [*out of, through*]: Her thumb was *poking through* her glove. 彼女の親指が手袋から突き出ていた.
■ **póke aróund** [*about*] 《口語》[...を]探す, 探し回る; せんさくする [*for*].
póke fún at ... ...をからかう.
póke one's nóse ìnto ... 《口語》...に干渉する, おせっかいをやく.
— 名 © 突くこと, つつくこと.
pok·er[1] [póukər] 名 © 突く人[もの]; 火かき棒.
pok·er[2] [póukər] 名 Ⓤ 〖トランプ〗ポーカー.
◆ **póker fàce** [a 〜] 《口語》ポーカーフェース(の人), 無表情な顔.
pók·er-fàced 形 《口語》ポーカーフェースの.
pok·y, pok·ey [póuki] 形 (比較 **pok·i·er** [〜ər]; 最上 **pok·i·est** [〜ist]) **1** (部屋などが)狭苦しい; みすぼらしい. **2** 《米》のろまな.
pol [pál / pɔ́l] 名 © 《口語》政治屋 (politician).
Pol. 《略語》= Po*land*; *Pol*ish.

Po·land [póulənd] 名 固 ポーランド《東ヨーロッパの共和国; 首都ワルシャワ(Warsaw)》.

po·lar [póulər] 形《限定用法》**1** 極の, 北極の (arctic), 南極の (antarctic); 極地の: the *polar* circles (南北の) 両極圏 / the *polar* star 北極星. **2**《電気》極の; 磁極の. **3**《性格·主義などの》正反対の, 逆の. (▷ 名 póle²)
◆ pólar béar C《動物》白クマ, 北極グマ.

po·lar·i·ty [poulǽrəti] 名《複 po·lar·i·ties [~z]》UC **1**《物理》両極性; 《陰[陽]》極性; 磁性引力. **2**《格式》《性格·主義などの》正反対, 両極端, 対立 [*between*].

po·lar·i·za·tion [pòulərəzéiʃən / -raiz-] U C **1** 極性が生じること; 《電気》分極化; 《光》偏光. **2**《格式》正反対になること, 分裂, 対立(化).

po·lar·ize [póuləraiz] 動 他 **1**《物理》…に極性を与える; 《光》〈光〉を偏光させる. **2** …を[2つに] 対立[分裂]させる (*into*); …を[…の方に] 偏向させる (*toward*).
— 自 分極化する; 対立する, 分裂する.

Po·lar·oid [póulərɔid] 名《商標》**1** U ポラロイド《人造偏光板》. **2** [~s] ポラロイドサングラス. **3** C = Pólaroid càmera ポラロイドカメラ.

pole¹ [póul] (☆ 同音 poll)
— 名《複 poles [~z]》C 棒, さお, 柱; 棒状のもの: a flag *pole* 旗ざお / a telephone [《英》telegraph] *pole* 電柱 / a fishing *pole* 釣りざお.
■ up the póle《英口語》気が狂って; 苦境に陥って.
— 動 自 他 〈船を〉さおで押し進める.
◆ póle position U C ポールポジション《レースのスタート時で最も前の位置》.

pole² [póul]
— 名《複 poles [~z]》C **1**《天体·地球の》極: the North *Pole* 北極 / the South *Pole* 南極 / from *pole* to *pole* 世界じゅう至る所で. **2**《物理》電極, 磁極: the negative [positive] *pole* 陰[陽]極 / the magnetic *pole* 磁極. **3**《性格·意見などの》正反対, 両極端.
■ be póles apárt 正反対である, まったく異なる. (▷ 形 pólar)

Pole [póul] 名 C ポーランド人.

pole·axed [póulækst] 形《通例, 叙述用法》《口語》びっくりした, ショックを受けた.

pole·cat [póulkæt] 名 C《動物》**1** ケナガイタチ《ヨーロッパ産》. **2**《米口語》スカンク (skunk).

po·lem·ic [pəlémik] 名《格式》**1** C 論争. **2** [또는~s] 論争術.

po·lem·i·cal [pəlémikəl] 形《格式》論争の, 論争的な; 論争好きな.

pole·star, Pole Star [póulstɑːr] 名 [the ~]《天文》北極星 (the North Star).

póle-vàult 動 自 棒高跳びをする.

póle vàult 名 C 棒高跳び.

***po·lice** [pəlíːs] 名《原義は「都市(の統治)」》
— 名 **1** U《通例 the ~;複数扱い》警察; [形容詞的に] 警察の: city [municipal] *police* 市警察 / military *police* 憲兵隊 / a *police* car パトカー / call the *police* 警察を呼ぶ / The *police* are looking for the missing person. 警察は彼の行方不明者を捜索している.
2 [複数扱い] 警官たち, 警官隊《◇警官1人1人は policeman, policewoman または police officer と言う》: There were 100 *police* on duty that day. その日は100人の警官が警備していた.
— 動 他 **1** …を警備[する, 取り締まる; 管理[監視]する. **2** …の治安を維持する.
◆ políce cónstable C《英》巡査《《略語》PC》.
políce dòg C 警察犬.
políce fòrce C [集合的に] 警察隊, 警察.
políce òfficer C 警察官 (→ POLICEMAN).
políce stàte C《軽蔑》警察国家.
políce stàtion C (市町村の) 警察署.

***po·lice·man** [pəlíːsmən]
— 名《複 po·lice·men [-mən]》C 警官, 巡査《◇呼びかけは officer. 女性形は policewoman. 性差別を避けるためには police officer を用いる》: a military *policeman* 憲兵 / an off-duty *policeman* 非番の警官 / A *policeman* questioned me about the incident. その事件について警官が私に質問した.

po·lice·wom·an [pəlíːswùmən] 名《複 po·lice·wom·en [-wìmin]》C 婦人警官, 婦警.

***pol·i·cy¹** [páləsi / pɔ́l-]
— 名《複 pol·i·cies [~z]》C U **1**《政府などの》政策; 《会社などの》方針, 施策: the government *policy* on the economy 政府の経済政策 / a business *policy* 営業方針 / Friendly service is an important *policy* of our company. 心のこもったサービスがわが社の基本方針です.
▎コロケーション▎政策を[に] …
▏政策を打ち出す: *formulate* [*set*] *a policy*
▏政策を変える: *change a policy*
▏政策に従う: *follow* [*pursue*] *a policy*
▏政策を実行する: *carry out a policy*
▏政策を持っている: *have a policy*
2《行動の》方策; 知恵, 抜け目のなさ: with great *policy* 賢明にも, 抜け目なく / Honesty is the best *policy*.《ことわざ》正直は最善の策.

pol·i·cy² C 保険証券 [証書] (insurance policy): a life (insurance) *policy* 生命保険証券.

po·li·o [póuliòu], **po·li·o·my·e·li·tis** [pòulioumàiəláitis] 名 U《医》《脊髄(性)》小児麻痺(痺), ポリオ.

***pol·ish** [páliʃ / pɔ́l-]
— 動《三単現 pol·ish·es [~iz]; 過去·過分 pol·ished [~t]; 現分 pol·ish·ing [~iŋ]》
— 他 **1**〈ものを〉磨く, …のつやを出す (*up*): I'll *polish* your shoes. 靴を磨いてあげよう / We waxed and *polished* the oak table. 私たちはオークのテーブルにワックスをかけて磨いた.
2 …に磨きをかける, …を洗練する, 上達させる (*up*): You have to *polish* (*up*) your English. あなたは英語に磨きをかける必要がある.

― 自 磨きがかかる,つやが出る.
■ ***pólish óff*** 他 **1**《口語》…をすばやく片づける;さっさと食べる. **2**《米口語》〈人〉をやっつける,殺す.
― 名 **1** U [または a ～] つや, 光沢.
2 [a ～] 磨き上げること, ひと磨き: Give the car a *polish*. 車を磨きなさい. **3** U 磨き粉, つや出し: shoe *polish* 靴墨. **4** U 優美, 洗練.

Pol·ish [póuliʃ] (☆ polish との発音の違いに注意) 形 ポーランドの; ポーランド人[語]の(《略記》Pol.).
― 名 U ポーランド語.

pol·ished [pálɪʃt / pɔ́l-] 形 **1** 磨き上げた, つやのある. **2** 上品な, 洗練された. **3** すぐれた, 巧みな.

pol·ish·er [pálɪʃər / pɔ́l-] 名 C 磨く人; つや出し器.

*****po·lite** [pəláɪt] 【原義は「磨かれた」】
― 形 (比較 **po·lit·er** [～ər], **more po·lite**; 最上 **po·lit·est** [～ɪst], **most po·lite**) **1** [...に] 礼儀正しい [**to, toward**] (↔ impolite):《類義語》 a *polite* lady 礼儀正しい女性 / a *polite* answer 丁寧な返事 / She was *polite* to everyone. 彼女はだれにでも礼儀正しかった / It is *polite* of you to send them a thank-you letter. あなたが彼らに礼状を出すのは礼儀にかなっている.
2 儀礼的な, おざなりの: Did you mean it, or were you just being *polite*? 本心でおっしゃったのですか, それとも体裁をつくろわれたにすぎなかったのですか. **3** 〔通例, 限定用法〕《格式》洗練された, 上品な; 上流の: *polite* tastes 上品な趣味.

【類義語】 **polite, courteous, civil**
共通する意味▶礼儀正しい (showing consideration for others by following socially acceptable manners)
polite は「礼儀正しい」の意を表す最も一般的な語: He was a *polite* young man. 彼は礼儀正しい若者だった. **courteous** は polite よりも積極的な「思いやり, 丁重さ」を表す: He wrote me a *courteous* thank-you letter. 彼は丁重な礼状をくれた. **civil** は「不作法にならない程度の丁重さ」を表す: He was received with *civil* but not cordial greetings. 彼は丁寧だが心のこもっていないあいさつで迎えられた.

***po·lite·ly** [pəláɪtli] 副 礼儀正しく, 丁寧に; 儀礼的に; 上品に: *politely* impolite いんぎん無礼な.

***po·lite·ness** [pəláɪtnəs] 名 U 礼儀正しさ, 丁寧さ.

pol·i·tic [pálətɪk / pɔ́l-] 形 《格式》 **1** 思慮深い, 賢明な, 分別のある. **2** 抜け目のない, ずるい. **3** 政治上の: the body *politic* 国家.

*****po·lit·i·cal** [pəlítɪkəl]
― 形 **1** [比較なし] 政治(上)の, 政治に関する; 政党の; 政治学の: a *political* party 政党 / *political* power 政治力 / *political* views 政見.
2 政治活動をする, 政治好きの: a *political* animal 政治通, 根っからの政治家. **3** 〔通例, 軽蔑〕政略的な. (▷ 名 politics)

♦ **political asýlum** U 政治亡命(者の保護).
political ecónomy U 政治経済学.
political prísoner C 政治犯.
political scíence U 政治学.
political scíentist U 政治学者.

po·lit·i·cal·ly [pəlítɪkəli] 副 政治的に; 賢明に.
■ ***politically corréct*** (表現・行動などの) 差別的でない(◇ businessman を businessperson と表現することなどをいう;《略記》PC).

***pol·i·ti·cian** [pàlətíʃən / pɔ̀l-] 名 C **1** (一般に) 政治家. **2** 〔通例, 軽蔑〕政治屋《党利・私利で動く政治家; cf. statesman 尊敬される政治家》.

po·lit·i·cize [pəlítɪsàɪz] 動 他 …を政治(問題)化する, 政治的に扱う.

****pol·i·tics** [pálətɪks / pɔ́l-] (☆ アクセントに注意)
― 名 **1** [単数・複数扱い] 政治; 政治活動: party *politics* 政党政治 / enter [go into] *politics* 政界に入る, 政治家になる / foreign *politics* 外交 / *Politics* is [are] much related to our life. 政治は私たちの生活に大いに関係がある.
2 [単数・複数扱い] 政策, 方針; 政争, 駆け引き: the *politics* of a party 政党の政策 / office *politics* 社内の権力争い / play *politics* 駆け引きする, 策を弄する.
3 〔複数扱い〕(個人の) 政治的意見, 政見: His *politics* are unacceptable. 彼の政治的意見は受け入れがたい. **4** [単数扱い] 政治学 (political science). (▷ 形 political)

pol·i·ty [páləti / pɔ́l-] 名 (複 **pol·i·ties** [～z]) 《格式》 **1** U 政治形態 [組織], 政体. **2** C 政治的組織体, 国家(組織).

pol·ka [póulkə / pɔ́l-] 名 C ポルカ《ボヘミア起源の2人で踊る2拍子のダンス》; ポルカの曲.
♦ **pólka dòt** C 〔通例 ～s〕水玉模様.

***poll** [póul] 名 **1** C 〔しばしば ～s〕投票, 選挙: the results of the *poll* 投票結果. **2** [単数形で] 投票数; 投票結果: a heavy [light] *poll* 高い [低い] 投票率 / head the *poll* 最多票数を得る / declare the *poll* 投票結果を発表する. **3** C 世論調査(結果) (opinion poll): take [conduct] a *poll* 世論調査をする. **4** [the ～s] 投票所.
5 C 選挙人名簿.
■ ***gó to the pólls*** 投票する, 投票所へ行く.
― 動 他 **1** 〈票〉を得る: *poll* over 60% of the vote(s) 60パーセント以上の投票を獲得する.
2 〈票〉を投じる; 〔通例, 受け身で〕〈選挙民〉に投票させる. **3** 〈人々〉の世論調査をする. **4** 〈枝・頭髪などを〉刈り込む; 〈牛など〉の角を切る.
― 自 〔候補者に〕投票する〔*for*〕.
♦ **póll tàx** C 人頭税.

pol·lard [pálərd / pɔ́l-] 名 C **1** 枝先を刈り込んだ木. **2** 角を落とした羊 [シカなど].
― 動 他 〈枝先〉を刈り込む; 〈羊など〉の角を切る.

pol·len [pálən / pɔ́l-] 名 U 〖植〗花粉.
♦ **póllen cònt** C (特定区域・時間帯における空気中の) 花粉数《花粉症の警報に用いる》.

pol·li·nate [pálənèɪt / pɔ́l-] 動 他 〖植〗〈植物〉に授粉する.

pol·li·na·tion [pàlənéɪʃən / pɔ̀l-] 名 U 〖植〗受

粉(作用).
poll・ing [póuliŋ] 名 U 投票.
◆ pólling bòoth C《英》投票用紙記入所(《米》voting booth).
pólling dày [《英》] 投票日.
pólling pláce [《英》stàtion] C 投票所.
pol・li・wog, pol・ly・wog [páliwàg / póliwòg] 名 C《米》【動物】オタマジャクシ(tadpole).
poll・ster [póulstər] 名 C 世論調査員.
pol・lu・tant [pəlú:tənt] 名 C U 汚染物質[源].
＊**pol・lute** [pəlú:t] 他 1 (空気・水・土など)を[…で]汚染する, 汚す[*with*]: *pollute* the air [water, environment] 大気[水, 環境]を汚染する.
2 〈心〉を堕落させる. (▷名 pollútion)
pol・lut・er [～ər] 名 C (環境)汚染者; 汚染源.
pol・lut・ed [pəlú:tid] 形 汚れた, 汚染された.
＊**pol・lu・tion** [pəlú:ʃən] 名 U 1 汚す[汚される]こと, 汚染;(汚染による)公害: air *pollution* 大気汚染 / environmental *pollution* 環境汚染.
2 汚染物質; 汚染地域. (▷動 pollúte)
Pol・ly [páli / póli] 名 固 ポリー《◇女性の名; Mary の愛称》.
po・lo [póulou] 名 U 《スポーツ》ポロ《4人ひと組で競う馬上球技》.
◆ pólo nèck C《英》タートルネック(《米》turtleneck).
pólo shìrt C ポロシャツ.
Po・lo [póulou] 名 → MARCO POLO.
pol・o・naise [pàlənéiz / pòl-] 名 C ポロネーズ《ポーランドのゆるやかなダンス》; ポロネーズの曲.
pol・ter・geist [póultərgàist / pól-] 名《ドイツ》C ポルターガイスト《音を立てたり, ものを投げたりする幽霊》.
pol・y- [páli / póli] 接頭「多数の, 多量の」の意を表す(↔ mono-): *poly*hedron 多面体.
pol・y・es・ter [pálièstər / pól-] 名 U 【化】ポリエステル.
pol・y・eth・yl・ene [pàliéθəlì:n / pòl-] 名 U 《米》【化】ポリエチレン(《英》polythene).
po・lyg・a・mous [pəlígəməs] 形 一夫多妻(制)の.
po・lyg・a・my [pəlígəmi] 名 U 一夫多妻[一妻多夫](制)(cf. monogamy 一夫一婦(制)).
pol・y・glot [páliglàt / póliglòt] 《格式》形 多言語に通じた[で書かれた]. ― 名 C 1 多言語に通じた人. 2 多言語で記した書物[対訳書].
pol・y・gon [páligàn / póligən] 名 C 【幾何】多角形, 多辺形.
pol・y・graph [páligræf / póligrà:f] 名 C ポリグラフ, うそ発見器 (lie detector).
pol・y・mer [páləmər / pól-] 名 C 【化】重合体, ポリマー.
Pol・y・ne・sia [pàləní:ʒə, -ʃə / pòləní:ziə, -ʒə] 名 固 ポリネシア《南太平洋東部の島々の総称》.
Pol・y・ne・sian [pàləní:ʒən, -ʃən / pòləní:ziən, -ʒən] 形 ポリネシアの; ポリネシア人[語]の.
― 名 1 C ポリネシア人. 2 U ポリネシア語.
pol・yp [páləp / pól-] 名 C 1 【医】ポリープ《肥厚による粘膜の突起》. 2 【動物】ポリプ《固着生活をするイソギンチャク・ヒドラなど》.

po・lyph・o・ny [pəlífəni] 名 U 【音楽】多声音楽, ポリフォニー.
pol・y・phon・ic [pàlifánik / pòlifɔ́nik] 形 多声の.
pol・y・pro・pyl・ene [pàlipróupəlì:n / pòl-] 名 U 【化】ポリプロピレン《フィルム・ロープなどを作るのに用いる合成樹脂》.
pol・y・sty・rene [pàlistáiəri:n / pòl-] 名 U 【化】ポリスチレン, スチロール樹脂《断熱材などに用いる》.
pol・y・syl・la・ble [pálisìləbl / pól-] 名 C (3音節以上の)多音節語.
pol・y・syl・lab・ic [pàlisilébik / pòl-] 形 多音節の.
pol・y・tech・nic [pàlitéknik / pòl-] 名 C 1 工芸学校, 科学技術専門学校. 2 ポリテクニック《英国のかつての高等教育機関》.
pol・y・the・ism [páliθi(:)ìzəm / pól-] 名 U 【宗教】多神教[論](cf. monotheism 一神教).
pol・y・the・is・tic [pàliθiístik / pòl-] 形 多神教[論]の.
pol・y・thene [páliθi:n / pól-] 名《英》= POLYETHYLENE (↑).
pol・y・u・re・thane [pàlijúərəθèin / pòli-] 名 U 【化】ポリウレタン.
po・made [pouméid / pə-, -má:d] 名 U ポマード, 髪油, 香油.
pome・gran・ate [pámgrænət / pómi-] 名 C 【植】ザクロ(の木, 実).
Pom・er・a・ni・an [pàməréiniən / pòm-] 名 C 【動物】ポメラニアン《毛の長い小型犬; → DOG 図》.
pom・mel [pámal] 名 C 鞍頭(あんとう)《上方に突起した馬の鞍の前部》;(剣の)柄頭(つかがしら).
― 動 (過去・過分《英》pom・melled; 現分《英》pom・mel・ling) 他 (主に米) …をげんこつで続けざまに打つ.
◆ pómmel hòrse C《英》(体操の)鞍馬(あん)(《米》side horse).
pomp [pámp / pómp] 名《格式》1 U (式典などの) 〜s 誇示, 虚飾.
■ *pómp and círcumstance* (公式の式典などの)ものものしい行列[儀礼]; 麗々しさ.
Pom・pei・i [pampéii(:)] 名 固 ポンペイ《イタリア南部にある古代都市. 紀元79年のベスビオ火山の噴火で埋没したが, 発掘が進められている》.
pom・pom [pámpam/pɔ́mpɔm], **pom・pon** [pámpan / pɔ́mpɔn] 名 C (帽子・靴などに付ける)玉房; (チアリーダーが手に持つ)ポンポン.
pom・pos・i・ty [pampásəti / pɔmpós-] 名 (複 pom・pos・i・ties [～z]) U 《軽蔑》もったいぶること; 尊大, 横柄; C 尊大な[大げさな]態度[言動].
pom・pous [pámpəs / póm-] 形 《軽蔑》1 (態度などが)尊大な, 横柄な. 2 (言葉などが)大げさな.
pom・pous・ly [～li] 副 尊大に; 大げさに.
pon・cho [pántʃou / pón-] 名 (複 pon・chos [～z]) C ポンチョ《南米先住民のコート. 布の中央の穴から頭を出して着る》; ポンチョ式レインコート.
＊**pond** [pánd / pónd] 名 C 《◇lake と pool の中間の大きさ. 人工の池をさすことが多い》: go fishing in a *pond* 池に魚釣りに行く.
＊**pon・der** [pándər / pón-] 動 《格式》他 …を思案する, (凝視しながら)じっくり考える; 〔…することを /

…かどうか]熟考する[doing / 疑問詞句[節]]: He *pondered what* to do next. 彼は次にどうしようか思案した.
— 圓 […について]熟考[思索]する[on, over].

pon・der・ous [pάndərəs / pɔ́n-] 形 **1** 大きくて重い, どっしりした; 扱いにくい, 鈍重な. **2** 《軽蔑》(文体・話し方などが)重苦しい, 退屈な.
pon・der・ous・ly [~li] 副 どっしりと; 重苦しく.

pong [pάŋ / pɔ́ŋ] 图 《英口語》いやなにおい.
— 動 圓 いやなにおいがする.

pon・tiff [pάntif / pɔ́n-] 图 (複 **pon・tiffs** [~s]) © (通例 the P-) ローマ教皇[法王] (Pope).

pon・tif・i・cal [pantífikəl / pɔn-] 形 《格式》**1** 《軽蔑》尊大な, 独断的な. **2** 教皇の.

pon・tif・i・cate [pantífikət / pɔn-] (☆動 との発音の違いに注意) 图 教皇の職[任期].
— [-kèit] 動 圓 《軽蔑》横柄に言う[ふるまう].

pon・toon [pantúːn / pɔn-] 图 **1** 平底船. **2** (水上飛行機の)フロート (float).
◆ pontóon brídge © 舟橋, 浮き橋《舟艇を横に並べて上に板を渡したもの》.

*__po・ny__ [póuni] 图 (複 **po・nies** [~z]) © **1** 《動物》ポニー《子供が乗る小型馬》; (一般に) 小さな馬. **2** 《米俗語》(語学などの)とらの巻, あんちょこ.

po・ny・tail [póunitèil] 图 © ポニーテール《頭のうしろで束ねて垂らす髪型; cf. pigtail おさげ髪》.

poo [púː] 图 ⓤ ℂ 《幼児》うんち 《= 《米口語》 poop》.

poo・dle [púːdl] 图 © 《動物》プードル 《小型の愛玩(犬)犬の一種》.

pooh [púː] 間 ふん, ばかな 《◇軽蔑, いら立ちなどを表す》; 臭いっ.

póoh-póoh 動 他 《口語》…をばかにする, さげすむ.

****pool**[1]** [púːl]
【原義は「穴」】
— 图 (複 **pools** [~z]) © **1** (水泳用の)プール (swimming pool): an indoor *pool* 室内プール / go swimming in a *pool* プールに泳ぎに行く. **2** 水たまり, 小さな池; 液体のたまり: a *pool* of blood 血の海. **3** (川の深い)よどみ, ふち.

***pool**[2]** 图 **1** © 共同資金, 共同利用料[制度]; (共同利用の)置き場: an investment *pool* 共同出資金 / a car *pool* 車の共同利用 《= CAR 複合語》. **2** © (労働力の)要員. **3** © (賭か)け事の総賭け金. **4** ⓤ ポケット《ビリヤードの一種》.
— 動 他 …を出し合う; 共同利用する: They *pooled* their money to buy a new ball. 彼らは新しいボールを買うために金を出し合った.

pool・room [púːlrùːm, -rùm] 图 © (特にバーなどにある)玉突き場, ビリヤード室.

poop[1] [púːp] 图 © 《海》船尾楼; = póop dèck 船尾楼甲板.

poop[2] 图 《米口語・幼児》= POO (↑).

pooped [púːpt] 形 《叙述用法》《米口語》疲れ切った, へとへとの (out).

****poor** [púər, pɔ́ːr] 【基本的意味は「貧しい (having little money)」】
— 形 (比較 **poor・er** [púərər, pɔ́ːrər]; 最上 **poor・est** [púərist, pɔ́ːrist]) **1** 貧しい, 貧乏な (↔ rich); [the ~; 名詞的に; 複数扱い] 貧しい人々, 貧乏人 (poor people): a *poor* family 貧しい家族 / They were very *poor* in those days. その当時彼らはとても貧しかった / The *poor* are not always unhappy. 貧しい人が必ずしも不幸とは限らない.
2 [限定用法] かわいそうな, 不幸な, 気の毒な (◇話し手の感情を表す. 日本語では副詞的に訳すことが多い): *Poor* Arthur died young. かわいそうにアーサーは若くして死んだ / My *poor* friend seems to have got involved in some scandal. 不運にも私の友人は何かのスキャンダルに巻き込まれたようだ / You *poor* thing! かわいそうに.
3 質の悪い, 粗末な, 貧弱な; (健康が)すぐれない: goods of *poor* quality 質の悪い品物 / *poor* meals 粗末な食事 / She is in *poor* health these days. 彼女は最近健康がすぐれない. = She is *poor* in health these days.
4 […が]乏しい, 少ない, 不十分な [in] (↔ rich); (土地が)やせた: a *poor* crop [harvest] 不作 / A desert is *poor* in vegetation. 砂漠は植物が乏しい. **5** […が]下手な, 不得意な [at, in] (↔ good): My father is a *poor* public speaker. = My father is *poor* at [in] speaking in public. 父は人前で話すのが苦手です. **6** [限定用法] 卑しい, あさましい: What a *poor* creature! なんてさもしいやつだろう. (▷ 图 póverty)
◆ póor relátion © (同類の中で)最も劣るもの.

poor・house [púərhàus, pɔ́ːr-] 图 © **1** (昔の)公立救貧院. **2** 貧困 (状態).

***poor・ly** [púərli, pɔ́ːr-] 副 **1** 貧しく, みすぼらしく; 不十分に, 乏しく: a man *poorly* dressed みすぼらしい身なりの男 / She is *poorly* paid. 彼女は給料が安い. **2** 下手に, まずく, 悪く: The boy did *poorly* on the test. 少年はテストでしくじった.
■ be *póorly óff* 暮らし向きが悪い, 生活が苦しい (↔ be well off); […が] 不足して, 足りないで [for].
thínk póorly of ... …をよく[快く]思わない.
— 形 《叙述用法》《主に英口語》健康がすぐれない.

poor・ness [púərnəs, pɔ́ːr-] 图 ⓤ 貧弱さ, 粗末さ 《◇「貧困」の意には通例 poverty を用いる》.

póor-spír・it・ed 形 《文語》気の弱い, 臆病な.

***pop**[1] [páp / pɔ́p] 動 (三単現 **pops** [~s]; 過去・過分 **popped** [~t]; 現分 **pop・ping** [~iŋ]) 圓 **1** ぽんと音を立てる, ぽんとはじける[破裂する]: Champagne corks were *popping* at the party. パーティーではシャンパンの栓をぽんと抜く音がしていた. **2** [副詞(句)を伴って] ひょいと入る[出る], ひょいと現れる; 急に動く: *pop* in and out 出たり入ったりする / Good idea *popped* into my mind. いい考えがぱっと頭に浮かんだ. **3** (驚きなどで目が) 飛び出る, 見開く (out): His eyes almost *popped* out (of his head) with [in] surprise. 彼はびっくりして目の玉が飛び出しそうだった. — 他 **1** …をぽんといわせる; ぽんとはじけさせる[破裂させる]; (栓)をぽんと抜く: *pop* corns ポップコーンを作る. **2** 《口語》…をひょいと[急に] 動かす[入れる, 出す]; すばやく身に着ける.
■ *póp óff* 《口語》**1** 急に[あっけなく] 死ぬ. **2** 急に出て行く.
póp the quéstion 《口語》[…に] 結婚を申し込む,

pop² プロポーズする [to].

póp úp **1** 突然起こる;突然現れる. **2** 【野球】凡フライを打ち上げる.

— 名 **1** ⓒ ぽんという音. **2** Ⓤ (口語) 炭酸(ソーダ)水. **3** ⓒ = *póp flý* 【野球】凡フライ.

— 副 ぽんと;ひょいと,不意に: The cork went *pop*. コルクがぽんと抜けた.

◆ **póp quìz** ⓒ 《米》 予告なし [抜き打ち] の試験.

pop³ 形 [限定用法] 《口語》 ポピュラー [ポップ] 音楽の;大衆的 [通俗的] な (◇ *popular* の略): a *pop* singer ポピュラー歌手.

— 名 **1** Ⓤⓒ = **póp músic** ポピュラー音楽,流行歌. **2** Ⓤ = **póp árt** ポップアート (《漫画・広告・ポスターなどの技法を取り入れた前衛美術》).

◆ **póp cúlture** Ⓤⓒ ポップカルチャー,大衆文化.
póp stàr ⓒ ポピュラー音楽の人気スター.

pop³ ⓒ 《しばしば呼びかけで》《米口語》 お父さん, パパ (poppa);おじさん.

pop. 《略語》= *population* (↓).

pop·corn [pápkɔ̀ːrn / pɔ́p-] 名 Ⓤ ポップコーン.

*__pope__** [póup] 名ⓒ《しばしば the P-》 ローマ教皇 (法王): *Pope* John Paul II 教皇ヨハネ=パウロ2世.

Pop·eye [pápai / pɔ́p-] 名個 ポパイ 《米国の漫画の主人公》.

pop·eyed [pápáid / pɔ́p-] 形 《口語》 出目の; (驚き・興奮などで) 目を丸くした.

pop·gun [pápgʌ̀n / pɔ́p-] 名 ⓒ 《おもちゃの》 豆鉄砲, 紙鉄砲 (《コルクの栓・紙の玉などが飛び出る》).

pop·lar [páplər / pɔ́p-] 名 ⓒ 【植】 ポプラ; Ⓤ ポプラ材.

pop·lin [páplin / pɔ́p-] 名 Ⓤ ポプリン (《木綿・レーヨンなどの光沢のある丈夫な布地》).

pop·o·ver [pápòuvər / pɔ́p-] 名 Ⓤⓒ 《米》 (マフィンに似た) 軽焼きパン.

pop·pa [pápə / pɔ́pə] 名 ⓒ 《米口語》 = PAPA.

pop·per [pápər / pɔ́pə] 名 **1** ぱんぱん音を立てるもの. **2** 《英口語》(服の)スナップ, 留め金.

pop·py [pápi / pɔ́pi] 名 (複 **pop·pies** [~z])
1 ⓒ 【植】 ケシ, ポピー. **2** Ⓤ ケシ色, 明るい赤色.

◆ **póppy sèed** ⓒⓊ ケシの実 《料理用》.

Pop·si·cle [pápsikl / pɔ́p-] 名 ⓒ 《米》 《商標》 ポプシクル, 棒付きアイスキャンディー (《英》 ice lolly).

pop·u·lace [pápjələs / pɔ́p-] 名 Ⓤ 《通例 the ~; 単数・複数扱い》 《格式》 大衆, 庶民, 民衆.

****pop·u·lar [pápjələr / pɔ́p-] 《原義は「人の, 民衆の」》

— 形 **1** [...に] 人気がある, 評判のよい, 流行の [*with*, *among*]: a *popular* author 人気 [流行] 作家 / The singer has become *popular* in Japan. その歌手は日本で人気が出た / Ned is *popular with* [*among*] other boys. ネッドはほかの少年たちに人気がある.

2 [限定用法] 《時に軽蔑》 通俗の, 大衆向きの; 平易な: a *popular* novel 通俗小説 / *popular* music ポピュラー音楽. **3** [比較なし; 限定用法] 民衆の, 一般人の: *popular* opinion 世論 / *popular* education 一般教育.

4 [比較なし; 限定用法] 民間の, 民衆に広まった: *popular* beliefs 多くの人に受け入れられていること, 俗信. **5** [限定用法] (値段が) 安い.

(▷ 名 pòpulárity; 動 pópularize)

‡pop·u·lar·i·ty [pàpjəlǽrəti / pɔ̀p-] 名 Ⓤ 《...に対する / ...の間での》 人気, 評判 《*with* / *among*》; 流行, 大衆《通俗》性: win [lose] *popularity* 人気を得る [失う] / The actor enjoys *popularity among* the young. その俳優は若者に人気がある.

(▷ 形 pópular)

pop·u·lar·i·za·tion [pàpjələrəzéiʃən / pɔ̀p-pjələràiz-] 名 Ⓤ 《通俗》 化; 普及, 一般化.

pop·u·lar·ize [pápjələràiz / pɔ́p-] 動 他 ...を大衆 《通俗》 化する; 普及させる. (▷ 形 pópular)

pop·u·lar·ly [pápjələrli / pɔ́p-] 副 **1** 一般に, 広く; 大衆向きに, 平易に. **2** 民衆によって.

*pop·u·late [pápjəlèit / pɔ́p-] 動 《通例, 受け身で》 ...に人を居住させる, 植民する: a densely [sparsely] *populated* area 人口過密 [過疎] 地域.

(▷ 名 pòpulátion; 形 pópulous)

***pop·u·la·tion [pàpjəléiʃən / pɔ̀p-]

— 名 (複 **pop·u·la·tions** [~z]) **1** ⓒⓊ 人口, 全住民数 (《略語》 p., pop.): a large [small] *population* 多い [少ない] 人口 / an increase [a decrease] in *population* 人口の増加 [減少] / What is the *population* of Canada? カナダの人口はどのくらいですか / The town has a *population* of 2,000. 町の人口は2千人です.

2 ⓒ 《the ~; 集合的に; 単数・複数扱い》 (一定地域の) 全住民; (特定の) 住民: the Japanese *population* in Brazil ブラジルに住む日系住民 / The whole *population* of the village welcomed the crown prince. 村民総出で皇太子を出迎えた. **3** ⓒ 【生物】 (一定区域の) 全個体数: the whale *population* in the Antarctic Ocean 南氷洋における鯨の総数. (▷ 形 pópulous)

◆ **populátion explòsion** ⓒ 人口爆発 [急増].

*pop·u·lous [pápjələs / pɔ́p-] 形 《格式》 人口の多い, 人口密度の高い. (▷ 動 pópulàte)

póp·ùp [限定用法] **1** ぽんと飛び出す仕掛けの: a *pop-up* book 開くと絵が飛び出す (絵) 本.
2 《コンピュータ》 (メニューが) 画面に現れて選べる.

por·ce·lain [pɔ́ːrsəlin / pɔ́ː-] 名 Ⓤ 磁器 《白色半透明で堅い》; 《集合的に》 磁器製品 (cf. pottery 陶器).

***porch [pɔ́ːrtʃ]

— 名 (複 **porch·es** [~iz]) ⓒ **1** 玄関, ポーチ 《家の入り口から突き出た屋根のある所》; 車寄せ (➡ HOUSE PICTURE BOX): wait in the *porch* ポーチで待つ / Park your car in front of the *porch*. 車寄せの前に車を止めなさい.

2 《米》 ベランダ, 縁側 (→ VERANDA 比較).

por·cu·pine [pɔ́ːrkjəpàin] 名 ⓒ 【動物】 ヤマアラシ.

pore¹ [pɔ́ːr] 動 創 [...を] 熟考 [熟読] する; じっと見る [研究などに] 打ち込む [*over*].

pore² 名 ⓒ 【植】 (葉の) 気孔; 【動物】 (皮膚の) 毛穴.

‡pork [pɔ́ːrk] 名 Ⓤ **1** 豚肉. **2** = **pórk bàrrel** 《米口語》 (議員が選挙民に取り入るために政府が支出させる) 補助金, 国庫交付金.

◆ **pórk píe** Ⓤⓒ ポークパイ, 豚肉入りパイ.

pork·er [pɔ́ːrkər] 名 ⓒ **1** (太らされた) 子豚.

porky

2《口語・軽蔑》太った人.

pork·y [pɔ́ːrki]《形》(比較 **pork·i·er** [~ər]; 最上 **pork·i·est** [~ist])《口語》(人が)太った.

porn [pɔ́ːrn]《名》《口語》= PORNOGRAPHY (↓).

por·no [pɔ́ːrnou]《形》《口語》= PORNOGRAPHIC.

por·nog·ra·pher [pɔːrnɑ́grəfər / -nɔ́g-]《名》C ポルノ作家, 好色文学の作家.

por·no·graph·ic [pɔ̀ːrnəgrǽfik]《形》ポルノの, ポルノ文学[映画, 写真]の(《口語》porno).

por·nog·ra·phy [pɔːrnɑ́grəfi / -nɔ́g-]《名》U ポルノ文学[映画, 写真](《口語》porn).

po·ros·i·ty [pərɑ́səti / pɔːrɔ́s-]《名》U 多孔性[質]; 吸水性, 通気性.

po·rous [pɔ́ːrəs]《形》**1** 穴の多い, 多孔性の. **2** 浸透性の, 吸水性の, 通気性の.

por·poise [pɔ́ːrpəs]《名》C《動物》ネズミイルカ.

*__por·ridge__ [pɔ́ːridʒ / pɔ́r-]《名》U《料理》《英》かゆ, ポリッジ(《主に米》oatmeal) 《シリアルなどを牛乳・水で煮たかゆ. 朝食に食べる》.

***port¹** [pɔ́ːrt]

— 《名》(複 **ports** [pɔ́ːrts]) **1** C U 港, (客船・商船が寄港する)商港(《略語》pt.): a fishing [trading, naval] *port* 漁[貿易, 軍]港 / clear [come into] *port* 出港[入港] する / The luxury liner was in *port*. 豪華客船が入港していた. 《関連語》airport 空港 / heliport ヘリコプター発着場 / carport (屋根付き)車庫

2 C (税関のある)港町.

■ *ány pórt in a stórm* 急場しのぎ, 窮余の一策.
◆ *pórt of cáll* C 寄港地; (比喩)立ち寄り先.

port² 《名》C C《コンピュータ》ポート《周辺機器の接続口》.

port³ [pɔ́ːrt]《名》U (船の)左舷(さげん) 《船首に向かって左側》; 《航空》(航空機の)左側(↔ starboard).
— 《形》左舷の, 左側の.

port⁴ 《名》**1** U ポートワイン《ポルトガル産の甘口赤ワイン》. **2** C ポートワイン1杯.

Port. 《略語》= *Portugal; Portuguese.*

port·a·bil·i·ty [pɔ̀ːrtəbíləti]《名》U 携帯[持ち運び]できること, 軽便さ.

*__port·a·ble__ [pɔ́ːrtəbl]《形》携帯用の, 持ち運びできる; 携帯可能な: a *portable* radio 携帯ラジオ.
— 《名》C 携帯用機器《ラジオ・テレビ・パソコンなど》.

por·tage [pɔ́ːrtidʒ]《名》**1** U 運搬, 輸送. **2** U C 連水陸路運搬《水路の間を陸路を使って運搬する》. **3** U 《または a ~》運搬料, 輸送費.

por·tal [pɔ́ːrtl]《名》C **1** 《通例 ~s》《文語》(堂々とした)表玄関, 正門; 入り口. **2** (物事の)出発点, 発端. **3** 《コンピュータ》ポータル(サイト)《インターネットを使うとき最初にアクセスするウェブサイト》.

port·cul·lis [pɔːrtkʌ́lis]《名》C (昔の城門・要塞(ようさい)などの)上げ下げ格子戸, つるし門.

por·tend [pɔːrténd]《動》他《文語》(物事が)〈不吉なこと〉の前兆[前触れ]となる.

por·tent [pɔ́ːrtent]《名》《文語》**1** C (不吉なことの)前兆, きざし. **2** U 不吉な意味合い.

por·ten·tous [pɔːrténtəs]《形》《文語》**1** (不吉なこと)の前触れとなる, 不吉な. **2** 驚くべき, 驚異的な. **3** 《軽蔑》尊大な, もったいぶった.

Portuguese

*__por·ter¹__ [pɔ́ːrtər]《名》C **1** (ホテル・駅などの)ポーター, 赤帽, 荷物運搬人. **2** 《米》(寝台車の)ボーイ.

por·ter² 《名》C C 《主に英》門番; 守衛.

por·ter·house [pɔ́ːrtərhàus]《名》C U = pórterhouse steak 極上のビーフステーキ.

*__port·fo·li·o__ [pɔːrtfóuliòu]《名》(複 **port·fo·li·os** [~z]) C **1** 書類入れ(かばん); (かばんに入れた)書類. **2** 画集, 写真集. **3** 《経済》ポートフォリオ《投資家の金融資産の全体》; 有価証券(明細書). **4** 《格式》大臣の職務.

port·hole [pɔ́ːrthòul]《名》C **1** 《海》舷窓(げんそう)《船室の窓》; 《航空》機窓. **2** 銃眼, 砲門.

Por·tia [pɔ́ːrʃə]《名》ポーシャ《シェイクスピア作『ベニスの商人』の女主人公の名》.

por·ti·co [pɔ́ːrtikòu]《名》(複 **por·ti·cos, por·ti·coes** [~z]) C 《建》ポーチコ, 柱廊式玄関.

*__por·tion__ [pɔ́ːrʃən]《名》**1** C 部分, 一部(part): My father sold a *portion* of his land. 父は土地を一部売却した.

portico

2 C (人分, 1人前): two *portions* of beefsteak ステーキ2人前. **3** C 分け前, 割り当て(share): accept one's *portion* of the blame 自らが負うべき責任を引き受ける. **4** U 《通例 one's ~》《文語》運命.
— 《動》他 …を[…に / …の間で]分ける, 分配する(*out*) [*to / among, between*].

Port·land [pɔ́ːrtlənd]《名》ポートランド《米国Oregon 州の港湾都市》.

port·ly [pɔ́ːrtli]《形》(比較 **port·li·er** [~ər]; 最上 **port·li·est** [~ist]) (年配男性が)太った, 堂々たる.

port·man·teau [pɔːrtmǽntou]《名》(複 **port·man·teaus, port·man·teaux** [~z]) C 《古風》(両開きの)旅行かばん.

◆ *portmánteau wórd* C かばん語, 混成語《2語の一部を合わせて作られた語《breakfast + lunch), smog (smoke + fog) など》.

*__por·trait__ [pɔ́ːrtrət, -treit]《名》C **1** (特に顔・上半身だけの)肖像画, ポートレート, 肖像写真: I had my *portrait* painted by him. 私は彼に肖像画をかいてもらった. **2** (人物・風景などの)描写, 記述.

por·trai·tist [pɔ́ːrtrətist]《名》C 肖像画家, 肖像[人物]写真家.

por·trai·ture [pɔ́ːrtrətʃər]《名》U 肖像画法; 人物描写; 《集合的に》肖像画.

*__por·tray__ [pɔːrtréi]《動》他 **1** …を[絵画・写真などで]描く, 表現する(*in*); …を[…であると]生き生きと描写する(*as*): Iago is *portrayed as* a villain. イアーゴーは悪人として描かれている. **2** …の肖像を描く. **3** (舞台・劇で)…の役を演じる.

por·tray·al [pɔːrtréiəl]《名》C U (言葉・絵による)描写, 記述;(役を)演じること.

*__Por·tu·gal__ [pɔ́ːrtʃugəl]《名》ポルトガル《ヨーロッパ南西部の共和国; 首都リスボン(Lisbon)》;《略語》Pg., Port.).

*__Por·tu·guese__ [pɔ̀ːrtʃugíːz]《形》ポルトガルの; ポルトガル人[語]の.

— [名] (複 **Por·tu·guese**) **1** [C] ポルトガル人.
2 [U] ポルトガル語.

POS 《略語》= point of sale 店頭; 販売時点.

‡**pose** [póuz] [動] [他] **1** 〈問題など〉を引き起こす, 〈権利など〉を主張する; 〈質問〉を提起する: Don't *pose* such a difficult question. そんな難題を持ち出さないでくれ. **2** (モデルとして)〈人〉にポーズをとらせる.
— [自] **1** [絵・写真などのために] **ポーズをとる** [*for*]: They *posed for* the cameras. 彼らはカメラに向かってポーズをとった. **2** 《主に英》 気取った態度をとる. **3** [...の] ふりをする, 見せかける [*as*].
— [名] [C] **1** (撮影などでの) **ポーズ**, **姿勢**: Hold a more natural *pose*, please. もっと自然なポーズをとってください. **2** 《主に英》 気取った態度 [行動]; 見せかけ, ふり, ポーズ: Her kindness is a mere *pose*. 彼女の親切は見せかけにすぎない.

Po·sei·don [pəsáidən] [名] [固] 【ギ神】 ポセイドン《海の神; → GOD 表》.

pos·er[1] [póuzər] [名] [C] 《古風》 難題, 難問.

pos·er[2] [名] [C] 《口語》 気取り屋, 大物気取りの人.

po·seur [pouzə́ːr] 【フランス】 [名] = POSER[2] (↑).

posh [pɑ́ʃ / pɔ́ʃ] [形] **1** 豪華な, 優雅な.
2 《英》 上流気取りの.

‡**po·si·tion** [pəzíʃən] [名] [動] 【原義は「置かれた所」】
— [名] (複 **po·si·tions** [~z]) **1** [C] [U] **位置**, **場所**: the *position* of the ship 船の位置 / Find our *position* on the map. 地図で現在地を見つけなさい / I couldn't see the fireworks from my *position*. 私の場所からは花火が見えなかった.
2 [C] [U] (社会的な) **地位**, **身分**; **順位**, **席次**: a responsible *position* 責任ある地位 / a high *position* in society 社会的に高い地位 / people of *position* 地位のある人々 / Our team is in second *position*. 私たちのチームは2位です.
3 [C] [通例, 単数形で] [...できる] **立場**, **状態**, **境遇** [*to do*]: put him in a serious *position* 彼を重大な立場に立たせる / I'm not in a *position to* decide. 私は決定する立場にない.
4 [C] **姿勢**: in a comfortable *position* 楽な姿勢で / in a standing *position* 立ったままで.
5 [C] [...についての / ...という] **見解**, **態度** (opinion) [*on* / *that* 節]: in my *position* 私の見解では / take the *position that* ... ...という見解をとる [示す] / What is your *position on* his policy? 彼の政策についてどう思われますか.
6 [C] **職**, **勤め口**: I got a *position* as chief editor of a magazine. 私は雑誌の編集長の職を得た. **7** [C] 【スポーツ】 守備位置.
■ ***in*** [***òut of***] ***posítion*** 正しい [間違った] 位置に.
jóckey [***manéuver***] ***for posítion*** (競争などで) 有利な立場につこうとする.
— [動] [他] ...を適当な場所に置く; ...の位置を決める, 配備する: He *positioned* himself near the window. 彼は窓のそばに位置を占めた.

‡**pos·i·tive** [pɑ́zətiv / pɔ́z-] [形] **1** **明確** [明白] **な**, 疑う余地のない, 確固とした: *positive* proof 確証 / a *positive* promise 確約 / give a *positive* refusal [denial] きっぱりと断る. **2** [叙述用法] [...について / ...であると] **確信した**, **自信のある** [*of*, *about* / *that* 節]: Are you *positive of* [*about*] its presence? = Are you *positive that* it is present? それが存在するという確信はありますか / Are you sure? — *Positive*. 確かですか — 間違いありません. **3** **積極的な**, 前向きの, 建設的な; 好ましい (↔ negative): have a *positive* approach 積極的に取り組む / have a *positive* thinking 前向きな考え方をする. **4** 肯定的な (↔ negative): receive a *positive* answer 好意的な回答を得る. **5** (理論的でなく) 実際的な (practical); 現実の, 実際の: There was no *positive* help from my parents. 実際には両親から何の援助もなかった. **6** 《口語》 まったくの, 完全な: a *positive* misunderstanding 完全な誤解.
7 [比較なし] 【写】 ポジ [陽画] の; 【電気】 正の, 陽 (電気) の; 【医】 陽性の. **8** 【文法】 原級の.
— [名] **1** [C] 【写】 ポジ, 陽画 (↔ negative); 【数学】 正数, 正量 (↔ negative); 【電気】 陽極 (板).
2 [the ~] = pósitive degrée 【文法】 原級 (→ COMPARISON [文法]).
◆ **pósitive discriminátion** [U] 《英》 差別の是正《差別を受けた人たちに対する優遇措置; cf. affirmative action 《米》 差別撤廃措置》.
pósitive pòle [C] (磁石の) 北極, N極; 【電気】 陽極 (↔ negative pole).

***pos·i·tive·ly** [pɑ́zətivli / pɔ́z-] [副] **1** **確かに**, **確信を持って**; きっぱり: He *positively* denied any involvement in the matter. 彼は事件とのかかわりをきっぱり否定した. **2** 《口語》 **まったく**, 本当に (indeed): He's *positively* smart. 彼は実に頭が切れる. **3** [間投詞的に] 《米》 まったくその通り, もちろん (◇ yes の強意語として会話で用いる): Are you going to meet her? — *Positively*. 彼女と会うつもりですか — もちろん.

pos·i·tive·ness [pɑ́zətivnəs / pɔ́z-] [名] [U] 確実性, 明確; 確信; 積極性.

pos·i·tiv·ism [pɑ́zətivìzəm / pɔ́z-] [名] [U] 【哲】 実証哲学, 実証主義.

pos·se [pɑ́si / pɔ́si] [名] [C] **1** (共通の目的を持った) 群衆, 一団の人; (警官などの) 一隊. **2** 《米》 民兵隊《昔, 犯人捜索などで保安官が召集した民間人》.

‡**pos·sess** [pəzés] 【原義は「力を持って座る」】
— [動] (三単現 **pos·sess·es** [~iz]; 過去・過分 **pos·sessed** [~t]; 現分 **pos·sess·ing** [~iŋ])
— [他] [進行形不可] **1** 《格式》 〈ものなど〉を**所有する**, 持つ (own): *possess* a private plane 自家用機を所有する / He *possesses* vast land. 彼は広大な土地を所有している / No one may *possess* a firearm. だれも銃器を所持してはならない.
2 《格式》 〈性質・能力など〉を持つ: That singer *possesses* a fine voice. あの歌手はすばらしい声をしている / A dog *possesses* a keen sense of smell. 犬は鋭い嗅覚(きゅうかく)を持っている.
3 [...するよう] ...の心を奪う, ...に取り付く [*to do*]: A desire for money *possessed* him. 彼は金への欲望に取り付かれた. (▷ [名] posséssion)

pos·sessed [pəzést] [形] [叙述用法] [...に] 夢中になった; [妄想・悪霊などに] 取り付かれた [*by*]: I was *possessed by* the notion that I was all

alone. 自分は独りぼっちだという思いがつのった.
■ **be posséssed of ...**《文語》…を所有している.

***pos・ses・sion [pəzéʃən]

— 名 (複 ~s[-z]) **1** Ü 所有, 占有; 所持: illegal *possession* of guns 銃の不法所持 / The estate is in her *possession*. その地所は彼女の所有である / *Possession* is nine points of the law. 《ことわざ》現に手中にあることが九分の勝ち目 ⇨ 借りたものは自分のもの.
2 C 所有物; [通例 ~s] 財産 (property): one's personal *possessions* 個人の財産 / Virtue is a greater *possession* than learning. 徳は学問よりも立派な財産である. **3** C 《格式》領域, 領土.
4 Ü (悪霊などに) 取り付かれること.
■ **còme into posséssion of ...** (人が)…を手に入れる: He *came into possession of* the rare book. 彼はその珍本を手に入れた.
còme into the posséssion of ... = còme into ...'s posséssion (ものが)〈人〉の手に入る.
in posséssion of ... …を所有して: *in possession of* stolen goods 盗品を所有して.
tàke [gèt] posséssion of ... …を手に入れる.
(▷ 動 posséss; 形 posséssive)

*pos・ses・sive [pəzésiv] 形 **1** 所有《支配,独占》欲の強い: a *possessive* mother 独占欲の強い母親. **2** 《文法》所有を表す, 所有格の.
— 名 Ü [the ~] = posséssive cáse 《文法》所有格 (→ PERSONAL 《文法》); C 所有格の語.
posséssive prónoun C 《文法》所有代名詞 (→ PRONOUN 《文法》)
pos・ses・sive・ly [~li] 副 わがもの顔に.

*pos・ses・sor [pəzésər] 名 C [通例 the ~] 《しばしばこっけい》所有者, 持ち主.

***pos・si・bil・i・ty [pɑ̀səbíləti / pɔ̀s-]

— 名 (複 **pos・si・bil・i・ties** [~z]) **1** Ü [または a ~] […の / …の] 可能性, 見込み, 実現性 [of / that 節]: beyond [within] *possibility* 不可能[可能]で / There's a *possibility* that war may break out. = There's a *possibility* of war breaking out. 戦争が起こる可能性がある / There is no [some] *possibility* of his victory. 彼が勝つ可能性は皆無である [いくらかある].
2 C 可能なこと, ありうること: exhaust all the *possibilities* 可能なことをすべてやりつくす / It seems to me like [as] a *possibility*. それは私には可能なことのように思える.
3 [複数形で] 将来性, 発展性: have great *possibilities* 大いに将来性がある. (▷ 形 póssible)

***pos・si・ble [pɑ́səbl / pɔ́s-] 形 名
【基本的意味は「可能な (that can be done)」】
— 形 **1** (a) 可能な, 実行できる (↔ impossible): There are four *possible* ways of solving the problem. その問題を解決するには4つの方法がありうる / This is a job which is *possible* for anyone. これはだれでもできる仕事です.
(b) [It is possible (for ...) +to do] (…が)…するのは可能である: *Is it possible for* Tom *to get there in time?* トムはそこへ時間内に到着できるだろうか / Would *it be possible for* you *to give us your opinion?* ご意見を聞かせていただけませんか (◇ 丁寧な依頼).
《語法》主語は通例 it またはもの・ことが来る. 人を主語にする場合は able を用いる: I am *able* to go to the movies tonight. 私は今晩映画を見に行くことができる (= It is possible for me to go to the movies tonight.).
2 (a) 起こりうる, ありうる: a *possible* danger 起こりうる危険. (b) [It is possible+that 節] …ということがありうる: *It is possible that* Susan knows about it. スーザンが知っているかもしれない.
3 [最上級, all, every などを強調して] 可能な限りの, できるだけの: at the highest *possible* speed =at the highest speed *possible* 全速力で / by every *possible* means あらゆる手段で.
4 [限定用法] まあまあの, 一応満足[我慢]できる.
■ **as ... as póssible** できるだけ… (→ AS 成句).
if póssible できるなら: I want to finish this by next week, *if possible*. できれば来週までにこれを済ませたい.
whenéver [wheréver] póssible 可能であればいつ[どこ]でも.
— 名 **1** [the ~] 可能性. **2** C (勝利[当選]の)可能性のある人 [もの]. (▷ 名 pòssibílity)

***pos・si・bly [pɑ́səbli / pɔ́s-]

— 副 **1** [文修飾] **ことによると**, ひょっとしたら, たぶん (→ PROBABLY 類義): What she said is *possibly* true. 彼女の言ったことはひょっとしたら本当かもしれない / Will you come with me tomorrow? — *Possibly* [*Possibly* not]. あす私と一緒に来ますか — たぶん行きます [行きません].
2 [can を伴って] (a)[肯定文で] **できる限り**, 何とかして: He planned to come back as soon as he *possibly* could. 彼はできる限り早く帰ろうと計画した. (b)[否定文で] どうしても, とても, …できない): I couldn't *possibly* tell her the truth. 私はどうしても彼女に本当のことが話せなかった. (c) [疑問文で] 何とか(…できるか): Could you *possibly* give me a hand? 何とかお手伝い願えませんでしょうか (◇控えめな依頼).

pos・sum [pɑ́səm / pɔ́s-] 名 C 《米口語》《動物》オポッサム, フクロネズミ (opossum).
■ **pláy póssum** 死んだふりをする.

***post¹ [póust] 名
— 名 **1** Ü 《英》**郵便**, 郵便制度 (mail) (◇《英》でも外国向け郵便には通例 mail を用いる): parcel *post* 小包郵便 / registered *post* 書留郵便 / express [surface] *post* 速達[普通] 郵便 / The letter must have got lost in the *post*. その手紙は配達中に紛失したに違いない.
2 Ü [集合的に]《英》(1回に集配される) **郵便物** (mail): catch [miss] the last *post* 最終便に間に合う[間に合わない] / Has the *post* arrived? 郵便は来ましたか / A letter has come for you in the first *post*. 最初の配達であなたあての手紙が1

post² 1180 **postmark**

通来ました（◇その他,「郵便物を…する」の表現は mail と同じで,→ MAIL コロケーション).

3 [the ～] 《英口語》郵便局 (post office); 郵便ポスト (postbox, 《米》mailbox): take a letter to the *post* 手紙を投函(とう)する.

■ *by póst* 《英》郵便で(《米》by mail): He sent the document *by post*. 彼は郵便で書類を送った.

by retúrn of póst → RETURN 名 成句.

—動 (三単現 **posts** [póusts]; 過去・過分 **post·ed** [～id]; 現分 **post·ing** [～iŋ])

—他 **1** 《英》(a) [post + O] …を**郵送する**, ポストに入れる (《米》mail) (*off*): Will you *post* (*off*) this letter for me? この手紙を出してくれませんか. (b) [post + O + O / post + O + to ...] …に～を郵送する = I *posted* him a check this morning. = I *posted* a check to him this morning. 私はけさ彼に小切手を郵送した.

2 〖簿記〗(元帳に)〈事項〉を記載する;〈元帳〉に転記する (*up*).

■ *kèep ... pósted* …に最新の情報を絶えず知らせる: Please *keep* me *posted* on all the news. 常に新しい情報はもらさず私に知らせてください.

◆ **póst òffice** →見出し.

post² [poust] 名 C **1** 柱,くい: a telephone *post* 電柱. **2** [the ～] (競技などの) 標識柱: the starting [finishing] *post* スタート[ゴール]点の柱. **3** 〖球技〗ゴールポスト (goalpost).

■ *be fírst pàst the póst* (競馬などで)1着になる.

—動 他 **1**〈壁などに〉〈ビラなどを〉はる,掲示する (*up*) [*on*];〈ビラなどを〉〈壁などに〉はる (*with*): The results will be *posted on* the bulletin board. 結果は掲示板にはり出されます. **2** …を公示する,発表する: The plane was *posted* missing. その飛行機は行方不明になったと公表された.

post³ 名 C **1**〈格式〉(責任のある)地位,(官)職: get a *post* as a professor 教授の地位を得る / apply for a *post* 求人に応募する / resign [give up, leave] one's *post* 辞職する.

2 (兵士などの)部署,持ち場: The guards are all at their *posts*. 警備係は全員持ち場についている. **3** (軍隊の)駐屯(ちゅう)地 [部隊].

—動 他〈兵士・人員などを〉[持ち場などに]配置する [*at*, *on*]; …を[…に]配属する [*to*].

◆ **póst exchànge** C 《米》〖軍〗基地内売店,酒保 ((略記)) **PX**).

post- [poust] 接頭「あとの,後部の,うしろの,次の」の意を表す (↔ ante-, pre-): *post*war 戦後の.

‡**post·age** [póustidʒ] 名 U 郵便料金: *postage* due 郵便料金不足 / What's the *postage* for this letter? この手紙の郵便料金はいくらですか.

◆ **póstage stàmp** C 《格式》郵便切手 (stamp).

***post·al** [póustəl] 形 [限定用法] 郵便(局)の; 郵便による: *postal* matter 郵便物 / *postal* charges 郵便料金.

◆ **póstal càrd** C 《米》はがき (postcard).

póstal òrder C 《英》郵便為替(の) (《主に米》money order).

Póstal Sèrvice [the ～] 《米》郵政公社 (《英》Post Office).

post·bag [póustbæɡ] 名 《英》**1** C 郵便袋,《英》郵便配達かばん (《米》mailbag). **2** [単数形で]《口語》(1回に配達される) 郵便物(の束).

post·box [póustbɑ̀ks / -bɔ̀ks] 名 C 《英》郵便ポスト (《米》mailbox).

‡**post·card** [póustkɑ̀:rd]

—名 (複 **post·cards** [-kɑ̀:rdz]) C はがき (《米》postal card); (特に)絵はがき (《英》picture postcard) (◇米国では官製・私製両方をさす. 英国には官製(はがきはない): She sent a *postcard* to her family from Toronto. 彼女はトロントから家族に絵はがきを送った.

post·code [póustkòud] 名 C 《英》郵便番号《文字と数字から成る》(《米》zip code).

post·date [pòustdéit] 動 他 **1**〈小切手・手紙・送り状など〉の日付を実際より遅らせる,繰り下げる. **2** (時間的に) …のあとに来る.

*post·er [póustər] 名 C **1** ポスター,広告ビラ,張り札. **2** ビラを張る人.

◆ **póster pàint [còlor]** C U ポスターカラー.

poste res·tante [pòust restɑ́:nt / -réstənt] 【フランス】名 《英》U 局留めで (《米》general delivery); C (郵便局の)局留め係.

*post·te·ri·or [pɑstíəriər / pɔs-] 名 C 《こっけい》しり [buttocks].

—形 **1** (時間・順序などが)[…の]あとの,次の [*to*] (↔ prior): an accident *posterior to* the game 試合後の事故. **2** [限定用法] (位置が)うしろ [あと] の (↔ anterior).

*pos·ter·i·ty [pɑstérəti / pɔs-] 名 U [集合的に]後世の人々,子孫 (↔ ancestry): They handed down their teachings to *posterity*. 彼らは自分たちの教えを後世 (の人々) に伝えた.

póst-frée 形 郵便料金無料の; 《英》郵便料金差出人払いで (《米》postpaid).

—副 郵便料金無料で; 《英》郵便料金前払い[支払い済み]で (《米》postpaid).

post·grad·u·ate [pòustɡrædʒuət / -dju-] 形 《通例,限定用法》《主に英》大学卒業後の; 大学院(生)の,大学研究科(生)の (《米》graduate).

—名 C 《主に英》大学院学生,研究科生 (《米》graduate) (cf. undergraduate 学部学生).

post·hu·mous [pɑ́stʃəməs / pɔ́stju-] 形 **1** 死後の: *posthumous* fame 死後の名声. **2** (子供が)父の死後生まれた. **3** (作品が)著者の死後出版された: *posthumous* works 遺作.

post·hu·mous·ly [～li] 副 死後に.

post·im·pres·sion·ism [pòustimpréʃənìzəm] 名 U 《美》後期印象派.

post·in·dus·tri·al [pòustindʌ́striəl] 形 脱工業化の: *postindustrial* society 脱工業化社会.

post·ing [póustiŋ] 名 C 《主に英》(特に軍隊での) [… への] 任命,配属 [*to*].

‡**post·man** [póus*t*mən] 名 (複 **post·men** [-mən]) C 《英》郵便集配人 (《米》mailman).

post·mark [póustmɑ̀:rk] 名 C (郵便の)消印.

—動 他 [通例,受け身で]〈郵便物〉に消印を押す.

post・mas・ter [póustmæstər / -mà:stə] 名 C 郵便局長 (◇女性形は postmistress).

post・mis・tress [póustmìstrəs] 名 C 女性郵便局長 (◇男性形は postmaster).

post・mod・ern・ism [pòustmádərnìzəm / -mɔ́d-] 名 U ポストモダニズム《機能性の追求に批判的な1980年代頃の芸術様式》[運動]》.

post-mor・tem [pòustmɔ́:rtəm] 《ラテン》名 C 1《格式》検死(解剖)(autopsy). 2《失敗の》事後検討, 分析, 反省 [on].

post・na・tal [pòustnéitəl] 形 出生後の; 産後の.

‡post office [póust ɔ̀:fis / -ɔ̀f-]
— 名 (複 post of・fic・es [~iz]) C 1 郵便局 (《略語》P.O., PO): From the city's main *post office* he sent two telegrams. 彼は町の本局から2通の電報を打った.
2 [the P- O-]《英》郵政公社(《米》Postal Service).

póst-òf・fice bòx 名 C《格式》私書箱(《略語》PO Box, POB).

post-paid [póustpéid] 形《米》郵便料金払い済みの(《英》post-free)《略語》p.p., ppd.): a *postpaid* reply card 返信用はがき.
— 副《米》郵便料金払い済みで(《英》post-free).

‡post・pone [poustpóun] 動 他 …を[…まで]延期する, 遅らせる, 後回しにする(put off)[*to, until*]; [〜するのを] 延期する[*doing*]: I *postponed writing* a letter to her. 私は彼女に手紙を書くのを延期した / The game was *postponed* until Wednesday. 試合は水曜日に延期された.

post・pone・ment [poustpóunmənt] 名 UC 延期, 後回し.

post-pran・di・al [pòustprǽndiəl] 形《格式》食後すぐの.

‡post・script [póustskrìpt] 名 C 1 追伸, 追記《手紙などの結句のあとの追加文;《略語》P.S., PS》. 2《著書などの》後書き, 後記, 追記.

pos・tu・late [pástʃəlèit / póstju-] 動 他《格式》(自明のこととして) …を仮定する, 前提とする; […だと] 仮定する[*that* 節].
— 名 [pástʃələt, -lèit / póstju-] C 1 仮定; 基礎条件. 2 自明の原理, 真理.

‡pos・ture [pástʃər / pós-] 名 1 CU (体の)姿勢, ポーズ: have good *posture* よい姿勢である. 2 C 《通例, 単数形で》心構え, 態度.
— 動 《軽蔑》(…の) 姿勢[気取ったポーズ]をとる; [… を] 気取る, [… の] 風をする [*as*].

pos・tur・ing [pástʃəriŋ / pós-] 名 UC 気取ったポーズ[態度](をとること); 見せかけ.

‡post-war [póustwɔ́:r] 形《限定用法》戦後の(↔ prewar).

po・sy [póuzi] 名 (複 po・sies [~z]) C《主に文語》(小さな) 花束.

‡pot [pát / pɔ́t]
名 動 《原義は「茶わん, カップ」》
— 名 (複 pots [~s / ~ts]) 1 C 《瀬戸物・ガラス・金属などの》 丸い入れ物, ポット《つぼ・鉢・かめ・びん・深いなべなど; cf. pan 平なべ; →図》《比較》日本語の「ポット」のような「魔法びん」の意味はない》: a plant *pot* 植木鉢 / *pots* and pans なべかま類, 台所用品 / A little *pot* is soon hot.《ことわざ》小さいなべほすぐ熱くなる → 気の小さい人はすぐ怒る.

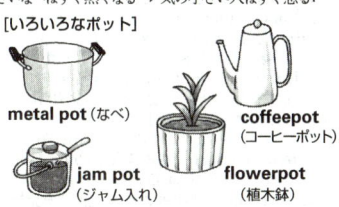

[いろいろなポット]

metal pot (なべ)
coffeepot (コーヒーポット)
jam pot (ジャム入れ)
flowerpot (植木鉢)

2 C ポット1杯分 (potful): She made a *pot* of tea. 彼女はポット1杯のお茶を入れた.
3 [〜s]《英口語》多量 [多額] [… の] [*of*]: earn *pots* of money 大金を稼ぐ.
4 C《口語》たいこ腹 (potbelly).
5 C おまる (potty).
6 C 《英》《ビリヤード》玉をポケットに入れるショット.
7 C《口語》手当たり次第の射撃, 乱射 (potshot).
8 [the 〜]《主に米》《ポーカー》1回の賭(か)け金; (共通の目的で使う) 共同積立金.
9 U《古風》マリファナ.

◆ **gó to pót**《口語》落ちぶれる; 質が低下する.
kèep the pót bóiling 暮らしを立てていく; 順調に進んでいく.

— 動 (三単現 pots [páts / pɔ́ts]; 過去・過分 pot・ted [~id]; 現分 pot・ting [~iŋ]) 他 1〈植物〉を鉢に植える. 2〈獲物〉を撃つ, …の猟をする.
3《英》《ビリヤード》〈球〉をポケットに入れる.

◆ **pót ròast** UC《料理》ポットロースト《いためた肉に野菜・スープを加えて深なべで煮込んだもの》.
pótting shèd C《英》園芸用の小屋.

po・ta・ble [póutəbl] 形《格式》(水が) 飲用可の.
po・tage [pɔ:tá:ʒ, pou-/ pɔ-]《フランス》名 U ポタージュ《クリーム状の濃いスープ; cf. consommé コンソメ》.

pot・ash [pátæʃ / pɔ́t-] 名 U 1《化》炭酸カリウム, カリ《肥料などの原料》. 2 灰汁(?).

po・tas・si・um [pətǽsiəm] 名 U《化》カリウム, ポタシウム《金属元素; 《元素記号》K》.

‡po・ta・to [pətéitou]
— 名 (複 po・ta・toes [~z]) CU 1 ジャガイモ(◇《米》ではサツマイモと区別するために white [Irish] potato と言うこともある): bake [boil] *potatoes* ジャガイモを焼く [ゆでる] / fry *potatoes* ジャガイモを揚げる / mashed *potatoes* マッシュポテト《ジャガイモをゆでてすりつぶしたもの》.
2《米》サツマイモ (sweet potato).

◆ **potáto chip** C 《通例 〜s》 1《米》ポテトチップ. 2《英》フライドポテト(《米》French fries).
potáto crìsp C《英》ポテトチップ.

pot・bel・lied [pátbèlid / pɔ́t-] 形 太鼓腹の.
pot・bel・ly [pátbèli / pɔ́t-] 名 (複 pot・bel・lies [~z]) C 太鼓腹(の人).

pot・boil・er [pátbɔ̀ilər / pɔ́t-] 名 C《軽蔑》金目あての(つまらない) 作品 [本, 絵画など]; 金目あてに(つまらない) 作品を作る人 [作家, 画家など].

po・ten・cy [póutənsi] 名 U **1** 力, 潜在力; 権力, 勢力. **2** (薬などの) 効能, 有効性: the *potency* of a medicine 薬の効能. **3** (男性の) 性的能力.

***po・tent** [póutənt] 形 **1** 有力[強力]な (powerful). **2** (議論などが) 説得力のある. **3** (薬などが) 効く. **4** (男性の) 性的能力のある (↔ impotent).

po・ten・tate [póutəntèit] 名 C 《文語》 **1** (昔の) 専制君主, 支配者. **2** 有力者, 実力者.

‡**po・ten・tial** [pətén ʃəl] 形 [限定用法] (将来的に) 可能性のある, (…になる) 見込みのある, 潜在的な: a *potential* leader 将来指導者になりそうな人.
— 名 U **1** (将来の) 可能性, 潜在(能)力; 将来性: achieve one's *potential* 潜在能力を発揮する. **2** 《物理》電位.

po・ten・ti・al・i・ty [pətènʃiǽləti] 名 (複 po・ten・ti・al・i・ties [~z]) 《格式》 **1** U 可能性, 潜在性. **2** C [通例, 複数形で] 潜在的なもの, 潜在力のある人.

po・ten・tial・ly [pətén ʃəli] 副 潜在的に, 可能性を持って, もしかすると.

pot・ful [pátfùl / pɔ́t-] 名 C ポット [なべ] 1杯分.

pot・hole [páthòul / pɔ́t-] 名 C **1** (路面の) くぼみ. **2** [地質] 甌穴(おう) (水流によって河床の岩石にできるつぼ状の穴).

pot・hol・ing [páthòuliŋ / pɔ́t-] 名 U 《英》 (スポーツとしての) 洞窟(どうくつ) 探検.

po・tion [póuʃən] 名 C 《文語》 (薬液・毒薬などの) 1服: a love *potion* ほれ薬, 媚薬(びゃく).

pot・luck [pátlʌ̀k / pɔ́tlʌ́k] 名 **1** U あり合わせの料理. **2** C 《米》参加者が料理を持ち寄る食事会 [パーティー]. **3** [形容詞的に] 料理持ち寄りの: a *potluck* lunch 料理持ち寄りの昼食会.
■ **tàke pótluck** **1** (客が) あり合わせの料理でもてなされる. **2** イチかバチかで選ぶ.

Po・to・mac [pətóumək] 名 固 [the ~] ポトマック川 《米国の首都 Washington, D.C. を流れる川》.

pot・pour・ri [pòupurí: / pòupúri] 【フランス】 名 **1** U ポプリ (乾燥させた花弁・葉などを混ぜた芳香剤). **2** C 《音楽》混成曲; (文学作品の) 雑録, 文集 (anthology); 雑多なものの寄せ集め.

Pots・dam [pátsdæm / pɔ́ts-] 名 固 ポツダム 《1945年にポツダム宣言が出されたドイツ東部の市》.

pot・shot [pátʃàt / pɔ́tʃɔ̀t] 名 C 《口語》手当たり次第の射撃, 乱射; 批判: take a *potshot* at ... …を手当たり次第に撃つ; 批判する.

pot・ted [pátid / pɔ́t-] 形 [限定用法] **1** 鉢植えの. **2** 《英》びん [つぼ] 詰めの. **3** 《主に英》 (本などが) 要約 [簡略化] された.

***pot・ter**[1] [pátər / pɔ́tə] 名 C 陶工, 焼き物師.
◆ **pótter's whèel** C 作陶用のろくろ.

pot・ter[2] 動 《英》 = PUTTER[2].

Pot・ter [pátər / pɔ́tə] 名 固 ポター Beatrix [bí:ətriks / bíə-] Potter 《1866–1943; 英国の童話作家・さし絵画家.『ピーターラビットのおはなし』(*The Tale of Peter Rabbit*) の作者》.

‡**pot・ter・y** [pátəri / pɔ́t-] 名 (複 pot・ter・ies [~z]) **1** U [集合的に] 陶器, 陶器類 (cf. porcelain 磁器). **2** U 製陶業, 製陶術. **3** C 製陶場.

pot・ty[1] [páti / pɔ́ti] 形 (比較 pot・ti・er [~ər]; 最上 pot・ti・est [~ist]) 《英口語》 **1** ばかな, くだらない. **2** [叙述用法] […に] 夢中の [*about*].

pot・ty[2] 名 (複 pot・ties [~z]) C 《口語》幼児用の室内便器 (幼児が) トイレに行く.

pót・ty-tràined 形 《幼児が》おまるを使うようにしつけられた, おむつが取れた.

pouch [páutʃ] 名 C **1** (革などでできた) 小袋, (小銭などを入れる) 小物入れ, ポーチ; 郵袋. **2** 《動物》 (カンガルーなどの) 腹袋, (リス・ハムスターなどの) ほお袋. **3** 《米》目の下のたるみ.

pouf, pouffe [pú:f] 名 (複 poufs, pouffes [~s]) 《英》足乗せ台.

poul・tice [póultis] 名 C 湿布, 湿布薬.

‡**poul・try** [póultri] 名 **1** [複数扱い] 家禽(きん) 《鶏などの食用鳥》. **2** U 家禽の肉, 鶏肉.

pounce [páuns] 動 自 **1** […に] 急に飛びかかる [襲いかかる] [*on, upon, at*]. **2** [人の誤りなどを (逃さず) 非難 [攻撃] する; (機会などを) すばやくとらえる [*on, upon*].
— 名 C [通例, 単数形で] 急襲, 急に飛びかかること.

****pound**[1] [páund] 【原義は「重さ (weight)」】
— 名 (複 pounds [páundz]) C **1 ポンド** 《◇重量の単位; 1ポンド = 453.592g; 《略語》lb; → 巻末「度量衡」》: a *pound* of butter 1ポンドのバター / He is 200 *pounds* in weight now. 彼の体重は今200ポンドです.
2 ポンド 《英国などの通貨単位; 1ポンド = 100 pence; 《略語》L, £》: £7.10 7ポンド10ペンス (◇ seven pounds ten (pence) と言う).
3 [the ~] ポンド相場.
■ **by the póund** (重さ) 1ポンドいくらで: Vegetables are sold *by the pound*. 野菜は1ポンドいくらで売られている.
◆ **póund càke** U C パウンドケーキ. 《由来》バター・砂糖・小麦粉を1ポンドずつ入れて作ったことから》.

‡**pound**[2] 動 他 **1** …を何回も強く打つ, 連打する: He *pounded* the keyboard angrily. 彼は怒ってキーボードを何回もたたいた.
2 …を打ち砕く, 粉砕する: *pound* a stone to pieces 石を粉々に砕く.
3 …を激しく砲撃する.
— 自 **1** […に] 何回も強く打つ, 連打する [*on, at*]: He *pounded on* [*at*] the window. 彼は窓をどんどんたたいた.
2 [興奮などで] (心臓が) どきどき打つ, 激しく鼓動する [*with*].
3 […を] 激しく砲撃する [*at*]. **4** どたばた歩く.

pound[3] 名 C **1** (野良犬・野良猫などの) 収容所, おり. **2** (駐車違反車などの) 置き場.

pound・age [páundidʒ] 名 U 金額 [重量] 1ポンドにつき支払う手数料 [税など].

-pound・er [páundər] 結合 **1** 「(重さが) …ポンドのもの」の意を表す 《◆特に魚について言う》: That salmon is a twelve-*pounder*. あのサケは重さが12ポンドある. **2** 「…ポンド砲」の意を表す.

pound・ing [páundiŋ] 名 **1** U [または a ~] どんどんと強打する音, 連打; (心臓などの) 鼓動. **2** C 《口語》 (試合などでの) 大敗; 大打撃: take [get] a *pounding* 大敗を喫する.

***pour** [pɔːr] 【基本的意味は「…を注ぐ (make a liquid flow from or into something)」】
— 動 (三単現 **pours** [~z]; 過去・過分 **poured** [~d]; 現分 **pour·ing** [pɔ́ːriŋ])
— 他 **1** (a) [pour + O]〈液体〉を[…に]注ぐ, つぐ; 流す [into]: He *poured* some beer *into* his glass. 彼はビールをグラスに注いだ.
(b) [pour + O + O / pour + O + for ...] …に〈液体〉をついでやる: She *poured* him a cup of coffee. = She *poured* a cup of coffee *for* him. 彼女は彼にコーヒーを1杯ついだ.

2 …を […に] 浴びせかける [on, upon, over]; …を〈人々〉に〈光〉〈大量に〉吐き出す, (人が)〈考え・感情など〉をすべて話す, 吐露する (out): The sun *pours* its light all *over* the earth. 太陽は大地いっぱいに光を注ぐ / He *poured out* all his troubles. 彼は悩みを全部打ち明けた.

3〈金・労力など〉を […に] つぎ込む [into]: *pour* money *into* the project 事業に金をつぎ込む.
— 自 **1** 〈液体が〉流れ出る (out, forth); […に] 流れ込む [into]: Tears *poured* from her eyes. 彼女の目から涙があふれ出た / The Tone River *pours into* the Pacific. 利根川は太平洋に注ぐ.

2 (群衆などが) […から] どっと出る [out of, from]; […に] 押し寄せる (in) [into]: People *poured in from* all directions. 人々が四方八方から押し寄せた.

3 [通例 It を主語にして] (雨が)激しく降る (down): The rain *poured down* all day. 1日じゅうどしゃ降りだった / It's *pouring* (with rain) outside. 外はどしゃ降りです / It never rains but *it pours*. 〈ことわざ〉降れば必ずどしゃ降り ⇒ 悪いことは続いて起こるものだ (◇たまに, よいことについても言う).

4《口語》〈お客にお茶など〉をついでやる;(人を)接待する: Shall I *pour*? まあ, 一杯どうぞ.

5〔通例, 副詞(句)を伴って〕〈容器が〉つぐ, 注げる.

pout [páut] 自 口をとがらす, ふくれっ面をする; 唇を突き出す. — 他〈口・唇〉を突き出す.
— 名 C 口をとがらすこと, ふくれっ面; 不機嫌.

‡**pov·er·ty** [pávərti / pɔ́v-] 名 **1** U 貧乏, 窮乏, 貧困: live in *poverty* 貧しい生活をする.
2 U〔または a ~〕〈格式〉[…の] 欠乏, 不足 [of, in]: (a) *poverty* of ideas 着想の欠如. (▷ 形 póor)
◆ **póverty lìne** [lèvel] [the ~] 貧困(所得)線, 最低生活水準.
póv·er·ty-strìck·en 形 非常に貧乏な, 極貧の.
POW《略語》= prisoner of war 捕虜.

‡**pow·der** [páudər] 名 動 【原義は「ほこり, ちり」】
— 名 (複 **pow·ders** [~z]) **1** U C 粉, 粉末: baking *powder* ベーキングパウダー / curry *powder* カレー粉 / grind soybeans into *powder* 大豆をひいて粉にする.

2 U 粉末製品; おしろい; 歯磨き粉: put *powder* on one's face おしろいをつける / tooth *powder* 歯磨き粉 / baby *powder* ベビーパウダー.

3 C 《古風》粉薬 (→ MEDICINE 【類義語】).

4 U 火薬 (gunpowder).

— 動 他 …に〔粉など〕を振りかける, まき散らす [with]; …におしろいをつける: The road was *powdered with* snow. 道に雪がうっすらと積もっていた / I'm going to *powder* my nose. ちょっとお化粧を直してきます (◇女性がトイレに行くときに言う婉曲表現).

◆ **pówder blúe** U 薄青色.
pówder kèg C **1** 火薬庫, 火薬だる. **2** (一触即発の) 危険な状態 [地域].
pówder pùff C 化粧用パフ.
pówder ròom C (公共の場の) 女性用化粧室.
pow·dered [páudərd] 形 粉末の; 粉をかけた; おしろいをつけた: *powdered* milk 粉ミルク.
pow·der·y [páudəri] 形 粉の, 粉状の; 粉になりやすい; 粉だらけの: *powdery* snow 粉雪.

‡**pow·er** [páuər] 名 動 【原義は「できること」】
— 名 (複 **pow·ers** [~z]) **1** U […に対する] 権力, 勢力 [over]; 政権; 軍事力: political *power* 政治力 / air [sea, land] *power* 空軍 [海軍, 陸軍] 力 / extend one's *power* 勢力を拡張する / take *power* 政権を握る / gain [come to] *power* (選挙などで) 政権をとる / The adviser had great *power over* the President. その顧問は大統領に対して絶大な影響力を持っていた.

2 U C [… の / …する] 力, 能力 [of / to do] (→【類義語】); 力強さ, 迫力: the *power of* nature 自然の力 / the *power of* speech 言語能力 / muscle *power* 筋力 / That bird has the *power of* seeing [to see] in the dark. あの鳥は暗やみでもものを見る能力を持っている.

3 U C (法的な) 権限: the *powers* of the President 大統領の権限 / You don't have the *power* to give orders. あなたに命令を下す権限はない.

4 C [しばしば P-] 大国, 強国; 権力者, 実力者: the Great *Powers* 列強 / an economic *power* 経済大国 / a military *power* 軍事大国 / He is a *power* in the party. 彼は党内の実力者である.

5 [~s] 体力, 知力, 精神力: His *powers* are failing. 彼の体力は衰えつつある / He is a man of great intellectual *powers*. 彼はすばらしい知力の持ち主です.

6 U 動力; 電力 (electric power): atomic *power* 原子力 / The *power* failed during the thunderstorm. 雷雨のさなかに停電した. **7** C [通例, 単数形で] 〔数学〕累乗: The second *power* of 2 is 4. 2の2乗は4 [$2^2 = 4$]. **8** U (レンズの) 倍率, 度: a microscope of high *power* 高倍率の顕微鏡. **9** C [通例 ~s] 神, 悪魔, 精霊.

■ *beyònd* [*òut of*] *...'s pówer* = *nót withìn ...'s pówer* …の力の及ばない: It is *beyond* my *power* to solve this problem. この問題は私には解けない.

dò ... a pówer of góod《古風》…に非常にためになる.

in ...'s pówer **1** …に支配された: I've got him *in my power*. 彼は今や私の言いなりである. **2** …にできるだけの.

the pówers that bé《口語》当局, その筋.

—動 他 [通例, 受け身で] …に動力を付ける; …を動力で動かす: The plane *is powered* by three jet engines. その飛行機には3基のジェットエンジンが付いている. —自 [副詞(句)を伴って](乗り物が)疾走する, 猛スピードで走る.

◆ **pówer báse** C (政党などの)支持母体.
pówer bròker C (政界の)黒幕.
pówer cùt [òutage] U C 停電.
pówer lìne C 電線, 送電線.
pówer of attórney C U 法 代行権; 委任状.
pówer plànt C **1** (米) 発電所((英) power station). **2** 動力装置.
pówer pòint C (英) (電気の) コンセント (socket, (米) outlet).
pówer polítics U 武力外交; 権力政治.
pówer stàtion C (英) 発電所((米) power plant).
pówer stéering U (自動車の)パワーステアリング, 動力操舵(だ)装置.

類義語 power, force, strength
共通する意味▶力 (the ability to do something to produce an effect)
power は「力」の意を表す最も一般的な語. 肉体的なものにも精神的なものにも用いる: visual *power* 視力 / He restored his *power* of speech. 彼は言語能力を回復した. **force** は「抵抗するものなどに対して行使される力」の意: The police had to use *force* to hold back the crowd. 警官隊は群衆を押しとどめるのに実力行使をせざるをえなかった. **strength** は「人・ものに本来備わっている力」の意: national *strength* 国力 / Does he have enough *strength* to lift the rock? 彼にはその岩を持ち上げるだけの力がありますか.

---

pow·er·boat [páuərbòut] 名 C モーターボート (motorboat); 発動機艇.
pow·ered [páuərd] 形 [しばしば複合語で] (車などが) …の動力を備えた: a high-*powered* engine 強力エンジン.

*****pow·er·ful** [páuərfəl]

—形 **1 強力な**, 強い; 力強い, たくましい (↔ powerless): a *powerful* engine 強力エンジン / a *powerful* body たくましい体 / speak in a *powerful* voice 力強い声で話す / This horse is *powerful* enough to pull a heavy wagon. この馬は重い荷馬車を引くことができるほど丈夫です.
2 勢力のある, 有力な: a *powerful* nation 強国 / a *powerful* statesman 有力政治家.
3 (薬などが)効き目の強い; (議論などが)人を動かす, 説得力の強い: a *powerful* medicine よく効く薬 / a *powerful* argument 説得力のある議論.
4 (レンズが)倍率の高い.

pow·er·ful·ly [páuərfəli] 副 強く; 効果的に.
pow·er·house [páuərhàus] 名 C **1** 発電所.
2 (口語) 精力家; 活動的な人, 活動家.
pow·er·less [páuərləs] 形 [叙述用法] **1** […する] 力のない [to do]; […に対して] 無力な; 弱い

[against]. **2** 権力[勢力]のない; 効力のない.
pow·er·less·ness [~nəs] 名 U 無力さ.
pow·wow [páuwàu] 名 C **1** (北米先住民の)祈祷(きとう)式, 集会. **2** (こっけい) 会議.
pox [páks / póks] 名 (古) **1** (the) 天然痘 (smallpox). **2** [the] ~ (古) 梅毒 (syphilis).
pp (略語) =*pianissimo* ピアニシモ.
pp. (略語) =*pages* ページ (◇複数形; → p.¹).
p.p., P.P. (略語) =*parcel post* 小包郵便; *past participle* 過去分詞; *postpaid* 郵便料金払い済みの.
ppd. (略語) = *postpaid* 郵便料金払い済みの; *prepaid* プリペイドの.
ppm, PPM (略語) =*parts per million* 百万分率.
ppr., p.pr. (略語) =*present participle* 現在分詞.
PR, P.R. (略語) = *proportional representation* 比例代表制; *public relations* 広報活動; Puerto Rico プエルトリコ.
prac·ti·ca·bil·i·ty [præktikəbíləti] 名 U 実行可能性, 実際性; 実用性.
prac·ti·ca·ble [præktikəbl] 形 **1** (計画などが)実行[実施]可能な, 実際的な. **2** 使用できる; (道路・橋などが)通行可能な.

****prac·ti·cal** [præktikəl] 形 名

—形 **1 実際上の**, 実地の (↔ theoretical): *practical* studies 実地研究 / *practical* problems 現実の問題 / She needs more *practical* experience. 彼女はもっと実地経験が必要です.
2 実用的な, 実際に役立つ: *practical* advice 実際に役立つ助言 / I want to learn *practical* spoken English. 私は実用的な口語英語を学びたい / He is lacking in *practical* knowledge. 彼に実用的知識が欠けている.
3 (人・考えが)現実的な, 実際的な: a *practical* person 現実的な人 / You should be more *practical*. あなたはもっと現実的になるべきです.
4 [限定用法] 実地経験を積んだ: a *practical* engineer 経験豊かなエンジニア.
5 事実上の, 実質上の: The project is a *practical* failure. その事業は事実上失敗です.
■ ***for áll práctical púrposes*** 実際は, 実質的に, 事実上 (in effect).
—名 C (英) (主に理科の) 実習, 実地の授業.
(▷ 名 práctice).

◆ **práctical jóke** C (実際の)悪ふざけ, いたずら.
práctical núrse C (米) 看護助手, 准看護師 (cf. registered nurse (米) 正看護師).
prac·ti·cal·i·ty [præktikǽləti] 名 (複 **prac·ti·cal·i·ties** [~z]) **1** U 実際的なこと, 実用性.
2 C [通例, 複数形で] 実際[実用]的なもの.
*prac·ti·cal·ly [præktikəli] 副 **1** 実際的に, 実用的に, 実地に.
2 (口語) ほとんど (almost): The building is *practically* finished. その建物はほとんどでき上がっている.
■ ***práctically spéaking*** [文修飾] 実際問題として(言うと), 実際には.

prac・tice [prǽktis]
名動【原義は「行うこと」】

— 名 (複 prac・tic・es [~iz]) **1** Ｕ Ｃ (反復して行う)**練習**, けいこ (→ 類義語): a *practice* game [match] 練習試合 / I need more *practice* before the concert. 私はコンサートまでにもっと練習が必要だ / *Practice* makes perfect. 《ことわざ》練習を積めば完全になる ⇨ 習うより慣れよ.

2 Ｕ Ｃ 習慣, 慣例 (→ HABIT 類義語); 風習: traditional *practice* 伝統的なしきたり / It is a bad *practice* to allow a child a lot of pocket money. 子供に小遣いをたくさん与えるのはよくないことです / The *practice* of banks closing at 3 p.m. is very annoying. 銀行が午後3時に閉まる慣行は腹立たしい.

3 Ｕ 実行, 実施; 実際 (↔ theory): Theory and *practice* do not always go hand in hand. 理論と実際は必ずしも一致しない.

4 Ｃ Ｕ (医師・弁護士の)業務, 営業; [集合的に] 患者; 依頼人: The physician has a large *practice*. その内科医は患者が多い.

■ **be òut of práctice** 練習不足で腕が落ちている.
in práctice 1 実際は, 事実上は: *In practice*, it was more difficult than I expected. 実際には想像以上に難しかった. **2** (医師・弁護士が) 開業して.
màke a práctice of dóing …するのを常とする [習慣とする]: She *makes a practice of* always *being* on time. 彼女はいつでも時間厳守を心がけている.
pùt ... ìnto [in] práctice …を実行する: Now we've made our plan, let's *put* it *into practice*. 計画ができ上がったのだから実行に移そう.

— 動 (三単現 prac・tic・es [~iz]; 過去・過分 prac・ticed [~t]; 現分 prac・tic・ing [~iŋ]) 《◇《英》では通例 practise とつづる》

— 他 **1** (a) [practice + O] (反復して)…を**練習する**, けいこする; …を[人に]試す[*on*]: Betty *practices* the piano every day. ベティーは毎日ピアノのけいこをしている / He wants to *practice* his English *on* native speakers. 彼は自分の英語をネイティブスピーカーに試したいと思っている.

(b) [practice + doing] …することを練習する: You should *practice parking* your car. あなたは駐車の練習をすべきです.

2 …を実行する, (習慣として) 行う: *practice* magic 魔法をかける / *practice* economy 節約を励行する / *Practice* what you preach. 《ことわざ》説くことを実行せよ. **3** 〈医師・弁護士を〉開業する [している]: He's *practiced* law [medicine] for ten years. 彼は弁護士[医師]として10年間開業している.

— 自 **1** […を] 練習する, けいこする [*on*, *at*]: She *practiced* hard *on* [*at*] the cello. 彼女は一生懸命チェロを練習した.

2 [医師・弁護士が] 開業する [*as*]: He has been *practicing* as a lawyer for thirty years. 彼は弁護士を開業して30年になる. (▷ 形 práctical).

◆ práctice tèacher Ｃ 教育実習生 (student teacher).

práctice tèaching Ｕ 教育実習.

類義語 **practice, exercise, drill, training**
共通する意味▶ 練習, けいこ (repeated performance for the purpose of improving one's skills or knowledge)
practice は技能の向上や習得のために繰り返し行う「練習, けいこ」の意: daily *practice* on the violin 毎日のバイオリンのけいこ. **exercise** は心身の力・技能を維持・強化するために行う「練習, 鍛錬」の意: She does piano *exercises* every day. 彼女は毎日ピアノの練習をする. **drill** は「繰り返し行われる体系的な訓練」の意: They received rigorous *drills* in swimming. 彼らは水泳の厳しい訓練を受けた. **training** は「仕事・学業・趣味などに熟達するために行う組織的な訓練」の意: A medical student faces years of *training* before he is qualified to specialize in one area. 医学生は1つの分野を専門とする資格を与えられる前に何年もの訓練に取り組む.

prac・ticed, 《英》 **prac・tised** [prǽktist] 形 **1** […に] 熟練した [*in*], 練習を積んだ: be *practiced in* surgery 手術に慣れている. **2** [限定用法] 練習で習得した.

prac・tic・ing, 《英》 **prac・tis・ing** [prǽktisiŋ] 形 [限定用法] **1** (医師・弁護士などが) 開業している, 現役の. **2** (信者が) 祈りを欠かさない, 信仰のある.

prac・tise [prǽktis]
動 = PRACTICE (↑).

prac・ti・tion・er [præktíʃənər] 名 Ｃ **1** 開業医; 弁護士: a general *practitioner* 一般開業医. **2** (技術・芸術などを) 実践する人.

prag・mat・ic [prægmǽtik], **prag・mat・i・cal** [-kəl] 形 **1** 実用 [実際, 実践] 的な. **2** 〖哲〗実用主義の; 〖言〗語用論の.

prag・mat・i・cal・ly [-kəli] 副 実用 (主義) 的に.

prag・mat・ics [prægmǽtiks] 名 Ｕ [単数扱い]〖言〗語用論.

prag・ma・tism [prǽgmətizəm] 名 Ｕ **1** 〖哲〗実用主義, プラグマティズム. **2** 実利 [現実] 主義.

prag・ma・tist [prǽgmətist] 名 Ｃ 実用主義者.

Prague [prάːg] 名 固 プラハ 《チェコの首都》.

prai・rie [préəri] 名 Ｃ [しばしば ~s] 大草原, プレーリー《北米ミシシッピ川流域の草原地帯》.

◆ **práirie dòg** Ｃ 〖動物〗プレーリードッグ《プレーリーの穴にすむリス科の動物. 犬に似た声で鳴く》.

práirie schòoner Ｃ 《米》大型ほろ馬車《植民地時代に開拓者たちが大草原の横断に用いた馬車》.

Práirie Státe [the ~] プレーリー州《米国 Illinois 州の愛称; → AMERICA 表》.

praise [préiz]
動 名【原義は「価値 (worth)」】

— 動 (三単現 prais・es [~iz]; 過去・過分 praised [~d]; 現分 prais・ing [~iŋ])

— 他 **1** […のことで]…を**ほめる**, 称賛する [*for*, *on*, *upon*] (↔ blame): The mayor *praised* the firefighters *for* their courage. 市長は消防士たちの勇気をたたえた / That movie was high-

ly *praised* in Europe. その映画はヨーロッパで高く称賛された.
2 《格式》〈神〉を賛美する.
■ *práise ... to the skíes* …をほめちぎる.
— 名 **1** UC ほめること, 称賛: His paintings are worthy of *praise*. 彼の絵画は称賛に値する / Her courage is beyond all *praise*. 彼女の勇気はいくらほめてもほめ切れない.
2 U 《格式》〈神への〉賛美.
■ *in práise of ...* …をほめたたえて, 称賛して.
síng ...'s práises = *síng the práises of ...* 〈人〉をほめたたえる.

*práise·wor·thy [préizwə(r)ði] 形 称賛に値する, 感心な, 立派な.

pram [prǽm] 名 C 《英》ベビーカー, 乳母車 (《米》baby carriage [buggy]).

prance [prǽns / prɑ́ːns] 動 自 **1** 〈馬が〉後ろ脚ではね上がる, はね上がりながら進む. **2** 〈人が〉意気揚々と[いばって]歩く; はね回る (*about*, *around*).
— 名 C 〈馬の〉跳躍; 〈人が〉いばって歩くこと.

prank [prǽŋk] 名 C 〈悪気のない〉いたずら.

prank·ster [prǽŋkstər] 名 C いたずら者.

prate [préit] 動 自 《古風・軽蔑》 [...について] ぺちゃくちゃ話す (*on*) [*about*].

prat·tle [prǽtl] 動 自 《通例, 軽蔑》 [...について] ぺちゃくちゃむだ話をする (*on*, *away*) [*about*].
— 名 U 《通例, 軽蔑》 むだ話, おしゃべり.

Prav·da [prɑ́ːvdə] 《ロシア》 名 固 プラウダ (ロシアの日刊新聞; 旧ソ連共産党中央委員会の機関紙).

prawn [prɔ́ːn] 名 C 《動物》 クルマエビ (の類); U クルマエビの身.

***pray** [préi]
【原義は「〈神の慈悲・救い〉を求める」】
— 動 (三単現 **prays** [~z]; 過去・過分 **prayed** [~d]; 現分 **pray·ing** [~iŋ])
— 自 **1** [神などに] [...のために] 祈る, 祈願する [*to* / *for*]: *pray for* a sick person 病人のために祈る / The villagers *prayed* to God *for* rain. 村人たちは神に雨ごいをした. **2** [...を] 懇願する, 請う [*for*]: *pray for* pardon 許しを請う.
— 他 **1** (a) [pray + O] [...を求めて] 〈神などに〉祈る, 懇願する [*for*]: They *prayed* God's mercy. = They *prayed* God *for* mercy. 彼らは神の恵みを祈願した. (b) [pray + that 節] …ということを祈る, 懇願する: They *prayed that* the war would end soon. 彼らは戦争がすぐに終わることを祈った. (c) [pray + to do] …することを祈る, 懇願する: He *prayed* to be forgiven. 彼は許されることを祈った.
2 [命令文に付けて; 副詞的に]《古風》どうぞ, お願いだから (please) (◇ I pray you の略): *Pray* don't be noisy. どうか騒がないでください.
◆ práying mántis C 《昆》カマキリ (mantis).

***prayer¹** [préər] (☆発音に注意)
— 名 (複 **prayers** [~z]) **1** UC [...への] 祈り, 祈願 (認) [*for*]; [しばしば ~s] 祈禱式, 礼拝: a *prayer for* rain 雨ごい / be at one's *prayers* お祈り中である / kneel in *prayer* ひざまずいて祈る.

2 C [しばしば ~s] 祈りの言葉: They say [offer] their *prayers* before going to bed. 彼らは寝る前にお祈りをする. **3** C 願い事, 嘆願.
◆ práyer bòok C 祈禱書.
práyer mèeting C 祈禱会.

pray·er² [préiər] 名 C お祈りをする人.

pre- [priː, pri] 接頭 「『以前の, あらかじめの, 前の』の」の意を表す (↔ post-): *pre*war 戦前の.

***preach** [príːtʃ] 動 自 **1** [教会などが] […に / …について] 説教する, 伝道する [*to* / *about*, *on*]: The minister *preached to* the congregation *on* grace. 牧師は会衆に神の恵みについて説教した.
2 […に / …について] 諭(き)す; 〈軽蔑〉 (くどくどと) お説教する [*to*, *at* / *about*]; […しないように] 戒める [*against*]: *preach against* violence 暴力を戒める.
— 他 **1** (a) [preach + O + O / preach + O + to ...] …に~を説教する: *preach* the crowd the Gospel = *preach* the Gospel *to* the crowd 大勢の人に福音を説く.
(b) [preach + that 節] …であると説教する.
2 …を […に] 説き勧める, 勧告する [*to*, *at*]; 〈軽蔑〉 …にくどくどと説教する.
■ *préach to the convérted* 相手がすでに知って[実践して]いることを説く, 釈迦(よ*)に説法する.

preach·er [príːtʃər] 名 C **1** 説教師, 伝道者, 牧師. **2** お説教をする人, 訓戒者.

preach·y [príːtʃi] 形 (比較 **preach·i·er** [~ər]; 最上 **preach·i·est** [~ist]) 《口語》 説教じみた; 説教好きな.

pre·am·ble [príːæmbl, priæm-] 名 CU 《格式》 序文, 序言, 前置き; (条約などの) 前文.

pre·ar·range [priːəréindʒ] 動 他 前もって…の手はずを整える, …を事前に取り決める; 予定する.

pre·ar·ranged [priːəréindʒd] 形 事前に取り決めた, 打ち合わせ済みの.

***pre·car·i·ous** [prikéəriəs] 形 **1** 不安定な, あてにならない: a *precarious* living 不安定な生活.
2 危険な. **3** 根拠の不確かな, あやうやな.

pre·car·i·ous·ly [~li] 副 不安定に; あやうやに.

***pre·cau·tion** [prikɔ́ːʃən] 名 C [通例 ~s] […に対する] 用心, 慎重さ, 警戒; 予防策 [手段] [*against*]: take *precautions against* fires [accidents] 火事 [事故] に用心する.

pre·cau·tion·ar·y [prikɔ́ːʃəneri / -ʃənəri] 形 予防の, 用心の, 警戒の.

***pre·cede** [prisíːd] 動 他 《格式》 **1** (時・順序などで) …に先立つ, …より先に起こる (↔ succeed): He *preceded* his elder brother in becoming a major leaguer. 彼は兄より先にメジャーリーガーになった. **2** (重要性などで) …に優先する, まさる.
3 …の前に […を] 置く, …を […で] 始める [*with*, *by*]: He *preceded* his address *with* an apology. 彼は講演の前に謝辞の言葉を述べた.
(▷ 名 précedence, précedent)

prec·e·dence [présidəns, prisíː-] 名 U (時間・順序などで) 先立つこと, 先行; 優先, 優位; 優先権.
■ *in órder of précedence* 席次 [重要度] 順に.
tàke [*hàve*] *précedence òver* [*of*] ... …に優先する, 優位に立つ.
(▷ 動 precéde)

prec·e·dent [présədənt] 名 U C 先例, 前例, (従来の)慣例; 【法】判例: break with *precedent* 先例を破る / set a *precedent* 先例を作る / without *precedent* 先例のない. (▷ 動 precéde)

pre·ced·ing [prí:sidiŋ] 形 先立つ, 前の, 先行する; 前述の, 上記の (↔ following) (→ PREVIOUS 類義語): the *preceding* year その前年 / the *preceding* page 前ページ.

pre·cept [prí:sept] 名 C U (格式) (道徳的な)教え, 教訓, 戒め, 行動指針.

pre·cinct [prí:siŋkt] 名 C **1** (通例 ~s) 構内, 境内. **2** [~s] 郊外, 周辺. **3** (米) (行政上の)管区; 選挙区; 警察管区. **4** (英) (都市などの特定の)地域, …区域: a shopping *precinct* 商店街.

***pre·cious** [préʃəs]
【原義は「値段の高い」】
— 形 **1 貴重な**, 高価な; 大切な (→ VALUABLE 類義語): *precious* memories 貴重な思い出 / a *precious* bracelet 高価なブレスレット / For me, nothing is more *precious* than sleep. 私には睡眠が一番大切です.
2 いとしい, 愛する, とてもかわいい: my *precious* dog 私のかわいい犬 / Our baby is very *precious* to us. 私たちにとって赤ん坊はとてもいとしい.
3 [比較なし; 限定用法] (口語・皮肉) ひどい, まったくの: a *precious* fool ひどいばか, 大ばか.
4 (軽蔑) 気取った, 凝りすぎた.
— 副 [特に few, little の前に付けて] (口語) 非常に, とても (very): *precious* little money ごくわずかなお金.
◆ précious métal C U 貴金属.
précious stóne C 宝石 (stone).

pre·cious·ness [préʃəsnəs] 名 U 高価; 貴重さ, 大切なこと; 凝りすぎていること.

***prec·i·pice** [présəpɪs] 名 C **1** 絶壁, がけ. **2** 危機: stand [be] on the edge [brink] of a *precipice* 危機にひんしている.

pre·cip·i·tate [prɪsípətèit] (☆ 名 形 との発音の違いに注意) 動 他 **1** (格式) …を突然引き起こす, 促進する. **2** (格式) …を真っ逆さまに[投げ]落とす. **3** …を[ある状態に]陥れる [into]. **4** 【化】…を沈殿させる; 【気象】(水蒸気)を凝結させる.
— 自 【化】沈殿する; 【気象】(水蒸気が)凝結する.
— 名 [prɪsípətət] C U 【化】沈殿物; 【気象】(水分からの)凝結物《雨・雪など》.
— 形 [prɪsípətət] (格式) 性急な; 軽率な.
pre·cip·i·tate·ly [~li] 副 (格式) 真っ逆さまに; 軽率に.

pre·cip·i·ta·tion [prɪsìpətéiʃən] 名 **1** C U 【気象】降水[降雨, 降雪](量). **2** C U 【化】沈殿物; U 沈殿(状態). **3** U (格式) 性急, 大急ぎ, 大あわて; 軽率. **4** U (格式) 落下, 墜落.

pre·cip·i·tous [prɪsípətəs] 形 **1** 絶壁の, 切り立った, 険しい. **2** 性急な; 軽率な.
pre·cip·i·tous·ly [~li] 副 切り立って, 険しく.

pré·cis [preɪsí: / préɪsi:] (フランス) 名 (複 **pré·cis** [~z]) C (論文などの)大意, 要約.
— 動 他 …の大意を書く, …を要約する.

***pre·cise** [prɪsáis] 形 **1** 正確な, 精密な (→ RIGHT¹ 類義語); 明確な, はっきりした: *precise* calculations 正確な計算. **2** [限定用法] まさにその: at the *precise* moment ちょうどその時.
3 きちょうめんな, (ささいなことに)やかましい.
■ **to be precise** (文修飾) 厳密に言えば. (▷ 名 precísion)

***pre·cise·ly** [prɪsáisli] 副 **1** 正確に; ちょうど, まさに; 厳密に: at *precisely* three = at three *precisely* 3 時きっかりに / That is *precisely* what I mean. それは私の言いたいことです.
2 (返事として) (口語) その通り: He should have been more careful. — *Precisely*. 彼はもっと注意すべきだった — その通り.

pre·cise·ness [prɪsáisnəs] 名 U 正確; 厳格.

***pre·ci·sion** [prɪsíʒən] 名 U **1** 正確さ, 精密; 明確: with *precision* 正確に. **2** きちょうめん.
— 形 [限定用法] 寸法がかね; 精密な: *precision* machinery 精密機械. (▷ 形 precíse)

pre·clude [prɪklú:d] 動 他 (格式) **1** …を不可能にする, 排除する. **2** 〈人〉が[…するのを]妨げる (prevent) [*from doing*].

pre·co·cious [prɪkóuʃəs] 形 **1** (子供が)早熟の, ませた; (知識・才能などの)発達が早い.
2 【植】早咲きの, 早なりの.
pre·co·cious·ly [~li] 副 早熟に, ませて.

pre·coc·i·ty [prɪkɑ́səti / -kɔ́s-] 名 U 早熟, おませ; 早咲き, 早なり.

pre·cog·ni·tion [prì:kɑgníʃən / -kɔg-] 名 U (格式) (将来の)予知.

pre·con·ceived [prì:kənsí:vd] 形 [限定用法] (十分な知識や経験なしで)前もって考えた, 予想した: a *preconceived* idea [notion] 先入観.

pre·con·cep·tion [prì:kənsépʃən] 名 C […についての]予想, 予断; 先入観, 偏見 [*about*].

pre·con·di·tion [prì:kəndíʃən] 名 C […の]必須[前提]条件 [*of, for*].

pre·cooked [prì:kúkt] 形 前もって料理した.

pre·cur·sor [prɪkə́:rsər] 名 C (格式) **1** […の]先駆者, 先駆 [*of*]. **2** […の]前兆 [*of, to*].

pre·date [prì:déit] 動 **1** …を実際より前の日付にする. **2** …より前に来る, 先んじる.

pred·a·tor [prédətər] 名 C **1** 捕食[肉食]動物. **2** (軽蔑) (金銭的に)人を食いものにする人.

pred·a·to·ry [prédətɔ̀:ri / -təri] 形 **1** 【動物】ほかの生物を捕らえて食べる, 肉食の. **2** 略奪を(目的と)する; (軽蔑) (金銭的に)人を食いものにする.

***pred·e·ces·sor** [prédəsèsər / prí:d-] 名 C **1** 前任者 (↔ successor); 先輩: He was my *predecessor* as general manager. 彼は私の前任の部長でした. **2** 前のもの, 前身: My new car is much better than its *predecessor*. 私が今度買った車は前のよりずっとよい.

pre·des·ti·na·tion [prɪːdèstənéiʃən] 名 U **1** 運命, 宿命, 予定. **2** 【神学】予定説《すべての出来事は神によって定められていると説く》.

pre·des·tined [prɪːdéstɪnd] 形 (神が)[…するように]運命づけた [*to do*].

pre·de·ter·mi·na·tion [prì:dɪtə̀:rmɪnéiʃən] 名 U (格式) 先決; 予定.

pre·de·ter·mined [prì:dɪtə́:rmɪnd] 形 (格式) […するように]前もって決められた [*to do*].

pre・de・ter・min・er [prìːditɚ́rmənɚr] 名 C 〖文法〗前決定詞 (◇ all, both など決定詞 (determiner) の前に用いる語).

pre・dic・a・ment [pridíkəmənt] 名 C 窮地, 苦境, 困難な状況.

‡**pred・i・cate** [prédikət] (☆ 動 との発音の違いに注意) 名 C 〖文法〗述部, 述語 (《略語》pred.; → SENTENCE 〖文法〗)
— 動 [prédikèit] 他《格式》 **1** …を […であると／…と] 断定 [断言] する [*to be ／ that* 節]. **2** [しばしば受け身で] …を […に] 基づかせる, …の根拠を […に] 置く [*on*].

pred・i・ca・tive [prédikèitiv / pridíkə-] 形 〖文法〗叙述的な (《略語》pred.) (↔ attributive) (→ ADJECTIVE 〖文法〗) (◇本辞典では [叙述用法] と表示): *a predicative adjective* 叙述形容詞.

‡**pre・dict** [pridíkt] 動 他 …を予言する; 予測 [予報] する; […と／…かを] 予言する [*that* 節／疑問詞節]: *predict* the future 未来を予言する／He *predicted that* an earthquake would strike the city. 彼は町に地震が起こると予言した.

pre・dict・a・ble [pridíktəbl] 形 **1** 予言できる; 予想 [予報] できる. **2** 《しばしば軽蔑》(人が) (何をするか) 初めからわかっている, 意外性のない.

pre・dict・a・bil・i・ty [pridìktəbíləti] 名 U 予想がつくこと, 予測の可能性.

pre・dict・a・bly [pridíktəbli] 副 **1** [文修飾] 予想通りに, 案の定. **2** 予言 [予想] されているように.

‡**pre・dic・tion** [pridíkʃən] 名 C U […という] 予言; 予測, 予報 [*that* 節]: Her *prediction* has come true. 彼女の予言は的中した／He made a *prediction that* the team would win. 彼はそのチームが勝つと予言した.

pre・dic・tive [pridíktiv] 形 予言 [予報] する.

pre・dic・tor [pridíktɚr] 名 C 予言者; 予報者; 予測装置.

pred・i・lec・tion [prèdəlékʃən / prìːdi-] 名 C 《格式》[…に対する] 偏愛, ひいき [*for*].

pre・dis・pose [prìːdispóuz] 動 他《格式》 **1** …を […に] 傾かせる, 陥りやすくする [*to, toward*]; …に […するように] しむける [*to do*]. **2** …を [病気に] かかりやすくする [*to*].

pre・dis・posed [prìːdispóuzd] 形《格式》[…に] 陥りやすい; [病気などに] かかりやすい [*to, toward*]; […] しがちな [*to do*].

pre・dis・po・si・tion [prìːdìspəzíʃən] 名 C《格式》[…の／…しやすい] 傾向, 性質; 体質, 素質 [*to, toward ／ to do*].

pre・dom・i・nance [pridámənəns / -dɔ́m-] 名 U [または a ～] […に対する] 優勢; 支配 [*over*].

*pre・dom・i・nant** [pridámənənt / -dɔ́m-] 形 **1** […より] 優勢な, 有力な [*over*]; 目立った, 顕著な, 主要な: the *predominant* opinion in Congress 議会における優勢な意見. **2** […に対して] 支配的な; 広く行きわたっている [*over*].

pre・dom・i・nant・ly [pridámənəntli / -dɔ́m-] 副 優勢に, 有力に; 主に, 主として.

pre・dom・i・nate [pridámənèit / -dɔ́m-] 動 自 **1** […より] 優位を占める, 優勢である [*over*]; 顕著である. **2** […を] 支配する (dominate) [*over*].

pre・em・i・nence [priémənəns, prìː-] 名 U 優秀, 傑出, 抜群.

pre・em・i・nent [priémənənt, prìː-] 形 […に] 卓越した, 優秀な; 顕著な [*in*].

pre・em・i・nent・ly [～li] 副 抜群に; 著しく.

pre・empt [priémpt, prìː-] 動 他 **1** …を他に先んじて入手する, 先取りする; …の機先を制する. **2** 《米》〈土地〉を先買権によって獲得する.

pre・emp・tion [priémpʃən, prìː-] 名 U **1** 買い, 先買権; 〈土地の〉優先買い取り (権). **2** 先取り; 出し抜くこと, 先制 (攻撃).

pre・emp・tive [priémptiv, prìː-] 形 **1** 先制 (攻撃) の. **2** 先買の, 先買権のある.

preen [príːn] 動 他 〈鳥が〉〈羽〉をくちばしで整える.
— 自 〈鳥が〉羽を整える; 《軽蔑》〈人が〉得意になる.
■ **préen onesélf**《しばしば軽蔑》〈人が〉身づくろいをする, めかす; […に] 得意になる [*on*].

pre・ex・ist [prìːigzíst] 動《格式》自 前に存在する, 先在する. — 他 …より前に存在する.

pre・ex・ist・ence [prìːigzístəns] 名 U《格式》(霊魂などの) 先在; 前世.

pref.《略語》= preface 序文; prefix 接頭辞.

pre・fab [príːfæb] 名 C《口語》プレハブ住宅, 組み立て式建物 (◇ *prefabricated* house の略).

pre・fab・ri・cate [prìːfǽbrikèit] 動 他〈建物・船など〉を規格部品で組み立てる; …を前もって作る.

pre・fab・ri・cat・ed [prìːfǽbrikèitid] 形 プレハブの, 組み立て式の.

‡**pref・ace** [préfəs] (☆ 発音に注意) 名 C **1** (著者が書く) […の] 序文, 前書き [*to*] (cf. foreword (著者以外の人が書く) 序文). **2** (演説などの) 前置き; […の] きっかけ, 発端 [*to*].
— 動 他《格式》 **1** 〈本〉に序文を書く. **2** 〈話など〉を […で] 前置きして始める [*with, by*].

pref・a・to・ry [préfətɔ̀ːri / -təri] 形 序文の, 前置きの, 紹介の.

pre・fect [príːfekt] 名 C **1**《英》監督生 (校内規律の監督権を与えられた学生). **2** [しばしば P-] (フランス・イタリアなどの) 知事; 長官.

pre・fec・tur・al [prifékt∫ərəl] 形 (日本・フランスなどの) 県の, 県立の.

*pre・fec・ture** [príːfektʃɚr] 名 C **1** (日本・フランスなどの) 県: Mie [Osaka] *Prefecture* 三重県 [大阪府]. **2** 知事公邸.

‡**pre・fer** [prifɚ́r] (☆ アクセントに注意) 【「pre (前に) + fer (運ぶ)」から】
— 動 (三単現 **pre・fers** [～z]; 過去・過分 **pre・ferred** [～d]; 現分 **pre・fer・ring** [-fɚ́ːrig])
— 他 [通例, 進行形不可] **1 (a)** [prefer + O [doing]] […より] …のほう […するほう] を好む [*to*]: Which do you *prefer*, dogs or cats? 犬と猫とどちらのほうが好きですか／I *prefer* fall *to* spring. 私は春より秋のほうが好きです／William *prefers* skating *to* skiing. ウィリアムはスキーよりもスケートを好む. **(b)** [prefer + to do] […より] …するのが好きだ [*rather than*]: I don't want to go to the movies. I *prefer* to stay home. 私は映画を見に行きたくない. 家にいたい／I *prefer to* play *rather than* (*to*) study. 私は勉強するより遊ぶほうが好きです (◇ *rather*

than のあとの to は省略されることがある).
(c) [prefer+O+to do]〈人〉が…することを望む; [prefer+that 節] …ということを望む: I would *prefer* you *to* come earlier. =I would *prefer that* you come earlier. もっと早めに来ていただきたいのですが. (d) [prefer+O+過去]〈…が〜されるのを望む: He *preferred* nothing *said* about that. 彼はそれについて何も言われないことを望んだ.

2《…に対して》…を提訴する, 提出する[*against*]: He *preferred* a charge *against* the broker. 彼はそのブローカーを告発した.

3《文語》[…に]…を昇進させる(promote)[*to*].

■ *if you prefér* そのほうがよければ.
(▷ 名 préference; 形 préferable)

*pref·er·a·ble [préfərəbl]形[…より]好ましい, 望ましい, ましな[*to*](◇ preferable には比較の意味が含まれるので more や most と共には用いない): I think the blue dress is *preferable to* the green one. 緑のドレスよりも青のドレスのほうがいいと私は思う. (▷ 動 prefér)

pref·er·a·bly [préfərəbli]副[しばしば文修飾]むしろ, 好んで, できることなら.

*pref·er·ence [préfərəns]名 **1** U C […を/より]好むこと[*for, of / to, over, rather than*]; […への]好み, 選択, ひいき[*for, to*]: I have a *preference for* meat *over* [*rather than*] fish. = My *preference* is *for* meat *rather than* fish. 私は魚より肉のほうが好きです. **2** C 好きなもの; ほかより好まれるもの[人]: Do you have any *preferences* in music? 何か音楽に好みがありますか. **3** U C 優先(権), (貿易上の)特恵: give *preference* to ... …を優先[優遇]する.

■ *by préference* 好んで; なるべくなら.
in préference to ... …よりもむしろ, …に優先して.
(▷ 動 prefér)

pref·er·en·tial [prèfərénʃəl]形[限定用法]優先の, 優先権のある; (貿易上)特恵の.

pref·er·en·tial·ly [-ʃəli]副 優先して; 優遇して.

pre·fer·ment [prifə́ːrmənt]名 U C《格式》[…への]昇進, 昇任; 抜てき, 登用[*to*].

pre·fig·ure [priːfígjər / -fígə]動 他《格式》
1 …を前もって(形で)示す. **2** …を予想する.

pre·fix [priːfiks]名 C **1**【文法】接頭辞(◇語の前に付けて意味・働きの異なる語を作る. unhappy の un- など; (略記) pref.)(cf. suffix 接尾辞).

2 (氏名の前に付ける)敬称《Mr., Dr. など》.
── 動 [priːfíks, priːfiks]他 **1**【文法】…に接頭辞を付ける. **2** を […の] 前に付け足す[*to*].

*preg·nan·cy [prégnənsi]名(複 preg·nan·cies [~z])U C 妊娠, 妊娠期間. (▷ 形 prégnant)

‡preg·nant [prégnənt]形 **1** 妊娠している: a *pregnant* woman 妊婦 / My wife is six months *pregnant*. 妻は妊娠6か月です.

2[限定用法]意味深長な, 含蓄のある: a *pregnant* pause [silence] 意味深長な沈黙.

3[叙述用法]《格式》[…に]満ちた[*with*].
(▷ 名 prégnancy)

pre·hen·sile [prihénsəl / -sail]形《動物》(手足・尾が)ものをつかむことができる, 把握力のある.

*pre·his·tor·ic [prìːhistɔ́ːrik / -tɔ́r-], pre·his·tor·i·cal [-kəl]形 **1** 有史以前の, 先史時代の: *prehistoric* remains 有史以前の遺跡.

2《しばしばこっけい》旧式な, 時代遅れの.

pre·his·to·ry [priːhístəri]名 **1** U 先史時代; 先史学. **2**[単数形で] 前段階, 経緯, 前史.

pre·judge [priːdʒʌ́dʒ]動 他 **1** …について早まった判断を下す. **2**(十分審理せず)…に判決を下す.

‡prej·u·dice [prédʒudis]名 **1** U C […への]先入観, 偏見; 悪感情, 毛嫌い[*against*]; […への]えこひいき[*for, in favor of*]: racial *prejudice* 人種的偏見 / People often have *prejudice against* new ideas. 人はしばしば新しい考えに偏見を抱く. **2** U《格式》侵害, 損害, 不利益;【法】権利の侵害.

■ *to the préjudice of ...*《格式》…の不利益になるように.

withòut préjudice to ...【法】…の不利益とならずに, …の権利を損なうことなく.

── 動 他 **1**[しばしば受け身で]〈人〉に[…への]先入観[偏見]を持たせる[*against*]; […に対する]好意を持たせる[*in favor of*]: He *is prejudiced against* [*in favor of*] the singer. 彼はその歌手を毛嫌いして[ひいきにして]いる. **2** …を害する, 傷つける, 損なう.

prej·u·diced [prédʒudist]形[…に対して]偏見[先入観]を持った, 不公平な[*against*].

prej·u·di·cial [prèdʒudíʃəl]形《格式》**1**[叙述用法][…に]不利益になる, 害を与える[*to*]. **2** 先入観[偏見]を抱かせる.

prel·ate [prélət]名 C 高位聖職者《司教(bishop)・大司教(archbishop) など》.

*pre·lim·i·nar·y [prilímənèri / -nəri]形[限定用法]予備の, 準備の; 前置きの: a *preliminary examination* 予備試験.

── 名(複 pre·lim·i·nar·ies [~z]) C[通例, 複数形で] **1** 予備行為, 予備段階; […の] 準備[*to*]. **2** 予備試験, (試合などの)予選.

prel·ude [prélju:d]名 C **1**[通例, 単数形で][…の]前ぶれ, 前兆; 前置き, 序文; 序幕[*to*].

2《音楽》前奏曲, プレリュード.

pre·mar·i·tal [priːmǽrətəl]形(結)婚前の.

*pre·ma·ture [prìːmətjúər, -tʃúər / préməˌtʃə]形 **1**(予定より)早すぎる, 時ならぬ: *premature* death 早死に. **2** 早産の: a *premature* baby 未熟児. **3** 早まった, 時期尚早の.

pre·ma·ture·ly [~li]副 早すぎて; 早産で.

pre·med·i·tat·ed [prìːméditèitid]形 前もって計画した[考えた], 計画的な.

pre·med·i·ta·tion [prìːmèditéiʃən]名 U 前もって計画する[考える]こと;【法】故意, 予謀.

‡pre·mier [primíər, príːmiər / prémiə]名 C **1**[しばしば P-] 首相, 総理大臣(prime minister)(◇主に新聞で使われる). **2**(カナダ・オーストラリアの)州知事.

── 形[限定用法]《格式》首位の, 第1位の; 最高の.

pre·miere, pre·mière [primíər / prémièə]【フランス】名 C(演劇の)初日, 初演; (映画の)封切り. ── 動 他[通例, 受け身で]〈演劇〉を初演する;〈映画〉を封切る. ── 自 初演される; 封切られる.

pre·mier·ship [primíərʃip, príːmiər- / prémiə-] 名 C U 首相の地位[任期].

***prem·ise** [prémis] 名 **1** C […という]前提 [*that* 節], (推論の)根拠: the major [minor] *premise* 大[小]前提. **2** [~s] 家屋敷《土地を含む》; 構内, 店内: on the *premises* 構内[店内]で. **3** [the ~s] [法] 既述事項, 前記物件.
── 動 他 …を前提として述べる, 前置きする, […だと] 前提として述べる [*that* 節].

prem·iss [prémis] 名《英》= PREMISE 1 (↑).

***pre·mi·um** [príːmiəm] 名 **1** C 割増金, プレミアム. **2** C 保険料. **3** C 報奨金, 奨励金. **4** U《主に米》ハイオクガソリン. **5** [形容詞的に] 割り増しの; 高級な, 高価な.
■ *at a prémium* **1** プレミアム付きで, 額面以上で. **2** 珍重されている, 入手しにくい.
pùt [*plàce*] *a prémium on* ... **1** …を高く評価する, 重んじる. **2** …の励みになる, …を助長する.

prem·o·ni·tion [prèmǝníʃən, priːm-] 名 C […の/…という] 予感, 前兆; 予告 [*of* / *that* 節].

pre·mon·i·to·ry [primάnǝtɔ̀ːri / -mɔ́nitəri] 形《格式》前兆の; 予告の, 警告の.

pre·na·tal [prìːnéitəl] 形 [限定用法]《米》出生 [出産] 前の, 胎児期の (《英》antenatal).

pre·oc·cu·pa·tion [prìɑkjǝpéiʃən, priː- / -ɔ̀k-] 名 **1** U [または a ~] […への] 没頭, 夢中 [*with*]; うわの空. **2** C 没頭している事[こと].

pre·oc·cu·pied [priɑ́kjǝpàid, priː- / -ɔ́k-] 形 […に] 夢中になった [*with*]; うわの空の.

pre·oc·cu·py [priɑ́kjǝpài, priː- / -ɔ́k-] 動 (三単現 **pre·oc·cu·pies** [~z]; 過去・過分 **pre·oc·cu·pied** [~d]; 現分 **pre·oc·cu·py·ing** [~iŋ]) 他《格式》〈人〉の心を奪う, 〈人〉を夢中にさせる.

pre·or·dain [prìːɔːrdéin] 動 他 [通例, 受け身で]《格式》〈神・運命などが〉…を […するように] あらかじめ定める [*to do*].

prep [prép] 名 **1** U《英口語》宿題 (homework); 予習, 予習時間. **2** C《米口語》(大学進学のための) 私立高校 (preparatory school).
── 動 (三単現 **preps** [~s]; 過去・過分 **prepped** [~t]; 現分 **prep·ping** [~iŋ])《米口語》他 …に〈受験・手術などの〉準備をさせる, …を〈料理のために〉調理する [*for*]. ── 自 […の] 準備をする [*for*].
◆ prép schòol《米口語》= preparatory school (PREPARATORY 複合語).

prep.《略語》= *prep*aratory 予備の; *prep*osition 前置詞.

pre·pack·aged [prìːpǽkidʒd] 形 (食料品などを) 販売前に包装した (◇ prepacked [prìːpǽkt] とも言う).

pre·paid [prìːpéid] 動 prepay の過去・過分分詞.
── 形 前払いの, 前納の: a *prepaid* card プリペイドカード, 料金前払いカード.

*****prep·a·ra·tion** [prèpǝréiʃən]
── 名 (複 **prep·a·ra·tions** [~z]) **1** U […の] 準備, 用意 (すること) [*of, for*]: preparation of dinner 夕食の用意 / *preparation for* the wedding 結婚式の準備 / He participated in the tournament without *preparation*. 彼は準備なしでトーナメントに参加した.
2 C [通例 ~s] […の] (具体的な) 支度, 手はず [*for*]: We made *preparations for* the welcome party. 私たちは歓迎会の準備をした.
3 U (授業などの) 準備; 予習時間.
4 U (薬の) 調合, 調理; C 調理したもの; 調合薬; 調理食品.
■ *in preparátion* 準備中の: Plans for the new project are now *in preparation*. 新規事業の計画は今準備中です.
in preparátion for ... …の準備に: He studied all night *in preparation for* the exam. 彼は試験に備えて徹夜で勉強した. (▷ 動 prepáre)

***pre·par·a·to·ry** [pripǽrǝtɔ̀ːri / -təri] 形 [限定用法] 予備 [準備] の; 進学 [入学] 準備の: *preparatory* studies 予習.
■ *prepáratory to* ... 《格式》…の準備として, …に先立って (▷ 動 prepáre)
◆ prepáratory schòol《米》(大学進学のための) 私立高校;《英》(public school への進学希望者のための) 私立小学校 (→ SCHOOL 表).

*****pre·pare** [pripéər]
「pre (前もって) + pare (整える)」から
── 動 (三単現 **pre·pares** [~z]; 過去・過分 **pre·pared** [~d]; 現分 **pre·par·ing** [-péəriŋ])
── 他 **1** (a) [prepare + O] …の/…に] 準備をする, 用意をする [*for*]: Be sure to *prepare* your lessons. 必ず予習をしなさい / We must *prepare* a room *for* our guest. 私たちは客のために部屋の用意をしなくてはならない.
(b) [prepare + to do] …する準備をする: He *prepared to* go on a camping trip. 彼はキャンプ旅行に行く準備をした.
2 (a) [prepare + O] 〈食事・計画など〉を作る, 支度する; 〈薬など〉を調合する: *prepare* medicine 薬を調合する / It's my job to *prepare* dinner on Sundays. 毎週日曜日に夕食を作るのは私の役目です. (b) [prepare + O + for ... / prepare + O + O] …のために〈食事・計画など〉を作る: She *prepared* a big meal *for* me. = She *prepared* me a big meal. 彼女は私にたくさん食事を作ってくれた.
3 (a) [prepare + O] 〈人〉に […に対する] 心の準備をさせる, 覚悟を決めさせる [*for*]: She *prepared* her son for the bad news. 彼女は息子に悪い知らせを聞く覚悟をさせた. (b) [prepare + O + to do] 〈人〉に…する準備をさせる: Parents should *prepare* their children to handle problems later in life. 親は子供に将来の困難に対処していく心構えをさせなければならない.
── 自 **1** […に備えて] 準備をする [*for, against*]: He is busy *preparing for* the exam. 彼は試験の準備で忙しい. **2** […の] 覚悟をする [*for*]: Always *prepare for* the worst. いつも最悪の事態に備えて覚悟を決めておけ.
■ *prepáre onesèlf for* [*to do*] ... …の […する] 準備をする, 覚悟を決める: He *prepared himself to* take the exam. 彼はその試験を受ける覚悟を決めた. (▷ 名 prèparátion; 形 prepáratòry)

pre·pared [prɪpéərd] 形 [叙述用法] **1** […の/…する]準備[覚悟]のできた[for/to do]; 喜んで[…する][to do]: She is *prepared* for the worst. 彼女は最悪の事態を覚悟している. **2** 前もって用意された; 調理済みの.

pre·par·ed·ness [prɪpéərədnəs, -péərd-/-péərɪd-] 名 U 準備, 用意; 覚悟; 軍備.

pre·pay [priːpéɪ] 動 (三単現 **pre·pays** [~z]; 過去・過分 **pre·paid** [-péɪd]; 現分 **pre·pay·ing** [~ɪŋ]) 他 …を前払いする, 前金で払う, 前納する.

pre·pay·ment [~mənt] 名 U 前払い, 前納.

pre·pon·der·ance [prɪpɑ́ndərəns/-pɔ́n-] 名 U [または a ~]《格式》[…より](数・量・影響力で)まさること, […への]優越, 優勢[over].

pre·pon·der·ant [prɪpɑ́ndərənt/-pɔ́n-] 形《格式》優勢な, 圧倒的な; […より](数・量・影響力で)まさっている[over].

pre·pon·der·ate [prɪpɑ́ndərèɪt/-pɔ́n-] 動 自《格式》[…より](数・量・影響力で)優位を占める, 優勢である; […を]圧倒する[over].

‡**prep·o·si·tion** [prèpəzíʃən] 名 C 【文法】前置詞 (《略語》prep.; → 文法).

prep·o·si·tion·al [prèpəzíʃənəl] 形 【文法】前置詞の: a *prepositional* phrase 前置詞句 (→ PHRASE 文法).

pre·pos·sess·ing [prìːpəzésɪŋ] 形《格式》(人・性質などが)感じのいい, 魅力的な, 好感を与える.

pre·pos·ter·ous [prɪpɑ́stərəs/-pɔ́s-] 形《格式》不合理な, 本末転倒の; 非常識な, ばかげた.

prep·py, prep·pie [prépi] 名 (複 **prep·pies** [~z]) C《米口語》プレッピー《進学のための私立高校 (preparatory school) の生徒・卒業生》.
— 形 (比較 **prep·pi·er** [~ər]; 最上 **prep·pi·est** [~ɪst])《米口語》(服装などが)プレッピー風の《きちんとして上品なさま》.

Pre-Ra·pha·el·ite [prìːrǽfiəlàɪt] 名 C【美】ラファエロ前派の画家. — 形 ラファエロ前派の.

pre·req·ui·site [prɪrékwəzɪt] 名 C《格式》[…の]必須[必要]条件, 前提[for, to, of].
— 形 […に]あらかじめ必要な, 不可欠の[to, for].

pre·rog·a·tive [prɪrɑ́gətɪv/-rɔ́g-] 名 C [通例, 単数形で](地位に伴う)特権, 特典.

pres.《略語》= *present*¹ 現在の.

Pres.《略語》= *President* 大統領.

pres·age [présɪdʒ, prəséɪdʒ] 動 他《文語》…の前兆となる, …を予測[予感]する.

Pres·by·te·ri·an [prèzbɪtíəriən]【プロテ】名 C 長老派教会員, 長老制主義者.
— 形 長老派教会の, 長老制の.

Pres·by·te·ri·an·ism [prèzbɪtíəriənìzəm] 名 U【プロテ】長老派教会の教義.

pres·by·ter·y [prézbətèri/-təri] 名 (複 **pres·by·ter·ies** [~z]) C **1**【プロテ】長老会; 長老会の管轄区. **2** (教会の)内陣; 【カトリック】司祭館.

pre·school [príːskùːl] 名 C《米》幼稚園, 保育園 (nursery school).

文法　前置詞 (preposition)

前置詞は，あとに来る目的語と共に句を作り，次のような働きをします．

■ 副詞句として，動詞を修飾する

School begins at 8:30.
　　　　　↑
(学校は8時半に始まる)

■ 形容詞句として，名詞を修飾する

The book on the desk is mine.
(机の上の本は私のです)

【前置詞の目的語】

前置詞の目的語になる語は，名詞・代名詞です．また，動名詞(句)や，what などの導く名詞節が用いられることもあります．

I went to the movies with him.
　　　　名詞　　　　　代名詞
(私は彼と一緒に映画を見に行った)

His garden is used mostly for growing roses.
　　　　　　　　　　　　　　　　　動名詞句
(彼の庭は主にバラを育てるのに使われている)

He was surprised at what he saw.
　　　　　　　　　　名詞節
(彼が見たものにびっくりした)

【前置詞とその目的語の語順】

通例，「前置詞+目的語」の順ですが，次の場合には前置詞と目的語の語順が変わります．

■ 疑問詞…+前置詞？

What are you looking for?
(あなたは何を探しているのですか)

■ 関係代名詞…+前置詞

This is the room which he studies in.
(これが彼が勉強する部屋です)

■ 不定詞+前置詞

This is a case to put glasses in.
(これは眼鏡を入れるケースです)

■ 動詞句の受け身

I was laughed at (by them).
(私は(彼らに)笑われた)

【群前置詞】

前置詞と他の語句が結びついて，1つの前置詞の働きをするものを群前置詞と言います．

■ 副詞・形容詞+前置詞

out of …から外へ/instead of …の代わりに

■ 接続詞・分詞など+前置詞

because of …のために/owing to …が原因で

■ 前置詞+名詞+前置詞

in front of …の前に/on account of …のために

— 形 [príːskúːl] [限定用法] 就学前の.

pres・ci・ence [préʃiəns / prési-] 名 U 《格式》予知(能力), 予見, 先見(の明).

pres・ci・ent [préʃiənt / prési-] 形 《格式》予知能力のある, 先見の明がある.

*__pre・scribe__ [priskráib] 動 他 1 [医] (医師が) 〈薬・治療など〉を [病気・痛みに / 人に] 処方する, 指示する [*for* / *to*, *for*]: The doctor *prescribed* some medicine *for* my cold. 医師は私にかぜ薬を処方してくれた.　2 …を規定する, 指示 [命令] する.　(▷ 名 prescríption; 形 prescríptive)

*__pre・scrip・tion__ [priskrípʃən] 名 1 U [医] […の] 処方(をすること); C 処方箋(せん), 処方薬 [*for*]: on *prescription* (医師の)処方によって / The doctor gave me a *prescription for* antibiotics. 医師は抗生物質の処方箋を書いてくれた.　2 U[C] […の] 規定, 指示 [*for*].　(▷ 動 prescríbe)

pre・scrip・tive [priskríptiv] 形 1 規定する, 指示する: [文法] 規範的な (⟷ descriptive): *prescriptive* grammar 規範文法. 2 [法] 時効による. 　(▷ 動 prescríbe)

***__pres・ence__** [prézəns]

— 名 (複 **pres・enc・es** [~iz]) 1 U (ある場所に) いる[ある] こと, 存在, 実在; 出席, 列席 (⟷ absence): the *presence* of God 神の臨在 / I noticed her *presence* at the party. 私はそのパーティーに彼女がいることに気づいた.

2 [単数形で] 駐留, 滞在: a military *presence* 軍隊の駐留 / ask for the *presence* of the riot police 機動隊の駐留を要請する.

3 U [形容詞を伴って] 《ほめ言葉》態度, 風采(ふうさい) (appearance): She has a noble *presence*. 彼女は気品ある風采の人です.

4 C [通例 a ~] 霊(気), もののけ; 影響力.

■ *in the présence of ...* = *in ...'s présence* 〈人〉のいる所で, 面前で; …に直面して: He remained calm *in the presence of* danger. 彼は危険を前にしても落ち着いていた.

(▷ 形 présent¹)

◆ *présence of mínd* U 落ち着き, 平静.

***__pres・ent__¹** [prézənt]

形 [「pre (前に) + sent (いる, ある)」から]

— 形 [比較なし] 1 [叙述用法] 出席して, 居合わせて, 存在して (⟷ absent): All the members are *present*. 会員は全員出席しています / The members *present* agreed to the plan. 出席した会員たちがその計画に賛成した / *Present*, sir [ma'am]. はい (◇出欠点呼に応じる返事).

2 [限定用法] 現在の, 当面の; 当該の, 今議論されている: the *present* Government [Cabinet] 現政府 [内閣] / the *present* subject 今議論されている問題 / (up) to the *present* day 今日まで.

3 生き生きと心に残っている, 忘れられない: His sour face at that time is still *present* in my mind. あのときの彼の仏頂面は今でも忘れられない.

4 [限定用法] [文法] 現在の, 現在時制の, 現在形の (《略語》pres.).

■ *présent cómpany excépted* ここにおられる方々は別として (◇批判的なことを言うときの言い訳).

— 名 [the ~] **1** 現在, 今: up to the *present* 現在までのところ / There is no time like the *present*. 《ことわざ》現在にまさる時はない ⇒ 思い立ったが吉日.

2 = présent ténse [文法] 現在時制 (→ TENSE (文法)).

■ *at présent* 現在は, 目下, 今 (now): We are very busy *at present*. 私たちは今とても忙しい.

for the présent 当分は, さしあたり (for the time being): Your uncle will stay at your house *for the present*, won't he? あなたのおじさんは当分あなたの家に滞在するのですね. 　(▷ 名 présence)

◆ présent párticiple C [文法] 現在分詞 (→ PARTICIPLE (文法)).

présent pérfect [the ~] [文法] 現在完了形 (→ PERFECT (文法)).

présent progréssive [the ~] [文法] 現在進行形 (→ PROGRESSIVE (文法)).

***__pre・sent__²** 動 他

【原義は「前に置く」】

— 動 [prizént] (☆ 名 との発音の違いに注意) (三単現 **pre・sents** [-zénts], 過去・過分 **pre・sent・ed** [-id]; 現分 **pre・sent・ing** [~iŋ])

— 他 **1** [present + O (+ *to* ...)] 〈もの〉を (…に) 贈る, 贈呈する; [present + O + *with* ...] 〈人〉に…を贈る (◇ give よりも 《格式》): *present* a gift 贈り物を贈る / They *presented* a beautiful necklace *to* Dorothy. = They *presented* Dorothy *with* a beautiful necklace. 彼らはドロシーに美しいネックレスを贈った (◇ 《米》では with を省くことがある).

2 …を […に] 提出する, 差し出す; 〈機会など〉を提供する [*to*]: He *presented* his petition *to* the governor. 彼は知事に嘆願書を提出した / I was asked to *present* my ID card at the gate. 私は入り口で身分証明書の提示を求められた.

3 〈問題・困難など〉を […に] 引き起こす, もたらす [*to*]; …に [困難などを] もたらす [*with*]: Avalanches often *present* a fatal danger *to* climbers. = Avalanches often *present* climbers *with* a fatal danger. 雪崩はしばしば登山者に死の危険をもたらす.

4 〈表情・気持ちなど〉を見せる, 示す (show): He *presented* a serious face. 彼は真剣になった.

5 〈劇・番組など〉を上演 [上映, 放送] する; 〈俳優など〉を […の役として] 出演させる [*as*]: "Hamlet" will be *presented* at the Globe Theatre next month. 『ハムレット』が来月グローブ座で上演される.　**6** …を […に] 紹介する, 謁見(えっけん)させる [*to*] (◇ introduce よりも 《格式》): Mr. Jones, may I *present* Mr. Green (*to* you)? ジョーンズさん, グリーンさんをご紹介します.

■ *Présent árms!* [軍] ささげ銃(つつ) (◇号令).

présent onesélf **1** 出席する, 出頭する, 姿を現す: A graceful woman *presented herself* at the front door. 気品のある女性が玄関に姿を現した.　**2** 〈問題・機会などが〉起こる, 生じる: No other choice *presented itself*. ほかの選択肢は何も思い浮かばなかった.

— 名 **pres・ent** [prézənt] C 贈り物, プレゼント(→ 類義語): Her call was the nicest Christmas *present* I got. 彼女の電話は私がもらった最高のクリスマスプレゼントだった / Aunt Julie always gives me a *present* on my birthday. ジュリーおばさんは私の誕生日にいつも贈り物をくれる / Here's a *present* for you. これはあなたへのプレゼントです.

■ **màke ... a présent of ~** …に~を贈る: She made him a *present* of a tie. 彼女は彼にネクタイを贈った. (▷ 名 prèsentátion)

【背景】 英米でもクリスマス・誕生日・結婚などの際にプレゼントを贈る習慣がある. しかし, 日本のようにお中元やお歳暮を贈るといった習慣はない. アメリカでは結婚祝いにお金を包むという習慣は一般的でなく, 新婚夫婦の希望するものを贈ることが多い. 贈り物を渡すときには, This is for you. (これはあなたへのプレゼントです), I've got something for you. (あなたに渡したいものがあります) などと言う.

【類義語】 **present, gift, donation, souvenir**
共通する意味▶贈り物 (something given to somebody)
present は「贈り物」の意を表す最も一般的な語: I got many *presents* for my birthday. 私は誕生日の贈り物をたくさんもらった. **gift** は present より《格式》で, 特に「儀礼的に贈られる価値の高い贈り物」をさす: This painting is a *gift* from a certain foundation. この絵はある財団からの寄贈品である. **donation** は「慈善・宗教上の目的での寄贈品, 金銭的寄付」の意: Many *donations* of money, clothing, and food poured in for the sufferers. 被災者のために寄付金と衣類と食料の寄贈品が殺到した. **souvenir** は土地・人・出来事の思い出にとっておく「みやげ物, 形見, 記念品」の意. 自分でとっておく場合も他人に与える場合もある: She gave me a doll as a *souvenir*. 彼女はみやげとして私に人形をくれた.

pre・sent・a・ble [prizéntəbl] 形 人前に出せる, 見苦しくない; 礼儀正しい: make oneself *presentable* (人前に出られるように) 身なりなどを整える.

‡**pres・en・ta・tion** [prìːzəntéiʃən, prèz-/prèz-] 名 **1** UC 贈呈, […への] 授与 [to]; […への] 進物, 贈り物 [to]; C 授与式: a *presentation* of prizes 賞品の授与. **2** UC (案・意見・製品などの) 提示, プレゼンテーション, 紹介; U 発表のしかた, 表現: hold [give] a *presentation* on the new car 新車の発表をする. **3** C (演劇などの) 公開, 上演. (▷ 動 presént²)

‡**prés・ent-dáy** 形 [限定用法] 今日の, 現代の: the *present-day* fashion 今日のファッション.

pre・sent・er [prizéntər] 名 C **1** (英) (放送の) 司会者, キャスター. **2** (賞などの) 贈呈者.

pre・sen・ti・ment [prizéntimənt] 名 C 《通例 a ~》 《格式》 (悪い) 予感, 虫の知らせ.

‡**pres・ent・ly** [prézəntli] 副 《格式》 **1** 《主に米》 目下, 現在 (now): He is *presently* away on business. 彼は現在出張中です.
2 やがて, まもなく(→ SOON 類義語): He will be here *presently*. 彼はまもなくここに来ます.

*****pre・ser・va・tion** [prèzərvéiʃən] 名 U **1** 保存, 貯蔵: The old temple is in a good state of *preservation*. その古い寺は保存状態がよい.
2 (自然・環境などの) 保護: the *preservation* of the environment 環境保護. (▷ 動 presérve)

pre・serv・a・tive [prizə́ːrvətiv] 名 UC 防腐剤, 保存剤; 予防薬. — 形 保存力のある, 防腐の.

*** **pre・serve** [prizə́ːrv]
【基本的意味は「…を保つ (keep something from being changed or damaged)」】
— 動 (三単現 **pre・serves** [~z]; 過去・過分 **pre・served** [~d]; 現分 **pre・serv・ing** [~iŋ])
— 他 **1** 〈状態など〉を**保つ**, 維持する: *preserve* one's health 健康を保つ / *preserve* one's reputation 評判を保つ / The troops were sent to the country to *preserve* peace. 平和を維持するために軍隊がその国に派遣された.
2 〈人・もの・自然など〉を [危険・損害などから] **守る**, 保護する; 保存する [from]: *preserve* endangered species 絶滅寸前の種を保護する / The old painting is kept in a special room to *preserve* it *from* decay. その古い絵は傷まないように特別室に保管されている.
3 〈食品〉を [酢・砂糖などに漬けて] 保存する [*in*, *with*]: *preserve* fruit *in* [*with*] syrup 果物をシロップに漬けて保存する.
— 名 C **1** [通例 ~s] ジャム, 砂糖漬け, 砂糖煮. **2** (人の活動の) 領分, 領域. **3** 禁猟区, 禁漁区. (▷ 名 prèservátion)

pre・set [prìːsét] 動 (三単現 **pre・sets** [-séts]; 過去・過分 **pre・set**; 現分 **pre・set・ting** [~iŋ]) 他 〈ビデオなど〉をあらかじめセットする, 予約する.

‡**pre・side** [prizáid] 動 […の] 議長を務める, 司会する; 座長 [主人役] を務める [*at*, *over*]: Mr. Brown *presided over* the meeting. ブラウン氏がその会合の司会を務めた. **2** [会社などを] 統括する, 主宰する [*over*].

pres・i・den・cy [prézidənsi] 名 (複 **pres・i・den・cies** [~z]) UC **1** [通例 the ~] 大統領 [社長, 会長, 学長] の職 [任期]. **2** [通例 the P-] 米国大統領の職 [任期].

*** **pres・i・dent** [prézidənt]
— 名 (複 **pres・i・dents** [-dənts]) C **1** [しばしば P-] (共和国, 特に米国の) **大統領** (→次ページ表): Mr. *President* 大統領閣下 《◇男性の大統領への呼びかけ. 女性の場合は Madam President と言う》 / *President* Bush attended the ceremony. ブッシュ大統領が式典に参列した / Kennedy was elected *President* in 1960. ケネディは1960年に大統領に選出された.

[解説] **米国の大統領選挙**

まず州ごとに有権者の投票 (popular vote) によって選挙人 (elector) が選ばれ,数百人から成る選挙人団 (electoral college) が結成される.その選挙人団による投票 (electoral vote) でより多くの票を獲得した候補者が大統領に選出される.

[米国の歴代大統領]

代		任期	政党	出身州
1	George Washington	1789– 97	F	Va.
2	John Adams	1797–1801	F	Mass.
3	Thomas Jefferson	1801– 09	DR	Va.
4	James Madison	1809– 17	DR	Va.
5	James Monroe	1817– 25	DR	Va.
6	John Quincy Adams	1825– 29	DR	Mass.
7	Andrew Jackson	1829– 37	D	N.C.
8	Martin Van Buren	1837– 41	D	N.Y.
9	William H. Harrison	1841	W	Va.
10	John Tyler	1841– 45	(W)	Va.
11	James K. Polk	1845– 49	D	N.C.
12	Zachary Taylor	1849– 50	W	Va.
13	Millard Fillmore	1850– 53	W	N.Y.
14	Franklin Pierce	1853– 57	D	N.H.
15	James Buchanan	1857– 61	D	Pa.
16	Abraham Lincoln	1861– 65	R	Ken.
17	Andrew Johnson	1865– 69	D	N.C.
18	Ulysses S. Grant	1869– 77	R	O.
19	Rutherford B. Hayes	1877– 81	R	O.
20	James A. Garfield	1881	R	O.
21	Chester A. Arthur	1881– 85	R	Vt.
22	Grover Cleveland	1885– 89	D	N.J.
23	Benjamin Harrison	1889– 93	R	O.
24	Grover Cleveland	1893– 97	D	N.J.
25	William McKinley	1897–1901	R	O.
26	Theodore Roosevelt	1901– 09	R	N.Y.
27	William H. Taft	1909– 13	R	O.
28	Woodrow Wilson	1913– 21	D	Va.
29	Warren G. Harding	1921– 23	R	O.
30	Calvin Coolidge	1923– 29	R	Vt.
31	Herbert C. Hoover	1929– 33	R	Ia.
32	Franklin D. Roosevelt	1933– 45	D	N.Y.
33	Harry S. Truman	1945– 53	D	Mo.
34	Dwight D. Eisenhower	1953– 61	R	Tex.
35	John F. Kennedy	1961– 63	D	Mass.
36	Lyndon B. Johnson	1963– 69	D	Tex.
37	Richard M. Nixon	1969– 74	R	Cal.
38	Gerald R. Ford	1974– 77	R	Neb.
39	James E. Carter	1977– 81	D	Ga.
40	Ronald W. Reagan	1981– 89	R	Ill.
41	George H. W. Bush	1989– 93	R	Mass.
42	William J. Clinton	1993–2001	D	Ark.
43	George W. Bush	2001–	R	Conn.

政党: F =Federalist 連邦党　W =Whig ホイッグ党
DR =Democratic-Republican 民主共和党
D =Democratic 民主党　R =Republican 共和党

2 会長,総裁;長官;議長: the *president* of a society 協会の会長 / the *President* of the House of Councilors (日本の) 参議院議長.
3 《主に米》(会社の) 社長;(銀行の) 頭取.
4 (大学の) 学長,総長.　　(▷ 形 prèsidéntial)
◆ Présidents' Dày ▣ 《米》大統領の日《2月の第3月曜日;ワシントン誕生日 (2月22日) とリンカーン誕生日 (2月12日) を祝う日; →HOLIDAY表》.

prés·i·dent-e·léct 名 ⓒ 次期大統領当選者《当選から就任までの間の名称》.

*__pres·i·den·tial__ [prèzidénʃəl] 形 大統領の; 社長 [会長,学長] の: a *presidential* election [candidate] 大統領選挙 [候補者].　　(▷ 名 président)

★★★★ **press** [prés]
動 名 《基本的意味は「…を押す (push steadily on something)」》
―― 動 (三単現 press·es [～iz]; 過去・過分 pressed [～t]; 現分 press·ing [～iŋ])
―― 他 **1** …を**押す**, […に] 押しつける [*on, against*]: *Press* this button to start the machine. その機械を動かすにはこのボタンを押しなさい / She *pressed* her clothes into the suitcase. 彼女はスーツケースに服を押し込んだ / The boy *pressed* his nose *on* [*against*] the mirror. 男の子は鏡に自分の鼻を押しつけた.
2 …を押しつぶす,圧搾(あっさく)する,しぼる: *press* grapes to make wine ワインを作るためにブドウをつぶす / He *pressed* the can flat with his foot. 彼は足で缶を平らにつぶした.
3 〈手など〉を握り締める,〈人・もの〉を抱き締める: He *pressed* my hands warmly. 彼は私の両手を温かく握り締めた / I *pressed* the baby to my chest. 私は赤ん坊を胸に抱き締めた.
4 〈もの〉に圧力をかける;〈服・布〉にアイロンをかける: *press* flowers 押し花を作る / Would you *press* the suit for me? スーツにアイロンをかけていただけませんか.
5 〈考え・ものなど〉を […に] 強要する, 押しつける [*on*]: He never *pressed* his philosophy *on* us. 彼は決して自分の考えを私たちに押しつけなかった.
6 〈人〉に […を / …するよう〉 せがむ, せき立てる [*for* / *to do*]: She *pressed* me *for* a quick decision. 彼女は私にすばやい決断を迫った / They *pressed* me to stay for dinner. 彼らは私にぜひ夕食を食べていってくださいと言った.
7 〈論点・要求など〉を強調する, 主張する.
8 〈CD・レコード〉を原版から複製する, プレスする.
―― 自 **1** 押す, 押しつける [*on*]: Please *press on* this button if you need help. 助けが必要になったらこのボタンを押してください.
2 アイロンをかける, 〈服・布が〉アイロンがかかる: This cloth *presses* well [*easily*]. この布はアイロンがよく [楽に] かかる.　**3** […の中を] 押し分けて進む, 突進する [*through*]; […に] 押し寄せる, 群がる [*into, to*]: We *pressed through* the crowd of people. 私たちは人だかりの中を押し分けて進んだ / Hundreds of people *pressed into* the theater. 何百人もの人がその劇場に押し寄せた.　**4** 〈心配事などが〉〔人・心に〕重くのしかかる [*on, upon*].

His responsibilities *press* heavily *on* him. 責任が彼の上に重くのしかかっている.
5 (時間が)切迫する: Time is *pressing*. 時間が押して[迫って]きている. **6** […を]せがむ, 要求する [*for*]: *press for* better working conditions よりよい労働条件を要求する.

■ **préss ón** [**ahéad, fórward**] (**with** ...) (…の)先を急ぐ, (…を)どんどん進めていく: We must *press on with* the project. 私たちはこの企画をどんどん進めていかなければならない.

—名 (複 **press·es** [～iz]) **1** Ⅱ [通例 the ～; 集合的に; 単数・複数扱い] 新聞, 出版物, 雑誌; 報道機関, 新聞界, 出版界: the national [local] *press* 全国 [地方] 新聞 / a *press* photographer 新聞 [報道] カメラマン / The freedom of the *press* must be protected. 報道の自由は守られるべきである.
2 Ⅱ [通例 the ～; 集合的に; 単数・複数扱い] 報道陣, 記者団: The actor was surrounded by the *press*. その俳優は報道陣に囲まれた.
3 Ⅱ [または a ～] (新聞などの) 論評, 批評: The opera got a good [bad] *press*. そのオペラは紙上で好評を得た [不評を買った].
4 ⓒ 印刷機 (printing press); 印刷 [出版, 発行] 所: a small *press* in illustrated books イラストの本を扱う小さな出版社 / go to (the) *press* 印刷に回される.
5 [a ～] 押すこと, 圧迫, 握り締めること: A *press* of the button started the elevator. ボタンを押すとエレベーターが動き出した.
6 ⓒ [しばしば複合語で] 圧搾機, 圧縮機; 押しボタン: a trouser *press* ズボンプレッサー. **7** [単数形で] 押し寄せること, 雑踏, 群衆. **8** ⓒ アイロンをかけること. **9** Ⅱ 切迫, 緊急, 多忙. ⓒ (▷ **préssure**).

◆ **préss àgency** ⓒ 通信社 (news agency).
préss àgent ⓒ (俳優などの) 宣伝 [広報] 係.
préss bòx ⓒ (競技場などの) 報道席.
préss clípping [《英》**cútting**] ⓒ [通例 ～s] (新聞・雑誌の) 切り抜き.
préss cónference ⓒ 記者会見.
préss còrps [the ～] 記者団.
préss gàllery ⓒ (議会などの) 新聞記者席.
préss òfficer ⓒ (政党などの) 広報担当者.
préss relèase ⓒ (報道向けの) 公式発表, 声明文.
préss sècretary ⓒ 《米》大統領報道官.

pressed [prést] 形 **1** [通例, 叙述用法に] 忙しい, あせった: Are you *pressed* for time? お急ぎですか. **2** (食品が) プレス加工した.

‡**press·ing** [présiŋ] 形 **1** 緊急の, さし迫った: a *pressing* issue 緊急の問題 / a *pressing* need for social reforms さし迫った社会改革の必要性.
2 (人が) しつこい; 熱心な, 懇願する.
—名 ⓒ (原盤からおされた) レコード; [集合的に] 一度にプレスされるレコード [CD].

press·man [présmæn, -mən] 名 (複 **press·men** [-mèn, -mən]) ⓒ **1** 《英口語》報道記者. **2** 《米》印刷工.
préss-stùd 名 ⓒ 《英》(服などの) 留め金, ホック (《米》snap).
préss-ùp ⓒ 《英》腕立て伏せ (《米》push-up).

***pres·sure** [préʃər] 名 動
—名 (複 **pres·sures** [～z]) **1** Ⅱ 押すこと, 圧迫: The *pressure* of the crowd was so great that I couldn't stand still. 人込みに強く押されてじっと立っていられなかった / She put strong *pressure* on the door. 彼女はドアを強く押した.
2 Ⅱ ⓒ 圧力; 気圧 (atmospheric pressure); 血圧 (blood pressure): high [low] *pressure* 高 [低] 気圧 / The *pressure* of the water drives the turbine, producing electricity. 水圧がタービンを回し, 電気を発生させる.
3 Ⅱ ⓒ […の/…からの] (精神的な) 重圧, 負担, プレッシャー; 強制, 圧迫 [*for* / *from*]: relieve the *pressure* 重圧を取り除く / The *pressure for* reform of the election system is growing. 選挙制度改革への圧力が強まっている.
4 Ⅱ ⓒ 苦労, 貧困: financial *pressure* 財政難.
■ **brìng préssure to béar on ...** = **pùt préssure on** [**upon**] ... […するように] …に圧力をかける [*to do*].

ùnder préssure **1** 圧力を加えられて: The floor was warped *under pressure* from the heavy table. 重いテーブルからの圧力で床は変形していた. **2** 強制されて, やむをえず: He agreed to the proposal *under pressure*. 彼は強制されてその提案に応じた. **3** ストレスがあって.
ùnder the préssure of ... …のためにやむをえず; …で苦しみながら; 〈仕事など〉に追われて.

—動 他 《主に米》〈人〉に […するように] 圧力をかける, 強制する (《英》pressurize) [*to do, into doing*]: My father *pressured* me *to* study [*into studying*] hard. 父は私に一生懸命勉強するよううながす。 (▷ 動 press).

◆ **préssure còoker** ⓒ 圧力がま [なべ].
préssure gàuge ⓒ 圧力計.
préssure gròup ⓒ [単数・複数扱い] 圧力団体.
pres·sur·ize [préʃəràiz] 動 他 **1** 〈航空機・潜水艦など〉の内部を一定の気圧に保つ; 〈気体・液体〉に圧力をかける. **2** 《英》〈人〉に […するように] 強制する (《主に米》pressure) [*into doing, to do*].

*prestige** [prestíːʒ] 名 **1** Ⅱ 名声, 威信, 威厳: lose [maintain] one's *prestige* 面子(めんつ)がつぶれる [を保つ]. **2** [形容詞的に] [ほめ言葉に] 一流の, 名声のある: a *prestige* firm 一流会社.
(▷ 形 prestígious).

pres·ti·gious [prestíː(d)ʒəs] 形 有名な; (学校・会社などが) 一流の, 名門の; 権威 [格式] ある.
pres·to [préstou] 形 副 《音楽》プレストの [で], 速いテンポの [で]. —名 (複 **pres·tos** [～z]) ⓒ 《音楽》速いテンポの曲 [楽章].

‡**pre·sum·a·bly** [prizúːməbli / -zjúːm-] 副 [文修飾に] たぶん, おそらく; きっと: The news is *presumably* false. そのニュースはおそらく誤報だろう.

*pre·sume** [prizúːm / -zjúːm] 動 他
1 (a) [presume + O] …を推定する, 仮定すると考える: I *presume* his innocence. 彼は潔白だと思う. (b) [presume + that 節] …だと思う, 見なす; [presume + O + (to be +) C] 〈人・こと〉を…と思う: I *presume that* he is

innocent. =I *presume* him (*to be*) innocent. 彼は潔白だと思う. **2** [presume + to do] [通例, 疑問文・否定文で]《格式》厚かましくも[あえて]…する: I will not *presume to* disturb you. おじゃまするつもりはありません.

― 圓 **1** 推測する, 想像する: Mr. Smith, I *presume*? スミスさんですね(◇初対面の人に声をかけるときなど). **2**《格式》ずうずうしく言う[ふるまう]. **3** […に]つけ込む [*on, upon*].
(▷ 图 presúmption; 形 presúmptive)

*pre・sump・tion [prizʌ́mpʃən] 图 **1** UC[…という]推定, 仮定; 推測, 推論 [*that* 節]; […に反する]推定[仮定]の根拠 [*for / against*]: on the *presumption that* … …と推定[仮定]して. **2** UC […だという]見込み, 可能性, 理由 [*that* 節]: There is a strong *presumption that* he was drowned. 彼がおぼれた可能性は十分にある. **3** U[…する]出しゃばり, 厚かましさ [*to do*]: have the *presumption to* do 厚かましくも…する.
(▷ 動 presúme)

pre・sump・tive [prizʌ́mptiv] 形《格式》推測される, 推定に基づく: the *presumptive* heir『法』推定相続人. (▷ 動 presúme)

pre・sump・tu・ous [prizʌ́mptʃuəs] 形 無遠慮な, 生意気な, 出しゃばりな.

pre・sup・pose [prìːsəpóuz] 動 他《格式》 **1** …をあらかじめ推定 [仮定, 想定] する; […と] あらかじめ仮定する [*that* 節]. **2** …を前提とする, 必要とする.

pre・sup・po・si・tion [prìːsʌpəzíʃən] 图 U《格式》仮定, 推定; 予想; C前提条件.

prêt-à-por・ter [prètaːpɔːrtéi]【フランス】图 C プレタポルテ, 高級既製服.

pre・tax [prìːtǽks] 形 税込み(価格)の: *pretax* income 税込み収入.

pre・teen [prìːtíːn] 图 C プリティーン《ティーンエージャーより少し年齢が下 (10–12歳) の子供》.

pre・tence [príːtens / priténs] 图《英》=PRETENSE (↓).

***pre・tend** [priténd] 「「pre (前に) + tend (広げる)」から】
― 動 (三単現 **pre・tends** [-téndz], 過去・過分 **pre・tend・ed** [~id]; 現分 **pre・tend・ing** [~iŋ])
― 他 **1** (a) [pretend + O] …のふりをする, …を装う: He *pretended* ignorance. 彼は知らないふりをした / She *pretended* sickness. 彼女は病気のふりをした. (b) [pretend + to do] …するふりをする: He *pretended to* be asleep. 彼は寝たふりをした. (c) [pretend + that 節] …というふりをする: I tried to *pretend that* nothing unusual had happened. 私は何も変わったことが起こらなかったようなふりをしようとした. **2** [pretend + to do [that 節]] (子供が) …[…という]ふりをする, …ごっこをする: The children *pretended to* eat the mud pies. 子供たちは泥のパイを食べるまねをして遊んだ. **3** [pretend + to do] [通例, 疑問文・否定文で]あえて…しようとする, 厚かましくも…であると言う: I don't *pretend to* be a good pianist. 私はピアノが上手だなどと言うつもりはない.
― 圓 **1** ふりをする, 見せかける; (子供が)まねごと遊びをする. **2**《格式》(資格なしに)[権力・地位などを]要求する, 主張する; [能力・知識などがあると]自負する, うぬぼれる [*to*]. (▷ 图 préntense, preténsion)

pre・tend・ed [priténdid] 形《しばしば軽蔑》ふりをした, 装った: にせの: *pretended* illness 仮病.

pre・tend・er [priténdər] 图 C **1** […の]詐欺者; […に対して]ふりをする人 [*to*]. **2** […に対する] (不当な)要求者 [*to*]; 王位をねらう者.

*pre・tense [príːtens / priténs] 图 **1** UC (通例, 単数形で) […の / …という] ふり, 見せかけ [*of / that* 節]; 口実, 言い訳: under [on] false *pretenses* 偽りの口実で, 事実を偽って / He made a *pretense* of illness. 彼は仮病を使った. **2** U […への] 見栄, うぬぼれ [*to*]. **3** UC (通例, 否定文で) 自称, 自任.
■ *únder (the) préntense of* … …という口実で, …にかこつけて. (▷ 動 preténd)

*pre・ten・sion [priténʃən] 图 UC **1** […の]見せかけ, 偽装 [*to*]. **2** [通例 ~s] […があるという] 主張, 要求; […に対する] 自負, 自任 [*to*]; 野望: have *pretensions to* education 学歴があるとうぬぼれている. (▷ 動 preténd)

pre・ten・tious [priténʃəs] 形《軽蔑》気取った, うぬぼれた; 見栄を張る, 装う.

pre・ten・tious・ness [~nəs] 图 U 気取り, 見栄.

pret・er・it, pret・er・ite [prétərət] 图 U [the ~]『文法』過去時制 (past tense); 過去形.
― 形『文法』過去の (past).

*pre・text [príːtekst] 图 C […の / …する] 弁解, 口実, もっともらしい言い訳 [*of, for / to do*]: on [under] the *pretext* of … …の口実で / He used illness as a *pretext for* being late. 彼は病気を遅刻の口実にした.

Pre・to・ri・a [prətɔ́ːriə] 图 画 プレトリア《南アフリカ共和国の北東部の都市で, 行政上の首都. 立法上の首都はケープタウン (Cape Town)》.

pret・ti・fy [prítifài] 動 (三単現 **pret・ti・fies** [~z]; 過去・過分 **pret・ti・fied** [~d]; 現分 **pret・ti・fy・ing** [~iŋ]) 他 (通例, 軽蔑) …のうわべを飾り立てる.

pret・ti・ly [prítili] 副 かわいらしく; 行儀よく.

pret・ti・ness [prítinəs] 图 U きれいさ; 行儀よさ.

***pret・ty [príti] 形 副 【原義は「ずる賢い」】
― 形 (比較 **pret・ti・er** [~ər]; 最上 **pret・ti・est** [~ist]) **1** (特に女性・子供が) かわいらしい, きれいな (→ BEAUTIFUL 類義語): a *pretty* girl [doll] かわいらしい女の子[人形] / She is so *pretty*. 彼女はとてもかわいい / What a *pretty* dress! なんてきれいなドレスだろう.
2 (場所などが)すてきな, こぎれいな; (声・詩などが)快い, 楽しい (pleasing): a *pretty* apartment きれいなアパート / a *pretty* song 楽しい歌.
3 [比較なし; 限定用法] かなりの, 相当の, すばらしい: a *pretty* fortune かなりの財産.
4 [比較なし; 限定用法]《古風》ひどい, とんでもない: a *pretty* state of things ひどい状態.
■ *nót jùst a prétty fáce*《こっけい》かわいいだけではない (◇知性や才能があることを表す).
― 副《口語》かなり, なかなか, まあまあ; 非常に (→ FAIRLY 類義語): *pretty* soon すぐに, もうまもなく /

I am *pretty* sure. 私はかなり確信がある / He plays the piano *pretty* well. 彼はとても上手にピアノを弾く.

■ *prètty múch* [*wéll, néarly*] ほとんど: I have *pretty well* finished the work. その仕事はほとんど片づいた.

pret·zel [prétsəl]【ドイツ】图Cプレッツェル《棒やひもの結び目の形をした塩味のビスケット》.

‡**pre·vail** [privéil]動(自)《格式》**1**[…に/…の間で]普及している,流行している[*in / among*]: This custom still *prevails* in most parts of Asia. この習慣はアジアのほとんどの地域で今も行われている. **2**〔敵などに〕勝つ[*over, against*]; うまくいく,成功する.

■ *prevail on* [*upòn*] **...**《格式》…を[…するように]説き伏せる[*to do*]: I *prevailed on* him *to* join us. 私は彼を説得して仲間に入れた.
(▷图prévalence; 形prévalent)

***pre·vail·ing** [privéiliŋ]形[限定用法]**1**普及している,流行の,広く行きわたっている,現行の(current): the *prevailing* fashion 流行のファッション. **2**優勢な,支配的な;(風がある方向から)最も頻繁に吹く: *prevailing* winds 卓越風.

prev·a·lence [prévələns]图U普及(していること),流行,広まり.

prev·a·lent [prévələnt]形[…に/…の間で]普及[流行]している,広く行きわたった[*in / among*]: This fashion is especially *prevalent* among college students. このファッションは特に大学生の間で流行している.
(▷動 prevail)

pre·var·i·cate [privǽrikèit]動(自)《格式》ごまかす,言い逃れる;《婉曲》うそをつく.

pre·var·i·ca·tion [privæ̀rikéiʃən]图UC《格式》ごまかし,言い逃れ;《婉曲》うそ.

‡**pre·vent** [privént]【「pre (前に) + vent (来る)」から】
— 動 (三単現 **pre·vents** [-vénts]; 過去・過分 **pre·vent·ed** [~id]; 現分 **pre·vent·ing** [~iŋ])
— (他) (a) [prevent+O] …を妨げる,中止させる;〈事故・犯罪・病気など〉を防ぐ,予防する: The president's words *prevented* the strike. 社長の言葉でストライキは中止された / This medicine may *prevent* a return of the disease. この薬でその病気の再発が防げるかもしれない.
(b) [prevent+O+from+doing] …が~するのを妨げる[防ぐ],~できないようにする(◇《口語》では from を省略することがある): The arrival of unexpected guests *prevented* us *from leaving*. 不意の来客があったので私たちは出かけられなかった. (▷图 prevéntion; 形 prevéntive)

pre·vent·a·ble [privéntəbl]形予防[防止]できる: *preventable* accidents 防止できる事故.

pre·vent·a·tive [privéntətiv]图形 = PREVENTIVE (↓).

***pre·ven·tion** [privénʃən]图U止めること,予防,防止: crime *prevention* 犯罪防止 / *Prevention* is better than cure. 《ことわざ》治療より予防 ⇒ 転ばぬ先のつえ. (▷動 prevént)

pre·ven·tive [privéntiv]形予防の,予防[防止]に役立つ: *preventive* measures 予防措置.

— 图C予防薬;予防策. (▷動 prevént)

***pre·view** [príːvjùː]图C **1**(展覧会などの)内見(⑱),内覧,下見. **2**(映画・劇の)試写[試演]会;(映画・テレビの)予告編.
— 動(他)(映画など)の試写[試演]を見る[見せる].

‡**pre·vi·ous** [príːviəs]【原義は「前の道を行く」】
— 形[比較なし;限定用法](時間・順序が)前の,先の (↔ following) (→ 類義語): the *previous* page 前ページ / the *previous* day その前日 / I got a better result than I had on the *previous* test. 私は前回のテストより高い点を取った.

■ *prévious to* **...** …の前に,…に先立って(before): *Previous to* his departure, they gave a big party for him. 彼らは彼の出発前に大きなパーティーを開いてあげた.

> 類義語 **previous, former, prior, preceding**
> 共通する意味▶前の,先の (existing or coming before something in time or order)
> **previous** は「時間・順序が前の,先の」の意: I have a *previous* engagement tonight. 今夜は先約があります. **former** は「以前の」の意. また the latter (後者) と対照して,2つのうち「前者(の)」の意にも用いる: a *former* President of the U.S. 元[前]アメリカ大統領 / The *former* plan was much better than the latter. (2つのうち)先の計画のほうがあとのよりずっとよかった. **prior** は時間・順序が「重要性において優先する」の意: I'm sorry, but I have a *prior* commitment. 申し訳ありませんが,優先しなくてはならない約束があります. **preceding** は「時間・順序が直前の」の意: the *preceding* year その前年.

***pre·vi·ous·ly** [príːviəsli]副以前に,前もって;あらかじめ,先に: I had arrived there five days *previously*. 私は5日前にそこに着いていた.

***pre·war** [príːwɔ́ːr]形[限定用法]戦前の(◇特に第1次,第2次世界大戦を言う)(↔ postwar).

***prey** [préi]图 **1**U[…の]えじき,獲物[*to*]. **2**U[または a ~][…の]犠牲[被害]者[*to, for*]. **3**U捕食の習性,肉食性: a beast [bird] of *prey* 猛獣[猛禽(⑯)].

■ *fàll préy to* **...** **1**…のえじきになる,犠牲になる. **2**(人が) …に取りつかれる.
— 動 (自) **1**[…を]えじきにする,捕食する[*on, upon*]. **2**[人を]犠牲[食い物]にする;悩ます,苦しめる[*on, upon*].

‡**price** [práis]图名【原義は「価値」】
— 图(複 **pric·es** [~iz]) **1**CU(品物の)値段,価格; a cost 原価 / a fixed [set] *price* 定価 / at the right *price* 適正な価格で / *Prices* are rising [dropping, falling]. 物価が上がって[下がって]いる / The *price* of vegetables is high [low] these days. このところ野菜の値段が高い[安い] / What is the *price* of this suit? このスーツの値段はいくらですか /

There's no difference in *price* between them. それらに値段の差はない.
コロケーション 値段を
| 値段を上げる: *raise* [*increase*] *prices*
| 値段を維持する: *maintain prices*
| 値段を下げる: *lower* [*reduce*, *cut*] *prices*
| 値段を付ける: *set* [*fix*, *put*] *a price*

2《単数形で》［…の］代償, 犠牲；報い〔*for, of*〕: Bad health is a high *price for* [*of*] smoking. たばこを吸うと健康を損なうという高い代償を払うことになる. **3** ⓒ ほうび；懸賞金, 賭(*)け金. **4** ⓒ (競馬などの) 賭け率, オッズ.

■ *abòve*, *withòut*) *príce* (値が付けられないほど) きわめて高価な (priceless).
at ány price **1** どんな犠牲を払っても, ぜひとも: We must find out the criminal *at any price*. どんな犠牲を払っても犯人を探し出さなければならない. **2**《否定文で》どんなことがあっても (…ない): I won't do bungee jumping *at any price*. 私はどんなことがあってもバンジージャンプはしない.
at a príce **1** かなり高い値段で: He will sell the land to you, but *at a price*. 彼はあなたに土地を売るだろうが, かなり高い値段をふっかけることだろう. **2** かなりの手間ひまをかけて.
Whàt príce ...?《英口語》**1**《軽蔑》…とはなんというざまだ, …は何の役に立つのか. **2** …はどう思うか, …(の見込み) はどうか.

—［動］他 **1**《しばしば受け身で》…に［…の］値段［定価］を付ける〔*at*〕: This coat *is priced at* $300. このコートは300ドルです.
2《口語》…の値段を聞く［調べる］.
■ *príce onesèlf òut of the márket* 法外な値段を付けたために買い手がなくなる.

◆ príce contròl ⓤ《経済》物価統制.
price-èarnings rátio ⓒ《経済》株価収益率《株価を判断する指標；《略記》PER》.
príce ìndex ⓒ《経済》物価指数.
príce tàg ⓒ **1** 値札, 正札. **2** 価格, 値段.
príce wàr ⓒ 値引き競争, 価格競争.

price·less [práisləs] 形 **1** (値段を付けられないほど) 貴重な, とても大事な (→ VALUABLE **類義語**).
2《口語》とてもおかしな [面白い]；とてもばかげた.

price·y, **pric·y** [práisi] 形 (比較 **pric·i·er** [~ər]; 最上 **pric·i·est** [~ist])《口語》高価な, 値段の高い (expensive).

*****prick** [prík] 動 他 **1** …を［…で］ちくりと刺す, 突く；［…で］刺して [突いて] 〈穴〉をあける 〔*on, with*〕: She *pricked* her finger *with* [*on*] the needle. 彼女は針で指を刺した. **2** …をちくちく [ひりひり] させる；…に苦痛を与える. **3** …をちくちく痛む [*with*]；［…で］ちくりと刺す 〔*at*〕.
■ *príck úp one's éars* (犬・馬などが) 耳をぴんと立てる；(人が) 耳をそばだてる.

—名 ⓒ **1** (ちくっと) 刺すこと；刺し [突き] 傷；小さな穴. **2** (ちくちくする) 痛み, うずき；(心の) とがめ: the *pricks* of conscience 良心のとがめ. **3** とげ, 針. **4**《俗語》ペニス (penis). **5**《俗語・軽蔑》とんま, いやなやつ.

prick·le [príkl] 名 ⓒ (動植物の) とげ, 針；ちくちくする痛み. —動 他 …をちくちくさせる；ちくりと刺

す. —圓 ちくちく痛む.
prick·ly [príkli] 形 (比較 **prick·li·er** [~ər]; 最上 **prick·li·est** [~ist]) **1** とげだらけの, 針のある.
2 ちくちくする. **3**《口語》(人が) 怒りっぽい.
4 (問題などが) やっかいな.
◆ príckly héat ⓤ あせも.
príckly péar ⓒⓤ《植》ヒラウチワサボテン (の実).

pric·y [práisi] 形 = PRICEY (↑).

*****pride** [práid]
《原義は「自分に対する高い評価」》
—名 (複 **prides** [~z]) **1** ⓤ《しばしば a ~》自慢, 誇り, 満足感: Pete takes (a) *pride* in his work. ピートは自分の仕事を誇りにしている / He touched his beard with *pride*. 彼は誇らしげにあごひげをなでた.
2 ⓤ 自尊心, プライド: hurt ...'s *pride*〈人〉のプライドを傷つける / Paul's *pride* would not allow him to accept the reward. ポールは自尊心から報酬を受け取ろうとしなかった / She has too much *pride*. 彼女はプライドが高すぎる.
3 ⓤ 高ぶり, うぬぼれ, 高慢, 思い上がり: His *pride* led him to the defeat of the game. 彼は思い上がりのせいで試合に負けた / *Pride* goes [comes] before a fall.《ことわざ》傲慢(認)は没落に先立つ ⇒ おごれる者は久しからず.
4《単数形で》自慢の種: Her son is her *pride*. 彼女は息子が自慢の種です. **5** ⓒ ライオンの群れ.
■ *...'s príde and jóy* 大きな自慢の種.
príde of pláce 最高位, 優位.

—動 《次の成句で》
■ *príde onesèlf on* [*upòn*] … …を自慢する: She *prides herself on* her beauty. 彼女は自分の美貌(‱)を鼻にかけている. (▷ 形 próud).

*****priest** [príːst]
《原義は「長老」》
—名 (複 **priests** [~s]) ⓒ **1** (カトリック教会・英国国教会などの) 司祭 (司教 (bishop) と助祭 (deacon) の中間職): a Catholic *priest* カトリック教会の司祭. **2** (一般に) 聖職者, 神官, 僧 (◇女性形は priestess).

priest·ess [príːstəs] ⓒ (キリスト教以外の) 女性の聖職者, 尼 (◇男性形は priest).
priest·hood [príːsthùd] **1** ⓤ 聖職, 僧職.
2 [the ~]；集合的に；単数・複数扱い》聖職者.
priest·ly [príːstli] 形 (比較 **priest·li·er** [~ər]; 最上 **priest·li·est** [~ist]) 聖職者 [司祭, 僧] の；聖職者 [司祭, 僧] らしい.

prig [príg] 名 ⓒ《軽蔑》(道徳・礼儀・作法などに) 口うるさい人, 堅苦しい人；道徳ぶる人.
prig·gish [prígiʃ] 形《軽蔑》(道徳・礼儀・作法などに) 口うるさい, 堅苦しい；道徳家ぶった.

prim [prím] 形 (比較 **prim·mer** [~ər]; 最上 **prim·mest** [~ist]) **1** 堅苦しい, きちょうめんな；(特に女性が) 上品ぶった: *prim and proper* 潔癖でつんとした. **2** (身なりが) きちんとした (neat).
prim·ly [~li] 副 堅苦しく, すまして；きちんと.

pri·ma [príːmə]《イタリア》形 第一の, 主役の.
◆ príma ballerína ⓒ プリマバレリーナ《バレエの主役女性ダンサー》.
príma dónna ⓒ **1** プリマドンナ《オペラの主役

pri·ma·cy [práiməsi] 名 U《格式》第1位, 首位; 優位 (であること).

pri·mae·val [praimíːvəl] 形《英》= PRIMEVAL (↓).

pri·ma fa·cie [práimə féiʃi]【ラテン】形［限定用法］一見したところでの; 自明の.

pri·mal [práiməl] 形［限定用法］《格式》 **1** 最初の, 第一の; 原始の. **2** 主要な, 根本の.
(▷ 名 prime¹).

‡**pri·mar·i·ly** [praimérəli / práimər-] 副 **1** 主として, 主に: This book is written *primarily* for beginners. この本は主に初心者を対象に書かれている. **2** 第一に, 最初に; 本来, 元来.

‡‡‡**pri·mar·y** [práimeri, -məri / -məri] 形【基本的意味は「主要な (main or most important)」】
— 形［通例, 限定用法］ **1**［通例, 限定用法］第一の, 一番の, 第1位の; 主要な, 最も重要な: a matter of *primary* importance 最重要事項 / the *primary* purpose 第一の目的 / What's your *primary* concern? 君の一番の関心事は何ですか.
(関連語) secondary 第2の / tertiary 第3の)
2［比較なし］(時間などが)初期の, 最初の; 原始的な: in a *primary* way 原始的な方法で / the *primary* stage of the Industrial Revolution 産業革命の初期段階. **3** 根本的な, 基本的な, 本来の: the *primary* cause of the accident その事故の根本原因. **4** 初等の, 予備的な: *primary* education 初等教育.
— 名 (複 **pri·mar·ies** [~z]) C = prímary eléction《米》予備選挙《選挙に先立って候補者を選出する選挙》.

◆ prímary áccent [stréss] U C《音声》第1アクセント.
prímary cólor C 原色 (赤・黄・青).
prímary schòol C《英》小学校《《米》elementary school》(→ SCHOOL 表).

pri·mate¹ [práimət] 名 C［しばしば P-]【英国教】大主教.《カトリック》首座大司教.

pri·mate² [práimeit] 名 C《動物》霊長類の動物《人・猿など》.

‡‡‡**prime¹** [práim] 形 名【原義は「第一の」】
— 形［比較なし, 限定用法］ **1** 最も重要な, 主要な; 第一の: a *prime* suspect 第一の容疑者 / The *prime* reason I like Hawaii is its beautiful nature. 私がハワイを好きな一番の理由は美しい自然です.
2 第1級の, 最優秀の; 極上の, 最良の: *prime* beef 極上の牛肉 / in *prime* condition 最良の状態で.
3《数学》素数の.
— 名 **1** [the ~ / one's ~] 最盛期, 全盛期, 盛り: reach one's *prime* 最盛期に達する / She is in the *prime* of youth. 彼女は青春真っ盛りです.
2 C = príme númber《数学》素数. **3** C プライム記号 (′)《◇B'は[bíː práim]と読む.「ダッシュ」は和製英語》. **4** [the ~ / one's ~]《文語》初期, 初め. (▷ 形 primal).

◆ príme cóst U C 原価.

príme merídian [the ~] 本初子午線.

príme mínister [しばしば P- M-]《英》総理大臣, 首相 (premier)《略語》PM.

príme móver C **1**《機械》原動力; 原動機. **2** 原動力となる人［もの］; 主導者.

príme ráte C《米》プライムレート, 最優遇貸付金利《銀行が優良企業の貸し出しに適用する利率》.

príme tíme [the ~] (テレビ・ラジオなどの)視聴率の最も高い時間帯, ゴールデンタイム《通例, 午後7時-10時》. (比較)「ゴールデンタイム」は和製英語)

prime² [práim] 動 他 **1**［通例, 受け身で］(予備知識を与えて)〈人〉に［…の／–する］準備をさせる [for / to do]. **2**〈機械など〉を準備する. **3**〈壁・板・画布などを〉下塗りする.
■ *príme the púmp* (不況産業 [不振事業] に) 資金を導入して活性化をはかる.

prim·er¹ [prímər / práimə] 名 C《古風》入門書.

prim·er² [práimər] 名 U C (木材などの) 下塗り用ペンキ.

pri·me·val,《英》**pri·mae·val** [praimíːvəl] 形 **1** 原始 (時代) の; 太古の, 初期の: a *primeval* forest 原生林. **2** 本能的 [直観的], 動物的] な.

‡**prim·i·tive** [prímətiv] 形 **1** 原始 (時代) の, 初期の; 太古の: a *primitive* man 原始人. **2**《しばしば軽蔑》原始的な; 素朴な; 不便な: *primitive* machinery 原始的な機械. **3** 根本 [基本] の: *primitive* colors 原色.
— 名 C **1** 原始人; 素朴な人. **2** ルネサンス以前の画家［彫刻家］; 素朴な画風の画家.

pri·mo·gen·i·ture [pràimoudʒénətʃər] 名 U **1** 長子であること. **2**《法》長子相続権〔法〕.

pri·mor·di·al [praimɔ́ːrdiəl] 形《格式》 **1** 原始 (時代から) の; 最初の. **2** 基本的 [根源的] な.

prim·rose [prímrouz] 名 **1** C《植》サクラソウ, プリムラ (の花). **2** U = prímrose yéllow サクラソウ色, 淡黄色.

◆ prímrose páth [wáy] [the ~]《文語》(破滅へ至る)歓楽の道, 快楽追求の生き方.

prim·u·la [prímjələ] 名 C《植》プリムラ《サクラソウ属の植物》.

‡‡‡**prince** [príns]【原義は「第一の地位をとる者」】
— 名 (複 **princ·es** [~iz]) C **1**［しばしば P-] 王子, 親王《◇女性形は princess》: *Prince* William ウィリアム王子 / the *Prince* of Wales 英国皇太子, ウェールズ公 / the Crown *Prince* (英国以外の) 皇太子.
2［しばしば P-] (小国の) 王, 君主: the *Prince* of Monaco モナコ公. **3** (英国以外の貴族の) 公爵(ﾆﾝ)《◇英国の公爵は duke》; 貴族: *Prince* Bismarck ビスマルク公爵. **4**［…の中での]第一人者, 大家(ﾀｲ)[*of, among*]: the *prince* of chess チェスの大家.
◆ Prìnce Chárming C《口語・こっけい》(シンデレラと結婚する王子のような) 理想の花婿［恋人］.
prínce cónsort C 女王の配偶者.

prince·ly [prínsli] 形 (比較 **prince·li·er** [~ər]; 最上 **prince·li·est** [~ist]) **1** (金額などが) 相当な: a *princely* sum of money 大金. **2** 王子［王侯］の (ような); 威厳［気品］のある.

prin・cess [prínsəs / prìnsés]

— 名(複 prin・cess・es [~iz])C 1 [しばしば P-]王女, 内親王(◇男性形は prince): *Princess* Anne アン王女 / the *princess* royal 第一王女. 2 [しばしば P-]親王妃, 王子の妃; (小国の)女王; 王妃: the *Princess* of Wales 英国皇太子妃 / the late *Princess* Grace of Monaco モナコ公国の故グレース王妃. 3 (英国以外の)公爵夫人(◇英国の公爵夫人は duchess).

prin・ci・pal [prínsəpəl]

— 形[比較なし; 限定用法]主な, 主要な(→ CHIEF 類義語): the *principal* cause 主要な原因 / the *principal* clause〔文法〕主節 / one of the *principal* cities of Norway ノルウェーの主要都市の1つ.

— 名 1 C [しばしば P-] (米)(小・中学校, 高校の)校長((英) head teacher); (主に英)(大学の)学長. 2 C 長, 頭(ﾚ゙ら); 重要な人物, 主役. 3 [単数形で]元金; 基本財産: *principal* and interest 元金と利子. 4 C [しばしば ~s]〔法〕(代理人などに対して)本人; 主犯(↔ accessory).

prin・ci・pal・i・ty [prìnsəpǽləti] 名(複 prin・ci・pal・i・ties [~z]) C (君主(prince)の統治する)公国.

*prin・ci・pal・ly [prínsəpəli] 副 主として, 主に(chiefly): The plan failed *principally* because of lack of funds. 計画は資金不足が主因で挫折した.

prin・ci・ple [prínsəpl]

【原義は「最初(のもの)」】
— 名(複 prin・ci・ples [~z]) 1 C 原理, 原則, 法則: the *principle* of relativity 相対性原理 / Pascal's *principle* パスカルの法則 / the *principle* of equal opportunity 機会均等の原則. 2 C U [しばしば ~s]主義, 信念, 根本方針: stick to one's *principles* 信念を曲げない / I make it a *principle* to do my best. 私は最善をつくすことを主義にしている / It is against my *principles* to tell a lie. うそをつくことは私の主義に反する. 3 C U 道義, 節操: a person of high *principle* 高潔な人 / a person without *principles* 節操のない人. 4 U 本質, 根源.

■ *in príncipe* 原則として, 大体において(↔ in detail): I'll accept the proposal *in principle*. 私は原則的にはその提案を受け入れるつもりです.
on príncipe 信念に基づいて, 道義上.

prin・ci・pled [prínsəpld] 形[しばしば複合語で]節操[道義心]のある, 主義[原則]に基づいた, 主義の: a high-*principled* person 高潔な人.

print [prínt]

【原義は「押す」】
— 動(三単現 prints [prínts]; 過去・過分 print・ed [~id]; 現分 print・ing [~iŋ])
— 他 1 …を印刷する;〈本・雑誌など〉を出版する; (新聞などに)〈記事など〉を掲載する: This dictionary was *printed* in the U.S. この辞書はアメリカで出版された / Our town newspaper *printed* the poem which I wrote. 町の新聞が私の作った詩を掲載した.
2〈文字〉をブロック[活字]体で書く: Please *print* your name and address here. ここにあなたの名前と住所をブロック体で書いてください.
3〈写真〉を[…から / …に]焼き付ける (*off*) [*from / onto*]: *print* (*off*) a photograph *from* a negative ネガから写真を焼き付ける.
4〈印・足跡・模様など〉を[…に]付ける, 残す;〈判・封印など〉を[…に]押す (*on*, *in*);〈布・壁紙など〉に付ける: *print* a flower design *on* cotton fabric 綿織物に花の模様を付ける.
5〈景色など〉を〈心に〉刻み込む, 焼き付ける (*on*, *upon*): The event was *printed on* her memory. その出来事は彼女の記憶に刻み込まれた.
— 自 1 印刷する; 出版する; 印刷業を営む. 2 活字体で書く. 3 [副詞(句)を伴って]刷れる, 写る;(写真が)焼き付けられる.

■ *print óff* 他 1 = print out. 2 → 他 3.
print óut 他〔コンピュータ〕〈情報など〉を印刷する, プリントアウトする.

— 名 1 U 印刷, 印刷物; 印刷された文字(◇授業やテストなどで配られる印刷物の「プリント」は英語では printed sheet [material] または handout): in large *print* 大きな字体で / He put his paper into *print*. 彼はレポートを印刷した.
2 C (押してできた)跡, 模様, 印; [通例 ~s]指紋(fingerprint): There were *prints* in the snow where the dog had walked. 犬の歩いた雪の上に足跡が付いていた. 3 C 版画, 複製画;〔写〕画: *prints* of van Gogh's paintings ゴッホの絵の複製画 / color *prints* (写真の)カラープリント.
4 U プリント生地, C プリント模様の服.

■ *in print* 印刷[出版]されて: Is that book still *in print*? その本はまだ出版されていますか.
òut of print (本などが)絶版の [になって]((略語) o.p.).

◆ printed círcuit C〔電気〕プリント配線.
printed màtter U 印刷物; 郵便, 第三種郵便.
prínted pàpers [複数扱い]《英》 = printed matter (↑).

print・a・ble [príntəbl] 形 1 印刷できる. 2 出版する価値のある, 出版に適した.

*print・er [príntər] 名 C 1 印刷機;〔コンピュータ〕プリンター(→ COMPUTER [PICTURE BOX]);〔写〕焼き付け機. 2 印刷工; 印刷業者; 印刷所.

*print・ing [príntiŋ] 名 1 U 印刷(術), 印刷業. 2 C (1回の)印刷部数; (第一…)刷[版]: the first *printing* of 8,000 copies 初版8,000部. 3 U〔写〕焼き付け.

◆ prínting machìne [prèss] C 印刷機.

print・out [príntàut] 名 C U〔コンピュータ〕プリントアウト, 印字出力されたもの.

*pri・or¹ [práiər] 形〔格式〕 1 (時間・順序が)先の, 前の(↔ posterior)(→ PREVIOUS 類義語): *prior* consultation 事前協議 / a *prior* engagement 先約. 2 優先する, より重要な: a matter of *prior* urgency 優先課題.

■ *prior to ...*《格式》…より前[先]に; …より優先して. (▷ 名 prióriy)

pri·or² 名C 大修道院副院長《院長(abbot)の次の位》; 小修道院(priory)の院長.
pri·or·ess [práiərəs / pràiərés] 名C 女性修道院副院長《院長(abbess)の次の位》; 小規模な女子修道院(priory)の院長.
pri·or·i·tize [praiɔ́:rətàiz / -ɔ́r-] 動他 …を優先させる; …に優先順位をつける.
‡pri·or·i·ty [praiɔ́:rəti / -ɔ́r-] 名 (複 **pri·or·i·ties** [～z]) **1** C 優先事項: a top [first] *priority* 最優先事項 / get one's *priorities* right [wrong] 何を優先すべきかを見極める [見誤る].
2 U (時間・順序などが)[…より]前 [先] であること, 重要 [上位] であること; 優先(権) [*over*]: give *priority* to ... …を優先させる / This matter has [takes] *priority* over everything else. この案件は他のすべてに優先する. (▷ 形 *prior¹*)
pri·o·ry [práiəri] 名 (複 **pri·o·ries** [～z]) C 小修道院《大修道院(abbey)の下位》.
prise [práiz] 動《英》＝PRIZE² …をてこで動かす.
prism [prízəm] 名C **1**《光》プリズム《光の屈折などに用いるガラスの三角柱》. **2** 《幾何》角柱.
pris·mat·ic [prizmǽtik] 形 **1** プリズムの, プリズムで分光した. **2** 多彩な, 虹(ﾆ)色の.
‡pris·on [prízən]〖原義は「捕えること」〗
— 名 (複 **pris·ons** [～z]) **1** C 刑務所, 監獄, 拘置所《《米》jail》: a state *prison* 州立刑務所 / a maximum-security *prison* 警備の厳重な刑務所. **2** U 入獄(状態), 禁固(状態) break [escape from] *prison* 脱獄する / Jason was in *prison* for ten years. ジェイソンは10年間服役していた / He was sent to *prison* in 1999. 彼は1999年に投獄された.
◆ **príson càmp** C 捕虜収容所.
‡pris·on·er [prízənər] 名C **1** 囚人; 刑事被告人: a *prisoner* at the bar 刑事被告人 / release [discharge] a *prisoner* 囚人を釈放する. **2** 捕虜; 人質: take [hold] ... *prisoner* …を捕虜にする [している]. **3** 《文語》とりこ, 自由を奪われた人 [動物]: a *prisoner* of love 恋のとりこ.
◆ **prísoner of cónscience** (複 **prisoners of conscience**) C 政治犯, 思想犯.
prísoner of wár (複 **prisoners of war**) C 捕虜《略語》POW》.
pris·tine [prísti:n, -tain] 形 **1** 元のままの; 汚れのない, 新品の: in *pristine* condition 新品同様の. **2** 原始の, 初期の.
‡pri·va·cy [práivəsi / prí-, prái-] 名 U **1** プライバシー, (他人から干渉されない)個人の自由な生活: an invasion of *privacy* 私生活の侵害 / intrude on ...'s *privacy* …のプライバシーに干渉する. **2** 秘密, 内密; 人目を避けること.
■ **in prívacy** ひそかに, 極秘に. (▷ 形 *prívate*)
‡pri·vate [práivət] (☆発音に注意)
— 形 **1** [比較なし; 限定用法] 個人の, 私用の, 私的な (↔ public)(→ PERSONAL〖類義語〗): one's *private* life 私生活 / a *private* car 自家用車 / go to Canada on *private* business 私用でカナダに行く / He quit his job for *private* rea-sons. 彼は個人的な理由で仕事を辞めた.
2 [比較なし; 通例, 限定用法] 私立の, 民営の, 私有の (↔ public): a *private* university 私立大学 / *private* enterprise 私 [民営] 企業 / a *private* hospital 私立病院.
3 秘密の, 内緒の, 非公開の; (手紙が)親展の: a *private* conversation 内緒話 / We kept the matter *private*. 私たちはその件を内緒にしておいた / *Private* 《掲示》立入禁止.
4 (場所などが)人目につかない; (人が)引っ込み思案の: in a *private* spot 人目につかない所で.
5 [比較なし; 限定用法] 公職についていない, 在野の.
— 名 **1** C [しばしば P-] 《軍》(最下級の)兵卒, 兵《略語》Pvt, 《英》Pte》.
2 [～s] ＝prívate párts《口語・こっけい》陰部.
■ **in private** 非公式に, 内緒で, 私的に (↔ in public): I wish to speak to you *in private*. 私はあなたと2人きりで話したい. (▷ 名 *prívacy*)
◆ **prívate detéctive** [**invéstigator**] C 私立探偵.
prívate éye C《米口語》私立探偵.
prívate práctice U《米》(弁護士・医師などの)個人開業; 自営業. **2**《英》自己負担患者の診療.
prívate schóol C 私立学校 (cf. public school《英》パブリックスクール;《米》公立学校》.
prívate séctor [the ～] 民営部門; 民間企業.
‡pri·vate·ly [práivətli] 副 個人として; 内密に, ひそかに; 非公式に.
pri·va·tion [praivéiʃən] 名CU《格式》(生活必需品・食べ物などの)欠乏, 窮乏; 不自由.
pri·vat·i·za·tion [pràivətəzéiʃən / -taiz-] 名U (国有・公営企業の)民営化, 私企業化.
pri·va·tize [práivətàiz] 動他 〈国有・公営企業〉を民営化する.
priv·et [prívit] 名U《植》イボタノキ, セイヨウイボタノキ《常緑低木で生け垣に用いる》.
‡priv·i·lege [prívəlidʒ] 名 **1** CU (職務などによる) 特権, 特典; 特別扱い: abuse a *privilege* 特権を乱用する / He has the *privileges* of the diplomat. 彼には外交官特権がある. **2** [単数形で] (個人的な) 恩典, 特典; 特別な名誉: It is a *privilege* to meet you. お会いできて光栄です.
— 動他〈人〉に […する]特権を与える (*to do*).
‡priv·i·leged [prívəlidʒd] 形 **1** [時に軽蔑] […する] 特権のある (*to do*); 特別扱いの: the *privileged* classes 特権階級 / She is *privileged* to use this room at any time. 彼女にはいつでもこの部屋を使える特権がある. **2**《法》(発言などの)免責特権のある, 証言[開示]を拒否できる.
priv·y [prívi] 形 (比較 **priv·i·er** [～ər]; 最上 **priv·i·est** [～ist])《格式》[…を]内々に知っている; […に]ひそかに関与している (*to*).
◆ **Prívy Cóuncil** [the ～]《英》枢密院.
Prívy Cóuncillor C《英》枢密顧問官.
‡prize¹ [práiz]
名 形 動〖原義は「価値」〗
— 名 (複 **priz·es** [～iz]) CU **1** 賞; (くじ・賭(ｶ)け事での)賞金, 賞品 (→〖類義語〗): a Nobel *prize* ノーベル賞 / She won second *prize* in the

100-meter race. 彼女は100メートル競走で2等賞を取った / The first *prize* went to Team Japan. 1等賞は日本チームの手に渡った. **2**（苦労して手に入れる）価値のあるもの, 貴重なもの: Good health is a priceless *prize*. 健康はとても貴重なものである.

――形 [比較なし; 限定用法] **1** 賞品として与えられる, 入賞の: *prize* money 賞金 / a *prize* essay 入選論文. **2**（口語・皮肉）見事な, まったくの: He's a *prize* idiot! 彼はまったくのばかめ者だ.

――動 他 [しばしば受け身で] …を高く評価する, 重んじる, 大切にする (→ APPRECIATE 類義語): This coin *is* now very rare and much *prized*. これは今や珍しい硬貨で, とても珍重されている.

類義語 prize, award
共通する意味▶賞 (something given to someone who is successful in competition, gambling, or lotteries)
prize は競争・勝負事・くじなどで「勝者に与えられる賞, 賞品, 賞金」の意: the *prize* for the best novel of the year 年間最優秀小説賞 / She won a *prize* in a lottery. 彼女は宝くじが当たった. **award** は prize より《格式》で, 審査員などによる「選考の結果与えられる賞, 賞品, 賞金」の意: This film is sure to get an Academy *Award*. この映画はきっとアカデミー賞を取る.

prize² 動 他 …をてこで動かす, こじあける (*off*, *up*).
prize·fight [práizfàit] 名 C ボクシング試合.
prize·fight·ing [〜iŋ] 名 U プロボクシング.
prize·fight·er [práizfàitər] 名 C プロボクサー.
prize·win·ner [práizwìnər] 名 C 受賞[入賞]者; 受賞[入賞]作品.

pro¹ [próu] 名 (複 **pros** [〜z]) C (口語) プロ, 職業選手; 専門家 (◇ *pro*fessional の略).
――形 (口語) プロの, 職業的な; 専門の: a *pro* golfer プロゴルファー.

pro² 【ラテン】副 賛成して (↔ con).
――名 (複 **pros** [〜z]) C 賛成論(者); 賛成投票: the *pros* and cons 賛否両論.

PRO (略語) =*p*ublic *r*elations *o*fficer 広報官.

pro- [prou] (接頭) **1** 「(場所的・時間的に) 前の, 前方に」の意を表す: *pro*claim …を宣言する. **2** 「賛成の, 味方の, ひいきの」の意を表す (↔ anti-): *pro*-Japan 日本びいきの. **3** 「…の代わり, 副…, 代理」の意を表す: *pro*noun 代名詞.

pro·ac·tive [prouǽktiv] 形 事前の策を講じた (↔ reactive).
pro-am [próuǽm] 名 C (特にゴルフで) プロアマ参加の競技. ――形 プロアマ参加の (open).

‡**prob·a·bil·i·ty** [pràbəbíləti / pròb-] 名 (複 **prob·a·bil·i·ties** [〜z]) **1** U [または a 〜]「…の/…という」見込み, 起こり[あり]そうなこと, 公算 [*of* / *that* 節] (◇確実性の度合いは possibility → probability → certainty の順に高まる): a strong [high] *probability* 大きな見込み / Is there any *probability of* his recovery? 彼が治る見込みはありますか / There is every *probability that* he will win. 彼が勝つ可能性は高い.

2 C 起こり[あり]そうな事柄, 生じそうな結果: The *probability* is that it will rain tomorrow. あすはたぶん雨だろう. **3** U C 《数学》確率.
■ **in áll probabílity** たぶん, きっと, 十中八九.
(▷ 形 próbable)

‡**prob·a·ble** [prábəbl / prɔ́b-] 形 名 【「prob (証明する) + able (できる)」から】
――形 (a) ありそうな, 起こりそうな, おそらく…になりそうな: a *probable* result ありそうな結果 / A change of power is *probable* in a few days. たぶん数日中に政権交代があるだろう.
(b) [It is probable + that 節] おそらく[たぶん]…であろう: *It is probable that* he will take over his father's business. 彼はたぶん父親の事業を引き継ぐだろう.
――名 C (口語) ありそう[起こりそう]なこと; 予想される勝者[候補者]. (▷ 名 pròbabílity)

‡**prob·a·bly** [prábəbli / prɔ́b-]
――副 [文修飾] たぶん, おそらく: *Probably* we will finish this work by six. 私たちはたぶんこの仕事を6時までに終えるだろう / I *probably* lost my ring in the store. 私はたぶん店の中で指輪をなくしてしまったのだろう / Can he hear us? ― *Probably* not. 彼には私たちの言っていることが聞こえるだろうか ― まず聞こえないでしょうね.

語法「たぶん…」を表す副詞
probably は起こる確率が80–90パーセントと思われる場合に用いる. **maybe** と **perhaps** は起こる確率が50パーセント以下で, 不確かである意味合いが強い. **possibly** は maybe, perhaps よりもさらに起こる確率が低い場合に用いる.

pro·bate [próubeit] 名 U 《法》遺言の検認(権).
――動 他 《米》《法》〈遺言〉を検認する (《英》prove).
pro·ba·tion [proubéiʃən / prə-] 名 U **1** (適性・能力などの) 試験, 審査; 試験[見習]期間; 仮採用の期間[身分]. **2** 《法》執行猶予; 保護観察.
■ **on probátion 1** 仮採用[入学]で, 見習い中で. **2** 執行猶予[保護観察] 中の.
◆ probátion òfficer C 保護観察官.
pro·ba·tion·ar·y [proubéiʃənèri / prəbéiʃənəri] 形 《通例, 限定用法》仮採用の, 見習い(期間中)の. **2** 執行猶予[保護観察] 中の.
pro·ba·tion·er [proubéiʃənər / prə-] 名 C **1** 仮採用者, 見習い; 見習い看護師; (教団の) 修練者. **2** 執行猶予下[保護観察] 中の人.

*****probe** [próub] 動 他 **1** 〈真相など〉を突き止める, 探る, 徹底的に調べる: *probe* the causes of the accident その事故の原因を究明する. **2** 《医》(探り針で) 〈傷など〉を探る.
――自 **1** […を] 突き止める, 徹底的に調べる [*into*]. **2** 《医》探り針で探る [*調べる*].
――名 C **1** […の] 徹底的な調査 [*into*] (◇主に新聞で用いる). **2** 《医》探り針. **3** 宇宙探査用ロケット (space probe).
pro·bi·ty [próubəti] 名 U 《格式》誠実, 正直.

‡**prob·lem** [prábləm / prɔ́b-]
――名 (複 **prob·lems** [〜z]) **1** C (検討・解決する

べき)**問題**, 課題: a labor *problem* 労働問題 / the race *problem* 人種問題 / Air pollution is a serious *problem* in Bangkok. バンコクでは大気汚染が深刻な問題です / It's not my *problem*. それは私には関係のないことだ.

┃ コロケーション ┃ 問題を [に] …
問題を解決する: ***solve** a problem*
問題に直面する: ***face** a problem*
問題に取り組む: ***deal with** a problem*
問題を引き起こす: ***cause** a problem*

2 ©(通例、単数形で)《口語》やっかいな人間, 面倒を起こす人; 困ったこと, 悩みの種: His poor health was a big *problem* for him. 体の弱いことが彼にとって大きな悩みの種であった / Is there any *problem* with the operation of the computer? コンピュータの操作で何か問題はありますか.
3 ©(数学などの論理的思考を必要とする)問題, 課題: a mathematical *problem* 数学の問題 / do a *problem* 問題を解く.
4 [形容詞的に] 問題のある; 社会的な問題を扱った: a *problem* child 問題児.

■ *Nó próblem.*《口語》**1** お安いご用です, いいですとも (Sure.): Can you come at nine tomorrow morning? – *No problem*. あすの朝9時に来てもらえますか – いいですとも. **2** (礼に対して)どういたしまして (You are welcome.): Thank you for your help. – *No problem*. 手伝ってくれてありがとう – どういたしまして.
Whát's the próblem?《口語》どうしましたか; どんな具合ですか.

prob・lem・at・ic [prὰbləmǽtik / prɔ̀b-],
prob・lem・at・i・cal [-kəl] 形 問題の(ある); (主に結果が) 疑わしい, 不確実な.

pro・bos・cis [prəbάsəs / -bɔ́s-] 名 (複 **pro・bos・cis・es** [~iz], **pro・bos・ci・des** [-sədiːz] ©(象などの長い)鼻; (昆虫などの)吻(ふん).

pro・ce・dur・al [prəsíːdʒərəl] 形《格式》手続き(上)の, 処置上の.

***pro・ce・dure** [prəsíːdʒər] 名 **1** ©[…の]手順, 手続き, 順序 [*for*]: follow the correct *procedure* 正しい手順に従って行う / go through the *procedure* 手続きを済ませる. **2** Ⓤ(法律上・政治上などの)手続き: legal *procedure* 訴訟手続き.
(▷ 動 procéed)

*****pro・ceed** [prəsíːd] [「pro (前に) + ceed (行く)」の意]

— 動 (三単現 **pro・ceeds** [-síːdz]; 過去・過分 **pro・ceed・ed** [~id]; 現分 **pro・ceed・ing** [~iŋ])
— 倉 **1** [仕事などを / …することを] 続ける, 続行する [*with / to do*]; […に] 取りかかる: They *proceeded with* the work. 彼らはその仕事をさらに進めた / She *proceeded to* speak after a short pause. 彼女は少し間をおいて話の先を続けた / They *proceeded to* other subjects. 彼らは別の話題に移った.
2 […に] 進む, 向かう, おもむく [*to*]: The group *proceeded to* the main gate. その団体は正門に向かって進んだ / Please *proceed to* Gate 24. 24番ゲートにお進みください (◇空港のアナウンス).
3《格式》[…から] 発生する, 起こる; […に] 由来する [*from*]: The disease *proceeded from* a lack of clean water. その病気は清潔な水の不足が原因で発生した. **4**《法》[…に対して] 訴訟を起こす, 法律上の手続きをする [*against*].
(▷ 名 procédure, prócess, procéssion)

***pro・ceed・ing** [prəsíːdiŋ] 名 **1** [~s]《法》訴訟手続き: take *proceedings* against … …を相手取って訴訟を起こす. **2** ©[しばしば~s] (一連の)出来事, 成り行き. **3** [~s] 議事録; 会報.

pro・ceeds [próusiːdz] 名 [the ~; 複数扱い] 売上高, 収入; 収益, 純益.

*****proc・ess** [prάses, próus- / próus-]

— 名 (複 **proc・ess・es** [~iz]) **1** Ⓤ© **過程**, 推移; 進行, 経過; 作用: in (the) *process* of time 時がたつにつれて / the digestive *processes* 消化作用 / We cannot avoid the *process* of growing old. 私たちは老化を避けられない.
2 © 製法, 工程, 方法; 処理: What *process* is used in making beer? ビールはどんな工程で作られるのですか. **3** ©《法》訴訟手続き.
■ *be in the prócess of …* …中である: The street is now *in the process of* repair. その通りは今修復工事中です.
in prócess 進行中で [の].

— 動 他 **1** ⟨原料・食品など⟩を加工する; (化学的に)処理する: *processed* food 加工食品. **2** ⟨写真⟩を現像する. **3**《コンピュータ》⟨情報など⟩をコンピュータで処理する. **4** ⟨書類など⟩を整理 [処理] する.
(▷ 動 procéed)

◆ prócess(ed) chéese Ⓤ プロセスチーズ《ナチュラルチーズを加熱殺菌したもの》.

proc・ess・ing [prάsesiŋ, próus- / próus-] 名 Ⓤ《コンピュータ》処理: data *processing* データ処理.

***pro・ces・sion** [prəséʃən] 名 **1** ©(儀式などの)行列, 列: a funeral *procession* 葬列. **2** Ⓤ(行列の)行進, 前進: walk in *procession* 行列して歩く.
(▷ 動 procéed)

pro・ces・sion・al [prəséʃənəl] 形 [限定用法] 行列の, 行列用の.

***pro・ces・sor** [prάsesər / próu-] 名 © **1**《コンピュータ》処理装置, プロセッサー; 言語処理プログラム: a word *processor* ワープロ. **2** 加工する機械 [人]: a food *processor* フードプロセッサー.

pro・choice [pròutʃɔ́is] 形 《婉曲》妊娠中絶を容認する, 妊娠中絶合法化支持の (↔ pro-life).

***pro・claim** [prouklém, prə-] 動 他《格式》**1** …を(…と)宣言 [布告] する, 公布する (declare); […と] 宣言する [*that* 節]: *proclaim* war against … …に対して宣戦布告する / The President *proclaimed that* our city was in a state of emergency. 大統領は私たちの市が非常事態にあると宣言した. **2** …を証明する, (明らかに)示す (show); […ということを] 示す [*that* 節]: They *proclaimed* his guilt. = They *proclaimed that* he was guilty. 彼らは彼が有罪であることを証明した.
(▷ 名 pròclamátion)

***proc・la・ma・tion** [prὰkləméiʃən / prɔ̀k-] 名

1 [U] 宣言, 布告, 公布. **2** [C] 公式発表(文), 宣言(書), 声明(書): make [issue] a *proclamation* 声明(書)を出す. (▷ [動] procláim)

pro·cliv·i·ty [prouklívəti] [名] (複 **pro·cliv·i·ties** [～z]) [C] 《格式》〔…への / …する〕(悪い) 性癖, 傾向 (tendency)〔*to, toward* / *for* (*doing*), *to do*〕.

pro·cras·ti·nate [prəkrǽstinèit] [動] 《格式·軽蔑》 [自] ぐずぐずする, 手間取る.

pro·cras·ti·na·tion [prəkræ̀stinéiʃən] [名] [U] 《格式·軽蔑》 先に延ばすこと, 遅延; ぐずぐずすること.

pro·cre·ate [próukrièit] [動] 《格式》 [他] 〈子〉を産む, 〈子孫〉をつくる. ── [自] 子をもうける.

pro·cre·a·tion [pròukriéiʃən] [名] [U] 《格式》 出産, 生殖.

proc·tor [prɑ́ktər / prɔ́k-] [名] [C] **1** 《米》(大学の) 試験監督官 (《英》 invigilator). **2** 《英》(大学の) 学生監. ── [動] [他] 《米》 …の試験監督をする (《英》 invigilate).

‡**pro·cure** [prəkjúər] [動] 《格式》 [他] **1** (a) [procure＋O] (努力 [苦労] して) 〈もの〉を手に入れる, 獲得する, 調達する (→ GET [類義語]): *procure* weapons 武器を調達する. (b) [procure＋O＋O / procure＋O＋for ...] 〈人〉に〈もの〉を手に入れてやる: He *procured* me employment. = He *procured* employment *for* me. 彼は私に仕事を世話してくれた. **2** 《古風》〔人に〕〈売春婦〉を斡旋(あっせん)する〔*for*〕.

pro·cure·ment [prəkjúərmənt] [名] [U] 《格式》 獲得, 調達.

prod [prɑ́d / prɔ́d] [動] (三単現 **prods** [prɑ́dz / prɔ́dz]; 過去·過分 **prod·ded** [～id]; 現分 **prod·ding** [～iŋ]) [他] **1** …を突く, 刺す. **2** 〔…するように〕…を駆り立てる, 刺激する〔*into* (*doing*)〕.
── [自] 〔…を〕突く〔*at*〕.
── [名] [C] **1** 突く [刺す] こと. **2** 刺激. **3** (家畜を追い立てる) 突き棒.

prod·i·gal [prɑ́digəl / prɔ́d-] [形] **1** 《軽蔑》〔…を〕浪費する〔*of*〕; 放蕩(ほうとう)の: the *prodigal* son (悔い改めた) 放蕩息子 (◇聖書から). **2** 《格式》〔…を〕惜しみなく [気前よく] 与える〔*of, with*〕; 〔…の〕豊富な〔*of*〕. ── [名] [C] 《こっけい》 浪費家; 放蕩者.

prod·i·gal·i·ty [prɑ̀dəgǽləti / prɔ̀d-] [名] [U] **1** 浪費; 放蕩(ほうとう). **2** 《格式》 惜しみなく [気前よく] 与えること, 気前のよさ; 豊富さ.

pro·di·gious [prədídʒəs] [形] **1** 巨大な, ばく大な. **2** 驚異的な, 不思議な, すばらしい.
pro·di·gious·ly [～li] [副] ばく大に; 驚異的に.

prod·i·gy [prɑ́dədʒi / prɔ́d-] [名] (複 **prod·i·gies** [～z]) [C] **1** 天才, 神童: a child *prodigy* 神童, 天才児. **2** 驚異, 不思議, すばらしさ.

‡**pro·duce** [動] [名] 【「pro (前に) ＋ duce (導く, 引き出す)」から】
── [動] [prədjúːs / -djúːs] (☆ [名] との発音の違いに注意) (三単現 **pro·duc·es** [～iz]; 過去·過分 **pro·duced** [～t]; 現分 **pro·duc·ing** [～iŋ])
── [他] **1** 〈もの〉を (大量に) **生産する**, 作り出す, 製造する: That factory *produces* cameras. あの工場ではカメラを製造している.
2 …を生み出す, 生じる; 〈動物の子·卵など〉を生む: Our cat *produced* three kittens. うちの猫は3匹の子猫を生んだ / Brazil has *produced* a lot of great soccer players. ブラジルは多くのすぐれたサッカー選手を輩出してきた.
3 〈結果など〉を**引き起こす**, 招く: *produce* side effects 副作用を引き起こす.
4 〈映画など〉を製作する; 〈劇〉を上演する, 演出する: He *produced* a movie based on a popular book. 彼は評判の本をもとに映画を製作した.
5 〈もの〉を取り出す; 〈証拠など〉を提示する: She *produced* a letter to prove her statement. 彼女は自分の申し立てを証明するために1通の手紙を取り出した. **6** 【数】〈線など〉を延長する.
── [自] 生産する, 産出する, 製作する.
── [名] [prɑ́djuːs, próu- / prɔ́djuːs] [U] [集合的に] 生産物, 農産物, 製品: garden *produce* 園芸野菜.
(▷ [名] próduct, prodúction; [形] prodúctive)

***pro·duc·er** [prədjúːsər / -djúːsə] [名] [C] **1** 生産 [製造] 者 (↔ consumer); 産出地 [国]: a rice *producer* 米の生産者. **2** (映画·演劇·番組などの) プロデューサー, 制作者; 《英》 演出家.
◆ prodúcer gòods [複数扱い] 【経済】(機械·原料などの) 生産財 (↔ consumer goods).

‡**prod·uct** [prɑ́dʌkt, -dəkt / prɔ́d-]
── [名] (複 **prod·ucts** [-dʌkts, -dəkts]) [C] **1** **製品**, 生産物; 創作品: factory *products* 工場製品 / farm [marine] *products* 農 [海] 産物 / home *products* 国産品 / a literary *product* 文芸作品 / promote a new *product* 新製品の販売促進をする / Don't leave waste *products* here. ここに廃棄物を捨てるな.
2 成果, 結果 (result): Sam's success is a *product* of his hard work. サムの成功は努力の成果である. **3** 【数学】 積 (cf. quotient 商).
4 【化学】 生成物. (▷ [動] prodúce)
◆ próduct liabílity [U] 製造物責任 《欠陥商品によって被害を受けた人に対する, 製造·流通に関与した事業者の責任; 《略語》 PL》.

‡**pro·duc·tion** [prədʌ́kʃən]
── [名] (複 **pro·duc·tions** [～z]) **1** [U] **生産**, 産出, 製造 (↔ consumption): rice *production* 米の生産 / mass *production* 大量生産 / The company went into [out of] *production* of computer parts in China. その会社は中国でコンピュータ部品の生産を始めた [中止した].
2 [U] 生産高, 生産量: an increase [a decrease] in *production* 生産量の増加 [減少] / The *production* of beer reached its maximum. ビールの生産高が最高に達した.
3 [U] (映画·テレビ番組などの) 制作, 上映; 放送; (劇の) 演出, 上演; [C] (映画·劇などの) 作品: the *production* of "Hamlet"『ハムレット』の演出 / a literary *production* 文芸作品.
4 [U] 提示, 提出: the *production* of new evidence 新たな証拠の提出. (▷ [動] prodúce)
◆ prodúction lìne [C] (工場の) 流れ作業, 生産ライン.

‡**pro·duc·tive** [prədʌ́ktiv] [形] **1** 生産的な, 実

りのある, 成果の上がる: a *productive* suggestion 生産的な提案. **2** 生産力のある;(土地が)肥沃(ひよく)な;(作家が)多作の: *productive* land 肥沃な土地. **3**《格式》[…を]もたらす, 生じる[*of*]: That explanation is *productive of* misunderstanding. その説明では誤解が生じる.
(▷ 動 prodúce)
pro·duc·tive·ly [~li] 副 生産的に; 豊富に.
***pro·duc·tiv·i·ty** [pròudʌktívəti / pròd-] 名 U 生産性[力]; 多産(性).
prof [práf / prɔ́f] 名(複 **profs** [~s]) C《口語》教授 (professor).
Prof.《略語》[肩書に用いて] = *Professor* …教授: *Prof.* J. T. White J. T. ホワイト教授(◇姓だけの場合は略語でなく Professor White となる).
prof·a·na·tion [prɑ̀fənéiʃən / prɔ̀f-] 名《格式》U 神聖を汚(けが)すこと, 冒とく; C 冒とく行為.
***pro·fane** [prəféin] 形 **1** 神聖を汚(けが)す, 冒とく的な; 下品な: use *profane* language 口汚い言葉を使う.
2《格式》世俗的な, 卑俗な (↔ sacred).
—— 動 他《格式》…の神聖を汚す, …を冒とくする.
pro·fan·i·ty [prəfǽnəti] 名(複 **pro·fan·i·ties** [~z]) **1** U 冒とく, 不敬. **2** C[通例, 複数形で]罰当たりな言葉[行為].
***pro·fess** [prəfés] 動 他《格式》**1** (a) [profess + O] …を公言[明言]する; 主張する: The defendant *professed* his innocence. 被告は無罪を主張した. (b) [profess + that 節 [to do]] …であると[…すると]公言[明言]する; 主張する: The defendant *professed that* he was innocent. = The defendant *professed to* be innocent. 被告は無罪であると主張した.
(c) [profess + O + (to be +) C] …は〜だと公言[明言]する(◇ C は名詞・形容詞): She *professed* herself (*to be*) pleased. 彼女は満足しているとはっきり言った. **2** …を自称する, 装う (pretend); […であると / …すると]自称する[*that* 節 / *to do*]: He *professed* sickness [to be sick]. 彼は病気のふりをした. **3** …を信じると[…の信仰を]公言[告白]する.
pro·fessed [prəfést] 形[限定用法]《格式》**1** 公言した, 公然の: a *professed* opponent 公然の反対者. **2** 見せかけの, 偽りの; 自称の.
pro·fess·ed·ly [prəfésidli] 副《格式》**1** 公言して, 公然と. **2** うわべで, 偽って; 自称して.
*****pro·fes·sion** [prəféʃən]
—— 名(複 **pro·fes·sions** [~z]) **1** U C (主に知的・専門的な)職業, 専門職《聖職者・法律家・医師など》;(一般に)職業 (→ OCCUPATION 類義語): enter [go into] the legal *profession* 法律家の職につく / His *profession* is a doctor. 彼の職業は医師です / Why did you choose teaching as your *profession*? あなたはなぜ職業として教師を選んだのですか.
2 [the 〜;集合的に;単数・複数扱い] 同業仲間, …界: the medical *profession* 医師仲間.
3 C U 公言, 告白, 宣言; 信仰の告白: a *profession* of faith 信仰の告白.

■ **by proféssion** 職業は: He is a teacher *by profession*. 彼の職業は教師です.
(▷ 形 professional)

*****pro·fes·sion·al** [prəféʃənəl] 形 名
—— 形 **1** [比較なし; 限定用法](主に知的・専門的な)職業の, 職業上の: a *professional* person 専門職の人 / *professional* education (専門)職業教育 / a *professional* secret 職業上の秘密.
2 [比較なし] 本職の, プロの, 職業の(↔ amateur): a *professional* racing driver プロのレーシングドライバー / That runner wants to turn *professional*. あのランナーはプロに転向したがっている. **3**(技術などが)本職の, プロ並みの, 玄人(くろうと)の: His skill in skiing is *professional*. 彼のスキーの技術はプロ並みである.
—— 名 C **1** 職業人, 専門家, 専門職に携わる人: tools for *professionals* 専門家用の道具.
2 職業選手, プロ (↔ amateur): a golf *professional* プロゴルファー. (▷ 名 profession)
pro·fes·sion·al·ism [prəféʃənəlìzm] 名 U **1**《ほめ言葉》専門家かたぎ, プロ根性; プロの技術[資格]. **2**【スポーツ】プロ選手を使うこと.
pro·fes·sion·al·ly [prəféʃənəli] 副 職業的に, 職業上; 専門的に.

*****pro·fes·sor** [prəfésər]
—— 名(複 **pro·fes·sors** [~z]) C **1** (大学の)教授: a *professor* of economics at Harvard ハーバード大学の経済学の教授 / *Professor* Brown ブラウン教授(◇《略語》の Prof. は Prof. R. L. Brown のように姓名の前に付ける) / a visiting *professor* 客員教授 / an emeritus *professor* = a *professor* emeritus 名誉教授.
[関連語] 大学の教員
(1)《米》(full) professor (正)教授 / associate [adjunct] professor 準教授 / assistant professor 助教授 / instructor 専任講師.
(2)《英》professor 教授《講座の長をさす》/ reader 準[助]教授 / senior lecturer 上級講師 / assistant [junior] lecturer 講師.
2《米口語》(一般に)先生, 教師.
(▷ 形 pròfessórial)
pro·fes·so·ri·al [pròufəsɔ́ːriəl, prɑ̀- / prɔ̀-] 形 教授の, 教授にふさわしい. (▷ 名 professor)
pro·fes·sor·ship [prəfésərʃìp] 名 C 教授の職[地位].
prof·fer [práfər / prɔ́fə] 《格式》動 他[人に]〈贈り物などを〉さし出す;〈助言・説明などを〉与える[*to*].
—— 名 C 提供; 申し出.
pro·fi·cien·cy [prəfíʃənsi] 名 U […における]熟達, 熟練, 技量 [*in*]: get *proficiency* in French フランス語に熟達する.
pro·fi·cient [prəfíʃənt] 形 […に]熟達した, 熟練した, 堪能な [*in*, *at*]: Ann is *proficient in* [*at*] Japanese. アンは日本語が達者です.
***pro·file** [próufail] (☆ 発音に注意) 名 C **1** (人の)横顔. **2** (ものの)輪郭 (outline): draw a *profile* of ... …の輪郭をかく.
3 C (新聞・テレビなどでの簡単な)人物紹介, プロフィー

ル; 小伝. **4** 〖建〗側面図, 縦断面図.
■ *in prófile* 横顔では; 側面から見て [見た].
kèep a lów prófile 目立たないようにする.
— 動 他 …の横顔 [輪郭] をかく; …の人物 [事物] 紹介を書く, …を(簡単に)紹介する.

pro・fil・ing [próufailiŋ] 名 U プロファイリング《情報を分析し, 人物像などを割り出すこと》.

***prof・it** [práfit / prɔ́f-] [原義は「前進する」]
— 名 (複 **prof・its** [-fits]) **1** C U 利益, もうけた金額 (↔ loss) (→ 類義語): a net *profit* 純益 / a gross *profit* 粗利益 / a *profit* and loss account 損益勘定 / small *profit* and quick returns 薄利多売 / gain *profit* もうける / They made a *profit* of $10,000 on the deal. 彼らはその取引で10,000ドルの利益を上げた.
2 U 《格式》ためになること, 益, 得: There is no *profit* in doing it. そんなことをしても何の得にもならない.
■ **at a prófit** 利益を得て, もうけて.
to ...'s prófit …の利益 [ため] になって: Lily learned computing *to her* great *profit*. リリーはコンピュータを習ってとてもためになった.
— 動 《格式》 自 […から] 利益を得る [*by, from*]: She will *profit* from spending a year abroad. 海外での1年は彼女のためになるだろう.
— 他 …の利益を得る. (▷ 形 prófitable)
◆ prófit màrgin C 〖商〗利ざや, マージン.
prófit shàring U (労使間の)利益配分.

類義語 **profit, benefit, advantage**
共通する意味▶利益 (some desirable good that can be given, acquired, or earned)
profit は「金銭的な利益」の意. benefit と同じように「無形の利益」の意に用いることもある: Speculators are eager for a quick *profit*. 相場師は目先の利益をしきりに望む / Reading the book will be to your *profit*. その本を読めばあなたのためになるだろう. **benefit** は「無形の益, 恩典」の意: Your advice was of great *benefit* to me. あなたの助言がとてもためになった. **advantage** は「競って得た利益, 得」の意: He gained no *advantage* from it. 彼はそれから何の利益も得なかった.

---

prof・it・a・bil・i・ty [pràfitəbíləti / prɔ̀f-] U 収益性; 利益率.
***prof・it・a・ble** [práfitəbl / prɔ́f-] 形 **1** もうかる, 有利な: a *profitable* business もうかる事業. **2** (助言・経験などが) […の] ためになる, […に] 有益な [*for, to*]. (▷ 動 prófit)
prof・it・a・bly [práfitəbli / prɔ́f-] 副 有利に.
prof・it・eer [pràfitíər / prɔ̀f-] 名 C 《軽蔑》(品不足時などの) 不当利得者, 暴利をむさぼる人.
prof・it・eer・ing [pràfətíəriŋ / prɔ̀f-] 名 U 《軽蔑》暴利をむさぼること, 不当利得.
prof・it・less [práfitləs / prɔ́f-] 形 **1** 利益のない, もうからない. **2** 無益な, むだな.
prófit-màk・ing 形 利益を上げる, 営利の.
prof・li・ga・cy [práfligəsi / prɔ́f-] 名 U 《格式》

軽蔑》不品行, 放蕩(%); 浪費.
prof・li・gate [práfligət / prɔ́f-] 形 《格式・軽蔑》不品行な, 放蕩(%)の; […を] 浪費する [*of*].
— 名 C 《格式》放蕩(%)者; 浪費家.

‡pro・found [prəfáund] 形 (比較 **pro・found・er** [~ər]; 最上 **pro・found・est** [~ist]) **1** (感情・状態などが) 心の底からの, 深い: *profound* sorrow 深い悲しみ / fall into a *profound* sleep 深い眠りに落ちる. **2** (学識・考えなどが) 深い, 深遠な; (事物・思想などが) 意味深い; 難解な: a *profound* thinker 深遠な思想家. **3** (影響・変化などが) 重大な, 甚大な; まったくの, 完全な. (▷ 名 profúndity)
pro・found・ly [prəfáundli] 副 (知識・考えなどが) 深く, 深遠に; 心から, 大いに.
pro・fun・di・ty [prəfándəti] 名 (複 **pro・fun・di・ties** [~z]) 《格式》 **1** U (知的・感覚的な) 深いこと, 深さ; 深遠. **2** 《通例, 複数形で》深遠な思想 [意味]. (▷ 形 profóund)
pro・fuse [prəfjúːs] 形 **1** 豊富な, おびただしい, 大量の (abundant). **2** 《叙述用法》 […を] 惜しまない, […に] 気前がよい, 大まかな [*in*].
pro・fuse・ly [prəfjúːsli] 副 豊富に; 気前よく.
pro・fu・sion [prəfjúːʒən] 名 U 《または a ~》豊富, 大量; [a ~] たくさん [の…] [*of*]: in *profusion* 豊富に, ふんだんに.
pro・gen・i・tor [proudʒénətər] 名 C 《格式》 **1** (人・動物などの) 先祖, 祖先 (ancestor), 原種. **2** 元祖, 創始者.
prog・e・ny [prádʒəni / prɔ́dʒ-] 名 U 《集合的に; 単数・複数扱い》《格式》子孫; 《古風・こっけい》(人・動物の) 子供.
prog・no・sis [prɑgnóusis / prɔg-] 名 (複 **prog・no・ses** [-siːz]) C **1** 〖医〗予後 (治療後の経過の予測; cf. diagnosis 診断). **2** 《格式》予知, 予測.
prog・nos・ti・cate [prɑgnástikèit / prɔgnɔ́s-] 動 他 《格式》 **1** …を (前兆によって) 予言 [予知, 予測] する. **2** …の前兆となる, 兆候を示す.
prog・nos・ti・ca・tion [prɑgnɑ̀stikéiʃən / prɔgnɔ̀s-] 名 U C 《格式》予言; 予知; C 前兆.

‡pro・gram, 《英》**pro・gramme**
[próugræm] 名 動 【「pro (前もって) + gram (書いたもの)」から】
— 名 (複 **pro・grams,** 《英》 **pro・grammes** [~z]) C **1** (コンサート・競技会などの) **プログラム**, パンフレット, 式次第; (ラジオ・テレビの) **番組**: What are on the concert *program*? コンサートではどんな曲目が演奏されるのですか / I missed my favorite TV *program* yesterday. 私はきのう大好きなテレビ番組を見逃した.
2 [...の] **計画** (plan), 予定 (表) [*for, of*]; 《主に米》政党の綱領: a business *program* 事業計画 / make [establish] a training *program* トレーニングの計画を立てる / Tell me about your *program* for today. あなたのきょうの予定を教えてください. **3** [コンピュータ] プログラム《◇この意味では《英》でも通例 program とつづる》.
— 動 (三単現 **pro・grams,** 《英》 **pro・grammes** [~z]; 過去・過分 **pro・grammed, programed** [~d]; 現分 **pro・gram・ming, pro・gram・ing**

[〜iŋ])[他] **1** …の計画を立てる; [通例, 受け身で]…が〔…するように〕計画する, 組み込む〔*to do*〕: This heating system *is programmed to* start working at 8 o'clock. この暖房設備は8時に作動するようセットしてある. **2**【コンピュータ】〈コンピュータ〉にプログラムを組み込む (◇この意味では《英》でも通例 program とつづる).

◆ **prógrammed instrúction** [**léarning**] [U]【教育】プログラム学習.

prógram mùsic [U] 標題音楽《音楽で風景・物語などを描写する》.

pro·gram·ma·ble [próugræməbl] [形]【コンピュータ】プログラムに組める, プログラムで処理できる.

pro·gramme [próugræm] [名][動]《英》= PROGRAM (↑).

pro·gram·mer, pro·gram·er [próugræmər] [名][C] **1**【コンピュータ】プログラマー, プログラム製作者. **2** 放送番組編成者.

pro·gram·ming, pro·gram·ing [próugræmiŋ] [名][U] **1**【コンピュータ】プログラミング, プログラム作成. **2** 放送番組編成.

prog·ress [名][動]【「pro (前へ) + gress (歩く)」から】

— [名] [prágrəs / próugres] (☆ [動] との発音の違いに注意) [U] **1** 進歩, 発達, 向上: the *progress* of technology 科学技術の進歩 / She is making good *progress* with her English. 彼女はめきめき英語が上達している.
2 前進, 進行: The soldiers were making slow *progress* in the snowstorm. 兵士たちは吹雪の中をゆっくりと進んでいた.
3 (物事の) 経過, 推移, 成り行き: They asked for a *progress* report on the present situation. 彼らは現状での経過報告を求めた.

■ ***in prógress*** 進行中で: The play is *in progress*. 劇は上演中です.

— [動] **pro·gress** [prəgrés] [自] **1** 〔…が〕進歩する, 発達する, 向上する〔*in, with*〕(↔ regress): She is *progressing in* playing the flute. 彼女はフルートの演奏が上達している. **2** 前進する; 進行する: The work is *progressing* very fast. 仕事は順調に進んでいる. (▷ [形] progréssive)

pro·gres·sion [prəgréʃən] [名] **1** [U] [または a 〜]〔…からの / …への〕前進, 進行; 進歩〔*from* / *to*〕. **2** [C] 連続, 継起. **3** [C][U]【数学】数列.

***pro·gres·sive** [prəgrésiv] [形] **1** (制度・主義などが) 進歩的[革新的]な; 進歩主義の (↔ conservative): a *progressive* party 革新政党. **2** 前進する (↔ regressive). **3** 漸進(ぜん)的な; (税などが) 累進的な; (病気などが) 進行性の: a *progressive* tax 累進税. **4**【文法】進行形[進行時制]の.

— [名][C] 進歩的な人, 革新論者. (▷ [動] progréss)

◆ **progréssive fòrm** [**ténse**] [the 〜]【文法】進行形 [進行時制] (→ [文法]).

pro·gres·sive·ly [prəgrésivli] [副] 次第に, 段階的に; 累進的に; (病気などが) 進行性で.

pro·hib·it [prouhíbit, prə-] [動][他] **1** (法・団体などが) …を禁じる, 禁止する (forbid); 〈人〉に〔…するのを〕禁じる〔*from doing*〕: Smoking is *prohibited* here. ここは禁煙です / We are *prohibited from parking* here. ここに駐車することは禁止されています. **2** (もの・ことが) …を妨げる; 〈人〉が〔…するのを〕妨げる (prevent)〔*from doing*〕: A traffic accident *prohibited* him *from attending* the meeting. 交通事故のため彼は会合に出席できなかった.

P

[文法] 進 行 形 (progressive form [tense])

進行形は, ある動作がある時に進行中であることを示す形です.

【進行形の種類】

	形
現在進行形	am [are, is] doing
過去進行形	was [were] doing
未来進行形	will be doing

【進行形の用法】

❶ 現在進行形

■現在進行中の動作

They are watching TV now.
(彼らは今テレビを見ている)

■近い未来

My aunt is coming to see us tomorrow.
(おばはあした私たちに会いに来る)

■反復的動作

He is always complaining.
(彼はいつも不平ばかり言っている)

I usually get up at seven, but I am getting up at six this week.
(私はいつもは7時に起きるが, 今週は6時に起きている)

❷過去進行形

■過去に進行中だった動作

The baby was sleeping when I came home. (私が帰宅したとき赤ちゃんは眠っていた)

■過去から見た近い未来

She was leaving for Paris the next day.
(彼女はその翌日にパリへ出発するところだった)

■過去の反復的動作

He was constantly coughing.
(彼は絶えずせきをしていた)

❸未来進行形

■未来のある時に進行中と予想される動作

We will be climbing Mt. Fuji about this time tomorrow.
(私たちはあすの今頃には富士登山の最中でしょう)

(▷ 名 pròhibítion; 形 prohíbitive)
‡pro・hi・bi・tion [pròuhəbíʃən] 名 **1** U […の] 禁止; C […の]禁止令 [against, on]: a *prohibition against* trespassing 立入禁止令.
2《米》U 酒類製造販売禁止; C 禁酒法; [P-]禁酒法時代《1920–33》. (▷ 名 prohíbit)
pro・hib・i・tive [prouhíbətiv, prə-] 形 **1**(法律が)禁止する,(悪用などを)禁止するための. **2**(値段が)ひどく高い,法外な.
pro・hib・i・tive・ly [~li] 副 (値段が)ひどく高く.

proj・ect 名動[「pro(前方へ)+ject(投げる)」から]
— 名 [prádʒekt / prɔ́dʒ-] (☆ 動との発音の違いに注意)(複 **proj・ects** [-dʒekts]) C **1** 計画, 企画, (大規模な)事業(計画)(→ PLAN 類義語): a *project* for building a dam ダムの建設計画 / carry out a *project* 計画を遂行する / They formed the *project* to hold an exposition. 彼らは博覧会を開催する計画を立てた.
2〖教育〗研究計画[課題]: do a *project* on the technology of the future 未来の科学技術を課題として研究を行う.
3《米》公団住宅, 団地 (housing project).
— 動 **pro・ject** [prədʒékt] 他 **1**〖通例, 受け身で〗〈事業など〉を計画する, 考案する; …が[…すると]予想[予測]する [to do]: *project* a new road 新しい道路を計画する / Our sales for this month *are projected* to fall by 20%. わが社の今月の売り上げは20パーセントほど落ち込むと予想される. **2**〈影・音・光・熱など〉を[…に]投げかける; […に]〈映画・スライドなど〉を映写する, 投影する [on, upon, onto]: Paul *projected* the slides *onto* [*on*] the screen. ポールはスライドをスクリーンに映した. **3**〈自己〉をうまく表出する, […として](他人に好ましく)印象づける [as]; 〈考え・感情など〉を[性かの人に]はっきり示す, 投影する [on, upon, onto].
4〈ミサイル・弾丸など〉を発射する; 突き出す, 投げ出す. **5**〈声〉を(遠くまで聞こえるように)はっきり出す.
— 自 突き出る: The signboard *projected* from the wall. 看板が壁から突き出ていた.

pro・jec・tile [prədʒéktəl / -tail] 名 C (弾丸・ミサイルなどの)発射物, 発射体, 投射物.
*pro・jec・tion [prədʒékʃən] 名 **1** U 発射, 投射. **2**《格式》突出(物, 部), 突起. **3** U 投影, 映写; C 投影図; 映写物. **4** U 〖心理〗(感情などの)投射, 投影. **5** U C 予測, 見積もり; 計画.
◆ projéction róom [bòoth] C 映写室.
pro・jec・tion・ist [prədʒékʃənist] 名 C 映写技師.
pro・jec・tor [prədʒéktər] 名 C 映写機, プロジェクター.
pro・le・tar・i・an [pròulətéəriən]《しばしば軽蔑》形 無産の[労働者]階級の(↔ bourgeois).
— 名 C 無産[労働者]階級の人.
pro・le・tar・i・at [pròulətéəriət] 名[the ~; 集合的に; 単数・複数扱い]《時に軽蔑》無産[労働者]階級, プロレタリアート (↔ bourgeoisie).
prò-lífe 形 妊娠中絶(合法化)反対の (↔ pro-choice).
pro・lif・er・ate [prəlífərèit] 動 自 **1**〖生物〗(細胞分裂などで)増殖する. **2** 急増する, 拡散する.
pro・lif・er・a・tion [prəlìfəréiʃən] 名 **1** U[またはa ~]急増, 拡散; (核兵器の)増殖. **2** U〖生物〗(細胞などの)増殖.
*pro・lif・ic [prəlífik] 形 **1** 多産の;〈植物などが〉実をたくさん結ぶ. **2**〈作家などが〉多作の. **3**〖叙述用法〗[…が]多い [of, in]: That area is *prolific* of crimes. その地区は犯罪が多い.
PROLOG, Pro・log [próulɔːg, -lag / -lɔg] U〖コンピュータ〗プロログ《コンピュータ言語の一種》.
pro・logue,《米》**pro・log** [próulɔːg, -lag / -lɔg] 名 C〖通例, 単数形で〗**1**〖時に P-〗〖劇〗のプロローグ, 序幕, 前口上; 〖詩〗の序詞 [to] (↔ epilogue). **2**《文語》(事件などの)発端, 前触れ [to].
*pro・long [prəlɔ́ːŋ / -lɔ́ŋ] 動 他〈時間・期間など〉を延長する, 長引かせる: *prolong* the term of contract 契約期間を延長する.
pro・lon・ga・tion [pròulɔːŋgéiʃən / -lɔŋ-] 名 U 延長; C 延長部分.
*pro・longed [prəlɔ́ːŋd / -lɔ́ŋd] 形 延長した; 長引いた, 長期の: a *prolonged* disease 長引いた病気.
prom [prám / próm] 名 (◇*prom*enade の略) C **1**《米口語》(高校生・大学生などの)公式ダンスパーティー《通例, 学年末に行われ, 正装した男子学生が女性を誘ってペアで参加する》. **2**《英口語》= PROMENADE **1**(↓). **3**《英口語》= PROMENADE CONCERT (→ PROMENADE 複合語).
prom・e・nade [pràmənéid, -náːd / prɔ̀mənáːd] 名 C **1**(海岸・公園などの)散歩[遊歩]道, プロムナード(《英口語》prom). **2**《古風》(公園などでの)散歩; 行進. **3**《米》= PROM **1**(↑).
— 動 自《古風》散歩する.
◆ prómenade cóncert C《英》プロムナードコンサート(《英口語》prom)《野外での演奏会》.
Pro・me・the・us [prəmíːθiəs, -θjuːs] 名〖ギ神〗プロメテウス《天から火を盗んで人類に与えた》.
*prom・i・nence [prámənəns / prɔ́m-] 名 **1** U 目立つこと, 卓越; 重要: come into *prominence* 目立つようになる. **2** C《格式》目立つもの, 突起物. (▷ 形 próminent)
*prom・i・nent [prámənənt / prɔ́m-] 形 **1** 突き出た: *prominent* teeth 出っ歯. **2** 卓越した, 傑出した; 著名な: a *prominent* musician すぐれた音楽家. **3** 目立つ, 顕著な: a *prominent* symptom 顕著な徴候. (▷ 名 próminence)
prom・i・nent・ly [prámənəntli / prɔ́m-] 副 目立って; 卓越して; 顕著に.
prom・is・cu・i・ty [pràmiskjúːəti / prɔ̀m-] 名 U **1**(男女関係の)乱交. **2**《格式》無差別に; ごた混ぜ.
pro・mis・cu・ous [prəmískjuəs] 形 **1**(性的に)ふしだらな, 乱交の. **2**《格式》無差別の.

***prom・ise [prámis / prɔ́m-]
— 動 (三単現 **prom・is・es** [~iz]; 過去・過分 **prom・ised** [~t]; 現分 **prom・is・ing** [~iŋ])
— 他 **1** (a) [promise+O] …を約束する, 請け合う: He *promised* his help. 彼は支援を約束した. (b) [promise+to do] …すると約

束する: She *promised* to go to the movies with me. 彼女は私と映画を見に行くことを約束した.　(c) [promise+O+O / promise+O+to ...] …に~を(与えると)約束する: My father *promised* me a new car. = My father *promised* a new car to me. 父は私に新しい車を買ってくれると約束した.　(d) [promise+O+to do] …に~すると約束する: He *promised* me to come at five. 彼に5時に来ると約束した.　(e) [promise (+O)+that 節] (…に)…すると約束する: He *promised* (me) *that* he would win a gold medal. 彼は(私に)金メダルを取ると約束した.
2 　(a) [promise+O] …の見込みがある: The match *promises* excitement. 試合は面白くなるはずだ.　(b) [promise+to do] …する見込みがある: It *promises* to be a lovely day. すばらしい天気になるはずです.
—⾃ **1** 約束する: Will you come to see me tonight? — Yes, I *promise*. 今晩うちへいらっしゃいませんか—はい, おうかがいします.　**2** 見込みがある, 有望だ: This business *promises* well. この商売はとても有望です.
■ *I prómise you.* [文頭・文尾で]《口語》本当に, 確かに; お断りしておきますが: I'll be back at five, *I promise you.* 必ず5時には戻ります.
prómise(...) the móon [éarth, wórld] 《口語》(人に)できもしないことを約束する.

—名 (複 **prom·is·es** [~iz]) **1** Ⓒ […するという / …という] 約束, 契約 [*to do* / *that* 節]: He kept his *promise* to help me. = He kept his *promise that* he would help me. 彼は私を助けてくれるという約束を守った / I gave her a *promise* to introduce my parents. 私は彼女に両親を紹介する約束をした.

コロケーション	約束を…
約束を**する**:	***make a promise***
約束を**実行する**:	***carry out one's promise***
約束を**守る**:	***keep one's promise***
約束を**破る**:	***break one's promise***

2 Ⓤ(前途の)見込み, 有望(なこと); 将来性, 気配, 兆し: the *promise* of snow 雪の気配 / Tom is showing great *promise* as a baseball player. トムは野球選手として非常に有望である.
◆ *Prómised Lánd* **1** [the ~] 《聖》約束の地, カナン (Canaan).　**2** [the p- l-] 理想郷.
‡**prom·is·ing** [prɑ́misiŋ / prɔ́m-] 形 (前途が)有望な, 見込みのある; 見通しが明るい: a *promising* business 前途有望な事業 / The weather looks *promising*. 天気がよくなりそうです.
prom·is·ing·ly [~li] 副 前途有望に.
prom·is·so·ry [prɑ́məsɔ̀ːri / prɔ́məsəri] 形 約束の; 支払いを約束する.
◆ *prómissory nòte* Ⓒ 約束手形.
pro·mo [próumou] 名 (複 **pro·mos** [~z]) Ⓒ 《口語》宣伝[販売促進]用パンフレット[ビデオ].
prom·on·to·ry [prɑ́məntɔ̀ːri / prɔ́məntəri] 名 (複 **prom·on·to·ries** [~z]) Ⓒ 岬 (headland).
‡**pro·mote** [prəmóut] 動 他 **1** …を促進[増進]する, 奨励する: Swimming is good for pro*moting* health. 水泳は健康増進に役立つ.　**2** [通例, 受け身で] …を […に] 昇進させる, 進級させる; 《英》〈チーム〉を[上のリーグに]昇格させる [*to*]: He was *promoted to* manager. 彼は部長に昇進した.　**3** 〈新製品など〉を売り込む, 販売を促進する: *promote* new products 新製品を売り込む.
4 〈事業など〉を発起する, 〈興行など〉を主催する.
‡**pro·mot·er** [prəmóutər] 名 Ⓒ **1** (興行などの)主催者, 興業主, プロモーター.　**2** (事業などの)発起人.　**3** 推進者, 奨励者.
‡**pro·mo·tion** [prəmóuʃən] 名 **1** Ⓤ 促進; 奨励: the *promotion* of the world peace 世界平和の促進.　**2** Ⓒ Ⓤ […への] 昇進, 進級 [*to*]: get [be given] (a) *promotion* 昇進する.　**3** Ⓤ (新製品などの)売り込み, 販売促進; Ⓒ 売り出し中[販売促進中]の商品.　**4** Ⓤ (事業の)発起, (会社の)設立.
pro·mo·tion·al [prəmóuʃənəl] 形 販売促進の (ための).

‡**prompt** [prɑ́mpt / prɔ́mpt] 形 動 副 名
—形 (比較 **prompt·er** [~ər]; 最上 **prompt·est** [~ist]) **1** [限定用法] 〈行動が〉**敏速な**, 機敏な; 即座[即刻, 即時]の: *prompt* action 敏速な行動 / *prompt* payment 即時払い / a *prompt* answer 即答 / *prompt* aid 応急手当.
2 [叙述用法] […が / …するのが] すばやい, 敏速な [*in* / *to do*]: Be *prompt* in calling her. 彼女にすぐ電話しなさい / She was *prompt* to obey. 彼女はすぐに言われた通りにした.
—動 他 **1** [prompt+O] …を促す, 刺激する; [prompt+O+to do] …を促して…させる: A good smell *prompted* my appetite. おいしそうなにおいで私の食欲は刺激された / Her curiosity *prompted* her *to* ask questions. 彼女は好奇心にかられて質問した.
2 〈俳優〉に忘れたせりふを教える, 助け舟を出す.
—⾃ 〈俳優に〉忘れたせりふを教える.
—副 [時刻を表す語句のあとに付けて] 《口語》きっかりに: at 5 o'clock *prompt* 5時きっかりに.
—名 Ⓒ **1** せりふ付けの言葉.　**2** [コンピュータ] プロンプト 《入力を促す画面上の記号》.
prompt·er [prɑ́mptər / prɔ́mpt-] 名 Ⓒ [劇] プロンプター《役者や演者にせりふを教える装置・人》.
prompt·ing [prɑ́mptiŋ / prɔ́mpt-] 名 Ⓤ Ⓒ 促すこと, 促進; [劇] せりふ付け.
‡**prompt·ly** [prɑ́mptli / prɔ́mpt-] 副 **1** 迅速に, 手早く: Act more *promptly*. もっと敏速に行動しなさい.　**2** 即座に (at once).　**3** 時間通りに, きっちり (on time): arrive *promptly* at three 3時きっかりに着く.
prompt·ness [prɑ́mptnəs / prɔ́mpt-] 名 Ⓤ 敏速, 機敏.
prom·ul·gate [prɑ́məlgèit / prɔ́m-] 動 他 《格式》**1** 〈法令など〉を発布[公布]する.　**2** 〈宗教など〉を広める, 普及させる.
prom·ul·ga·tion [prɑ̀məlgéiʃən / prɔ̀m-] 名 Ⓤ 《格式》公布, 発布; 普及, 伝道.
pron. (略語) = *pronoun* [文法] 代名詞; *pro*nunciation 発音.
‡**prone** [próun] 形 (比較 **more prone**; 最上 **most**

prone) 1 [叙述用法] […の] 傾向がある [*to*]; [望ましくないことをする] 傾向がある [*to do*]: He is *prone to* anger. 彼は怒りっぽい. 2 [複合語で] …が起こりがちな,…になりやすい: an earthquake-*prone* area 地震多発地域. 3 《格式》うつぶせの, 前かがみの: lie *prone* うつぶせになる.

prong [prɔ́:ŋ / prɔ́ŋ] 名 C 1 (フォーク・くま手などの) また. 2 (シカなどの) 角の枝.

-pronged [prɔ́:ŋd / prɔ́ŋd] 結合 「…に分かれた, …方面 [方向] の」の意を表す形容詞を作る: a four-*pronged* fork 4つまたのフォーク / a two-*pronged* attack 2方向からの攻撃.

pro·nom·i·nal [prounɑ́mənəl / -nɔ́m-] 形 【文法】代名詞の (働きをする). (▷ 名 prónoun)

‡pro·noun [próunàun] 名 C 【文法】代名詞 (《略語》pron.) (→ 文法). (▷ 形 pronóminal)

‡‡‡pro·nounce [prənáuns] 【「pro (前に) + nounce (告げる)」から】
— 動 (三単現 pro·nounc·es [~iz]; 過去・過分 pro·nounced [~t]; 現分 pro·nounc·ing [~iŋ])
— 他 1 [pronounce + O] …を発音する: How do you *pronounce* your name? あなたのお名前はどのように発音するのですか.
2 (a) [pronounce + that 節] …であると宣言する, 断言する, 公言する: The doctor *pronounced that* the boy had recovered his health. 医師はその少年が健康を回復したと断言した. (b) [pronounce + O (+to be) + C]〈人・もの〉が…であると宣言 [断言] する: The patient was *pronounced* dead yesterday. その患者はきのう死亡を宣言された.
3 《格式》〈判決〉を […に] 下す, 宣告する [*on, upon*]: The judge will *pronounce* sentence *upon* the accused tomorrow. 裁判官はあすその被告に判決を下す.
— 自 1 《格式》 […について有利な / 不利な] 判決 [判断] を下す [*for / against*]: The judge *pronounced for* [*against*] her appeal. 裁判官は彼女の訴えに対して有利 [不利] な判決を下した.
2 […について] 意見を述べる [*on, upon*].
(▷ 名 pronùnciátion)

pro·nounce·a·ble [prənáunsəbl] 形 (単語などが) 発音できる.

文法 代名詞 (pronoun)

代名詞は, 名詞の繰り返しを避けるために代わりに用いる語です.

【代名詞の種類】

	主な働き
人称代名詞	→PERSONAL (文法)
所有代名詞	「…のもの」の意を表す
再帰代名詞	「…自身」の意を表す
指示代名詞	人・ものをさし示す
疑問代名詞	→INTERROGATIVE (文法)
不定代名詞	→INDEFINITE (文法)

【所有代名詞】
■ 所有代名詞の形

		単数	複数
1人称		mine	ours
2人称		yours	yours
3人称	男性	his	theirs
	女性	hers	

※it には所有代名詞の形はない

■ 所有代名詞の用法
❶ 「所有格+名詞」の代わりに用いる
Your dog is bigger than mine.
(君の犬は私のより大きい) =my dog
His house is old, but hers is new.
=her house
(彼の家は古いが彼女のは新しい)

❷ 「a+名詞+of+所有代名詞」
I met a friend of mine there.
(私はそこで友人の1人に会った)

【再帰代名詞】
■ 再帰代名詞の形

		単数	複数
1人称		myself	ourselves
2人称		yourself	yourselves
3人称	男性	himself	themselves
	女性	herself	
	中性	itself	

■ 再帰代名詞の用法
❶ 再帰用法: 動詞・前置詞の目的語に用いる
He seated himself.
(彼は自分自身を座らせた⇨彼は座った)
"I'll never give up!" he said to himself.
(「あきらめないぞ」と彼は心の中で思った)

❷ 強意用法
The president himself made tea for us.
(社長が自ら私たちにお茶をいれてくれた)
She did it herself. (彼女は自分でそれをした)

【指示代名詞】 (詳しくは各語を参照)

意味	単数	複数
これ	this	these
あれ, それ	that	those

pro·nounced [prənáunst] 形 はっきりわかる、顕著な;（意見などが）きっぱりとした、確固とした。

pro·nounce·ment [prənáunsmənt] 名 ⓒ（格式）宣言;声明（書）,表明.

pron·to [prántou / prɔ́n-]【スペイン】副（口語）ただちに,即座に (at once).

＊**pro·nun·ci·a·tion** [prənʌ̀nsiéiʃən]（◇つづりに注意）名 Ⓤ ⓒ 発音,発音方法;Ⓤ［または a ～］（個人の）発音（のしかた）: The announcer has a good *pronunciation*. そのアナウンサーは発音がよい.　　　　　　　　　　（▷ 動 pronóunce）

＊＊＊**proof** [prú:f] 名 形 動
——名（複 **proofs** [～s]）**1** Ⓤ［集合的に］（…という）証拠 [*that* 節]; ⓒ 証拠となるもの,証拠品: a *proof* of one's loyalty 忠誠心のあかし / The police have a lot of *proof* against him. 警察は彼に不利な証拠をたくさん握っている / There is every *proof that* he is guilty. ＝There is every *proof* of his being guilty. 彼が有罪だという証拠がそろっている.

2 Ⓤ 証明,立証: the *proof* of a theory 理論の証明 / The *proof* of his innocence is hard to establish. 彼の無実を立証することは難しい.

3 Ⓤ ⓒ 試験,吟味;【数学】検算: The *proof* of the pudding is in the eating.（ことわざ）プリンの味は食べてわからない ⇒ 最より証拠.

4 Ⓤ ⓒ ［しばしば ～s］【印刷】校正刷り,ゲラ;【写】試し焼き: read [correct] the *proofs* 校正する.

5 Ⓤ（酒類の）標準強度,酒精度.

■ *pùt ... to the próof* …を試す.
——形 **1**［叙述用法］［火・水などに］耐えられる;［誘惑などに］負けない［*against*］: Bill is *proof* *against* all temptation. ビルはあらゆる誘惑に負けない. **2**［比較なし］（酒類が）標準強度の.
——動 他（通例,受け身で）〈布など〉を防水加工する.
　　　　　　　　　　　　　　　　　　（▷ 動 próve）

-proof [pru:f] 結合「…に耐える,…を防ぐ」「…に安全な,…にも使える」の意を表す形容詞・動詞を作る: water*proof* 防水の / fire*proof* 耐火（性）の.

proof·read [prú:fri:d] 動（三単現 **proof·reads** [-ri:dz]; 過去・過分 **proof·read** [-rèd]; 現分 **proof·read·ing** [～iŋ]）他〈ゲラ〉を校正する.
——自 校正する.

proof·read·er [prú:fri:dər] 名 ⓒ 校正者.

＊**prop**¹ [práp / prɔ́p] 名 ⓒ 動　**1** ⓒ 支え,支柱. **2**（主に精神的な）支持者,支えとなるもの［人］. **3**［ラグビー］プロップ（スクラム最前列両端のフォワード）.
——動（三単現 **props** [～s]; 過去・過分 **propped** [～t]; 現分 **prop·ping** [～iŋ]）他 …を支える;支持する (*up*); …を［…に］立てかける [*on, against*]: *prop* a ladder (*up*) *against* a wall 壁にはしごを立てかける.
■ *próp úp* 他 …を補強する;（経済的に）支援する.

prop² [práp]（口語）＝PROPELLER（↓）.

prop³ [práp] ⓒ（通例 ～s）［劇］小道具 (property).

＊**prop·a·gan·da** [pràpəgǽndə / prɔ̀p-] 名 Ⓤ（しばしば軽蔑）（主義・教義などの組織的な）宣伝（活動）,プロパガンダ.

prop·a·gan·dist [pràpəgǽndist / prɔ̀p-] 名 ⓒ（しばしば軽蔑）（主義・教義などの）宣伝 [伝道] 者.

pro·pa·gan·dize [pràpəgǽndaiz / prɔ̀p-] 動（しばしば軽蔑）自 他（…を）宣伝する;伝道する.

＊**prop·a·gate** [prápəgèit / prɔ́p-] 動（格式）
1〈知識・情報など〉を広める,普及させる,宣伝する: *propagate* a new idea 新しい思想を広める.
2〈音・光など〉を伝える. **3**〈特質など〉を遺伝させる;〈動植物〉を繁殖させる,増やす.
——自（動植物などが）増える,繁殖する.

prop·a·ga·tion [pràpəgéiʃən / prɔ̀p-] 名 Ⓤ
1（思想などの）普及,宣伝. **2**（音・光などの）伝達.
3（動植物の）繁殖,増殖;（特質の）遺伝.

pro·pane [próupein] 名 Ⓤ【化】プロパン（ガス）.

pro·pel [prəpél] 動（三単現 **pro·pels** [～z]; 過去・過分 **pro·pelled** [～d]; 現分 **pro·pel·ling** [～iŋ]）他 …を（機械の力などで）推進する,前進させる;〈人〉を駆り立てる.
◆ propélling péncil ⓒ（英）シャープペンシル（（米）mechanical pencil）.

pro·pel·lant, pro·pel·lent [prəpélənt] 名 Ⓤ ⓒ（ロケットなどの）推進燃料;（弾丸などの）発射用火薬;（スプレーなどの）噴出用（高圧）ガス.

＊**pro·pel·ler** [prəpélər] 名 ⓒ（飛行機の）プロペラ;（船の）スクリュー（（口語断）prop）.

pro·pen·si·ty [prəpénsəti] 名（複 **pro·pen·si·ties** [～z]）ⓒ（格式）［…への / …する］傾向［*for / to do*］.

＊＊＊**prop·er** [prápər / prɔ́pə]【原義は「自分自身の」】
——形 **1**［比較なし］［…に］適切な,ぴったり合う,ふさわしい [*for*]（＝ FIT 類義語）: in the *proper* way ふさわしいやり方で / He needs *proper* medical attention at a hospital. 彼は病院で適切な治療を受ける必要がある / This is the *proper* place *for* picnicking. ここはピクニックに適した場所で.

2　(a) 礼儀正しい,きちんとした;堅苦しい,すました: *proper* behavior 礼儀正しいふるまい / a *proper* lady 礼儀正しい女性.
(b)［It is proper＋(for ...＋) to do / It is proper＋*that* 節 ］（…が）～するの［～ということ］はもっともだ: *It is proper for* him *to* apologize. ＝*It is proper that* he (should) apologize. 彼がわびるのは当然です（◇ should を用いるのは《主に英》）.

3［…に］特有の,固有の [*to*]: the climate *proper to* the tropics 熱帯地方に特有の気候.

4［限定用法］本当の,実際の;［名詞のあとに付けて］本来の,厳密な（意味での）: a *proper* dog（ぬいぐるみなどではなく）本物の犬 / Japan *proper* 日本本土. **5**［限定用法］（英口語・しばしば軽蔑）まったくの,完全な: a *proper* stranger 赤の他人.

◆ próper fráction ⓒ【数】真分数.

próper nóun [náme] ⓒ【文法】固有名詞（→ NOUN **文法**）.

＊**prop·er·ly** [prápərli / prɔ́p-] 副 **1** 適切 [適当] に,きちんと;礼儀 [行儀] 正しく: He wasn't *properly* dressed for mountain climbing. 彼は登山にふさわしい服装をしていなかった / My computer isn't working *properly*. コンピュー

タがおかしい. **2** [文修飾] 当然(のことながら): He *properly* got angry. 彼が怒ったのももっともです. **3** [英口語] まったく,すっかり. **4** 厳密に: *properly* speaking 厳密に言えば.

prop・er・tied [prápərtid / próp-] 形 [限定用法] 財産[土地]のある.

***prop・er・ty** [prápərti / próp-]
【原義は「自分自身のもの」】

— 名 (複 prop・er・ties [~z]) **1** U C [集合的に] 財産, 資産, 所有物: public [private] *property* 公有[私有]財産 / real *property* 不動産 / movable [personal] *property* 動産 / He is a man of great *property*. 彼は大資産家です.

2 C U 所有地, 地所(land): I have a small *property* in the country. 私は田舎に小さな地所を持っている.

3 U 所有; 所有権(ownership): literary *property* 著作権 / *Property* has its obligation. 所有には義務が伴う.

4 C [(格式)](もの の) 特性,特質(quality): the chemical *properties* of iron 鉄の化学的特性.

5 C [通例, 複数形で] [劇] 小道具((口語) props).

***proph・e・cy** [práfəsi / próf-] 名 (複 proph・e・cies [~z]) U C 予言(する力),お告げ; […という]予言 [*that* 節]: the *prophecy* that he will become President 彼が大統領になるという予言.

***proph・e・sy** [práfəsài / próf-] (☆ prophecy との発音の違いに注意) 動 (三単現 proph・e・sies [~z]; 過去・過分 proph・e・sied [~d]; 現分 proph・e・sy・ing [~iŋ]) 他 …を予言する; […ということを]予言する [*that* 節 / 疑問詞節]: He *prophesied that* she would be a movie star. 彼は彼女が映画スターになると予言した.

***proph・et** [práfit / próf-] 名 **1** C 予言者; 神のお告げを伝える人: a *prophet* of doom 終末論者.
2 C (主義などの) 提唱者, 代弁者. **3** C 教祖; [the P-] (イスラム教の教祖) ムハンマド(Mohammed). **4** [the Prophets] [聖] 預言書.

proph・et・ess [práfitəs / próf itəs] 名 C 女性の予言者.

pro・phet・ic [prəfétik], **pro・phet・i・cal** [-kəl] 形 予言(者)の, […を]予言する [*of*].
pro・phet・i・cal・ly [-kəli] 副 予言(者)的に.

pro・phy・lac・tic [pràfəlǽktik / pròfə-] 形 [医] 病気予防の. — 名 C **1** [医] 予防薬 [法]. **2** [米] 避妊具(condom).

pro・pin・qui・ty [prəpíŋkwəti] 名 U [(格式)] (時間・場所・関係などの) […への]近接,近いこと[*to*]; (性質的な)類似,近似(性).

pro・pi・ti・ate [proupíʃièit] 動 他 [(格式)] …をなだめる, …の機嫌を取る.

pro・pi・ti・a・to・ry [proupíʃiətɔ̀:ri / -təri] 形 [(格式)] ご機嫌取りの, なだめようとする.

pro・pi・tious [prəpíʃəs] 形 [(格式)] **1** (天候などが) […に]都合のよい, 幸運な [*for, to*]. **2** (運命などが) […に]好意的な, 縁起のよい [*to, toward*].

pro・po・nent [prəpóunənt] 名 C 提案[発議]者; 支持[賛成,推進]者.

***pro・por・tion** [prəpɔ́:rʃən] 名 **1** U C 割合; 比率: the *proportion* of births to deaths 死亡数に対する出生数の比率. **2** U C [しばしば~s] つり合い; […に対する]均衡,調和 [*to, with*]: She has good *proportions*. 彼女は均整のとれた体をしている. **3** C 部分(part); 分け前, 割り当て (share): A large *proportion* of the work was done by him. 仕事の大部分は彼がやった. **4** [~s] 大きさ, 広さ: an airport of grand *proportions* 大規模な空港. **5** U [数学] 比例: direct [inverse] *proportion* 正 [反] 比例.

■ *a sénse of propórtion* 冷静な判断力.

in propórtion つり合いがとれて; 分別をわきまえて.

in propórtion to ... **1** …に比例して: The payment will be high *in proportion to* the experience. 支払い金は経験に比例して高くなります. **2** …と比べると: That house is tall *in proportion to* its width. あの家は間口の割に高さがある.

òut of (áll) propórtion […との] つり合いを失って [*to, with*]; 分別をわきまえず: Her life is *out of proportion to* [*with*] her income. 彼女の暮らしぶりは収入に不相応です.

— 動 他 [通例, 受け身で] [(格式)] …を […に] つり合わせる; …の […との] バランスをよくする [*to*].

pro・por・tion・al [prəpɔ́:rʃənəl] 形 […に] 比例した, つり合いのとれた; 見合った [*to*]: Your records will be *proportional to* your efforts. 成績は努力次第です.

◆ propórtional representátion U 比例代表制選挙((略語) PR).

pro・por・tion・al・ly [-nəli] 副 比例して, つり合って.

pro・por・tion・ate [prəpɔ́:rʃənət] 形 […と] 比例した, つり合いのとれた (proportional) [*to*].

pro・por・tion・ate・ly [-li] 副 比例して, つり合って.

pro・por・tioned [prəpɔ́:rʃənd] 形 つり合い[均整] のとれた; [副詞を伴う複合語で] つり合いが…な.

pro・pos・al [prəpóuzəl]

— 名 (複 pro・pos・als [~z]) **1** U C […の / …する / …という] 提案, 建議; 計画; 申し込み [*for / to do / that* 節]: *proposals for* peace 和平の提案 / a compromise *proposal* 妥協案 / He made a *proposal* to start the meeting early. = He made a *proposal that* we (should) start the meeting early. 彼は会議を早く始めようと提案した (◇ should を用いるのは《主に英》).

2 C プロポーズ, 結婚の申し込み: accept [refuse] his *proposal* 彼からの結婚の申し込みを受け入れる [断る] / receive a *proposal* from ... …から結婚の申し込みを受ける. (▷ 動 propóse)

***pro・pose** [prəpóuz]
【「pro (前に)+pose (置く)」で「提案する, 申し出る」の意】

— 動 (三単現 pro・pos・es [~iz]; 過去・過分 pro・posed [~d]; 現分 pro・pos・ing [~iŋ])
— 他 **1** (a) [propose+O] …を提案する, 申し出る: They *proposed* a new plan to

us. 彼らは新しい計画を私たちに提案した.
(b) [propose + to do [動名]] …することを提案する: I *proposed to* go [*going*] by plane. 私は飛行機で行くことを提案した.
(c) [propose + that 節] …ということを提案する: She *proposed that* John (should) be sent there. 彼女はジョンをそこへ派遣することを提案した (◇ should を用いるのは 《主に英》).

2 […に]《結婚》を申し込む [*to*]: He *proposed* marriage *to* Kelly at that restaurant. 彼はあのレストランでケリーに結婚を申し込んだ.

3《格式》…を企てる;〔…する〕つもりである [*to do, doing*]: We *propose* an early start tomorrow. 私たちはあす早く出発するつもりです / I don't *propose to* discuss [*discussing*] politics. 私は政治について議論するつもりはない.

4〈人〉を〔会員・地位などに〕推薦 [指名] する [*as, for*]: About half of the students have *proposed* her *as* the new class president. 約半数の生徒が彼女を次の級長に推薦した.

— 自［…に］結婚を申し込む, プロポーズする [*to*]: He *proposed to* her last night. 彼は昨夜彼女に結婚を申し込んだ. (▷ 名 propósal)

pro·pos·er [prəpóuzər] 名 C 提案 [提議] 者;申し込み者.

***prop·o·si·tion** [pràpəzíʃən / prɔ̀p-] 名 C
1［…するという /…という〕提案, 提議, 申し出;計画 [*to do / that* 節]: He made a *proposition to* buy some land. 彼は土地の買収を提案した.
2［…という〕陳述;主張 [*that* 節]: the *proposition that* everyone is equal …すべての人が平等であるという主張. **3**《通例, 単数形で》《口語》《取り組むべき》事柄, 仕事, 問題: a paying *proposition* 採算が取れる仕事. **4**《論・修辞》命題;《数学》定理.
— 他 …に性的な誘いをかける.

pro·pound [prəpáund] 動 他《格式》《問題・学説などを》提出 [提示] する, 提議する.

pro·pri·e·tar·y [prəpráièteri / -təri] 形《格式》
1 所有者の;財産のある; *proprietary* rights 所有権. **2** 専売の, 特許所有者の: a *proprietary* name 商標名.

***pro·pri·e·tor** [prəpráiətər] 名 C《格式》《商店・土地などの》所有者;経営者, 事業主《◇女性形は proprietress》: a landed *proprietor* 地主.

pro·pri·e·to·ri·al [prəpràiətɔ́:riəl] 形《格式, しばしば軽蔑》所有者の; わが物顔で使う.

pro·pri·e·tress [prəpráiətrəs] 名 C《古風》女性の所有者;女性経営者《◇男性形は proprietor》.

***pro·pri·e·ty** [prəpráiəti] 名 (複 pro·pri·e·ties [~z]) (↔ impropriety) 《格式》 **1** U (社会的) 作法, 礼儀正しさ; [the proprieties] 礼儀作法: observe the *proprieties* 礼儀作法を守る / She behaved with *propriety*. 彼女は礼儀正しくふるまった. **2** U 正しさ, 適当, 妥当.

pro·pul·sion [prəpʌ́lʃən] 名 U 推進(力).
pro·pul·sive [prəpʌ́lsiv] 形 推進する; 推進力のある.

pro ra·ta [pròu réitə / -rá:tə] 【ラテン】 副 比例して. — 形 比例した.

pro·rate [prouréit] 動 他《米》…を比例配分する, 割り当てる.

pro·rogue [prouróug, prə-] 動 他《議会》を閉会する.

pro·sa·ic [prouzéiik] 《☆ 発音に注意》形 **1** 散文 (体) の, 散文的な. **2** 《軽蔑》平凡 [単調, 退屈] な.
pro·sa·i·cal·ly [-kəli] 副 散文的に;平凡に.

pro·sce·ni·um [prousí:niəm, prə-] 名 (複 pro·sce·ni·ums [~z], pro·sce·ni·a [-niə]) C 《劇》 **1** 前舞台《カーテンより前の部分》.
2 = proscénium árch プロセニアムアーチ《舞台の前面を囲む額縁状の枠》.

pro·scribe [prouskráib] 動 他《格式》《危険・有害物として法的に》…を禁止する, 排斥する.

pro·scrip·tion [prouskrípʃən] 名 UC《格式》《使用》禁止, 排斥.

***prose** [próuz] 名 **1** U 散文 (cf. verse 韻文);〔形容詞的に〕散文の: works written in *prose* 散文で書かれた作品. **2** C《英》翻訳練習問題.

***pros·e·cute** [prásikjù:t / prɔ́s-] 動 他 **1** 〔…の罪で〕…を起訴 [告訴] する [*for*]: He was *prosecuted for* theft. 彼は窃盗罪で起訴された.
2《格式》…を遂行する, 続行する.
— 自 起訴 [告訴] する; (裁判で) 検察官を務める.
◆ prósecuting attórney C《米》検察官.

***pros·e·cu·tion** [pràsikjú:ʃən / prɔ̀s-] 名
1 UC《法》起訴, 告訴: the *prosecution* of the murderer 殺人犯の起訴. **2** U [the ~]; 集合的に; 単数・複数扱い》《法》原告 [検察] 側, 検察当局 (↔ defense): a witness for the *prosecution* 検察側証人. **3** U《格式》遂行, 続行.

pros·e·cu·tor [prásikjù:tər / prɔ́s-] 名 C《法》検察官, 検事;起訴 [告発] 者: a public *prosecutor* 検察官.

pros·e·lyte [prásəlàit / prɔ́s-] 名 C《格式》改宗者;(思想などの)転向者.

pros·e·lyt·ize [prásələtàiz / prɔ́s-] 動 自《格式》
他〈人〉を改宗 [転向] させる.
— 自 改宗 [転向] する.

Pro·ser·pi·na [prəsə́:rpinə], **Pro·ser·pi·ne** [prásərpàin / prɔ́-] 名 《ロ神》プロセルピナ《死者の国の女神; → GODDESS 表》.

pros·o·dy [prásədi / prɔ́s-] 名 U 作詩法, 韻律学 [論].

***pros·pect** [práspekt / prɔ́s-] 名 **1** UC 〔…の〕見込み, 見通し, 予想; 期待 [*of*]: There is not much *prospect of* his getting well. 彼が健康を回復する見込みはあまりない. **2** [~s]《成功などの》可能性, 将来性 [*for*]: I found the *prospects for* the business brilliant. その事業の将来性は明るいと思った. **3** C 見込みのある人; 有望な候補者;《米》顧客になりそうな人: She was the top medal *prospect* in the marathon. 彼女はマラソンの最有力メダル候補だった. **4** C《通例, 単数形で》《格式》見晴らし, 眺望, 景色 (view).

■ in próspect 見込みがあって, 期待されて.
— [práspekt / prəspékt] 他〈土地〉を踏査する; 〈鉱脈〉を試掘する.
— 自［…を求めて〕試掘する [*for*].

pro·spec·tive [prəspéktiv] 形《限定用法》期待

prospector — protest

pros・pec・tor [prάspektər / prəspék-] 名C (石油・鉱石などの)採鉱[試掘]者.

pro・spec・tus [prəspéktəs] 名C (新事業などの)趣意書;(学校などの)案内書;新刊案内.

***pros・per** [práspər / prós-] 動自 […で] 繁昌する, 繁盛する [in]; (特に金銭的に) 成功する; (植物などが) よく育つ: I hope your business will prosper. ご商売が繁昌しますように.
(▷ 名 prosperity; 形 prósperous)

***pros・per・i・ty** [prɑspérəti / prɔs-] 名U 繁栄, 繁盛, (特に金銭上の)成功, 幸運: in prosperity 繁栄して, 裕福に / enjoy prosperity 繁栄を謳歌(๖)する.
(▷ 動 prósper)

***pros・per・ous** [práspərəs / prós-] 形 繁昌[繁盛]している; (特に金銭的に)成功した; 順調な: a prosperous wind 順風, 順風 / a prosperous business 繁盛している事業. (▷ 動 prósper)

pros・per・ous・ly [práspərəsli / prós-] 副 繁昌 [繁盛]して, 成功して; 順調に.

pros・tate [prásteit / prós-] 名C =próstate glànd 【解剖】前立腺(ป).

pros・ti・tute [prástətjù:t / prɔ́stitjù:t] 名C 売春婦. ― 動他 1 [～ oneself] 身を売る, 売春する. 2 《格式》〈名誉などを〉金のために売る;〈才能などを〉悪用する.

pros・ti・tu・tion [prὰstətjú:ʃən / prɔ̀stitjú:-] 名U 1 売春. 2 《格式》(金のために)才能[名誉]を売ること; 堕落.

***pros・trate** [prástreit / prós-] 形 1 ひれ伏した, 屈服した, 敗北した; うつぶせになった: lie prostrate うつぶせになる; 屈服する. 2 [...で]疲れ果てた, 意気消沈した, 衰えた [with].
― 動 [prástreit / prɔstréit] 他 1 ...を打ちのめす; ひれ伏させる: prostrate oneself ひれ伏す. 2 〔通例, 受け身で〕〈気候・病気が〉を衰弱させる; 屈服させる.

pros・tra・tion [prɑstréiʃən / prɔs-] 名 1 U C ひれ伏すこと; 屈服. 2 U 疲労, 衰弱, 意気消沈.

pros・y [próuzi] 形 (比較 pros・i・er [～ər]; 最上 pros・i・est [～ist]) (話などが) 平凡な, 退屈な.

pro・tag・o・nist [proutǽgənist] 名C 1 〔思想などの〕主唱者 [of, for]; (市民運動などの) 指導者. 2 《格式》主役, 中心人物 (↔ antagonist).

pro・te・an [próutiən, prouti:ən] 形 《文語》 変幻自在な, 千変万化する.

*****pro・tect** [prətékt]
― 動 (原義は「前部を覆う」)
(三単現 pro・tects [-tékts]; 過去・過分 pro・tect・ed [～id]; 現分 pro・tect・ing [～iŋ])
― 他 1 ...を〔危険・損害・攻撃などから〕保護する, 守る [from, against]: protect human rights 人権を守る / The soldiers protected the town from the enemy. 兵士たちはその町を敵から守った / Wear sunglasses to protect your eyes against [from] ultraviolet rays. 紫外線から目を守るためにサングラスをかけなさい.
2 〔経済〕 (輸入関税によって)〈国内産業を〉〔外国の競争相手から〕保護する [from, against].
3 〔主に受け身で〕 […に備えて] ...に保険をかける [against]. (▷ 名 protéction; 形 protéctive)

****pro・tec・tion** [prətékʃən]
― 名 (複 pro・tec・tions [～z]) 1 U […を防ぐための〕保護 (guard) [against, from]: protection against fire 防火 / a campaign for environmental protection 環境保護運動 / live under the protection of ... ...の保護を受けて暮らす.
2 C [通例 a ～] […から] 保護するもの[人] [from]: Umbrellas give us a protection from the rain and sun. 傘は雨や日光から私たちを守ってくれる. 3 U 保護貿易. 4 C 通行証, 旅券.
(▷ 動 protéct)

pro・tec・tion・ism [prətékʃənìzəm] 名U 保護貿易論 〔主義〕, 保護政策.

pro・tec・tion・ist [prətékʃənist] 名C 保護貿易論者. ― 形 保護貿易主義の.

***pro・tec・tive** [prətéktiv] 形 1 〔限定用法〕保護する, 保護のための: protective trade 保護貿易.
2 […を]かばう, 守る [toward]: His father is too protective toward him. 彼の父親は彼を甘やかしすぎる. (▷ 動 protéct)
◆ protéctive cóloring [colorátion] U 【動物】保護色.
protéctive cústody U 【法】保護拘置.
protéctive táriff [dúty] C 保護関税.

pro・tec・tive・ly [～li] 副 保護のために, 保護して.

***pro・tec・tor** [prətéktər] 名C 1 保護者, 擁護者. 2 保護するもの〔装置〕; (胸 [すね] 当てなどの) プロテクター.

pro・tec・tor・ate [prətéktərət] 名C 保護国, 保護領; (動植物などの) 保護区.

pro・té・gé [próutəʒèi / prɔ́-] 【フランス】C 保護を受ける人, 被保護者; 弟子《女性形は protégée [próutəʒèi / prɔ́-]》.

***pro・tein** [próuti:n] 名 U C 【生化】 たんぱく質.

****pro・test** 名 動 「「pro (公に)+test (証言する)」から」
― 動 [prətést] (☆ 名 との発音の違いに注意) (三単現 pro・tests [-tésts]; 過去・過分 pro・test・ed [～id]; 現分 pro・test・ing [～iŋ])
― 他 1 (a) [protest+O] ...を主張する, ...と断言する: He protested his innocence. 彼は無実を主張した. (b) [protest+that 節] ...だと主張 [断言] する: I protested that I had nothing to do with the murder case. 私はその殺人事件と何の関係もないと主張した.
2 《米》 ...に抗議する, 異議を唱える: She protested his judgment. 彼女は彼の判定に抗議した.
― 自 […に対して /...について] 抗議する, 異議を唱える [against, to / about]: They protested to the mayor about the new project. 彼らはその新しい計画について市長に抗議した / The students protested against closing the library. 学生たちは図書館閉鎖に抗議した.
― 名 [próutest] 1 U C […に対する] 抗議 (文), 異議申し立て [against]: a protest against war 戦争に対する抗議 / We made a protest against

building the new highway. 私たちは新幹線道路の建設に抗議した. **2** [形容詞的に] 抗議の: a *protest* demonstration 抗議のデモ.
■ *in prótest* 抗議して.
ùnder prótest いやいやながら, しぶしぶ.
wìthout prótest 文句なく, 異議なく.

‡Prot·es·tant [prάtəstənt / prɔ́t-] 形 プロテスタントの, 新教の; 新教徒の (cf. **Catholic** カトリックの): a *Protestant* church プロテスタント教会.
— 名 C プロテスタント, 新教徒.

Prot·es·tant·ism [prάtəstəntìzəm / prɔ́t-] 名 U 新教 (の教義 [信仰]), プロテスタントの信条.

prot·es·ta·tion [prὰtəstéiʃən / prɔ̀t-] 名 [格式] **1** C [...の / ...という] 主張, 断言 [*of* / *that* 節]. **2** U [...への] 抗議 [*against*].

pro·test·er [prətéstər] 名 C 抗議する [異議を唱える] 人; 主張者.

Pro·te·us [próutiəs / -tju:s] 名 固 [ギ神] プロテウス《予言・変身の能力を持つ海神》.

pro·to- [proutou-] [連結] 「最初の, 主要な」「原始の」の意を表す《母音の前では prot-》: *proto*plasm 原形質 / *proto*type 原型.

pro·to·col [próutəkὰl, -kɔ̀:l / -kɔ̀l] 名 **1** U 外交 [国際] 儀礼 [典礼]. **2** C 条約原案, 議定書. **3** C [コンピュータ] プロトコル, 通信規約《ネットワーク上で送受信するための接続手順》.

pro·ton [próutɑn / -tɔn] 名 C [物理] 陽子, プロトン. [関連語] *electron* 電子 / *neutron* 中性子》.

pro·to·plasm [próutəplæ̀zəm] 名 U [生物] 原形質.

*pro·to·type [próutətàip] 名 C **1** (大量生産のための) 原型; 模範, 典型; (生物の) 原型.
2 試作品, プロトタイプ.

pro·to·zo·a [prὸutəzóuə] 名 protozoan の複数形.

pro·to·zo·an [prὸutəzóuən] 名 (複 **pro·to·zo·ans** [~z], **pro·to·zo·a** [-zóuə]) C 原生動物, 原虫. — 形 原生動物の, 原虫の.

pro·tract [prətrǽkt] 動 他 〈時間など〉を長引かせる, 引き延ばす.

pro·tract·ed [prətrǽktid] 形 (必要以上に) 長引いた, 長引いた: *protracted* negotiations 引き延ばし戦術による交渉.

pro·trac·tion [prətrǽkʃən] 名 U (時間などを) 長引かせること, 引き延ばし, 延長.

pro·trac·tor [prətrǽktər] 名 C 分度器.

pro·trude [proutrú:d] 動 他 ...を突き出す, 押し出す. — 自 [...から] 突き出る, はみ出る [*from*]: a *protruding* rock 突き出た岩.

pro·tru·sion [prətrú:ʒən] 名 U 突き出すこと [される]; C 突出部, 隆起物.

pro·tu·ber·ance [proutjú:bərəns / -tjú:-] 名 U [格式] 突起, 隆起; C 突起部, 突起物, こぶ.

pro·tu·ber·ant [proutjú:bərənt / -tjú:-] 形 突起した, 盛り上がった.

***proud [práud] [原義は「役に立つ (useful)」]
— 形 (比較 **proud·er** [~ər]; 最上 **proud·est** [~ist]) **1** [...を / ...することを / ...ということを] 誇りに思う, 自慢にする [*of* / *to do* / *that* 節]: Jane is *proud of* her intelligence. ジェーンは自分が頭のいいことを誇りにしている / I am *proud to* be a friend of yours. = I am *proud that* I am a friend of yours. 私は君の友人の1人であることを誇りに思っている / Mark was *proud of* getting a perfect score. マークは満点を取ったことを自慢していた.

2 [軽蔑] うぬぼれた, 高慢な: His manners were too *proud*. 彼の態度は非常に高慢なものだった / Don't be so *proud*. そんなにうぬぼれるな.

3 [ほめ言葉] 自尊心のある, 誇り高い, プライドのある: *proud* people 誇り高い人々 / She is too *proud* to complain. 愚痴をこぼすのは彼女の自尊心が許さない.

4 [限定用法] 〈もの・ことが〉 誇るに足る; 堂々とした, 見事な: a *proud* steamer 立派な汽船.

■ *dó onesèlf próud* 面目を施す, 出世する.
dó ... próud 〈人〉を満足させる, 大いにもてなす.
(▷ 名 **pride**)

‡proud·ly [práudli] 副 **1** 誇らしげに, 得意げに: He talked about his job *proudly*. 彼は得意げに仕事の話をした.
2 高慢に, いばって. **3** 堂々と.

Prov. 《略語》= *Province*.

prov·a·ble [prú:vəbl] 形 証明できる.

‡‡prove [prú:v] (☆ 発音に注意)
【原義は「試す」】
— 動 (三単現 **proves** [~z]; 過去 **proved** [~d]; 過分 **proved,** 《米》 **prov·en** [prú:vən]; 現分 **prov·ing** [~iŋ])
— 他 **1** (a) [**prove** + O] ...を**証明する**, 立証する: *prove* the innocence of a prisoner 囚人の無実を立証する / He has *proved* his courage in battle. 彼は戦闘で勇気があることを証明した. (b) [**prove** + O (+*to* be) + C] ...が~であると証明する: Your testimony will *prove* him (*to* be) guilty. あなたの証言が彼の有罪を立証するだろう. (c) [**prove** + *that* 節] [疑問詞節] ...であると証明する: He tried to *prove that* he was right. 彼は自分が正しいことを証明しようとした (= He tried to *prove* himself (*to* be) right.) / Can you *prove where* you were when the incident occurred? その事件が起きたときにあなたがどこにいたかを証明できますか.

2 ...を試す, 試験する (test); [数学] 〈数〉を検算する.
3 〈英〉〈遺言書〉を検認する (《米》 probate).

— 自 [**prove** (+*to* be) + C] ...**であるとわかる**, 判明する, 結果として...になる (turn out): His remarks *proved* (*to* be) correct. 彼の意見は正しいことがわかった / The new play *proved* (*to* be) a great success. その新作の劇は大成功だった. (▷ 名 **proof**)

◆ *próving gròund* C (車などの) 試験場; 実験場.

prov·en [prú:vən] 動 《米》 prove の過去分詞.
— 形 [通例, 限定用法] 証明 [試験] 済みの: a *proven* fact 証明された事実.

Pro·vence [prəvά:ns / prɔvɔ́:ns] 名 固 プロバンス《フランス南東部の地方》.

prov·erb [prάvəːrb / prɔ́v-]名 **1** Cことわざ, 格言 (saying): as the *proverb* goes [says] ことわざにもある通り.
2 C 評判のもの, 定評のある人; 非難 [物笑い] の種.
3 [the Proverbs]; 単数扱い 【聖】 箴言(しんげん)《旧約聖書中の1書》.

pro·ver·bi·al [prəvə́ːrbiəl]形 **1** [限定用法]ことわざの, ことわざにある. **2** 評判の, 有名な.

pro·ver·bi·al·ly [prəvə́ːrbiəli]副 ことわざ通りに; 一般によく知られているように.

***pro·vide** [prəváid]
【原義は「将来を予見する」】
— 動 (三単現 **pro·vides** [-váidz]; 過去・過分 **pro·vid·ed** [-id]; 現分 **pro·vid·ing** [-iŋ])
— 他 **1** (a) [provide+O] 〈もの・こと〉を**供給する**, 用意する, 準備する: This hotel doesn't *provide* a laundry service. このホテルにはクリーニングのサービスがない / Cows *provide* milk. 雌牛は牛乳を与えてくれる. (b) [provide+O+with ...] 〈人・場所など〉に…を供給する(《米》では with を省略することがある); [provide+O+for ...] 〈必要なものを〉を…に供給する(《米》では for の代わりに to も用いる): They *provide* us with a good service. = They *provide* a good service *for* us. 彼らは私たちによいサービスを提供してくれる.
2 [provide+that 節]《格式》(法律などが) …と規定する, 定める: The contract *provides that* the interest rate may change. 契約書には利率が変わることもあると規定されている.
— 自 **1** [*for, against*] 備える: *provide for* a cold winter 寒い冬に備える / *provide against* a typhoon 台風に備える.
2 [...を]扶養する, 養う, [...に]必要なものを供給する [*for*]: Parents are expected to *provide for* their children. 親は子供を養うことになっている.
3 《格式》(法律などが) [...について] 規定を設ける, 規定する [*for*]; [...を]禁止する [*against*].
(▷ 名 províson; 形 próvident)

***pro·vid·ed** [prəváidid]接 [時に～ that ...] もし…ならば, …という条件で 《◇ if よりも《文語》》: *Provided* (*that*) you come back early, you may go out. 早く帰るのなら出かけてもよろしい.

prov·i·dence [prάvidəns / prɔ́v-]名
1 U [しばしば P-; または a ～] 神の摂理, 神意.
2 [P-] 神 (God).

prov·i·dent [prάvidənt / prɔ́v-]形《格式》
1 先見の明がある, 将来に備えて用心深い. **2** 倹約的な.
(▷ 動 províde)

prov·i·den·tial [prὰvidénʃəl / prɔ̀v-]形《格式》 **1** 神の摂理の, 神意による. **2** 幸運な.
prov·i·den·tial·ly [-ʃəli]副 幸運にも; 折よく.

pro·vid·er [prəváidər]名 C **1** 供給者; 〈家族の〉扶養者.
2 [コンピュータ] プロバイダー (→ ISP).

***pro·vid·ing** [prəváidiŋ]接 [時に～ that ...] もし…ならば, …という条件で (provided).

‡**prov·ince** [prάvins / prɔ́v-]名 **1** C (カナダなどの行政区画としての) 州 (略語 Prov.); (中国などの) 省: the *Province* of Ontario オンタリオ州.
2 [the ～s]《主に英》(首都・大都市に対して) 地方, 田舎: live in the *provinces* 田舎で暮らす.
3 U [通例 one's ～] (仕事・学問などの) 領域, 範囲, 分野 (field): Phonetics is within [outside] his *province*. 音声学は彼の専門 [専門外] です.
(▷ 形 províncial)

***pro·vin·cial** [prəvínʃəl]形 **1** 州の; 地方 [田舎] の: *provincial* newspapers 地方新聞.
2《軽蔑》粗野な, 洗練されていない; 視野の狭い.
— 名 C《通例, 軽蔑》田舎者. (▷ 名 próvince)

pro·vin·cial·ism [prəvínʃəlizəm]名
1 U《軽蔑》地方性; 粗野; 偏狭. **2** C 方言.

‡**pro·vi·sion** [prəvíʒən]名 **1** U C [...への] 供給, 支給 [*for*]: the *provision* of food *for* the victims 被災者への食糧の支給. **2** U [...への] 準備, 用意 [*for, against*]: make *provision for* one's old age 老後に備える / make *provision against* the drought 干ばつに備える.
3 [～s] 食糧 (◇ food より《格式》).
4 C (法律・契約などの) 条項, 規定.
— 動 他 …に [...のために] 食糧を供給する [*for*].
(▷ 動 províde)

pro·vi·sion·al [prəvíʒənəl]形 一時の, 仮の, 暫定(ざんてい)の: a *provisional* government 臨時政府.
◆ *provisional* lícence C《英》運転仮免許証(《米》learner's permit).
pro·vi·sion·al·ly [-nəli]副 仮に, 暫定的に.

pro·vi·so [prəváizou]名 (複 **pro·vi·sos**, 《米》 **pro·vi·soes** [-z]) C ただし書き, 条件: with the *proviso* that ... …という条件で.

prov·o·ca·tion [prὰvəkéiʃən / prɔ̀v-]名
1 U 怒らせること; 扇動, 挑発, 刺激: feel *provocation* 立腹する. **2** C 怒らせるもの; 扇動 [挑発] するもの.
■ *under provocátion* 憤慨して; 挑発されて.
(▷ 動 provóke)

***pro·voc·a·tive** [prəvάkətiv / -vɔ́k-]形 怒らせる, 刺激する; 〈性的に〉挑発的な. (▷ 動 provóke)
pro·voc·a·tive·ly [～li]副 挑発的に.

***pro·voke** [prəvóuk]動 他 **1** …を怒らせる, いらいらさせる; 〈人〉を刺激 [挑発] して […] させる [*into doing, to do*]: I was *provoked* by the noise. 私は騒音でいらいらした / His remarks *provoked* her to get angry. 彼の発言で彼女は怒った. **2** 〈感情・行動など〉を起こさせる, 誘発する, 呼び起こす: *provoke* laughter 笑いを引き起こす.
(▷ 名 pròvocátion; 形 provócative)

pro·vost [próuvoust / prɔ́vəst]名 C [通例 P-]
1《米》(大学の) 学長《総長 (president) に次ぐ地位》; 《英》学寮長. **2** (スコットランドの) 市長.

prow [práu]名 C 《主に文語》船首, へさき; 機首.

prow·ess [práuəs]名 U《格式》**1** 勇敢さ; 武勇. **2** [...における] すぐれた才能 [腕前] [*at, in*].

prowl [prául]動 自 **1** (獲物を求めて) うろつく, あさり歩く (*about, around*). **2** ぶらぶら歩く, さまよう (*about, around*).
— 他〈場所〉をうろつく.
— 名 [単数形で] うろつくこと; 獲物探し: be on the *prowl* (獲物などを求めて) うろつき回っている.
◆ prówl càr C《米》パトカー (squad car).

prowl·er [práulər] 名C うろつく人 [動物]; 空き巣ねらい.

prox·i·mate [práksimət / próks-] 形《格式》 **1**（時間・順序などが）[…に]最も近い,［…の]直前[直後]の[*to*]. **2**（原因などが）直接の.

prox·im·i·ty [praksíməti / proks-] 名U《格式》（距離・時間などが）[…に]近いこと,[…との]近接[*to*]: in close *proximity* to … …のすぐ近くに.

prox·y [práksi / próksi] 名（複 **prox·ies** [~z]） **1**（投票の）代理（権）, 代理人: be [stand] *proxy* for … …の代理を務める / a *proxy* vote 代理投票. **2**C 委任状.

prude [prúːd] 名C《軽蔑》（特に性的なことで）うぶそうにする人, かまとと.

*****pru·dence** [prúːdəns] 名U《格式》慎重さ, 用心深さ; 思慮深さ, 分別（↔ imprudence）; 倹約.
(▷ 形 prúdent)

*****pru·dent** [prúːdənt] 形 慎重な, 用心深い; 思慮分別がある（↔ imprudent）: a *prudent* policy [answer] 慎重な政策［答え］/ It was *prudent* of you to have planned an alternative plan. 代替案を用意していたとはあなたも慎重でしたね.
(▷ 名 prúdence)

pru·dent·ly [~li] 副 慎重に, 用心深く.

pru·den·tial [pruː(ː)dénʃəl] 形《古風》慎重な, 用心深い; 思慮分別のある（prudent）.

prud·er·y [prúːdəri] 名（複 **prud·er·ies** [~z]）U《軽蔑》（特に性的なことに）極端にお堅いこと, 上品ぶること; [-ies] 上品ぶった言動.

prud·ish [prúːdiʃ] 形《軽蔑》（特に性的なことに）極端にお堅い, 上品ぶった.

prud·ish·ness [~nəs] 名U 上品ぶり.

prune[1] [prúːn] 名C プルーン, 干しプラム.

prune[2] 動他 **1**〈余分な枝など〉を切り取る, 剪定(せんてい)する;〈草木〉を刈り込む (*back*). **2**〈不要部分〉を[…から]取り除く (*back*) [*of*, *from*];〈文章など〉を簡潔にする.

pru·ri·ence [prúəriəns] 名U《格式・軽蔑》好色, わいせつ.

pru·ri·ent [prúəriənt] 形《格式・軽蔑》好色な, わいせつな.

Prus·sia [práʃə] 名 固 プロイセン, プロシア《ドイツ北部にあった旧王国（1701-1918）》.

Prus·sian [práʃən] 形 プロイセン [プロシア] の; プロイセン人の.
——名C プロイセン人.
◆ Prússian blúe U 紺青(こんじょう)（色）.

prus·sic [prásik] 形《化》青酸の.
◆ prússic ácid U《化》青酸.

pry[1] [prái] 動（三単現 **pries** [~z]; 過去・過分 **pried** [~d]; 現分 **pry·ing** [~iŋ]）自［…を]詮索(せんさく)する;のぞき見する (*into*): *pry into* others' affairs 他人の私事を詮索する.

pry[2] 動 他《主に米》 **1**（副詞（句）を伴って）…をてこで動かす［上げる]（*up*, *off*）; こじ開ける (*prize*): *pry* a door open ドアをこじ開ける. **2**〈秘密など〉を[…から](苦労して)探り[聞き]出し, 入手する [*out of*].

PS, P.S.《略語》= *p*ost*s*cript 追伸.

*****psalm** [sáːm]（☆発音に注意）名 **1**C 賛美歌, 聖歌. **2** [the Psalms; 単数扱い]《聖》詩編《旧約聖書中の1書》.

psalm·ist [sáːmist] 名C 賛美歌作者.

pse·phol·o·gy [sifáləʤi / -fɔ́l-] 名U 選挙学; 選挙予測.

pseud [súːd / sjúːd]（☆発音に注意）名C《英口語・軽蔑》通ぶる人, 知ったかぶり屋.

pseu·do- [suːdou / sjuːdou]（結合）「偽りの, 仮の, 擬似の」の意を表す: *pseudo*science えせ科学.

pseu·do·nym [súːdənìm / sjúː-] 名C ペンネーム, 仮名; 偽名.

psi [psái, sái] 名CU サイ, プシー（ψ, Ψ）《ギリシャ語アルファベットの23番目の文字; → GREEK 表》.

pso·ri·a·sis [səráiəsis] 名U《医》乾癬(かんせん)《皮膚病の一種》.

psst [ps, pst] 間 あのね, ちょっと《◇そっと人の注意を引くときの発声》.

PST《略語》= *P*acific (*S*tandard) *T*ime《米》太平洋標準時.

psych [sáik]（☆発音に注意）（◇ *psycho*analyze の略）動他《口語》 **1** …の心を見抜く. **2** …を不安にさせる, おびえさせる (*out*). **3** [しばしば受け身で]…に［…の]心構えをさせる (*up*) [*for*]: *psych* oneself *up* 覚悟を決める.

Psy·che [sáiki(ː)] 名 **1** 固《ギ神・ロ神》プシュケ《人間の霊魂の化身. 愛の神（《ギ神》エロス (Eros),《ロ神》クピド (Cupid)) が愛した少女》. **2** C [p-; 通例, 単数形で]（心理学で）（肉体に対して）精神, 霊魂.

psy·che·del·ic [sàikədélik] 形 **1**（薬品が）幻覚を起こさせる, 陶酔感を与える. **2**（芸術・色・形などが）サイケデリックな, サイケ調の.

psy·chi·at·ric [sàikiǽtrik] 形 精神医学の; 精神病治療の.

psy·chi·a·trist [saikáiətrist, sə-] 名C 精神科医, 精神病学者.

psy·chi·a·try [saikáiətri, sə-] 名U 精神医学; 精神病治療法.

psy·chic [sáikik] 形 [比較なし] **1** 精神の, 霊魂の （↔ physical）; 心霊の: *psychic* phenomena 心霊現象. **2**（人が）心霊作用を受けやすい, 超能力のある. **3**（病気が）心因性の.
——名C 超能力者; 霊媒, 巫女(みこ).

psy·chi·cal [sáikikəl] 形 = PSYCHIC (↑).

psy·cho [sáikou]（☆発音に注意）（◇ *psycho*path の略）名（複 **psy·chos** [~z]）C《口語》精神病者［患者］.——形《口語》精神病の.

psy·cho- [saikou]（結合）「精神, 心理, 霊魂」の意を表す: *psycho*logy 心理学.

psy·cho·a·nal·y·sis [sàikouənǽləsis] 名U 精神分析(学); 精神分析療法.

psy·cho·an·a·lyst [sàikouǽnəlist] 名C 精神分析医, 精神分析学者.

psy·cho·an·a·lyt·ic [sàikouænəlítik] 形 精神分析の, 精神分析学 [療法] の.

psy·cho·an·a·lyze [sàikouǽnəlàiz] 動他〈人〉を精神分析する; 精神分析で治療する.

psy·cho·bab·ble [sáikoubæ̀bl] 名U《口語・軽蔑》心理学用語をやたらと用いた言葉づかい.

psy·cho·ki·ne·sis [sàikoukainíːsis] 名U 念力《精神力で物体を動かす超能力》.

psy·cho·log·i·cal [sàikəládʒikəl / -lɔ́dʒ-] 形
1 [比較なし; 限定用法] 心理学の, 心理学上の: *psychological* analysis 心理分析. 2 心理的な, 精神的な (mental): *psychological* abuse 心理的虐待.
(▷ 名 psychology)
◆ psychológical móment [the ~] 《口語》絶好の機会; 潮時.
psychológical wárfare U 心理戦争, 神経戦.
psy·cho·log·i·cal·ly [-kəli] 副 心理学上; 心理的に; [文修飾] 心理学的見地からは.

***psy·chol·o·gist** [saikɑ́lədʒist / -kɔ́l-] 名 C 心理学者; 臨床心理学者; 精神分析医: an educational *psychologist* 教育心理学者.

psy·chol·o·gy [saikɑ́lədʒi / -kɔ́l-] (☆発音に注意) 名 (複 **psy·chol·o·gies** [~z]) 1 U 心理学: social [educational] *psychology* 社会 [教育] 心理学.
2 U C 《口語》(個人・集団の) 心理 (状態): mass [mob] *psychology* 群集心理.
3 U (人の) 心を理解する力.
(▷ 形 psychológical)

psy·cho·path [sáikəpæ̀θ] 名 C 精神病者, 変質者 (《口語》 psycho).
psy·cho·path·ic [sàikəpǽθik] 形 精神病 (者) の.
psy·cho·sis [saikóusis] 名 (複 **psy·cho·ses** [-siːz]) U C 精神病, 精神異常.
psy·cho·so·mat·ic [sàikəsəmǽtik, -kou-] 形 (病気が) 心因性の; 心身 (相関) の; 心身医学の: *psychosomatic* disease 心身症.
psy·cho·ther·a·pist [sàikouθérəpist] 名 C 精神 [心理] 療法士.
psy·cho·ther·a·py [sàikouθérəpi] 名 U (精神分析や催眠術などによる) 精神 [心理] 療法.
psy·chot·ic [saikɑ́tik - kɔ́t-] 形 精神病 [異常] の. — 名 C 精神病 (患) 者.

Pt 《元素記号》= platinum プラチナ.
PT 《略語》《英》= *p*hysical *t*raining 体育; *p*hysical *t*herapy 理学療法.
pt. 《略語》= *p*art 部; *p*int パイント; *p*oint 得点; *p*ort 港; *p*ast *t*ense 過去時制.
PTA 《略語》= *P*arent-*T*eacher *A*ssociation ピーティーエー, 父母と教師の会.
ptar·mi·gan [tɑ́ːrmigən] 名 (複 **ptar·mi·gans** [~z], **ptar·mi·gan**) C 〖鳥〗 ライチョウ.
Pte 《略語》《英》= *p*rivate 兵卒.
pter·o·dac·tyl [tèrədǽktil] 名 C 〖古生〗翼竜, プテロダクティルス.
PTO, pto 《略語》《英》= *p*lease *t*urn *o*ver 裏面をご覧ください (◇《米》では通例 Over).
Ptol·e·ma·ic [tɑ̀ləméiik / tɔ̀l-] (☆発音に注意) 形 (天文学者の) プトレマイオスの; 天動説の.
◆ Ptolemáic sỳstem [the ~] 天動説 (cf. Copernican system [theory] 地動説).
Ptol·e·my [tɑ́ləmi / tɔ́l-] (☆発音に注意) 名 固 プトレマイオス, トレミー 《紀元2世紀頃のギリシャの天文・数学・地理学者. 天動説を唱えた》.
pto·maine [tóumein, touméin] (☆発音に注意) 名 U C 〖化〗 プトマイン, 死毒 《たんぱく質の腐敗によって生じる有害物質の総称. 食中毒の原因となる》.

PTSD 《略語》= *p*ost-*t*raumatic *s*tress *d*isorder 心的外傷後ストレス障害.
Pu 《元素記号》= plutonium プルトニウム.
*****pub** [pʌ́b] (◇ *p*ublic *h*ouse の略) 名 C 《英》 パブ, 酒場, 居酒屋 《《米》 bar》 《昼は昼食のための, 仕事のあとはビールを飲みに立ち寄るイギリス人の社交場. どの町にも必ずあり, 古風な趣のある建物が多い》.
púb-cràwl 名 C 《英口語》はしご酒: go on a *pub-crawl* はしご酒をする.
pu·ber·ty [pjúːbərti] 名 U (生殖能力を持つようになる) 思春期, 年頃 《通例, 男子14歳, 女子12歳から16-17歳くらいまで》.
pu·bes·cent [pjuːbésənt] 形 思春期の, 年頃の.
pu·bic [pjúːbik] 形 [限定用法] 〖解剖〗陰部の; 恥骨の: *pubic* hair 陰毛.
*****pub·lic** [pʌ́blik] 形 名
— 形 1 [限定用法] 公 (衆) の, 公衆の, 公共の (↔ private): *public* health 公衆衛生 / *public* welfare 公共の福祉 / for the *public* interest 公益のために / *Public* morals must be improved. 公衆道徳を向上しなければならない.
2 [限定用法] 公立の, 公衆 [公共] のための; 公開の (→ PRIVATE): a *public* hall 公会堂 / a *public* library 公立図書館 / a *public* lecture 公開講座 / Are there any *public* telephones around here? このあたりに公衆電話はありますか.
3 [限定用法] 公務の, 公職の; 国家 [地方公共団体] の: *public* affairs 公務 / *public* offices 官公庁署 / a *public* official 公務員.
4 だれでも知っている, 周知の, 公然の: a *public* figure 有名人.
■ *be in the públic éye* (人が) 世間の注目を浴びている, マスコミによく登場する.
gò públic (会社が) 株式を公開する. 2 (秘密などが) 公になる, 公表される.
— 名 1 [the ~; 集合的に; 通例, 単数扱い] 公衆, 一般の人々: the general *public* 一般大衆 / The *public* is [are] requested to keep out here. 一般の方々は立ち入りをご遠慮願います (◇大衆の1人1人を強調する場合,《英》では複数扱い).
2 [単数形で] …界, …仲間; (特定の作家・音楽家などの) ファン, 愛好家: the reading *public* 一般読者層 / the traveling *public* 旅行愛好家たち.
■ *in públic* 公然と, 人前で (↔ in private): I don't like to speak *in public*. 私は人前で話すのを好まない. (▷ 動 públish; 名 publícity)
◆ públic bár C 《英》 (パブの) 一般席 (のスペース) (cf. lounge bar 《パブの》特別室).
públic convénience C 《英·婉曲》公衆便所 (→ MEN 参考).
públic corporátion C 《英》〖法〗(公社·公団などの) 公法人, 公共企業体.
públic defénder C 《米》公選弁護人.
públic domáin U [通例 the ~] 〖法〗公有 《著作 [特許] 権が消滅した状態》.
públic hóuse C 《英·格式》パブ, 酒場 (pub).
públic (límited) cómpany C 《英》株式公開会社 (《略語》 plc, PLC).
públic núisance C 1 〖法〗公的不法行為.

2 《口語》やっかい者.
public opínion Ⓤ 世論.
public opínion pòll Ⓒ 世論調査.
public prósecutor Ⓒ 検察官.
public relátions 1 [単数扱い] 広報 [宣伝] 活動, ピーアール (《略記》PR, P.R.). 2 [複数扱い] パブリックリレーションズ《企業などの組織と一般社会との関係》.
public relátions òfficer Ⓒ 広報担当者 (《略語》PRO).
public schòol Ⓒ 1 《英》パブリックスクール《イートン, ラグビーなどの全寮制私立中学校; → SCHOOL 表》. 2 《米》公立学校 (《英》state school) (cf. private school 私立学校).
public séctor [the ~] 公営 [公共] 部門.
public sérvant Ⓒ 公務員.
public sérvice 1 Ⓒ (ガス・水道・電気などの) 公益 [公共] 事業. 2 Ⓤ 公職. 3 Ⓒ 社会奉仕.
public spéaking Ⓤ 演説 (法); 話術.
public spírit Ⓤ 公共心.
public transportátion [《英》 tránsport] Ⓤ (バス・電車などの) 公共輸送機関.
public utílity Ⓒ 《格式》(電気・ガス・鉄道などの) 公共施設; 公益事業.
public wórks [複数扱い] (道路・学校・病院などの) 公共施設; 公共 (土木) 事業.
púb·lic-ad·dréss sỳs·tem 名Ⓒ (会場に設置される) 拡声装置 [《略記》PA system].
pub·li·can [pʌ́blikən] 名Ⓒ《英・格式》パブの経営者 [主人].

pub·li·ca·tion [pʌ̀blikéiʃən]
— 名 (複 pub·li·ca·tions [~z]) 1 Ⓤ (雑誌・新聞・書物などの) 出版, 発行: the *publication* of science fiction SF [空想科学] 小説の出版 / the date of *publication* 発行年月日.
2 Ⓒ 出版物, 刊行物《雑誌・新聞・書物など》: a monthly *publication* 月刊誌.
3 Ⓤ 公表, 発表: the *publication* of the results 結果の公表. (▷ 動 públish)
pub·li·cist [pʌ́blisist] 名Ⓒ 1 宣伝 [広報] 係. 2 政治 [時事] 評論家.

*pub·lic·i·ty [pʌblísəti] 名Ⓤ 1 知れ渡ること, 周知; 評判 (↔ privacy): avoid [shun] *publicity* 人目を避ける / gain *publicity* 評判になる.
2 宣伝, 広告; 広報: *publicity* for a movie 映画の宣伝. (▷ 形 públic)
◆ publícity àgent Ⓒ 広告代理業者; 広報係.
pub·li·cize [pʌ́blisàiz] 動他 …を公表する; 宣伝 [広告] する.
pub·lic·ly [pʌ́blikli] 副 公然と, おおっぴらに (in public) (↔ privately).
púb·lic-spír·it·ed [pʌ́bliʃ] 公共心のある [に富む].

pub·lish [pʌ́bliʃ] 【原義は「公 (public) にする」】
— 動 (三単現 pub·lish·es [~iz]; 過去・過分 pub·lished [~t]; 現分 pub·lish·ing [~iŋ])
— 他 1 …を出版する, 発行する, 刊行する; (新聞・雑誌などに) 〈作品など〉を載せる: *publish* a picture book 絵本を出版する / The new dictionary was *published* last year. その新しい辞書は昨年出版された / The writer *published* essays in some newspapers. その作家は新聞何紙かにエッセーを発表した.
2 《格式》…を発表する, 公表する;〈法律など〉を公布する: *publish* a business policy 経営方針を発表する. (▷ 形 públic) 名 pùblicátion)
*pub·lish·er [pʌ́bliʃər] 名Ⓒ 出版社 [業者], 発行者: a magazine *publisher* 雑誌社.
pub·lish·ing [pʌ́bliʃiŋ] 名Ⓤ 出版(業).
◆ publishing hòuse Ⓒ 出版社.
puce [pjúːs] 名Ⓤ 暗褐色. — 形 暗褐色の.
puck [pʌ́k] 名Ⓒ (アイスホッケーの) パック《ゴム製の円盤》.
Puck [pʌ́k] 名 固 パック《英国の民話や Shakespeare の作品に登場するいたずら好きな妖精》.
puck·er [pʌ́kər] 動他 …にひだを付ける, しわを寄せる;〈唇など〉をすぼめる (up): *pucker up* one's face [lips] 顔をしかめる [唇をすぼめる].
— 自 ひだになる, しわになる; 縮む, すぼむ (up).
— 名Ⓒ ひだ, しわ; 縮み.
puck·ish [pʌ́kiʃ] 形《文章》いたずら好きな.
pud [púd] 名ⓊⒸ《英口語》プディング (pudding).

*pud·ding [púdiŋ] 名Ⓤ 1 Ⓤ《主に英口語》pud) 《小麦粉などに果実・牛乳・卵などを混ぜて焼いた [蒸した] 食べ物. 日本の「プリン」は通例 custard pudding と言う》: The proof of the *pudding* is in the eating. 《ことわざ》プディングの味は食べなければわからない ⇒ 論より証拠.
2 Ⓒ プディング状のもの.
pud·dle [pʌ́dl] 名 1 Ⓒ (道路などの) 水たまり.
2 Ⓤ こね土《漏水防止用に粘土と砂をこねた上》.
— 動 1 …をこね土にする. 2 …を泥だらけにする;〈水〉を濁らせる.
pudg·y [pʌ́dʒi] 形 (比較 pudg·i·er [~ər]; 最上 pudg·i·est [~ist]) 《口語》ずんぐりした, 太った.
pueb·lo [pwéblou] 名 (複 pueb·los [~z]) Ⓒ プエブロ (集落) 《米国南西部に見られる石やれんが造りの先住民の集合住宅・集落》.
pu·er·ile [pjúəraɪl / pjúəraɪl] 形《軽蔑》子供っぽい, 幼稚な (childish).
pu·er·il·i·ty [pjuərɪ́ləti] 名Ⓤ《軽蔑》子供っぽさ, 幼稚さ.
Puer·to Ri·can [pwèərtə ríːkən / pwɜ̀ːtou-] 形 プエルトリコの; プエルトリコ人の.
— 名Ⓒ プエルトリコ人.
Puer·to Ri·co [pwèərtə ríːkou / pwɜ̀ːtou-] 名 固 プエルトリコ《西インド諸島東部にある米国自治領の島; 中心都市サンファン (San Juan)》.

*puff [pʌ́f] 名 (複 puffs [~s]) 1 Ⓒ (息・風・煙などの) ひと吹き, ぷっと吹くこと [音]; (たばこの) 一服: a *puff* of wind 一陣の風 / He took a *puff* at [on] his cigarette. 彼はたばこを吹かした. 2 Ⓒ (衣服・髪などの) ふわっとふくれた部分; [通例, 複合語で] ふわっとした菓子: a cream *puff* シュークリーム. 3 Ⓒ (化粧用) パフ (powder puff). 4 Ⓤ《主に英口語》息: out of *puff* 息切れした [して].
— 動 自 1 (風・煙などが) ぱっと吹き出る (up); [たばこを] すぱすぱふかす (away) [at, on]: Smoke *puffed* from the chimney. 煙突から煙がぷぷっと

立ち昇った. **2** 息を切らす,あえぐ. **3** 〈煙・蒸気などを〉ぱっぱっと出しながら動く[進む];あえぎながら進む(*along*). **4** ぶっとふくれる,ふくらむ(*up*).
― 他 **1** 〈蒸気・煙など〉をぱっぱっと吹く[吐く];〈たばこ〉をすぱすぱふかす: The locomotive *puffed* smoke. 機関車は煙を吐いた. **2** (通例,受け身で)…を息切れさせる,あえがせる: I was *puffed* after the race. 競走のあとで私は息切れした. **3** …をふくらます,ふくれさせる(*up*).
■ be puffed úp with ... …でうぬぼれている,思い上がっている.
púff and blów [*pánt*] あえぐ.
púff óut (他) **1** …を吹き消す. **2** …をふくらませる. **3** …をあえぎながら言う. (▷ 形 puffy)
puffed [pʌ́ft] 形 **1** [叙述用法]〈英口語〉息切れした,息をはずませた. **2** (服などが)ふくらんだ.
puf・fin [pʌ́fin] 名 C 〔鳥〕ツノメドリ(海鳥の一種).
puff・y [pʌ́fi] 形 (比較 puff・i・er [~ər]; 最上 puff・i・est [~ist]) **1** ふくれた,はれた. **2** (雲などが)ふわふわした. (▷ 名 puff)
puff・i・ness [~nəs] 名 U ふくらみ.
pug [pʌ́g] 名 C **1** 〔動物〕パグ(ブルドッグに似た小型犬;→ DOG 図). **2** = púg nóse しし鼻.
pu・gil・ist [pjúːdʒəlist] 名 C 〈格式〉ボクサー.
pug・na・cious [pʌgnéiʃəs] 形 〈格式〉けんか好きの,けんか早い.
pug・nac・i・ty [-nǽsəti] 名 U 〈格式〉けんか好き.
puke [pjúːk] 動 (口語) 吐く,もどす(vomit) (*up*). ― …を吐く.
― 名 U (口語) 吐いたもの,ヘド.
Pul・it・zer [púlitsər, pjúːl-] 名 固 ピューリツァー Joseph Pulitzer (1847-1911; ハンガリー生まれの米国のジャーナリスト・新聞経営者).
◆ Púlitzer Príze C ピューリツァー賞(毎年ジャーナリズムなどで功績のあった人に授与される).

******pull** [púl] 動 名
― 動 (三単現 pulls [~z]; 過去・過分 pulled [~d]; 現分 pull・ing [~iŋ])
― 他 **1** (a) [pull+O] …を引く,引っ張る (↔ push) (→次ページ 類義語); 引っ張って動かす: *Pull* the rope, please. そのロープを引っ張ってください / The boy *pulled* the dog by the leash. その少年は犬を引き綱で引っ張った.
(b) [pull+O+C] …を引っ張って~の状態にする (◇ C は通例, 形容詞): I *pulled* the door open. 私はそのドアを引いて開けた.

pull a cart   push a cart

2 …を引き抜く, 抜き取る; 〈果実などを〉もぎ取る, 摘む; 〈鳥の毛を〉むしる(pick): They were *pulling* weeds in the garden. 彼らは庭で草を抜いていた / I had my bad tooth *pulled* by the dentist. 私は歯医者に虫歯を抜いてもらった.

3 〈聴衆・顧客などを〉引きつける(attract); 〈票・支持などを〉集める: *pull* a lot of votes 多くの票を集める / His performance *pulled* a lot of people. 彼の演技はたくさんの人を引きつけた.
4 〈銃・ナイフなどを〉取り出して構える, […に]向ける [*on*]: The robber *pulled* a gun *on* the crowd. 強盗は銃を取り出して群衆に向けた.
5 〈筋肉を〉(無理に伸ばして)痛める: I've *pulled* a muscle in my left leg. 私は左足の筋肉を痛めてしまった. **6** 《主に米口語》〈犯罪行為・大胆なこと〉を行う, やってのける; …をだます: What are you trying to *pull*? いったい何をたくらんでいるのだ.
7 〔野球・ゴルフ〕〈ボール〉を引っ張って打つ(◇まっすぐでないら振り抜いた方向にボールを飛ばす). **8** 〈ボートなど〉をこぐ(row).
― 自 **1** […を]引く, 引っ張る [*at, on*]; 引っ張られて動く; […を]引っ張られて…になる (◇ C は通例, 形容詞): *pull at* [*on*] a rope ロープを引く / This cork won't *pull*. このコルク栓はどうしても抜けない / The window *pulls* open. その窓は引くと開く.
2 (乗り物が)動く, 進む, 寄る: The truck was *pulling* powerfully up the slope. トラックは力強く坂道を登っていた / The car seems to be *pulling* to the left. その車は左に寄って来そうだ.
3 ボートをこぐ: They *pulled* hard to the island. 彼らはその島まで懸命にボートをこいだ.

句動詞 **púll ... abóut** (他) …を引きずり回す; 乱暴に扱う.
púll ahéad (自) 先頭に立つ; […を]追い越す [*of*].
púll apárt (他) [pull apart+O / pull+O+apart] **1** …を引きちぎる, 引っ張ってばらばらにする. **2** …を酷評する.
púll ... aróund = pull ... about (↑).
púll at ... = pull on ... (↓).
púll awáy (自) **1** (車などが)出て行く: I arrived just when the train was *pulling away*. ちょうど電車が出て行こうとしていたときに私は到着した. **2** […を]引き離す [*from*].
― (他) [pull away+O / pull+O+away] …を[…から]引き離す [*from*].
púll báck (自) 退却する; 手を引く, 躊躇(ちゅうちょ)する: The army *pulled back* after the battle. 軍隊は戦闘後退却した. ― (他) [pull back+O / pull+O+back] …を[…から]引き戻す, 退却させる [*from*].
púll dówn (他) [pull down+O / pull+O+down] **1** …を引き下ろす: *pull down* the window shades ブラインドを下ろす. **2** 〈古い建築物などを〉取り壊す, 〈政府などを〉倒す: The old building was *pulled down*. その古い建物は取り壊された. **3** 〈給料などを〉稼ぐ(pull in). **4** 《米》…を衰弱させる.
púll for ... (他) 《口語》…を応援する.
púll ín (自) (電車などが駅に)到着する, (車などが)片側に寄る, 寄って止まる: The train was *pulling in* when we arrived. 私たちが着いたとき, 電車が駅に入って来るところだった. ― (他) [pull in+O / pull+O+in] **1** 〈給料などを〉稼ぐ

She *pulled in* a million yen a month. 彼女は1か月に100万円を稼いだ. **2** …を引きつける. **3** 《口語》…を逮捕する, しょっ引く.
púll óff 他 [pull off＋O / pull＋O＋off] **1** …を引っ張って脱ぐ (↔ pull on): *pull* boots *off* ブーツを脱ぐ. **2** 《口語》…をうまくやり遂げる. ─ 自 (車などが) 道路の片側に寄る.
púll òff … 他 (車・運転手が)〈道路〉を外れる.
púll ón 他 [pull on＋O / pull＋O＋on] …を引っ張って着る (↔ pull off).
púll on … **1** …を引く, 引っ張る (→ 自1). **2**〈パイプなど〉を(深く)吸う.
púll óut 他 (車・列車などが)[…から]出発する, (他の道へ)出る [*of*]: A car suddenly *pulled out.* 車が突然飛び出して来た. **2**〔仕事などから〕身を引く, 撤退する [*of*]. ─ 他 [pull out＋O / pull＋O＋out] **1** …[…から]引き抜く, 取り外す [*of*]: I *pulled* old nails *out of* the board. 私は古くぎを板から抜いた. **2** …を[…から]引き揚げさせる, 撤退させる [*of*].
púll óver 他〈車など〉を片側に寄る, 寄って止まる: The police officer told us to *pull over.* 警官は私たちに車を脇に寄せるように言った. ─ 他 [pull over＋O / pull＋O＋over] (警官などが)〈運転者〉に車を止めさせる;〈車〉を片側に寄せる.
púll róund ＝pull through (↓).
púll thróugh 他 [pull through＋O / pull＋O＋through]〈人〉の健康[意識など]を回復させる;〈困難など〉を切り抜けさせる: A sip of brandy helped *pull* her *through.* ブランデーのひと口が彼女を元気を取り戻した. ─ 自 健康[意識など]を回復する;困難を切り抜ける.
púll togéther 自 協力してやっていく: They *pulled together* to restore their reputation. 彼らは評判を取り戻すために一致団結した. ─ 他 [pull together＋O / pull＋O＋together]〈会社など〉を立て直す.
・**púll oneself togéther** 気を静める, 立ち直る.
púll úp 他 [pull up＋O / pull＋O＋up]
1〈車など〉を止める: We were *pulled up* by the police. 私たちの車は警察に止められた. **2**〈草・くいなど〉を引き抜く: *pull up* a stake くいを引き抜く. **3**〈いすなど〉を近くに持って来る. **4** …を引っ張り上げる. **5** …を制止する. ─ 自 **1** (車などが) 止まる. **2** […に] 追いつく [*to, with*].
─ 名 (複 **pulls** [~z]) **1** ⓒ (通例 a ~) 引っ張ること, 引くこと: I took hold of the rope and gave it a good *pull.* 私はロープをつかんでぐっと引っ張った / He opened the door with a firm *pull.* 彼はドアを強く引いて開けた.
2 ⓤ [しばしば the ~] 引く力, 牽引(然)力, 引力;〈人〉を引きつける力, 魅力: The tide depends on the *pull* of the moon. 潮の干満は月の引力によって生じる.
3 ⓒ (通例 a ~) きつい登り坂;努力, 頑張り: It was a long, hard *pull* to the top of the hill. その山の頂上までは長くてきつい登りだった.
4 ⓤ [または a ~] 《口語》縁故, コネ;利点: have

pull with the company その会社にコネがある.
5 ⓒ [主に複合語で] 取っ手, 引き手.
6 ⓒ 舟をこぐこと, ひとこぎ.
7 ⓒ (酒の) ひと飲み;(たばこの) 一服.

【類義語】 **pull, draw, drag, haul, tug**
共通する意味▶引っ張る (move something toward one or in the direction one is moving)
pull は「引っ張る」の意を表す最も一般的な語: Two locomotives *pulled* the heavy train up the grade. 2台の機関車が重い列車を引いて坂を登った. **draw** は pull よりも「滑らかに引く」ことを表す: He *drew* the chair toward the desk. 彼はいすを机のほうに引き寄せた. **drag** は摩擦・抵抗・重力などに逆らって「重い物を引きずる」の意: They *dragged* the logs to the river. 彼らは丸太を川まで引きずって行った. **haul** は手をゆるめずに「重い物を引っ張る」の意. drag よりも強い力が必要なことを含意する: He *hauled* the boat ashore. 彼は舟を岸に引っ張り上げた. **tug** は断続的に, またはすばやく「力を込めてぐいと引っ張る」の意: He *tugged* at the door handle. 彼はドアの取っ手をぐいと引っ張った.

púll-dòwn 形 引き出し式の;《コンピュータ》プルダウン式の: a *pull-down* menu プルダウンメニュー《引き出したように表示されるメニュー》.
pul・let [púlit] 名 ⓒ (1歳未満の) 若いめんどり.
pul・ley [púli] 名 ⓒ 滑車, ベルト車, プーリー.
púll-ìn 名 ⓒ 《英口語》ドライブイン.
Pull・man [púlmən] 名 ⓒ ＝Pullman càr 〖鉄道〗プルマン車《寝台付きの豪華な客車》.
púll-òut [púlàut] 名 **1** ⓒ (本・雑誌などの) 折り込みページ《付録》. **2** [単数形で] 撤退, 引き揚げ.
púll-o・ver [púlòuvər] 名 ⓒ プルオーバー《頭からかぶるセーター・シャツなど》.
púll-ùp 名 ⓒ 《米》懸垂 (運動).
pul・mo・nar・y [púlməneri / -nəri] 形 《限定用法》肺の [に関する];肺を冒す.
pulp [pʌ́lp] 名 **1** ⓤ [または a ~] どろどろしたものの, つぶしたもの. **2** ⓤ (柔らかい, (植物の) 髄: strawberry *pulp* イチゴの果肉. **3** ⓤ パルプ《製紙原料》. **4** ⓒ ＝púlp fíction 低俗な読み物.
■ **béat** [**másh**] **… to** (**a**) **púlp** 《口語》…をたたきのめす, てんぱんにやっつける.
be redúced to (**a**) **púlp** どろどろになる;疲労困憊(惫)する.
─ 他 …をパルプ状にする, どろどろにする.
─ 自 パルプ状になる, どろどろになる.
pul・pit [púlpit] 名 ⓒ (教会の) 説教壇.
pulp・wood [pʌ́lpwùd] 名 ⓤ (製紙用) パルプ材.
pulp・y [pʌ́lpi] 形 (比較 **pulp・i・er** [~ər];最上 **pulp・i・est** [~ist]) 柔らかい;パルプ (状) の;果肉 (質) の.
pul・sar [pʌ́lsɑːr] 名 ⓒ 〖天文〗パルサー《肉眼ではとらえられないが, 周期的に電波を発する天体》.
pul・sate [pʌ́lseit / pʌlséit] 動 自 **1** 脈打つ, 鼓動する. **2** 《文語》[…で]〈胸が〉どきどきする, わくわくする;振動する [*with*].

pul・sa・tion [pʌlséiʃən] 名 C/U 脈拍, 鼓動; 振動.

‡**pulse** [páls] 名 C **1** (通例, 単数形で) 脈拍, 鼓動: feel [take] …'s *pulse* …の脈をとる / a *pulse* rate 脈拍数. **2** 振動, 鼓動; 〖物理〗パルス: the *pulse* of a wave 波動. **3** 律動, 拍子 (tempo).
— 動 自 […で] 脈打つ, 鼓動する [with]: My heart *pulsed with* pleasure. 私の胸は喜びで高鳴った.

pul・ver・ize [pálvəraiz] 動 他 **1** 〈格式〉…を粉にする, 砕く (grind); 〈液体〉を霧状にする. **2** 〈口語〉…をやっつける.

pu・ma [pjú:mə / pjú:-] 名 (複 **pu・mas** [~z], **pu・ma**) C 〖動物〗ピューマ (cougar).

pum・ice [pámis] 名 U = púmice stòne 軽石.

pum・mel [pámal] 動 = POMMEL.

***pump**[1] [pámp] 名 動
— 名 (複 **pumps** [~s]) C **1** (しばしば複合語で) ポンプ: a bicycle *pump* 自転車の空気入れ / a gasoline *pump* ガソリンポンプ / raise water by a *pump* ポンプで水をくみ上げる.
2 ポンプを押すこと, 空気を入れること.
— 動 他 **1** (a) [pump + O] 〈水・空気などを〉ポンプでくむ, ポンプで くみ上げる [出す]; …を […に] ポンプで入れる [into]: *pump* the water 水をくみ上げる / She *pumped* air *into* the tire. 彼女はポンプでタイヤに空気を入れた.
(b) [pump + O + C] ポンプを使って…を~の状態にする (◇ C は形容詞): Pete *pumped* the tank empty. ピートはポンプでタンクをからにした.
2 (ポンプを使うときのように) …を上下に動かす: *pump* iron バーベルで筋力トレーニングをする.
3 〈知識・思想など〉を […に] 教え込む, 詰め込む; 〈資金など〉を […に] つぎ込む [into]: The government *pumped* money *into* the road-building schemes. 政府は道路建設計画に金をつぎ込んだ.
4 […で] 〈人〉にかまをかけて〈探りを入れて〉〈情報など〉を聞き出す [from, out of].
— 自 **1** ポンプを使う; ポンプで水をくむ. **2** (ポンプのように) 上下に動く. **3** (副詞 (句) を伴って) 〈水など〉が噴出する.
■ *púmp óut* 他 **1** 〈水・空気など〉を […から] ポンプでくみ出す [of]; 〈場所〉から水をくみ出す: *pump* water *out of* a boat ボートから水をくみ出す.
2 〈口語〉…を大量に供給する.
púmp úp 他 **1** 〈タイヤなど〉に空気を入れる; 〈水・空気など〉をポンプでくみ上げる. **2** 〈量・価値など〉を増大させる.

pump[2] 名 C (通例 ~s) **1** 〈主に米〉パンプス (ひもや留め金がなく, 甲の広くあいた婦人靴; → SHOE 図). **2** 〈英〉運動靴; 軽いダンス靴.

pum・per・nick・el [pámpərnikəl] 〖ドイツ〗名 U プンパーニッケル (粗いライ麦粉で作った黒パン).

‡**pump・kin** [pámpkin] 名 C/U 〖植〗カボチャ: a *pumpkin* pie パンプキンパイ (米国で感謝祭 (Thanksgiving Day) に食べる).

pun [pán] 名 C 地ろ合わせ, だじゃれ.
— 動 (三単現 **puns** [~z]; 過去・過分 **punned** [~d]; 現分 **pun・ning** [~iŋ]) 自 […にかけて] だじゃれを言う, […を] もじる [on, upon].

‡**punch**[1] [pántʃ] 動 他 **1** …をげんこつで殴る, …にパンチを食らわす: *punch* him on the jaw [in the stomach] 彼のあご [腹] を殴る. **2** 〈キーなど〉をたたく; …を […に] 入力する [into]; 〈ボタンなど〉を押して操作する: *punch* a time clock タイムレコーダーを押す.
■ *púnch ín* 他 〈キーを押して〉〈データ〉をコンピュータに入力する. — 自 〈米〉出勤してタイムレコーダーを押す.
púnch óut 〈米〉他 …をぶちのめす. — 自 タイムレコーダーを押して退社する.
— 名 **1** C パンチ, (こぶしでの) 一撃: He gave me a *punch* on the nose [in the face]. 彼は私の鼻 [顔] を殴った. **2** U 力強さ, 活気; 迫力, 効果: a speech with *punch* 迫力ある演説.
■ *béat … to the púnch* 〈口語〉…の機先を制する, …を出し抜く.
púll one's púnches (通例, 否定文で) (非難・攻撃などを) 手加減する. (▷ 形 púnchy).
◆ púnching bàg C 〈米〉(ボクシング練習用の) サンドバッグ (〈英〉punchbag).
púnch line C (冗談などの) 落ち, 聞かせどころ.

*****punch**[2] 名 C 穴あけ器; 〖コンピュータ〗穿孔 (せんこう) 機, 刻印器, 打印器: a ticket *punch* 切符用の穴あけばさみ. — 動 他 〈金属・切符など〉に穴をあける; …に 〈穴〉をあける [in]: *punch* (out) a hole *in* the card カードに穴をあける.
◆ púnch càrd C 〖コンピュータ〗パンチカード.
púnched cárd = PUNCH CARD (↑).

punch[3] 名 U/C パンチ, ポンチ (ワインに果汁などを混ぜた飲み物): fruit *punch* フルーツポンチ.
◆ púnch bòwl C パンチボウル (パンチ用大鉢).

Punch [pántʃ] 名 固 パンチ (「パンチとジュディー」 (Punch and Judy show) の主人公).
■ *(as) pléased as Púnch* 大満足で, 大喜びで.
◆ Púnch and Júdy shòw C 〖パンチとジュディー〗(英国のこっけいな操り人形劇. Punch と妻の Judy が激しく口論する).

punch・bag [pántʃbæg] 名 C 〈英〉(ボクシング練習用の) サンドバッグ (〈米〉punching bag).

punch・ball [pántʃbɔːl] 名 C 〈英〉(ボクシング練習用の) パンチボール (詰め物をした革製ボール).

púnch-drùnk 形 **1** 〖ボクシング〗(パンチを受けて) ふらふらの. **2** 〈口語〉頭が混乱 (ぼうぜん) とした.

punch・er [pántʃər] 名 C 穴をあける人 [道具], パンチャー; キーパンチャー.

púnch-ùp 名 C 〈英口語〉けんか, 殴り合い.

punch・y [pántʃi] 形 (比較 **punch・i・er** [~ər]; 最上 **punch・i・est** [~ist]) 〈口語〉パンチの効いた, 迫力ある, 力強い. (▷ 名 púnch[1]).

punc・til・i・ous [pʌŋktíliəs] 形 〈格式〉きちょうめんな, 礼儀作法に厳しい.

punc・til・i・ous・ly [~li] 副 きちょうめんに.

‡**punc・tu・al** [páŋktʃuəl] 形 […の点で] 時間 [期日] を守る, 時間厳守の; きちょうめんな [in]; …に遅れない [for]: *punctual* payment 期日通りの支払い / She is *punctual in* handing in her assignments. 彼女は宿題を期日通りに提出する.

punc・tu・al・i・ty [pʌŋktʃuǽləti] 名 U 時間 [期

punc・tu・al・ly [pʌ́ŋktʃuəli] 副 時間[期日]通りに, 定刻に.

punc・tu・ate [pʌ́ŋktʃuèit] 動 他 **1** 《通例, 受け身で》〈演説など〉を[…で]何度もさえぎる〔**with, by**〕: The speech *was punctuated with* [*by*] jeers. 演説はやじで何度も中断した. **2** 〈文など〉に句読点を打つ. ― 自 句読点を打つ.

‡**punc・tu・a・tion** [pʌ̀ŋktʃuéiʃən] 名 **1** U 句読(法). **2** C = punctuátion màrk 句読点.

*****punc・ture** [pʌ́ŋktʃər] 名 **1** C (刺してあけた)穴;《英》(タイヤの)パンク(の穴) (cf. flat 《主に米》パンクしたタイヤ). **2** U 刺すこと.
― 動 他 **1** (針などとがったもので)…に穴をあける;〈タイヤ〉をパンクさせる: *puncture* a balloon with a pin ピンで風船を割る. **2** 〈誇りなど〉を傷つける. ― 自 〈タイヤなどが〉パンクする;穴があく.

pun・dit [pʌ́ndit] 名 C 博学な人, 評論家.

pun・gen・cy [pʌ́ndʒənsi] 名 U **1** (味などの)刺激(性), 辛さ. **2** (評価などの)辛らつさ, 痛烈さ.

pun・gent [pʌ́ndʒənt] 形 **1** (味などが)刺激性の, ぴりっとする. **2** (評価などが)辛らつな.
pun・gent・ly [~li] 副 ぴりっと; 辛らつに.

‡***pun・ish** [pʌ́niʃ]
【基本的意味は「…を罰する(make someone suffer because they have done something wrong)」】
― 動 (三単現 **pun・ish・es** [~iz]; 過去・過分 **pun・ished** [~t]; 現分 **pun・ish・ing** [~iŋ])
― 他 **1** (a) [punish+O] 〈人〉を[…の罪で]罰する, 処罰[処分]する [*for*];〈罪〉を罰する: If you steal, you will be *punished*. 盗みをすれば罰せられます / Stop *punishing* yourself. 自分自身を責めるのはやめなさい / She *punished* the boy *for* telling lies. 彼女はその少年がうそをついたのでこらしめた. (b) [punish+O+with [*by*]...] 〈人・罪〉に罰として…を科す: *punish* a student *with* [*by*] two hours' detention 生徒に罰として2時間の居残りを命じる.
2 《口語》…をひどい目にあわせる, 痛めつける.

pun・ish・a・ble [pʌ́niʃəbl] 形 罰することのできる, […で]罰すべき〔*by*〕.

pun・ish・ing [pʌ́niʃiŋ] 形 《通例, 限定用法》へとへとに疲れさせる, 過酷な.

‡***pun・ish・ment** [pʌ́niʃmənt] 名 **1** U C 罰すること, 処罰されること;[…への]刑罰〔*for*〕: capital *punishment* 死刑 / get [receive] (a) *punishment for* theft 窃盗で罰を受ける. **2** U 《口語》ひどい扱い, 虐待.

pu・ni・tive [pjú:nətiv] 形 **1** 罰の, 刑罰[懲罰]の. **2** (課税などが)過酷な, 厳しい.

punk [pʌ́ŋk] 名 **1** C 《米俗語・軽蔑》 ちんぴら, 不良. **2** U = púnk róck パンクロック《1970年代に英国から始まった激しいロック音楽》.
3 C = púnk rócker パンクロック愛好者.

pun・net [pʌ́nit] 名 C 《英》木製の果物かご.

punt[1] [pʌ́nt] 名 C (さおで突いて進む)平底舟.
― 動 他 〈平底舟〉を進める;…を平底舟で運ぶ. ― 自 平底舟で行く.

punt[2] 名 C 『アメフト・ラグビー』パント.
― 動 他 自 (ボールを)パントする.

punt・er [pʌ́ntər] 名 C **1** 《英口語》(競馬などに)金を賭(か)ける人. **2** 《英口語》客;「かも」. **3** 『アメフト・ラグビー』パントする人.

pu・ny [pjú:ni] 形 (比較 **pu・ni・er** [~ər]; 最上 **pu・ni・est** [~ist]) 《通例, 軽蔑》 **1** ちっぽけな, ひよわな. **2** 取るに足らない, つまらない.

pup [pʌ́p] 名 C **1** 子犬 (puppy);(アザラシなどの)子. **2** 《古風》生意気な若者, 青二才.
■ *séll ... a púp*《英・古風》…にがらくたを売りつける.

pu・pa [pjú:pə] 名 (複 **pu・pae** [-pi:], **pu・pas** [~z]) C 『昆』さなぎ (cf. larva 幼虫 / imago 成虫).

‡***pu・pil**[1] [pjú:pəl]
【原義は「子供, 人形」】
― 名 (複 **pu・pils** [~z]) C **1** 生徒, 児童(→ 類義語): *pupils* of the lower grades 低学年の生徒 / There are 30 *pupils* in our class. 私たちのクラスには30人の生徒がいる.
2 (個人指導を受けている) 弟子 (disciple), 教え子: He was a *pupil* of some great master. 彼はさる巨匠の弟子だった.

> 類義語 **pupil, student**
> 共通する意味 ▶ 生徒 (a person who is studying or training at a school)
> **pupil** は《米》では小学生,《英》では小・中・高校生をさす: She teaches a class of 40 *pupils*. 彼女は生徒数40人のクラスを教えている. **student** は《米》では中・高校生・大学生,《英》ではかつては大学生をさしたが, 最近では中・高校生にも用いる: a high school *student* 高校生.

pu・pil[2] 名 C 『解剖』ひとみ, 瞳孔(ぞ)(→ EYE 図).

***pup・pet** [pʌ́pit] 名 C **1** 操り人形 (marionette); 指人形 (glove puppet). **2** 《通例, 軽蔑》手先, 傀儡(かい);[形容詞的に] 傀儡の: a *puppet* government 傀儡政府[政権].
◆ púppet shòw [plày] C 人形劇 [芝居].

pup・pet・eer [pʌ̀pitíər] 名 C 操り[指] 人形師.

‡***pup・py** [pʌ́pi] 名 (複 **pup・pies** [~z]) C **1** 子犬 (pup). **2** 《古風》生意気な若者, 青二才 (pup).
◆ púppy fàt U 《英口語》(幼児期の一時的)肥満.
púppy lòve U (年上の異性への)《英》[淡い] 恋.

pur・chas・a・ble [pə́:rtʃəsəbl] 形 《格式》(ものが) 購入可能な; (人が) 買収されうる.

‡***pur・chase** [pə́:rtʃəs]
【「pur (…を求めて)+chase (追う)」から】
― 動 (三単現 **pur・chas・es** [~iz]; 過去・過分 **pur・chased** [~t]; 現分 **pur・chas・ing** [~iŋ])
― 他 **1** 《格式》…を購入する, 買う (buy): I *purchased* the carving from a well-known artist. 私は有名な芸術家からその彫刻を買った.
2 《文語》(努力・犠牲を払って)…を獲得する, 得る, 手に入れる: The country dearly *purchased* a decisive victory in the war. その国は大きな犠牲を払いながらも戦争で決定的な勝利を収めた.
― 名 《格式》 **1** U C 購入, 買い入れ: make a

purchase 購入する / I am saving money for the *purchase* of a computer. 私は新しいコンピュータを購入するためにお金をためています.
2 [C] [しばしば ~s] 購入品, 買ったもの, 買い物: Your *purchases* will be delivered. お買い上げの品物はお届けします.
3 [a ~] 支え, 手がかり, 足がかり.
◆ púrchasing pòwer [U] 購買力; (特定通貨の)貨幣価値.

pur·chas·er [pə́ːrtʃəsər] 名 [C] 《格式》買い手.
pur·dah [pə́ːrdə] 名 [U] (イスラム教などの)女性を人目から隠す習慣[制度].

***pure** [pjúər]
【基本的意味は「純粋な (not mixed with other things)」】
——形 (比較 pur·er [pjúərər]; 最上 pur·est [pjúərist]) **1** 純粋な, 混じり気のない; 純然たる, 生粋(きっすい)の; 純血の: *pure* gold 純金 / *pure* white 純白 / *pure* wool 純毛 / speak *pure* French 生粋のフランス語を話す.
2 (水などが)汚れていない, きれいな, (声などが)澄んでいる: *pure* air [water] きれいな空気[水].
3 (人が)汚(けが)れのない, 純潔な: a *pure* life 汚れのない生涯. **4** [比較なし; 限定用法]《口語》まったくの; 単なる, ほんの: by *pure* chance まったく偶然に / a *pure* accident ほんの偶然の出来事. **5** [比較なし; 限定用法] (学問の) 純粋な, 理論的な (↔ applied): *pure* mathematics 純粋[理論]数学.
■ *púre and símple* [通例, 名詞のあとに付けて]《口語》まったくの, 純然たる. (▷ 名 púrity)

pure-bred [pjúərbrèd] 形 (動物が) 純血種の.
pu·rée, pu·ree [pjuréi / pjúərei]【フランス】名 [U][C] ピューレ《煮た野菜などを裏ごししたもの》.
——動 他 をピューレにする.

***pure·ly** [pjúərli] 副 **1** まったく, 完全に (completely); 単に, ただ (only): *purely* by chance まったく偶然に / *purely* and simply まったく; ただ単に / He said so *purely* to please his parents. 彼は両親を喜ばせるためだけにそう言った. **2** 純粋に; 清らかに, 純潔に.

pur·ga·tive [pə́ːrɡətiv] 形 下剤の, 便通をつける.
——名 [C] 下剤.
pur·ga·to·ry [pə́ːrɡətɔ̀ːri / -təri] 名 (複 pur·ga·to·ries [~z]) **1** [U] [しばしば P-]《カトリック》煉獄(れんごく)《霊魂が罪を償う所》. **2** [U][C]《口語・こっけい》 (一時的な) 苦難 (の場所) [時期].

***purge** [pə́ːrdʒ] 動 他 **1** 〈人〉を […から] 追放する [*from*]; 〈団体・地位など〉から [人] を追放する [*of*]: They *purged* him *from* the party. = They *purged* the party *of* him. 彼らは彼を党から追放した. **2** 《文語》〈心・体など〉を清める; 〈人・心など〉から [汚(けが)れ・疑い・罪など] を取り除く [*of*]; 〈汚れ・疑い・罪など〉を [人・心など] から取り除く [*from*]: *purge* ...'s mind of sin = *purge* sin *from* ...'s mind …の心から罪を取り除く. **3**《古風》《医》…に下剤をかける.
——名 [C] **1** 粛清, 追放; 浄化. **2**《古風》下剤.

pu·ri·fi·ca·tion [pjùərəfikéiʃən] 名 [U] 浄化, 清める[清められる]こと.
***pu·ri·fy** [pjúərifài] 動 (三単現 pu·ri·fies [~z]; 過去・過分 pu·ri·fied [~d]; 現分 pu·ri·fy·ing [~iŋ]) 他 **1** …を浄化する, 清浄にする; 精錬[精製]する: *purified* water 精製水. **2** 〔罪・汚れなどを取り去って〕〈人・心など〉を清める [*of*]: *purify* the soul *of* sin 罪を除いて魂を清める.

pur·ism [pjúərìzəm] 名 [U] (文体・言語などの伝統を守る) 純粋[純正] 主義, 純正論.
pur·ist [pjúərist] 名 [C] (文体・言語などの伝統を守る)純粋[純正]主義者.
Pu·ri·tan [pjúərətən] 名 [C] **1** 《史》清教徒, ピューリタン《16~17世紀に英国国教会の旧教的傾向に反対した, 厳しい道徳観を持つ新教徒の一派》. **2** [p-]《通例, 軽蔑》(道徳などに)厳格な人.
——形 **1** 清教徒の(ような). **2** [p-]《通例, 軽蔑》(道徳などに)厳格な.
pu·ri·tan·i·cal [pjùəritǽnikəl] 形《通例, 軽蔑》(道徳などに)厳格な.
Pu·ri·tan·ism [pjúərətənìzəm] 名 [U] **1** 清教徒主義. **2** [p-] (宗教・道徳上の) 厳格主義.
***pu·ri·ty** [pjúərəti] 名 [U] **1** 清浄, 清潔; 潔白. **2** (心などの) 純粋さ, (肉体の) 純潔; (言語の) 純正. (▷ 形 púre).

purl [pə́ːrl] 名 [U] 裏編み.
——動 自 他 (…を)裏編みにする.
pur·loin [pərlɔ́in] 動 他《格式・こっけい》〈価値のないもの〉を盗む (steal).

***pur·ple** [pə́ːrpl] 名 **1** [U] 紫色《violet より赤みが濃い》. **2** [U] 紫色の服: be dressed in *purple* 紫色の服を着ている. **3** [the ~]《文語》(王や高官が着用した) 紫色の服; 帝位, 王権.
——形 (比較 pur·pler [~ər]; 最上 pur·plest [~ist]) **1** 紫色の: go [turn] *purple* with rage 怒りで顔が真っ赤になる. **2** (文体などが) 華麗な.
◆ Púrple Héart [U]《米》名誉戦傷勲章.
pur·plish [pə́ːrpliʃ] 形 紫色がかった.

***pur·port** [pə́ːrpɔːrt] 名 [U] [通例 the ~]《格式》趣旨, 要旨: the *purport* of the paper 論文の趣旨.
——動 [pə(ː)rpɔ́ːrt]《格式》[…する […である] と] 主張する, されている [*to do*]: He *purports* to be an engineer. 彼は技術者だと自称している.

***pur·pose** [pə́ːrpəs] 動《「pur (前に) + pose (置く)」から》
——名 (複 pur·pos·es [~iz]) **1** [C] 目的, 意図; 計画; 用途: attain [achieve, accomplish] one's *purpose* 目的を果たす / serve the [no] *purpose* 目的にかなう[役に立たない] / Did you come here for business *purposes*? あなたは商用でここへ来たのですか / She went to Paris for the *purpose* of studying painting. 彼女は絵を勉強するためにパリに行った.
2 [U] 決心, 決意; 意志: a person of *purpose* 決断力のある人 / be firm [weak] of *purpose* 意志が強い [弱い]. **3** [C] 効果; 結果; 意義.
■ *for áll práctical púrposes = for áll inténts and púrposes* (名目はともかく) 実際は, 事実上.
on púrpose **1** わざと, 故意に (↔ by accident): He must have done it *on purpose*. 彼はそれをわざとやったに違いない. **2** […する] 目的で,

つもりで〔*to do*〕.
to góod púrpose《格式》有効に, うまい具合に.
to nó [*líttle*] *púrpose* まったく[ほとんど]役に立たない: He tried again but *to no purpose*. 彼はもう一度やってみたが, まったくうまくいかなかった.
to (*the*) *púrpose*《古風》適切に, 目的にかなって.
— [動] [他]《古》…を意図する, …をしようと思う.

púr·pose-buílt [形]《英》特別に作られた, 特注の.

pur·pose·ful [pə́ːrpəsfəl] [形] **1** 目的[意図]のある; 故意の. **2** 断固とした, きっぱりした.
pur·pose·ful·ly [-fəli] [副] 意図的に; 断固として.

pur·pose·less [pə́ːrpəsləs] [形] **1** 目的のない; 無意味な. **2** 決意に欠ける.

pur·pose·ly [pə́ːrpəsli] [副]《格式》故意に, わざと; わざわざ.

purr [pə́ːr] [動] [自] **1** (猫などが喜んで) ごろごろのどを鳴らす. **2** (エンジンなどが快調に) 低い音を立てる, うなる. **3** (人が) 満足そうに話す.
— [他] (人が) …を満足そうに話す.
— [名] **1** [C] (猫などの) ごろごろのどを鳴らす音. **2** [a ～] (エンジンなどの) 快調な低い音, うなる音.

***purse** [pə́ːrs] [名] [動]【原義は「革」】
— [名] (複 **purs·es** [～iz]) **1** [C]《英》**財布**, 小銭入れ, がま口 (《主に米》change purse; cf. wallet 札入れ): a leather *purse* 革の財布 / She took some coins out of her *purse*. 彼女は小銭入れから小銭を何枚か取り出した.
2 [C]《米》(女性用) **ハンドバッグ** (handbag) (→ BAG 図): She is carrying a very expensive *purse*. 彼女はとても高価なハンドバッグを持ち歩いている. **3** [単数形で]《格式》金銭, 資力, 財源, 富: This picture is beyond my *purse*. この絵は高くて私には買えない. **4** [C] 寄付金, 義援金; 懸賞金, (ボクシングやカーレースなどの) 賞金: raise a *purse* for ... …のために寄付金を募る.
— [動] [他] (不快などを表して)〈唇〉をすぼめる.
◆ **púrse strìngs** [複数扱い; 通例 the ～] 財布のひも, 金銭上の権限: hold the *purse strings* 財布のひもを握っている / loosen [tighten] the *purse strings* 財布のひもをゆるめる[締める].

purs·er [pə́ːrsər] [名] [C] (飛行機・船の) パーサー, 事務長 (事務・サービスの責任者).

pur·su·ance [pərsúːəns / -sjúː] [名] [U]《格式》遂行, 実行; 従事; 追求.
■ ***in pursúance of ...*** …を遂行するために; …を遂行中に.

pur·su·ant [pərsúːənt / -sjúː-] [形] [次の成句で]
■ ***pursúant to ...***《格式》…に従って, 応じて.

***pur·sue** [pərsúː / -sjúː]【「pur (前方に) + sue (続く)」から】
— [動] (三単現 **pur·sues** [～z]; 過去・過分 **pur·sued** [～d]; 現分 **pur·su·ing** [～iŋ])
— [他] **1** 〈目的・知識・快楽など〉を**追求する**, 追い求める: *pursue* pleasure [a goal] 快楽[目標]を追い求める / She is *pursuing* a higher position. 彼女はより高い地位を求めている.
2《格式》〈研究・調査・職業〉を**続ける**, 続行する; …に従事する, たずさわる: *pursue* one's studies at the university 大学で研究に従事する.
3《格式》(捕らえたり, 殺したりするために) …**のあとを追う**, 追跡する (→ FOLLOW [類義語]): The police car *pursued* the criminal. パトカーは犯人を追跡した. **4** (いやな人・ものが)〈人〉にしつこくつきまとう, 〈人〉を悩ませ続ける. (▷ [名] pursúit)

pur·su·er [pərsúːər / -sjúːə] [名] [C] 追跡者; 追求者.

***pur·suit** [pərsúːt / -sjúːt] [名] **1** [U] **追跡**, 追撃: in hot *pursuit* of a thief どろぼうを激しく追跡して. **2** [U] (知識・快楽などの) **追求**; 遂行, 続行; 従事: in *pursuit* of the truth 真実を探求して.
3 [C] [通例 ～s] 研究; 仕事, 職業; 娯楽: be engaged in literary *pursuits* 文学研究に携わっている. (▷ [動] pursúe)

pu·ru·lent [pjúərələnt] [形] 化膿(かのう)した.

pur·vey [pə(ː)rvéi] [動]《格式》[他]〈食料品など〉を〔…に〕供給する, 調達する〔*to, for*〕.

pur·vey·or [pə(ː)rvéiər] [名] [C] [しばしば～s]《格式》調達者, 提供者; 納入業者.

pur·view [pə́ːrvjuː] [名] [U] [通例 the ～]《格式》(活動・知識などの) 範囲, 限界: within [outside] the *purview* of ... …の範囲内[外]に.

pus [pʌ́s] [名] [U] うみ, 膿汁(のうじゅう).

***push** [púʃ] [動] [名]【基本的意味は「…を押す (press something or someone with force)」】
— [動] (三単現 **push·es** [～iz]; 過去・過分 **pushed** [～t]; 現分 **push·ing** [～iŋ])
— [他] **1** (a) [push + O] …を**押す**, 押しやる, 突く; [副詞 (句) を伴って] …を押し動かす (↔ pull): I *pushed* the buzzer. 私はブザーを押した / He *pushed* the sofa to the window. 彼はソファーを窓の方に押しやった / A gush of wind *pushed* his boat back to the shore. 突風を受けて彼のボートは岸に押し戻された.
(b) [push + O + C] …を押して～ (の状態) にする: She *pushed* the wicket gate open. 彼女はくぐり戸を押し開けた.
2 〔…に〕…**を押し当てる**, 押しつける〔*against, on*〕: *Push* the iron hard *on* the trousers. ズボンにアイロンを強く押し当てなさい / He *pushed* his shoulder hard *against* the door. 彼はドアに肩を当てて強く押した.
3 〈物事〉**を押し進める**; 〈範囲など〉を押し広げる: We will *push* the project. 私たちはその事業計画を推進します / The company decided to *push* their business overseas. その会社は海外へ事業を拡大することを決定した.
4《口語》〈人〉に〔…を〕**強要する**〔*for*〕; …を〔…するように〕せき立てる, 追い詰める; 強く勧める〔*to do, into doing*〕: They *pushed* us *for* an immediate reply. 彼らは私たちに即答を迫った / Her parents *pushed* her *to* study harder. 彼女の両親は彼女にもっと勉強するようにと強く言った / They *pushed* him *to* pay [*into paying*] his debt to them immediately. 彼らは彼に負債をすぐ返済するように迫った.
5《口語》〈目的・要求〉**を押し通そうと努力する**, 〈考え・立場など〉を (わからせようと) 説明する: They are *pushing* their demands for higher wages.

P

彼らは賃上げをあくまでも要求している.
6《口語》〈新製品など〉を売り込む;〈人〉を後援する,後押しする: They are vigorously *pushing* their new product on the market overseas. 彼らは海外市場で積極的に新製品を売り込んでいる. **7**《口語》〈麻薬など〉を密売する. **8**[進行形で]《口語》〈ある年齢〉に近づきつつある: He's *pushing* eighty. 彼はそろそろ80歳です.

— 自 **1**[…を]押す,突く[*at, against*];押し動かす: *push* down the handbrake ハンドブレーキを押し下げる / Don't *push* at me. (私を)押さないでください / He *pushed* hard *against* the door. 彼はドアを強く押した.
2 押し進む,突き進む;(ある方向に)ぐんぐん延びる;〈仕事など〉をどんどんやる;〈軍隊など〉が進軍する: Please don't *push* through a train door when it is closing. 閉まる列車のドアに駆け込まないでください / The troops *pushed* deep into the enemy territory. その部隊は敵国の領土の奥まで進軍して行った.

句動詞 *púsh ... abóut* = push ... around (↓).
púsh ahéad 自 どんどん前進する;[計画などを]進める[*with*]: The soldiers *pushed ahead* toward the border. 兵士たちは国境へ進軍した.
púsh alóng 自《口語》(客が)立ち去る.
púsh ... aróund 他《口語》〈人〉をこき使う,いじめる.
púsh asíde 他 [push aside＋O / push＋O＋aside] …をわきに押しやる;追いやる;無視する.
púsh báck 他 [push back＋O / push＋O＋back] …をうしろに押しやる,押し戻す.
púsh for ... 他 …を得ようとする,強く要求する.
púsh fórward = push ahead (↑).
púsh ... fórward 他 …を目立たせる,売り込む.
·púsh onesèlf fórward《しばしば軽蔑》人目を引くようにふるまう,出しゃばる.
púsh ín 自《英口語》押し入る,(列に)割り込む;じゃまする,口出しする.
púsh óff **1**[通例,命令文で]《口語》立ち去る: *Push off.* うせろ. **2** (さお・オールで岸を突いて)舟を出す;(人・舟が)岸を離れる.
púsh ón 自 どんどん進む;[仕事などを]続ける [*with*].
púsh óut 他 [push out＋O / push＋O＋out] **1** …を押し出す,突き出す. **2**《口語》〈人〉を(不当に)解雇する. **3**《口語》…を大量生産する.
púsh óver 他 [push over＋O / push＋O＋over] …を押し倒す,押して落とす.
púsh thróugh 他 [push through＋O / ＋O＋through]〈議案など〉を通過させる.
púsh úp 他 [push up＋O / push＋O＋up] **1** …を押し上げる: He *pushed* the shutter *up.* 彼はシャッターを押し上げた. **2** …(の数量)を増加させる,…(の価格)を押し上げる.

■ *pùsh one's lúck*《口語》図に乗る.
púsh onesèlf 頑張る,努力する;出しゃばる.
púsh one's wáy[…の中を / …へ向かって]押し分けて進む,突き進む [*through / into, to*].

— 名 **1** C 押す[突く]こと;[a ～] ひと押し,突き上げ;押し上げること;(価格の)上昇;ひと押し,押し力,圧力: at [with] one *push* 一気に,ひと押しで / I gave the door a gentle *push.* 私はドアをそっと押した. **2** C 《口語》頑張り,努力; 押し: Let's make a *push.* もうひと踏ん張りしよう.
3 C 押し進めること,推進; 後押し,後援. **4** U 押しの強さ,積極性,やる気. **5** C《困難・抵抗を排除しながらの》前進 U 大攻勢.

■ *at a púsh*《主に英口語》いざとなれば.
gèt the púsh《英口語》首になる,解雇される.
gìve ... the púsh《英口語》…を首にする,解雇する.
if [*when*] *it cómes to the púsh* いざとなれば.

púsh-bìke 名 C《英口語》自転車.
púsh-bùt·ton 形[限定用法]押しボタン式の;オートマチックの;遠隔操作の.
púsh bùtton 名 C プッシュボタン,押しボタン(➡ TELEPHONE [PICTURE BOX]).
push-cart [púʃkɑːrt] 名 C 手押し車.
push-chair [púʃtʃèər] 名 C《英》ベビーカー(《米》stroller).
pushed [púʃt] 形[叙述用法]《口語》**1**[時間・金などが]なくて困った[*for*]: be *pushed for* money 金に困っている. **2** 暇がない,多忙な. **3**[…するのが]困難である[*to do*].
push·er [púʃər] 名 C **1** 押す人[もの]. **2**《口語》押しの強い人,やり手. **3**《口語》麻薬密売人.
push·ing [púʃiŋ] 形 厚かましい,押しの強い.
push·o·ver [púʃòuvər] 名 [a ～]《口語》**1** 簡単にできること. **2** 簡単に負ける[だまされる]人.
púsh-ùp 名 C《米》腕立て伏せ(《英》press-up).
push·y [púʃi] 形 (比較 **push·i·er** [～ər]; 最上 **push·i·est** [～ist])《口語》= PUSHING (↑).
pu·sil·lan·i·mous [pjùːsiléniməs] 形《格式》臆病な,気の弱い;無気力な.
puss [pús] 名 C **1**[しばしば呼びかけ]猫(ちゃん),にゃんこ(pussy). **2** 小娘,女の子.
puss·y [púsi] 名 (複 **puss·ies** [～z]) C **1**《口語・幼児》[主に呼びかけ]猫ちゃん,にゃんこ(puss, pussycat). **2**《米口語》めめしい男. **3**《俗語》女性器.
◆ **pússy wíllow** C U《植》ネコヤナギ(北米産).
puss·y·cat [púsikæt] 名 C《口語》猫ちゃん,にゃんこ(pussy).
puss·y·foot [púsifùt] 動 自《口語》**1** こっそり歩く. **2**[通例,軽蔑]煮え切らない態度をとる,慎重になりすぎる (*about, around*).
pus·tule [pástʃuːl / -tjuːl] 名 C《医》膿疱(のうほう).

*** put [pút]

①(ある場所に)置く.	**1**
②(ある状態に)する.	**2**
③(仕事などに)割り当てる.	**3**
④(重点などを)置く.	**4**
⑤ 書きつける; 言い表す.	**5, 6**

— 動 (三単現 **puts** [púts]; 過去・過分 **put**; 現分 **put·ting** [～iŋ])

―[他] **1** [put＋O] [副詞(句)を伴って] …を(ある場所・位置に) **置く**, 載せる, 入れる, 向ける: *put* eggs into the fridge 卵を冷蔵庫に入れる / We *put* some flowers in front of the grave. 私たちは墓前に花束を供えた / *Put* your hands on your lap. 両手をひざの上に置きなさい / I *put* my hat on my head. 私は帽子をかぶった.
2 [put＋O＋C] …を～(の状態)に**する** (◇ C は形容詞(句)・副詞(句)): The failure will *put* him back to his (sober) senses. 失敗に懲りて彼は目が覚めるだろう / This medicine will soon *put* you in better health. この薬を飲めばすぐ元気になりますよ / The dictator *put* the rebels to death without trial. その独裁者は反逆者たちを裁判にかけずに処刑した / I must *put* my children to bed [sleep]. 私は子供たちを寝かしつけなければならない.
3 〈人〉を〔仕事に〕**割り当てる**, つける; …を〔用途などに〕あてる〔*to*〕: Some of us were *put to* weeding in the garden. 私たちの何人かに庭の草むしりが割り振られた / He led his class to the library and *put* them *to* work there. 彼は自分のクラスの生徒を図書館に連れて行き, そこで勉強させた / I *put* my leisure time *to* painting. 私は余暇を絵をかくことにあてている.
4 〔…に〕〈重点など〉を置く; 〈責任・税など〉を課す; 〈負担・圧力〉をかける〔*on*〕: *put* the blame *on* the officials 責任を役員のせいにする / His extravagance *puts* a strain *on* his family budget. 彼の浪費で家計が圧迫されている / The coach *put* emphasis *on* building up the players' mental strength. そのコーチは選手たちの精神面の強化に重点を置いた.
5 〔書類などに〕…を**書きつける**, 記入する; 〔新聞などに〕掲載する〔*in, on*〕: *put* one's signature *on* a contract 契約書に署名をする / Would you *put* your name and address down here? お名前とご住所をここに書いてくださいませんか / Newspapers *put* the most important news *on* the front page. 新聞は最も重要なニュースを第 1 面に載せる.
6 …を**言い表す**, 述べる; 〔…に〕言い換える, 〔他の言語に〕翻訳する〔*into*〕: *put* the main idea in a 100-word summary 要点を100語に要約する / *Put* the following sentences *into* English. 次の文を英語に訳しなさい. **7** 〔…に〕〈質問〉を提出する, 〈問題〉を提起する〔*to, before*〕: The teacher *put* a very difficult question *to* us. その先生は私たちにとても難しい問題を出した / May I *put* a question *to* you? 質問してもいいですか.
8 …を〔…と〕見積もる, 考える〔*at*〕: I *put* his weight *at* 80 kilos or thereabout. 私は彼の体重を80キロ前後だろうと思っていた.
9 〈砲丸〉を投げる, 〈弾丸〉を打ち込む.

[句動詞] ***pùt abóut*** [自] (船などが) 進路を変える.
―[他] [put about＋O / put＋O＋about]
1 〈船など〉の進路を変える. **2** 《英口語》〈うわさなど〉を広める, 言いふらす.
pùt ... abóve ～ ＝put ... before ～(↓).
pùt acróss [他] [put across＋O / put＋O＋across] **1** 〈考え・意向・情報〉を〔…に〕**伝える**, わからせる〔*to*〕: She *put* her opinions *across* quite well. 彼女は自分の意見をとても上手に伝えた. **2** …を (首尾よく) やり遂げる.
pùt ... acróss ～ [他] **1** …に～を横切らせる; …を～にかける. **2** 〈うそ〉を～に信じ込ませる.
pùt asíde [他] [put aside＋O / put＋O＋aside] **1** …を**わきへ置く**, 片づける: *put* the test papers *aside* 答案用紙をわきへ置く.
2 (将来に備えて)〈金など〉を**蓄える**, 取っておく: *put* some money *aside* for the future 将来のためにお金をいくらか蓄える. **3** 〈問題など〉を棚上げする; 無視する.
pùt awáy [他] [put away＋O / put＋O＋away] **1** …を (元の場所に) **片づける**, しまう: *put* the books *away* (本棚などに) 本を片づける. **2** (将来に備えて)〈金など〉を**取っておく** (put by): We're *putting away* a certain sum for overseas trips. 私たちは海外旅行のために一定の金額を積み立てています. **3** 《口語》〈人〉を刑務所 [精神病院] に送り込む. **4** 《口語》〈病気の動物など〉を始末する, 殺す. **5** 《口語》〈大量の食べ物〉を平らげる.
pùt báck [他] [put back＋O / put＋O＋back]
1 …を**元に戻す**: *Put* the books *back* in their proper places. 本を元通りに戻しなさい / The lullaby *put* the baby *back* to sleep. 子守り歌を聞いて赤ちゃんはまた眠った. **2** 〈時計〉を遅らせる (↔ put forward). **3** 〈行事など〉を〔…まで〕延期する〔*to*〕; 〈計画など〉を遅らせる (↔ put forward).
pút ... befòre ～ [他] **1** …を～より優先させる.
2 → [他] **7**.
pùt bý [他] [put by＋O / put＋O＋by] 〈金など〉を蓄えておく.
pùt dówn [他] [put down＋O / put＋O＋down] **1** …を**下ろす**, (下に) 置く: Will you *put* that book *down* from the upper shelf? 上の棚からあの本を下ろしてくれませんか / She *put* the phone [receiver] *down*. 彼女は受話器を置いた. **2** …を**書きとめる**, 記入する: You'd better *put* her telephone number *down*. 彼女の電話番号を書きとめておくほうがいいですよ. **3** 〈手付け金・頭金など〉を支払う.
4 …を鎮圧する (suppress). **5** 〈人〉をこき下ろす, けなす, やり込める. **6** 〈乗客〉を (乗り物から) 降ろす. **7** [しばしば受け身で] (獣医が)〈動物〉を (治療不能で) 殺す. ―[自] (飛行機が) 着陸する.
·***pùt ... dówn as ～*** 〈人〉を～と見なす: *put* him *down as* a fool 彼を愚か者と見なす.
·***pùt ... dówn for ～*** …の名を～の申込者として登録する.
·***pùt ... dówn to ～*** **1** …の原因を～に帰する (attribute ... to ～): I *put* these accidents *down to* sheer coincidence. 私はこれらの事故を単なる偶然の一致だろうと思った. **2** …の代金を～につける.
pùt fórth [他] [put forth＋O / put＋O＋forth] 〈意見・案など〉を出す, 発表する: The scientist *put forth* a new theory at the

P

put

meeting. その科学者は学会で新しい理論を発表した.

pùt fórward 他 [put forward＋O／put＋O＋forward] **1**〈意見・案・要求〉を提出する: He *put* his requests *forward* so resolutely. 彼は断固とした態度で自分の要求を出した. **2** …を(前面に)押し出す; (候補として)…を立てる, 推薦する: We *put forward* Roy as captain of our team. 私たちはロイをチームのキャプテンに推薦した. **3**〈時計〉を進ませる (↔ put back): She *put* the clock *forward* an hour. 彼女は時計を1時間進めた. **4**〈行事など〉を[…に]早める[*to*]; 〈仕事など〉を促進する, 早める (↔ put back).

pùt ín 他 [put in＋O／put＋O＋in] **1** …を入れる: You have to *put in* a lot of coins to place a long-distance call. 長距離通話をかけるには硬貨をたくさん入れなければならない. **2**〈時間〉をかける;〈労力〉を費やす: I don't mind *putting in* a night here. ここに1泊してもかまわない. **3**〈言葉〉をさしはさむ: "That seems to be a little off the point," he *put in*.「それはいささか問題の本質からはずれているようだ」と彼は意見をさしはさんだ. **4**〈電話・連絡〉を入れる, かける: Has anyone *put in* a call during my absence? 私の留守中にだれかから電話がありましたか. **5**〈要求・抗議など〉を申し入れる, 申し込む;〈注文・書類など〉を出す. **6**〈設備など〉を取り付ける. **7** …を役職につける;〈政党〉を政権につかせる. **8**〈コンピュータ〉〈データ〉を入力する. ──自〔…に〕入港する; 立ち寄る〔*at*〕.

・**pùt ín for** … …を求めて申請[登録]する, …に立候補する.

pút … ínto ~ 他 **1**〈金〉を〈口座〉に振り込む, 〈資金〉を~に投入する, つぎ込む: I *put* the money *into* my bank account. 私はその金を自分の銀行口座に振り込んだ. **2**〈時間・努力など〉を〈事業・活動〉に注ぎ込む. → **1, 6**.

pùt óff 他 [put off＋O／put＋O＋off] **1** …を[…まで]延期する (postpone, delay) [*till, until*]: Never *put off till* tomorrow what you can do today.《ことわざ》きょうできることをあすまで延ばすな. **2** …を避ける, 退ける;〈人〉を待たせる: Even though I should really *put* him *off*, I cannot do it. 本当は彼に会うのを避けるべきだと思うができない. **3**〈人〉をはぐらかす, 言い逃れをする. **4**〈言葉・態度などが〉〈人〉を不快にする;〈人〉の気力を失わせる. **5**〈火・明かりなど〉を消す;〈水道・ガスなど〉を止める (switch off). **6**〈乗客〉を(乗り物から)降ろす.

pút … óff ~〈人〉に~に対する興味[食欲]を失わせる.

pùt ón 他 [put on＋O／put＋O＋on] **1**〈衣類〉を身に着ける, 着る (→ WEAR 語法);〈化粧〉をする: *put on* perfume [lipstick] 香水[口紅]をつける / She *put on* her white gloves. 彼女は白い手袋をはめた. **2**〈芝居〉を上演する;〈企画・催し〉を準備する: *put on* a special performance for senior citizens 高齢者のために特別公演を行う. **3** …を増加する,〈体重など〉を増やす: Maybe he's *put on* a little more weight. どうやら彼はまた少し体重が増えたようだ. **4**〈火・明かりなど〉をつける (↔ put out);〈CD・テープなど〉をかける (switch [turn] on): *Put* the light [radio] *on*, please. 明かり[ラジオ]をつけてください. **5**〈なべ・やかんなど〉を(こんろなどに)かける; …を調理する. **6**〈外観・表情〉を装う, ふりをする: *put on* a smile 作り笑いをする. **7**〈人〉を電話口に出す, …と電話を替わる. **8**〈時計〉を進ませる. **9**《主に米口語》〈人〉をかつぐ: You're *putting* me *on*. ご冗談でしょう.

pùt … ón ~ 他 **1** …を~の上に置く;〈衣類・化粧〉を〈人・身体〉につける, 施す;〈薬・ペンキなど〉を~に塗る (→ **1**): He *put* the ring *on* her finger. 彼は指輪を彼女の指にはめた / She *put* lipstick *on* her lips. 彼女は唇に口紅をさした. **2** ~に〈金〉を賭(ヵ)ける: *put* one's money *on* horse races 競馬に金をつぎ込む. **3** ~に〈制約・負担〉をかける.

pùt … ónto ~《口語》〈人〉に~のことを知らせる, 教える.

pùt óut 他 [put out＋O／put＋O＋out] **1**〈火・明かりなど〉を消す (put on): I *put out* the bedside light. 私はまくら元の明かりを消した. **2** …を公にする, 公表する; 放送[放映]する; 出版する: The news was *put out* all over the world. そのニュースは世界じゅうに伝えられた. **3** …を製造する, 売り出す;〈必要なもの〉を用意する: The company will *put out* the new software soon. その会社はまもなく新しいソフトを売り出す. **4**〈人〉を困らせる;〈人〉に面倒をかける: His early arrival *put* me *out*. 彼が早く着いたので私は困ってしまった. **5** …を突き出す,〈手・足〉を出し伸ばす: She *put* her left arm *out* to have her blood pressure taken. 彼女は血圧を測ってもらうために左腕を出した. **6** …を外に出す; 追い出す. **7** …をねんざ[脱臼(ﾂ)]する. **8**《スポーツ》〈選手・チーム〉を負かす;《野球》〈打者〉をアウトにする. **9**〈仕事〉を外注する, 下請けに出す. **10**〈力〉を発揮する. ──自(船・人が)海に出る.

・**pùt onesèlf óut (to dó)**《口語》(…しようと)骨を折る.

pùt óver 他 [put over＋O／put＋O＋over] **1** …を向こう側に渡す. **2**〈考え・意向など〉を[…に]伝える[*to*]: *put* one's opinion *over* to the audience 意見を聴衆に伝える. **3**〈問題〉を持ち越す. **4** …をやり遂げる.

・**pùt òne óver on …**《口語》〈人〉をだます: She *put one over on* me. 彼女は私をだました.

pùt thróugh 他 [put through＋O／put＋O＋through] **1**〈電話で〉〈人〉を[…に]つなぐ[*to*]: Please *put* me *through* to the sales department. 営業部をお願いします. **2**〈提案・計画〉を承認する;〈議案など〉を通過させる. **3**《主に米》〈議案など〉を成立させる. **4** …を成し遂げる, 実現する.

pút … thròugh ~ **1**〈人〉に〈試練など〉を経験させる: *put* him *through* troubles 彼に困難を経験させる. **2**〈議案など〉を~で(可決して)通過させる;〈人〉に〈学校〉を卒業させる.

・*pùt ... thróugh it* 《口語》〈人〉を徹底的に調べる.
pùt togéther 他 [put together + O / put + O + together] **1**〈部品などを〉組み立てる (assemble);〈チームなど〉を編成する: Take the parts out and *put* the machine *together*. 部品を取り出して機械を組み立てなさい. **2** …をまとめて1つにする, 寄せ集める;〈考えなど〉をまとめる: *put together* a few ideas いくつかの考えをまとめる / *put together* a meal あり合わせのものを集めて食事を作る.
pùt úp 他 [put up + O / put + O + up] **1** …を上げる (raise): I *put up* my hand to ask a question. 私は質問をするために手を上げた. **2**〈家・像などを〉建てる,〈テントを〉張る,〈看板・旗などを〉立てる: *put* a tent *up* テントを張る. **3**〈掲示などを〉張り出す: They *put up* the want ad on the front door. 彼らは正面玄関に求人広告を張り出した. **4**〈戦争・抵抗・闘争などを〉する: The soldiers *put up* a brave fight. 兵士たちは勇敢に戦った. **5**〈資金を〉出す, 出資する. **6**〈人〉を泊める. **7**〈土地・家などを〉売りに出す; 競売にかける. **8**〈案・意見を〉述べる, 提出する. **9**〈値段・料金を〉上げる. **10** …を […に] 立候補させる [*for*]. ━自 **1** [場所に / 人の家に] 泊まる [*at*/*with*]: *put up* at an old inn 古い旅館に泊まる. **2** […に] 立候補する [*for*].
pùt ... úp to ~ 〈人〉をそそのかして~させる.
pùt úp with ... …を我慢する, 耐える: I cannot *put up with* your complaining any longer. 私はあなたがこれ以上不平を言うのに耐えられない.
■*be hárd pút (to it) to dó* ~するのにひどく苦労する, 困る: I *was hard put to it to* get my paper done by the deadline. 締め切りまでに論文を仕上げるのにひどく苦労した.
pút it thére (和解・同意のしるしとして) 握手する.

pu·ta·tive [pjúːtətiv] 形《限定用法》《格式》一般に信じられている; …と推定 (上) の.

pút-dòwn 名 C 《通例, 単数形で》こき下ろすこと, けなすこと, 悪口.

pút-òn 形《限定用法》《口語》見せかけの, 偽りの.
━ 名 **1**《単数形で》《口語》見せかけ, 気取り.
2 C《米口語》悪ふざけ, 人をかつぐこと.

put·out [pútàut] 名 C《野球》アウト (にすること).

pu·tre·fac·tion [pjùːtrəfǽkʃən] 名 U《格式》腐敗 (作用).

pu·tre·fy [pjúːtrəfài] 動 (三単現 **pu·tre·fies** [~z]; 過去・過分 **pu·tre·fied** [~d]; 現分 **pu·tre·fy·ing** [~iŋ])《格式》他 …を腐敗させる; …を化膿 (˘˘) させる.
━ 自 腐敗する; 化膿する.

pu·tres·cent [pjuːtrésənt] 形《格式》腐敗しかけている; 腐敗の.

pu·trid [pjúːtrid] 形 **1** (特に動植物が) 腐敗した, 悪臭を放つ. **2**《口語》ひどい, 不快な.

putsch [pútʃ]《ドイツ》名 C (政府転覆などを図る) 突発的な暴動, 反乱, クーデター.

putt [pʌ́t] 名 C《ゴルフ》パット《グリーン上でホールに入るようにボールを軽く打つこと》.
━ 動 他 自 (ボールを) パットする.

◆ pútting grèen C《ゴルフ》グリーン (green).

put·tee [pʌtíː / pʌ́ti] 名 C《通例 ~s》巻きゲートル, 革ゲートル.

putt·er[1] [pʌ́tər] 名 C《ゴルフ》**1** パター《パット用のゴルフクラブ》. **2** パットする人.

put·ter[2] 動 自《米》ぶらつく, ゆっくり行く; だらだらと過ごす [(働く)]《英》potter)(*about*, *around*).

put·ty [pʌ́ti] 名 U パテ《ガラスなどに用いる接合剤》.
■*be pútty in ...'s hánds* …の言いなりになる.
━ 動 (三単現 **put·ties** [~z]; 過去・過分 **put·tied** [~d]; 現分 **put·ty·ing** [~iŋ]) 他 …をパテで固定する (*in*);〈すき間などを〉パテでふさぐ (*up*).

pút-ùp 形《口語》前もってたくらんだ, 八百長の: a *put-up* job 作り事, 八百長.

pút-ùp·on 形《叙述用法》《口語》〈人が〉うまく利用された, つけ込まれた.

***puz·zle** [pʌ́zl]《原義は「頭を混乱させる」》
━ 動 (三単現 **puz·zles** [~z]; 過去・過分 **puz·zled** [~d]; 現分 **puz·zling** [~iŋ])
━ 他 **1**〈人〉を困らせる, 途方に暮れさせる;〈頭〉を混乱させる: His illness *puzzled* many doctors. 彼の病気には多くの医師が頭を悩ませた / What *puzzles* me is that he won't take my advice. 困ったことに彼は私の忠告を聞き入れようとしない.
2〈頭など〉を […で] 悩ます,〈知恵〉を絞る [*about*, *over*, *as to*]: He *puzzled* his mind [brains] *about* a solution to the problem. 彼はその問題の解決方法について頭を悩ました.
━ 自 […に] 頭を悩ます, 当惑する [*about*, *over*, *as to*].
púzzle óut 他〈答え・解決法など〉を一生懸命考えて見つける.
━ 名 C **1** [しばしば複合語で] (遊びとしての) パズル, クイズ: a crossword *puzzle* クロスワードパズル / a jigsaw *puzzle* ジグソーパズル.
2《通例 a ~》難問, なぞ: find the answer to a *puzzle* なぞを解く / The murder case was a *puzzle* even to Sherlock Holmes. その殺人事件はシャーロック=ホームズにとっても難問だった.
3 [a ~] 混乱, 困惑: I'm in a *puzzle* about what to do. 私はどうしたらよいか途方に暮れています.

puz·zled [pʌ́zld] 形 困惑した, 途方に暮れた: She was *puzzled* (about) what to say. 彼女は何と言ってよいのかわからなくて困った.

puz·zle·ment [pʌ́zlmənt] 名 U《格式》困惑, 当惑: in *puzzlement* 困惑して.

puz·zler [pʌ́zlər] 名 C《口語》(人を) 困らせる人 [もの], 難問.

puz·zling [pʌ́zliŋ] 形 困惑させる, 不可解な.

PVC《略語》= *p*oly*v*inyl *c*hloride [pàlivàinl-] ポリ塩化ビニール.

Pvt《略語》= *p*ri*v*a*t*e 兵卒.

pw《略語》= *p*er *w*eek 1週間あたり.

PWA《略語》= *p*erson *w*ith *A*IDS エイズ患者.

PX《略語》= *p*ost e*x*change (米軍の) 基地内売店.

Pyg·ma·li·on [pigméiliən, -ljən] 名 固【ギ神】ピグマリオン《自作の像に恋をした彫刻家でキュプロスの王》.

pyg·my, pig·my [pígmi] 名 (複 **pyg·mies, pig·mies** [~z]) C **1** [P-] ピグミー族の人《中央アフリカに住む小柄な部族》. **2** 背の低い人; 小型の動物[植物].
── 形 [限定用法] **1** ピグミー族の.
2 (動物・植物が) 小型の.

‡**py·ja·mas** [pədʒɑ́ːməz] 名 [複数扱い]《英》= PAJAMAS パジャマ.

py·lon [páilɑn / -lən] 名 C **1** (高圧線の) 鉄塔.
2【航空】(飛行場の) 目標塔.
3《米》(交通規制の) 円錐(ぶ)標識, コーン.

Pyong·yang [pjɔ́ŋjɑ̀ːŋ / pjɔ́ŋjæŋ] 名 固 ピョンヤン, 平壌(ぴょ)《朝鮮民主主義人民共和国の首都》.

py·or·rhe·a,《英》**py·or·rhoe·a** [pàiəríːə / -ríə] 名 U【医】膿漏(のうろう); 【歯】歯槽(しそう)膿漏.

‡**pyr·a·mid** [pírəmid] 名 C **1** [通例 P-] ピラミッド《古代エジプトの国王などの墓》.
2 ピラミッド状のもの; ピラミッド形の組織.
3 [幾何] 角錐(かくすい) (**cf. cone** 円錐).
◆ **pýramid sélling** U【商】ネズミ講式販売(法), マルチ商法.

py·ram·i·dal [pirǽmidəl] 形 ピラミッド形の.
pyre [páiər] 名 C (火葬用の) 積みまき.

Pyr·e·nees [pírənìːz / pìrəníːz] 名 固 [the ~; 複数扱い] ピレネー山脈《フランスとスペインの国境にある》.

Py·rex [páireks] 名 U《商標》パイレックス《耐熱ガラス(食器)》.

py·ri·tes [pəráitiːz / pai-] 名 U【鉱】硫化鉄鉱.

py·ro·ma·ni·a [pàirouméiniə / pàirə-] 名 U【心理】放火癖.

py·ro·ma·ni·ac [pàirouméiniæk] 名 C 放火魔, 放火癖のある人.

py·ro·tech·nic [pàirətéknik] 形 [通例, 限定用法] **1** 花火(製造術)の. **2** 華々しい.

py·ro·tech·nics [pàirətékniks] 名 **1** U 花火製造[打ち上げ]術. **2** [複数扱い]《格式》花火の打ち上げ; 花火大会. **3** [複数扱い] (演奏などの) 華々しさ.

Py·thag·o·ras [piθǽgərəs / pai-] 名 固 ピタゴラス《紀元前6世紀頃のギリシャの数学者》.

Py·thag·o·re·an [piθægəríːən / pai-] ピタゴラス(学派)の.
── 名 C ピタゴラス学派の人.
◆ **Pythágorean théorem** [the ~]【数学】ピタゴラスの定理.

py·thon [páiθɑn, -θən / -θən] 名 (複 **py·thons** [~z], **py·thon**) C【動物】ニシキヘビ; 大ヘビ.

pyx [píks] 名 C【キリスト】聖体容器.

Q q

q, Q [kjúː] 名 (複 q's, qs, Q's, Qs [~z])
1 CU キュー《英語アルファベットの17番目の文字》. 2 C [大文字で] Q 字形のもの.
Q 《略語》= *q*ueen 女王.
Q&A《略語》= *q*uestion(s) *a*nd *a*nswer(s) 質疑応答.
Qa‧tar [káːtɑːr / kǽ-] 名 固 カタール《アラビア半島東部の首長国; 首都ドーハ (Doha)》.
QC, Q.C. 《略語》= *q*uality *c*ontrol 品質管理; *Q*ueen's *C*ounsel 《英》勅選(ちょくせん)弁護士.
QED, Q.E.D. [テテン]《略語》以上が証明されるべきことであった, 証明終わり.
QOL 《略語》= *q*uality *o*f *l*ife 生活の質.
qr. 《略語》= *q*uarter 4分の1.
qt. 《略語》= *q*ua*n*tity 量; *q*uar*t*(s) クォート.
q.t. 《略語》= *q*uie*t* 静かな.
■ **on the q.t.**《口語》ひそかに (secretly).
qua [kwéi, kwɑ́ː]【ラテン】前 《格式》…として (as); …の資格で; それ自体では.
quack¹ [kwǽk]《擬声語》動 自 (アヒルなどが)がーが一鳴く.
—名 C がーが一鳴く声 (→ CRY 表).
quack² 名 C《口語》 1 偽医者. 2《英》医者. 3 [形容詞的に] 偽医者の; 《軽蔑》いんちきの.
quack‧er‧y [kwǽkəri] 名 U《軽蔑》いんちき医療, いかさま治療.
quáck-quàck [kwǽdC] がーがー《アヒルの鳴き声》;《幼児》アヒル (duck).
quad [kwád / kwɔ́d] 名 C《口語》 1 = QUADRUPLET. 2 = QUADRANGLE.
quad‧ran‧gle [kwádræŋgl / kwɔ́d-] 名 C
1《幾何》四角形, 四辺形. 2 (建物に囲まれた)中庭, 中庭を囲む建物 (《口語》 quad).
quad‧ran‧gu‧lar [kwadrǽŋgjələr / kwɔd-] 形 [比較なし]《幾何》四角 [四辺] 形の.
quad‧rant [kwádrənt / kwɔ́d-] 名 C 1《幾何》四分円, 象限(しょうげん). 2 (昔の) 四分儀.
quad‧ra‧phon‧ic [kwàdrəfánik / kwɔ̀drəfɔ́nik] 形 (音声の) 4チャンネル (方式)の.
quad‧rat‧ic [kwadrǽtik / kwɔd-] 形《数学》2次の: a *quadratic* equation 2次方程式.
—名 C《数学》2次方程式.
quadri- [kwadrə / kwɔdrə] 接頭 「4の, 4倍の」などの意を表す《◇母音の前では quadr- になる》: *quadr*angle 四角形.
quad‧ri‧lat‧er‧al [kwàdrəlǽtərəl / kwɔ̀d-] 形《数学》四角 [四辺] 形の.
—名 C 四角 [四辺] 形.
qua‧drille [kwadríl / kwə-] 名 C カドリール《4人ひと組で踊るスクエアダンス》; カドリールの曲.
quad‧ril‧lion [kwadríljən / kwɔd-] 名 C 千兆《10の15乗》;《英・古》10の24乗.
quad‧ru‧ped [kwádrəpèd / kwɔ́d-] 名 C (動物) 4本足の動物, 四足獣.
quad‧ru‧ple [kwadrúːpl / kwɔ́drupl] 形
1 4重の; 4倍の. 2《音楽》四拍子の.
—名 C 4倍 (の数 [量]).
—動 他 …を4倍にする. —自 4倍になる.
quad‧ru‧plet [kwadrúːplət / kwɔ́drup-] 名 C 1 四つ子の1人; [~s] 四つ子 (《口語》 quad) (→ TWIN 関連語). 2 4つひと組のもの.
quaff [kwǽf / kwɔ́f]《文語》動 他 (酒など)をがぶ飲みする, 痛飲する.
quag‧mire [kwǽgmàiər] 名 C《通例, 単数形で》
1 沼地, 湿地. 2 苦境, 窮地, 泥沼.
quail¹ [kwéil] 名 (複 quails [~z], quail) C (鳥) ウズラ; U ウズラの肉.
quail² 動《文語》[…で / …に] おじける, ひるむ [*with* / *at, before*].
*****quaint** [kwéint] 形 1 (古風・風変わりで) 面白い, 魅力的な, 趣(おもむき)のある: a *quaint* old building 風変わりな古い建物. 2 奇異な, なじみのない (→ STRANGE 類義語).
quaint‧ly [~li] 副 風変わりで.
quaint‧ness [~nəs] 名 U 風変わり, 古風.
*****quake** [kwéik] 動 自 1 (人が) [恐怖・寒さなどで] 震える [*at, with*] (→ SHAKE 類義語): He was *quaking with* cold. 彼は寒さで震えていた.
2 (地面などが) 激しく揺れる.
—名 C《口語》地震 (earthquake).
Quak‧er [kwéikər] 名 C クエーカー教徒《キリスト教の一派, フレンド会 (the Society of Friends) の会員の俗称》.
*****qual‧i‧fi‧ca‧tion** [kwàləfikéiʃən / kwɔ̀l-] 名
1 C [しばしば~s] 資格; U C 資格を与えられること; 免許 (証), 資格証明書: entry *qualifications* = *qualifications* for entry 出場資格 / a medical *qualification* 医師免許状. 2 C [しばしば~s] […の / …するための] 適性, 素質, 能力 [*for* / *to do*]: He has the right *qualifications to do* the job. 彼にはその仕事にぴったりの適性がある.
3 C U 制限, 限定 (restriction); (前言の) 修正: without (any) *qualification* 無条件に, 無制限に [で] / accept his offer with certain *qualification* 彼の申し出を条件付きで受諾する.
(▷ 動 quálify)
*****qual‧i‧fied** [kwáləfàid / kwɔ́l-] 形 1 資格 [免許] のある; 資質 [能力] のある; […に / …するのに] 適任の [*for* / *to do*]: a *qualified* person *for* electricity management 電気管理士 / He is well *qualified to* play the part. 彼はその役を演じる力が十分にある. 2 制限された, 条件付きの: *qualified* approval 条件付きの承認.
qual‧i‧fi‧er [kwáləfàiər / kwɔ́l-] 名 C 1 有

資格者,予選通過者;予選. **2**〖文法〗修飾語句(modifier),限定詞《他の語句の意味を修飾・限定する》.

qual・i・fy [kwáləfài / kwól-] 動 (三単現 **qual・i・fies** [～z]; 過去・過分 **qual・i・fied** [～d]; 現分 **qual・i・fy・ing** [～iŋ]) 他 1〈人〉に[…の／…としての]**資格を与える**[*for / as*];〈人〉を[…するのに]適任とする[*to do*]: *qualify* her *as* an instructor 彼女に指導員としての資格を与える / Her skill in computing *qualifies* her *for* the job. 彼女にはコンピュータ操作の技術があるのでその仕事に適任である.
2 …を[…であると]みなす,称する[*as*]: *qualify* him *as* a bad person 彼を悪者とみなす.
3〈発言など〉を(修正して意味を)限定する;加減する,和らげる: He has *qualified* his statement. 彼は自分の発言を具体的に言い直した.
4〖文法〗…を修飾する,限定する.
— 自 **1** […の／…としての]**資格を得る**,認可を受ける;[…に／…として]適任である,ふさわしい[*for / as*]: *qualify* as a doctor 医師の免許を取得する / He *qualifies for* the job. 彼はその仕事に適任です. **2**〖スポーツ〗予選を通過する;[…の]出場資格を有する[*for*]. (▷ 名 qualification)

qual・i・ta・tive [kwálətèitiv / kwólitə-] 形 質的な,性質上の;〖化〗定性的な (cf. quantitative 量的な). (▷ 名 quality)
qual・i・ta・tive・ly [～li] 副 質的に;定性的に.

qual・i・ty [kwáləti / kwól-]
— 名 (複 **qual・i・ties** [～z]) **1** Ⓤ**質**,性質,品質 (cf. quantity 量): clothes of good [poor] *quality* 質のよい[悪い]服 / the *quality* of life 生活の質《物質面よりも精神的な豊かさや健やかな生活の満足度; (略語) QOL》/ *Quality* matters more than quantity. 量よりも質が大事である.
2 Ⓤ良質,上質,高級;[形容詞的に]良質の,高級な: goods of *quality* 高級品 / a *quality* paper (内容が高度な)高級新聞.
3 Ⓒ特性,特質;(人の)品性,資質 (→ CHARACTER 類義語): have many good *qualities* 長所がたくさんある.
◆ quálity contròl Ⓤ品質管理《略語》QC).
quálity tìme Ⓤ(主に子供と過ごす)大切な時間.

qualm [kwɑ́:m, kwɔ́:m] Ⓒ[しばしば～s][…についての]不安,心配;苦痛の呵責(t_{ゃく})[*about*].

quan・da・ry [kwɑ́ndəri / kwɔ́n-] 名 (複 **quan・da・ries** [～z]) Ⓒ困惑,迷い;窮地: be in a *quandary* about [over] … で途方に暮れる.

quan・ti・fi・a・ble [kwántəfàiəbl / kwɔ́n-] 形 量で示せる,数量化できる.

quan・ti・fi・er [kwántəfàiər / kwɔ́n-] 名 Ⓒ〖文法〗数量詞(◇ any, few, many, some など).

quan・ti・fy [kwántəfài / kwɔ́n-] 動 (三単現 **quan・ti・fies** [～z]; 過去・過分 **quan・ti・fied** [～d]; 現分 **quan・ti・fy・ing** [～iŋ]) 他 …の量を計る[定める],…を定量[数値]化する.
quan・ti・fi・ca・tion [kwàntəfikéiʃən / kwɔ̀n-] 名 Ⓤ定量化,数量化.

quan・ti・ta・tive [kwántətèitiv / kwɔ́ntitə-] 形 量的な,量の;量で計られる;〖化〗定量的な (cf. qualitative 質的な). (▷ 名 quantity)

quan・ti・ty [kwántəti / kwón-]
— 名 (複 **quan・ti・ties** [～z]) **1** Ⓤ量 (cf. quality 質)《略語》qt.): an increase [a decrease] in *quantity* 量の増加[減少] / We would like to aim at quality rather than *quantity*. 私たちは量よりも質を目標にしたい.
2 Ⓒ[…の]**分量**,数量[*of*]: a small [large] *quantity of* sugar 少量[大量]の砂糖 / large [vast] *quantities of* books 多数の本.
3 Ⓒ[しばしば複数形で]多量[の…],多数[の…][*of*]: The ship carries *quantities of* goods. その船は大量の商品を輸送する.
4 Ⓒ〖数学〗量,数: an unknown *quantity* 未知量[要素];〖比喩〗未知数の人[もの].
■ *in* **quántity** = *in* (**lárge**) **quántities** 大量に: In summer electricity is used *in quantity*. 夏は電力が大量に消費される.
(▷ 形 quántitàtive)
◆ quántity survèyor Ⓒ《英》〖建〗積算士.

quan・tum [kwántəm / kwɔ́n-] 名 (複 **quan・ta** [-tə]) Ⓒ **1** (特定の)数,数量,分量;分け前(share). **2**〖物理〗量子.
◆ quàntum léap [júmp] Ⓒ大躍進,大飛躍.
quàntum mechánics Ⓤ〖物理〗量子力学.

quar・an・tine [kwɔ́:rəntì:n / kwɔ́r-] 名 Ⓤ **1** (患者の)隔離,強制隔離;隔離期間;(空港・港などでの)検疫. **2** Ⓒ隔離所;検疫局.
— 動 (しばしば受け身で)〈患者〉を隔離する;〈人・動植物・船〉を検疫する.

quark [kwɔ́:rk, kwɑ́:rk] 名 Ⓒ〖物理〗クォーク《素粒子の構成要素》.

quar・rel [kwɔ́:rəl / kwɔ́r-]
名【基本的意味は「口論 (an angry exchange of words)」】
— 名 (複 **quar・rels** [～z]) Ⓒ **1** […との／…の間の／…についての]**口論**,口げんか[*with / between / about, over*] (→ FIGHT 類義語): a *quarrel between* father and son 父と息子の言い争い / pick [start] a *quarrel with* … にけんかを売る / I had a *quarrel with* my sister. 私は姉と口論をした.
2 [通例,否定文で]《格式》[…に対する]口げんかの原因,苦情[*with, against*]: I have no *quarrel with* him. 私は彼に何の文句もない.
— 動 (三単現 **quar・rels** [～z]; 過去・過分 **quar・reled**,《英》**quar・relled** [～d]; 現分 **quar・rel・ing**,《英》**quar・rel・ling** [～iŋ]) 自 **1** [人と／…のことで]**口論する**,口げんかする[*with / about, over*]: The children were *quarrelling with* each other *about* the choice of TV channels. 子供たちはテレビのチャンネル争いをしていた.
2 […に]文句をつける,苦情を言う[*with*]: I'm not *quarrelling with* what he said but *with* how he said it. 私は彼が言ったことではなく言い方に文句をつけているのだ.

*****quar・rel・some** [kwɔ́:rəlsəm / kwɔ́r-] 形議論好きな,すぐ口げんかする,短気な.

quar·ry[1] [kwɔ́:ri / kwɔ́ri] 名 (複 **quar·ries** [~z]) C (石材の)採石場, 石切場 (cf. mine (地下へ掘り進む)鉱坑).
— 動 (三単現 **quar·ries** [~z]; 過去・過分 **quar·ried** [~d]; 現分 **quar·ry·ing** [~iŋ]) 他 〈石〉を切り出す, 採石する.

quar·ry[2] C [単数形で] **1** (狩りの)獲物, 狩猟動物. **2** 追跡される人[もの].

quart [kwɔ́:rt] 名 C **1** クォート (liquid quart) (◇液量単位; 1クォート=《米》0.946リットル,《英》1.137リットル;《略語》qt.; →巻末「度量衡」). **2** クォート (dry quart) (◇乾量単位; 1クォート=《米》1.101リットル,《英》1.137リットル;《略語》qt.).
■ *pùt a quárt ìnto a pínt pòt*《英口語》無理なことをする (◇「1パイントのポットに1クォート入れる」ように, 物理的に不可能なことをするたとえ).

***quar·ter** [kwɔ́:rtər] 名 形 動【原義は「第4番目」】
— 名 (複 **quar·ters** [~z]) (《略語》qr.) **1** C 4分の1, 四半分 (fourth): a *quarter* of a mile 4分の1マイル / Three *quarters* of the field was covered with confetti. フィールドの4分の3は紙吹雪で埋めつくされていた / Cut the pie into *quarters*. パイを4等分に切りなさい.
2 C 15分 (◇1時間の4分の1): It is (a) *quarter* after [《英》past] five. 5時15分です / It is (a) *quarter* of [《英》to] five. 5時15分前 [4時45分] です (◇《米》では a を省くことが多い).
3 C 四半期, 3か月 (◇1年の4分の1); (4学期制の学校・大学の)1学期: the second *quarter* 第2四半期.
4 C 《米・カナダ》25セント硬貨; 25セント (◇1ドルの4分の1): Could you change this dollar into *quarters*? この1ドル紙幣を25セント硬貨にくずしていただけますか.
5 C 方角, 方面; (情報などの)出所, 筋: information from a certain *quarter* ある筋からの情報 / Our college has students from all *quarters* [every *quarter*] of the world. 私たちの大学には世界各地からの学生がいます.
6 C (都市の)地域, 一街; (特定の人々の住む)居住地: a factory [shopping] *quarter* 工場地域[商店街] / He was brought up in the Italian *quarter*. 彼はイタリア人街で育った.
7 C [通例~s] (借家の)部屋, 宿所, 居所 (lodgings);《軍》宿舎, 兵営: married [bachelor] *quarters* 妻帯者 [単身男子] 用宿舎.
8 C 《スポーツ》(フットボールなどの)試合時間の4分の1, クォーター.
9 C 4分の1ハンドレッドウエイト, クォーター (◇重量の単位;《米》25ポンド (pounds),《英》28ポンド).
10 U [通例, 否定文で]《格式》(敵に対する)慈悲, 容赦; (降伏者への)助命, 命ごい: give no *quarter* 容赦しない. **11** C 《天文》弦 《月の公転周期の4分の1》. **12** C (靴の)腰革 (→ SHOE 図).
■ *at clóse quárters* 接近して, 間近で.
— 形 [限定用法] 4分の1の: a *quarter* century 4分の1 [四半] 世紀.
— 動 他 **1** …を4つに分ける, 4等分する.

2 …を宿泊させる,《軍》宿営させる.
◆ **quárter dày** C 《英》四季 (制季定) 支払日.
quárter nòte C 《米》《音楽》四分音符(《英》crotchet).

quar·ter·back [kwɔ́:rtərbæ̀k] 名 C 《アメフト》クォーターバック 《攻撃を指揮するポジション》.

quar·ter·deck [kwɔ́:rtərdèk] 名 C 《海》後甲板 《高級船員が使用する》.

quar·ter·fi·nal [kwɔ̀:rtərfáinəl] 名 C 準々決勝戦 (→ FINAL 名 **1**).

quar·ter·ly [kwɔ́:rtərli] 形 年4回の, 季[3か月]ごとの: a *quarterly* magazine 季刊誌.
— 副 年4回, 季[3か月]ごとに.
— 名 (複 **quar·ter·lies** [~z]) C 季刊誌.

quar·ter·mas·ter [kwɔ́:rtərmæ̀stər / -mɑ̀:stə] 名 C《陸軍》物資補給係将校;《海軍》操舵(ぎう)手.

quar·tet, quar·tette [kwɔ:rtét] 名 C **1** 《音楽》四重奏団, カルテット; 四重奏 [唱]; 四重奏 [唱] 曲. **2** (一般に) 4人組, 4つ組みそろい.

quar·to [kwɔ́:rtou] 名 (複 **quar·tos** [~z]) U 4つ折り判 《紙》(→ OCTAVO); C 4つ折り判の本.

quartz [kwɔ́:rts] 名 U 《鉱》石英, クォーツ.
◆ **quártz clòck** C クォーツ《水晶》時計.
quártz wàtch C クォーツ《水晶》[腕]時計.

qua·sar [kwéizɑ:r] 名 C 《天文》クエーサー, 恒星状天体, 準星 (近い電磁波を出す).

quash [kwɑ́ʃ / kwɔ́ʃ] 動 他《格式》**1** 《法》〈判決・決定など〉を破棄する, 無効にする. **2** 〈反乱など〉を鎮圧する, 鎮める.

qua·si- [kweizai, -sai, kwɑːzi, -si] 結合 「疑似, 類似の, 準」の意を表す: *quasi*-cholera 疑似コレラ.

quat·rain [kwɑ́trein / kwɔ́t-] 名 C 四行詩, 四行連句.

qua·ver [kwéivər] 動 自 (声・音)震える; 震え声で言う[歌う].
— 他 〈言葉・歌など〉を震え声で話す[歌う] (*out*).
— 名 C **1** 震え声. **2** 《英》《音楽》八分音符 (《米》eighth note).

***quay** [kí:] (☆発音に注意; 同音 key) 名 C 波止場, 埠頭(ふう); 岸壁.

quay·side [kí:sàid] 名 C [単数形で] 波止場周辺.

quea·sy [kwí:zi] 形 (比較 **quea·si·er** [~ər]; 最上 **quea·si·est** [~ist]) **1** 吐き気を催させる; (胃が)むかつく. **2** [… が] 不安な, いやな (*about, at*).
quea·si·ness [~nəs] 名 U 吐き気; 不安.

Que·bec [kwibék] 名 固 ケベック 《カナダ東部の州; その州都》.

***queen** [kwí:n] 名
— 名 (複 **queens** [~z]) C **1** [しばしば Q-] 女王 (cf. king 王): *Queen* Elizabeth II 女王エリザベス2世 (◇ II は the second と読む) / Victoria, *Queen* of England 英国女王ビクトリア.
2 [しばしば Q-] 王妃, 皇后: *Queen* Marie Antoinette マリー=アントワネット王妃 / The King and *Queen* were present at the fair. 国王夫妻が見本市に臨席された.
3 (ある分野での)花形, 女王: a beauty *queen* 美人コンテストの優勝者 / a society *queen* 社交界の

花形. **4**【昆】(ミツバチ・アリの)女王. **5**【トランプ】クイーン;【チェス】クイーン,女王(→ CHESS 図).
—— 動 他【チェス】〈ポーン〉をクイーンにする.
■ **quéen it óver ...** …に女王のようにふるまう.
◆ **quéen ánt** [C]【昆】女王アリ.
quéen bée [C]【昆】女王バチ.
quéen cónsort(複 **queens consort**) [C] しばしば Q- C-] 王妃.
quéen móther [C] 王母, 皇太后.
Quéen's Énglish [the ~] クイーンズイングリッシュ, 純正英語《英国の標準英語. 国王の治世では **King's English** と言う》.
queen·ly [kwíːnli] 形 (比較 **queen·li·er** [~ər]; 最上 **queen·li·est** [~ist]) 女王の(ような);女王らしい, 威厳のある.
Queens [kwíːnz] 名 固 クイーンズ《New York 市東部の区》.
quéen-size, quéen-sìzed 形《主に米》大の, クイーンサイズの《キングサイズに次ぐ大きさ》.
Queens·land [kwíːnzlənd, -læ̀nd] 名 固 クイーンズランド《オーストラリア北東部の州》.

***queer [kwíər]
形 動 名
—— 形 (比較 **queer·er** [kwíərər]; 最上 **queer·est** [kwíərist]) **1**《古風》風変わりな, 変な, (奇)妙な(→ STRANGE 類義語): a *queer* look 変な顔つき / It is *queer* that she should have said so. 彼女がそう言ったとは変です.
2[通例, 限定的用法] 疑わしい, 怪しい: I heard a *queer* noise from the next room. 隣の部屋から怪しげな物音が聞こえた.
3《英》気分が悪い, めまいがする: feel *queer* 気分が悪い.
4《口語・軽蔑》同性愛(者)の.
—— 動 他《英口語》…を台なしにする, ぶち壊す.
■ **quéer ...'s pítch**《英口語》〈人〉の計画[チャンス]をぶち壊す, 台なしにする.
—— 名 [C]《口語・軽蔑》(特に男性の)同性愛者.
queer·ly [kwíərli] 副 妙に, 変に;奇妙にも.
queer·ness [kwíərnəs] 名 U 奇妙なこと;不快.
quell [kwél] 動 他《格式》**1**〈反乱など〉を抑える, 鎮圧する. **2**〈恐怖・苦痛など〉を抑える, 和らげる.
quench [kwéntʃ] 動 他 **1**〈渇き〉を[…で]いやす[with]: *quench* one's thirst *with* a glass of water 水を1杯飲んでのどの渇きをいやす.
2〈火・明かりなど〉を消す.
3〈欲望など〉を[…で]抑える, 満たす[with].
quer·u·lous [kwérjələs] 形《格式》ぐちっぽい.
quer·u·lous·ly [~li] 副 ぐちっぽく.

*query [kwíəri] 名 (複 **que·ries** [~z]) [C] **1** 質問, 疑問(◇ question より《格式》): put a *query* to … …に質問する / Do you have any *queries* about his report? 彼の報告に何か疑問がありますか. **2** 疑問符(?).
—— 動(三単現 **que·ries** [~z], 過去・過分 **que·ried** [~d], 現分 **que·ry·ing** [~iŋ]) 他 **1** …に疑問を抱く;[…かどうか]疑う [疑問詞節など]: She *queried whether* it was true. 彼女はそれが本当かどうか疑った. **2**《格式》に[…について]質問をする, 問いただす, 尋ねる [about].

*quest [kwést] 名 [C]《主に文語》[…の](困難を伴う長期の)探索, 探究, 追求 [for]: the *quest for* happiness 幸福の追求.
■ **in quést of ...**《文語》…を追求して, 求めて.
—— 動 自《文語》[…を]探す, 探し回る;探索に出る(**search**)[for, after].

***ques·tion [kwéstʃən]
名 動【基本的意味は「質問(a sentence or phrase which needs an answer)」】
—— 名 (複 **ques·tions** [~z]) **1** [C] 質問, 問い(↔ **answer**): *questions* and answers 質疑応答((略記))Q&A) / answer a *question* 質問に答える / Do you have any *questions*? 何かご質問はありますか / Ms. Green, may I ask (you) a *question*? グリーン先生, お聞きしたいことがあるのですが / I want to put a few *questions* to you. あなたにいくつか質問したい.
2 [C] 問題, 議題(**problem**): personal *questions* 個人的な問題 / The *question* is what I can do for her. 問題は彼女のために私に何ができるかだ / It's only a *question* of time. それは時間だけの問題にすぎない[時間だけが問題である].
3 [U][C] 疑問(**doubt**): There is no *question* that Sue is No. 1 in math. スーが数学では一番であることは疑いない / There is some *question* about his alibi. 彼のアリバイには多少の疑問がある.
4 [C]【文法】疑問文(→次ページ **文法**).
■ **besíde the quéstion** 本題から外れて, 的外れの.
beyónd [pàst] (áll) quéstion 疑いなく, 確かに: His performance is *beyond question* the best. 彼の演技は間違いなく最高です.
bríng [cáll] ... ìnto quéstion …を問題[議論の対象]にする, …に疑いをはさむ.
còme into quéstion 問題になる, 議論される.
in quéstion 問題の, 例の;問題になって, 疑わしい.
òut of the quéstion 問題にならない, とても不可能な: Starting the party without the main guest is *out of the question*. 主賓抜きでパーティーを始めるなんて論外です.
There is nó quéstion of ... **1** …の可能性[見込み]はない, …は問題にならない: *There is no question of* his telling lies. 彼がうそをつくようなことはありえない. **2** …には疑問の余地がない: *There is no question of* the value of exercise. 運動の大切さは疑うまでもない.
without quéstion 疑いなく, 確かに.
—— 動 他 **1** […について]〈人〉に質問する;尋問する [on, about]: The chairman *questioned* the prime minister *on* the economic policy. 司会者は首相に経済政策について質問した / The teacher *questioned* Pete *about* Columbus. 先生はコロンブスについてピートに質問した.
2 …を疑う, 疑問に思う;[…か]疑う[疑問詞節など]: The basis of his theory is being *questioned*. 彼の理論の根拠には疑問が持たれている / I *question whether* [*if*] he will be elected president. 私は彼が大統領に選ばれるかどうか疑問に思う.

◆ **quéstion màrk** Ⓒ **1** 疑問符(?). **2** 不確かな[未知の]こと.
quéstion màster Ⓒ《英》クイズ番組の司会者(《米》quizmaster).
quéstion tàg Ⓒ〖文法〗付加疑問 (tag question) (→(文法)).

ques·tion·a·ble [kwéstʃənəbl] 形 疑わしい, 不確かな; 信用できない, いかがわしい.

ques·tion·er [kwéstʃənər] 名 Ⓒ (特に放送番組・公開討論での) 質問者, 尋問者.

ques·tion·ing [kwéstʃəniŋ] 形 不審そうな; 詮索(せんさく)好きの. ── 名 Ⓒ 質問; 尋問.
ques·tion·ing·ly [~li] 副 不審そうに.

ques·tion·naire [kwèstʃənéər] 名 Ⓒ アンケート(用紙), 質問票, 調査票.

‡**queue** [kjúː] (☆ 同音 cue) 名 Ⓒ《英》(順番を待つ) 列 (《米》line): form a *queue* 列をつくる / wait in a *queue* 一列で待つ.
■ ***júmp the quéue*** 列に割り込む.
── 動 (三単現 **queues** [~z]; 過去・過分 **queued** [~d]; 現分 **queu·ing, queue·ing** [~iŋ]) 自《英》〔…のために / …するために〕列をつくる, 並んで待つ (*up*)〔*for* / *to do*〕: *queue* (*up*) *for* the ticket = *queue* (*up*) *to* buy the ticket 切符を買うために列に並ぶ.

quib·ble [kwíbl] 動 自〔…について〕つべこべ言う, けちをつける〔*about, over*〕.
── 名 Ⓒ けち; こじつけ, 言い逃れ.

quiche [kíːʃ] 名 Ⓒ Ⓤ〖料理〗キッシュ《パイ皮に卵・チーズ・野菜などを入れて焼いたもの》.

‡**quick** [kwík] 形 副 名

── 形 (比較 **quick·er** [~ər]; 最上 **quick·est** [~ist]) **1** (a) (速度が) **速い**, 急速な (→ FAST[1] 類義語); 〔…の〕(動作・行動などが) **すばやい**, 機敏な〔*about, at*〕(↔ slow): a *quick* reader 読むのが速い人 / a *quick* walk 急ぎ足 / with a *quick* movement すばやい動きで / We had a *quick* breakfast. 私たちは大急ぎで朝食をとった / Be *quick about* it! それをさっさとやりなさい.
(b) [be quick+to do] …するのがすばやい, 機敏である: He *is quick to* quarrel and *quick to* forgive. 彼はけんかをするのも許すのも早い.
2 (a)〔…の〕(理解・習得などが) 早い, 賢い; (感覚が) 鋭い〔*at, in*〕: a *quick* mind 回転の速い頭脳(の持ち主) / have a *quick* eye for color 鋭い色彩

(文法) **疑問文 (question)**

【疑問文の種類】
❶ 一般疑問文：Yes か No で答える
❷ 否定疑問文：否定語を含む
❸ 特殊疑問文：疑問詞で始まる
❹ 選択疑問文：or を用いて選択肢を示す

【疑問文の形と答え方】
❶ 一般疑問文
■「be動詞[Is,Am,Are,Was,Were]＋主語...？」
Is he a student? — Yes, he is.
(彼は学生ですか — はい, そうです)
■「助動詞＋主語＋動詞の原形...？」
Can he play the piano? — Yes, he can.
(彼はピアノを弾けますか — はい, 弾けます)
■「Do[Does,Did]＋主語＋動詞の原形...？」
Does she like dogs? — Yes, she does.
(彼女は犬が好きですか — はい, 好きです)
■「be動詞＋主語＋現在分詞[過去分詞]...？」
Is he coming here? — No, he isn't.
(彼はこちらに向かっていますか — いいえ)
Is she liked by everyone? — Yes, she is.
(彼女はみんなに好かれていますか — はい)
■「Have[Has,Had]＋主語＋過去分詞...？」
Have you ever visited Paris? — Yes, I have. (君はパリを訪れたことがありますか — ええ)

❷ 否定疑問文：形は一般疑問文と同じです. 答えが肯定なら Yes, 否定なら No と答えます.
Can't you swim? — Yes, I can.
(君は泳げないのですか — いいえ, 泳げます)

❸ 特殊疑問文
■「疑問詞＋一般疑問文」
Where did you find it? — I found it on my desk. (それをどこで見つけましたか — 私の机の上で見つけました)
■「疑問詞＋動詞...？」(疑問詞が主語の場合)
Who arrived first? — Cathy did.
(だれが最初に着きましたか — キャシーです)

❹ 選択疑問文：「一般[特殊]疑問文＋...or～?」
Do you like cats or dogs? — I like dogs.
(猫と犬ではどちらが好きですか — 犬です)

【付加疑問】
平叙文のあとに付けて, 相手の返答を求めたり, 念を押したりする働きをします.
■ 付加疑問の作り方
❶ 肯定文のあとでは否定, 否定文のあとでは肯定の付加疑問を付ける
❷ 主語は文の主語を受ける代名詞
❸ 主語と(助)動詞の語順は一般疑問文と同じ.「(助)動詞＋主語」のあとは示さない
❹ 否定の付加疑問では,「(助)動詞＋not」が短縮形になる
You have rare stamps, don't you(↗)?
— Yes, I do. (珍しい切手をお持ちですよね — はい, 持っています)
The rumor is not true, is it(↘)?
— Yes, it is. (うわさは本当ではないよね — いいえ, 本当です)

Q

感覚を持っている / Tom was *quick at* learning Italian. トムはイタリア語を覚えるのが早かった.
(b) [be quick+to do] …するのが早い: She is *quick to* understand. 彼女は理解が早い.
3 (性質などが) 短気な, せっかちな: Matthew has a *quick* temper. マシューは短気だ.

— 副 《口語》速く, 急いで; すぐに (◇ **quickly** より語調が強い. 感嘆文以外では動詞のあとに置く): (as) *quick* as a flash 電光石火のごとく / Don't talk too *quick*. あまり速くしゃべらないでください / Please come *quick*. すぐに来てください.

— 名 U (通例 the ～)(特に爪(つめ)の下の) 肉.

■ **cút ... to the quíck** …の感情をひどく傷つける.
(▷ quícken)

quick-chànge 形 (役者などが) 早変わりの.

***quick·en** [kwíkən] 動 他 **1** 〈速度など〉を**速める**: He *quickened* his pace. 彼はペースを速めた.
2 《格式》〈興味など〉をかき立てる; 活気づける.
— 自 **1** (速度などが) 速くなる, 速まる: Her pulse *quickened*. 彼女の脈が速くなった.
2 《格式》元気になる, 活気づく. (▷ 形 quick)

quick-fire 形 (話などが) 矢つぎ早の, 活気のある.
quick-freeze 動 他 〈食品〉を急速冷凍する.
quick·ie [kwíki] 名 C《口語》急ごしらえのもの; やっつけ仕事.
quick·lime [kwíklàim] 名 U 生石灰 (lime).

‡**quick·ly** [kwíkli]
— 副 **1 速く**, 急いで, すばやく (↔ slowly): We ran to the station as *quickly* as possible. 私たちは駅までできるだけ速く走って行った / You speak too *quickly*. あなたは早口すぎる.
2 すぐに, ただちに: She answered my question *quickly*. 彼女は私の質問にすぐ答えた.

quick·ness [kwíknəs] 名 U **1** すばやさ, 迅速, 機敏. **2** 短気, 性急さ.
quick·sand [kwíksænd] 名 UC (しばしば ～s) (人や動物をのみ込む) 流砂, 砂地獄; 窮地.
quick·sil·ver [kwíksìlvər] 名 U 《古》水銀 (mercury).
quick·step [kwíkstèp] 名 C クイックステップ《テンポの速いダンスステップ》; クイックステップの曲.
quíck-tém·pered 形 短気な, 怒りっぽい.
quíck-wít·ted 形 鋭敏な, (頭の) 鋭い, 切れる.
quid [kwíd] 名 (複 **quid**) C《英口語》1 ポンド (pound)《◇貨幣単位》.
■ **be quíds ín** 有利な立場にある, もうかっている.
quid pro quo [kwíd prou kwóu]《ラテン語》名 (複 **quid pro quos** [～z]) C 代償, 見返り, お返し.
qui·es·cence [kwaiésəns, kwi-] 名 U《格式》静止(状態), 休止, 無活動.
qui·es·cent [kwaiésənt, kwi-] 形《格式》静止[休止]している, 無活動の; (病気が) 小康状態の.

‡**qui·et** [kwáiət] 形 名 動 【原義は「休息した」】
— 形 (比較 **qui·et·er** [～ər]; 最上 **qui·et·est** [～ist]) **1 静かな**, もの静かな (↔ noisy) (→ 類義語); 動きのない, 静止した: Be *quiet*. 静かにしなさい / The students kept *quiet* while the teacher talked. 先生が話をしている間, 生徒たちは静かにしていた / My car is a very *quiet* one. 私の車 (のエンジン) はとても静かです / The winds are *quiet* now. 今のところ風はやんでいる.
2 落ち着いた, くつろいだ; 平穏な, 平和な (peaceful); 単調な: a *quiet* dinner party くつろいだ晩さん会 / I want to lead a *quiet* life after my business career. 私は会社勤めが終わったらのんびりとした生活を送りたい / She finds life in the country too *quiet*. 彼女は田舎の生活が単調すぎると思っている.
3 おとなしい, もの静かな, 上品な: a *quiet* girl おとなしい女の子 / Kate has a *quiet* disposition. ケートはもの静かな性格です.
4 (服装・色彩などが) 地味な, 渋い (↔ loud): *quiet* colors 地味な色.
5 内密の, ひそかな: cherish a *quiet* love ひそかに恋愛感情を抱く.
■ **kèep quíet abòut ...** = **kèep ... quíet** …について黙っている, …を内緒にする.

— 名 U **1** 静けさ, 静寂, 閑静: the *quiet* of the night 夜の静けさ / Mary felt relaxed by the *quiet* of the woods. メアリーは森の静けさで心が安らいだ. **2** 平穏, 平静, 平和: live in peace and *quiet* 平穏無事な生涯を送る.
■ **on the quíet** 《口語》こっそり, 秘密に.

— 動《主に米》他 …を静める, なだめる (*down*)《《主に英》quieten》: The mother *quieted* the crying child. 母親は泣いている子供をなだめた.
— 自 静かになる, おさまる (*down*).

┌─ 類義語 ─────────────────────┐
│ **quiet, silent, still, peaceful, calm**
│ 共通する意味 静かな (making little or no noise; free from violent movement or emotion)
│ **quiet** は「気になるほどの音・動きがない」ことを表す: It is so *quiet* that you could hear a pin drop. とても静かなので針が落ちても聞こえるだろう. **silent** は「無声 [無音] の」の意: a *silent* film 無声映画 / *silent* snow 音もなく降る雪. **still** は「動かず, 音も立てないでじっとしている」ことを表す: The child can't stay *still*. その子はじっとしていられない. **peaceful** は「穏やかな, 波乱のない」状態を表す: a *peaceful* life 平穏な生活. **calm** は特に騒ぎや興奮状態の前後の「一時的に平穏 [平静] な」状態を表す: a *calm* interlude during a war 戦争の合間の穏やかなひととき.
└─────────────────────────────┘

qui·et·en [kwáiətən] 動《主に英》= QUIET (↑).

‡**qui·et·ly** [kwáiətli]
— 副 **1 静かに**; そっと: You must walk *quietly* here. ここでは静かに歩かなくてはいけません / She tried to speak more *quietly*. 彼女はもっと静かに話そうと努めた.
2 平穏に, 穏やかに; ひそかに: Since then he lived very *quietly* in a small village. それ以来彼は小さな村でひっそりと暮らした.
3 地味に: be dressed *quietly* 地味な服装をしている.

qui・et・ness [kwáiətnəs] 名 U 静けさ; 平静: the *quietness* of the country 田舎の静けさ.

qui・e・tude [kwáiət/ùːd / -tjùːd] 名 U《格式》静けさ; 平静, 平穏 (calmness).

qui・e・tus [kwaiíːtəs] 名 C《単数形で》《格式》死, とどめ; 消滅; 終わり.

quiff [kwíf] 名 C《英》(男性の)額の上の方になで上げた巻き毛.

quill [kwíl] 名 C **1** 羽軸; = quíll féather (大きく硬い) 鳥の羽. **2** = quíll pén (羽軸で作った) 羽ペン. **3**《通例 ~s》(ヤマアラシなどの) 針毛.

*****quilt** [kwílt] 名 C **1**《羽毛などを入れて刺し子縫いした布団》. **2**《主に米》厚手のベッドカバー.
— 動 他 …をキルティング[刺し子縫い]にする.

quilt・ed [kwíltid] 形 キルト(風)の.

quilt・ing [kwíltiŋ] 名 U キルティング, 刺し子縫い; キルティングの生地.

quin [kwín] 名《英口語》= QUINTUPLET (↓).

quince [kwíns] 名 C《植》マルメロ(の木, 実).

qui・nine [kwáinain / kwiníːn] 名 U《薬》キニン, キニーネ(剤)《マラリアの特効薬》.

quint [kwínt] 名《米口語》= QUINTUPLET (↓).

quin・tes・sence [kwintésəns] 名《the ~》《格式》[…の] 典型, 化身; 真髄, 本質 《of》.

quin・tes・sen・tial [kwìntəsénʃəl] 形 典型的な; 真髄の.

quin・tes・sen・tial・ly [-ʃəli] 副 典型的に.

quin・tet, quin・tette [kwintét] 名 C **1**《音楽》五重奏[唱]団, クインテット; 五重奏[唱]曲. **2**(一般に)5人組, 5つひと組のもの.

quin・tu・plet [kwintʎplət / kwíntjuplət] 名 C 五つ子の1人;《~s》五つ子《《米口語》quint,《英口語》quin》(→ TWIN 関連語).

quip [kwíp] 名 C 気の利いた言葉, 警句, (機転のきいた) 冗談.
— 動 (三単現 **quips** [~s]; 過去・過分 **quipped** [~t]; 現分 **quip・ping** [~iŋ]) 自 冗談を言う, からかう; 警句を吐く.

quire [kwáiər] 名 C (紙の) 1帖(ひと)《24枚》.

quirk [kwə́ːrk] 名 C **1** 思いがけない出来事, 巡り合わせ. **2** 奇抜, 奇癖.

quirk・y [kwə́ːrki] 形 (比較 **quirk・i・er** [~ər]; 最上 **quirk・i・est** [~ist]) 癖のある, 奇妙な.

quis・ling [kwízliŋ] 名 C 裏切り者, 売国奴.

*****quit** [kwít] 動 形《原義は「解放する」》
— 動 (三単現 **quits** [kwíts]; 過去・過分 **quit,**《英》**quit・ted** [~id]; 現分 **quit・ting** [~iŋ])
— 他 **1** (a)《quit + O》〈仕事・習慣など〉を**やめる**, 中止する (→ DESERT² 類義語): *quit* one's job 辞職する / He has to *quit* college and get a job. 彼は大学をやめて職を得なければならない.
(b)《quit + 動名》…することをやめる: *quit* smoking [*drinking*] たばこ[酒]をやめる.
2《古》〈人・場所〉から去る, 離れる.
— 自《口語》やめる, 辞職する: He had no choice but to *quit*. 彼は辞職するよりほかになかった.
— 形《叙述用法》《格式》〔…から〕逃れて, 自由で; 〔…が〕なくて〔of〕: I felt easy to be *quit of* all my debts. 私はすべての借金から解放されてほっとした.

*****quite** [kwáit]
— 副《比較なし》**1 まったく**, 完全に, すっかり (completely): You are *quite* right. まったくあなたのおっしゃる通りです / I *quite* agree with you. 私はあなたとまったく同じ意見です / His opinion is *quite* the opposite of mine. 彼の意見は私の意見とまったく反対です / This is *quite* the biggest fish I've ever caught. これは私が(これまでに)釣った中でまさしく一番大きな魚です.
2 相当に, かなり;《主に英》なかなか, まあまあ: It is *quite* hot today. きょうはかなり暑い / I had to wait *quite* a long time. 私は結構長く待たなければならなかった / His sister is *quite* beautiful. 彼のお姉さんはとても美しい / How was the concert? — *Quite* good. コンサートはどうでしたか—まあまあでした.
[語法]「a [an] + 形容詞 + 名詞」を修飾する場合, quite は次の2通りの位置に置くことができる.
(1)「a + quite + 形容詞 + 名詞」
(2)「quite + a [an] + 形容詞 + 名詞」
ただし, 形容詞が単音節語, または第1音節にアクセントがある語の場合は (2) の形になる: *quite a good dinner* まったくすばらしい晩さん.
3《部分否定》《not と共に用いて》完全に…というわけではない, まったく…とは限らない: I *don't quite* agree with you. 私はあなたに全面的に賛成というわけではない / I felt that there was something *not quite* right about his opinion. 私は彼の意見にはどこか間違っているところがあるように感じた.
4《英口語》まったくそうだ, その通り《◇相手の言葉に対して相づちとして用いられる》: She did an excellent job. — *Quite* (so). 彼女はすばらしい仕事をしました—まったくその通りです.
■ *quíte a* [*sòme*] **...** 本当にすばらしい…, かなりの…, なかなかの…: We have had *quite a* summer. 私たちは本当にすばらしい夏を過ごした.
quíte a féw ... かなり多くの… [数](→ FEW 成句).
quíte a líttle ... かなり多くの… [量](→ LITTLE 成句).
quíte sómething《口語》大したこと[もの]; すばらしいこと[もの].

quits [kwíts] 形《叙述用法》《口語》(返済・仕返しなどによって)〔…と〕立場が対等な, 五分五分の〔with〕.
■ *cáll it quíts*《口語》(仕事などを)切り上げる; 引き分けたことを認める.

quit・ter [kwítər] 名 C《口語》(仕事・義務を)すぐに放棄する人, 三日坊主.

*****quiv・er¹** [kwívər] 動 自《怒りなどで》(小刻みに) 震える〔with〕(→ SHAKE 類義語);《風などに》(小さく) 揺れる〔in〕: *quiver with* fright 恐怖に震える / The leaves *quivered in* the breeze. 木の葉が風にそよいだ.
— 名 C《通例 a ~》(小刻みな) 震え, 揺れ; 震え声.

quiv・er² 名 C 矢筒《矢を入れて背負う》.

Qui・xo・te [kihóuti / kwíksət] 名 固 → DON QUIXOTE ドン=キホーテ.

quix·ot·ic [kwiksátik / -sɔ́t-] [形] ドン=キホーテ的な; 《格式》空想的な, 非現実的な.
quix·ot·i·cal·ly [-kəli] [副] ドン=キホーテ的に.

***quiz** [kwíz] [名][動]
— [名] (複 **quiz·zes** [~iz]) [C] **1** (ラジオ・テレビなどの) **クイズ**: a *quiz* show on TV テレビのクイズ番組.
2 《主に米》 簡単な試験, 小テスト (→ EXAMINATION [類義語]): a *quiz* in math = a math *quiz* 数学の小テスト / The teacher gives us a *quiz* every lesson. その先生は毎時間小テストをする.
— [動] (三単現 **quiz·zes** [~iz]; 過去・過分 **quizzed** [~d]; 現分 **quiz·zing** [~iŋ]) [他] **1** …に詳しく質問する, 問い詰める: The police officer *quizzed* me about where I'd been that night. 警官はその夜どこにいたのかと私を問い詰めた.
2 《主に米》〈人〉に (簡単な) テストをする.

quiz·mas·ter [kwízmæ̀stər / -mɑ̀ːs-] [名] [C] 《米》クイズ番組の司会者 (《英》question master).

quiz·zi·cal [kwízikəl] [形] (笑い・表情が) 不思議そうな, 不審そうな; からかうような.
quiz·zi·cal·ly [-kəli] [副] 不審げに; からかうように.

quoit [kɔ́it, kwɔ́it] [名] **1** [~s; 単数扱い] 輪投げ. **2** [C] (輪投げ用の) 輪.

quo·rate [kwɔ́ːreit] [形] 定足数に達している.

quo·rum [kwɔ́ːrəm] [名] [C] [通例, 単数形で] (議決に必要な) 定数, 定足数.

quo·ta [kwóutə] [名] [C] **1** 割り当て, 分担 (share). **2** (輸入品・移民などの) 割り当て数 [量].

quot·a·ble [kwóutəbl] [形] 引用できる, 引用する価値のある.

*quo·ta·tion** [kwoutéiʃən] [名] **1** [C] [… からの] 引用文, 引用句 [語] [*from*]: a *quotation from* Shakespeare シェイクスピアからの引用文.
2 [U] 引用 (する [される] こと).
3 [C] [… の] 見積額 [*for*]; (商品・株式の) 相場: a *quotation for* fixing the car 車の修理代の見積もり. (▷ [動] quóte)
◆ **quotátion màrks** [複数扱い] 引用符 (《" ", ' '》 (《英》 inverted comma).

***quote** [kwóut] [動][名]
— [動] (三単現 **quotes** [kwóuts]; 過去・過分 **quot·ed** [~id]; 現分 **quot·ing** [~iŋ])
— [他] **1** [quote + O] 〈他人の言葉・文など〉を [… から] **引用する**, 引き合いに出す [*from*]: He *quoted* a passage *from* Shakespeare. 彼はシェイクスピアから1節を引用した / Don't *quote* me (on this). 私を引き合いに出さないでください, ここだけの話にしてください.
2 [quote + O] (立証するために) 〈実例など〉を示す; [quote + O + O] 〈人〉に〈実例など〉を示す: He *quoted* (me) three cases to support his theory. 彼は自分の理論を裏付けるための事例を3つ (私に) 示した.
3 [… に] 〈価格〉を見積もる, 付ける [*for, on*]; 〈商品など〉に [… の] 値段を付ける [*at*]: He *quoted* $120 *for* repairing the air conditioner. 彼はエアコンの修理に120ドルかかると見積もった.
— [自] **1** [… から] 引用する [*from*]: He *quoted from* the article. 彼はその記事から引用した.
2 引用 (文) を始める (→ UNQUOTE).
— [名] 《口語》 [C] **1** 引用句 [語, 文]. **2** [通例 ~s] 引用符 (quotation marks): in *quotes* 引用符付きで. **3** 見積もり, 相場額 (quotation).
(▷ [名] quotátion)

quoth [kwóuθ] [動] [他] 《古》 …と言った (said) (◇1人称・3人称単数の主語の前に使う).

quo·tid·i·an [kwoutídiən] [形] 《古》 毎日の, いつもの; ありふれた, 平凡な.

quo·tient [kwóuʃənt] [名] [C] 【数学】 (割り算の) 商 (cf. product 積); 指数: an intelligence *quotient* 知能指数 (《略語》 IQ).

Qu·ran [kərǽn/kɔːrɑ́ːn] [名] = KORAN コーラン.

q.v. 【ラテン】《略語》 …を見よ, …参照 (◇ *quod vide* の略).

qwer·ty [kwə́ːrti] [形] (ワープロなどのキーボードが) クワーティ配列の 《キーボードの2列目が左端から q, w, e, r, t, y の順になっている標準文字配列》.

Q

R r

r, R [á:r] 名(複 r's, rs, R's, Rs [~z]) **1** ⓊⒸ アール《英語アルファベットの18番目の文字》. **2** Ⓒ [大文字で] R字形のもの.
■ *the thrée R's* [Rs] 読み書き算数 (◇ reading, writing, arithmetic から).

R 《記号》《米》(映画が) 準成人向きの (restricted)《17歳未満は保護者の同伴が必要; → FILM 表》.

r. 《略語》= radius 半径; railroad; railway; right; road.

R. 《略語》= railroad; railway; Republican 《米》共和党員; rex 王; river; road.

Ⓡ 《記号》登録商標 (registered trademark).

Ra¹ 《元素記号》= radium ラジウム.

Ra² [rá:] 名 (固) ラー 《古代エジプトの太陽神》.

R.A. 《略語》= Royal Academy 英国王立美術院.

rab·bi [rǽbai] 名Ⓒ **1** 《ユダヤ教の》律法学者; 牧師, ラビ. **2** 《敬称として》先生.

rab·bin·i·cal [rəbínikəl], **rab·bin·ic** [-ik] 形 ラビの; ラビの教義〔学問, 著作〕の.

****rab·bit** [rǽbit] 名動
—名(複 **rab·bits** [-bits]) **1** Ⓒ (飼い) ウサギ《野ウサギ (hare) より小型で耳が長い》;(一般に) ウサギ: run like a *rabbit* 一目散に逃げる.
2 Ⓤ ウサギの肉; ウサギの毛皮.
3 Ⓒ《英口語》〔運動競技の〕下手な人 [*at*].
—動 (過去·過分 ; 現分《英》**rab·bit·ted** ; **rab·bit·ting**) ⓐ ウサギ狩りをする: go *rabbiting* ウサギ狩りに行く.
■ *rábbit ón* [*about*] 《英口語·軽蔑》〔…について〕ぶつぶつ文句を言う, 不平を言う.
◆ **rábbit èars** [複数扱い]《口語》(室内用) V字型テレビアンテナ.
rábbit hùtch Ⓒ ウサギ小屋.
rábbit wàrren Ⓒ ウサギの飼育場 [繁殖地];《軽蔑》ごみごみした地域 [建物] (warren).

rab·ble [rǽbl] 名 **1** [単数形で] 群衆, やじ馬; 暴徒. **2** [通例 the ~] 《軽蔑》大衆, 民衆.

ráb·ble-ròus·er Ⓒ 民衆を扇動する人.

ráb·ble-ròus·ing 形 民衆を扇動する.
—名 Ⓤ 扇動 (すること).

rab·id [rǽbid] 形 **1** 過激な, 猛烈な. **2** 狂犬 [恐水] 病にかかった.

ra·bies [réibi:z] 名Ⓤ 狂犬 [恐水] 病 (hydrophobia).

rac·coon [rækú:n / rə-] 名(複 **rac·coon**, **rac·coons** [~z]) Ⓒ《動物》アライグマ《北米南部産;《米口語》では coon とも言う》; Ⓤ アライグマの毛皮.
◆ **raccóon dòg** Ⓒ (東アジアの) タヌキ.

****race¹** [réis] 名動 《原義は「走ること, 突進」》
—名(複 **rac·es** [~iz]) Ⓒ **1** 〔…との / …間の〕競走, レース [*against, with / between*]: win [lose] a *race* 競走に勝つ [負ける] / hold [organize] a *race* レースを開催する / I'm going to run [have] a *race against* Tom. 私はトムと競走するつもりです / She won first place in the mile *race*. 彼女は1マイル競走で1位になった.
【関連語】automobile [motor] race 自動車レース / bicycle race 自転車レース / boat race ボートレース / horse race 競馬 / obstacle race 障害物競走 / relay race リレー競走 / sprint race 短距離競走
2 [the ~s] 競馬: go to the *races* 競馬に行く / play the *races* 《米》競馬に賭(*)ける.
3 〔…のための / …との〕競争, 争い [*for / against*]: an arms [armament] *race* 軍備 (拡張) 競争 / a *race for* power 権力争い.
4 《文語》急流, 早瀬;(水車などのための) 水路.
■ *a ráce agàinst tíme* 時間との闘い《期限内に仕事を仕上げようと努力すること》.
—動 ⓐ **1**〔…と〕競走 [競争] する [*with*, *against*]: She has *raced against* some of the best runners in the world. 彼女は世界の一流ランナーの何人かと競走したことがある / The two candidates *raced* for the presidency. 両候補は大統領の座を争った.
2 [通例, 副詞 (句) を伴って] 疾走する, 急いで行く: People *raced* for shelter in the rain. 人々は雨の中を雨宿りの場所を求めて先を争った.
3 (時間などが) あっという間に過ぎる (*by*): The Christmas vacation *raced by*. クリスマス休暇はあっという間に過ぎ去った.
4 (心臓の鼓動などが) 速くなる.
5 (エンジン·モーターなどが) 空転する.
—他 **1**〈人·車など〉と競走する: I'll *race* you to the station. 駅まで競走しよう. **2**〈動物·車など〉をレースに出す,〔…と〕競走させる [*against*]: *race* one's horse in the Derby 持ち馬をダービーに出走させる. **3** …を大急ぎで運ぶ;〈議案などを〉急いで通過させる: The patient had to be *raced* to the hospital. その患者は病院に急いで運ばなければならなかった. **4**〈エンジンなど〉を空転させる.
◆ **ráce càrd** Ⓒ 出馬表, 競馬番組表.
ráce mèeting Ⓒ《英》競馬大会, 競馬の開催.

****race²** [réis]
—名(複 **rac·es** [~iz]) **1** ⓊⒸ 人種, 民族 (→ 類義語);[形容詞的に] 人種 [民族] の: the white [black, yellow] *race* 白色 [黒色, 黄色] 人種 / colored *races* 有色人種 / the Japanese [Anglo-Saxon] *race* 日本 [アングロサクソン] 民族 / the *race* problem 人種問題.
2 Ⓒ [通例, 複合語で] (生物の) 種属, 類: the

human *race* 人類 / the feathered *race* 鳥類. **3** U《格式》家系, 家柄; 祖先; 一族. **4** C《人間の》集団, 仲間, 同類 [*of*]. (▷ 形 rácial)

◆ ráce relàtions [複数扱い]（同一国家内の）異民族関係, 人種関係.

ráce rìot C 人種暴動.

類義語 race, nation, people, tribe
共通する意味▶民族 (a group of human beings having a common descent, language, culture, or government)
race は皮膚の色・顔の特徴など「身体的に共通の特徴を持つ人々の集団」をさす: The Japanese belong to the Mongoloid *race*. 日本人はモンゴロイド人種に属する. **nation** は1つの政府の下に「政治的に統合されている人々の集団」をさす: the British *nation* 英国民 / Asian *nations* アジアの諸国民. **people** は「人種的・文化的に共通の背景を持つ人々の集団」をさす: Jews are a *people* but not a nation. ユダヤ人は1つの民族ではあるが1つの国民ではない. **tribe** は「原始的な民族, 種族」をさす: The Germanic race is a blend of a number of *tribes*. ゲルマン民族はいくつもの部族の混合である.

race・course [réiskɔ̀ːrs] 名 C **1**《英》競馬場 (《米》racetrack). **2**《米》競走路 [路] (course).

race・horse [réishɔ̀ːrs] 名 C 競走馬.

rac・er [réisər] 名 C（自動車）レーサー, 競走者; 競走馬; レース用ヨット [自転車, 自動車, ボート].

race・track [réistræ̀k] 名 **1** 競走場 [路], トラック. **2**《米》競馬場 (《英》racecourse).

‡**ra・cial** [réiʃəl] 形 人種 (上) の, 民族 [種族] (間) の: *racial* discrimination 人種差別 / *racial* prejudice 人種的偏見 / *racial* equality (雇用・教育などでの) 人種間の平等. (▷ 名 ráce²)

ra・cial・ly [-ʃəli] 副 人種的に, 人種上.

ra・cial・ism [réiʃəlìzəm] 名 U《英・古風》= RACISM (↓).

ra・cial・ist [réiʃəlist] 形《英・古風》= RACIST (↓).

*rac・ing [réisiŋ] 名 U 競走, レース《競馬・自転車[自動車] レースなど》; [形容詞的に] レース用の; レースに関係のある.

◆ rácing càr C レース用自動車, レーシングカー.

rac・ism [réisìzəm] 名 U 人種差別; 民族的優越感.

rac・ist [réisist] 形 人種差別主義 (者) の.
—名 C 人種差別主義者.

‡**rack**¹ [rǽk] 名 C **1** 棚, …掛け, ラック;（列車の）網棚: I put my books on the *rack*. 私は本を網棚に載せた. **2**《農》まぐさ棚. **3** [the ~] (中世の) 拷問 (だ) 台; 苦しみ.

■ **on the ráck**（肉体的・精神的に）非常に苦しんで.
—動 他 **1** [通例, 受け身で] …を拷問にかける, […で] 責める, 苦しめる [*by, with*]: He was *racked by* [*with*] a headache. 彼は頭痛に苦しんだ. **2** 〈知恵〉を絞る, 〈頭〉を酷使する.

■ *ráck úp* 他《米口語》**1**〈得点〉を上げる. **2** …に打撃[害] を与える. **3** …の価値を上げる.

rack² [rǽk] 名 [次の成句で]

■ *gò to ráck and rúin*（建物などが）荒れ果てる; 破滅する.

‡**rack・et**¹ [rǽkit] 名 [原義は「手のひら」]
—名 (複 **rack・ets** [-its]) **1** C （テニス・バドミントンなどの）**ラケット** (cf. paddle（卓球の）ラケット): a tennis *racket* テニスラケット / hit a ball with a *racket* ラケットでボールを打つ.
2 [~s; 単数扱い]《球技》ラケットボール, ラケッツ《ラケットを持った2人または4人が壁で囲まれたコートでボールを壁にはね返らせて打ち合う球技》.

rack・et² [rǽkit] 名 **1** U [または a ~] 大騒ぎ, 騒音: Who's making all the *racket*? 大騒ぎしているのはだれですか. **2** C 不正な金もうけ; ゆすり.
—動 自 浮かれ騒ぐ, 遊び回る (*about, around*).

rack・et・eer [rǽkətíər] 名 C ゆすり屋, 脅迫者, やくざ, 密売人.

rack・et・eer・ing [rǽkətíəriŋ] 名 U ゆすり, 脅迫, 密売.

rac・on・teur [rǽkɑntə́ːr / -kɔn-]《フランス語》名 C 話し上手 (な人).

ra・coon [rækúːn, rə-] 名 = RACCOON (↑).

rac・y [réisi] 形 (比較 **rac・i・er** [~ər]; 最上 **rac・i・est** [~ist]) (話・文などが) 面白い, きびきびした; きわどい, みだらな.

‡**ra・dar** [réidɑːr] 名 U レーダー, 電波探知; C レーダー装置《◇ *ra*dio *d*etecting *a*nd *r*anging の略》: on the *radar* screen レーダー網 [画面] に.

◆ rádar tràp C スピード違反探知器,「ネズミ捕り」.

ra・di・al [réidiəl] 形 **1** 半径の. **2** 放射 (線) 状の: a *radial* road 放射状道路.
—名 C《口語》= rádial tíre [《英》týre] ラジアルタイヤ.

ra・di・ance [réidiəns] 名 U 輝き, きらめき;（目・顔の）輝き.

*ra・di・ant [réidiənt] 形 **1** [限定用法] 輝く, 光 [熱] を放つ (▷ BRIGHT 類義語). **2**（顔などが）[…で] 晴れやかな, 輝かしい [*with*]: His face was *radiant with* joy. 彼の顔は喜びに輝いていた.
3 [限定用法]《物理》放射 [輻 (ふく) 射] の: *radiant* heat 放射熱.

ra・di・ant・ly [~li] 副 輝いて; にこやかに.

*ra・di・ate [réidièit] 動 自 **1**〈熱・光などが〉[…から] 放射する, 発する [*from*]: A beam of light *radiated from* the lighthouse. 灯台から一条の光が出ていた. **2**（喜びなどが）生き生きと表情に出る. **3** 放射状に延びる.
—動 他 **1**〈熱・光など〉を放射する, 発する. **2**〈喜びなど〉を表す: Her face *radiated* joy. 彼女の顔は喜びに輝いていた. (▷ 名 rádiátion)

‡**ra・di・a・tion** [rèidiéiʃən] 名 **1** U（光・熱などの）放射, 拡散, 発散; 放射物 [エネルギー]: ultraviolet [infrared] *radiation* 紫外 [赤外] 線. **2** U 放射能 [線]; C 放射性物質: a *radiation* leak 放射能漏れ. (▷ 動 rádiáte)

◆ radiátion sìckness U《医》放射線障害.

*ra・di・a・tor [réidièitər] 名 C **1**（蒸気などを利用する）暖房器, 放熱器. **2**（車のエンジンなどの）冷却装置, ラジエーター.

rad·i·cal [rǽdikəl] 形 **1** 根本的な, 徹底的な, 本質的な: a *radical* reform 抜本的な改革 / make a *radical* change in one's diet 食生活を一変させる. **2** 急進的な, 過激な, ラジカルな; [しばしば R-] 急進派の: a *radical* view 急進的な考え. **3** 〖数学〗根の; 〖化〗基の.
— 名 C **1** 急進主義者, 過激派. **2** 〖数学〗根, 根号 (√) (◇ radical sign とも言う); 〖化〗基.

rad·i·cal·ism [rǽdikəlìzəm] 名 U [時に R-] 急進主義, 過激論.

rad·i·cal·ly [rǽdikəli] 副 根本的に, 徹底的に.

ra·di·i [réidiài] 名 radius の複数形.

★★★ra·di·o [réidiòu] 名 動
— 名 (複 **ra·di·os** [~z]) (◇ *radiotelegraphy* の略) **1** [U] [しばしば the ~] ラジオ (放送): listen to the *radio* ラジオを聴く / She learned of the accident on the *radio*. 彼女はラジオでその事故のことを知った.
2 C ラジオ (受信機): a portable *radio* 携帯ラジオ / turn [put, switch] on a *radio* ラジオをつける / turn [switch] off a *radio* ラジオを消す / turn up [down] a *radio* ラジオのボリュームを上げる [下げる]. **3** C 無線受信機; U 無線 (通信), 無線電話: send [receive] a message by *radio* 無線で送信 [受信] する. **4** [形容詞的に] ラジオ (放送) の, 無線の: a *radio* program ラジオ番組 / a *radio* station ラジオ放送局.
— 動 他 **1** 〈通信などを〉無線で送る; …に無電を打つ. **2** 〈番組などを〉ラジオで放送する.
— 自 […に] 無線連絡をする; 無電を打つ (*to*).
◆ rádio bèacon C 無線標識 (beacon).
rádio càr C 無線車 [パトカー, タクシー].
rádio frèquency C 無線周波数.
rádio télescope C 電波望遠鏡.
rádio wàve C [通信] 電波.

ra·di·o- [réidiou] 接合 「放射の, 放射性 [能] の」「無線の」などの意を表す: *radio*active 放射能の.

★ra·di·o·ac·tive [rèidiouǽktiv] 形 放射性の, 放射能のある: *radioactive* substances 放射性物質 / *radioactive* waste 放射性廃棄物.

ra·di·o·ac·tiv·i·ty [rèidiouæktívəti] 名 U 〖物理〗放射能.

ra·di·o·car·bon [rèidiouká:rbən] 名 U 〖化〗放射性炭素.
◆ radiocárbon dáting U 放射性炭素年代測定法 (carbon dating).

rá·di·o-con·trólled 形 無線操縦の, ラジコンの.

ra·di·og·ra·pher [rèidiágrəfər / -ɔ́g-] 名 C X 線 [レントゲン] 技師.

ra·di·og·ra·phy [rèidiágrəfi / -ɔ́g-] 名 U X 線 [レントゲン] 写真術.

ra·di·o·i·so·tope [rèidiouáisətòup] 名 C 〖化〗放射性同位元素, ラジオアイソトープ.

ra·di·ol·o·gist [rèidiáləʤist / -ɔ́l-] 名 C 放射線学者; X 線 [レントゲン] 技師.

ra·di·ol·o·gy [rèidiáləʤi / -ɔ́l-] 名 U 放射線 (医) 学.

ra·di·o·tel·e·phone [rèidioutéləfòun] 名 (特に自動車の) 無線電話機.

ra·di·o·ther·a·pist [rèidiouθérəpist] 名 C 放射線治療医.

ra·di·o·ther·a·py [rèidiouθérəpi] 名 U 放射線療法.

rad·ish [rǽdiʃ] 名 C ラディッシュ, ハツカダイコン.

★ra·di·um [réidiəm] 名 U 〖化〗ラジウム 《放射性元素; 《元素記号》Ra》.

★ra·di·us [réidiəs] 名 C (複 **ra·di·i** [-ài], **ra·di·us·es** [~iz]) **1** 半径 (の長さ) (cf. diameter 直径; → FIGURE 図): within a *radius* of two miles from the station 駅から半径 2 マイル以内に.
2 (活動・能力などの) 範囲.
3 〖解剖〗橈骨 (こつ) 《前腕の内側の骨》.

ra·don [réidɑn / -dɔn] 名 U 〖化〗ラドン 《放射性の希ガス元素; 《元素記号》Rn》.

RAF [á:rèièf, rǽf] 略語 = *Royal Air Force* [the ~] 英国空軍.

raf·fi·a [rǽfiə] 名 C 〖植〗ラフィアヤシ; U ラフィア 《ラフィアヤシの葉の繊維》.

raff·ish [rǽfiʃ] 形 《文語》下品だが魅力的な.

raf·fle [rǽfl] 名 C 富くじ 《慈善目的が多い》.
— 動 他 …を富くじの賞品に出す (*off*).

raft[1] [rǽft / rá:ft] 名 C いかだ; (水泳場の) 浮き台; 救命ボート, ゴムボート (life raft).
— 動 他 …をいかだで運ぶ; いかだで進む.
— 自 いかだ [ゴムボート] で行く.

raft[2] 名 [次の成句で]
■ *a ráft of ...* 《口語》たくさんの….

raf·ter [rǽftər / rá:f-] 名 C [通例 ~s] 〖建〗たる木 《屋根板を支える木材》.

★rag[1] [rǽg] 名 **1** U C ぼろ, ぼろ切れ; 布切れ: a cotton *rag* 綿の布切れ.
2 [~s] ぼろ服: be in *rags* ぼろ服を着ている.
3 C 《口語・軽蔑》(くだらない) 新聞 [雑誌].
■ *féel like a wét ràg* 《口語》ひどく疲れている.
(gò) from rágs to ríches 貧乏人から金持ちに (なる).
like a réd ràg to a búll 《英口語》(人を) 怒らせるような. 《由来》闘牛用の赤い布から)
◆ rág dòll C ぬいぐるみの人形.
rág tràde [the ~] 《口語》(女性物の) 服飾産業.

rag[2] 動 (三単現 **rags** [~z]; 過去・過分 **ragged** [~d]; 現分 **rag·ging** [~iŋ]) 《英・古風》〈人〉を […のことで] からかう (*about*).

rag·a·muf·fin [rǽgəmλfin] 名 C 《文語》ぼろを着た子供; 浮浪児.

rag·bag [rǽgbæg] 名 C ぼろ入れ (袋); 《口語・軽蔑》がらくたの山, 寄せ集め.

★rage [réiʤ] 名 U C **1** […に対する] 激怒, 抑えの利かない怒り [*at*, *against*]: in a *rage* at … …にかっとなって, 腹を立てて / fly into a *rage* かっとなる. **2** (波・風・火事・感情などの) 激しさ, 荒れ狂うこと, 猛威: the *rage* of the storm あらしの猛威. **3** […に対する] 熱狂, 熱望; […の] (一時的な) 流行 [*for*]: have a *rage* for rock ロックに熱狂する / Tango is all the *rage* again. タンゴがまた大流行している.
— 動 自 **1** […に / …のことで] 激怒する [*at*, *against* / *about*]: She *raged* at herself. 彼女は自分自身に腹を立てた. **2** (悪天候・病気などが)

ragged

荒れ狂う: The forest fire *raged* for a week. 山火事は1週間荒れ狂った.
■ *ráge itsèlf óut* (あらしなどが) 収まる.

rag·ged [rǽgid] [☆発音に注意] 形 **1**《主に米》ぼろぼろの [ずたずた] の; 着古した; ぼろをまとった: a *ragged* coat ぼろぼろのコート. **2** ぎざぎざの, ごつごつした; (髪などが) ぼさぼさの, もじゃもじゃの: *ragged* rocks ごつごつした岩 / be on the *ragged* edge《米口語》危ない瀬戸際にいる.
3（仕事などが）不完全な; 耳ざわりな.
■ *rún ... rágged*《口語》…をへとへとに疲れさせる.

rag·ged·ly [-li] 副 ぼろぼろに, ぼろに.
rag·ged·ness [-nəs] 名 U みすぼらしさ.
rag·ged·y [rǽgidi] 形 ぼろぼろの.

rag·ing [réidʒiŋ] 形【限定用法】**1**（感情などが）激しい, 猛(烈)う狂う. **2**（川の流れなどが）逆巻く.

rag·lan [rǽglən] 名 C ラグランコート（ラグランそで (raglan sleeve) のコート). —— 形 ラグランの.
◆ **ráglan sléeve** C ラグランそで《肩から縫い目なしで続いているそで》.

ra·gout [rægú:]《フランス》名 CU ラグー《スパイスを利かせた野菜と肉のシチュー》.

rag·tag [rǽgtæg] 形《口語》（集団・組織などが）寄せ集めの; みすぼらしい.

rag·time [rǽgtàim] 名 U ラグタイム《19世紀末に米国で流行し, ジャズの先駆けとなった音楽》.

rag·weed [rǽgwìːd] 名 C U ブタクサ《キク科の一年草. 花粉はアレルギーの原因になる》.

rah [ráː] 間《米口語》フレー, 万歳 (hurrah).

raid [réid] 名 C **1** […に対する]（軍隊などの）急襲, 襲撃 [*on, upon*]: an air *raid* 空襲. **2** […への]（警察の）手入れ [*on, upon*]: make a *raid* on the gambling house 賭博(とばく)場の手入れをする.
—— 動 他 …を急襲する; （警察が）…に手入れをする.
—— 自 奇襲する.

raid·er [réidər] 名 C 強盗; 侵入者 [機, 船].

rail[1] [réil]
名 動 **【原義は「定規」】**
—— 名 (複 **rails** [~z]) **1** C （しばしば複合語で）横木, 手すり, 棒; 欄干: a stair *rail* 階段の手すり / a towel *rail* タオル掛け / a curtain *rail* カーテンレール / lean on a *rail* 手すりに寄りかかる.
2 C （通例 ~s）（鉄道などの）レール, 軌道, 線路: lay the *rails* レールを敷く. **3** U 鉄道 (railroad): travel by *rail* 鉄道で旅行する.
■ *òff the ráils* **1**（列車などが）脱線して.
2《英口語》混乱して; 常軌を逸して.
—— 動 他 を柵(さく)［横木］で囲う (*in, off*); …に手すりを付ける.

rail[2] 動 自《格式》[…を]ののしる, しかる; あざける [*at, against*].

rail·ing [réiliŋ] 名 C（通例 ~s）手すり; 柵(さく).
rail·ler·y [réiləri] 名 U（悪意のない）冗談.

rail·road [réilròud] 名 動
—— 名 (複 **rail·roads** [-ròudz])《米》**1** C 鉄道, 鉄道線路; [しばしば ~s] 鉄道会社《英》railway)（《略語》r., R., R.R.): build a *railroad* 鉄道を敷設する / work for the *railroads* 鉄道会社で働く / This *railroad* operates 50 trains a day. この鉄道は1日に50本の列車を走らせている.
2[形容詞的に] 鉄道の: a *railroad* station 鉄道の駅 / a *railroad* crossing 鉄道の踏切.
—— 動 **1**《米》…を鉄道輸送する. **2**《口語》〈人〉をだまして［無理に］…〕させる [*into doing*].
3《口語》〈議案などを〉無理に〔議会などを〕通過させる [*through*].

rail·way [réilwèi]
—— 名 (複 **rail·ways** [~z]) C **1**《英》鉄道, 鉄道線路; [しばしば ~s] 鉄道会社《米》railroad)（《略語》r., R., Ry): a private [government-owned, national] *railway* 民営［国有］鉄道 / a mountain *railway* 登山鉄道.
2[形容詞的に]《英》鉄道の《米》railroad): a *railway* station 鉄道の駅 / a *railway* accident 鉄道事故. **3**《米》軽便鉄道, 市街電車.

rai·ment [réimənt] 名 U《文語》衣服, 衣装.

rain [réin] [☆同音 reign, rein]
名 動
—— 名 (複 **rains** [~z]) **1** U 雨, 雨天: acid *rain* 酸性雨 / walk in the *rain* 雨の中を歩く / Rain fell [poured] all day. 雨が一日じゅう降った［激しく降った］/ The *rain* stopped in the evening. 夕方には雨はやんだ / It looks like *rain*. 雨になりそうだ / We have had little *rain* this summer. 今年の夏は雨らしい雨が降らなかった.
2 [a ~; 形容詞を伴って] (…な) 雨,（1回の）降雨: A fine *rain* has begun to fall. こぬか雨が降り始めた / There will be a heavy *rain* during the night. 夜半に大雨になるだろう. **3** [the ~s]（熱帯地方の）雨季: The *rains* will soon come. まもなく雨季になる. **4** [a ~] 雨のように降るもの, [… の] 雨 [*of*]: a *rain of* questions 質問の雨.
■ *(as) ríght as ráin*《口語》とても元気で.
ráin or shíne 晴雨にかかわらず; どんな事情でも.
—— 動 (三単現 **rains** [~z]; 過去・過分 **rained** [~d]; 現分 **rain·ing** [-iŋ])
自 **1** [It を主語として] 雨が降る: *It is raining* intermittently. 雨が降ったりやんだりしている / It has stopped *raining*. 雨が上がった / It never *rains* but it pours.《ことわざ》降れば必ずどしゃ降り ⇒ 泣き面に蜂(はち). **2**〔…の上に〕雨のように降る［落ちる］(*down*) [*on, upon*]: Volcanic ash *rained down* on our heads. 火山灰が頭に降り注いだ. —— 他 [~ …に] …を雨のように降らせる, 浴びせる (*down*) [*on, upon*]: Praises were *rained down* on the winner. 勝者に称賛の言葉がどっと寄せられた.
■ *ráin cáts and dógs* → **CAT** 成句.
ráin óut [《英》*óff*] 他（通例, 受け身で）…を雨で中止する.
◆ **ráin chèck** C《米》**1** 雨天順延券《競技・イベントが雨で中止になったときに観客に渡される》.
2《口語》後日の再招待,（都合のよい）別の機会: I'll take a *rain check*. 後日改めてうかがいます;（招待を受けて）この次にさせてください.
ráin fòrest C 熱帯雨林.
ráin gàuge C 雨量計（→ GAUGE [関連語]）.

rain·bow [réinbòu] 名 C 虹(にじ)《◇外側から red,

orange, yellow, green, blue, indigo, violet の7色): Look! There's a *rainbow* in the sky. 見て、空に虹が出ているよ.

■ *the end of the ráinbow* 望んでも手に入らないもの、かなわない夢.

◆ **ráinbow tròut** 名C【魚】ニジマス.

*__rain·coat__ [réinkòut] 名C レインコート.

rain·drop [réindràp / -dròp] 名C 雨だれ、雨のしずく.

‡**rain·fall** [réinfò:l] 名UC 降雨、雨降り；降雨[水]量: The yearly *rainfall* in the city is about 750 mm. その市の年間降雨量は約750ミリです.

rain·proof [réinprù:f] 形 (コートなどが) 防水の.

rain·storm [réinstò:rm] 名C 暴風雨.

rain·wa·ter [réinwò:tər] 名U 雨水.

‡‡‡**rain·y** [réini]

— 形 (比較 **rain·i·er** [~ər]; 最上 **rain·i·est** [~ist]) **1** 雨の、雨降りの；雨の多い: on a *rainy* day 雨の日に / the *rainy* season 雨季、(日本の)梅雨 / *rainy* clouds 雨雲 / It was *rainy* yesterday. きのうは雨降りだった.

2 [限定用法] 雨にぬれた: *rainy* roofs [streets] 雨にぬれた屋根 [街路].

■ *sáve* [*kéep*] ... *for a ráiny dáy* ...をまさかの時に備えて蓄えておく.

‡‡‡**raise** [réiz] 動名

原義は「立ち上がらせる」.
① 上げる. 　　　　　　　　　　　　　　　　　　1
② 引き上げる、上昇させる. 　　　　　　　　　　2
③ 〈資金を〉集める. 　　　　　　　　　　　　　3
④ 〈問題を〉提起する; 〈感情を〉起こさせる. 4, 5
⑤ 〈子供・家畜を〉育てる. 　　　　　　　　　　6

— 動 (三単現 **rais·es** [~iz]; 過去・過分 **raised** [~d]; 現分 **rais·ing** [~iŋ])

— 他 **1** 〈もの・体の一部などを〉<u>上げる</u>、持ち上げる；〈人・ものを〉立てる (↔ lower): *raise* a flag 旗を掲揚する / *raise* one's eyes 視線を上げる / *Raise* your hand if you know the answer. 答えがわかっている人は手を挙げなさい / He *raised* the train window a little. 彼は電車の窓を少し上げた.

raise one's hand　　**raise** a flag　　**raise** the window

2 〈価格・給料・水準などを〉引き上げる、上昇させる；〈人を〉 [...に] 昇進させる [*to*]; 〈声を〉張り上げる: *raise* the rent 家賃を値上げする / *raise* one's voice 声を張り上げる / Modern technology has remarkably *raised* our standard of living. 現代の科学技術は私たちの生活水準を著しく向上させた / She was *raised* to manager. 彼

女は部長に昇進した.

3 〈資金などを〉集める (gather); 〈軍隊を〉召集する: *raise* an army 軍隊を召集する / *raise* money for charity 慈善のために募金を集める.

4 〈問題・質問を〉提起する; 〈異議を〉唱える: He *raised* a question at the meeting. 彼は会議で質問をした / Nobody *raised* any objections. だれも異議を唱えなかった.

5 〈感情・笑いなどを〉起こさせる: *raise* a laugh 笑いを引き起こす / His lecture *raised* my interest in space science. 彼の講演を聞いて私は宇宙科学に興味を持った / His father's praise *raised* the child's spirits [courage]. 父親のほめ言葉がその子を元気 [勇気] づけた.

6 〈子供を〉育てる (bring up); 〈家畜を〉飼育する; 〈作物を〉栽培する: They *raise* cows and rice. 彼らは牛を飼育し、米を栽培している / She *raised* seven children. 彼女は子供を7人育てた / I was *raised* in Utah. 私はユタ育ちです.

7 〈ほこり・波などを〉立てる; 〈あらしなどを〉起こす: The wind *raised* a dust cloud across the field. 風が吹いて野原に土煙が立った. **8** 《格式》〈建物・像などを〉建てる: *raise* a monument 記念碑を建てる. **9** 〈死者を〉生き返らせる. **10** 〈封鎖・包囲・禁止などを〉解除する. **11** ...と交信する.

— 名C (《米》昇給 (《英》rise): I got a hundred-dollar *raise* in salary last month. 私は先月100ドル昇給した.

rais·er [réizər] 名C **1** 上げる人 [もの]. **2** [通例、複合語で] 栽培者、飼育者; 〈資金〉調達者: a cattle *raiser* 畜牛飼育者.

*__rai·sin__ [réizən] 名C レーズン、干しブドウ.

rai·son d'ê·tre [réizoun détrə / -zɔn-] 《フランス》 (複 **rai·sons d'ê·tre** [réizoun(z)- / -zɔn(z)-]) C 存在理由 [価値].

ra·jah, ra·ja [rá:dʒə] 名C【歴史】(インドの) 王.

*__rake__ [réik] 名C くま手、まぐわ、レーキ; 火かき (棒); (カジノで) 賭け金を集めるくま手の形の道具.

— 動 **1** 〈場所を〉くま手でかく、かきならす: He *raked* the soil to plant seeds. 彼は種をまくために土をならした. **2** ...を 〈くま手で〉かき集める.

3 〈秘密を〉ほじくり出す、くまなく探す; 〈望遠鏡などで〉...を見渡す. **4** 【軍】...を機銃掃射する.

— 自 **1** くま手を使う. **2** 探し回る (*about*, *around*).

■ *ráke ín* 他 **1** (くま手などで)...をかき集める. **2** [通例、進行形で] 《口語》〈金を〉かき集める、もうける: They *are raking in* over a billion yen a year. 彼らは年間10億円以上もうけている.

__ráke óut__ 他 ...をかきのける、かき出す; 探し出す.

__ráke òver [thròugh] ...__ ...を検査 [審査] する.

__ráke òver the cóals__ 〈人を〉しかり飛ばす.

__ráke úp__ 他 **1** ...をかき集める. **2** 《口語》〈古傷などを〉ほじくり出す.

ráke-òff 名C 《口語》(不正利得などの) 分け前; リベート.

rak·ish [réikiʃ] 形 **1** かっこいい、スマートな: a *rakish* outfit しゃれた服装. **2** (船が) 軽快な. **3** 《古風》プレイボーイの [的な]、放蕩(ほうとう)の.

*__ral·ly__ [ræli] (三単現 **ral·lies** [~z]; 過去・過分

ral･lied [～d]; 現分 **ral･ly･ing** [～iŋ] 他 **1** (ある目的のために)…を(再び)集める, 結集される: *rally one's scattered soldiers* 離散した兵士を再結集させる. **2** 《気力など》を奮い起こす;《体力・元気など》を回復させる: *rally oneself from...*. —自 **1** (再び)集まる, 結集する;《支援に》駆けつける: *rally around the leader* 指導者のもとに駆けつける[結集する]. **2** 《病気などから》《元気を》回復する《*from*》;《株価・景気などが》持ち直す. **3** (テニスなどで)打ち合う, ラリーの応酬をする.
—名 (複 **ral･lies** [～z]) © **1** (再)結集, (再)集合;《病気などからの》回復;《景気などの》持ち直し, 立ち直り. **2** 政治・宗教などの大会, (決起)集会: *a political rally* 政治集会. **3** (テニスなどでの)打ち合い, ラリー. **4** (長距離の)自動車レース, ラリー.

ram [rǽm] 名(三単現 **rams** [～z]; 過去・過分 **rammed** [～d]; 現分 **ram･ming** [～iŋ]) 他 **1** 《杭(ⁿ)など》を打ち込む;《土など》を突き固める: *ram a stake into the earth* 地面に杭を打ち込む. **2** 《乗り物》を…に(わざと)激突する. **3** 《もの・知識など》を詰め込む, 押し込む.
—名 **1** © (去勢しない)雄羊 (→ SHEEP). **2** © (ポンプの)棒ピストン, (杭打ち機の)落とし槌(²³); [歴史]破城槌(²³). **3** [the R-][天文・占星]牡羊(¾²³)座(Aries).

RAM [rǽm] 名 ©Ⓤ [コンピュータ] ラム《読み出し・書き込みの可能な記憶装置》《*random-access memory* の略; cf. ROM ロム》.

Ram･a･dan [ràːmədάːn / rǽmədæn] 名Ⓤ ラマダン(月) 《イスラム暦の断食月で健康な大人は日の出から日没まで断食する》; (ラマダン月の)断食.

***ram･ble** [rǽmbl] 自 **1** ぶらぶら歩く: *ramble through the city* 街をぶらぶら歩く. **2** とりとめなく話す[書く](*on*). **3** 《草など》がはびこる.
—名 **1** ぶらぶら歩き, 散策; 漫歩, 閑話: go for a *ramble* through the woods 森の中を散策する. **2** とりとめのない話, むだ話.

ram･bler [rǽmblər] 名 **1** 《主に英》散策する人; むだ話をする人. **2** © [植]ツルバラ.

ram･bling [rǽmbliŋ] 形 **1** ぶらぶら歩く; 放浪癖のある. **2** 《話など》がとりとめのない, 散漫な. **3** 《建物が》古く大きく不揃いな. **4** 《市街が》無計画に広がった;《道路が》曲がりくねった. **5** 《植物が》蔓(²³)ではびこる.

ram･bunc･tious [ræmbʌ́ŋkʃəs] 形《米口語》やたら元気がいい(《英口語》rumbustious).

ram･i･fi･ca･tion [rǽməfikéiʃən] 名《格式》**1** Ⓤ 枝分かれ, 分岐. **2** © [通例 ～s] 分かれたもの, 支流;(検討した)結果, 成り行き.

ram･i･fy [rǽməfài] (三単現 **ram･i･fies** [～z]; 過去・過分 **ram･i･fied** [～d]; 現分 **ram･i･fy･ing** [～iŋ])《格式》自分岐する, 枝分かれする.
—他《受身で》分岐させる, 網状にする.

ramp [rǽmp] 名 © **1** 連絡傾斜路, スロープ; 段差. **2** 《米》(高速道路の)ランプ(《英》slip road). **3** (航空機の)移動式タラップ.

ram･page [rǽmpeidʒ, ræmpéidʒ] 名Ⓤ 暴れ回ること, 狂暴な行動.
■ *gò* [*be*] *on the* [*a*] *rámpage* 暴れ回る.
—動 自 (集団で)暴れ回る, 猛(⁴)り狂う.

ramp･ant [rǽmpənt] 形 **1** 《植物など》がはびこる, 伸び放題の. **2** 《病気・迷信など》がはびこる,《インフレなど》が手に負えない. **3** [名詞のあとに付けて] [紋章](動物が)後脚で立った: a lion *rampant* (紋章の)竜獅子(²³³).

ram･part [rǽmpɑːrt] 名 © **1** [通例 ～s] 塁壁, 城壁. **2** 防御(物), 守備, 守り.

ram･rod [rǽmrɑ̀d / -rɔ̀d] 名 © 込み矢《前装銃に弾薬を込める鉄棒》; 槊杖(⁴³³)《銃身内を掃除する道具》.
■ *líke* [*stráight as*] *a rámrod* (人が)背筋を伸ばして(座る), 直立の; 堅苦しい.

ram･shack･le [rǽmʃæ̀kl] 形《家屋など》今にも倒れそうな, ぐらついた;《システムなど》機能不全の.

*****ran** [rǽn] 動 **run** の過去形.

***ranch** [rǽntʃ / rάːntʃ] 名 © (特に米国・カナダの)(大)牧場; 大飼育[栽培]場: a fruit *ranch* 大果樹園 / a chicken *ranch* 大養鶏場.
◆ **ránch hòuse**《米》**1** ランチハウス《平屋建てで屋根の傾斜のゆるやかな家》. **2** 牧場主の家.

ranch･er [rǽntʃər / rάːntʃə] 名 © **1** 牧場経営者. **2** カウボーイ, 牧場労働者.

ranch･ing [rǽntʃiŋ / rάːntʃiŋ] 名Ⓤ 牧場経営; 牧場で働くこと.

ran･cid [rǽnsid] 形《バターなど》が腐りかかった, いやなにおいのする: go [turn] *rancid* 腐る.

ran･cor,《英》**ran･cour** [rǽŋkər] 名Ⓤ《格式》恨み, 遺恨, 強い憎悪.

ran･cor･ous [rǽŋkərəs] 形《格式》悪意のある.

R & B, R and B《略記》= *rhythm and blues* リズムアンドブルース.

R & D, R and D《略記》= *research and development* 研究と開発.

***ran･dom** [rǽndəm] 形 でたらめの, 手当たり次第の: a *random* guess あてずっぽう / a *random* choice ランダムな[無作為の]選択.
—名《次の成句で》
■ *at rándom* 無作為に, でたらめに.
◆ **rándom sámpling** Ⓤ [統計]無作為抽出法.
ran･dom･ly [～li] 副 任意に, 手当たり次第に.
rán･dom-àc･cess mémory 名 © [コンピュータ] ランダムアクセスメモリー, ラム (→ RAM).

ran･dy [rǽndi] 形 (比較 **ran･di･er** [～ər]; 最上 **ran･di･est** [～ist])《英口語》みだらな, 好色な.

*****rang** [rǽŋ] 動 **ring²** の過去形.

*****range** [réindʒ] 【原義は「一列に並ぶこと」】
—名 (複 **rang･es** [～iz]) **1** © 部類, 種類; 品ぞろえ: a wide *range* of curtain materials いろいろな種類のカーテン地.
2 © 範囲, 区域;(変動の)幅: a narrow *range* of prices 比較的安定した値幅 / He has a wide *range* of knowledge of classical music. 彼にはクラシック音楽の幅広い知識がある / Your voice has a wide *range*. あなたの声は音域が広い.
3 Ⓤ [または a ～] 航続[射程]距離: The flying *range* of the new plane is ten thousand

ranger

kilometers. 新型機の航続距離は1万キロである. **4** ⓒ《人・もの》列 (row, line), 連なり: a *range* of mountains = a mountain *range* 山並み, 山脈. **5** ⓒ 射撃練習場: a rifle *range* ライフル射撃場. **6** ⓒ《米》(調理用)レンジ (stove, 《英》cooker). **7** ⓒ《単数形で》(動物類の)生息[分布]地域. **8** [the ～]《米》広大な放牧区域, 牧場; 狩猟地.

■ *at clóse* [*lóng*] *ránge* 至近[遠]距離から.
beyónd [*òut of*] (*the*) *ránge of* ... = *beyónd* [*òut of*] ...'s *ránge* …の範囲外に, 手の届かない所に.
withín [*ín*] (*the*) *ránge of* ... …の範囲内に, 手の届く所に.

— 動 ⾃ **1** (範囲などが)[…から / …まで / …の間に]わたる, 及ぶ [*from* / *to* / *between*]; (研究・話題などが)[…に], 及ぶ [*over*]: The prices of these goods *range between* $100 and $500. これらの商品の値段は100ドルから500ドルまでさまざまです / Her lecture *ranged from* child rearing *to* women's rights. 彼女の講演は子育てから女性の権利にまで及んだ / His studies *range over* various fields. 彼の研究はさまざまな分野にわたっている.
2 (一直線に)伸びる, 連なる (extend): The boundary *ranges* east and west. 境界線は東西に伸びている. **3** (動物などが自由に)動き回る. **4** (銃などが) …の射程距離がある.

— 他 **1** …を並べる, 整列させる (arrange): She *ranged* the children in order of height. 彼女は子供たちを身長順に並ばせた.
2 [しばしば受け身で] …を[…の側の/…に反対の]立場に立たせる [*with / against*]: They *were ranged with* [*against*] the mayor. = They *ranged* themselves *with* [*against*] the mayor. 彼らは市長に味方[反対]した.
3《文語》(場所)の中を歩き回る.

◆ *ránge finder* ⓒ (カメラ・銃などの) 距離計.

rang·er [réindʒər] 图 **1** 歩き回る人, 放浪者.
2 (国立公園などの) 森林監視員. **3** 《米》(警察の) 騎馬パトロール隊員. **4** [しばしば R-] (軍の) 奇襲部隊員, 特別攻撃隊員《commando》.

Ran·goon [ræŋɡúːn] 图 ラングーン《ミャンマーの首都ヤンゴン (Yangon) の旧称》.

rang·y [réindʒi] 形 (比較 **rang·i·er** [～ər]; 最上 **rang·i·est** [～ist]) **1** (動物が)長く歩き回るのに適した. **2** (人・動物などが)手足がほっそりして長い.

***rank¹** [rǽŋk] 图 動【原義は「列」】
— 图 (複 **ranks** [～s]) **1** ⓤⓒ 階級, 顺位; 地位, 身分, 位; 高い地位: an officer of high *rank* 高級将校 / an actor of the first *rank* 一流の俳優 / people of all *ranks* あらゆる身分[階級]の人 / As a violinist, she's absolutely first *rank*. バイオリニストとして彼女は超一流です.
2 ⓒ […の]列, 並び [*of*]; (兵隊の)横列 (cf. file 縦列); 《英》(タクシーの)乗り場 (taxi rank) 《米》taxi stand): the front [rear] *rank* 前[後]列 / a *rank* of taxis 1列に並んだタクシー.
3 [the ～s; 集合的に]《軍》(将校と区別して)兵士, 兵卒; 一般大衆: rise from the *ranks* 兵卒から将校になる; 低い身分から立身出世する.

■ *bréak ránk(s)* 列を乱す; 秩序を乱す.
clóse (the [*one's*]) *ránks* 一致団結する.
fáll into ránk 整列する, 列に加わる.
kéep ránk(s) 隊列を乱さない; 秩序を保つ.
púll (one's) ránk 《口語》地位をかさにきて [に] 命令を押しつける [*on*].

— 動 ⾃ [進行形不可][…に/…の上に]位置する, 地位を占めている [*among, with / above*]; […としての]地位を占めている [*as*]: Keats *ranks among* the greatest English poets. キーツは英国最高の詩人の1人としての地位を占めている / Japan *ranks as* one of the most important industrial countries in the world. 日本は世界で最も重要な工業国の1つである.

— 他 **1** […に/…より上に]格付けする, 位置づける [*among, with / above*]; […として]評価する [*as*]: Some people *rank* money *above* everything. 金を何よりも高く評価する人がいる / Brazil's soccer team is *ranked* first [number one] in the world. サッカーのブラジル代表チームは世界1位にランクされている.
2 [しばしば受け身で] (ある順序に従って) …を並べる, 分類する; 〈兵隊〉を整列させる: *rank* children according to their height 子供たちを身長順に並ばせる / *rank* soldiers 兵隊を整列させる.
3《米》…より階級が上である.

◆ *ránk and file* **1** [the ～; 集合的に; 単数・複数扱い] (将校と区別して)兵士, (指導者層と区別して)一般社員[職員]. **2** [形容詞的に]普通の, 並の, 平(ﾋﾗ)の: *rank and file* members 一般会員.

rank² 形 **1** 〔雑草が〕はびこった, 茂った [*with*]: a garden *rank with* weeds 雑草がはびこった庭. **2** 悪臭を放つ. **3**〔限定用法〕〔いやに軽蔑〕まったくひどい; 極端な: a *rank* amateur ずぶの素人.

rank·ing [rǽŋkiŋ] 图 ⓒ 順位; ⓤ 格付け; [the ～s] ランキング表. — 形 〔限定用法〕最高位の, 第1級の, 一流の; 幹部の, 上級の.

ran·kle [rǽŋkl] 動 ⾃ (思い出・怒りなどが)〔人の〕心をさいなむ,〔人を〕苦しめる [*with*].

ran·sack [rǽnsæk] 動 他 **1** […を求めて]〔場所など〕をくまなく探す, 綿密に調べる [*for*]: The cop *ransacked* the house *for* the document. 警官はその書類を探して家の中をくまなく調べた.
2 (通例, 受け身で)〈場所など〉を荒らす, 略奪する.

***ran·som** [rǽnsəm] 图 **1** ⓒ 身代金, 賠償金.
2 ⓤ 身請け, (捕虜などの) 釈放.

■ *a kíng's ránsom* (王の身代金ほどの) 大金.
hóld ... *to* [*for*] *ránsom* …を人質にして身代金を要求する.

— 動 他 **1** (身代金を払って)〈人〉を解放する.
2〈人〉から金を取って身代金を要求する.

rant [rǽnt] 動 ⾃ どなる, わめく: a boss who *rants* and raves どなり散らす上司.
— 图 ⓤ 大言壮語; どなること, 怒号.

***rap¹** [rǽp] 图 **1** ⓒⓤ = ráp músic ラップ(ミュージック)《リズムに乗って早口で話すように歌う音楽》. **2** ⓒ〔戸・テーブルなどを〕こつん [とんとん] とたたくこと [音] [*at, against*] (◇ knock より鋭い):

rapacious

There was a *rap* at the door. 戸をこつこつたたく音がした. **3** C《米口語》とがめ, 非難; 罰: beat the *rap* 罰を逃れる. **4** C《米口語》おしゃべり (chat).

■ **gèt** [**recéive**] **a ráp on** [**òver**] **the knúckles** しかられる (◇昔, 罰として定規などで指関節を打ったことから).

gìve ... a ráp on [**òver**] **the knúckles** …をしかる, 非難する.

tàke the ráp […で]ぬれぎぬを着せられる [*for*].

— 動 (三単現 **raps** [~s]; 過去・過分 **rapped** [~t]; 現分 **rap·ping** [~iŋ]) 自 **1** […を]こつんと[とんとん]たたく [*on, at*]: He *rapped at* the door with his stick. 彼はつえでドアをたたいた. **2**《音楽》ラップを歌う. **3**《古風》おしゃべりをする.
— 他 **1** …をこつんと[とんとん]たたく. **2** …を非難する, 厳しく批判する (◇主に新聞用語).

■ **ráp óut** 他 …を厳しく[不意に]言う.

ra·pa·cious [rəpéiʃəs] 形《格式》 **1** 貪欲(ぞく)な. **2** 強奪する;《動物》肉食の, 生物を捕食する.

ra·pac·i·ty [rəpǽsəti] 名 U 貪欲(ぞく); 強奪.

*__**rape**__¹ [réip] 動 他《女性》に暴行する, 強姦(ごう)する.
— 名 **1** U C 婦女暴行, 強姦, レイプ: commit *rape* 婦女暴行を働く. **2** [単数形で]《環境の》破壊; 略奪, 強奪.

rape² 名 U《植》セイヨウアブラナ.

Raph·a·el [rǽfiəl / réifeiàl]名 ラファエロ (1483-1520); イタリアの画家・彫刻家・建築家).

__**rap·id**__ [rǽpid]
— 形【原義は「力づくで持ち去る」】
— 形 (比較 **more rap·id, rap·id·er** [~ər]; 最上 **most rap·id, rap·id·est** [~ist]) **1 速い**, すばやい, 迅速な (↔ slow) (→ FAST¹ 原義類): make *rapid* progress 急速に進歩する / ask questions in *rapid* succession 矢つぎ早に質問する / Your daughter is making a *rapid* recovery. お嬢さんは急速な回復ぶりを見せています.
2《坂道などが》急な, 険しい (steep): a *rapid* slope 急な坂道.
— 名 [~s] 急流, 早瀬. (▷ 名 rapidity)
◆ **rápid tránsit** U C 《大都市の》高速輸送《地下鉄・高架鉄道などによる》.

ráp·id-fíre 形《質問などが》矢つぎ早の;《銃が》速射の: *rapid-fire* questions 矢つぎ早の質問 / a *rapid-fire* gun 速射砲.

*__**ra·pid·i·ty**__ [rəpídəti]名 U 速さ, 速度; すばやさ; 迅速, 急速: with *rapidity* 迅速に. (▷ 形 rápid)

__***rap·id·ly**__ [rǽpidli]
— 副 **速く**, すばやく, 迅速に (fast) (↔ slowly): The woman walked down the street *rapidly*. その女性は通りを足早に歩いて行った / He is *rapidly* becoming Japan's number one soccer player. 彼は日本一のサッカー選手として急成長している.

ra·pi·er [réipiər]名 C レピア《細身の両刃の小剣》.
— 形 頭の回転の速い: *rapier* wit 頭のいい機知.

rap·ist [réipist]名 C レイプ犯, 婦女暴行犯.

rap·per [rǽpər]名 C ラッパー, ラップ歌手.

rap·port [rəpɔ́ːr]《フランス》名 U 《時に a ~》 **1** [...間の/...との]《心の通い合った》関係; 調和, 一致 [*between* / *with*]: in *rapport* with ... と心を通わせる. **2**《心》ラポール, 同調的信頼関係.

rap·proche·ment [rǽprouʃmɑ́ːŋ / ræpróʃmɔŋ]《フランス》名 U 《または a ~》《格式》[...間の/...との》友好回復, 和解 [*between* / *with*].

rapt [rǽpt] 形 **1**《文語》[...に]心を奪われた, 夢中になった [*in*]: *rapt* in thought 物思いにふけって. **2** [...に] うっとりした, 夢中の [*with*].

*__**rap·ture**__ [rǽptʃər]名 U 《または~s》大喜び.
■ **be in ráptures** [...を]非常に喜ぶ [*over, about, at*]: He *is in raptures* over his son's success. 彼は息子の成功に大喜びしている.

rap·tur·ous [rǽptʃərəs] 形《格式》大喜びの, 歓喜した; 熱狂的な.

rap·tur·ous·ly [~li] 副 大喜びで; 熱狂して.

***__**rare**__¹ [réər] 【基本的意味は「まれな (not happening or seen very often)」】
— 形 (比較 **rar·er** [réərər]; 最上 **rar·est** [réərist]) **1 まれな**, 珍しい, めったにない: *rare* stamps 希少価値のある切手 / a *rare* experience めったにない体験 / It is *rare* to have this much rain in January. 1月にこんなに多く雨が降ることはめったにない / It is *rare* for him to get up early. 彼が早起きすることはめったにない.
2《空気・ガスなどが》薄い, 希薄な (thin); まばらな: a *rare* atmosphere 希薄な空気.
3 [限定用法]《英》すてきな, 大変な: We had a *rare* time. 私たちはとても楽しい時を過ごした.

rare² 形《肉などが》生焼けの, レアの (→ STEAK).

rar·e·fied [réərəfàid] 形 **1**《しばしばこっけい》高尚な, お高くとまった;《地位・階級などが》非常に高い. **2**《空気などが》希薄な.

*__**rare·ly**__ [réərli] 副 **1** [通例, 文修飾] めったに...ない (seldom): She is *rarely* ill. 彼女はめったに病気しない.

|語法| 文修飾の rarely を強調のために文頭に置くと, あとに続く文は倒置される: *Rarely* do I have breakfast. 私が朝食をとることはめったにない.

2 とても (上手に), 見事に: The gift pleased him *rarely*. そのプレゼントは彼をとても喜ばせた.
■ **rárely éver** = **rárely, if éver** めったに...しない: The family *rarely* (, *if*) *ever* watch TV. その一家はめったにテレビを見ない.

rar·ing [réəriŋ] 形《叙述用法》《口語》[...をしたくて]うずうずしている[仕方がない] (*to do*).

rar·i·ty [réərəti]名 (複 **rar·i·ties** [~z]) **1** まれな出来事, 珍しいもの[人]; U 珍しさ, 希少性. **2**《空気などが》希薄さ.

*__**ras·cal**__ [rǽskəl / rɑ́ːs-]名 C **1**《古風》悪漢, 詐欺師. **2**《こっけい》いたずらっ子,《かわいい》やつ: You little *rascal*! このいたずらっ子め.

*__**rash**__¹ [rǽʃ] 形《人》が》そそっかしい, はやまった, 軽率な; 思慮のない: It was *rash* of me to say so. = I was *rash* to say so. 私がそう言ったのは軽率だった / I bought an expensive coat in a *rash* moment. もののはずみで高いコートを買ってしまった.

rash² 名 C **1**《病気・アレルギーなどで皮膚に生じる赤い》吹き出物, 発疹(ほっ), じんましん: a *rash* on the neck 首にできた吹き出物 / She breaks [comes] out in a *rash* if she eats mackerel. 彼女はサバを食べると吹き出物が出る. **2** [a ～]《口語》（短期間に生じる）〔いやなことの〕連続《*of*》: a *rash of* accidents on the railway 鉄道事故の多発.

rash·er [rǽʃər] 名 C 《英》（ベーコンなどの）薄切り.
rash·ly [rǽʃli] 副 軽率に（も），向こう見ずに.
rash·ness [rǽʃnəs] 名 U 軽率; （言動の）無分別.
rasp [rǽsp / rɑːsp] 名 **1** C （目の粗い）やすり. **2** U［または a ～］耳ざわりな音，きしみ；しゃがれ声.
―― 動 他 **1** …にやすりをかける，…をこすりして削り取る《*away*, *off*》. **2** …をしゃがれ声で言う《*out*》；〈耳ざわりな音〉を立てる. **3** …をいら立たせる，…の神経にさわる.
―― 自 ぎーぎーと（不快な）音を立てる，きしる: *rasp* on the violin バイオリンをぎーぎー弾く.

rasp·ber·ry [rǽzbèri / rɑ́ːzbəri] 名（複 **rasp·ber·ries** [～z]）C **1**《植》ラズベリー（の実）；ラズベリーの木. **2**《口語》やじ，舌を唇の間で震わす音（◇不快・軽蔑などを表す）: blow a *raspberry* at [to] ... = give ... a *raspberry* …をあざける.
―― 形 （黒みがかった）赤紫色の，ラズベリー色の.

***rat** [rǽt] 名 動
―― 名（複 **rats** [rǽts]）C **1** ネズミ，ドブネズミ（◇ mouse より大型. 不958さ・卑劣さを連想させる）. **2**《口語・軽蔑》裏切り者，卑劣漢.
■ *like* [(*as*) *wét as*] *a drówned rát* びしょぬれになって.
smèll a rát《口語》うさん臭く思う.
―― 動 （三単現 **rats** [rǽts]; 過去・過分 **rat·ted** [～id]; 現分 **rat·ting** [～iŋ]）自 《口語》〈人〉を裏切る，密告する；《英》〈約束〉を破る《*on*》.
◆ *rát ràce* [the ～]《軽蔑》過酷な生存[出世]競争.

rat-a-tát, rát-a-tat-tát《擬声語》名［単数形で］どんどん, とんとん（戸・太鼓などをたたく連続音）.
ra·ta·touille [rætətwíː]《フランス》名 U ラタトウイユ（野菜の煮込み料理）.
ratch·et [rǽtʃit] 名 C **1** （歯車の逆転防止用）歯止め. **2** = rátchet whèel つめ車.

***rate** [réit] 名 動 【原義は「計算された部分」】
―― 名（複 **rates** [réits]）C **1** 比率，割合，歩合，レート: the birth [death] *rate* 出生［死亡］率 / the exchange *rate* = the *rate* of exchange 為替レート / an increase in the unemployment *rate* 失業率の増加 / The divorce *rate* has gone up in recent years. 近年離婚率が上昇してきている. **2** 速度，ペース: at an average *rate* of 200 kilometers an hour 平均時速200キロ / His cello skill has improved at a great *rate*. 彼のチェロの技術は急速に進歩した.
3 料金: At that shop they give special *rates* to students. あの店では学生には特別［割引］料金です / What is the postage *rate* to Australia? オーストラリアへの郵便料金はいくらですか.
4 ［通例，複合語で］…等級: a second-*rate* actor 二流の俳優. **5** ［～s］《英》地方税: *rates* and taxes 地方税と国税.
■ *at ány ràte* **1** とにかく，いずれにしても: I'll go there *at any rate*. とにかくそこに行きます. **2** 少なくとも: *At any rate*, that's what we were told. 少なくともそれが私たちが聞いたことです. *at thát* [*thís*] *ràte* あんな［こんな］調子では: *At that rate* he won't be able to pass the exam. あんな調子では彼は試験に受からないだろう.
at the [*a*] *ráte of* ... …の割合で；…の速度で.
at the [*a*] *ráte of knóts*《英口語》とても速く.
―― 動 他 **1** …を［…に］見積もる，評価する（value）〔*as, at*〕: The villagers *rated* her medical skills highly. 村人は彼女の医療技術を高く評価した / We *rate* this house at thirty million yen. 私たちはこの家を3,000万円と見積もります. **2** …を〔…と / …の1人［1つ］と〕見なす，思う（consider）〔*as / among*〕: He is *rated as* one of the best players in the country. 彼は国内で一流の選手の1人と見なされている.
3《米口語》…に値する（deserve）: Hospital nurses *rate* better pay. 病院の看護師はもっと高い報酬を受けてよいはずです. **4** ［通例，受け身］《英》〈家など〉を［…の額で］課税する〔*at*〕.
―― 自 ［…と］格付けされる，見なされる〔*as*〕: He *rates as* the best conductor in Europe. 彼はヨーロッパで最高の指揮者と見なされている.

***rath·er** [rǽðər / rɑ́ːðə]
―― 副 ［比較なし］ **1** ［しばしば than を伴って］（…よりも）むしろ，どちらかと言えば（◇通例 A rather than B, rather A than B の形で用いる. A, B には文法的に対等の働きをする語［句］が来る）: The tree is thick *rather* than tall. その木は高いというよりむしろ太い / He enjoys playing sports *rather* than just watching them. 彼はスポーツをただ見るより実際にやるほうが好きです / She is a songwriter *rather* than a singer. = She is *rather* a songwriter than a singer. 彼女は歌手というよりもむしろソングライターです.
2 かなり，だいぶ；やや，幾分（→ FAIRLY 類義語）: We thought she was doing *rather* well. 私たちは彼女がとてもうまくやっていると思った / That dog is *rather* old. その犬はだいぶ年老いている / I *rather* expect that he will pass the exam. 彼はたぶん試験に通ると思う / He is *rather* a dandy. 彼は少々気取り屋です.
 語法 (1) 否定文では用いない.
(2)「a [an] + 形容詞 + 名詞」を修飾する場合，rather は次の2通りの位置に置くことができる.
　(a)「a rather + 形容詞 + 名詞」
　(b)「rather a [an] + 形容詞 + 名詞」
(3) fairly, pretty と異なり，too や比較級の前に付けることができる: This dish is *rather too* hot for me. この料理は私にはちょっと熱すぎる.
3 ［しばしば or rather の形で］もっと正確に言えば: That is Bill's car, *or rather* it was his car. He sold it. あれはビルの車です. 正確に言うとビルの車でした. 彼はそれを売ったのです.
4 それどころか (on the contrary): That musical was not a success. It was, *rather*, a

flop. そのミュージカルは成功ではなかった. それどころか失敗だった.

5 [間投詞的に]《英・古風》確かに, そうだとも: Have you ever seen her before? —*Rather*! 彼女に以前お会いになったことがありますか—もちろん.

■ *would* [*had*] *rather* ... (*than* ~) (~するよりも) むしろ…したい, …するほうがよい: I'd *rather* stay [not stay] here. どちらかと言えばここにいたい [いたくない] / I would *rather* die than live in disgrace. 私は不名誉に生きるよりは死を選ぶ / I'd *rather* he stopped smoking. 私は彼にたばこをやめてもらいたい (◇ that 節を伴う場合, 節中の動詞は仮定法を用い, that は過去形, は省略する).

rat·i·fi·ca·tion [rætəfikéiʃən] 名 U 《条約などの》批准(ひじゅん), 裁可, 承認: the *ratification* of a treaty by the Senate 上院による条約の批准.

rat·i·fy [rǽtəfài] 動 他 (三単現 **rat·i·fies** [~z]; 過去・過分 **rat·i·fied** [~d]; 現分 **rat·i·fy·ing** [~iŋ]) 他 〈条約など〉を批准(ひじゅん)する, 承認 [追認] する: *ratify* a peace treaty 平和条約を批准する.

*****rat·ing** [réitiŋ] 名 **1** C 格付け, ランキング. **2** U 評価, 見積もり; C 評価額, 評点. **3** [the ~s] 視聴率, 人気度. **4** C (個人・会社の)信用度. **5** C 《英海軍》水兵.

*****ra·tio** [réiʃou, -ʃiou / -ʃiou] 名 **1** C 比率, 割合: a compression *ratio* 《機械》圧縮比 / the teacher-student *ratio* 教員と学生の比率 / The *ratio* of nursing staff to doctors is 2:1 [two to one] in this hospital. この病院の看護師と医師の割合は2対1です. **2** U 《数学》比, 比例: in direct [inverse] *ratio* to ... と正[反]比例して.

*****ra·tion** [rǽʃən] 名 **1** C 配給, 割り当て; 量.
2 [~s] (特に兵士の)1日分の食糧; 配給された食糧: army *rations* 軍隊の配給食糧.
— 動 他 **1** 〈食糧など〉を配給する, 一定量に制限する (*out*). **2** 〈人〉に〈食糧など〉を割り当てる, 配給する; 〈人の配給量を[…に]制限する [*to*].

*****ra·tion·al** [rǽʃənəl] 形 **1** 理性的な, 話のわかる (sensible) (↔ irrational): Man is a *rational* animal. 人間は理性的な動物である. **2** 合理的な: a *rational* explanation 理にかなった説明.

ra·tion·ale [ræʃənǽl / -ná:l] 名 U C 《格式》理論的根拠.

ra·tion·al·ism [rǽʃənəlìzəm] 名 U 合理主義; 《哲》合理論, 理性論; 《神学》理性主義.

ra·tion·al·ist [rǽʃənəlist] 名 C 合理主義者; 理性論者 [主義者].

ra·tion·al·is·tic [rǽʃənəlístik] 形 合理主義的な; 理性論者の.

ra·tion·al·i·ty [ræʃənǽləti] 名 (複 **ra·tion·al·i·ties** [~z]) **1** U 合理性; 理性的なこと. **2** C 理性的な行動.

ra·tion·al·i·za·tion [ræʃənəlizéiʃən / -laiz-] 名 U C **1** 合理化; 自己弁護. **2** 《心理》合理化, 理由付け, 正当化.

ra·tion·al·ize, 《英》**ra·tion·al·ise** [rǽʃənəlàiz] 動 他 **1** …を合理化する, 合理的に解釈する.
2 《心理》…を合理化する.
3 《英》(余剰設備・人員の整理によって) 〈産業・会社など〉を合理化する: *rationalize* production 生産を合理化する.

ra·tion·al·ly [rǽʃənəli] 副 理性的に; 合理的に.

rat·tan [rətǽn] 名 **1** C 《植》トウ(藤), トウの木; U 《集合的に》トウ材. **2** C トウ製のつえ [むち].

*****rat·tle** [rǽtl] 動 自 **1** がらがら鳴る, がたがた音を立てる; 〈乗り物〉ががたがたと走る [動く]: My car was *rattling* along the country road. 私の車は田舎道をがたがたと走っていた. **3** (むだ話などを)ぺらぺらしゃべる (*away, off, on*).
— 他 **1** …をがらがらいわせる, がたがた鳴らす: Someone is *rattling* the door. だれかが戸をがたがたいわせている. **2** …をぺらぺらしゃべる, 〈詩など〉を早口に唱える (*off*): She *rattled off* the poem. 彼女はその詩をすらすらと唱えた. **3** 《口語》…をいらいら [そわそわ, どぎまぎ] させる: She got *rattled* when she saw the man. 彼女はその男を見て不安な気持ちになった.

■ *rattle through* ... 他 《主に英》〈仕事など〉をさっさと片づける; …を急いで読み上げる.
— 名 **1** 《単数形で》がたがた [がらがら, ごろごろ] いう音 (◇雷鳴・銃声など). **2** C がらがら音を出すもの; ガラガラ (赤ん坊のおもちゃ). **3** U 騒々しいおしゃべり, 騒ぎ.

rat·tler [rǽtlər] 名 C **1** 《口語》ガラガラヘビ (rattlesnake). **2** がらがら音を出すもの; おしゃべりな人.

rat·tle·snake [rǽtlsnèik] 名 C 《動物》ガラガラヘビ (《口語》 rattler) (南米・北米にすむ毒ヘビ).

rat·tling [rǽtliŋ] 形 **1** がらがら [がたがた] 鳴る. **2** 《古風》活発な; 速い. — 副 《古風》とても: a *rattling* good story とても面白い話.

rat·ty [rǽti] 形 (比較 **rat·ti·er** [~ər]; 最上 **rat·ti·est** [~ist]) **1** ネズミのような; ネズミの多い. **2** 《英口語》怒りっぽい, 短気な. **3** 《米口語》みすぼらしい, 汚らしい.

rau·cous [rɔ́:kəs] 形 かすれ声の, 耳ざわりな.
rau·cous·ly [~li] 副 耳ざわりな声で.

raun·chy [rɔ́:ntʃi] 形 (比較 **raun·chi·er** [~ər]; 最上 **raun·chi·est** [~ist]) 《口語》みだらな; 下品な.

*****rav·age** [rǽvidʒ] 動 他 [しばしば受け身で] …を荒らす, 破壊する; 略奪する: The whole area was *ravaged* by forest fires. 全域が山火事で荒廃した. **2** …を損なう, 台なしにする.
— 名 **1** U 破壊; 略奪. **2** [the ~s] 荒廃, 損害: the *ravages* of war 戦禍.

rave [réiv] 動 自 **1** うわ言を言う; […に / …のことで] どなり散らす [*at, against / about*]. **2** […を] べたぼめする, 夢中になって話す [書く] [*about, over*]. **3** (海・あらしなどが) 荒れ狂う.
— 名 **1** U C **1** 怒号, うなり声. **2** 《英》(ダンスや音楽の)陽気なパーティー. **3** 《口語》激賞, べたぼめ; [形容詞的に] べたぼめの.

rav·el [rǽvəl] 動 (過去・過分 《米》**rav·elled**; 現分 《英》**rav·el·ling**) 自 **1** (編物・織物などが) ほぐれる, ほどける, 解ける; (困難な問題などが) 解決する (*out*). **2** もつれる, 紛糾する.
— 他 **1** …を解きほぐす; 〈困難な問題など〉を解決する (*out*): *ravel* the question *out* 問題を解く. **2** …をもつれさせる; …を混乱させる.

ra·ven [réivən] 名 C 《動》ワタリガラス 《大型カラス

rav·e·nous [rǽvənəs] 形 がつがつした; [...に]飢えた [for]: a *ravenous* appetite すごい食欲.
rav·e·nous·ly [~li] 副 がつがつと; ひどく飢えて.
rav·er [réivər] 名 《英口語》遊びに熱中する人.
ra·vine [rəvíːn] 名 C 峡谷, 山峡, 渓谷.
rav·ing [réiviŋ] 形 《口語》 **1** 狂乱した, ひどく興奮した. **2** すばらしい: a *raving* success 大成功.
— 副 《口語》すさまじく, 非常に.
— 名 [~s] たわ言; 怒号.
ra·vi·o·li [rævióuli] 《イタリア》名 U ラビオリ《肉・チーズなどを詰めた, 餃子(ﾞ)に似たパスタ》.
rav·ish [rǽviʃ] 動 他 《文語》 **1** 《通例, 受け身で》〈人を〉[...で]うっとりさせる, 恍惚(ｺｳ)とさせる [by, with]. **2** 《古》〈女性を〉犯す.
rav·ish·ing [rǽviʃiŋ] 形 《特に女性が》魅力的な, うっとりさせる.
rav·ish·ing·ly [~li] 副 魅力的に, うっとりさせて.

***raw** [rɔ́ː] 形 名
— 形 《比較 **raw·er** [~ər]; 最上 **raw·est** [~ist]》
1 [比較なし]《食品が》生(ﾅ)の, 料理されていない: *raw* fish 生魚 / *raw* meat 生肉 / eat vegetables *raw* 野菜を生で食べる.
2 [比較なし; 通例, 限定的用法]自然［原料］のままの, 加工していない: *raw* milk 加工［加熱殺菌］していない牛乳, 生乳 / *raw* data 未処理のデータ.
3 《米》経験の浅い, 未熟な; [...に]不慣れな [to]: a *raw* recruit 未訓練の新兵, 不慣れな新入社員 / Mary is *raw* to the job. メアリーはその仕事に慣れていない. **4** 皮のはがれた, 赤むけの, ひりひりした: a *raw* wound 生傷 / a *raw* throat ひりひりするのど. **5** 湿気があって寒い, 底冷えのする: *raw* weather 湿って肌寒い天気. **6** むごい, 残酷な, ひどい. **7** 《主に米口語》下品な, 露骨な.
— 名 [次の成句で]
■ **in the raw** 生(ﾅ)[自然]のままの[で], 加工しない[で]; 《口語》裸の[で].
tóuch ... on the ráw 《英》〈人の〉弱みを突く.
◆ **ráw déal** [a ~] 《口語》不当［不公平］な扱い, ひどい仕打ち.
ráw matérial C [しばしば~s] 原(材)料; 素材.
raw·hide [rɔ́ːhàid] 名 **1** U (なめしてない家畜の)生皮(ﾅﾏｶﾜ). **2** C 生皮製のむち[綱].
raw·ness [rɔ́ːnəs] 名 U **1** 生(ﾅﾏ). **2** (編集・解釈などを加えず)そのままであること. **3** 未熟, 未経験. **4** 皮膚がひりひりすること.

***ray**¹ [réi]
【原義は「(車輪の)スポーク」】
— 名 《複 **rays** [~z]》 **1** C 《中心から四方に放射される》光線, 放射線 (cf. beam 一方向に照射される光); X-*rays* エックス線 / the sun's *rays* 太陽光線 / ultraviolet *rays* 紫外線. **2** [a ~] [...の]光明, きざし [of]: a *ray* of hope いちるの望み. **3** C 放射状のもの[部分]; (ヒトデなどの)腕.
■ **a ráy of súnshine** 《口語》(突然の)幸せ, 望み; 人生を楽しいものにする人[もの].
ray² 名 C 《魚》エイ(アカエイなど).
ray·on [réiɑn | -ɔn] 名 U レーヨン, 人造絹糸.

raze [réiz] 動 他 《通例, 受け身で》〈町・家などを〉破壊する, 倒壊させる.

‡**ra·zor** [réizər] 名 C かみそり: a *razor* blade かみそりの刃 / an electric *razor* 電気かみそり / (as) sharp as a *razor* かみそりのように頭の切れる.
■ **be on the rázor édge = be on the rázor's édge** 危機に直面している, 生死の境にいる.
ra·zor·back [réizərbæk] 名 C 《動物》 **1** ナガスクジラ. **2** 《米》(米国南部産の)野生の豚.
rá·zor-shárp 形 (刃物などが)鋭い; 頭の切れる.
razz [rǽz] 動 他 《米口語》...をからかう; やじる.
ráz·zle-dáz·zle [rǽzl-] 名 U 《口語》ばか騒ぎ, どんちゃん騒ぎ: go [be] on the *razzle-dazzle* どんちゃん騒ぎをする.
RC 《略語》= Red Cross 赤十字社; Roman Catholic ローマカトリック教会の.
Rd 《略語》= road.
-rd 《接尾》1 の位にある 3 に付けて序数詞を作る 《◇ 13 は除く》: a 3*rd* baseman 三塁手.
re¹ [réi] 名 U C 《音楽》レ《ドレミ音階の第2音》.
re² [réi, ríː] 《ラテン》前 ...に関して, ...について: *re* your letter of July 5 7月5日付の貴信に関して.
re- [ri:, ri, re] 《接頭》「元のように」「また, 再び, 新たに」の意を表す: rearrange 配列し直す / rebuild 改築する《◇ re のあとにハイフンが付く語と付かない語では意味と re の発音が異なる: recreation [rè-] 娯楽 / re-creation [rì:-] 再現》.
-'re [ər] 《短縮》《口語》are の短縮形《◇主に代名詞のあとで用いる》: You*'re* welcome. どういたしまして.

‡**reach** [ríːtʃ] 動 名 《原義は「手を伸ばす」》
— 動 《三単現 **reach·es** [~iz]; 過去・過分 **reach·ed** [~t]; 現分 **reach·ing** [~iŋ]》
— 他 **1** [reach + O]〈場所などに〉着く, 到着する《◇ arrive at [in], get to より《格式》で, 特に「長い時間をかけ努力した末に到着する」ことをさす》: We will *reach* Paris late at night. パリ到着は夜遅くなるだろう / At last they *reached* the North Pole. ついに彼らは北極点に到達した / Did you *reach* the top of the mountain? 山頂まで行きましたか.
2 [reach + O] ...に届く, 達する, 及ぶ; 〈結論・段階に〉達する: The parcel *reached* me only yesterday. 小包はきのうでやっと届いた / A cry for help *reached* her ears. 助けを求める声が彼女の耳に届いた / The sum total of the expenses will *reach* $1,000. 総費用は千ドルに達するだろう / You will understand it when you *reach* my age. 私の年になれば君にもそれがわかるよ / We managed to *reach* an agreement. 私たちはどうにか合意に達することができた.
3 [reach + O] 〈手・腕などを〉さし出す, 伸ばす (out): He stood up and *reached* his hand across the table. 彼は立ち上がり, テーブル越しに手をさし出した / She *reached out* her hand to tap the dog on the head. 彼女は手を伸ばして犬の頭を軽くなでた.
4 (a) [reach + O] (手を伸ばして)...を取る, ...に触れる: You can *reach* that apple if you

stand on a stepladder. 脚立(ﾙﾂ)に乗ればあのリンゴが手で取れますよ. (b) [reach＋O＋O / reach＋O＋for ...]〈手を伸ばして〉〈人〉に〈もの〉を取ってやる: Will you *reach* me the pepper? ＝Will you *reach* the pepper *for* me? こしょうを取ってくれませんか.
5 (電話などで)〈人〉と連絡を取る (contact): I'll *reach* her by phone. 彼女に電話連絡してみよう.
6〈人〉の心に届く,〈人〉を感動させる.
── 自 **1** [しばしば副詞(句)を伴って](もの・ことが)達する, 及ぶ: Her hair *reached* down to her shoulders. 彼女の髪は肩まで届いていた / His property *reaches* up to the mountaintop. 彼の所有地は山頂まで続いている / As far as the eye can *reach*, everything is covered with snow. 見渡す限り, 一面の銀世界だ.
2 […を取ろうと]腕[手]を伸ばす (out)[for]: He *reached* out *for* a cigarette. 彼はたばこを1本取ろうと手を伸ばした / She *reached* across the table *for* another piece of cake. 彼女はテーブル越しに手を伸ばしてケーキをもう1つ取った / I *reached* over and switched off the engine. 私は手を伸ばしてエンジンを切った.
3〈真理・名声などを〉追求する, 手に入れようとする [*after*]: *reach after* the truth 真相を追求する.
── 名 **1** [a 〜] 腕の長さ, リーチ: He has a long *reach*. 彼は腕が長い. **2** U [手]の届く範囲; (行動)の及ぶ範囲. **3** C [通例, 複数形で] 広がり (expanse); 広い区域; (川の) 見渡せる流域: great *reaches* of desert 広大な砂漠の広がり.
■ **beyònd ...'s réach** ＝ **beyònd the réach of ...** …の手の届かない所に; …の力の及ばない所に: If you think your dreams are *beyond your reach*, you will never achieve them. 夢は手の届かないものだと思っていると達成できないのだ.
òut of ...'s réach ＝ **òut of the réach of ...** …の手の届かない所に; …の力の及ばない所に: You must keep matches *out of children's reach*. マッチは子供の手の届かない所に置きなさい.
withìn éasy réach (of ...) (…の)手がすぐ届く所に.
withìn (...'s) réach ＝ **withìn réach (of ...)** (…の)手の届く所に; (…の)力の及ばない所に: I always have a dictionary *within* quick *reach*. 私はいつも辞書をすぐ手が届く所に置いている.

‡**re·act** [riǽkt] 動 自 **1** 〔刺激・言動などに〕反応する. **2** […に]反発する, 反抗する [*against*]: *react against* the old-fashioned ideas 時代遅れの考え方に反発する. **3** [化][…と]反応する [*with*]. **4**〈薬などに〉副作用を起こす [*to*]: He *reacted* badly *to* the injection. 彼はその注射でひどい副作用を起こした. (▷ 名 reáction)

‡**re·ac·tion** [riǽkʃən]
── 名 (複 **re·ac·tions** [〜z]) **1** U C […への]反応, 受け取り方; 態度 [*to*]: a favorable [negative] *reaction* 好ましい[否定的な]反応 / an excessive *reaction* 過剰な反応 / She showed an angry *reaction* to my words. 彼女は私の言葉に怒った様子を見せた / What was her *reaction to* the news? その知らせを聞いて彼女はどのような反応を示しましたか.
2 U C […に対する]反発, 反抗 [*to, against*]: *reaction against* the construction of a nuclear power plant 原子力発電所建設に対する反発.
3 U 《格式》(政治の) 反動, 復古調: the forces of *reaction* 反動勢力.
4 C [化] 反応; [物理] 反作用: a chemical *reaction* 化学反応 / an acid [alkaline] *reaction* 酸性[アルカリ性]反応.
5 U (興奮・緊張のあとの) 無気力, 活力減退.
6 C (薬などによる) 副作用. (▷ 動 reáct)

re·ac·tion·ar·y [riǽkʃənèri / -nəri] 形 反動的な, 反動主義の: *reactionary* forces 反動勢力.
── 名 (複 **re·ac·tion·ar·ies** [〜z]) C 反動主義者.

re·ac·ti·vate [riǽktivèit] 動 他 …を再び活発にする, 復活させる; …の操業を再開する.

re·ac·tive [riǽktiv] 形 **1** 受け身の, 反応の (⇔ proactive). **2** [化学] 反応性の, 反応しやすい.

re·ac·tor [riǽktər] 名 C **1** [物理] 原子炉 (nuclear reactor). **2** (薬物などに)反応を示す人[もの].

‡**read**¹ [ríːd]
動 名 《基本的意味は「…を読んで理解する (look at something and understand it)」》
── 動 (三単現 **reads** [ríːdz]; 過去・過分 **read** [réd]; 現分 **read·ing** [〜iŋ]) (☆ 過去・過分の発音に注意)
── 他 **1** (a) [read＋O]〈本など〉を**読む**, 読んで理解する: *read* a newspaper 新聞を読む / *read* music [a map] 楽譜[地図]を読む / *read* the clock 時計の時刻を読む / I can *read* Greek, but I can't speak it. 私はギリシャ語を読めるが, 話せない. (b) [read＋that 節][進行形不可] …ということを読んで知る: I have *read* in a book *that* blueberries are good for our eyes. ブルーベリーは目によいと本で読んだことがある.
2 (a) [read＋O]〈本など〉を声に出して読む, 朗読[音読]する: He *read* a poem he had written at the party. 彼はパーティーで自作の詩を朗読した. (b) [read＋O＋O / read＋O＋to ...]〈人〉に〈本など〉を読んで聞かせる: Mother often *read* us a funny story. ＝Mother often *read* a funny story *to* us. 母はよく私たちに面白い話を読んでくれた.
3 (a) [read＋O]〈意味・考え・人の心・顔色など〉を読み取る, 理解する; […と] 解釈する [*as*]: I couldn't *read* anything from his face. 私は彼の顔から何も読み取ることができなかった / It is hard to *read* the future situation in the Middle East. 中東情勢の未来を予測するのは難しい / He *read* my palm. 彼は私の手相を見た / Your grin will be *read as* consent. にやにやしていると承諾したと受けとられるよ. (b) [read＋that 節] …ということを読み取る: I *read* from her look *that* she was not willing. 彼女が乗り気でないことは表情から読み取れた.
4 (温度計などが)〈度数〉を示す: The thermome-

ter *reads* 100°F. 温度計はカ氏100度を示している.
5 《英》…を専攻する (《米》 major in): He *read* philosophy for five years at Oxford. 彼はオックスフォード大学で哲学を5年間専攻した.
6 〔文字などを〕…と訂正して読む〔*for*〕: *For* "noting" in line 5 *read* "nothing." 5行目の noting は nothing と訂正してください.
7 【コンピュータ】〈データ〉を読み出す.
— [自] **1** 読書をする, ものを読む; 〔…のことを〕読んで知る〔*about, of*〕: He can *read* and write well for a first grader. 彼は小学1年生にしては読み書きがよくできる / I *read about* the scandal in the newspaper. そのスキャンダルのことは新聞で読んで知った.
2 〔…に〕読んで聞かせる, 朗読してやる〔*to*〕: She would often *read to* her son in bed. 彼女はよく息子にベッドでお話を読んで聞かせた.
3 [進行形不可] (…と) 読める, 書いてある, 解釈される: The sign *reads* "No littering, please." 掲示に「ゴミを捨てないでください」と書いてある / This article *reads* in either way. この条項は2通りに解釈できる.
4 《英》研究する, 勉強する.
[句動詞] ***réad báck*** [他] [read back＋O / read＋O＋back] (確認のため声に出して) …を読み返す.
réad ... ìnto ～ [他] 〈意味・意図など〉を～から読み取る, 解釈する: Don't *read* too much *into* my words. 私の言葉を勘ぐりすぎないでください.
réad óff [他] [read off＋O / read＋O＋off] …を全部読む; 〈数値など〉を読み取る.
réad óut [他] [read out＋O / read＋O＋out] **1** 声に出して…を読む, 読み上げる. **2** 【コンピュータ】〈データ〉を読み出す.
réad óver [他] [read over＋O / read＋O＋over] …を読み終える, 通読する; …を読み返す: Shred the document after you *read* it *over*. 書類を読み終えたらシュレッダーにかけなさい.
réad thróugh [他] …を読み終える, 通読する.
réad úp on ... [他] …について書物をよく読んで研究する, …を十分調べる.
■ ***réad betwèen the línes*** → LINE[1] 成句.
réad onesèlf to sléep 本を読んでいるうちに眠ってしまう.
réad to onesèlf 声に出さないで読む, 黙読する.
tàke ... as réad [réd] …を額面通りに受け取る.
— [名] [a ～] 読み物; 《英口語》読書, 読書時間: a good *read* 楽しめる読み物 / have a long *read* 長い時間読書をする.

****read[2] [réd] (☆ 発音に注意) [動] [形]

— [動] read[1] の過去形・過去分詞.
— [形] [副詞を伴って] 〔…に〕精通して〔*in*〕: She is well *read in* the politics of Europe. 彼女はヨーロッパの政治に精通している.

read·a·bil·i·ty [rìːdəbíləti] [名] [U] 読みやすさ; 面白く読めること.

read·a·ble [ríːdəbl] [形] **1** (本・記事などが) 読みやすい; 読んで面白い. **2** (文字が) 判読できる.

re·ad·dress [rìːədrés] [動] [他] 〈手紙など〉のあて名を書き直す; 〔…に〕〈手紙など〉を転送する〔*to*〕.

***read·er [ríːdər]

— [名] (複 **read·ers** [～z]) [C] **1** 読者; 読む人, 読書家: a great *reader* 大の読書家 / She is a regular *reader* of that magazine. 彼女はその雑誌を定期購読しています / He is a fast [slow] *reader*. 彼は読むのが速い [遅い].
2 読本, リーダー《語学の読解練習用の教科書》; (文学作品の) 選集: a French *reader* フランス語読本.
3 [しばしば R-] 《英》(大学の) 助教授 (◇《米》の associate [assistant] professor に相当する; → PROFESSOR [関連語]); 《米》(大学の) 採点助手.
4 出版社顧問《原稿を読んで出版の可否を決める》.
5 校正係 (proofreader). **6** 【コンピュータ】読み取り装置 [機].

read·er·ship [ríːdərʃìp] [名] [C] [U] **1** (新聞・雑誌などの) 読者層; 読者数. **2** 《英》(大学の) 助教授 (reader) の職 [地位].

***read·i·ly [rédili]

— [副] **1** 快く, 進んで (willingly); すぐに, あっさり: My friend *readily* helped me with my homework. 友達が快く私の宿題を手伝ってくれた / She *readily* accepted my proposal. 彼女は私のプロポーズをすぐ承諾してくれた.
2 簡単に, 容易に (easily): You can *readily* learn how to use this computer. このコンピュータの使い方はすぐに覚えられますよ.

***read·i·ness** [rédinəs] [名] **1** [U] 〔…の〕準備 [用意] ができていること〔*for*〕: in *readiness for* ... …の [… に対する] 準備ができて. **2** [U] [または a ～] やる気, 進んですること, 快諾: She showed a *readiness* to learn French. 彼女はフランス語を学ぶ気になった. **3** [U] すばやさ, 迅速さ; 容易さ: *readiness* of wit 当意即妙.

***read·ing [ríːdiŋ]

— [名] (複 **read·ings** [～z]) **1** [U] 読書; 読み方; [a ～] 朗読: silent *reading* 黙読 / Children learn *reading* and writing at school. 子供は学校で読み書きを習う.
2 [U] [集合的に] 読み物; 読本; [～s] 作品集, 選集: interesting [light] *reading* 面白い [気軽に読める] 読み物 / *readings* from Hemingway ヘミングウェイ選集.
3 [C] 解釈, 見解; 判断: What is your *reading* of the recent recession? 最近の景気後退についての見解をお聞かせください.
4 [U] (読書で得た) 学識, 知識: a person of wide *reading* 博識の人.
5 [C] (目盛りなどの) 表示, 示度: The *reading* of the thermometer is sixty degrees Fahrenheit. 温度計はカ氏60度をさしている.
6 [形容詞的に] 読書の (ための); 読書をする, 読書の好きな: *reading* matter (新聞・雑誌の) 読み物, 記事 / the *reading* public 読書界. **7** [C] 読書会; 朗読会: give a poetry *reading* 詩の朗読会を開く. **8** [C] [序数詞を伴って] (議会の) 読会(どっかい) 《法令

R

を慎重に審議するための段階. 日本語にはない》.
◆ réading dèsk [C]《上面が手前に傾斜している》読書台, 書見台;《教会の》聖書台.
réading glàss [C] 読書用拡大鏡;[～es] 読書用眼鏡.
réading làmp [lìght] [C] (読書用) 卓上スタンド.
réading ròom [C] 図書閲覧室, 読書室.
re·ad·just [rìːədʒʌ́st] 動 他 …を再調整する.
— 自 […に] 再び順応する [to].
re·ad·just·ment [rìːədʒʌ́stmənt] 名 U C 再調整, 再適応.
réad·òn·ly mémory [ríd-] 名 C U《コンピュータ》読み出し専用メモリー, ロム《略語》ROM).
read·out [ríːdàut] 名 C《コンピュータ》(情報の) 読み出し, 読み出した情報.

****read·y 形 動 副 名《基本的意味は「用意のできた (prepared for something)」》

[rédi]

— 形 (比較 **read·i·er** [～ər]; 最上 **read·i·est** [～ist]) **1**〔叙述用法〕**(a)** 用意のできた, 支度[準備] のできた: Dinner is *ready*. 夕食の用意ができました / Are you *ready*? 支度はできましたか / Coffee's *ready* when you want it. 欲しいときにいつでも飲めるようコーヒーの用意ができています.
(b) [**be ready for ...**] …の用意ができている: Everything *is ready for* the concert. コンサートの準備はすっかりできてる.
(c) [**be ready + to do**] …する用意ができている, いつでも…できる: We *were ready to* start the game. 私たちは試合開始の準備ができていた / These bananas *are ready to* eat. このバナナは食べ頃です.
2 [**be ready + to do**] 喜んで…する, 進んで…する気のある: I *am* always *ready to* help you. 私はいつでも喜んでお手伝いします / Tom *was ready to* work hard in order to pass the final examination. トムは最終試験に合格するため必死で勉強する覚悟だった.
3 [**be ready + to do**] 今にも…しようとしている, …しそうである: The volcano *is ready to* erupt. その火山は今にも爆発しそうだ / She *was* almost *ready to* burst out laughing at his odd clothes. 彼女は彼の奇妙な服装を見て今にも吹き出しそうだった.
4〔限定用法〕手早い, 即座の;〔叙述用法〕[…が] すばやい, […を] すぐにする [*with, at*]: John gives a *ready* answer for everything. ジョンは何にでもすぐに答えを出す / He is too *ready with* poor puns. 彼は下手なだじゃれを言いたがる.
5 すぐに使える, 手近の: I always have a dictionary *ready* at hand. 私はいつも辞書を手元に置いている.

■ **gèt** [**màke**] **réady** […の / …する] 用意 [準備, 支度] をする [*for / to do*]: *get ready for* breakfast 朝食の用意をする / Let's *get ready to* hold the party. パーティーを開く準備をしよう.
gèt [*màke*] ... *réady* …の用意 [準備, 支度] をする: Meg, will you *get* lunch *ready* for Dad? メグ, お父さんの昼食の用意をしてね.
Réady, (gèt) sét, gó! =《英》*Réady, stéady,*

gó!《競技》位置について, 用意, どん《米》On your mark(s), get set, go!).
— 動 (三単現 **read·ies** [～z]; 過去・過分 **read·ied** [～d]; 現分 **read·y·ing** [～iŋ]) 他《格式》…の用意をする, 準備する.
■ **réady onesélf** […の] 準備をする [*for*].
— 副〔通例, 過去分詞の前に付けて〕前もって, あらかじめ: You can buy the bread *ready* cut. パンはカットしたのが買えます.
— 名 [the ～] **1**《軍》(銃の) 構えの姿勢.
2《口語》現金.
◆ réady cásh [móney] [U]《口語》現金, 即金; いつでも使える金.

*réad·y-máde 形〔限定用法〕**1** 既製 (品) の, 出来合いの (↔ made-to-order, custom-made): *ready-made* clothes 既製服. **2** (人の) 受け売りの: *ready-made* opinions 独創性のない意見. **3** ちょうどよい, おあつらえ向きの.

réad·y-to-wéar 形 (服が) 既製の, 既製服の.
re·af·firm [rìːəfə́ːrm] 動 他 …を重ねて主張[断言]する.
re·af·for·est [rìːəfɔ́ːrist / -fɔ́r-] 動《英》= REFOREST …に森林を再生する.
re·af·for·es·ta·tion [rìːəfɔ̀ːristéiʃən / -fɔ̀r-] 名《英》= REFORESTATION 植林.
Rea·gan [réigən] 名 固 レーガン Ronald [rάːnəld / rɔ́n-] Wilson Reagan《1911– ; 米国の政治家; → PRESIDENT 表》.
re·a·gent [riéidʒənt] 名 C《化》試薬, 試剤.

****re·al** 形 副 名《原義は「実物の」》

[ríːəl / ríəl]

— 形 (比較 **more re·al, re·al·er** [～ər]; 最上 **most re·al, re·al·est** [～ist]) **1**〔通例, 限定用法〕現実の, 実在の; 実際の (↔ imaginary) (→ 次ページ 語法解説): *real* life 実生活 / He wrote this story based on a *real* experience. 彼は実際の経験に基づいてこの物語を書いた / Stop living in a dream and see the *real* world. 夢うつつの中に暮らすのはやめて現実の世界を見なさい.
2 本当の, 本物の; 偽りのない, 誠実な (↔ false): a *real* friend 真の友 / a *real* pearl 本物の真珠 / one's *real* name 実名 / Do you know the *real* reason for her disappearance? 彼女が姿を消した本当の理由をご存じですか.
3 (描写などが) 真に迫った: Her performance in the movie was quite *real*. その映画における彼女の演技はなかなか真に迫るものがあった.
4〔限定用法; 強意的に〕まったくの: He is a *real* fool. 彼は本当にばかだ.
— 副《主に米口語》本当に, まったく; とても: a *real* fine day とてもよく晴れた日 / I had a *real* good time. 実に楽しかった.
— 名〔次の成句で〕
■ **for reál**《米口語》本当に, 本気で: Are you *for real*? (相手の言動に驚いて) 本気かい.
(▷ 名 reálity; 動 réalize)
◆ réal estàte [próperty] [U] 不動産.
réal estàte àgent [C]《米》不動産業者, 不動産屋 (《英》estate agent).
réal númber [C]《数学》実数.

> [類義語] **real, actual, genuine, true**
> 共通する意味▶真の,現実の(not false or imaginary)
> **real** は, 見かけと中身が一致する「真の」, にせ物でなく「本物の」, 架空でなく「現実の」の意: a *real* teacher 真の教師, 先生らしい先生 / *real* leather 本革 / the *real* state 実際の状況. **actual** は想像上の物事でなく「現実に存在する」もの, 「実際に起こった」ことを表す: This novel is based on an *actual* event. この小説は実際の出来事に基づいている. **genuine** は見せかけや模造でなく「真の, 本物の」の意: *genuine* joy 心からの喜び / a *genuine* picture by Gogh 本物のゴッホの絵. **true** は原物・事実などに照らして「その通りの, 本当の, 忠実な」の意: a *true* copy (原本[原型]に寸分違わない)正確な写し.

re·a·lign·ment [rìːəláinmənt] 名 UC 1 […の]再編成, 再統合 [*of*]. 2 再整列; 並べ換え.

re·al·i·sa·tion [rìːələzéiʃən / rìəlai-] 名《英》 = REALIZATION (↓).

***re·al·ise** [rìːəlàiz / rìəl-] 動《英》= REALIZE (↓).

***re·al·ism** [rìːəlìzm / ríə-] 名 U 1 現実主義 (↔ idealism). 2 [しばしば R-] (文学・芸術の)写実主義, リアリズム. 3 [哲] 実在論.

re·al·ist [rìːəlist / ríə-] 名 C 1 現実主義者; 写実主義の画家 [作家]. 2 [哲] 実在論者.

***re·al·is·tic** [rìːəlístik / rìə-] 形 1 現実的な, 実際的な; 現実主義の: a *realistic* outlook 現実的な見方. 2 (絵画・文学などが)写実的な, リアルな, 真に迫った; 写実主義の. 3 [哲] 実在論の.

re·al·is·ti·cal·ly [rìːəlístikəli / rìə-] 副 現実的に; 写実的に, あるがままに.

****re·al·i·ty** [riǽləti]
— 名(複 **re·al·i·ties** [~z]) 1 CU [しばしば複数形で] 現実, 現実のもの, 実際に経験したもの: face up to life's harsh *realities* 人生の厳しい現実に立ち向かう / Her dream of studying abroad became a *reality*. 海外に留学するという彼女の夢が実現した / We often go to the movies as an escape from *reality*. 私たちはよく現実を逃れるために映画を見に行く.
2 U 現実性, 実在, 現実に存在すること: She believes in the *reality* of God. 彼女は神の実在を信じている. 3 U 迫真性, 実物そっくりなこと, 写実性: It is reproduced with startling *reality*. その複製は驚くほど本物そっくりだ.
■ *in reálity* (ところが)実際は: Mr. Jones talks like an expert in politics, but *in reality* he knows little. ジョーンズ氏は政治の専門家のような口ぶりだが, 実際はあまり知らない. (▷ 形 reál)

re·al·iz·a·ble,《英》**re·al·is·a·ble** [rìːəlàizəbl / ríə-] 形 1 実現可能な, 実行できる.
2 (証券などが)換金できる.

***re·al·i·za·tion,**《英》**re·al·i·sa·tion** [rìːələzéiʃən / rìəlai-] 名 1 U [または a ~] 認識, 理解, 悟り: I was shocked by the *realization* that she was guilty. 私は彼女が有罪だとわかってショックを受けた. 2 U 実現; 達成: the *realization* of my dreams 私の夢の実現. 3 U (財産などの)現金化, 換金. (▷ 動 réalize)

****re·al·ize,**《英》**re·al·ise** [rìːəlàiz / ríəl-] 【「real (本物の) + ize (…にする)」で, 「実現する, 気づく」の意】
— 動 (三単現 **re·al·iz·es** [~iz], 過去・過分 **re·al·ized,**《英》**re·al·ised** [~d]; 現分 **re·al·iz·ing,**《英》**re·al·is·ing** [~iŋ])
— 他 1 [進行形・受け身不可] (a) [realize + O] …を理解する, …に気づく, …がわかる: He will soon *realize* the importance of English. 彼はすぐに英語の重要性を理解するだろう / I didn't *realize* her change of attitude. 私は彼女の態度の変化に気づかなかった.
(b) [realize + that 節 [疑問詞節]] …だと […かが]わかる, 気づく: I didn't *realize that* he was joking. 私は彼が冗談を言っているのがわからなかった / He finally *realized what* the lady was talking about. 彼はその女性が何を言っているのかやっとわかった.
2 [しばしば受け身で]《格式》〈希望・目的など〉を実現する, 現実化する: *realize* one's dream 夢を実現する / What he most feared *was realized*. 彼の最も恐れていたことが現実のものとなった.
3 …を如実に表す, 写実的に描写する: The writer *realizes* the atrocity of war. 作者は戦争の残虐さを如実に描写している.
4〈財産など〉を現金化する: She *realized* all her stocks. 彼女は持ち株全部を現金に換えた.
5〈利益など〉を得る, もうける;〈資産などが〉〈ある金額〉で売れる: He *realized* a large profit by selling the land. 彼はその土地を売って大もうけした. (▷ 形 réal; 名 rèalizátion)

****re·al·ly** [ríːəli / ríəli]
— 副 [比較なし] 1 本当に, 実際に (actually): I *really* must go home now. 私はもう本当に家に帰らなければならない / Do you *really* think so? あなたは本当にそう思いますか / Are you hungry? ―No, not *really*. おなかがすいてますか ― いえ, そうでもありません / I'm not *really* interested in sumo. 私はそれほど相撲に興味がありません.

> [語法] 否定文では, really の位置によって意味が異なることに注意: He *really* doesn't like dogs. 彼は本当に犬が嫌いです / He doesn't *really* like dogs. 彼はあまり犬が好きではない.

2 [形容詞・副詞を強めて] 実に, とても, まったく (very): Mr. White's tests are *really* difficult. ホワイト先生のテストは本当に難しい / I'm *really* sorry for what I said. 私が言ったことを本当に申し訳なく思います / She is doing *really* well at school. 彼女は学校の成績が実によい.
3 [文修飾] 本当は, 実際は; [ought to, should などを強調して] 本当のところは: He said she is unreliable, but *really* she's an able worker. 彼は彼女は頼りないと言ったが, 本当は仕事がよくでき

る / You *really* ought to go there by yourself. 本当はあなたは1人でそこに行くべきです.

4 [間投副詞的に]《口語》本当, おやおや, まあ (◇通例, 上昇調で発音し, 相づちを打ったり, 興味・驚き・疑いなどを表すのに用いる), ➡ [LET'S TALK]): I'm going to Canada this summer. – Oh, *really*? (↗) 今年の夏はカナダへ行く予定ですーえっ, 本当ですか / I hear Tom's uncle was killed in a traffic accident. — Not *really*! トムのおじさんが交通事故で亡くなったそうですーまさか.

*realm [rélm] [☆発音に注意] 名C **1** 領域, 範囲; (学問などの) 分野, 部門): in the *realm* of economics 経済学の分野で / That plan is beyond [not within] the *realms* of possibility. その計画は実現できそうもない.
2 [しばしば R-]《文語》王国 (kingdom).

ré·al-time 形 [限定用法] 即時の, 同時の;《コンピュータ》リアルタイムの, 即時処理の.

ré·al time 名CU《コンピュータ》実時間[処理]; 即時処理: in *real time* 実時間処理で, 即時に; (ニュース映像など) リアルタイムで.

re·al·tor [ríːəltər / ríəl-] 名C《米》(公認) 不動産業者 (estate agent).

re·al·ty [ríːəlti / ríəl-] 名U《米》不動産 (real estate).

ream [ríːm] 名C **1** 連(れん) (◇紙の数量単位; 1連 =《米》500枚,《英》480枚). **2** [~s]《口語》たくさん, 多量: *reams* of stories たくさんの物語.

re·an·i·mate [riːǽnimèit] 動他《格式》…を元気づける; 生き返らせる.

*reap [ríːp] 動他 **1**〈作物〉を刈り取る, 収穫する: *reap* a crop of corn トウモロコシを収穫する.
2 (努力の結果として) …を受ける, 獲得する: *reap* the benefits of one's effort 努力が報われる.
— 自 刈り入れをする; 報われる: As you sow, so shall you *reap*. (ことわざ) 自分でまいた種は自分で刈り取れ ⇨ 自業自得.

reap·er [ríːpər] 名C 刈り取る人, 刈り取り機;

[the R-] 死, 死神.

re·ap·pear [rìːəpíər] 動自 再び現れる; 再発する.

re·ap·pear·ance [rìːəpíərəns] 名CU 再出現; 再発.

re·ap·prais·al [rìːəpréizəl] 名UC 再評価.

re·ap·praise [rìːəpréiz] 動他 …を再評価する.

*rear¹ [ríər] 名C **1** [the ~] 後部, うしろ; 背面 (↔ front): Please move to the *rear* of the bus. バスの奥の方へお詰め願います. **2**《口語》しり (buttocks). **3** [通例 the ~] = réar guárd 《軍》後衛, しんがり (↔ vanguard).
■ **brìng** [**tàke**] **úp the reár** しんがりを務める.
in [**at**] **the reár of** ... …の後方に [の]; …の背後に [の], 〈建物の〉裏手に [の].
— 形 [限定用法] うしろ [後部] の; 背面の: a *rear* seat 後部座席.
◆ **reár ádmiral** C [しばしば R- A-] 海軍少将.

*rear² 動他 **1**〈子供〉を育てる (bring up);〈動物・植物〉を飼育[栽培]する (raise): They reared their children with the utmost care. 彼らは子供たちをとても大事に育てた. **2** …を上げる: *rear* one's head 頭を上げる. **3**《文語》…を建立(こんりゅう)する, 建てる. **4**〈建物・山〉を近くにそびえる.
— 自〈動物が〉後ろ脚で立つ;〈席から〉立ち上がる (up): The horse reared (up) and threw me off. 馬は棒立ちになって私を振り落とした.
■ **reár its** (**úgly**) **héad** (問題・困難などが) 頭をもたげる, 現れる.

re·arm [rìːɑ́ːrm] 動他 …を […で] 再武装 [再軍備] する (*with*); …に新兵器を持たせる.
— 自 再武装 [再軍備] する.

re·ar·ma·ment [rìːɑ́ːrməmənt] 名U 再武装, 再軍備.

rear·most [ríərmòust] 形 [限定用法] 最後 [最後尾] の.

re·ar·range [rìːəréindʒ] 動他 …を並べ換える, 整理し直す.

re·ar·range·ment [rìːəréindʒmənt] 名UC

LET'S TALK 相づちの言葉

[基本] **Really?**

Jenny: I'm getting a little tired.
（少し疲れてきたわ）

Miho: Really? Why don't we take a break?
（あら, そう. 少し休みましょうか）

相手の発言に「そうですか」と相づちを打つには, Really? と言いましょう. Really? (↘) と語尾を下げると「そうですか」の意味, Really? (↗) と語尾を上げると「本当ですか, まさか」と驚きの気持ちが強くなります. Yes [Yeah]. / Right. / Uh-huh. (ええ, なるほど)

も相づちの言葉です. 「わかりました」と言うときには, I see. または I get it. と言います.
上の例の場合, いきなり Why don't we take a break? と言うと, ぶっきらぼうな感じを与えてしまいます. そこで Really? と間に入れて, 会話がスムーズに流れるようにします.

[類例] A: Push this button to recline your seat.
（背もたれを倒すにはこのボタンを押してください）

B: Oh, I see. (ああ, わかりました)

再配列, 再整列.

réar・view mírror [ríərvjùː-] 名 C (車などの)バックミラー (➡ CAR [PICTURE BOX]). (比較)「バックミラー」は和製英語.

rear・ward [ríərwərd] 形 後方の.
— 副 うしろに [へ], 背後に [へ]; 後ろ向きに.

rear・wards [ríərwərdz] 副 = REARWARD (↑).

***rea・son [ríːzn] 【原義は「数えること」】
— 名 (複 **rea・sons** [~z]) **1** C U 《…の / …する / …(なのか)という》理由, わけ, 根拠 [*for* / *to do* / *that* [疑問詞] 節]: Tell me the *reason for* your absence last week. 先週休んだ理由は何ですか / There is no *reason to* be afraid of him. 彼を恐れる理由はない / The *reason* (*that*) I went to Italy was to visit the Vatican. 私がイタリアに行ったのはバチカン宮殿を訪れるためでした / The *reason why* I told a lie was that [*because*] I did not want to shock her. 私がうそをついたのは彼女にショックを与えたくなかったからです.
2 U 理性, 思考力, 判断力; 正気: The Prime Minister appealed to *reason*. 首相は理性に訴えた / She lost her *reason* after her son's death. 彼女は息子が死んでから気が変になった.
3 U 良識, 道理: I tried to persuade him, but he would not listen to *reason*. 彼を説得しようとしたが彼は聞き分けがなかった / There is a good deal of *reason* in his remark. 彼の言葉は道理が十分通っている.

■ **beyònd** [*pàst*] *áll réason* 道理を外れた, 非常識な, 無茶な.
bring ... to réason 〈人〉に道理を悟らせる; ばかな行為をやめさせる.
by réason of ... 《格式》…という理由で, …のために.
for réasons bést knówn to onesélf 人にはわからない理由で, 理由は理解しかねるが.
for sóme réason (or óther) どういうわけか, 理由はわからないが.
It stánds to réason that ... …は当然である, 明白である: *It stands to reason that* he will fail eventually. 彼が結局は失敗することは明白である.
with (**góod**) **réason** 《文修飾》(…するのも)もっとも, 十分な理由があって: She is angry with him, and *with reason*. 彼女は彼に腹を立てているが, もっともなことだ.
withìn [**ìn**] **réason** 道理にかなった, 常識の範囲内で: I think the workers' demand for a raise is *within reason*. 労働者の賃上げの要求は道理にかなっていると思う.

— 動 他 **1** …を考える; […だと]考える, 推論する [*that* 節]: He *reasoned that* she must have sneaked off. 彼は彼女はこっそり逃げたに違いないと考えた.
2 […するように / …しないように]…を説得する [*into* (*doing*) / *out of* (*doing*)]: He *reasoned* her *into leaving* there as soon as possible. 彼はできるだけ早くそこを立ち去るよう彼女を説得した / Her mother *reasoned* her *out of marrying* the man. 母親はその男と結婚しないよう彼女を説き伏せた. — 自 (理性的に)[…について]考える, 推論する [*on, upon, about*]: He has *reasoned on* the subject properly. 彼はその問題について正しく推論した.

■ **réason óut** 他 …を熟慮して解決する, 〈答えなど〉を論理的に考え出す.
réason with ... 他 …を説得する.

*rea・son・a・ble [ríːznəbl]
— 形 **1** 合理的な, 筋の通った, もっともな (↔ unreasonable): a *reasonable* argument 筋の通った議論 / a *reasonable* request もっともな要求 / Her views are quite *reasonable*. 彼女の見解は十分に筋が通っている.
2 (価格が) 手頃な, 相応の; (物事が) まあまあの, 妥当な: a *reasonable* price 手頃な値段 / That price for this good camera seems *reasonable*. このすばらしいカメラでその値段は当然だろう / The size of this car is *reasonable* for my family. この車は私の家族に見合った大きさだ.
3 (人・行為が) 道理をわきまえた, 理性のある, 分別のある: She is a *reasonable* person. 彼女は道理をわきまえた人です / You are old enough to be more *reasonable*. あなたはもっとものがわかってよい年頃だ.

rea・son・a・ble・ness [~nəs] 名 U 道理に合ったこと, 妥当なこと; (値段が)手頃なこと.

*rea・son・a・bly [ríːznəbli] 副 **1** 合理的 [理性的] に, 道理をわきまえて: disagree *reasonably* 理屈に合った異議を唱える. **2** ほどほどに; かなり, 相当に (fairly): This car is *reasonably* priced for us. この車は私たちには手頃な値段です. **3** [文修飾] 当然ながら, 理にかなって: She *reasonably* insists on studying abroad. 彼女が留学すると言い張るのももっともです.

rea・soned [ríːznd] 形 [限定用法] (議論・分析などが) 論理的に基づいた, 論理的な.

rea・son・ing [ríːznɪŋ] 名 U 推論, 推理; (前提から結論への) 論証.

re・as・sem・ble [rìːəsémbl] 動 他 **1** …を再び集める. **2** 〈機械など〉を組み立て直す.
— 自 再び集まる.

re・as・sert [rìːəsə́ːrt] 動 他 **1** 〈権利など〉を重ねて主張する. **2** …を再び断言する. **3** [~ *itself*] 再び脚光を浴びる.

re・as・sess [rìːəsés] 動 他 …を再評価する; 査定し直す.

re・as・sess・ment [rìːəsésmənt] 名 **1** U 再評価; 再査定. **2** C 再査定額.

re・as・sur・ance [rìːəʃúərəns] 名 U C 安心 (させること), 自信 [元気] 回復; C 元気づけの言葉.

*re・as・sure [rìːəʃúər] -ʃɔ́ː, -ʃúə] 動 他 […について … であると言って]〈人〉を安心させる, 〈人〉の自信 [元気] を回復させる [*about* / *that* 節]: She wanted to be *reassured that* her baby was safe. 彼女は赤ちゃんは無事であると言ってもらって安心したかった.

re・as・sur・ing [rìːəʃúərɪŋ / -ʃɔ́ːrɪŋ, -ʃúərɪŋ] 形 安心させる, 元気づける, 慰めになる.

re·as·sur·ing·ly [〜li]副 安心させて, 元気づけて.
re·a·wak·en [rìːəwéikən]動 他 …の目を再び覚まさせる.
re·bate [ríːbeit]名 C 割引, (代金の)一部払い戻し (◇日本語の「リベート」にある不正の含意はない).
*__reb·el__ [rébəl](☆動 との発音の違いに注意)名 C 反逆者, 謀反(む)人, 逆らう人; [R-]《米史》反乱軍の兵士《南北戦争での南軍の兵士》.
— 動 [ribél] (三単現 **re·bels** [〜z]; 過去・過分 **re·belled** [〜d]; 現分 **re·bel·ling** [〜iŋ])自
1 […に]反抗する, 反乱[謀反]を起こす [against]: The American colonists *rebelled against* England in 1775. アメリカの植民地住民は1775年にイギリスに対し反乱を起こした. **2** […に]反感を持つ, [...を]嫌悪する [at]: She *rebelled at* the mere sight of him. 彼女は彼の姿が見えただけでもむかついた. (▷ 名 rebellion)
*__re·bel·lion__ [ribéljən]名 U C […に対する]反乱, 謀反(む) [against]: raise a *rebellion against* the government 政府に対して反乱を起こす. (▷ 動 rebel)
re·bel·lious [ribéljəs]形 **1** 反抗的な, 扱いにくい: My two-year-old son is *rebellious*. 私の2歳の子は言うことを聞かない. **2** 反乱[謀反(む)]の, 反乱を起こした: *rebellious* troops 反乱軍.
re·birth [rìːbə́ːrθ]名 [単数形で]《格式》再生, 復活, 復興.
re·boot [rìːbúːt]動 他 《コンピュータ》を再起動する.
re·born [rìːbɔ́ːrn]形 [叙述用法]《文語》再生した, 生まれ変わった.
re·bound [ribáund](☆名 との発音の違いに注意)動 自 **1** (ボールなどが)はね返る; (行為が)[…に]はね返る [on, upon]: Her lies *rebounded on* her in the end. 彼女は結局自分のついたうそその報いを受けた. **2** [失意などから]立ち直る [from]; (株価などが)反騰(は)する. — 名 [ríːbaund] C **1** はね返り; 反撃. **2** 《球技》リバウンドボール.
■ *on the rebound* **1** (ボールなどが)はね返って来ること. **2** (失意などつらいことの)反動から.
re·buff [ribʌ́f]名 C 《格式》拒絶, はねつけ: Her kind advice only met with a sharp *rebuff*. 彼女の親切な忠告もすげなく拒絶されるばかりだった.
— 動 他 《格式》…を拒絶する.
re·build [rìːbíld]動 (三単現 **re·builds** [-bíldz]; 過去・過分 **re·built** [-bílt]; 現分 **re·build·ing** [〜iŋ])他 **1** 〈建物〉を改築する, 建て直す; 〈機械など〉を再び組み立てる. **2** 〈社会・生活など〉を改革する, 改造する, 再建する.
re·buke [ribjúːk]動 他 《格式》[不品行・落ち度などについて]〈人〉を厳しくしかる, とがめる, 強く非難する [for]: The teacher *rebuked* him *for* being late. 先生は彼の遅刻を厳しくしかった.
— 名 C U […に対する] 非難, 叱責(しっ) [for].
re·bus [ríːbəs]名 C 判じ物, 判じ絵.
re·but [ribʌ́t]動 (三単現 **re·buts** [-bʌ́ts]; 過去・過分 **re·but·ted** [〜id]; 現分 **re·but·ting** [〜iŋ])他 《格式》…に反論する; …の反証を挙げる.
re·but·tal [ribʌ́təl]名 C 《格式》反論, 反証.
re·cal·ci·trant [rikǽlsətrənt]形 《格式》(権威・習わしなどに)反抗的な, 扱いにくい; 強情な.

***__re·call__ 動 名
【「re (再び) + call (呼ぶ)」から】
— 動 [rikɔ́ːl] (三単現 **re·calls** [〜z]; 過去・過分 **re·called** [〜d]; 現分 **re·call·ing** [〜iŋ])
— 他 **1** (a) [recall + O] …を(努力して)思い出す, 思い起こす (◇ remember より《格式》): Your face is familiar, but I don't *recall* your name. あなたの顔は見覚えがあるのだが名前が思い出せない. (b) [recall + 動名] …したことを思い出す: I *recalled seeing* her in Rome. 私は彼女とローマで会ったことを思い出した. (c) [recall + that 節 [疑問詞節[句]]] …ということを[…かを]思い出す: She cannot *recall that* he was her classmate at elementary school. 彼女が小学校のクラスメートだったことが思い出せない / There was something else, but he couldn't *recall what* it was. 何かほかのことがあったのだが, 彼にはそれが何なのか思い出せなかった.
2 〈物事・人など〉を[人・心に]思い出させる [to]: His songs *recall* John Lennon *to* me. 彼の歌は私にジョン＝レノンを思い出させる.
3 …を[〜から/〜へ]呼び戻す, 召還する [from / to]: The ambassador was *recalled from* Paris. 大使がパリから召還された.
4 …を取り戻す; 〈欠陥商品など〉を回収[リコール]する: *recall* defective cars 欠陥車を回収する.
5 〈免許・約束など〉を取り消す, 撤回する.
— 名 [rikɔ́ːl, rìːkɔ́ːl] **1** U 思い出すこと [能力], 記憶力, 回想: have little *recall* of ... の記憶がほとんどない. **2** U [または a 〜] 召還, 呼び戻し: The *recall* of the troops was very sudden. 軍隊が呼び戻されたのはきわめて突然のことだった.
3 C U 《米》リコール《住民投票によって公職者を解任すること. またその権利》. **4** C U (欠陥商品などの)回収, リコール.
■ *beyònd* [*pàst*] *recáll* **1** 取り返しのつかない. **2** 思い出すことができない.
hàve tótal recáll 記憶力が抜群である.

re·cant [rikǽnt]動 《格式》他〈自説など〉を(公式に)取り消す, 撤回する; 〈信仰〉を放棄する.
— 自 (公式に)撤回する; 放棄する.

re·cap¹ [ríːkæp](☆ と のアクセントの違いに注意)動 (三単現 **re·caps** [〜s]; 過去・過分 **re·capped** [-kǽpt]; 現分 **re·cap·ping** [〜iŋ])他《米口語》〈古タイヤ〉を再生する.
— 名 [ríːkæp] C 《米口語》再生タイヤ.

re·cap² [ríːkæp]動 = RECAPITULATE (↓).
— 名 = RECAPITULATION (↓).

re·ca·pit·u·late [rìːkəpítʃəlèit]動 《格式》…の要点を繰り返す;〈議論など〉を要約する.
— 自 要点を繰り返す; 要約する.

re·ca·pit·u·la·tion [rìːkəpìtʃəléiʃən]名 U C 要点の繰り返し; 概括, 要約 (summary).

re·cap·ture [rìːkǽptʃər]動 他 **1** 〈失ったもの〉を取り戻す; …を奪還する: *recapture* the escaped criminal 逃亡犯を再逮捕する. **2** …を追体験する, 思い出す.
— 名 U 奪還; 再び捕らえること.

re·cast [rìːkǽst / -káːst]動 (三単現 **re·casts**

[-kǽsts / -ká:sts]; 過去・過分 re・cast; 現分 re・cast・ing [~iŋ]) ● **1** …を鋳造し直す. **2** 《文など》を書き[作り]直す. **3** …の配役を変える.

recd., rec'd.《略語》= RECEIVED (↓).

*re・cede [risí:d] 動 ⾃ **1** […から]退く, 後退する [from] (↔ proceed); 遠ざかる: When the tide *receded*, I dug for clams. 潮が引いたので私は貝を捕ろうと砂を掘った. **2** 後⽅に引っ込む; うしろへ傾く;(髪の⽣え際が)退く. **3** […から]⼿を引く; …を取り消す, 撤回する[from].

‡re・ceipt [risí:t](☆発⾳に注意)名 **1** C(…の)領収書, 受け取り, レシート[for]: make [write] out a *receipt* 領収書を出す. **2** U《格式》受け取ること, 受領, 領収. **3**《通例〜s》受け⼊れ⾼, 受領額.
■ **be in receipt of ...** …を受領いたしました(◇商用文などで用いる).
on (the) receipt of ...《格式》…を受け取るとすぐに, 受領次第. (▷ 動 recéive)

re・ceiv・a・ble [risí:vəbl] 形 受け取ることのできる; 受け取る権利のある; 信頼できる: a bill *receivable* 受取手形.
— 名《〜s》 受取勘定.

*****re・ceive** [risí:v]【「re (あとに) + ceive (取る)」から】
— 動 (三単現 re・ceives [〜z]; 過去・過分 re・ceived [〜d]; 現分 re・ceiv・ing [〜iŋ])
— 他 **1** [receive + O] …を[…から]**受け取る**, もらう *from* (↔ send) (→ 類義語): *receive* a letter [telegram] 手紙[電報]を受け取る / Ann *received* art books *from* her aunt. アンはおばから美術書をもらった / That singer *received* a Grammy last year. その歌手は昨年グラミー賞を受賞した / I *received* an invitation to dinner, but did not accept it. 私はディナーの招待状をもらったが辞退した.
2《教育・処置など》を受ける, …をこうむる: The flood victims *received* sympathy from all over the country. 洪⽔の被災者は全国の⼈々から同情を受けた / His new play *received* severe criticism. 彼の新作劇は酷評された.
3〈⼈・考えなど〉を[…として]受け⼊れる[as]; […に]仲間⼊りさせる[into]: *receive* new ideas *into* business 仕事に新しい考えを取り⼊れる / He hasn't been *received as* a regular member yet. 彼はまだ正会員として認められていません.
4《格式》を迎える, 歓迎する: Mr. and Mrs. Yoshida *received* their guests at the door. 吉⽥夫妻は⽞関で客を迎えた / They were warmly *received*. 彼らは温かく迎えられた.
5《重さ・⼒など》を受け⽌める, ⽀える: The arch *receives* the whole weight. アーチが全重量を⽀えている. **6**〈放送・電波など〉を受信する: *receive* satellite broadcasts 衛星放送を受信する.
7《球技》〈サーブ〉を打ち返す, …をレシーブする.
— ⾃ **1** ものを受け取る: It is better to give than to *receive*. (⼈から)受けるより与えるほうが⽴派である(◇聖書の⾔葉). **2** ⼈の訪問を受ける. **3**《球技》〈ボール〉をレシーブする. (▷ 名 recéipt, recéption; 形 recéptive)

re・ceived [risí:vd] 形《限定⽤法》《格式》⼀般に認められた, 広く受け⼊れられた, 標準の.
◆ **Received Pronunciation** U《言》容認発音《イギリス英語の標準的な発音;《略語》RP》.

*re・ceiv・er [risí:vər] 名 C **1** (電話の)受話器, レシーバー;(放送の)受像[受信]機: pick up [lift] the *receiver* 受話器を取る / a radio *receiver* ラジオ(受信機). **2** 受取⼈ (↔ sender); 収納[出納]係. **3**《球技》レシーバー. **4**《しばしば the R-》《法》(破産などのときの)管財⼈.
re・ceiv・er・ship [risí:vərʃip] 名 U《法》管財⼈の管理下にあること.

*****re・cent** [rí:sənt]【「re (再び) + cent (新しい)」から】
— 形《通例, 限定用法》**近頃の**, 最近の; 近代の (→ MODERN 類義語): *recent* events 最近の出来事 / a *recent* trend in popular music 流⾏歌の最近の傾向 / Our team has been in bad condition in *recent* weeks. 私たちのチームはここ数週間調⼦が悪い.

*****re・cent・ly** [rí:səntli]
— 副 **近頃**, 最近 (→ LATELY 語法): Have you played tennis *recently*? 最近テニスをしましたか / I lived in Kamakura until quite *recently*. 私はついこの間まで鎌倉に住んでいた / This strange plant was discovered only *recently*. この変わった植物はつい最近発⾒された.

re・cep・ta・cle [risépt(ə)kl] 名 C **1**《格式》容器, ⼊れ物; 貯蔵所: a *receptacle* for garbage ごみ容器. **2** (電気の)コンセント (outlet).

‡re・cep・tion [risépʃən] 名 **1** C 歓迎会, レセプション: a wedding *reception* 結婚披露宴 / give a *reception* 歓迎会を開く. **2** C《通例, 単数形で》もてなし, 接待: get a warm *reception* 温かい歓迎を受ける / I couldn't fathom her cool *reception*. 私は彼⼥の冷たい態度が(ʷ)せなかった. **3** U 受け取ること, 受領; (新説などの)受容; 理解⼒. **4** U《放送》受信, 受像; 受信状態. **5** C《通例, 単数形で》(戯曲の)受け, 評判: a controversial [mixed] *reception* 賛否両論. **6** U ⼊会(許可);《主に英》(会社・ホテルなどの)受付, フロント. (▷ 動 recéive)
◆ **recéption cènter** C 難⺠収容施設.
recéption dèsk C《主に英》(ホテルの)フロント; (会社・病院などの)受付.
recéption ròom C **1**《英》(家の)居間(◇不動産の広告用語). **2** 応接室;(病院などの)待合室.

re・cep・tion・ist [risépʃ(ə)nist] 名 C(ホテル・病院・会社などの)受付係, 応接係.
re・cep・tive [riséptiv] 形《新しい考えなどを》受け⼊れる;[…に対して]理解が早い, 感受性に富んだ[to, of]: She has a *receptive* mind *to* new ideas. 彼⼥は新しい考えを進んで受け⼊れる. (▷ 動 recéive)
re・cep・tiv・i・ty [rì:septívəti] 名 U 感受性, 受容⼒.

*re・cess [rí:ses / risés] 名 **1** UC 休暇(時間), 休み;(議会の)休会, (学校の)休暇: the Easter *recess*《⽶》(議会の)イースター中の休会 / the summer *recess* 夏季休暇. **2** C(部屋・壁などの)

引っ込んだ部分《本棚・金庫などを置く》. **3** C (海岸・山脈などの)奥まった所; [~es]《比喩》(心の)奥底.
■ *at recéss* 休憩時間に.
gó into recéss (議会などが)休憩[休会]に入る.
‡**re·ces·sion** [riséʃən] 名 **1** U C 景気後退, 不景気 (◇ depression より軽い): go into a *recession* 不景気になる. **2** U 後退; 退場.
re·ces·sive [risésiv] 形 **1** 退行[逆行]の. **2** 《生物》(遺伝形質が)劣性の (↔ dominant).
re·charge [riːtʃɑ́ːrdʒ] 動 他〈電池〉を(再)充電する;《比喩》…を充電する: *recharge* one's batteries 休養を取る, リフレッシュする, 英気を養う.
re·charge·a·ble [riːtʃɑ́ːrdʒəbl] 形 (電池が)(再)充電できる, 充電式の. —名 C 充電式電池.
re·cher·ché [rəʃèərʃéi -ʃéəʃei]《フランス》形《格式》凝った; 奇妙な, 風変わりな.
re·cid·i·vist [risídəvist] 名 C 《法》常習犯.
*‡**rec·i·pe** [résəpi] 名 **1** […の]調理法, レシピ [*for*]: a *recipe* for meat pie ミートパイの作り方. **2** […の]こつ, 秘けつ [*for*]: a *recipe* for successful business 商売繁盛の秘けつ.

*‡**re·cip·i·ent** [risípiənt] 名 **1** 《格式》受取人, 受領者. **2** 臓器の移植を受ける人.
re·cip·ro·cal [risíprəkəl] 形《格式》相互の, 互いの, 相互[相関]関係にある (mutual).
◆ recíprocal prónoun C《文法》相互代名詞 (◇ each other, one another など).
re·cip·ro·cal·ly [-kəli] 副 相互に; 互恵的に.
re·cip·ro·cate [risíprəkèit] 動 他 …を(互いに)交換する; …に返礼する, お返しをする.
— 自 **1** (相互に)やり取りする; 返礼する, お返しをする. **2** 〈機械が〉往復運動をする: a *reciprocating* engine レシプロエンジン.
re·cip·ro·ca·tion [risìprəkéiʃən] 名 U **1** 交換; 返礼, お返し: in *reciprocation* for ... …の返礼として. **2** 《機械》往復運動.
rec·i·proc·i·ty [rèsiprásəti / -prɔ́s-] 名 U《格式》**1** 相互作用[依存]. **2** (貿易上の)互恵主義.

*‡**re·cit·al** [risáitəl] 名 C **1** (音楽の)リサイタル, 独唱[独奏]会; (詩の)朗読会: give a violin *recital* バイオリンのリサイタルを開く. **2**《格式》詳しい話, 長ったらしい説明; ことの顛末(ぼう). (▷ 動 recite)

*‡**rec·i·ta·tion** [rèsitéiʃən] 名 **1** U C (公開の場での)暗唱, 朗唱; C 暗唱文. **2** U 順々に話すこと; (事実などの)列挙. (▷ 動 recite)

rec·i·ta·tive [rèsitətíːv] 名 U C《音楽》叙唱, レチタティーボ《オペラなどで普通の話し方を模倣・強調する歌い方》; 叙唱部.

*‡**re·cite** [risáit] 動 他 **1** 〈詩など〉を(人前で)暗唱する; 朗唱[朗読]する;《米》〈生徒が〉〈課題〉を復唱する. **2** …を(詳しく)話す, 物語る; 列挙する: *recite* one's complaints 不満を並べ立てる.
— 自 暗唱する; 朗読する.
(▷ 名 recital, rècitátion)

‡**reck·less** [rékləs] 形 **1** 無謀な, 無鉄砲な: He was fined for *reckless* driving. 彼は無謀運転で罰金を科された. **2** […を]気にかけない, 意に介さない [*of*]: be *reckless* of danger 危険をものとも

しない.
reck·less·ly [~li] 副 無謀にも, 無鉄砲に.
reck·less·ness [~nəs] 名 U 無謀, 無鉄砲.

*‡**reck·on** [rékən] 動 他《進行形不可》**1** [reckon + that 節]《口語》…であると思う (think, suppose) (◇ しばしば ..., I reckon. の形で用いる): I *reckon* (*that*) you'll get well soon. すぐよくなるよ / He'll come soon, I *reckon*. 彼はもうじき来ると思う. **2** 《格式》[reckon + O + (as [to be]) C] …を~であるとみなす, 考える (regard); …を[…の1つ[1人]]とみなす, 考える [*among*]: She is *reckoned* to be the brightest in the class. 彼女はクラスで一番できるとみなされている / I *reckon* him *among* my supporters. 私は彼を支持者の1人と考えている. **3**《格式》…を(ざっと)数える, 計算する (up).
— 自 計算する, 数える.
■ *réckon ín* 他《格式》…を勘定に入れる, 含める.
réckon on [*upòn*] ... 他 …をあてにする.
réckon with ... 他 **1** …を考慮に入れる: You have to *reckon with* his feelings. あなたは彼の気持ちを考慮に入れなければならない. **2** …に対処する,〈人〉を相手にする.
réckon withòut ... 他 …を考慮に入れない.

reck·on·ing [rékəniŋ] 名 **1** U (大ざっぱな)計算, 概算: by my *reckoning* 私の見積もりでは. **2** C《古》請求書 (bill, account).
■ *be óut in one's réckoning* あてが外れる.
the [*a*] *dáy of réckoning*《格式》清算日; 罰を受ける日; 最後の審判の日 (the Judgment Day).

re·claim [rikléim] 動 他 **1** […から] …の返還を要求する, …を取り戻す [*from*]. **2** …を開墾する;〈沼など〉を埋め立てる, 干拓する. **3** [廃物から]…を再生(利用)する, リサイクルする [*from*]: *reclaim* metal *from* old cans 空き缶を金属に再生する.

rec·la·ma·tion [rèkləméiʃən] 名 U **1** 開墾, 埋め立て, 干拓. **2** 再生(利用), リサイクル.

*‡**re·cline** [rikláin] 動 自《格式》もたれる; 横になる [*on, upon, against*]; (座席などが)うしろに傾く: She was *reclining on* a sofa. 彼女はソファーにもたれていた.
— 他 …を[…に]もたせかける; 横たえる [*on, upon, against*].
◆ reclíning cháir C リクライニングチェア.

rec·luse [réklu:s / riklú:s] 名 C 世捨て人, 隠者.

*‡**rec·og·nise** [rékəgnàiz]《英》= RECOGNIZE (↓).

*‡**rec·og·ni·tion** [rèkəgníʃən]
—名 U [または a ~] **1** (人・ものを)見てわかること, 識別; 見覚え; 会釈: escape *recognition* (人に)気づかれない / a passing *recognition* 通りすがりの軽い会釈 / She gave me a smile of *recognition*. 彼女は私だとわかってにっこりした.
2 (事実・状況の)認識, 認めること: The child still has no *recognition* of danger. その子供はまだ危険ということがわかっていない.
3 承認, 許可; (外交上の)承認 (diplomatic recognition): *recognition* of a new government 新政府の承認 / give *recognition* to ... …

を認可する; …に承認を与える.
4 《格式》(業績などの) 評価; 表彰; 感謝, お礼: This painter receives *recognition* all over the world. この画家は世界じゅうで認められている.
■ *beyónd* [*óut of*] (*áll*) *recognítion* 見分けがつかないほど: He has grown fat *beyond recognition*. 彼は見分けがつかないほど太ってしまった.
in recognition of ... …を認めて, 認められて; …のお礼に.
(▷ 名 règognize)

rec・og・niz・a・ble, 《英》**rec・og・nis・a・ble** [rékəgnàizəbl] 形 容易に認識できる, 見分けがつく; 見覚えがある; 承認できる.

rec・og・niz・a・bly, 《英》**rec・og・nis・a・bly** [rékəgnàizəbli] 副 認識できるように, 見分けがつく程度に.

*****rec・og・nize,** 《英》**rec・og・nise** [rékəgnàiz]
【「re (再び) + cognize (知る)」から】
— 他 (三単現 **rec・og・niz・es**, 《英》**rec・og・nis・es** [~iz]; 過去・過分 **rec・og・nized**, 《英》**rec・og・nised** [~d]; 現分 **rec・og・niz・ing**, 《英》**rec・og・nis・ing** [~iŋ])
— 他 [進行形不可] **1** [recognize + O]《前に見たもの》を**見分ける**, …に気づく, 識別する: I had not seen him for a long time, but I *recognized* him at once. 私は彼にずっと会っていなかったが, すぐに彼だとわかった / At first she didn't *recognize* the voice on the other end of the line. 彼女は最初, 電話の相手の声がだれかわからなかった.
2 (a) [recognize + O] …を(事実として)認める, 認識する: Everybody *recognizes* his political skill. だれもが彼の政治的手腕を認めている.
(b) [recognize + O + as [to be] ...] …を~であると認める: The critics finally *recognized* this painting *as* a genuine Monet. 批評家たちは最終的にこの絵が本物のモネであることを認めた.
(c) [recognize + that 節] …ということを認める: He *recognized that* he was mistaken. 彼は自分が間違っていることを認めた.
3 …を承認する, 認可する; (外交的)承認を与える: Japan is going to *recognize* the new government. 日本は新政府を承認する予定である.
4 〈功績など〉を認める, 表彰する: The principal *recognized* her courage by awarding her a prize. 校長は彼女の勇気を認めて表彰した.
5 《米》〈議長が〉…の発言を許す.
(▷ 名 règognítion)

rec・og・nized [rékəgnàizd] 形 世間 [社会] に認められた, 公認の.

re・coil [rikɔ́il] (☆ 名 との発音の違いに注意) 動 自 **1** (銃・ばねなどが)反動ではね返る. **2** 後退する, 退く; (恐怖・嫌悪感などで)[…から]後ずさる, […に]ひるむ [*from*].
■ *recóil on* [*upòn*] ... 《格式》〈人〉に報いとなってはね返る.
— 名 [ríːkɔil] U [または a ~] **1** (銃撃の) 反動, 後座(ざ). **2** ひるむこと, いや気.

***rec・ol・lect** [rèkəlékt] 動 《格式》 他 …を (努力して) 思い出す (remember); [recollect + doing] …したことを思い出す; [recollect + that 節 [疑問詞 [句]]] …ということ […か] を思い出す: I didn't *recollect* anything. 私は何も思い出せなかった / I *recollected seeing* him at the party. 私は彼とパーティーで会ったのを思い出した / Can you *recollect where* she is from? 彼女の出身地を思い出すことができますか.
— 自 思い出す, 回想する: as far as I (can) *recollect* 覚えている限りでは.

***rec・ol・lec・tion** [rèkəlékʃən] 名 《格式》 **1** U 回想, 思い出すこと, 記憶(力): I have no *recollection* of her face. 私は彼女の顔を覚えていない.
2 C 思い出, 追憶.
■ *to the bést of my recolléction* 私の覚えている限りでは.
beyónd [*pàst*] *recolléction* 思い出せない.

*****rec・om・mend** [rèkəménd]
【「re (再び) + commend (託す)」から】
— 他 (三単現 **rec・om・mends** [-méndz]; 過去・過分 **rec・om・mend・ed** [~id]; 現分 **rec・om・mend・ing** [~iŋ])
— 他 **1** (a) [recommend + O] …を […として / …に] **推薦する**, 推奨する, 勧める [*as* / *for*]: He *recommended* me *for* the post. 彼は私をそのポスト [役職] に推挙してくれた / He was *recommended as* an interpreter. 彼は通訳として推薦された / What would you *recommend*? あなたのお勧めは何ですか.
(b) [recommend + O + to ... / recommend + O + O] …に~を推薦する: Could you *recommend* a good hotel *to* me? = Could you *recommend* me a good hotel? 私によいホテルを教えていただけませんか.
2 (a) [recommend + O] …を勧める, 忠告する (advise): I *recommend* caution when you deal with this problem. この問題の扱いには注意をしたほうがいいですよ. (b) [recommend + 動名] …することを勧める [忠告する]: I *recommended* his *meeting* her as soon as possible. 私は彼にできるだけ早く彼女に会うよう勧めた.
(c) [recommend + that 節] …ということを勧める [忠告する]: The doctor *recommended that* I (should) stay home until my cold was better. 医者はかぜがよくなるまで家にいたほうがよいと私に忠告した (◇ should を用いるのは《主に英》).
(d) [recommend + O + to do]《英》〈人〉に…するように勧める, 忠告する: I would *recommend* you *to* keep away from him. 彼とはかかわらないほうがいいですよ.
3 (行為・特徴などが) …を […の] 気に入らせる, 好ましいものにする [*to*], …の魅力となる: Her kindness *recommends* her *to* all the students. 彼女は優しいので生徒みんなに好感を持たれている.
(▷ 名 rècommendátion)

***rec・om・men・da・tion** [rèkəməndéiʃən] 名 **1** U 推薦, 推挙: in *recommendation* of ... …を推薦して / She bought it on my *recommendation*. 彼女は私の勧めでそれを買った. **2** C 《主

(に米》推薦状 (letter of recommendation).
3 C 勧告, 忠告: make a *recommendation* 勧告する. **4** C 長所. (▷ 動 recomménd)

*rec·om·pense [rékəmpèns] 動 他《格式》
1《人》に〔損害などの〕補償[弁償]をする[*for*]: The company *recompensed* him *for* his loss. その会社は彼に損害の弁償をした. **2**《人の功績など》に[…で]報いる[*with*]; […に対して]《人》に報いる, 返礼をする[*for*]: *recompense* good *with* evil 善に報いるのに悪をもってする.
— 名 C U 《格式》[…に対する]お礼, 報酬; [損害などへの]賠償, 弁償, 償い[*for*]: in *recompense for* the trouble 迷惑をかけた償いとして.

rec·on·cil·a·ble [rèkənsáiləbl, rékənsàil-] 形 和解できる, 調停可能な.

*rec·on·cile [rékənsàil] 動 他 **1**《通例, 受け身で》《人》を[…と]和解させる, 仲直りさせる[*with*];《争い》を調停[仲裁]する: He wanted to *be reconciled with* his wife. 彼は妻と和解したかった. **2**[…と]…を一致させる, 調和させる (harmonize)[*with*]: *reconcile* one's statement *with* one's behavior 言行を一致させる.

■ **récouncile onesèlf to ...** = **be réconciled to** ...《損失などの》をあきらめる《苦難》を受け入れる: She *is reconciled* to her fortune. 彼女は自分の運命に甘んじている. (▷ 名 rèconciliátion)

*rec·on·cil·i·a·tion [rèkənsìliéiʃən] 名 U C […の間の / …との]和解, 仲直り; 調停, 一致 [*between* / *with*]: Is there any possibility of *reconciliation between* the two countries? 両国が和解する可能性はあるか. (▷ 動 réconcile)

rec·on·dite [rékəndàit] 形 [限定用法]《格式》《学問などが》難解な, 深遠な.

re·con·di·tion [rì:kəndíʃən] 動 他 …を修理[修繕]する.

re·con·firm [rì:kənfə́:rm] 動 他《予約など》を再確認する.

re·con·fir·ma·tion [rì:kənfərméiʃən / -kən-] 名 U C 《予約などの》再確認.

re·con·nais·sance [rikánəzəns / rikɔ́ni-səns] 名 C U 探索, 予備調査;《軍》偵察(隊).

re·con·nect [rì:kənékt] 動 他《電気・水道・ガス》を再接続する, 再びつなぐ.

rec·on·noi·ter,《英》**rec·on·noi·tre** [rì:kənɔ́itər / rèk-] 動 他 …を偵察する;《土地など》を調査する. — 自 偵察する; 調査する.

re·con·sid·er [rì:kənsídər] 動 他 **1** …を再考する, 考え直す. **2**《法案・投票など》を再審議する. — 自《問題などを》再考する, 考え直す; 再審議する.

re·con·sid·er·a·tion [rì:kənsìdəréiʃən] 名 U 再考; 再審議.

re·con·sti·tute [rì:kánstətjù:t / -kɔ́nstitjù:t] 動 他 **1** …を再構成[再編成]する. **2**《乾燥野菜・粉ミルクなど》を水で戻す.

*re·con·struct [rì:kənstrʌ́kt] 動 他 **1**《建物など》を再建[改築]する; 復興[復元]する. **2** …の全体を(断片から)推測する, 再現する, …を思い起こす.

*re·con·struc·tion [rì:kənstrʌ́kʃən] 名 **1** U 《国家などの》再建, 改築; 復興, 復元: the *reconstruction* of the economy 経済の再建. **2** C

1260

[通例, 単数形で]再建[復興]されたもの, 復元物.
3 C 《犯罪などの》再現.

***rec·ord 名動【原義は「心に呼び戻す」】
— 名 [rékərd / rékɔ:d] (☆ 動 との発音の違いに注意)(複 **rec·ords** [-kərdz / -kɔ:dz]) **1** C 記録(したもの), 記録文書; 議事録(《略語》rec.); U 記録, 登録: Do you keep a *record* of your daily expenses? あなたは毎日の出費を記録していますか / I see from my *records* that your claim is legal. あなたの請求が合法的であることは私の記録からわかります.

2 C レコード(盤): play [put on] a *record* レコードをかける / a *record* player レコードプレーヤー / He has a collection of classical *records*. 彼はクラシック音楽のレコードを収集している.

3 C 《運動競技などの》《最高》記録, レコード: a world [national] *record* 世界[国内]記録 / an all-time *record* 最高記録 / the Olympic *record* for the 100-meter freestyle 100 メートル自由形のオリンピック記録 / He achieved a new sales *record*. 彼は売り上げの新記録を達成した.

コロケーション 記録を[に] …
記録を作る: *set* [*establish*] *a record*
記録に並ぶ: *equal* [*tie*] *a record*
記録を保持する: *hold a record*
記録を破る: *break* [*beat*] *a record*

4 C 経歴, 履歴, 成績; 前科: a medical *record* カルテ / a school *record* 学校の成績 / He has a (criminal) *record*. 彼には前科がある.

5 [形容詞的に] 記録的な, 空前の: *record* snowfall 記録的な豪雪 / reach a *record* high 過去最高《記録》に達する.

■ **a mátter of récord** 記録に載っている問題, 確実なこと.
gò on récord 態度を明らかにする, 正式に言明する.
(júst) for the récord 公式に[はっきり]申し上げますが; 参考までに言うと.
òff the récord 非公式に, オフレコで: The President gave his opinion to the press *off the record*. 大統領は記者団に非公式にコメントした.
on récord 1 公表されて, 正式に言明した: put one's opinion *on record* 意見を公表する.
2 記録された, 記録にある: the coolest August *on record* 記録の上では最も涼しい8月.
pùt [sèt] the récord stráight 間違った記録を正す, 誤解のないようにする.

— 動 **re·cord** [rikɔ́:rd] (三単現 **re·cords** [-kɔ́:rdz]; 過去・過分 **re·cord·ed** [~id]; 現分 **re·cord·ing** [~iŋ]) 他 **1** (a) [record + O] …を記録する, 書きとめる; 登録[登記]する: I *recorded* his remarks in my notebook. 私は彼の発言をノートに記録した.
(b) [record + that 節[疑問詞節]] … ということ[…か]を記録する: This document *records that* she moved to Nepal in 1972. この文書は彼女が 1972年にネパールに移動したことを記録している.

2 …を[…に]録音する, 録画する[*on*]: I *recorded* the Western movie *on* videotape. 私はその西部劇をビデオに録画した / The TV show was

recorded, not live. そのテレビ番組は録画で、生放送ではなかった. **3** (温度計などが) …を表示する, 記録する: The thermometer *recorded* a temperature of thirty-five degrees centigrade. 温度計はセ氏35度を記録した.
— 自 記録する; 録音 [録画] する; 登録する.
◆ recórded delívery U 《英》配達証明郵便 (《米》certified mail).

réc·ord-bréak·er 名 C 記録を破る人 [もの].
réc·ord-bréak·ing 形 [限定用法] 記録破りの.
⁕re·cord·er [rikɔ́ːrdər] 名 C **1** 録音 [録画] 機, テープレコーダー: a videocassette *recorder* ビデオデッキ. **2** 《音楽》リコーダー (◇縦笛の一種): play the *recorder* リコーダーを吹く. **3** 記録機; 記録者. **4** 《しばしば R-》《英》地区裁判所判事.
réc·ord-hòld·er 名 C 記録保持者.
⁕re·cord·ing [rikɔ́ːrdiŋ] 名 **1** U 録音, 録画; 記録: a *recording* studio 録音室. **2** C 録音 [録画] したもの 《テープ・ディスクなど》.
re·count¹ [rikáunt] 動 他 《格式》…を詳しく話す; 物語る.
re·count² [ríːkaunt] 名 C (投票などの) 数え直し.
— 動 [rìːkáunt] 他 …を数え直す.
re·coup [rikúːp] 動 他 **1** 〈損失など〉を取り戻す, 埋め合わせる. **2** 〈人〉に […の] 償いをする [for].
re·course [ríːkɔːrs / rikɔ́ːrs] 名 《格式》**1** U (援助・保護を求めて) 頼ること, […に] 頼みにすること [to]: have *recourse* to a doctor 医師に頼る / without *recourse* to ... …に頼らずに; …に訴えずに. **2** C 頼りになる人 [もの], 頼みの綱.

⁕**re·cov·er** [rikʌ́vər]
— 動 (三単現 re·cov·ers [~z]; 過去・過分 re·cov·ered [~d]; 現分 re·cov·er·ing [-vəriŋ])
— 他 **1**〈健康・意識など〉を**回復する**; […から]〈失ったものなど〉を取り戻す [from]: *recover* one's sight [hearing] 視力 [聴力] を回復する / She *recovered* consciousness when she was slapped on the cheek. 彼女は頬(ほお)をたたかれて意識を取り戻した.
2 〈損失など〉を補う, 埋め合わせる; 《法》〈損害賠償〉を受け取る: I took a short cut to *recover* the lost time. 私は遅れを取り戻そうと近道をした.
— 自 〈病気などから〉回復する, 治る; 〈興奮・ショックなどから〉立ち直る [from]: My friend is *recovering from* the measles. 私の友達ははしかから回復しつつある / It took her a long time to *recover from* her father's death. 彼女が父の死から立ち直るまでには長い時間がかかった.
■ *recóver onesélf* 《格式》正気に返る, 落ち着きを取り戻す. (▷ 名 recóvery)
re·cov·er·a·ble [rikʌ́vərəbl] 形 回復可能な; 回収可能な.
⁕**re·cov·er·y** [rikʌ́vəri] 名 **1** U [または a ~] (病気などからの) 回復; 復旧, 復興 [from]: She has made a complete *recovery from* her illness. 彼女の病気はすっかり治った. **2** U 取り戻すこと, 回収. (▷ 動 recóver)
◆ recóvery ròom C (病院の) 回復室 《手術直後の患者の経過を見るための部屋》.

re·cre·ate [rìːkriéit] 動 他 …を再現する.
⁕**rec·re·a·tion** [rèkriéiʃən] 名 U C レクリエーション, 気晴らし, 娯楽: drive for *recreation* 気晴らしにドライブする.
◆ recreátion gròund C 《英》(公共の) 運動場, (スポーツなどを楽しむ) 公園 (《米》playground).
recreátion ròom C 《米》(病院などの) 娯楽室.
re·cre·a·tion [ri:kriéiʃən] 名 U 再現, 改造.
rec·re·a·tion·al [rèkriéiʃənəl] 形 気晴らし [娯楽] の.
◆ recreátional véhicle C 《米》レジャー用の車 (◇主にキャンプ用; 《略語》RV).
re·crim·i·na·tion [rikrìminéiʃən] 名 U C 非難のやり返し, 泥仕合.
⁕**re·cruit** [rikrúːt] 名 C **1** 新会員, 新入社員, 新入生. **2** 新兵; 《米》最下級の兵.
— 動 他 **1**〈社員・兵など〉を募集する, 勧誘する, […へ] 新しく入れる [to, for]: *recruit* new employees 新入社員を募集する. **2**〈軍隊など〉を [新人などで] 補強する [from]. **3**《口語》〈人〉に […するよう] 説得する, 頼み込む [to do].
— 自 新人を募集する, 補充する.
re·cruit·ment [rikrúːtmənt] 名 U (社員・兵などの) 募集, 補充; 強化.
rec·tal [réktəl] 形 《解剖》直腸の. (▷ 名 réctum)
⁕**rec·tan·gle** [réktæŋgl] 名 C 長方形.
rec·tan·gu·lar [rektǽŋgjələr] 形 長方形の; 直角の.
rec·ti·fi·ca·tion [rèktəfikéiʃən] 名 U C 《格式》修正, 改正; 調整; 《電気》整流; 《化》精留.
rec·ti·fy [réktəfài] 動 (三単現 rec·ti·fies [~z]; 過去・過分 rec·ti·fied [~d]; 現分 rec·ti·fy·ing [-iŋ]) 他 **1**《格式》…を正す, 改正 [調整] する. **2**《化》…を精留する; 《電気》〈交流〉を直流に変える, 整流する.
rec·ti·tude [réktətjùːd / -tjùːd] 名 U 《格式》正直, 公正; 正確さ.
⁕**rec·tor** [réktər] 名 C **1**《英国教》教区司祭 [牧師] (→ VICAR). **2**《主に英》学長, 校長.
rec·to·ry [réktəri] 名 (複 rec·to·ries [~z]) C 《英国教》教区司祭の住居, 司祭館.
rec·tum [réktəm] 名 (複 rec·tums [~z], rec·ta [-tə]) C 《解剖》直腸. (▷ 形 réctal)
re·cum·bent [rikʌ́mbənt] 形 《格式》寄りかかった, 横になった (leaning).
re·cu·per·ate [rikjúːpərèit] 動 自 […から] 回復する, 立ち直る [from].
— 他 〈健康・損失など〉を取り戻す.
re·cu·per·a·tion [rikjùːpəréiʃən] 名 U (健康などの) 回復; (損失などを) 取り戻すこと.
re·cu·per·a·tive [rikjúːpərèitiv / -pərətiv] 形 回復させる, 元気づける.
⁕**re·cur** [rikɚ́ːr] 動 (三単現 re·curs [~z]; 過去・過分 re·curred [~d]; 現分 re·cur·ring [-kɚ́ːriŋ]) 自 **1** (よくないことが) 再発する, 繰り返し起こる.
2 (考えなどが) [人・心などに] 再び浮かぶ, 回想される [to]: The scenes of the city *recurred* to me [my mind]. 町の情景が私の心によみがえった.
3 (数字が) 繰り返される.

◆ recúrring dècimal C 循環小数.

re·cur·rence [rikə́ːrəns / -kʌ́r-] 名 U C 《格式》《よくないことの》再発, 反復; 回想.

re·cur·rent [rikə́ːrənt / -kʌ́r-] 形 再発する, 周期的に起こる: *recurrent* fever 《医》回帰熱.

re·cy·cla·ble [rìːsáikləbl] 形 再利用 [リサイクル] できる.

re·cy·cle [rìːsáikl] 動 他 《廃棄物などを》再利用 [リサイクル] する: *recycled* paper 再生紙.

re·cy·cling [rìːsáikliŋ] 名 U 《廃棄物などの》再利用, リサイクル.

【背景】米国ではリサイクル法により,「ゴミを資源」として再利用するさまざまな工夫がなされている. 空きびんの回収では, 空き容器を返却すると容器代を返金してもらえる「デポジット (deposit) 制度」が普及し, 回収率が年々高まっている.

リサイクル用のゴミ箱

red [réd]
形 名
— 形 《比較 **red·der** [~ər]; 最上 **red·dest** [~ist]》 **1** 赤い, 赤色の: a *red* tulip 赤いチューリップ / a *red* dress 赤いドレス [ワンピース].
2 〔…で〕《顔などが》赤くなった,《目が》血走った 〔with〕: His face was *red* with anger. 彼の顔は怒りで赤かった / Her eyes were *red* with weeping. 彼女の目は泣いたために赤くなっていた.
3 《髪の》赤い, 赤茶色の: She had *red* hair. 彼女は赤毛だった. **4** 流血の, 暴力的な: *red* battle 血なまぐさい戦い. **5**《しばしば R-》共産主義の, 赤化した.
— 名 《複 **reds** [rédz]》 **1** U C 赤, 赤色: bright *red* 鮮やかな赤色 / dark *red* 暗赤色 / The woods are touched with autumn *red*. 森は秋の紅葉に色づいている.
2 U 赤い服: The girl was dressed in *red*. その少女は赤い服を着ていた. **3** U C 赤い染料〔絵の具, ペンキ〕. **4** U C 赤ワイン (red wine).
5 C《しばしば R-》共産主義者, 左翼 (の人).
■ *be in the réd* (経営などが) 赤字である (↔ be in the black).
gèt into [òut of] the réd 赤字になる [を脱する].
sée réd 《口語》かんかんに怒る. (▷ 動 rédden)
◆ réd alért C U 非常事態 《警報》: be on *red alert* 非常態勢を敷いている.
réd blóod cèll C 赤血球.
réd cárd C レッドカード《サッカーなどの試合で審判が選手に退場を命じるときに出すカード; cf. yellow card イエローカード》.
réd cént C 1セント銅貨; [a~;否定語と共に用いて]《口語》わずかな価値: *not* worth a *red cent* 1文の価値もない.
Réd Cróss [the ~] 赤十字社.
réd déer C《動》アカシカ.
réd flág C **1** 《危険を表す》赤旗;《比喩》危険信号. **2**《共産主義などを象徴する》赤旗.
réd hérring C 薫製ニシン;人の注意をそらすもの.
réd líght C **1** 赤信号. **2**《比喩》危険信号.

réd méat U《牛・豚などの》赤身の肉 (cf. white meat《鶏・豚などの》白身の肉).
réd pépper C U《植》トウガラシ(の実); U《香辛料としての》(粉) トウガラシ.
réd rág C《闘牛用の》赤い布;《人を》怒らせるもの.
Réd Séa [the ~] 紅海《アフリカとアラビア半島の間にある》.
réd tápe U 官僚的形式主義.(由来)昔, 公文書を赤いひもでとじたことから)

réd-blóod·ed 形 元気な, 勇ましい, 男らしい.
red·breast [rédbrèst] 名 C《鳥》コマドリ;《詩語》コマドリ (robin)《胸の毛が赤褐色の鳥》.
red·brick, red·brick [rédbrík]《英》赤れんが大学《19世紀から20世紀初頭に新設された》.
— 形 赤れんが造りの;《大学が》近代に創設された.
red·cap [rédkæp] 名 C **1**《米》《駅の》赤帽, 手荷物運搬人. **2**《英》憲兵.
réd-càr·pet 形《客への待遇が》丁重な: receive *red-carpet* treatment 丁重なもてなしを受ける.
réd cárpet 名 C《国賓などを迎える》赤じゅうたん; [the ~] 丁重 [盛大] な歓待 [歓迎]: roll out the *red carpet* for … …を盛大に歓迎する.
red·den [rédən] 動 自 赤くなる; 赤面する.
— 他 …を赤くする; 赤面させる. (▷ 形 réd)
red·dish [rédiʃ] 形 赤みがかった, 赤っぽい: *reddish* hair 赤みがかった髪.
re·dec·o·rate [rìːdékərèit] 動 他《部屋などを》改装する.
— 自《部屋などが》改装される.
re·deem [ridíːm] 動 他《格式》**1**《努力して》《名誉・地位などを》回復する: *redeem* one's honor 名誉を回復する / She *redeemed* herself for her failure. 彼女は失敗を挽回(ばん)した. **2**《過失・欠点などを》償う. **3**《質屋から》《抵当物件を》請け戻す 〔from〕: *redeem* a ring *from* pawn 指輪を質請けする. **4**《誓約・義務などを》履行する. **5**《人を》《身代金を払って》助け出す. **6**《神学》《神・キリストが》《人間を》罪から救済する. (▷ 名 redémption)
re·deem·a·ble [ridíːməbl] 形 買い戻すことができる, 償還 [払戻] できる;《魂の》救済される.
re·deem·er [ridíːmər] 名 C **1** 買い戻す人; 身請け人. **2** [the R-]《文語》救世主, イエス=キリスト (Jesus Christ).
re·demp·tion [ridémpʃən] 名 U **1**《抵当などの》買い戻し, 償還. **2** 身請け, 救出, 解放;《キリスト教による》罪のあがない. **3**《誓約・義務などの》履行.
■ *beyónd [pást] redémption* 救済の見込みがない. (▷ 動 redéem)
re·de·ploy [rìːdiplɔ́i] 動 他《軍隊・労働者などを》移動させる, 配置転換する.
re·de·vel·op [rìːdivéləp] 動 他 …を再開発する.
re·de·vel·op·ment [rìːdivéləpmənt] 名 U C 再開発.
réd-hánd·ed 形 **1** 手を血まみれにした. **2** 〔副詞的に〕《比喩》現行犯で: The pickpocket was caught *red-handed*. すりは現行犯で捕まった.
red·head [rédhèd] 名 C 赤毛の人.
red·head·ed [rédhèdid] 形《人が》赤毛の;《鳥などが》頭の赤い.
réd-hót 形 **1**《金属が》赤熱した (cf. white-hot 白熱した). **2**《口語》非常に熱い; 猛烈な.

3 《口語》(ニュースなどが) 最新の.

re·di·al [riːdáiəl] 動 他 《電話》をかけ直す.
— 自 リダイヤルする, かけ直す.
— 名 C リダイヤル《電話のかけ直し機能》; last number redial とも言う》.

re·di·rect [rìːdərékt, -dai-] 動 他 **1** …を違う方向に向ける. **2** 《英》…のあて名を書き直す.

re·dis·trib·ute [rìːdistríbjət / -bjuːt] 動 他 …を再配分する.

re·dis·tri·bu·tion [-tribjúːʃən] 名 U 再配分.

réd-lét·ter 形 記念すべき (memorable); 祭日の.
◆ réd-létter dày C 祝祭日; 記念日, 吉日.

red·neck, red-neck [rédnèk] 名 C 《米口語》(南部の) 貧しい白人農場労働者.

red·ness [rédnəs] 名 U 赤いこと, 赤色.

re·do [rìːdúː] 動 (三単現 **re·does** [-dʌ́z]; 過去 **re·did** [-díd]; 過去・過分 **re·done** [-dʌ́n]; 現分 **re·do·ing** [~iŋ]) 他 **1** …を再び行う, やり直す: redo one's hair 髪を結い直す. **2** …を改装する.

red·o·lent [rédələnt] 形 《叙述用法》《格式》
1 [⋯の] (強い) 香りがする [of, with].
2 [⋯を] 思い出させる, しのばせる [of, with].

re·dou·ble [rìːdʌ́bl] 動 他 …を倍にする; いっそう増す: redouble one's efforts いっそう努力する.
— 自 倍になる, 強まる.

re·doubt [ridáut] 名 C 《文語》要塞(よう); とりで.

re·doubt·a·ble [ridáutəbl] 形 《文語》(人などが) 恐るべき, 侮(あなど)りがたい, 畏敬(いけい)すべき.

re·dound [ridáund] 動 自 《格式》(名声などを) 高める, もたらす [to].

re·dress [ridrés] 《格式》動 他 (過ち・不正など)を正す, 是正する: redress a wrong 不正を正す.
— 名 [ridrés, ríːdres] U **1** (不正など) を正すこと; 矯正. **2** [⋯に対する] 救済, 補償 [for].

***re·duce** [ridjúːs / -djúːs]

【基本的意味は「⋯を減らす (make something smaller or less)」】

— 動 (三単現 **re·duc·es** [~iz]; 過去・過分 **re·duced** [~t]; 現分 **re·duc·ing** [~iŋ])
— 他 **1** 〈数・量・大きさなど〉を [⋯から / ⋯まで] 減らす, 縮小する; 〈値段・程度・温度など〉を下げる; 〈力など〉を弱める [from / to]: reduce speed [volume] スピードを落とす [ボリュームを下げる] / reduce the risk 危険を少なくする / reduce the cost by 10% コストを1割削減する / She reduced her weight from 58 to 50 kilograms. 彼女は体重を 58 キロから 50 キロに減らした / Computers have been greatly reduced in price. コンピュータの価格はずいぶん下がった.
2 …を [よくない状態に] 変える, 追い込む [to]: in reduced circumstances 落ちぶれて / reduce ... to tears [silence] 〈人〉を泣かせる [黙らせる] / The fire reduced the forest to ashes. 火事で森は灰になった / He was reduced to begging. 彼は乞食をするまでに落ちぶれた.
3 …を換算する; 《数学》…を約分 [通分] する; 《化》…を [⋯に] 還元する, 分解する [to].
— 自 **1** 減らす, 縮小する; 弱る, 低下する. **2** 《主に米口語》(食事制限などで) 体重を減らす, 減量する: The doctor advised me to reduce. 医者は私に減量するように忠告した. (▷ 名 reduction)

re·duc·i·ble [ridjúːsəbl / -djúːs-] 形 縮小 [減少] できる.

***re·duc·tion** [ridʌ́kʃən]
— 名 (複 **re·duc·tions** [~z]) **1** U C 縮小, 減少; 削減; 割引: armament reduction 軍縮 / tax reduction 減税 / a wage reduction 賃金カット / a reduction in working hours 労働時間の短縮 / I bought this bag at a reduction of 50%. 私はこのバッグを5割引で買った.
2 C (地図・写真などの) 縮写, 縮図.
3 U 《数学》約分; 《化》還元. (▷ 動 reduce)

re·dun·dan·cy [ridʌ́ndənsi] 名 (複 **re·dun·dan·cies** [~z]) **1** U 余分, 余剰; 重複 (性); 代理機能; C 余計なもの; 冗語. **2** C 《英》余剰人員, 被解雇者; U 解雇.
◆ redúndancy páy U 《英》(余剰人員として解雇された人への) 割増退職金.

*re·dun·dant [ridʌ́ndənt] 形 **1** (ものが) 余分な, 多すぎる, (言い回しなどが) 冗長な: a redundant style 冗長な文体. **2** 《英》(従業員が) 余剰の, 解雇された; (設備が) 過剰の: Over a hundred workers were made redundant last month. 百人以上の労働者が先月解雇された.

re·du·pli·cate [ridjúːplikèit / -djúː-] 動 他
1 《格式》…を二重にする, 倍増する; 繰り返す.
2 《文法》〈文字・音節など〉を重ねる.

re·du·pli·ca·tion [ridjùːplikéiʃən / -djùː-] 名 U **1** 《格式》倍増; 繰り返し. **2** 《文法》(語などの) 重複.

red·wood [rédwùd] 名 **1** C 《植》アカスギ, セコイア《北米産の巨大な常緑高木》. **2** U セコイア材; 赤色木材.

re·ech·o [riːékou] 動 自 (音が) 繰り返し反響する, (音が) 響き渡る.
— 他 …を繰り返し反響させる.

‡**reed**[riːd] 《☆同音 read》 名 **1** C 《植》アシ(葦), ヨシ; [~s] (屋根ふき用の) アシ: a thinking reed 考える葦《フランスの哲学者パスカルが人間をたとえた言葉》. **2** C 葦笛. **3** C 《音楽》(楽器の) 舌, リード.
■ a bróken réed 《比喩》頼りにならない人 [もの].
◆ réed ìnstrument C リード楽器.
réed òrgan C 足踏みオルガン (harmonium).

re·ed·u·cate [rìːédʒəkèit / -édju-] 動 他 …を再教育する; 更生させる, 〈思想〉を矯正する.

re·ed·u·ca·tion [rìːedʒəkéiʃən / -edju-] 名 U 再教育; 更生, 思想矯正.

reed·y [ríːdi] 形 (比較 **reed·i·er** [~ər]; 最上 **reed·i·est** [~ist]) **1** (声・音が) かん高い. **2** ひょろひょろした, 弱々しい. **3** アシの茂った.

reef[ríːf] 名 (複 **reefs** [~s]) C 暗礁, 砂州(す): a coral reef サンゴ礁 / strike a reef 座礁する.

reef[動 他 〈帆〉を巻き上げる (in).
— 名 (複 **reefs** [~s]) C 《海》縮帆部.
◆ réef knòt C 《主に英》本結び《《米》square knot》.

reef·er [ríːfər] 名 C **1** = réefer jàcket《船員などの) 厚いダブルの上着, リーファー. **2** 《古風》マリ

ファナ入り紙巻きたばこ.

reek [ríːk] 名 U [またはa～] 悪臭, 臭気.
— 動 自 **1** 悪臭を放つ, […] 臭い; […の] 気配がする [*of*]: His clothes *reek of* cigarettes. 彼の服はたばこ臭い. **2** [血・汗などに] まみれる [*with*].

***reel**[1] [ríːl] 名 **1** C 〔糸・フィルムなどの〕巻き軸 [枠], リール; (映画フィルムの) 1巻き. **2** 《英》糸車, 糸巻き (《米》spool); 1巻き (の糸). **3** (釣りざお・機械の) 巻き車, リール.
■ (*right* [*straight*]) *òff the réel* **1** (話などが) すらすらと. **2** (糸などが) つかえずにするすると.
— 動 他 〈糸〉 を巻く, 繰(く)る; … をリールに巻き取る.
● **réel ín** [*úp*] 他 … を 〔糸車に〕 巻き取る, 〈魚〉 を (リールで) たぐり寄せる.
● **réel óff** 他 **1** 〈糸車から〉〈糸〉を繰り出す.
2 《口語》〈話など〉をよどみなく話す [書く].

reel[2] 動 自 **1** (ショックや酔いなどで) よろよろ [ふらふら] する, ぐらっく (*back*). **2** 目まいがする.
3 (心が) 〔…で〕 動揺する [*from*].

reel[3] 名 C リール 《スコットランドの軽快な踊り》.

re・e・lect [rìːilékt] 動 他 … を […に] 再選する [*to, as*].

re・e・lec・tion [rìːilékʃən] 名 U C 再選.

re・en・act [rìːinǽkt] 動 他 … を再現する; … を再演する.

re・en・ter [rìːéntər] 動 他 … に再び入る; … を再記入する.

re・en・try [rìːéntri] 名 (複 **re・en・tries** [~z]) U C
1 再び入ること; 再入国. **2** (大気圏への) 再突入.

re・ex・am・i・na・tion [rìːigzæminéiʃən] 名 U C 再試験をする; 再検査, 再検討; 《法》 (証人への) 再尋問.

re・ex・am・ine [rìːigzǽmin] 動 他 … を再試験する; 再検討 [再検査] する; 〈証人〉を再尋問する.

ref [réf] 名 (複 **refs** [~s]) C 《口語》主審, レフェリー (referee).

ref. (略語) = reference 参照.

re・fec・to・ry [riféktəri] 名 (複 **re・fec・to・ries** [~z]) C 《英》(大学・修道院の) 食堂; 喫茶室.

*****re・fer** [rifə́ːr]

【「re (再び) + fer (運ぶ)」 から】
— 動 (三単現 **re・fers** [~z]; 過去・過分 **re・ferred** [~d]; 現分 **re・fer・ring** [-fə́ːriŋ])
— 自 **1** (a) [refer + to ...] … に **言及する**, 触れる; … を口にする, 引用する: He *referred to* the letter he had just received. 彼は受け取ったばかりの手紙について触れた / She seldom *refers to* political issues. 彼女はめったに政治問題を口にしない. (b) [refer + to ... + as ～] … を～と呼ぶ: Jimmy *referred to* Mark *as* his best friend. ジミーはマークを親友だと言った.
2 […に] 関連する; (規則などが) […に] あてはまる [*to*]: The next questions *refer to* the following graph. 次の質問は下に示したグラフに関するものす / This rule *refers to* everybody. この規則はだれに対しても適用される.
3 […を] 参照する, 参考にする; […に] 問い合わせる, 照会する [*to*]: I *referred to* a dictionary for the meaning of the word. 私はその単語の意味を調べるため辞書を引いた / The police *referred to* us for information about the student. 警察はその生徒について私たちに問い合わせてきた.
— 他 **1** (情報などを求めて) … を […に] さし向ける, 引き合わせる [*to*]: She *referred* me *to* the library. 彼女は私を図書館に行くように言った / Her doctor *referred* her *to* a specialist. かかりつけの医師は彼女に専門医を紹介した.
2 〈問題・事件など〉を […に] 任せる, 委託する [*to*]: You should *refer* such a delicate matter *to* an expert. そんな微妙な問題は専門家に任せるべきです. **3** … に […を] 参照させる, 注目させる [*to*].
(▷ 名 reference)

***ref・er・ee** [rèfəríː] (☆ アクセントに注意) 名 C
1 審判員, レフェリー (口語) ref) 《バスケットボール・サッカー・ボクシングなどの審判; cf. umpire (野球・テニスなどの) 審判員》 (→ JUDGE 類義語). **2** 仲裁人, 調停官. **3** 《英》身元保証人 (《米》reference).
— 動 他 … の審判を務める; … を仲裁する.
— 自 審判を務める.

*****ref・er・ence** [réfərəns]

— 名 (複 **ref・er・enc・es** [~iz]) **1** U C [… に関する] **言及** (mention), 話で触れること; 話題にした事柄 [*to*]: a passing *reference to* … … にちょっと言及すること / This book is full of important *references* to Buddhism. この本には仏教について重要なことがたくさん書かれている.
2 U […への] 参照, 参考 [*to*] (《略語》ref.): for easy *reference* すぐに参照できるように / For further *reference*, see page 33. 詳しくは33ページを参照せよ.
3 C 出典, 参考文献; 引用箇所; 参照符号: a list of *references* 出典一覧 / The letter "U" stands for universities as a *reference* on the map. 地図上のUは大学を表す記号である.
4 C U (人物・経歴などの) 照会, C 照会先; 《米》身元保証人 (《英》 referee); 人物証明書: a letter of *reference* 推薦状 / act as a *reference* for … … の身元保証人になる.
5 U 《格式》 […との] 関連, 関係 (relation) [*to*]: have much [little] *reference to* … … と大いに関係がある [ほとんど関係がない].
6 C 委員会などへの委託, 付託 [*to*].
■ *for fúture réference* [時に文修飾] あとで参照 [利用] できるように, 今後の参考のために.
in [*with*] *réference to* … 《格式》 … に関して.
màke réference to … **1** … に言及する: The spokesperson *made* no *reference to* the details of the incident. 報道官は事件の詳細に関してはひと言も触れなかった. **2** … を参照する, … に問い合わせる.
withòut réference to … … に関係なく.
(▷ 動 refér)

◆ **réference bòok** C 参考図書 《情報を求めて参照する百科事典・辞書・地図帳・年鑑など》.

réference library C (館外貸し出しをしない) 参考図書館 [室], 資料館 [室].

réference màrk C 参照符号 (*, †など).

ref・er・en・dum [rèfəréndəm] 名 (複 **ref・er・en・dums** [~z], **ref・er・en・da** [-də]) U C [政策についての] 国民 [住民] 投票 [*on*]: hold a *referendum*

referral / **reflex**

on ... …に関して国民[住民]投票を行う.

re·fer·ral [rifə́ːrəl] 名 U C […への]委託, 紹介 [to].

re·fill [riːfíl] (☆ とのアクセントの違いに注意) 動 他〈容器などを〉[…で]再び満たす; 詰め替える, 補充する [with]: They *refilled* their canteens *with* water. 彼らは水筒に水を補充した.
— 名 [ríːfil] C […の]補充品, 詰め替え品, スペア [for]; 《口語》(飲み物などの)お代わり: a *refill for* a ballpoint pen ボールペンのスペアインク.

*re·fine** [rifáin] 動 **1** …を精製する, 精錬する; 純化する: *refine* petroleum 石油を精製する.
2 …を洗練する;〈技術など〉を磨く; 改良する: He *refined* his serve by practice. 彼は練習してサーブ(の技術)に磨きをかけた.
■ *refine on* [*upòn*] ... 句 **1** …を改良する, …に磨きをかける. **2** …をしのぐ.

*re·fined** [rifáind] 形 **1** [比較なし]精製した, 精錬した: *refined* sugar 精製糖. **2** 洗練された, 上品な, しとやかな(↔ vulgar): Her movements were *refined*. 彼女の物腰は洗練されていた.
3 精巧な; 改良された.

re·fine·ment [rifáinmənt] 名 **1** C 改良[改善]されたもの; 新装備. **2** U 洗練, 上品さ, しとやかさ: a woman of *refinement* 淑女. **3** U 精制, 精巧, 精錬; 純化.

re·fin·er [rifáinər] 名 C 精製(業)者; 精製機.

re·fin·er·y [rifáinəri] 名 (複 re·fin·er·ies [~z]) C 精製所, 精錬所; 精製装置.

re·fit [riːfít] (☆ とのアクセントの違いに注意) 動 (三単現 re·fits [-fits]; 過去・過分 re·fit·ted [~id]; 現分 re·fit·ting [~iŋ]) 他〈船など〉を修理[改装]する.
— 名 [ríːfit] U C (船などの)修理, 改装.

re·flate [riːfléit] 動 《経済》〈通貨・経済など〉を再膨張させる (cf. inflate 〈通貨〉を膨張させる).
— 自 金融緩和政策をとる.

re·fla·tion [riːfléiʃən] 名 U《経済》(デフレ後の)通貨再膨張, リフレーション.

***re·flect** [riflékt] [「re(元に)+flect(曲げる)」から]
— 動 (三単現 re·flects [-flékts]; 過去・過分 re·flect·ed [~id]; 現分 re·flect·ing [~iŋ])
— 他 **1** (通例, 進行形不可) (a) [reflect + O]〈考え・感情など〉を反映する, 表す: His actions do not *reflect* his words. 彼の行動は言っていることと一致していない / Her necklace *reflects* her good taste. 彼女のネックレスには彼女の趣味のよさが表れている. (b) [reflect + 疑問詞節] …かを示す, 表す: This letter *reflects* how she really feels about her mother. この手紙には彼女の母への真情が表れている.
2 [reflect + O]〈光・熱など〉を反射する,〈音〉を反響する: These windows *reflect* light and heat from the sun. この窓は太陽の光と熱を反射する / This room is designed to *reflect* sound well. この部屋は音がよく反響するように設計されている.
3 [通例, 受け身で] (鏡などが)〈像〉を映す: The moon *was reflected* in the pool. 水たまりに月が映っていた / I saw myself *reflected* in the mirror. 私は鏡に映っている自分の姿を見た.
4 [reflect + that 節[疑問詞節]] …だと[…かを]よく考える, 熟考する, 反省する: You must *reflect that* your effort was not enough. あなたは努力が足りなかったことを反省しなければいけない / Have you *reflected what* means you should take? あなたはどういう手段を取るべきかをよく考えましたか. **5** [信用・不信などを] […に]もたらす, 招く [on, upon].
— 自 **1** (光などが) […に]反射する,(音が) […に]反響する [on, upon]: The sound of the bells *reflected on* the buildings. 鐘の音がビルに反響した.
2 […を]よく考える, 熟考する; 反省する [on, upon]: She often *reflects on* what she has done. 彼女はよく自分のしたことを反省してみる.
3 […に]悪影響を与える; […の]名誉を傷つける [on, upon]: Your rude behavior may *reflect on* your family. あなたの無礼なふるまいはあなたの家族にとっての恥となるかもしれない.
(▷ 名 refléction; 形 refléctive)
◆ reflécting tèlescope C 反射望遠鏡.

***re·flec·tion** [riflékʃən]
— 名 (複 re·flec·tions [~z]) **1** C (鏡などに)映ったもの; よく似たもの[人]: the *reflection* of the moon on the lake 湖に映った月の影 / She often studies her *reflection* in a mirror. 彼女はしばしば鏡に映った自分の姿を仔細に観察する / She is a *reflection* of her dead mother. 彼女は亡くなった母親にそっくりです.
2 U 反射, 反響: the *reflection* of sound 音の反響 / the *reflection* of light 光の反射.
3 C (状況・事情などの)反映, 表れ; 影響: Your clothes are often said to be a *reflection* of your personality. 服装はその人となりを反映するものだとよく言われる.
4 U […に関する]熟考; 反省 [on, upon]: On *reflection* I've decided to pass up this chance to study abroad. よく考えた結果, 私は今回の留学の機会は見送ることにした / A moment's *reflection on* the matter will show you that you are to blame. そのことをちょっと考えれば自分が悪いことはわかるだろう.
5 C [通例 ~s] […に関する](熟慮の上での)意見, 感想 [on, upon]: He published his *reflections on* the new government. 彼は新政府に関する意見書を公表した. **6** C […への]非難; 不名誉の種 [on, upon]. (▷ 動 refléct)

re·flec·tive [rifléktiv] 形 **1** 思慮深い, 熟考する. **2** 反射する; 反映する. (▷ 動 refléct)
re·flec·tive·ly [~li] 副 思慮深く; 反射的に.

re·flec·tor [rifléktər] 名 C (光・音などを)反射するもの[装置]; 反射鏡[板]; 反射望遠鏡.

re·flex [ríːfleks] 名 C **1** = réflex àction《生理》反射作用, 反射運動《刺激に対する無意識の反応》: a conditioned *reflex* 条件反射.
2 [~es] 反射神経[能力], 身のこなし: have good *reflexes* 反射神経がいい.

◆ réflex càmera C レフレックスカメラ.

re·flex·ion [riflékʃən] 名《英》= REFLECTION.

re·flex·ive [rifléksiv] 形《文法》再帰(用法)の.
— 名 C《文法》 **1** = refléxive prónoun 再帰代名詞 (→ PRONOUN (文法)). **2** = refléxive vérb 再帰動詞 (◇再帰代名詞を目的語にとる動詞).

re·flex·ol·o·gy [rìːfleksɑ́lədʒi - ɔ́l-] 名 U リフレクソロジー, 反射療法《足のマッサージによる療法》.

re·for·est [rìːfɔ́ːrist / -fɔ́r-] 動 他《米》《土地》に植林する, 森林を再生させる (《英》reafforest).

re·for·est·a·tion [rìːfɔːristéiʃən / -fɔr-] 名 U 森林再生, 植林 (《英》reafforestation).

re·form [rifɔ́ːrm] 動

「「re (再び) + form (作る)」から」
— 動 (三単現 **re·forms** [~z]; 過去・過分 **re·formed** [~d]; 現分 **re·form·ing** [~iŋ])
— 他 **1** …を**改革する**, 改正する, 改善する: *reform* the educational system 教育制度を改革する. **2** …を改心させる, 矯正する: *reform* oneself 改心する / The teacher tried to *reform* him. 先生は彼を改心させようとした.
— 自 改心する: He promised to *reform* and live an honest life. 彼は心を入れ替え, 実直な生活を送ると約束した.
— 名 UC 改革, 改正, 改善: an administrative *reform* 行政改革 / carry out *reform* in welfare 福祉改革を実施する.
(▷ 名 rèformátion)

◆ refórm schòol C《米》教護院 (reformatory).

re-form [rìːfɔ́ːrm] 動 他 …を作り変える[直す], 再編成する. — 自 作り変える[直す], 形が変わる.

*__**ref·or·ma·tion**__ [rèfərméiʃən] 名 **1** UC 改革, 革新, 改良, 改心. **2** U 改心, 矯正. **3** [the R-]《史》宗教改革《16世紀ヨーロッパに起こったキリスト教の改革運動》.
(▷ 動 refórm)

re·form·a·to·ry [rifɔ́ːrmətɔ̀ːri / -təri] 名 (複 **re·form·a·to·ries** [~z]) C《米》教護院, 更生保護施設 (《英》community home).

re·formed [rifɔ́ːrmd] 形 改心した; 改善した.

*__**re·form·er**__ [rifɔ́ːrmər] 名 C **1** (政治・制度などの)改革(支持)者: a social *reformer* 社会改革者. **2** [R-] (16–17世紀ヨーロッパの)宗教改革者.

re·form·ist [rifɔ́ːrmist] 形 改革主義の.
— 名 C 改革論者.

re·fract [rifrǽkt] 動 他 《光など》を屈折させる.

◆ refrácting tèlescope C 屈折望遠鏡.

re·frac·tion [rifrǽkʃən] 名 U《物理》(光などの)屈折(作用).

re·frac·to·ry [rifrǽktəri] 形 **1**《格式》(人・動物が)強情な, 頑固な, 手に負えない. **2** (病気が)治りにくい.

*__**re·frain**__[1] [rifréin] 動 自《格式》[…を / …するのを]やめる, 控える [*from / from doing*]: She *refrained from saying* what she thought. 彼女は思っていることを言うのを控えた / Please *refrain from* smoking in this building. この建物内でのおたばこはご遠慮ください.

re·frain[2] [rifréin] 名 C (詩歌の)繰り返し句, リフレイン.

*__**re·fresh**__ [rifréʃ] 動 他 **1**《飲食物・休息などが》《人》の気分をさわやかにする, 《人》を活気[元気]づける: feel *refreshed* すがすがしい気分になる.
2《記憶など》を新たにする: I looked through the album and *refreshed* my memories. アルバムを眺めて, 私は思い出を新たにした.
■ *refrésh onesélf* […で]元気を回復する [*with*].

re·fresh·er [rifréʃər] 名 C 元気を回復させるもの[人];《口語》清涼[アルコール]飲料.

◆ refrésher cóurse C 再教育講習; 補習科.

re·fresh·ing [rifréʃiŋ] 形 **1** さわやかな, 爽快(そうかい)な, 元気づける: a *refreshing* drink さわやかな飲み物. **2** 新鮮な, 清新な.

re·fresh·ing·ly [~li] 副 さわやかに, 爽快に.

*__**re·fresh·ment**__ [rifréʃmənt] 名 **1** C [通例 ~s] (会合などで出される)軽食, 軽い飲食物: *Refreshments* will be served during the flight. 飛行中, 軽食をお出しします. **2** C 元気を回復させるもの; U 元気の回復, 気分一新; 休養.

re·frig·er·ate [rifrídʒərèit] 動 他 …を冷やす;《食料品》を冷蔵[冷凍]する.

re·frig·er·a·tion [rifrìdʒəréiʃən] 名 U 冷却, 冷蔵, 冷凍.

re·frig·er·a·tor [rifrídʒərèitər] 名 C 冷蔵庫 (《口語》fridge); 冷却装置.

re·fu·el [rìːfjúːəl] 動 (過去・過分《英》**re·fu·elled**; 現分《英》**re·fu·el·ling**) 他 …に燃料を補給する.
— 名 U 再補給.

*__**ref·uge**__ [réfjuːdʒ] 名 **1** U [危険などからの]避難, 保護 [*from*]: a place of *refuge* 避難所 / We took *refuge* from the rain in a cave. 私たちははら穴の中で雨やどりをした. **2** C […からの / …にとっての]避難所, 隠れ家 [*from / for*];《英》(歩行者用の)安全地帯. **3** C 頼りになるもの[人].

*__**ref·u·gee**__ [rèfjudʒíː] [☆発音に注意] 名 C 難民, 避難民; 亡命者: a *refugee* camp 難民キャンプ.

*__**re·fund**__ [rìːfʌ́nd] [☆動との発音の違いに注意] 名 UC 払い戻し(金), 返済(額); 償還 [還付] (金): get a full *refund* 全額払い戻しを受ける.
— 動 [rifʌ́nd] 他 …を払い戻す: Half the cost was *refunded* to the patient. 費用の半額が患者に払い戻された.

re·fur·bish [rìːfɔ́ːrbiʃ] 動 他 …を磨き直す;《建物・部屋》を改装する, 一新する.

*__**re·fus·al**__ [rifjúːzəl] 名 **1** UC [… の / …することの]拒否, 拒絶 [*of / to do*]: the *refusal* of a request 要請の拒否 / She gave me a flat *refusal* to date me. 彼女は私とのデートをきっぱり断った. **2** U 優先権, 取捨選択権: (the) first *refusal* (買い取りの)優先権. (▷ 動 refúse[1])

re·fuse[1] [rifjúːz]

「基本的意味は「断る」」
— 動 (三単現 **re·fus·es** [~iz]; 過去・過分 **re·fused** [~d]; 現分 **re·fus·ing** [~iŋ])
— 他 **1** [refuse + O]《申し出・招待など》を**断る**, 拒絶 [拒否] する (↔ accept) (→ 類義語): She *refused* my offer of help. 彼女は私の援助の申し出を断った.
2 [refuse + O]《許可など》を与えるのを拒む;

refuse² / **regenerate**

[refuse + O + O]〈人〉に〈許可など〉を与えない,断る: They *refused* me an extension of my visa. 私のビザの延長は認められなかった / We were *refused* admission into the room. 私たちは入室を断られた.
3 [refuse + to do] …することを拒む, どうしても…しようとしない: My parents *refused to* let me stay up late. 両親は私が夜遅くまで起きているのをどうしても許してくれなかった / The machine *refused to* work. その機械はどうやっても動かなかった.
— 圁 断る, 拒絶 [拒否] する: I asked her to go with me, but she *refused*. 彼女に一緒に行ってほしいと頼んだが断られた. (▷ 名 refúsal)

> [類義語] **refuse, reject, decline**
> 共通する意味は**▶**(turn away by not accepting, receiving, or considering)
> **refuse** は要請・申し出・招待などを「きっぱりと断る」の意: She *refused* his invitation. 彼女は彼の招待を(きっぱり)断った. **reject** は refuse より意味が強く, 要求・提案などを「断固退ける」の意: They *rejected* my proposal. 彼らは私の提案をはねつけた. **decline** は招待・申し出などを「穏やかに断る」の意: She *declined* his kind offer of assistance. 彼女は彼の親切な援助の申し出を(丁重に)断った.

re·fuse² [réfjuːs] (☆ refuse¹ との発音の違いに注意) 图 Ⓤ《格式》くず, (粗大)ごみ, 廃物.
re·fut·a·ble [rifjúːtəbl] 圕 (意見などが)論破可能な, 反論できる.
ref·u·ta·tion [rèfjutéiʃən] 图 Ⓤ Ⓒ《格式》論破, 論駁(ばく); 反論.
re·fute [rifjúːt] 動 他 《格式》〈主張・意見など〉を論破 [論駁(ばく)] する; …に反論する.
reg. (略語)= region; registration 登録; registered 登録された; regular.
*****re·gain** [rigéin] 動 他 **1** …を取り戻す: *regain* consciousness 意識を取り戻す / *regain* one's health 健康を回復する. **2**《文語》〈ある場所〉に戻る, 帰り着く.
■ **regáin one's bálance** [*féet, fóoting*] (転びかけた人が)体勢を立て直す.
*****re·gal** [ríːgəl] 圕《格式》**1** 王の, 王にふさわしい. **2** 堂々たる, 威厳のある.
re·gale [rigéil] 動 他 […で]〈人〉をもてなす; 楽しませる, 喜ばす [*with*].
re·ga·li·a [rigéiliə] 图 Ⓤ [単数・複数扱い] **1** 《史》王権. **2** 王位の印, 象徴《王冠・剣など》. **3** (官位などの)記章; 礼服.
✱✱✱re·gard [rigáːrd] 動 圁【基本的意味は「…を(…と)みなす (think of ... in a particular way)」】
— 動 (三単現 **re·gards** [-gáːrdz]; 過去・過分 **re·gard·ed** [~id]; 現分 **re·gard·ing** [~iŋ])
— 他 **1** [進行形不可] [regard + O + as ...] 〜を…とみなす, 考える (consider): I *regard* him *as* my best friend. 私は彼を一番の親友だと思っている / She is *regarded as* the best

swimmer in her school. 彼女は泳ぐのが学校で一番速いとみなされている / They *regarded* my actions *as* daring. 彼らは私の行動を大胆だと考えた.
2 [副詞(句)を伴って]《格式》[ある感情・態度をもって]…のことを考える, …を見る [*with*]: They *regarded* me *with* envy. 彼らは私を嫉妬(とつ)の目で見た / She *regarded* him suspiciously [*with* suspicion]. 彼女は不審そうに彼を見た.
3《格式》…を評価する, 尊敬する (respect): His works are highly *regarded* by art critics. 彼の作品は美術評論家から高い評価を受けている.
4 [通例, 否定文・疑問文で]《格式》〈人の意見・感情など〉に注意を払う, …を尊重する: He seldom *regards* his teacher's advice. 彼はめったに教師の忠告に耳を貸さない. **5**《格式》…に関係 [関連] する: My talk with her did not *regard* you. 彼女との話はあなたには関係ないことだった.
■ **as regárds ...** …に関しては, …については: I have little knowledge *as regards* his past. 私は彼の過去については ほとんど知らない.
— 图 **1** Ⓤ《格式》尊敬, 敬意 (respect); 尊重, 好意: hold ... in high [low] *regard* …を尊重 [軽視] している / We have great *regard* for the teacher. 私たちはその先生を大変尊敬している.
2 Ⓤ《格式》[…に対する]配慮, 考慮, 心づかい, 心配 [*for, to*]: He had no *regard for* her feelings. 彼は彼女の気持ちをまったく配慮しなかった / She always pays *regard* to others. 彼女はいつも他人への思いやりを忘れない.
3 Ⓒ [通例 〜s] (手紙などの) よろしく (と言うあいさつ): With kind *regards*, 敬具《手紙の末尾のあいさつ》/ Give my (best [kind(est)]) *regards* to your family. ご家族によろしくお伝えください.
4 Ⓤ《格式》関係, 関連, 点: In that *regard* I don't agree to your proposal. その点では私はあなたの提案に同意できません.
5 Ⓤ《文語》注視, 注目, じっと見ること.
■ **in [with] regárd to ...** 《格式》…に関して: I wrote a letter to the company *in regard to* their new product. 私はその会社に新しい製品に関して手紙を書いた.
withòut regárd for [to] ... …にかまわず, …を無視して.
*****re·gard·ing** [rigáːrdiŋ] 前《格式》…に関して, …について (言えば)(◇主に商業文で用いる): *regarding* your offer お申し出に関して.
*****re·gard·less** [rigáːrdləs] 圕 […を] 気にかけない, 無頓着(とんちゃく)な [*of*].
■ **regárdless of ...** …にかかわらず, 関係なく: *Regardless of* what you say, I'll go to London. あなたが何と言おうと私はロンドンに行きます.
— 副 (費用・反対などを)気にせず, どうしても, とにかく: I'm going to buy a new car, *regardless*. だれが何と言おうと私は新車を買うんだ.
*****re·gat·ta** [rigétə] 图 Ⓒ レガッタ, ボートレース.
re·gen·cy [ríːdʒənsi] 图 (複 **re·gen·cies** [~z])
1 Ⓤ Ⓒ 摂政政治; 摂政職 [期間]. **2** [the R-] 《史》摂政時代《英国では1811〜20年》.
re·gen·er·ate [ridʒénərèit] (☆ 圕 との発音の違

regeneration

いに注意) (動) 《格式》 他 **1** 【生物】〈器官・組織など〉を再生させる. **2** 〈制度など〉を刷新[一新]する. **3** …をよみがえらせる; 〈経済的に〉〈都市(の一部)〉を再生させる: *regenerate* the inner cities スラム街を再生する **4** 〈人〉を更生[改心]させる.
— (自) **1** 【生物】〈器官・組織などが〉再生する. **2** 更生する; 刷新する.
— (形) [ridʒénərət] 更生[改心]した; 刷新された.

re·gen·er·a·tion [ridʒènəréiʃən] (名) U **1** 【生物】再生(損傷した組織や構造が自力で復元すること). **2** 《格式》更生, 改心. **3** 刷新.

re·gen·er·a·tive [ridʒénərətiv, -rèitiv] (形) 再生[刷新]力のある; 更生[改心]の.

re·gent [ríːdʒənt] (名) (C) **1** [しばしば R-] 摂政. **2** 《米》 (大学などの)理事, 評議員.
— (形) [名詞のあとで] 摂政の地位にある: the Prince *Regent* 摂政の王.

reg·gae [régei] (名) U レゲエ《西インド諸島ジャマイカ起源のポピュラー音楽》.

reg·i·cide [rédʒisàid] (名) 《格式》 **1** U 国王殺害, 大逆. **2** C 国王殺害犯.

*re·gime [reiʒíːm] 【フランス】 (名) C **1** 政治形態, 政体, 政権: a military *regime* 軍事政権. **2** = REGIMEN (↓).

reg·i·men [rédʒimən] (名) C 【医】 (運動・食事などによる)養生法, 健康法.

*reg·i·ment [rédʒimənt] (名) C **1** [集合的に; 単数・複数扱い] 【軍】連隊. **2** 多数, 大群: a *regiment* of bees ハチの大群.
— (動) 他 [通例, 受け身で] …を厳しく管理する.

reg·i·men·tal [rèdʒiméntəl] (形) 連隊の.

reg·i·men·ta·tion [rèdʒiməntéiʃən] (名) U **1** 組織化, 連隊編成. **2** (厳格な)統制, 画一化.

Re·gi·na [ridʒáinə] 【ラテン】 (名) [女王の名のあとに付けて] 現女王 《◇女王の公式称号》; cf. Rex 現国王: Elizabeth *Regina* 現エリザベス女王.

***re·gion [ríːdʒən]
〖原義は「支配する状態」〗
— (名) (複 re·gions [~z]) C **1** (広い) 地域, 地帯, 地方《◇ area, district よりも広く, 地理的特徴・習慣・文化的特徴を持つ地域をさす》: an industrial [agricultural] *region* 工業[農業]地帯 / the Arctic [Antarctic] *regions* 北極[南極]地方 / a densely populated *region* 人口密集地域 / My uncle lives in a mountainous *region*. おじは山岳地帯に住んでいる.
2 (体の)部分, 部位, 所 (part): the abdominal *region* 腹部 / He has a pain in the *region* of his lower stomach. 彼は下腹部に痛みがある.
3 [the ~s] 《英》 (首都以外の)地方: the people in the *regions* 地方に住む人々.
4 (活動・学問などの)領域, 分野: the *region* of science 科学の分野.
5 [通例 ~s] (世界・宇宙の)領域; (海・空の)層.
■ *in the region of ...* およそ, 約… (about): It took *in the region of* two weeks to finish the work. その仕事は終えるのに2週間ほどかかった.
(▷ (形) régional)

*re·gion·al [ríːdʒənəl] (形) **1** 地域(全体)の, 地方の, 局地的な: *regional* cooperation 地域的協力 / *regional* heavy rain 局地的な大雨. **2** 【医】局部の, 局所的な. (▷ (名) région)

re·gion·al·ly [-nəli] (副) 地域的に.

re·gion·al·ism [ríːdʒənəlìzəm] (名) U **1** 地方分権主義. **2** 地方性, ローカル色.

*reg·is·ter [rédʒistər] (名) **1** C 記録[登記]簿, 名簿(《略語》reg.): sign a hotel *register* 宿帳に記名する / call [take] the *register* 出席をとる. **2** C 自動登記計; レジスター: a cash *register* 金銭登録器. 《比較》「レジ」を「支払いをする場所」に使うのは和製英語. 英語では checkout (counter) と言う **3** C 《米》(冷暖房の)通風調節器. **4** U 記録, 登録, 登記, 記入: land *register* 土地登記. **5** C 【音楽】声域, (楽器の)音域. **6** C U 【言】(言語の)使用域.
— (動) 他 **1** (正式に) …を登録[登記, 記載]する: have [get] one's trademark *registered* 商標を登録する. **2** (郵便物など)を書留にする: I'd like to get this parcel *registered*. この小包を書留にしたい. **3** (計器などが) …を示す, 表す: The thermometer *registered* 32 degrees. 温度計は32度をさしていた. **4** 〈驚き・喜びなど〉を(表情などに)表す; 《格式》《正式に》…を表明する: Her face *registered* disappointment. 彼女の顔には失望の色が表れていた. **5** …を印象にとどめる.
— (自) **1** […に]記名する, 記帳する, 登録する [*at, for, with*]: *register at* a hotel ホテルの宿帳に記名する / *register for* a French course フランス語の受講手続きをする. **2** [通例, 否定文で] […に]印象を残す [*with*]; 効き目がある.
(▷ (名) règistrátion, régistry)
◆ régister òffice C 《米》登記所 《《英》 registry office).

reg·is·tered [rédʒistərd] (形) **1** 登録[登記]された; 【商】 記名の (《略語》 reg.). **2** (郵便が)書留の: by *registered* mail [《英》 post] 書留で.
◆ régistered núrse C 《米》正看護婦[師]《《略語》R.N.》; cf. practical nurse 准看護婦[師].
régistered trádemark C 登録商標 《《記号》 ®》.

reg·is·trar [rédʒəstrɑ̀ːr / rèdʒistrɑ́ː] (名) C **1** 記録[登記]係; 戸籍係. **2** (大学の)学籍[教務]係; (大学)事務長. **3** 《英》(病院の)一般医師.

*reg·is·tra·tion [rèdʒəstréiʃən] (名) **1** U C […への]登録, 記入 [*for*]; C 登録者数; 《米》登録証明書: vehicle *registration* 自動車の登録 / the *registration for* a sociology course 社会学の講座の履修登録. **2** U C 書留. **3** C (温度計などの)表示.
(▷ (動) régister)
◆ registrátion nùmber C 《英》(車の)登録番号 《《米》 license number》.

reg·is·try [rédʒistri] (名) (複 reg·is·tries [~z]) **1** C 登録[登記]所. **2** U 登記, 登録; 書留: a *registry* fee 書留料. **3** C 登録[登記]簿.
(▷ (動) régister)
◆ régistry òffice C 《英》登記所 《《米》 register office).

re·gress [rigrés] (動) (自) **1** […に]後戻りする, 後退する [*to*] (↔ progress). **2** 退歩する, 退化する; 悪化する; 【心理】退行する.

re·gres·sion [rigréʃən] 名 U 1 後戻り, 後退. 2 退歩, 退化; 【心理】退行.

re·gres·sive [rigrésiv] 形 1 《格式》後戻りする; 退化する (↔ progressive). 2 (税金などが) 逆進性の. 3 【心理】退行する.

***re·gret** [rigrét] 動 名 【「re (再び) + gret (泣く)」から】
— 動 (三単現 **re·grets** [-gréts]; 過去・過分 **re·gret·ted** [~id]; 現分 **re·gret·ting** [~iŋ])
— 他 1 (a) [regret + O] …を**後悔する**, 悔いる: I immediately *regretted* my decision. 私はすぐに自分の決定を後悔した.
(b) [regret + that 節] …ということを後悔する: I *regret that* I did not marry her. 私は彼女と結婚しなかったことを後悔している. (c) [regret + 動名] …したことを後悔する: Linda *regrets* telling [*having* told] a lie to Tom. リンダはトムにうそをついたことを後悔している (◇過去であることを明確にする場合に「having + 過去分詞」を用いる).
 2 《進行形不可》《格式》 (a) [regret + O] …を**残念に思う**, 気の毒に思う: I *regret* her false statement. 私は彼女の虚偽の申し立てを残念に思う. (b) [regret + that 節] …ということを残念に思う: I *regret that* I won't be able to go with you. あなたとご一緒できなくて残念です.
(c) [regret + 動名] …することを残念に思う: He *regrets being* unable to take part in the ceremony. 彼は式に参加できなくて残念がっている / I *regret* his *leaving* school. 私は彼が学校をやめることを残念に思います.
(d) [regret + to do] 残念 [遺憾(いかん)] ながら…する (◇通例 I, we を主語にする): I *regret to* inform you that your proposal was not adopted. 残念ながらあなたの提案は採用されなかったことをお伝えします.
 3 《格式》…を惜しむ, 〈失ったもの〉を悲しむ: They all *regretted* his death. 彼らは皆彼の死を悼んだ.
— 名 1 U 残念, 遺憾; 失望; 哀悼, 悲しみ: I felt *regret* at his rude behavior. 彼の無礼な行動には失望した / She heard of her father's death with great *regret*. 彼女は父親の死を聞いて悲嘆にくれた / It is a matter of *regret* that he won't be able to participate in the contest. 彼がコンテストに参加できないのは残念です.
 2 U 後悔, 悔恨: They have no *regret* about going out of business. 彼らは商売をたたんだことを後悔していない.
 3 C 《通例 ~s》《格式》(招待などに対しての丁寧な) 断り (状): send one's *regrets* 断りの手紙を出す.
 ■ **to …'s regret = to the regret of …** …にとって残念なことに, 残念ながら: Much *to my regret*, I am unable to accept your proposal. 大変残念ですがあなたの提案はお受けできません.

re·gret·ful [rigrétfəl] 形 […を] 後悔している, 残念に思っている [*for*]; 残念そうな, 悲しげな: She was *regretful for* her unkind remarks. 彼女は心ない発言を悔やんでいた.

re·gret·ful·ly [rigrétfəli] 副 後悔して, 残念そうに; [文修飾] 残念ながら (← regrettably).

re·gret·ta·ble [rigrétəbl] 形 (事柄・行為が) 残念な, 悲しむべき: It is *regrettable* that he refused to talk about the accident. 彼が事故について口を閉ざしたのは残念です.

re·gret·ta·bly [rigrétəbli] 副 1 [文修飾] 残念なことに, 遺憾(いかん)ながら, 惜しくも: *Regrettably*, it would be impossible to carry out the plan. 残念ながらその計画は実行できません. 2 気の毒なほど.

re·group [riːgrúːp] 動 他 …を再編成する, 再び集める. — 自 再編成される, 再び集まる.

***reg·u·lar** [régjələr / -gju-] 形 名 【原義は「尺度通りの」】
— 形 1 **定期的な**, 一定の, 決まった: a *regular* examination [meeting] 定期試験 [会合] / at *regular* intervals 一定の間隔で / You had better get *regular* exercise. 定期的に運動したほうがいいよ / Michael has no *regular* work now. マイケルは現在定職についていない.
 2 [限定用法] 通常の, いつもの: She was one of the *regular* customers of our store. 彼女はうちの常連客の1人だった / Jim sat at his *regular* table. ジムはいつものテーブルに座った.
 3 規則正しい, 規則的な; 〈呼吸などが〉正常な: *regular* breathing 規則正しい呼吸 / keep *regular* hours 規則正しい生活をする / Her pulse is *regular*. 彼女の脈拍は正常です.
 4 [比較なし] 正規の, 正式の; 本職の; 【スポーツ】(選手が) レギュラーの: a *regular* army 正規軍 / She trained hard to become a *regular* member of the team. 彼女はチームのレギュラーになろうと一生懸命練習した. 5 《主に米》(大きさが) 標準サイズの: I'd like *regular* fries. フライドポテトのレギュラーをください. 6 (形が) 整然とした, 均整のとれた, 整った: Her face has *regular* features. 彼女は目鼻立ちが整っている. 7 [比較なし; 限定用法] 《米口語》好ましい, 感じのよい: a *regular* guy いいやつ. 8 [比較なし] 【文法】規則変化の (↔ irregular): a *regular* verb 規則動詞. 9 [比較なし; 限定用法] 《口語・しばしば皮肉》まったくの, 完全な. 10 【幾何】等辺等角の, 正…: a *regular* triangle [polygon] 正三角形 [多角形] (→ FIGURE 図).
— 名 1 C 《口語》常連, 常客. 2 C 正会員; 正規兵; 【スポーツ】正選手. 3 C 《米》忠実な党員. 4 U 《口語》レギュラーガソリン.
(▷ 名 règulárity)

***reg·u·lar·i·ty** [règjəlǽrəti] 名 U 規則正しさ; 一定不変; 正規, 正式: with *regularity* 規則正しく. (▷ 形 régular)

reg·u·lar·ize [régjələràiz] 動 他 1 …を整える, 秩序立てる. 2 …を正式 [合法的] なものにする.

***reg·u·lar·ly** [régjələrli] 副 1 定期的に, いつものように: go to the hospital *regularly* 定期的に通院する / She is *regularly* on time. 彼女はいつも時間通りに来る. 2 規則正しく, きちんと; 整然と: plant trees *regularly* 木を整然と植える.

***reg·u·late** [régjəlèit] 動 他 1 …を規制 [統制] する, 取り締まる (control): *regulate* the traffic 交通整理をする. 2 …を整える, 調節 [調整] する: *regulate* the speed [temperature] 速度 [温度] を調節する. (▷ 名 règulátion)

reg·u·la·tion [règjəléiʃən]

— 名 (複 reg·u·la·tions [~z]) **1** ⓒ [通例 ~s] 規則, 規定; 条例: road *regulations* 道路規則 / rules and *regulations* 諸規定 / obey [break] a *regulation* 規則を守る[破る] / It is against *regulations* to leave your bicycle on the road. 路上に自転車を放置するのは条例違反です.
2 Ⓤ 規制, 統制, 取り締まり: the *regulation* of traffic 交通規制.
3 Ⓤ [...の] 調整, 調節 [*of*]: the *regulation* of the air conditioner エアコンの調整.
4 [形容詞的に] 正規 [正式] の, 規定 (通り) の: at a *regulation* speed 法定速度で. (▷ 動 régulàte)

reg·u·la·tor [régjəlèitər] 名 ⓒ **1** 取り締まる人, 規制 [統制] 者. **2** (温度・圧力などの) 調節器.

re·gur·gi·tate [rigə́ːrdʒitèit] 動 他 《格式》
1 〈食べたもの〉を吐く; 〈動物が〉反すうする. **2** 〈考え・聞いたこと〉をそっくり繰り返す.

re·hab [ríːhæb] 名 Ⓤ 《口語》リハビリ (テーション) (◇ *rehabilitation* の略).

re·ha·bil·i·tate [rìːhəbílitèit] 動 他 **1** 〈病人など〉を社会復帰させる; 〈受刑者〉を更生させる.
2 〈古い建物など〉を修復する. **3** 〈人の名誉・地位など〉を回復 [復権] させる, 〈人〉を復権させる.

*__re·ha·bil·i·ta·tion__ [rìːhəbìlitéiʃən] 名 Ⓤ
1 (病人などの) 社会復帰, リハビリテーション; (受刑者の) 更生 (《口語》 rehab). **2** 復興, 修復. **3** 名誉回復, 復職, 復権.

re·hash [rìːhǽʃ] 動 他 ... を作り直す, 焼き直す.

*__re·hears·al__ [rihə́ːrsəl] 名 Ⓤ **1** (劇・音楽などの) リハーサル, 下稽古 (げいこ), 予行演習: This play needed a lot of *rehearsals*. この劇はリハーサルを何回も必要とした. **2** 詳しく話すこと.

re·hearse [rihə́ːrs] 動 他 **1** 〈劇・音楽など〉のリハーサルを行う, 下稽古 (げいこ) をする; ... に稽古をつける. **2** ... を詳しく話す.
— 自 リハーサルをする; 繰り返して言う.

re·house [rìːháuz] 動 他 ... に新居を与える.

Reich [ráik] 【ドイツ】 名 [the ~] ドイツ帝国 (特にナチス時代の第三帝国 (the Third Reich) (1933-45) をさす).

*__reign__ [réin] [☆同音 rain, rein] 動 自 **1** [...に] 君臨する, [...を] 統治する; [...の] 主権を握る [*over*] (→ GOVERN 類義語): The queen *reigned* for over 60 years. 女王は 60 年以上にわたって君臨した. **2** 《文語》勢力をふるう; 行き渡る: Silence *reigned* in the classroom. 教室はしんと静まり返っていた.
— 名 ⓒ **1** 治世, 在位期間: during the *reign* of the Emperor Showa 昭和天皇の在位中に.
2 支配, 統治; 支配権: England under the *reign* of Queen Ann アン女王統治下の英国.
◆ Réign of Térror [the ~] 恐怖時代 (フランス革命で多数が殺された 1793 年 3 月-94 年 7 月の期間).

reign·ing [réiniŋ] 形 [限定用法] (競技の) タイトルを保持している, 現チャンピオンの.

re·im·burse [rìːimbə́ːrs] 動 他 《格式》〈出費分など〉を返済 [賠償] する; 〈人〉に [...の] 弁済 [賠償] する [*for*].

re·im·burse·ment [rìːimbə́ːrsmənt] 名 Ⓤ 《格式》払い戻し, 返済, 弁償, 賠償.

*__rein__ [réin] [☆同音 rain, reign] 名 **1** ⓒ [しばしば ~s] 手綱 (たづな): pull the *reins* 手綱を引く / *Reins* are used to control a horse. 手綱は馬を操るために使われる. **2** [しばしば ~s] 支配, 制御, 抑制: hold [take over] the *reins* of ... ...の支配権を握る, ...を牛耳る.
■ dráw réin (馬の) 手綱を引く; 速力を落とす.
give the réin(s) to ... = *give (a) (frée) réin to* ... = *give* ... *(a) (frée) réin* 〈想像力など〉を自由に働かせる; ...を勝手にさせる.
kéep a tíght réin on ... ...を厳しく管理する.
— 動 他 **1** 〈馬など〉を御する (guide). **2** 〈感情など〉を制御する. **3** 〈馬など〉に手綱を付ける.
■ réin báck (他) 〈馬〉の手綱を引いて止める.
réin ín (他) **1** 〈馬など〉の歩調をゆるめる. **2** 〈感情など〉を抑える.

re·in·car·nate [rìːinká:rnèit] 動 他 [通例, 受け身で] ... を [...として] 生まれ変わらせる [*as*].

re·in·car·na·tion [rìːinkɑːrnéiʃən] 名 **1** Ⓤ 再生, 霊魂転生 (てんせい) (説). **2** ⓒ 生まれ変わり.

rein·deer [réindìər] 名 (複 rein·deer, rein·deers [~z]) ⓒ 〔動物〕トナカイ.

*__re·in·force__ [rìːinfɔ́ːrs] 動 他 **1** ... を [...で] 補強 [強化] する; 〈議論・気持ちなど〉を [...で] 強固にする [*with, by*]: His theory was *reinforced* by the new evidence. 彼の理論は新たな証拠によって強固になった. **2** 〈軍隊など〉を増強 [増派] する.
◆ réinforced cóncrete Ⓤ 鉄筋コンクリート.

re·in·force·ment [rìːinfɔ́ːrsmənt] 名 **1** Ⓤ 補強, 増強, (軍の) 増派; ⓒ 補強材: This roof needs *reinforcement*. この屋根は補強する必要がある. **2** [~s] 援軍, 増援部隊 〔艦隊〕.

re·in·state [rìːinstéit] 動 他 〈人〉を復職 [復帰] させる.

re·in·state·ment [~mənt] 名 Ⓤⓒ 復職, 復帰.

re·is·sue [rìːíʃuː] 動 他 〈本など〉を再発行する.
— 名 ⓒ 再発行; 再発行されたもの, 再版 (本).

re·it·er·ate [ri(ː)ítərèit] 動 他 《格式》(明確にするために) 〈言葉〉を繰り返す, 反復する.

re·it·er·a·tion [ri(ː)ìtəréiʃən] 名 Ⓤⓒ 繰り返し.

re·ject 動 他

— 他 [ridʒékt] (☆名との発音の違いに注意) (三単現 re·jects [-dʒékts]; 過去・過分 re·ject·ed [~id]; 現分 re·ject·ing [~iŋ])
— 他 **1** ... を拒絶する, 拒否する, 退ける, 受け入れない (↔ accept) (→ REFUSE[1] 類義語): The voters *rejected* the tax plan. 有権者はその税制案を拒否した / Eighty percent of the candidates were *rejected* in the examination. その試験では志願者の80パーセントがはねられた / The student was *rejected* by his classmates. その生徒はクラスメートから仲間外れにされていた.
2 〈不良品・不用品など〉を取り除く, 排除する, 捨てる: She *rejected* the rotten apples. 彼女は腐ったリンゴを取り除いた.
3 〈胃が〉〈食べ物〉を吐き出す; 〔医〕〈体が〉 ... に拒絶

反応を起こす.
— 名 [rɪdʒekt] C 不合格品, 不良品, きず物; 不合格者. (▷ 動 rejéct)

re·jec·tion [rɪdʒékʃən] 名 **1** UC 拒絶, 断ること, 否認, 却下 (↔ acceptance): receive a flat *rejection* きっぱりと拒絶される. **2** C 廃棄物. **3** UC《医》拒絶反応. (▷ 動 rejéct)

re·joice [rɪdʒɔ́ɪs] 動《文語》自 […を] 喜ぶ, うれしがる [at, in, over]; […して / …ということを] うれしく思う [to do / that 節]: The parents *rejoiced at* [*over*] the news of their son's safe return. 両親は息子が生還したとの知らせに喜んだ / Everyone *rejoiced that* winter was over. だれもが冬が終わったことを喜んでいた.
— 他 …を喜ばせる, うれしがらせる.
■ *rejoice in ...* **1** …に恵まれている: *rejoice in* health 健康に恵まれている. **2**《英・こっけい》〈奇妙な名前・称号を〉持つ.

re·joic·ing [rɪdʒɔ́ɪsɪŋ] 名《文語》 **1** U […に対する] 大喜び, 歓喜 [at, over]. **2** [〜s] 祝賀行事.

re·join¹ [rìːdʒɔ́ɪn] 動 他 **1**〈仲間など〉と再会する, 再び一緒になる. **2** …を再結合する.
— 自 再会する; 再結合する.

re·join² [rɪdʒɔ́ɪn] 動 他《格式》…に言い返す.

re·join·der [rɪdʒɔ́ɪndər] 名 C《格式》返答, 答弁, 反論.

re·ju·ve·nate [rɪdʒúːvənèɪt] 動 他《通例, 受け身で》…を若返らせる, 元気づける; 活性化させる.
— 自 若返る, 元気になる.

re·ju·ve·na·tion [rɪdʒùːvənéɪʃən] 名 U 若返り, 元気の回復; 活性化.

re·kin·dle [rìːkíndl] 動 他 **1** …に再び火をつける. **2**〈興味・感情など〉を再びかき立てる.
— 自 再び燃え上がる; 再び活発になる.

re·lapse [rɪlǽps] 動 自 **1** […の悪い状態に] 逆戻りする, また戻る [*into*]: *relapse into* gloom 再びふさぎ込む. **2** 〈人が〉病気をぶり返す [再発する].
— 名 [ríːlæps / rɪlǽps] CU **1**（悪い状態へ の）逆戻り. **2**（病気の）ぶり返し, 再発.

***re·late** [rɪléɪt]【原義は「元の所に運ぶ」】
— 動 (三単現 **re·lates** [-léɪts]; 過去・過分 **re·lat·ed** [〜ɪd]; 現分 **re·lat·ing** [〜ɪŋ])
— 自 **1**《進行形不可》[…に] 関連 [関係] がある [*to*]: What I'm going to tell you doesn't *relate to* the question you asked me. これから話すことはあなたが尋ねた質問とは関係がない / This incident seems to *relate to* the racial problem. この事件は人種問題と関連があるようだ. **2**《しばしば否定文で》[…と] うまくやっていく [付き合う], 仲よくする, 調子を合わせる [*to*]: She doesn't *relate to* other girls in the class. 彼女はクラスのほかの女子とうまくいっていない.
— 他 **1** …を […と] 関連づける, 関係させる [*to, with*]: *relate* the two events 2つの事件を関連づける / The teacher *related* my improving grades *to* better study habits. 先生は私の成績の向上は学習態度の改善に関係があると言った. **2**《格式》…を […に] 詳しく話す, 物語る (tell) [*to*]: He *related* his adventures in the jungle *to* us. 彼はジャングルでの冒険を私たちに語った. **3**（通例, 受け身で）…を […と] 血縁 [親類] 関係にする [*to*] (→ RELATED).
■ *relating to ...* …に関して, …に関する (about). (▷ 名 relátion; 形 rélative)

***re·lat·ed** [rɪléɪtɪd] 形《しばしば複合語で》 **1** […と] 関係のある, […に] 関連した [*to*] (↔ unrelated): a stress-*related* illness ストレスによる [が原因の] 病気 / Physics is closely *related to* mathematics. 物理学は数学と密接な関係がある. **2**《叙述用法》[…と] 親類の [*to*]: The twin sisters are *related to* me. その双子の姉妹は私の親類です. **3**（動植物・言語などが）[…と] 同族の, 同類の [*to*]: *related* languages 同族語.

***re·la·tion** [rɪléɪʃən]
— 名 (複 **re·la·tions** [〜z]) **1** [〜s]〈人・団体との / …の間の〉(利害) 関係, 取引関係; 交渉 [*with / between*]: international *relations* 国際関係 / human *relations*（職場での）人間関係 / Japan-US *relations* 日米関係 / I have no business *relations with* him. 私は彼と仕事の取引はない.

┌─ コロケーション ─ 関係を… ─┐
│関係を維持する: *maintain relations*
│関係を改善する: *improve* [*promote*] *relations*
│関係を確立する: *establish relations*
│関係を断つ: *break off relations*
└──────────────────┘

2 UC […との / …の間の] 関係, 関連 (connection) [*to / between*]: the *relation* of the part(s) *to* the whole 部分の全体に対する関係 / There is a close *relation between* weather and crops. 天候と収穫の間には密接な関係がある. **3** U 血縁 [親戚] 関係; C 血縁者, 親戚 (◇ relative のほうが一般的): He is a *relation* to me. 彼は私の親類です. **4** U 語ること; C 話, 物語.
■ *bear* [*have*] *no* [*little, some*] *relation to ...* …と関係がない [ほとんどない, 少しはある]: His remark *bears no relation to* the present subject. 彼の発言は目下の議題とは全然関係ない.
in [*with*] *relátion to ...* …に関して. (▷ 動 reláte)

re·la·tion·ship [rɪléɪʃənʃɪp]
— 名 (複 **re·la·tion·ships** [〜s]) **1** UC [人・団体との / …の間の]（親しい）関係, 結び付き, 恋愛関係 [*with / between*]; [事物との / …の間の] 関係, 関連 [*to / between*]: build a good teacher-student *relationship* 教師と生徒の間によい関係を築く / the *relationship between* Japan and the U.K. 日英関係 / establish [break off] a *relationship with* ... …と関係を結ぶ [断つ] / I have no *relationship to* that matter. 私はその件とは無関係です.
2 U 親戚 (-せき) 関係: *relationship* by marriage 姻戚関係.

rel·a·tive [rélətɪv] 名 形
— 名 (複 **rel·a·tives** [〜z]) C **1**《しばしば one's 〜》親類, 親戚 (-せき), 身内 (◇婚姻による縁者

も含む): close [distant] *relatives* 近い [遠い] 親戚 / his wife's *relatives* 彼の妻方の親族.
2 《文法》関係詞; (特に)関係代名詞(→ 文法).
── 形 [比較なし] **1 相対的な**. 比較上の(↔ absolute); 相関的な: *relative* velocity 相対速度 / *relative* values 相対的な価値 / We could find the museum with *relative* ease. 私たちは比較的容易に博物館を見つけることができた.
2 《格式》［…に］関係のある, 関連した［to］: *relative* phenomena 関連(した)現象 / This is *relative* to the accident. これはその事故に関係がある.
3 [限定用法]《文法》関係を示す [表す].
■ *relative to ...* **1** …に比べて, …の割に; …に比例して: *Relative to* its size, the machine is powerful. この機械は大きいだけに強力である.
2 …に関して. (▷ 動 reláte)
◆ rélative ádverb C 《文法》関係副詞 (→ 文法).
rélative cláuse C 《文法》関係詞節.
rélative prónoun C 《文法》関係代名詞 (→ 文法).

***rel・a・tive・ly [rélətivli]
── 副 [比較なし] **比較的(に)**, 割合(に); かなり: She is *relatively* slim. 彼女は比較的ほっそりしている / The rent for this apartment is *relatively* cheap for this area. このアパートの家賃はこの地域としてはかなり安い / *Relatively* speaking, this English magazine is easy to read. どちらかと言うと, この英語の雑誌は読みやすい.

*rel・a・tiv・i・ty [rèlətívəti] 名 U 関係のあること, 相関(性); 相対性; [しばしば R-]《物理》相対性理論.

***re・lax [rilæks]
【「re (再び) + lax (ゆるめる)」から】
── 動 (三単現 re・lax・es [～iz]; 過去・過分 re・laxed [～t]; 現分 re・lax・ing [～iŋ])
── ⾃ **1 くつろぐ**, リラックスする: I want to *relax* on the beach. 私は浜辺でくつろぎたい / Chatting will help you *relax*. おしゃべりはリラックスするのに役立つ / Please sit down and *relax*. どうぞ座ってください.
2 (力・緊張などが) **ゆるむ**, 和らぐ; (規則などが)厳しくなくなる: Her face *relaxed* into a smile when she heard the news. その知らせを聞いたとたん, 彼女の顔は和らいで笑顔になった.
── 他 **1** 〈人を〉 **くつろがせる**, リラックスさせる, 楽にさせる: Watching a video *relaxed* me. 私はビデオを見てくつろいだ / She often *relaxes* herself with aromatherapy. 彼女はよくアロマセラピーでリラックスする.
2 〈力・緊張などを〉 **ゆるめる**; 〈努力・注意などを〉怠る: *relax* one's attention 気を抜く / *relax* the muscles 筋肉をほぐす / Never *relax* your efforts. 決して努力を怠るな.
3 〈規則など〉をゆるめる, 緩和する: The rules about school uniforms were *relaxed*. 学校の制服の規則がゆるめられた. (▷ 名 rèlaxátion)

*re・lax・a・tion [rìːlækséiʃən] 名 **1** U くつろぎ, 休養; C 気晴らし, 娯楽: My *relaxation* is playing tennis. 私の気晴らしはテニスをすることです.
2 U ゆるめること, ゆるみ; (規則などの)緩和; (罪・義務などの)軽減. (▷ 動 reláx)

*re・laxed [rilækst] 形 (人が) くつろいだ, リラックスした; (雰囲気などが)落ち着いた: I felt *relaxed*

文法 関係詞 (relative)

【関係詞の種類】

❶ **関係代名詞**「接続詞+代名詞」の働きをします.

先行詞	主格	所有格	目的格
人	who / that	whose	whom / that
人以外	which / that	of which / whose	which / that

❷ **関係副詞**「接続詞+副詞(句)」の働きをします.

先行詞	関係副詞
場所を表す語 (placeなど)	where
時間を表す語 (timeなど)	when
理由 (reason)	why

【関係詞の用法】
関係詞で始まる節が修飾する名詞を先行詞と言います.

❶ **制限用法** 先行詞を限定します.
She wants a doll which has blue eyes.
　　　　　　　　↑　　　　↑
　　　　　　　　　　　　　　関係代名詞
(彼女は青い目の人形を欲しがっている)

This is the village where he was born.
　　　　　　　　　　　　　　　　関係副詞
(ここが彼の生まれた村です)

❷ **非制限用法** 先行詞について説明を加えます. この用法では通例, 関係詞の前にコンマを置きます.

We went swimming. We didn't invite Bill, who couldn't swim.
　　　　　　　　　　　　　　　　　　関係代名詞
(私たちは泳ぎに行きました. ビルは誘いませんでした. 彼は泳げなかったからです)

June, when the days are long, is not the hottest month. 　関係副詞
(6月は, 日は長いが, 最も暑い月ではない)

【関係代名詞 what】
whatが先行詞を含む関係代名詞として用いられることがあります.

Show me what you have in your hand.
=the thing that you have in your hand
(あなたが手に持っているものを見せなさい)

re·lax·ing [riláeksiŋ] 形 (人を)くつろがせる,リラックスさせる.

after the interview. 面接を終えて私はほっとした.

*__re·lay__ [ríːlei] 名 C **1** =rélay ràce リレー競走, リレー競泳: a medley *relay* メドレーリレー. **2** (テレビ・ラジオの)中継放送; 中継装置. **3** (ひと組になった)交替班; (交替用の)替え馬: in [by] *relay(s)* 交替で. **4** 【電気】継電器.
— 動 [ríːlei, riléi] 他 **1** (番組)を中継(放送)する. **2** (伝言など)を[…に]中継する, 取り次ぐ[*to*]: *relay* a message *to* him 伝言を彼に取り次ぐ.
◆ rélay stàtion 【放送】の中継局.

***re·lease** [rilíːs] 動 名【「re (再び)+lease (ゆるがら)」から】
— 動 (三単現 re·leas·es [~iz], 過去・過分 re·leased [~t]; 現分 re·leas·ing [~iŋ])
— 他 **1** […から]…を**解放する**, 釈放する, 自由にする; …の[義務などを]免除する[*from*]: *release* a hare *from* a trap 野ウサギをわなから解き放つ / They *released* all the hostages. 彼らは人質を全員解放した / He was *released from* his duties. 彼は義務を免除された.
2 〈握ったもの・固定したもの〉を放す, 外す; 〈矢など〉を放つ, 〈爆弾など〉を投下する: *release* an arrow [a bomb] 矢を放つ[爆弾を投下する] / She *released* her grip on the rope. 彼女はロープを握った手を離した. **3** 〈ニュースなど〉を公表する, 発表する; 〈CD・本など〉を発売する; 〈映画〉を封切る: You can *release* this news to the public. この情報は公表してよい / The film was *released* last week. その映画は先週封切られた. **4** 〈感情など〉を発散する. **5** 【法】〈権利など〉を放棄する; 〈財産など〉を譲渡する.
— 名 **1** U C […からの] 解放, 釈放; 免除 [*from*]; 放つこと; (爆弾などの) 投下: a feeling of *release* 解放感 / The company gave me a *release from* the contract. 会社は私に契約の解除を伝えてきた.
2 U C (ニュースなどの) 発表; (CD・本などの) 発売, リリース; (映画の) 封切り; C 封切り映画, 発売されたもの: a press *release* 新聞発表 / The movie is on general *release*. その映画は一般公開中である. **3** C (機械の) 解除装置, (カメラの) レリーズ.

rel·e·gate [réligèit] 動 他 **1** 〔格式〕…を[…に]追いやる; (低い地位・階級などに)格下げする, 落とす[*to*]. **2** 〈仕事など〉を[…に]任せる, ゆだねる[*to*].

rel·e·ga·tion [rèligéiʃən] 名 U 〔格式〕格下げ, 降格, 左遷; (チームの) 降格, 2部落ち; 委任.

re·lent [rilént] 動 **1** (人・態度などが) 優しくなる, (厳しさが) 和らぐ. **2** (風などが) 弱まる.

re·lent·less [ríntləs] 形 (人が) 無情な, 手厳しい, 情け容赦のない, 手を緩めない; 絶え間ない.
re·lent·less·ly [~li] 副 無情にも, 絶え間なく.

rel·e·vance [rélǝvəns], **rel·e·van·cy** [-si] 名 U **1** (当面の問題との) 関連性[*to*]: His statement has no *relevance* to the issue. 彼の発言は何の関連性もない. **2** 適切さ, 妥当性.

***rel·e·vant** [rélǝvənt] 形 (↔ irrelevant) **1** [当面の問題に] 関連した[*to*]: His suggestion is not *relevant* to our plans. 彼の提案は私たちの計画

と関連がない. **2** 好適な, 妥当な.
rel·e·vant·ly [~li] 副 関連して; 適切に.

re·li·a·bil·i·ty [rilàiəbíləti] 名 U 信用[信頼]できること, 信頼性; 確実性.

*__re·li·a·ble__ [riláiǝbl] 形 信用[信頼]できる, 頼りになる, あてになる; 確かな: according to *reliable* sources 信頼すべき筋によると / He is very *reliable*. 彼はとても信用できる. (▷ 動 rely)
re·li·a·bly [-bli] 副 頼もしく; 信頼できる筋から.

*__re·li·ance__ [riláiəns] 名 **1** U […への] 信頼, 依存 [*on, upon*]: place *reliance on* … …を信頼する. **2** C 頼もしい人[もの], よりどころ. (▷ 動 rely)

re·li·ant [riláiənt] 形 [叙述用法][…を]頼りにする, あてにする[*on, upon*].

rel·ic [rélik] 名 C **1** 遺物, 遺品, 年代物; (文化的)遺風, 名残: This broken bridge is a *relic* of the Revolutionary War. この壊れた橋は独立戦争の名残です. **2** (聖人・殉教者の) 聖遺物, 聖骨.
3 [~s] 〔古〕遺骸(ʰ), 遺骨 (remains).

***re·lief[1]** [rilíːf]
— 名 (複 re·liefs [~s]) **1** U [または a ~] [… の] **除去**, 軽減; […からの] **解放** [*from*]: He found [got] *relief from* anxiety. 彼は心配事がなくなった / Take this medicine, and you'll get *relief from* the pain. この薬を飲めば痛みがなくなります / City dwellers go to the beach to get *relief from* the heat. 都市居住者は暑さから逃れるために海辺へ行く.
2 U [または a ~] ほっとさせること, 安心; 息抜き, 気晴らし: tears of *relief* and joy 安堵(ど)と喜びの涙 / breathe a sigh of *relief* ほっとしてため息をつく / His daughter was a great *relief* to him. 娘が彼の大きな安らぎであった.
3 U 救助, 救済; 救援物資[金]; [形容詞的に] 救援の: provide *relief* for refugees 避難民を救済する / the *relief* for the poor 貧しい人々の救済 / a *relief* fund for disaster victims 災害救援基金.
4 U (任務の) 交替; 【野球】救援, リリーフ; C 交替要員[兵]; [形容詞的に] 交替の: work with no *relief* 交替なしに働く / The *relief* driver was late in coming. 交替の運転手は来るのが遅かった.
5 [the ~] (包囲された都市などの) 救援, 包囲解除.
6 U (米) 福祉給付金, 福祉手当; (英) (税の) 特別控除 ((米) benefit): tax *relief* 税の控除.
■ **to** …'**s** *relief* [文修飾] …がほっとしたことに: Much *to the students' relief*, the exam was put off. 試験は延期され, 学生たちは心からほっとした. (▷ 動 relieve)
◆ relíef pítcher C 【野球】救援投手, リリーフ.
relíef ròad C (英) バイパス, 迂回(ふぃ)道路.

*__re·lief[2]__ [rilíːf] 名 (複 re·liefs [~s]) **1** (米) U 浮き彫り, レリーフ; (絵画などの) 立体感; C 浮き彫り作品: a work in *relief* 浮き彫りの作品. **2** U 際立っている[見える]こと, 鮮明さ, 対照.
◆ relíef máp C 起伏図, 模型地図.

***re·lieve** [rilíːv] 【「re (再び)+lieve (持ち上げる)」で,「和らげる」の意】
— 動 (三単現 re·lieves [~z]; 過去・過分 re·lieved [~d]; 現分 re·liev·ing [~iŋ])

— 他 1 〈苦痛など〉を**和らげる**, 緩和する;〔苦痛などを〕〈人〉から取り除く〔*from*〕: *relieve* one's cough せきを和らげる / *relieve* one's feelings 気分を晴らす / This medicine will *relieve* you *from* your pain. この薬を飲めば痛みが和らぎます.
2〈人〉を楽にする, ほっとさせる, 安心させる: The news of her return *relieved* her parents. 彼女が戻って来ると聞いて両親はほっとした / This music always *relieves* me. この音楽を聞くといつもほっとする.
3〈人〉から〔重荷・責任などを〕取り除く, 解放する〔*of*〕: *relieve* ... *of* responsibility ...を責任から解放する / I *relieved* her *of* the heavy baggage. 私は彼女の重い荷物を持ってあげた.
4〔しばしば受け身で〕〔職などから〕〈人〉を外す, 交替させる; 解雇する〔*of*〕: He *was relieved of* his job for neglect of his duties. 彼は職務怠慢のために仕事を首になった.
5 ...を救済〔救助〕する;〔野球〕救援〔リリーフ〕する: The developed countries have to *relieve* famine in Africa. 先進国はアフリカの飢饉(ききん)を救済しなければならない.
6〔...で〕...に変化を与える〔*with, by*〕;〔退屈など〕をまぎらわす, 面白くする. **7**〔しばしばこっけい〕〈人〉から〔...を〕預かる; 盗む〈*rob*〕〔*of*〕.
■ *relieve oneself*〔婉曲〕用を足す, 大〔小〕便をする. (▷ 名 relief[1])

*re·lieved [rilíːvd] 形〔...に〕ほっとする, 安心する〔*at*〕;〔...して / ...ということに〕ほっとする〔*to do / that*節〕: We were *relieved at* 〔*to* hear〕 the news. 私たちはその知らせを聞いて安心した.

re·li·gion [rilídʒən]【原義は「信心深いこと」】
— 名 (複 **re·li·gions** [~z]) **1** U **宗教**: believe in *religion* 宗教を信じる / the different views on *religion* 宗教観の違い.
2 C 宗派, (個々の)宗教, ...教: the Christian [Islamic] *religion* キリスト〔イスラム〕教.
3 U 信仰, 信心;〔修道〕生活: lead the life of *religion* 信仰生活を送る / freedom of *religion* 信仰〔宗教〕の自由.
4〔通例, 単数形で〕信条, 主義; 生きがい: It's my *religion* not to tell lies. うそをつかないのが私の信条です / I make a *religion* of volunteer activities. 私はボランティア活動を生きがいにしている. (▷ 形 religious)

*****re·li·gious** [rilídʒəs]
— 形 **1**〔比較なし; 限定用法〕**宗教の**, 宗教上の, 宗教に関する (↔ secular): *religious* education 宗教教育 / a *religious* ceremony 宗教儀式.
2 信心深い, 信仰の厚い, 敬虔(けいけん)な (↔ irreligious): She led a *religious* life. 彼女は敬虔な生活を送った. **3**〔限定用法〕熱心の, 厳正な; 良心的な: with *religious* care 細心の注意を払って. (▷ 名 religion)

re·li·gious·ly [rilídʒəsli] 副 **1** まじめに, 心から, 忠実に. **2** 宗教的に; 信心深く.
re·lin·quish [rilíŋkwiʃ] 他〔格式〕**1**〈権利・地位〉を放棄する, 譲り渡す: *relinquish* the ownership of the land 土地の所有権を譲渡する.
2〈習慣・信仰・希望などを〉捨てる. **3** ...を手放す.

*rel·ish [réliʃ] 名 **1** U 面白み, 味わい, 楽しみ: A spirit of adventure gives *relish* to life. 冒険心が人生に楽しみを与える. **2** U 興味, 好み.
3 C U 薬味, 調味料; (ピクルスなどの)付け合わせ.
■ *with rélish* おいしそうに; 面白そうに.
— 他 ...を楽しむ, 好む: I don't *relish* doing such an unpleasant duty. そんな不愉快な仕事をするのはいやです.

re·live [ri:lív] 動 他 ...を再び体験する, (想像で)追体験する.
re·load [ri:lóud] 動 他〈銃〉に銃弾を再び込める;〔コンピュータ〕〈データなど〉を再び読み込ませる.
— 自 再び銃弾を込める.
re·lo·cate [ri:lóukeit / ri:loukéit] 動 他〈人・建物など〉を移転させる, 移住させる; 再配置する.
— 自 移転する, 移住する; 配置転換になる.
re·lo·ca·tion [ri:loukéiʃən] 名 U 移転, 移住; 配置転換.

re·luc·tance [rilʌ́ktəns] 名 U〔または a ~〕〔...するのを〕しぶること, 嫌気, 気が進まないこと〔*to do*〕: with〔without〕*reluctance* いやいや〔いやがらずに〕/ He showed *reluctance* to help me. 彼はいやいや私を手伝った.

*re·luc·tant [rilʌ́ktənt] 形 **1**〔...するのは〕気が進まない, いやな〔*to do*〕: I am *reluctant* to wait any longer. 私はもうこれ以上待つのはごめんです.
2 (行為が) いやいやの, しぶしぶながらの: give *reluctant* consent しぶしぶ同意する.

*re·luc·tant·ly [rilʌ́ktəntli] 副 **1** いやいやながら, しぶしぶ. **2**〔文修飾〕言いにくいことだが: *Reluctantly*, I cannot agree with you. 言いにくいことですが, あなたのご意見には賛成しかねます.

****re·ly** [rilái]【原義は「結び直す」】
— 動 (三単現 **re·lies** [~z]; 過去・過分 **re·lied** [~d]; 現分 **re·ly·ing** [~iŋ])
— 自〔*rely on*〔*upon*〕... 〕を**頼りにする**, 信頼する (◇ depend, count のほうが一般的です);〔...に / ...することを〕頼る〔*for / to do, doing*〕: *Rely on* him when you are in trouble. 困ったときは彼を頼りなさい / She can be *relied on* 〔*upon*〕. 彼女は信頼できる人です / They rely on the lake *for* their water. 人々は飲料水を湖に頼っている / He cannot be *relied on to* adopt such a plan. 彼がそんな計画を採用するなんて信じられない. (▷ 形 reliable; 名 reliance)

rem [rém] 名 C〔物理〕レム《被曝(ひばく)放射線量の単位》.
REM [rém] 名 C レム, 急速眼球運動《睡眠中の眼球の急速な動き; *rapid eye movement* の略》.
◆ *RÉM sleep* U レム睡眠《脳波が覚醒(かくせい)状態にある眠り》.

*****re·main** [riméin]【「re (あとに) + main (残る)」から】
— 動 (三単現 **re·mains** [~z]; 過去・過分 **re·mained** [~d]; 現分 **re·main·ing** [~iŋ])
— 自 **1**〔remain+C〕**...のままである**〔い

る], 相変わらず…である (◇ C は形容詞・名詞・過去分詞など): The weather will **remain** cold for several days. 気温はここ数日間は依然として寒いでしょう / She **remained** a widow for the rest of her life. 彼女は夫の死後の人生を未亡人で通した / We **remained** standing [seated] during his speech. 彼がスピーチをする間、私たちはずっと立って[座って]いた.

2 [(副詞)(句)を伴って]《格式》(そのままある場所に)**居残る**, とどまる (stay): **remain** abroad 外国に滞在する / All the others went on a hike while I **remained** at home. ほかの人たちは皆ハイキングに行ったが、私は家に残った / You have to **remain** in this hospital for another week. あなたはあと1週間この病院にいなければならない.

3 残る, 残っている: If you take 3 away from 10, 7 **remains**. 10から3を引くと7が残る / None of the ancient monuments **remain**. 古代遺跡は何ひとつ残っていない / This trip will always **remain** in my memory. この旅は私の記憶にいつまでも残ることだろう.

4 [remain to be ＋過分] まだ…されないままである: The mystery of the murder still **remains** to be solved. その殺人事件のなぞはまだ解明されていない / It **remains** to be seen whether or not she will be elected. 彼女が選出されるかどうかはまだわからない.

***re·main·der** [riméindər] 图 **1** [the ~; 単数・複数扱い] 残り, 残余, 残ったもの [人] (the rest): the **remainder** of the food 食べ物の残り.
2 [C] 《数学》(引き算の)残り; (割り算の)余り.
— 動 他 (売れ残った本)を安売りする.

re·main·ing [riméiniŋ] 形 [限定用法] 残っている: the **remaining** questions 残りの問題.

***re·mains** [riméinz] 图 [複数扱い] **1** 残り, 残ったもの: the **remains** of the meal 食事の残り.
2 遺跡, 遺物: the **remains** of a temple 寺院の遺跡. **3** 《格式》遺体, 亡骸(なきがら).

re·make [rì:méik] (☆ 2 つのアクセントの違いに注意) 動 (三単現 re·makes [~s]; 過去・過分 re·made [-méid]; 現分 re·mak·ing [~iŋ]) 他〈映画・音楽など〉を作り直す, 改作する; リメークする.
— 图 [rí:mèik] [C] 改作したもの; 再映画化作品.

re·mand [rimǽnd / -má:nd] 動 [通例、受身で]《法》〈事件〉を[下級審へ] 差し戻す[to]; 〈人〉を再拘留する.
— 图 [U]《法》(裁判の) 差し戻し; 再拘留: on **remand** 再拘留中で [の].
◆ remánd cèntre 《英》少年拘置所.

*****re·mark** [rimá:rk] 動 图 【原義は「注意する」】
— 動 (三単現 re·marks [~s]; 過去・過分 re·marked [~t]; 現分 re·mark·ing [~iŋ])
— 他 (意見・感想として)[…と] 言う, 述べる; 批評する [that 節, 疑問詞節]: The teacher **remarked** that we had done well on the test. 先生は私たちはテストをよく頑張ったと言った / "I guess he is right," she **remarked**. 「彼は正しいと思います」と彼女は言った.
— 圓 […について] 意見を述べる, 批評する [on,

upon]: His friends **remarked on** his failure to keep his promise. 彼の友達は彼が約束を守らなかったことを批判した / A new project was **remarked upon** in the meeting. 会議では新しい計画について議論された.
— 图 **1** [C] […についての] 意見, 批評, 感想 [about, on]: a complimentary [cruel] **remark** 賛辞 [酷評] / a puzzling **remark** なぞめいた言葉 / The teacher made a few **remarks about** [on] my paper. 先生は私のレポートについて簡単な意見を述べた. **2** [U]《古風》注目, 観察.

*****re·mark·a·ble** [rimá:rkəbl]
— 形 注目すべき, 著しい, 目立った; 異常な, 例外的な: a **remarkable** event 注目すべき出来事 / **remarkable** progress 著しい進歩 / He is **remarkable** for his ability of English. 彼の英語力は抜群です / It is quite **remarkable** that he was late for school. 彼が学校に遅刻したとはまったく珍しい.

***re·mark·a·bly** [rimá:rkəbli] 副 **1** 際立って, 著しく; 非常に. **2** [文修飾] 注目すべきことに, 珍しく: **Remarkably** (enough), she turned up in kimono. 意外にも彼女は和服姿で現れた.

re·mar·riage [rì:mǽridʒ] 图 [C][U] 再婚.

re·mar·ry [rì:mǽri] 動 (三単現 re·mar·ries [~z]; 過去・過分 re·mar·ried [~d]; 現分 re·mar·ry·ing [~iŋ]) 圓 再婚する.
— 他 …と再婚する; …を再婚させる.

re·mas·ter [rì:mǽstər / -má:s-] 動 〈レコード・映像など〉のマスターを作り直す.

Rem·brandt [rémbrænt] 图 個 レンブラント Rembrandt van Rijn [væn ráin]《1606-69; オランダの画家》.

re·me·di·al [rimí:diəl] 形 **1** 治療のための, 治療上の. **2** 救済の. **3**《教育》補習の: **remedial** lessons 補習授業. (▷ 图 rémedy)

***rem·e·dy** [rémədi] 图 (複 rem·e·dies [~z]) [C]
1 […の] 治療法; 治療薬 [for, against]: a **remedy for** indigestion 消化不良の治療薬.
2 [問題などの] 救済策, 矯正法 [for]: a **remedy for** problem children 問題児対策.
■ **pàst** [**beyònd**] **rémedy** 《格式》救済できない.
— 動 (三単現 rem·e·dies [~z]; 過去・過分 rem·e·died [~d]; 現分 rem·e·dy·ing [~iŋ])
1 …を治療する, 治す (→ CURE [類義語]). **2** …を改善する, 矯正する; 救済する. (▷ 形 remédial)

******re·mem·ber** [rimémbər] 【基本的意味は「…を覚えている (keep ... in one's mind)」】
— 動 (三単現 re·mem·bers [~z]; 過去・過分 re·mem·bered [~d]; 現分 re·mem·ber·ing [-bəriŋ])
— 他 [通例, 進行形不可] **1** (a) [remember ＋O] …を覚えている, 記憶している: He **remembers** the first time he saw the ocean. 彼は初めて海を見たときのことを覚えている.
(b) [remember ＋O ＋as ...] ~を…であると覚えている: He is **remembered as** the first astronaut to set foot upon the moon. 彼は月

に最初の一歩を記した宇宙飛行士として知られている.
(c) [remember + that 節 [疑問詞節 [句]]]
…ということ […か] を覚えている: I still *remember that* I caught dragonflies in my childhood. 私は子供の頃にトンボを捕ったことを今でも覚えている / Do you *remember what* he bought? 彼が何を買ったか覚えていますか.
(d) [remember + 動名] …したことを覚えている: I *remember talking* with her before. 私は以前彼女と話した記憶がある.
2 (a) [remember + O] …を思い出す, 思い起こす (↔ forget) (◇自然に思い出す場合にも意識的に思い出す場合にも用いる): I know her but I can't *remember* her name. 彼女は知っているが名前を思い出せない / Suddenly she *remembered* the story she had read years before. 彼女は何年も前に読んだ話を突然思い出した.
(b) [remember + that 節 [疑問詞節 [句]]] …ということ […か] を思い出す: I *remembered that* the store was closed on Mondays. 私はその店は月曜日が定休日だということを思い出した / I can't *remember how* to open this safe. この金庫はどうやって開けるのか思い出せない.
3 [remember + to do] 忘れずに…する, (これから) …することを覚えている: *Remember to* write her a letter of thanks. 忘れずに彼女に礼状を書きなさい / Did you *remember to* feed the chickens? 忘れずに鶏にえさをやりましたか.
4 [remember + O + to …] …に〈人〉をよろしくと伝える (◇ give …'s best [kind(est)] regards to …, say hello to … とも言う): *Remember* me (kindly) *to* your sister. 妹さんによろしくお伝えください.
5 〈人〉に忘れずに贈り物 [チップ] をあげる; 遺言状に〈人〉の名前を加える: My aunt always *remembers* me on my birthday. おばは私の誕生日に忘れずにプレゼントをくれる / Please *remember* the waiter. ウエイターにチップをやるのを忘れないでください. **6** …を追悼する; …のために祈る.
—— 自 思い出す; 覚えている; 記憶力がある: Now I *remember*. ああ, 思い出しました / If I *remember* rightly, he was present at the meeting. 私の記憶が正しければ, 彼はその会合に来ていた.
■ *remémber onesélf* われに返る, (不作法などに) 気がついて行儀を正す. (▷ 名 remémbrance)

*re·mem·brance [rimémbrəns] 名《格式》
1 ⓤ 思い出, 記憶; 回想: happy *remembrance* of a school trip 修学旅行の楽しい思い出.
2 ⓒ 思い出となるもの, 記念品: She gave him a bracelet as a *remembrance* of her. 彼女は彼に思い出の品としてブレスレットを贈った.
3 [~s]「よろしく」という伝言 (greetings).
■ *in remémbrance of* … …の記念に.
(▷ 動 remémber)
◆ Remémbrance Súnday ⓤ《英》英霊記念日曜日《第1次・第2次世界大戦の戦没者を追悼する. 11月11日に直近の日曜日》.

*****re·mind** [rimáind] [「re (再び) + mind (気づく)」から]
—— 動 (三単現 **re·minds** [-máindz]; 過去・過分 **re·mind·ed** [~id]; 現分 **re·mind·ing** [~iŋ])
—— 他 **1** (a) [remind + O] 〈人・物事が〉〈人〉に思い出させる: "That *reminds* me," said Tom, "I must post this letter." 「それで思い出した. この手紙を出さなければ」とトムは言った.
(b) [remind + O + of …] 〈人・物事が〉〈人〉に…を思い出させる, 連想させる: This song *reminds* me *of* my youth. この歌を聞くと青春時代を思い出す / She *reminds* me *of* my girlfriend. 彼女を見ると私はガールフレンドを思い出す.
2 (a) [remind + O + to do] 〈人・物事が〉〈人〉に…するのを気づかせる, 思い出させる, 注意する: Will you *remind* me *to* buy the concert ticket? コンサートの券を買うのを忘れていたら注意してくれませんか. (b) [remind + O + that 節 [疑問詞節 [句]]] 〈人〉に…ということ […か] を気づかせる, 思い出させる, 注意する: The waiter *reminded* them *that* smoking is prohibited in the restaurant. ウエイターは彼らにレストランは禁煙となっていることを伝えた / Please *remind* me *where* I should get off the bus. バスを降りる所に来たら教えてください.

re·mind·er [rimáindər] 名 ⓒ **1** [通例 a ~] 思い出させる人 [もの]. **2** (思い出させるための) 合図, 注意; 支払いや期限切れを知らせる手紙, 督促状.

rem·i·nisce [rèminís] 動 自 […の] 思い出を語る, 追憶にふける 《*about*》.

rem·i·nis·cence [rèminísəns] 名 **1** ⓤ 回想, 追憶; ⓒ […についての] 思い出; [しばしば ~s] 思い出話, 回顧録 《*of*》. **2** ⓒ […を] 思い出させる [しのばせる] もの 《*of*》.

rem·i·nis·cent [rèminísənt] 形 **1** 〔叙述用法〕 […を] 思い出させる 《*of*》: John's manner of speaking is *reminiscent of* his father. ジョンの話し方は彼の父親を思い出させる. **2** 〔限定用法〕 昔をしのぶ, 追憶の. **3** (人が) 思い出にふけりがちな.

re·miss [rimís] 形 〔叙述用法〕《格式》 […に] 怠慢な, 不注意な, ずぼらな (*in, about*): It was *remiss* of me not to answer your email. あなたからのEメールに返事を出さなかったのは私の怠慢でした.

re·mis·sion [rimíʃən] 名 **1** ⓤⓒ (苦痛・病気などの) 軽減, 緩和, 鎮静. **2** ⓤⓒ 《英》(善行による) 減刑. **3** ⓤ 免除; 赦免, 容赦;《法》債務免除.
(▷ 動 remít)

re·mit [rimít] 動 (三単現 **re·mits** [-míts]; 過去・過分 **re·mit·ted** [~id]; 現分 **re·mit·ting** [~iŋ]) 他《格式》 **1** 〈金銭などを〉送る (send). **2** 〈問題などを〉 [委員会などに] 付託する;《法》〈事件〉を […に] 差し戻す 《*to*》. **3** 〈罰金・負債などを〉減免する; 〈罪〉を許す. **4** 〈苦痛・怒りなど〉を和らげる.
—— 自 **1** 送金する. **2** 弱まる, 和らぐ, ゆるむ.
—— 名 [rímit, rimít] ⓒ《英》管轄, 責任の及ぶ範囲.
(▷ 名 remíssion, remíttance)

re·mit·tance [rimítəns] 名《格式》 **1** ⓒ 送金額. **2** ⓤ [または a ~] 送金: make (a) *remittance* 送金する.
(▷ 動 remít)

re·mix 名 [ríːmiks] ⓒ ミキシングし直した録音.
—— 動 [rìːmíks] 他 …をミキシングし直す.

***rem·nant** [rémnənt] 名 ⓒ **1** 残り (remainder); [通例 ~s] 残り物, 名残, 面影.

2 (布などの)端切れ; 破片, かけら, くず.

re·mod·el [riːmάdəl / -mɔ́dəl] 《英》**re·mod·elled**; 現分《英》**re·mod·el·ling**) 働 …を作り直す, …の型を直す; …を改編する.

re·mold, (英) **re·mould** [riːmóuld] 働 …を作り直して, 改造する; 〈考え・組織など〉を変える.

re·mon·strate [rimάnstreit / rémənstrèit] 働 働 《格式》[人に / …について] 抗議する; いさめる, 忠告する [*with / against*]: She *remonstrated with* the principal *against* the new school rules. 彼女は新しい校則について校長に抗議した.

*__re·morse__ [rimɔ́ːrs] 名 U […についての](強い)後悔(の念), 良心の呵責(か̀ く), 自責の念 [*for, over*]: The killer seemed to have no *remorse* for what he had done. 殺人犯は自分のやったことに対して何ら悔いるところがないように思われた.
■ *without remórse* 情け容赦なく.

re·morse·ful [rimɔ́ːrsfəl] 形 (深く)後悔している, 良心の呵責(か̀ く)に悩む.
re·morse·ful·ly [-fəli] 副 (深く)後悔して.
re·morse·less [rimɔ́ːrsləs] 形 冷酷[残虐, 残酷]な, ひどい.
re·morse·less·ly [〜li] 副 無残にも, 容赦なく.

***re·mote** [rimóut] 【原義は「遠くに移された」】
— 形 (比較 **re·mot·er** [〜ər]; 最上 **re·mot·est** [〜ist]) **1** […から] **遠く離れた** [*from*]; へんぴな (→ FAR [類義語]): a *remote* land 遠く離れた土地 / a *remote* village へんぴな村 / They live *remote from* any city. 彼らはどの市街地からも遠く離れた所に住んでいる.
2 [限定用法] (時間的に)遠い, はるかな: *remote* ages 遠い昔 / That species became extinct in the *remote* past. その種ははるか昔に絶滅した.
3 […と]関係の薄い, かけ離れた [*from*]; 遠縁の; 間接的な; 遠隔操作(リモコン)の: *remote* relatives 遠い親類 / a *remote* effect 間接的な効果 / Their comments are *remote from* what we're discussing. 彼らの意見は私たちが今議論していることからかけ離れている.
4 [しばしば否定文で](可能性・実現性が)わずかな, かすかな: We don't have the *remotest* idea (of) what you mean. あなたが何を言おうとしているのか私たちにはさっぱりわからない.
5 (態度などが)よそよそしい: with a *remote* air よそよそしい態度で.
◆ **remóte contról** U 遠隔操作[制御], リモコン; C リモコン装置.

re·mote·ly [rimóutli] 副 **1** 遠く離れて (far off); 人里離れて; 離れて: live *remotely* 人里離れて生活する. **2** 冷淡に, よそよそしく. **3** [しばしば否定文で] わずかに, ほんの少し(も).
re·mote·ness [rimóutnəs] 名 U 遠隔; 疎遠.
re·mould [riːmóuld] 働 《英》= REMOLD (↑).
re·mount [riːmáunt] 働 他 **1** 〈馬・自転車など〉に再び乗る. **2** 〈写真・絵など〉を新しい台紙にはる; 〈宝石など〉をはめ替える.
— 働 再び馬[自転車]に乗る.

re·mov·a·ble [rimúːvəbl] 形 **1** 移動できる.
2 除去できる. **3** 解任できる, 免職できる.

*__re·mov·al__ [rimúːvəl] 名 U C **1** 移動, 移転; 《英》引っ越し, 転居: a *removal* company 引っ越し運送会社 (cf. **remover**《英》引っ越し業者).
2 除去, 撤去. **3** 解任, 免職. (▷ 働 **remóve**)
◆ **remóval vàn** C 《英》引っ越し用トラック (《米》moving van).

***re·move** [rimúːv] 働 名 【「re (再び) + move (動く)」から】
— 働 (三単現 **re·moves** [〜z]; 過去・過分 **re·moved** [〜d]; 現分 **re·mov·ing** [〜iŋ])
— 他 **1** […から / …へ] 〈もの〉を **移す**, 持ち去る, 片づける (take away) [*from / to*]: The tea set was *removed from* the table (*to* the sink). ティーセットはテーブルから(流しへ)片づけられた / The police came to *remove* the wrecked car. 警察が来てその事故車を撤去した.
2 …を脱ぐ (take off): *Remove* your hat while offering a silent prayer. 黙禱(もくとう)をささげる間は帽子を取りなさい.
3 …を除去する, 取り除く: *remove* a stain 汚れを落とす / His clear explanation *removed* the doubts. 彼の明快な説明で疑いが晴れた.
4 …を […から] 解任する; 退学させる [*from*]: The mayor was *removed from* office for taking a bribe. 市長は収賄で免職になった.
— 働 《文語》 […から / …へ] 引っ越す, 移転する (move) [*from / to*]: Our office *removed from* Tokyo *to* Sendai last April. わが社は昨年の4月に東京から仙台へ移転した.
— 名 C **1** 隔たり, 差; (隔たりの)程度, 段階: My exam results were several *removes* from what I had expected. 試験の成績は私の予想とはだいぶ違っていた. **2** 移動, 移転 (move).
(▷ 名 **remóval**)

re·moved [rimúːvd] 形 **1** […から] 隔たった, かけ離れた [*from*]. **2** (いとこが) …親等の, …世代離れた: a cousin once *removed* またいとこ.
re·mov·er [rimúːvər] 名 **1** C U [しばしば複合語で] 剝離(はくり)剤, 除去剤: stain *remover* しみ抜き. **2** C 《英》引っ越し業者 (《米》mover).

re·mu·ner·ate [rimjúːnərèit] 働 他 《格式》〈人〉に〔努力・労働などに〕報酬を与える, 報いる [*for*].
re·mu·ner·a·tion [rimjùːnəréiʃən] 名 U C 《格式》報酬, 報償, 報いること; 給料.
re·mu·ner·a·tive [rimjúːnərətiv] 形 《格式》(十分に)利益が上がる, 報酬のある; 有利な.

*__ren·ais·sance__ [rènəsάːns / rinéisəns] 名 **1** [the R-] ルネサンス, 文芸復興(期) 《14–16世紀のヨーロッパで起こった古代ギリシャ・ローマ文化の復興運動》; ルネサンスの美術〔文芸, 建築〕様式. **2** C [単数形で] (一般に芸術・宗教などの) 復興, 復活; 新生, 再生. **3** [形容詞的に] ルネサンス(期)の.

re·nal [riːnl] 形 [限定用法] 《解剖》腎(じん)臓の.
re·name [riːnéim] 働 [通例, 受け身で] …に新しい名をつける, …を改名する.
rend [rénd] 働 (三単現 **rends** [réndz]; 過去・過分 **rent** [rént]; 現分 **rend·ing** [〜iŋ])《文語》
1 …を引き裂く, ちぎる (tear); 〈髪など〉をかきむしる. **2** …をねじり取る, もぎ取る.

*__ren·der__ [réndər] 働 他 **1** [render + O + C]

…を~(の状態)にする(make): An accident has *rendered* him helpless. 事故で彼は体の自由が利かなくなった。 **2**《援助などを》与える; [render +O+O / render+O+to ...]〈人〉に〈援助など〉を与える: He *rendered* aid *to* the poor. 彼は貧しい人々に救いの手をさしのべた。 **3**〈判決〉を言い渡す;〈報告書など〉を提出する: *render* an account of all the money spent 全出費の明細書を提出する。 **4** …を […に] 翻訳する(translate)[*into*]。 **5**〈自分の解釈に基づいて〉…を表現する,描写する;演じる;演奏する。 **6** …を返す;〈税金など〉を納める。 **7**【建】〈壁などに〉…にしっくい[セメント]を塗る。

ren·der·ing [réndəriŋ] 名UC **1** 翻訳(文)。 **2** 演出,演奏。 **3**(しっくい・セメントの)下塗り。

ren·dez·vous [rá:ndivù:, -dei-/rɔ́ndi-]【フランス】名(複 **ren·dez·vous** [~z])C **1**(場所・日時を決めての)[…との]会合(の約束),待ち合わせ [*with*]; 会合[待ち合わせ]の場所。 **2**(人々の)たまり場。 **3**【軍】(部隊・艦隊の)集結地;(宇宙船の)ランデブー。 — 動自 待ち合わせる。

ren·di·tion [rendíʃən] 名UC […の] 翻訳,演奏,表現 (rendering) [*of*]。

ren·e·gade [rénigèid] 名C《主に文語》背教者;脱党者;反逆者,裏切り者; [形容詞的に] 裏切りの。

re·nege [riníg/-ní:g, -néig] 動自《格式》〈約束など〉を破る,守らない[*on*]。

***re·new** [rinjú:/-njú:] 動他 **1** …を新しくする,一新する: *renew* the interior of the living room 居間の内装を一新する。 **2**〈行為など〉を再び始める;…を取り戻す;〈外交関係など〉を回復する: She *renewed* her efforts to learn English. 彼女は英語の勉強にあらためて力を入れた。 **3**〈契約など〉を更新する: *renew* one's membership 会員権を更新する。 **4** …を新品と取り替える;新たに補充する。 (▷名 renewal)

re·new·a·ble [rinjú:əbl/-njú:-] 形 更新できる;再生可能な,回復できる。

***re·new·al** [rinjú:əl/-njú:-] 名 **1** UC 新しくすること,一新;更新;C 更新したもの: *renewal* of a passport パスポートの更新。 **2** UC 再開;やり直し。 **3** U 回復,復活。

Re·noir [rənwáːr/rénwa:] 名 **固** ルノワール Pierre Auguste [pjéəːr ɔ:gúst] Renoir (1841–1919; フランス印象派の画家)。

***re·nounce** [rináuns] 動他《格式》**1**〈主張・権利など〉を(公式に)放棄する;〈習慣など〉を捨てる: *renounce* smoking 禁煙する。 **2** …との関係を絶つ,…を拒む。 (▷名 renùnciàtion)

ren·o·vate [rénəvèit] 動他 **1** …を新しくする,〈建物など〉を修復する。 **2** …を活気[元気]づける。

ren·o·va·tion [rènəvéiʃən] 名U 刷新; 修復。

***re·nown** [rináun] 名U 名声,評判,有名: a painter of world *renown* 世界的に高名な画家。

re·nowned [rináund] 形 […で[…として]] 有名な,著名な,高名な (famous) [*for/as*]。

***rent¹** [rént] 動名
— 動(三単現 **rents** [rénts]; 過去・過分 **rent·ed** [~id]; 現分 **rent·ing** [~iŋ])
— 他〈土地・家・部屋など〉を[人から] 賃借りする [*from*](→ BORROW 類義語): I *rent* a room *from* my uncle. 私はおじから部屋を賃借りしている / They are staying at a *rented* villa. 彼らは貸し別荘に滞在している。
2〈土地・家・部屋など〉を[人に/ある価格で]賃貸しする (*out*) [*to/at, for*](→ LEND 類義語): She *rents* (*out*) rooms *to* students. 彼女は学生たちに部屋を貸している / We *rent* a room *to* him *at* [*for*] $500 a month. 私たちは彼に部屋を月500ドルで貸している。
3《米》〈車・衣装など〉を(短期間)借りる: I'd like to *rent* a tuxedo. 私はタキシードを借りたい。
— 自〈土地・家・部屋などが〉[ある価格で]賃貸しできる,賃貸しされる [*at, for*]; [人から] 賃借りする [*from*]: This house *rents* at [*for*] $1,000 a month. この家の家賃は月千ドルです。
— 名 (複 **rents** [rénts]) UC **1**(土地・家・部屋などの) 借り賃,使用料,賃貸料: ground *rent* 地代 / house *rent* 家賃 / room *rent* 部屋代 / pay a high [low] *rent* 高い[安い]賃貸料を払う。
2《米》(車・衣装などの)(短期)使用料。
■ **for rént**《米》賃貸しの(《英》to let): a house [room] for *rent* 貸家[間] あり / For Rent《掲示》貸家[間]あり。 (▷ réntal)

rent² 動 rend の過去形・過去分詞。

rént-a-càr 名 C レンタカー (rental car)。

***rent·al** [réntl] 名 C **1** レンタル料,賃貸料。 **2**(貸家などの)レンタル物件。 **3** レンタル業。
— 形 レンタル(用)の;レンタル業の。 (▷ 動 名 rent¹)

rént-frée 形(土地・家などが)賃貸料なしの。
— 副 無料で。

re·nun·ci·a·tion [rinʌ̀nsiéiʃən] 名 U《格式》**1**(主張・権利などの)放棄,棄権;否認,拒絶。 **2**(欲望などの)自制,克己。 (▷ renóunce)

re·o·pen [ri:óupən] 動自他(…を)再開する。

***re·or·gan·i·za·tion** [rì:ɔ:rgənəzéiʃən/-naiz-] 名 U 再編成;(組織の)改造。

re·or·gan·ize [ri:ɔ́:rgənàiz] 動他 …を再編成する;〈組織など〉を改造する。
— 自 再編成する;改造する。

rep [rép] 名 **1**《口語》 C セールスマン,外交員。 **2** C 代表者 (representative)。 **3** U レパートリー方式 (repertory)。

Rep.《略語》= *Rep*resentative; *Rep*ublic; *Rep*ublican (Party)《米》共和党。

***re·pair** [ripéər] 動 名
【「re (再び) + pair (用意する)」から】
— 動(三単現 **re·pairs** [~z]; 過去・過分 **re·paired** [~d]; 現分 **re·pair·ing** [-péəriŋ])
— 他 **1** …を修理する,修繕する,直す (→ MEND 類義語): *repair* a table テーブルを修理する / I had my cell phone *repaired*. 私は携帯電話を修理してもらった / This bike needs *repairing*. この自転車は修理が必要です。
2《格式》〈誤りなど〉を訂正する,〈不正など〉を正す;〈損失など〉を補償する,償う: *repair* an error 誤りを正す / *repair* injustice 不公平を是正する。

3 《格式》〈健康など〉を回復する, …を取り戻す; 〈手術など〉で〈悪い部分〉を治療する, 〈関係など〉を修復する: *repair* one's health 健康を回復する.

— 名 **1** U 修理, 修繕, 手入れ: The *repair* of this stereo will take two weeks. このステレオの修理には2週間かかるだろう / This car is in need of *repair*. この車は修理の必要がある.
2 C〔しばしば〜s〕修理作業; 修繕部分: make [carry out] *repairs* 修理する / The *repairs* to the door cost a lot of money. そのドアの修理には多額の費用がかかった.

■ beyónd [pàst] repáir 修理ができないほど.
in a good [bad] repáir = in a good [bad] státe of repáir 手入れが行き届いて [届かないで].
ùnder repáir 修理中で: The elevator is *under repair*. エレベーターは修理中です.

re·pair·a·ble [ripέərəbl] 形 修理 [修復] できる.
re·pair·man [ripέərmæ̀n] 名(複 **re·pair·men** [-mèn]) C 修理工.
rep·a·ra·tion [rèpəréiʃən] 名 C|U 《格式》〔…に対する〕賠償, 補償〔for〕; 〔〜s〕(敗戦国が払う)賠償金.　　　　　　　　　　　　(▷ 動 repáir)
rep·ar·tee [rèpərtíː / -paːt-] 名 U (会話での) 機転の利いた受け答え, 当意即妙のやりとり.
re·past [ripǽst / -páːst] 名 C 《格式》食事.
re·pa·tri·ate [riːpéitrièit / -pǽt-] 動 他〈難民・亡命者など〉を本国へ送還する (↔ expatriate).
re·pa·tri·a·tion [riːpèitriéiʃən / -pæt-] 名 U|C 本国送還; 復員.
***re·pay** [ripéi] 動 (三単現 **re·pays** [〜z]; 過去・過分 **re·paid** [-péid]; 現分 **re·pay·ing** [〜iŋ]) 他
1〈金など〉を返す, 返済する, 払い戻す; [repay + O + O / repay + O + to ...]〈人〉に〈金など〉を返す: *repay* a loan ローンを返済する / He *repaid* me the money with interest. = He *repaid* the money *to* me with interest. 彼は私に利子を付けて金を返した.　**2**〔親切など〕に〔…で〕報いる, 仕返しをする〔with〕; 〔親切などに対して〕〈人〉に報いる〔for〕: ...'s kindness = *repay* ... *for* ...'s kindness …の親切に報いる.
re·pay·a·ble [ripéiəbl] 形 (金が) 返済できる, 払い戻すべき.
re·pay·ment [ripéimənt] 名 **1** U 返済; C 返済金, 払い戻し金.　**2** U|C 返礼, 仕返し.
re·peal [ripíːl] 動 他〈法律など〉を無効にする, 廃止する; 〜を撤回する, 取り消す.
— 名 U (法律などの) 廃止; 撤回.

*****re·peat** [ripíːt] 動 名
【「re (再び) + peat (求める)」から】
— 動 (三単現 **re·peats** [-píːts]; 過去・過分 **re·peat·ed** [〜id]; 現分 **re·peat·ing** [〜iŋ])
— 他 **1** (a) [repeat + O] …を繰り返して言う: Could you *repeat* your question? もう一度質問を言ってもらえますか / He *repeated* the story about his travels to us. 彼は私たちに旅行の話を繰り返し語った.　(b) [repeat + that 節] …と繰り返し言う: She kept *repeating that* she had never done such a thing. 彼女はそんなことは決してやっていないと繰り返し言った.
2〈動作・行為など〉を繰り返す, 反復する; 〈テレビ・ラジオなど〉で〈番組〉を再放送する: She *repeated* the same error. 彼女はまた同じ間違いを犯した / *Repeat* this exercise for ten minutes every day. この運動を毎日10分間繰り返しなさい.
3 …を暗唱する: She *repeated* the entire poem. 彼女はその詩を丸ごと暗唱した.
4〈人の話・秘密など〉を〔人に〕しゃべってしまう, 漏らす〔to〕: Please don't *repeat* this *to* anyone. どうかこのことはだれにも言わないでください.

— 自 **1** 繰り返して言う; 繰り返す: Please *repeat* after me. 私のあとについて言ってください.
2〔口語〕〈食べ物の味が〉口の中に残る, 〔げっぷが〕戻る: I find that garlic *repeats*. ニンニクの味が口の中に残っている.　**3**《数学》〈小数が〉循環する.

■ repéat onesélf (気づかずに) 同じことを言う; (出来事が) 繰り返し起こる: History *repeats itself*. 《ことわざ》 歴史は繰り返す.

— 名 C **1** 繰り返し, 反復; 《音楽》 反復記号, 反復楽節.　**2** (テレビ・ラジオの) 再放送番組; 再演(奏).　**3**〔形容詞的に〕繰り返される, 追加の: a *repeat* order 追加注文.　**4** 繰り返し模様.
(▷ 名 rèpetítion; 形 rèpetítious)

***re·peat·ed** [ripíːtid] 形〔限定用法〕繰り返しの, たびたびの: I made *repeated* attempts to contact her. 私は何度も彼女に連絡を取ろうとした.
***re·peat·ed·ly** [ripíːtidli] 副 繰り返して, 何度も.
re·peat·er [ripíːtər] 名 **1** 繰り返す人 [もの], リピーター.　**2**《米》再犯者, 常習犯.　**3** 再履修生; 留年生.
re·pel [ripél] 動 (三単現 **re·pels** [〜z]; 過去・過分 **re·pelled** [〜d]; 現分 **re·pel·ling** [〜iŋ]) 他
1 …を追い払う, 撃退する.　**2**〈人〉に不快な思いをさせる, 反感を与える: She was *repelled* by the bad smell. いやなにおいで彼女は気分が悪くなった.
3 …を拒絶する.　**4** (磁極などが) …を遠ざける; 〈水など〉をはじく. — 自 (磁極などが) 反発する.
re·pel·lent, re·pel·lant [ripélənt] 形 **1** 不愉快な, 〔…に〕反感を抱かせる〔to〕.　**2**〔複合語で〕(水などを) はじく, 撥水(はっすい)性の; 防虫の.
— 名 U|C 防虫剤, 虫除けスプレー; 防水剤.
***re·pent** [ripént] 動 《格式》 自 〔…を〕後悔する, 悔やむ〔of〕: He *repented of* his decision. 彼は自分の決断を悔やんだ.

— 他 …を深く後悔する, 残念に思う; [repent + doing] …したことを後悔する (◇ doing は「having + 過去分詞」となることもある): He *repents* having done wrong. 彼は不正を働いたことを後悔した. (▷ 名 repéntance; 形 repéntant)
re·pent·ance [ripéntəns] 名 U〔…に対する〕後悔, 悔悟; 悔い改め〔for〕.　 (▷ 動 repént)
re·pent·ant [ripéntənt] 形《格式》〔…を〕後悔し ている, 悔いている〔of, for〕.　(▷ 動 repént)
re·per·cus·sion [rìːpərkʌ́ʃən] 名 **1** C〔通例〜s〕(間接的) 影響, (事件などの) 余波.　**2** U|C《物理》はね返り, 反動; (光の) 反射; (音の) 反響.
rep·er·toire [répərtwàːr] (☆発音に注意)【フランス】名 C レパートリー, 総演目.
rep·er·to·ry [répərtɔ̀ːri / -təri] 名 (複 **rep·er·to·ries** [〜z]) **1** C レパートリー, 総演目 (reper-

toire). **2** U【劇】レパートリー方式[制]《いくつかの演目を順々に上演する》. C 《知識などの》蓄え、宝庫;《能力・技術などの》できる範囲.

*rep·e·ti·tion [rèpətíʃən] 名 **1** UC 繰り返し、反復; 暗唱; *Repetition* is necessary in learning foreign languages. 外国語を覚えるには繰り返しが必要です. **2** C [しばしば否定文で] 出来事の再発 [再現]. (▷ 動 repeat)

rep·e·ti·tious [rèpətíʃəs] 形 《軽蔑》繰り返しの多い、くどい; 反復性の. (▷ 動 repeat)

re·pet·i·tive [ripétətiv] 形 **1** 繰り返しの多い、くどい (repetitious). **2** 《動作などが》反復する.
◆ repetitive stráin ínjury U【医】反復運動損傷《◇腱鞘(けんしょう)炎など》(《略語》RSI).

re·phrase [rìːfréiz] 動 他 …を言い換える、表現 [言い回し] を変える.

***re·place [ripléis]【「re (再び)+place (置く)」から】
—動 (三単現 **re·plac·es** [～iz]; 過去・過分 **re·placed** [～t]; 現分 **re·plac·ing** [～iŋ])
—他 **1** [replace+O] […として] …に取って代わる, …の代わりをする [*as*]: Can anything *replace* a person's life? 人命に代わるものがあるだろうか / Who will *replace* him *as* captain? だれが彼の代わりにキャプテンになるのですか / The beepers were *replaced* by cell phones. ポケットベルは携帯電話に取って代わられた.
2 [replace+O (+with [by] …)]《人・もの》を (…と) 取り替える, 交替させる: I *replaced* the broken chair *with* a new one. 私は壊れたいすを新しいいすに取り替えた.
3 …を元の場所に戻す [置く], 返す (put back).

re·place·a·ble [ripléisəbl] 形 取り替えられる; 《人の》代わりがいる.

*re·place·ment [ripléismənt] 名 **1** U 取り替え, 置き換え; 交替: the *replacement* of defective parts 欠陥部品の交換. **2** C […の] 代わりの人 [もの]; 代用品 (*for*); 交替要員: We need a *replacement for* the engineer. その技師の代わりをする人が必要だ.

re·play [riːpléi] (☆他とのアクセントの違いに注意) 動 他 《試合など》を再び行う, やり直す; 《劇など》を再演する; 《録音・録画》を再生する. —名 [ríːpleɪ] C 再試合; 再演; 《録音・録画の》再生、リプレー.

re·plen·ish [ripléniʃ] 動 他 《入れもの》を […で] 再び満たす; …に […を] 補給する [*with*].

re·plete [ripliːt] 形 《叙述用法》**1** 《格式》[…が] 充満した (filled); 豊富な [*with*]. **2** 《古風》満腹 [飽食] した.

rep·li·ca [réplikə] 名 C **1** 写し, コピー, 複製品, レプリカ. **2** 生き写し (の人).

rep·li·cate [réplikèit] 動 他 《格式》**1** 《実験などを》繰り返す. **2** …を複製 [模写] する.

****re·ply [riplái] 動 名
—動 (三単現 **re·plies** [～z]; 過去・過分 **re·plied** [～d]; 現分 **re·ply·ing** [～iŋ])
—自 **1** […に] 答える, 返事をする [*to*] (→ ANSWER 類義語): Judy *replied* calmly *to* the interviewer's questions. ジュディーは落ち着いて面接者の質問に答えた / Have you *replied to* the applicants' letters? 応募者の手紙に返事を出しましたか / Please *reply* immediately. 至急ご返事ください.
2 […に] […で] 応答する, 応じる (respond) [*to* / *with*]: She *replied to* the question *with* a nod. 彼女は質問にうなずいて答えた / The police *replied to* the disorderly crowd *with* water cannons. 警察は荒れる群衆に放水銃で応酬した.
—他 [reply+O (*that* 節)] …と答える: She *replied* to me *that* she didn't want to trouble her. 彼女は私に面倒をかけたくないと返事した / "I'm sorry, but I can't come," I *replied*. 「残念ですが行けません」と私は答えた.
—名 (複 **re·plies** [～z]) C **1** 答え, 返事, 回答: Jim wrote a prompt *reply* to my email. ジムは私のメールにすぐ返事をくれた / I haven't got any *reply* from him yet. 彼からはまだ何の返事もない / The witness made no *reply* to the question. 証人は質問に答えなかった.
2 応酬, 応戦.
■ *in replý* […の] 返答に, 答えとして [*to*]: She just smiled *in reply to* my question. 彼女は私の質問に対してほほ笑んだだけだった.

****re·port [ripɔ́ːrt] 動 名
【「re (元へ)+port (運ぶ)」から】
—動 (三単現 **re·ports** [-pɔ́ːrts]; 過去・過分 **re·port·ed** [～id]; 現分 **re·port·ing** [～iŋ])
—他 **1** (a) [report+O] …を報告する, 知らせる; 報道する: We'd better *report* this accident to the police right away. すぐにこの事故を警察に知らせたほうがよい / The damage from the earthquake was *reported* in full on television. 地震の被害状況はテレビで詳しく報道された. (b) [report+*that* 節] …であると報告 [報道] する: The committee has *reported that* there is an urgent need for tax reform. 委員会は緊急に税制を改革する必要があると報告した. (c) [report+動名] …したことを報告 [報道] する: She *reported having* seen a crocodile in the pond. 彼女は池でワニを見たと報告した. (d) [report+O+(to be+)C] …が～であると報告 [報道] する: The nurse *reported* my mother (*to be*) much better. 看護師が母の容体はずっとよくなったと知らせてきた / A fishing boat is *reported* missing. 漁船が1隻行方不明だと伝えられている. (e) [report+O+*to do*] […通例, 受け身で] …が～すると報告 [報道] する: That player *is reported to* transfer to a rival team. その選手はライバルチームへ移籍すると報道されている.
2 《記者が》…の記事を書く, …を取材する (cover): The chief assigned him to *report* the verdict of the court. 編集長は彼に裁判所の評決を取材するよう命じた. **3** 《上司・教師・警察などが》《人》のことを言いつける, …の告げ口をする [*to*]: Stop making noise, or I will *report* you *to* the police. 騒ぐのをやめないと警察に訴えるぞ.

— 自 1 [...について] 報告する, 報道する [on, upon]: The class *reported on* its trip to the science museum. そのクラスの生徒たちは科学博物館見学について報告した / This is John Smith, *reporting* from India *on* the recent train disaster. ジョン=スミスです. 先頃発生した列車の惨事についてインドからお伝えします.

2 記事を書く, 取材する; [新聞社などの]記者である [for]: My brother now *reports for* a newspaper. 兄は現在は新聞記者をしています.

3 [...に](報告するために)出頭する, 出勤する; 所在地[移動など]を届け出る [to]: My father *reports to* the office for duty [work] at 10:00 a.m. 父は朝10時に会社に出勤する / The suspect *reported to* the police accompanied by his parents. 容疑者は両親に付きそわれて警察に出頭した.

4 [...に]直属している [to]: The chief of staff *reports* directly *to* the president. 首席補佐官は大統領に直属している.

■ *repórt báck* 自 他 [...に][...を] 帰って[折り返し]報告する [to].

—名(複 **re·ports** [-pɔ́ːrts]) **1** C [...についての]報告 [on, of]; present [submit] a *report* 報告書を提出する / put together an interim *report* 中間報告をまとめる / the annual *report* of an oil company 石油会社の年次報告(書) / write a weekly sales *report* 週間売上高報告書を書く.

2 C [...についての](新聞などの)報道, 記事 [on, of]: a weather *report* 天気予報, 気象概況 / The paper had a long [detailed] *report* on the trial. その新聞は裁判について長文の[詳細な]記事を載せた.

3 U C うわさ (rumor); 評判: a person of good [bad] *report* 評判のいい[悪い]人 / *Report* has it that the wrestler will retire. うわさではそのレスラーは引退するらしい.

4 C 《英》(成績)通知表, 通信簿 (《米》report card): I have had a good *report* this term. 今学期は成績がよかった.

5 C 《格式》爆発音, 銃声, 砲声.

◆ *repórt cárd* C 《米》成績通知表 (《英》report).

repórted spéech U《文法》間接話法 (indirect narration).

re·port·age [ripɔ́ːrtidʒ, rèpɔːrtáːʒ] 【フランス】名 U **1** 現地報道[取材](記事), ルポルタージュ. **2** 記録文学.

re·port·ed·ly [ripɔ́ːrtidli] 副 [文修飾] 伝えられるところ[うわさ]によれば: The typhoon *reportedly* killed more than 200 people. 報道によればその台風で200人以上が死んだそうだ.

*‡**re·port·er** [ripɔ́ːrtər] 名 C **1** 報道記者, 通信員; 取材者, レポーター. **2** 報告[申告]する人.

***re·pose¹** [ripóuz] 動 《格式》 自 **1** [...に]横たわる; (ものが)[...に]ある, 置いてある [on, in].

2 休む, 休息する.

—名 U 《格式》 **1** 休息 (rest); 睡眠: in *repose* 休息中で. **2** 平静, 安らぎ; 静けさ.

re·pose² 動 他 [...に]〈信頼〉を置く [in].

re·pos·i·to·ry [ripázətɔ̀ːri / -pɔ́zitəri] 名 (複 **re·pos·i·to·ries** [~z]) C **1** 収納場所, 貯蔵所, 倉庫. **2** 《格式》情報源 (◇人·書物など).

re·pos·sess [riːpəzés] 動 他 〈代金未払いの商品など〉を回収する, 取り戻す; 再び入手[所有]する.

rep·re·hend [rèprihénd] 動 他 《格式》...をしかる, とがめる (reprimand); 責める (blame).

rep·re·hen·si·ble [rèprihénsəbl] 形 《格式》しかられて当然の, 非難すべき.

rep·re·sent [rèprizént]

【基本的意味は「...を代表する (act for someone or a group)」】

— 動 (三単現 **rep·re·sents** [-zénts]; 過去·過分 **rep·re·sent·ed** [~id]; 現分 **rep·re·sent·ing** [~iŋ])

— 他 **1** [represent + O]...を代表する, ...の代理を務める; ...を代表して議員を務める: I cannot go, so will you *represent* me? 私は行けないので代理を務めてくれませんか / He *represented* us at the international conference. 彼は私たちを代表して国際会議に出席した / Forty schools will be *represented* in the parade. そのパレードには40校の代表が参加する.

2 [represent + O]...を象徴する, 表す, 意味する (stand for): The orange on the map *represents* urban areas. 地図上のオレンジ色の部分は市街地を表している / In the story the blue bird *represents* happiness. その物語の中で青い鳥は幸福の象徴である.

3 [represent + O]...を[...として]描いている, 描写している [as]: The painting *represents* the artist's boyhood home. その絵には画家の少年時代の家が描かれている / The statesman is *represented as* a hero in the story. その政治家は物語の中で英雄として描かれている

4 [represent + O + to be [as] + C]〈人·ものが〉...であると言う, 説明する (◇ C は名詞·形容詞·分詞): The professor *represented* himself *as* a specialist on Kafka. 教授は自分はカフカ研究の専門家であると言った.

5 《格式》...を[人に]説明する, はっきり述べる [to]; [...ということを]説明する, 主張する [that 節]: You have to *represent* your idea *to* them. 君は自分の考えをはっきりと彼らに言わなければならない.

6 ...の典型である, よい例である: She *represents* the modern businesswoman. 彼女は現代のビジネスウーマンの典型である. **7** 〈劇など〉を上演する; ...の役を演じる, ...に扮する.

(▷ 名 rèpresentátion; 形 rèpreséntative)

*‡**rep·re·sen·ta·tion** [rèprizentéiʃən] 名 **1** U 代表(すること), 代理; [集合的に] 代表者[団]: No taxation without *representation*. 代表なくして納税なし (◇代表を出す権利がなければ納税の義務はない)《米国独立戦争での合い言葉》. **2** U 表現, 描写; C 絵画, 肖像(画), 彫像. **3** [〜s]《主に英》[...への / ...からの](公式の)抗議, 陳情 [to / from].

(▷ 動 rèprésent)

rep·re·sen·ta·tion·al [rèprizentéiʃənəl] 形 代表(制)の;《美》写実的な, 具象的な.

rep·re·sent·a·tive [rèprizéntətiv] 名形

— 名 (複 rep·re·sent·a·tives [~z]) C **1 代表者**, 代理人: Japan will send a *representative* to the conference. 日本はその会議に代表を送ります.
2 [通例 R-] 国会議員, 代議士; 《米国の》下院議員, 《日本の》衆議院議員 (《略語》Rep.) (→ CONGRESS 表): the House of *Representatives*《米国の》下院;《日本の》衆議院 / He is a *representative* from Okinawa. 彼は沖縄選出の代議士です.
3 セールスマン, 外交員 (sales representative, salesman, 《口語》sales rep, rep); 添乗員.
4 典型, 見本; 代表的な人[もの].

— 形 **1** [比較なし] […を] 代表する, 代理する [of]; 代議制の: *representative* government 代議政治 / a *representative* council 代表会議.
2 […の] 典型となる, 代表的な (typical) [of]: a *representative* Italian city 典型的なイタリアの都市 / This cathedral is *representative* of Gothic architecture. この大聖堂はゴシック建築の典型です. **3** […を] 表現する, 象徴する [of].
(▷ 動 rèprésént)

re·press [riprés] 動 他 **1**〈感情・欲求など〉を抑える, 抑制する. **2**〈反乱など〉を鎮圧[弾圧]する.

re·pressed [riprést] 形 (感情・欲求などが) 抑圧された; 〈人〉が欲求不満の.

re·pres·sion [riprés/ən] 名 **1** U 抑制, 制止; 鎮圧. **2** 〖心理〗U 抑圧; C 抑圧された感情.

re·pres·sive [riprésiv] 形〈軽蔑〉(法律・政府などが) 抑圧[弾圧]的な.

re·prieve [riprí:v] 動 他 (通例, 受け身で) 〖法〗〈特に死刑囚〉の刑の執行を猶予する [取りやめる]; 〈危険などから〉…を一時的に救う [from].
— 名 C 〖法〗刑の執行延期 [猶予, 取りやめ] (cf. pardon 恩赦); 一時逃れ, 一時的軽減.

rep·ri·mand [réprimænd / -mà:nd] 動 他 …を […の理由で](公式に) 叱責[譴責]する [for]. — 名 C U (公式の) 叱責, 非難, 懲戒.

re·print [rì:prínt] 動 他 …を再び印刷する, 再版する; 増刷する. — 名 [rí:prìnt] C 再版, 重版, 増刷; 複製, リプリント.

re·pris·al [ripráizəl] 名 C U [しばしば ~s] (特に政治的・軍事的な) 報復(行為), 仕返し: in *reprisal* (for ...) (…に対する) 報復として.

*re·proach [ripróutʃ] 動 他《格式》 […のことで]〈人〉をしかる, とがめる, 責める (blame) [with, for]: She was *reproached* with [for] laziness. 彼女は怠惰だとしかられた.
— 名《格式》 **1** U しかること, 非難; C 小言, 非難の言葉: above [beyond] *reproach* 非難のしようがない, 完璧(茚)な. **2** U 恥辱, 不面目; [a ~] [… にとって] 恥になるもの [to]: a *reproach* to one's family 一門の名折れ.

re·proach·ful [ripróutʃfəl] 形 しかるような, とがめだてする, 非難がましい.
re·proach·ful·ly [-fəli] 副 非難がましく.

rep·ro·bate [réprəbèit] 名 C 《格式・こっけい》堕落した人, 無頼漢(かん).

‡**re·pro·duce** [rì:prədjú:s / -djú:s] 動 他 **1** …を複製[複製]する, 模写[模造]する. **2**〈音・映像など〉を再生する, 再現する. **3**〖生物〗〈種〉を繁殖[増殖]させる;〈失われた部分〉を再生する. **4**〈劇など〉を再演する.
— 自 **1** 繁殖 [増殖] する. **2** 複写 [再生] できる.
(▷ 名 rèprodúction; 形 rèprodúctive)

*re·pro·duc·tion [rì:prədʌkʃən] 名 **1** U 複写, 複製; C 複写[複製]したもの, 模造品: *reproductions* of Buddhist statues 仏像の複製品. **2** U 再生, 再現; (劇などの) 再演. **3** U〖生物〗繁殖. **4** [形容詞的に] 複製[コピー]の.
(▷ 動 reprodúce)

re·pro·duc·tive [rì:prədʌktiv] 形 [限定用法] **1** 生殖の, 繁殖の; 多産の: *reproductive* organs 生殖器. **2** 再生 [再現] の; 複写の.
(▷ 動 reprodúce)

re·proof [riprú:f] 名《格式》U 叱責(えき), 非難; C 小言, 非難の言葉. (▷ 動 repróve)

*re·prove [riprú:v] 動 他《格式》〈人〉を […のことで] 非難する, しかる, とがめる [for]: He *reproved* his son *for* being lazy. 彼は息子を怠けだとしかった. (▷ 名 repróof)

re·prov·ing [riprú:viŋ] 形《格式》非難する(ような), しかるような.
re·prov·ing·ly [~li] 副 非難して, しかって.

rep·tile [réptəl / -tail] 名 C **1** 爬虫(はちゅう)類, 爬行(はこう)動物. **2** 《口語》卑劣な人, 意地悪(人).

rep·til·i·an [reptíliən] 形 **1** 爬虫(はちゅう)類の.
2 卑劣な, 陰険な.
— 名 C 爬虫類, 爬行(はこう)動物 (reptile).

re·pub·lic [ripʌblik]

— 名 (複 re·pub·lics [~s]) C **共和国** (公選により元首が決まる国;《略語》Rep.; cf. monarchy 君主国); 共和政体: the *Republic* of Ireland アイルランド共和国 / the People's *Republic* of China 中華人民共和国. (▷ 形 repúblican)

*re·pub·li·can [ripʌblikən] 形 **1** 共和国の, 共和制の, 共和制支持の. **2** [R-]《米》共和党(員)の.
— 名 C 共和制支持者; [R-]《米》共和党員 (cf. Democrat 民主党員). (▷ 名 repúblic)
◆ Repúblican Párty [the ~]《米》共和党 (2大政党の1つ; cf. Democratic Party 民主党).

re·pub·li·can·ism [ripʌblikənizəm] 名
1 U 共和制[主義]. **2** [R-]《米》共和党の政策[主義].

re·pu·di·ate [ripjú:dièit] 動 他《格式》
1 …を (不当として) 認めない, 否認する;〈申し出〉を拒絶する, 断る. **2**〈債務など〉の支払いを拒む.
3 《古風》…と縁を切る, 離縁する.

re·pu·di·a·tion [ripjù:diéiʃən] 名 U《格式》否認; 拒絶, 拒否; (債務の) 支払い拒否;《古風》絶縁.

re·pug·nance [ripʌgnəns] 名 U [または a ~]《格式》[…への](極端な) 嫌悪 (感), 反感 [for, to]; 矛盾, 不一致.

re·pug·nant [ripʌgnənt] 形《格式》[…にとって] ひどくいやな, 不快な, 大嫌いな [to]; 相いれない.

*re·pulse [ripʌls] 動 他《格式》**1**〈敵の攻撃など〉を撃退する. **2**〈申し出など〉を断る, 拒絶する.
— 名 U C 《格式》撃退; 拒絶.

re·pul·sion [rɪpʌ́lʃən] 名 **1** U [または a 〜] 強い反感, 嫌悪(感). **2** 【物理】反発(作用), 斥力.
re·pul·sive [rɪpʌ́lsɪv] 形 **1** ぞっとする, むかつく; よそよそしい. **2** 【物理】(力などが) 反発する.
re·pul·sive·ly [〜li] 副 ぞっとして; 冷淡に.
rep·u·ta·ble [répjətəbl] 形 立派な, 評判のよい.

***rep·u·ta·tion [rèpjətéɪʃən]

— 名 (複 **rep·u·ta·tions** [〜z]) U [または a 〜]
1 […という] 評判, 世評 [for]: have a good [poor] *reputation* 評判がよい [悪い] / live up to one's *reputation* 評判通りの行動をする / This personal computer has a *reputation for* being user-friendly. このパソコンは利用者にとって使いやすいという定評がある.

2 […としての] 名声, 好評; 信望 [as]: a musician of worldwide *reputation* 世界的に有名な音楽家 / win [gain] (a) *reputation* 名声を得る / lose one's *reputation* 名声を失う / The scandal badly injured his *reputation* as a statesman. そのスキャンダルのために彼の政治家としての声望はひどく損なわれた.

*re·pute [rɪpjúːt] 名 U《格式》評判; 名声, 好評: by *repute* 世評 [うわさ] では.
■ *of góod [íll, lów] repúte* 評判のよい [悪い].
re·put·ed [rɪpjúːtɪd] 形 (…と) 称される, (…という) 評判の, うわさの: the *reputed* mother of the child その子供の母親と言われている人.

**re·quest [rɪkwést] 動 名

【「re (再び) + quest (求める)」から】
— 動 (三単現 **re·quests** [-kwésts]; 過去・過分 **re·quest·ed** [〜ɪd]; 現分 **re·quest·ing** [〜ɪŋ])
— 他 (a) [request + O]〈物事を〉[人に] 頼む, 要請する [*from, of*] (◇ ask より《格式》): We *requested* his help. 私たちは彼に助けを求めた / That company *requested* a loan *from* the bank. その会社は銀行に貸付を求めた. (b) [request + O + to do]〈人〉に…するよう頼む: You are *requested to* be quiet during the ceremony. 式の間はお静かに願います / You are kindly *requested* not to smoke. おたばこはご遠慮ください. (c) [request + that 節] …ということを頼む, 要請する: The committee *requested* (of him) that he (should) reconsider his decision. 委員会は彼に決定を再考するよう要請した (◇ should を用いるのは《主に英》).

— 名 (複 **re·quests** [-kwésts]) **1** C […を求める / …という] 願い, 頼み, 要請 [*for / that* 節]: accept [refuse] a *request* 要求を受け入れる [拒む] / I have a *request* to make of you. ひとつお願いがあるのですが / They will make a *request for* economic aid from Japan. 彼らは日本に経済援助を要請するだろう / Our *request that* our salary (should) be raised was turned down. 私たちの賃上げ要求は, はねつけられた (◇ should を用いるのは《主に英》).
2 C 願い事; 請願書; (ラジオ・テレビの) リクエスト曲: grant a *request* 願い事を聞き入れる / play *requests* リクエスト曲を演奏する / He put in a *request* for a transfer to another department. 彼は他の部局への転任願いを提出した.
3 U 需要 (demand): come into *request* 需要が生じる, 売れるようになる. **4** 【コンピュータ】リクエスト, 要求《コンピュータに対する指令》.
■ *at the requést of …* = *at …'s requést* …の依頼により.
by requést 求めに応じて, 要求にこたえて.
on requést 請求があり次第: We will send the goods *on request*. ご請求いただければただちに商品をお送りいたします.

Re·qui·em [rékwɪəm] 名 C **1** 【カトリック】死者のためのミサ. **2** [r-] 鎮魂曲, レクイエム, 哀歌.

**re·quire [rɪkwáɪər]

【「re (再び) + quire (求める)」から】
— 動 (三単現 **re·quires** [〜z]; 過去・過分 **re·quired** [〜d]; 現分 **re·quir·ing** [-kwáɪərɪŋ])
— 他 [進行形不可]《格式》**1** (a) [require + O]…を必要とする (need); 欲しい (wish to have): We *require* food and sleep. 私たちには食物と睡眠が必要である / How long will you *require* to mend it? それを直すのにどのくらいかかりますか. (b) [require + 動名] …する [される] 必要がある: This car *requires repairing*. この車は修理の必要がある. (c) [require + that 節] …ということを必要とする: The decision *requires that* we (should) suspend the plan. 決議により私たちは計画を一時中止します (◇ should を用いるのは《主に英》).

2 [通例, 受け身で] (a) [require + O] …を [人に] 要求する, 命令する [*of*] (→ DEMAND 類義語): a *required* subject 必修科目 / English *is required of* all examination candidates. 英語はすべての受験生に必須である. (b) [require + O + to do]〈人〉に…するよう要求する: The law *requires* people *to* wear a seat belt. シートベルトの着用は法律で義務付けられている.
(c) [require + that 節] …ということを要求する: The school *requires that* all students (should) be properly dressed. その学校はすべての生徒にきちんとした身なりをするように求めている (◇ should を用いるのは《主に英》).

*re·quire·ment [rɪkwáɪərmənt] 名 C **1** 必要条件, (義務・条件として) 課せられること: meet *requirements* for getting into the college その大学に入るための必要条件を満たす. **2**《格式》必需品, 要求されるもの [こと]: A proper diet is one *requirement* for good health. 適切な食事は健康にとって大切なものの1つです.

*req·ui·site [rékwəzɪt]《◊発音に注意》形《格式》[…に] 必要な, 必須の [*for, to*].
— 名 C [通例 〜s]《格式》[…の] 必需品, 必須のもの; 必要条件 [*for*]: kitchen *requisites* 調理用品.

req·ui·si·tion [rèkwɪzíʃən] 動 他 …を強制使用する;【軍】徴発する.
— 名 **1** U C (正式の) 要求, 請求 [命令] (書); (軍隊による) 徴発, 強制使用. **2** U 需要, 入り用.
■ *be in [ùnder] requisítion* 要求 [需要] がある.

re·quite [rɪkwáɪt] 動 他《格式》**1** …に […で] 報

いる,返। けす [with]: *requite* evil *with* good 善をもって悪に報いる. **2** ...に報復[復讐(ほう)]する. **3** 〈愛情〉にこたえる.

re·run [ríːrÁn] (☆ とのアクセントの違いに注意) 名 U C 再放送, 再上映, 再演;【コンピュータ】再実行; 再放送の番組, 再上映の映画.
── 動 [rìːrÁn] (三単現 **re·runs** [~z]; 過去 **re·ran** [-ræn]; 過分 **re·run**; 現分 **re·run·ning** [~iŋ]) 他 〈テレビ・映画〉を再放送[再上映]する;〈競技〉をやり直す;【コンピュータ】...を再実行する.

re·sale [ríːsèil] 名 U 再販売, 転売.

re·sched·ule [riːskédʒuːl / riːʃédjuːl] 動 他 **1** ...の予定を変更する; ...を延期する. **2** 〈債務〉の返済期限を延ばす.

re·scind [risínd] 動 他【法】〈法律・判決など〉を取り消す, 無効にする.

*****res·cue** [réskjuː] 動 名
── 動 (三単現 **res·cues** [~z]; 過去・過分 **res·cued** [~d]; 現分 **res·cu·ing** [~iŋ])
── 他 [rescue + O] ...を [危険などから] 救う, 救助する [*from*] (→ SAVE¹ 類義語): The lifeguard *rescued* the child *from* drowning. その救助員はおぼれている子供を助けた / Mr. Johnson *rescued* our company *from* a desperate situation. ジョンソン氏はわが社を絶望的な状況から救い出してくれた.
── 名 **1** U C 救助, 救援, 救出: The firefighter got a medal for his daring *rescue*. その消防士は勇敢な救助をしたことにより勲章を受けた.
2 [形容詞的に] 救助の: a *rescue* party [team] 救助隊, レスキュー隊.
■ **cóme** [**gó**] **to** ...'**s réscue** = **cóme** [**gó**] **to the réscue of** ... ...の救助に来る [行く].

res·cu·er [réskjuːər] 名 C 救助者, 救出者.

*****re·search** [risə́ːrtʃ, ríːsəːrtʃ] 名 動
【「re (再び)+search (探す)」から】
── 名 (複 **re·search·es** [~iz]) **1** U C [...についての] (長期に及ぶ) 研究, 調査; 学術研究 [*into, on*]: market *research* 市場調査 / medical [scientific] *research* 医学[科学]研究 / I have come to Japan to do [conduct, carry out] some *research on* Japanese literature. 私は日本文学の研究をしに日本に来た / He continued his *researches into* how birds migrate. 彼は鳥がどのように渡りをするかについて研究を続けた.
語法 (1) many や数詞と共には用いない.
(2) 数える場合は two [three, four, ...] pieces of research のように言う: The *two pieces of research* she did in 1990s became famous. 彼女が1990年代に行った2つの研究は有名になった.
2 [形容詞的に] 研究(用)の, 調査の: a *research* student [institute] 研究生[所].
── 動 自 [...を] 研究[調査]する [*into, on*]: They are *researching into* how smoking affects appetite. 彼らは喫煙が食欲にどのような影響を及ぼすかを調べている. ── 他 ...を調査[研究]する.

***re·search·er** [risə́ːrtʃər] 名 C 研究者, 調査員.

***re·sem·blance** [rizémbləns] 名 [...との / ...の間の] U 類似; C 類似点 [*to* / *between*] (↔ difference): bear [have] (a) *resemblance to* ... ...に似ている / There's little *resemblance* among the three brothers. その3人兄弟はあまり似ていない. (▷ 動 resémble)

*****re·sem·ble** [rizémbl]
── 動 (三単現 **re·sem·bles** [~z]; 過去・過分 **re·sem·bled** [~d]; 現分 **re·sem·bling** [~iŋ])
── 他 [通例, 受け身・進行形不可] 〈人・ものなど〉に [...の点で] 似ている [*in*]: She closely *resembles* her sister *in* appearance. 彼女は容姿がお姉さんとそっくりです. (▷ 名 resémblance)

***re·sent** [rizént] 動 他 ...に憤慨する, ...を恨む; [resent + 動名] ...することに憤慨する, ...することをひどく嫌う: She *resented being* treated as a child. 彼女は子供扱いされたことに腹を立てた.

re·sent·ful [rizéntfəl] 形 [...に] 憤慨した, 腹を立てた [*about, at, of*].
re·sent·ful·ly [-fəli] 副 憤慨して, 怒って.

***re·sent·ment** [rizéntmənt] 名 U [...に対する] 憤慨, 憤り(い^*); 恨み [*against, at, toward*]: He doesn't bear any *resentment against* you. 彼はあなたに何の恨みも抱いていない.

***res·er·va·tion** [rèzərvéiʃən] 名 **1** C [しばしば ~s] 〈座席・部屋などの〉予約, 指定 ((主に英)) booking); 指定[予約]席: cancel *reservations* 予約を取り消す / Have you made the flight *reservations* yet? もう飛行機は予約しましたか / All the *reservations* are gone. 指定席は完売です. **2** C U (内心の) 疑い, 心配, 疑念. **3** U C (権利などの) 保留; 【法】留保(権); 制限, 条件, ただし書き. **4** C (米) (先住民の) 特別保留地; 禁猟区.
■ **with reservátion(s)** 条件付きで.
without reservátion(s) 1 無条件で: I can recommend him *without reservation*. 彼は無条件で推薦できます. **2** 遠慮なく, 率直に.
(▷ 動 resérve)

*****re·serve** [rizə́ːrv] 動 名
【「re (再び)+serve (保つ)」から】
── 動 (三単現 **re·serves** [~z]; 過去・過分 **re·served** [~d]; 現分 **re·serv·ing** [~iŋ])
── 他 **1** ...を [...のために] 取っておく, 残しておく [*for*]: *Reserve* your strength *for* the race. レースのために体力を温存しておきなさい / They *reserved* some of the corn to use as seed. 彼らは種として使うためにトウモロコシを少し残した.
2 〈部屋・席・チケットなど〉を予約する, 指定する ((主に英) book): I must *reserve* a room in a hotel. ホテルの部屋を予約しなければならない / Will you *reserve* two seats on the next flight to New York? ニューヨーク行きの次の便に席を2つ予約していただけますか.
3 ((格式)) 〈権利・利益など〉を保有する, 留保する: Everyone *reserves* the right to make up his own mind. だれもが自分自身の意思を決定する権利を持っている / All rights *reserved*. 版権所有 (◇本などに記される).

4 《格式》…をさし控える，見合わせる；延期する: She *reserved* her judgment on the matter. 彼女はその問題についての判断をさし控えた.

— 名 1 [C]《しばしば 〜s》[…の]蓄え, 備え[*of*]; 予備品, 準備金: have great *reserves* of water 大量の水の蓄えがある / a bank's *reserve* 銀行の準備金 / I need to keep a *reserve* [some *reserves*] of money. 私はお金を蓄えておく必要がある. 2 [形容詞的に]予備の, 準備の: a *reserve* tank 予備タンク / *reserve* strength 余力.
3 [U]《格式》慎み, 遠慮. 4 [C] 特別保留地, 禁猟区: a wildlife *reserve* =a *reserve* for wildlife 野生生物保護区. 5 [C]《しばしば the 〜s》【軍】予備軍；【競技】控え[補欠]選手. 6 [C]《英》= resérve price (競売の)売却最低価格 (《米》upset price).

■ *in resérve* 予備の: Do you keep any money *in reserve*? 予備の金を取ってありますか.
withòut resérve 遠慮なく, 腹を割って；無条件で: He told me the truth *without reserve*. 彼は私に腹蔵なく真実を語った. (▷ 名 rèservátion)

*re·served [rizə́ːrvd] 形 1 予約した, 指定の, 貸し切りの (《略語》 res.): *reserved* seats 予約[指定]席. 2 打ち解けない, 遠慮がちな. 3 控えめの.
re·serv·ed·ly [-vidli] (☆ 発音に注意) 副 遠慮して；用心して.
re·serv·ist [rizə́ːrvist] 名 [C] 予備兵, 在郷軍人.
*res·er·voir [rézərvwɑ̀ːr]《フランス》名 [C] 1 貯水池, (貯)水槽, 給水所: a depositing *reservoir* 沈殿池. 2 (万年筆の)インク筒, (ランプの)油つぼ.
3 (知識・富などの)蓄積, 貯蔵；宝庫.
re·set [rìːsét] 動 (三単現 re·sets [-séts]; 過去·過分 re·set; 現分 re·set·ting [〜iŋ]) 他 1 〜を置き直す；〈目盛りを〉セットし直す；〈コンピュータ〉を再起動[リセット]する. 2 〈髪〉をセットし直す.
3 〈骨〉を整復する.
re·set·tle [rìːsétl] 動 (自) 再び定住する, 新しい土地に住む.
— 他 〈人〉を再び定住させる.
re·shuf·fle [rìːʃʌ́fl] 動 他 1 〈人員など〉を入れ替える；〈内閣〉を改造する. 2 【トランプ】〈札〉を切り直す.
— 名 [ríːʃʌ̀fl, rìːʃʌ́fl] [C] 1 (人員の)入れ替え；(内閣の)改造. 2 【トランプ】札の切り直し.
*re·side [rizáid] 動 (自)《格式》 1 [副詞(句)を伴って](ある場所に長期間)住む, 居住する (live)；駐在する: *reside* overseas 海外に住む. 2 (性質・権利などが)[…に]存在する, 属する [*in*]: Sovereignty *resides in* the people. 主権は国民にある.
(▷ 名 résidence; 形 résident, rèsidéntial)
*res·i·dence [rézidəns] 名《格式》 1 [C] 住居 (→ HOUSE [類義語])；(大) 邸宅: the official *residence* 公邸, 官邸 / This is the *residence* of Mr. Y. こちらがYさん宅です. 2 [U] 居住, 滞在；(公務による)駐在；(学寮などへの)在籍；[C] 滞在期間: take [set] up one's *residence* in … …に居住する.

■ *in résidence* (公邸に)居住して；(任地に)駐在して；(寮に)居住して. (▷ 動 reside)
res·i·den·cy [rézidənsi] 名 (複 res·i·den·cies [〜z]) 1 《米》[C] 医療研修期間；[U] 研修医の身分.
2 [U] 居住 (residence).

*res·i·dent [rézidənt] 名 [C] 1 居住者 (cf. inhabitant 定住者): foreign *residents* 在留外国人 / He is a *resident* of Seoul. 彼はソウル在住です. 2《米》(病院住み込みの)研修医. 3 季節的移動をしない鳥 [動物]，留鳥.
— 形 1 《格式》[…に] 居住する；長期滞在する [*in*]: the *resident* population 居住者数 / She is *resident in* Florence. 彼女はフィレンツェに在住です. 2 [通例, 限定用法] 住み込みの；専任の: a *resident* manager (共同住宅などの)住み込み管理人. 3 [コンピュータ] メモリー常駐の(《メモリーの中にあってすぐに引き出せる》). (▷ 動 reside)
*res·i·den·tial [rèzidénʃəl] 形 1 住宅(向き)の: a *residential* area 住宅区域. 2 居住の. 3 宿泊設備のある；住み込みの. (▷ 動 reside)
◆ residéntial cáre [U] 在宅介護.
re·sid·u·al [rizídʒuəl] 形 [限定用法]《格式》 1 残りの, 残余の: *residual* income (税引き後の)手取り収入. 2 【数学】余りの.
— 名 [C] 残余；残りかす, 残留物.
res·i·due [rézidjùː | -djùː] 名 [C] 残り(かす)；【化】残留物；【数学】余り；【法】残余財産.
*re·sign [rizáin] 動 1 〈職·地位などを〉(正式に)辞職[退職]する: He seems to be considering *resigning* his post. 彼は辞職を考えているようだ. 2 〈希望·権利など〉を放棄[断念]する.
3 …を[〜に]任せる, ゆだねる [*to*].
— (自) [地位·職などを] 辞する, 辞職 [退職]する [*from, as*]: The minister *resigned from* office soon. その大臣はほどなく辞職した.

■ *resígn oneself to* … あきらめて …に従う: *Resign yourself to* waiting for another two weeks. あきらめてあと2週間待ちなさい.
(▷ 名 rèsignátion)
*res·ig·na·tion [rèzignéiʃən] 名 1 [U][C] 辞職, 辞任；[C] 辞表: collective *resignation* 総辞職 / hand in [send in, tender] one's *resignation* 辞表を提出する. 2 [U] (権利などの) 放棄, 断念；我慢, あきらめ. (▷ 動 resign)
re·signed [rizáind] 形 あきらめている.
re·sign·ed·ly [rizáinidli] (☆ 発音に注意) 副 あきらめて, 甘んじて.
re·sil·ience [rizíljəns], re·sil·ien·cy [-si] 名 [U] 1 はね返り；弾力, 弾性. 2 活発さ；回復力.
re·sil·ient [rizíljənt] 形 1 はね返る, 弾力のある.
2 すぐに元気を回復する, 立ち直りの早い.
*res·in [rézin] 名 1 [U] 樹脂, 松やに. 2 [C] 合成樹脂 (synthetic resin).
res·in·ous [rézinəs] 形 樹脂(質)の, 松やにの.

*re·sist [rizíst]【「re (再び) + sist (立つ)」から】
— 動 (三単現 re·sists [-zísts]; 過去·過分 re·sist·ed [〜id]; 現分 re·sist·ing [〜iŋ])
— 他 1 [resist + O [動名]] …に […すること に] 抵抗する, 反抗する, 刃向かう: The thief *resisted* arrest. どろぼうは逮捕に抵抗を示した / The students *resisted* the riot police. 学生らは機動隊に抵抗した / The cat *resisted being* caught. その猫は捕まるまいと抵抗した.

2 [resist+O [動名]] [通例, 否定文で] …を[…することを] **我慢する**; 〈誘惑などに〉負けない, 耐える: *resist* temptations 誘惑に耐える / She can't *resist* chocolate. 彼女はチョコレートに目がない / She couldn't *resist* laughing at his words. 彼女は彼の言葉に笑わずにいられなかった.
3 〈化学反応・自然の力などに〉**耐える**, 強い: This metal *resists* rust. この金属はさびない.
—⾃ 抵抗する, 反抗する; [通例, 否定文で] 我慢する, 耐える: I can't *resist* any longer. 私はもうこれ以上我慢できない. (▷ 名 resistance; 形 resistant)

***re·sist·ance** [rizístəns]

—名 (複 **re·sist·anc·es** [～iz]) **1** U [または a ～] […に対する] **抵抗**, 反抗 [*to*]; 武装抵抗; 抵抗力: *resistance to* disease 病気に対する抵抗力 / The criminal gave no *resistance to* the police. 犯人は警察にまったく抵抗しなかった.
2 C/U 反感, 反抗心: His way of doing things aroused *resistance* among his men. 彼のやり方は部下の反感を買った. **3** U [しばしば the R-] (占領軍などへの) 地下抵抗運動 [組織], レジスタンス. **4** U (空気などの) [電気] 抵抗; C 抵抗器: air *resistance* 空気抵抗.

■ *fóllow* [*táke*] *the líne of léast resístance* 最もあたりさわりのない方法をとる. (▷ 動 resíst)

re·sist·ant [rizístənt] 形 […に] 抵抗力のある, 耐える [*to*]. (▷ 動 resíst)
re·sis·tor [rizístər] 名 C 【電気】抵抗器.
***res·o·lute** [rézəlùːt] 形 固く決心した, 断固とした: She is *resolute* in her determination. 彼女の決意は揺るがない. (▷ 動 resólve)
res·o·lute·ly [～li] 副 断固として, きっぱり.

***res·o·lu·tion** [rèzəlúːʃən] 名 **1** C […しようという] 決意, 決心, 決定 [*to do*]: a New Year's *resolution* 新年の抱負 / She made a *resolution* to go on a diet. 彼女はダイエットをしようと決心した. **2** U [ほめ言葉] 不屈 (の精神), 決断力. **3** C […に関する] 決議 (案), 決定, 決議文 [*on*]: pass a *resolution* against [in favor of] … …に反対 [賛成] の決議をする. **4** U (問題などの) 解決, 解答 (solution). **5** U/C 【化】分解, 溶解; (ディスプレイ・レンズなどの) 解像 (度) (像の鮮明度).
(▷ 動 resólve)

***re·solve** [rizálv / -zólv] 動 名

—動 (三単現 **re·solves** [～z]; 過去・過分 **re·solved** [～d]; 現分 **re·solv·ing** [～iŋ])
—他 《格式》**1** [resolve+O] 〈問題などを〉**解決する**, 解く; 〈疑いなどを〉晴らす: *resolve* a crisis 危機を打開する / *resolve* the doubt 疑いを晴らす / Most of the problems were *resolved* at the last meeting. ほとんどの問題は前回の会議で解決された.
2 (a) [resolve+to do] …しようと決心する, 決意する: He has *resolved* to improve his grades this semester. 彼は今学期は成績を上げようと決意した. (b) [resolve+that 節] …ということを決心する: She *resolved that* she would never break the promise. 彼女は決して破るまいと心に誓った. (c) [resolve+疑問詞[句]] …すべきかを決心する: They have *resolved when* and *where* to go. 彼らはいつどこへ行くかを決めた.
3 (a) [resolve+that 節] …ということを決議する, 決定する: The Diet *resolved that* it (should) reject the bill. 国会はその法案を廃案にする決議をした (◇ should を用いるのは《主に英》). (b) [resolve+to do] …することを決議する, 決定する: The union *resolved to* strike for a week. 労働組合は1週間のストライキを決定した.
4 …を […に] 分解する, 分析する; 溶解する [*into*]: *resolve* water *into* hydrogen and oxygen 水を酸素と水素に分解する. **5** 【医】…の症状 [状態] を消散する, 癒(い)す.
—⾃ **1** […を / …に反対することを] 決心する, 決意する; 決議する [*on* / *against*]: You should *resolve on* a course of action at once. あなたはすぐに行動方針を決めるべきです.
2 […に] 分解する [*into*]: What does water *resolve into*? 水は分解して何になりますか.
—名《格式》 **1** C […する] 決心, 決意 [*to do*]: make a *resolve* to go 行くことを決心する.
2 U 決断力. (▷ 名 resolútion; 形 résolute)

re·solved [rizálvd / -zólvd] 形 《叙述用法》《格式》… しようと決心した (determined) [*to do*]: I am firmly *resolved* to do my best. 私は必ずベストをつくします.

res·o·nance [rézənəns] 名 **1** U 響き, 反響 (echo). **2** U 【物理】共鳴 (音), 共振. **3** U/C (作品などの) 余韻.
res·o·nant [rézənənt] 形 **1** (音・声などが) 反響する, よく響く. **2** (壁・部屋などが) 共鳴を起こす. **3** 《叙述用法》 (場所に) 〈音が〉響きわたる [*with*]. **4** 〈記憶・感情などを〉呼び起こす, 思い起こす [*with*].
res·o·nate [rézənèit] 動 ⾃ 共鳴する; 鳴り響く.
res·o·na·tor [rézənèitər] 名 共鳴 [共振] 器.

***re·sort** [rizɔ́ːrt] 名 **1** C 行楽地, 保養地, リゾート (地); 人々がよく行く所: a hot spring *resort* 温泉場 / a holiday *resort* 休日の行楽地. **2** U よく行く [通う] こと; 人出: a place of great *resort* 盛り場. **3** U [しばしば好ましくない手段に] 訴える [頼る] こと [*to*]; C 訴える手段, 頼りになるもの [人]: have *resort to* law 法に訴える / without *resort to* force 暴力に頼ることなく.

■ *as a* [*the*] *lást resórt* = *in the lást resórt* 最後の手段として, いざとなったら.
—動 **1** […に] しばしば行く, 通う [*to*].
2 […に] 頼る, 訴える [*to*].

re·sound [rizáund] 動 ⾃ **1** (音声・楽器などが) 鳴り響く: The laughter *resounded* around the hall. 笑い声があたりに響きわたった. **2** (場所が) 〈音で〉共鳴する [*with*].
re·sound·ing [rizáundiŋ] 形 《限定用法》 **1** 反響する, 響きわたる. **2** (成功などが) すばらしい.
re·sound·ing·ly [～li] 副 響いて; すばらしく.

***re·source** [ríːsɔːrs / rizɔ́ːs, -sɔ́ːs]

—名 (複 **re·sourc·es** [～iz]) **1** C [通例～s] **資源**; 資金, 財源, 資産: financial *resource*(*s*)

資力, 財源 / energy *resources* エネルギー資源 / human *resources* 人的資源, 人材 / Japan is poor in natural *resources*. 日本は天然資源に乏しい.

|コロケーション| 資源［資産］を…
- 資源を開発する: ***develop** resources*
- 資産を出し合う: ***pool** one's resources*
- 資源を使い果たす: ***exhaust** resources*
- 資源を浪費する: ***waste** resources*

2 ©（まさかのときの）手段, 方策, 頼み；資料: at the end of one's *resources* 万策つきて / a *resource* room 資料室 / That is our last *resource*. それが私たちの最後の手段です.
3 ⓤ《格式》機知, 機転: a person of *resource* 臨機応変の才がある人. **4** © 暇つぶし, 娯楽.

■ *léave ... to ...'s ówn résources*〈人〉に好きなように［勝手に］させる.

re·source·ful [risɔ́ːrsfəl / -zɔ́ːs-, -sɔ́ːs-] 形《ほめ言葉》機知に富む, 機転の利く (smart).
re·source·ful·ness [~nəs] 名 ⓤ 機転が利くこと, 臨機応変.

*****re·spect** [rispékt]
動 ⓗ 【基本的意味は「…を尊敬する (have a high opinion of ...)」】

— 動（三単現 **re·spects** [-spékts]; 過去・過分 **re·spect·ed** [~id]; 現分 **re·spect·ing** [~iŋ]）
— ⓗ **1**〈人〉を［…のことで］**尊敬する**, 敬う [*for*]: *respect* oneself 自尊心がある / I deeply *respect* Lincoln. 私はリンカーンを深く尊敬しています / I *respect* you *for* your courage. あなたの勇気には敬意を表します.

2 …を尊重する, 重んじる: *respect* the right of the individual 個人の権利を尊重する / You should *respect* the privacy of others. 他人のプライバシーは尊重しなくてはならない.

— 名（複 **re·spects** [-spékts]）**1** ⓤ［…への］**尊敬**, 敬意 [*for, to*]: I have *respect* for my mother. 私は母を尊敬している / The new teacher won the *respect* of his students. 新任の教師は生徒から尊敬されるようになった.

2 ⓤ［…に対する］尊重, 敬意, 配慮 [*for, to*]: You should have a little more *respect* for his feelings. あなたは彼の気持ちをもう少し尊重すべきだ / We must pay *respect* to the environment. 私たちは環境を大切にしなければならない.

3 ©［~s］《格式》（丁寧な）あいさつの言葉: Give my *respects* to your father. お父様によろしくお伝えください / My mother sends you her *respects*. 母があなたによろしくと申しております.

4 © 点, 箇所 (point): in every *respect* あらゆる点で, どこから見ても / in many [some] *respects* 多く［いくつか］の点で / She is in no *respect* biased against foreigners. 彼女は外国人に対してまったく偏見がない.

■ *in respéct of ...* **1** = with respect to ... (↓). **2** …の支払いとして.
withòut respéct to ... …を顧慮せずに, …にかかわりなく.
with respéct to ... 《格式》…に関して（言えば）.

re·spect·a·bil·i·ty [rispèktəbíləti] 名 ⓤ（社会的に）きちんとしていること；世間体, 体面.

re·spect·a·ble [rispéktəbl] 形 **1**（社会的に）きちんとした, 堅気の（◇「尊敬に値する」という積極的な意は薄い）；上品ぶった, 世間体を気にする: a *respectable* middle-class family 申し分のない中流家庭. **2**（服装・身なりが）きちんとした: a *respectable* suit of clothes 見苦しくない服装. **3**（口語）（量・質・大きさなどが）かなりの, 相当の；それなりの, まずまずの: He earns a *respectable* income. 彼はかなりの収入を得ている.

re·spect·a·bly [rispéktəbli] 副 きちんとして, 見苦しくなく, 立派に. **2** かなり, 相当に.

***re·spect·ful** [rispéktfəl] 形 […に］尊敬の念を抱いている, 敬意を表する [*to, toward*]；丁寧な, 礼儀正しい: *respectful* behavior 丁重なふるまい.

re·spect·ful·ly [rispéktfəli] 副 うやうやしく, 丁重に.

re·spect·ing [rispéktiŋ] 前《格式》…について(は), …に関して (concerning).

***re·spec·tive** [rispéktiv] 形［限定用法；通例, 名詞の複数形と共に用いて］各自の, それぞれ［めいめい］の: The kids went back to their *respective* homes. 子供たちは各自の家へ帰った.

***re·spec·tive·ly** [rispéktivli] 副［通例, 文尾で］それぞれ(に), めいめい(に), 別々に: Tom and John study Chinese and Japanese respectively. トムとジョンはそれぞれ中国語, 日本語を勉強している.

res·pi·ra·tion [rèspəréiʃən] 名 ⓤ 呼吸；©ひと呼吸, ひと息: artificial *respiration* 人工呼吸.

res·pi·ra·tor [réspərèitər] 名 © **1**（ガーゼの）マスク；防毒マスク. **2** 人工呼吸器［装置］.

res·pi·ra·to·ry [réspərətɔ̀ːri / rispírətəri] 形 〖医〗呼吸の（ための）；呼吸器の.

res·pite [réspət / -pait] 名 ⓤ© ［通例, 単数形で］**1** 一時的中止, 休止；［苦しい仕事などからの］中休み, 休息（期間）[*from*]. **2**（義務・支払いなどの）猶予, 延期；〖法〗刑の執行猶予.

re·splen·dent [rispléndənt] 形《格式》輝く, きらびやかな；華麗な, (音楽などが) すばらしい.
re·splen·dent·ly [~li] 副 輝いて；華麗に.

***re·spond** [rispánd / -spɔ́nd] 動 ⓘ **1** […に] 答える, 応答する, 返答する [*to*]（→ ANSWER 類義語）: She hasn't *responded* to my letter yet. 彼女はまだ私の手紙に返事をくれない. **2** […に対して / …で］応じる, 反応する [*to / with, by*]: It is said that plants *respond* to music. 植物は音楽に反応すると言われている. **3**（病人・病気などが）［治療などに］好反応を示す；効果が現れる [*to*]: The patient *responded* to the treatment. 患者に治療効果が現れた. **4** 〖宗教〗（牧師に）応唱する.
— ⓗ ［…であると］答える [*that* 節].
（▷ 名 respónse; 形 respónsive）

re·spond·ent [rispándənt / -spɔ́nd-] 名 © **1**《格式》（アンケートなどの）回答者. **2** 〖法〗（特に離婚訴訟の）被告.
— 形 〖法〗被告の立場の；〖心理〗反応を示す.

****re·sponse** [rispáns / -spɔ́ns]
— 名（複 **re·spons·es** [~iz]）**1** ©［…への］応答, 返答 (answer) [*to*]: He made no *response*

responsibility

to my question. 彼は私の質問に何も答えなかった / Have you received a *response* from the school? 学校から返事がありましたか.
2 ⓊⒸ 反応, 感応, 反響 (↔ stimulus): conditioned *response* 条件反射 / A stimulus causes a *response*. 刺激は反応を引き起こす.
3 Ⓒ [通例 ~s]『宗教』答唱, 応答文 [聖歌].
■ **in respónse to ...** …に応じて, 答えて.
(▷ 動 respónd)

***re·spon·si·bil·i·ty

[rispὰnsəbíləti / -spɔ̀n-]

— 名 (複 **re·spon·si·bil·i·ties** [~z]) **1** Ⓤ […に対する] 責任, 責務, 義務 [*for*, *to*, *of*]: the ultimate *responsibility* 最終責任 / have a [no] sense of *responsibility* 責任感がある [ない] / We should take full *responsibility* for our behavior. 自分の行動はその全責任を自分で負わなければならない.

コロケーション 責任を…
責任を転嫁する: **shift** responsibility
責任をとる: **take [assume]** responsibility
責任を逃れる: **avoid** responsibility
責任を果たす: **exercise** responsibility

2 Ⓒ [複数形で] […にとっての] (個々の) 職責, 職務, 責務, 負担 [*for*, *to*]: heavy *responsibilities* 重責 / The dog is his *responsibility*. 犬の世話は彼の仕事です. **3** Ⓤ 信頼度; 《米》支払い能力.
■ **on one's ówn responsibílity** 自分の責任で, 独断で.
(▷ 形 respónsible)

***re·spon·si·ble

[rispάnsəbl / -spɔ́n-]

— 形 **1** [比較なし; 叙述用法] [人に対して / 物事に対して] 責任がある [*to* / *for*]; [人の] 監督下にある [*to*]: You are *responsible* for keeping this room clean. この部屋をきれいにしておくのはあなたの責任です / The recruits are *responsible* to their superiors. 新入社員は上司の監督下にある / We are *responsible* to the population *for* the safety of nuclear energy. 私たちは原子力の安全に関して住民に責任がある.
2 [比較なし; 叙述用法] 《主に米》[…の] 原因である [*for*]: Want of sleep is *responsible for* many car accidents. 睡眠不足が多くの自動車事故の原因である / Drinking too much may be *responsible for* many cases of liver trouble. 肝臓障害の多くは酒の飲みすぎが原因であると言ってよい. **3** 信頼できる; 責任のとれる, 善悪の判断ができる: a *responsible* person 信頼できる人物.
4 [限定用法] (地位などが) 責任の重い: a *responsible* job [position] 責任ある仕事 [地位].

re·spon·si·bly [rispάnsəbli / -spɔ́n-] 副 責任を持って, 確実に.

re·spon·sive [rispάnsiv / -spɔ́n-] 形 **1** […に] 反応する; 反応の速い, 敏感な, のみ込みの早い [*to*]. **2** 答える, 応答する. (▷ 動 respónd)

***rest¹

[rést]
名 動

— 名 (複 **rests** [résts]) **1** ⓊⒸ 休み, 休息, 休憩; 睡眠: Did you have [take] a good *rest*? 十分休みましたか / I'm getting plenty of *rest*. 休息はたっぷりとっています / The doctor told me to get a good night's *rest*. 医師は私にひと晩ぐっすり眠りなさいと言った.
2 ⓊⒸ 安静, 平穏; [不安などからの] 解放 [*from*]: You need a *rest from* all these troubles. あなたはこうした心配事から解放される必要がある.
3 Ⓤ [時に a ~] (機械などの) 停止, 静止. **4** Ⓒ [しばしば複合語を作って] (ものを載せる) 台, 支え: an arm*rest* ひじ掛け. **5** Ⓒ 『音楽』休止, 休止符.
■ **at rést** 休息して; 静止して.
cóme to rést 止まる, 停止する.
gíve ... a rést 《口語》…をやめる: *Give* it *a rest*, will you? それをやめてくれないか.
láy ... to rést **1** 〈不安・うわさなど〉を静める.
2 〈腕曲〉〈遺体〉を埋葬する.
pùt [sèt] ...'s mínd at rést 〈人〉を安心させる.

— 動 (三単現 **rests** [résts]; 過去・過分 **rest·ed** [~id]; 現分 **rest·ing** [~iŋ])

— 圁 **1** 休む, 休憩する, 休息する; 眠る: I *rested* for half an hour after lunch. 私は昼食後30分休憩した / You had better go home and *rest*. 家に帰って休んだほうがいいですよ.
2 […に] 基づく; […を] あてにする [*on*, *upon*]: His argument *rests on* no evidence. 彼の議論は証拠に基づいていない / You can *rest on* his words. 彼の言うことはあてにできる.
3 [格式] […に] かかっている, […] 次第である [*with*, *on*, *upon*]: Whether you will pass the exam or not *rests on* your efforts. 試験に受かるかどうかはあなたの努力次第です / The decision *rests with* her. 決めるのは彼女です.
4 […に] 載っている, 支えられている [*on*, *upon*]; […に] もたれる [*against*]: His hands *rested on* the table. 彼は手をテーブルについていた / A framed picture *rested against* the wall. 額入りの絵が壁に立てかけてあった.
5 止まる, 停止する; (議論・問題などが) そのままにされる, 保留される: The ball *rested* on the edge of the green. ボールはグリーンのふちで止まった.
6 [否定文で] 安心している, 落ち着いている: We'll never *rest* until the criminal is arrested. 犯人が捕まるまで私たちは心安まることはない.
7 (視線などが) […に] 注がれる, とまる [*on*, *upon*]: His eyes *rested on* the flat water ahead of him. 彼の視線は前方の平らな水面に注がれた.
8 〈腕曲〉永眠する, 埋葬されている: May he *rest* in peace. 彼が安らかに眠りますように (◇墓碑銘には R.I.P. と記す).
9 (土地・農地が) 遊んでいる, 休耕中である.

— 囮 **1** …を休ませる, 休息させる, 休養させる: *rest* oneself 休息する / Let's relax and *rest* our feet [eyes]. リラックスして足 [目] を休めよう.
2 …を […に] 基づかせる; 頼らせる [*on*, *upon*]: *rest* a theory *on* a set of experiments 一連の実験に基づいて理論を立てる.
3 […に] 〈期待・信頼・自信など〉を寄せる [*on*]: They *rested* their hope *on* their son. 彼らは息子に希望をかけた. **4** 〈もの〉を […に] 置く, 載せる [*on*,

upon]; [...に]立てかける [against]: She rested her head *on* her mother's shoulder. 彼女は頭を母親の肩にもたせかけた / *Rest* the broom *against* the fence. ほうきを塀に立てかけておきなさい. **5** …をやめる, 停止させる; 《法》〈弁論〉を終える. **6**〈視線などが〉[...に]向かう [on, upon]. **7**《スポーツ》〈チームから〉一時的に外される.

■ **rést assúred (that ...)** [通例, 命令文で](...であるので)安心する: *Rest assured that* I will pick you up at the airport. 私が空港まで迎えに行きますのでご安心ください.

‡**rest**² [rést]

— 图 [the ～] **1** 残り: Mr. Brown lived in Japan for the *rest* of his life. ブラウン氏は余生を日本で過ごした / Keep the *rest* for yourself. 残り[おつり]は取っておきなさい. **2** [複数扱い] 残りの人々[もの], 他の人たち: Five of them went out, and the *rest* stayed home. 彼らのうち5人は出かけ, 残りは家にいた / Keep the *rest* of eggs in the basket. 残った卵はかごの中に入れておきなさい.

■ **and the rést = and áll the rést of it** そのほか, などなど.

for the rést そのほかのことについては.

re·state [rìːstéit] 動 他 を再び述べる; 言い直す.
re·state·ment [rìːstéitmənt] 图 C|U 言い直し; 再陳述.

‡**res·tau·rant** [réstərənt, -ràːnt / réstrɔnt] 【フランス】

— 图 (複 **res·tau·rants** [-rənts, -ràːnts / -rɔnts]) C レストラン, 食堂, 料理店: a Chinese [French] *restaurant* 中華[フランス]料理店 / run [manage] a *restaurant* レストランを経営する / a fast-food *restaurant* ファーストフード店.
◆ réstaurant càr C《英》食堂車 (dining car).
res·tau·ra·teur [rèstərətə́ːr] 【フランス】 图 C 料理店経営者[支配人].
rest·ed [réstid] 形〔叙述用法〕元気を取り戻した.
rest·ful [réstfəl] 形 安らかな, 平穏な; 休息を与える (→ COMFORTABLE 類義語).

rest·ful·ly [-fəli] 副 安らかに, 平穏に.
res·ti·tu·tion [rèstitjúːʃən / -tjúː-] 图 U《格式》[正当な所有者への]返却, 返還 [*to*]; 損害賠償.
res·tive [réstiv] 形 **1** 反抗的な; (馬などが)前進しようとしない. **2** 落ち着きのない (restless).
res·tive·ly [～li] 副 反抗的に; 落ち着きなく.

‡**rest·less** [réstləs] 形 **1** 落ち着きのない, そわそわした: The child grew *restless* in a little while. 子供はすぐにそわそわし始めた. **2** 絶え間ない, (少しも)停止しない. **3** [限定用法] 休めない, 休息のない, 眠れない: spend a *restless* night 眠れぬ夜を過ごす.

rest·less·ly [～li] 副 落ち着きなく, 休まずに.
rest·less·ness [～nəs] 图 U 落ち着きのなさ; 不安.
re·stock [rìːsták / -stɔ́k] 動 他 に [...で] 新たに補充する [*with*]. — 自 新たに補充する.

*****re·sto·ra·tion** [rèstəréiʃən] 图 **1** U 元へ戻す[戻る] こと, 回復, 復旧; 復元: one's *restoration* to health 健康の回復. **2** C 復活[復元]したもの, 修復した建築物[美術品]. **3** U 復職, 復位; [the R-]《英史》王政復古 《1660年のチャールズ2世の復位》; 維新: the Meiji *Restoration* 明治維新. **4** U 返還. (▷ 動 restóre)

re·stor·a·tive [ristɔ́ːrətiv] 形《薬・食べ物などが》元気[健康, 体力]を回復させる.
— 图 C 気付け薬; 強壮剤. (▷ 動 restóre)

‡**re·store** [ristɔ́ːr] 動 他 **1**〈秩序・健康など〉を回復する, 元に戻す; 〈昔の習慣など〉を復活させる: *restore* order 秩序を回復する. **2**〈人・もの〉を [元の状態に] 戻す; 〈人〉を [元の地位などに] 復帰[復職] させる [*to*]: Once something has been broken, it cannot be *restored to* its former state. ものはいったん壊れたら元に戻せない. **3**〈古い建物・絵画など〉を修復する, 復元する: *restore* an old pagoda 古い仏塔を修復する. **4**《格式》〈なくしたものなど〉を[人・場所へ] 返す, 返却する [*to*]. (▷ 图 rèstorátion; 形 restórative)

re·stor·er [ristɔ́ːrər] 图 C 元へ戻す人[もの]; (美術品などを)修復する人.
re·strain [ristréin] 動 他 **1**〈感情・行為など〉を抑える, 抑制する; 〈人〉に [...を] 禁じる, [...] させないようにする [*from*]: She couldn't *restrain* her laughter. 彼女は声を上げて笑わずにはいられなかった / I had to *restrain* myself *from* hitting him. 私は彼を殴らないように自制しなければならなかった. **2** …を拘束する, 束縛する; 監禁する. **3**《シートベルトで》〈体〉を固定する. (▷ 图 restráint)
re·strained [ristréind] 形 控えめな, 自制した; (表現などが)誇張されていない, おとなしい.

*****re·straint** [ristréint] 图 **1** U|C […の] 抑制, 制止; 制限; 禁止 [*on*]: without *restraint* 制限なく, のびのびと, 遠慮なく / impose *restraint on* the expenditure 支出を抑制する. **2** U《格式》拘束, 束縛; C 拘束[束縛]するもの. **3** U 遠慮, 気兼ね; 自制, 慎み. **4** U 控えめな表現.

■ **in restráint of ...** …を抑えて, 抑制して.
ùnder restráint 束縛されて, 拘束されて.
(▷ 動 restráin)

‡**re·strict** [ristríkt] 動 他 **1** …を[...に]制限する, 限定する (confine) [*to*]; 禁止する, 制止する: *restrict* the sales of alcohol 酒類の販売を制限する. **2**〈人・もの〉を[...から]拘束する [*from*]. (▷ 图 restriction; 形 restríctive)

re·strict·ed [ristríktid] 形 **1** […に] 制限された, 制限された [*to*]. **2**《米》《映画が》準成人向きの (《記号》R; → FILM 表). **3** 立入制限された.

*****re·stric·tion** [ristríkʃən]

— 图 (複 **re·stric·tions** [～z]) **1** C|U [通例 ～s] 制限 [限定] するもの, [...に関する] 制限条件 [*on*]; 制限 [place] *restrictions on* foreign trade 外国貿易に制限を加える / lift *restrictions* 制限を解除[撤廃]する / currency *restrictions* 通貨持ち出し制限 / The club has rigid *restrictions on* its membership. そのクラブは会員になる資格条件が厳しい. **2** U [...に対する] 制限, 限定 [*against*]: without *restriction* 無制限に, 自由に / *restriction against* importing weapons

武器輸入に対する制限． (▷ 動 restrict)
re·stric·tive [rɪstríktɪv] 形 制限する，限定する；【文法】制限的な． (▷ 動 restrict)
◆ restrictive úse U【文法】(関係代名詞・関係副詞の)制限用法 (→ RELATIVE 文法).

rest·room [réstrùːm] 名 C 《米》(レストラン・劇場などの)トイレ，化粧室 (➡ DEPARTMENT [PICTURE BOX]).

*****re·struc·ture** [rìːstrʌ́ktʃər] 動 他〈組織・構造など〉を再編成[再構築]する，改造する．

re·struc·tur·ing [rìːstrʌ́ktʃərɪŋ] 名 U [または a ～]〈組織・構造などの〉再編成，再構築；リストラ．

＊＊＊re·sult [rɪzʌ́lt]
名 動【原義は「はね返ること」】
— 名 (複 re·sults [-zʌ́lts]) **1** C U 結果，成果，成り行き (↔ cause) (→ 類義語): His illness is a *result* of overwork. 彼の病気は過労の結果です / No-car-day campaign led to no *results*. ノーカーデー運動は何の成果も上げられなかった．
2 C [しばしば 〜s] (試験・競技などの)成績，結果: The *results* of my final exams were very good. 私の期末試験の成績はとてもよかった / The *result* of the game was a draw. その試合の結果は引き分けだった． **3** C (計算の)結果，答え．

■ **as a resúlt** その結果として: It snowed hard yesterday. *As a result*, the final was postponed. きのうは雪が激しく降った．そのため決勝戦は延期された．

as a resúlt of ... …の結果として: *As a result of* the road accident, six people died. その交通事故のせいで6人が亡くなった．

without resúlt むだに，むなしく．

with the resúlt that ... その結果…となって: I got up late, *with the result that* I missed the train. 私は寝坊したので電車に乗り損ねた．

— 動 自 **1** […から](結果として)生じる，起こる [from]: War can *result from* a slight misunderstanding. 戦争はちょっとした誤解から起こることがある． **2** […に]なる，終わる [in]: The road works *resulted in* a traffic jam. 道路工事のために交通渋滞が生じた．

類義語 result, consequence, effect, outcome, issue
共通する意味▶結果 (an event or a condition produced by a cause)
result は「結果」を表す最も一般的な語: the *results* of the examination 試験の結果 / The accident was the *result* of carelessness. その事故は不注意の結果だった． **consequence** は「長い過程を経たあとの結果」を表す: As a *consequence* of his apathetic lifestyle, he lost his popularity. 無気力な生活の結果，彼は人望を失った． **effect** は「原因から直接生じる影響，結果」を表す: Her disease was the *effect* of overwork. 彼女の病気は過労が原因だった． **outcome** は「結果として生じる事態」を表す: The *outcome* of nuclear war will be the total destruction of humankind. 核戦争の結末は人類の全滅であろう．

issue はある問題の「解決・決着となる結果」を表す: This new evidence will bring the case to an *issue*. この新しい証拠で事件の決着がつく．

---

re·sult·ant [rɪzʌ́ltənt] 形 [限定用法]《格式》結果として生じる[生じた]．

‡**re·sume** [rɪzjúːm / -zjúːm] 動《格式》他
1〈中断したこと〉を再び始める，再開する: The panelists *resumed* their discussion. パネリストは討論を再開した． **2** …を取り戻す；〈元の席・地位など〉を再び占める: *resume* one's freedom (監禁後に)自由を回復する / *Resume* your seat, please. 席にお戻りください． — 自 再開する: Peace negotiations [talks] *resumed*. 和平交渉が再開された． (▷ 名 resúmption)

***ré·su·mé** [rézəmèɪ / -zju-] 《フランス》名 C
1 要約，概要，レジュメ．
2 《米》履歴書 (《英》curriculum vitae).

re·sump·tion [rɪzʌ́mpʃən] 名 U《格式》再開，続行；取り戻すこと，回収，回復． (▷ 動 resúme)

re·sur·face [rìːsə́ːrfəs] 動 他 …の表面を新しくする；〈道路〉を再舗装する．
— 自 (潜水艦が)再び浮上する；再び(表に)姿を現す．

re·sur·gence [rɪsə́ːrdʒəns] 名 U [または a 〜]《格式》復活；再起．

re·sur·gent [rɪsə́ːrdʒənt] 形《格式》(思想・活動などが)復活した，再起した；生き返る．

res·ur·rect [rèzərékt] 動 他 **1**〈すたれたものなど〉を復活[復興]させる． **2**〈死者〉を生き返らせる．

***res·ur·rec·tion** [rèzərékʃən] 名 **1** U 復活，復興，再流行． **2** [the R-] キリストの復活(最後の審判の日の)万人の復活． **3** U 蘇生(☆)．

re·sus·ci·tate [rɪsʌ́sɪtèɪt] 動 他 **1** (人工呼吸などで) …を蘇生(☆)させる． **2** …を復活させる．

re·sus·ci·ta·tion [rɪsʌ̀sɪtéɪʃən] 名 U **1** 生き返り，蘇生(☆)． **2** 復活，復興．

‡**re·tail** [ríːteɪl] 名 U 小売り (↔ wholesale); [形容詞的に]小売りの: a *retail* price 小売価．

■ **at rétail** 《英》**by rétail** 小売りで．
— 副 小売り(値)で: sell *retail* 小売りする．
— 動 他 **1** …を小売りする． **2** [rɪtéɪl]《格式》〈話・うわさなど〉を受け売りする，言いふらす: *retail* gossip うわさ話を言いふらす．
— 自 小売りされる: This pen *retails* at [for] 5 dollars. このペンの小売値は5ドルです．

***re·tail·er** [ríːteɪlər] 名 C 小売商，小売業者 (↔ wholesaler).

‡**re·tain** [rɪtéɪn] 動 他《格式》**1** …を保つ，保持する；持ち続ける: *retain* one's dignity 威厳を保つ． **2** …を記憶している，覚えている． **3**〈弁護士など〉をかかえる，雇う． (▷ 名 reténtion; 形 reténtive)

re·tain·er [rɪtéɪnər] 名 C **1**【法】(貸室などの)使用権確保料，弁護依頼料 (retaining fee).
2 保持者，保留者． **3**《古》家臣，従者．

re·take [rìːtéɪk] 動(三単現 re·takes [〜s]; 過去 re·took [-tʊ́k]; 過分 re·tak·en [-téɪkən]; 現分 re·tak·ing [〜ɪŋ]) 他 **1** …を取り返す，奪還する． **2** …を再受験する．
3〈映画など〉を撮影し直す．
— 名 [ríːteɪk] C **1**《英》再受験(者)． **2** (映画

re·tal·i·ate [ritǽlièit] 動(自)〖人などに〗仕返しする〖against〗;〖行為などに〗報復する〖for〗: *retaliate for* an insult 侮辱に仕返しする.

re·tal·i·a·tion [ritæliéiʃən]名U 報復, 仕返し: in *retaliation* for ... …に対する報復として.

re·tal·i·a·to·ry [ritǽliətɔ̀ːri / -təri]形《格式》報復的な, 仕返しの, 復讐(ふくしゅう)心の強い.

re·tard [ritáːrd] 動(他)《格式》…を遅らせる;〈成長・進行など〉を妨げる: The serious illness *retarded* the growth of the child. 重い病気が子供の成長を遅らせた.
— 名 [ríːtɑːrd]C《軽蔑》知恵遅れ.

re·tar·da·tion [rìːtɑːrdéiʃən]名 1 UC《格式》(学習・発育などの)遅れ, 遅滞;〖心理〗精神遅滞. 2 U 妨害; C 妨害[障害]物.

re·tard·ed [ritáːrdid]形 知能[発育]の遅れた.

retch [rétʃ]動(自) むかつく, 吐き気がする, 吐く.

re·tell [rìːtél]動(他)(三単現 **re·tells** [~z]; 過去・過分 **re·told** [-tóuld]; 現分 **re·tell·ing** [~iŋ])〈話〉を(別の言葉で)言い換える, 書き[語り]直す: a story *retold* for children 子供向けに書き直した物語.

re·ten·tion [riténʃən]名U 1《格式》保有, 保持; 維持. 2 記憶(力).（▷ 動 retáin）

re·ten·tive [riténtiv]形 1《格式》保有[保持]力の強い. 2 記憶力のよい.（▷ 動 retáin）

re·think [rìːθíŋk](☆ 名 とのアクセントの違いに注意) 動(三単現 **re·thinks** [~s]; 過去・過分 **re·thought** [-θɔ́ːt]; 現分 **re·think·ing** [~iŋ])他(自)(…を)考え直す, 再検討する.
— 名 [ríːθiŋk]C〖または a ~〗再考, 再検討.

ret·i·cence [rétisəns]名U 無口, 寡黙(かもく).

ret·i·cent [rétisənt]形 無口な,〖…について〗多くを語らない〖about, on〗.

ret·i·na [rétənə]名(複 **ret·i·nas** [~z], **ret·i·nae** [-nìː])C〖解剖〗(目の)網膜.

ret·i·nue [rétənjùː / -njùː]名C〖集合的に〗(高官・要人などの)随行員, お供, 従者.

***re·tire** [ritáiər]
【原義は「引く, 退く」】
— 動 (三単現 **re·tires** [~z]; 過去・過分 **re·tired** [~d]; 現分 **re·tir·ing** [-táiəriŋ])
— 自 1〖…から〗(定年で)退職する, 引退する〖from〗: My father *retired* at the age of sixty. 私の父は60歳で退職した / The tennis player *retired from* competitive games. そのテニス選手はトーナメント試合から引退した. 2《格式》〖…から / …へ〗引く, 退く〖from / to〗;(海岸線などが)引っ込む: She often *retires* to the country on weekends. 彼女は週末はよく田舎に引っ込む / The applicant *retired from* the room after the interview. 応募者は面接のあと部屋から退出した.
3《格式》(軍隊が)〖…に〗後退する, 撤退する〖to〗. 4〖スポーツ〗(試合・レースなどから)途中で棄権する〖from〗. 5《文語》寝る, 床につく.
— 他 1〖しばしば受け身で〗…を退職させる, 引退させる: I *was retired* at the age of sixty-eight. 私は68歳で退職になった.
2〖スポーツ〗…を退かせる;〈軍〉を〖…から〗撤退[後退]させる〖from〗. 3〖野球〗〈打者〉をアウトにする.

re·tired [ritáiərd]形 退職[引退]した; 退職者の.

re·tir·ee [ritàiəríː]名C《米》退職者.

***re·tire·ment** [ritáiərmənt]名 1 UC 退職, 引退, 退役: the *retirement* pension [age] 退職年金[年齢]. 2 U〖退職〗後の生活; 隠居: go into *retirement* 隠居する.
◆ retírement hòme C 老人ホーム.

re·tir·ing [ritáiəriŋ]形 1 内気な, 引っ込みがちの; 遠慮深い. 2〖限定用法〗退職(者)の, 引退の: the *retiring* age 定年.

***re·tort** [ritɔ́ːrt]動(他)〖…と〗言い返す, 口答えする, 反論する〖that節〗. — 自〖…に〗言い返す, 口答えする〖on, upon〗. — 名 C 口答え, しっぺ返し.

re·touch [rìːtʌ́tʃ]動(他)〈写真・文章など〉に手を入れる, 修正する, 加筆する.

re·trace [ritréis, rìː-]動(他) 1〈道など〉を引き返す, 後戻りする, たどり直す: *retrace* one's steps [way] 来た道を引き返す; やり直す. 2 …をさかのぼって調べる, …の起源を尋ねる.

re·tract [ritrǽkt]動(他) 1〈舌・つめなど〉を引っ込める, 縮める. 2〈前言など〉を取り消す, 撤回する.
— 自 1 引っ込む, 縮む. 2 取り消す, 撤回する.

re·tract·a·ble [ritrǽktəbl]形 1〈車輪などが〉格納式の. 2〈前言などが〉取り消せる, 撤回できる.

re·trac·tion [ritrǽkʃən]名 1 C〈前言などの〉取り消し, 撤回. 2 U〈つめなどを〉引っ込めること.

re·tread [rìːtréd]名 C 再生タイヤ(recap).

***re·treat** [ritríːt]動(自) 1〖…から〗退却する; 退く〖from〗(↔ advance): The army was forced to *retreat*. 軍は退却を余儀なくされた. 2 手を引く, やめる;〖…へ〗引きこもる〖to, into〗: *retreat into* silence 黙り込む.
— 名 1 CU〖…からの〗退却, 後退; 避難〖from〗; 〖the ~〗退却の合図: in full *retreat* 敗走して, 総退却して / make a *retreat from* ... …から退却する. 2 C 休養の場所, 隠れ家, 避難所.
■ béat a retréat 急いで逃げる;(事業などから)さっと手を引く.
máke góod one's retréat うまく逃げる.

re·trench [ritréntʃ]動(自)《格式》節約する.

re·trench·ment [ritréntʃmənt]名CU《格式》短縮, 縮少;(経費などの)節減, 節約.

re·tri·al [rìːtráiəl]名 CC〖法〗再審; 再試験.

ret·ri·bu·tion [rètribjúːʃən]名U〖または a ~〗(当然の)報い, 応報; 懲罰, 天罰.

re·triev·al [ritríːvəl]名U 1 回復, 挽回(ばんかい); 修正, 修繕: beyond [past] *retrieval* 回復の見込みがない. 2〖コンピュータ〗(情報の)検索.

re·trieve [ritríːv]動(他) 1 …を〖…から〗取り戻す, 回収する〖from〗. 2 …を回復[復旧]する;〈損失など〉を償う;〈誤りなど〉を訂正する: *retrieve* one's temper 機嫌を直す. 3 …を取り上げる(pick up). 4 …を思い出す. 5〖コンピュータ〗〈情報〉を検索する. 6 …を救う, 更生させる: *retrieve* oneself 更生する. 7 (猟犬などが)〈獲物〉を取って来る.
— 自(猟犬などが)獲物を取って来る.

re·triev·er [ritríːvər]名C 1 取り戻す人. 2 レトリーバー(獲物を取って来るように訓練された

ret·ro [rétrou] 形 (服装などが) レトロ [懐古調] の.
ret·ro- [retrə, retrou] 接頭 「後方へ」「逆に」「元へ」などの意を表す: *retrogress* 後退する.
ret·ro·ac·tive [rètrəæktiv] 形 《格式》(法規などが) 過去にさかのぼって有効な, 遡及る(きゅう)する.
ret·ro·grade [rétrəgrèid] 形 《格式》**1** 後戻りの, 後退する; (順序が) 逆の. **2** 退歩 [退化] する.
ret·ro·gress [rètrəgrés] 動 ⾃ 《格式》後退 [逆行] する; 退化する; 衰退する.
ret·ro·gres·sion [rètrəgréʃən] 名 《格式》U 後退, 逆行; 『生物』退化, 退歩; 『天文』逆行運動.
ret·ro·gres·sive [rètrəgrésiv] 形 《格式》(悪い状況に) 逆戻りする, 後退する; 退化する.
ret·ro·rock·et [rétrourɑ̀kit / -rɔ̀k-] 名 C 逆推進ロケット.
ret·ro·spect [rétrəspèkt] 名 U 回顧, 追想, 追憶: in *retrospect* 振り返ってみると.
ret·ro·spec·tion [rètrəspékʃən] 名 U 《格式》回顧, 追想.
ret·ro·spec·tive [rètrəspéktiv] 形 **1** 回顧 [追憶] の, 過去を振り返る. **2** 『法』遡及する(きゅう)する (retroactive). ━名 C (画家などの) 回顧展.
ret·ro·spec·tive·ly [~li] 副 過去を振り返って.

***re·turn [ritə́ːrn] 動 名 形
【「re (元の場所に) + turn (戻る)」から】
━⾃ (三単現 **re·turns** [~z]; 過去・過分 **re·turned** [~d]; 現分 **re·turn·ing** [~iŋ])
━⾃ **1** [元の場所に / …から] 帰る, 戻る (come [go] back) [*to* / *from*]: My father usually *returns* home around eight. 父はたいてい 8 時頃帰宅する / She has just *returned from* her trip to Canada. 彼女はカナダ旅行から帰って来たばかりです / Swallows *return* to our town every spring. ツバメは毎春この町に戻って来る.
2 [元の状態・話題などに] 戻る, 立ち返る [*to*]: *return to* consciousness 意識が戻る / My sister hasn't *returned to* work since she had the accident. 姉は事故にあってから仕事に復帰していない / Now let me *return to* the main subject. さて本題に戻らせていただきます.
3 (季節などが) 再び来る, 巡って来る; (病気などが) 再発する: Very hot weather will *return* next week. 来週は猛暑がぶり返すでしょう / The acute pain *returned*. 再び激痛に襲われた.
━他 **1** (a) [return + O] 〈もの〉を返す, 戻す: He borrowed my umbrella and didn't *return* it. 彼は私の傘を借りて返さなかった / *Return* the knife where you found it. ナイフを元の場所に戻しなさい. (b) [return + O + to…/《英》return + O + O] …を~に返す: She did not *return* the CD *to* me. = She did not *return* me the CD. 彼女は私にそのCDを返さなかった.
2 […に対して] …のお返しをする, …で報いる [*for*]: *return* a favor (受けた親切に) 親切で返す / *return* evil *for* good 恩を仇で返す / I nodded to her and she *returned* a nod. 私が会釈すると彼女も会釈でこたえた.
3 《格式》…を正式に報告する, 申告する; 〈判決など〉を言い渡す: We must *return* the details of our income to the tax office. 私たちは税務署に所得の明細を申告しなければならない / They *returned* a verdict of guilty [not guilty]. 有罪 [無罪] の評決が下された. **4** 〈利益など〉を生む: The charity concert *returned* five thousand dollars. チャリティーコンサートは5,000ドルの収益があった. **5** (通例, 受け身で)《英》…を (議員として) 選出する: Mr. Lee *was returned* to Parliament. リー氏は下院議員に選出された. **6** 『球技』〈球〉を打ち返す; 『テニス』〈球〉をレシーブする.
━名 (複 **re·turns** [~z]) **1** U C 帰ること, 帰宅, 帰国; 復帰: His *return* from the battlefield pleased his parents very much. 彼が戦場から戻って来たので両親はとても喜んだ / Anne prayed for her cat's safe *return*. アンは自分の猫が無事に帰って来ますようにと祈った.
2 U 返すこと, 返却: We're asking his quick *return* of the video. 私たちは彼にビデオテープを早急に返すよう求めている.
3 U C 再び巡って来ること; 再び起こること, 再発: the *return* of fall 秋の訪れ / have a *return* of one's cough せきがぶり返す / (I wish you) Many happy *returns* (of the day)! (この日が) 何回も巡って来ますように (◇誕生日などでの祝いの言葉). **4** C […に対する] 返礼, お返し; 返答 [*for*]: He made a poor *return for* her kindness. 彼は彼女の好意に対して恩知らずな仕打ちをした.
5 C [しばしば ~s] 収益, 利益 (profit): small profits and quick *returns* 薄利多売.
6 C 《正式》報告 (書), 申告 (書): an income tax *return* 所得税申告 (書) / the election *returns* 選挙の開票結果. **7** C 《英》(議員の) 選出: secure a *return* 議員に当選する. **8** C = retúrn tícket 帰りの切符;《米》往復切符の《英》round-trip ticket);《英》当日限りの割引切符.
9 U C = retúrn kèy 〖コンピュータ〗リターンキー.
10 C 『球技』球の打ち返し, リターン.
■ *by retúrn* (*máil* [《英》*of póst*]) 折り返し便で: Please reply *by return*. 折り返しご返事ください.
in retúrn […の] お返しに, お礼として; […と] 交換に [*for*]: write *in return* 返事を書く / I gave Joe some books *in return for* his assistance. 私は手伝ってくれたお礼にジョーに本を何冊かあげた.
on …'s retúrn […から] …が帰ると [*from*].
━形 帰りの (ための);《英》(切符などが) 往復の; 返礼の; 再度の: a *return* trip《米》帰り旅;《英》往復旅行 / a *return* visit 返礼訪問 / have a *return* attack of flu 流感がぶり返す.
◆ retúrn fàre C 帰りの運賃;《英》往復運賃.
retúrning òfficer C《英》選挙管理人.
retúrn mátch [gáme] C 雪辱戦.
re·turn·a·ble [ritə́ːrnəbl] 形 (リサイクルのため) 返却 [返還] できる; 返却すべき.
re·turn·ee [ritə̀ːrníː] 名 C (故国への) 帰還者; 帰国子女.
*re·un·ion [rìːjúːnjən] 名 **1** C 同窓会, クラス会; U (親しい者の) 再会: a class *reunion* クラス会. **2** U 再結合 [統合].

re·u·nite [rìːjunáit] 動 他 …を[…と]再結合させる;〈人〉を[…と]再会させる [with].
— 自 再結合する; 再会する.

re·us·a·ble [rìːjúːzəbl] 形 再利用できる.

re·use [rìːjúːz] (☆名との発音の違いに注意) 動 他 …を再利用する, 再生する (recycle).
— 名 [rìːjúːs] U 再利用, 再使用, 再生.

Reu·ters [rɔ́itərz] 名 固 ロイター通信社《英国の通信社. 正式名 Reuter's News Agency》.

rev [rév] 名 C [《口語》(エンジンなどの)回転《◇ *rev*olution の略》. — 動 (三単現 **revs** [~z]; 過去・過分 **revved** [~d]; 現分 **rev·ving** [~iŋ]) 他 (アクセルを踏み込んで)〈エンジン〉をふかす (*up*).
— 自 (エンジンなどが)回転を速める (*up*).

rev. 《略語》= *rev*ised 改訂版の.

Rev. 《略語》= *Rev*erend (↓).

re·val·u·a·tion [rìːvæljuéiʃən] 名 C U 再評価する; 【経済】 平価切り上げ.

re·val·ue [rìːvǽljuː] 動 他 1 …を再評価する. 2 【経済】〈平価〉を切り上げる.

re·vamp [rìːvǽmp] 動 他 《口語》…を改造[修繕]する; 改訂する.

☆re·veal [rivíːl] 【「re (取る) + veal (覆い)」から】
— 動 (三単現 **re·veals** [~z]; 過去・過分 **re·vealed** [~d]; 現分 **re·veal·ing** [~iŋ])
— 他 1 (a) [reveal + O] …を[…に]明らかにする, 暴露する;〈秘密などを〉[…に]漏らす [to] 《◇ disclose よりくだけた語》: *reveal* details 詳細を明らかにする / Don't *reveal* my secret *to* her. 私の秘密を彼女に漏らすな. (b) [reveal + that 節 [疑問詞節]] …ということを[…か]を明らかにする: She *revealed* that she had seen the man before. 彼女はその男に以前会ったことがあると明かした / I cannot *reveal* when the meeting took place. 会議がいつ開かれたかは明らかにできない. (c) [reveal + O + to be + C] …が~であることを明らかにする: His testimony *revealed* his friend *to be* innocent. 彼の証言で友人が無実であることが明らかになった.
2〈見えなかったもの〉を見せる, 現す: The magician *revealed* a bunny to us by opening the lid. 手品師はふたをあけて私たちにウサギを見せた.
(▷ rèvelátion)

re·veal·ing [rivíːliŋ] 形 1 (衣服などが) 肌を露出する. 2 真相を明らかにする, 啓発的な; 暴露する.

rev·el [révəl] 動 (過去・過分 **rev·eled**; 現分《英》**rev·el·ling**) 自 1 《古風》どんちゃん騒ぎをする, 飲んで騒ぐ. 2 […に] 大きな喜び[満足]を覚える, […を] 楽しむ [in].
— 名 C (通例 ~s) どんちゃん騒ぎ, 酒盛り.

***rev·e·la·tion** [rèvəléiʃən] 名 1 U (秘密・私事などの) 暴露, すっぱ抜き. 2 C 暴露されたこと, 意外な事実 (の発見). 3 C U 【キリスト】 啓示, 黙示.
(▷ revéal)

rev·el·er, 《英》**rev·el·ler** [révələr] 名 C (通例 ~s) 《文語》 飲み騒ぐ人; 道楽者.

rev·el·ry [révəlri] 名 (複 **rev·el·ries** [~z]) U C [しばしば複数形で] 《文語》大騒ぎ, ばか騒ぎ.

***re·venge** [rivéndʒ] 名 U 1 [人への / 行為に対する] 復讐(ふくしゅう), 仕返し, 報復, 腹いせ [on / for]; 復讐心, 遺恨(いこん): a *revenge* attack 復讐攻撃 / She took *revenge* [had her *revenge*] on him *for* what he did to her. 彼女は彼のしたことに対して復讐をした. 2 【スポーツ】 雪辱の機会.
■ *in [out of] revénge for ...* …の仕返しに.
— 動 他〈行為など〉に**復讐する**,〈危害など〉に仕返しをする;〈被害者〉のかたきを討つ《◇ avenge とは異なり目的語には行為・被害や人 (被害者・死者) などが来る》: *revenge* an insult 侮辱に仕返しをする / be *revenged* on ... = *revenge* oneself on ... 〈人〉に復讐[報復] する.

re·venge·ful [rivéndʒfəl] 形 復讐(ふくしゅう) の, 執念深い.

☆rev·e·nue [révənjùː / -njùː] 名 1 U [または ~s] (国家などの) 歳入, 税収入; (企業・団体の) 収入《経費を差し引かない総収入》: internal [《英》 inland] *revenue* 内国税収入. 2 C 国税庁.
◆ révenue stàmp C 収入印紙.

re·ver·ber·ate [rivə́ːrbərèit] 動 自 1 (音・場所が) 反響する, 響きわたる. 2 (光・熱が) 反射する.

re·ver·ber·a·tion [rivə̀ːrbəréiʃən] 名 1 C [通例 ~s] 反響, 影響. 2 C U 反響音.

re·vere [rivíər] 動 他 《格式》…を尊敬[崇拝]する.

***rev·er·ence** [révərəns] 名 U 《格式》[…への] 尊敬, 崇拝 [for]; 敬礼, お辞儀: show [have] *reverence for* ... …を尊敬する.

***Rev·er·end** [révərənd] 名 [the R-] …師《◇ 聖職者の姓名の前に付ける尊称;《略語》Rev.》: the *Reverend* Donald Jones ドナルド=ジョーンズ師.
— 形 [限定用法]《古》尊敬すべき; 聖職にある.

***rev·er·ent** [révərənt] 形 《格式》 敬虔(けいけん)な.

rev·er·ent·ly [~li] 副 敬虔に.

rev·er·en·tial [rèvərénʃəl] 形 《格式》 敬虔(けいけん)な, 尊敬の念にあふれた.

rev·er·en·tial·ly [-ʃəli] 副 敬虔に.

rev·er·ie [révəri] 名 (複 **rev·er·ies** [~z]) 1 U C 《格式》 空想, 夢想. 2 C 【音楽】 幻想曲.

re·ver·sal [rivə́ːrsəl] 名 U C 逆にする[なる] こと, 逆転, 転倒; 【写】 反転 (現象). (▷ revérse)

***re·verse** [rivə́ːrs] 動 1 …を逆[反対]にする; 裏返す: *reverse* a sheet of paper 紙を裏返す.
2〈車・機械など〉を逆方向に動かす, 後退[バック] させる; …を逆転させる: She *reversed* the car into the garage. 彼女は車をバックで車庫に入れた.
3〈意見など〉を変える;〈地位・役割など〉を入れ替える. 4〈決定・判決など〉を破棄する, 取り消す.
— 自 逆方向に動く, 後退[バック] する; 逆転する.
■ *revérse the chárges* 《英》 コレクトコール[受信人払いの電話] をかける《《米》 call collect》.
— 名 1 [the ~] 反対, 逆: The outcome was quite the *reverse*. 結果は(予想と)正反対だった. 2 [the ~] 裏側, 裏面 (↔ obverse); 裏ページ: the *reverse* of a coin コインの裏. 3 U 逆進, 後退; 逆転[逆進] 装置, (ギアの)バック. 《比較》 「バックギア」は和製英語. 英語では reverse gear と言う》 4 C 《格式》 不幸, 不運; 敗北 (defeat).
■ *in [ínto] revérse* 逆に, 反対に; バックギアで.
— 形 1 [限定用法] 逆の, 反対の; 裏の: in (the) *reverse* order 順序を逆にして. 2 (車のギアが) バ

re·verse·ly [rivə́ːrsli] 副 逆に,反対に.
re·vers·i·ble [rivə́ːrsəbl] 形 逆にできる; 裏表とも使える, (コートなどが) リバーシブルの.
re·ver·sion [rivə́ːrʒən / -ʃən] 名《格式》 1 Ⓤ [または a ~]〔元の状態に〕戻ること,逆戻り;〔…への〕復帰〔to〕. 2 ⓊⒸ《生物》先祖返り,隔世遺伝 (atavism). 3 ⓊⒸ《法》財産の復帰,復帰財産.
re·vert [rivə́ːrt] 動 ⾃ 1〔元の状態・話題などへ〕戻る,返る〔to〕;《生物》先祖返りする. 2《法》〔財産・所有権などが〕〔…に〕帰属する,復帰する〔to〕.

✱✱✱ re·view [rivjúː] (☆同音 revue) 名 動
[「re (再び) ＋ view (見る)」から]
— 名 (複 re·views [~z]) 1 ⓊⒸ (再) 調査, (再) 検討する: an annual *review* of the air conditioning system 年に1度の空調検査 / The budget came under *review*. ＝ The budget came up for *review*. 予算案が検討された.
2 ⓊⒸ 批評,論評; Ⓒ 評論誌 [記事]: a *review* of contemporary novels 現代小説の批評 / a music *review* 音楽評論 / His latest film got excellent *reviews* in the newspapers. 彼の最新作の映画は新聞紙上で絶賛された.
3 Ⓒ Ⓤ 《米》復習; Ⓒ 練習 [復習] 問題 (review exercise): do a *review* of today's lesson きょうの授業の復習をする. 4 ⓊⒸ 回顧, 反省; Ⓒ 概観, 展望. 5 ⓊⒸ 検閲; Ⓒ 閲兵, 観兵 [観艦] 式.
— 動 ⽤ 1 …を (詳しく) (再) 調査 [検討] する: The police are *reviewing* the case. 警察はその事件を詳しく調べている.
2 …を批評する, 論評する: His new novel was well *reviewed*. 彼の新しい小説は好評を博した.
3 …を復習する《英》revise): *review* the last lesson 前回の授業の復習をする. 4 …を回顧 [回想] する, 振り返る: *review* the progress 過程を振り返る. 5 …を検閲する; 閲兵する.
— ⾃〔雑誌・新聞などに〕批評 [評論] を書く〔for〕: She used to *review* for some local paper. 彼女は以前どこかの地方紙にコラムを書いていた.
re·view·er [rivjúːər] 名 Ⓒ (映画・演劇・書籍などの) 批評家, 評論家.
re·vile [riváil] 動 ⽤ (通例, 受け身で) 《格式》…の悪口を言う, …をののしる.
✱**re·vise** [riváiz] 動 ⽤ 1 …を改訂する, 改定する; 訂正する; 校正する: a *revised* edition 改訂版. 2〈意見・計画〉を修正する, 変更する: *revise* one's opinion 考えを改める. 3《英》復習する (《米》review).
— ⾃《英》復習する. (▷ 名 revision).
◆ Revised Stándard Vérsion [the ~] 改訂標準訳聖書《米国の学者による口語訳聖書》.
Revísed Vérsion [the ~] 改訳聖書《《欽定 (きんてい) 訳 (the Authorized Version) を改訂したもの;《略語》R.V.》.
✱**re·vi·sion** [riví ʒən] 名 1 ⓊⒸ 改訂, 改定; 訂正, 修正. 2 Ⓒ (本の) 改訂版 (《略語》rev.). 3 Ⓤ《英》復習 (《米》review). (▷ 動 revise).
re·vi·sion·ism [riví ʒənìzəm] 名 Ⓤ 修正主義.
re·vi·sion·ist [riví ʒənist] 名 Ⓒ 修正主義者.
— 形 修正主義の, 見直し論の.

re·vis·it [riːvízit] 動 ⽤ …を再び訪れる, 再訪する.
re·vi·tal·ize [riːváitəlàiz] 動 ⽤ …に生気 [活気] を吹き込む, 生き返らせる.
✱**re·viv·al** [riváivəl] 名 1 ⓊⒸ 復活, 復興; 再生, よみがえり; (意識・体力などの) 回復: an economic *revival* of Asian countries アジア諸国の経済復興. 2 Ⓒ (映画・演劇などの) 再上映, 再演, リバイバル. 3 ⓊⒸ《キリスト》信仰復興 (運動); Ⓒ 伝道集会 (revival meeting). (▷ 動 revive).
◆ Revíval of Léarning [the ~] 文芸復興, ルネサンス (Renaissance).
re·viv·al·ism [riváivəlìzəm] 名 Ⓤ 信仰復興運動, 伝統復興論; (昔の慣例への) 復古願望.
re·viv·al·ist [riváivəlist] 名 Ⓒ 信仰復興運動家, 伝統復興論者. — 形 信仰復興運動 (家) の.
✱**re·vive** [riváiv] 動 ⾃ 1 生き返る, 意識を取り戻す; 元気が回復する: Their hopes seemed to *revive*. 彼らの希望がよみがえったようだった.
2 (習慣・流行などが) 再びはやる, 復活する.
— ⽤ 1 …を生き返らせる, …の意識を取り戻す; 元気を回復させる: Water will *revive* these tulips. 水をやればこのチューリップは元気になります. 2 …を再びはやらせる; 復活させる. 3 …を再上映 [再上演] する. (▷ 名 revival).
re·viv·i·fy [riːvívifài] 動 (三単現 re·viv·i·fies [~z], 過去・過分 re·viv·i·fied [~d]; 現分 re·viv·i·fy·ing [~iŋ]) ⽤《格式》…を生き返らせる, 復活させる, 元気づける.
rev·o·ca·tion [rèvəkéiʃən] 名 ⓊⒸ《格式》取り消し, 廃止.
re·voke [rivóuk] 動 ⽤〈法規・免許など〉を取り消す, 廃止する, 無効にする, 解約する (cancel).
✱**re·volt** [rivóult] 動 ⾃ 1〔…に対して〕反乱を起こす, 反抗する〔against〕: The people *revolted* against the military regime. 国民は軍事政権に対して反乱を起こした. 2〔…に〕不快感 [反感] を持つ;〔…を〕憎悪する〔at, against, from〕.
— ⽤ (通例, 受け身で)〈人〉に不快感を持たせる; …を憎悪させる: Everybody *is revolted* by child abuse. だれでも児童虐待を憎む.
— 名 1 ⓊⒸ〔…に対する〕反乱, 暴動; 反抗 (心)〔against〕: a *revolt* against oppression 圧政に対する反乱. 2 Ⓤ 不快感; 反感.
■ *in revólt* 1 反抗的に, 反乱を起こして. 2 反感 [不快感] を持って, 憎悪して.
re·volt·ing [rivóultiŋ] 形 反抗的な; 実にいやな.
re·volt·ing·ly [~li] 副 反抗的に; 実に不快に.

✱✱✱ rev·o·lu·tion [rèvəlúːʃən]
— 名 (複 rev·o·lu·tions [~z]) 1 ⓊⒸ (政治上の) 革命, 改革: the French [Russian, American] *Revolution* フランス革命 [ロシア革命, アメリカ独立戦争] / A bloodless *revolution* broke out in Portugal in 1974. 1974年にポルトガルで無血革命が起こった.
2 Ⓒ 革命的な出来事; (思想・技術などの) 大変革: the Industrial *Revolution* 産業革命 / a technological *revolution* 技術革新 / The appearance of the Internet has brought about a *revolution* in our daily life. インターネットの登

場は私たちの日常生活に大変革をもたらした. **3** [C] (エンジン・レコードなどの) 回転, 旋回《口語》rev《略記》rev.): *revolutions* per minute 毎分⦅回転数⦆《略記》rpm) / make a full *revolution* 1回転する. **4** [U][C](年月などの) 一巡;【天文】公転 (cf. rotation 自転).
(▷ revólve; 形 rèvolútionàry)

‡**rev·o·lu·tion·ar·y** [rèvəlú:ʃənèri / -ʃənəri] 形 **1** [限定用法]革命の; [R-] 米国独立戦争の: a *revolutionary* movement 革命運動. **2** 画期的な, 革命的な: a *revolutionary* invention 画期的な発明. ― 名 (複 **rev·o·lu·tion·ar·ies** [~z]) [C] 革命家; 革命論者. (▷ 名 revolútion)
◆ Revolútionary Wár [the ~] 米国独立戦争 (◇ the American Revolution とも言う).

rev·o·lu·tion·ize [rèvəlú:ʃənàiz] 動 他 **1** …に革命[大変革]を起こす, …を根本から変える. **2** …に革命思想を吹き込む.

*re·volve [riválv / -vɔ́lv] 動 自 **1** [（…の周りを）回転する, 回る [*around, round*]: The moon *revolves around* the earth. 月は地球の周りを回っている. **2** (生活・議論などが) […を中心に] 動く, 展開する [*around, round*]: Tom's life *revolves around* football. トムの生活はサッカー中心である. ― 他 **1** …を回転させる, 回す. **2** …に思いを巡らす, …を熟考する. (▷ 名 rèvolútion)

re·volv·er [riválvər / -vɔ́lvə] 名 [C] 回転式連発拳銃[ピストル], リボルバー.

re·volv·ing [riválviŋ / -vɔ́lv-] 形 回転する.
◆ revólving crédit [U] リボ払い《毎月一定額を返済すれば限度額内で追加利用できるクレジット》.
revólving dóor [C] 回転(式)ドア (→ HOTEL [PICTURE BOX])

re·vue [rivjú:] (☆ 同音 review)《フランス》名 [C] レビュー《歌と踊りにコントを組み合わせたショー》.

re·vul·sion [riválʃən] 名 [a ~] […に対する] 強い不快 [嫌悪] 感 [*against, at*].

***re·ward** [riwɔ́:rd]
― 名 (複 **re·wards** [-wɔ́:rdz]) **1** [U][C] [善行・功績などに対する] 報酬, ほうび; [(悪の) 報い [*for*]: pay an adequate *reward* to the employee 従業員に十分な報酬を与える / As a *reward for* passing the exam, he was given a car. 試験に合格したほうびとして彼は車をもらった.
2 [C] […に対する] 謝礼金, 懸賞金; 報い, しっぺ返し [*for*]: The police offered a *reward for* information about the murder. 警察はその殺人事件の情報提供に謝礼金を出すことにした.
■ *in reward* […の] 返礼に, […に] 報いて [*for*].
― 動 他 (通例, 受け身で) […に対して / …で] …に報いる, お礼をする [*for / with*]: After years of research, his patience *was rewarded with* success. 長年の研究のおかげで彼の辛抱は報われた / He *was* not *rewarded for* his effort. 彼の努力は報われなかった.

re·ward·ing [riwɔ́:rdiŋ] 形 やりがいのある, 報われる, 有益な.

re·wind [rì:wáind] (☆ とのアクセントの違いに注意) 動 (三単現 **re·winds** [-wáindz]; 過去・過分 **re·wound** [-wáund]; 現分 **re·wind·ing** [~iŋ]) 他 〈テープなど〉を巻き戻す.
― 名 [rí:waind] [U] (テープなどの) 巻き戻し.

re·word [rì:wɔ́:rd] 動 他 …を繰り返し言う, 復唱する; 言い換える.

re·work [rì:wɔ́:rk] 動 他 [主に受け身で] 〈作品・テーマなど〉を作り[書き] 直す, 焼き直す; 改訂する.

‡**re·write** [rì:ráit] (☆ とのアクセントの違いに注意) 動 (三単現 **re·writes** [-ráits]; 過去 **re·wrote** [-róut]; 過分 **re·writ·ten** [-rítən]; 現分 **re·writ·ing** [~iŋ]) 他 **1** …を書き直す: *rewrite* one's paper レポートを書き直す. **2** 《米》〈取材文〉を (記事用に) リライトする.
― 名 [rí:rait] [C] 書き直し; 書き直した記事.

Rex [réks]【ラテン】名 (複 *Reges* [rí:dʒi:z]) [C] 国王; [王の名のあとに付けて] 現国王 (◇王の公式の称号; 《略記》 R.; cf. Regina 現女王): George *Rex* ジョージ現国王.

rhap·sod·ic [ræpsádik / -sɔ́d-] 形 ラプソディー [狂詩曲]の; 熱狂的な, 大げさな.

rhap·so·dize [ræpsədàiz] 動 自 […について] 熱狂的に話す[書く] [*about, over*].

rhap·so·dy [ræpsədi] 名 (複 **rhap·so·dies** [~z]) [C] **1**【音楽】狂詩曲, ラプソディー《民族的色彩を持つ自由な形式の楽曲》. **2** [しばしば複数形で] […についての] 熱狂的な文章 [発言] [*about, over*].

rhe·sus [rí:səs] 名 [C] = rhésus mònkey 【動物】アカゲザル《北インドに住む尾の短い猿》.

Rhé·sus fàc·tor [rí:səs-] 名 [the ~] 【生理】Rh 因子 (Rh factor).

rhet·o·ric [rétərik] 名 [U] **1** 修辞法 [学], レトリック《効果的な表現方法 (の研究)》; 雄弁術. **2** 《軽蔑》美辞麗句, 誇張.

rhe·tor·i·cal [ritɔ́:rikəl / -tɔ́r-] 形 **1** [限定用法] 修辞法 [学] の. **2** 《軽蔑》美辞麗句の, 誇張した.
◆ rhetórical quéstion [C] 《文法》修辞疑問《反語的に疑問文の形をとる言い方》; → NEGATION 《文法》: How could I write a novel? どうして私に小説なんて書けようか ☆ 私には小説なんて書けない.

rhe·tor·i·cal·ly [-kəli] 副 修辞 (学) 的に; 美辞麗句を連ねて.

rhet·o·ri·cian [rètəríʃən] 名 [C] **1** 修辞学者. **2** 《格式》雄弁家; 美文家, 美辞麗句を用いる人.

rheu·mat·ic [ru:mǽtik] 形 リューマチの; リューマチにかかった.

rheu·ma·tism [rú:mətìzəm] 名 [U]【医】リューマチ《骨・関節・筋肉などの痛みを主症状とする疾患》.

Rh fàc·tor 名 [the ~]【生理】Rh 因子《赤血球中にある抗原; Rhesus factor の略》.

Rhine [ráin] 名 固 [the ~] ライン川《スイスに発し, ドイツ・オランダを通って北海に注ぐ》.

rhine·stone [ráinstòun] 名 [U][C] ラインストーン《鉛ガラスで作る模造ダイヤもどきの人工宝石》.

rhi·no [ráinou] 名 (複 **rhi·nos** [~z]) [C] 《口語》サイ (rhinoceros).

rhi·noc·er·os [rainɑ́sərəs / -nɔ́s-] 名 (複 **rhi·noc·er·os, rhi·noc·er·os·es** [~iz]) [C] 【動物】サイ.

rhi·zome [ráizoum] 名 [C] 【植】地下茎, 根茎.

rho [róu] 名 [C][U] ロー (ρ, P)《ギリシャ語アルファベット

Rhòde Ísland [ròud-] 名 ロードアイランド《米国北東部 New England 地方の州;《略語》R.I.;《郵略語》RI; → AMERICA 表》.

Rhodes [róudz] 名 ロードス島《エーゲ海南東部にあるギリシャ領の島》.

rho·do·den·dron [ròudədéndrən] 名 C 【植】ツツジ(の類), (特に)シャクナゲ.

rhom·bus [rámbəs / róm-] 名 (複 **rhom·bus·es** [~iz], **rhom·bi** [-bai]) C 【数学】ひし形, 斜方形.

rhu·barb [rú:ba:rb] 名 U **1** 【植】ルバーブ, ダイオウ《葉と茎はジャムなどで食用に, 根は緩下剤·抗嘔剤》. **2** (群衆役の俳優が)がやがやと話す声.

rhum·ba [rámbə] 名 C ルンバ (rumba).

‡rhyme, rime [ráim] 名 **1** 韻(こ), 押韻《同じ響きを持つ語を一定の位置に並べること》; 脚韻《詩の各行末に同じ響きを持つ語を並べること》: poetry in *rhyme* 韻を踏んだ詩.
2 C 韻を踏む語, 同韻語. **3** C 韻を踏んだ詩[文]: a nursery *rhyme* 童謡.
■ *rhýme or réason* 《通例, 否定文で》根拠, 理由, わけ: without *rhyme or reason* 理由もなく.
— 動 《進行形不可》(目) […と]韻を踏む [*with*].
他 〈語など〉を[…と]韻を踏ませる [*with*].

‡rhythm [ríðm]
— 名 (複 **rhythms** [~z]) U|C **1** リズム, 律動, 調子;【詩】韻律: waltz [tango] *rhythm* ワルツ[タンゴ]のリズム / the *rhythm* of a sentence 文章の調子.
2 周期的な動き, 規則的反復: the *rhythm* of the heartbeat 心臓の鼓動.
◆ **rhýthm and blúes** U 【音楽】リズムアンドブルース,《略語》R & B, R and B.
rhýthm sèction C リズムセクション《バンドのドラム·ベースなどリズムを奏でるパート》.
(▷ 形 rhýthmic, rhýthmical)

*****rhyth·mic** [ríðmik], **rhyth·mi·cal** [-kəl] 形 リズミカルな, 律動的な: the *rhythmic* drumbeat リズミカルな太鼓の音. (▷ 名 rhýthm)

rhyth·mi·cal·ly [ríðmikəli] 副 リズミカルに, 律動的に.

RI 《郵略語》 = *R*hode *I*sland.
R.I. 《略語》 = *R*hode *I*sland.

‡rib [ríb] 名 **1** C 【解剖】肋骨(ろっ), あばら骨.
2 C (牛·豚の)骨付きあばら肉, リブ (cf. spareribs スペアリブ; → BEEF 図). **3** C 肋骨状のもの《船の肋材·傘の骨など》;(リュートやバイオリンの)カーブした木の部分; 【植】葉脈. **4** C (編み物·織物の)うね; U うね編み.
■ *díg [póke] ... in the ríbs* (ふざけて, または注意を引くために)〈人〉のわき腹をつつく.
— 動 (三単現 **ribs** [~z]; 過去·過分 **ribbed** [~d]; 現分 **rib·bing** [~iŋ]) 他 **1** 《口語》[…のことで]〈人〉をからかう [*about, for*]. **2** 《通例, 受け身で》…にうね模様をつける.
◆ **ríb càge** C 【解剖】胸郭.

rib·ald [ríbəld] 形 (言葉などが)下品な, みだらな.
ribbed [ríbd] 形 (織物などが)うねのある.

rib·bing [ríbiŋ] 名 U **1** 《集合的に》(織物などの)うね(模様). **2**《口語》からかい.

‡rib·bon [ríbən] 名 **1** U|C リボン: She wore a *ribbon* in her hair. 彼女は髪にリボンを付けていた. **2** C リボンのように細長いもの, ひも;(タイプライターなどの)インクリボン: a *ribbon* of smoke 一条の煙. **3** C 勲章の略綬, 飾りひも.
■ *in ríbbons* (布などが)ずたずた[ぼろぼろ]で.
téar [cút] ... to ríbbons …をずたずた[ぼろぼろ]に裂く[切る].
◆ **ríbbon devélopment** U《英·軽蔑》(幹線道路沿いの)無計画な住宅建設などの)帯状開発.

ri·bo·fla·vin [ràibəfléivin] 名 U【生化】リボフラビン《ビタミンB₂の別名》.

ri·bo·nu·cle·ic ácid [ràibounju:klí:ik-] 名 U【生化】リボ核酸 (《略語》RNA).

‡rice [ráis]
— 名 **1** U 米; ごはん, 飯; 稲: rough *rice* もみ / polished *rice* 白米 / brown *rice* 玄米 / a grain of *rice* 米粒 / curry and *rice* カレーライス / cook [boil] *rice* ごはんを炊く / grow *rice* を栽培する / We had a good *rice* crop this year. 今年は米が豊作だった.
2 [形容詞的に] 米の, 稲の: *rice* cake もち / a *rice* ball おにぎり.
— 動 他 …を(裏ごし器に)押しつけてつぶす.
◆ **ríce pàddy** [fíeld] C 稲田, 水田.
ríce pàper U 薄い上質紙; ライスペーパー.
ríce pùdding U ライスプディング《米·牛乳·砂糖を材料にして作る甘いデザート》.

‡rich [rítʃ]
【原義は「高貴な, 強い」】
— 形 (比較 **rich·er** [~ər]; 最上 **rich·est** [~ist]) **1** 金持ちの, 裕福な (↔ poor) (→ 類義語): He was a *rich* merchant. 彼は金持ちの商人だった / Japan is said to be a *rich* country. 日本は豊かな国だと言われている / She always dreamed of getting *rich*. 彼女はいつもお金持ちになることを夢見ていた.
2 [the ~; 名詞的に; 複数扱い] 金持ち (cf. riches 富): (the) *rich* and (the) poor 金持ちと貧乏な人《◇ poor と並べて用いる場合は the を省略することが多い》/ The *rich* are not always happy. 金持ちが必ずしも幸福とは限らない.
3 […に] 富んだ, […が] たくさんある [*in*]: a *rich* harvest 豊作 / Rome is *rich* in historic sites. ローマには史跡が多い / Lemons are *rich* in vitamin C. レモンはビタミンCが豊富だ.
4 (土地が) 肥沃(な): 産出量の多い (↔ poor): a *rich* mine 産出量の多い鉱山 / There is a *rich* plain in the south. 南には肥沃な平野がある.
5 豪華な, ぜいたくな; 高価な: *rich* furniture 豪華な家具 / Her dress was *rich* in design. 彼女のドレスはぜいたくな作りだった.
6 (食べ物·飲み物が) 濃厚な, こくのある: a *rich* cake こってりとしたケーキ. **7** (音が) 豊かな, 深みのある;(色が) 鮮やかな, (においが) 芳しい: *rich* blue 鮮やかな青色. **8** 《口語·しばしば皮肉》面白い: That's *rich*. それは面白い.

類義語 rich, wealthy
共通する意味▶金持ちの (having a lot of money or other valuable things or property)
rich は「金持ちの」の意を表す最も一般的な語: I'm not *rich* but I'm comfortable. 私は金持ちではないが不自由はしていない. **wealthy** は金持ちの人が「影響力の大きな社会的地位にある」ことを暗示する: He comes from a *wealthy* family. 彼は裕福な一門の出でvarious.

Rich・ard [rítʃərd] 名 固 **1** リチャード (◇男性の名;《愛称》Dick, Rick). **2** リチャード1世 Richard I (1157-99; 英国王 (1189-99). Richard the Lion-Hearted (獅子心王) と呼ばれた).

*__rich・es__ [rítʃiz] 名 [複数扱い] (主に文語) 富, 財産 (wealth): *Riches* are worth nothing without health. 健康でなければ富は何の価値もない.

rich・ly [rítʃli] 副 **1** 裕福に; 豪華に. **2** 十分に (fully), まったく.

Rich・mond [rítʃmənd] 名 固 **1** リッチモンド《英国 Surrey 州の都市》. **2** リッチモンド《米国 Virginia 州の州都. たばこ産業が盛ん》.

rich・ness [rítʃnəs] 名 U **1** 豊かさ; 豪華さ; 肥沃(ひよく). **2** (味・香りなどの) 濃厚さ; (声などの) 深み.

Rích・ter scàle [ríktər-] [the ~] リヒタースケール《地震の規模 (マグニチュード) を10段階で表した目盛り》.

rick [rík] 名 C (干し草・わらなどの) 大きな山.

Rick [rík] 名 固 リック (◇男子の名. Richard の愛称).

rick・ets [ríkits] 名 U 【医】くる病.

rick・et・y [ríkəti] 形 (家具などが) 今にも壊れそうな.

rick・shaw, rick-sha [ríkʃɔː] 名 C 人力車.

ric・o・chet [ríkəʃèi] (☆発音に注意) 名 C (弾丸・石などの) はね飛び; はね飛んだ弾丸 [石].
— 動 (三単現 ric・o・chets [~z]; 過去・過分 ric・o・chet・ed [-id], ric・o・chet・ted [-fèt̬id]; 現分 ric・o・chet・ing [~iŋ], ric・o・chet・ting [-fèt̬iŋ]) 自 (弾丸・石などが) はね飛ぶ (*off*).

*__rid__ [ríd] 動 (三単現 rids [rídz]; 過去・過分 rid, rid・ded [~id]; 現分 rid・ding [~iŋ]) 他 …から [望ましくないものを] 取り除く, なくす (*of*): The teacher tried to *rid* the class *of* latecomers. その教師はクラスから遅刻者が出ないように努力した / She can't *rid* herself *of* those worries. 彼女はそうした苦労から抜け出せない.
■ **be ríd of …** …から自由になる, 解放される.
gèt ríd of …〈いやな [不要な] ものを処分する, 取り除く;…を免れる,…から脱する〉〈人〉を追い払う: *get rid of* one's cough せきを止める.

rid・dance [rídəns] 名 U 除去, 免れること; [通例 (a) good ~] 《口語》 やっかい払い: She went away. — Good *riddance*! 彼女は行ってしまったよ — やれやれ.

*__rid・den__ [rídn] 動 形
— 動 **ride** の過去分詞.
— 形 [通例, 複合語で] …でいっぱいの; 苦しめられた: disease-*ridden* 病気で苦しんでいる.

*__rid・dle__[1] [rídl] 名 C **1** なぞなぞ: Solve this *riddle*. このなぞなぞを解いてごらん. **2** 難問, 不可解なもの, なぞ. — 動 他 〈なぞなぞ〉を解く.

rid・dle[2] [rídl] 名 C (目の粗い) ふるい (cf. sieve (目の細かい) ふるい). — 動 他 **1**〈穀物・砂など〉をふるいにかける. **2** …を [で] 穴だらけにする, ハチの巣にする [*with*]: The door was *riddled with* bullets. ドアは銃弾で穴だらけになった. **3** [通例, 受け身で] を [好ましくないもので] 満たす [*with*].

*__ride__ [ráid] 名 動【基本的意味は「…に乗って行く (go along on a vehicle or an animal)」】
— 動 (三単現 rides [ráidz]; 過去 rode [róud]; 過分 rid・den [rídn]; 現分 rid・ing [~iŋ])
— 自 **1**〈馬・乗り物などに〉乗る, (乗客として) 乗って行く [*on, in*]; 乗馬をする: *ride* to work *on* a bicycle 自転車で職場に行く / *ride on* a horse [motorcycle] 馬 [オートバイ] に乗って行く / *ride in* a car 車に乗って行く / *ride on* a train [bus] 列車 [バス] に乗って行く / *ride* at full gallop 全速力で馬を飛ばす.
語法 (1) 自転車・馬などにまたがって乗るものには on を用いる.
(2) それ以外の乗り物では, タクシー・車などの小型の乗り物には in, バス・列車などの大型の乗り物には on を用いる.
2 […に] 馬乗りになる, またがる [*on*]: My son likes *riding on* my shoulders. 息子は私に肩車をしてもらうのが好きです. **3** [副詞 (句) を伴って] (馬・車などが) …のように乗れる, 乗り心地が…である: This car *rides* well. この車は乗り心地がよい / The ship *rode* smoothly. その船は揺れが少なかった. **4** (鳥などが) [風に] 乗る [*on*]; (月などが) (空中・水中に) 浮かぶ, かかる: The hawk is *riding on* the wind. タカが風に乗って飛んでいる / A crescent moon was *riding* in the sky. 三日月が空にかかっていた. **5** (船が) 停泊する.
— 他 **1**〈馬・乗り物などに〉乗って行く, 〈公共交通機関に〉乗って行く;〈エレベーター〉に乗る: *ride* the subway [bus] 地下鉄 [バス] に乗る / My daughter has learned to *ride* a bicycle. 娘は自転車に乗れるようになった / She likes *riding* a horse. 彼女は乗馬が好きです.
2 [馬・乗り物などで] …を行く, 通る [*on, in*];〈競争〉をする: They *rode* the grassland *on* horseback. 彼らは馬に乗って草原を越えた. **3**〈風など〉に乗る, 乗って行く;〈鳥などが〉〈風に〉乗って進む, 浮かぶ: I enjoyed *riding* the surf. 私はサーフィンを楽しんだ. **4** [通例, 受け身で] …を支配する, 苦しめる: crime-*ridden* 犯罪の多い.
■ **lèt … ríde**《口語》…をそのままにしておく, 成り行きに任せる.

ríde dówn 他 …を馬で踏みつける [突き倒す].
ríde for a fáll [通例, 進行形で]《口語》むちゃな乗り方をする; 無謀なことをする.
ride hígh [通例, 進行形で] うまくいく, 成功する.
ríde óut 他〈あらし・危機など〉を乗り切る: *ride out* a storm あらしを乗り切る.
ríde úp 自 (服が) ずり上がる.

— 名 ⓒ **1** (馬・乗り物などに)乗ること, 乗せてもらう[あげる]こと; (乗り物による)旅行: have a *ride* on … …にちょっと乗る / Could you give me a *ride* to the station? 駅まで車に乗せて行ってもらえませんか / We took [went for] a *ride* to Niagara Falls. 私たちはナイアガラの滝まで車で出かけた.
2 乗っている時間, 道のり: It's a ten-minute bus *ride* to the ballpark. 野球場までバスで10分です.
3 [形容詞を伴って] (…の)乗り心地: This train has a smooth *ride*. この列車は揺れが少ない.
4 (遊園地などの)乗り物《ジェットコースターなど》.
■ **gíve ... a róugh ríde** 《口語》…をひどく扱う, いやな目にあわせる, 虐待する.
háve a róugh ríde 《口語》ひどい目にあう.
táke ... for a ríde 《口語》…をだます, かつぐ.

*ríd·er [ráidər] 名 ⓒ **1** (馬・自転車などに)乗る人, 騎手, ライダー: She is a good *rider*. 彼女は乗馬がうまい. **2** 添え書き, (議案などの)付加条項.

*rídge [rídʒ] 名 ⓒ **1** 尾根, 山の背, 分水嶺(ホミボ): She walked along the mountain *ridge*. 彼女は尾根伝いに歩いた. **2** 細長い隆起; (動物の)背; (屋根の)棟(むね); (畑の)うね.
— 動 他 …に棟[うね, 隆起]を付ける.

*ríd·i·cule [rídikjùːl] 名 ⓤ あざけり, 冷やかし, 嘲笑(ちょうしょう): hold ... up to *ridicule* 〈人〉をあざける, 笑いものにする. — 動 他 …をあざ笑う.

‡ri·dic·u·lous [ridíkjələs] 形 ばかげた, 途方もない; こっけいな: Don't be *ridiculous*! ばかなことを言わないで / It is *ridiculous* to accept that offer. あんな提案を受け入れるなんてばかげている.

ri·dic·u·lous·ly [-li] 副 ばかばかしく; こっけいに.

ríd·ing [ráidiŋ] 名 ⓤ 乗馬, 乗車.
◆ ríding bòots [複数扱い] 乗馬靴.
ríding brèeches [複数扱い] 乗馬ズボン.
ríding schòol ⓒ 乗馬学校.

rife [ráif] 形 [叙述的用法] **1** (よくないもの・ことが)はびこって; 広まって; (伝染病が)流行して. **2** (場所などが) (よくないもので)満ちている [*with*].

riff [ríf] 名 ⓒ 《ジャズ》リフ, 反復楽節[句].

ríf·fle [rífl] 動 他 《口語》《本のページを》ばらぱらめくる [*through*]. 自 《本のページを》ぱらぱらめくる.

ríff·raff [rífræf] 名 ⓤ [集合的に; 単数・複数扱い] 《軽蔑》下層民; ろくでもない連中.

‡ri·fle¹ [ráifl]
名【原義は「溝」】
— 名 (複 ri·fles [~z]) ⓒ **ライフル銃**, 施条(しじょう)銃《銃身の内部にらせん状の溝を付けた小銃》; 小銃: an air *rifle* 空気銃 / load a *rifle* ライフル銃に弾を込める / shoot a *rifle* ライフル銃を発射する.
— 動 他 **1** 〈銃身〉にらせん状の溝を付ける, 施条する. **2** 勢いよく投げつける.

ri·fle² 動 他 **1** 《盗むために》…をくまなく探す; …を盗む, 奪う. — 自 [...を] かき回して探す [*through*].

ri·fle·man [ráiflmən] 名 (複 ri·fle·men [-mən]) ⓒ ライフル銃兵; ライフル銃の名手.

rift [ríft] 名 ⓒ **1** [...の間の] (人間関係などの) ひび, 不和, 仲の悪さ [*among, between*].
2 (雲の)切れ間; (地面などの)亀裂.

◆ ríft vàlley ⓒ 地溝.

rig [ríg] 動 (三単現 rigs [~z]; 過去・過分 rigged [~d]; 現分 rig·ging [~iŋ]) 他 [通例, 受け身で] **1** 《海》〈船〉に[索具などを]装備する [*with*]. **2** …に[…を]備え付ける [*with*]. **3** 〈相場・選挙など〉を不正に操作する.
■ **ríg óut** 《古風・口語》〈人〉を着飾らせる.
ríg úp 他 《口語》…を急ごしらえで作る.
— 名 ⓒ **1** 《海》(船の)艤装(ぎそう). **2** [通例, 複合語で]装備, 用具(一式), 装置. **3** 石油掘削装置 (oilrig). **4** 《米口語》大型トラック.

rig·ging [rígiŋ] 名 ⓤ **1** [集合的に]《海》索具《船で使う帆・綱などの総称》操帆装置 (一式); 艤装(ぎそう). **2** (選挙などの)不正工作.

***right¹ [ráit]
形 副 名 動【原義は「まっすぐな」】
— 形 (比較 more right; 最上 most right)
1 (a) (道徳的に) **正しい**, (行為などが)当然の, 正当な (↔ *wrong*) (→ p.1300 [類義語]): He always tries to do what is *right*. 彼はいつも正しいことをしようと心がけている. (b) [be right+to do [in doing]] 〈人が〉…するのは正しい; [It is right (of ～)+to do] 〈人が〉…するのは正しい: It is not *right* to cheat on exams. 試験でカンニングをするのはよくない / You *are right* to demand an apology from him. = It is *right of* you *to* demand an apology from him. あなたが彼に謝罪を求めるのは正しい. (c) [It is right+that 節] …ということは正しい: It is quite *right that* you should refuse his offer. あなたが彼の申し出を拒否するのはごく当然です.
2 (答え・説明などが) **正しい**, 間違いのない; 正確な, 本当の (↔ *wrong*) (→ p.1300 [類義語]) (→ 次ページ [LET'S TALK]): You are *right*. あなたの言うことは正しい / Only she gave the *right* answer. 彼女だけが正解だった / That's *right*. その通りです / You saw the accident, *right*? あなたはその事故を目撃したのですね.
3 適切な, ふさわしい (↔ *wrong*): the *right* person in the *right* place 適材適所 / Is this the *right* train to the airport? これは空港行きの列車ですか / That dress is just *right* for the occasion. その場[会合]にはあのドレスがちょうどよい.
4 正常な, 具合がよい: The machine is not *right*. この機械は具合がよくない.
5 都合のよい, 申し分のない: Everything is *right* with me. 私に関してはすべて問題ありません.
6 《英口語》まったくの, 非常な: He is a *right* fool. 彼はまったくのばか者だ.
7 表の, 正面の. **8** 《数学》直角の (→ ANGLE 図).
■ **gét ... ríght** …をはっきり理解する.
on the ríght síde of ... 《口語》…歳より若い (↔ on the wrong side of ...).
pùt [sèt] ... ríght …を正しい状態にする; 〈病気〉を治す; 〈誤り〉を正す: You have to *set* the clock *right*. あなたは時計の時刻を合わせなければならない.
ríght enóugh 申し分のない, 満足のいく.
Ríght you áre! 《口語》はい, わかりました.
— 副 [比較なし] **1** (道徳的に) **正しく**; 正確に,

間違いなく (correctly): He acted *right*. 彼は正しい行動をした / I guessed *right*. 私は正確に言い当てた / He did *right* to scold her. 彼が彼女をしかったのは正しかった / If I remember *right*, he left school during his second year. 私の記憶が正しければ彼は2年生の途中で退学した.

2 ちょうど, まさに (exactly): He was sitting *right* here. 彼はまさにここに座っていた / The plane took off *right* on time. その飛行機は定刻に離陸した.

3 すぐに, ただちに (immediately): He left *right* after breakfast. 彼は朝食後すぐに出かけた / I will be *right* back. すぐに戻ります.

4 まったく, すっかり (completely): I have read *right* through this book. 私はこの本を読み通した / He ran down *right* to the bottom of the stairs. 彼は階段の下まで駆け降りた.

5 うまく, 適切に: Is everything going *right* with you? すべてうまくいっていますか.

6 (返答として) はい, いいよ: *Right*! I will go with you. いいよ, 一緒に行くよ.

■ **àll right** **1** 申し分なく, うまく; [形容詞的に] 申し分ない, 都合のよい: Can you walk *all right*? ちゃんと歩けますか / That's *all right* with me. 私はそれでかまわない / Is it *all right* to call on you tomorrow? あすお訪ねしてもよろしいですか. **2** [形容詞的に] 無事で, 元気で: I feel *all right* this morning. けさは具合はよい. **3** [間投詞的に] (はい) 結構です, よろしい, わかった: I'll call you later. ― *All right*. あとで電話するよ ― わかった. **4** 確かに, 間違いなく: I remember her, *all right*. 私は確かに彼女のことを覚えている. **5** [冒頭で] それじゃ, さあ: *All right*, let's eat out tonight. それじゃ, 今夜は外で食べよう. **6** [文尾で] いいですね, わかりましたね: I'll explain about it later, *all right*? それについてはあとで説明します, いいですね.

rìght awáy [óff] すぐに: Let's start *right away*. すぐに始めよう.

right nów 今, 今すぐ (→ NOW 成句).

— **名** (複 **rights** [ráits]) **1** ⓒⓊ [...の / ...する] 権利 [*to* / *to do*]; [しばしば複数形で] 法的権利: civil [human] *rights* 市民権 [人権] / exclusive *rights* (映画化・出版などの) 独占権 / the *right to* privacy プライバシー権 / the *right of* free speech 言論の自由の権利 / In some countries women do not have the *right to* vote. 女性が選挙権を持たない国もある.

▸ **コロケーション** 権利を…
権利を与える: *give* [*grant*] a right
権利を得る: *achieve* [*gain*] a right
権利を行使する: *exercise* a right
権利を侵害する: *violate* ...'s rights
権利を放棄する: *renounce* [*give up*] a right
権利を守る: *protect* [*defend*] ...'s rights

2 Ⓤ 正しいこと, 正義, 正当, 公正: know *right* from wrong 善悪の区別がつく / He has *right* on his side. 彼のほうが正しい.

■ *be in the right* 正当である, 正しい (↔ *be in the wrong*): Since he thought he *was in the right*, he wouldn't apologize. 彼は自分が正しいと思ったので謝ろうとしなかった.

by ríght of ... 《文語》...の理由で, 権限で.

by ríghts 当然, 本来なら: *By rights*, you should be given a reward. 当然あなたは謝礼をもらうべきです.

in one's ówn ríght 本来の (資格で), 生まれながら (の権利で); 独力で: He is a poet *in his own right*. 彼は生まれながらの詩人である.

pùt [*sèt*] *... to rights* ...を整理する, 訂正する, 元の状態に戻す.

the ríghts and wróngs [...の] 真相, 実状 [*of*].

withìn one's ríghts [...するのが] 当然で, 権限内で [*to do*].

— **動** 他 **1** ...を正常に戻す, まっすぐにする: He *righted* the capsized yacht. 彼は転覆したヨット

LET'S TALK 確認の言葉

[基本] ..., right?

Kenji: **Your new computer can do this much faster, right?**
（これは君の新しいコンピュータだとずっと早くできるよね）

Bill: **Yes, I think so.** （はい，そう思います）

　自分の言ったことが正しいかどうかを確認するときには，Right? を使いましょう．これは《口語》で，前にある主語・動詞が何であっても付加疑問の代わりに使うことができます．目上の人には，May I ask you if this is correct? (これでよいでしょうか) のような丁寧な表現を用いるほうがよいでしょう．

　自分が言っていることを相手が正しく理解しているかどうかを確認するには，Do you follow me? または Do you know what I mean? （私の言っていることがわかりますか）と言います．

[類例] A: Take two pills after every meal for one week. Do you follow me?
（毎食後2錠の薬を1週間飲んでください．いいですか）
B: Yes, I understand, Dr. Smith. （ええ，わかりました，スミス先生）

を元に戻した. **2** …を正す, 訂正する: *right* a wrong 悪を正す.
◆ ríght ángle [C]【数学】直角 (→ ANGLE 図).

[類義語] right, correct, accurate, exact, precise
共通する意味▶正しい (conforming to the truth or some other objective standard)
right は「事実・道理・基準・道徳にしたがうことなく正しい, ある状況にぴったりな」の意: the *right* answer 正しい答え / Parents should teach *right* behavior to their children. 親は自分の子供に正しい礼儀作法を教えなくてはならない. **correct** は「誤り・欠点がなくて正しい」ことを強調する: Each *correct* answer was worth ten points on the examination. その試験は正答1つにつき10点の配点だった. **accurate** は「綿密な注意を払った結果『事実や基準に正確に合致している』」ことを強調する: an *accurate* calculation 正確な計算 / The account of the event is *accurate* in every detail. その出来事の記述は細かい点に至るまで正確です. **exact** は「基準・事実との精密な一致」を強調する: I don't know the *exact* date of her birth. 私は彼女の正確な生年月日を知らない. **precise** は「細部にわたって正確である」ことを強調する: a *precise* definition 厳密な定義.

---

*right² [ráit] 形 副 名

— 形 (比較 more right, right·er [～ər]; 最上 most right, right·est [～ist]) **1** [比較なし; 限定用法]**右の**, 右側の, 右手の (↔ left): on the *right* side of the road 道路の右側に / I throw a ball with my *right* arm. 私は右腕でボールを投げます[右投げです] / I have lost my *right* glove. 右の手袋をなくしてしまった / Take a *right* turn at the crossroads, please. その交差点で右へ曲がってください. **2** [しばしば R-] 右翼の, 右派の.

— 副 [比較なし] **右に**, 右側へ (↔ left): Turn *right* at the second crossing. 2つ目の交差点で右へ曲がりなさい / She walked on looking neither *right* nor left. 彼女は右も左も見ず[脇目もふらず]にどんどん歩いて行った.

■ *right and léft* **1** 左右に[を]. **2** 至る所に[を]: I have looked for it *right and left*. 私はそれをあちこち探した.

— 名 (複 **rights** [ráits]) **1** [U] [the ～ / one's ～] **右**, 右方, 右側 (↔ left): Keep to the *right*.《揭示》右側通行 / You will find a post office on your *right*. 右側に郵便局が見えます[あります] / There was a willow tree at the *right* of the gate. 門のそばにヤナギの木があった. **2** [the ～, the R-; 集合的に; 単数・複数扱い] 右翼, 右派, 保守派. **3** [C] [通例 a ～] 右に曲がること, 右折: Take [Make] a *right* at the end of the street. 通りの突き当たりで右へ曲がりなさい. **4** [C]【ボクシング】右手打ち;【サッカー】右サイド; = ríght fielder【野球】右翼手, ライト.
◆ ríght field [U]【野球】ライト, 右翼 (→ BASEBALL [PICTURE BOX]).

ríght-án·gled 形 直角の.

*right·eous [ráitʃəs] 形 **1**《格式》(道徳的に)正しい, 公正な; 高潔な. **2** (行為などが)理にかなった, 完璧な; (感情などが)もっともな: *righteous* indignation 当然の憤慨, 義憤.
ríght·eous·ly [～li] 副 正しく, 公正に.
ríght·eous·ness [～nəs] 名 [U] 公正, 正義.

right·ful [ráitfəl] 形 [限定用法]《格式》合法の, 正当な; 当然の.

right·ful·ly [ráitfəli] 副《格式》正しく, 合法的に; [文修飾] 当然のことながら.

right·hánd 形 [限定用法] **1** 右手の, 右側の, 右方の (↔ left-hand): a *right-hand* drive vehicle 右ハンドル車 / Take a *right-hand* turn. 右に曲がりなさい. **2** 右手による, 右手を使った;(人が)右利きの; 右手となる, 頼りになる: a *right-hand* man 腹心(の人).

ríght hánd 名 [C] **1** 右手, 右側. **2** 腹心.

*right·hánd·ed 形 **1** (人が)右利きの, 右手用の, 右手を使った (↔ left-handed): a *right-handed* person 右利きの人. **2** (ねじなどが)右巻きの, (錠などが)右回りの, 時計回りの, (ドアなどが)右開きの. — 副 右手で, 右方へ: write *right-handed* 右手で字を書く.

ríght-hánd·er [-hændər] 名 [C] 右利きの人;【野球】右腕投手;【ボクシング】右のパンチ[ブロー] (↔ left-hander).

right·ist [ráitist] 名 [C] 右翼[右派]の人, 保守派の人 (↔ leftist). — 形 右翼[右派]の, 保守派の.

*right·ly [ráitli] 副 **1** 正しく, 公正に;(事実に合って)正確に: judge the situation *rightly* 状況を正しく判断する. **2** [文修飾] 当然(のことながら), (…なのは)もっともに: It is *rightly* said that fact is stranger than fiction. 事実は小説よりも奇なりとはまったくもっともなことである. **3** [否定文で]《口語》正確には, はっきりとは: I don't *rightly* know whether … …かどうかはっきりとはわからない.

■ *ríghtly or wróngly* 真偽はともかく.

ríght-mínd·ed 形 (精神・心が) 正常な, 誠実な.

ríght·ness [ráitnəs] 名 [U] 公正; 正義; 適切.

ríght·o [ràitóu] 間《英口語》よろしい (all right).

ríght-of-wáy 名 (複 rights-of-way [ráits-], right-of-ways [～z]) **1** [U][C] (私有地などの)通行権; (交通・発言などの)優先権. **2** [C] 通行権のある道路; 鉄道用地; 送電線[パイプライン]用地.

ríght·ward [ráitwərd] 形 右側の, 右方向の (↔ leftward). — 副 右側に, 右方向に.

ríght-wíng 形 右翼の, 右派の, 保守党の;【スポーツ】右ウイングの (↔ left-wing).

ríght wíng 名 [C] 右翼, 右派, 保守派;【スポーツ】右ウイング, 右翼 (↔ left wing).

ríght-wíng·er 名 [C] 右翼[右派]の人;【スポーツ】右ウイング[右翼]の選手 (↔ left-winger).

*rig·id [rídʒid] 形 **1** (ものが) 堅い, (顔・体などが)[…で] 硬直した, こわばった (stiff) [*with*]: Her limbs went *rigid* with fear. 彼女は恐怖で手足がこわばった. **2** 頑固な, 融通の利かない; 厳しい, 厳格な: The school regulations are too *rigid*.

校則が厳しすぎる. (▷ 图 rigidity)
ri·gid·i·ty [ridʒídəti] 图 U **1** 堅いこと, 硬直; [物理] 剛性. **2** 厳格さ, 堅苦しさ. (▷ 形 rígid)
rig·id·ly [rídʒidli] 副 厳格に, 頑固に.
rig·ma·role [rígməròul] 图 U **1** [時に a 〜] 《口語》つまらない長話. **2** 煩雑な手続き.
*__rig·or__, 《英》**rig·our** [rígər] 图 **1** U《格式》厳格さ; 過酷さ: with *rigor* 厳格に. **2** [〜s] (寒さなどの) 厳しさ, (生活などの) 苦しさ. **3** U (学問などの) 厳密さ, 正確さ (exactness). **4** U [医] 悪寒.
◆ **rígor mórtis** [mɔ́ːrtis] U [医] 死後硬直.
*__rig·or·ous__ [rígərəs] 形 **1** (規則・人などが) 厳格な; (気候が) 厳しい, 厳しい: *rigorous* training 厳しい訓練. **2** 厳密な, 正確な.
rig·or·ous·ly [〜li] 副 厳しく, 過酷に; 厳密に.
rile [ráil] 他《口語》〈人〉を怒らせる.
*__rim__ [rím] 图 C **1** (丸いものの) 縁(ち), へり: the *rim* of a hat 帽子の縁. **2** (車輪などの) 枠, リム (→ BICYCLE 図). **3** (…の) 境界.
── 三単現 **rims** [〜z]; 過去・過分 **rimmed** [〜d]; 現分 **rim·ming** [〜iŋ]《文語》…に縁[枠]を付ける, …を縁どる.
rime [ráim] 图 U《文語》霜 (frost).
rim·less [rímləs] 形 (眼鏡などが) 縁(ち)なしの.
rind [ráind] 图 U C 果実・チーズなどの) 皮.

ring[1] [ríŋ]
── 图 動
── 图 (複 **rings** [〜z]) C **1** 輪, 環; 輪の形をしたもの; (土星の) 環: a rubber *ring* 輪ゴム / a key *ring* キーホルダー / a gas *ring*《主に英》ガスレンジの環状バーナー / form a *ring* 輪を作る; 指を丸めて輪を作る (◇すべて順調に進行していることを表す) / Let's dance in a *ring*. 輪になって踊ろう.

form a ring

2 指輪; 輪の形をした飾り《ブレスレット・イヤリングなど》: wear [put on] a *ring* 指輪をはめている [はめる] / a wedding [an engagement] *ring* 結婚 [婚約] 指輪. **3** (人・ものの) 輪; (サーカスなどの) 円形の舞台 [競技場]; (ボクシングの) リング. **4** (私利などを得るための) 徒党, 一味.
■ **rùn ríngs aròund** [ròund] ...《口語》…より速く走る; …にまさる.
── 他 **1** …を [で] 取り囲む; 丸で囲む [by, with]; 輪のような形にする: *Ring* the correct answer. 正しい答えを丸で囲みなさい (◇英米では正答には tick (✓) を付けるのが一般的). **2** 〈鳥〉に足輪をはめる. **3**《家畜》に鼻輪を付ける.
◆ **ríng bìnder** C リングバインダー《ルーズリーフをリングでとじるフォルダー》.
ríng finger C (特に左手の) 薬指《結婚指輪をはめる指; → HAND 図》.
ríng ròad C《英》環状道路 (《米》beltway).

ring[2] [ríŋ]
── 動
── 動 (三単現 **rings** [〜z]; 過去 **rang** [ráŋ]; 過分 **rung** [ráŋ]; 現分 **ring·ing** [〜iŋ])
── 自 **1** (鐘・ベルなどが) 鳴る; (声・音などが) […に]

鳴り響く [*in, through*]: The alarm clock *rings* at seven every morning. 目覚まし時計は毎朝7時に鳴る / The telephone's *ringing*. 電話が鳴っている / His laughter *rang through* the house. 彼の笑い声が家じゅうに響いた.
2 鐘 [ベル] を鳴らす; ベルを鳴らして […を] 呼ぶ [*for*]: I *rang* at the door, but there was no answer. 私はドアのベルを鳴らしたが返事はなかった / He *rang for* the secretary. 彼は (ベルを鳴らして) 秘書を呼んだ / She *rang for* tea. 彼女はお茶が欲しかったのでベルを鳴らした.
3《文語》(場所が) […で] 鳴り響く, 響きわたる; [評判などで] わき返る, 持ち切りである [*with*]: The stadium *rang with* cheers. 競技場は応援でどよめいた / The school *rang with* the joy of victory. 学校じゅうが勝利の喜びでわき返った.
4《英》電話をかける (call): We'd better *ring* for an ambulance. 電話をかけて救急車を呼んだほうがいい. **5** [ring + C] …の音(*ホ*)がする, …に […らしく] 聞こえる: His words *ring* true. 彼の言葉は本当らしく聞こえる. **6** 耳鳴りがする.
── 他 **1**〈鐘・ベルなど〉を**鳴らす**, 鳴らして […を] 呼ぶ [*for*]: I mounted the steps and *rang* the bell. 私は階段を上がってベルを鳴らした / He *rang* the bell *for* the nurse. 彼はベルを鳴らして看護師を呼んだ.

2〈鐘・ベルなどを鳴らして〉〈時刻・警報など〉を知らせる, 告げる: The clock was *ringing* the hour then. そのとき時計は (鐘を鳴らして) 時を告げていた.
3《英》…に電話をかける (call): She *rang* her husband's office. 彼女は夫の会社に電話をかけた / I'll *ring* you tonight. 今晩電話します.
4 …を高らかに言う, 響かせる: *ring* the good news よい知らせを言い広める.

[句動詞] **ring báck**《英》他 [ring back + O / ring + O + back] …に折り返し電話する (call back): I'll *ring* you *back* later. あとで電話をかけ直します. ── 自 折り返し電話する.
ríng ín 1《英》(会社などに) 電話連絡を入れる. **2** (タイムレコーダーで) 出社時刻を記録する. ── 他 [ring in + O / ring + O + in]〈新年など〉を鐘を鳴らして迎える (↔ ring out).
ríng óff 自《英》電話を切る (hang up).
ríng óut 自 **1** 鳴り響く, 響きわたる: A shot *rang out* in the forest. 森の中で1発の銃声が鳴り響いた. **2** (タイムレコーダーで) 退社時刻を記録する. ── 他 [ring out + O / ring + O + out] **1** (鐘・ベルなどが) …を知らせる, 告げる: The bell *rang out* the alarm. 鐘が警報を告げた.
2〈行く年など〉を鐘を鳴らして送る (↔ ring in).
ríng róund 自《英》(情報を得るため) 複数の人に電話をかける.
ríng úp 他 [ring up + O / ring + O + up]
1《英》…に電話をかける (《米》call up); ベル [鐘] を鳴らして〈人〉を呼ぶ: I was too busy to *ring* you *up*. 忙しくてあなたに電話をかけられなかった. **2**〈売上金〉をレジに記録する.
── 图 **1** C (鐘・ベル・電話などの) 鳴る音; 鳴らすこと: There was a *ring* at the door. 玄関のベルが鳴った.

ring·er [ríŋər] 名 C 1 鐘を鳴らす人; 振鈴装置. 2 (口語)(競技などの)[…の]替え玉 [for].
■ a déad ríngner for ... …にそっくりな人 [もの].
ring·ing [ríŋiŋ] 形 1 (音などが)鳴り響く, 響きわたる. 2 (声明などが)断固とした.
ring·lead·er [ríŋlìːdər] 名 C (悪事の)首謀者.
ring·let [ríŋlət] 名 C 1 [しばしば ~s] 巻き毛. 2 ジャノメチョウ科のチョウの総称.
ring·mas·ter [ríŋmæstər/-mɑːs-] 名 C サーカスの演出家 [演技主任].
ring·pùll 名 C (英) (缶などの) 口金, リングプル((米) tab).
ring·side [ríŋsàid] 名 1 C (ボクシングなどの)リングサイド, かぶりつき; (物事などが)よく見える場所. 2 [形容詞的に] (席などが)リングサイドの, 最前列の.
ring·worm [ríŋwəːrm] 名 U 【医】白癬(はくせん)(水虫・たむしなどの伝染性皮膚疾患).
rink [ríŋk] 名 C リンク((アイス[ローラー] スケート場・アイスホッケー場など)).
*****rinse** [ríns] 動 他 1 …をすすぐ, ゆすぐ (out); rinse (out) one's mouth うがいをする. 2 […から] (泥・せっけんなどを)洗い落とす [out of, from].
— 名 1 C すすぎ, ゆすぎ; すすぎ落とし. 2 C U リンス液; 毛染め剤; use a rinse on one's hair 髪をリンスする. 3 C 口腔(こうくう)用リンス液.
Ri·o de Ja·nei·ro [ríːou deɪ ʒənéɪrou / -də ʒəníə-] 名 固 リオデジャネイロ((ブラジル南部の港湾都市)).
Ri·o Gran·de [ríːou grænd(i)] 名 固 [the ~] リオグランデ川 ((米国とメキシコの国境を流れる川)).
*****ri·ot** [ráiət] 名 1 C 暴動, 騒動, 一揆(いっき); 【法】騒乱; crush [put down] a riot 暴動を鎮圧する / raise [cause] a riot 暴動を起こす / A riot broke out in the financial district. 金融街で暴動が起こった. 2 [単数形で] (感情・笑いなどの)激発; どんちゃん騒ぎ; 面白いもの [人]. 3 [a ~] (色彩などの)乱舞, ほとばしり; 多種多彩: a riot of color 《文語》色とりどり.
■ réad ... the ríot áct = réad the ríot áct to ... [しばしばこっけいに]〈人〉を厳しくしかる. (由来) 昔, 騒乱取締令を読み上げて暴徒に解散を命じた)
rùn ríot 1 騒ぎ [暴れ] 回る. 2 (想像などが)果てしなく広がる. 3 (植物が)咲き乱れる, はびこる.
— 動 自 暴動を起こす; 大騒ぎする.
◆ ríot police [the ~, 複数扱い] 機動隊.
ri·ot·er [ráiətər] 名 C 暴徒; 放蕩(ほうとう)者.
ri·ot·ous [ráiətəs] 形 1 暴動の, 暴動に加わった. 2 騒々しい; 放縦な; (はしゃぐほど)面白い. 3 多種多様な, 多彩な.
ri·ot·ous·ly [-li] 副 暴動を起こして.
*****rip** [ríp] 動 (三単現 rips [~s]; 過去・過分 ripped [~t]; 現分 rip·ping [~iŋ]) 他 …を引き裂く, 破る (up, off); はぎ取る: rip the letter open = rip open the letter 手紙を破いて開ける / I ripped the photo (off) from the book. 私は本からその写真を破り取った.
— 自 裂ける, 破れる: This notepaper rips easily. このメモ用紙はすぐ破れてしまう.
■ **lèt ríp** 《口語》〈人〉に暴言を吐く [at]; 思い切りやる.
lèt ... ríp 《口語》〈車・機械など〉のスピードをいっぱいに上げる, 全速を出させる.
ríp óff 他 《口語》 1 […から]…を盗む [from]; 〈人〉から盗む. 2 …から法外な料金を(だまし)取る.
◆ 名 C (シャツなどの) 裂け目, ほころび.
◆ ríp còrd (パラシュートの) 開き綱; (気球の急降下用) 引き裂き綱.
RIP, R.I.P. 《略語》= rest in peace 安らかに眠れ (◇墓碑銘に用いる).

ripe
[ráɪp]
【原義は「収穫に適した」】
— 形 (比較 rip·er [~ər]; 最上 rip·est [~ɪst])
1 (果物・穀物などが)熟した, 実った (→類義語); ripe grain 実った穀物 / The persimmons are not quite ripe yet. このカキはまだ完全に熟していない / Soon ripe, soon rotten. 《ことわざ》早く熟すと早く腐る ⇨ 大器晩成.
2 (人・考えなどが)円熟した, 成熟した: a ripe scholar 円熟した学者 / an engineer ripe in experience 経験豊かなエンジニア. 3 [比較なし; 叙述用法][…の・する]用意[準備]ができている, 機の熟した [for / to do]: Those plans are ripe for execution. その計画は実行に移す段階にある / The time is ripe to carry out our promise. 約束を果たす時が来た. 4 (チーズ・ワインなどが)熟成した, 食べ [飲み] 頃になった. 5 (においなどが)臭い, つんとくる. (▷ 動 rípen)

[類義語] ripe, mature, mellow
共通する意味▶熟した (fully grown and developed)
ripe は「果物・野菜・穀物などが熟している」の意. 比喩的に「人が円熟した, 機が熟した」こととも表す: ripe melons 熟したメロン / The time is ripe. 機は熟した. **mature** は「生物・知力などが完全に成長し, 発達した」ことを強調する: a mature thinker 円熟した思想家 / after mature consideration 熟慮の末に. **mellow** はよく熟した果物の持つ「柔らかさ, 芳醇(ほうじゅん)さ」などを暗示する: a mellow peach 熟した桃 / a mellow color [sound] 柔らかくて美しい色 [音].

*****rip·en** [ráɪpən] 動 自 1 (果実・穀物などが)熟す, 実る: Apples will ripen soon. リンゴはすぐに熟すだろう. 2 (人・心などが)円熟する.
— 他 …を熟させる: The sun ripens the corn. 太陽がトウモロコシを実らせる. (▷ 形 rípe)
ripe·ness [ráɪpnəs] 名 U 成熟; 円熟.
ríp-òff 名 C 《口語》盗み; 詐取; 暴利.
ri·poste [rɪpóust / -póst] 名 C 【フェンシング】 突き返し. 2 (格式) 即時の応答, しっぺ返し.
— 動 自 突き返す; (格式) 即座に言い返す.
*****rip·ple** [rípl] 名 C 1 さざ波, 小波; 波形 (の模

様); (髪の)ウェーブ: *ripples* in a pool 水たまりのさざ波. **2** さざ波のような音; (話し声などの)さざめき. **3** 波紋, 動揺.
—動 ⃝自 **1** さざ波が立つ; (小川などが)さらさら流れる. **2** (感情や効果が)波のように伝わる.
—⃝他 (水面などに)さざ波を立てる.
◆ rípple effèct ⃝C 波及効果.

ríp·róar·ing 形 《口語》騒々しい; 活気のある.

Rip Van Win·kle [ríp væn wíŋkl] 名 **1** ⃝C リップ=バン=ウィンクル (米国の物語の主人公. 20年間眠り続けた). **2** ⃝C 時代遅れの人,「浦島太郎」.

****rise** [ráiz]
動 名

① 上がる; 昇る. 1
② 起きる (上がる). 2
③ そびえ立つ; 上り坂になる. 3
④ (数・量が)増える. 4
⑤ 生じる, 起こる. 5

— 動 (三単現 **ris·es** [~iz], 過去 **rose** [róuz], 過分 **ris·en** [rízn], 現分 **ris·ing** [~iŋ])
—⃝自 **1** 上がる, 上昇する (*up*); (太陽・月が)昇る (↔ set): The warmer air *rises* up and the cooler comes down. 暖かい空気は上に昇り, 冷たい空気は下に降りてくる / The sun *rises* in the east and sets in the west. 太陽は東から昇り, 西に沈む / I found smoke *rising* from the building. 私はビルから煙が立ち昇るのに気づいた.
2 […から]起き (上が)る, 立ち上がる (*up*)[*from*]; 起床する: *rise from* the table (食事のあと)テーブルから立ち上がる / *rise* to one's feet (スピーチをするためなどに)立ち上がる / We *rose* at four in the morning. 私たちは朝の4時に起きた.
3 (山・建物などが)そびえ立つ; 上り坂になる, 高くなる: The tower *rose* before us. その塔が私たちの前にそびえ立っていた / That mountain *rises* 2,500 meters. あの山は高さが2,500メートルある / The road *rises* steeply a mile ahead. 道路は1マイル先で急な上り坂になっている.
4 (数・量が)増える, 上昇する; (水かさが)増す; […から/…へ]出世する, 昇進する (*from* / *to*): Prices have *risen* 5 percent this year. 今年は物価が5パーセント上昇した / The lake *rose* two meters after the typhoon. 台風のあと湖は2メートル増水した / He *rose* to the highest post. 彼は最高の地位に昇りつめた.
5 生じる, 起こる; 浮き上がる; (川などが)[…に]源を発する (*in*); (魚が)水面に浮上する: A slight misunderstanding *rose* between the two countries. 2国間にちょっとした誤解が生じた / Tears *rose* to her eyes. 彼女の目に涙が浮かんだ / The Tigris *rises* in the mountains of east Turkey. チグリス川はトルコ東部の山中に源を発する.
6 (風雨が)強まる; (音・声などが)高まる; (顔色が)赤くなる; (感情が)高まる (*up*) The wind *rose* toward evening. 夕方に風が出てきた / The speaker's voice *rose* as he went on. 講演者の声は話すうちに高くなった / I saw the color in her cheeks *rise* quickly. 彼女のほおが見る見る赤くなるのがわかった.
7 […に反抗して]立ち上がる, 反乱を起こす (*up*)[*against*]: The people *rose up against* the government. 民衆は政府に対して蜂起(ﾎ)した.
8 《文語》(議会などが)閉会する, 散会する (↔ sit): The court will *rise* at 3:30. 法廷は3時半に閉廷する. **9** […に]応じる, うまく対処する [*to*]: *rise to* the occasion その場の状況にうまく対処する.
10 (死などから)蘇生する [*from*]. **11** (髪の毛が)逆立つ. **12** (パン生地などが)膨らむ.
■ *ríse abòve ...* **1** …の上にそびえる. **2** …に超然としている, …を克服する.

—名 ⃝C **1** 上昇, 上がること (↔ fall): the *rise* of the moon 月の出 / the *rise* of an aircraft 航空機の上昇.
2 (数量・程度などの)増大, 増加, 上昇 (↔ fall): a *rise* in unemployment 失業者の増加 / a sudden *rise* in temperature 気温の急上昇.
3 《英》賃上げ, 昇給 (額) (《米》raise): ask for a 10% *rise* 10パーセントの賃上げを要求する.
4 上り坂; 高台; (階段の)1段分の高さ, 蹴(ｹ)り込み: There is a gentle *rise* in the road for three miles. その道は3マイルにわたってなだらかな上りになっている. **5** 出世, 昇進; 向上, 進歩: make a *rise* in life [in the world] 立身出世する / the *rise* of political consciousness 政治意識の高まり.
6 発生, 起源: Democracy took its *rise* in ancient Greece. 民主主義は古代ギリシャで興った.
■ *gèt* [*tàke*] *a ríse òut of ...* 《口語》〈人〉をからかって怒らせる.
gìve ríse to ... 《文語》〈特に悪いこと〉を起こす.
on the ríse 上昇 [増加] 中で.

****ris·en** [rízn] 動 rise の過去分詞.

ris·er [ráizɚ] 名 ⃝C **1** [形容詞を付けて] 起きるのが…の人: an early [a late] *riser* 早起き[朝寝坊] (の人). **2** 《建》(階段の)蹴(ｹ)り込み 《垂直面》.

ris·i·ble [rízəbl] 形 笑いものにされる; ばかげた.

ris·ing [ráiziŋ] 名 **1** ⃝U 起き上がること, 起床.
2 ⃝U (太陽・月などが)昇ること (↔ setting).
3 ⃝C 反乱, 蜂起(ｷ).
—形 [限定用法] **1** (太陽・月などが)上昇中の; 上り坂の; 増大 [増加] する: the *rising* sun 朝日.
2 新進の, 新興の, 発達中の. **3** [前置詞的に](年齢が)もうすぐ, ほとんど: He is *rising* twenty. 彼はもうすぐ20歳です. **4** 向上する.
◆ rísing dámp ⃝U 《英》(地面から伝わり壁などを腐らせる)湿気.
rísing generátion [the ~] 青年層.

****risk** [rísk]
名 動

—名 (複 **risks** [~s]) **1** ⃝C⃝U […の / …という]危険, 冒険, 賭(ｶ)け [*of* / *that* 節] (→ DANGER 類語): increase [decrease] a *risk* 危険を増す [減らす] / face a *risk* 危険に直面する / The *risk of* getting lung cancer is high among smokers. 肺癌(ｶﾞﾝ)にかかる危険性は喫煙者の間で高い / There is a *risk that* the typhoon will

hit Kyushu. 台風が九州を襲う危険がある.
2 [C]『…にとって』危険なこと『もの, 人』『to』: Smoking in public places is a *risk to* public health. 公共の場での喫煙は人々の健康を害する恐れがある. **3** [C]《保険》危険 (率); 被保険者 [物].
■ *at ány rísk* どんな危険を冒しても, どうしても.
at one's ówn risk 自分の責任において: Anyone swimming in this lake does so *at his or her own risk*. 《掲示》この湖では自分の責任において泳ぐこと.
at risk 危険な状態で, 危険にさらされて.
at the rísk of ... …を失う覚悟のうえで, …の危険を冒して: He saved the drowning child *at the risk of* his life. 彼は命の危険を冒してそのおぼれている子供を助けた.
rùn [tàke] a rísk = rùn [tàke] rísks 運を天に任せる, 危険を冒す.
rùn [tàke] the rísk of dóing …する危険を冒す: I can't *run the risk of contradicting* him. 私は彼に逆らうような危険は冒せない.
— [動] (他) **1**〈命など〉を賭ける, 〈危険〉を冒す, …を危険にさらす: She *risked* her life to save me. 彼女は私を助けるために自分の命を賭けた / It's foolish to *risk* money on gambling. ギャンブルに金を賭けるなんて愚かだ.
2 …を思い切ってやる, 覚悟のうえでやる: *risk* failure 失敗を覚悟のうえでやる.
◆ rísk màngement [U] 危機管理, リスクマネージメント.

rísk-tàk·ing [U] 承知の上で危険を冒すこと.

***risk·y** [ríski] [形] (比較 **risk·i·er** [~ər]; 最上 **risk·i·est** [~ist]) 危険な, 冒険的な: It is *risky* to swim in this river. この川で泳ぐのは危険です.
(▷ [形] **risk**).

risk·i·ly [~li] [副] 危険を冒して.

ri·sot·to [rɪsɔ́ːtou / -zɔ́t-] 《イタリア》[名] (複 **ri·sot·tos** [~z]) [U][C]《料理》リゾット《米と肉・野菜・チーズなどを煮込んだ料理 (飯)》.

ris·qué [rɪskéi / rískei] 《フランス》[形] (話・冗談などが) きわどい, わいせつすれすれの.

ris·sole [rísoul] [名] [U][C]《料理》リソール《ひき肉などを円形のパイ生地に詰め, 油で揚げたもの》.

***rite** [ráit] [名] [C](しばしば~s) (特に宗教上の) 儀式, 儀礼: marriage *rites* 結婚式 / a *rite* of passage 通過儀礼.
(▷ [形] **ritual**).

***rit·u·al** [rítʃuəl] [名][U][C] **1** 儀式, 祭礼, 式の挙行: go through [perform] a *ritual* 儀式を行う
2 (日常の) 決まりきった習慣, 日課.
— [形]《限定用法》儀式の, 祭礼の.
(▷ [名] **rite**).

rit·u·al·is·tic [rìtʃuəlístik] [形] 儀式的な; 儀式を重んじる.

ritz·y [rítsi] [形] (比較 **ritz·i·er** [~ər]; 最上 **ritz·i·est** [~ist])《口語》豪華な; 優雅な, しゃれた《◇豪華ホテル Ritz から》.

‡**ri·val** [ráivəl] [名] **1** [C]『…をめぐる / …での』競争相手, ライバル, 好敵手『for / in』: without a *rival* ライバル不在の, 無敵の / *rivals for* the world title 世界タイトルをかけたライバル / Who is his *rival in* the election? 選挙では誰が彼のライバルですか. **2** [C] 匹敵する人 [もの]. **3**[形容詞的に]競争相手の; 匹敵する: a *rival* company ライバル会社.
— [動] (過去・過分《英》**ri·valled**; 現分《英》**ri·val·ling**) (他) **1** …と『…をめぐって / …で』競争する, 対抗する『for / in』: The Mets are *rivaling* the Yankees for years. メッツは何年にもわたってヤンキースとライバル同士である. **2** …に『…において』匹敵する, 肩を並べる 『in, for』: No other animal can *rival* the cheetah *for* speed. どの動物もスピードではチータにかなわない.
(▷ [名] **rivalry**).

***ri·val·ry** [ráivəlri] [名] (複 **ri·val·ries** [~z]) [C][U] 対抗, 競争; 敵対関係.
(▷ [動] **rival**).

riv·en [rívən] [形]《格式》裂けた, 割れた; (国・組織などが) 分裂した.

******riv·er** [rívər]
【原義は「岸」】
— [名] (複 **ri·vers** [~z]) [C] **1** 川 (《略語》R.; → 類義語): Deep *rivers* flow silently. 深い川は静かに流れる / The Tone *River* flows into the Pacific. 利根川は太平洋に注ぐ / Let's go fishing in the *river*. 川に魚釣りに行こう.
[語法] (1) 川の名を表すとき, 《米》では the ... River, 《英》では the River ... と言う: the Mississippi *River* ミシシッピ川 / the *River* Thames テムズ川.
(2) 川の名称であることが明らかな場合は River を省略できる.
2 [C](川のような) 流れ: a *river* of lava 溶岩流.
3 [形容詞的に] 川の, (動植物などが) 川に生息する.
■ *séll ... down the ríver*《口語》…を裏切る.

[類義語] **river, stream, brook**
共通する意味▶川 (a large amount of water flowing across the land between two banks)
river は, 通例「海・湖にじかに流れ込む大きな川」をさす: This *river* empties into the sea. この川は海に注ぐ. **stream** は通例 river より「小さな川」をさす: He jumped over the *stream*. 彼はその小川を跳び越えた. **brook** は「より大きな川に合流するまでの流れ」をさし, しばしば詩に用いられる: There are trout in this *brook*. この川にはマスがいる.

riv·er·bank [rívərbæŋk] [名] [C] 川岸, 土手.

riv·er·bed [rívərbèd] [名] [C] 川底, 河床.

***riv·er·side** [rívərsàid] [名] (the ~) 川岸; [形容詞的に] 川辺の: a *riverside* hotel 河畔のホテル.

riv·et [rívət] [名] [C] リベット《金属板に使う鋲(びょう)》.
— [動] (他) **1** …をリベットで接合する. **2** [通例, 受け身で] 〈注意など〉を『…に』集中する, くぎ付けにする 『on, to』.

riv·et·ing [rívətiŋ] [形]《口語》(くぎ付けになるほど) とても面白い.

Riv·i·er·a [rìviéərə] [名] (固) (the ~) リビエラ《イタリア北西部の地中海沿岸地帯で, 景勝の保養地》.

riv·u·let [rívjələt] [名] [C] 小川.

Ri·yadh [riːjáːd / riːǽd] [名] (固) リヤド《サウジアラビアの首都》.

rm. 《略語》= room 部屋.
Rn 《元素記号》= radon ラドン.
RN 《略語》= Royal Navy 英国海軍.
RNA 名 U 《生化》リボ核酸《生物の細胞核にあり、たんぱく質合成に関与する; ribonucleic acid の略》.
roach¹ [róutʃ] 名 (複 roach, roach·es [~iz]) C 《魚》ローチ《ヨーロッパ・北米産のコイ》.
roach² 名 C《米口語》ゴキブリ (cockroach).

***road [róud]
【原義は「馬で旅行すること」】
—名(複 roads [róudz]) **1** C 道路, 車道 (→ 類義語); [形容詞的に] 道路 (上) の: a busy *road* 交通の激しい道路 / a gravel [paved] *road* 砂利 [舗装した] 道 / a mountain *road* 山道 / a trunk [main] *road* 幹線道路 / a toll *road* 有料道路 / a *road* accident 路上事故 / *Roads* to central Tokyo are often crowded. 都心 [東京の中心部] に向かう道路はしばしば渋滞する.
2 [R-] …街道, …通り (《略記》Rd.): the London *Road* ロンドン街道 / Tottenham Court *Road* トッテナムコート通り.
3 C [目的などへの] 道, 方法, 手段 [*to*]: There is no golden *road* to success. 成功に至る王道はない / All *roads* lead to Rome. 《ことわざ》すべての道はローマに通ず ⇒ 目的が同じでも方法はさまざまである. **4** C 《米》 鉄道 (railroad).
■ *by róad* 道路を利用して, 陸路で, 車で: It takes ten hours *by road*. 車 [陸路] で10時間かかる.
hít the róad《口語》旅に出る.
on the róad **1** (車で) 旅行中で. **2** (劇団などが) 巡業中で; (野球チームなどが) 遠征に出て. **3** [成功などへの] 途上で [*to*].
◆ *róad gàme* C ロードゲーム, 遠征試合.
róad hòg C《口語・軽蔑》乱暴な運転手.
róad màp C 道路地図.
róad sìgn C 道路標識.
róad tàx U《英》自動車税.
róad tèst C 路上テスト《新車の性能をテストする》.

類義語 **road, street, avenue, highway**
共通する意味▶道 (an open way for public passage)
road は「道路」の意を表す最も一般的な語: The *road* runs along the bank of the river. その道路は川岸に沿って走っている. **street** は両側または片側に建物が立ち並んだ「街路」をさす: He likes strolling the *streets* late at night. 彼は夜中に街をぶらつくのが好きです. **avenue** は「都市の主要な街路」をさす.《米》では縦横に交差する街路の一方を Avenue, 他方を Street と言うことが多い: Fifth *Avenue* in New York ニューヨークの5番街. **highway** は「都市と都市を結ぶ幹線道路」をさす: Thanks to the new *highway*, we can get there in no more than two hours. 新しい幹線道路のおかげで2時間足らずでそこへ行ける.

---

road·block [róudblàk / -blɔ̀k] 名 C《検問などのための》バリケード;《米》(一般に) 障害物, 妨害.
road·house [róudhàus] 名 (複 road·hous·es [-hàuziz]) C《米》ロードハウス《市街地をはずれた幹線道路沿いにあるドライブイン・ナイトクラブ・酒場》.
road·show [róudʃòu] 名 C《劇団・バンドなどの》地方興業, 地方巡業;《販売促進・選挙などの》巡回キャンペーン;《新作映画の》ロードショー.

*road·side [róudsàid] 名 C [the ~] 道端, 道路わき, 路傍; [形容詞的に] 道端の: a *roadside* restaurant 道路沿いのレストラン.
road·ster [róudstər] 名 C《古風》ロードスター《2人乗りのオープンカー》.
road·way [róudwèi] 名 C [通例 the ~] 道路, (特に) 車道.
road·work [róudwə̀ːrk] 名 **1** U 路上トレーニング, ロードワーク. **2** [~s]《英》道路工事.

*roam [róum] 動 (自) [場所を] ぶらつく, 歩き回る; 放浪する [*about, through*]: He *roamed about* his hometown. 彼は故郷の町をぶらついた.
—(他) …をぶらつく, 歩き回る; 放浪する.
roan [róun] 名 C (白に黒や茶の混じる) あし毛の馬; [形容詞的に] (馬・牛が) あし毛の.

***roar [rɔ́ːr]
名 動 C
—動 (三単現 roars [~z]; 過去・過分 roared [~d]; 現分 roar·ing [rɔ́ːriŋ])
—(自) **1** (猛獣が) ほえる; (海・風などが) ごうごうと音を立てる; (雷・大砲などが) とどろく, 鳴り響く: We heard a lion *roar*. 私たちはライオンがほえる声を聞いた / Thunder *roared* through the night. ひと晩じゅう雷が鳴り響いた.
2 大声を出す, わめく, どなる; 大声で笑う [泣く]: The audience *roared* with laughter at his jokes. 聴衆は彼のジョークにどっと笑った.
3 (車などが) ごう音を立てて走る: A car *roared* past me. 車が私のそばをごう音を立てて走り去った.
—(他) …を大声で言う, 叫ぶ (*out*).
■ *róar … dówn* …をやじり倒す.
—名 C **1** (猛獣の) うなり声, ほえ声;(人の) 大きな笑い声, どなる声; どよめき: *roars* of laughter どっと起こる笑い声. **2** (海・風などの) ごう音, とどろき: We heard the *roar* of the waves. 私たちは波のとどろきを聞いた.

roar·ing [rɔ́ːriŋ] 形 **1** [限定用法] ほえる; 騒々しい. **2**《口語》活発な; 盛んな; [副詞的に] とても, ひどく.

*roast [róust] 動 (他) **1** (直火・オープンなどで) 〈肉など〉を焼く, あぶる, 蒸し焼きにする (→ BAKE 類義語): *roast* meat 肉を焼く. **2** 〈豆など〉を炒(い)る: *roast* coffee beans コーヒー豆を炒る. **3** (火にあたって) 〈手など〉を暖める; (日光で) 〈体〉を焼く.
4《口語》…を非難する, こき下ろす.
—(自) **1** 焼ける, あぶられる: The beef was *roasting* nice and good in the oven. 牛肉がオーブンの中でおいしそうに焼けていた. **2** (豆などが) 炒(い)られる. **3** (火にあたって) 暖かくなる. **4** (焼けるように) 暑く [熱く] なる, ほてる.
—名 **1** C 焼き肉, ロースト (用の肉). **2** C《米》(焼き肉などをする) 野外パーティー. **3** [形容詞的に] 焼いた, あぶった: *roast* beef ローストビーフ.
roast·ing [róustiŋ] 形 焼きつくほど暑い [熱い]; [副詞的に] 焼きつくほど暑く [熱く].

— [名] **1** [U] 焼く[あぶる]こと. **2** [a ～]《口語》非難, 叱責(しっせき): get a *roasting* 大目玉をくらう.
■ ***gíve ... a góod* [*réal*] *róasting*** 《口語》〈人〉をしかり飛ばす; こき下ろす.

***rob** [rάb / rɔ́b]
【原義は「引きはがす」】
— [動] (三単現 **robs** [～z]; 過去・過分 **robbed** [～d]; 現分 **rob·bing** [～iŋ])
— [他] **1** 〈人・場所〉から〔…を〕**奪う**, 強奪する〔*of*〕(◇ steal と異なり「力ずくで奪う」ことを表す): *rob* a bank 銀行強盗をする / They *robbed* her *of* her purse. ＝She was *robbed of* her purse by them. 彼らは彼女からハンドバッグを奪った (◇受け身では, 奪われる人・場所が主語になる) / The burglar *robbed* the jewelry shop *of* its jewels last night. どろぼうは昨夜その宝石店を襲って宝石を奪った.
2 …から〔能力・権利などを〕奪う, 失わせる〔*of*〕: The traffic noise *robbed* me *of* my sleep. 交通騒音のために私は眠れなかった / Confusion *robbed* her *of* her judgment. 混乱して彼女は判断ができなかった. **3** 《口語》[通例, 受け身で]…に(不当な値段を)ふっかける.
— [自] 強盗を働く, 強奪する.
■ ***ròb Péter to pày Pául*** 借金をして借金を払う. (▷ [名] rόbbery)

***rob·ber** [rάbər / rɔ́bə] [名] [C] 強盗 (◇人), どろぼう (→ THIEF [関連語]): armed *robbers* 武装した強盗 / a band [gang] of *robbers* 強盗の一味.

*__rob·ber·y__ [rάbəri / rɔ́b-] [名] (複 **rob·ber·ies** [～z]) [U] [C] 強盗 (事件), 強奪; 〖法〗強盗罪: commit *robbery* 強盗を働く. (▷ [動] rób)

***robe** [róub] [名] **1** [C] ローブ《裾(すそ)まであるゆったりした上着》; バスローブ (bathrobe); 《主に米》部屋着, ガウン (《主に英》dressing gown). **2** [C] [しばしば ～s] 礼服, 官服, 法衣: Judges wear black *robes* in court. 裁判官は法廷で黒い法服を着る.

Rob·ert [rάbərt / rɔ́b-] [名] [固] ロバート (◇男性の名; 《愛称》Rob, Bob, Bobby, Robin).

*__rob·in__ [rάbin / rɔ́b-] [名] [C] 〖鳥〗 **1** 《英》**ヨーロッパコマドリ**, ロビン《ヒタキ科の小鳥. 胸が赤く robin redbreast, redbreast とも言う; 英国の国鳥》. **2** 《米》コマツグミ《北米産でロビンより大型》.

Rób·in Hòod [rάbin hùd / rɔ́bin-] [名] [固] ロビン＝フッド《12世紀頃の英国の伝説的義賊. 緑の服を着た弓の名手》.

Rob·in·son Cru·soe [rάbinsən krúːsou / rɔ́b-] [名] [固] ロビンソン＝クルーソー《英国の小説家デフォー作『ロビンソン漂流記』の主人公. 難破して無人島で何年も暮らした》.

***ro·bot** [róubαt / -bɔt] [名] [C] **1** ロボット: industrial *robots* 産業用ロボット. **2** 《通例, 軽蔑》機械的に働く人, 命令通りにしか働かない人.

ro·bot·ics [roubάtiks / -bɔ́t-] [名] [U] [単数扱い] ロボット工学.

*__ro·bust__ [roubʌ́st, róubʌst] [形] **1** (肉体的に) **たくましい**; (精神的に) 強い, くじけない; (ものが) 頑丈な, 壊れにくい: Even at the age of seventy he was physically *robust*. 彼は70歳になってもたくましかった. **2** (視点・意見などが) 確固とした; (話し方などが) 決然とした, 荒っぽい. **3** (仕事などが) 力のいる.
ro·bust·ly [～li] [副] たくましく, 頑健に.
ro·bust·ness [～nəs] [名] [U] たくましさ, 頑健さ.

****rock**[1] [rάk / rɔ́k]
— [名] (複 **rocks** [～s]) **1** [U] **岩**, 岩盤; [C] 岩石, 岩山: The cliff was made of *rock*. その崖(がけ)は岩でできていた / A large *rock* fell down on the road below. 大きな岩が下の道路に落ちた.
2 [C] 《米》小石, 石ころ (stone): They are throwing *rocks* at an empty can. 彼らは空き缶めがけて石を投げている. **3** [C] [しばしば ～s] 暗礁, 岩礁: The ship struck a *rock* near the shore. その船は海岸近くで暗礁に乗り上げた.
4 [U] 《英》棒状のあめ菓子 (《米》rock candy).
5 [C] [通例 ～s] 《口語》ダイヤモンド.
■ ***(as) fírm* [*sólid*] *as a róck*** とても堅固な; 頼りになる.
on the rócks **1** 座礁して. **2** 《口語》行き詰まって; 破産して: His business is *on the rocks*. 彼の事業は行き詰まっている. **3** 《口語》(ウイスキーなどに氷だけを入れた) オンザロックの.
(▷ [形] rócky)
◆ **róck càke** [C] 《英》ロックケーキ《表面がごつごつした堅いケーキ》.
róck càndy [U] 《米》氷砂糖; 棒状のあめ菓子.
róck crỳstal [U] (無色の) 水晶.
róck gàrden [C] ロックガーデン《岩石の間に草花を植えた庭》; 石庭.
róck sàlt [U] 岩塩.

*__rock__[2] [動] [他] **1** …を (前後・左右に) **揺らす**, 揺り動かす: She was *rocking* her baby to sleep. 彼女は赤ん坊を揺り動かして寝かしつけた / He sat *rocking* himself in the chair. 彼はいすに座って体を揺り動かしていた. **2** …を動揺させる, 驚かす: The bribery case *rocked* the government. その収賄事件は政府を動揺させた.
— [自] **1** (前後・左右に) **揺れる**, (地震・爆発などで) 振動する: The boat *rocked* a great deal. 船は大きく揺れた / He *rocked* with laughter. 彼は腹をかかえて笑った. **2** ロックに合わせて踊る.
— [名] **1** [U] ＝**róck mùsic ロック音楽** (➡次ページ [PICTURE BOX]). **2** [U] ロックンロール (→ ROCK'N'ROLL). **3** [U] [C] 揺れ, 動揺.
◆ **rócking chàir** [C] 揺りいす.
rócking hòrse [C] 揺り木馬.

rock·a·bil·ly [rάkəbìli / rɔ́k-] [名] [U] ロカビリー《1950年代に流行したロックンロール》.

róck-and-róll [名] ＝ROCK'N'ROLL (↓).

róck-bót·tom [形] (価格などが) 最低の, どん底の; 根本の, 基本の.

róck bóttom [名] [U] 《口語》最低, どん底.

róck-clìmb·ing [名] [U] ロッククライミング, 岩登り.

Rock·e·fel·ler [rάkəfèlər / rɔ́k-] [名] [固] ロックフェラー John Davison [déivisən] Rockefeller《1839-1937; 米国の実業家. 大財閥を築き上げた石油王で, ロックフェラー財団の設立者》.
◆ **Róckefeller Cénter** [固] ロックフェラーセンター《米国 New York 市 Manhattan にある高層ビル

の林立する商業・娯楽エリア).
rock·er [rákər / rókə] 名 C **1** 揺れる[揺らす]もの. **2** 揺り子《揺りいすなどの弓形の底木》; 揺りいす (rocking chair). **3** ロック歌手; ロックの曲.
■ *off one's rócker*《口語》頭がおかしな.
rock·er·y [rákəri / rók-] 名 (複 **rock·er·ies** [~z]) C 岩石庭園, ロックガーデン (rock garden).
‡**rock·et** [rákit / rók-] 名 動
— 名 (複 **rock·ets** [-kits]) C **1** ロケット; ロケット兵器《爆弾・ミサイルなど》: a space *rocket* 宇宙ロケット / a *rocket* bomb ロケットミサイル(弾) / launch a *rocket* ロケットを打ち上げる.
2 打ち上げ花火; のろし: fire a *rocket* 花火を打ち上げる.
3 [a ~]《英口語》厳しい叱責(ú), 大目玉.
— 動 自 **1**《物価などが》急上昇する, 急騰する (*up*): The prices are *rocketing*. 物価が急騰している. **2**《副詞(句)を伴って》大急ぎで行く: *rocket* home after school 放課後家に大急ぎで帰る.
◆ **rócket bàse** C ロケット基地.
rócket làuncher C ロケット発射台.
Rock·ies [rákiz / rók-] 名 圏 [the ~] ロッキー山脈 (Rocky Mountains).
rock'n'roll [rákənróul / rók-] 名 U ロックンロール《黒人のリズムアンドブルース (R & B) をもとに白人のカントリーミュージックの要素を加えた音楽》.
‡**rock·y** [ráki / róki] 形 (比較 **rock·i·er** [~ər]; 最上 **rock·i·est** [~ist]) **1** 岩だらけの; 岩でできた: a *rocky* path 岩だらけの道. **2** 岩の多い. **3**《口語》困難の多い. (▷ 名 rock¹)
Róck·y Móuntains [ráki- / róki-] 名 圏 [the ~; 通例, 複数扱い] ロッキー山脈 (Rockies)《北米西部を縦断する大山脈》.

ro·co·co [rəkóukou] 名 **1** U ロココ様式《18世紀フランスを中心に流行した装飾様式》. **2** [形容詞的に] ロココ式の;《装飾》ごてごてした.
‡**rod** [rád / ród] 名 C **1**《細長い》棒, さお: a fishing *rod* 釣りざお. **2**《棒状の》むち; [the ~] むち打ち, おしおき: Spare the *rod* and spoil the child.《ことわざ》むちを惜しめば子供はだめになる.
3 ロッド《◇長さの単位; 1ロッド=5.029 m;《略語》rd.》. **4** 細くてまっすぐな枝.
‡**rode** [róud] (☆ 同音 road)
動 **ride** の過去形.
ro·dent [róudənt] 名 C 【動物】齧歯(ヅ)類の動物《ネズミ・リスなど》.
ro·de·o [róudiòu, roudéiou] 名 (複 **ro·de·os** [~z]) C ロデオ《荒馬を乗りこなしたり, 投げ縄で牛を捕らえる競技会》.
Ro·din [roudæn / róudæn] 名 圏 ロダン Auguste [ɔ:gíst, -gúst] Rodin《1840–1917; フランスの彫刻家》.
roe¹ [róu] 名 U C 魚卵, はららご (hard roe); しらこ (soft roe) (→ egg¹ 関連語).
roe² 名 (複 **roes** [~z], **roe**) C = **róe déer** 【動物】ノロ, ノロジカ《アジア・ヨーロッパ産の小型のシカ》.
Roent·gen [réntgən / rónt-] 名 **1** 圏 レントゲン Wilhelm Konrad [vílhelm kánræd / -kón-] Roentgen《1845–1923; X線を発見したドイツの物理学者》. **2** C [時に r-] 【物理】レントゲン《◇X線などの照射線量単位》; [形容詞的に] X線の: *Roentgen* rays X線.
rog·er [rádʒər / ródʒə] 間 **1**《無線通信で》了解. **2**《口語》よし, オーケー.
***rogue** [róug] 名 C **1**《しばしばこっけい》いたずらっ子: You little *rogue*, where are my slippers? こら, スリッパをどこへやった. **2**《古風》悪

PICTURE BOX rock

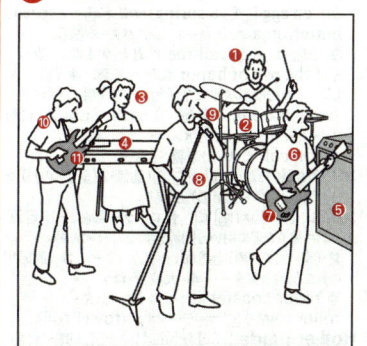

❶ drummer ドラマー ❷ drums ドラム
❸ keyboardist キーボーディスト ❹ keyboard キーボード ❺ amplifier アンプ ❻ bassist ベーシスト ❼ bass ベース ❽ vocalist ボーカリスト ❾ microphone マイク ❿ guitarist ギタリスト ⓫ guitar ギター

sing a song (歌を歌う)

sing in harmony (ハーモニーをつけて歌う)

shout the words (叫ぶように歌う)

pluck[pick] the strings (弦をつま弾く)

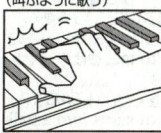

strike the keys (けん盤をたたく)

beat[strike] the drum (ドラムをたたく)

党, ごろつき. **3**《大量生産品の内の》不良品.
― 形 [限定用法]《動物が》群れを離れた;《人が》一匹おおかみの, はぐれ者の.

◆ rógues' gállery C《警察の》犯罪者写真台帳; 悪党一味.

rógue státe C ならず者国家《米国がテロ支援国家をさして用いた》.

ro·guish [róugiʃ] 形 **1** いたずらっぽいな, おちゃめな. **2** 悪党っぽい, 無頼の.
ro·guish·ly [～li] 副 いたずらっぽく.

ROK [rák / rɔ́k]《略語》= the *R*epublic *o*f *K*orea 大韓民国 (→ KOREA).

***role** [róul] (☆ 同音 roll)
― 名 (複 roles [～z]) C **1** 役割, 任務 (function): take [fulfill] the *role* of ... ...の役を引き受ける [果たす] / He played an important *role* in carrying out the plan. 彼はその計画を遂行するうえで大切な役割を果たした.
2《劇の》役, 配役: the leading *role* 主役 / play the *role* of Macbeth マクベスの役を演じる.

◆ róle mòdel C 手本になる人物.

róle-pláy·ing 名 U《心理·教育》役割演技, ロールプレイ.

***roll** [róul] (☆ 同音 role) 動 名【基本的意味は「回転する (turn over and over)」】
― 動 (三単現 rolls [～z], 過去·過分 rolled [～d], 現分 roll·ing [～iŋ])
― 自 **1** [副詞 (句) を伴って]《球·車輪などが》転がる, 転がって進む;《人·動物が》転げ回る;《涙などが》流れる: A big barrel *rolled* down the slope. 大きなたるが坂道を転がり落ちた / The dog is *rolling* about on the grass. 犬が草の上を転げ回っている / Sweat *rolled* down my forehead. 汗が私の額を流れ落ちた.
2 [副詞 (句) を伴って]《車などが》進んで行く;《人が車などに乗って》行く: The street car *rolled* past the houses. 路面電車が家々の前を通り過ぎた / We *rolled* along in the sightseeing carriage. 私たちは観光馬車に揺られて行った.
3《船·飛行機などが》横揺れする (↔ pitch);《人が》よろよろ歩く: The boat *rolled* furiously in the storm. 船はあらしの中で激しく横揺れした.
4《波などが》うねる, うねり流れる;《土地が》起伏する: Waves were *rolling* onto the beach. 波が浜辺に打ち寄せていた.
5《糸·紙などが》丸くなる: A dried squid *rolls* (up) when put over a fire. するめは火にあぶると丸くなる. **6**《雷が》ごろごろ鳴る;《太鼓が》どんどん鳴る: The thunder *rolled* in the distance. 遠くで雷鳴がとどろいた. **7**《月日が》過ぎ去る, たつ (*on, by*). **8**《カメラ·輪転機などが》回る. **9**《驚いたり不快なときに》《目が》ぎょろぎょろ動く.
― 他 **1** ...を転がす, 回す: *roll* a barrel たるを転がす / He *rolled* the ball to me. 彼はボールを私の方へ転がした.

2《ものを》[円筒形·球形に]巻く, 丸める [*into*]; [...にくるむ [*in*]: *roll* a lump of snow *into* a ball 雪のかたまりを丸めて玉を作る / *roll* oneself *in* a blanket 毛布にくるまる.

3《地面など》を (ローラーで) ならす;《めん棒で》延ばす: *roll* the ground 地面にローラーをかける. **4**《目》をぎょろぎょろ動かす: *roll* one's eyes 眼をぎょろつかせる. **5**《船など》を横揺れさせる. **6**《音·言葉》を響かせる;《太鼓など》をどんどん鳴らす. **7**《カート》などを押して動かす. **8**《映画の撮映機》を回す. **9** 巻き舌で発音する.

[句動詞] **róll báck 他** [roll back + O / roll + O + back] **1**《時·傾向など》を逆戻りさせる;《敵》を後退させる: *roll back* the enemy 敵を撃退する. **2**《米》《物価など》を抑える.

róll dówn 他 [roll down + O / roll + O + down] **1**《窓など》をハンドルを回して下ろす. **2**《巻いたもの》を広げる.

róll ín 自 1 どんどん集まる, 殺到する. **2**《遅れて》ぶらりと入って「やって] 来る.

róll óut [roll out + O / roll + O + out] **1**《練り粉など》を延ばす;《じゅうたんなど》を広げる. **2** ...を大量に作り「売り]出す. ― 自 転がり出る; (ベッドから) 起き出す.

róll óver 自 1 (ごろごろ) 転がる. **2** 寝返りをうつ;《車などが》反転する. ― 他 [roll over + O / roll + O + over] ...を転がす, 倒す.

róll úp [roll up + O / roll + O + up] **1** ...を巻く, 巻き上げる; まくり上げる: *roll up* a sheet of paper 紙をくるくる巻く. **2**《体》を丸くする. **3**《人が車で》やって来る, 現れる;《車が》やって来る: She *rolled up* thirty minutes late. 彼女は30分遅れてやって来た.

■ **be rólling in móney** [it]《口語》大金がある.

Róll ón ... !《英》...よ, 早く来い: *Roll on* Christmas! クリスマスよ, 早く来い.

― 名 C **1** ひと巻き, 巻いたもの: a *roll* of wallpaper 壁紙ひと巻き / three *rolls* of toilet paper トイレットペーパー3個.
2 巻いて作ったもの [料理]; ロールパン (→ BREAD 図): an egg [《英》a spring] *roll* 春巻き / spread butter on a *roll* ロールパンにバターを塗る.
3 出席簿, 名簿: call the *roll* 出欠を取る, 点呼する / the *roll* of honor 戦死者名簿. **4**《船の》横揺れ;《飛行機が水平に飛びながらの》横転;《歩くときの体の》揺さぶり. **5**《波の》うねり,《土地の》起伏;《雷·太鼓などの》とどろき. **6** 回転, 転がり.

◆ róll càll C U 出席調べ, 点呼.

roll·back [róulbæk] 名 C《物価·賃金などの》引き下げ;《政治体制などの》逆戻り.

***roll·er** [róulər] 名 C **1** ローラー《地ならし·印刷·ペンキ塗りなどに用いる円筒形のもの》; めん棒.
2《掛け図などの》巻き軸; ヘアカーラー. **3**《運搬用の》ころ, キャスター. **4** 大波, 寄せ波.

◆ róller còaster C ジェットコースター.

róller tòwel C ローラータオル (towel roll).

Roll·er·blade [róulərblèid] 名 C《通例 ～s》《商標》ローラーブレード《ローラースケートの一種》.

róll·er-skàte 自 ローラースケートをする.

◆ róller-skàting U ローラースケート.

róller skàte 名 C《通例 ～s》ローラースケート靴.

rol·lick·ing [rálikiŋ / ról-] 形 [限定用法]《古風》陽気な, はしゃいだ.

roll·ing [róuliŋ] 名 U **1** 転がり, 回転. **2**《船の》

横揺れ. **3** (波の)うねり; (地面の)ゆるやかな起伏. **4** 雷鳴.
　―形 **1** 転がる, 回転する. **2** よろめく. **3** 《限定用法》(波が)うねる; (地面が)ゆるやかに起伏している. **4** (雷などが)とどろく.
◆ **rólling míll** C 圧延機《工場》.
rólling pín C めん棒, のし棒.
rólling stòck U 《集合的に》(鉄道の)車両.
rólling stóne C 転がる石;《職業・住居などをよく変える人, 一か所に長くとどまらない人》: A *rolling stone* gathers no moss. 《ことわざ》転石苔(こけ)むさず(→ GATHER 働 ①).
róll-òn róll-òff 形《限定用法》《英》自動車に乗ったまま乗船[列車に乗車] できる.
Rolls-Royce [róulzrɔ́is] C 《商標》ロールスロイス《英国の高級自動車》.
róll-tòp désk C ロールトップデスク《巻き込み式のふたが付いた机》.
ro·ly-po·ly [róulipóuli] 形《口語》(人が)丸々と太った.
　―名 (複 **ro·ly-po·lies** [~z]) **1** C U = róly-poly púdding《英》《ジャム入りの》渦巻き状のプディング. **2** C《口語》丸々と太った人.
ROM [rάm / rɔ́m] C《コンピュータ》ロム, 読み出し専用メモリー《◇ *read-only memory* の略》.
*__Ro·man__ [róumən] 形 **1** 古代ローマ(帝国)の;(古代)ローマ人の;(現代の)ローマの. **2** = Róman Cátholic(ローマ)カトリック教会の. **3** [r-]《活字が》ローマン体の.
　―名 **1** C《古代》ローマ人;(現代の)ローマ市民. **2** C = Róman Cátholic(ローマ)カトリック教徒. **3** C[r-]ローマン体活字. (▷ 名 Róme)
◆ **Róman álphabet** [the ~] ローマ字.
Róman Cátholic Chúrch [the ~] (ローマ)カトリック教会.
Róman Cátholicism U (ローマ)カトリック教.
Róman Émpire 固 [the ~] ローマ帝国《古代ヨーロッパの大帝国 (27 B.C. –395 A.D.)》.
Róman nóse C ローマ鼻, 鼻筋の高い鼻.
Róman númeral C ローマ数字 (→ NUMBER 表).
***ro·mance** [rouméns, róuməns] 名 **1** U 恋愛, ロマンス; 情事: a holiday *romance* 休暇中の情事. **2** C 空想 [冒険] 小説; 恋愛小説. **3** C (ロマンス語で書かれた中世の)騎士道物語. **4** U ロマンチックな雰囲気. **5** C 作り話, 夢物語.
　―動 **1** 作り話をする[書く]; ロマンチックに考える, ほらを吹く. **2** […と]恋仲になる [*with*].
　―他 …に求愛する. (▷ 形 romántic)
Ro·mance [rouméns, róuməns] 形 ロマンス語(系)の.
◆ **Rómance lánguages** [the ~] ロマンス語《ラテン語から分化した諸言語. フランス語・スペイン語・イタリア語・ポルトガル語・ルーマニア語など》.
Ro·man·esque [ròumənésk] 名 U ロマネスク様式の《11-12 世紀のキリスト教美術・建築様式》.
　―形 ロマネスク様式の.
Ro·ma·ni·a [rouméiniə] 名 固 ルーマニア《バルカン半島北東部の共和国;首都ブカレスト (Bucharest)》.

Ro·ma·ni·an [rouméiniən] 形 ルーマニアの; ルーマニア人[語]の.
　―名 **1** C ルーマニア人. **2** U ルーマニア語.
***ro·man·tic** [rouméntik] 形 **1** 空想的な, 夢のような, ロマンチックな;《時に軽蔑》非現実的な, ばかげた: *romantic* music ロマンチックな音楽. **2** 恋愛の, 恋愛に関する: a *romantic* novel 恋愛小説. **3**《しばしば R-; 限定用法》《芸》ロマン派 [主義]の.
　―名 **1** C ロマンチックな人, 夢想家.《比較》「ロマンチスト」は和製英語》 **2**《しばしば R-》ロマン派 [主義] の芸術家 [作家]. (▷ 名 románce)
ro·man·ti·cal·ly [rouméntikəli] 副 空想的に, ロマンチックに; 現実を離れて.
ro·man·ti·cism [rouméntəsìzəm] 名 U
1《しばしば R-》ロマンチシズム, ロマン主義《18-19 世紀の芸術・政治思潮》. **2** 空想的な気分 [傾向].
ro·man·ti·cize [rouméntəsàiz] 動 他《通例, 軽蔑》…を空想的 [ロマンチック] に表現する;(実際よりも)魅力的に語る.
Rom·a·ny [rάməni / rɔ́m-] 名 (複 **Rom·a·nies** [~z]) **1** C ロマニー, ジプシー. **2** U ロマニー語, ジプシー語. **3**《形容詞的に》ロマニー[ジプシー](語)の.
***Rome** [róum] 名 固 ローマ《イタリアの首都;古代ローマ帝国の首都》: *Rome* was not built in a day. 《ことわざ》ローマは 1 日にして成らず⇨大事業は短期間ではできない / When in *Rome*, do as the Romans do.《ことわざ》ローマにいるときはローマ人のようにせよ ⇨ 郷に入りては郷に従え. (▷ 形 Róman)
Ro·me·o [róumiòu] 名 (複 **Ro·me·os** [~z])
1 固 ロミオ《シェイクスピアの戯曲『ロミオとジュリエット』の主人公》. **2** C《しばしばこっけい》(手あたり次第に)恋をする男;恋人《◇男性》.
romp [rάmp / rɔ́mp] 動 自 **1** はね回る, はしゃぎ回る (*about, around*). **2** 楽々とこなす.
■ *rómp hóme* [*ín*]《口語》(レースで)楽勝する.
rómp thróugh ...《英口語》…を楽々とこなす.
　―名 C **1** (子供・動物などが)はね回ること, 騒々しい遊び. **2**《口語》軽快な娯楽作品.
romp·er [rάmpər / rɔ́m-] 名 C **1** はね回る人[もの]. **2** [~s] ロンパース《上下つなぎの幼児服》.
Rom·u·lus [rάmjələs / rɔ́m-] 名 固《口神》ロムルス《伝説上のローマの建設者》.
ron·do [rάndou / rɔ́n-]《イタリア》名 (複 **ron·dos** [~z]) C《音楽》ロンド《主題節を反復する曲》.

*****roof** [rúːf]
　―名 (複 **roofs** [~s]) **1** C 屋根; 屋上 (➡ HOUSE **PICTURE BOX**);《比喩》家, 家庭: a tiled [slate] *roof* かわら [スレート] ぶきの屋根 / The *roof* leaks badly. その屋根はひどく雨漏りがする / They lived happily under the same *roof*. 彼らは同じ屋根の下で幸福に暮らした.
2 [the ~] 最高部, 頂: the *roof* of heaven 青天井, 大空 / the *roof* of the world 世界の屋根《ヒマラヤ山脈など》. **3** C 屋根状のもの: the *roof* of the mouth 上あご.
■ *gó through the róof* **1** (物価が)天井に達する, 天井知らずに上がる. **2**《口語》かんかんに怒る.

roofed

hàve nó róof òver one's héad 住む家がない.
hít the róof 《口語》かんかんに怒る.
ráise [*líft*] *the róof* 《口語》(興奮して)大声を上げる, 大騒ぎする.
— 動 …の屋根を […で] ふく [*with*]; …に屋根を付ける (*in*, *over*).
◆ róof gàrden 〖C〗屋上庭園.

roofed [rúːft] 形 **1** 屋根の付いた. **2** [複合語で] …した屋根の: a tile-*roofed* house かわらぶきの家.

roof·ing [rúːfɪŋ] 名 〖U〗屋根ふき; 屋根ふき材.

roof·less [rúːflɪs] 形 **1** 屋根のない. **2** [叙述用法] 宿なしの.

róof-ràck 〖C〗《英》ルーフラック《自動車の屋根に取りつける荷物を載せるための枠》.

roof·top [rúːftɑ̀p / -tɔ̀p] 名 〖C〗屋根; 屋上.

rook¹ [rúk] 名 **1** 〖鳥〗ミヤマガラス《アジア・ヨーロッパ産の大型カラス》. **2** いかさま師.
— 動 他 《古風》(ゲームなどで) …から [金などを] 巻き上げる [*of*]; …に法外な値段を吹っかける.

rook² [rúk] 名 〖C〗〖チェス〗ルーク (**castle**)《将棋の飛車に相当する駒(ま)》; → CHESS 図.

rook·er·y [rúkəri] 名 (複 **rook·er·ies** [~z]) 〖C〗 **1** ミヤマガラスの群生地. **2** アザラシ(ペンギンなど)の繁殖地. **3** (スラム街などの)家が密集した所.

rook·ie [rúki] 名 〖C〗《米口語》新入り, 新兵, 新米警官;(特にプロスポーツの)新人選手, ルーキー.

room [rúːm]
名 動【原義は「空間」】
— 名 (複 **rooms** [~z]) **1** 〖C〗**部屋**, 室 (略語 rm.); [しばしば ~s] 下宿, 貸し間: a single [double] *room* (ホテルの)1人 [2人] 部屋 / a dining *room* 食堂 / a vacant *room* 空室 / There are four *rooms* on the second floor. 2階には4部屋ある / He entered [went out of] the next *room*. 彼は隣の部屋へ入った [から出て来た] / He takes the *rooms* by the month. 彼は月極めでアパートを借りている / *Rooms* for Rent = 《英》*Rooms* to Let 〖掲示〗貸間 [貸室] 有り.

コロケーション 部屋を…
部屋を掃除する: **clean** [**do**] *one's room*
部屋を…に賃貸しする: **rent** [《英》**let**] (**out**) *a room to* ...
部屋を…から賃借りする: **rent** *a room from* ...
部屋を予約する: **reserve** [**book**] *a room*

2 〖U〗[…が占める / …するための] 空間, 場所 [*for*/ *to do*]: The hall has *room* for five hundred people. そのホールは500人を収容できる / There is no *room* for me in the car. 車には私の乗る場所がない / My desk has no *room* to put a computer. 私の机にはコンピュータを置くスペースがない. **3** 〖U〗[…の / …する] 余地, 可能性, 機会 [*for*/ *to do*]: There is much *room* for argument. 議論の余地は十分ある. **4** [the ~] 部屋にいる人々: His joke set the *room* in a roar. 彼の冗談は部屋にいる人々をどっとわかせた.

■ *màke róom for* ... …に場所をあける, 席をあける: You have to *make room for* old people. 老人に席を譲らなくてはいけない.

There is nó [*nót enóugh*] *róom to swìng a cát.* 《口語》身動きする余地もない, 非常に狭い.

— 動 (自) 《…と》一緒に部屋 [家] を借りる [*with*]; 《…に》間借りする [*in*]: He is *rooming with* his friend. 彼は友達と一緒に部屋を借りている.
— 他 〈部屋〉を貸す; …を泊める.
◆ róoming hòuse 〖C〗《米》(賄(まかな)いなしの)下宿屋 (《英》lodging house).
róom sèrvice 〖U〗(ホテルの)ルームサービス.

-roomed [ruː(ː)md] 形 「…室の」の意を表す: a four-*roomed* house 4部屋の家.

room·er [rúː(ː)mər] 名 〖C〗《米》間借り人, 下宿人.

room·ful [rúː(ː)mfùl] 名 〖C〗 部屋いっぱいのもの [人]; 満室の人々.

room·mate [rúː(ː)mmèit] 名 〖C〗同室者, 同宿者.

room·y [rúː(ː)mi] 形 (比較 **room·i·er** [~ər]; 最上 **room·i·est** [~ist]) 広々とした, ゆったりした.

Roo·se·velt [róuzəvèlt] 名 固 ルーズベルト.
1 Franklin Delano [délənou] Roosevelt 《1882–1945; 米国の政治家; → PRESIDENT 表》.
2 Theodore [θíːədɔ̀ːr] Roosevelt (1858–1919; 米国の政治家; → PRESIDENT 表》.

roost [rúːst] 名 〖C〗 **1** (鳥などの)止まり木; 鳥小屋; ねぐら; (一群の)ねぐらの鳥. **2** 休息所; 宿.
■ *at róost* 寝床について, 休んで.
còme hóme to róost (悪事が)自分にはね返る.
rúle the róost 《口語》実権を握る, 支配する.
— 動 (自) (鳥が)止まり木に止まる; (人が)泊まる.

roost·er [rúːstər] 名 〖C〗 **1** 《主に米》おんどり (《主に英》**cock**) (cf. **hen** めんどり; → CRY 表》; (鶏以外の)雄. **2** 《口語》生意気な男.

root¹ [rúːt] ☆ 同音 **route**

— 名 (複 **roots** [rúːts]) 〖C〗 **1** [しばしば ~s] (植物の)**根**: tree *roots* = the *roots* of a tree 木の根 / The *roots* of the plant grow deep into the ground. その植物の根は地中深く伸びる. **2** (舌・髪・歯・指などの)付け根; 根元(もと): the *roots* of the hair 毛根.
3 [通例 the ~] 根源 (source); 根本, 基礎; [形容詞的に] 根本的な: Fatigue is the *root* of his illness. = His illness has its *roots* in fatigue. 疲労が彼の病気の原因である / What was the *root* cause of their quarrel? 彼らのけんかはそもそも何が原因だったのか.
4 [~s] (人の文化的・民族的な)起源, ルーツ; よりどころ: He traced his *roots* back to an old Norman family. 彼は自分のルーツが古いノルマン人の系譜にあることを突き止めた. **5** 〖数学〗根, ルート (√): a square [cube] *root* 平方 [立方] 根 (◇√5 は the square root of five と読む).
6 〖言〗語根, 原形.

■ *by the róots* 根こそぎ, 根元から: pull up weeds *by the roots* 根こそぎ草を引き抜く.

púll úp one's róots (長年住み慣れた土地から) 新しい所へ引っ越す, 新生活に入る.

pùt dówn róots **1** (植物が)根付く, 根を下ろす. **2** (人が新しい土地に)落ち着く.

róot and bránch 根本的に, 徹底的に.

tàke [*stríke*] *róot* **1** (植物が)根付く, 根を下ろす. **2** (考え方や習慣などが)落ち着く, 定着する.

— 動 他 1 〈植物〉を根付かせる, 植え込む: *root* seedlings 苗を植える. 2 〈考え方など〉を定着させる. 3 〈人〉を立ちすくませる.
— 自 根付く.

■ **root out** 他 1 …を根絶する: It is necessary to *root out* corruption in government. 政治の腐敗を根絶する必要がある. 2 〈植物〉を根こそぎ引き抜く, 掘って取る.

◆ róot bèer [U]《米》ルートビア《植物の根などから作る清涼飲料水》.
róot cròp [vègetable] [C] 根菜類 (roots)《ニンジン・カブなど; cf. vegetable 野菜》.

root² 動 (豚などが)鼻で土を掘って〈えさを〉探す, かき回して […を] 探す (*about, around*) [*for*].

root·ed [rúːtid] 形 1 (考え・信念などが)根付いた, 定着した: be *rooted* in ... (思想などが) …に根ざしている. 2 [叙述用法]〔場所に〕くぎ付けになる, 立ちつくす (*to*): He stood *rooted* to the spot. 彼はその場に立ちすくんでしまった.

root·less [rúːtləs] 形 根のない; (人が) 根なし草の.

rope [róup]
名 動 【原義は「布切れ」】
— 名 (複 ropes [~s]) 1 [C][U] 縄, 綱, ロープ: a piece of *rope* 1本のロープ / jump [skip]《米》縄跳びをする / tighten a *rope* ロープをぴんと張る. 2 [C] (ひもでつないだ) ひとつなぎのもの: a *rope* of pearls ひとつなぎの真珠. 3 [the ~] (ボクシングのリングなどの)ロープ. 4 [C]《米》(カウボーイなどの)投げ縄. 5 [the ~] 絞首索; 絞首刑.

■ **be at the end of one's rópe** 万事休す, 万策つきている.

give ... enóugh [plénty of] rópe 〈人〉にしたい放題のことをさせておく: *Give* a fool *enough rope* and he'll hang himself.《ことわざ》愚か者は好き勝手にさせておけば自滅する.

know [léarn] the rópes 《口語》事情をよく知っている; こつを心得ている.

on the rópes 1 《ボクシング》ロープに追い詰められて. 2《口語》絶体絶命で.

— 動 他 1 …を縄[ロープ]で[…に]縛る, くくる [*to*]; (登山者が)…をザイル[ロープ]でつなぐ: He *roped* his dog *to* a tree. 彼は犬を木につないだ. 2《米》〈動物〉を投げ縄で捕らえる.

■ **rópe in** 他 [通例, 受け身で]《口語》…を(仲間に)引き込む, 誘い込む: He *roped* me *in* for a drink. 彼は一杯飲もうと私を誘った.

rópe òff 他 …をロープ[テープ]で囲う, 仕切る.

◆ rópe làdder [C] 縄ばしご.

rope·way [róupwèi] [C] ロープウェー, 索道.

rop·ey, rop·y [róupi] 形 (比較 **rop·i·er** [~ər]; 最上 **rop·i·est** [~ist]) 1 縄のような; 縄のように強い. 2《英口語》質の悪い; (体の)具合の悪い. 3 (液体が)ねばねばした.

Roque·fort [róukfərt / rókfɔː] 【フランス】名 [U]《商標》ロクフォール《羊の乳で作る青かびチーズ》.

ro·sa·ry [róuzəri] 名 (複 **ro·sa·ries** [~z]) [C] 1《カトリック》ロザリオ《祈りに用いる数珠(ずず). 11個の玉を1連とし, 5連または15連から成る》; (一般に) 数珠. 2 [しばしば R-; the ~] ロザリオの祈り《ロザリオの玉を繰りながら祈る》.

rose¹ [róuz]
動 rise の過去形.

rose² [róuz]
— 名 (複 **ros·es** [~iz]) 1 [C] バラ(の花), バラの木《イングランド・米国の国花》: a wild *rose* 野バラ / He gave me a bunch of red *roses*. 彼は私に赤いバラの花束をくれた / There is no *rose* without a thorn.《ことわざ》とげのないバラはない ⇒ 世の中に完全な幸福はない.
2 [U] バラ色, 淡紅色; バラの香り.
3 [形容詞的に] バラの; バラ色の; バラのように香る: a *rose* color バラ色 / a *rose* garden バラ園.
4 [C] バラ模様(の装飾物); (リボンなどの) バラ結び; バラ形じょうろの散水口. 5 [C] = **róse window** バラ窓《教会の正面にある円窓》.

a béd of róses《口語》安楽な身分[生活].
be nót áll róses《口語》楽なことばかりではない.
còme úp róses [通例, 進行形で]《口語》(状況が) 万事うまくいく. (▷ 形 rósy)

◆ róse hìp [C] (赤く熟した)バラの実.
róse wàter [U] バラの香りのする水《化粧水》.

ro·sé [rouzéi / róuzei] 【フランス】名 [U][C] ロゼ《ピンク色のワイン》.

rose·bud [róuzbʌ̀d] 名 [C] バラのつぼみ.

rose·col·ored,《英》**rose·col·oured** 形 バラ色の; 明るい, 楽観的な: see [look at] ... through *rose-colored* spectacles …を楽観的に見る.

rose·mar·y [róuzmèri / -məri] 名 [U]《植》ローズマリー, マンネンロウ《シソ科の常緑低木. 芳香があり, 葉は香辛料として用いる》.

Ro·set·ta stòne [rouzétə-] 名 [the ~] ロゼッタストーン《エジプト象形文字解読のきっかけとなった石碑. 1799年ナイル川河口のロゼッタで発見された》; [a ~] なぞを解く鍵(かぎ).

ro·sette [rouzét] 名 [C] バラの花飾り, (リボンなどの) バラ結び;《建》円花飾り; バラ窓.

rose·wood [róuzwùd] 名 1 [C]《植》ローズウッド, シタン(紫檀)《インド原産のマメ科の常緑小高木》.
2 [U] シタン材《硬質で家具材にする》.

ros·in [rázin / rɔ́z-] 名 [U] ロジン《松脂(まつやに)からテレピン油を分離した樹脂. 滑り止め用》.
— 動 他 〈弦楽器の弓など〉にロジンを塗る.

ros·ter [rástər / rɔ́s-] 名 [C] 勤務当番表; 名簿(《英》rota).

ros·trum [rástrəm / rɔ́s-] 名 (複 **ros·trums** [~z], **ros·tra** [-trə]) [C] 演壇, 説教壇; 指揮台.

*__**ros·y** [róuzi] 形 (比較 **ros·i·er** [~ər]; 最上 **ros·i·est** [~ist]) 1 バラ色の; (顔色などが) 血色のよい: *rosy* lips バラ色の唇. 2 (見通しが)バラ色の, 明るい; 楽観的な: *rosy* views 楽観的見方.
(▷ 名 róse²)

*__**rot** [rát / rɔ́t] 動 (三単現 **rots** [~s]; 過去・過分 **rot·ted** [~id]; 現分 **rot·ting** [~iŋ]) 自 1 腐る, 朽ちる, 枯れる (*away, off*): The leaves have *rotted* away. 葉は朽ち果てた. 2 堕落する, (社会が) 腐敗する.
— 他 …を腐らせる, 腐敗させる; 堕落させる.
— 名 [U] 1 腐敗(物), 腐食. 2 [通例 the ~] 堕落, 衰退. 3《英・古風》くだらないこと, たわ言.

ro・ta [róutə] 名 C《英》勤務当番表;名簿(roster).

ro・ta・ry [róutəri] 形 回転する;回転式の: a *rotary* engine ロータリーエンジン. ── 名 (複 **ro・ta・ries** [~z]) C **1**《米》ロータリー,環状交差路(《英》roundabout). **2** ロータリーエンジン.
◆ **Rótary Clùb** 図 [the ~] ロータリークラブ《社会奉仕と国際親善を目的とする社交団体の支部》.

‡**ro・tate** [róuteit / routéit] 動 自 **1** 回転する; 【天文】自転する: The earth *rotates* once in 24 hours. 地球は24時間で1回転する. **2** 交替する,輪番[順番]で行う.
── 他 **1** …を回転させる: *rotate* the knob to the left つまみを左に回す. **2** …を交替で勤務させる;〈作物〉を輪作する.

ro・ta・tion [routéiʃən] 名 **1** U C 回転する;【天文】自転: the *rotation* of the earth 地球の自転. **2** U 交替,循環,ローテーション: the *rotation* of crops 輪作.
■ *in rotátion* 順番で[に].

rote [róut] 名 U《格式》機械的な繰り返し[暗記].
■ *by róte* 機械的に;丸暗記して.
◆ **róte lèarning** U 丸暗記学習法.

ro・tor [róutər] 名 (モーターの)回転部,ローター. **2**《航空》(ヘリコプターの)回転翼.

*****rot・ten** [rátən / rɔ́t-] 形 (比較 **rot・ten・er** [~ər]; 最上 **rot・ten・est** [~ist]) **1** 腐った,朽ちた;腐臭のする: go *rotten* 腐る / *rotten* leaves 朽ち葉. **2**(道徳的に)堕落[腐敗]した: be *rotten* to the core 堕落し切っている. **3**《口語》ひどい,くだらない;病気の: *rotten* weather ひどい天気 / I feel *rotten* today. きょうはすごく気分が悪い.

rot・ten・ness [~nəs] 名 U 腐敗;堕落.

ro・tund [routʌ́nd] 形《こっけい》(人・顔が)丸まるとした.

ro・tun・da [routʌ́ndə] 名 C **1**(円屋根のある)円形の建築物. **2**(丸天井のある)円形の広間.

rou・ble [rúːbl] 名 = RUBLE.

*****rouge** [rúːʒ] 名 U《古風》ルージュ,ほお紅.
── 動 他〈ほお〉にルージュを付ける.

*****rough** [rʌ́f] 形 副 名 動

── 形 (比較 **rough・er** [~ər]; 最上 **rough・est** [~ist]) **1** (手ざわりが) **ざらざらした**, 粗い;(道が)でこぼこの(↔ smooth, soft);(毛が)もじゃもじゃした: *rough* cloth きめの粗い布 / *rough* paper ざらざらした紙 / wood with a *rough* surface 表面のざらざらした木材 / We have to take a *rough* road from here. 私たちはここからでこぼこ道を行かなくてはならない.
2 粗野な,不作法な,がさつな;乱暴な: *rough* play 乱暴なプレー / He has *rough* manners. 彼は不作法な男です / Don't be so *rough* with the disks. ディスクをそんなに乱暴に扱ってはいけない.
3 [比較なし; 限定用法] **大まかな**, おおよその;仕上げをしていない, 未完成の: a *rough* plan 大まかな計画 / a *rough* estimate 大ざっぱな見積もり / a *rough* copy (原稿などの)下書き.
4《口語》つらい,ひどい;不運な: have a *rough* time ひどい目にあう / The boss was *rough* on her. 上司は彼女につらくあたった.
5(天候・海などが)荒れた(↔ calm): a *rough* sea 荒れた海. **6**(音が)耳ざわりな. **7** 治安のよくない.
■ *gìve … the róugh sìde of one's tóngue*《米・古風》〈人〉をひどくしかる,酷評する.

── 副 [比較なし] 手荒く, 乱暴に(◇ roughly より口語的に): treat a boy *rough* 男の子を乱暴に扱う.
■ *slèep róugh*《英》戸外で寝る, 野宿する.

── 名 **1** [the ~]【ゴルフ】ラフ《芝を刈り込んでいない草地; → GOLF 図》. **2** C 下書き. **3** C 不良, 乱暴者.
■ *in róugh*《英》下書きで, 概略で.
tàke the róugh with the smóoth 人生の苦も楽も[幸も不幸も]共に甘受する.

── 動 [次の成句で]
■ *róugh ín* 他 〈絵に〉…をざっとかき入れる.
róugh it《口語》不自由な生活をする, 不便を忍ぶ.
róugh óut 他 …の概略を書く, …をざっと描く.
róugh úp 他 …を手荒く扱う; (おどすために)〈人〉に暴力を振るう.

rough・age [rʌ́fidʒ] 名 U 繊維食料[飼料].

róugh-and-réad・y 形 間に合わせの, 急場しのぎの; 粗野な.

róugh-and-túm・ble 名 U 乱闘, 取っ組み合い.

rough・en [rʌ́fən] 動 他 …を粗く[ざらざらに]する.
── 自 粗く[ざらざらに]なる.

róugh-héwn 形 (木材などが)荒削りの; 粗野な.

‡**rough・ly** [rʌ́fli] 副 **1** おおよそ, ざっと, 約(approximately): *roughly* speaking [文修飾] 大まかに言えば / It took me *roughly* two hours to do the job. 仕事は2時間かかった. **2** 粗く, 乱暴に; 乱暴に, 荒っぽく; 不作法に.

rough・neck [rʌ́fnèk] 名 C **1**《主に米口語》不作法者; 荒くれ者, 乱暴者. **2** 油田掘削労働者.

rough・ness [rʌ́fnəs] 名 **1** U 粗いこと, でこぼこ; C でこぼこ[ざらざら]した所[面]. **2** U 荒れ模様(の天候). **3** U 乱暴, 粗野; 不作法.

rough・shod [rʌ́fʃàd / -ʃɔ̀d] 形(馬が)滑り止めの蹄鉄(ていてつ)を付けた.
■ *rìde róughshod òver …* …にいばり散らす, …を踏みにじる, 手荒く扱う.

rou・lette [ruːlét] 名 U ルーレット《回転盤を使ったゲーム[ギャンブル]の一種》.

*****round** [ráund] 前 副 形 名 動

[語法] 前 副 とも《英》では round を,《米》では around を用いるのが一般的. ただし「運動」を表す用法では《英》でも around を用いる傾向にある.

── 前 **1**(位置)**…の周りに**, …を囲んで; 〈角など〉を曲がった所に: We sat *round* the fire. 私たちは火を囲んで座った / She was wearing a red scarf *round* her neck. 彼女は首に赤いスカーフを巻いていた / She put her arms *round* her son. 彼女は両手で息子を抱きかかえた / There is a gas station *round* the next bend. 次のカーブを曲が

round

った所にガソリンスタンドがある.
2 [運動] …の周りを, …を回って; 〈角など〉を曲がって: I want to sail *round* the world. 私は船で世界を回りたい / The earth goes [moves] *round* the sun. 地球は太陽の周りを回る / He walked *round* the house. 彼は家の周りをぐるりと歩いた / We had to go *round* the fallen tree. 私たちは倒れた木をよけて通らなければならなかった.
3 …のあちこちに[で, を], …の中を(《英》about); …の近くに: The news spread quickly all *round* the town. その知らせはたちまち町じゅうに広がった / Shall I show you *round* the city? 市内をご案内しましょうか / A former prime minister lives *round* here. 元首相がこのあたりに住んでいる. **4** だいたい…, 約…, およそ… (about); …頃: We got to the hotel *round* noon. 私たちは昼頃ホテルに着いた. **5** …の間じゅう (throughout): *round* the year 1年じゅう.
■ **áll róund ...** = all around ... (→ AROUND 前 成句).
round abóut ... **1** …の周りに, 近くに. **2** およそ…に: The postman will be here *round about* one thirty. 郵便配達は1時半頃ここに来るだろう.

― 副 **1 周囲に**, 近くに; 周り[円周]が…で: Many people gathered *round* to see the famous person. 多くの人がその有名人を見ようと寄り集まった / The tree is twenty meters tall and three meters *round*. その木は高さが20メートル, 周囲が3メートルある.
2 ぐるりと回って; (反対側に)振り向いて; (順番などが)巡って: He stopped short and turned *round*. 彼は急に立ち止まって振り向いた / The runner looked *round* again and again during the race. そのランナーはレース中何度ももしろを振り返った / Spring will soon come *round* again. まもなくまた春が巡って来る.
3 あちこちを[に]: travel *round* あちこち旅する / Could you show us *round* tomorrow? あす(あちこちを)案内していただけませんか.
4 次々に, 行きわたって; 初めから終わりまで: all the year *round* 1年じゅう / There is not enough beer to go *round*. みんなに行きわたるだけのビールがない. **5** 回り道をして; (人の家などに)出向いて: I will go *round* to her place after work. 仕事が終わったあとで彼女の所へ立ち寄ってゆきます. **6** およそ, 約: I'll pick you up *round* seven. 7時頃車で迎えに行きます.
■ **áll róund** = all around (→ AROUND 副 成句).
round abóut **1** 回って, 周りに. **2** 近くに, あたりに. **3** およそ, だいたい (about).
round and róund ぐるぐる回って.

― 形 (比較 **round・er** [~ər]; 最上 **round・est** [~ist]) **1 円い**, 円形の; 球形の: a *round* table 円いテーブル, 円卓 / a *round* stone like a ball ボールのように丸い石 / His eyes grew *round* when he heard it. 彼はそれを聞いて目を丸くした.
2 角のない, 丸みのある, 丸ると太った: *round* shoulders 猫背 / The baby had *round* red cheeks. 赤ちゃんは丸くて赤いほおをしていた.
3 ぐるっと回る, 一周する, 円を描く: a *round* trip 一周[往復]旅行 / a *round* dance 円舞, 輪舞.
4 [比較なし/限定用法] ちょうどの, きっかりの; 端数のない: a *round* dozen ちょうど1ダース / a *round* £100 100ポンドちょうど.
5 [比較なし/限定用法] およその, 概数の: a *round* estimate おおよその見積もり / The expense is $1,000 in *round* figures. 経費は概数で千ドルです. **6** [比較なし] (金額が) かなりの, 相当な: a *round* sum of money かなりの額の金. **7** 率直な, 正直な, 厳しい. **8** (声などが) よく響きわたる, 太くて豊かな.

― 名 (複 **rounds** [ráundz]) Ⓒ **1** (一連の出来事の)1回, (交渉などの) ひと区切り: two *rounds* [the final *round*] of peace talks 2回[最後]の和平交渉.
2 (一連の試合のうちの)1試合, …回戦; (ゴルフの)ラウンド; (ボクシングの)回, ラウンド; (トランプなどの) ひと勝負: play a *round* of cards トランプを1回やる / He won by a knockout in the third *round*. 彼は第3ラウンドで KO 勝ちした.
3 ひと回り, 巡回; (行為の)繰り返し, 連続; [しばしば ~s]《英》(牛乳・新聞などの)配達[販売]区域(《米》route): the daily *round* of training 毎日のトレーニングの繰り返し / The doctor is on his *rounds*. 医師は回診中です / He does a paper *round* to earn his school expenses. 彼は学費を稼ぐために新聞配達をしている.
4 回転, 循環: the earth's daily [yearly] *round* 地球の自転[公転] / the *round* of the seasons 四季の循環.
5 丸いもの, 円, 輪: We danced in a *round*. 私たちは輪になって踊った.
6 (飲み物などの) ひとわたり: I'll buy everyone another *round* of drinks. みんなにもう1杯ずつおごろう. **7** (拍手などの) ひとしきり: a *round* of applause [cheers] ひとしきりの拍手[歓声].
8 (弾丸の)1発, 一撃. **9** (パンの)1切れ; サンドイッチ. **10** (牛の) もも肉 (→ BEEF 図).
11 [音楽] 輪唱.
■ **in the róund** **1** (彫刻が) 丸彫りで. **2** (劇場で観客が舞台を囲む) 円形式で.
màke 《英》**dò, gò**) **the róunds** **1** […を] 巡回する [of]: The doctor *made the rounds of* the ward. 医師は病棟を回診した. **2** (ニュース・病気などが) […に] 伝わる, 広まる [of].

― 動 他 **1** …を回る; 1周する; 囲む: The car *rounded* the corner at full speed. その車は全速力で角を曲がった. **2** …を丸くする; …を丸まるとさせる: *round* the corners with a file やすりで角を取る / He *rounded* his lips to whistle. 彼は口笛を吹くために唇を丸めた.

― 自 **1** 回る, 回転する; 向きを変える, 曲がる: She *rounded* on her toes. 彼女はつま先で回転した.
2 丸くなる, 角がなくなる, 丸みがつく.
■ **róund dówn** 他 〈数〉の端数を切り捨てる (↔ round up).
róund óff 他 **1** …を仕上げる. **2** …の角を取る, …を丸くする. **3** 〈数〉を四捨五入する, 概数にする.

róund on [upòn] ... 〈人〉を非難する; 突然攻撃する; 〈人〉に食ってかかる.
róund óut 他 =round off 1. —自 丸みがつく.
róund úp 他 **1** 〈牛など〉を駆り集める; …を寄せ集める, 集合させる. **2** 〈犯人〉を検挙する. **3** 〈数〉の端数を切り上げる (↔ round down).

round·a·bout [ráundəbàut] 名 C《英》**1** 回転木馬, メリーゴーランド (merry-go-round,《米》carousel). **2** 円形交差点, ロータリー(《米》rotary, traffic circle).
— 形 **1** 遠回りの, 回り道の: take a *roundabout* way 遠回りをする. **2** 〈話などが〉回りくどい.

round·ed [ráundid] 形 **1** 円形の, 丸い;〈人が〉円熟した. **2** 小さい数字を切り捨てた, 概数の.

roun·del [ráundəl] 名 C **1** 小円形物, 小円盤; (装飾用) 小皿. **2** (軍用機の) 円形標識.

round·ers [ráundərz] 名 U 〔単数扱い〕 ラウンダーズ《野球の前身と言われる英国の球技》.

round·ly [ráundli] 副 **1** 厳しく; 率直に. **2** 完全に, 徹底的に. **3** 丸く, 円形に.

róund-shóul·dered 形 猫背の.

róund-tá·ble 形〔限定用法〕(会議などが) 円卓の: a *round-table* conference 円卓会議.

róund táble 名 C 円卓; U 円卓会議;〔集合的に〕円卓会議の参加者.

róund-the-clóck 形〔限定用法〕《英》24時間連続の, 休みなく続く; 24時間営業の (《米》around-the-clock).

róund-tríp 形《米》往復旅行の (《英》return); 周遊旅行の: a *round-trip* ticket 往復切符(《英》day return).

róund tríp 名 C《米》往復旅行 (《英》return trip); 周遊旅行.

round·up [ráundʌp] 名 C **1** (家畜などの) 駆り集め;(犯罪者の) 一斉検挙. **2** (ニュースなどの) まとめ, 総括.

*****rouse** [ráuz] 動 他 **1** […から] 〈人〉の目を覚まさせる, …を起こす (wake) *[from, out of]*: The noise *roused* me *from* sleep. その物音で私は目が覚めた. **2** 〈人〉を[…するよう]奮起させる, 鼓舞する; 刺激する *(up) [to]*; 〈感情など〉をかき立てる: *rouse* oneself *up to* action 奮起して行動に出る. — 自 目を覚ます; 活動を始める.

rous·ing [ráuziŋ] 形 **1** 奮起させる, 鼓舞する. **2** 活発な, 〈声援など〉が熱狂的な.

Rous·seau [ru:sóu / rúːsou] 名 固 ルソー Jean-Jacques [ʒàːŋʒáːk] Rousseau《1712-78; フランスの思想家》.

roust·a·bout [ráustəbàut] 名 C《主に米》(港湾・油田などの) 未熟練労働者;(サーカスの) 雑役係.

rout [ráut] 名〔単数形で〕敗走, 総崩れ; 完敗, 大敗: put the enemy *to rout* 敵を敗走させる.
— 動 他 …を敗走させる; 完敗させる.

*****route** [rúːt, ráut / rúːt]《☆[同音] root [rúːt]》名 動
— 名 (複 **routes** [rúːts, ráuts / rúːts]) C **1** 道筋, ルート; 航路, 路線;《米》(国道の) …号線 (略語 R., Rt., Rte.): an air *route* 航空路 / a trade *route* 交易路 / *Route* 285 国道285号線 / We took the coastal *route*. 私たちは海岸沿いの道を選んだ / The hospital is on the bus *route*. 病院はバス路線の途中にある.
2 […への] 方法, 道 *[to]*: the surest *route to* success 成功への最も確実な方法. **3**《英》(牛乳・新聞などの) 配達[販売]区域 (《英》round).
— 動 **1** 〈貨物〉を[…経由で / …に] 発送する *[through / to]*: They *routed* the goods *through* Seattle *to* Chicago. 彼らはシアトル経由でシカゴに品物を送った.
2 〈人・交通など〉の道順[手順]を決める.

rout·er [rúːtər, ráutər] 名 C【コンピュータ】ルータ《ネットワークの中継装置》.

‡rou·tine [ruːtíːn] 名 **1** U C 決まり切った仕事, 型通りの手順; 慣例: follow a daily *routine* 日課をこなす / break the *routine* いつもと違うことをする. **2** C (ダンスなどの) ルーチン, 型通りのステップ[演技]. **3** C【コンピュータ】ルーチン《特定の処理・動作を実行する一連のプログラム・命令》.
— 形 決まり切った, 日常の; 型にはまった, ありきたりの: *routine* work お決まりの仕事.

rou·tine·ly [~li] 副 型通りに, 日常的に.

roux [rúː] 名 (複 **roux** [~z]) C U【料理】ルー《小麦粉をいため, 牛乳やスープでのばしたもの》.

*****rove** [róuv] 動 自 **1** うろつく, さまよう; 放浪する (wander). **2** 〈目が〉 きょろきょろする,〈考えが〉ふらつく: Her eyes *roved* about the room. 彼女は部屋の中をきょろきょろ見回した.
— 他 …をうろつく, さまよう.

rov·er [róuvər] 名 C《文語》放浪者, さまよう人.

*****row¹** [róu]
— 名 (複 **rows** [~z]) C **1** (横に並んだまっすぐな) 列, 並び (cf. line 縦列); 家並み: a *row* of houses 家並み / a *row* of teeth 歯並び / a *row* of trees 並木 / plant the seedlings in parallel *rows* 苗を平行に何列も植える.
2 (劇場・教会などの) 座席の列: She took her seat in the front *row*. 彼女は最前列に座った.
3 (両側に家の並んだ) 通り, 街路; [R-] 街路名として]《英》…通り: Savile *Row* サビル通り.
◆ **in a rów 1** 1列に: She dried the cups and put them *in a row*. 彼女はコップをふいて1列に並べた. **2** 連続して: holidays *in a row* 連休.
◆ **rów hòuse** C《米》テラスハウス, 連棟式住宅(の1戸)(《英》terraced house).

*****row²** [róu] 動 他 **1** 〈ボート・船〉をこぐ;〈あるピッチ〉で船をこぐ: *row* a boat ボートをこぐ / *row* a fast stroke 急ピッチでこぐ. **2** …をボートで運ぶ: He *rowed* us across the river. 彼はボートをこいで私たちを川の向こう岸まで運んだ.
— 自 (オールで) ボートをこぐ; こいで行く: *row* down the river ボートで川を下る.
— 名 C〔通例, 単数形で〕**1** オールでこぐこと, 船遊び. **2** (ボートの) こいでいる時間[距離].

*****row³** [ráu]《発音に注意》名《英口語》**1** C 騒々しいけんか[議論], 口論: a family *row* 家庭内のけんか / They are always having *rows*. 彼らはいつもけんかばかりしている. **2** U 〔または a ~〕騒動, 騒音: kick up [make] a *row* 大騒ぎする.

— 動 (自) 《英口語》[…のことで／…と]けんかをする, 口論する [about ／ with].
row·an [róuən] 名 C 《植》ナナカマド《バラ科の落葉小高木》; ナナカマドの実.
row·boat [róubòut] 名 C 《米》こぎ船, ボート (《英》rowing boat)(→ SHIP 図).
row·dy [ráudi] 形 (比較 **row·di·er** [~ər]; 最上 **row·di·est** [~ist]) 乱暴な; 騒がしい.
— 名 (複 **row·dies** [~z]) C 《通例, 複数形で》《古風》乱暴者, 荒くれ者; 騒がしい人.
row·di·ly [~li] 副 乱暴に; 騒々しく.
row·er [róuər] 名 C こぎ手, こぐ人.
row·ing [róuiŋ] 名 U こぐこと, ローイング《1人または2人でこぐ軽いボート(shell)によるレース》.
◆ **rówing bòat** C 《英》= ROWBOAT (↑)
row·lock [rálək, ról-] (☆ 発音に注意) 名 C 《英》(ボートの)オール受け(《米》oarlock).

***roy·al [rɔ́iəl] 形 名
— 形 [比較なし; 限定用法] **1** 王の, 女王の; 王家[王室]の: the *royal* family 王室, 王家 ／ a *royal* prince 王子 ／ a *royal* palace 王宮.
2 王立の, 勅許の; [通例 R-] 英国の: a *royal* charter 勅許状.
3 王にふさわしい, 堂々とした, 威厳のある: *royal* elegance 王にふさわしい優雅さ.
4 《口語》すばらしい, すてきな (splendid): a *royal* feast 盛大な祝宴, すばらしいごちそう.
— 名 C 《口語》王室の一員. (▷ 名 róyalty)
◆ **Róyal Acádemy (of Árts)** [the ~] 英国王立美術院《1768年創設; 《略語》R.A.》.
Róyal Áir Fòrce [the ~] 英国空軍(《略語》RAF).
róyal blúe U ロイヤルブルー, 紺青(こんじょう)色.
róyal flúsh C 《トランプ》ロイヤルフラッシュ 《ポーカーの最高役で, 同じ組の ace, king, queen, jack, 10の5枚がそろう》.
Róyal Híghness [one's ~] 殿下 《◇皇族などに対する敬称》: Your *Royal Highness* 殿下 《◇呼びかけ》.
róyal jélly U ロイヤルゼリー《女王バチの幼虫に与えるために働きバチが分泌する栄養分》.
Róyal Návy [the ~] 英国海軍(《略語》RN).
róyal róad C […への] 王道, 楽な手段 [to]: There is no *royal road* to learning. 《ことわざ》学問に王道なし.
Róyal Socíety [the ~] 英国学士院《1662年創立; 《略語》R.S.》.
roy·al·ist [rɔ́iəlist] 名 C **1** 君主制支持者, 王党派(の人). **2** 保守主義者; 頑固者.
roy·al·ly [rɔ́iəli] 副 **1** 王にふさわしく; (王のように)堂々と, 荘厳に. **2** 《口語》立派に, すばらしく.
*roy·al·ty [rɔ́iəlti] 名 (複 **roy·al·ties** [~z]) **1** C 《通例, 複数形で》特許[著作権]使用料; 印税: The author receives a 10% *royalty* on each copy of his book. 著者は10パーセントの印税を受け取る. **2** U 《集合的に; 単数・複数扱い》王族; C 王家の人. (▷ 形 róyal)
RP 《略語》= received *p*ronunciation 容認発音.
RPI 《略語》= retail *p*rice *i*ndex 小売物価指数.

rpm 《略語》= *r*evolutions *p*er *m*inute 毎分…回転.
R.S. 《略語》= *R*oyal *S*ociety 英国学士院.
RSI 《略語》*r*epetitive *s*train *i*njury 反復運動損傷.
RSVP, R.S.V.P. 【フランス】《略語》ご返事をお待ちしております《◇手紙・招待状に使う》.

***rub [ráb]
動【基本的意味は「…をこする (move back and forth while touching something)」】
— 動 (三単現 **rubs** [~z]; 過去・過分 **rubbed** [~d]; 現分 **rub·bing** [~iŋ])
— 他 **1** (a) [rub +O] …を[手・ものなどで]こする, 摩擦する, 磨く [with]; 〈手・ものなどを〉 […に] こすりつける, こすりつけてふく [磨く] [against, on, over]; こすり合わせる (together): *rub* one's hands *together* 手をこすり合わせる ／ Will you *rub* the table *with* this cloth? この布でテーブルをふいていただけますか ／ The little girl *rubbed* her face *against* her sleeve. その小さな女の子はそでに顔をこすりつけた. (b) [rub +O +C] 〈ものの体(の一部)〉をこすって[ふいて] …にする 《◇ C は形容詞》: She *rubbed* the surface of the desk clean. 彼女は机の上をきれいにふいた.
2 〈薬など〉を[…に]すり込む [in, into], 塗る [on]: *Rub* the ointment into your arms. その軟こうを腕にすり込みなさい ／ I *rubbed* lotion *on* my face. 私は顔にローションを塗った.
3 〈皮膚〉をすりむく, ひりひりさせる: The boy stumbled and *rubbed* his leg. 少年はつまずいて足をすりむいた.
— 自 **1** […に]すれる, こすれる, 摩擦する [against, on]: He was careless to *rub against* the wet paint. 彼はうっかりして塗りたてのペンキをこすってしまった.
2 (布地などが) すり切れる, すりむける.
[句動詞] **rúb alóng** 《英口語》[人と]仲よくやっていく (together) [with].
rúb dówn 他 [rub down +O ／ rub +O + down] **1** 〈体など〉をふいて乾かす; …にマッサージをする. **2** …をこすって磨く.
rúb óff 自 こすり落とされる: The paint won't *rub off* easily. そのペンキはなかなか落ちない.
— 他 [rub off +O ／ rub +O +off] …をこすり落とす, こすって消す.
·rúb óff on [ónto] … (考え・性質などが) …に移る, 影響する.
rúb óut 他 [rub out +O ／ rub +O +out]
1 …をこすって[ぬぐって]取る. **2** 《英》…を消しゴムで消す (erase). **3** 《米・古風》〈人〉を殺す.
■ **rúb élbows** [**shóulders**] **with** ... 《口語》〈上流階級の人など〉とつき合う.
rúb it ín 《口語》いやなことを繰り返し[しつこく]言う.
rúb ... (úp) the wróng wáy 《口語》…の神経を逆なでする.
— 名 **1** [a ~] 磨くこと, こすること, 摩擦: Give the desk a good *rub*. 机をよくふいてください.
2 [the ~] 《格式》障害, 困難: There's the *rub*.

そこが問題だ.

rub・ber¹ [rʌ́bər]
【原義は「こすって消すもの」】
— 名 (複 rub・bers [~z]) 1 Ｕ ゴム; [形容詞的に] ゴム製の: crude *rubber* 生ゴム / These shoes are made of *rubber*. この靴はゴム製です.
2 Ｃ 《英》消しゴム; 黒板ふき (《主に米》eraser): rub out notes with a *rubber* 覚え書きを消しゴムで消す.
3 Ｃ 《米口語》コンドーム (condom).
4 Ｃ ゴム製品; [~s] 《米》(ゴム製の) オーバーシューズ (overshoes). 5 Ｃ こする人 [もの].
◆ rúbber bánd Ｃ 《米》輪ゴム, ゴムバンド (《英》elastic band).
rúbber bòot Ｃ [通例 ~s] ゴム長靴 (《主に英》Wellington(boot)).
rúbber plànt Ｃ ゴムの木.

rub・ber² 名Ｃ [トランプ (ブリッジなどの) 3回勝負; [the ~] (3回勝負の) 決勝戦.

rub・ber・neck [rʌ́bərnèk] 名Ｃ 《主に米》 1 物見高い人, やじ馬. 2 (ガイドに引率された) 観光客.
— 動 自 《主に米》 1 もの珍しそうに見る, きょろきょろ見回す. 2 (ガイド付きの) 観光旅行をする.

rúb・ber-stámp 動 他 1 …にゴム印を押す.
2 …を考えなしに承認する.

rúbber stámp 名Ｃ 1 ゴム印. 2 [しばしば軽蔑] 確かめもせずに判を押すこと [人]; 軽率な [無批判に] 承認.

rub・ber・y [rʌ́bəri] 形 (比較 rub・ber・i・er [~ər]; 最上 rub・ber・i・est [~ist]) 1 ゴムのような.
2 [脚・ひざが] 弱い.

rub・bing [rʌ́biŋ] 名 1 Ｃ (碑銘などの) 拓本, 石ずり. 2 Ｕ 摩擦; あんま, マッサージ.
◆ rúbbing àlcohol Ｕ 《米》消毒用アルコール (《英》surgical spirit).

‡**rub・bish** [rʌ́biʃ] 名 Ｕ 《英》 1 ごみ, くず, がらくた (《米》garbage, trash): household *rubbish* 家庭ごみ / a *rubbish* heap ごみの山. 2 《口語》つまらないこと, ばかげたこと [考え].
— 動 他 《英》…を批判 [非難] する.

rub・bish・y [-ʃi] 形 《英口語》くずの; くだらない.

rub・ble [rʌ́bl] 名 Ｕ 1 砕石, 粗 (ξ) 石 《基礎工事用の石塊》. 2 (爆撃・災害のあとの) 瓦礫 (がれき).

rub・down [rʌ́bdàun] 名Ｃ 《主に米》(特に運動後の) マッサージ.

ru・bel・la [ru:bélə] 名 Ｕ 《医》 風疹 (ふうしん).

Ru・bens [rú:binz] 名 固 ルーベンス Peter Paul Rubens 《1577-1640; フランドルの画家》.

Ru・bi・con [rú:bikàn | -kən] 名 固 [the ~] ルビコン川 《イタリア中部を流れる川》.
■ *cróss* [*páss*] *the Rúbicon* ルビコン川を渡る, 思い切った行動に出る. (由来) 紀元前49年にカエサルが軍隊を率いてルビコン川を渡り, ポンペイウスとの戦闘に突入したことから)

ru・bi・cund [rú:bikənd] 形 《文語》赤ら顔の.

ru・ble [rú:bl] 名Ｃ ルーブル 《ロシア・ベラルーシなどの通貨単位; (略語) R, r.》.

ru・bric [rú:brik] 名Ｃ 《格式》(答案用紙などの) 注意書き, 説明文.

‡**ru・by** [rú:bi] 名 (複 ru・bies [~z]) 1 Ｃ 《鉱》ルビー, 紅玉 《7月の誕生石; → BIRTHSTONE 表》.
2 Ｕ ルビー色, 真紅色; [形容詞的に] ルビー(色).
◆ rúby wédding Ｃ ルビー婚式 《結婚40周年; → WEDDING 表》.

ruck¹ [rʌ́k] 名Ｃ 1 《ラグビー》ラック《地上にあるボールを囲んで両チームのプレーヤーが押し合う状態》.
2 《英》大勢のけんか.

ruck² 名Ｃ (衣類などの) しわ, 折り目, ひだ.

ruck・sack [rʌ́ksæk, rúk-] 名Ｃ 《主に英》リュックサック (《主に米》backpack).

ruck・us [rʌ́kəs] 名Ｕ [または a ~] 《主に米口語》大騒ぎ, けんか.

ruc・tion [rʌ́kʃən] 名Ｃ [しばしば ~s] 《主に英口語》抗議; 大騒ぎ, けんか.

rud・der [rʌ́dər] 名Ｃ (船の) かじ; (航空機の) 方向舵 (だ) (→ AIRCRAFT 図).

rud・dy [rʌ́di] 形 (比較 rud・di・er [~ər]; 最上 rud・di・est [~ist]) 1 (顔色が) ピンクの, 血色のよい. 2 《文語》赤い, 赤みを帯びた. 3 《英口語》いまいましい.

‡**rude** [rú:d]
— 形 (比較 rud・er [~ər]; 最上 rud・est [~ist])
1 (a) [人に対して] **不作法な**, 失礼な (↔ polite) [*to*]: *rude* children 不作法な子供たち / *rude* remarks 無礼な発言 / You should not be *rude* to a guest. お客さんに失礼なことをしてはいけない. (b) [It is rude of ... + to do] …が～するのは失礼である: *It is rude of* you *to* say so. そんなことを言うなんてあなたは失礼だ.
2 [限定用法] 乱暴な, 荒々しい; 激しい, ひどい; 突然の: a *rude* sea 荒れた海 / a *rude* shock ひどいショック / a *rude* awakening 突然の目覚め; 幻滅.
3 《主に英・婉曲》下品な, みだらな, わいせつな: *rude* jokes 下品な冗談. 4 [限定用法]《文語》粗末な, ぞんざいな: a *rude* cabin 粗末な小屋.
■ *in rúde héalth* 《英》大変健康な [で].

*rude・ly [rú:dli] 副 1 失礼に, 無礼に(も); speak *rudely* 失礼な口を利く. 2 手荒く, 乱暴に; 出し抜けに. 3 ざっと, 粗雑に.

rude・ness [rú:dnəs] 名 Ｕ 不作法; 粗野; 粗雑.

*ru・di・ment [rú:dimənt] 名 1 [the ~s] 基本 (原理), 初歩, いろは: the *rudiments* of biology 生物学の基礎. 2 Ｃ 《生物》退化器官, 痕跡 (こんせき).

ru・di・men・ta・ry [rù:diméntəri] 形 1 基本的な. 2 未発達の; (道具などが) 粗末な. 3 《生物》退化した, 痕跡 (こんせき) (の) (ある).

rue [rú:] 動 他 《文語》…を後悔する, 残念に思う.

rue・ful [rú:fəl] 形 1 悲しんでいる; 後悔している. 2 (光景などが) 痛ましい, 哀れな.

rue・ful・ly [-fəli] 副 悲しげに; 後悔して.

ruff [rʌ́f] 名Ｃ (複 ruffs [~s]) ひだ襟 (えり) 《16-17世紀イギリスで流行した》; (鳥獣の) 襟毛, 襟羽.

ruf・fi・an [rʌ́fiən] 名Ｃ 《古風》悪漢, ごろつき.

ruf・fle [rʌ́fl] 動 他 1 (髪など) をくしゃくしゃにする; (水面など) を波立たせる. 2 〈人〉を怒らせる, 怒らせる: *ruffle* …'s feathers 《口語》〈人〉を怒らせる. 3 (鳥が) 〈羽〉を逆立てる (up).
— 自 (羽毛などが) 逆立つ; (水面が) 波立つ.
— 名Ｃ (服の) ひだ飾り, フリル.

rug

‡rug [rÁg] 名C **1** 敷物, じゅうたん《床の一部に敷くものをさす; ➡ LIVING [PICTURE BOX]》: a Persian *rug* ペルシャじゅうたん. **2**《英》ひざ掛け (《米》lap robe).

■ *pull the rúg (óut) from únder ... [...'s féet]*《口語》〈人〉への援助［支援］を突然打ち切る.

‡rug・by [rÁgbi] 名U《時に R-》= rúgby fóotball ラグビー(《英口語》rugger).

Rug・by [rÁgbi] 名 = Rúgby Schóol ラグビー校《英国ラグビー市にある名門パブリックスクール. 球技のラグビー発祥の学校》.

rug・ged [rÁgid]《☆発音に注意》形 **1** ごつごつした, でこぼこの: a *rugged* mountain 岩だらけの山. **2** 粗野な, 武骨な. **3**（顔が）いかつい, 角ばった. **4**（人が）たくましい;（機械などが）頑丈な. **5** 厳しい, つらい, 苦しい.

rug・ged・ly [~li] 副 ごつごつと; 粗野に.
rug・ged・ness [~nəs] 名U でこぼこ; 粗野.
rug・ger [rÁgər] 名U《英口語》ラグビー(rugby).《比較》日本語のラグビー選手をさす「ラガー（マン）」は, 英語では rugby player と言う.

‡ru・in [rúːin] 動 他 **1** …を破滅させる, 破壊する; だめにする (→ DESTROY 類義語): ruin one's health 健康を害する / Our picnic was *ruined* by the rain. ピクニックは雨で台なしになった. **2** …を破産させる.

— 名 **1** U 破滅, 滅亡; 荒廃. **2** U 破産;（地位などの）没落, 身の破滅;〔the ~ / one's ~〕没落［破産］の原因: financial *ruin* 破産, 財政破綻(はたん) / lead ... to *ruin* …を破滅［没落］させる / Gambling was her *ruin*. 彼女はギャンブルで破産した. **3** C〔しばしば ~s〕廃墟(きょ), 残骸(ぎい); 遺跡: the *ruins* of Rome ローマの遺跡.

■ *gò to* [*fáll ínto*] *rúin* 荒廃する, 滅びる.
in rúins 廃墟となって, 荒廃して; 破滅して.

ru・in・a・tion [rùːinéiʃən] 名U《古風》破滅, 破産; 破滅の原因.
ru・ined [rúːind] 形 破滅した; 荒廃した.
ru・in・ous [rúːinəs] 形 **1** 破滅をもたらす; 破産させる. **2** 荒廃した.
ru・in・ous・ly [~li] 副 破滅を招くほど, 破滅的に.

****rule [rúːl] 名動《原義は「まっすぐな棒」》

— 名（複 **rules** [~z]）**1** C 規則, 規定, ルール: the school *rules* 校則 / the *rules* of soccer サッカーのルール / an unwritten *rule* 不文律 / *rules* and regulations 諸規定 / There are two exceptions to this *rule*. この規則には2つの例外がある / It is against the *rules* to keep pets in this apartment house. このアパートではペットを飼うことは規則違反です.

[コロケーション] 規則を［に］...

規則を定める: *establish* [*make, lay down*] *rules*
規則に従う: *obey* [*observe*] *a rule*
規則を...に適用する: *apply* [*enforce*] *a rule to* ...
規則を廃止する: *revoke a rule*
規則を曲げる: *bend* [*stretch*] *a rule*
規則を破る: *break* [*violate*] *a rule*

2 C 習慣, 原則; いつものこと, 常態: It is a *rule* with me to get up early. 早起きは私の習慣です / Failure is the *rule*, success the exception.《ことわざ》失敗が世の常, 成功は例外.

3 U 支配, 統治: That country has never been under foreign *rule*. その国は外国に支配されたことがない / The Tokugawa *rule* was established by Ieyasu. 徳川家の統治は家康によって確立された.

4 C《古風》定規, 物さし: a meter *rule* メートル尺. **5** C 罫(けい).

■ *as a* (*géneral*) *rúle* 概して, 通例: As a rule I leave home at eight. 私は通例8時に家を出る.
by [*accórding to*] *rúle* 規則によれば; しゃくしに定規に.
màke it a rúle to dó …することにしている: He *makes it a rule to* return home by seven. 彼は7時までに家に帰ることにしている.

— 動（三単現 **rules** [~z]; 過去・過分 **ruled** [~d]; 現分 **rul・ing** [~iŋ]）

— 他 **1**〔rule + O〕〈国・国民など〉を支配する, 統治する (→ GOVERN 類義語);〈感情など〉〈人・行動など〉を支配する: That country was *ruled* by the king till the revolution. その国は革命が起こるまで王によって統治されていた / She is never *ruled* by emotion. 彼女は決して感情に流されない / His heart *ruled* his head. 彼は理性より感情で行動した.

2〔rule + O〕〈感情など〉を抑える, 統御する: He tried to *rule* his anger. 彼は怒りを抑えようとした.

3 (a)〔rule + O + (to be +) C〕…が～であると裁決する, 決定を下す: The court *ruled* the accused (*to be*) innocent. 被告は無罪であると法廷は判決を下した. (b)〔rule + that 節〕...と裁決する: The chairman *ruled that* they would discuss the problem the next day. その問題はあす詳議することに議長は決定を下した.

4 定規で〈線〉を引く: *rule* five lines on a sheet of paper 紙に5本の線を引く.

— 自 **1** 支配する, 統治する (*over*): The emperor *ruled over* a vast empire. その皇帝は広大な帝国を支配した.

2〔...に〕判決を下す〔*on*〕: The judge *ruled on* the case. 裁判官はその訴訟事件に判決を下した.

■ *rúle óff* …を線を引いて区切る.
rúle óut **1** …を除外する: I *ruled out* the possibility that he had killed himself. 私は彼が自殺した可能性は除外した. **2** …を不可能にする.

rule・book [rúːlbùk] 名C **1** 規則書,（特に）就業規則書. **2**（競技などの）ルールブック.
■ *by the rúlebook* 規則通りに, 正規に.

‡rul・er [rúːlər] 名C **1** 支配者, 統治者: an absolute *ruler* 絶対的な支配者. **2** 定規, 物さし.

*rul・ing [rúːliŋ] 形〔限定用法〕**1** 支配する, 統治する: the *ruling* class 支配階級 / the *ruling* party 与党 / the *ruling* coalition 連立与党.

2 主な, 有力［優勢］な: her *ruling* passion 彼女が一番熱中していること.

— 名 1 C 判決；判定，決定: give [make] a *ruling* 判決を下す． 2 U 支配，統治．

rum[1] [rÁm] 名 U C ラム酒《砂糖キビから造る蒸留酒で，香りが強くアルコール度も高い》．

rum[2] 形《通例，限定用法》《古風》妙な，変わった．

Ru·ma·ni·a [ru:méiniə] 名 = ROMANIA.

Ru·ma·ni·an [ru:méiniən] 形 名 = ROMANIAN.

rum·ba [rÁmbə] 名 C U ルンバ《キューバ起源のダンス・音楽》．

rum·ble [rÁmbl]《擬声語》動 自 1 (雷・砲声などが)ごろごろ鳴る，とどろく; (腹が)ぐーぐー鳴る: The thunder *rumbled* in the distance. 遠くで雷鳴がした． 2 (車などが)轟音(ﾎﾞｳ)を立てて進む，がらがら通る． 3《米俗語》(路上で)けんかする．
— 他《主に英》…の正体【真相】を見抜く，見破る．
— 名 1 [単数形で] がらがら[ごろごろ] いう音; 騒音． 2 C《米俗語》路上のけんか．

rum·bling [rÁmbliŋ] 名 1 [単数形で]がらがら[ごろごろ] いう音． 2 C [通例 ～s] うわさ．

rum·bus·tious [rʌmbÁstʃəs] 形《英口語》= RAMBUNCTIOUS.

ru·mi·nant [rú:mínənt] 名 C 反すう動物《牛・ラクダなど》． — 形 反すうする，反すう動物の．

ru·mi·nate [rú:mínèit] 動 自 1《格式》[…について] 思い巡らす，熟考 [黙想] する [*about, on, over*]: *ruminate over* the suggestion その提案についてよく考える． 2 (牛などが) 反すうする．

ru·mi·na·tion [rù:mínéiʃən] 名 U C 1《格式》熟考，黙想． 2 反すう．

rum·mage [rÁmidʒ] 動 自 (部屋などを / …を求めて) ひっかき回す，検査する (*about, around*) [*in, through / for*]: *rummage through* a drawer 引き出しをひっかき回す．
— 名 1 [a ～] ひっかき回すこと，捜索; 臨検．
2 U《米》がらくた(《英》jumble).
◆ **rúmmage sàle** C《米》慈善バザー; がらくた市《英》jumble sale).

rum·my [rÁmi] 名 U《トランプ》ラミー《セブンブリッジに似たゲーム》．

*__ru·mor__,《英》**ru·mour** [rú:mər] 名 C U [… についての / … という] うわさ，評判 (*about, of / that* 節): confirm [deny] a *rumor* うわさを認める[否定する] / start a *rumor* うわさを立てる / spread [circulate] a *rumor* うわさを広める / *Rumor* has it that he is going to be the president. うわさでは彼が社長になるということだ / There is a *rumor that* she is getting married. 彼女が結婚するといううわさがある．

ru·mored,《英》**ru·moured** [rú:mərd] 形 [… であると] うわさの，うわさされている [*to be, that* 節]: She is *rumored to be* seriously sick. 彼女は重病だそうだ / It is *rumored that* he is making a large profit from his new business. 彼は新しい商売でしてたまもうけているといううわさです．

rump [rÁmp] 名 1 C (動物の) しり，臀部(ﾃﾞﾝ); 《こっけい》(人の) しり． 2 U = **rúmp stéak** (牛の) しり肉(→ BEEF 図)． 3 [単数形で] (政党・組織などの) 残党．

rum·ple [rÁmpl] 動 他 …をしわくちゃ[くしゃくしゃ]にする: a *rumpled* sheet しわくちゃのシーツ．

rum·pus [rÁmpəs] 名 U [または a ～]《口語》口論，激論; 騒ぎ．

*****run** [rÁn] 動 名

基本的意味は「走る (go quickly on foot)」．

動	① 走る；走らせる．	自 1, 2, 3; 他 1, 2, 3
	② (道などが) 延びている．	自 4
	③ 立候補する．	自 5
	④ 動く；動かす．	自 6; 他 4
	⑤ 経営する．	他 5
名	① 走ること; 競走．	1
	② 走る距離 [時間]．	2

— 動 (三単現 **runs** [～z]; 過去 **ran** [rǽn]; 過分 **run** [rÁn]; 現分 **run·ning** [～iŋ])
— 自 1 **走る**，駆ける; […のために] 急いで行く，駆けつける [*for*]: Don't *run* in the house. 家の中で走るな / The cheetah *runs* the fastest of all animals. チータはすべての動物の中で一番速く走る / They began to *run for* shelter from the rain. 彼らは雨宿りをしようと駆け出した / You have to *run* to catch the last train. 最終列車に乗るには走って行かなくてはならない．

2 逃げる，逃走する: My parakeet *ran* from the cage yesterday. 私のインコはきのうかごから逃げた / I *ran* for my life. 私は必死で逃げた．

3 競走する; [競走に] 出る，出場する [*in*]: *run in* a marathon マラソンに出場する / The horse *ran* first [last] in the race. その馬はレースで1位[びり]だった．

4 [進行形不可] (道などが) 延びている，通じている; (範囲などが)［…から / …に］及ぶ，わたる [*from / to*]: The road *runs* parallel to the railroad. その道路は鉄道に平行して走っている / Her interest in music *runs from* classical music *to* rock. 彼女の音楽への関心はクラシックからロックに及ぶ．

5《主に米》[役職などに] 立候補する (《主に英》stand) [*for*]: He's going to *run* a third time in the election. 彼は3度目の立候補をするつもりです / She has decided to *run for* Governor. 彼女は知事選に立候補する決心をした．

6 (機械などが) 動く，作動する; (物事が) 進む，推移する: My computer doesn't *run* well. 私のコンピュータはきちんと作動しない / This watch *runs* on a spring. この時計はぜんまいで動く / Everything is *running* smoothly for us. 私たちにとってすべてが順調に進んでいます．

7 (乗り物が) 走る; (定期的に) 通っている，運行されている: The trains *run* every fifteen minutes. 電車は15分ごとに出ている / The shuttles *run* between the museum and the station. シャトルバスがその博物館と駅の間を走っている．

8 (液体・川などが) 流れる; (鼻が) 鼻水を出す: She left the water *running* to fill up the bathtub. 彼女は浴槽をいっぱいにするために水を出したままにした / Tears were *running* down her cheeks. 涙が彼女のほおを伝って流れていた．

9 (ろう・バターなどが) 溶けて流れる; (色が) 落ちる, (インクなどが) にじむ: The colors of the shirt *ran* in the water. 水につけたらシャツの色が落ちた.
10 [副詞(句)を伴って](考えなどが) ふと浮かぶ; (痛みなどが) 走る: A good idea *ran* through my mind. よい考えが頭に浮かんだ / Chills *ran* down my spine. 背筋に寒けが走った.
11 (物事・行事などが) 続く, 継続する; (映画・劇が) 続映 [続演] される; (法律などが) 効力を持つ, 有効である: The musical has been *running* for over a year. そのミュージカルは1年以上続演中です / The lease *runs* for five years. そのリースは5年間有効 [5年契約] です.
12 [run＋C] (悪い状態に) なる, …になる (◇ C は主に不都合な状態を表す形容詞): The dam will soon *run* dry. ダムはそのうち干上がるだろう / Oil is *running* short. ＝We're *running* short of oil. 石油が不足してきている.
13 (詩・条文・手紙などが)(…と) 書いてある; (うわさ・ニュースなどが) 流れる, 伝わる: The letter *runs* as follows. 手紙には次のように書いてある.
14 《米》(編み物などが) ほつれる, (ストッキングが) 伝線する (《英》ladder). **15** (サケが産卵のため) 川をさかのぼる. **16** (植物が) 伸びる, はう.
— [他] **1** 〈道・距離〉を**走る**: He *ran* 100 meters in eleven seconds. 彼は100メートルを11秒で走った / She *ran* the path in the woods with her dog. 彼女は犬を連れて森の中の小道を走った.
2 〈競走など〉を**する**; [通例, 受け身で]〈競馬など〉を開催する: *run* a relay リレーに参加する / We have to *run* a race against time. 私たちは時間と競争しなくてはならない / The Kentucky Derby *was run* in bad weather. ケンタッキーダービーは悪天候の中で行われた.
3 〈人・動物〉を**走らせる**, 競走に出す; 〈乗り物〉を運行させる: *run* a horse in the race 馬をレースに出走させる / They will *run* extra buses between the stadium and the station. 競技場と駅の間のバスは増発される.
4 〈機械など〉を**動かす**, 作動させる, 運転する; 《英》〈車〉を所有する: You don't need any special knowledge to *run* this computer. このコンピュータを操作するのに特別な知識はいりません / She wants to *run* her own car. 彼女は自分の車を持ちたいと思っている.
5 〈店・会社など〉を**経営する**, 運営する; …を提供する: *run* a household 所帯を切り盛りする / *run* a summer course 夏期講座を開く / My uncle *runs* a Japanese restaurant in London. 私のおじはロンドンで日本料理店を経営している.
6 《口語》〈人〉を車で送る, 乗せて行く; 〈武器・麻薬など〉を密輸する: *run* drugs across the border 国境を越えて麻薬を密輸する / Could you *run* me to the station? 駅まで車で送ってくれませんか.
7 [副詞(句)を伴って]〈指・視線など〉をすばやく走らせる, さっと通す: She has the habit of *running* her fingers through her hair. 彼女は指で髪をなでつけるくせがある / The manager *ran* his eyes over the report. 支配人は報告書にざっと目を通した.
8 〈実験など〉を行う, 処理する; 【コンピュータ】〈プログラム〉を実行する: *run* a test 実験を行う / I'll *run* this program through the computer. このプログラムをコンピュータにかけてみます.
9 〈危険〉を冒す; …を無視して突破する, 通り抜ける: *run* the traffic lights 交通信号を無視する / I can't *run* the risk of losing all my money. 私は全財産を失うような危険を冒すことはできない.
10 [副詞(句)を伴って]〈針など〉を突き刺す; 〈糸など〉を通す: *run* a thread through the eye of a needle 針の穴に糸を通す / *run* a rope between the trees 木の間にロープを張る. **11** 〈液体〉を流す; 〈ふろなど〉に水 [湯] を満たす [入れる]: *run* hot water into the bathtub 浴槽に湯を入れる.
12 《主に米》〈人〉を〔役職などに / 選挙に〕立候補させる〔*for* / *in*〕. **13** 〈獲物など〉を狩り出す, 追い詰める; 〈うわさなど〉の出所を突き止める. **14** 〈記事など〉を〔新聞などに〕掲載する〔*in*〕.

[句動詞] ***rùn abóut*** ＝ run around (↓).
rún acròss ... [他] **1** 〈人〉に**偶然出会う**; 〈もの〉を偶然見つける: I *ran across* my teacher at the station. 私は駅で先生に偶然会った.
2 …を走って横切る, 渡る: *run across* the street 通りを横切る.
rún àfter ... [他] **1** …を**追いかける**, 追跡する; 追求する: A dog came *running after* me. 犬が私のあとを追って来た. **2** 《口語》〈異性〉をしつこく追い回す. **3** 《口語》〈人〉に仕える, 世話する.
rún agàinst ... [他] **1** …と**ぶつかる**, 衝突する: The bike *ran against* the wall. 自転車が壁にぶつかった. **2** (意味・利害などが) …に反する.
3 《米》(選挙で) …の対立候補として出る.
rùn alóng [自] 立ち去る (◇しばしば子供などに対する命令文で用いる): *Run along* up to bed, Helen. ヘレン, もう上へ行って寝なさい.
rùn aróund [自] **走り回る**, 遊び回る: We've been *running around* since morning. 私たちは朝から駆けずり回っている.
·*rùn aróund with ...* 〈異性〉とつき合う; …と浮気する.
rún at ... [他] [受け身不可] …に向かって走る; …に襲いかかる, 攻撃する.
rùn awáy [自] **1** 〔…から〕**逃げる**, 逃走する; 家出する〔*from*〕: He *ran away from* home. 彼は家出した. **2** 〔…を〕避ける, 逃避する〔*from*〕: You can't *run away from* this problem. あなたはこの問題を避けるわけにはいかない.
·*rùn awáy with ...* **1** (感情などが)〈人〉の**自制心を失わせる**: Her emotion *ran away with* her. 彼女は自分の感情を抑えられなかった.
2 〈競技など〉で圧勝する, 〈賞〉をさらう: He *ran away with* every prize. 彼はすべての賞をさらった. **3** [通例, 否定文で]〈ある考えなど〉を簡単に信じ込む, 早合点する. **4** …を持ち逃げする.
5 …と一緒に逃げる; 駆け落ちする.
rùn báck [自] **走って戻る**: He *ran back* upstairs with a flashlight. 彼は懐中電灯を持って2階に走って戻った. — [他] [run back＋O / run＋O＋back] 〈フィルム・テープなど〉を巻き戻す.
·*rùn báck òver ...* …を回想する; 再考する.

R

rùn dówn 圓 **1** 走り下りる; 急いで行く; 〈水などが〉流れ落ちる: Will you *run down* to the post office? 郵便局まで急いで行ってくれませんか. **2** 〈時計などが〉止まる, 停止する; 〈電池が〉切れる: The batteries in my radio are *running down*. ラジオの電池が切れかかっている. **3** (数量・価値などが) 減る, 下がる. ─ 他 [run down + O / run + O + down] **1** 〈乗り物が〉〈人などを〉はねる, ひく: He was *run down* by a motorcycle. 彼はオートバイにはねられた. **2** …を追跡する, 追跡して捕らえる; 〈情報などの〉出所を突き止める: I *ran* the book *down* at a secondhand bookstore. 私はその本を古本屋でやっと見つけた. **3** 〈人〉をけなす, 悪く言う: He is always *running* me *down*. 彼は私をけなしてばかりいる. **4** …を衰弱させる; 〈電池〉を切らす. **5** 〈数量・価値〉を減らす, 下げる.

rùn ín 圓 駆け込む; 〈水などが〉流れ込む: He *ran in* through the back door. 彼は裏口から駆け込んで来た. ─ 他 [run in + O / run + O + in] **1** 〈新しい車など〉の慣らし運転をする. **2** 《古風》…を逮捕する, 投獄する.

rún into ... 他 **1** 〈人・車などが〉…に衝突する, ぶつかる: The convenience store on the corner was *run into* by a taxi. 角のコンビニエンスストアにタクシーが突っ込んだ. **2** …に走り込む; 流れ込む: The Sumida River *runs into* Tokyo Bay. 隅田川は東京湾に注ぐ. **3** 《口語》〈人〉に偶然出会う (run across ...): Can you guess who I *ran into* today? きょう私がだれに会ったと思いますか. **4** 〈困難など〉に陥る; 〈悪天候など〉にあう: *run into* trouble 面倒なことになる. **5** 〈ある数字・金額〉に達する.

rún ... ìnto ~ 他 〈車〉を~にぶつける: She *ran* her car *into* a post. 彼女は車を柱にぶつけた. **2** …を~に落とす; …を~に追い込む.

rùn óff 圓 **1** 走り去る, 逃げ去る; 駆け落ちする: The robber *ran off* to the west. どろぼうは西の方向へ逃げ去った. **2** 〈水などが〉流れ出る; 〈雪・氷が〉解ける. ─ 他 [run off + O / run + O + off] **1** …を印刷する; …のコピーを取る: *Run off* 20 copies of this, please. これのコピーを20部取ってください. **2** 〈競技など〉を行う. **3** 〈水など〉を流し出す, 放出する. **4** 〈文章など〉をすらすらと書く [読む].

·rùn óff with ... …を持ち逃げする; …と駆け落ちする (run away with ...).

rùn ón 圓 **1** 走り続ける: He *ran on* for two hours without a break. 彼は休みなしで2時間走り続けた. **2** 話し続ける; 〈話が〉だらだらと続く: She tends to *run on*. 彼女は話し始めたら止まらないほうだ. **3** 〈時が〉過ぎる, 経過する. **4** 〈文字が〉続く, 続き字になる; 〈印刷〉〈文などが〉追い込みになる. ─ 他 [run on + O / run + O + on] …を追い込みにする.

rún on ... 他 〈議論など〉を問題にする; 〈心が〉…にとらわれている.

rùn óut 圓 **1** 〈もの・時間などが〉つきる, なくなる: Our time is *running out*. 時間がなくなってきている. **2** 〈契約などが〉切れる, 満期になる: My passport has *run out*. 私のパスポートは期限が切れている. **3** 〈水などが〉流れ出る. **4** 〈ロープなどが〉繰り出される; 〈建造物が〉突き出る. ─ 他 [run out + O / run + O + out] **1** 〈ロープなど〉を繰り出す; 〈銃など〉を突き出す. **3** 〈野球・クリケット〉〈打者〉をアウトにする.

rùn óut of ... 他 〈人が〉…を使い果たす, 切らす: I've *run out of* cigarettes. 私はたばこを切らしてしまった.

rún ... òut of ~ 他 《古風》を~から追い出す.

rùn óut on ... 《口語》〈人〉を見捨てる; 〈仕事など〉を放棄する.

rùn óver 圓 **1** 〈水・容器などが〉あふれる (overflow): The water in the pot *ran over* while I was boiling an egg. 卵をゆでている間になべの湯があふれた. **2** 〔…に〕ちょっと立ち寄る [*to*]. ─ 他 [run over + O / run + O + over] **1** 〈車が〉…をひく: The dog was *run over* by a truck. その犬はトラックにひかれた. **2** 〈CD・テープなど〉を終わりまでかける.

rùn òver ... 他 …を復習する, 読み返す; …にざっと目を通す: Let's *run over* the points. 要点を復習しましょう.

rùn thróugh 他 [run through + O / run + O + through] 《文語》…を [剣など] 突き通す, 刺す [*with*].

rún through ... 他 **1** …を走って通り抜ける; 〈川など〉…を貫流する: The Rio Grande *runs through* New Mexico. リオグランデ川はニューメキシコ州を貫流している. **2** …をざっと調べる, …にざっと目を通す. **3** 〈芝居など〉を通しで練習する, リハーサルをする (rehearse). **4** 〈うわさなどが〉…に行きわたる, 広まる. **5** …に満ちている, …において支配的である. **6** 〈金など〉を浪費する, 使い果たす.

rún to ... 他 **1** 〈人〉のもとに走って行く, 駆けつける: You can *run to* us whenever you need help. 助けが必要なときはいつでも私たちを訪ねてください. **2** …に傾く, 陥る. **3** 〈数・量などが〉…に達する, 総計…になる. **4** [否定文・疑問文で; 進行形不可] 〈英〉…の資力がある.

rùn úp 圓 **1** 駆け上がる; 伸び上がる, はい上がる. **2** […に] 駆け寄る [*to*]: They *ran up* to me and said hello. 彼らは私に駆け寄ってあいさつをした. **3** 〈価格などが〉急に上がる; 〈借金などが〉急に増える. **4** 《スポーツ》助走する. ─ 他 [run up + O / run + O + up] **1** [通例, 受け身で] 〈旗〉を掲げる: The national flag *was run up*. 国旗が掲揚されていた. **2** …を大急ぎで縫う [仕立てる]. **3** 〈借金など〉を増やす.

rún úp ... …を駆け上がる; …をはい上がる: Ivy *ran up* the wall. ツタが壁に伸びていった.

rùn úp agàinst ... 〈問題・困難・障害など〉にぶつかる, 出くわす.

rùn upòn ... = run on ... (↑).

■ **rún for it** [しばしば命令文で] 急いで逃げる.

── 名 **1** [C] 走ること; 〈長距離の〉 競走: break into a *run* 駆け出す / I go for a five-kilometer *run* every day. 私は毎日5キロ走る.

2 C [通例,単数形で] 走る距離 [時間];(バス・列車などの) 運行, 便, 行程: It's only a twenty-minute *run* by train. 電車でほんの20分の距離です / The bus makes six *runs* daily. バスは1日に6便ある. **3** C [通例 a ~] ちょっとした旅行, 小旅行, ドライブ: take a *run* up to Chicago シカゴまで急ぎの旅をする / I'll take my family for a *run* in the car. 私は家族を連れて車で出かけるつもりです. **4** C (状態などの) 連続; (映画の) 続映, (劇の) 続演: a long *run* of dry weather 日照り続き / The play will have a long *run*. その芝居は長期公演になるだろう. **5** C (商品などの) 盛んな売れ行き, 大きな需要; 大流行; (銀行の) 取り付け [on]: There's been a great *run* on the yen. 大量の円買いが殺到している / There was a *run* on the bank. 銀行に取り付け騒ぎが起こった. **6** [the ~] (物事の) 成り行き, 方向, 形勢: the *run* of a game 試合の流れ / the recent *run* of the money market 金融市場の最近の動向. **7** C (機械の) 運転, 操業; 仕事量; [コンピュータ] 実行, ラン: a seven-hour *run* 7時間操業. **8** [the ~] 等級, 種類: the common *run* of students 普通の学生. **9** [the ~] (場所の) 出入りの自由: The children had the *run* of the big house. 子供たちはその大きな家に自由に出入りできた. **10** C [通例 a ~] (米) […への] 立候補, 出馬 [for]. **11** C (野球・クリケットなどの) 得点 (略語) R.; → SCORE [関連語]: score two *runs* 2点入れる. **12** C (液体が) 流れること, 流出; (流れの速い) 小川. **13** C (米) (ストッキングの) ほつれ, 伝線 ((英) ladder). **14** C (スキーなどの) 斜面, コース. **15** C [しばしば複合語で] (家畜の) 囲い場, 放牧場. **16** [the ~s] (口語) 下痢.

■ **at a rún** 駆け足で.
gíve ... a (góod) rún for ...'s móney (勝負などで) …と互角の勝負をする, …を手こずらせる.
in the lóng rùn 長い目で見れば, 結局は: *In the long run* this suit is the best one to buy. 長い目で見ればこのスーツが最もお買い得です.
in the shórt rùn 短期的に見れば, さしあたりは.
on the rún **1** […から] 逃走して, 追われて [from]; 敗走して; 大敗して: He is *on the run from* the police. 彼は警察に追われる身である. **2** (口語) 忙しく動き回って: She is always *on the run*. 彼女はいつも忙しく動き回っている.

run·a·bout [rʌ́nəbàut] 名 (口語) 小型自動車; 軽モーターボート.
run·a·round [rʌ́nəràund] 名 [the ~] (口語) 言い逃れ, はぐらかし: give ... the *runaround* …に言い逃れを言う.
run·a·way [rʌ́nəwèi] 名 C 逃亡者; 家出人.
— 形 [限定用法] **1** 逃亡した, 脱走した; 家出した. **2** (車・馬などが) 制御できない, 手に負えない. **3** (物価などが) 急騰する, 急増する. **4** 簡単に手に入った.
run·down [rʌ́ndàun] 名 C **1** [通例, 単数形で] […についての] 詳しい報告 [分析] [on]. **2** [単数形で] 縮小, 削減. **3** (野球) 挟殺 (まっ).
rún-dówn 形 **1** [叙述用法] 健康を害した, 疲れた. **2** 手入れをしていない, 荒廃した.
rune [rúːn] 名 C **1** ルーン文字, 北欧古代文字. **2** 神秘的な記号.
***rung**¹ [rʌ́ŋ] 動 ring² の過去分詞.
rung² 名 C **1** (はしごなどの) 横木, 段; (いすの脚の) 桟. **2** (口語) (社会・組織内の) 地位, 段階.
rún-in C **1** 口論, けんか (quarrel). **2** [the ~] 準備期間, 前段階 (run-up).
*run·ner [rʌ́nər] 名 C **1** 走る人 [動物]; 競走者, ランナー, 競走馬: a long-distance *runner* 長距離ランナー. **2** 使い走り; 集金人; 注文取り; 外交員. **3** 密輸入人: a drug *runner* 麻薬密輸入人. **4** 【植】 匍匐 (ほふく) 植物 (つるが地面をはうイチゴなど); 匍匐枝 (し). **5** (移動のための) レール, 溝; (そりの) 滑走板; (スケートの) ブレード. **6** (廊下などの) 細長いじゅうたん; 細長い掛け布.
■ **dó a rúnner** (英口語) 逃げる, ずらかる.
◆ **rúnner bèan** C (英) サヤインゲン, サヤエンドウ ((米) string bean).
rún·ner-úp 名 (複 run·ners-up, run·ner-ups) C (選挙での) 次点者; (スポーツなどの) 2位チーム, 2位 (の人).
*run·ning [rʌ́nɪŋ] 名 U **1** 走ること, ランニング; 競走; 走力; 〔野球〕 走塁: go *running* ランニングをする. **2** 経営, 管理; (機械の) 運転: succeed in the *running* of the company 会社の経営に成功する.
■ **in [òut of] the rúnning** 競走に加わって [加わらないで]; (口語) 勝算がある [ない].
màke [tàke úp] the rúnning (英口語) (競走・議論などで) ペースメーカーになる; 率先して行う.
— 形 [限定用法] **1** 走っている, 走りながらの; 競走用の: *running* shoes [shorts] ランニングシューズ [パンツ]. **2** (水などが) 流れている; 膿 (うみ) [鼻水] の出ている: *running* water 流水, 水道水. **3** 連続した, 続けざまの, 繰り返す: a *running* fire of questions 矢つぎ早の質問. **4** (機械などが) 運転中の, 作動している.
— 副 [基数詞＋複数名詞のあとで] 引き続き, 連続で: six days *running* 6日間連続で.
◆ **rúnning báttle** C 追撃戦; 長期戦.
rúnning cómmentary C (放送の) 実況中継.
rúnning cósts [複数扱い] (設備などの) 維持費.
rúnning jùmp C 助走をつけた跳躍.
rúnning màte C (米) (ひと組の候補者のうちの) 下位候補者, (特に) 副大統領候補.
rúnning tìme C 演奏 [上映] 時間.
rúnning tótal C 現在高, 累計.
run·ny [rʌ́ni] 形 (比較 **run·ni·er** [~ər]; 最上 **run·ni·est** [~ist]) (口語) **1** 流れやすい, 垂れやすい, 液状の. **2** 鼻; (涙) の出ている.
run·off [rʌ́nɔ̀ːf / -ɔ̀f] 名 **1** C (同点者間の) 勝者決定戦: a *runoff* vote 決戦投票. **2** U (地中に吸収されない) 雨水, 流水 (量).
rún-of-the-míll 形 ありふれた, 平凡な, 普通の.
runt [rʌ́nt] 名 C **1** 小柄な (発育不全の) 動物 (特に子豚). **2** (口語) 取るに足らない人, 小物.
rún-thròugh 名 C **1** (公演前の) 通し稽古 (げ),

run-up

リハーサル. **2** ざっと読むこと, 通読.
rún·ùp 名C **1**『スポーツ』助走(距離).
2 [the ~] […に向けての] 準備(期間), 前段階 [to].
3 《米》 (物価などの)急騰(とう); 急増.
run·way [ránwèi] 名C 滑走路; 〖劇〗花道.
ru·pee [ruːpíː] 名C ルピー (◇インド・パキスタン・スリランカ・ネパールの通貨単位).
rup·ture [ráptʃər] 名 **1** UC 破裂, 決裂; 裂け目. **2** C […の間の/…との] (友好的関係の)決裂, 断絶; 不和, 争い [between / with]. **3** CU〖医〗ヘルニア, 脱腸.
— 動 他 **1** …を破る, 破裂させる. **2** (関係など)を断絶させる, 仲たがいさせる.
— 自 破れる, 破裂する.
■ **rúpture onesèlf** ヘルニアを起こす.

ru·ral [rúərəl]
【原義は「広い空間」】
— 形 [通例, 限定用法] **1** 田舎の, 田園の, 農村の; 田舎風の (↔ urban) (◇ rustic と異なり,「粗野な」「洗練されていない」などの意は含まない): *rural* life 田園生活 / *rural* customs and manners 田舎の風俗習慣 / He lives in *rural* seclusion. 彼は人里離れて暮らしている.
2 名 (agricultural): *rural* economy 農業経済.
◆ **rúral (frée) delívery** U《米》地方無料郵便配達.

ruse [rúːz] 名C たくらみ, 計略, 策略 (trick).

rush[1] [ráʃ]
動 名【基本的意味は「急いで行く (go forward fast)」】
— 動 (三単現 **rush·es** [~iz]; 過去・過分 **rushed** [~t]; 現分 **rush·ing** [~iŋ])
— 自 **1** [通例, 副詞(句)を伴って] 急いで行く, 突進する; (水が)勢いよく流れる; 突撃する: I have to *rush* home tonight. 今晩は急いで家に帰らなければならない / People were *rushing* to the station. 人々は駅に向かって急いでいた / The helicopter *rushed* to her rescue. ヘリコプターが彼女の救助に急行した.
2 […を]急いでする, 向こう見ずにやる [to, into]: There's no need to *rush*. 急いでやる必要はない / We don't have to *rush* to a conclusion. あわてて結論を出す必要はない / Don't *rush into* anything that you aren't completely sure about. 確信のないことを軽はずみにやってはならない.
3 [副詞(句)を伴って]急に現れる, 急に浮かぶ: When she got the medal, tears *rushed* to her eyes. メダルを手にしたとき彼女の目に涙が急に込み上げてきた / A bright idea *rushed* into my mind. いい考えが突然彼の心に浮かんだ.
4『アメフト』ラッシュする, ボールを持って突進する.
— 他 **1** 〈仕事・食事など〉を急いでする; 〈法案など〉を急いで通過させる (through): *rush* one's meal 大急ぎで食事をとる / He *rushed* his homework before dinner. 彼は夕食前に宿題を急いでやった.
2 …を [~に] 急いで運ぶ, 急送する [to]: *rush* medical supplies *to* the front 戦地へ医療品を急送する / I *rushed* him *to* the nearest hospital. 私は彼を最寄りの病院に急いで連れて行った.
3 〈人〉を [~するよう] 急がせる, せき立てる [into]: I was *rushed into* buying the leather pants. 私はせき立てられて革のズボンを買ってしまった / Don't *rush* me. せかさないでください.
4 …を襲撃する: Some members *rushed* the speaker. メンバー数人が演説者を襲った.
5『アメフト』(ボール)を運ぶ.
— 名 **1** CU 突進, 急いで行くこと; (水が)勢いよく流れること; 突撃: the *rush* of water 水の激しい流れ / They made a *rush* to the shop. 彼らはその店に駆けつけた.
2 [単数形で] 殺到, 大量注文: a gold *rush* ゴールドラッシュ / There was a *rush* to buy the sale items. 目玉商品を買おうとする人が殺到した.
3 UC せわしさ, あわただしさ; 急ぐこと, 急ぎ: the *rush* of big city life 大都会の生活のせわしさ / We're in no *rush*. 私たちは少しも急いでいない.
4 C (気分の)高揚, 高まり: in a *rush* of excitement 興奮に駆られて.
5 [~es] (映画の編集前の)下見用プリント.
■ *in a rúsh* 大急ぎで, あわただしく.
◆ *with a rúsh* 急に, 一気に.
◆ **rúsh hòur** CU ラッシュアワー.

rush[2] 名C〖植〗イグサ, トウシンソウ(灯心草)(◇かご・むしろなどを作る湿性植物).

Rush·more [ráʃmɔːr] 名固 [Mount ~] ラシュモア山《米国 South Dakota 州にある山. 4人の大統領(ワシントン, ジェファソン, リンカーン, セオドア=ルーズベルト)の巨大な顔が刻まれている》.

rusk [rásk] 名C《主に英》ラスク《堅焼きの薄切りパン》.

Russ., Russ. (略語) =*Russia*; *Russian*.

Rus·sell [rásəl] 名固 ラッセル Bertrand [báːrtrənd] Russell (1872–1970; 英国の哲学者・数学者).

rus·set [rásit] 《主に文語》名 U 形 小豆(あずき)色(の), 赤褐色(の) (reddish brown).

Rus·sia [ráʃə]
— 名固 **1** ロシア(連邦)《ユーラシア大陸のヨーロッパ東部からアジア北部にまたがる連邦共和国; 首都モスクワ (Moscow)》.
2 ロシア《旧ソビエト連邦の俗称》.
3 ロシア帝国《1917年のロシア革命で崩壊》.
(▷ 形 Rússian)

Rus·sian [ráʃən]
形 名
— 形 ロシアの; ロシア人[語]の; ロシア系[風]の: *Russian* ballet ロシアンバレエ / She is *Russian*. 彼女はロシア人です.
— 名 **1** C ロシア人; ロシア系の人; [the ~s] ロシア国民: She is a *Russian*. 彼女はロシア人です.
2 U ロシア語: He speaks good *Russian*. 彼はロシア語を上手に話す.
(▷ 名 Rússia)
◆ **Rússian (Órthodox) Chúrch** [the ~] ロシア正教会.
Rússian Revolútion [the ~] ロシア革命

《1917年3月(旧暦2月)の二月革命と同年11月(旧暦10月)の十月革命》.

Rússian roulétte ⓤ ロシアンルーレット《連発銃に弾丸を1発だけ込め, 銃口を自分の頭に向けて引き金を引く命がけのゲーム》.

Rús·so-Japanése [rΛsou-] 形 日本とロシア[日露]の: the *Russo-Japanese* War 日露戦争.

*__rust__ [rΛst] 名 ⓤ **1** (鉄の)さび; (赤)さび色: gather *rust* さびる. **2** 【植】さび病.
— 動 自 **1** さびる, 腐食する (*out*, *away*): Better wear out than *rust* out. 《ことわざ》(使わずに)さびつくより(使って)すり減るほうがよい.
2 (才能・技能が)さびつく, 鈍る (*out*, *away*).
— 他 …をさびさせる; …(の能力など)を鈍らせる.
(▷ 形 rústy)

*__rus·tic__ [rΛstik] 形 **1** 田舎の, 田園(生活)の (↔ urban) (◇ *rural* に比べて「粗野な」「洗練されていない」という意を含む): The cottage has *rustic* simplicity. その別荘には田舎の素朴さがある.
2 《ほめ言葉》素朴な, 飾り気のない.
3 《軽蔑》粗野な, 不作法な.
— 名 ⓒ 田舎者, 素朴な人; 武骨な人.

rus·tic·i·ty [rΛstísəti] 名 ⓤ **1** (田舎の)素朴さ, 田舎風; 田園生活. **2** 粗野, がさつさ.

*__rus·tle__ [rΛsl] (☆ t は発音しない) 動 自 (紙・葉などが)かさかさ[さらさら]と音を立てる; かさかさ[さらさら]と音を立てて動く: She *rustled* along in her long dress. 彼女は長いドレスをかさかさいわせて歩いた.
— 他 **1** …をかさかさ[さらさら]鳴らす. **2** 〈家畜〉を盗む.
■ *rústle úp* 他 《口語》 **1** …をかき集める. **2** …を急いで作る.
— 名 [単数形で] かさかさ[さらさら]鳴る音.

rus·tler [rΛslər] 名 ⓒ 家畜どろぼう (◇ 人).
rus·tling [rΛsliŋ] 名 **1** ⓤⓒ かさかさ[さらさら] いう音. **2** ⓤ 家畜どろぼう (◇ 行為).
rust·proof [rΛstprù:f] 形 (金属が)さびない, さび止めをした.

*__rust·y__ [rΛsti] 形 (比較 rust·i·er [~ər]; 最上 rust·i·est [~ist]) **1** さびた, 腐食した: a *rusty* kitchen knife さびた包丁. **2** さび色の; 古ぼけた, 旧式な: a *rusty* coat 色あせた上着. **3** (使用・練習しないため)鈍く[下手に]なった: Her French is rather *rusty* nowadays. 彼女のフランス語も此頃ではかなりさびついている. (▷ 名 rúst)

rut[1] [rΛt] 名 ⓒ **1** わだち, 車輪の跡; 細長いくぼみ.
2 (仕事などの)型にはまったやり方, 常道: get into [be (stuck) in] a *rut* 型にはまる[はまっている], 単調な生活に陥る / get out of a *rut* マンネリ状態から抜け出す.

rut[2] 名 [the ~] (シカなどの)さかり, 発情(期).

ru·ta·ba·ga [rù:təbéigə] 名 ⓒ 《米》【植】スウェーデンカブ, ルタバガ, カブカンラン《根を食用にする》.

Ruth [rú:θ] 名 固 ルース George Herman [hə:rmən] Ruth 《1895–1948; 米国のプロ野球選手;《愛称》Babe Ruth》.

ruth·less [rú:θləs] 形 冷酷な, 情け容赦ない.
ruth·less·ly [~li] 副 無慈悲に, 容赦なく.
ruth·less·ness [~nəs] 名 ⓤ 冷酷, 無慈悲.

rut·ted [rΛtid] 形 わだちのついた, 車輪の跡がある: a *rutted* road わだちのある道.

RV 《略語》《米》= recreational vehicle レジャー用の車.

R.V. 《略語》= *R*evised *V*ersion (of the Bible) 改訳聖書.

Rwan·da [ru(:)á:ndə / ru(:)ǽn-] 名 固 ルワンダ《アフリカ中東部の共和国; 首都キガリ (Kigali)》.

-ry [ri] 接尾 = -ERY.

*__rye__ [rái] 名 ⓤ **1** 【植】ライ麦.
2 = rýe bréad ライ麦パン, 黒パン.
3 《米》= rýe whískey ライウイスキー.

S s

S s 𝒮 𝓈

s, S [és] 名(複 s's, ss, S's, Ss [〜iz]) **1** CU エス《英語アルファベットの19番目の文字》. **2** C[大文字で] S字形のもの. **3** C[大文字で](特に衣服などの) Sサイズ, 小さなサイズ (small size).

s, s. 《略語》= second(s); south; southern.

S[1] 《元素記号》= sulfur 硫黄.

S[2], **S.** 《略語》= Saint; sentence 〖文法〗文; South; Southern; subject 学科.

-s 〔有声音のあとで〕z,〔無声音のあとで〕s) 接尾
(◇ -s, -sh, -ch, -x,「子音字+y」などで終わる語に付ける場合は -es [iz] となる) **1** 名詞の複数形を作る: apples / cats. **2** 動詞の3人称単数現在形を作る: makes / sees.

-'s 〔有声音のあとで〕z,〔無声音のあとで〕s,([s, z, ʃ, ʒ, tʃ, dʒ] のあとで) iz) 接尾 **1** 名詞の所有格を作る: Mike's car マイクの車.

語法 (1) -(e)s で終わる複数形に付ける場合は -(e)s' となる: a girls' high school 女子高校.
(2) -s で終わる固有名詞に付ける場合は, -s' または -s's となるが, -'s のほうが一般的: Dickens' [díkinziz, díkinz] / Dickens's [díkinziz].

2 文字・数字・略語などの複数形を作る: the three R's 読み書き算数 (→ R) / 1990's 1990年代.

3 〔短縮〕《口語》is, has, does の短縮形: Terry's a student. テリーは学生です (◇ Terry's = Terry is) / Tom's decided to work in Japan. トムは日本で働く決心をした (◇ Tom's = Tom has) / What's it mean? どういう意味ですか (◇ What's = What does).

4 〔短縮〕[let us の〕us の短縮形 (→ LET'S).

$, $ 《略語》= dollar(s) ドル: $1 1ドル (◇ one [a] dollar と読む) / $40.50 40ドル50セント (◇ forty dollars と fifty cents と読む).

SA, S.A. 《略語》= Salvation Army 救世軍; South Africa 南アフリカ (共和国); South America 南アメリカ.

***Sab·bath** [sǽbəθ] 名[the 〜] 安息日《お祈りと休息にあてる日. キリスト教では日曜日, ユダヤ教では土曜日》: keep [break] the Sabbath 安息日を守る [守らない].

sab·bat·i·cal [səbǽtikəl] 名U(大学教員の) 有給休暇《7年ごとに受ける1年間の有給休暇》: on sabbatical (leave) 有給休暇中で.

sa·ber,《英》**sa·bre** [séibər] 名 **1** C サーベル, 軍刀. **2** 〖フェンシング〗C サーベル《突き・切りの種目に用いる剣》; U サーブル《サーブルを用いる試合》.
◆ sáber ràttling U 武力による威嚇(ぴ).

sa·ble [séibl] 名 C クロテン《シベリア・ヨーロッパ北部にすむテンの一種》; U クロテンの毛皮.
——形 クロテン毛(皮)の; 〖詩語〗黒い, 暗黒の.

sab·o·tage [sǽbətɑːʒ]《フランス》名U (機械・建物・鉄道などに対する) 破壊活動; 妨害行為. (比較) 日本語の「サボタージュ, 怠業」は《米》slowdown, 《英》go-slow と言う)
—— 動 他〈機械・建物など〉を破壊する, …に破壊工作をする.

sab·o·teur [sæbətə́:r]《フランス》名 C 破壊活動を行う人; 〖軍〗破壊工作員.

sa·bre [séibər] 名《英》= SABER (↑).

sac [sǽk] 名 C〖動物・植物〗囊(ぷ)《袋状の組織》.

sac·cha·rin [sǽkərin] 名U〖化〗サッカリン《人工甘味料》.

sac·cha·rine [sǽkərin, -rìːn] 形 糖分の多い, 甘ったるい;〈声・言葉などが〉甘ったるい, 感傷的な.

sac·er·do·tal [sæ̀sərdóutəl] 形 聖職(者)の.

sa·chet [sæʃéi / sǽʃei] 名 C(砂糖・シャンプーなどの1回分が入った)小袋, 小さな包み.

‡**sack**[1] [sǽk] 名 C **1** (粗布製の) 大袋《食品・小麦粉・石炭などを入れる》; (大袋) 1袋分: a sack of potatoes ジャガイモ1袋.
2 C《米》(スーパーなどの) レジ袋;〔一般に〕袋. **3** [the 〜]《口語》ベッド. **4** [the 〜]《口語》解雇, 首: get the sack 解雇される / give ... the sack …を解雇する. **5**〖野球〗塁 (base).
■ *hít the sáck*《口語》寝る.
—— 動 他 **1** …を袋に入れる. **2**《口語》〈人〉を解雇する (fire).
◆ sáck ràce C 袋競走《両足を袋に入れて跳ぶ》.

sack[2] 動 他(軍隊が) 〈都市など〉を略奪する.
—— 名U [通例 the 〜] 略奪.

sack·cloth [sǽkklɔ̀ːθ, -klɔ̀θ] 名U ズック, 粗い麻布.
■ *wéar sáckcloth and áshes* 悲嘆にくれる, 深く悔いる.

sack·ful [sǽkfùl] 名 C 1袋分 (の量).

sack·ing [sǽkiŋ] 名 **1** U ズック, 粗い麻布 (sackcloth). **2** C《口語》解雇.

sac·ra·ment [sǽkrəmənt] 名 C **1**〖カトリック〗秘跡(ぎ);〖洗礼・告解などの儀式〗;〖プロテ〗礼典《洗礼・聖餐(ぎ)の儀式》. **2** [the 〜/ the S-] 聖餐(式); 聖餐用のパン, 聖体.

sac·ra·men·tal [sæ̀krəméntəl] 形 **1** 秘跡の; 礼典の. **2** 神聖な.

Sac·ra·men·to [sæ̀krəméntou] 名 固 サクラメント《米国 California 州の州都》.

‡**sa·cred** [séikrid] 形 **1** 神聖な, 聖なる (holy) (↔ secular); 宗教的な: a sacred book 聖典. **2** 神聖にして侵すべからざる, 崇高な. **3** […に] ささげられた, […を] 記念する [to]: sacred to the memory of ... …にささぐ《墓石に刻された言葉》.
◆ sácred ców C **1** (ヒンドゥー教の) 聖牛.
2 神聖不可侵のもの[人].

sa·cred·ly [〜li] 副 神聖に; 崇高に.

sa·cred·ness [〜nəs] 名U 神聖; 崇高.

sac·ri·fice [sǽkrəfàis] 名動
— 名 (複 **sac·ri·fic·es** [~iz]) **1** UC 犠牲, 犠牲となったもの; 犠牲的行為: at any *sacrifice* どんな犠牲を払ってでも / His parents made a lot of *sacrifices* to give him a good education. 両親は彼によい教育を受けさせるために多くの犠牲を払った / The victory was won at the *sacrifice* of many lives. その勝利は多くの人の命を犠牲にして得られた.
2 UC〔神にささげる〕いけにえ, 供物(ど), 供えもの〔to〕; いけにえをささげること: offer a *sacrifice* to a god 神にいけにえをささげる.
3 UC 投げ売り, (赤字覚悟の)たたき売り.
4 C = **sácrifice hít**〖野球〗犠打.
— 動 他 **1** …を〔…のために〕犠牲にする〔for, to〕: She *sacrificed* her career *for* her children. 彼女は子供たちのために自分の職業を犠牲にした.
2 〈動物など〉をいけにえとして〔…に〕ささげる〔to〕.
— 自 いけにえをささげる. (▷ 形 sàcrifícial)
◆ **sácrifice búnt** 〖野球〗犠牲バント.
sácrifice flý 〖野球〗犠牲フライ.

sac·ri·fi·cial [sæ̀krəfíʃəl] 形 **1** 犠牲の, いけにえの: *sacrificial* victims いけにえ. **2** 犠牲的な, 献身的な; 投げ売りの. (▷ 形 sàcrifícial)

sac·ri·lege [sǽkrəlidʒ] 名C 神聖な場[もの]を汚(けが)すこと, 神聖冒瀆(ぼうとく)(の行為).

sac·ri·le·gious [sæ̀krəlídʒəs] 形 神聖を汚(けが)す, 冒瀆(とく)の.

sac·ris·ty [sǽkristi] 名 (複 **sac·ris·ties** [~z]) C 聖具保管室.

sac·ro·sanct [sǽkrousæ̀ŋkt] 形 〖格式〗神聖にして侵すべからざる, この上なく神聖な.

★★★sad [sǽd]
【基本的意味は「悲しい (full of sorrow)」】
— 形 (比較 **sad·der** [~ər]; 最上 **sad·dest** [~ist]) **1** (a)〔…で〕悲しい〔about, over〕; 〈物事が〉悲しむべき, 残念な, 哀れな (↔ glad): a *sad* story 悲しい物語 / He looked *sad*. 彼は悲しそうだった / I felt *sad about* her misfortune. 私は彼女の不幸を悲しんだ / People were *sad over* her death. 人々は彼女の死を悲しんだ. (b) [be sad+to do] …して悲しい, [be sad+that 節] …とは悲しい: We were *sad to* hear the news. 私たちはその知らせを聞いて悲しかった / I was *sad that* he wasn't there. 私は彼がそこにいないことを悲しんだ. (c) [It is sad (for ...) +to do] (…が)~するとは残念だ, [It is sad+that 節] …とは残念だ: *It is sad to* be alone. ひとりというのは悲しいものだ / *It is sad that* Tom failed the examination. トムが試験に落ちたとは残念です.
2 〖限定用法〗《口語》みじめな, ひどい, 嘆かわしい.
■ **sádder but wíser** つらい経験をして賢くなった.
sád to sáy 〖文修飾〗言うのは悲しい[つらい]が, 残念ながら. (▷ sádden)

sad·den [sǽdn] 動 他 〖しばしば受け身で〗〖格式〗…を悲しませる (↔ gladden). (▷ 形 sád)

★sad·dle [sǽdl] 名 **1** C (乗馬用の)くら(鞍); くら形のもの; (自転車・バイクなどの)サドル (→ BICY-CLE 図). **2** CU《英》(羊・シカなどの)背中の中央部分の肉.
■ **in the sáddle 1** 馬に乗って. **2** 《口語》権力の座について.
— 動 他 **1** 〈馬〉にくらを置く〔up〕. **2** …に〔…の〕責任を負わせる〔with〕: He *saddled* me *with* a tough job. 彼はやっかいな仕事を私に押しつけた.
◆ **sáddle sòre** C (馬・乗馬者の)くらずれ.

sad·dle·bag [sǽdlbæ̀g] 名 C **1** サドルバッグ《自転車・オートバイのサドルに付けるバッグ》. **2** くら袋《くらの両わきに付ける袋》.

sad·dler [sǽdlər] 名 C 馬具製造人, 馬具屋.

sad·dler·y [sǽdləri] 名 (複 **sad·dler·ies** [~z]) **1** U〖集合的に〗馬具一式, 馬具類. **2** U 馬具製造業; 馬具製造技術. **3** C 馬具店.

sad·ism [séidizəm, sǽd-] 名 U **1** 〖心理〗サディズム, 加虐性愛 (↔ **masochism**)《他者を虐待することで満足を得る性癖》. **2** (一般に) 残虐好み.

sad·ist [séidist, sǽd-] 名 C **1** 〖心理〗サディスト, 加虐性愛者 (↔ **masochist**). **2** 残虐好みの人.

sa·dis·tic [sədístik] 形 サディストの性癖の.

★sad·ly [sǽdli] 副 **1** 悲しんで, 悲しそうに (↔ gladly): She left the room *sadly*. 彼女は悲しそうに部屋から出て行った. **2** 〖文修飾〗〈思ったよりも〉(unfortunately): *Sadly*, their plan failed. 不幸にも彼らの計画は失敗した. **3** ひどく (badly).

★sad·ness [sǽdnəs] 名 U 悲しみ, 悲哀 (↔ gladness) (→ SORROW 類義語): feel *sadness* 悲しか.

sad·o·mas·o·chism [sèidoumǽsəkìzəm, sǽd-] 名 U 〖心理〗サドマゾヒズム《同一人物がサディズムとマゾヒズムの両方の傾向を持つこと》.

s.a.e. 《略語》= **s**tamped [self-] **a**ddressed **e**n**v**elope《主に英》(切手をはった) 返信用封筒《《米》SASE》.

sa·fa·ri [səfáːri] 名 UC (特に東アフリカでの狩猟・探検を目的とする)遠征旅行, サファリ: go on *safari* サファリに出かける.
◆ **safári pàrk** C サファリパーク《車で回る放し飼いの動物園》.

★★★safe [séif]
形 名 【原義は「健康な」】
— 形 (比較 **saf·er** [~ər]; 最上 **saf·est** [~ist]) **1** 〈人・場所などが〉安全な; 〔…の〕危険[恐れ]がない〔from〕(↔ dangerous): You are *safe from* danger in this shelter. この避難所にいればあなたに危険が及ぶ心配はない / Keep your money in a *safe* place. お金を安全な場所にしまっておきなさい.
2 〈もの・行為などが〉〔…にとって〕危険[危害]のない, 安全な〔for〕: This toy is *safe for* small children. このおもちゃは幼児にとって安全です / This water is *safe for* drinking. この水は飲んでも安全です / It is not *safe* to go out at night. 夜間外出するのは危険です.
3 無事な, 無傷の (◇ arrive, be, bring, come, keep, return などの補語として用いる): He returned *safe* from his trip around the world. 彼は世界一周旅行から無事帰った.
4 〖叙述用法〗大丈夫な, さしつかえない: It is *safe* to say that the economy is recovering. 経済

safe-deposit box

は回復していると言ってさしつかえない / You are *safe* in accepting the offer. その申し出は受けて も大丈夫です.
5 慎重な, 信頼できる, 危なげない: a *safe* investment 安全な投資 / He is a *safe* driver. 彼は慎重な運転をします. **6**【野球】セーフの(↔ out).
■ be on the sáfe síde 大事をとる, 用心する.
pláy (*it*) *sáfe* 用心する, 大事をとる.
sáfe and sóund まったく無事で.
── 名 (複 **safes** [～s]) ⓒ **1** 金庫: force a *safe* open 金庫をこじ開ける. **2** (食べ物を保管する)戸棚. (▷ 名 sáfety)
◆ sáfe háven ⓒ (難民などの) 避難所.
sáfe hóuse ⓒ 隠れ家, アジト.

sáfe-de·pòs·it bòx 名 ⓒ (銀行の)貸し金庫.

***safe·guard** [séifgɑ̀ːrd] 名 ⓒ [...に対する]保護 (手段); 安全装置; 保護条項[規定] [*against*]: a *safeguard against* possible accidents 起こりうる事故の防止策[装置].
── 動 ⑭ [...から] ...を保護する [*against*, *from*].

safe·keep·ing [séifkìːpiŋ] 名 ⓤ 保管; 保護.

***safe·ly** [séifli] 副 **1** 安全に, 無事に: Drive *safely*. 安全運転をしなさい. **2** [文修飾] (...しても)さしつかえなく, 間違いなく: It may *safely* be said that he achieved great success. 彼は大成功を収めたと言っても間違いないだろう.

***safe·ty** [séifti]
── 名 (複 **safe·ties** [～z]) **1** ⓤ **安全**, 無事(↔ danger): traffic *safety* 交通安全 / We were concerned about his *safety*. 私たちは彼の安否を気づかった / *Safety* first. 《標語》安全第一 / There is *safety* in numbers. 《ことわざ》人数の多いほうが安全.
2 ⓤ 安全な場所: We were guided to *safety* by a fire fighter. 私たちは消防士によって安全な場所へ誘導された.
3 ⓒ【野球】ヒット, 安打;【アメフト】セーフティー 《自軍エンドゾーン内でタックルされること》.
■ *in sáfety* 無事に, 安全に: travel *in safety* 安全に旅する. (▷ 形 sáfe)
◆ sáfety bèlt ⓒ (車・飛行機などの) シートベルト (seat belt); (高所作業用の) 安全ベルト.
sáfety càtch ⓒ (銃などの) 安全装置.
sáfety cùrtain ⓒ (劇場の)防火幕.
sáfety glàss ⓤ 安全ガラス.
sáfety ìsland ⓒ《米》(道路の)安全地帯(《英》traffic island).
sáfety làmp ⓒ (坑夫の) 安全灯.
sáfety màtch ⓒ 安全マッチ.
sáfety nèt ⓒ **1** 転落防止用ネット. **2** (問題が起きたときの)安全策, セーフティーネット.
safety pìn ⓒ 安全ピン.
sáfety ràzor ⓒ 安全カミソリ.
sáfety vàlve ⓒ **1** (ボイラーなどの)安全弁.
2 (感情・精力などの)はけ口.

sáfe·ty-de·pòs·it bòx 名 = SAFE-DEPOSIT BOX (↑).

saf·flow·er [sǽflàuər] 名 ⓒ【植】ベニバナ.
◆ sáfflower òil ⓤ ベニバナ油.

saf·fron [sǽfrən] 名 **1** ⓒ【植】サフラン《アヤメ科の球根植物》. **2** ⓤ サフラン《サフランのめしべを乾燥させたもの. 香料・食品着色料などに用いる》.
3 ⓤ = sáffron yèllow サフラン色, 鮮黄色.

S. Afr. 《略記》= South *Africa* 南アフリカ.

sag [sǽg] 動 (三単現 **sags** [～z]; 過去・過分 **sagged** [～d]; 現分 **sag·ging** [～iŋ]) ⓘ **1** (橋・枝などが)(重みで)下がる, たわむ; (道路などが)沈下する (*down*). **2** (皮膚が)たるむ. **3** (物価などが)下がる. **4** (気持ち・興味などが) 落ち込む, だれる.
── 名 ⓒⓤ [通例 a ～] たるみ; 陥没.

sa·ga [sɑ́ːgə] 名 ⓒ **1** サガ《中世北欧の散文形式の英雄伝説》. **2** (長編)歴史物語.

sa·ga·cious [səgéiʃəs] 形 《格式》利口な; 明敏な.

sa·gac·i·ty [səgǽsəti] 名 ⓤ 《格式》賢明; 明敏.

***sage**[1] [séidʒ] 《文語》 名 ⓒ 賢人, 経験豊かな人.
── 形 (経験を積んで) 賢い, 賢明な.
sage·ly [～li] 副 賢明に.

sage[2] 名 **1** ⓤⓒ【植】薬用サルビア, セージ. **2** ⓤ セージ《薬用サルビアの葉. 香味料・薬用》.

sage·brush [séidʒbrʌ̀ʃ] 名 ⓒ【植】ヤマヨモギ 《米国西部の乾燥地に多いキク科の多年草》.

sag·gy [sǽgi] 形 (比較 **sag·gi·er** [～ər]; 最上 **sag·gi·est** [～ist]) 《口語》たるんだ, くぼんだ.

Sag·it·tar·i·us [sædʒitéəriəs] 名 **1** ⓞ【天文】射手(ʦ)座 (the Archer). **2** ⓞ【占星】人馬宮, 射手座 (→ ZODIAC 図). **3** ⓒ 射手座生まれの人《11月22日 ─ 12月21日生まれ》.

sa·go [séigou] 名 (複 **sa·gos** [～z]) **1** ⓤ サゴ《サゴヤシの幹からとれる澱粉(でん)》. **2** ⓒ = ságo pàlm《サゴヤシ《ヤシ科の常緑高木》.

Sa·ha·ra [səhǽrə, -háː-] 名 ⓞ [the ～] サハラ砂漠《北アフリカにある世界最大の砂漠》.

***said** [séd]
── 動 形
── 動 say の過去形・過去分詞.
── 形 [限定用法; 通例 the ～]【法】前述の, 上述の: the *said* person 当人, 当該人物 / the *said* Jim White 前述のジム・ホワイト.

Sai·gon [saigɑ́n / -gɔ́n] 名 ⓞ サイゴン《ホーチミン市 (Ho Chi Minh City) の旧称》.

***sail** [séil] 《☆同音語 sale》
── 名 動【原義は「切り取られた布」】
── 名 (複 **sails** [～z]) **1** ⓒ (船の) 帆; ⓤ [集合的に] (船の) 帆 (全体): in full *sail* すべての帆を張って / make *sail* 帆を揚げる / raise [hoist] and lower the *sails* 帆を揚げ降ろしする.
2 (複 **sail**) ⓒ 帆船; [集合的に] 船: a fleet of ten *sail* 10隻から成る船団. **3** [a ～] 帆走, 船海, 船旅: go for a *sail* 船旅に出る. **4** ⓒ (風車の) 羽根.
■ *sèt sáil* **1** 帆を張る. **2** [...へ向けて] 出帆する [*for*].
tàke the wínd òut of ...'s sáils《口語》〈人〉を出し抜く, 〈人〉の裏をかく. ((由来) 他の帆船の風上に回って風が当たらなくして妨害することから)
ùnder sáil 帆を揚げて, 航行中で.
── 動 ⓘ **1** (船が) 帆走[航行]する; (人が) (帆船・汽船で) 航海する: We *sailed* across the lake.

私たちは船で湖を渡った / The ferry *sailed* in slowly. フェリーがゆっくりと入港した.
2 […に向けて]出帆[出航]する[*for*]: The ocean liner will *sail for* Japan next week. その外洋定期船は来週日本に向けて出航する.
3 (空中などを滑るように)進む: Can you see the kite *sailing* slowly over the woods? トンビが森の上をゆったりと飛んでいるのが見えますか.
— 他 **1** 〈海など〉を航行する,航海する: *sail* the Mediterranean Sea 地中海を航行する. **2** 〈船など〉を操縦する,走らせる.
■ **sáil through ...** 《口語》〈試験など〉に楽に通る.

sail・board [séilbɔːrd] 名 C セールボード《中央に帆を付けたウインドサーフィン用のボード》.
sail・boat [séilbòut] 名 C 《米》帆船,ヨット(《英》sailing boat)(→ YACHT).
sail・cloth [séilklɔ̀ːθ - klɔ̀θ] 名 U ズック,帆布,粗麻布《衣服・カーテン用》.
***sail・ing** [séiliŋ] 名 **1** U ヨット遊び,ヨット競技. **2** C 出航;航海,帆走. **3** U 航海術,帆走法.
◆ **sáiling bòat** C 《英》= SAILBOAT (↑).
sáiling shìp C (大型)帆船.

sail・or [séilər]
— 名 (複 **sail・ors** [~z]) C **1** 船員,海員,船乗り: There are more than 100 *sailors* on the ship. この船には100名以上の船員が乗っている.
2 水夫,下級船員;水兵: a *sailor* hat 水兵帽.
3 (スポーツ・娯楽で)船[ヨット]に乗る人;(形容詞を伴って)船に…な人: a good [bad, poor] *sailor* 船に強い[酔病いする]人.
◆ **sáilor sùit** C (子供用の)セーラー服.

saint [séint]
《原義は「神聖な」》
— 名 (複 **saints** [séints]) C **1** 聖人,聖者《キリスト教会から特にすぐれていると認められ,死後に尊称を与えられた人》: Joan of Arc was made a *saint* in 1920. ジャンヌダルクは1920年に聖人と認定された. **2** [S-; 人名に付けて]聖…(◇しばしば St. と略し,《英》では通例 [sənt, sən]と弱く発音する): *Saint* [*St.*] George 聖ジョージ(◇それぞれの聖人については St., Saint を除いた人名の項を参照).
3 《口語》聖人のような人: the patience of a *saint* (聖人のような)大変な忍耐力.
◆ **Sàint Bernárd** [-bərnɑ́ːrd / -báːnəd] C 《動物》セントバーナード《大型の犬》.
Sàint Vàlentine's Dày バレンタインデー《2月14日;恋人や親しい者同士が贈り物やカードなどを送る風習がある.日本と違って男性からも女性に贈り物をする》.
Saint-Ex・u・pé・ry [sæntègzjuperí] 名 《人名》サンテグジュペリ Antoine de [ɑːntwɑːn də / -ɔn-] Saint-Exupéry《1900–44;フランスの作家・飛行家.主著『星の王子さま』》.
saint・hood [séinthùd] 名 U **1** 聖人であること. **2** [集合的に]聖人,聖徒.
saint・ly [séintli] 形 (比較 **saint・li・er** [~ər];最上 **saint・li・est** [~ist])聖人らしい,聖人らしき;気高い,徳の高い.
saint・li・ness [~nəs] 名 U 聖人らしさ;気高さ.

***sake** [séik]
— 名 (複 **sakes** [~s]) C ため,目的,利益. [通例,次の成句で]
■ **for Gód's** [**Chríst's, góodness(')**, **héaven's, mércy's, píty's**] **sàke** 《依頼の強調》お願いだから,後生だから;《迷惑の強調》一体(全体)(◇ for God's [Christ's] sake は宗教上の理由から嫌う人もいる. for goodness(') sake が最も穏やかな言い方): Stop singing, *for God's sake*. お願いだから歌うのをやめてくれ / Why did you break your promise *for goodness sake*? 一体全体なぜ約束を破ったのですか.
for óld tímes' sàke 昔のよしみで.
for the sáke of ... = **for ...'s sáke** …の(目的[利益])ために: *for the sake of* one's country 国のために / *for* your (own) *sake* あなたのために / *for* appearance(') *sake* 体裁上(◇ sake の前の名詞が[s]の音で終わるときは,'s の S または 's 全部を省略することが多い).

Sa・kha・lin [sækəlìːn] 名 《地名》サハリン,樺太(鷃).
sa・laam [səlɑ́ːm] 名 C (イスラム教徒の)あいさつ,額手(ぬ)礼《右の手のひらを額に当て身をかがめる》.
— 動 […に]礼をする[*to*].
sal・a・ble, sale・a・ble [séiləbl] 形 販売に適した,売れる,(値段が)売りやすい.
sa・la・cious [səléiʃəs] 形 《格式》(人が)好色な,(言葉・絵画などが)みだらな,わいせつな.
***sal・ad** [sǽləd] 名 U C サラダ;サラダ用野菜《レタスなど》: green *salad* 生野菜サラダ / make [prepare] a *salad* サラダを作る.
■ **in òne's sálad dáys** 《古風》駆け出しの頃;若くて未熟な時代に.
◆ **sálad bòwl** C **1** サラダボウル. **2** 人種[文化]のサラダボウル《独自性を保ちながらの共存》.
sálad crèam U 《英》= salad dressing(↓).
sálad drèssing U C サラダドレッシング.
sálad òil U サラダ油.
sal・a・man・der [sǽləmæ̀ndər] 名 C **1** 《動物》サンショウウオ. **2** サラマンダー,火トカゲ《火の中にすむ伝説上のトカゲ》;火の精.
sa・la・mi [səlɑ́ːmi] 名 U C サラミソーセージ.
sal・a・ried [sǽlərid] 形 給料を受けている: *salaried* workers [employees] サラリーマン.

sal・a・ry [sǽləri]
《原義は「塩を買うためのお金」》
— 名 (複 **sal・a・ries** [~z]) U C (会社員・公務員などの)給料,俸給(→ PAY 類語)): a starting *salary* 初任給 / a basic *salary* 基本給 / a high [low] *salary* 高給[安い給料] / a monthly [an annual] *salary* 月給[年俸] / He earns a *salary* of 3,000 dollars per month. = He is on a *salary* of 3,000 dollars per month. 彼は月に3千ドル稼ぐ.(比較 日本語の「サラリーマン」は和製英語.英語では普通 office worker などと言う)

 コロケーション 給料を…
 給料を上げる: *raise salaries*
 給料を下げる: *cut [reduce] salaries*
 給料を支払う: *pay a salary*
 給料をもらう: *get [receive] a salary*

sale [séil] (☆同音 sail)
— 名 (複 sales [~z]) **1** U C 販売, 売却: a cash [credit] *sale* 現金[信用]販売 / the *sale* of alcohol 酒類の販売 / We made a good *sale* today. きょうはよく売れた.
2 C (通例 ~s) 売上高: *Sales* of air conditioners are up [down] this summer. 今年の夏はエアコンの売上げが伸びている[落ちている].
3 C 特売, 大安売り, セール;[形容詞的に]特売の: a *sale* on summer goods 夏物大安売り / a *sale* price 特価 / The clearance *sale* is on. 在庫一掃セール[大売り出し]実施中. **4** C (通例 ~s) 販売業務, セールス;[形容詞的に]販売の: *sales* promotion 販売促進活動. **5** U (または a ~) 需要, 市場. **6** C 競売, せり市.
■ *for sále* 売り物の, 売りに出されて: That house is *for sale*. あの家は売りに出されている / Not *for sale* 《掲示》非売品.
on sále **1** 売りに出されて, 販売中の: The new game software will be *on sale* next month. 新しいゲームソフトが来月売り出されます. **2**《米》特売の[で], バーゲン(セール)の[で](◇《英》では単に sale とも言う): Oranges are *on sale* today. きょうはオレンジが特売です.
on sále or retúrn【商】売れ残り返品契約で, 委託販売で. (▷ 動 séll)
◆ **sáles depártment** C (会社の) 販売[営業]部, セールス部.
sáles represèntative C セールスマン[ウーマン], 外交販売員 (《略》sales rep).
sáles slìp C《米》売上伝票, レシート (receipt).
sáles tàlk U (商品の) 売り込み (文句).
sáles tàx U C《米》売上税.

sale·room [séilrù(ː)m] 名《英》= SALESROOM.
sales·clerk [séilzklə̀ːrk / -klùːk] 名 C《米》(売り場の) 店員 (《英》shop assistant).
sales·girl [séilzgə̀ːrl] 名 C《古風》(若い) 女性店員 (◇ saleswoman, salesperson が一般的).
‡**sales·man** [séilzmən] (☆発音に注意) 名 (複 sales·men [-mən]) C **1** 男性店員, 男子販売係;男子外交員 (◇ salesperson が一般的).
sales·man·ship [séilzmənʃìp] 名 U (外交) 販売術[手腕].
sales·peo·ple [séilzpìːpl] 名 (複数扱い) 店員, 販売員;セールスマン (◇ salesperson の複数形).
sales·per·son [séilzpə̀ːrsən] 名 (複 sales·peo·ple [-pìːpl], sales·per·sons [~z]) C (売り場の) 店員, 販売員 (salesman, saleswoman).
sales·room [séilzrùːm] 名 C《米》売り場, (特に) 競売場 (《英》saleroom).
sales·wom·an [séilzwùmən] 名 (複 sales·wom·en [-wìmin]) C 女性店員, 女子販売員;女子外交員 (◇ salesperson が一般的).
sa·lient [séiljənt] 形《格式》目立つ, 顕著な;突出した. — 名 C【軍】(戦線などの) 突出部.
sa·line [séiliːn / -lain] 形 塩の, 塩分を含んだ.
— 名 U (生理) 食塩水.
Salis·bur·y [sɔ́ːlzbèri / -bəri] 名 固 ソールズベリー《英国 England 南部の都市》.

*sa·li·va [səláivə] 名 U つば, 唾液(だ).
sa·li·var·y [sǽləvèri / -vəri] 形 唾液の.
◆ **sálivary glànds** [複数扱い]【解剖】唾液腺.
sal·i·vate [sǽləvèit] 動 自 (過度に) 唾液(だ)を[つば, よだれ]を出す.
sal·low [sǽlou] 形 (皮膚などが) 黄ばんだ, 土色の.
sal·ly [sǽli] 名 (複 sal·lies [~z]) C **1** (籠城(ろうじょう)軍などの) 突撃, 出撃. **2** 気の利いた言葉, 冷やかし. **3**《口語》小旅行.
— 動 (三単現 sal·lies [~z]; 過去・過分 sal·lied [~d]; 現分 sal·ly·ing [~iŋ]) 自 出撃する;《こっけい》勇んで出かける (*forth, out*).
‡**salm·on** [sǽmən] (☆発音に注意) 名 (複 salm·on, salm·ons [~z]) C **1**【魚】サケ. **2** U サケの肉: smoked *salmon* スモークサーモン. **3** U = sálmon pínk サーモンピンク, 濃いピンク.
◆ **sálmon tròut** C【魚】大型のマス.
sal·mo·nel·la [sæ̀lmənélə] 名 C サルモネラ菌《食中毒を起こす》.
sa·lon [səlán / sǽlɔn] 名 C **1** (美容・ファッションなどの) 店: a beauty *salon* 美容院. **2** (18世紀のフランス上流社会の) サロン, 名士の集まり;《比喩》上流社会. **3** (大邸宅の) 応接間, 客間.
‡**sa·loon** [səlúːn] 名 C **1**《米》酒場 (bar). **2**《英》= saloón càr セダン型乗用車 (《米》sedan);特別客車. **3** (ホテル・大型客船の) 大広間, ホール, 談話室. **4**《英・古風》= saloón bàr サルーンバー《パブ・バーなどの特別室》. **5** 店, 娯楽場: a billiard *saloon* ビリヤード場.
sal·sa [sáːlsə / sǽl-] 名 U **1** サルサ《ラテン系音楽》. **2** (メキシコ料理などの) サルサソース.

salt [sɔ́ːlt]
名 動 形
— 名 (複 salts [sɔ́ːlts]) **1** U 塩, 食塩: table *salt* 食卓塩 / rock [sea] *salt* 岩塩 [海塩] / a spoonful of *salt* スプーン1杯の塩 / put [sprinkle] some *salt* and pepper on the meat 肉に塩こしょうを少し振る / Will you pass me the *salt*? 塩を取ってくださいませんか / Keep these vegetables in *salt*. この野菜は塩漬けにしなさい.
2 C【化】塩(えん)《金属などと酸の化合物》.
3 [~s] 塩に似た物質: bath *salts* 入浴剤.
4 U 刺激となるもの;機知.
■ *rúb sált into the wóunds* (人の気持ちなどを) いっそう苦しめる.
táke ... with a gráin [pínch] of sált《口語》〈人の話〉を信じない, 割り引いて聞く.
the sált of the éarth 地の塩《社会の中堅となるべき正直で健全な人(々). 新約聖書の言葉から》.
wòrth one's sált[しばしば否定文で]《口語》給料に見合った働きをする, 有能な.
— 動 他 **1** …に塩を加える;…を塩漬けにする (*down*): *salt* soup スープに塩を加える. **2** (雪・氷などを解かすために)〈道路など〉に塩をまく.
■ *sált awáy* 他〈金などを〉不正にため込む, 隠し預金をする.
— 形 [限定用法] **1** 塩分のある, 塩辛い;(水が) 塩水の: a *salt* breeze 潮風 / a *salt* lake 塩水湖.
2 塩漬けの: *salt* beef 塩漬けの牛肉, コンビーフ.
salt·cel·lar [sɔ́ːltsèlər] 名《英》= SALTSHAKER.

salt·ed [sɔ́:ltid] 形 塩漬けの, 塩味のする.

salt·pe·ter, 《英》**salt·pe·tre** [sɔ̀:ltpí:tər] 名 U 硝石(ぜ̆)《火薬用・医薬用・食品保存剤用》.

salt·shak·er [sɔ́:ltʃèikər] 名 C《米》(食卓用の振り出し式) 塩入れ《《英》 saltcellar》.

salt·wa·ter [sɔ́:ltwɔ̀:tər] 形《限定用法》海水［塩水］の; 海産の (↔ freshwater): *saltwater fish* 海水魚.

sált wáter 名 U 塩水, 海水.

salt·y [sɔ́:lti] 形 (比較 **salt·i·er** [~ər]; 最上 **salt·i·est** [~ist]) **1** 塩辛い, 塩気のある. **2**《古風》辛らつな, 痛烈な.

sa·lu·bri·ous [səlú:briəs] 形《格式》(気候・土地などが) 健康によい.

sa·lu·tar·y [sǽljətèri / -təri] 形 ためになる, 有益な; 健康によい.

***sal·u·ta·tion** [sæ̀ljətéiʃən] 名《格式》 **1** CU あいさつ (greeting). **2** C 手紙の書き出しの言葉 (◇ Dear Sir など; → LETTER); (演説の) あいさつの言葉 (◇ Ladies and gentlemen! など).

***sa·lute** [səlú:t] 動 他 **1**《軍》…に敬礼する, (礼砲で) 敬意を表する: He *saluted* the Queen. 彼は女王に敬礼した. **2**《格式》…をたたえる, 称賛する. **3**《古風》…にあいさつする [会釈]する. —自 敬礼する.
— 名 **1** C 敬礼, 挙手の礼; 礼砲: take the *salute* 敬礼を受ける. **2** CU《格式》あいさつ, 会釈.

Sal·va·dor [sǽlvədɔ̀:r] 名 → EL SALVADOR.

***sal·vage** [sǽlvidʒ] 名 U **1** 海難救助, (火災・洪水などからの) 人命の救助, 財貨の救出; 沈没船引き上げ(作業). **2** 救助された船舶; 救出財貨. **3** 海難救助料.
— 動 他《海難・火災などから》…を救出する, 回収する《*from*》; 《沈没船》を引き上げる.

***sal·va·tion** [sælvéiʃən] 名 **1** U 救済, 救助; C 救済手段; 救済者: be the *salvation* of ... …にとって救いとなる. **2** U《キリスト教》救い, 魂の救済.

◆ Salvátion Ármy [the ~] 救世軍《1865年英国で創設された軍隊式のキリスト教団体》.

salve [sǽv / sǽlv, sɑ́:v] 名 **1** UC 膏薬(ぎ゙), 軟膏(ぎ゙). **2** C (心の傷を) いやすもの, 慰め.
— 動 他《格式》〈良心の呵責(ぎ゙゙゙)など〉を和らげる, いやす.

sal·ver [sǽlvər] 名 C (通例, 円い金属製の) 盆《茶菓・手紙・名刺などを出すのに用いる》.

sal·vi·a [sǽlviə] 名 UC《植》サルビア.

sal·vo [sǽlvou] 名 (複 **sal·vos, sal·voes** [~z]) C [通例, 単数形で]《格式》 **1** 一斉射撃(, (爆弾の) 一斉投下; (式典で行う) 一斉祝砲. **2** (一斉に起こる) 拍手かっさい.

Salz·burg [sɔ́:lzbə̀:rg / sǽlts-] 名 固 ザルツブルク《オーストリア西部の都市. モーツァルトの生地》.

Sam [sǽm] 名 固 サム (◇男性の名; Samuel の愛称).

SAM [sǽm] 《略記》= *s*urface-to-*a*ir *m*issile 地対空ミサイル.

Sa·mar·i·a [səméəriə] 名 固 サマリア《古代パレスチナ北部の丘陵地帯》.

Sa·mar·i·tan [səmǽrətən] 名 **1** C サマリア人; U サマリア語. **2** [the ~s] サマリタン協会《英国の慈善団体》; C サマリア協会員. **3** C [しばしば a good ~]《聖》よきサマリア人(ビ); 困っている人を助ける人.

sam·ba [sǽmbə] 名 C U サンバ《ブラジル起源のダンス》; サンバの曲.

*****same** [séim] 形 代 副
— 形 [比較なし] **1** [the ~] [...と] 同一の, まったく同じの [*as, that* 節] (→ 類義語): They were born on the *same* day. 彼らは同じ日に生まれた / They have lived in the *same* house for ten years. 彼らは同じ家に10年住んでいる / He is the *same* age *as* me. 彼は私と同い年です / This is the *same* person *that* came here yesterday. こちらはきのうもここへ来た方です.

2 [the ~] [...と] 同様な, 同じような [*as*]; 以前と同じ: Children are the *same* all over the world. 子供は世界じゅうどこでも同じです / She is wearing the *same* dress *as* mine. 彼女は私と同じようなドレスを着ている / The town looks the *same*. 町は以前と同じようだ.

3 [this, that, these, those を伴って] 前述の, 例の: In that *same* year he left for Europe. 今言ったその年に彼はヨーロッパへ出発した / Those *same* people refused to help him. 前述のその人たちは彼を助けるのを拒否しました.

■ *abòut* [*mùch*] *the sáme* [...と] だいたい同じ [*as*]: Her dress was *about the same* color *as* mine. 彼女のドレスは私のとほぼ同じ色だった.

amóunt [*cóme*] *to the sáme thíng* 同じことになる.

at the sáme tíme 同時に; それでもやはり (→ TIME 成句).

— 代 [不定代名詞] [通例 the ~] 同じこと [もの], 同じ人: The *same* is true in Japan. 日本でも同じことがあてはまる / He did the *same* as I did. 彼は私と同じことをした / I'll have tea. — *Same* for me, please. 紅茶をください—私にも同じものをお願いします.

■ *àll* [*jùst*] *the sáme* **1** [文頭または文尾で]《口語》それにもかかわらず: He's a bit moody, but I like him *all the same*. 彼はちょっと気分屋のところがあるが, それでも私は彼が好きです. **2** 変わらない, 同じで: It's *all the same* to me whether she comes or not. 彼女が来るか来ないかは私にはどうでもいいことです.

Sáme agáin(, *plèase*)*.*《レストランで注文するとき》同じのをもう1つ [1杯] ください.

Sáme hére.《口語》私も同じです.

(The) Sáme to yóu!《口語》 **1** ご同様に《◇あいさつの言葉に対する返事》: Merry Christmas! —*(The) Same to you!* クリスマスおめでとう —おめでとう. **2** お前こそ《◇悪口への返し言葉》: You're an idiot! —*Same to you!* ばか野郎—お前こそ.

— 副 [比較なし; 通例 the ~] 同じように: You have to dance the *same* as I do. 私と同じように踊らなければなりません / I have the right to speak up, *same* as anyone else. 私には他の人と同じように意見を述べる権利がある.

[類義語] same, identical, similar, equal, equivalent

共通する意味▶同じ (not different; closely resembling)

same は「同一 [同種] である」ことを表す: They go to the *same* school. 彼らは同じ学校に通っている / My car is the *same* as yours. 私の車はあなたのと同じ車種です. **identical** は same より《格式》: This is the *identical* car that hit the boy. これこそまさしくその少年がはねた車です. **similar** は「類似である」ことを表す: These two patterns are *similar* but not identical. この2つの図柄は似てはいるがまったく同じではない. **equal** は「数量・大きさ・価値・程度などが等しい」ことを表す: My sister and I are *equal* in height. 姉と私は背丈が同じです. **equivalent** は equal より《格式》: One mile is *equivalent* to 1.6 kilometers. 1マイルは1.6キロメートルに相当する.

same·ness [séimnəs] [名] [U] **1** 同様なこと, 同一性; 類似, 酷似. **2** 単調さ, 変化のなさ.

same·y [séimi] [形]《英口語》単調な, 同じような.

Sa·mo·a [səmóuə] [名] [固] サモア《南太平洋の共和国; 首都アピア (Apia)》.

sa·mo·sa [səmóusə] [名] サモサ《肉・野菜を薄い小麦粉の皮で包み油で揚げたインド料理》.

sa·mo·var [sǽməvɑːr] [ロシア] [名] [C] サモワール《ロシアのお茶用湯沸かし器》.

sam·pan [sǽmpæn] [中国] [名] [C] サンパン, 通い船《中国・東南アジアで用いる小舟・はしけ》.

***sam·ple** [sǽmpl / sáːm-] [名] [動]

── [名] (複 **sam·ples** [~z]) [C] **1** 見本, サンプル, 標本; 例, 実例 (→ EXAMPLE [類義語]): free *samples* of the new shampoo 新しいシャンプーの試供品 / food *samples* 試食品 / Please show me some *samples* of your pictures. あなたの絵の見本をいくつか見せてください / They took a *sample* of my blood. =They took my blood *sample*. 彼らは(検査のために)私から採血した.
2 [形容詞的に] 見本の, 標本の: Please send me a *sample* copy. 本の見本をお送りください.

── [動] **1** …を試食 [試飲] する; 《…の》見本を取る; 【統計】…の標本 [サンプル] 抽出をする: *sample* the wine ワインを試飲する. **2** …を経験して知る, 実際に試す. **3** 【音楽】《曲・音などの》サンプリングをする.

sam·pler [sǽmplər / sáːm-] [名] [C] **1** 見本検査係. **2** 標本採取装置;【音楽】サンプラー, サンプリングを行う装置. **3** (初心者の) 刺繍(ししゅう)作品.

sam·pling [sǽmpliŋ / sáːm-] [名] **1** [U] 【統計】標本抽出 [採取] (法); [C] (抽出された) 標本, 見本. **2** [U] 【音楽】サンプリング《既存の音源や曲の一部を新しい曲作りに利用すること》.

Sam·son [sǽmsən] [名] [固] [聖] サムソン《怪力の英雄》.

Sam·u·el [sǽmjuəl] [名] [固] サミュエル《◇男性の名;《愛称》Sam, Sammie, Sammy》.

san·a·to·ri·um [sæ̀nətɔ́ːriəm] [名] (複 **san·a·to·ri·ums** [~z], **san·a·to·ri·a** [-riə]) [C]《英》サナトリウム, 療養所; 保養地《米》sanitarium).

San·cho Pan·za [sɑ́ːntʃou páːnzə / sǽntʃou pǽn-] [名] [固] サンチョ=パンサ《セルバンテスの『ドン=キホーテ』に登場する現実主義的な従者》.

sanc·ti·fi·ca·tion [sæ̀ŋktəfikéiʃən] [名] [U] 神聖化; 浄罪, (罪の) 清め.

sanc·ti·fy [sǽŋktəfài] [動] (三単現 **sanc·ti·fies** [~z]; 過去・過分 **sanc·ti·fied** [~d]; 現分 **sanc·ti·fy·ing** [~iŋ]) [他] **1** …を神聖にする. **2** 〈人〉を清める. **3** …を正当化する, 是認する.

sanc·ti·mo·ni·ous [sæ̀ŋktəmóuniəs] [形]《格式》神聖に見せかけた, 信心家ぶった; 独善的な.

***sanc·tion** [sǽŋkʃən] [名] **1** [U]《正式の》許可, 認可; 承認: The church gave *sanction* to their marriage. 教会は彼らの結婚を承認した. **2** [C] 道徳的拘束(力). **3** [C]《…に対する》制裁, 処罰; [~s]《国際法違反国に対する》制裁(措置)《*against*》: apply [take] economic *sanctions against* a country ある国に経済制裁を加える.

── [動] **1**《格式》…を許可する, 承認する.
2 …に制裁を加える.

sanc·ti·ty [sǽŋktəti] [名] [U] **1**《格式》神聖さ, 尊厳. **2** 高潔, 敬虔(けいけん).

***sanc·tu·ar·y** [sǽŋktʃuèri / -əri] [名] (複 **sanc·tu·ar·ies** [~z]) **1** [C] 聖域, 神聖な場所《寺院・教会など》. **2** [C]《法の及ばない》避難所,「駆け込み寺」. **3** [C] 鳥獣 [自然] 保護区域, 禁猟区: a bird *sanctuary* 野鳥保護区. **4** [U] (教会などの) 罪人庇護(ひご)権;《罪人などの》保護.

sanc·tum [sǽŋktəm] [名] (複 **sanc·tums** [~z], **sanc·ta** [-tə]) [C] **1** 神聖な場所. **2**《口語・こっけい》(安らげる) 私室.

***sand** [sǽnd] [名] 【原義は「砕いて粉にしたもの」】

── [名] (複 **sands** [sǽndz]) **1** [U] 砂: fine [coarse] *sand* 細かい [粗い] 砂 / a grain of *sand* 砂粒.
2 [U][C] (通例 ~s) 砂浜, 砂地; 砂漠: play on the *sands* 砂浜 [砂地] で遊ぶ.
3 [the ~s]《文語》(砂時計の) 砂粒; 時間; 寿命: the *sands* of life 寿命.

■ *built on sánd* 砂上に建てた; 不安定な基礎の上に築かれた, 不安定な.

── [動] **1** …を (砂・紙やすりで) 磨く (*down*).
2 (滑らないように) 〈道路など〉に砂をまく.

(▷ [形] **sándy**)

◆ **sánd dùne** [C] (海浜の) 砂丘 (dune).

sánd tràp [C]《米》【ゴルフ】バンカー (bunker).

***san·dal** [sǽndəl] [名] [C] (通例 ~s) サンダル (→ SHOE 図): a pair of *sandals* サンダル1足.

san·dal·wood [sǽndəlwùd] [名] **1** [植] [C] ビャクダン (白檀)《インド産の常緑高木》; [U] 白檀材《堅く芳香がある》. **2** [U] 白檀油.

sand·bag [sǽndbæg] [名] [C] 砂袋, 砂嚢(のう)《洪水時などに積む》.

── [動] (三単現 **sand·bags** [~z]; 過去・過分 **sand·bagged** [~d]; 現分 **sand·bag·ging** [~iŋ]) [他]

1 …に砂袋を積む, …を砂袋で守る. **2** 《米口語》〈人〉に〔…することを〕強いる〔*into doing*〕.

sand·bank [sǽndbæ̀ŋk] 名 C 砂州(す); 砂丘.

sand·bar [sǽndbɑ̀ːr] 名 C (河口などの) 砂州(す).

sand·blast [sǽndblæ̀st / -blɑ̀ːst] 動 他 …に砂を吹きかける; 〈ガラス・金属など〉を砂吹き機で磨く.

sand·box [sǽndbɑ̀ks / -bɔ̀ks] 名 C 《米》(子供の遊ぶ) 砂場, 砂箱 (《英》 sandpit).

sand·cas·tle [sǽndkæ̀sl / -kɑ̀ːsl] 名 C (遊びで作る) 砂の城.

sand·er [sǽndər] 名 C 研磨機.

sand·glass [sǽndglæ̀s / -glɑ̀ːs] 名 C 砂時計.

San Di·e·go [sæ̀n diéigou] 名 固 サンディエゴ 《米国 California 州南部の港湾都市》.

sand·man [sǽndmæ̀n] 名 (複 **sand·men** [-mèn]) C [通例 the ～] 眠りの精, 睡魔 《子供の目に砂を入れて眠りに誘う妖精(ようせい)》: The *sandman* is coming! (子供に向かって) そろそろおやすみの時間だよ.

sand·pa·per [sǽndpèipər] 名 U 紙やすり, サンドペーパー.
— 動 他 …を紙やすりで磨く (*down*).

sand·pip·er [sǽndpàipər] 名 C 〖鳥〗イソシギ 《砂地にすむ小型のシギ》.

sand·pit [sǽndpìt] 名 C 《英》(子供の遊ぶ) 砂場, 砂箱 (《米》 sandbox).

sand·stone [sǽndstòun] 名 U 〖地質〗砂岩.

sand·storm [sǽndstɔ̀ːrm] 名 C 砂あらし.

‡sand·wich [sǽndwìtʃ / sǽnwidʒ, -witʃ] 名 動

— 名 (複 **sand·wich·es** [～iz]) C **1 サンドイッチ**: a cheese *sandwich* チーズサンドイッチ / a club *sandwich* クラブサンドイッチ (◇通例, 3枚重ねのトーストに具をはさむ). (由来 英国の Sandwich 伯爵の名から. 賭(か)け事が好きで, ゲームをしながら食事をとるために考えついたと言われる)
2 《英》サンドイッチケーキ 《ジャム・クリームを間にはさんだ菓子の一種》.
— 動 他 …を〔…の間に〕はさむ〔*between, in*〕: My car was *sandwiched between* a bus and a truck. 私の車はバスとトラックの間にはさまれた.
◆ **sándwich bòard** C サンドイッチマンが持つ広告板.
sándwich còurse C 《英》サンドイッチ課程 《現場実習と理論学習を交替で繰り返す教育過程》.
sándwich màn C サンドイッチマン 《2枚の広告板を体にはさんで宣伝して歩く人》.

***sand·y** [sǽndi] 形 (比較 **sand·i·er** [～ər]; 最上 **sand·i·est** [～ist]) **1 砂の**; 砂のような; 砂だらけの, ざらざらした: a *sandy* beach 砂浜. **2** (特に毛髪などが) 薄茶色の, 黄土色の. (▷ 名 sánd)

***sane** [séin] 形 **1 正気の**, 気の確かな (↔ insane): Are you *sane* to say such a thing? そんなことを言い出すなんて気は確かか. **2** (思想・行動などが) 健全な, 分別のある: *sane* judgment 分別のある判断. (▷ 名 sánity)
sane·ly [～li] 副 正気で; 分別をわきまえて.

‡San Fran·cis·co [sæ̀n frənsískou] 名 固 **サンフランシスコ** 《米国 California 州中部の港湾都市》.

‡sang [sǽŋ]

動 **sing の過去形**.

sang-froid [sɑ̀ːŋfrwɑ́ː] 【フランス】名 U 冷静, 沈着.

san·gri·a [sæŋgríːə] 【スペイン】名 U サングリア 《赤ワインに果汁・ソーダ水を加えた飲み物》.

san·guine [sǽŋgwin] 形 《格式》 **1** 快活な, 楽天的な; 〔…について〕自信のある, 楽観的な〔*about, of*〕. **2** 血色のよい. **3** 多血質の 《中世の気質類型の1つ. 楽天的で激しやすい》.

san·i·tar·i·um [sæ̀nətéəriəm] 名 (複 **san·i·tar·i·ums** [～z], **san·i·tar·i·a** [-riə]) C 《米》サナトリウム, 療養所 《結核・精神病などの患者が長期療養をする》; 保養地 (《英》 sanatorium).

***san·i·tar·y** [sǽnətèri / -təri] 形 **1** [限定用法] (公衆) **衛生の**, 衛生上の. **2** 衛生的な, 清潔な.
◆ **sánitary nàpkin** [《英》 **tòwel**] C 生理用ナプキン.

san·i·ta·tion [sæ̀nətéiʃən] 名 U 公衆衛生; 衛生設備 [施設], (特に) 下水設備.

san·i·tize, 《英》 **san·i·tise** [sǽnətàiz] 動 他 **1** (消毒などにより) …を衛生的にする, 消毒する. **2** 〈衝撃的なニュース・話など〉をあたりさわりのないものにする, 骨抜きにする.

san·i·ty [sǽnəti] 名 U **1** 正気 (↔ insanity). **2** (考え方などの) 健全さ, 穏健さ. (▷ 形 sáne)

San Jo·se [sæ̀n houzéi] 名 固 サンノゼ 《米国 California 州西部の都市》.

‡sank [sǽŋk]

動 **sink の過去形の1つ**.

San Sal·va·dor [sæn sǽlvədɔ̀ːr] 名 固 サンサルバドル 《エルサルバドルの首都》.

San·skrit, San·scrit [sǽnskrit] 名 U サンスクリット (語), 梵語(ぼん) 《古代インドで文学語・宗教語として用いた言語; 《略語》 Skt., Skr.》.

‡San·ta Claus [sǽntə klɔ̀ːz] 名 固 **サンタクロース** (《英》 Father Christmas) 《子供の守護聖人. 聖ニコラス (St. Nicholas) の名から》.

San·ta Fe [sæ̀ntə féi] 名 固 サンタフェ 《米国 New Mexico 州の州都》.

San·ti·a·go [sæ̀ntiɑ́ːgou] 名 固 サンティアゴ 《チリの首都》.

São Pau·lo [sàum páulou] 名 固 サンパウロ 《ブラジル南東部にある南米最大の都市》.

***sap**[1] [sǽp] 名 **1** U 〖植〗**樹液**. **2** U 活力, 元気, 生気. **3** C 《米口語》ばか, 間抜け, とんま.

sap[2] 動 (三単現 **saps** [～s]; 過去・過分 **sapped** [～t]; 現分 **sap·ping** [～iŋ]) 他 〈健康・活力・自信など〉を徐々に奪う, 弱める.

sap·ling [sǽpliŋ] 名 C **1** 若木. **2** 青二才.

sap·phire [sǽfaiər] 名 **1** C U サファイア, 青玉 《9月の誕生石; → BIRTHSTONE 表》. **2** U サファイア色, るり色; [形容詞的に] サファイア色の.
◆ **sápphire wédding** C サファイア婚式 《結婚45周年; → WEDDING 表》.

sap·py [sǽpi] 形 (比較 **sap·pi·er** [～ər]; 最上 **sap·pi·est** [～ist]) **1** 樹液の多い. **2** 《米》ばかな, のろまな.

Sar·a·cen [sǽrəsən] 名 C 《古風》サラセン人 《古

S

代・中世にシリア・アラビアの砂漠で遊牧していたアラブ人);(特に)十字軍時代の)イスラム教徒, アラブ人.

Sa·ra·je·vo [sǽrəjéivou] 名 固 サラエボ《ボスニアーヘルツェゴビナの首都》.

sar·casm [sɑ́ːrkæzəm] 名 U 皮肉, いやみ, あてこすり.

sar·cas·tic [sɑːrkǽstik] 形 皮肉な, いやみな.
sar·cas·ti·cal·ly [-kəli] 副 皮肉に.

sar·coph·a·gus [sɑːrkɑ́fəgəs / -kɔ́f-] 名 (複 **sar·coph·a·gi** [-gai], **sar·coph·a·gus·es** [〜iz]) C (装飾を施した) 石棺, 墓.

sar·dine [sɑːrdíːn] 名 (複 **sar·dines** [〜z], **sar·dine**) C 【魚】イワシ, サーディン《欧州産》.
■ *pácked* (*in*) *like sardínes* (缶詰のイワシのように)すし詰めになって.

sar·don·ic [sɑːrdɑ́nik / -dɔ́n-] 形 皮肉な, 嘲笑(ちょう)的な.
sar·don·i·cal·ly [-kəli] 副 小ばかにして.

sar·do·nyx [sɑːrdɑ́niks / sɑ́ːdəniks] 名 U C 【鉱】サードニックス, 紅縞(べに)めのう《8月の誕生石; → BIRTHSTONE 表》.

sarge [sɑ́ːrdʒ] 名 C 《口語》軍曹 (sergeant).

sa·ri [sɑ́ːri] 名 C サリー《1枚の布を身に巻きつけて装うインドの女性民族服》.

sa·rin [sɑ́ːrin, sɑː-] 名 U サリン《猛毒神経ガス》.

sa·rong [sərɔ́ːŋ / -rɔ́ŋ] 名 C サロン《インドネシア人・マレーシア人などが腰に巻く長い布》.

sar·sa·pa·ril·la [sæspərílə / sɑ̀ːs-] 名 C 【植】サルサ (バリラ) 《中南米原産の落葉低木》; U サルサ (バリラ) 飲料《サルサの根で風味付けする》.

sar·to·ri·al [sɑːrtɔ́ːriəl] 形 《格式》 **1** 仕立て(屋)の, 裁縫(師)の. **2** 男子服の, 衣服の.

Sartre [sɑ́ːrtrə] 名 固 サルトル Jean-Paul [ʒɑ̃ːpɔ́ːl] Sartre (1905-80; フランスの哲学者・作家).

SASE 《略語》《米》= self-addressed stamped envelope 切手・名前を付き返信用封筒.

sash[1] [sǽʃ] 名 C サッシン, 窓枠.
◆ **sásh còrd** C (上げ下げ窓用の) つりひも.
sásh window C 上げ下げ窓.

sash[2] 名 C 飾り帯, サッシュ;(軍人の) 肩帯.

sa·shay [sæʃéi / sǽʃei] 動 ⓘ 《口語》滑るように歩く[動く]; すまして歩く.

sass 名 《米口語》 名 U 生意気な口答え[行動].
—— 動 他 …に生意気な口を利く.

sass·y [sǽsi] 形 (比較 **sass·i·er** [〜ər]; 最上 **sass·i·est** [〜ist])《米》 **1** 生意気な, 厚かましい (saucy). **2** (女性が) 生き生きした; 粋(いき)な.

sat [sǽt] 動 sit の過去形・過去分詞.

SAT [ésèití, sǽt]《略語》《米》= Scholastic Assessment Test 大学進学適性テスト.

Sat. 《略語》= Saturday.

Sa·tan [séitən]《☆ 発音に注意》 名 固 魔王, 悪魔, サタン (Devil).

sa·tan·ic [sətǽnik] 形 **1** 魔王 [悪魔] の, サタンの. **2** 凶悪な, 極悪非道の. (▷ 名 Sátan)

sa·tan·ism [séitənìzəm] 名 U 悪魔崇拝.
sa·tan·ist [-nist] 名 C 悪魔崇拝者.

satch·el [sǽtʃəl] 名 C 通学用かばん.

sat·ed [séitid] 形 十分満足した; 飽き飽きした.

***sat·el·lite [sǽtəlàit] 《原義は「従者」》
—— 名 (複 **sat·el·lites** [-laits]) C **1** 人工衛星 (artificial satellite): a communications [weather] *satellite* 通信 [気象] 衛星 / launch a *satellite* 人工衛星を打ち上げる / The broadcast comes from Germany by *satellite*. その放送はドイツから衛星中継されている.
2 【天文】衛星《惑星の周りを回る星》: The moon is the earth's *satellite*. 月は地球の衛星である.
3 = sátellite stàte [còuntry]《しばしば軽蔑》(大国に従う) 衛星国.
4 (空港の) サテライト《乗降用の補助ターミナル》.
◆ **sátellite bróadcasting** U 衛星放送《放映》.
sátellite dìsh C 衛星放送受信用のアンテナ.
sátellite stàtion C 人工衛星基地; 衛星放送基地,(中継を中継放送する) サテライト局.

sa·ti·ate [séiʃièit] 動 他《通例, 受け身で》《文語》[…で]〈人・食欲など〉を十分に満足させる, 飽き飽きさせる [*with*].

sa·ti·e·ty [sətáiəti] 名 U 《文語》飽き飽きすること; 十分に満足すること, 満喫.

sat·in [sǽtn / sǽtin] 名 **1** U 【織物】サテン《しゅす (織)》. **2** 形容詞的に しゅすの(ような).

sat·in·wood [sǽtnwùd / sǽtin-]
1 C 【植】サテンノキ《インド産ミカン科の木》.
2 U サテンウッド材《高級家具材》.

sat·in·y [sǽtni / sǽtini] 形 しゅすのような; 光沢のある, すべすべした.

*sat·ire [sǽtaiər] 名 **1** U 《特に権威者・社会制度に対する》風刺; 皮肉, あてこすり [*on*, *upon*]. **2** C 風刺文 [詩, 劇], 風刺作品;《集合的に》風刺文学.

sa·tir·i·cal [sətírikəl], **sa·tir·ic** [-rik] 形 風刺の, 風刺的な; 皮肉な: a *satirical* novel 風刺小説.
sa·tir·i·cal·ly [-kəli] 副 風刺的に; 皮肉を込めて.

sat·i·rist [sǽtərist] 名 C 風刺作家; 皮肉屋, 風刺家.

sat·i·rize,《英》**sat·i·rise** [sǽtəràiz] 動 他 …を風刺する; 皮肉る, あてこする.

***sat·is·fac·tion [sæ̀tisfǽkʃən]
—— 名 (複 **sat·is·fac·tions** [〜z]) **1** U 満足 (すること), 充足, 喜び: with great *satisfaction* 大いに満足して / give *satisfaction* to … …を満足させる / feel great *satisfaction* over … …に大いに満足する / Sarah finds *satisfaction* in her job. サラは仕事に満足を覚えている / My boss showed his *satisfaction* with my work. 上司は私の仕事に満足の意を示してくれた.

2 C [通例 a 〜][…を] 満足させるもの [こと][*to*]: The result was a great *satisfaction* to us all. 結果は私たち全員を大いに満足させるものだった.

3 U 《格式》(条件などを) 満たすこと;(欲望・目標などの) 達成, 実現.

4 U 《格式》(借金の) 返済,(損害などの) 賠償,(義務などの) 履行;(決闘などによる) 名誉回復: demand *satisfaction* 賠償 [謝罪] を要求する.

■ *to* …*'s satisfáction* = *to the satisfáction of* … …が満足したことに, 満足するように: She played the piano well *to our satisfaction*.

彼女がピアノを上手に演奏したので私たちはとても満足した. (▷ 動 sátisfỳ)
sat·is·fac·to·ri·ly [sætisfǽktərəli] 副 満足して, 申し分なく.

sat·is·fac·to·ry [sætisfǽktəri]
— 形 **1** [人にとって / もの・ことにとって] 満足のいく, 申し分のない, 十分な [to / for]: *satisfactory* results 満足な結果 / a *satisfactory* explanation 納得のいく説明 / The results of the examination were *satisfactory to* her. 試験の結果は彼女にとって納得のいくものだった / The heater is not *satisfactory for* this room. このヒーターはこの部屋には十分でない.
2 (成績評価が) 良の (→ GRADE 表).
(▷ 動 sátisfỳ)

sat·is·fied [sǽtisfàid]
— 形 **1** […に] 満足した, 喜んだ [with] (↔ dissatisfied): a *satisfied* look [smile] 満足した表情 [ほほえみ] / I am *satisfied with* his attitude. 私は彼の態度に満足している.
2 […を / …ということを] 納得 [確信] した [of / that 節]: She was *satisfied that* the medicine was safe. 彼女はその薬が安全であることを納得した.

sat·is·fy [sǽtisfài]
(原義は「十分にする」)
— 動 (三単現 **sat·is·fies** [~z]; 過去・過分 **sat·is·fied** [~d]; 現分 **sat·is·fy·ing** [~iŋ])
— 他 **1** 〈人〉を […で] 満足させる [with]; 〈欲求・必要など〉を満たす: You won't *satisfy* everyone *with* that answer. その答えではみんなを満足させられないだろうね / The water *satisfied* his thirst. 水を飲んで彼はのどの渇きをいやした / This book *satisfied* his curiosity. この本は彼の好奇心を満足させた.
2 〈人〉に […を / …ということを] 納得させる, 確信させる [of / that 節]: He *satisfied* himself *of* his success. 彼は成功を確信した / He *satisfied* the police *that* he told the truth. 彼は警察に自分が真実を話していることを信じさせた.
3 〈疑念・心配など〉を晴らす, 〈借金〉を返済する, 弁済する: His explanation *satisfied* my doubt. 彼の説明で私の疑問は解けた.
4 〈義務など〉を果たす, 〈借金〉を返済する, 弁済する; …に償いをする. **5** 〈基準など〉に合致する, …を満たす; 【数学】…の条件を満たす.
— 自 満足させる, 満足を与える, 十分である.
(▷ 名 sàtisfáction; 形 sàtisfáctory)

sat·is·fy·ing [sǽtisfàiiŋ] 形 満足な, 十分な; 納得がいく.
sat·is·fy·ing·ly [~li] 副 十分に, 納得がいくよう.
sat·u·rate [sǽtʃərèit] 動 ⓒ **1** [格式] 〈水などが〉…にしみ込む, …を浸す, […で] ずぶぬれにする; …に […を] しみ込ませる [with]. **2** …を […で] 満たす, いっぱいにする [with]; …に没頭させる [in]: *saturate* oneself *in* … …に没頭する. **3** 【化】…を […で] 飽和させる [with].
sat·u·rat·ed [sǽtʃərèitid] 形 **1** しみ込んだ, ぬれた. **2** 【化】飽和状態になった: *saturated* fat 飽和脂肪 (体に有害とされる).
sat·u·ra·tion [sætʃəréiʃən] 名 U **1** しみ込ませること, 浸透, 浸潤. **2** 【化】飽和 (状態).
◆ **saturátion pòint** 【化】飽和点.

Sat·ur·day [sǽtərdèi, -di]
【→ WEEK 表】
— 名 (複 **Sat·ur·days** [~z]) **1** UC [通例, 無冠詞で] 土曜日 (《略記》 Sat., S.) (→ SUNDAY 語法).
2 [形容詞的に] 土曜日の.
3 [副詞的に] (口語) 土曜日に; [~s] (米口語) 土曜日ごとに.

Sat·urn [sǽtərn] 名 固 **1** 【ローマ神話】サトゥルヌス (農耕神; → GOD 表). **2** 【天文】土星.
sat·ur·nine [sǽtərnàin] 形 【文語】 むっつりした.
sat·yr [séitər, sǽt-/sǽt-] 名 C **1** 【ギ神話】 サテュロス (好色な半人半獣の森の精). **2** 好色家.

sauce [sɔ́ːs]
— 名 動 【原義は「塩漬けにされた食物」】
— 名 (複 **sauc·es** [~iz]) **1** UC ソース: tomato *sauce* トマトソース / soy *sauce* しょうゆ / white *sauce* ホワイトソース / Hunger is the best *sauce*. (ことわざ) 空腹は最上のソース ⇒ 空腹にまずいものなし. (比較) sauce は料理に味をそえる液状のもの全般をさす. とんかつなどにかける 「ソース」 は Worcester(shire) sauce と言う.
2 U (米) (付け合わせなどに用いる) 煮込んだ果物.
3 UC 味をそえるもの, 刺激. **4** U [または a ~] (英・古風) 生意気な態度 [言葉づかい] (《米口語》 sass): None of your *sauce*! 生意気言うんじゃない. **5** [the ~] (米俗語) 酒, ウイスキー.
— 動 他 …にソースをかける; (英・古風) …に生意気なことを言う (《米口語》 sass). (▷ 形 sáucy)

sauce·boat [sɔ́ːsbòut] 名 C 舟形ソース入れ.
sauce·pan [sɔ́ːspæn, -pən] 名 C ソースパン, シチューなべ (柄の長いふた付き深なべ).
*sau·cer [sɔ́ːsər] 名 C **1** (コーヒー・紅茶用カップの) 受け皿 (→ DISH 類義語); 〔植木鉢の〕台皿. **2** 受け皿状のもの: a flying *saucer* 空飛ぶ円盤.
sau·ci·ly [sɔ́ːsili] 副 生意気に, ずうずうしく.
sau·cy [sɔ́ːsi] 形 (比較 **sau·ci·er** [~ər]; 最上 **sau·ci·est** [~ist]) **1** 生意気な, ずうずうしい. **2** 気の利いた, しゃれた. **3** (主に英) エッチな.
Sau·di [sáudi] 形 サウジアラビアの.
— 名 C サウジアラビア人 (Saudi Arabian).
Sáudi Arábia 名 固 サウジアラビア (アラビア半島にあるイスラム王国; 首都リヤド (Riyadh)).
Sáudi Arábian 名 C サウジアラビア人.
sau·er·kraut [sáuərkràut] 名 U ザワークラウト (発酵させた塩漬けキャベツ).
sau·na [sɔ́ːnə, sáu-] 【フィンランド】 名 C = sáuna báth サウナ (蒸し風呂); サウナ浴場.
saun·ter [sɔ́ːntər] 動 自 [副詞句 (句) を伴って] ぶらつく, ゆっくり散歩する (*along, off, past*).
— 名 [a ~] ぶらぶら歩き, 散歩.
*sau·sage [sɔ́ːsidʒ / sɔ́s-] 名 UC ソーセージ, 腸詰め: a chain of *sausages* つながったソーセージ.
◆ **sáusage mèat** U ソーセージ用味付けひき肉.
sáusage róll C (英) ソーセージロール (ひき肉をパ

sau·té [soutéi / sóutei]《フランス語》形C《料理》ソテー《肉などを油・バターでいためたもの》;[形容詞的に]ソテーにした.
— 動 (三単現 sau·tés [~z]; 過去・過分 sau·téed [~d]; 現分 sau·té·ing [~iŋ]) 他《料理》…をソテーにする, 油でいためる.

sav·age [sǽvidʒ] 形 **1** どう猛な; 残酷な: a *savage* animal どう猛な動物 / *savage* criticism 酷評. **2** [限定用法]《古風・軽蔑》未開の, 野蛮な.
— 名 C《古風・軽蔑》未開人, 野蛮人.
— 動 他 **1**〈動物が〉暴れて…に襲いかかる.
2〈批評家などが〉…を酷評する.
sav·age·ly [~li] 副 残忍に; 野蛮に.
sav·age·ness [~nəs] 名 U どう猛さ; 残忍; 野蛮.
sav·age·ry [sǽvidʒri] 名 (複 sav·age·ries [~z]) U 残忍, 凶暴; C [通例, 複数形で] 残忍な行為, 蛮行.
sa·van·na, sa·van·nah [səvǽnə] 名 UC サバンナ, (熱帯・亜熱帯地方の) 大草原.
sa·vant [səvɑ́ːnt / sǽvənt]《フランス語》名 C《文語》学識豊かな人, 知識人.

‡save¹ [séiv]
— 動【原義は「安全にする, 守る」】
— 動 (三単現 saves [~z]; 過去・過分 saved [~d]; 現分 sav·ing [~iŋ])
— 他 **1** [save+O]…を[…から]救う, 救助[救出]する[from] (→ 類義語): He *saved* my life. 彼のおかげで命が助かった / They *saved* me from drowning. 彼らは私がおぼれそうになっているのを助けてくれた / A bucketful of water *saved* my house *from* catching fire. バケツ1杯の水のおかげでわが家は類焼を免れた.
2 [save+O]〈金〉を[…のために] 蓄える, 貯蓄する〈up〉[for]: *save* 10% of one's income 収入の1割を貯金する / They are *saving* money *for* a new car. 彼らは新しい車を買うためにお金を貯めている. **3** [save+O+O / save+O+for…]〈人〉に~をとっておく: He *saved* me a seat. 彼は私の席をとっておいてくれた / *Save* me some wine.=*Save* some wine *for* me. 私に少しワインをとっておいてください.
4 (a) [save+O]〈もの・労力〉を節約する, むだに使わない: *Save* your strength. 力をむだに使わないように / Book now and *save* $10! 今予約すると10ドルお得です. (b) [save+O+O]〈人〉の〈労力・出費〉を省く: The new technology *saved* us a lot of time. その新技術のおかげで私たちは多くの時間が節約できた / This will *save* you $100. これで100ドル節約になりますよ.
5 …を保護する;〈体面など〉を保つ, 守る;《古》…を加護する: *save* valuable records from destruction 貴重なレコードを壊されないように守る / God *save* the Queen [King]! 女王[国王]万歳《◇英国国歌.「神よ, 女王を守りたまえ」の意》.
6《スポーツ》〈相手のシュート〉を防ぐ. **7**《コンピュータ》〈データ〉を保存する, セーブする.
— 自 **1** […のために]蓄える, 貯金する〈up〉[for]: *save up for* a trip 旅行のために貯金をする.
2 […から]保護する[from]. **3**《スポーツ》シュートを防ぐ. **4**《コンピュータ》〈データ〉を保存する.
■ *save on* … 〈燃料など〉を節約する.
to save one's life〔通例, 否定文で〕《口語》どんなに頑張っても: I couldn't understand this book *to save my life*. 私はどんなに頑張ってもこの本を理解することができなかった.
— 名 C《スポーツ》(得点の)阻止, セービング;《野球》(リリーフ投手の)セーブ.

類義語 save, rescue
共通する意味▶救う (free … from danger, harm, or confinement)
save は「救う」の意を表す最も一般的な語: The doctor will *save* her. 医師が彼女を救ってくれるだろう. **rescue** は人・ものを「切迫した危険から敏速に救い出す」の意: He *rescued* three men from the sinking ship. 彼は沈みかけた船から3人の男を救出した.

save² 前《格式》…以外: I read all his books *save* one. 彼の本は1冊を除いてすべて読んだ.
■ *save for* … …は別として.
sav·er [séivər] 名 C **1**《主に英》貯蓄家, 節約家. **2** 救助者, 救済者. **3** [しばしば複合語で] 節約する物.
‡sav·ing [séiviŋ] 名 **1** UC 節約(量), 倹約: a *saving* of time 時間の節約. **2** [~s] 貯金, 預金; 貯蓄額: withdraw one's *savings* from the bank 銀行から預金を下ろす. **3** U 救助, 救済.
— 形 **1** 節約[倹約]する;[複合語で]…の節約になる: an energy-*saving* machine 省エネの機械.
2 (欠点などの)埋め合わせになる; 救いの. **3** (条項などが)保留の.
◆ *sáving gráce* (欠点を補う)とりえ, 長所.
sávings accòunt C《米》普通預金口座《英》deposit account);《英》定期預金口座.
sávings and lóan associàtion C《米》貯蓄貸付組合(《略記》S&L) (cf. building society《英》住宅金融組合).
sávings bànk C 貯蓄銀行.
sávings bònd C《米》貯蓄債券.
‡sav·ior,《英》**sav·iour** [séivjər] 名 **1** C [通例, 単数形で] 救い主, 救済者. **2** [the S-] 救世主, キリスト.
sa·voir-faire [sǽvwɑːrfέər]《フランス語》名 U《格式》(社交上の)そつのなさ, 機転.
‡sa·vor,《英》**sa·vour** [séivər] 動 他 **1** …を味わう, 賞味する. **2**〈食べ物〉に味を付ける.
■ *sávor of* …《格式》(言動などが)…の気味がある, …のような感じがする: Her remarks *savored of* apology. 彼女の言葉は弁解がましかった.
— 名《格式》U [または U の一つ] 味, 風味; 面白み, 味わい, 興味: steak with a *savor* of garlic ガーリック味のステーキ.
sa·vor·y,《英》**sa·vour·y** [séivəri] 形 (比較 sa·vor·i·er,《英》sa·vour·i·er [~ər]; 最上 sa·vor·i·est,《英》sa·vour·i·est [~ist]) **1** 風味のある, 香りのよい, おいしい. **2**《英》(料理などが)塩を利かせた; ぴりっとした. **3** [通例, 否定文で] 気持

savoy

ちのよい, 快適な; (道徳的に) 好ましい.
— 名 (複 **sa·vor·ies**, 《英》**sa·vour·ies** [～z]) C セイボリー《食前食後に出る辛口の小料理》.

sa·voy [səvɔ́i] 名 C 〖植〗チリメンキャベツ.

sav·vy [sǽvi] 名 U 《口語》常識; 理解.
— 形 《米口語》抜け目のない, 有能な.

***saw¹ [sɔ́ː]
動 **see** の過去形.

*saw² 名 C のこぎり: a circular *saw* 丸のこ / an electric [a power] *saw* 電動のこぎり / cut wood with a *saw* のこぎりで材木を切る.
— 動 (三単現 **saws** [～z]; 過去 **sawed** [～d]; 過分 **sawed**, 《英》**sawn** [sɔ́ːn]; 現分 **saw·ing** [～iŋ]) 他 **1** …をのこぎりで切る, のこぎりをひいて [...に] する [*into*]. **2** …をのこぎりをひくようにして動かす [切る].
— 自 **1** のこぎりを使う; のこぎりで切る. **2** [...を] のこぎりをひくようにして切る; [(バイオリンなどの)弦楽器を] 弾く (*away*) [*at*].
■ *sáw dówn* 他 …をのこぎりで切り倒す.
sáw óff 他 …をのこぎりで切り落とす [切り離す].
sáw úp 他 …をのこぎりで細かく切る.

saw³ 名 C 《古》ことわざ, 格言, 金言.

saw·dust [sɔ́ːdʌ̀st] 名 U おがくず.

sáwed-òff, 《英》**sáwn-òff** 形 (銃身などを) 切って短くした; 《口語》丈の短い: a *sawed-off* shotgun 銃身を短くした散弾銃.

saw·mill [sɔ́ːmìl] 名 C 製材所; 製材用のこぎり.

sawn [sɔ́ːn] 動 《英》**saw**² の過去分詞.

saw·yer [sɔ́ːjər] 名 C 《古》木挽(ひき)人.

sax [sǽks] 名 C 《口語》サックス, サキソホン (◇ *sax*ophone の略).

Sax·on [sǽksən] 名 **1** C サクソン人; [the ～s; 集合的に] サクソン族 《5-6 世紀に England を征服したゲルマン系民族》. **2** U サクソン語.
— 形 サクソン人 [語] の.

sax·o·phone [sǽksəfòun] 名 C 〖音楽〗サキソホン, サックス 《口語》 **sax** 《木管楽器》.

***say [séi]
動 名

① 言う, 述べる. 　他 **1**; 自 **1**
② …とうわさする, 伝える. 　他 **2**
③ …と書いてある; 表す. 　他 **3**

— 動 (三単現 **says** [séz]; 過去・過分 **said** [séd]; 現分 **say·ing** [～iŋ]) (☆ 三単現, 過去・過分の発音に注意)
— 他 **1** (a) [**say** + O] (新聞・掲示などに) …に〈言葉〉を**言う**; [直接話法で] …と言う [*to*] (→ 類義語): She *said* hello *to* us. 彼女は私たちにこんにちはと言った / What did he *say*? — He *said*, "Yes." 彼は何と言いましたか — 彼は「はい」と言いました / Tom *said to* me, "I will go with you." トムは私に「一緒に行くよ」と言った / I have nothing to *say* about it. それについては何も言うことがない / Could you *say* that again? もう一度言ってください (➔ PARDON [**LET'S TALK**]). 　(b) [**say** + (**that**) 節] …と言う, 述べる; [通例, 否定文・疑問文で] …と断言する: Bob *said* (*that*) he had seen the movie twice. ボブはその映画を 2 回見たことがあると言った / Nobody can *say that* natural resources are inexhaustible. 天然資源が無尽蔵だとはだれにも断言できない. 　(c) [**say** + 疑問詞節 [句]] …かと言う, 述べる: *Say why* you did such a thing. なぜあんなことをしたのか言いなさい.

語法 (1) 目的語が引用文の場合, 「主語 + *say*」が引用文のあとに来たり, 引用文の間に挿入されることがある: Tom *said*, "Let's go." = "Let's go," Tom *said*. トムは「行こう」と言った / She *said*, "I'm sorry, but I can't." = "I'm sorry," she *said*, "but I can't." 彼女は「すみませんが, 私にはできません」と言った.
(2) 主語が代名詞以外の場合, *say* が主語の前に来ることがある: "I'll be back soon," *said* Mark. 「すぐに戻ります」とマークは言った.
(3) *say* は間接話法の伝達動詞として用いることもできる. ただし, 直接話法の動詞が *say to* ... の場合, 間接話法の伝達動詞には **tell** を用いる: Ann *said*, "I want to see it." (◇ 直接話法) = Ann *said* that she wanted to see it. (◇ 間接話法) アンは「それを見たい」と言った / Paul *said to* me, "I'm fine." (◇ 直接話法) = Paul *told* me that he was fine. (◇ 間接話法) ポールは「私は元気です」と私に言った.

2 (a) [**say** + **that** 節] [**people, they** を主語にして] …とうわさする, 伝える; …と言われている, …だそうだ: *People* [*They*] *say that* Kate is very rich. = *It is said that* Kate is very rich. ケイトは大金持ちだと言われている. 　(b) [**be said** + **to do**] …すると言われている: Five people *are said to* be still missing. 5 名がまだ行方不明とのことです (= *It is said that* five people are still missing.) / He *is said to* have succeeded as a businessman. 彼は実業家として成功したとの評判です (= *It is said that* he has succeeded as a businessman.).

3 (a) [**say** + O] (新聞・掲示などに) …と書いてある; (表情などが) …を表す; (時計が) 〈時刻〉を示す: The label *said* "Fragile." ラベルに「壊れ物 (注意)」と書いてあった / The clock *says* ten o'clock. 時計は 10 時をさしている. 　(b) [**say** + (**that**) 節] (新聞・掲示などに) …と書いてある; (表情などが) …ということを表す: The weather forecast *says that* it's going to rain this evening. 天気予報では今晩雨が降ると言っている / Her eyes *said* (*that*) she wasn't satisfied with my answer. 彼女が私の答えに満足していないことを彼女の目が表していた.

4 [**say** + **to do**] [通例, 進行形不可] 《主に米口語》…せよと言う, 命令する: He *said to* get out. 出て行けと彼は言った.

5 [挿入句的に] 言ってみれば, たとえば, まあ (let us say): What would you buy if you had, *say*, one hundred million yen? たとえば 1 億円あったら何を買いますか. 　**6** [文頭で; 接続詞的に] (仮に) …だとすれば (suppose): *Say* (*that*) you were in my place, what would you do? もしあなたが私の立場だったらどうしますか.

saying 1336 **scald**

7 〈祈りなど〉を唱える, 暗唱する: They began to *say* prayers. 彼らは祈りの言葉を唱え始めた.

— ⃞自 **1** 言う, 話す;〈自分の〉意見を述べる: Do as I *say*. 私の言う通りにしなさい / I cannot *say* for certain, but it isn't impossible. はっきりしたことは言えないが, それは不可能なことではない.

2 [S-; 間投詞的に]《米口語》ねえ, ちょっと; おや, まあ (《英口語》I say): *Say*, what's the matter with you? ねえ, どうしたんだい.

■ **háve ... to sáy** …と述べている: The witness *had* this *to say* to the police. 目撃者は警察にこのことを伝えた.

háving sáid that そうは言っても.

if I may sáy sò こう言って何ですが.

I múst sáy ... 本当に…ですね: *I must say* she looks tired. 本当に彼女は疲れているようですね.

I sáy《英口語》ねえ, ちょっと; おや, まあ (→ ⃞自 **2**).

I shóuld sáy [文頭・文尾で] たぶん, まあ…でしょう (◇断定を避けた控えめな表現): *I should say* (that) she is from California. たぶん彼女はカリフォルニアの出身だろう.

I shóuld sáy nót《口語》だめです (◇強い拒絶・否定を表す): Can I go out? ― *I should say not*. 出かけてもいいかな ― だめです.

It gòes withòut sáying that ...《格式》…は言うまでもない.

It is nót tòo múch to sày that ... …と言っても言い過ぎではない.

I wóuldn't sáy nó (to ...) (…を) 喜んでいただきます.

lét us sáy = *lét's sáy* [挿入句的に] たとえば, まあ, そうですね.

nòt to sáy ... …とは言わないまでも: He is frugal, *not to say* stingy. 彼はけちとは言わないまでも, 倹約家です.

sày ... for oneself 自己弁護のために…と言う.

sáy to onesèlf …と (心の中で) 思う: "How lucky I am!" he *said to himself*. 「僕はなんて運がいいんだ」と彼は思った.

sáy whát you líke[**will**] あなたが何を言おうとも, あなたが同意しなくても.

Sày whén! → WHEN 成句.

sò to sáy [挿入句的に] いわば (so to speak).

thàt is to sáy [挿入句的に] すなわち, 言い換えれば (that is): He was born on July 4, *that is to say*, on Independence Day. 彼は7月4日, すなわち独立記念日に生まれた.

to sày nóthing of ... …は言うまでもなく: She can speak Spanish and Russian, *to say nothing of* English. 彼女は英語は言うまでもなく, スペイン語とロシア語も話せる.

What do you sáy (to ...)? (…は) いかがですか, (…を) どう思いますか: *What do you say to* a beer? ビールでも1杯いかがですか / *What do you say* we go to the movies? 映画に行くのはどうかしら.

when [àfter] áll is sáid and dóne 結局, つまり (after all).

Yòu can sày thát agáin.《口語》おっしゃる通りです, 同感です (《米口語》You said it.).

You dòn't sáy (sò)!《口語》**1** [上昇調で] まさか, 本当かい (◇疑問を表す). **2** [下降調で] へえ, まあ (◇感嘆や皮肉を表す).

You sáid it!《米口語》あなたのおっしゃる通りです, その通り.

— ⃞名 ⃞U [または a ~] **1** 言い分, 意見; 発言の機会, 発言権: Let me have my *say*. 私にも意見を言わせていただきたい. **2** 決定権.

⌞類義語⌝ **say, tell**
共通する意味▶言う (express ... in spoken or written words or by gestures)
say は内容のあることを「言う」の意: "I won't go," *said* Tom. = Tom *said* he wouldn't go. トムは「私は行かないよ」と言った / What does her letter *say*? 彼女の手紙には何と書いてありますか. **tell** は内容のあることを人に「伝える」の意. say と異なり, 話を伝える相手が必要となる: Tom *told* me that he would not go. トムは自分は行かないと私に言った (= "I won't go," Tom *said* to me.) / Don't *tell* that to anyone. それをだれにも言ってはいけない.

*‡**sáy・ing** [séiiŋ] ⃞名 ⃞C **1** 格言, ことわざ (proverb): a wise *saying* 金言 / as the *saying* goes ことわざにもあるように. **2** 言う [言った] こと, 言葉.

sáy-sò [-sòu] ⃞名 [単数形で] **1** 独断, 根拠のない意見 [主張]: on …'s *say-so* 彼の見解 [主張] に従って. **2** 許可.

sc.《略語》= small capital《印刷》スモールキャピタル.

SC[1]《略語》= South Carolina.

SC[2]《略語》= Security Council (国連) 安全保障理事会; Supreme Court 最高裁判所.

sc.《略語》= scene; science.

Sc.《略語》= Scotch; Scots; Scottish.

scab [skǽb] ⃞名 **1** ⃞C かさぶた. **2** ⃞U 〈羊などの〉 疥癬(ﾋﾞ);《植》黒星病. **3** ⃞C《軽蔑》非労働組合員; スト破りをする人.
— ⃞動 (三単現 **scabs** [~z]; 過去・過分 **scabbed** [~d]; 現分 **scab・bing** [~iŋ]) ⃞自 **1** 〈傷口が〉かさぶたになる. **2** スト破りをする.

scab・bard [skǽbərd] ⃞名 ⃞C (刀剣の) さや.

scab・by [skǽbi] ⃞形 (比較 **scab・bi・er** [~ər]; 最上 **scab・bi・est** [~ist]) **1** かさぶたの. **2** 疥癬(ﾋﾞ)にかかった. **3**《英》卑劣な.

sca・bies [skéibi:z] ⃞名 [単数扱い]《医》疥癬(ﾋﾞ), 皮癬(ﾋ)(◇ヒゼンダニによって起こる伝染性皮膚病).

scab・rous [skǽbrəs / skéib-] ⃞形 **1** ざらざらした, でこぼこした. **2**《文語》わいせつな, きわどい.

scads [skǽdz] ⃞名 [複数扱い]《口語》たくさん (の…) [*of*]: *scads of* guests たくさんの客.

scaf・fold [skǽfəld, -fould] ⃞名 ⃞C **1** (建築現場などの) 足場. **2** 死刑台, 絞首台: go to the *scaffold* 死刑に処せられる.

scaf・fold・ing [skǽfəldiŋ, -fould-] ⃞名 ⃞U (建築現場などの) 足場;[集合的に] 足場材《丸太など》.

scal・a・wag [skǽləwæg] ⃞名 ⃞C《米・こっけい》役立たず, いたずら小僧 (《英》scallywag).

scald [skɔ́:ld] ⃞動 ⃞他 **1** (熱湯などで) …をやけどさせる [*with*]. **2** 〈牛乳など〉を沸騰点近くまで熱する.

scald・ing [skɔ́ːldiŋ] 形 **1** (液体などが)やけどするほど熱い, 沸騰した. **2** (批評などが)痛烈な.

scale[1] [skéil] 名【原義は「はしご」】
— 名 (複 scales [~z]) **1** [C][U] 規模, 程度: on a small *scale* 小規模に / grow coffee on a large *scale* コーヒーを大規模に栽培する / The *scale* of the hurricane was enormous. そのハリケーンの規模はすさまじかった.
2 [C] 目盛り, (目盛りの付いた)物差し, 定規(ruler): The *scale* of this ruler is centimeters. この定規の目盛りはセンチメートルです / The wind velocity is measured on a standard *scale* of 0–12. 風速は0–12の標準目盛りで測られる.
3 [C] 段階, 等級; 地位: a pay *scale* 賃金表 / a rating of six on a *scale* of ten 10段階で6のレベル. **4** [C] (地図などの)縮尺; 比例, 割合: a map on [with] a *scale* of 1:25,000 縮尺2万5千分の1の地図 (◇: は to と読む). **5** [C]【音楽】音階: a major [minor] *scale* 長[短]音階. **6** [C]【数学】…進法: the decimal *scale* 10進法.
■ **to scále** 一定の割合で.
— 動 他 **1** 〈がけなど〉をよじ登る, …にはしごをかけて登る. **2** 〈地図・模型など〉を縮尺で設計する. **3** …を物差しで測定する.
■ **scàle úp [dówn]** 他 (ある割合で)…を増す[減らす]; …の規模を拡大[縮小]する.

scale[2] 名 **1** [C][しばしば ~s] てんびん, てんびんばかり; 体重計, 重量計: a pair of *scales* てんびん(ばかり)1個 / a bathroom *scale* (浴室の)体重計 / a kitchen *scale* 台所用はかり / Put it on [in] the *scales*. それをはかりの上にのせてください. **2** [C] はかり皿, てんびん皿. **3** 固 [the Scales]【天文】天秤(びん)座 (Libra).
■ **hòld the scáles éven** 公平に判定する[裁く].
típ [túrn] the scále(s) […に有利に/…に不利に] 形勢を一変させる; 決定的な影響を及ぼす [*in favor of / against*].
— 動 自《口語》体重が…ある (weigh).
— 他 …をはかりにかける.

scale[3] 名 **1** [C] (魚・蛇などの)うろこ, うろこ状のもの. **2** [U] (やかん・ボイラーなどの)湯あか; 歯石.
■ **The scáles fáll from …'s éyes.** …の目からうろこが落ちる, 迷いが覚める.
— 動 他 〈魚〉のうろこを取る.
— 自 ぼろぼろはげる (*off*).

scal・lion [skǽljən] 名 [C]《米》葉タマネギ (《英》spring onion).

scal・lop [skɑ́ləp, skǽl- / skɔ́l-] 名 **1** [C] ホタテガイ; [U] ホタテガイの貝柱. **2** [C] = scállop shèll ホタテガイの貝殻; 貝な. **3** [C] [通例 ~s]【服】(襟(š)・すそなどの)スカラップ, 波形模様.
— 動 他 **1** …をスカラップで縁取りする. **2** …を貝なべで焼く.

scal・ly・wag [skǽliwæg] 名 [C]《英・とっけい》= SCALAWAG (↑).

scalp [skǽlp] 名 [C] **1** 頭皮. **2** 頭髪付きの頭皮《北米先住民が戦利品とした》;《口語》戦利品.
— 動 他 **1** 〈人・動物〉の頭の皮をはぐ. **2**《米口語》〈入場券など〉を高く売りつける (《英》tout).

scal・pel [skǽlpəl] 名 [C] 外科[解剖]用メス.
scalp・er [skǽlpər] 名 [C]《米》ダフ屋 (《英》tout).
scal・y [skéili] 形 (比較 **scal・i・er** [~ər]); 最上 **scal・i・est** [~ist]) **1** うろこのある; うろこ状の.
2 (皮膚が乾燥して)ぼろぼろはげ落ちる. **3** 湯あかの付いた.

scam [skǽm] 名 [C]《俗語》詐欺, ペテン.
scamp [skǽmp] 名 [C] **1** ならず者, やくざ.
2《古風》いたずらっ子, わんぱく小僧.
scam・per [skǽmpər] 動 自 (副詞(句)を伴って) 〈小動物など〉があわてて逃げる (*away, off*); 〈子供など〉がちょろちょろ走り回る (*about, around*).
— 名 [C] あわてて[ちょろちょろ]逃げ回ること.
scam・pi [skǽmpi]【イタリア】名 (複 **scam・pi, scam・pies** [~z]) [C] スキャンピ《大きなクルマエビ》; [U] スキャンピ料理.

***scan** [skǽn] 動 (三単現 **scans** [~z]; 過去・過分 **scanned** [~d]; 現分 **scan・ning** [~iŋ]) 他 **1** 〔…を求めて〕…を細かく調べる; じっと見る [*for*]: She *scanned* the manuscript for misspellings. 彼女はスペルミスがないか原稿を細かくチェックした.
2 〈新聞など〉にざっと目を通す. **3** 〈詩〉の韻律を調べる. **4** 〈映像〉を走査する, スキャンする; (レーダーで)〈ある地域〉を走査する;【医】…を検査[スキャン]する. — 自 **1** [〜に] ざっと目を通す [*through*]. **2** …を探すためじっと見る.
— 名 [C] 綿密な調査[検査];【医】走査, スキャン.

Scand.《略記》= Scandinavia スカンジナビア.
***scan・dal** [skǽndəl] 名 **1** [C][U] …をめぐるスキャンダル, 醜聞; 不祥事, 汚職事件 [*over, about*]: hush up [expose] a *scandal* スキャンダルをもみ消す[暴く]. **2** [C] (醜聞に対する世間の)騒ぎ, 物議: cause a *scandal* 物議をかもす. **3** [C][通例 a 〜] 恥, 不名誉. **4** [U] 〔…に関する〕中傷, 陰口 [*about*]. (▷ 形 scándalous)

scan・dal・ize [skǽndəlàiz] 動 他 (通例, 受け身で) …をあきれさせる, 憤慨させる. (▷ 名 scándal)

scan・dal・mon・ger [skǽndəlmʌ̀ŋgər] 名 [C] 他人の悪口[スキャンダル]を流す人.

scan・dal・ous [skǽndələs] 形 **1** 恥ずべき, 外聞の悪い, けしからぬ. **2** (うわさなどが)中傷的な; (人が)陰口を利く. (▷ 名 scándal)

scan・dal・ous・ly [skǽndələsli] 副 あきれるほど, 中傷して, 非難して.

Scan・di・na・vi・a [skæ̀ndinéiviə] 名 固 **1** スカンジナビア《ヨーロッパ北部の地域. 通例, ノルウェー・スウェーデン・デンマークをさす;《略語》Scand.》.
2 スカンジナビア半島.

Scan・di・na・vi・an [skæ̀ndinéiviən] 形 スカンジナビアの, 北欧の; スカンジナビア人[語]の.
— 名 [C] スカンジナビア人; [U] スカンジナビア語.
◆ **Scandinávian Península** [the 〜] スカンジナビア半島《ノルウェー・スウェーデンからなる半島》.

***scan・ner** [skǽnər] 名 [C] **1** (テレビ・レーダーの)(映像)走査機, 走査パネル. **2**【医】(人体の内部を調べる)断層撮影装置, スキャナー. **3**【コンピュータ】スキャナー《画像情報を走査・入力する装置》.

scan·sion [skǽnʃən] 名 U (詩の) 韻律分析.

*__scant__ [skǽnt] 形 **1** [限定用法] 乏しい, 少ない, 不十分な. **2** [数量を表す語と共に] たったの: in a *scant* 10 minutes わずか10分で.

scan·ties [skǽntiz] 名 [複数扱い] 《口語》 スキャンティー, 女性用のパンティー.

scant·i·ly [skǽntili] 副 不十分に; けちけちして.

*__scant·y__ [skǽnti] 形 (比較 **scant·i·er** [~ər]; 最上 **scant·i·est** [~ist]) **1** わずかな, 乏しい, 不十分な: *scanty* information わずかな情報. **2** (衣類などが) 小さすぎる, 露出度の高い.

-scape [skeip] 結合 「…の風景(画)」の意を表す: city*scape* 都市景観 / sea*scape* 海の風景画.

scape·goat [skéipgòut] 名 C (他人の罪の) 身代わり, 犠牲になる人, スケープゴート《古代ユダヤで人々の罪を負わされて荒野へ放たれたヤギの話から》.
— 動 他 〈人〉に罪を負わせる.

scap·u·la [skǽpjələ] 名 (複 **scap·u·lae** [-liː], **scap·u·las** [~z]) C 〔解剖〕 肩甲骨.

*__scar__ [skáːr] 名 C **1** (皮膚・家具などの) 傷跡: (やけど・できものなどの) 跡: He had a *scar* on his left leg. 彼の左足には傷跡があった.
2 心の傷: The war left a deep *scar* on her mind. 戦争は彼女の心に深い傷を残した. / a face *scarred* by an accident 事故の傷跡が残った顔.
— 動 (三単現 **scars** [~z]; 過去・過分 **scarred** [~d]; 現分 **scar·ring** [skáːriŋ]) 他 …に傷跡を残す: a face *scarred* by an accident 事故の傷跡が残った顔.
— 自 傷跡が残る; (跡を残して) 治る (*over*).

scar·ab [skǽrəb] 名 C **1** 〔昆〕 = *scárab bèetle* コガネムシ. **2** スカラベ, 甲虫石《古代エジプトで崇拝されたコガネムシをかたどったお守り》.

*__scarce__ [skéərs] 形 (比較 **scarc·er** [~ər]; 最上 **scarc·est** [~ist]) **1** (食糧・金・日用品が) 乏しい, 不足している: Food will be *scarce* in the future. 食糧は将来不足するだろう.
2 まれな, 珍しい.
■ **màke onesèlf scárce** 《口語》 (目立たないうちに) 引っ込む, 立ち去る. (▷ 名 *scárcity*)

*__scarce·ly__ [skéərsli]
— 副 [比較なし] **1** ほとんど…ない (hardly): I *scarcely* had time for lunch today. きょう私はほとんど昼食の時間もなかった / I can *scarcely* remember my childhood. 私は子供の頃のことがほとんど思い出せない / There was *scarcely* any food. ほとんど食べ物がなかった.
2 かろうじて, やっと (barely): There were *scarcely* 100 people in the hall. ホールには, かろうじて100人がいた / His son is *scarcely* five. 彼の息子はやっと5歳になったばかりだ.
3 とても…ない, まず…ない: I can *scarcely* believe such a thing! そんなことはとても信じられない / He's *scarcely* a good student. 彼がいい生徒であるものか.
■ **scárcely éver** めったに…しない (→ EVER 成句).
scárcely ... when [*before*] ~ …するとすぐに~《◇通例, …には過去完了, ~には過去形が来る; → SOON [語法]》: I had *scarcely* entered the room *when* the speech started. 私が部屋に入ったとたんにスピーチが始まった (= As soon as I entered the room, the speech started).

*__scar·ci·ty__ [skéərsəti] 名 (複 **scar·ci·ties** [~z]) U C **1** 欠乏, 不足; 食糧難, ききん: a *scarcity* of oil 石油不足. **2** まれなこと. (▷ 形 *scárce*)

‡__scare__ [skéər] 動 他 **1** …をおびえさせる, びっくりさせる, 怖がらせる (→ FRIGHTEN [類義語]): You *scared* me. びっくりするじゃないか. **2** …を脅して追い払う (*away*, *off*); [scare + O + into [out of] doing] …を脅して~させる [させない]: The dog *scared* the man *off*. 犬にびっくりしてその男は逃げて行った / They *scared* us *into keeping* quiet. 彼らは私たちを脅して静かにさせた.
— 自 びっくりする, 驚く.
■ **scáre ... òut of ...'s wíts** 〈人〉をおびえさせる.
scáre úp 他 《米口語》 …をかき集める.
— 名 **1** [単数形で] (突然の) 恐怖, 驚き: What a *scare* you gave me! びっくりするじゃないか.
2 C (漠然とした) 不安; 恐怖, 恐慌状態: a bomb *scare* 爆弾騒ぎ.

scare·crow [skéərkròu] 名 C **1** かかし; こけおどし. **2** 《口語》 (身なりの) みすぼらしい人.

‡__scared__ [skéərd] 形 [...] を怖がる, おびえている [*of*, *at*]: a *scared* look おびえた表情 / be *scared* to death 死ぬほど怖い / Are you *scared of* dogs? あなたは犬が怖いのですか.
2 (a) [be scared + to do] …するのを怖がる: I was *scared to* go there alone. 私は1人でそこに行くのが怖かった. (b) [be scared + that 節] …ではないかと怖がる: I was *scared that* the helicopter might crash. 私はヘリコプターが墜落するのではないかとびくびくしていた.

scare·mon·ger [skéərmʌŋgər] 名 C (人を怖がらせる) デマを飛ばす人, 世間を騒がす人.
scare·mon·ger·ing [-gəriŋ] 名 U デマを飛ばすこと, 人騒がせ.

‡__scarf__ [skáːrf] 名 (複 **scarfs** [~s], **scarves** [skáːrvz]) C スカーフ; 襟(ぇ)巻き, マフラー; 肩掛け; テーブル (ピアノ) 掛け: wear a *scarf* around one's neck 首にマフラーを巻いている.

scar·let [skáːrlət] 名 U 緋(ぃ)色, 深紅色.
— 形 緋色の, 深紅色の.
◆ **scárlet féver** U 〔医〕 猩紅(こぅ)熱.
scárlet pímpernel C 〔植〕 ベニハコベ.

scarp [skáːrp] 名 C 急な崖(が), 急斜面.

scar·per [skáːrpər] 動 自 《英口語》 逃げ去る, (勘定を払わず) そそくさと立ち去る.

‡__scarves__ [skáːrvz] 名 *scarf* の複数形.

scar·y [skéəri] 形 (比較 **scar·i·er** [~ər]; 最上 **scar·i·est** [~ist]) 《口語》 **1** 怖い, 恐ろしい.
2 (人が) 怖がりの, びくびくした.

scat¹ [skǽt] 動 (三単現 **scats** [skǽts]; 過去・過分 **scat·ted** [~id]; 現分 **scat·ting** [~iŋ]) 自 [通例, 命令形で] 《口語》 急いで立ち去る.

scat² [skǽt] 名 U 〔音楽〕 スキャット 《ジャズなどで音楽に合わせて意味のない言葉で歌うこと》.

scath·ing [skéiðiŋ] 形 (言葉・批評などが) 痛烈な, 容赦ない, 冷酷な: *scathing* remarks 痛烈な評言.
scath·ing·ly [~li] 副 痛烈に, 容赦なく.

sca·tol·og·i·cal [skætələdʒikəl / -lɔ́dʒ-]

糞便(%)の; 糞尿の話題を好む.

scat·ter [skǽtər] 動名

— 動 (三単現 **scat·ters** [~z]; 過去・過分 **scat·tered** [~d]; 現分 **scat·ter·ing** [-tərɪŋ])
— 他 **1**〈もの〉を[場所に]**まき散らす**;〈種など〉をまく[*over, on*];〈場所〉に[ものを]まき散らす[*with*]: *scatter* seeds *on* the fields 畑に種をまく / The baby *scattered* the toys *over* the floor. = The baby *scattered* the floor *with* the toys. 赤ちゃんはおもちゃを床に散らかした.
2〈人・動物など〉を追い散らす, 散り散りにさせる: The policeman *scattered* the crowd. 警官は群衆を追い散らした.
— 自 (人・動物などが)散り散りになる, 散る: *scatter* in all directions 四方八方へと散る.
— 名 **1** Ⓤ まき散らすこと. **2** [a ~] まき散らしたもの; 少量[少数][の…] (scattering) [*of*].

scat·ter·brain [skǽtərbrèɪn] 名 Ⓒ 落ち着きのない人, 注意散漫な人.

scat·ter·brained [skǽtərbrèɪnd] 形 落ち着きのない, 注意散漫な.

scat·tered [skǽtərd] 形 まばらな, 散在する, 散らばった: There will be *scattered* showers. 所によりにわか雨があるでしょう.

scat·ter·ing [skǽtərɪŋ] 名 Ⓤ 散在(すること); [a ~] まばら[な…], わずか[な…][*of*]: a *scattering of* visitors ぽつりぽつりとやって来る訪問者.

scat·ty [skǽti] 形 (比較 **scat·ti·er** [~ər]; 最上 **scat·ti·est** [~ist])《英口語》注意散漫な.

scav·enge [skǽvɪndʒ] 動 他 **1**〈街路など〉を清掃する. **2**〈残飯など〉をごみの中から解す.
— 自 (ごみの中から)[残飯などを]探す[*for*].

scav·eng·er [skǽvɪndʒər] 名 Ⓒ **1** 死肉を食べる動物 (ハゲタカ・ジャッカル・カニ・アリなど). **2**《主に英》市街清掃人 (dustman).

sce·nar·i·o [sənǽriòʊ, -nάːr-]【イタリア】名 (複 **sce·nar·i·os** [~z]) Ⓒ **1**(劇・映画の)シナリオ, 脚本. **2**(計画・事件などの)筋書き; (予想される)展開.

scene [síːn] (☆同音異義 seen)
【原義は「テント, 仮小屋」】
— 名 (複 **scenes** [~z]) Ⓒ **1**(劇の)**場**('); (劇・小説などの)場面, 舞台, シーン: a love *scene* ラブシーン / The ghost appears in Act I, *Scene* 1. 亡霊は1幕1場に登場する / The *scene* of the novel shifts from Seoul to Tokyo. その小説の舞台はソウルから東京に変わる.
2 現場, (事件などの起きた)**場所**; (現実の)出来事, 状況: the *scene* of the crime 犯行現場 / She visited the *scene* of a great battle. 彼女は大きな戦いのあった場所を訪れた.
3 風景, 光景: I like the rural *scene* in fall. 私は秋の田園風景が好きです.
4 (舞台の)背景, 書き割: The *scene* represents a back street of London. 背景はロンドンの裏通りを示しています. **5** [the ~]《口語》活動分野, …界: the music [fashion] *scene* 音楽[ファッション]界. **6** [one's ~; 通例, 否定文で]《口語》好み, 興味の対象: Horror movies are not my *scene*. ホラー映画は私の好みではない.
7 [通例 a ~] 大騒ぎ, (人前での) 口論: make a *scene* 大騒ぎする, 大声で怒鳴る.

■ *behínd the scénes* **1** 裏で, 陰で; (人が) 黒幕として. **2** 舞台の裏で.
cóme on the scéne《口語》登場する, 姿を現す.
sèt the scéne **1** これまでの経過説明をする.
2[会合などの]準備をする[*for*]. (▷ 形 scénic)

‡**sce·ner·y** [síːnəri] 名 Ⓤ **1**(美しい)風景, 景色: rural *scenery* 田園風景. **2** 舞台背景[装置].

*sce·nic [síːnɪk] 形 **1** 景色の(よい), 風景の: a *scenic* spot 景勝地. **2** 舞台背景[装置]の. (▷ 名 scéne)

sce·ni·cal·ly [-kəli] 副 風景の点で; 芝居じみて.

‡**scent** [sént] 名 **1** Ⓒ (かすかな)におい, 香り, 芳香 (→ SMELL 類義語): the *scent* of jasmine ジャスミンの香り. **2** Ⓒ [狩]『(獣の)臭跡;《口語》手がかり, かすかな徴候: The hounds followed up the *scent* of foxes. 猟犬はキツネのにおいを追った.
3 Ⓤ [または a ~]〔猟犬などの〕嗅覚(¹²); 勘, 直感力: a keen *scent* 鋭い嗅覚[勘]. **4** Ⓤ《主に英》香水 (perfume).

■ *óff the scént* 獲物のにおいがわからなくなって; 手がかりを失って.
on the scént においをかぎつけて; 手がかりを得て.

— 動 他 **1**〈獲物〉のにおいをかぎつける (*out*);〈秘密など〉を察知する; […だと]気づく (*that* 節): *scent* danger 危険を察知する / The hound *scented* a deer. 猟犬がシカのにおいをかぎつけた.
2[通例, 受け身で]〈場所など〉を[…で]におわせる, …を香りで満たす[*with*].

scent·ed [séntɪd] 形 […の](よい)香りのする; 香水 [香り]を付けた[*with*].

scent·less [séntləs] 形 香りのない, 無臭の.

scep·ter [《英》**scep·tre**] [séptər] 名 **1** Ⓒ 王笏(ミミ) (王権の象徴). **2** Ⓤ [the ~] 王位, 王権.

scep·tic [sképtɪk] 名 形《英》= SKEPTIC.

*sceptical [sképtɪkəl] 形《英》= SKEPTICAL.

scep·ti·cism [sképtɪsìzəm] 名《英》= SKEPTICISM.

schedule [skédʒuːl | ʃédjuːl] 動名

— 名 (複 **sched·ules** [~z]) Ⓒ **1 予定(表)**, スケジュール, 計画(表) (→ PLAN 類義語): draw up [make out] a *schedule* 予定を立てる / change one's *schedule* 予定を変更する / a vacation *schedule* 休暇の計画(表) / I have a heavy [tight, hard, full] *schedule* today. きょう私は予定がいっぱい詰まっている.
2《主に米》時刻表, 時間表; (学校の)時間割《英》timetable) (→ STATION **PICTURE BOX**): a train *schedule* 列車の時刻表.
3 [格式] 表, 一覧表, 目録 (list): a *schedule* of postal charges 郵便料金表.

■ *accórding to schédule* 予定[計画]通りに; 予定[計画]によれば.
ahéad of [*behìnd*] *schédule* 予定より早く[遅

on schédule 予定[時間]通りに, 定刻に: If my train is *on schedule*, I will be home by

nine. 私の乗っている列車が定刻通りならば私は9時までに着くだろう.
— 動 他 1 [通例, 受け身で] …を[日時に / …するように]予定する[for / to do]: The meeting *is scheduled for* tomorrow. 会合はあすに予定されている / The game *is scheduled* for [*to take place at*] 3:00 p.m. その試合は午後3時に行われる予定です.
2 …の表[予定表, 時間表など]を作る, …をスケジュールに入れる: I *scheduled* an appointment with my dentist for Friday. 私は歯科医の予約を金曜日に入れた.

Sche·her·a·za·de [ʃəhèrəzáːdə] 名 シェヘラザード(『千夜一夜物語』の語り手).

sche·ma [skíːmə] 名 (複 **sche·ma·ta** [-mətə], **sche·mas** [~z]) C 図式, 図表; 大意, 概要.

sche·mat·ic [ski(ː)mǽtik] 形 図式の; 概要の.
sche·mat·i·cal·ly [-kəli] 副 図式的に; 概略で.

***scheme** [skíːm]
名 動
— 名 (複 **schemes** [~z]) C 1 《主に英》[…の / …する]計画, 案[*for* / *to do*](→ PLAN 類義語); 《英》(政府などの)大規模な事業計画: a *scheme* for the prevention of AIDS エイズ予防の計画 / a *scheme* to change salt water into fresh water 海水の淡水化計画.
2 […する]陰謀, 悪だくみ[*to do*]: He had a crazy *scheme* to conquer the world. 彼は世界を征服するという狂気じみたもくろみを持っていた.
3 (教育などの)組織, 機構; (学問の)体系: the educational *scheme* 教育制度 / a new health insurance *scheme* 新しい健康保険制度.
4 (色などの)配合, 配列: a color *scheme* 配色.
5 大要, あら筋: the *scheme* of a novel 小説のあら筋.
■ **the schéme of thíngs** 世の中の仕組み.
— 動 他 〈悪だくみ〉を計画する, たくらむ;〔…する〕陰謀をたくらむ[*to do*]: *scheme* murder 殺人をたくらむ / They *schemed* to occupy the embassy. 彼らは大使館の占拠をたくらんだ.
— 自 [人に対して / …を] たくらみ, 画策する[*against* / *for*].

schem·er [skíːmər] 名 C (悪だくみの)計画者,(特に)陰謀家, 策士.

schem·ing [skíːmiŋ] 形 策動的な, 陰謀をたくらむ. — 名 U 陰謀, はかりごと.

scher·zo [skéərtsou] 《イタリア》 名 (複 **scher·zos** [~z], **scher·zi** [-tsiː]) C 《音楽》スケルツォ《3拍子の軽快な楽曲》.

Schil·ler [ʃílər] 名 シラー Johann Friedrich von [jouhάːn fríːdrik fɔːn / -vɔn] Schiller 《1759-1805; ドイツの詩人・劇作家》.

schism [sízəm, sízm] 名 1 C U (教会の)分派, 分立;(組織の)分裂, 分離. 2 U 宗派分立罪.

schis·mat·ic [skizmǽtik, siz-] 形 分派の; 分裂の, 分離の.

schiz·oid [skítsɔid] 形 1 【精神】統合失調症の. 2 (態度などが)矛盾した, ころころ変わる.

schiz·o·phre·ni·a [skìtsəfríːniə] 名 U 【精神】統合失調症.

schiz·o·phren·ic [skìtsəfrénik] 形 1 【精神】統合失調症の. 2 (態度などが)一貫性のない.
— 名 C 【精神】統合失調症患者.

schlep, schlepp [ʃlép] 動 (三単現 **schleps, schlepps** [~s]; 過去・過去分詞 **schlepped** [~t]; **schlep·ping** [~iŋ])《米口語》他 …を(持って)運ぶ, 引っ張って行く, 引きずる(drag).
— 自 のろのろ行く; 重い足どりで行く(*around*).
— 名 C 《米口語》無能なやつ, どじなやつ.

schmooze [ʃmúːz] 動 自 《米口語》おしゃべり[むだ話]をする.

schnapps [ʃnáeps] 名 U シュナップス《ジャガイモなどから作った強い蒸留酒》.

***schol·ar** [skάlər / skɔ́lə]
— 名 (複 **schol·ars** [~z]) C 1 (特に人文・古典学系の)学者, 人文学者 (cf. scientist 科学者): a classical *scholar* 古典学者 / He is an eminent *scholar* on the art history of Italy. 彼はイタリアの美術史の有名な学者だ.
2 [通例, 否定文で]《口語》学問[教養]のある人, 物知り: He is no *scholar*. 彼には教養がない.
3 奨学金受給者, 給費生. **4** 《文語》学生, 生徒.

schol·ar·ly [skάlərli / skɔ́l-] 形 1 学者肌の; 博学の. 2 学術的な, 学問的な.

***schol·ar·ship** [skάlərʃip / skɔ́l-] 名 1 C 《大学などの》奨学金[*to*]: a *scholarship* association [*society*] 育英会 / receive a *scholarship to* a university 大学(進学)の奨学金を受ける.
2 U (特に人文科学系の)学問, 学識.

scho·las·tic [skəlǽstik] 形 [限定用法] 1 学校(教育)の. 2 スコラ哲学の.

scho·las·ti·cism [skəlǽstisìzəm] 名 U スコラ哲学.

***school¹** [skúːl]
名 動 [原義は「余暇を費やす場所」]
— 名 (複 **schools** [~z]) 1 C (建物・施設としての)学校, 校舎(○通例, 小・中・高等学校をさすが《米》では大学を含めることもある): build a new *school* 新しい学校を建てる / What *school* do you attend? =Where do you go to *school*? あなたはどこの学校へ行っていますか / She goes to a famous girls' high *school*. 彼女はある有名な女子高校に通っている / I arrived at *school* just in time this morning. けさはすぐ学校にぎりぎりの時間に合った(◇《口語》では場所・建物としての学校の場合も無冠詞のことがある).

[関連語] boarding school 寄宿学校 / nursery school 保育園 / private school 私立学校 / public [《英》state] school 公立学校 / summer school 夏期学校 / Sunday school 日曜学校 / trade school 職業学校 / training school 養成校

2 U [無冠詞で](教育制度・機関としての)学校, 授業(class, lesson)(◇米英の初等・中等教育制度については → 次ページ表), 就学(期間): send [put, place] … to *school* …を学校へやる, 就学させる / *School* begins in April in Japan. 日本では学校は4月に始まる / He has been absent from *school* for a week. 彼は1週間学校を休んでいる.

school²

|コロケーション| 学校に[を]…
学校に通う: **attend** [**go to**] *school*
学校をサボる: **cut** [**skip**] *school*
学校を卒業する: **finish** [**graduate from**, 《英》 **leave**] *school*
学校を退学する: **quit** [**drop out of**, 《米》 **leave**] *school*
学校に入学する: **enter** *school*

3 [the ～; 集合的に; 単数・複数扱い] (全校の)生徒, (教職員を含む)学校全体: The whole *school* is [are] interested in it. 全校生がそれに関心を持っている. **4** [形容詞的に] 学校の: a *school* bus スクールバス / a *school* uniform (学校の)制服 / one's *school* life 学校生活.

5 C (大学の)学部, 大学院;《米》大学: the law *school* 法学部; ロースクール, 法学大学院 / the medical *school* = the *school* of medicine 医学部 / the graduate *school* 大学院.

6 C (学問・芸術などの)学派, 流派: the romantic *school* ロマン派. **7** C 鍛錬の場; 教習所: a driving *school* 自動車教習所.

■ **àfter schóol** 放課後に.

in [《英》*at*] *schóol* 在学中で; 学校で, 授業で: My youngest son is still *in school*. 私の一番下の息子はまだ在学中です / Bill is *at school* now. ビルは今学校にいます[授業中です].

—— 動 他《古風》[…について / …するように] 〈人・動物〉を教育する, 訓練する, しつける [*in* / *to do*]: *school* a dog 犬をしつける.

◆ schóol àge U 就学年齢, 学齢.
schóol bòard C 《米》教育委員会.
schóol dày **1** C 授業日. **2** [～s] 学生時代.
schóol district C 《米》学区.
schóol repòrt C 《英》成績通知書 (《米》report card).
schóol yéar C 学年 (academic year).

school² 名 C (魚・鯨などの)群れ (→ GROUP 類義語).

school‧bag [skúːlbæg] 名 C 通学かばん.

school‧book [skúːlbùk] 名 C 教科書.

‡**school‧boy** [skúːlbɔ̀i] 名 C **1** (小・中学校の)男子生徒. **2** [形容詞的に]《軽蔑》(冗談などが)下手な, たわいのない.

***school‧child** [skúːltʃàild] 名 (複 **school‧chil‧dren** [-tʃìldrən]) C 学童, 生徒.

school‧fel‧low [skúːlfèlou] 名 C 学友, 同窓生 (schoolmate).

school‧girl [skúːlgə̀ːrl] 名 C (小・中学校の)女子生徒.

***school‧house** [skúːlhàus] 名 C (特に田舎の小学校の)校舎.

***school‧ing** [skúːliŋ] 名 U 学校教育; (通信教育の)スクーリング.

school‧kid [skúːlkìd] 名 C《口語》学童, 生徒.

school‧leav‧er [-lìːvər] 名 C [通例 ～s]《英》卒業予定者; (特に高校の)新卒者 (《米》high school graduate).

school‧mas‧ter [skúːlmæ̀stər / -màːs-] 名 C 《主に英・古風》(特に私立学校の)男性教員.

school‧mate [skúːlmèit] 名 C 学友, 同窓生.

school‧mis‧tress [skúːlmìstrəs] 名 C《主に英・古風》(特に私立学校の)女性教員.

school‧room [skúːlrùː(ː)m] 名 C 教室 (classroom).

‡**school‧teach‧er** [skúːltìːtʃər] 名 C (小・中・高校の)教員.

school‧work [skúːlwə̀ːrk] 名 U 学業, 学校の勉強: work hard at *schoolwork* 学業に励む.

school‧yard [skúːljàːrd] 名 C 校庭.

schoon‧er [skúːnər] 名 C **1** スクーナー 《2本以上のマストの帆船》. **2** 《シェリー酒用》大ジョッキ.

Schu‧bert [ʃúːbərt] 名 圏 シューベルト Franz [frǽnts] Peter Schubert 《1797-1828; オーストリアの作曲家》.

Schulz [ʃúlts] 名 圏 シュルツ Charles Schulz 《1922-2000; 米国の漫画家; スヌーピー (Snoopy) などが登場する漫画『ピーナッツ』の作者》.

[米英の初等・中等教育制度]

	米国 (州によって異なる)			
8-4制	elementary school 小学校			high school (4年制)ハイスクール
6-6制	elementary school 小学校			high school (6年制)ハイスクール
6-3-3制	elementary school 小学校		junior high school 中学校	senior high school 高等学校
4-4-4制	elementary school 小学校	middle school 中(間)学校		senior high school 高等学校
(年齢) 5 6 7 8 9 10 11 12 13 14 15 16 17 18				

	英国 (義務教育は5-16歳)		
公立	primary school 小学校	comprehensive school 総合中等学校 secondary modern school モダーンスクール grammar school グラマースクール	(sixth form) (第6学年)
私立	preparatory school 私立小学校	public school パブリックスクール	

Schu·mann [ʃúːmɑːn / -mən] 名 固 シューマン Robert Alexander Schumann《1810-56; ドイツの作曲家》.

schwa [ʃwáː] 名 C 【音声】シューワー《アクセントのないあいまい母音. about の最初の a [ə] など》; シュワーの記号》.

Schweit·zer [ʃwáitsər, ʃváiː-] 名 固 シュバイツァー Albert Schweitzer《1875-1965; フランスの医師. 1952年ノーベル平和賞受賞》.

sci·at·i·ca [saiǽtikə] 名 U 【医】座骨(神経)痛.

‡sci·ence [sáiəns] 《原義は「知ること」》
— 名 (複 sci·enc·es [~iz]) **1** U C 科学, (体系的な)学問((略記)) sc., sci.): medical *science* 医学 / social *science* 社会科学 / space *science* 宇宙科学 / applied *sciences* 応用科学 / promote [advance] *science* 科学を振興する.
2 U C 自然科学(natural science); 理科: a *science* teacher 理科の教師.
3 U わざ, (専門的な)技術: the *science* of gardening 園芸のわざ. (▷ 形 scientific).
◆ **scíence fíction** U 空想科学小説, SF小説 ((口語)) sci-fi).
scíence párk C (先端)企業団地.

‡sci·en·tif·ic [sàiəntífik]
— 形 **1** [比較なし; 限定用法] 科学の, 科学上の: *scientific* studies 科学(の)研究 / *scientific* experiments 科学実験. **2** 科学的な, 系統立った; (科学的に)厳密な: a *scientific* method 科学的方法 / We need more *scientific* research on this topic. 私たちはこの問題についてより厳密な研究が必要である. **3** (スポーツなどで)技術の確かな, わざのすぐれた. (▷ 名 science).

sci·en·tif·i·cal·ly [sàiəntífikəli] 副 科学的に.

‡sci·en·tist [sáiəntist]
— 名 (複 sci·en·tists [-tists]) C 科学者, 自然科学者 (cf. scholar 人文学者): a physical [social] *scientist* 自然 [社会] 科学者.

sci-fi [sáifái] 名 U ((口語)) SF小説 (◇ science fiction の略).

scim·i·tar [símətər] 名 C 三日月刀.

scin·til·la [sintílə] 名 [a~; 通例, 否定文・疑問文で] ((文語)) ほんのわずか, 痕跡(ﾜﾞｰﾞ), 微量.

scin·til·late [síntəlèit] 動 (自) **1** ((文語)) 火花が出る; (星が)きらめく. **2** ((比喩)) (機知・才気が)ひらめく, さえる [*with*].

scin·til·lat·ing [síntəlèitiŋ] 形 (会話などが)生き生きとした, 才気あふれる.

scin·til·la·tion [sìntəléiʃən] 名 U ((文語)) 火花, 閃光(ｾﾝ); きらめき; ((比喩)) (才気の)ひらめき.

sci·on [sáiən] 名 C **1** 【植】(接ぎ木用の)接ぎ穂, 若枝. **2** ((文語)) 名門の子弟; 子孫.

‡scis·sors [sízərz] (☆発音に注意) 名 **1** [複数扱い] はさみ (→ STATIONERY 図): a pair of *scissors* はさみ1丁 / These *scissors* don't cut well. = This pair of *scissors* doesn't cut well. このはさみはよく切れない. **2** [単数扱い]【体操】両脚開脚; 【レスリング】はさみ攻め.

scle·ro·sis [skləróusəs] 名 (複 scle·ro·ses [-siːz]) C U 【医】硬化症, 硬変.

scoff[1] [skáf / skɔ́f] 動 (自) (…を)あざける, 嘲笑(ﾁｮｳｼｮｳ)する [*at*]. —— 名 (複 scoffs [~s]) C 通例 ~s] あざけり, 嘲笑.

scoff[2] 動 他 ((英口語)) …をがつがつ食べる (*up*).

‡scold [skóuld]
— 動 (三単現 scolds [skóuldz]; 過去・過分 scold·ed [~id]; 現分 scold·ing [~iŋ])
— 他 〈子供など〉を […の理由で] **しかる**, 怒る [*for*]: My mother *scolded* me *for* coming home late. 母は帰りが遅いと言って私をしかった.

scold·ing [skóuldiŋ] 名 C U しかること, 叱責(ｼｯｾｷ), 小言: I got [received] a *scolding* for being late. 私は遅刻したことでしかられた.

scol·lop [skáləp / skɔ́l-] 名 = SCALLOP ホタテガイ.

sconce [skáns / skɔ́ns] 名 C (壁などに取り付けた)張り出し燭台 [燭台(ｼｮｸﾀﾞｲ)].

scone [skóun] 名 C スコーン《柔らかくて丸い小型のパン; → TEA ◀背景▶》.

*****scoop** [skúːp] 名 C **1** (粉をすくう)小シャベル; (アイスクリームをすくう)半球状の大さじ. **2** (パワーショベルなどの)泥すくい; 小型スコップ. **3** ひとすくい(の量): two *scoops* of ice cream 大さじ2杯のアイスクリーム. **4** (新聞などの)特種(ﾄｸﾀﾈ), スクープ. **5** (こっそり)巨利を得ること, 大もうけ.
— 動 他 **1** …をすくう, すくい出す [上げる] (*out, up*): *scoop* a baby into his arms 赤ちゃんを彼の腕に抱き上げる. **2** 〈穴・溝など〉を掘る (*out*).
3 (特ダネで)〈他社〉を出し抜く; …をスクープする.
4 (機先を制して)〈大金〉をもうける.

scoot [skúːt] 動 (自) ((口語)) 急いで行く, 駆け出す; すばやく逃げる.

scoot·er [skúːtər] 名 C **1** (オートバイの)スクーター (motor scooter). **2** スクーター, キックボード《片足で地面をけって走らせる子供の乗り物》.

*****scope** [skóup] 名 U **1** (研究・能力などの)範囲, 領域; 視野: This problem is beyond [outside] the *scope* of our inquiry. この問題は私たちの研究の範囲を超えている. **2** (…の/…する)余地, 機会, 自由 [*for / to do*]: give *scope* for … …を十分に働かせる機会を与える.

-scope [skóup] 《結合》「…を見る機器」「…鏡」「…検知器」の意を表す名詞を作る: tele*scope* 望遠鏡.

*****scorch** [skɔ́ːrtʃ] 動 (他) **1** …を焦がす, あぶる; (日光が) …(の肌)を焼く (cf. singe 表面を焦がす): I *scorched* my shirt with the iron. 私はアイロンでシャツを焦がした. **2** (炎熱などが)〈植物〉を枯らす.
— (自) **1** 焦げる, 焦げつく. **2** (植物が)枯れる, しおれる. **3** ((英口語)) (車などが)猛スピードで走る; (人が)〈車などで〉猛スピードを出す [*on*].
— 名 C 焼け焦げ(の跡).
◆ **scórched éarth pòlicy** C 【軍】(施設・食糧などをすべて焼き払う)焦土作戦.

scorch·er [skɔ́ːrtʃər] 名 C [通例, 単数形で] ((口語)) 焼けつくような暑い日.

scorch·ing [skɔ́ːrtʃiŋ] 形 **1** ひどく暑い. **2** ((口語)) 痛烈な, 手厳しい. **3** [副詞的に] 焦げるよ

うに: *scorching* hot 焼けるように暑い.

***score** [skɔ́ːr] 名 動
【原義は「刻み目」】
—— 名 (複 **scores** [~z]) C **1** [通例,単数形で]【競技】(1チーム・選手のすべての) **得点**, スコア; (試験の) 点数, 成績: a high [low] *score* 高[低]い得点 / an even *score* 同点 / keep (the) *score* スコアを付ける / What's the *score*? 得点[形勢]はどうなっていますか / The *score* is [stands at] 1–0 in favor of our team. 得点は1対0でうちチームが勝っています 《◇ 1–0 は one to nothing [《英》nil] と読む》/ We won by a *score* of 6–3. 私たちは6対3で勝った / I got a *score* of 85 [a perfect *score*] on the mathematics test. 私は数学のテストで85点[満点]を取った.

[関連語] goal サッカー・ホッケーなどの得点 / point テニス・バスケットボール・バレーボール・ラグビーなどの得点 / run 野球・クリケットなどの得点

2【音楽】スコア, 総譜; 楽譜; (映画・劇のために作曲された)音楽: a piano *score* ピアノの楽譜 / read a musical *score* 楽譜を読む.
3 [~s] 多数, たくさん: in *scores* 大勢で / *scores* of children たくさんの子供たち.
4 (複 *score*) [文語] 20, 20人 [個]: four *score* and seven years ago 87年前に 《◇リンカーン大統領の Gettysburg での演説の中の言葉》/ three *score* (years) and ten 70年 《聖書中で語られる人間の寿命》. **5** 刻み目; ひっかき傷, 切り口.
■ *know the scóre* 《口語》事の真相を知っている.
on thát [thís] scóre その[この]ような理由で; その[この]点で.
séttle a scóre [óld scóres] 借金を払う; 昔のうらみを晴らす.

—— 動 他 **1** [*score* + O](競技・試験などで) …を得点する, …点を取る: *score* three goals ゴールをあげる / She *scored* 95 on the French test. 彼女はフランス語のテストで95点を取った.
2 (a) [*score* + O] …を採点[記録]する: *score* a baseball game 野球の試合のスコアを付ける. (b) [*score* + O + O / *score* + O + to ...] …に–点を与える: The judge *scored* her 9.5. = The judge *scored* 9.5 to her. 審判は彼女に9.5の得点を与えた.
3 〈勝利・成功などを〉得る: He has *scored* a great success. 彼は大成功を収めた. **4** [通例,受け身で]【音楽】…を[編曲]する: a sonata *scored* for cello and piano チェロとピアノのためのソナタ. **5** …に刻み目[印]を付ける. **6** (議論などで)…をやり込める; [編集]…をやっつける.
—— 自 **1** (競技・試験などで)点を取る, 得点する.
2 得点を記録する, 採点する. **3** 利益を得る, 成功する.
■ *scóre óff ...* 《主に英》(議論などで) …を負かす.
scóre óut [thróugh] 他 《口語》…に線を引いて消す, …を削除する.

score·board [skɔ́ːrbɔ̀ːrd] 名 C スコアボード, 得点掲示板.

score·card [skɔ́ːrkɑ̀ːrd] 名 C スコアカード, 得点記入カード; (試合をするチームの)選手一覧表.

*****scor·er** [skɔ́ːrər] 名 C **1** 得点者. **2** (試合・競技などの)得点記録係, スコアラー.

scorn [skɔ́ːrn] 名 動 **1** U (あからさまな) 軽蔑, さげすみ, あざけり: with *scorn* 軽蔑して / She looked at him in *scorn*. 彼女は彼を見下した.
■ *hòld ... in scórn* = *póur [héap] scórn on* …を軽蔑する, ばかにする.
—— 動 他 **1** …を軽蔑する, さげすむ. **2** …を拒否する; […することを]拒絶する, 潔(いさぎよ)しとしない [*to do / doing*]: He will *scorn* to play such a trick. 彼はそんな策略を用いるまねはしないだろう.

*****scorn·ful** [skɔ́ːrnfəl] 形 軽蔑的な; […を]ばかにした, 冷笑的な, 侮(あなど)った [*of*]: a *scornful* laugh ばかにした笑い / He was *scornful of* my advice. 彼は私の忠告をあざ笑った.

scorn·ful·ly [-fəli] 副 軽蔑して, ばかにして.

Scor·pi·o [skɔ́ːrpiòu] 名 (複 **Scor·pi·os** [~z]) **1** 《天文》さそり座 (the Scorpion). **2** 《占星》天蝎(てんかつ)宮, さそり座 (→ ZODIAC 図). **3** C さそり座生まれの人 (10月23日–11月21日生まれ).

scor·pi·on [skɔ́ːrpiən] 名 C **1** 《動物》サソリ. **2** [the S-]《天文》さそり座 (Scorpio).

Scot [skát / skɔ́t] 名 C スコットランド人 (→ Scots).

Scot. 《略語》= *Scot*land; *Scot*tish.

scotch [skátʃ / skɔ́tʃ] 動 他 **1** 〈うわさ・誤解・陰謀など〉を断つ, 抑え込む. **2** …を生殺しにする.

*****Scotch** [skátʃ / skɔ́tʃ] 形 = Scottish (↓).
—— 名 **1** U C = Scotch *whísky* スコッチウイスキー (1杯). **2** [the ~ ; 集合的に; 複数扱い]《古風・軽蔑》スコットランド人 《◇ the Scottish, the Scots のほうが一般的》. (▷ 名 Scótland)
◆ **Scótch bróth** U《料理》スコッチブロス《牛肉[羊肉]・野菜・大麦などを煮込んだ濃いスープ》.
Scótch égg C《料理》スコッチエッグ《ゆで卵をひき肉で包んで揚げた料理》.
Scótch tápe U《米》《商標》スコッチテープ, セロテープ(《英》Sellotape).
Scótch térrier C《動物》スコッチテリア《スコットランド原産の小型犬》.

scot-free [skátfríː / skɔ́t-] 副《口語》罰を受けずに: get away [off] *scot-free* 罰を免れる.

*****Scot·land** [skátlənd / skɔ́t-] 名 C スコットランド《Great Britain の北部地域. England, Wales, Northern Ireland と連合王国 (United Kingdom) を構成; 首都エジンバラ (Edinburgh); 《略語》Scot.》. (▷ 形 Scóttish, Scótch, Scóts)
◆ **Scótland Yárd** 名 ロンドン警視庁 (刑事部)《1829年, 中世スコットランド王室の離宮跡に創設されたことにちなむ通称》.

Scots [skáts / skɔ́ts] 形 スコットランドの; スコットランド人[方言]の. —— 名 **1** U スコットランド方言. **2** [the ~ ; 集合的に; 複数扱い]スコットランド人. (▷ Scótland)

Scots·man [skátsmən / skɔ́ts-] 名 (複 **Scots·men** [-mən]) C スコットランド人の男性.

Scots·wom·an [skátswùmən / skɔ́ts-] 名 (複 **Scots·wom·en** [-wìmin]) C スコットランド人の女性.

Scott [skát / skɔ́t] 名 固 スコット. **1** Sir

Walter Scott《1771-1832; 英国の詩人・小説家》. **2** Robert Falcon Scott《1868-1912; 英国の探検家》.

*__Scot·tish__ [skάtiʃ / skɔ́t-] 形 スコットランドの; スコットランド人[方言]の. ― 名 **1** Ⓤ スコットランド方言. **2** [the ~; 集合的に; 複数扱い] スコットランド人. (▷ 名 Scótland)

◆ Scóttish térrier Ⓒ《動物》スコッチテリア(Scotch terrier).

__scoun·drel__ [skáundrəl] 名 Ⓒ《古風》ならず者.

__scour__[1] [skáuər] 動 他 **1**〈コップ・なべなどを〉ごしごし磨く, こすって汚れを落とす(out). **2**〈汚れなど〉をこすり落とし, 洗い流す(off). **3**〈水路など〉の流れをよくする;〈水流などが〉〈溝など〉をつくる(out).
― 名 [単数形で] 磨くこと; 洗い流し.

◆ scóuring pàd Ⓒ (ナイロン製の) たわし (scourer).

__scour__[2] 動 他 […を求めて]〈土地など〉をくまなく探し回る[for].

__scour·er__ [skáuərər] 名 Ⓒ (ナイロン製の) たわし (scouring pad).

__scourge__ [skə́ːrdʒ] 名 Ⓒ **1** 罰, こらしめ. **2** 災難の原因 (となる人・もの). **3**《懲罰用》むち.
― 動 他 **1**《通例, 受け身で》…をむちで打つ.
2 …を(厳しく)罰する, こらしめる.

‡__scout__ [skáut] 名 Ⓒ **1**《軍》斥候(ぜっこう), 偵察兵; 偵察機[艦]. **2**〈スポーツ・芸能などの〉スカウト, 新人を探す人. **3**〔しばしば S-〕ボーイ[ガール]スカウトの一員《◇《英》では「ガールスカウトの一員」は guide》. **4** [the Scouts] ボーイスカウト (団) (the Boy Scouts). **5**《口語》やつ, 男 (fellow). **6** [a ~] 偵察すること.

■ __on the scóut__ 偵察中で.
― 動 自 **1** 偵察する, 斥候に出る. **2** […を] 探す, 物色する; スカウトをする (about, around) [for].
― 他 …を偵察する; 探し出す (out).

__scout·ing__ [skáutiŋ] 名 Ⓤ **1** ボーイ[ガール]スカウト活動. **2** 偵察 [スカウト] 活動.

__scout·mas·ter__ [skáutmæstər / -mὰːs-] 名 Ⓒ (大人の) ボーイスカウト隊長.

__scowl__ [skául] 動 自 [他人の行為などに] 顔をしかめる, いやな顔をする [at, on]; […に] にらみつける [at].
― 名 Ⓒ しかめっ面, 不機嫌な表情.

__scrab·ble__ [skrǽbl] 動 自 **1** ひっかき回す; ひっかき回して […を] 探す (about, around) [for].
2 走り書きする, 殴り書きする.

__Scrab·ble__ [skrǽbl] 名 Ⓤ《商標》スクラブル《2-4人で行う字並べゲーム》.

__scrag__ [skrǽg] 名 Ⓤ《英》= scrág ènd (特に羊の) 首肉の部分《スープ用》.

__scrag·gly__ [skrǽgli] 形 (比較 __scrag·gli·er__ [~ər]; 最上 __scrag·gli·est__ [~ist])《米口語》まばらな, ふぞろいの; 毛深い.

__scrag·gy__ [skrǽgi] 形 (比較 __scrag·gi·er__ [~ər]; 最上 __scrag·gi·est__ [~ist]) **1** やせこけた, 骨ばった. **2** でこぼこした, ふぞろいの.

__scram__ [skrǽm] 動 自 (三単現 __scrams__ [~z]; 過去・過分 __scrammed__ [~d]; 現分 __scram·ming__ [~iŋ]) 自 [通例, 命令文で]《口語》さっさと出て行く.

‡__scram·ble__ [skrǽmbl] 動 自 **1** [副詞(句)を伴って] はって進む; よじ登る; 急いで…する: *scramble over the wall* 塀をよじ登る. **2** […を] 奪い合う [for]; 争って […] する [to do]: *scramble for seats* 座席を奪い合う. **3**《軍》(軍用機が) 緊急発進する. ― 他 **1** …をごちゃ混ぜにする, 混乱させる. **2**〈卵〉をかき混ぜながら焼く: *scrambled eggs* 炒(い)り卵, スクランブルエッグ. **3**〈電波など〉に (盗聴できないよう) スクランブルをかける. **4**《軍》〈軍用機など〉を緊急発進させる.
― 名 **1** [単数形で] よじ登ること. **2** [単数形で] […の] 奪い合い, 争奪 [for]: There was a *scramble* for food. 食料の奪い合いが起こった. **3**《軍》緊急発進, スクランブル. **4** スクランブルレース《砂地・草地などで行われるオートバイ競走》.

__scram·bler__ [skrǽmblər] 名 Ⓒ スクランブラー《盗聴防止のため電波にスクランブルをかける装置》.

__scrap__[1] [skrǽp] 名 **1** […の] 小片, 断片 [of]: a *scrap of* paper 紙切れ. **2** Ⓒ 少し […の], わずか [な…] [of]: There wasn't a *scrap* of information about the accident. 事故の情報はまったくなかった. **3** [~s] (食べ物の) 残り物, 残飯: feed *scraps* to a dog 犬に残飯を与える. **4** Ⓤ がらくた, くず鉄, スクラップ. **5** Ⓒ《通例 ~s》(新聞・雑誌記事などの) 切り抜き, スクラップ.
― 動 (三単現 __scraps__ [~s]; 過去・過分 __scrapped__ [~t]; 現分 __scrap·ping__ [~iŋ]) 他 **1** …をスクラップにする, 廃棄する. **2**〈制度など〉を廃止する,〈計画など〉を中止する. (▷ 形 scráppy)

◆ scráp pàper 名 Ⓤ《英》メモ用紙 (《米》scratch paper).

__scrap__[2] 名 Ⓒ《口語》(ささいな) けんか, 口げんか.
― 動 自 […と] けんかをする [with].

__scrap·book__ [skrǽpbùk] 名 Ⓒ スクラップブック.

*__scrape__ [skréip] 動 他 **1** …を (鋭利なものを使って) こする, こすってきれいにする;〈汚れなど〉をこすり落とす, こすって消す [from, off]: He *scraped* the mud *from* his shoes. 彼は靴の泥をこすり落とした / Just *scrape* the skin *off* the potatoes. ねえ, ジャガイモの皮をむいてよ. **2** […で] …をすりむく, …にすり傷を付ける [on, against]; …をこすって音を立てる: *scrape* one's elbow ひじをすりむく. **3** …をかき集める (up, together).
― 自 **1** […に] こする [on, against]; […を] かすめる, […に] すれすれに通る [along]. **2**〈楽器が〉ぎいぎい鳴らす [on]. **3** 倹約して貯蓄する.

■ __bów and scráp...__ ▶ BOW[1] 成句.

__scrápe a líving__ 何とか生計を立てる.

__scrápe bý__ 自 何とか暮らしていく.

__scrápe thróugh ...__ …をかろうじて切り抜ける.
― 名 Ⓒ **1**《通例, 単数形で》こすること; こする音. **2** こすった跡; すり傷. **3** (自ら招いた) 苦境, 窮地.

__scrap·er__ [skréipər] 名 Ⓒ 玄関マット《靴の泥ぬぐい》;《ペンキを落とす》こて.

__scrap·heap__ [skrǽphìːp] 名 Ⓒ (くず鉄などの) ごみの山.

■ __thrów ... on the scrápheap__《口語》…を捨て, 解雇する.

__scrap·ing__ [skréipiŋ] 名 **1** Ⓤ 削る[こする] こと; こすれる音. **2** [~s] 削り落としたもの; くず.

__scrap·py__ [skrǽpi] 形 (比較 __scrap·pi·er__ [~ər];

最上 **scrap·pi·est** [~ist]） **1** くずの, 残り物の. **2** 断片的な, まとまりのない. (⇨图 scráp¹)

***scratch [skrǽtʃ] 動名形【基本的意味は「…をひっかく (make a mark or wound on ...)」】
— 動 (三単現 **scratch·es** [~iz]; 過去・過分 **scratched** [~t]; 現分 **scratch·ing** [~iŋ])
— 他 **1** [scratch+O]〈人・体〉を**ひっかく**, […で] …にひっかき傷をつける [on]: The cat *scratched* my face. その猫は私の顔をひっかいた / I *scratched* my hand *on* a rose branch. バラの枝で手にひっかき傷ができた.
2 〈かゆい所〉をかく, こする: Don't *scratch* mosquito bites. 蚊に刺された所をかいてはいけません / (You,) *Scratch* my back, and I'll *scratch* yours. 《ことわざ》私の背中をかいてくれれば, あなたの背中をかいてあげよう ⇨ 魚心あれば水心.
3 …を […から] はがし取る, こすり取る (線を引いて) 抹消する, 《口語》[リストから] 削除する (*out*) [*off*, *from*]: *scratch* the paint *off* the wall 壁のペンキをかき落とす / *scratch* his name *off* [*from*] the list 彼の名前をリストから削除する.
4 〈文字など〉を […に] ひっかいて刻む; 走り書きする [*on*].
— 自 **1** […を] ひっかく, かく [*at, on*]: *scratch at* an itchy place かゆい所をかく.
2 (ペン・チョークなどが) […に] ひっかかる, (がりがりと) 音を立てる [*on*]. **3** […から] 手を引く, […への] 出場を取りやめる [*from*].
■ *scrátch a líving* 何とか暮らしていく.
scrátch one's héad 頭をかく; 頭を悩ます.
scrátch the súrface《口語》(本質をとらえずに) […の] 表面だけを扱う, 上っ面だけをなぞる [*of*].
— 名 **1** [a ~] (かゆい所などを) かくこと, ひっかくこと: Give me a *scratch* here. ここかいて.
2 © ひっかき傷, かすり傷: Don't worry. It's just a *scratch*. 心配するな, ほんのかすり傷だよ.
3 © (ペン・レコードなどの) ひっかく音, スクラッチノイズ; Ⓤ (レコードを意図的に途中で止め, 手で回したり逆回りさせたりしてきしる音を出す演奏法).
■ *from scrátch*《口語》初めから, ゼロから.
up to scrátch《口語》期待通りで, よい状態で; 用意ができて.
— 形 [比較なし; 限定用法] **1** あり合わせの, 寄せ集めの: a *scratch* team 寄せ集めのチーム / a *scratch* meal あり合わせの食事. **2**《スポーツ》ハンディキャップのない, 対等の.
◆ **scrátch pàd** © 《米》メモ帳 (のつづり).
scrátch pàper Ⓤ 《米》メモ用紙 (《英》scrap paper).
scratch·y [skrǽtʃi] 形 (比較 **scratch·i·er** [~ər]; 最上 **scratch·i·est** [~ist]) **1** (ペンなどが) ひっかかる, がりがりと音のする, 雑音の多い. **2** (文字・絵などが) 走り書きの, ぞんざいの.
3 (衣服などが) ちくちくする, かゆくなる.
scrawl [skrɔ́ːl] 動 他 自 (…を) 殴り書き [落書き] する, 書き散らす. — 名 Ⓤ [または a ~] 殴り書き, 乱筆; © 走り書きの手紙 [メモ].
scraw·ny [skrɔ́ːni] 形 (比較 **scraw·ni·er** [~ər]; 最上 **scraw·ni·est** [~ist]) やせこけた, 骨ばった.

*scream [skríːm] 動名【基本的意味は「金切り声を出す (cry out in pain or fear)」】
— 動 (三単現 **screams** [~z]; 過去・過分 **screamed** [~d]; 現分 **scream·ing** [~iŋ])
— 自 **1** (恐怖・痛み・興奮などで) **金切り声を出す**, 悲鳴を上げる; […に向かって] 叫ぶ (*out*) [*at*] (→ SHOUT 類義語): *scream out* in pain 苦痛で悲鳴を上げる / *scream* for help 金切り声で助けを求める / The policeman *screamed at* me to stop. 警官は私に向かって止まれと叫んだ.
2 (風が) びゅうびゅう鳴る, (汽笛が) ぴーと鳴る; (機械などが) きいきい鳴る; (鳥などが) 鋭い声で鳴く: The tires *screamed* and the car stopped. タイヤがきいっと鳴って車が止まった.
3 大笑いする, 笑い転げる: They *screamed* with laughter. 彼らは腹を抱えて笑い転げた.
4 (声高に) 騒ぎ立てる, やかましく文句ばかり言う.
— 他 [scream+O]〈警告・汚い言葉など〉を金切り声 [大声] で叫ぶ (*out*); [scream+that節] …と金切り声で叫ぶ, 絶叫する: *scream out* a warning 大声で警告を発する / He *screamed that* he hated me. = "I hate you," he *screamed*. 彼は私が嫌いだと大声で叫んだ.
— 名 **1** © 金切り声, 悲鳴: give a *scream* of pain [anger] 苦痛 [怒り] の叫び声を上げる.
2 [a ~] 《口語》とっけいな人 [こと], 冗談.
scream·ing·ly [skríːmiŋli] 副 ものすごく, この上なく, (おかしさなど) 我慢できないほど.
scree [skríː] 名 © がれ場, 小石の多い斜面.
screech [skríːtʃ] 動 自 **1** (苦痛・恐怖などで) 鋭い声を上げる, かん高い声を出す; (猿・鳥などが) きいきい [ぎゃあぎゃあ] 鳴く. **2** (急発進・ブレーキなどで車やタイヤが) きいっと音を立てる, きしむ: *screech* to a halt [standstill, stop] (車が) きいっと音を立てて止まる. — 他 …をかん高い声で叫ぶ (*out*).
— 名 © 金切り声, かん高い音, きいきい鳴る音.

***screen [skríːn] 名動【原義は「防護するもの」】
— 名 (複 **screens** [~z]) © **1** (映画・スライドの) **スクリーン**, 映写幕; (テレビ・ディスプレイなどの) 画面: a computer [television] *screen* コンピュータ [テレビ] の画面.
2 (通例 the ~) 映画 (界), テレビ (業界): appear on the *screen* 映画 [テレビ] に出演する / The play was adapted for the *screen* from a best-selling novel. その脚本はベストセラー小説から映画用に改作されたものです.
3 (場所を) **さえぎるもの**, ついたて, 囲い; (教会の) 内陣仕切り: a folding *screen* びょうぶ / a sliding *screen* ふすま, 障子 / a window *screen* 網戸.
4 人目をごまかすもの, 遮蔽(しゃへい)物; 《比喩》隠れみの: under the *screen* of night 夜陰に紛れて / That company was just a *screen* for his drug-dealing activities. その会社は彼の麻薬取引の隠れみのにすぎなかった.
5 (砂利・砂などの) ふるい.
— 動 他 **1** …を (人目から) **さえぎる**; 〈場所〉を仕切る (*off*): Her hair *screened* her face. 彼女は髪が垂れて顔が見えなかった / Part of the room

was *screened off* as an interview area. 部屋の一部分はインタビュー用の場所として仕切られた.
2《通例,受け身で》〈映画など〉を**上映する**, 放映する; 〈小説・劇など〉を映画化する; 撮影する: The movie will *be screened* on TV tonight. その映画は今晩テレビで放映される.
3 …を［…から］かくまう, かばう［*from*］: His teacher tried to *screen* him *from* blame. 先生は彼を非難からかばおうとした.
4 〈ふるいにかける〉;〈求職者など〉を審査する, 選考する;〈武器の所持・病気など〉について〉〈人・荷物など〉を検査する: They carefully *screened* the applicants. 彼らは志願者を慎重に審査した.
■ *scréen óut* 他 **1** …を遮断する, さえぎる.
2（審査によって）…を選抜する, ふるい分ける.
◆ scréen àctor [àctress] C 映画俳優［女優］.
scréen sàver C［コンピュータ］スクリーンセーバー《ディスプレイの焼き付きを防ぐソフトウェア》.
scréen tèst C スクリーンテスト《映画俳優志願者のオーディション》.
screen·ing [skríːniŋ] 名 UC **1**（映画などの）上映. **2** ふるいにかけること; 資格審査, 選抜.
screen·play [skríːnplèi] 名 C シナリオ, 映画［テレビ］の台本, 脚本.
screen·writ·er [skríːnràitər] 名 C シナリオライター, 映画脚本家, 放送作家.
‡**screw** [skrúː]《☆発音に注意》名 C **1** ねじ, ねじくぎ, ねじボルト, ビス: tighten [loosen] a *screw* ねじを締める［ゆるめる］.
2 ねじ状のもの; コルク栓抜き (corkscrew).
3（船の）スクリュー;（航空機の）プロペラ. **4** ひとひねり, ひと回し. **5**《英俗語》看守 (guard).
■ *hàve a scréw lóose* [*míssing*]《口語・こっけい》頭が少しおかしい.
pùt [*tíghten*] *the scréws on* …《口語》〈人〉に圧力をかける, 脅迫する.
―― 動 他 **1** …をねじで締める,［…に］ねじで取り付ける, ねじどめする (*down*)［*on*, *to*］: *screw* a shelf on the wall 壁に棚をねじで取り付ける. **2**〈ふた・ふたなど〉をねじる, 回す, ねじ込む: *screw* the lid *on* [*off*] the bottle びんのふたを回して締める［開ける］.
3〈腕など〉をひねる;〈顔〉をしかめる;〈目〉を細める. **4** …を［～から］絞る;〈金銭など〉を［～から］巻き上げる (*out of*, *from*). **5**《英》〈紙など〉をくしゃくしゃに丸める. **6**《しばしば受け身で》《口語》…をだます.
―― 動 ねじでとまる, ねじが利く: The bulb *screwed* in easily. 電球は楽に（ソケットに）入った.
■ *hàve* (*gòt*) *one's héad scréwed on* (*the ríght wáy*)《口語》分別がある, しっかりしている.
scréw úp 他 **1** ねじで締めつける［取り付ける］.
2〈勇気〉を奮い起こす. **3**〈顔〉をしかめる;〈目〉を細める. **4**〈紙など〉をくしゃくしゃに丸める. **5**《口語》…をだめにする, 台なしにする. **6**《口語》〈人〉を緊張［心配］させる.
◆ scréw tòp C（びんなどの）ねじぶた.
screw·ball [skrúːbɔ̀ːl] 名 C **1**《主に米口語・軽蔑》奇人, 変人. **2**《野球》スクリューボール, シュート（ボール）.《比較》「シュート（ボール）」は和製英語.
screw·driv·er [skrúːdràivər] 名 C **1** ねじ回し, ドライバー. **2** スクリュードライバー《ウオッカにオレンジジュースを混ぜたカクテル》.
scréwed-úp 形 **1**《口語》うろたえた, 悩んだ.
2（紙など）くしゃくしゃになった.
scrib·ble [skríbl] 動 他 自（…を）殴り書き［走り書き］する;（…に）落書きする.
―― 名 **1** C［または a ～］走り書き, 乱筆, 悪筆.
2 C［しばしば～s］走り書きしたもの; 落書き.
scrib·bler [skríblər] 名 C 悪文家, 乱筆家;《口語》へぼ作家, 三文文士.
scribe [skráib] 名 C **1**（印刷術発明以前の）筆記者, 写本筆写士. **2**《通例 S-》［聖］律法学者.
scrim·mage [skrímidʒ] 名 C **1**《口語》乱闘, つかみ合い; 小ぜり合い. **2**（アメフトなどの）練習試合. **3**《アメフト》スクリメージ《プレー開始からボールデッドまでの攻防》;《ラグビー》スクラム (scrum).
scrimp [skrímp] 動 自［…を］けちけちする［*on*］.
■ *scrímp and sáve* こつこつ金をためる, 支出を切り詰める.
scrip [skríp] 名 U 仮証券, 特別株.
*****script** [skrípt] 名 **1** C（映画・演劇などの）台本, 脚本. **2** CU（ある言語の）表記法, 文字. **3** U（印刷に対して）手書き（の文字）;［印刷］スクリプト体, 筆記体文字. **4** C《英》（試験の）答案.
script·ed [skríptid] 形（スピーチ・放送などが）原稿による, 台本通りの.
scrip·tur·al [skríptʃərəl] 形《時に S-》聖書の; 聖書に基づく.
scrip·ture [skríptʃər] 名 **1** U《the S-》聖書 (the Bible)《◇ Holy Scripture, the (Holy) Scriptures とも言う》. **2** C《時に S-》聖書の中の言葉. **3** CU《通例～s》（一般に）経典, 聖典: the Buddhist *scriptures* 仏典.
script·writ·er [skríptràitər] 名 C（映画・放送などの）台本作家, シナリオライター.
scroll [skróul] 名 **1** C 羊皮紙の巻き物;（巻き物状の）古文書. **2** 渦巻き型の装飾, 渦巻き模様.
―― 動 他 自［コンピュータ］（画面を）スクロールする (*up*, *down*)《画面を上下左右に移動すること》.
◆ scróll bàr C［コンピュータ］スクロールバー《画面を上下または左右にスクロールさせるためのバー. ウィンドウの右端か下端にある》.
Scrooge [skrúːdʒ] 名 **1** 固 スクルージ《ディケンズの小説『クリスマスキャロル』の主人公で, 冷酷な守銭奴》. **2** C［s-］《口語・軽蔑》けちん坊, 守銭奴.
scro·tum [skróutəm] 名（複 **scro·ta** [-tə], **scro·tums** [-z]）C［解剖］陰嚢（のう）.
scrounge [skráundʒ] 動《口語》他［…から］…をせびる, たかる, ねだる［*from*, *off*］.
―― 自 ねだる;［…を］あさる［*for*］.
*****scrub**[1] [skráb] 動（三単現 **scrubs** [～z]; 過去・過分 **scrubbed** [～d]; 現分 **scrub·bing** [～iŋ]）他 **1**（ブラシなどで）…をごしごしこする, ごしごし洗う;〈汚れなど〉をごしごしこすって取り除く (*away*, *off*): *scrub* the floor clean 床をこすってきれいにする.
2《口語》〈発言・命令など〉を取り消す; …を中止［延期］する (*out*). ―― 自［汚れなど〉をごしごし洗う, ごしごしこすり落とす (*away*)［*at*］.
―― 名［a ～］ごしごしこすって洗う［磨く］こと: give a pan a good *scrub* なべをよくこすって磨く.
◆ scrúbbing brùsh《英》= scrub brush.

scrub brush [C]《米》(床そうじ用)洗いたわし.

scrub² [名] **1** [U][集合的に]低木のやぶ,雑木林. **2** [C]つまらぬ人[もの],けちなやつ.

scrub・by [skrʌ́bi] [形] (比較 **scrub・bi・er** [~ər]; 最上 **scrub・bi・est** [~ist]) **1** 雑木の茂った. **2** (動植物が)発育の悪い,小さい. **3** 《口語》(人が)みすぼらしい,ちっぽけな.

scruff [skrʌ́f] [名] (複 **scruffs** [~s]) [C]襟(ξ)首,首筋: hold [take] ... by the *scruff* of the neck …の襟首をつかむ.

scruff・y [skrʌ́fi] [形] (比較 **scruff・i・er** [~ər]; 最上 **scruff・i・est** [~ist]) 薄汚い; みすぼらしい.

scrum [skrʌ́m] [名] [C] **1**『ラグビー』スクラム. **2**《英口語》(安売りなどに)殺到する人々.
— [動] (三単現 **scrums** [~z]; 過去・過分 **scrummed** [~d]; 現分 **scrum・ming** [~iŋ]) [自]『ラグビー』スクラムを組む(*down*).
◆ **scrúm hálf** [C]『ラグビー』スクラムハーフ《スクラムの中にボールを入れる選手》.

scrum・mage [skrʌ́midʒ] [名] [C]『ラグビー』スクラム (scrum).

scrump・tious [skrʌ́mpʃəs] [形]《口語》(食べ物が)ものすごくおいしい; すてきな,すばらしい.

scrump・y [skrʌ́mpi] [名] [U]《英》スクランピー《England 南西部特産の酸味の強いリンゴ酒》.

scrunch [skrʌ́ntʃ] 《口語》[他] **1** …をばりばり砕く,押しつぶす; …にばりばり[がりがり]音を出させる. **2** …をくしゃくしゃに丸める(*up*).
— [自] ばりばり砕ける,ばりばり音を立てる.

scru・ple [skrúːpl] [名] [C] [通例 ~s][善悪・当否についての]気のとがめ,疑念[*about*]: without *scruple* 良心のとがめを感じることなく,平気で.
— [動] [通例,否定文で][文語][…するのを]ためらう; 疑念を抱く[*to do*, *about doing*].

scru・pu・lous [skrúːpjələs] [形] **1** 良心的な,正直[誠実]な. **2** 慎重な,用心深い.
scru・pu・lous・ly [~li] [副] 良心的に; 慎重に.

scru・ti・neer [skrùːtəníər] [名] [C]《英》開票[競技]立会人.

scru・ti・nize, 《英》**scru・ti・nise** [skrúːtənàiz] [動] [他] …を詳しく調べる,吟味する; つくづく眺める.

*****scru・ti・ny** [skrúːtəni] [名] [U]詳細な調査,吟味; 監視,疑視: under *scrutiny* 検査を受けて; 監視されて / It won't bear close *scrutiny*. それは慎重な吟味に耐えられない.

scu・ba [skjúːbə / skúːbə] [名] [C]スキューバ,アクアラング (aqua-lung)《潜水用呼吸装置; *s*elf-*c*ontained *u*nderwater *b*reathing *a*pparatus の略》.
◆ **scúba díving** [U]スキューバダイビング.

scud [skʌ́d] [動] (三単現 **scuds** [skʌ́dz]; 過去・過分 **scud・ded** [~id]; 現分 **scud・ding** [~iŋ]) [自]《文語》(雲が)飛ぶように動く.

scuff [skʌ́f] [動] [自] **1** 足を引きずって歩く. **2** (靴などが)すり減る; (床などが)表面が傷つく.
— [他] [しばしば受け身で] (床などの表面に傷を付ける.
— [名] [C]《米》スリッパ (slipper).

scuf・fle [skʌ́fl] [動] [自][…と]乱闘する[*with*].
— [名] [C]乱闘,取っ組み合い,小競り合い.

scull [skʌ́l] [名] [C] **1** (船の)ともがい《船尾でこぐ1本のかい》. **2** スカル《両手に1本ずつ持ってこぐかい》. **3** スカル(舟)《スカルでこぐ競漕(ξ̄̈)用のボート》. — [動] [他] (…を)スカル[ともがい]でこぐ.

scul・ler・y [skʌ́ləri] [名] (複 **scul・ler・ies** [~z]) [C]《英・古風》(台所に接する)皿洗い場,流し場.

sculpt [skʌ́lpt] [動] [他][しばしば受け身で] …を彫刻する. — [自] 彫刻する.

*****sculp・tor** [skʌ́lptər] [名] [C] 彫刻家.

sculp・tur・al [skʌ́lptʃərəl] [形] 彫刻の,彫刻的な.

sculp・ture [skʌ́lptʃər] [名] **1** [U] 彫刻,彫刻術. **2** [U][C] 彫刻(作)品; [集合的に] 彫刻類.

sculp・tured [skʌ́lptʃərd] [形] **1** 彫刻風の,立体的な. **2** 彫刻で飾られた.

scum [skʌ́m] [名] **1** [U] [または a ~] (液体表面の)浮きかす,あく; (水面に浮かぶ)水さび. **2** [C][集合的に; 複数扱い]《口語・軽蔑》人間のくず: the *scum* of the earth 最低の人間ども.

scup・per [skʌ́pər] [名] [C]『海』(船の甲板にある)排水口; (一般に) 水落とし.
— [動] [他]《英》**1** [通例,受け身で]《口語》〈計画などを〉だめにする,つぶす. **2** 〈船〉を(故意に)沈める.

scur・ri・lous [skə́ːrələs / skʌ́r-] [形]《格式》(言葉づかいが)下品な,下卑た,口汚ない.

scur・ry [skə́ːri / skʌ́ri] [動] (三単現 **scur・ries** [~z]; 過去・過分 **scur・ried** [~d]; 現分 **scur・ry・ing** [~iŋ]) [自] (逃げ場を求めて) ちょこちょこ [あわてて] 走る (*along*) [*for*]; [… しようと] 殺到する,急ぐ [*to do*].
— [名] [U] [または a ~] あわてて走ること [音]; 疾走.

scur・vy [skə́ːrvi] [名] [U]『医』壊血病《ビタミンC欠乏症. 歯茎からの出血・全身衰弱などの症状が出る》.

scut・tle¹ [skʌ́tl] [名] [C] (室内用の) 石炭入れ (coal scuttle).

scut・tle² [動] [自] ちょこちょこ走る [動き回る]; あわてて逃げる (*away*, *off*).

scut・tle³ [動] [他] 〈船〉に穴をあけて沈める.

scuz・zy [skʌ́zi] [形] (比較 **scuz・zi・er** [~ər]; 最上 **scuz・zi・est** [~ist])《口語》薄汚れた,汚ならしい.

scythe [sáið] [名] [C] (柄の長い)大鎌(ξ) (cf. sickle 小鎌). — [動] [他] …を大鎌で刈る.

SD (郵略語) = *S*outh *D*akota.

S.D., S.Dak. 《略語》= *S*outh *Dak*ota.

SDI 《略語》= *S*trategic *D*efense *I*nitiative《米国の》戦略防衛構想.

SE 《略語》= *s*outh*e*ast; *s*outh*e*astern.

*********sea** [síː] [動] (☆同音 see)

— [名] (複 **seas** [~z]) **1** [C] [通例 the ~] 海,海洋 (↔ land): go to the *sea* 海(岸)へ行く(→成句 go to sea) / swim in the *sea* 海で泳ぐ / the high *seas* = the open *sea* 公海,外洋 / We live by the *sea*. 私たちは海の近くに住んでいる.
2 [S-; 固有名詞として] …海; 内海; 大きい湖: the North *Sea* 北海 / the Caspian *Sea* カスピ海 / the Mediterranean *Sea* 地中海 / the Caribbean *Sea* カリブ海 / the *Sea* of Japan 日本海.
3 [形容詞的に] 海の,海上の: *sea* fish 海水魚 / *sea* animals 海洋動物 / *sea* water 海水 / *sea* traffic 海上交通 / a *sea* route 海路.
4 [C] [しばしば ~s] (ある状態の) 海,波,波浪: a

quiet [calm] *sea* 静かな海 / heavy [rough] *seas* 荒れる海, 荒波.
■ *a séa of ...* おびただしい…, 多量の…: *a sea of* troubles 山ほどの心配事 / *a sea of* flame 火の海.
at séa **1** 航海中で[の], 海上に. **2**《口語》途方に暮れて.
by séa 船で, 海路で: travel *by sea* 船旅をする.
fóllow the séa 船乗りを職業とする.
go to séa 船乗りになる; 船出する.
pút (óut) to séa 出港する, 出帆する.
◆ **séa áir** U (健康・保養に適した)海辺の空気.
séa anèmone C イソギンチャク (anemone).
séa bìrd C 海鳥.
séa brèeze C 海風《海から陸に吹く風》.
séa chànge C《文語》完全な変貌(%).
séa dòg C《文語》老練な船乗り.
séa gùll C〖鳥〗カモメ.
séa hòrse C〖魚〗タツノオトシゴ.
séa làne C 海上輸送路, シーレーン.
séa lègs《複数扱い》船酔いせずに歩けること: find [get] one's *sea legs* 船に酔わなくなる.
séa lèvel U 平均海面: 3,000 meters above *sea level* 海抜3,000メートル.
séa lìon C〖動物〗アシカ, トド.
séa mìle C 海里 (nautical mile).
séa pòwer U 海軍力, 制海権; C 海軍国.
séa ùrchin C〖動物〗ウニ.
séa wàll C 防波堤.
sea·bed [síːbèd] 名 《the ~》海底.
sea·board [síːbɔ̀ːrd] 名 C 海岸; 沿岸地帯.
sea·borne [síːbɔ̀ːrn] 形 海上輸送の, 海上を運ばれる: *seaborne* goods 海運貨物.
sea·coast [síːkòust] 名 C 海岸, 沿岸.
sea·far·er [síːfɛ̀ərər] 名 C 船乗り; 船旅をする人.
sea·far·ing [síːfɛ̀əriŋ] 形 [限定用法] 航海[船旅]の; 船乗りの: a *seafaring* man 船乗り, 船員.
sea·food [síːfùːd] 名 U 海産食品, シーフード.
sea·front [síːfrʌ̀nt] 名 C《通例 the ~》(都市の)海岸地区, 海岸通り.
sea·go·ing [síːgòuiŋ] 形 **1** [限定用法](船が)大洋を航海する, 遠洋航海の. **2**(人が)船乗りを稼業の.
*‡**seal**[1] [síːl] 名 C **1** 印章, 印, 印鑑, 判: *seal* a document with a royal *seal* 国王印のある書類 / an official *seal* 公印.《比較》欧米では官庁・大学・会社などの公文書に使う. 一般の人は署名だけで, 印は用いない) **2** 封(印), 封緘(紮); (漏れ止めの)密封; 封印紙: under *seal* 封印されて / break a *seal* 封を切る. **3** (装飾的な)シール. **4** (誓い・愛情などの)印(紮), 保証: a kiss as the *seal of* love 愛情のあかしとしてのキス / the *seal of* approval 正式な認可[承認].
■ *sèt the séal on ...* **1** …に捺印(紮)する.
2 …を承認する, 正式なものとする.
— 動 他 **1**〈条約・証文など〉に判を押す, 捺(紮)印[調印]する: *seal* a contract 契約書に捺印する.
2 …に封をする, …を密封する (*up*): *seal* (*up*) an envelope 封筒に封をする / *seal up* windows 窓に目張りをする. **3**〈口〉を閉じる, 〈目〉を閉じる: My lips are *sealed*. 絶対だれにも話しません. **4** …を確実にする, 確認する; 保証する: *seal* victory 勝利を確実にする. **5**〈運命など〉を決める.
■ *séal ín* 他《食べ物の味・香りなど》を封じ込める.
séal óff 他《ある地域》を封鎖[立入禁止に]する.
◆ **séaling wàx** U 封ろう.
séal rìng C 印章がついている指輪.
seal[2] 名 (複 **seals** [~z], **seal**) **1** C〖動物〗アザラシ; アシカ (sea lion); オットセイ (fur seal).
2 U アザラシ[オットセイ]の毛皮.
— 動 自 アザラシ[アシカ, オットセイ]狩りをする.
seal·ant [síːlənt] 名 U C 密閉材; 防水材;(塗装のための)下地処理剤.
sealed [síːld] 形 封印した, 密封した.
seal·er [síːlər] 名 **1** C 捺印(紮)者;《米》度量衡検査官. **2** = SEALANT (↑).
seal·skin [síːlskìn] 名 C アザラシ[オットセイ]の毛皮; C アザラシ[オットセイ]の毛皮製の衣服.
*‡**seam** [síːm] 名 C **1** 縫い目,(板などの)継ぎ目: burst a *seam* 縫い目をほころびさせる / The *seam* has begun to run. 縫い目がほころび始めた.
2〖地質〗地層: a rich *seam* of minerals 豊かな鉱脈. **3**(顔などの)しわ; 傷跡.
■ *be búrsting at the séams*(場所が)はち切れるほど満員である.
còme [fàll] apárt at the séams 縫い目がほころびる;(計画などが)だめになる, 破綻(½)する.
*‡**sea·man** [síːmən] 名 (複 **sea·men** [-mən]) C
1 船員, 船乗り, 水夫; 〖軍〗水兵 (↔ landman).
2 [形容詞を伴って] 船を操るのが…な人: a good *seaman* 船の操縦が上手な人.
sea·man·ship [síːmənʃip] 名 U 航海[操船]術.
seamed [síːmd] 形 縫い目のある; しわのある.
seam·less [síːmləs] 形 縫い目[継ぎ目]のない, シームレスの; 途切れることなく続く.
seam·stress [síːmstrəs / sém-] 名 C《古風》お針子, 縫い女, 女性の裁縫師.
seam·y [síːmi] 形 (比較 **seam·i·er** [~ər]; 最上 **seam·i·est** [~ist]) 不快な, 見苦しい;(社会・人生などの)暗黒面の, 裏側の.
sea·plane [síːplèin] 名 C 水上飛行機.
*‡**sea·port** [síːpɔ̀ːrt] 名 C 海港 (cf. airport 空港); 港町.
sear [síər] 動 他 **1** …(の表面)を焦がす, 焼く; …にやけどをさせる. **2**(強い日差しなどが)〈植物〉を枯らす, しなびさせる.
*‡**search** [sə́ːrtʃ]
— 動 名《原義は「ぐるぐる歩き回る」》
— 動 (三単現 **search·es** [~iz]; 過去・過分 **searched** [~t]; 現分 **search·ing** [~iŋ])
— 他 **1**〈場所・人の体など〉を[もの を 求めて] 探す, 調べる;〈人を求めて〉捜す (*for*): She *searched* the drawer *for* the letter. 彼女はその手紙を見つけようと引き出しを探した / At the airport he was *searched for* drugs. 空港で彼は麻薬所持の疑いで調べられた.
2〈心の中など〉を探る, 詮索(訟)する;〈記憶〉をたどる: *search* one's heart 自分の心を探る / She *searched* my face for an answer. 彼女は答えを知ろうと私の顔をしげしげと見つめた.
— 自 **1** [ものを] 探す; [人を] 捜す; [真理などを] 追

求[追究]する〔for, after〕: *search for* the car keys 車のキーを探す / *search after* the truth 真理を追究する. **2**〔…を〕よく調べる, 調査する〔through, into〕: *search through* a house 家(や)探しする.

■ ***Séarch mé!*** 《口語》そんなこと知らないね.

séarch óut [他] …を探り出す; 捜し出す.

— [名] [C]〔…の〕捜索, 追求; 調査, 詮索〔for, after〕: conduct a *search for* the missing child 行方不明の子供を捜索する / A *search* revealed (that) he had drugs. 調べてみると彼が麻薬を所持していることが判明した.

■ ***in séarch of ...*** **…を探して**; 捜し求めて: go *in search of* the victims 犠牲者の捜索に出る.

◆ séarch pàrty [C] 捜索隊.

séarch wàrrant [C] 『法』家宅捜索令状.

search·er [sə́:rtʃər] [名] [C] **1** 捜索者; (税関などの) 検査官; (品質などの) 検査係. **2** 『コンピュータ』サーチャー《データベース検索の専門家》.

search·ing [sə́:rtʃiŋ] [形] [限定用法] **1** (目つきなどが) 探るような, 鋭い. **2** (検査・調査などが) 綿密な, 厳重な, 徹底的な.

search·ing·ly [~li] [副] 探るように, 鋭く; 厳しく.

search·light [sə́:rtʃlàit] [名] [C] サーチライト, 探照灯.

sear·ing [síəriŋ] [形] [限定用法] **1** 焼けつくほど熱い. **2** (痛みなどが) 身を焦がすほどつらい. **3** (批判などが) 厳しい.

sea·scape [sí:skèip] [名] [C] 海の風景画 [写真].

sea·shell [sí:ʃèl] [名] [C] (海産の) 貝, 貝殻.

***sea·shore** [sí:ʃɔ̀:r] [名] [U] [C] [通例 the ~] 海岸, 海辺.

sea·sick [sí:sìk] [形] 船に酔った: get [become, feel] *seasick* 船酔いする.

sea·sick·ness [~nəs] [名] [U] 船酔い.

****sea·side** [sí:sàid] [名] **1** [U] [通例 the ~] 海岸; 《英》(保養地としての) 海岸地帯: go to the *seaside* (保養・海水浴などで) 海に行く / spend a vacation by [at] the *seaside* 海辺で休暇を過ごす. **2** [形容詞的に] 海岸の: a *seaside* hotel [resort] 海辺のホテル [行楽地].

*****sea·son** [sí:zən] [名] [動] 【原義は「種まきの季節」】

— [名] (複 **sea·sons** [~z]) [C] **1** **季節** 《四季の1つ》: the change of *seasons* 季節の移り変わり / In Japan all four *seasons* are clearly defined. 日本では四季がはっきりしている.

2 (特定の) 時期, シーズン; 旬(しゅん), 最盛期: the wet [rainy] *season* 雨期 [雨季] / the dry *season* 乾期 [乾季] / the planting *season* 種まきの時期 / the baseball *season* 野球シーズン / during the peak *season* ピーク時に.

■ ***in séason*** **1** (食べ物が) 旬で, 食べ頃で. **2** (動物が) 発情期で.

òut of séason 季節外れで; 禁猟期で.

Séason's Gréetings! ごあいさつ申し上げます (◇特にキリスト教徒でない人へ送るクリスマスカードにそえるあいさつの文句).

— [動] [他] **1** 〈食べ物〉に〔…で〕**味を付ける**, 調味する; 〈話など〉に〔…で〕興味をそえる, 味わいを持たせる〔with〕: *season* the meat *with* salt and pepper 肉を塩とコショウで味付けする / Dr. Horner *seasoned* his lecture *with* some of his personal experiences. ホーナー博士は自分の経験を交えて面白く講義した. **2** (使用 [加工] できるように) 〈木材〉を乾かす. (▷ [形] séasonal)

◆ séason tìcket [C] 《英》(電車・バスの) 定期 [回数] 券 (《米》commutation ticket); (公演などの) 通し切符.

sea·son·a·ble [sí:zənəbl] [形] 《格式》 **1** 季節 [時節] にふさわしい. **2** タイムリーな.

sea·son·al [sí:zənəl] [形] 季節的な, ある季節だけの: *seasonal* labor [workers] [集合的に] 季節労働者. (▷ [名] séason)

sea·son·al·ly [-nəli] [副] 季節によって; 周期的に.

sea·soned [sí:zənd] [形] **1** (人が) よく慣れた, 熟練した. **2** 味付けした. **3** (材木が) よく乾燥した.

sea·son·ing [sí:zəniŋ] [名] **1** [U] 味付け, 調味; [C] 調味料, 香辛料. **2** [C] (話などに) 趣をそえるもの.

*****seat** [sí:t] [名] [動]

— [名] (複 **seats** [sí:ts]) [C] **1** **座席**, 席, シート (→ CHAIR [類義語]): a driver's [passenger] *seat* (自動車の) 運転 [助手] 席 / an aisle [a window] *seat* (列車・飛行機などの) 通路 [窓] 側の席 / sit in the front [back] *seat* of a car 車の前 [うしろ] の席に座る / Keep your *seat*, please. どうぞ, そのまま席に着いていてください / Is this *seat* taken [occupied]? この席はふさがっていますか / All *seats* reserved. 《掲示》全席予約済み.

[コロケーション] 席を [に] …
席を立つ: ***leave one's seat***
席に着く: ***take*** [***have***] ***a seat***
席を取っておく: ***save a seat***
席を譲る: ***give up one's seat***
席を予約する: ***reserve*** [***book***] ***a seat***

2 [通例, 単数形で] (いすの) 座部; (体・ズボンなどの) しり; (機械などの) 台座: a chair with a cushioned *seat* 腰掛け部分にクッションの付いたいす.

3 議席; 会員権; 《英》(議会の) 選挙区: win [lose] a *seat* 議席を得る [失う].

4 《格式》〔…の〕場所, 所在地, 中心地〔of〕: a county *seat* 《米》郡庁所在地 / Washington, D.C. is the *seat of* the U.S. government. 首都ワシントンはアメリカ政府の所在地です.

5 (馬・自転車などの) 乗り方, 乗った姿勢: have a good *seat* on a horse 乗馬姿勢がよい.

■ ***by the séat of one's pánts*** 《米口語》経験や勘に頼って.

in the dríver's [《英》***dríving***] ***sèat*** 《口語》責任のある立場で.

tàke a báck séat to ... 《口語》〈人〉より目立たないようにする; …の下位に甘んじる.

— [動] [他] **1** [しばしば受け身で]〈人〉**を席に着かせる**, 着席させる: The waitress *seated* us around the table. ウエートレスは私たちをテーブルに着かせた [案内した] / Please *be seated*. ご着席ください (◇ Please sit down. よりも《丁寧》) / Holmes *seated* himself in his familiar chair. ホームズはいつものいすに腰を下ろした.

2 [進行形以下]〈人数分だけ〉の座席がある, 席を設ける: This hall *seats* 500. このホールは500人分の座席がある. **3** …をすえ付ける, 設置する: *seat* a valve バルブを取り付ける.

◆ séat bèlt [C] (車・飛行機などの) シートベルト (safety belt): fasten one's *seat belt* シートベルトを締める.

-seat·er [siːtər] 結合 「…人乗り [掛け] (の車 [いす])」の意を表す: four-*seater* 4人乗りの車.

seat·ing [síːtiŋ] 名 U **1** 着席. **2** 座席(数), 収容力.

Se·at·tle [siǽtl] 名 固 シアトル《米国 Washington 州の港湾都市》.

sea·ward [síːwərd] 副 海の方へ, 海に向かって (↔ landward). ── 形 海の方の, 海に向かう.

sea·wards [síːwərdz] 副《英》= SEAWARD (↑).

sea·wa·ter [síːwɔ̀ːtər, -wɑ̀t- / -wɔ̀ːtə] 名 U 海水.

sea·way [síːwèi] 名 **1** [C] 海路, 航路. **2** [C]《外洋に通じる》内陸の水路. **3** [U] 船の速度, 船足.

sea·weed [síːwìːd] 名 U 海草, 海の藻(も).

sea·wor·thy [síːwɜ̀ːrði] 形 (船が) 航海に耐える, 航海 [海上作業] に適する.

se·ba·ceous [səbéiʃəs] 形 [生理] 脂肪質の, 脂肪を分泌する: a *sebaceous* gland 皮脂腺(せん).

sec [sék] 名 [C]《口語》一瞬, ちょっとの間 (second): Wait a *sec*. ちょっと待ってください.

sec.《略語》= second(s) 秒; secretary 書記官; section(s)《書物の》節.

se·cede [sisíːd] 動 自《格式》〔教会・政党などから〕脱退する, 分離する《*from*》. (▷名 secession)

se·ces·sion [siséʃən] 名 U **1**〔教会・政党などからの〕脱退, 分離《*from*》. **2** [通例 S-]《米史》《南部11州の》連邦離脱《南北戦争の原因》. (▷動 secéde)

se·ces·sion·ist [siséʃənist] 名 [C] 脱退論者; [通例 S-]《米史》連邦離脱論者.

se·clude [siklúːd] 動 他《格式》〈人〉を […から] 引き離す, 隔離する《*from*》. (▷名 seclúsion)

*se·clud·ed [siklúːdid] 形《家・場所などが》人目につかない, 人里離れた; 閑静な; 隠遁(とん)した: lead [live] a *secluded* life 隠遁生活をする.

se·clu·sion [siklúːʒən] 名 U **1** 引きこもった状態, 隠遁(とん). **2** 隔離, 隔絶. (▷動 seclúde)

***sec·ond¹** [sékənd] 形 副 名 動《◇動以外は 2nd ともつづる; → NUMBER 表》

── 形 **1** [通例 the ~] 2番目の, 第2の; 2位の: the *second* floor 《米》2階;《英》3階 (→ FLOOR 語法) / the *Second* World War 第2次世界大戦《◇ World War II とも言う》/ She finished her *second* cup of coffee. 彼女は2杯目のコーヒーを飲み終えた / This is the *second* time I've got on a plane. 私が飛行機に乗るのは今回が2度目です / She was *second* in the race. 彼女はそのレースで2位だった.

2 [a ~] もう1つの, 別の, ほかの: Would you like a *second* helping of salad? サラダのお代わりはいかがですか / Give me a *second* chance. もう一度機会をください.

3 副次 [従属] 的な, 二次的な; 二流の, 劣った: one's *second* house セカンドハウス, 別宅 / a *second* team 《野球などの》二軍 (cf. first team 一軍).

4 [よく知られているものとの比較で] 第2の, 二の舞の.

■ **be sécond to nóne** だれ [何] にもひけをとらない, 最高である.

for the sécond tíme 再び, 2度目に.

in the sécond pláce 次に, 第2に.

── 副 **1** 第2に, 次に; 2番目に, 2位で: He finished [came (in)] *second* in the race. 彼はレースで2位になった / I was interviewed *second*. 私は2番目に面接を受けた / She is a singer first and an actor *second*. 彼女はまず第一に歌手であり, 役者は二の次だ.

2〔最上級に付けて〕2番目に: the *second* largest city in Japan 日本で第2の大都市.

── 名 (複 sec·onds [-kəndz]) **1** [U][通例 the ~] 2番目の人 [もの], 第2位, 第2号: George the *Second* ジョージ2世 / He was the *second* to enter the room. 彼が2番目に部屋に入った.

2 [U][通例 the ~]《月の》2日(ふつか): October (the) *second* = the *second* of October 10月2日.

3 [しばしば ~s] 二級品;《値の安い》きず物.

4 [C]《決闘などの》介添者, 補助者;《ボクシングの試合の》セコンド. **5** [U][通例, 無冠詞で]《野球》二塁 (second base). **6** [U]《自動車の》セカンドギア, 第2速. **7** [~s]《口語》《食べ物の》お代わり, 追加.

8 [C]《英》《大学の試験の》第2級《の成績》.

── 動 他《動議などを》支持する, …に賛成する; …を後援する.

◆ sécond báse [U][通例, 無冠詞で]《野球》二塁. (→ BASEBALL **PICTURE BOX**)

sécond báseman [C]《野球》二塁手.

sécond chíldhood [U][通例 one's ~]《婉曲》老人ぼけ, もうろく.

Sécond Cóming [the ~]《キリスト》再臨.

sécond cóusin [C] またいとこ.

sécond lánguage [C] 第2言語 (cf. mother tongue 母語).

sécond lieuténant [C]《米陸軍・空軍・海兵隊》中尉;《英陸軍》少尉.

sécond náme [C]《主に英》姓 (family name).

sécond náture [U] 第二の天性《習慣・習性など》.

sécond pérson [the ~]《文法》2人称 (→ PERSONAL 文法)).

sécond síght [U] 千里眼, 予知能力.

sécond thóught [C][U] 再考: on *second thought* 考え直してみると.

sécond wínd [-wínd][単数形で] 第2呼吸《運動中の息切れ後の呼吸の回復》; 元気の回復.

***sec·ond²** [sékənd]

── 名 (複 sec·onds [-kəndz]) [C] **1**《時間の》秒《《略語》s., sec.; → HOUR 関連語》: She can run 100 meters in 12 *seconds*. 彼女は100メートルを12秒で走れる / He stared at me for several *seconds*. 彼は数秒間, 私を見つめた.

2 [通例 a ~] ほんの少しの間 (《口語》sec):

Wait [Just] a *second*. ちょっと待ってください / I'll be ready in a *second*. すぐに用意できます.
3 ©(角度の)秒《1分 (one minute)の60分の1;《記号》″》: longitude forty-nine degrees, fifty minutes and four *seconds* west = long. 49°50′4″W 西経49度50分4秒.

sec·ond·ar·i·ly [sèkəndérəli / sékəndərəli] 副(第)2番目に; 二次的に; 従属的に.

sec·ond·ar·y [sékəndèri / -dəri]
—形 **1** 第2の, 2番目の; あまり重要でない(→ PRIMARY 関連語): a matter of *secondary* importance あまり重要でない問題.
2 二次的な, 派生的な, 副の: a *secondary* product 副産物 / a *secondary* infection 二次感染症. **3** [限定用法]《学校・教育が》中等の, 中級の: *secondary* education 中等教育.
◆ sécondary áccent [stréss] ⓒⓊ《音声》第2アクセント.
sécondary módern (schòol) ⓒ《英》モダンスクール《進学中心の grammar school に対し, 実務教育を中心とした学校; → SCHOOL 表》.
sécondary schòol ⓒⓊ 中等学校.
séc·ond·bést 形 2番目によい, 次善の; 第2位の: the *second-best* policy 次善の策 / come off *second-best* 2位に落ちる, 負ける.
sécond bést 名Ⓤ [または a ~] 2番目によい[次善の]もの[人].
*séc·ond·cláss 形 **1** 二流の, 劣った: a *second-class* education 二流の教育. **2** [限定用法](乗り物などの)2等の: a *second-class* carriage 2等車. **3** [限定用法]《米》(郵便物が)第2種の《新聞・雑誌など》;《英》普通郵便の.
◆ sécond-cláss cítizen ⓒ 二級市民《十分な権利を与えられていない人》; 差別されている人.
sécond cláss 名Ⓤ **1** (乗り物などの) 2等.
2《米》第2種郵便;《英》(速達に対して) 普通郵便.
—副 2等で;《米》(郵便物が)第2種で;《英》普通郵便で.
séc·ond·de·gréé 形 [限定用法] (やけどなどが)第2度の; (罪状などが) 第2級の: *second-degree* murder 第2級殺人《情状酌量の余地がある》.
séc·ond·guéss 動 ⓥ **1** …を予測する, 推測する. **2**《米》…を結果論で批判[判断]する.
*séc·ond·hánd [sékəndhǽnd] 形 **1** 中古の (used); 中古品を扱う: a *secondhand* bookstore 古本屋. **2** また聞きの, 受け売りの.
—副 **1** 中古で: buy a car *secondhand* 車を中古で買う. **2** また聞きで.
sécond hànd[1] 名 ⓒ (時計の)秒針.
sécond hánd[2] 名 ⓒ [次の成句で]
■ at sécond hánd 間接的に, また聞きで.
*séc·ond·ly 副 第2に, 次に《◇ second より堅い言い方》.
sec·ond·ment [sikɔ́ndmənt, -kɔ́nd-] 名 Ⓤ ⓒ《主に英》配置転換; 臨時 [一時] 派遣, 出向.
séc·ond·ráte 形 [通例, 限定用法] 二流の, 劣った.
séc·ond·strínɡ 形 [限定用法]《米》控えの, 二軍の.

*se·cre·cy [síːkrəsi] 名Ⓤ **1** 秘密(の状態), 内密: in *secrecy* 内密に. **2** 口の固いこと, 秘密を守ること: swear ... to *secrecy*〈人〉に秘密を守ることを誓う. (▷ 形 sécret)

se·cret [síːkrət]
—形【原義は「別に分けられた」】
1 秘密の, 内密の, 内緒の: *secret* information 秘密の情報 / *secret* talks 密談 / He kept it *secret* from the others. 彼はそのことをほかの人には内緒にしていた.
2 [限定用法] ひそかな, 知られていない: a *secret* admirer 隠れファン / I tried to hide my *secret* fears. 私は内心の不安を隠そうとした.
3 (場所が)人目につかない, 人里離れた, 奥まった: a *secret* village 人里離れた村.
4 [叙述用法](人が)[…について]秘密を守る, 口の固い [*about*]: I will be *secret about* this plan. 私はこの計画について口をつぐんでいよう.
—名(複 se·crets [-krəts]) **1** ⓒ 秘密, 機密, 内緒のこと: an open *secret* 公然の秘密 / a trade *secret* 企業秘密 / The *secret* is out. 秘密がばれてしまった / We have no *secrets* from you. 私たちはあなたに何も隠し立てはしない.

コロケーション 秘密を…
秘密を暴く: *reveal* [*betray*] a secret
(…に) 秘密を話す: *tell* (…) a secret
秘密を守る: *keep* a secret
(…に) 秘密を漏らす: *leak* a secret (*to* …)

2 [単数形で] 秘けつ, こつ: the *secret* of making money 金もうけの秘けつ / What is the *secret* to effective writing? 効果的な文章を書く秘けつは何ですか. **3** ⓒ [しばしば ~s] (自然界の) 神秘, なぞ, 不思議: the *secrets* of nature 自然界の神秘.
■ in sécret こっそりと, 内緒で.
lèt ... ínto [ín on] a [the] sécret〈人〉に秘密を明かす.
màke no sécret of ... …を秘密にしない, 公然と明かす. (▷ 名 sécrecy)
◆ sécret ágent ⓒ スパイ, 諜報(ちょう)部員.
sécret políce (the ~; 単数・複数扱い) 秘密警察.
sécret sérvice **1** [the ~] スパイ[諜報]機関.
2 [S- S-]《米》財務省検察部《大統領など要人の警護や通貨・証券などの偽造取締り・摘発にあたる》.
sec·re·tar·i·al [sèkrətéəriəl] 形 秘書(官)の, 書記(官)の; 大臣の.
sec·re·tar·i·at [sèkrətéəriət] 名ⓒ **1** 事務局, 秘書課; 官房. **2** [集合的に; 単数・複数扱い] 事務局員, 秘書課員.

sec·re·tar·y [sékrətèri / -təri]
【「secret (秘密) + ary (人)」で, 「秘密を取り扱う人」の意】
—名(複 sec·re·tar·ies [~z]) ⓒ **1** […の] (私設) 秘書 [*to*]: a private [personal] *secretary* 個人 [私設] 秘書 / She is *secretary* to the president. 彼女は社長秘書です《◇補語として用いる場合は無冠詞》.
2 (団体などの) 書記, 幹事; (官庁などの) 書記官, 秘書官: the chief *secretary* 書記[幹事]長.
3 [通例 S-]《米》(各省の)長官《◇他国の minister に相当する》: the *Secretary* of Commerce

[the Treasury, Defense, Education]商務[財務, 国防, 教育]長官. **4** (通例 S-)《英》大臣《◇正式には Secretary of State; 新しい省庁では Minister を用いる》: the *Secretary* of State for Foreign and Commonwealth Affairs＝the Foreign *Secretary* 外務大臣. **5**《米》書き物机 (writing desk).
◆ Sécretary of Státe [the ～] **1**《米》国務長官《他国の外務大臣に相当する》. **2**《英》国務大臣. **3**《米》州務長官.

séc·re·tar·y-gén·er·al 名 (複 sec·re·tar·ies-gen·er·al) C [しばしば S- G-](国連などの)事務総長;《政党などの》幹事長, 書記(局)長.

se·crete [sikríːt] 動 他 **1**《生理》…を分泌する. **2**《格式》…を隠す, 秘密にする.

se·cre·tion [sikríːʃən] 名 **1** U《生理》分泌(作用); C 分泌物. **2** U《格式》隠すこと.

se·cre·tive [síːkrətiv, sikríː-] 形 (人が)[…について]秘密主義の, 隠し立てする; 無口な [*about*].
se·cre·tive·ly [～li] 副 隠し立てして.
se·cre·tive·ness [～nəs] 名 U 隠し立てすること, 秘密主義.

***se·cret·ly** [síːkrətli] 副 ひそかに, こっそり, 秘密に: He *secretly* went out of the room. 彼はこっそり部屋を抜け出した.

sect [sékt] 名 C 分派, 派閥, セクト; 宗派; 学派.

sec·tar·i·an [sektéəriən] 形 **1** 分派の, 宗派の. **2** 党派 [宗派] 心の強い, (軽蔑) 偏狭な.

sec·tar·i·an·ism [sektéəriənizm] 名 U 《しばしば軽蔑》派閥志向[根性], セクト主義.

‡sec·tion [sékʃən] 名 動 【原義は「切ること」】
—名 (複 sec·tions [～z]) C **1** 部分; 組み立て部品; (都市などの) 地区, 区画; (社会の) 階層: the business [residential] *section* 商業 [住宅] 区域 / a desk which comes apart into *sections* 部品ごとにばらばらにできる机 / a bookshelf in *sections* 組み立て式の本棚.
2 (組織内の) 部門; (会社などの) 部, 課 (division): the accounting *section* 経理課 / the string *section* (オーケストラの) 弦楽器部.
3 (書物の) 節, 項 《◇ chapter の下位区分; (略語) sec., sect.》 《(記号) §》; (新聞・雑誌などの) …欄: Chapter III, *Section* 2 第3章第2節 / the sports *section* スポーツ欄. **4** 断片; 切断面, 断面図; (顕微鏡用の) 薄片 (slice): a cross [vertical] *section* 横 [縦] 断面. **5** 切開, 切断: a Caesarean *section* 《医》帝王切開. **6**《米》(ばらばらでも使える) 家具のセット.
■ in séction 切断面で, 断面図で.
—動 他 **1** …を […に] 区分する, 分ける [*into*]; 区画する. **2** …を切開する, 切断する.
(▷ 形 séctional)

sec·tion·al [sékʃənəl] 形 **1** 派閥の, 党派的な; 地域 [地方] 的な. **2**《米》(家具などが) 組み合わせ自由な. **3** 区分の, 部分の. (▷ 名 séction)

sec·tion·al·ism [sékʃənəlizm] 名 U 派閥主義, セクト主義; 地域 (偏重) 主義.

‡sec·tor [séktər] 名 C **1** (経済・産業などの) 部門, 分野, 領域: a manufacturing *sector* 製造部門. **2** 地区; 《軍》防御 [防衛] 地区. **3**《数学》扇形. **4**《コンピュータ》セクタ《情報を磁気的に区分けする最小単位》.

sec·u·lar [sékjələr] 形 **1** 世俗の; 現世の; 非宗教的な (↔ *religious*): *secular* education (宗教教育に対して) 普通教育. **2** 1世紀に一度の.

sec·u·lar·ism [sékjələrizm] 名 U 世俗主義, (政治・教育などの) 非宗教主義.

sec·u·lar·ize,《英》**sec·u·lar·ise** [sékjələràiz] 動 他 **1** …を世俗化する; 世間に開放する. **2** 〈教育など〉を宗教から分離する.

‡se·cure [sikjúər] 形 【原義は「心配のない」】
—形 (比較 more se·cure, se·cur·er [-kjúərər]; 最上 most se·cure, se·cur·est [-kjúərist])
1 […に対して] 安全な, 危険のない, 心配 [疑い] のない [*from*, *against*]; […について] 不安のない, 安心できる [*about*]: a *secure* shelter 安全な避難所 / They are *secure* from financial worries. 彼らは財政的な心配がない / I feel *secure* about my future. 私は将来について心配していない.
2 (ドアなどが) きちんと閉まった; (土台などが) しっかりした (firm): Is your seat belt *secure*? シートベルトをしっかり締めていますか.
3 確かな, 信頼できる; […を] 確信している [*of*]: a *secure* job 安定した職 / We felt *secure* of victory. 私たちは勝利を確信した.
—動 他 **1** [secure＋O] (通例, 苦労して) …を確保する, 獲得する. [secure＋O＋O / secure＋O＋for …] 〈人〉に～を確保してやる: *secure* a contract 契約にこぎつける / Bob *secured* me a job.＝Bob *secured* a job *for* me. ボブは私に職を見つけてくれた.
2 …を [危険などから] 守る, 安全にする [*from*, *against*]: The sandbags *secured* the village *against* [*from*] the floods. 土嚢(どのう)が村を洪水から守った. **3** 〈ドアなど〉をしっかり閉める; 鍵をかける: *secure* the locks on the door ドアの鍵をしっかりかける. **4** …を保証する, もたらす: *secure* a success on you あなたに成功をもたらす.
(▷ 名 secúrity)

se·cure·ly [sikjúərli] 副 安全 (確実) に, しっかり.

‡se·cu·ri·ty [sikjúərəti]
—名 (複 se·cu·ri·ties [～z]) **1** U 安全, 無事 (safety); 安心, やすらぎ: ensure *security* 安全を保証する / live in *security* 無事に暮らす / *Security* is the greatest enemy.《ことわざ》安心は最大の敵 ⇒ 油断大敵.
2 UC […に対する] 防衛, 安全の確保, 防御 (物), 警備 (対策) [*against*, *from*]; U (会社などの) 警備部門: a *security* against [*from*] burglars どろぼうよけ / national *security* 国家安全保障 / *security* personnel 警備員 / Maximum *security* will be needed for the President's visit to Japan. 大統領の来日にあたっては最大限の警備が必要となる.
3 U 担保, 保証 (金); C 担保物件, 保証人: stand [go] *security* for … …の保証人になる / borrow money on the *security* of one's own estate

不動産を抵当に借金する.
4 [通例, 複数形で] 有価証券 (bonds): government *securities* 国債, 公債 / a *securities* company 証券会社. (▷ 形 secúre)

◆ secúrity blànket [C] (子供が安心感を得るために手にする) 安心毛布; 安心感を与えるもの.

secúrity chèck [C] (空港などでの) 所持品検査.

Secúrity Còuncil [the 〜] (国連) 安全保障理事会 (《略語》 SC).

secúrity guàrd [C] ガードマン, 警備員. (比較) 日本語の「ガードマン」は和製英語)

secúrity rìsk [C] (国家の安全を脅かす) 危険人物.

secúrity sèrvice [C] 国家安全保障機構 《米国の CIA など》.

se·dan [sidéin] (☆発音に注意) 名 [C] 《米》 セダン型乗用車 (《英》 saloon) 《運転席と後部座席との間に仕切りのない普通の乗用車》.

se·date [sidéit] 形 **1** (人・行動などが) 落ち着き払った, 平静な. **2** (場所などが) 静かな, 落ち着いた.
── 動 他 [しばしば受け身で] …に鎮静剤を与える.
se·date·ly [〜li] 副 落ち着いて; 平静に.

se·da·tion [sidéiʃən] 名 [U] (鎮静剤などによる) 鎮静 (作用) [状態]: under *sedation* 鎮静状態で.

sed·a·tive [sédətiv] 形 苦痛[興奮]を抑える, 鎮静作用の. ── 名 [C] 鎮静剤.

sed·en·tar·y [sédəntèri / -təri] 形 《格式》
1 (仕事などが) 座ってできる, 座ってばかりいる.
2 (鳥などが) 定住の, 移動しない (↔ migratory).

sedge [sédʒ] 名 [U] [集合的に] 《植》 スゲ.

sed·i·ment [sédimənt] 名 [U] [または a 〜] 沈殿物, おり, よどみ; 《地質》 (土砂などの) 堆積物 (沈殿物).

sed·i·men·ta·ry [sèdiméntəri] 形 沈殿物 (おり) の; 沈殿によって生じる.

se·di·tion [sidíʃən] 名 [U] 《格式》 治安妨害; 扇動.

se·di·tious [sidíʃəs] 形 《格式》 治安妨害の; 扇動的な.

se·duce [sidjúːs] 動 他 [しばしば受け身で] **1** …を誘い込む, 夢中にする; そそのかして […させる / …させない] [*into* / *from*]. **2** 〈人〉を (性的に) 誘惑する, たぶらかす. **3** …を魅惑する, 引きつける.

se·duc·er [sidjúːsər] 名 [C] 誘惑する人; 女たらし.

se·duc·tion [sidÁkʃən] 名 **1** [U][C] 誘惑, たぶらかし. **2** [C] [通例 〜s] 人を魅惑するもの.

se·duc·tive [sidÁktiv] 形 誘惑的な; 魅惑的な.
se·duc·tive·ly [〜li] 副 誘惑的に; 魅惑的に.

sed·u·lous [sédʒələs / sédju-] 形 《格式》 勤勉な; 入念な, 細心の.

***see** [síː] (☆同音 sea)

① (目に) 見える, 見る.	他 **1**, **2**; 自 **1**
② 会う, 面会する.	他 **3**
③ 見て知る, わかる.	他 **4**; 自 **2**
④ 想像する, 考える.	他 **5**
⑤ (見て) 確かめる, 調べる.	他 **6**

── 動 (三単現 sees [〜z]; 過去 saw [sɔ́ː]; 過分 seen [síːn]; 現分 see·ing [〜iŋ])
── 他 **1** [通例, 進行形不可] (a) [see+O] …が見える, 目に入る (→ p.1355 類義語): I *saw* a snail on the leaf. 葉の上にカタツムリが見えた / I can *see* Mt. Fuji. 富士山が見える (◇ can を伴うと継続的に見ている状態を表す). (b) [see+O+do] …が〜するのが見える: I *saw* an old man cross the street. 老人が通りを渡るのが見えた / He was *seen* to jump from the train. 彼は列車から飛び降りるのを見られた (◇受け身になると do は to do になる). (c) [see+O+現分] …が〜しているのが見える: She *saw* an eagle *flying* in the sky. 彼女はワシが空を飛んでいるのを見た. (d) [see+O+過分] …が〜されるのを見る: I wish to *see* my plan *carried* out. 私は自分の計画が実行されるのを見たい.

2 [see+O] 〈映画・試合など〉を見る; 〈場所〉を見物する, 初めて訪れる: *see* a movie 映画を見る / *see* the sights of Kyoto 京都の名所見物をする / *See* Naples and (then) die. 《ことわざ》 ナポリを見てから死ね ⇒ 日光を見ないで結構と言うな.

3 [see+O] 〈人〉と会う, 面会する, 訪問する; 〈医師〉に診てもらう; [通例, 進行形で] 〈異性〉とつき合う, 交際する: I'm glad to *see* you. お会いできてうれしいです (◇初対面の場合は通例 meet を用いる) / You ought to *see* a doctor. 医師に診てもらいなさい / *Are* you *seeing* anyone now? あなたは今つき合っている人がいますか.

4 [進行形不可] (a) [see+O] …を見て知る, …がわかる: I can't *see* the use of your saving money. あなたが何のために貯金をしているのか私にはわからない. (b) [see+that 節] …ということを見て知る, …ということがわかる; [see+疑問詞節 [句]] …がわかる: I *saw* in the paper *that* he had died. 私は彼が死んだことを新聞で知った / Do you *see why* she hates him? なぜ彼女が彼を嫌っているのかわかりますか.

5 [進行形不可] (a) [see+O] …を (ある見方で) 見る; 想像する, 考える, 予測する: I can *see* no hope of his success. 彼が成功する見込みはないと思う / As [The way] I *see* it, your plan is impractical. 私の考えでは, あなたの計画は非現実的です. (b) [see+O+as ...] 〜を…と想像する, 考える: He *sees* health *as* the most important thing. 彼は健康を一番大切なものと考えている. (c) [see+(O+) doing] (…が) 〜しているのを想像する, 考える: I can't *see* myself *living* away from my family. 私は自分が家族と離れて暮らすなんて想像もつかない.

6 (a) [see+O] …を (見て) 確かめる, 調べる; 観察する: You should *see* the bill before paying. お金を支払う前に請求書を確かめるべきです. (b) [see+疑問詞節 [句]] …かを確かめる, 調べる: Will you go and *see* who's at the door? 玄関にだれが来たのか見てきてくれませんか / *See if* you wrote your name on the paper. 書類に署名したかどうか確かめなさい.

7 [進行形不可] (a) [see+that 節] (人が) 必ず…するように気をつける, 取り計らう: I will *see that* everyone attends the meeting. 全員が会合に出るように取り計らおう. (b) [see+O+過分] …が〜されるように取り計らう: He will *see* the work *done* properly. 仕事が正しく行われる

よう彼が取り計らってくれるだろう.
8 [副詞(句)を伴って] [**see** + **O**] 〈人〉を(…へ)送って行く, 見送る; 案内する: I always *see* my girlfriend home after a date. 私はデートのあといつもガールフレンドを家まで送って行く.
9 [進行形不可] [**see** + **O**] (人が)…を経験する; (時代・場所に)…が起こる: She has *seen* many mysteries in her life. 彼女は人生の中で多くの不思議なことを経験してきた / The 20th century *saw* great changes in technology. 20世紀に科学技術の大変革が起こった.
10 [進行形不可; 通例, 否定文・疑問文で] [**see** + **O**] …を黙って見ている, 黙認する; [**see** + **O** + **do** [現分]] …が〜する[している]のを黙って見ている; [**see** + **O** + 過分] …が〜されるのを黙って見ている: I cannot *see* him corrupt. 私は彼が堕落するのを黙って見過ごせない / Can you *see* a child *being* bullied? あなたは子供がいじめられているのを黙って見ていられますか.
11 [進行形不可; 命令文で] …を参照する: *See* page 35. 35ページを参照せよ.
─ ⓐ [通例, 進行形不可] **1** 見える: Owls can *see* in the dark. フクロウは暗がりでも目が見える / The plain extended as far as I could *see*. 見渡す限り, 平原が広がっていた.
2 わかる, 理解する; 考える: Do you *see*? わかりますか / You'll *see*. そのうちわかりますよ / As far as I can *see*, she likes him a lot. 私の見る限りでは, 彼女は彼がとても好きです.
3 […を]確かめる, 調べる[*into*]: I'll go and *see*. 私が確かめて来ましょう / We must *see into* the cause of the accident. 私たちは事故の原因を調べなくてはならない. **4** [間投詞的に] (予測していたことが当たり)ほら(どうだ): *See*, that's what I told you. ほら, だから言ったでしょう.

句動詞 *sée abóut ...* ⓗ **1** …について処置[手配]する: My sister will *see about* dinner. 夕食の支度は私の妹がするだろう. **2** …のことを考えてみる: I'll *see about* it. そのことは考えておきましょう (◇即答を避けるときの文句).
sée àfter ... ⓗ …の世話をする (look after).
sèe ín ⓗ [see in + O / see + O + in] …が中に入るまで見送る.
sée ... in 〜 ⓗ 《口語》〈人〉に〈魅力など〉を認める: What does he *see in* her? 彼は彼女のどこに引かれているのだろうか.
sèe óff ⓗ [see off + O / see + O + off]
1 …を見送る: I went to the station to *see* him *off*. 彼を見送りに駅まで行った. **2** 〈人〉を送り出す, 追い出す. **3** 〈試合・カーテンなど〉…を負かす.
sèe óut ⓗ [see out + O / see + O + out]
1 〈人〉を玄関まで見送る. **2** …の終わりまで持ちこたえる. **3** 〈仕事など〉を最後までやり抜く.
sèe óver ... ⓗ 〈建物など〉を見回る, 検分する.
sèe thróugh ⓗ [see through + O / see + O + through] **1** 〈事業など〉を最後までやり抜く, やり遂げる. **2** 〈人〉を最後まで助ける.
sée thròugh ... ⓗ **1** 〈窓・カーテンなど〉を通して向こうを見る: I couldn't *see through* the dense fog. 濃霧で向こうが見えなかった. **2** …を見抜く, 見破る: He *saw through* their plot. 彼は彼らの陰謀を見破った.
sée ... thròugh 〜 ⓗ 〈人〉を助けて〈難局〉を切り抜けさせる.
sée to ... ⓗ 〈仕事など〉をうまく取り計らう, 手配する; …の世話をする.

■ **(*I'll*) Be séeing you.** 《口語》ではまた, さようなら (See you.).
I'll [*We'll*] **(hàve to) sée.** 《口語》考えてみましょう; 今にわかるでしょう.
(*I'll*) Sée you aróund! 《口語》じゃあ(また)ね.
I sée. わかった, なるほど (➔ REALLY **LET'S TALK**): Please knock before you enter. ─ *I see*. 入る前にはノックしてください─はい, わかりました.
Lèt me sée. = **Lèt's sée.** ええと (→ LET¹ 成句).
Lóng time nó see! 《口語》やあ久しぶりだね.

LET'S TALK 別れのあいさつ

[基本] **See you.**

Miho: I have to go now. I'll be seeing you.
(もう行かなくちゃ. じゃあ, またね)

Jenny: See you.
(じゃあね)

「さようなら」と別れのあいさつをするときには, See you. と言いましょう. See you. のあとには, しばしば soon, later, around, tomorrow, on Monday, next week などを付けます. 「元気でね」の意味で Take care. または Take it easy. と言うこともあります. 友人同士のような親しい間柄では, 通例 goodbye は使いません. 当分会うことがない相手に対して使う言葉です.

別れのあいさつと共に, Have a nice day [evening, weekend]. (楽しい一日[夜, 週末]をお過ごしください) / Good luck. (がんばってね) のように相手を気づかう言葉をかけることもあります.

[類例] A: I'm leaving for London tomorrow. Bye.
(私はあすロンドンに出発します. では, また)
B: Have a nice trip. Goodbye. (よいご旅行を. さようなら)

***sée a lót* [*múch*] *of* ...** 〈人〉によく会う.
Sée hére! おいおい, いいかい (Look here!) (◇怒って警告や非難を表す).
***sée nóthing* [*líttle*] *of* ...** 〈人〉にまったく [ほとんど] 会わない.
***sée* (*to it*) *that* ...** …であるように気を配る (◇ to it のないほうが口語的; → [他] **7**).
***Sée you* (*láter* [*sóon*]).** 《口語》じゃあ, またね (➡ 前ページ [LET'S TALK]).
Só I sée. そんなことはわかっています.
you sée [文修飾; 文頭・文中・文尾に付けて] 《口語》 **1** あなたもご存じの通り: Bill is the best swimmer, *you see*. ご存じの通り水泳はビルが一番うまい. **2** [自分の発言に相手の注意を引きつけるために] いいですか: *You see*, you must be honest. いいですか, 正直でなくてはいけませんよ.

> **[類義語]** **see, look, watch**
> 共通する意味▶見る (perceive ... with the eyes)
> **see** は「偶然または自然に目に入る」の意. また, 映画・演劇・試合・名所などを「意図的に見る, 見物する」の意にも用いる: He *saw* the accident. 彼はその事故を目撃した / I *saw* the baseball game on TV. 私はテレビで野球の試合を見た.
> **look** は「意図的に視線を向ける」の意: I *looked* up at the sky and saw a bright full moon. 空を見上げたら明るい満月が見えた.
> **watch** は注意を集中して「観察する, 見守る」の意: Just *watch* what happens when I press this button. このボタンを押したら何が起こるかちょっと見ててごらん.

‡seed [síːd] [名] [動]

― [名] (複 **seeds** [síːdz]) **1** [C] **種**(たね), 種子, (イチゴなどの) 実; [U] [集合的に] (大量の) 種: watermelon *seeds* スイカの種 / sow [plant, scatter] *seed*(*s*) 種をまく / raise flowers from *seed* 種から花を育てる / The *seeds* are coming up. 種から芽が出てきた.
2 [C] [通例 the ～s] もと, 根源: the *seeds* of strife 争いの種 / His dubious answer planted the *seeds* of doubt in her mind. 彼のはっきりしない返事は彼女の心に疑いの念を植え付けた.
3 [C] 【スポーツ】シード選手 [チーム].
4 [形容詞的に] 種 (用) の; 小粒の: *seed* pearls 小粒の真珠. **5** [U] [集合的に] 《古風》子孫; 精液.
■ ***rùn* [*gò*] *to séed*** **1** 種 [実] ができる. **2** 《口語》(人が) 心身ともに衰える, みすぼらしくなる.
― [動] [他] **1** 〈土地〉に [… の種を] まく [*with*]: *seed* the field *with* wheat 畑に小麦をまく.
2 …から種を取り除く. **3** [通例, 受け身で] 【スポーツ】〈選手・チーム〉をシードする.
― [自] 実を結ぶ, 種を生じる, 種を落とす.
◆ **séed còrn** [U] 【植】種もみ; 将来有望なもの [人].
séed mòney [U] (新しい事業の) 資金.

seed·bed [síːdbèd] [名] [C] 苗床; (悪などの) 温床.

seed·ed [síːdid] [形] [限定用法] **1** (果実が) 種を取り除いた. **2** 【スポーツ】シードされた.

seed·less [síːdləs] [形] (果物が) 種なしの: *seedless* grapes 種なしブドウ.

seed·ling [síːdliŋ] [名] [C] **1** (種から育てた) 苗, 実生(みしょう)の苗木. **2** (1メートル以下の) 苗木, 若木.

seed·y [síːdi] [形] (比較 **seed·i·er** [～ər]; 最上 **seed·i·est** [～ist]) **1** 《口語》(人・衣服などが) みすぼらしい, けちな; (場所が) いかがわしい. **2** 《古風》気分がすぐれない. **3** 種子の多い; 種のある.

‡see·ing [síːiŋ] [名] [U] **1** 見ること: *Seeing* is believing. 《ことわざ》見ることは信じることである ⇨ 百聞(ひゃくぶん)は一見にしかず. **2** 視力, 視覚.
― [接] 《口語》…**の点から見ると** [**考えると**], …であるから (には), …である割には (◇しばしば that [《口語》as] を伴う): *Seeing* (that) we're going the same way, I'll give you a lift. 私たちは同じ方向へ行くのですから, 私の車でお送りしましょう.
◆ **Séeing Éye dòg** [C] 《米》《商標》盲導犬 (guide dog).

‡seek [síːk] 【基本的意味は「…**を探す** (look for ...)」】

― [動] (三単現 **seeks** [～s]; 過去・過分 **sought** [sɔ́ːt]; 現分 **seek·ing** [～iŋ]) 《格式》
― [他] **1** 〈もの・場所など〉を**探す**, 探し求める; 〈人〉を捜す (look for): *seek* a job 職を探す / She is *seeking* a new apartment. 彼女は新しいアパートを探している / The police are *seeking* the kidnapper. 警察は誘拐犯を捜している.
2 〈平和・名声など〉**を得ようと努力する**; 〈助言〉を求める; 〈説明・許可など〉を要求する: *seek* fame [wealth] 名声 [富] を求める / You must *seek* permission from your parents. あなたは両親の許可を得る必要がある.
3 〔…しようと〕努める〔*to do*〕: I am *seeking to* improve my English. 私は英語力を高めようと努力している.
― [自] 〔…を〕求める, 探す; 探求する〔*after, for*〕: *seek after* the truth 真相を追求する.
■ ***be* (*mùch*) *sóught àfter*** (大変) 需要がある, 求められている.
séek óut [他] …を探し出す.

seek·er [síːkər] [名] [C] 捜索者; 探求者.

‡seem [síːm] 【基本的意味は「…**のように見える** (appear to be ...)」】

― [動] (三単現 **seems** [～z]; 過去・過分 **seemed** [～d]; 現分 **seem·ing** [～iŋ])
― [自] [進行形不可] **1** (a) [seem (+to be) + C] 〔…に〕…**のように見える**〔*to*〕, …らしい (→ APPEAR [類義語]): She *seems* (*to be*) a good student. 彼女はすぐれた学生のようだ / The dog *seems* (*to be*) ill. その犬は病気らしい / That *seemed* wrong *to* him. 彼にはそれが間違いに思えた. (b) [seem + to have been + C] …であったらしい: The rumor *seems to have been* false. そのうわさはデマだったようだ.
2 (a) [seem + to do] …**するように見える**, …するらしい: He *seems to* know it. 彼はそれを知っているようだ / She doesn't *seem to* care about her future. 彼女は (自分の) 将来のことを気にしていないようだ (◇ She seems not to ... とするのは《文語》). (b) [seem + to have

done] …したらしい: I *seem* to have lost my house key. 私は家のかぎをなくしてしまったらしい. **3** (a) [It seems+that 節] …のようだ, …らしい; […に]…と思われる [*to*]: *It seems that* she is tired. 彼女は疲れているみたいだ (= She seems to be tired.) / *It didn't seem* to me *that* he had a good idea. 彼によい考えがあるように私には思えなかった. (b) [It seems as if [though] …] まるで…のようだ (◇ as if [though] で始まる節中の動詞については→ AS 成句): *It seems as if* I were a bird. 私はまるで鳥になったような気持ちだ. **4** [There seems (+to be) …] …があるようだ: *There seems* some connection between the two cases. その2つの事件の間には何らかの関係があるようだ (= It seems that there is some connection between the two cases.).

■ *càn't séem to dó* (《口語》(どうしても)…することができないようだ: I *can't seem* to change his mind. 私には彼の決心は変えられないようだ.

séem like … …のようである: She *seemed like* a kind woman. 彼女は親切そうだった.

Só it séems. = *It séems sò.* どうもそうらしい.

seem・ing [síːmiŋ] 形 [限定用法]《格式》うわべの, 表面だけの; 見せかけの, もっともらしい.

seem・ing・ly* [síːmiŋli] 副 **1 うわべは, 表面上 [外見上]は: a *seemingly* happy couple 見た目には幸福そうな夫婦. **2** [文修飾] 表面的には, 見たところでは (…のようだ): *Seemingly*, she failed. 見たところ彼女は失敗したようだった.

seem・ly [síːmli] 形 (比較 seem・li・er [-ər]; 最上 seem・li・est [-ist])《文語》(行動・態度などが)場にふさわしい; 上品な.

*****seen** [síːn] 動《☆同音》scene) see の過去分詞.

seep [síːp] 動 ⾃ **1** (液体・気体などが)〔…から〕しみ出る, 漏れる (*out*) (*through*); […に] しみ込む (*into*). **2** (思想・情報などが)漏れる, 次第に広まる.

seep・age [síːpidʒ] 名 U (液体の)浸出 (量), ガスもれ (の量); しみ出ること.

seer [síər] 名 C《文語》先見の明のある人, 予言者.

see・saw [síːsɔ̀ː] 名 **1** C シーソー (板)(《米》teeter-totter): play on the *seesaw* シーソーで遊ぶ. **2** [形容詞的に] 上下 [前後] に動く; 一進一退の; 変動する: a *seesaw* game [match] シーソーゲーム, 追いつ追われつの接戦. ─ 動 ⾃ **1** シーソーに乗る. **2** 上下 [前後] に動く, 変動する.

seethe [síːð] 動 ⾃ **1** (群衆などが)〔怒りなどで〕いきり立つ, 騒然とする (*with*). **2** 煮え立つ, 沸騰する; 泡立つ, (海・川の水が)渦巻く.

sée-through 形 (服などが)透けて見える.

***seg・ment** [ségmənt] 名 C **1** 区切り, 部分; (オレンジなどの実の)小袋. **2**《数学》線分; (円の)弧. **3**《生物》体節, 環節.

seg・men・ta・tion [sègmentéiʃən] 名 U [または a ~] 分裂, 分割;《生物》分節; 細胞分裂, 卵割.

seg・ment・ed [ségmentid / segméntid] 形 区切られた, 分離した, 分裂した.

seg・re・gate [ségrigèit] 動 他 [しばしば受け身で]〈人・団体などを〉隔離 [分離] する; (人種的・宗教的偏見で)…を差別する (↔ integrate).

seg・re・gat・ed [ségrigèitid] 形 隔離された, 分離した; 人種差別を行う (↔ integrated).

seg・re・ga・tion [sègrigéiʃən] 名 U 隔離, 分離, 人種差別 (↔ integration).

Seine [séin] 名《the ~》セーヌ川《フランスのパリ市街を流れてイギリス海峡に注ぐ川》.

seis・mic [sáizmik] 形 地震の, 地震による: the *seismic* center [focus] 震央 [震源].

seis・mo・graph [sáizməgræf / -grɑ̀ːf] 名 C 地震計.

seis・mol・o・gy [saizmɑ́lədʒi / -mɔ́l-] 名 U 地震学.

seis・mol・o・gist [-dʒist] 名 C 地震学者.

****seize** [síːz]

─ 動 (三単現 seiz・es [~iz]; 過去・過分 seized [~d]; 現分 seiz・ing [~iŋ])

─ 他 **1** …を(急に強く)**つかむ**, 握る (→ TAKE 類義語): He *seized* her wrist [*seized* her by the wrist]. 彼は彼女の手首をつかんだ / She *seized* her bag and ran out of the room. 彼女はバッグをつかむと部屋を飛び出した.

2 …を(力ずくで)奪う, 占領 [占拠] する;《法》…を押収 [没収] する, 差し押さえる: The policeman *seized* the knife from him. 警官は彼からナイフを取り上げた / The guerrillas *seized* the city. ゲリラたちが町を占領した / All his property was *seized*. 彼の全財産が差し押さえられた.

3 [通例, 受け身で]〈人〉を捕まえる, 逮捕する: The pickpocket *was seized* at the station. そのスリは駅で逮捕された.

4 [しばしば受け身で] (病気・感情などが)〈人〉を襲う: I *was seized* with a sudden pain in my back. 私は突然背中の痛みに襲われた / Panic *seized* us. パニックが私たちを襲った.

5〈機会・チャンス・心〉をつかむ; …をすばやく把握 [理解] する: She *seized* the opportunity to work in London. 彼女はロンドンで働く機会をものにした.

─ ⾃〔機会・申し出・口実などを〕**つかむ**, すかさず利用する [*upon, on*]: You should *seize upon* every opportunity. あなたはあらゆるチャンスを利用すべきです.

■ *séize úp* ⾃ (機械・体の一部などが)動かなくなる.　　　　(▷ 名 séizure)

sei・zure [síːʒər] 名 **1** U つかむ [捕らえる] こと. **2** U《法》差し押さえ, 没収. **3** C (病気の)突然発作, (特に)脳卒中.　　　　(▷ 動 séize)

****sel・dom** [séldəm]【原義は「まれな, 珍しい」】

─ 副 めったに…しない (↔ often) (→ ALWAYS 語法): She *seldom* smiles. 彼女はめったに笑わない / *Seldom* could he talk to her. 彼はめったに彼女に話しかけることができなかった (◇ seldom を文頭に置くのは《文語》).

■ *nòt séldom* しばしば (often).

séldom, if éver ごくたまにしか…しない.

séldom or néver めったに…しない.

****se・lect** [səlékt]
　　　　　　動 形

─ 動 (三単現 se・lects [-lékts]; 過去・過分 se-

lect·ed [～id]; 現分 se·lect·ing [～iŋ])
—[他] (a) [select＋O]〈人・もの〉を[…から/…のために]選ぶ, 選択[選抜]する[*from, out of* / *for*] (→ CHOOSE [類義語]): He *selected* a present *for* his daughter. 彼は娘へのプレゼントを選んだ / She was *selected from* all the applicants for the job. 求職者全員の中から彼女が選ばれた. (b) [select＋O＋as [to be] …] ～を…として選ぶ: The coach *selected* Jim *as* [*to be*] captain. コーチはジムをキャプテンに選んだ. (c) [select＋O＋to do] …を～するように選ぶ: He was *selected to* perform the operation. その手術を執刀するのに彼が選ばれた.
—[形]《格式》 **1** [主に限定用法] **えり抜きの**, すぐれた: a *select* hotel 高級ホテル. **2** (クラブ・集団などが) 入会条件の厳しい, 厳選した; 上流社会の.
(▷ [名] seléction; [形] seléctive)

⁑se·lec·tion [səlékʃən]

—[名] (複 **se·lec·tions** [～z]) **1** [U][C]**選ぶこと**, 選ばれること, 選択, 選抜; 精選: make a good [wrong] *selection* of … …をうまく[間違って]選ぶ / I'm happy about my *selection* as captain. 私は主将に選ばれたことを幸せに思う.
2 [C] **選ばれたもの**[人], 選集, 精選品; 品ぞろえ: *selections* from Hemingway ヘミングウェー選集 / This shop has a wide *selection* of wine. この店はワインの品ぞろえが幅広い.
3 [U]【生物】選択, 淘汰(とうた): natural *selection* 自然淘汰. (▷ [動] seléct)

se·lec·tive [səléktiv] [形] **1** 選択的な; 精選された. **2** [‥に]選択眼のある[*about, in*]: a *selective* reader 目の肥えた読者. (▷ [動] seléct)
se·lec·tive·ly [～li] [副] 選択して; えり好みして.
se·lec·tor [səléktər] [名][C] **1** 選ぶ人, 選択者; 《英》(スポーツ委員会の) 選手選抜委員.
2 (オートマチック車の) 変速レバー, (ギヤ) セレクター.
3 【通信】選択装置, 選波機, セレクター.
se·le·ni·um [səlíːniəm] [名][U] セレン, セレニウム《非金属元素; 《元素記号》 Se》.

⁑self [sélf]

—[名] (複 **selves** [sélvz]) **1** [U] **自己**, 自身; 【哲】自我: one's own *self* 自分自身 / He gave his whole *self* to his study. 彼は研究に全身全霊をささげた.
2 [C] 自己の一面, (ある状態の) 自分: one's former [present] *self* 過去[現在]の自分 / reveal one's true *self* 本性を現す / He is his old *self* again. 彼は再びもとの自分に戻った.
3 [U] 私利, 私欲, エゴ; 利己心: have no thought of *self* 利己心がない. (▷ [形] sélfish)

self- [self] [接頭]「自分, 自己; 自分に; 自分(だけ)で」「自動的な」の意を表す: *self*-control 自制(心).
sèlf-ab·sórbed [形] 自分のことに夢中な, 自己陶酔の.
sèlf-ab·sórp·tion [名][U] 自己陶酔.
sèlf-ad·dréssed [形] 自分あての: a *self-addressed* envelope《主に英》返信用封筒.
sèlf-ap·póint·ed [形] [通例, 限定用法]《通例, 軽蔑》自分だけで決めた, 自薦[自称]の.
sèlf-as·sém·bly [形] 自分で組み立てる.
sèlf-as·sér·tion [名][U] 自己主張; 出しゃばり.
sèlf-as·sér·tive [形] 自己主張の強い, 出しゃばる.
sèlf-as·súr·ance [名][U] 自信; 自己過信, うぬぼれ.
sèlf-as·súred [形] 自信のある; 自己満足の.
sèlf-a·wáre·ness [名][U] 自己認識.
sèlf-cá·ter·ing [形]《主に英》(野外などで) 自炊の.
sèlf-cén·tered, 《英》 **sèlf-cén·tred** [形] 自己中心の; 利己的な (selfish).
sèlf-con·féssed [形] [限定用法] (欠点などを) 自ら認めた.
sèlf-cón·fi·dence [名][U] 自信.
sèlf-cón·fi·dent [形] 自信のある.
***sèlf-cón·scious** [形] **自意識過剰の**; 照れ屋の, 人前を気にする.
sèlf-cón·scious·ly [副] 自意識過剰になって.
sèlf-cón·scious·ness [名][U] 自意識 (過剰), 自覚.
sèlf-con·táined [形] **1** 必要なものがそろった; (機械が) すべて備った, 自給式の. **2** 打ち解けない, 無口な. **3** 《英》(アパートが) 各戸独立した.
sèlf-còn·tra·díc·to·ry [形] 自己矛盾の.
***sèlf-con·tról** [名][U] 自制 (心), 克己: keep [lose] one's *self-control* 自制心を保つ[失う].
sèlf-con·trólled [形] 自制心のある.
sèlf-de·féat·ing [形] 自滅的な.
sèlf-de·fénse, 《英》 **sèlf-de·fénce** [名][U] 自衛, 自己防衛, 護身; 正当防衛: in *self-defense* 正当防衛で.
sèlf-de·ní·al [名][U] 自己否定[犠牲]; 自制, 無私.
sèlf-dép·re·cat·ing [形] 卑下する.
sèlf-de·tèr·mi·ná·tion [名][U] 自己決定, 自決(権); 民族自決 (権).
sèlf-dís·ci·pline [名][U] 自己訓練, 自己修養.
sèlf-dís·ci·plined [形] 自己訓練[修養]を積んだ.
sèlf-dríve [形] [限定用法]《英》(車が) 借り手の運転する, レンタカーの.
sèlf-éd·u·càt·ed [形] 独学の, 自学自習の.
sèlf-ef·fáce·ment [名][U] 表に出ないこと, 自制.
sèlf-ef·fác·ing [形] 控えめな, 表に出ない.
sèlf-em·plóyed [形] 自営 (業) の.
sèlf-es·téem [名][U] 自尊心; うぬぼれ, 自負 (心).
sèlf-év·i·dent [形] わかり切った, 自明の.
sèlf-ex·àm·i·ná·tion [名][U] 自省, 反省; 自己検査[検診], 自己分析.
sèlf-ex·plán·a·tò·ry [形] 自明の, 説明の不要な.
sèlf-ex·prés·sion [名][U] 自己表現.
sèlf-góv·ern·ing [形] 自立[自治]の; 自制の.
sèlf-góv·ern·ment [名][U] 自治 (権); 自制.
sèlf-hélp [名][U] 自助, 自立.
sèlf-ím·age [名][C] 自己像.
sèlf-im·pór·tance [名][U] うぬぼれ, 尊大.
sèlf-im·pór·tant [形]《軽蔑》尊大[横柄]な.
sèlf-im·pósed [形] 自ら進んで引き受けた.
sèlf-in·dúl·gence [名][U] わがまま, 勝手気まま.
sèlf-in·dúl·gent [形] わがままな, 勝手気ままな.
sèlf-in·flíct·ed [形] (傷などを) 自らつけた; (問題などが) 自ら課した, 自ら招いた.
sèlf-ín·ter·est [名][U] 私利, 私欲; 利己主義.
sèlf-ín·ter·est·ed [形] 自己本位の, 利己的な.

S

self・ish [sélfiʃ] 形 (人・言動が) 利己的な, わがままな, 自分本位の: It's *selfish* of her to do that. そんなことをするなんて彼女はわがままだ. (▷ 名 sélf)
   self・ish・ly [~li] 副 利己的に, わがままに.
   self・ish・ness [~nəs] 名 U わがまま, 自分本位.
sélf-knówl・edge 名 U 自己認識, 自覚.
self・less [sélfləs] 形 無私の, 無欲の, 私心のない.
   self・less・ly [~li] 副 無私的に, 無欲に.
   self・less・ness [~nəs] 名 U 無私, 無欲.
sèlf-máde 形 1 (人が) 自力で出世[成功]した. 2 (ものが) 手製の, 自力で作った.
sèlf-o・pín・ion・àt・ed 形 頑固な; うぬぼれの強い.
sèlf-pít・y 名 U 自分に対する哀れみ, 自己憐憫(ぴん).
sèlf-pít・y・ing 形 自分を哀れむ, めそめそした.
sèlf-pór・trait 名 C 自画像.
sèlf-pos・séssed 形 落ち着いた, 冷静な.
sèlf-pos・sés・sion 名 U 冷静, 沈着.
sèlf-près・er・vá・tion 名 U 自衛(本能), 保身.
sèlf-re・lí・ance 名 U 自分に頼ること, 独立独歩.
sèlf-re・lí・ant 形 自分を頼みにする, 独立独歩の.
*__sèlf-re・spéct__ 名 U 自尊(心): keep [lose] one's *self-respect* 自尊心を保つ[失う].
sèlf-re・spéct・ing 形 1 自尊心のある. 2《口語》自尊の, 本物の.
sèlf-re・stráint 名 U 自制(心), 克己(心).
sèlf-ríght・eous 形 独りよがりの, 独善的な.
sèlf-rís・ing 形《米》**sèlf-ráis・ing flóur** 名 U ベーキングパウダー入りの小麦粉.
sélf-rúle 名 U 自治 (self-government).
sèlf-sác・ri・fice 名 U 自己犠牲, 献身.
sèlf-sác・ri・fic・ing 形 自己犠牲の, 献身的な.
sèlf-same [sélfsèim] 形 《限定用法; the ~》《文語》まったく同じ, 同一の (◇ same の強調形).
sèlf-sàt・is・fác・tion 名 U 自己満足, うぬぼれ.
sèlf-sát・is・fied 形 自己満足の, 独りよがりの.
sèlf-séek・ing 名 U 利己主義, 自分勝手.
   ── 形 利己的な, 自分勝手な.
*__sèlf-sérv・ice__ 形《食堂などは》セルフサービスの: a *self-service* gas [filling, 《英》petrol] station セルフサービスのガソリンスタンド.
   ── 名 U セルフサービス.
sèlf-sérv・ing 形 自分の利益に奉仕する, 利己的な.
sèlf-stárt・er 名 C 1 自発的に行動[仕事]をする人. 2《古》(自動車などの) 自動始動装置.
sèlf-stýled 形《限定用法》自称の, 自任の.
sèlf-suf・fí・cien・cy 名 U 自給自足; うぬぼれ.
sèlf-suf・fí・cient 形 1 […の点で] 自給自足の, 自立できる [in]. 2 うぬぼれの強い, 尊大な.
sèlf-sup・pórt・ing 形 自活[自立] している.
sèlf-sus・táin・ing 形 自立[自活] している, 自給の; 自動的に継続する.
sèlf-táught 形 独学[独習] の.
sèlf-tím・er 名 C セルフタイマー, 自動シャッター.
sèlf-wíll 名 U《軽蔑》わがまま; 強情, 片意地.
sèlf-wílled 形 わがままな, 強情な, 意地っ張りの.

sell [sél] (☆ 同音語)
   名【基本的な意味は「…を売る (give something in exchange for money)」】
   ── 動 (三単現 **sells** [~z]; 過去・過分 **sold** [sóuld]; 現分 **sell・ing** [~iŋ])
   ── 他 1 (a) [sell + O]…を [ある価格で] 売る, 販売する [*for, at*] (↔ buy): *sell* one's house 家を売る / He *sold* his car *for* 2,000 dollars. 彼は自分の車を2千ドルで売った. (b) [sell + O + O / sell + O + to …]〈人〉〈物〉を売る: I *sold* him my bicycle. = I *sold* my bicycle *to* him. 私は彼に自分の自転車を売った.
   2 [sell + O] (店などが)…を売っている, 販売する, 扱う: That florist *sells* roses all year round. あの花屋はバラを一年じゅう売っている / Do you *sell* rice? 米は置いていますか.
   3《比喩》〈魂・節操など〉を売る, 〈国・友など〉を売る, 裏切る: *sell* one's own country 祖国を売る.
   4〈商品〉の売れ行きを伸ばす: TV commercials are the best means to *sell* new products. テレビのコマーシャルは新製品の販売を促進する最良の手段です.
   5 [sell + O + O / sell + O + to …]《口語》…に〈考えなど〉を売り込む, 吹き込む: I'll *sell* the manager my idea. = I'll *sell* my idea *to* the manager. 私の案を支配人に売り込んでみよう.
   6 [通例, 受け身で]《口語》〈人〉をだます, かつぐ: I've been sold by him. 私は彼に一杯食わされた.
   ── 自 1 [人・商店などに] 売る [to]; (人が) 商っている, 商売する: It's illegal to *sell* on this street. この通りで商売をするのは違法です.
   2 [通例, 副詞(句)を伴って] 〈ものが〉売れ行きが…である; 〈商品が〉 [ある価格で] 売れる, […の] 値段である [*for, at*]: This dictionary *sells* well. この辞書はよく売れる / This picture *sold* for 5,000 dollars. この絵は5千ドルで売れた.

   句動詞 **séll óff** 他 [sell off + O / sell + O + off] …を安値で売る; 売り払う: He *sold off* all his stocks in that company. 彼はその会社の株を全部売り払った.

   séll óut 他 [sell out + O / sell + O + out] 1 …を売り切る, 売りつくす: The tickets are sold out. 切符は売り切れです / (We are) *Sold out*.《掲示》売り切れ. 2 〈主義・味方など〉を裏切る. ── 自 1 (店などが) [商品を] 売り切る [of]; (商品が) 売り切れる: We have *sold out* of tomatoes. トマトは売り切れました. 2 裏切る; […に] 寝返る [to].
   séll úp《主に英》他 [sell up + O / sell + O + up] 〈家・店など〉を売却処分する; …を競売に付す. ── 自 店じまいする, 売り払う.

■ **be sóld on …** …にいれ込んでいる, 熱中している.
   séll onesèlf 1 […のために] 身[自分]を売る [*for*]. 2 […に] 自分を売り込む [*to*].
   séll … shórt …を軽んじる, 見くびる; 〈株式〉を空売りする.

   ── 名 1 [a ~]《口語》当て外れ, ペテン; 失望: What a *sell*! だまされた. 2 U 売り込み方. the hard [soft] *sell* 強引な [穏やかな] 売り込み.
   (▷ 名 sále)

◆ **sélling póint** C セールスポイント. (比較) セールスポイントは和製英語)
   sélling price C 売り値.
séll-by dàte 名 C《英》(食料品の) 賞味期限, 有効期限 (《米》expiration date).

sell・er [sélər] 名 C **1** 売る人, 販売員, セールスマン (↔ buyer). **2** 売れるもの; [前に形容詞を付けて] 売れ行きが…のもの: a good [bad] *seller* 売れ行きのよい[悪い]商品 / a hot *seller* 飛ぶように売れている商品.
◆ séller's [séllers'] màrket C 売り手市場《需要が供給を上回る》(↔ buyer's [buyers'] market).

Sel・lo・tape [séləteip] 名 U《時に s-》《英》《商標》セロテープ(《米》Scotch tape).
— 動 他《英》…を[…に]セロテープではる[*to*].

sell・out [sélaut] 名 C《通例, 単数形で》 **1** 売り切れ; 満員札止の催し物. **2**《口語》裏切り.

sel・vage, sel・vedge [sélvidʒ] 名 C《織物の》耳, 織端(おりはし).

***selves** [sélvz] 名 self の複数形.

se・man・tic [səmǽntik] 形《言語の》意味(上)の, 意味に関する; 意味論の.

se・man・tics [səmǽntiks] 名 U《単数扱い》《言》意味論.

sem・a・phore [séməfɔ̀ːr] 名 **1** C《鉄道》腕木信号機《シグナル》. **2** U 手旗信号.

sem・blance [sémbləns] 名《または a ~》 **1** 外観, うわべ; 見せかけ. **2** 類似, 似たもの.

se・men [síːmən] 名 U《生理》精液.

se・mes・ter [səméstər] 名 C《米》(2期制の)学期 (cf. term, trimester (3期制の)学期): the first *semester* 前期《9-1月》/ the second *semester* 後期《2-6月》.

sem・i [sémi] 名《口語》 **1**《米》セミトレーラー (semitrailer). **2** 準決勝 (semifinal). **3**《英》棟続きの2軒住宅 (semidetached).

sem・i- [semi] 接頭「半分」「幾分」「…に2回」の意を表す; *semi*formal《服装の》準礼装の.

sem・i・an・nu・al [sèmiǽnjuəl] 形 半年ごとの, 年に2回の; 半年続く.

sem・i・breve [sémibrìːv] 名 C《音楽》《英》全音符 (《米》whole note).

sem・i・cir・cle [sémisə̀ːrkl] 名 C 半円(形).

sem・i・cir・cu・lar [sèmisə́ːrkjələr] 形 半円(形)の.

*****sem・i・co・lon** [sémikòulən] 名 C セミコロン (;)《◇コンマ (,) とピリオド (.) の中間の区切りを表す句読点. 2つの等位節を対照させるときなどに用いる》.

sem・i・con・duc・tor [sèmikəndʌ́ktər] 名 C《電気》半導体.

sem・i・con・scious [sèmikánʃəs / -kɔ́n-] 形 半ば意識のある;《記憶・感情が》ぼんやりとした.

sem・i・de・tached [sèmiditǽtʃt] 形《英》《家が》仕切り壁で接している, 準独立式の.
— 名 C = **sèmidetáched hòuse**《英》棟続きの2軒住宅(《米》semi).

sem・i・fi・nal [sèmifáinəl] 名 C《通例 ~s》準決勝戦(《口語》semi) (→ FINAL). — 形 準決勝の.

sem・i・fi・nal・ist [sèmifáinəlist] 名 C 準決勝戦出場者[チーム].

sem・i・month・ly [sèmimʌ́nθli] 形 副 半月ごとの[に], 月2回(の). — 名《複 sem・i・month・lies [~z]》C 半月ごと[月2回]の刊行物.

sem・i・nal [sémənəl] 形 **1**《格式》発展のもとになる, 将来性のある. **2**《限定用法》精液の; 種子の.

***sem・i・nar** [séminɑ̀ːr] 名 C **1** ゼミナール, ゼミ《教授の指導で研究する大学生のグループ》. **2** セミナー, 研究会.

sem・i・nar・y [séməneri / -nəri] 名《複 sem・i・nar・ies [~z]》C **1** 神学校. **2**《古風》学校.

sem・i・of・fi・cial [sèmiəfíʃəl] 形《報道などが》半公式の; 半官の.

se・mi・ot・ics [sèmiátiks / -ɔ́t-] 名 U《単数扱い》記号論, 記号学.

sem・i・pre・cious [sèmipréʃəs] 形《鉱石が》半貴石の.

sem・i・pro・fes・sion・al [sèmiprəféʃənəl] 形 セミプロの, 半職業的な; 半専門的な.
— 名 C セミプロ(の選手).

sem・i・qua・ver [sémikwèivər] 名 C《英》《音楽》16分音符(《米》sixteenth note).

sem・i・skilled [sèmiskíld] 形 半熟練の.

Sem・ite [sémait / síːm-] 名 C セム人; ユダヤ人.

Se・mit・ic [səmítik] 形 セム人[族]の; セム語族の; ユダヤ人の.

sem・i・tone [sémitòun] 名 C《英》《音楽》半音(《米》half step).

sem・i・trail・er [sémitrèilər] 名 C セミトレーラー (《米口語》semi)《大型貨物自動車》.

sem・i・trop・i・cal [sèmitrápikəl / -trɔ́p-] 形 亜熱帯の (subtropical).

sem・i・vow・el [sémiváuəl] 名 C《音声》半母音.

sem・i・week・ly [sèmiwíːkli] 形 副 週2回(の).
— 名《複 sem・i・week・lies [~z]》C 週2回の刊行物.

sem・o・li・na [sèməlíːnə] 【イタリア】 名 U セモリナ《パスタ・プディングなどに用いる粗い小麦粉》.

Sen., sen.《略記》= *Sen*ate 上院; *Sen*ator 上院議員; *sen*ior.

***sen・ate** [sénət]
— 名《複 sen・ates [-nəts]》《集合的に; 単数・複数扱い》 **1** [the S-]《米国・カナダ・オーストラリアなどの》上院 (the Upper House)《略語》Sen., sen.; → CONGRESS 表》; C《米国の州の》上院.
2 C《通例 the ~》《大学の》評議会, 理事会.
3 [the ~]《古代ローマの》元老院.

***sen・a・tor** [sénətər]
— 名《複 sen・a・tors [~z]》 **1** C [しばしば S-]《米国・カナダ・オーストラリアなどの》上院議員《略語》Sen., sen.; → CONGRESS 表》.
2 C《大学の》評議員, 理事.
3 C《古代ローマの》元老院議員.

sen・a・to・ri・al [sènətɔ́ːriəl] 形《限定用法》 **1** 上院(議員)の. **2**《古代ローマの》元老院(議員)の.

*****send** [sénd]《基本的意味は「…を送る (cause … to go to a certain place)」》
— 動《三単現 **sends** [séndz]; 過去・過分 **sent** [sént]; 現分 **send・ing** [~iŋ]》
— 他 **1** (a) [**send + O**]《しばしば副詞(句)を伴って》《もの・手紙など》を送る, 届ける (↔ receive): *send* an email Eメールを送る / *send* a parcel

by mail [ship, airmail] 小包を郵便 [船便, 航空便] で送る.
(b) [send＋O＋O / send＋O＋to ...]〈もの・手紙など〉を〈人〉に送る, 届ける: Bill *sent* me a book. = Bill *sent* a book *to* me. ビルが私に本を送ってくれた / Please *send* him my best wishes. = Please *send* my best wishes *to* him. 彼によろしくお伝えください.

2 (a) [send＋O]〈人〉を［場所へ／…しに］行かせる, 派遣する［*to*／*to do*］: The prime minister *sent* a mission *to* that country. 首相はその国に使節団を派遣した / I'll *send* my son *to* help you. あなたのお手伝いに息子をさし向けよう. (b) [send＋O＋for]〈人〉に…を取りに［呼びに］行かせる: I'll *send* Bill *for* the package. ビルに小包を取りに行かせます.
(c) [send＋O＋O / send＋O＋to ...]〈人〉のところへ〈人〉を行かせる, 派遣する: I'll *send* him a messenger. = I'll *send* a messenger *to* him. 彼のところへ使いを行かせます.

3 (a) [send＋O]〈人〉を［…の状態に］する, 陥らせる［*into*, *to*］: The news *sent* them *into* a panic. その知らせを聞いて彼らはパニックに陥った.
(b) [send＋O＋C]〈人〉を…の状態にする: His words *sent* her angry. 彼の言葉に彼女は怒った.
(c) [sent＋O＋現分]〈人〉を…させる: The gunshot *sent* them *rushing* into the house. 銃声を聞いて彼らは家に駆け込んだ.

4 〈矢・ロケットなどを〉発射する, 放つ, 投げる: *send* an arrow 矢を放つ / *send* a satellite into space 人工衛星を宇宙に発射する.

5 〈神が〉〈人〉に…を与える: God *send* us a good harvest! 神が私たちに豊作を恵んでくださるように.

— 自 [… へ] 使いをやる［*to*］;［…するために］(手紙などを) 送る［*to do*］: She *sent to* say that she couldn't agree to my plan. 彼女は私の計画に同意できないと手紙で言ってきた.

句動詞 **sènd awáy** 他 [send away＋O / send＋O＋away] **1** …を追い払う; 首にする.
2 …を遠くにやる, 派遣する.
・**sènd awáy for ...** …を (郵便などで) 取り寄せる, 注文する: She *sent away for* the book. 彼女はその本を郵送するよう注文した.

sènd báck 他 [send back＋O / send＋O＋back] …を戻す, 返す;〈手紙の返事など〉をよこす: Please *send* it *back* if you don't like it. お気に召さなかったらお返しください.

sènd dówn 他 **1**〈物価など〉を下げる. **2**《英口語》〈人〉を投獄する. **3**《英》〈大学生〉を退学させる.

sénd for ... 他 **1** …を呼びに［取りに］人をやる, (電話などで) …に来るように頼む: Please *send for* the doctor. 医者を呼んでください / I must *send for* my luggage. 私は (だれかに) 荷物を取りに行かせなくてはならない. **2**〈助けなど〉を求めに人をやる. **3** (郵便などで) …を注文する.

sènd ín 他 [send in＋O / send＋O＋in]
1〈書類など〉を提出する; 郵送する: *Send in* your examination papers by ten o'clock. 答案用紙を10時までに提出しなさい. **2**〈人〉を派

遣する. **3**〈人〉を部屋に通す.
sènd óff 他 [send off＋O / send＋O＋off]
1〈手紙・荷物など〉を発送する. **2** ＝ send away **1**(↑).
・**sènd óff for ...** ＝ send away for ...(↑).
sènd ón 他 [send on＋O / send＋O＋on]
1〈手紙など〉を［…に］転送する, 回送する［*to*］.
2〈人〉を先に行かせる;〈荷物〉を前もって送る.
sènd óut 他 [send out＋O / send＋O＋out]
1〈文書など〉を (大量に) 発送する. **2** (部屋から)〈人〉を外へ出す; 派遣する. **3**〈光・香り・熱など〉を発する, 放つ.
・**sènd óut for ...** …を届けるように注文する: *send out for* a pizza ピザの宅配を頼む.
sènd úp 他 **1**〈ロケット・煙など〉を上げる;〈物価・温度など〉を上昇させる. **2**《英口語》(しぐさをまねて)〈人〉をからかう.

send·er [séndɚ] 名 C **1** 発送人, 送り主, 差出人: Return to *Sender* 差出人へ返送 (◇郵便物の表示).
2〖通信〗(電信・電話などの) 発信機.

sénd-òff 名 C《口語》見送り, 送別; (新事業などの) 発足祝い.

sénd-ùp 名 C《英口語》ものまね, からかい.

Sen·e·gal [sènɪɡɔ́ːl] 名 固 セネガル《アフリカ西部の共和国; 首都ダカール (Dakar)》.

se·nile [síːnail] 形 老人の, 老年の; もうろくした.
◆ **sénile deméntia** U〖医〗老人性痴呆(ほう)症.

se·nil·i·ty [sənílətɪ] 名 U 老齢; 老衰; もうろく.

*****sen·ior** [síːnjɚ]
形 名

— 形 **1** [… より] **年上の**, 年長の［*to*］ (↔ junior); 父の方の《同姓同名の親子のうち, 父親の方を示すために名前のあとに付ける;《略語》Sr., Sr, Sen.》: Robert Jones, *Senior* 父親の (方の) ロバート＝ジョーンズ / He is three years *senior to* me. ＝ He is *senior to* me by three years. 彼は私より3つ年上です (◇ older than ... を用いるほうが一般的).

2 (役職などが)［…より］上の, 上級の, 先任の, 先輩の［*to*］: a *senior* judge 首席裁判官 / a *senior* member of a firm 先輩社員 / Mr. Ross is *senior to* me in our company. ロスさんは会社で私の上司です.

3《米》(高校・大学の) 最上級の, 最終学年の;《英》(学年が) 上級の《11歳以上》.

— 名 (複 **sen·iors** [~z]) C **1** [通例 one's ～] 年長者; 上級 [上位] 者; 先輩, 先任者: He is my *senior* by three years. ＝ He is three years my *senior*. 彼は私より3つ年上です.
2《米》(高校・大学の) シニア, 最上級生 (→ JUNIOR);《英》上級生. (▷ 名 seniority)
◆ **sénior cítizen** C《婉曲》老人, お年寄り (◇ old people の丁寧な表現); 定年退職者.

sénior hígh (schòol) C《米》高等学校 (◇ high school とも言う; → SCHOOL 図).

sen·ior·i·ty [siːnjɔ́ːrətɪ / sìːnɪɔ́r-] 名 U **1** 年長 [年上] (であること). **2** 先輩 [先任, 古参] であること; 年功 (序列). (▷ 形 senior)

se·ñor [seinjɔ́ːr / sen-]《スペイン》名 (複 **se·ñor·es** [-njɔ́ːreɪs]) [S-] …様, …氏 (Mr.) (◇《男性への敬

señora

se·ño·ra [seinjɔ́ːrə / sen-]【スペイン】名 [S-] …夫人(Mrs.)(◇既婚女性への敬称;《略語》Sra.); 奥様(madam)(◇呼びかけ).

se·ño·ri·ta [sèinjəríːtə / sènjəɹ-]【スペイン】名 [S-] …嬢(◇未婚女性への敬称;《略語》Srta.); お嬢様(◇呼びかけ).

*__sen·sa·tion__ [senséiʃən] 名 **1** C U (五感、特に触覚による) 感覚, 知覚 (◇ feeling よりも個人的): lose all *sensation* in one's hands 手の感覚をすっかり失う. **2** C (通例、単数形で) […のような] 感じ [*of, that* 節]: have a *sensation of* cold 冷たく感じる / Beth had the *sensation that* she was followed. ベスは(何となく)跡をつけられているような感じがした. **3** C U 大評判, センセーション, 物議, 大騒ぎ: create [cause] a *sensation* (人・ものが)評判になる, 物議をかもす. (▷ 形 sensátional)

*__sen·sa·tion·al__ [senséiʃənəl] 形 **1** 衝撃的な, センセーショナルな: an utterly *sensational* discovery まったく衝撃的な発見. **2** 《口語》すばらしい. **3** 感覚の, 知覚の. (▷ 名 sensátion)

sen·sa·tion·al·ly [-nəli] 副 衝撃的に; 《口語》すばらしく, 非常に魅力的に.

sen·sa·tion·al·ism [senséiʃənəlìzəm] 名 U 《軽蔑》(マスコミなどの) 興味本位の取り上げ方, 扇情的表現, センセーショナリズム.

sen·sa·tion·al·ist [senséiʃənəlist] 《軽蔑》形 扇情的な, 興味本位の, 人騒がせな.
— 名 C 扇情的な表現をする人.

sen·sa·tion·al·ize [senséiʃənəlàiz] 動 他 《軽蔑》…を扇情的に表現する, センセーショナルにする.

****sense** [séns] 名 動

原義は「感じること」.
① 感覚 .... 名 **1**
② 知覚; 感じ .... 名 **2**
③ 認識, 意識 .... 名 **3**
④ 思慮 (分別) .... 名 **4**
⑤ (語などの) 意味 .... 名 **5**

— 名 (複 sens·es [~iz]) **1** C 感覚, 五感の1つ: the *sense* of touch [hearing, taste, sight, smell] 触 [聴, 味, 視, 嗅(*)] 覚 / the five *senses* 五感 / the sixth *sense* 第六感, 直感 / have a keen *sense* of smell 嗅覚が鋭い. **2** C 知覚, 感覚; (漠然とした) 感じ, 気持ち: a *sense* of direction 方向感覚 / a *sense* of loneliness 孤独感 / I had a *sense* that everything was crumbling around me. 私は何もかもが自分の周りで崩れていくような感じがした. **3** C U (知的・道徳的・美的な) 認識, 意識, 観念; 理解力, センス: the moral *sense* 道徳観念 / a *sense* of justice [responsibility] 正義 [責任] 感 / a *sense* of humor ユーモアのセンス. **4** U 思慮 (分別), 健全な判断力: good *sense* 良識 / common *sense* 常識 / Emily has more *sense* than to lend you money. エミリーはあなたにお金を貸すような分別のないことはしない. **5** C (語などの) 意味, 語義 (◇ meaning よりも特

sensible

定された意味を表す): in a narrow [broad] *sense* 狭い [広い] 意味で / Churchill was a statesman in the true *sense* of the word. チャーチルは本当の意味での政治家であった.
6 U (あることをするだけの) 意義, 価値: There is no *sense* (in) talking to him. 彼に話したって意味がない / There is some *sense* in what they say. 彼らの言うことにも一理ある.
7 [one's ~s] 正常な精神状態, 意識, 正気: lose [recover] one's *senses* 意識を失う [取り戻す].
8 U (全体の) 意向, 総意: take the *sense* of the meeting (質問・投票などによって) 参会者の意向を確かめる.

■ **bríng ... to ...'s sénses** 〈人〉を正気に戻す; 迷いから覚ます.

cóme to one's sénses 意識を取り戻す; 迷いから覚める.

in a sénse ある意味で (は); 幾分.

in nó sénse 決して…でない.

màke sénse 意味が通じる; 道理にかなっている: Your opinion doesn't *make sense*. あなたの意見はさっぱりわからない.

màke sénse (òut) of ... [通例、否定文・疑問文で] …の意味を理解する.

òut of one's sénses 正気を失って.

sée sénse ものの道理がわかる.

tálk sénse 《口語》もっともなことを言う, 筋の通った話をする.

— 動 他 [進行形不可] **1** …に気づく, …を感じ取る; […ということに] 気づく [*that* 節]: *sense* her piercing eyes 彼女の刺すような視線に気づく / I *sensed that* something was wrong with the car. 私はその車がどこかおかしいと感じた. **2** (機械が) …を検知する, 読み取る.
(▷ 形 sénsible, sénsitive)
◆ **sénse òrgan** C (耳・目・鼻などの) 感覚器官.

*__sense·less__ [sénsləs] 形 **1** 愚かな, 無分別な, 非常識な; 無意味な (↔ sensible): a *senseless* act 無分別な行動 / It's *senseless* to continue negotiations. 交渉を続けることは無意味である. **2** [叙述用法] 無感覚の, 意識を失った: fall *senseless* 気を失って倒れる.

sense·less·ly [~li] 副 愚かにも; 無意味に.

*__sen·si·bil·i·ty__ [sènsəbíləti] 名 (複 sen·si·bil·i·ties [~z]) **1** U […に対する] 感覚 (力), 感受性, 敏感さ [*to*]: *sensibility* to external stimuli 外的刺激に対する鋭敏さ. **2** [しばしば複数形で] (芸術家などの) 感性, 鋭敏な感覚; こまやか [デリケート] な感情; 多感: the *sensibility* of a poet 詩人の感性 / The word offended her *sensibilities*. その言葉は彼女の感情を傷つけた. (▷ 形 sénsible)

*__sen·si·ble__ [sénsəbl] 形 **1** (人・行動などが) 分別がある, 賢明な (↔ senseless): a *sensible* person 分別のある人 / It was *sensible* of you to change your destination. あなたが行き先を変更したのは賢明だった. **2** (服・靴などが) 実用的な: *sensible* shoes 実用的な靴. **3** 《古風》 […を] 意識している, […に] 気づいている [*of*] (→ AWARE 類義語): She is *sensible of* the danger. 彼女は危険に気づいている. **4** 《格式》感じ取れるほどの, 目

sen・si・bly [sénsəbli] 副 賢明に, 気が利いて; 目立って, はっきりと.

‡sen・si・tive [sénsətiv]

— 形 1 [...に] 敏感な, 感じやすい [to]: *sensitive* skin 敏感な肌 / This plant is very *sensitive* to light. この植物はとても光に敏感です / Ally is *sensitive* to cold. アリーは寒さに敏感です.

2 [...に対して] 気にしやすい, 神経質な, 怒りっぽい [to, about]: a *sensitive* girl 神経質な女の子 / be *sensitive* to criticism 批判を気にする / Don't be so *sensitive* about your weight. 体重についてそんなに気にしてはいけない.

3 (問題などが)扱いに注意を要する, (文書などが)機密に属する: a *sensitive* document 機密文書.

4 (フィルムが)感光性の; (機械などが)高感度の.

5 《ほめ言葉》(芸術などに関して)感覚が鋭い, 繊細な, きめ細かい. (▷ 名 sénse, sènsitívity)

sen・si・tive・ly [〜li] 副 敏感に.
sen・si・tive・ness [〜nəs] 名 U 感受性; 神経過敏.
sen・si・tiv・i・ty [sènsətívəti] 名 U 1 [...に対する]感じやすさ, 敏感さ, 感受性 [to]. 2 (ラジオ・計器などの)感度; (フィルムの)感光度. 3 (問題などの)扱いにくさ. (▷ 形 sénsitive)

sen・si・tize, 《英》**sen・si・tise** [sénsətàiz] 動 他 1 (通例, 受け身で) …を [...に対して] 敏感にする, 〈人〉に [...を] 気づかせる [to].
2 《写真》〈フィルム〉に感光性を与える.

sen・sor [sénsər] 名 C センサー, 感知器 《光・音・熱などの刺激に反応して信号を発する装置》.

sen・so・ry [sénsəri] 形 感覚[知覚]の, 知覚による: *sensory* nerves 知覚神経.

sen・su・al [sénʃuəl / -sju-] 形 1 官能的な, 肉感的な. 2 肉欲にふける, 好色の.
sen・su・al・i・ty [sènʃuǽləti / -sju-] 名 U 肉欲にふけること, 好色.
sen・su・ous [sénʃuəs / -sju-] 形 1 (ものが)感覚的な, 感覚に訴える. 2 官能的な, 肉感的な.
sen・su・ous・ly [〜li] 副 感覚的に; 官能的に.

‡sent [sént]
動 send の過去形・過去分詞.

‡sen・tence [séntəns]
名 動

— 名 (sen・tenc・es [〜iz]) 1 C《文法》文 (→ 文法): a declarative [an interrogative, an imperative, an exclamatory] *sentence* 平叙[疑問, 命令, 感嘆]文 / a simple [compound, complex] *sentence* 単[重, 複]文.

2 C U《法》判決, (刑の)宣告; 刑: a life *sentence* 終身刑 / serve one's *sentence* 服役する / pass [pronounce] *sentence* on ... …に判決を下

文法 文 (sentence)

【文の成り立ち】

文は主部(主題になる部分)と述部(主題について述べる部分)から成り立っています.

Her sister bought a CD at that store.
　M　　S　　　V　　　O　　　　M
　　主部　　　　述部
（彼女の姉はあの店でCDを買った）

❶ **主語 (S)** 主部の中心となる(代)名詞です.
❷ **述語動詞 (V)** 述部の中心となる動詞です.
　目的語(O)・補語(C)を伴うことがあります(→巻末「文型について」).
❸ **修飾語句 (M)** 主語・述語動詞などを修飾する語句です.

【文の種類】

❶ **平叙文** 事実を述べる文です.
　Susan gave up the plan.　　[肯定文]
　　(スーザンはその計画を断念した)
　Tom doesn't like to play baseball.
　　(トムは野球をするのが好きではない)　[否定文]

❷ **疑問文** → QUESTION 文法

❸ **命令文** 通例, 主語 You を省略して動詞の原形を用います.
　Come here. (ここへ来なさい) 　[肯定文]
　Don't be noisy. (静かにしなさい)　[否定文]

❹ **感嘆文** 驚き・喜び・悲しみなどの強い感情を表す文です.

■「What+形容詞+名詞+S+V !」
　What a big pumpkin that is!
　　(なんと大きなカボチャなんだろう)

■「How+形容詞[副詞]+S+V !」
　How fast she runs!
　　(彼女はなんて足が速いのでしょう)

【構造から見た分類】

❶ **単文**「S+V」が1つの文です.
　He passed the exam on his first attempt.
　S　V　　(彼は最初の試みで試験に合格した)

❷ **重文** 2つ以上の「S+V」を and, but, or で結んだ文です.
　The weather was bad, but we decided
　　S　　　　V　　　　　S　　V
　to go. (天気は悪かったが行くことにした)

❸ **複文**「S+V」が2つ以上で, 一方が主節, 他方が従属節の文です.
　It was raining when I woke up.
　S　V　　　　　　S　V
　　主節　　　　　従属節
　(私が目を覚ましたときは雨が降っていた)
　This is the song which I like best.
　S　V　　　　　　　　S　V
　　主節　　　　　従属節
　(これは私が一番好きな歌です)

す / He's under *sentence* for five years in prison. 彼は禁固5年の刑に処せられている.
— 動 他 [しばしば受け身で]〈人〉に […の] 判決を宣告する [*to*]: The judge *sentenced* him *to* death. 裁判官は彼に死刑を宣告した / He *was sentenced* to life imprisonment for murder. 彼らは殺人罪で終身刑の判決を下された.

◆ séntence ádverb C 【文法】文修飾副詞.
séntence páttern C 【文法】文型 (→巻末「文型について」).

sen·ten·tious [senténʃəs] 形 《格式》(人・話ぶりなどが) もったいぶった, お説教的な
sen·ten·tious·ly [~li] 副 もったいぶって.

sen·tient [sénʃənt] 形 《格式》感覚 [知覚] のある, 感覚が繊細な.

‡**sen·ti·ment** [séntəmənt] 名 **1** U C 《格式》 […に対する] 感情, 心情; 情緒, 情操 [*on, about*]: a hostile *sentiment* 敵意.
2 U C [通例~s] 《格式》 […についての] (感情の混ざった) 意見, 感想 [*on, about*]: public [popular] *sentiment* 世論 / his *sentiments* on the subject その問題についての彼の意見. **3** U […についての] 感傷, 涙もろさ [*for, about*].
(▷ 形 sèntiméntal)

*sen·ti·men·tal** [sèntəméntəl] 形 **1** (通例, 軽蔑) (人が) […について] 感傷的な, 涙もろい [*about*]: Alcohol makes him *sentimental*. アルコールが入ると彼は涙もろくなる.
2 感情から来る, 思い入れのある: This clock has *sentimental* value to me. この時計には思い入れがある. **3** (通例, 軽蔑) (作品などが) 涙を誘う, お涙ちょうだいの, センチメンタルな.
(▷ 名 séntiment, sèntimentálity)

sen·ti·men·tal·ly [-təli] 副 感傷的に.
sen·ti·men·tal·ism [sèntəméntəlìzəm] 名 U (軽蔑) 感傷主義; 多感, 涙もろさ.
sen·ti·men·tal·ist [sèntəméntəlist] 名 C (軽蔑) 感傷的な人, 多感な人, 涙もろい人.
sen·ti·men·tal·i·ty [sèntəmentǽləti] 名 (複 sen·ti·men·tal·i·ties [~z]) (軽蔑) **1** U 感傷的なこと, 涙もろいこと. **2** C 感傷的な言葉 [行為].
(▷ 形 sèntiméntal)
sen·ti·men·tal·ize [sèntəméntəlàiz] 動 (軽蔑) 自 […のことで] 感傷的になる, 感傷にふける [*about, over*]. — 他 …を感傷的に扱う.
sen·ti·nel [séntənəl] 名 C (古風) 【軍】歩哨(ほしょう), 衛兵 (sentry); 番人.
sen·try [séntri] 名 (複 sen·tries [~z]) C 【軍】歩哨(ほしょう), 衛兵; U 歩哨の任務, 見張り.

◆ séntry bòx C 哨舎, 番小屋.
*Seoul** [sóul] 名 ソウル《大韓民国の首都》.
Sep. 《略語》 = *September*.
se·pal [sépəl, síː-] 名 C 【植】萼片(がくへん).
sep·a·ra·ble [sépərəbl] 形 […から] 分離できる, 区別できる [*from*].

‡‡**sep·a·rate** 形 動 【「se (分ける) + parate (置く)」から】
— 形 [sépərət] (☆ 動 との発音の違いに注意)
1 […から] **分かれた**, 離れた [*from*]: *separate* volumes 分冊 / Keep the two cats *separate*.
その2匹の猫は離しておきなさい / The prisoner was kept *separate from* the others. その囚人は他の囚人たちから隔離された.
2 (通例, 限定用法) 別々の, 個別の, 違った: *separate* seats 別々の座席 / They went their *separate* ways. 彼らはそれぞれ独自の道を進んだ.

— 動 [sépəreit] (三単現 sep·a·rates [-rèits]; 過去・過分 sep·a·rat·ed [~id]; 現分 sep·a·rat·ing [~iŋ])
— 他 **1** [separate + O] …を […から] **分離する**, 切り離す, 引き離す [*from*] (→ 類義語): *separate* two boxers 2人のボクサーを (クリンチから) 引き離す / *separate* an egg 卵を黄身と白身とに分ける / She was *separated from* her parents. 彼女は両親から引き離された.
2 …を […から / …に] 分ける, 分けて考える, 分類する (*out*) [*into*]: *separate* land into two parts 土地を2つに分ける / *separate* evaluation *from* inquiry 評価と調査を分離する.
3 …を […から] 隔てる [*from*]: The two prefectures are *separated* by the river. 2つの県は川で隔てられている.
— 自 **1** (人が) […から] **別れる**, 別居する [*from*]: Mr. and Mrs. Cooper have *separated*. クーパー夫妻は別居している / She *separated from* her husband in June. 彼女は6月に夫と別れた.
2 […から] 分離する, 離れる (*out*) [*from*]; […に] 分かれる [*into*]: The team *separated* from the league. そのチームはリーグから離れた [抜けた] / We *separated into* four groups. 私たちは4つのグループに分かれた.
(▷ 名 sèparátion)

[類義語] **separate, divide, part**
共通する意味 ▶ 分ける (break ... down into smaller units)
separate は「結合しているものを分離する」または「混在するものを種類・グループ別に分ける」の意: *separate* the whites and yolks of the eggs 卵の白身と黄身を分ける. **divide** は「1つのものを2つまたはそれ以上に分割する」の意: The builder *divided* the land into four housing sites. 建築業者はその土地を4つの宅地に区画した.
part は「緊密な関係にある2人または2つのものを引き離す」の意: The war *parted* the couple. 戦争によってその夫婦は離れ離れになった.

sep·a·rat·ed [sépəreitid] 形 (夫婦が) 別居中の.
*sep·a·rate·ly** [sépərətli] 副 […から] 離れて, 別々に; 独立して [*from*]: live *separately* 別々に暮らす / Could you wrap this *separately from* the rest? これはほかのとは別に包んでくれませんか.
*sep·a·ra·tion** [sèpəréiʃən] 名 **1** U C 分離, 別離; 独立: the *separation* of powers (立法・行政・司法の) 三権分立 / the *separation* of public and private matters 公私の区別. **2** C 分離箇所, 分岐点. **3** C U 別離期間; 【法】(夫婦の) 別居 (状態). (▷ 動 séparàte)
sep·a·ra·tism [sépərətìzəm] 名 U (政治・宗教・民族・性別上の) 分離 [独立] 主義.
sep·a·ra·tist [sépərətist] 名 C 分離主義者.

sep·a·ra·tor [sépəreitər] 名 C 分離させるもの;（特に牛乳からクリームをとる）分離器.

se·pi·a [síːpiə] 名 **1** U セピア《イカ墨から作る暗褐色の絵の具. 主に水彩画用》; セピア色;［形容詞的に］セピア色の. **2** C セピア色の写真［絵］.

Sept.《略語》= September.

Sep·tem·ber [septémbər]

— 名 U 9月《《略語》Sep., Sept.》（→ JANUARY 語法）: School starts in *September* in the U.S. アメリカでは学校は9月に始まる.

sep·tet [septét] 名 C［音楽］七重奏曲; 七重奏団.

sep·tic [séptik] 形 腐敗した; 敗血性の.
◆ **séptic tànk** C（バクテリア利用の）汚水浄化槽.

sep·tu·a·ge·nar·i·an [sèptʃuədʒənéəriən] 名 C 70（歳）代の人.

sep·ul·cher,《英》**sep·ul·chre** [sépəlkər] 名 C《古》（石づくりなどの）墓, 埋葬所.

se·pul·chral [səpʌ́lkrəl] 形 **1**《文語》陰うつな, 暗い. **2** 墓の; 埋葬の.

se·quel [síːkwəl] 名 C **1**［通例, 単数形で］（作品の）続編, 後編 [*to*]. **2**［…の］結果 [*of, to*].

se·quence [síːkwəns] 名 **1** C 連続するもの［事柄］, 一連のもの［事柄］;［…の］連続 [*of*]: a *sequence of* numbers 一連の数字.
2 U 順序: in chronological *sequence* 年代順に. **3** U 結果; 結論. **4** C［トランプ］（同じ組の）続き札.
■ **in séquence** 次々と; 順に. (▷ 形 sequéntial)
◆ **séquence of ténses** [the ~]〘文法〙時制の一致.

se·quen·tial [sikwénʃəl] 形《格式》続いて起こる, 連続的な; 結果として生じる. (▷ 名 séquence)

se·ques·ter [sikwéstər] 動 他 **1**〈人〉を［…から〕隔離する, 隠退させる [*from*]. **2**〘法〙〈財産〉を仮差し押さえする (sequestrate).

se·ques·tered [sikwéstərd] 形《文語》隠退した; 人里離れた.

se·ques·trate [síːkwəstreit] 動 他［通例, 受け身で］〘法〙〈財産などを〉仮差し押さえする; 没収する.

se·ques·tra·tion [sìːkwəstréiʃən] 名 U C〘法〙仮差し押さえ（令状）; 没収.

se·quin [síːkwin] 名 C スパンコール (spangle)《ドレスなどに縫い付けるきらきら光る装飾用金属片》.

se·quoi·a [sikwɔ́iə] 名 C［植］セコイア (redwood).
◆ **Sequóia Nátional Párk** 固 セコイア国立公園《米国 California 州中部にある》.

ser·aph [sérəf] 名（複 **ser·aphs** [~s], **ser·a·phim** [-rəfim]）C 熾(し)天使《最高位の天使》.

Serb [sə́ːrb] 名 C セルビア人; U セルビア語.

Ser·bi·a and Montenegro [sə́ːrbiə and mə̀ntənéigrou] 固 セルビア・モンテネグロ《バルカン半島にある共和国. 旧ユーゴスラビア連邦共和国; 首都ベオグラード (Belgrade)》.

ser·e·nade [sèrənéid] 名 C〘音楽〙セレナーデ, 小夜(さ)曲《夜, 窓辺の恋人に語りかけるような甘美な曲》. — 動 他〈人〉にセレナーデを歌う［奏でる］.

ser·en·dip·i·ty [sèrəndípəti] 名 U《文語》掘り出し物を見つける才能.

se·rene [sərí:n] 形（比較 **se·ren·er** [~ər]; 最上 **se·ren·est** [~ist]）**1**（天気・空などが）澄み渡った; うららかな: a *serene* autumn night 空が澄み渡った秋の夜. **2** 心穏やかな, 平静な, 落ち着いた.

se·rene·ly [-li] 副 快晴で; 穏やかに, 落ち着いて.

se·ren·i·ty [sərénəti] 名 U **1**（海・空などの）晴朗; うららかさ, のどけさ. **2**（心の）平静,（判断などの）冷静さ, 落ち着き.

serf [sə́ːrf] 名 C（複 **serfs** [~s]）C 農奴《中世ヨーロッパの最下層階級. 土地と共に売買された》.

serf·dom [sə́ːrfdəm] 名 U 農奴の身分; 農奴制.

serge [sə́ːrdʒ] 名 U サージ《あや織りの毛織物》.

ser·geant [sáːrdʒənt]（☆発音に注意）名 C **1** 軍曹 (《口語》sarge)《《略語》Sgt., serg.》.
2 巡査部長.
◆ **sérgeant májor**（複 **sergeants major**）C［軍］上級曹長, 軍曹.

sér·geant-at-árms 名（複 **ser·geants-at-arms**）C（議会・法廷などの）守衛官.

se·ri·al [síəriəl] 名 C（新聞・雑誌・テレビなどの）続き物, 連載物; 定期刊行物.
— 形［限定用法］**1**（番号などが）連続の, 通しの;（事件などが）連続して起こる: a *serial* murderer [killer] 連続殺人犯. **2**（小説などが）連載の,（出版物が）定期刊行の: a *serial* novel 連載小説. **3**［電気・コンピュータ］シリアルの, 逐次処理(方式)の (↔ parallel).
◆ **sérial númber** C 通し番号.

se·ri·al·ly [-əli] 副 連続的に, 続き物として.

se·ri·al·ize [síəriəlàiz] 動 他［しばしば受け身で］…を連載する, 続き物として上映［放送］する.

se·ries [síəriːz]【原義は「並ぶこと」】

— 名（複 **se·ries**）**1** C（同種類・類似のものの）ひと続き, 連続;［a ~］一連［の…］[*of*]（○ of のあとに複数名詞が来ても通例, 単数扱い）: the first in a *series of* lectures 一連の講義の第1回 / an unbroken *series of* meetings 会議に次ぐ会議 / The city was hit by a *series of* typhoons. その町は連続して台風に襲われた.
2 C（小説・映画・番組などの）続き物, シリーズ; 双書: a TV drama *series* テレビドラマシリーズ / the English literature *series* 英文学双書.
3 C（野球などの）連続試合, シリーズ: the World *Series*［野球］（大リーグの）ワールドシリーズ.
4 U［電気］直列 (↔ parallel).
5 C［数学］級数.
■ **in séries 1** 連続して; シリーズもので.
2［電気］直列に [C].

se·ri·ous [síəriəs]【原義は「重大な」】

— 形 **1**［…について］まじめな, 真剣な, 本気の [*about*]（→ 類義語）: a *serious* talk まじめな話 / Cathy looked *serious*. キャシーは真剣な顔をしていた / Are you *serious*? 本気なのですか / Tom is *serious about* changing his job. トムは転職することを真剣に考えている.

2 重大な, ひどい: a *serious* illness 重病 / a *serious* matter [problem] 重大問題 / It's a *serious* situation. 深刻な事態だ.

3 (作品などが)本格的な, 堅い (↔ light): *serious* literature 純文学 / a *serious* book 堅い本.

> **類義語** **serious, grave, sober, solemn**
> 共通する意味≫まじめな (not joking, nor frivolous, nor light)
>
> **serious** は冗談や遊びではなく「本気である, まじめでる」ことや,「事態が重大である」ことを表す: *serious* injury 重傷 / He can't be *serious*; he is just joking. 彼が本気のはずはない, 冗談を言っているだけさ. **grave** は「重々しい, 威厳のある」様子や,「まじめさ, 事態の重大さ」などを表し, serious よりも意味が強い: a *grave* illness (非常に)重い病気 / He was carefree, but his brother was always *grave*. 彼はのん気だったが彼の弟はいつもまじめだった. **sober** は「人柄・態度がまじめで冷静である」ことを表す: He was a *sober* man who seldom smiled. 彼はめったに笑うことのないまじめな男だった. **solemn** は宗教儀式に伴う「厳粛さ, 重々しさ」や,「人の態度や顔つきのしかつめらしさ」などを表す: A baptism is a *solemn* rite. 洗礼は厳粛な儀式である / He jokes with a *solemn* face. 彼はまじめくさった顔をして冗談を言う.

se‧ri‧ous‧ly [síəriəsli]
— 副 **1** まじめに, 真剣に, 本気で: Let's think about it *seriously*. そのことを真剣に考えよう / *Seriously* speaking, I'm in trouble. まじめな話, 私は困っています / I have to finish this work today. — *Seriously*? 私はきょうこの仕事を終えなければならない — 本気かい. **2** 重大に, ひどく: He was *seriously* injured. 彼は重傷を負った. **3** [文修飾][口語]まじめな話(だが): *Seriously*, what shall we do now? まじめな話, どうしようか.
4 [口語]本当に, たくさんの: She was *seriously* rich. 彼女は本当に金持ちだった.
■ **táke ... sériously** …を真剣に受け止める, 重要なことと考える: Don't *take* it *seriously*. I'm just kidding. 本気に受け取るなよ. 冗談なんだから.
se‧ri‧ous‧ness [síəriəsnəs] 名 U **1** まじめ, 真剣, 本気; 厳粛. **2** 深刻さ, 重大さ; 重症.
■ **in àll sériousness** [口語] 大まじめに, 本気で.

*ser‧mon [sə́ːrmən] 名 C **1** […についての](教会での)説教 [on]: give [deliver, preach] a *sermon* on mercy 慈悲について説教する.
2 [口語] お説教, 小言; 長談義.
■ **the Sérmon on the Móunt** [聖] 山上の垂訓 (《イエス=キリストが弟子に説いた教え》).

ser‧mon‧ize [sə́ːrmənàiz] 動 自 説教をする; [口語] 小言を言う.

*ser‧pent [sə́ːrpənt] 名 C **1** [文語] 蛇. **2** 陰険[こうかつ]な人; [the (old) S-] [聖] 悪魔.

ser‧pen‧tine [sə́ːrpəntìːn, -tàɪn / -tàɪn] 形
1 [文語] 蛇のような; 蛇行する, 曲がりくねった.
2 [比喩] ずるい, 陰険な, 人をそそのかす.

ser‧rat‧ed [səréitid] 形 (ナイフなどが)ぎざぎざの, のこぎり状の.

ser‧ried [sérid] 形 [比較なし][文語] (木・隊列などが)密集した, すし詰めの, ぎっしり並んだ.

se‧rum [síərəm] 名 (複 **se‧rums** [~z], **se‧ra** [-rə]) **1** U C [生理] 血清 (blood serum); [医] 抗血清. **2** U [生理] 漿(しょう)液.

serv‧ant [sə́ːrvənt] 【「serv (仕える) + ant (人)」で,「使用人」の意】
— 名 (複 **serv‧ants** [-vənts]) C **1** 使用人, 召使い (↔ master): a domestic *servant* 家事手伝い / hire [keep] *servants* 使用人を雇う[置く].
2 公務員, 公僕 (public servant): a civil *servant* 公務員, 役人.

*serve [sə́ːrv] 動 名

> 原義は「奴隷(として仕える)」.
> ① 仕える; 務める.　　他 1; 自 1
> ② 役に立つ.　　　　　 他 2; 自 2
> ③ 供給する.　　　　　 他 3
> ④ 食事を出す, もてなす. 他 4

— 動 (三単現 **serves** [~z]; 過去・過分 **served** [~d]; 現分 **serv‧ing** [~ɪŋ])
— 他 **1** [serve + O] …に […として] 仕える, …のために働く [as]: Susan *served* the family for twenty years. スーザンはその家で20年間働いた / Mr. Baker has *served* the company *as* an accountant. ベーカー氏は会計士として会社のためにつくしてきた.

2 (a) [serve + O] 〈人〉に食事[飲み物]を出す, もてなす: *serve* the guests 客をもてなす / First come, first *served*. [ことわざ] 早い者勝ち.
(b) [serve + O + O / serve + O + to ...] 〈人〉に〈料理など〉を出す: She *served* them seafood. = She *served* seafood *to* them. 彼女は彼らにシーフードをごちそうした.
(c) [serve + O + C] 〈食べ物・飲み物〉を…の状態で出す: Curry and rice must be *served* hot. カレーライスは熱いうちに出さなければならない.
3 [serve + O] […として] …の役に立つ, 〈目的など〉にかなう 〈as, for〉; (食事などが) …〈人〉分ある: *serve* the interests of farmers 農民の利益にかなう / The bathroom *serves* him *as* a darkroom. 彼は浴室を暗室として使っている / This dish will *serve* four people. この料理は4人分になるだろう.

4 [serve + O] …に [必要なものを] 供給する [with]: Streetcars *serve* the main sections of the city. その市の主な地区には市街電車が通っている / This town is well *served with* gas and water. この町にはガスと水道が行き渡っている.
5 (店などで) 〈客〉の応対をする; 〈客〉に [品物を] 見せる [with]: Can I *serve* you, madam? 奥様, ご用をうけたまわりましょうか / The clerk *served* the woman *with* the latest fashions. 店員は彼女に最新流行の品を見せた.

6 […として] 〈職務・年季など〉を務める [as]; 〈刑期〉を務める: *serve* one's time *as* manager 支配人を務める / He has *served* three years of his sentence. 彼は刑期のうちの3年を終えた.

7 [副詞(句)を伴って]…を(~に)扱う, あしらう: He *served* his wife badly. 彼は妻にひどい仕打ちをした. **8**【球技】〈球〉をサーブする. **9**【法】〈令状など〉を[人に]送達する, 渡す[*on*]; 〈人〉に[令状などを]送達する[*with*].
— ⓘ **1** [副詞(句)を伴って]務める, 勤める, 勤務する; (召使いとして)仕える; 給仕する, 食事を出す: *serve* in the police force 警察に勤務する / *serve* on a committee 委員会の委員を務める / Cathy *served* as a cook in the family. キャシーはその家の料理番だった / Nobody likes to *serve* at table. みんなが食卓の給仕をいやがる.
2 […として / …するのに]役立つ, 間に合う[*as, for* / *to do*]: Worrying *serves* for nothing. 心配しても何の役にも立たない / The dictionary *served* as [*for*] a pillow. その辞書がまくら代わりになった / Solar heating *serves* to save electricity. 太陽熱暖房は電力の節約に役立つ.
3【球技】サーブをする.
■ **sérve óut** ⓗ **1**〈食べ物など〉を配る. **2**〈任期〉を務め終える.
sérve ... ríght《口語》…にとって当然の報いとなる: He got fired? It *serves* him *right*. 彼が首になったって? 当然だよ.
sérve úp ⓗ **1** (調理して)食卓に…を出す.
2〈言い訳など〉を並べ立てる. — ⓘ 食事を出す.
— 图 C【球技】サーブ(すること); サーブ権: Whose *serve* is it? だれのサーブですか. (▷ 图 sérvice).

serv・er [sə́ːrvər] 图 C **1**【球技】サーブする人.
2 [通例 ~s] サーバー《大皿料理などを取り分けるための道具》; 大皿, 盆. **3**【コンピュータ】サーバー《ネットワーク内の機能を提供・管理するコンピュータ》.
4【カトリック】侍者《ミサの司祭の助手》.

****serv・ice** [sə́ːrvis] 图 形 動
— 图 (複 serv・ic・es [~iz]) **1** UC (通信・教育などの) 公益事業, 公共事業, 施設;(水道・ガス・電気の)供給業務;《郵便・バスなどの》路線, 便: mail [postal] *service* 郵便業務 / telephone [water, gas] *service* 電話 [水道, ガス] 事業 / social *services* 社会(福祉)事業 / Is there any bus *service* here? ここはバスが通っていますか.
2 U 勤務, 職務, 任務(duty); C (官庁などの) 部局: public *service* 公務, 公用 / join the foreign *service* 外交官になる / I am in the educational *service*. 私は教職にある.
3 CU [通例 ~s] 奉仕, 骨折り; 貢献, 功労: They offered their *services* free of charge. 彼らは無料で奉仕してくれた.
4 U (客に対する)サービス, もてなし, 給仕(比較 日本語で言う「サービス」と異なり「おまけ」「値引き」の意になら): The *service* at this hotel is good. このホテルはサービスがいい / You have to pay 10 percent of the bill for *service*. 勘定の1割をサービス料として払わなくてはならない.
5 CU (サービス業の)業務, 機関; [~s]サービス業: a delivery *service* 配送業務 / financial *services* 金融業.
6 UC (機械・車などの)アフターサービス, 点検修理(比較 「アフターサービス」は和製英語): offer after-sales *service* アフターサービスをする / I took my car in for *service* yesterday. 私はきのう車を点検に出した.
7 UC 兵役; [~s] 軍隊: military *service* 兵役 / The President commands the three *services* – land, sea, and air. 大統領は陸・海・空三軍を指揮する.
8 CU 礼拝, 儀式: a burial *service* 埋葬式 / a marriage *service* 結婚式 / morning *service* 朝の礼拝. **9** C 食器一式: a tea *service* 紅茶用食器一式. **10** C【球技】サーブ; サーブ権.
■ *at ...'s sérvice* …の自由に, 命じるままに: I am *at your service*. 何なりとお申し付けください.
be of sérvice [...に] 役に立つ[*to*]: This book will *be of* great *service to* you. この本はあなたにとても役立つでしょう.
in sérvice 雇われて, 在職中で; (機械・車・設備などが)使われている.
òut of sérvice (機械・車・設備などが)使われていない, 故障中の.
— 形 [限定用法] 従業員専用の, 業務用の: a *service* entrance 従業員用入り口.
— 動 ⓗ **1**〈機械など〉の手入れをする, 点検する: They *service* my car every six months. 車は6か月ごとに点検してもらっている.
2 …にサービスを提供する; …に電気[ガスなど]を供給する. **3**【経済】〈借金など〉の利息を払う.
(▷ 動 sérve).

◆ **sérvice àrea** C 《英》(高速道路沿いの)サービスエリア《給油・休憩などの施設》.
sérvice chàrge C **1** サービス料, 手数料.
2 (アパートなどの)管理費.
sérvice ìndustry UC サービス業, 第三次産業.
sérvice line C 《テニス》サービスライン.
sérvice ròad C 《英》(幹線道路と平行に走る)側道.
sérvice stàtion C ガソリンスタンド, 給油所.

serv・ice・a・ble [sə́ːrvisəbl] 形 **1** (服などが)もちのよい, 丈夫な. **2** 役に立つ, 使いやすい.
serv・ice・man [sə́ːrvismən] 图 (複 ser・vice・men [-mən]) C **1** 軍人. **2** 《主に米》(電気製品などの)アフターサービスの修理員, サービスマン.
serv・ice・wom・an [sə́ːrviswùmən] 图 (複 ser・vice・wom・en [-wìmin]) C **1** 女性軍人.
2《主に米》(女性の)修理員.
ser・vi・ette [sə̀ːrviét] 图 C《英・カナダ》(食卓用の)ナプキン(napkin).
ser・vile [sə́ːrvəl / -vail] 形 **1** 奴隷の(ような).
2 卑屈な; 主体性のない, 人の言いなりになる.
ser・vil・i・ty [sə̀ːrvíləti] 图 U 奴隷の状態; 卑屈.
serv・ing [sə́ːrviŋ] 图 C (料理などの)1人分.
— 形 (食器などが)給仕用の, 取り分け用の.
ser・vi・tude [sə́ːrvətjùːd / -tjùːd] 图 U **1** 奴隷の状態; […への]隷属[*to*]. **2** 懲役, 強制労働.
ses・a・me [sésəmi] 图 CU【植】ゴマ; U ゴマ(の実).
■ *ópen sésame* **1** [Open sesame!] 開けゴマ《『アラビアンナイト』に出てくる開門のまじない》.
2 (目的を確実に遂げられる)妙案.
◆ **sésame òil** U ゴマ油.
Sésame Strèet 图 セサミストリート《米国の幼児

‡**ses・sion** [séʃən] 图 **1** UC〈議会などの〉開会; 〈裁判所の〉開廷; 会議, 会合: a plenary *session* 本[全体]会議 / hold a *session* 開会[開廷]する / in *session* 会議中で. **2** C〈議会などの〉会期; 開廷期間: the parliamentary *session* 議会の会期. **3** C 集団活動; 講習会; 〈医師などの〉面談: a jam *session*（ジャズなどの）即興演奏会. **4** C《米・スコット》〈大学の〉学期; 授業 (時間).

‡‡‡**set** [sét] 動图形

基本的意味は「…を置く (put ... in a particular place or position)」.

① 置く. 動 1
② 整える, 調節する. 動 2
③ …の状態にする. 動 3
④〈場所・日時など〉を決める. 動 4
⑤ 示す; 樹立する. 動 5
⑥〈太陽・月が〉沈む. 自 1

— 動 (三単現 **sets** [séts]; 過去・過分 **set**; 現分 **set・ting** [～iŋ])
— 他 **1** [set＋O]〈場所の副詞 (句) を伴って〉…を〈適切な位置にきちんと〉**置く**, すえる, 載せる (◇ put よりも《格式》);〈人〉を配置する: *set* the plates on the table 皿をテーブルに置く / He *set* a ladder against the wall. 彼ははしごを塀に立てかけた / She *set* her baby on her lap. 彼女は赤ん坊をひざに載せた.
2 [set＋O]〈すぐ使えるように〉…を[…に]**整える**, 調節する, 準備をする [*to, for*]: *set* the table *for* breakfast 朝食のために食卓を整える / I *set* my watch by the radio. 私はラジオで腕時計の時刻を合わせた / Please *set* the alarm clock *for* six thirty. 目覚まし時計を6時半に鳴るようにセットしてください.
3 (a) [set＋O＋C]〈人〉を…の状態にする: He *set* the hostages free. 彼は人質を解放した / *Set* your room in order. 部屋を整とんしなさい / You'd better *set* your wife's heart at rest. 奥さんを安心させてあげなさい. (b) [set＋O＋現分] …を～させる: His funny gesture *set* us *laughing*. 彼のこっけいなしぐさを見て私たちはどっと笑った / I cannot *set* this machine *going*. 私はこの機械を始動させることができない.
4 [set＋O]〈場所・日時・値段など〉を決める;〈規則など〉を定める: *set* the date for the meeting 会合の日時を決める / *set* a high price on the picture 絵に高い値を付ける / Stricter rules should be *set* about this matter. この件についてはより厳格な規則が定められるべきである.
5 (a) [set＋O]〈模範など〉を示す;〈新記録〉を樹立する: *set* a precedent 先例を作る / He *set* a world record in the 400-meter hurdles. 彼は400メートルハードル走で世界記録を樹立した. (b) [set＋O＋O / set＋O＋to [for] …]…に〈模範など〉を示す: Please *set* me an example. ＝Please *set* an example *to* [*for*] me. 私に模範を示してください.

6 (a) [set＋O]〈仕事など〉を課す: The teacher *sets* a quiz for us every Friday. 先生は毎週金曜日に小テストを課す. (b) [set＋O＋to do]…に～する仕事を課す: He *set* the computer *to* receive email. 彼はコンピュータでEメールを受信するようにした / She *set* herself *to* finish the report by 5:00. 彼女は報告書を5時までに完成することにした.
7 [副詞 (句) を伴って]〈ある方向へ〉…を向ける;〈心など〉を注ぐ: She *set* her face toward the sun. 彼女は太陽の方へ顔を向けた / You must *set* your mind on your task. あなたは自分の仕事に集中しなければならない.
8 [通例, 受け身で]〈顔など〉をこわばらせる, 引き締める: His jaw *was set*. 彼はあごがこわばった.
9 〈もの〉を […に] 当てる, 近づける [*to*]: She *set* the glass *to* her lips. 彼女はグラスを唇に当てた.
10 〈折れた骨〉を接(つ)ぐ, 整骨する: I had my broken arm *set* by the doctor. 私は医師に折れた腕を治してもらった.
11 [通例, 受け身で]〈小説・劇など〉の場面を設定する: "Gone with the Wind" *is set* in Georgia about the time of the Civil War. 『風と共に去りぬ』は南北戦争の頃のジョージア州を舞台にしている. **12** 〈湿らせた髪〉をセットする. **13** [通例, 受け身で]〈宝石など〉を […に] はめ込む [*in*]; …に〈宝石〉をちりばめる [*with*]. **14**〈歌詞〉に曲をつける. **15** 〈鶏〉に卵を抱かせる;〈卵〉を鶏に抱かせる.
— 自 **1** 〈太陽・月が〉**沈む** (↔ rise): The sun and the moon rise in the east and *set* in the west. 太陽と月は東から昇り西に沈む.
2 固まる, 凝固する;〈表情が〉固くなる, こわばる: This cement will *set* in a day. このセメントは1日で固まるだろう / Her face *set* as soon as she saw him. 彼を見たとたん彼女の顔がこわばった.
3 〈折れた骨が〉整復する, 治る. **4** 〈果樹・花などが〉実を結ぶ. **5** [副詞 (句) を伴って]〈潮の流れ・風などが〉(ある方向に) 向かう;〈時代の傾向・意見などが〉(…に) 傾く, 向かう.

句動詞 **sét abòut ...** 他 **1** …を始める, …に取りかかる: I *set about* my homework as soon as I came home. 私は帰宅するとすぐ宿題に取りかかった / He *set about* pitching his tent. 彼はテントを張り始めた. **2**《英口語》…を攻撃する.

sét ... agàinst ~ 他 **1** [通例, 受け身で] …を～と比べる, 対比する: *Set* your plan *against* his. 君の計画を彼のと比べてみなさい. **2** …を～と敵対させる, 反目させる: Iago's slander *set* Othello *against* his wife. イアーゴーの中傷がオセロは妻に対して怒りを覚えた.

sèt apárt 他 [set apart＋O / set＋O＋apart] **1** …を […から] 際立たせる, 引き立たせる [*from*]. **2** …を取っておく (set aside).

sèt asíde 他 [set aside＋O / set＋O＋aside] **1**〈仕事など〉をわきに置く, 中断する: We will *set* this discussion *aside* until tomorrow. この討論はあすまで中断します.
2 […として / …のために] …を取っておく, 蓄えておく [*as / for*]: You should *set aside* part of

setback 1368 **setting**

your salary *as* savings. あなたは給料の一部を貯金すべきです. **3**〈願い・要求・感情など〉を無視する;《法》〈判決など〉を却下する, 破棄する.

sèt báck 他 [set back＋O / set＋O＋back] **1**〈進行・進歩など〉をはばむ, 遅らせる: The war *set* the project *back* by five years. 戦争のためにその計画が5年遅れた. **2**〈時計〉を遅らせる (↔ set forward): *Set* your watch *back* (by) one hour. 時計の針を1時間戻しなさい.

sèt ... báck ～ 他《口語》〈人〉に〈費用〉を支払わせる (cost): This car *set* me *back* a lot. この車は高かった.

sèt dówn 他 [set down＋O / set＋O＋down] **1** …を下に置く: I *set* the book *down*. 私は本を置いた. **2**《英》〈乗客〉を降ろす: Please *set* me *down* in front of the hospital. 病院の前で降ろしてください. **3** …を書きとめる, 記す. **4**《通例, 受け身で》〈規則など〉を決定する. **5** …を […と] みなす [*as*].

sèt fórth 他 [set forth＋O / set＋O＋forth]《格式》〈意見など〉を述べる (set out). ― 自《文語》出発する.

sèt fórward 他 [set forward＋O / set＋O＋forward] **1**〈物事〉を促進する. **2**〈時計〉を進める (↔ set back).

sèt ín 自（悪天候・病気など〉が始まる, 起こる: The dark clouds *set in* just after sunrise. 日の出のあとすぐに暗雲が立ち込めた.

sèt óff 自《副詞(句)を伴って》出発する: *set off* for Paris パリに向けて出発する. ― 他 [set off＋O / set＋O＋off] **1** …を引き立たせる, 目立たせる (show off): Her dress was *set off* by the bright-colored scarf. 鮮やかな色のスカーフが彼女の服を引き立たせていた. **2** …を爆発させる;〈花火〉を打ち上げる. **3**〈人〉を […を] 始めさせる [*doing*]; …を引き起こす: His performance *set* everybody *off laughing*. 彼の演技を見てみんなどっと笑った. **4** アラームを解除する.

sét on [upòn] ... 他 …を襲う.

sét ... on [upòn] ～ 他〈犬など〉を～にけしかける.

sèt óut 自 **1** 出発する: *set out* on a trip 旅に出る. **2** […し] 始める [*to do*]: *set out* to study biochemistry 生化学の研究を始める. ― 他 [set out＋O / set＋O＋out] **1**〈商品など〉を陳列する: *set* new watches *out* in the showcase ショーケースに新作の時計を陳列する. **2** …を述べる, 説明する: She *set out* the reasons for her absence. 彼女は欠席の理由をあれこれ説明した.

sèt tó 自《英》取りかかる;けんかを始める, 食べ始める: He held his painting brush and *set to*. 彼は絵筆を持って本格的に絵をかき始めた.

sèt úp 他 [set up＋O / set＋O＋up] **1**〈くい・棒など〉を立てる;〈テントなど〉を張る: *set up* a tent テントを張る. **2**〈機械など〉を組み立てる, 設置する;準備する. **3**〈学校など〉を創立する;〈組織など〉を作る;〈事業など〉を始める: Our school was *set up* 120 years ago. 私たちの学校は120年前に創立された. **4**《口語》〈人〉を元気にする: My promotion *set* me *up*. 私は昇進でやる気が出た. **5**〈叫び〉を上げる;〈騒ぎ〉を起こす. **6**〈ある状態〉を引き起こす. **7**《口語》〈人〉をだます, 陥れる. ― 自 **1**〈装置など〉を設置する;準備する. **2** 開業する.

・sèt onesèlf úp as ... …として一本立ちする, 身を立てる.

・sèt úp as ...〈商売など〉を始める, 開業する: He *set up* (for himself) *as* a baker. 彼はパン屋を始めた.

― 名 (複 sets [séts]) **1** C **ひと組**, ひとそろい, 一式: a tea *set* 紅茶用の茶器1セット / a *set* of golf clubs ゴルフクラブ一式 / a complete *set* of Hemingway ヘミングウェー全集.

2 C（ラジオ・テレビの）受信 [受像] 機: a TV [television] *set* テレビ1台.

3〈単数形で;集合的に〉《しばしば軽蔑》仲間, 連中;（特殊な）社会: the literary *set* 文人仲間 / the young *set* 若い連中.

4 C（演劇・映画などの）舞台装置, 大道具 (setting); C U 舞台, 撮影現場: build a large-scale *set* 大規模な舞台装置を組み立てる.

5 C（テニス・バレーボールなどの）セット: He lost three *sets* in succession. 彼は連続して3セットを落とした. **6** [a ～]（湿らせた髪の）セット: give one's hair a *set* 髪をセットする. **7** U（体の）姿勢, 格好, 様子. **8** [the ～]（潮流・風などの）方向;（感情・意見などの）傾向. **9** C《数学》集合. **10**〈単数形で〉凝固, 硬化. **11** C 若木, 苗.

― 形 **1**（ある位置に）固定した;（目などに）じっと動かない;（顔が）硬直した: a *set* smile 作り笑い / a *set* expression こわばった表情.

2 決意の固い, 頑固な: a *set* opinion 固い意見 / My son is *set* on becoming a singer. 私の息子は歌手になることを固く決意している.

3〈限定用法〉規定の, 定められた, 予定の: a *set* procedure 所定の手続き / *set* wages 固定給 / Let's meet at the *set* time. 予定の時刻に会いましょう. **4**〈限定用法〉型にはまった: a *set* phrase 決まり文句. **5**〈叙述用法〉準備が整った (ready): I'm *set* to go. 私は出かける準備ができている / On your mark(s), get *set*, go! 位置について, 用意, どん.

◆ **sét píece** C **1**（文学などの）類型的作品, 型通りの作品. **2**（軍事などの）綿密に計画された作戦;〈サッカー〉セットプレー.

sét póint C（テニスなどの）セットポイント.

sét thèory C《数学》集合論.

set・back [sétbæk] 名 C **1**（進行・進歩などの）妨げ, 後退;（病気などの）ぶり返し. **2** 失敗, 挫折(½っ). **3**《建》セットバック《高層建築物上部を段状に引っ込めること》.

set・square [sétskwèər] 名 C《英》三角定規 (《米》triangle).

set・tee [setí:] 名 C 小型ソファー, 長いす.

set・ter [sétər] 名 C **1**《動物》セッター（犬）《猟犬》. **2**［しばしば複合語で］〈ものを〉置く [並べる, 整える] 人;（わな・流行などの）仕掛け人.

‡set・ting [sétiŋ] 名 **1** C〈通例, 単数形で〉背景,

(小説・劇などの)舞台; 舞台装置: The *setting* of the novel is London. その小説の舞台はロンドンです. **2** C (機械の)調節目盛り. **3** U 設置, 据え付け; 配置. **4** U (太陽・月などが)沈むこと, 日[月]の入り(↔ *rising*). **5** C 食器ひとそろい (table setting). **6** U C (宝石などの)はめ込み(台), 象眼(物). **7** U C 作曲, 節(ﾌ).

***set・tle [sétl]

— 動 (三単現 **set・tles** [~z], 過去・過分 **set・tled** [~d]; 現分 **set・tling** [~iŋ])

— 他 **1** (a) [settle+O] 〈紛争など〉を**解決する**; 示談にする; 〈日取りなど〉を決定する (→ DECIDE 類義語): *settle* a dispute 紛争を解決する / The traffic accident has been *settled*. その交通事故は示談になった / We *settled* the day for our wedding. 私たちは結婚式の日取りを決めた. (b) [settle+that 節] …と決定する: It was *settled that* he would be transferred. 彼が転勤することに決まった. (c) [settle + 疑問詞節[句]] …かを決定する: I haven't yet *settled where* to spend my vacation. 私は休暇をどこで過ごすかをまだ決めていない.
2 〈土地〉に植民する; 〈人〉を定住させる; 身を固めさせる, 定職につかせる: They *settled* what is Massachusetts today. 彼らは現在のマサチューセッツに植民した / The government *settled* the people here. 政府はその人たちをここに定住させた / He was *settled* in the trading business. 彼は貿易業についた.
3 〈事柄・気持ちなど〉を**安定させる**, 静める; (落ち着きのよい場所に)置く: *settle* oneself snugly in the sofa ソファーにゆったりとくつろぐ / Our son's success *settled* our anxiety. 息子が合格したので私たちの心配は収まった.
4 〈ほこり・かすなど〉を沈殿させる, 静める: The stopping of the current will *settle* dust and dirt on the bottom of the river. 流れが止まると川底に泥土が沈殿する.
5 〈借金・勘定〉を清算する: My parents *settled* the bill. 両親が勘定を済ませた.
6 〈財産など〉を〈人〉に分与する [*on*].

— 自 **1** […に]植民する; 定住する, 住みつく [*in*]: The refugees *settled in* the north of the country. 避難民が国の北部に移住した / My niece *settled in* the country. 私のめいは田舎に住みついた.
2 [副詞(句)を伴って](鳥・虫などが)**止まる**; (視線が)とまる: A dragonfly *settled* on his hat. トンボが彼の帽子に止まった / Her eyes *settled on* the girl. 彼女の視線がその少女にとまった.
3 [副詞(句)を伴って](ほこり・かすなどが)積もる, 沈殿する事柄(が包む, 充満する: Dust *settled* on the piano. ピアノの上にほこりが積もっていた.
4 [副詞(句)を伴って](表情が)(顔に)浮かぶ; (沈黙などが)包む, 彼の顔には感嘆の表情が浮かんだ / Silence *settled* in the woods. 森に静寂が立ち込めた.
5 座る, 腰を下ろす; (人が)落ち着く.
6 (土地・建物などが)沈下する.

句動詞 *séttle dówn* 自 **1** 腰を下ろす; ゆっくりくつろぐ; 落ち着く: She was *settling down* on the sofa. 彼女はソファーでくつろいでいた.
2 安住[永住]する; 身を固める. **3** […に]集中して取りかかる [*to*]: *settle down to* reading 読書に集中し出す. — 他 [settle down + O / settle+O+down] …を座らせる; 落ち着かせる.
séttle for ... 他 …で妥協する, あきらめる.
séttle ín 自 新しい環境に慣れる. — 他 [settle in+O / settle+O+in] …を慣れさせる.
séttle ínto ... 他 〈新しい環境〉になじむ, 慣れる.
séttle on [upòn] ... 他 …を決定する, …に同意する: We *settled on* his plan. 私たちは彼の案に同意した.
séttle úp 自 [人に](借金などを)払う, 清算する; [人と]話をつける (*with*).

***set・tled** [sétld] 形 **1** 固定した; 確固たる; 落ち着いた; 定住した: a *settled* conviction 確固たる信念 / *settled* weather 安定した天気. **2** 清算[勘定]済みの; 決着のついた.

***set・tle・ment [sétlmənt]

— 名 (複 **set・tle・ments** [-mənts]) **1** C **解決**, 和解; 決定; 協定: the *settlement* of the trouble 紛争の解決 / a peace *settlement* 和平協定 / reach [come to] a *settlement* 和解に達する.
2 U C 支払い, 清算, 決算: a *settlement* of a bill 勘定の支払い.
3 C 入植地, 居留地, 新開地; (辺境の小規模な)集落: form *settlements* in the New World 新世界[アメリカ]に入植地を作る / the little *settlement* of the colonists 入植者の小集落.
4 U 植民, 移民; 定住: the *settlement* of New Zealand ニュージーランドへの植民.
5 C 【法】(財産などの)譲渡, 分与; 贈与された財産.

***set・tler** [sétlər] 名 C **1** 移民, 入植者, 開拓者.
2 (問題などを)解決する人, 決着をつける人[もの].

sét-tò [sétòu] (複 **set-tos** [~z]) C (通例, 単数形で)《口語》殴り合い, 激しい口論.

***set・up** [sétʌp] 名 C (通例, 単数形で) **1** (会社などの)**機構**, 仕組み; (機械などの)組み立て.
2 (口語) (仕組まれた)わな; 八百長(ﾔｵﾁｮｳ) (試合).
3 【球技】セットアップ《得点しやすいようにボールをパス[トス]すること》.

***sev・en [sévən] 名 形

— 名 (複 **sev・ens** [~z]) **1** U (基数の) **7** (→ NUMBER 表). **2** C 7を表す記号 (7, vii, VII など).
3 (代名詞的に; 複数扱い) 7つ, 7個, 7人.
4 U 7時, 7分, 7歳; 7ドル[セント, ポンド, ペンスなど]; 7フィート, 7インチ.
5 C 7個 [7人] ひと組のもの.
6 C 【トランプ】7の札.

— 形 **1** [限定用法] **7の**, 7個の, 7人の: the *seven* seas 7つの海《南[北]太平洋・南[北]大西洋・インド洋・南[北]極海》.
2 [叙述用法] 7歳の.

***sev・en・teen [sèvəntíːn] 名 形

— 名 (複 **sev・en・teens** [~z]) **1** U (基数の) 17

(→ NUMBER 表). **2** C 17を表す記号 (17, xvii, XVII など). **3** [代名詞的に; 複数扱い] 17, 17個, 17人. **4** U 17時, 17分; 17歳; 17ドル[セント, ポンド, ペンスなど]; 17フィート, 17インチ. **5** C 17個[17人] ひと組のもの.
— 形 **1** [限定用法] 17の, 17個の, 17人の. **2** [叙述用法] 17歳の.

‡**sev·en·teenth** [sèvəntíːnθ]
形 名 (◇ 17th ともつづる; → NUMBER 表)
— 形 **1** [通例 the ~] 17番目の, 第17の; 17位の. **2** 17分の1の.
— 名 (複 **sev·en·teenths** [~s]) **1** U [通例 the ~] 17番目の人[もの]. **2** U [通例 the ~] (月の) 17日 (→ FOURTH 名 **2**). **3** C 17分の1 (→ FOURTH 名 **3** 語法).

‡**sev·enth** [sévənθ]
形 名 (◇ 7th ともつづる; → NUMBER 表)
— 形 **1** [通例 the ~] 7番目の, 第7の; 7位の. **2** 7分の1の.
— 名 (複 **sev·enths** [~s]) **1** U [通例 the ~] 7番目の人[もの]. **2** U [通例 the ~] (月の) 7日 (→ FOURTH 名 **2**). **3** C 7分の1 (→ FOURTH 名 **3** 語法).
■ *in séventh héaven* 《口語》非常に幸せな, 有頂天の.

‡**sev·en·ti·eth** [sévəntiəθ] (◇ 70th ともつづる; → NUMBER 表) 形 **1** [通例 the ~] 70番目の, 第70の; 70位の. **2** 70分の1の.
— 名 (複 **sev·en·ti·eths** [~s]) **1** U [通例 the ~] 70番目の人[もの]. **2** C 70分の1 (→ FOURTH 名 **3** 語法).

‡**sev·en·ty** [sévənti]
名 形
— 名 (複 **sev·en·ties** [~z]) **1** U (基数の) 70 (→ NUMBER 表). **2** C 70を表す記号 (70, lxx, LXX など). **3** [代名詞的に; 複数扱い] 70, 70個, 70人. **4** U 70分; 70歳; 70ドル[セント, ポンド, ペンスなど], 70フィート, 70インチ. **5** C 70個[70人] ひと組のもの. **6** [one's seventies] 70(歳)代; [the seventies] (世紀の) 70年代.
— 形 **1** [限定用法] 70の, 70個の, 70人の. **2** [叙述用法] 70歳で.

sev·er [sévər] 動 《格式》**1** …を切断する; 〈部分〉を[本体から] 切り離す [*from*]. **2** 〈関係など〉を断つ; …の仲を裂く, …を分裂させる.
— 自 切れる, 離れる; 断絶する.

‡**sev·er·al** [sévərəl]
形 代 【原義は「分かれた」】
— 形 [比較なし] **1** いくつかの, 数個の, 数人の (◇ a few と many の中間. 3つ以上だが, 多くはないことを表す): *several* hours later. 彼女は数時間後に家に戻った / There were *several* hundred people killed in the air accident. その飛行機事故で数百人の人が亡くなった / I've read this book *several* times. 私はこの本を数回読んだことがある.
2 《文語》さまざまな; それぞれの, 別の: They went their *several* ways. 彼らは別々の道を進んだ /

Several men, *several* minds. 《ことわざ》それぞれの人にそれぞれの気持ちがある ⇒ 十人十色.
— 代 [不定代名詞] [複数扱い] いくつか, 数個, 数人: *Several* of them decided to walk home. 彼らのうち数人は歩いて家に帰ることにした.

sev·er·ance [sévərəns] 名 《格式》**1** U C 断; 分離, 隔離; 断絶. **2** U 解雇; 退職.
◆ **séverance pày** U 退職[解雇] 手当.

*****se·vere** [sivíər] 形 (比較 **se·ver·er** [-víərər]; 最上 **se·ver·est** [-víərist]) **1** (痛みなどが) 激しい, ひどい; (天候などが) 厳しい: a *severe* toothache 激しい歯痛 / a *severe* climate 厳しい気候.
2 (人・規律などが) […に] 厳格な, 厳しい [*on, with*]: She is very *severe* with her students. 彼女は生徒にとても厳しい.
3 (戦い・競争などが) 猛烈な, 激しい, 過酷な: a *severe* competition 激しい競争.
4 (批評などが) 辛らつな, 手厳しい.
5 (服装・外観などが) 簡素な, 地味な.

*****se·vere·ly** [sivíərli] 副 **1** 厳しく, 厳格に, (手) ひどく: be *severely* defeated 手ひどく敗北する.
2 簡素に, 地味に.

se·ver·i·ty [sivérəti] 名 (複 **se·ver·i·ties** [~z]) **1** U (痛みなどの) 激しさ, ひどさ; (天候などの) 厳しさ.
2 U (人・規律などの) 厳格さ, 厳しさ. **3** U (戦いなどの) 過酷さ. **4** U (服装・外観などの) 簡素さ, 地味. **5** C [通例, 複数形で] 厳しい経験 [行為].

Se·ville [səvíl] 名 固 セビリア 《スペイン南部の河岸港市》.

‡**sew** [sóu] (☆ 同音 so)
— 動 (三単現 **sews** [~z]; 過去 **sewed** [~d]; 過分 **sewn** [sóun], **sewed**; 現分 **sew·ing** [~iŋ])
— 他 **1** [sew+O] 〈衣服〉を縫う; 〈布・皮革などを〉縫い合わせる (*together*); [sew+O+O / sew+O+for …] …に〈衣服〉を縫ってやる: *sew* clothes 服を縫って作る / *sew* two pieces of cloth *together* 布切れを縫い合わせる / Mother *sewed* me a dress. = Mother *sewed* a dress *for* me. 母は私にドレスを縫ってくれた.
2 〈ボタンなど〉を […に] 縫い付ける [*on*]: Would you *sew* this button *on* my coat? このボタンを私のコートに縫い付けていただけませんか.
— 自 縫い物をする, ミシンをかける: She can't *sew* very well. 彼女は縫い物があまりうまくない.
■ *séw úp* 他 **1** 〈穴・傷など〉を縫い合わせる.
2 [通例, 受け身で] 《口語》〈交渉など〉をまとめる; 確実なものにする.

sew·age [súːidʒ / sjúː-] 名 U 下水 (の汚れ).
◆ **séwage dispòsal** U 下水処理.
séwage plànt [《英》**fàrm**] C 下水処理場.

sew·er[1] [súːər / sjúː-] 名 C 下水道, 下水溝.
sew·er[2] [sóuər] 名 C 縫う人, 裁縫師.
sew·er·age [súːəridʒ / sjúː-] 名 U **1** 下水設備; 下水処理. **2** = sewage.

*****sew·ing** [sóuiŋ] 名 U 裁縫, 針仕事; 縫い物.
◆ **séwing machìne** C ミシン.

‡**sewn** [sóun]
動 sew の過去分詞の1つ.

sex [séks]
【原義は「分けること」】
— 名 (複 **sex·es** [~iz]) **1** ﾕ C 性, 性別: the equality of the *sexes* 男女平等 / a school for both *sexes* 男女共学の学校 / the male [female] *sex* 男[女]性 / without distinction of *sex* 性別にかかわりなく.
2 ﾕ 性行為, セックス: have *sex* with ... …と性交する.
3 [形容詞的に] 性の, 性的な, 男女の: *sex* organs 性器, 生殖器.
— 動 他 〈動物〉の性別を判定する.
(▷ 形 séxual, séxy)

◆ **séx appèal** ﾕ セックスアピール, 性的魅力.
séx educàtion ﾕ 性教育.
séx lìfe C 性生活.
séx òbject C 性的な対象 (特に女性).
séx sỳmbol C セックスシンボル《性的魅力を体現する有名人》.

sex·ism [séksìzəm] 名 ﾕ 《軽蔑》性差別, (特に)女性蔑視, 男性上位主義.
sex·ist [séksist] 《軽蔑》名 C 性差別論者, 女性蔑視者, 男性上位主義者.
— 形 性差別的な, 女性蔑視の.
sex·less [sékslas] 形 **1** 無性の, 中性の.
2 《軽蔑》性的欲望[魅力]のない; 性行為のない.
sex·ol·o·gy [seksálədʒi-, -ɔ́l-] 名 ﾕ 性科学.
sex·tant [sékstənt] 名 C 六分(儀)《船の位置を知るために天体の高度を測定する機器》.
sex·tet, sex·tette [sekstét] 名 C 6人組, 6つひと組; 《音楽》六重奏曲; 六重奏団.
‡**sex·u·al** [sékʃuəl, -ʃəl] 形 **1** 男女の, 雌雄の: *sexual* equality 男女平等 / *sexual* discrimination 男女差別.
2 性の, 性的な: *sexual* desire 性的欲望.
3 《生物》有性生殖の; 生殖の: *sexual* reproduction 有性生殖 / *sexual* organs 生殖器, 性器.
(▷ 名 séx)

◆ **séxual harássment** ﾕ 性的いやがらせ, セクシャルハラスメント, セクハラ.
séxual íntercourse ﾕ 《格式》性交, セックス.
sex·u·al·ly [-ʃuəli, -ʃəli] 副 性的に.
sex·u·al·i·ty [sèkʃuǽləti] 名 ﾕ **1** 性的特質; 性別. **2** 性欲, 性的関心; (過度の) 性衝動.
‡**sex·y** [séksi] 形 (比較 **sex·i·er** [~ər]; 最上 **sex·i·est** [~ist]) **1** 性的魅力のある, セクシーな; 〈衣服などが〉挑発的な: a *sexy* dress 挑発的な服.
2 《口語》魅力的な.
(▷ 名 séx)

SF 《略語》= San Francisco サンフランシスコ; science *f*iction 空想科学小説.
SFX 《略語》= special *e*ffects (映画などの) 特殊効果; 特撮(◇ **FX** は eff-(F)+-ects(X) の音から).
Sgt. 《略語》= sergeant 軍曹.
sh [ʃ] 間 しーっ(◇無言・静粛を求める発声; shh, ssh ともつづる).
shab·bi·ly [ʃǽbili] 副 みすぼらしく; 卑しく.
shab·bi·ness [ʃǽbinəs] 名 ﾕ みすぼらしさ, 卑劣.
*****shab·by** [ʃǽbi] 形 (比較 **shab·bi·er** [~ər]; 最上 **shab·bi·est** [~ist]) **1** 〈衣服などが〉すり切れた, ぼろの; 〈場所が〉うらぶれた: a *shabby* old hat すり切れた古帽子.
2 〈人が〉みすぼらしい, ぼろを着た.
3 〈人・行為などが〉汚い, ひどい, 卑劣な: a *shabby* trick 卑劣な策略.
shack [ʃǽk] 名 C 丸太 [掘っ立て] 小屋, バラック.
— 動 [次の成句で]
■ **sháck úp** 自 《口語》[…と] 同棲(どうせい)する [*with*].
shack·le [ʃǽkl] 名 C [通例 ~s] **1** 手[足] かせ.
2 《文語》束縛, 拘束.
— 動 他 **1** …に手[足] かせをはめる. **2** [通例, 受け身で] …を束縛する, …の自由を奪う.

shade [ʃéid]
【原義は「暗やみ」】
— 名 (複 **shades** [ʃéidz]) **1** ﾕ [しばしば the ~] 陰, 日陰, 木陰(◇光の当たらない部分をさす; cf. shadow (光が当たってできるはっきりした) 影): in the *shade* 日陰で[に] / the *shade* of palm trees ヤシの木陰 / There is little *shade* on this beach. この浜辺には日陰がほとんどない.
2 C 光をさえぎるもの; (ランプ・電灯の) かさ (lampshade); 《米》日よけ, ブラインド (window shade, blind); [~s] 《主に米口語》サングラス: a lamp with a cloth *shade* 布製のかさが付いたランプ / The *shades* were pulled down in the room. その部屋のブラインドは下ろされていた.
3 C (絵などの) 色合い, 明暗 [濃淡] の度合い; 陰影: a dark *shade* of blue [brown] 濃紺 [こげ茶] 色 / The painter uses light and *shade* effectively. その画家は明暗を効果的に使っている.
4 C (意味などの) ちょっとした違い, ニュアンス: the delicate *shades* of meaning 意味の微妙な違い.
5 [a ~; しばしば副詞的に] ほんの少し […の], ごくわずか […の] [*of*]: There was a *shade* of sarcasm in his remark. 彼の話にはかすかなあてこすりがあった / He asked me to turn the radio down a *shade*. 彼は私にラジオの音を少し小さくしてくれと頼んだ.
6 C 《文語》幽霊, 亡霊 (ghost).
7 [~s] 《文語》夕やみ, 薄暗がり; 黄泉(よみ)の国: the *shades* of night 夜のとばり.
■ **pút ... ìnto [in] the shàde** …を目立たなくする, …の影を薄くする.
Shádes of ... 《口語》…を思い出すよ.
— 動 他 **1** …を陰にする; 〈目・人などを〉[光・熱などから] さえぎる [*from*]: The yard is *shaded* by a big tree. その庭は大きな木で陰になっている / I *shaded* my eyes *from* the sun with my hands. 私は目に手をかざして日光をさえぎった.
2 …に覆いを付ける: *shade* a lamp ランプにかさを付ける. **3** 〈絵など〉に陰影をつける, 明暗 [濃淡] をつける.
— 自 (色などが) 次第に変化して [ぼやけて] […から / …に] なる (*off*) [*from / to, into*]: The color of the sky *shaded from* pale blue *into* gray. 空の色は淡い青から灰色へと変わっていった.
(▷ 形 shády)

shad·ing [ʃéidiŋ] 名 **1** ﾕ 陰にすること, 日よけ.
2 ﾕ (絵の) 濃淡, 明暗; 描写法. **3** C [通例 ~s] (色・性質などの) わずかな変化.

shadow

***shad·ow [ʃǽdou] 名 動【基本的意味は「影 (a dark shape made when something blocks the light)」】
— 名 (複 shad·ows [~z]) **1** C (光をさえぎるものが作るはっきりした) 影, 物影 (cf. shade (光の当たらない) 陰): The *shadows* deepened [lengthened]. 影が濃くなった [伸びた] / Trees cast their *shadows* on the sidewalk. 木々が歩道にその影を投げかけていた.
2 U (または ~s) 物陰, 暗がり (shade); 夕やみ: in *shadow* 陰で, 暗くなって / He walked in the *shadows*. 彼は暗がりを歩いた.
3 C (通例 a ~; 否定文・疑問文で) [...の] ごくわずか, 気配 [*of*]: a *shadow* of a smile かすかなほほ笑み / beyond [without] a *shadow* of a doubt いささかの疑いもなく.
4 C (不幸などの) 暗い影, 悪影響; 前兆, 幻影 [*of*]: the *shadow* of death 死の影 [兆し] / The rumor cast a *shadow* over his family. そのうわさが彼の家族に暗い影を落とした.
5 C (絵・写真などの) 黒い部分; (複数形で) (目の下の) くま.
6 C 影のようなもの, 抜けがら. **7** C 影のようにつきまとう人 [もの]; 尾行者. **8** C 幻, 幽霊.
■ *be afraid* [*frightened*] *of one's own shadow* とても怖がりである, 自分の影を怖がる.
in [*under*] *the shadow of ...* **1** ...の影で; ...のすぐ近くに. **2** ...より目立たずに, ...の陰に隠れて.
— 動 他 **1** ...に (影のように) つきまとう, 尾行する: A detective *shadowed* him. 探偵が彼を尾行した. **2** ...を陰にする, 暗くする. (▷ 形 shádowy)
◆ shádow cábinet C《英》影の内閣《政権を取ったときに備えて作る野党の内閣》.

shad·ow·box·ing [ʃǽdoubὰksiŋ / -bɔ̀ks-] 名 U **1** シャドーボクシング《相手を想定して1人でするボクシングの練習》. **2** 意見の探り合い.

*shad·ow·y [ʃǽdoui] 形 (比較 shad·ow·i·er [~ər]; 最上 shad·ow·i·est [~ist]) **1** 影のような, ぼやけた; はかない, 空虚な: a *shadowy* hope はかない望み.
2 影の多い; 暗い. (▷ 名 shádow)

*shad·y [ʃéidi] 形 (比較 shad·i·er [~ər]; 最上 shad·i·est [~ist]) **1** 日陰の, 陰になった; (木などが) 陰を作る (↔ sunny): take a *shady* path 木陰の小道を行く.
2 いかがわしい, 明るみに出せない: *shady* dealings いかがわしい取引. (▷ 名 sháde)

*shaft [ʃǽft / ʃɑ́:ft] 名 C **1** (おのや斧・ゴルフクラブなどの) 柄, シャフト; (通例 ~s) (馬車の) かじ棒. **2** (エレベーターの) シャフト《エレベーターの通る空間》; (鉱山の) 縦坑. **3** 【機械】軸, 心棒, シャフト: the drive *shaft* of a car 車の駆動軸. **4** 一筋の光線 (ray): a *shaft* of light 一条の光. **5** 《文語》矢, やり; (矢のように) 鋭い言葉, 皮肉.
■ *give ... the sháft*《米俗語》〈人〉をだます; 邪険(ｼﾞｬｹﾝ)に扱う.

shag¹ [ʃǽg] 名 U **1** (織物の) けば. **2** 強い刻みたばこ.

shag² C 【鳥】ウ (鵜).

shake

shag·gy [ʃǽgi] 形 (比較 shag·gi·er [~ər]; 最上 shag·gi·est [~ist]) **1** (犬などの) むく毛の, 毛むくじゃらの. **2** (織物などが) けば立った.
◆ shággy dóg stòry C 退屈な話 [ジョーク].

Shah [ʃɑ́:] C シャー《イラン国王, その称号》.

***shake [ʃéik] 動 名【基本的意味は「…を振る」】
— 動 (三単現 shakes [~s]; 過去 shook [ʃúk]; 過分 shak·en [ʃéikən]; 現分 shak·ing [~iŋ])
— 他 **1** (a) [shake + O] ...を 振る, 揺する, 揺り動かす; 震わせる: *Shake* this medicine bottle well before use. この薬のびんは使用前によく振ってください / The explosion *shook* the building for a while. 爆発でビルがしばらく揺れた / I *shook* him by the shoulders. 私は彼の肩をつかんで揺り動かした. (b) [shake + O + C] ...を振って [揺すって] ~ (の状態) にする: She *shook* John awake. 彼女はジョンを揺すって起こした.
2 〈もの〉を [...から] 振り落とす, 揺すって落とす [出す] [*from, out of*]; [...に] 振りかける [*on*]: *shake* salt *on* a boiled egg ゆで卵に塩をかける / He *shook* chestnuts *from* the tree. 彼は木を揺すってクリを落とした / She got angry and *shook* my hand away. 彼女は怒って私の手を振り払った.
3 [しばしば受け身で] 〈人・心・信念など〉を動揺させる, かき乱す: He *was* badly *shaken* by the news. その知らせに彼 (の心) はひどく動揺した.
4 〈棒・指など〉を [...に向かって] 振り回す [*at*]: They *shook* clenched fists *at* the police officers. 彼らは握りこぶしを警官に向けて振り回した.
— 自 **1** (ものが) 揺れる, 振動する (→ 類義語): I felt the ground *shaking* beneath my feet. 私は足元で地面が揺れているのを感じた.
2 (人・声が) [...で] 震える [*with*]: They were *shaking* because of the cold. 彼らは寒さで震えていた / Her voice *shook* with emotion. 彼女の声は感動で震えた.

句動詞 **sháke dówn** 他 [shake down + O / shake + O + down] **1** ...を振り落とす, (揺すって) 詰める. **2**《米口語》...から金をまき上げる. **3**《米口語》...を徹底的に探す. **4** 〈船など〉のならし運転をする. — 自《英口語》**1** (新しい環境などに) 慣れる, 落ち着く. **2** 仮眠する.

sháke óff 他 [shake off + O / shake + O + off] ...を振り落とす; 〈人〉を振り払う; 〈病気など〉を治す.

sháke óut 他 [shake out + O / shake + O + out] ...を振って広げる; 〈ほこりなど〉を振って払う.

sháke úp 他 [shake up + O / shake + O + up] **1** ...を動揺させる; 奮い立たせる: The bad news *shook* me *up*. その悪い知らせに私は驚いた. **2** ...を強く振る, 振って混ぜる. **3** 〈組織・人事など〉を刷新する, 改造する.

■ *sháke a lég*《口語》急ぐ.
sháke ... by the hánd = *sháke ...'s hánd* ...と握手する: I *shook* him *by the hand*. = I *shook his hand*. 私は彼と握手した.
sháke hánds (*with ...*) (...と) 握手する: Paul *shook* hands with her. ポールは彼女と握手した.

sháke one's héad 首を横に振る(◇不賛同・失望などの感情を表す; cf. **nod** うなずく(同意を表す))

— 名 **1** C《通例,単数形で》振ること, ひと振り: Give the bottle a good *shake*. びんをよく振りなさい.
2 [the 〜s]《口語》(体の)震え, 悪寒(おかん): She got the *shakes*. 彼女はぶるっと身震いした.
3 C《米口語》地震(earthquake). **4** C《口語》一瞬, あっという間. **5** U《米口語》ミルクセーキ(milk shake). **6** C《米口語》待遇: get a fair *shake* 公正な待遇を受ける.
■ *be nó gréat shákes*《口語》たいしたものではない: He's *no great shakes* as an actor. 彼は俳優としてはたいしたことはない.
in twó [a cóuple of] shákes《口語》ただちに.

[類義語] **shake, tremble, quiver, shiver, quake, shudder**
共通する意味▶揺れる(move quickly from side to side or up and down)
shake は「揺れる」の意を表す最も一般的な語: My house *shakes* when a train goes by. 私の家は列車が通り過ぎると揺れる. **tremble** は「小刻みに震える」の意: He was *trembling* from the cold. 彼は寒さで震えていた. **quiver** は「速く小刻みに震える」の意: The leaves *quivered* in the breeze. そよ風で木の葉が小刻みに揺れた. **shiver** は特に寒さで「体が瞬間的に小刻みに震える」の意: He *shivered* from the chill of the night. 彼は夜の冷気に身震いした. **quake** は「激しく大きく震動する」の意: The earth *quaked*. 地面が揺れた. **shudder** は特に嫌悪・恐怖で「全身が瞬間的に激しく震える」の意: She *shuddered* at the ghastly sight. 彼女は恐ろしい光景を見て身震いした.

shake・down [ʃéikdàun] 名 C **1**《米口語》ゆすり, 脅し. **2**《米口語》徹底的な検査[捜査]. **3**《航空機・船舶などの》試運転, 調整. **4**《単数形で》《英口語》(わらなどを敷いた)間に合わせの寝床.

***shak・en** [ʃéikən] 動 **shake** の過去分詞.

shake・out [ʃéikàut] 名 **1** U 不況, 景気後退. **2** C (会社などの)大改革(shake-up).

shak・er [ʃéikər] 名 C **1** 振る人[もの]. **2** (塩・コショウなどの)食卓用振りかけ器. **3** かくはん器; カクテルシェーカー.

***Shake・speare** [ʃéikspiər] 名 圐 シェイクスピア William Shakespeare《1564–1616; 英国の劇作家》.

Shake・spear・e・an, Shake・spear・i・an [ʃeikspíəriən] 形《限定用法》シェイクスピア(風)の.

shake・ùp 名 C **1** 振り動かすこと. **2** (内閣・会社などの)大改革, 大刷新.

shak・y [ʃéiki] 形 (比較 **shak・i・er** [〜ər]; 最上 **shak・i・est** [〜ist]) **1** 揺れる, ぐらつく. **2** (声などが)震える; (人が)よろめく: a *shaky* voice 震え声. **3** しっかりしない; 頼りない, あてにならない.
shak・i・ly [〜li] 副 よろよろと; 震えて.

shale [ʃéil] 名 U《地質》頁岩(けつがん), 泥板岩.

***shall** [(弱) ʃəl; (強) ʃǽl]

❶ [Shall I [we]...?] 相手の意向「…しましょうか」(→ **2**)
<u>Shall</u> I help you? — No, thank you.
(手伝いましょうか — いいえ, 結構です)
<u>Shall</u> we dance? — Yes, let's.
勧誘(一緒に踊りませんか —
ええ, そうしましょう)

❷ 話し手の意志
■ 1人称を主語にして「きっと…する」(→ **3(a)**)
I [We] <u>shall</u> return.
(私[私たち]はきっと戻ってきます)
■ 2人称・3人称を主語にして「…に〜させよう」(→ **3(b)**)
You <u>shall</u> have it.
2人称の主語 (あなたにそれをあげます)
Tom <u>shall</u> come here.
3人称の主語 (トムをここへ来させよう)

— 助動 (過去 **should** [(弱) ʃəd; (強) ʃúd]) (◇《主に英》では shall not の短縮形として **shan't** [ʃǽnt / ʃáːnt] を用いる) **1** [単純未来] (◇《米》では通例 **will** を用いる.《英》でも最近は **will** をよく用いる) (a) [平叙文で; 1人称の主語と共に用いて] **でしょう, …だろう**: I *shall* be seventeen next year. 私は来年17歳になります / We *shall* leave for Italy on Friday. 私たちは金曜日にイタリアへ向けてたちます / I *shall* not [shan't] be busy tomorrow. あすは忙しくないだろう. (b) [疑問文で; 1人称・2人称の主語と共に用いて] **…する[である]だろう**: *Shall* we arrive in time? 私たちは時間内に着くでしょうか / *Shall* you be at home tomorrow? あすはご在宅でしょうか. (c) [未来進行形; shall be＋現分] **…しているだろう**: We *shall* be hiking about this time tomorrow. あすの今頃私たちはハイキングをしているだろう. (d) [未来完了; shall have＋過分] **…してしまっているだろう**: I *shall have finished* this work by noon. 私は正午までにこの仕事を終えているだろう.

2 [相手の意向] (a) [Shall I [we] ...?] …**しましょうか**: *Shall* I help you? — Yes, please [No, thank you]. お手伝いしましょうか — はい, お願いします [いいえ, 結構です] / *Shall* we play tennis? — Yes, let's [No, let's not]. テニスをしませんか — はい, しましょう [いいえ, やめておきましょう] / What time *shall* we be here? 何時に私たちはここへ来ましょうか / Let's start, *shall* we? 出発しましょうか (◇ Let's ... の付加疑問には shall we? を用いる). (b) [3人称の主語と共に用いて] …**させましょうか**: *Shall* he go there on your behalf? 代わりに彼をそこへ行かせましょうか.

3 [ʃǽl] [意志未来] (a) [話し手の意志; 1人称を主語にして] **きっと…する, …するつもりである**: I *shall* never forget your goodwill. あなたのご好意は

決して忘れません / We *shall* do our best. 私たちは最善をつくします. (**b**) [話し手の意志; 2人称・3人称を主語にして] …を~させよう (◇通例, 目下または年下の者に対して用い, 命令・脅迫を表す): You *shall* have my answer tomorrow. あすあなたに返事をしよう / You *shall* not [shan't] go there alone. あなたを1人でそこへは行かせません (= I will not let you go there alone.).

4 [*ʃél*] [命令・禁止; 2人称・3人称の主語と共に用いて]《文語》…すべし, …すること: Each student *shall* carry his/her ID card. 学生は各自が身分証明書を所持すること / You *shall* not steal. 汝(なんじ)盗むなかれ (◇聖書の「十戒」の1つ).

5 [*ʃél*] [予言]《文語》(必ず)…するであろう: All living things *shall* die. 生あるものは必ず死ぬ.

shal・lot [ʃəlát / -lɔ́t] 名 C 《植》エシャロット《ユリ科ネギ属の野菜. 鱗茎(りんけい)を薬味にする》.

‡**shal・low** [ʃǽlou] 形 (比較 **shal・low・er** [~ər]; 最上 **shal・low・est** [~ist]) **1** (川・容器などが) 浅い (↔ deep); 奥行きのない: a *shallow* pan 浅いなべ. **2** 浅はかな, 薄っぺらな, 思慮の浅い: a *shallow* thought 浅はかな考え.

— 名 C [通例 (the) ~s] 浅瀬, 洲(す).

— 動 (川などが) 浅くなる.

shal・low・ly [~li] 副 浅く; 浅はかに.

shal・low・ness [~nəs] 名 U 浅いこと; 浅はかさ.

shalt [(弱) ʃəlt; (強) ʃǽlt] 助動《古》 shall の2人称・単数・直説法現在形 (= thou).

sham [ʃǽm] 名 **1** U [または a ~] 見せかけ, いんちき, でっち上げ; C (宝石などの) まがい物, 偽物.

2 C ほら吹き, 詐欺 [ペテン] 師.

— 形 [限定用法] 見せかけの, 模造の; 偽りの.

— 動 (三単現 **shams** [~z]; 過去・過分 **shammed** [~d]; 現分 **sham・ming** [~iŋ]) 他 …のふりをする, …とうそぶく: *sham* sleep 寝たふりをする.

— 自 見せかける; [形容詞を補語として] …のふりをする, …になりすます: *sham* dead 死んだふりをする.

sha・man [ʃɑ́ːmən] 名 C シャーマン《シャーマニズム (shamanism) の呪術師・巫女(みこ)》.

sha・man・ism [ʃɑ́ːmənizm] 名 U シャーマニズム《北米先住民などに特徴的な原始宗教》.

sham・ble [ʃǽmbl] 動 自 [副詞 (句) を伴って] よろよろ [よたよた] 歩く.

sham・bles [ʃǽmblz] 名 [通例 a ~; 単数扱い]《口語》混乱, ごった返し; ものが散乱した場所: make a *shambles* of ... …をめちゃくちゃ [台なし] にする.

sham・bol・ic [ʃæmbálik / -bɔ́l-] 形《口語》混乱した, めちゃくちゃな.

***shame** [ʃéim] 名 動

— 名 (複 **shames** [~z]) **1** U […に対する] <u>恥ずかしさ</u>, 羞恥(しゅうち)心 [*at, for*]: in *shame* 恥じて / She flushed with *shame*. 彼女は恥ずかしくて顔を赤らめた / He feels no *shame for* his behavior. 彼は自分のふるまいを恥ずかしいと思っていない.

2 U […への] 恥, 恥辱, 不名誉 [*on*]: Don't bring *shame on* the family. 一家の名をけがすようなことはするな. **3** [a ~] 恥となること [人]: He is a *shame* to the school. 彼は学校の面汚しだ.

4 [a ~] ひどいこと, 情けないこと, 残念なこと: It's a *shame* (that) the singer died so young. その歌手がそんなに若くして死んだのは残念だ / What a *shame* (Japan lost the game)! なんて情けない (日本が試合に負けたなんて).

■ **hàve nó sháme** 恥知らずである.

pùt ... to sháme …をしのぐ, 圧倒する;〈人〉に恥をかかせる: His paintings *put* mine *to shame*. 彼の絵は私のよりすぐれている.

Sháme on yóu!《口語》恥を知れ, みっともない.

to ...'s sháme [文修飾] …にとって恥ずかしいことに: *To my shame*, I have never read the Japanese Constitution. 恥ずかしいことに私は日本国憲法を読んだことがありません.

— 動 他 **1** 〈人〉に恥をかかせる; …の面目を失わせる: That behavior of his *shamed* his father. 彼のそうしたふるまいで父親は顔をつぶした.

2 〈人を恥じ入らせて […] 〉させる [*into*]; […を] やめさせる (*out of*): Her words *shamed* him *into* apologizing. 彼女の言葉に恥じ入って彼はわびた.

shame・faced [ʃéimfèist] 形 (人が) 遠慮がちな, 恥ずかしそうな; (様子が) 恥じ入った.

*shame・ful** [ʃéimfəl] 形 恥ずべき, 不面目な; けしからぬ; みだらな: *shameful* conduct 恥ずべき行為 / It is *shameful* to tell a lie. うそをつくのは恥ずべきことです.

shame・ful・ly [-fəli] 副 恥ずかしくも, 見苦しくも.

shame・less [ʃéimləs] 形 恥知らずな; 厚かましい, わいせつな.

shame・less・ly [~li] 副 恥知らずに; ずうずうしく.

sham・poo [ʃæmpúː] 名 (複 **sham・poos** [~z])

1 U C シャンプー; (カーペットなどの) 液体洗剤.

2 C 洗髪; (カーペット・床などの) クリーニング.

— 動 他 〈髪〉を洗う; …を (洗剤で) クリーニングする.

sham・rock [ʃǽmrak / -rɔk] 名 C 《植》シャムロック《クローバー類の三つ葉植物で Ireland の国花》.

Shang・hai [ʃæŋhái] 名 固 シャンハイ (上海) 《長江河口にある中国最大の商工業都市》.

Shan・gri-La [ʃæŋɡriláː] 名 シャングリラ, 地上の楽園, 理想郷.

shank [ʃǽŋk] 名 **1** C (工具・スプーンなどの) 柄, 軸. **2** C U (牛などの) すね肉 (→ BEEF 図).

3 C [通例 ~s]《古》すね (shin); (人の) 脚 (leg).

■ **gó** [**ríde**] **on shánks'** [**shánk's**] **máre** [**póny**]《こっけい》歩いて [馬で] 来る, 歩いて行く.

‡**shan't** [ʃǽnt / ʃɑ́ːnt]《短縮》《主に英》 shall not の短縮形.

shan・ty[1] [ʃǽnti] 名 (複 **shan・ties** [~z]) C 仮小屋, 掘っ立て小屋.

shan・ty[2] 名 (複 **shan・ties** [~z]) C 舟歌 (chantey).

shan・ty・town [ʃǽntitàun] 名 C スラム街.

***shape** [ʃéip] 名 動

— 名 (複 **shapes** [~s]) **1** U C <u>形</u>, 形状, 格好: the *shape* of the moon 月の形 / What *shape* is your watch? – It's oblong. あなたの腕時計はどんな形ですか – 長方形です / The telephone was quite unusual in *shape*. その電話は形がと

ても変わっていた.
2 [C] (おぼろげな) ものの姿, 人影; 幻: I saw dark *shapes* in the fog. 霧の中に黒々とした姿が見えた.
3 [U] (健康などの) 状態, 具合; (物事の) 様子: I'm in good [bad] *shape*. 私は体調がいい [悪い].
4 [C] 種類, 形態: dangers of every *shape* あらゆる種類の危険. **5** [C] (ものに形をつけるための) 型, 木型; 型に入れて作ったもの《ゼリー・プリンなど》.
■ ***gét (onesèlf) ìnto shápe*** 体調を整える.
gìve shápe to ... …を具体化する, まとめる.
in ány shàpe or fòrm [否定文で] どんな形でも (…ない): A public servant should not accept bribes *in any shape or form*. 公務員はどんな形にせよ賄賂(ワイロ)を受け取るべきではない.
in shápe (健康などが) 好調で (↔ out of shape): I jog every day to stay *in shape*. 体調を保つために私は毎日ジョギングをしている.
in the shápe of ... …の形で, …の形をした.
líck [gèt, knóck] ... ìnto shápe 《口語》〈物事〉をまとめる, 具体化する; 〈人〉を鍛える.
òut of shápe **1** 形が崩れて. **2** (健康状態が) 不調で (↔ in shape).
tàke shápe 具体化する, 実現する: How long will it be before the project *takes shape*? その計画が具体化するのはどれくらい先のことだろうか.
— [動] [他] **1** …を〔…から〕形作る〔*from, out of*〕; …から〔…を〕形作る〔*into*〕: *shape* a flower pot *from* [*out of*] clay＝*shape* clay *into* a flower pot 粘土で植木鉢を作る. **2** 〈進路・態度など〉を決定する, 方向づける, …に影響を与える: The event *shaped* his philosophy of life. その出来事が彼の人生観を決定づけた. **3** [通例, 受け身で] …を〔…に〕合わせる, 適合させる〔*to*〕. **4** (球技などで)〔…しようと〕身構える〔*to do*〕.
— [自] 形ができる, 具体化する; 発展する.
■ ***shápe úp*** 《口語》 **1** (計画などが) 具体化する; 発展する, うまくいく. **2** 適切にふるまう, しっかりした言動をとる.

shaped [ʃéipt] [形] [しばしば複合語で] …の形をした: egg-*shaped* 卵形の / a cloud *shaped* like a camel ラクダの形をした雲.

***shape·less** [ʃéipləs] [形] **1** 不格好な, 形が崩れた; 醜い: a *shapeless* old hat 形が崩れた古い帽子. **2** (定まった) 形のない; まだ形を成していない.

shape·ly [ʃéipli] [形] (比較 **shape·li·er** [~ər]; 最上 **shape·li·est** [~ist]) (体・足などが) 形 [格好] のよい: *shapely* legs 形のよい脚.

shard [ʃɑ́ːrd] [名] [C] (陶器・ガラスなどの) 破片.

⁑share [ʃéər]
[動] [名]【原義は「切る」】

— [動] (三単現 **shares** [~z]; 過去・過分 **shared** [~d]; 現分 **shar·ing** [ʃéəriŋ])
— [他] **1** 〈もの・意見・感情など〉を〔…と〕**共有する**; 共同で使う〔*with*〕: I *shared* a bedroom *with* my friend. 私は友人と寝室が相部屋だった / The excitement was *shared* by all the members. すべてのメンバーがその興奮を味わった.
2 〈もの〉を〔…と / …の間で〕**分け合う**, 分ける (*out*)〔*with* / *among, between*〕: Billy *shared* the winnings *with* his brother. ビリーは賞金を弟と分け合った / *Share* the candies *between* you two. キャンディーを2人で分けなさい.
3 〈考えなど〉を〔人に〕伝える, 披露する〔*with*〕.
— [自]〔…を / …と〕**分担する**, 共にする〔*in* / *with*〕; 〔…に〕参加する〔*in*〕: We *shared in* the expenses equally. 私たちは平等に費用を分担した.
■ ***sháre and sháre alíke*** 等分する, 山分けする.
— [名] (複 **shares** [~z]) **1** [C] [しばしば one's ~]〔…の〕**分け前**, 取り分; 市場占有率, シェア〔*in, of*〕: a *share in* the profits 利益の取り分 / Take your *share of* food. あなたの分の食べ物を取りなさい.
2 [C] [しばしば one's ~] (仕事・支出などの) **割り当て**, 負担, 分担: Do your *share* of the work. あなたに割り当てられた仕事をやりなさい.
3 [U] [または a ~]〔…における〕**役割**, かかわり, 貢献〔*in*〕: He has no *share in* the decision. 彼はその決定にかかわっていない.
4 [C] (会社の個々の) **株**, 株式 (cf. stock (会社全体の) 株): hold 10,000 *shares* in the company その会社の株を1万株持っている.
■ ***gò sháres (with ...)*** 《英口語》(…と) 山分けする; (…と) 共同でやる.
◆ **sháre ìndex** [C] 株価指数.

share·crop·per [ʃéərkrɑ̀pər / -krɔ̀pə] [名] [C] 《主に米》 物納契約の耕作者, 小作人.

shared [ʃéərd] [形] (施設などが) 共有 [共用] の, 共に分かち合う.

share·hold·er [ʃéərhòuldər] [名] [C] 株主 (stockholder).

sháre-òut [名] [C] [単数形で]〔利益・物品などの〕分配, 配給, 分け合うこと〔*of*〕.

share·ware [ʃéərwèər] [名] [U]【コンピュータ】シェアウェア《代金支払いの前に試用することができるソフトウェア; cf. freeware フリーウェア》.

***shark** [ʃɑ́ːrk] [名] (複 **sharks** [~s], **shark**) [C] **1**【魚】サメ, フカ. **2**《口語》欲深い人; 詐欺師.

⁑sharp [ʃɑ́ːrp]
[形] [副] [名]

基本的意味は「鋭い (having a fine edge or point that cuts easily)」.

① 鋭い; 先のとがった.	[形] **1**
② (傾斜・カーブが) 急な; 急激な.	[形] **2**
③ くっきりとした, 鮮明な.	[形] **3**
④ 鋭敏な; 聡明な.	[形] **4**
⑤ (言葉などが) 辛らつな.	[形] **5**

— [形] (比較 **sharp·er** [~ər]; 最上 **sharp·est** [~ist]) **1** (刃物・刃などが) **鋭い**, 鋭利な (↔ dull, blunt); 先のとがった: a *sharp* knife 鋭いナイフ / a sword with a *sharp* edge 刃の鋭い刀 / A *sharp*(-pointed) pencil is not safe for a child. 先のとがった鉛筆は子供にとって危険です. ([比較]「シャープペンシル」は和製英語. 英語では an automatic pencil, 《米》 a mechanical pencil, 《英》 a propelling pencil などと言う)
2 (傾斜・カーブなどが) **急な**; (変化などが) **急激な**: a *sharp* rise [drop] in prices 物価の急激な上昇 [下落] / Slow down your car at a *sharp*

S

curve. 急カーブでは車の速度を落としなさい.
3 くっきりとした, 鮮明な: These pictures are very *sharp*. これらの写真は鮮明に写っている / The mountain stood in *sharp* contrast with the blue sky. その山は青空と鮮やかな対照を成してそびえていた.
4 鋭敏な, 敏感な; 聡明な, 抜け目のない (clever) (↔ dull): a *sharp* sense of humor 鋭いユーモアの感覚 / Keep a *sharp* eye on that child. あの子をしっかり見ていなさい / She is very *sharp* at math. 彼女は数学がとても得意です.
5〈言葉など〉が〔…に対して〕辛らつな, 激しい〔with〕: He has a *sharp* tongue. 彼は毒舌家だ / She is *sharp* with me. 彼女は私に対して手厳しい.
6〈音声〉が鋭い, かん高い: a *sharp* voice かん高い声. **7**〈寒さ・痛みなど〉が激しい, 厳しい;〈味・においが〉強い, ぴりっとくる: I felt a *sharp* pain in my stomach. 私は胃に鋭い痛みを感じた. **8**〈服装などが〉決まった, スマートな. **9** 【音楽】半音高い, シャープの, 嬰(ぇぃ)音の (↔ flat): B *sharp* 嬰ロ(調).
— 副 **1** (時間が)ぴったりに, ちょうど (exactly): He appeared at one o'clock *sharp*. 彼は1時きっかりに現れた. **2** 突然, 急に; 急角度で: The train pulled up *sharp*. 列車が急に止まった / The car turned *sharp* right. 車は急に右に曲がった. **3** 【音楽】シャープで, 半音高く.
— 名 C 【音楽】シャープ, 嬰音記号(♯) (↔ flat).

***sharp・en** [ʃɑ́ːrpən] 動 他 **1** …を鋭くする,〈ナイフ・はさみなど〉を研ぐ (↔ dull);〈鉛筆〉を削る (up): *sharpen* a pencil to a point 鉛筆を削ってとがらせる.
2〈苦痛・欲望など〉を激しくする, 強くする;〈心配・恐怖など〉を増大させる: The incident *sharpened* fears of terrorism. その事件はテロに対する不安を増大させた. **3**〈輪郭・イメージなど〉を強調する (accentuate). **4**〈感覚など〉を鋭敏にする. **5**〈言葉・表情など〉を辛らつにする. **5**《主に英》【音楽】〈音など〉を半音上げる.
— 自 (声が)鋭くなる; (苦痛・欲望などが)増す.
■ ***sharpen úp*** 他 **1** …を鋭くする, 研ぐ. **2** 感覚などを鋭敏にする, 研ぎ澄ます.

sharp・en・er [ʃɑ́ːrpənər] 名 C [通例, 複合語で] 研ぐ人 [もの], 削る人 [もの]: a knife *sharpener* ナイフ研ぎ / a pencil *sharpener* 鉛筆削り(機).
shárp-éyed 形 目が利く, 目ざとい; 観察が鋭い.
sharp・ish [ʃɑ́ːrpɪʃ] 副 C 急いで, ただちに.
***sharp・ly** [ʃɑ́ːrpli] 副 **1** 鋭く, とがって: a *sharply* pointed knife 先のとがったナイフ. **2** 急に, 突然(に): turn [stop] *sharply* 急に曲がる[止まる]. **3** 厳しく, 荒々しく; (目つきが)険しく. **4** はっきりと, くっきりと: contrast *sharply* with … …ときわめて対照的である. **5** 鋭敏に, 抜け目なく.
sharp・ness [ʃɑ́ːrpnəs] 名 U **1** (刃物などが)鋭利なこと, 鋭さ. **2** (カーブなどが)急なこと. **3** (言動・批判などが)厳しいこと. **4** (映像・画像・音声などが)鮮明なこと. **5** 鋭敏さ, 抜け目なさ.
sharp・shoot・er [ʃɑ́ːrpʃùːtər] 名 C 射撃の名手; 狙撃(ゃき)兵.
shárp-tóngued 形 辛らつな, 口の悪い.
shárp-wít・ted 形 頭の切れる, 抜け目のない.

shat [ʃǽt] 動 shit の過去形・過去分詞.

***shat・ter** [ʃǽtər] 動 他 **1**〈ガラス・陶器など〉を粉々にする, 粉砕する (→ BREAK 類義語): *shatter* a vase against the wall 花びんを壁にぶつけて粉々にする. **2**〈希望など〉を打ち砕く;〈健康など〉を損なう. — 自 (ガラスなどが)粉々になる, 飛び散る.
shat・tered [ʃǽtərd] 形 [叙述用法] **1** (人が)動揺した, ショックを受けた. **2**《英口語》(人が)疲れ果てた.
shat・ter・ing [ʃǽtərɪŋ] 形 **1** 衝撃的な, ぞっとする. **2**《英口語》(人)を疲れさせる.
shat・ter・proof [ʃǽtərprùːf] 形 (フロントガラスなどが)割れても散乱[飛散]しない.

***shave** [ʃéɪv] 動 (三単現 **shaves** [~z]; 過去 **shaved** [~d]; 過分 **shaved, shav・en** [ʃéɪvən]; 現分 **shav・ing** [~ɪŋ]) 他 **1**〈顔・脚など〉のひげ[毛]をそる (off);〈人〉のひげ[毛]をそる: She *shaved* her legs. 彼女は脚の毛をそった. **2** …を薄く削る,〈板など〉にかんなをかける (off). **3** …すれすれに通る, …をかすめる: A truck *shaved* the wall of my house. トラックがわが家の塀をかすめるように通った. **4**〈価格など〉を割り引く, 下げる (off).
— 自 ひげをそる: He *shaves* with a safety razor. 彼は安全かみそりでひげをそる.
— 名 **1** [通例 a ~] ひげ[毛]をそること: give … a *shave*〈人〉のひげをそってやる / have a *shave* ひげをそる. **2** 削りくず, 薄片.
■ ***háve a clóse [nárrow] sháve***《口語》間一髪のところを逃れる.

***shav・en** [ʃéɪvən] **shave** の過去分詞.
— 形 (ひげ・毛を)そった; (芝生などが)刈り込まれた.
shav・er [ʃéɪvər] 名 C **1** 電気かみそり (electric shaver). **2** そる人[もの]; 削る人; 理髪師.
shav・ing [ʃéɪvɪŋ] 名 **1** U (頭髪などを)そること, ひげそり. **2** C [しばしば ~s] かんなくず, 削りくず.
◆ **sháving créam** U ひげそり用クリーム.
sháving fòam U ひげそり用泡状クリーム.
Shaw [ʃɔ́ː] 名 固 ショー George Bernard [bɑ́ːrnərd] Shaw [1856-1950; 英国の劇作家・評論家].
***shawl** [ʃɔ́ːl] 名 C ショール, 肩掛け.

***she** [(弱) ʃi; (強) ʃíː] 代 名

— 代 [人称代名詞] (◇3人称単数女性の主格; → PERSONAL) 語法
1 [主語として] 彼女は[が]: Is your mother in? — No, *she*'s out. お母さんいらっしゃいますか — いいえ, 出かけています.
[語法] (1) 動物の雌にも用いる: The cat is very sweet, but *she* is not tamed. その猫はとてもかわいいが飼い慣らされていない.
(2) 無生物でも船・国などで女性として擬人化されたものには *she* を用いることがある: The ship blew a whistle as *she* left port. 船は出航するときに汽笛を鳴らした.
2 [主格補語として] 彼女で(◇ʃíː と発音する; → ME **2** 語法): It is *she* who wants this book. この本を欲しがっているのは彼女です / Is Rachel there, please? — This is *she*. レイチェルをお願いします — 私です(◇電話での会話).
3 その人は[が] (◇性別がわからない場合に用いる; →

— **名** (複 **shes** [～z]) **1** ⓒ 女性,(動物の)雌(↔ he): Is the kitten a he or a *she*? その子猫は雌ですか雄ですか. **2** [複合語で] 雌の: a *she*-goat 雌ヤギ.

s/he [☆ she or he または she he と読む] **代** 彼女または彼(◇男女共通の主格の代名詞として用いる).

sheaf [ʃíːf] **名** (複 **sheaves** [ʃíːvz]) ⓒ (穀類・紙幣などの)束: a *sheaf* of corn 1束のトウモロコシ.

shear [ʃíər] **動** (三単現 **shears** [～z]; 過去 **sheared** [～d]; 過分 **sheared, shorn** [ʃɔ́ːrn]; 現分 **shear・ing** [ʃíəriŋ]) **他 1** 〈羊などの〉毛を刈る. **2** 《格式》〈髪〉を切る. **3** 〔通例,受け身で〕［...を]...から奪い取る(*of*); 〈車輪など〉を外す(*off*).
— **自** 〈車輪などが〉外れる(*off*).

shears [ʃíərz] **名** [複数扱い] 大ばさみ(羊毛の刈り取りなどに用いる).

sheath [ʃíːθ] **名** (複 **sheaths** [ʃíːðz, ʃíːθs]) ⓒ **1** 〈刃物の〉さや; 〈道具の〉覆い, 〈電線などの〉被覆. **2** 【植】葉鞘(ようしょう); 【昆】翅鞘(ししょう).
◆ **shéath knife** ⓒ さや付きナイフ.

sheathe [ʃíːð] **動** 他 **1** ...をさやに納める. **2** 〈保護のために〉...を[...で]覆う, 包む[*with, in*].

sheaves [ʃíːvz] **名** sheaf の複数形.

she-bang [ʃibǽŋ] **名** [次の成句で]
■ *the whóle shebáng* 《主に米口語》何もかも.

shed[1] [ʃéd] **名** ⓒ 小屋, 物置; 車庫, 格納庫 (→ CABIN [類義語]): a bicycle *shed* 自転車置き場.

shed[2] **動** (三単現 **sheds** [ʃédz]; 過去・過分 **shed**; 現分 **shed・ding** [～iŋ]) 他 **1** 〈葉など〉を落とす; 〈動物が〉〈皮など〉を脱ぐ, 〈毛・羽根など〉を抜け替わらせる: The snake *sheds* its skin. 蛇は脱皮する. **2** 〈考え・習慣など〉をやめる; 〈不要なもの〉を捨てる; 〈人〉を解雇する: The company *shed* 4,000 workers. 会社は4,000人を解雇した. **3** 《格式》〈涙・血など〉を流す: *shed* tears 涙を流す. **4** 〈液など〉を[...に]投じる, 注ぐ[*on*]. **5** 《英》〈トラックが〉〈積み荷〉を落とす.
■ *shéd one's blóod* (*for ...*) (...に)命をささげる. *shéd ...'s blóod* = *shéd the blóod of ...* 〈人〉を傷つける, 殺す(◇ kill の婉曲表現).

she'd 〔《弱》ʃid; 《強》ʃíːd〕〔短縮形〕**1** **she would**の短縮形: She said *she'd* visit me at 1 p.m. 彼女は午後1時に私を訪ねると言った.
2 **she had**の短縮形: Ann said *she'd* done her homework. アンは宿題を済ませたと言った.

sheen [ʃíːn] **名** Ⓤ [または a ～] (絹・毛髪などの)輝き, つや, 光沢.

sheep [ʃíːp] **名** (複 **sheep**) **1** ⓒ 【動物】羊 (cf. ram 雄羊, ewe 雌羊, lamb 子羊; → CRY 表, MEAT 表): a flock of *sheep* 羊の群れ / a stray [lost] *sheep* 迷える羊, 正道から外れた人.
2 Ⓤ 羊皮 (sheepskin).
3 ⓒ 《軽蔑》〈羊のように〉憶病な人; 愚かな人.
■ *cóunt sheep* 《口語》(眠れないない夜のおまじないで, 柵(さく)を跳び越える) 羊の数を数える.
separate the shéep from the góats 【聖】善人

と悪人とを区別する.
◆ **shéep dòg** ⓒ 牧羊犬 《コリーなど》.

sheep・fold [ʃíːpfòuld] **名** ⓒ 羊の囲い.

sheep・herd・er [ʃíːphə̀ːrdər] **名** ⓒ 《米》羊飼い (shepherd).

sheep・ish [ʃíːpiʃ] **形** (愚行や失敗で) きまり悪い, 恥ずかしい.
sheep・ish・ly [～li] **副** 内気に, はにかんで.

sheep・skin [ʃíːpskìn] **名** **1** ⓊⒸ 羊皮(通例, 毛の付いたもの). **2** ⓒ 羊皮製品《手袋・帽子・敷物など》. **3** Ⓤ 羊皮紙; ⓒ 羊皮紙の書類. **4** ⓒ 《米口語》卒業証書 (diploma).

*****sheer**[1] [ʃíər] **形 1** 〔限定用法〕まったくの (complete), 本当《純粋》の: a *sheer* waste of time まったくの時間のむだ. **2** 険しい, 垂直な, 切り立った: a *sheer* cliff 切り立ったがけ. **3** 〈織物が〉透き通る, ごく薄地の. — **副** 垂直に, まっすぐに: fall [rise] *sheer* 垂直に落ちる〔上る〕.

sheer[2] **動** 自 **1** 〈船・風などが〉向きを変える, 針路[進路]からそれる (*away, off*). **2** 〔嫌いな人・話題などを〕避ける (*away, off*) [*from*].

*****sheet** [ʃíːt]
【原義は「(1枚の) 布」】
— **名** (複 **sheets** [ʃíːts]) ⓒ **1** シーツ, 敷布(◇英米では体の上下2枚のシーツを用いる; → BEDROOM [PICTURE BOX]): change the *sheets* シーツを替える / He began to snore as soon as he got between the *sheets*. 彼はベッドに入るやいなやいびきをかき始めた.
2 〈紙・ガラス・鉄板などの〉1枚: a *sheet* of glass 板ガラス1枚 / a *sheet* of paper 1枚の紙.
3 〈水・火などの〉広がり, 一面: a *sheet* of flames 火の海 / a *sheet* of ice 一面の氷.
4 新聞紙, パンフレット; 〈切手〉シート: a fly *sheet* ちらし.
◆ **shéet líghtning** Ⓤ 幕電《遠くの稲光によって空が明るくなる現象》.
shéet mùsic Ⓤ 1枚刷りの楽譜.

sheet・ing [ʃíːtiŋ] **名** Ⓤ **1** シーツ地. **2** 保護皮膜材; 板金(ばんきん).

Shef・field [ʃéfiːld] **名** 固 シェフィールド《英国 England の北部にある工業都市》.

sheik, sheikh [ʃíːk / ʃéik] **名** ⓒ **1** (アラブ人の)族長, 長老. **2** (イスラム教の)導師, 指導者.

shek・el [ʃékəl] **名** ⓒ **1** シェケル(◇イスラエルの通貨単位). **2** [～s] 《口語・こっけい》金銭; 富.

*****shelf** [ʃélf]
— **名** (複 **shelves** [ʃélvz]) ⓒ **1** 棚; 棚の上のもの: put up a *shelf* 棚をつる / a *shelf* of books 棚1段分の本 / Put this dictionary back on the top *shelf*. この辞典を一番上の棚に戻しなさい. **2** 棚状のもの; (がけの)岩棚; 暗礁, 浅瀬; 砂州: a *shelf* of rock 岩棚.
■ *òff the shélf* (在庫があるため) すぐに買えて. *on the shélf* 《口語》棚上げされて, 用いられないで; 《古風》(女性が) 婚期を逃して.

*****shell** [ʃél] **名 動**
— **名** (複 **shells** [～z]) ⓒ **1** 貝殻, 貝 (sea-

shell); (カメ・エビなどの)甲羅(ﾄﾞﾗ), (卵の)殻, (豆・木の実などの)殻, さや; (パイなどの)皮: a snail *shell* カタツムリの殻 / peanut *shells* ピーナッツの殻 / crack a *shell* 殻を割る.

2 外観, 見せかけ; 骨組み, 外枠; 船体: the *shell* of the house 家の骨組み.

3 砲弾, 破裂弾; 《主に米》薬莢(ﾔｯｷｮｳ) (cartridge) (→ BULLET 関連語): a blind *shell* 不発弾.

■ **còme óut of one's shéll** 自分の殻から出る; 打ち解ける.

gò [retíre] ìnto one's shéll 自分の殻に閉じこもる, 無口になる.

— 動 他 **1** …の殻(さや)を取る, 殻から…を取り出す: *shell* peas エンドウ豆のさやをむく / *shelled* oysters むき身のカキ. **2** …を砲撃する.

■ **shéll óut** 他 《口語》〈金〉を[…に]しぶしぶ支払う[for]. — 自 金を支払う.

[(弱) ʃil; (強) ʃiːl]
***she'll** 《短縮》《口語》 **1** she will の短縮形: *She'll* be 17 years old next March. 彼女は来年の3月で17歳になります.
2 she shall の短縮形.

shel·lac [ʃəlǽk] 名 U シェラック《ラック (lac) を精製した塗料. ワニスなどの原料》; シェラックワニス.

Shel·ley [ʃéli] 名 シェリー Percy Bysshe [pə́ːrsi bíʃ] Shelley 《1792–1822; 英国の詩人》.

shell·fire [ʃélfàiər] 名 U 砲火.

***shell·fish** [ʃélfiʃ] 名 (複 **shell·fish**) C U **1** 貝. **2** 甲殻類《エビ・カニなど》.

shell·ing [ʃéliŋ] 名 U 砲撃.

shell·shocked [ʃélʃɑ̀kt / -ʃɔ̀kt] 形 **1** 《精神》戦争神経症にかかった. **2** 《口語》精神的に疲れた.

[ʃéltər]
***shel·ter** 名

— 名 (複 **shel·ters** [~z]) **1** C 避難所, 隠れ場所; 雨宿りの場所: an air-raid *shelter* 防空壕(ｺﾞｳ) / a bus *shelter* (屋根のある)バス停 / a nuclear fallout *shelter* 核シェルター.

2 U […からの]避難, 保護, かくまうこと[from]: During the shower I took *shelter* under the bridge. にわか雨の間私は橋の下で雨宿りした.

3 U 住まい: food, clothing, and *shelter* 衣食住《◇日本語の「衣食住」とは語順に注意》.

— 動 他 **1** […から]保護する; かばう, かくまう (protect) [from]: *shelter* a house *from* the sun 家を日差しから守る / She *sheltered* him during his crisis. 彼女は彼を危機の間保護した.

— 自 […から]避難する, 隠れる; 雨宿りする [from]: They *sheltered* from the storm just in time. 彼らはちょうどうまい具合にあらしを避けた.

shel·tered [ʃéltərd] 形 **1** 《場所が》[風雨・弾丸などから]守られた[against, from]. **2** 《過度に》保護された. **3** 《施設・仕事などが》(老人・障害者などを)養護する, 保護し自立を助ける: *sheltered* housing 養護施設《住宅》.

shelve [ʃélv] 動 他 **1** …を棚に載せる[置く]. **2** 〈計画・課題などを〉延期する, 棚上げにする. — 自 〈土地が〉なだらかに傾斜する (*down*).

[ʃélvz]
shelves 名 **shelf** の複数形.

shelv·ing [ʃélviŋ] 名 U 棚材料; [集合的に] 棚.

she·nan·i·gan [ʃinǽnigən] 名 C 《通例 ~s》《口語》 ぺてん, おふざけ; ごまかし, いかさま.

***shep·herd** [ʃépərd] 名 C **1** 羊飼い, 牧羊者《◇女性形は **shepherdess**》. **2** 牧師, 指導者: the Good *Shepherd* よき羊飼い《キリストのこと》.
— 動 他 **1** 〈羊〉を飼う, 〈羊〉の世話をする.
2 〈群衆〉を導く, 指導する.
◆ **shépherd's píe** U 《英》《料理》シェパードパイ《ひき肉とジャガイモで作るパイの一種》.

shep·herd·ess [ʃépərdəs] 名 C 女性の羊飼い.

sher·bet [ʃə́ːrbət] 名 **1** U C 《米》シャーベット《《英》 sorbet》《果汁に香料などを加えて凍らせたもの》. **2** U C 《英》シャーベット《果汁に水・砂糖などを加えたもの》; U シャーベット水のもと《粉末》.

***sher·iff** [ʃérif] 名 (複 **sher·iffs** [~s]) C **1** 《米》郡保安官《司法権・警察権を持つ郡 (county) の官吏》. **2** 《英》州長官 (High Sheriff).

Sher·lock Holmes [ʃə́ːrlɑk hóumz / -lɔ̀k-] 名 固 シャーロック=ホームズ《コナン=ドイル作の推理小説に登場する名探偵》.

Sher·pa [ʃə́ːrpə] 名 (複 **Sher·pas** [~z], **Sher·pa**) C シェルパ族《ネパールの山岳地帯に住むチベット系民族》; 荷運び人.

sher·ry [ʃéri] 名 (複 **sher·ries** [~z]) C U シェリー酒《南スペイン産の強い白ワイン》.

Sher·wood Fórest [ʃə́ːrwud-] 名 固 シャーウッドの森《英国 England 中部にあった王室林. 伝説的人物ロビン=フッドが活躍した場所とされる》.

[(弱) ʃiz; (強) ʃíːz]
***she's** 《短縮》《口語》 **1** she is の短縮形: *She's* my friend. 彼女は私の友達です《◇ is は助動詞》 / *She's* playing the violin. 彼女はバイオリンを弾いている《◇ is は助動詞》 / *She's* called Kate. 彼女はケートと呼ばれている《◇ is は助動詞》.
2 she has の短縮形《◇ has は助動詞》: *She's* already left. 彼女はもう出発した.

Shet·land [ʃétlənd] 名 固 [the ~s] = Shétland Íslands シェトランド諸島《英国 Scotland 北東沖にある》.
◆ **Shétland shéepdog** C 《動物》シェトランドシープドッグ (→ DOG 図).

SHF, shf 《略記》 = *s*uper*h*igh *f*requency 極超短波.

shh [ʃ(ː)] 間 しーっ (sh).

Shi·ah, Shi·a [ʃíːə] 名 **1** 《the ~》《イスラム教》シーア派《複数扱い》 **2** C シーア派信徒 (Shiite).

shib·bo·leth [ʃíbələθ, -lèθ] 名 C 《格式》 **1** (重要でなくなった)古い考え《慣習》. **2** 合い言葉.

***shield** [ʃíːld] 名 C **1** 盾: a riot *shield* 暴動鎮圧用の盾《警官などが用いる》.
2 […に対する]保護物[者], 防護物[者]; (機械などの)カバー[*against*]: He used his body as a *shield* to protect his wife. 彼は妻を守るためにわが身を盾にした.

— 動 他 **1** […から]…を保護する, 守る (protect) [*from*]. **2** …を覆う, 隠す (shade): *shield* one's eyes from the sun (手で)目を覆って日をさえぎる.

shift [ʃíft]

名【原義は「分ける,分離する」】

— **動** (三単現 **shifts** [ʃífts]; 過去・過分 **shift·ed** [~id]; 現分 **shift·ing** [~iŋ])

— **他** **1** [...から/...へ] ...を**移す**,移動する [*from/to*]: He *shifted* the pack *from* one shoulder *to* the other. 彼はリュックを一方の肩からもう一方の肩へ背負い直した / He *shifted* his gaze *to* her. 彼は視線を彼女に移した.
2 ...を取り替える,変える,変更する: *shift* one's job 転職する / He won't *shift* his opinion easily. 彼は簡単には意見を変えないだろう.
3《責任など》を[...に]**転嫁する**,なすりつける [*onto, to*]: Don't *shift* the blame *onto* someone else. 人に責任を転嫁するな.
4《米》〈ギア〉を入れ換える (《英》change).
5〈汚れなど〉を取り除く. **6**〈商品〉を売りさばく.

— **自** **1** [...から/...へ]**移動する**,位置を変える;変化する;〈風向きなどが〉変わる [*from/to*]: She *shifted* in her seat during the interview. 面接のとき彼女は席でもじもじした / The wind *shifted* to the south. 風向きが南に変わった.
2《米》[...に]ギアを入れ換える (《英》change)(*up, down*) [*into, in*]: *shift into* second gear ギアをセカンドに入れる.

■ ***shift for onesélf***《英》(他人に頼らず) 自分でやりくりする,何とか自活する.

— **名** C [...の]変化,変更,移動 [*in*]: There was a *shift* in his attitude. 彼の態度に変化があった / There was a sudden *shift* in the wind. 突然風向きが変わった.
2 (交替制の)勤務時間,シフト;[集合的に] 交替の組: work a 12-hour *shift* 12時間のシフト[交替勤務]をする / work in *shifts* シフト[交替]制で働く / I am on the night *shift*. 私は夜勤です.
3 ＝shift kèy《コンピュータ》シフト (キー).
4 シフトドレス《女性用のゆったりとしたワンピース》.

shift·less [ʃíftləs]**形** 無能な;やる気のない.
shift·y [ʃífti]**形** (比較 **shift·i·er** [~ər]; 最上 **shift·i·est** [~ist])《口語》怪しい,疑わしい,ずるい.
Shih Tzu [ʃíː dzúː / sì tsúː]**名** C《動物》シーズー《中国原産の小型犬; → DOG 図》.
Shi·ite [ʃíːait]**名** C イスラム教シーア派の信徒.
— **形** シーア派の.
*s**hil·ling** [ʃíliŋ]**名** C シリング《◇1971年以前の英国の通貨単位;1シリング＝旧1/20ポンド》.
shil·ly-shal·ly [ʃíli∫æli]**動** (三単現 **shil·ly-shal·lies** [~z]; 過去・過分 **shil·ly-shal·lied** [~d]; 現分 **shil·ly-shal·ly·ing** [~iŋ])**自**《口語》ためらう,(なかなか決まらなくて)ぐずぐずする.
shim·mer [ʃímər]**動** ちらちら[かすかに]光る;〈宝石・サテンなどが〉輝く;〈水面などが〉きらめく.
— **名** U ちらちら[きらきら]する光,かすかな光.
shin [ʃín]**名** C 向こうずね (→ BODY 図), 脛(すね)骨. **2** C U 牛すね肉.
— **動** (三単現 **shins** [~z]; 過去・過分 **shinned** [~d]; 現分 **shin·ning** [~iŋ])**自**〈身軽に〉よじ登る (*up*);降りる (*down*).
shin·bone [ʃínbòun]**名** C すねの骨;脛(すね)骨.
shin·dig [ʃíndig]**名** C《古風》 **1** 騒がしくにぎやかなパーティー,宴会. **2** 大騒ぎ,けんか.

shine [ʃáin]**動 名**

【基本的意味は「輝く (produce or reflect light)」】

— **動** (三単現 **shines** [~z]; 過去・過分 **shone** [ʃóun / ʃɔ́n]; 現分 **shin·ing** [~iŋ])

— **自** **1** **輝く**,光る,照る: The sun *shines* bright in summer. 夏には太陽が明るく輝く / The moon was *shining* on the lake. 月が湖面を照らしていた / The candle is *shining* in her eyes. 彼女の目にろうそくの光が映っている.
2〈顔・目などが〉[...で]明るくなる,輝く [*with*]: His face *shone with* hope. 彼の顔は希望で輝いた.
3 [進行形不可] [...で/...として]目立つ,異彩を放つ [*in, at / as*]: He didn't *shine as* an actor. 彼は役者としてはぱっとしなかった.

— **他** **1** ...を**輝かせる**,〈光線など〉を向ける: The policeman *shone* a flashlight on the garage. その警官は車庫に懐中電灯の光を向けた.
2 (過去・過分 **shined** [~d])〈靴など〉を磨く: *shine* one's shoes 靴を磨く.

■ ***shíne thróugh*** (性質などが) はっきり見てとれる.
— **名** [単数形で] **1** 光沢,輝き: the *shine* of gold 黄金の輝き. **2** [通例 a ~]光らせること,(靴などを)磨くこと: He gave his shoes a good *shine*. 彼は靴をよく磨いた.

■ ***tàke a shíne to ...***《口語》...が好きになる,...にひと目ぼれする. (▷**形** shíny)

shin·gle[1] [ʃíŋgl]**名** **1** U C 屋根板;板ぶきの屋根. **2** C《米口語》(医師・弁護士などの) 小看板: hang up [out] one's *shingle*《米》(医師・弁護士などが) 開業する,看板を出す.
shin·gle[2] [ʃíŋgl] U [集合的に](海岸などの)小石,砂利.
shin·gles [ʃíŋglz]**名** U[医] 帯状疱疹(ほうしん).
shin·guard [ʃíngɑ̀ːrd]**名** C [しばしば ~s](野球・ホッケーなどの)すね当て.
shin·ing [ʃáiniŋ]**形** **1** 光る,輝く: a *shining* face 喜びに輝く顔. **2** [限定用法]すぐれた,目立つ.
*s**hin·y** [ʃáini]**形** (比較 **shin·i·er** [~ər]; 最上 **shin·i·est** [~ist]) 輝く,光る;磨いた(ような),光沢のある; *shiny* hair つやつやした髪. (▷ shíne).

ship [ʃíp]**名 動**

— **名** (複 **ships** [~s]) C **1 船**《◇ boat より大型で,「船」を表す一般的な語; →次ページ図》: a sailing *ship* 帆船 / a merchant *ship* 商船 / a passenger [cargo] *ship* 客[貨物]船 / board a *ship* 乗船する / get on [off] a *ship* 船に乗る[から降りる] / load [unload] a *ship* 船に荷物を積み込む[から荷物を降ろす] / Jim came to New York by [on a] *ship*. ジムはニューヨークに船で来た / What a large *ship* she is! なんと大きな船だろう《◇代名詞で受けるときはしばしば女性扱い》.
2 [集合的に]航空機 (aircraft);飛行船 (airship);宇宙船 (spaceship).
■ ***tàke shíp*** 船旅に出る;乗船する.
when [*if*] *one's shíp còmes ín* [*hóme*]《口語》金を儲(もう)けたら.
— **動** (三単現 **ships** [~s]; 過去・過分 **shipped** [~t]; 現分 **ship·ping** [~iŋ])**他** **1** ...を船で運ぶ

-ship [送る]；(列車・トラック・航空機などで)輸送する, 送る; 出荷[発送]する (*out*): *ship* horses by rail 馬を鉄道で輸送する ／ They had their products *shipped* to Canada. 彼らは製品を船でカナダに送った.
2 (船が)〈波〉をかぶる. **3** 〖海〗(船上の定位置に)〈マストなど〉を取り付ける. **4** 〘口語〙…を送り込む; 追い払う (*away*, *off*).
— 自 **1** 船に乗る; 乗船する. **2** 出航する (*out*).

-ship [ʃɪp] 接尾 **1** 名詞に付けて「性質」「状態」「身分」「能力」などを表す抽象名詞を作る: friend*ship* 友情 ／ lecture*ship* 講師の身分. **2** 形容詞に付けて抽象名詞を作る: hard*ship* 苦難.

ship·board [ʃɪ́pbɔ̀ːrd] 名 C [次の成句で]
■ **on shípboard** 船上で, 船内で.
— 形 船上での, 船で起こる.

ship·build·er [ʃɪ́pbìldər] 名 C 造船業者[技師].
ship·build·ing [ʃɪ́pbìldɪŋ] 名 U 造船(業, 術).
ship·load [ʃɪ́plòud] 名 C 船1隻分の積載量[乗客数].
ship·mate [ʃɪ́pmèɪt] 名 C (同じ船の)船員仲間.
***ship·ment** [ʃɪ́pmənt] 名 **1** C 積み荷, 貨物.
2 U 積み込み; 発送, 出荷.
ship·own·er [ʃɪ́pòʊnər] 名 C 船主, 船舶所有者.
ship·per [ʃɪ́pər] 名 C 荷主, 荷送り人; 運送業者.
ship·ping [ʃɪ́pɪŋ] 名 U **1** (荷物の)発送, 輸送; 運送[海運]業. **2** 〘集合的に〙(大型の)船, 船舶.
◆ **shípping àgent** C 海運業者, 船会社代理店.
shípping làne C 航路 (sea lane).

ship·shape [ʃɪ́pʃèɪp] 形 〘叙述用法〙整然とした, きちんとした, 小ぎれいな.

***ship·wreck** [ʃɪ́prèk] 名 **1** U C 難破, 難船: Only five people were rescued from the *shipwreck*. その難破事故では5人だけが救助された. **2** C 難破船.
3 U (計画などの)破滅, 失敗.
— 動 他 **1** 〘通例, 受け身で〙(あらしなどで)〈船〉を難破させる: They *were shipwrecked* off the coast of the island. 彼らの船はその島の沖で難破した.

2 〈人・計画など〉を破滅[失敗]させる.
ship·wright [ʃɪ́prèɪt] 名 C 船大工, 造船工.
ship·yard [ʃɪ́pjɑ̀ːrd] 名 C 造船所.
shire [ʃáɪər] 名 C **1** 〘英・古〙州 (county) (◇現在では主に州名の語尾として用い, [ʃər, ʃər] と発音する: York*shire* ヨークシャー州). **2** [the ~s] 英国中部諸州 (語尾に -shire が付く諸州).
shirk [ʃɔ́ːrk] 動 他 〈責任・仕事・義務など〉を回避する, 逃れる; 怠ける: *shirk* school 学校をさぼる.
— 自 (責任を)回避する, 逃れる; 怠ける.
shirk·er [ʃɔ́ːrkər] 名 C 責任回避者; 怠け者.

*****shirt** [ʃɔ́ːrt] 【原義は「短いもの」】
— 名 (複 **shirts** [ʃɔ́ːrts]) C **1** **ワイシャツ**; (いろいろな種類の)シャツ (比較 日本語の「ワイシャツ」は white shirt がなまったもの. 英語では単に shirt と言う): a dress *shirt* 礼装用のワイシャツ ／ a polo [sport, T-] *shirt* ポロ[スポーツ, T]シャツ ／ put on [take off] a *shirt* シャツを着る[脱ぐ].
2 〘米〙下着, 肌着 (undershirt, 〘英〙vest).
■ **kèep one's shírt òn** 〘通例, 命令文で〙〘口語〙落ち着いている, 冷静である.
pùt one's shírt on … 〘口語〙…にあり金をかける.

shirt·front [ʃɔ́ːrtfrʌ̀nt] 名 C (スーツを着用した時に見える)シャツの胸 (front).
shírt-slèeve C **1** 〘通例 ~s〙ワイシャツのそで. **2** 〘形容詞的に〙〘口語〙(上着が要らないほど)暖かい; ワイシャツ姿の; 簡素な.
■ ***in one's shírt-slèeves*** 上着を脱いで.
shirt·y [ʃɔ́ːrti] 形 (比較 **shirt·i·er** [~ər]; 最上 **shirt·i·est** [~ɪst]) 〘英口語〙不機嫌な, 怒った.
shish ke·bab [ʃɪ́ʃ kəbɑ̀ːb／ʃɪ́ʃ kəbæ̀b] 名 C 〘料理〙シシカバブ《肉・野菜のくし焼き料理》.
shit [ʃɪt] 〘主に口語〙《◇人前では使ってはいけないタブー語》名 **1** U くそ, 大便; [a ~] 大便をすること: take [〘英〙have] a *shit* くそをする. **2** U たわ言.
3 C くだらないやつ[もの], ばか野郎.
■ **in the [déep] shít** 〘英〙ひどく困って.
nót gìve [cáre] a shít […のことなど]どうでもいい, 少しも気にしない[*about*].

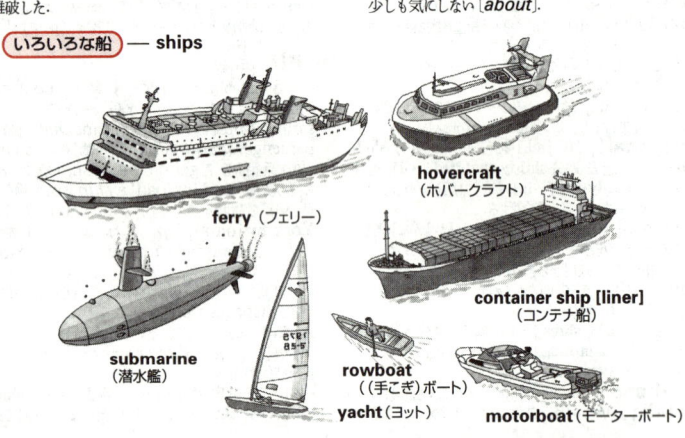

いろいろな船 — ships

- ferry (フェリー)
- hovercraft (ホバークラフト)
- submarine (潜水艦)
- container ship [liner] (コンテナ船)
- yacht (ヨット)
- rowboat ((手こぎ)ボート)
- motorboat (モーターボート)

shit·ty [ʃíti] 形 (比較 **shit·ti·er** [~ər]; 最上 **shit·ti·est** [~ist]) 《口語》《◇人前では使ってはいけないタブー語》むかつく, いやな, ひどい.

Shi·va [ʃíːvə] 名 固 《ヒンドゥー教》シバ 《Brahma, Vishnu と共に三大神のひとつ. 破壊神》.

***shiv·er** [ʃívər] 動 自 〔寒さ・恐怖などで〕震える 〔**with, from**〕(→ SHAKE 類義語): She *shivered from* [*with*] cold. 彼女は寒さで震えた.
— 名 1 C 身震い, おののき: The sight sent *shivers* down [up] her spine. その光景に彼女は背筋が寒くなった. 2 [the ~s] 寒け, 悪寒(ホミミ).
■ **give ... the shívers** 《人》 をぞっとさせる.

shiv·er·y [ʃívəri] 形 (比較 **shiv·er·i·er** [~ər]; 最上 **shiv·er·i·est** [~ist]) 1 (寒さ・恐怖などで)震える, ぶるぶるしている. 2 (震えるほど)寒い.

shoal¹ [ʃóul] 名 C 浅瀬, 砂州.

shoal² 名 1 C 魚の群れ, 大群. 2 [~s / a ~] 多数[大量] 〔*of*〕.
■ **in shóals** (魚が)群れを成して; 大量に.

*****shock**¹ [ʃák / ʃɔ́k] 名 動【基本的意味は「衝撃(strong or violent impact)」】
— 名 (複 **shocks** [~s]) 1 U C (物理的)**衝撃**, (地震などの)震動, ショック: People within a 5-kilometer radius felt the *shock* of the explosion. 半径5キロ以内にいた人々はその爆発の衝撃を感じた. / The earthquake *shock* lasted for 30 seconds. 地震の揺れは30秒続いた. 2 U C (精神的)**衝撃, 驚き, ショック**: culture *shock* カルチャーショック / His treachery was a great *shock* to her. 彼の裏切りは彼女にとって大変な驚きだった. 3 U 《医》ショック(状態): He died of *shock*. 彼はショック死した. 4 C 感電.
— 動 他 1 〈人〉 をがく然とさせる, 〈人〉 に衝撃を与える: The news of the fire *shocked* her. 火事の知らせに彼女はがく然とした. 2 〈人〉 を憤慨させる: His rude behavior *shocked* me. 彼の無礼な態度に私はあきれた. 3 〈人など〉 を感電させる.

◆ **shóck absòrber** C 緩衝器, 揺れ止め.
shóck thèrapy [trèatment] U 《精神》 (精神病治療としての)ショック療法.
shóck wàve C 衝撃波; [~s] (心理的・社会的な)衝撃.

shock² 名 C (通例 a ~) もじゃもじゃ: a *shock* of hair もじゃもじゃの髪.

***shocked** [ʃákt / ʃɔ́kt] 形 衝撃を受けた, がく然とした: a *shocked* voice 衝撃を受けた声.

shock·er [ʃákər / ʃɔ́kə] 名 C 1 手に負えない[あきれた] 人 [もの]. 2 《口語》安っぽい[扇情的な]もの《本・映画など》.

***shock·ing** [ʃákiŋ / ʃɔ́k-] 形 1 衝撃的な, ぞっとする: *shocking* news ショッキングなニュース. 2 けしからぬ, 不快な; 《英口語》ひどい.
◆ **shócking pínk** U ショッキングピンク 《非常に鮮やかな ピンク色》.

shock·ing·ly [~li] 副 ぞっとするほど; ひどく.

shock·proof [ʃákprùːf / ʃɔ́k-] 形 (時計・機械などが)耐衝撃性の, 耐震性の.

shod [ʃád / ʃɔ́d] 動 shoe の過去形・過去分詞の1つ. — 形 〔格式〕 靴を履いた.

shod·dy [ʃádi / ʃɔ́di] 形 (比較 **shod·di·er** [~ər]; 最上 **shod·di·est** [~ist]) 1 (品物が)見せかけだけの, 粗雑な. 2 (人・態度が)卑劣な, 汚い.
shod·di·ly [~li] 副 粗雑に.

*****shoe** [ʃúː] 名 動【原義は「(足を)覆うもの」】
— 名 (複 **shoes** [~z]) 1 C (通例 ~s) **靴**; 《英》 短靴 (→図): a pair of *shoes* 1足の靴 / high-heeled *shoes* ハイヒール / tennis [running, basketball] *shoes* テニス [ランニング, バスケットボール] シューズ / break in one's new *shoes* 新しい靴を履き慣らす / What's your *shoe* size? — It's eight. 靴のサイズはいくつですか — 8号です.

いろいろな靴 — shoes

- outside counter (外側カウンター)
- tongue (舌革)
- shoelace (靴ひも)
- quarter (腰革)
- vamp (つま革)
- heel (かかと)
- sole (靴底)
- loafer (ローファー)
- pump (パンプス)
- boot (ブーツ)
- slipper (室内ばき)
- sandal (サンダル)
- sneaker (スニーカー)
- bootee (ショートブーツ)

shoehorn

コロケーション 靴を[の]…
靴を脱ぐ: *take off* (*one's*) *shoes*
靴を履く: *put on* (*one's*) *shoes*
靴のひもを結ぶ: *lace* (*up*) (*one's*) *shoes*
靴を磨く: *polish* [*shine*] (*one's*) *shoes*

語法 **shoe** と **boot**
《米》では長靴を boot, それ以外のものを shoe と言う。《英》ではくるぶしより下にくる短靴を shoe, それ以外のものを boot と言う。

2 [形容詞的に] 靴 (用) の: a *shoe* shop 靴店.
3 C 蹄鉄 (ていてつ), 馬蹄 (ばてい) (horseshoe).
4 C 靴に似たもの; (車の) ブレーキシュー; (そりの) すべり金.
■*fíll* [*stép intò*] **...'s shóes**〈人〉の仕事[地位]を引き継ぐ, 後がまに座る.
If the shóe fíts(*, wéar it*). 《米口語》(今言ったことに) 思い当たるところがあれば素直に認めなさい.
in ...'s **shóes**《口語》…の立場になって: Put yourself *in my shoes*. 私の身にもなってください.
The shóe [《英》*bóot*] *is on the óther fóot*. 状況[形勢] が逆転していること.
where the shóe pínches《口語》問題[困難]の出所; 痛いところ, 悩みの種.
── 動 (三単現 **shoes** [~z]; 過去・過分 **shod** [ʃád / ʃɔ́d], **shoed** [~d]; 現分 **shoe·ing** [~iŋ]) 他 …に靴を履かせる;〈馬〉に蹄鉄を打つ.

shoe·horn [ʃúːhɔ̀ːrn] 名 C 靴べら.
shoe·lace [ʃúːlèis] 名 C 靴ひも (→ SHOE 図): tie (up) one's *shoelaces* 靴ひもを結ぶ.
*__shoe·mak·er__ [ʃúːmèikər] 名 C 靴製造人.
shoe·shine [ʃúːʃàin] 名 U C 靴磨き.
shoe·string [ʃúːstrìŋ] 名 C 《米》靴ひも.
■*on a shóestring*《口語》わずかな資本[費用]で, 細々と.
── 形 (予算などが) わずかな, 規模の小さい.

*__***shone** [ʃóun / ʃɔ́n] **shine** の過去形・過去分詞.

shoo [ʃúː] 間 しっしっ (◇動物や子供などを追い払うときの発声).
── 動 他 …をしっしっと言って追い払う (*away*).
shóo-ìn 名 C 《米口語》勝利が確実な人, 本命.

*__***shook** [ʃúk] **shake** の過去形.

*__***shoot** [ʃúːt] 動 名

原義は「矢などを投げる」.
① 撃つ, 射る. …… 他 1;自 1
② 発射する, 射る. …… 他 2
③ (光・視線などを) 放つ, 浴びせる. …… 他 3
④ 投げ出す. …… 他 4

── 動 (三単現 **shoots** [ʃúːts]; 過去・過分 **shot** [ʃát / ʃɔ́t]; 現分 **shoot·ing** [~iŋ])
── 他 **1** (a) [**shoot**+O]〈人・動物〉を撃つ, 射る (◇必ずしも「殺す」わけではない); 射殺する: *shoot* oneself 銃で自殺する [自殺をはかる] / The robber *shot* him with a revolver. 強盗は彼を拳銃で撃った. (b) [**shoot**+O+C]〈人・動物〉を撃って～の状態にする: Many innocent people were *shot* dead in the riot. その暴動で罪のない人がたくさん射殺された.
2 [**shoot**+O]〈銃・弾〉を発射する,〈弓・矢〉を射る: The officer ordered his men to *shoot* their rifles. 将校は部下にライフルを発射するよう命じた / They *shot* arrows at the target. 彼らは的に向かって矢を放った.
3 (a) [**shoot**+O]〈光・視線・質問など〉を放つ, 浴びせる: Can you see the searchlight *shooting* its beams? サーチライトが光線を放っているのが見えますか. (b) [**shoot**+O+O / **shoot**+O+*at* ...]〈人〉に〈視線・質問など〉を放つ, 浴びせかける: He *shot* questions *at* me. 彼は私に質問を浴びせかけた / Ann *shot* him an angry glance. = Ann *shot* an angry glance *at* him. アンは彼に怒りの視線を向けた.
4〈もの・体の部分などを〉投げ出す, 突き出す (*out*), 急に動かす: In that accident, he was *shot out* of the car. その事故で彼は車から投げ出された / She *shot out* her lips. 彼女は口をとがらせた.
5 …を写真に撮る, 撮影する: This film was *shot* in New York. この映画はニューヨークで撮影された.
6【球技】〈ボール〉をゴールめがけてける[投げる], シュートする; シュートして〈得点〉を挙げる: *shoot* a goal 得点を挙げる.
7 …をさっと通過する: The boat *shot* the rapids. ボートは急流を矢のように下った.
8〈芽・若枝〉を出す (*out*).
── 自 **1** […をねらって] 撃つ, 発射する [*at*]; (銃で) 猟をする: The policeman *shot at* the leg of the robber. 警官は強盗の脚をねらって撃った / This old rifle doesn't *shoot* straight. この古いライフルは弾がまっすぐ飛ばない.
2 さっと出る [動く, 飛ぶ]: I was surprised to see a hedgehog *shoot* out of the bush. ハリネズミがやぶから飛び出すのを見て私は驚いた.
3【球技】シュートする, ボールをゴールめがけてける[投げる].
4 写真[映画]を撮る. **5** (痛みが) 走る, ずきずき痛む: Does the wound still *shoot*? 傷はまだ痛みますか. **6** 発芽する, 急に成長する.
■ *shóot dówn* 他 **1** …を撃ち落とす; 撃ち殺す.
2《口語》〈議論で〉…を言い負かす.
shóot for ...《米口語》…をねらう, 目指す.
shóot óff 《英口語》すばやく立ち去る.
shóot úp 自 (物価などが) 急上昇する; (子供が) 急に大きくなる. ── 他 …に銃を乱射する.
── 名 C **1** 若芽, 若枝: a bamboo *shoot* 筍 (たけのこ).
2 発射, 射撃;《米》(ロケットなどの) 打ち上げ.
3 (写真・映画の) 撮影. **4** 狩猟会; 猟場.
*__**shoot·er** [ʃúːtər] 名 C **1** 射撃手. **2**《口語》銃; [複合語で] …連統: a six-*shooter* 6 連発銃.
*__**shoot·ing** [ʃúːtiŋ] 名 **1** C 射撃, 銃撃: a fatal *shooting* 射殺. **2** U 狩猟 (権).
◆ **shóoting gàllery** C 射的場; 射撃練習場.
shóoting stár C 流れ星 (falling star).
shóot-òut 名 C **1** 撃ち合い, 銃撃戦.
2【サッカー】PK戦.

shop

shop [ʃáp / ʃɔ́p]
— 名 (複 **shops** [~s]) **1** [C] (《主に英》) 店, 商店, 小売店; 専門店 (《米》 store): a shoe *shop* 靴店 / a coffee *shop* コーヒーショップ / a gift *shop* みやげ物店 / a pet *shop* ペットショップ / open [close] a *shop* 店を開く [閉める] / keep a *shop* 店を経営する / Many customers came into the *shop*. 多くの客が店に入って来た.

語法 **shop** と **store**
(1) 《米》 では shop は「小規模な特定の品物を売る店」をさし, 一般には store を用いる.
(2) 《英》 では store はデパートなどの「大規模な店」をさし, 一般には shop を用いる.

2 [C] 仕事場, 作業場, 工場 (workshop): a printing *shop* 印刷所 / a repair *shop* 修理工場.
3 [C] (学校の) 工作室, 実習室; = **shóp cláss** [U] (教科の) 工作.
4 [単数形で] (《英》口語) 買い物.
■ **àll óver the shóp** (《英》口語) あちこちに, 乱雑に.
clóse [shút] úp shóp 1 店じまいする, 終業する. **2** 事業 [仕事, 店] をやめる, 閉店する. **3** 活動を停止する.
sèt úp shóp 仕事を始める, 開業する.
tálk shóp (状況をわきまえずに) 自分の仕事について話す.

— 動 (三単現 **shops** [~s]; 過去・過分 **shopped** [~t]; 現分 **shop·ping** [~iŋ]) ⓐ 買い物をする; […を] 買いに行く [*for*]: go *shopping* 買い物に行く / We usually *shop* on Sundays. 私たちはたいてい日曜日に買い物に行く / She likes *shopping for* clothes. 彼女は服を買うのが好きです.
— ⓗ (《英》口語) …を [警察に] 知らせる, 密告する [*to*].
■ **shóp aróund** (購入する前に) あちこちの店を見回る; [よい商品を] 探す [*for*].
◆ **shóp assistant** [C] 《英》店員 (《米》 salesclerk).
shóp flòor [the ~] 作業現場; [集合的に; 単数・複数扱い] (経営側に対して) 現場の労働者.

shop·a·hol·ic [ʃɑ̀pəhɔ́ːlik, -hɑ́l- / ʃɔ̀pəhɔ́l-] 名 [C] (口語) 買い物中毒者.

***shop·keep·er** [ʃápkìːpər / ʃɔ́p-] 名 [C] 《主に英》 (小売店の) 店主, 経営者 (《米》 storekeeper).

shop·lift [ʃáplìft / ʃɔ́p-] 動 ⓐ 万引きをする.
— ⓗ …を万引きする.
shop·lift·er [-lìftər] 名 [C] 万引き (の人).
shop·lift·ing [ʃáplìftiŋ / ʃɔ́p-] 名 [U] 万引き (の行為).
shop·per [ʃápər / ʃɔ́pə] 名 [C] 買い物客.

shop·ping [ʃápiŋ / ʃɔ́p-]
— 名 [U] **1** 買い物 (をすること), ショッピング; [形容詞的に] 買い物用の: Christmas *shopping* クリスマスの買い物 / a *shopping* basket 買い物かご / She has gone out to do some *shopping*. 彼女は買い物に出かけた.
2 [集合的に] (買った) 品物, 購入品.
◆ **shópping bàg** [C] 《米》(商店などでくれる手さげの) 買い物袋 (《英》carrier bag) (→ BAG 図).
shópping càrt [《英》 tròlley] [C] ショッピングカート (cart).
shópping cènter [C] ショッピングセンター.
shópping màll [C] 《米》(通例, 広い駐車場を持ち, 屋根で覆われた歩行者専用の) 商店街, ショッピングモール (mall).

shop·soiled [ʃápsɔ̀ild / ʃɔ́p-] 形 《英》 店(さき)ざらしの (《米》 shopworn).
shop·walk·er [ʃápwɔ̀ːkər / ʃɔ́p-] 名 [C] 《英》 (百貨店などの) 売り場主任 (《米》 floorwalker).
shop·worn [ʃápwɔ̀ːrn / ʃɔ́p-] 形 **1** 《米》(商品が) 店(さき)ざらしの (《英》 shopsoiled). **2** (考えなどが議論しつくされて) 古くなった, 陳腐な.

shore¹ [ʃɔ́ːr]
— 名 (複 **shores** [~z]) **1** [C] 岸; 海岸 (seashore) (→ 類義語); [U] (海に対して) 陸 (land): the *shore* of the sea 海岸 / palm trees along the *shore* 海岸沿いに生えたヤシの木 / We spent our vacation at the *shore*. 私たちは休暇を海岸で過ごした.
2 [C] [通例 ~s] (海岸を境とする) 国; 土地: one's native *shores* 故国.
■ **òff (the) shóre** 岸を離れて, 沖に.
on shóre 陸に; 上陸して.

類義語 **shore, coast, beach**
共通する意味▶岸 (land lying along a body of water)
shore は「岸」を表す最も一般的な語. 海岸だけでなく湖・川の「岸」も表す: the *shore* of a lake [river] 湖岸 [川岸] / The sea washes the *shore*. 波が海岸を洗う. **coast** は海岸に沿って長く延びている地域で, 陸から見た「海との境界」をさす. 特に地図上での「海岸 (線), 沿岸 (線)」を表すことが多い: the industrial cities on the Pacific *coast* 太平洋沿岸の工業都市. **beach** は潮の干満につれて広がったり狭まったりする「砂や砂利で覆われた浜辺」をさす: take a walk on the *beach* 浜辺を散歩する.

shore² 動 [次の成句で]
■ **shóre úp** ⓗ …を支柱で支える; 支援する.
shore·line [ʃɔ́ːrlàin] 名 [C] 海岸 [湖岸] 線.
shorn [ʃɔ́ːrn] 動 shear の過去分詞.
— 形 (羊が) 毛を短く刈られた; ひげをそった.

short [ʃɔ́ːrt] 形 副 名 【原義は「切り離された」】
— 形 (比較 **short·er** [~ər]; 最上 **short·est** [~ist]) **1** (長さ・距離などが) **短い** (↔ long) (→ 類義語): *short* hair 短い髪 / a *short* bamboo stick 短い竹のつえ / He showed me the *shortest* way. 彼は一番の近道を教えてくれた / It's only a *short* distance from here to the hospital. ここから病院まではほんの短い距離です.
2 (人が) **背が低い**, (ものが) 丈が短い (↔ tall): He is *short* and stocky. 彼は背が低くてずんぐりしている / Without her shoes on, she seems much *shorter*. 靴を履いていないと彼女はずっと小さく見える.
3 (時間・期間などが) **短い**, しばしの (↔ long):

shortage

take a *short* holiday 短い休暇をとる / I recently had a *short* stay in hospital. 私は最近ちょっと入院した / The war was far *shorter* than expected. 戦争は予想よりずっと短期間で終わった / The job must be done over a very *short* period. その仕事は短期間でやらなければならない.

4 (分量・時間などが) 不足している; 水準に達していない; (人が) […が] 足りない [*of*, *on*]: be short *on* money 金が足りない / have a *short* memory 記憶力が弱い / He looks *short* of sleep. 彼は睡眠不足のようだ / Time is getting *short*. 時間が残り少なくなってきている.

5 (話・文体が) 簡潔な, 短い (brief): A *short* speech is best. スピーチは短いに限る / His explanation was *short* and to the point. 彼の説明は簡潔で要領を得ていた.

6 […に対して] ぶっきらぼうな, 素っ気ない [*with*]; 短気な: I'm afraid I was so *short* *with* you. 私はあなたにまったく無愛想でしたね / She has a *short* temper. 彼女は怒りっぽい. **7** (菓子などが) ばりばりの, さくさくの. **8** [音声] 短音の, 音が短い (↔ long).

■ **be short for ...** 〈単語〉を短くしたものである: Alex *is short for* Alexander. アレックスはアレクサンダーの短縮形です.

nothing [*little*] *short of ...* まったく [ほとんど] …にほかならない: It is *nothing short of* a miracle that he recovered from his illness. 彼が病気から回復したのはまったくの奇跡にほかならない.

short and sweet 《口語》簡潔で要を得た.

— 副 **1** 急に, 突然に, 不意に: The car stopped *short* when the dog ran into the street. 犬が道路に飛び出したので車は急停止した.
2 無礼に, 素っ気なく.
3 不足して, 達しないで.

■ *be caught* [《英》*taken*] *short* **1** 不利な立場に置かれる. **2** 《英口語》急にトイレに行きたくなる.
cut ... short …を短く切る; 中断させる, 途中で切り上げる: The accident forced him to *cut* his holiday *short*. 事故のため彼は休暇を中断した.
fall [*come*] *short* 〔目標などに〕達しない; 〔期待などに〕そわない [*of*]: My paper seems to *fall short* of the teacher's expectations. 私のレポートは先生の期待にそわないようだ.
run [*go*] *short* 〔…が〕不足する [*of*]: They *ran short of* food. 彼らは食料不足になった.
short of ... …を除いて, …以外には: I will help you in every possible way *short of* crime. 犯罪以外ならどんなことをしてでもあなたを助けます.

— 名 **1** [the ~] 要点, 概略. **2** C 《口語》短編映画 [小説]. **3** C 《野球》遊撃手, ショート (shortstop). **4** C 《口語》《電気》ショート (short circuit).

■ *for short* 略して: Deoxyribonucleic acid is called DNA *for short*. デオキシリボ核酸は略してDNAと呼ばれる.

in short 要するに: You mean, *in short*, you won't do it. 要するにあなたはそれをやるつもりがないのですね. (▷ 名 shórtage; 動 shórten)

◆ shórt òrder C 《米》手軽な料理 (の注文).
shórt stóry C 短編小説.

[類義語] **short, brief**
共通する意味▶短い (lacking length; not long)
short は「時間的・空間的に短い」の意. また, 話や文章が「短縮されたために不完全または未完結である」ことも表す: Buses come at *short* [*brief*] intervals. バスは短い間隔で来る / He cut his speech *short*. 彼は演説を途中で打ち切った.
brief は short よりも《格式》で,「時間的に短い」の意. また, 話や文章が「圧縮されて簡潔である」ことも表す: Write a *brief* outline of the novel. その小説のあらすじを簡潔に書きなさい.

***short・age** [ʃɔ́ːrtidʒ] 名 U C 不足, 不十分, 欠乏; 不足高 [額]: a *shortage* of medicine 医薬品不足 / Businesses all over are suffering from staff *shortages*. 今どこも仕事の人手が足りなくて困っている. (▷ 形 short)

short・bread [ʃɔ́ːrtbrèd] 名 U ショートブレッド《バターをたっぷり入れた厚めのクッキー》.

short・cake [ʃɔ́ːrtkèik] 名 U **1** 《米》ショートケーキ. **2** 《英》ショートブレッド (shortbread).

short・change [ʃɔ́ːrtʃéindʒ] 動 他 **1** 〈人〉に釣り銭を少なく渡す. **2** 〈人〉をだます.

shórt-cír・cuit 動 他 **1** 《電気》ショートさせる. **2** 〈所定の手続きなど〉を簡略化する.
— 自 《電気》ショートする.

shórt círcuit 名 C 《電気》ショート, 漏電.

***short・com・ing** [ʃɔ́ːrtkʌ̀miŋ] 名 C (通例 ~s) 欠点, 短所 (fault): She was aware of her own *shortcomings*. 彼女は自分の欠点に気づいていた.

***short・cut** [ʃɔ́ːrtkʌ̀t] 名 C **1** 近道; 最短距離: take a *shortcut* 近道をする. **2** 〔…への〕手っとり早い方法 [*to*]: a *shortcut to* success 成功への近道. **3** 〔形容詞的に〕近道の, 手っとり早い.

***short・en** [ʃɔ́ːrtən] 動 他 **1** …を短くする, 縮める (↔ lengthen): Daniel is *shortened* to Dan. ダニエルはダンと略される. **2** 《料理》〈クッキーなど〉をさくさくさせる.
— 自 短くなる, 縮む: The odds are *shortening*. 見込みがだんだんなくなっている. (▷ 形 short)

short・en・ing [ʃɔ́ːrtəniŋ] 名 U **1** ショートニング《菓子・パンをさっくりとさせるために用いるバターなどの油脂》. **2** 短くすること, 短縮.

short・fall [ʃɔ́ːrtfɔ̀ːl] 名 C 〔…の〕不足 (額), 欠損 [*of*, *in*]: a *shortfall of* $10,000 1万ドルの不足.

short・hand [ʃɔ́ːrthæ̀nd] 名 U **1** 速記 (法) (cf. longhand 手書き); 〔形容詞的に〕速記の: take ... down in *shorthand* …を速記する.
2 〔…の〕省略 [短縮] 表現 [*for*].

◆ shórthand týpist C 《英》速記者 (《米》 stenographer).

shórt-hánd・ed 形 人手不足の.

shórt-hàul 形 (航空機の便が) 短距離の.

short-líved [-lívd, -láivd / -lívd] 形 (動物などが) 短命の; (物事が) 一時的な, はかない.

short・ly [ʃɔ́ːrtli]

— 副 **1** まもなく, すぐに (→ SOON 類義語): *shortly* before noon 正午少し前に / Tom will be back *shortly*. トムはすぐに戻ります / *Shortly* after midnight, the rain turned into snow. 真夜中を少し過ぎた頃, 雨が雪に変わった.
2 手短に, 簡潔に (◇ briefly が普通): to put it *shortly* 手短に言えば. **3** 素っ気なく, ぶっきらぼうに, 無愛想に: He answered me *shortly*. 彼は私に素っ気なく返事した.

short・ness [ʃɔ́ːrtnəs] 名 U 短い [低い] こと; 無愛想(能力などの).

shórt-ránge 形 **1** 射程の短い; 短距離の.
2 (計画などが) 短期(間) の.

***shorts** [ʃɔ́ːrts] 名《複数扱い》ショートパンツ, 半ズボン;《主に米》(男性用下着の) パンツ.

short-sight・ed [ʃɔ́ːrtsáitid] 形 (↔ long-sighted) **1**《主に英》近視(近眼) の (《米》near-sighted). **2** 先見の明のない, 近視眼的な.
short-sight・ed・ness [〜nəs] 名 U 近視; 先見の明がないこと.

shórt-stáffed 形 (会社などが) 人手不足の.
short-stop [ʃɔ́ːrtstɑ̀p / -stɔ̀p] 名 C《野球》ショート, 遊撃手.
shórt-tém・pered 形 短気な, 怒りっぽい.
short-térm 形《通例, 限定用法》短期(間) の (↔ long-term);《金融》短期の《通例1年以内》.
short-wave [ʃɔ́ːrtwèiv] 名 U《電気》短波.
〖関連語〗medium wave 中波 / long wave 長波.

short・y [ʃɔ́ːrti] 名 (複 **short・ies** [〜z]) C《軽蔑》ちび (◇人).

shot¹ [ʃɑ́t / ʃɔ́t]
動 **shoot** の過去形・過去分詞.

shot² [ʃɑ́t / ʃɔ́t]
— 名 (複 **shots** [ʃɑ́ts / ʃɔ́ts]) **1** C (銃・弓などの) 発射, 発砲: fire two *shots* 2発打つ / She took [had] a *shot* at the monster. 彼女はその怪物めがけて銃を発射した.
2 C 銃声, 砲声: Three *shots* were heard in the dark. 暗やみで3発の銃声がした.
3 C《球技》シュート, ショット, ひと投げ [けり, 突き, 打ち]: He made ten *shots* in the game. 彼は試合で10本決めた.
4 C 射つ人, 射手: a good [poor] *shot* 射撃のうまい [下手な] 人.
5 C (複 **shot**) 弾丸, 弾; U《集合的に》散弾.
6 C (1枚の) 写真; (映画などの) ショット, 1場面; (写真・映画などの) 撮影: I took some good *shots* of the trip. その旅行でよい写真を何枚か撮った.
7 C《米口語》注射 (injection): get a *shot* 注射を打ってもらう. **8** C《口語》 [...に対する] 試み, 推量 [at]: a lucky *shot* まぐれ当たり / have [take] a *shot* at ... ...をやってみる. **9** C《口語》 (酒の) 1杯; (薬の) 1服. **10** C (砲丸投げの) 砲丸. **11** U 射程, 着弾距離: within [out of] *shot* 射程内 [外] で. **12** C《口語》ロケット発射.

■ **a shót in the árm** 景気づけ, 刺激となるもの.

a shót in the dárk《口語》あてずっぽう, 成功しそうもない企て.
by a lóng shót [否定文で]《口語》まったく, 少しも.
cáll the shóts《口語》統率する, 取りしきる.
like a shót《口語》即座に, さっと.
◆ **shót pùt** [the 〜]《スポーツ》砲丸投げ.

shot³ 1 (布地などが) 玉虫色の, 見る角度によって色が変わる. **2**《叙述用法》《口語》使い果たした, ぼろぼろの; 疲れ切った.
■ **be [gèt] shót of ...**《口語》...を取り除く; 免れる.
shót thróugh with ...《格式》〈感情など〉でいっぱいの, ...に満ちた (full of).

shot-gun [ʃɑ́tgʌ̀n / ʃɔ́t-] 名 C 散弾銃, 猟銃.
◆ **shótgun wédding [márriage]** C **1** 強制的な [急いでいる] 結婚 (特に妊娠による「できちゃった婚」). **2** 必要に迫られた妥協 [合併].

should [(弱) ʃəd; (強) ʃúd]

❶ 義務・忠告「...すべきである」 (→**1**(a))
You *should* be kind to old people.
(お年寄りには優しくすべきです)

❷ [should have + 過分] 後悔・非難
「...すべきだったのに」 (→**1**(b))
You *should* have seen the film.
(あなたはその映画を見るべきだった)

❸ 当然・推定・予期「...するはずだ」 (→**2**)
He *should* be here in a minute.
(彼はまもなくここに来るはずです)
She *should* have got home by now.
(彼女は今頃は家に着いているはずです)

❹ [If 〜 should do]「万一...すれば」 (→**5**)
If you *should* need my help, give me a ring. (万一私の手伝いが必要になったら, 電話してください)

— 助動 (◇ **shall** の過去形)
I 〖仮定法〗
1 (a)〖義務・忠告〗**...すべきである**, ...したほうがよい (→ MUST¹〖語法〗(4)) (➡次ページ [LET'S TALK]): You *should* pay for the broken window. あなたは割れたガラスの弁償をすべきです / You *should*n't drink alcohol when you drive. 運転するときに酒を飲んではいけない / *Should* I turn on the air conditioner? エアコンをつけたほうがいいですか / Smoking *should* be banned in all public places. 公共の場所はどこでも喫煙を禁止すべきです.
(b) [should have + 過分]〖非難・後悔〗**...すべきだったのに**, ...したほうがよかったのに (◇過去においてすべきだったのにしなかったことを非難・後悔する気持ちを表す): You *should* have been more careful. あなたはもっと注意すべきだった / You *should* have submitted it by February 10. あなたはそれを2月10日までに提出すべきだった / We

*should*n't *have trusted* that man. 私たちはあの男を信用すべきではなかった。
2 [当然・推定・予期] (a) おそらく[きっと]…だろう, …するはずだ (→ MIGHT¹ **6** 語法): Our guests *should* be home by now. お客さんたちは今頃家に着いているはずだ / If he's coming by train, he *should* arrive about five. もし彼が列車で来るなら 5 時頃には着くはずです。 (b) [*should have* + 過分] おそらく…しただろう, …したはずである: His plane *should have reached* San Francisco by now. 彼の乗った飛行機はもうサンフランシスコに着いているはずです。
3 [条件文の帰結節で]《英》(◇1人称の主語と共に用いて, 事実ではないことを仮想して述べる; would を用いるほうが一般的) (a) [仮定法過去] …であろう(に): If I had the money, I *should* pay him. お金があれば彼に支払うところなのだが / If I didn't write it down, I *should* probably forget all about it. もしそれを書きとめなければ私はおそらくすっかり忘れてしまうだろう。 (b) [仮定法過去完了] [*should have* + 過分] …であっただろう(に): I *should have bought* the book if I had had enough money. もし私に十分なお金があったならその本を買っただろう。
4 [like, think, say などの動詞の前で] …するのだが (◇1人称の主語と共に用いて, 話し手の気持ち・意見を控えめに表す): I *should* like a cup of coffee. コーヒーを 1 杯いただきたいのですが / I *should* say he's mistaken. 彼は間違っているのではないでしょうか。
5 [*If ... should do*] [条件文の条件節で] 万一…が~すれば, たとえ…が~でも: *If it should* rain, we'll play tennis indoors. 万一雨ならば私たちは室内でテニスをやります / *If he should* change his plan, no one would blame him. もし彼が計画を変更してもだれも彼を非難しないだろう。
6 [疑問詞を伴って] いったい(…), なんと…(◇意外・当惑・不可解などを表す): I can't understand why you *should* say that. あなたがなぜそんなことを言うのか理解できない / How *should* I know? どうして私が知っていようか。
7 [話し手の判断などを表す主節に伴う that 節で] (a) …するとは: It is natural that Mary get angry. メアリーが腹を立てるのも無理ない(◇彼女の態度に賛成・支持していることを表す。現在形を用いて It is natural that Mary gets angry. (メアリーが腹を立てるのは当然です)とすると中立的な事実を述べる文になる) / It is surprising that he *should* know the answer. 彼が答えを知っているとは驚きだ (◇この構文に用いる形容詞は, natural, surprising のほか right, strange, wrong など)。 (b) [*should have* + 過分] …したとは: I am surprised that you *should have felt* so upset. あなたがそれほど動揺したとは驚きです。
8 [命令・決定・提案・主張・必要などを表す動詞・形容詞に続く that 節で]《主に英》…すること, …するように (◇ should を省略して動詞の原形 (仮定法現在)を用いるほうが一般的): I suggest that you (*should*) see a lawyer. 弁護士に相談なさったらいかがでしょうか (◇この構文に用いる動詞は, suggest, order のほか demand, insist, propose, recommend など) / It is essential that everyone (*should*) obey the rules. 全員がルールを守ることが必要です (◇この構文に用いる形容詞は, essential のほか desirable, important, necessary, urgent など)。
9 [目的を表す副詞節で] …するように; [lest, for fear, in case で始まる副詞節で] …しないように (◇ lest のあとでは《米》では should を省略して動詞の原形を用いるほうが一般的): I turned off the TV so [in order] that the baby *should* sleep. 私は赤ちゃんが眠れるようにテレビを消した / I am telling you this *in case* [*for fear* (that)] you *should* make a mistake again. あなたがまた誤りを犯すことがないように私はこのことを話しているのです。

LET'S TALK 助言の仕方

[基本] I think you should ....

Kenji: Oh, I've lost my camera.
(おや, カメラをなくしてしまった)

Bill: I think you should go to the Lost and Found Office. (遺失物取扱所に行ったほうがいいですよ)

人に助言をするときには, I think you should .... (…したほうがいいですよ) と言いましょう。 I think は省略することができますが, 加えると柔らかい感じが出ます。「had better +動詞の原形 (…すべきだ)」を使うと, 強制・命令の意味が強くなります。

相手から助言を受けて, それに賛成する場合は, That's a good idea. (いい考えですね) または You are right. (あなたの言う通りです) と言いましょう。

相手に助言を求める場合は, Do you think I should ...? (…すべきでしょうか) と言います。

[類例] A: I'm thinking of buying a new car. Do you think I should buy one now?
(新しい車を買おうと思っています。今買うのがよいと思いますか)

B: You had better wait until the new models come out.
(新型のモデルが発売になるまで待ったほうがいいですね)

II [直説法]

10 [過去における単純未来] …するだろう(と言った): John told me (that) he *should* visit us the next day. ジョンは私に翌日私たちを訪ねると言った(= John said to me, "I shall visit you tomorrow.") (◇時制の一致による過去形で, 2人称, 3人称では would が普通. 1人称でも《米》では would を用いる).

11 [過去における意志未来] …しましょうか(と尋ねた): Bob asked if he *should* go in the afternoon. ボブは午後に出かければよいか尋ねた(= Bob said, "Shall I go in the afternoon?") (◇相手の意向を尋ねる Shall I [we] ...? の, 時制の一致による過去形).

shoul·der [ʃóuldər]
— 名 動

— 名 (複 shoul·ders [~z]) **1** ⓒ 肩 (→ ARM¹ 図, BODY 図): hunch one's *shoulders* 肩[背]を丸める / shrug one's *shoulders* 肩をすくめる《困惑・あきらめなどを表す》/ He patted me on the *shoulder*. 彼は私の肩をたたいた / My child likes riding on my *shoulders*. 私の子供は肩車が好きです / She has a stiff *shoulder*. 彼女は肩がこっている. **2** ⓒⓊ (衣服の) 肩: How do you like the *shoulders* of this dress? このドレスの肩の部分はどうですか.

3 ⓒ (道具などの) 肩状部; (道路の) 路肩: We pitched the tent on the *shoulder* (of the mountain). 私たちは山の肩にテントを張った / Soft Shoulders 《掲示》 路肩軟弱.

4 ⓒ [通例 ~s] 肩(責任を負う) 双肩: take [carry] ... on one's (own) *shoulders* …の責任を負う. **5** Ⓤⓒ 肩肉 (◇食用).

■ *a shóulder to crý on* 悩みを聞いてくれる人.
crý on ...'s shóulder 〈人〉に悩みを打ち明ける.
pùt [*sèt*] *one's shóulder to the whéel* 《口語》熱心に努力する, ひと頑張りする.
shóulder to shóulder 肩を並べて; 協力して.
stráight from the shóulder 率直に, ずばりと.

— 動 他 **1** 〈もの〉を (肩で) かつぐ: He *shouldered* the heavy barrel easily. 彼はその重いたるを軽々とかついだ. **2** 〈重荷・責任など〉を負う: He *shouldered* the burden of supporting his brother. 彼は弟を養うという重荷を負っていた.

3 …を肩で押す, 肩で押しのける: I *shouldered* my way through the crowd of people. 私は人込みを押し分けて進んだ.

— 自 肩で押し分けて進む.

■ *Shóulder árms!* 《軍》担 (かつ) え銃 (じゅう)!
◆ shóulder blàde ⓒ 肩甲骨 (けんこうこつ).
shóul·der-hígh 形 肩までの高さの.
shóul·der-léngth 形 (髪が) 肩まで届く.

should·n't [ʃúdnt]
《短縮》《口語》 should not の短縮形: You *shouldn't* do it. それはしないほうがよい / Why *shouldn't* you go to college? なぜあなたが大学に行ってはいけないのか (いけない理由はない).

shouldst [(弱) ʃədst; (強) ʃúdst] 助動 《古》 shall の2人称単数過去形.

***shout [ʃáut]
— 動 名

— 動 (三単現 shouts [ʃáuts]; 過去・過分 shout·ed [~id]; 現分 shout·ing [~iŋ])
— 自 叫ぶ, 大声を出す; [人に] 大声で呼びかける [*at, to*]; […を求めて / 喜び・悲しみなどで] 叫び声を上げる [*for*/ *with*] (→ 類義語): Please don't *shout at* me; I can hear. 大声を出さないで. ちゃんと聞こえていますよ / She *shouted for* help. 彼女は大声で助けを求めた / He *shouted with* pain. 彼は苦痛のあまり叫び声を上げた.

— 他 [shout+O [that 節]] …を […と] 叫ぶ, 大声で言う (*out*): "Go back!" he *shouted*. 「帰れ」と彼は叫んだ / They *shouted* disapproval. 彼らはだめだと叫んだ / She *shouted* (*out*) that she saw someone in the house. 彼女は家の中でだれかを見たと叫んだ.

■ *shóut dówn* 他 〈相手〉を大声で黙らせる.
shóut onesèlf hóarse 大声を出して声をからす.
— 名 ⓒ 叫び (声), 大声: piercing *shouts* かん高い叫び声 / give a *shout* of joy 歓声を上げる.

> **類義語** shout, cry, scream, shriek, yell
> 共通する意味 ▶ 叫ぶ (make a loud or shrill sound with the voice)
> **shout** は「大声で言う, 叫ぶ」の意を表す最も一般的な語: The drowning man *shouted* for help. おぼれかけている男は大声で助けを求めた.
> **cry** は特に苦痛・怒りなどで「大きな声を出す, 叫ぶ」の意. 言葉にならない叫び声にも用いる: He *cried* a warning. 彼は気をつけろと叫んだ. **scream** は苦痛・恐怖・怒り・驚きなどで「かん高い声を上げる」の意: She *screamed* when she saw a cockroach. 彼女はゴキブリを見て悲鳴を上げた.
> **shriek** は苦痛・恐怖などで, scream よりもさらに「かん高い金切り声を上げる」の意: She *shrieked* with pain. 彼女は痛くて悲鳴を上げた. **yell** は苦痛・恐怖・怒りなどで「大声を出す」の意: He *yelled* in anger. 彼は怒ってどなった.

shout·ing [ʃáutiŋ] 名 Ⓤ 叫び声, 歓声.
■ *be áll óver bàr* [*bùt*] *the shóuting* 《口語》 勝負の山は見えた (あとは喝采 (かっさい) されるだけだ).
◆ shóuting màtch ⓒ 大声のどなり合い.

*shove [ʃʌ́v] 動 名
— 他 **1** 〈物〉を (力を込めて) …を押す, 押しずらす, (荒々しく) 突く, 突き飛ばす: *shove* ... aside …を押しのける / *shove* one's way 押しけて進む. **2** …を […に] 突っ込む, ねじ込む [*in, into*]: *shove* the money *into* one's pocket 金をポケットに突っ込む.

— 自 押す, 突く; 押し進む (*along, through*).

■ *shóve aróund* 他 〈人〉をこき使う.
shóve óff 自 **1** (船が) 岸を離れる; 船を出す.
2 [通例, 命令形で] 《口語》立ち去る.
shóve óver [*úp*] 《主に英口語》(乗り物などで) 席を詰める, 場所をあける.
— 名 ⓒ [通例 a ~] 押すこと, ひと押し, 突き飛ばすこと: give ... a *shove* …をぐいと押す.

*shov·el [ʃʌ́vəl] (☆発音に注意) 名 ⓒ **1** シャベル, スコップ (cf. spade 鋤 (すき)); シャベル付きの機械, パワ

shovelful

―ショベル (power shovel). **2** シャベル1杯分 (shovelful).

― **動** (過去・過分 《英》 **shov・elled**; 現分 《英》 **shov・el・ling**) **他** **1**〈雪・泥・穀物など〉をシャベルですくう;〈道など〉をシャベルを使ってきれいにする: *shovel* earth into a pile 土をすくって山にする. **2**〈食べ物など〉を[…に]ほうり込む (*down*, *in*)〔*into*〕;〈金銭〉をかき集める (*in*).

shov・el・ful [ʃʌvəlfùl] **名** ⓒ シャベル1杯(分).

***show** [ʃóu] 動 名

① 見せる; 見える. **他 1**; **自 1**
② 証明する, 明らかにする. **他 2**
③ 教える, 説明する. **他 3**
④ 陳列する; 上映 [上演] する. **他 4**
⑤ 案内する. **他 5**

― **動** (三単現 **shows** [~z]; 過去 **showed** [~d]; 過分 **shown** [ʃóun], 《まれ》 **showed**; 現分 **show・ing** [~iŋ])

― **他 1** (a) [show+O] …を見せる, 示す: Please *show* your ID card. 身分証明書を見せてください / The man grinned and *showed* his teeth. 男はにやりとして歯を見せた / The picture *shows* Charlie and his parents. その写真にはチャーリーと両親が写っている / This carpet does not *show* dirt. このカーペットは汚れが目立たない. (b) [show+O+O / show+O+to …]〈人〉に~を見せる, 示す: You must *show* me your ticket. = You must *show* your ticket *to* me. 私に切符を見せなければならない.

2 (a) [show+O] …を証明する, 明らかにする: He has *shown* the truth of the story. 彼はその話が本当であることを証明した. (b) [show +that 節] …ということを証明する; [show + O (+to be)+C] …が~であると証明する: We have *shown* the hypothesis *to be* correct. = We have *shown* that the hypothesis is correct. 私たちはその仮説が正しいことを証明した. (c) [show+O+that 節]〈人〉に…ということを示す: The survey *shows* you *that* 80% of the people are against the tax reform. 調査によって80パーセントの人が税制改革に反対であることが明らかになっています.

3 (a) [show+O+O]〈人〉に(さし示して)…を教える, 説明する (cf. tell (口頭で) 教える): Would you *show* me the way to the post office? 郵便局へ行く道を教えていただけませんか. (b) [show+O+ 疑問詞節 [句]]〈人〉に…かを教える, 説明する: The instructor *showed* me *how* to shift gears. 指導員はギアの変え方を説明してくれた.

4 [show+O] …を陳列する, 出品する; 上映 [上演] する: My paintings will be *shown* at the gallery. 私の絵はその画廊で展示される予定です / What films are they *showing* at the theater? 映画館ではどんな映画をやっていますか.

5 (a) [show+O]〈人〉を[…に]案内する [*to*]:

May I *show* you *to* your room? お部屋へご案内しましょう. (b) [show+O+O]〈人〉に…を案内する: Let me *show* you the garden. 庭をご案内しましょう.

6 [show+O]〈感情など〉を表す: Tom tried not to *show* his anger. トムは怒りを表に出さないようにした / Her eyes *showed* her fear. 彼女の目は恐怖を表していた.

7 [show+O / show+O+to …] …を〈親切・慈悲など〉を示す, 与える: The villagers often *showed* me kindness. = The villagers often *showed* kindness *to* me. 村人はよく私に親切にしてくれた.

8〈計器などが〉…を表示する: The thermometer *shows* 37℃. 温度計はセ氏37度です.

― **自 1** 見える, 目立つ; [show+C] …に見える (appear): Sorrow *showed* in her eyes. 悲しみが彼女の目に見てとれた / The dirt on your shirt doesn't *show*. シャツの汚れは目立ちませんよ / It *shows* black from here. ここからだとそれは黒く見える. **2** 上映 [上演] される;(展示会などを)開く, 興行する: Spielberg's new film is *showing* now. スピルバーグの新作映画が上映中です. **3** 《米口語》〈人が〉姿を見せる: I gave a party, but John did not *show*. 私はパーティーを開いたがジョンはやって来なかった.

句動詞 *shów aróund* **他** [show around+O / show+O+around] …を案内する.

shów … aróund ~ **他** …を連れて~を案内して回る, 見学させる: She *showed* us *around* San Francisco. 彼女は私たちを連れてサンフランシスコを案内してくれた.

shów in **他** [show in+O / show+O+in]〈人〉を中へ案内する, 中へ通す: *Show in* the next person, please. 次の方を中へお通ししてください.

shów óff **自** 見せびらかす, 目立ちたがる: Jack was *showing off* on his skateboard. ジャックはスケートボードに乗っているところを見せびらかしていた. ― **他** [show off+O / show+O+off] **1** …を見せびらかす: John was eager to *show off* his new car to his friends. ジョンは新車を友達に見せびらかしたくてたまらなかった. **2**〈服など〉を引き立たせる, よく見せる.

shów úp **自 1**《口語》姿を現す, 出席する: Bob did not *show up* at the party. ボブはパーティーに顔を出さなかった. **2** 目立つ, はっきり見える: The detective put a chemical on the paper and fingerprints *showed up*. 刑事が紙に薬品をかけると指紋が浮かび上がった.

― **他** [show up+O / show+O+up] **1** …を目立たせる: This test *showed up* your weaknesses in physics. このテストであなたには物理に弱いことがはっきりわかりました. **2**《英口語》…に恥ずかしい思いをさせる.

■ *hàve nóthing [sómething] to shów for …* 〈努力など〉に見合った成果がない [ある].

it jùst gòes to shów (that) … 《口語》…であることが証明される [わかる]《◇ it は前の文の内容を指す》.

***show* onesèlf** 姿を見せる, 現れる.

―**名**(複 **shows** [~z]) **1** C (映画・テレビなどの)ショー, 見せ物; 番組; 演劇: a television [quiz] *show* テレビ[クイズ]番組 / a one-man *show* ワンマンショー / stage [produce] a *show* ショーを上演[演出]する / We're going to the *show*. 私たちはその演劇を見に行きます.

2 C 展覧会, 展示会, ショー: a motor *show* 自動車ショー / an orchid *show* ランの展示会 / a dog *show* ドッグショー.

3 U|C 示すこと, 見せること: a *show* of force 力の誇示.

4 C 見もの, 見事な眺め: The *show* of cherry blossoms is wonderful in that park. あの公園の桜の眺めは見事だ.

5 U [時に a ~] 見せかけ (pretense); 外見, 様子, そぶり: Mary put on a good *show* of being interested when she heard the news. メアリーはそのニュースを聞いて大いに興味ありげなそぶりを見せた. **6** U [時に a ~] 見栄(ﾐ), 見せびらかし: He only makes a *show* of his knowledge. 彼はただ知識をひけらかしているだけです. **7** [通例 a ~]《口語》機会, チャンス.

■ *a show of hánds* (採決のための) 挙手.

for shów 見せるためだけに[の], 見せばかりの[の]: wear glasses *for show* だて眼鏡をかける.

gèt the shów on the róad《口語》仕事に取りかかる, 事業を始める.

give the (whóle) shów awáy《口語》内幕を暴露する, 馬脚を現す.

Góod shów !《英口語》お見事.

on shów 展示されて, 陳列されて: The picture is now *on show*. その絵は現在展示中です.

rùn the shów (組織などを) 牛耳る.

stéal the shów 人気をさらう, 注目を浴びる.

◆ shów bùsiness U ショービジネス, 芸能界.
shów jùmping U (馬術の) 障害飛越.
shów trìal C 見せしめ裁判.
shów wìndow C ショーウインドー, 陳列窓.

show·biz [ʃóubìz]**名**U《口語》ショービジネス, 芸能界 (◇ *show business* の略).

show·boat [ʃóubòut]**名**C **1** ショーボート, 演芸船 (Mississippi 川などを巡航した舞台付き汽船). **2**《口語》目立ちたがる人.

show·case [ʃóukèis]**名**C **1** ショーケース, 陳列用ガラス箱[棚]. **2** (才能などを披露する) 場, 機会. ―**動**他 …を陳列[展示]する.

show·down [ʃóudàun]**名**C [通例, 単数形で] **1** (争いの) 決着, 決戦; どたん場. **2**【トランプ】ショーダウン(手札を見せ合って勝負を決めること).

***show·er** [ʃáuər]
―**動** 【原義は「にわか雨」】

―**名**(複 **show·ers** [~z]) C **1** シャワー (➡ BATHROOM [PICTURE BOX]); シャワーを浴びること: take [have] a *shower* シャワーを浴びる / She's in the *shower*. 彼女はシャワーを浴びています.

2 にわか雨; にわか雪, 短時間のみぞれ[あられ]: a sun *shower* 天気雨 / He was caught in a *shower* on his walk. 彼は散歩中にわか雨にあった / Scattered *showers* are expected this evening. 今晩は所によってにわか雨になるでしょう.

3 [a ~]《比喩》[手紙・贈り物などの] 雨, たくさん[の…](*of*): a *shower of* presents たくさんの贈り物 / a *shower of* bullets 弾丸の雨あられ / a *shower of* insults おびただしい侮辱の言葉.

4《米》(特に女性への) 贈り物のパーティー: a bridal [baby] *shower* 花嫁になる人 [生まれてくる赤ん坊の母親] に贈り物をするパーティー.

■ *sénd ... to the shówers*〈人〉を早々と競争から脱落させる (◇シャワー室に行かせる, の意).

―**動**自 **1** シャワーを浴びる: I will shave and *shower*. ひげをそってシャワーを浴びよう.

2 [It を主語にして] にわか雨が降る: It will *shower* this evening. 今晩にわか雨が降るでしょう.

3 […に] 雨のように降り注ぐ[*on*]: Letters of good wishes *showered on* Mary. 祝福の手紙がメアリーのところへ殺到した.

―他〈人〉に〔ものを〕どっさり与える[*with*]; 〔人に〕〈ものを〉どっさり与える[*on*]: They *showered* each other *with* gifts. = They *showered* gifts *on* each other. 彼らは互いにたくさんの贈り物をし合った. (▷ 形 shówery)

show·er·y [ʃáuəri]**形** にわか雨の(多い). (▷ 名 shówer)

show·girl [ʃóugə̀ːrl]**名**C ショーガール, 踊り子.

show·ing [ʃóuiŋ]**名 1** C 展示, 公開. **2** [単数形で] 外観, 出来栄え: make a good [poor] *showing* 見栄え[成績]がよい[悪い].

show·man [ʃóumən]**名**(複 **show·men** [-mən]) **1** 興行師, 見せ物師. **2** 演技力のある人, パフォーマンスの上手な人, ショーマン.

show·man·ship [ʃóumənʃìp]**名**U 受けをねらう技巧, 派手な言動; 観客動員能力; 興行術.

***shown** [ʃóun]**動** show の過去分詞.

show·off [ʃóuɔ̀ːf / -ɔ̀f]**名 1** C 見せびらかす人, 目立ちたがり屋. **2** U 見せびらかし, 誇示.

show·piece [ʃóupìːs]**名**C [通例, 単数形で] 展示品; 立派な見本.

show·place [ʃóuplèis]**名**C 名所, 旧跡.

show·room [ʃóuru(ː)m]**名**C ショールーム, (商品) 展示室.

shów-stòp·ping [形] (演技・役者が) (演技中断させるほど) 喝采(ﾀﾞ)を受ける, すばらしい.

show·y [ʃóui]**形**(比較 **show·i·er** [~ər]; 最上 **show·i·est** [~ist]) **1** 目立つ, 華やかな, 派手な. **2** 《軽蔑》けばけばしい, これ見よがしの.

***shrank** [ʃræŋk]**動** shrink の過去形.

shrap·nel [ʃrǽpnəl]**名**U りゅう散弾 (の破片).

shred [ʃréd]**名 1** C [しばしば ~s] (細長い) 切れ端, 断片, 小片: tear ... to *shreds* …をずたずたに切り裂く / Her nerves were in *shreds*. 彼女は神経がずたずただった. **2** [a ~; 通例, 否定文で] ごく少量, わずか: There was not a *shred* of evidence. 証拠のひとかけらもなかった.

―**動** (三単現 **shreds** [ʃrédz]; 過去・過分 **shred·ded** [~id]; 現分 **shred·ding** [~iŋ]) **1** …を細長く (細かく) 切る: *shredded* cabbage キャベツの千切り. **2**《書類》をシュレッダーにかける.

shred·der [ʃrédər]**名**C **1** 書類裁断機, シュレ

shrew [ʃrúː]名C 1 トガリネズミ.
2《古》がみがみ言う女, 気の荒い女.

***shrewd** [ʃrúːd]形 1 […に]抜け目のない, そつのない[at]: a *shrewd* lawyer やり手の弁護士.
2 観察力のある, 鋭い, 鋭敏な.
shrewd・ly [～li]副 抜け目なく; 利口に.
shrewd・ness [～nəs]名U 抜け目なさ; 利口さ.

***shriek** [ʃríːk]動自 1 きゃっと叫ぶ, 金切り声を上げる(*out*)(→ SHOUT 類義語): *shriek* with fright [laughter] 恐くて叫ぶ[かん高い声で笑う]. 2（汽笛などが）高く鋭い音を出す.
— 他 …を[…に]金切り声で言う(*out*)[*at*]: *shriek* (*out*) a warning 警告の叫びを発する.
— 名C（恐怖・興奮などによる）悲鳴, 金切り声: give a *shriek* 悲鳴を上げる.

***shrill** [ʃríl]形 1（声・音が）鋭い, かん高い, けたたましい: in a *shrill* voice かん高い声で. 2《軽蔑》（不平・主張・要求などが）感情むき出しの, 執ような.
— 動自 鋭い[かん高い]音を出す.
— 他 …をかん高い声で言う(*out*).
shrill・ness [～nəs]名U（声・音の）かん高さ.

shril・ly [ʃríli, ʃríli]副 かん高く, 金切り声で.

shrimp [ʃrímp]名（複 **shrimps** [～s]）C
1 〖動物〗小エビ《主にヨーロッパ産》;《米》クルマエビ(prawn). 2《軽蔑》ちび; 取るに足りない人.

***shrine** [ʃráin]名C 1 聖壇, 神殿;（日本の）神社, 社(やしろ)（cf. temple 日本の寺）: a shinto *shrine* 神社 / a portable *shrine* みこし. 2 殿堂, 聖地: a *shrine* of art 芸術の殿堂. 3 聖骨[体]箱.

***shrink** [ʃríŋk]動（三単現 **shrinks** [～s]; 過去 **shrank** [ʃræŋk],《米》**shrunk** [ʃráŋk]; 過去分詞 **shrunk**,《主に米》**shrunk・en** [ʃráŋkən]; 現分 **shrink・ing** [～iŋ]）自 1（衣服などが）縮む, 小さくなる: That cloth *shrinks* if you wash it. その生地は洗うと縮む. 2（数量・価値などが）減少する: My income has *shrunk*. 私は収入が減った.
3［副詞(句)を伴って］《主に文語》（恐れなどで）[…から]あとずさりする, ひるむ; […を]いやがる[*from*]: She didn't *shrink from* saying that he was wrong. 彼女はひるむことなく彼は間違っていると言った. — 他 …を縮ませる; 減少させる.
— 名 1U 収縮. 2C《口語・こっけい》精神科医(headshrinker).
◆ **shrínking víolet** C《こっけい》内気な人.

shrink・age [ʃríŋkidʒ]名CU 縮むこと; 収縮(量), (数量・価値などの)減少(量); 低減.

shriv・el [ʃrív(ə)l]（過去・過去分詞《英》**shriv・elled**; 現分《英》**shriv・el・ling**）動自 しわが寄る, しなびる; 身が縮む(*up*).
— 他 …にしわを寄せる, …をしなびさせる, 縮ませる.

shroud [ʃráud]名C 1（死人を包む）白衣, 経かたびら. 2 覆い, 包むもの, とばり: in a *shroud* of mystery 神秘のベールに包まれて.
— 動他 1 …に経かたびらを着せる. 2［通例, 受け身で］…を[…で]覆い隠す(*in*).

shrub [ʃráb]名C 低木, 灌木(かんぼく)《◇1本の灌木としての, bushのような「茂み」の意はない》.

shrub・ber・y [ʃrábəri]名（複 **shrub・ber・ies** [～z]）U［集合的に］低木, 灌木類(shrubs); C 低

木の植え込み[茂み].

***shrug** [ʃrʌ́g]動（三単現 **shrugs** [～z]; 過去・過去分詞 **shrugged** [～d]; 現分 **shrug・ging** [～iŋ]）他《肩》をすくめる: *shrug* one's shoulders 肩をすくめる (◇ 困惑・あきらめなどを表す).
— 自 肩をすくめる.
■ **shrúg óff** 他 …を無視する, あっさり片づける.
— 名C［通例 a ～］肩をすくめること: with a *shrug* (of the shoulders) 肩をすくめて.

shrunk [ʃráŋk]動 shrink の過去形・過去分詞.
shrunk・en [ʃráŋkən]動 shrink の過去分詞.
— 形［通例, 限定用法］(布などが)縮んだ, しなびた.

shuck [ʃʌ́k]名《米》 1C（豆などの）皮, 殻, さやC（カキやハマグリの）殻. 2［～s］価値のないもの［人］, いかさま. — 動他《米》 1 …の皮[殻]をむく.
2《口語》《服など》を脱ぐ(*off*).

shucks [ʃʌ́ks]間《米・古風》ちぇっ, くそっ, しまった(◇驚き・恥ずかしさなどを表す).

***shud・der** [ʃʌ́dər]動自 1（恐怖・寒さなどで）震える[*with*]; [… に / …して]ぞっとする[*at / to do*] (→ SHAKE 類義語): *shudder with* cold 寒くて震える / She *shuddered to* think of the incident. = She *shuddered at* the thought of the incident. 彼女はその事件のことを考えてぞっとした. 2（乗り物などが）激しく揺れる.
— 名C［通例 a ～］身震い, 戦慄(せんりつ); 震え: It gives me a *shudder*. それを考えるとぞっとする.

shuf・fle [ʃʌ́fl]動他 1《足》をひきずって歩く.
2《足など》をあちこち動かす;《書類など》をかき混ぜる. 3〖トランプ〗《カード》を切る.
— 自 1 足を引きずって歩く(*along*). 2〖トランプ〗カードを切る. 3（足などが）あちこち動く.
4 […を]ぞんざいにやる[*through*].
■ **shúffle óff** 他《責任など》を転嫁する; 押しつける;《面倒なもの》を除く.
— 名C［a ～］1 足を引きずって歩くこと.
2〖トランプ〗カードを切ること. 3 混ぜ合わせ;（人事などの）異動. 4 シャッフル《CDプレーヤーのランダム選曲》.

***shun** [ʃʌ́n]動（三単現 **shuns** [～z]; 過去・過去分詞 **shunned** [～d]; 現分 **shun・ning** [～iŋ]）他《人・仕事など》を避ける, 逃れる《◇ avoid より意味が強い》: *shun* publicity 世間から注目されることを避ける / She *shuns* meeting anybody. 彼女はだれとも会おうとしない.

shunt [ʃʌ́nt]動他 1 …を別の場所に移す;《人》を[…に]追いやる, 左遷する(*away, off*) [*to*].
2《話題など》を[…に]変える[*to*];《計画など》を延期する;《問題》を回避する. 3《列車》を(別の線路に)入れ替える[*on, onto*].
— 自 1 わきへそれる. 2（列車などが）側線に入る.

shush [ʃʌ́ʃ, ʃúʃ]間《口語》しっ, 静かに.
— 動他 …をしっと言って黙らせる.

***shut** [ʃʌ́t]動形【基本的意味は「…を閉じる(make ... close)」】
— 動（三単現 **shuts** [ʃʌ́ts]; 過去・過去分詞 **shut**; 現分 **shut・ting** [～iŋ]）
— 他〈戸・ふたなど〉を**閉じる**, 閉める(close) (↔ open): *Shut* the door. ドアを閉めなさい /

She *shut* the cap tight. 彼女はふたをきつく閉めた / He *shut* his mouth [eyes]. 彼は口[目]を閉じた / *Shut* your mouth! 黙れ.
2〈本・傘など〉を閉じる, たたむ(↔ open)(◇この意味では close が普通): *Shut* the book. 本を閉じなさい / She *shut* her umbrella at the entrance. 彼女は玄関で傘をたたんだ.
3[…に]〈目・心など〉を閉ざす,〈耳〉を貸さない[to]: Eric *shut* his eyes to his colleague's faults. エリックは同僚の失敗に見て見ぬふりをした / You should *shut* your ears to such gossip. そんなゴシップに耳を貸すべきではない.
4 …を閉じ込める; …を[…から]閉め出す[from](→句動詞) shut ... in ~, shut out).
5《主に英》〈店・工場などを〉閉鎖する, 休業にする(↔ open): Steve will have to *shut* the shop because of the lack of money. 資金不足のためスティーブは店を閉めなければならなくなるだろう.
——圓 **1**(ドア・花などが)閉まる, 閉じる: The door *shut* with a bang. バタンと音がしてドアが閉まった. **2**《主に英》(店などが)閉まる, 休業する.

[句動詞] **shút awáy** 他 [shut away + O / shut + O + away] …を(人から遠ざけて)[…に]閉じ込める[*in*]; …を[…から]遠ざける[*from*].
·shút onesèlf awáy 閉じこもる.
shút dówn 他 [shut down + O / shut + O + down] **1**〈工場・店などを〉休業にする, 操業停止にする: They've *shut down* their factory. 彼らは工場を閉鎖した. **2**《口語》…を抑える, 封じる. ——圓 **1**(工場・店などが)閉鎖される, 休業する: The summer resort *shuts down* during the winter. 避暑地は冬の間閉鎖される. **2**(暗やみ・霧などが)あたりを包む.
shút ... ín 他 **1** …を閉じ込める: Mary *shut* the cat *in* and went out. メアリーは猫をうちに閉じ込めて外出した. **2**(しばしば受け身で)〈山・雪・林などが〉…を取り囲む: Our village *is shut in* by the mountains on either side. 私たちの村は両側を山で囲まれている.
shút ... in ~ 他 **1** …を〜に閉じ込める: *shut* oneself *in* a room 部屋に閉じこもる. **2**〈指・服など〉を〜にはさむ: *shut* one's fingers *in* the door 指をドアにはさむ.
shút óff 他 **1** [shut off + O / shut + O + off]〈電気・水・ガスなど〉を止める, 切る, 供給を止める: Remember to *shut off* the gas. 忘れずにガスを止めなさい. **2**[しばしば受け身で]…を[…から]切り離す[*from*]: My house *is shut off from* the town by the woods. 私の家は森で町から切り離されている.
·shút onesèlf óff[…から]遠ざかる[*from*].
shút óut 他 **1** [shut out + O / shut + O + out][…から]…を閉め出す;〈光・風など〉を遮断する, さえぎる;[活動などから]〈人〉を排除する; 無視する[*of*, *from*]: *Shut* them *out of* the room. 彼らを部屋から追い出せ / These trees *shut out* the view *from* my room. この木立ちが私の部屋からの眺めをさえぎっている. **2**〔野球〕《米》…をシャットアウト[完封]する.
shút úp 他 [shut up + O / shut + O + up] **1**〈戸口・窓など〉をすっかり閉じる,〈家・工場・店など〉を閉める: It's time to *shut up* shop. 閉店の時間です. **2**《口語》…を黙らせる: Will you *shut* these people *up*? この人たちを黙らせてくれませんか. **3** …を閉じ込める (shut in).
——圓[通例, 命令文で]《口語》話をやめる, 黙る: *Shut up*! 黙れ.

——形 閉じた, 閉まった(↔ open): Ann slammed the drawer *shut*. アンは引き出しをぴしゃりと閉めた / I kissed her on the *shut* eyes. 私は彼女の閉じた目にキスをした.

shut·down [ʃʌ́tdàun] 名 C (工場などの)一時閉鎖, 操業停止.
shút·èye 名 U 《口語》睡眠 (sleep).
shút·in 名 C 《米》〈家[病院]に閉じこもっている人.
shut·out [ʃʌ́tàut] 名 C **1** 閉め出し; 工場閉鎖 (lockout). **2**《米》〔野球〕完封(試合).
*__**shut·ter**__ [ʃʌ́tər] 名 C **1**(カメラの)シャッター: release the *shutter* シャッターを切る. **2**[通例 〜s] シャッター, 雨戸(➡ HOUSE [PICTURE BOX]).
■ *pùt úp the shútters*《英口語》**1**(閉店時間で)店を閉める. **2**(営業不振で)閉店する, 店をたたむ.
shut·tered [ʃʌ́tərd] 形 シャッターを閉めた; シャッターを取り付けた.
*__**shut·tle**__ [ʃʌ́tl] 名 C **1**(近距離の)定期往復(便), シャトル便; 折り返し運転のバス[列車, 航空機], 連絡バス: *shuttle* service 折り返し運転. **2**(織機の)杼(ʰ)《左右に往復してよこ糸を通す》;(ミシンの)下糸入れ. **3**(バドミントンの)羽根 (shuttlecock). **4** スペースシャトル, 宇宙連絡船 (space shuttle).
——動 圓 往復する, 折り返す; 左右に動く.
——他 …を往復させる; 左右に動かす.

shut·tle·cock [ʃʌ́tlkàk / -kɔ̀k] 名 C (バドミントンの)羽根, シャトルコック (shuttle).

***shy** [ʃái]
形 動【原義は「ひどく悩んだ」】
——形 (比較 shy·er, shi·er [〜ər]; 最上 shy·est, shi·est [〜ist]) **1** […に対して]内気な, 恥ずかしがりの; 引っ込み思案の [*with*, *of*]: a *shy* boy 内気な男の子 / a *shy* look 恥ずかしそうな表情 / Mary speaks in a *shy* voice. メアリーははにかんだ声で話す / She is *shy of* speaking to others. 彼女は人に話しかけるのを恥ずかしがる.
2(動物が)臆病な, 用心深い: A rabbit is a *shy* animal. ウサギは臆病な動物である.
3[…を]用心する, 警戒する;[…に]用心深い, ためらう [*of*, *about*]: Beth is *shy of* giving her opinion. ベスは用心してなかなか自分の意見を言わない. **4**[比較なし; 叙述用法]《主に米口語》[…に]足りない, 達しない [*of*]: He's an inch *shy of* six feet. 彼(の身長)は6フィートに1インチ足りない.
■ *fíght shý of ...* …を避ける, いやがる.
——動 (三単現 shies [〜z]; 過去・過分 shied [〜d]; 現分 shy·ing [〜iŋ]) 圓 (馬が)[…に]驚いてあとずさりする [*at*], 怖がる.
■ *shý (awáy) from ...* …にしり込みする, …を避ける.

-shy [ʃai] 結合 「…嫌いの」の意を表す形容詞を作る: camera-*shy* カメラ嫌いの.

Shy・lock [ʃáilɑk / -lɔk] 名 1 ⓒ シャイロック《シェイクスピア作『ベニスの商人』に出てくる高利貸》. 2 ⓒ [時に s-] 非情な高利貸; 卑劣漢.

shy・ly [ʃáili] 副 恥ずかしそうに, はにかんで.

shy・ness [ʃáinəs] 名 ⓤ 内気, はにかみ; 臆病.

shy・ster [ʃáistər] 名 ⓒ 〖口語〗 悪徳弁護士[政治家, 実業家]; 悪知恵の働く人.

si [síː] 名 ⓤⓒ 〖音楽〗シ《ドレミ音階の7番目の音》.

Si 《元素記号》= silicon 珪素(ﾋﾟ).

Si・am [saiæm, sáiæm] 名 シャム《タイの旧称》.

Si・a・mese [sàiəmíːz] 形 シャム(人)の.
— 名 (複 Si・a・mese) 1 ⓒ シャム人. 2 ⓤ シャム語. 3 ⓒ = Siamese cat 〖動物〗シャム猫.
◆ **Síamese twíns** [複数扱い] シャム双生児《体の一部が接合したままで生まれる双子》.

Si・be・ri・a [saibíəriə] 名 ⓒ シベリア《ロシアのウラル山脈より東の地域》.

sib・i・lant [síbələnt] 形 〖格式〗シューシューいう; 〖音声〗歯擦音の.
— 名 ⓒ 〖音声〗歯擦音 ([ʃ][ʒ] など).

sib・ling [síbliŋ] 名 ⓒ 〖格式〗兄弟, 姉妹.

sib・yl [síbəl] 名 ⓒ 巫女(ﾐ); 女占い師, 魔女.

sic [sík] 副 原文のまま, 「ママ」《◇誤りや疑いのある語句をそのまま引用するときに付記する》.

Sic・i・ly [sísəli] 名 ⓒ シチリア島《イタリア南方にある地中海最大の島》.

sick [sík]
***
形 動 【原義は「気分が沈んだ」】
— 形 (比較 sick・er [〜ər]; 最上 sick・est [〜ist])
1 病気の, 病気にかかった《◇〖英〗では限定用法のみ用いる; → ILL 〖語法〗(1)》; [the 〜; 名詞的に; 複数扱い] 病人: a *sick* child [tree] 病気の子供 [木] / the *sick* and wounded 病人とけが人 / become [get, fall] *sick* 病気になる / play *sick* 仮病をつかう / She has been *sick* in bed with a cold. 彼女はかぜでずっと寝ている / He was off *sick* for some time. 彼はしばらく病欠していた.
2 [叙述用法] 吐き気がする, 気持ちが悪い; 吐いた: feel *sick* (to one's stomach) 吐き気がする / Flying always makes me *sick*. 私は飛行機に乗るといつも気分が悪くなる / I'm going to be *sick*. 吐きそうだ.
3 [叙述用法] […に] うんざりした, いやになった [*of*]: People were *sick* and tired *of* war. 人々は戦争にうんざりしていた / I'm *sick of* sitting around. じっと座っているのにうんざりだ.
4 […に] がっかりして; […のことで] 不愉快になって [*about, at*]: I felt *sick about* the way I was treated. 私は待遇がくやしくさわった.
5 〖口語〗病的な, 悪趣味な, ひどい: *sick* jokes [humor] たちの悪い冗談.

■ **be sick at héart** 〖文語〗悲嘆に暮れている.
be wórried sick ひどく心配している.
lòok sick 1 顔色が悪い. 2 〖口語〗(他と比較して) 見劣りする.
— 名 ⓤ 〖英口語〗吐いたもの.
— 動 他 〖英口語〗…を吐く, もどす (*up*).
(▷ 動 sícken)

◆ **síck bày** ⓒ (船内・学校などの) 医務室.
sick lèave ⓤ (有給の) 病気休暇.

síck pày ⓤ 病気休暇中の給料, 傷病手当.

sick・bed [síkbèd] 名 ⓒ 〖通例, 単数形で〗病床.

sick・en [síkən] 動 他 …に吐き気を催させる; …をむかむかさせる, うんざりさせる. — 自 〖古風〗 1 病気になる; 〖英〗 […の] 症状がある [*for*]. 2 […に] 飽きる. (▷ 形 sick)

sick・en・ing [síkəniŋ] 形 むかむかさせる; うんざりする, 不快な.
sick・en・ing・ly [〜li] 副 いやになる [むかつく] ほど.

sick・le [síkl] 名 ⓒ 小鎌(ﾀ) (cf. scythe 大鎌).

sick・ly [síkli] 形 (比較 sick・li・er [〜ər]; 最上 sick・li・est [〜ist]) 1 病気がちの, 虚弱な; (顔色が) 青ざめた; (植物が) しぼんだ. 2 (気候・場所などが) 健康に悪い. 3 吐き気を催す; うんざりする.

*sick・ness [síknəs] 名 1 ⓤ 病気 (の状態) (→ ILLNESS 〖類義語〗): feign [sham] *sickness* 仮病をつかう. 2 ⓤⓒ (特定の) 病気, 〜病: altitude [mountain] *sickness* 高山病 / suffer from a severe *sickness* 重病にかかる. 3 ⓤ 吐き気: morning *sickness* (しばしば朝に起きる)吐き気, つわり / motion [travel] *sickness* 乗り物酔い.

sick・room [síkrù(ː)m] 名 ⓒ 病室.

side [sáid]
***
— 名 (複 sides [sáidz]) ⓒ 1 (物体の上下以外の) 側面, 横; (立体の) 面: the *side* of a car 車の側面 / turn a box on its *side* 箱を横にする / A cube has six *sides*. 立方体には6つの面がある.
2 (中心部 [線] から見た) **片側**; 方面, 端, 隅: the west *side* of the city 市の西側 / the right *side* of her face 彼女の顔の右半分 / at the *side* of the road 道路端に / Cars drive on the left *side* of the road in Japan. 日本では車は道路の左側を走る / I saw him on the far *side* of the room. 彼が部屋の奥のほうにいるのが見えた.
3 (表裏・上下の) 面, (紙・布など薄いものの) 表面: the rough *side* of a piece of paper 紙のざらざらした面 / Which *side* of the coin is heads and which is tails? その硬貨はどちら側が表でどちら側が裏なのですか.
4 わき腹, 横腹: I have a pain in my left *side*. 私は左のわき腹が痛い / You'd better lie on your *side*. 横向きに寝たほうがよい.
5 [通例, 単数形で] (人の) **そば**, わき: The child won't leave his mother's *side*. その子は母親のそばを離れようとしない / I sat down by [at] his *side*. 私は彼のそばに座った.
6 (事柄の) 側面, 局面: Try to look on the bright *side* of life. 人生の明るい面を見るようにしなさい / His volunteer work shows the caring *side* of his character. ボランティア活動が彼の性格の優しい一面を表している.
7 山腹, (丘・土手の) 斜面; (湖・海・川などの) 岸: the *sides* of the valley 谷の斜面 / We were driving up the *side* of a mountain. 私たちは山腹の道を車で登っていた.
8 (敵・味方の) 側, 党派, 派閥; 〖英〗(スポーツの) チーム: Whose *side* are you on? あなたはだれの味方なのですか.
9 (背骨に沿って切った牛などの) 食肉; わき腹肉.

10 (父方・母方の)血統; 家系: She is Scottish on her mother's *side*. 彼女は母方がスコットランド系です. **11** 《英口語》(テレビの)チャンネル.

■ *from áll sídes* [*évery síde*] 四方八方から.
from síde to síde 左右に: The ship is swaying *from side to side*. 船は左右に揺れている.
gèt on the ríght [*wróng*] *síde of ...* 《口語》〈人〉に好かれる[嫌われる].
hóld [*splít*] *one's sídes* 《口語》腹を抱えて笑う.
Nó síde! 《ラグビー》ノーサイド, 試合終了.
on áll sídes [*évery síde*] 至る所に, 四方八方に: The sea lies *on every side*. 周りは一面海です.
on the síde **1** アルバイトで, 副業として: That concert pianist gives lessons *on the side*. あのコンサートピアニストは副業でレッスンをしている. **2**《主に米》(料理の)付け合わせに.
on the ... síde 幾分... で(〈...〉には形容詞が入る): I think the price is *on the* high *side*. その値段は高めだと思う.
pùt ... to [*on*] *óne síde* ...をかたわらにのけておく, 無視する; 一時忘れる.
síde by síde **1** 一緒に, 並んで: We sat *side by side*. 私たちは並んで座った. **2** [...と]協力して[*with*].
tàke sídes with ... = *tàke the síde of ...* ...の側を支持する, ...に味方する.
this síde of ... 《口語》... の手前で, ... より前で.
── 形 ─形 《限定用法》 **1** 横の, 側面の, わきの: a *side* door 側面にあるドア. **2** 主要でない, 従の: a *side* plate サイドプレート, 小皿.
── 動 ⾃ [...に]味方する, [...の]側に付く [*with*]; [...に]反対する [*against*].

◆ síde dísh C 添え料理, 副菜.
síde efféct C [しばしば ～s] (薬などの)副作用; 思いがけない結果.
síde hòrse C《米》(体操の)あん馬 (《英》pommel horse).
síde íssue C 副次的な問題.
síde mìrror C《米》サイドミラー (《英》wing mirror; ➡ CAR [PICTURE BOX]).
síde òrder C 添え料理(の注文).
síde strèet C わき道, 横道.
síde táble C サイドテーブル.

side·arm [sáidà:rm] 名 C [しばしば ～s] 携帯武器《ピストル・剣など》. ── 形 サイドスローの.
*side·board** [sáidbɔ̀:rd] 名 **1** C 食器棚, サイドボード. **2** [～s]《英》ほおひげ (sideburns).
side·burns [sáidbə̀:rnz] 名 《複数扱い》 **1** (短い)ほおひげ. **2**《米》もみあげ.
side·car [sáidkà:r] 名 **1** C (オートバイの)サイドカー. **2** U C サイドカー(カクテルの一種).
-sid·ed [saidid] 結合形 「(...の)面[辺, 側]のある」の意を表す: one-*sided* 一方的な.
side·kick [sáidkìk] 名 C《口語》相棒; 助手.
side·light [sáidlàit] 名 **1** U [斜め]からの光; C 横窓. **2** C 《通例 ～s》(船舶が夜間につける) 舷灯(げんとう);《英》(車の)サイドライト;《米》parking light). **3** C [しばしば ～s] 付随的な説明[情報].
side·line [sáidlàin] 名 **1** 内職, アルバイト, 副業 (⽐較 side business とはいわない); 非主力商品. **2** 《スポーツ》サイドライン (➡ BASKETBALL [PICTURE BOX]); [～s] サイドラインの外側(観客がいる場所).

■ *on the sídelines* (けが・敗退で)試合に出場しないで; (あることに)かかわらないで, 傍観して.
── 動 他 《通例, 受け身で》〈人・選手〉を(試合などから)外す, 出場させない.
side·long [sáidlɔ̀:ŋ / -lɔ̀ŋ] 形 斜め[横]の: give ... a *sidelong* glance 〈人〉を横目でちらっと見る. ── 副 斜めに, 横に[へ], わきに.
si·de·re·al [saidíəriəl] 形 《天文》星の; 星座の.
side·show [sáidʃòu] 名 C **1** (サーカスなどの)余興, おまけの見せ物. **2** 二次的なこと[問題].
side·split·ting [sáidsplìtiŋ] 形 大笑いさせる, 腹の皮がよじれるような, 抱腹絶倒の.
side·step [sáidstèp] 動 (三単現 side·steps [～s]; 過去・過分 side·stepped [～t]; 現分 side·step·ping [～iŋ]) 他 **1** ... を横に寄せてかわす. **2**〈責任など〉を回避する,〈質問など〉をはぐらかす.
── ⾃ 横に寄せてかわす.
síde stèp 名 C (スキー・ダンスなどの)横歩(おうほ); 横へ1歩寄ること.
side·swipe [sáidswàip] 名 C **1** (話のついでの) 非難, 批判. **2**《米》(横への)かするような接触. ── 動 他《米》〈車など〉の横に軽く接触する.
side·track [sáidtrk] 名 C **1** 《米》(鉄道の)側線, 待避線. **2** (話などの)脱線.
── 動 他 **1** 〈列車など〉を側線に入れる. **2** [通例, 受け身で]〈話〉をわき道にそらす, 脱線させる.
side·view mírror [sáidvjù:-] 名 C (自動車の)サイドミラー, ドアミラー (side mirror).
*side·walk** [sáidwɔ̀:k] 名 C《米》(舗装した)歩道 (《英》pavement).

◆ sídewalk àrtist C《米》大道画家《舗道にチョークで絵をかいたり, 通行人の似顔絵をかく》.
*side·ways** [sáidwèiz] 副 横へ; 斜めに; 遠回しに: look at ... *sideways* ... を横目で見る.
── 形 横の; 横向きの, 斜めの; 遠回しの.
side·wheel·er 名 C《米》外輪船.
sid·ing [sáidiŋ] 名 **1** C (鉄道の)側線, 待避線. **2** U《米》(木造建物の外側に張る)下見板, 壁板.
si·dle [sáidl] 動 ⾃ [...に](こっそりと)近づく, にじり寄る (*up*) [*to*].
SIDS [sídz] (略語) = sudden infant death syndrome 乳幼児突然死症候群.
*siege** [sí:dʒ] 名 C U **1** 包囲(陣), 包囲攻撃; 包囲期間: under *siege* 包囲されて. **2** (病気・苦労などの)長くつらい期間. **3** しつこい説得[勧誘].

■ *láy síege to ...* ... を包囲攻撃する.
ráise a [*the*] *síege* 包囲を解く.
Sieg·fried [sí:gfri:d] 名 ジークフリート《竜を退治した古代ゲルマン伝説の英雄》.
si·er·ra [siérə] 名 C (特にスペイン・中南米の)のこぎり歯状の山脈; 山岳地方.
Siérra Neváda 名 [the ～] シエラネバダ《米国 California 州東部を南北に走る山脈》.
si·es·ta [siéstə] 【スペイン】名 C シエスタ, 昼寝.
sieve [sív]《☆発音に注意》名 C (目の細かい)ふるい (cf. riddle²(目の粗い)ふるい); うらごし器.

■ **have a memory [mind, head] like a sieve**《口語》(物事を) すぐ忘れてしまう, 忘れっぽい.
— 動 他 …をふるい [こし器] にかける (*out*).

*sift [síft] 動 他 **1** …をふるいにかける; …を […から] (ふるいで) より分ける (*out*) [*from*]: *sift* the flour 小麦粉をふるいにかける. **2** …を (振りかけ器で) 振りかける. **3** …を厳密に調べる.
— 自 **1** (粉などが) ふるいを通って落ちる. **2** […を] 厳密に調べる [*through*]: *sift through* the data データを厳密に調べる.

síft·er [síftər] 名 C (特に調理用の) ふるい, こし器; 振りかけ器.

sigh [sái] (☆ 発音に注意)
動 名
— 動 (三単現 **sighs** [~z]; 過去・過分 **sighed** [~d]; 現分 **sigh·ing** [~ɪŋ])
— 自 **1** (悲しみ・疲れ・安心などで) **ため息をつく**: The mother *sighed* with relief. 母親はほっとしてため息をついた.
2 (風が) そよぐ, ため息のような音を立てる.
3《格式》[過去で] 懐かしむ; 嘆く [*for*].
— 他 …とため息まじりに言う: "I have a math test today," he *sighed*. 「きょうは数学のテストなんだ」と彼はため息まじりに言った.
— 名 C [通例 a ~] ため息, 嘆息: heave [give] a *sigh* ため息をつく / a *sigh* of relief 安堵(ฮ่อ)のため息.

***sight** [sáit] (☆ 同音 cite, site)
名 動 【原義は「見ること」】
— 名 (複 **sights** [sáits]) **1** U **視覚**, 視力 (eyesight): We have five senses; the sense of *sight*, hearing, smell, taste, and touch. 私たちには視・聴・嗅(ॢั)・味・触の5つの感覚がある / Her *sight* failed as she got older. 彼女の視力は年を取るにつれて衰えた.
2 U [または a ~] 見ること, 一見: The *sight* of him frightens me. 私は彼を見ただけで怖くなる / She smiled at the *sight* of him in the crowd. 彼女は群衆の中に彼を見てにっこり笑った.
3 U 視界, 視野: come into *sight* 視野に入ってくる, 見えてくる / Mt. Fuji disappeared from *sight*. 富士山は見えなくなった.
4 C 光景, 眺め; [~s] 名所: I enjoyed a beautiful *sight*. 私はすばらしい眺めを楽しんだ / It will take quite a few days to see the *sights* of London. ロンドンの名所を見物するには何日もかかるでしょう.
5 C《口語》異様な光景, 物笑い (の種): What a *sight* you are! なんという格好だ / He was a perfect *sight* with that hat on. あの帽子をかぶって彼はまったくこっけいに見えた.
6 C [しばしば ~s] 照準, ねらい: take a careful *sight* 注意深く照準 [ねらい] を定める.
7 U《格式》見方, 見解.
8 [a ~; 副詞的に]《英口語》ずっと: That's a *sight* better. その方がずっといい.
9 [a ~]《口語》たくさん, 多量 [の…] [*of*].
■ **a sight for sore eyes** 見るもうれしいもの [人]《珍品・珍客など》.
at first sight 一見したところでは; 見て: Jim liked Emily *at first sight*. ジムはひと目でエミリーが好きになった.
at sight 見てすぐに: Can you sing *at sight*? あなたは (楽譜を) 見てすぐに歌えますか.
catch sight of … …を見つける, 見かける: He *caught sight of* a flock of sheep from the train. 彼は列車から羊の群れを見かけた.
in …'s sight = in the sight of … …の面前で; …の見解では: *In the sight of* God all people are equal. 神の目から見れば人は皆平等だ.
in sight 見える所に; 間近で: Because of the dense fog there was nothing *in sight*. 濃霧のために何も見えなかった.
know … by sight …に見覚えがある, …の顔だけしか知らない: I know him *by sight*. 私は彼の顔は知っている.
lose sight of … **1** …を見失う: She *lost sight of* her friend in the crowd. 彼女は人込みの中で友達を見失った. **2** …を見落とす, 忘れる.
out of sight 見えない所に: The plane flew *out of sight* soon. 飛行機はまもなく見えなくなった / *Out of sight*, out of mind.《ことわざ》去る者は日々に疎(ṳ̌)し.
set one's sights on … …に目標を置く.
sight unseen《購入前に》現物を見ないで.
— 動 他 **1** …を見かける, 見つける: I *sighted* a hare in the bush. 茂みの中にノウサギを見つけた.
2《天体など》を観測する. **3**《もの》に照準を定める.

síght·ed [sáitid] 形 **1** 目が見える, 視力のある.
2 [複合語で] 視力が…な: short-*sighted* 近視の.
síght·ing [sáitɪŋ] 名 C 観測, 目撃例.
síght·less [sáitləs] 形《文語》盲目の (blind).
síght-read [-ˌriːd] 動 (三単現 **sight-reads** [-ˌriːdz]; 過去・過分 **sight-read** [-ˌrɛd]; 現分 **sight-read·ing** [~ɪŋ]) 他 …を見てすぐ歌う [演奏する].
— 自 見てすぐ歌う [演奏する].

***sight·see·ing** [sáitsìːɪŋ] 名 U 観光, 見物, 遊覧; [形容詞的に] 観光の: go *sightseeing* 観光 [見物] に出かける / a *sightseeing* tour 観光旅行.
síght·seer [sáitsìːər] 名 C 観光客, 見物人.
sig·ma [sígmə] 名 C U シグマ (σ, Σ)《ギリシャ語アルファベットの18番目の文字》; → GREEK 表.

***sign** [sáin]
名 動 【原義は「刻印」】
— 名 (複 **signs** [~z]) C **1 合図**, 身ぶり, 手まね; 暗号: talk with each other using *signs* 互いに身ぶりで話す / a *sign* and countersign 合い言葉 / The teacher gave us a *sign* to advance. 先生は私たちに進めと合図した.
2 看板, 標識: a shop *sign* 店の看板 / a traffic *sign* 交通標識 / a non-smoking *sign* 禁煙の標示 / for sale *sign*「売り出し中」の看板 / That *sign* says "Phoenix, 30 miles." あの標識にはフェニックス市まで30マイルと書いてある.
3 前兆, 兆候, 表れ; [主に否定文で] 気配, 様子, 形跡: the *signs* of spring 春の気配 / Your symptoms are *signs* of a cold. あなたの症状はかぜの兆候です / There is no *sign* of his living there. 彼がそこに住んでいた気配はない.
4 しるし, 記号: The *sign* ¥ stands for yen. ¥

signal 1395 **significant**

という記号は《日本》円を表す. **5** 宮(*)《黄道十二宮の1つ》: What *sign* are you? ― I'm a Capricorn. あなたは何座ですか-やぎ座です.
■ *a sign of the times* 時勢の表れ, 時世.
―動 他 **1**〈書類など〉に**署名する**;〔…に〕〈名前〉を記入する〔*on, to*〕: Please *sign* your name here. ここにご署名ください / I forgot to *sign* my name *on* the letter. 私は手紙に署名するのを忘れた.〔比較〕日本語の契約書・手紙などの「サイン」にあたる名詞は signature. 有名人などの「サイン」は autograph と言う.
2〈人〉を契約して雇う: The football team *signed* three new players. そのフットボールチームは3人の新人選手と契約した.
3〈人〉に〔…するように〕合図する〔*to do*〕: The policeman *signed* the passers-by *to* stop. 警官は通行人に止まるよう合図した.
―自 **1** 署名する: You must read through before you *sign*. 署名する前に通読しなさい.
2〔…〕(署名して)契約する〔*with*〕: That player will *sign with* the ball club. あの選手はその球団と契約するだろう. **3**〔…に/…するように〕合図する, 目くばせする〔*to / to do*〕: I *signed to* him *to* run off. 私は彼に逃げるよう合図した.
[句動詞] *sígn awáy* 他[sign away ＋ O / sign ＋ O ＋ away](署名して)…を譲り渡す, 手放す.
sígn ín 自 署名して(建物に)入る. ―他[sign in ＋ O / sign ＋ O ＋ in]…の名を記入して…を(クラブなどに)入会させる.
sígn óff 自 **1** (署名して)手紙を書き終える, ペンを置く. **2** (1日の)仕事を終える, (1日の)放送を終える (↔ sign on). **3** 話をやめる.
sígn óff on ... 《米》…を(署名して)承認する.
sígn ón 自 **1** 契約の署名をする; 署名して雇われる. **2** 《英》失業者登録をする. **3** (1日の)放送を始める (↔ sign off). ―他[sign on ＋ O / sign ＋ O ＋ on] 契約して…を雇う.
sígn óut 自 署名して(建物を)出る. ―他[sign out ＋ O / sign ＋ O ＋ out]…の外出を記録する; 署名して…を借り出す.
sígn óver = sign away (↑).
sígn úp 自 署名して〔…に〕加わる〔*in*〕, 契約する; 〔…に〕申し込む〔*for*〕: She *signed up for* this course. 彼女はこの講座を申し込んだ.
―他〈人〉を署名させて雇う, 入会[入隊]させる.
(▷ 名 sígnal, sígnature)

◆ sígn lànguage ［Ｕ］［Ｃ］手話.

sig·nal [sígnəl]
★★★ 名 形 動
―名 (複 **sig·nals** [～z])［Ｃ］ **1** **信号**, シグナル, 合図(◇「音・光・手旗などによる具体的な合図」をさす); 信号機: a danger *signal* 危険信号 / a time *signal* 時報 / a traffic *signal* 交通信号 / He made a *signal* to stop with his hands. 彼は止まるよう両手で合図した.
2〔…の〕**きっかけ, 引き金, 動機**〔*for*〕; 〔…の〕兆候〔*of*〕: That was the first *signal of* his lung cancer. それは彼の肺癌の最初の兆候だった.
3 (音声・映像などの) 電波, 信号: TV [radio] *signals* テレビ[ラジオ]の電波.

―形 [限定用法] **1** 合図の, 信号の: a *signal* fire のろし. **2**《格式》格別の; めざましい, 際立った: *signal* failure 大失態, 大失敗.
―動 (過去・過分《英》**sig·nalled**; 現分《英》**sig·nal·ling**) 他 **1** (a) [signal ＋ O]〈人など〉に(信号で)合図する, 信号を送る; …を合図する《スポーツ》…にサインを出す: The guard *signaled* a warning to us. 守衛は私たちに注意しなさいと合図した. (b) [signal ＋ O ＋ to do]…に～するよう合図する: The policeman *signaled* the cars *to* go slow. 警察官は車に徐行するよう合図した. (c) [signal (＋O) ＋ that 節](…に) …と合図する: He *signaled* (his friends) *that* the teacher was coming. 彼は(友達に)先生がおいでだぞと合図した. **2** …の前兆[しるし]となる.
―自〔…に/…するように〕**合図する**, 信号を送る〔*to, for / to do*〕《主に英》indicate): He *signaled to* [*for*] us *to* start. 彼は私たちに出発の合図をした.
(▷ 動 sign)

◆ sígnal tòwer [《英》bòx]［Ｃ］(鉄道の)信号指令室, 信号塔.

sig·nal·ize,《英》**sig·nal·ise** [sígnəlàiz] 動 他 [通例, 受け身で]《格式》…を目立たせる.
sig·nal·ly [sígnəli] 副《格式》目立って, 著しく.
sig·nal·man [sígnəlmən] 名 (複 **sig·nal·men** [-mən])［Ｃ］(鉄道の)信号係;《軍》通信兵.
sig·na·to·ry [sígnətɔ̀:ri / -təri]名 (複 **sig·na·to·ries** [～z])［Ｃ］〔…への〕署名[調印]者; 〔条約などの〕加盟[調印]国〔*to, of*〕.

‡sig·na·ture [sígnətʃər, -tʃùər / -tʃə]名 ［Ｃ］ **1** 署名, 自署, サイン (cf. autograph 有名人のサイン): put [give, write] one's *signature* to [on] a letter 手紙に署名する. **2**《音楽》記号: a key [time] *signature* 調子[拍子]記号. **3** = sígnature tùne《英》(番組の)テーマ音楽[ソング]《米》theme song).
(▷ 動 sign)

sign·board [sáinbɔ̀:rd]名 ［Ｃ］看板, 掲示板.
sig·net [sígnit]名 ［Ｃ］印鑑, 印形.
◆ sígnet rìng ［Ｃ］印鑑付きの指輪 (seal ring).

‡sig·nif·i·cance [signífikəns]
★★★
―名 (複 **sig·nif·i·canc·es** [～iz])［Ｕ］[または a ～] **1** **重要性**, 重大さ (importance): the *significance* of the decision その決定の重要性 / The matter is of great [little] *significance* to me. その問題は私にとって非常に重要である[ほとんど重要でない].
2 **意義**, 意味 (meaning): Did you get the real *significance* of his words? 彼の話の真意がわかりましたか.
(▷ 動 sígnify)

‡sig·nif·i·cant [signífikənt] 形 **1** 〔…にとって〕**重要な, 重大な** (important); 意義深い〔*to, for*〕; [It is significant (＋O) to do [that 節]]…する[…という]ことが重要である: a *significant* day *for* us 私たちにとって意義深い日 / *It is significant for* us *to* learn foreign languages. 外国語を学ぶことは私たちにとって意味がある. **2** 意味ありげな;〔…を〕意味する〔*of*〕: a *significant* smile 意味ありげなほほ笑み. **3** (数量などが)かなりの, 相当な.
(▷ 動 sígnify)

sig·nif·i·cant·ly [signífikəntli] 副 **1** 意味ありげに; [文修飾] 意義深いことに. **2** かなり, 相当.

sig·ni·fi·ca·tion [sìgnəfikéiʃən] 名 C 《格式》(語の)意義, 語義.

*__sig·ni·fy__ [sígnəfài] 動 (三単現 **sig·ni·fies** [~z], 過去・過分 **sig·ni·fied** [~d]; 現分 **sig·ni·fy·ing** [~iŋ]) 他 **1** [進行形不可] (記号などが) …を意味する, 示す; […ということを] 表す [that 節]: Red often *signifies* danger. 赤い色はしばしば危険を意味する. **2** 《格式》(人が合図・行動などで) …を示す, 知らせる (indicate): *signify* consent with a nod うなずいて同意を示す.
— 自 **1** [通例, 否定文で] 重大 [重要] である: It doesn't *signify* much. それはたいしたことではない. **2** (身ぶりなどで) 示す, 知らせる.
(▷ 名 significance; 形 significant)

sign·ing [sáiniŋ] 名 **1** U (同意などの) 署名. **2** C サイン会.

si·gnor [siːnjɔ́ːr, siːnjɔr] 《イタリア》名 (複 **si·gno·ri** [siːnjɔ́ːriː]) C [S-] …様, 氏 (Mr.) 《◇男性に対する敬称》; だんな様 (sir)《◇呼びかけ》.

si·gno·ra [siːnjɔ́ːrə] 《イタリア》名 (複 **si·gno·re** [-njɔ́ːrei]) C [S-] …夫人 (Mrs.)《◇既婚女性に対する敬称》; 奥様 (madam)《◇呼びかけ》.

si·gno·ri·na [sìːnjəríːnə] 《イタリア》名 (複 **si·gno·ri·ne** [-ríːnei]) C [S-] …嬢 (Miss)《◇未婚女性に対する敬称》; お嬢様《◇呼びかけ》.

sign·post [sáinpoust] 名 C 道しるべ, 案内標識.
— 動 他 (通例, 受け身で)《英》《道路》に標識を立てる; …に道しるべ [手がかり] を与える.

Sikh [síːk] 名 C シーク教徒. — 形 シーク教徒の.

Sikh·ism [síːkìzəm] 名 U シーク教.

*__si·lence__ [sáiləns] 名 動
— 名 (複 **si·lenc·es** [~iz]) **1** U C 静けさ, 静かなこと: the *silence* of the night 夜の静寂 / A dreadful *silence* prevailed before the storm. あらしを前にあたりは恐ろしいほど静まり返っていた / A loud cry broke the *silence*. 大きな叫び声が静寂を破った.
2 U 沈黙, 声を出さないこと, 物音を立てないこと; C 沈黙の期間: *Silence*! 静かに / He shouted her to *silence*. 彼は彼女を黙らせた / There was an awkward *silence* after he left the room. 彼が部屋を出たあとには気まずい沈黙が残った / Speech is silver, *silence* is golden [gold].《ことわざ》雄弁は銀, 沈黙は金 ⇒ 言わぬは言うにまさる.
3 U 意見を言わないこと; 黙殺: I can't understand the government's *silence* on this issue. この件についてなぜ政府が沈黙を守っているのか理解できない. **4** U 便りをしないこと, 音信不通: After a year's *silence*, she sent me an email. 1年ぶりに彼女から私にEメールが来た.
■ *in sílence* 黙って, 静かに: She read it *in silence*. 彼女は黙ってそれを読んだ.
— 動 他 **1** …を静かにさせる, 黙らせる. **2**〈意見・批評など〉を抑える. (▷ 形 silent)

si·lenc·er [sáilənsər] 名 C **1** (けん銃の) 消音装置. **2** 《英》(自動車の) マフラー (《米》muffler).

*__si·lent__ [sáilənt]
— 形 (比較 **more si·lent**; 最上 **most si·lent**)
1 静かな, 音がしない (→ QUIET 類義語): *silent* woods 静かな森 / The classroom is very *silent* today. きょうは教室がとても静かだ.
2 無言の, 沈黙した; 無口な; ごぶさたしている, 便りがない: a *silent* woman 口数の少ない女性 / a *silent* protest 無言の抗議 / be *silent* for a few months 数か月間音信不通である / Be *silent*! 黙れ, 静かに / He kept *silent* for a long time. 彼は長いこと沈黙していた.
3 [叙述用法] […に] 言及しない, 触れない [about, on]: the right to remain *silent* 黙秘権 / He is *silent on* the question. 彼はその問題について沈黙を守っている.
4 [比較なし] [音声] (文字が) 発音されない, 黙字の: a *silent* letter 黙字. **5** [比較なし] 【映画】無声の: a *silent* movie 無声映画. (▷ 名 silence)
◆ sílent majórity [the ~] 声なき大衆《政治的な発言をしない一般大衆》.
sílent pártner C 《米》(合名会社の) 匿名社員《出資して配当は受けるが業務には参加しない社員;《英》sleeping partner》.

*__si·lent·ly__ [sáiləntli] 副 **1** 黙って, 無言で: He nodded *silently*. 彼は無言でうなずいた.
2 音を立てずに, 静かに (↔ aloud).

*__sil·hou·ette__ [sìluét]《☆発音に注意》名 C **1** シルエット, 影. **2** (人・ものの) 輪郭, 全体の形.
■ *in silhouétte* シルエットの [で], 輪郭だけの [で].

sil·hou·et·ted [sìluétid] 形 […に] シルエットでかいた, (黒い) 輪郭を見せる [against, on]: The tower was *silhouetted against* the evening sky. 塔が夜空に黒い輪郭を見せていた.

sil·i·ca [sílikə] 名 U 【化】珪酸(ʦ), 珪土, シリカ: *silica* gel シリカゲル《乾燥剤》.

sil·i·cate [sílikèit] 名 U C 【化】珪酸(ʦ)塩.

sil·i·con [sílikən] 名 U 【化】シリコン, 珪素(ʦ)《元素記号 Si》.
◆ sílicon chíp C 【電子】シリコンチップ《集積回路をプリントしたシリコンの小片》.
Sílicon Válley 固 シリコンバレー《米国 San Francisco の南方にあるIT産業の集積地》.

sil·i·cone [sílikòun] 名 U 【化】シリコーン《有機珪素(ʦ)化合物の総称》.

*__silk__ [sílk]
— 名 (複 **silks** [~s]) **1** U 絹; 生糸, 絹糸, 絹織物: raw *silk* 生糸.
2 [~s]《古風》絹の服, 絹物: be dressed in *silks* 絹の服を着ている.
3 C 《英口語》勅撰(ʦ)弁護士《絹の法衣を着る》: take (the) *silk* 勅撰弁護士になる.
4 [形容詞的に] 絹の, 絹製の (silken); 絹のような (silky): *silk* goods 絹製品. (▷ 形 sílky)
◆ sílk hát C シルクハット《男子礼装用の帽子》.
Sílk Ròad [the ~] 絹の道, シルクロード《中国から ローマを結んだ古代の東西交易路》.

silk·en [sílkən] 形 《文語》 **1** 絹の, 絹製の. **2** 絹のような; 光沢のある; 柔らかな.

silk・screen [sílkskrì:n] 名 U = sílkscreen pròcess (prínting) シルクスクリーン《絹などの布目を通してインクを染め付ける印刷法》.

silk・worm [sílkwə̀:rm] 名 C《昆》蚕(かいこ).

silk・y [sílki] 形 (比較 **silk・i・er** [~ər]; 最上 **silk・i・est** [~ist]) **1** 絹のような、つやつやした. **2** (声・態度などが)柔らかな、甘い. (▷ 名 silk)

sill [síl] 名 C 敷居; 窓敷居 (windowsill); 土台.

sil・li・ness [sílinəs] 名 U 愚かさ; C 愚かな言動.

***sil・ly [síli] 形 名

—— 形 (比較 **sil・li・er** [~ər]; 最上 **sil・li・est** [~ist]) **1 (a)** ばかな、愚かな (→ FOOLISH 類義語): a *silly* question ばかな質問 / a *silly* person ばかな人 / Don't be *silly*! ばかなことをするな[言うな]. **(b) [be silly + to do / It is silly (of ...) to do]** (…が) ～すると は愚かである: I *was silly to* believe the rumor. = *It was silly of* me *to* believe the rumor. そのうわさを信じるなんて私はばかだった. **2** [比較なし; 叙述用法]《口語》…しすぎておかしくなって: drink [worry, laugh] oneself *silly* 飲み[心配し、笑い]すぎて頭がおかしくなる / I knocked him *silly*. 私は彼を殴って気絶させてしまった.

—— 名 (複 **sil・lies** [~z]) C《口語》おばかさん《子供への悪意のない呼びかけ》.

si・lo [sáilou] 名 (複 **si・los** [~z]) C **1**《農》サイロ《穀物・飼料などを保存する円筒形の室(むろ)》. **2** 地下倉庫.《軍》地下ミサイル格納庫.

silt [sílt] 名 U 沈泥(ちんでい), シルト《河口などにたまった泥》. —— 動 他 …を沈泥でふさぐ (*up*). —— 自 沈泥でふさがる (*up*).

***sil・ver [sílvər] 名 形 動

—— 名 (複 **sil・vers** [~z]) **1** U 銀 (《元素記号》 Ag): sterling [pure] *silver* 純銀 / These coins are made of *silver*. この硬貨は銀製です. **2** U [集合的に] 銀貨; 銀製品, 銀食器 (silverware): clean table *silver* 銀食器を磨く. **3** U 銀色, 銀白色. **4** C = sílver médal 銀メダル.

—— 形 [比較なし] **1** 銀製の、銀の: a *silver* coin 銀貨. **2** [限定用法] 銀色の、銀白色の: *silver* hair 銀髪, 白髪. (比較) 日本語の「シルバーシート」などの「年寄り、老人」の意は英語の (for the elderly).

—— 動 他 (しばしば受け身で) **1** …に銀をかぶせる、銀メッキをする: *silver* copper articles 銅器に銀メッキをする. **2**《文語》…を銀色にする.

◆ sílver bírch C《植》シラカバ.

sílver jubílee C 25周年記念祭 [日].

sílver líning C (不幸な境遇にもある) 希望の光 [兆し], 明るい見通し.

sílver páper U《口語》銀紙《アルミ箔(はく)・すず箔など》.

sílver pláte U [集合的に] 銀食器類; 銀メッキ.

sílver scréen C **1**《映写用の》スクリーン, 銀幕. **2** [the ~; 集合的に]《古風》映画(産業).

sílver wédding (annivérsary) C 銀婚式《結婚25周年; → WEDDING 表》.

síl・ver・plát・ed 形 銀メッキをした.

sil・ver・smith [sílvərsmìθ] 名 C 銀細工師.

síl・ver・tóngued 形 雄弁な, 説得力のある.

sil・ver・ware [sílvərwèər] 名 U [集合的に] 銀食器《スプーン・ナイフ・フォーク・皿など》.

sil・ver・y [sílvəri] 形 **1** 銀のような; 銀色 (銀白色) の: *silvery* hair 銀髪. **2** (音色が) 澄んだ.

sim・i・an [símiən] 形 類人猿の, 猿の.

—— 名 C 類人猿 (ape); 猿 (monkey).

***sim・i・lar [símələr]

—— 形 **1** […に] よく似た, 類似した; 同類の [*to*] (→ SAME 類義語): Pink and rose are *similar* colors. ピンク色とバラ色は同じような色である / These two dresses are extremely *similar* in design. この2つのドレスはデザインがとてもよく似ている / We have *similar* tastes in clothing. 私たちは服装の趣味が合う / His taste in music is *similar to* mine. 彼の音楽の趣味は私と似ている. **2** [比較なし]《数学》(図形が) 相似 (形) の: *similar* triangles 相似三角形. (▷ 名 sìmilárity)

*sim・i・lar・i・ty [sìməlǽrəti] 名 (複 **sim・i・lar・i・ties** [~z]) **1** U […の間の / …との] 類似, 相似 [*between / to*]: There is much *similarity between* the two brothers. その2人の兄弟はよく似ている. **2** C (通例, 複数形で) […の間の / …との] 類似点 [*between / to*]. (▷ 形 símilar)

*sim・i・lar・ly [símələrli] 副 同様に, 同じように; 類似して: They were *similarly* dressed. 彼らは同じような服装をしていた.

sim・i・le [síməli; / -məli] (☆ 発音に注意) 名《修辞》U 直喩 (ちょくゆ); C 直喩表現《◇ as, like などを用いてたとえること》: He runs like the wind. 彼は風のように(速く) 走る; cf. metaphor 隠喩.

sim・mer [símər] 動 他 **1** (とろ火で) とろとろ煮える. **2** (人が) [不満・怒りなどで] 爆発寸前になる [*with*]: *simmer with* anger [rage] 怒り [激怒]で爆発寸前である. —— 他 …をとろ火で煮る.

■ *simmer dówn* [しばしば命令文で]《口語》静まる, (気持ちが) 落ち着く.

—— 名 [単数形で] ぐつぐつ煮えること, 沸騰寸前の状態; (感情の) 爆発寸前の状態: keep the sauce at a *simmer* ソースをぐつぐつ煮続ける.

sim・per [símpər] 動 自 にやにや [にたにた] 笑う.

—— 名 C にやにや笑い; (間の抜けた) 作り笑い.

***sim・ple [símpl] [原義は「等倍の」]

—— 形 (比較 **sim・pler** [~ər]; 最上 **sim・plest** [~ist]) **1** 簡単な, 単純な; わかりやすい: a *simple* method [task] 簡単な方法 [仕事] / The structure of this machine is very *simple*. この機械の構造はとても単純です / Can you explain in *simple* words? わかりやすい言葉で説明してもらえませんか. **2** 質素な, 簡素な, 飾りのない: a *simple* meal 質素な食事 / They are leading a *simple* life. 彼らは質素な生活をしている. **3** 純真な, 無邪気な; 率直な, 気取らない: a *simple* heart 純真な心 / The artist was as *simple* as a child. その画家は子供のように無邪気な人だった. **4** 愚かな, 無知な (foolish); お人よしの, だまされや

simple-minded / **since**

すい: You are *simple* enough to believe him. 彼の言葉を信じるなんてあなたはお人よしですね. **5** [比較なし;限定用法] まったくの,純然たる: That is the *simple* truth. それが紛れもない真相です. (▷ 名 simplicity; 動 simplify)
◆ símple frácture C|U [医] 単純骨折.
símple ínterest U 単利 《元金に対してのみ利息を計算する方法; cf. compound interest 複利》.
símple séntence C [文法] 単文 (→ SENTENCE 文法).

sím·ple-mínd·ed 形 単純な(頭の), 愚かな; だまされやすい, お人よしの.

sim·ple·ton [símpltən] 名 C《古風》間抜け.

***sim·plic·i·ty** [simplísəti] 名 U **1** 単純[簡単]さ; 容易さ: The problem is *simplicity* itself. その問題は極めて単純です. **2** 簡素さ: a life of *simplicity* 質素な生活. **3** 純真さ; 気取りのなさ, 率直さ: speak in all *simplicity* ざっくばらんに話す. **4** お人よし,愚直. (▷ 形 simple)

sim·pli·fi·ca·tion [sìmpləfikéiʃən] 名 U|C 単純[簡略]化(したもの).

sim·pli·fy [símpləfài] 動 他 …を単純にする, 簡略化する. (▷ 形 simple)

sim·plis·tic [simplístik] 形 (理論などが) 単純すぎる, 短絡的な.

***sim·ply** [símpli]

— 副 **1** [比較なし] 単に, ただ (merely): It's *simply* a matter of time. それは単に時間の問題です / I play soccer *simply* because I like it. 私はただ好きだからサッカーをやるのです. **2** [比較なし] まったく, 非常に (really): The Beatles' music is *simply* great. ビートルズの音楽は実にすばらしい. **3** [否定文で] どうしても (just): I *simply* can't understand it. 私はそれがどうしてもわからない. **4** 単純に, 簡単に, 簡明に: to put it *simply* 手短に言えば. **5** 質素に, 飾り気がなく: She is usually dressed *simply*. 彼女はいつも質素な服装をしている. **6** (話し方などが) 無邪気に; 愚かしく.

sim·u·late [símjulèit] 動 他 **1**《格式》…のふりをする, …に見せかける. **2** …をまねる;《生物》…に擬態する. **3** …の模擬実験を行う.

sim·u·lat·ed [símjulèitid] 形 まねた, 似せた; (毛皮・宝石などが) 模造の: *simulated* leather 模造革.

***sim·u·la·tion** [sìmjuléiʃən] 名 **1** C シミュレーション, 模擬実験《モデルを使った実験》. **2** U 見せかけ, ふり;《生物》擬態.

sim·u·la·tor [símjulèitər] 名 C シミュレーター, 模擬実験装置《訓練・実験のための模擬装置》: a flight *simulator* 模擬飛行装置.

si·mul·cast [sáiməlkæst / síməlkɑ̀ːst]《主に米》動 他 (通例, 受け身で) …を (テレビとラジオで)同時放送する.
— 名 C 同時放送.

‡**si·mul·ta·ne·ous** [sàiməltéiniəs / sìm-] 形 […と]同時の, 同時に起こる [存在する] [with]: *simultaneous* interpretation 同時通訳.

***si·mul·ta·ne·ous·ly** [sàiməltéiniəsli / sìm-] 副 同時に, 一緒に, 一度に.

‡**sin**[1] [sín] 名 動

— 名 (複 **sins** [~z]) **1** U|C (道徳・宗教上の) 罪, 罪悪 (cf. crime (法律上の) 罪): commit a *sin* 罪を犯す / forgive [confess] a *sin* 罪を許す [告白する] / the seven deadly *sins* 7つの大罪《傲慢(ﾞﾝ)・貪欲(ﾄﾞﾝ)・邪淫(ｼﾞｬ)・怒り・大食・ねたみ・怠惰》. **2** C 悪い [非難すべき] こと, (慣習・礼儀に対する) 過失, 違反 [*against*]: a *sin against* a strict social rule 社会の厳しいルールに対する違反 / It's a *sin* to tell a lie. うそをつくのはよくない.
3 C《口語・時にこっけい》ばち当たりなこと; ばかげたこと: It's a *sin* to throw away such a big chance. こんな大きなチャンスを逃すとばちが当たる.
■ *for one's sins*《主に英口語》何の因果か.

— 動 (三単現 **sins** [~z]; 過去・過分 **sinned** [~d]; **sin·ning** [~iŋ]) 自 […に対して] (道徳上の) 罪を犯す; [法律・慣習などに] 背く [*against*].

sin[2] (略語) = *sine* (↓).

Si·nai [sáinai, sáiniài] 名 自 **1** [the ~] = Sí·nai Península シナイ半島《アフリカ大陸とアジア大陸をつなぐ》. **2** [Mount ~] シナイ山《モーセが神から十戒を授かったとされる山》.

‡**since** [síns]
接 前 副

— 接 **1** …して以来, …の時からずっと: I've known him *since* he was a child. 私は彼を子供の頃から知っている / He has been in the insurance business ever *since* he graduated from college. 彼は大学を出てからずっと保険業に携わってきた / It is [It has been] five years *since* he retired. = Five years have passed *since* he retired. 彼が退職してから5年になる / It's [It's been] a long time *since* I saw you last. お久しぶりです, ごぶさたしております.
語法 (1) since は継続の始点を表す. 過去の一定時から継続していることや経験したことを表すので, 通例, 主節には完了時制を用いる.
(2) It is ... since ~ の構文では, …に期間を表す語, ~には過去形が来る. ただし《米》では It has been ... と現在完了形をしばしば用いる.
2 …なので, …だから (◇ because より意味が弱い.《米》では as より好んで用いる): *Since* he is going, you'll have to go, too. 彼が行くのだからあなたも行かなくてはならない /I'm not going to the concert, *since* you ask. 私はコンサートには行きません, あなたが聞くので言うのですが.

— 前 [通例, 完了形と共に用いて] …以来, …から今まで: They have been good friends *since* childhood. 彼らは子供の頃からずっと仲よしです / Where have you been *since* last night? 昨夜からどこに行っていたんですか / It has not rained *since* the beginning of this month. 今月の初めからずっと雨が降っていない / I haven't seen him for a long time. — *Since* when? 彼にはずっと会っていませんーいつからですか.

語法 since が継続の始点を表すのに対し, from は単に時の起点を表す: *since* his departure 彼が出発してから(ずっと)/ *from* May to [till] July 5月から7月まで.

―副[通例, 完了形と共に用いて] **1** それ以来今まで: He wrote to me last year and I haven't heard from him (ever) *since*. 彼は昨年手紙をくれたが、それ以来(ずっと)便りがない。

2 その後今までに: The bridge was destroyed by an earthquake three years ago and has *since* been rebuilt. その橋は3年前の地震で壊れたが、その後再建されている。

3 …前に (◇ ago のほうが普通): I saw him a moment *since*. ちょっと前に彼に会った。

sin·cere [sinsíər] 形 (比較 **more sin·cere, sin·cer·er** [-síərər]; 最上 **most sin·cere, sin·cer·est** [-síərist]) **1** (言動・感情などが)偽りのない、真実の、心からの: It is my *sincere* belief that … 私は…と心から信じている。

2 (人が)[…において]誠実な、率直な [*in*]: a *sincere* and loyal friend 誠実な友人 / She is *sincere in* her beliefs. 彼女は信条[信仰]に忠実な人です。

sin·cere·ly [sinsíərli] 副 心から、本当に、誠実に: I *sincerely* hope to see you again. 私はあなたにもう一度会えることを心から願っています / I *sincerely* love you. 心から愛しています。

■ *Sincerely* (*yóurs*),=《英》*Yóurs sincérely*, 敬具《◇手紙の結びの文句。署名のすぐ上に書く; → LETTER 図》。

sin·cer·i·ty [sinsérəti] 名 U (人・言動などの)誠実さ、率直さ; 正直[真実]であること: with *sincerity* 誠実に、誠意を込めて / in all *sincerity* 心の底から、うそ偽りなく。

Sind·bad [síndbæd] 名 固 シンドバッド(『アラビアンナイト』に登場する船乗り)。

sine [sáin] 名 C《数学》サイン、正弦(略語) sin)。

si·ne·cure [sáinikjùər] 名 C 名誉職、閑職(報酬だけで実務のない地位)。

si·ne qua non [síni kwà: nán / -nɔ́n] 【ラテン】 名 C [単数形で]《格式》[…に]不可欠のもの、[…の]必須(*kf*)条件 [*for, of*]。

sin·ew [sínju:] 名 C U **1**《解剖》腱(½) (tendon) と靭帯(½) (ligament). **2** [通例 ~s] 筋力; 体力、活力;《文語》(組織・構造などの)支えとなるもの。

sin·ew·y [sínju:i] 形 (身体が)筋骨たくましい;(文体などが)力強い。

sin·ful [sínfəl] 形 **1**《文語》罪深い、罪を犯した。**2** ひどい、ばちあたりな。
sin·ful·ly [-fəli] 副 罪深く。
sin·ful·ness [~nəs] 名 U 罪深さ。

***sing** [síŋ] [基本的意味は「歌う (make music with one's voice)」]
―動 (三単現 **sings** [~z]; 過去 **sang** [sǽŋ]; 過分 **sung** [sʌ́ŋ]; 現分 **sing·ing** [~iŋ])
―自 **1** (歌を)歌う;[楽器に合わせて]歌う [*to*]: I like to *sing*, though I often *sing* out of tune. 私は歌うのが好きです。よく音程外れになるけど / She *sings* in a high voice. 彼女は高い声で歌う / Henry was *singing to* the guitar. ヘンリーはギターに合わせて歌っていた。

2 (鳥・虫などが)さえずる、鳴く: The birds are *singing* merrily this morning. けさは小鳥たちが楽しそうにさえずっている。

3《文語》(風・やかん・弾丸などが)音を立てる、ひゅーと鳴る; ひゅーと音を立てて通る: The wind was *singing* through the trees. 木々の間を風がひゅうひゅう吹き抜けていた。

4《文語》[…を]詩にする [*of*]。
―他 **1** (a) [sing+O]〈歌を〉歌う: Does Mary *sing* folk songs? メアリーはフォークソングを歌いますか / They always *sing* their national anthem before the game starts. 彼らは試合が始まる前にいつも国歌を歌う。(b) [sing+O+O / sing+O+for …]〈…のために〉〈歌を〉歌う: Would you like Kate to *sing* a song for you? = Would you like Kate to *sing* a song *for* you? ケートに歌を歌ってもらいたいですか。

2 歌って〈人〉に […] させる [*to*]: Meg *sang* her baby *to* sleep. メグは歌を歌って赤ん坊を寝かしつけた(◇ sleep は名詞)。

3 歌って…を過ごす[忘れる] (*away*); 歌って…を送る (*out*), 迎える (*in*): *Sing* all your troubles *away*. 歌って悩み事を忘れなさい。

4《文語》…を(たたえて)詩に歌う。

■ *síng alóng* 自 […と]一緒に歌う [*with*]; […に]合わせて歌う [*to*]。

síng óut《口語》自 大声で歌う[言う]: They lost their way in the mountains and *sang out* for help. 彼らは山の中で道に迷い、大声で助けを求めた。―他 …を大声で歌う[言う]。

síng úp 自 大声で歌う。

sing. 《略語》= **sing**ular《文法》単数 (の)。

sing·a·long [síŋəlɔ̀(:)ŋ] 名 C《米》(みんなで一緒に歌う気軽な)歌の集い、合唱会 (《英》singsong).

Sin·ga·pore [síŋ(g)əpɔ̀:r / sìŋ(g)əpɔ́:] 名 固 シンガポール《マレー半島南端の共和国》。

singe [síndʒ] 動 他 **1** …の表面を焦がす。
2〈鳥など〉を毛焼きする;〈毛など〉の先端を焼く。
―自 (表面が)焦げる、焼ける。
―名 C (茶色・キツネ色の)焼け焦げ、焦げ跡。

***sing·er** [síŋər]
―名 (複 **sing·ers** [~z]) C **1** 歌手、歌う人、声楽家 (vocalist): a good [bad] *singer* 歌のうまい [下手な] 人 / an opera *singer* オペラ歌手 / a pop [jazz] *singer* ポピュラー [ジャズ] 歌手。

2 鳴き鳥 (singing bird).

síng·er-sóng·wrìt·er 名 C シンガーソングライター《自分で作詞・作曲をして歌う人》。

***sing·ing** [síŋiŋ] 名 U **1** 歌うこと; 声楽; 唱歌; [形容詞的に] 歌の、歌うことの: *singing* lessons 歌のレッスン。**2** (鳥・虫などが)鳴くこと、さえずり。**3** (やかん・風などが)鳴ること。

***sin·gle** [síŋgl]
形 名 動
―形 [比較なし] **1** [限定用法] たった1つ[1人]の (only one): a *single* piece of paper たった1枚の紙 / There was not a *single* magazine in the room. 部屋には雑誌が1冊もなかった / Hardly a *single* fish was to be caught. 魚はほとんど1尾も釣れなかった。

2 [限定用法] 1つ1つの、個々の: every *single* day 毎日 / Each *single* book he has is about

computers. 彼の持っている本はどれもこれもコンピュータに関するものです.
3 独身の, 未婚の (↔ married); 恋人のいない: a *single* man 独身の男性 / a *single* mother シングルマザー, 未婚の母 / *single* life 独身(生活) / live and die *single* 一生独身を通す.
4 [限定用法] 1人用の: a *single* bed シングルベッド / reserve a *single* room 1人部屋を予約する.
5 [限定用法]《英》(切符などが)片道の(《米》one-way)(↔ return): a *single* ticket 片道切符.
6 1対1の, シングルスの: *single* combat 一騎打ち / *single* tennis テニスのシングルス. **7** (花の)一重(咲き)の: a *single* flower 一重咲きの花.
8《古》正直な, 誠実な (sincere): with a *single* eye [heart, mind] 誠実に, ひたむきに.
── 名 (複 sin·gles [~z]) **1** ⓒ = síngle róom (ホテルの) 1人用の部屋. **2** ⓒ (CDなどの) シングル. **3** ⓒ《英》片道切符 (《米》one-way ticket). **4** [~s] 独身者. **5** ⓒ《野球》シングルヒット, 単打. **6** [~s; 単数扱い] (テニスなどの) シングルス: the women's *singles* match 女子シングルスの試合. **7** ⓒ《口語》1ドル [ポンド] 札.
── 動 ── 他 …を1人 [1個] だけ選び出す (*out*): They *singled* Sam *out* as captain. 彼らはサムを主将に選んだ. ── 自《野球》シングルヒットを打つ.
◆ síngle fígures [複数扱い] 1桁(½)の数.
síngle fíle 1列縦隊.
síngle párent ⓒ 1人で子供を育てる親, 片親.
sín·gle-bréast·ed 形 (上着などが) シングルの.
sín·gle-hánd·ed 形 [限定用法] **1** 片手の, 片手用の. **2** 独力の. ── 副 片手で; 独力 [単独] で.
sín·gle-hánd·ed·ly 副 独力 [単独] で.
sín·gle-mínd·ed 形 ひたむきな, いちずな.
sín·gle-mínd·ed·ly 副 ひたむきに, いちずに.
sín·gle-mínd·ed·ness 名 Ⓤ ひたむきさ, いちずさ.
sin·glet [síŋɡlət] 名 ⓒ《英》(男性用の) 袖(〖〗)なしシャツ 〖下着·運動着など〗.
sin·gly [síŋɡli] 副 **1** 1つ [1人] ずつ, 別々に; 単独 [で]. **2** 1人で, 独力で.
sing·song [síŋsɔ̀ːŋ / -sɔ̀ŋ] 名 **1** [単数形で] 単調な話し方; speak in a *singsong* 単調に話す. **2** ⓒ《英》(即席の) 合唱会 (《米》sing-along). ── 形 (話し方が) 単調な, 一本調子の.
‡**sin·gu·lar** [síŋɡjulər] 形 **1**《文法》単数 (形) の (《略語》s., sing.) (↔ plural): a *singular* noun 単数名詞. **2**《格式》並外れた, 際立った: a person of *singular* talent 非凡な才能の持ち主. **3**《文語》奇妙な, 風変わりな: a *singular* character 一風変わった性格.
── 名《文法》**1** Ⓤ [通例 the ~] = síngular númber 単数 (《略語》s., sing.). **2** ⓒ = síngular fórm 単数形 (→ NOUN 文法).
sin·gu·lar·i·ty [sìŋɡjulérəti] 名 (複 sin·gu·lar·i·ties [~z]) **1** Ⓤ 単独, 単一. **2** Ⓤ《格式》風変わりなこと, 奇妙 (さ). **3**《格式》Ⓤ たぐいまれなことと, 非凡, 特異性. **4** ⓒ 特異な点, 独特なところ.
sin·gu·lar·ly [síŋɡjulərli] 副 **1**《格式》特に, 並外れて, 際立って. **2**《古風》風変わりに, 奇妙に.
*****sin·is·ter** [sínistər] 形 **1** 不吉な, 縁起の悪い; 災いとなる: *sinister* symptoms 不吉な兆候.

2 (計画などが) 悪意のある, 邪悪な; 不気味な.

***sink** [síŋk] 動 名
【基本的意味は「沈む (go or move down)」】
── 動 (三単現 sinks [~s]; 過去 sank [sæŋk], sunk [sʌŋk]; 過分 sunk; 現分 sink·ing [~iŋ])
── 自 **1** (水面下などに) 沈む, 沈没する (↔ float): The fishing boat *sank* a mile off the coast. その釣り舟は岸から1マイル沖で沈没した / The moon *sank* behind the mountain. 月が山の陰に沈んだ / My left foot *sank* into the mud. 左足が泥の中にはまり込んだ.
2 (地盤·水位などが) 下がる, 沈下する; […へ] 傾斜する [*to, toward*]: The ground around here has *sunk* two centimeters in a year. この辺の地盤は1年で2センチ沈んだ / The flood waters *sank* slowly. 洪水の水位は次第に低下した.
3 […に] (ぐったりと) 倒れる, 座り込む (*down*) [*to, into*]: The soldier *sank* *to* the ground. 兵士は地面に崩れるように倒れた / The patient *sank* *down into* the chair. 病人はいすに崩れるように座り込んだ.
4 (数·量などが) […に] 減る, 下がる; (音·風などが) 静まる, 弱まる; (声が) 小さくなる [*to*]: Stock prices *sank*. 株価が下がった / The wind *sank* *down*. 風が収まった.
5 (人·気力などが) 弱る, 衰弱する; 没落する: The patient is *sinking* fast. 病人はどんどん衰弱している / My heart *sank* at the news. 知らせを聞いて私は気力が沈んだ / The economy began to *sink*. 経済が衰退し始めた.
6 (ある状態に) 落ち込む, 陥る [*into, in*]: *sink into* sleep 眠り込む / *sink down in* despair 絶望に陥る.
7 (水が) [地面に] しみ込む; (事柄が) [心に] 刻みつけられる [*into, in*]: All the water *sank into* the sand. 水はすっかり砂地にしみ込んだ / The insult *sank into* his mind. 侮辱は彼の心に刻まれた.
── 他 **1**〈ものを〉沈める, 沈没させる; …の水位 [地盤など] を下げる: The storm *sank* two ships. あらしで2隻の船が沈んだ.
2 …を [に] 打ち込む, 食い込ませる [*into, in*];〈井戸など〉を掘る: *sink* a post *into* the ground 杭(ⓒ)を地面に打ち込む / *sink* a well [tunnel] 井戸 [トンネル] を掘る / My dog *sank* his teeth *into* the neck of the big dog. 私の犬は大きな犬の首に歯を食い込ませた [かみついた].
3〈人〉を弱らせる; 没落させる;〈声など〉を低くする: We'll be *sunk* if he doesn't lend us the money. 彼が金を貸してくれなければ万事休すだ.
4〈金〉を […に] 投資する [*in, into*]: I *sank* what I had *into* the new project. 私は新しい事業にあり金を投資した. **5**《バスケ》〈球〉をバスケットに入れる,〈シュート·得点〉を決める; 《ゴルフ》〈球·パット〉をホールに入れる. **6**《英口語》〈酒〉を飲む.
■ **sínk ín** 自 **1** しみ込む. **2** (事柄などが) 十分に理解される.
***sink or swim** のるか反るか, イチかバチか.
── 名 ⓒ **1** (台所の) 流し (→ KITCHEN [PICTURE BOX]): Put the dirty dishes in the *sink*. 汚れ

た食器を流しに片づけなさい. **2**《米》洗面台(《英》washbasin)(➡ BATHROOM PICTURE BOX). **3** 汚水[下水]だめ, 下水溝.
◆ **sínking fèeling** [a ~/ the ~]《口語》虚脱感, 無力感.

sink·er [síŋkər] 名 C (釣り糸・網などの)おもり(→ HOOK 成句).

sin·ner [sínər] 名 C (道徳・宗教上の)罪人.

Si·no- [sainou] 結合「中国の, 中国と…との」の意を表す: *Sino*logy 中国学.

Sí·no-Jap·a·nése 形 中国と日本の間の, 日中の: the *Sino-Japanese* War 日清戦争(1894-95); 日中戦争(1937-45).

Si·nol·o·gy [sainάlədʒi / -nɔ́l-] 名 U 中国学《中国の言語・歴史・文学・習俗などの研究》.

sin·u·ous [sínjuəs] 形 (道・川などが) 曲がりくねった; (体の動きが)しなやかな, くねくねした.

si·nus [sáinəs] 名 C《解剖》洞(ś) (cavity); 副鼻洞[腔(ś)]《鼻内に通じる頭蓋骨中の空洞部》.

-sion [ʃən, ʒən] 接尾 動詞に付けて「動作・状態・結果」などを表す名詞を作る: inva*sion* 侵略.

Sioux [súː] 名 (複 **Sioux** [súː, súːz]) **1** [the ~] スー族《アメリカ先住民》; C スー族の人. **2** U スー語. — 形 スー族の; スー語の.

***sip** [síp] 名 (三単現 **sips** [~s]; 過去・過分 **sipped** [~t]; 現分 **sip·ping** [~iŋ]) 他 (味わいながら)…を少しずつ飲む, ちびちび飲む: *sip* a glass of brandy ブランデーをちびちび飲む.
— 自 […を]少しずつ飲む, ちびちび飲む[*at*].
— 名 C (飲み物の)ひとくち, ひとすすり: take a *sip* of …をひとくち飲む.

si·phon [sáifən] 名 C **1** サイフォン, 吸い上げ管. **2** (炭酸水を入れる) サイフォンびん.
— 動 他 **1** 〈液体〉を[…から/…へ]サイフォンで吸い上げる[移す] (*off*, *out*; *from* / *into*). **2** 〈利益など〉を吸い上げる, しぼり取る (*off*).

***sir**
—名 (複 **sirs** [~z]) **1** あなた, 先生, お客様, だんな《◇目上の男性・男性客などに対する返事に用いる敬称. 日本語に訳す必要がない場合が多い. 女性に対しては madam, ma'am を用いる》: Good morning, *sir*. おはようございます / What can I do for you, *sir*? いらっしゃいませ / Excuse me, *sir*. (客などに対して)あの, 失礼ですが. **2** [S-] サー, 卿…(→ FAMILY 図).
語法 (1) 英国の准男爵 (baronet) またはナイト (knight) の爵位を持つ人への敬称.
(2) 正式な場合は姓名の前に付ける. 日常の呼びかけには名に付け, 姓には付けないことに注意: *Sir* Winston Churchill ウィンストン=チャーチル卿 / *Sir* Winston ウィンストン卿.
3 C [S-] 拝啓《◇手紙の書き出し》: (My) Dear *Sir* 拝啓《◇事務的な手紙に用いる》/ Dear *Sirs* 拝啓, 各位《◇会社・団体などへの事務的な手紙に用いる.《米》では Gentlemen を用いることが多い》.
4 U [Yes, No を強調して]《米口語》…ですとも《◇男女にかかわらず用い, 強形 [sə́ːr] で発音》: Yes [No], *sir*. そうです[違います]とも.

(弱) sər; (強) sə́ːr;《☆ 文頭以外は弱形 [sər] で発音する》

sire [sáiər] 名 C [通例, 単数形で](家畜の)雄親; 種馬. — 動 他 (種馬が)〈子〉をもうける.

***si·ren** [sáiərən] 名 C **1** サイレン, 警笛: blow [sound, turn on] a *siren* サイレンを鳴らす / an ambulance *siren* 救急車のサイレン. **2** [しばしば S-]《ギ神》セイレン《歌声で船乗りを惑わせる半人半鳥の海の精》. **3** 妖婦ふ, 魅惑的な美女.

Sir·i·us [síriəs] 名 固《天文》シリウス, 天狼星 (the Dog Star)《大犬座のα星. 太陽を除いて見かけ上最も明るい恒星》.

sir·loin [sə́ːrlɔin] 名 C U サーロイン《牛の腰上部の肉; → BEEF 図》.

si·roc·co [sirάkou / -rɔ́k-] 名 (複 **si·roc·cos** [~z]) C シロッコ《サハラ砂漠から南欧に吹く熱風》.

sis [sís] 名 C《主に米口語》姉, 妹 (sister)《◇しばしば姉妹同士の呼びかけに用いる》.

sis·sy [sísi] 名 (複 **sis·sies** [~z]) C《口語》いくじなしの男(の子), 弱虫.
— 形 (比較 **sis·si·er** [~ər]; 最上 **sis·si·est** [~ist])《口語》いくじのない, (男の) 弱虫の.

sis·ter [sístər]

— 名 (複 **sis·ters** [~z]) C **1** 姉, 妹, 姉妹 (↔ brother)《◇通例「姉」と「妹」を区別せずに sister と言う. 特に区別する場合, 「姉」は older (big, 《主に英》elder) sister, 「妹」は younger (little) sister と言う; → FAMILY 図》: My *sister* married a doctor. 姉[妹]は医師と結婚した / Do you have any brothers or *sisters*? ごきょうだいはいらっしゃいますか / Aunt Jane is the youngest of my mother's three *sisters*. ジェーンおばさんは母の3人の姉妹の一番下です.
2 姉妹のように親しい友人, 女友達;(同じ職業・組織などの) 女性の仲間.
3 [時に S-] 修道女, 尼僧, シスター: the *Sisters* of Mercy 慈善修道会.
4 [形容詞的に] 姉妹(のような)関係にある: *sister* cities 姉妹都市 / *sister* schools 姉妹校.
5《英》看護師長[婦長]. **6**《口語》(お)ねえさん, お嬢さん《◇女性への呼びかけ》.

sis·ter·hood [sístərhùd] 名 **1** U 姉妹であること, 姉妹の関係[きずな, 情]; (フェミニズム運動などの) 同志関係. **2** C [単数・複数扱い] (慈善などの) 婦人団体; 修道女会.

sís·ter-in-làw 名 (複 **sis·ters-in-law**,《しばしば英》**sis·ter-in-laws**) C 義理の姉[妹], 義姉[妹] (↔ brother-in-law)(→ FAMILY 図).

sis·ter·ly [sístərli] 形 **1** 姉妹(のような), 姉妹らしくふさわしい. **2** 仲のよい; 優しい, 思いやりのある.

Sis·y·phus [sísəfəs] 名 固《ギ神》シシュポス, シジフォス《運び上げるとまた転がり落ちる岩を永遠に押し続ける宿命を負ったコリントの王》.

***sit** [sít]

① 座る, 座っている.	1
② (…に) 位置する.	2
③ 一員である.	3
④ (議会などが) 開会する.	4

— 動 (三単現 **sits** [síts]; 過去・過分 **sat** [sǽt]; 現

分 **sit·ting** [〜iŋ])

— [自] **1** (a) [副詞(句)を伴って] **座る**, 座っている, 腰かける (↔ stand): *sit* at a table [desk] 食卓につく [机に向かう] / Please *sit* on this sofa. このソファーにお座りください / Why don't we *sit* under that tree? あの木の下に座りませんか / Alice was *sitting* by her sister. アリスは姉のそばに座っていた. (b) **[sit＋C]** **…の状態で座っている**: Do *sit* still. じっと座っていなさい / Jim *sat* silent for a while. ジムはしばらくの間黙って座っていた. (c) **[sit＋doing]** 座って…する: Carol *sat reading* for hours. キャロルは何時間も座って本を読んでいた.

2 [副詞(句)を伴って] (ものが) (…に) **位置する**, じっと動かずにいる; (風向きが) …である: Our school *sits* on a hill. 私たちの学校は丘の上にある / Alex left his car *sitting* alongside the road. アレックスは車を道路わきに放置した / The wind *sits* in the north. 風は北風である.

3 〔委員会などの〕**一員である**; 〔…の〕役職についている 〔*on, in*〕: James *sat on* the investigation committee. ジェームズは調査委員会の委員だった.

4 (議会などが) **開会する**, (裁判所が) 開廷する: Parliament is *sitting*. 議会は開会中です / The court will *sit* next week. 裁判は来週開かれる.

5 (鳥が) 木に止まる; 卵を抱く; (犬などが) うずくまる: The hen was *sitting* (on her eggs). そのめんどりは卵を抱いていた.

6 (責任などが) 〔…の〕負担になる; (食べ物などが) 〔胃に〕もたれる 〔*on, upon*〕: His responsibilities *sat* heavily *on* him. 責任が彼に重くのしかかった.

7 (衣服・帽子などが) 〔人・体に〕合う, 似合う 〔*on*〕: This coat doesn't *sit* well *on* me. このコートは私には合わない. **8** 〔…の〕モデルをする; 《英》〔試験を〕受ける 〔*for*〕: *sit for* a portrait 肖像画をかいてもらう / *sit for* an examination 受験する. **9** 《米》〔…の代わりに〕子守りをする (baby-sit) 〔*for*〕.

— [他] **1** …を座らせる: She *sat* her children at the table. 彼女は子供たちを食卓につかせた.

2 〈馬など〉に乗る, …を乗りこなす. **3** 《英》〈筆記試験〉を受ける.

[句動詞] ***sìt abóut*** [***aróund***] [自] のらくらする, ぶらぶらする.

sìt báck [自] **1** (いすに) ゆったりと腰かける; くつろぐ: He was *sitting back* in a chair and watching TV. 彼はいすにゆったりと座り, テレビを見ていた. **2** のんきに構えている; 傍観する.

sìt bý [自] 傍観する, 何もしないで見ている.

sìt dówn [自] 座る, 腰かける: Please *sit down*. どうぞおかけください / They *sat down* to dinner. 彼らは夕食の席についた.

sìt ... dówn [他] …を座らせる.

sìt ín [自] **1** 〔…に〕(傍聴人などとして) 参加する, 出席する 〔*on*〕: Will you *sit in on* the meeting? 会議に出席しますか. **2** 〔…の〕代理をする 〔*for*〕. **3** 座り込みストをやる.

sít on [***upòn***] ... [他] 《口語》〈手紙など〉を (返事を書かないで) ほうっておく.

sìt óut [他] **[sit out＋O / sit＋O＋out]** **1** …が終わるのをじっと待つ. **2** 〈競技・ダンスなど〉に参加しない.

sít thròugh ... [他] 〈演奏など〉を最後まで聞く [見る], 〈会議など〉が終わるまでいる.

sìt úp [自] **1** (座った姿勢に) **起き上がる**: Henry *sat up* in bed. ヘンリーはベッドの中で起き上がった. **2** **きちんと座る**, 姿勢を正す: *Sit up*; don't slouch in your seat. 姿勢を正しなさい. だらしなく座ってはいけません. **3** 寝ないで起きている: We *sat up* all night chatting. 私たちはひと晩じゅう寝ないでおしゃべりをした. **4** 《口語》びっくりする: *sit up* and take notice はっとして事態に気づく. — [他] **[sit up＋O / sit＋O＋up]** …を (座った姿勢に) 起こす.

■ ***be sítting prétty*** 都合がよい.

si·tar [sitɑ́ːr] [名] [C] シタール《インドの弦楽器》.

sit·com [sítkɑ̀m / -kɔ̀m] [名] 《口語》＝situation comedy (SITUATION 複合語).

sít-dòwn [名] [C] **1** ＝sít-down strìke 座り込みストライキ. **2** 《英口語》腰を下ろすこと, ひと休み.
— [形] [限定用法] **1** (食事などで) 食卓に座っている. **2** (ストなどが) 座り込みの.

‡site [sáit] (☆ [同音] cite, sight) [名] [C] **1** (都市・建物などの) **場所**; 〔…の〕予定地, 用地 〔*for*〕: a *site for* an amusement park 遊園地用地. **2** (事件などの) 現場; 遺跡: the (historic) *site* of an old battle 古戦場. **3** 【インターネット】サイト.
— [動] [他] [通例, 受け身で] …の場所を決める; …を置く (situate).

sít-ìn [名] [C] 座り込み抗議.

sit·ter [sítər] [名] [C] **1** (肖像画などの) モデル. **2** 《主に米》ベビーシッター (baby-sitter).

sit·ting [sítiŋ] [名] **1** [C] (多人数のため交替でとる) 食事時間. **2** [C] (議会・法廷などの) 開会 [開廷] (期間). **3** [U] 座ること, 着席. **4** [C] (肖像画などの) モデルになること. **5** [C] 座っている時間.

■ ***at a*** [***óne***] ***sítting*** 一気に, ひと息に, 一度に.
— [形] [限定用法] **1** 座っている. **2** 《英》現職の: a *sitting* member 現職議員.

◆ sítting dúck [C] 《口語》だましやすい人, 「かも」.
sítting ròom [C] 《主に英》居間 (living room).
sítting ténant [C] 《英》現借家 [借地] 人.

sit·u·ate [sítʃuèit] [動] [他] 《格式》…を (ある場所に) 置く, …の位置を定める.

***sit·u·at·ed** [sítʃuèitid] [形] [叙述用法] **1** 〔…に〕**位置している**, ある (located) 〔*at, in, on*〕; [副詞(句)を伴って] 位置が…の: The school is *situated at* the foot of a mountain. その学校は山のふもとにある. **2** [副詞(句)を伴って] (人などが) …の境遇 [状態, 立場] にある: be favorably *situated* 恵まれた境遇にある.

‡‡sit·u·a·tion [sìtʃuéiʃən]

— [名] (複 **sit·u·a·tions** [〜z]) [C] **1** **情勢**, 状況, 事態, 形勢 (→ [類義語]); (劇・小説などの) 場面: the international [political, economic] *situation* 国際 [政治, 経済] 情勢 / deal with the difficult *situation* 難局に対処する / We must grasp our company's present *situation*. 私たちはわが社の現状を把握しなければならない.

2 (都市・建物などの) 位置, 場所: The hotel is in

a beautiful *situation*. そのホテルは美しい場所にある.
3 (人の) 立場, 境遇: be in a difficult *situation* 困難な立場にある / people in your *situation* あなたと同じような境遇にある人々.
4《主に英》勤め口, 職 (job): *Situation* Wanted 職を求む《新聞広告文》.
◆ situátion cómedy ⒞Ⓤ (テレビの) 連続ホームドラマ《口語》sitcom).

[類義語] **situation, state, condition**
共通する意味▶立場, 状態 (a particular way of existence in relation to the surroundings)
situation はある環境の下に「人・物事の置かれている立場, 状態」を表す: We are now in a delicate *situation*. 今, 私たちは微妙な立場にある. **state** は「状態」の意を表す一般的な語: Ice is water in its solid *state*. 氷は固体の状態の水である. **condition** は一定の原因・環境の下で生じる「一時的な状態」の意: The engine is in good *condition*. エンジンは調子がよい.

sit-up, sit·up [sítʌp] 图 ⒞ (あおむけに寝ている姿勢から手を使わずに上体を起こす) 腹筋運動.

six [síks] 图 形
— 图 (複 **six·es** [~iz]) **1** Ⓤ (基数の) **6** (→ NUMBER 表). **2** ⒞ 6 を表す記号 (6, vi, VI など). **3**〔代名詞的に; 複数扱い〕6 つ, 6 個, 6 人. **4** Ⓤ 6 時, 6 分; 6 歳; 6 ドル [セント, ポンド, ペンスなど]; 6 フィート, 6 インチ. **5** ⒞ 6 個〔人〕ひと組のもの. **6** ⒞【トランプ】6 の札, (さいころの) 6 の目.
■ *at síxes and sévens*《口語》混乱して; (意見などが) 一致しないで, ばらばらで.
It's six of óne and hálf a dózen of the óther.《口語》似たりよったりだ, 五十歩百歩だ.
— 形 **1**〔限定用法〕**6 の**, 6 個の, 6 人の.
2〔叙述用法〕6 歳で.

six·fold [síksfòuld] 形 6 倍 [6 重] の.
— 副 6 倍 [6 重] に.

six-fóot·er ⒞《口語》身長が 6 フィートある [6 フィートを超える] 人.

six-pàck 图 ⒞ (びん [缶] 飲料の) 6 本入りパック《特にビール用》.

six-shòot·er 图 ⒞《主に米・古風》6 連発けん銃.

six·teen [sìkstíːn] 图 形
— 图 (複 **six·teens** [~z]) **1** Ⓤ (基数の) **16** (→ NUMBER 表). **2** ⒞ 16 を表す記号 (16, xvi, XVI など). **3**〔代名詞的に; 複数扱い〕16 個, 16 人.
4 Ⓤ 16 時, 16 分; 16 歳; 16 ドル [セント, ポンド, ペンスなど]; 16 フィート, 16 インチ. **5** ⒞ 16 個 [人] ひと組のもの.
— 形 **1**〔限定用法〕**16 の**, 16 個の, 16 人の.
2〔叙述用法〕16 歳で.

six·teenth [sìkstíːnθ] 形 图 (◇ 16th ともつづる; → NUMBER 表)
— 形 **1** 〔通例 the ~〕**16 番目の**, 第 16 の; 16 位の. **2** 16 分の 1 の (→ FOURTH 形 **2**).
— 图 (複 **six·teenths** [~s]) **1** Ⓤ〔通例 the ~〕**16 番目の人 [もの]**. **2** Ⓤ〔通例 the ~〕(月の) **16 日** (→ FOURTH 图 **2**). **3** ⒞ 16 分の 1 (→ FOURTH 图 **3**〔語法〕).
◆ sixtéenth nòte ⒞《米》【音楽】16 分音符 (《英》semiquaver).

sixth [síksθ] 形 图 (◇ 6th ともつづる; → NUMBER 表)
— 形 **1** 〔通例 the ~〕**6 番目の**, 第 6 の; 6 位の. **2** 6 分の 1 の (→ FOURTH 形 **2**).
— 图 (複 **sixths** [~s]) **1** Ⓤ〔通例 the ~〕**6 番目の人 [もの]**. **2**〔通例 the ~〕(月の) **6 日** (日^に^ち) (→ FOURTH 图 **2**). **3** ⒞ 6 分の 1 (→ FOURTH 图 **3**〔語法〕).
◆ síxth fórm [the ~; 集合的に]《英》(中等学校の) 第 6 学年, 最上級学年《大学進学の準備コースで 1-2 年制》(→ SCHOOL 表).
síxth sénse〔単数形で〕直感力; 第六感.

six·ti·eth [síkstiəθ] 形 图 (◇ 60th ともつづる; → NUMBER 表) **1** 〔通例 the ~〕**60 番目の**, 第 60 の; 60 位の. **2** 60 分の 1 の (→ FOURTH 形 **2**).
— 图 (複 **six·ti·eths** [~s]) **1** Ⓤ〔通例 the ~〕60 番目の人 [もの]. **2** ⒞ 60 分の 1 (→ FOURTH 图 **3**〔語法〕).

six·ty [síksti] 图 形
— 图 (複 **six·ties** [~z]) **1** Ⓤ (基数の) **60** (→ NUMBER 表). **2** ⒞ 60 を表す記号 (60, lx, LX など). **3**〔代名詞的に; 複数扱い〕60 個, 60 人. **4** Ⓤ 60 分; 60 歳; 60 ドル [セント, ポンド, ペンスなど]; 60 フィート, 60 インチ. **5** ⒞ 60 個 [人] ひと組のもの.
6 [one's sixties] 60 歳代で; [the sixties]〔世紀の〕60 年代.
— 形 **1**〔限定用法〕**60 の**, 60 個の, 60 人の.
2〔叙述用法〕60 歳で.

siz·a·ble, size·a·ble [sáizəbl] 形 かなり大きな.

size [sáiz] 图 動
— 图 (複 **siz·es** [~iz]) **1** Ⓤ ⒞ (人・ものの) **大きさ**, 規模; Ⓤ (規模・程度などが) 大きいこと: life [actual] *size* 等身 [実物] 大 / The ship is a good [fair] *size*. その船はかなり大きい / My house is almost half the *size* of yours. 私の家はあなたの家の半分ぐらいです / The boys are much of a *size*. その少年たちはほぼ同じ体格です / I was surprised at the *size* of his property. 私は彼の資産の多さに驚いた.
2 ⒞ (衣服などの) **サイズ**, 型, 番, 寸法: try on the sweater for *size* 寸法が合うかどうかセーターを着てみる / all *sizes* of shoes = shoes of all *sizes* あらゆるサイズの靴 / What is the *size* of your shoes? = What is your shoe *size*? あなたの靴はどのサイズですか.
■ *cút ... dówn to síze*《口語》〈人〉に身の程を知らせる.
That's abòut the síze of it.《口語》(実情・真相は) まあそんなところです.
— 動 ⋯をサイズで分類する; ある大きさに作る.
■ *size úp* 他〈情勢・人物など〉を評価 [判断] する.

-sized [saizd], **-size** [saiz] 《結合》「…の大きさ[サイズ]の」の意を表す: king-*sized* 特大の.

siz·zle [sízl] 《動》(鉄板焼のように)じゅーじゅー音を立てる. ── 《名》[単数形で]じゅーじゅーという音.

siz·zler [sízlər] 《名》C 《口語》うだるように暑い日.

skate¹ [skéit] 《名》《動》
── 《名》(複 **skates** [skéits]) C **1** [通例 ~s] スケート靴 (ice skate) (cf. *skating* スケート(をすること)): a pair of *skates* スケート靴1足.
2 [通例 ~s] ローラースケート靴 (roller skate).
■ **gèt [pùt] one's skátes òn** 《英口語》急ぐ.
── 《動》《自》 **1** スケートをする (ice-skate): go *skating* スケートに行く / We used to *skate* on the frozen lake. 私たちは凍った湖でスケートをしたものだ. **2** ローラースケートをする (roller-skate).
■ **be skàting on thín ice** 危険なことをしている.
skáte òver [aròund] ... ...に深入りしない，〈難しい問題〉を避ける.

skate² 《名》(複 **skate, skates** [skéits]) C《魚》ガンギエイ.

skate·board [skéitbɔ̀ːrd] 《名》C スケートボード.

skate·board·er [skéitbɔ̀ːrdər] 《名》C スケートボードで滑る(遊ぶ)人.

skate·board·ing [skéitbɔ̀ːrdiŋ] 《名》U スケートボード滑り[遊び].

skat·er [skéitər] 《名》C (ローラー)スケートをする人.

*__skat·ing__ [skéitiŋ] 《名》U スケート; ローラースケート; [形容詞的に] (ローラー)スケート(用)の.
◆ **skáting rìnk** C スケートリンク; ローラースケート場.(比較)「スケートリンク」は和製英語.

ske·dad·dle [skidǽdl] 《動》《自》《口語・こっけい》あわてて逃げる, ずらかる.

skein [skéin] 《名》C かせ(特に絹糸・毛糸の束).

skel·e·tal [skélətəl] 《形》骨格の; 骸骨(がっ)の(ような), やせこけた: *skeletal* structure 骨格.

*__skel·e·ton__ [skélətən] 《名》C **1** (人・動物の)骨格; 骸骨(がっ); 《比喩》非常にやせた人《動物》: be reduced to a *skeleton* 骨と皮ばかりになっている.
2 (建物などの)骨組み; 《比喩》(企画・小説などの)骨子, 概略: the *skeleton* of the plot あら筋.
3 [形容詞的に]骨格[骸骨]の; 概略の; 〈人員などが〉最小限の: *skeleton* staff 最小限の職員.
■ **a skéleton in the clóset** 《英》**cúpboard** 《口語》他人に知られたくない(家庭内の)秘密.
◆ **skéleton kèy** C マスターキー, 親かぎ (master key).

skep·tic, 《英》**scep·tic** [sképtik] 《名》C **1** 懐疑論者, 疑い深い人. **2** 無神論者.

*__skep·ti·cal__, 《英》**scep·ti·cal** [sképtikəl] 《形》**1** […に]懐疑的な, 疑い深い(*about, of*): She was *skeptical* about[*of*] my success. 彼女は私の成功を疑っていた. **2**《哲》懐疑論の.

skep·ti·cism, 《英》**scep·ti·cism** [sképtisizəm] 《名》U 懐疑的な態度; 《哲》懐疑論.

*__sketch__ [skétʃ]
── 《名》(複 **sketch·es** [~iz]) C **1** スケッチ; 下絵, 写生図; 略図: make [draw] a *sketch* of a flower 花をスケッチする / a pencil [charcoal] *sketch* 鉛筆[木炭]でかいたスケッチ / a rough *sketch* ざっとかいたスケッチ, ラフスケッチ.
2 あら筋, 概略, 草案, 下書き: a *sketch* of one's career 略歴 / give a *sketch* of the plan 計画の概略を述べる.
3 (小説・演劇・音楽などの)小品, 短編; 小曲; 寸劇.
── 《動》《他》 **1** ...をスケッチする, 写生する; ...の略図をかく: He *sketched* the view of the Seine. 彼はセーヌ川の風景をスケッチした.
2 ...のあら筋を書く[述べる], 概略を示す(*out*).
── 《自》スケッチする, 写生する; 略図をかく.
■ **skétch ín** 《他》〈細部〉を補足する.

sketch·book [skétʃbùk] 《名》C **1** スケッチブック, 写生帳 (sketchpad). **2** (随筆などの)小品集.

sketch·pad [skétʃpæ̀d] 《名》= SKETCHBOOK 1.

sketch·y [skétʃi] 《形》(比較 **sketch·i·er** [~ər]; 最上 **sketch·i·est** [~ist]) スケッチ[略図]のような; 〈報告などが〉大ざっぱな; 不完全な.

sketch·i·ly [~li] 《副》大ざっぱに; 不完全に.

skew [skjúː] 《動》《他》...を斜めにする; 〈事実など〉を曲げる, ゆがめる. ── 《形》斜めの; ゆがんだ, 曲がった.

skewed [skjúːd] 《形》ゆがんだ, 曲がった.

skew·er [skjúːər] 《名》C (料理用の)串(し), 焼き串.
── 《動》《他》〈肉など〉を串に刺す.

*__ski__ [skíː] 《名》《動》【原義は「木片」】
── 《名》(複 **skis** [~z]) C **1** [通例 ~s] スキー(板) (cf. *skiing* (スポーツとしての)スキー): a pair of *skis* スキー板ひと組.
2 [形容詞的に]スキー(用)の: *ski* boots スキー靴 / a *ski* suit スキー服 / a *ski* resort スキーリゾート.
3 水上スキー(の板) (water ski).
── 《動》《自》スキーをする: go *skiing* スキーに行く.
◆ **skí jùmp** C (スキーの)ジャンプ台.
skí jùmping C (スキーの)ジャンプ競技.
skí lìft C スキー場のリフト.

skid [skíd] 《動》(三単現 **skids** [skídz]; 過去・過分 **skid·ded** [~id]; 現分 **skid·ding** [~iŋ]) 《自》〈車などが〉横滑りする, スリップする.
── 《名》C **1** (車などの)横滑り, スリップ: go [get] into a *skid* 横滑りする. **2** [通例 ~s] (ものを滑らせる)滑り材; ころ(転子).
■ **on the skíds** 《口語》〈人が〉落ち目で, 落ち目になって; 失敗しそうな.
pùt the skíds ùnder ...《口語》 **1**〈人・計画など〉を失敗[挫折(ぢ)]させる. **2**〈人〉を急がせる.
◆ **skíd ròw** U 《口語》スラム街, どや街.

ski·er [skíːər] 《名》C スキーヤー, スキーをする人.

skies [skáiz] 《名》sky の複数形.

skiff [skíf] 《名》(複 **skiffs** [~s]) C (1人用の)小船.

*__ski·ing__ [skíːiŋ] 《名》U (スポーツ・競技としての)スキー; スキーをすること; スキー術: cross-country *skiing* クロスカントリースキー.

*__skil·ful__ [skílfəl] 《形》《英》= SKILLFUL (↓).

*__skill__ [skíl]【原義は「区別(すること)」】
── 《名》(複 **skills** [~z]) **1** U […の]腕前, 熟練, 上手なこと(*in, at*): a person of *skill* 名人, 熟練者 / with *skill* 上手に / He showed his *skill* in

swimming. 彼は水泳の腕前を披露した / Jane has great *skill* at driving a car. ジェーンは車を運転するのがとてもうまい.
2 C (特殊な訓練を要する) 技術, 技能, わざ: acquire new *skills* 新しい技能を獲得する / reading *skills* 読書術.

‡**skilled** [skíld] 形 **1** [...に] 熟練した, [...が] 上手な, 巧みな [*in, at*] (◇ skilled は訓練の積み重ねに, skillful は現在の腕のよさに重点がある): a shortage of *skilled* programmers 熟練したプログラマーの不足 / She is *skilled* at playing the piano. 彼女はピアノを巧みに演奏する. **2** [限定用法] (仕事などが) 特殊技能 [熟練] を要する: a *skilled* job 特殊技能 [熟練] を要する仕事.

skil·let [skílət] 名 C **1** 《米》フライパン (frying pan). **2** 《主に英》長柄なべ.

‡**skill·ful,** 《英》**skil·ful** [skílfəl] 形 [...に] 上手な, 巧みな, [...に] 熟練した [*at, in, with*] (→ SKILLED): She is *skillful in* [*at*] drawing portraits. 彼女は似顔絵をかくのがうまい / He is *skillful* with his hands. 彼は手先が器用です.

skill·ful·ly, 《英》**skil·ful·ly** [skílfəli] 副 上手に, 巧みに, 熟練して.

***skim** [skím] 動 (三単現 **skims** [~z]; 過去・過分 **skimmed** [~d]; 現分 **skim·ming** [~iŋ]) 他
1 [...から] 〈表面に浮いたもの〉をすくい取る (*off*) [*from, off*]: *skim off* the fat from the soup スープから (浮いて) 脂肪をすくい取る. **2** 〈鳥などが〉〈水面など〉をかすめて飛ぶ [通る]; 水面をかすめて〈石など〉を飛ばす: Gulls were *skimming* the water. カモメが水面をかすめて飛んでいた. **3** 〈本など〉をざっと読む: *skim* a book 本に目を通す.
— 自 **1** 〈鳥などが〉 [...を] かすめて飛ぶ [通る]; 滑るように進む [*across*], [*along*], [*over*]: Swallows are *skimming over* [*across*] the ground. ツバメが地面すれすれに飛び交っている. **2** [本・記事などに] ざっと目を通す [*through, over*]: *skim through* [*over*] a newspaper 新聞にざっと目を通す. **3** 浮かびでる [上澄み] ができる.
■ *skím óff* 他 〈最良のもの・優秀な人材など〉を自分のものにする; 〈金〉を横領する.
◆ skím [skímmed] mílk U 脱脂乳.

skimp [skímp] 動 他 **1** 〈材料など〉をけちる; 〈金銭など〉を出し惜しみする. **2** 〈仕事・勉強など〉をいいかげんにやる.
— 自 〈金銭・時間などを〉けちる, 節約する [*on*].

skimp·y [skímpi] 形 (比較 **skimp·i·er** [~ər]; 最上 **skimp·i·est** [~ist]) **1** 〈衣服など〉窮屈な.
2 けちけちした: a *skimpy* meal 粗末な食事.

skimp·i·ly [~li] 副 窮屈に; 乏しく.

‡**skin** [skín]
名 動
— 名 (複 **skins** [~z]) **1** U C (人・動物の) 皮膚, 皮 (→ SKINNED): Babies have soft *skin*. 赤ん坊の肌は柔らかい / She has (a) fair [dark] *skin*. 彼女は肌が白い [浅黒い] / I got wet [drenched] to the *skin* in a shower. 私はにわか雨でずぶぬれになった.
2 U C (加工用の) 獣の皮, 皮革; 毛皮: sheep *skin* 羊の皮. **3** C U 外皮, 表皮; (果物などの) 皮: C (飛行機・船などの) 外板: a banana *skin* バナナの皮 / onion *skin* タマネギの皮. **4** U C (沸かした牛乳などの表面にできる) 膜. **5** C (酒などの液体を入れる) 皮袋.
■ *be áll* [*ónly*] *skín and bóne(s)* やせて骨と皮ばかりである.
by the skín of one's téeth 《口語》かろうじて.
gèt ùnder ...*'s skín* 《口語》〈人〉をひどく怒らせる.
hàve (a) thíck [*thín*] *skín* (人が) 鈍感 [敏感] である, 面の皮が厚い [厚くない].
It's nò skín off ...*'s báck* [*nóse, téeth*]. 《口語》...にはまったく関係ないことだ.
júmp òut of one's skín 《口語》(驚き・喜びで) 飛び上がる.
sáve one's skín 《口語》(自分だけ) 命拾いをする.
— 動 (三単現 **skins** [~z]; 過去・過分 **skinned** [~d]; 現分 **skin·ning** [~iŋ]) 他 **1** 〈果物・動物など〉の皮をはぐ [むく]: *skin* a rabbit ウサギの皮をはぐ / *skin* a pear ナシの皮をむく. **2** ...(の皮) をすりむく: *skin* one's knee ひざをすりむく.
■ *skin ... alíve* 《口語・こっけい》...を厳しくしかる.
◆ skín dìver C スキンダイバー.
skín dìving U スキンダイビング.
skín gràft C 《医》皮膚移植手術.

[類義語] **skin, hide, peel, bark**
共通する意味▶皮 (a natural outer covering or coat)
skin は「人・動物・果物などの外皮」の意を表す最も一般的な語: a peach *skin* 桃の皮. **hide** は「大型動物の皮」, 特に「なめした獣皮」をさす: a bag made from buffalo *hide* 水牛の皮で作ったバッグ. **peel** は手でむけるような「果物などの柔らかい皮」をさす: a banana *peel* バナナの皮. **bark** は「樹木の幹や枝の堅い皮」をさす: The cottage is roofed with cedar *bark*. その小屋の屋根は杉皮でふいてある.

skin-déep 形 [叙述用法] 表面だけの; うわべだけの, 浅はかな (superficial).
skin·flint [skínflìnt] 名 C 《口語》けちん坊.
skin·head [skínhèd] 名 C **1** 頭髪をそった [短く刈り込んだ] 人. **2** スキンヘッド 《特に反社会的で暴力的な若者をさす》.
-skinned [skind] 結合 「(...の) 皮膚をした」の意を表す: fair-[dark-]*skinned* 肌の白い [浅黒い].
skin·ny [skíni] 形 (比較 **skin·ni·er** [~ər]; 最上 **skin·ni·est** [~ist]) 《口語》骨と皮ばかりの, やせこけた, やせっぽちの (→ THIN [類義語]).
skín·ny-díp 動 《主に米口語》すっ裸で泳ぐ.
skint [skínt] 形 [叙述用法] 《英口語》一文なしの.
skin-tight [skíntàit] 形 〈衣服が〉体にぴったりの.

‡**skip** [skíp] 動 (三単現 **skips** [~s]; 過去・過分 **skipped** [~t]; 現分 **skip·ping** [~iŋ]) 自 **1** 軽く跳ぶ, はねる, スキップする (*around, about*): *skip* over a fence 柵(さく)を跳び越える. **2** 縄跳びをする (《米》 jump rope). **3** 《口語》[...を] 抜かす; [本などを] 飛ばして読む [*over*], [...に] ざっと目を通す [*through*], 〈話などが〉 あちこちへ飛ぶ (*about, around*); [...から / ...に] 急に変わる [*from / to*]:

skip over difficult chapters 難しい章を飛ばして読む / *skip from* one subject *to* another 次から次へと話題を変える. **4** 急いで[こそこそと]立ち去る, ずらかる (*off, out*): *skip off* with the money 金を持ち逃げする. **5** 《米》学年を飛ばして進級する, 飛級をする. ― 📓 **1** …を軽く跳び越す; 《米》〈縄〉を跳ぶ (→ 📓 **2**): *skip* (a) *rope* 縄跳びをする. **2** …を省略する, 抜かす; 飛ばして読む;《口語》〈授業など〉をサボる: *skip* breakfast 朝食を抜く / *skip* a class 授業をサボる. **3** …から急いで立ち去る, ずらかる. **4**〈石〉を水面にはずませて飛ばす.
■ ***Skip it!*** 《口語》(その話は)やめてくれ; 気にするな, かまうな (Forget it!).
― 📓 C **1** 軽く跳ぶこと; スキップ; 縄跳び.
2 抜かす[飛ばす]こと, 飛ばし読み(した部分).
3《英》粗大ゴミなどを収集するための大型の容器.
◆ **skípping ròpe** C《英》縄跳びの縄(《米》jump rope).

ski・plane [skíːplèin] 📓 C 雪上飛行機.
skip・per [skípər] 📓 C《口語》**1**(小型船の)船長;《主に米》機長. **2**(運動チームの)主将.
― 動 他《口語》…の船長[主将]を務める.
skir・mish [skə́ːrmiʃ] 📓 C **1** 小競り合い, 小戦闘[衝突]. **2** 小論争.
― 動 自 […と]小競り合い[小論争]をする [*with*].

***skirt** [skə́ːrt]
【原義は「短い衣服」】
― 📓 (複 **skirts** [skə́ːrts]) C **1 スカート**;(衣服の)腰から下の部分: put on [take off] one's *skirt* スカートをはく[脱ぐ] / a pleated [slit] *skirt* プリーツ[スリット入り]のスカート / She was dressed in a short [long] *skirt*. 彼女は短い[長い]スカートをはいていた. **2**〔通例 ~s〕郊外, (町の)はずれ (outskirts): on the *skirts* of the village 村のはずれに. **3**〔しばしば ~s〕(危険防止のために)機械・車などの下部に付けた)スカート, 覆い.
― 動 他 **1**(道・川などが)…の周辺をめぐる, 端を通る: An expressway *skirts* the bedroom suburb. 高速道路がそのベッドタウンの端を通っている. **2**〈問題など〉を避けて通る, 回避する (*around, round*).
― 自 […の]周辺を通る [*around, round*].

skit [skít] 📓 C […についての]寸劇, スキット;(軽いユーモラスな)風刺文 [*on*].
skit・ter [skítər] 動 自(小動物などが)すばやく走る, 軽快に飛ぶ.
skit・tish [skítiʃ] 形 **1** 気まぐれな;(女性が)おてんばの. **2**(馬などが)驚きやすい, ものおじする.
skit・tle [skítl] 📓 **1**〔~s; 単数扱い〕九柱戯(ボウリングに似たゲーム). C 九柱戯用のピン[柱].
skive [skáiv] 動 自《英口語》仕事[学校]をサボる.
skiv・er [skáivər] 📓 C《英口語》サボり屋.
skiv・vies [skíviz] 📓〔複数扱い〕《米》男性用下着(Tシャツとパンツから成る).
ski・wear [skíːwèər] 📓 U スキーウェア.
skoal [skóul] 間(健康を祝して)乾杯.
skulk [skʌ́lk] 動 自 こそこそ行動する[歩く]; こそこそ隠れる;(人目をしのんで)うろつく (*around*).
*__skull__ [skʌ́l] 📓 C **1** 頭蓋(ガɪ)骨. **2**《口語》頭, 頭脳: have a thick *skull* 頭が悪い.

◆ **skúll and cróssbones**〔単数扱い〕頭蓋骨の下に交差した大腿(タイ)骨を描いた図, どくろマーク《死の象徴で, 昔の海賊の旗, 毒薬の警告などのしるし》.
skúll pràctice [sèssion] C《米俗語》(スポーツチームの)作戦研究;(一般に)情報交換の集会.
skull・cap [skʌ́lkæp] 📓 C スカルキャップ《聖職者・ユダヤ人などが用いる縁なしの丸帽》.
***skunk** [skʌ́ŋk] 📓(複 **skunks** [~s], **skunk**)
1 C《動物》**スカンク**; U スカンクの毛皮.
2 C《口語》(軽蔑)いやなやつ, 下品なやつ.
― 動 他《米口語》〈相手〉を完敗させる.

***sky** [skái]
― 📓(複 **skies** [~z]) C U **1**〔通例 the ~〕**空**, 天, 上空《◇形容詞を伴うか不定冠詞を付けたり複数形にすることがある》: the night *sky* 夜空 / a starry *sky* = (the) starry *skies* 星空 / The *sky* turned dark. 空が暗くなった / An eagle circled high in the blue *sky*. 1羽のワシが青空高く旋回した.
2〔しばしば複数形で〕気候 (climate), 風土; 天気, 空模様: a cloudy *sky* 曇り空 / From the look of the *sky*, it will rain this afternoon. 空模様からすると午後は雨になるだろう. **3**〔the ~/ the skies〕天, 天国 (heaven): be dead in the *sky* [*skies*] 天国にいる《◇ be dead の婉曲表現》.
■ ***òut of a cléar* (*blúe*) *ský*** 突然, 不意に.
The ský's the limit. 《口語》(費用などが)上限がない, 天井知らずだ.

sky-blúe 形 空色の, スカイブルーの.
ský blúe 📓 U 空色, スカイブルー.
sky・cap [skáikæp] 📓 C《米》空港のポーター.
sky・div・er [skáidàivər] 📓 C スカイダイバー.
sky・div・ing [skáidàiviŋ] 📓 U スカイダイビング.
sky-hígh 形《口語》空まで届きそうな;(価格・自信が)非常に高い. ― **sky-high** prices とんでもなく高い物価. ― 副《口語》空高く, 非常に高く; 粉々に: blow ... *sky-high* …を粉々にする; 論破する.
sky・lark [skáilɑːrk] 📓 C《鳥》ヒバリ (lark).
sky・light [skáilàit] 📓 C 天窓, 明かり窓.
***sky・line** [skáilàin] 📓 C **1** スカイライン《空を背景にした高層建築・樹木などのシルエット》. **2** 地平線 (horizon).
sky・rock・et [skáirɑ̀kət / -rɔ̀k-] 動 自《口語》(物価などが)急騰する, 急上昇する.
― 📓 C 打ち上げ花火, のろし.
***sky・scrap・er** [skáiskrèipər] 📓 C 超高層ビル, 摩天楼.
sky・ward [skáiwərd] 副 形 空の方へ(の), 空へ向けて(の).
sky・wards [skáiwərdz] 副 = SKYWARD (↑).
slab [slǽb] 📓 C (材木・石材などの)平板(ﾍ゙ン), 厚板;(パン・肉などの)平らで厚い1切れ.
***slack** [slǽk] 形 **1** (網などが)たるんだ (↔ tight);(規制・法律などが)甘い, 手ぬるい: a *slack* rope たるんだロープ. **2** […に]いいかげんな, 怠慢な [*in, at*]; のろい, ぐずぐずした. **3**(商売などが)不景気な, 活気のない: Business is *slack*. 景気が悪い.
― 動 U **1** (網などの)ゆるみ, たるみ; ゆるんだ部分. **2** 不況, 不景気(の時期).

slacken

■ **tàke úp the sláck** (綱などの)たるみを引き締める; (企業などを)活性化する.
— 動 自 **1** 怠ける, サボる; 弱まる (*off*, *up*).
2 (綱などが)ゆるむ.
sláck·ly [〜li] 副 ゆるく; いいかげんに; 不景気に.
sláck·ness [〜nəs] 名 U たるみ; 不景気.
slack·en [slǽkən] 動 他 **1** 〈綱など〉をゆるめる.
2 〈速度など〉を弱める (*off*).
— 自 **1** (綱などが)ゆるむ, たるむ. **2** (速度などが)落ちる; (商売などが)不活発になる (*off*).
slack·er [slǽkər] 名 C 怠け者.
*****slacks** [slǽks] 名 [複数扱い]《古風》スラックス《上着とペアでない普段着のズボン》.
slag [slǽɡ] 名 U《冶金》スラグ, 鉱滓(ｻｲ)《鉱石から金属を取るときに出るかす》.
slain [sléin] 動 slay の過去分詞.
slake [sléik] 動 他 **1**《文語》〈渇き・飢えなど〉を満たす, いやす;〈怒りなど〉を和らげる: *slake* one's thirst 渇きをいやす. **2**〈生石灰〉を消和する《水を加えて消石灰にする》.
sla·lom [sláːləm] 名 CU (スキー・オートバイなどの)スラローム, 回転《競技》.
*****slam** [slǽm] 動 (三単現 **slams** [〜z]; 過去・過分 **slammed** [〜d]; 現分 **slam·ming** [〜iŋ])
1〈戸・窓など〉をばたん[ぴしゃり]と閉める: *slam* the gate shut 門をばたんと閉める. **2** …を […の上に] どしんと置く, どさりと投げ出す (*down*) [*on*, *onto*]: She *slammed* the shopping bag *down* on the floor. 彼女は買い物袋を床の上にどしんと置いた. **3** …を強く打つ;〈頭など〉をぶつける;〈ブレーキなど〉を急に踏む (*on*): *slam* the brakes *on* = *slam on* the brakes 急ブレーキをかける. **4** …を酷評する, けなす.
— 自 **1** (戸などが)ばたん[ぴしゃり]と閉まる: The door *slammed* shut itself. ドアがひとりでにばたんと閉まった. **2** […に] 音を立ててぶつかる (*into*).
■ **slàm the dóor in ...'s fáce**〈人〉の鼻先でドアをぴしゃりと閉める; 拒絶する.
— 名 [通例, 単数形で] 音を立てて閉まる[ぶつかる]こと; ばたん[ぴしゃり]という音: with a *slam* ばたん[ぴしゃり]と.
slám-dùnk 動《バスケ》自 ダンクシュートする.
— 動 他〈ボール〉を〜する.
slám dùnk 名 C《バスケ》ダンクシュート.
*****slan·der** [slǽndər / sláːn-] 名 CU **1** 中傷, 悪口, 誹謗(ｿ): spread *slander* 悪口を広める.
2《法》(口頭による)名誉毀損(ｿﾝ).
— 動 他 …の悪口を言う, …を中傷する.
slan·der·ous [slǽndərəs / sláːn-] 形 中傷する(ような), 中傷的な.
*****slang** [slǽŋ] 名 **1** U 俗語, スラング: use *slang* スラングを使う. **2** U (特定の社会・職業の)通用語, 専門用語; 隠語 (argot): students' [college] *slang* 学生語. **3** 形容詞的に 俗語の, 俗語用の.
sláng·ing màtch [slǽŋiŋ-] 名 C《英口語》のしり合い.
slang·y [slǽŋi] 形 (比較 **slang·i·er** [〜ər]; 最上 **slang·i·est** [〜ist]) 俗語の; 俗語の多い.
*****slant** [slǽnt / sláːnt] 動 自 […の方に] 傾く, 傾斜する [*to*]: The floor *slants* to the left. 床は左に傾いている.
— 他 **1** …を傾ける, 傾斜させる. **2**《時に軽蔑》〈事実など〉をゆがめて書く,〈記事など〉を […向きに / …を批判して] 書く [*for*, *toward* / *against*].
— 名 C **1** [通例, 単数形で] 傾斜; 坂, 斜面: The slope has a steep *slant*. その坂は傾きが急です.
2 (心・思想などの)傾向, 偏向; (ものの)見方, 観点, 見解: give a new *slant* on ... …について新しい見方をする.
■ **at [on] a slánt** 傾斜して, 斜めに.
slant·ed [slǽntid / sláːnt-] 形 **1** (情報などが) 偏った, 偏向した, 一面的な. **2** 傾いた, 斜めの.
slant·ing·ly [slǽntiŋli / sláːnt-] 副 斜めに; ゆがめて.
*****slap** [slǽp] 名 C (ぴしゃりと打つ)平手打ち(の音); 非難, 侮辱: He gave me a *slap* on the cheek. 彼は私の頬を平手で打った.
■ **a sláp in the fáce 1** 顔への平手打ち. **2** きっぱり断ること, 拒絶; 公然たる侮辱.
a sláp on the wríst《口語》軽い警告, 軽い罰.
— 動 (三単現 **slaps** [〜s]; 過去・過分 **slapped** [〜t]; 現分 **slap·ping** [〜iŋ]) 他 **1** を(平手で)ぴしゃりと打つ: *slap* ... on the back …の背中をぽんとたたく(◇親しみの表現) / She *slapped* my cheek. = She *slapped* me *on* the cheek. 彼女は私の頬を平手で打った(◇「slap+O+on [in] the+体の部分」の語順に注意). **2** …を […に] 無造作に[ばたんと]置く; …を […に] 付ける, 塗る (*on*): *slap* the book (*down*) *on* the desk 本を机の上にばたんと置く.
■ **sláp dówn** 他 **1** …を無造作に[ばたんと]置く. **2** (口語)〈人〉をはねつける; ぴしゃりと押さえつける.
— 副《口語》**1** まともに, もろに: The car ran *slap* into the wall. 車は塀に正面衝突した.
2 突然, 出し抜けに.
◆ **sláp skàte** 名 C スラップスケート靴《靴とブレードが後方部分で離れるスピードスケート用の靴》.
sláp-báng 副《口語》まともに, もろに; 突然に.
slap·dash [slǽpdæʃ] 副 むやみに; いいかげんに.
— 形 ぞんざいな, 急ごしらえの.
sláp-háp·py 形《口語》**1** (殴られたりして)ふらふらになった. **2** 陽気で無責任の, のんきな.
slap·stick [slǽpstik] 名 U どたばた喜劇.
sláp-úp 形 [限定用法]《英口語》(食事などが)飛び切り豪勢な, すばらしい.
*****slash** [slǽʃ] 動 他 **1** …を(刃物などで)さっと切る, 切り裂く [開く]: His attacker *slashed* his jacket with a knife. 彼を襲った人物は彼の上着をナイフで切り裂いた.
2 [しばしば受け身で]〈値段・経費など〉を大幅に引き下げる [削減する]. **3** [通例, 受け身で]〈衣服〉に切れ目 [スリット] を入れる. **4** …を酷評する.
— 自 […に] さっと切りつける [打ちかかる] [*at*].
■ **slàsh one's wáy through ...** …をかき分けて進む.
— 名 C **1** さっと切ること; むち打つこと; 深い傷.
2 (予算などの)削減. **3** = **slásh màrk** 斜線(/).
4 (衣服の)切り込み, スリット.
slásh-and-búrn 形 (農業が)焼き畑式の.
slat [slǽt] 名 C (木・プラスチックなどの)細長い

slate¹

薄板;(ブラインドの)羽根板,よろい板.
***slate**¹ [sléit]名 **1** ⓒ(屋根用の)スレート;Ⓤ粘板岩: a *slate* roof スレート屋根. **2** ⓒ石板《昔,筆記に用いた》. **3** ⓒ《主に米》(政党の)公認候補者名簿;(試合などの)予定表. **4** Ⓤスレート色《青灰色》.
■ *a cléan sláte* 汚点のない経歴: start with *a clean slate* (過去を清算して)新しく出直す.
wípe the sláte cléan 過去を清算して出直す.
— 動 他 **1** 《屋根》をスレートで葺(ふ)く. **2** 《通例,受け身で》《主に米》〈人〉を候補者名簿に載せる;〔…の/…する〕候補者に選ぶ〔*for/to do*〕: He was *slated for* the presidency. 彼は大統領候補に選ばれた. **3** 《通例,受け身で》《主に米》を〔日時に/…するよう〕予定する〔*for/to do*〕: The election is *slated for* May. 選挙は5月の予定です.
slate² 動 他《英口語》…を酷評する.
slath·er [slǽðər]《☆発音に注意》動 他 …に〔を〕厚く塗る〔*with*〕;…を〔に…〕厚く塗る〔*on*〕.
***slaugh·ter** [slɔ́ːtər]名 Ⓤ **1**(大規模な)虐殺,大量殺人: the *slaughter* of civilians 民間人の殺し合い. **2**(動物を食肉用に)殺すこと,畜殺.
— 動 他 **1** 〈人〉を虐殺する(→ KILL 類義語).
2(食肉用に)〈動物〉を殺す,畜殺する: *slaughter* cattle for food 食肉用に牛を殺す.
slaugh·ter·house [slɔ́ːtərhàus]名 ⓒ食肉処理場,畜殺場.
Slav [slɑːv, slæv]名 ⓒスラブ人;[the ~s]スラブ民族《ロシア人・ポーランド人・ブルガリア人など》.
— 形 スラブ人(民族)の.

****slave** [sléiv]
名
— 名(複 **slaves** [~z])ⓒ 奴隷: the emancipation of *slaves* 奴隷解放 / work like a *slave* 奴隷のように働く.
2〔欲望・習慣などに〕とらわれた人,〔…の〕とりこ〔*of, to*〕;自由を奪われた人: a *slave to* drink 酒のとりこ / She was the *slave of* guilt feelings. 彼女は罪悪感にさいなまれていた.
— 動 自(奴隷のように)あくせく働く(*away*).
◆ **sláve driver** ⓒ **1** 奴隷監督者. **2**《軽蔑》人使いが荒い雇い主.
sláve lábor Ⓤ **1** 奴隷労働(者). **2**《口語》割に合わないつらい仕事;強制労働.
Sláve Stàte [the ~(s)]《米史》奴隷州《南北戦争当時まで奴隷制度を認めていた南部の15州》.
sláve tràde [the ~]《史》奴隷売買.
slav·er [slǽvər]《☆発音に注意》動 自 〔…を見て〕よだれを流す〔*over*〕.
***sla·ver·y** [sléivəri]名 Ⓤ **1** 奴隷であること,奴隷の身分(境遇): be freed from *slavery* 奴隷状態から解放される. **2** 奴隷制度;奴隷所有: the abolition of *slavery* 奴隷制度の廃止.
3《比喩》〔欲望などに〕とらわれること,〔…の〕とりこ〔*to*〕. **4** つらい仕事(労働),苦役,重労働.
Slav·ic [slɑ́ːvik, slǽv-]形 スラブ系の,スラブ人(民族,語)の.
— 名 **1** Ⓤスラブ人. **2** Ⓤスラブ語.
slav·ish [sléiviʃ]形 **1** 奴隷のような;卑屈な,奴隷根性の. **2** 独創的のない,猿まねの.
slav·ish·ly [~li]副 奴隷的に;独創性がなく.

***slay** [sléi]動(三単現 **slays** [~z];過去 **slew** [slúː];過分 **slain** [sléin];現分 **slay·ing** [~iŋ])他
《文語》…を殺す,殺害(虐殺)する(→ KILL 類義語):Journalist *Slain* by Terrorists 記者,テロリストに殺害さる《◇新聞の見出し. Journalistの前のA, Slain の前の wasが省略されている》. **2**《米口語》〈人〉を笑いころげさせる.
slay·er [sléiər]名 ⓒ《文語》殺人者;殺人犯.
sleaze [slíːz]名 **1** Ⓤ安っぽさ,低俗,いかがわしさ. **2** ⓒ《米俗語》いかがわしい人,モラルを欠く人.
slea·zy [slíːzi]形(比較 **slea·zi·er** [~ər];最上 **slea·zi·est** [~ist])《軽蔑》 **1**(場所・建物などが)みすぼらしい,汚らしい: a *sleazy* hotel 安ホテル.
2(人が)いかがわしい,低俗な;(布などが)薄っぺらな.
***sled** [sléd]名 ⓒ《米》(特に子供用の)小型そり,(雪氷上を滑る)そり,犬ぞり《英》sledge (cf. mush大ぞり).
— 動(三単現 **sleds** [slédz];過去・過分 **sled·ded** [~id];現分 **sled·ding** [~iŋ])《米》自 そりで行く,そりに乗る: go *sledding* そり滑りに行く.
◆ **sléd dòg** ⓒそり用の犬.
sledge¹ [slédʒ]名 ⓒ《主に英》= SLED (↑).
sledge² ⓒ ⓒ大型ハンマー(sledgehammer).
sledge·ham·mer [slédʒhæ̀mər]名 ⓒ(両手で使用する)大型ハンマー,大づち.
***sleek** [slíːk]形 **1**(毛髪・毛皮などが)滑らかな,つやのある: *sleek* hair つやのある髪の毛.
2(時代服などが)裕福そうに見える;人あたりのよい;(車などが)スマートな.
sleek·ly [~li]副 滑らかに;裕福そうに;格好よく.

****sleep** [slíːp]
動 名 《原義は「(筋肉などが)ゆるむ」》
— 動(三単現 **sleeps** [~s];過去・過分 **slept** [slépt];現分 **sleep·ing** [~iŋ])
— 自 **1 眠る**,寝ている,寝入る(↔ wake);〔…に〕泊まる〔*in, at*〕: *sleep* well [badly] よく眠る[眠れない]/ *sleep* late 寝坊する / Kate *slept* soundly till her mother woke her. ケートは母親が起こすまでぐっすり眠っていた / I *sleep* for about seven hours each night. 私は毎晩7時間ぐらい眠る / Good night, my dear. *Sleep* tight. おやすみ,ぐっすり眠りなさい / I *slept at* George's last night. 私は昨夜ジョージの家に泊まった.
2《婉曲》永眠している,(死んで)葬られている: Here *sleeps* Edward Jones. エドワード=ジョーンズ,ここに眠る《◇墓碑銘》.
3(機能などが)活動していない;(動物が)冬眠する.
— 他 …の収容能力がある,泊められる: That hotel *sleeps* 800 people. あのホテルは800人が泊まれる.
句動詞 *sléep aróund* 自《口語・軽蔑》多くの異性と性的関係を持つ.
sléep ín 自《英》朝寝坊する.
sléep óff 他〔sleep off + O / sleep + O + off〕《頭痛・酔いなど》を寝て治す.
sléep on 〔*upòn*〕 ... 他《口語》…をひと晩寝て考える,翌日まで延ばす: I'd like to *sleep on* it. ひと晩じっくり考えてみたい.
sléep óut 自 外泊する;野外で寝る.
sléep óver 自〔…の家に〕外泊する,泊まる〔*at*〕.
sléep thròugh ... 他 …に気づかずに眠り続ける;

sleeper | 1409 | **slice**

…の間じゅう眠る.
sléep togéther 自(男女が)寝る,性的関係を持つ.
sléep with ... 他《人》と寝る,性的関係を持つ.
■ **sléep a ... sléep** …な眠り方をする(◇ have a ... sleep のほうが一般的;→ 图 1): *sleep a sound sleep* ぐっすり眠る.
sléep like a lóg [tóp] ぐっすり眠る.
— 名 U **1**［またはa ～］**眠り**,睡眠: have a long *sleep* 長い睡眠をとる / fall into a deep *sleep* ぐっすり眠り込む / He sometimes talks in his *sleep*. 彼は時々寝言を言う / You need to get some *sleep*. 少し眠ったほうがいいですよ.
2 休止, 停止; 麻痺(ひ). **3**《婉曲》死, 永眠.
■ **gèt to sléep**《通例,否定文で》(やっと)寝つく.
gò to sléep 1 寝る (fall asleep): As I was reading, I *went to sleep*. 私は読書中に寝てしまった. **2**《口語》(手足が)しびれる, 麻痺する.
lòse sléep òver ...《通例,否定文で》…が気がかりで眠れない; …をくよくよ考える: Don't *lose sleep over* such a thing. そんなことを気に病まないで.
pùt ... to sléep 1〈人〉を眠らせる;〈人〉に麻酔をかける. **2**〈動物〉を安楽死させる. (▷ 形 sleepy)

sleep・er [slí:pər] 图 C **1** 眠っている[眠る]人;〔形容詞を伴って〕眠りの…な人; 寝坊: a light [heavy] *sleeper* 眠りの浅い[深い]人. **2** 寝台車; (寝台車の)寝台. **3**《英》(鉄道の)まくら木(《米》tie). **4**《米口語》思いがけず成功した人; 予想外のヒット作品(本・演劇・映画など).

sleep・i・ly [slí:pili] 副 眠そうに.
sleep・i・ness [slí:pinəs] 图 U 眠いこと, 眠気.
*__sleep・ing__ [slí:piŋ] 形《限定用法》眠っている: 活動していない; (手・足などが)しびれた(◇叙述用法には asleepを用いる): Let *sleeping* dogs lie.《ことわざ》寝ている犬は寝かしておけ ⇒ 寝た子を起こすな.
— 名 U 眠ること, 睡眠; 不活動, 休止.
◆ sléeping bàg C 寝袋, シュラーフ.
Sléeping Béauty 固 [the ～] 眠れる森の美女(童話の主人公).
sléeping càr C 寝台車 (sleeper).
sléeping pártner C《英》匿名社員(《米》silent partner)《業務には参加しない出資者》.
sléeping pìll [tàblet] C (錠剤の)睡眠薬.
sléeping polìceman C《英》スピード運転防止帯《住宅地の道路に設置された減速用の隆起》.
sléeping sìckness U《医》眠り病.

sleep・less [slí:pləs] 形 **1** 眠れない, 不眠(症)の; 眠らない: spend [pass] a *sleepless* night 眠れぬ夜を過ごす. **2** 休むことのない; 油断のない.
sleep・less・ness [～nəs] 图 U 不眠.
sleep・o・ver [slí:pòuvər] 图 C 外泊《子供のパジャマパーティー, お泊まり会》.
sleep・walk・er [slí:pwɔ̀:kər] 图 C 夢遊病者.
sleep・walk・ing [slí:pwɔ̀:kiŋ] 图 U 夢遊病.

*__sleep・y__ [slí:pi]
— 形(比較 **sleep・i・er** [～ər]; 最上 **sleep・i・est** [～ist]) **1 眠い**, 眠そうな: be [feel] *sleepy* 眠い / become [get] *sleepy* 眠くなる / with a *sleepy* voice [look] 眠そうな声 [顔つき] で.

2（地域が）活気のない: a *sleepy* rural town ひっそりした田舎町. **3**（果物などが）熟しすぎた.

sleet [slí:t] 图 U みぞれ《雨まじりの雪》, 氷雨(⅓).
— 動 自 [It を主語にして] みぞれが降る.
sleet・y [slí:ti] 形 (比較 **sleet・i・er** [～ər]; 最上 **sleet・i・est** [～ist]) みぞれの降る; みぞれ(のような).

‡**sleeve** [slí:v] 图 C **1** (衣服の)**袖**(き), たもと: a shirt with long [short] *sleeves* 長[半]袖シャツ. **2**《機械》軸ざや《車軸をはめる筒状の金具》.
3《主に英》(レコードの)ジャケット(《米》jacket).
■ **hàve [kéep, túck] ... úp one's sléeve**《口語》〈奥の手・妙案など〉をひそかに用意している.
láugh ùp one's sléeve ほくそ笑む, 腹の中で笑う.
róll ùp one's sléeves (仕事・けんかを始めようと) 腕まくりする; 張り切って仕事に取りかかる.
wèar one's héart on one's sléeve 感情が行動に現れる.
◆ sléeve nòtes [複数扱い]《英》《音楽》ライナーノート(《米》 liner notes)《ジャケットにある解説》.
sleeve・less [slí:vləs] 形 袖(ぞ)なしの.
*__sleigh__ [sléi]《☆ 発音に注意》图 C (大)そり(◇通例, 馬が引く): travel in a *sleigh* そりで旅行する.
sleight [sláit] 图 U《古》器用さ; 策略.
■ **sléight of hánd** 手先の早業; 手品; 策略.
‡**slen・der** [sléndər] 形 (比較 **slen・der・er** [-dərər]; 最上 **slen・der・est** [-dərist]) **1** (人・体が) **ほっそりした**, すらりとした, 細長い (→ THIN 類義語).
2 (収入などが) わずかな, 乏しい;（見込み・根拠などが）薄弱な, 頼りない: a *slender* income わずかな収入 / win by a *slender* margin 辛勝する.
slen・der・ness [～nəs] 图 U ほっそりしていること; 乏しさ.

***__slept__** [slépt]
— 動 sleep の過去形・過去分詞.
sleuth [slú:θ] 图 C《古風》刑事, 探偵.
slew¹ [slú:] 動 slay の過去形.
slew² 图 [a ～]《主に米》たくさん[の…][*of*].

***__slice__** [sláis]
图 動【原義は「裂けた木片」】
— 图 (複 **slic・es** [～iz]) C **1** (肉・パンなどの) **薄い1切れ** (→ LOAF 図): a *slice* of bread [tomato] パン [トマト] 1切れ / Cut the meat into *slices*. 肉は薄切りにしてください.
2 [a ～]《口語》…の一部分; 分け前 (share)[*of*]: a *slice* of luck ささやかな幸運.
3（料理用の）フライ返し, へら(《英》 fish slice).
4《スポーツ》スライス(ボール)《利き腕の方向へ曲がって飛ぶ打球》(↔ hook).
■ **a slíce of lífe** 人生の一断片, 人生の現実の姿.
— 動 他 **1** (a) [slice+O] …を薄く切る, 切り分ける (up); 切り取る (off): *slice* (*up*) onions タマネギを薄く切る. (b) [slice+O+C] …を薄く切って～にする: *Slice* the ham thin, please. ハムを薄く切ってください. (c) [slice+O+O / slice+O+for ...] …に～を切ってやる: *Slice* me a piece of bread. = *Slice* a piece of bread *for* me. パンを1切れ切ってください.
2〈指など〉を(ナイフなどで)切る. **3**《スポーツ》スラ

イスで打つ. ― ⓐ **1** 薄切りにする. **2** (人が) 刃物で切る をする; [… を] 刃物で傷つける (*into*, *through*). **3** 【スポーツ】ボールをスライスで打つ.

slic・er [sláisər] 图 C [しばしば複合語で] (パン・肉などの) 薄切り機, スライサー.

slick [slík] 囮 **1** (動作などが) 巧みな, 上手な. **2** 口先のうまい; ずるい: a *slick* salesman 口先の巧みなセールスマン. **3** 滑らかな; (路面などが) […で] すべすべ [つるつる] した (*with*): a road *slick* with ice 凍結したつるつるの道路.
― 图 C **1** 滑らかな部分; 油膜 (oil slick).
2 (米) (光沢紙を使った) 豪華雑誌 ((英) glossy (magazine)) (cf. pulp (magazine)) (ざら紙を使った) 低俗雑誌).
― 動 …を滑らか [すべすべ] にする; [オイルなどで] 〈髪〉をなでつける (*down*) (*with*).
slick・ly [〜li] 副 滑らかに; 巧みに [巧妙] に.
slick・ness [〜nəs] 图 Ⓤ 滑らかさ; 巧みさ, ずるさ.
slick・er [slíkər] 图 C **1** (米) (防水加工のゆったりした) レインコート. **2** 世間ずれした人: a city *slicker* すれっからしの都会人.

‡**slid** [slíd] 動 slide の過去形・過去分詞.

‡**slide** [sláid]
動 图
― 動 (三単現 **slides** [sláidz]; 過去・過分 **slid** [slíd]; 現分 **slid・ing** [〜iŋ])
― ⓐ **1** [氷上などを] 滑走する, 滑る, 滑るように進む; (車などが) スリップする [*on*]; (手などから) 滑り落ちる [*from*, *off*]: The children were *sliding on* the ice. 子供たちは氷の上を滑って (遊んで) いた / The drawers of my desk *slide* badly. 私の机の引き出しは滑りが悪い / The car *slid on* the ice. 車は氷の上で滑った / The book *slid from* my hand. 本が手から滑り落ちた.
2 (人に気づかれずに) そっと移動する: He *slid* out of the room. 彼は部屋からそっと抜け出した.
3 (人が) (悪癖などに) 知らず知らずに陥る [*into*, *to*]. **4** (価格・価値などが) 徐々に下がる, 減少する, 下落する. **5** (時が) たつ (*by*, *past*, *away*).
6 【野球】 […塁に] 滑り込む [*into*].
― ⓗ **1** …を滑らせる: He *slid* the drawer into its place. 彼は引き出しを元に戻した. **2** …を […の中に] […の下に] 滑り込ませる [*in*, *into* / *under*]: She *slid* a note *into* his hand [*under* the door]. 彼女はメモを彼にそっと手渡した [ドアの下にそっとさし入れた].
■ **lèt ... slíde** …を成り行きに任せる, (悪くなるままに) ほうっておく.
slíde òver ... 〈微妙な問題など〉をさらりと扱う, 深入りを避ける.
― 图 C **1** (通例, 単数形で) 滑ること, 滑走: We took a *slide* on the ice. 私たちは氷の上を滑った.
2 滑り台; 滑走路: go down a *slide* 滑り台を滑り降りる. **3** (映写機・顕微鏡の) スライド. **4** 山崩れ, 地滑り ((主に英) landslide); 雪崩(なだれ) (snowslide). **5** (価格・分量などの) 下落, 低下, 減少.
6 【音楽】(トロンボーンの) U字管. **7** 【野球】滑り込み, スライディング. **8** (英) ヘアクリップ (hair slide).
◆ **slíde rùle** C 計算尺.
slid・er [sláidər] 图 C **1** 滑る人 [もの]; 【機械】滑

動部. **2** 【野球】スライダー ((水平に曲がる投球)).
slid・ing [sláidiŋ] 形 滑る; 移動する; 変化する.
― 图 Ⓤ C 滑ること, 滑り; 【野球】滑り込み.
◆ **slíding dóor** C 引き戸.
slíding scále C 【経済】 スライド方式 ((賃金・税金などを物価の変動に応じて調整する)).

‡**slight** [sláit] 形 動 图 [原義は「滑らかな」]
― 形 (比較 **slight・er** [〜ər]; 最上 **slight・est** [〜ist]) **1** (量・程度が) わずかな, (ほんの) 少しの: I have a *slight* headache. 軽い頭痛がする / I don't have the *slightest* idea about it. 私はそのことについて皆目わからない / The change of the plan is *slight*. 計画の変更はわずかです.
2 細い, ほっそりした, やせた; 弱い, もろい: a *slight* figure きゃしゃな体.
3 (軽蔑) 取るに足りない, つまらない (trivial): a *slight* problem つまらない問題.
■ **nòt (...) in the slíghtest** ちっとも [少しも] (…で) ない (not ... at all): I don't mind your leaving in the slightest. あなたが行ってしまっても私はちっともかまわない.
― 動 〈人〉を軽んじる, 軽視する; 侮辱する; 〈仕事など〉をなおざりにする: He was *slighted*. 彼は軽んじられた.
― 图 C […への] 軽視; 侮辱; 無礼 (*on*, *to*): put a *slight* on ... …を軽視 [侮辱] する.

‡**slight・ly** [sláitli]
― 副 **1** [比較なし] わずかに, 少し: The bus driver was only *slightly* injured. バスの運転士は軽傷を負っただけだった / It was *slightly* cold this morning. けさは少し寒かった.
2 (体つきなどが) きゃしゃで, ほっそりと, 弱く: He is *slightly* built. 彼は体つきがほっそりしている.

‡**slim** [slím] 形 (比較 **slim・mer** [〜ər]; 最上 **slim・mest** [〜ist]) **1** ((ほめ言葉)) (人・体が) ほっそりした; きゃしゃな (→ THIN 類義語); (ものが) 薄い: keep *slim* 太らないでいる. **2** (可能性などが) わずかな, (証拠などが) 不十分な: *slim* chances of success わずかな成功の可能性.
― 動 (三単現 **slims** [〜z]; 過去・過分 **slimmed** [〜d]; 現分 **slim・ming** [〜iŋ]) ⓐ (運動・節食などで) 減量する, やせる; 細くなる (*down*).
― ⓗ **1** 〈体〉を細くする, スリムにする (*down*).
2 〈予算・人員など〉を削減する (*down*): *slim down* the budget 予算を削減する.
slim・ness [〜nəs] 图 Ⓤ ほっそり [すらりと] していること; (ものの) 不足.
slime [sláim] 图 Ⓤ **1** どろどろ [ねばねば] するもの; (川底などの) へどろ. **2** (動植物の) 粘液.
slim・ming [slímiŋ] 图 Ⓤ 減量すること; [形容詞的に] 減量するための; 〈服などが〉やせて見せる.
slim・y [sláimi] 形 (比較 **slim・i・er** [〜ər]; 最上 **slim・i・est** [〜ist]) **1** 泥だらけの; ぬるぬる [ねばねば] した. **2** (口語) ぺこぺこする, 卑屈な; 不快な, いやらしい.

sling [slíŋ] 動 (三単現 **slings** [〜z]; 過去・過分 **slung** [slʌŋ]; 現分 **sling・ing** [〜iŋ]) ⓗ **1** …を […に] 投げる, 投げつける [*at*]. **2** (口語) …を […か

slingshot

ら)ほうり出す, 追い出す (*out*) [*of*]; […に]ほうり込む [*into*]. **3** (ひもなどで) …を […に] つるす, ぶら下げる (*over, around*); つり上げる [下げる]: *sling* binoculars *around* one's neck 双眼鏡を首からぶら下げる.
— 图 **1** つり包帯, 三角巾(訖): have one's right arm in a *sling* 右腕につり包帯をかけている. **2** (ものを持ち上げる)つり綱 [鎖], つり上げ機. **3** (赤ん坊の)おんぶひも. **4** 投石器 (◇武器).

sling·shot [slíŋʃɑ̀t / -ʃɔ̀t] 图[C] (米) (石などを飛ばす) ぱちんこ (《英》 catapult).

slink [slíŋk] 動 (三単現 **slinks** [~s]; 過去・過分 **slunk** [slʌ́ŋk]; 現分 **slink·ing** [~ɪŋ]) 圓 こそこそ歩く [動く]; こっそり逃げる (*off*, *away*).

slink·y [slíŋki] 形 (比較 **slink·i·er** [~ər]; 最上 **slink·i·est** [~ɪst]) **1** こそこそした, 人目を忍ぶ. **2** (動き・姿などが)しなやかで優美な; (衣服が)体の線をくっきり見せる.

★★★ slip¹ [slíp]
動 名 【基本的意味は「滑る (slide and lose one's balance)」】
— 動 (三単現 **slips** [~s]; 過去・過分 **slipped** [~t]; 現分 **slip·ping** [~ɪŋ])
— 圓 **1** […で] 滑る (*on*); […から] 滑って転ぶ (*down*) [*out of, from*]: I *slipped on* the ice and fell on my bottom. 私は氷の上で滑ってしりもちをついた / He *slipped on* a banana peel. 彼はバナナの皮で滑った / My answer sheet *slipped down from* the desk. 私の答案用紙が机から滑り落ちた / The fish *slipped out of* my hand. 魚が手から滑り落ちた. (比較) 日本語の「(車が) スリップする」は英語では普通 skid と言う)
2 […に / …から] そっと移動する; するりと逃れる (*away*) [*into / out of, from*]: He *slipped into* [*out of*] the room. 彼はそっと部屋に入った [から出た] / Cathy *slipped away from* the party. キャシーはパーティーからそっと抜け出した.
3 (時などが)いつのまにか過ぎる (*by, past*): Time *slipped by* [*past*] and everybody forgot about the incident. 時は流れ, だれもがその事件のことを忘れた.
4 (物事が) [記憶などから] 消え去る [*from, out of*]: Her phone number has *slipped from* my mind. 私は彼女の電話番号を忘れてしまった.
5 [衣服などを] さっと着る [*into*]; さっと脱ぐ [*out of*]: He *slipped into* his gym suit. 彼はさっと運動着に着替えた.
6 (人が) […を] うっかり間違える (*in, on, over*) (→ 成句 slip up); (秘密などが) うっかり口に出る (*out*): He often *slips in* pronouncing my name. 彼は私の名前の読み方をよく間違える.
7 (質・量に)落ちる, 低下する; (株価が)下落する; [悪い状況に] 陥る [*into*]: The economy has been *slipping* recently. 最近経済が下降の一途をたどっている.
— 他 **1** (a) [slip+O] …を滑らせる; […に] そっと入れる [*into, in*]; […から] そっと出す [*out of*]: He *slipped* a note *into* her hand. 彼は彼女の手にメモを忍ばせた / He *slipped* his wallet *out of* his pocket. 彼はポケットから財布をそっと

slippery

取り出した. (b) [slip+O+O / slip+O+to …] ⟨人⟩に⟨もの⟩をそっと渡す: I *slipped* the waiter a ten-dollar bill. =I *slipped* a ten-dollar bill *to* the waiter. 私はウエイターに10ドル紙幣をそっと手渡した.
2 ⟨人・動物など⟩が⟨ロープなど⟩をほどく (*off*); ⟨人・動物⟩を […から] 解放する [*from*]: The dog *slipped off* his collar while I was out. 私が出かけているあいだに犬は首輪を外してしまった.
3 (物事が)⟨記憶など⟩から消え去る, 忘れられる: The homework completely *slipped* my mind. 宿題のことをすっかり忘れていた.
4 ⟨衣服など⟩をさっと身に着ける (*on*); さっと脱ぐ (*off*): I *slipped* my bathrobe *on* [*off*]. 私はバスローブをさっと着た [脱いだ].
■ *lèt … slíp* **1** ⟨犯人・機会など⟩を逃す. **2** ⟨事実・秘密など⟩をうっかりもらす.
slíp òne [*sòmething*] *óver on …* 《主に米口語》⟨人⟩をだます, 出し抜く.
slíp thròugh …'s fíngers (機会などが) …から逃げる, 消えうせる.
slíp úp **1** 滑って転ぶ. **2** 間違える, しくじる.
— 图[C] **1** [通例, 単数形で] 滑ること, 滑って転ぶこと: He had a *slip* on the snowy road. 彼は雪道で滑って転倒した.
2 (ちょっとした)間違い, 勘違い, うっかりミス: a *slip* of memory 度忘れ / a *slip* of the tongue 失言 / make a *slip* うっかり間違える. **3** スリップ 《女性用下着》. **4** まくらカバー (pillowcase). **5** [通例 ~s] (傾斜した)造船台 (slipway).
■ *gíve … the slíp* 《口語》⟨人⟩をまく, ⟨人⟩からうまく逃れる. (▷ 形 slippery)
◆ *slíp ròad* [C] 《英》(高速道路の)進入 [退出] 路 (《米》 ramp).

*****slip**² 图[C] **1** (紙などの) 細長い一片; 伝票: a *slip* of paper 細長い紙切れ / a sales *slip* 売上伝票, スリップ. **2** 《園芸》つぎ穂, さし枝.

slip·cov·er [slípkʌ̀vər] 图[C] 《米》(ソファーなどの) 覆い, カバー.

slip·knot [slípnɑ̀t / -nɔ̀t] 图[C] (引けば解ける)引き結び; (引けば締まる)結び目.

slip·on 形 (ボタン・ひもなどがなくて)簡単に着脱できる, スリップオン式の. —图[C] スリップオン, 着脱が簡単なもの 《服・手袋・靴など》.

slip·page [slípɪdʒ] 图[U][C] (価値などの)低下, 下落; (予定・目標などの) 遅れ, 不履行.

slípped dísk 图[C] [通例, 単数形で] 《医》椎間板(說ﾞﾙ)ヘルニア, ぎっくり腰.

*****slip·per** [slípər] 图[C] [通例 ~s] (かかとのある)スリッパ, 室内ばき (◇つっかけ式の室内ばきの総称; → SHOE 図): a pair of *slippers* スリッパ1足 / He is in his *slippers* now. 彼は今スリッパを履いている. (比較) 日本で用いる「かかとのないスリッパ」は普通 mule, 《俗》 scuff と言う》.

*****slip·per·y** [slípəri] 形 (比較 **slip·per·i·er** [~ər]; 最上 **slip·per·i·est** [~ɪst]) **1** (路面・床などが)つるつるした, 滑りやすい; (ぬるぬるして) つかみにくい: a *slippery* road [floor] 滑りやすい道路 [床] / Eels are *slippery* to hold. ウナギはつかまえにくい.
2 《口語》(人が)あてにならない, 信頼できない.

slip·py [slípi] 形 (比較 **slip·pi·er** [~ər]; 最上 **slip·pi·est** [~ist]) 《口語》= SLIPPERY (↑).

slip·shod [slípʃɑd / -ʃɔ̀d] 形 (人・衣服などが) だらしのない; (仕事・言葉などが) いいかげんな [ぞんざい] な.

slip·stream [slípstriːm] 名 C [通例 the ~]
1 【航空】(プロペラの) 後流《プロペラの回転で後方へ流れる空気》. **2** スリップストリーム《レーシングカーなどの後方にできる低圧域》.

slíp-ùp 名 C (ちょっとした) 間違い, 誤り; 見落とし.

slip·way [slípwèi] 名 C (傾斜した) 造船台.

slit [slít] 動 (三単現 **slits** [slíts]; 過去・過分 **slit·ting** [~iŋ]) 他 **1** …に切れ目を入れる, …を切り開く: *slit* an envelope open 封筒を切り開く. **2** …を細長く切る〔裂く, 破る〕.
— 名 C **1** 細長い切り口〔裂け目〕; スリット《スカートなどの切り込み》. **2** (自動販売機・公衆電話などの) 料金投入口; (郵便受けの) 投入口.

slith·er [slíðər] 動 [副詞 (句) を伴って] ずるずる滑る; 滑るように進む [動く].

slith·er·y [slíðəri] 形 滑りやすい, つるつるした.

sliv·er [slívər] 名 C (ガラス・木などの) 細長い破片.

slob [slɑb / slɔb] 名 C 《口語》だらしのない〔薄汚い〕人, だめ男〔女〕.

slob·ber [slɑ́bər / slɔ́bə] 動 自 **1** よだれを垂らす. **2** [に] 猫かわいがりする [*over*].

sloe [slóu] 名 C 【植】リンボク; リンボクの実.
◆ **slóe gín** U スロージン《リンボクの実で香味を付けた酒》.

slog [slɑg / slɔg] 動 (三単現 **slogs** [~z]; 過去・過分 **slogged** [~d]; 現分 **slog·ging** [~iŋ]) 《口語》
自 **1** [に] 精を出す, 励む (*away*) [*at*]: *slog away at* one's homework せっせと宿題をする. **2** [副詞 (句) を伴って] 骨を折って [苦労して] 進む [歩く]: *slog* up [down] the rock やっとの思いで岩壁を登る [降りる]. **3** […を] 強打する [*at*].
— 他 (ボクシングなどで) …を強打する.
■ **slóg it óut** 決着するまで戦う; 最後までやり抜く.
— 名 《口語》 **1** U [または a ~] つらい仕事 [行程]; 難事業. **2** C (ボクシングなどの) 強打, 乱打.

***slo·gan** [slóugən] 名 C (政党・集団などの) スローガン, 標語, モットー; 宣伝文句.

sloop [slúːp] 名 C (1本マストの) スループ型帆船.

slop [slɑp / slɔp] 動 (三単現 **slops** [~s]; 過去・過分 **slopped** [~t]; 現分 **slop·ping** [~iŋ]) 他 〈液体〉をこぼす, はねかける: *slop* water on the floor 水を床にこぼす.
— 自 **1** [副詞 (句) を伴って] 〈液体〉がこぼれる, あふれる (*over*). **2** ぬかるみの中を歩く (*along*).
■ **slóp aróund** [*abóut*] 自 ぬかるみの中を動き回る; 〈液体が容器の中で〉ぴちゃぴちゃ揺れ動く.
— 名 U [または複 ~s] **1** (台所などの) 排水, 汚水, 糞尿(ふんにょう). **2** 残飯《豚などの飼料》. **3** 水っぽい食べ物, 流動食.

***slope** [slóup]
— 名 (複 **slopes** [~s]) **1** C 坂, 斜面, スロープ: go up [down] a *slope* 坂を上がる [下りる] / a downward [an upward] *slope* 下り [上り] 坂 / He climbed the steep [gentle] *slope*. 彼は急な [なだらかな] 斜面を登った.
2 U C [通例, 単数形で] 勾配(こうばい), 傾斜 (度): The land has a *slope* of 10 degrees. その土地は10度の勾配がある.
— 動 自 [副詞 (句) を伴って] 傾斜する, 坂になる: The street *slopes* down to the river. 通りは川の方に向かって下り坂になっている.
— 他 …を傾斜させる, …に勾配をつける.
■ **slópe óff** 《英口語》(仕事などをサボって) こっそり逃げる.

slop·py [slɑ́pi / slɔ́pi] 形 (比較 **slop·pi·er** [~ər]; 最上 **slop·pi·est** [~ist]) **1** (人・仕事などが) いいかげんな, ぞんざいな; (服装などが) だらしない: do *sloppy* work いいかげんな仕事をする. **2** 感傷的な. **3** (食卓などが) 水びたしの; (道路などが) 泥んこの. **4** (食べ物などが) 水っぽい, 薄い.
◆ **slóppy jóe** C **1** 《米》スロッピージョー《トマトソースで味付けしたひき肉をはさんだ丸パン》.
2 《英》ゆったりしたセーター.
slop·pi·ly [~li] 副 いいかげんに; だらしなく.
slop·pi·ness [~nəs] 名 U いいかげんさ.

slosh [slɑʃ / slɔʃ] 動 自 **1** 泥水をはね飛ばしながら歩く (*along*). **2** (液体が) ばちゃばちゃはねる (*about, around*).
— 他 〈泥水・ペンキなど〉をはねかける; 〈液体〉をばちゃばちゃかき回す.

sloshed [slɑʃt / slɔʃt] 形 [叙述用法] 《口語》酔っ払った.

slot [slɑt / slɔt] 名 C **1** (機械の) 溝, 細長い穴; (自動販売機などの) 料金投入口: put a dime in the *slot* 料金投入口に10セント硬貨を入れる. **2** (リスト・組織などでの) 位置, 場所; (放送の) 時間帯.
— 動 (三単現 **slots** [slɑts / slɔts]; 過去・過分 **slot·ted** [~id]; 現分 **slot·ting** [~iŋ]) 他 …を […に] はめ込む, 組み入れる [*in, into*].
— 自 […に] はまる, うまく入る [*in, into*].
■ **slót ín** 〈人・物事〉を予定位置に組み込む.
◆ **slót machìne** C **1** 《主に米》スロットマシーン《《英》 fruit machine》. **2** 《英》(たばこ・飲み物などの) 自動販売機《vending machine》.

sloth [slɔːθ / slóuθ] 名 **1** U 《格式》怠惰, 無精, ものぐさ. **2** C 【動物】ナマケモノ.

sloth·ful [slɔ́ːθfəl, slóuθ- / slóuθ-] 形 《格式》怠けがちの, 無精な, ものぐさな; のろまの.

slot·ted [slɑ́tid / slɔ́t-] 形 細長い穴 [溝] の付いた.
◆ **slótted spóon** C 穴あきしゃくし.

slouch [sláutʃ] 動 自 (だらしなく) 前かがみに歩く [座る]; だらりと垂れる.
— 名 **1** [a ~] 前かがみの姿勢; 疲れたような歩き方 [態度]: walk with a *slouch* 前かがみで歩く.
2 C [通例, 否定文で] 《口語》だらしない [無能な] 人.
■ **be nó slóuch** […が] 上手である [*at*].
◆ **slóuch hát** C 縁の垂れたソフト帽.

slough[1] [sláf] (☆ 発音に注意) 動 他 **1** 〈蛇などが〉〈皮〉を脱ぎ捨てる (*off*). **2** 《文語》〈習慣・偏見など〉を捨てる, 脱却する (*off*).

slough[2] [slúː / sláu] (☆ 発音に注意) 名 **1** ぬかるみ; 沼地. **2** [単数形で] 《文語》絶望的な状態.

Slo·vak [slóuvɑːk / -væk] 形 スロバキアの; スロバキア人 [語] の.
— 名 **1** ⓒ スロバキア人. **2** ⓤ スロバキア語.

Slo·va·ki·a [slouvɑ́ːkiə / -væk-] 名 ⓖ スロバキア《ヨーロッパ中部の旧共和国. 現在は Slovak Republic; 首都ブラチスラバ (**Bratislava**)》.

Slo·ve·ni·a [slouvíːniə] 名 ⓖ スロベニア《ヨーロッパ南部の共和国; 首都リュブリャナ (**Ljubljana**)》.

slov·en·ly [slávənli] 形 (身なりが) だらしない; (仕事が) いいかげんな, ぞんざいな.

slov·en·li·ness [~nəs] 名 ⓤ だらしないこと.

*****slow** [slóu] 形 副 動

— 形 (比較 **slow·er** [~ər]; 最上 **slow·est** [~ist]) **1** (a) (速度・動作などが) 遅い, ゆっくりした, のろい (↔ fast, quick, rapid): a *slow* train 普通 [鈍行] 列車 / *slow* music ゆっくりした音楽 / a *slow* response to a request 要求に対する遅い回答 / Heavy traffic made our trip very *slow*. 交通渋滞で旅行がすっかり遅れてしまった. (b) [be slow in + doing / be slow + to do] …するのが遅い: The government *is slow to* recognize [*in recognizing*] a change in the economic situation. 政府は経済情勢の変化を認識するのが遅い.
2 […の] (理解が) 遅い, (頭が) 鈍い [*of, at, in*] (↔ quick): a *slow* learner 物覚えの悪い人 / I'm so *slow* in the morning. 午前中はどうも頭が働かない / He is *slow of* speech. 彼は口が重い.
3 [叙述用法] (時計が) 遅れている (↔ fast): Your watch is five minutes *slow*. あなたの時計は5分遅れている.
4 活気のない, 不景気な; (場所・本などが) 退屈な, つまらない (dull): *slow* trading 不活発な取引 / Business is *slow* now. 景気は今停滞している / This book is so *slow*. この本は実につまらない.
5 (変化・効果などが) 遅い.

— 副 ゆっくりと, 遅く (slowly) (◇副詞としては slowly のほうが一般的): Drive *slower*. もっとゆっくり運転しなさい / How *slow* this car goes! この車はなんてのろいんだ.

■ **gò slów 1** ゆっくり行く [やる]. **2** 《英》(労働者が) 怠業する, サボタージュする.

— 動 圓 遅くなる; 不活発になる (*down, up*): The train gradually *slowed* (*down*). 列車は次第に減速した / Business *slows down* at this time of the year. 景気は毎年この時期に停滞する.
— 他 …を遅くする; 不活発にする (*down, up*): He *slowed* the car *down*. 彼は車を減速した.

◆ **slów láne 1** ⓒ (高速道路の) 低速車線.
2 [the ~] (生活・活動の) スローペース.

slow·coach [slóukòutʃ] 名 ⓒ 《英口語》のろま; 時代遅れの人 (《米口語》slowpoke).

slow·down [slóudàun] 名 ⓒ **1** [通例, 単数形で] 減速; (景気の) 低迷. **2** 《米》怠業, サボタージュ (《英》go-slow).

*****slow·ly** [slóuli]
— 副 ゆっくり, 遅く (↔ quickly, fast): Could you speak more *slowly*? もっとゆっくり話していただけますか / The man stood up *slowly*. 男はゆっくりと立ち上がった.

■ *slówly but súrely* ゆっくりだが着実 [確実] に.

slów-mó·tion 形 スローモーションの, 高速度撮影の; の意味: a *slow-motion* (video) **replay** スローモーション (ビデオ) 再生.

slów mó·tion 名 ⓤ (画像の) スローモーション.

slow·ness [slóunəs] 名 ⓤ 遅いこと, 緩慢; 鈍感.

slow·poke [slóupòuk] 名 ⓒ 《米口語》のろま; 時代遅れの人 (《英口語》slowcoach).

slów-wít·ted 形 飲み込みの悪い, 鈍い, 愚鈍な.

sludge [slʌdʒ] 名 ⓤ **1** 泥, ぬかるみ. **2** (タンクの底などにたまる) 沈殿物, へどろ; オイルかす.

slug[1] [slʌg] 名 ⓒ 《動物》ナメクジ.

slug[2] 名 ⓒ **1** 金属の小さい塊;《米口語》(空気銃の) ばら弾, 弾丸. **2** 《米口語》(自動販売機などで不法に使用する) にせ硬貨.

slug[3] 動 (三単現 **slugs** [~z]; 過去・過分 **slugged** [~d]; 現分 **slug·ging** [~iŋ]) 他 《口語》…を (げんこつで) 強打する, 強く殴る.

■ *slúg it óut* 《口語》決着がつくまで殴り合う [戦う].

slug·ger [slʌ́gər] 名 ⓒ 《米口語》(野球の) 強打者, スラッガー; (ボクシングの) ハードパンチャー.

slug·gish [slʌ́giʃ] 形 **1** 鈍重 [無精] な. **2** (人・行為などが) のろのろした; (川の流れなどが) ゆっくりした, 緩やかな. **3** 不活発な, (商売などが) 不振の.

slug·gish·ly [~li] 副 無精に; ゆっくりと.

slug·gish·ness [~nəs] 名 ⓤ 無精; 不活発.

sluice [slúːs] 名 ⓒ **1** = **slúice gàte** (ダムなどの) 水門; 仕切り弁. **2** 放水路 (◇ **sluiceway** とも言う). **3** せき水, 水門からの流れ.
— 動 **1** 水門を開いて〈水〉を流す. **2** 水をかけて…を洗う, …を(水で) 洗い流す (*out, down*).
— 圓 〈水が〉水門から流れ出す (*out, over*).

***slum** [slʌm] 名 ⓒ **1** [しばしば the ~s] スラム街, 貧民街: the *slums* [a *slum* area] of Los Angeles ロサンゼルスのスラム街. **2** 《口語》汚い場所 [家, 部屋]. — 動 (三単現 **slums** [~z]; 過去・過分 **slummed** [~d]; 現分 **slum·ming** [~iŋ]) 圓 (好奇心から) スラム街を訪れる.

■ *slúm it* 《こっけい》(ふだんより) つましく暮らす.

slum·ber [slʌ́mbər] 動 《文語》 圓 **1** (すやすや) 眠る, まどろむ. **2** (火山などが) 活動を休止している.
— 他〈時・人生〉をうとうと [無為に] 過ごす (*away*).
— 名 ⓤⓒ [しばしば ~s; 集合的に]《文語》眠り, まどろみ; 活動しない [休止] 状態: **fall into a deep** *slumber* ぐっすりと眠り込む.

slum·my [slʌ́mi] 形 (比較 **slum·mi·er** [~ər]; 最上 **slum·mi·est** [~ist]) (《軽蔑》スラム街の (ような); むさ苦しい, 不潔な.

***slump** [slʌ́mp] 動 圓 **1** (株価・物価などが) 暴落する; (景気が) 不振になる (↔ boom); (人気が) 急に衰える: The dollar *slumped* on the foreign exchange market. ドルが外国為替市場で暴落した. **2** どすんと落ちる, どさりと倒れ込む: *slump* into a sofa ソファーにどさりと座り込む.
— 名 ⓒ **1** (株価・物価などの) 暴落; (景気などの) 不振, 不況 (↔ boom); (人気の) がた落ち, 不評.
2 《主に米》(運動選手などの) 不振, スランプ.

slung [slʌŋ] 動 **sling** の過去形・過去分詞.

slunk [slʌ́ŋk] 動 slink の過去形・過去分詞.

slur [slə́ːr] 動 (三単現 **slurs** [~z]; 過去・過分 **slurred** [~d]; **slur·ring** [slə́ːriŋ]) 他 **1** 〈音・語など〉を(続けて)不明瞭(めい)に発音する; 〈文字〉を続け字で(くずして)書く. **2** …をついかげんに処理する, 見逃す (*over*): *slur over* a blunder 失策をうやむやに済ます. **3** 〖音楽〗〈音符〉を続けて演奏する[歌う]; 〈音符〉に連結線[スラー]を付ける. **4** …をけなす, 中傷する. ― 自 不明瞭に話す[書く].
― 名 **1** [a ~] 不明瞭な発音[書き方]. **2** ⓒ 〖音楽〗スラー, 連結線 (⁀, ⁀). **3** ⓒ […に対する] 中傷, 悪口; 汚名, 恥辱 (*on*): cast a *slur on* … 〈人〉を侮辱する.

slurp [slə́ːrp] 動 自 他 (…を)音を立てて飲食する.
― 名 ⓒ (通例, 単数形で)(飲食時の)ずるずる[ちゃくちゃ]という音.

slur·ry [slə́ːri | slʌ́ri] 名 Ⓤ スラリー, 泥漿(でい)《泥・粘土・セメントなどと水の混合物》.

slush [slʌ́ʃ] 名 Ⓤ **1** 解けかかった雪; ぬかるみ. **2** 《口語》感傷的な文章[話, 映画].
◆ **slúsh fùnd** ⓒ (政治家などの)不正[買収]資金.

slush·y [slʌ́ʃi] 形 (比較 **slush·i·er** [~ər]; 最上 **slush·i·est** [~ist]) **1** 雪解けの, ぬかるみの. **2** 《口語》くだらない, 感傷的な.

slut [slʌ́t] 名 ⓒ 《軽蔑》(身なりの)だらしない女; みだらな女.

***sly** [slái] 形 (比較 **sly·er**, **sli·er** [~ər]; 最上 **sly·est**, **sli·est** [~ist]) **1** ずるい, ずる賢い, 狡猾(こう)な: (as) *sly* as a fox とてもずる賢い. **2** 陰険な; こそこそした. **3** いたずらな: a *sly* wink いたずらっぽいウインク.
■ *on the slý* 《口語》ひそかに, こっそり.
sly·ly [~li] 副 ずるく; 陰険に; こっそりと.
sly·ness [~nəs] 名 Ⓤ ずる賢さ; 陰険さ.

***smack**¹ [smǽk] 動 他 **1** …を(平手などで)ぴしゃりと打つ;〈むち〉をぴしっと鳴らす: He *smacked* me on the cheek. 彼は私のほおをぴしゃりと打った. **2** 〈手のひら・ボールなど〉を […に]ぶつける, 打ちつける [*on*, *against*]. **3** […に]ちゅっと音を立てて〈キス〉をする [*on*]: He *smacked* a kiss *on* her forehead. 彼は彼女のおでこにちゅっとキスをした.
■ *smáck one's líps* […に] 舌つづみを打つ; 舌なめずりをする [*over*].
― 名 ⓒ **1** (平手打ち・むちなどの)ぴしゃり[ぴしっ]という音: She gave her son a *smack* on the bottom. 彼女は息子のしりをぴしゃりとたたいた. **2** 舌つづみ; 舌打ち. **3** 《口語》ちゅっと音を立ててするキス.
■ *hàve a smáck at* … 《口語》…をやってみる.
― 副 《口語》**1** ぴしゃりと, いきなり; まともに. **2** ちょうど, まさに 《米》 *smack dab*: *smack* in the middle of the city 市のどまん中に.
■ *smáck dáb* 《米口語》ちょうど, まさに.

smack² [smǽk] 名 ⓒ (通例 a ~) 風味, 香り, […の] じみたところ [*of*].
― 動 自 […の] 味[香り]がする [*of*]. **2** […の] 気味がある, […] じみたところがある [*of*]: His talk *smacked of* racism. 彼の話には人種差別めいたところがあった.

smack·er [smǽkər] 名 ⓒ 《口語》**1** ちゅっと音を立てるキス. **2** 《米》1ドル; 《英》1ポンド.

*****small** [smɔ́ːl] 形 副 名 〖原義は「狭い」〗
― 形 (比較 **small·er** [~ər]; 最上 **small·est** [~ist]) **1** (大きさが) 小さい, 小柄な, 小型の (→ 類義語)(面積が) 狭い (cf. **narrow** 幅が狭い); 〈服などが〉Sサイズの((略記)) S) (↔ **large**): a *small* town 小さな町 / a *small* family 小家族 / He is *small* but healthy and strong. 彼は小柄ですが丈夫です / These shoes are too *small* for her. この靴は彼女には小さすぎる / Do you have a *small* one? Sサイズのものはありますか.
2 少量の, 少ない; (規模などの) 小さい: a *small* income [salary] 低収入 [安い給料] / a *small* business 小資本の事業, 小企業 / a *small* number of people 少数の人々 / a *small* amount of money わずかな金額.
3 幼い, 小さな (young): This is a book for *small* children. これは幼児向けの本です / I lived in this town when I was *small*. 私は小さい頃にこの町に住んでいた.
4 取るに足りない, ささいな (minor); (程度が) 低い, 劣った: *small* differences [mistakes] ちょっとした違い [誤り] / My influence over him is *small*. 彼に対する私の影響力は小さい.
5 (声・音が) 小さい, 静かな (↔ **loud**): speak in a *small* voice 小さな声で言う.
6 心の狭い; 卑劣な, けちな: a person with a *small* mind 心の狭い人物. **7** 小文字の.
■ *feel* [*lòok*] *smáll* 恥ずかしい [肩身の狭い] 思いをする, 気が引ける.
in a smáll wày 控えめに, つつましく, 細々と.
nó smáll … 少なからぬ…, かなりの…, たいした…: She showed *no small* interest in the matter. 彼女はその問題にかなりの関心を示した.
― 副 **1** 小さく: She writes so *small* that I can't read it. 彼女の字はとても小さくて私には読めない. **2** 小さく. **3** 低く[低い] 声で.
― 名 ⓒ **1** [the ~] 小さい[細い]部分: a pain in the *small* of the back 腰の(くびれた)部分の痛み. **2** [~s] 《英・古風》小物衣類, 下着.
◆ **smáll àd** ⓒ 《英》項目別案内広告 (classified ad).
smáll árms [集合的に; 複数扱い] (小銃・ピストルなどの) 携帯用武器, 小火器.
smáll bèer Ⓤ 《英》重要でないもの[人].
smáll cápital ⓒ 〖印刷〗スモールキャピタル, 小型大文字 《ABCDE など; 〖略語〗 s.c.》.
smáll chánge Ⓤ **1** 小銭. **2** つまらないもの.
smáll fórtune [a ~] たくさんの金, ひと財産.
smáll frỳ Ⓤ 取るに足りない人 [もの]; 子供たち.
smáll hóurs [the ~; 複数扱い] 深夜, 夜中 《◇午前1時から4時頃まで》.
smáll intéstine ⓒ [the ~] 〖解剖〗小腸.
smáll létter ⓒ 小文字 (↔ **capital letter**).
smáll prínt Ⓤ (契約書などの) 細字部分 (fine print) 《不利な条項などを含む契約部分を細かい文字で印刷したもの》.
smáll scréen [the ~] テレビ.
smáll tàlk Ⓤ 世間話, 雑談.

[類義語] **small, little, minor, tiny, minute**
共通する意味▶小さい (noticeably below average in size)
small は客観的に「小さい」ことを表す: He was *small* enough to creep through the hole. 彼は体が小さかったのでその穴をくぐり抜けることができた. **little** は愛情・哀れみ, 時として軽蔑などの感情的要素を含むことが多い: a cute *little* girl かわいらしい小さな女の子. **minor** は「比較的小さい」の意で, 程度が小さいことを表す: It's only a *minor* problem. Don't worry. ほんのちょっとした問題です. 心配しないで. **tiny** は「きわめて小さい」の意で, 小さいことを強調する: The bush has *tiny* red berries on it. その灌木(にはには小さな赤い実がなっている. **minute** は「微細な」の意で tiny よりもさらに小ささを強調する: The scratch was too *minute* to see. そのひっかき傷は小さすぎて目には見えなかった.

small·hold·er [smóːlhòuldər] 名 C《英》小農地の自作[小作]農.
small·hold·ing [smóːlhòuldiŋ] 名 C《英》小農地《通例50エーカー以下》.
small·ish [smóːliʃ] 形《主に英》小さめ[小ぶり]の.
small-mínd·ed 形《心の狭い; 卑劣[けち]な.
smáll-mínd·ed·ness 名 U 心の狭さ.
small·ness [smóːlnəs] 名 U **1** 小さいこと. **2** 心が狭いこと, 狭量; 卑劣.
small·pox [smóːlpàks / -pɔ̀ks] 名 U《医》天然痘, ほうそう.
small-scále 形 小規模な; (地図などが) 縮尺が小さい (↔ large-scale).
smáll-tíme 形《限定用法》取るに足らない, つまらない, 三流の (↔ big-time).
smarm·y [smáːrmi] 形 (比較 **smarm·i·er** [~ər]; 最上 **smarm·i·est** [~ist]) お世辞たらたらの, こびへつらう.

***smart** [smáːrt] 形 動 名
— 形 (比較 **smart·er** [~ər]; 最上 **smart·est** [~ist]) **1**《主に米》利口な, (頭の働きが) 機敏な (→ CLEVER [類義語]); 《時に軽蔑》気の利いた, 抜け目のない; 生意気な: a *smart* student 頭の回転の速い学生 / a *smart* answer 気の利いた返答; 生意気な答え / That newcomer looks pretty *smart*. あの新入社員はなかなか抜け目がなさそうだ / You were *smart* to reject his offer. = It was *smart* of you to reject his offer. 彼の申し出を断ったのは賢明でした.
2《主に英》さっそうとした; しゃれた, 洗練された; 上流の: make oneself *smart* さっそうとした身なりをする / a *smart* restaurant 洗練されたレストラン. [比較] 日本語のほっそりしてスタイルがよいという意の「スマート」は, 英語では slender, slim と言う; → THIN [類義語]. **3** 活発な, すばしっこい: He walks at a *smart* pace. 彼はきびきびと歩く.
4 (痛みなどが) ずきずき [ひりひり] する, 激しい; (罰などが) 厳しい: a *smart* punishment 厳罰.

— 動 @ **1** ずきずき痛む, ひりひりする: My eyes were *smarting* from the shampoo. 目にシャンプーが入ってひりひりした.
2 […で] 心が痛む [*from, under*]: He *smarted from* the insult. 彼は侮辱されて, 心が痛んだ.
— 名 **1** U C (傷などのずきずきする) 痛み. **2** U (精神的な) 苦痛, 苦悩; 悲痛.
◆ **smárt àleck** [《英》**àlec**] [-ælik] C《口語・通例, 軽蔑》うぬぼれ屋, 生意気なやつ, 利口ぶる人.
smárt bómb C スマート爆弾《飛行機から投下し, コンピュータで誘導する》.
smárt cárd C スマートガード, IC カード《半導体メモリーを内蔵したプラスチックカード》.
smart·en [smáːrtən] 動《次の成句で》
■ **smárten úp** @ …をきれいにする, 洗練する; …を(身なり)をきちんとする: She's really *smartened* herself *up*. 彼女はすっかりきれいになった.
— @ **1** きれいになる. **2** 利口になる, 賢くなる.
smart·ly [smáːrtli] 副 **1** スマートに, 小ぎれいに. **2** すばやく; 抜け目なく. **3** 厳しく, 激しく.
smart·ness [smáːrtnəs] 名 U **1** しゃれていること; 洗練. **2** 機敏; 抜け目なさ. **3** 厳しさ.

*****smash** [smǽʃ] 動 @ **1** …を粉々にする, 粉砕する (*down, up*) (→ BREAK [類義語]); …を壊して[…の状態に]する [*to, into*]: *smash* a glass *to* pieces コップを粉々に壊す / *smash* (*down*) a door open ドアを壊して開ける. **2** …を撃破する;《会社など》を破産させる. **3**《副詞 (句) を伴って》〈人・ものを〉強打する, ぶん殴る: *smash* ... on the jaw 〈人の〉あごを強打する. **4**《テニス》〈球〉をスマッシュする.
— @ **1** […に当たって] 粉々になる, 壊れる [*on*]: The vase *smashed on* the floor. 花びんは床に落ちて粉々になった. **2** […に] 激突する [*against, into*]; […を] 突き抜ける [*through*]: The car *smashed into* [*against*] the wall. 車は塀に激突した. **3** 破産 [倒産] する (*up*).
— 名 C **1**《単数形で》粉々になること, 粉砕; がちゃんと壊れた音: the *smash* of breaking glass ガラスの割れる音. **2** 衝突 (smashup). **3** 強打;《テニス》スマッシュ. **4** 破産, 破滅. **5** = **smásh hít**《口語》(映画などの) 大ヒット.
■ **gò** [**còme**] **to smásh**《口語》粉々になる;めちゃめちゃになる; 破産 [倒産] する.
— 副 ぴちゃんと, びしゃりと; まともに.

smásh-and-gráb 形《限定用法》(どろぼうが) ショーウインドを破って商品を盗む.
smashed [smǽʃt] 形《叙述用法》《口語》酔っ払った; (麻薬などで) 幻覚症状を起こした.
smash·er [smǽʃər] 名 C **1**《英・古風》すばらしい人 [もの]. **2** 粉砕 [強打] する人 [もの].
smash·ing [smǽʃiŋ] 形 **1**《英・古風》すばらしい, 極上の. **2** (打撃などが) 猛烈な.
smash-up [smǽʃʌp] 名 C **1** (車・列車などの) 大衝突 (crash). **2** 倒産, 破産; 崩壊.
smat·ter·ing [smǽtəriŋ] 名 C《通例 a ~》[…の] わずかな知識; 少量 [*of*].
smear [smíər] 動 @ **1**〈油など〉を[…に] 塗り付ける [*on, over*]; …に〈油など〉を塗り付ける; …を〔油などで〕汚す [*with*]: Jack *smeared* choco-

late *on* his face. = Jack *smeared* his face *with* chocolate. ジャックは顔をチョコレートで汚した．**2** …を(こすって)ぼかす，不鮮明にする．
3 …の名誉[名声]をけがす，…を中傷する．
—圓(ペンキなどで)汚れる，(油などが)しみる．
—图C **1** (油などの)汚れ，しみ．**2** 悪口，中傷．
◆ sméar campàign C (マスコミを通じた)中傷合戦．

smell [smél]
動 名【原義は「くすぶる」】
—動(三単現 **smells** [~z]; 過去・過分 **smelled** [~d], 《主に英》 **smelt** [smélt]; 現分 **smell·ing** [~iŋ])
—圓 **1** (通例，進行形不可) (a) [smell+C] …の**においがする**: Roses *smell* sweet. バラは甘いにおい[香り]がする / This dish *smells* good [delicious]. この料理はおいしそうなにおいがする．(b) [smell of [like] …] …の[…のような]においがする: The new house *smelled of* wood. その新築の家は木のにおいがする / This soap *smells like* lemon. このせっけんはレモンのようなにおいがする．

2 悪臭がする，におう(stink): The fish began to *smell*. その魚は臭くなってきた．
3 […の]においをかぐ，かいでみる; […を]かぎつける[*at*]: The two dogs are *smelling at* each other. 2匹の犬が互いににおいをかぎ合っている．
4 (進行形不可)嗅覚(きゅうかく)がある: Dogs can *smell* keenly. 犬には鋭い嗅覚がある．
5 《口語・軽蔑》 […の]気味がある，[…の]ように思われる[*of*]: The whole affair *smells of* plotting. すべてのことはやらせのように思われる．

—他 **1** (進行形不可; しばしば can, could を伴って) (a) [smell+O] 〈もの〉を感じる，においをかぐ: Don't you *smell* gas? ガスのにおいがしませんか．(b) [smell (+O)+doing] (…が)…するにおいがする: I can *smell* burning. 焦げているにおいがする / I could *smell* meat *roasting* in the kitchen. 台所で肉を焼くにおいがした．(c) [smell+that 節] においで…ということに気づく: I could *smell that* the meat wasn't fresh. 私はにおいでその肉が新鮮でないと気づいた．
2 …のにおいをかぐ，…をかいでみる: He can just *smell* the wine and tell what wine it is. 彼はワインをかぐだけでどこのワインを当てることができる．
3 〈気配など〉に気づく，…をかぎつける: I *smelled* trouble coming. 面倒なことになりそうだと思った．
■ sméll óut 他 **1** …をかぎ出す．**2** 〈場所〉に悪臭を放つ．

—名(複 **smells** [~z]) **1** C U **におい**，香り(→[類義語]): This flower has a strong *smell*. この花はにおいが強い / There is a nice *smell* of coffee here. ここにはコーヒーのよい香りがする．
2 C 悪臭: What a *smell* this is! これはなんとひどいにおいがするのだ．
3 U 嗅覚: A dog has an excellent sense of *smell*. 犬はとても鼻が利く．
4 C (通例 a ~) かぐこと: Just take a *smell* of this wine. ちょっとこのワインをかいでみてください．
◆ smélling sàlts [複数扱い] かぎ薬，気つけ薬．

[類義語] **smell, odor, scent, aroma, perfume, fragrance**
共通する意味▶香り (something that one can notice through one's nose)
smell は「香り」の意を表す最も一般的な語．芳香にも悪臭にも用いる: the *smell* of roses バラの香り / the *smell* of rotten eggs 腐った卵のにおい．**odor** は smell より強いにおいをさす: a pungent *odor* 鼻につんとくるにおい．**scent** は「かすかなにおい」の意: the *scent* of apple blossoms リンゴの花の(ほのかな)香り / The dogs followed the *scent* of the criminal. 犬たちは犯人のにおいを追跡した．**aroma** は特に食べ物の「こうばしいよい香り」の意: the *aroma* of freshly roasted coffee いりたてのコーヒーの香り．**perfume** は「香水・花などの豊かなよい香り」をさす: Daphnes have a sweet *perfume*. ジンチョウゲは甘い香りがする．**fragrance** は perfume より弱い香りをさす: Lavender sends forth *fragrance*. ラベンダーは芳香を放つ．

smell·y [sméli] 形 (比較 **smell·i·er** [~ər]; 最上 **smell·i·est** [~ist]) 臭い，いやなにおいのする．

smelt[1] [smélt] 動《主に英》 smell の過去形・過去分詞の1つ．
smelt[2] 動 他〈鉱石〉を溶解する; 〈金属〉を精錬する．
smelt·er [sméltər] 名 C 溶鉱炉，精錬所．
smidg·en, smidg·in [smídʒən] 名 [a ~]《口語》少量，ほんのわずか(bit)．

smile [smáil]
動 名
—動(三単現 **smiles** [~z]; 過去・過分 **smiled** [~d]; 現分 **smil·ing** [~iŋ])
—圓 **1** […に/…して] **にっこり笑う**，ほほ笑む，微笑する[*at / to do*] (→ LAUGH [類義語]): Henry is always *smiling*. ヘンリーはいつもほほ笑んでいる / *Smile at* the camera, everyone! 皆さんカメラに向かって笑ってください / He *smiled to* hear her singing merrily. 彼は彼女が楽しそうに歌っているのを聞いてほほ笑んだ．
2 《文語》〈運などが〉[…に]向く，恵みを与える，ほほ笑む[*on, upon*]: Fortune *smiled on* the poor man. 運命の女神がその哀れな男にほほ笑んだ．

—他 **1** 〈同意など〉を笑顔で示す: John *smiled* his approval. ジョンはにっこりして同意した．
2 笑って…を忘れる (*away*); …にほほ笑みかけて[…の状態に]する[*into*]: Tom *smiled* his mistakes *away*. トムは失敗を笑って忘れた．
■ *smile a … smile* …な笑い方をする: The old man *smiled a* faint [big] *smile*. その老人ははかな[満面の]笑みを浮かべた．

—名(複 **smiles** [~z]) C **微笑**，ほほ笑み，笑顔; 恵み: a cheerful [happy] *smile* 明るい笑顔 / a forced *smile* 作り笑い / a sardonic *smile* 皮肉っぽい[冷ややかな]笑い / with a *smile* にっこりして / the *smiles* of fortune 運命の恵み / crack a *smile* にっこりする / She gave me a friendly *smile*. 彼女は私に向かって人なつっこくほほ笑んだ．
■ *be áll smíles* 《口語》とてもにこにこしている．

smil・ey [smáili] 形 にこやかな, にこにこ顔の.
— 名 C **1** =smíley fàce スマイルマーク《バッジなどの黄色の地にかいた丸い笑顔》. **2** [コンピュータ] スマイリー, 笑顔マーク《Eメールなどで使う顔文字》.

smil・ing・ly [smáiliŋli] 副 にこにこして.

smirk [smə́ːrk] 動 自 […に](意味ありげに)にやにや笑う, (得意げに)にたにた笑う[at].
— 名 C にやにや笑い, 作り笑い.

smite [smáit] 動 (三単現 **smites** [smáits]; 過去 **smote** [smóut]; 過分 **smit・ten** [smítən]; 現分 **smit・ing** [~iŋ]) 他《古・文語》…を強く打つ, 殴る; (病気などが)…を襲う.

smith [smíθ] 名 C **1** かじ屋 (blacksmith). **2** [通例, 複合語で] 金属細工職人; …を作る人: a goldsmith 金細工職人 / a gunsmith 銃を作る人.

Smith [smíθ] 名 固 スミス Adam Smith《1723-90; 英国の経済学者》.

smith・er・eens [smìðəríːnz] 名 [複数扱い]《口語》粉々, 粉みじん: smash a glass to [into] *smithereens* グラスを粉々に砕く.

Smith・so・ni・an Institution [smìθsóuniən-] 名 [the ~] スミソニアン協会《米国 Washington, D.C. にある国立の研究機関》.

smith・y [smíθi, smíði] 名 (複 **smith・ies** [~z]) C (昔の) かじ場, かじ屋の仕事場.

smit・ten [smítən] smite の過去分詞.
— 形 [叙述用法]《主にこっけい》[…の] とりこになった, […に] 魅せられた [with, by].

smock [smák / smɔ́k] 名 C **1** (妊婦・子供などが着る) スモック, 上っ張り. **2** (画家などの) 仕事着.

smock・ing [smákiŋ / smɔ́k-] 名 U スモッキング《婦人服・子供服に施すひだ飾り》.

*****smog** [smág, smɔ́ːg / smɔ́g] 名 U スモッグ, 煙霧 (◇ smoke (煙) と fog (霧) の合成語): photochemical *smog* 光化学スモッグ.

smog・gy [smági, smɔ́ːgi / smɔ́gi] 形 (比較 **smog・gi・er** [~ər]; 最上 **smog・gi・est** [~ist]) スモッグの(かかった), スモッグの多い.

*****smoke** [smóuk] 名
— 名 (複 **smokes** [~s]) **1** U 煙: cigarette *smoke* たばこの煙 / Clouds of *smoke* were rising from the chimney. 煙突からもうもうと煙が立ち上っていた / There is no *smoke* without fire.《ことわざ》火のないところに煙は立たぬ.
2 C [通例 a ~] (たばこの) 一服, 喫煙: have [take] a *smoke* 一服する / They stopped for a *smoke*. 彼らは立ち止まって一服した.
3 C《口語》(紙巻き) たばこ; 麻薬.
4 U C 煙のようなもの, 蒸気, ほこり.
■ **gò [énd] úp in smóke 1** (燃えて) 煙になる. **2** (計画などが) だめになる.
— 動 自 **1** たばこを吸う, 喫煙する: May I *smoke* here? ここでたばこを吸ってもいいですか / He *smokes* too much. 彼はたばこを吸いすぎる.
2 煙を出す, 湯気[ほこり]を立てる: The meadow was *smoking* in the morning sun. 牧場は朝日を浴びて水蒸気が立っていた.
— 他 **1**〈たばこなど〉を吸う: He sometimes *smokes* cigars. 彼は時々葉巻を吸う.
2 [通例, 受け身で]〈肉など〉を薫製にする.
■ *smóke óut* 他 **1** (穴などから)〈けものなど〉をいぶり出す. **2** …を暴露する.
◆ **smóke bòmb** C 発煙筒.
smóke scrèen C 煙幕; 隠蔽(いんぺい)するもの.

smoked [smóukt] 形 薫製の, いぶした: *smoked* salmon [ham] スモークサーモン[ハム].
◆ **smóked gláss** U 曇り[すり]ガラス.

smóke-frée 形 (場所などが) たばこの煙のない, 禁煙の: a *smoke-free* area [zone] 禁煙区域.

smoke・less [smóukləs] 形 (燃料などが) 無煙の.

smok・er [smóukər] 名 C **1** たばこを吸う人, 喫煙家 (↔ nonsmoker). **2** (列車の) 喫煙車; (車両内の) 喫煙室.

smoke・stack [smóukstæk] 名 C (工場などの) 煙突 (cf. chimney (家庭の) 煙突).
◆ **smókestack ìndustry** C [通例, 複合形で]《主に米》重工業《造船・自動車・製鉄産業など》.

*****smok・ing** [smóukiŋ]
— 名 U 喫煙, たばこを吸うこと: No *Smoking*《掲示》禁煙 / passive *smoking* 間接喫煙 / a *smoking* car [carriage] (列車の) 喫煙車 / give up *smoking* 禁煙する.

◀背景▶ 喫煙に厳しいアメリカ社会
アメリカでは禁煙が進んでおり, 公共の場はほとんどが禁煙区域 (smoke-free area) である. レストランでも全席禁煙が多いが, そうでなくても喫煙席 (nonsmoking section) と喫煙席 (smoking section) に分けられている. たばこの箱には "Smoking causes lung cancer, heart disease, emphysema, and may complicate pregnancy."(喫煙は肺癌(がん)や心臓病, 肺気腫(しゅ)の原因となり, 妊娠障害を引き起こす可能性がある) などの警告文が記されている.

◆ **smóking gùn** C《米口語》決定的証拠.
smóking jàcket C スモーキングジャケット《男性用のゆったりとした室内用の上着》.
smóking ròom C 喫煙室.

smok・y [smóuki] 形 (比較 **smok・i・er** [~ər]; 最上 **smok・i・est** [~ist]) **1** もくもくと煙の出る, くすぶる; 煙の立ち込める, 煙い. **2** (色が) くすんだ, すすけた (味・においなどが) 煙臭い.

smol・der,《英》**smoul・der** [smóuldər] 動 自 **1** (火・まきなどが) くすぶる. **2** [怒り・不満などで] くすぶる [with]: Her eyes were *smoldering with* anger. 彼女の目は秘めた怒りで燃えていた.

smooch [smúːtʃ] 動 自《口語》[…と] キスする, 抱き合う, いちゃつく;《英》抱き合って踊る [with].
— 名 C《口語》キス, 抱擁.

*****smooth** [smúːð] (☆ 発音に注意) 形
— 形 (比較 **smooth・er** [~ər]; 最上 **smooth・est** [~ist]) **1** (表面が) 滑らかな, すべすべした; 平らで, 平坦(へいたん)な (↔ rough): *smooth* skin すべすべした肌 / a *smooth* road 平坦な道路 / This piece of cloth is *smooth* to the touch. この布地は手触りが滑らかです.

2《動きが》滑らかな, 円滑な: the *smooth* movement of her arms and legs 彼女の手足の滑らかな動き.
3 静かな, 穏やかな;《水面などが》波立たない;《物事が》順調な, 平穏な: a *smooth* ocean 穏やかな海 / live a *smooth* life 平穏無事な生活を送る / We had a *smooth* flight from China. 中国からの空の旅は快適だった.
4《態度などが》もの柔らかな, 愛想のよい;《しばしば軽蔑》口先のうまい: a *smooth* talker 口先のうまい人 / The candidate is *smooth* in his manners. その候補者は人当たりがよい.
5《味などが》滑らかな;《酒などが》口当たりのよい;《言葉・文体などが》よどみのない;《音色などが》柔らかな: *smooth* brandy 口当たりのよいブランデー.
6《液体が》むらのない, よく混ざった.
— 動 他 **1** …を滑らかにする, 平らにする;〈しわなど〉を伸ばす (*out*);〈髪〉をなでつける (*down, back*): *smooth* a shirt with an iron アイロンでシャツのしわを伸ばす / Mary *smoothed* (*down*) her hair. メアリーは髪をなでつけた.
2〈怒り・興奮など〉を静める, なだめる (*down*): *smooth down* quarrels けんかを静める.
3〈態度など〉を上品にする, 洗練する. **4**〈困難など〉を取り除く, …を容易にする (*away, out*).
5〈クリームなど〉を[…に]塗り付ける [*into, over*]. — 自 **1** 滑らかになる, 平らになる. **2**〈怒り・事態などが〉静まる, 収まる.
■ *smooth óver* 他〈難題など〉を扱いやすくする, 調整する;〈過失など〉をごまかす, 取りつくろう.

smooth·ie, smooth·y [smúːði] 名 (複 **smooth·ies** [~z]) C《口語》口先だけの人, 口のうまい人(◇通例, 男性).

*****smooth·ly** [smúːðli] 副 **1** 滑らかに;円滑に, 順調に: Everything went *smoothly*. すべて順調にいった. **2** 流暢(ミーネ)に;口先巧みに.

smooth·ness [smúːðnəs] 名 U **1** 滑らかさ;順調, 円滑;平穏. **2** 流暢(ミーネ)さ;口先の巧みさ;人当たりのよさ. **3**《飲み物》口当たりのよさ.

smor·gas·bord [smɔ́ːrgəsbɔ̀ːrd] 名 U|C スモーガスボード《バイキング形式の北欧料理》.

smote [smóut] 動 smite の過去形.

*****smoth·er** [smʌ́ðər] 動 **1**〈火〉を[灰などで]覆って消す [*with*]: They *smothered* the fire with foam. 彼らは〔消火器の〕泡で火を消した.
2〈人〉を窒息(死)させる, 息苦しくさせる. **3** …を […で] すっかり覆う [*with, in*]; …を […で] 息もつけないようにする [*with*]. **4**〈笑い・怒りなどの感情〉を抑える《犯罪などをもみ消す, うやむやにする (*up*).

smoul·der [smóuldər] 動《英》=SMOLDER (↑).

smudge [smʌ́dʒ] 名 C しみ, 汚れ.
— 動 他 **1** …に […で]しみをつける, …を […で] 汚す [*with*]; …ににじませる. **2**〈名誉など〉に傷をつける. — 自 汚れる,〈インクなどが〉にじむ.

smug [smʌ́g] 形 (比較 **smug·ger** [~ər]; 最上 **smug·gest** [~ist]) うぬぼれた, 自己満足の.
smug·ly [~li] 副 うぬぼれて, 気取って.
smug·ness [~nəs] 名 U うぬぼれ, 気取り.

*****smug·gle** [smʌ́gl] 動 他 **1** …を [⋯に/⋯から] 密輸する, 密航させる [*into / out of*]: They tried to *smuggle* drugs *into* Japan. 彼らは麻薬を日本に密輸しようとした. **2**《口語》…をこっそり持ち出す (*out*), こっそり持ち込む (*in*).

smug·gler [smʌ́glər] 名 C 密輸者;密輸船.
smug·gling [smʌ́glɪŋ] 名 U 密輸《犯罪》.

smut [smʌ́t] 名 **1** U わいせつな言葉 [本, 写真]: talk *smut* わい談をする. **2** C|U《すすなどの》汚れ, しみ. **3** U《植》《麦の》黒穂病.

smut·ty [smʌ́ti] 形 (比較 **smut·ti·er** [~ər]; 最上 **smut·ti·est** [~ist]) **1** わいせつな, いやらしい. **2** 汚れた, すすで黒ずんだ.

Sn《元素記号》= tin すず《ラテン語 stannum から》.

*****snack** [snǽk] 名 **1** C 軽食,《軽く済ます》急ぎの食事, 間食: Shall we have a *snack*? 軽く食事をとろうよ. **2** [~s] スナック, おやつ.
— 動 自《米口語》[…の] 軽食をとる [*on*].
◆ **snáck bár** C《カウンター式の》スナック《軽食や菓子類を販売し, 通例, 酒類は出さない》.

snaf·fle¹ [snǽfl] 動 他《英口語》…をひったくる.
snaf·fle² [snǽfl] 名 C《馬の口にかませる》はみ.

snag [snǽg] 名 C **1** とがった障害物, 出っ張り;《航行を妨げる》沈み木, 隠れ木. **2** 思いがけない障害[問題]: come across a *snag* 思わぬ障害に出くわす. **3** 引っかけ傷, かぎ裂き.
— 動 (三単現 **snags** [~z]; 過去・過分 **snagged** [~d]; 現分 **snag·ging** [~ɪŋ]) 他 **1**《引っかけて》…にかぎ裂きを作る; …を […に] 引っかける [*on*].
2《米口語》…をさっと捕まえる《つかむ》.
— 自 […に] 引っかかる, からまる [*on*].

*****snail** [snéil] 名 C《動物》カタツムリ;のろま: (as) slow as a *snail* とてものろのろとした.
■ *at a snáil's páce* とてもゆっくりと: The traffic moves *at a snail's pace* in the morning. 午前中は車の流れがのろのろしている.
◆ **snáil màil** U《こっけい》スネールメール, 普通郵便《◇Eメールに比べて遅いことから》.

*****snake** [snéik]
名【原義は「はうもの」】
— 名 (複 **snakes** [~s]) C **1** 蛇 (cf. serpent)《大型で有毒の》蛇): a poisonous *snake* 毒蛇 / *Snakes* coil up. 蛇はとぐろを巻く.
2《軽蔑》陰険な人, 信用できない人.
■ *a snáke in the gráss*《軽蔑》信用できない人, 不実の友.
— 動 自《蛇のように》くねくねと動く《歩く》, 蛇行する.
◆ **snáke chàrmer** C 蛇使い.
snáke dànce C《アメリカ先住民の》蛇踊り.
snakes and ládders U《英》蛇とはしご《子供のさいころ遊びの一種》.

snake·skin [snéikskìn] 名 U 蛇の皮, 蛇革.

snak·y [snéiki] 形 (比較 **snak·i·er** [~ər]; 最上 **snak·i·est** [~ist]) **1** 蛇のような;蛇の多い;《道などが》曲がりくねった. **2** ずる賢い, 陰険な, 冷酷な.

*****snap** [snǽp] 動 (三単現 **snaps** [~s]; 過去・過分 **snapped** [~t]; 現分 **snap·ping** [~ɪŋ]) 他 **1** ぷつりと折れる, ぽきんと折れる (*off*);急に鋭い音を立てる: The branch *snapped off*. 枝はぽきんと折れた. **2**《ドアなどが》ばたんと閉まる [開く];すばやく動く [行動する]: The door *snapped* shut [open]. ドアが急にばたんと閉まった [開いた]. **3** […に]《ぱくっ

と)かみつく;(喜んで)飛びつく [at]. **4** [...に]きつく言う,つっかかる [at]: She always *snaps at* me. 彼女はいつも私にきつい口調で言う. **5** (神経などが)耐え切れなくなる,参る: My patience has *snapped*. 私はもう我慢できない.
── 他 **1** ...をぶっつり切る,ぽきんと折る (*off*): He *snapped* the pencil in two. 彼は鉛筆を2つにぽきんと折った. **2** ...をぱちっと鳴らす; ...をぱたんと閉める [開ける]: *snap* a bag shut [open] かばんをぱちっと閉める [開ける]. **3** (厳しい口調で)...をはっきり言う,かみつくようにどなる (*out*). **4** ...のスナップ写真を撮る.

■ *snáp báck* **1** [...に]ぴしゃっと(きつい言葉で)言い返す [at]. **2** (急に)回復する.
snáp one's fíngers (注意を引いたり,リズムをとるために)[...に向かって]指を鳴らす [at].
snáp óut of it (通例,命令文で)《口語》(習慣など)を改める,(いやなことを忘れて)立ち直る.
snáp ...'s nóse [héad] òff 《口語》...に(けんか腰で)怒って言う,がみがみ言う.
snáp to it 《口語》急ぐ.
snáp úp 他 (バーゲン品など)を急いで買う;(申し出など)に飛びつく.

── 名 **1** C ぱちん [ぽきん]という音; 指を鳴らすこと: She shut the window with a *snap*. 彼女は窓をぴしゃっと閉めた. **2** C = snáp fàstener 《米》(服などの)留め金,ホック (《英》 press-stud). **3** C 《口語》スナップ写真 (snapshot). **4** [a ~] 《米口語》簡単なこと,楽なこと: It's a *snap*. そんなこと朝飯前だ. **5** C (天候の)急変,(特に)一時的な寒さ (→ cold snap 《COLD 複合語》). **6** U 《口語》元気,精力. **7** C (通例,複合語で)薄いクッキー. **8** [a ~] (ぱくっと)食いつくこと: make a *snap* at ... ...にぱくっと食いつく. **9** U 《英》スナップ 《トランプゲームの一種》.

■ *in a snáp* すぐに.
── 形 [限定用法] **1** すばやい,即座の: a *snap* judgment すばやい判断. **2** 《米口語》とても楽な: It's a *snap* job. そんなの朝飯前だ.
── 間 **1** 《英口語》同じだ《自分と同じものを見たときの表現》. **2** 《英》スナップ《トランプのスナップゲームで同じカードが2枚出たときに言うかけ声》.
(▷ 形 snáppy)

◆ snáp bèan C 《植》サヤインゲン.

snap·drag·on [snǽpdræ̀ɡən] 名 C 《植》キンギョソウ (金魚草).
snap·per [snǽpər] 名 C 《魚》フエダイ.
snap·pish [snǽpɪʃ] 形 怒りっぽい,がみがみ言う.
snap·py [snǽpi] 形 (比較 **snap·pi·er** [~ər]; 最上 **snap·pi·est** [~ɪst]) **1** (通例,限定用法)《英口語》かっこいい,すてきな. **2** 《口語》きびきびした,生き生きした. **3** 怒りっぽい (snappish).

■ *máke it snáppy = lóok snáppy* (しばしば命令形で)《口語》急ぐ,早くやる.
(▷ 名 snáp)

snap·pi·ly [~li] 副 かっこよく; きびきびと.
snap·shot [snǽpʃɑ̀t /-ʃɔ̀t] 名 C スナップ写真 (《口語》 snap): take a *snapshot* of ... ...のスナップ(写真)を撮る.

***snare** [snéər] 名 C **1** (小動物を捕らえる)わな (trap): fall into a *snare* わなにかかる. **2** 《文語》(人を陥れる)わな,誘惑.

── 動 他 **1** (動物など)をわなで捕らえる. **2** 〈人〉を陥れる,誘惑する. **3** ...をまんまと手に入れる.

◆ snáre drùm C 《音楽》(響線付きの)小太鼓.

***snarl**[1] [snɑ́ːrl] 動 自 **1** 〈犬などが〉歯をむき出してうなる [at]: The dog *snarled at* me. その犬は私に向かってうなった. **2** [...に]どなる,がみがみ言う [at]. ── 他 ...をがみがみ言う,どなる.
── 名 C (通例,単数形で)うなり声,どなり声.

snarl[2] 動 他 (通例,受け身で)...を混乱させる,もつれさせる (*up*).
── 名 C 混乱,もつれ; 交通渋滞 (snarl-up).

snárl·ùp 名 C 交通渋滞; 混乱状況.

***snatch** [snǽtʃ] 動 他 **1** ...を[...から]ひったくる,すばやく取る (*up, away*) [*from, out of*] (→ TAKE 類義語): A strange man *snatched* her bag *from* her. 見知らぬ男が彼女のバッグをひったくった. **2** 〈食事など〉を急いでとる; ...をすばやく手に入れる;〈チャンスなど〉に飛びつく: *snatch* an hour's sleep 1時間の仮眠をとる.

■ *snátch at ...* 他 **1** ひったくろうと...に手を伸ばす. **2** 〈チャンスなど〉に飛びつく,...をつかもうとする.
── 名 C **1** さっと取ること,ひったくり: make a *snatch* at ... ...をひったくろうとする. **2** (会話・音楽などの)一部,断片;[通例 ~es] わずかな時間,ひととき: in *snatches* 断片的に,とぎれとぎれに.

snatch·er [snǽtʃər] 名 C ひったくり(犯人).
snaz·zy [snǽzi] 形 (比較 **snaz·zi·er** [~ər]; 最上 **snaz·zi·est** [~ɪst]) 《口語》すてきな,しゃれた.

***sneak** [sníːk] 動 (三単現 **sneaks** [~s]; 過去・過分 **sneaked** [~t], 《米》 **snuck** [snʌ́k]; 現分 **sneak·ing** [~ɪŋ]) 自 **1** [副詞(句)を伴って] こっそり入る [出る], こそこそ逃げる: *sneak* into [out of] the room こそこそ部屋に入る [部屋から抜け出す] / *sneak away* [*off*] こっそり立ち去る. **2** 《英口語》[...のことを /...に] 告げ口する [*on / to*].
── 他 **1** [副詞(句)を伴って] ひそかに...を連れて [持って] 行く: She *sneaked* a camera into the room. 彼女はひそかにカメラを部屋に持ち込んだ. **2** 《口語》...をこっそり盗む [食べる]; 気づかれないようにやる: *sneak* a look [glance] at ... ...を盗み見る.

■ *snéak úp* [...に]こっそり近づく [*on*].
── 名 C 《口語・軽蔑》こそこそする人,卑劣な人;[形容詞的に] こそこそする,出し抜けの: a *sneak* attack 奇襲攻撃,不意打ち.

◆ snéak préview C (観客の反応を知るための)内容予告なしの試写会,抜き打ち試写会.
snéak thìef C こそどろ.

***sneak·er** [sníːkər] 名 C (通例 ~s) (主に米) スニーカー, (ゴム底)運動靴 (《英》 plimsoll) (→ SHOE 図).

sneak·ing [sníːkɪŋ] 形 [限定用法] **1** (疑惑・尊敬など) 口には出さない: have a *sneaking* suspicion ひそかな疑念を抱く. **2** こそこそした.

sneak·y [sníːki] 形 (比較 **sneak·i·er** [~ər]; 最上 **sneak·i·est** [~ɪst]) こそこそした,卑劣な.
sneak·i·ly [~li] 副 こそこそと,卑劣に.

***sneer** [sníər] 動 自 [...を]あざ笑う,ばかにして笑う [*at*] (→ LAUGH 類義語): a *sneering* smile ばかにし

— 名 C ばかにした笑い, 冷笑, あざけり: with a *sneer* あざ笑って.

sneer・ing・ly [sníɚriŋli] 副 ばかにして, 冷笑して.

*sneeze [sníːz] 動 自 くしゃみをする: I *sneeze* with hay fever. 私は花粉症でくしゃみが出る.
■ *nót to be snéezed at* 《口語》(金額などが) ばかにできない, 軽視できない.
— 名 C くしゃみ (cf. ahchoo, atchoo はくしょん): give a *sneeze* くしゃみをする / hold back a *sneeze* くしゃみをこらえる.
《背景》 西洋ではくしゃみは肉体から魂を奪うとされたため, 今でもくしゃみをした人に対して (God) Bless you! (神の恵みあれ) と言う習慣がある. 言われた人は Thank you. と応じる.

snick [sník] 動 他 …にちょっと切れ目を入れる.
— 名 C 小さな切れ目, 刻み目.

snick・er [sníkɚ] 動 自 《米》[…に] にやにや笑う, くすくす笑う 《英》snigger [*at, over*].
— 名 C 《米》忍び笑い, くすくす笑い.

snide [snáid] 形 《口語》 (言葉などが) いやみな, 皮肉たっぷりの, 意地悪な.

*sniff [sníf] 動 自 1 鼻をすする [ぐずぐずいわせる]: Stop *sniffing*. 鼻をすするな. 2 […の] においをかぐ [*at*]: The dog *sniffed at* his shoes. 犬は彼の靴のにおいをかいだ. 3 《口語》[…を] 鼻であしらう, ばかにする [*at*]: He *sniffed at* our offer. 彼は私たちの申し出を鼻であしらった.
— 他 1 …のにおいをかぐ; …を鼻から吸い込む (*up*): *sniff* a rose バラのにおいをかぐ. 2 《口語》…をかぎつける, 察知する, 見つけ出す (*out*).
■ *nót to be sníffed at* 《口語》(金額などが) ばかにできない, 無視できない.
— 名 (複 *sniffs* [~s]) C 鼻をすすること [音]; においをかぐこと: take a *sniff* of ... …をひとかぎする.

sniff・er [snífɚ] 名 C においをかぐ人 [もの].
◆ sníffer dòg C 麻薬捜査犬.

snif・fle [snífl] 動 自 (かぜなどで) 鼻をすする; すすり泣く. — 名 1 C 鼻をすすること [音]. 2 [the ~s] 軽い鼻かぜ, 鼻づまり.

sniff・y [snífi] 形 (比較 **sniff・i・er** [~ɚ]; 最上 **sniff・i・est** [~ist]) 《英口語》 […を] 鼻であしらい, ばかにする; [〔に〕] 不満を表す [*about*].

snig・ger [snígɚ] 動 自 名 《英》= SNICKER (↑).

snip [sníp] 動 (三単現 **snips** [~s]; 過去・過分 **snipped** [~t]; 現分 **snip・ping** [~iŋ]) 他 …を […から] はさみでちょきちょき切る (*off*) [*from, off*]: *snip* the ends of one's hair *off* 髪の先を切る.
— 自 […を] はさみでちょきちょき切る [*at*].
— 名 C 1 (主にはさみで) ちょん切ること. 2 (切り取られた) 一片, 小片. 3 [通例 a ~] 《英口語》格安品, 特売品.

snipe [snáip] 動 自 1 […を] 狙撃する [*at*]. 2 […の] 悪口を言う, […を] 中傷する [*at*].
— 名 (複 *snipes* [~s], *snipe*) C 〔鳥〕シギ.

snip・er [snáipɚ] 名 C 狙撃者 [兵].

snip・pet [snípit] 名 C (情報・知識などの) 断片 [*of*]; 抜粋, 切り抜き.

snip・py [snípi] 形 (比較 **snip・pi・er** [~ɚ]; 最上 **snip・pi・est** [~ist]) 1 《米口語》素っ気ない, 横柄な; 口うるさい. 2 断片的な, 寄せ集めの.

snit [sníit] 名 C 《米口語》いらいらした状態, 興奮: be in a *snit* いらいらしている.

snitch [snítʃ] 動 他 《口語》[…を] 告げ口する [*on*].
— 自 〈価値のないものを〉盗む, くすねる.
— 名 C 《口語》密告者, 告げ口する人.

sniv・el [snívəl] 動 (過去・過分 《英》 **sniv・elled**; 現分 《英》 **sniv・el・ling**) 自 1 めそめそする; 泣き言を言う. 2 鼻水を垂らす.

snob [snáb / snɔ́b] 名 C 俗物, スノッブ 《地位・財産を崇拝する上流気取りの人》; 教養人を気取る人 《学問・知識などを鼻にかける人》.

snob・ber・y [snábəri / snɔ́b-] 名 (複 **snob・ber・ies** [~z]) 1 U 俗物根性, 上流気取り; 知識人かぶれ. 2 C [複数形で] 俗物的な言動.

snob・bish [snábiʃ / snɔ́b-] 形 俗物の, 気取った.
snob・bish・ly [~li] 副 俗物的に, 気取って.
snob・bish・ness [~nəs] 名 U 俗物根性, 上流気取り.

snob・by [snábi / snɔ́bi] 形 (比較 **snob・bi・er** [~ɚ]; 最上 **snob・bi・est** [~ist]) = SNOBBISH (↑).

snog [snág / snɔ́g] 動 (三単現 **snogs** [~z]; 過去・過分 **snogged** [~d]; 現分 **snog・ging** [~iŋ]) 《英口語》 自 […と] 抱き合ってキスする [*with*].
— 名 C 《英口語》キス, 抱擁.

snook [snúːk] 名 C スヌーク 《親指を鼻に当て, 他の指を広げて軽蔑・からかいなどを表すしぐさ》.
■ *cóck a snóok at ...* …をばかにする.

snook・er [snúkɚ] 名 U スヌーカー 《ビリヤードの一種》. — 動 他 [しばしば受け身で]《英口語》…のじゃまをする, …を苦境に立たせる.

snoop [snúːp] 動 自 [プライバシーなどを] 詮索する [*into*]; […を] こそこそかぎ回る [*around*].
— 名 C 1 こそこそかぎ回る人 (snooper).
2 こそこそかぎ回ること, 詮索.

snoop・er [snúːpɚ] 名 C こそこそかぎ回る人, 詮索好きな人.

Snoop・y [snúːpi] 名 自 スヌーピー 《米国の漫画家シュルツ作『ピーナッツ』に登場するビーグル犬》.

snoot [snúːt] 名 C 《口語》鼻; 鼻づら.

snoot・y [snúːti] 形 (比較 **snoot・i・er** [~ɚ]; 最上 **snoot・i・est** [~ist]) 《口語》横柄な, うぬぼれた.

snooze [snúːz] 動 自 《口語》うたた寝 [居眠り] する. — 名 C [通例 a ~]《口語》うたた寝.

*snore [snɔ́ːɚ] 動 自 いびきをかく.
— 名 C いびき (の音): give a loud *snore* 大いびきをかく.

snor・kel [snɔ́ːrkəl] 名 C シュノーケル 《潜水時に用いる呼吸管》; (潜水艦の) 換気装置.
— 動 (過去・過分 《英》 **snor・kelled**; 現分 《英》 **snor・kel・ling**) 自 シュノーケルを使って潜る [泳ぐ].

snort [snɔ́ːrt] 動 自 1 (馬などが) 鼻を鳴らす. 2 […に] (鼻息荒く) 不満を表す [*at*]: He *snorted at* my suggestion. 彼は私の提案にぶうぶう言った.
— 他 1 …を鼻息荒く言う; 鼻を鳴らして軽蔑などりなどを表す. 2 《俗語》〈麻薬などを〉吸飲する.
— 名 C 1 (荒い) 鼻息, 鼻を鳴らすこと. 2 《俗語》(麻薬などの) ひとかぎ, 吸飲.

snot [snát / snɔ́t] 名 U 《口語》鼻水, 鼻汁.

snot·ty [snάti / snɔ́ti] 形 (比較 **snot·ti·er** [-ər]; 最上 **snot·ti·est** [~ist])《口語》**1** 生意気な, 鼻持ちならない. **2** 鼻水をたらした.

snout [snáut] 名 C **1**〈豚などの〉突き出た鼻; 動物の鼻先の形をしたもの〈銃身など〉. **2**《俗語》(人の)(大きな)鼻.

***snow** [snóu] 名 動

—— 名 (複 **snows** [~z]) **1** U 雪; 降雪: powdery *snow* 粉雪 / driving *snow* 吹雪 / heavy [light] *snow* 大[小]雪 / (as) white as *snow* (雪のように)真っ白な / One meter of *snow* fell during the night. 夜の間に1メートルほどの雪が降った / We don't have much *snow* here. ここでは雪はあまり降らない.
2 [a ~; 形容詞を伴って](…な)雪, (1回の)降雪: We had a heavy *snow* a year ago today. 去年のきょうは大雪だった.
3 [~s]《文語》積もった雪, 積雪.
4 U《俗語》(粉末の)麻薬(コカインなど).

—— (三単現 **snows** [~z]; 過去・過分 **snowed** [~d]; 現分 **snow·ing** [~iŋ])
—— 自 **1** [It を主語として]雪が降る: *It snowed* heavily yesterday. きのうは大雪だった / *It was snowing* when I woke up this morning. けさ目が覚めると雪が降っていた.
2 雪のように降る.
—— 他 **1** …を雪のように降らせる;〈人・場所〉を雪で閉じ込める. **2**《米口語》(言葉巧みに)…をだます, 口車に乗せる.

■ *be snówed ín* [*úp*] 雪に閉じ込められる.
be snówed únder **1** 雪に閉じ込められる.
2《口語》(人が)〈仕事などに〉忙殺される[*with*]; (選挙などで)大敗する. (▷ 形 snówy)
◆ **snów jòb** C《米口語》口車に乗せること.
snów line [the ~] 雪線(万年雪になる下限を表す線).
snów tìre [《英》**tỳre**] C スノータイヤ.

snow·ball [snóubɔ̀ːl] 名 C (雪合戦の)雪玉; 大雪玉: have a *snowball* fight 雪合戦をする.
■ *nót hàve a snówball's chánce in héll*《口語》「…する」チャンスがまったくない[*of doing*].
—— 動 自 **1** 雪だるま式に増える. **2** 雪合戦をする;〔…に〕雪玉を投げる[*at*].

snów-blind 形 雪目の.
snów-blind·ness 名 U 雪目(盲).
snow·board [snóubɔ̀ːrd] 名 C スノーボード.
snow·board·ing [snóubɔ̀ːrdiŋ] 名 U スノーボード競技[遊び].
snow·bound [snóubáund] 形 雪に閉じ込められた, 雪で立ち往生した.
snow·capped [snóukæ̀pt] 形《文語》〈山が〉雪を頂いた, 冠雪した.
snów-còv·ered 形 雪に覆われた.
snow·drift [snóudrìft] 名 C (風による)雪の吹きだまり[吹き寄せ].
snow·drop [snóudrɑ̀p /-drɔ̀p] 名 C《植》スノードロップ, マツユキソウ.
snow·fall [snóufɔ̀ːl] 名 **1** C (1回の)降雪.
2 U [または a ~] 降雪量.

snow·field [snóufìːld] 名 C 雪原.
snow·flake [snóuflèik] 名 C 雪片.
***snow·man** [snóumæ̀n] 名 (複 **snow·men** [-mèn]) C **1** 雪だるま: build [make] a *snowman* 雪だるまを作る. **2**〔しばしば S-〕雪男(◇ yeti, Abominable Snowman とも言う).
snow·mo·bile [snóumoubìːl /-məbìːl] 名 C スノーモービル, 雪上車.
snow·plow, 《英》**snow·plough** [snóupláu] 名 C 雪かき(◇道具); 除雪機[車].
snow·shoe [snóuʃùː] 名 C [通例 ~s] 雪靴, かんじき《歩行中雪に沈まないように靴の底に付ける》.
***snow·storm** [snóustɔ̀ːrm] 名 C 吹雪: a violent [fierce] *snowstorm* 激しい吹雪.
snów-white 形 雪のように白い, 純白の.
Snów White 名 固《グリム童話の》白雪姫.
***snow·y** [snóui] 形 (比較 **snow·i·er** [-ər]; 最上 **snow·i·est** [~ist]) **1** 雪の降る, 雪の多い: It is *snowy* today. きょうは雪です. **2** 雪の積もった, 雪に覆われた. **3**《文語》汚(けが)れのない, 清らかな (pure). (▷ 名 snów)

Snr.《略語》= *Senior*.

snub [snʌ́b] 動 (三単現 **snubs** [snʌ́bz]; 過去・過分 **snubbed** [~d]; 現分 **snub·bing** [~iŋ]) 他 **1** …を冷たくあしらい, わざと無視する. **2**〈申し出などを〉すげなく断る.
—— 名 C 冷遇, 無視; ひじ鉄.
—— 形 〈鼻が〉低く上を向いた: a *snub* nose しし鼻.
snúb-nósed 形 **1** しし鼻をした. **2** (けん銃が)銃身の短い.

snuck [snʌ́k] 動《米》sneak の過去形・過去分詞.
snuff¹ [snʌ́f] 動 〈ろうそくなどの〉芯(しん)を切る;〈ろうそくなどを〉消す.
■ *snúff it*《英口語》死ぬ.
snúff óut **1**〈ろうそくを〉消す. **2**〈命・希望などを〉終わらせる, 消す.

snuff² 動 自 鼻から息を吸い込む, 〈動物などが〉くんくん[ふんふん]とにおいをかぐ (sniff).
—— 他 〈香り・においなどを〉かぐ; 鼻で吸い込む.
—— 名 **1** C [通例 a ~] においをかぐこと. **2** U かぎたばこ.
■ *úp to snúff*《米》(体調・成績などが)良好で.
snuf·fle [snʌ́fl] 動 自 **1** 鼻をくんくん[ふんふん]する, 鼻をすする (sniff). **2** 鼻声を出す, 鼻声で歌う[話す]. —— 他 鼻ですることを[音].

***snug** [snʌ́g] 形 (比較 **snug·ger** [~ər]; 最上 **snug·gest** [~ist]) **1**《ほめ言葉》居心地のよい, 暖かくて気持ちよい(→ COMFORTABLE 類義語): This room is nice and *snug*. この部屋は実に快適です.
2 小ぎれいな, 小ぢんまりとした. **3** 〈服などが〉ぴったり合った: a *snug* jacket ぴったりの上着.
—— 名 C《英》(パブなどの)奥の小部屋, 個室.
snúg·ness 名 [~nəs] U 気持ちよさ, 快適さ.
snug·gle [snʌ́gl] 動 自 [副詞(句)を伴って]《口語》(暖かさ・快適さを求めて)寄りそう (*up*), (布団などの中に)体を入れる〔丸める〕 (*down*): The child *snuggled up* to her mother. 子供は心地よさそうに母親に寄りそっていた.
snug·ly [snʌ́gli] 副 **1** 気持ちよく, 快適に. **2** 小ぎれいに, 小ぢんまりと. **3** (体などに)ぴったりして.

so¹

so¹ [sóu] (☆同音 sew) 副 接

❶ 様態「そのように」(→副1)
Sing this song just *so*.
(そのようにこの歌を歌いなさい)

❷ 程度・強調「それほど」「とても」(→副2, 3)
Why did you get up *so* early?
(どうしてそんなに早く起きたのですか)

❸ 先行する句・節の繰り返しを避けて「そのように」(→副4)
Will they live in peace? — I hope *so*.
=that they will live in peace.
(彼らは仲よく暮らすでしょうか — そうであればいいですね)

❹ [So+(助)動詞+主語]「…もまたそうである」(→副6)
Oh, I'm sleepy. — So am I.
(ああ眠い — 私もです)
I know her well. — So do I.
(私は彼女をよく知っています — 私もです)

❺ [So+主語+(助)動詞]「…はその通りです」(→副7)
Jim is intelligent. — So he is.
(ジムは頭がいい — その通りです)
He looked happy. — So he did.
(彼は幸せそうに見えた — そうでした)

❻ 接続詞「それで」(→接1)
I have lost my key, so I can't enter my room.
(かぎをなくしてしまった。だから部屋に入れない)

— 副 [比較なし] **1** [様態] **そのように**, このように, そんなふうに (◇動詞を修飾する): Row your boat just *so*. ボートをちょうどこのようにこぎなさい / They shouldn't have behaved *so* in front of the principal. 彼らは校長の前でそのようにふるまうべきではなかった.

2 [程度] **それほど**, そんなに (◇形容詞・副詞・動詞を修飾する): I can't get up *so* early. 私はそんなに早く起きられない / This bike isn't *so* expensive. この自転車はそれほど値段が高くない / Don't be *so* angry. そんなに怒るな / You don't have to worry *so*. そんなに心配することはない.

3 [強調] **とても**, 非常に (very) (◇特に女性が好んで用いる; so に強勢を置く): I am *so* happy. 私はとても幸せです / It's *so* nice to see you again. あなたにまたお目にかかれてとてもうれしく思います.

4 [先行する句・節の繰り返しを避けて] **そのように**, そう; その通り: If you don't want to go, then just say *so*. もし行きたくないのならそう言いなさい / Do you think she will win? — I hope *so*. [I don't think *so*.] 彼女は勝つと思いますか — そうといいですね [そうは思いません].

5 [補語 (のよう) に用いて] **そう** (で), そのようで: Is that *so*? 本当にそうですか / Of all the careless people in this office no one is more *so* than Dick. この会社のうっかり者の中でディックの右に出る者はいない / He might have told a lie. If *so*, I'll scold him. 彼はうそをついたのかもしれない. もしそうなら私は彼をしかります.

6 [「so+(助)動詞+主語」の形で] **…もまたそうである [そうする]**: Mary goes to the movies every week and *so* does Tom. メアリーは毎週映画を見に行くがトムもそうだ / I'm hungry. — So am I. おなかがすいた — 私もです.

7 [「so+主語+(助)動詞」の形で] **…はその通りです** (◇同意・賛成を表す): She is very charming. — So she is. 彼女はとても魅力的だね — 本当にそうですね / Excuse me, you've put on the wrong coat. — Oh, so I have. すみません, コートをお間違えのようですが — おや, 本当だ.

■ **and só** それで, だから: Yesterday I had a very bad cold, *and so* I was absent from school. きのうはひどいかぜだったので学校を休んだ.

... and só òn [fòrth] …など (◇改まった文章では etc. を用いる): In the zoo, I saw lions, bears, tigers, pandas, *and so on [forth]*. 動物園ではライオン, クマ, トラ, パンダなどを見た.

... or só …かそのくらい (→ OR 成句).

sò as to dó …するように, …するために: She got up at four *so as to* catch the first train. 彼女は始発列車に間に合うよう4時に起きた / Work harder *so as not to* fail again. 二度と落第しないようにもっと勉強しなさい.

sò ... as to dó ~するほど…; とても…なので~する: He is not *so* rude *as to* say that. 彼はそんなことを言うほど無礼ではない / Would you be *so* kind *as to* help me move this table? このテーブルを動かすのを手伝っていただけませんか.

Sò bé it. 《格式》それならそれでしかたない.

só fàr → FAR 成句.

so fár as ... → FAR 副 成句.

Sò lóng! → LONG¹ 副 成句.

só mány → MANY 代 成句.

só mány ... → MANY 形 成句.

só múch → MUCH 代 成句.

só múch ... → MUCH 形 成句.

so múch for ... → MUCH 代 成句.

sò múch sò that ... 非常に (…) なので… (◇ that の前の so は前文にある形容詞あるいは副詞を受ける): He is talented *so much so that* every team wants him. 彼は才能があるので, どのチームも彼を欲しがっている.

sò that ... 1 [結果] それで…, そのため… (◇通例, 前にコンマを置く. 《口語》では that を省略することが多い; → 接 **1**): His wife is full of humor, *so that* his home is always cheerful. 彼の奥さんはユーモアたっぷりだ. おかげで彼の家庭はいつも明るい. **2** [目的] …するように [ために] (◇ so that の節中には can, will, may などを用いることが多い): She ran home *so that* she wouldn't get drenched in the rain. 彼女は雨でずぶぬれにならないように家まで走った / Go to bed by nine *so*

so²

that you can rise early tomorrow. あす早く起きられるように9時までに寝なさい.

só ... that ~ (◇《口語》では that を省略することがある) **1** [結果] 非常に…なので~(◇…には形容詞・副詞が来る): The river is *so* deep *that* I don't want to swim in it. その川は非常に深いので私はあそこで泳ぎたくない. **2** [程度] ~であるほど…: I was *so* tired *that* I could not keep standing any longer. 私はそれ以上立っていられないほど疲れていた. **3** [様態] ~になるように…: The book is *so* written *that* even a beginner can understand it easily. その本は初心者でも容易に理解できるように書かれている.

— 接 **1** [結果] それで, そのため: It began to rain very hard, *so* we called off the picnic. 雨が激しく降り出したのでピクニックを中止した / I slept late this morning, *so* I missed breakfast. 私はけさ寝坊したので朝食を食べなかった.

2 [目的] …するように [ために](◇ so that ... の that を省略した表現; つ 接 成句): I put on my glasses *so* I could see the picture clearly. 私は絵がはっきり見えるように眼鏡をかけた.

3 [文頭で] では, じゃあ (then): *So* you've succeeded at last! では, とうとう成功したのですね / *So* I'd like to hear your honest opinion. それではあなたの率直なご意見をお聞きしたいのですが.

■ **Sò whát?** [無関心・抗議・軽蔑などを表して]《口語》だから何なのだ: She says she doesn't like you. — *So what?* 彼女はあなたがすきじゃないんだって — それがどうしたというんだ.

so² 名 = SOL¹ [音楽] ドレミ音階のソの音.

*__**soak** [sóuk] 動他 **1** …を [液体などに] 浸す, つける [*in*]: *Soak* the dishes *in* hot water for a while. しばらく皿を湯につけなさい. **2** (雨などが)…をびしょびしょ [ずぶぬれ] にする: The rain *soaked* the washing. 雨で洗濯物がびしょびしょになった. **3** 〈液体など〉を吸い込む, 吸い取る; 〈知識など〉を吸収する (*up*): He *soaked up* the spilled coffee. 彼はこぼしたコーヒーをふき取った / Children *soak up* everything they read. 子供は読むものすべてを吸収する. **4**《口語》…から法外な金を取る.

— 自 **1** […に] 浸る, つかる [*in*]: Let the beans *soak in* water for six hours. 豆を6時間水につけておきなさい. **2** […に] しみ込む, 浸透する [*into*, *through*]: The sauce *soaked through* the tablecloth. ソースがテーブルクロスにしみ込んだ.

■ **sóak óff** [*óut*] 他 (水などに浸して) 〈汚れなど〉を取る, 落とす.

sóak onesèlf in ... …に没頭する.

— 名 C **1** 浸すこと, つかること; ずぶぬれ: I gave the jeans a good *soak* in water. 私はジーンズを水にしばらく浸しておいた. **2**《英・こっけい》大酒飲み.

soaked [sóukt] 形 [叙述用法] (雨などで) びしょしょ [ずぶぬれ] の; […に] 満ちた; 夢中の [*in*]: be *soaked* through = be *soaked* to the skin ずぶぬれになる.

soak·ing [sóukiŋ] 形 びっしょりぬれた, ずぶぬれの; [副詞的に] びしょびしょに: I got *soaking* wet. 私はずぶぬれになった.

so-and-so [sóuənsòu] 名 (複 **so-and-sos** [~z])
1 U だれそれさん, だれだれ; 何々: Dr. *So-and-So* 何とか博士. **2** C いやなやつ (◇タブー表現である son of a bitch などの婉曲表現).

***soap** [sóup] 名
— 名 (複 **soaps** [~s]) **1** U せっけん: a cake of *soap* せっけん1個 / toilet [bath] *soap* 化粧せっけん / liquid [powdered] *soap* 液体[粉]せっけん / washing *soap* 洗濯せっけん / wash ... with *soap* せっけんで…を洗う.

2 C《口語》= sóap òpera (テレビ・ラジオの) 連続メロドラマ. (由来 せっけん会社がよくスポンサーになっていたことから)

■ **nó sóap**《米口語》**1** (申し出に対する返事として) だめだ, 不承知だ. **2** うまくいかない, 効果がない.
— 動 他 …をせっけんで洗う (*up*); …にせっけんをつける. (▷ 形 sóapy)

◆ **sóap bùbble** C (通例 ~s) シャボン玉.

sóap pòwder U 粉せっけん.

soap·box [sóupbàks / -bòks] 名 C **1** せっけん箱. **2** 街頭演説台, 簡易の演壇.

■ **gèt on one's sóapbox** (口語) 自説をぶつ.

soap·suds [sóupsʌdz] 名 [複数扱い] せっけんの泡, 泡立ったせっけん水 (suds).

soap·y [sóupi] 形 (比較 **soap·i·er** [~ər]; 最上 **soap·i·est** [~ist]) **1** せっけんの, せっけんを含んでの. **2**《英口語》メロドラマ的な. **3**《英口語・軽蔑》(言葉などが) お世辞たらたらの. (▷ 名 sóap)

*__**soar** [sɔ́ːr] (☆同音語 sore) 動 自 **1** (空中高く) 舞い上がる: The huge rocket *soared* up into the sky. 巨大なロケットが空高く飛び立った.
2 (物価・温度などが) 急に […まで] 上昇する [*to*]: The temperature *soared* to 35°C. 気温が℃度まではね上がった. **3** (鳥が翼を広げて) 空を舞う, (グライダーなどが) 滑空する: A glider is *soaring* in the blue sky. グライダーが青空に舞っている. **4** [進行形不可] (山などが) 高くそびえる, そびえ立つ: Tall buildings *soared* above us. 高いビルが私たちの上にそびえていた. **5** (希望・夢などが) 大きくふくらむ.

*__**sob** [sáb / sɔ́b] 動 (三単現 **sobs** [~z]; 過去・過分 **sobbed** [~d]; 現分 **sob·bing** [~iŋ]) 自 **1** すすり泣く, むせび泣く; 泣きじゃくる (→ WEEP 類義語): Suddenly she began to *sob*. 突然彼女はしくしく泣き出した. **2** (風などが) むせぶような音を立てる.
— 他 …を泣きながら [泣きじゃくりながら] 言う (*out*): Ema *sobbed out* her sad story. エマは悲しい身の上を泣きながら話した.

■ **sób onesèlf to slép** 泣きながら眠りにつく.

sób one's héart óut (痛み・悲しみで) 心の底から泣く, 激しく泣きじゃくる.

— 名 C すすり泣き; むせび泣く声.

◆ **sób stòry** C《口語》お涙ちょうだいの話.

sob·bing·ly [sábiŋli / sɔ́b-] 副 泣きじゃくりながら, すすり泣いて.

*__**so·ber** [sóubər] 形 (比較 **so·ber·er** [-bərər], **more so·ber**; 最上 **so·ber·est** [-bərist], **most so·ber**) **1** 酔っていない, しらふの (↔ **drunk**): He looked *sober*. 彼は酔っていないように見えた.

2 (人柄・態度が)まじめな(→ SERIOUS【類義語】); 冷静な, 思慮深い: a *sober* analysis 冷静な分析. **3** (色などが)地味な. **4** (事実などが)ありのままの. ■ *(as) sóber as a júdge* しらふの; 大まじめな.
― 動 他 **1** …の酔いをさます(*up*): A cup of coffee would *sober* you *up*. 1杯コーヒーを飲めば酔いがさめますよ. **2** …をまじめにさせる, 落ち着かせる(*down*). ― 自 **1** 酔いがさめる(*up*). **2** まじめになる, 落ち着く(*down*).

sob·er·ing [sóubəriŋ] 形 人をまじめにする; 思慮深くする, 考えさせる.

so·ber·ly [sóubərli] 副 **1** まじめに; 冷静に. **2** 酔わないで, しらふで.

so·bri·e·ty [səbráiəti] 名 U 《格式》 **1** まじめ(な態度), 実直. **2** 酒に酔っていないこと, しらふ.

Soc., soc. 《略語》= society.

****so-called** [sóukɔ́:ld] 形 [限定用法] いわゆる; 名ばかりの(◇「その名に値しない」という軽蔑的な意味を含むことがある): the *so-called* local community いわゆる地域社会 / He is a *so-called* democrat. 彼は名ばかりの民主主義者である.

‡**soc·cer** [sákər / sɔ́kə] 名 U サッカー (《英》 (association) football; → PICTURE BOX): play *soccer* サッカーをする.

so·cia·bil·i·ty [sòuʃəbíləti] 名 U 社交性; 愛想のよさ, 交際上手.

so·cia·ble [sóuʃəbl] 形 社交的な, 愛想がよい; 打ち解けた, 親しみの持てる. (▷ 名 socíety)

‡**so·cial** [sóuʃəl] 形 名
― 形 **1** [比較なし; 限定用法] 社会の, 社会に関する, 社会的な: *social* problems 社会問題 / *social* order 社会秩序 / *social* welfare 社会福祉 / one's *social* position [status] 社会的地位 / *social* classes 社会階級.
2 [比較なし; 限定用法] 社交の, 懇親[親睦(ぼく)]の; 社交界の: a *social* club 社交クラブ / a *social* gathering 懇親会 / *social* circles 社交界.
3 [比較なし; 限定用法] 社会生活を営む; [動物] 群居する (gregarious); [植] 群生する: *social* plants 群生植物 / Bees are *social* insects. ミツバチは社会生活を営む昆虫である.
4 (性格が) 社交的な, 愛想のよい (sociable).
― 名 C 《古風》懇親[親睦]会; (内輪の)パーティー.
(▷ 名 socíety; 動 sócialize)

◆ **sócial clímber** C 《軽蔑》立身出世主義者, 上流階級の仲間に入りたがる人.

sócial demócracy U C 社会民主主義(国).

sócial démocrat C 社会民主主義者; [S- D-] 社会民主党員.

sócial diséase C 《婉曲・古風》性病.

sócial enginéering U 社会工学.

sócial science U C 社会科学《経済学・政治学・歴史学など》; 社会学 (sociology).

sócial scíentist C 社会科学者.

sócial secúrity U **1** [S- S-]《米》社会保障(制度). **2** 《英》生活保護 (《米》welfare).

sócial sérvice C [通例 ～s] (政府・自治体による)社会(福祉)事業, 慈善活動.

sócial stúdies [単数扱い] (小・中学校の教科としての)社会科.

sócial wòrk U 社会奉仕, 社会福祉事業.

sócial wòrker C 社会福祉指導員.

‡**so·cial·ism** [sóuʃəlìzm] 名 U 社会主義, 社会主義政策[運動]. 【関連語】capitalism 資本主義 / communism 共産主義.

‡**so·cial·ist** [sóuʃəlist] 名 C 社会主義者; [通例 S-] 社会党員(《略語》Soc., soc.).

PICTURE BOX soccer

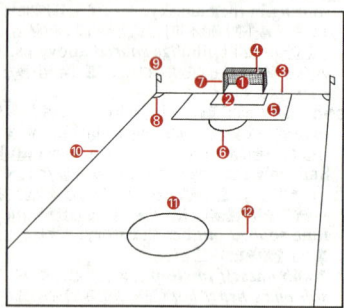

❶ goal ゴール ❷ goal area ゴールエリア ❸ goal line ゴールライン ❹ crossbar クロスバー ❺ penalty area ペナルティーエリア ❻ penalty arc ペナルティーアーク ❼ goalpost ゴールポスト ❽ corner arc コーナーアーク ❾ corner flag コーナーフラッグ ❿ touchline タッチライン ⓫ center circle センターサークル ⓬ halfway line ハーフウェーライン

pass (パスする)
dribble (ドリブルする) 
shoot (シュートする) 
take a penalty kick (ペナルティーキックをする) 
make a diving catch (ダイビングキャッチする) 
throw in (スローインをする)

socialistic

― 形 社会主義(者)の; 社会主義(政党)を支持する; 《通例 S-》社会党(員)の: the *Socialist* Party 社会党.

so·cial·is·tic [sòuʃəlístik] 形 社会主義(者)の, 社会主義的な.

so·cial·ite [sóuʃəlàit] 名 C 社交界の名士.

so·cial·i·za·tion [sòuʃəlizéiʃən / -laiz-] U
1 社会化《子供が社会の中で成長していく人格形成の過程》. 2 社会主義化.

so·cial·ize [sóuʃəlàiz] 自 (…と)つき合う, 仲よく交際する [with]; 社交的活動をする.
― 他 1 …を社会的にする; 社会に順応させる; 社交的にする. 2 …を社会主義化する; 〈産業などを〉国営 [公営] 化する. (▷ 形 sócial)

‡**so·cial·ly** [sóuʃəli] 副 1 社会的に: Bullying is not *socially* acceptable. いじめは社会的に認められない. 2 社交上; 打ち解けて, 親しく: I talk to her at work, but not *socially*. 私は彼女と仕事中には話をするが, 仕事以外では話さない.

so·ci·e·tal [səsáiətəl] 形 (活動・習慣などの) 社会の, 社会に適応した.

‡**so·ci·e·ty** [səsáiəti]
《原義は「仲間」》
― 名 (複 **so·ci·e·ties** [~z]) 1 U C 社会, 世間《文化・利害を共有する》共同体 (community): a member of *society* 社会の一員 / a civilized *society* 文明社会 / the progress of human *society* 人間社会の進歩 / Western *societies* 西欧社会 / a capitalist [socialist] *society* 資本 [社会] 主義社会.
2 C (ある目的・関心などを共有する) 協会 (association), 団体, 会, クラブ 《略語 Soc., soc.》: a medical *society* 医師会 / a drama *society* 演劇クラブ / establish a *society* 団体を設立する.
3 U 社交界 (の人々), 上流社会; 《形容詞的に》社交界の, 上流社会の: go [get] into *society* 社交界に出る / a *society* gossip 社交界のうわさ話.
4 U 《格式》交際, つき合い, 同席 (company): seek [avoid] ...'s *society* 〈人〉との交際を求める [避ける]. (▷ 形 sócial)

◆ **Society of Friends** [the ~] フレンド会 (→ QUAKER).

Society of Jesus [the ~] イエズス会.

so·ci·o- [sousiou] 結合 「社会の, 社会にかかわる, 社会的な」の意を表す: *socio*logy 社会学.

so·ci·o·e·co·nom·ic [sòusiouèkənámik, -ìkə- / -nɔ́m-] 形 社会経済の, 社会経済的な.

so·ci·o·e·co·nom·ics [sòusiouèkənámiks, -ìkə- / -nɔ́m-] 名 U [単数扱い] 社会経済学.

so·ci·o·lin·guis·tics [sòusiouliŋgwístiks] 名 U [単数扱い] 社会言語学.

so·ci·o·log·i·cal [sòusiəládʒikəl / -lɔ́dʒ-] 形 社会学的な, 社会学上の.

so·ci·ol·o·gist [sòusiálədʒist / -ɔ́l-] 名 C 社会学者.

***so·ci·ol·o·gy** [sòusiálədʒi / -ɔ́l-] 名 U 社会学.

****sock**¹ [sák / sɔ́k]
《原義は「かかとの低い靴」》
― 名 (複 **socks** [~s]) 《通例 ~s》(短い) 靴下, ソックス《ひざまで達しないもの》(cf. stocking ストッキング): a pair of *socks* ソックス1足 / put on [take off] one's *socks* 靴下を履く [脱ぐ].

■ **knóck [blów] ...'s sócks òff** 《口語》〈人〉を(すばらしさで) 驚かす, 魅了する.

púll one's sócks úp [しばしば命令文で]《英口語》奮起する, 一層頑張りする.

Pùt a sóck in it! 《英口語》静かにしろ, 黙れ.

sock² 他《口語》…を (げんこつなどで) ひどく殴る.
■ **sóck it to ...** 《古風》《人〉をぎゃふんと言わす.
― 名 C 《通例, 単数形で》《口語》一撃, 強打.

sock·et [sákit / sɔ́kit] 名 C 1 (電球の) ソケット; 《英》コンセント, (プラグの) 差し込み (《米》outlet). 2 穴, くぼみ, (解剖) (目などの) 窩(ゕ): an eye *socket* 眼窩(ゕ)《眼球の入っている骨のくぼみ》.

Soc·ra·tes [sákrəti:z / sɔ́k-] 名 ® ソクラテス《470? - 399 B.C.; 古代ギリシアの哲学者》.

So·crat·ic [səkrǽtik] 形 ソクラテス (哲学) の.

◆ **Socrátic írony** U ソクラテス的アイロニー《知らないふりをして逆に相手の無知を悟らせる方法》.

Socrátic méthod [the ~] ソクラテス式問答法《問答を繰り返して真理を見いだす》.

sod¹ [sád / sɔ́d] 名 1 C (移植用に四角に切り取った) 芝生. 2 U 芝生, 芝地.

sod² 名 C 《英俗語》 1 ばかなやつ; [同情・哀れみを表して] かわいそうな人. 2 やっかいなこと.
― 動 《英俗語》[次の成句で]
■ **Sód it!** (怒り・嫌悪などを表して) ちくしょう.
Sód óff! 出て行け.

‡**so·da** [sóudə] 名 1 U C = **sóda wàter** 炭酸水, ソーダ水《アルコール飲料などと混ぜる》(《米》club soda): a whiskey and *soda* ウイスキーのソーダ割り. 2 U C = **sóda pòp** 《米》炭酸入り清涼飲料水: orange *soda* オレンジソーダ. 3 C 《米》アイスクリームソーダ (ice-cream soda) 《ソーダ水にアイスクリームを入れた飲み物》. 4 U ソーダ《調理・洗濯に使う粉末》: baking *soda* 重曹.

◆ **sóda fòuntain** C 《米》ソーダ水売り場《炭酸飲料・軽食などを売る》.

sod·den [sádən / sɔ́dən] 形 1 水浸しの, びしょぬれの. 2 (パンなどが) 生焼けの.

so·di·um [sóudiəm] 名 U 〔化〕ナトリウム《元素記号》Na. ラテン語 natrium から》.

◆ **sódium bicárbonate** U 〔化〕重炭酸ナトリウム, 重曹 (baking soda).

sódium chlóride U 〔化〕塩化ナトリウム, 食塩.

sódium hydróxide U 〔化〕水酸化ナトリウム, 苛性(ゕ)ソーダ.

Sod·om [sádəm / sɔ́d-] 名 ® 〔聖〕ソドム《死海南岸の古代都市. 神によって焼き滅ぼされた》.

sod·om·y [sádəmi / sɔ́d-] 名 U 《古》男色, ホモ.

‡**so·fa** [sóufə] 名 (☆ 発音に注意) C ソファー (→ CHAIR 類義語, ➡ LIVING PICTURE BOX): He's sitting on the *sofa*, watching TV. 彼はソファーに座ってテレビを見ている.

◆ **sófa bèd** C ソファーベッド.

So·fi·a [sóufiə] 名 ® ソフィア《ブルガリアの首都》.

‡**soft** [sɔ́:ft / sɔ́ft]
《原義は「温和な」》
― 形 (比較 **soft·er** [~ər]; 最上 **soft·est** [~ist])
1 (ものが) 柔らかい (↔ hard, firm): a *soft*

softball

bed [pillow] ふかふかのベッド[まくら] / Gold is one of the *soft* metals. 金は柔らかい金属の1つです / That bread is *soft*. そのパンは柔らかい.
2 滑らかな, (手触りが)柔らかい, きめの細かい (↔ rough): (as) *soft* as velvet (ビロードのように)とても柔らかい / The baby has *soft* skin. 赤ちゃんは滑らかな肌をしている / This fur feels very *soft*. この毛皮はとても柔らかい.

3 (通例, 限定用法)(色・光・音などが)穏やかな, 柔らかい, 静かな: *soft* music 静かで心地よい音楽 / in a *soft* voice 穏やかな声で / *Soft* lights create a romantic atmosphere. 柔らかな光はロマンチックな雰囲気をつくり出す / The whisper was so *soft* that I could hardly hear. ささやきはとてもかすかだったのでほとんど聞き取れなかった.

4 (性格・言動などが)優しい, 寛大な, 思いやりのある, (人・行動などが)〔…に〕甘い, 厳しくない[*with*] (類義語): The government was accused of taking a *soft* line. 政府は柔軟路線を取ったために非難された / The teacher is too *soft with* his class. その先生はクラスの生徒に甘すぎる.

5 《口語・軽蔑》ほとんど努力を要しない; 困難でない, 容易な (↔ difficult): a *soft* job 楽な仕事 / He has a very *soft* life really. 彼は何不自由のない生活を送っている. **6** (気候・天候・風などが)穏やかな, のどかな (mild): a *soft* breeze そよ風 / a *soft* spring rain としとと降る春の雨.

7 (体調などが悪く)弱い, 繊細な: He's got *soft* after all these years in a desk job. 長年のデスクワークで彼は体が弱った. **8** (水が)軟水の; (飲料が)アルコール分を含まない (↔ hard): *soft* water 軟水. **9** 《英口語》ばかな, 狂った. **10** (麻薬が)習慣性のない; それほど害のない: a *soft* drug 弱い麻薬. **11** 【音声】軟音の ([s] と発音される c や [dʒ] と発音される g). (▷ 動 soften)

◆ **sóft drínk** 名UC 清涼飲料.
sóft lánding C (宇宙船などの)軟着陸.
sóft séll [the ~] 軟式販売法.
sóft spót C 《口語》特別な愛情, 好感.
sóft tóy ぬいぐるみの動物 (《米》 stuffed animal).

類義語 **soft, gentle, mild**
共通する意味▶ 優しい, 穏やかな (lacking harshness, roughness, or intensity)

soft は「激しすぎることがなく穏やかな」の意のほか, 「甘い, 手ぬるい」という意にも用いる: a *soft* character 優しい性格 / He is too *soft* with his students. 彼は学生に甘すぎる. **gentle** は「人の心を和らげ慰める」の意: a *gentle* heart 優しい心 / She gave him a *gentle* pat on the back. 彼女は彼の背中をそっとたたいた. **mild** は生来の性質を言い, gentle ほど積極的な意味はない. 単に「厳しくない, 荒々しくない」の意に用いることが多い: a *mild* criticism 穏やかな批評 / He is *mild* in disposition. 彼は気立てが優しい.

---

‡sóft・báll [sɔ́ːftbɔ̀ːl / sɔ́ft-] 名【スポーツ】U ソフトボール; C ソフトボール用のボール.

sóft-bóiled 形 (卵が) 半熟の (↔ hard-boiled).
*sóft・en [sɔ́ː fən / sɔ́ftən] (☆ 発音に注意) 動 他
1 …を柔らかくする, 滑らかにする (↔ harden): This lotion *softens* the skin. このローションは肌を滑らかにする. **2** 〈態度など〉を和らげる, 穏やかにする: Her smile *softened* his attitude. 彼女の微笑みで彼の態度が和らいだ. **3** …を弱くする, 軽減する: *soften* the blow ショックを和らげる.
— 自 **1** 柔らかくなる (*up*): Boil the potatoes until they *soften* (*up*). ジャガイモを柔らかくなるまでゆでなさい. **2** (態度などが)和らぐ, 穏やかになる. **3** 弱くなる, 弱まる.
■ **sóften úp** 他 **1** 《口語》〈人〉のご機嫌を取る. **2** 〈敵の戦力〉を(爆撃などで)弱める. (▷ 形 soft)

sóft・en・er [sɔ́ː fənər / sɔ́ft-] (☆ 発音に注意) 名
C **1** 柔らかにする人[もの]. **2** 硬水軟化剤[装置] 《硬水を軟水に変える》; (洗濯物の)柔軟仕上げ剤.

sóft-héart・ed [sɔ̀ː fthɑ́ːrtid / sɔ́ft-] 形 思いやりのある, 情け深い, 心の優しい.
sóft・ie [sɔ́ː fti / sɔ́fti] 名 = SOFTY (↓).
‡sóft・ly [sɔ́ː ftli / sɔ́ft-] 副 柔らかく, 穏やかに, 静かに; 優しく, 寛大に: She picked up the egg *softly*. 彼女は卵をそっと拾い上げた / He usually speaks *softly*. 彼はたいてい穏やかな口調で話す.

*sóft・ness [sɔ́ː ftnəs / sɔ́ft-] 名 U 柔らかいこと, 柔軟さ (↔ hardness); なごやか[穏やか]さ; 優しさ.
sóft-péd・al 動 (過去・過分 《英》 **sóft-ped・alled**; 現分 《英》 **sóft-ped・al・ling**) 《口語》他 …の調子を和らげる, 手加減をする; 抑える.
— 自 〔…を〕手加減する; 抑える [*on*].

sóft pédal 名C (ピアノの)弱音ペダル.
sóft-sóap 動他 《口語》…をおだてる.
sóft sóap 名U お世辞, 甘い言葉.
sóft-spó・ken 形 (言葉が)穏やかな; (口調が)もの柔らかな.
‡sóft・ware [sɔ́ː ftwèər / sɔ́ft-] 名U コンピュータソフトウェア (cf. hardware ハードウェア).
sóft・wood [sɔ́ː ftwùd / sɔ́ft-] 名 (松などの)軟材, 軟木(ざい); C 針葉樹 (↔ hardwood).
soft・y, soft・ie [sɔ́ː fti / sɔ́fti] 名 (複 **soft・ies** [~z]) C 《口語》 **1** 《軽蔑》体の弱々しい人; 弱虫. **2** 感傷的な人, 情にもろい人.
sog・gy [sági / sɔ́gi] 形 (比較 **sog・gi・er** [~ər]; 最上 **sog・gi・est** [~ist]) 水浸しの, びしょびしょの.
soh [sóu] 名 = SOL【音楽】ドレミ音階のソの音.
So・ho [sóuhou] 名 固 ソーホー《London の中心にある歓楽街》.
So・Ho [sóuhou] 名 固 ソーホー《New York にある地区. スタジオ・画廊などが多い; *So*uth of *Ho*uston Street の略》.
SOHO [sóuhou] 名 《略語》= *s*mall *o*ffice *h*ome *o*ffice ソーホー《自宅などを利用した小さなオフィス. その業務形態》.
**soil[1] [sɔ́il]
【原義は「地面」】
— 名 (複 **soils** [~z]) **1** U (作物が生育するための)土, 土壌: rich [fertile] *soil* 肥沃(ひよく)な土地 / poor *soil* やせた土地 / cultivate the *soil* 土地を耕す / The *soil* here is good for potatoes. ここの土はジャガイモに適している.

2 ⓊⒸ《誇張》国 (country); 土地: one's native *soil* / land on foreign *soil* 異国の地を踏む. **3** [the 〜]《誇張》農業.

soil² 動 **1**《格式》…を汚す: Put all *soiled* clothing into this basket. 汚れた衣類はみなこのかごに入れなさい. **2**〈名声・家名などを〉けがす, 傷つける. ― 自 汚れる, しみが付く.

***so·journ** [sóudʒəːrn / só-] 图Ⓒ《文語》(短期間の)滞在, 逗留(とうりゅう).
― 自《文語》(短期間)滞在する, 逗留する.

sol [sóul / sɔ́l] 图ⓊⒸ《音楽》ソ (so, soh)《ドレミ音階の5番目の音》.

Sol [sál / sɔ́l] 图 **1**《ロ神》ソル《太陽の神; → GOD 表》. **2**《文語》太陽.

sol·ace [sáləs / sɔ́l-] 图《格式》**1** Ⓤ《悲しみなどに対する》慰め, 慰安 (comfort) [for]; 〔失望などからの〕精神的な救い (from): seek *solace* in … … に救いを求める. **2** Ⓒ 慰めとなるもの [人].
― 動 他《文語》…を […で] 慰める [with].

***so·lar** [sóulər] 形 **1** 太陽の, 太陽に関する (cf. lunar 月の, sun 太陽); 太陽光 [熱] を利用した: *solar* time 太陽時 / *solar* power [energy] 太陽エネルギー / *solar* heating 太陽熱暖房.

◆ sólar cálendar [the 〜] 太陽暦.
sólar céll [báttery] Ⓒ 太陽電池.
sólar eclípse Ⓒ《天文》日食.
sólar hóuse Ⓒ ソーラーハウス.
sólar pánel Ⓒ 太陽電池パネル.
sólar pléxus Ⓒ《口語》みぞおち.
sólar sỳstem [the 〜]《天文》太陽系.
sólar yéar Ⓒ《天文》太陽年《地球が太陽を1周する時間; 365日5時間48分46秒》.

so·lar·i·um [souléəriəm] 图 (複 **so·lar·i·ums** [〜z], **so·lar·i·a** [-léəriə]) Ⓒ サンルーム, 日光浴室《◇治療のための》; 日焼けサロン.

*****sold** [sóuld] 動 **sell** の過去形・過去分詞.

sol·der [sádər / sɔ́ldə] 图 Ⓤ はんだ《金属などを接合する》.
― 動 他 …をはんだ付けする; 固く結合させる (up).
◆ sóldering íron Ⓒ はんだごて.

****sol·dier** [sóuldʒər] 图
― 图 (複 **sol·diers** [〜z]) Ⓒ **1** (陸軍の) 軍人, 兵隊《将校・兵士全員を含む》: *soldiers* and sailors 陸海軍人 / become a *soldier* 軍人になる / play at (being) *soldiers* 兵隊ごっこをする / Old *soldiers* never die. They just fade away. 老兵は死なず. ただ消え去るのみ《マッカーサー元帥の演説で有名になった軍隊の一節》. **2** (将校に対して) 兵(士), 兵卒; 下士官: a private *soldier* 兵卒 / officers and *soldiers* 将兵. **3** (主義・主張のために闘う) 戦士, 闘士.
― 動 自 兵役につく, 軍務に服する.

■ *sóldier ón* (困難に屈せず) 頑張り抜く.
◆ sóldier of fórtune Ⓒ (複 **soldiers of fortune**) 職業軍人, 傭兵(ようへい).

sol·dier·ly [sóuldʒərli] 形 軍人らしい, 勇ましい.

***sole**¹ [sóul] 形 [限定用法] **1** ただ1人 [1つ] の, 唯一の: the *sole* survivor of the accident その事故の唯一の生存者. **2** 単独の, 独占的な: the *sole* rights to translate the book 本の独占的翻訳権.

sole² 图 Ⓒ 足の裏 (→ LEG 図); 靴 [靴下] の底 (→ SHOE 図).
― 動 他 [通例, 受け身で]〈靴など〉に底を付ける.

sole³ 图 (複 **sole, soles** [〜z]) ⓇⓊ《魚》シタビラメ.

***sole·ly** [sóuli / sóulli] 副 **1** たった1人で; 単独で (alone): He was *solely* responsible for the accident. 彼だけにその事故の責任があった.
2 ただ…だけ, 単に (only): He took the job *solely* for money. 彼は金だけが目当てでその仕事を引き受けた.

****sol·emn** [sáləm / sɔ́ləm]《☆発音に注意》形 **1** (儀式などが) 厳粛な, 厳かな; 重大な; (協定などが) 公式の, 正式の: a *solemn* ceremony 厳粛な儀式 / take a *solemn* oath 正式の宣誓をする.
2 (態度・話し方などが) まじめな, しかつめらしい (→ SERIOUS 類義語): (as) *solemn* as a judge (裁判官のように) いとまじめな. (▷ 形 sólemnly).

so·lem·ni·ty [səlémnəti]《☆アクセントに注意》图 (複 **so·lem·ni·ties** [〜z]) **1** Ⓤ 厳粛, 荘重.
2 Ⓤ まじめさ, 真剣さ; まじめくさった態度. **3** Ⓒ [複数形で] 厳粛な儀式 [式典]. (▷ 形 sólemn).

sol·em·nize [sáləmnàiz / sɔ́l-] 動 他《格式》**1**〈結婚式などを〉執り行う. **2**…を厳粛にする.

***sol·emn·ly** [sáləmli / sɔ́l-]《☆発音に注意》副 厳粛に; まじめに, 真剣に; まじめくさって.

sol·emn·ness [sáləmnəs / sɔ́l-] 图 Ⓤ 厳粛さ, まじめさ.

sol-fa [sòulfáː / sɔ̀l-] 图 Ⓤ《音楽》ドレミ音階.

***so·lic·it** [səlísət] 動 他 **1**《格式》〈援助・情報など〉を熱心に求める, 懇願する; 〔人に〕…をせがむ [*from*]; 〈人〉に […を] せがむ [*for*]: *solicit* his advice 彼の助言を求める / We *solicited* aid *from* the government. = We *solicited* the government *for* aid. 私たちは政府に援助を求めた. **2** (売春婦が)〈客〉を引く.
― 自 **1** 〔人に〕熱心に求める, せがむ, ねだる [*for*]: The children *solicited for* money. 子供たちはお金をせがんだ. **2** (売春のために) 客を引く.

so·lic·i·ta·tion [səlìsətéiʃən] 图 ⓊⒸ 請願, 懇願; 誘惑, (売春婦の) 客引き.

***so·lic·i·tor** [səlísətər] 图 Ⓒ **1** 懇願者;《米》勧誘員, セールスマン. **2**《米》(町・市などの) 法務官. **3**《英》事務弁護士 (《主に訴訟の準備などに従事する; cf. barrister 法廷弁護士》.
◆ solícitor géneral (複 **solicitors general, solicitor generals**) Ⓒ [通例 the S- G-]《米》連邦法務総裁;《英》法務副総裁 (cf. attorney general 《米》司法長官;《英》法務総裁).

so·lic·i·tous [səlísətəs] 形 **1**《格式》 […を] 心配している, 気づかっている [*of, about*]. **2** […を] 切望する [*of*].

so·lic·i·tous·ly [〜li] 副 心配して, 気づかって.

so·lic·i·tude [səlísətjùːd / -tjùːd] 图 Ⓤ《格式》[…に対する] 気づかい, 配慮, 心配 [*for, about*].

****sol·id** [sálid / sɔ́l-] 形 图【原義は「中身の詰まった」】
― 形 (比較 **sol·id·er** [〜ər]; 最上 **sol·id·est**

[~ist]) **1** 固体の, 固形の: *solid* food 固形食 / *solid* fuel 固形燃料 / a *solid* body 固体 / Dry ice is carbon dioxide in its *solid* state. ドライアイスは固体状の二酸化炭素である.
2 [限定用法] 中身の詰まった, うつろでない (↔ hollow); 内容の充実した: a *solid* tire (チューブなしの)ソリッドタイヤ / a *solid* meal 食べごたえのある食事.
3 がっしりした, 頑丈な; 堅い, 堅固な (→ FIRM² [類義語]): a *solid* rock 硬い岩 / build a house on a *solid* foundation しっかりした土台の上に家を建てる.
4 [比較なし; 限定用法] 混ざり物のない, 純粋な; (色が)一様の: *solid* gold 純金 / Her dress is *solid* yellow. 彼女のドレスは黄色一色です.
5 結託した, 一致団結した: They were *solid* against the construction of the dam. 彼らはこぞってそのダムの建設に反対だった.
6 (人・企業・事実などが) 信頼[信用]できる, 堅実な, しっかりした: a *solid* friend 信頼できる友 / *solid* evidence 確かな証拠.
7 [比較なし; 限定用法] [(口語)] (時間などが) 丸まるの; (ものなどが) 連続した: She slept for eight hours *solid*. = She slept for eight *solid* hours. 彼女は丸まる8時間眠った.
8 [比較なし; 限定用法] [幾何] 立体の, 立方の.
—图 **1** ©固体. [関連語] liquid 液体, gas 気体 / fluid 流体) **2** [通例 ~s] (流動食に対して) 固形食; (液体中の) 固形物. **3** ©[幾何] 立体. (▷图 solídity; 動 solídifỳ)

sol·i·dar·i·ty [sɑ̀lədǽrəti / sɔ̀l-] 图U [...との] 結束, (一致) 団結, 連帯 *with*.

so·lid·i·fy [səlídəfài] 動 (三単現 **so·lid·i·fies** [~z]; 過去・過分 **so·lid·i·fied** [~d]; 現分 **sol·id·i·fy·ing** [~iŋ]) —他 **1** (液体など)を凝固[結晶]させる, 固める. **2** (関係・意見など)をしっかりしたものにする.
—自 **1** 凝固する; 固まる. **2** 団結する. (▷形 sólid)

sol·id·i·ty [səlídəti] 图U **1** 堅いこと, 固体性. **2** 中身が充実していること. **3** 堅実, 信頼性. (▷形 sólid)

sol·id·ly [sɑ́lidli / sɔ́l-] 副 **1** 頑丈に, 強固に. **2** しっかりと, 安定して. **3** 満場一致で, 団結して.

sól·id-státe 形 [電気] ソリッドステートの, 真空管を使わない回路の.

so·lil·o·quize [səlíləkwàiz] 動 自 (特に劇中で)独白する; 独り言を言う.

so·lil·o·quy [səlíləkwi] 图 (複 **so·lil·o·quies** [~z]) CU (特に劇中での) 独白; 独り言.

sol·ip·sism [sɑ́lipsìzəm / sɔ́l-] 图U [哲] 唯我論《自分の存在だけが認識できるという考え方》.

sol·i·taire [sɑ́ləteər / sɔ̀lətéə] 图 **1** ©(指輪などに)ひとりはめた宝石. **2** [U] (米) ソリテール((英) patience) 《1人でするトランプゲーム》.

*__sol·i·tar·y__ [sɑ́ləteri / sɔ́lətəri] 形 [限定用法] **1** 1人だけの, 独りぼっちの (→ ALONE [類義語]): a *solitary* life 1人暮らし. **2** 孤独な, 孤独を愛する: Cats are *solitary* animals. 猫は群れを作らない動物です. **3** (場所などが) 人里離れた, さびしい: a *solitary* village 人里離れた村. **4** [否定文・疑問

文で] 1つ [1人] も, 一度も: without a *solitary* word ひと言も言わずに.
—图 (複 **sol·i·tar·ies** [~z]) **1** U [(口語)] sólitary confínement 独房監禁. **2** © 世捨て人, 隠者 (hermit).

*__sol·i·tude__ [sɑ́lətjù:d / sɔ́lətjù:d] 图 **1** U 孤独, 1人でいること: live in *solitude* 1人で暮らす. **2** © さびしい場所, 僻地(ᵉᵏⁱ).

so·lo [sóulou] 图 (複 **so·los** [~z]) © **1** [音楽] ソロ, 独唱 [独奏] (曲): play a violin *solo* バイオリンの独奏をする. **2** 単独ですること; 単独演技 [飛行].
—形 **1** [音楽] ソロの, 独唱 [独奏] の: a *solo* passage of piano ピアノの独奏の1節. **2** 単独の: a *solo* flight 単独飛行.
—副 単独で; [音楽] ソロで, 独唱 [独奏] で.

so·lo·ist [sóulouist] 图 © [音楽] 独唱 [独奏] する人, ソリスト.

Sol·o·mon [sɑ́ləmən / sɔ́lə-] 图 **1** [聖] ソロモン《紀元前10世紀頃のイスラエルの王. 賢者とされる》. **2** 賢者, 賢人.

sol·stice [sɑ́lstis / sɔ́l-] 图 © [天文] 至(ˡ)《太陽が赤道から最も北 [南] へ離れる時; cf. equinox 分(ʳ)》: the summer [winter] *solstice* 夏 [冬] 至.

sol·u·ble [sɑ́ljəbl / sɔ́l-] 形 **1** [水などに] 溶ける, 溶けやすい [*in*]. **2** [(格式)] (問題などが) 解ける, 解決可能な.

*__so·lu·tion__ [səlú:ʃən]
—图 (複 **so·lu·tions** [~z]) **1** UC [問題などの] 解決; 解決法, 解答 [*of, for, to*]: the *solution* of the mystery ミステリーの解決 / a political [military] *solution* 政治 [軍事] 的解決 / arrive at a satisfactory *solution* 満足のいく解決に達する / At last he found a *solution* to the problem. ついに彼はその問題の解決法を見つけた.
2 U (水などに) 溶かす [溶ける] こと, 溶解 (dissolution). **3** UC 溶液 (mixture), 溶剤: a strong [weak] *solution* 濃 [稀] 溶液. (▷動 sólve)

*__solve__ [sɑ́lv / sɔ́lv] 【基本的意味は「...を解決する (find the answer to something)」】
—動 (三単現 **solves** [~z]; 過去・過分 **solved** [~d]; 現分 **solv·ing** [~iŋ])
—他 (問題など) を**解く**, 解明する; (困難など) を解決する: *solve* a crossword puzzle クロスワードパズルを解く / *solve* a math problem 数学の問題を解く / *solve* financial difficulties 財政難を解決する. (▷图 solútion)

sol·ven·cy [sɑ́lvənsi / sɔ́l-] 图U (負債に対する) 支払い能力, 返済できる状態.

sol·vent [sɑ́lvənt / sɔ́l-] 形 **1** 支払い能力のある. **2** 溶解力のある. —图 CU 溶媒, 溶剤.
♦ sólvent abúse U [(格式)] シンナー遊び (gluesniffing).

So·ma·lia [soumɑ́:liə] 图 ソマリア《アフリカ東部の共和国; 首都モガディシュ (Mogadishu)》.

*__som·ber__, (英) som·bre [sɑ́mbər / sɔ́m-] 形 **1** 陰気な, 憂鬱(ᵘˢ)な: in a *somber* mood 気がめいって. **2** 薄暗い; (色などが) くすんだ: the *somber* December skies どんより曇った12月の空.

som・ber・ly [~li] 副 陰気に; うす暗く.
som・bre・ro [sɑmbréərou / sɔm-] 名 (複 **som・bre・ros** [~z]) C ソンブレロ《メキシコなどで用いられるつばの広い帽子》.

some [(弱) səm; (強) sʌ́m] 形代副

❶ 形容詞

■ 数量 「いくつかの, いくらかの」(→形1)
There are <u>some</u> books on the desk.
(机の上に何冊かの本がある)
He had <u>some</u> whiskey at the party.
(彼はパーティーでウイスキーを少し飲んだ)

■ 多数の中の一部 「いくつかの, いくらかの」(→形2)
<u>Some</u> people like snakes.
(中には蛇の好きな人たちもいる)

■ 単数名詞に付けて 「ある…」(→形3)
I've read about it in <u>some</u> magazine.
(私はある雑誌でそれを読んだことがある)

■ 程度 「かなりの, 相当な」(→形4)
It requires <u>some</u> effort. (それには相当な努力がいる)

❷ 不定代名詞

■ 数量 「いくつか, 何人か」(→代1)
What beautiful roses! I'll buy <u>some</u>. (なんて美しいバラなんでしょう. 何本か買いますよ)

■ 多数の中の一部 「何人かの人, いくつかのもの」(→代2)
<u>Some</u> like snakes and others hate them.
(蛇が好きな人もいれば嫌いな人もいる)

❸ 副詞 「約」(→副1)
He died <u>some</u> fifty years ago.
(彼は50年ほど前に亡くなった)

―― 形《比較なし; 限定用法》 **1** [数量] **いくつかの**, いくらかの《◇可算名詞の複数形と共に用いるときは「数」を, 不可算名詞と共に用いるときは「量」を表す》: I saw *some* ships on the sea. 海上に船が数隻見えた / They want *some* bread and *some* milk. 彼らはパンと牛乳を欲しがっている《◇特に日本語に訳さないことが多い》.

語法 *some* と *any* の使い分け
(1) [肯定文] *some* が原則だが, 「どんな…でも」の意を表すときは「*any* + 単数可算名詞」を用いる: He has *some* boiled eggs and *some* milk for breakfast. 彼は朝食にゆで卵を食べ, 牛乳を飲む / *Any* child can do that. それはどんな子供でもできます.
(2) [疑問文・**if** [**whether**] 節中] *any* が原則だが, yes の返事を期待する念押しの問いや, 勧誘・依頼を表す文では *some* を用いる: Do you have *any* children? お子さんはいらっしゃいますか / He asked her if she had *any* children. 彼は彼女に子供がいるかどうか尋ねた / Don't you have *some* children? お子さんが何人かいらっしゃいませんでしたか(= You have *some* children, don't you?) / Would you like *some* fruit? 果物はいかがですか / Will you give me *some* one-yen coins? 1円玉を何枚かください.
(3) [否定文] *any* を用いる: We can't see *any* stars tonight. 今夜は星が見えません / He did it without *any* difficulty. 彼は何の苦もなくそれをやってのけた.
(4) [条件節] *any* が原則だが, 「その通りだろう」または「そうあってほしい」という話者の推測や期待が含まれる場合は *some* を用いる: If you need *any* help, let me know. もし手伝いが必要なら私に言ってください《◇手伝いが必要かどうか不明》 / If you need *some* help with your homework, let me know. 宿題のことで手伝いが必要なら私に言ってください《◇手伝いが必要だろうという推測を含む》.

2 [多数の中の一部] **いくつかの**, いくらかの, 中には…のもの[人] もある《◇ all や others と対照して用いていることが多い》: *Some* people like traveling in a group; others like traveling alone. 団体旅行が好きな人もいれば, 一人旅が好きな人もいる / All Americans are not Christians; *some* Americans do not believe in any religion. アメリカ人がみなキリスト教徒とは限らない, どんな宗教も信じない人もいる / I know *some* songs by that singer, but not all. 私はその歌手の歌をいくつかは知っているが, すべては知らない.

3 [単数名詞に付けて] **ある**…, 何かの (a certain)《◇「だれ」であるかはっきりとわからないときや, はっきり言いたくないときに用いる》: He went to the movies with *some* young girl. 彼はある若い女性と映画に行った / She is now staying at *some* hotel in London. 彼女は現在ロンドンのあるホテルに滞在中です / For *some* reason he did not attend the meeting. 何かの理由で彼はその会に出席しなかった.

4 [sʌ́m] [程度] **かなりの**, 相当な: He had *some* trouble giving up smoking. 彼はたばこをやめるのに相当苦労した / He made *some* money in that business. 彼はその商売で相当の金をもうけた.

5 [sʌ́m] 《口語》たいした, すごい; [文頭の名詞に付けて] 《皮肉》ひどい, とんでもない: It was *some* party. たいした盛会だった / Wasn't that *some* game? すごい試合だったねえ / *Some* brother you are not to help me at all! 弟のぼくを全然助けてくれないなんてたいした兄だね[ひどい兄だ].

■ **sòme óne** **1** だれか1人, どれか1つ. **2** = SOMEONE (↓).

sóme ... or óther [anóther] …か何か, …かだれか: Let's meet again *some* day next week *or other*. 来週のいつかまたお会いしましょう.

— 代(◇用法は形 1 に準じる)[不定代名詞]
1 [数量] **いくつか**, 何人か, いくらか: *Some* failed in the exam. 何人かが試験に落ちた / I don't have any pencils. Can you lend me *some*? 私は鉛筆を1本も持っていません. 私に何か貸してください / Do you have any interest in judo? — Yes, I have *some*. 柔道に興味がありますか — はい, 多少あります.

[語法] 可算名詞の複数形または不可算名詞の反復を避けるために用いる. 可算名詞の単数形の反復を避けるには one を用いる (→ ONE 代 1 [語法] (1)).

2 [多数の中の一部; 複数扱い] 何人かの人, いくらかのもの (◇ others と対照して用いることが多い): You can take *some* of these apples. このリンゴをいくつか取っていいですよ / *Some* are cheerful and *some* are otherwise. 朗らかな人もいるし, そうでない人もいる / *Some* can't sleep well if they change pillows; others don't mind it. まくらが違うとよく眠れない人もいれば, 気にしない人もいる.

— 副 **1** [数詞に付けて] 約 (about): We ran *some* ten miles. 私たちは約 10 マイル走った / *Some* fifty families lost their houses because of the typhoon. 約50の家族が台風で家を失った. **2** [米口語] いくらか, 多少 (somewhat); ひどく, 激しく: I am *some* better this morning. けさは多少いい気分です / She likes him *some*. 彼女は彼が大好きです.

-some [səm] [接尾] **1** 「…を引き起こす, …の傾向のある, …の性質の」などの意を表す形容詞を作る: tire*some* 飽きがきする / trouble*some* やっかいな. **2** 数詞に付けて「…の組[群れ](の)」の意を表す名詞・形容詞を作る: two*some* 2人組 (の).

‡**some・body** [sʌ́mbàdi / -bàdi] 代名

— 代[不定代名詞] **ある人**, だれか: *Somebody* is in my room. だれかが私の部屋にいる / I know *somebody* who knows computers well. 私はコンピュータに詳しい人を知っている.

[語法] (1) someone と同じ意味だが, somebody のほうがやや口語的.

(2) somebody [someone] と anybody [anyone] の使い分けは some と any の使い分けと同じ (→ SOME 形[語法]).

(3) somebody [someone] は単数扱いだが, 《口語》では they で受けることが多い: After the rain has stopped, *somebody* leaves *their* [his or her] umbrella behind. 雨がやむとだれかが傘を忘れる.

(4) somebody [someone] を修飾する形容詞はあとに付ける: *Somebody* tall suddenly came out. 背の高い人が急に出て来た.

■ ... *or sómebody* …かだれか (→ OR 成句).
sómebody or òther だれか (知らない人).

— 名(複 **some・bod・ies** [~z]) [C] [通例, 無冠詞で] ひとかどの人物, 偉い人: I am sure he will be *somebody* in the future. 彼は将来きっと大物になるだろう.

‡**some・day, some day** [sʌ́mdèi] 副 (未来の) いつか, 後日 (◇過去の「いつか」には one day, the other day などを用いる): *Someday* you'll realize what you've lost. いつの日か何を失ったかがわかるだろう.

‡**some・how** [sʌ́mhàu]

— 副[比較なし]《口語》**1** [肯定文で] **何とかして**, どうにか: I have to finish my homework *somehow*. 何とかして宿題を終わらせなくてはならない / They managed to reach the top *somehow*. 彼らはどうにか頂上にたどり着くことができた. **2** [文修飾] どういうわけか, なぜか, 何となく: *Somehow* I'm very tired today. なぜかきょうはとても疲れ/ている.

■ *sómehow or òther* 何とかして.

‡**some・one** [sʌ́mwʌ̀n]

— 代[不定代名詞] **ある人**, だれか (◇用法については→ SOMEBODY [語法]): *Someone* made a big snowman in the park. だれかが公園に大きな雪だるまを作った / *Someone* is playing the guitar. だれかがギターを弾いている.

■ *sómeone or òther* だれか (知らない人).

some・place [sʌ́mplèis] 副《主に米》どこかに, どこかで (somewhere).

som・er・sault [sʌ́mərsɔ̀ːlt] 名[C] 宙返り, とんぼ返り; 《比喩》(態度・意見などの)急変: turn [do] a *somersault* 宙返り[とんぼ返り]をする.

— 動 [自] 宙返り[とんぼ返り]をする.

Som・er・set [sʌ́mərsèt] 名 固 サマセット《England 南西部の州》.

‡**some・thing** [sʌ́mθiŋ] 代名副

— 代[不定代名詞][単数扱い] **1** **何か**, あるもの[こと]: He had *something* in his pocket. 彼はポケットの中に何か入れていた / I've got *something* to give you. あなたにお渡しするものがあります / *Something* is wrong with this computer. このコンピュータはどこか調子が悪い / Do you have *something* to eat? 何か食べるものをお持ちですか.

[語法] (1) something と anything の使い分けは some と any の使い分けと同じ (→ SOME 形[語法]).

(2) something を修飾する形容詞はそのあとに付ける: The girl believes Santa Claus will bring her *something* nice this year, too. その女の子はサンタクロースが今年もまた何かすてきなものを持って来てくれると信じている.

2 いくらか, 多少, 相当: I know *something* about classical music. 私はクラシック音楽のことなら多少は知っている.

3 …何とか《数字・人名などをあいまいに, 一部不明のまま言う場合に用いる》: They married in nineteen eighty *something*. 彼らは1980何年かに結婚した / Her name was Judy *something*. 彼女の名前はジュディーなにがしだった.

■ *hàve sómething to dò with ...* …といくらか関係がある.

màke sómething of ... **1** …を活用する: *make something of* four years in college 大

学での4年間を活用する. **2** …を重要視する.
... or sómething …か何か (→ OR 成句).
sómething élse 1 何かほかのもの. **2**《口語》実にすてきなもの[人].
sómething líke ... → LIKE² 成句.
sómething of a ...《口語》かなりの…, 相当な…: He is *something of an* optimist. 彼はかなりの楽天家である.
sómething or òther 何か(知らないもの).
Sómething télls me that ...《口語》たぶん…ではないかと思う, …という気がする.

— 名 **1** Ⓤ重要なもの[人], たいしたこと[人]: He is really *something*. 彼は本当にたいした人物です / It is *something* that nobody got hurt. だれもけがをしなかったのは結構なことです.
2 Ⓤ(多分の)真理, 真実: There is *something* in what he says. 彼の言うことには一理ある.
3 Ⓒあるもの; 何かちょっとしたもの: I'll give you a little *something*. あなたにちょっとしたものをあげよう.

— 副 いくらか, やや;《口語》かなり, とても.

*some・time [sʌ́mtàim] 副《◇《英》ではしばしば some time と2語でつづる》**1** (未来の)いつか, そのうち: Why don't you come and see us *sometime*? いつか遊びに来ませんか. **2** (過去の)いつか, ある時: This house was built *sometime* around 1910. この家は1910年頃に建てられた.
■ **sómetime or òther** 遅かれ早かれ.
— 形 [限定用法]《格式》かつての, 以前の, 元…: a *sometime* boxer 元ボクサー.

some・times [sʌ́mtàimz]

— 副 [比較なし] **時々**, 時には (at times) (→ ALWAYS 語法): *Sometimes* I come by car, but usually by train. 時々私は車で来ますがふだんは電車です / My son is *sometimes* late for school. 息子は時々学校に遅刻する / Do you *sometimes* eat out? 時々外食をしますか.

some・way [sʌ́mwèi] 副《米口語》何とかして (somehow).

some・what [sʌ́mhwὰt / -wὰt]

— 副 [比較なし] **幾分**, やや (slightly): She was *somewhat* surprised at their marriage. 彼女は彼らの結婚に幾分驚いた / It is *somewhat* chilly today. きょうは少し肌寒い.
■ **móre than sómewhat**《英》非常に.
sómewhat of ...《口語》どちらかというと…, ちょっとした…: He is *somewhat of* a scholar. 彼はちょっとした学者です.

some・where [sʌ́mhwèər / -wèə]

— 副 [比較なし] **1 どこかに**, どこかで[へ]《主に米》someplace): He should be *somewhere* in this building. 彼はこの建物のどこかにいるはずです / I think I've seen you *somewhere* before. 以前あなたにどこかでお会いしたと思うのですが / Are you going *somewhere* over the summer vacation? 夏休みにどこかに行くのですか[行きますよね].

語法 (1) somewhere と anywhere の使い分けは some と any の使い分けと同じ (→ SOME 形 語法).
(2) somewhere を修飾する形容詞はそのあとに付ける: I want to go *somewhere* quiet. どこか静かな所に行きたい.

2 (時間・数量・年齢などが)およそ…, …ほど, …頃: *somewhere* between 70 and 80% of the population 人口のおよそ70から80パーセント / This temple was built *somewhere* around 800. この寺は800年前後に建てられた.
■ **gèt sómewhere** どうにかなる; 成功する.
... or sómewhere …かどこか (→ OR 成句).
sómewhere or òther どこかで.

som・me・lier [sὰməljéi / sɔméliə]【フランス】名 Ⓒソムリエ《レストランなどで客のワイン選びを手助けする人》.

som・no・lent [sʌ́mnələnt / sɔ́m-] 形《文語》**1** 眠い, うとうとする. **2** 眠気を誘う[催すような].

***son [sʌ́n](☆同音 sun)

— 名 (複 sons [~z]) Ⓒ **1** 息子 (cf. daughter 娘; → FAMILY 図): one's *son* and heir 跡取り息子 / Ben is our only *son*. ベンは私たちの一人息子です.
2 [通例 ~s] (男の) 子孫 (descendants): the *sons* of Adam アダムの子孫, 人類.
3《文語》[...の]子, 一員 [*of*]: a *son* of the soil 農民.
4 [呼びかけ]《口語》(息子に対して) おまえ, (年少者に対して) 君, おい: What's the matter with you, *son*? おい, どうしたんだ.
5 [the S-]《キリスト》神の子, (三位一体の第二者としての) キリスト.
■ **són of a bítch**(複 **sons of bitches**)《主に米俗語》**1**《軽蔑》(むかつく) やつ, (この) 野郎《◇男性に対する侮蔑(ぶつ)の言葉;《略語》S.O.B., SOB).
2 [間投詞的に] ちくしょう, くそっ.
són of a gún(複 **sons of guns**)[呼びかけ; you 〜で]《主に米・古風》やつ, お前《◇親しみを表す》;《婉曲》= son of a bitch.
Són of Gód [Mán] [the 〜] 神[人]の子《◇キリストのこと》.

so・nar [sóunɑ:r] 名 ⓊⒸソナー, 水中音波探知機《◇ sound navigation ranging の略》.

*so・na・ta [sənɑ́:tə] (☆発音に注意) 名 Ⓒ《音楽》ソナタ, 奏鳴曲.

***song [sɔ́:ŋ / sɔ́ŋ]

— 名 (複 songs [~z]) **1** Ⓒ **歌; 歌曲**: a collection of folk *songs* 民謡集 / a popular [pop] *song* ポップソング, 流行歌 / a love *song* ラブソング / What is your favorite *song*? あなたの大好きな歌は何ですか.

コロケーション 歌を…
歌を歌う: ***sing*** a *song*
歌を (CDなどで) かける: ***play*** a *song*
歌を作曲する: ***compose*** [***write***] a *song*

2 Ⓤ歌うこと: My father suddenly burst into *song*. 父は突然歌い出した. **3** ⓊⒸ(小鳥などの)

鳴く声, さえずり: the *song* of a skylark ヒバリのさえずり. **4** ⓤⓒ 詩歌, 韻文(短い)詩.
■ *a sóng and dánce* **1** (米口語)言い逃れ(の文句). **2** (英口語)(不必要な)大騒ぎ.
for a sóng (口語)ただ同然で, 二束三文で.

song·bird [sɔ́ːŋbə̀ːrd / sɔ́ŋ-] 名 ⓒ 鳴き鳥, 鳴鳥(㍇)《ツグミ・ヒバリなど》.

song·book [sɔ́ːŋbùk / sɔ́ŋ-] 名 ⓒ (唱)歌集.

song·ster [sɔ́ːŋstər / sɔ́ŋ-] 名 ⓒ 《文語》 **1** 鳴き鳥 (songbird). **2** 歌手.

song·stress [sɔ́ːŋstrəs / sɔ́ŋ-] 名 ⓒ 《文語》女性歌手, 歌姫.

song·writ·er [sɔ́ːŋràitər / sɔ́ŋ-] 名 ⓒ ソングライター, (流行歌などの)作曲 [作詞] 家.

son·ic [sánik / sɔ́n-] 形 音の, 音響の; 音波の: *sonic* waves 音波.
◆ **sónic bóom** [《英》**báng**] ⓒ ソニックブーム, 衝撃波音 《超音速機が生じる衝撃波の爆音》.

són-in-làw [sʌ́n-] 名 (複 **sons-in-law, son-in-laws**) ⓒ 娘の夫, 婿(㍇) (cf. daughter-in-law 息子の妻, 嫁). → FAMILY 図.

son·net [sánit / sɔ́n-] 名 ⓒ ソネット, 14行詩.

son·ny [sáni] 《☆同音 **sunny**》 名 (複 **son·nies** [~z]) ⓒ (古風) 坊や《◇年長者からの呼びかけ》.

so·nor·i·ty [sənɔ́ːrəti / -nɔ́r-] 名 ⓤ 鳴り響くこと;《音声》(音(㍇)の)聞こえ.

so·no·rous [sənɔ́ːrəs / sɔ́nərəs-] 形 **1** 鳴り響く, 響きわたる; 朗々とした. **2** (演説・文体などが)格調の高い, 堂々とした.

so·no·rous·ly [~li] 副 響きわたって; 朗々として.

***soon** [súːn]
— 副 (比較 **soon·er** [~ər]; 最上 **soon·est** [~ist]) **1 まもなく, すぐに; やがて** (→類義語): My sister will *soon* be home. 姉はもうすぐ帰って来ます / I must be going *soon*. 私はすぐにおいとまれしなければなりません / There was an earthquake *soon* after six o'clock. 6時少し過ぎに地震があった / See you *soon*. また会いましょう.
2 早く, (予定より) 早めに: The *sooner* the better. 早ければ早いほどよい / We arrived too *soon*. 私たちは早く着きすぎた / Must you leave so *soon*? もうお帰りにならなければいけないのですか / How *soon* will we get to the airport? 空港へはどのくらいで着くでしょうか.
■ *as sóon as* ... …するとすぐに, …するやいなや: Get in touch with me *as soon as* you get any information. 何か情報をつかんだらすぐに私に連絡しなさい.
as sóon as póssible [*one cán*] できるだけ早く(《略語》asap): Please get the report finished *as soon as possible*. できるだけ早くレポートを仕上げてください.
at the sóonest いくら早くても.
nò sóoner ... than ~ …するとすぐに~: He had *no sooner* gone to bed *than* he fell asleep. 彼は床につくとすぐに寝入った (= As soon as he went to bed, he fell asleep.).
語法 *no sooner ... than ~*, *hardly* [*scarcely*] *... when* [*before*] *~*

(1) 通例, ... には過去完了が, ~には過去形が来る.
(2) *no sooner* や *hardly, scarcely* が強調のために文頭に出ることがある. この場合, あとの主語と述語動詞が倒置される: *No sooner* had they sat down *than* they found it was time to go. 彼らが座るとすぐに出発の時間になった.
sóoner or láter 遅かれ早かれ, 結局は: She'll phone you *sooner or later*. 彼女はそのうち電話してくるよ.
would (*jùst*) *as sóon* ... (*as ~*) (~するより) むしろ…したい: I'd *just as soon* read a book *as* watch TV. テレビを見るより本を読みたい.
*would sóoner ... *(*than ~*) (~するより) むしろ…したい: I'd *sooner* die *than* take part in the plot. 陰謀に加担するくらいなら死んだほうがまし.

類義語 **soon, presently, shortly**
共通する意味▶ すぐに (after a short time)
soon は基準となる時点から「あまり間隔を置かずに」の意を表す: I called and he *soon* appeared. 私が呼んだらじきに彼はやって来た.
presently は soon より《格式》.《米》では「目下, 現在」の意で用いるほうが一般的: The show will begin *presently*. ショーはまもなく始まります. **shortly** は特に「ある出来事に続いて」の意を表す: She died *shortly* after your birth. 彼女はあなたが生まれたすぐあとに死んだ.

soot [sút] 名 ⓤ すす, 煤煙(㍇).

***soothe** [súːð] 動 他 **1** 〈人・動物〉をなだめる, 慰める;〈感情〉を落ち着かせる (*down*): *soothe* ...'s anger 〈人〉の怒りをなだめる. **2** 〈苦しみ・痛みなど〉を和らげる, 取り除く: This medicine will *soothe* your sore throat. この薬であなたののどの痛みが和らぐでしょう.

sooth·ing [súːðiŋ] 形 気持ちを落ち着かせる; 痛みを和らげる: *soothing* music 心が落ち着く音楽.

sooth·ing·ly [súːðiŋli] 副 なだめるように; 和らげるように.

sooth·say·er [súːθsèiər] 名 ⓒ (古) 予言者; 占い師.

soot·y [súti] 形 (比較 **soot·i·er** [~ər]; 最上 **soot·i·est** [~ist]) すすだらけの; すすけた, 黒ずんだ.

sop [sáp / sɔ́p] 名 ⓒ **1** (通例, 単数形で) 「…の機嫌を取るための」もの, わいろ (*to*). **2** ソップ《スープなどに浸して食べるパン切れなど》.
— 動 (三単現 **sops** [~s]; 過去・過分 **sopped** [~t]; 現分 **sop·ping** [~iŋ]) 他 **1** 〈パン切れなど〉を浸す. **2** 〈液体〉を (布などで) 吸い取る (*up*).

So·phi·a [soufíːə / -fáiə] 名 固 ソフィア (◇女性の名;《愛称》Sophie, Sophy).

so·phis·ti·cate [səfístəkèit, -kət] 名 ⓒ 《格式》教養のある人, 知識人;(都会的に)洗練された人.

***so·phis·ti·cat·ed** [səfístəkèitid] 形 **1** (ふるまい・服装などが) 洗練された, 教養のある; (悪い意味で) 世慣れた, 世間ずれした人: *sophisticated* tastes 洗練された趣味. **2** (機械などが) 精巧な, 複雑な: *sophisticated* techniques 高度な技術.

so·phis·ti·ca·tion [səfìstəkéiʃən] 名 ⓤ **1** 教養, 洗練; 世慣れていること. **2** 精巧さ.

soph·ist·ry [sάfistri / sɔ́f-] 名 (複 **soph·ist·ries** [~z]) (格式) U 詭弁(ぎん)を弄(ろう)すること; C 詭弁, へ理屈.

Soph·o·cles [sάfəkli:z / sɔ́f-] 名 固 ソフォクレス《496?‐406? B.C.; 古代ギリシャの三大悲劇詩人の1人》.

soph·o·more [sάfəmɔ̀:r / sɔ́f-] 名 C 《米》(4年制高校・大学の)2年生 (→ FRESHMAN 関連語).

sop·o·rif·ic [sὰpərífik / sɔ̀p-] 形 《格式》眠気を誘う, 催眠性の: a *soporific* drug 睡眠薬.

sop·ping [sάpiŋ / sɔ́p-] 形 ずぶぬれの, びしょびしょの; [副詞的に] びしょびしょに: be *sopping* wet ずぶぬれである.

sop·py [sάpi / sɔ́pi] 形 (比較 **sop·pi·er** [~ər]; 最上 **sop·pi·est** [~ist]) 1 《英口語》(人・物語などが)涙もろい, 感傷的な; 愚かな. 2 《英口語》[...に] 甘い, 弱い [about, on]. 3 びしょぬれの.

***so·pra·no** [səpránou / -práːn-] 名 (複 **so·pra·nos** [~z]) [音楽] 1 UC ソプラノ《女性・少年の声の最高声域》. 2 C ソプラノ歌手.
— 形 ソプラノの.

sor·bet [sɔ́:rbit / -bei] 名 UC 《英》シャーベット (《米》sherbet).

Sor·bonne [sɔ:rbάn, -bάn / -bɔ́n] 名 固 [the ~] ソルボンヌ大学《パリ第4大学の通称》.

sor·cer·er [sɔ́:rsərər] 名 C 魔法使い.

sor·cer·ess [sɔ́:rsərəs] 名 C 女魔法使い.

sor·cer·y [sɔ́:rsəri] 名 U 魔法, 魔術.

***sor·did** [sɔ́:rdid] 形 1 (場所・環境などが) 汚い, 不潔な. 2 (人・行動などが) 浅ましい; 強欲な.

‡**sore** [sɔ́:r] (☆ 同音語 soar) 形 (比較 **sor·er** [sɔ́:rər]; 最上 **sor·est** [sɔ́:rist]) 1 (触れると) 痛い, ひりひりする; (けがなどが) ずきずき痛む: My muscles are *sore* from running. 走ったので筋肉が痛い / I've got a cold and a *sore* throat. 私はかぜを引いてのどが痛い. 2 (心が) 痛む; 悲しい, 悲嘆に暮れた: with a *sore* heart 悲しみに暮れて. 3 [叙述用法]《主に米口語》[人に / もの・ことに] 怒っている [at / about, over]: Don't get *sore* at me. 私に怒らないでください. 4 [限定用法] 重大な, 深刻な; 激しい, ひどい: be in *sore* need ひどく窮乏している.

■ *a sóre póint* [*spót*] (人の) 弱み, 触れられたくない話題.

— 名 C 1 触れると痛い所《傷・はれものなど》. 2 いやな思い出; 心配事.

sore·ness [~nəs] 名 U 痛み, 苦痛.

sore·ly [sɔ́:rli] 副 非常に, きわめて: Your help is *sorely* needed. あなたの援助がぜひ必要です.

sor·ghum [sɔ́:rgəm] 名 U 1 [植] モロコシ. 2 モロコシシロップ.

so·ror·i·ty [sərɔ́:rəti / -rɔ́r-] 名 (複 **so·ror·i·ties** [~z]) C 《米》(女子学生の)社交クラブ (cf. fraternity (男子学生の) 社交クラブ》.

sor·rel [sɔ́:rəl / sɔ́r-] 名 U [植] スイバ, ギシギシ(の類), カタバミ (の類).

*****sor·row** [sάrou, sɔ́:r- / sɔ́r-] 名 動 【原義は「心配」】
— 名 (複 **sor·rows** [~z]) 1 U [...に対する] 悲しみ, 悲痛 [at, for, over] (→ 類義語): We are in *sorrow* over his death. 私たちは彼の死を悲しんでいます / We felt deep *sorrow* at the news. 私たちはそのニュースを聞いて深く悲しんだ.

2 C [しばしば ~s] 悲しいこと; 悲嘆の原因; 不幸, 難儀: the joys and *sorrows* of life 人生の喜びと悲しみ.

3 U [...に対する] 後悔, 残念, 遺憾(かん) (regret) [*for*]: He expressed his *sorrow* for the decision. 彼はその決定に対して遺憾の意を表した.

■ *to* ...'s *sórrow* = *to the sórrow of* ... ...にとって悲しいことには: *To my* great *sorrow* [Much *to my sorrow*], she never recovered from her illness. 私にとってとても悲しかったことに, 彼女は病気が治らなかった.

— 動 (自) 《格式》[...を] 悲しむ, 気の毒に思う, 嘆く [*at, for, over*].

【類義語】**sorrow, grief, sadness**
共通する意味▶悲しみ (a distressed state of mind)
sorrow は長く続く「深い悲しみ, 残念さ」の意: He drowned his *sorrow* in drink. 彼は悲しみを酒で紛らした. **grief** は sorrow よりもさらに「深い悲しみ」の意, しばしば死に対する悲しみを表す: She felt *grief* at her grandfather's death. 彼女は祖父の死を悲しんだ. **sadness** は「軽度の憂さ」から「深い悲しみ」まであらゆる程度の悲しみに用いる: They experienced deep *sadness* over their son's death. 彼らは息子の死に深い悲しみを覚えた.

***sor·row·ful** [sάrouful, sɔ́:r- / sɔ́r-] 形 《文語》 1 悲しんでいる, 悲嘆に暮れている; (表情などが) 悲しそうな: His face looked *sorrowful*. 彼の顔は悲しげだった. 2 (物事が) 哀れな, 悲しみを誘う: a *sorrowful* sight 痛ましい光景.

sor·row·ful·ly [-fəli] 副 悲しんで; 悲しそうに.

******sor·ry** [sάri, sɔ́:ri / sɔ́ri] 形 間 【原義は「心が痛い」】
— 形 (比較 **sor·ri·er** [~ər]; 最上 **sor·ri·est** [~ist])《◇比較変化は 4 のみ》 1 [比較なし; 叙述用法] (a) [行為を] すまなく思って; 後悔して [*for, about*] (➡ 次ページ LET'S TALK): I'm terribly [awfully, so] *sorry*. 本当にすみません / He was *sorry* about giving her a lot of trouble. 彼は彼女に大変な面倒をかけてすまないと思った / I'm really *sorry* for taking a lot of time. 時間がかかってしまい, 本当に申し訳ありません. (b) [be sorry + to do] ...してすまなく思う: *I'm sorry to* trouble you, but would you mail this letter for me? 面倒をかけてすみませんが, この手紙を投函してくださいませんか. (c) [be sorry + (that) 節] ...ということをすまなく思う: I'm *sorry* (*that*) I'm so late. こんなに遅れてすみません.

2 [比較なし; 叙述用法] (a) [人が / ことが] 気の毒で, かわいそうで [*for / about*]: I'm very *sorry about* your misfortune. あなたのご不幸を本当にお気の毒に存じます / He felt *sorry for* the refugees. 彼は難民を気の毒だと思った / My

father died two years ago. – Oh, I'm *sorry*. 父は2年前に亡くなりました－まあ、それはお気の毒に. (b) [be sorry+to do] …して気の毒に思う、かわいそうに思う (➡ BAD [LET'S TALK]): I *was sorry to* hear that your dog had died. あなたの犬が死んだと聞き、お気の毒に思いました. (c) [be sorry+that 節] …ということを気の毒に思う: I'm *sorry (that)* he didn't pass the exam. 彼が試験に落ちて気の毒に思います.
3 [比較なし；叙述用法] (a) 残念で、遺憾で (◇断り・言い訳などの儀礼的表現): I'm *sorry*, but I can't join you. 残念ですがご一緒できません. (b) [be sorry+to do] …することを残念に思う、残念ながら…する: I'm very *sorry to* say this. このことを申し上げるのはとても残念です. (c) [be sorry+that 節] …ということを残念に思う: I'm *sorry (that)* she won't come. 彼女が来ないのは残念です.
4 [限定用法] みじめな、哀れな、貧弱な: education in a *sorriest* state まったくお粗末な状況にある教育 / He was a *sorry* sight in his dirty clothes. 彼は汚れた服を着てみすぼらしい姿だった.
— [間] **1** すみません、失礼、ごめんなさい (◇人に謝るときに言う): *Sorry*, he's out now. すみません、彼は今外出中です / You are stepping on my foot. – *Sorry*! Are you OK? 私の足を踏んでいますよ－すみません、大丈夫ですか.
2 [主に英] 何とおっしゃいましたか、すみませんがもう一度 (言ってください) (Pardon?) (◇聞き返しの表現. 上昇調で発音する) / *Sorry?* I couldn't hear you. 何とおっしゃいましたか. 聞こえませんでした.

***sort** [sɔ́ːrt]
[名][動] [原義は「運」]
— [名] (複 **sorts** [sɔ́ːrts]) [C] **1** 種類、タイプ、たぐい (◇ kind より口語的; 用法は kind と同じ; → KIND¹ [語法]): There are different *sorts* of people [people of every *sort*] in New York. ニューヨークにはいろいろな [あらゆる] 種類の人間がい

る / Tom is not the *sort* of man to tell a lie. トムはうそをつくような人ではない / I like this *sort* of music. 私はこの手の音楽が好きです.
2 [通例、単数形で; 形容詞を伴って] 《口語》(性格などが) …な種類の人: Bob is a good [generous] *sort*. ボブはいい [寛大な] 人です / I don't think she is the right *sort* for the part. 彼女がその役に適当だと私は思わない. **3** 『コンピュータ』ソート《データをある条件で並べ換えること》.
■ **àll sórts of …** いろいろな…；あらゆる種類の…: *All sorts of* cars were exhibited there. あらゆる種類の車がそこに展示されていた.
a sórt of … 一種の…、…のようなもの: This is *a sort of* weapon. これは一種の武器です.
of a sórt = of sórts **1** どうにか…と言える；二流の: She speaks French *of a sort*. 彼女はどうにかフランス語を話す. **2** 一種の、いわば.
òut of sórts 元気がない、気分が悪い；機嫌が悪い.
sórt of [副詞的に; 通例、形容詞・動詞の前に付けて] 《口語》幾分、多少 (◇ sorta とつづることもある): It's *sort of* hot and humid. 幾分むし暑い / I *sort of* expected that to happen. 私はいくらかそれが起きることを予期していた.
— [動] [他] **1** 〈もの〉を […から] 分類する、仕分ける (classify) [*from*]: *sort* the books into the alphabetical order of the authors' names 本を著者名のアルファベット順に並べ換える. **2** 『コンピュータ』〈データ〉をソートする.
■ **sórt onesèlf óut** (人が) 正常な状態に戻る.
sórt óut [他] **1** 〈もの〉を分類する、えり分ける: They *sorted out* the good oranges from the bad ones. 彼らはよいオレンジと傷んだものとをえり分けた. **2** 〈問題など〉を解決する. **3** 《英》〈人〉をたたきのめす.

sort-a [sɔ́ːrtə] [副] 《米俗語》= sort of (SORT [名] 成句) (↑).

sor·tie [sɔ́ːrti] [名][C] **1** 『軍』(被包囲軍の) 突撃、出撃、(戦闘機の) 単independentlyの出撃. **2** (不慣れな場所への)

LET'S TALK 謝罪の言葉

[基本] I'm sorry.

Miho: I'm sorry I have kept you waiting.
　　　(お待たせしてすみません)

Bill: That's all right.
　　　(いいんですよ)

相手に迷惑をかけたと思ったら、I'm sorry. (すみません) と言って謝りましょう. 親しい間柄では、Sorry. と言うだけでもかまいません. 誰かにぶつかったり、足を踏んでしまったときには、《米》では Excuse me. (ごめんなさい) と言うこともあります. I apologize. (おわびします) または Please forgive me. (お許しください) と言うこともできますが、格式ばった表現です.
　謝っている相手に「いいんですよ」と答えるには、That's all right. のほかに、That's OK. または Forget it. などがあります.

[類例] A: I made a big mistake the other day. I apologize.
　　　　(先日は大きな間違いをしました. おわびします)
　　　B: Please forget it. (いいんですよ)

小旅行, (未知の分野への)進出.

SOS [ésoués] 名 (複 SOSs, SOS's [~iz]) C
1 [単数形で] (特に船・飛行機からの)遭難信号, エスオーエス: send (out) an *SOS* 遭難信号を送信する.
2 (一般に)救助を求める声 [信号].

só-sò, só sò 《口語》形 **1** まあまあの, よくも悪くもない: How are you feeling today? — *So-so*. きょうの気分はどうですか — まあまあです.
— 副 《口語》まずまず, まあまあ.

sot [sát/sót] 名 C 《古風》大酒飲み, 飲んだくれ.

sou [súː] 名 C [単数形で; 通例, 否定文で] 《英・古風》わずかな金額: I haven't a *sou*. 金は1文もない.

sou·bri·quet [súːbrəkèi], **so·bri·quet** [sóu-] 《フランス》名 C あだ名, ニックネーム.

souf·flé [suːfléi/súːflei] 《フランス》名 U C 〖料理〗スフレ《泡立てた卵白に牛乳・小麦粉・チーズなどを混ぜてふんわり焼いたもの》.

sough [sáu, sʌf] 動 自 《文語》(風・木の葉などが) ひゅーひゅー [ざわざわ] 鳴る.

sought [sóːt] 動 seek の過去形・過去分詞.

sóught-àf·ter 形 需要の多い, 人気のある.

soul [sóul] 《☆同音 sole》【基本的意味は「魂 (the spiritual part of a person)」】
— 名 (複 souls [~z]) **1** C (肉体に対して) 魂, 霊魂 (↔ body, flesh): the *souls* of the dead 死者の魂 / I believe in the immortality of the *soul*. 私は霊魂の不滅を信じている.
2 U C 精神, 心 (→ MIND 類義語): I love her with all my *soul*. 私は心から彼女を愛している.
3 U 温かい心; 気迫, 熱情: a person with *soul* 心の温かい人 / Her performance lacks *soul*. 彼女の演奏には心がこもっていない.
4 C (物事の) 本質, 神髄, 生命: Brevity is the *soul* of wit. 簡潔は機知の精髄《◇シェイクスピア作『ハムレット』(*Hamlet*) の中の言葉》.
5 C [the ~] [...の] 典型, 権化 [*of*]: He is the *soul* of sincerity. 彼は誠実そのものです.
6 C [形容詞を伴って] (...な) 人; [a ~; 否定文で] だれも...ない; [~s; 数詞を伴って] 《文語》...人(ﾆﾝ): an honest *soul* 正直者 / Not a *soul* was to be seen on the street. 通りにはだれもいなかった.
7 U 《米口語》黒人の魂, 黒人の民族意識; [形容詞的に] 黒人 (文化) 特有の.
8 U = **sóul mùsic** ソウルミュージック《ゴスペルにリズムアンドブルースが加わった米国の黒人起源の音楽》.

■ **for the sóul of me** = **for my sóul** [否定文で] どうしても (...ない).
séll one's sóul (金・名声欲のために) (悪魔に) 魂を売り渡す, 良心に反したことをする.

◆ **sóul bròther** C 《米口語》(同胞の) 黒人男性《◇黒人の間で用いる》.
sóul fòod U 《米》(特に南部の) 黒人の伝統的な料理.
sóul màte C 心の友, 気心の合う人.
sóul sìster C 《米口語》(同胞の) 黒人女性《◇黒人の間で用いる》.

sóul-de·stròy·ing 形 とても退屈な, 気がめいる.

soul·ful [sóulfəl] 形 感情のこもった, 感動的な.

soul·ful·ly [-fəli] 副 感情を込めて.

soul·less [sóulləs] 形 **1** (人が) 心の高潔さを欠いた; 無情な. **2** (仕事などが) 退屈な.

sóul-sèarch·ing 名 U 自己分析; 内省, 反省.

sound[1] [sáund] 形 動 【原義は「騒音」】
— 名 (複 sounds [sáundz]) **1** C U 音, 音響, 響き; 物音 (→ 類義語): the *sound* of a violin バイオリンの音 / A strange sound came from the room. その部屋から変な音が聞こえてきた / I can hear the *sound* of laughter. 笑い声が聞こえる / Don't make a *sound*. 物音を立てるな.
2 U (テレビ・ラジオなどの) 音声, 音量: Turn the *sound* up [down] on the TV. テレビの音を大きく [小さく] しなさい.
3 [単数形で] (言葉・文章などの) 印象, 感じ, 調子; C (ミュージシャンに特有の) サウンド: by the *sound* of it 聞いた感じでは / From the *sound* of the report, the matter is serious. 報告書から受ける感じでは問題は深刻です.
4 C 〖言語〗音(ｵﾝ): a vowel [consonant] *sound* 母音(ﾎﾞｲﾝ) [子音(ｼｲﾝ)].
5 U 音 [声] の聞こえる範囲: within (the) *sound* of the bells 鐘の音が聞こえる範囲内で.

— 動 (三単現 sounds [sáundz]; 過去・過分 sound·ed [~id]; 現分 sound·ing [~iŋ])
— 自 **1** 鳴る, 音を立てる: The factory bell *sounded* at five o'clock. 工場の鐘が5時に鳴った / The trumpets *sounded* as the champion entered. チャンピオンが入場するときトランペットが鳴り響いた.
2 [通例, 進行形不可] (a) [**sound** + C] [...には] ...に聞こえる; ...に思われる [*to*]: It *sounds* easy *to* me. それは私には簡単なことに思われる / Jane *sounded* surprised. ジェーンは (声の調子から) 驚いたようだった. (b) [**sound like ...**] [...には] ...のように聞こえる; ...のように思われる [*to*]: That *sounds like* a drum. それは太鼓のような音に聞こえます / It *sounds like* a good idea *to* me. それは私にはいい考えのように思われる《◇《英》では時に like を省略する》. (c) [**It sounds as if [though] ...**] [...には] ...であるように聞こえる; ...であるように思われる [*to*]: *It sounds as if* they don't know what to do. 彼らはどうしていいかわからないようです.

— 他 **1** 〈楽器など〉を鳴らす, ...の音を出す: *sound* a gong ゴングを鳴らす / *sound* a do on the piano ピアノでドの音を出す.
2 〈文字など〉を発音する: The "k" in "knight" isn't *sounded*. knight の k は発音されない.
3 ...を (鐘・らっぱなどで) 知らせる, 合図する: *sound* the alarm 警報を鳴らす.
4 〖医〗〈胸部〉の打診 [聴診] をする.
5 〈レールなど〉をたたいて調べる.

■ **sóund óff** 自 《口語》[...について] はっきりと言葉にする [*about*].

◆ **sóund bàrrier** [the ~] 音速障壁《飛行機などが音速に近い速度で飛ぶときの空気抵抗》.
sóund efféct [複数扱い] 音響効果.
sóund wàve C [通例 ~s] 〖物理〗音波.

【類義語】 **sound, noise, tone**
共通する意味▶音 (something heard with the ear)
sound は「音」の意を表す最も一般的な語: The *sound* of rain on the roof disturbed my sleep. 屋根を打つ雨音で私は安眠できなかった.
noise は通例「耳ざわりな音, 騒音, 雑音」の意: The motorcycle made an awful *noise*. オートバイはひどい音を立てた. **tone** は規則的な振動で快く響く「音楽的な音」をさす: The bell has a beautiful *tone*. その鐘は音色が美しい.

‡sound² [sáund] 形 **1** (心身が)健全な, 健康な (→ HEALTHY 【類義語】): My father is still *sound* in mind and body. 父は心身ともに健康です / A *sound* mind in a *sound* body. 《ことわざ》健全な肉体に健全な精神が宿る (ことが望ましい).
2 傷んでいない, 欠陥がない; 完全な: The bridge was completely *sound*. 橋にはまったく損傷がなかった / They arrived safe and *sound*. 彼らは無事に到着した.
3 しっかりとした, 安定した; 信頼できる: a *sound* bank 安定した銀行 / a *sound* investment 安全な投資 / Helen is a very *sound* woman. ヘレンはとても信頼できる女性です.
4 [通例, 限定用法] (眠りが)十分な, 深い; (打撃などが)徹底的な, 強力な: have a *sound* sleep ぐっすり眠る / a *sound* defeat 完全な敗北.
5 (法的に)有効な.
■ (*as*) *sóund as a béll* → BELL 名 成句.
— 副 完全に, すっかり, 深く (◇通例 asleep, sleep と共に用いる): She is [has fallen] *sound* asleep. 彼女はぐっすり眠っている [眠り込んだ].

sound³ [sáund] 動 他 **1** 〈水深・高度など〉を測る, 測定する. **2** 〈他人の意見など〉を探る, 打診する (*out*).
— 自 水深を測る; (測鉛が)底に達する.

sound·ing [sáundiŋ] 名 **1** [単数形で] (鈴など)を鳴らすこと. **2** [~s] (慎重な)調査; 探り. **3** [~s] (ソナーなどで)水深を測ること, 測深.

sound·less [sáundləs] 形 音のしない, 音を出さない, 静かな (silent).
sound·less·ly [~li] 副 音もなく.

sound·ly [sáundli] 副 **1** 堅実に, しっかりと. **2** 完全に, 十分に; 激しく. **3** (眠りなどが)ぐっすり, 深く: sleep *soundly* 熟睡する.

sound·ness [sáundnəs] 名 U **1** 健全さ; 堅実さ; (判断などの)正しさ, 妥当性. **2** (睡眠の)十分さ.

sound·proof [sáundprù:f] 形 防音の, 防音装置のある: *soundproof* walls 防音壁.
— 動 他 …を防音にする, …に防音装置を施す.

sound·track [sáundtræk], **sóund tràck** 名 C サウンドトラック, 映画音楽; (映画フィルムの)録音帯.

‡‡‡soup [sú:p] 名 動
— 名 (複 **soups** [~s]) U C スープ: pea *soup* エンドウ豆のスープ / tomato *soup* トマトスープ / a bowl of *soup* 1杯のスープ / canned [《英》tinned] *soups* 缶詰のスープ / eat [have] *soup* (スプーンを使って) スープを飲む / drink *soup* (カップから直接)スープを飲む.
■ *from sóup to núts* 《米口語》始めから終わりまで, 完全に.
in the sóup 《口語》困って, 身動きできなくて.
— 動 [次の成句で]
■ **sóup úp** 他《口語》**1** 〈エンジンなど〉の馬力を上げる. **2** …をいっそう刺激的に [面白く] する.
◆ sóup kìtchen C (被災者・困窮者用)無料食堂.
sóup plàte C スープ用深皿.
soup·spoon [sú:pspù:n] 名 C スープ用(大)スプーン.

‡sour [sáuər] (☆ 発音に注意) 形 **1** (果物・酢などが)すっぱい, 酸味のある (↔ sweet) (◇通例, 不快感を伴う): *sour* apples すっぱいリンゴ. **2** (発酵して)すっぱくなった, 酸敗した; (土地が)酸性の, 不毛の: *sour* milk すえた牛乳. **3** (人・表情・行動などが)不機嫌な; 意地の悪い, 敵意のある: a *sour* face 不機嫌な顔 / a *sour* remark 意地悪な言葉.
■ *gò* [*tùrn*] *sóur* **1** すっぱくなる. **2** 《口語》(物事が)うまくいかなくなる: Their marriage soon *went sour*. 彼らの結婚はすぐだめになった.
— 動 他 **1** 〈もの〉をすっぱくする: The hot weather has *soured* the milk. 暑かったので牛乳がすっぱくなった. **2** 〈人・性質など〉をひねくれさせる, 気難しくする.
— 自 **1** (食べ物などが)すっぱくなる, 腐る. **2** (人が)気難しくなる.
◆ sóur [《英》sóured] crèam U サワークリーム《乳酸菌を加えて発酵させたクリーム》.
sóur grápes U 「すっぱいブドウ」, 負け惜しみ (◇手に入らないものを負け惜しみからけなすこと. イソップ物語のキツネとブドウの話から).

‡‡‡source [sɔ́:rs] 【原義は「発生する所」】
— 名 (複 **sourc·es** [~iz]) C **1** (物事の) 源, 根源, 原因: a *source* of income 収入源 / the *source* of the infection (伝染病などの)感染源 / Music is an endless *source* of pleasure to us. 音楽は私たちにとって無限の楽しみの源です.
2 [しばしば ~s] (情報などの)出所, より所, 情報源, 消息筋; 典拠: consult original *sources* 原典を参照する / The information comes from a reliable *source*. その情報は信頼すべき筋から出ている. **3** 水源 (地): the *sources* of the Mississippi ミシシッピ川の水源地.
■ *at sóurce* 源で(の), 元のところで(の).

sour·ly [sáuərli] 副 すっぱく; 不機嫌に, 気難しく.
sour·ness [sáuərnəs] 名 U すっぱさ; 不機嫌.
Sou·sa [sú:zə] 名 固 スーザ《John Philip Sousa 《1854-1932》米国の行進曲の作曲家・指揮者》.
sou·sa·phone [sú:zəfòun] 名 C スーザフォン《特にマーチングバンドが使う大型のチューバ》.
souse [sáus] 動 他 **1** …を水に浸す, 水をかけてびしょぬれにする. **2** 〈魚など〉を塩 [酢] 漬けにする.

‡‡‡south [sáuθ] 名 形 副
— 名 **1** U [通例 the ~; しばしば S-] 南, 南方, 南部 (↔ north) (《略語》S, S., s, s.): Our

school is to the *south* of the city hall. 私たちの学校は市役所の南の方にある / A strong wind is blowing from the *south*. 強い風が南から吹いている.
2 [the S-]《米》南部地方《諸州》;《英》イングランド南部地方.
3 [the S-] 南の発展途上国,「南」(↔ the North).
— 形 [比較なし;限定用法;しばしば S-] **1** 南の, 南部の, 南方の; 南への (↔ north) (→ EAST 形【語法】): the *south* latitude 南緯 / The *south* side of the city is an industrial area. 市の南側は工業地域です.
2 《風が》南からの: a *south* wind 南風.
— 副 [比較なし;しばしば S-] 南に, 南へ: go *south* 南に行く / The house faces *south*. その家は南向きだ / The town is ten miles *south* of this lake. 町はこの湖の10マイル南にある.
■ *dówn sóuth* 《口語》南へ [に] (↔ up north).
(▷ 形 sóuthern)

◆ Sóuth América 图 南アメリカ, 南米.
Sóuth Américan [C] 南米人; [形容詞的に] アメリカの.
Sóuth Austrália 图 南オーストラリア《オーストラリア南部の州》.
Sóuth Chína Séa 图 [the ~] 南シナ海.
Sóuth Ísland 图 [the ~]《ニュージーランドの》南島.
Sóuth Koréa 图 韓国 (→ KOREA **1**).
Sóuth Póle [the ~] 南極《点》.
Sóuth Séa Ísland 图 [the ~; 複数扱い] 南洋 [南太平洋] 諸島.
Sóuth Séas 图 [the ~; 複数扱い] 南太平洋; 赤道以南の海洋.

Sòuth África 图 南アフリカ《アフリカの南端にある共和国; 首都プレトリア (Pretoria)》.
Sòuth Áfrican 图 南アフリカの; 南アフリカ人の.
— 图 [C] 南アフリカ人.
South·amp·ton [sauθǽmptən] 图 サウサンプトン《England 南部にある港湾都市》.
south·bound [sáuθbàund] 形 《船・列車などが》南へむかう, 南行きの.
Sóuth Carolína 图 サウスカロライナ《米国の南東部にある州;《略語》S.C.;《郵略語》SC; → AMERICA 表》.
Sóuth Dakóta 图 サウスダコタ《米国の中北部にある州;《略語》S.Dak., S.D.;《郵略語》SD; → AMERICA 表》.

*south·east [sàuθí:st] 图 [U] **1** [通例 the ~] 南東 《略語》SE). **2** [the ~; しばしば S-] 南東部 [地方].
— 形 [比較なし;限定用法] 南東の;《風が》南東からの. — 副 南東へ [に]. (▷ 形 sòuthéastern)

◆ Sóutheast Ásia 图 東南アジア.
south·east·er [sàuθí:stər] 图 [C] 南東から吹く強風 [暴風].
south·east·er·ly [sàuθí:stərli] 形 南東にある; 南東への;《風が》南東からの.
south·east·ern [sàuθí:stərn] 形 [通例, 限定用法] 南東 (部) の;《風が》南東からの.
(▷ 图 sòutheast)

south·east·ward [sàuθí:stwərd] 副 南東へ, 南東向きに. — 形 南東への, 南東向きの.
south·east·wards [sàuθí:stwərdz] 副《主に英》= SOUTHEASTWARD (↑).
south·er·ly [sʌ́ðərli] 形 南の; 南への;《風が》南からの.

*****south·ern** [sʌ́ðərn] (☆ 発音に注意)
— 形 [比較なし;通例, 限定用法] **1** 南の 《《略語》S, S.); 南向きの, 南への;《風が》南からの (↔ northern) (→ EAST 形【語法】): the *southern* side of a building 建物の南側 / a *southern* wind 南風.
2 [S-]《米》米国南部の: the *Southern* states 南部諸州. (▷ 图 sóuth)

◆ Sóuthern Cróss [the ~]【天文】南十字星.
Sóuthern Hémisphere [the ~] 南半球.
sóuthern líghts [the ~; 複数扱い] 南極光.

south·ern·er [sʌ́ðərnər] 图 [C] **1** 南部の人 [出身者]. **2** [S-]《米》南部人, 南部諸州の人.
south·ern·most [sʌ́ðərnmòust] 形 最南 (端) の (furthest south).
south·paw [sáuθpɔ̀ː] 图 [C]《一般に》左利きの人;【スポーツ】左腕投手, 左利きのボクサー.
south-south·east [sáuθsauθí:st] 图 [U] [通例 the ~] 南南東 《略語》SSE). — 形 副 南南東の [へ],《風が》南南東から (の).
south-south·west [sáuθsauθwést] 图 [U] [通例 the ~] 南南西 《略語》SSW). — 形 副 南南西の [へ],《風が》南南西から (の).

*south·ward [sáuθwərd] 副 南の方へ, 南向きに.
— 形 [限定用法] 南への;《風が》南からの.
south·wards [sáuθwərdz] 副《主に英》= SOUTHWARD (↑).

*south·west [sàuθwést] 图 [U] **1** [U] [通例 the ~] 南西 《略語》SW). **2** [the ~; しばしば S-] 南西部 [地方]; [the S-] 米国南西部《California, Nevada などメキシコに近い諸州》.
— 形 [比較なし;限定用法] 南西の;《風が》南西からの. — 副 南西へ [に]. (▷ 形 sòuthwéstern)

south·west·er [sàuθwéstər] 图 [C] 南西から吹く強風 [暴風].
south·west·er·ly [sàuθwéstərli] 形 南西にある; 南西への;《風が》南西からの.
south·west·ern [sàuθwéstərn] 形 [通例, 限定用法] 南西 (部) の;《風が》南西からの.
(▷ 图 sòuthwést)

south·west·ward [sàuθwéstwərd] 副 南西へ, 南西向きに. — 形 南西への, 南西向きの.
south·west·wards [sàuθwéstwərdz] 副《主に英》= SOUTHWESTWARD (↑).

*sou·ve·nir [súːvənìər, sùːvəníər] 图 [C]《観光などの》記念品, みやげ; 思い出の品 [*of, from*] (→ PRESENT 類義語): a *souvenir* shop みやげ物店 / a *souvenir* from Paris パリのおみやげ / I bought a doll as a *souvenir* of my trip to Russia. 私はロシア旅行の記念品として人形を買った.
sou'·west·er [sauwéstər] 图 [C] **1** 防水帽《特に消防士・船員がかぶる》.
2 = SOUTHWESTER (↑).

sov·er·eign [sάvərən / sɔ́v-] (☆発音に注意)
图C **1**《格式》君主《王・女王など》; 主権者, 統治者. **2**《英史》ソブリン金貨《旧1ポンド金貨》.
— 形 **1** 主権を有する, (権力が)絶対的な: *sovereign authority* 主権 / a *sovereign ruler* 君主; 主権者. **2** (国が)独立した, 自治の (independent): a *sovereign state* 独立国. **3** 最高の, 至高の. **4** [限定用法]《古風》(薬が)よく効く: a *sovereign remedy for cancer* 癌(ﾞ)の特効薬.

sov·er·eign·ty [sάvərənti / sɔ́v-] 图 (複 **sov·er·eign·ties** [~z]) **1** U 主権; 統治権. **2** U 独立; C 独立国.

So·vi·et [sóuviət / -ət] 图 **1** [the ~s] (旧) ソ連政府, (旧) ソ連国民. **2** [s-] (旧ソ連などの) 会議, 評議会.
— 形 [比較なし; 限定用法] **1** (旧) ソ連の.
2 [s-] (旧ソ連の) 会議 [評議会] の.
◆ **Sóviet Rússia** 名 (旧) ソ連 (the Soviet Union の通称).

Sóviet Únion 图 (旧) ソ連《正式名はソビエト社会主義共和国連邦 (the Union of Soviet Socialist Republics); 1922–91年》.

sow¹ [sóu] (☆同音 sew, so) 動 (三単現 **sows** [~z]; 過去 **sowed** [~d]; 過分 **sown** [sóun], **sowed**; 現分 **sow·ing** [~ɪŋ]) ⑯ **1** 〈種を〉まく, 植える; 〈土地〉に [...の種を] まく [*with*]: *sow corn in the garden* = *sow the garden with corn* 菜園にトウモロコシの種をまく. **2** 〈紛争・もめ事の種〉をまく; 〈不信感など〉を広める: *sow doubt in ...'s mind* 〈人〉の心に疑念の種をまく.
— 圓 [しばしば比喩] 種をまく: As you *sow*, so shall you reap. 《ことわざ》種をまいたからには刈り取らなければならない ⇨ 自業自得.

sow² [sáu] 图 C (成熟した) 雌の豚.

sow·er [sóuər] 图 **1** 種をまく人; 種まき機. **2** (うわさ・争いなど) 流布する人, 扇動者.

sown [sóun] (☆同音 sewn) 動 sow¹の過去分詞の1つ.

sox [sάks / sɔ́ks] 图 [複数扱い] 《主に米》靴下 (socks) 《◇特に広告で用いる》.

soy [sɔ́ɪ], 《英》**soy·a** [sɔ́ɪə] **1** C 大豆 (soybean, 《英》soya bean). **2** U **sóy sàuce** しょう油.

soy·a [sɔ́ɪə] 《英》= soy (↑).

soy·bean [sɔ́ɪbìːn], 《英》**sóya bèan** 图 C 《植》大豆 (の種子) (soy).

sp. (略語) = *s*pace; *s*pecial; *s*pelling.

Sp. (略語) = *Sp*ain; *Sp*aniard; *Sp*anish.

spa [spάː] 图 C 鉱泉, 温泉; 湯治場; (高級) 保養地.

***space** [spéis] 图 動 [原義は「空間」]
— 图 (複 **spac·es** [~ɪz]) **1** U C [...の/...する] 余地, 場所, 余白; 機会 [*for* / *to do*] **2** C (列車・飛行機などの) 座席: a parking *space* 駐車場 / There is enough *space* for two people to sit. 2人が十分に座れる余地がある / This bed occupies too much *space*. このベッドは場所を取りすぎる / There were just two *spaces* in the train for Dover. ドーバー行きの列車にちょうど2つ空席があった.
2 U (時間に対して) 空間: He was staring into *space* for a while. 彼はしばらく宙を見つめていた. **3** U (地球の大気圏外の) 宇宙, 宇宙空間 (outer space): They are planning to send a satellite into *space*. 彼らは人工衛星を宇宙へ飛ばすことを計画している.
4 C U 間隔, 空き, スペース: Put one *space* between words and two between sentences. 語と語の間には1文字分, 文と文の間には2文字分のスペースをあけなさい.
5 C [通例, 単数形で] (一定の) 期間: in a short *space* of time 短時間で.
— 動 ⑯ [しばしば受け身で] ...を一定間隔に置く, あける (*out*): The lines *are spaced* well apart. 行間がたっぷりある. (▷ 形 spácious, spátial)
◆ **spáce bàr** C (キーボードの) スペースバー《語間をあけるときに使う》.
spáce càpsule C 宇宙カプセル.
spáce hèater C (可動式の) 室内暖房器.
spáce pròbe C 宇宙探査用ロケット.
spáce science U 宇宙科学.
spáce shùttle C スペースシャトル.
spáce stàtion C 宇宙ステーション.

space-age (▷ 形) 最先端の.
spáce àge 图 [the ~; しばしば S- A-] 宇宙時代.
space·craft [spéiskræft / -krὰːft] 图 (複 **space·craft**) C 宇宙船 (spaceship).
spaced-out 形 《口語》(過労・麻薬などで) もうろうとした, ぼうっとなった.
space·man [spéismæn] 图 (複 **space·men** [-mèn]) C **1** 《口語》宇宙飛行士 (astronaut). **2** 異星人 (alien).
space·ship [spéisʃìp] 图 C 宇宙船 (spacecraft).
space·suit [spéisùːt] 图 C 宇宙服.
space·walk [spéiswɔ̀ːk] 图 C 宇宙遊泳.
space·wom·an [spéiswùmən] 图 (複 **space·wom·en** [-wìmɪn]) C 《口語》女性宇宙飛行士.
spac·ey, **spac·y** [spéisi] 形 (比較 **spac·i·er** [~ər]; 最上 **spac·i·est** [~ɪst]) **1** ぼうっとした (spaced-out). **2** 風変わりな.
spac·ing [spéisɪŋ] 图 U **1** 間隔をあけること. **2** (行間・語間などの) 間隔, 空き.
spa·cious [spéiʃəs] 形 広々とした, ゆったりした, 大きい. (▷ 图 spáce)
spa·cious·ly [~li] 副 広々と, ゆったりと.

***spade**¹ [spéid] 图 C 鋤(ﾆ); ふみ鋤(ﾆ) (cf. shovel シャベル).
■ *cáll a spáde a spáde* はっきりとものを言う, ありのままに [率直に] 言う.
spade² 图 C 〖トランプ〗スペード (の札) 《◇複数形 spades は単数・複数扱い》: the four of *spades* スペードの4. 《関連語》club クラブ / diamond ダイヤ / heart ハート.
spade·work [spéidwɜ̀ːrk] 图 U (事前にやらなくてはならない) 基礎作業, きつい [つまらない] 下準備.

spa·ghet·ti [spəgéti] 图《イタリア》图 U スパゲッティ.
◆ **spaghétti wéstern** C マカロニウエスタン《イタリアで制作された西部劇》.

Spain [spéin] 名 固 スペイン《ヨーロッパ南西部の国;首都マドリード (Madrid);《略語》Sp.》. (▷ 形 Spánish).

spam [spém] 動 (三単現 **spams** [~z]; 過去・過分 **spammed** [~d]; 現分 **spam·ming** [~iŋ]) 他《コンピュータ》〈E メール〉を多くの人に(無差別に)送る.
— 名 U C (広告などの)迷惑な E メール.

Spam [spém] 名 U《商標》スパム《主に豚肉の安価な缶詰》.

*__span__ [spén] 名 C **1**(特に時間の)長さ, 期間: a life *span* of 60 years 60 年の寿命 / over a *span* of six years 6 年間にわたって. **2** 全長, スパン, 差し渡し〔端から端まで〕; (ものの及ぶ)範囲: a bird with a large wing *span* 翼幅が長い鳥 / the *span* of the bridge 橋の全長.
3《建》径間(けい), 張り間《建築物の支点間の距離》.
4《古》スパン《◇手を広げたときの親指から小指までの長さ; 9 インチ(約 23 cm)》.
— 動 (三単現 **spans** [~z]; 過去・過分 **spanned** [~d]; 現分 **span·ning** [~iŋ]) 他 **1**《期間・空間など》に及ぶ, わたる, 広がる: His interests *span* many different fields. 彼の関心は多岐にわたる分野領域に及んでいる. **2** (橋が)〈川など〉にかかっている〔*with*〕; 〈川など〉に〔橋を〕かける〔*with*〕: A bridge *spanned* the stream. 小川に橋がかかっていた / We will *span* the busy road *with* a pedestrian bridge. 私たちは交通量の激しいその通りに歩道橋をかけます.

span·gle [spéŋgl] 名 C スパンコール《舞台衣装などに付けるぴかぴか光る飾り》; ぴかぴか光るもの.
— 動 他 (通例, 受け身で)〈衣装など〉にスパンコールを付ける; …を〔光るもので〕飾る〔*with*〕: The crown *is spangled with* diamonds. その王冠にはダイヤモンドがちりばめられている.

*__Span·iard__ [spǽnjərd] 名 C スペイン人, スペインの住民《◇国民全体を表す場合は the Spanish》.

span·iel [spǽnjəl] 名 C《動物》スパニエル《スペイン起源の小型・中型猟犬の総称》.

*__Span·ish__ [spǽniʃ] 形 スペインの; スペイン人〔語〕の: a *Spanish* dance スペイン舞踊, フラメンコ.
— 名 **1** (the ~; 集合的に; 複数扱い) スペイン人〔国民〕《◇1 人のスペイン人は Spaniard》. **2** U スペイン語《略語》Sp., Span.). (▷ 形 Spáin).
◆ **Spánish América** 固 スペイン語圏アメリカ《ブラジルなどを除いた中南米やメキシコ》.
Spanish Armáda [the ~]《史》スペイン無敵艦隊 (the Armada).

Spán·ish-Amér·i·can 形 **1** スペイン語圏アメリカ(人)の. **2** スペインとアメリカ(大陸)の.
— 名 C スペイン〔ラテン〕系アメリカ人.

spank [spǽŋk] 動 他〈子供のしりなど〉を(罰として)平手でたたく, ぴしゃりと打つ.
— 名 C 平手打ち; ぴしゃりと打つこと〔音〕.

spank·ing[1] [spǽŋkiŋ] 名 C U しり打ち《罰としてしりを平手などでたたく(打つ)こと》.

spank·ing[2] 形 (通例, 限定用法)《古風》きびきびした; (風などが)強く吹く; 《口語》とても(◇ clean, new など形容詞を強める).

span·ner [spǽnər] 名 C《英》《機械》スパナ, レンチ《《米》wrench》.

■ *pùt* [*thrów*] *a spánner in the wórks*《英口語》(仕事・計画などを)妨害する, 混乱させる.

spar[1] [spá:r] 動 (三単現 **spars** [~z]; 過去・過分 **sparred** [~d]; 現分 **spar·ring** [spá:riŋ]) 自
 1《ボクシング》〔…と〕スパーリング〔練習試合〕を行う〔*with*〕. **2**〔…と〕議論を交わす〔*with*〕.
◆ **spárring pàrtner** C スパーリングの相手.

spar[2] 名 C《海》(船のマストに用いる)円材.

*__spare__ [spéər] 動 形【原義は「控える」】
— 動 (三単現 **spares** [~z]; 過去・過分 **spared** [~d]; 現分 **spar·ing** [spéəriŋ])
— 他 **1** (a) [spare+O] …を割(さ)く, 分け与える; …なしで済ます: I can't *spare* time right now. 今は時間を割くことができません / Could you *spare* some coins so I can make a phone call? 電話をかけるのに硬貨を何枚かいただけませんか. (b) [spare+O+O / spare+O+for …]〈人〉に〈もの〉を取っておく, 分け与える: Can you *spare* me a couple of minutes? ＝ Can you *spare* a couple of minutes *for* me? 2, 3 分時間をいただけませんか.
2 [spare+O]《通例, 疑問文・否定文で》…を惜しむ, けちけち使う: He *spared* no trouble in his business affairs. 彼は自分の仕事で労を惜しまなかった / *Spare* the rod and spoil the child.《ことわざ》むちを惜しんでは子供をだめにする ⇒ かわいい子には旅をさせよ.
3 [spare+O+O]〈人〉に(いやなこと・苦しいことなど)を経験させないようにする, 免れさせる: His kind intervention *spared* me much embarrassment. 親切にも彼がとりなしてくれたのであまりきまり悪い思いをせずにすんだ.
4《文語》〈人〉を容赦する, 〈命〉を助ける: The emperor *spared* the criminal('s) life. 皇帝はその罪人の命を助けることにした / Please *spare* me my life. 命ばかりはお助けください.

■ *… to spáre* 余るほどの…, 余分の…: I arrived at the station with less than a minute *to spare*. 私はわずか 1 分前に駅に着いた.
— 形 **1**《比較なし》予備の; (金銭・時間などが)余分な, 余った: a *spare* key スペアキー / *spare* time [money] 余った時間〔お金〕.
2 (人が)やせて背の高い. **3** (文章などが)簡潔な; (食事などが)質素な.
— 名 C **1** 予備のもの, スペア; ＝ spáre tíre 〔英〕týre〕スペアタイヤ: an heir and a *spare* 世継ぎとその次の子. **2**《米》《ボウリング》スペア《1 投目に倒れずに残ったピンを 2 投目ですべて倒すこと. またはその得点; cf. strike ストライク》.
◆ **spáre párt** C《通例 ~s》交換部品.

spáre-pàrt súrgery 名 U《口語》臓器移植.

spare-ribs [spéəribz] 名《複数扱い》スペアリブ《豚・牛の肉付きあばら骨》.

spar·ing [spéəriŋ] 形 質素な; 〔…を〕倹約している, 控えている〔*with, in, of*〕: I am *sparing with* sugar. 私は砂糖を控えている.

spar·ing·ly [spéəriŋli] 副 控えめに, 倹約して.

*__spark__ [spá:rk] 名 C **1** 火花, 火の粉; (電気の)スパーク: *Sparks* from the chimney were flying

upward. 煙突から火の粉が上空へ上っていた.
2 生気, 活気; ひらめき: the vital *spark* = the *spark* of life 生気. **3** [a ～; 通例, 否定文で] 少し, わずか〔の…〕〔*of*〕: She did not show a *spark of* interest. 彼女は少しも興味を示さなかった.
— [動] [自] 火花が散る; 輝く; 〘電気〙 スパークする.
— [他] **1** …を活気づける, …に刺激を与える.
2 〈問題・争いなど〉を引き起こす (*off*).
◆ **spárk** [《英》**spárking**] **plùg** [C] (エンジンの) 点火プラグ.

***spar·kle** [spɑ́ːrkl] [動] [自] **1** (宝石などが) **輝く**, きらきら光る, きらめく; (目などが) 〔興奮などで〕 輝く 〔*with*〕: The lake *sparkled* in the sunshine. 湖は陽光を浴びてきらきらと輝いていた. **2** 火花を発する; (ワインなどが) 泡立つ. **3** (才気などが) きらめく; 活気がある: The conversation at the party *sparkled*. パーティーでの会話は活気にあふれていた.
— [名] [C] [U] **1** 輝き, きらめき: the *sparkle* of a diamond ダイヤモンドの輝き. **2** 火花; (ワインなどの) 泡立ち. **3** 才気; 活気: There was plenty of *sparkle* in his talk. 彼の話は才気煥発(かんぱつ)だった.

spar·kler [spɑ́ːrklər] [名] **1** [C] (線香) 花火.
2 [～s] ダイヤモンド.

spar·kling [spɑ́ːrkliŋ] [形] **1** (ワインなどが) 泡立つ, 発泡性の: *sparkling* water [wine] ソーダ水 [発泡性ワイン]. **2** 輝く, きらきら光る. **3** (人・話が) 才気 [活気] にあふれた.

spark·y [spɑ́ːrki] [形] (比較 **spark·i·er** [～ər]; 最上 **spark·i·est** [～ist]) 《英口語》 活気にあふれた, 生き生きした; 楽しい.

‡**spar·row** [spǽrou] [名] [C] **スズメ** (◇《英》 では主にイエスズメ (house sparrow) をさす).

sparse [spɑ́ːrs] [形] まばらな; (人口が) 少ない; (頭髪などが) 薄い (↔ dense).

sparse·ly [spɑ́ːrsli] [副] まばらに, ちらほらと.

sparse·ness [spɑ́ːrsnəs] [名] [U] まばら, 希薄.

Spar·ta [spɑ́ːrtə] [名] [固] スパルタ 《アテネと並ぶ古代ギリシャの都市国家》.

Spar·tan [spɑ́ːrtən] [形] スパルタ (人) の, スパルタ式の; 質実剛健な, 厳格な; (食事などが) 簡素な.
— [名] [C] スパルタ人.

spasm [spǽzəm] [名] **1** [U] [C] 〘医〙 けいれん, ひきつけ; 発作: go into *spasm* けいれんを起こす.
2 [C] (感情などの) 激発, 突発的な衝動: a *spasm* of grief こみ上げてくる悲しみ.

spas·mod·ic [spæzmɑ́dik / -mɔ́d-] [形]
1 〘医〙 けいれん (性) の: *spasmodic* asthma ぜんそく. **2** 発作 [突発] 的な; 長続きしない.
spas·mod·i·cal·ly [-kəli] [副] 発作的に; 思いついたように.

spas·tic [spǽstik] 〘医〙 [形] けいれん(性)の: *spastic* paralysis けいれん性麻痺(まひ).
— [名] [C] けいれん性麻痺患者, 脳性麻痺患者.

spat[1] [spǽt] [動] spit の過去形・過去分詞.

spat[2] [名] [C] 《口語》 ささいなけんか, 口論.

spat[3] [名] [C] [通例 ～s] スパッツ 《足首を覆う靴のカバー. 日本語の「スパッツ」(タイツ) の意はない》.

spate [spéit] [名] [U] [C] **1** [通例, 単数形で] 大量, 多数; 殺到: a *spate* of orders 注文の殺到. **2** 洪水, 豪雨: in *spate* (河川が) 氾濫(はんらん)して.

spa·tial [spéiʃəl] [形] 空間の, 空間的な; 空間に存在する. (▷ [名] spáce)
spa·tial·ly [-ʃəli] [副] 空間的に.

‡**spat·ter** [spǽtər] [動] [他] 〈人・もの〉に 〔…を〕 **はねかける**, まく 〔*with*〕; 〈水・泥など〉を 〔人・ものに〕 はねかける 〔*on, over*〕: The bus *spattered* us *with* mud. = The bus *spattered* mud *on* us. バスが私たちに泥をはねかけた.
— [自] (水などが) 飛び散る; (水滴などが) 〔…に〕 ぱらぱらと落ちる (*down*) 〔*on*〕: The rain *spattered down on* the pavement. 雨が舗道にぱらぱらと落ちた.
— [名] [C] **1** はね, 飛び散ったもの. **2** (雨などの) ぱらぱらという音. **3** [通例, 単数形で] 少量, 少数.

spat·u·la [spǽtʃələ / -tju-] [名] [C] (料理用の) へら; 《英》〘医〙 スパーテル 《舌を押さえるへら》.

spawn [spɔ́ːn] [名] [U] **1** [集合的に] (魚・カエル・貝などの) 卵. **2** 〘植〙 菌糸.
— [動] [他] **1** (魚・カエル・貝などが) 〈卵〉を産む.
2 …を大量に産む, 作り出す.
— [自] (魚・カエル・貝などが) 卵を産む.

spay [spéi] [動] [他] 〈動物〉の卵巣を除去する; 〈雌の動物〉に不妊手術を施す (cf. neuter 去勢する).

‡‡‡**speak** [spíːk]
— [動] (三単現 **speaks** [～s]; 過去 **spoke** [spóuk]; 過分 **spo·ken** [spóukən]; 現分 **speak·ing** [～iŋ])
— [自] **1** 〔…について〕 **話す**, ものを言う, しゃべる 〔*about*, 《文語》 *of*〕 (→ [類義語]; [句動詞] speak to ..., speak with ...): Please *speak* more slowly. もっとゆっくり話してください / He *speaks* with a Kansai accent. 彼は関西なまりで話す / They were *speaking* in Spanish. 彼らはスペイン語で話していた / Jeff *spoke about* his favorite subject. ジェフは好きな科目について話した / She never *speaks of* her dead son. 彼女は決して死んだ息子のことを話さない / Is Phil there, please? — *Speaking*. フィルはいますか—私です (◇電話での会話).
2 〔…について〕 **講演をする**, 演説 [スピーチ] をする, 話をする 〔*about, on*〕: The president will *speak* this evening. 大統領が今夜演説をする / Philip is going to *speak* at the wedding reception. フィリップは結婚披露宴でスピーチをすることになっている / The lecturer *spoke about* [*on*] Pascal. その講師はパスカルについて講演した.
3 (目・顔・音楽などが) 〔感情などを〕 物語る, 表現する, 伝える 〔*of*〕: His eyes *spoke*. 彼の目が彼の気持ちを表していた / Actions *speak* louder than words. 《ことわざ》 行いは言葉より雄弁である.
4 (楽器・銃が) 鳴る.
— [他] **1** 〈言葉〉を**話す**; 〈意見・真実など〉を述べる, 伝える: Mary always *speaks* the truth. メアリーはいつも本当のことを言う / They *spoke* their mind very freely. 彼らは思うことを自由に述べた / Tom *spoke* words of sympathy. トムはお悔やみを述べた.
2 〈ある言語〉を**話す**, しゃべる: *speak* excellent English きれいな英語を話す / Can you *speak* German? ドイツ語を話せますか.

S

[句動詞] ***spéak for ...*** [他] **1** …を代弁[代表]する: He says he will *speak for* the minority group at the meeting. 彼は会議で少数派の意見を代弁すると言っている. **2** 〈人・案など〉のために[を支持して]話をする, …を弁護する. **3** [通例, 受け身で] …を予約する, 申し込む.
·***spéak for itsélf*** [***themsélves***] (物事が) おのずと明らかである, 説明を要しない.
·***spéak for onesélf*** 自分の考えを述べる.
spéak óut [自] **1** 〔…に反対して〕思い切って意見を言う〔*against*〕: John *spoke out against* the plan. ジョンは思い切ってその計画に反対の意見を述べた. **2** 大声で話す.
spéak to ... [他] **1** 〈人〉と話す: When you *speak to* someone, look at their eyes. 人と話すときは相手の目を見なさい / Can I *speak to* Lucy, please? — Hold on. ルーシーをお願いします—お待ちください (◇電話での会話).
2 〈人〉に話しかける: I *spoke to* a woman who was sitting next to me. 私は隣に座っていた女性に話しかけた. **3** 〈人・人の心〉に訴える: Great music *speaks* directly *to* our emotions. 偉大な音楽は直接情緒に訴えてくる.
4 〈人〉をしかる, 注意する.
spéak úp [自] **1** 〔…を支持[弁護]して〕思い切って[率直に]意見を言う〔*for*〕. **2** [しばしば命令文で] 大声ではっきり言う: Please *speak up* so we can hear you. みんなに聞こえるよう大きな声で言ってください.
spéak with ... [他] 〈人〉と話す; 相談する (◇ speak to ... のほうが一般的): I *spoke with* my lawyer for an hour. 私は弁護士と1時間話をした.
■ ***génerally spéaking*** → GENERALLY 成句.
nòt to spéak of ... …は言うまでもなく: He is a good conductor, *not to speak of* a world-famous violinist. 彼は世界的なバイオリン奏者であることは言うまでもなく, すぐれた指揮者でもある.
sò to spéak [挿入句として] 《口語》 いわば: John was, *so to speak*, the leader of the team. ジョンはいわばチームのリーダーだった.
spéak íll [***wéll***] ***for ...*** …にとって悪い[よい]ことを示す, …に不利[有利]な証拠となる.
spéak íll [***wéll***] ***of ...*** 《古風》 …を悪く[よく]言う, けなす[ほめる]: Don't *speak ill of* the dead. 死者を悪く言うな.
spéaking of ... …の話と言えば: *Speaking of* baseball, which team won? 野球と言えば, どっちのチームが勝ちましたか.
... to spéak of [否定文で] 口に出して言うほどの…: My skill in photography is nothing *to speak of*. 私の写真の腕前は大したものではありません.
(▷ [名] spéech)

> [類義語] **speak, talk**
> 共通する意味▶話す (utter words so as to express one's thoughts)
> **speak** は単に「口を利く」の意から, 話の内容や聞き手の存在が重要な「演説をする」に至るまで広い意味を表す: The baby can't *speak* yet. その赤ん坊はまだ口が利けない / He *spoke* to a large audience for three hours. 彼は大聴衆に向かって3時間演説をした. **talk** は普通「談話」を意味し, 聞き手の存在を強く暗示する. speak と交換可能なことが多いが speak よりも口語的: I want to *talk* to you. あなたと話がしたい.

-speak [spiːk] [接尾]「…用語」の意を表す: computer*speak* コンピュータ用語.

‡speak·er [spíːkər]
— [名] (複 **speak·ers** [~z]) [C] **1 話す人**; 演説者, 講演者: He is a good [poor] *speaker*. 彼は話す[演説する]のが上手[下手]です.
2 〔言語の〕話者〔*of*〕: a *speaker of* English 英語を話す人.
3 スピーカー, 拡声器 (loudspeaker). **4** [通例 the S-] (米・英などの) 下院議長; (日本の) 衆議院議長 (cf. President 上院議長, 参議院議長): Mr. *Speaker*! 議長 (◇発言を求めるときの呼びかけ).

‡speak·ing [spíːkiŋ] [形] [通例, 限定用法] **1** 話す, 口を利く; [複合語で] …語を話す: a *speaking* voice 話し声 / English-*speaking* countries 英語が話されている国々. **2** ものを言うような, 生きているような: a *speaking* likeness 生き写し.
■ ***be on spéaking térms*** 〔…と〕(会えば) 言葉を交わす[話をする]間柄である〔*with*〕.
— [名] [U] 話すこと, 談話, 演説.
◆ spéaking tùbe [C] (船などの) 通話管, 伝声管.

‡spear [spíər] [名] [C] **1** やり, 投げやり; (魚を突く) もり, やす (cf. javelin (やり投げ用の) やり): throw a *spear* やりを投げる. **2** (植物の細長い) 芽, 葉, 若枝. — [動] [他] …をやり[もり]で突く[刺す].

spear·head [spíərhèd] [名] [C] **1** [通例, 単数形で] (攻撃などの) 先頭に立つ人, 先鋒(せんぽう). **2** やりの穂先. — [動] [他] 〈攻撃など〉の先頭に立つ.

spear·mint [spíərmìnt] [名] [U] 【植】 スペアミント, オランダハッカ 《香料に用いる》.

spec [spék] [名] 《口語》 **1** [C] [通例 ~s] 明細書, 仕様書, (製品の) スペック (◇ *spec*ifications の略).
2 [~s] 眼鏡 (◇ *spec*tacles の略). **3** [U][C] 《英》 投機, 思わく (◇ *spec*ulation の略).
■ ***on spéc*** 《英口語》 賭(か)けで; イチかバチかで.

‡‡‡spe·cial [spéʃəl] [形] [名] 【原義は「種類」】
— [形] **1 特別な**, 特殊な (↔ general); 並外れた, 例外的な; 特別に親しい (→ [類義語]); 〔…にとって〕固有の〔*to*〕: a *special* day 特別な日 / a *special* talent for painting 絵の特別な才能 / There was nothing *special* about his behavior. 彼の態度に特に変わった様子はなかった.
2 臨時の, 特別用の: a *special* flight 臨時便 / a *special* number (雑誌などの) 臨時増刊号 / a *special* correspondent 特派員. **3** 専門の, 専攻の: one's *special* subject 専攻科目.
— [名] [C] **1** 特別な人[もの]; 特使, 特派員; 臨時列車[バス], 臨時増刊.
2 《米口語》 (値引きした) サービス品, 特価 (品); 特別料理: Cherries are on *special* today. きょうはサクランボがお買い得です.

specialise

3 (テレビの)特別番組; (新聞の)特別版.
(▷ 名 spécialty, 形 spécialize)
◆ spécial delívery [U] 《米》速達(《英》express delivery).
spécial efféects [複数扱い] (映画などの) 特殊効果; 特撮 (《略語》SFX).
spécial néeds [複数扱い] 介護.
spécial óffer [C] 特価(品).
spécial schóol [C] (障害児のための)特殊学校.

【類義語】**special, particular, specific**
共通する意味▶特別の (different from the ordinary or the usual)
special は同種類のほかのものと違って「特別の」の意: This is a *special* day for both of us. きょうは私たち2人にとって特別な日です. **particular** は「特殊性・特異性」を強調する: He swims in a *particular* way. 彼は独特の泳ぎ方をする. **specific** は同種類のものに比べて「特有の」の意: customs *specific* to politics 政治の世界特有の習慣.

spe·cial·ise [spéʃəlàiz] 動 《英》= SPECIALIZE (↓).
spe·cial·ism [spéʃəlìzm] 名 [U][C] 専門(分野).
‡**spe·cial·ist** [spéʃəlist] 名 [C] 1 […の]専門家, 専門医 [*in, on*]: a *specialist in* politics 政治の専門家 / a *specialist in* heart disease 心臓病の専門医. 2 [形容詞的に] 専門的な, 専門家の: a *specialist* course 専門家養成課程.
spe·ci·al·i·ty [spèʃiǽləti] 名 (複 **spe·ci·al·i·ties** [~z]) 《英》= SPECIALTY (↓).
spe·cial·i·za·tion [spèʃəlizéiʃən, -laiz-] 名 [U][C] 専門[特殊]化; (意味の)限定; 《生物》分化.
‡**spe·cial·ize**, 《英》**spe·cial·ise** [spéʃəlàiz] 動 1 […を]専門にする, 専攻する (major); (店などが) […を]専門に扱う [*in*]: *specialize in* economics 経済学を専攻する / That bookstore *specializes in* foreign books. あの書店は洋書専門です. 2 特殊化する; 《生物》(機能などが)分化する.
― 他 …を特殊[専門]化する. (▷ 形 spécial).
spe·cial·ized [spéʃəlàizd] 形 専門的な; 専門[特殊]化した: *specialized* knowledge 専門知識.
*__spe·cial·ly__ [spéʃəli] 副 (人・目的のために) わざわざ, 特別に; (ほかのものと)とくに, とりわけ: She bought the bag *specially* for her daughter. 彼女はそのバッグをわざわざ娘のために購入した.
spe·cial·ty [spéʃəlti] 名 (複 **spe·cial·ties** [~z]) [C] 《主に米》 1 《生物》専門; 専攻; 得意: make a *specialty* of ... …を専門[得意]にする / His *specialty* is archaeology. 彼の専門は考古学です. 2 (店・会社などの)特製品, 自慢の品 [料理]; (土地の)名産品: Roast beef is our *specialty*. ロービーフは当店の自慢料理です. 3 特色, 特徴. (▷ 形 spécial).
‡**spe·cies** [spíːʃiːz] 名 (複 **spe·cies** [~]) (分類上の)種(しゅ): the human *species* 人類 《単に the [our] species とも言う》/ "The Origin of *Species*"「種の起源」(《ダーウィンの著書》).

2 《口語》種類, 一種 (sort).
‡**spe·cif·ic** [spəsífik] 形
― 形 1 明確な, はっきりした; 細かく具体的な: Could you be more *specific*? もっと具体的におっしゃっていただけませんか / I'll give you *specific* instructions later. あとで具体的な指示をします. 2 [比較なし; 限定用法] ある特定の, 一定の (↔ general): a *specific* purpose ある特定の目的. 3 […に]特有の, 独特の [*to*] (→ SPECIAL【類義語】): a *specific* feature 特徴 / the weather *specific to* this area この地域特有の天候. 4 [比較なし] 《医》 (薬が) […に]特効のある [*for*]; (病気が)特殊な: a *specific* remedy *for* cancer 癌(がん)の特効薬.
― 名 [C] 1 [通例 ~s] 《口語》詳細, 細部. 2 《医》 […の] 特効薬 [*for*]. (▷ 動 spécify).
◆ specific grávity [U] 《物理》比重.
*__spe·cif·i·cal·ly__ [spəsífikəli] 副 1 とりわけ, 特に: The book is written *specifically* for children. その本は特に子供たちのために書かれている. 2 [文修飾] 正確[具体的]に言えば. 3 明確に.
spec·i·fi·ca·tion [spèsəfikéiʃən] 名 1 [U] 詳細に述べること; [C] 明細 (事項). 2 [C] [通例 ~s] 明細書, 仕様書 《口語》specs.
*__spec·i·fy__ [spésəfài] 動 (三単現 **spec·i·fies** [~z]; 過去·過分 **spec·i·fied** [~d]; 現分 **spec·i·fy·ing** [~iŋ]) 他 …を[…に]明確に述べる; (はっきり)指定[特定]する; […だと …かを]詳しく述べる [*that* 節 / 疑問詞節]: Please *specify* your favorite color. お好きな色をご指定ください / She didn't *specify when* she would come. 彼女はいつ来るかはっきり言わなかった. (▷ 形 specific).
*__spec·i·men__ [spésəmən] 名 [C] 1 見本, 実例; (昆虫などの)標本; (検査用の)サンプル: *specimens* of butterflies チョウの標本 / a blood *specimen* 血液サンプル. 2 [形容詞的に] 見本の: *specimen* pages 見本のページ. 3 [通例, 形容詞を伴って] 《口語》 …なやつ[人]: What a disagreeable *specimen* he is! なんていやなやつだ.
spe·cious [spíːʃəs] 形 《格式》見かけだけの; もっともらしい.
*__speck__ [spék] 名 [C] 1 小さなしみ[きず], 斑点(はんてん); ちり, ほこり: a few *specks* of ink 数滴のインクのしみ. 2 [a ~; 通例, 否定文で] 微量, 少量: a *speck* of butter ごくわずかなバター.
speck·le [spékl] 名 [通例 ~s] 小さなしみ[きず], 斑点(はんてん).
speck·led [spékld] 形 まだらの, 小さなしみ[きず], 斑点(はんてん)のある.
specs [spéks] 名 [複] → SPEC.
‡**spec·ta·cle** [spéktəkl] 名 [C] 1 (目をみはるような)光景, 眺め; 壮観: The sunrise seen from the top of Mt. Fuji is a fine *spectacle*. 富士山頂から見える日の出はすばらしい眺めです. 2 (大仕掛けな)ショー, 見せ物. 3 [通例, 軽蔑] 嘲笑(ちょうしょう)の的, 物笑いの種; (哀れな)ありさま: a sad [an unpleasant] *spectacle* 哀れ [不愉快な]光景. 4 [~s] 《格式》眼鏡 (glasses).
■ *máke a spéctacle of onesélf* 自分の恥をさら

‡**spec・tac・u・lar** [spektǽkjulər]形 目をみはるような, 壮観な; 見ごたえのある: *spectacular* fireworks 大がかりな花火 / That was a *spectacular* race. それは見ごたえのあるレースだった.
— 名 C (大仕掛けな)ショー;(映画の)超大作,(テレビの)豪華番組. (▷ 名 spéctacle)
spec・tac・u・lar・ly [〜li]副 目ざましく; 劇的に.

***spec・ta・tor** [spékteitər]名 C 見物人, 観客 (cf. onlooker 見物人); 傍観者; 目撃者: The football game drew over 30,000 *spectators*. サッカーの試合には3万人以上の観客が集まった.
◆ spéctator spòrt C 見て楽しむスポーツ, 観戦スポーツ《◇野球・サッカーなど》.

spec・ter,《英》**spec・tre** [spéktər]名 C 1 不安をかき立てるもの, 恐怖の影. 2《文語》幽霊, 亡霊 (→ GHOST 関連語).

spec・tra [spéktrə]名 spectrum の複数形.

spec・tral [spéktrəl]形 1《文語》幽霊のような, 恐ろしい; ぼんやりした. 2《光》スペクトル (spectrum) の: *spectral* colors 虹(に)色.

spec・tro・scope [spéktrəskòup]名 C《光》分光器.

*** spec・trum** [spéktrəm]名《複 **spec・tra** [-trə], **spec・trums** [〜z]》C 1《光》スペクトル《プリズムを通して分解された色帯》. 2 (音声・無線など波動の): a sound *spectrum* 音声スペクトル. 3 (一般に)変動の範囲, 領域: a wide *spectrum* of opinions 広範囲な意見.

*** spec・u・late** [spékjulèit]動 自 1 […について]考えをめぐらす, 推測する [about, on, upon]: They *speculated about* [*on*, *upon*] the hidden meaning. 彼らは隠された意味を推測した. 2 […に]投機をする,[…の]思惑買いをする [in, on]: *speculate in* stocks 株に手を出す / *speculate on* the stock market 株式市場で投機する.
— 他 […と]見当をつける, 推測する [that 節]: I *speculated that* he might be a doctor. 彼は医師だろうと私は見当をつけた.
(▷ 名 spèculátion; 形 spéculative)

*** spec・u・la・tion** [spèkjuléiʃən]名 U C 1 考えをめぐらせること; […についての]思索, 推測 [about, over]: There was much *speculation over* his absence. 彼の欠席についてはいろいろな憶測が飛んだ. 2 […への]投機, 思わく(買い) [in]: on *speculation* 投機で, 思わく買いで / He lost money by *speculation in* stocks. 彼は株に手を出して損をした. (▷ 動 spéculàte)

spec・u・la・tive [spékjulətiv]形 1 推測の; (学問などが)実際的でない, 思弁的な: with a *speculative* eye 探るような目で. 2 投機的な, 思わくの; 危険な. (▷ 動 spéculàte)

spec・u・la・tor [spékjulèitər]名 C 1 投機家, 相場師. 2 思索家, 理論家.

‡**sped** [spéd]動 speed の過去形・過去分詞の1つ.

***speech** [spíːtʃ]
— 名《複 **speech・es** [〜iz]》1 C[…に関する]演説, 講演, スピーチ, あいさつ [on, about] (→ 類義語): an after-dinner *speech* テーブルスピーチ / a welcoming [farewell] *speech* 歓迎[別れ]のあいさつ / He made[gave] an important *speech on* environmental pollution. 彼は環境汚染に関して重要な講演をした.
2 U 話す力, 言語能力; 話すこと, 発言: the faculty of *speech* 言語能力 / freedom of *speech* 言論の自由 / lose one's *speech* 口が利けなくなる / *Speech* is silver, but silence is gold [golden].《ことわざ》雄弁は銀, 沈黙は金.
3 U (通例 one's 〜)(ある個人の)話し方, 言葉つき: His *speech* showed that he was American. 彼の話し方から彼がアメリカ人だとわかった / He is slow of *speech*. 彼は口が重い.
4 U 言葉, 言語; 話し言葉; 方言: parts of *speech* 品詞. 5 U (劇の)せりふ. 6 U C《文法》話法 (narration): direct [indirect] *speech* 直接[間接]話法. (▷ 動 spéak)
◆ spéech dày C《英》スピーチデー《学年末に行われる式典日》.
spéech thèrapist C 言語療法士.
spéech thèrapy U 言語療法.

【類義語】**speech, address, oration, talk**
共通する意味》演説, 話 (a discourse delivered to an audience)
speech は「聴衆を前にしてする話」の意を表す最も一般的な語: an impromptu *speech* 即興の演説. **address** は公式の場で, 重要な地位にある人などが準備して行う「改まったスピーチ」の意: the President's inaugural *address* 大統領就任演説 / an opening *address* 開会の辞. **oration** は address よりも《格式》で, 特に「式典などにおけるスピーチ」をさす: make a funeral *oration* 弔辞を述べる. **talk** は「くだけた談話調の講演」の意: She gave a short, humorous *talk*. 彼女は短くてユーモアに富む話をした.

speech・i・fy・ing [spíːtʃəfàiiŋ]名 U《口語》(長々と)演説すること, 偉そうに話すこと.

speech・less [spíːtʃləs]形 1 [驚き・怒りで]口が利けない, あぜんとした; 無言の [with]: be *speechless with* shock ショックのあまり言葉を失う. 2 [限定用法]言葉に表せないほどの, 言語に絶する: *speechless* rage 言葉に表せないほどの怒り.
speech・less・ly [〜li]副 口が利けないほど.

***speed** [spíːd]
名 C【原義は「成功」】
— 名《複 **speeds** [spíːdz]》1 C U 速度, スピード: The new train travels at a *speed* of 300 kilometers per hour. 新型列車は時速300キロの速度で走る / You should lower your *speed* when you pass elementary schools. 小学校のそばを通るときはスピードを落とすようにしなさい / The airplane flew at high *speed*. その飛行機はすごいスピードで飛んだ.
2 U 速さ, 速いこと: *Speed* is less important than safety. 速さより安全が優先されます / We were surprised by the *speed* of his work.

私たちは彼の仕事の速さに驚いた.
3 [C][U] 変速装置, ギヤ. **4** [C]《写》(フィルム・感光紙の)感度; シャッター速度. **5** [U]《俗語》(アンフェタミンなどの)覚醒(ポムム)剤.

■ *at fúll [tóp] spéed* 全速力で: He was driving *at full speed* when the accident happened. 事故が起こったとき彼は全速力で運転していた.
at spéed スピードを出して, 速く.
with áll spéed 大急ぎで, 速やかに.

— 動 (三単現 **speeds** [spíːdz]; 過去・過分 **sped** [spéd], **speed·ed** [~id]; 現分 **speed·ing** [~iŋ])
自 **1** 急ぐ, 疾走する: The sled *sped* down the steep slope. そりが急斜面を急速度で下った.
2 [通例, 進行形で] 速度違反で走る (→ SPEEDING): I didn't think I *was speeding*. 私はスピード違反をしているとは思っていなかった.
— 他 **1** …を急がせる, せき立てる: The soldier *sped* his horse up the hill. 兵士は馬を急がせて丘を登って行った. **2** …を促進する.

■ *spéed úp* 自 速度を増す, 加速する: Sales of the new product are *speeding up*. 新製品の売れ行きはぐんぐん伸びている. — 他 …の速度を上げる; …を促進する. (▷ 形 spéedy)

◆ spéed lìmit [C][通例 the ~] (最高)制限速度.
spéed skàting [U]《スポーツ》スピードスケート.
spéed tràp [C] スピード違反取り締まり区間.

speed·boat [spíːdbòut] 名 [C] 高速モーターボート.

speed·i·ly [spíːdəli] 副 速く, 速やかに, 敏速に.
speed·ing [spíːdiŋ] 名 [U] スピード違反: be arrested for *speeding* スピード違反で逮捕される.
speed·om·e·ter [spidɑ́mətər / -dɔ́m-] (☆アクセントに注意) 名 [C] (車などの) 速度計.
speed-up [spíːdʌ̀p] 名 [U][C] 加速, スピードアップ; 能率促進.
speed·way [spíːdwèi] 名 **1** [C] (オートバイ・自動車の)レース場; [U] オートバイ[自動車]レース.
2 [C] 高速道路.

*speed·y [spíːdi] 形 (比較 **speed·i·er** [~ər]; 最上 **speed·i·est** [~ist]) 速い, 敏速な; 即座の (→ FAST (原義図)): a *speedy* reply 即答. (▷ 名 spéed)

spell¹ [spél]
[原義は「語る」]
— 動 (三単現 **spells** [~z]; 過去・過分 **spelled** [~d], 《主に英》**spelt** [spélt]; 現分 **spell·ing** [~iŋ])
— 他 **1** 〈単語〉を**つづる**, …のつづりを言う[書く]: How do you *spell* your name? お名前はどうつづるのですか / I don't know how to *spell* "cough." 私は cough (せき)のつづり(方)を知らない. **2** [受け身不可] 〈…と〉つづって…となる, …と読む: The letters w-o-r-d *spell* "word." w,o,r,d の4文字をつづると word (言葉)という語になる.
3 《口語》(結果として) …を意味する, 招く, 伴う: A big earthquake *spells* disaster for Tokyo. 大地震は東京にとって大災害を意味する.
— 自 文字をつづる, 正しく書く[読む].

■ *spéll óut* 他 **1** …を1字1字丹念に読む, 声を出して読む. **2** …を詳しく説明する. **3** …を略さずに全部つづる.

***spell²** 名 [C] **1** しばらくの間, (短い)時間; 〈天候などの〉ひと続きの期間: a rainy *spell* = a *spell* of rainy weather 雨続き / Let's have a rest for a *spell*. しばらく休もう.
2 ひと仕事, 順番, 活動 [勤務] 期間: a two-year *spell* as clerk 書記としての2年間の勤務. **3** 発作, (病状などの) ひとしきり: a coughing [dizzy] *spell* せき[目まい]の発作.
— 動 《米・豪》…と交替する, …に代わって働く.

***spell³** 名 [C] **1** 呪文(&), まじない: recite a *spell* 呪文を唱える. **2** [通例, 単数形で] 魔力, 魅力: The audience were completely under her *spell*. 聴衆は完全に彼女のとりこになった.

spell·bind·ing [spélbàindiŋ] 形 (観衆などを) 魅了する, うっとりさせる.
spell·bound [spélbàund] 形 魔法にかかった; うっとりした.
spell·check·er [spéltʃèkər] 名 [C] 《コンピュータ》スペルチェッカー《つづり検査プログラム[ソフト]》.
spell·er [spélər] 名 [C] **1** 字をつづる人: a good [bad] *speller* つづりを間違えない[よく間違える]人.
2 《米》つづり字教本 (spelling book).

***spell·ing [spéliŋ]
— 名 (複 **spell·ings** [~z]) **1** [U] **つづり方**, 正字[正書]法; [形容詞的に] つづり方の: a *spelling* mistake つづりの間違い / Her *spelling* is incorrect. 彼女のつづりは間違っています.
2 [C] (単語の) つづり, スペリング, スペル (比較「スペル」は和製英語): May I have the *spelling* of your name, please? あなたのお名前のつづりを教えてください.

◆ spélling bèe [C]《米》つづり字競技会.
spélling bòok [C] つづり字教本.
***spelt** [spélt] 動《英》**spell** の過去形・過去分詞の1つ.

***spend [spénd]
— 動 (三単現 **spends** [spéndz]; 過去・過分 **spent** [spént]; 現分 **spend·ing** [~iŋ])
— 他 **1** 〈…に〉〈金〉を**使う**, 費やす, 支出する [*on*, *for*]: She *spent* 300 dollars today. 彼女はきょう300ドル使った / My son *spent* all his savings *on* a new bike. 息子は新しい自転車に貯金を全部はたいた / I'd rather *spend* money (*in*) traveling abroad than buying dresses. 私は服を買うより海外旅行にお金を使いたい.
2 〈時間〉を**過ごす**〈時間〉を […に / …するのに] 費やす, 使う [*on* / (*in*) *doing*]: I *spent* a lot of time *on* fieldwork this summer. 私はこの夏多くの時間を現地調査に費やした / I *spend* my leisure time (*in*) painting. 私は絵をかくことに余暇を使います.
3 〈労力・精力など〉を […に / …するのに] 使う, 費やす, ささげる, かける [*on* / (*in*) *doing*]: Jim has *spent* all his strength (*in*) *trying* to help me. ジムは私を助けようとして全力を出し切った / They *spent* a lot of energy *on* cancer research. 彼らは癌(%)の研究に多大の力を注いだ.

spender

4 [しばしば, 受け身で] …を弱らせる, 疲れさせる; 使いつくす: His anger will soon *be spent*. 彼の怒りはすぐに収まるだろう.
— 自 金を使う; 浪費する: You shouldn't go on *spending* like that. そんなふうに, めったにお金を使うものじゃない.

◆ **spénding mòney** U 小づかい銭.

spend·er [spéndər] 名 C [形容詞を伴って] お金の使い方が…な人; 浪費家: a big [an extravagant] *spender* 浪費家.

spend·ing [spéndiŋ] 名 U (国家・組織などの) 大型支出.

spend·thrift [spéndθrìft] 名 C 金づかいの荒い人, 浪費家. — 形 金づかいの荒い.

Spen·ser [spénsər] 名 固 スペンサー Edmund [édmənd] Spenser 《1552-99; 英国の詩人》.

★spent [spént] 動形
— 動 spend の過去形・過去分詞.
— 形 (比較 **more spent**; 最上 **most spent**)
1 使い果たして, 役に立たない: *spent* nuclear fuel 使用済み核燃料. **2** 《文語》疲れ切った, 力つきた.

sperm[1] [spə́ːrm] 名 (複 **sperm, sperms** [～z])【生理】C 精子; U 精液 (semen).

sperm[2] 名 C = **spérm whàle**【動物】マッコウクジラ.

sper·ma·to·zo·on [spə̀ːrmətəzóuən] 名 (複 **sper·ma·to·zo·a** [-zóuə])【生理】精子.

sperm·i·cide [spə́ːrməsàid] 名 C U【生化】殺精子剤《主に避妊用》.

spew [spjúː] 動 他 **1** 〈液体など〉を噴き出す (*out*). **2** 《口語》〈へど〉を吐く, もどす (*up*).
— 自 噴出する; 《英口語》吐く, もどす (*up*).

★sphere [sfíər] 名 C **1** 球, 球体 (→ FIGURE 図);【天文】天球; 天体: a heavenly *sphere* 天体 / a perfect *sphere* 完全な球形. **2** (活動・勢力・責任などの) 範囲, 領域, 分野: a *sphere* of influence 勢力範囲 / He has a wide *sphere* of activity. 彼は活動範囲が広い. **3** (社会的) 階層, 階級.
(▷ 形 **sphérical**)

-sphere [sfíər] 接尾「…球 (体)」の意を表す: hemi*sphere* 半球.

spher·i·cal [sfíərikəl, sfér-] 形 **1** 球形の, 球状の. **2** 天体の. (▷ 名 **sphére**)

sphe·roid [sfíərɔid] 名 C【幾何】楕円(ん)体.

sphinc·ter [sfíŋktər] 名 C【解剖】括約筋.

sphinx [sfíŋks] 名 (複 **sphinx·es** [～iz]) **1** C [the S-] スフィンクス《エジプトにある体はライオン, 頭は人間の巨大な石像》. **2** [the S-]【ギ神】スフィンクス《顔・胸は女性, 胴はライオンでワシの翼を持つ怪物. 旅人になぞをかけた》. **3** C 不可解な人, なぞの人物.

★spice [spáis] 名 **1** U C 薬味; [集合的に] 香辛料, スパイス. **2** U [または a ～] 面白み, 趣 (をそえるもの); [単数形で] 少量, ちょっぴり (*of*): a *spice of* malice 少しの悪意.
— 動 他 **1** …に香辛料を加える (*up*); […で] 味を付ける (*up*) [*with*]: an apple pie *spiced* with cinnamon シナモン風味のアップルパイ. **2** …に […で] 面白みを加える [*with*]: a drama *spiced* with satire 皮肉を利かせた劇. (▷ 形 **spícy**)

spin

spick-and-span [spíkənspǽn] 形《家・部屋などが》きちんと [こざっぱりと], 真新しい.

spic·y [spáisi] 形 (比較 **spic·i·er** [～ər]; 最上 **spic·i·est** [～ist]) **1** 香辛料を入れた, 薬味の利いた. **2** (話などが) 面白い; きわどい. (▷ 名 **spíce**)

★spi·der [spáidər] 名 C【動物】クモ.

spi·der·web [spáidərwèb] 名 C《米》クモの巣 (《英》cobweb).

spi·der·y [spáidəri] 形 **1** (筆跡などが) くねくねした. **2** クモの巣状の; クモの多い.

spiel [spíːl, ʃpíːl] 名 U C《口語》調子のよい早口の弁舌, 客寄せ口上.

spiff·y [spífi] 形 (比較 **spiff·i·er** [～ər]; 最上 **spiff·i·est** [～ist])《米口語》スマートな, しゃれた.

spig·ot [spígət] 名 C **1** (通例, 木製の) たる栓. **2**《主に米》蛇口.

spike [spáik] 名 C **1** 大くぎ, (鉄道レール用) 犬くぎ. **2** (運動靴の底の) びょう, スパイク; [～s] スパイクシューズ. **3** (折れ線グラフの) 上向きにとがった部分. **4** 【バレー】スパイク.
— 動 他 **1** …を大くぎで打ち付ける [止める];〈靴〉にスパイクを付ける. **2** (スポーツなどで) …をスパイクで傷つける;【バレー】〈ボール〉をスパイクする. **3**《米》〈飲み物に〉(強い) アルコールを加える. **4**〈うわさ・新聞記事など〉をもみ消す, 没にする.

spiked [spáikt] 形 くぎ [びょう] を付けた; スパイク付きの.

spik·y [spáiki] 形 (比較 **spik·i·er** [～ər]; 最上 **spik·i·est** [～ist]) **1** (くぎのように) とがった; くぎだらけの. **2**《英口語》(人が) 怒りっぽい, 気難しい.

★spill [spíl] 動 (三単現 **spills** [～z]; 過去・過分 **spilled** [～d], **spilt** [spílt]; 現分 **spill·ing** [～iŋ]) 他 **1** (偶然に)〈液体など〉を […から / …に] こぼす [*from, out of / on, over*]: I *spilled* coffee *on* my shirt. ワイシャツにコーヒーをこぼしてしまった. **2** …を (乗り物から) ほうり出す; 振り落とす.
3 [しばしば受け身で]《文語》〈血〉を流す.
— 自〈液体などが〉[…から / …に] こぼれる [*from, out of / on, over*]; (人・ものが) […に] あふれ出る [*into, onto*]: The milk *spilled* all *over* the floor. 牛乳が床一面にこぼれた / A lot of students *spilled into* the playground. 多くの生徒が運動場にどっと出て来た.

■ *spíll óut* 他 〈秘密などを〉(手短かに) 話す.
spíll the béans 秘密を漏らす (→ BEAN 成句).
— 名 **1** C U こぼれる [こぼす] こと, 流出; こぼしたもの [量]: an oil *spill* 石油の流出. **2** C [古風] (馬・自転車などから) 振り落とされること, 転落.

spill·age [spílidʒ] 名 **1** U こぼれること, 漏れること, 流出. **2** C こぼしたもの; 流出量.

spill·o·ver [spílòuvər] 名 C U《主に米》あふれること, 過剰; 流出 (量).

spill·way [spílwèi] 名 C (ダムなどの) 放水路.

spilt [spílt] 動 spill の過去形・過去分詞の1つ.

★spin [spín] 動 (三単現 **spins** [～z]; 過去・過分 **spun** [spán]; 現分 **spin·ning** [～iŋ]) 他 **1**〈ボールなど〉を (急速に) 回す, 回転させる (*around, round*): *spin* a top こまを回す / *spin* a coin 硬貨を (指ではじいて) 回す《裏が出るか表が出るかを見る》. **2**〈糸など〉を [羊毛などから] 紡ぐ [*from, out*

spinach

of], 〈羊毛など〉を紡いで [...に] する [*into*]: *spin thread from* [*out of*] *cotton* = *spin cotton into thread* 綿を紡いで糸にする. **3** (クモ・蚕などが) 〈糸〉を出す, 吐く; 〈クモが〉〈巣〉をかける. **4** ...を長々と話す.
— ⾃ **1** くるくる回る, 早く回転する; 〈人が〉くるっと振り向く (*around, round*): She *spun around* and smiled. 彼女はくるっと振り返ってほほ笑んだ. **2** 紡ぐ; 〈クモ・蚕が〉糸を出す, 巣 [まゆ] を作る. **3** 〈頭が〉くらくらする, めまいがする. **4** 〈車が〉疾走する (*past, along*).
■ **spín óff** ⾃ **1** 〈副産物など〉を生み出す.
2 〈別会社・子会社〉を設立する.
spín óut ...を引き伸ばす, 〈金など〉を長持ちさせる: *spin* \$50 *out* until the next payday 次の給料日まで50ドルでやりくりする.
— 名 **1** Ⓤ Ⓒ 回転 (させる [する] こと); Ⓤ (ボールの) ひねり, スピン: give *spin* to the ball = put *spin* on the ball ボールにスピンをかける / the *spin* of the earth 地球の自転 **2** Ⓒ《口語》(自動車などの) ひとっ走り, 短いドライブ: How about going for a *spin* in my car? 私の車でちょっとドライブしませんか. **3** Ⓒ《通例 a ~》【航空】(航空機の) きりもみ (降下); (精神的な) 混乱, 動揺: go [fall] into a *spin* きりもみ降下する; 動揺する.
■ *in a* (*flát*) *spín* 混乱して, 動揺して.
◆ **spín dòctor** Ⓒ《口語》情報操作のスペシャリスト《政治家・政党の意向にそった情報をマスコミに流す》.

spin·ach [spínitʃ / -nidʒ, -nitʃ] 名 Ⓤ【植】ホウレンソウ; ホウレンソウの葉.

spi·nal [spáinəl] 形 背骨 [脊髄(ずい)] の.
◆ **spínal còlumn** Ⓒ【解剖】脊柱.
spínal còrd Ⓒ【解剖】脊髄.

spin·dle [spíndl] 名 Ⓒ **1** 錘(つむ), 紡錘(ぼう)《糸を紡ぐ心棒》. **2** (工作機械の) 心棒, 軸; シャフト.

spin·dly [spíndli] 形 (比較 **spin·dli·er** [~ər]; 最上 **spin·dli·est** [~ist]) 〈植物などが〉ひょろ長い.

spín-drý·er, spín-drí·er 名 Ⓒ (洗濯物の) 遠心脱水機.

spine [spáin] 名 Ⓒ **1**【解剖】脊柱(せきちゅう), 背骨 (spinal column). **2** (サボテン・ヤマアラシなどの) とげ, 針. **3** (本の) 背.

spíne-chíll·ing 形 背筋が寒くなる, ぞっとする.

spine·less [spáinləs] 形 **1**【動物】背骨のない; 【植】とげのない. **2** 気の弱い, 憶病な.

spin·na·ker [spínəkər] 名 Ⓒ【海】スピネーカー《レース用ヨットの大三角帆. 追い風のときに用いる》.

spin·ner [spínər] 名 Ⓒ **1** 紡ぎ手, 紡績工; 紡績機. **2**【クリケット】回転ボール (を投げる人).
3【釣】スピナー《水中で回転するルアー》.

spin·ney [spíni] 名 Ⓒ《英》やぶ, 雑木林.

spin·ning [spíniŋ] 名 Ⓤ 糸紡ぎ, 紡績 (業); [形容詞的に] 紡績の.
◆ **spínning whèel** Ⓒ (昔の) 紡ぎ車, 糸車.

spin-off [spínɔːf / -ɔf] 名 (複 **spin-offs** [~s])
Ⓒ **1**《予期せぬ》副産物. **2** Ⓤ《経済》スピンオフ《企業分割の一種. 事業の一部を分離独立させる》;
Ⓒ (スピンオフによる) 子 [系列] 会社.

spin·ster [spínstər] 名 Ⓒ《古風》婚期を過ぎた独身女性《◇通例 single [unmarried] woman を用いる; cf. bachelor 独身男性》.

spin·y [spáini] 形 (比較 **spin·i·er** [~ər]; 最上 **spin·i·est** [~ist]) **1** 〈動植物が〉とげ [針] のある, とげだらけの. **2** 〈問題が〉面倒な, やっかいな.

‡**spi·ral** [spáiərəl] 形 らせん状 [形] の, 渦巻き (形) の:
a *spiral* staircase らせん階段.
— 名 Ⓒ **1** らせん, 渦巻き線; 渦巻き状のもの; 巻き貝. **2**【経済】(悪循環による) 連鎖的変動; らせん状の上昇 [下降]: inflationary *spiral* 悪性インフレ《物価上昇と賃上げの悪循環》.
— 動 (過去・過分《英》**spi·ralled**; 現分《英》**spi·ral·ling**) ⾃ **1** らせん形になる, らせん状に動く (*up, down*): The leaves were *spiraling* to the ground. 木の葉がひらひら舞い落ちていた.
2〈物価などが〉絶え間なく変動 [急上昇, 急降下] する (*up, down*).
spi·ral·ly [-rəli] 副 らせん状に.

***spire** [spáiər] 名 Ⓒ **1** 尖塔(せんとう) (の先端): a church *spire* 教会の尖塔. **2** (とがった山の) 頂上; 円錐(すい)形のもの; 【植】(葉・芽などの) 細い茎.

spir·it [spírit] 名 動
— 名 (複 **spir·its** [-rits]) **1** Ⓤ 精神, 心 (↔ body) (→ MIND 類義語): body and *spirit* 肉体と精神 / The *spirit* is willing, but the flesh is weak. やる気はあるのに体がついてこない.
2 Ⓒ 霊魂, 亡霊 (→ GHOST 関連語); 妖精; 悪魔: the Holy *Spirit* 聖霊 / The evil *spirit* must be kept away. 魔よけをしなければならない.
3 [~s] 精神, 気分: Their cheers raised [lifted] my *spirits*. 彼らの声援は私を元気づけた / He is in high [low] *spirits*. 彼は上機嫌だ [しょげている].
4 Ⓤ 気力, 勇気; 元気: show fighting *spirit* 闘志を示す / Answer with *spirit*. 元気よく答えなさい / He is a man of *spirit*. 彼は気力のある人です / That's the *spirit*! その意気だ.
5 [形容詞を伴って] ...のような人: a brave [noble] *spirit* 勇敢 [高潔] な人.
6 [単数形で] (社会・集団などの) 支配的気風; (時代などの) 特質: team *spirit* チーム精神 / the frontier *spirit* 開拓者魂 / the *spirit* of the age [times] 時代思潮.
7 Ⓤ (法律などの) 趣旨, 真意;《形式に対する》精神: the *spirit* of the law 法の精神. **8** Ⓒ [通例 ~s]《英》アルコール; 蒸留酒《ウイスキー・ジンなどの強い酒》《米》liquor; Ⓤ《英》工業用アルコール.
■ *in spírit* 気持ちのうえでは.
— 動 ⾃ ...を連れ去る, 誘拐する (*away, off*).
(▷ 形 **spíritual**)
◆ **spírit làmp** Ⓒ アルコールランプ.
spírit lèvel Ⓒ アルコール水準器《主に《米》level》.

spir·it·ed [spíritid] 形 《ほめ言葉》**1** 元気のよい, 活発な; 勇気のある: a *spirited* reply 元気のよい返事. **2** [複合語で] ...の精神を持つ, 気分が...の: public-*spirited* 公共心のある.
spir·it·ed·ly [~li] 副 元気よく.

spir·it·less [spíritləs] 形 元気のない, 勇気 [熱意] のない.

spir·it·u·al [spíritʃuəl]

— 形 [通例, 限定用法] **1 精神的な**, 精神(上)の; 霊的な (↔ material): a *spiritual* leader 精神的指導者 / the *spiritual* world 霊界 / one's *spiritual* home (人の)心のふるさと [よりどころ].
2 [比較なし] 崇高な, 気高い: She has a *spiritual* character. 彼女は崇高な性格の持ち主である.
3 [比較なし] 宗教上の, 教会の; 超自然の, 神の: *spiritual* songs 聖歌.
— 名 C 黒人霊歌 (Negro [black] spiritual).
(▷ 名 spírit, spirituálity)

spir·it·u·al·ism [spíritʃuəlìzəm] 名 U **1** 心霊説; 降霊術. **2** 精神主義; [哲] 唯心論, 観念論.
spir·it·u·al·ist [spíritʃuəlist] 名 C **1** 心霊[降霊]術者. **2** 精神主義者; 唯心論者.
spir·it·u·al·is·tic [spìritʃuəlístik] 形 **1** 心霊[降霊]術(者)の. **2** 精神主義(者)の.
spir·it·u·al·i·ty [spìritʃuǽləti] 名 U 精神的であること, 精神性; 霊性. (▷ 形 spíritual)
spir·it·u·al·ly [spíritʃuəli] 副 精神的に (↔ physically); 宗教的に.
spir·it·u·ous [spíritʃuəs] 形 [限定用法] (多量の)アルコールの.

*spit[1] [spít]

動 (三単現 **spits** [spíts]; 過去・過分 **spat** [spǽt], 《米》 **spit**; 現分 **spit·ting** [~iŋ]) 自
1 [...に] つばを吐く [*at, on*]: within *spitting* distance 《口語》 すぐそばで / Jim *spat at* me. ジムは私につばを吐きかけた. **2** [It を主語にして; 通例, 進行形で] (雨などが) ばらばら降る. **3** (火が) ぱちぱちいう (*out*), (料理の油などが) じゅうじゅう音を立てる. **4** [...に] (怒った猫などが) ふうっとうなる [*at*].
— 他 **1** (つば・食べ物などを)吐く, 吐き出す (*out, up*): *spit* blood 血を吐く. **2** ... を [人に]吐き出すように言う (*out*) [*at*]: He *spat (out)* a rude reply *at* me. 彼は私にぶっきらぼうな返事をした.

■ *spít it óut* [通例, 命令形で]《口語》 (隠さずに)はっきり言う, 白状する.
— 名 C つば(を吐くこと).
■ *spit and pólish* 《口語》磨き立てること.
the spítting ímage [...の]生き写し, [...に] よく似たもの[人] [*of*].

spit[2] 名 C **1** 焼き串. **2** (海に突き出た) 砂洲.

*spite [spáit]

名 U 悪意, 意地悪; 恨み: They must have scratched my car out of *spite*. 彼らは悪意から私の車に傷をつけたに違いない.

■ *in spíte of* ... ... にもかかわらず, ... をものともせずに: I went out *in spite of* the rain. 雨にもかかわらず私は外出した / Bob left *in spite of* the fact that I asked him not to. 私が行かないように頼んだにもかかわらずボブは行ってしまった.
in spíte of onesélf われ知らず, 思わず.
— 動 他 ... に意地悪をする, ... をいじめる, ... に困らせる.

spite·ful [spáitfəl] 形 悪意に満ちた, 意地の悪い.
spite·ful·ly [-fəli] 副 意地悪く, 悪意に満ちて.
spit·fire [spítfàiər] 名 C (特に女性の) かんしゃく持ち, 短気者.
spit·tle [spítl] 名 U 《古風》つば (spit).
spit·toon [spitú:n] 名 C たんつぼ (《米》 cuspidor).

spitz [spíts] 名 C [動物] スピッツ 《小型犬》.
spiv [spív] 名 C 《英・古風》小悪党《派手な身なりで人をだまして金を稼ぐ人物》.

*splash [splǽʃ]

動 他 **1** 〈水・泥など〉を[...に]はねかける, 飛び散らす [*on, onto, over*]; ...に[水・泥などを] はねかける [*with*]: A bottle of milk *splashed* the floor. 1本の牛乳(の中身)が床に飛び散った / A car *splashed* my clothes *on* my clothes. = A car *splashed* my clothes *with* mud. 車が私の服に泥をはねかけた. **2** 《口語》 (新聞などで) ...を派手に扱う; 〈広告など〉を [...に] 人目につくように出す [*across, on*]. **3** 《口語》〈金〉を派手に使う (*about, out*).
— 自 **1** (水などの液体が) [...に] はねる, はねかかる; 飛び散る [*against, on, over*]; (人が) 水をはねかける (*about, around*): The rain was *splashing on* the windows. 雨が窓にはねかかっていた / The children enjoyed *splashing about* in the pool. 子供たちはプールで水遊びをして楽しんだ. **2** [...を] 水しぶきを上げながら進む; ばしゃばしゃと (水)音を立てて行く [*along, across, through*].

■ *splásh dówn* 自 (宇宙船などが) 着水する.

— 名 C **1** ざぶん[ばしゃん]と打つ音; はねかけること: dive with a *splash* ばしゃんという音を立てて飛び込む. **2** (泥水・絵の具などの) はね, しみ; (色などの) 斑点, 模様. **3** [a ~] 《主に英》 (酒などを割る) 少量の水 [炭酸水]. **4** C 《口語》 (新聞などの) 派手な記事.

■ *máke a splásh* 《口語》 大評判をとる, (世間を)あっと言わせる.
— 副 《口語》 ざぶん [どぼん] と (音を立てて): jump *splash* into the lake ざぶんと湖に飛び込む.

◆ **splásh guárd** C 《米》 (自動車などの) 泥よけ (《英》 mud flap).

splash·down [splǽʃdàun] 名 C U (宇宙船などの) 着水.
splash·y [splǽʃi] 形 (比較 **splash·i·er** [~ər]; 最上 **splash·i·est** [~ist]) **1** はねを上げる; 泥だらけの. **2** 《米》目立つ, 派手な.
splat [splǽt] 名 [a ~] 《口語》 ぴちゃっ [ぺちゃっ] という音 《濡れたものが固いものに当たった音》.
splat·ter [splǽtər] 動 自 (水・泥などが) ばちゃばちゃとはねる [当たる]. — 他 〈水・泥など〉を (ばちゃばちゃと) はねかける.
— 名 C はね散らす音; ばちゃばちゃ(という音).
splay [spléi] 動 他 **1** ... を広げる, 〈足など〉を開く (*out*). **2** 〈窓枠〉を外広がり [扇形] にする.
— 自 外に [扇形に] 広がる, 開く (*out*).
splay·foot·ed [spléifútid] 形 扁平足の.
spleen [splí:n] 名 **1** C [解剖] 脾臓(ひぞう). **2** U 《格式》不機嫌, かんしゃく: vent one's *spleen* on ... ... にあたり散らす.

*splen·did [spléndid]

【原義は「輝いている」】

— 形 **1** (建築物・光景などが) **壮麗な**, 華麗な, 壮大な, 華やかな: a *splendid* palace 壮麗な宮殿 / a *splendid* sunset 見事な夕焼け.
2 (業績・行為などが) 目覚ましい, 輝かしい, 立派な: a *splendid* achievement 輝かしい業績 / His

splen·did·ly [spléndidli] 副 すばらしく,見事に.
splen·dor,《英》**splen·dour** [spléndər] 名C [または~s]（建築物・光景などの）豪華さ,壮麗さ；雄大さ: the *splendor* of the cathedral その大聖堂の壮麗さ. （▷ 形 spléndid）
sple·net·ic [splənétik] 形《文語》怒りっぽい.
splice [spláis] 動他 **1** 〈ロープ・縄など〉を組み継ぎする,…の端を結び合わせる. **2** 〈木材・テープ・フィルムなど〉をつなぎ合わせる,重ね合わせて接合する.
■ **gèt splíced**《英口語》結婚する.
—— 名C 組み継ぎ,接合（部分）.
splic·er [spláisər] 名C スプライサー（テープ・フィルムなどを接合する機器）.
splint [splínt] 名C **1**《医》（骨折部を固定する）副木(ふくぼく). **2** へぎ板（かごなどを編むのに用いる）.
splin·ter [splíntər] 名C （木・ガラスなどの薄くなった）砕片,とげ；（石・砲弾の）破片.
—— 動他 …を裂く,ばらばらにする (off).
—— 自 裂ける,破片になる；分裂［分派］する (off).
◆ **splínter gròup** C（政党などの）分派.

‡**split** [splít] 動 （三単現 **splits** [splíts]; 過去・過分 **split**; 現分 **split·ting** [~ɪŋ]）他 **1** …を［…に］割る,(引き)裂く [*in, into*]: *split* the log *in* two 丸太を2つに割る. **2** …を［集団で］分裂させる,仲間割れさせる (*up*) [*into*]: The issue *split* the party *into* two groups. その問題で党は2つの派に分裂した. **3** …を［…に］分ける,分配する (*up*) [*into*]; 〈費用など〉を分担する (*up*) [*with*]: We *split* the cost of the meal. 私たちは食事代を割り勘にした.
—— 自 **1** ［…に］裂ける,割れる [*in, into*]: My jacket *split* at the seams. 上着が縫い目のところで裂けた らった. **2** ［…に］分裂する (*up, off*) [*into*]; ［…と /…のことで］仲間割れする (*up*) [*with / over, on*]; ［…と］別居［離婚］する (*up*) [*with*]: The students *split into* small groups. 学生たちは小グループに分裂した. **3** ［…を］分配する,分け合う [*with*]. **4**《俗語》(さっさと)立ち去る,帰る.
■ **split awáy** [*óff*] ［…から］裂ける,割れる [*from*].
splít háirs → HAIR 成句.
splít one's sídes 腹を抱えて笑う.
splít the dífference → DIFFERENCE 成句.
—— 名C **1** 裂け目,割れ目. **2** 裂ける［割れる］こと；分派,仲間割れ: a *split* in the ruling party 与党内の分裂. **3** 分け前,取り分. **4** スプリット（バナナなどの果物を縦長に切って割った上にアイスクリームなどをのせたデザート）. **5** [the ~s]《体操》開脚座,開脚跳び.
—— 形 割れた,裂けた；分裂［分離］した.
◆ **splít énds**（複数扱い）枝毛.
split infinitive C《文法》分離不定詞（◇ to 不定詞の間に副詞(句)が入ったもの）.
split péa C 割りエンドウ（スープ用）.

split personálity C《心理》二重人格.
split scréen C（テレビなどの）分割画面.
split-lév·el 形（家・部屋など）中2階式の.
split-séc·ond 形［限定用法］ほんの一瞬［即座］の.
split sécond 名C 一瞬（間）に: in a *split second* あっという間に.
split·ting [splítɪŋ] 形（頭が）割れるように痛む,（痛みなどが）激しい.
splotch [splátʃ / splɔ́tʃ],《英》**splodge** [splódʒ / splɔ́dʒ] 名C《口語》（大きく不規則な）汚れ,しみ；斑点(はんてん).
splurge [splə́ːrdʒ] 動自《口語》［…に］派手に金を使う,散財する (*on*); 誇示する.
—— 名C《口語》散財；（富などの）見せびらかし.
splut·ter [splʌ́tər] 動自 **1** （興奮・怒りなどで）早口でしゃべる. **2** ぱちぱち［ぶつぶつ］音を立てる.
—— 他 …を早口で言う.
—— 名C ぶつぶつ言う声；ぱちぱちいう音.

‡**spoil** [spɔ́il]
—— 動 （三単現 **spoils** [~z]; 過去・過分 **spoiled** [~d], **spoilt** [spɔ́ilt]; 現分 **spoil·ing** [~ɪŋ]）
—— 他 **1** …をだめにする, 台なしにする: The heavy rain *spoiled* our camping trip. 大雨で私たちのキャンプ旅行が台なしになった / She *spoiled* the soup with too much salt. 彼女は塩を入れすぎてスープをだめにしてしまった.
2 〈子供など〉を甘やかす,甘やかしてだめにする: Don't *spoil* your child. 子供を甘やかしてはいけない. **3** 〈客など〉を大切に扱う **4** 〈投票(用紙)〉を無効にする.
—— 自 台なしになる,だめになる；（食べ物など）が傷む,腐る: The food *spoiled* while I was gone. 私が出かけていた間に食べ物が腐ってしまった.
■ **be spóiling for** ... 〈けんかなど〉をしたくてうずうずしている.
—— 名 **1** U [または~s] 強奪品,戦利品.
2 [~s]（選挙に勝った政党が握る）利権,役得.
3 U 掘り出された土砂.
spoil·age [spɔ́ilɪdʒ] 名U （食べ物などが）台なし［だめ］になること；損傷物（の量）.
spoil·er [spɔ́ilər] 名C **1** 台なし［だめ］にする人［もの］; 甘やかす人. **2** スポイラー（飛行機の揚力抑制板；レーシングカーの車体浮き上がり防止装置）.
spoil·sport [spɔ́ilspɔ̀ːrt] 名C《口語》他人の楽しみを台なしにする人［興をそぐ］人.
‡**spoilt** [spɔ́ilt] 動 spoil の過去形・過去分詞の1つ.

‡**spoke**¹ [spóuk] 動 speak の過去形.
spoke² 名C **1** （車輪の）スポーク (→ BICYCLE 図). **2** （はしごの）段.
■ **pùt a spóke in** ...'s **whéel** …の（計画の）じゃまをする.

‡**spo·ken** [spóukən]
—— 動 形
—— 動 speak の過去分詞.
—— 形 **1** ［限定用法］話し言葉の,口語の；口頭の (oral) (↔ written): *spoken* English 口語英語 / a *spoken* message 口頭の伝言.
2 ［複合語で］話し方が…な: blunt-*spoken* ぶっき

らぼうな話し方の / soft-*spoken* 穏やかな口調の / well-*spoken* 話し方が上品な; 話し上手な.

‡**spokes・man** [spóuksmən] [-mən]) C (複 **spokes・men** [-mən]) C 〔団体などの〕スポークスマン, 代弁者 [*for*] (◇女性形は spokeswoman; → SPOKESPERSON (↓)).

spokes・per・son [spóukspə̀ːrsən] 名 (複 **spokes・per・sons** [~z], **spokes・peo・ple** [-pìːpl]) C スポークスマン (◇ spokesman, spokeswoman の代わりに用いる性差のない語).

spokes・wom・an [spóukswùmən] 名 (複 **spokes・wom・en** [-wìmin]) C スポークスウーマン, 代弁者 (◇女性).

‡**sponge** [spándʒ] (☆発音に注意) 名 1 C U スポンジ (入浴・洗浄用); スポンジ状のもの: wash the dishes with a *sponge* スポンジで食器を洗う / a vegetable *sponge* ヘチマ. 2 C 〔動物〕海綿 (動物). 3 C 〔通例 a ~〕〔主に英〕スポンジでぬぐう [ふく] こと: Give it a *sponge*. それをスポンジでふいてください. 4 C = SPONGER (↓). 5 C U 〔英〕= spónge càke スポンジケーキ.

■ ***thrów*** [***tóss***] ***ín*** 〔〔英〕***úp***〕 ***the spónge*** (口語) 敗北を認める.

——動 他 1 …を (スポンジ・ぬれた布などで) 洗う, ふく (*down*); ぬぐい去る (*off*, *out*); 〈液体〉を吸い取る (*up*): *sponge* the table *down* テーブルをぬれた布でふく. 2 (口語) …を〔人に〕せびる, たかる 〔*from*, *off*〕. ——自 1 (海綿などが) 液体を吸収する. 2 (口語) 〔人に〕たかる, たかって生活する 〔*off*, *on*〕: *sponge off* [*on*] one's friends 友達にたかる.

◆ spónge bàg C 〔英〕旅行用洗面具入れ.
spónge bàth C ぬれた布などで体をふくこと.

spong・er [spándʒər] 名 C (口語) 他人にたかる人, 居候 (いそうろう).

spon・gy [spándʒi] 形 (比較 **spon・gi・er** [~ər]; 最上 **spon・gi・est** [~ist]) 海綿 [スポンジ] 状の; 多孔質の; ふわふわした; 吸収性の.

‡**spon・sor** [spánsər / spón-] 名 C 1 スポンサー, 広告主: a TV *sponsor* テレビの広告主 / That bank is the *sponsor* for the game. あの銀行が試合のスポンサーです. 2 保証人; 後援者 [団体]; 発起人, (法案などの) 提案者. 3 名付け親.
——動 他 1 …のスポンサー [広告主] になる: This concert is *sponsored* by the company. このコンサートはその会社がスポンサーです. 2 …の保証人となる; …を後援する. 3 …の発起人となる.

spon・sor・ship [spánsərʃìp / spón-] 名 U 1 スポンサー [保証人, 後援者] であること; 名付け親になること. 2 資金支援; 助成金.

spon・ta・ne・i・ty [spɑ̀ntəníːəti / spɔ̀n-] 名 U 自発性; 自然さ.

*spon・ta・ne・ous** [spɑntéiniəs / spɔn-] 形 自発的な; (行動・現象などが) 自然発生的な, 無意識的な: *spontaneous* combustion 自然発火 / give a *spontaneous* cheer 思わず歓声を上げる.

spon・ta・ne・ous・ly [~li] 副 自発的に; 自然に.

spoof [spúːf] 名 (複 **spoofs** [~s]) C (口語) 1 〔…の〕パロディー, もじり, 〔…を〕ちゃかした作品 〔*of*, *on*〕. 2 (冗談に) だますこと, かつぐこと.

spook [spúːk] 名 C 1 (口語) 幽霊. 2 (俗語) スパイ.
——動 他 〔主に米口語〕…を怖がらせる.

spook・y [spúːki] 形 (比較 **spook・i・er** [~ər]; 最上 **spook・i・est** [~ist]) (口語) 1 幽霊の出そうな, 気味の悪い. 2 怖がりな, 神経質な.

spool [spúːl] 名 C 1 〔米〕糸巻き (〔英〕reel); (電線・テープなどの) 巻き軸, スプール. 2 〔…の〕ひと巻きの量 〔*of*〕: a *spool of* tape テープひと巻き.

‡**spoon** [spúːn] 名【原義は「木片」】
——名 (複 **spoons** [~z]) C 1 **スプーン**, さじ: a measuring *spoon* 計量スプーン / eat soup with a *spoon* スプーンでスープを飲む.
2 スプーン [さじ] 1 杯 (の量) (spoonful): four *spoons* of sugar スプーン 4 杯分の砂糖.
3 スプーン状のもの; 〔ゴルフ〕スプーン, 3 番ウッド.
■ ***be bórn with a sílver spóon in one's móuth*** 金持ちの家に生まれつく.
——動 他 …をスプーンですくう (*up*, *out*).

spoon・er・ism [spúːnərìzm] 名 C 頭音転換 (◇ *p*ouring *r*ain (激しく降る雨) と言うべきところを *r*oaring *p*ain (とどろく苦痛) と言うなど, 単語の初めの音をうっかり入れ違えてしまうこと).

spóon-fèed 動 (三単現 **spoon-feeds** [-fìːdz]; 過去・過分 **spoon-fed** [-fèd]; 現分 **spoon-feed・ing** [~iŋ]) 他 1 〈病人など〉にスプーン [さじ] で食べさせる. 2 …を甘やかす, 過保護にする. 3 〈学生など〉に一方的に教え込む.

*spoon・ful** [spúːnfùl] 名 (複 **spoon・fuls** [~z], **spoons・ful** [spúːnz-]) C 〔英〕スプーン [さじ] 1 杯の量: two *spoonfuls* of sugar スプーン 2 杯分の砂糖.

spoor [spúər, spɔ́ːr] 名 C (野獣の) 足跡, 臭跡.

spo・rad・ic [spərǽdik] 形 1 時々起こる, 散発的な; (病気が) 散発性の. 2 (植物などが) 散在するまばらの.

spo・rad・i・cal・ly [-kəli] 副 散発的に; まばらに.

spore [spɔ́ːr] 名 C 〔生物〕胞子, 芽胞.

spor・ran [spɑ́(ː)rən] 名 C スポーラン (スコットランド高地人がキルト (kilt) の前に下げる毛皮の袋).

‡**sport** [spɔ́ːrt] 名 形【原義は「気晴らし」】
——名 (複 **sports** [spɔ́ːrts]) 1 U C **スポーツ**, 運動競技 (◇狩り・釣り・競馬なども含む): athletic *sports* 陸上競技 / water *sports* 水上競技 / winter *sports* ウインタースポーツ / play *sports* スポーツをする / Soccer is my favorite *sport*. サッカーは私の大好きなスポーツです.

2 U 〔古風〕娯楽, 気晴らし, 楽しみ (fun); 冗談, からかい: make *sport* of ... …をからかう / It's great *sport* to travel by ship. 船の旅はとても楽しい / What *sport*! なんて面白いのだろう.
3 〔通例 ~s; 複数扱い〕〔英〕運動会, 競技会.
4 C (口語) スポーツマンらしい人, さっぱりした人, 気さくな人. 5 C 〔生物〕突然変異, 変種.
■ ***Be a (góod) spórt*** ... 〔古風〕お願いだから… (してください).
in [***for***] ***spórt*** 冗談に, ふざけて (in fun).
——形 〔通例 ~s; 限定用法〕スポーツ (用) の, 運動の: a *sport*(*s*) shirt スポーツシャツ / the *sports*

pages (新聞の)スポーツ欄.
— 動 他 …を見せびらかす, ひけらかす.
— 自 (通例, 進行形で)《文語》(子供・動物などが)遊ぶ, たわむれる.
◆ spórts càr C スポーツカー.
spórts cènter C スポーツジム.
spórts dày C《英》運動会の日(《米》field day).

sport·ing [spɔ́ːrtiŋ] 形 **1** [限定用法] スポーツの, 運動(用)の; スポーツ好きな: *sporting* goods スポーツ用品. **2**《英》スポーツマンらしい, 公正な.
■ *a spórting chánce* 勝てる[成功する]見込み, かなりの見込み.

sports·cast [spɔ́ːrtskæst / -kɑ̀ːst] 名 C《米》スポーツ放送[番組].
sports·cast·er [spɔ́ːrtskæstər / -kɑ̀ːstə] 名 C《米》スポーツアナウンサー, スポーツキャスター.
‡**sports·man** [spɔ́ːrtsmən] 名 (複 **sports·men** [-mən]) C **1** スポーツマン, 運動好きな人(◇女性形は sportswoman. 特に狩猟・釣り・乗馬などの愛好者をさす. 日本語の「スポーツマン」は athlete に相当することが多い). **2** スポーツマンシップの持ち主.
sports·man·like [spɔ́ːrtsmənlàik] 形 スポーツマンらしい, 正々堂々とした, 公正な.
***sports·man·ship** [spɔ́ːrtsmənʃìp] 名 U スポーツマン精神, 正々堂々とした態度.
sports·wear [spɔ́ːrtswèər] 名 U 運動着, スポーツウェア; レジャー用衣料.
sports·wom·an [spɔ́ːrtswùmən] 名 (複 **sports·wom·en** [-wìmin]) C スポーツウーマン (◇ sportsman の女性形).
sports·writ·er [spɔ́ːrtsràitər] 名 C スポーツ記者.

sport·y [spɔ́ːrti] 形 (比較 **sport·i·er** [-ər]; 最上 **sport·i·est** [~ist])《口語》**1** (服装などが)軽快な, さっそうとした; (車が)スポーツカーのような.
2《主に英》運動好きな, 運動が得意な.

‡‡‡**spot** [spát / spɔ́t] 名 動 形
— 名 (複 **spots** [spáts / spɔ́ts]) C **1** 斑点(はん), まだら(模様); しみ, 汚れ: a white dress with blue *spots* on it 青の水玉模様の白いドレス / He wiped sticky *spots* off the floor. 彼は床からべとべとした汚れをふき取った.
2 (ある特定の)地点, 場所; 点, 箇所: a beauty *spot* 景勝地 / a blind *spot* 盲点 / a nice *spot* for a picnic ピクニックに適した場所.
3 吹き出物, にきび; あざ, ほくろ: I have a *spot* on my face. 顔ににきびができている.
4 [a ~]《英口語》少量[少し](*of*): Let's have a *spot* of rest. ひと休みしよう. **5**《放送》スポット《番組中のコマーシャル・ニュースなど》; 短い出演. **6** 汚名, (人格・評判などの)汚点, 欠点: a *spot* on his fame 彼の名声に付いた汚点. **7** 地位, 位置, 職. **8**《口語》スポットライト(spotlight). **9** (商取引の)現物; 現金. **10** [数詞を伴って]《米口語》…(ドル)札; [トランプ] 札(は): a ten *spot* 10ドル札.
■ *hít the bést spót*《米口語》(食べ物などが)申し分ない, 人を満足させる.
in a (tíght [bád]) spót《口語》困って.
knóck spóts óff ...《英口語》…を楽に負かす.

on the spót **1** ただちに, その場で: be killed *on the spot* 即死する. **2** 現場へ, その場に: The police were soon *on the spot*. 警察はすぐに現場に駆けつけた.
pút ... on the spót (答えにくい質問などをして)〈人〉を困らせる, 窮地に追い込む.
— 動 (三単現 **spots** [spáts / spɔ́ts]; 過去・過分 **spot·ted** [~id]; 現分 **spot·ting** [~iŋ])
— 他 **1** (a) [spot + O] [進行形不可]…を見つける, 発見する; 見抜く: She *spotted* a mistake in her composition. 彼女は自分の作文の中に誤りを見つけた. (b) [spot + O + doing]〈人〉が…するのを見かける: I *spotted* him *driving away*. 私は彼が車で走り去っていくのを見た.
2 …に [で] しみ [斑点] を付ける (*with*): She *spotted* the desk with ink. 彼女は机をインクで汚した / Her dress was *spotted* with mud. 彼女の服は泥で汚れた.
3 [通例, 受け身で] …をあちらこちらに置く; (衛兵などを)配置する. **4**《米口語》〈相手〉に…のハンディを与える;〈相手〉に〈得点など〉を先行される.
— 自 **1** […で] 汚れる, しみが付く (*with*): The bag *spotted* with rain. 雨でバッグにしみが付いた. **2** [It を主語にして]《英》〈小雨などが〉断続的に降る (*with*): It's *spotting* (with rain) again. また雨がぽつぽつ降っている.
— 形 即座の, その場の; 即金の: *spot* cash 即金.
(▷ 形 **spotty**)
◆ spót néws U スポットニュース《番組の合間のニュース速報》.

spot-check 名 C 抜き取り [抽出] 検査.
spot·less [spátləs / spɔ́t-] 形 **1** しみ [汚れ] のない, 清潔な. **2** (性格・名声などが)欠点のない.
spot·less·ly [~li] 副 一点の汚れもなく.
spot·light [spátlàit / spɔ́t-] 名 C **1** スポットライト. **2** [the ~] 世間の注目 [関心] の的(ま): be in the *spotlight* 世間に注目されている.
— 動 (三単現 **spot·lights** [-làits]; 過去・過分 **spot·lit** [-lìt], **spot·light·ed** [~id]; 現分 **spot·light·ing** [~iŋ]) 他 **1** …にスポットライトを当てる. **2** …に注目を集めさせる, …を目立たせる.
spot·lit [spátlìt / spɔ́t-] spotlight の過去形・過去分詞の1つ. — 形 スポットライトの当たった.
spót-òn 形《英口語》まったく正しい, ぴったりの.
spot·ted [spátid / spɔ́t-] 形 [通例, 限定用法] 斑点(はん)のある, まだらの; しみの付いた.
◆ spótted díck U《英》レーズン入りプディング.
spótted féver U《医》斑点(はん)熱, 脳脊髄(せき)膜炎.
spot·ter [spátər / spɔ́tə] 名 C 監視 [観察] する人; 探す人; (従業員の)監視人.
spot·ty [spáti / spɔ́ti] 形 (比較 **spot·ti·er** [-ər]; 最上 **spot·ti·est** [~ist]) **1** 斑点 [しみ] のある, まだらな. **2**《米》(仕事などが)むらのある. **3**《英口語》にきび面の.
(▷ 名 **spot**)
spouse [spáus, spáuz] 名 C《格式》配偶者.
spout [spáut] 動 他 **1**〈液体・火など〉を噴き出す, 噴出する (*out*). **2**《口語》〈意見など〉をとうとうとまくし立てる. — 自 **1** […から] 噴出する, ほとばしり出る (*out*) (*from*); (鯨などが)潮を吹く. **2**《口

sprain [spréin] 動 他 〈手首・足首など〉をくじく, ねんざする. ― 名 C ねんざ (cf. strain 筋違い).

sprang [sprǽŋ] 動 自 spring の過去形の1つ.

sprat [sprǽt] 名 C 〖魚〗スプラット《ヨーロッパ産のニシン類の小型食用魚》.

sprawl [sprɔ́ːl] 動 自 **1** 手足を(だらしなく)伸ばして寝そべる[座る]; 腹ばいになる (*out*): He *sprawled* in the armchair. 彼は手足を投げ出してひじ掛けいすに座った. **2** (都市などが)無計画に広がる, スプロール化する. **3** (文字が)のたくる; (植物が)伸び放題になる (*out*).
― 名 U C [通例, 単数形で] **1** 手足を伸ばすこと, 大の字に寝そべること. **2** 雑然とした町並み; スプロール現象《宅地が無秩序に郊外に広がっていくこと》.

sprawled [sprɔ́ːld] 形 〈手足などを〉伸ばした, だらしなく投げ出した.

sprawl・ing [sprɔ́ːliŋ] 形 (都市などが)無秩序に広がった, 大の字に寝そべった: lay *sprawling* 大の字になる.

‡spray¹ [spréi] 名 **1** U しぶき, 水煙; C しぶき状のもの; [銃弾などの] 雨 [*of*]: the *spray* from a waterfall 滝の水しぶき / a *spray* of dust 塵煙(ぢん). **2** U C 噴霧液, 散布剤; C 噴霧器, スプレー: a hair *spray* ヘアスプレー.
― 動 他 **1** (スプレーで)[…に]〈薬剤・ペンキなど〉を吹きかける [*on, over*]; …に[薬剤・ペンキなど]を吹きかける [*with*]: He *sprayed* paint *on* the wall. = He *sprayed* the wall *with* paint. 彼は壁にペンキを吹き付けた. **2** 〈人〉に〈銃弾などを〉浴びせる [*with*]. ― 自 しぶきになる, 霧を吹く (*out*).
◆ **spráy càn** C スプレー缶.
spráy gùn C **1** (花・葉などの付いた)小枝《装飾用のもの》. **2** (宝石などの)小枝飾り, 小枝模様.

spray² 名 C **1** (花・葉などの付いた)小枝《装飾用のもの》. **2** (宝石などの)小枝飾り, 小枝模様.

spray・er [spréiər] 名 C **1** 噴霧器, 霧吹き, スプレー. **2** 噴霧する人.

‡spread [spréd] 動 他【原義は「まく, まき散らす」】
― 動 (三単現 **spreads** [sprédz]; 過去・過分 **spread**; 現分 **spread・ing** [~iŋ])
― 他 **1** …を広げる; 〈手・足などを〉伸ばす; 〈紙片など〉を並べる: She *spread* the map [cards] on the table. 彼女はテーブルに地図を広げた[トランプを並べた] / A kite is flying with its wings *spread*. トンビが翼を広げて飛んでいる.
2 […に]〈もの〉を塗る, 塗り付ける [*on, over*]; …に[ものを]塗る [*with*]: *spread* butter *on* the bread = *spread* the bread *with* butter バターをパンに塗る.
3 〈うわさ・ニュースなど〉を広める; 〈肥料など〉をまく, 散布する: *spread* rumors うわさを広める / *spread* agricultural chemicals over the field 畑に農薬をまく.
4 〈支払い・仕事・行事など〉を[…の期間に]わたらせる, 分散させる [*over*]. **5** 〖古風〗〈食卓〉に食事の用意をする; 〈料理〉を食卓に並べる.
― 自 **1** [通例, 副詞(句)を伴って] 広がる, 及ぶ: The pasture *spreads* 2 miles by 5 miles. 牧場は縦2マイル横5マイルに及ぶ / This paint *spreads* well. このペンキはよく広がる[のびる].
2 (うわさ・ニュースなどが)広まる; (病気などが)蔓延(ばん)する: Rumors *spread* from mouth to mouth. うわさは口から口へ広まる.
■ *spréad onesélf* **1** 体を伸ばす, 大の字に寝る. **2** 奮発する; 見栄をはる. **3** しゃべり立てる.
spréad onesélf (*tòo*) *thín* [*thínly*] 一度にいろいろなことを引き受ける, 多くのことに手を出す.
spréad óut 自 **1** (人・動物などが)分散する, 散らばる. **2** (都市などが)広がる. ― 他 **1** …を広げる; 〈手・足などを〉伸ばす; …を並べる. **2** 〈支払い・仕事など〉を[…の期間に]わたらせる [*over*].
― 名 **1** U 広まること, 普及; (病気などの)蔓延(ばん): The *spread* of the rumor worried her. うわさが広まって彼女は悩んだ / We welcome the *spread* of medical knowledge. 医学的知識の普及は歓迎である.
2 C [通例, 単数形で] 広がり; 幅, 寸法: the *spread* of sands 砂浜の広がり.
3 U C (パンに塗る)スプレッド《バター・ジャムなど》. **4** C 〖口語〗ごちそう (feast). **5** C テーブル掛け, ベッドカバー. **6** C (新聞・雑誌の)見開きページ, 数ページ[段]にわたる記事[広告, 写真など].

spréad-èa・gle, spréad-èa・gled 形 翼を広げたワシのような; 大の字の.

spréad éagle 名 C 翼と脚を広げたワシの紋章《米国の国章; → bald eagle (BALD 複合語)》.

spread・sheet [sprédʃiːt] 名 C 〖コンピュータ〗スプレッドシート《表計算・財務会計用のプログラム》.

spree [spríː] 名 C 〖口語〗浮かれ[ばか]騒ぎ, 派手にやること: go on a drinking *spree* 飲みまくる.

sprig [spríg] 名 C 小枝, 若枝; 小枝形装飾.
sprigged [~d] 形 (小枝模様の).

spright・ly [spráitli] 形 (比較 **sprìght・li・er** [~ər]; 最上 **sprìght・li・est** [~ist]) (特に老人が)元気な, 活発な; 陽気な.

‡spring [spríŋ] 名 動
― 名 (複 **springs** [~z]) **1** U C 春; [形容詞的に] 春の: in early [late] *spring* 早春[晩春]に / *spring* flowers 春の花 / *spring* wear 春に着る衣類, 春の装い / Cherry blossoms come out in (the) *spring*. 桜の花は春に咲く.
語法 (1)通例, 季節名には the を付けないが,《米》では付けられることが多い: in (the) *spring* 春に.
(2) 特定の季節を表すときは the を付ける: in *the spring* of 2003 2003年の春に.
(3) this, last, next などと共に前置詞を伴わない副詞句を作る: this [last, next] *spring* この[この前の, 次の]春に.
2 C 泉, 水源; [~s] 鉱泉: a hot *spring* 温泉 / a mineral *spring* 鉱泉 / *spring* water わき水.
3 C ばね, ぜんまい; [形容詞的に] ばねが入った, ぜんまい仕掛けの: a *spring* mattress ばね入りのマットレス / This music box works by a *spring*. こ

のオルゴールはぜんまい仕掛けです.
4 ⓊⒸ 弾力, 弾性; Ⓒ《通例,単数形で》(心身の)張り, (足取りの)軽快さ: walk with a *spring* in one's step 軽快な足取りで歩く.
5 Ⓒ 跳躍, 跳躍 (jump): make a *spring* at [over] … …に飛びかかる[…を飛び越える].
— 動 《三単現 **springs** [~z]; 過去 **sprang** [spræŋ],《米》**sprung** [sprʌ́ŋ]; 過分 **sprung**; 現分 **spring·ing** [~iŋ]》 ⓐ **1** 《副詞(句)を伴って》跳ぶ, 飛び出す, はねる (jump): *spring* over a stream 小川を飛び越える / *spring* to one's feet ぱっと立ち上がる / *spring* at a chance 好機に飛びつく / He *sprang* out of [from his] bed. 彼はベッドから飛び出した.
2 はね返る (*back*); [spring + C] ぱっと [勢いよく]…する 《◇ C は形容詞》: A branch *sprang back*. 枝がはね返った / The door *sprang open*. ドアは勢いよく開いた.
3 《副詞(句)を伴って》突然現れる, 生じる, (心に)浮かぶ: A wind suddenly *sprang up*. 風が突然吹いた / Tears *sprang* to her eyes. 彼女の目に涙が浮かんだ / A doubt *sprang up* in her mind. ある疑念が彼女の心に浮かんだ.
4 急に[…に]なる [*into, to*]: She *sprang into* fame overnight. 彼女は一夜にして有名になった.
5 《副詞(句)を伴って》(水などが)わき出る,(川が)源を発する;(草木が)芽を出す: We found water *springing* out from among the rocks. 私たちは岩の間から水がわき出ているのを見つけた.
— ⓗ **1** …を跳び上がらせる, はね返らせる;《口語》…の逃亡を助ける: *spring* a bird 鳥を飛び立たせる / *spring* a lid open ふたをぱっと開ける.
2 […に]《驚くような話》を急に持ち出す [*on, upon*]: She *sprang* the news of her marriage *on* her parents. 彼女は結婚の話を両親に急に持ち出した.

◆ spríng chícken Ⓒ **1**《米》(料理用の)若鶏. **2**《通例,否定文で》《口語》若者, 青二才.
 spríng féver Ⓤ 春先のけだるさ.
 spríng ónion Ⓒ《英》葉タマネギ(《米》scallion).
 spríng róll 《英》春巻き(《米》egg roll).
 spríng tíde Ⓒ (新月·満月時に起こる)大潮.

spring·board [spríŋbɔ̀ːrd] 名Ⓒ **1** […への]出発点, 足がかり [*to, for*]: a *springboard* to [*for*] success 成功への足がかり. **2**《競技》(水泳·体操の)跳躍板, スプリングボード.

spríng-cléan 動ⓗ《家など》の大掃除をする.
 — 名Ⓒ《英》= SPRING-CLEANING (↓).
spríng-cléan·ing 名《単数形で》(家などの)大掃除 (《英》spring-clean)《通例,春先に行う》.

*****spring·time** [spríŋtàim] 名ⓤ《しばしば the ~》春, 春季: in (the) *springtime* 春に.

spring·y [spríŋi] 形 《比較 **spring·i·er** [~ər]; 最上 **spring·i·est** [~ist]》ばねのような, 弾力性のある;(歩きなどが)ひょいひょいと軽やかな.

*****sprin·kle** [spríŋkl] 動ⓗ **1**〈液体·粉末〉を[…に]まく, ふりかける [*on, onto, over*]; …に〈液体·粉末など〉をまく [*with*]: *sprinkle* water *on* the grass = *sprinkle* the grass *with* water 芝生に

水をまく. **2**《通例,受け身で》…を散在[点在]させる; …に[…]をちりばめる [*with*]: a speech *sprinkled with* humor ユーモアをちりばめたスピーチ.
— ⓘ 《It を主語として》《主に米》雨がぱらつく.
— 名Ⓒ《通例,単数形で》**1** 少量《の…》[*of*]. **2**《主に米》ぱらぱらと降る雨, 小雨.
sprin·kler [spríŋklər] 名Ⓒ スプリンクラー, 散水装置: a *sprinkler* system スプリンクラー装置.
sprin·kling [spríŋkliŋ] 名Ⓒ《通例,単数形で》少量, 少数《の…》[*of*]: a *sprinkling of* tourists ちらほらいる観光客 / a *sprinkling of* rain 小雨. **2** Ⓤ 散布.
sprint [sprínt] 名Ⓒ **1** 短距離競走: the 100-meter *sprint* 100メートル走. **2**《通例,単数形で》(ゴール前の)全力疾走, ラストスパート.
— 動ⓘ《副詞(句)を伴って》全速力で走る.
sprint·er [spríntər] 名Ⓒ 短距離走者.
sprite [spráit] 名Ⓒ 妖精(ፘ沾), 小鬼 (goblin).
sprock·et [sprákit / sprók-] Ⓒ = **sprocket wheel** (自転車·カメラなどの)鎖歯車, スプロケット《自転車のチェーンやフィルムを送る》; 鎖歯車の歯.
*****sprout** [spráut] 動ⓘ **1** 芽を出す, 発芽する, 生え始める (*up*). **2** 急に成長する(伸びる); 急に現れる (*up*). — ⓗ **1** …を発芽させる, 芽生えさせる;〈芽·葉など〉を出す. **2**〈ひげなど〉を生やす;〈角〉を出す. — 名Ⓒ **1** 新芽, 芽 (shoot), スプラウト; 若枝: bean *sprouts* モヤシ. **2** [~s] 芽キャベツ (Brussels sprouts).
spruce[1] [sprúːs] 名 **1** Ⓒ《植》トウヒ, エゾマツ《マツ科の常緑針葉樹》. **2** Ⓤ トウヒ材.
spruce[2] [sprúːs] 形 (身なりが)きちんとした, しゃれた.
— 動《口語》ⓗ …をこぎれいにする (*up*): *spruce* oneself *up* 身なりを整える.
— ⓘ 身なりを整える, めかす (*up*).

*****sprung** [sprʌ́ŋ] 動 spring の過去形·過去分詞.

spry [sprái] 形《比較 **spri·er, spry·er** [~ər]; 最上 **spri·est, spry·est** [~ist]》(特に老人が)元気な, 活動的な.
spud [spʌ́d] 名Ⓒ《口語》ジャガイモ (potato).
spume [spjúːm] 名ⓤ 泡; (海の)波の泡.
*****spun** [spʌ́n] 動 spin の過去形·過去分詞.
◆ spún súgar Ⓤ《米》綿菓子.
spunk [spʌ́ŋk] 名ⓤ《口語》勇気, 気力.
spunk·y [spʌ́ŋki] 形《比較 **spunk·i·er** [~ər]; 最上 **spunk·i·est** [~ist]》《口語》勇気のある; 元気な.
*****spur** [spə́ːr] 名Ⓒ **1** 拍車《馬の腹部を刺激して速く走らせるための金具. 靴のかかとに付ける》: put [set, give] *spurs* to a horse 馬に拍車をかける.
2 […への]刺激, 激励; 動機 [*to, for*]: Her words were the *spur to* my interest in welfare work. 彼女の言葉に刺激されて私は福祉の仕事に関心を持った. **3** (拍車のように)突き出したもの; (鳥の)けづめ; (山の)支脈, (鉄道の)支線.
■ *on the spúr of the móment* とっさに, 衝動的に.
wín one's spúrs《格式》手柄を立てる, 名を上げる.
— 動 《三単現 **spurs** [~z]; 過去·過分 **spurred** [~d]; 現分 **spur·ring** [spə́ːriŋ]》ⓗ **1**〈馬〉に拍

車を当てる(*on*): *spur* a horse *on* 馬に拍車を当てる. **2** …を刺激する, 激励する(*on*); 〈人を〉[…するよう/…しに]駆り立てる(*on*)[*to do*/*to*, *into*]: Failure *spurred* him (*on*) *to* try harder. 失敗して彼はいっそう一生懸命になった / The crowd's cheers *spurred* the team *to* victory. 観客の声援がチームを勝利へ導いた.

spu・ri・ous [spjúəriəs] 形 偽の, 偽造の, 見せかけの; 〈論理・推理などが〉いいかげんな, 怪しい.

spu・ri・ous・ly [~li] 副 不正に; いいかげんに.

spurn [spə́:rn] 動 他 《主に文語》〈人・申し出など〉をはねつける, 鼻であしらう.

spurt [spə́:rt] 動 自 **1** 〈液体・炎などが〉[…から]噴出する, ほとばしる(*out*)[*from*, *out of*]. **2** 《スポーツ・仕事などで》スパートをかける, 〈全力で〉奮闘する. — 他 …を噴出させる.
— 名 C **1** 〈液体・炎などの〉噴出, ほとばしり; 〈怒りなどの〉激発. **2** 《スポーツ》スパート; 〈短時間の〉努力の集中: put on a *spurt* スパートをかける, 急いでする / work in *spurts* 急に全力で働く.

sput・nik [spútnik] [ロシア] 名 C スプートニク《旧ソ連の人工衛星. 1957年に初打ち上げ》.

sput・ter [spʌ́tər] 動 自 **1** ぱちぱち[ぶつぶつ]という音を立てる: The machine *sputtered* and stopped. その機械はばちぱち音を立てて止まった. **2** 早口で[せき込んで]しゃべる.
— 他 …を早口で(支離滅裂に)しゃべる.

spu・tum [spjú:təm] 名 U《医》たん.

‡**spy** [spái] 名(複 **spies** [~z]) C スパイ, 密偵: an industrial *spy* 産業スパイ / a military *spy* 軍事スパイ / a *spy* satellite 偵察衛星.
— 動 (三単現 **spies** [~z]; 過去・過分 **spied** [~d]; 現分 **spy・ing** [~iŋ]) 自 スパイを働く; […を]ひそかに見張る[*on*, *upon*]; […を]こっそり調べる, 詮索(☆)する[*into*]: My neighbors are *spying* on me. 近所の人が私のことを見張っている.
— 他 **1**《文語》…を見つける, 目にする. **2** …の〈情報〉を探り出す(*out*).
■ *spý out the lánd* 情勢を見きわめる.

spy・glass [spáiglæs/-glὰːs] 名 C (携帯用) 小型望遠鏡.

sq.《略語》= *square*【数学】2乗(の), 平方(の).

Sq.《略語》= *Square* 広場; 街区.

squab・ble [skwábl/skwɔ́bl] 動 自 […と] 〈つまらない〉けんか[口論]をする[*with*/*about*, *over*].
— 名 C〈つまらないことでの〉けんか, 口論.

*****squad** [skwád/skwɔ́d] 名 C《集合的に; 単数・複数扱い》**1**《軍》分隊; 〈警察の〉特捜班, -係: a riot *squad* 警察機動隊. **2** 一団, 一隊, 〈スポーツの〉選抜チーム. **3**《米》チアリーダーのチーム.
◆ **squád càr** C《米》パトカー(patrol car).

squad・ron [skwádrən/skwɔ́d-] 名 C《集合的に; 単数・複数扱い》**1**《陸軍》戦車大隊, 騎兵大隊(cf. troop 中隊); 《海軍》小艦隊; 《空軍》《米》飛行大隊, 《英》飛行中隊. **2** 大群, 団体, 集団.
◆ **squádron lèader** C《英空軍》少佐.

squal・id [skwálid/skwɔ́l-] 形 **1** むさ苦しい, 不潔な, 汚い. **2** 下劣な, 卑劣な, あさましい.

squall[1] [skwɔ́:l] 名 C **1** (しばしば雨・雪などを伴う) 突風, スコール. **2**《口語》〈短時間の〉騒動.

squall[2] 動 自 悲鳴を上げる, 〈赤ん坊・子供が〉泣きわめく(scream).

squall・y [skwɔ́:li] 形 (比較 **squall・i・er** [~ər]; 最上 **squall・i・est** [~ist]) 突風[スコール]の吹く, あらしの, 荒れ模様の.

squal・or [skwálər/skwɔ́lə] 名 U 汚さ, むさ苦しさ; 卑劣, あさましさ.

squan・der [skwándər/skwɔ́n-] 動 他〈時・金などを〉[…に] 浪費する, むだづかいする[*on*].

‡‡‡**square** [skwéər] 名 形 副 動
— 名(複 **squares** [~z]) C **1** 正方形, 四角 (→ FIGURE 図); 四角いもの: draw a *square* 正方形をかく / a *square* of carpet 四角いじゅうたん. **2** (市街地にある四角い) 広場《略語》Sq.; cf. circus (円形の)広場, park 公園): Washington *Square* ワシントンスクエア《New York にある》/ Trafalgar *Square* トラファルガー広場《Londonにある》. **3** (四方を街路に囲まれた四角い) 街区, 1区画(《米》block)《略語》Sq.): My house is two *squares* down. 私の家は2街区向こうにある. **4**【数】〈…の〉2乗, 平方[*of*]《略語》sq.; cf. cube 3乗, 立方): 25 is the *square of* five. 25は5の2乗です[5²=25]. **5** (T字型・L字型の)直角定規, 曲尺(かね). **6**《口語》時代遅れの人, 頑固者. **7** (チェス盤などの) ます目.
■ *báck to squáre óne*《口語》振り出しに戻って, 一から出直して《◇ square one はボードゲームの「最初のます目」のこと》.
on [upòn] the squáre **1** 直角に, まっすぐに. **2**《古風》正直に, 公平に.
òut of squáre **1** 直角を成さない. **2**《口語》[…と] 合わないで[*with*]; 不正確で.

— 形(比較 **squar・er** [skwéərər]; 最上 **squar・est** [skwéərist]) **1**〈比較なし〉正方形の, 四角の(↔ round). a *square* room 四角い部屋 / a *square* piece of paper 正方形の紙. **2**〈比較なし〉【数学】平方の, 2乗の《略語》sq.); 〈長さを表す単位のあとに付けて〉…平方の, 四方の: a *square* mile 1平方マイル(→巻末「度量衡」) / five feet *square* 5フィート四方 / twenty-five *square* feet 25平方フィート. **3** 直角の, […に] 直角に交わる[*to*]: a *square* corner 直角. **4** 〈肩などが〉角ばった, がっしりした: a man of *square* build [frame] がっしりした体格の男性. **5** 〈比較なし; 叙述用法〉《口語》[…と] 対等の, 〈試合などで〉五分五分の[*with*]; [人に対して] 貸し借りのない[*with*]: get [make] one's accounts *square* 決済する / We were all *square* at the bottom of the eighth inning. 私たちは8回裏で同点だった. **6** 〈人に対して〉正直な, 公平な[*with*]: a *square* deal 公平なやり方 / I am *square with* them. 私は彼らを公平に扱う. **7**《口語》率直な, きっぱりした: a *square* denial きっぱりとした否定. **8** 整然とした, きちんとした: Get everything *square*. きちんと整頓(☆)しなさい. **9** 〈叙述用法〉[…と] 平行な[*with*]: The shelf is *square with* the floor.

棚は床と平行である. **10** [限定用法]《口語》(食事が)十分な(substantial), 満足できる. **11**《口語》(人・考えなどが)時代遅れの, 堅苦しい.

— 副 **1** 四角に; 直角に: Keep standing *square*. まっすぐに立っていなさい.
2《口語》まともに, 直接に(directly): She turned *square* to me. 彼女はまっすぐ私のほうを向いた. **3** 正直に, 公正に.

— 動 他 **1** (通例, 受け身で)〖数学〗…を2乗する: 3 *squared* is 9. 3の2乗は9です / If you *square* 4, you get 16. 4を2乗すると16になる [$4^2=16$].
2《口語》…を清算する, 決済する: *square* a claim 請求を清算する.
3 (…を) [⋯に] 合わせる, 一致させる (*with, to*): *square* a theory *with* [*to*] the facts 理論を事実に合うようにする.
4 …を正方形にする, 四角にする; 四角に区切る.
5 …を直角に〈肩など〉を角ばらせる, いからせる.
6〈試合など〉を同点にする(tie).
7《口語》…を買収する; …に賄賂(ﾜｲﾛ)を贈る.
— 自 **1** […に] 一致する [*with*]: His ideas *squared with* mine. 彼の考えは私と一致した.
2 [⋯と] 直角になる [*with*].

■ *squáre awáy* 他《米》…を整頓する; 〈問題など〉をちゃんと処理する.

squáre óff 自《米》(ボクシングなどで)身構える.
— 他 …を四角に切る.

squáre úp 自 **1** 〖人と〗清算する [*with*]. **2** 〖相手に〗身構える [*to*]. **3** 〖困難などに〗立ち向かう [*to*].

◆ **squáre brácket** C《通例〜s》角かっこ([ ]).
square dànce C《米》スクエアダンス《◇2人1組で4組が四角形を作るように踊るダンス》.
squáre knòt C《米》本結び《《主に英》reef knot》.
square ròot C〖数学〗平方根(cf. cube root 立方根).

squared [skwéərd] 形 **1** 方眼を引いた; 四角い: *squared* paper 方眼用紙. **2** (数が)2乗された.

square·ly [skwéərli] 副 **1** [動詞を修飾して] まっすぐに; まともに. **2** 四角(形)に; 直角に.

squáre-rígged 形〖船舶〗横帆式の.

***squash**[1] [skwɑ́ʃ / skwɔ́ʃ] 動 他 **1** …を押しつぶす, ぺちゃんこにする(crush): I sat on my hat and *squashed* it (flat). 自分の帽子の上に座ってぺちゃんこにしてしまった. **2** …を〈狭い場所に〉押し込める, 詰め込む(*up*)[*into, in*]: *squash* a lot of clothes *into* [*in*] a suitcase たくさんの衣服をスーツケースにぎゅうぎゅう詰め込む. **3**《口語》〈暴動など〉を抑え込む; 〈提案など〉をつぶす; 〈人〉を黙らせる.
— 自 **1** つぶれる, ぺちゃんこになる. **2** …をぴちゃぴちゃ音を立てて進む〖歩く〗[*through*]. **3** […に] 割り込む [*into, in*]; […を] 押し通る [*through*].
— 名 **1** A ぐしゃとつぶれること; ぐしゃ〖ぺしゃ〗という音. **2** C《通例 a〜》《口語》雑踏, 群衆; 殺到, ぎゅうぎゅう詰め. **3** U C《英》スカッシュ《果汁入り飲料》: lemon *squash* レモンスカッシュ.
4 U スカッシュ《壁に囲まれたコートでゴムボールを打ち合うゲーム》. **5** U 〜 squásh tènnis スカッシュテニス《squash rack-ets に似たゲーム. 大きめのボールとラケットを使う》.

squash[2] 名 (複 **squash·es** [〜iz], **squash**) C U 《主に米》〖植物〗カボチャ(の類).

squash·y [skwɑ́ʃi / skwɔ́ʃi] 形 (比較 **squash·er** [〜ər]; 最上 **squash·i·est** [〜ist]) **1** つぶれやすい; (果物などが熟して)柔らかい. **2** (地面などが)どろどろの, ぬかるんだ.

*****squat** [skwɑ́t / skwɔ́t] 動 (三単現 **squats** [skwɑ́ts / skwɔ́ts]; 過去・過分 **squat·ted** [〜id]; 現分 **squat·ting** [〜iŋ]) 自 **1** しゃがむ, うずくまる (*down*): The children *squatted* down around their teacher. 子供たちは先生の周りにしゃがんだ. **2** 〖建物などに〗不法に居座る [*in, on*].
— 他 …を不法に占拠する.
— 形 (比較 **squat·ter** [〜ər]; 最上 **squat·test** [〜ist]) ずんぐりした; しゃがんだ.
— 名 C **1**《通例〜》しゃがむこと, しゃがんだ姿勢. **2**《英》不法占拠された建物.

squat·ter [skwɑ́tər / skwɔ́tə] 名 C (公有地・家屋などの)不法占拠者〖居住者〗.

squaw [skwɔ́ː] 名 C 《古風・通例, 軽蔑》アメリカ先住民の女性〖妻〗.

squawk [skwɔ́ːk]〖擬声語〗動 自 **1** (鳥が)があがあ鳴く. **2**《口語》(人が)大声で不平を言う.
— 名 C があがあ鳴く声. **2**《口語》不平.

squeak [skwíːk]〖擬声語〗動 自 **1** (ドア・車輪などが)きーきー鳴る, きしむ; (ネズミなどが)ちゅーちゅー鳴く: This chair *squeaks*. このいすはきーきー音がする. **2**《口語》何とか成功する, かろうじて切り抜ける (*by, through*). **3**《口語》密告する, 裏切る.
— 名 C きーきー(いう音); ちゅーちゅー (◇ネズミの鳴き声などに cry も).

■ *a nárrow [clóse, néar] squéak*《口語》間一髪; かろうじての成功.

squeak·y [skwíːki] 形 (比較 **squeak·i·er** [〜ər]; 最上 **squeak·i·est** [〜ist]) きーきー〖ちゅーちゅー〗いう, きしむ.

■ *squéaky cléan*《口語》実にきれいな; 清廉潔白な.

squeal [skwíːl]〖擬声語〗動 自 **1** (豚などが)きーきー鳴く; (タイヤなどが)きーっと鳴る; きゃあと歓声〖悲鳴〗を上げる (◇ squeak より大きく長くかん高い). **2**《口語》[⋯を / ⋯に] 密告する [*on / to*].
— 名 C (豚などが)きーきー鳴く声; (タイヤなどが)きーっと鳴る音; (きゃあという)歓声, 悲鳴.

squeam·ish [skwíːmiʃ] 形 すぐ気持ちが悪くなる; 神経質な, 潔癖すぎる.

squee·gee [skwíːdʒiː] 名 C スクイージー《窓掃除などに使う柄付きゴム》.

*****squeeze** [skwíːz]
— 動 (三単現 **squeez·es** [〜iz]; 過去・過分 **squeezed** [〜d]; 現分 **squeez·ing** [〜iŋ]) 他 **1** [squeeze ＋ O] …をぎゅっと握る〖押す〗; 押しつける: He *squeezed* her hands. 彼は彼女の両手をぎゅっと握り締めた / The girl *squeezed* the dog to her chest. 少女は犬をぎゅっと胸に抱き締めた.
2 (a) [squeeze ＋ O] 〈果物など〉を絞る; 〈果汁・液体状のもの〉を […から] 絞り出す [*from, out of*]:

squeeze paint *from* a tube 絵の具をチューブから絞り出す / *squeeze* a lemon レモンを絞る / She *squeezed* the juice [*out of*] an orange. 彼女はオレンジから果汁を絞り出した.
(b) [squeeze + O + C]〈果物など〉を絞って…にする: *squeeze* a towel dry タオルを絞って水気を取る.

3 …を[…に]詰め込む, 押し込む[*in, into*]: *squeeze* oneself *into* an elevator 込んだエレベーターに無理やり乗り込む / More than 100 people were *squeezed into* the room. 100人以上もの人がその部屋に詰め込まれた.

4《口語》…を[…から]搾り取る, 搾取する[*from, out of*]; …を苦しめる: He *squeezed* money *from* [*out of*] me. 彼は私から金を搾り取った.
― 自［…の中に］押し入る, 割り込む[*in, into*]; […を](かき分けて)無理に通る[*through*]: *squeeze through* the crowd 群衆の中をかき分けて進む / Everybody tried to *squeeze into* the elevator. 皆がエレベーターに無理に乗り込もうとした.
■ *squéeze ín* 他 …をなんとかして予定に入れる.
squéeze óut 他 …を［…から］締め出す[*of*].
― 名 **1** ⓒ 絞ること, ぎゅっと握ること;（強い）抱擁: give ... a *squeeze* …をぎゅっと握る[抱き締める].
3 [a ~]《口語》ぎゅうぎゅう詰め(の状態), 押し合い; 人込み: The last train was a tight *squeeze*. 最終電車は詰めだった. **4**［通例, 単数形で］苦境, 不便;《経済》(金融の)引き締め.
■ *pùt the squéeze on* ... 《口語》［…するように］…に対して圧力をかける, 強要する[*to do*].
◆ squéeze plày《野球》スクイズ.

squeez・er [skwíːzɚ] 名 ⓒ（ジュース用の）絞り器: a lemon *squeezer* レモン絞り器.《米》juicer).

squelch [skwéltʃ]《擬声語》動 自 びしゃびしゃ［ぐちゃぐちゃ］音を立てる［音を立てて歩く］.
― 他 **1** …を押しつぶす, ぺしゃんこにする. **2**《米》〈考え・意見など〉を抑える; …を黙らせる, やり込める（という音）
― 名 ⓒ［通例, 単数形で］びしゃびしゃ［ぐちゃぐちゃ］（という音）

squib [skwíb] 名 ⓒ **1** 爆竹. **2**《文語》(短い)風刺文, 寸評;（新聞などの）埋め草記事.

squid [skwíd] 名（複 **squid, squids** [skwídz]) ⓒ ［動物］イカ《スルメイカ・ヤリイカなど》.

squidg・y [skwídʒi] 形（比較 **squidg・i・er** [~ɚ]; 最上 **squidg・i・est** [~ɪst]）《英》柔らかくて湿り気のある, ぐちゃぐちゃした, どろどろの.

squig・gle [skwígl] 名 ⓒ (文字などの) くねくねした線; 殴り[走り]書き.

squig・gly [skwígli] 形（比較 **squig・gli・er** [~ɚ]; 最上 **squig・gli・est** [~ɪst]）(線が)くねくねした, のたくった.

squint [skwínt] 動 自 **1** […を]目を細めて見る; 横目で見る[*at*]: *squint at* the target 目を細めて的を見る. **2**［進行形不可］斜視である.
― 名 ⓒ［通例, 単数形で］**1** 斜視. **2**《口語》一瞥(いちべつ): have [take] a *squint* at ... …をちらっと見る.

squire [skwáɪɚ] 名 ⓒ **1** (昔の英国の) 大地主. **2**《英口語》だんな, お客さん (◇呼びかけ).

squirm [skwɚm] 動 自 **1** (不快・苦痛などで)もがく, もぞもぞ動く. **2**［当惑・恥ずかしさで］もじもじする, 身をよじる[*with*].

＊**squir・rel** [skwɚrəl / skwírəl] 名 ⓒ［動物］リス; ⓤ リスの毛皮.
― 動（過去・過去分《英》**squir・relled**; 現分《英》**squir・rel・ling**）他《主に米》(将来のために) …を蓄える, ため込む[*away*].

squirt [skwɚt] 動 他 **1** 〈液体など〉を［…から］噴出させる[*out of, from*]; ［…に］吹きかける[*on*]: He *squirted* some mustard *on* his hot dog. 彼はホットドッグにマスタードをぴゅっとかけた.
2 …に[水・液体を]吹きかける, 浴びせる[*with*].
― 自［…から］噴出する, ほとばしる[*out of, from*].
― 名 ⓒ **1** 噴出, ほとばしり;（少量の)噴出量.
2 注射器; = **squírt gùn**《米》水鉄砲.
3《口語・軽蔑》生意気なやつ, 若僧.

Sr., Sr《略語》= *s*enior 年上の; *s*eñor …様.

Sri Lan・ka [sriː lάːŋkə / -lǽŋ-] 名 スリランカ《インド南方にあり, セイロン島を占める共和国; 首都スリジャヤワルダナプラコッテ (Sri Jayewardenepura Kotte)》.

SRO《略語》= *s*tanding *r*oom *o*nly《掲示》立ち見席のみ.

S.S., SS《略語》= *s*team*s*hip 汽船《◇船の名前の前に付ける》.

SSE, S.S.E.《略語》= *s*outh-*s*outh*e*ast 南南東.

ssh［ʃ］間 しーっ, 静かに (sh).

SST《略語》= *s*uper*s*onic *t*ransport 超音速機.

SSW, S.S.W.《略語》= *s*outh-*s*outh*w*est 南南西.

-st [st]［接尾］11以外の1で終わる数字のあとに付けて序数詞を作る: 21*st* 第21番目 (= twenty-first).

st.《略語》= *st*reet; *st*one《英》ストーン《◇体重などの重量単位》.

＊**St.**¹《略語》= *St*reet … 通り, 街, 町《◇街路名に用いる》: Wall *St*. ウォール街.

St.² [séint / sənt]《略語》（複 **SS., Sts.** [séints]）= *S*aint 聖…《◇聖人・聖者・天使とそれらに関係する場所などの前に付ける尊称. St. のつく聖人については St. を除いた人名を参照》: *St*. Andrew 聖アンドレ / *St*. George 聖ジョージ.

St.³《略語》= *St*rait 海峡.

Sta.《略語》= *Sta*tion 駅.

＊**stab** [stǽb] 動（三単現 **stabs** [~z]; 過去・過去分 **stabbed** [~d]; 現分 **stab・bing** [~ɪŋ]）他 **1**〈刃物など〉で…を突き刺す, 刺す[*with*], 〈とがったもの〉を［…に］突き刺す[*into*]: *stab* ... *with* a knife = *stab* a knife *into* ... …にナイフを突き刺す / He *stabbed* her in the chest. 彼は彼女の胸を刺した. **2**〈指など〉を［…に］突き［押し］つける[*at*].
3〈感情・名誉など〉を傷つける.
― 自［…を］突き刺す;［…に］突きかかる[*at*].
■ *stáb* ... *in the báck* 〈人〉の背中を刺す;（陰で）〈友人など〉を中傷する, 裏切る.
― 名 ⓒ **1**［…を］(突き)刺すこと, 突くこと[*at*]; 刺し傷, 突き傷;刺すような痛み; 激しい心の痛み: a *stab* of pain 刺すような痛み. **2**《口語》［…に対する］試み[*at*]: make a *stab at* ... …を試みる.
■ *a stáb in the báck* 背後からのひと突き;（友人

stab·bing [stǽbiŋ] 名 C 刺傷 (事件).

などからの) 中傷, 裏切り.

*sta·bil·i·ty [stəbíləti] 名 U **1** 安定(性), 固定; (船・航空機の)復原力. **2** [意志の]強固さ;堅実さ. (▷ 形 stáble¹)

sta·bi·li·za·tion [stèibəlizéiʃən / -laiz-] 名 U 安定(させること), 固定化.

sta·bi·lize, 《英》**sta·bi·lise** [stéibəlàiz] 動 他 …を安定[固定]させる.
— 自 安定[固定]する.

sta·bi·liz·er [stéibəlàizər] 名 C **1** 安定させる[する]人. **2** 《船・航空機の》安定装置; 《航空機の》水平尾翼 (→ AIRCRAFT 図). **2** 《化》安定剤.

*sta·ble¹ [stéibl] 形 (比較 **sta·bler** [~ər]; 最上 **sta·blest** [~ist]) **1** 安定した, しっかりした: a *stable* economy 安定した経済 / His condition is *stable*. 彼の容体は安定している. **2** (人・性格・信念などが) 着実な, 堅固な, 落ち着いた; 信頼できる: a *stable* person しっかりした人. **3** 《化》(物質が)安定している. (▷ 名 stability)

*sta·ble² 名 C **1** 馬小屋; 厩舎(きゅうしゃ);《米》家畜小屋: lock the *stable* door after the horse has bolted 《ことわざ》馬が逃げ出してから馬小屋の戸を閉める ⇨ 後の祭りになる. **2** [集合的に] (同じ厩舎・持ち主に所属する) 競走馬, 持ち馬. **3** [集合的に] (同じ組織に所属する) 一団, 集まり;(スポーツ選手の)訓練組織《ボクシングジム・相撲部屋など》.
— 動 他 〈馬〉を馬小屋に入れる.

sta·ble·boy [stéiblbɔ̀i] 名 C 馬の世話をする人, 厩舎(きゅうしゃ)で働く人.

sta·bly [stéibli] 副 安定して, しっかりと.

stac·ca·to [stəkáːtou] 《イタリア》形 副 《音楽》スタッカートの[で], 途切れ途切れの[に] (cf. legato 滑らかな).

*stack [stǽk] 名 C **1** 《…の》積み重ねた山 《of》: a *stack* of papers 書類の山. **2** [しばしば ~s] (主に英口語) 多量, 多数, たくさん《の…》《of》: I've got *stacks* of work to do. 私はやる仕事が山ほどある. **3** [しばしば ~s] (図書館の) 書架; [the ~s] (図書館の) 書庫. **4** 干し草[麦わら]の山 (haystack). **5** (工場・汽船などの) 煙突 (《米》smokestack, 《英》 chimney stack). **6** 《コンピュータ》 スタック《一時的な記憶領域》.
■ **blów one's stáck** 《口語》 かっとなる.
— 動 他 **1** …を積み重ねる (*up*); [通例, 受け身で] …に《…を》積み上げる《with》: *stack* (*up*) the dirty plates in the sink 汚れた食器を流しに積み上げる / The floor *was stacked with* old books. 床は古本の山だった. **2** 《口語》《トランプ》を不正に切る. **3** 〈飛行機〉を着陸待機させる;〈交通など〉を渋滞させる (*up*). — 自 **1** 山積みになる. **2** (飛行機が) 着陸待機する; 渋滞する (*up*).
■ **stáck the cárds** [《米》**déck**] **agáinst ...** …に対し不正工作をする, …を不利にする.
stáck úp 自 **1** 《口語》[…に] 匹敵する, 肩を並べる《*against, to*》. **2** [通例, 否定文で] つじつまが合う;(結果などが)…となる.

*sta·di·um [stéidiəm] 名 (複 **sta·di·ums** [~z], **sta·di·a** [-diə]) C 競技場, 球場, スタジアム: a

baseball *stadium* 野球場.

***staff [stǽf / stáːf] 名 【原義は「支えるもの, 杖(つえ)」】
— 名 (複 **staffs** [~s], **staves** [stéivz]; **1, 2** では **staffs**) C **1** [通例, 単数形で; 集合的に; 単数・複数扱い] 職員, 部員, スタッフ, 部局員: an office [a clerical] *staff* 事務職員 / a *staff* room 職員室 / recruit *staff* members 職員を募集する / Our teaching *staff* is [are] excellent. うちの教授陣は優秀です / I am on the *staff* at that school. 私はその学校の職員です.
2 [通例 the ~; 集合的に; 単数・複数扱い] 《軍》 参謀, 幕僚: the general *staff* 参謀本部.
3 杖(つえ), 棒, さお; (地位・権能などを示す)職杖(しょくじょう): a flag *staff* 旗ざお. **4** 支え, 頼り(になるもの).
5 《音楽》 譜表, 五線譜 (stave).
■ **the stáff of lífe** 《文語》 生命の糧(かて); パン.
— 動 他 [通例, 受け身で] …に職員を配置する: This school *is staffed* by [with] fifty teachers. その学校には50人の教員が(配置されて)いる.
◆ **stáff nùrse** C 《英》看護師次長《婦長 (sister) に次ぐ地位の看護婦》.
stáff òfficer C 《軍》幕僚, 参謀将校.
stáff sérgeant C 《米陸軍・海兵隊》 2等軍曹;《米空軍》3等軍曹;《英陸軍》上級曹長.

stag [stǽg] 名 (複 **stag**, **stags** [~z]) C 雄ジカ (→ DEER).
■ **gó stág** 《米口語》(パーティーなどに)女性の同伴なしで行く.
◆ **stág bèetle** C 《昆》 クワガタムシ.
stág pàrty [**nìght**] C 男だけのパーティー《特に結婚前夜に花嫁のために開く》; ↔ hen party》.

***stage [stéidʒ] 名 動 【原義は「立つ場所」】
— 名 (複 **stag·es** [~iz]) **1** C (発達・発展などの) 段階, 時期: the first *stage* of cancer 癌(がん)の第1期 / The baby has reached the walking *stage*. 赤ん坊は歩く段階に入った[歩き始めた] / Our project is now in the final *stage*. 私たちのプロジェクトは現在最終段階にある.
2 C (劇場の) 舞台, ステージ (→ THEATER [PICTURE BOX]); 演壇: She danced on the *stage*. 彼女は舞台で踊った / She was on *stage* during the play. その劇で彼女は舞台に出ずっぱりだった.
3 [the ~] 舞台活動, 演劇, 俳優業: go on the *stage* 俳優になる / Let's put a comedy on the *stage*. 喜劇を上演しよう.
4 C (活動・事件などの) 場, 舞台: the *stage* of fierce battles 激戦の舞台.
5 C 宿場, 駅; (宿場間の) 旅程, 行程.
■ **sèt the stáge for ...** …の準備[お膳(ぜん)立て]をする; …のきっかけになる.
— 動 他 **1** …を上演する, 催す: *stage* a play 劇を上演する / The exhibition will be *staged* next week. その展覧会は来週開かれます. **2** …を行う, 起こす: *stage* a demonstration デモを行う.
◆ **stáge diréction** C ト書き《脚本中の指示》.
stáge diréctor C 舞台監督, 演出家.
stáge dóor C 楽屋口.
stáge effèct U C 舞台効果.

stáge fríght [U](特に初演者の)舞台負け.
stáge mànager [C]舞台監督.
stáge nàme [C]芸名.
stáge whìsper [C](観客に聞こえるように言う)声高の独りぜりふ; 聞こえよがしの独り言.
stage·coach [stéidʒkòutʃ][名][C](昔の)駅馬車.
stage·hand [stéidʒhænd][名][C](劇場の)舞台係, 裏方.
stáge-màn·age [動]他 1 〈劇〉を舞台監督をする. 2 《口語》…を演出する; …を背後で操る.
stáge-strùck [形]俳優志願の.
stag·fla·tion [stæɡfléiʃən][名][U]《経済》スタグフレーション, 不況下のインフレ(《*stagnation*(不景気)+in*flation*(インフレ)》から).

*__stag·ger__ [stǽɡər][動]自 1 (副詞(句)を伴って)よろめく, ふらつく; よろよろ歩く: *stagger* along the street 通りをよろよろ歩く / He *staggered* out of the pub. 彼はふらふらとパブから出て来た. 2 […に](自信・決心などが)ゆらぐ, 動揺する; ひるむ, たじろぐ[at]: She *staggered* at the sight. 彼女はその光景に気がすくんだ.
— 他 1 〈人〉をよろめかせる, ふらつかせる: The blow *staggered* me. その一撃で私はふらふらになった. 2 〈人〉を動揺させる, びっくりさせる;〈決心など〉をぐらつかせる. 3 〈勤務時間など〉を(重ならないように)ずらす;〈もの〉を互い違いに置く.
— 名 [C](通例, 単数形で)よろめき, ふらつき.
stag·gered [stǽɡərd][形] 1 《叙述用法》[…に]びっくりした, 仰天した[at, by]. 2 時間をずらした; 互い違いに置いた.
stag·ger·ing [stǽɡəriŋ][形]びっくりするような.
stag·ger·ing·ly [~li][副]びっくりするほど.
stag·ing [stéidʒiŋ][名] 1 [U][C](劇などの)上演, 演出. 2 [U](建築現場の)足場.
◆ stáging pòst [C](飛行機などの)途中着陸地.

*__stag·nant__ [stǽɡnənt][形] 1 (水・空気などが)よどんだ, 流れない; よどんで臭い. 2 (景気・活動などが)停滞した, 沈滞した, 不景気な(↔ brisk): a *stagnant* economy 経済不振, 不景気.
stag·nate [stǽɡneit][動]自 1 (水などが)よどむ. 2 (活動などが)停滞する, 不活発になる.
stag·na·tion [stæɡnéiʃən][名][U]よどみ; 停滞, 不景気.
staid [stéid][形]まじめな, まじめくさった; 退屈な.

***__stain__ [stéin]
[動]他【原義は「色をつける」】
— 動 (三単現 *stains* [~z]; 過去・過分 *stained* [~d]; 現分 *stain·ing* [~iŋ])
— 他 1 [*stain* + O]…を[…で]汚す, …にしみを付ける[with]: Blood *stained* his shirt. 血が彼のシャツに付いた / The book was *stained* with coffee. その本にはコーヒーのしみが付いていた. 2 [*stain* + O (+C)]〈木・ガラスなど〉を(…色に)染色[着色]する: She *stained* the chair (brown). 彼女はそのいすを(茶色に)着色した. 3 《文語》〈名声など〉を[…で]けがす, 傷つける[by, with].
— 自 汚れる, しみが付く: This carpet doesn't *stain* easily. このカーペットはしみが付きにくい.
— 名 1 [C][U][…に付いた]しみ, 汚れ[on]: a blood *stain* 血痕(ぱ) / an ink *stain on* one's shirt シャツに付いたインクのしみ. 2 [C]《文語》[名誉・人格などへの]汚点, きず[on]: leave a *stain on* one's reputation 名声にきずをつける. 3 [U][C]染料, 着色料.
◆ stáined gláss [U]ステンドグラス.
stain·less [stéinləs][形] 1 (金属が)さびない; ステンレス製の. 2 汚れ[しみ]のない. 3 《文語》(経歴・評判などが)汚点がない, 潔白な.
◆ stáinless stéel [U]ステンレス(鋼).

*__stair__ [stéər]
— 名 (複 *stairs* [~z])[C] 1 (通例 ~s; 単数・複数扱い)(ひと続きの)階段, はしご段 (→ 類義語): a flight of *stairs* ひと続きの階段 / a winding [spiral] *stair* らせん階段 / at the top of the *stairs* 階段の一番上に / go up [down] the *stairs* two at a time 2段ずつ階段を上る[降りる]. 2 (階段・はしごの)1段(step): the top [bottom] *stair* 階段[はしご]の一番上[下]の段.

類義語 stair, step
共通する意味▶階段 (a rest for the foot in walking up or down from one level to another)
stair は通例, 「屋内の階と階をつなぐ階段」をさす: I have to walk up the *stairs* to my room. 私は自分の部屋まで階段を上らなければならない.
step は通例, 玄関の上り段など「屋外の階段」をさす: He ran up the steep flight of stone *steps* of the temple. 彼はその寺の急勾配(ぶ)の石段を駆け上った.

stair·case [stéərkèis][名][C](手すりなども含めた)階段: a spiral [circular] *staircase* らせん階段.
stair·way [stéərwèi][名][C]階段 (staircase).
stair·well [stéərwèl][名][C]階段の吹き抜け.

***__stake__ [stéik][名][C] 1 くい, 支柱, 棒: drive a *stake* into the ground 地面にくいを打つ. 2 (通例 ~s)(競馬・トランプなどの)賭(か)け金, 賞金: play for high *stakes* 高い賭け金で勝負する. 3 (通例 Stakes で, 単なレース名に)特別賞金レース, ステークス. 4 火刑用の柱; [the ~]火あぶり(の刑): be burned at the *stake* 火あぶりになる. 5 […への]利害関係;[事業などへの]出資金[in]: have a 30% *stake in* the business その事業に30パーセント出資している.
■ *be at stáke* 賭けられている; 危険にさらされている: His life *is at stake*. 彼の命がかかっている.
gó to the stáke for [over] ... 〈意見など〉に固執する, …を固守する.
púll úp stákes 《米》転居[転職]する.
— 動 他 1 〈金・生命・名誉など〉を[…に]賭ける[on]: He *staked* his whole life *on* his new business. 彼は新事業に全人生を賭けた. 2 〈土地など〉をくいで仕切る[囲む](off, out). 3 〈植物など〉をくいで支える[とめる](up);〈馬など〉をくいにつなぐ. 4 《米口語》…に金銭的[物質的]援助をする;〈人〉に[…を]融通して[買って]やる[to].
■ *stáke óut* 他 1 〈責任・範囲など〉を明確にする.

2 《主に米口語》《警察などが》〈容疑者・場所〉の張り込みをする.
stáke (óut) one's [a] cláim to ... …に対する権利を主張する.

stake·hold·er [stéikhòuldər] 名 C **1** 賭(か)け金の保管人. **2** 《法》係争物保管人《係争中の財産を預かる弁護士》. **3**《事業への》投資者.
stake·out [stéikàut] 名 C《警察の》張り込み.
sta·lac·tite [stəlǽktait / stǽləktàit] 名 C《鉱》鍾乳(しょうにゅう)石.
sta·lag·mite [stəlǽgmait / stǽləgmàit] 名 C《鉱》石筍(せきじゅん)《鍾乳(しょうにゅう)洞などで水に溶けた石灰質がたまってたけのこ状に固まったもの》.
*__stale__ [stéil] 形 **1**《食べ物などが》新鮮でない, 古くなった; いやなにおいのする: Tea goes *stale* soon. お茶はすぐに味が落ちる. **2**《表現などが》新鮮味のない, 言い古された: *stale* jokes 使い古された冗談.
3《過労などで》疲れた, 元気のない.
— 動 (自)《格式》古くなる; つまらなくなる.
stale·ness [~nəs] U 新鮮味[元気]のないこと.
stale·mate [stéilmèit] 名 U C **1**《チェス》手詰まり《お互いにこまが動かせなくなる状態; 引き分けになる》. **2** 行き詰まり, 膠着(こうちゃく)状態: The discussion ended in *stalemate*. 議論は行き詰まった.
— 動 (他)《通例, 受け身で》**1**《チェス》…に指し手をなくさせる. **2**〈交渉など〉を行き詰まらせる.
Sta·lin [stá:lin] 名 スターリン Joseph V. Stalin《1879-1953; 旧ソ連の政治指導者》.
‡**stalk**[1] [stɔ́:k] 名 C **1**《植》《草木の》茎; 〈葉・花の〉柄(え). **2**《動物》《組織を支える》茎状部. **3** 細長い支え《ワイングラスの脚など》.
‡**stalk**[2] 動 (自) **1** 大またで《堂々と, 威張って》歩く: He *stalked* out of the classroom. 彼は教室から大またで歩いて出て行った. **2**《文語》《病気・災害などが》〈…に〉広まる [*through*].
— 他 **1**〈敵・獲物など〉に忍び寄る; 〈人〉をそっとつけ回す, …にストーカー行為をする. **2**《文語》《病気・災害などが》…に広まる.
stalk·er [stɔ́:kər] 名 C 獲物を追う人; ストーカー《特に有名人などに執よにつきまとう人》.
stalk·ing [stɔ́:kiŋ] 名 U ストーカー行為《犯罪》.
*__stall__[1] [stɔ́:l] 名 C **1**《しばしば複合語で》《市場・駅などの》露店, 売店, スタンド: a book [flower] *stall* 本[花]の売店. **2**《家畜小屋の》ひと仕切り; 《シャワー・トイレなどの》仕切ってある小部屋: a shower *stall* シャワー室. **3**《通例, 単数形で》《飛行機の》失速, 《車の》エンスト. **4**《通例 ~s》《教会の》聖職者席; 聖歌隊席. **5**《通例 the ~s》オーケストラ席; 《英》《劇場などの》1階最前列の席《《米》parquet》.
— 動 (他) **1**〈家畜〉を小屋に入れる. **2**〈エンジン〉を止まらせる; 〈飛行機〉を失速させる.
— (自)《車などが》エンストする; 〈飛行機が〉失速する.
stall[2] 動 (自)《口語》《時間稼ぎの》口実, 言い逃れ.
— (自)《口語》(他) 〈人〉を待たせる, 止めておく.
— (自) 言い逃れをする; 引き延ばす.
stall·hold·er [stɔ́:lhòuldər] 名 C《英》売店[露店]の店主《借り主》.
stal·lion [stǽljən] 名 C《動物》種馬《→ HORSE》.
stal·wart [stɔ́:lwərt] 形 **1**《通例, 限定用法》忠誠心の強い, 忠実な. **2**《格式》たくましい, 頑丈な.

— 名 C 忠誠心の強い人.
sta·men [stéimən] 名 C《植》雄しべ《cf. pistil 雌しべ》.
stam·i·na [stǽmənə] 名 U スタミナ, 持久力; 気力, 根気, ねばり.
*__stam·mer__ [stǽmər] 動 (自)《恐怖・興奮・緊張などで》つっかえながら話す, 口ごもる: He *stammered* during his speech. 彼は演説の途中で言葉がつっかえた.
— 他 …をつっかえ[口ごもり]ながら言う (*out*).
— 名 C《通例 a ~》つっかえながら話すこと.

‡**stamp** [stǽmp]
《原義は「足で踏むこと」》
— 名《複 stamps [~s]》C **1** 郵便切手 (postage stamp); 印紙, 紙紙; 景品引換券 (trading stamp): put [stick] a *stamp* on an envelope 封筒に切手をはる / a 20-cent *stamp* 20セント切手 / a canceled *stamp* 消印のある切手 / a commemorative *stamp* 記念切手.
2 スタンプ, 判, 印章; 《スタンプで押した》印, 検印, 消印: a date *stamp* 日付印 / a rubber *stamp* ゴム印 / put a *stamp* on a document 書類にスタンプを押す.
3 足で踏みつけること[音]; じだんだ(を踏むこと): give an impatient *stamp* じれて足を踏み鳴らす.
4《通例, 単数形で》《格式》特徴, 特質; 影響《の痕跡(こんせき)》: His remarks bear the *stamp* of truth. 彼の話は本当としか思えない / This happy event left its *stamp* on her mind. この楽しい出来事は彼女の心に深く刻み込まれた.
5《通例, 単数形で》《格式》種類, 型: a student of a serious *stamp* まじめなタイプの生徒.
— 動 (他) **1** (a)[stamp+O] …を踏みつける, 〈足など〉を踏み鳴らす: *stamp* the ground 地面を踏みつける / *stamp* one's foot 足を踏み鳴らす.
(b)[stamp+O+C]〈もの〉を踏んで…にする《◇ C は形容詞》: *stamp* the ground flat 地面を踏みつけて平らにする.
2《…に》〈名前・日付など〉の印[判]**を押す**, 刻印を付ける [*on*];《…の印》を〈もの〉に押す [*with*]: *stamp* the date *on* letters = *stamp* letters *with* the date 手紙に日付の印を押す. **3**〈…に〉切手[印紙]をはる: *stamp* the letter 手紙に切手をはる.
4 …が《…であることを》明らかにする, …を《…として》印象づける [*as*]: This *stamps* him *as* a man of integrity. これで彼が高潔な人であることがわかる.
5《心・記憶などに》…を深く印象づける (impress) [*on*]: The scene was *stamped on* my mind. その場面は私の心に深く刻み込まれた.
— (自) **1**《…に》踏みつける, じだんだを踏む [*on*]: *stamp on* the floor 床を踏みつける. **2** 足を踏み鳴らして歩く: He *stamped* out of the room. 彼はどしんどしんと音を立てて部屋を出て行った.

■ **stámp óut 1**〈火など〉を踏み消す. **2**〈反乱など〉を鎮圧する;〈病気など〉を根絶する.

◆ **stámp àlbum** C 切手アルバム, 切手収集帳.
stámp collècting U 切手収集.
stámp collèctor C 切手収集家.
stámp dùty [tàx] U C 印紙税.
stámping gròund C《しばしば ~s》《口語》たま

stam·pede [stæmpíːd] 名 C **1** (動物の群れが)どっと逃げること. **2** (人が)どっと押し寄せること, 殺到.
— 動 自 どっと逃げる; どっと押し寄せる, 殺到する.
— 動 他 **1** …をどっと逃げ出させる. **2** [通例, 受け身で] …をせき立てて […] させる [*into*].

stance [stǽns] 名 C [通例, 単数形で] **1** […に対する] 立場, 態度, 意見 [*on*]: my *stance* on this issue この問題に対する私の態度. **2** 立った姿勢, 構え; 【ゴルフ・野球】足の位置 [構え], スタンス.

stanch [stɔ́ːntʃ, stάːntʃ / stɔ́ːntʃ],
《英》**staunch** [stɔ́ːntʃ, stάːntʃ / stɔ́ːntʃ] 動 他 〈血などを〉止める; 〈傷口の〉血を止める.

stan·chion [stǽntʃən / stάːn-] 名 C 柱, 支柱.

****stand** [stǽnd] 動 名

基本的意味は「立っている (be upright on one's feet)」.
① 立っている. 自
② 立ち上がる; …を立たせる. 自 2; 他 1
③ (建物などが)ある, 位置する. 自 3
④ 我慢する, 辛抱する. 他 2

— 動 (三単現 **stands** [stǽndz]; 過去・過分 **stood** [stúd]; 現分 **stand·ing** [~iŋ])
— 自 **1** (a) 立っている (↔ sit): The teacher told him to *stand* in the corner. 先生は彼に隅で立っていなさいと言った / She is still *standing* in the rain. 彼女はまだ雨の中で立っている (◇進行形にすると動作が継続中であることを表す).
(b) [stand + C] …の状態で立っている (◇ C は形容詞・現分・過分など): *Stand* still. じっと立っていなさい / Simon *stood* reading the papers. サイモンは立って書類を読んでいた / They *stood* surprised at the news. 彼らはその知らせにびっくりして立ちつくした.
2 立ち上がる, 立つ, 起立する (◇ rise よりも口語的; → 句動詞 stand up): The spectators *stood* to sing the national anthem. 観客は立ち上がって国歌を歌った / He *stood* suddenly and went out of the room. 彼は突然立ち上がり, 部屋から出て行った.
3 [進行形不可] (建物などが) […に] ある, 位置する, 置かれる [*on*, *in*]: The museum *stands* on the hill. 博物館は丘の上に建っている / There *stood* a table *in* the center of the room. 部屋の中央にテーブルがあった.
語法 「(今も(壊れずに)ある」という意味の場合は進行形にすることも可: The church *was* still *standing* after the bombing. その教会は爆撃のあとも壊れずに建っていた.
4 [stand + C] …の状態にある, …のままでいる (remain): John *stands* in need of help. ジョンには助けが必要です / Where do you *stand* in your class? あなたはクラスで何番ですか / Will you *stand* godfather to the child? その子供の名付け親になってくださいませんか.
5 (人・建物・木などが)高さが…である; (温度計などが) […を] 示す; (得点・値段・水準などが) […で] ある, […に] 達する [*at*]: David *stands* six feet three. デイビッドは身長が6フィート3インチです / The thermometer *stands* at 28°C here. ここでは温度計はセ氏28度を示している / The score *stood* *at* 5 to 1. 得点は5対1だった.
6 [進行形不可] (規則・決定などが)変わらない, 有効である: My decision still *stands*. 私の決意はまだ変わっていない / This rule still *stands*. この規則は今も生きている.
7 立ち止まる, (車などが)一時停車する; じっとしている; (水などが)よどむ, たまる: No *Standing* 《掲示》停車禁止; 立ち止まらないでください / We *stood* and waited for the signal to change. 私たちは立ち止まって信号が変わるのを待った / Tears *stood* in his eyes. 彼の目に涙が浮かんでいた.
8 […] しそうである (*to do*): He *stands* to gain a lot by the contract. 彼はその契約で大金を手にしそうだ. **9** 【海】(船が)針路をとる. **10** 《主に英》[…に] 立候補する (《主に米》run) [*for*].

— 他 **1** [stand + O] [副詞(句)を伴って] …を立たせる, 立てる, すえる: Can you *stand* an egg? 卵を立てることができますか / *Stand* the ladder against the wall. はしごをその壁に立てかけてください.
2 [通例, 否定文・疑問文・条件文で; 進行形・受け身不可] [stand + O] …を我慢する, 辛抱する; (ものが) …に耐える (→ BEAR¹ 類義語); [stand + to do [doing]] …するのを我慢する: I can't *stand* this noise. この騒音には我慢できない / This sweater *stands* washing. このセーターは洗濯可能です / She can't *stand* to be late [*being* late]. 彼女は時間に遅れることに我慢がならない.
3 [stand + O] 〈攻撃・試練など〉に耐える, 立ち向かう, 抵抗する: *stand* a storm あらしに耐える / This bridge has *stood* the test of time. この橋は(時に耐えて)よくもっている.
4 [stand + O + O / stand + O + for …] 《英口語》〈人〉に〈食事など〉をおごる: I will *stand* you a drink. = I will *stand* a drink *for* you. あなたに1杯おごろう.
5 〈裁判〉を受ける, 〈検査など〉に合格する, 通る: He *stood* trial for theft. 彼は窃盗罪で裁判を受けた. **6** 〈見張りなど〉の任務につく, …を務める.

句動詞 **stánd agàinst …** 他 …に反対 [抵抗] する.

stànd aróund [*abóut*] 自 ぼんやり立っている.

stànd asíde 自 **1** わきへ寄る, どく. **2** [… に] 何もしないでいる, […を] 傍観する [*from*]. **3** (仕事などから)身を引く.

stànd báck 自 **1** […から] うしろに下がる (step back) [*from*]. **2** (家などが) […から] 引っ込んでいる [*from*]. **3** […から] 離れて考える [*from*].

stànd bý 自 **1** 何もしないで見ている, 傍観する: He *stood* by and did nothing. 彼は見ているだけで何もしなかった. **2** […に] 備えて] 待機する [*for*]: I told them to *stand* by for news. 私は彼らにニュースを待っているように言った.

stánd by … 他 **1** …に味方する, …を擁護する:

I'll *stand by* you. あなたの力になろう. **2** 〈約束・方針など〉を固く守る.
stànd dówn 圓 **1** (役職などから)身を引く；《英》立候補を辞退する. **2** 証人台から降りる.
stánd for ... 他 **1** …を表す，象徴する；…の略である: The olive branch *stands for* peace. オリーブの枝は平和を象徴する / CNN *stands for* Cable News Network. CNNはケーブルニュースネットワークの略である. **2** …を支持する，…に味方する: The new government *stands for* freedom of the press. 新しい政府は報道の自由を支持している. **3** [否定文・疑問文で]《口語》…を我慢する，容認する (put up with): I won't *stand for* being treated like a child. 私は子供扱いされることには我慢がならない.
stànd ín 圓 […の]代わりをする [for]: I *stand in* for her while she's away. 彼女の留守中は私が彼女の代理をする.
stànd óff [stand off + O / stand + O + off] …を近づけない，離しておく.
stánd on [upòn] ... 他 **1** …に依存する，基づく. **2** …を主張する，…にこだわる.
・**stánd on one's ówn (twó) féet**《口語》独り立ちする，独立する.
stànd óut 圓 **1** […を背景にして]目立つ [against]，[…から]きわ立つ [from]: Ted is so handsome that he would *stand out* in a crowd. テッドはとてもハンサムなので人込みの中でも見立つほどだ. **2** […から]抜きんでいる，頭角を現す [from]: Her locomotive power *stood out from* the rest of the girls. 彼女の運動能力は他の少女たちから抜きんでていた.
3 […から]突き出る [from]; 前へ出る. **4** […に対して]頑強に抵抗する [against]; …をあくまで主張[要求]する [for].
stánd óver ... …を監督する，監視する.
stànd úp 圓 **1** 立ち上がる，起立する；立っている: He *stood up* and made a toast. 彼は立ち上がって乾杯の音頭をとった. **2** 持ちこたえる，もつ: This floor wax will *stand up* for a long time. この床用ワックスは長い期間もちます.
3 〈要求・証拠などが〉通用する，有効である.
— 他 **1** …を立てる，起こす. **2**《口語》〈人〉に待ちぼうけをくわせる，…との約束をすっぽかす.
・**stánd úp for ...** …を支持する，弁護する: All the members *stood up for* him. すべてのメンバーが彼を支持した.
・**stànd úp to ...** **1** …に立ち向かう，対抗する. **2** 〈ものが〉…に耐える.
■ **as it stánds** = **as thíngs stánd** 現状では；現状のままで.
knów hów [whére] one stánds […に]自分がどのように思われているかがわかる [with].

— 名 C **1** [しばしば複合語で] 売店，屋台，露店: a fruit *stand* 果物の売店 / a newspaper *stand* 新聞の売店 / a hot dog *stand* ホットドッグを売っているスタンド.
2 [通例 the 〜s] スタンド，観覧席: The team drove a total of four home runs into the *stands*. そのチームは全部で4本のホームランをスタンドへたたき込んだ.
3 [しばしば複合語で](物をのせる)台，立て，掛け，…入れ: a music *stand* 譜面台 / an umbrella *stand* 傘立て.
4 立場，態度；根拠；主張: What is the president's *stand* on this issue? この問題に対する大統領の立場はどうなのですか.
5 [the 〜] 証人席 (witness stand)；(演説者などの立つ)壇，演壇. **6** 抵抗，防御，反抗. **7** 立つこと，立っていること；停止，休止: come to a *stand* 立ち止まる. **8** 立つ場所，位置: The guard took his *stand* in front of the gate. ガードマンは門の前の位置についた. **9** (劇団などの)興行(地): a five-day *stand* 5日間の興行. **10** (タクシー・バスなどの)停車場，乗り場. **11** (ある地域に生えている)立ち木，群落.
■ **màke a stánd 1** […に]立ち止まる，踏みとどまる [at]. **2** […に]抵抗する [against]; […のために]戦う [for].
tàke a stánd […について / …に反対の]はっきりとした立場[態度]をとる [on, over / against].
tàke the stánd 《米》証人台に立つ.
stánd-a-lòne 形【コンピュータ】スタンドアローンの，独立型の，ネットワークに接続されていない.

*** **stand・ard** [stǽndərd] 名

— 名 (複 **stand・ards** [-dərdz]) **1** C U [しばしば 〜s] […の / …のための] 標準，基準，水準，規範 [of / for]; 模範: a *standard* of living 生活水準 / meet the *standard* 基準を満たす / up to [below] *standard* 標準に達して[水準以下で] / offer high *standards* of service 水準の高いサービスを提供する. **2** C (度量衡の)基本単位，基準.
3 C【経済】(貨幣制度の価値の基準としての)本位: the gold *standard* 金本位制.
4 C 旗 (flag); 軍旗 (colors): under the *standard* of freedom 自由の旗印の下で.
5 C【音楽】スタンダードナンバー《ポピュラー曲の標準的な演奏曲目》.
— 形 **1** 標準の；普通の，並の: *standard* English 標準英語. **2** [限定用法] 一流の，権威ある: a *standard* musician 一流音楽家.
(▷ 動 stándardize)
◆ stándard deviátion C【統計】標準偏差.
stándard làmp C《英》フロアスタンド (《米》 floor lamp).
stándard tìme U 標準時《1国・1地方の基準となる時間》(↔ local time).
stánd・ard-bèar・er 名 C **1**【軍】旗手. **2** (政党・政治運動などの)主唱者，唱導者.
stand・ard・i・za・tion [stændərdizéiʃən / -daiz-] 名 U 標準化，規格化，統一.
***stand・ard・ize, 《英》stand・ard・ise** [stǽndərdàiz] 動 他 …を標準化[規格化]する，標準に合わせる: *standardize* the parts 部品の規格を統一する.
(▷ 形 stándard)
stand・by [stǽndbài] 名 (複 **stand・bys** [-z]) C
1 (いざという時に)頼りになる人[もの]. **2** 代わり(のもの)，代役. **3** (飛行機などの)キャンセル待ちの客. **4** [形容詞的に] 代替の；キャンセル待ちの: a

standby ticket (飛行機・劇場などの) 安い当日切符, キャンセルの切符.

■ *on stándby* 待機して; キャンセル待ちで.

stánd-in 名 C (映画などの) 代役, 吹き替え; (一般に) 代役, 代行, 替え玉.

***stand-ing** [sténdiŋ] 名 **1** U (社会・組織などでの) 立場, 地位, 身分; 評判: high social *standing* 高い社会的地位. **2** U 継続 (存続) (期間): a customer of long *standing* 長年の顧客.
3 [~s] (チームなどの) 成績表, 勝敗表.
── 形 [限定用法] **1** 立っている, 立ったままの: a *standing* start スタンディングスタート (cf. flying start 助走スタート / crouch start クラウチングスタート). **2** 永続的な, 不変の, ずっと有効な; 常設の: You have a *standing* invitation to stay here. こちらにいつでもお泊まりください.
◆ **stánding ármy** C 常備軍.
stánding commíttee C 常任委員会.
stánding órder C **1** (取り消しや変更があるまで続く) 継続注文. **2** C U (英) (口座からの) 自動振替 (の依頼) (banker's order).
stánding ovátion C (観客・聴衆による) 総立ちでの拍手かっさい.
stánding róom U (劇場などの) 立ち見席; 立てるだけの余地: *Standing Room* Only (掲示) 立ち見席のみ (略語) SRO).

stand-off [sténdɔ̀:f / -ɔ̀f] 名 (複 **stand-offs** [~s]) C **1** 行き詰まり, 膠着状態 (deadlock). **2** (試合などの) 引き分け.
◆ **stándoff hálf** C (ラグビー) スタンドオフ, フライハーフ (fly half).

stand-off-ish [stændɔ́:fiʃ / -ɔ́f-] 形 (口語) 冷たい態度の, よそよそしい; つんとした.

stand-out [sténdàut] 名 C (米) 傑出した人(もの]; 目立つ人(もの].

stand-pipe [sténdpàip] 名 C 給水塔, 配水塔.

***stand-point** [sténdpɔ̀int] 名 C (通例, 単数形で) 立場; 見地, 観点: Let's discuss the problem from the *standpoint* of the public. 民衆の立場からその問題を議論しよう.

***stand-still** [sténdstìl] 名 [a ~] 停止, 休止; 行き詰まり; まったく動かない状態: bring ... to a *standstill* ... を止める; 行き詰まらせる / come to a *standstill* 止まる; 行き詰まる / The traffic was at a *standstill*. 交通は完全なマヒ状態だった.

stánd-úp 形 [限定用法] **1** (食事などが) 立ったままの, 立ちながらの. **2** (コメディアンが) 立ったまま話術で人を笑わせる. **3** (けんか・議論などが) 激しい, 正面切った. **4** (襟(え)などが) 立っている (↔ turndown): a *stand-up* collar 立ち襟.

stank [stæŋk] 動 stink の過去形.

stan-za [sténzə] 名 C (詩の) 連, 節(通例, 韻を踏んだ詩句 4 行以上から成る詩中のまとまり).

***sta-ple**[1] [stéipl] 名 C (通例 ~ s) **1** 主要産物, 特産品: Wool is one of the *staples* of Australia. 羊毛はオーストラリアの主要産物の1つです.
2 主要(基本) 食品; 主成分 (要素); 中心話題.
── 形 [限定用法] **1** 主要な, 重要な: the *staple* food of the Japanese 日本人の主食. **2** いつもの, お決まりの.

sta-ple[2] 名 C **1** ホチキスの針. **2** U字形のくぎ; かすがい.
── 動 他 ... をホチキス(U字形くぎ]でとめる.
◆ **staple gún** C 大型のU字形くぎ打ち機.

sta-pler [stéiplər] 名 C ホチキス (→ STATIONERY 図). ([比較]「ホチキス」が商標名で和製英語化した)

*****star** [stá:r] 名 C
── 名 (複 **stars** [~z]) C **1** 星, 天体, 恒星 (fixed star): the evening [morning] *star* 宵[明け]の明星 (金星) / a shooting [falling] *star* 流れ星 / No *stars* can be seen tonight. 今夜は星が出ていない. (関連語 planet 惑星 / satellite 衛星 / comet 彗星(銃) / meteor 流星)
2 (傑出した) スター, 花形, 人気者; [形容詞的に] スターの: a baseball *star* 野球のスター選手 / a movie *star* 映画スター / a *star* player スター選手 / He was the *star* of his high school. 彼は高校で人気者だった.
3 星形のもの; 星印 (☆, * などで, その数によって等級・階級を表す): a five-*star* hotel 5つ星のホテル.
4 [しばしば ~ s] (運命を左右すると言われる) 星, 星回り; 運勢: be born under a lucky [an unlucky] *star* 幸運 (不幸) な星の下に生まれる.
■ *reach for the stárs* 不可能なことを企てる, 高望みをする.
sée stárs (頭を打って) 目から火が出る, 目がくらむ.
thánk one's (lúcky) stárs 幸運に感謝する.
── 動 (三単現 **stars** [~z]; 過去・過分 **starred** [~d]; 現分 **star-ring**) 他 **1** (映画・劇に) ... を主演させる: Tom Cruise is *starred* in this movie. トム・クルーズがこの映画で主演している. **2** (通例, 受け身で) ... に星印を付ける; ... を (星状のもので) 飾る (with]. ── 自 主演する (in]: Who *starred* in the movie? その映画の主演はだれでしたか. (▷ 形 **stárry**)
◆ **Stárs and Strípes** [the ~; 単数扱い] 星条旗 (the Star-Spangled Banner).

star-board [stá:rbərd] (☆ 発音に注意) 名 U (船の) 右舷(於) (船首に向かって右側); (航空機の) 右側 (↔ port). ── 形 右舷の, 右側の.

starch [stá:rtʃ] 名 **1** U でんぷん. **2** C U (通例 ~ es) でんぷん質の食べ物. **3** U (洗濯用の) のり.
── 動 他 (洗濯物) にのりを付ける.

starch-y [stá:rtʃi] 形 (比較 **starch-i-er** [~ər]; 最上 **starch-i-est** [~ist]) **1** でんぷん (質) の, でんぷんを多く含んだ. **2** (衣類などが) のりを付けた. **3** (態度などが) かたくなった, 形式ばった.

star-crossed 形 (文語) 運の悪い.

star-dom [stá:rdəm] 名 U スターの地位 (座).

star-dust [stá:rdÀst] 名 U (文語) 夢のように心地よくさせるもの; ロマンチックな気分, 夢心地.

*****stare** [stéər] 動 (基本的意味は「じっと見つめる (look directly for a long time)」)
── 動 (三単現 **stares** [~z]; 過去・過分 **stared** [~d]; 現分 **star-ing** [stéəriŋ]) ── 自 (驚き・放心などから) ... を じっと見つめる, 凝視する [at] (cf. gaze (喜び・関心をもって) 見つめる): The child *stared* at the lion in surprise. その

子は驚いてライオンをじっと見た / It is not good manners to *stare at* others. 人をじろじろ見るのは失礼です / She *stared* after him for a while. 彼女はしばらく彼の後ろ姿をじっと見ていた.
— 他 **1** …をじろじろ見る, 凝視する: They *stared* me up and down. 彼らは私を上から下までじろじろ見つめた. **2** 〈人〉をじっと見て [にらみつけて] […] させる [*into*]: He *stared* her *into* silence. 彼は彼女をにらみつけて黙らせた.
■ *stáre ... dòwn* [《英》*òut*] 〈人〉をにらみつけてつむがせる [目をそらさせる].
stare ... in the fáce **1** 〈人〉の顔をじろじろ見る. **2**〈進行形で〉〈死・危険・事実など〉〈人〉の目前にある;〈矛盾・誤りなど〉〈人〉にとって明白である.
— 名 C じっと見つめること, 凝視: She gave him a cold *stare*. 彼女は彼を冷たく見つめた.
star·fish [stáːrfìʃ] 名 (複 **star·fish, star·fish·es** [〜iz]) C 《動物》ヒトデ.
star·gaz·er [stáːrgèizər] 名 C 《こっけい》天文学者, 占星術師. **2** 空想家.
stark [stáːrk] 形 **1** (場所などが) 荒涼とした, 殺風景な, 飾りのない. **2** (描写などが) あからさまな;(現実などが) 厳しい, 過酷な: the *stark* facts 赤裸々な事実. **3** 〔限定用法〕まったくの: in *stark* contrast to ... …ときわ立った対照を成して.
— 副 まったく, 完全に (*completely*).
■ *stárk náked* 《口語》素っ裸で [の].
stark·ly [stáːrkli] 副 あからさまに;まったく.
star·less [stáːrləs] 形 星のない.
star·let [stáːrlət] 名 C 女優の卵, 有望新人女優.
star·light [stáːrlàit] 名 U 星明かり, 星の光.
star·ling [stáːrliŋ] 名 C 《鳥》ムクドリ, (特に) ホシムクドリ.
star·lit [stáːrlìt] 形 《文語》星明かりの, 星の輝く.
star·ry [stáːri] 形 (比較 **star·ri·er** [〜ər];最上 **star·ri·est** [〜ist]) 星の多い, 星がきらきらと輝く;(目などが) 星のように輝く. (▷ 名 *stár*)
stár·ry-éyed 形 《口語》夢想的な, 非現実的な.
stár·spàn·gled 形 星で飾った, 星をちりばめた.
◆ **Stár-Spangled Bánner** [the 〜] **1** 星条旗 (the Stars and Stripes) 《米国の国旗》.
2「星条旗よ永遠なれ」《米国の国歌》.
stár-stùd·ded 形 オールスター (キャスト) の.

**** **start** 動名【原義は「急に動き出す」】
— 動 (三単現 **starts** [stáːrts];過去・過分 **start·ed** [〜id];現分 **start·ing** [〜iŋ])
— 自 **1** (物事が) **始まる**, 起こる;発生する (→ BEGIN 類義語): What time does the concert *start*? コンサートは何時に始まりますか / In Japan school *starts* in April. 日本では学校は4月に始まる / The fire *started* in the living room. 火は居間から出た.
2 (人が仕事などを) […から] 取りかかる, 着手する [*by, with*]; […として] 始める [*as*]: Let's *start*. では始めよう / He *started as* a porter. 彼はポーターの仕事から始めた / We'll take turns, *starting with* you. あなたから始めて順番にやろう.
3 […から / …へ向かって] 出発する, 進み始める [*from / for*];《スポーツ》スタートする: We *started* *for* the fishing spot at dawn. 私たちは夜明けに釣り場へ向かって出発した / This train *starts from* Tokyo and goes to Osaka. この列車は東京発大阪行きです / Lewis *started* well [badly]. ルイスはスタートがよかった [悪かった].
4 (機械などが) 動き出す, 始動する: The engine *started* immediately. エンジンはすぐかかった.
5 突然動く;[…に] (驚いて) びくっと動く, ぎくりとする [*at*]: Louise *started* when she saw Ted. ルイーズはテッドを見てぎくりとした.
6 (試合などに) 先発メンバーとして出る: I *started* at first base. 私は一塁手として先発した.
7 (血・涙などが) […から] どっと出る [*from*];(目が) 飛び出る: Tears *started from* her eyes. 彼女の目から涙があふれた.
8 (ねじ・くぎなどが) ゆるむ, はずれる.
— 他 **1** (a) [start + O] 〈仕事など〉を **始める**, 〈事業など〉を起こす (↔ *stop*): *start* work 仕事を始める / *start* a rumor うわさをたてる / *start* a fire 火を起こす / John *started* his one-week trip yesterday. ジョンはきのう1週間にわたる旅行に出かけた. (b) [start + to do [doing]] …し始める (◇ to do と doing の使い分けについては → BEGIN 語法): Chris *started* playing tennis at the age of eight. クリスは8歳のときにテニスを始めた / Suddenly Kate *started laughing* [*to laugh*]. 突然ケートは笑い出した / It *started* to rain as soon as I reached the station. 私が駅に着くとすぐに雨が降り出した.
2 (a) [start + O + in [on] ...] 〈人〉に…を始めさせる: The incident *started* him *in* volunteer work. その出来事がきっかけで彼はボランティアを始めた. (b) [start + O + doing] 〈人・もの〉に…し始めさせる: Please *start* the clock *going*. 時計が動くようにしてください / It *started* her *thinking*. それで彼女は考え込んだ.
3 (機械などを) 始動させる, 動かす: *start* the engine エンジンをかける.
4 …を (競技などに) 出場 [先発] させる;…の開始を合図する: *start* a horse in the race レースに馬を出場させる. **5** (動物) を追い出たてる, 狩り出す.
|句動詞| **stárt báck** 自 **1** 帰路につく. **2** (驚いて) ぱっと下がる.

stárt ín 自 **1** […に] 取りかかる [*on*], […し] 始める [*to do*]: *start in on* an essay エッセーに取りかかる. **2** [...を] しかり始める [*on*].
stárt óff 自 **1** […に] 出かける, 出発する [*for, on*]: *start off on* a walk 散歩に出かける.
2 [...で / ...として] 始める [*by, with / as*]: *start off as* a dishwasher 皿洗いの仕事から始める.
— 他 [start off + O / start + O + off] 〈人〉に […を] 始めさせる [*on*]. **2** …を […で] 始める [*by, with*].
stárt on ... 他 **1** …に取りかかる, 着手する: Bradley has *started on* a new book. ブラッドリーは新作に着手した. **2** …に厳しくあたる.
stárt óut 自 **1** 出かける. **2** [...として] 始める [*as*]. **3** […し] 始める, […することに] 乗り出す [*to do*].
stárt óver 自 《米》初めからやり直す.

stárt úp 圏 **1** 始まる; 商売を始める. **2** 勢いよく動き始める, 活動し始める: The engine *started up* with a roar. エンジンはうなりを上げて動き出した. **3** 驚いて飛び上がる, はっとする. **4** (as に現れる, 突然起こる. —他 [start up + O / start + O + up] **1** …を始める, 設立する. **2** 〈エンジンなど〉を始動させる.

■ *gèt stárted* 《口語》[…を]やり始める [*on*]: Let's *get started*. さあ, 取りかかろう.

stárt sómething 《口語》面倒なことを引き起こす, やっかいなことをし始める.

to stárt with **1** [通例, 文頭で] まず第一に (to begin with): *To start with*, you should learn model sentences by heart. まず第一にモデル文を暗記しなさい. **2** 最初(のうち)は.

—名 **1** C 開始, 着手; (物事の) 初め, 最初: from the *start* 最初から / That was difficult work at the *start*. それは最初は難しい作業だった / The *start* of the play was rather dull. その劇の最初の部分はどうも退屈だった.

2 C 出発, スタート; [the 〜] 出発点: make a *start* 出発する / get a good *start* in life 人生のよいスタートをきる / The runners lined up at the *start*. 走者はスタートラインに整列した.

3 C [通例 a 〜] (驚き・恐怖で) はっとすること, 突然動き出すこと: Al woke up with a *start*. アルははっとして目が覚めた / What a *start* you gave me! 君は本当にびっくりした.

4 C U [通例, 単数形で] (競技などにおける) […に対する] 優先(権), 先発(権); 有利な立場, 機先 [*on, over*]: have half an hour's *start* 30分早くスタートする.

■ *for a stárt* まず第一に, 皮切りとして.

from stárt to fínish 始めから終わりまで, 徹頭徹尾.

gèt óff to a góod [*bád*] *stárt* 幸先(さいさき)のよい[悪い]スタートを切る.

◆ **stárting blòck** C (短距離競走用の) スターティングブロック.

stárting gàte C (競馬の) スターティングゲート.

stárting pòint C 出発点, 起点.

start·er [stɑ́ːrtər] 名 C **1** (競技の) 先発選手; (レースのスタート時点の) 出走者 [馬, 車]. **2** (競走の) 合図係, スターター: under *starter*'s orders スタートの合図を待って. **3** [しばしば複合語で] 始める人[もの]; 始めるのが…な人: a slow *starter* 出だしの遅い人 / a *starter* kit (すぐに使えるようにセットした)スターターキット. **4** (自動車などの) 始動機, スターター. **5** (主に英) (コース料理の) 最初に出る料理 (appetizer).

■ *for stárters* 《口語》まず最初に (first of all).

***star·tle** [stɑ́ːrtl] 動 他 (突然) …を驚かせる, びっくりさせる: You *startled* me! びっくりしたな.

***star·tled** [stɑ́ːrtld] 形 […に / …して] びっくりした [*by, at / to do*]: a *startled* expression 驚いた表情 / I was *startled* to hear the news. 私はその知らせを聞いて驚いた.

***star·tling** [stɑ́ːrtlɪŋ] 形 びっくりさせる(ような), 驚くべき: a *startling* discovery 驚くべき発見.

star·tling·ly [〜li] 副 びっくりするほど, 驚くほど.

stárt-ùp 形 始動の; 開設時の, 操業開始の.

***star·va·tion** [stɑːrvéɪʃən] 名 U 飢餓(きが), 飢えの苦しみ, 餓死; 窮乏; [形容詞的に] 飢餓を生じさせる: *starvation* diet《口語》(断食のような) ごく少量の食事 / die of *starvation* 餓死する.
(▷ 動 **stárve**)

◆ **starvátion wàges** [複数扱い] ひどい低賃金.

***starve** [stɑːrv] 動 自 **1** 飢える; 餓死する: *starve* to death 餓死する. **2** [愛情・知識などに] …することに] 飢える; […を / …することを]切望する [*for / to do*].

—他 **1** …を飢えさせる, 餓死させる (*out*); …を飢えさせて […] させる [*to, into*]: The enemy was *starved into* surrender [surrendering]. 敵は兵糧(ひょうろう)攻めにあって降伏した. **2** [通例, 受け身で] …に […を] 切望させる; …に […の] 不足を感じさせる [*for, of*]: be *starved for* affection 愛情に飢えている.
(▷ 名 **starvátion**)

starv·ing [stɑ́ːrvɪŋ] 形 [叙述用法]《口語》ひどく腹が減った: I'm *starving*. 私は腹ぺこだ.

stash [stǽʃ]《口語》動 他 〈金など〉を(安全な [秘密の] 場所に) 隠しておく (*away*).
—名 C 隠したもの; 隠し場所.

***state** [stéɪt] 名 形 動 [原義は「位置」]

—名 (複 states [stéɪts]) **1** C [しばしば S-] 国, 国家 (→ COUNTRY 類義語); C U 政府: the Secretary of *State*《米》国務長官;《英》国務大臣 / the Department of *State*《米》国務省 / the member *states* of the EU EU加盟国 / a welfare *state* 福祉国家.

2 C [しばしば S-] (米国・オーストラリア・ドイツなどの)州: Alaska is the largest out of the 50 *states* of the United *States* of America. アラスカは米国50州中最大の州です.

3 C 状態, 様子 (→ SITUATION 類義語): a financial *state* 財政状態 / a *state* of emergency 非常事態 / Water can be in three *states*; gaseous, liquid, and solid. 水は気体・液体・固体の3つの状態になりうる / He was in a nervous *state* of mind. 彼は不安定な精神状態だった.

4 [the States]《口語》米国 (the United States of America) (◇通例, 米国人が国外で自国のことを言うときに用いる).

5 U 儀式; 盛装: in *state* 威厳をもって, 儀式ばって; 盛装 [正装] して. **6** U 地位, 身分.

■ *gét into a státe*《口語》いらいらする, 心配する.

líe in státe (告別のために遺体が人々の前に) 安置されている.

—形 [限定用法] **1** [しばしば S-] 国の, 国家の;《主に米》州の, 州立の: *state* control 国家管理 / a *state* prisoner 国事犯 / a *state* university 州立大学 / a *state* road 州道.

2 儀式(用)の, 公式の; 来賓用の: a *state* apartment 大広間, 来賓室 / a *state* visit 公式訪問.

—動 他 **1** (a) [state + O] 〈意見など〉を [人に] (十分に) 述べる, 言明する [*to*]: Each *stated* his or her own view. それぞれが自分の意見を述べた.

(b) [state + that 節 [疑問詞節]] …ということを

[…かを] 述べる: The governor *stated that* things would turn better. 知事は事態は好転するだろうと述べた / *State why* you didn't do that. なぜそうしなかったかを言いなさい.
2〈日時・値段など〉を定める, 決める.
◆ **státe schòol** [C]《英》公立学校《米》public school).

state・craft [stéitkræft / -krɑ̀ːft] [名][U] 政治的手腕; 国政術.

state・hood [stéithùd] [名][U] **1** 独立国家であること; 国家の地位. **2**(米国などの)州であること.

state・house [stéithàus] [名](複 **state・hous・es** [-hàuziz]) [C][しばしば S-; 通例, 単数形で]《米》州議事堂.

state・less [stéitləs] [形] 国籍[市民権]のない.

*__state・ly__ [stéitli] [形](比較 **state・li・er** [〜ər], 最上 **state・li・est** [〜ist]) 威厳ある, 堂々とした; 品位のある: a *stately* manner 堂々とした態度.
◆ **státely hóme** [C]《英》(由緒ある田舎の)大邸宅《一般に公開されているものが多い》.

‡**state・ment** [stéitmənt]
— [名](複 **state・ments** [-mənts]) **1** [C](意見・説明を述べる) 陳述, 言明, 申し立て: an oral [a written] *statement* 口頭の[文書での]陳述 / make a *statement* to the police 警察に申し立てをする.
2 [C](政府などの) 声明(書), ステートメント: issue an official *statement* 公式声明を発表する / a joint *statement* 共同声明 / He issued a *statement* that he would resign. 彼は辞任を表明した. **3** [U]《格式》述べること, 陳述のしかた.
4 [C](会社などの) 計算書; 決算書; 事業報告; (銀行の)収支報告書 (bank statement).

Stát・en Ísland [stǽtn-] [名][地] スタテン島《米国 New York 湾内にある島》; スタテンアイランド《New York 市の行政区の1つでスタテン島を含む》.

state-of-the-art [形] 最新式の, 最先端の, 最先端技術を用いた.

state・room [stéitrù(ː)m] [名][C] **1** (儀式用の)大広間. **2** (客船・米国の列車の) 特別室.

state・side [stéitsàid] 《米口語》[形] 米国本土の.
— [副] 米国(本土)へ[から].

*__states・man__ [stéitsmən] [名](複 **states・men** [-mən]) [C]《通例, ほめ言葉》政治家《女性にも用いるが statesperson; → POLITICIAN》: Lincoln was a great *statesman*. リンカーンは偉大な政治家だった.

states・man・like [stéitsmənlàik] [形]《通例, ほめ言葉》政治家にふさわしい, 政治家らしい.

states・man・ship [stéitsmənʃìp] [名][U] 政治家の資質, 政治的手腕.

state・wide [stéitwáid] 《米》[形] 州全体の, 州全体にわたる. — [副] 州全体に(わたって).

stat・ic [stǽtik], **stat・i・cal** [-kəl] [形] **1** 静的な, 静止状態の (↔ dynamic). **2** 活気[元気]のない. **3** [電気] 静電気の, [空電] の.
— [名][U][電気] **1** =státic electrícity 静電気. **2** 空電(による電波障害).

stat・ics [stǽtiks] [名][U][単数扱い] [物理] 静力学 (cf. dynamics, kinetics 動力学).

‡**sta・tion** [stéiʃən] [名][動]
— [名](複 **sta・tions** [〜z]) **1** [C] 駅, 停車場《米》railroad station, 《英》railway station)(→ PICTURE BOX); (待合室のある) バス停留所《米》bus station, 《英》coach station)《略語》Sta.): a terminal *station* 終着駅 / a subway *station* 地下鉄の駅 / Victoria *Station* ビクトリア駅 / Would you please tell me the way to the nearest *station*? 最寄りの駅に行く道を教えていただけませんか.
2 [C] 署, 局, 部; (サービスを提供する) 所: a filling [《米》gas, 《英》petrol] *station* ガソリンスタンド / a fire *station* 消防署 / a TV [radio] *station* テレビ[ラジオ]局 / Where is the nearest (police) *station*? 最寄りの警察署はどこですか《文脈から明らかな場合は単に the station と言うことが多い》.
3 [C](格式)(個人の定められた) 持ち場, 部署: take up one's *station* 持ち場につく.
4 [C][U](古風) 身分, 地位: above one's *station* 身分不相応で. **5** [C]《豪》大牧場. **6** [C][軍](軍の) 駐屯地; 基地; (艦船の) 定位置, 根拠地.
— [動](通例, 受け身で; 副詞(句)を伴って) …を部署につかせる, 配置する: Two guards were *stationed* at the entrance of the hotel. ホテルの入り口に2人の守衛が配置された.
◆ **státion brèak** [C]《米》[放送] ステーションブレーク《局名を入れる番組中の短い切れ目》.
státion hòuse [C]《米・古風》警察署 (police station); 消防署 (fire station).
státion wàgon [C]《米》ステーションワゴン (wagon, 《英》estate car)《後部座席を折りたたんで荷物を出し入れできる大型の乗用車》.

*__sta・tion・ar・y__ [stéiʃənèri / -ʃənəri] [形] **1** 動かない, 静止した. **2** (機械などが) 据え付けの; 定住した; (軍隊などが) 常駐の. **3** 変化[増減] しない.
◆ **státionary frónt** [C][気象] 停滞前線.
státionary órbit [C] (人工衛星の) 静止軌道.
státionary sátellite [C] 静止衛星.

sta・tion・er [stéiʃənər] [名][C]《英》文房具商: a *stationer*'s (shop) 文房具店.

‡**sta・tion・er・y** [stéiʃənèri / -ʃənəri] [名][U]
1 文房具 (→図), 筆記用具, 事務用品.
2 (通例, 封筒付きの) 便せん; 封筒類: hotel *stationery* ホテルの便せん.

[いろいろな文房具]

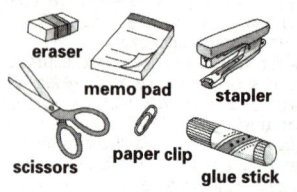

eraser
memo pad
stapler
scissors
paper clip
glue stick

sta・tion・mas・ter [stéiʃənmæstər / -mɑ̀ːs-] [名][C] (鉄道の) 駅長.

stá・tion-to-stá・tion [形] (長距離電話が) 番号通

話の (cf. person-to-person 指名通話の): a *station-to-station* call 番号通話《相手の番号に通じたときに料金計算が始まる》.

*sta·tis·tic [stətístik] 名 C (個々の) 統計値.

*sta·tis·ti·cal [stətístikəl] 形 統計(上)の, 統計的な; 統計学の. (▷ 名 statistics)

sta·tis·ti·cal·ly [-kəli] 副 統計(学)上, 統計的に.

stat·is·ti·cian [stætistíʃən] 名 C 統計学者.

‡sta·tis·tics [stətístiks] 名 1 [複数扱い] 統計 (の数値): vital *statistics* 人口(動態)統計 / collect [gather] *statistics* 統計を取る / *Statistics* show that the population of this town has doubled in the past twenty years. 統計によればこの町の人口はこの20年間に2倍になった.
2 U [単数扱い] 統計学. (▷ 形 statistical)

sta·tive [stéitiv] 形 【文法】(動詞などが)(動作ではなく)状態を表す (↔ dynamic).

◆ státive vérb C 【文法】状態動詞 (→ VERB 文法)

stats [stæts] 名 [複数扱い]《口語》統計 (◇ *statistics* の略).

stat·u·ar·y [stætʃuèri / -əri] 名 U 1 [集合的に] 彫像, 塑像, 彫刻物. 2 彫像術, 彫塑術.

‡stat·ue [stætʃu:] 名 C (等身大以上の)像, 彫像, 塑像: a bronze *statue* of a horse 馬の銅像 / a stone [wooden] *statue* 石[木]像.

◆ Státue of Líberty [the ~] 自由の女神像《米国 New York 湾内のリバティー島にある》.

stat·u·esque [stætʃuésk] 形 1 彫像のような. 2 (ほめ言葉)(女性が)均整のとれた; 威厳のある.

stat·u·ette [stætʃuét] 名 C (棚などに置く)小像.

*stat·ure [stætʃər] 名 U 《格式》 1 身長, 背丈 (height): be small in *stature* 背が低い. 2 (知的・道徳的)水準, 能力; 名声: a writer of great *stature* 卓越した作家.

‡sta·tus [stéitəs, stæ-] 名 1 C U 地位, 身分: most favored nation *status* 最恵国待遇 / elevate the social *status* of women 女性の社会的地位を高める. 2 U 高い地位, 高い身分; (社会的な)信用, 信望: seek *status* and honor 高い地位と名誉を求める. 3 C (物事の)状態, 情勢.

◆ státus quó [-kwóu]【ラテン】[the ~] 現状: maintain the *status quo* 現状を維持する.

státus sỳmbol C ステータスシンボル, 地位の象徴《社会的・経済的地位などを示す言動・所有物など》.

*stat·ute [stætʃu:t] 名 C 1 【法】法令, 法規; 成文法, 制定法: a penal *statute* 刑事法令 / by *statute* 法令によって. 2 規則; (法人の)定款(訳).

◆ státute bòok C [the ~] 法令全書, 法令集.

státute làw U [the ~] 制定 [成文] 法 (cf. common law 慣習法).

stat·u·to·ry [stætʃətɔ̀:ri / -təri] 形 (通例, 限定用法) 1 法令 [法定] の, 法令による: a *statutory* crime [offense] 法定犯罪. 2 法律上罰せられる.

stat·u·to·ri·ly [~li] 副 法令によって.

staunch[1] [stɔ́:ntʃ, stá:ntʃ / stɔ́:ntʃ] 形 1 信頼できる, 忠実な. 2 丈夫[頑強]な.

staunch·ly [~li] 副 頼もしく, 忠実に; 頑強に.

staunch[2] [英] = STANCH 血を止める.

stave [stéiv] 名 C 1 さお, 棒. 2 おけ板, たる板. 3 【音楽】譜表 (staff).
— 動 (三単現 staves [~z]; 過去・過分 staved [~d], stove [stóuv]; 現分 stav·ing [~iŋ]) 他 (たる・船など)に穴を開ける, 陥没させる (in).
— 自 (たる・船などの)穴が開く, 壊れる (in).

■ stàve óff (◇過去・過分は staved) 他 …を食い止める, かろうじて免れる [避ける].

staves [stéivz] 名 staff の複数形の1つ.

PICTURE BOX station

❶ schedule [《英》timetable] 時刻表
❷ indicator 発着表示板 ❸ window 窓口
❹ automatic wicket 自動改札
❺ list of fares 料金表 ❻ ticket machine 券売機 ❼ kiosk キオスク

buy a ticket (切符を買う)
pass through the wicket (改札口を通る) 
check the timetable (時刻表を確認する) 
give one's seat to a senior citizen (お年寄りに席を譲る) 
hang on to a strap (つり革につかまる) 
change trains (列車を乗り換える)

stay¹ [stéi]

名【基本的意味は「とどまる (continue to be in a particular place)」】

—**動** (三単現 **stays** [~z]; 過去・過分 **stayed** [~d]; 現分 **stay·ing** [~iŋ])

—**自 1**(ある場所に)**とどまる**, (そのまま)ずっといる, 居続ける (◇ remain よりも口語的): *stay* for [to] supper 夕食の時間まで残る / *stay* in bed 寝ている / I can't *stay* long. 私は長居できません / Shall I go or *stay*? 席を外したほうがよろしいでしょうか / I'll *stay* (at) home tomorrow. あすは家にいます / Please *stay* where you are. そこから動かないでください.

2 [...に]**滞在する**, 泊まる [*at, in*]: *stay* in Paris for a week パリに1週間滞在する / Where are you *staying*? – I'm *staying* at a nearby hotel. どちらにお泊まりですか – 近くのホテルに泊まっています.

3 [stay +**C**] (...の状態の) **ままである** [いる]: Tom *stayed* silent. トムは黙っていた / The weather *stayed* fine for two weeks. 2週間よい天気が続いた / The station *stayed* closed for two months. その駅は2か月間閉鎖されたままだった.

—**他 1**《文語》...を止める, 抑える: *stay* one's hunger with a snack 軽食をとって空腹を抑える.
2〈期間・距離など〉をもちこたえる, やり通す.
3〈判断・決定など〉を延期する, 猶予する.

[句動詞] **stày awáy 自 1**[...から]離れている, [...を]避ける [*from*]: *Stay away from* the dog. その犬に近づかないで. **2**[学校などを]欠席する [*from*]: I had to *stay away from* school till my cold was better. 私はかぜがよくなるまで学校を休まなければならなかった.

stày ín 自〈家にいる, 外出しない: Let's *stay in* tonight and watch movies on TV. 今晩は外出しないでテレビで映画を見よう.

stày ón 自(職業・地位などに)残留する; とどまる, 居続ける.

stày óut 自 1 外にいる, 家に入らない. **2** ストライキを続行する.

stày óut of ... 他 ...から離れている, ...とかかわらない: *Stay out of* the cage. おりに近づくな.

stày úp 自 1 寝ないで起きている: *stay up* late 遅くまで起きている. **2**(倒れずに)ずっと立っている; 付けられた [掛けられた] ままである.

stáy with ... 他 1 ...の家に泊まる, 滞在する: David *stayed with* Aunt Julie for two days. デイビッドはジュリーおばさんの家に2日間泊まった. **2** ...を最後まで続ける; ...についていく.

■ **be hére** [**have còme**] **to stáy**《口語》(天候・習慣などが) 定着している, 普及している: VCRs are here to stay. ビデオは一般に普及している.

stày pút《口語》そのままでいる, 元の所にいる: She told Harry to *stay put*. 彼女はハリーにじっとしているように言った.

—**名 1** [C]《通例, 単数形で》(一時的に)とどまること, 滞在; 滞在期間: have [make] a long *stay* in Beijing 北京に長期滞在する / During my *stay* in San Francisco, there was an earthquake. サンフランシスコ滞在中に地震があった / I'd like to extend my *stay*. 滞在期間を延長したいのですが.

2 [C][U]《法》延期, 猶予: (a) *stay* of execution 刑の執行猶予.

◆ **stáying pòwer** [U]《口語》持久力, スタミナ (stamina).

stay² **名**[C] **1**《海》支索《マストを固定するワイヤーロープ》. **2**(精神的な)支え; 支えとなるもの, 頼り.

stáy-at-hóme **名**[C]《口語》家にばかりいる人, 出不精な人.

stay·er [stéiər] **名**[C]《英》根気強い人, 持久力のある人 [動物]; 長距離馬, ステイヤー.

St. Ber·nárd 名 = Saint Bernard (→ SAINT).

STD《略語》= *s*ubscriber *t*runk *d*ialling《英》自動長距離電話; *s*exually *t*ransmitted *d*isease《医》性(行為)感染症.

stead [stéd] **名**[U] 代わり, 代理.

■ **in ...'s stéad**《格式》...の代わりに (instead of ...): He attended the conference *in my stead*. 彼が私の代理として会議に出席した.

stánd ... in góod stéad(知識・経験などが)(必要な時に)〈人〉の役に立つ.

***stead·fast** [stédfæst / -fà:st] **形**《文語》[...の点で]しっかりした, 確固たる (firm); 不動の, 不変の [*in*]: *steadfast* friendship 変わらぬ友情 / remain *steadfast in* one's principles 自分の主義を曲げない.

stead·fast·ly [~li] **副** しっかりと, 断固として.

stead·fast·ness [~nəs] **名**[U] 確固たること; 不動.

***stead·i·ly** [stédili] **副** しっかりと, 着実に; 絶え間なく: work *steadily* たゆまず働く / Prices are rising *steadily*. 物価はじりじり上がりつつある.

stead·i·ness [stédinəs] **名**[U] 堅実, 着実; 安定.

****stead·y** [stédi] **形**【原義は「場所にとどまっている」】

—**形**(比較 **stead·i·er** [~ər]; 最上 **stead·i·est** [~ist]) **1**(状態などが)**一様な**, むらのない; 一定の, 着実な: a *steady* job 定職 / make *steady* progress 着実な進歩を遂げる / Slow and *steady* wins the race.《ことわざ》ゆっくり着実なのが競走に勝つ ⇒ 急がば回れ.

2(足場などが)ぐらつかない, 安定した, しっかりした: The old man's steps are still *steady*. その老人の歩き方はまだしっかりしている / This chair is *steady* enough to stand on. このいすは上に立ってもぐらつかない / Hold the camera *steady*. カメラをしっかりと持っていてください.

3[限定用法]《口語》(人・人柄・態度などが) **堅実な**, まじめな, 信頼できる: He is a *steady* man who always does the tasks accurately. 彼は仕事をいつもきちんとこなす人だ / a *steady* friendship 変わらぬ友情.

■ **gò stéady**《米口語》[決まった相手と]交際する [*with*].

Stéady (ón)!《英口語》やめなさい, 落ち着きなさい.

—**動** (三単現 **stead·ies** [~z]; 過去・過分 **stead·ied** [~d]; 現分 **stead·y·ing** [~iŋ]) **他** ...を安定させる, 落ち着かせる (*down*): A cup of coffee will

steady your nerves. コーヒーを1杯飲めば気持ちが落ち着くでしょう.
— 自 安定する, 落ち着く (*down*).
— 名 (複 **stead·ies** [~z]) C 《米口語》決まった交際相手, 恋人.

‡steak [stéik] 名 1 C U ステーキ, (特に) ビーフステーキ (beefsteak): How would you like your *steak* (done)? — (Make it) Rare, please. ステーキの焼き加減はどうなさいますか — レアにしてください (※焼き方を聞かれたときは rare (生焼き), medium (普通), well-done (よく焼いた) などと答える). 2 U C (肉・魚の) 厚い切り身.
◆ stéak knìfe C 《主に米》ステーキ用ナイフ (《歯にぎざぎざがある》).

steak·house [stéikhàus] 名 (複 **steak·hous·es** [-hàuziz]) C ステーキ専門のレストラン, ステーキハウス.

‡‡‡steal [stí:l] [☆同音 steel]
— 動 名
— 動 (三単現 **steals** [~z]; 過去 **stole** [stóul]; 過分 **stol·en** [stóulən]; 現分 **steal·ing** [~iŋ])
— 他 1 《ものを》[…から] こっそり **盗む** [*from*]: *stolen* goods 盗品, 盗んだ品々 / A thief *stole* some jewels *from* the store. どろぼうは店から宝石を盗んだ / I had my wallet *stolen*. = My wallet was *stolen*. 私は財布を盗まれた.
2 …を知らぬ間に [不意に] やる; そっと手に入れる: He *stole* a kiss from her. 彼は不意に彼女にキスした / He *stole* a glance at her. 彼女彼女を盗み見た. 3 《野球》…塁に盗塁する: *steal* second base 2塁に盗塁する.
— 自 1 (こっそり) 盗みをする, こそどろをする: It's a crime to *steal*. 盗みは犯罪である. 2 《副詞(句)を伴って》こっそり [そっと] 動く; いつの間にか来る [過ぎる]: *steal* away [in] こっそり立ち去る [忍び込む] / *steal* into [out of] … …に [から] そっと入る [出て行く].
— 名 《口語》 1 U 盗み; C 盗品. 2 C 《野球》盗塁, スチール. 3 C 掘り出し物, 買い得.

stealth [stélθ] [☆発音に注意] 名 U ひそかに [こっそり] 行うこと, ひそかなやり方, 内密.
■ *by stéalth* こっそりと, ひそかに. (▷ 動 stéal).
◆ stéalth bòmber C 《米軍》ステルス爆撃機 《レーダーなどに捕捉(#く)されない爆撃機》.

stealth·i·ly [stélθili] 副 ひそかに, こっそりと.

stealth·y [stélθi] 形 (比較 **stealth·i·er** [~ər]; 最上 **stealth·i·est** [~ist]) ひそかな, 人目を忍んだ.

‡‡‡steam [stí:m] 名 動
— 名 U 1 **水蒸気**, 蒸気, スチーム, 湯気 (cf. vapor 大気中の蒸気); 霧, もや: *Steam* is rising from the boiling water. 沸騰したお湯から蒸気が上がっている / The room was filled with *steam*. その部屋は湯気でいっぱいだった.
2 蒸気力, 蒸気圧: This machine is operated by *steam*. この機械は蒸気で動く.
3 力, 精力, 元気.
■ *fúll stéam ahéad* 全速力で進んで.
gèt [*pìck*] *úp stéam* 1 (蒸気機関が) 蒸気を立てる; (エンジンの) スピードをゆっくり上げる. 2 […するために] 精力を出す [*to do*].
lèt óff stéam 《口語》抑えられていた感情を発散する; うっぷんを晴らす.
rùn óut of stéam 《口語》精力を使い果たす.
ùnder one's ówn stéam 自力で.
— 動 自 1 蒸気を出す, 湯気を立てる (*away*): The kettle is *steaming* (*away*) on the stove. やかんがストーブの上で湯気を立てている.
2 《副詞 (句) を伴って》蒸気の力で動く [進む]: The boat was *steaming* down the Mississippi. 蒸気船はミシシッピ川を下っていた.
3 《口語》精力的に動く, 勢いよく進む; 激怒する.
— 他 1 …を蒸す, ふかす: *steam* clams ハマグリを蒸す. 2 …に蒸気を当てる: I *steamed* the envelope open. 私は封筒に蒸気を当てて開けた.
■ *stéam úp* 自 湯気で曇る. — 他 …を湯気で曇らせる; [通例, 受け身で] 《口語》…を激怒させる.
(▷ 形 stéamy)
◆ stéam bàth C スチームバス, 蒸し風呂.
stéam èngine C 蒸気機関; 蒸気機関車.
stéam ìron C 蒸気アイロン.
stéam locomòtive C 蒸気機関車. (比較 SL は和製英語)
stéam shòvel C 《主に米》(掘削用) 蒸気シャベル.

‡steam·boat [stí:mbòut] 名 C 《主に河川・沿岸などの》 蒸気船, 汽船 (steamer).

‡steam·er [stí:mər] 名 C 1 汽船, 蒸気船 (steamship, steamboat). 2 蒸し器, せいろ.

steam·ing [stí:miŋ] 形 湯気を立てている; 《副詞的に》ひどく; 《口語》hot ひどく熱い [暑い].

steam·roll·er [stí:mròulər] 名 C 1 (地面をならす) 蒸気ローラー. 2 《口語》強引な手段 [人].
— 動 他 1 …を蒸気ローラーでならす. 2 《口語》…を制圧する, 強引に押し切る.

‡steam·ship [stí:mʃìp] 名 C (大型の) 汽船, 商船 (steamer) (《略語》S.S.).

steam·y [stí:mi] 形 (比較 **steam·i·er** [~ər]; 最上 **steam·i·est** [~ist]) 1 蒸気 (のような), 湯気の立ち込めた. 2 《口語》エロチックな.
(▷ 名 stéam)

steed [stí:d] 名 C 《詩語》(乗馬用の) 馬, 軍馬.

‡‡‡steel [stí:l] [☆同音 steal]
名 動 【原義は「堅いもの」】
— 名 1 U **鋼鉄**, はがね; [形容詞的に] 鋼鉄製の; はがねのような: stainless *steel* ステンレス鋼 / a *steel* knife 鋼鉄製のナイフ / a *steel* helmet 鉄かぶと.
2 U [または a ~] 《文語》刀剣: cold *steel* 刀剣類. 3 U (鋼鉄のような) 堅固さ; 冷酷さ: muscles of *steel* 強靭(#i<)な筋肉 / a heart of *steel* 冷酷な心.
— 動 他 …を冷酷にする; 頑固にする.
■ *stéel onesélf* […に対する / …する] 覚悟を決める [*for, against* / *to do*]. (▷ 形 stéely)
◆ stéel bánd C [集合的に] スチールバンド 《ドラム缶を打楽器として利用する西インド諸島の楽団》.
stéel guitár C スチールギター.
stéel wóol U スチールウール 《研磨用の鉄綱》.

steel·works [stí:lwə̀:rks] 名 C [単数・複数扱い]

steel·y [stíːli] 形 (比較 **steel·i·er** [～ər]; 最上 **steel·i·est** [～ist]) **1** 鋼鉄(はがね)(製)の; はがね色の. **2** (決心などが)固い, 頑固な; 無情な, 冷酷な: *steely determination* 固い決意. (名 stéel)

‡steep¹ [stíːp] 形 **1** 険しい,(勾配(に)が)急な,(上昇・下降が)急激な: a *steep* slope 急な坂 / a *steep* rise in prices 物価の急騰. **2**《口語》(要求・値段などが)法外[不当]な, 不法に高い;(話などが)大げさな: a *steep* tax 不当に高い税金 / That's [It's] a bit *steep*! そいつはむちゃだ[ひどい].
steep·ly [～li] 副 険しく, 急勾配に; 急激に.
steep·ness [～nəs] 名 U 険しさ, 急勾配.

steep² 動 他 **1**〈もの〉を〔液体に〕浸す, 漬ける〔*in*〕: *steep* vegetables *in* vinegar 野菜を酢に漬ける. **2** [通例,受け身で] …を […で] 満たす, …に […を] 深くしみ込ませる;〈人〉を〔学問などに〕没頭させる, 夢中にさせる〔*in*〕: *be steeped* [*steep* oneself] *in* reading 読書に没頭する.
— 自〔液体に〕浸っている, 漬かっている〔*in*〕.

steep·en [stíːpən] 動 他 …の勾配(に)を険しくする. — 自 険しくなる, 急勾配になる.

*steeple [stíːpl] 名 C (教会などの)尖塔(のとう).

stee·ple·chase [stíːpltʃèis] 名 C 《陸上競技》障害物競走.

stee·ple·jack [stíːpldʒæk] 名 C 尖塔(な)[煙突(な)]の修理職人, とび職.

‡steer¹ [stíər] 動 他 **1**〈車・船など〉を操縦する, …のかじをとる: *steer* a boat into the harbor 船を港に入れる. **2** …を導く, 案内する;(ある方向に)向ける: The manager *steered* his baseball team to victory. 監督は彼の野球チームを勝利に導いた / She tried to *steer* the conversation away from the topic. 彼女は会話の話題を変えようとした. **3**〈進路〉をとる, 進む: *steer* a straight course 直進する.
— 自 **1** かじをとる, 操縦する; 進む, 向かう: *steer* for the port 港に向かう. **2** [副詞(句)を伴って]〈乗り物〉が操縦できる, かじが利く: This car *steers* easily. この車は運転しやすい.
■ *stéer cléar* (*of* ...)《口語》(…)を避ける.

steer² 名 C (食用に去勢された)雄の子牛.

steer·age [stíəridʒ] 名 U **1** 操縦, 操舵(ぞう). **2** (昔の) 3等船室 (third class).

steer·ing [stíəriŋ] 名 U かじをとること, 操縦, 操舵(ぞう); ステアリング, 操縦[運転]装置.
◆ **stéering commíttee** C 運営委員会.
stéering gèar U (船・車などの)かじ取り装置.
stéering whèel C (自動車の)ハンドル(◇この意味では handle とは言わない; ➡ CAR **PICTURE BOX**]).

stein [stáin]【ドイツ】名 C (ビール用)陶製ジョッキ.

Stein·beck [stáinbek] 名 固 スタインベック John (Ernst) [ə́ːrnst]) Steinbeck (1902-68; 米国の小説家).

stel·lar [stélər] 形 [限定的用法] **1** 星の, 星のような. **2** 《口語》一流の, すぐれた; スターの.

‡stem¹ [stém] 名 C **1** (草の)茎, (木の)幹; 葉柄, 果柄. **2** 茎状のもの; (ワイングラスなどの)脚, (パイプ・道具などの)柄. **3** 《言》語幹 (◇語形変化する語の基本形). **4**《格式》系統, 家系, 血統. **5** 船首 (↔ stern).
■ *from stém to stérn* 船首から船尾まで; 隅から隅まで, 余すところなく.
— 動 (三単現 **stems** [～z]; 過去・過分 **stemmed** [～d]; 現分 **stem·ming** [～iŋ]) 他 **1**〈茎・葉柄など〉を取り除く. **2** …に茎[軸]を付ける.
— 自 […に] 由来する, […から] 起こる〔*from*〕.

stem² 動 他 **1**《格式》…(の流れ)を止める, 抑える. **2** …に逆らって進む〈時流など〉に抵抗する: *stem* the tide of ... 〈世論などの〉流れに逆らう.

-stemmed [stemd] 結合「茎[軸]を持つ」「柄[脚]の付いた」の意を表す: a long-*stemmed* wineglass 長い脚の付いたワイングラス.

stench [sténtʃ] 名 C (通例, 単数形で) 悪臭.

sten·cil [sténsəl] 名 C **1** ステンシル, 刷り込み型, 型板. **2** 謄写版の原紙.
— 動 (過去・過分《英》**sten·cilled**; 現分《英》**sten·cil·ling**) 他 …に […に] ステンシル[謄写版]で刷る〔*on*〕; …に […を] 刷り出す〔*with*〕.

sten·o [sténou] 名 (複 **sten·os** [～z]) C《口語》速記者 (◇ *steno*grapher の略).

stenog. 略語 = *steno*grapher; *steno*graphy.

*ste·nog·ra·pher [stənɑ́grəfər / -nɔ́g-] 名 C 《米》速記者 (《英》shorthand typist).

*ste·nog·ra·phy [stənɑ́grəfi / -nɔ́g-] 名 U 《米》速記(術) (《英》shorthand).

sten·to·ri·an [stentɔ́ːriən] 形《文語》(声の)非常に大きい, 大声の.

***step** [stép] 名 動

— 名 (複 **steps** [～s]) **1** C 歩み, 歩: With every *step* he stopped and listened. 一足ごとに彼は立ち止まって聴き耳を立てた / That's one small *step* for a man, one giant leap for mankind. 1人の人間にとっては小さな1歩でも, 人類にとっては大きな飛躍である (1969年7月, 月面着陸に成功したアメリカの宇宙飛行士アームストロングの言葉).
2 C 一歩 (の距離), 短い距離: My office is only a *step* from my home. 私の事務所は家からほんのちょっとの所にある / I can't walk another *step*. 私はもう一歩も歩けない.
3 [～s] 階段, はしご (→ STAIR 類義語);《英》脚立(な) (stepladder): landing *steps* (飛行機などの)タラップ / a flight of stone *steps* 石の階段.
4 C (階段・はしごの)一段, 踏み段, ステップ: She stumbled over the top *step*. 彼女は一番上の段でつまずいた.
5 C U 足どり, 歩調: keep *step* with ... …と歩調を合わせる / walk with quick [slow] *steps* 速い[ゆっくりした]足どりで歩く.
6 C (ダンスの)ステップ: the tango [waltz] *step* タンゴ[ワルツ]のステップ. **7** C 足跡; 足音: I heard *steps*. 足音が聞こえた. **8** C 手段, 方策: take all possible *steps* あらゆる可能な手段をとる. **9** C […への] 段階〔*to, toward*〕; 前進, 進歩: the first *step toward* success 成功への第一歩.
■ *bréak stép* (わざと)歩調を乱す.
in stép 歩調が合っている (↔ out of step).

step- 1469 **Stevenson**

òut of stép 歩調が合っていない (↔ in step).
stép by stép 徐々に, 少しずつ.
wátch [《英》*mínd*] *one's stép* 足元に気をつける.
── 動 (三単現 **steps** [~s]; 過去・過分 **stepped** [~t]; 現分 **step・ping** [~ɪŋ]) 自 **1** (通例, 副詞 (句)を伴って)(特に短い距離を)歩いて行く;(ある歩き方で)歩く: She *stepped* off [into] the train. 彼女は列車から降りた [に乗り込んだ] / Please *step* this way. どうぞこちらへ(いらしてください).
2 […を]踏む, 踏みつける[on, upon]: He *stepped on* my foot. 彼は私の足を踏んだ.
── 他 〈足〉を踏み入れる.

句動詞 *stép aside* 自 **1** わきへ寄る, わき道にそれる. **2** = step down 1 (↓).
stép báck 自 **1** うしろに下がる. **2** […から]距離を置いて考える [from].
stép dówn 自 **1** (地位などを)人に譲る, 引退する. **2** [乗り物・高い所から]降りる [from].
stép ín 自 **1** 中に入る; 立ち寄る: Please *step in* if you have time. 時間があればどうぞ寄っていってください. **2** 割って入る, 干渉する: He *stepped in* to stop the quarrel. 彼は口論をやめさせるために割って入った.
stép óut 自 **1** 《米》ちょっと外出する, 出かける. **2** 《古風》早足で歩く, 急いで行く.
stép úp 他 [step up + O / step + O + up] …を増進[上昇]させる: *step up* producton 生産を増強する. ── 自 前へ出る; 上がる; 近寄る.

■ *stép on it* [*the gás*] 《口語》(車の)スピードを上げる, 急く.

step- [step] 接頭 「(親の再婚による)継(*),まま…, 義理の…」を表す: *step*father 継父.
step・broth・er [stépbrʌ̀ðər] 名 C (父[母]の再婚による)異父[異母]兄弟, 義理の兄弟.
stép-by-stép 形 [限定用法] 段階的な; 着実な.
step・child [stéptʃàɪld] 名 (複 **step・chil・dren** [-tʃɪ̀ldrən]) C 連れ子, まま子.
step・daugh・ter [stépdɔ̀ːtər] 名 C (女の)まま子, まま娘.
step・fa・ther [stépfɑ̀ːðər] 名 C 継父, 義理の父.
Ste・phen・son [stíːvənsən] 名 固 スティーブンソン 》 George Stephenson《1781-1848; 英国の技師. 蒸気機関車の発明者》.
step・lad・der [stéplæ̀dər] 名 C 脚立 (きゃたつ).
step・moth・er [stépmʌ̀ðər] 名 C 継母, まま母.
step・par・ent [stéppɛ̀ərənt] 名 C 継父[母], まま親.
steppe [step] 名 **1** C (通例 ~s) ステップ《樹木の生えていない大草原》. **2** [the Steppes](シベリア・中央アジアの)大草原地帯.
step・ping・stone [stépɪŋstòʊn] 名 C **1** 飛び石, 踏み石. **2** [成功などへの]手段, 足がかり [to].
step・sis・ter [stépsìstər] 名 C (父[母]の再婚による)異父[異母]姉妹, 義理の姉妹.
step・son [stépsʌ̀n] 名 C (男の)連れ子, まま子.
-ster [stər] 接尾 「…する人, …に関係のある人」の意を表す名詞を作る: gang*ster* ギャングの一員 / trick*ster* 詐欺師 / young*ster* 若者.
***ster・e・o** [stériòʊ] 名 (複 **ster・e・os** [~z]) **1** C = stéreo sèt ステレオ (再生装置)(⇒ LIVING [PICTURE BOX]): a car *stereo* カーステレオ / listen to rock on the *stereo* ステレオでロックを聴く. **2** U ステレオ (録音方式); 立体音響: record in *stereo* ステレオで録音する.
── 形 ステレオ(効果)の, 立体音響の (◇ *stereo*phonic の略; cf. mono モノラルの).
ster・e・o・phon・ic [stèriəfɑ́nɪk / -fɔ́n-] 形 ステレオ(方式)の, ステレオ効果[立体音響]の (stereo).
ster・e・o・scop・ic [stèriəskɑ́pɪk / -skɔ́p-] 形 立体映像の; 立体的な.
***ster・e・o・type** [stériətàɪp] 名 C 固定観念; 典型的なもの[人], ステレオタイプ; 決まり文句: hold the old *stereotypes* about ... …に関して古い固定観念を持つ. ── 動 他 …を[…として]固定観念でとらえる, 定型化する, 型にはめる [as].
ster・e・o・typed [stériətàɪpt] 形 型にはまった, 固定化した; 紋切り型の, 陳腐な.
***ster・ile** [stérəl / -raɪl] 形 **1** (人・動物が)不妊の, 子供ができない; (植物が)実を結ばない (↔ fertile). **2** (土地などが)不毛の, やせた: *sterile* soil 不毛の土壌. **3** 殺菌した, 無菌の. **4** (思想・議論などが)内容の乏しい, 無益な.
ste・ril・i・ty [stəríləti] 名 U **1** 不妊(症); (土地の)不毛. **2** 無菌, 無菌状態. **3** (内容的)貧困; 無益.
ster・i・li・za・tion [stèrələzéɪʃən / -laɪ-] 名 U **1** 不妊にすること, 不妊手術; (土地を)不毛にすること. **2** 殺菌, 滅菌, 消毒.
ster・i・lize, 《英》**ster・i・lise** [stérəlàɪz] 動 他 **1** …を不妊にする, …に不妊手術を行う; 〈土地〉を不毛にする. **2** …を殺菌[滅菌]する, 消毒する.
ster・i・liz・er [stérəlàɪzər] 名 C 消毒器; 殺菌剤.
ster・ling [stə́ːrlɪŋ] 名 U **1** 英貨. **2** = stérling sìlver (法定)純銀 《純度92.5パーセント以上》; [集合的に]純銀製品. ── 形 **1** 英貨 [ポンド] の (◇金額のあとに付ける; 《略語》 stg.): £300 *stg.* = three hundred pounds *sterling* 300 英ポンド. **2** [限定用法](法定)純銀(製)の. **3** [通例, 限定用法](人・性格などが)すぐれた, 信頼できる.
☆stern¹ [stəːrn] 形 **1** [‥の点で / …に対して]厳格な; 〈処置・命令などが〉断固とした, 過酷な [in / to, with]: a *stern* punishment 厳罰 / She is *stern in* manners. 彼女は行儀作法に厳しい / That teacher is *stern with* his pupils. あの先生は生徒(などが)に厳しい. **2** 〈顔つきなどが〉怖い, 恐ろしい, いかめしい: a *stern* expression けわしい表情.
stern・ness [~nəs] 名 U 厳格さ, 厳しさ.
stern² [stəːrn] 名 C (通例, 単数形で) 船尾, とも (↔ stem).
stern・ly [stə́ːrnli] 副 厳しく, 厳格に.
ster・num [stə́ːrnəm] 名 (複 **ster・nums** [~z], **ster・na** [-nə]) C 《解剖》 胸骨 (breastbone).
ster・oid [stíərɔɪd / stér-] 名 C《生化》ステロイド《有機化合物の一種. 合成品は医薬品として用いる》.
steth・o・scope [stéθəskòʊp] 名 C 《医》聴診器.
ste・ve・dore [stíːvədɔ̀ːr] 名 C 《米》港湾労働者, 船荷積み下ろし人夫 (《英》 docker).
Ste・ven・son [stíːvənsən] 名 固 スティーブンソン 》 Robert Louis Stevenson 《1850-94; 英国の小説家・詩人. 主著『宝島』(*Treasure Island*)》.

stew [stjú: / stjú:] **1** ⓒⓤ シチュー (料理): beef *stew* ビーフシチュー. **2** [a ~] 《口語》 心配: be in [get into] a *stew* 《口語》 やきもきしている [くる], 気をもんでいる [もむ]. ── 動 他 …をとろ火で煮る. ── 自 **1** とろ火で煮える. **2** 《口語》 […を] 心配する, […に] 気をもむ (*about*, *over*).

■ *stéw in one's ówn júice* 《口語》自業自得で苦しむ.

*stew・ard [stjú:ərd / stjú:-] 名 ⓒ **1** (旅客機・客船などの) スチュワード, 旅客係 (◇女性形は stewardess). **2** (クラブ・大学・病院などの) 賄(まかな)い方, 用度係. **3** (会合・催し物などの) 世話役, 幹事. **4** 《古風》 執事, 家令.

*stew・ard・ess [stjú:ərdəs / stjù:ədés] 名 ⓒ (旅客機・客船などの) スチュワーデス, 旅客係 (◇男性形は steward; 旅客機では性別に関係ない flight attendant を用いるのが一般的).

stew・ard・ship [stjú:ərdʃip / stjú:-] 名 ⓤ 管理, 経営.

stewed [stjú:d / stjú:d] 形 **1** とろ火で煮込んだ. **2** 《叙述用法》《口語》酔った. **3** 《英》《茶が》濃すぎる, 出すぎた.

stg. 《略語》=sterling (↑).

St. He・le・na [sèintilí:nə] 名 固 セントヘレナ《南大西洋にある英国領の島, ナポレオンの流刑地》.

★★★ **stick** [stík]

名 動 【原義は「突き刺す」】

── 名 (複 **sticks** [~s]) **1** ⓒ 棒切れ, 小枝: gather *sticks* for firewood たきぎ用の小枝を拾い集める. **2** ⓒ ステッキ, 杖(つえ) (walking stick): walk with a *stick* 杖をついて歩く. **3** ⓒ 棒状のもの; 《口語》がりがりにやせた子: a *stick* of celery セロリの茎 / a *stick* of chocolate [candy] チョコレート1枚 [あめ1本] / three *sticks* of dynamite ダイナマイト3本. **4** ⓒ (ホッケーなどの) スティック; (スキーの) ストック; (音楽の) 指揮棒; (飛行機の) 操縦桿(かん). **5** ⓒ 木製のむち; [the ~] むちで打つこと: give a person the *stick* 人にむち打ちの刑を科す. **6** ⓒ [通例~s] 《口語》 (粗末な) 家具. **7** ⓒ [通例 old ~] 《英・古風》 (…な) 人, やつ: a dull [dry] old *stick* 面白みのないやつ. **8** [the ~s] 《口語》 奥地, 片田舎, へんぴな場所. **9** ⓒ 《米口語》 (アメフトの) ゴール; 《英口語》 (サッカー・アイスホッケーの) ゴール.

■ *gèt (hóld of) the wróng énd of the stíck* 《口語》勘違いする, 情勢判断を誤る.

── 動 (三単現 **sticks** [~s]; 過去・過分 **stuck** [sták]; 現分 **stick・ing** [~iŋ])

── 他 **1** …を […に] 突き刺す (*with*); […に] とがったものを) 突き刺す (*into*): I *stuck* the steak with a fork. = I *stuck* a fork *into* the steak. 私はステーキにフォークを突き刺した / Be careful not to *stick* your finger *with* a thorn. とげで指を刺さないよう注意しなさい / He *stuck* a stick *into* the sand. 彼は棒切れを砂に突き立てた.

2 〈ものを〉 […に] さし込む, はめ込む (*in*, *into*): Don't *stick* your hands *into* your pockets when you walk. ポケットに手を突っ込んで歩くのはやめなさい / Helen *stuck* a rose *in* her collar. ヘレンはバラを一輪えり元にさした.

3 《口語》 …を 〈無造作に〉 置く: She *stuck* the book on the desk. 彼女は本を机の上に置いた.

4 〈ものを〉 […に] はる, くっつける (*on*, *in*, *to*): *stick* bills *on* the wall 壁にはり紙をする / Remember to *stick* a stamp *on* the envelope. 忘れずに封筒に切手をはりなさい.

5 [通例, 否定文・疑問文で] …を我慢する: I can't *stick* living in this place. 私はここに住むのは我慢できない. **6** [しばしば受け身で] 〈ものを〉動けなくさせる; 〈仕事などを〉行き詰まらせる; 〈人を〉当惑させる: A power stoppage *stuck* all the elevators. 停電のためエレベーターが全部動かなくなった.

── 自 **1** […に] (ものが) 突き刺さる, 突き刺さっている (*in*): The arrow *stuck in* a tree. その矢は木に突き刺さった / A fishbone *stuck in* my throat. 魚の骨が私ののどに刺さった.

2 (ものが) […に] はりつく, くっつく (*on*): This glue *sticks* very well. このりはとてもよくつく.

3 〈長い間ある状態に〉とどまる; 〈心に残って〉離れない: The happy memory *sticks* in my mind. その楽しい思い出は今も私の心に残っている.

4 動かなくなる, 動きにくくなる; つかえる; 立ち往生する: The bus *stuck* in the mud. バスはぬかるみにはまって動かなくなった / This window is always *sticking*. この窓はいつもひっかかる.

句動詞 *stick aróund* 自《口語》そばを離れない.

stick at ... 他 **1** 〈仕事など〉をこつこつやる. **2** [通例, 否定文で; will, would を伴って] …をためらう.

stick by ... 他《口語》…に対して忠実である; …を見捨てない.

stick dówn 他 [stick down + O / stick + O + down] **1** …を固定する; 〈封筒の折り返し〉をはる. **2** …を書きとめる.

stick óut 自 突き出 (てい) る; 目立つ: His stomach *sticks out*. 彼のおなかは突き出ている. ── 他 [stick out + O / stick + O + out] **1** …を突き出す: He *stuck out* his tongue at me. 彼は私に向かって舌を突き出した (◇軽蔑のしぐさ). **2** …を最後までやり抜く, 頑張り通す.

・*stick ít óut* 《口語》 最後までやり抜く [耐え抜く], 頑張る.

・*stick óut for ...* 《口語》 …をあくまでも要求する.

stick to ... 他 **1** …にくっつく, …と一緒にいる: The dough *stuck to* my fingers. 生地が指にくっついた / A child *sticks to* its mother. 子供は母親のそばから離れないものだ. **2** …に固執する; …をこつこつ続ける: He always *sticks to* his proposal. 彼はいつも自分の提案に固執する. **3** 〈人〉に忠実である; …を見捨てない.

stick togéther 自 一緒にいる, くっついている; 団結する.

stick úp 他 [stick up + O / stick + O + up] **1** (高い所に) …をはり出す: *stick up* a notice on the bulletin board 掲示板に告知文をはる. **2** 《口語》 …を突き出す; (賊に襲われて) 〈手〉を上げる. **3** 〈銀行など〉を襲う. ── 自 上へ突き出る.

・*stick úp for ...* …を支持 [弁護] する.

stick with ... 他 **1** 〈人〉と一緒にいる: I'll *stick with* him whatever happens. 私は何があろうとも彼と一緒にいます. **2** …に忠実である; 固執する: I'll *stick with* my decision. 私は絶対に決心を変えない. **3** …をやり通す.
・**stick with it**《口語》やり通す. (▷ 形 stícky)
◆ **stíck fìgure** C 棒線画.
stícking plàster C U《英》ばんそうこう (plaster).
stícking pòint C (交渉などの) 支障, 行き詰まりの原因.
stíck ìnsect C【昆】ナナフシ.
stíck shìft C《米》(自動車の) 変速レバー (gearshift); マニュアル車.
stick·er [stíkər] 名 C **1** ステッカー. **2**《英口語》頑張り屋.
stick-in-the-mùd 名 C《口語》時代遅れの人; 保守的な人.
stick·le·back [stíklbæk] 名 (複 stick·le·back, stick·le·backs [~s]) C【魚】トゲウオ.
stick·ler [stíklər] 名 **1**［…に］こだわる人, うるさい人, 頑固な人 [*for*]. **2**《米口語》難問, 難題.
stíck-òn 形《限定用法》裏に接着剤の付いた.
stick·pin [stíkpìn] 名 C《米》(装飾的な) ネクタイピン《英》tiepin).
stick·up [stíkʌ̀p] 名 C《口語》ピストル強盗 (◇行為・事件).
‡stick·y [stíki] 形 (比較 stick·i·er [~ər]; 最上 stick·i·est [~ist]) **1**［…で］ねばねばする, べとべとする [*with*]; 粘着性の: Her hands were *sticky with* jam. 彼女の手はジャムでべとべとしていた.
2《口語》(状況・問題などが) やっかいな, 難しい: a *sticky* problem やっかいな問題. **3**《天候などが》蒸し暑い, 湿気が多い. **4**《叙述用法》《口語》(人が) ［…に］気難しい《*about*》.
■ **còme to** [*mèet*] **a stícky énd**《英口語》やっかいなことになる; みじめな死に方をする. (▷ 動 stick)
stick·i·ly [~li] 副 ねばついて.
stick·i·ness [~nəs] 名 U 粘着性; 蒸し暑さ.

‡stiff [stíf] 形 **1** (紙・布地などが) 堅い, 曲がりにくい (→ FIRM² 類義語): a *stiff* shirt のりでぱりぱりのシャツ / a *stiff* brush 堅いブラシ. **2** (機械・引き出しなどが) なめらかに動かない, 堅い: *stiff* hinges 堅いちょうつがい. **3** (体・筋肉などが) こわばった, 凝った: I've got a *stiff* neck. 私は首が凝っている.
4 (動作・態度などが) 堅苦しい, ぎこちない; (文体が) 堅苦しい: a *stiff* greeting 堅苦しいあいさつ.
5 (かき混ぜられないほど) 固まった; 粘りのある.
6 やっかいな, 骨の折れる; (副・競争などが) 厳しい; (抵抗などが) 頑強な: a *stiff* exam 難しい試験 / *stiff* opposition 強硬な反対. **7** (風などが) 強い; (酒などが) 強い: a *stiff* whiskey 強いウイスキー.
8《口語》(値段・要求などが) 法外な, べらぼうな.
■ **kéep a stíff úpper líp** → LIP 成句.
── 副《口語》ひどく, 途方もなく: be bored [worried] *stiff* ひどく退屈する [心配する].
── 名 (複 stiffs [~s]) C《俗語》死体.
(▷ 動 stíffen)
*****stiff·en** [stífən] 動 他 **1**《態度・表情などを硬化させる, 堅苦しくする: *stiffen* one's resolve 決意を固める / She *stiffened* her attitude. 彼女は態度を硬化させた. **2** …を堅くする, 硬直させる (*up*).
── 自 **1** (態度・表情などが) 硬化する, 堅苦しくなる, よそよそしくなる: She *stiffened* with fear. 彼女は恐怖で動けなくなった. **2** 堅くなる, こわばる (*up*).
(▷ 形 stíff)
stiff·ly [stífli] 副 堅く; 堅苦しく, ぎこちなく.
stíff-nécked 形 強情な, 頑固な.
stiff·ness [stífnəs] 名 U 堅いこと; (筋肉などの) 凝り; 堅苦しいこと; 頑固さ.
*****sti·fle** [stáifl] 動 他 **1** …を窒息させる, …の息を止める [詰まらせる], 息苦しくさせる: I was almost *stifled* by the smoke. 私は煙で息が詰まりそうだった. **2**〈あくびなど〉を抑える, 抑制する;〈火など〉を消す;〈反乱など〉を抑圧する, もみ消す: *stifle a yawn* あくびをかみ殺す.
── 自 窒息 (死) する; 息苦しくなる [感じる].
sti·fling [stáiflɪŋ] 形 **1** 息が詰まる (ような), 息苦しい (ほど暑い). **2** (状況などが) 重苦しい, 窮屈な.
sti·fling·ly [~li] 副 息が詰まるほど; ひどく.
stig·ma [stígmə] 名 (複 stig·mas [~z])
1 U C (通例, 単数形で) 汚名, 不名誉, 恥辱.
2 C【植】(花の) 柱頭 [めしべの頂].
3【医】スティグマ, 出血斑(はん).
stig·ma·ta [stɪgmάːtə, stígmə-] 名 (*the* ~; 複数扱い)【キリスト】聖痕(こん)《十字架にかけられたキリストの傷に似た傷跡》.
stig·ma·tize [stígmətàiz] 動 他 **1** (通例, 受け身で)〈人〉を［…だと〕非難する,〈人〉に［…の〕汚名を着せる [*as*]. **2**【キリスト】…に聖痕(こん)をつける.
stile [stáil] 名 C 踏み段《人間が乗り越えられるよう牧場などに設けた踏み台》.
sti·let·to [stilétou] 名 (複 sti·let·tos, sti·let·toes [~z]) C **1** 小剣, 短剣. **2** (刺しゅう用の) 目打ち, 穴あけ錐(きり). **3**［主に英］= stilétto héel スチレットヒール《婦人靴の高くて細いかかと》; [通例 ~s] スチレットヒールの靴 (spike heels).

‡‡still¹ [stíl]
副 形 名【原義は「動かない」】
── 副 **1** まだ, 依然として: I *still* live with my parents. 私はまだ親と同居しています / The burglar must *still* be in the building. 強盗はまだ建物の中にいるに違いない / The result is *still* to be seen. 結果はまだ出ていない / The weather is *still* cold. 天候はいまだに寒い.

[語法] (1) 通例, 一般動詞の前または be 動詞・助動詞のあとに置く.
(2) 現在形・過去形・未来形・進行形・完了形のいずれにも用いることができる.
(3) 通例, 肯定文に用いるが, 否定文に用いて, 「まだ…していない」の意を yet よりも強く表すこともある: You *still* haven't handed in your term paper. あなたはまだ期末レポートを提出していない.

2 [しばしば接続詞的に] それでも (なお) (→ BUT 類義語): Even government officials fled. Yet *still* there was guerrilla warfare. 政府の役人までが逃亡した. それでもなお, ゲリラ戦が行われていた / He didn't work very hard. *Still*, he was above the rest of his class. 彼はあまり勉強しな

still² かった. それでもほかの級友より(成績が)上だった.
3 [比較級を強めて] なおいっそう: Mary is rich, but her sister is *still* richer [richer *still*]. メアリーは金持ちだが, 妹はもっと金持ちです.
4 《格式》そのうえに, さらに: I have *still* another complaint against their policy. 彼らの政策に関してさらにもうひとつ不満がある.
■ *still léss* [否定文で] まして(…でない): I can*not* excuse his rude remarks, *still less* his bad manner. 私は彼の失礼な発言が許せない. まして彼の無礼な態度を許せるわけがない.
still móre [肯定文で] なおさら(…である): I like listening to music, *still more* going to concerts. 私は音楽を聴くのが好きだし, コンサートに行くのはなおさら好きです.
— 形 (比較 **still·er** [〜ər]; 最上 **still·est** [〜ist])
1 静かな, しんとした (→ QUIET [類義語]): a *still* night しんと静まった夜 / The stadium became *still* when the team lost the final. そのチームが決勝戦で敗れたときスタジアムはしんとなった.
2 じっとした, 動かない, 静止した: stand *still* じっと立っている / These children can't sit *still*. この子たちはじっと座っていることができない.
《ことわざ》(水・風が)立たない, 穏やかな; (声・音が)荒々しくない: *Still* waters run deep. 《ことわざ》流れの静かな川は深い ⇒ 能あるタカは爪(ぽ)を隠す.
4 [限定用法] (飲み物が)炭酸の入っていない.
— 動 《文語》…を静める, 落ち着かせる; 和らげる; なだめる.
— 名 **1** C スチール写真.
2 [the 〜] 《文語》静けさ, 寂寞.
still life (複 **still lifes**) U 静物; C 静物画.
◆ *still life* (複 *still lifes*) U 静物; C 静物画.
still² [stíl] 名 C (酒の) 蒸留器; 蒸留所.
still·birth [stílbə̀ːrθ] 名 U 死産; C 死産児.
still·born [stílbɔ̀ːrn] 形 **1** 死んで生まれた, 死産の. **2** 不成功の.
*still·ness** [stílnəs] 名 U **1** 静寂, 静けさ; 沈黙: in the *stillness* of the midnight 真夜中の静寂の中で. **2** 静止, 動かないこと.
stilt [stílt] 名 C [通例 〜s] **1** 竹馬(の片方): a pair of *stilts* 竹馬ひと組 / walk on *stilts* 竹馬に乗って歩く. **2** (建物などの) 支柱, 脚柱.
stilt·ed [stíltid] 形 (話し方などが) 大げさな, 堅苦しい.
stim·u·lant [stímjələnt] 名 C **1** [医] 興奮剤, 刺激剤; 刺激性食物 《酒類・コーヒー・茶など》.
2 […に対する] 動機, 誘因 [*to*].
*stim·u·late** [stímjəlèit] 動 他 **1** 〈人〉を元気づける; …を刺激 [激励] して [行為などを] させる [*to, into*]; …を刺激 [激励] して […] させる [*to do*]: Success *stimulated* Tom *to* further efforts. 成功が励みになってトムはいっそう努力した / Encouragement *stimulated* her to study harder. 励ましが彼女はますます一生懸命勉強した.
2 〈器官など〉を刺激する, 興奮させる: The smell *stimulated* my appetite. そのにおいで私は食欲がわいてきた. — 自 刺激 [激励] になる.
stim·u·lat·ing [stímjəlèitiŋ] 形 刺激的な; 元気づける; 興奮させる, 非常に面白い.
*stim·u·la·tion** [stímjəléiʃən] 名 U 激励, 刺激;

興奮.
stim·u·la·tive [stímjəlèitiv, -lə-] 形 刺激的な, 元気にする; 興奮させる.
*stim·u·lus** [stímjələs] 名 (複 **stim·u·li** [-lài])
1 C U […への] 刺激; 激励 [*to*]: Bonus pay is a *stimulus* to hard work. ボーナスが頑張って働く刺激になる. **2** C 興奮剤, 刺激物.
*sting** [stíŋ] 動 (三単現 **stings** [〜z]; 過去・過分 **stung** [stáŋ]; 現分 **sting·ing** [〜iŋ]) 他 **1** 〈昆虫・植物が〉…を針 [とげ] で刺す: A wasp *stung* him on the cheek. スズメバチが彼のほおを刺した.
2 〈体など〉を刺すように痛ませる, ずきずき [ひりひり] させる: Chopping onions is *stinging* my eyes. タマネギを刻んでいるので目がひりひりする.
3 [通例, 受け身で] 〈言葉・非難などが〉〈人〉を苦しませる, 傷つける: I *was stung* badly by the remark. 私はその言葉にひどく傷ついた. **4** 〈人〉を刺激して [駆り立てて] […] させる [*into, to*]: His remarks *stung* me *into* action. 彼の言葉は私を行動に駆り立てた. **5** 《口語》〈人〉から […を〉だまし取る, 〈人〉に […の額を〉ふっかける [*for*]: They *stung* me *for* $10. 私は10ドルだまし取られた.
— 自 **1** (昆虫・植物が) 刺す; とげ [針] がある.
2 (体が) […で] 刺すように痛む, ずきずき [ひりひり] する [*from, with*]. **3** (言葉などが) 苦痛を与える, 傷つける.
— 名 C **1** (ハチなどの) 針; (植物の) とげ; (蛇の) 毒牙で; **2** 刺す [刺される] こと; 刺し傷, 刺された痛み: The wasp gave me a nasty *sting*. 私はスズメバチにひどく刺された. **3** [単数形で] (体の) 痛み, 激痛; (心の) 痛み, 苦悩: the *sting* of conscience 良心の呵責で / take the *sting* out of … 〈失敗・病気・非難などの〉つらさ [厳しさ] を和らげる.
4 [単数形で] (言葉などの) とげ, 辛らつさ. **5** 《米》(大金をねらった) 詐欺. **6** 《米》おとり捜査.
■ *a stíng in the táil* (話・提案などに) 最後にわかるいやな [不快な] 事実.
sting·er [stíŋər] 名 C 《米》刺す動物 [植物]; (ハチなどの) 針, 刺す器官.
sting·ray [stíŋrèi] 名 C [魚] アカエイ.
stin·gy [stíndʒi] 形 (比較 **stin·gi·er** [〜ər]; 最上 **stin·gi·est** [〜ist]) **1** 《口語》けちな, けちくさい; [金などを] 惜しむ (《主に英》mean) [*with*]: He is *stingy with* his money. 彼はけちだ. **2** 少ない, わずかな.
stin·gi·ness [〜nəs] 名 U 《口語》けち (くささ).
stink [stíŋk] 動 (三単現 **stinks** [〜s]; 過去 **stank** [stǽŋk], **stunk** [stʌ́ŋk]; 過分 **stunk**; 現分 **sting·ing** [〜iŋ]) 自 **1** […の] いやなにおいがする [*of*]: His breath *stank of* garlic. 彼の息はニンニク臭かった. **2** 《口語》最低である, ひどい, ろくでもない: That movie *stinks*. あの映画は最低だ.
— 他 **1** 〈場所など〉を臭くする, 悪臭で満たす (*out, up*). **2** 〈人・動物〉を悪臭で追い出す (*out*).
— 名 C **1** 悪臭, 臭気. **2** 《口語》物議, 騒動.
■ *like stínk* 《英俗》猛烈に, 熱心に.
ráise [*màke, kíck úp*] *a stínk* 《口語》物議をかもす, 騒ぎを起こす.
◆ **stínk bòmb** C 悪臭弾 《破裂すると悪臭を放つ》.

stink・er [stíŋkər] 名 C **1** 《口語》悪臭を放つもの[人, 動物]. **2** 《俗語》いやなやつ[もの]; 難題.

stink・ing [stíŋkiŋ] 形 **1** 悪臭を放つ, ひどくにおう. **2** 《限定用法》《口語》実に不愉快な: I have a *stinking* cold. 私はひどいかぜを引いている.
— 副 《口語》ひどく, うんざりするほど: *stinking* rich 金がくさるほどある.

stint [stínt] 名 **1** U 出し惜しみ, 制限, 節約: without *stint* 惜しげもなく. **2** C 仕事[活動]の期間, 任期; 割り当てられた仕事.
— 動 《通例, 否定文で》他 〈金・食料など〉を切り詰める; 〈人〉に[…を]出し惜しみする, 制限する [*of*].
— 自 〈…を〉倹約する, 出し惜しみする [*on*].

sti・pend [stáipend] 名 C **1** 《英》(牧師・判事などの) 俸給, 給料. **2** 《米》年金; 奨学金, 給付金.

sti・pen・di・a・ry [staipéndièri / -diəri] 形 俸給を受ける, 有給の.

stip・ple [stípl] 動 他 …を点描[点彩]する.
stip・pl・ing [-pliŋ] 名 U 点描(法).

*****stip・u・late** [stípjəlèit] 動 他 〈…〉を(契約などの)条件として要求する, 定める; […と / …かを]規定[明記]する [*that* 節 / 疑問詞節]: It is *stipulated that* the contract (should) be renewed in every two years. 契約は2年ごとに更新と明記されている.

stip・u・la・tion [stìpjəléiʃən] 名 U C 契約, 約定, 規定, 明記; C […という]条項, 条件 [*that* 節]: with the *stipulation that* … という条件で.

****stir** [stə́:r]
動【原義は「ぐるぐる回る」】
— 動 (三単現 **stirs** [~z]; 過去・過分 **stirred** [~d]; 現分 **stir・ring** [~iŋ])
— 他 **1** 〈液体など〉を[…で]**かき混ぜる**, かき回す [*with*]; …を〈液体などに〉入れてかき混ぜる [*into*]: *stir* the fire (たき火などの) 火をかき立てる / *stir* coffee *with* a spoon コーヒーをスプーンでかき混ぜる / He *stirred* some sugar *into* his tea. 彼は紅茶に砂糖を入れてかき混ぜた. **2** 〈風など〉を(軽く) 揺り動かす, ゆする: A light breeze *stirred* the leaves. そよ風が木の葉をそよがせた.
3 〈人〉を感動させる, 〈特定の感情〉をかき立てる (*up*): I was *stirred* by the story. 私はその話に感動した / The story *stirred* (*up*) my imagination. その話は私の想像力をかき立てた.
4 〈問題など〉を引き起こす (*up*); 〈人〉を扇動して[…を]起こさせる (*up*) [*to*]: *stir up* trouble 面倒を引き起こす / His book *stirred* the people *to* action. 彼の本に刺激されて人々は行動を起こした.
5 《口語》…を目覚めさせる, 起こす.
— 自 **1** 軽く動く, 身動きする; 起きている, 活動している: The baby *stirred* in her sleep. 赤ちゃんが寝ながら身動きした (◇目を覚ましそうになるとき) / Nobody is *stirring* yet. まだだれも起きていない. **2** (特定の感情が) 起こる: Pity *stirred* in her heart. 哀れみの情が彼女の心にわいた.
3 《英口語》騒ぎを起こす.
— 名 **1** C かき混ぜること; かすかに動くこと: give the paint a *stir* ペンキをかき混ぜる.
2 [a ~] 混乱, 騒ぎ; 感動: The scandal caused a great *stir*. そのスキャンダルは大きな騒ぎを巻き起こした.

stir-crá・zy 形 《閉じ込められて》気が変になった; 刑務所暮らしでおかしくなった.

stir-frý 動 (三単現 **stir-fries** [~z]; 過去・過分 **stir-fried** [~d]; 現分 **stir-fry・ing** [~iŋ]) 他 …を強火ですばやくいためる.
— 名 C 強火ですばやくいためた料理.

stir・rer [stə́:rər] 名 C 《英口語》騒ぎ[ごたごた]を起こす人, 扇動者.

stir・ring [stə́:riŋ] 形 **1** 感動的な, 興奮させる (exciting): a *stirring* speech 感動的なスピーチ.
2 活動的な, 活発な, 忙しい.
stir・ring・ly [~li] 副 感動的に; 活発に, 忙しく.

stir・rup [stə́:rəp/stír-] 名 C 《乗馬用の》 鐙(あぶみ) 《乗馬のときに足をかける金具》.

*****stitch** [stítʃ] 名 **1** C ひと針, ひと縫い; 針目, 縫い[編み]目; (通例~es) (傷口を縫う) ひと針: drop a *stitch* (編み物を) ひと目落とす / I had three *stitches* in my forehead. 私は額を3針縫った / A *stitch* in time saves nine. 《ことわざ》時を得た一針は九針の手間を省く ⇨ 転ばぬ先の杖(つえ).
2 U C 《しばしば複合語で》縫い[編み]方, ステッチ: purl *stitch* 裏編み. **3** [a ~; 通例, 否定文で]《口語》小さな布切れ; ほんの少し, わずか: do not have a *stitch* on 一糸もまとっていない. **4** [a ~] (込みあっているときなどに起こる) わき腹の鋭い痛み, さし込み.
■ *in stitches* 《口語》笑いこけて, 大笑いして.
— 動 他 …を縫う; 縫い付ける; …に刺しゅうする (*up*). — 自 縫う; 縫い付ける.
■ *stitch up* 他 **1** …を縫う; 縫い付ける, 縫って繕う; 〈傷口〉を縫い合わせる: *stitch up* a wound 傷を縫う. **2** 〈契約など〉を取りまとめる. **3** 《英口語》〈人〉を陥れる; 〈人〉にぬれぎぬを着せる.

stitch・ing [stítʃiŋ] 名 U 縫い目(の線).

St. Law・rence [sèintlɔ́:rəns / səntlɔ́r-] 名 固
1 [the ~] セントローレンス川 《Ontario 湖に発しセントローレンス湾に注ぐカナダの川》.
2 [the Gulf of ~] セントローレンス湾 《カナダ東部大西洋側》.

St. Lou・is [sèintlú:is / səntlú:is] 名 固 セントルイス 《米国 Missouri 州の都市》.

stoat [stóut] 名 (複 **stoat, stoats** [stóuts]) C 【動物】 オコジョ, エゾイタチ 《特に褐色の夏毛になったもの; cf. ermine (冬に毛が白くなった) オコジョ》.

****stock** [sták / stɔ́k]
名 動 形 【原義は「切り株」】
— 名 (複 **stocks** [~s]) **1** C U 株, 株式 《◇通例, 会社の「発行株式」全体を言う; 個々の株は share と言う》; 株券; [the ~s] 《英》公債, 国債 (bond); 1,000 shares of *stock* 株式1,000株 / owners of *stock* 株主 / *Stocks* are rising [falling]. 株価が上がっている [下がっている].
2 C U 在庫品, 仕入品, ストック: have a large *stock* of books 多量の本の在庫がある.
3 C 貯蔵品, 蓄積 (store): a great *stock* of information 豊富な知識 / The *stock* of provisions is low. 食料の蓄えが少ない.
4 C 切り株; 木の幹 (trunk). **5** C 【園芸】 (つぎ木の) 台木, (つぎ木をとる) 親木. **6** C 銃床, 銃の台じり; (かんななどの) 台; (すきなどの) 柄.
7 U 血統, 家系; 語系: be of farming [Ger-

man] *stock* 農民の出［ドイツ系］である.
8 [U]（人の）評価, 評判, 人気: That singer's *stock* is very high. あの歌手はとても人気がある.
9 [U][集合的に]家畜類 (livestock). **10** [U]（スープなどの）だし汁; 原料, 材料. **11** [〜s] 足かせ付きさらし台《昔の刑具》. **12** [C]【植】アラセイトウ, ストック. **13** [C]（昔の）幅広の襟(ℯ)飾り. **14** [the 〜s] 造船台.
■ ***in stóck*** 在庫がある, 手持ちで: The store has lots of new shoes *in stock*. その店は新製品の靴を大量に在庫している.
on the stócks（船などが）建設中で;（計画などが）進行中で.
òut of stóck 品切れで: I'm sorry, but hats in this style are *out of stock* now. 申し訳ありませんがこの型の帽子はただ今品切れです.
tàke stóck 在庫調べをする, 棚卸しをする.
tàke [pùt] stóck in ... **1** …の株を買う. **2** [通例, 否定文で]《口語》…を信じる; …に関心を持つ.
tàke stóck of ... 〈情勢など〉を調べる, 判断する.
— [動] [他] **1** 〈商品〉を店に置く, 仕入れる: The store *stocks* all types of handbags. その店はいろいろなハンドバッグを置いている.
2 〈棚など〉を［…で］いっぱいにする, 備える, 貯蔵する (*up*)〔*with*〕: *stock* the refrigerator *with* a lot of food 冷蔵庫をたくさんの食料でいっぱいにする.
3 〈川・湖〉に〔魚を〕放流する〔*with*〕.
— [自]〔…を〕仕入れる, 貯蔵する (*up*)〔*with, on*〕.
— [形] [比較なし; 限定用法] **1** 在庫の, 持ち合わせの: *stock* articles 在庫品. **2** 平凡な, ありふれた; 標準の: a *stock* phrase 決まり文句 / a *stock* joke 陳腐な冗談 / *stock* size 標準サイズ.
◆ **stóck càr** [C] ストックカー《乗用車を改造したレース用自動車》;《米》（鉄道の）家畜車.
stóck còmpany [C]《米》 **1** 株式会社. **2**【劇】（特定の劇場に属する）専属劇団.
stóck cùbe [C] 固形スープ.
stóck exchànge [the 〜] 証券［株式］取引所; 証券取引.
stóck màrket [C] 株式市場; 株式売買.

stock·ade [stɑkéid / stɔk-] [名] [C] **1** [通例, 単数形で] 防御柵(ℯ). **2**《米》営倉.
— [動] [他] …を柵で囲う［防ぐ］.

stock·bro·ker [stɑ́kbròukər / stɔ́k-] [名] [C] 株式仲買人.

stock·bro·king [stɑ́kbròukiŋ / stɔ́k-] [名] [U] 株式仲買 (業).

stock·hold·er [stɑ́khòuldər / stɔ́k-] [名] [C]《主に米》株主 (《英》shareholder).

Stock·holm [stɑ́khòulm / stɔ́khòum] [名] [固] ストックホルム《スウェーデンの首都》.

***stock·ing** [stɑ́kiŋ / stɔ́k-]
— [名]（複 **stock·ings** [〜z]）[C] **1** [通例〜s]（長い）**靴下**, ストッキング《普通, 女性用でひざ上までの長いもの》(cf. sock（ひざまで達しない）靴下): pull on [off] *stockings* ストッキングをはく［脱ぐ］/ a pair of *stockings* ストッキング1足. **2** クリスマスプレゼント用の靴下 (Christmas stocking).
■ ***in one's stóckings*** = ***in one's stócking [stóckinged] féet*** 靴をはかないで, 靴下だけで.
◆ **stócking càp** [C] ストッキングキャップ《スキー用などの円すい形の毛糸帽子》.
stócking stùffer [《英》 fìller] [C]（クリスマス用の靴下の中に入れる）小さなプレゼント.

stóck-in-tráde [名] [U] **1** 常套(ℯℯℯ)手段,（ある人が）よく使う言葉［手］. **2**《古風》商売道具.

stock·ist [stɑ́kist / stɔ́k-] [名] [C]《英》（特定商品の）仕入れ業者, 特約店.

***stock·pile** [stɑ́kpàil / stɔ́k-] [名] [C] **1**（非常時用の）食糧［原料, 武器］の備蓄（品）. **2**（武器・核兵器などの）保有量. — [動] [他] …を備蓄［貯蔵］する.

stock·room [stɑ́krù(ː)m / stɔ́k-] [名] [C] 貯蔵室.

stóck-stíll [副] [形] 動かないで, じっとして.

stock·tak·ing [stɑ́ktèikiŋ / stɔ́k-] [名] [U]《英》在庫調べ, 棚卸し (《米》inventory); 実績［状況］調査.

stock·y [stɑ́ki / stɔ́ki] [形]（比較 **stock·i·er** [〜ər]; 最上 **stock·i·est** [〜ist]）（体つきが）ずんぐりした, がっしりした.
stock·i·ly [〜li] [副] ずんぐりと.

stock·yard [stɑ́kjɑ̀ːrd / stɔ́k-] [名] [C]（食肉処理場・市場へ送る前の一時的な）家畜置場.

stodge [stɑ́dʒ / stɔ́dʒ] [名] [U]《英口語》腹にもたれる食べ物.

stodg·y [stɑ́dʒi / stɔ́dʒi] [形]（比較 **stodg·i·er** [〜ər]; 最上 **stodg·i·est** [〜ist]） **1**《英口語》（食べ物が）腹にもたれる, こってりした. **2**（書物・文体などが）退屈で難解な;（人が）面白みのない.

Sto·ic [stóuik] [形] **1** ストア学派［哲学］の. **2** [s-] ストイックな, 禁欲的な; 我慢強い; 冷静な (stoical).
— [名] [C] **1** ストア（学派の）哲学者. **2** [s-] ストイック［禁欲的］な人; 我慢強い［冷静な］人.

sto·i·cal [stóuikəl] [形] ストイックな, 禁欲的な; 我慢強い; 冷静な (stoic).
sto·i·cal·ly [-kəli] [副] 禁欲的に; 我慢強く, 冷静に.

Sto·i·cism [stóuəsìzəm] [名] [U] **1** ストア哲学. **2** [s-] 禁欲（主義), 克己; 冷静, 平然.

stoke [stóuk] [動] [他] **1** 〈火〉を〔…をくべて〕かき立てる〔*with*〕;〈炉・ボイラーなど〉に燃料をくべる (*up*). **2** 〈興奮・恐怖など〉をかき立てる, あおる (*up*).
— [自] **1**（炉などに）燃料をくべる (*up*). **2**〔…を〕たらふく食べる (*up*)〔*on, with*〕.

stok·er [stóukər] [名] [C]（機関車の）給炭係,（炉の）ボイラー係.

STOL [stɑ́l, stɔ́ːl / stɔ́l] [名]【航空】[U] 短距離離着陸; [C] 短距離離着陸機 (◇ **s**hort **t**ake**o**ff and **l**anding の略; cf. VTOL 垂直離着陸（機)).

***stole**[1] [stóul] [動] steal の過去形.

stole[2] [名] [C] ストール,（女性用の）肩掛け.

***stolen** [stóulən] [動] steal の過去分詞.

stol·id [stɑ́ləd / stɔ́lid] [形]（人が）鈍感な, ぼんやりした, 無神経な.

***stom·ach** [stʌ́mək]（☆ 発音に注意）
[名] [動]【原義は「のど, 口」】
— [名]（複 **stom·achs** [〜s]） **1** [C] **胃**: lie (heavy) on one's *stomach*（食べ物が）胃にもたれる / on a full [an empty] *stomach* 満腹［空腹］

のときに / a sour *stomach* 胸やけ / a strong [delicate] *stomach* 丈夫な[弱い]胃;《比喩》ずとい[かぼそい]神経 / I have a pain in my *stomach*. 私は胃が痛い.
2 C おなか, 腹, 腹部 (◇ belly より上品な語; → BODY 図): lie on one's *stomach* 腹ばい[うつぶせ]になる / the pit of the *stomach* みぞおち.
3 U C 〖通例, 否定文・疑問文で〗[…に対する]食欲; 欲望, 好み, 意欲 *for*]: I have no *stomach for* heavy food [fighting]. 私はこってりした食物は食べたくない[けんかは好まない].
■ *túrn ...'s stómach*〈人〉に不快感を与える,〈人〉に吐き気を催させる.
── 動 他〖通例, 否定文・疑問文で〗**1** (いやがらずに) …を食べる. **2**〈侮辱など〉に耐える.
◆ stómach pùmp C 〖医〗胃洗浄器.

*stom・ach・ache [stáməkèik] 名 U C 腹痛, 胃の痛み (→ ACHE 名 **1**〖関連語〗): a slight [terrible] *stomachache* 軽い[ひどい]胃の痛み / get [have] (a) *stomachache* 腹痛を起こす, 胃が痛い.

stomp [stámp / stómp] 動 自 どしんどしんと歩く, 足を踏み鳴らす (*about, around, off*).

stone [stóun]
〖原義は「固いもの」〗
── 名 (複 *stones* [~z]) **1** C 石, 小石, 敷石: Someone threw a *stone* at the window. だれかが窓に石を投げた.〖関連語〗rock 岩石 / gravel 砂利 / pebble (水流で丸くなった)川[浜]砂利 / flint (ライターの)石, 火打ち石)
2 U 石材, (物質としての)石; 〖形容詞的に〗石の, 石で作った: a *stone* bridge 石橋 / a *stone* floor 石造りの床 / She looked as hard as *stone*. 彼女は石のように冷酷に見えた.
3 C (サクランボ・桃などの)種 (ぶ) (《米》pit).
4 C 石のようなもの; ひょう, あられ; 宝石; 〖医〗結石: a kidney *stone* 腎臓結石.
5 (カーリングの)ストーン《氷上で滑らす丸い石盤》.
6 (複 *stone*) C 《英》ストーン (= 人体重などの重量の単位; 1ストーン = 約6.35 kg;《略記》st).
■ *a stóne's thrów* 石を投げれば届く距離, ごく近い距離.
léave nó stóne untúrned あらゆる手段を講じる, 八方手をつくす.
── 動 他 **1** …に石を投げつける; 石を投げて殺す.
2 …に石を敷く, …を石で固める. **3** 〈サクランボ・桃など〉の種を取る. (▷ 名 stóny)
◆ Stóne Àge [the ~] 〖考古〗石器時代.
stóne-cóld 形 とても冷たい.
stoned [stóund] 形 **1** (果物などが)種 (ぶ) を除いた. **2** 〖叙述用法〗《口語》(酒・麻薬で)酔った.
stóne-déad 形 完全に死んだ.
stóne-déaf 形 まったく耳の聞こえない.
Stone・henge [stóunhèndʒ / stòunhéndʒ] 名 〖考古〗ストーンヘンジ《英国南部にある先史時代の環状巨大石柱群遺跡》.
stone・ma・son [stóunmèisn] 名 C 石工 (ぜ), 石切り工, 石屋 (mason).
stone・wall [stòunwɔ́:l] 動 自 引き延ばし戦術をとる; (長い演説や質問をして)議事妨害する.
── 〈議案など〉を妨害する.

stone・ware [stóunwèər] 名 U 炻器 (ぜ)《硬質で不透明な陶器》.
stone・washed [stóunwɔ̀ʃt / -wɔ̀ʃt] 形 (衣服に使い込んだ感じを与えるため)軽石で洗った,(ジーンズが)ストーンウォッシュ加工をした.
stone・work [stóunwə̀:rk] 名 U (石塀などの)石造物, 石造建築; (建築物の)石造部分; 石細工.
***ston・y** [stóuni] 形 (比較 ston・i・er [~ər]; 最上 ston・i・est [~ist]) **1** 石の(多い)石で覆われた: a *stony* path 石ころ道. **2** 石のような, (石のように)堅い. **3** (心などが)冷たい, 冷酷な; 無表情な: a *stony* look 冷たいまなざし. (▷ 名 stóne).

stood [stúd]
動 stand の過去形・過去分詞.

stooge [stú:dʒ] 名 C **1** (喜劇の)引き立て役, ぼけ(役). **2** (口語)(言いなりになる)手下, 人の手先.

stool [stú:l] 名 C **1** スツール, (背・ひじ掛けのない1人用の)腰掛け (→ CHAIR 〖類義語〗); 踏み台, 足台 (footstool): a piano *stool* ピアノ用いす.
2 〖しばしば~s〗〖医〗便通; 〖婉曲〗大便: a *stool* sample (検便のための)(大)便.
3 〖園〗親木[株], 親木から出る芽 [若芽].
■ *fáll betwèen twó stóols*《英》あぶはち取らずになる (◇「2つの腰掛けのどちらにも座れない」の意から).
◆ stóol pìgeon C **1** 〖狩〗おとりのハト.
2《米口語》(警察の)スパイ, 密告者.

***stoop**[1] [stú:p] 動 自 **1** かがむ, 身をかがめる (*down*) (◇ bend より〖格式〗); 前かがみになる (*over*): Nancy *stooped down* to tie her sneakers. ナンシーは身をかがめてスニーカーのひもを結んだ. **2** (人が)腰が曲がる: He has *stooped* from old age. 彼は年を取って腰が曲がってしまった. **3** 〖通例, 否定文・疑問文で〗[…に]身[品位]を落とす [*to*]; […するまでに]落ちぶれる [*to, to do-ing*]: He would never *stoop to* betraying us. 彼は私たちをだますようなまねは決してしないだろう. ── 名 C [a ~] 前かがみ; 前かがみ: walk with a *stoop* 前かがみになって歩く.

stoop[2] 名 C 《主に米》玄関口の階段, ポーチ.

***stop** [stáp / stɔ́p]
動 名

動 ① 止める; 止まる.	他 1; 自 1
② やめる; 中断する.	他 2; 自 2
③ やめさせる	他 3
名 止まること, 停止.	1

── 動 (三単現 *stops* [~s]; 過去・過分 *stopped* [~t]; 現分 *stop・ping* [~iŋ])
── 他 **1** [stop + O] 〈動いているもの〉を**止める**, 押さえる (→〖類義語〗): *stop* a car [clock] 車[時計]を止める / The accident *stopped* traffic for hours. その事故で何時間も交通が止まった / I was *stopped* at the entrance by a guard. 私は入り口で警備員に呼び止められた.
2 (a) [stop + O] 〈行動〉を**やめる**, 中断する, 中止する;〈支払い・供給など〉を停止する: The shop *stopped* its deliveries to houses. その店は戸別配達をやめた / The gas company has *stopped*

our gas supply. ガス会社は私たちへのガスの供給を停止した．(b) [**stop**+*doing*] …するのをやめる（◇ ⓐ **1** (b) との違いに注意）: He *stopped talking*. 彼は話をやめた（cf. He *stopped to talk*. 彼は話をしようと立ち止まった．

3 (a) [**stop**+O] …を**やめさせる**，中止させる，妨げる: Please *stop* their cheating. 彼らのカンニングをやめさせてください / Tim will certainly go; there's no one to *stop* him. ティムは必ず行くだろう．だれも彼をとめられない．(b) [**stop**+O+(*from*) *doing*] …が～するのをやめさせる，妨げる: Nobody can *stop* Bill (*from*) *leaving*. だれもビルが行ってしまうのをとめることはできない．

4 〈穴・傷口・耳など〉をふさぐ, 〈びんなど〉に栓をする; …を閉鎖する(*up*): Meg *stopped* her ears. メグは耳をふさいだ / He had his tooth *stopped*. 《英》彼は虫歯を(治療して)詰めてもらった．

5 【音楽】〈弦や管楽器の穴〉を指で押さえる．

─ ⓐ **1** (a) 〈動いているものが〉**止まる**, 停止する: A car *stopped* in front of the store. 1台の車が店の前に止まった．(b) [**stop**+to *do*] …するために立ち止まる[手を休める](◇ ⓐ **2** (b) との違いに注意): He *stopped* to have a good look at the car. 彼はその車をじっくり見るために立ち止まった．

2 〈活動などが〉中断する, 途中でやむ: The noise in the room *stopped* a moment. 部屋の騒ぎが一瞬やんだ / Kate began to laugh but suddenly *stopped*. ケートは笑い出したが急にやめた / The snow has *stopped*. 雪がやんだ．

3 《口語》[…に/…の所に]泊まる, 滞在する(stay) [*in/with*]; […の所に]立ち寄る[*at*]: We *stopped* (for) two days *in* Toronto. 私たちはトロントに2日滞在した / I will *stop at* my uncle. 私はおじの所に立ち寄るつもりです．

4 〈物事が〉終わりとなる, 限界に達する．

句動詞　*stóp bý* ⓐ 《口語》立ち寄る: *stop by* at a bookstore 書店に立ち寄る．

stóp by … ⓣ 《口語》…に立ち寄る: *stop by* the bank 銀行に立ち寄る．

stóp ín ⓐ **1** 立ち寄る: Please *stop in* (on us) when you come this way. こちらへお出かけの節は(私たちの所に)お立ち寄りください．**2** 《英》家の中にいる．

stóp óff ⓐ 《口語》[…で]途中下車する, […に]立ち寄る[*at, in*]: *stop off in* Kyoto 京都に立ち寄る / *stop off at* a supermarket to buy juice ジュースを買うため, 途中でスーパーに寄る．

stóp óut ⓐ 《英》《夜遅くに》家の外にいる．

stóp óver ⓐ (特に空路の途中で)立ち寄る, 途中下車[降機]する: *stop over* in Hawaii ハワイに立ち寄る．

stóp úp ⓐ 《英口語》寝ないで起きている(stay up)．

■ *cannót stóp dóing* …しないではいられない(cannot help doing): I *can't stop loving* you. あなたを愛さずにはいられない．

stóp at nóthing [通例 will, would を伴って]《口語》手段を選ばない．

stóp shórt of dóing = *stóp shórt at* ……を思いとどまる: Jack *stopped short of talking* back. ジャックは口答えするのを思いとどまった．

stóp to thínk (立ち止まって)よく考える．

─ 图 (複 **stops** [~s]) C **1 止まること**, 停止, 停車; 中止, 中断: We didn't make any *stops* on the way. 私たちは途中どこにも寄らなかった / This bullet train goes from Tokyo to Hakata with only five *stops*. この高速列車[新幹線]は東京から博多まで5つの駅に止まる．

2 停留所, 停車場; 停止点 [線]: a bus *stop* バス停 / The next *stop* is Yokohama. 次の停車駅は横浜です / How many *stops* are there from Shinjuku to Tokyo on the Chuo Line? 新宿から東京まで中央線ではいくつ駅がありますか．

3 滞在(stay); 泊まること, 宿泊: We will make a three-day *stop* in Sacramento. 私たちはサクラメントに3日間滞在する予定です．

4 ふさぐ物, 妨害物; 栓; 止め具, 歯止め: a *stop* for a bottle ビンの栓．**5** 《英》句読点, ピリオド(full stop).　**6** 【写】(カメラの)絞り．**7** 【音楽】(オルガンの)音栓, ストップ, (管楽器の)孔．**8** 【音声】閉鎖音（◇ [p][b][t][d][k][g]など）．

■ *bríng … to a stóp* …を止める, 終わらせる: *bring* traffic *to a stop* 交通をストップさせる．

còme to a stóp 止まる, 終わる: The car *came to an abrupt stop*. 車は急停車した．

pùll óut áll the stóps できる限りのことをする, 全力を注ぐ．

pùt a stóp to … …を終わらせる, やめさせる．

◆ *stóp préss* [the ~] 《英》(新聞の印刷が始まってから追加される)最新ニュース．

> 類義語　**stop, cease, halt**
> 共通する意味▶止む; やめる (come to rest; suspend an activity or state)
> **stop** は「動き・進行が停止する」の意: *Stop* or I'll shoot! 止まらないと撃つぞ / They *stopped* talking. 彼らはしゃべるのをやめた．　**cease** は「継続していた状態・存在がやむ, 終わる」の意: The noise *ceased*. 騒音がやんだ / They *ceased* assistance to the country. 彼らはその国への援助を停止した．　**halt** は「活動や動きが一時的に完全に停止する」の意: They *halted* at the stream to refill their canteens. 彼らは水筒に水を補充するために小川で足を止めた．

stop・cock [stɑ́pkàk / stɔ́pkɔ̀k] 图 C (水道管・ガス管などの)コック, 元栓．

stop・gap [stɑ́pɡæp / stɔ́p-] 图 **1** C 一時[当座]しのぎ, 間に合わせ(の人[もの])．**2** [形容詞的に]一時[当座]しのぎの, 間に合わせの: a *stopgap* measure 一時的措置．

stóp-gó 圏 [通例, 限定用法]《英》ストップゴー政策の《経済の引き締めと緩和を交互に行う》．

stop・light [stɑ́plàɪt / stɔ́p-] 图 C 《米》**1** 交通信号 (traffic light);《口語》赤信号．**2** (自動車の後尾の)ブレーキランプ (brake light)．

stop・o・ver [stɑ́poʊvər / stɔ́p-] 图 C (旅行途中での)短い滞在(場所); 途中下車 [降機]．

stop・page [stápidʒ / stɔ́p-] 名 **1** ⓒⓊ 停止[中止]すること; (スト中の)操業停止. **2** ⓒ 詰まった状態, 閉塞(ꜩ). **3** ⓒⓊ《英》(支払いなどの)停止; [通例 ~s](給料からの)天引き額.

stop・per [stápər / stɔ́p-] 名 ⓒ **1** (びんなどの)栓; 止める人 [道具]. **2** 《野球》抑えの投手, ストッパー.

■ *pùt a stópper [the stópper(s)] on ...* に栓をする; 《口語》…をやめさせる, 抑える.
— 動 他 〈びんなど〉に栓をする.

stop・watch [stápwàtʃ / stɔ́pwɔ̀tʃ] 名 ⓒ (競技用などの) ストップウォッチ.

‡**stor・age** [stɔ́ːridʒ] 名 **1** Ⓤ 貯蔵, 保管(法): a fuel *storage* tank 燃料貯蔵タンク / put the grain in *storage* 穀物を貯蔵する. **2** Ⓤ 貯蔵[保管]料. **3** 《コンピュータ》① Ⓤ 記憶(法); ⓒ 記憶装置: *storage* capacity 記憶容量. (▷ stóre)

◆ stórage bàttery [cèll] ⓒ 蓄電池.
stórage hèater ⓒ《英》蓄熱ヒーター.

‡**store** [stɔ́ːr] 名 動

— 名 (複 **stores** [~z]) **1** ⓒ《主に米》店, 商店, 小売店(《英》shop); 《英》デパート, 百貨店(→ SHOP 語法): a grocery *store* 食料品店 / a convenience *store* コンビニエンスストア / a department *store* デパート / run [operate, manage] a *store* 店を経営する / Do you sell German wine in this *store*? こちらの店ではドイツのワインを売っていますか.

2 ⓒ〖ものの〗蓄え, 貯蔵, 蓄積; たくさんの(...の)〖*of*〗: have a good *store of* food 十分な食物の蓄えがある / John has a *store of* medical knowledge. ジョンは医学の知識が豊富です.

3 [~s] 備品, 用品, 品々; 《食料・衣類・武器など》: household *stores* 家庭用品 / military *stores* 軍需品. **4** ⓒ [しばしば ~s] 貯蔵所, 倉庫 (storehouse, warehouse).

■ *in stóre* **1** 蓄えられて, 用意されて: We have candles *in store* in case of power failures. 停電に備えてローソクを用意している. **2** (運命などが)〖人に〗振りかかろうとして, 待ち構えて〖*for*〗: What does the future hold *in store for* me? 私にはどんな将来が待ち受けているのだろうか.

sèt [làye, pùt] stóre by [on] ... …を重んじる, 重視する (◇通例 store の前に no, little, great, much などの形容詞を伴う): I don't *set* much *store by* brand names. 私はブランド名はあまり重視しない.

— 動 (三単現 **stores** [~z]; 過去・過分 **stored** [~d]; 現分 **stor・ing** [stɔ́ːriŋ])

— 他 **1** [store + O] …を蓄える, 取っておく, しまっておく (*away, up*): *store* oil for winter 冬のために石油を備蓄しておく / You should *store* (*away*) daily necessities for emergencies. 緊急時に備えて日用必需品を用意しておくべきです. **2**〖場所〗に[…を]備える, 供給する〖*with*〗: *store* the barn *with* hay 納屋に干し草を蓄える / The fridge was *stored with* a lot of food. 冷蔵庫にはたくさんの食料が入れられていた. **3** …を倉庫に保管する, 収納する. **4**《コンピュータ》…を記憶装置に入れる.

store・house [stɔ́ːrhàus] 名 ⓒ **1**《古風》倉庫, 貯蔵所 (warehouse). **2**《比喩》(知識・情報などの)宝庫.

store・keep・er [stɔ́ːrkìːpər] 名 ⓒ《米》(商)店主, 商店経営者(《英》shopkeeper).

store・room [stɔ́ːrrùː(m)] 名 ⓒ 貯蔵室, 物置.

*sto・rey [stɔ́ːri] 名《英》= STORY² (↓).

sto・ried [stɔ́ːrid] 形〖限定用法〗《文語》物語[歴史, 伝説など]で名高い.

-sto・ried, 《英》**-sto・reyed** [stɔːrid] 結合「…階建ての, …層の」の意を表す: a three-*storied* house 3階建ての家.

stork [stɔ́ːrk] 名 ⓒ《鳥》コウノトリ: receive a visit from the *stork* コウノトリが訪れる, 子供ができる(◇欧米では以前, コウノトリが赤ん坊を連れて来ると子供たちに言い聞かせていた.

‡**storm** [stɔ́ːrm] 名 動【原義は「激しく動き回ること」】
— 名 (複 **storms** [~z]) **1** ⓒ あらし, 暴風(雨); 《気象》暴風: a dust *storm* 砂あらし / A *storm* is coming up. あらしがやって来る / After a *storm* comes a calm.《ことわざ》あらしのあとは凪(ぎ)が来る (◇「いやなことのあとには, きっといいことが起こる」の意).

関連語 rainstorm 暴風雨 / snowstorm 吹雪 / thunderstorm 激しい雷雨 / cyclone サイクロン《インド洋などで発生する熱帯性低気圧》/ hurricane ハリケーン / tornado, twister 竜巻 / typhoon 台風

2 [a ~] 《怒りなどの》激発, 騒ぎ; 《弾丸・矢の》雨; 《拍手などの》あらし〖*of*〗: a *storm of* bullets 雨あられと降り注ぐ弾丸 / a *storm of* applause あらしのような喝采(ﾕﾂ) / raise [stir up] a *storm* 騒動を起こす.

■ *a stórm in a téacup*《英》コップの中のあらし ⇒ 空騒ぎ (《米》a tempest in a teapot).

táke ... by stórm **1**〈敵陣など〉を強襲して占領する. **2**〈観客など〉の心をとらえる.

— 動 自 **1** [It を主語として] あらしが吹く, 荒天である: *It stormed* all day. 一日じゅうあらしが吹き荒れた. **2** [副詞(句)を伴って] (怒って) 荒々しく行く [来る]: *storm* out (of the room) (部屋から)荒々しく出て行く. **3**《文語》[…に] がみがみ言う, どなりつける 〖*at*〗: The teacher *stormed at* the students. 先生はその生徒たちをどなりつけた.

— 他 **1** (あらしのように)…を襲う, 襲って占領する: They *stormed* the enemy's position. 彼らは敵陣を急襲した. **2**《文語》…とどなる.

◆ stórm cènter ⓒ 台風の目; (問題・騒動・議論の)中心(人物).

stórm clòud **1** ⓒ あらし雲. **2** ⓒ [通例 ~s]《格式》騒乱の前兆, 危険の前ぶれ, 暗雲.

stórm dòor ⓒ《米》防風[防寒]用のドア.

stórm pètrel ⓒ《鳥》ヒメウミツバメ (stormy petrel)《あらしを予知すると言われる》.

storm・bound [stɔ́ːrmbàund] 形 (船・旅行者などが) あらしで立ち往生した [閉じ込められた].

*storm・y** [stɔ́ːrmi] 形 (比較 **storm・i・er** [~ər]; 最上 **storm・i・est** [~ist]) **1** あらしの (来そうな), 暴

風(雨)の: *stormy* weather 荒天 / a *stormy* sky あらしの来そうな空模様 / The sea looked *stormy*. 海は荒れ模様だった. **2** 荒々しい, 激しい; 波乱に富んだ: a *stormy* argument 激論.
◆ stórmy pétrel C **1** = storm petrel (STORM 複合語)(↑). **2** 災いをもたらす人.

sto・ry[1] [stɔ́ːri]
【原義は「歴史」】
—名(複 sto・ries [~z]) **1** C (架空の)物語, 話 (tale)(短編)小説: a short *story* 短編小説 / a detective *story* 探偵[推理]小説 / a life *story* 伝記 / a love *story* 恋物語 / a fairy *story* おとぎ話 / tell a *story* to children 子供たちにお話をする / She has written three *stories* up to now. 彼女はこれまでに3つの小説を書いた.

関連語 novel (散文による)長編小説 / fiction (短編・長編の両方を含む)小説(類) / tale (文学的な趣のある)伝説, 娯楽物語 / romance 恋愛[冒険]の物語, 伝奇小説

2 C (事実に基づく)「…についての」話, 陳述(statement) [*of, about*]: a true *story* 実話 / But that's another *story*. 《口語》だがそれは別の話だ / I'll tell you the true *story of* what happened to me. あなたに私の身に起こったことの真相を話して聞かせましょう.
3 U C (物語・劇などの)筋, 構想(plot): This novel has little *story*. この小説にはほとんど筋らしい筋がない.
4 U C (人・ものに関する)言い伝え; 由来; (人の)身の上話, 経歴: tell one's own *story* 身の上話をする / So the *story* goes. そう言い伝えられている.
5 C うわさ(rumor): as the *story* goes うわさによれば / The *story* goes [runs] that she will marry this summer. 彼女はこの夏に結婚するといううわさだ.
6 C 新聞記事, ニュースの種: a cover *story* 特集記事 / write a *story* about … …について記事を書く. **7** C 《口語》作り事, うそ(lie)(★特に子供に向って用いる): tell *stories* うそをつく.
■ the sáme óld stóry よくある話[言い訳, 説明].
to máke [cút] a lóng stòry shórt [文修飾] 手短に言えば, 早い話が.
◆ stóry líne C 物語の筋(plot).

*sto・ry[2], 《英》sto・rey [stɔ́ːri] 名(複 sto・ries, 《英》sto・reys [~z]) C (建物の)階, 層(◇通例, 全体の階数を表すのに用いる; cf. floor (特定の)階)[集合的に]同じ階の全室[部屋]: a house of two *stories* = a two-*story* [two-storied] house 2階建ての家 / a building ten *stories* high 10階建ての建物.

sto・ry・book [stɔ́ːribùk] 名 C (子供向けの)童話[物語]の本; [形容詞的に] 童話[おとぎ話]のような.

sto・ry・tell・er [stɔ́ːritèlər] 名 C **1** 物語を語る人, 語り手; 物語作家; [前に形容詞を付けて]…するのが…の人: a good *storyteller* お話上手な人. **2** 《口語》うそつき(liar).

sto・ry・tell・ing [stɔ́ːritèliŋ] 名 U **1** 物語を話したり書いたりすること. **2** 《口語》うそをつくこと.

*stout [stáut] 形 **1** (人が)太った, かっぷくのよい(◇fat の婉曲語): a *stout* old man かっぷくのよい老人. **2** 《文語》(造りなどが)頑丈な, 丈夫な.
3 《文語》勇敢な, 大胆な; 頑強な: offer a *stout* resistance 頑強に抵抗する.
—名 U C スタウト《強い黒ビール》.
stout・ly [~li] 副 かっぷくよく; 頑丈に; 頑強に.

stove[1] [stóuv] 名 C **1** (米)(調理用)レンジ(range, 《英》cooker): a kitchen *stove* (台所の)レンジ / put a pan on the *stove* なべをレンジにかける.
2 [通例, 複合語で] (暖房用大型)ストーブ; 暖炉(cf. heater (小型)ストーブ): a kerosene [《英》paraffin] *stove* 灯油ストーブ / a gas *stove* ガスストーブ / light a *stove* ストーブをつける.

stove[2] 動 stave の過去形・過去分詞.

stow [stóu] 動 他 …を〔容器などに〕しまい込む[*in*]; …に〔荷物などを〕詰め込む[*with*]: *stow* clothes *in* a bag = *stow* a bag *with* clothes バッグに衣類を詰め込む.
■ stów awáy 他 **1** …をしまい込む. **2** 《口語》〈食物〉を平らげる. —自 密航する; (船内, 機内, 車内に隠れて)無賃乗車[乗船]する.

stow・age [stóuidʒ] 名 U **1** 積み込み(作業).
2 (船などの)積み込みスペース, 収容力.

stow・a・way [stóuəwèi] 名 C 密航者; 無賃乗車[乗船]する人.

St. Pául's (Cathédral) [sèintpɔ́ːlz / sənt-] 名 セントポール大聖堂《London にある大寺院》.

St. Péter's [sèintpíːtərz / sənt-] 名 サンピエトロ大聖堂《バチカンにあるカトリックの総本山》.

strad・dle [strǽdl] 動 他 **1** 〈馬など〉にまたがる, …に馬乗りになる: *straddle* a chair いすにまたがる.
2 (活動分野などで)…にまたがる. **3** 《主に米口語》…について日和見(より)的な態度をとる.

Strad・i・var・i・us [strædəvéəriəs] 名(複 Strad・i・var・i・i [-rìəi, -rìːi]) C ストラディバリウス《イタリアのストラディバリ工房製の弦楽器. 名器とされる》.

strafe [stréif / strɑ́ːf] 動 他 …を(飛行機で)機銃掃射する; 猛爆撃する.

strag・gle [strǽgl] 動 自 **1** だらだらと進む[連なる], だらしなく広がる. **2** (列などから)はぐれる, 落後する. **3** (家などが)散在している.

strag・gler [strǽglər] 名 C 落後者, はぐれた人.

strag・gly [strǽgli] 形 (比較 strag・gli・er [~ər]; 最上 strag・gli・est [~ist]) **1** ばらばらに進む, だらしなく広がった[伸びた]. **2** (列などから)はぐれた, 落後した. **3** (家などが)散在した.

straight [stréit] (☆同音 strait)
形 名

原義は「伸ばされた」.
①まっすぐな; まっすぐに. 形 1; 副 1
②直立した. 形 2
③まじめな; 正直に. 形 4; 副 4
④連続した; 続けて. 形 3; 副 3
⑤直接に. 副 2

—形 (比較 straight・er [~ər]; 最上 straight・est [~ist]) **1** まっすぐな, 一直線の (↔ bent): a *straight* road まっすぐな道路 / The bee flew in a *straight* line to the flowers. ミツバチは花に向

かって一直線に飛んだ / She has long *straight* hair. 彼女は長くまっすぐな髪をしている.

2 直立した,垂直に: put the pole up *straight* ポールを真っすぐに立てる / Is my tie *straight*? 私のネクタイは曲がっていませんか.

3 [...に対して] **まじめな**, 正直な; 正しい, 公正な [*with*]: *straight* dealings 公正な取引 / a *straight* answer 正直な答え / James is *straight* with everybody. ジェームズはだれに対しても正直である.

4 連続した (successive): five *straight* defeats 5連敗.

5 きちんとした, 整とんした (tidy): Put the room *straight*. 部屋を片づけなさい.

6 二者択一の, (戦いなどの) 一対一の: He was given a *straight* choice between a pay cut or retirement. 彼は減俸か退職かの選択を突きつけられた.

7 (酒などが) 水で割らない, ストレートの (《主に英》 neat): drink whiskey *straight* ウイスキーをストレートで飲む.

8 (演劇などが) 正統的な, 保守的な.

9 《俗語》異性愛の; 麻薬中毒でない.

■ **gèt ... stráight**《口語》…をきちんと理解する, はっきりさせる.

kèep a stráight fáce → FACE 名 成句.

pùt [sèt] ... stráight《...について》〈人〉にきちんと理解させる,〈人〉の誤解を解く [*about*].

— 副 **1 まっすぐに**, 一直線に; 垂直に: stand up *straight* まっすぐに立つ / Go *straight* on, and you'll find the theater on the right. まっすぐ進めば劇場は右手に見つかります.

2 直接に, 寄り道せずに; じかに (directly): He went *straight* home after school. 彼は放課後まっすぐ家に帰った / Don't drink *straight* from the bottle. びんに口をつけて飲んではいけない.

3 続けて, 連続して: sleep fifteen hours *straight* 15時間眠り続ける.

4 正直に, 率直に: I told him *straight* what I had in mind. 私は思っていることをそのまま彼に話した.

■ **gò stráight**《口語》(非行などから立ち直り) まじめに暮らす.

stráight from the shóulder《口語》率直に, 歯にきぬ着せずに.

stráight óff [*awáy*]《口語》すぐに, 即座に.

stráight óut《口語》率直に, 包み隠さずに.

stráight úp《英口語》本当に (◇質問・強調などに用いる).

— 名 C **1** [通例 the ~] 一直線; まっすぐな部分; (競技場などの) 直線コース.

2 【トランプ】(ポーカーの) ストレート.

3《俗語》異性愛者; 麻薬中毒ではない人.

◆ **stráight flúsh** C 【トランプ】(ポーカーの) ストレートフラッシュ《同じ組のカードが番号順に5枚続いたもの》.

stráight màn C (喜劇役者を引き立てる) まじめ役, 引き立て役.

stráight tícket C 《米》連記投票《同一政党の候補者を連記した票》.

stráight·a·way [strèitəwéi] 副 すぐに, 即座に.

*****stráight·en** [stréitən] 動 他 **1** ...をまっすぐにする (*out*): straighten one's tie ネクタイの曲がりを直す. **2** ...を整理する, きちんとする (*up*).
— 自 まっすぐになる; 姿勢を正す (*out*, *up*).

■ **stráighten óut** 自 **1** まっすぐになる. **2** (人が) まじめになる. — 他 **1** ...をまっすぐに伸ばす. **2**《口語》〈人〉をまともな人間にする. **3**〈誤解など〉を取り除く;〈紛争など〉を解決する.

stráighten úp 自 まっすぐになる; 姿勢を正す.
— 他 ...をまっすぐにする; ...を整理する, きちんとする.

straighten oneself *up* 姿勢を正す.
(▷ 形 stráight)

*****straight·for·ward** [strèitfɔ́ːrwərd] 形 **1** 正直 [率直] な, 単刀直入な: a *straightforward* answer 率直な返事. **2** (複雑でなく) 理解しやすい, 簡単な. **3** [限定用法] 徹底的な; 無条件の.

straight·for·ward·ly [~li] 副 まっすぐに; 正直 [率直] に.

straight·for·ward·ness [~nəs] 名 U 率直さ.

straight·way [stréitwéi] 副《古》すぐに, ただちに (straightaway).

***strain**[1] [stréin]

— 動 (三単現 **strains** [~z]; 過去・過分 **strained** [~d]; 現分 **strain·ing** [~iŋ])
— 他 **1** 〈神経・筋肉・目など〉を**張り詰める**, 精いっぱい使う, 最大限に働かせる: *strain* one's voice 声を振り絞る / *strain* one's ears 耳をすます / He *strained* his eyes, but could make out nothing. 彼は目をこらして見たが, 何も見えなかった.

2 〈身体の一部分〉を (使いすぎて) **痛める**;〈筋など〉を違える: *strain* a muscle 筋肉を痛める / He *strained* his eyes by playing video games too much. 彼はテレビゲームのしすぎで目を痛めた.

3 ...をこす: *strain* soup スープをこす.

4〈規則・意味など〉を無理にこじつける, ねじ曲げる; ...を乱用する: *strain* the truth 事実を曲げる.

5〈糸・網など〉を引っ張る, ぴんと張る: *strain* a cable ケーブルを張る.

— 自 **1** [...を得ようと] 全力をつくす, 努力する [*for* / *to do*]: *strain for* a victory 勝利のために全力をつくす / I had to *strain to* hear what he was saying. 彼が言っていることを聞くため耳をすまさなければならなかった.

2 (液体などが) こされる, しみ出る.

3 [...を] 引っ張る, 力いっぱい引く [*at*]: The horse was *straining* at the tether. 馬はつないである綱を懸命に引っ張っていた.

— 名 **1** U C〈心身などへの〉負担, 重圧 [*on*]; (精神の) 緊張, 心配; 過労: the constant *strain* of worry 絶え間ない心労 / He is under terrible *strain* at work. 彼は仕事でひどい重圧がかかっている / The heavy work put a great *strain on* him. 重労働は彼の心身への大きな負担となった.

2 U C 張り詰めること, 張る力: This rope will bear the *strain* of the car. このロープは車を引っ張るのに耐えるだろう.

strain² 3 ⓤⓒ (関係・情勢などの)緊迫, 緊張: His remarks put a *strain* on their friendship. 彼の発言は彼らの友人としての関係を緊張させた. **4** ⓒⓤ (筋肉の)筋違い (cf. sprain ねんざ).

strain² [stréin] 图 **1** ⓤ通例 a ~](遺伝的な)素質, 気質, 傾向, 特徴. **2** ⓒ種族, 品種; 血統, 家系. **3** ⓒ [しばしば~s] 曲, メロディー, 旋律 (tune). **4** ⓒ文体; 口調, 話し方.

strained [stréind] 形 **1** 緊張[緊迫]した, 張り詰めた. **2** 不自然な, こじつけの, わざとらしい: a *strained* laugh [smile] 作り笑い. **3** 疲れ切った; いらいらした; 神経質な.

strain·er [stréinər] 图 ⓒ 濾過(ゑ)器; 茶こし (tea strainer).

strait [stréit] (☆同音 straight) 图 ⓒ **1** [しばしば Straits; 単数扱い] 海峡 (◇通例 channel より狭い; (略語) St., Str.): the *Strait* of Dover ドーバー海峡 (イギリス海峡の東端) / the *Straits* マラッカ海峡 《もとはジブラルタル海峡をさした》.
2 [~s] 困難, 苦境, 難局: I'm in financial *straits* now. 私は今金銭的に困っている.

strait·ened [stréitənd] 形 (格式) 金銭的に困った, 金が不足した.
■ **in stráitened círcumstances** 《格式》窮乏して.

strait·jack·et [stréitdʒækit] 图 ⓒ **1** 拘束服 《狂暴な犯罪者などに着せる. 両袖(钅)が胴にくっついている》. **2** (自由などを)拘束するもの.

stráit-láced 形 堅苦しい, 厳格な.

*__strand¹__ [strǽnd] 動 ⓗ [通例, 受け身で] **1** …を立ち往生させる, 足止めする; 行き詰まらせる: He *was stranded* penniless in London. 彼はロンドンで一文なしになって途方に暮れた. **2** 〈船〉を座礁させる.
—图 ⓒ (詩語) 岸, 浜辺, なぎさ.

strand² 图 ⓒ **1** より糸, 子ねより合わせて綱やロープを作る]; 編んだ髪. **2** (全体の)構成要素; (話などの)脈絡.

strange [stréindʒ]

[原義は「外の, 外国の」]
—形 (比較 **strang·er** [~ər]; 最上 **strang·est** [~ist]) **1** (a) **奇妙な**, 変な, 不思議な, 風変わりな (→類義語): a *strange* man 風変わりな男 / Truth [Fact] is *stranger* than fiction. 《ことわざ》事実は小説よりも奇なり.
(b) [It is strange + that 節] …であるとは変だ, 不思議だ: *It's strange that* he got [should get] angry. 彼が怒ったのは変です.
2 [比較なし] [人にとって] 見慣れない, 見た[聞いた]ことがない, よく知らない [to]: a *strange* face 見知らぬ顔 / This country still seems *strange* to her. 彼女にとってこの国はいまだに未知の国であるようです.
3 [比較なし; 叙述用法] […に]不慣れな, 不案内な, 未経験な [to]: I am still *strange* to driving a car. 私はまだ車の運転に慣れていない.
■ **féel stránge** (気持ちが)落ち着かない, 妙な感じがする; (体調が)いつもと違う, よくない.
stránge to sáy 《文修飾》妙なことに.

類義語 **strange, peculiar, odd, queer, quaint**
共通する意味▶風変わりな (out of the ordinary)
strange は「風変わりな」の意を表す最も一般的な語. 普通でない, なじみがないものについて用いる: a *strange* voice 奇妙な[耳慣れない]声 / She noted his *strange* behavior. 彼女は彼の不審な挙動に気づいた. **peculiar** は同種類の他のものにはない「あるものに固有の特異さ」を表す: She is wearing a *peculiar* hat. 彼女は一風変わった帽子をかぶっている. **odd** は「常軌を逸していて奇怪である」の意: I saw an *odd* animal in the woods. 私は森で奇怪な動物を見た. **queer** は「珍しく, 非常に風変わりである」の意. odd よりも意味が強い: She has a *queer* way of dressing. 彼女は風変わりな服装をする. **quaint** は「風変わりで面白い, 古風で趣(㕻)のある」の意: the *quaint* customs of the village その村の(古風で)珍しい風習.

strange·ly [stréindʒli] 副 **1** [文修飾] 不思議[奇妙]なことに: *Strangely* (enough), she knew nothing about the fact. 不思議なことに彼女はその事実について何も知らなかった. **2** 変に, 奇妙に.

strange·ness [stréindʒnəs] 图 ⓤ **1** 奇妙なこと, 不思議. **2** 見知らぬこと, 未知; なじみのなさ.

stran·ger [stréindʒər]

—图 (複 **stran·gers** [~z]) ⓒ **1** 見知らぬ人, 他人: She is a complete *stranger* to us. 彼女は私たちには赤の他人です / You are (quite) a *stranger*. 《口語》久しぶりですね.
2 《口語》不案内の人, 不慣れな人: Pierre is a *stranger* to New York. ピエールはニューヨークには不慣れです / I'm a *stranger* here myself. 私もこのあたりはよく知りません.
3 《格式》[…に] 未経験な人, 無縁の人 [to]: He is no *stranger* to poverty. 彼は貧乏がどういうものかよく知っている.

stran·gle [strǽŋgl] 動 ⓗ **1** …を絞め殺す, 窒息(死)させる; 〈服のカラーなど〉〈首〉を締めつける. **2** 〈発展・成長など〉を妨げる, 抑圧する.

stran·gled [strǽŋgld] 形 (声などを)抑えた(ような), 押し殺した.

stran·gle·hold [strǽŋglhòuld] 图 ⓒ **1** 首を締めること; (レスリングの)のど輪攻め 《反則技》. **2** [通例単数形で] [自由・発展などを]妨げる[抑圧する]もの, 締めつけ [on]: have a *stranglehold* on … …を厳しく締めつける.

stran·gu·la·tion [strǽŋgjuléiʃən] 图 ⓤ
1 【医】狭窄(ȇ). **2** 絞殺.

*__strap__ [strǽp] 图 ⓒ **1** [しばしば複合語で] (特に革の)ひも, 帯; 肩ひも; (むちに用いる)革ひも: a watch *strap* 腕時計の革バンド. **2** (電車などの)つり革: hold (on to) a *strap* つり革につかまる. **3** [the ~] (革ひもでの)むち打ち, せっかん.
—動 (三単現 **straps** [~s]; 過去・過分 **strapped** [~t]; 現分 **strap·ping** [~iŋ]) ⓗ **1** …をひもで

る [くくる], (ベルトなどで) 固定する (*in*, *up*, *down*); …に革ひもを付ける: He *strapped* himself *in*. =He was *strapped in*. 彼はシートベルトを締めた. **2** [しばしば受け身で]《英》〈手足など〉に包帯を巻く《《米》tape》(*up*).

strap·less [stræpləs]形 (ドレスなどが) 肩ひものない, ひものなし.

strapped [stræpt]形 **1** 革ひもでくくった. **2**《口語》[金(£)に] 困った [*for*], 文なしの.

strap·ping [stræpiŋ]形 [限定用法] 背が高くて [大柄で] がっしりした.

stra·ta [stréitə / strú:-]名 stratum の複数形.

strat·a·gem [strætədʒəm]名C《格式》戦略, 策略: adopt a *stratagem* 策を用いる.

*__stra·te·gic__ [strətí:dʒik], **stra·te·gi·cal** [-kəl]形 戦略的な, 戦略に基づく; 戦略上役に立つ[重要な]: an area of *strategic* importance 戦略上重要な地域.　　　　　　(▷ 名 strátegy)

strat·e·gist [strætədʒist]名C 戦略家; 策士.

*__strat·e·gy__ [strætədʒi]名 (複 **strat·e·gies** [~z]) **1**UC[…の / …するための](全体的な)戦略 [*for* / *to do*] (cf. tactics (個々の) 戦術): marketing *strategy* マーケティング戦略.
2UC 作戦計画; (目的達成の) 方法, 策略.
3U 兵法, 用兵学.　　　(▷ 形 stratégic)

Strat·ford-up·on-A·von [strætfərdəpànéivən, -ŋ-/-pɔ̀n-] , **Strát·ford-on-Á·von** [-ɑn-, ɔːn-/-ɔn-]名 ストラットフォードアポン[オン]エーボン《England 中部の Warwickshire 州にある町. シェイクスピアの生まれた町として有名》.

strat·i·fi·ca·tion [strætəfikéiʃən]名 U C **1** 層(状)にする[なる]こと, 層形成. **2**〖地質〗成層, 層理. **3**〖社会〗階層化.

strat·i·fied [strætəfàid]形 層(状)になった; 階層化された.

strat·o·sphere [strætəsfìər]名 [the ~] **1**〖気象〗成層圏. **2** 最高段階.
strat·o·spher·ic [-sfíərik / -sférik]形 成層圏の.

stra·tum [stréitəm / strú:-]名 (複 **stra·ta** [-tə])C **1** 層 (layer); (社会の) 階級, 階層: social *strata* 社会階層. **2**〖地質〗地層, 岩層.

Strauss [stráus]名固 シュトラウス. **1** Johann [jouhá:n / -hǽn]Strauss《1804–49; オーストリアの作曲家》. **2** Johann Strauss《1825–99; **1**の息子で作曲家. 「ワルツ王」と称される》.
3 Richard Strauss《1864–1949; ドイツの作曲家・指揮者》.

*__straw__ [strɔː] 【原義は「ばらまくもの」】
——名 (複 **straws** [~z]) **1**U(麦)わら, C1本の(麦)わら: The house is thatched with *straw*. その家はわらぶきです / A drowning man will catch [clutch, grasp] at a *straw*. 《ことわざ》おぼれる者はわらをもつかむ.
2C ストロー: drink juice through a *straw* ストローでジュースを飲む. **3** [形容詞的に] 麦わら製の, 麦わら色の: a *straw* hat 麦わら帽子. **4** [a ~; 通例, 否定文・疑問文で] ごく少し, つまらないも

の: I don't care a *straw*. 私は全然かまわない.
■ **a stráw in the wínd** 風向き[世論の動向]を示すもの, 将来起こることのかすかな兆し.
dráw the shórt stráw 貧乏くじを引く.
◆ **stráw màn** C《米》**1** 麦わら人形, かかし (scarecrow). **2** 取るに足らない人[もの]. **3**（悪事などの）隠れみのとなる人, おとり.
stráw vòte [pòll]C《米》(選挙前に新聞などが行う) 世論調査, (非公式の) 投票.

*__straw·ber·ry__ [strɔ́:bèri / -bəri]
——名 (複 **straw·ber·ries** [~z]) **1**C **イチゴ**(の実), (オランダ) イチゴ: *strawberries* and cream クリームをかけたイチゴ. **2**U イチゴ色, 深紅色.

stráw-còl·ored形 麦わら色の, 淡黄色の.

*__stray__ [stréi]動 (三単現 **strays** [~z]; 過去・過分 **strayed** [~d]; 現分 **stray·ing** [~iŋ])自 **1** 道に迷う; […から] **はぐれる**, それてさまよう [*from*, *off*]; […に] 迷い込む [*into*, *onto*]: *stray from* the group 群れからはぐれる. **2** (話題などが)[…から] わき道へそれる, 外れる, [正道を] 踏み外す, 脱線する [*from*]: *stray from* the point 問題点からそれる.
——形 [限定用法] **1** 道に迷った, さまよっている (◇叙述用法では astray を用いる): a *stray* child 迷子 / a *stray* dog 野良犬. **2** まばらな, 離れ離れの: a few *stray* houses 散在する数軒の家 / a *stray* bullet 流れ弾. **3** 時折の, 思いがけない.
——名C **1** 迷った動物, 野良犬[猫], 迷子; 浮浪者 [児]. **2**《口語》仲間からはぐれた人[もの].

*__streak__ [strí:k]名C **1** 筋(*す*), しま; ひと筋 [の…] [*of*]: a *streak of* moonlight (一条の) 月光.
2 (肉にある脂肪などの) 層, さし; (鉱石の) 脈.
3 [a ~] […の] わずかな徴候, (性格の中の) 傾向, 気味 [*of*]: He has a *streak of* jealousy in him. 彼は少し嫉妬(*と*)深いところがある. **4** (スポーツ・賭(*か*)け事などで勝ち負けの) ひと続き, 連続; 短期間: in *streaks* 連続して / hit [be on] a winning [losing] *streak* 連勝[連敗]中である.
■ ***like a stréak (of líghtning)*** すばやく, 電光石火のごとく; 全速力で.
——動 他 [通例, 受け身で] …に[…で] 筋[しま]を付ける [*with*]: The wall was *streaked with* paint. その壁はペンキでしま模様に塗られていた.
——自 **1** 筋[しま]になる. **2** [副詞(句)を伴って] 疾走する, 全速力で動く [走る, 行く] (*off*).
3《口語》ストリーキングをする《公共の場を全裸で駆け抜ける》.　　　　　　　(▷ 形 stréaky)

streak·er [strí:kər]名C《口語》ストリーキングをする人 (→ STREAK 動 自 **3**).

streak·y [strí:ki]形 (比較 **streak·i·er** [~ər]; 最上 **streak·i·est** [~ist]) 筋(*す*)の付いた, しまの入った: *streaky* bacon 赤身と脂肪がしま模様になっているベーコン.　　　　　　　　　　(▷ 名 stréak)

*__stream__ [strí:m] 名動【原義は「流れるもの」】
——名 (複 **streams** [~z]) **1**C **小川**, 流れ (→ RIVER【類語】): cross a *stream* 流れを渡る / a little mountain *stream* 渓流.
2C [通例, 単数形で] (水・液体・気体の) **流れ**; 海流; 気流: a *stream of* cold air 冷たい空気の流れ /

the Gulf *Stream* メキシコ湾流.
3 [C]《通例,単数形で》(人・ものの切れ目のない) 流れ: a steady *stream* of cars 間断のない車の流れ.
4 [the ~]《時勢などの》流れ, 風潮: go against [with] the *stream* 時勢に逆行 [順応] する.
5 [C]《主に英》《教育》能力別学級 (《米》track).
■ *in a stréam* = *in stréams* 流れになって, 続々と.
on stréam《工場などが》操業中で, 生産して.
— 動 (自) **1**《副詞(句)を伴って》(涙・汗などが) どっと流れる;《目・顔などが》〔涙・汗などを〕流す《*with*》;《光が》さし込む: Tears *streamed* from her eyes. = Her eyes *streamed* with tears. 彼女の目から涙がどっと流れた / The moonlight *streamed* in through the window. 月の光が窓からさし込んだ.
2《副詞(句)を伴って》(人・ものなどが) 流れるように動く: People *streamed* out of the hall. 人々がホールから続々と出て来た.
3《髪・旗などが》なびく, 翻(ひるがえ)る: Ribbons in her hair are *streaming* in the breeze. 彼女の髪のリボンがそよ風になびいている.
— 他 **1** …を流す, 流出させる. **2**《風などが》〈旗・髪などを〉翻す, なびかせる. **3**《通例, 受け身で》《主に英》《教育》〈生徒〉を能力別学級に分ける.
◆ *stréam of cónsciousness* [U]《文学》意識の流れ《人物の心理や考えなどを忠実に描写していく文学的手法》.

stream・er [strí:mər] 名 [C] **1** 吹き流し, 長旗. **2** 飾りリボン;(色紙)テープ《出航時などに投げる》. **3**《米》《新聞の》全段抜き大見出し (banner).

stream・line [strí:mlàin] 動 他 **1** …を流線形にする. **2**〈組織・仕事など〉を合理化[簡素化]する, 能率的にする, すっきりさせる.

stream・lined [strí:mlàind] 形《通例, 限定用法》**1** 流線形の. **2** 合理化された, 能率的な.

street [strí:t]
【原義は「舗装された道」】
— 名 (複 *streets* [strí:ts]) **1** [C] 通り, 街路《略語 st., St.; → ROAD 類義語》: the main [《英》high] *street* 大通り, 目抜き通り / a back *street* 裏通り / He was walking up and down the *street*. 彼は通りを行ったり来たりしていた / I met an old friend on [in] the *street* yesterday. 私はきのう通りで旧友に会った《◇通例,《米》では on the *street*,《英》では in the *street* を用いる》.
2 [S-]《固有名詞のあとに付けて》…通り, …街《略語 St.》: Wall *Street* ウォール街 / 10 Downing *Street* ダウニング街10番地《英国の首相官邸の所在地》/ There is a crowd in Oxford *Street*. オックスフォード街は人でにぎわっている.
3 [the ~] 車道. **4** [the ~] 町の人々.
■ *be on* [*wálk*] *the stréets* **1** 宿なしの生活をする. **2**《婉曲》売春する.
be stréets ahéad of ...《英口語》…よりずっとよい, すぐれている.
be úp one's stréet《口語》…の好みに合っている, …の専門[得意]である.
nót in the sáme stréet as ...《口語》…には及ばない, …にはかなわない.
the màn in the stréet《専門家に対して》一般の人, 市井(しせい)の人.
◆ *stréet credibílity* [[U]《口語》*créd*] [U]《特に都会の》若者受け《流行の先端をいっていること》.
stréet pèople [複数扱い] 路上生活者.
stréet vàlue [U][C]《麻薬などの》末端価格.

street・car [strí:tkà:r] 名 [C]《米》路面電車《英》tram(car)), 市電: by *streetcar* 市電で.

street・lamp [strí:tlæmp] 名 = STREETLIGHT (↓).

street・light [strí:tlàit] 名 [C] 街灯.

strèet・smàrt 形《米口語》= STREETWISE (↓).

street・walk・er [strí:twɔ̀:kər] 名 [C]《古風》売春婦.

street・wise [strí:twàiz] 形《口語》大都会の生活に通じた.

strength [stréŋkθ]
— 名 (複 *strengths* [~s]) **1** [U] 力, 強さ; 体力, 知力, 精神力 (→ POWER 類義語): a person of great *strength* 非常に力[精神力]の強い人 / the economic *strength* of Japan 日本の経済力 / The task is beyond his *strength*. その仕事は彼の力に余る / He seems to have recovered his *strength*. 彼は体力を回復したようです / She didn't have the *strength* to carry the suitcase. 彼女はスーツケースを運ぶ力がなかった.
2 [C] 長所, 強み; ささえ: Her *strength* is her kindness. 彼女の長所は優しさです / The teacher's encouragement was my *strength*. 先生の励ましが私のささえだった.
3 [U] 兵力, 兵員; 多数, 優勢; 人数; 定員: the *strength* of an army 軍の兵力 / at full *strength* 全員そろって / in (great) *strength* 大勢で / below [under] *strength* 定員未満の.
4 [U]《感情・意見などの》強烈さ;《議論などの》効果, 説得力: the *strength* of public opinion 世論の力 / Her words have *strength*. 彼女の言葉には説得力がある.
5 [U]《色・味などの》強さ;《茶・酒などの》濃さ, 強さ;《薬などの》効力: the *strength* of coffee コーヒーの濃さ / the *strength* of a drug 薬の効能.
■ *gó from stréngth to stréngth* 成功を重ねる, ますます強化される[有名になる].
on the stréngth of ... …を頼りにして, …に励まされて. (▷ 動 stréngthen; 形 stróng)

strength・en [stréŋkθən] 動 他 …を強く[丈夫に]する; 増強する; 元気づける (↔ weaken): *strengthen* the bridge girder 橋桁(けた)を強化する / His success would *strengthen* their hopes. 彼が成功すれば彼らの期待も高まるだろう.
— 自 強く[丈夫に]なる, 元気づく: The cold [wind] has *strengthened*. 寒さ[風]が強まってきた. (▷ 名 stréngth)

stren・u・ous [strénjuəs] 形 **1**《仕事などが》骨が折れる, 大変な努力を必要とする: a *strenuous* task 骨の折れる仕事. **2** 精力的な, 活発な, 熱心な: a *strenuous* worker 頑張り屋 / make *strenuous* efforts 奮闘努力する.

stren・u・ous・ly [~li] 副 精力的に, 熱心に.

strep·to·my·cin [strèptəmáisin] [名] [U] 【薬】ストレプトマイシン《結核などを治療する抗生物質》.

‡stress [strés] [名] [動] 【原義は「強く引っぱる」】

―[名] (複 **stress·es** [~iz]) **1** [U] [C] (精神的な) 重圧, ストレス (pressure); (周囲の状況の) 圧迫, 強制: the *stresses* of urban life 都会生活のいろいろな重圧 / relieve [reduce] *stress* ストレスを減らす / He was under a lot of *stress.* 彼はひどい重圧を感じていた / Her headaches are probably caused by *stress.* おそらく彼女の頭痛はストレスによるものだろう.

2 [U] [C] 〔…にかかる〕(物理的な) 圧力, 重力 〔*on*〕: The vehicles passing over put a lot of *stress on* the old bridge. 上を通る乗り物の重みでその古い橋はかなりの負担がかかっていた.

3 [U] 〔…の〕強調, 力説, 重視 〔*on*〕: He laid [put] *stress on* the necessity of brains. 彼は優秀な人材の必要性を強調した.

4 [U] [C] 【音声】アクセント, ストレス, 強勢.

―[動] [他] **1** [stress+O] …を強調する, 力説する; 重視する; [stress+that 節] …と力説する: *stress* the need for careful spending 金を慎重に使う必要性を強調する / She *stressed that* we had to be punctual. 彼女は時間をきちんと守らなくてはならないと力説した.

2 …にアクセント [強勢] を置く, …を強く発音する.

◆ **stréss màrk** [C] 【音声】強勢 [アクセント] 符号.

***stressed** [strést] [形] **1** 強調した; 強勢のある.

2 [叙述用法] 緊張した, ストレスに悩まされている.

stress·ful [strésfəl] [形] (仕事・出来事などが) ストレスの多い, 緊張を要する.

‡stretch [strétʃ] [動] [名] 【基本的意味は「…を伸ばす (spread ... out)」】

―[動] (三単現 **stretch·es** [~iz]; 過去・過分 **stretched** [~t]; 現分 **stretch·ing** [~iŋ])

―[他] **1** (a) [stretch+O] 〈もの〉を伸ばす, 広げる; 〈ロープなど〉を張る (*out*): *stretch* a carpet on the floor カーペットを床に広げる / *stretch* a rope between two trees 木と木の間に綱を張る. (b) [stretch+O+C] 〈もの〉を伸ばして [張って] …にする: *stretch* a rope tight ロープをぴんと張る.

2 〈手・足など〉を伸ばす (*out*): I *stretched out* my hand to accept his gift. 私は彼の贈り物を受け取ろうとして手を伸ばした / It is important to *stretch* yourself before playing sports. スポーツをする前に筋肉をほぐすことが大切です.

3 《口語》〈言葉・規則など〉を拡大解釈する, こじつける; 誇張する: *stretch* the rules 規則を拡大解釈する / You should not *stretch* the truth. 真実を誇張する [うそをつく] べきではない.

4 〈能力など〉を最大限に活用する [働かせる]; 〈人〉の能力を出し切る; 緊張させる: This work will *stretch* me to the limit. この仕事をするのに私は自分の力をすべて出し切ることになるだろう / Her appearance *stretched* my nerves. 彼女が現れて私の神経は張り詰めた. **5** 〈金・資源など〉をなんとかもたせる; 〈滞在など〉を引き延ばす (*out*).

―[自] **1** [進行形不可] (ゴムなどが) 伸びる: This plastic *stretches* easily. このプラスチックは簡単に伸びる.

2 手足を伸ばす, 伸びをする, 大の字に寝る (*out*): *stretch out* on the bed ベッドに大の字になる.

3 (土地などが) 広がる: salt pans *stretching* along the coast 海岸に沿って広がる塩田.

4 (物事が) 続く, 及ぶ: The project *stretched* over ten years. その計画は10年にも及んだ.

■ ***strétch a póint*** (規則などを) こじつける, 都合のいいように解釈する.

strétch one's légs 《口語》(長時間座っていたあとに) 散歩する.

―[名] **1** [C] (土地などの) 広がり: a *stretch* of desert 砂漠の一帯.

2 [C] (時間の) 連続, ひと続き: a long *stretch* of bad weather 長期間にわたる悪天候.

3 [C] [通例, 単数形で] 伸ばす [伸びる] こと, 拡張; (体の) 伸び: make [have] a *stretch* 伸びをする.

4 [U] 伸張力, 収縮性. **5** [C] [通例, 単数形で] (競馬場などの) 直線コース. **6** [C] (規則などの) 拡大解釈, (言葉などの) 乱用.

■ ***at*** [***on***] ***a strétch*** 一気に, 一息に.

at fúll strétch 腕をいっぱいまで伸ばして; 全力で.

by ány strétch of the imaginátion [否定文で] どう想像力を働かせても.

stretch·er [strétʃər] [名] [C] **1** 担架: carry an injured person on a *stretcher* 負傷者を担架で運ぶ. **2** 伸ばす [広げる] 道具 [器具].

―[動] [他] [通例, 受け身で] 〈人〉を担架で運ぶ (*off*).

strétch·er-bèar·er [名] [C] 担架を運ぶ人.

stretch·y [strétʃi] [形] (比較 **stretch·i·er** [~ər]; 最上 **stretch·i·est** [~ist]) (布地が) 伸縮性のある.

strew [strúː] [動] (三単現 **strews** [~z]; 過去 **strewed** [~d]; 過分 **strewed, strewn** [strúːn]; 現分 **strew·ing** [~iŋ]) [他] [通例, 受け身で] **1** …を〔…に〕まき散らす, ばらまく〔*on, over*〕; …に〔ものを〕まき散らす〔*with*〕: Flowers *were strewn on* [*over*] the path. = The path *was strewn with* flowers. 花が道にまかれていた.

2 《文語》…の上に散らばって [ばらまかれて] いる.

strewn [strúːn] [動] strew の過去分詞の1つ.

stri·at·ed [stráieitid / straiéitid] [形] 筋(すじ) [しま] のある, 溝のある.

***strick·en** [stríkən] [動] 《古》strike の過去分詞の1つ.

―[形] [しばしば複合語で] 《格式》〔災害・悲しみなどに〕襲われた, 〔病気に〕かかった; 〔…で〕打撃を受けた, 傷ついた 〔*by, with*〕: the *stricken* district 被災地 (域) / panic-*stricken* crowds パニックに陥った群衆 / a baby *stricken with* pneumonia 肺炎にかかった赤ん坊.

‡strict [stríkt] [形] **1** 〔人に / もの・ことに〕厳しい, 厳格な 〔*with* / *about*〕; (規則などが) 厳重な: *strict* discipline 厳しい規律 / He is *strict with* his children. 彼は自分の子供に厳しい.

2 [通例, 限定用法] 厳密な, 正確な: a *strict* interpretation of the law 法律の厳密な解釈.

3 まったくの; 完全な: in *strict* secrecy まったく内緒に, 極秘で.

‡strict·ly [stríktli] [副] **1** 厳しく, 厳格に: Smok-

S

strictness

ing in this room is *strictly* forbidden. この部屋での喫煙は厳禁です. **2** 厳密に, 正確に; まったく.
■ ***strictly (spéaking)*** [文修飾] 厳密に言えば (◇ speaking を付けないほうが一般的): *Strictly (speaking)*, Uncle Sam is my granduncle. 厳密に言えばサムおじさんは私の大おじです.

strict・ness [stríktnəs] 名 U 厳しさ; 厳密さ.

stric・ture [stríktʃər] 名 C **1** [しばしば~s]《格式》…に対する非難, 酷評 [on, against].
2《格式》…の制限, 拘束 [on].

‡**strid・den** [strídən] 動 stride の過去分詞.

‡**stride** [stráid] 動 (三単現 **strides** [stráidz]; 過去 **strode** [stróud]; 過分 **strid・den** [strídən]; 現分 **strid・ing** [~iŋ]) 自 [副詞(句)を伴って] **1** (人が)大またに歩く: *stride* away [off] 大またで歩き去る. **2** (人が) …をまたいで越す, またぐ [*over, across*]: *stride over* a log 丸太をまたぐ.
— 名 C **1** 大また(の一歩), ひとまたぎ; 大またで歩くこと, 闊歩(ポン); 歩幅; [単数形で](大または)の歩き(走り) 方: at [in] a *stride* ひとまたぎで / walk with an easy *stride* ゆったりとした足取りで歩く.
2 [通例~s] 進歩, 前進: make great [rapid] *strides* in … …において急速な進歩を遂げる.
■ ***hít*** [《英》**gèt**] ***into*** ***one's stríde*** (仕事などで)本調子になる, ふだんの調子[ペース]を取り戻す.
pùt ... óff [***óut of***] ***...'s stríde*** [***stróke***]《口語》…の調子を狂わせる.
tàke ... ín (《主に英》*one's*) ***stríde*** …を難なくやってのける[処理する, 切り抜ける].

stri・dent [stráidənt] 形 (声・音が)耳ざわりな, かん高い, 金切り声の.

stri・dent・ly [~li] 副 やかましく, 耳ざわりに.

*****strife** [stráif] 名 U《格式》争い, 闘争 (→ FIGHT 類義語); 不和, 反目: factional *strife* 派閥争い / industrial *strife* 労使紛争 / *strife* among [between] the inhabitants 住民同士の反目[いがみ合い]. (▷ 動 stríve)

***strike** [stráik]
動 名 【原義は「棒などで打つ」】
— 動 (三単現 **strikes** [~s]; 過去 **struck** [strʌk]; 過分 **struck**,《古》**strick・en** [stríkən]; 現分 **strik・ing** [~iŋ])
— 他 **1** (a) [strike+O] …を打つ, たたく (→ BEAT 類義語): *strike* a nail with a hammer 金づちでくぎを打つ / He *struck* me on the head. =He *struck* my head. 彼は私の頭をたたいた (◇前者は「私」が, 後者は「頭」が強調される).
(b) [strike+O+O] 〈人に〉〈打撃など〉を与える: I *struck* him a blow. 私は彼に一撃をくらわせた.
2 [strike+O] 〈もの〉に突き当たる, ぶつかる; (光・音が)届く; 〈体の一部〉を[…に]ぶつける [*against, on*]: The bird *struck* the windshield. 鳥がフロントガラスに突き当たった / A loud gunshot *struck* my ears. 大きな銃声が耳に入った / I *struck* my elbow *against* the edge of the table. 私はテーブルの角にひじをぶつけた.
3 (a) [strike+O] (病気・災害などが)〈人・場所〉を急に[不意に]襲う: A violent earthquake *struck* Peru. 激しい地震がペルーを襲った / The tree was *struck* by lightning. 木に雷が落ちた.
(b) [strike+O+C] [通例, 受け身で] 〈人〉を…の状態にする: I was *struck* dumb with horror. 私は怖くて口が利けなかった.
4 [進行形不可] (考えなどが)〈人〉の心に浮かぶ, 〈人〉に思い当たる: A wonderful idea *struck* Tony. すばらしいアイディアがトニーに浮かんだ / It suddenly *struck* me that I might love her. 突然, 私は彼女を好きになるかもしれないと感じた.
5 〈人〉の心を打つ; 〈人〉に[…という]印象を与える [*as*]: I was *struck* by her beautiful voice. 私は彼女の美しい声に心を打たれた / Sam's plan doesn't *strike* me *as* practicable. サムの計画は現実的であるとは私には思えない.
6 〈求めているもの〉に行き当たる, 偶然見つける; 〈地下資源など〉を掘り当てる: Digging in the earth, Henry *struck* a hot spring. ヘンリーは地面を掘っていて温泉を見つけた.
7 (時計が)〈時〉を打つ; (楽器で)〈音〉を鳴らす: A cuckoo clock *struck* twelve. 鳩(ヒ︀)時計が12時を告げた. **8** 〈マッチ〉をする, (こすって)〈火〉をつける, 〈火花〉を出す: *strike* a match マッチをする.
9 〈貨幣など〉を鋳造する: A gold coin was *struck* in commemoration of the royal wedding. 王室の結婚を記念して金貨が造られた.
10 〈契約・取引など〉を取り決める; 〈合意など〉に達する; …を決算する: *strike* a balance 貸借を決算する; (2つのものの)バランスをとる / I *struck* a deal [bargain] with the publisher. 私はその出版社と契約を取り決めた. **11** 〈態度・姿勢〉をとる: *strike* a dramatic pose おおげさな態度をとる.
12 〈恐怖心など〉を[…に]抱かせる [*into*]: The burglar *struck* terror *into* us. 強盗は私たちを恐怖に陥れた. **13** 〈旗・帆〉を下ろす, 〈テント〉をたたむ: *strike* a flag 旗を下ろす; 降伏する. **14** 〈刃物など〉を[…に]突き刺す [*in, into*]; 〈人〉を[刃物などで]刺す [*with*]: Brutus *struck* the dagger *into* Caesar's breast. ブルータスはシーザーの胸に短剣を突き刺した. **15**《格式》[記録などから] …を削除する [*from*].
— 自 **1** […を要求して / …に抗議して] ストライキをする [*for / against*]: We're *striking for* better pay. 私たちは賃上げを要求してストに入っている.
2 […を目がけて] 打つ, たたく; 攻撃する [*at*]: The mongoose *struck at* the snake. マングースは蛇を目がけて攻撃した. / *Strike* while the iron is hot.《ことわざ》鉄は熱いうちに打て.
3 […に] ぶつかる, 衝突する [*against, on*]: The ball has *struck against* the stained glass. ボールがステンドグラスに当たった / The lifeboat *struck on* the rocks. 救命艇が暗礁に乗り上げた.
4 (病気・災害などが) 急に [不意に] 襲う: Tragedy *struck* a week later. 一週間後に悲劇が襲った.
5 (時計が)時刻を打つ, (時刻が)打たれる: One o'clock has just *struck*. 今ちょうど1時を打ちました. **6** (マッチなどに) 火がつく: The match wouldn't *strike*. マッチはなかなかつかなかった.
句動詞 **stríke báck** […に] 反撃する [*at*].
stríke dówn 他 [strike down+O / strike+O+down] **1** …を打ち倒す. **2** [しばしば受け身で] (病気などが) …を襲う, 倒す, 殺す: George

strikebound

was struck down with the fever. ジョージは熱病で倒れた.
strike ín ⓐ 急に口をはさむ.
strike óff ⓐ (道を)それる. ― ⓗ [strike off ＋O / strike＋O＋off] [しばしば受け身で]
1 〈枝など〉を打ち落とす. **2** 〈名前など〉を削除する;〈医師・弁護士など〉を除名する.
strike … óff ～ ⓗ [しばしば受け身で]〈名前など〉を〈リストなど〉から削除する.
strike on [upòn] … ⓗ 〈考え・計画など〉を思いつく.
strike óut ⓐ **1** […を]激しく打つ, 攻撃する[*at*]. **2** 勢いよく進む, 泳ぎ始める. **3** 『野球』三振する. **4** 《米口語》失敗する. ― ⓗ [strike out＋O / strike＋O＋out] **1** 〈名前・文字など〉を削除する. **2** 『野球』〈打者〉を三振させる.
3 〈計画など〉を打ち出す.
・*strike óut on one's ówn* 独立[自立]する.
strike úp ⓗ [strike up＋O / strike＋O＋up] **1** 〈曲・歌〉を演奏し始める. **2** […と]〈会話・交際など〉を始める[*with*]. ― ⓐ 演奏を始める.
■ *stríke hóme* **1** 命中する, 急所をつく. **2** 効果を上げる, 〈人に〉感銘を与える.

strike it rích ひと山当てる, 急に金持になる.
― 图 C|U **1** ストライキ: a general *strike* ゼネスト / a hunger *strike* ハンスト / be (out) on *strike* スト中である / call (a) *strike* ストライキを指令する / go on a *strike* ストライキに入る.
2 『野球』ストライク (↔ ball); 『ボウリング』ストライク (cf. spare スペア): The count is three balls and two *strikes*. カウントはツー(ストライク)スリー(ボール)です (◊日本語とは語順が異なることに注意).
3 打撃, 殴打; 攻撃: They are going to make a deadly *strike* at the fort. 彼らはそのとりでに激しい攻撃をかけようとしている.
4 (油田・金鉱などの)発見; (事業などの)大成功, 大当たり; 幸運.
■ *háve twó stríkes agàinst one* 《米》不利な立場にある(◊野球でツーストライクをとられることから).
◆ *stríke pày* U ストライキ手当《スト決行中に組合から支払われる手当》.
strike zòne C 『野球』ストライクゾーン.
strike・bound [stráikbàund] 形 (工場などが)ストライキで閉鎖された〔操業停止中の〕.
strike・break・er [stráikbrèikər] 图 C スト破り《◊人》.
strike・out [stráikàut] 图 C 『野球』三振.
strik・er [stráikər] 图 C **1** ストライキをする人[参加者].
2 打つ人[もの, 道具]; (時計の)時報装置.
3 (球技の)打者; 『サッカー』(センター)フォワード.
＊**strik・ing** [stráikiŋ] 形 目立ち, きわ立った, 印象的な: a very *striking* woman はっとするほどの美人 / make a *striking* contrast with … …ときわ立った対照を成す / She bears a *striking* likeness to her mother. 彼女は母親に非常によく似ている.
■ *withìn stríking dístance* (打撃・砲撃できるほど) […の]すぐそばに [*of*].
strik・ing・ly [stráikiŋli] 副 目立って; 印象的に.

＊＊＊**string** [stríŋ] 图動
― 图 (複 **strings** [～z]) **1** U C ひも, 糸: a (piece of) *string* 1本のひも / tie *strings* ひもを結ぶ / untie *strings* ひもをほどく / a ball of *string* ひと巻きのひも / He tied the parcel with *string*. 彼は包みをひもでくくった.
2 C ひもでつないだもの, 数珠(ﾃﾞｭ)つなぎ; [a ～] ひとつなぎ [の…] [*of*]: a *string* of pearls 一連の真珠.
3 C ひと続きの, 連続するもの; […の] ひと続き [*of*]: a long *string* of cars 長い車の列 / a *string* of questions 質問の連発.
4 C (弦楽器の)弦; (弓の)つる; (テニスのラケットなどの)ガット: pick the *strings* of a guitar ギターの弦をかき鳴らす.
5 [the ～s; 集合的に] 弦楽器; (オーケストラの)弦楽部[奏者]. **6** C (エプロンなどの)結びひも; 《米》靴ひも (shoestring, 《英》shoelace). **7** C [～s] 《口語》付帯条件,「ひも」: an offer of two million dollars in aid with no *strings* attached ひも付きでない200万ドルの援助の申し出.
8 C (1チーム内での能力による)選手の段階: the first [second] *string* 一軍[二軍].
■ *hàve [kéep] … on a stríng* 《口語》〈人〉を思うがままに操る.
hàve twó stríngs [a sècond stríng] to one's bów 別の方策を持っている. (◊由来) 弓のつるが切れてもまだ1本残っていることから)
púll (the) stríngs (陰から)糸を引く, 黒幕となる.
― 動 (三単現 **strings** [～z]; 過去・過分 **strung** [stráŋ]; 現分 **string・ing** [～iŋ]) ⓗ **1** …にひも[糸]を通す; 数珠つなぎする: *string* pearls for a necklace ネックレスにするために真珠に糸を通す.
2 〈弓・楽器など〉に弦を張る, 〈ラケットなど〉にガットを張る: *string* a racket ラケットにガットを張る.
3 [通例, 受け身で]《英口語》〈人・気持ち〉を緊張[興奮]させる(*up*): He *was* strung up. 彼は緊張していた.
■ *stríng alóng* ⓗ 《口語》(口先だけの約束などで)〈人〉をだます. ― ⓐ 《英口語》(一時的に)[…に]ついていく, 協力する [*with*].
stríng óut ⓗ **1** [通例, 受け身で] (間隔をあけて)…を1列に並べる. **2** 《口語》…を(時間的に)引き延ばす.
stríng úp ⓗ **1** …を高い所につるす. **2** 《口語》…を絞首刑にする. (▷ 形 **stringy**)
◆ *stríng bèan* C 《米》サヤインゲン, サヤエンドウ (《英》runner bean).
string órchestra C 弦楽合奏団.
string quartét C 弦楽四重奏団[曲].
stringed [stríŋd] 形 弦を持った; [複合語で] 弦が…の.
◆ **stríngèd ínstrument** C 弦楽器.
strin・gen・cy [stríndʒənsi] 图 U **1** (規則などの)厳しさ. **2** (金融などの)逼迫(ﾋﾟｯ), 金詰まり.
strin・gent [stríndʒənt] 形 **1** (規則などが)厳しい. **2** (金融などの)逼迫(ﾋﾟｯ), 金詰まりの.
strin・gent・ly [～li] 副 厳しく; 逼迫して.
string・er [stríŋər] 图 C (新聞社の)フリーランスの記者, 特約レポーター.

string·y [stríŋi] 形 (比較 **string·i·er** [~ər]; 最上 **string·i·est** [~ist]) **1** 糸[ひも, 筋(だ)]の(ような). **2** 繊維質の, 筋の多い: *stringy* meat 筋肉. **3** (人が)やせて筋ばった. (▷ 名 string)

‡strip[1] [stríp]

— 名 (複 **strips** [~s]) C **1** (紙・布などの)**細長い一片**: a *strip* of paper 細長い紙切れ. **2** 細長い土地: a narrow *strip* of land by the lake 湖畔の細長い土地. **3** 《米》郊外の繁華街. **4** = stríp cartóon 《英》(新聞などの)続き漫画 (comic strip). **5** 滑走路 (airstrip). **6** 《英口語》(サッカー・ラグビーなどの)ユニホーム.

■ **téar ... òff a stríp** = **téar a stríp òff ...** 《英口語》〈人〉をかんかんになってしかる.

◆ **stríp líght** C 《英》管状蛍光灯.
 stríp líghting U 《英》管状蛍光灯による照明.

‡strip[2] 動 (三単現 **strips** [~s]; 過去・過分 **stripped** [~t]; 現分 **strip·ping** [~iŋ]) 他 **1** (a) [**strip**＋O] 〈衣服〉を脱ぐ, 脱がせる; 〈人・木など〉を裸にする (*off*): I *stripped off* my sweater. 私はセーターを脱いだ / The police *stripped* him and searched him. 警察は彼の服を脱がせて身体検査をした. (b) [**strip**＋O＋of ...] 〈人・もの〉から…をはぎ取る; [**strip**＋O＋off [from] ...] 〈もの〉を…からはぎ取る: *strip* the paint *off* the chair いすのペンキをはがす / The acid rain *stripped* the tree *of* its bark. = The acid rain *stripped* the bark *off* [*from*] the tree. 酸性雨がその木の皮をはいでしまった. (c) [**strip**＋O＋C] 〈人・木など〉をはいで…の状態にする: They *stripped* him naked. 彼らは彼をすっ裸にした. **2** [**strip**＋O＋of ...] 〈人〉から〈財産・権利・地位など〉を奪う, 剥奪(妨)する; 〈場所〉から…を取り去る: The thief *stripped* my house *of* all valuable things. どろぼうは私の家から金目のものを全て奪って行った / The man was *stripped of* his citizenship. 男は市民権を奪われた. **3** …を分解する (*down*); 〈車・船など〉から〔備品・部品〕を取り外す (*of*).

— 自 衣服を脱ぐ, 裸になる (*off*).

■ **stríp awáy** **1** 〈ペンキなど〉をはぎ取る. **2** 〈虚飾・うわべなど〉をはぎ取る, 見破る.

— 名 C (通例, 単数形で)《主に米》ストリップショー (striptease).

◆ **stríp clúb** [《口語》 jòint] C ストリップ劇場.

‡stripe [stráip] 名 C **1** 筋(!); [~s] しま(模様), ストライプ; [しばしば~s] しま模様の服 (特に囚人服): horizontal [vertical] *stripes* 横[縦]じま / a shirt with blue and white *stripes* 青と白のしまのシャツ / the Stars and *Stripes* 星条旗. **2** 【軍】 [~s] (筋の数で階級を表す)袖(*)章, 記章: get one's *stripes* 昇進する.

striped [stráipt] 形 しま模様の, 筋(!)の入った.

strip·ling [strípliŋ] 名 C 《文語》青二才, 若造.

strip·per [strípər] 名 **1** C ストリッパー. **2** C U はぎ取(*)く)人 [道具]; (ペンキなどの)剥離(%!)器[液].

strip·tease [stríptì:z] 名 C U ストリップショー.

strip·y, strip·ey [stráipi] 形 (比較 **strip·i·er** [~ər]; 最上 **strip·i·est** [~ist]) 《英》= STRIPED (↑).

‡strive [stráiv] 動 (三単現 **strives** [~z]; 過去 **strove** [stróuv], **strived** [~d]; 過分 **striv·en** [strívən], **strived**; 現分 **striv·ing** [~iŋ]) 自 《格式》 **1** […をめざして]励む, 努める [*for*, *after*]; […しようとして]努力する [*to do*]: *strive for* victory 勝利を得ようと努める / *strive to* get first prize 1等賞を取ろうと努力する. **2** […と]戦う [*against*]: *strive against* poverty 貧困と戦う.

‡striv·en [strívən] 動 strive の過去分詞.

‡strobe [stróub] 名 C = stróbe líght 【写】ストロボ (flash lamp).

‡strode [stróud] 動 stride の過去形.

stro·ga·noff [stróugənɔ̀:f / strɔ́gənɔ̀f] 名 U 【料理】 ストロガノフ《肉を細切りにして, タマネギ・マッシュルームなどを加え, サワークリームをからめて煮む》: beef *stroganoff* ビーフストロガノフ.

‡stroke[1] [stróuk] [原義は「(軽く)たたくこと」]

— 名 (複 **strokes** [~s]) **1** C (反復運動の)**ひと動作**; 【スポーツ】ストローク《オールのひと漕(<)ぎ, 水泳のひとかき, テニス・ゴルフの1打など》; 泳法: a forehand [backhand] *stroke* (テニスなどの)フォアハンド[バックハンド]ストローク / row with powerful *strokes* 力強く漕ぐ / swim with slow *strokes* ゆっくりと手をかいて泳ぐ.

2 C 一撃, 1打, 打つこと, ひと突き (blow): a *stroke* of lightning 雷の一撃 / He split the log with one *stroke* of the axe. 彼はおのをひと振りして丸太を割った.

3 C (文字・絵をかくときの)**ひと筆**, 筆づかい; ひと彫り: write with a thick *stroke* 肉太の字を書く / draw a picture with a few *strokes* さっと絵をかく.

4 C (時計・鐘の)打つ音: on [at] the *stroke* of three ちょうど3時に.

5 C (病気の)発作; (脳)卒中: She had [suffered] a *stroke* in the middle of the night. 彼女は夜中に発作に見舞われた.

6 [a ~] 思いがけないこと, ひらめき: a *stroke* of luck 思いがけない幸運の到来.

7 C [単数形で]《口語》ひと仕事, ひとふんばり: do a *stroke* of business ひと仕事する.

■ **at a** [**óne**] **stróke** 一撃で, 一挙に.
 pùt ... òff ...'s stróke 《口語》…の活動を鈍らせる, 調子を狂わせる. (▷ 動 strike)

‡stroke[2] 動 他 **1** 〈頭など〉をなでる, さする: *stroke* one's hair 髪をなで(つけ)る.
 2 …をなだめる (*down*).

— 名 C なでること, ひとなで.

‡stroll [stróul] 動 自 ぶらぶら歩く, 散歩[散策]する: *stroll* around the park 公園をぶらぶら歩く.

— 名 C ぶらぶら歩き, 散歩: take [have, go for] a *stroll* 散歩する.

stroll·er [stróulər] 名 C **1** 散歩する人, ぶらぶら歩く人. **2** 《米》ベビーカー《《英》pushchair》.
 (比較)「ベビーカー」は和製英語)

strong

strong [strɔ́ːŋ / strɔ́ŋ]

— 形 (比較 **strong·er** [strɔ́ːŋgər / strɔ́ŋgə]; 最上 **strong·est** [strɔ́ːŋgist / strɔ́ŋgist]) **1** (人の肉体的に) 強い, 強力な; 丈夫な, 健康な (↔weak): a *strong* man 力の強い男 / I am not *strong* enough to carry such a heavy bag. 私はそんなに重いかばんを持ち運べるほど力持ちではない / She became much *stronger* after a week's rest. 彼女は1週間休養したらずいぶん元気になった.

2 (ものが) 頑丈な, 丈夫な, しっかりした: *strong* paper 丈夫な紙 / My desk is big and *strong*. 私の机は大きくてしっかりしている.

3 (意志などが) 強い, 強固な (↔weak): a *strong* will [belief] 強い意志 [信念].

4 (感情・言葉などが) 激しい, 強烈な; (手段・意見などの) のしり: *strong* language 激しい言葉づかい; の のしり / There was *strong* opposition to his proposal. 彼の提案に対して強い反対があった.

5 (印象などが) 強い, 強烈な; 影響力のある: a *strong* leader 強力な指導者 / His song made a *strong* impression on the audience. 彼の歌は聴衆に強烈な印象を与えた.

6 (論拠などが) 有力な, 説得力のある (↔weak): His arguments were *strong* enough to convince us all. 彼の議論は私たち全員を納得させるほど説得力があった.

7 [ある分野・点に] 強い, [学科などが] 得意な (↔weak) [*in*]: She is *strong* in graphic design. 彼女はグラフィックデザインが得意です.

8 数が多い, 優勢な; [数詞のあとに付けて] 人員 [兵員] が…の: troops nearly 50,000 *strong* 約5万人の軍隊. **9** (アルコール分・薬の成分が) 強い; (お茶・コーヒーなどが) 濃い (↔weak): *strong* medicine 強い薬 / The coffee is too *strong*. コーヒーが濃すぎる. **10** (光・色・香りなどが) 強い, 強烈な; (風・流れなどが) 強い, 激しい: a *strong* wind 強風. **11**【商】(市場・物価などが) 上昇気味の, 強気の. **12** [言語]【文法】(動詞が) 強変化の, 不規則変化の (↔weak).

■ *be* (*still*) *going stróng*《口語》(老いてなお) 元気である;(相変わらず) 盛んである.

còme ón stróng《口語》強い態度に出る, 行きすぎる. (▷ 名 **stréngth**)

◆ **stróng drínk** ⓤⓒ アルコール分の強い飲料.

stróng póint ⓒ [しばしば one's 〜] (人の) 長所, 他人よりまずれている点.

strong-àrm《口語》形 [限定用法] 腕ずくの, 力による. — 動 他 …に暴力 [腕力] をふるう.

strong-bòx [strɔ́ːŋbɑ̀ks / strɔ́ŋbɔ̀ks] 名 ⓒ (通例, 金属製の) 金庫, 貴重品箱.

strong-hòld [strɔ́ːŋhòuld] 名 ⓒ **1** (活動などの) 本拠地, 拠点. **2**《古風》とりで (fortress). **3** (動物の) 生息地.

strong·ly [strɔ́ːŋli] 副 **1** 強く; 強硬に; 熱心に, 激しく: I feel *strongly* that nuclear weapons should be exterminated. 私は核兵器は廃絶すべきだと強く思う. **2** 頑丈に, 丈夫に, 強固に: a *strongly*-built doghouse 頑丈な作りの犬小屋.

strong·man [strɔ́ːŋmæ̀n] 名 (複 **strong·men** [-mèn]) ⓒ 独裁者; 有力者;(サーカスなどの) 怪力男.

stróng-mínd·ed 形 **1** 強い意志を持った, 断固とした. **2** (特に女性が) 気丈な.

strong·room [strɔ́ːŋrùːm] 名 ⓒ (銀行などの) 金庫室.

stróng-wílled 形 意志の強い.

stron·ti·um [strɑ́nʃiəm, -tiəm / strɔ́n-] 名 ⓤ【化】ストロンチウム (《元素記号》Sr).

◆ **stróntium 90** ⓤ ストロンチウム90 (《核分裂の際に生じる人体に有害な放射性同位元素》)

strop [strɑ́p / strɔ́p] 名 ⓒ (カミソリなどを研ぐ) 革砥(ど).

strop·py [strɑ́pi / strɔ́pi] 形 (比較 **strop·pi·er** [〜ər]; 最上 **strop·pi·est** [〜ist])《英口語》気難しい, 怒りっぽい, 機嫌の悪い.

strove [stróuv] 動 **strive** の過去形の1つ.

struck [strʌ́k] 動 **strike** の過去形・過去分詞.

struc·tur·al [strʌ́ktʃərəl] 形 構造 (上) の, 構成 [組織] 上の: *structural* defects 構造上の欠陥.
(▷ 名 **strúcture**)

struc·tur·al·ly [-li] 副 構造的に.

struc·tur·al·ism [strʌ́ktʃərəlizəm] 名 ⓤ (哲学・言語学などの) 構造主義.

struc·tur·al·ist [strʌ́ktʃərəlist] 名 ⓒ 構造主義者; 構造言語学者. — 形 構造主義 (者) の.

struc·ture [strʌ́ktʃər] 動 名 【原義は「積み上げること」】

— 名 (複 **struc·tures** [〜z]) **1** ⓤⓒ 構造, 構成; 組織: sentence *structure* 文の構造 / an economic *structure* of the human body 人体の構造 / an economic *structure* of society 社会の経済組織 / the *structure* of a poem 詩の構成.

2 ⓒ 建造物, 建物 (building): huge *structures* 巨大な建築物.

3 ⓒ 構造体, 組織体.

— 動 他 …を組み立てる;〈考え・計画など〉を組織立てる, 体系化する, 構築する. (▷ 形 **strúctural**)

strug·gle [strʌ́gl] 動 名

— 動 (三単現 **strug·gles** [〜z]; 過去・過分 **strug·gled** [〜d]; 現分 **strug·gling** [〜iŋ])

— 自 **1** […を得ようと / …しようと] 努力する, 苦闘する [*for* / *to do*]; […と] 戦う, 取っ組み合う [*with, against*]: *struggle with* English 英語と悪戦苦闘する / *struggle against* racial discrimination 人種差別と戦う / We are *struggling for* a better life. 私たちはよりよい生活を目指して頑張っている / He *struggled to* keep his temper. 彼は平静を保とうと努力した.

2 […しようと] もがく, じたばたする [*to do*]: *struggle to* get free 逃げようとしてもがく / The child *struggled* in the doctor's arms. その子は医師の腕の中でもがいた.

3 […を] 苦労して進む, 押し分けて行く [*through*]: *struggle through* the crowd 人込みの中をかき分けて進む.

— 名 ⓒ **1** […を得ようとする / …しようとする] 努力, 苦闘; 競争; もがき [*for* / *to do*] (→ FIGHT

strum [strʌ́m] 動 (三単現 **strums** [~z]; 過去・過分 **strummed** [~d]; 現分 **strum·ming** [~iŋ]) 他 〈楽器・曲〉をかき鳴らす,つま弾く.
— 自〈ギターなどを〉つま弾く,かき鳴らす [on].
— 名 C [単数形で] つま弾き,かき鳴らすこと [音].

strung [strʌ́ŋ] 動 **string** の過去形・過去分詞.
— 形 1 (叙述用法) [口語] 麻薬中毒の,衰弱した (*out*). 2 [英口語] 緊張[興奮]した (*up*).

strut [strʌ́t] 動 (三単現 **struts** [strʌ́ts]; 過去・過分 **strut·ted** [~id]; 現分 **strut·ting** [~iŋ]) 自 気取って[もったいぶって]歩く;がに股で歩く (*about*, *along*).
— 名 C [単数形で] 気取った歩き方.

strych·nine [stríknain, -ni:n / -ni:n] 名 U 〖薬〗ストリキニーネ《神経興奮剤》.

Stu·art [stjú:ərt / stjú:ət] 名 1 [the ~s] スチュアート朝 (the House of Stuart) 《Scotland (1371-1714), England (1603-1714) を統治した》. 2 (英国の)スチュアート家の人. 3 女 メアリー=スチュアート Mary Stuart 《Scotland の女王 (1542-67). Queen of Scots と呼ばれる》.

stub [stʌ́b] 名 C 1 (鉛筆・ろうそくなどの)使い残し; たばこの吸いがら,[吸いさし]. 2 (入場券などの半券;(小切手帳などの)控え. 3 (木の)切り株.
— 動 (三単現 **stubs** [~z]; 過去・過分 **stubbed** [~d]; 現分 **stub·bing** [~iŋ]) 他 1 〈つま先など〉を[切り株などに]ぶつける,打ちつける [*against*].
2 〈切り株〉を引き抜く,取り除く (*up*).
■ ***stúb óut*** 他 〈たばこの吸いさしなど〉をもみ消す.

stub·ble [stʌ́bl] 名 U 1 (麦などの)刈り株.
2 刈り株状のもの;(少し伸びた)無精ひげ.

stub·bly [-li] 形 刈り株だらけの;無精ひげの.

***stub·born** [stʌ́bərn] 形 1 […に関して] 頑固な,強情な [*about*]: He is (as) *stubborn* as a mule. 彼はとても頑固です. 2 頑強な,しぶとい,不屈の: meet with *stubborn* resistance しぶとい抵抗にあう. 3 (問題などが)手に負えない.

stub·born·ly [~li] 副 頑固に;頑強に.

stub·born·ness [~nəs] 名 U 頑固さ;頑強さ.

stub·by [stʌ́bi] 形 (比較 **stub·bi·er** [~ər]; 最上 **stub·bi·est** [~ist]) (体つきなどが)ずんぐりした;(指・首などが)短くて太い.

stuc·co [stʌ́kou] 【イタリア】 名 U (壁などの)化粧しっくい.

***stuck** [stʌ́k]
— 動 **stick** の過去形・過去分詞.
— 形 1 (叙述用法) 1 動けなくなって: Our car got *stuck* in the mud. 私たちの車はぬかるみにはまって動けなくなった. 2 (粘着物で)くっついて: A piece of chewing gum is *stuck* on your chair. あなたのいすにチューインガムがくっついていますよ. 3 《口語》[…に] 夢中で,大好きで [on]: She is *stuck on* that rock singer. 彼女はロック歌手に夢中です. 4 《口語》〖いやなものを〗押しつけられて [*with*]. 5 [...に] 困り果てて [*for*].
■ ***gèt stúck ín*** [英口語] 真剣に取りかかる;さっさと食べ[飲み]始める.
gèt stúck ínto ... [英口語] 〈仕事など〉に身を入れて取りかかる;〈飲食物〉をどんどん食べる[飲む].

stúck-úp 形《口語》高慢な,うぬぼれた.

stud¹ [stʌ́d] 名 C 1 (門・盾などの)飾りびょう,飾りくぎ. 2 (タイヤ・靴に打つ)びょう,スパイク,スタッド. 3 (ワイシャツなどの)飾りボタン, (カラー・カフスの)留めボタン. 4 ピアス. 5 【建】 間柱(はしら).

stud² 名 1 U C [集合的に] (繁殖用・競馬用に飼っておく)馬群;種馬,種牡(ぼ)馬. 2 C = **stúd fàrm** 馬の飼育場. 3 C《口語・軽蔑》(性的に)精力的な男.

stud·ded [stʌ́did] 形 1 飾りびょう[飾りボタン]などを付けた. 2 [しばしば複合語で] […を]ちりばめた [*with*]: the night sky *studded* with stars 星空 / a diamond-*studded* ring ダイヤを散りばめた指輪.

***stu·dent** [stjú:dnt] 【stud (精を出す,熱心である) + ent (人) 」から】
— 名 (複 **stu·dents** [-dnts]) C 1 学生,生徒 (→ PUPIL 類義語): a high school *student* 高校生 / a college [university] *student* 大学生 / an art *student* 美術専攻の学生 / an exchange *student* 交換学生 / a *student* at Tokyo University 東京大学の学生. 2 《格式》 […の]研究者,学者;学習者 [*of*]: a genetics *student* 遺伝学者 / *students of* English 英語の学習者.
◆ **stúdent cóuncil** C 学生自治委員会.
stúdents' únion 《英》 = student union (↓).
stúdent téacher C 教育実習生.
stúdent téaching U C 教育実習 (《英》 teaching practice).
stúdent únion C 《米》 1 学生自治会,学友会. 2 (大学の)学生会館.

stud·ied [stʌ́did] 形 故意の,企んだ;考え抜かれた,周到な;(態度・文体などが)わざとらしい: with *studied* indifference ことさら無関心な素振りで.

***stu·di·o** [stjú:diou] 名 C (複 **stu·di·os** [~z])
1 (特に芸術家の)仕事場,アトリエ: an art *studio* アトリエ. 2 (放送の)放送室,スタジオ;録音室: a TV *studio* テレビスタジオ. 3 [しばしば~s] 映画撮影所;映画製作会社. 4 = **stúdio apàrtment** (《英》 **flàt**) ワンルームマンション.
◆ **stúdio áudience** C [時に the ~; 複数扱い] (テレビ・ラジオの公開放送の) スタジオ視聴者.

stu·di·ous [stjú:diəs] 形 1 よく勉強する,学問好きの. 2 […に]熱心な,骨折る [*of*]; […しようと] 苦心する,努める [*to do*]. 3 念入りな,慎重な: with *studious* attention 慎重に,よく注意して. (▷名 study)

stu·di·ous·ly [~li] 副 熱心に;念入りに,慎重に.

***stud·y** [stʌ́di] 【原義は「熱中する,努力する」】
— 動 (三単現 **stud·ies** [~z]; 過去・過分 **stud·ied** [~d]; 現分 **stud·y·ing** [~iŋ])
— 他 1 …を勉強する,研究する,専攻する (→ LEARN 類義語): My son is *studying* law. 息子は法律を勉強しています / She *studied* nursing at

stuff / **stump**

college. 彼女は大学で看護学を専攻した / I've been *studying* English for three years. 私は英語を3年間勉強している.
2 …を詳細に調べる, 調査する: *study* the situation 状況を詳しく調べる / We should *study* the weather before hiking in the mountains. 山歩きをする前には天候を調査しなくてはならない.
3 …をよく見る, じろじろ見る: Simon produced a coin and *studied* it. サイモンはコインを取り出してよく見た.
— 自 勉強する, 学ぶ, 研究する: *study* under a famous professor 有名な教授のもとで学ぶ / *study* for the bar = *study* to be a lawyer 弁護士になるために勉強をする / He *studies* at Oxford University. 彼はオックスフォード大学で学んでいる / I *studied* for six hours a day for the exam. 私は試験のために1日6時間勉強した.
— 名 (複 **stud·ies** [~z]) **1** Ｕ [または複数形で] 勉強, 勉学, 学習: He should spend more time on his *studies*. 彼は勉強にもっと時間を費すべきです / The *study* of foreign languages can open a new world for you. 外国語を勉強すると新しい世界が開けるでしょう.
2 Ｃ 研究, 調査: Ken devoted himself to the *study* of Buddhism. ケンは仏教の研究に没頭した / The committee made a *study* of air pollution. 委員会は大気汚染の調査を行った.
3 Ｃ 研究課題, 研究 [注目] に値するもの; [複数形で] 学科: my favorite *studies* 私の好きな学科 / His performance was a *study*. 彼の演技は見ものだった. **4** Ｃ 習作, 試作; 練習曲, エチュード.
5 Ｃ 書斎, 研究室. (▷ 形 stúdious).
◆ stúdy hàll 《米》Ｃ 自習室, Ｕ 自習時間.

***stuff** [stʌ́f]
— 名 動
— 名 Ｕ **1** 物質, 材料, 原料; 資料 (◇material より口語的): soft *stuff* やわらかい物質 / building *stuff* 建築資材.
2 もの, こと (◇ matter, thing よりも口語的): some sticky *stuff* 何やらべとつくもの / I have a lot of *stuff* to do. 私はやらなければならないことがたくさんある / We played cards and *stuff* like that. 私たちはトランプなどをやって遊んだ.
3 食べ物, 飲み物; 酒; 薬: the hard *stuff* 強い酒 (◇ 特にウイスキーをさす); green *stuff* 野菜.
4 《口語》(重要な) 特質; (人の) 素質, 才能: He has good *stuff* in him. 彼はよい資質を持っている. **5** 《口語》くず, がらくた; ばかばかしいもの, くだらない考え. **6** 《口語》所有物, 持ち物; 家財道具.
■ *dó one's stúff* 《口語》本領を発揮する, 期待通りの前を見せる; やるべきことをきちんとやる.
knów one's stúff 《口語》万事心得ている, 手ぬかりがない.
Thát's the stúff! 《口語》その通り, その調子.
— 動 他 **1** [入れ物に] 〈もの〉を詰め込む [*into*]; 〈入れ物〉を [...で] いっぱいにする (*up*) [*with*]: *stuff up* a hole *with* paper 紙を詰めて穴をふさぐ / Don't *stuff* your mouth *with* food. 口の中に食べ物を詰め込むな / He *stuffed* small change

into his pocket. 彼は小銭をポケットに押し込んだ.
2 [...に] 〈人〉に […で] 腹いっぱい食べさせる [*with*]; 〈食べ物〉を [人に] 腹いっぱい食べさせる [*into*]: *stuff* oneself *with* hamburgers ハンバーガーを腹いっぱい食べる. **3** 【料理】〈食用の鳥など〉に詰め物をする, 〈野菜などに〉詰める [*with*]. **4** (通例, 受け身で) 〈獣・鳥〉を剥(は)製にする.
— 自 《口語》たらふく [がつがつ] 食べる.

stuff·ed [stʌ́ft] 形 詰め込んだ, ふさがれた;《口語》腹一杯の: I'm *stuffed*! 満腹です.
■ *Gèt stúffed!* 《英俗語・軽蔑》もうたくさんだ, ふざけるな, 聞きたくない (◇怒り・嫌悪を表す).
◆ stúffed ánimal Ｃ《米》ぬいぐるみの動物 (《英》soft toy).
stúffed shírt Ｃ もったいぶった奴, うぬぼれ屋.

stuff·ing [stʌ́fiŋ] 名 Ｕ **1** 詰めること; (羽毛・綿などの) 詰め物. **2** 【料理】(鳥などに入れる) 詰め物.
■ *knóck* [*béat*, *táke*] *the stúffing òut of ...* 《口語》〈人〉をすっかり参らせる, 衰弱させる.

stuff·y [stʌ́fi] 形 (比較 **stuff·i·er** [~ər]; 最上 **stuff·i·est** [~ist]) **1** (部屋などが) 換気の悪い, (空気が) むっとする, 息苦しい. **2** (人・考えなどが) 古くさい, 古風な; 堅苦しい. **3** (鼻が) 詰まった.

stul·ti·fy [stʌ́ltəfài] 動 (三単現 **stul·ti·fies** [~z]; 過去・過分 **stul·ti·fied** [~d]; 現分 **stul·ti·fy·ing** [~iŋ]) 他《格式》**1**〈努力など〉を台なし [無効] にする; だめ [無気力] にする. **2** …を愚かに見せる [思わせる].

stul·ti·fy·ing [~iŋ] 形 うんざりするような.

***stum·ble** [stʌ́mbl] 動 自 **1** (通例, 副詞(句)を伴って) よろめく, よろめきながら歩く; […に] つまずく, つまずいて転ぶ [*over*, *on*]: *stumble over* a log 丸太につまずいて転ぶ / He was *stumbling* around in the dark. 彼は暗やみの中をよろめきながら歩いていた. **2** [言葉・せりふなどで] つかえる, とちる [*over*, *at*]: The child *stumbled over* his words. その子はつっかえながら話した.
■ *stúmble acròss* [*on*, *upòn*] *...* 他 …に偶然出くわす, …をひょっと見つける.
— 名 Ｃ **1** よろめき, つまずき. **2** (言葉などの) とちり, つっかえ.
◆ stúmbling blòck Ｃ [...の] じゃまになるもの, 障害 [*to*].

***stump** [stʌ́mp] 名 Ｃ **1** (木の) 切り株: sit down on a *stump* 木の切り株に座る. **2** (使い残しの) 切れ端; (たばこの) 吸いさし; (切断された手足・尾の) 基部: the *stump* of a pencil 鉛筆の使い残し. **3**《米》演壇; 政治演説 (stump speech).
4 【クリケット】三柱門 (wicket) の柱の1本.
■ *be* [*gò*] *on the stúmp*《米》遊説に出ている [出る].
stír one's stúmps《口語》急いで歩く; てきぱき [さっさ] とやる.
— 動 他 **1**〈木〉を切り株にする; 〈土地〉から切り株を取り除く. **2** (難問などで) …を困らせる: The professor was *stumped* for an answer. 教授は返答に窮した. **3**《米》〈選挙区など〉を遊説する.
4 【クリケット】〈打者〉をアウトにする.
— 自 **1** 重い足取りで歩く.
2《米》政治演説をする, 遊説する.

■ **stúmp úp** 《英口語》[他]〈金〉をしぶしぶ払う.
― [自] しぶしぶ金を払う.

stump·y [stʌ́mpi] [形] (比較 **stump·i·er** [～ər]; 最上 **stump·i·est** [～ist])《英》ずんぐりした,(切り株のように) 太くて短い.

stun [stʌ́n] [動] (三単現 **stuns** [～z]; 過去・過分 **stunned** [～d]; 現分 **stun·ning** [～iŋ]) [他] [進行形不可] **1** …を仰天させる, あぜんと [ぼう然と] させる: be *stunned* by the news 知らせにぼう然となる.
2 …を気絶させる, 目を回させる.
◆ **stún gùn** [C] スタンガン《電気ショックを利用した護身用の銃》.

‡**stung** [stʌ́ŋ] [動] **sting** の過去形・過去分詞.

stunk [stʌ́ŋk] [動] stink の過去形・過去分詞.

stun·ner [stʌ́nər] [名] [C]《古風》目を見張らせるもの [人]; 飛び切りの美人, すばらしい人 [もの].

stun·ning [stʌ́niŋ] [形] **1** 非常に美しい, とても魅力的な. **2** あぜんとするような, 気絶するほどの.
stun·ning·ly [～li] [副] すばらしく; 驚くほど.

stunt[1] [stʌ́nt] [動] [他] …の成長 [発育] を妨げる.

stunt[2] [名] [C] **1** 曲芸, 妙技; (危険な) 離れ業(わざ), スタント: *stunt* flying 曲芸飛行. **2** 人目を引く行動, 人気取り: a publicity *stunt* 派手な宣伝活動 / pull a *stunt* (人目を引くために) 愚かなことをする.
◆ **stúnt màn** [C] スタントマン《危険な場面で俳優の代役を演じる人. 女性形は stunt woman, 男女両用は stunt person》.

stu·pe·fy [stjúːpəfài / stjúː-] [動] (三単現 **stu·pe·fies** [～z]; 過去・過分 **stu·pe·fied** [～d]; 現分 **stu·pe·fy·ing** [～iŋ]) [他] **1** …をぼうっとさせる, 麻痺(ひ)させる. **2** …をぼう然とさせる.
stu·pe·fy·ing [～iŋ] [形] ぼう然 [ぼうっ] とさせる.

***stu·pen·dous** [stjupéndəs / stjuː-] [形] **途方もない, 並外れた, 巨大な**; 驚嘆すべき: a *stupendous* appetite 並外れた食欲.

‡**stu·pid** [stjúːpid / stjúː-] [形] [名]【原義は「気絶した」】
― [形] (比較 **stu·pid·er** [～ər], **more stu·pid**; 最上 **stu·pid·est** [～ist], **most stu·pid**)
1 (a) (人・言動などが) **ばかな**, 愚かな (→ FOOLISH [類義語]): a *stupid* remark 愚かな発言 / Don't be *stupid*! ばかなこと [まね] はよしなさい, ばか (なことを) 言うな. (b) [It is stupid of ... + to do] ～するとは…は愚かである: *It's stupid of* you *to* have made a promise like that. そんな約束をしたなんて君は愚かだ.
2 [限定用法]《口語》くだらない, ばかげた; 腹の立つ: It's a *stupid* book. それはくだらない本です.
3 [叙述用法] (人が) 〔…で〕 ぼうっとした 〔*with, from*〕: He was *stupid from* sleepiness. 彼は眠くて頭がぼうっとしていた.
― [名] [C]《口語》ばか, 間抜け. (▷ [名] stupídity)

***stu·pid·i·ty** [stjuːpídəti / stjuː-] [名] (複 **stu·pid·i·ties** [～z]) **1** [U] 愚かさ, 愚鈍: It was sheer *stupidity* to believe him. 彼を信じるなんてまったく愚かなことだった. **2** [C] [通例, 複数形で] 愚かな発言 [行為, 考え]. (▷ [形] stúpid)

stu·pid·ly [stjúːpidli / stjúː-] [副] 愚かにも.

stu·por [stjúːpər / stjúː-] [名] [C] [U] 昏睡(こんすい)状態, 意識がもうろうとした状態; ぼう然自失.

stur·di·ly [stə́ːrdili] [副] しっかりと, 頑丈に.

‡**stur·dy** [stə́ːrdi] [形] (比較 **stur·di·er** [～ər]; 最上 **stur·di·est** [～ist]) **1** (人・ものが) **がっしりした, 頑丈な**; (人が) 元気な: a *sturdy* desk 頑丈な机 / a *sturdy* man がっしりした体格の男. **2** 頑強な, 不屈な; (考え方などが) しっかりした.

stur·geon [stə́ːrdʒən] [名] (複 **stur·geon, stur·geons** [～z]) [C]〘魚〙チョウザメ《キャビアは卵を塩漬けにしたもの》; [U] チョウザメの身.

stut·ter [stʌ́tər] [動] [自] **1** (習慣的に) つっかえながら話す; 口ごもる. **2** (機械などが) がたがたいう [動く].
― [他] …をつっかえながら言う (*out*).
― [名] [C] [単数形で] つっかえながら話すこと.

sty[1] [stái] [名] (複 **sties** [～z]) [C] 豚小屋 (pigsty); いかがわしい [薄汚い] 所.

sty[2], **stye** [stái] [名] (複 **sties, styes** [～z]) [C]〘医〙麦粒腫(ばくりゅうしゅ), ものもらい.

Styg·i·an [stídʒiən] [形]《文語》暗い, 陰気な; 三途(さんず)の川 (Styx) の, 地獄の.

‡**style** [stáil] [名] [動]
― [名] (複 **styles** [～z]) **1** [U] [C] **やり方**, 流儀, 方式: the American *style* of living 米国流の暮らし方 / It's my *style* to have a bagel and a cup of coffee for breakfast. 朝食にベーグル1つとコーヒー1杯をとるのが私のスタイルです.
2 [U] [C] (商品などの) **デザイン**, 型, タイプ; (服装などの) **流行の型**, ファッション: keep up with the latest *styles* 最新のファッションについていく / They sell every *style* of mirror. あの店はあらゆる種類の鏡を売っている / Your tie is in [out of] *style*. あなたのネクタイは今流行している [流行遅れである]. ([比較]「彼女はスタイルがいい」は style を使わず, She has a good figure. などと言う)
3 [U]《ほめ言葉》(作法・態度などの) **上品さ**, 品位; 優雅, ぜいたく: live in (grand) *style* 豪奢(ごうしゃ)な生活をする / with *style* 上品に, 洗練されて / She has great *style*. 彼女はとても品がよい.
4 [U] [C] (建築・絵画・文芸などの) **様式, 作風**: classic *styles* of architecture 古典建築様式.
5 [U] [C] 文体; 話しぶり, 口調; 印刷様式, 書体: a formal *style* of speaking 堅苦しい話しぶり / Bob Greene's *style* ボブ=グリーンの文体 / a house *style* (出版社・新聞社などの) 印刷 [組版, 用字用語] の統一様式.
― [動] [他] **1** 〈家具・衣服など〉を一定の様式 [型] に合わせて作る; 〔…向きに〕 デザインする 〔*for*〕: The dress is *styled for* comfort. そのドレスは着心地がよいようにデザインされている.
2 《格式》…を (…と) 呼ぶ: He *styled* himself a great doctor. 彼は自分を偉大な医師と呼んでいる. (▷ [形] stýlish)

style·book [stáilbùk] [名] [C] **1** スタイルブック《服装の流行を図示したもの》. **2** 編集 [印刷] 便覧《編集・印刷などの規則をまとめたもの》.

***styl·ish** [stáiliʃ] [形] **流行に合った**; 上品な, 粋(いき)な: a *stylish* car かっこいい車. (▷ [動] stýle)
styl·ish·ly [～li] [副] 上品に, 粋に.
styl·ish·ness [～nəs] [名] [U] 粋なこと, かっこよさ.

styl·ist [stáilist] [名] [C] **1** (衣服・ヘアスタイルなど

の) デザイナー, スタイリスト. **2** 文体に凝る人, 名文[名演説] 家.

sty・lis・tic [stailístik] 形 文体 (論) の, 文体上の; 様式 (上) の.
sty・lis・ti・cal・ly [-kəli] 副 文体 [様式] の上で.

sty・lis・tics [stailístiks] 名 U 文体論.

styl・ized, 《英》 **styl・ised** [stáilaizd] 形 型通りの, 様式化された.

sty・lus [stáiləs] 名 (複 **sty・lus・es** [~iz]) C
1 レコード針. **2** 尖筆(せんぴつ) 《ろう版に字を書くために用いた》; 鉄筆.

sty・mie [stáimi] 名 C 《ゴルフ》スタイミー 《グリーン上のボールとホールの間に相手のボールがある状態》.
— 動 《口語》 …を困難に陥らせる, 妨害する.

sty・ro・foam [stáirəfòum] 名 U 《しばしば S-》《米》《商標》スタイロフォーム, 発泡スチロール.

Styx [stíks] 名 《ギ神》ステュクス; 三途(さんず)の川: cross the *Styx* 三途の川を渡る, 死ぬ.

suave [swáːv] 形 (人・話しぶりなどが) もの柔らかな, 人当たりのよい; (外面上) いんぎんな.
suave・ly [~li] 副 もの柔らかに; いんぎんに.

suav・i・ty [swáːvəti] 名 (複 **suav・i・ties** [~z])
1 C 《通例, 複数形で》上品な話しぶり, もの柔らかな態度. **2** U (外面上の) 感じのよさ, 人当たりのよさ.

sub [sʌb] 名 動 《the ~》 《口語》 **1** 代わり, 代役, 代用品, 【スポーツ】控え選手 (substitute). **2** 潜水艦 (submarine). **3** (定期的に払う) 会費 (subscription). **5** 編集補佐 (subeditor). **5** 《米》給料の前払い分, 前借り.
— 動 (三単現 **subs** [~z]; 過去・過分 **subbed** [~d]; 現分 **sub・bing** [~iŋ]) 《口語》 自 […を] 代行する, […の] 代理を務める 《*for*》.

sub- [sʌb, səb] 接頭 「下」「補, 副」「下位」の意を表す: *sub*way 地下鉄 / *sub*marine 潜水艦 / *sub*section 下位区分 / *sub*tropical 亜熱帯の.

sub・al・tern [sʌbɔ́ːltərn / sʌ́bəltən] 名 C 下位 [下級] の人; 《英軍》 準大尉.

sub・a・tom・ic [sʌ̀bətɑ́mik / -ɔ́m-] 形 【物理】 原子より小さい (粒子の); 原子内で生じる.

sub・com・mit・tee [sʌ́bkəmìti] 名 C 小委員会, 分科会.

sub・com・pact [sʌ́bkəmpækt, -kɑ̀m-] 名 C = súbcompact cár 《米》準小型車 《小型車 (compact car) よりも小さな車》.

sub・con・scious [sʌbkɑ́nʃəs / -kɔ́n-] 形 潜在意識 [意識下] の.
— 名 U 《the ~ / one's ~》潜在意識.
sub・con・scious・ly [~li] 副 潜在意識的に; ぼんやりと, おぼろげに.

sub・con・ti・nent [sʌbkɑ́ntənənt / -kɔ́n-] 名 C 亜大陸 《大陸より小さい陸・島; インド・アラビア・グリーンランドなど》.

sub・con・tract [sʌ̀bkɑ́ntrækt / -kɔ́n-] 名 C 下請け契約.
— 動 [sʌ̀bkəntrǽkt] 他 …を […に] 下請けに出す 《*out*》《*to*》; …の下請け (契約) をする.
— 自 下請けに出す; 下請けをする.

sub・con・trac・tor [sʌ̀bkɑ́ntræktər / sʌ̀bkəntrǽktə] 名 C 下請け人 [業者], 下請会社.

sub・cul・ture [sʌ́bkʌltʃər] 名 C サブカルチャー, 下位文化.

sub・cu・ta・ne・ous [sʌ̀bkjutéiniəs] 形 《医》皮下の: *subcutaneous* fat 皮下脂肪.

sub・di・vide [sʌ̀bdiváid] 動 他 …を […に] 再分割する, 細分する, 小分けにする 《*into*》.
— 自 再分割 [細分] される.

sub・di・vi・sion [sʌ̀bdivíʒən] 名 U 再分割, 小分け; C (細分された) 一部分, 一区分; C 《米》分譲地.

***sub・due** [səbdjúː / -djúː] 動 他 **1** …を征服する; 《格式》鎮圧する: *subdue* the rebels 反乱軍を制圧する / *subdue* inflation インフレを抑える.
2 《格式》〈感情など〉を抑える, 抑制する.
3 〈光・声など〉を和らげる, 弱める.

***sub・dued** [səbdjúːd / -djúːd] 形 **1** 抑えられた, 抑制された; (光・声などが) 和らげられた, 弱められた: *subdued* lighting 柔らかい照明. **2** (人・態度・表情などが) 控えめの, 元気のない, 沈み込んだ; (市場などが) 活気がない.

sub・ed・i・tor [sʌbéditər] 名 C **1** 編集補佐.
2 《英》原稿整理係.

sub・group [sʌ́bgrùːp] 名 C (集団の中の) 小グループ, 下位集団.

sub・head・ing [sʌ́bhèdiŋ] 名 C (新聞の) 小見出し, 副題.

sub・hu・man [sʌ̀bhjúːmən] 形 **1** (知性などが) 人間以下の. **2** (進化のレベルが) 人間に近い.

★★★ **sub・ject** 名 形 動

【原義は「下に置かれたもの」】

— 名 [sʌ́bdʒikt] (複 **sub・jects** [-dʒikts]) C
1 主題, テーマ; 課題; 話題 (→ 類義語): discuss the main *subject* 主題を話し合う / change the *subject* 話題を変える / write a thesis on the *subject* of ecological destruction 生態破壊に関する論文を書く / What is the *subject* of this painting? この絵のテーマは何ですか.
2 科目, 学科: What *subject* do you like best? どの科目が一番好きですか / There are 10 required [《英》compulsory] *subjects* and 8 elective [《英》optional] ones. 必修科目が10, 選択科目が8つある.
3 対象, 的; 原因, 動機: a *subject* of controversy 論争の種 / Jack's deed was a *subject* of praise. ジャックの行為は称賛のためだった.
4 患者; 実験 [治療] を受ける人 [動物]; 実験材料; 解剖死体: a rheumatic *subject* リューマチ患者.
5 【文法】主語, 主部 (→ SENTENCE 文法). What is the *subject* in this sentence? この文で主語はどれですか. **6** (君主に対して) 臣民, (君主国の) 国民; 臣下: a British *subject* 英国民.

— 形 **1** 《の影響を》受けやすい, [病気などに] かかりやすい 《*to*》: Smokers are *subject to* lung cancer. 喫煙者は肺癌(がん)になりやすい / The prices are *subject to* change without notice. 価格は予告なしに変更することがあります.
2 […を] 必要とする, 条件とする 《*to*》: Any change of the law is *subject to* Diet approval. その法律のいかなる改定も国会の承認を必要とする.
3 […に] 支配されている, 従属した 《*to*》: Everything on the earth is *subject to* the law of gravitation. 地球上のあらゆる物は引力の法則に従

■ *subject to* ... …を条件として: *Subject to* your consent, we'll postpone the meeting. 皆さんの同意がいただければ大会を延期します.
— 動 [səbdʒékt] 他 **1** 《格式》…を[…の]支配下に置く, 従属させる [*to*]: The invaders *subjected* the country *to* their rule. 侵略軍はその国を自分たちの支配下に置いた.
2 [しばしば受け身で] …を[批判・物笑いなどに]さらす [*to*]: The man *was subjected to* torture. その男は拷問(ごうもん)にかけられた / Don't *subject* yourself *to* ridicule. 世間の物笑いになるな.
(▷ 形 subjéctive; 名 subjéction)
◆ súbject màtter U 主題.

[類義語] **subject, theme, topic**
共通する意味▶主題 (the principal matter discussed in a speech or a piece of writing)
subject は「主題」を表す最も一般的な語: the *subject* of the thesis 論文のテーマ. **theme** は本や記事などの「主題, 中心思想」の意: Love is a major *theme* of his poetry. 愛が彼の詩の主要テーマである. **topic** は主に談話・随筆・討論の場などでの「一般の関心を引くような話題」をさす: current *topics* 最新の話題 / Fishing was their favorite *topic* of conversation. 釣りが彼らのお気に入りの話題だった.

sub·jec·tion [səbdʒékʃən] 名 U 《格式》 **1** 征服, 支配. **2** […への] 服従, 従属 (関係) [*to*]: in *subjection to* ... …に服従して. (▷ 動 subject)
*sub·jec·tive [səbdʒéktiv] 形 **1** 主観的な (↔ objective): *subjective* views 主観的な見解.
2 [比較なし] 架空の, 想像上の. **3** 【文法】主格の, 主語 [主部] の.
◆ subjéctive cáse [the ~] 【文法】主格 (→ PERSONAL PRONOUN (文法)).
subjéctive cómplement C 【文法】主格補語 (→巻末「文型について」). (▷ 名 súbject)
sub·jec·tive·ly [səbdʒéktivli] 副 主観的に, 個人的な見方で (↔ objectively).
sub·jec·tiv·i·ty [sÀbdʒəktívəti] 名 U 主観性, 主観的なこと (↔ objectivity).
sub·join [sÀbdʒɔ́in] 動 他 《格式》…を […に] 付け加える, 付け足す [*to*].
sub·ju·gate [sÁbdʒugèit] 動 他 《格式》〈人・国などを〉征服する; 服従させる.
sub·ju·ga·tion [sÀbdʒugéiʃən] 名 U 《格式》支配, 征服; 服従, 従属.
*sub·junc·tive [səbdʒÁŋktiv] 形 【文法】仮定法の (cf. indicative 直説法の / imperative 命令法の): *subjunctive* past [present, past perfect] 仮定法過去 [現在, 過去完了].
— 名 【文法】U [the ~] = subjúnctive móod 仮定法 (→ (文法)); C 仮定法の動詞《条件・願望・疑いなどを表す場合に用いる動詞の変化形》.
sub·lease [sÁblìːs] 名 C また貸し.

文法 仮定法 (subjunctive mood)

【仮定法過去】

■「If+S+過去形, S+would [could, might, should] +動詞の原形」「もし…であるなら～なのに」

現在の事実ではないことを仮想して述べる言い方です. 表す内容は過去ではありません.

If I had time, I would stay in Vienna for another night.
(もし時間があれば, もうひと晩ウィーンに滞在するのに)

If I were a magician, I could turn this stone into gold.
(もし私が魔法使いなら, この石を金に変えることができるのに)

【仮定法過去完了】

■「If+S+had+過去分詞, S+would [could, might, should] +have+過去分詞」「もし…だったなら～だったのに」

過去の事実ではないことを仮想して述べる言い方です. 表す内容は過去完了ではありません.

If she had been there, she would have seen the parade.
(もし彼女がそこにいたら, そのパレードを見ただろうに)

If you had done as I told you, you might not have failed.
(もし私の言った通りにしていたら, あなたは失敗しなかったかもしれないのに)

【If...を用いない仮定法】

■ 主語に条件が含まれる場合

A true friend would tell you that you are wrong. (=If he [she] were a true friend, he [she] would...)
(本当の友達なら, あなたは間違っていると言ってくれるだろう)

■ 副詞に条件が含まれる場合

I used the Internet. Otherwise I could not have gotten the book so quickly. (=If I had not used the Internet, I could...)
(私はインターネットを使った. そうしなければ, こんなに早くその本を手に入れることができなかっただろう)

■ 副詞句に条件が含まれる場合

Without your help, I could not have finished my work in time. (=If you had not helped me, I could...)
(もしあなたが手伝ってくれなかったら, 私は時間内に仕事を終えることができなかっただろう)

— 動 [sʌblíːs] 他〈部屋・家などを〉〈人に/人から〉また貸しする［してもらう］(sublet) [to / from].

sub·let [sʌblét] 動 (三単現 **sub·lets** [-léts]; 過去・過分 **sub·let**; 現分 **sub·let·ting** [~iŋ]) 他 **1**〈部屋〉を〈人に/人から〉また貸しする［してもらう］[to / from]. **2** …を下請けに出す.

sub·lieu·ten·ant [sʌbluːténənt / sʌblə-, -lef-] 名 C《英海軍》中尉.

sub·li·mate [sʌ́bləmèit] 動 他 **1**《化》…を昇華する. **2**《心理》〈怒りなどの感情〉を［…に］昇華する[into].

sub·li·ma·tion [sʌ̀bləméiʃən] 名 U **1**《化》昇華. **2**《心理》（感情の）昇華.

*__sub·lime__ [səbláim] 形 (比較 **sub·lim·er** [~ər]; 最上 **sub·lim·est** [~ist]) **1** 崇高な，気高い；すぐれた；この上ない，すばらしい: *sublime* judgments すぐれた判断 / with *sublime* indifference 超然として. **2**《軽蔑》途方もない，とんでもない: *sublime* idleness とんでもない怠惰さ.
— 名 [the ~] 崇高なもの，至高: from the *sublime* to the ridiculous 崇高なものからこっけいなものへ；ピンからキリまで.

sub·lime·ly [~li] 副 崇高に，荘厳に；雄大に；《口語》とんでもなく，ひどく.

sub·lim·i·nal [sʌblímənəl] 形 潜在意識の；潜在意識に訴える: *subliminal* advertising サブリミナル広告《画面上で瞬間的に映像をはさみ込み潜在意識に訴えかける広告》.

sub·ma·chíne gùn [sʌ̀bməʃíːn-] 名 C 軽機関銃，自動小銃.

*__sub·ma·rine__ [sʌ́bmərìːn, sʌ̀bməríːn] 名 C 潜水艦，潜行艇（《口語》sub）(→ SHIP 図): a nuclear *submarine* 原子力潜水艦.
— 形 海中［水中］の，海底の: a *submarine* volcano [cable] 海底火山［ケーブル］.
◆ **súbmarine sándwich** 名 C《米》サブマリンサンドイッチ (hero sandwich)《縦長パンに肉・チーズ・野菜をはさむ．《口語》sub とも言う》.

sub·merge [səbmə́ːrdʒ] 動 **1** …を〈水中に〉沈める；水浸しにする，水没させる. **2** …をすっかり覆い隠す，包み隠す: *submerge* oneself in … に没頭する. — 自 水中に潜る，沈む.

sub·merged [səbmə́ːrdʒd] 形《海中に》隠れた，水面下の.

sub·mer·gence [səbmə́ːrdʒəns] 名 U 潜水，沈没，水浸し.

sub·mers·i·ble [səbmə́ːrsəbl] 形《船などが》潜水［潜航］できる；潜水作業ができる.
— 名 C 潜水艦，水中作業船.

sub·mer·sion [səbmə́ːrʒən / -ʃən] 名 U 潜水；沈没，水浸し (submergence).

*__sub·mis·sion__ [səbmíʃən] 名 **1** U […への] 服従，降服；《懇願などに》言いなりになること，従属 [to]: in *submission* to the order 命令に服従して / make one's *submission* to … …に服従する. **2**《格式》〈考えなどの〉提案，具申: in my *submission* 私の意見では. **3** U C（報告書などの）提出. **4** C 意見書；《法》陳述書: send up a *submission* 意見書を提出する. (▷ 動 submit)

sub·mis·sive [səbmísiv] 形 […に] 服従する，従順，言いなりになる；へつらう [to]. (▷ 動 submit)

sub·mis·sive·ly [~li] 副 従順に.

sub·mis·sive·ness [~nəs] 名 U 従順さ.

*__sub·mit__ [səbmít] 動 (三単現 **sub·mits** [-míts]; 過去・過分 **sub·mit·ted** [-id]; 現分 **sub·mit·ting** [~iŋ]) 他 **1**〈文書など〉を〈検討を求めて〉［…に］提出する；［…に］…をゆだねる，付託する [to]: *submit* the assignment *to* the teacher 先生に宿題を提出する / *submit* a case *to* the court 裁判所に訴える. **2**《格式》…であると申し立てる，［…ということを］提案する《that 節》: I *submit that* he is innocent. 彼は無実であると私は申し上げます.
— 自 […に] 服従する，屈服する；［…を］甘受する [to]: *submit to* the authority 権威に屈服する.
■ **submít onesèlf to** … 〈権力・権威など〉に服従する，屈服する；…を甘受する.
(▷ 名 submíssion; 形 submíssive)

sub·nor·mal [sʌ̀bnɔ́ːrməl] 形《特に知能が》並以下の，標準以下の，知的障害のある.
— 名 C（複数扱い）知的障害を持つ人.

*__sub·or·di·nate__ [səbɔ́ːrdinət] 形 **1**［…に］従属した，（役職などが）［…より］下位の；［…に］劣る [to]: a *subordinate* officer 副官，次官. **2**《文法》従属の，従位の (cf. coordinate 対等の，等位の).
— 名 C 下位［下級］の者，配下，部下.
— 動 [səbɔ́ːrdənèit] 他 …を［…より］下位に置く，軽視する；［…に］従属させる，従わせる [to].
◆ **subórdinate cláuse** 名 C《文法》従属［従位］節 (→ CLAUSE **文法**).
subórdinate conjúnction 名 C《文法》従属［従位］接続詞 (→ CONJUNCTION **文法**).

sub·or·di·na·tion [səbɔ̀ːrdənéiʃən] 名 U **1** 下位に置く［置かれる］こと；従属，服従；（役職・身分の）下位. **2**《文法》従属関係.

sub·orn [səbɔ́ːrn] 動《法》〈人〉を買収する，…に〈わいろを使って〉偽証させる.

sub·plot [sʌ́bplʌt / -plɔ̀t] 名 C（小説・劇などの）わき筋，本筋をそれた話.

sub·poe·na, sub·pe·na [səbpíːnə]《法》名 C（法廷への）召喚状，呼び出し状.
— 動 他〈人〉に召喚状を出す；〈人〉を（法廷に）召喚する，呼び出す.

sub·rou·tine [sʌ̀bruːtíːn] 名 C《コンピュータ》サブルーチン《随時呼び出せるプログラム》.

*__sub·scribe__ [səbskráib] 動 自 **1**［新聞・雑誌などを］定期購読する，予約する [to, for]: *subscribe to* "Time" magazine タイム誌を定期購読する. **2**［…に］寄付をする；資金を提供する [to]: *subscribe to* the new enterprise 新規事業に資金を提供する. **3**（意見・計画などに）同意する，賛同する [to]. — 他 **1**［…に］〈資金など〉を提供する，寄付をする [to]. **2**《格式》〈名前〉を書く，署名する.
(▷ 名 subscription)

*__sub·scrib·er__ [səbskráibər] 名 C **1**《雑誌・新聞などの》定期購読者；（電話などの）加入者，有料サービス利用者 [to]. **2** 慈善行為などの〉協賛者，寄付（申し込み）者，資金提供者 [to]. **3** 賛同［支持］者.

*__sub·scrip·tion__ [səbskrípʃən] 名 **1** U 予約（購読），C 予約（購読）金，購読料；《英》（クラブなどの）会費: renew one's *subscription* to a mag-

sub·sec·tion [sʌ́bsèkʃən] 名 C 小区分; 小節; (法律の条文・契約文書などの) 款(かん).

***sub·se·quent** [sʌ́bsikwənt] 形《格式》**1** その後の, あとに続く [起こる] (following): at a *subsequent* game あとの試合で. **2** 〖名詞的に用いて〗〔…の〕次の, あとの〔*to*〕: on the day *subsequent to* the birthday 誕生日の翌日に.

***sub·se·quent·ly** [sʌ́bsikwəntli] 副《格式》あとに, 引き続いて, その後 (になって).

sub·ser·vi·ence [səbsə́ːrviəns] 名 U **1** 追従, 卑屈さ, へつらい. **2** 役立つこと, 貢献.

sub·ser·vi·ent [səbsə́ːrviənt] 形 **1**〔…に対して〕言いなりの, 卑屈な〔*to*〕. **2**《格式》〔…にとって〕付随的な, それほど重要でない〔*to*〕.

sub·set [sʌ́bsèt] 名 C〖数学〗部分集合.

***sub·side** [səbsáid] 動 自 **1** (地面などが) 沈む, 沈下する, 陥没する: The floor *subsided* a little after the earthquake. 地震のあと床が少し沈んだ. **2** (風雨・騒動・感情が) 静まる, 沈静化する: (洪水の) 水が引く: His anger *subsided*. 彼の怒りは収まった. **3**《口語・こっけい》〖いすなどに〗 (どっかと) 腰を下ろす, 身を沈める〔*into*〕.

sub·sid·ence [səbsáidəns, sʌ́bsədəns] 名 U C (地盤・建物などの) 沈下, 陥没. **2** (風雨・勢いの) 沈静, 減退, (怒りなどの感情が) 収まること.

sub·sid·i·ar·y [səbsídièri / -əri] 形 **1** 重要度の低い, 補助的な; 〔…に〕従属的な, 付随する〔*to*〕: a *subsidiary* role 補助的な役割. **2** 子会社の; 〔…の〕傘下の〔*to*〕.
— 名 (複 **sub·sid·i·ar·ies** [~z]) C 子会社.

sub·si·di·za·tion [sʌ̀bsədizéiʃən / -dai-] 名 U 資金援助, 助成金交付.

sub·si·dize,《英》**sub·si·dise** [sʌ́bsədàiz] 動 他 …に資金援助をする, 助成 [補助, 援助] 金を出す.

***sub·si·dy** [sʌ́bsədi] 名 (複 **sub·si·dies** [~z]) C (国家からの) 助成 [補助] 金, 援助資金: government *subsidies* 政府助成金 [交付金].

sub·sist [səbsíst] 動 自 **1**〔…で〕(苦労しながら) 暮らす〔*on*〕: *subsist on* a small pension 少ない年金で暮らす. **2** (慣習・風習などが) 存続する.

sub·sist·ence [səbsístəns] 名 U《最低限の》生活, 生存; 存続; 〖形容詞的に〗 最低生活の, 生計を立てるための: at the *subsistence* level 最低の生活レベルで / means of *subsistence* 生計手段.
◆ **subsístence cròp** C (農家の) 自給用作物 (↔ cash crop).

sub·soil [sʌ́bsòil] 名 U〖農〗底土(そこつち), 下層土 (cf. topsoil 表土).

sub·son·ic [sʌ̀bsánik / -sɔ́n-] 形 音速以下の, 亜音速の (cf. supersonic 超音速の).

sub·spe·cies [sʌ́bspìːʃiːz] 名 (複 **sub·spe·cies**) C〖生物〗亜種(あしゅ).

****sub·stance** [sʌ́bstəns]
— 名 (複 **sub·stanc·es** [~iz]) **1** C 物質, もの: a solid [liquid, gaseous] *substance* 固体 [液体, 気体] / chemical [radioactive] *substances* 化学 [放射性] 物質.
2 U《格式》実質, 内容, 中身; 本質, 実体: a rumor without *substance* 実体のないうわさ / the *substance* of religion 宗教の本質.
3 [the ~]《格式》〔…の〕要旨, 趣旨 (essence) 〔*of*〕: This is the *substance of* that essay. これがその論文の要旨です.
4 U〖文語〗富, 財産, 資産 (wealth): a man [woman] of *substance* 資産家.
■ ***in súbstance*** 《格式》実質 [本質] 的には, 大筋においては: I agree with him *in substance*. 私は大筋では彼に賛成です. (▷ 形 substántial)

sub·stand·ard [sʌ̀bstǽndərd] 形 **1** 標準以下の; (製品などが) 規格に合わない. **2** (語法で) 非標準の.

****sub·stan·tial** [səbstǽnʃəl]
— 形 **1** (数量・程度などが) **かなりの**, 相当の: a *substantial* sum of money 相当な [かなりの] 金額 / We will have a *substantial* rice crop this year. 今年は米はかなりの豊作だろう.
2 頑丈な, 丈夫な, 堅い: a *substantial* bookshelf 頑丈な本棚. **3**〖限定用法〗本質的な, 実質上の; 価値 [根拠] のある, 重要な: *substantial* evidence 確かな証拠 / Tom is in *substantial* agreement with her. トムは彼女と大体において意見が一致している. **4** 裕福な, 資産のある: a *substantial* merchant 裕福な商人. **5** 実在する, 実体のある. (▷ 名 súbstance)

***sub·stan·tial·ly** [səbstǽnʃəli] 副 **1** 本質的に (は), 実質的に (は); おおかた: They are *substantially* the same. それらは大体において同じである. **2** 相当に, かなり, 十分に: It'll be *substantially* helpful. それは相当役に立つだろう.

sub·stan·ti·ate [səbstǽnʃièit] 動 他《格式》…を証明 [実証] する (prove); 具体化する, 実現する. (▷ 名 súbstance)

sub·stan·ti·a·tion [səbstæ̀nʃiéiʃən] 名 U《格式》(理論・主張などの) 実証, 裏付け; 具体化, 実現.

sub·stan·tive [sʌ́bstəntiv] 形 《通例, 限定用法》《格式》実質的な, 実効のある.
— 名 C〖文法〗名詞 (noun), 名詞相当語句.

sub·sta·tion [sʌ́bstèiʃən] 名 C (放送局・郵便局などの) 支所, 出張所; 変電所.

****sub·sti·tute** [sʌ́bstitjùːt / -tjùːt] 動 名

【原義は「下に置く」】

— 動 (三単現 **sub·sti·tutes** [-tjùːts]; 過去・過分 **sub·sti·tut·ed** [~id]; 現分 **sub·sti·tut·ing** [~iŋ])
— 他 …を〔…の〕代わりに用いる, 代用する; 代理をさせる〔*for*〕: Ben was *substituted* in that game. ベンはその試合に代理で出場した. I *substituted* his imitation *for* the real painting. 彼は本物の絵の代わりに自筆の模写を置いた.
— 自〔…の〕代わりをする, 代理を務める〔*for*〕: A friend of mine *substituted for* me while I was sick. 私が病気の間友人が代理を務めてくれた.
— 名 **1** C〔…の〕代わり (となる人 [もの]), 代理人; 補欠〔*for*〕: a *substitute for* the leading

actor 主演俳優の代役 / There is no *substitute for* peace. 平和にまさるものはない.
2 [形容詞的に] 代理の, 代用の: a *substitute* player 補欠選手. (▷ sùbstitútion)

*sub·sti·tu·tion [sÀbstətjúːʃən / -tjúː-] 名 U 《…の》代用, 代理; 《…との》交換, 入れ替え [*for*]: make a *substitution* 代用する; 選手交替をする. (▷ 動 súbstitùte)

sub·stra·tum [sÁbstrèitəm / -strɑ̀ː-] 名 (複 sub·stra·ta [-tə]) C **1** (土・岩の) 下層 (部分).
2 《格式》 (一般に) 基礎, 土台.

sub·struc·ture [sÁbstrÀktʃər] 名 C (建物などの) 基礎, 土台; 下部構造 (↔ superstructure).

sub·sume [səbsjúːm / -sjúːm] 動 他 《格式》〈発案・意見などを〉[…に] 組み入れる, 包含する [*in, into*]; […に] 分類する [*under*].

sub·tend [səbténd] 動 他 《数学》 (図形の弦・辺が) 〈弧・角に対している.

sub·ter·fuge [sÁbtərfjùːdʒ] 名 U C 《格式》言い逃(%)れ, 口実; ごまかし, 策略.

sub·ter·ra·ne·an [sÀbtəréiniən] 形 地中 [地下] の; 秘密の, 隠れた.

sub·ti·tle [sÁbtàitl] 名 C **1** サブタイトル, 副題.
2 [~s] (映画などの) 字幕 (スーパー).

sub·ti·tled [sÁbtàitld] 形 **1** (書籍などに) 副題の付いた. **2** (映画の) 字幕 (スーパー) の付いた.

*sub·tle [sÁtl] (☆ 発音に注意) 形 (比較 sub·tler [-ər]; 最上 sub·tl·est [-ist]) **1** 微妙な, かすかな, あいまいな: *subtle* differences 微妙な違い / the *subtle* scent of wisteria フジの花のほのかな香り. **2** (感覚が) 鋭い, 敏感な: *subtle* insight 深い洞察力. **3** (計画などが) 巧妙な; (デザインなどが) 手の込んだ, 精巧な: *subtle* methods 巧妙な手法. (▷ 名 súbtlety)

sub·tle·ty [sÁtlti] 名 (複 sub·tle·ties [~z])
1 U 微妙さ, とらえがたいこと. **2** U 敏感さ; 巧妙.
3 C [通例, 複数形で] 微妙な違い, 細かい区別. (▷ 形 súbtle)

sub·tly [sÁtli] 副 微妙に, かすかに; 巧妙に.

sub·to·tal [sÁbtòutəl] 名 C 小計.

*sub·tract [səbtrǽkt] 動 他 […から] …を引く, 減ずる; …をさし引く, 控除する (↔ add) [*from*]: *Subtract* 37 *from* 95, and you get [have] 58. 95から37を引くと58です [95 − 37 = 58].
— 自 引き算をする (↔ add).

sub·trac·tion [səbtrǽkʃən] 名 U C **1** 《数学》引き算 (↔ addition). **2** 控除, さし引くこと.

sub·trop·i·cal [sÀbtrɑ́pikəl / -trɔ́p-] 形 亜熱帯 (性) の: the *subtropical* climate 亜熱帯性気候 / *subtropical* plants 亜熱帯植物.

***sub·urb [sÁbəːrb] 【「sub (…の下) + urb (都市)」から】
— 名 (複 sub·urbs [~z]) C [通例 the ~s; 集合的に] 郊外 (住宅地); [a ~] 郊外の1地区 (cf. outskirts 町外れ): in the *suburbs* of Boston ボストン郊外に / live in a *suburb* of London ロンドンの郊外に住む. (▷ 形 subúrban)

*sub·ur·ban [səbə́ːrbən] 形 **1** 郊外の, 郊外に住む: *suburban* housing 郊外の住宅. **2** (考えなどが) さえない, 平凡で退屈な. (▷ 名 súburb)

sub·ur·ban·ite [səbə́ːrbənàit] 名 C 郊外の住人, 都市近郊生活者.

sub·ur·bi·a [səbə́ːrbiə] 名 U **1** [集合的に] 郊外, 都市近郊; 郊外の住人. **2** 郊外の住人の生活 [思考].

sub·ven·tion [səbvénʃən] 名 C 《格式》補助金, 助成金 (subsidy).

sub·ver·sion [səbvə́ːrʒən / -ʃən] 名 U 覆(%)すこと, 転覆; 崩壊, 崩壊.

sub·ver·sive [səbvə́ːrsiv] 形 (政府・権威・体制などの) 転覆 [破壊] しようとする; (道徳観などの) 崩壊を目指す: *subversive* activities 破壊活動.
— 名 C 破壊工作者; 不穏分子.

sub·vert [səbvə́ːrt] 動 他 《格式》〈政府・権威などを〉転覆させる, 打倒 [破壊] する; …を (道徳的に) 腐敗 [堕落] させる.

**sub·way [sÁbwèi] 【「sub (…の下) + way (道)」から】
— 名 (複 sub·ways [~z]) C **1** 《米》地下鉄 (《英》underground, tube): take the *subway* 地下鉄に乗る / go to school by *subway* [on the *subway*] 地下鉄で学校に通う.
2 《英》 (横断用の) 地下道 (《米》underpass).

***suc·ceed [səksíːd] 【原義は「すぐあとに続く」】
— 動 (三単現 suc·ceeds [-síːdz]; 過去・過分 suc·ceed·ed [~id]; 現分 suc·ceed·ing [~iŋ])
— 自 **1** […に] 成功する, うまくいく [*in*] (↔ fail): Our plan *succeeded*. 私たちの計画はうまくいった / He *succeeded in* the examination. 彼は試験に受かった / Did you *succeed in* finding a place to stay? 泊まる所は見つかりましたか / I hope you'll *succeed in* life. ご出世なさいますように.
2 [地位・財産などを] 継ぐ, 相続する [*to*]: The Crown Prince *succeeds to* the throne. 皇太子が王位を継ぐ / Judy *succeeded to* a vast fortune. ジュディーはばく大な財産を相続した.
3 《格式》あとに続く, 続いて起こる.
— 他 **1** 〈地位・財産などを〉相続する, 引き継ぐ: The land was *succeeded* by his eldest son. 土地は彼の長男が相続した / She will *succeed* the president. 彼女が社長のあとを継ぐだろう.
2 …のあとに続く, …に続いて起こる (↔ precede): A calm *succeeded* the storm. あらしのあとに凪(%)が来た. (▷ 名 succéss, succésion; 形 succéssive)

suc·ceed·ing [səksíːdiŋ] 形 次の, 続いて起こる (following) (↔ preceding).

***suc·cess [səksés] — 名 (複 suc·cess·es [~iz]) **1** U [または a ~] 《…での》成功, 好結果, 合格 (↔ failure) [*in, with*]: *success in* life 立身出世 / with [without] *success* 首尾よく [不首尾に] / Our plan achieved great *success*. 私たちの計画は大成功を収めた / She had *success in* passing the examination. 彼女は試験に合格した.
2 C [通例 a ~] 成功した人 [こと, もの]; 合格者: a *success* in business 実業界の成功者 / The

welcome party was a great *success*. 歓迎会は盛会であった.
■ **màke a succéss of ...** …を成功させる, 首尾よくやる. (▷ 動 succéed)
◆ **succéss stòry** C 成功譚; 成功した人[もの].

suc・cess・ful [səksésfəl]
—形 […で] **成功した**, うまくいった; 合格した; 出世した[*in*]: a *successful* businessman 実業家として成功した人 / a *successful* play 大当たりの芝居 / Mary was *successful in* the examination. メアリーはその試験に合格した / He was *successful in* finding a part-time job. 彼はアルバイトの口をうまく見つけることができた.

suc・cess・ful・ly [səksésfəli] 副 首尾よく, うまくいった: Everything went *successfully*. 万事うまくいった.

suc・ces・sion [səkséʃən] 名 **1** [a〜]〔事件・出来事の〕連続, [人・ものの] ひと続き, 連なり[*of*] (◇ of のあとには複数名詞): a *succession of* accidents [failures] 事件[失敗]の連続 / a *succession of* rainy days 雨天続き.
2 U […の]跡を継ぐこと, 相続(権), 継承(権)[*to*]: by succession 世襲によって / the *succession to* the throne 王位継承権.
■ **in succéssion** **1** 連続して[した]: for five years *in succession* 5年連続して / happen *in* rapid [quick] *succession* 立て続けに起こる.
2 […を]相続して, 継承して[*to*]. (▷ 動 succéed)

*suc・ces・sive [səksésiv] 形〔事件などが〕連続する, 引き続いての, 相次ぐ: win three *successive* games 3連勝する / five *successive* holidays 5連休. (▷ 動 succéed)

suc・ces・sive・ly [səksésivli] 副 連続して, 引き続いて.

*suc・ces・sor [səksésər] 名 C **1** […の]後継者, 継承者(↔ predecessor); 相続人[*to*]: a *successor to* the president 社長の後継者. **2**《格式》[…に]取って代わるもの; あとに続く人[*to*].

suc・cinct [səksíŋkt] 形《ほめ言葉》〔文章・説明などが〕簡潔な: a *succinct* speech 簡潔なスピーチ.
suc・cinct・ly [〜li] 副 簡潔に.
suc・cinct・ness [〜nəs] 名 U 簡潔(さ).

suc・cor,《英》**suc・cour** [sʌ́kər]《文語》名 U (困ったときの)手助け, 援助, 救援.
— 動 他 …を助ける, 援助する (aid).

suc・cu・lent [sʌ́kjulənt] 形 **1**〔果物・肉などが〕汁[水分, 水気]の多い. **2**〔植〕〔サボテンなどが〕多肉多汁な, 〔茎・葉が〕肉の厚い.
— 名 C〔植〕多肉植物.

suc・cumb [səkʌ́m](☆ 発音に注意)動 自《格式》**1** […に]屈服する, 負ける[*to*]: *succumb to* persuasion 説得に屈する. **2** [病気などで]死ぬ[*to*]: *succumb to* cancer 癌(がん)で死ぬ.

such [(弱) sətʃ; (強) sʌ́tʃ]
—形〖比較なし〗**1**〖限定用法〗**そのような**, そんな, こんな, あんな: I don't want to attend *such* a party. そんなパーティーには出席したくない / Why do you say *such* things? どうしてそんなことを言うのですか / I never knew he was *such* a guy. 彼がそんな男だとはちっとも知らなかった.
語法 (1) 次の場合の such の位置に注意.
(a) 不定冠詞 (a, an) の直前(→ A **語法** (4)(b)): *such a* book そんな本 / *such an* idea そうした考え. (b) some, any, each, all, many, no, 数詞などの直後: ten *such* books そのような本 10冊 / I have *no such* idea. 私はそんな考えは持っていない.
(2) the, this, these, that, those と共には用いない.
2〖「形容詞+名詞」の前に付けて〗**それほど…**, とても…な (◇ あとに続く形容詞を強調する): We haven't had *such* fine weather for the past few weeks. こんなによい天気はここ数週間なかった / I've never seen *such* an exciting movie. こんな面白い映画は見たことがない.
3 それほどの, そんなによい[悪い](◇ 形容詞を伴わない名詞の前に付けてその意味を強める): I have no words to thank you for *such* kindness. こんなにご親切にしていただいてお礼の言葉もありません / I have never read *such* a book. 私はこれほどよい本を読んだことはない.
4〖叙述用法〗《格式》**それほど, そのような**(◇ しばしば文頭に置き, 前に述べたことの内容をさす): He spared no trouble to entertain us. *Such* was his hospitality. 彼は労をいとわずおもてなしをしてくれた. 彼の歓待ぶりはそれほどのものだった / *Such* is life [the world]. 人生[世間]というのはそんなものだ.
■ **súch and sùch**《口語》これこれしかじかの.
súch ... as 〜 = ... súch as 〜 **1**〜のような… (◇ as のあとには名詞・代名詞が来る): The schedule is dependent on several factors *such* as the weather. 予定は天候などいくつかの要因に左右される / It was on *such* a night *as* this that the incident happened. 事件が起きたのはこのような晩のことだった. **2**〜するほどの…, 〜するような…(◇ as のあとには節が来る): That is *such* a spacious room *as* suits our purpose. そこは私たちの目的に合いそうな広い部屋です / He never says words *such as* you told me. あなたが話したようなことは彼は決して言わない.
sùch as it ís [they áre] こんな程度のものだが, たいしたものではないが: You can have this old bicycle, *such as it is*. こんな程度のものだが, この古い自転車をあげよう.
sùch as to dó …するような, …するほどの: His failure was not *such as to* drive him into despair. 彼の失敗は彼を絶望させるほどではなかった.
súch ... as to dó 〜するような…, 〜するほどの…: Don't be *such* a fool *as to* make the same mistake again. 同じ過ちを繰り返すような愚かなまねをしてはいけない.
súch ... that 〜 非常に…なので〜, 〜であるほど…(◇ …には名詞または「形容詞+名詞」が来る): It was *such* a fine day *that* we went on a picnic. とてもよい天気の日だったので私たちはピクニックに行った.

— 代《不定代名詞》その[この]ような人[もの, こと], その[この]ような人たち: **Such** doesn't matter to me. そんなことは私には関係ない.

■ **... and súch**《口語》…など (and so on).

as súch **1** そういう人として, それなりに: He is the president, so he should be treated *as such*. 彼は会長だからそれなりの待遇がなされるべきである. **2** それ自体で(は): Money *as such* does not make people happy. 金はそれ自体では人を幸福にしない.

such·like [sʌ́tʃlàik] 形《限定用法》《口語》そのような, その種の, 似たような.

— 代《口語》そのようなもの.

*__suck__ [sʌ́k] 動 他 **1**〈液体・ガスなど〉を吸う, 吸い取る, すする;〈果物など〉の汁を吸う: *suck* juice through a straw ストローでジュースを吸う[飲む] / *suck* the breast 母乳を吸う. **2**〈指・あめなど〉をしゃぶる, なめる: *suck* one's thumb 親指をしゃぶる. **3** 〜を吸い込む (*in*); (渦巻き・波などが) のみ込む (*down, under*). **4**〈知識など〉を吸収する (*in*).
— 自 **1** […を] 吸う; しゃぶる (*away*) [*at, on*]: The baby was *sucking at* his mother's breast. 赤ん坊は母親の乳を吸っていた. **2**《口語》(物事が) ひどい, 最低である.

■ **súck ... ín** [*into*] 〜《通例, 受け身で》…を〈争い・事件など〉に引き込む.

súck úp 〜を吸い込む, 吸い上げる. — 自《口語》[人に] おべっかを使う [*to*].

— 名 **1** [C] ひと吸い, ひとすすり, ひとなめ: have [take] a suck at …. 〜をひと口飲む, ひとなめする. **2** [U] 吸うこと; 乳を飲むこと. (▷ 名 súction)

suck·er [sʌ́kər] 名 [C] **1**《口語》だまされやすい人, 間抜け. **2** […に] 夢中になる人 [*for*]. **3** 吸う人 [もの]; 乳飲み子. **4**〔動物〕吸盤; 〔植〕吸枝, 吸根; 吸着盤. **5**《米》棒付きキャンディー (lollipop). — 動 他《米》〈人〉をだます, だまして […にさせる [*into*].

suck·le [sʌ́kl] 動 他 …に乳をやる;〈子〉を育てる. — 自 乳を飲む.

suck·ling [sʌ́kliŋ] 名 [C]《文語》乳児; 乳離れしていない動物の子.

su·crose [sjúːkrous, -krouz] 名 [U]【化】蔗糖 (とう).

suc·tion [sʌ́kʃən] 名 [U] 吸うこと; 吸い上げ, 吸着; 吸引力. (▷ 動 súck)

◆ **súction cùp** [《英》**càp**] [C] 吸盤.
súction pùmp [C] 吸い上げポンプ.

Su·dan [suːdǽn / -dɑ́ːn] 名 固《しばしば the 〜》スーダン《アフリカ北東部の共和国; 首都ハルツーム (Khartoum)》.

sud·den [sʌ́dn] 形 名【原義は「ひそかに来る [近づく]」】

— 形 **突然の**, 不意の, だしぬけの: a *sudden* illness 急病 / a *sudden* shower にわか雨 / The bus made a *sudden* stop. バスが急停車した.

— 名《次の成句で》

■ **áll of a súdden** 突然, 不意に: *All of a sudden* it began to rain. 突然雨が降りだした.

◆ **súdden déath** [U][C] **1** 急死. **2** [スポーツ] サドンデス《サッカー・ゴルフなどで先に得点した側を勝者とする延長戦 (の方式)》.

súdden ínfant déath sỳndrome [C]【医】乳幼児突然死症候群《略語》SIDS).

***sud·den·ly** [sʌ́dnli]

— 副 **突然**, 急に, 不意に: He stopped his car *suddenly*. 彼は急に車を止めた / *Suddenly*, my mother had a stroke. 突然母が卒中を起こした.

sud·den·ness [sʌ́dnnəs] 名 [U] 突然, 不意, 急.

suds [sʌ́dz] 名《複数扱い》**1** せっけんの泡; (泡立った) せっけん水 (soapsuds). **2**《米口語》ビール.

*__sue__ [súː / sjúː] 動 他〈人〉を […で; …を求めて] 訴える, 告訴する [*for*]: *sue* a company *for* damages 損害賠償を求めて会社を訴える.
— 自 **1**《格式》[…を / …に] 懇願する [*for / to*]: *sue for* peace 和睦(ぼく)を求める. **2** […で] 訴訟を起こす [*for*]: *sue for* divorce 離婚訴訟を起こす.

suede, suède [swéid] 名 [U] スエード革《裏をけば立たせた柔らかい革》; スエード革に似せた織物.

su·et [súːit / sjúːit] 名 [U] スエット《牛・羊の堅い脂肪. 料理用に用いる》.

Su·éz Canál [suːéz-, súːez- / súːiz-] 名 固《the 〜》スエズ運河《地中海と紅海を結ぶ》.

***suf·fer** [sʌ́fər]【原義は「耐える」】

— 動《三単現 **suf·fers** [〜z]; 過去・過分 **suf·fered** [〜d]; 現分 **suf·fer·ing** [sʌ́fəriŋ]》
— 他 **1**〈損害・災害など〉を**受ける**, こうむる;〈苦痛など〉を経験する: *suffer* an injury 傷を負う / *suffer* a complete defeat 完敗する / They *suffered* great damage because of the flood. 彼らは洪水で大きな被害を受けた.
2 〔通例, 否定文・疑問文で〕…に耐える, …を我慢する: Nobody can *suffer* such an insult. だれもこんな侮辱は我慢できない.
— 自 **1** […の] **病気にかかる**, […を] 患う [*from*]: Tom *suffers from* asthma. トムはぜんそくを患っている / My son is *suffering from* a cold. 息子はかぜを引いている《◇一時的な病気には通例, 進行形にする》.
2 […のことで] **苦しむ**, 悩む; 報いを受ける [*from, for*]: They are still *suffering from* hunger. 彼らは今も飢えに苦しんでいる / I'll make you *suffer for* this. 今に思い知らせてやるぞ.
3 […で] **損傷 [損害] を受ける**;〈評判・成績などが〉悪くなる [*from*]: Even iron *suffers from* long continued use. 鉄も長く使えば傷む / What business doesn't *suffer from* a recession? 不景気の打撃を受けない企業があろうか.

suf·fer·ance [sʌ́fərəns] 名 [U] 容認, 許容, 黙認.
■ **on súfferance**《格式》お情けで, 黙認されて.

suf·fer·er [sʌ́fərər] 名 [C] 被災者; (病気などで) 苦しむ人, 患者.

*__suf·fer·ing__ [sʌ́fəriŋ] 名 **1** [U] 苦しむこと; (心身の) 苦痛, 苦悩: bear [endure] *suffering* 苦痛に耐える / inflict *suffering* on … …に苦痛を与える.
2 [C]《通例 〜s》苦難, 災難.

*__suf·fice__ [səfáis] 動《進行形不可》《格式》自 […にとって / …するのに] **十分である** [*for / to do*]: Fifty dollars will *suffice for* my immediate

needs. 50ドルあればさしあたり必要なものが買える.
— [他] (特に食べ物が) …に十分である, …を満足させる: Some bread and water will *suffice* me. パンと水が少しあれば私は十分です.
■ ***Suffice it to sáy (that)*** … …と言えば十分である, …と言うにとどめる. (▷ [形] sufficient)

suf·fi·cien·cy [səfíʃənsi] [名] 《格式》 **1** [U] 十分, 足りること. **2** [a ～] 十分な量 〔の…〕〔*of*〕: a *sufficiency of* fuel 十分な燃料.

***suf·fi·cient** [səfíʃənt]
— [形] [比較なし] 〔…に / …するのに〕 十分な, 足りる (↔ deficient, insufficient) 〔*for* / *to do*〕 (→ ENOUGH [類義語]): *sufficient* food 十分な食料 / The money is not *sufficient for* his trip. 彼の旅行にその金では不十分です / That is *sufficient to* prove that she is innocent. 彼女が無実であることを証明するにはそれで十分です / Is there *sufficient* bread *to* feed all? 全員に食べさせるだけのパンはありますか. (▷ [動] suffice)

***suf·fi·cient·ly** [səfíʃəntli] [副] 《格式》 〔…に / …するのに〕 十分に, 足りるほど 〔*for* / *to do*〕: The beer is not *sufficiently* cooled *to* drink. ビールは飲むのに適するほど十分冷えていない.

suf·fix [sʌ́fiks] [名] [C] 〔文法〕 接尾辞 (◇語のあとに付けて意味・働きの異なる語を作る. wisely の -ly など; 《略語》 suf.) (cf. prefix 接頭辞).

***suf·fo·cate** [sʌ́fəkèit] [動] [他] **1** …を窒息 (死) させる; …の息を詰まらせる. **2** …を妨げる, 抑圧する. — [自] 窒息 (死) する; 息が詰まる, むせる.

suf·fo·ca·tion [sʌ̀fəkéiʃən] [名] [U] 窒息; 窒息 (死) させること.

suf·frage [sʌ́fridʒ] [名] [U] 選挙権, 参政権: female [women's] *suffrage* 婦人選挙権 [参政権] / universal *suffrage* 普通選挙権.

suf·fra·gette [sʌ̀frədʒét] [名] [C] (特に20世紀初頭の女性の) 婦人参政権論者.

suf·fuse [səfjúːz] [動] [他] 《主に文語》 〔色・光・液体などで〕 …を満たす, 覆う 〔*with*〕.

***sug·ar** [ʃúgər] [名] [動] 【原義は「小石」】
— [名] (複 **sug·ars** [～z]) **1** [U] 砂糖: confectioner's [icing] *sugar* 粉砂糖 / two spoonfuls of *sugar* スプーン2杯の砂糖 / a lump [two lumps] of *sugar* 角砂糖1個 [2個] / I sometimes take [have] *sugar* in my coffee. 私は時々コーヒーに砂糖を入れる.
2 [C] 砂糖スプーン1杯; 角砂糖1個: How many *sugars* do you want in your tea? 紅茶に砂糖を何杯 [何個] 入れましょうか. **3** [U] 〔化〕 糖: grape *sugar* ブドウ糖. **4** [C] 《口語》 ねえ, お前, あなた (◇愛する異性に呼びかけるときに用いる).
— [動] [他] …に砂糖を入れる [まぶす], …を (砂糖を入れて) 甘くする.
◆ **súgar bèet** [C] [U] 〔植〕 テンサイ, 砂糖大根 (beet).
súgar càne [U] 〔植〕 サトウキビ.
súgar cùbe [lùmp] [C] 角砂糖.
súgar màple [C] 〔植〕 サトウカエデ.

sug·ar·coat·ed [ʃúgərkòutid] [形] **1** (錠剤・食べ物が) 糖衣をかけた. **2** 見かけ [体裁] をよくした.

sug·ar·less [ʃúgərləs] [形] 砂糖抜きの, 無糖の.

sug·ar·y [ʃúgəri] [形] **1** 砂糖の, 砂糖を含む; 甘い. **2** (言葉・態度などが) 甘ったるい; お世辞の.

***sug·gest** [səgdʒést / sədʒést]
— [動] (三単現 **sug·gests** [-dʒésts]; 過去・過分 **sug·gest·ed** [～id]; 現分 **sug·gest·ing** [～iŋ])
— [他] **1** (a) [suggest＋O] 〈案・構想など〉を 〔…に〕 提案する, 提唱する 〔*to*〕: Scot *suggested* a coffee break. スコットはコーヒーを飲んでひと休みすることを提案した / Mr. Baker *suggested* that idea *to* me. ベイカー氏がその考えを私に提案してきた. (b) [suggest＋that 節 [疑問詞節 [句]]] …と […かを] 提案する: My niece *suggested that* we (should) go on a hike. めいがハイキングに行こうと言い出した (◇ should を用いるのは《主に英》). (c) [suggest＋動名] …しようと提案する: Mary *suggested joining* the parade. メアリーはパレードに参加しようと言った.
2 [suggest＋O] …をそれとなく言う [示す], 示唆 [暗示] する; [suggest＋that 節] …とほのめかす (→ [類義語]): Are you *suggesting that* I'm loafing? 私が怠けていると言いたいのですか / His tone *suggested* his anger. = His tone *suggested that* he was angry. 口調からすると彼は怒っているようだった.
3 …を 〔…に〕 推薦する, 勧める 〔*for*〕; [suggest＋疑問詞節 [句]] …かを勧める: Will you *suggest* a good guidebook? よい旅行案内書を教えてくださいませんか / He *suggested* Jenny *for* the job. 彼はその仕事にジェニーを推薦した / Can you *suggest where* to go in Paris? パリでどこに行ったらいいか教えてくれませんか.
4 …を連想させる, 思い出させる: This happy melody *suggests* my joyful childhood. この楽しいメロディーを聞くと楽しかった幼年時代を思い出す.
■ ***suggést itsèlf to …*** (考えなどが) 〈人〉の心に思い浮かぶ. (▷ [名] suggéstion; [形] suggéstive)

> [類義語] **suggest, imply, hint, intimate**
> 共通する意味▶ほのめかす (convey an idea indirectly or covertly)
> **suggest** は「連想によって思い起こさせる」の意: Their large house *suggested* a considerable income. 彼らの大きな家はかなりの収入があることを示していた. **imply** は「字句通りの意味以上の含みがある」の意: Mother's frown *implied* that I had done something wrong. 母のしかめ面は私が何か悪いことをしたことを示していた. **hint** は間接的に「それとなく相手に伝える, ほのめかす」の意: She *hinted* that it was time the children went to bed. 彼女はもう子供たちは寝る時間だとほのめかした. **intimate** は hint よりもさらに「遠回しにほのめかす」ことを表す: She *intimated* that his consideration was unwelcome. 彼女は彼の心づかいはありがた迷惑だとそれとなくほのめかした.

sug·gest·i·ble [səgdʒéstəbl / sədʒés-] 形
(人が)暗示にかかりやすい, 影響を受けやすい.

sug·ges·tion [səgdʒéstʃən / sədʒés-]
— 名 (複 **sug·ges·tions** [~z]) **1** C […という] (具体的な) 提案, 提議 (proposal) [that 節]; U 提案 (すること); 勧め: accept [refuse] her *suggestion* 彼女の提案を受け入れる [断る] / on [at] his *suggestion* 彼の勧めで / I made a *suggestion that* we (should) go for a drive. 私はドライブに行こうと提案した (◇ should を用いるのは《主に英》).
2 U C 暗示, 示唆: Advertisements are full of *suggestion*. 宣伝には多くの暗示が含まれている.
3 C [通例 a ~] (性質・色などの) […の] 気味, 少し […の] [of]; [通例, 否定文・疑問文で] わずかな見込み: He speaks English with a *suggestion of* Spanish. 彼の英語は多少スペイン語なまりがある / There is no *suggestion* that he will win the race. 彼がそのレースに勝つ見込みはない.
(▷ 動 suggést)

sug·ges·tive [səgdʒéstiv / sədʒés-] 形
1 暗示的な, 暗示に富んだ; […を] 思わせる [of]: a picture *suggestive of* an African landscape アフリカの風景を彷彿(ほうふつ)とさせる絵. **2** (言葉・ふるまいなどが) 挑発的な, みだらな. (▷ 動 suggést)
sug·ges·tive·ly [~li] 副 暗示的に; 挑発的に.

su·i·ci·dal [sùːəsáidəl / sjùːə-] 形 **1** 自殺の, 自殺しそうな. **2** (行動などが) 自滅的な.

‡**su·i·cide** [súːəsàid / sjúːə-] 名 **1** U C 自殺: commit *suicide* 自殺する. **2** U C (比喩) 自殺的行為, 自滅: a political *suicide* 政治的自殺行為. **3** C 《法》自殺者. (▷ 形 sùicídal)

***suit** [súːt / sjúːt]
名 形
— 名 (複 **suits** [súːts / sjúːts]) C **1** スーツ (◇同じ生地でできた上着とズボンまたはスカートのひとそろいをさす); ひとそろい, ひと組: a *suit* of clothes スーツ1着 / a business *suit* ビジネススーツ / a *suit* of armor よろいひと組 / a *suit* of sails ひと組の帆 / Tom had a new *suit* made. トムは新しいスーツを(店に注文して)作った.

2 [しばしば複合語で] (ある目的のための) 衣服, …服, …着: a diving *suit* 潜水服 / a sweat *suit* (上下そろいの) 運動着, スウェットスーツ / a bathing *suit* 水着.

3 訴訟, 告訴 (lawsuit): a criminal [civil] *suit* 刑事 [民事] 訴訟 / She filed [brought] a sexual harassment *suit* against her boss. 彼女は上司に対してセクハラ訴訟を起こした / Anita won [lost] her *suit*. アニータは訴訟に勝った [負けた].

4 【トランプ】スーツ (◇スペード・ハート・ダイヤ・クラブの13枚のひと組). **5** 《格式》嘆願, 請願.

■ *follow súit* **1** 【トランプ】前に出されたのと同じ種類の札を出す (◇例にならう, 手へならえする.
— 動 他 **1** …に適している, 合う; …の要求 [必要] を満たす; …にとって都合がいい: Would this room *suit* you? この部屋でいいですか / Mozart *suits* my present mood. モーツァルトが今の私の気分にぴったりです / What day of the week would *suit* you? 何曜日が都合がいいですか.
2 [受け身・進行形不可] (色・姿などが) …に似合う, 似つかわしい: This color doesn't *suit* her. この色は彼女に似合わない.
3 《格式》…を […に] 適合させる, 合わせる [to]: *suit* the action *to* the word 言った通り実行する.
— 自 好都合である, 具合がよい; 適する.

■ *súit ... dówn to the gróund* 〈人〉にぴったり合う.
Súit yourself. 《口語》好きにしなさい, 勝手にしろ.

suit·a·bil·i·ty [sùːtəbíləti / sjùːt-] 名 U […に] 適切 [適当] なこと, 似合うこと [*for*]; 適合 (性).

‡**suit·a·ble** [súːtəbl / sjúːt-]
— 形 […に / …するのに] 適した, 適切な; 似合う, ふさわしい; 好都合な [*for, to* / *to do*] (→ FIT¹)
類義語 : a *suitable* expression 適切な表現 / She is *suitable for* the job. 彼女はその仕事に向いている / That dress is more *suitable to* her age. あのドレスのほうが彼女の年齢にいっそうふさわしい / This pen is *suitable to* draw pictures [*for* drawing pictures]. このペンは絵をかくのに適している.

suit·a·bly [súːtəbli / sjúːt-] 副 適切に, ふさわしく.

‡**suit·case** [súːtkèis / sjúːt-] 名 C スーツケース 《小型の旅行かばん; cf. trunk 大型の旅行かばん, トランク; → BAG 図》.

*****suite** [swíːt] ☆発音に注意; 同音 sweet] 名 C
1 (ホテルなどの) スイートルーム 《寝室・居間・浴室がそろった続き部屋》; 《米》(1世帯分の) アパート: a honeymoon [bridal] *suite* 新婚客用の続き部屋.
2 ひと組 [ひとそろい] のもの: a bedroom *suite* 寝室用家具1セット. **3** 《音楽》組曲.

suit·ed [súːtid / sjúːtid] 形 […に / …するのに] 適した, ふさわしい [*for, to* / *to do*]: Is John *suited for* the position? ジョンはその地位にふさわしいだろうか / That man is not *suited to* be in charge of the project. あの男はその事業を担当するのにふさわしくない.

suit·ing [súːtiŋ / sjúːt-] 名 U (洋) 服地.
suit·or [súːtər / sjúːt-] 名 C **1** 《法》原告.
2 請願 [嘆願] 者. **3** 《古》(男の) 求婚者.

sul·fate, 《英》**sul·phate** [sʌ́lfeit] 名 U C 《化》硫酸塩.

sul·fide, 《英》**sul·phide** [sʌ́lfaid] 名 U C 《化》硫化物.

*****sul·fur**, 《英》**sul·phur** [sʌ́lfər] 名 U 《化》硫黄(いおう)《元素記号》S).
◆ **súlfur dióxide** U 《化》二酸化硫黄, 亜硫酸ガス (SO₂).

sul·fu·ric, 《英》**sul·phu·ric** [sʌlfjúərik] 形 《化》硫黄 (いおう) の; (特に 6 価の) 硫黄を含む.
◆ **sulfúric ácid** U 《化》硫酸.

sul·fu·rous, 《英》**sul·phu·rous** [sʌ́lfərəs] 形 《化》硫黄の; (特に 4 価の) 硫黄を含む.
◆ **súlfurous ácid** U 《化》亜硫酸.

sulk [sʌ́lk] 動 自 (特に子供が) すねる, ふくれる.
— 名 C [しばしば the ~s] すねること, ふくれっ面:

sulky

have [be in] (a fit of) the *sulks* = be in a *sulk* すねている、ふくれている.

sulk·y [sʌ́lki] 形 (比較 **sulk·i·er** [~ər]; 最上 **sulk·i·est** [~ist]) 1 (軽蔑)すねた; すぐすねる.
sulk·i·ly [~li] 副 むっつりと, 不機嫌に.
sulk·i·ness [~nəs] 名 U すねること.

***sul·len** [sʌ́lən] 形 1 むっつりした, 不機嫌な: a *sullen* look むっつりした顔. 2 《文語》(天候·空な ど)うっとうしい, 陰うつな.
sul·len·ly [~li] 副 むっつりと, 不機嫌に.
sul·len·ness [~nəs] 名 U 不機嫌.

sul·ly [sʌ́li] 動 (三単現 **sul·lies** [~z]; 過去·過分 **sul·lied** [~d]; 現分 **sul·ly·ing** [~iŋ]) 他《格式》〈名声などを〉けがす, 傷つける, …に泥を塗る.

sul·phur [sʌ́lfər] 名《英》= SULFUR (↑).

sul·tan [sʌ́ltən] 名 1 C スルタン, サルタン《イスラム教国の君主》. 2 [the S-] (昔の)トルコ皇帝.

sul·tan·a [sʌltǽnə | -táːnə] 名 C 1 サルタナ《種なし干しブドウ》. 2 [しばしば S-] スルタンの妻[母親, 娘].

sul·tan·ate [sʌ́ltənèit, -nət] 名 C 1 スルタンの領土. 2 スルタンの地位〔統治(期間)〕.

sul·try [sʌ́ltri] 形 (比較 **sul·tri·er** [~ər]; 最上 **sul·tri·est** [~ist]) 1 蒸し暑い, 暑苦しい: *sultry* weather 蒸し暑い天気. 2 (表情などが)扇情的な, 官能的な; 情熱的な.

***sum** [sʌ́m]
名 動【原義は「最高の」】
— 名 (複 **sums** [~z]) 1 C 金額: a small [large] *sum* of money 少額[多額]の金 / the *sum* of 300 dollars 300ドルの金(額) / I won't part with this house for any *sum*. いくら金を積まれても私はこの家を手放さない.
2 [the ~] 総計, 合計, 和; 総体, 全体: find the *sum* 和を求める / The *sum* of two and three is five. 2と3の和は5である.
3 C《主に英》算数の問題, 加減乗除: do *sums* 計算する. 4 [the ~] 概要, 概略, 要旨.
■ *in súm*《格式》要するに, つまり.
— 動 (三単現 **sums** [~z]; 過去·過分 **summed** [~d]; 現分 **sum·ming** [~iŋ]) [次の成句で]
■ *súm úp* 他 1《議論などを》要約する, かいつまんで言う: *sum up* the story 物語を要約する. 2 …を判断する: *sum up* the situation 情勢を判断する. — 自 要約する, 概説する: To *sum up*, his carelessness caused the accident. 要するに彼の不注意が事故を起こしたのだ.

Su·ma·tra [sumáːtrə] 名 固 スマトラ《インドネシア西部の島》.

sum·mar·i·ly [səmérəli, sʌ́mər-|sʌ́mər-] 副 1 要約して, 手短に. 2 略式に; 即座に.

***sum·ma·rize**,《英》**sum·ma·rise** [sʌ́məràiz] 動 他 …を要約する, 手短に述べる: *summarize* a report レポートを要約する.
— 自 要約する.

***sum·ma·ry** [sʌ́məri] 名 (複 **sum·ma·ries** [~z]) C 要約, まとめ, 概略: a news *summary* ニュースの要約 / make a *summary* of ... …を要約する.
■ *in súmmary* 要約すると.
— 形[限定用法]《格式》1 要約した, 概略の, 手短な: a *summary* account 手短な説明.
2 (処置·判決などが)即決の; (手続きなどが)略式の: *summary* justice 即決裁判 / *summary* dismissal 即時解雇.

sum·ma·tion [sʌméiʃən] 名《格式》1 C 要約 (summary); 総括. 2 U 合計すること; C 合計, 和.

****sum·mer** [sʌ́mər] 名 動
— 名 (複 **sum·mers** [~z]) 1 U C 夏, 夏季 (↔ SPRING [語法]): in early [high, late] *summer* 初[盛, 晩]夏に / three *summers* ago 3年前の夏 / Of the four seasons I like *summer* (the) best. 私は四季の中で夏が一番好きです / They went back to Canada this *summer*. 彼らは今年の夏にカナダに帰った.
2 [形容詞的に] 夏の, 夏用の: a *summer* hat [shirt] 夏用の帽子[シャツ].
3 [the ~] 盛り, 全盛期: the high *summer* of his life 彼の人生の全盛期.
4 C《通例 ~s》《文語》年齢, …歳.
— 動 自 夏を過ごす. (▷ 形 súmmery)
◆ súmmer cámp C U サマーキャンプ.
súmmer hólidays [複数扱い]《英》= summer vacation (↓).
súmmer schòol C U 夏期学校, 夏期講習会.
súmmer sólstice [the ~] 夏至 (cf. winter solstice 冬至).
súmmer vacátion C《米》夏休み.

sum·mer·house [sʌ́mərhàus] 名 C 1 (庭園·公園などの)あずまや. 2《米》夏の別荘.

sum·mer·time [sʌ́mərtàim] 名 U 夏季, 夏.

súmmer tìme 名 U《英》夏時間, サマータイム (《米》daylight saving time)《夏期に時計を標準時より1時間進める制度》.

sum·mer·y [sʌ́məri] (☆ 同音 summary) 形 夏の(ような), 夏らしい, 夏向きの. (▷ 名 súmmer)

sum·ming-úp [sʌ́miŋs-úp] 名 C 要約, まとめ, 概略;《法》(裁判官の行う)証拠要領の陳述.

***sum·mit** [sʌ́mit] 名 C 1 = súmmit méeting [cónference] 首脳会議, サミット; [the ~] 首脳(陣). 2 (山などの)頂上 (top).
3 [the ~]《格式》[...の] 頂点, 絶頂 [of]: She was at the *summit of* her stage career. 彼女は舞台生活の頂点にあった.

***sum·mon** [sʌ́mən] 動 他《格式》1 〈人を〉呼び出す, 召喚する; 召喚して […] させる [to do]: *summon* a doctor 医師を呼ぶ / He was *summoned to* appear in court. 彼は出廷するよう命じられた. 2 〈議会などを〉召集する: *summon* a meeting [conference] 会議を召集する. 3 〈勇気·力などを〉奮い起こす (up): *summon up* all one's strength 全力を出す.

sum·mons [sʌ́mənz] 名 (複 **sum·mons·es** [~iz]) C 1 呼び出し, (議会などへの)召集; 呼び出し状. 2《法》(裁判所への)召喚命令(書): serve a *summons* on ... …に召喚状を発する.
— 動 他 [通例, 受け身で]《法廷へ》〈人を〉召喚する.

sump [sʌ́mp] 名 C 1《英》(エンジンの)油だめ (《米》oil pan). 2 汚水[下水]だめ.

sump·tu·ous [sÁmptʃuəs] 形 ぜいたくな, 豪華な; 高価な: *sumptuous* furniture 豪華な家具.
sump·tu·ous·ly [~li] 副 ぜいたくに, 豪華に.

sun [sÁn] (☆同音 son) 名 動

— 名 (複 **suns** [sÁnz]) **1** [the ~] 太陽, 日: the rising [setting] *sun* 朝 [夕] 日 / under a glaring summer *sun* 夏のぎらぎらした太陽の下で (◇特定の状態の太陽を言うときには不定冠詞を付けることがある) / The *sun* rises in the east and sets in the west. 太陽は東から昇り, 西に沈む.
2 U [しばしば the ~] 日光, 日なた: Bathing in the *sun* is said to be harmful to the skin. 日光浴は皮膚に害があると言われている / The *sun* was burning. 日差しが焼き付くようだった.
3 C (周囲に惑星を持つ) 恒星.
■ *a pláce in the sún* 日の当たる場所; 有利な地位.
ùnder the sún 世界じゅうで, この世で; [疑問文などを強めて] 一体全体: He has traveled to every place *under the sun*. 彼は世界じゅうのあらゆる場所を旅してきた.

— 動 (三単現 **suns** [~z]; 過去・過分 **sunned** [~d]; 現分 **sun·ning** [~iŋ]) 他 …を日にさらす, 日に干す: *sun* oneself 日光浴をする.
— 自 [副詞 (句) を伴って] 日なたぼっこをする.
(▷ 形 **súnny**)

Sun. 《略語》= Su*nday* (↓).
sun·baked [sÁnbèikt] 形 **1** (地面などが) 日照りで固まった, (れんがが) 天日で固められた. **2** 太陽がかんかん照りつける, 日差しの強い.
sun·bathe [sÁnbèið] 自 日光浴をする.
sun·bath·er [~ər] 名 C 日光浴をする人.
***sun·beam** [sÁnbìːm] 名 C 日光, 太陽光線.
sun·bed [sÁnbèd] 名 C 人工日焼け用ベッド.
Sun·belt, Sun Belt [sÁnbèlt] 名 [the ~] サンベルト《米国 Florida 州から California 州にかけての温暖な地方》.
sun·block [sÁnblàk / -blòk] 名 U C 日焼け止めクリーム [オイル].
sun·bon·net [sÁnbànət / -bòn-] 名 C 《女性・赤ん坊用》日よけ帽.
***sun·burn** [sÁnbə̀ːrn] 名 U C (炎症を起こすほどの) 日焼け, 日焼けによる炎症; 日焼けした部分 (cf. suntan (健康的な) 日焼け).
sun·burned [sÁnbə̀ːrnd], **sun·burnt** [-bə̀ːrnt] 形 **1** (ひりひり痛むほどに) 日焼けした. **2** 《英》(健康的に) 日焼けした (suntanned).
sun·burst [sÁnbə̀ːrst] 名 C **1** (雲間から) ぱっとさす日光. **2** 日輪型装飾品《ブローチなど》.
sun·dae [sÁndi, -dei] 名 C サンデー《アイスクリームにシロップをかけ, 果物などのせたもの》.

Sun·day [sÁndèi, -di] [→ WEEK 表]

— 名 (複 **Sun·days** [~z]) **1** U C [通例, 無冠詞で] 日曜日《略語》Sun., S.): I go to church on *Sundays*. 私は日曜日には教会に行く (◇ on Sunday とするよりも習慣の意が強くなる) / Last *Sunday*, we went to the movies. この前の日曜日に私たちは映画を見に行った.

語法 曜日名
(1) 通例, 無冠詞で用いるが, 「ある…曜日」の意を表したり, 形容詞を伴うときには a, an を付ける: on *a Sunday* ある日曜日に / It was *a* fine *Sunday*. 天気のよい日曜日でした.
(2) last, next などと共に前置詞を伴わない副詞句を作る: *last Sunday* =《英》on Sunday last この前の日曜日に / *next Monday* =《英》on Monday next 次の月曜日に.

2 [形容詞的に] 日曜日の: on *Sunday* morning [afternoon] 日曜の午前 [午後] に.
3 [副詞的に]《口語》日曜日に; [~s]《米口語》日曜日ごとに: I'll see you *Sunday*. 日曜日に会おう / We go shopping *Sundays*. 私たちは日曜日にはいつも買い物に出かける.
◆ **Súnday bést [clóthes] [one's ~]** 晴れ着, よそ行きの服.
Súnday schòol C U 《教会の》日曜学校.
sun·der [sÁndər] 動 他《文語》…を分断する, 切り離す.
sun·di·al [sÁndàiəl] 名 C 日時計.
sun·down [sÁndàun] 名 U 《主に米》日の入り, 日没 (時) (sunset) (↔ sunup).
sun-drenched [sÁndrèntʃt] 形 (場所が) 陽光の照りつける, 強い日ざしを浴びた.
sún-drìed 形 [限定用法] (食べ物が) 日に干した.
sun·dries [sÁndriz] 名 [複数扱い]《格式》雑貨, 雑品; 雑件.
sun·dry [sÁndri] 形 [限定用法]《格式》種々雑多の, さまざまの.
■ *áll and súndry* [代名詞的に; 複数扱い] だれもかれも, ありとあらゆる人, みんな (everybody).
sun·fish [sÁnfìʃ] 名 (複 **sun·fish, sun·fish·es** [~iz]) C 《魚》マンボウ.
***sun·flow·er** [sÁnflàuər] 名 C《植》ヒマワリ.
◆ **Súnflower Stàte** 愛 [the ~] ヒマワリ州《米国 Kansas 州の愛称; → AMERICA 表》.

sung [sÁŋ] 動 sing の過去分詞.

sun·glass·es [sÁnglæ̀siz / -glɑ̀ːs-] 名 [複数扱い] サングラス.

sunk [sÁŋk] 動 sink の過去形・過去分詞.

sunk·en [sÁŋkən] 形 **1** [限定用法] (水中に) 沈んだ, 沈没した: a *sunken* rock 暗礁. **2** (目などが) くぼんだ, (ほおなどが) やせこけた: *sunken* eyes くぼんだ目. **3** [限定用法] (床などが) 周囲より低い.
sun·lamp [sÁnlæ̀mp] 名 C (日焼け用の) 太陽灯.
sun·less [sÁnləs] 形 日のささない; 陰うつな.
***sun·light** [sÁnlàit] 名 U 日光 (sunshine): in the *sunlight* 日当たりのよい所で [に].
sun·lit [sÁnlìt] 形 太陽に照らされた, 日がさす.
***sun·ny** [sÁni] 形 (比較 **sun·ni·er** [~ər]; 最上 **sun·ni·est** [~ist]) **1** 日の当たる, 陽光のあふれた (↔ shady): a *sunny* day 晴れた日 / a *sunny* room 日当たりのよい部屋. **2**《口語》陽気な, 快活な, 明るい (cheerful): a girl with a *sunny* disposition 明るい性格の少女.
(▷ 動 **sún**)
◆ **súnny sìde** [the ~] 日当たりのよい側; (物事の) 明るい面, 望ましい面.

súnny-sìde úp 形[叙述用法]《米》(卵が)(片面だけ焼いた)目玉焼きの (cf. turned up 両面焼きの): fry an egg *sunny-side up* 卵を目玉焼きにする.

sun·rise [sʌ́nràiz] 名 **1** U 日の出 (の時刻), 暁 (↔ sunset) (→ DAY 図): get up at *sunrise* 日の出とともに起きる. **2** C 日の出の空, 朝焼け.
◆ súnrise ìndustry C 成長産業.

sun·roof [sʌ́nrùːf] 名 (複 **sun-roofs** [~s]) C サンルーフ《自動車や家の開閉式の屋根》.

sun·screen [sʌ́nskrìːn] 名 UC 日焼け止めクリーム[オイル] (sunblock).

sun·set [sʌ́nsèt] 名 **1** U 日の入り, 日没(時) (↔ sunrise) (→ DAY 図); 日暮れ(時), 夕方 (evening): at [after] *sunset* 日没後[後]に.
2 C 夕焼け空; 夕焼け色. **3** U《比喩》晩年, 末期 (end): the *sunset* of life 晩年.

sun·shade [sʌ́nʃèid] 名 C 日傘; (店の)日よけ.

‡sun·shine [sʌ́nʃàin]
— 名 (複 **sun·shines** [~z]) U **1** [しばしば the ~] 日光, 日ざし, 日なた; 晴天: sit in the bright *sunshine* 明るい日ざしの中で座る / in rain or *sunshine* 晴雨にかかわらず / After rain comes *sunshine.*《ことわざ》雨のあとには晴天が来る ⇨ 不運のあとには幸運が訪れる.
2 快活, 陽気; 陽気 [幸福] にするもの: a smile full of *sunshine* とても明るいほほ笑み.
◆ Súnshine Stàte 固 [the ~] 陽光州《米国 Florida 州の愛称; → AMERICA 表》.

sun·spot [sʌ́nspɑ̀t / -spɔ̀t] 名 C **1**《天文》太陽の黒点. **2**《口語》日光に恵まれた観光[保養]地.

sun·stroke [sʌ́nstròuk] 名 U《医》日射病.

sun·tan [sʌ́ntæ̀n] 名 C (小麦色の健康的な)日焼け (tan) (cf. sunburn (ひりひりするほどの)日焼け): get a *suntan* 日焼けする.

sun·tanned [sʌ́ntæ̀nd] 形 (健康的に)日焼けした.

sun·up [sʌ́nʌ̀p] 名 U《主に米》日の出(の時刻) (sunrise) (↔ sundown).

sup [sʌ́p] 動 (三単現 **sups** [~s]; 過去・過分 **supped** [~t]; 現分 **sup·ping** [~iŋ]) 他 …を少しずつ飲む, すする.
— 名 C (飲み物の)ひと口, ひとすすり.

*su·per [súːpər / sjúː-] 形《口語》**1** すばらしい, 最高の (wonderful); 特大の: a *super* meal すばらしい食事 / I had a *super* time at the party. 私はパーティーですばらしい時を過ごした.
— 副《米口語》非常に, きわめて.
— 名 C《口語》**1**《米》(アパートなどの)管理人 (superintendent). **2**《英》警視 (superintendent). **3**(映画などの)端役 (はやく), エキストラ (supernumerary).
◆ Súper Bòwl C スーパーボウル《全米プロフットボールリーグ (NFL) の優勝決定戦》.

su·per- [súːpər / sjúː-] 接頭 形容詞・名詞・動詞に付けて「上, 上位」「過度」「超越」などの意を表す: *super*sonic 超音速の.

su·per·a·bun·dance [sùːpərəbʌ́ndəns / sjùː-] 名 U [または a ~]《格式》過多 (の…) [*of*].

su·per·a·bun·dant [sùːpərəbʌ́ndənt / sjùː-] 形《格式》多すぎる, あり余る, 過分な.

su·per·an·nu·at·ed [sùːpərǽnjuèitid / sjùː-] 形《格式》**1** 老年 [病弱] で退職した, 年金暮らしの. **2** 老朽化した; 時代遅れの.

su·per·an·nu·a·tion [sùːpərænjuéiʃən / sjùː-] 名 U《主に英》老齢退職; 退職年金.

*su·perb [supə́ːrb / sjuː-] 形[比較なし] **1** すばらしい, 超一流の: a *superb* performance 見事な演技. **2**(建物・景色などが)壮大な, 堂々たる: a *superb* view 絶景. **3**(食事などが)豪華な, ぜいたくな.

su·perb·ly [~li] 副 すばらしく; 壮大に; 豪華に.

su·per·bug [súːpərbʌ̀g / sjúː-] 名 C 抗生物質に耐性を持った細菌; 殺虫剤に免疫のある昆虫.

su·per·charged [súːpərtʃɑ̀ːrdʒd / sjúː-] 形 (エンジンなどが)過給された, 過給機で与圧された.

su·per·charg·er [súːpərtʃɑ̀ːrdʒər / sjúː-] 名 C《機械》(エンジンなどの)過給機.

su·per·cil·i·ous [sùːpərsíliəs / sjùː-] 形 人を見下す(ばかにした), 横柄な, 傲慢(ごうまん)な.

su·per·cil·i·ous·ly [~li] 副 横柄 [傲慢] に.

su·per·com·put·er [súːpərkəmpjùːtər / sjúː-] 名 C スーパー[超高速]コンピュータ.

su·per·con·duc·tiv·i·ty [sùːpərkɑ̀ndʌktívəti / sjùːpəkɔ̀n-] 名 U《物理》超伝導(性).

su·per·con·duc·tor [sùːpərkəndʌ́ktər / sjùː-] 名 C《物理》超伝導体.

su·per·e·go [sùːpəríːgou, -égou / sjùː-] 名 (複 **su·per·e·gos** [~z]) C《精神分析》超自我《自我を監視する無意識的良心》.

*su·per·fi·cial [sùːpərfíʃəl / sjùː-] 形 **1** 表面的な, うわべだけの: a *superficial* knowledge of history 歴史についての浅薄な知識 / His observation is *superficial.* 彼の観察は表面的である.
2 表面の, 浅い: a *superficial* wound 浅い傷.

su·per·fi·ci·al·i·ty [sùːpərfìʃiǽləti / sjùː-] 名 U 表面的なこと, 浅薄.

su·per·fi·cial·ly [sùːpərfíʃəli / sjùː-] 副 表面的に, うわべだけ.

su·per·flu·i·ties [~z] 名 (複 **su·per·flu·i·ties** [~z]) U C《格式》過剰 [余分] な…[*of*]; C 余分なもの.

*su·per·flu·ous [suːpə́ːrfluəs / sjùː-] 形 (☆アクセントに注意)《格式》余分 [余計] な; 不必要な.

su·per·flu·ous·ly [~li] 副 余分に, 不必要に.

su·per·glue [súːpərglùː / sjúː-] 名 U 瞬間強力接着剤.

su·per·grass [súːpərgræ̀s / sjúːpəgrɑ̀ːs] 名 C《英口語》(汚職・テロなどの)密告者, 情報提供者.

sú·per·hìgh fré·quen·cy [súːpərhài- / sjúː-] 名 U C 極超短波《◇周波数3,000–30,000メガヘルツ; 略記》SHF》.

su·per·high·way [sùːpərháiwèi / sjùː-] 名 C **1**《米》高速(自動車)道路(《英》motorway). **2**《コンピュータ》情報スーパーハイウェイ (information superhighway).

su·per·hu·man [sùːpərhjúːmən / sjùː-] 形 超人的な; 神業(かみわざ)の.

su·per·im·pose [sùːpərimpóuz / sjùː-] 動

…を[…に]載せる, 重ねる[*on*, *upon*]/[映画・写]…を上に焼き付ける: *superimposed* dialogue (映画の)字幕スーパー.

***su·per·in·tend** [sùːpərinténd / sjùː-] 動 他 《格式》〈仕事・従業員などを〉監督[管理]する.

su·per·in·tend·ence [sùːpərinténdəns / sjùː-] 名 U 《格式》監督, 管理: under the *superintendence* of … …の監督の下に.

***su·per·in·tend·ent** [sùːpərinténdənt / sjùː-] 名 C **1** 監督(者), 管理者; 《米》(アパートなどの)管理人(《口語》super)(《略語》Supt.).
2 最高責任者〔長官・院長・校長・重役など〕.
3 《英》警視; 《米》警察署長.

***su·pe·ri·or** [supíəriər / sjuː-] 形 (↔ inferior) **1** […より / …の点で]すぐれた, 優秀な[*to* / *in*]; 上等な, 良質の: be *superior* in quality *to* … 品質が…にまさっている / Her car is *superior* to mine. 彼女の車は私のよりすぐれている. **2** 上級[上官]の; […より]上位の[*to*]: a *superior* court 上級裁判所. **3** 優越感を持った, 偉ぶった: with a *superior* air 傲慢(ごうまん)な態度で. **4** (数の上で)優勢な, 多数の. **5** […を]超越している, […に]動じない[*to*]: be *superior* to flattery おだてに乗せられない[乗らない].

|語法| (1)「…より」の意は than でなく to で表す.
(2) superior to … を強めるときは very でなく much, far, definitely などを用いる.

— 名 C **1** 目上の人, 上司, 先輩: one's immediate *superior* 直属の上司. **2** […に]すぐれた人[*in*]. **3** 《通例 S-; 称号に用いて》(修道院などの)長. (▷ 形 supérióritý)

Su·pe·ri·or [supíəriər / sjuː-] 名 固 (Lake ~) スペリオル湖 《米国五大湖 (Great Lakes)の1つ. 世界最大の淡水湖で, 米国とカナダの国境にある》.

***su·pe·ri·or·i·ty** [supìəriɔ́ːrəti / sjuːpìəriɔ́r-] 名 U (↔ inferiority) **1** […より / …が]すぐれていること, 優越, 優勢[*to, over* / *in*]: US *superiority* in forces 兵力における米国の優位 / We had numerical *superiority* to [*over*] the enemy. 私たちは敵より数が多かった. **2** 傲慢(ごうまん). (▷ 形 supérior)

◆ superiórity còmplex C 優越感 (cf. inferiority complex 劣等感).

***su·per·la·tive** [supə́ːrlətiv / sjuː-] 形 **1** 最高の, 最上の, 無比の(supreme): a *superlative* performance 最高の演技. **2** 【文法】最上級の.
— 名 **1** [the ~]【文法】 = supérlative degrée 最上級 (→ COMPARISON 文法). **2** C 〔通例 ~s〕最大級の賛辞, 誇張した表現.

su·per·la·tive·ly [-li] 副 最高に, 最上に.

su·per·man [súːpərmæn / sjúː-] 名 (複 super·men [-mèn]) C **1** 超人的な能力を持つ人[男]. **2** [S-] スーパーマン 《米国漫画の主人公》.

***su·per·mar·ket** [súːpərmàːrkit / sjúː-] 名 C スーパーマーケット, スーパー: go shopping at [in] a *supermarket* スーパーへ買い物に行く.

su·per·mod·el [súːpərmɑ̀dəl / sjúːpəmɔ̀dəl] 名 C スーパーモデル 《超一流のファッションモデル》.

***su·per·nat·u·ral** [sùːpərnǽtʃərəl / sjùː-] 形 **1** 超自然的の; 不可思議な, 神秘的な: *supernatural* forces 神秘的な力. **2** [the ~; 名詞的に] 超自然現象[作用].

su·per·nat·u·ral·ly [-rəli] 副 超自然的に.

su·per·no·va [sùːpərnóuvə / sjùː-] 名 (複 su·per·no·vae [-viː], su·per·no·vas [~z]) C 【天文】超新星 (cf. nova 新星).

su·per·nu·mer·ar·y [sùːpərnjúːməreri / sjùːpənjúːməri] 《格式》名 (複 su·per·nu·mer·ar·ies [~z]) C **1** 定員外の人; 臨時雇い; 余計なもの. **2** 【劇・映画】端役(はやく), エキストラ (《口語》super). — 形 **1** 定員外の; 余計な. **2** 【劇・映画】端役の.

su·per·pow·er [súːpərpàuər / sjúː-] 名 C 超大国.

su·per·script [súːpərskript / sjúː-] 形 (文字が)上[右肩]に書かれた, 上[肩]付きの.
— 名 C U (右上に書く)上[肩]付き文字[数字, 記号] (↔ subscript) (◇ b^n の ^{n} など).

su·per·sede [sùːpərsíːd / sjùː-] 動 他 〔しばしば受け身で〕〈古いものなど〉に取って代わる, …の地位を奪う.

su·per·son·ic [sùːpərsɑ́nik / sjùːpəsɔ́n-] 形 超音速の, 音速より速い: a *supersonic* transport 超音速輸送機 (《略語》SST).

su·per·star [súːpərstɑ̀ːr / sjúː-] 名 C (芸能・スポーツ界の)スーパースター.

su·per·state [súːpərstèit / sjúː-] 名 C 超大国.

***su·per·sti·tion** [sùːpərstíʃən / sjùː-] 名 U C 迷信; 迷信的な慣習[行為]: according to *superstition* 迷信によると.

su·per·sti·tious [sùːpərstíʃəs / sjùː-] 形 迷信の, 迷信的な; 迷信を信じる.

su·per·sti·tious·ly [-li] 副 迷信的に.

***su·per·store** [súːpərstɔ̀ːr / sjúː-] 名 C スーパーストア 《超大型小売店》.

su·per·struc·ture [súːpərstrλktʃər / sjúː-] 名 C **1** (建物・船などの)上部構造(物) (↔ substructure). **2** 《格式》(社会体制などの)上層, 上部構造.

su·per·tank·er [súːpərtæ̀ŋkər / sjúː-] 名 C 超大型タンカー 《原油輸送用の超大型船》.

su·per·vene [sùːpərvíːn / sjùː-] 動 自 《格式》(予期しないことなどが)起こる, 結果として起こる.

***su·per·vise** [súːpərvàiz / sjúː-] 動 他 〈仕事・人など〉を監督する, 管理する, 指揮する: Dieting can be dangerous if it isn't *supervised* by a doctor. ダイエットは医師が管理していないと危険なことがある.

***su·per·vi·sion** [sùːpərvíʒən / sjùː-] 名 U 監督, 管理; 指導, 指図: under the *supervision* of … = under …'s *supervision* …の監督下で.

***su·per·vi·sor** [súːpərvàizər / sjúː-] 名 C 監督(者), 管理人, 取り締まる人.

su·per·vi·so·ry [sùːpərváizəri / sjùː-] 形 監督(者)の, 管理(人)の.

su·per·wom·an [súːpərwùmən / sjúː-] 名 (複 su·per·wom·en [-wìmin]) C 超人的な能力を持つ女性.

su·pine [supáin / sjúːpain] 形 《格式》 **1** あお向けになった (↔ prone). **2** 無気力な, 怠惰な.

su·pine·ly [〜li] 副 あお向けになって; 無気力に.

sup·per [sÁpər] 原義は「スープ」
— 名 (複 **sup·pers** [〜z]) Ⓤ Ⓒ **1** 夕食 《主にディナーより簡単な夕食; → DINNER》: have a light *supper* 軽い夕食をとる / What did you have for *supper*? 夕食には何を食べましたか.
2 夜食《夜遅くとる軽食》: We had *supper* after the party. パーティーのあとで夜食をとった.

sup·plant [səplǽnt/-plάːnt] 動 他 …に取って代わる, (だまして)…の地位を奪う: Word processors were *supplanted* by computers. ワープロはコンピュータに取って代わられた.

sup·ple [sÁpl] 形 (比較 **sup·pler** [〜ər]; 最上 **sup·plest** [〜ist]) **1**《体・ものなどが》しなやかな, 柔軟な: a *supple* body 柔軟な体. **2**《頭・考え方など》柔軟性のある, 順応性のある.

sup·ple·ness [〜nəs] 名 Ⓤ しなやかさ, 柔軟さ.

*sup·ple·ment [sÁpləmənt] (☆ 動 との発音の違いに注意) 名 Ⓒ **1** […の]補足, 追加 [to]. **2** 栄養補助食品: a vitamin *supplement* ビタミン剤.
3 [書物などの] 付録, 補遺 [to]: a Sunday *supplement* (新聞の) 日曜版. **4** 追加料金.
— 動 [sÁpləmènt] 他 […で / …することで] 補う, 補足する [with / by doing]; …に付録[補遺]を付ける: *supplement* one's diet *with* vitamin tablets 食事をビタミン剤で補う / *supplement* one's income *by doing* a part-time job アルバイト[パート]をして収入を補う.
(▷ 形 sùpplementáry)

*sup·ple·men·ta·ry [sÀpləméntari] 形 […の]補足の, 追加の; 付録の [to]: a *supplementary* lesson 補習授業. (▷ 名 súpplement)
◆ supplementáry bénefit Ⓤ《英》(低所得者への)生活補助金 (income support).

sup·pli·ant [sÁpliənt] 形《文語》嘆願する, 哀願する, すがりつく(ような).
— 名 Ⓒ《文語》嘆願者, 哀願者 (supplicant).

sup·pli·cant [sÁplikənt] 名 Ⓒ《文語》嘆願者, 哀願者 (suppliant).

sup·pli·ca·tion [sÀplikéiʃən] 名 Ⓤ Ⓒ《文語》嘆願, 哀願, 懇願.

*sup·pli·er [səplάiər] 名 Ⓒ 供給者[会社, 国], サプライヤー; 補充者.

sup·ply [səplάi]
— 動 (三単現 **sup·plies** [〜z]; 過去・過分 **sup·plied** [〜d]; 現分 **sup·ply·ing** [〜iŋ])
— 他 **1** (a) [supply + O]《ものなど》を供給する, 提供する, 出す: Reservoirs *supply* water. 貯水池は水を供給する / Bulls don't *supply* milk. 雄牛から乳は出ない. (b) [supply + O + with …] …に~を供給する; [supply + O + to [for] …] …に~を供給する: The sun *supplies* us *with* light and heat. = The sun *supplies* light and heat *to* [*for*] us. 太陽は私たちに光と熱を与えてくれる.
2《需要・要求など》にこたえる, 《必要など》を満たす: The latest edition *supplies* the long-felt need. 最新版は長年の切望にこたえるものです.

— 名 (複 **sup·plies** [〜z]) **1** Ⓤ 供給, 支給, 配給, 補給: *supply* and demand 需要と供給《◇日本語と語順が逆であることに注意》 / a *supply* base 補給基地 / If we have no *supply* of oil, our life will change dramatically. もし石油の供給が途絶えたら私たちの生活は激変するだろう.
2 Ⓒ 手持ち量, 蓄え, 在庫: the emergency *supply* 非常用の貯蔵物.
3 [しばしば複数形で] 生活必需品;《軍隊・工場など》の必需品, 糧食: medical *supplies* 医療品.
■ *in shórt supplý* (ものなどが) 不足して.

sup·ply-side 形《経済》供給重視の.
◆ supply-side económics Ⓤ《経済》供給重視の経済(政策)《減税などで経済成長を刺激する》.

*sup·port [səpɔ́ːrt] 動 名 [「sup(下から支えて) + port(運ぶ)」から]
— 動 (三単現 **sup·ports** [-pɔ́ːrts]; 過去・過分 **sup·port·ed** [〜id]; 現分 **sup·port·ing** [〜iŋ])
— 他 **1** [support + O]《人》を(精神的に)支える, カづける, 励ます;《主義・構想・団体など》を支持する, 後援する: She *supported* me in my time of misery. 彼女は私が不幸な時に励ましてくれた / This company *supports* the natural environment conservation movement. この会社は自然環境保護運動を支援している.
2《家族など》を養う, 扶養する; …を(財政的に)援助する: Hans has a large family to *support*. ハンスは大家族を養っている / Every school is *supported* by the government. 学校はどこも政府の財政援助を受けている.
3《もの・体》を支える: *support* oneself 体を支える / The new roof is strong enough to *support* any weight of snow. 新しい屋根はどんな雪の重みも支えられるくらい強い.
4 …の裏付けをする; …を立証する, 証拠立てる: His theory was *supported* by the latest data. 彼の理論は最新のデータによって立証された.
5《主役》のわき役を務める.

— 名 (複 **sup·ports** [-pɔ́ːrts]) **1** Ⓤ 支持, 援助, 励まし; 支持層; Ⓒ 支持者, 援助者: financial *support* 財政支援 / The cabinet gets high *support*. 内閣は高い支持を得ている / The party's *support* is weak. その党は支持基盤が弱い.
2 Ⓤ 扶養; Ⓒ 生活を支える人: the *support* of a family 家族の扶養 / He is the only *support* of his family. 彼は家族を1人で支えている.
3 Ⓤ 支えること; Ⓒ 支柱, 支えとなるもの: Put a *support* under the wobbling table. ぐらぐらするテーブルの下につっかい棒を入れなさい.
■ *in suppórt of* … …を支持して, …に賛成して.

*sup·port·er [səpɔ́ːrtər] 名 Ⓒ **1** 支持者, 後援者; 賛成者, 味方;《主に英》(サッカーチームなどの)サポーター, ファン: a strong *supporter* of the reform plan 改革案の強力な支持者. **2** 扶養者.
3 支持物, 支柱;(運動用の)サポーター.

sup·port·ing [səpɔ́ːrtiŋ] 形 [限定用法] **1**《映画・演劇で》わき役の, 助演の: a *supporting* actor [actress] 助演俳優[女優]. **2**《映画が》併映の.
3《証拠など》裏付けとなる. **4**(重みを)支える.

sup·port·ive [səpɔ́ːrtiv] 形《ほめ言葉》支えと

なってくれる; (困っている人に) 理解のある: be *supportive* of ... …を支持 [援助] する.

sup・pose [səpóuz]【「sup (下に) + pose (置く)」から】
― 動 (三単現 **sup・pos・es** [~iz], 過去・過分 **sup・posed** [~d]; 現分 **sup・pos・ing** [~iŋ])
― 他 **1** (a) [suppose+that 節] …と思う, 推測する (→ THINK 類義語): I *suppose* (*that*) he will come on time. 彼は時間通りに来ると思う / I *suppose* you are right. = You are right, I *suppose*. あなたは正しいと思う.
(b) [suppose+O+to do]〈人・もの〉が…である […すると] と思う: I *suppose* her *to* be over seventy. 彼女は70歳を越えていると思う.
2 (a) [suppose+that 節] …と仮定する, 想定する: Let us *suppose* (*that*) the rumor is true. 仮にそのうわさが本当だとしよう / *Suppose* (*that*) every house in the world was connected to the Internet. 世界じゅうすべての家がインターネットでつながっていると仮定してみなさい (◇ was は仮定法で were の代用) / *Suppose* you were a billionaire, what would you do? もしあなたが億万長者だとしたらどうしますか (◇ were は仮定法). (b) [suppose+O+to do]〈人・もの〉が…である […する] と仮定する, 想定する: Let's *suppose* him *to* be the man in question. 彼が問題の男だと仮定してみよう.
3 《命令文で》…してはどうか, …しよう (◇提案を表す): It's late. *Suppose* we stay here tonight. もう遅いから今夜はここに泊まったらどうだろう.
4 《格式》…を前提 (条件) とする (presuppose).
■ *I dòn't suppóse* (*that*) ... **1** …でないと思う.
2 …していただけませんか (◇丁寧な依頼を表す): *I don't suppose* you could lend me your notebook computer, could you? あなたのノートパソコンを貸していただけませんか.
I suppóse nót. たぶんそうでないだろう: Minors can't go there. ―*I suppose not.* 未成年者はそこへ行けないんでしょう ['行けない' でしょう].
I suppóse só. たぶんそうだろう: Have they arrived yet? ―*I suppose so.* 彼らはもう着いただろうか ―着いたでしょうね ['行けない' で行こう] / Can I come with you? ―*I suppose so.* ご一緒していいですかー まあいいですよ (◇消極的な同意を表す).
(▷ 名 sùppositíon)

*sup・posed [səpóuzd] 形 **1** [be supposed+to do] …することになっている (◇この意味での supposed to は通例 [səpóustə] と発音される); …と考えられている: You *are supposed to* take off your shoes when you enter a Japanese house. 日本の家に入るときは靴を脱ぐものです / You *are* not *supposed to* smoke in this room. この部屋は禁煙になっています.
2 [限定用法] …と思われて [疑われて] いる, 仮定上の, 想像上の: The *supposed* diamond proved to be just a stone. ダイヤモンドと思われていたものはただの石だった.

sup・pos・ed・ly [səpóuzɪdli] 副 想像上 [文修飾] 推定では, おそらく: *Supposedly*, the construction will take more than a year. おそらくその建設工事は1年以上かかるだろう.

*sup・pos・ing [səpóuziŋ] 接 もし…ならば (if): *Supposing* you fail, what are you going to do? もし失敗したら, どうするつもりですか.

sup・po・si・tion [sʌpəzíʃən] 名 U 想像; 推測; C 仮定, 仮説: on the *supposition* that ... …と仮定して / a remark based on *supposition* 推測に基づく発言.
(▷ 動 suppóse)

sup・pos・i・to・ry [səpázətɔːri / -pɔ́zətəri] 名 (複 **sup・pos・i・to・ries** [~z]) C【医】座薬.

*sup・press [səprés] 動 他 **1** …を抑圧 [鎮圧] する, 押さえつける: *suppress* freedom of speech 言論の自由を抑圧する / *suppress* a revolt 反乱を鎮圧する. **2** 〈感情・笑いなど〉を抑える: She *suppressed* a laugh. 彼女は笑いをかみ殺した.
3 〈事実・証拠など〉を隠す;〈発表・出版など〉を禁止する: *suppress* the truth 真実を伏せておく.

sup・pres・sion [səpréʃən] 名 U **1** 抑圧 [鎮圧] (すること). **2** (感情などの) 抑制. **3** (事実などを) 隠すこと; 発売 [出版] 禁止.

sup・pres・sor [səprésər] 名 C 抑圧 [鎮圧] する人 [もの]; 制癌(がん)剤;【電気】雑音防止装置.

su・pra・na・tion・al [sùːprənǽʃənəl, sjùː-] 形 超国家的な.

su・prem・a・cy [suprémosi / sjuː-] 名 U
1 主権; […に対する] 支配権, 絶対的権力 [*over*]. **2** 最高, 至高; 最高位. **3** 優位, 優越.

su・preme [supríːm / sjuː-]
― 形 [比較なし] **1** (地位・権力などが) 最高の: the *supreme* commander 最高司令官.
2 〔通例, 限定用法〕(程度・質などが) 最高 [最大] の, 最も重要な; この上ない: a matter of *supreme* importance 最も重要な問題 / make the *supreme* sacrifice この上ない犠牲を払う, 死ぬ.
(▷ 名 suprémacy)
◆ Supréme Béing [the ~]《文語》神 (God).
Supréme Cóurt [the ~]《米》(国・州の) 最高裁判所.

su・preme・ly [supríːmli / sjuː-] 副 最高に; この上なく.

Supt. 《略語》= *superintendent* 監督者.

sur・charge [sə́ːrtʃɑːrdʒ] 名 C […に対する] 追加 [不足] 料金; 追徴金 [*on*].
― 動 他〈人〉に […に対する] 追加料金 [追徴金] を課す [*on, for*].

sure [ʃuər / ʃɔː, ʃúə]
【原義は「心配のない」】
― 形 副 [原義は「心配のない」]
― 形 (比較 **sur・er** [ʃúərər / ʃɔ́ːrər], 最上 **sur・est** [ʃúərɪst / ʃɔ́ːrɪst]) **1** (a) 確信して, 確かだと思って (◇主観的・直感的な確信を表す): I am not *sure*, but I think he is Tom's uncle. 確信はないが彼はトムのおじさんだと思う / Are you *sure*? ―Yes, I'm quite *sure*. 確かですかー はい, もちろん確かです. (b) [be sure of [about] ...] …を確信している, 疑わない: I *am sure of* his success. 私は彼の成功を信じている / Are you *sure about* his phone number? 彼の電話番号をご存じですか. (c) [be sure+that 節] …と

確信している (→ **LET'S TALK**): *Are* you quite *sure that* she is innocent? あなたは彼女が無実だと本当に思っているのですか / *I'm sure* he will do a good job. 彼はうまくやると思う．(d) [**be sure**＋疑問詞節 [句]] [通例，否定文で] …かを確信している: *I'm* not *sure whether* he will come tonight. 彼が今夜来るかどうかわからない / *I'm* not *sure where* to go. どこに行けばいいのかわからない．
2 [**be sure**＋**to do**] 必ず[きっと]…する: He *is sure to* succeed next time. 彼は今度はきっと成功する / It's *sure to* be fine tomorrow. あしたはきっといい天気です / *Be sure to* come tomorrow. あしたは必ず来てください．
3 確かな，確実な (certain); 信頼できる: a *sure* friend 信頼できる友 / We still haven't found the *sure* remedy for that disease. その病気の確実な治療法はまだ見つかっていない．
■ **be súre and dó** [命令文で] 必ず…する，…するように気をつける (be sure to do): *Be sure and* wash your hands before meals. 食事の前には必ず手を洗うようにしなさい．
be [**féel**] **súre of onesélf** 自信がある．
for súre きっと，必ず: He will recover *for sure*. 彼はきっと治るだろう / I don't know *for sure* whether the boss is in his office today. きょう上司が事務所にいるかどうかは定かではない．
I'm súre [強意的に; 文頭・文中・文尾に置いて]《口語》本当に，確かに: He will keep his promise, *I'm sure*. 彼はきっと約束を守る．
màke súre 1 […を […ということを]] 確認する，確かめる [*of* / *that* 節]: *Make sure that* all the windows are locked. 窓に全部かぎがかかっているかどうか確認しなさい． **2** […ということを] 間違いなく[確実に]する [*that* 節]; […を] 確保する [*of*]: *Make sure (that)* you come back by three o'clock. 3時までには必ず戻って来なさい．
súre thíng [a ～]《口語》確実なこと; [間投詞的に] 確かに，もちろん: Can you pass me the newspaper? — *Sure thing*. 新聞を取ってくれませんか—いいとも．
to be súre 1 確かに，なるほど (…ではあるが)（◇通例あとに but が続く）: He is nice, *to be sure*, but I don't like him. 確かに彼はいい人だが，私は好きではない． **2** [通例 well に続けて; 驚きを表して] なるほど，まったく: Well, *to be sure*, she's a lovely girl. いやまったくきれいな女の子ですね．

── 副《主に米口語》 **1** いいとも，承知しました (certainly); そうとも; どういたしまして: May I use this phone? — *Sure*. この電話をお借りしてもいいですか — もちろん / Thank you for everything. — *Sure*. いろいろとありがとう — どういたしまして．
2 確かに，まったく: It *sure* is cold today. きょうは本当に寒い / He is very stubborn. — He *sure is*. 彼はとても頑固だね — 確かにそうだ．
■ **sùre enóugh**《口語》やっぱり，確かに，案の定: I thought that woman was his mother, and *sure enough*, she was. あの女性は彼の母親だろうと思っていたら，やはりそうだった．(▷ 動 **ensure**)

súre-fire 形 [限定用法]《口語》成功間違いなしの．
súre-fóot·ed 形 足元の確かな; 確実な，着実な．

★★★ **sure·ly** [ʃúərli / ʃɔ́ː-]
── 副 **1** [比較なし; 文修飾] 確かに，必ず，きっと: He is *surely* the best singer among us. 彼は確かに私たちの中で一番歌がうまい / *Surely*, there must be something we can do. きっと私たちにできることが何かあるはずです．
2 [比較なし; 文修飾; 通例，否定文で] よもや，まさか（◇驚き・疑いなどを表す）: *Surely*, you didn't break the window? まさかあなたが窓ガラスを割ったのではないだろうね / He quit his job. — *Surely* not! 彼は仕事を辞めました — まさか(そんなことはないだろう)．
3 [比較なし; 相手に対する返事として]《米口語・古

LET'S TALK 確信の表し方

[基本] I'm sure ....

Miho: **Will Kenji come on time?**
 （ケンジは時間通りに来ますか）

Bill: **I'm sure he will. He is always punctual.**
 （きっと来ますよ．彼はいつも時間を守るから）

「…ということを確信している」と言うときには，I'm sure で始めましょう．I'm sure .... は I believe .... （…を信じている）とほぼ同じ意味です．ほかに，I have no doubt (that) .... （…ということは疑いない）または I'm certain (that) .... （…ということは確かである）などでも確信を表すことができますが，やや格式ばった表現です．

確信がないことを表す場合は，I'm not sure. （よくわかりません）と言います．Are you sure? と言えば，「確かですか」と相手に尋ねることになります．

[類例] A: I have no doubt he will pass the exam to that university.
 （私は彼がその大学の試験に合格することを確信しています）
 B: No doubt about it! He's a very bright guy.
 （間違いないですよ．彼はとても頭のよい男だから）

風》いいとも, もちろん (sure): May I borrow your bike? – *Surely*. 自転車を借りてもいいですかー いいとも.
4 確実に, 着実に: climb up a ladder slowly but *surely* ゆっくり着実にはしごを登る.

sure・ness [ʃúərnəs / ʃɔ́ː-] 名 U 確実さ.

sur・e・ty [ʃúərəti / ʃɔ́ːrə-] (☆発音に注意) 名 (複 **sur・e・ties** [~z]) U C **1** 《法》保証人: stand *surety* for ... ...の保証人になる. **2** 保証(金); 担保.

surf [sə́ːrf] 名 U (岩などに) 打ち寄せる波, 浜辺の波. ― 動 (自) サーフィン [波乗り] をする: go *surfing* サーフィンに行く.

■ **súrf the Nét** [コンピュータ] ネットサーフィンする《インターネット上の情報をあちこち見て回ること》.

*sur・face [sə́ːrfəs] (☆発音に注意) 名 形 動

[「sur (上) + face (顔)」で, 「表面」の意]
― 名 (複 **sur・fac・es** [~iz]) **1** C (物体の) 表面, 外面; 水面, 海面; 《幾何》面: a plane [curved] *surface* 平[曲]面 / The board has a smooth *surface*. その板の表面は滑らかです / The moon is reflected on the *surface* of the lake. 湖面に月が映っている.
2 [the ~] 外観, うわべ, 見かけ: look below [beneath] the *surface* of the problem 問題の本質を見る / Be careful not to look only at the *surface* of people. 人の外見だけにとらわれないように注意しなさい.

■ **cóme** [**ríse**] **to the súrface** (問題などが) 表面化する; (秘密などが) ばれる.
on the súrface 外見は, うわべ(だけ)は.
― 形 [比較なし; 限定用法] **1** 外面的な, 外見上の; うわべだけの, 皮相的な (superficial): *surface* impression 見た目の印象 / *surface* kindness [politeness] うわべだけの親切心 [丁寧さ].
2 表面の, 地表 [水面] 上の; 陸上 [海上] (輸送) の: a *surface* car 《米》路面電車.
― 動 (自) **1** (魚・潜水艦などが) 浮上する: The submarine *surfaced*. 潜水艦が浮上した.
2 《格式》(問題などが) 表面化する, 明るみに出る.
3 《口語》(しばらくたってから) 再び姿を現す.
― (他) ~ の表面を仕上げる; 〈道路〉を舗装する.
◆ **súrface màil** U (船便・陸上便による) 普通郵便 (cf. airmail 航空郵便).
súrface ténsion U 《物理》表面張力.

súr・face-to-áir 形 [限定用法] 《軍》(ミサイル・通信などが) 地[艦]対空の: a *surface-to-air* missile 地[艦]対空ミサイル (《略記》SAM).

súr・face-to-súr・face 形 [限定用法] 《軍》(ミサイル・通信などが) 地[艦]対地[艦]の.

surf・board [sə́ːrfbɔ̀ːrd] 名 C サーフボード.

sur・feit [sə́ːrfət] 名 [通例 a ~] **1** 過多 [過度] 〔の...〕 (*of*): a *surfeit* of food and drink あり余るほどの飲食物. **2** 食べ [飲み] すぎ.
― 動 (他) 〈人〉に〔...を〕過度に食べさせる [飲ませる]; 〈人〉を〔...に〕飽き飽きさせる (*with*).

surf・er [sə́ːrfər] 名 C サーファー, サーフィンをする人 (cf. windsurfer ウィンドサーフィンをする人).

surf・ing [sə́ːrfiŋ] 名 U サーフィン, 波乗り.

*surge [sə́ːrdʒ] 動 (自) **1** [副詞(句)を伴って] (海面などが) 波打つ; (群衆などが) 押し寄せる: The crowd *surged* forward when the singer appeared. 歌手が現れると群衆は前へ殺到した.
2 (感情が) 急にわいてくる (*up*): Hope *surged up* within Tom. トムの心に希望が込み上げてきた.
― 名 C [通例, 単数形で] **1** 大波, うねり; (群衆などの) 殺到. **2** 高まり: She felt a *surge* of affection for him. 彼女は彼への愛情が込み上げてくるのを感じた.

*sur・geon [sə́ːrdʒən] 名 C 外科医 (cf. physician 内科医).

*sur・ger・y [sə́ːrdʒəri] 名 (複 **sur・ger・ies** [~z])
1 U 外科 (医学) (cf. (internal) medicine 内科); (外科) 手術: cosmetic *surgery* 美容整形外科 / perform [undergo] *surgery* 外科手術を行う [受ける]. **2** C 《主に米》手術室 (《英》theatre); 《英》診療室. **3** U 《英》診療時間.

sur・gi・cal [sə́ːrdʒikəl] 形 [限定用法] **1** 外科の, (外科) 手術の, 外科用の (cf. medical 内科の): a *surgical* operation 外科手術 / a *surgical* knife 手術用メス. **2** (衣服などが) 整形 [矯正] 用の: *surgical* boots [shoes] (治療用の) 矯正靴.
◆ **súrgical spírit** U 《英》消毒用アルコール (《米》rubbing alcohol).
sur・gi・cal・ly [-kəli] 副 外科的に.

sur・ly [sə́ːrli] 形 (比較 **sur・li・er** [~ər]; 最上 **sur・li・est** [~ist]) 不機嫌な; 無愛想な.

*sur・mise [sərmáiz] 《格式》動 (他) ~ を推測 [推量] する; 〔...と〕推測する (guess) 《*that* 節》.
― 名 C U 推測, 推量 (guess).

*sur・mount [sərmáunt] 動 (他) 《格式》 **1** 〈困難・障害〉を乗り越える, 克服する, 切り抜ける: *surmount* a lot of obstacles 多くの障害を乗り越える. **2** 〈山・障害物〉を越える. **3** [通例, 受け身で] ...の上にある, ...に載っている: The top of that hill *is surmounted* by a tall tower. あの丘の上に高い塔が建っている.

sur・mount・a・ble [sərmáuntəbl] 形 《格式》乗り越えられる, 打ち勝てる, 切り抜けられる.

*sur・name [sə́ːrnèim] 名 C 姓, 名字 (family name).

*sur・pass [sərpǽs / -páːs] 動 (他) 〔...で〕 ...にまさる 《*in*》; ...以上である, ...を超える: *surpass* (all) description 筆舌につくせない / She *surpassed* all her friends *in* music. 彼女は音楽では友人のだれよりもすぐれていた.

sur・pass・ing [sərpǽsiŋ / -páːs-] 形 [限定用法] 《文語》ずば抜けた, 抜群の, すぐれた.

sur・plice [sə́ːrpləs] 名 C サープリス《聖職者・聖歌隊が着るそでの長い白い服》.

*sur・plus [sə́ːrpləs] 名 C U **1** 余り, 残り; 余剰: a *surplus* of exports over imports 輸入に対する輸出の超過 (量).
2 剰余金; (財政などの) 黒字 (↔ deficit): a trade *surplus* 貿易黒字.
■ **in súrplus** 余分で, (輸出) 超過で, 黒字で.
― 形 余った, 過剰の; 〔...に対して〕余分の《*to*》: *surplus* grain 余剰穀物 / be *surplus to* requirements 余分 [無用の長物] である.

sur・prise [sərpráiz] 動名

— 動 (三単現 sur・pris・es [~iz]; 過去・過分 sur・prised [~d]; 現分 sur・pris・ing [~iŋ])

— 他 **1** [surprise + O] …を**驚かす**, びっくりさせる: The coup d'état *surprised* the world. そのクーデターは世界を驚かせた / It *surprised* her to find a stranger there. 見知らぬ人がそこにいるのを知って彼女はびっくりした / What *surprised* me was that there was no electricity in the village. 私が驚いたのはその村に電気がきていないことだった.

2 (a) [surprise + O] …を不意に襲う, …の不意を打つ: Bombers *surprised* the naval port. 爆撃機が軍港を急襲した. (b) [surprise + O + into …] 〈人〉に不意打ちをかけて…させる: The detective *surprised* the man *into* confession. 刑事はその男を揺さぶってぽろっと白状させた. (c) [surprise + O + from [out of] …] 不意打ちをかけて…から〈事実など〉を聞き出す: We *surprised* the truth *from* [*out of*] the boys. 私たちは少年たちの不意をついて真実を聞き出した.

— 名 **1** ⓒ **驚くべきこと [人]**; 意外な [思いがけない] もの [こと]: The news of his promotion came as a *surprise* to Jim. 昇進の知らせにジムは驚いた / Here's a big *surprise* for you. ほら, すばらしいものがあるよ《◇プレゼントを渡すときなどの言葉》/ What a *surprise*! それは驚いた.

2 Ⓤ **驚き**: Helen looked at John in [with] *surprise*. ヘレンは驚いてジョンを見た / Janet walked away with a look of *surprise*. ジャネットは驚いた表情で立ち去った.

3 〖形容詞的に〗不意打ちの, 予告なしの: a *surprise* attack 奇襲 / a *surprise* party 不意打ちのパーティー《驚かすために主賓には事前に知らせずに開く》 / a *surprise* visit 不意の訪問.

■ *Surprise, surprise!* 《口語・皮肉》よくあることだ, これは驚いた.

tàke … by surpríse …に不意打ちを食わせる; …を奇襲する: The big earthquake *took* us all *by surprise*. 大地震で私たちは皆あわてふためいた.

to …'s surprise = to the surprise of … 〖文修飾〗…が驚いたことには, 予想もしなかったことだが: *To my surprise*, she refused my offer. 驚いたことに彼女は私の申し出を断った.

sur・prised [sərpráizd]

— 形 (a) 〚…に〛**驚いた**, びっくりした 〚*at, by*〛 (→ 類義語): a *surprised* look [expression] 驚いた表情 / We were *surprised* at the news. 私たちはそのニュースを聞いてびっくりした / We were very *surprised* at Alec's indifference. 私たちはアレックの関心のなさにとても驚いた.

(b) [be surprised + to do] …して驚く: I *was surprised to* find her very ill. 彼女が重病なのを知って私は驚いた.

(c) [be surprised + that 節] …ということに驚く: I*'m* not *surprised* (*that*) he didn't keep his promise. 彼が約束を守らなかったことに私は驚いていない.

〖類義語〗 **surprised, astonished, amazed, astounded**
共通する意味▶驚いた (filled with wonder by something unusual or unexpected)
surprised は予期しないことに「不意を打たれて驚いた」の意: They were *surprised* at the result. 彼らはその結果に驚いた. **astonished** は「信じがたいものに出会って驚いた」の意: I'm sure you'll be *astonished* at the magician's next trick. 奇術師の次の手品にはきっとびっくりするよ. **amazed** は「通常の経験からは想像できないようなことが起こって驚いた」の意. 狼狽(ろうばい)や当惑の気持ちを含むことが多い: He was *amazed* to notice a detective shadowing him. 刑事に尾行されていることに気づいて彼はがく然とした. **astounded** は信じられないようなことが起こって「身動きもできないほどのショックを受けた」の意: She was *astounded* to learn that her best friend had betrayed her. 彼女は親友が自分を裏切ったことを知って非常なショックを受けた.

sur・pris・ing [sərpráiziŋ] 形 **驚くべき**, 意外な: make *surprising* progress 驚異的な進歩を遂げる / It is hardly *surprising* that Jane won't agree to the proposal. ジェーンがその提案に同意しなくても別に不思議はない.

sur・pris・ing・ly [sərpráiziŋli] 副 **1** 〖文修飾〗驚いた [不思議な] ことに, 意外なことだが: *Surprisingly* [Not *surprisingly*], he proved to be guilty. 驚いたことに [予想通り] 彼は有罪になった. **2** 驚くほど: The water was *surprisingly* cold. その水は驚くほど冷たかった.

sur・re・al [sərí:əl / -ríəl] 形 超現実的な, シュールな.

sur・re・al・ism [sərí:əlìzəm / -ríəl-] 名 Ⓤ 〖芸術・文学〗超現実主義, シュールレアリズム.

sur・re・al・ist [sərí:əlist / -ríəl-] 形 超現実主義(者)の. — 名 ⓒ 超現実主義者.

sur・re・al・is・tic [sərì:əlístik / -ríəl-] 形 超現実主義的な, シュールレアリズムの.

sur・ren・der [səréndər] 動名 **1** 〚…に〛**降伏する**, 降参する 〚*to*〛: At last they *surrendered to* the enemy. ついに彼らは敵に降伏した. **2** 〚感情・快楽などに〛身を任せる, おぼれる 〚*to*〛.

— 他 **1** 〈要塞(ようさい)・軍隊など〉を 〚敵などに〛引き渡す, 明け渡す 〚*to*〛: *surrender* the castle *to* the enemy 城を敵に明け渡す. **2** …を放棄する, 捨てる, あきらめる (give up). **3** 《格式》〈パスポートなど〉を 〚当局に〛提出する 〚*to*〛.

■ *surrénder onesèlf to …* **1** 〈感情・習慣など〉に身を任せる, ふける, おぼれる. **2** 〈敵など〉に投降する, 〈警察〉に自首する.

— 名 **1** Ⓤⓒ 降伏, 降参; 自首: (an) unconditional *surrender* 無条件降伏. **2** Ⓤ 明け渡し; 放棄.

sur・rep・ti・tious [sə̀:rəptíʃəs / sʌ̀r-] 形 内密の, 秘密の, こそこそした.

sur・rep・ti・tious・ly [~li] 副 内密に, こそこそと.

sur・ro・ga・cy [sə́ːrəgəsi / sʌ́r-] 名U 代理母制度, 代理出産.

sur・ro・gate [sə́ːrəgèit / sʌ́r-] 名C **1** 代理人, 代わりのもの. **2**《米》(遺言) 検認裁判官;《英国教》監督代理. **3** [形容詞的に] 代理の: a *surrogate* mother 代理母《受精卵移植で不妊女性の代わりに子供を産む女性》.

sur・round [səráund] 動名
【原義は「水があふれる」】
── 動 (三単現 **sur・rounds** [-ráundz]; 過去・過分 **sur・round・ed** [~id]; 現分 **sur・round・ing** [~iŋ])
── 他 [しばしば受け身で] […で] …(の周り)を囲む, 包囲する〔*with, by*〕: Beautiful mountains *surround* the lake.＝The lake *is surrounded with* [*by*] beautiful mountains. 美しい山々がその湖を取り囲んでいる / She *surrounded* her flower bed *with* a fence. 彼女は花壇を柵(＊)で囲った.
■ *surróund onesèlf with* ... …を常に自分の周りに置く.
── 名 C **1** (窓などの) 外枠; 装飾的な縁取り.
2 (じゅうたんと壁の間の) 周りの床.

‡**sur・round・ing** [səráundiŋ] 形 [限定用法] 周囲の, 付近の: the *surrounding* mountains 周囲の山々.
── 名 [~s] (人・場所を取り巻く) 環境, 状況; 周囲の物事: get used to one's new *surroundings* 新しい環境に慣れる.

sur・tax [sə́ːrtæ̀ks] 名U (所得税の) 累進付加税; 付加税 (additional tax).

sur・veil・lance [sərvéiləns] 名U (容疑者・囚人などの) 監視, 見張り: keep ... under *surveillance* …を監視する.

sur・vey [「sur (上から)＋vey (見る)」から] 動名
── 動 [sərvéi] (☆ 名 とのアクセントの違いに注意) (三単現 **sur・veys** [~z]; 過去・過分 **sur・veyed** [~d]; 現分 **sur・vey・ing** [~iŋ])
── 他 **1**〈人・世論など〉を調査する;〈人〉に質問をする: The research center *surveyed* the opinions of high school students. その調査機関は高校生の意識調査を行った / Almost 70% of those *surveyed* said they supported the government policy. 調査対象となった人の7割近くが政府の政策を支持すると答えた.
2〈景色・場所など〉を見渡す, 見晴らす: He *surveyed* the view from the top of the building. 彼はビルの屋上から景色を眺めた.
3 …を概説〔概観〕する; 全体的に調べる: This book *surveys* the history of humankind. この本は人類の歴史を概説している.
4〈土地など〉を測量〔測定〕する;〈家屋など〉を鑑定する.
── 名 [sə́ːrvei] **1** CU (全体的な) 調査, 検査: a market *survey* 市場調査 / under *survey* 調査中 / We did [made, carried out] a *survey* of the students' feelings for their teachers. 私たちは教師に対する生徒の意識を調査した.
2 C 概説, 概観: a *survey* of English literature 英文学概論. **3** CU 測量; C 測量図.
4 C (家屋などの) 鑑定.

sur・vey・or [sərvéiər] 名C **1** 測量士, 測量技師. **2** (不動産などの) 鑑定人.

‡**sur・viv・al** [sərváivəl] 名 **1** U 生き残ること; 残存: the *survival* of the fittest 適者生存 / Their chances of *survival* are slight. 彼らが生存する見込みはむずかしかない.
2 C 生存者; 遺物. (▷ 動 survive)
◆ *survíval kit* C 非常用携帯品《災害などに備えた食糧・薬品など》.

‡**sur・vive** [sərváiv] 動 自 生き残る, (困難・危機などを) 切り抜ける, (くじけず) うまくやっていく; 残存する: Only three climbers *survived*. 生き残った登山者は3名だけだった / A lot of historic buildings have *survived* in Kyoto. 京都には多くの歴史的建造物が残っている.
── 他 **1**〈困難・危機など〉を切り抜ける;〈事故・災害〉のあとまで (生き) 残る: Miraculously, he *survived* the airplane crash. 彼は飛行機墜落事故にあったが奇跡的に助かった / Few houses *survived* the fire. 焼け残った家はわずかだった.
2〈人〉より長生きする: He *survived* his wife for two years. 彼は妻に先立たれたあと2年生きた.
(▷ 名 survival)

sur・vi・vor [sərváivər] 名C 生き残った人, 生存者; 残存物, 遺物: the lone [sole] *survivor* of the plane crash 飛行機墜落事故の唯一の生存者.

Su・san [súːzən] 名 固 スーザン《◇女性の名;《愛称》Sue, Susie》.

sus・cep・ti・bil・i・ty [səsèptəbíləti] 名 (複 **sus・cep・ti・bil・i・ties** [~z]) **1** U […に対する] 感受性, 敏感さ; […に] 影響されやすいこと〔*to*〕. **2** [複数形で] 傷つきやすい感情〔心〕.

sus・cep・ti・ble [səséptəbl] 形 **1** [叙述用法] […の] 影響を受けやすい, […に] 敏感な; (病気などに) 感染しやすい〔*to*〕: He is *susceptible to* flattery. 彼はおだてに弱い. **2**《文語》情にもろい, 多感な. **3** [叙述用法]《格式》[…が] できる, […を] 許す〔*of*〕.

‡**sus・pect** 動名形
【原義は「下から見る」】
── 動 [səspékt] (☆ 名 形 とのアクセントの違いに注意) (三単現 **sus・pects** [-pékts]; 過去・過分 **sus・pect・ed** [~id]; 現分 **sus・pect・ing** [~iŋ])
── 他 **1** (a) [suspect＋O] …を疑う, 怪しいと思う (→ DOUBT 類義語): I *suspect* Mr. Smith. 私はスミス氏が怪しいと思う / I *suspect* the truth of her story. 私は彼女の話の信憑(しん)性に疑いを抱いている. (b) [suspect＋O＋of ...]〈人〉に…の容疑〔嫌疑〕をかける: They *suspect* him *of* murder. 彼らは彼に殺人の容疑をかけている / She was *suspected of* stealing. 彼女は盗みをしたのではないかと疑われた.
2 [suspect＋that 節]《口語》…だろう […ではないか] と思う, 推測する (suppose)《◇通例, よくないことを表す場合に用いる》: I *suspect* (*that*) he is hiding something. 彼は何かを隠しているのではないかと思う. **3**〈危険などを〉感じる, 察知する, かぎつける; …の存在に感づく: He didn't *suspect* any danger during his trip. 彼が旅行中に危険を感じたことは皆無だった.

— 自 疑う, 疑わしく思う.
— [sÁspekt] C 容疑者, 被疑者: The police arrested three *suspects* for the murder. 警察はその殺人事件の容疑者3人を逮捕した.
— 形 [sÁspekt] 疑わしい, 怪しい: a *suspect* medicine 効能の怪しい薬 / The man in the white suit is very *suspect*. 白いスーツを着たその男が非常に怪しい. (▷ 名 suspícion)

sus·pend [səspénd] 動 他 **1** 〈事業・活動など〉を一時停止[休止]する; 一時延期する, 保留する: *suspend* judgment 判断を差し控える[保留する] / Let's *suspend* our project for a while. 私たちの計画はしばらく中断しよう. **2** [通例, 受け身で] …を[…から]停職[休職]させる, 停学させる[*from*]: They *were suspended from* school for a month. 彼らは1か月の停学処分になった.
3 〖格式〗…を[…から]つるす, […に]かける(hang up)[*from*]: chandeliers *suspended from* the ceiling 天井からつり下げられたシャンデリア.
4 [通例, 受け身で]〈ちり・ほこりなど〉を浮遊させる, 宙に浮かせる. (▷ 名 suspénse, suspénsion)
◆ suspénded animátion U **1** 仮死(状態).
2 (機関・委員会などの)一時的活動中止.
suspénded séntence C 〖法〗執行猶予(の判決).

sus·pend·er [səspéndər] 名 **1** [〜s]《米》ズボンつり, サスペンダー(《英》braces); a pair of *suspenders* ズボンつり1つ. **2** C《英》靴下留め, ガーター(garter). **3** C つるす人[もの].
◆ suspénder bèlt C《英》ガーターベルト(garter belt).

*sus·pense [səspéns] 名 U **1** 不安, 気がかり, 懸念;(小説・映画などの)サスペンス: Without any information at all, we were all kept in *suspense*. 情報がまったくなく, 私たちはみな不安になっていた. **2** 未決定, 未定. (▷ 動 suspénd)

*sus·pen·sion [səspénʃən] 名 **1** U つるすこと; 浮遊状態, 宙ぶらりん; 未決定. **2** U (活動・権利などの)一時的停止[中止];延期; 支払い停止.
3 UC 停職, 停学. **4** UC (自動車・列車などの)サスペンション, 車体架装装置. (▷ 動 suspénd)
◆ suspénsion brìdge C つり橋.

‡sus·pi·cion [səspíʃən]
— 名 (複 sus·pi·cions [〜z]) **1** UC […に対する/…という]疑惑, 容疑[*of, about / that* 節]: He looked upon me with *suspicion*. 彼は疑惑の目で私を見た / I have a *suspicion of* [*about*] his guilt. 彼に有罪ではないかと思う / I have a *suspicion that* he deceived me. 彼は私をだましたのではないかと思う.
2 C […の/…という]印象, 感じ[*of / that* 節]: I had a *suspicion of* being watched [*that* I was watched]. 私は監視されている感じがした.
3 [a 〜] わずか[ほんの…], […]気味[*of*]: There was a *suspicion of* sadness in her voice. 彼女の声はちょっと悲しげだった.
■ *above* [*beyond*] *suspícion* 疑いの余地なく.
on (*the*) *suspícion of* ... …の嫌疑[容疑]で.
ùnder suspícion 疑われて. (▷ 動 suspéct)

*sus·pi·cious [səspíʃəs] 形 **1** […に]疑いを持った(*of, about*); 疑い深い: All his friends were *suspicious of* [*about*] him. 彼の友人は皆彼を怪しいと思った. **2** 疑いを起こさせる, 怪しげな: *suspicious* behavior 不審な挙動. (▷ 名 suspícion)
sus·pi·cious·ly [səspíʃəsli] 副 疑い深く, けげんそうに; 怪しげに, 疑惑を抱かせるように.
suss [sÁs] 動 他《英口語》…に気づく, …を発見する(*out*).
Sus·sex [sÁsiks] 名 固 サセックス《England 南東部の旧州. 1974 年に East Sussex と West Sussex の2州に分割された》.

‡sus·tain [səstéin] 動 他 **1** …を維持する, 持続する: *sustain* relationships with ... …との関係を維持する / *sustain* public interest 人々の興味をつなぎとめる. **2** 〈家族など〉を養う;〈人〉の活力[生命力]を維持する;〈人・心〉を元気づける: eat a *sustaining* meal スタミナのつく食事をとる.
3 〖格式〗〈損害・傷害など〉を受ける, こうむる: *sustain* a slight injury かすり傷を負う. **4** 〖格式〗〈物体〉を支える;〈困難・重さなど〉に耐える.
5 〖格式〗〈主張・意見など〉を支持する. **6** 〖法〗〈発言など〉を承認する: Objection *sustained*. 異議を認めます《裁判官の発言》. (▷ 名 sústenance)
sus·tain·a·ble [səstéinəbl] 形 維持[持続]できる;(資源などが)環境破壊をせずに継続[利用]できる.
sus·tain·a·bil·i·ty [-tèinəbíləti] 名 U 持続可能性.

sus·te·nance [sÁstənəns] 名 U **1** 〖格式〗(生命維持のための)食物; 栄養(物). **2** 維持(すること). (▷ 動 sustáin)
su·ture [súːtʃər] 名 U 〖医〗(傷口の)縫合; C 縫合用の糸. — 動 他 〖医〗〈傷口〉を縫合する.
SUV《略語》=sport utility vehicle スポーツタイプ多用途車.
svelte [svélt] 形 (特に女性が)すらりとした, ほっそりした; あかぬけた.
SW《略語》=southwest; southwestern.
swab [swáb / swɔ́b] 名 C **1** 消毒綿[布], 綿棒; スワブ(細菌検査用標本). **2** (床用)モップ(mop).
— 動 (三単現 swabs [〜z]; 過去・過分 swabbed [〜d]; 現分 swab·bing [〜iŋ])他 **1** …をモップでふく, 掃除する(*down*). **2** …を(消毒綿などで)ふいて消毒する(*out*).
swad·dle [swádl / swɔ́dl] 動 他《古風》〈赤ん坊〉を細長い布で包む[くるむ].
◆ swáddling clòthes [複数扱い]《古》(赤ん坊が動かないように巻きつける)細長い布.
swag [swǽg] 名 **1** U《俗語》盗品, 不正利得.
2 C スワッグ, 花飾り.
swag·ger [swǽgər] 動 自 **1** (副詞(句)を伴って)ふんぞり返って[いばって]歩く. **2** いばり散らす, 自慢する. — 名 U [または a 〜] いばって歩くこと; いばり散らすこと.
Swa·hi·li [swɑːhíːli] 名 (複 Swa·hi·lis [〜z], Swa·hi·li) **1** C スワヒリ族(の人)《アフリカ東岸のザンジバル島と付近の沿岸に住むバンツー族》.
2 U スワヒリ語《東部アフリカ中央部の共通語》.
swain [swéin] 名 C《詩語》田舎の若者;《こっけい》恋をしている男.

swal・low¹ [swάlou / swɔ́l-]
動 名【基本的意味は「…を飲み込む (take ... down the throat from one's mouth)」】
— (三単現 **swal・lows** [~z]; 過去・過分 **swal・lowed** [~d]; 現分 **swal・low・ing** [~iŋ])
— 他 **1** 〈食べ物・飲み物などを〉**飲み込む**; 大急ぎで食べる [飲む]: He *swallowed* the pills with water. 彼は水で錠剤を飲み下した.
2 〈地面・水などが〉〈人・ものなどを〉のみ込む, 吸い込む, 包み込む: The whole town was *swallowed* by the tidal wave. 町全体が大津波にのみ込まれた. **3** 〈人の話を〉うのみにする, 早合点する: She was so naive that she *swallowed* his story. 彼女は世間知らずなので彼の話をうのみにしてしまった. **4**《口語》〈軽蔑などを〉耐える; 〈感情などを抑える, こらえる: She *swallowed* the insult. 彼女は侮辱に耐えた. **5** 〈言ったことを〉取り消す: *swallow* one's words 前言を取り消す.
— 自 飲み込む; (緊張などで)のどをごくりとさせる.
■ *swallow úp* 他 (通例, 受け身で) **1** 〈大地・群衆などが〉…を**吸い込む**, すっぽりと包み込む; 〈会社などを〉吸収 (合併) する. **2** 〈金を〉吸い取る, 使い果す.
— 名 C ひと飲み (の量), ひと口: take a *swallow* of brandy ブランデーをひと口飲む / take the medicine in one *swallow* 薬を一気に飲み下す.

*swal・low² [swάlou / swɔ́l-] 名 C【鳥】ツバメ: One *swallow* does not make a summer.《ことわざ》ツバメが1羽来たら夏になるわけではない ⇒ 早合点は禁物.
◆ swállow dive C《英》= swan dive (→ SWAN 複合語).
swal・low-tail [swάloutèil / swɔ́l-] 名 C **1** ツバメの尾 (の形をしたもの). **2**【昆】アゲハチョウ. **3** 燕尾(ぼ)服 (swallow-tailed coat).
swál・low-tàiled cóat 名 C 燕尾(ぼ)服.

swam [swǽm] 動 **swim** の過去形.

*swamp [swάmp / swɔ́mp] 名 U C 沼地, 湿地.
— 動 他 **1** (通例, 受け身で) […で]…を圧倒する [*with*]: He has *been swamped with* work. 彼は仕事に忙殺されている. **2** …を水浸しにする.
swamp・y [swάmpi / swɔ́mpi] 形 (比較 swamp・i・er [~ər]; 最上 swamp・i・est [~ist]) 沼地の; じめじめした; 沼の多い.

*swan [swάn / swɔ́n] 名 C **1** 白鳥: "*Swan* Lake" 白鳥の湖 [ロシアの作曲家チャイコフスキー作のバレエ曲]. **2** 詩人: the *Swan* of Avon エイボンのスワン (シェイクスピアのこと). **3** 自 [the S-]【天文】白鳥座 (Cygnus).
— 動 (三単現 **swans** [~z]; 過去・過分 **swanned** [~d]; 現分 **swan・ning** [~iŋ]) 自《英口語》気の向くままに旅をする [移動する] (*off, around*).
◆ swán dive C《米》【水泳】スワンダイブ(《英》swallow dive)《空中で両腕を広げる飛び込み》.
swán sòng C (詩人・音楽家などの) 最後の作品, 絶筆, 辞世. (由来 白鳥は死に際に歌うと伝えられていたことから)

swank [swǽŋk] 動 自《主に英口語》見栄を張る, 気取る, 見せびらかす. — 名 **1** U《主に英口語》気取り, 見せびらかし; 高慢. **2** C 気取り屋.
swank・y [swǽŋki] 形 (比較 swank・i・er [~ər]; 最上 swank・i・est [~ist])《口語》**1** しゃれた; 派手な. **2**《主に英》高慢な; 気取った.

*swap [swάp / swɔ́p] 動 (三単現 **swaps** [~s]; 過去・過分 **swapped** [~t]; 現分 **swap・ping** [~iŋ]) 他《口語》…を [ものと] 交換する, 取り換える [*for*]; …を [人と] 交換し合う [*with*]: *swap* seven goats *for* a sheep ヤギ7頭を羊1頭と交換する / I *swapped* seats *with* my friend. 私は友達と席を代わった. — 名 C《口語》**1** (通例, 単数形で) (物々) 交換. **2** 交換する物.
◆ swáp mèet C《米》古物 [不用品] 交換会.

◆ swarm [swɔ́ːrm] 名 C **1** (ミツバチ・虫などの) 群れ (→ GROUP 類義語): a *swarm* of ants アリの群れ. **2** [しばしば ~s] (移動する人の) 群れ, 群衆; 大勢, 多数: A *swarm* of reporters descended on her. 大勢の取材記者が彼女にどっと押しかけた.
— 動 自 **1** [副詞 (句) を伴って] 〈人・動物が〉群がる; 群れ [大勢] で動く: The children *swarmed* into the park. 子供が大勢公園に入って来た.
2 〈場所が〉…で いっぱいである [*with*]: The garden was *swarming with* tourists. 庭園は観光客でいっぱいだった.
3 (ミツバチが) 巣別れ [分封(ふう)] する.

swarth・y [swɔ́ːrði] 形 (比較 swarth・i・er [~ər]; 最上 swarth・i・est [~ist]) 〈肌が〉浅黒い, 日焼けした.

swash [swάʃ, swɔ́ːʃ / swɔ́ʃ] 動 自 (水などが) はねてぱしゃぱしゃ [ざぶざぶ] 音を立てる.
swash・buck・ling [swάʃbʌ̀kliŋ, swɔ́ːʃ- / swɔ́ʃ-] 形 (物語などが) 冒険に満ちた; 荒くれ者の.
swas・ti・ka [swάstikə / swɔ́s-] 名 C **1** まんじ (卍). **2** (ナチスの) かぎ十字 (卐).

swat [swάt / swɔ́t] 動 (三単現 **swats** [swάts / swɔ́ts]; 過去・過分 **swat・ted** [~id]; 現分 **swat・ting** [~iŋ]) 他 (ハエなどを) ぴしゃりとたたく (こと). **2** ハエたたき.

SWAT [swάt / swɔ́t] 名 C《主に米》(警察の) 特殊任務部隊, スワット (◇ *S*pecial *W*eapons *a*nd *T*actics の略; SWAT team とも言う).

swatch [swάtʃ / swɔ́tʃ] 名 C (布地などの小さく切った) 見本.
Swatch [swάtʃ / swɔ́tʃ] 名《商標》スウォッチ《デザインが人気のスイス製腕時計》.
swath [swάθ, swɔ́ːθ / swɔ́θ, swɔ́θ] 名 C (牧草・麦などの) 一列の刈り跡; 長い [広い] 区画.
■ *cùt a swáth* 派手にふるまう; 〈火事・台風などが〉 […を] なぎ倒す, ひどく破壊する [*through*].
swathe¹ [swάð, swéið / swéið] 動 (通例, 受け身で)《文語》…を […で] 包む, 巻く [*in*]: Her leg was *swathed in* bandages. 彼女の脚には包帯が巻かれていた. — 名 C 帯状の布, 包帯.
swathe² = SWATH (↑).

*sway [swéi] 動 (三単現 **sways** [~z]; 過去・過分 **swayed** [~d]; 現分 **sway・ing** [~iŋ]) 自 **1** 揺れる, 揺れ動く: She *swayed* back and forth to the music. 彼女は音楽に合わせて体を前後に揺らした. **2** (もの・思考などが) 一方に傾く; […に] 傾く [*to*]: The car kept running *swaying* to the

left. その車は左に傾きながら走り続けた.
— 他 1 …を揺り動かす, 揺さぶる: The wind *swayed* the leaves. 風が葉をそよがせた. 2 [しばしば受け身で]〈人・考えなど〉を左右する, 動かす: The audience *was swayed* by his speech. 聴衆は彼の演説に心を動かされた.
— 名 U 1 揺れ, 動揺. 2《文語》影響(力);支配: under the *sway* of ... …の支配[影響]を受けて, …の思い通りに / hold *sway* over the political world 政界を牛耳る.

‡swear [swéər] 動 (三単現 **swears** [~z]; 過去 **swore** [swɔ́:r]; 過分 **sworn** [swɔ́:rn]; 現分 **swearing** [swéəriŋ]) 1 誓う, 宣誓する; 断言する: *swear* on the Bible 聖書に手を載せて誓う / I *swear* by God. 私は神にかけて誓います. 2 […を]口汚くののしる (curse) [*at*]; 汚い言葉を使う (◇「ちくしょう」や「くそ」にあたる By God!, Damn it! などと言うこと): Stop *swearing* in front of people. 人前で悪態をつくのはやめなさい. / The drunken men were *swearing* at each other. 酔っ払いは互いにののしり合っていた.
— 他 1 …を誓う; […することを / …と]誓約する [*to do* / *that* 節]: I *swear* to tell the truth. 私は真実を話すことを誓います. 2 [進行形不可]《口語》[…と]断言する [*that* 節]: Tom *swears that he has never seen her.* トムは彼女に会ったことはないと断言している. 3 [しばしば受け身で]…に[…を / …することを]誓わせる [*to* / *to do*]: We were *sworn* to secrecy. 私たちは秘密を守るよう誓約させられた.

句動詞 ▶ ***swear by ...*** 他 [進行形不可]《口語》…を絶対的に信頼する[よいと思う]: He *swears by* exercise for promoting health. 彼は健康増進には運動が一番だと思っている.
swear in ... 他 [swear in + O / swear + O + in] [通例, 受け身で] 1〈人〉を宣誓させたうえで任命する: He *was sworn in* as mayor. 彼は宣誓して市長に就任した. 2 〈法廷で〉…に宣誓させる.
swear off ... 他 《口語》〈酒・たばこなど〉をやめると誓う: He has *sworn off* smoking [drinking]. 彼はたばこ[酒]をやめると誓った.
swear to ... 他 [通例, 否定文・疑問文で]誓って…と言う[断言する]; …を確信する: I think I left it on the bus, but I wouldn't *swear to* it. それをバスに忘れたと思うが, 確信はない.

swear·word [swéərwə̀:rd] 名 C ののしり(の言葉), 悪口.

‡sweat [swét] (☆発音に注意) 名 1 U 汗, 発汗 (作用) (perspiration); (ガラス表面などの)水滴: He wiped the *sweat* off his brow. 彼は額の汗をぬぐった. 2 U [または a ~] 汗をかいた状態; ひと汗かくこと: work up a *sweat*（運動やきつい仕事で）汗を流す / A *sweat* will do you good. ひと汗かくといい. 3 U [または a ~] 骨の折れる仕事. 4 [~s]《米口語》スウェットスーツ (sweat suit).
■ ***áll of a swéat*** 1 汗だくになって. 2 ひどく心配して, びくびくして.
by [in] the swéat of one's brów [fáce] 額に汗して, まじめに働いて.
gét into a swéat about ...《口語》…のことで神経質になる, …を心配する.
in a cóld swéat 冷や汗をかいて; はらはらして.
nó swéat《口語》簡単に, わけなく, やすやすと; [間投詞的に]お安い御用だ, 心配無用だ.

— 動 (三単現 **sweats** [swéts]; 過去・過分 **sweated** [~id],《米》**sweat**; 現分 **sweating** [~iŋ]) 1 汗をかく, 汗ばむ (perspire); 冷や汗をかく: He was *sweating* after the long run. 彼は長い距離を走った後で汗をかいていた. / She *sweated* with worries. 彼女は心配で冷や汗が出た. 2《口語》[…に]汗を流して[精を出して]取り組む [*over*, *at*]: She is *sweating* over the report. 彼女は報告書作成に精を出している. 3 〈壁・ガラスなどが〉水滴が付く, 汗をかく. 4《口語》心配する, いらいらする.
— 他 1 …に汗をかかせる. 2〈水滴・露〉をにじみ出させる. 3 …を汗をかかせて働かせる. 4《米口語》詰問して〈情報など〉を〈人から〉引き出す [*out of*].

■ ***Dòn't swéat it.***《米口語》心配するな.
Dòn't swéat the smáll stúff.《米口語》つまらないことを気にするな.
swéat blóod《口語》懸命に働く; ひどく心配する.
swéat it óut《口語》最後まで辛抱する, 頑張り通す; 激しい運動をする.
swéat óff 他 汗をかいて〈体重〉を減らす.
swéat one's gúts óut《口語》身を粉にして働く.
swéat óut 他 1〈かぜ・熱など〉を汗を出して治す. 2 …をいらいら[ひやひや]しながら待つ.
◆ **swéated lábor** U 低賃金労働(者たち).
swéat glànd C 〖解剖〗 汗腺(ｶﾝ).
swéat pànts [複数扱い]《米》スウェットパンツ.
swéat shìrt C トレーナー, トレーニングシャツ.
swéat sùit C 《米》スウェットスーツ(sweat shirt と sweat pants の上下ひとそろい).

‡sweat·er [swétər] 名 C セーター (《英》jumper) (関連語) jersey ジャージの入ったプルオーバー): a woolen [cotton] *sweater* ウール[綿]のセーター / knit a *sweater* セーターを編む.

sweat·shop [swétʃɑ̀p, -ʃɔ̀p] C 搾取工場《悪条件で長時間労働を強いる工場》.

sweat·y [swéti] 形 (比較 **sweat·i·er** [~ər]; 最上 **sweat·i·est** [~ist]) 1 汗びっしょりの; 汗臭い. 2〈仕事などが〉きつい.

Swed. 《略語》 *Sweden*, *Swedish*.

Swede [swí:d] 名 C スウェーデン人《◇国民全体は the Swedish》.

Swe·den [swí:dən] 名 固 スウェーデン《ヨーロッパ北部にある王国; 首都ストックホルム (Stockholm)》.

Swed·ish [swí:diʃ] 形 スウェーデンの; スウェーデン人[語]の.
— 名 1 U スウェーデン語. 2 [the ~; 集合的に; 複数扱い] スウェーデン人《◇全体》.

‡‡‡sweep [swí:p] 動 名 【基本的意味は「…を掃く (clean up ... with a brush)」】
— 動 (三単現 **sweeps** [~s]; 過去・過分 **swept** [swépt]; 現分 **sweep·ing** [~iŋ]) 1 (a) [sweep + O] …を掃く, 掃除する; 掃き集める: *sweep* the street 街路を掃いてきれいにする / *sweep* the room 部屋を掃除する.

sweeper

(b) [sweep+O+C]…を掃いて〜にする: *Sweep* the floor clean, please. 床を掃いてきれいにしてください.
2 (副詞(句)を伴って)(風・水などが)…をさっと押しやる, 押し流す; (人が)…を取り除く: The flood *swept* away the bridge. 洪水が橋を押し流した / We *swept* the snow off the car. 私たちは車から雪を取り除いた.
3 (手・道具などを)さっと動かす;(目などを)さっと走らせる;(そなどが)…に触れる: The violinist *swept* her arms gracefully. バイオリン奏者は腕を優雅に動かした / He *swept* his eyes over the report. 彼はその報告書にさっと目を通した.
4 (あらしなどが)(場所など)をさっと通る, 襲う;(うわさなどが)(場所など)にあっという間に広まる: The typhoon *swept* the Kanto district. 台風が関東地方を襲った / The rumor *swept* the whole city. そのうわさはたちまち全市に広まった.
5 (場所など)をさっと見渡す. **6** (選挙など)に完勝[圧勝]する;(スポーツ)連戦をすべて勝つ.
— 圓 **1** 掃く, 掃除する: I was busy *sweeping* yesterday. 私はきのうは掃除で忙しかった.
2 (副詞(句)を伴って)(あらしなどが)さっと通る, 襲う;(うわさなどが)あっという間に広まる: Something shining *swept* over the mountain. 何か光るものが山の上をさっと通った.
3 (人が)さっそうと[堂々と]歩く: A young lady *swept* along the street. 若い女性が通りをさっそうと歩いて行った. **4** (目・視線が)見渡す, 届く: His eyes *swept* around the room. 彼は部屋をぐるっと見回した. **5** (土地などが)広がる, 伸びる.

■ *swéep asíde*(もの・反対意見など)を払いのける, 一蹴(いっしゅう)する.
sweep awáy 他 **1** (疑い・古い習慣など)を一掃する, 捨て去る. **2** (通例, 受け身で)(人)を夢中にさせる, 魅了する.
swéep ... ùnder the rúg [(英) cárpet](不都合なことなど)を隠す.
sweep úp 他 **1** (部屋など)を掃く. **2** (子供など)をさっと抱き上げる. — 圓(部屋など)掃く.
— 名 C **1** (手などを)さっと動かすこと, ひと振り: With one *sweep* of his arm, he drove the birds away. 彼は腕をさっと振って鳥を追い払った.
2 (通例, 単数形で)掃除, 掃くこと: give the room a (good) *sweep* 部屋を(入念に)掃除する. **3** (通例, 単数形で)(長くゆるやかな)曲線, 湾曲: The motorway makes a great *sweep* to the right. その高速道路は右に大きくカーブしている.
4 (通例, 単数形で)範囲, 広がり: the *sweep* of human intelligence 人知の及ぶ範囲. **5** (通例, 単数形で)(広範囲にわたる)捜索. **6** (選挙などでの)完勝, 圧勝. **7** 掃除人, 煙突掃除人(chimney sweep). **8** (米口語)=SWEEPSTAKE(↓).
■ *màke a cléan swéep of* ...…を一掃[一新]する;(選挙など)に完勝[圧勝]する.

sweep・er [swíːpər] 名 C **1** 掃除機; 掃除人. **2** (英)(サッカー)スイーパー(最後衛を守る選手).

*‡**sweep・ing** [swíːpiŋ] 形 **1** 一掃する, 押し流す; すさまじい勢いの: a *sweeping* stroke 強烈な一撃.
2 広範囲[全般]にわたる; 完全な: *sweeping*

sweetie

changes 全面的な変革 / a *sweeping* victory 完勝. **3** 大ざっぱな.
— 名 **1** U掃除; 一掃. **2** [〜s]掃き集めたごみ.
sweep・ing・ly [〜li] 副 全面的に; 大ざっぱに.
sweep・stake [swíːpstèik] 名 C (通例 〜s)勝者が賞金を独占する競馬[くじ].

‡sweet [swíːt](☆同音 suite) 形 名
— 形 (比較 sweet・er [〜ər]; 最上 sweet・est [〜ist]) **1** (味の)甘い(cf. bitter 苦い / sour すっぱい); 砂糖の入った; (ワインなどが)甘口の(↔ dry): *sweet* wine 甘口のワイン / This cake is too *sweet*. このケーキは甘すぎる.
2 甘い香りのする;(声・音楽などが)快い, 美しい: *sweet* music 快い音楽 / These roses smell *sweet*. このバラは甘い香りがする. **3** (空気などが)新鮮な, おいしい;(水・バターが)塩分を含まない: *sweet* air 新鮮な空気 / *sweet* milk 新鮮な牛乳.
4 (性格などが)優しい, 思いやりのある, 親切な(◇女性が好んで用いる): You are so *sweet* to invite me. 招待してくださって本当にうれしいわ / It's *sweet* of you to remember my birthday. 私の誕生日を覚えていてくださってうれしく思います.
5 (主に英)かわいい, すてきな(◇女性が好んで用いる). **6** (一般に)快い, 気持ちのよい; 楽しい: a *sweet* sleep 快い眠り / *Sweet* dreams. よい夢を(◇就寝する人に対して言う「おやすみ」の言葉).

■ *be swéet on ...* (古風)…に首ったけである.
hàve a swéet tóoth 甘いものを好む, 甘党である.
in one's ówn swéet tíme [wáy] 好き勝手に.
kèep ... swéet (口語)(人)のご機嫌を取る.
— 名 **1** C (しばしば 〜s) (英) キャンディー, 砂糖菓子, 甘い菓子 ((米) candy) (→ CAKE 類義語): a bag full of *sweets* キャンディーがいっぱい入った袋. **2** C U (英)(食後の)甘いデザート(dessert). **3** [my 〜; 呼びかけ](古風)愛する人, 君, あなた.
(▷ 動 swéeten)

◆ swéet còrn U スイートコーン(甘味種のトウモロコシ).
swéet pèa C (植) スイートピー.
swéet pépper C (植) アマトウガラシ, ピーマン.
swéet potàto C (植) サツマイモ.
swéet shòp (英) 菓子屋((米) candy shop).

swéet-and-sóur 形 (限定用法) 甘酸っぱく味付けした: *sweet-and-sour* pork (中華料理の)酢豚.
sweet・bread [swíːtbrèd] 名 C (古風)(子牛・子羊の)膵臓(すいぞう) (食用).
*sweet・en [swíːtn] 動 他 **1** (飲食物)を甘くする: *sweeten* tea with honey はちみつで紅茶を甘くする. **2** (人・気分など)を気持ちよくする;(色など)を和らげる. **3** (口語)…の機嫌を取る; …を買収する(up).
— 圓(飲食物が)甘くなる. (▷ 形 swéet)
sweet・en・er [swíːtənər] 名 **1** C U (人工) 甘味料. **2** C (口語) 賄賂(わいろ).
sweet・heart [swíːthàːrt] 名 **1** C (古風) 恋人. **2** [呼びかけ]君, あなた.
sweet・ie [swíːti] 名 **1** C (口語) 恋人; (英口語) かわいい人(動物, もの)(◇通例, 女性が使う語).
2 ねえ, あなた, お前(◇愛情を込めた呼びかけ).

sweetish [swíːtiʃ] 形 いやに甘い, 甘ったるい.

***sweet・ly** [swíːtli] 副 **1** 甘く; 心地よく: sing *sweetly* いい声で歌う. **2** 優しく; 愛らしく.

sweet・meat [swíːtmìːt] 名 C 《通例~s》《英・古風》砂糖菓子《キャンディー, 果物の砂糖漬けなど》.

***sweet・ness** [swíːtnəs] 名 U **1** 甘いこと; 芳香; (音などの) 快さ, 美しさ. **2** 優しさ; 愛らしさ.
■ **be áll swéetness and líght** (いつもと違って) とても機嫌がよい; とても優しい.

swéet-tàlk 動 他《口語》...にお世辞を言う; ...を おだてて[...] させる [*into doing*].

sweet tàlk 名 U《口語》おべっか, お世辞.

swéet-témpered 形 優しい, 気立てのよい.

***swell** [swél] 動名形

— 動 (三単現 **swells** [~z]; 過去 **swelled** [~d]; 過分 **swelled, swol・len** [swóulən]; 現分 **swell・ing** [~iŋ])

— 自 **1** (体の一部が) はれる; (ものが) ふくらむ, ふくれる; (土地が) 隆起する (*up, out*): My ankle has *swelled* (*up*). 足首がはれてしまった / The balloon began to *swell*. 気球がふくらみ始めた.
2 (数量・程度などが) 増える, 増す, 増大する; (音・声が) 高まる, 大きくなる: The river *swelled* with melted snow. 雪解け水で川が増水した / The crowd *swelled* to over a thousand. 群衆は千人以上にふくれあがった.
3 [人・心が] [気持ちで] いっぱいになる [*with*]; [気持ちが] [...に] 高まる [*in*]: Her heart *swelled* with pleasure. 彼女は喜びで胸がいっぱいになった / Hatred *swelled* in him. 彼の心の中に憎しみがわき上がった.

— 他 **1** ...をふくらませる, 膨張させる (*up, out*): The wind *swelled* (*out*) the sails. 風を受けて帆がふくらんだ. **2** 〈数量など〉を増す; 〈音・声など〉を高める: *swell* the number 数を増やす. **3** 〈人・心〉を [気持ちで] いっぱいにする [*with*].

— 名 **1** C (波の) うねり: There is a heavy *swell* today. きょうはうねりがひどい.
2 [単数形で] (音の) 高まり; [音楽] (音量の) 増減, 抑揚; 増減記号 (<, >). **3** [単数形で] (土地の) 隆起; (胸などの) ふくらみ. **4** [単数形で] 増大; 膨張: a *swell* in population 人口増加. **5** C《古風》しゃれ者, ダンディー; 重要人物.

— 形 [比較なし]《口語》すばらしい, 一流の.

swell-head-ed [swélhédid] 形《米口語》うぬぼれた, 思い上がった.

***swell・ing** [swéliŋ] 名 **1** C はれもの, こぶ; U はれ: I have a *swelling* on my leg. 私は足にはれものができている. **2** U 膨張, 増大.

swel・ter [swéltər] 動 自 (暑さで) うだる.

swel・ter・ing [swéltəriŋ] 形 うだるように暑い.

***swept** [swépt] 動 **sweep** の過去形・過去分詞.

swerve [swə́ːrv] 動 自 **1** (衝突などを避けるため) 急に方向を変える, それる: *swerve* to the right 急に右へそれる. **2** [通例, 否定文で] [格式] [正道・目的などから] 逸脱する, 外れる [*from*]: Never *swerve* from your duty. 決して本分を外すな. — 名 C 急な方向転換, 急にそれること.

***swift** [swíft] 形 名

— 形 (比較 **swift・er** [~ər]; 最上 **swift・est** [~ist])【類義語】**1** 速い, 敏速な, すばやい, 速く動く (⇔ FAST¹): a *swift* runner 駿足のランナー / *swift* movement of her hands 彼女のすばやい手の動き / He is *swift* of foot. 彼は足が速い.
2 (反応などが) 即座の, 迅速な, 機敏な; [...するのが] すばやい, すぐ [...する] [*to do*]: a *swift* reply 即答 / *swift* action 迅速な行動 / He is *swift* to make a plan. 彼は計画を立てるのが早い.

— 副 速く, すばやく (fast).

— 名 C [鳥] アマツバメ.

Swift [swíft] 名 固 スウィフト Jonathan [dʒɑ́nə-θən / dʒɔ́n-] Swift《1667-1745; 英国の作家. 主著『ガリバー旅行記』》.

***swift・ly** [swíftli] 副 すばやく, 敏速に: run [fly] *swiftly* すばやく走る [飛ぶ].

swift・ness [swíftnəs] 名 U 速いこと, 敏速.

swig [swíg] 動 (三単現 **swigs** [~z]; 過去・過分 **swigged** [~d]; 現分 **swig・ging** [~iŋ]) 他《口語》〈酒など〉をぐいぐい飲む [がぶがぶ] 飲む (*down*). — 名 C《口語》ぐいぐい飲むこと, 一気飲み.

swill [swíl] 動 他 **1**《口語》...をがぶがぶ飲む, ぐい飲みする. **2** ...を洗い流す (*out, down*). — 自《口語》がぶ飲みする. — 名 **1** C《口語》がぶ飲み. **2** C 洗い流すこと. **3** U (豚などに与える) 台所のくず, 残飯.

***swim** [swím] 動名【原義は「(激しく) 動き回る」】

— 動 (三単現 **swims** [~z]; 過去 **swam** [swǽm]; 過分 **swum** [swʌ́m]; 現分 **swim・ming** [~iŋ])

— 自 **1** (人などが) 泳ぐ, 水泳する: *swim* in a pool プールで泳ぐ / *swim* on one's back [chest] 背泳ぎ [平泳ぎ] をする / The dog *swam* across the river. 犬は川を泳いで渡った / Let's go *swimming* at the beach. 海に泳ぎに行こう.
2 (頭が) ふらふらする, めまいがする; (周囲のものが) ぐるぐる回って見える: His head *swam* from fatigue. 彼は過労のせいで頭がくらくらした / For a moment everything *swam* before my eyes. 一瞬目の前のものが, すべてぐるぐる回って見えた.
3 [液体などに] つかる; [涙などで] いっぱいになる [*with, in*]: The news caused her eyes to *swim* with tears. その知らせを聞いて彼女の目に涙があふれた.
4 (泳ぐように) すっと行く, 滑るように動く; (考えなどが) [心・頭に] すっと浮かぶ [*into*]: A bright idea *swam into* her mind. すばらしい考えが彼女の心に浮かんだ.
5 (ものが) (水に) 浮く, 浮いて流れる.

— 他 **1** 〈場所・距離〉を泳ぐ, 泳ぎ渡る: *swim* the length of the pool プールの端から端まで泳ぐ / She succeeded in *swimming* the Strait of Dover. 彼女はドーバー海峡を泳いで渡ることに成功した.
2 〈泳ぎ方〉で泳ぐ: *swim* the crawl クロールで泳ぐ / I can't *swim* a stroke. 私はひとかきも [まっ

たく] 泳げない. **3** 〈競泳〉に参加する; 〈人〉と競泳する. **4** 〈人・動物などを〉泳がせる.
■ *swim agàinst* [*with*] *the tíde* 時流に逆らう[順応する].

— 名 C (通例 a ~) 泳ぐこと, ひと泳ぎ: have a *swim* ひと泳ぎする / Let's go for a *swim*. 泳ぎに行こう.

■ *be in* [*òut of*] *the swím* (口語) 実情に明るい[暗い]; 時流に乗って[乗り遅れて]いる.

*swim·mer [swímər] 名 C 泳ぐ人, 水泳選手; [前に形容詞を付けて] 泳ぎが…な人: a good [poor] *swimmer* 泳ぎがうまい[下手な]人.

**swim·ming [swímiŋ]

— 名 **1** U 水泳, 泳ぎ; 競泳: No *Swimming* 《掲示》遊泳禁止 / *Swimming* is good for your health. 水泳は健康によい.
2 [形容詞的に] 水泳(用)の.
◆ swímming bàth C《英・古風》(主に屋内の)水泳プール.
swímming càp C《英》水泳帽 (bathing cap).
swímming còstume C《英》(特に女性用の)水着 (swimsuit).
swímming pòol C (水泳) プール (pool).
swímming trúnks [複数扱い] (男性用の) 水泳パンツ (trunks).

swim·ming·ly [swímiŋli] 副《古風》すらすらと[すいすいと].

swim·suit [swímsùːt / -sjùːt] 名 C (特に女性用の)水着《英》swimming costume).

swin·dle [swíndl] 動 他 〈人〉から〈金など〉をだまし取る (*out of*): He *swindled* me *out of* $10,000. 彼は私から1万ドルをだまし取った.
— 名 C 詐欺, 詐欺, ペテン.

swin·dler [swíndlər] 名 C 詐欺師, ペテン師.

swine [swáin] 名 (複 **swine**) C **1** (通例, 集合的に)《古》豚 (pig): Don't cast [throw] pearls before *swine*. 《ことわざ》豚に真珠を投げ与えるな ⇒ 猫に小判. **2** (複 **swine, swines** [~z])《口語》いやなやつ; 卑劣漢.

***swing [swíŋ]

— 動 (三単現 **swings** [~z]; 過去・過分 **swung** [swʌ́ŋ]; 現分 **swing·ing** [~iŋ])
— 自 **1** (ものが前後・左右に) 揺れる, ぶらぶらする, 順o揺れる: The bell was *swinging* to and fro. 鐘が前後に揺れていた / The cat's tail *swung* like a baton. 猫の尾が指揮棒のように揺れた.
2 (a) (もの・人が) 回転する, ぐるっと回って行く (*around, round*); 方向転換する: Hal *swung around* on his chair to look at me. ハルはいすに座ったままくるっと回って私を見た / The car *swung* to the right. 車は急に右に折れた.
(b) [swing+C] 回転して…になる: The door *swung* open. ドアが(回転して) さっと開いた.
3 (意見・感情などが)[…から / …に] 急に変わる [*from* / *to*]; (状況・物価などが) 大きく揺れる, 激しく変動する: His opinion *swung from* agreement *to* opposition. 彼の意見は賛成から反対に急に変わった.

4 勢いよく歩く, 足どり軽く歩く: The soldiers went *swinging* along the main street. 兵士たちは大通りをさっそうと歩いて行った.
5 (武器・バットなどを)[…に向けて] 振り回す [*at*]; 〖野球・ゴルフ〗スイングする. **6** ぶらんこに乗る.
7 《米口語》(音楽が)スイング調である. **8** 《古風》[…の罪で] 絞首刑になる [*for*]. **9** [進行形で]《口語》(パーティーなどが) 活気にあふれている.
— 他 **1** [swing+O] …を振り animate回す, 振り回す; ぶら下げる, ぶらぶらさせる: The old man *swung* his cane. 老人はつえを振り回した / Sitting on the rock, he was *swinging* his legs. 彼は岩の上に座って脚をぶらぶらさせた.
2 (a) [swing+O] …をぐるっと回す; 方向転換させる: He *swung* the car into the garage. 彼は車をぐるっと回して車庫に入れた.
(b) [swing+O+C] …を回転させて~にする: Sarah *swung* the door open. サラはドアをさっと開けた.
3 〈人の〉意見[態度など]を[…から / …に] 大きく変える [*from* / *to*]. **4**《米口語》…をうまく処理する.
— 名 **1** U C 揺れること; 振動, 振ること, スイング: the *swing* of a pendulum 振り子の揺れ / The slugger took a powerful *swing* at the ball. その強打者はボールめがけて力いっぱいスイングした.
2 C (世論・景気などの) 変化: There has been a *swing* in public opinion recently. 最近世論が変化した.
3 C ぶらんこ; ぶらんこに乗ること: play on a *swing* ぶらんこで遊ぶ. **4** C 勢いのよい歩き方: walk with a *swing* 元気よく歩く. **5** U 自由な動き [活動]: We gave him full *swing*. 彼を完全に自由にさせた. **6** U C (音楽・詩の) 勢いのよい調子 [律動]. **7** U 《音楽》スイング (ジャズ).
■ *gèt in* [*into*] *the swíng of ...*《口語》…に慣れてくる, 〈事情など〉がわかってくる.
gò with a swíng《口語》**1** (物事が) 調子よく進む, とんとん拍子に運ぶ. **2** (音楽などが) 調子がよい.
in fúll swíng (活動などが) 真っ盛りで.
◆ swíng brìdge C《英》(船が通れる) 旋回橋.
swíng dòor C = swinging door (→ SWINGING 複合語).
swíng shìft C《米口語》半夜勤 (通例, 午後4時から深夜12時まで).

swing·er [swíŋər] 名 C《古風》活発な人; 流行の先端をいく人.

swing·ing [swíŋiŋ] 形 **1** 揺れ動く. **2**《口語》活発な, 陽気で楽しい; 流行の先端をいく.
◆ swínging dóor C スイングドア《前後両方に開き, 自動的に閉まる》.

swipe [swáip] 動 他 **1** …を強打する, 殴る.
2《口語》…を盗む.
— 自 […を] 強打する, 殴る [*at*].
— 名 C 強打, 強く [すばやく] 打つこと; 非難, 鋭い皮肉: take [have, make] a *swipe* at ... …を強く[殴る]; …を非難する.

swirl [swə́ːrl] 動 自 (水・空気などが) 渦を巻く (whirl) (*about, around*). — 他 …を渦に巻き込んで運ぶ (*off, away*); …に渦巻きを起こす.

—**名**⃝C 渦巻き, 渦; 巻き毛.
swish [swíʃ]**動**⃝自 **1**(むちなどが)ひゅっと音を立てる. **2**(服などが)しゅっしゅっと音を立てる.
— **他**〈むち・つえなど〉をひゅっと振り回す.
— **名**⃝C〔単数形で〕ひゅっ[しゅっ]という音.
— **形**《英》スマートな, いきな, しゃれた.

*__Swiss__ [swís]**形** スイスの, スイス風の; スイス人の.
— **名**(複 **Swiss**) **1**⃝C スイス人. **2**〔the ～; 集合的に; 複数扱い〕スイス人, スイス国民.
(▷ **名** Switzerland)
◆ **Swíss chéese**⃝U⃝C スイスチーズ《穴の多くあいた硬質チーズ》.
Swíss róll⃝U⃝C〔しばしば s-〕《英》ジャム[クリーム]入りロールケーキ.
Swíss stéak⃝C⃝U《米》スイス風ステーキ《厚切り牛肉に小麦粉をまぶして焼き, ソースで煮込む》.

*****switch** [swítʃ] **名 動**〔原義は「むち」〕
— **名**(複 **switch·es** [～iz])
⃝C **1**(電気の)**スイッチ**,(ガスの)栓: a power switch 動力スイッチ / turn on [off] the light switch 電灯のスイッチを入れる[切る].
2(急な)変化, 変更; 切り換え: They made a switch in policy. 彼らは政策を転換した.
3(主に生木から切り取った)しなやかな小枝; むち(whip). **4**〔複数形で〕《米》【鉄道】転轍(てっ)器, ポイント(《英》points).
— **動** **1**〔話題・注意などを〕〔…から/…へ〕変える, 転じる〔from/to〕: Let's switch topics. 話題を変えよう / Can you switch the game from Saturday to Sunday? 試合の日を土曜から日曜へ変えてもらえませんか.
2〈もの・座席などを〉〔人と〕交換する, 取り替える(around, round)〔with〕: switch seats 席を交換する / We should switch ideas with each other. 私たちは互いに意見を交換すべきです.
3【鉄道】〈列車・車両を〉転轍する.
— **自 1**〔…から/…へ〕変わる, 転じる〔from/to〕: I liked rock before, but I've switched to jazz. 前はロックが好きだったが, ジャズに変わった.
2(仕事などを)〔…と〕交換する(around, round)〔with〕.
■ **switch óff 他**〈電灯など〉のスイッチを切る: switch off the light [radio, TV] 電灯[ラジオ, テレビ]を消す. — **自 1** スイッチが切れる. **2**《口語》(話しかけても)知らん顔をする, 聞き流す.
switch ón 他〈電灯など〉のスイッチを入れる: Could you switch the light on? 明かりをつけていただけませんか. — **自** スイッチが入る.
switch óver 自 1〔…から/…へ〕転じる〔from/to〕. **2**《英》(テレビなどのチャンネルを)ほかへ切り替える. — **他**《英》〈チャンネル〉を替える.
switch·back [swítʃbæk]**名**⃝C **1**【鉄道】スイッチバック《険しい坂を登るためのジグザグ線路》.
2 ジグザグの山道. **3** ジェットコースター(roller coaster).
switch·blade [swítʃblèid]**名**⃝C《米》飛び出しナイフ(《英》flick knife).
switch·board [swítʃbɔ̀ːrd]**名**⃝C 電話交換台.
switch-hít·ter名⃝C【野球】スイッチヒッター《左右どちらでも打てる打者》.

*__Swit·zer·land__ [swítsərlənd]**名**⃝固 スイス《ヨーロッパ中部の共和国; 首都ベルン(Bern)》.
(▷ **形** Swiss)
swiv·el [swívəl]**動**(過去・過分《英》**swiv·elled**; 現分《英》**swiv·el·ling**)**他** …を回転[旋回]させる(around). — **自** 回転[旋回]する(around).
— **名**⃝C **1**【機械】回り継ぎ手, さるかん, 自在軸受け. **2**(回転いすの)回転.
◆ **swível cháir**⃝C 回転いす.

*__swol·len__ [swóulən]**動** swell の過去分詞の1つ.
— **形 1** はれた, ふくれた; (川などが)増水した: a man with a swollen face 顔がはれ上った男.
2(評価などが)過大[大げさ]な; 思い上がった.
■ **have a swóllen héad**《英》思い上がっている.
swól·len-héad·ed形《英》思い上がった, うぬぼれた(《米口語》swellheaded).
swoon [swúːn]**動**⃝自 **1**〔…に〕うっとりする〔over〕. **2**《古風》気絶する, 卒倒する(faint).
— **名**〔単数形で〕《古風》気絶, 卒倒(faint).
swoop [swúːp]**動**⃝自(鳥・航空機などが)急降下する, (空から)〔…を〕襲う, 〔…に〕飛びかかる(down)〔on, upon〕; (軍隊などが)〔…を〕急襲する〔on, upon〕: The police swooped on the terrorists' hideout. 警察がテロリストのアジトを急襲した.
— **名**⃝C(鳥・航空機などの)急降下; (軍隊などの)急襲: make a swoop 急襲する.
■ **at [in] óne féll swóop** 一挙に, さっと.
swop [swáp/swɔ́p]**名**⃝C(三単現 **swops** [～s]; 過去・過分 **swopped** [～t]; 現分 **swop·ping** [～iŋ]) = SWAP.

*__sword__ [sɔ́ːrd](☆ w は発音しない)**名 1**⃝C 刀, 剣: a double-edged [two-edged] sword 両刃(りょうば)の剣 / draw [sheathe] a sword 刀を抜く[収める]. **2**〔the ～〕武力, 兵力: The pen is mightier than the sword. 《ことわざ》ペン(文)は剣(武)より強し / Those who live by the sword shall perish by the sword. 《ことわざ》剣に生きる者は剣に滅ぶ.
■ **at swórd póint** = **at the póint of the swórd** 脅迫して, 刀を突きつけて.
at swórds' póints 衝突[交戦]寸前で.
cróss swórds with … …と戦う; …と論争する.
pùt … to the swórd《古》…を切り殺す.
the [a] swórd of Dámocles → DAMOCLES 成句.
◆ **swórd dànce**⃝C 剣舞, 剣(つる)の舞.
sword·fish [sɔ́ːrdfìʃ]**名**(複 **sword·fish**, **sword·fish·es** [～iz])⃝C⃝U メカジキ.
sword·play [sɔ́ːrdplèi]**名**⃝U **1** フェンシング, 剣術, 剣さばき. **2** 当意即妙のやりとり; 激論.
swords·man [sɔ́ːrdzmən]**名**(複 **swords·men** [-mən])⃝C 剣客, 剣士, 剣術家.
swords·man·ship [sɔ́ːrdzmənʃìp]**名**⃝U 剣術, 剣道.
swore [swɔ́ːr]**動** swear の過去形.

*__sworn__ [swɔ́ːrn]**動** swear の過去分詞.
— **形**〔限定用法〕誓った, 宣誓した, 宣誓によって結ばれた; 絶対の: sworn friends 盟友 / sworn evidence 宣誓した上で提出した証拠 / sworn

swot [swát / swɔ́t] 動 (三単現 **swots** [swáts / swɔ́ts]; 過去・過分 **swot·ted** [〜id]; 現分 **swot·ting** [〜iŋ]) (英口語) [試験などのために / …を] 猛勉強 (がり勉) する (cram) (*up*) [*for* / *at*].
— 動 …を猛勉強する, 詰め込む (*up*).
— 名 C (英口語) がり勉屋 (米口語) grind.

swum [swʌ́m] 動 **swim** の過去分詞.

swung [swʌ́ŋ] 動 **swing** の過去形・過去分詞.

syc·a·more [síkəmɔ̀ːr] 名 C 〘植〙 **1** アメリカスズカケノキ. **2** 〘英〙オオカエデ.

syc·o·phant [síkəfənt] 名 C 〘格式〙おべっか使い, へつらう人.

syc·o·phan·tic [sìkəfǽntik] 形 〘格式〙おべっかを使う, へつらう.

Syd·ney [sídni] 名 固 シドニー《オーストラリア南東部の港湾都市》.

syl·la·bar·y [síləbèri / -bəri] 名 (複 **syl·la·bar·ies** [〜z]) C 音節文字表, 字音表《日本語の五十音図など》.

syl·lab·ic [silǽbik] 形 音節の, 音節から成る; 〘音声〙音節を構成する, 音節主音の.

syl·lab·i·cate [silǽbikèit] 動 他 …を音節に分ける, 分節する.

syl·lab·i·ca·tion [silæbikéiʃən] 名 U (語を) 音節に分けること, 分節法 (→ 巻末「発音解説」).

‡**syl·la·ble** [síləbl] 名 C **1** 〘音声〙音節, シラブル (→ 巻末「発音解説」): an open *syllable* 開音節 (◇ boy, go など母音で終わる音節) / a closed *syllable* 閉音節 (◇ note, sit など子音で終わる音節) / "Reading" is a word of two *syllables*. reading は 2 音節語です. **2** [a 〜; 通例, 否定文で] ひと言: Not a *syllable*! ひと言も口にするな.

syl·la·bus [síləbəs] 名 (複 **syl·la·bus·es** [〜iz], **syl·la·bi** [-bài]) C (講義などの) 摘要; 教授細目一覧表, (講義) 時間割り.

syl·lo·gism [sílədʒìzəm] 名 C 〘論〙三段論法.

sylph [sílf] 名 C **1** 空気の精 (cf. nymph 森・山などの精). **2** ほっそりとして優美な女性.

syl·van, sil·van [sílvən] 形 森林の (ある), 樹木の; 森に住む.

sym- [sim] 接頭 [b, m, p などの前で]=SYN- (↓).

sym·bi·o·sis [sìmbaióusis, -bi-] 名 (複 **sym·bi·o·ses** [-si:z]) U C **1** 〘生物〙共生. **2** 共存 (関係).

sym·bi·ot·ic [sìmbaiátik, -bi- / -ɔ́t-] 形 **1** 〘生物〙共生の, 共生による. **2** 共存 (関係) の.

‡**sym·bol** [símbəl]
— 名 (複 **sym·bols** [〜z]) C **1** […の] **象徴**, シンボル, しるし [*of*]: a *symbol* of authority 権威の象徴 / The laurel is a *symbol* of victory. 月桂 (げっけい) 樹は勝利の象徴です.
2 […の] 符号, 記号 (sign) [*for*]: a phonetic *symbol* 発音記号 / Fe is the chemical *symbol* for iron. Fe は鉄を表す化学記号です.
(▷ 動 sýmbolize; 形 symbólic)

*****sym·bol·ic** [simbálik / -bɔ́l-], **sym·bol·i·cal** [-kəl] 形 **1** 象徴的な; […を] 象徴する [*of*]: White is *symbolic* of purity. 白は純潔を象徴する. **2** 符号 [記号] の, 記号の (symbol).
sym·bol·i·cal·ly [-kəli] 副 象徴的に; 記号で.

sym·bol·ism [símbəlìzəm] 名 U **1** [しばしば S-] (文学・芸術の) 象徴主義 [派]. **2** 記号表現.
sym·bol·ist [-list] 名 C 象徴主義者, 象徴派の詩人 [画家].

sym·bol·i·za·tion [sìmbəlizéiʃən / -laiz-] 名 U 象徴化; 記号で表すこと.

sym·bol·ize, 〘英〙**sym·bol·ise** [símbəlàiz] 動 他 **1** …を象徴する, …の象徴となる, …を表す: Red often *symbolizes* the sun. 赤い色はしばしば太陽を象徴する. **2** …を記号 [符号] で表す.
(▷ 名 sýmbol)

*****sym·met·ri·cal** [simétrikəl], **sym·met·ric** [-rik] 形 (左右の) 対称 [相称] の; 均整のとれた.
sym·met·ri·cal·ly [-kəli] 副 左右対称で; 均整がとれて.

*****sym·me·try** [símətri] 名 U **1** (左右の) 対称, 相称 (↔ asymmetry): design *symmetry* デザインの左右対称. **2** 均整, 調和; 均整 [調和] 美.

‡**sym·pa·thet·ic** [sìmpəθétik] 形 **1** […に] 思いやりのある, 同情的な [*to, toward*]: a *sympathetic* word 思いやりのある言葉 / We felt *sympathetic* toward the victims. 私たちは犠牲者に同情した.
2 〔叙述用法〕[人・計画・提案などに] 共鳴 [共感] する, 好意的な; 賛成の [*to, toward*]: They were *sympathetic* to our plan. 彼らは私たちの計画に賛成した.
3 〘文語〙(小説・映画などの登場人物が) 読者 [観客] の心を引きつける. (▷ 名 sýmpathy)
sym·pa·thet·i·cal·ly [sìmpəθétikəli] 副 同情して; 共鳴 [共感] して.

‡**sym·pa·thize**, 〘英〙**sym·pa·thise** [símpəθàiz] 動 自 **1** […に] 同情する, […を] 気の毒がる [*with*]: I *sympathized with* the man and tried to help him. 私は男に同情して助けようとした.
2 [人・提案などに] 共鳴する; 賛成する [*with*]: *sympathize with* a proposal 提案に賛成する.
(▷ 名 sýmpathy)
sym·pa·thiz·er [símpəθàizər] 名 C **1** 同情者. **2** 共鳴者, 同調者, シンパ.

‡**sym·pa·thy** [símpəθi] 〖原義は「感情を共有すること」〗
— 名 (複 **sym·pa·thies** [〜z]) **1** U C […への] 同情, 哀れみ, 思いやり [*for, with*] (→ PITY 類義語); [通例, 複数形で] 悔やみ, 同情の言葉 [表現]: feel *sympathy* for [with] …'s misfortune …の不運に同情する / I have no *sympathy* for Bill. ビルにはまったく同情できないね / I offer you my deepest *sympathies*. 衷心よりお悔やみ申し上げます.
2 U C […への] 同感, 共鳴, 共感; 賛成 (↔ antipathy) [*for, with*]; [通例, 複数形で] 支持, 支援: cry in *sympathy* もらい泣きする / I have a lot of *sympathy with* the movement. 私はその運動に大いに共感する / Her *sympathies* lay with

symphonic

our group. 彼女は私たちの団体を支持してくれた. **3** U[物理]共鳴, 共振;[生理]交感.
■ *in* [*out of*] *sýmpathy with ...* **1** …に共感して[しないで]. **2** …に一致して[しないで].
(▷ 動 **sýmpathize**; 形 **sỳmpathétic**)

sym·phon·ic [simfάnik / -fɔ́n-] 形 交響曲の.

***sym·pho·ny** [símfəni] 名 (複 **sym·pho·nies** [~z]) C **1** [音楽] 交響曲, シンフォニー.
2 (米) = sýmphony òrchestra 交響楽団.

sym·po·si·um [simpóuziəm] 名 (複 **sym·po·si·ums** [~z], **sym·po·si·a** [-ziə]) C《格式》シンポジウム, 討論会;論文集.

***symp·tom** [símptəm] 名 C **1**(病気などの)徴候, 症状: withdrawal *symptoms* (麻薬などの) 禁断症状 / *symptoms* of pneumonia 肺炎の症状. **2** 兆し, 兆候, 前兆 (◇通例, 悪いことに用いる).
(▷ 形 **sỳmptomátic**)

symp·to·mat·ic [sìmptəmǽtik] 形 **1**《格式》[…の]兆候を示す, 前兆となる [*of*].
2[医] 症状 [徴候] に関する. (▷ 名 **sýmptom**)

syn- [sin] [接頭]「同時に」「類似」の意を表す (◇ b-, f- (ph-), m-, p- で始まる語の前では sym- となる): *synchronize* 同時に起こる.

syn·a·gogue [sínəgɑ̀g / -gɔ̀g] 名 C **1** ユダヤ教の礼拝堂. **2** [the ~] ユダヤ教徒の集会.

syn·apse [sínæps / sáin-] 名 C [生理] シナプス《神経細胞の接合部》.

sync, synch [sínk] 名 U《口語》同調 (◇ *synchronization* の略).
■ *in sýnc* 同調して, 合って.
òut of sýnc 同調しないで, 合わないで.

syn·chron·ic [siŋkrάnik / -krɔ́n-] 形 [言] 共時的な (↔ diachronic).

syn·chro·ni·za·tion [sìŋkrənizéiʃən / -naiz-] 名 U **1**同時性; 同時化. **2**[映画] 映像と音声の同調; [写] シャッターとフラッシュの同調.

syn·chro·nize,《英》**syn·chro·nise** [síŋkrənàiz] 動 他 **1**〈物事·行為〉を同時に起こるにする;を[…と]同調させる [*with*].
2〈数個の時計〉を同一時刻にする. **3**[映画]〈音声〉を[映像と]同調[一致]させる; [写]〈シャッター〉を[フラッシュと]同調させる [*with*].
—自 **1**(2つ以上のことが)同時に起こる[進行する]; […と] 同時性を持つ [*with*]. **2**[映画](映像と音声が)同調する; [写](シャッターとフラッシュが)同調する. **3**〈数個の時計が〉同一時刻を示す.
♦ **sýnchronized swímming** U シンクロナイズドスイミング.

syn·chro·nous [síŋkrənəs] 形 **1** 同時に起こる,同時(性)の. **2**[物理·電気]同期(式)の.

syn·co·pat·ed [síŋkəpèitid] 形[音楽] (楽節などを) 切分した.

syn·co·pa·tion [sìŋkəpéiʃən] 名 U C [音楽] シンコペーション, 切分(音).

syn·di·cate [síndikət] 名 C [集合的に; 単数·複数扱い] **1**[経済] シンジケート, 企業連合 (cf. cartel カルテル, trust トラスト). **2** 通信社; 新聞·雑誌記事配信業. **3** (米) 犯罪組織, シンジケート.
— 動 [síndikèit] 他 **1** [通例,受け身で] 〈記事など〉を通信社 [ネットワーク] を通じて配信する.

2 …をシンジケート組織にする.

syn·di·ca·tion [sìndikéiʃən] 名 U シンジケートを組織すること; (記事などの) 配信.

syn·drome [síndroum] 名 C **1**[医] 症候群.
2 シンドローム《社会のある徴候を示す一連の行動·事件など》.

syn·er·gy [sínərdʒi] 名 (複 **syn·er·gies** [~z]) U C (企業間協力などによる) 相乗 [シナジー] 効果.

syn·od [sínəd] 名 C 教会会議, 宗教会議.

***syn·o·nym** [sínənìm] 名 C 同義 [類義] 語 (↔ antonym) (◇ freedom と liberty など).

syn·on·y·mous [sinάnəməs / -nɔ́n-] 形 […と] 同義 [同意, 類義] の, 同意 [類義] 語の (*with*).

syn·op·sis [sinάpsis / -nɔ́p-] 名 (複 **syn·op·ses** [-siːz]) C 概要, 大意; (小説·映画などの) あら筋.

syn·tac·tic [sintǽktik] 形[文法]シンタックスの,統語論の,構文の.

syn·tac·ti·cal·ly [-kəli] 副 統語(論)上.

syn·tax [sínæks] 名 U [言] シンタックス, 統語論 [法], 構文法《語を組み合わせて句·節·文を作る規則とその研究規則》; cf. morphology 形態論.

syn·the·sis [sínθəsis] 名 (複 **syn·the·ses** [-sìːz])
1 U 総合, 統合 (↔ analysis); C 総合体, 統合体.
2 [化] U 合成; C 合成物.

syn·the·size, (英) **syn·the·sise** [sínθəsàiz] 動 他 **1** …を総合する, 統合する. **2** [化] …を合成する.

syn·the·siz·er [sínθəsàizər] 名 C [音楽] シンセサイザー《電子音を合成する楽器》.

syn·thet·ic [sinθétik] 形 **1** 総合の, 統合的な (↔ analytic). **2** [化] 合成の, 人造の: *synthetic* fiber 合成繊維 / *synthetic* detergent 合成洗剤.
— 名 [通例 ~s] [化] 合成物.

syn·thet·i·cal·ly [-kəli] 副 統合して;合成的に.

syph·i·lis [sífəlis] 名 U [医] 梅毒.

sy·phon [sáifən] 名 他自 = SIPHON.

Syr·i·a [síriə] 名 固 シリア《地中海東岸の共和国; 首都ダマスカス (Damascus)》.

Syr·i·an [síriən] 形 シリアの; シリア人の.
— 名 C シリア人.

sy·ringe [sirínʤ, sírinʤ] 名 C [医] 注射器; 洗浄器, スポイト; 浣腸(ホホョょぅ)器. — 動 他 …を洗浄する; …に注射 [注入] する.

syr·up [sə́ːrəp, sírəp / sírəp] 名 U **1** シロップ,糖みつ. **2** [薬] シロップ剤.

syr·up·y [sə́ːrəpi, sírəpi / sírəpi] 形 シロップの,シロップを含む; 甘ったるい, 感傷的な.

*****sys·tem** [sístəm]
《原義は「1つにまとめること」》
— 名 (複 **sys·tems** [~z]) **1** C 組織, 制度; [the ~]《口語》支配体制, 社会秩序: a social *system* 社会制度 / a postal *system* 郵便制度 / a *system* of education [government] 教育 [政治] 制度 / rebel against the *system* 支配体制に反抗する.

2 C 体系, 系統; 学説; 装置: a *system* of philosophy 哲学体系 / the nervous *system* 神経系統 / the solar *system* 太陽系 / the Copernican *system* コペルニクス学説, 地動説 / the subway *system* in Tokyo 東京の地下鉄網.

systematic

3 ⓒ 方式, (体系的) 方法 (method): the *system* of weights and measures 度量衡法 / the decimal [metric] *system* 10 進 [メートル] 法.
4 Ⓤ 秩序ある手順, 順序: the moving assembly *system* 流れ作業 / without *system* 正しい手順がなく, 行き当たりばったりで.
5 [the ~ / one's ~] 身体, 体, 全身 (body): Moderate exercise is good for the *system*. 適度な運動は体によい.   **6** ⓒ 【コンピュータ】システム 《作業を管理・実行するプログラムの集合体》.
■ *Áll sýstems (are) gó!* 準備完了 (◇もとは宇宙船打ち上げ時の用語).
gèt ... óut of one's sýstem 《口語》〈悩みなど〉を追い払う, はき出す; 〈うっぷん〉を晴らす.
(▷ 動 sýstematize; 形 sỳstemátic)
◆ sýstems anàlysis Ⓤ システム分析.

sýstems ànalyst ⓒ システム分析者, システムアナリスト.
sýstems engineèring Ⓤ システム工学 《組織・体系などを最適化する方法の研究》.

‡**sys·tem·at·ic** [sìstəmǽtik] 形 組織的 [体系的] な; 秩序立った: *systematic* research 系統立った調査.   (▷ 名 sýstem)

sys·tem·at·i·cal·ly [sìstəmǽtikəli] 副 組織的 [体系的] に; 整然と.

sys·tem·a·ti·za·tion [sìstəmətizéiʃən / -taiz-] 名 Ⓤ 組織 [体系] 化; 分類.

sys·tem·a·tize, 《英》 **sys·tem·a·tise** [sístəmətàiz] 動 他 …を組織化 [体系化] する, 系統立てる; 分類する.   (▷ 名 sýstem)

sys·tem·ic [sistémik] 形 **1** 組織 [体系] の. **2** 【生理】全身の.

S

T t

t, T [tíː]名(複 **t's, ts, T's, Ts** [~z]) **1** [C]ティー《英語アルファベットの20番目の文字》. **2** [C] [大文字で]T字形のもの(cf. T-shirt Tシャツ, T-junction T字路).

■ **dót the [one's] í's and cróss the [one's] t's** (→ DOT 動 成句).

to a T《口語》正確に, ぴったりと.

◆ **T squáre** [C]《製図用》T定規.

't [t]《短縮》《古・詩語》it の短縮形; 'tis = it is.

t.《略語》= ton(s)(重量のトン); transitive 他動詞の.

ta [tɑ́ː] 間《英口語》ありがとう(thank you).

tab [tǽb]名[C] **1** タブ, ラベル《目印などとして付ける紙片・ひもなど》;(帳簿などのへりに付ける)見出し用つまみ;(衣服の)垂れ飾り. **2** (名前などを記入した)はり[付け]札. **3**《米》(缶などの)口金, プルタブ(《英》ring-pull). **4**《米口語》(レストランなどの)勘定書. **5**《口語》(コンピュータなどの)タブ(tabulator); タブキー(tab key).

■ **kèep tábs [a táb] on ...**《口語》…を帳簿につける; …に注意する, …を監視する.

pìck úp the táb [...の]勘定を払う[for].

◆ **táb kèy** [C](キーボードの)タブキー.

Ta·bas·co [təbǽskou]名[U]《しばしば t-》《商標》 = Tabásco sáuce タバスコ(ソース)《トウガラシから作る辛い調味料》.

tab·by [tǽbi]名(複 **tab·bies** [~z])[C] tábby càt ぶち猫, とら猫;(一般に)飼い猫.

tab·er·nac·le [tǽbərnækl]名[C] **1** [the T-]《聖》幕屋《ユダヤの移動式神殿》. **2** 礼拝堂, 会堂. **3**《キリスト》(聖体を入れる)聖櫃(せいひつ).

***ta·ble** [téibl]
—名(複 **ta·bles** [~z]) **1** [C]テーブル, 食卓, 台《作業台・手術台など》: a dining *table* 食卓 / a coffee *table* (ソファーの前に置く)低いテーブル / a dressing *table* 化粧台 / There were some plates on the *table*. テーブルの上に皿が何枚か出ていた / I booked a *table* for two at the restaurant. 私はレストランに2人分の席を予約した.

2 [C](通例, 単数形で)食事, 食べ物, 料理: set [《英》lay] the *table* 食事の準備をする / clear the *table* 食事の後片づけをする.

3 [C]表, 一覧表; かけ算表(multiplication table): See *Table* 5 on page 24. 24ページの表5を見なさい.

4 [単数形で; 集合的に; 単数・複数扱い]テーブルを囲む人々, (会議・交渉などの)席: a negotiating *table* 交渉(の席) / The whole *table* burst into laughter at his story. 一座の人々は彼の話にどっと笑った. **5** [C]台地, 高原.

■ *at* (*the*) *táble* 食事中で(◇《米》では the を付ける): There are certain topics that should not be talked about *at the table*. 食事中に話してはならない話題というものがある.

on the táble **1**《米》(議案などが)棚上げになって. **2**《英》(議案などが)上程されて.

ríse [*gèt úp*] *from* (*the*) *táble* (食事が済んで)食卓を離れる.

sìt (*dówn*) *at* [*to*] (*the*) *táble* 食卓につく.

túrn the tábles [...に対する]形勢を逆転する[on].

ùnder the táble《口語》**1** わいろとして, こっそり. **2** (食後に)酔いつぶれて.

wáit (*on*) *táble* =《英》*wáit at táble* 給仕する.

—動他 **1**《米》〈議案など〉を棚上げにする, 先送りにする. **2**《英》〈議案など〉を上程する.

◆ **táble làmp** [C]卓上スタンド.

táble lìnen [U]食卓用リネン《テーブルクロス・ナプキンなど》.

táble mànners [複数扱い]テーブルマナー, 食事の作法.

táble tàlk [U]食事をしながらのおしゃべり.

táble tènnis [U]卓球(ping-pong).

tab·leau [tǽblou]名《フランス》(複 **tab·leaux** [~z], **tab·leaus** [~z])[C] **1** 活人画. **2** 絵画(的描写), タブロー. **3** 劇の場面.

***ta·ble·cloth** [téiblklɔ̀θ / -klɔ́θ]名(複 **ta·ble·cloths** [-klɔ̀ðz, -klɔ̀θs / -klɔ́ðz, -klɔ́θs])[C]テーブルクロス, テーブル掛け.

ta·ble d'hôte [táːbl dóut]《フランス》名[U](レストランの)定食, コース料理(cf. à la carte 一品料理).

ta·ble·land [téiblænd]名[C][しばしば ~s]台地, 高原(plateau).

ta·ble·spoon [téiblspùːn]名[C] **1** (料理を取り分ける)大さじ, テーブルスプーン. **2** 大さじ1杯(の量)(tablespoonful)(《略語》tbs., tbsp.).

ta·ble·spoon·ful [téiblspùːnfùl]名(複 **ta·ble·spoon·fuls** [~z], **ta·ble·spoons·ful** [-spùːnz-])[C]大さじ1杯(分)(◇小さじ3杯分に相当する; cf. teaspoonful 小さじ1杯分).

***tab·let** [tǽblət]名[C] **1**《主に英》錠剤(→ MEDICINE 類義語): take aspirin *tablets* アスピリンの錠剤を飲む. **2** (金属・石などの)平板, 銘板. **3** (チョコレートなどの平たい)ひとかたまり, 1片.

ta·ble·ware [téiblwèər]名[U][集合的に]食卓用食器類《皿・グラス・ナイフ・フォーク・スプーンなど》.

tab·loid [tǽblɔid]名[C]タブロイド判新聞《普通の新聞の半分のサイズ. 通俗的な要約記事と写真が中心; cf. broadsheet (普通の)大判の新聞》.

—形[限定用法]タブロイド判の; 要約した; 通俗的な, センセーショナルな.

ta·boo [təbúː, tæ-] 名(複 **ta·boos** [~z]) UC **1** タブー, 禁忌(きんき)《特定のもの・言葉などを神聖または不浄なものとして触れたり口に出したりするのを禁ずる風習》: be under (a) *taboo* タブーになっている. **2** (一般的に)禁制, ご法度(はっと); 禁句.
—形 タブーの, 禁制の.
◆ **tabóo wòrd** C タブー語, 禁忌語《◇人前で使ってはいけないとされる語; → FOUR-LETTER WORD》.

tab·u·lar [tǽbjələr] 形 表(ひょう)の, 表にした.
tab·u·late [tǽbjəlèit] 動 他 …を(一覧)表にする.
tab·u·la·tion [tæ̀bjəléiʃən] 名 U 図表の作成.
tab·u·la·tor [tǽbjəlèitər] 名 C **1** 図表作成機[作成者]. **2** タビュレーター, タブ《《口語》 tab》《コンピューターで作表のための仕組み》.

ta·chom·e·ter [tækámətər / -kɔ́m-] 名 C タコメーター《エンジンの回転速度計》.

tac·it [tǽsit] 形《通例, 限定用法》暗黙の; 無言の: a *tacit* understanding 暗黙の了解.
tac·it·ly [~li] 副 暗黙のうちに; 無言で.

tac·i·turn [tǽsitə̀ːrn] 形 無口な, 口数の少ない.

***tack** [tǽk] 名 **1** C びょう, 留め金. **2** U C 方針, 政策: be on the right [wrong] *tack* 方針が誤っていない[いる]. **3** C (洋裁の)仮縫い, しつけ.
4 C U 《海》(風に対する帆の)開き; 間切り《向かい風を斜めに受けてジグザグに進む航法》.
—動 他 **1** …を[…に]びょうでとめる (up, down) [to, onto]: *tack* down the carpet カーペットをびょうでとめる. **2** …を仮縫いする, しつける. **3** …を付け加える. **4** (船)をジグザグに進める; …の方針を変える.
—自 (船が)ジグザグに進む; 方針を変える.
■ *táck ón* …を[…に]そえる, 付加する [to]: *tack* words *on to* the end of a message 伝言の末尾にいくつかの言葉を加える.

‡**tack·le** [tǽkl] 動 他 **1** 〈仕事・問題など〉に取り組む: *tackle* a difficult task 難題に取り組む.
2《球技》…にタックルする; 〈人〉に組みつく. **3** […について]〈人〉と渡り合う, 論争する [about, over, on]: You should *tackle* him *on* the matter. その件は彼と交渉すべきです.
—自《球技》タックルする.
—名 **1** C《球技》タックル; 《アメフト》タックル《ガードとエンドの間の選手》. **2** U 道具, 用具; (特に)釣り道具 (fishing tackle). **3** C U (滑車を使った)巻き揚げ装置.

tack·y[1] [tǽki] 形 (比較 **tack·i·er** [~ər]; 最上 **tack·i·est** [~ist]) (ニス・ペンキなどが)ベとつく.

tack·y[2] 形 (比較 **tack·i·er** [~ər]; 最上 **tack·i·est** [~ist]) 安っぽい, みすぼらしい; やぼな.

ta·co [táːkou] 名 (複 **ta·cos** [~z]) C 《料理》タコ《トウモロコシ粉で作ったトルティーヤ (tortilla) に肉・チーズ・レタスなどをはさんだメキシコ料理》.

***tact** [tǽkt] 名 U (人の気をそらさない)機転, 如才なさ; こつ: She lacks *tact*. 彼女は機転が利かない.
tact·ful [tǽktfəl] 形 機転の利く, 如才ない.
tact·ful·ly [-fəli] 副 機転を利かせて, 如才なく.

***tac·tic** [tǽktik] 名 C **1** (通例 ~s; 単数・複数扱い)(個々の)戦術, 兵法 (cf. strategy(全体的な)戦略): guerrilla *tactics* ゲリラ戦法. **2** (~s; 複数扱い) 策略, 駆け引き.

tac·ti·cal [tǽktikəl] 形 **1** 戦術(上)の: *tactical* nuclear weapons 戦術核兵器. **2** 策略のうまい, 駆け引きの利いた.
◆ **táctical vóting** U《英》戦術的投票《気に入らない候補者[政党]を落とすために対立候補者[政党]に投票する》.
tac·ti·cal·ly [-kəli] 副 戦術上, 戦術的に.

tac·ti·cian [tæktíʃən] 名 C 戦術家; 策士.
tac·tile [tǽktəl / -tail] 形 触覚の, 触覚を持った; 触知できる.
tact·less [tǽktləs] 形 機転の利かない, へまな.
tact·less·ly [~li] 副 機転が利かず, 不手際に.
tact·less·ness [~nəs] 名 U 機転の利かなさ.

tad·pole [tǽdpòul] 名 C《動物》オタマジャクシ.

tae kwon do [tái kwán dóu / -kwɔ́n-] 名 U テコンドー《空手に似た朝鮮の武術》.

taf·fe·ta [tǽfətə] 名 U タフタ, こはく織り《光沢のある絹や合成繊維の平織物》.

taf·fy [tǽfi] 名 (複 **taf·fies** [~z]) U C《主に米》タフィー(《英》toffee)《バター・砂糖・ナッツなどで作ったキャラメル状のキャンディー》.

***tag**[1] [tǽg] 名 C **1** (名前・価格などを記した)付け[下げ]札, タグ, 荷札; 付箋(ふせん): a name [price] *tag* 名[値]札 / a claim *tag* (空港などでの)手荷物預かり札. **2** (靴ひもなどの)先端金具; 垂れ下がったもの[布], (服などの)垂れ飾り. **3** 決まり文句; 結びの文句. **4** = **tág quèstion**《文法》付加疑問《◇平叙文・命令文のあとに付け加える短い疑問文; → QUESTION《文法》》.
—動 (三単現 **tags** [~z]; 過去・過分 **tagged** [~d]; 現分 **tag·ging** [~iŋ]) 他 **1** …にタグ[札, 付箋(ふせん)]を付ける: The bag was *tagged* at $49. バッグには49ドルの値札が付いていた. **2** 〈人〉に[…という]レッテルをはる, 名を付ける [as].
■ *tág alóng* 自《口語》[…に]つきまとう, ついて行く [with, behind, after].
tág ón …を[…に]付加する, そえる, 追加する [to]. —自 […に]つきまとう [to].
◆ **tág line** C (演説などの)結びの言葉, おち; 標語.

tag[2] 名 **1** U 鬼ごっこ (cf. it 鬼): play *tag* 鬼ごっこをする. **2** C《野球》タッチアウト.
—動 他 **1** (鬼ごっこで)(鬼が) …を捕まえる.
2《野球》(ランナー)をタッチアウトにする (out).

Ta·ga·log [təgáːləg / -lɔ̀g] 名 (複 **Ta·ga·logs** [~z], **Ta·ga·log**) **1** C タガログ人《フィリピンのルソン島の民族》. **2** U タガログ語.

Ta·hi·ti [təhíːti] 名 タヒチ(島)《南太平洋にあるフランス領ソシエテ諸島の島》.

Ta·hi·tian [təhíːʃən] 形 タヒチの; タヒチ島人[語]の. —名 C タヒチ島人; U タヒチ語.

*****tail** [téil] (☆同音 tale)
名 動
—名 (複 **tails** [~z]) C **1** (動物の)尾, しっぽ: A dog wags its *tail* when it is happy. 犬はうれしいときに尾を振る.
2 尾に似たもの; (洋服の)垂れ; (婦人服の)長いすそ, たこ (kite)のしっぽ; 彗星(すいせい)の尾: the *tail* of a comet [coat] 彗星の尾[コートのすそ].
3 (通例 the ~) 後部, 末尾: the *tail* of a line 行列の最後尾. **4**《口語》尾行者: put a *tail* on …

…に尾行をつける. **5** [通例 〜s; 単数扱い](硬貨の) 裏面 (↔ head): Heads or *tails*? 表か裏か《硬貨を投げて順番などを決めるときの言葉》.
6 [〜s]＝**táil còat** 燕尾(えんび)服, モーニング.
■ ***on ...'s táil***《口語》…を尾行して.
túrn táil 背を向けて逃げる, 敗走する.
with one's táil between one's légs(犬が) しっぽを巻いて; (人が) おじけづいて.
── [動] [他] **1**《口語》〈人〉を尾行する, …のあとをつける: The police *tailed* the suspect. 警察は容疑者を尾行した. **2**〈果物〉のへた [軸] を取る.
── [自] [… の] あとについて行く [*after*].
■ ***táil óff*** [***awáy***] 次第に細くなる [減少する, 消える].
◆ **táil énd** [C] [通例 the 〜]《口語》末端, 末尾.
táil fìn [C] (魚の) 尾びれ; (飛行機の) 垂直安定板.
táil wìnd [C] 追い風 (↔ head wind).

tail·back [téilbæ̀k] [名] [C] **1**【アメフト】テールバック《攻撃側の最後尾の選手》. **2**《英》交通渋滞の列.

tail·board [téilbɔ̀ːrd] [名] ＝TAILGATE **1** (↓).

tail·gate [téilgèit] [名] [C] **1** (トラックなどの) 後部開閉板, 尾板 (tailboard). **2** (車の) はね上げ式後部ドア.
── [動]《主に米》[自] (前の車の) 直後について進む.
── [他]〈前の車〉にぴったりついて運転する.

tail·lamp [téillæ̀mp] [名] ＝TAILLIGHT (↓).

tail·less [téilləs] [形] 尾のない.

tail·light [téillàit] [名] [C] (車の) 尾灯, テールライト.

‡**tai·lor** [téilər] [名] [C] (主に紳士服を注文で作る) 仕立屋 (◇人), 洋裁師 (cf. dressmaker 婦人服の仕立屋): a *tailor* shop＝《英》a *tailor's* (shop) 紳士服店 / The *tailor* makes the man.《ことわざ》仕立屋が人物を作る ⇨ 馬子(まご)にも衣装.
── [動] [他] **1**〈紳士服〉を仕立てる: Where did you have your suit *tailored*? スーツをどこで仕立てましたか. **2**〈計画など〉を [必要・目的などに] 合わせる [*to, for*].

tai·lored [téilərd] [形] **1** 注文仕立ての, あつらえの; 仕上がりの立派な. **2** 必要 [状況] にかなった.

tai·lor·ing [téilәriŋ] [名] [U] 仕立て技術, 仕立て方.

tái·lor-máde [形] **1** (洋服が) 注文仕立ての, あつらえの (tailored) (↔ ready-made). **2** [必要・目的などに] 合った, [人に] ぴったりの [*for*].

tail·pipe [téilpàip] [名] [C]《米》(自動車の) 排気管.

tail·spin [téilspìn] [名] [C] **1**【航空】(飛行機の) きりもみ降下. **2** 狼狽(ろうばい), 混乱.

taint [téint] [動] [他] [通例, 受け身で] **1**〈水など〉を [… で] 汚染する, 汚す [*with, by*];〈食べ物〉を腐らせる. **2**〈心・行為〉を [悪などで] 堕落させる,〈名声など〉を [… で] 汚(けが)す [*with, by*].
── [名] **1** [C] [U] 汚名; 汚点, 不名誉. **2** [U] 腐敗; 堕落. **3** [単数形で] [悪いものの] 気味, 痕跡(こんせき) [*of*].

Tai·pei, Tai·peh [tàipéi] [名] [固] タイペイ, 台北《台湾の首都》.

Tai·wan [tàiwɑ́ːn] [名] [固] 台湾《中国の東方の島; 首都は台北 (Taipei)》.

Tai·wan·ese [tàiwәníːz] [形] 台湾 (人) の.
── [名] (複 **Tai·wan·ese**) [C] 台湾人.

Ta·jik·i·stan [tɑːdʒìːkistɑ́ːn, -stǽn] [名] [固] タジキスタン《中央アジアにある共和国; 首都ドゥシャンベ (Dushanbe)》.

‡take [téik] [動] [名]

① 持って行く, 連れて行く.	[他] **1**
② (手で) 取る; 捕まえる.	[他] **2**
③ 持ち去る; 盗む.	[他] **3**
④ …する.	[他] **4**
⑤ 引き受ける.	[他] **5**
⑥ 受け入れる.	[他] **6, 7**
⑦〈感情・関心・態度など〉を抱く.	[他] **8**
⑧〈時間・労力など〉がかかる.	[他] **9**
⑨〈写真〉を撮る; 書きとめる.	[他] **10**
⑩ 選び取る; 買う.	[他] **11**
⑪ 口にする, 飲む; 食べる.	[他] **12**
⑫ 手に入れる; 奪い取る.	[他] **13**
⑬ 理解する.	[他] **14**

── [動] (三単現 **takes** [〜s]; 過去 **took** [túk]; 過分 **tak·en** [téikәn]; 現分 **tak·ing** [〜iŋ])
── [他] **1** (a) [take＋O]〈ものなど〉を**持って行く**, [… に]〈人〉を**連れて行く** [*to*] (→ BRING [類義語]): Let's *take* some books with us. 本を何冊か持って行こう / My parents *took* us *to* Hawaii during the summer vacation. 両親が夏休みに私たちをハワイに連れて行ってくれた / I have a car waiting outside to *take* me home. 家まで送ってもらう車を外に待たせてある / His job often *takes* him to South America. 彼は仕事でしばしば南米へ出かける. (b) [take＋O＋O / take＋O＋to ...]〈人〉に〈もの〉を持って行く: I *took* him a birthday present.＝I *took* a birthday present *to* him. 私は彼に誕生日のプレゼントを持って行った.
2 [take＋O] (手で) …を**取る**, つかむ (→ p. 1525 [類義語]); …を捕まえる, 取り押さえる: She *took* the file from me with a smile. 彼女はにこっとして私からファイルを受け取った / He *took* me by the arm. ＝He *took* my arm. 彼は私の腕をつかんだ (◇前者はつかまれた人を, 後者は部位を強調する言い方) / The thief was *taken* at last. そのこそどろはとうとう捕まった.
3 [take＋O] (勝手に) …を [… から] 持ち去る, 取り除く, 取り出す; 盗む, 奪う; 引く [*from*]: Meg *took* several sweaters *from* the wardrobe. メグは衣装だんすから何着かセーターを取り出した / Someone has *taken* my umbrella. だれかが私の傘を持ち去った / When you *take* six *from* seven, one remains. 7から6を引けば1が残る.
4 [take＋O] …する;〈休み〉を取る (◇ O は動作・行為を表す名詞; → HAVE [動] **8** [語法]): *take* a bath 入浴する / *take* a turn 曲がる / *take* a rest 休む / *take* a ride (馬・自転車などに) 乗る / *take* a vacation 休暇を取る / He *takes* a one-hour walk every morning. 彼は毎朝1時間散歩する / Let me *take* a look at your car. あなたの車を見せてください / *Take* care. お大事に; 気をつけて.

5 [take + O]〈責任・仕事など〉を**引き受ける**, 担当する;〈職・地位など〉につく;〈試験など〉を受ける: He will be glad to *take* the position. 彼は喜んでそのポストを引き受けるだろう / Mary *took* a job as a librarian. メアリーは司書の職についた / Ms. Green *took* the third grade last year. グリーン先生は昨年3年生を担当した / Most of them *took* the entrance examinations in February. 彼らの多くは2月に入学試験を受けた.
6 [take + O]〈申し出・人など〉を**受け入れる**, …に応じる: She *took* his advice. 彼女は彼の忠告を聞き入れた / Do you *take* credit cards? クレジットカードは使えますか / This club *takes* only girls. このクラブは女子しか入れない.
7 [take + O]〈非難など〉を**受け入れる**;〈被害など〉をこうむる: *Taking* criticism is a part of learning. 批判を受け入れることは学ぶことの一部である / Sooner or later, we will have to *take* a pay cut. 私たちは遅かれ早かれ賃金カットを受け入れなければならないだろう.
8 [take + O] [進行形不可]〈感情・関心・態度など〉を**抱く**;〈形〉を取る: I *took* offense at his bad manners. 私は彼の不作法に怒りを覚えた / They *took* pity on the orphan. 彼らはその孤児を気の毒に思った / The plan began to *take* shape in his mind. その計画は彼の頭の中ではっきりした形を取り始めた.
9 (a) [take + O]〈時間・労力など〉が**かかる**, 必要である;〈空間など〉を占める: His quitting smoking *took* two years. 彼は禁煙するのに2年かかった / *Take* your time! あわてないで.
(b) [It takes + O + to do] …するのに〈時間・労力など〉がかかる: *It takes* ten minutes *to* walk to the station. 駅まで歩いて10分かかる.
(c) [It takes + O + O + to do] …するのに〈人〉が〈時間・労力など〉を必要とする: *It took* me a month *to* adjust to my new surroundings. 新しい環境に慣れるのに1か月かかった.
10 [take + O]〈写真〉を**撮る**;〈メモなど〉を**取る**, 書きとめる: The photographer *took* a picture of the scene. 写真家はその風景を撮影した / I had my picture *taken* for the passport. 私はパスポート用に写真を撮ってもらった / She *took* notes of his telephone talks. 彼女は彼の電話での話をメモに取った.
11 [take + O] (いくつかの中から) …を**選び取る**; **買う**, 借りる;〈新聞など〉を購読する: I'll *take* that red one, please. あの赤いのをください / We *took* a small flat in London. 私たちはロンドンで小さなアパートを借りた / I *take* "The Guardian." 私は『ガーディアン』紙を購読している.
12 [take + O]〈薬など〉を**口にする**, **飲む**;《主に英》…を食べる (→ EAT [類義語]): *Take* an aspirin before you go to bed. 寝る前にアスピリンを飲みなさい / Let's *take* lunch at that coffee shop. あの喫茶店で昼食をとろう.
13 [take + O] …を**手に入れる**, 勝ち取る; 奪い取る, 占める: Did you *take* a Ph.D. at Tokyo University? あなたは東京大学で博士号を取得したのですか / The Iraqi troops *took* Kuwait in 1990. イラク軍は1990年にクウェートを占領した / She *took* first prize in the golf tournament. 彼女はゴルフ大会で優勝した.
14 (a) [take + O] …を**理解する**, 受け止める: He always *takes* things calmly. 彼はいつも物事を冷静に受け止める / How did you *take* his comment on the problem? その問題に対する彼のコメントをどう思いましたか. (b) [take + O + as [to be] …] ~を…であるとみなす [理解する]: I *take* him *to be* one of the greatest scientists. 私は彼を最も偉大な科学者の1人とみなしている / She *took* acting *as* a kind of recreation. 彼女は舞台での演技を一種の気晴らしと考えた. (c) [take it + that 節] …であるとみなす, …だと理解する (◇ it は that 節をさす形式目的語): We *take it that* he is satisfied. 彼は満足していると私たちは思っています.
15〈場所・席〉を占める: *Take* this seat, please. この席にお座りください / Is this seat *taken*? この席はふさがっていますか.
16 …を利用する, 用いる; (例として) …を取り上げる: *Take* every opportunity. あらゆる機会を利用しなさい / Some husbands do the housework. *Take* John, for example. 家事をする夫もいる. 例えばジョンがそうだ.
17〈人〉を収容する: This hall *takes* 5,000 people. このホールは5,000人を収容できる.
18 …を調べる, 計る: Let me *take* your pulse [temperature]. 脈拍 [熱] を計らせてください.
19〈乗り物など〉に乗って行く;〈進路〉を取る: We're going to *take* a bullet train to Kyoto. 京都まで新幹線で行くつもりです / Let's *take* the shortcut. 近道を行こう.
20〔出典などから〕…を引用する, 取り上げる, 得ている〔*from, out of*〕: Do you know where this novel *took* its title? この小説の題名の由来を知っていますか.
21 …を飛び越える, 曲がる: The truck *took* the corner. トラックは角(かど)を曲がった.
22【サッカー】〈フリーキック・コーナーキックなど〉をける. **23**【文法】〈目的語など〉をとる, 必要とする.
一[自] **1** 首尾よくいく, 効果的である; (薬が) 効く: This medicine should *take* quickly. この薬はすぐ効くはずです. **2** (植物が) 生長する. **3** [副詞(句) を伴って] (写真に) 写る: *take* well [badly] 写真写りがよい [悪い]. **4**〔聴衆などに〕受ける, 好評を博する〔*with*〕.

[句動詞] ***táke àfter ...*** [他] **1** [受け身不可] (姿・行動・性格などが)〈親など〉に**似る** (resemble): You don't *take after* your mother at all. あなたはお母さんに全然似ていない. **2**《米口語》…を追う, 追跡する.
táke agàinst ... [他]《英》…を嫌いになる.
tàke alóng [他] [take along + O / take + O + along]〔…へ〕…を**連れて行く**, 持って行く〔*to*〕: *Take* the children *along* with you *to* the zoo. 子供たちを動物園へ連れて行きなさい.
tàke ... apárt → APART 成句.
tàke aróund [他] [take around + O / take + O + around] …を案内する; 連れて行く.

T

tàke awáy 他 [take away＋O / take＋O＋away] **1** …を運び[持ち]去る: The waitress has *taken away* the salt. ウエートレスが塩を持って行ってしまった. **2**《英》(店で食べずに)…を持ち帰る(《米》take out). **3**〈感情・感覚など〉を取り去る, 奪う: Anxiety *took away* his normal way of thinking. 彼は心配のあまり普通に考えることができなかった. **4**〈ある数·額〉を引く: If you *take* three *away* from ten, that leaves seven. 10から3引けば7が残る.
— 自 食卓の後片づけをする.
·tàke awáy from ... …(の価値·効果など)を弱める, 減じる.

tàke báck 他 [take back＋O / take＋O＋back] **1**(売った側が)〈品物〉を引き取る, 返品に応じる;(客が)〈買った品物〉を返品する: The bookstore *takes* books *back*. その書店は返品に応じている. **2**〈前言〉を取り消す: I'll *take back* what I said about the matter. その件について言ったことは取り消します. **3**(物事が)〈人〉を(昔に)引き戻す, …の昔を思い出させる.

tàke dówn 他 [take down＋O / take＋O＋down] **1**(高い所から)…を下げる, 下ろす: Will you *take* that box *down*? あの箱を下ろしてくれませんか. **2**〈建物など〉を取り壊す.
3 …を書きとめる(write down).

táke ... for ~ 他 …を~とみなす,(誤って) …を~と思う: I *took* her *for* Cathy's mother. 私は彼女をキャシーの母親だと思ってしまった.

tàke ín 他 [take in＋O / take＋O＋in]
1(自宅に)…を入れる, 引き取る;〈下宿人〉を置く: She *takes in* lodgers only in the summer. 彼女は夏の間だけ下宿人を置く. **2**〈体に〉…を吸い込む: They *took in* the fresh mountain air. 彼らは山の新鮮な空気を吸い込んだ. **3**[通例, 受け身で]《口語》…をだます(deceive): I was *taken in* by his words. 私は彼の言葉にだまされた. **4** …を含む, 取り入れる: The tour *takes in* the three most famous scenic places of Japan. その旅行には日本三景が入っている. **5**〈服など〉(の寸法)を詰める. **6**《口語》(仕事などのついでに)〈映画など〉を見に行く. **7** ひと目で…を見てとる. **8** …を理解する.
9《主に米》〈金〉を集める, もうける.

tàke óff 他 [take off＋O / take＋O＋off]
1〈衣類など〉を脱ぐ,〈眼鏡など〉を外す(↔ put on): *Take off* your shoes, please. 靴を脱いでください. **2**《口語》…をユーモラスにまねる.
3 …を取り除く, 取り去る, 減らす: I *took off* 10 kilos on that diet. そのダイエットで10キロ減量した. **4**〈ある期間〉の休みを取る: I'm going to *take* a few weeks *off*. 私は数週間の休暇を取ります. **5** …を打ち切る, 中止する. — 自 **1**(飛行機が)離陸する(↔ land): Flight 004 for Chicago will *take off* at 3:45. シカゴ行き004便は3時45分に離陸する. **2**(人気·景気などが)上向く, 調子づく. **3**《口語》[…から]離れる, 去る,(depart)*from*.
·tàke onesélf óff 立ち去る.
táke ... óff ~ 他 **1** ~から…を取り除く, 取り外す. **2**〈表示価格〉から〈ある値〉を引く, まける.

tàke ón 他 [take on＋O / take＋O＋on]
1〈仕事·責任など〉を引き受ける: I've *taken on* far too much work lately. 私は最近あまりにも多くの仕事を引き受けてしまった. **2**(競技などで)…と対戦する: Did you *take* him *on* at tennis? 彼とテニスで対戦しましたか.
3 …を雇う(employ): We need to *take on* five more staff members. さらに5人のスタッフを雇う必要がある. **4**〈意義·性質など〉を帯びる: *take on* new meanings 新しい意味を帯びる.
5〈乗り物〉〈乗客〉を乗せる.
— 自《口語》**1** 腹を立てる. **2** 人気を博す.
tàke óut 他 [take out＋O / take＋O＋out]
1 …を取り出す, 借り出す, 引き出す: She *took out* a lipstick. 彼女は口紅を取り出した. **2** …を取り除く;〈歯〉を抜く: She will have her tooth *taken out* tomorrow. 彼女はあす歯を抜いてもらう. **3** …を連れ出す: My uncle *took* us *out* for dinner. おじは私たちを食事に連れて行ってくれた. **4**〈公式の文書など〉を取得する;〈保険〉をかける: *take out* a driver's license 運転免許証を取得する. **5**《米》〈料理など〉を(店で食べずに)持ち帰る(《英》take away): Two cheeseburgers to *take out*, please. 持ち帰りでチーズバーガーを2つください. **6**《口語》〈人〉を殺す; …を破壊する.
·tàke it óut on ...《口語》〈人〉にあたり散らす.
táke ... òut of ~ …を~から除く, 取り出す; 連れ出す: We can *take* the fee straight *out of* your wages. 料金はあなたの給料から天引きできます.
·tàke it óut of ...《口語》…をひどく疲れさせる.
·tàke ... óut of ...sélf〈人〉の気を紛らす.

tàke óver 他 [take over＋O / take＋O＋over] **1**〈仕事·商売など〉を引き継ぐ, 後継者になる;〈借金など〉を肩代わりする: His son *took over* the store. 彼の息子がその店を引き継いだ.
2 …を占領する, 乗っ取る. **3** …を[…へ]運んで[連れて]行く[*to*]. — 自 […から]引き継ぐ, […と]交替する[*from*]: Let me *take over from* her. 私が彼女と交替しよう.

tàke róund = take around(↑).

táke to ... 他 **1** …が習慣になる, …に熱中する: She has *taken to* staying up late. 彼女は夜更かしの癖がついている. **2**(避難場所を求めて)…へ行く. **3**〈人·もの〉が好きになる, …になじむ.

tàke úp 他 [take up＋O / take＋O＋up]
1〈本·ペンなど〉を手に取る;(車などに)…を乗せる: He *took up* his pen and wrote something on the paper. 彼はペンを取り上げて紙に何かを書いた. **2**(趣味·職業などとして) …に着手する, …を始める: When did she *take up* photography? 彼女はいつ写真を始めたのですか. **3**〈液体·汚れなど〉を吸い上げる, 取る: This cleaner will *take up* the stain on your carpet. このクリーナーでカーペットのしみは取れるだろう.
4〈中断した話など〉を再び始める, 続行する: Harry *took up* the tale at the point where John left off. ハリーはジョンが中断した所からそ

の話を続けた. **5**〈時間・空間〉を占める **6** …に言及する; […と] …を討論する (discuss) [*with*]: There is nothing I'd like to *take up with* you. あなたと話し合いたいことは何もない.
7〈服〉の寸法を詰める (shorten); 〈たるみなど〉を引き締める. **8**〈申し出など〉を受け入れる.
9〈相手の言葉〉をさえぎる. — 圁〈中断した話など〉を再び始める.
・*be tàken úp with …*〈時間などが〉…に占められる; 〈人が〉…に忙殺される, 没頭する: This morning *was taken up with* cleaning. けさは掃除に時間がかかった.
・*tàke úp on ~* **1** …の〈申し出など〉を受け入れる. **2**〈人〉に~の説明を求める.
・*tàke úp with …*（特に好ましくない人）とつき合い始める, 親しくなる.
◾ *be tàken with* [*by*] *…* に夢中である.
táke it [*can*, *can't* を伴って]《口語》〈悩み・罰・批判などに〉耐える: I can't *take it* anymore. 私にはもう耐えられない.
Táke it from mé … は確かである.
táke it or léave it [しばしば命令文で] 承諾するか拒絶するかを決める, その値で買うかどうかを決める.
táke it upòn onesélf to dó ～する責任を取る, 自分で [独断で] ～することを決める.
— 图 C **1**（映画・テレビなどの）1シーンの撮影, 1ショット. **2** [通例, 単数形で]《口語》売上高, 上がり; 分け前, 取り分. **3** 捕獲高 [量], 漁獲高 [量].
4《米口語》[…に対する] 意見, 考え [*on*].

[類義語] **take, seize, grab, grasp, snatch**
共通する意味▶手に取る, つかむ (get hold of a thing with the hands)
take は「手に取る, つかむ」の意を表す最も一般的な語: *Take* the rope in your hands and pull. 綱を両手で持って引っ張りなさい. **seize** は「突然力を入れてつかむ」の意: He *seized* her by the arm. 彼は彼女の腕をぎゅっとつかんだ.
grab は seize より「乱暴につかむ」ことを表す: He *grabbed* my arm and pulled me out of the car. 彼は私の腕をぐいとつかんで車から引きずり出した. **grasp** は「指・手でしっかりとつかむ, 握る」の意: He reached out and *grasped* my hand. 彼は手を伸ばして私の手をしっかりと握った. **snatch** は「不意にすばやくつかみ, ひったくる」の意: The thief *snatched* her purse and ran away. どろぼうは彼女のハンドバッグをひったくって逃げた.

---

take・a・way [téikəwèi] 图《英》= TAKEOUT.
tak・en [téikən] 動 take の過去分詞.
*****take・off** [téikɔ̀ːf / -ɔ̀f] 图（複 **take・offs** [~s]） **1** C U（飛行機の）離陸（↔ landing）;（跳躍などの）踏み切り（地点）. **2** C（こっけいな）物まね.
take・out [téikàut] 图 C《米》持ち帰り用料理（《英》 takeaway）; [形容詞的に] 持ち帰り用の.
*****take・o・ver** [téikòuvər] 图 C **1**（会社などの）乗っ取り, 買収. **2**（管理・支配権などの）奪取, 接収;

引き継ぎ.
tak・er [téikər] 图 C **1** 取る人, 受取人; 購読者. **2**（申し出・賭け）けなどに〉応じる人.
tak・ing [téikiŋ] 图 **1** [~s] 収入; 売上高.
2 U 取ること, 捕獲; C 捕獲 [漁獲] 高.
talc [tǽlk] 图 U **1** 鉱 タルク, 滑石.
2 = talcum powder (→ TALCUM 複合語).
tal・cum [tǽlkəm] 图 = TALC (↑).
◆ **tálcum pòwder** U タルカムパウダー《滑石粉に香料などを加えたもの. 汗止め》.

*****tale** [téil]（☆[同音] tail）
— 图（複 **tales** [~z]）C **1**（事実・伝説・架空の）話, 物語 (story): *tales* of adventure 冒険物語 / a true *tale* 実話 / a fairy *tale* おとぎ話.
2 作り話 (fiction), うそ; [通例 ~s]（悪意ある）うわさ, 告げ口: a tall *tale* ほら話 / carry *tales* うわさを広める.
◾ *téll táles* (*òut of schóol*) 告げ口をする, 秘密を漏らす; うそをつく.

*****tal・ent** [tǽlənt]
【原義は「はかり」】
— 图（複 **tal・ents** [-lənts]） **1** C U […の]（生まれつきの）才能,（芸術などの）天賦の才能 (gift) [*for*]: a person of *talent* [many *talents*] 才能ある [多才な] 人 / a *talent for* music 音楽の天賦の才能 / Matthew has no *talent for* dancing. マシューはダンスの才能がまったくない.
2 U [集合的に] 才能のある人々, 人材; C [形容詞を伴って]《米》才能ある人: encourage young *talent* 若い人材を育成する / a real *talent* ある才能ある人.（比較）「芸能人」の意を表す日本語の「タレント」は和製英語.「テレビタレント」は英語では TV personality, TV star などと言う）
3 U《英・俗語》性的魅力のある人たち.
◆ **tálent scòut** C スカウト《芸能人・スポーツ選手などの有望新人の発掘を仕事とする人》.
***tal・ent・ed** [tǽləntid] 形（生まれつき）才能のある, 有能な: a *talented* pianist 才能のあるピアニスト.
tal・is・man [tǽlismən, -iz-] 图（複 **tal・is・mans** [~z]）C お守り, 魔よけ; 霊験あらたかなもの.

*****talk** [tɔ́ːk]
— 動（三単現 **talks** [~s]; 過去・過分 **talked** [~t]; 現分 **talk・ing** [~iŋ]）
— 圁 **1** […について] 話す, しゃべる [*about*, *of*, *on*]（→ SPEAK [類義語]）[句動詞] talk to …, talk with …）: How fast he *talks*! 彼はなんて早口なんだろう / Don't *talk* in class. 授業中にしゃべってはいけない / We *talked* on [over] the phone yesterday. 私たちはきのう電話で話をした / Let's *talk* over a cup of coffee. コーヒーを飲みながら話しましょう.
2 […について] 話し合う, 相談する [*about*]（→ [句動詞] talk to …, talk with …）: We *talked about* our school trip. 私たちは修学旅行について話し合った / What were they *talking about*? 彼らは何を話し合っていたのだろう.
3 […の] うわさ話をする [*about*, *of*]; 秘密を漏らす: Don't *talk about* people behind their

talkative

backs. 人の陰口を言ってはいけない / After the long interrogation the suspect finally *talked*. 長い尋問の末, 容疑者はついに自白した / People will *talk*.《ことわざ》人は話をしたがるものだ ⇒ 人の口に戸は立てられぬ.
4〔赤ん坊などが〕口を利く, しゃべる: Your baby will *talk* soon. 赤ちゃんはすぐにしゃべるようになりますよ.
5〔身ぶりなどで〕意思〔感情〕を表す〔*by, with*〕: He can *talk* by signs. 彼は手話ができる.
6〈ものが〉力を発揮する: In such a case experience *talks* after all. そのような場合, 結局は経験がものを言う / Money *talks*.《ことわざ》金がものを言う ⇒ 地獄の沙汰(ﾞ)も金次第.

— 他 **1** …を話す, 論じる: Let's not *talk* politics here. ここで政治の話はやめよう / She must be crazy to *talk* such nonsense. そんなばかなことを言うなんて彼女は正気でないに違いない.
2〈ある言語〉を話す〈◇ speak の方が普通〉: Do you *talk* Russian? あなたはロシア語を話しますか.

句動詞 *tálk aróund* 他 [talk around + O / talk + O + around]〈人〉を説得する: Let me *talk* him *around*. 彼の説得は私にやらせてください.
tálk aróund ... 他 …のことを遠回しに言う.
tálk at ... 他 …に向かってしゃべりまくる.
tálk awáy 自 しゃべり続ける.
tálk báck 他〔…に〕口答えする〔*to*〕: He never *talks back* to me. 彼は私に決して口答えしない.
tálk dówn 他 [talk down + O / talk + O + down] **1**〈人〉を言い負かす. **2**〈飛行機〉を無線で誘導着陸させる. **3** …を抑える.
・*tálk dówn to ...*〈人〉を見下して話す.
tálk ... ínto ～ 他〈人〉を説得して～させる (↔ talk ... out of ～): She *talked* her husband *into* giving up smoking. 彼女は夫を説得してたばこをやめさせた.
tálk óut 他 [talk out + O / talk + O + out]〈問題など〉を徹底的に話し合う.
tálk ... óut of ～ 他〈人〉を説得して～をやめさせる (↔ talk ... into ～): She *talked* him *out of* speculating on stocks. 彼女は彼を説得して株への投機をやめさせた.
tálk óver ... 他 …について〔人と〕話す〔*with*〕.
tálk róund = talk around (↑).
tálk róund ... = talk around ... (↑).
tálk thróugh 他 [talk through + O / talk + O + through]〈問題など〉を徹底的に議論する.
tálk ... thróugh ～ 他〈人〉に～を説明する.
tálk to ... 他 …と話をする, …に話しかける: Hello, may I *talk to* Mr. Ito? もしもし, 伊藤さんをお願いしたいのですが〈◇電話での言葉〉/ I was *talked to* by a stranger. 知らない人に話しかけられた.
・*tálk to onesélf* 独り言を言う.
tálk úp 他 [talk up + O / talk + O + up] …をほめる, 持ち上げる.
tálk with ... 他 **1** …と相談する, 話をする: *Talk with* your parents about it. その件はご両親と相談しなさい / Have you ever *talked with* her? 彼女と話をしたことがありますか.

■ *Lóok who's tálking.*《口語》よくそんなことが言えるね, そっちだって同じじゃないか.
Nów yòu're tálking.《口語》そうこなくちゃ〈◇強い同意を表す〉.
tálk bíg《口語》ほらを吹く.
tálking of (about) ... 〔文頭で〕…と言えば: *Talking of* traveling, have you ever been to Europe? 旅行と言えば, あなたはヨーロッパに行ったことがありますか.

— 名 **1** [C]〔…との〕話, 会話 (→ SPEECH 類義語);相談〔*with*〕: She had a long *talk with* her parents. 彼女は両親と長いこと話し合った.
2 [C]〔…についての〕(短い) 講演, 講話〔*about, on*〕: He gave a *talk about* air pollution. 彼は大気汚染について話をした.
3 [C]〔通例 ~s〕会談, 協議: summit *talks* 首脳会談 / peace *talks* 平和会談.
4 [U]《口語》うわさ; うわさの的: There is some *talk* of his resignation. 彼の辞任のうわさがある.
5 [U] むだ話, 空論: He is all *talk* and no deed. 彼は口先だけの人です.
6 [U] 話し方, 口調: fighting *talk* けんか口調.
◆ *tálk shòw* [C]《米》(テレビ・ラジオの) 対談番組, トーク番組〈《英》chat show〉.

talk·a·tive [tɔ́ːkətiv] 形 話好きな, おしゃべりな.
talk·a·tive·ness [~nəs] 名 [U] 話好きなこと.
talk·er [tɔ́ːkər] 名 [C]《米》**1** 話す人; 〔形容詞を伴って〕話の…な人: a good [poor] *talker* 話の上手 [下手] な人. **2** おしゃべり, 口先だけの人.
talk·ie [tɔ́ːki] 名 [C]《古風》トーキー, 発声映画.
talk·ing [tɔ́ːkiŋ] 形 **1** (人形などが) ものが言える. **2**《比喩》ものを言う, 表情に富んだ.
— 名 [U] 話すこと, おしゃべり, 討論.
◆ *tálking bóok* [C] トーキングブック〈盲人用などの録音テープ・CD〉.
tálking héad [C]《口語》ニュースキャスター.
tálking póint [C] (議論などの) 論点, 話題.
tálk·ing-tò 名 (複 *talk·ing·tos*) [C]《口語》小言: give ... a good *talking-to* …をたっぷりしかる.

***tall [tɔ́ːl]
— 形 (比較 *tall·er* [~ər]; 最上 *tall·est* [~ist])
1 (人が) 背が高い, (建物・木などが) 高い (↔ short)〈◇通例, 人・動植物・建物など細長いものに用い, 山・丘などには high を用いる〉: He is *taller* than I. 彼は私より背が高い / Look at that *tall* building. あの高いビルをご覧なさい / It is dangerous for children to climb a *tall* tree like this. 子供がこんな高い木に登るのは危険です.
2〔数量を表す語を伴って〕身長〔高さ〕が…の: How *tall* is Jack? — He is six feet (*tall*). ジャックの身長はどのくらいですか—6フィートです.
3《口語》信じられない, 大げさな, 法外な: a *tall* tale ほら話 / a *tall* price 法外な値段.

tall·boy [tɔ́ːlbɔ̀i] 名《英》= HIGHBOY《米》脚付きの背の高いたんす.
tal·low [tǽlou] 名 [U] 獣脂《ろうそく・せっけんなどの原料になる牛・羊などの脂》.
tal·ly [tǽli] 名 (複 *tal·lies* [~z]) [C] **1** 計算 [勘定] (の記録); (競技・ゲームの) 得点. **2** 割り符, 合い

札《昔,木片に刻み目を付けて貸した金の額などを記し,これを2つに割って双方が保存した》. **3** 計算の単位;数を記録する符号(冊)《◇日本で「正」の字を書くのに相当する》.
— 動 (三単現 **tal・lies** [~z]; 過去・過分 **tal・lied** [~d]; 現分 **tal・ly・ing** [~iŋ]) 自 […と]符合する[一致する] [*with*].
— 他 〈得点など〉を記録する; 計算する (*up*).

Tal・mud [tɑ́ːlmud / tǽl-] 名 [the 〜] タルムード《ユダヤ教の律法と注解の集成本》.

tal・on [tǽlən] 名 C (ワシ・タカなどの)かぎづめ.

tam・a・ble, tame・a・ble [téiməbl] 形 飼いならすことができる.

tam・a・rind [tǽmərind] 名 C [植] タマリンド《熱帯産のマメ科の高木》; タマリンドの実 《食用》.

tam・a・risk [tǽmərisk] 名 C [植] ギョリュウ《春・夏に淡紅色の花をつける亜州中海地方原産の小高木》.

tam・bou・rine [tæmbəríːn] 名 C タンバリン.

‡**tame** [téim] 形 **1** 〈動物が〉飼いならされた,人になれた (↔ *wild*).
2 [限定用法] 〈人が〉おとなしい,従順な;意気地のない. **3** 《口語》退屈な.
— 動 他 **1** 〈野生動物〉を飼いならす: *tame* a tiger トラを飼いならす. **2** 〈人〉を従順にする,従わせる. **3** 〈自然の力など〉を制御する,利用する.
tame・ly [〜li] 副 なれて; 従順に.
tame・ness [〜nəs] 名 U なれていること; 従順.

tam・er [téimər] 名 C 調教師, (野獣などを)飼いならす人.

Tam・il [tǽmil] 名 **1** C タミル人《インド南部・スリランカに住む》. **2** U タミル語.

tam-o'-shan・ter [tæməʃǽntər] 名 C タモシャンター《スコットランド人のかぶるベレー帽の一種》.

tamp [tǽmp] 動 他 …を突き固める,軽くたたいて詰める(*down*).

tam・per [tǽmpər] 動 自 […を]不正に変更する; [文書などを]勝手に書き換える [*with*]: *tamper with* a document 文書を勝手にいじる.

tam・pon [tǽmpɑn / -pɔn] 名 C タンポン,止血栓《脱脂綿を固めた医療・生理用品》.

‡**tan**¹ [tǽn] 動 (三単現 **tans** [〜z]; 過去・過分 **tanned** [〜d]; 現分 **tan・ning** [〜iŋ]) 他 **1** 〈皮膚〉を日焼けさせる《◇*burn*と異なり健康的な日焼けを言う》. **2** 〈生皮〉をなめす: *tan* the skin of a hare 野ウサギの皮をなめす. — 自 日に焼ける: My skin *tans* easily. 私の肌は日焼けしやすい.
■ ***tán* ...'s híde** 《古風》 〈人〉をひどくひっぱたく.
— 名 **1** C 日焼け: get a good *tan* こんがり日焼けする. **2** U 黄褐色; 日焼けした色; [形容詞的に] 日焼けした,黄褐色の.

tan² 《略語》= *tangent* (↓).

tan・dem [tǽndəm] 名 C **1** = **tándem bícycle** 《座席を縦に2つ並べた》2人乗り自転車,タンデム車. **2** 〈縦に2つつないで〉2頭の馬《馬車》.
■ ***in tándem*** **1** 縦並びに[で],縦列で. **2** […と]協力して; 同時に [*with*].
— 副 〈馬車・馬車で〉 -pon] 2人 [2頭] が縦1列で [に].

tan・door・i [tɑːndúəri / tæn-] 名 U 《料理》 タンドーリ《粘土がまを使うインドの炭火焼料理 (法)》.

tang [tǽŋ] 名 [単数形で] **1** (特有の)強い味[におい], ぴりっとする味. **2** […の]気味 (*of*).

Tang, T'ang [tɑːŋ / tǽŋ] 名 圈 唐《中国の王朝; 618–907》.

tan・gent [tǽndʒənt] 名 C **1** [幾何] 接線.
2 [数学] タンジェント,正接(《略語》tan).
■ ***fly*** [*gò*] ***óff at*** [*on*] ***a tángent*** 《口語》話題 [考え, 行動など] を急に変える, 突然脇道にそれる.

tan・gen・tial [tændʒénʃəl] 形 **1** [幾何] 接線の; [数学] 正接の. **2** 《格式》ほとんど無関係の; 本題からそれた.

tan・ge・rine [tændʒəríːn, tǽndʒəriːn] 名 **1** C [植] タンジェリン《アフリカ原産のオレンジ》; タンジェリンの実. **2** U 濃いオレンジ色; [形容詞的に] 濃いオレンジ色の.

tan・gi・bil・i・ty [tændʒəbíləti] 名 U 《格式》 触れられる[触知できる]こと; 明白, 確実.

tan・gi・ble [tǽndʒəbl] 形 **1** 〈証拠などが〉明白 [確実] な, 現実の. **2** 《格式》〈ものなどが〉触れることができる (↔ *intangible*); [法] 〈財産が〉有形の.
tan・gi・bly [-bli] 副 触れてわかるほど; 明白に.

‡**tan・gle** [tǽŋgl] 動 他 **1** […に] 〈糸・髪など〉をもつれさせる, からませる (*up*) [*in*]: The wool got *tangled up*. 毛糸がからまってしまった. **2** …を混乱させる; 〈人〉を[混乱・困難などに]巻き込む [*in*].
— 自 **1** もつれる, からまる; 混乱する. **2** 《口語》[人と] 口論する, 争う [*with*].
— 名 C **1** (糸・髪などの) もつれ, からまり: a *tangle* of wool 毛糸のもつれたかたまり. **2** もつれた状態, 混乱, ごたごた. **3** 《口語》[…との] けんか, 口論 [*with*].
■ ***in a tángle*** もつれて; 混乱して.

tan・gled [tǽŋgld] 形 もつれた; 混乱した.

tan・go [tǽŋgou] 名 (複 **tangos** [〜z]) C タンゴ《南米のダンス》; U タンゴの曲《音楽》.
— 動 自 タンゴを踊る: It takes two to *tango*. 《ことわざ》 タンゴは2人で踊る⇒双方に責任がある.

tang・y [tǽŋi] 形 (比較 **tang・i・er** [〜ər]; 最上 **tang・i・est** [〜ist]) 〈味・においが〉ぴりっとする.

‡‡**tank** [tǽŋk] 名 動 《原義は「よどんだ水たまり」》
— 名 (複 **tanks** [〜s]) C **1** (水・油・ガスなどを蓄える) **タンク**; タンク1杯分の量: a gas [《英》petrol] *tank* ガソリンタンク / a rainwater *tank* 雨水槽 / I filled up the *tank* of my car. 私は車を満タンにした.
2 [軍] 戦車, タンク.
— 動 自 《米俗語》だめになる, 急に落ち込む.
■ ***tánk úp*** 《米口語》 **1** タンクをいっぱいにする, 満タンにする. **2** [酒を] したたか飲む [*on*].

◆ **tánk càr** C (鉄道の) タンク車《ガス・ガソリンなどの輸送用車両》.
tánk tòp C タンクトップ《そでなしの上着》.
tánk trùck C 《米》タンクローリー.

tank・ard [tǽŋkərd] 名 C **1** タンカード《取っ手・ふた付きで, 通例, 金属製のビール用大ジョッキ》. **2** タンカード1杯分の量.

*‡**tank・er** [tǽŋkər] 名 C タンカー, 石油輸送船; タンク車, タンクローリー; 給油 (飛行) 機. 《比較》英語の tanker は石油などを輸送する船・飛行機・トラックすべてについて言う》

tanned [tænd] 形 **1** (肌が)日に焼けた；黄褐色の: get *tanned* 日焼けする. **2** 〈皮が〉なめされた.

tan・ner [tǽnər] 名 C 皮なめし業者.

tan・ner・y [tǽnəri] 名 (複 **tan・ner・ies** [~z]) C 皮なめし工場, 製革場.

tan・nic [tǽnik] 形 【化】タンニン(性)の.
◆ **tánnic ácid** U 【化】タンニン(酸) (tannin).

tan・nin [tǽnin] 名 U 【化】タンニン(酸) (tannic acid)《皮なめしなどに用いる》.

Tan・noy [tǽnɔi] 名 《英》《商標》タノイ《空港・駅などの案内用拡声[スピーカー]装置》.

tan・ta・lize, 《英》 **tan・ta・lise** [tǽntəlàiz] 動 他 [通例，受け身で]〈人・動物〉を[好物で]じらす, (期待を持たせて)苦しめる 《*with*》.

tan・ta・liz・ing [tǽntəlàiziŋ] 形 じらすような, じれったがらせる.

tan・ta・liz・ing・ly [~li] 副 じれったくなるほど.

Tan・ta・lus [tǽntələs] 名 【ギ神】タンタロス《ゼウス(Zeus)の息子. 地獄でどうしても口にできない水と果実を目の前にして飢えと渇きに苦しんだ》.

tan・ta・mount [tǽntəmàunt] 形 [叙述用法][…と]等しい, 同等の 《*to*》: His request is *tantamount to* a threat. 彼の要請は脅迫に等しい.

tan・trum [tǽntrəm] 名 C かんしゃく, 不機嫌, 立腹: have [throw] a *tantrum* かんしゃくを起こす.

Tan・za・ni・a [tænzəníːə] 名 タンザニア《アフリカ東部にある共和国；首都ダルエスサラーム (Dar es Salaam), 公式にはドドマ (Dodoma)》.

Tao・ism [táuizm] 名 U 道教《中国固有の宗教》.

*__tap__*¹ [tǽp] 動 (三単現 **taps** [~s]; 過去・過分 **tapped** [~t]; 現分 **tap・ping** [~iŋ]) 他 **1** […で]軽くたたく 《*with*》(→ BEAT 類義語);〈人の〉[肩などを]軽くたたく 《*on*》: I *tapped* him *on* the shoulder. 私は彼の肩をぽんとたたいた《◇ "tap + 人 + on the + 体の部分" の語順に注意》.《手足・指・鉛筆などで》軽く打ちつける, …で[もう一つにつつくたたく 《*on, against*》: She *tapped* her fingers *on* the desk. 彼女は指で机をこつこつたたいた. **3** とんとんたたいて[打って]〈リズムなど〉を作る，〈信号など〉を打ち出す[送る] 《*out*》;〈情報など〉を入力する 《*in*》: *tap* (*out*) rhythm [beat] とんとんたたいてリズム[拍子]をとる / *tap in* a password パスワードを入力する.
— 自 […を]軽くたたく, こつこつたたく 《*at, on*》: *tap at* [*on*] the door ドアを軽くノックする.
— 名 **1** C こつこつ[軽く]たたく音[こと], とんとん打つ音[こと] 《*at, on*》: a *tap at* the door 戸をたたく音 / I felt a *tap on* the shoulder. 私は肩をたたかれるのを感じた. **2** U タップダンス(を踊ること) (tap dancing).

*__tap__*² [tǽp] 名 C **1** 〈水道などの〉蛇口, 栓 (《主に米》faucet): turn on [off] the *tap* 蛇口をひねって水を出す[止める]. **2** 〈たるなどの〉栓. **3** 〈電話の〉盗聴(装置).
■ **on táp 1** 《ビールなどが〉栓付きのたるに入った. **2** 《口語》準備ができて, いつでも使える.
— 動 (三単現 **taps** [~s]; 過去・過分 **tapped** [~t]; 現分 **tap・ping** [~iŋ]) 他 **1** 〈土地・資源などを〉利用する, 開発する. **2** 〈電話〉を盗聴する. **3** 〈たるなど〉に栓を付ける; …の栓を抜く; [容器の]栓を抜いて〈酒〉を出す 《*off*》《*from*》. **4** 〈刻み目を付けて〉〈ねじ〉を切る[作る] 《*off*》.
◆ **táp wàter** U 〈蛇口から出る〉水道水.

táp-dànce 動 自 タップダンスを踊る.
táp-dànc・er 名 C タップダンサー.
táp dàncing, táp-dànc・ing 名 U タップダンス(を踊ること).

__tape__ [téip] 名 C
— 名 (複 **tapes** [~s]) **1** U C (紙・布などの)テープ: They used to put some red *tape* round official documents. 以前は公文書を赤いテープで束ねたちのだった / Please give me a reel of yellow *tape*. 黄色いテープを1巻ください.
2 C U (録画・録音用の磁気)テープ: a blank *tape* (録画[録音]されていない)生テープ / play a *tape* テープを再生する / wind [rewind] a *tape* テープを早送りする[巻き戻す] / I have that movie on *tape*. 私はその映画をビデオに録画してある.
3 U C セロハンテープ《◇《米》Scotch tape, 《英》Sellotape はどちらも商標名》; ばんそうこう.
4 C = **tápe mèasure** 巻尺.
5 C (ゴール・完工式などの)テープ.
— 動 他 **1** …をテープに録音[録画]する: I'll *tape* the lecture. 私は講義を録音するつもりです.
2 …をテープでくくる[縛る]: *Tape* the parcel, will you? 小包をテープでくくっていただけませんか.
3 《米》…に包帯を巻く 《*up*》《英》strap).
◆ **tápe dèck** C テープデッキ.
tápe recòrder C テープレコーダー.
tápe recòrding U テープ録音[録画].

ta・per [téipər] 動 自 **1** 次第に先が細くなる, 先細りになる 《*off*》. **2** 次第に減少する 《*off*》.
— 他 **1** …の先を次第に細くする, …を先細りにする 《*off*》. **2** 次第に減少させる 《*off*》.
— 名 C **1** [通例, 単数形で]先細り(になること): pants with a slight *taper* やや先細りのズボン. **2** 細長いろうそく；(点火用の)ろう引き灯心.

tápe-re・còrd 動 他 …をテープに録音[録画]する.
ta・pered [téipərd] 形 (そでなどが)先が細くなった.

tap・es・try [tǽpistri] 名 (複 **tap・es・tries** [~z]) C U タペストリー, つづれ織り《壁掛け用など》.

tape・worm [téipwə̀rm] 名 C 【動物】サナダムシ.
tap・i・o・ca [tæ̀pióukə] 名 U タピオカ《キャッサバ (cassava) の根からとった食用でんぷん》.

ta・pir [téipər] 名 (複 **tapir, tapirs** [~z]) C 【動物】バク.
tap・root [tǽprùːt] 名 C 【植】主根, 直根.

tar [tɑːr] 名 U **1** タール《石炭などを乾留した黒い粘液. 道路舗装・木材の防腐剤に用いる; cf. coal tar コールタール》. **2** (たばこの)タール, やに.
— 動 (三単現 **tars** [~z]; 過去・過分 **tarred** [~d]; 現分 **tar・ring** [táːriŋ]) 他 …にタールを塗る.
■ **be tárred with the sáme brúsh** [他の人と]同様の欠点がある, 同罪である 《*as*》.
tár and féather (刑罰として)〈人〉の体にタールを塗り, 鳥の羽毛を貼り付ける《昔, 行われた刑罰》.

tar・an・tel・la [tæ̀rəntélə] 名 C タランテラ《南イタリアの民族舞踊》; U C タランテラの曲[音楽].

ta・ran・tu・la [tərǽntʃulə] 名 C 【動物】タランチ

*tar・dy [tá:rdi] 形 (比較 tar・di・er [~ər]; 最上 tar・di・est [~ist])《格式》1 (動作などの)のろい, 遅い; 遅々とした; 遅ればせの: *tardy* progress 遅々とした進歩. 2 《主に米》[...に] 遅刻した [for, to]: be *tardy for* [*to*] school 学校に遅刻する.
tar・di・ly [~li] 副 のろのろと; 遅れて.
tar・di・ness [~nəs] 名 U のろいこと, 遅刻.

tar・get [tá:rɡət] 名 動【原義は「小さな盾」】
— 名 (複 tar・gets [-ɡəts]) C 1 (射撃の) 標的, 的: aim at a *target* 標的にねらいをつける / The missile hit [missed] the *target*. ミサイルは標的に命中した [から外れた].
2 (努力などの) 目標; 目標額: set a *target* 目標を設定する / meet [reach] a *target* 目標に達する / My sales *target* is $2,000 per week. 私の売上目標額は週2千ドルです. 3 (批判・物笑いなどの) 対象, 種: He became the *target* of criticism. 彼は批判的の的となった. 4 [形容詞的に] 目標の, 標的の: a *target* date (達成) 目標期日.
— 動 他 ...を標的にする; ...を対象にする.

Tar・heel [tá:rhì:l] 名 C 米国ノースカロライナ州の住民 [出身者].

*tar・iff [tǽrif] 名 (複 tar・iffs [~s]) C 1 [...にかかる] 関税(率) [*on*]; 関税表: impose a *tariff on* ... ...に関税を課す / raise [lower] *tariffs on* liquor 酒の関税を引き上げる [下げる]. 2 《英》(電気・ガス・ホテルなどの) 料金表.

tar・mac [tá:rmæk] 名 1 U [時に T-]《商標》タマック《タールと砕石を混ぜて固めた舗装材》.
2 [the ~] ターマック舗装の滑走路.
— 動 (三単現 tar・macs [~s]; 過去・過分 tar・macked [~t]; 現分 tar・mack・ing [~iŋ]) 他《滑走路など》をターマックで舗装する.

tarn [tá:rn] 名 (山中の) 小さな湖 [池].

tar・nish [tá:rniʃ] 動 他 1 〈金属面など〉を曇らせる, 変色させる. 2 〈名声・イメージなど〉を汚(けが)す, 台なしにする. — 自 曇る, 変色 [退色] する.
— 名 U [または a ~] (金属面の) 曇り; 変色.

ta・ro [tá:rou] 名 (複 ta・ros [~z]) C U 〔植〕 タロイモ《熱帯産のサトイモの一種》.

tar・ot [tǽrou] 名 U [しばしば T-; 通例 the ~] タロット [タロー] カード《78枚ひと組の占いカード》.

tar・pau・lin [ta:rpɔ́:lin] 名 C U (タールなどを塗布した) 防水布, 防水シート.

tar・ra・gon [tǽrəɡən] 名 U 〔植〕 タラゴン, エストラゴン《ヨモギの一種》《香味料》.

tar・ry¹ [tǽri] 動 (三単現 tar・ries [~z]; 過去・過分 tar・ried [~d]; 現分 tar・ry・ing [~iŋ]) 自《文語》
1 (予定より長く) とどまる, 滞在する. 2 遅れる, 手間取る, ぐずぐずする (delay).

tar・ry² [tá:ri] 形 (比較 tar・ri・er [~ər]; 最上 tar・ri・est [~ist]) タールの(ような); タールを塗った.

tart¹ [tá:rt] 形 1 すっぱい, ぴりっとした. 2 辛らつな, 痛烈な: a *tart* reply 手厳しい返答.
tart・ly [~li] 副 すっぱく; 辛らつに, 痛烈に.
tart・ness [~nəs] 名 U 酸味; 辛らつさ.

tart² 名 1 C U タルト《果物やジャムを載せた小型のパイ》. 2 C《口語》ふしだらな女;《俗語》売春婦.
— 動 C《英口語》... をけばけばしく [安っぽく] 飾り立てる (*up*): *tart* oneself *up* めかし込む.

tar・tan [tá:rtən] 名 1 U タータン《スコットランド高地人の格子縞(じま)の毛織物》. 2 C 格子縞, タータンチェック.《比較》「タータンチェック」は和製英語》

tar・tar [tá:rtər] 名 U 1 〔歯〕 歯石. 2 酒石《ワインだるの底に沈殿する物質; 酒石酸の原料》.

Tar・tar [tá:rtər] 名 1 C タタール人 (Tatar); U タタール語. 2 C (通例 t-)《口語》粗暴な人.
◆ tártar sàuce U タルタルソース《マヨネーズにタマネギ・ピクルスなどを加えたソース》.

tar・tar・ic [ta:rtǽrik] 形 〔化〕 酒石(酸)の.
◆ tartáric ácid U 〔化〕 酒石酸.

Tar・zan [tá:rzən] 名 1 固 ターザン《米国の作家エドガー=バローズのジャングル冒険小説の主人公》. 2 [しばしば t-] 筋骨たくましく超人的な男性.

Tash・kent [tæʃként] 名 固 タシケント《ウズベキスタンの首都》.

task [tǽsk / tá:sk] 名 動【原義は「税の代わりに課す仕事」】
— 名 (複 tasks [~s]) C (義務として課せられた) 仕事, 課業;(つらくて困難な) 任務, 職務: a routine *task* 決まりきった仕事 / My father set [gave] me the *task* of mowing the lawn. 父は私に芝刈りの仕事を課した.
■ tàke ... to tásk ... を [...のことで] しかる, 責める [*for, over*].
— 動 他 (通例, 受け身で) (仕事などが) ... を酷使する, ... に重い負担を課す.
◆ tásk fòrce U〔集合的に〕 1 〔軍〕 特殊任務部隊, 機動部隊. 2 特別委員会, 対策本部.

task・mas・ter [tǽskmæstər / tá:skmɑ̀:stə] 名 C 困難な仕事を課す人; 厳しい監督 [親方, 教師].

Tas・ma・ni・a [tæzméiniə] 名 固 タスマニア《オーストラリア南東部の島および州》.

tas・sel [tǽsl] 名 C 1 (帽子・服などの) 飾り房.
2 房 (状のもの); 〔植〕(トウモロコシの雄花の) 穂.

tas・seled,《英》tas・selled [tǽsld] 形 (飾り) 房の付いた.

taste [téist] 名 動【原義は「触れること」】
— 名 (複 tastes [téists]) 1 U C 味, 風味: This soup doesn't have much *taste*. このスープはあまり味がしない / This milk has a strange *taste*. この牛乳は変な味がする / Do you like the *taste* of this wine? このワインの味はお好きですか.
2 U 味覚: *Taste* is one of the five senses. 味覚は五感の1つです / A chef must have an acute sense of *taste*. 料理長は鋭い味覚の持ち主でなければならない.
3 C U [...に対する] 趣味, 好み [*for*]: She has a *taste for* reading. 彼女は読書が趣味です / There is no accounting for *tastes*.《ことわざ》人の好みは説明できない ⇨ ⟹ ⟸《俗》蓼(たで)食う虫も好き好き.
4 U 鑑賞力, 審美眼, 美的センス: a person of *taste* センスのいい人 / He has good *taste* in clothes. 彼は服のセンスがよい.
5 [a ~] ひと口, 試食; 経験: Have a *taste* of dessert. デザートを召し上がってください.

tasteful

■ *in góod* [*bád*] *táste* 趣味がよくて [悪くて].
leave a bád [*bítter*] *táste in the* [*...'s*] *móuth* あと味が悪い, …に悪い印象を残す.
to ...'s táste …の趣味に合って: That tie is not *to my taste*. あのネクタイは私の趣味に合わない.
to táste 好みに応じて.

— 動 (三単現 **tastes** [téists]; 過去・過分 **tast·ed** [~id]; 現分 **tast·ing** [~iŋ])

— 自 **1** (a) […の／…のような] 味がする, 風味がある [*of / like*]: This coffee *tastes of* vanilla. このコーヒーはバニラの味がする／ The sausage *tasted like* fish. そのソーセージは魚のような味がした. (b) [taste+C] …な味がする: This persimmon *tastes* bitter. この柿は渋い／ The pie *tastes* good. そのパイはおいしい.
2 味を感じる, 味覚がある: When you have a cold, you can't *taste* or smell well. かぜを引いていると味やにおいがよくわからない.

— 他 **1** …の味見をする, 試食 [試飲] する: *taste* the wine ワインを試飲する／ Don't forget to *taste* the soup before you put salt in it. 塩を入れる前にスープの味見を忘れないで.
2 〈飲食物〉を味わう, 食べる, 飲む: Have you ever *tasted* caviar? キャビアを食べたことがありますか. **3** …の味を感じる, 味がする: You can *taste* garlic in this soup, can't you? このスープにニンニクが入っているのがわかるでしょう. **4** …を味わう, 経験する: This is my first time to *taste* urban life. 都会生活を経験するのは今回が初めてです.

◆ **táste bùd** [C] 解剖 味蕾(らい) (舌面の味覚受容器官).

taste·ful [téistfəl] 形 趣味のよい, 上品な.
  taste·ful·ly [-fəli] 副 趣味よく, 上品に.
taste·less [téistləs] 形 **1** 味のない, まずい; 無味乾燥な. **2** 趣味の悪い, 下品な.
  taste·less·ly [~li] 副 味がなく; 下品に.
tast·er [téistər] 名 C **1** (ワイン・紅茶などの) 味見をする人, 鑑定家. **2** 《口語》見本, サンプル.
tast·ing [téistiŋ] 名 C 試飲 [試食] 会, 味利きの会, 鑑定会: a wine *tasting* ワインの試飲会.
tast·y [téisti] 形 (比較 **tast·i·er** [~ər]; 最上 **tast·i·est** [~ist]) **1** おいしい, 味 [風味] のよい. **2** 《口語》 (ニュース・うわさなどが) 面白い, 興味をそそる. **3** 《口語》 (女性が) セクシーな.
tat [tæt] 名 U 《英》 安っぽいもの.
■ *tít for tát* 仕返し, しっぺ返し (→ TIT³).
ta-ta [tætɑ́ː] 間 《英口語》 ばいばい (goodbye).
Ta·tar [tɑ́ːtər] 名 = TARTAR.
tat·ter [tætər] 名 C 《通例 ~s》 (布・衣服などの) ぼろ, ぼろ切れ; [~s] ぼろ服.
■ *in tátters* (布・衣服などが) ぼろぼろになって; (計画などが) ひどく損なわれて, ずたずたになって.
tat·tered [tætərd] 形 (衣服などが) ぼろぼろの, (人が) ぼろを着た; ひどく損なわれた.
tat·tle [tǽtl] 動 自 **1** 《古風》 […について] ぺちゃぺちゃしゃべる, むだ口をたたく [*about, over*].
2 〈人の〉 秘密をもらす [*on*].
— 他 むだ口, おしゃべり, うわさ話.
tat·tler [tǽtlər] 名 C 告げ口屋; おしゃべり屋.
tat·tle·tale [tǽtltèil] 名 C 《米口語》 (特に子供の) 告げ口屋; おしゃべり屋 (tattler, 《英》 telltale).
tat·too¹ [tætúː, tə-] 名 C (複 **tat·toos** [~z]) 入れ墨. — 動 他 …に入れ墨をする; […に] …の入れ墨をする [*on*].
tat·too² 名 C **1** 《軍》 帰営ラッパ [太鼓]. **2** (通例, 単数形で) […を] どんどん [こつこつ] たたく音 [*on*]. **3** (余興として夜間に野外で行う) 軍楽行進.
tat·ty [tæti] 形 (比較 **tat·ti·er** [~ər]; 最上 **tat·ti·est** [~ist]) 《主に英口語》 ぼろの, 安っぽい.
tau [táu] 名 C U タウ (τ, T) 《ギリシャ語アルファベットの19番目の文字; → GREEK 表》.

****taught** [tɔ́ːt] (☆同音 taut)
teach の過去形・過去分詞.

taunt [tɔ́ːnt] 動 他 〈人〉 を […のことで] あざける, 嘲笑(ちょうしょう)する, ののしる [*about, over*]. — 名 C (しばしば ~s) あざけり.
taunt·ing·ly [tɔ́ːntiŋli] 副 あざけって.
taupe [tóup] 名 U 濃い灰褐色.
Tau·rus [tɔ́ːrəs] 名 **1** 単 《天文》 牡牛(おうし)座 (the Bull). **2** 《占星》 金牛宮 (→ ZODIAC 図). **3** C 牡牛座生まれの人 (4月20日 - 5月20日).
taut [tɔ́ːt] (☆同音 taught) 形 **1** (綱などが) ぴんと張った (tight) (↔ slack). **2** (神経・筋肉などが) 張り詰めた; (人・表情が) ひどく心配そうな, こわばった. **3** (文章・映画などが) 緊密な構成の.
  táut·ly [~li] 副 ぴんと張って; 緊張して.
taut·en [tɔ́ːtn] 動 他 自 (…を) をぴんと張る.
tau·to·log·i·cal [tɔ̀ːtəládʒikəl / -lɔ́dʒ-] 形 類語 [同語] 反復の; 冗漫な.
tau·tol·o·gy [tɔːtɑ́lədʒi / -tɔ́l-] 名 (複 **tau·tol·o·gies** [~z]) U C 《修辞》 類語 [同語] 反復, トートロジー (◇ She went there *alone by herself*. のような同意語(句)の重なる表現).
tav·ern [tævərn] 名 C 酒場 (bar), 《英・古風》 居酒屋 (pub); 宿屋.
taw·dry [tɔ́ːdri] 形 (比較 **taw·dri·er** [~ər]; 最上 **taw·dri·est** [~ist]) 安っぽい, けばけばしい.
taw·ny [tɔ́ːni] 形 (比較 **taw·ni·er** [~ər]; 最上 **taw·ni·est** [~ist]) 黄褐色の.

****tax** [tǽks]
名 動 《原義は「評価する」》
— 名 (複 **tax·es** [~iz]) **1** C U 税金, 租税: direct [indirect] *taxes* 直接 [間接] 税／ an income *tax* (return) 所得税 (申告書)／ a heavy *tax* 重税／ His salary is $3,000 a month after [before] *tax(es)*. 彼の月給は税を引いて [税込みで] 3,000ドルです.

┃コロケーション┃ 税金を…
  …に税金を課す: *impose* [*levy, put*] *a tax on*
  税金を払う: *pay a tax*
  減税する: *cut* [*lower, reduce*] *taxes*
  増税する: *increase* [*raise*] *taxes*
  脱税する: *evade* [*avoid*] *a tax*

2 [a ~] […への] 重い負担, 厳しい責任 [*on, upon*]: Climbing stairs is a *tax* on my heart. 階段を上るのは心臓への負担になるのです.
— 動 他 **1** 〈人・もの〉 に課税する, 税をかける: Alcoholic drinks are heavily *taxed* in Japan. 日本では酒類に高い税金がかけられている.

2 (つらい仕事などが)〈人の能力など〉に重い負担をかける, …を酷使する: Reading in poor light will certainly *tax* your eyes. 暗い所で本を読むと必ず目が悪くなる.

3 […の理由で]〈人〉を責める, 非難する [*with*].
(▷ 名 taxátion)

◆ táx brèak C《米》租税優遇措置.
táx colléctor C 収税吏, 税務署員.
táx evásion U C 脱税.
táx háven C 租税回避地, タックスヘイブン《無税または低税率のため外国企業・個人が集まる国・地域》.
táx retúrn C 納税申告(書).
táx shèlter C 節税策; 税金逃れ.

tax·a·ble [tǽksəbl] 形 課税できる, 課税対象の.
*tax·a·tion [tækséiʃən] 名 U **1** 課税, 徴税; 税制: direct [indirect] *taxation* 直接 [間接] 税 / *taxation* at the source 源泉課税.
2 税額; 税収: reduce *taxation* 減税する.
(▷ 動 táx)

táx-de·dúct·i·ble 形 課税控除(対象)の.
táx-ex·émpt 形 免税[非課税]の.
táx-frée 形 免税[非課税]の.

***tax·i** [tǽksi]
名 C (◇ *taxi*cab の略)
— 名 (複 **tax·is, tax·ies** [~z]) C タクシー (《米》cab): hail a *taxi* タクシーを呼び止める / go by [in a] *taxi* タクシーで行く / take a *taxi* タクシーに乗る / It's quicker by *taxi*. タクシーで行ったほうが早い / Could you call me a *taxi*? タクシーを呼んでいただけませんか.

— 動 (三単現 **tax·is, tax·ies** [~z]; 過去・過分 **tax·ied** [~d]; 現分 **tax·i·ing, tax·y·ing** [~ɪŋ])
自 (飛行機が)(地上・水上を)滑走する.

◆ táxi drìver C タクシー運転士 (《米》cabdriver).
táxi stànd [《英》rànk] C タクシー乗り場.

tax·i·cab [tǽksikæb] 名 C タクシー (◇ *taxi*meter *cab* (料金メーター付きの車)の略; → TAXI).
tax·i·der·my [tǽksidə̀ːrmi] 名 U 剝製(はくせい)術.
tax·i·me·ter [tǽksimìːtər] 名 C (タクシーの)料金メーター, 料金表示器.
tax·ing [tǽksiŋ] 形 負担となる, 過酷な.
tax·man [tǽksmən] 名 (複 **tax·men** [-mən])
1 C 収税吏 (tax collector). **2** [the ~]《口語》国税庁.
tax·on·o·my [tæksánəmi, -sɔ́n-] 名 (複 **tax·on·o·mies** [~z]) U (動植物の)分類学 [法]; C (個々の)分類(作業).
*tax·pay·er [tǽkspèiər] 名 C 納税者.

TB《略語》= *t*u*b*erculosis 結核.
T-bone [tíːbòun] 名 U C = T-bone stéak Tボーンステーキ《T字型の骨付きステーキ》.
tbs., tbsp.《略語》= *t*a*b*le*sp*oon(ful) 大さじ1杯分.
Tchai·kov·sky [tʃaikɔ́ːfski / -kɔ́f-] 名 固 チャイコフスキー Peter Ilich [íːlitʃ] Tchaikovsky (1840–93; ロシアの作曲家).
TCP/IP《略語》= *t*ransmission *c*ontrol *p*rotocol / *I*nternet *p*rotocol パソコンをインターネットに接続するための通信規約.

***tea** [tíː]
— 名 (複 **teas** [~z]) **1** U 茶 (◇通例, 紅茶 (black tea) をさす. 緑茶は green tea と言う); 茶の葉: hot [iced] *tea* 熱い [冷たい] お茶 / *tea* with milk [lemon] ミルク [レモン] ティー / strong [weak] *tea* 濃い [薄い] お茶 / have [drink, take] a cup of *tea* お茶を1杯飲む / She made *tea* for me. 彼女は私にお茶をいれてくれた / Would you like some *tea*? お茶はいかがですか.

2 C 1杯のお茶 (a cup of tea): Two *teas*, please. 紅茶を2つください. **3** U C《英》ティー, (午後の)お茶つきの軽食 (afternoon tea)《午後3時から5時頃にとる》; = téa pàrty 午後のお茶の会: It's time for *tea*. お茶の時間です.

《背景》イギリス人と紅茶
イギリス人の紅茶好きは有名である. まず目が覚めての1杯, 11時頃の1杯 (elevenses), 食後の1杯, 寝る前の1杯というように, 1日6杯くらい飲む. 週末には家族そろってアフタヌーンティー (afternoon tea) を楽しむことが多い. 紅茶と共に小さなサンドイッチ, 手作りのケーキやスコーン (scone) などを食べ, おしゃべりをしながらゆったりとした時を過ごす.

4 C = téa plànt 〖植〗茶(の木). **5** U (茶に類する)飲み物, せんじ汁; スープ: herb *tea* ハーブティー / beef *tea* 濃い(赤身の)牛肉スープ.

■ nòt for áll the téa in Chína《口語・古風》どんなことがあっても…しない.
óne's cùp of téa 〖通例, 否定文で〗《口語》好み, 肌に合うもの: Horror films are not *my cup of tea*. ホラー映画は私の好みではない.

◆ téa bàg C ティーバッグ.
téa brèak C [主に英] お茶の時間, 休憩時間 (《主に米》coffee break).
téa càddy C《英》茶缶(かん) (caddy).
téa càrt C《米》= tea wagon (↓).
téa cèremony U (日本の)茶道, 茶の湯.
téa chèst C (木製の大型)茶箱.
téa clòth C **1** テーブル掛け. **2** = tea towel.
téa còzy [《英》còsy] C (保温用の)ティーポットカバー.
téa sèrvice [sèt] C 茶器一式.
téa shòp C《英》喫茶店 (tearoom).
téa stràiner C 茶こし (strainer).
téa tòwel C《英》(食器をふく)ふきん (《米》dish towel).
téa wàgon [《英》trólley] C《米》ティーワゴン《茶器や軽食の運搬用》.

tea·cake [tíːkèik] 名 U C《英》(お茶の時間に食べる)レーズン入りの平たいケーキ; 《米》クッキー.

***teach** [tíːtʃ]
【原義は「示す, 証明する」】
— 動 (三単現 **teach·es** [~iz]; 過去・過分 **taught** [tɔ́ːt]; 現分 **teach·ing** [~iŋ])

teachable

— 他 **1** (a) [teach+O]〈学科・クラス・人など〉を**教える**(→ 類義語)(↔ learn): Mr. Smith *teaches* English literature at a college. スミス氏は大学で英文学を教えている / He *taught* the third grade last year. 彼は昨年3年生を教えた. (b) [teach+O+O / teach+O+to ...]〈人・動物など〉に〈学科・芸などを〉教える, 訓練する: Ms. Brown *teaches* us music. = Ms. Brown *teaches* music *to* us. ブラウン先生は私たちに音楽の先生です / How do they *teach* a trick *to* the dolphins? 彼らはどうやってイルカに芸を仕込むのだろうか. (c) [teach+O+to do]〈人〉に…するように教える, …のやり方を教える: She *taught* her daughter *to* walk gracefully. 彼女は娘にしとやかな歩き方を教えた / We must *teach* our children not *to* tell lies. 私たちは子供たちにうそをついてはいけないことを教えなければならない. (d) [teach (+O)+that 節]〈人に〉…ということを教える: Mother *taught* (me) *that* I must always keep my word. 母は(私に)常に約束を守るように教えた. (e) [teach+O+疑問詞節[句]]〈人に〉…かを教える: Who *taught* you *how* to play baseball? だれがあなたに野球のやり方を教えたのですか / Our teacher *taught* us *how* people make paper. 先生は私たちにどうやって紙が作られるかを教えてくれた.

2 (a) [teach+O+O]〈経験・事実など〉が〈人〉に〈教訓など〉を悟らせる, 教える: The bitter experience *taught* him a lot of things. その苦い経験から彼は多くのことを学んだ. (b) [teach (+O)+that 節]〈人に〉…ということを悟らせる: The accident *taught* (me) *that* safety is the most important thing. その事故から(私は)安全が一番大切であることがわかった.

3 (《口語》)〈子供など〉に[…すれば]ひどい目にあうと思い知らせる [*to do*]: I will *teach* you *to* be idle! 怠けたら承知しないぞ.

— 自 教える, 教師をする: His uncle *taught* in his village school for thirty years. 彼のおじさんは村の学校で30年間教えた.

■ *téach schóol* 《米》学校の教師をする.

類義語 **teach, educate, train, instruct** 共通する意味▶教える (cause someone to acquire knowledge or skill)

teach は「教える」の意で最も一般的な語: She *teaches* math. 彼女は数学を教えている / He *taught* me how to change a tire. 彼は私にタイヤの交換方法を教えてくれた. **educate** は「正規の教育機関で教育する」の意: He was *educated* in France. 彼はフランスで教育を受けた. **train** は組織的な訓練によって「専門的知識・技能が身につくように仕込む」の意: He was *trained* as an X-ray technician. 彼はX線技師としての訓練を受けた. **instruct** は「特に実用的な技術などを系統立った方法で教える」の意: The school *instructs* the students in table manners. その学校は生徒にテーブルマナーを教えている.

---

teach·a·ble [tíːtʃəbl] 形 **1** (人が)よく教えを聞く, 素直な. **2** (学科などが)教えやすい, 教えられる.

teach·er [tíːtʃər]

— 名 (複 **teach·ers** [~z]) C **先生**, 教師: a math *teacher* = a *teacher* of math 数学の先生 / My father is a *teacher* at an elementary school. 父は小学校の教師です / Our English *teacher* is from Australia. 私たちの英語の先生はオーストラリア出身です.

[語法] (1)「…先生」と呼びかける場合は Mr. [Mrs., Miss, Ms.]...と言う: Mr. Smith, I have a question. スミス先生, 質問があります.
(2) 次のような場合, 強勢の置き方で意味が変わる: an English *téacher* 英語の先生 / an English *téacher* 英国人の先生.

◆ téachers cóllege C 《米》教員養成大学.

teach-in 名 C ティーチイン《大学内で行われる政治・社会問題などの討論集会》; 討論会.

‡**teach·ing** [tíːtʃɪŋ] 名 **1** U 教えること, 教授; 授業; 教職: go into *teaching* 教職につく. **2** C [しばしば ~s] 教え, 教訓: the *teachings* of Christ キリストの教え.

◆ téaching hóspital C 大学付属教育病院《医学生が実習をする》.

téaching práctice U 《英》教育実習《米》 student teaching》.

tea·cup [tíːkʌp] 名 C **1** ティーカップ, (紅茶)わん. **2** ティーカップ1杯分(の量)(teacupful).

■ *a stórm in a téacup* → STORM 成句.

tea·cup·ful [tíːkʌpfʊl] 名 (複 **tea·cup·fuls** [~z], **tea·cups·ful** [-kʌps-]) C ティーカップ1杯分(の量).

tea·house [tíːhaʊs] 名 (複 **tea·hous·es** [-hàʊzɪz]) C (日本・中国などの)茶室; 喫茶店.

teak [tíːk] 名 C 《植》チーク(の木); U チーク材《家具用の堅い木材》.

tea·ket·tle [tíːkètl] 名 C 湯わかし, やかん.

teal [tíːl] 名 (複 **teals** [~z], **teal**) **1** C 《鳥》コガモ. **2** U 緑がかった青色.

téa-lèaf 名 (複 **tea-leaves**) C **1** (通例, 複数形で) 茶の葉; 茶がら. **2** 《英俗語》どろぼう.

team [tíːm]

— 名 動

— 名 (複 **teams** [~z]) C **1** (競技などの) **チーム**, 組, 《◇チームの1人1人をさす場合,《英》では複数扱いになることがある): a baseball *team* 野球チーム / play for the soccer *team* サッカーチームの一員としてプレーする / Tom is on our volleyball *team*. トムは私たちバレーボールチームのメンバーです / The *team* was [were] mostly veterans. そのチームはほとんどがベテラン選手でした / He didn't make the baseball *team* this year. 彼は今年は野球チームの一員に選ばれなかった.

2 (2人以上がひと組になった) 仲間, 班, 隊: a *team* of dancers ひと組の踊り手 / a rescue *team* 救助隊 / a research *team* 研究班.

3 (車を引く2頭以上の馬・牛などの)組: a *team* of four horses 4頭ひと組の馬.

— 動 [次の成句で]

team・mate

■ *téam úp* 圄 [(と)] チームを組む, 協同する [*with*]: I *teamed up with* Lisa to do the job. 私はその仕事をするのにリサとチームを組んだ.
◆ *téam spírit* Ⓤ 協同精神, 団結心.
téam téaching Ⓤ 集団指導.
team・mate [tíːmmèit] 图 Ⓒ チームメート.
team・ster [tíːmstər] 图 Ⓒ 《米》トラック運転手.
team・work [tíːmwə̀ːrk] 图 Ⓤ チームワーク, 協同作業.
tea・pot [tíːpàt / -pɔ̀t] 图 Ⓒ ティーポット.

‡tear¹ [téər] (☆ *tear²* との発音の違いに注意)
— 動 [原義は「破壊する」]
— 動 (三単現 *tears* [~z]; 過去 *tore* [tɔ́ːr]; 過分 *torn* [tɔ́ːrn]; 現分 *tear・ing* [téəriŋ])
— 他 **1** (a) [tear+O] …を裂く, 引きちぎる; …を裂いて〔ある状態に〕する [*in, into, to*]: I *tore* my coat on the fence. 上着を柵(%)に引っかけて破いてしまった / Meg *tore* the photograph *into* pieces. メグはその写真をずたずたに引き裂いた / There was a roar that *tore* the sky. 天をつんざくようなとどろきが上がった.
(b) [tear+O+C] 〈ものを〉裂いて…にする (◇ C は形容詞): Paul *tore* the letter open. ポールは手紙を破ってあけた.
2 [...から] …を (無理に) 切り離す, 引きはがす [*from, off, out of*]: Someone *tore* several pages *out of* this book. だれかがこの本から数ページを切り取った / The boy *tore* the buttons *off* the coat of his friend. その少年は友人の上着からボタンを引きちぎった.
3 裂いて〔穴など〕を作る: A nail *tore* a hole in her dress. くぎに引っかかって彼女の服に穴があいた.
4 [通例, 受け身で] 〈心など〉をひどく悩ます: Her heart *was torn* by grief. 彼女の心は悲しみで張り裂けんばかりだった. **5** [通例, 受け身で] 〈集団〉を分裂させる: The party *was torn* into two factions. 党は2派に分裂した.
— 圄 **1** 裂ける: This cloth *tears* easily. この布地は裂けやすい. **2** [副詞 (句) を伴って] 突進する: At the ring of the bell the children *tore* out of the room. 鐘が鳴ると子供たちは部屋からどっと飛び出した.

<u>句動詞</u> *téar apárt* 他 [tear apart+O / tear+O+apart] **1** …を引き裂いて分ける; 分裂させる. **2** …を酷評する, けなす.
téar at ... 他 …を裂こうとする, 引きちぎろうとする.
téar awáy 他 [tear away+O / tear+O+away] …を [...から] 切り離す, 引きはがす [*from*]: She *tore* her glove *away from* the dog. 彼女は犬から手袋をもぎ取った.
·*téar onesèlf awáy from ...* しぶしぶ…から立ち去る, 離れる.
téar dówn 他 [tear down+O / tear+O+down] **1** …を取り壊す: Wreckers will soon *tear* that old building *down*. 解体業者がその古い建物をすぐに取り壊します. **2** …を台なしにする; 〈人〉をけなす.
téar ìnto ... 他 **1** …を激しく非難する. **2**

…をがつがつ食べる.
téar óff 他 [tear off+O / tear+O+off] …を [...から] 切り離す, 引きはがす [*from*]; 〈服〉をすばやく脱ぐ, 脱ぎ捨てる: I *tore off* a coupon. 私は券を1枚切り離した.
téar úp 他 [tear up+O / tear+O+up]
1 …を細かく引き裂く: Mr. Jones *tore* the letter *up*. ジョーンズさんはその手紙を細かく引き裂いた. **2** 〈約束など〉を破る.

■ *be tórn betwèen ... and ~* …と~の間で板ばさみになっている.

— 图 Ⓒ **1** 裂け目, 破れ目: a *tear* in the sleeve そでの破れ目. **2** ものすごい速さ; 突進.

‡tear² [tíər] (☆ *tear¹* との発音の違いに注意) 图 Ⓒ [通例 ~s] 涙: *tears* of joy うれし涙 / melt into *tears* (悲しくなって) 泣き出す / shed *tears* 涙を流す / burst [break] into *tears* わっと泣き出す / The movie moved me to *tears*. 私はその映画を見て涙が出るほど感動した.

■ *in téars* 泣いて, 涙を流して: The girl was *in tears* over the argument. その女の子は泣きながら口論していた.
◆ *téar gàs* Ⓤ 催涙(%)ガス.

tear・a・way [téərəwèi] 图 Ⓒ 《英口語》向こう見ずの若者, 暴走族.
tear・drop [tíərdràp / -drɔ̀p] 图 Ⓒ 《主に文語》涙のしずく.
tear・ful [tíərfəl] 形 **1** 涙ぐんだ, 泣きそうな; 涙もろい. **2** 悲しい, 涙を誘う.
tear・ful・ly [-fəli] 副 涙ぐんで, 泣いて.
tear・jerk・er [tíərdʒə̀ːrkər] 图 Ⓒ 《口語》(小説・映画など) お涙ちょうだいもの.
tear・less [tíərləs] 形 涙を流さない; 涙の出ない.
tea・room [tíːrù(ː)m] 图 Ⓒ 喫茶室 [店].

‡tease [tíːz] 動 他 **1** …をからかう, いじめる; いじめて [...] させる [*into doing*]: I was *teased* about my thick glasses. 私は分厚いめがねをかけていることでからかわれた.
2 〈主に子〉〈人〉に [...を / ...するよう] せがむ, ねだる [*for / to do*]: She *teased* her mother *for* a doll [*to* give her a doll]. 彼女は母親に人形を買ってくれとせがんだ. **3** 《米》〈髪〉を逆立てる.
— 圄 からかう, いじめる.

■ *téase óut* 他 **1** 〈羊毛・髪など〉をすく, とかす. **2** 〈情報など〉を [...から] 引き出す [*from*].
— 图 Ⓒ 《口語》 **1** いじめる [からかう] 人. **2** じらす人, 思わせぶりな人. **3** からかい, いじめ; じらし.

teas・er [tíːzər] 图 Ⓒ **1** 《口語》難問, 困難な仕事. **2** からかう人, いじめる人; じらす人.
teas・ing・ly [tíːziŋli] 副 からかう [いじめる] ように.
*tea・spoon [tíːspùːn] 图 Ⓒ **1** 茶さじ, ティースプーン, 小さじ. **2** = TEASPOONFUL (↓).
tea・spoon・ful [tíːspuːnfùl] 图 (複 **tea・spoon・fuls** [~z], **tea・spoons・ful** [-spùːnz-]) Ⓒ 茶さじ1杯分 (の量) (◇ 大さじ (tablespoon) の約3分の1).
teat [tíːt] 图 Ⓒ **1** 〔哺乳(%)〕動物の雌の〕乳首, 乳頭 (cf. nipple (人間の) 乳首). **2** 《英》〔哺乳びんの〕乳首 (《米》 nipple).
tea・time [tíːtàim] 图 Ⓤ (午後の) お茶の時間.
tech [ték] 图 Ⓒ 《英口語》テクニカルカレッジ, (実業)

tech. 《略語》= technical 科学技術.

tech·ie [téki] 名 C 《米口語》(特にコンピュータ関連の) 技術者 (technician).

tech·nic [téknik] 名 **1** = TECHNIQUE (↓).
2 [~s; 単数扱い] 科学技術 (technology).
3 [~s; 複数扱い] 専門用語; 専門の事項.

＊tech·ni·cal [téknikəl]
— 形 [通例, 限定用法] **1** 専門(上)の, 専門的な: *technical* terms [words] 専門用語 / *technical* knowledge 専門(的)知識.
2 技術上の: *technical* cooperation 技術提携 / *technical* skill 技能, 技巧.
3 [比較なし] 機械 [工業] 技術の: *technical* education 工業 (技術) 教育. **4** [比較なし] 厳密に解釈した; 規則 [法則] に従う.
◆ **téchnical cóllege** C 《英》テクニカルカレッジ, (実業) 高等専門学校; 《米》工業 [技術] 短大.
téchnical knóckout C 《ボクシング》テクニカルノックアウト (《略語》TKO).
téchnical schóol C 《英》テクニカルスクール, 実業中等学校 (技能習得のための中等教育機関).

tech·ni·cal·i·ty [tèknikǽləti] 名 (複 **tech·ni·cal·i·ties** [~z]) **1** C 専門的事項 [方法], 細かい規定; 専門用語: on a *technicality* (法律・ルールなどの) 厳密な解釈によって. **2** U 専門的であること, 専門用語の使用.

tech·ni·cal·ly [téknikəli] 副 **1** 専門的に; 技術的に. **2** [文修飾] (法律などに従って) 厳密 [正式] に言えば, 規定 [定義] 上は.

＊tech·ni·cian [tekníʃən] 名 C **1** 技術者; 専門家: a dental *technician* 歯科技工士. **2** (音楽・絵画などの) 技巧家; テクニシャン.

Tech·ni·col·or [téknikÀlər] 名 U **1** 《商標》テクニカラー (カラー映画方式の1つ). **2** [t-] 《口語》鮮明な [けばけばしい] 色彩.

＊tech·nique [tekníːk] 名 (☆アクセントに注意) **1** (美術・音楽などの) 技巧, 手法, テクニック; 腕前: the unique *technique* of painting 独自の画風. **2** C (専門的) 技術: a management *technique* 経営手腕.

tech·no [téknou] 名 U テクノミュージック 《シンセサイザーなどの電子楽器を多用した音楽》.

tech·no- [teknou] 《結合》「技術, 工芸, 工業, 工学」などの意を表す: *techno*logy 科学技術.

tech·noc·ra·cy [teknákrəsi / -nɔ́k-] 名 (複 **tech·noc·ra·cies** [~z]) **1** U C テクノクラシー, 技術主義 《科学者・技術者による社会の管理を目指す政治理論》. **2** C 技術主義国家.

tech·no·crat [téknəkrǽt] 名 C テクノクラシーの信奉者; 専門知識を持つ行政官, テクノクラート.

tech·no·crat·ic [tèknəkrǽtik] 形 テクノクラシー (テクノクラート) の.

＊tech·no·log·i·cal [tèknəládʒikəl / -lɔ́dʒ-] 形 科学 [工業] 技術の; 工学の; 科学技術の進歩 [技術革新] による: *technological* development 科学技術の発展. (▷ 名 technólogy)

tech·no·log·i·cal·ly [-kəli] 副 科学技術的に.

tech·nol·o·gist [teknálədʒist / -nɔ́l-] 名 C 科学技術者; 工学者.

＊tech·nol·o·gy [teknálədʒi / -nɔ́l-] 名 (複 **tech·nol·o·gies** [~z]) **1** U 科学 [工業] 技術, テクノロジー; 工学 (《略語》tech.); 応用科学: high *technology* 高度な技術, ハイテク / an institute of *technology* 《米》工科 [工業] 大学.
2 C U (個別の) 技術; 技術的方法: satellite [manufacturing] *technology* 人工衛星 [製造] 技術. **3** U [集合的に] (特定分野の) 専門用語. (▷ 形 technológical)

tech·no·phobe [téknəfòub] 名 C 先端技術 (機器) 恐怖症の人, コンピュータ嫌いの人.

tech·no·stress [téknəstrès] 名 U テクノストレス 《ハイテク社会への不適応から生じるストレス》.

tec·ton·ic [tektánik / -tɔ́n-] 形 **1** 構造の.
2 [地質] 地質構造の; 地殻変動の [による].

tec·ton·ics [tektániks / -tɔ́n-] 名 U 《地質》プレートテクトニクス (plate tectonics), 構造地質学.

Ted [téd], **Ted·dy** [tédi] 名 固 テッド, テディー 《◇男性の名; Edward, Theodore の愛称》.

ted·dy [tédi] 名 (複 **ted·dies** [~z]) C = **téddy bèar** テディーベア 《クマのぬいぐるみ》.

＊te·di·ous [tíːdiəs] 形 (長くて) 退屈な, うんざりするな: a *tedious* speech [job] 退屈なスピーチ [仕事].
te·di·ous·ly [~li] 副 長々と; 退屈するほど.
te·di·ous·ness [~nəs] 名 U 退屈.

te·di·um [tíːdiəm] 名 U 退屈 (tediousness).

tee [tíː] 名 C **1** 《ゴルフ》(ボールを載せる台); ティーグラウンド 《各ホールの第1打を打つ場所》; → GOLF 図. **2** (カーリングなどの) 標的.
— 動 他 《ゴルフ》〈ボール〉をティーの上に置く; …を準備する (*up*).
■ **tée óff** 自 **1** 《ゴルフ》ティーからボールを打ち出す. **2** 《米口語》 […を] 厳しく責める [しかる] [*on*]. — 他 《口語》〈人〉を怒らせる.

teem[1] [tíːm] 名 (☆同音語 team) 動 自 (人・動物が) […に] たくさん [うようよ] いる [*in*]; (場所などが) [人・動物で] いっぱいである [*with*]: Many kinds of fish *teem* in this river. = This river *teems* with many kinds of fish. この川には多くの種類の魚がいっぱいいる.

teem[2] [tíːm] 動 自 [通例, 進行形で] 《英》(雨が) 激しく降る (*down*) 《◇ it を主語にすることが多い》: It is *teeming down* (with rain). 雨が激しく降っている.

teem·ing [tíːmiŋ] 形 [限定用法] (人・動物が) たくさん [うようよ] いる.

teen [tíːn] 名 C 《米口語》ティーンエイジャー (teenager) (→ TEENS). — 形 [限定用法] 《口語》ティーンエイジャーの (teenage).

-teen [tiːn] 《接尾》13から19までの数詞の語尾に付けて「10…」の意を表す: fourteen 14 / fifteen 15.

teen·age [tíːnèidʒ] 形 [限定用法] ティーンエイジャー(向け)の, 10代の: *teenage* magazines ティーンエイジャー向けの雑誌.

teen·aged [tíːnèidʒd] 形 ティーンエイジャーの.

＊teen·ag·er [tíːnèidʒər] 名 C ティーンエイジャー, 10代の人 (《米口語》teen) 《◇厳密には10代のうち -teen の付く13歳から19歳までをさす》.

＊teens [tíːnz] 名 [複数扱い] **1** [one's ~] 10代

teeny 《13歳から19歳まで》: He is in his early [late] *teens*. 彼は10代の「ロー[ハイ]ティーン」は和製英語) **2** [the ~] ティーンエイジャー, 10代の若者たち (teenagers).

tee·ny [tíːni] 形 (比較 **tee·ni·er** [~ər]; 最上 **tee·ni·est** [~ist]) 《口語》ちっちゃな (tiny) (◇特に子供が使う).

tée·ny-wée·ny [-wíːni] 形 = TEENY (↑).

tee·pee [tíːpiː] 名 C (アメリカ先住民の) 円錐(丞)形のテント小屋 (tepee).

tee·ter [tíːtər] 動 自 よろよろする [動く], ぐらぐらする: be *teetering* on the brink [edge] of ruin 崩壊の危機に瀕している.

tée·ter-tòt·ter 名 C《米》シーソー (seesaw).

teeth [tíːθ] 名 tooth の複数形.

teethe [tíːð] 動 自 (通例, 進行形で) (赤ん坊に) 歯が生える.
 ◆ **téething rìng** C (リング状の) おしゃぶり.
 téething tròubles [pròblems] (乳児の) 歯生期のむずかり; (物事の) 初期の困難.

tee·to·tal [tíːtóutəl] 形 絶対禁酒 (主義) の.

tee·to·tal·er, 《英》**tee·to·tal·ler** [tiːtóutələr] 名 C 絶対禁酒 (主義) 者.

TEFL [téfl] 名 U 外国語としての英語教育 (◇ *t*eaching *E*nglish as a *f*oreign *l*anguage の略).

Tef·lon [téflɑn / -lɔn] 名 U《商標》テフロン (酸と熱に強い合成樹脂). ― 形 (政治家などが) 批判 [非難] されても動じない.

Teh·ran, Te·he·ran [teræn / teərɑːn] 名 固 テヘラン (イランの首都).

tel. 《略語》= *tel*egram; *tel*egraph; *tel*ephone (number).

tel·e- [telə] 結合 「遠距離の」「テレビの」の意を表す (◇母音の前では通例 tel-): *tele*play テレビドラマ.

tel·e·cast [téləkæst / -kàːst] 名 C テレビ放送 [番組] (◇ *tele*vision + broad*cast* から).
 ― 動 他 …をテレビで放送する.

tel·e·com [téləkɑm / -kɔm],《英》**tel·e·coms** [-kɑmz / -kɔmz] 名 = TELECOMMUNICATION (↓).

tel·e·com·mu·ni·ca·tion [tèləkəmjùːnəkéiʃən] 名 U (電話・テレビなどによる) 遠距離通信, 電気通信; [~s; 単数扱い] 電気通信学; [通例 ~s; 形容詞的に] (電気) 通信の.

tel·e·com·mut·er [tèləkəmjúːtər] 名 = TELEWORKER (↓).

tel·e·com·mut·ing [tèləkəmjúːtiŋ] 名 = TELEWORKING (↓).

tel·e·con·fer·ence [tèləkɑ́nfərəns / -kɔ̀n-] 名 U C (テレビ電話などを利用した) 遠隔地間会議.

tel·e·course [téləkɔ̀ːrs] 名 C《米》テレビ講座.

***tel·e·gram** [téləgræm] 名 C 電信, 電信 (《米口語》wire) (◇通信文をさす; 《略語》tel.; cf. telegraph (通信手段としての) 電報): send a *telegram* to ... …に電報を送る / by *telegram* 電報で.

***tel·e·graph** [téləgræf / -grɑ̀ːf] 名 (複 **tel·e·graphs** [~s]) **1** U 電信, 電報 (◇電信のシステムをさす; 《略語》tel.; cf. telegram 電報 (内容)): a *telegraph* station 電報局.
 2 C 電信機.
 ― 動 他 **1** [telegraph + O]〈人・場所〉に電報を打つ, …を電報で伝える [送る]: I *telegraphed* the time of my arrival. 私は到着の時刻を電報で伝えた.
 2 [telegraph + O + O / telegraph + O + to ...]〈人〉に…を電報で伝える; [telegraph + O + that 節 [to do]]〈人〉に…ということを […するよう] 電報で伝える: I *telegraphed* her the result. 私は彼女に結果を電報で知らせた / *Telegraph* him *to* come at once. 彼にすぐ来るように電報を打ちなさい.
 ― 自 […に] 電報を打つ [*to*]. (▷ 形 tèlegráphic)
 ◆ **télegraph lìne [wìre]** C 電信線.
 télegraph pòle [pòst] C《英》電柱 (《米》telephone pole).

te·leg·ra·pher [təlégrəfər] 名 C 電信技師.

tel·e·graph·ic [tèləgrǽfik] 形 [限定用法] 電信の, 電報の. (▷ 名 télegràph)

te·leg·ra·phy [təlégrəfi] 名 U 電信 (術).

tel·e·ki·ne·sis [tèləkiníːsis, -kai-] 名 U 念動 (作用), テレキネシス《念力でものを動かすこと》.

tel·e·mark [téləmɑ̀ːrk] 名 C《スキー》テレマーク《着地・停止・回転法の一種》.

tel·e·mar·ket·ing [tèləmɑ́ːrkitiŋ] 名 U 電話による販売, テレマーケティング.

tel·e·me·try [təlémətri] 名 U 遠隔計測 (法).

tel·e·path·ic [tèləpǽθik] 形 テレパシーを使える; テレパシーの, 以心伝心的な.

tel·e·path·i·cal·ly [-kəli] 副 テレパシーによって.

te·lep·a·thy [təlépəθi] 名 U《心理》テレパシー, 精神感応.

***tel·e·phone** [téləfòun] 名 動
 【「tele (遠くの) + phone (声)」から】
 ― 名 (複 **tel·e·phones** [~z]) **1** U (通信システムとしての) 電話, 電話網 (phone) (《略語》tel.) (→ [PICTURE BOX]): I talked with her on [over] the *telephone*. 私は彼女と電話で話をした / You are wanted on the *telephone*. あなたにお電話です / I'd like to make an international *telephone* call. 国際電話をかけたいのですが.
 2 C 電話 (機); 受話器: a public [pay] *telephone* 公衆電話 / pick up [hang up] the *telephone* 受話器を取る [置く] / have a *telephone* installed 電話を引く / The *telephone* is still ringing. 電話がまだ鳴っています / I can't answer the *telephone* right now. 今は電話に出られません.
 ■ ***be on the télephone*** **1** 電話中である.
 2《英》(家に) 電話を引いている.
 by télephone 電話で: I will let you know my decision *by telephone*. 私の結論は電話でお知らせします.
 ― 動 (三単現 **tel·e·phones** [~z]; 過去・過分 **tel·e·phoned** [~d]; 現分 **tel·e·phon·ing** [~iŋ])
 ― 他《主に英・格式》 **1** [telephone + O]…に電話する, 電話をかける (call): Would you

telephone me later? あとで私に電話していただけませんか.
2 (a) [telephone+O+O / telephone+O + to ...]「…に~を電話で伝える」: She *telephoned* her parents the news. = She *telephoned* the news *to* her parents. 彼女は両親にその知らせを電話で伝えた.
— 自 [...に] 電話をかける (*to*).
◆ télephone bòoth [《英》bòx] C 公衆電話ボックス.
télephone diréctory [bòok] C 電話帳.
télephone exchànge C 電話交換局[室].
télephone nùmber C 電話番号.
télephone òperator C 電話交換手.
télephone pòle C 《米》電柱 (《英》telegraph pole).

tel·e·phon·ic [tèləfánik / -fɔ́n-] 形 電話の, 電話による.

tel·e·phon·ist [təléfənist] 名 C 《英》電話交換手 (operator).

te·leph·o·ny [təléfəni] 名 U 電話通信(技術).

tel·e·pho·to [téləfòutou] 名(複 tel·e·pho·tos [~z]) C **1** = TELEPHOTOGRAPH (↓).
2 = telephoto lens 望遠レンズ.

tel·e·pho·to·graph [tèləfóutəgræf / -grà:f] 名 C **1** 望遠写真. **2** 電送写真.

tel·e·print·er [téləprìntər] 名 C 《英》テレタイプ (《米》teletypewriter).

tel·e·promp·ter, Tel·e·Promp·Ter [téləprὰmptər / -prɔ̀mptə] 名 C 《商標》テレプロンプター《テレビ出演者の前に原稿や台本を写し出す装置》.

tele·sales [téləsèilz] 名 U 電話による販売.

‡**tel·e·scope** [téləskòup] 名 C 望遠鏡: an astronomical [optical] *telescope* 天体 [光学] 望遠鏡 / focus a *telescope* 望遠鏡の焦点を合わせる.
— 動 他 (望遠鏡のはめ込み式筒のように) ...を短く[圧縮]する.

tel·e·scop·ic [tèləskάpik / -skɔ́p-] 形 **1** 望遠鏡の, 望遠鏡で見た [見える]: The constellation is *telescopic*. その星座は望遠鏡でしか見えない.
2 はめ込み式の, 伸縮自在な: a *telescopic* antenna 伸縮自在のアンテナ.

tel·e·shop·ping [téləʃὰpiŋ / -ʃɔ̀p-] 名 U テレビ [電話] ショッピング, インターネットショッピング.

tel·e·text [télətèkst] 名 U 文字多重放送.

tel·e·thon [téləθὰn / -θɔ̀n] 名 C 《米》長時間テレビ番組 (◇ *tele*vision+mara*thon* から).

Tel·e·type [télətàip] 名 C U 《商標》テレタイプ (通信) (◇ *tele*typewriter の略).

tel·e·type·writ·er [tèlətáipràitər] 名 C 《米》テレタイプ (《英》teleprinter).

tel·e·vise [téləvàiz] 動 他 ...をテレビで放送する.

****tel·e·vi·sion** [téləvìʒən]

【「tele (遠くの) + vision (光景)」から】
— 名 (複 tel·e·vi·sions [~z]) (《略語》 TV)
1 C = télevision sèt テレビ (受像機) (→ LIVING PICTURE BOX): a color [black-and-white] *television* カラー [白黒] テレビ / turn on [off] a *television* テレビをつける [消す] / turn up [down] a *television* テレビの音量を上げる [下げる].
2 U テレビ (放送), テレビジョン: My son watches *television* too much. 息子はテレビの見すぎです / I like watching baseball games on *television*. 私はテレビで野球の試合を見るのが好きです.

PICTURE BOX telephone

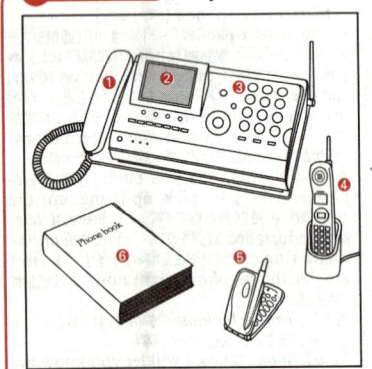

❶ receiver 受話器 ❷ display 表示画面
❸ push button プッシュボタン ❹ cordless phone コードレス電話
❺ mobile [cellular, cell] phone 携帯電話
❻ phone book 電話帳

1) Hello. (もしもし)
2) Hello, this is Akio speaking. (もしもし, アキオですが)
3) May I speak to Mary? (メアリーをお願いします)
4) Sorry, she's out now. (すみません. 今出かけています)
5) Can I take a message? (伝言はありますか)
6) No, thank you. I'll call back again. (いいえ. あとでかけ直します)

teleworker / tell

◀**背景**▶ **アメリカのテレビ事情**
アメリカでは全国ネットワークのテレビのほかにケーブルテレビが広く浸透していて, 多種多様な番組がある. 現在, テレビに映し出される暴力や性の表現が子供に与える影響が心配されており, 子供に悪影響を与えるとされる番組を自動的にカットするVチップ(V-chip)と呼ばれる装置をテレビに組み込むことが義務づけられている.

3 Ⅱテレビ(放送)産業, テレビ業界: He works in *television*. 彼はテレビ業界で働いている.
4 [形容詞的に] テレビの, テレビ放送の: a *television* program [station] テレビ番組 [局] / a *television* satellite テレビ用放送衛星.

tel·e·work·er [téləwə̀ːrkər] 名 Ⓒ (コンピュータなどを利用した) 在宅勤務者.

tel·e·work·ing [téləwə̀ːrkiŋ] 名 Ⓤ (コンピュータなどを利用した) 在宅勤務.

tel·ex [téleks] 名 **1** Ⓤ テレックス, 加入電信《加入者がテレタイプで交信する通信システム》. **2** Ⓒ テレックスの機械; テレックス通信文.
――動 他 (…を) テレックスで送信する.

***tell** [tél]

原義は「教える」.
① 話す; 告げる.　　　　他 **1**; 自 **1**
② 命じる.　　　　　　　他 **2**
③ 見分ける.　　　　　　他 **3**
④ 知る, わかる.　　　　他 **4**; 自 **2**

――動 (三単現 **tells** [~z]; 過去・過分 **told** [tóuld]; 現分 **tell·ing** [~iŋ])
――他 **1** (a) [tell + O]〈事実・物語などを〉**話す**, 言う, 語る; 〈人に〉[…について] **告げる**, 知らせる [*about, of*] (⇒ SAY [類語説]): *tell* jokes 冗談を言う / *tell* the truth [a lie] 本当のこと [うそ] を言う / She *told* me *about* [*of*] the party. 彼女は私にパーティーのことを話してくれた / The boss will have to be *told about* this. 上司にこのことを知らせなくてはならない. (b) [tell + O + O / tell + O + to …] 〈人に〉〈物事を〉話す, 伝える: He sometimes *tells* us a funny story. = He sometimes *tells* a funny story *to* us. 彼は時々私たちに面白い話をしてくれる / She *told* us the news. 彼女は私たちにそのニュースを伝えてくれた (◇受け身は次の2種類が可能: The news was *told* (to) us. / We were *told* the news.) / Will you *tell* me the way to the station? 駅への道を教えてくれませんか. (c) [tell + O + that 節] 〈人に〉…と言う, 教える: He *told* me *that* he was a lawyer. 彼は私に自分は弁護士だと言った (=He said to me, "I am a lawyer.") / They *tell* me (*that*) you were at the meeting last week. 先週の会議に出られたそうですね (◇受け身にすると次のようになる: I am *told* (*that*) you were at the meeting last week.).
(d) [tell + O + 疑問詞節 [句]] 〈人に〉…かを言う: *Tell* me *where* you live. どこにお住まいか教えてください / I'll *tell* you *what* to do. どうしたらよいか教えてあげよう.

2 [tell + O]〈人〉に命じる, 言いつける; [tell + O + to do]〈人〉に…するように命じる, 言いつける: Just do as you are *told* (*to do*). 言われた通りにやりなさい / I *told* the children not *to* climb the tree. 私は子供たちに木に登らないように言った (=I said to the children, "Don't climb the tree.").

3 [通例 can, be able to を伴って] (a) [tell + O]…を見分ける, 区別する: You can *tell* a bellboy by his uniform. (ホテルの)ボーイは制服でわかる / I can't *tell* those two apart. 私にはあの2つが区別できない. (b) [tell + O + from …] ~を…と区別する, Can you *tell* Tom *from* his twin brother? トムと双子のお兄さんの区別がつきますか / He can't *tell* margarine *from* butter. 彼はマーガリンとバターの区別がつかない (=He can't tell the difference between margarine and butter.).

4 [通例 can, be able to を伴って] (a) [tell + that 節]…ということを知る, …とわかる: You can *tell* (*that*) he's angry when he starts biting his nails. 彼がつめをかみ始めたら腹を立てているとわかる. (b) [tell + 疑問詞節 [句]]…かを知る, …かがわかる: I couldn't *tell what* they were thinking. 彼らが何を考えているのか私にはわからなかった.

5 〈もの・ことが〉…を示す, 表す: Her cheerful look *told* the victory. 彼女の明るい顔が勝利を告げていた / This light *tells* (you) that the machine is ready to use. このランプは機械が使える状態であることを示している. **6** 《古》…を教える.

――自 **1** 〈人が〉[…について] 話す, 述べる; 〈ものごとが〉[…を] 物語る [*of, about*]: I'll *tell* about it. 私がそれについてお話ししましょう / This ancient poem *tells of* the deeds of a famous warrior. この古詩は有名な武人の功績を歌ったものである.
2 [通例 can, be able to を伴って] わかる; 見分ける: Everyone could *tell* at a glance. だれもがひと目でわかるよ.
3 〈もの・ことが〉[…に] 効き目がある; 影響する, ひどくこたえる; 命中する [*on, upon*]: The government's policies are beginning to *tell*. 政府の施策が効果を現し始めている / Every blow *told*. パンチは全部命中した. **4** [人について] 告げ口する, 密告する [*on*]: You won't *tell on* me, will you? 私のことを言いつけたりしないでしょうね.

■ **áll tóld** 全部で, 合計で: *All told*, there were 520 people in the auditorium. 講堂には全部で520人いた.

Dòn't téll me …《口語》(相手の言い訳などを見越して) まさか…ではないでしょうね.

I (can) téll you《口語》確かに, 本当に: *I tell you*, I saw a UFO last night! 本当にきのうUFOを見たんだよ.

I('ll) téll you whát《口語》あのねえ, 言いたいことがある: *I tell you what*, let's ask Fred to lend us his car. いい考えがある. フレッドに車を貸してくれるように頼もう.

I'm télling you.《口語》(私の言ったことは) 本当なんだよ.

I tóld you sò! 《口語》言わないことじゃない, ほらごらん.
lèt me téll you = I (can) tell you (↑).
téll agàinst ... …に不利に働く.
Téll me about it. 《口語》その通りだ.
Téll me anóther. それは怪しい, まさか.
téll óff [他] …をしかりつける: The teacher *told* him *off* for not doing his homework. 先生は彼が宿題をしないのでしかった.
There is nó télling ... 《口語》…はわからない: *There is no telling* what may happen. 何が起こるかわからない.
You can néver [néver can] téll. 見かけだけではわからない, 何とも言えない.
You're télling mè! 《口語》そんなことは百も承知だ, まったくその通りだ.

Tell [tél] [名] [固] ウィリアム=テル William Tell《スイスの伝説的勇士. 弓で息子の頭に載せたリンゴを射ち落としたことで有名》.

tell·er [télər] [名] [C] **1** [通例, 複合語で] 話し手, 語り手. **2** 《主に米》(銀行などの) 金銭出納(すいとう)係, 窓口係 (cashier).

tell·ing [téliŋ] [形] **1** 効果的な, 説得力のある; 印象的な, 強烈な: a *telling* remark 説得力のある意見. **2** (感情・態度などが) おのずと表れる, 暴露する.
— [名] [U] 話すこと.

tell·ing·ly [~li] [副] 効果的に.

téll·ing-óff [名] (複 **tell·ings-off**) [C] [通例, 単数形で] 叱責(しっせき)(の言葉), しかること.

tell·tale [téltèil] [形] [限定用法] (秘密・正体などを) 暴露する, 隠し切れない: *telltale* signs of a business slowdown 表面化してきた不況のきざし.
— [名] [C] 《英口語》告げ口をする人, おしゃべり.

tel·ly [téli] [名] (複 **tel·lies** [~z]) 《英口語》[U] テレビ (放送); [C] テレビ受像機 (television).

te·mer·i·ty [təmérəti] [名] [U] 《格式》向こう見ず, 無鉄砲; 無遠慮.

temp [témp] [名] [C] 《口語》臨時雇い (◇ *temporary* の略).
— [動] [自] 臨時雇いとして働く.

temp. 《略語》= *temp*erature 温度.

‡tem·per [témpər]

[名] [動] 【原義は「組み合わせる」】
— [名] (複 **tem·pers** [~z]) **1** [C] [通例, 単数形で] (一時的な) 気分, 機嫌; 気性, 気質: be in a good [bad] *temper* 機嫌がいい [悪い] / He has a hot [quick] *temper*. 彼はすぐかっとなるたちだ.
2 [U] [通例 a ~] 短気; 怒り, かんしゃく: be in a *temper* かんしゃくを起こしている / have a *temper* 短気である / fly [get] into a *temper* かんしゃくを起こす.
3 [U] 冷静, 落ち着き; 自制: keep one's *temper* 冷静を保つ, じっと我慢する / lose one's *temper* かんしゃくを起こす / be out of *temper* 怒っている.
4 [U] (鋼(はがね)などの) 鍛え; 硬度, 弾性.
— [動] [他] **1** 《格式》…を [… で] 調節する, 緩和する, 軽減する [*with*]: *temper* justice *with* mercy 仁をもって義を緩和する, 情状を酌量(しゃくりょう)する.
2 〈鉄・鋼など〉を鍛える; 〈粘土など〉をよくこねる.

tem·per·a [témpərə] [名] [U] **1** テンペラ画法《絵の具に卵黄などを混ぜて描く》. **2** テンペラ絵の具.

*__tem·per·a·ment__ [témpərəmənt] [名] **1** [U] [C] 気質, 気性; 体質: a person of a nervous *temperament* 神経質な人 / She has an artistic *temperament*. 彼女は芸術家気質(かたぎ)の持ち主である.
2 [U] 激しい気性.

tem·per·a·men·tal [tèmpərəméntəl] [形] **1** 気まぐれな; 興奮しやすい. **2** (機械などの) 調子が一定でない. **3** 気質 (上) の.

tem·per·a·men·tal·ly [-təli] [副] 気質上.

*__tem·per·ance__ [témpərəns] [名] [U] **1** (道徳上・宗教上の) 禁酒.
2 《格式》(言動・飲食などの) 節制, 自制, 節酒.

*__tem·per·ate__ [témpərət] [形] **1** (気候などが) 温暖な: a *temperate* climate 温暖な気候. **2** 《格式》(人・行動・態度などが) [… の点で] 節度のある, 自制した; 穏健な [*in*]; 節酒 [禁酒] の: a person of *temperate* disposition 穏やかな気質の人.
◆ **Témperate Zóne** [the ~; 時に t- z-] 温帯.

‡tem·per·a·ture [témpərətʃər]

— [名] (複 **tem·per·a·tures** [~z]) **1** [U] [C] 温度, 気温 (《略語》temp., t.): the mean *temperature* 平均気温 / the high [low] *temperature* of the day 1日の最高 [最低] 気温 / a *temperature* of 98K (−175℃) 98ケルビン温度 (セ氏−175度) / What's the *temperature* now? 今気温は何度ですか / The *temperature* is 95°F now. 気温は今カ氏95度です.
2 [U] [C] 体温; [通例 a ~] (病気などによる) 熱: the normal *temperature* 平熱 / have a (high) *temperature* 熱がある / The *temperature* rises [drops]. 体温が上がる [下がる] / Mother took my *temperature*. 母は私の体温を計った.
3 [C] [通例, 単数形で] (感情・興奮の) 強さ.

-tem·pered [tempərd] [結合]「…の気質の」の意を表す: good [bad]-*tempered* 気立てのよい [悪い] / hot-*tempered* 短気な.

*__tem·pest__ [témpəst] [名] [C] 《文語》 **1** (雨・雷などを伴う) 大あらし; 暴風雨 [雪].
2 《比喩》大騒ぎ.
■ ***a témpest in a téapot*** 《米》ささいなことに大騒ぎすること (《英》a storm in a teacup).

tem·pes·tu·ous [tempéstʃuəs] [形] 《文語》 **1** 激しい, 熱烈な. **2** 大あらしの, 暴風雨 [吹雪] の.

tem·plate [témplət, -pleit] [名] [C] **1** 型板.
2 【コンピュータ】テンプレート《ワープロ・表計算などのソフトに収められている定型の書式・ひな形》.

‡tem·ple[1] [témpl]

— [名] (複 **tem·ples** [~z]) [C] **1** (古代ギリシャ・ローマ・エジプトの) 神殿: the *temple* of Apollo アポロの神殿 / a Roman *temple* ローマの神殿.
2 (仏教・ヒンドゥー教の) 寺, 寺院 (cf. shrine 神社): the Yakushiji *Temple* 薬師寺.
3 [the T-] (エルサレムの) エホバの神殿; ユダヤ教の教会堂.
4 (キリスト教の) 教会堂, 礼拝堂 (◇現在は通例 church, chapel を用いる).

T

‡**tem・ple**² 名 C [通例 ～s] こめかみ, 側頭部 (→ HEAD 図).

tem・po [témpou] 【イタリア】 名 (複 **tem・pos** [～z], 1では **tem・pi** [-piː]) C 1 【音楽】テンポ, 速度. 2 (仕事・活動などの) 速さ, テンポ, 調子.

*****tem・po・ral** [témpərəl] 形 《格式》 1 時 [時間] の; *temporal* and spatial 時空の. 2 現世の, 世間的な; 世俗 [俗界] の (↔ religious). 3 【文法】時を表す; 時制の.

*****tem・po・rar・i・ly** [tèmpərérəli / témpərərəli] 副 一時的に, 臨時に; 間に合わせに, 仮に: That store is *temporarily* closed for redecoration. 店は改装のために一時閉鎖されている.

‡**tem・po・rar・y** [témpəréri / -pərəri] 形 一時的な, つかの間の; 間に合わせの, 仮の (↔ permanent): a *temporary* employment 臨時雇用 / a *temporary* bridge 仮設橋 / a *temporary* loss of memory 一時的な記憶喪失.

— 名 (複 **tem・po・rar・ies** [～z]) C 臨時雇い, パートタイマー (《口語》 temp).

tem・po・rar・i・ness [～nəs] 名 U 一時性, 臨時.

tem・po・rize, 《英》 **tem・po・rise** [témpəràiz] 動 自 《格式》 (一時的に) 決定を遅らせる, 時間を稼ぐ, ぐずぐずする.

*****tempt** [témpt] 動 他 1 〈人〉を (悪事・愚行などに) 誘惑する, そそのかす; 〈人〉をそのかして [...する] 気にさせる [*to do, into doing*]: The dealers tried to *tempt* him with a bribe. 業者はわいろで彼を誘惑しようとした / Something must have *tempted* him to shoplift [*into shoplifting*]. 彼は魔がさして万引きをする気を起こしたに違いない.
2 〈人〉を引きつける; 〈食欲など〉をそそる; [しばしば受け身で] 〈人〉を (ふと) [...する] 気にさせる [*to do, into doing*]: This pie *tempts* me. このパイはおいしそうだ / It was a fine offer. I was *tempted* to accept [*into accepting*] it. それはすばらしい申し出で, 私は受け入れようという気になった.
■ **témpt fáte** [*próvidence*] 神意に逆う; 危険を冒す, むちゃをする.

*****temp・ta・tion** [temptéiʃən] 名 C U 1 誘惑; [...したい] 衝動 [*to do*]: yield [give in] to *temptation* 誘惑に負ける / She couldn't resist [overcome] the *temptation* to buy it. 彼女はそれを買いたいという衝動に勝てなかった.
2 誘惑するもの [こと], 心引かれるもの: Big cities are full of *temptations*. 大都会は誘惑に満ちている.

tempt・er [témptər] 名 C 誘惑する人 [もの].
tempt・ing [témptiŋ] 形 誘惑する; 魅力的な, 心 [食欲] をそそる.
tempt・ing・ly [～li] 副 誘惑するように.

*****ten** [tén] 名 形
— 名 (複 **tens** [～z]) 1 U (基数の) 10 (→ NUMBER 表). 2 C 10を表す記号 (10, x, X など). 3 [代名詞的に; 複数扱い] 10個, 10人. 4 U 10時, 10分; 10歳; 10ドル [セント, ポンド, ペンスなど]; 10フィート, 10インチ. 5 C [10個 [10人] ひと組のもの. 6 C 【トランプ】10の札.
■ **táke tén** 《口語》 (10分ほど) 休む, ちょっと休む.

tén to óne 《口語》 十中八九, きっと: *Ten to one* she will come. 彼女はきっと来るよ.
— 形 1 [限定用法] 10の, 10個の, 10人の.
2 [叙述用法] 10歳で.
◆ **Tén Commándments** [the ～] 【聖】十戒 (モーセがシナイ山頂で神から授かった10か条の戒律).

ten・a・ble [ténəbl] 形 1 (議論・学説などが) 弁護 [主張] できる, 筋道の立った. 2 [叙述用法] (地位などが) [...の] 維持できる [*for*].

te・na・cious [tənéiʃəs] 形 1 粘り強い, 不屈の; しつこい. 2 [...を] しっかりつかんで離さない; 頑強に守る [*of*]. 3 (記憶力が) よい.
te・na・cious・ly [～li] 副 粘り強く; 頑強に.
te・nac・i・ty [tənǽsəti] 名 U 粘り強さ; しつこさ.
ten・an・cy [ténənsi] 名 (複 **ten・an・cies** [～z])
1 U C (土地・家屋などの) 借用. 2 C 借用期間.
*****ten・ant** [ténənt] 名 C (アパート・貸しビルなどの) 入居者; 借地人, 小作人 (↔ landlord).
◆ **ténant fàrmer** C 小作農.

tén-cént stòre 名 C 《米》安物雑貨店.

*****tend**¹ [ténd]
【原義は「伸びる, 広がる」】
— 動 (三単現 **tends** [téndz]; 過去・過分 **tend・ed** [～id]; 現分 **tend・ing** [～iŋ])
— 自 1 (a) [...への] 傾向がある [*to, toward*]: His speeches *tend* toward dogmatism. 彼のスピーチには独断的な傾向がある / Land prices are *tending* downward. 地価は下落傾向にある. (b) [tend + to do] ...しがちである: I *tend* to get up late on Sundays. 日曜日は朝寝坊しがちです / That teacher *tends* to explain everything in too much detail. あの先生は何でもこまごまと説明しすぎる傾向がある.
2 《格式》 (道などが) [...の方向に] 向かう, 進む [*to, toward*]: The road *tends* to the east [*toward* the capital]. この道は東 [首都] へと向かっている. (▷ 名 téndency)

*****tend**² [ténd] 動 他 1 《古風》〈病人・子供など〉を世話する; 〈家畜や機械など〉の手入れをする.
2 《米》〈店〉で客の対応をする: They *tended* the store in turn. 彼らは交代で店番をした.
— 自 《古風》 [...の] 世話をする [*to*].

*****tend・en・cy** [téndənsi]
— 名 (複 **tend・en・cies** [～z]) C 1 [...への / ...する] 傾向, 風潮 [*to, toward* / *to do*]: The divorce rate shows a *tendency* to increase. 離婚率が高まる傾向にある / Prices show an upward *tendency*. 物価は上昇傾向にある.
2 [...の / ...する] 性癖, 癖 [*to, toward* / *to do*]: a *tendency* toward fighting けんかっ早い性格 / He has a *tendency* toward forgetfulness [*to* be forgetful]. 彼は忘れっぽいたちです.
(▷ 動 ténd¹)

ten・den・tious [tendénʃəs] 形 《格式》 (発言・本などが) 偏向した.

*****ten・der**¹ [téndər]
【原義は「柔らかい」】
— 形 (比較 **ten・der・er** [-dərər]; 最上 **ten・der・est** [-dərist]) 1 (心の) 優しい, 思いやりのある: a

tender smile 優しい微笑 / have a *tender* heart 心優しい / Her voice was full of *tender* concern. 彼女の声はやさしい気づかいにあふれていた.
2 (傷などが) 触ると痛い; 感じやすい, 敏感な: a *tender* spot 触ると痛いところ, 弱点.
3 柔らかい (↔ tough): a *tender* steak 柔らかいステーキ. **4** (問題などが) 微妙な, 取り扱いが難しい: a *tender* subject 微妙な問題. **5** (年齢が) 若い, 未熟な: at a *tender* age 幼くして.

***ten·der**[2] 動 他 **1** (格式) …を提出する, 申し出る (offer): Terry *tendered* his resignation. テリーは辞表を出した. **2** ⟨金銭⟩を支払う.
— 自 […の] 入札をする [*for*].
— 名 C 入札; 申し出, 申し込み.

tend·er[3] 名 C **1** 炭水車《蒸気機関車に連結された石炭と水を運ぶ車両》. **2** はしけ, 補給船. **3** (特に病人・子供の) 世話をする人, 看護人; 番人.

ten·der·foot [téndərfùt] 名 (複 **ten·der·foots** [-fùts], **ten·der·feet** [-fìːt]) C 《米口語》 **1** (開拓地などの) 新参者. **2** 初心者, 新米.

ten·der·heart·ed [tèndərhɑ́ːrtid] 形 心の優しい, 思いやりのある, 情にもろい.

ten·der·ize, 《英》**ten·der·ise** [téndəràiz] 動 他 ⟨肉など⟩を柔らかくする.

ten·der·loin [téndərlòin] 名 U テンダーロイン《牛・豚の腰部の柔らかい肉》.

***ten·der·ly** [téndərli] 副 優しく, 親切に; そっと.

***ten·der·ness** [téndərnəs] 名 U **1** 優しさ, 思いやり. **2** 柔らかさ; か弱さ.

ten·don [téndən] 名 C 《解剖》腱(けん): an Achilles' *tendon* アキレス腱.

ten·dril [téndrəl] 名 C 《植》 巻きひげ, つる.

ten·e·ment [ténəmənt] 名 C **1** = ténement hòuse (スラム街の) 安アパート, 共同住宅. **2** (共同住宅の) 借家, 貸し部屋.

ten·et [ténit] 名 C 主義, 教義; 信条.

ten·fold [ténfòuld] 形 副 10倍の [に].

tén-gal·lon hát 名 C テンガロンハット《つばの広いカウボーイ帽》.

Tenn. 《略語》= *Tennessee* (↓).

ten·ner [ténər] 名 C 《米口語》 10ドル紙幣; 《英口語》 10ポンド紙幣.

Ten·nes·see [tènəsíː] 名 固 **1** テネシー《米国南東部にある州; 《略語》 Tenn.; 《郵略語》 TN; → AMERICA 表》. **2** [the ~] テネシー川.
◆ **Ténnessee Válley Authòrity** 名 [the ~] テネシー川流域開発公社《《略語》 TVA》.

*****ten·nis** [ténis]
— 名 U テニス, 庭球 (→ PICTURE BOX): play *tennis* テニスをする / a *tennis* player テニス選手 / a *tennis* match テニスの試合.
◆ **ténnis bàll** C テニスボール.
ténnis còurt C テニスコート.
ténnis èlbow U テニスひじ《テニスが原因で起こるひじの関節炎》.
ténnis ràcket C テニスラケット.
ténnis shòe C [通例 ~s] テニスシューズ.

Ten·ny·son [ténəsən] 名 固 テニソン Alfred Tennyson《1809-92; 英国の桂冠(けいかん)詩人》.

ten·on [ténən] 名 C 《建》ほぞ (cf. mortise ほぞ穴).

***ten·or**[1] [ténər] 名 《音楽》 **1** U テナー, テノール《男性の最高声域》. **2** C テナーの声の人, テナー歌手; テナー楽器.
— 形 テナーの, テノールの: a *tenor* saxophone テナーサックス.

PICTURE BOX tennis

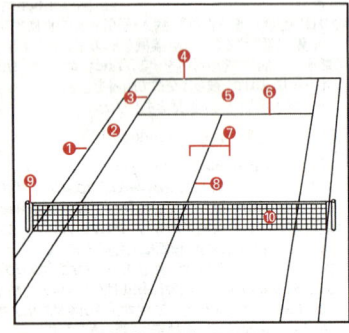

❶ doubles sideline ダブルスサイドライン
❷ alley アレー ❸ singles sideline シングルスサイドライン ❹ base line ベースライン
❺ back court バックコート ❻ service line サービスライン ❼ forecourt フォアコート
❽ center service line センターサービスライン
❾ net post ネットポスト ❿ net ネット

serve (サーブする)   receive (レシーブする)
volley (ボレーをする)  smash (スマッシュする) 
make a forehand stroke (フォアハンドで打つ)   make a backhand stroke (バックハンドで打つ)

ten·or² 名 [the ～]《格式》 **1** (人生などの)進路, 方向. **2** (演説・文書などの)趣旨, 大意.

ten·pin [ténpìn] 名 **1** [～s; 単数扱い]《米》= 《英》ténpin bówling テンピンズ, 十柱戯《ボウリングの一種》. **2** C テンピンズのピン [柱].

＊tense¹ [téns] 形 **1** (神経などが)[…で]緊張した, 張り詰めた [with]; (人が)神経質な; (事態などが)緊迫した: a tense moment 緊迫の一瞬 / She was tense with worry. 彼女は心配で緊張していた.
2 (綱などが)ぴんと張った; (筋肉などが)こわばった, 硬くなった: a tense rope ぴんと張った綱 / tense muscles 硬くなった筋肉.
3 《音声》(母音が)緊張音の (↔ lax).
── 動 他 …をぴんと張る; 緊張させる (up) (↔ relax): We were all tensed up. 私たちはみんな緊張していた. ── 自 緊張する (up).
tense·ly [～li] 副 緊張 [緊迫] して; ぴんと張って.
tense·ness [～nəs] 名 U 緊張, 緊迫.

tense² 名 U C 《文法》(動詞の)時制, テンス (→ 文法).

ten·sile [ténsəl / -sail] 形 **1** 引き伸ばせる.
2 [限定用法] 張力の: tensile strength 張力.

＊ten·sion [ténʃən] 名 **1** U (精神的な) 緊張, 不安: be under extreme tension 極度に緊張している.
2 U (綱などを) ぴんと張ること: increase the tension of the strings 弦をもっときつく張る.
3 U C [通例 ～s] (情勢・関係などの) 緊張状態, 緊迫した関係: Tensions are increasing between the two countries. 両国間の緊張が高まっている.
4 U 《物理》張力; 《電気》電圧.

＊＊＊tent [tént]
【原義は「引っ張ったもの」】
── 名 (複 tents [ténts]) C **1** テント, 天幕: a circus tent サーカスのテント / pitch [put up] a tent テントを張る / strike [pull down] a tent テントをたたむ. **2** テント状のもの: an oxygen tent (医療用) 酸素テント.

ten·ta·cle [téntəkl] 名 **1** C《動物》触手, 触角, (タコ・イカなどの)足. **2** C《植》触毛. **3** [～s](組織などが個人に及ぼす)束縛, しがらみ.

＊ten·ta·tive [téntətiv] 形 **1** 試験的な, 仮の, 暫定的な: a tentative measure [step] 暫定措置.
2 ためらいがちな, 遠慮がちな: a tentative smile 遠慮がちな薄笑み.

ten·ta·tive·ly [téntətivli] 副 **1** 試験的に, 仮に, 暫定的に. **2** ためらいがちに, 遠慮がちに.

＊＊＊tenth [ténθ] 形 名
(◇ 10th ともつづる; → NUMBER 表)
── 形 **1** [通例 the ～] 10番目の, 第10の; 10位の. **2** 10分の1の (→ FOURTH 形 2).
── 名 (複 tenths [～s]) **1** U [通例 the ～] 10番目の人 [もの]. **2** C [通例 the ～] (月の) 10日 (→ FOURTH 名 2). **3** C 10分の1 (→ FOURTH 名 3 語法).

ten·u·ous [ténjuəs] 形 **1** (意見・考えなどが)内容の乏しい, 浅薄な; (根拠・立場などが)弱い; (関連などが)薄い. **2** 《文語》非常に薄い [細い].
ten·u·ous·ly [～li] 副 貧弱に; 非常に薄く.

ten·ure [ténjər, -njuər] 名 U **1** (不動産の)保有 (権, 期間). **2** 《格式》在職期間, 任期: the governor's tenure of office 知事の任期.
3 《米》(大学教師などの) 終身在職権.

te·pee [tíːpiː] 名 C (アメリカ先住民の) 円錐(すい)形のテント小屋 (cf. wigwam 円形の小屋).

tep·id [tépid] 形 **1** (液体が)なまぬるい, 微温の.
2 (態度・反応などが)熱意のない, 乗り気でない.

te·pid·i·ty [tepídəti] 名 U なまぬるいこと; 熱意の

文法 時制 (tense)

基本となる時制は, 現在時制・過去時制・未来時制の3つです. それぞれの時制は, 述語動詞の形を変化させて表します.

[現在時制]
■ 述語動詞の形

be動詞	am, is, are
be動詞以外	動詞の原形 ただし, 主語が3人称単数の時は-(e)sを付ける

■ 現在時制の用法
❶ 現在の状態
I am ready to go.
(私は出かける準備ができている)
He looks sleepy. (彼は眠そうに見える)
❷ 現在の習慣的動作
Mary gets up early. (メアリーは早起きです)
❸ 不変の真理
Oil floats on water. (油は水に浮く)

[過去時制]
■ 述語動詞の形

be動詞	was, were
be動詞以外	動詞の過去形

■ 過去時制の用法　過去の動作・状態を表します.
He painted this picture when he was young. (彼は若いときにこの絵をかいた)

[未来時制]
■ 述語動詞の形 「will＋動詞の原形」
■ 未来時制の用法
❶ 単純未来：単なる未来を表します.
I'll [will] be seventeen years old this August. (私は8月で17歳になる)
He will be able to swim soon.
(彼はすぐに泳げるようになるだろう)
❷ 意志未来：話し手や主語の意志を表します.
I'll [will] carry this bag.
(私がこのかばんを運びます)

なさ.

te・qui・la [tikíːlə] 名 U C テキーラ《メキシコ産の強い蒸留酒》.

ter-a- [terə] 結合 名詞の前に付けて「1兆 (10^{12})」の意を表す: *tera*byte テラバイト.

ter・cen・te・nar・y [tə̀ːrsenténəri, tə̀(ː)rsénténèri / tə̀ːsenténəri] 名 (複 **ter・cen・te・nar・ies** [～z]) C 300年祭; 300周年; [形容詞的に]300年祭の; 300周年の.

ter・cen・ten・ni・al [tə̀ːrsenténiəl] 名 ＝ TERCENTENARY (↑).

Te・re・sa [təríːsə / -zə] 名 名 1 テレサ《◇女性の名; 《愛称》Terry, Tess, Tessa》. 2 マザー＝テレサ Mother *Teresa* (1910-97; マケドニア出身の修道女. インドで貧民救済を行った》.

***term [tə́ːrm] 名 動

原義は「限界, 境界」
① 期間, 任期.　　　　　　名 1
② 専門用語; 言い方.　　　名 2
③ 学期.　　　　　　　　　名 3
④ 条件, 料金.　　　　　　名 4

── 名 (複 **terms** [～z]) **1** C (一定の)**期間**;任期;(支払いなどの)期日, 期限: a *term* of imprisonment 刑期 / extend the *term* for payment 支払い期限を延長する / The governor served two *terms*. その知事は任期を2期務めた.
2 C 専門用語, 術語; [～s] 言い方, 言葉づかい: scientific [medical, legal] *terms* 科学[医学, 法律]用語 / speak in flattering *terms* へつらった口調で話す.
3 [C] 《主に英》(3学期制の)学期《《米》trimester》(cf. semester (2学期制の)学期): In Japan there are three *terms* at school. 日本の学校は3学期制です.
4 [～s] (支払いの)**条件**; 料金, 価格: under the *terms* of the treaty 条約の規定によって / What are the *terms* for private lessons? 個人教授の料金はいくらですか. **5** C [数学] 項.
■ **be on ... térms** […と]…の関係にある[*with*]: He *is on* bad [good] *terms with* his father. 彼は父親と仲が悪い[よい].
bríng ... to térms …を同意させる.
còme to térms with ... **1** …と合意する.
2 〈いやなこと〉を受け入れる, 納得する, 折り合いをつける.
in nó uncértain térms はっきりと, ずけずけと.
in térms of ... **1** …の点から; …に関して: It is a promotion *in terms of* salary. それは給料の面から考えると昇進と言える. **2** …の言葉で.
in the lóng [**shórt**] **térm** 長期 [短期] 的に.
── 動 [term＋O＋C]…を～と名づける, 呼ぶ: The research could be *termed* a success. その研究は成功と言えるだろう.
◆ **térm páper** C 《米》学期末レポート.

*ter・mi・nal [tə́ːrmənəl] 形 **1** (病気が)末期の, 不治の: *terminal* cancer 末期癌 / a *terminal* patient 末期患者 / *terminal* care 終末医療.

2 末端の; 終点の, 終着[始発]駅の: a *terminal* station 終着駅.
3 定期の; (学)期末の.
── 名 C **1** (鉄道・バスなどの)終点, 終着[始発]駅 (terminus); エアターミナル (air terminal): a railroad *terminal* 終着駅. **2** [コンピュータ]端末(装置). **3** [電気] 電極; (電池の)端子.

ter・mi・nal・ly [tə́ːrmənəli] 副 **1** 末期に; (病気が)末期症状で. **2** 定期に; 学期末に.

*ter・mi・nate [tə́ːrməneit] 動 他 **1** 《格式》…を終わらせる, やめる; …の終わりにくる: Mutual agreement *terminated* the meeting. 会合は相方が合意して終了した. **2** [医]〈妊娠〉を人工中絶する.
── 自 **1** […(の結果)に]**終わる**, 終了する [*in, with*]: The rivalry *terminated in* duel. 対立の結果決闘となった. **2** (電車・バスなどが)[…で]終点となる, 運行を中止する [*at*]: This train *terminates* here. この電車は当駅止まりです.

ter・mi・na・tion [tə̀ːrməneíʃən] 名 **1** U C 《格式》終了; 結末; 満了. **2** [医] 妊娠中絶.

ter・mi・no・log・i・cal [tə̀ːrmənəládʒikəl / -lɔ́dʒi-] 形 術語の, 用語上の.

ter・mi・nol・o・gy [tə̀ːrmənálədʒi / -nɔ́l-] 名 (複 **ter・mi・nol・o・gies** [～z]) U C [集合的に]術語, 専門用語: legal *terminology* 法律用語.

ter・mi・nus [tə́ːrmənəs] 名 (複 **ter・mi・ni** [-nài], **ter・mi・nus・es** [～iz]) C (鉄道・バスなどの)終着[始発]駅, ターミナル (terminal).

ter・mite [tə́ːrmait] 名 C [昆] シロアリ.

tern [tə́ːrn] 名 C [鳥] アジサシ《カモメ科の海鳥》.

ter・ra [térə] 【ラテン】 名 U C 土; 地, 大地 (the earth); (月面の)陸地.
◆ **térra cótta** [-kátə / -kɔ́tə] **1** U テラコッタ《素焼き土器》; C テラコッタ製品. **2** U 赤褐色.

*ter・race [térəs] 名 C **1** テラス《家に接して石・れんがなどを敷いた床面》; → HOUSE **PICTURE BOX**).
2 《主に英》(棟続きの)テラス式住宅 《通例2-4階建て, 個々の住宅は terraced house》.
3 (傾斜面の)ひな壇状の土地; (海岸・河岸の)段丘.
4 [the ～] 《英》(サッカー場の)立ち見席.
5 平屋根.

ter・raced [térəst] 形 (土地が)ひな壇状の; 《英》(住宅が)連続した, テラス式の.
◆ **térraced hóuse** C 《英》テラスハウス, 連棟式住宅(の1戸)(《米》row house).

ter・rain [təréin] 名 C U 地形, 地勢.

ter・ra・pin [térəpin] 名 (複 **ter・ra・pin, ter・ra・pins** [～z]) C [動物] テラピン《食用ガメ》.

ter・res・tri・al [təréstriəl] 形 **1** 陸地の, 陸(上)の; (動植物が)陸生の. **2** 地球(上)の (↔ celestial). **3** (放送が)地上波の.

***ter・ri・ble [térəbl] [「terr (怖がらせる) + ible (できる)」から]
── 形 **1** 《口語》**ひどい**, すごい, 不快な; […が]とても下手な [*at*]: a *terrible* pain ひどい痛み / He is *terrible at* driving. ＝ He is a *terrible* driver. 彼は運転がとても乱暴です / It was *terrible* to work [working] under him. 彼の下で働くのはうんざりでした / I feel *terrible* about

yesterday. きのうのことは本当にすみません.
2 恐ろしい, 怖い; 悲惨な: a *terrible* look 恐ろしい顔つき / a *terrible* accident 悲惨な事故.

‡**ter·ri·bly** [térəbli] 副 **1** とても, ひどく, 非常に: I'm *terribly* sorry. ほんとうに申し訳ありません.
2 ひどく悪く[下手に]; 恐ろしく.

ter·ri·er [tériər] 名 C テリア (狩猟・ペット用の犬).

‡**ter·rif·ic** [tərífik] 形 **1** (口語)すばらしい, すてきな: have a *terrific* time すばらしい時を過ごす.
2 (大きさ・程度などが)ものすごい, 大変な: a *terrific* speed 猛スピード. (▷ 名 térror)

ter·rif·i·cal·ly [tərífikəli] 副 (口語)ひどく.

ter·ri·fied [térəfàid] 形 [...に/...ということに]おびえた, 怖がった [*of, at / that* 節]: I'm *terrified of* heights. 私は高い所が怖い / They were *terrified that* the building would collapse. 彼らはビルが倒壊するのではないかとおびえていた.

*'**ter·ri·fy** [térəfài] 動 (三単現 **ter·ri·fies** [~z]; 過去・過分 **ter·ri·fied** [~d]; 現分 **ter·ri·fy·ing** [~iŋ]) 他 (人)を恐れさせる, 怖がらせる, おびえさせる (→ FRIGHTEN [類義語]); (人)を脅して[...]させる [*into*]: The thought of dying painfully *terrified* him. 苦しんで死ぬことを考えて彼はぞっとした.

ter·ri·fy·ing [térəfàiiŋ] 形 恐ろしい, ぞっとする.
ter·ri·fy·ing·ly [~li] 副 恐ろしく, ぞっとするほど.

ter·rine [təríːn] 名 UC 《料理》テリーヌ (ペースト状にした肉・魚の蒸し焼き. それに使う容器もさす).

*'**ter·ri·to·ri·al** [tèrətɔ́ːriəl] 形 **1** 領土の; 土地の: *territorial* waters[air] 領海[空] / preserve the *territorial* integrity 領土を保全する.
2 [しばしば T-; 限定用法] (カナダ・オーストラリアなどの) 準州の. **3** (動物が) 縄張り行動をする.
─ 名 C [しばしば T-] (英) 国防義勇軍 (the Territorial Army) の兵士.

ter·ri·to·ry [térətɔ̀ːri / -təri]
─ 名 (複 **ter·ri·to·ries** [~z]) **1** CU 領土, 領地: British *territory* イギリス領 / a trust *territory* (国連) 信託統治領 / The village is on Canadian *territory*. その村はカナダ領にある.
2 UC (口語) (学問・興味などの) 領域, 分野 (field): He is interested in the *territory* of ecology. 彼は生態学の分野に関心がある.
3 CU 地域, 地方 (region): Most *territories* in Greenland are tundra. グリーンランドはほとんどの地域がツンドラ[凍土帯]だ.
4 CU (動物の) 縄張り; (警察・外交員などの) 受け持ち区域.
5 [T-] C (カナダ・オーストラリアの) 準州.

‡**ter·ror** [térər]
─ 名 (複 **ter·rors** [~z]) **1** U [または a ~] (非常な) 恐怖(感), 怖さ (→ FEAR [類義語]): have a *terror* of ... ...をひどく怖がる / to one's *terror* 恐ろしいことに / In *terror*, he ran away fast. 彼は恐くなって急いで逃げ出した.
2 C [...にとって] 恐ろしい人[もの], 恐怖の種 [*to*]: He was a *terror to* everyone. 彼はすべての人にとって恐怖の的であった.
3 U テロ(行為). **4** C (口語) やっかい者.

*'**ter·ror·ism** [térərìzəm] 名 U テロリズム, テロ行為; 恐怖政治.

‡**ter·ror·ist** [térərist] 名 C テロリスト, テロ行為者: an armed *terrorist* 武装テロリスト.

ter·ror·ize, (英) **ter·ror·ise** [térəràiz] 動 他 (人)を(脅迫・暴力などで)怖がらせる[支配する]; ...を脅して[...]させる [*into doing*].

tér·ror-strìck·en, tér·ror-strùck 形 恐怖におびえた, 肝をつぶした.

ter·ry [téri] 名 U =**térry clòth** テリー織り, タオル地 (けばの輪を残した布地).

terse [təːrs] 形 (表現などが) 簡潔な, きびきびした; (話し手が) ぶっきらぼうな, 素っ気ない.
terse·ly [~li] 副 簡潔に; ぶっきらぼうに.
terse·ness [~nəs] 名 U 簡潔さ; ぶっきらぼう.

ter·ti·ar·y [tə́ːrʃièri / tə́ːʃəri] 形 **1** 第3(位)の (→ PRIMARY [関連語]). **2** 〔医〕(やけどなどの) 第3度[期]の, 重度の.
◆ **Tértiary pèriod** [the ~]〔地質〕第3紀.

TESL [tésl] 名 U 第2言語としての英語教育(法) (◇ *t*eaching *E*nglish as a *s*econd *l*anguage の略).

TESOL [tíːsɑl / -sɔl] 名 U 《主に米》他言語話者に対する英語教育 (◇ *t*eaching *E*nglish to *s*peakers *o*f *o*ther *l*anguages の略).

tes·sel·lat·ed [tésəlèitid] 形 (床・舗道などが) モザイク[市松]模様の.

‡**test** [tést]
名 動 【原義は「金属分析用のつぼ」】
─ 名 (複 **tests** [tésts]) **1** C 試験, 検査, テスト (→ EXAMINATION [類義語]): an English *test* = a *test* in English 英語の試験 / a blood *test* 血液検査 / an intelligence *test* 知能検査 / an oral [a written] *test* 口頭[筆記]試験 / We had a surprise *test*. 抜き打ち試験があった.

|コロケーション| 試験を[に] ...
| 試験を受ける: *take* [(英) *sit for*] *a test*
| 試験を行う: *give* [*conduct*] *a test*
| 試験に落ちる: *fail a test*
| 試験に合格する: *pass a test*

2 C 試す手段, 試金石; 試練; 基準: It will be a *test* of the team's real ability to play without him. 彼なしで戦うことはチームの実力を試す試金石となるだろう.

■ **pùt ... to the tést** ...を試験[吟味]する.
stánd the tést of tíme 時の試練に堪える.

─ 動 (三単現 **tests** [tésts]; 過去・過分 **test·ed** [~id]; 現分 **test·ing** [~iŋ])
─ 他 **1** ...を試験する, 検査する; (もの・ことが) ...を試す: *test* a new engine 新しいエンジンをテストする / Please *test* the solution with litmus paper. リトマス試験紙でその溶液をテストしてください / Time will *test* its credibility. それが確か[信用できる]かどうかは時がたてばわかる.
2 [...があるかどうか]...を調べる [*for*]: *test* potatoes *for* calcium ジャガイモにカルシウムが含まれているか調べる.

─ 自 [...の] 試験をする, 検査をする [*for*]: *test for* air pollution 大気汚染の検査をする.
◆ **tést bàn** C 核実験禁止協定.

tést càse [C][法]試訴《判例となる訴訟》; (一般に)テストケース.
tést màtch [C]《英》(クリケットやラグビーなどの)テストマッチ, 国際試合.
tést pàper [C]答案用紙; [U][化]試験紙.
tést pìlot [C]テストパイロット.
‡**tes・ta・ment** [téstəmənt] [名]《格式》 **1** [C][通例, 単数形で][…を]証明するもの, […の]証拠 [to]. **2** [C][法]遺言(書)《○通例 one's last will and testament の形で用いる》. **3** [the T-]聖書: the Old [New] *Testament* 旧約[新約]聖書.
tést-drìve [動]⑲〈車〉を試乗する, 試験走行をする.
tést drìve [C]〈車の〉試乗, 走行試験.
tést・er [téstər] [名][C] **1** 試験する人, 検査者. **2** 試験器[装置], テスター; (香水などの)試供品.
tes・ti・cle [téstikl] [名][解剖]睾丸(がん) (testis).
‡**tes・ti・fy** [téstəfài] [動](三単現 **tes・ti・fies** [~z]; 過去・過分 **tes・ti・fied** [~d]; 現分 **tes・ti・fy・ing** [~iŋ]) ⑪ **1** (特に法廷で)[…に有利に/…に不利に]証言する [*for* / *against*]; […を]証明[保証]する [*to*]: *testify against* [*for*] the defendant 被告に不利[有利]な証言をする / He *testified to* the girl's innocence. 彼が少女は無実であることを明らかにする証言を行った. **2** 《格式》(物事が)[…の]証拠となる, […を]示す [*to*]: Her look *testified to* her self-confidence. 彼女の表情が自信の表れを物語っていた.
― ⑲ **1** [testify+O](特に法廷で)…を証言する; 証明する; [testify+that 節]…と証言する: The witness *testified that* he had seen her in the shop. 証人は店で彼女を見たと証言した. **2** 《格式》(物事が)…の証拠となる, …を示す.
tes・ti・ly [téstəli] [副]怒りっぽく; いら立って.
tes・ti・mo・ni・al [tèstəmóuniəl] [名][C] **1** (能力・資格などの)証明書; 推薦状. **2** 表彰[感謝]状.
‡**tes・ti・mo・ny** [téstəmòuni / -məni] [名](複 **tes・ti・mo・nies** [~z]) **1** [C][U][法](宣誓)証言; 証明: bear *testimony* to …を証言する / give *testimony* that …と証言する / call … in *testimony* 〈人〉を証人に立たせる. **2** [U](または a ~)[…の]証拠, 現れ [*to, of*]: in *testimony* of one's determination 決意の表れとして.
test・ing [téstiŋ] [形]真価[能力]が試される, 難しい.
― [名][U][C]テストすること, 試験, 実験; 検査.
tes・tis [téstis] [名](複 **tes・tes** [-tiːz]) [C][解剖]睾丸(がん) (testicle).
tes・tos・ter・one [testástəròun / -tɔ́s-] [名][U][生化]テストステロン《男性ホルモンの一種》.
tést-tùbe [形]試験管で作った; 体外受精の: a *test-tube* baby 体外受精児, 試験管ベビー.
tést tùbe [名][C]試験管.
tes・ty [tésti] [形] (比較 **tes・ti・er** [~ər]; 最上 **tes・ti・est** [~ist]) (比較 怒りっぽい, 短気な; (言動が)いらいらした, つっけんどんな.
tet・a・nus [tétənəs] [名][U][医]破傷風.
tetch・y [tétʃi] [形] (比較 **tetch・i・er** [~ər]; 最上 **tetch・i・est** [~ist]) 怒りっぽい, いらいらした.
tête-à-tête [tèitətéit, tètətét] [フランス] [形][副] 2人だけで [で], さし向かいの [で]; 内密の [に].
― [名][C](2人だけの)内緒話, 密談.

teth・er [téðər] [名][C](牛・馬などの)つなぎ綱[鎖].
■ **be at the énd of one's téther** (人が)(能力・忍耐・財力などの)限界にきている, 万策つきている.
― [動]⑲〈牛・馬など〉をつなぎ綱[鎖]で[…に]つなぐ [*to*].
tet・ra- [tetrə] [結合]「4」の意を表す《○母音の前では tetr-》: *tetra*hedron 四面体.
tet・ra・pod [tétrəpɑ̀d / -pɔ̀d] [名][C]《商標》テトラポッド《護岸用の波消しブロック》.
Teu・ton [tjúːtən / tjúː-] [C]チュートン人; [the ~s] チュートン族《ゲルマン民族の一派》.
Teu・ton・ic [tjuːtɑ́nik / tjuːtɔ́n-] [形] **1** チュートン人[族]の; ゲルマン人[民族]の; ゲルマン語の. **2** 《こっけい》ドイツ人(特有)の.
Tex. 《略語》=*Texas* (↓).
Tex・as [téksəs] [名]⑲テキサス《米国南西部の州》(《略語》Tex., 《郵略語》TX; → AMERICA 表).
◆ **Téxas léaguer** [C][野球]ポテンヒット《内野と外野の間に落ちるフライ性の安打》.

‡**text** 《原義は「織ったもの, 生地」》
― [名](複 **texts** [téksts]) **1** [U](注釈・図表などに対して)本文: This book contains 100 pages of *text*, 10 pages of notes and many figures. この本は本文100ページ, 注釈10ページおよび多くの図表から成る.
2 [C](通例 the ~)(翻訳・演説などに対して)原文, 原典; …版, 版本: the *text* of a speech 演説原稿 / the original *text* of "Hamlet" 『ハムレット』の原テキスト. **3** [C](説教に用いる)聖書の引用句[一節]. **4** [C](討論などの)主題 (topic) 《情報などの)典拠. **5** [C]課題[指定]図書. **6** [C]《米》教科書 (textbook). (▷ [形] **téxtual**)
― [動]⑲〈人〉に携帯電話でメールを送る.

‡**text・book** [tékstbùk] [名][形]
― [名](複 **text-books** [~s]) 教科書, 教本, テキスト: an English *textbook* = a *textbook* on English 英語の教科書 / Open your *textbook* to page fifty. 教科書の50ページを開きなさい.
◀[背景]▶ **アメリカの教科書**
アメリカの高校では日本の教科書よりも数倍厚い教科書を使用している. 生徒は自ら購入するのではなく, 選択したクラスから借り受ける. したがって同じ教科書を異なった生徒が数年間使用する.
― [形][限定用法]教科書の; 標準の, 典型的な; 見本のような: a *textbook* example 典型例.
‡**tex・tile** [tékstail] [名][C][U] **1** 織物, 布地; [形容詞的に]織物の: the *textile* industry 織物業. **2** 織物の原料《毛・綿など》. **3** [~s]織物業.
tex・tu・al [tékstʃuəl] [形]本文の, 原文の; 原文通りの: a *textual* error 原文の誤り. (▷ **text**)
‡**tex・ture** [tékstʃər] [名] **1** (織物の)織り方, 織り具合; 織地, 生地. **2** (ものの)きめ, 手ざわり; (食べ物の)質感, 歯ごたえ, 舌ざわり. **3** 《文語》(音楽・文学作品などの)(全体の)基調, 特質, 特徴.
tex・tured [tékstʃərd] [形][通例, 複合語で]…な手ざわりの, 織り方[きめ]が…の, …織りの: coarse-*textured* 織りの粗い.
◆ **téxtured végetable prótein** [U]人造肉《大

豆から製造された肉の代用品;《略語》TVP).

TG 《略語》= *t*ransformational *g*rammar 変形文法.

TGIF 《米略語》= *T*hank *G*od *i*t's *F*riday. やっと金曜日だ, ああうれしい(あすから週末(の休み)だ).

-th [θ] 《接尾》 **1** 4以上の基数に付けて, 序数を作る (→ NUMBER 表): eigh*th* 8番目の / twelf*th* 12番目の / twentie*th* 20番目の. **2** 形容詞・動詞に付けて抽象名詞を作る: warm*th* 暖かさ / tru*th* 真実 / grow*th* 成長 / wid*th* 広さ.

Th. 《略語》= *Th*ursday 木曜日.

Thack・er・ay [θǽkəri]《名》サッカレー William Makepeace [méikpiːs] Thackeray 《1811–63; 英国の小説家》.

Thai [tái]《形》タイの; タイ人[語]の.
— 《名》 **1** C タイ人. **2** U タイ語.

Thai・land [táilænd, -lənd]《名》《固》タイ《東南アジアにある王国; 首都バンコク (Bangkok)》.

tha・lid・o・mide [θəlídəmàid]《名》U《薬》サリドマイド《鎮静睡眠薬. 障害児が生まれる原因となった》; [形容詞的に] サリドマイド(障害)の.

***Thames** [témz]《名》(☆ 発音に注意)[the ~]テムズ川《London を貫流して北海に注ぐ》.
■ **sèt the Thámes on fíre** [通例, 否定文で]《英口語》世間をあっと言わせる, 評判をとる.

******than** [(弱) ðən; (強) ðǽn]
— 《接》《従属接続詞》 **1** [形容詞・副詞の比較級に続けて] …**よりも**, …に比べて(◇ than が導く節では省略されることが多い): He is *taller than* I (am). 彼は私よりも背が高い(◇《口語》では *than* me を用いることが多い; → 《前》《語法》) / The United States has *stronger* military power *than* any other countries. 米国はどこの国よりも強力な軍事力を持っている / A horse runs *faster than* a cow. 馬は牛よりも速く走る / The population of Tokyo is *larger than* that of London. 東京はロンドンよりも人口が多い / The damage of the earthquake was *severer* in urban areas *than* (it was) in rural areas. 地震の被害は農村部よりも都市部で深刻だった.

2 [other, another, more, else などに続けて] …よりほかに [の]: I have no *other* hobby *than* tennis. 私はテニス以外の趣味は持っていない / She didn't go anywhere *else than* to the convenience store. 彼女はコンビニ以外どこへも行かなかった.

3 [rather, sooner などに続けて] …よりはむしろ: I would *rather* [*sooner*] go to France *than* to Spain. 私はスペインよりむしろフランスに行きたい / She preferred to stay home *rather than* travel with others. 彼女は人と旅行するよりは家にいることを好んだ.

4 [関係代名詞的に] …よりも: She talks more *than* is necessary. 彼女は必要以上にしゃべりすぎる / Don't spend more money *than* you earn. 収入以上の金を使ってはいけない.
— 《前》 [比較級のあとに続けて]《口語》…よりも: He is *taller than* me. 彼は私よりも背が高い.

《語法》(1) *than* I のように主格を用いるのが正式とされるが,《口語》では *than* me のように目的格を用いることが多い.
(2) *than* のあとが主格か目的格かによって 2 通りの解釈ができる場合もある. 誤解の恐れがあるときは省略を避ける: John loves his daughter more deeply *than* his wife (loves her). 妻よりもジョンのほうが娘をより深く愛している (◇ his wife は主格) / John loves his daughter more deeply *than* (he loves) his wife. ジョンは妻より娘のほうを深く愛している (◇ his wife は目的格).

*****thank** [θǽŋk]《動》《名》【原義は「考える」】
— 《動》 (三単現 **thanks** [~s]; 過去・過分 **thanked** [~t]; 現分 **thank・ing** [~iŋ])
— 《他》〈人〉に […の] 礼を言う, 感謝する [*for*]: We

LET'S TALK 感謝の言葉

[基本] **Thank you.**

Bill: **I'll show you around the school.**
(学校を案内してあげよう)

Kenji: **Thank you. That's very kind of you.**
(ありがとう. 親切ですね)

相手の好意に対しては, 必ず Thank you (very much). ((どうも)ありがとうございます) と言いましょう. 親しい間柄では, Thanks (a lot). と言ってもかまいません. Thank you. のあとに, That's very kind of you. または I really appreciate it. (どうもご親切に) と言うと, さらに丁寧な感謝の言葉になります.

感謝の言葉に対して「どういたしまして」と答えるには, You're welcome. / That's all right. / Not at all. / My pleasure. などと言います.

英語では, Thank you. をよく使います. 相手に少しでも労をかけたと思ったら, Thank you. と言ってみましょう.

[類例] A: Thank you for this book. (この本をありがとう)
B: You're welcome. (どういたしまして)

thankful / that

thanked her. 私たちは彼女に礼を述べた / I can't *thank* you enough. お礼の申し上げようもありません / I *thanked* him *for* the present. 私は彼に贈り物の礼を言った / He *thanked* them *for* supporting his campaign. 彼は運動を支持してくれたことに対し,彼らに礼を述べた.

■ **hàve onesélf to thánk for ...** …は自分の責任である: He *has* himself *to thank for* the result. その結果は彼自身の責任です.

I'll thánk you […を/…するように] お願いします [*for / to do*](◇強制的・皮肉な依頼を表す): *I'll thank you for* the ball. そのボールを拾ってくれないか / *I'll thank you to* leave me alone for a moment. しばらく1人にしてくれませんか.

Nò, thánk you. いいえ,結構です(◇相手の好意などを断るときの言葉);➡ AFRAID [LET'S TALK]): Will you have some more tea? – *No, thank you.* お茶をもう少しいかがですか – いえ,結構です.

Thánk Gód [góodness, héaven(s)]! ああ,ありがたや,やれやれ: *Thank God* the test is over! やれやれ,試験が終わった.

Thánk you. ありがとう(◇感謝を表す最も一般的な言葉;→名2;➡前ページ [LET'S TALK]): *Thank you* very [so] much. どうもありがとう / *Thank you* anyway. = *Thank you* just the same. ともかく,ありがとう(◇希望通りにならなかった場合に相手の労を多とし感謝を表すときの言葉).

— 名 [~s] **1** 感謝(の気持ち),お礼: We gave [expressed] our *thanks* to Bill for helping us. 私たちはビルに助けてくれたことへのお礼を述べた / He returned the CDs with his *thanks*. 彼はありがとうと言ってCDを返した.

2 [間投詞的に] ありがとう(◇ *Thank you.* よりくだけた言い方): *Thanks* a lot. = Many *thanks*. どうもありがとう / No, *thanks*. いや, 結構.

■ *nó [smáll] thánks to ...* …のおかげではなく. *thànks to ...* …のおかげで(◇皮肉に用いることもある): *Thanks to* you, the concert was a huge success. あなたのおかげでコンサートは大成功でした.

*thank・ful [θǽŋkfəl] 形 [叙述用法][人に/…を] 感謝している [*to / for*]; […することを / …ということを] ありがたく思う [*to do / that* 節] (↔ thankless) (→ GRATEFUL 類義語): I am *thankful* to him *for* his advice. 私は彼の助言に感謝している / You should be *thankful* to have escaped unhurt. = You should be *thankful that* you have escaped unhurt. 無事に逃げられたことをありがたいと思いなさい.

thank・ful・ness [~nəs] 名 U 感謝の気持ち.

thank・ful・ly [θǽŋkfəli] 副 感謝して; [文修飾] ありがたいことに.

thank・less [θǽŋkləs] 形 **1** (仕事などが)報われない,割の合わない.
2 《文語》恩知らずの.

‡**thanks・giv・ing** [θæ̀ŋksgívɪŋ, θǽŋksgìvɪŋ] 名
1 U (特に神への)感謝, 謝恩; C 感謝の祈り.
2 U [T-] 《米・カナダ》= Thanksgiving Dày 感謝祭.

(背景) 感謝祭
■ 法定休日で,米国では11月の第4木曜日,カナダでは10月の第2月曜日 (→ HOLIDAY 表).
■ 17世紀に英国からの移民が現在の Massachusetts 州 Plymouth に上陸した頃,厳しい寒さと飢えをアメリカ先住民が救ってくれたことに感謝して祝宴を開いたのが起源. この日から週末は学校や会社が休みとなり,家族そろって七面鳥の丸焼きやパンプキンパイなどを囲んで祝う.

thánk-yòu 形 [限定用法] 感謝[お礼]の: a *thank-you* letter [note] 礼状.
— 名 C 感謝の言葉(行為).

***that** 代 形 副 接

❶ 指示代名詞「あれ」(→ 代 **1**)
That is my house. (あれが私の家です)

❷ 関係代名詞「…する[である](人・もの・こと)」(→ 代 **6**)
These are pumpkins that came from New Zealand.
(これらはニュージーランド産のカボチャです)

❸ 指示形容詞「あの」(→ 形 **1**)
Is that car your father's?
(あの車は君のお父さんのですか)

❹ 副詞「そんなに,それほど」(→ 副)
I can't wait that long. (私はそんなに長く待てない)

❺ 従属接続詞
■ 名詞節を導いて「…である[する]ということ」(→ 接 **1**~**5**)
I learned that he was telling a lie.
(私は彼がうそをついていることがわかった)

■ [so that ... can ~] 目的「…が~するために」(→ 接 **6**)
I got up early so that I could catch the first bus.
(私は始発バスに間に合うように早く起きた)

■ [so ... that ~] 結果・程度「とても…なので~である,~するほど…」(→ 接 **7**)
He was so tired that he went to bed early. 結果
(彼はとても疲れていたので早く寝た)
I'm not so poor that I can't buy it. 程度
(私はそれが買えないほど貧しくはない)

❻ [It is ... that ~] 強調構文「~するのは…である」(→ 接 **9**)
It was ten years ago that he first met her. (彼が初めて彼女に会ったのは10年前だった)

— 代 I [ðæt] [指示代名詞] (複 those [ðóuz])
1 あれ,それ(◇近くのものをさす this に対し,話し手から離れたところにあるものをさす): Whose bike

that

is *that*? あれはだれの自転車ですか / *That* was the best time. あの時が一番よかった / I like this better than *that*. あれよりこれのほうが好きです / Who's *that*? あれ[あの人]はだれですか / This is my brother. *That* is my mother. こちらが兄です. あちらが母です.

2 [前に述べたことなどをさして] **それ, あれ, そのこと**: As for the pasta, *that* was a delicious dish. パスタと言えば, あれはおいしかった / *That*'s the movie I was talking about. それが私が話していた映画です / Did she really say so? *That*'s what I want to know. 彼女は本当にそう言ったのですか. それが私の知りたいことなのです.

3 [先行する名詞の繰り返しを避けて]《格式》[…の] **それ, あれ** [*of*] (◇「the＋単数名詞」の代わりをする): His behavior was not *that of* a sportsman. 彼のふるまいはスポーツマンのそれではなかった (◇ that＝the behavior) / The population of Tokyo is larger than *that of* New York. 東京の人口はニューヨーク(の人口)より多い (◇ that＝the population).

4 [関係代名詞 which の先行詞として]《格式》(…である)こと[もの], (…する)こと[もの] (◇ what を用いるほうが一般的): He wasted *that which* he had inherited from his father. 彼は父親から相続したものをむだに使った.

5 [後者 (this) に対して] **前者 (the former)**: Work and play are both necessary for good health; this gives us rest, and *that* gives us energy. 仕事と遊びはどちらも健康に必要である. 後者は休養を, 前者は活力を与えてくれる.

II [ðət] [関係代名詞]

語法 (1) 人・もの・ことを先行詞にとる (→ RELATIVE **文法**).
(2) which より口語的. また, 人を先行詞にとるときは who のほうが一般的.
(3) 次の場合には通例 that を用いる. (a) ものを表す先行詞に all, every, only, single, no が付くとき. (b) ものを表す先行詞に形容詞の最上級, 序数詞などが付くとき. (c) all, 形容詞の最上級, 序数詞がそのまま先行詞となるとき. (d) 先行詞が「人＋もの」のとき.

6 [制限用法] **…する[である]** (人・もの・こと).
(a) [関係詞節の中で主語として]: The only animal *that* blushes are human beings. 恥ずかしがって顔が赤くなる動物は人間だけです / He works in a factory *that* makes cameras. 彼はカメラを製造する工場で働いている / All *that* glitters is not gold. 《ことわざ》光るもの必ずしも金ではない.
(b) [関係詞節の中で動詞の目的語として] (◇この用法の that はしばしば省略される): This is the sweater (*that*) I bought at that shop. これはあの店で買ったセーターです / He is the man (*that*) I met at the party. 彼は私がパーティーで会った人です / Don't believe the rumors (*that*) people say about him. 人が彼について言っていることを信じてはいけない.
(c) [関係詞節の中で前置詞の目的語として] (◇前置詞は that 節の中の動詞のあとに置き, that はしばしば省略される): Is that the school (*that*) you go

to? あれはあなたが通っている学校ですか / Houston is the city (*that*) he comes from. ヒューストンは彼の出身地です.

7 [It is ... that ～] [強調構文] **～する[である]のは…である** (◇…は名詞・代名詞; 強調される語句が人の場合は who や whom, もの・ことの場合は which を用いることもある; → **図 9**): *It is* lack of good medicines *that* worries them most. 彼らが最も心配しているのはよい薬のないことです / *It was* her [she] *that* told me the news. そのニュースを私に教えてくれたのは彼女だった.

8 [関係副詞的に] **…である[する] (とき[ところ]の)** (◇時・場所・方法・理由を表す語を受けて, that に続く節の中で副詞と同じような働きをする.《口語》では that はしばしば省略される): This is the first time (*that*) I have heard from him. 彼から便りがあったのはこれが初めてです / Hold your teacup the way (*that*) I do. 茶碗を私のように持ちなさい / Do you know the reason (*that*) he quit? 彼が辞めた理由を知っていますか.

■ **and áll thát**《口語》その他いろいろ.

and thát しかも, それも (◇前文全体あるいは一部を受ける): He takes pictures, *and that* very well. 彼は写真を撮る. しかも大変上手に撮る.

at thát **1** その点で, それぐらいで: You had better let it go *at that*. それぐらいにしておいたほうがいい. **2** しかも, おまけに: It's an idea, and a good one *at that*. それは1つの案です. しかも名案です. **3** それなのに.

thàt is (to sáy) すなわち, 言い換えれば (◇例を挙げたり説明するときの表現; → I.E.; ➡ MEAN [**LET'S TALK**]): He is my sister's husband, *that is*, my brother-in-law. 彼は姉[妹]の夫, つまり義理の兄[弟]です.

Thát's ít.《口語》**1** (同意・確認して) そうなんだ, そこだ (◇自分の考えていることと一致したときに言う). **2** これでおしまいだ.

Thàt's thát.《口語》それだけ, これでおしまい, それで決まった: It was an accident and *that's that*. それは単なる事故だった. それだけのことです.

wìth thát そう言って; そこで, それから.

— **形** [ðǽt] [指示形容詞] (複 **those** [ðóuz])

1 あの, その (◇離れたところにあるものをさす): Give me *that* tie, not this one. このネクタイではなく, そっちのをください / Who is *that* girl over there? あそこにいるあの女の子はだれですか / Suddenly he remembered *that* time in Rome. 彼は突然ローマでのあの頃のことを思い出した.

語法 指示形容詞 (**this, that, these, those**)
(1) 形容詞と共に用いるときは, 形容詞よりも前に置く: *that* old clock あの古い時計 / *these* tall trees これらの高い木々.
(2) 冠詞や some, any などと共には用いない. ただし, these, those は all, both のあとに置くことができる: all *those* girls あの女の子たち全員.
(3) 名詞・代名詞の所有格と共に用いる場合は次のように言う: *that* watch of yours あなたのあの時計 / *this* car of John's ジョンのこの車.

2《しばしば軽蔑》あの, 例の: *that* sly look of his

彼のずるそうなあの目つき.
3 [that ... which 〜の形で関係代名詞の先行詞を修飾して](〜である)その…, (〜する)例の…: I'll show you *that* picture *which* I bought. 私が買った絵をお見せしましょう.

— **副** [ðǽt] [通例, 疑問文・否定文で]《口語》**そんなに**, それほど (so): I like him but not *that* much. 彼のことは好きだが, それほどではない / Don't take his words *that* seriously. 彼の言葉をそんなに深刻に受けとめるな / To master a foreign language is not *that* easy. 外国語をマスターすることはそれほど容易ではない.

— **接** [(弱) ðət; (強) ðǽt] [従属接続詞]
I [名詞節を導いて]
1 [他動詞の目的語となる名詞節を導いて] **…である[する]ということ**: Everybody knows (*that*) there is no place like home. 自宅ほどよい所はないことはだれもが知っている / The blooming of cherry blossoms means *that* spring has come. 桜の開花は春の到来を告げる.
語法(1) that は《口語》ではしばしば省略される. ただし, that で始まる節が 2 つ以上あるときは, 2 番目以降の that は省略しない: He often says (*that*) he has two daughters and *that* one of them lives in Seattle. 彼は娘が 2 人あり, そのうち 1 人はシアトルにいるとよく言っている.
(2) 形式目的語の it を用いて, 真の目的語である that 節をあとに置くことがある: He made *it* clear *that* the plan was impracticable. 彼はその計画が実行不可能であることを明らかにした.
2 [主語節を導いて] **…である[する]ということは**(◇通例 it を形式主語にして that 節はあとに置く): *It* is true *that* computers used to be very expensive. コンピュータが以前は非常に高価だったということは事実である / *That* her mother is a professional singer is true. 彼女の母親がプロの歌手だということは本当です.
3 [主格補語となる名詞節を導いて] **…である[する]ということ**: The fact is *that* unemployment still remains quite high. 事実は失業率が依然として非常に高いということです / Her worry is *that* her son watches TV too much. 彼女の心配は息子がテレビを見すぎることです.
4 [名詞と同格になる節を導いて] **…である[する]という〜**: His decision *that* we cancel the school trip disappointed us. 修学旅行を中止するという彼の決定に私たちはがっかりした / I was relieved at the news *that* she was safe. 彼女が無事だという知らせを聞いて私は安心した.
5 [前置詞の目的語となる名詞節を導いて] **…である[する]ということは**: His house is very fine except *that* it is far from his office. 彼の家は事務所から遠いということを除けばとてもすばらしい.
II [副詞節を導いて]
6 [目的] **…するために**, …できるように (→ so that ... (so¹ **成句**), in order that ... (ORDER **名 成句**)): I got up early so *that* I could see the sunrise. 私は日の出を見るために早起きした.
7 [so [such] ... that 〜] [結果・程度] (とても…なので) **〜である[する]**, 〜なほど (…である): She was *so* surprised (*that*) she could not move for a while. 彼女はとても驚いたのでしばらく身動きできなかった / She was *such* a gentle girl *that* she was loved by all. 彼女は非常に優しい女の子だったので皆に愛された.
8 [原因・理由] **…して**, …とは(◇この that はしばしば省略される): How happy she was (*that*) her only son had been found alive! 一人息子の生存が確認されて彼女はどんなにうれしかったことだろう / I am sorry (*that*) you cannot come. あなたが来られないのは残念です.
9 [It is ... that 〜] [強調構文] **〜するのは…である** (◇…は副詞句); → **代 7**): *It was* on Christmas Eve *that* they got married. 彼らが結婚したのはクリスマスイブでした.
10 [判断の根拠] **…する[である]とは**(◇驚き・意外・残念などの気持ちを表す): He must have been angry *that* he did such a thing. 彼がそんなことをするなんて怒っていたからに違いない.
11 [願い・祈り]《文語》**…だったらなあ**: Oh, *that* my daughter were with me. 娘が一緒にいてくれたらなあ(◇ that 節の中の動詞は仮定法過去形).

thatch [θǽtʃ] **名 1** 草 [わら, かや] ぶき屋根.
2 ⓤ 屋根ふき材料 [わら・アシ・かやなど].
3 [単数形で]《こっけい》もじゃもじゃ頭.
— **動** 他 (屋根)を草 [わら, かやなど] でふく: a *thatched* roof わら [かや] ぶき屋根.

Thatch‧er [θǽtʃər] **名 圃** サッチャー Margaret Hilda [hílda] Thatcher 《1925–; 英国の女性政治家; 首相 (1979–90)》.

that'd [ðǽtəd] 《短縮》《口語》that would, that had の短縮形.

*that'll [(弱) ðətl; (強) ðǽtl]
《短縮》 **that will** の短縮形: How about going fishing tomorrow? — *That'll* be fine. あす魚釣りに行かないかー いいね / Here's a topic *that'll* interest you. 興味がありそうな話題をお教えしよう (◇ that は関係代名詞).

*that's [(弱) ðəts; (強) ðǽts]
《短縮》《口語》
1 that is の短縮形: *That's* fine. それで結構です / I've packed into the suitcase all *that's* necessary for the trip. 旅行に必要なものはすべてスーツケースに入れた.
2 that has の短縮形: *That's* already ended. それはもう終わった.

*thaw [θɔ́ː] **動 自 1**(氷・雪などが)**解ける**(→ MELT **類義語**); **解凍される** (*out*): The snow has started to *thaw*. 雪が解け始めた.
2 [It を主語にして](氷・雪などが解けるほど天候が) **暖かくなる**: *It* will *thaw* next week. 来週には雪解けの陽気になるだろう.
3(冷えた体が)**暖まる** (*out*).
4(態度などが)**打ち解ける, 和らぐ** (*out*).
— 他 **1**(氷・雪など)**を解かす**; …を解凍する (*out*).
2(冷えた体)**を暖める** (*out*).
— **名** ⓒ [通例, 単数形で] **1 雪解け, 解氷; 雪解けの陽気** [季節].
2(態度などが)打ち解けること; (国際関係などの)緊張緩和.

the [(弱)[子音の前で] ðə, [母音の前で] ði; (強) ðíː] [冠詞] [副]

❶ 既出の名詞に付けて (→**1**(**a**))
I have a cat. The cat is called Tama.
（私は猫を飼っている．その猫はタマと呼ばれている）

❷ 前後関係で何をさすかわかる名詞に付けて (→**1**(**b**))
Will you open the window?
（窓を開けてくれませんか）

❸ 唯一のものを表す名詞に付けて (→**2**)
The earth goes around the sun.
（地球は太陽の周りを回る）

❹ 限定語句を伴った名詞に付けて (→**6**(**a**))
The water of this spring is good to drink.↑ （この泉の水は飲用に適する）

❺ 最上級・序数などに付けて (→**6**(**b**))
He is the tallest in this class.
（彼はこのクラスで一番背が高い）
The first train leaves at 5:10.
（始発列車は5時10分に出る）

❻ 総称「…というもの」(→**8**)
The dog is a faithful animal.
（犬は忠実な動物である）

❼ 単位を表して「…につき」(→**10**)
Part-timers are paid by the hour.
（非常勤職員は時間給である）

❽ 形容詞に付けて「…の人々」(→**12**)
The rich are not always happier than the poor. （金持ちがいつも貧しい人よりも幸福とは限らない）

――[冠詞] [定冠詞] (◇日本語には訳さないことが多い)
1 (a)[既出の名詞に付けて] その, あの, この: Mary has a son and a daughter. *The* son is an engineer and *the* daughter is a teacher. メアリーには息子と娘がいます．息子は技師で，娘は教師です / There are five books on my desk. One of *the* books is a dictionary. 私の机の上には本が5冊あります．そのうちの1冊は辞書です．
(b)[前後関係で何をさすかわかる名詞に付けて] その, あの, 例の: Open *the* door. ドアを開けなさい / Where is *the* post office? 郵便局はどこですか．
2 [唯一のものを表す名詞に付けて]: *the* moon 月 / *the* universe 宇宙 / Look at *the* sky. 空を見てごらん．
3 [時を表す名詞に付けて] 現在の, 目下の, 当時の: questions of *the* day 今日の諸問題 / I first met her in *the* spring. 私が彼女に初めて会ったのは春だった．
4 [方角・自然現象を表す名詞に付けて]: walk in *the* rain 雨の中を歩く / *The* wind blew from *the* north. 風は北から吹いた．
5 [楽器・用具などに付けて]: play *the* piano ピアノを弾く / listen to a song on *the* radio ラジオで歌を聴く

6 (a)[限定語句を伴った名詞に付けて] *The* six of us disagreed with him. 私たち6人(全員)は彼と意見が合わなかった / *The* picture that she drew was very impressive. 彼女がかいた絵はとてもすばらしかった. (b)[最上級・序数などに付けて]: Nancy is *the* tallest girl in her class. ナンシーはクラスで一番背が高い / This is *the* first time I have ever visited China. 中国を訪れるのはこれが初めてです．

[語法] (1) 限定語句を伴っていても特定のものに限定しないときには, the ではなく a [an] を用いる: *a* best seller ベストセラー / *a* first night (劇の)初日 / *an* only child ひとりっ子．
(2) 副詞の最上級や同一の人［もの］について比較する場合の最上級には the を付けないことが多い: This mountain is highest at this point. この山はここが一番高い．
(3) 2つの人［もの］を比べる場合, 「the＋比較級」で「(2つのうちの)…のほう」の意味を表すことがある: *the* younger of the two sisters 2人姉妹の若いほう．

7 [名詞を強調して] 真の, すぐれた, 典型的な (◇[ðíː]と強く発音する): *the* King of Kings 王の中の王, キリスト / She is *the* violinist of the day. 彼女は当代随一のバイオリン奏者です / This is *the* hotel. こここそ (the) ホテルである．

8 [総称] …というもの (→ A **2** [語法]): *The* tiger is a fierce animal. トラは猛獣である / *The* child is father of *the* man. 《ことわざ》子供(というもの)は大人の父である ⇒ 三つ子の魂百まで．

9 [集合名詞・複数名詞に付けて] (◇その集団全体をさす): *the* aristocracy 貴族階級 / *the* Coopers クーパー家［夫妻］/ *the* Australians オーストラリア人 (◇全体).

10 [単位を表して] …につき; …単位(で): I'm paid by *the* day [hour]. 私は日［時間］給です．

11 [体の一部に付けて]: hold a baby by *the* hand 赤ん坊の手を握る (＝hold a baby's hand).

12 [形容詞に付けて] (a)[集合名詞的に]…の人々: *the* rich 金持ち(の人々) (＝rich people) / *the* dying 死にかけている人々. (b)[抽象名詞的に]: *the* beautiful 美 (＝beauty).

13 [固有名詞に付けて]
(1) 地形など (a) [河川・海洋名]: *the* (River) Thames テムズ川 / *the* Atlantic (Ocean) 大西洋. (b) [山脈・諸島名]: *the* Rocky Mountains ＝*the* Rockies ロッキー山脈 / *the* Philippines ＝*the* Philippine Islands フィリピン諸島．
(c) [海峡・運河・半島名]: *the* (English) Channel イギリス海峡 / *the* Panama Canal パナマ運河 / *the* Iberian Peninsula イベリア半島. (d) [地方名]: *the* Lake District 湖水地方. (e) [一部の国名] *the* United States of America アメリカ合衆国.

(2) 船名・列車名: *the* Mayflower メイフラワー号 / *the* Orient Express オリエント急行.
(3) 新聞・(専門誌などの)雑誌名: *The* Washington Post ワシントンポスト紙.
(4) 一部の公共建築物: *the* White House ホワイトハウス / *the* British Museum 大英博物館.
(5) 形容詞や of ～ で限定された固有名詞: *the* late Mr. Wood 故ウッド氏 / *the* Venus of Milo ミロのビーナス.

— 副 **1** [「the＋比較級 …, the＋比較級 …」の形で] …すればそれだけ(ますます)…: *The richer* he became, *the more* he wanted. 彼は金持ちになればなるほど、ますます欲が深くなった / *The sooner, the better.* 早ければ早いほどよい.
2 [比較級の前に付けて](…について、…のために)それだけ、ますます(◇強調のために前に all を付けることがある): If the sun shines, it will be all *the* better for our field day. 晴れなら運動会にはますますよい / People liked him all *the* better for his faults. 欠点があるからこそかえって人々は彼が好きだった.

‡the·a·ter,《英》**the·a·tre**
[θíːətər / θíə-]
— 名 (複 **the·a·ters,**《英》**the·a·tres** [～z])
1 C 劇場 (《米》でも劇場名としては theatre とつづることが多い)(➡ PICTURE BOX): an open-air *theater* 野外劇場 / The play was performed at a *theater* in London. その劇はロンドンのある劇場で上演された.
2 C 《米》映画館 (movie theater, 《主に英》cinema): There's only one *theater* in this town. この町に映画館は1軒しかありません.
3 U [通例 the ～] 演劇; 演劇界: introduce new techniques into the *theater* 演劇に新しい技法を導入する / She works in the *theater*. 彼女は演劇界で働いている.
4 C U 《英》手術室 (operating theater, 《米》surgery); C 階段教室. **5** C 現場; 戦域: a *theater* of war 戦場. (▷ 形 theátrical)

the·a·ter·go·er,《英》**the·a·tre·go·er**
[θíːətərgòuər / θíə-] 名 C 劇場の常連, 芝居好き.

thé·a·ter-in-the-róund 名 **1** C 円形劇場.
2 U 円形劇場向けの演劇.

‡the·a·tre [θíːətər / θíə-]《英》= THEATER (↑).

‡the·at·ri·cal [θiǽtrikəl] 形 **1** 劇場の; 演劇の: a *theatrical* company 劇団. **2** (態度・人などが)芝居がかった, わざとらしい.
— 名 [～s] (特に素人の)演劇. (▷ 名 théater)
the·at·ri·cal·ly [-kəli] 副 演劇的に; 芝居がかって.

Thebes [θíːbz] 名 固 **1** テーベ《古代エジプトの首都》. **2** テーベ《古代ギリシャの都市国家》.

thee [(弱) ði; (強) ðíː] 代 《◇ thou の目的格》《古》なんじを[に], あなたを[に].

‡theft [θéft] 名 U C 盗み, 窃盗 (cf. thief どろぼう《◇人》); […を] 盗むこと [*of*]: commit (a) *theft* 盗みを働く.

‡their [(弱) ðər; (強) ðéər] 代 (☆ 同音 there)
— 代 [人称代名詞]《◇ they の所有格》; → PERSONAL (文法) **1** (a) [名詞の前に付けて] 彼らの, 彼女らの, それらの: That is *their* school. あれは彼(女)らの学校です / These are all new words to me and I don't know *their* meanings. これらはどれも新しい単語で私には意味がわからない.

PICTURE BOX theater

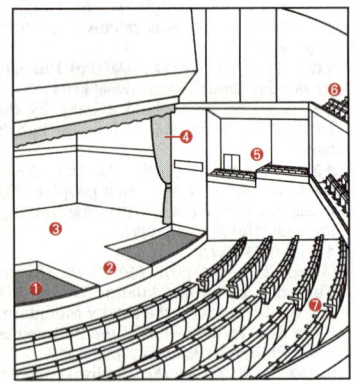

❶orchestra pit オーケストラピット
❷apron stage 張り出し舞台 ❸stage 舞台
❹curtain 幕 ❺box ボックス(席)
❻gallery 天井桟敷 ❼auditorium 観客席

stand in line (列に並ぶ)
show one's ID card (身分証明書を見せる) 
buy a ticket (チケットを買う) 
look for one's seat (自分の席を探す) 
push down the seat (いすを押し下げる) 
read the program (プログラムを読む)

(b) [動名詞の前に付けて; 意味上の主語として] 彼らが, 彼女らが: I'm looking forward to *their* coming. 彼らが来るのを楽しみにしています.

2 [everyone, anyone などの不定代名詞を受けて]《口語》: Everyone did *their* best. だれもが最善をつくした (◇ his, her, his or her の代用).

theirs [ðéərz]

— 代 (◇ they の所有代名詞; → PRONOUN 文法) [単数・複数扱い] 彼らのもの, 彼女らのもの, それらのもの (◇ さすものが単数なら単数扱い, 複数なら複数扱い): These watches are *theirs*. これらの時計は彼らのものです (◇ =their watches) / Our idea is good, but *theirs* is far better. 私たちの考えもいいが, 彼らの考えはさらにずっといい (◇ theirs=their idea).

■ *... of théirs* 彼らの, 彼女らの, それらの (→ MINE¹ 語法): He is a cousin *of theirs*. 彼は彼らのいとこです.

the·ism [θí:izəm] 名 U 有神論 (↔ atheism).

them [(弱) ðəm; (強) ðém]

— 代 [人称代名詞] (◇ they の目的格;《短縮》'em [əm]; → PERSONAL 文法)

1 [目的格] (a) [動詞の目的語として] 彼らを [に], 彼女らを [に], それらを [に]: She has two cats, and she loves *them*. 彼女の家には猫が2匹いて, 彼女はそれらを大変かわいがっている / He sent *them* flowers. 彼は彼らに花を送った. (b) [前置詞の目的語として] 彼らを [に], 彼女らを [に], それらを [に]: I played golf with *them* yesterday. 私はきのう彼らとゴルフをした.

2 [主格補語 they の代わりに]《口語》 彼ら [彼女ら, それら] で (→ ME **2** 語法): He shouted, "That's *them*." 彼は「あいつらだ」と叫んだ.

3 [as, than のあとで; 主格 they の代わりとして]《口語》彼ら [彼女ら, それら] (→ ME **3** 語法): I came earlier *than them*. 私は彼らより早く来た (◇ than them = than they came).

4 [動名詞の意味上の主語として; 所有格 their の代わりに]《口語》彼ら [彼女ら, それら] が: I don't mind *them* chattering. 私は彼らがおしゃべりをしていても気にならない.

5 [独立的に they の代わりに用いて]《口語》彼ら [彼女ら, それら]: Who has done it? — *Them*. やったのはだれだー あいつらです.

the·mat·ic [θiːmǽtik] 形 主題 [テーマ] の, 主題 [テーマ] に関する. (▷ 名 théme)

theme [θí:m] (☆発音に注意)

【原義は「下に置かれたもの」】

— 名 (複 themes [~z]) C **1** […の] 主題, 題 (目), テーマ [of, in] (→ SUBJECT 類義語): a main [central] *theme* 中心テーマ / The *theme* of his essay is global warming. 彼の小論文は地球温暖化がテーマである.

2《米》(学校の) 課題作文, (短い) 論文.

3 [音楽] 主題, 主旋律, テーマ. (▷ 形 themátic)

◆ théme pàrk C テーマパーク《特定のテーマのもとに構成されたレジャー施設》.

théme sòng [tùne] C (映画などの) 主題歌 [曲] (テレビ・ラジオの) テーマソング [音楽].

them·selves [(弱) ðəmsélvz; (強) ðemsélvz]

— 代 (◇ they の再帰代名詞; 用法・成句は→ ONESELF)

1 [再帰用法] 彼ら自身を [に], 彼ら自身を [に], それら自体を [に]: They praised *themselves*. 彼らは自画自賛した / They should be ashamed *of themselves*. 彼らは自分を恥じるべきです / The children were enjoying *themselves*. 子供たちは楽しく過ごしていた.

2 [強調用法] 彼ら [彼女ら] 自身で, それら自体で: They did it *themselves*. 彼らは自分たちでそれをした / We met with the directors *themselves*. 私たちは取締役たちとじかに会った.

then [ðén] 副 名 形

— 副 **1** [過去・未来のことについて] その時, あの時 (at that time): We were living in New York *then*. 当時私たちはニューヨークに住んでいた / He was *then* eight years old. 彼はその時8歳だった / I'll pick you up around 7:00. – OK. See you *then*. 7時頃に車で迎えに行くよー じゃあその時に会いましょう.

2 [順序を示して] それから, その次に, その後 (next, afterward): Let's have lunch first, and *then* go shopping. まず昼食をとって, それから買い物に行きましょう / He finished his assignment and *then* watched TV. 彼は宿題を終えてからテレビを見た.

3 それなら, その場合は, それでは (in that case): What are you going to do *then*? それならどうするつもりなのですか / If you don't like the food, *then* say so. 料理がお嫌いなら, そう言ってください (◇ if と相関的に用いることがある) / You could stay at the hotel near the airport. *Then* you'll catch the first flight. 空港の近くのホテルに泊まったらどうですか. そうすれば始発便に間に合うでしょう.

4 そのうえ, さらに: It's raining, and *then* getting dark. 雨が降っていて, そのうえ暗くなってきた.

■ *and thèn sòme (agáin)* まあ, なんと: I can't come to the party, *and then (again)* I didn't want to anyway. パーティーには行けません. まあもともと行きたくもなかったけど.

and then sòme [文末で]《口語》さらにもっと, それ以上に: Last month he earned one million yen *and then some*. 先月彼は100万円以上を稼いだ.

but thén (agáin) だが, しかしまた: It is true that Tom lost the championship match, *but then* he never really expected to win it. なるほどトムは選手権試合に負けた. だが彼は勝てるなどとは決して思っていなかったのだ.

thén and thére = *thére and thén* その場で, ただちに.

— 名 U [通例, 前置詞の目的語として] その時: I had not gone skiing before *then*. 私はそれ以前はスキーに行ったことがなかった / We have been good friends since *then*. その時以来私たちはず

っと仲よしです / The meeting will be over by *then*. 会議は その頃までに終わっているだろう / Call me at 12:00. I'm busy until *then*. 12時に電話をください. それまでは忙しいから.
— 形 [the ~; 限定的用法] 当時の, その時の: the *then* UN Secretary-General 当時の国連事務総長.

thence [ðéns] 副《文語》 **1** そこから (from there). **2** それゆえに (therefore).

thence・forth [ðénsfɔ́ːrθ / ðènsfɔ́ːrθ] 副《文語》その時から, それ以後 (from then on).

the・o- [θíːə] [結合]「神(々)の」の意を表す《◇母音の前では th-》: *theology* 神学.

the・oc・ra・cy [θiákrəsi / -ɔ́k-] 名 (複 **the・oc・ra・cies** [~z]) U 神政, 神権政治; C 神政国家.

the・oc・rat・ic [θìːəkrǽtik] 形 神政 (政治) の.

The・o・dore [θíːədɔ̀ːr] 名 圏 セオドア《◇男性の名; 《愛称》Ted, Teddy》.

the・o・lo・gi・an [θìːəlóudʒən] 名 C 神学者.

the・o・log・i・cal [θìːəládʒikəl / -lɔ́dʒ-] 形 (神学 (上) の, 神学的な.
the・o・log・i・cal・ly [-kəli] 副 神学上, 神学的に.

*__the・ol・o・gy__ [θiálədʒi / -ɔ́l-] 名 (複 **the・ol・o・gies** [~z]) **1** U (特にキリスト教の) 神学. **2** C U (特定の) 神学体系 [理論], (ある宗教の) 教義.

the・o・rem [θíːərəm / θíə-] 名 C **1** 【数学】定理 (cf. axiom 公理). **2** 一般原理 [法則].

*__the・o・ret・i・cal__ [θìːərétikəl / θìə-] 形 **1** 理論的な, 理論 (上) の (↔ practical, applied): *theoretical* physics 理論物理学. **2** 非現実 [非実際] 的な, 理論の上だけの. (▷ 名 théory)

the・o・ret・i・cal・ly [θìːərétikəli / θìə-] 副 理論的に; [文修飾] 理論上は, 理論的に言えば.

the・o・rist [θíːərist / θíə-] 名 C 理論家, 空論家.

the・o・rize, 《英》 **the・o・rise** [θíːəràiz / θíə-] 動 ⦿ […に関して] 理論を立てる, 学説を立てる; 思索する [about, on]. — ⦾ […であると] 理論づける, 推論する [that 節]. (▷ 名 théory)

***__the・o・ry__ [θíːəri / θíə-] 【原義は「じっくり考えること」】
— 名 (複 **the・o・ries** [~z]) **1** U **理論** (↔ practice), 学理: the *theory* of music = music *theory* 音楽理論 / The idea is good in *theory*. その考えは理にかなっている.
2 C 学説; …論 [説]: the *theory* of evolution 進化論 / the *theory* of relativity 相対性理論.
3 C […という] 推測, 見方, 意見 [that 節]: His *theory* is *that* early morning is the best time to exercise. 早朝が運動するのに最も適しているというのが彼の意見です.
(▷ 形 thèorétical; 動 théorize)

ther・a・peu・tic [θèrəpjúːtik] 形 **1** 治療法の, 治療のための; 治療できる. **2** (心身の) 健康によい.

*__ther・a・pist__ [θérəpist] 名 C セラピスト, 治療士.

*__ther・a・py__ [θérəpi] 名 (複 **ther・a・pies** [~z]) U C (心身の病気の) 治療, 療法《特に薬や手術によらないものを言う; cf. psychotherapy 心理療法 / physiotherapy 理学療法》: music *therapy* 音楽療法 / get [have] speech *therapy* 言語療法を受ける.

---

there [(弱) ðər; (強) ðéər] [☆ 同音 their] 副 間

❶ [there + be 動詞 + 主語]「…がある, いる」(→ 副 1)
There are ten rooms in her house.
(彼女の家には部屋が10あります)
Is there a vase on your desk?
(あなたの机の上には花びんがありますか)

❷ [there + be 動詞以外の動詞 + 主語]「～が…する」(→ 副 2)
There appeared a thunderhead in the western sky.
(西の空に入道雲が現れた)

❸ 場所をさして「そこに, あそこに」(→ 副 3)
A red car is parked there.
(赤い車があそこに止めてある)
He loves Paris because he used to live there. (彼は以前そこに住んでいたのでパリが大好きです)
=in Paris

— 副 **1** [there + be 動詞 + 主語]…がある, いる: *There* is a dog in the room. 部屋の中に犬が1匹いる / *There* are some cookies on the table. テーブルの上にクッキーが (いくつか) ある / *There* was an interesting program on TV last night. ゆうべテレビで面白い番組をやっていた / *There* were a lot of people at their wedding. 彼らの結婚式には大勢の人が来ていた / *There* will be a lunar eclipse this evening. 今晩は月食がある / *There* has been no problem so far. これまでのところ何の問題もない.
[語法] (1) この構文は不特定のものの存在を表すのに用い, 特定のものは原則として主語にならない: *There is* a man at the door. 玄関に男の人が来ている (cf. My mother is in the kitchen. 母は台所にいます).
(2) be 動詞の数は主語となる名詞の数に一致する. ただし, 《口語》では主語が複数でも There's を用いることがある: *There's* a lot of books on his desk. 彼の机の上に本がたくさん置いてある.
(3) 疑問文・否定文・付加疑問の語順に注意.
(a) 疑問文: Is *there* anyone in the room? だれか部屋にいますか / Will *there* be a test tomorrow? あすテストがありますか.
(b) 否定文: *There* weren't any cars in the parking lot. 駐車場には車が1台もなかった.
(c) 付加疑問: *There* is some water in the bottle, isn't *there*? びんに水が入っていますね.
(4) 不定詞の to be や動名詞・分詞の being の前に用いることもある: We don't want *there to be* any more misunderstandings. 私たちはもうこれ以上誤解が生じないでほしいと思っている / What's the chance of *there being* a big earthquake? 大地震が起こる可能性はどれくらいですか.

thereabouts

2 [there＋存在や出現を表す自動詞＋主語] …が～する(◇動詞は live, stand, come, appear など): Once upon a time *there lived* an old man in a village. 昔々,ある村に1人のおじいさんが住んでいました / *There stands* a castle on top of the hill. 丘の頂に城が建っている / *There will come* a time when you will regret this. あなたがこのことを後悔するときがいつか来るだろう.
3 [場所をさして] **そこに [へ, で]**, あそこに [へ, で] (cf. here ここに)(◇ over, up, down, out など位置関係を示す副詞と共に用いることが多い): He is over *there*. 彼は向こうにいます / Look at the bird up *there*. その上の方にいる鳥を見てごらん / Have you ever been to Paris? – Yes, I've been *there* twice. パリへ行ったことがありますか――ええ,2度行きました / Put the desk *there* in the corner. 机をそのすみに置きなさい(◇ there のあとに具体的な場所を同格的に付け加えることがある).
4 [論理的・時間的展開の中で] **その点で, その段階で**: You have a point *there*. その点であなたの言うことには一理ある. **5** [文頭で; 相手の注意を引いて] **ほら, あれ**(◇ [ðéər] と強く読む): *There* goes John. おい,ジョンだぞ / *There* he comes. ほら,彼が来たぞ(◇主語が代名詞の場合は「There＋代名詞＋動詞」の語順になる).

■ *gét thère* 《口語》目的を達成する, うまくいく.
Héllo, thère! やあ, こんにちは.
hére and thére あちこちに.
Thát's áll (*there ís to it*). → ALL 代 成句.
thére and báck 往復で, 往復して.
thére and thén = thén and thére ただちに.
There is nó dóing …することはできない: *There is no telling* what will happen tomorrow. あす何が起こるかわからない / *There is no accounting* for tastes. 《ことわざ》好みというものは説明できない ⇨ 蓼(たで)食う虫も好き好き.
Thére you àre. 《口語》**1** [相手に何かを渡しながら] はいどうぞ(Here you are.). **2** だから言ったじゃないか.
Thére you gó (*agáin*). 《口語》ほらまたやってる: *There you go again*, wearing your socks inside out. ほらまた, 靴下を裏返しに履いて.
You háve [*You've gót*] *me thére!* 《口語》これはやられた, 一本取られた.

— 間 そら, ほら(◇勝ち誇った気持ち・満足・励まし・同情などを表す): *There!* Everything's OK. そら, これですべてよし / *There, there*. Stop crying. よしよし. 泣くのはおやめ.

there·a·bouts [ðèərəbáuts], **there·a·bout** [-əbáut] 副 《通例 or ～》**1** その近くに, 近所に: She's from Texas *or thereabouts*. 彼女はテキサスかどこかそのあたりの出身です. **2**(時間・数量などについて)その頃, および, …ぐらい: ten books *or thereabouts* 10冊前後の本.

*‡**there·af·ter** [ðèəræftər / -á:ftə] 副 《格式》その後(afterward), それ以来(after that) (cf. hereafter 今後): He was Ambassador to Japan until 1998, and *thereafter* to France. 彼は1998年までは駐日大使で,その後は駐仏大使であった.

‡**there·by** [ðèərbái] 副 《格式》それによって(by that means); それに関して.

‡**there'd** [ðéərd, ðərd] 《短縮》《口語》 **1 there had** の短縮形. **2 there would** の短縮形.

‡**there·fore** [ðéərfɔ̀:r]
— 副 **それゆえに**, したがって, その結果として (◇ so より 《格式》): I don't want to pollute the air, and *therefore* I don't drive a car. 空気を汚したくないので車の運転はしません / He *therefore* quit his job. 彼はそういう訳で仕事を辞めた / I think, *therefore* I am [exist]. 我思う,ゆえに我あり 《フランスの哲学者デカルトの言葉》.

there·in [ðèərín] 副 《格式》**1** その(文書の)中に, そこに. **2** それに関して.

there·in·af·ter [ðèərinǽftər / -á:ftə] 副 《法》以下に, 後文に.

‡**there'll** [(弱) ðərl; (強) ðéərl] 《短縮》《口語》 **there will** の短縮形.

there·of [ðèərɑ́v, -ǽv / -ɔ́v] 副 《格式》それの, それについて; そこから.

there·on [ðèərɑ́n, -ɔ́:n / -ɔ́n] 副 《格式》 **1** そのうえに. **2** そのあとすぐに (thereupon).

‡**there's** [(弱) ðərz; (強) ðéərz] 《短縮》《口語》 **1 there is** の短縮形: *There's* someone at the door. 玄関に人がいます / *There's* a lot of things I want to say. 私は言いたいことがたくさんあります(◇《口語》では there's のあとに複数名詞が来ることがある; → THERE 語法(2)).
2 there has の短縮形: *There's* been no news from her for two months. 2か月間彼女から何の知らせもない.

there·to [ðèərtú:] 副 《格式》それに [へ], そこへ.

there·un·der [ðèərʌ́ndər] 副 《格式》**1** 以下で. **2** それに従って.

there·up·on [ðèərəpɑ́n, -rəpɔ́:n / -rəpɔ́n] 副 《格式》 **1** そのあとすぐに, そこで (thereon). **2** その問題に関して; その結果.

there've [(弱) ðərv; (強) ðéərv] 《短縮》《口語》 **there have** の短縮形.

ther·mal [θə́:rməl] 形 [限定用法] **1** 熱の, 熱量の, 温度の: a *thermal* power plant 火力発電所. **2** 温かい, 熱い; 温泉の: a *thermal* spring 温泉. **3**(衣類が)保温用の, 防寒の.
— 名 **1** C 上昇温暖気流. **2** [～s] 《口語》保温性のある [防寒用] 衣服.

◆ **thérmal prínter** C 感熱式プリンタ.

ther·mo- [θə́:rmou] 結合 「熱の」の意を表す: *thermometer* 温度計.

ther·mo·dy·nam·ics [θə̀:rmoudainǽmiks] 名 U [単数扱い] 熱力学.

*‡**ther·mom·e·ter** [θərmɑ́mətər / -mɔ́m-] (☆発音に注意) 名 C **1 温度計, 寒暖計**: a centigrade [Celsius] *thermometer* セ氏温度計 / a Fahrenheit *thermometer* カ氏温度計 / The *thermometer* shows [stands at] 60°F. 温度計はカ氏60度です(◇ 60°F は sixty degrees Fahrenheit と読む). **2** 体温計 (clinical thermometer).

ther·mo·nu·cle·ar [θə̀ːrmounjúːkliər / -njúː-] 形《物理》熱核反応の.

ther·mo·plas·tic [θə̀ːrməplǽstik / -mou-] 名 C 熱可塑性物質《熱により柔らかくなる物質》; [形容詞的に] 熱可塑性の (↔ thermosetting).

ther·mos [θə́ːrməs] 名 C = thérmos bòttle [[英]] flàsk) 魔法びん.

ther·mo·set·ting [θə́ːrmousètiŋ] 形 (プラスチックの) 熱硬化性の (↔ thermoplastic).

ther·mo·stat [θə́ːrməstæt] 名 C サーモスタット, 自動温度調節装置.

the·sau·rus [θisɔ́ːrəs] 名 (複 **the·sau·rus·es** [~iz], **the·sau·ri** [-rai]) C シソーラス, 分類語彙(ごい)辞典《語を意味によって分類・配列した辞典》.

these**** [ðíːz]
— 代 形 (◇ this の複数形)
— 代 [指示代名詞] **これら**《◇近くにある2つ以上の人・ものを表す》: *These* are my aunts. この人たちは私のおばです / *These* are all his inventions. これらはすべて彼の発明品です.
— 形 **これらの**, この (→ THAT 形【語法】): *these* books of yours あなたのこれらの本 / Put *these* shoes on. この靴を履いてみて / Let's have a drink one of *these* days. 近いうちに一杯やろう / She has been living in Paris *these* ten years. 彼女はこの10年パリに住んでいる (◇ for the last [past] ten years のほうが普通).

***the·sis** [θíːsis] 名 (複 **the·ses** [-siːz]) C **1** (学位) 論文; 修士[博士] 論文: a graduation *thesis* 卒業論文 / a master's *thesis* 修士論文. **2**《格式》主題, 題目; 主張.

the·ta [θéitə / θíː-] 名 C U シータ (θ, Θ)《ギリシャ語アルファベットの8番目の文字; → GREEK 表》.

they*** [(弱) ðei; (強) ðéi]
— 代 [人称代名詞]《◇ 3人称複数の主格; → PERSONAL (文法)》
1 [主語として] **彼らは[が], 彼女らは[が], それらは[が]**: *They* work hard. 彼らはよく働く / I keep three cats. *They* are all male. 私は猫を3匹飼っています. それらは皆オスです.
【語法】everybody, somebody, anybody などを代名詞で受ける場合,《口語》では they を用いるのが一般的: *Anybody* is welcome if *they* want to come. 来たい人はだれでも歓迎します.
2 [主格補語として] **彼らで, 彼女らで, あの人たちで** (◇ [ðéi] と発音する; → ME **2**【語法】): The moment he looked at the TV, he said, "It's *they*." テレビを見た瞬間彼は「あいつらだ」と言った.
3 [漠然と一般の人やある場所・地域の人をさして] 世間の人々は, みんなは (◇ 日本語に訳さないことが多い): *They* say he will resign. 彼は辞任するというぼさだ / *They* serve good curry at that restaurant. あの店ではおいしいカレーが食べられる / *They* speak Portuguese in Brazil. ブラジルではポルトガル語が話されている / *They* are going to raise taxes. 税金が上がるらしい.

they'd** [ðéid]
—《短縮》《口語》 **1 they would** の短縮形: Tom said *they'd* soon come. 彼らはすぐ来るだろうとトムは言った. **2 they had** の短縮形: *They'd* already left when I arrived. 私が来たときには彼らはもう出発していた.

they'll*** [ðéil]
—《短縮》《口語》**they will** の短縮形: *They'll* be late. 彼らは遅れるだろう.

they're*** [(弱) ðər; (強) ðéər]
—《短縮》《口語》**they are** の短縮形: *They're* very kind, aren't they? 彼らは親切ですね (◇ are は助動詞) / *They're* singing. 彼らは歌を歌っている (◇ are は助動詞).

they've*** [ðéiv]
—《短縮》《口語》**they have** の短縮形: *They've* gone. 彼らは行ってしまった.

thi·a·min, thi·a·mine [θáiəmi(ː)n] 名 U《生化》チアミン, サイアミン《ビタミンB₁の国際名》.

thick*** [θík]
— 形 名 副【原義は「太った」】
— 形 (比較 **thick·er** [~ər]; 最上 **thick·est** [~ist]) **1 厚い**, 厚みのある (↔ thin); 厚さが…の: a *thick* slice of bread 厚切りパン1枚 / This dictionary is three inches *thick*. この辞書は厚さが3インチある.
2 太い, 肉太の; (人が) ずんぐりした (↔ thin): a *thick* pole 太い柱 / His fingers are very *thick*. 彼の指はとても太い.
3 密な; (髪などが) 濃い; (植物が) 生い茂った (↔ thin): a *thick* forest うっそうとした森.
4 [叙述用法] […で] いっぱいの [with]: The sky was *thick* with stars. 満天の星空だった.
5 (液体・気体が) 濃い, 濃厚な; 濁った, 汚れた: *thick* soup 濃いスープ / air *thick* with smoke 煙で汚れた空気.
6 (声などが) 不明瞭(めいりょう)な; (なまりなどが) きつい: He spoke with a *thick* Southern accent. 彼は強い南部なまりで話した.
7《口語》ばかな, 頭の鈍い (thickheaded).
8《口語》親密な.
■ *a bìt thíck* = *ràther* [*a líttle*] *tòo thíck*《英口語》ひどい, 不公平な.
— 名 [通例 the ~] 一番太い所, 最も密な所; 一番込み合う時間 [所].
■ *in the thíck of ...* **1** …の一番密集した所に: *in the thick of* the town 町の中心部に. **2** …の最中に.
through thíck and thín どんな苦境にあっても.
— 副 厚く, 濃く; 深く; しきりに: cut the meat *thick* 肉を厚く切る.
■ *thíck and fást* 次々に, ひっきりなしに.
(▷ 動 thícken)

***thick·en** [θíkən] 動 自 **1** 厚く [太く] なる.
2 濃くなる; 密集 [密生] する: The mist *thickened* rapidly. もやがにわかに濃くなった.
3 複雑になる: The plot *thickened*. 話がややこしくなってきた.
— 他 **1** …を厚く [太く] する. **2** …を […で] 濃くする [*with*]; 密集させる: *thicken* the sauce *with* flour 小麦粉でソースにとろみを付ける.
(▷ 形 thíck)

thick・en・er [θíkənər] 名 C U (液体を)濃くするもの, とろみを付けるもの (◇コーンスターチなど).

*__thick・et__ [θíkit] 名 C (低木の)茂み, やぶ; 雑木林: hide in the *thicket* 茂みに隠れる.

thick・head・ed [θíkhédid] 形《口語》頭の鈍い.

thick・ly [θíkli] 副 **1** 厚く, 太く; 濃く; 密に, 密集して (↔ thinly). **2** 不明瞭(めい)に; だみ声で.

*__thick・ness__ [θíknəs] 名 **1** U C 厚さ; 太さ; [通例 the ~] (壁などの) 厚い部分: The wall is five inches in *thickness*. = The wall has a *thickness* of five inches. 壁は厚さが5インチある.
2 U 濃いこと; 濃度; 密集, 繁茂. **3** C [...の]層, 重ね (layer) [*of*]: wrap the pie in two *thicknesses* of paper 2枚重ねの紙にパイを包む.

thick・set [θíksét] 形 **1** (体格などが) ずんぐりした, がっしりした. **2** 生い茂った, 密集した.

thick-skinned 形 面(つら)の皮が厚い, 無神経な.

*__thief__ [θíːf] 名 (複 thieves [θíːvz]) C (主に暴力を用いない) どろぼう, こそどろ: a car *thief* 車どろぼう / Set a *thief* to catch a *thief*. 《ことわざ》どろぼうはどろぼうに捕らえさせよ ⇨ 蛇(じゃ)の道は蛇(へび).
(関連語) burglar (夜間の)押し込み強盗 / robber (暴力を使う)強盗 / mugger 路上強盗.

thiev・er・y [θíːvəri] 名 U 《格式》盗み, 窃盗 (theft).

*__thieves__ [θíːvz] 名 thief の複数形.

thiev・ing 名 U《主に英口語》盗み.
—— 形 盗みの; 盗癖のある.

thiev・ish [θíːviʃ] 形《文語》どろぼうのような, こそこそした; 盗癖のある.

*__thigh__ [θái] 名 C 太もも, 大腿(たい)部 (→ LEG 図; BODY 図).

thim・ble [θímbl] 名 C (裁縫用の)指ぬき.

thim・ble・ful [θímblfùl] 名 C 《口語》(酒などの)ごく少量, ちょっぴり [*of*] (◇指ぬき1杯の量から).

***thin** [θín] 形 副《原義は「伸ばすこと」》
—— 形 (比較 thin・ner; 最上 thin・nest [~ist]) **1** 薄い, 薄手の (↔ thick): a *thin* slice of ham ハムの薄切り1枚 / *thin* lips 薄い唇.
2 細い, 肉薄の; (人が) やせた (↔ thick) (→ 類義語): *thin* string 細いひも / He is *thin*. 彼はやせている.
3 まばらな; (髪などが) 薄い (↔ thick): a *thin* audience まばらな聴衆 / His hair is getting *thinner*. 彼は髪が薄くなってきている.
4 (液体が) 薄い, (空気が) 希薄な: *thin* air 希薄な空気 / This beer is *thin*. このビールは水っぽい.
5 (色・光などが) 薄い, 淡い, 弱い; (声が) 細い.
6 (話などの) 内容のない; (うそなどが) 見え透いた.
■ **háve a thín tíme (of it)**《口語》いやな[みじめな]思いをする, うまく行かない.
—— 動 (三単現 thins [~z]; 過去・過分 thinned [~d]; 現分 thin・ning [~iŋ]) 他 **1** ...をまばらにする, 〈苗〉を間引く (out): She *thinned* (out) young trees. 彼女は苗木を間引いた. **2** 〈気体・液体〉を薄める (down). **3** ...を薄く[細く]する.
—— 自 薄くなる, まばらになる; 細くなる.
—— 副 薄く; 細く: slice the onion *thin* タマネギを薄く切る.

[類義語] **thin, lean, slim, slender, skinny**
共通する意味 ▶ やせた (having little fat on the body)
thin は「やせている」の意を表す最も一般的な語.「不健康にやせている」ことを表すことも多い: She was *thin* after her illness. 彼女は病後でやせていた. **lean** は脂肪が少なくて「健康的なやせ方をしている」ことを表す: The athlete was *lean* and muscular. その選手は筋肉質の引き締まった体をしていた. **slim** は「均整がとれてすらっとしている」の意.「肉付きが悪くやせている」の意を含むこともある: Anything looks good on her *slim* figure. どんなものを着せても彼女のすらりとした体形には合う. **slender** は「ほっそりと均整がとれていて魅力的である」の意: They were fascinated by the *slender* girl. 彼らはそのすらりとした少女に見とれた. **skinny** は「みっともないほどやせている」の意: Some fashion models are too *skinny*. ファッションモデルの中にはやせ過ぎている人もいる.

thine [ðáin] 代 (◇ thou の所有格・所有代名詞)《古》**1** なんじのもの (yours). **2** [名詞の前に付けて] なんじの (your) (◇母音または h で始まる名詞の前で用いる. 子音で始まる名詞の前では thy).

***thing** [θíŋ]
—— 名 (複 things [~z]) **1** C 物, 物体: a living *thing* 生きている物 / What are those *things* on the table? テーブルの上のものは何ですか / I couldn't find a *thing* to eat in the refrigerator. 冷蔵庫の中には食べ物が何もなかった.
2 C 事柄; 出来事, 行為: I have a lot of *things* to do. 私にはやるべきことがたくさんある / Do the right *thing*. 正しいことをしなさい.
3 [~s] 持ち物, 身の回り品; 衣類: Put your *things* here. 所持品はここに置きなさい / Have you brought your tennis *things*? テニス用具を持って来ましたか / I must wash my *things*. 私は衣類を洗濯しなくてはならない.
4 [~s] 事情, 情勢; 文物, 風物: *Things* are different from what they used to be thirty years ago. 30年前とは事情が違う / How are *things* going? 調子はどうですか.
5 C [形容詞を伴って]《口語》やつ, 人, 動物 (◇人・動物に対する親愛・軽蔑などを表す): Poor *thing*! He had his wallet stolen. かわいそうに, あいつは財布を盗まれたんだって. **6** [the ~] 必要なもの; 重要なこと, 当面の問題; 流行のもの: This is just the *thing* for you. これこそが君にぴったりのものです.
■ **... and thìngs**《口語》...など.
as thíngs áre [stánd] 現状では.
dó one's ówn thíng《口語》好きなことをする, 気ままにふるまう.
for óne thing ... 1つには... (◇前の文の理由を説明するのに用いる. あとに for another が続くことがある): It is not a good idea. *For one thing*, it takes too much time. それはよい考えではない. 1

つには時間がかかりすぎるからだ.
hàve a thíng abòut ...《口語》…が大好き[大嫌い]である.
(just) óne of thóse thìngs 避けられない[しかたのない]こと.
màke a thíng of[abòut] ...《口語》…で大騒ぎする; …を重視する.
of áll thíngs 事もあろうに.
sée [héar] thíngs《口語》幻を見る, 幻覚[幻聴]を起こす.
The thing is, ... **1**《口語》実は…, そのわけは…(◇前の文を受けて, 理由を説明する文を導く): I'm sorry I couldn't come. *The thing is,* I was sick in bed. 行けなくてすみませんでした. 実は病気で寝込んでいたのです. **2** 当面の問題は…: *The thing is,* how will we overcome these difficulties. 問題はいかにこの難局を乗り切るかである.

thing・a・ma・bob [θíŋəməbàb / -bɔ̀b], **thing・um・my** [θíŋəmi] 名 = THINGAMAJIG.

thing・a・ma・jig, thing・um・a・jig [θíŋəmədʒìg] 名 C《口語》何とかさん, 何とかいう人[もの]
(◇名前を忘れたり言いたくない場合に用いる).

******think** [θíŋk]
動 名

① 思う, 考える. 他 1; 自 1
② みなす, 判断する. 他 2
③ よく考える. 他 3; 自 2
④ わかる. 他 4
⑤ 思い出す. 他 5

—動 (三単現 **thinks** [〜s]; 過去・過分 **thought** [θɔ́ːt]; 現分 **think・ing** [〜iŋ])
—他 **1** (a) [think+that 節]…と思う, 考える, 信じる (◇ that はしばしば省略される) (→ 類義語 ; → LET'S TALK): I *think* (that) he is wrong. 彼は間違っていると思います / It was *thought* that she was much younger. 彼女はずっと若いと思われていた (◇ It is that 以下を受ける形式主語) / I don't *think* it's a good idea. それはよい考えとは思わない (◇英語では主節の動詞を否定形にするほうが普通) / She will come, I *think*. 彼女は来ると思います / Will he win the final? — I *think* so. 彼は優勝するでしょうか—そう思います (◇ that 節の代わりに so, not を用いることもある) / Do you *think* she will come? — I don't *think* so [I *think* not]. 彼女は来ると思いますか—来ないと思います. (b) [疑問詞で始まる疑問文で]…と思うか: *Who* do you *think* you are? 自分を何様と思っているのか / *What* do you *think* this is? これは何だと思いますか.
(c) [think+O]…を考える, 心に抱く: What is he *thinking*? 彼は何を考えているのか / She sometimes *thinks* funny thoughts. 彼女は時々おかしなことを考えつく.
2 [think+O (+to be)+C]…を〜と思う, みなす, 判断する: I *think* her (*to be*) wise. 彼女は賢いと思います (◇ I think (that) she is wise. と言うほうが一般的) / He was *thought to be* a dishonest man. 彼は不正直な男だと思われていた (◇受け身では to be を入れることが多い) / I *thought* it difficult to make them laugh. 私は彼らを笑わせるのは難しいと思った (◇ it は to make 以下を受ける形式目的語).
3 (a) [think+O]…をよく考える, …のことに思いを巡らす (→ 句動詞 think out, think over, think through). (b) [think+疑問詞節 [句]] [通例, 進行形で]…かをよく考える: I *am thinking when* I should tell him about it. 私はそのことについてつ彼に話そうかと考えているところです / He *was thinking how* to keep the secret. 彼はどうやってその秘密を守ろうかと思案していた.
4 [think + 疑問詞節 [句]] [通例 cannot, could not のあとで]…がわかる, 想像できる: You cannot possibly *think how* sorry I am. 私がどんなに申し訳なく思っているかあなたには想像できるはずがない / I could not *think why* he got so angry. 彼がなぜあんなに怒ったのかわからなかった.
5 [think+疑問詞節 [to do]] [通例 cannot, could not, try [want] to のあとで]〈であるか[すること]〉を思い出す, 覚えている, 思いつく: I could not *think what* her phone number was. 私は彼女の電話番号が思い出せなかった / She could never *think to* call her parents. 彼女は両親に電話をすることを思いつかなかった.
6 [… しようかと]思っている; […する]つもりである [*that*]: I *think* (*that*) I'll ask her out. 彼女をデートに誘おうかと思っている.
7 [通例, 否定文・疑問文で; 進行形不可]《格式》[…ということを / …することを]予想する, 期待する (expect) [*that*] [*to do*]: Nobody *thought* (*that*) he would win. 彼が勝つとはだれも予想しなかった.
8 [think oneself + C]考えすぎて…になる: Don't *think yourself* crazy. 考えすぎて頭をおかしくしてはいけない.
9 …のことばかり考える: He always *thinks* profits. 彼はいつももうけのことばかり考えている.
—自 **1** 考える: *think* hard よく考える / It is not easy to *think* in a foreign language. 外国語で考えるのは容易ではない. **2** よく考える, 熟考する: *Think* twice before you act. 行動する前にもう1度よく考えなさい. **3** 予期する, 期待する.
句動詞 **thínk abòut ...** 他 **1** …のことを考える: You have to *think about* other people. 他人のことを考えるようにしなさい. **2** …について深く考える: Let's *think about* this problem again from another angle. 別の観点からこの問題をもう一度検討してみよう / I'll *think about it*. よく考えておきましょう (◇相手の頼みをやんわりと断わる場合の表現).
・**thínk abòut doing** [通例, 進行形で]…しようかと考える, …を計画する: I'm *thinking about changing* my job. 転職しようかと考えています.
thínk ahéad 自 将来のことを考える, 予測する.
thínk báck 自 [昔のことを] 思い出す [*on, to*].
thínk of ... 他 **1** …のことを思う, 考える: I *think of* you every day. 私は毎日あなたのことを考えています. **2** …を考えつく, 思いつく; [通例 cannot, could not を伴って]…を思い出す: I

thought of a good idea. 私はいい考えを思いついた / To my great regret I could never *think of* his address. 実に残念なことに彼の住所を思い出せなかった. **3** …のことを想像する: Just *think of* life on an uninhabited island. 無人島での生活を想像してごらんなさい. **4** [would not, could not などのあとで] …を予想する.
・*thínk of ... as ~* …を~だと思う: All his friends *think of* him *as* a superman. 彼の友人は彼らをスーパーマンだと思っている.
・*thínk of doing* **1** [通例,進行形で] …しようかと考える, …を計画する (➡ PLAN [LET'S TALK]): He was *thinking of studying* abroad. 彼は留学しようかと考えていた. **2** [否定文・疑問文で] …することを考える: She never *thought of becoming* an actress. 彼女は女優になるとは夢にも思わなかった.
thínk óut 他 [think out + O / think + O + out]〈問題〉を徹底的に考える;〈計画など〉を考え出す.
thínk óver 他 [think over + O / think + O + over]〈問題など〉をよく考えてみる: Please think it *over*. そのことをよく考えてください.
thínk thróugh =think out (↑).
thínk úp 他 [think up + O / think + O + up]〈口実・方法など〉を考え出す,考案する.
■ *I should [would] thínk ...* たぶん…ではないかと思う (◇ I think よりも控えめな言い方): I *should think* she was in her thirties then. 彼女は当時30代だったと思いますが.
thínk agáin 考え直す.
thínk a lót [a gréat déal] of ... …を大いに重んじる; …が非常に好きである.
thínk alóud = *thínk óut lóud* 考えていることを口に出す, 独り言を言う.
thínk bádly [íll] of ... …を悪く思う (↔ think well of ...).

thínk bétter of ... **1** 考え直して…をやめる. **2** 〈人〉を見直す, 再評価する.
thínk bíg 《口語》大きな野心を持つ.
thínk líttle of ... **1** …を軽視する. **2** 〈物事〉を苦にしない.
thínk múch [híghly] of ... …を重んじる, 高く評価する: Everybody *thought highly of* the policy. だれもがその政策を高く評価した.
thínk nóthing of ... …を何とも思わない.
Thínk nóthing òf it. 《格式》どういたしまして, かまいません (◇相手のお礼やおわびに対する言葉).
thínk póorly of ... …を軽視する.
thínk to onesèlf ... 心の中で…のことを考える.
thínk wéll of ... …のことをよく思う (↔ think badly [ill] of ...).
To thínk that ...! …とは (驚いた, 情けない, 悲しいことだ): *To think that* he was killed in a traffic accident! 彼が交通事故で亡くなったとは!
Whát do you thínk of [abòut] ...? あなたは…をどう思いますか (◇相手の意見を聞くときの言葉): *What do you think of* the new tax? あなたは新税をどう思いますか.
― 名 [通例 a ~]《口語》考えること, 思考.
■ *háve a thínk* […について] 考える [about].
have gót anóther thínk cóming 《口語》(…と思うなら) とんでもない心得違いである.

> **[類義語]** think, suppose, guess
> 共通する意味▶思う (have ... as an opinion)
> **think** は「思う」の意を表す最も一般的な語: I *think* it will be cold tomorrow morning. 明朝は冷え込むと思う. **suppose** は確信はなく「推測する」の意. think よりも意味が軽い: I *suppose* they're all tired. 彼らは皆疲れているのだろう. **guess** を「思う」の意に使うのは《米口語》で, suppose よりもくだけた表現: I *guess* you're right. あなたの言う通りだと思う.

LET'S TALK 意見の表し方

[基本] **I think....**

Jenny: **What do you think of my new dress?**
(私の新しい服はどうかしら)

Miho: **I think you look wonderful in it.**
(それを着ているとすてきですよ)

　自分の考えを表すときには, I think で始めましょう. think の代わりに believe を使うと, 考えが強調されます. opinion を用いて, In my opinion, ... (私の意見では, …) または My opinion is (that) .... (私の意見は…です) と言うこともできますが, やや格式ばった表現です. 相手に意見を求めるときには, What do you think about [of] ...? (…についてあなたはどう思いますか) と言います.
　相手から意見を求められたときには, 黙ったままではいけません. 自分の意見ははっきりと述べるようにしましょう.

[類例] A: Are you for or against building a new airport?
(あなたは新しい空港の建設に賛成ですか, 反対ですか)
B: Against. In my opinion, it will damage the environment.
(反対です. 私の考えでは, そのことで環境が破壊されると思います)

think·a·ble [θíŋkəbl] 形 [叙述用法] 考えられる.

think·er [θíŋkər] 名 C 考える人, 思想 [思索] 家; [形容詞と共に用いて] 考え方が…の人: a careful *thinker* 慎重に考える人.

✲think·ing [θíŋkiŋ] 名 U **1** 思考, 考えること, 思索: logical *thinking* 論理的思考 / do some *thinking* 少し考えてみる. **2** […に関する]意見, 判断; 思想 [*on*]: the governor's *thinking on* education 教育に関する知事の意見.

■ **to òne's wày of thínking**〈人の考えでは〉.
—形 [限定用法] **1** 思考力のある: Man is a *thinking* reed. 人間は考える葦(⁂)である《フランスの哲学者パスカルの言葉》. **2** 分別ある, 思慮深い.

■ **pùt ón one's thínking càp**〈口語〉熟考する.

thin·ly [θínli] 副 薄く, 細く; まばらに, 希薄に (↔ thickly): The town is *thinly* populated. その町の人口密度は低い.

thin·ner [θínər] 名 U (ペンキなどの)薄め液, シンナー.

thín-skínned 形 **1** (批評などに) 感じやすい, 神経過敏な; 怒りっぽい. **2** 皮(膚)の薄い.

✲✲✲✲third [θə́ːrd] 形 副 名
《◇ 3rd ともつづる; → NUMBER 表》
—形 **1** [通例 the ~] 3番目の, 第3の; 3位の: the *third* floor《米》3階;《英》4階 (→ FLOOR 語法) / This is the *third* time I have visited Japan. 日本に来るのは今回で3度目です / This is their *third* album. これは彼らの3枚目のアルバムです / She was *third* in the marathon. 彼女はマラソンで3位だった.

2 3分の1の (→ FOURTH 形 **2**).
—副 **1** 第3に; 3番目に, 3位で: He came *third* into the room. 彼は3番目に部屋に入って来た. **2** [最上級に付けて] 3番目に: What is the *third largest* country in the world? 世界で3番目に広い国はどこですか.

—名 (複 **thirds** [θə́ːrdz]) **1** U [通例 the ~] 3番目の人 [もの], 第3位, 第3号: Edward the *Third* エドワード3世 / He was the *third* to arrive. 彼は3番目に来た.

2 U [通例 the ~] (月の) 3日 (→ FOURTH 名 **2**): July (the) *third* = the *third* of July 7月3日. **3** C 3分の1 (→ FOURTH 名 **3** 語法). **4** U [通例, 無冠詞で] 【野球】三塁 (third base). **5** U (自動車の) サードギア.

◆ **thírd báse** U [通例, 無冠詞で] 【野球】三塁.

thírd báseman C 【野球】三塁手.

thírd diménsion 1 [the ~] 第三次元. **2** [a ~] (絵や話などの) 現実感, 立体感.

thírd fórce [the ~] 第三勢力.

thírd párty C **1** 【法】第三者. **2** (2大政党制下の) 第3政党.

thírd pérson [the ~]【文法】3人称 (→ PERSONAL 文法).

Thírd Wórld [the ~] 第三世界《アジア・アフリカなどの開発途上国の総称》.

thírd-cláss 形 **1** 三流 [級] の; (乗り物の) 3等の. **2**《米》【郵便】第3種の.
—副 **1** 3等で. **2**《米》【郵便】第3種で.

thírd cláss 名 U **1** (乗り物の) 3等; 三流 [級].

2《米》【郵便】第3種郵便《新聞・雑誌を除く雑誌物》.

thírd-de·grée 形 **1** [限定用法] (やけどなどが) 第3度の《最も重症のもの》. **2** (犯罪が) 第3級の.

thírd degrée 名 [the ~]《口語》厳しい取り調べ [質問攻勢].

thírd·ly [θə́ːrdli] 副 第3に, 3番目に (third).

thírd-ráte 形 3等の; 三流 [級] の, 劣等の.

✲thirst [θə́ːrst] 名 **1** U [または a ~] のどの渇き: quench [satisfy] one's *thirst* のどの渇きをいやす / work up a *thirst* のどが渇くほど仕事する [体を動かす]. **2** U (体の) 脱水状態: die of *thirst* 脱水症で死ぬ. **3** [単数形で]《文語》[…への / …したい] 渇望, 切望 [*for* / *to do*]: have an ardent *thirst for* knowledge 強い知識欲を抱く.
—動 自《文語》[…を] 渇望する [*for*, *after*].
(▷ 形 thirsty)

thirst·i·ly [θə́ːrstəli] 副 のどが渇いて; 渇望して.

✲✲✲thirst·y [θə́ːrsti]
—形 (比較 **thirst·i·er** [~ər]; 最上 **thirst·i·est** [~ist]) **1** のどが渇いた: I am [feel] *thirsty*. 私はのどが渇いた.
2 [叙述用法]《文語》[…を] 渇望 [切望] している [*for*]: He is *thirsty for* knowledge. 彼は知識を渇望している. **3** [限定用法] (物事が) のどを渇かせる: *thirsty* work のどが渇く作業. **4** 乾燥した, からからの (dry). (▷ 名 thirst)

✲✲✲thir·teen [θə̀ːrtíːn] 名 形
—名 (複 **thir·teens** [~z]) **1** U (基数の) 13《しばしば不吉な数とされる》(→ NUMBER 表). **2** C 13を表す記号 (13, xiii, XIIIなど). **3** [代名詞的に; 複数扱い] 13, 13個, 13人, **4** U 13時, 13分; 13歳; 13ドル [セント, ポンド, ペンスなど]; 13フィート, 13インチ. **5** C 13個 [人] ひと組のもの.
—形 **1** [限定用法] 13の, 13個の, 13人の.
2 [叙述用法] 13歳で.

✲✲✲thir·teenth [θə̀ːrtíːnθ] 形 名
《◇ 13th ともつづる; → NUMBER 表》
—形 **1** [通例 the ~] 13番目の, 第13の; 13位の. **2** 13分の1の (→ FOURTH 形 **2**).
—名 (複 **thir·teenths** [~s]) **1** U [通例 the ~] 13番目の人 [もの]. **2** U [通例 the ~] (月の) 13日 (→ FOURTH 名 **2**). **3** C 13分の1 (→ FOURTH 名 **3** 語法).

✲✲✲thir·ti·eth [θə́ːrtiəθ] 形 名
《◇ 30th ともつづる; → NUMBER 表》
—形 **1** [通例 the ~] 30番目の, 第30の; 30位の. **2** 30分の1の (→ FOURTH 形 **2**).
—名 (複 **thir·ti·eths** [~s]) **1** U [通例 the ~] 30番目の人 [もの]. **2** U [通例 the ~] (月の) 30日 (→ FOURTH 名 **2**). **3** C 30分の1 (→ FOURTH 名 **3** 語法).

✲✲✲thir·ty [θə́ːrti] 名 形
—名 (複 **thir·ties** [~z]) **1** U (基数の) 30 (→ NUMBER 表). **2** C 30を表す記号 (30, XXXなど).

3 [代名詞的に; 複数扱い] 30個, 30人. **4** [U] 30分; 30歳; 30ドル[セント, ポンド, ペンスなど]; 30フィート, 30インチ. **5** [C] 30個[人] ひと組のもの. **6** [one's thirties] 30歳代; [the thirties] (世紀の) 30年代. **7** [U] 【テニス】サーティ《1ゲームの2点目》.
— [形] **1** [限定用法] 30の, 30個の, 30人の. **2** [叙述用法] 30歳で.

***this** [ðís] [代][形][副]

① これ, この. [代] **1** ; [形] **1**
② 今言ったこと. [代] **2**
③ 今; 現在の. [代] **3** ; [形] **2**
④ これほど. [副]

— [代] [指示代名詞] (複 **these** [ðíːz]) **1 これ** (◇離れたものをさす that に対し, 近くにいるもの・人をさす): What's *this*? – It's a desk. これは何ですかー机です / Tom, *this* is Susan. トム, (こちらは) スーザンです《人を紹介するときの言い方》/ Hello, *this* is Tom Smith (speaking). (電話で) もしもし, (こちらは) トム=スミスです / Is *this* Miss Jane Brown? – Yes, *this* is she. (電話で) ジェーン=ブラウンさんですかー はい, そうです / Who is *this*, please? (電話をかけてきた相手に対して) どちら様でしょうか.
2 今言ったこと, このこと; これから述べること: *This* is what I want to know: Did you go with him? 知りたいことがあるのですが, あなたは彼と一緒に行きましたか / She asked me to call her daughter as soon as I could; *this* I did the next day. 彼女が私にできるだけ早く娘に電話してほしいと頼んだので, 私は翌日そうした.
3 今, きょう, この時; 今度; ここ: *This* is the age of computers. 今はコンピュータの時代です / Is *this* Friday? きょうは金曜日ですか / *This* is the first time for me to climb Mt. Fuji. 富士山に登るのは今回が初めてです / *This* is where my mother was born. ここが母の生まれた所です.
4 (前 (that) 者に対して) 後者 (the latter) (→ THAT [代] **5**).
■ **at thís** これを見て[聞いて].
thís and thát = **thís, thát, and the óther**《口語》あれやこれや: We had a good time talking about *this and that*. 私たちはいろいろな話をして楽しいひとときを過ごした.
with thís [文頭で] こう言って.

— [指示形容詞] (複 **these** [ðíːz]) **1 この**, こちらの (◇近くのもの・人をさす; → THAT [形] [語法]): Mary made *this* doll. メアリーがこの人形を作った / I believe in *this* life, not in a future life. 私は来世ではなく現世 (この世) を信じる.
2 現在の, 今の, 今月[週, 年など] の (◇時を表す名詞に付いて副詞句を作る): *this* morning [evening] けさ [今晩] / *this* month [year] 今月 [今年] / about *this* day last week 先週のきょう前後 / by *this* time tomorrow あすのこの時間までに.
3《口語》(物語などで) ある1人 [1つ] の: Then *this* young man suddenly opened the door. すると1人の若者が急にドアを開けた.
— [副]《口語》**これほど, こんなに**: I've never got up *this* early before. 私はこんなに早く起きたことは一度もない / What are you doing up *this* late? こんな遅くまで起きて何をしているんだい.

this'll [ðísl]《短縮》《口語》this will の短縮形.
this·tle [θísl]《☆発音に注意》[名] [C] 【植】アザミ (の花)《Scotland の国花》.
thith·er [θíðər / ðíðər] [副]《古》あちらへ, 向こうに (↔ hither).
tho, tho' [ðóu] [接][副] …だけれど (though)《メモや広告に用いる略式語》.
Thom·as [táməs / tɔ́m-] [名][固] トマス《◇男性の名; 《愛称》Tom, Tommy》.
thong [θɔ́ːŋ / θɔ́ŋ] [名] **1** [C] 革ひも. **2** [~s] 《米》ビーチサンダル, ゴムぞうり (《英》flip-flop).
Thor [θɔ́ːr] [名][固] 【北欧神話】トール《雷・農業・戦争の神》.
tho·rac·ic [θɔːrǽsik] [形] 【解剖】胸部の, 胸郭の.
tho·rax [θɔ́ːræks] [名] (複 **tho·rax·es** [~iz], **tho·ra·ces** [-rəsìːz]) [C] 【解剖】胸部, 胸郭; 【昆】(昆虫の) 胸部.
‡**thorn** [θɔ́ːrn] [名] **1** [C] (主に植物の) **とげ, 針**: I pricked my finger on a *thorn*. 指にとげが刺さった / Roses have *thorns*. = No rose without a *thorn*.《ことわざ》バラにとげあり ⇒ 楽あれば苦あり. **2** [C][U] [通例, 複合語で] とげのある植物《イバラ・サンザシなど》: a *thorn* tree とげのある木.
■ ***a thórn in …'s flésh*** [**síde**] …の悩みの種.
the crówn of thórns 《キリストを十字架にかけるときにかぶせた》イバラの冠; 苦難.
thorn·y [θɔ́ːrni] [形] (比較 **thorn·i·er** [~ər]; 最上 **thorn·i·est** [~ist]) **1** とげのある, とげの多いとげのような. **2** (問題などが) やっかいな, 困難な.
‡**thor·ough** [θɔ́ːrou, -rə / θʌ́rə]《☆発音に注意》[形] **1** 徹底的な, 完全な; (人が) […の点で] きちょうめんな [*in, about*]: give … a *thorough* scolding〈人〉をこっぴどくしかる / She is *thorough in* [*about*] her study. 彼女の研究は徹底している.
2 [限定用法] まったくの (◇悪いことを強調する): *thorough* nonsense まったくのたわ言.
thor·ough·bred [θɔ́ːrəbrèd / θʌ́rə-] [名] [C] **1** 純血種の馬 [動物]; [T-] サラブレッド; [形容詞的に] 純血種の; サラブレッドの. **2** 育ちのよい人.
***thor·ough·fare** [θɔ́ːrəfèər / θʌ́rə-] [名] **1** [C] 本通り, 主要道路; 公道. **2** [U] 通行; 通行権: No *thoroughfare*.《掲示》通行 [通り抜け] 禁止.
thor·ough·go·ing [θɔ̀ːrəgóuiŋ / θʌ̀rə-] [形] **1** 徹底的な, 完全な. **2** [限定用法] まったくの.
*thor·ough·ly** [θɔ́ːrouli, -rə-, / θʌ́rə-] [副] 徹底的に, 完全に; まったく: be *thoroughly* exhausted 疲れ果てている.
thor·ough·ness [θɔ́ːrounəs / θʌ́rə-] [名] [U] […の点での] 徹底, 完全 [*in, about*].

***those** [ðóuz] [代]《◇ that の複数形》

— [代] [指示代名詞] **1 それら, あれら** (◇遠くにある2つ以上の人・ものを表す): *Those* are my sister's dolls. それは妹の人形です / *Those* are my classmates. あの人たちは私の同級生です.

2 [先行する名詞の繰り返しを避けて]《格式》[…の]**それら, あれら**[*of*]《◇「the＋複数名詞」の代わりをする》: The circumstances are better than *those* we had before. 状況は以前よりよくなっている (◇ those = the circumstances) / This is the main difference between the students of our days and *those of* present days. これが私たちの時代の学生と現在の学生の主な違いです (◇ those = the students).

3 [通例 those who ... の形で] (…する)**人たち**: *Those who* were tired stopped climbing the mountain. 疲れた人たちは登山を中止した / Heaven helps *those who* help themselves. 《ことわざ》天は自ら助くる者を助く.

─ 形 **1 それらの, あれらの** (→ THAT 形)
【語法】: *Those* oranges are sweeter than these. あのオレンジのほうがこのオレンジよりも甘い / Can you see *those* larks singing high up in the sky? 空高くさえずっているあのヒバリが見えますか.

2 [those ～ who [which] ... の形で] (…する)**その～**: *Those* people *who* drink and smoke too much often die young. 酒とたばこを飲みすぎる者はしばしば若死にする.

thou [ðáu] [☆発音に注意] **代** [2人称単数主格の人称代名詞] 《古》**なんじ**〔そなた〕は (◇複 ye, you; 所有格 thy, thine; 目的格 thee; 所有代名詞 thine).
【語法】(1) 現在では主に, 祈り・詩・方言やクエーカー教徒 (Quaker) の間で用いられる.
(2) thou に伴う動詞は語尾に -st, -est が付く. 例えば art, have は hast となる.

though [ðóu]
─ 接 [従属接続詞] **1 …だけれど, …にもかかわらず**: *Though* Glen is young, he is able. グレンは若いが有能です (= Glen is young, but he is able.) / John went out, *though* I told him not to. 行くなと言ったのにジョンは出て行った / *Though* he was talented, he never became a successful actor. 彼は才能があったのに, 役者として成功しなかった.
【語法】(1) though と although は同じ意だが, although 節は通例, 文頭に置くのに対して though 節は文頭にも文尾にも置くことができる.
(2) though 節内の「主語＋be 動詞」は, 主節の主語と同じ場合, しばしば省かれる: *Though* (he was) young, he had to work to support his family. 若かったが, 彼は一家を養うために働かなくてはならなかった.
(3) 強調のために形容詞・副詞・名詞を文頭に置くことがある: Sunny *though* it was, the ground was still wet from the storm. 晴れてはいたが, あらしのせいで地面はまだぬれていた.

2 たとえ…としても (even though): *Though* you may not succeed, you should try. たとえ成功しなくても, あなたは挑戦すべきです.

3 (もっとも) **…ではあるが**: Kelly is wealthy, *though* not as rich as Bill. ケリーは裕福だ, もっともビルほど金持ちではないが.

■ **as thòugh** ... → AS 代 成句.

èven though ... → EVEN¹ 成句.

─ 副 [文尾で] 《口語》**だが, やはり**: It was a big fish, *though*. それにしても大きい魚だったな.

thought [θɔ́ːt]
─ 動 think の過去形・過去分詞.
─ 名 (複 **thoughts** [θɔ́ːts]) **1** Ｕ Ｃ [しばしば ～s] [… の／…という] **考え, 思いつき** (→ IDEA 類義語); 意見 (opinion) [*on, about / that* 節]: a happy *thought* 妙案 / We talked about our *thoughts on* [*about*] the proposal. 私たちはその提案についてのお互いの考えを話し合った / The *thought that* I should apologize to her occurred to me. 彼女に謝らなければならないという考えが私に浮かんだ / Why don't we take a taxi? ─Oh, that's a *thought*. 《口語》タクシーで行こうよ─それも一案だね.

【コロケーション】 考えを…
考えをはっきりと言う: *present* [*express*] *a thought*
考えをまとめる: *collect* [*gather, compose*] *one's thoughts*
考えを抱く: *have a thought*

2 Ｕ 思考, 考えること; Ｕ Ｃ 考慮, 熟考: after much [serious] *thought* よく [本気で] 考えた末 / without *thought* 考えずに, 無分別に / take *thought* 熟考する / He was lost [deep] in *thought* all day. 彼は終日物思いにふけっていた / Just give it a *thought* [some *thought*]. ちょっとそのことについて考えなさい.

3 Ｕ Ｃ [通例, 疑問文・否定文で] […しようという] **意図, 意向, 考え** [*of doing*]: I have no *thought of* blaming you. あなたを非難するつもりはない.

4 Ｕ (特定の社会集団・時代・国家・個人などの) **思想, 思潮**: ancient Greek *thought* 古代ギリシャ思想 / modern *thought* 現代思想.

5 Ｕ Ｃ […に対する] **思いやり, 配慮** [*for*]: He lacked *thought for* his family. 彼には家族への配慮が欠けていた. **6** [a ～; 副詞的に] 《口語》少し, 心持ち (a little): You should be a *thought* more careful. もっと注意しなければなりません.

■ **at the thóught of** ... …のことを考えると.

thought・ful [θɔ́ːtfəl] **形 1 考え込んだ, 物思いにふけった**: She was *thoughtful* for some time. 彼女はしばらくの間物思いにふけっていた. **2** [… に] **思いやりのある, 親切な** [*of, for*]: a *thoughtful* present 心づくしの贈り物 / It is *thoughtful of* you [You are *thoughtful*] to help me. お手伝いいただきありがとうございます. **3 思慮深い**; 用心深い [*of*]: a *thoughtful* plan 周到な計画.

thought・ful・ly [θɔ́ːtfəli] **副** 考え込んで; 思慮深く; 親切に; 用心深く.

thought・ful・ness [θɔ́ːtfəlnəs] **名** Ｕ 思慮深さ; 思いやり.

thought・less [θɔ́ːtləs] **形 1 不注意な, 軽率な, 思慮のない**; […／…するのに] 気をつけない [*of / to do*] / You are *thoughtless* to do such a thing. そんなことをするなんてあなたは軽率です.

2 [人が] **思いやりのない, 不親切な** [*of*]: It is *thoughtless of* you [You are *thoughtless*]

thought-out

not to help me. 手伝ってくれないなんて, あなたは思いやりがない.
thought・less・ly [～li] 副 軽率に; 不親切に.
thought・less・ness [～nəs] 名 U 軽率; 不親切.
thòught-óut 形 [通例 well, badly などを伴って] 考え抜かれた, 周到な.

thou・sand [θáuznd] 名 形

— 名 (複 thou・sands [-zndz]) **1** C (基数の) 1,000 (→ NUMBER 表; 数詞・数量を表す形容詞を伴う場合は -s を付けない → HUNDRED 語法): Our town's population is about five *thousand*. 私たちの町の人口は約5千人です.
2 C 1,000を表す記号 (1,000, M など). **3** [代名詞的に; 複数扱い] 1,000, 1,000個, 1,000人; [～s] 何千; 多数: *Thousands* of people were killed in the earthquake. 何千もの人がその地震で死んだ. **4** U 1,000ドル [セント, ポンド, ペンスなど]. **5** C 1,000個 [人] ひと組のもの.
■ *a thóusand to óne* 《口語》ほとんど間違いのない, 絶対確実で.
by the thóusands 何千と, 無数に.
téns of thóusands of ... 何万もの….
— 形 **1** 1,000 の; 1,000個の, 1,000人の: I have four *thousand* yen. 私は4,000円持っている. **2** [a ～] 何千もの; 多数の: A *thousand* thanks. 本当にありがとう.
■ *a thóusand and óne ...* 非常に多くの….
◆ **Thóusand and Óne Níghts** 固 [The ～] 『千夜一夜物語』(Arabian Nights' Entertainments).
thou・sandth [θáuzənt θ] (◇ 1,000th ともつづる; → NUMBER 表) 形 **1** [通例 the ～] 1,000番目の, 第1,000の; 1,000位の. **2** 1,000分の1の (→ FOURTH 形 **2**).
— 名 **1** U [通例 the ～] 1,000番目の人 [もの]. **2** C 1,000分の1 (→ FOURTH 名 **3** 語法).
thrall [θrɔ́ːl] 名 《文語》 **1** U C 奴隷の [虐げられている] 状態; 束縛. **2** C 奴隷 (slave), 農奴.
■ *in thráll to ...* …のとりこになって.
thrall・dom, 《英》**thral・dom** [θrɔ́ːldəm] 名 U 《文語》奴隷の状態 [身分], 束縛 (slavery).
thrash [θrǽʃ] 動 他 **1** …を (むち・棒などで) 打つ, 打ちのめす; 強く繰り返したたく: Don't *thrash* the dog with a cane. 犬をむちで打たないで.
2 《口語》(競技で) …を打ち負かす. **3** 〈手足など〉をたたくように動かす 〈振る〉 *(about, around).*
— 自 **1** 転げ [のたうち] 回る *(about, around).* **2** […を] 激しく打つ *[at].*
■ *thrásh óut* 他 〈問題など〉を徹底的に検討する; 〈徹底的に検討して〉〈結論など〉を出す.
— 名 **1** C [単数形で] 繰り返し打つこと. **2** U 《口語》= **thrásh mètal** 『音楽』 スラッシュメタル 《パンク・ヘビーメタル系ロックミュージックの一種》.
thrash・ing [θrǽʃiŋ] 名 C **1** むち打ち; 打ちのめすこと. **2** 惨敗, 敗北: get a *thrashing* 大敗する / give … a *thrashing* …を打ち負かす.

thread [θréd] 名 動 【原義は「ねじれたもの」】

— 名 (複 threads [θrédz]) **1** U C 糸, 縫い糸

threaten

(cf. yarn 織り糸): sew with *thread* 糸で縫う / a needle with *thread* = a needle and *thread* 糸を通した縫い針 / cotton *thread* 木綿糸.
2 C (議論・話などの) 筋道; (考えなどの) つながり: I cannot follow the *thread* of his argument. 私には彼の議論の筋道がわからない.
3 C 糸のように細いもの, (色・光などの) 線; [a ～] ひと筋 [の…] *[of]:* a *thread* of light [smoke] 一条の光 [ひと筋の煙]. **4** C [機械] ねじ山, ねじの溝. **5** [～s] 《米・古風》衣服 (clothes). **6** [単数形で] 今にも壊れそうなはかなげなもの.
— 動 他 **1** 〈針など〉(の穴) に糸を通す: *thread* a needle 針に糸を通す. **2** 〈ビーズなど〉を糸でつなぐ *(together):* *thread* beads *together* ビーズに糸を通してつなぐ. **3** 〈テープ・フィルムなど〉を機械に装着する 〈かける〉. **4** 〈ねじなど〉にねじ山をつける.
■ *thréad one's wáy through ...* …の間を縫うようにして進む.
thread・bare [θrédbèər] 形 **1** 〈衣服などが〉すり切れた, 着古した. **2** 〈人が〉 ぼろを着た, みすぼらしい. **3** 〈しゃれなどが〉古臭い, 陳腐な.

threat [θrét]

— 名 (複 threats [θréts]) **1** C U […するという] 脅し, 脅迫 *[to do]:* an empty *threat* こけ脅し / He carried out his *threat* to reveal the secret. 彼は秘密を暴くぞという脅しを実行した.
2 C [通例, 単数形で] […への] 脅威, おびやかすもの [人] *[to]:* Nuclear war is a *threat* to us. 核戦争は私たちにとって脅威です.
3 C [通例, 単数形で] (悪いことの) 前兆, きざし, 恐れ *[of]:* There is a *threat* of a storm in the air. あらしになりそうな空模様だ.
■ *únder thréat (of ...)* (…の) 脅しを受けて; (…の) 脅威にさらされて.
(▷ 動 thréaten)

threat・en [θrétn]

— 動 (三単現 threat・ens [～z]; 過去・過分 threat・ened [～d]; 現分 threat・en・ing [～iŋ])
— 他 **1** (a) [threaten + O] 〈人〉を […で] 脅す, 脅迫する *(with):* The Mafia *threatened* him. マフィアが彼を脅迫した / The robber *threatened* her *with* death [a gun]. 強盗は彼女を殺すぞと [銃で] 脅した. (b) [threaten + to do [that 節]] …するぞと脅す: The country *threatened* to break [that it would break] its diplomatic relations. その国は外交関係を断絶すると脅した.
2 [threaten + O] 〈物事が〉…をおびやかす: Stress in modern society *threatens* our health. 現代社会のストレスは私たちの健康をおびやかす.
3 [threaten + O] 〈物事が〉…の兆候を示す, 恐れがある; [threaten + to do] …する恐れがある: The dark clouds *threatened* rain. 暗雲が雨の到来を告げていた / It *threatened* to snow. 雪が降りそうだった.
— 自 **1** (人などが) 脅す, 脅迫する: Nobody will *threaten*. だれも脅したりはしない. **2** (危険・悪いことなどが) 迫っている: Danger *threatens*. 危険が

迫っている. (▷ 名 thréat)

threat・en・ing [θrétniŋ] 形 **1** 脅しの, 脅迫的な: a *threatening* letter 脅迫状. **2** (天候などが)荒れ模様の, 怪しい, 険悪な.

threat・en・ing・ly [~li] 副 脅すように.

***three [θríː] 名形
— 名 (複 **threes** [~z]) **1** ⓤ (基数の) 3 (→ NUMBER 表). **2** ⓒ 3を表す記号 (3, iii, III など). **3** [代名詞的に; 複数扱い] 3つ, 3個, 3人. **4** ⓤ 3時, 3分; 3歳; 3ドル[セント, ポンド, ペンスなど]; 7フィート, 3インチ. **5** ⓒ 3個[3人]ひと組のもの. **6** ⓒ [トランプ] 3の札;(さいころの) 3の目.
— 形 **1** [限定用法] **3の**, 3個の, 3人の. **2** [叙述用法] 3歳で.

thrée-báse hít 名 ⓒ [野球] 三塁打 (triple).

thrée-cór・nered 形 **1** 三つどもえの; 三角関係の. **2** 角(ﾂﾉ)が3つある.

three-D, 3-D [θríːdíː] 形 (映画・写真などが) 3次元の, 立体の (three-dimensional). — 名 ⓤ 3次元; ⓒ 立体映画[写真]: a film in *3-D* 立体映画.

thrée-di・mén・sion・al 形 **1** 3次元の; 立体的な. **2** (人物描写が) 真に迫った, 実在するかのような.

three・fold [θríːfòuld] 形 3倍の, 3重の (triple).
— 副 3倍に, 3重に.

thrée-lég・ged ràce [-légid-] 名 ⓒ 二人三脚 (競走).

three・pence [θrépəns, θríː-] (☆発音に注意) 名 **1** ⓤ (英・古) [単数・複数扱い] 3ペンス (の金額). **2** ⓒ 旧3ペンス硬貨 (1971年廃止).

thrée-píece 形 [限定用法] スリーピースの, 三つぞろいの; 3点セットの: a *three-piece* suit 三つぞろいのスーツ / a *three-piece* suite 《主に英》3点セットの家具 (ソファーといす2脚).

thrée-quár・ter 形 [限定用法] 4分の3の.
— 名 **1** [~s] […の] 4分の3 (*of*). **2** ⓒ [ラグビー] スリークォーター (ハーフバックとフルバックの間); スリークォーターの選手.

three・score [θríːskòːr] 名 ⓤ (古) 60 (歳).
— 形 (古) 60 (歳) の.

three・some [θríːsəm] 名 ⓒ **1** (通例, 単数形で) 《口語》3人組, 3個セット. **2** 3人競技 《ゴルフ》スリーサム (1人対2人で行うゲーム).

thrée-stár 形 (ホテル・レストランなどが) 三つ星の, (五つ星による評価で) 水準以上の.

thrée-whéel・er 名 ⓒ 三輪車 (自転車・自動車・サイドカー付きオートバイなど).

thresh [θréʃ] 動 (たたいて) 〈穀物〉を脱穀する.
— 自 脱穀する.
◆ **thréshing machìne** ⓒ 脱穀機.

*thresh・old [θréʃhòuld] 名 ⓒ **1** 敷居, 入り口, 戸口: cross [pass] the *threshold* of … …の敷居をまたぐ, 家に入る. **2** [通例, 単数形で] 出発点, 発端: at [on] the *threshold* of discussion 議論を始めるにあたって. **3** [心理] 閾(ｲｷ) 《刺激により反応を示す限界点》; (一般に) (変化が起きる) 限界.

***threw [θrúː] (☆同音 through)
動 throw の過去形.

thrice [θráis] 副 (古) 3回; 3倍 (three times).

*thrift [θríft] 名 **1** ⓤ (古風) 倹約, 節約: practice *thrift* 倹約する. **2** ⓒ [植] ハマカンザシ.
◆ **thríft shòp** ⓒ 《米》(通例, 慈善目的の) 中古品店.

thrift・y [θrífti] 形 (比較 **thrift・i・er** [~ər]; 最上 **thrift・i・est** [~ist]) 倹約する, 質素な, つましい.

*thrill [θríl] 名 ⓒ **1** (喜び・興奮・恐怖などで) ぞくぞくする感じ, スリル, 身震い: with a *thrill* of joy わくわくして / He gets his *thrills* from surfing. 彼はサーフィンにスリルを覚える. **2** [医] (聴診器で聞こえる) 震音.
— 動 他 〈人〉をぞくぞく[わくわく]させる: The victory *thrilled* them. 彼らは勝利に酔った.
— 自 […に] ぞくぞくする [*at, to*]: I *thrilled at* the news. 私はその知らせに胸がわくわくした.

thrilled [θríld] 形 [叙述用法] […で / …して] 感動した, わくわくした [*with / to do*]: The boy was *thrilled with* the new baseball glove. 少年は新しい野球のグローブにわくわくした / I was *thrilled to* hear the news. その知らせを聞いて私は心が躍った.
■ ***be thrilled to bíts*** 大喜びする, 興奮する.

*thrill・er [θrílər] 名 ⓒ (犯罪などを扱った) スリラー (小説, 映画, 劇).

thrill・ing [θríliŋ] 形 ぞくぞく[わくわく]させる, 感動的な: a *thrilling* race 白熱したレース.

thrill・ing・ly [~li] 副 ぞくぞく[わくわく]させて, スリル満点で.

*thrive [θráiv] 動 (三単現 **thrives** [~z]; 過去 **throve** [θróuv], **thrived** [~d]; 過分 **thriv・en** [θrívən], **thrived**; 現分 **thriv・ing**) 自
1 (格式) 栄える; 成功する: With government control, industry *thrived* in this country. この国では政府の統制のもとに産業が栄えた. **2** (子供・動植物が) 育つ, 成長する; (悪事などが) はびこる.
■ ***thrive on …*** **1** …なのにかえって元気が出る: He *thrives on* stress. 彼は緊張するとかえって力を発揮する. **2** …で育つ: Cows and sheep *thrive on* grass. 牛や羊は草を食べて成長する.

*thriv・en [θrívən] 動 thrive の過去分詞.

thriv・ing [θráiviŋ] 形 繁栄している; 盛大な.

thro, thro' [θrúː] 前[副] (詩語) = THROUGH (↓).

***throat [θróut] [原義は「ふくれたもの」]
— 名 (複 **throats** [θróuts]) ⓒ **1** **のど**, のどくび; 咽喉(ｲﾝｺｳ): take [seize] … by the *throat* …ののどを絞める / wear a brooch at one's *throat* えり元にブローチを付けている / clear one's *throat* せき払いをする / I caught a cold and had a sore *throat*. 私はかぜを引いてのどが痛かった.
2 (のどのように) 狭い道, (器物などの) 口: the *throat* of a chimney 煙突の口.
■ ***at éach òther's thróat*** (互いに) 激しく争って.
cút one's ówn thróat 自滅する; 自殺する.
fórce [rám, thrúst] … dówn ~'s thróat 《口語》〈意見など〉を〈人〉に押しつける.
stick in one's thróat (骨などが) のどにひっかかる; (言葉が) すぐに出てこない.

throat・y [θróuti] 形 (比較 **throat・i・er** [~ər]; 最上 **throat・i・est** [~ist]) 喉音(ｺｳｵﾝ)の; しわがれ声の.

*throb [θráb / θrɔ́b] 動 (三単現 **throbs** [~z]; 過

去・過分 **throbbed** [～d]; 現分 **throb・bing** [～ɪŋ])
— 自 **1** ずきずき痛む: His finger *throbbed* with pain. 彼の指はずきずき痛んだ. **2** (心臓などが)鼓動する, 動悸(どうき)を打つ; (機械などが)規則的に動く, 振動する: My heart *throbbed* after running. 走ったあと心臓がどきどきした.
— 名 C **1** ずきずき痛むこと. **2** 鼓動, 動悸; (エンジンなどの)振動.

throe [θróu] 名 C (通例 ～s)激痛, 苦悶(くもん); 苦闘: the *throes* of childbirth 陣痛, 産みの苦しみ.

throm・bo・sis [θrɑmbóusɪs / θrɔm-] 名 (複 **throm・bo・ses** [-siːz]) U C 医 血栓症.

‡**throne** [θróun] 名 **1** C 王座, 玉座. **2** [the ～] 王位, 王権: succeed to the *throne* 王位を継承する / ascend [come to] the *throne* 即位する.

*****throng** [θrɔ́ːŋ / θrɔ́ŋ] 名 C [集合的に; 単数・複数扱い] 《文語》群衆, 人だかり: a *throng* of people [reporters] 人[取材記者]の群れ.
— 動 自 [副詞(句)を伴って] 群がる; 押しかける: People *thronged* into the shop. 人々がその店に殺到した. — 他 〈場所〉に群がる, 殺到する; [通例, 受け身で][…で] 〜を満たす, いっぱいにする [with]: The street *was thronged with* shoppers. 通りは買い物客でごった返していた.

throt・tle [θrɑ́tl / θrɔ́tl] 名 C ＝thróttle válve 【機械】絞り弁, スロットル《エンジンに供給する燃料の量を調節する弁》.
■ **at fúll thróttle** 全速力で.
— 動 他 **1** …の首を絞める, …を窒息させる.
2 【機械】〈燃料の流量を(絞り弁で)調節する; 〈エンジンなど〉を減速させる (*back*, *down*). **3** 〈自由など〉を抑圧する.
— 自 〈エンジンが〉減速する (*back*, *down*).

*****through** [θrúː] (☆同音 threw)
前 副 形

①[貫通・通過](…を)通して. 前 **1**; 副 **1**
②[場所]…の至る所を. 前 **2**
③[時間・期間](…の)始めから終わりまで.
　　　　　　　　　　　　前 **3**; 副 **3**
④[期間の終わり]…いっぱい(まで). 前 **4**
⑤[手段・媒介]…によって. 前 **5**

— 前 **1** [貫通・通過] …**を通して**, …を突き抜けて, …を通って: I walked *through* the woods. 私は森を歩いて通り抜けた / The river runs *through* villages and flows into the ocean. その川は村々を流れて海に注ぐ / A balloon was flying *through* the air. 風船が空中を飛んでいた.
2 [場所] …の至る所を, …をあちこち: travel *through* Japan 日本をあちこち旅行する / I went *through* the box to find the photo. 私はその写真を見つけるために箱の中をくまなく調べた.
3 [時間・期間] …の始めから終わりまで, …じゅうずっと: In Hawaii you can swim (all) *through* the year. ハワイでは1年じゅう泳げます / He worked part-time *through* the summer vacation. 彼は夏休みの間ずっとアルバイトをした.
4 [期間の終わり]《米》…いっぱい(まで): The exhibition is open (from) Monday *through* Friday. 展示会は月曜日から金曜日まで開催されている (◇ from は省略されることが多い).
5 [手段・媒介] …によって, …のおかげで: He got the post *through* his uncle's influence. 彼はおじのつてでその職を得た / You will only pass the examination *through* your efforts. あなたは努力によってのみ試験に合格できるだろう.
6 [原因・理由] …のために: Lots of accidents happen *through* neglect of rules. 規則の無視が原因で多くの事故が起きている / They lost the game *through* poor teamwork. 彼らはチームワークが悪かったためにその試合に負けた.
7 [終了] …を終えて, …を終了して: Are you *through* the work? その仕事は終わりましたか / I got *through* this book yesterday. 私はこの本をきのう読み終えました.
— 副 [比較なし] **1 通して**, 貫いて: The train approached the tunnel and the next moment went *through*. 列車はトンネルに接近したかと思うと次の瞬間には通り抜けていた / The arrow struck his thigh and pierced *through*. 矢は彼の太ももを貫通した.
2 すっかり, 完全に (completely): I was caught in a shower and soaked *through*. 私はにわか雨にあってびしょぬれになってしまった.
3 通して, 始めから終わりまで: I read "War and Peace" *through*. = I read *through* "War and Peace." 私は『戦争と平和』を全部読みました / I planned our trip (all) *through*. 私たちの旅行は始めから終わりまで私が計画した.
4 《口語》(仕事・電話などを)終えて; 役に立たなくなって: Please wait till the work is *through*. 仕事が片づくまで待ってください.
5 《英》[…に] 電話を通じて [*to*]: Could you put me *through* to Mr. Johnson? ジョンソンさんにつないでいただけませんか.
■ *through and through* まったく, 徹底して.
— 形 [限定用法] (切符などが)通しの, (列車などが)直通の: a *through* ticket 通し切符 / a *through* train 直通列車 / No *Through* Road [《米》Traffic] 《掲示》通り抜け禁止.
■ *be through with ...* 《口語》 **1** …を終えている: Will you lend me the magazine when you *are through with* it? その雑誌を読み終わったら貸してくださいませんか. **2** …と縁を切っている, 関係を絶っている.

*****through・out** [θruːáut]
前 副

— 前 **1** [場所] **の至る所に[で]**, …じゅうに[で], …の隅から隅まで: Charlie Chaplin is famous *throughout* the world. チャーリー＝チャップリンは世界じゅうで有名です / I looked for the ring *throughout* the house. 私は家じゅうくまなく指輪を探した.
2 [時間・期間] …の間じゅうずっと: *throughout* the day 終日 / *throughout* the summer 夏じゅう / It snowed *throughout* the night. ひと晩じゅう雪が降った.
— 副 [比較なし; 通例, 文末で] **1** すっかり, すべて, 至る所: The room was silent *throughout*. 部

through・put [θrúːpùt] 名 U （工場などの一定時間内での）処理量; [コンピュータ] 情報処理効率.

through・way [θrúːwèi] 名 C 《米》（有料の）高速道路 (thruway, expressway).

***throve** [θróuv] 動 thrive の過去形の1つ.

****throw [θróu] 動 名

原義は「ねじる, 回す」.
① 投げる. 他1; 自
② 投げ飛ばす. 他2
③ （手足を）急に動かす. 他3
④ （服などを）さっと着る［脱ぐ］. 他4
⑤ （光・視線などを）投げかける. 他5

— 動 （三単現 **throws** [~z]; 過去 **threw** [θrúː]; 過分 **thrown** [θróun]; 現分 **throw・ing** [~iŋ]）

— 他 **1** (a) [throw + O] 〈もの〉を［…目がけて〕**投げる** [at] (→ 類義語): The kids *threw* the balls into [in] the baskets. 子供たちは球をかごに投げ入れた / The boy *threw* stones *at* us. 男の子は私たち目がけて石を投げつけた. (b) [throw + O + O / throw + O + to ...] 〈人〉に〈もの〉を投げる: *throw* him a ball = *throw* a ball *to* him 彼にボールを投げる.

2 …を投げ飛ばす, 投げ出す;〈人〉を［…から〕振り落とす[*from*]: He *threw* me to the ground. 彼は私を地面に投げ飛ばした / Because the bus stopped suddenly, some of the passengers were *thrown from* their seats. バスが急停車したので数人の乗客が座席から投げ出された.

3 〈手足・体など〉を急に動かす: *throw* back one's head 急に振り向く / John *threw* his arms around me. ジョンは私に抱きついた.

4 〈服など〉をさっと着る［脱ぐ］（→ 句動詞） throw on, throw off;〈橋など〉を急いでかける: *throw* a bridge across the river 川に橋を急いでかける / It was so cold that she *threw* her coat over. とても寒かったので彼女は急いでコートをはおった.

5 〈光・影・視線など〉を［…に〕**投げかける** [*at, on, over*]; 〈人〉に〈言葉・非難など〉を浴びせる [*at, to*]; […に]〈疑い〉などをかける [*on*]: He *threw* a disappointed look at me. 彼はがっかりした目つきで私を見た / The evidence *threw* doubt *on* him. その証拠によって彼に疑いがかかった.

6 〈精力・人など〉を［…に〕**投入する, つぎ込む** [*into*]: She *threw* all her energy *into* the research. 彼女はその研究に全精力をつぎ込んだ

7 〈人・もの〉を突然［…の状態に〕陥れる [*into*]: The approaching tornado *threw* the whole town *into* confusion. 竜巻の接近は町じゅうを混乱状態に陥れた / He was *thrown into* prison. 彼は刑務所にほうり込まれた.

8 《口語》…を当惑させる, びっくりさせる: His sudden death *threw* us a lot. 彼の突然の死に私たちはとても驚いた.

9 〈発作など〉を起こす: *throw* a fit 発作を起こす

10 《口語》〈パーティーなど〉を開催する: *throw* a dinner party 晩餐(ばん)会を開く.

11 〈打撃など〉を［人に〕与える [*to, at*].

12 〈機械のスイッチなど〉を入れる;〈レバーなど〉を動かす. **13** 《口語》〈ゲーム〉を投げる, （見返りを期待して）わざと負ける. **14** 〈さいころ〉を振る.

15 （ろくろを回して）〈陶器〉を作る. **16** （腹話術を使って人形が話しているかのように）〈声〉を出す.

— 自 投げる, 投球する: How far can you *throw*? あなたはどのくらい遠くへ投げられますか.

句動詞 *thrów abóut* = throw around (↓).

thrów aróund 他 [throw around + O / throw + O + around] **1** 〈富を誇示するために〉〈金〉を使いまくる. **2** …をまき散らす; 振り回す.

thrów asíde 他 [throw aside + O / throw + O + aside] 〈考えなど〉を放棄する.

thrów awáy 他 [throw away + O / throw + O + away] **1** 〈不要なもの〉を投げ捨てる: *Throw away* flammable trash into this bin. 燃えるゴミはこのゴミ箱に捨てなさい. **2** 〈機会など〉を逃す;〈金・時間など〉をむだにする: He *threw away* every chance of success. 彼は成功のチャンスをすべてふいにした.

thrów báck 他 [throw back + O / throw + O + back] 〈ボールなど〉を投げ返す: Please *throw* the ball *back*. ボールを投げ返してください.

・*be thrówn báck on* [*upòn*] ... …に頼るほかない: Without his partner for help, he *is thrown back on* his own resources. 助けを求める相手がいないので彼は自分に頼るほかない.

・*thrów ... báck at ~* ~に〈いやなことなど〉を思い出させる.

thrów dówn 他 [throw down + O / throw + O + down] **1** …を投げ下ろす; 投げ捨てる: *Throw down* your weapons! 武器を捨てろ. **2** 〈挑戦〉を仕掛ける.〈食べ物〉を流し込む.

thrów ín 他 [throw in + O / throw + O + in] **1** …を投げ込む: *throw in* the towel （ボクシングで敗北を認めたセコンドが）タオルを投げ入れる;（一般に）敗北を認める. **2** 〈言葉〉をさしはさむ: He often *throws in* a word or two. 彼はしばしば短い意見をさしはさむ. **3** 《口語》（売り物に）…をおまけに付ける.

thrów óff 他 [throw off + O / throw + O + off] **1** 〈服など〉をさっと脱ぐ: He *threw off* his suit as soon as he got home. 彼は家に着くやいなや背広を脱ぎ捨てた. **2** 〈やっかいなもの〉を捨てる;〈馬など〉が〈人〉を振り落とす: *throw off* a bad memory いやな思い出を振り払う. **3** 〈熱・光など〉を発する.

thrów ón 他 [throw on + O / throw + O + on] 〈服など〉をさっと着る.

thrów ópen 他 [throw open + O / throw + O + open] **1** 〈ドアなど〉をぱっと開く: I saw him *throw open* the door. 彼がドアをぱっと開けるのが見えた. **2** 〈非公開のもの〉を公開する,〈競技など〉を自由参加にする.

thrów óut 他 [throw out + O / throw + O +

out] **1**〈不要なもの〉を捨てる (throw away): I must *throw out* all these old socks. 私はこの古い靴下を全部捨てなければならない. **2**〈申し出など〉をはねつける: The chairperson *threw out* the motion. 議長はその提案を受け付けなかった. **3**〈人〉を[…に]ほうり出す [*of*]. **4**〈考え・提案など〉を言う. **5**〈熱・光など〉を発する. **6**【野球】送球して〈走者〉をアウトにする.

thrów ... óver 働《古風》〈恋人など〉を捨てる.
thrów togéther 働 [throw together + O / throw + O + together] **1**〈料理など〉を手早く作る. **2**[通例,受け身で]〈人々〉を偶然会わせる.
thrów úp 働 [throw up + O / throw + O + up] **1**〈窓など〉を上に上げる: Let's *throw up* the window for some fresh air. 新鮮な空気を入れるために窓を開けよう. **2**〈ほこり・水など〉を空中に吐き出す. **3**〈家など〉を急いで建てる. **4**《口語》〈食べ物など〉を吐く. **5**〈手・足など〉をすばやく上げる. **6**《口語》〈職・計画など〉を投げ出す, 断念する. ― 働《口語》吐く, もどす: I feel like *throwing up*. 吐き気がする.

■ *thrów onesèlf at ...* **1**〈ドアなど〉にぶつかっていく. **2**(通例, 女性が)〈異性〉の気を引こうとする.
thrów onesèlf into ... 〈仕事など〉に打ち込む: She *threw herself into* rearing her three children. 彼女は3人の子育てに専念した. **2**…に身を投じる.

― 名 C **1** 投げること; 【野球】投球, 送球; (格闘技での) 投げ: an overhand [underhand] *throw* (野球の) 上手(なて) [下手(した)] 投げ / the discus [javelin] *throw* (陸上競技の) 円盤 [やり] 投げ. **2** 投げて届く距離; 射程: He made a *throw* of eighty meters. 彼は 80 メートル投げた / She lives within a stone's *throw* of the bus stop. 彼女はバス停のすぐ近くに住んでいる (◇「石を投げれば届く距離」から). **3**(さいころ)を振ること.

類義語 throw, toss, cast, fling, hurl, pitch

共通する意味▶投げる (cause ... to move swiftly through the air by a swing of the arm)
throw は「投げる」の意を表す最も一般的な語: Don't *throw* stones at animals. 動物に石を投げないでください. **toss** は軽いものをねらいをつけずに下手または横から「ぽいと投げる」の意: I *tossed* him the ball. 私は彼にボールをほうり投げた. **cast** は特にさいころ・釣り糸などの軽いものを「投げる」の意: He *cast* a net into the river. 彼は川に網を打った. **fling** はしばしば怒り・軽蔑などの感情に駆られて「荒々しく投げる」の意: He *flung* his briefcase on the desk. 彼は書類かばんを机の上にほうり出した. **hurl** は遠くへ飛ばすために「猛烈な勢いで投げる」の意: He can *hurl* the javelin 90 meters. 彼はやりを90メートル投げることができる. **pitch** は投手が「ねらいを定めて投げる」の意: He *pitched* a fastball. 彼はストレートを投げた.

throw・a・way [θróuəwèi] 形 《限定用法》 **1** 使い捨ての: a *throwaway* paper dish 使い捨ての紙皿. **2**(せりふなどが) 何げなく言われた, さりげない. ― 名 C 使い捨てのもの; (広告の) ちらし.

throw・back [θróubæ̀k] 名 C [通例, 単数形で] **1** 投げ返すこと. **2**[…への] 後戻り;(生物の) 先祖返り [*to*].

thrów-in 名 C 【球技】スローイン;【野球】外野からの返球.

※thrown [θróun] (☆同音 throne) 働 throw の過去分詞.

thru [θrú:] 前 副 形《米》= THROUGH (◇広告やメモで用いる略式語).

thrum [θrám] 働 (三単現 **thrums** [~z]; 過去・過分 **thrummed** [~d]; 現分 **thrum・ming** [~iŋ]) 働 (機械などが) 継続してぶーんと音を立てる.
― 働 (指などで) …をこつこつたたく.
― 名 C [単数形で] (機械などの) うなる音; たたく音.

thrush [θráʃ] 名 C 【鳥】ツグミ.

※thrust [θrást] 働 (三単現 **thrusts** [θrásts]; 過去・過分 **thrust**; 現分 **thrust・ing** [~iŋ]) 働 **1** …を急に強く押す, 突く; …を[…に] 突っ込む [*in*, *into*]: *thrust* the door open ドアを押し開く / He *thrust* his hands *in* his pockets. 彼はポケットに両手を突っ込んだ.
2 …を[…に] 刺す, 突き刺す [*into*]: *thrust* a knife *into* an apple リンゴにナイフを突き刺す.
3[人に]…を押しつける [*on*, *upon*]; …を[…に] 追いやる [*into*]: be *thrust into* retirement 引退に追い込まれる / They *thrust* the role *upon* me. 彼らは私にその役を押しつけた.
― 働 **1**[…を] 強く押す, 突く [*at*]: A strange man suddenly *thrust at* me with a knife. 見知らぬ男がいきなり私にナイフを突き立てた.
2 突進する, 押し進む (*forward*).
■ *thrúst onesèlf into ...* …に無理に割り込む; …に干渉する.
thrúst one's wáy 押し分けて進む, 無理やり進む.
― 名 **1** C ひと突き [押し]; 急に強く突く [押す] こと.
2 U (ロケットなどの) 推進力. **3**[the ~](活動・発言などの) 要点, 主眼: the *thrust* of the administrative reforms 行政改革の主眼.
4 C 激しい攻撃;(言葉による) 攻撃, 酷評.

thrust・er [θrástər] 名 C 制御用推進エンジン.

thru・way [θrú:wèi] 名 C《米》(有料の) 高速道路 (《米》throughway, expressway).

thud [θád] 名 C どさっ [どしん, ずしん] という音.
― 働 (三単現 **thuds** [θádz]; 過去・過分 **thud・ded** [~id]; 現分 **thud・ding** [~iŋ]) 働 どさっ [どしん] と音を立てる [落ちる]; ずしんと響く.

thug [θág] 名 C 暴漢, 凶悪犯.

※thumb [θám] (☆発音に注意) 名 C (手の) 親指 (cf. big toe 足の親指 / finger (親指以外の手の) 指; → HAND 図); (手袋などの) 親指: hold up [raise] one's *thumb*(s) 親指を立てる (◇同意・勝利などを表す).

■ *àll* (*fíngers and*) *thúmbs*《口語》不器用な:

be *all thumbs* at sewing 裁縫がまったく苦手である. ***Thúmbs dówn!*** だめだな (◇反対・不満・失敗などを表す). ***Thúmbs úp!*** やったぞ, いいぞ; 承知した (◇満足・同意などを表す). **túrn úp** *one's* **thúmb(s)** 親指を上[下]に向ける (◇同意・満足・勝利[反対・不満・失敗]などを表す). ***twíddle*** *one's* **thúmbs** 〖口語〗 **1** (両手の指を組んで)左右の親指をぐるぐる回す (◇手持ちぶさた・いらいらなどを表す). **2** ぶらぶらしている, 何もしないでいる. ***ùnder*** *...'s* **thúmb** …の言いなりで: She's got her husband right *under her thumb*. 彼女は夫を完全にあごで使っている.
— 動 他 **1** 〖口語〗親指で合図して〈車への便乗〉を頼む: *thumb* a ride [〘英〙lift] to town 町までヒッチハイクして行く. **2** 〈本など〉を親指でめくる〈汚す〉, 〈本〉をざっと読む.
— 自 〈本〉をぱらぱらめくる, ざっと読む〔*through*〕: *thumb through* a book 本にざっと目を通す.
■ **thumb** *one's* **nóse at ...** …をあざける (親指を鼻先に付け, 他の指を広げる).
◆ **thúmb ìndex** 〖C〗(辞書などの)つめかけ (アルファベットを示すページの端の切り込み).

thumb・nail [θÁmnèil] 名〖C〗 **1** 親指のつめ. **2** 〖コンピュータ〗サムネイル (画像の縮小表示). — 形〖限定用法〗とても小さい〔短い〕.

thumb・tack [θÁmtǽk] 名〖C〗〘米〙画びょう (〘英〙drawing pin).

***thump** [θÁmp] 動 他 …を〈こぶしなどで〉ごつん[どん]と打つ, どんと置く; 〈人〉を殴る〔*with*〕 [**thump** + O + C] 〈もの〉をたたいて…にする: He *thumped* the table *with* the book. 彼は本でテーブルをどんと打った.
— 自 **1** […を]ごつん[どん]と打つ〔*on*, *against*〕. **2** どきどき動悸(ぎ)がする. **3** どしんどしんと歩く.
— 名〖C〗ごつん[どしん]と打つこと[音]; 強打; 動悸: He gave me a *thump* on the back. 彼は私の背中をどんとたたいた.

thump・ing [θÁmpiŋ] 形〖限定用法〗〖口語〗巨大な; 途方もない, 驚くべき; 〈心臓が〉どきどきする: a *thumping* loss 巨額の損失.
— 副〖口語〗途方もなく, ひどく.

***thun・der** [θÁndər] 名 動【原義は「うるさい音」】
— 名 (複 **thun・ders** [~z]) **1** 〖U〗雷, 雷鳴 (◇雷の音をさす; cf. lightning 稲妻): a clap [roll] of *thunder* 雷鳴 / We are going to have *thunder*. 雷が鳴りそうだ.
2 〖U〗〖C〗雷のようなとどろき[音, 声]: *thunders* [a *thunder*] of applause 万雷のかっさい / the *thunder* of the waterfall 滝のとどろく音.
■ **líke** [*as* **bláck** *as*] **thúnder** ひどく怒って.
stéal *...'s* **thúnder** 〈人〉の(受けるべき)称賛[注目]を横取りする, …を出し抜く.
thúnder and líghtning 雷電; 悪口, 非難.
— 動 自 **1** [It を主語にして]雷が鳴る: My dog always hides under the bed when *it thunders*. 私の犬は雷が鳴るといつもベッドの下に隠れる.
2 〈雷が〉とどろく, 大きな音を立てる〔*out*〕.
3 […を]激しく非難する〔*at*, *against*〕.
— 他 〈事〉を大声で言う, どなる〔*out*〕: "Be quiet!" he *thundered*. 「静かにしろ」と彼はどなった.

thun・der・bolt [θÁndərbòult] 名〖C〗 **1** 雷電 (稲妻と雷鳴); 落雷. **2** […にとっての]不意の出来事[災難], 青天の霹靂(ｷ)〔*to*〕.

thun・der・clap [θÁndərklæp] 名〖C〗雷鳴.
thun・der・cloud [θÁndərklàud] 名〖C〗雷雲.
thun・der・head [θÁndərhèd] 名〖C〗入道雲.
thun・der・ing [θÁndəriŋ] 形 **1** 雷鳴のする; 雷のように響く. **2** 〖口語〗途方もない, ものすごい.
thun・der・ous [θÁndərəs] 形 雷のような; とどろきわたる: *thunderous* applause 万雷の拍手.
thun・der・show・er [θÁndərʃàuər] 名〖C〗雷雨.
***thun・der・storm** [θÁndərstɔ̀:rm] 名〖C〗(激しい)雷雨: We had a *thunderstorm* here last night. 昨夜当地では激しい雷雨があった.
thun・der・struck [θÁndərstrÀk] 形〖叙述用法〗びっくり仰天した.
thun・der・y [θÁndəri] 形 雷の(鳴りそうな); 雷鳴のする.

Thur., Thurs. (略語) = **Thurs**day (↓).

***Thurs・day** [θə́:rzdei, -di] 名 【→ WEEK 表】
— 名 (複 **Thurs・days** [~z]) **1** 〖U〗〖C〗(通例, 無冠詞で) 木曜日 ((略語) Th., Thur(s).) (→ SUNDAY 【語法】).
2 〖形容詞的に〗木曜日の. **3** 〖副詞的に〗〖口語〗木曜日に; [~s] 〘米口語〙木曜日ごとに.

***thus** [ðÁs]
— 副〖格式〗 **1** このように, そのように (in this way); 次のように: He advised me to speak *thus*. 彼は私にそのように話すよう助言してくれた.
2 したがって, それゆえに (therefore); たとえば: We are far behind schedule and *thus* we must work overtime. 予定からはるかに遅れているので残業しなくてはならない / *Thus* the meeting was canceled. こうして会議は中止になった.
3 〖形容詞・副詞を修飾して〗これほどまで: *thus* much これだけは / There seems to be no problem *thus* far. 現在のところ問題はなさそうだ.

thwack [θwǽk] 名〖C〗ぴしゃりと打つこと[音], ひっぱたくこと[音]. — 動 他 …をぴしゃりと打つ.

thwart [θwɔ́:rt] 動 他〖格式〗…に反対する; …を妨害する, 失敗させる. — 名〖C〗〖海〗(ボートの)こぎ座 (こぎ手の座る横木).

thy [ðái] 代 (◇人称代名詞 thou の所有格) 〘古〙あなた[なんじ]の.

thyme [táim] 名〖U〗〖植〗タイム, タチジャコウソウ (シソ科の植物), タイム (の葉) (香料).

thy・roid [θáirɔid] 名〖C〗= **thýroid glànd**〖解剖〗甲状腺(ぞ).

thy・self [ðaisélf] 代 (◇ thou の再帰代名詞) 〘古〙

あなた [なんじ] 自身 (yourself).
ti [tíːとおん] 名 U C 【音楽】シ (si) 《ドレミ音階の第7音》.
Ti 《元素記号》= titanium チタン.
ti・ar・a [tiáːrə] 名 C **1** ティアラ《女性用宝石付き頭飾り》. **2** (ローマ法王の) 三重冠.
Ti・ber [táibər] 名 固《the ～》テベレ川《イタリアを貫流して地中海に注ぐ》.
Ti・bet [tibét] 名 固 チベット《中国南西部の自治区》.
Ti・bet・an [tibétən] 形 チベットの; チベット人 [語] の. ── 名 **1** C チベット人. **2** U チベット語.
tic [tík] 名 C 【医】チック, (特に顔面の) けいれん.
*__tick__[1] [tík] 名 **1** (時計などの) かちかちいう音. **2** 《英》照合 [点検] 済みの印 (✓)《《米》check》. **3** 《英口語》瞬間 (moment): in a _tick_ すぐ / Wait a _tick_! ちょっと待ってください.
── 動 自 **1** (時計などが) かちかち音を立てる, 時を刻む (_away_). **2** 《口語》(機械などが) 動く.
── 他 **1** 〈時〉を刻む (_away_). **2** 《英》…に点検 [照合] 済みの印 (✓) を付ける (《米》check).
■ _tíck óff_ **1** 《英》…をチェックする: _tick off_ the items one by one 項目を1つずつチェックする. **2** 《英口語》…をしかる. **3** 《米口語》…を怒らせる.
tíck óver **1** (車のエンジンが) からぶかし [アイドリング] 状態である. **2** (仕事などが) ゆっくり [無難に] 進む.
whát màkes ... tíck《口語》〈人〉の行動の動機 [理由]: I have no idea _what makes_ him _tick_. 彼がなぜそうするのか私にはわからない.
tick[2] 名 **1** 【虫】ダニ. **2** 《英俗語》いやなやつ.
tick・er [tíkər] 名 C **1** 《口語》心臓. **2** 電信受信機. **3** 《口語》時計.
◆ tícker tàpe U **1** 電信受信機用テープ. **2** (窓から投げる歓迎用) 紙テープ.

*__tick・et__ [tíkit] 名 動【原義は「ラベル」】
── 名 (複 **tick・ets** [-kits]) C **1** 切符, 乗車券, 入場券, チケット: a commutation [《英》season] _ticket_ 定期券 / a one-way [《英》single] _ticket_ 片道切符 / a round-trip [《英》return] _ticket_ 往復切符 / a _ticket_ to [for] New York ニューヨークまでの切符 / a _ticket_ for a concert コンサートのチケット / Admission by _ticket_ only. 《掲示》切符をお持ちでない方の入場お断り. **2** 《口語》交通違反切符, チケット: I got a parking [speeding] _ticket_. 駐車違反 [スピード違反] で切符を切られた. **3** (商品に付けた) 正札, 値札; (サイズなどを示す) ラベル. **4** 《米》(政党の) 公認候補者名簿; (選挙で政党が掲げる) 公約, 政策. **5** 《the ～》《口語》適当なもの, 必要なもの [こと].
── 動 他 **1** 〔通例, 受け身で〕〈商品などに〉値札 [ラベル] を付ける. **2** 〈人〉に切符を発行する; 《米》〈交通違反者に〉切符を切る. **3** 〔通例, 受け身で〕〈もの〉を [～の用途に] あてる [_for_].
◆ tícket àgency C チケット売り場, プレイガイド.
tícket collèctor C (駅の) 集札 [改札] 係.
tícket machíne C 切符販売機, 券売機 (➡ STATION PICTURE BOX)
tícket òffice C 切符売り場, 出札所 (《英》booking office).

*__tick・le__ [tíkl] 動 他 **1** …をくすぐる, むずむずさせる: I _tickled_ his feet and made him laugh. 私は彼の足をくすぐって笑わせた. **2** …を楽しませる, 喜ばせる; 〈虚栄心など〉を満足させる: be _tickled_ by [at] … …を楽しむ.
── 自 (体の一部などが) くすぐったい, むずむずする: My throat _tickles_. のどがむずむずする.
■ _be tíckled pínk_《口語》大いに満足する, 喜ぶ.
── 名〔単数形で〕くすぐること; くすぐったい感じ.
tick・lish [tíkliʃ] 形 **1** (人が) くすぐったがりの. **2** 《口語》(問題などが) 扱いにくい, 微妙な. **3** (人が) 怒りっぽい, 神経質な.
tick・tack [tíktæk]《擬音語》名 C (心臓の) どきどき (という音); (時計の) ちくたく (という音); (靴の) こつこつ (という音).
tíck-tàck-tóe 名 U 《米》三目並べ (《英》noughts and crosses)《9つのます目に○と×を書き入れ, 早く3つそろえる遊び》.
tick・tock [tíktàk | -tɔ̀k]《擬音語》名 C 〔通例, 単数形で〕(大きな時計の) ちくたく (という音).
tid・al [táidəl] 形 潮の, 潮による; 潮の干満の: a _tidal_ current 潮流 / a _tidal_ harbor 満潮時にのみ入出港できる港. (▷ 名 tíde)
◆ tídal wàve C **1** 高潮; (地震などによる) 津波 (tsunami). **2** (世論などの) 大きな動き [流れ].
tid・bit [tídbìt] 名 C 《米》**1** [a ～ / ～s] おいしい食べ物の) ひとロ (《英》titbit) [_of_]. **2** [面白いニュース・うわさの) 断片 (《英》titbit) [_of_].
tid・dler [tídlər] 名 C 《英口語》小魚; 小物.
tid・dly [tídli] 形 (比較 **tid・dli・er** [～ər]; 最上 **tid・dli・est** [～ist])《英口語》**1** ほろ酔いの. **2** とても小さな, 取るに足らない.
tid・dly・winks [tídliwìŋks] 名 U ティドリーウインクス《小円盤を飛ばしてカップに入れる子供のゲーム》.

*__tide__ [táid] 名 動【原義は「時」】
── 名 (複 **tides** [táidz]) **1** C U 潮, 潮の干満; 潮流 (current): the ebb [flood] _tide_ 引き [満ち] 潮 / strong _tides_ 激流 / The _tide_ is coming in [going out]. 潮が満ち [引き] 始めている / The _tide_ is high [low]. 潮が満ちて [引いて] いる.
2 C 〔通例 the ～〕時流; 形勢, 傾向: go [swim] with [against] the _tide_ 時勢に従う [逆らう] / the _tide_ of public opinion 世論の大勢 / The _tide_ turned against him [in his favor]. 形勢は彼にとって不利 [有利] になった.
3 U 《古》時期; 季節: Time and _tide_ wait for no man.《ことわざ》歳月人を待たず.
■ _túrn the tíde_ 形勢を一変させる.
── 動 〔次の成句で〕
■ _tíde óver_ 他 〈人〉に困難などを乗り切らせる, 切り抜けさせる: This money will _tide_ me _over_ until payday. 私は給料日までこの金で乗り切れるだろう.
tíde ... óver ～ 〈人〉に〔困難〕を乗り切らせる, 切り抜けさせる. (▷ 形 tídal)

tide・mark [táidmɑ̀ːrk] 名 C **1** (満潮 [干潮] 時の) 潮位線. **2** (浴槽の) 湯をはった跡.
tide・wa・ter [táidwɔ̀ːtər] 名 **1** U 潮水《満潮時に海岸を覆う水》; (潮の影響を受ける) 河口の水.

tideway

2 C《米》低い海岸地帯.
tide・way [táidwèi]名C《米》潮路；潮流.
ti・di・ly [táidili]副 きちんと，小ぎれいに，整然と.
ti・di・ness [táidinəs]名U 小ぎれいなこと，整頓.
ti・dings [táidiŋz]名《単数・複数扱い》《文語》知らせ，消息，ニュース (news).
*ti・dy [táidi]形 (比較 **ti・di・er** [~ər]; 最上 **ti・di・est** [~ist]) **1** きちんとした，小ぎれいな，整然とした (orderly): a *tidy* garden 手入れが行き届いた庭 / Keep your room neat and *tidy*. 部屋をきちんと整とんしておきなさい. **2** (人が) きれい好きの.
3 《口語》(量・金額などが) かなりの，相当な (considerable): a *tidy* sum of cash かなりの現金.
— 動 (三現単 **ti・dies** [~z]; 過去・過分 **ti・died** [~d]; 現分 **ti・dy・ing** [~iŋ])他 …をきちんとする，片づける，整とんする (up, away): *tidy* oneself (up) 身づくろいする. — 自 片づける (up).
— 名 (複 **ti・dies** [~z]) C **1** (流しの)ごみ入れ，小物入れ. **2** いすの背おおい (antimacassar).

tie

***tie [tái]
動 (三現単 **ties** [~z]; 過去・過分 **tied** [~d]; 現分 **ty・ing** [~iŋ])
— 他 **1** 〈ひもなど〉を**結ぶ**; …のひもを結ぶ; 〈結び目〉を作る: Connie *tied* her apron strings. コニーはエプロンのひもを結んだ / *Tie* your shoes [shoelaces]. 靴のひもを結びなさい.
2 …を[…で]**縛る**, くくる, 束ねる [with]; …を[…に]つなぐ [to] (→ 類義語): *Tie* the meat *with* string and roast it in the oven. その肉をひもで縛ってオーブンで焼きなさい / She *tied* her hair into a ponytail. 彼女は髪を束ねてポニーテールにした / Hans *tied* his boat *to* a post. ハンスはボートをくいにつないだ.
3 〔しばしば受け身で〕…を[…に]束縛 [拘束] する [to]: It is not my intention to *tie* you rigidly. あなたを強く束縛する気持ちはない / The job *ties* me to my office for most of the day. 私は仕事で1日のほとんどをオフィスで過ごしています. **4** 〔通例，受け身で〕…を[…に]関連づける，結び付ける [to, with]: That disease *is* closely *tied* to the living environment. その病気は生活環境と密接に関連している. **5** …と同点になる: England *tied* France in football. イングランドはサッカーでフランスと引き分けた. **6** 〖音楽〗〈音符〉を〜 (スラー)で結ぶ.
— 自 **1** 結ぶ, 結べる: This coat *ties* at the side. この上着はわきで結ぶ / These shoelaces *tie* well. この靴ひもは結びやすい.
2 〔…と〕同点になる [with]: I often *tied with* him in the English examinations. 私はしばしば彼と英語の試験で同点だった.

〖句動詞〗**tíe dówn** 他 [tie down +O / tie +O+down] **1** …を[…で]縛って押さえる [with].
2 〈人〉を[…に]拘束する [to].
tíe ín 自 […と]結び付く，関連する [with].
tíe úp 他 [tie up +O / tie +O+up] **1** …をしっかりくくる; …に包帯を巻く: The nurse *tied up* my leg in splints. 看護師は私の脚に添え木を当てて包帯でくるんだ. **2** …を妨げる, 停止する: The accident *tied up* the traffic all morning. その事故で午前中いっぱい交通がまひした. **3** 〈資金など〉を固定する, 凍結する; …を[…に]投資して自由に使えないようにする [in]. **4** 〔通例, 受け身で〕〈人〉を[仕事などで]忙しくさせる, 殺到させる [with]. **5** …を[…と]関連づける, 提携させる [with]. — 自 […と]提携する, タイアップする [with].

— 名 (複 **ties** [~z]) **1** C **ネクタイ** (《米》necktie); 結ぶもの, ひも; 結び目: Alan always wears a red *tie*. アランはいつも赤いネクタイを締めている. **2** [~s] つながり, 絆(きずな): the *ties* of blood 血のつながり / the *ties* of friendship 友情の絆. **3** C 同点, 同数: The game ended in a *tie*. 試合は引き分けに終わった. **4** C《口語》(自由を束縛する)重荷, 足手まとい. **5** C《米》(鉄道の)まくら木 (《英》sleeper). **6** 〖音楽〗スラー (〜).
◆ **tíe clàsp** [clìp, tàck] C ネクタイピン.

> 〖類義語〗**tie, bind, fasten**
> 共通する意味▶縛る, 束ねる (attach ... to something else; hold two or more things firmly together)
> **tie** は「ひも・ロープなどで縛りつける」の意. 固定したものに縛ったり, もの同士を束ねるときに用いる: He *tied* the dog to a tree with a rope. 彼は犬をひもで木につないだ. **bind** は2つまたはそれ以上のものを「ひもなどで巻いて固く縛る, 束ねる」の意を表す: *bound* the letters into a bundle with a rubber band 輪ゴムで手紙を束ねる. **fasten** はあるものを他のものに「ひもなどでしっかりと固定する」の意を表す: *Fasten* your seat belt! 座席のベルトをお締めください (◇機内アナウンス).

tie・break・er [táibrèikər], **tie・break** [táibrèik]名C 同点決勝; 〖テニス〗タイブレーク《セットのゲームカウントが6対6のときに行うゲーム》.
tíe-dýe 名U 絞り染め; C 絞り染めの布 [服].
— 動 他 …を絞り染めにする.
tíe-ín 名C **1** 抱き合わせ販売, タイアップ商品.
2 […との]関係, つながり [with, to].
tíe・pin [táipìn]名C ネクタイピン (《米》stickpin).
tier [tíər]名C **1** (重なったものの)層, 段; (階段状の)座席 (の1段, 1列): *tiers* of seats 階段式座席.
2 (会社など組織内の)階級, 役職.
tíe-úp 名C **1** […間の / …との]提携, タイアップ; 関係 [between/with]. **2**《米》(事故・ストなどによる一時的な)業務停止; (交通などの)不通, 渋滞.

tiff [tíf]名 (複 **tiffs** [~s]) C《親しい者同士の》ささいないさかい: have a *tiff* with ... …ともめる.

**ti・ger [táigər]
— 名 (複 **ti・gers** [~z]) C **1 トラ** (cf. tigress 雌のトラ): an American *tiger* ジャガー (jaguar) / The *tiger* is not native to Africa. トラはアフリカ原産ではない. **2** 凶暴な人.

**tight [táit]〖原義は「引っぱる」〗
— 形 (比較 **tight・er** [~ər]; 最上 **tight・est**

tighten

[~ist]) **1** (衣服などが)**きつい**, 窮屈な, 体にぴったりした(↔ loose): *tight* trousers きつい[ぴったりした]ズボン / My coat is *tight* under the arms. 私の上着はわきの下が窮屈です.

2 きっちり締まった, 堅く結んだ, 堅い(↔ loose): a *tight* knot 堅い結び目 / He took a *tight* grip on the rope. 彼はロープをしっかり握った.

3 厳しい (strict, severe): *tight* discipline 厳しい訓練 / keep *tight* control of [over] ... …を厳しく監督[規制]する.

4 ぴんと張った(↔ slack), (微笑などが)引きつった, こわばった: a *tight* rope ぴんと張ったロープ / a *tight* smile 引きつった笑み. **5** すき間のない; 水[空気]の漏らない(watertight, airtight); (文章などが)簡潔な: a *tight* squeeze ぎゅうぎゅう詰め.

6 (カーブなどが)急な: make a *tight* turn 急なカーブを切る. **7** (時間が)余裕のない, (予定が)いっぱい詰まった, (態度が)かりかりした: a *tight* schedule ぎっしり詰まったスケジュール.(比較)「ハードスケジュール」は和製英語)

8 (財政などが)苦しい; (ものが)不足した, 乏しい: Money is *tight* and she needs a job badly. お金に困っているので彼女は本当に仕事が必要です.

9 (口語)(試合が)互角の, 接戦の: It was a *tight* race. 接戦だった. **10** (通例, 叙述用法)(口語)けちで, しまり屋の: She is *tight* with her money. 彼女は金に細かい. **11** 難しい, 困難な, 無理な (difficult): The bad weather put the climbers in a *tight* situation. 悪天候で登山者たちは窮地に陥った. **12**(口語)酔って.

──副 **1** しっかりと, 堅く (firmly); きつく, ぴったりと (closely): pull the rope *tight* ロープをぎゅっと引っ張る / She held her son *tight*. 彼女は息子をしっかりと抱き締めた.

2 十分に, ぐっすりと: sleep *tight* ぐっすり眠る.

■ *sít tíght*《口語》動かずにじっとしている, しっかり腰をすえる; 主張を曲げない. (▷ 動 tighten)

tight・en [táitn]動 他 **1** …をしっかり締める, 堅くする; ぴんと張る (↔ loosen): *tighten* (up) a rope ロープをぴんと張る / He *tightened* up his grip on my arm. 彼は私の腕をさらに強く握った.

2 〈法・規制など〉を引き締める, 強化する (*up*).

──自 **1** しっかり締まる, 堅くなる; ぴんと張る (*up*).

2 〈法・規制など〉厳しくなる (*up*).

■ *tíghten one's bélt* → BELT 成句.

tíghten úp on ... …に関して規制を強める, 引き締める. (▷ 形 tight)

tight・fist・ed [táitfístid] 形《口語》けちな, 節約家の (stingy).

tight・fit・ting [táitfítiŋ] 形 (衣服が)ぴったりした.

tight・knit [táitnít] 形 (組織などの)構成がしっかりした; (家族などが)緊密に結び付いた.

tight-lipped 形 **1** 口を堅く閉じた. **2** 無口な.

tight・ly [táitli] 副 しっかりと, きつく, 堅く: He held the briefcase *tightly* in his arms. 彼は書類かばんを両手でしっかり抱えた.

tight・ness [táitnəs] 名 U 引き締まっていること, 堅いこと; 窮屈, (金融などの)逼迫(ひっぱく), 金詰まり.

tight・rope [táitròup] 名 C (綱渡り用の)張り綱.

■ *wálk* [*tréad*] *a tightrope* 綱渡りをする; きわどいことをする.

◆ *tíghtrope wàlker* C 綱渡り師.

tights [táits] 名 《複数扱い》タイツ; 《英》パンティーストッキング (《米》pantyhose): a pair of *tights* タイツ1足.

ti・gress [táigrəs] 名 C 雌のトラ (cf. tiger トラ).

Ti・gris [táigris] 名 圃 [the ~] チグリス川《トルコ東南部に発し, ユーフラテス川と合流してペルシア湾に注ぐ. 流域に古代バビロニア文明が栄えた》.

til・de [tíldə] 《スペイン》名 C ティルダ (~) 《スペイン語で señor のように n の上に付ける記号》.

‡**tile** [táil] 名 C **1** かわら, (床・壁用の) タイル: a house with a roof of *tiles* かわら屋根の家.

2 (ゲームなどで使う)こま, 札; (マージャンの)牌(ぱい).

■ (*óut*) *on the tíles* 《主に英口語》遊びほうけて.

──動 他 (通例, 受け身で)〈屋根〉をかわらでふく; 〈床〉にタイルを貼る[張る].

til・ing [táiliŋ] 名 U **1** かわらぶき, タイル張り.

2 (集合的に)かわら, タイル.

‡**till**¹ [(弱) tl; (強) tíl]

──前 (◇ until と意味は同じ. 用法の違いは→ UNTIL 語法) **1** [動作・状態の継続]…まで(ずっと) (◇動作・状態の継続を表す動詞と共に用いる): Let's wait *till* three. 3時まで待とう / We usually work *till* five. 私たちは普通5時まで働く / They stayed awake *till* midnight. 彼らは夜の12時まで起きていた.

2 [否定文で]…まで(…ない), …になって初めて(…する[である]): You will not reach Paris *till* tomorrow morning. あなたはパリには明朝まで着かないでしょう ⇒ パリに着くのは明朝になるでしょう.

──接 [従属接続詞] **1** [動作・状態の継続]…まで(ずっと): The kids played baseball *till* it got dark. 子供たちは暗くなるまで野球をした / She slept *till* he came to her house. 彼女は彼が家に来るまでずっと眠っていた.

2 [否定文の主節のあとで]…まで(…しない), …して初めて(…する): Don't cross the road *till* the light turns green. 信号が青になるまで道路を渡ってはいけない / We do not know the value of youth *till* we become old. 老人になるまで若さの価値がわからない ⇒ 年を取って初めて若さの価値がわかる / It was not *till* I lived in Chicago for three years that I found how wonderful it was. シカゴのすばらしさがわかったのは, 住みついて3年たってからのことだった.

3 (…して)とうとう, ついに (◇ till の前にコンマを付けることが多い): We kept climbing, *till* we reached the top of Mt. Fuji. 私たちは登り続け, そしてついに富士山の頂上に着いた.

till² [tíl] 名 C《英》レジスター, 金銭登録機 (cash register); レジ (カウンター).

■ *háve one's fíngers in the till* 《口語》勤務先の金を盗む.

till³ [tíl] 動 他 〈土地〉を耕す, 耕作する.

till・a・ble [tíləbl] 形 耕作できる, 耕作に適した.

till・er¹ [tílər] 名 C (船舶の) 舵(かじ)の柄.

till・er² [tílər] 名 C 耕作機械 [器具], すき; 耕作者.

‡**tilt** [tílt] 動 自他 …を傾ける, かしげる; 倒す: *tilt* a seat

back 座席をうしろに倒す. ― 自 **1** 傾く; 倒れる. **2** [...に]非難[攻撃]する; (やりを)突く[*at*]: *tilt at gambling* ギャンブルを非難する.

― 名 **1** U C 傾けること; 傾き, 傾斜: The tower has a slight *tilt* to the left. 塔はわずかに左に傾いている. **2** C [...への]攻撃, 非難 [*at*]: make a *tilt at* ...〈人〉を非難する.

■ (*at*) *full tilt* 全速力で, 全力で.

‡tim·ber [tímbər] 名 **1** U 《主に英》(建築用の)材木, 角材 (《米》lumber). **2** U (木材用の)立ち木, 森林: fell [cut down] *timber* 森林を伐採する. **3** C (梁(はり), 棟木(むなぎ)) (船舶)の肋材(ろくざい)(船の) (rib).

― 間 倒れるぞ!(伐採した木が倒れる際のかけ声)

tim·bered [tímbərd] 形 **1** (建物が)木造の. **2** 樹木が生い茂った, 立ち木の多い.

tim·ber·land [tímbərlænd] 名 U 《米》(材木用の)森林地.

tim·ber·line [tímbərlàin] 名 [the ~]《高山・極地などの》樹木 [高木] 限界線.

tim·ber·yard [tímbərjà:rd] 名 U 《英》材木置き場 (《米》lumberyard).

tim·bre [tæmbər, tím-] 名 U C《音楽》音色.

****time [táim] 名 動

① 時, 時間; 時刻   1, 2, 3
② (一定の)期間; 時間   4, 5
③ (特定の)時期; 機会   6, 7
④ 時代; 時世   8, 9
⑤ ...回; ...倍   10, 11

― 名 (複 *times* [~z]) **1** U[無冠詞で](空間に対して)時, 時間, 歳月: *time* and space 時間と空間 / *Time* passes quickly when you are busy. 忙しいときは時間がたつのが早い / *Time flies.* (ことわざ)光陰矢のごとし (◇通例 like an arrow は付けない) / *Time is money.* (ことわざ)時は金なり.

2 U 時刻, (時計の示す)時間; [複合語で](特定の地域・季節に用いる)...時間, 標準時: local *time* 現地時間 / daylight saving *time* 《米》夏時間 (《英》summer *time*) / standard *time* 標準時 / Greenwich (Mean) *Time* グリニッジ標準時 / What *time* is it (now)? = What is the *time*? = Do you have the *time*? (今)何時ですか / It is now 2:15 a.m. Chicago *time*. 今シカゴ時間で午前2時15分です.

3 U [...するための] 時間, (時間の) 余裕, 暇 [*to do*]: Fathers have little *time* to talk to their children these days. 近頃の父親は自分の子供と話をする時間がほとんどない / Do you have *time* to help me? 手伝ってくれる時間はありますか / There's no *time* to lose. ぐずぐずしてはいられない.

4 U C 期間, 間 (period); 所定の時間: You'll have to wait quite some *time*. あなたは相当長い時間待たなくてはならないだろう / They moved out a long [short] *time* ago. 彼らはずっと[少し]前に引っ越していった / After a *time* she heard

the little pattering of feet. しばらくしてから彼女にはたどたどしいかすかな足音を聞いた / The guests will arrive in ten minutes' *time*. お客さまは10分ほどで到着します.

5 [a (...) ~] (...な)時間, 経験, ひととき: They had a good [great] *time* looking at the beautiful gardens. 彼らは美しい庭園を眺めて楽しい時を過ごした / Have a nice *time*. 楽しんできてください / He had a hard *time* learning Japanese. 彼は日本語を覚えるのに苦労した.

6 U C (特定の)時期, 時分, 時節, 季節 (season): at Christmas *time* クリスマスシーズンに / We have a lot of rain at this *time* of (the) year. 今頃の時期はよく雨が降る / The *time* is sure to come when you will regret this. あなたがこのことを後悔するときは必ずやって来ますよ.

7 U C [...するのに] 適した時, 時機; 機会, チャンス [*for* / *to do*, *that* 節]: It's *time for* lunch. 昼食の時間です / It's *time for* the children *to* go to bed. もう子供たちの寝る時間です / It's *time* (*that*) you left for school. そろそろ学校へ出かける時間です (◇ that 節中の動詞は過去形になる) / There is a *time for* everything. 《ことわざ》何事にも潮時がある.

8 C [しばしば ~s] 時代 (age): ancient [medieval, modern] *times* 古代 [中世, 近代] / the *time* of Elizabeth I エリザベス1世の時代 / (the) good old *times* 懐かしい昔 / There were no airplanes in Napoleon's *time*. ナポレオンの時代に飛行機はなかった.

9 C [しばしば ~s] 時世, 時勢, 景気: It is not easy to keep up with the *times*. 時代について いくのは容易ではない / Let's hope for better *times*. 世の中 [時世] がもっとよくなるのを期待しよう / *Times* are bad [hard]. 景気が悪い.

10 C ...回, ...度: I have been to Paris three *times*. 私は3回パリへ行ったことがある / I'll do it carefully this *time*. 今度は慎重にやります / He mispronounced the word several [many] *times*. 彼は何回か [何度も] その単語の発音を間違えた.

11 [~s] ...倍: Five *times* six is [makes, equals] thirty. 6の5倍は30です / My father is three *times* as old as I. = My father is three *times* older than I. 父は私の3倍の年齢です / China is about 26 *times* the size of Japan. 中国は日本の約26倍の大きさです.

語法 「1回, 1倍」は once, 「2回, 2倍」は twice, 「3回, 3倍」以上は three [four, ...] times と言う. ただし, 「1回」を one time, 「2回, 2倍」を two times と言うこともある: one more *time* もう一度 (once more) / two or three *times* 2, 3回 [倍] (twice or three times).

12 U [通例 one's ~] 一生, 生涯 (lifetime): You won't be able to see him again in your *time*. あなたはもう二度と彼に会えないだろう.

13 U [通例 one's ~] 若い頃, 思春期, 輝やいていた時: My grandmother was very beautiful in her *time*. 祖母は若い頃とても美人だった.

14 U [通例 one's ~] (奉公の)年季; 兵役; 《口

語》刑期: Bill has served [done] (out) his *time*. ビルは年季[兵役, 刑期]を勤め上げた.
15 [U][通例 one's 〜]出産期, 分娩: My wife is eight months pregnant, and her *time* is near. 妻は妊娠8か月で出産が近づいている.
16 [U][通例 one's 〜]死期: The patient knew that his *time* was drawing near. その患者は自分の死期が迫っていることを知っていた.
17 [U] 労働時間, 勤務時間 [日数]; 時間 [日] 給: work part-*time* パートで働く / We get *time* and a half for overtime work. 私たちは超過勤務に対して5割増しの時間給をもらう.
18 [U]《競技》所要時間, タイム: His *time* in the 100-meter dash was 11.2 seconds. 彼の100メートル走のタイムは11秒2であった.
19 [U]（音楽などの）拍子; 速度, テンポ, 行進速度; リズム;（音符・休符の）長さ: double [triple, quadruple] *time* 2 [3,4] 拍子 / in double *time* かけ足で, 大急ぎで. **20** [U]《競技》休止, タイム (timeout);《サッカー》試合終了時間.

■ *agàinst tíme* (遅れないように)時間と競争で, 大急ぎで.

ahéad of one's tíme （考えなどが）時代に先んじて.

ahéad of tíme 予定の時間よりも早く (↔ behind time): The tunnel was completed *ahead of time*. トンネルは予定より早く完成した.

áll the tíme いつも (always); その間ずっと: The baby is crying *all the time*. その赤ん坊はいつも泣いている / The two students kept talking to each other *all the time*. 2人の生徒はずっとおしゃべりしていた.

Ány tíme. 《口語》(礼に対して)どういたしまして.

at áll tímes どんなときでも, いつも (always): It is quiet here *at all times*. ここはいつも静かです.

at àny tìme **1** いつでも: Come and see us *at any time*. いつでも遊びに来てください. **2** 今にも, いつ何どき: It may start to rain *at any time*. 今にも雨が降り出しそうです.

at a tíme 一度に: I can't do two things *at a time*. 私は一度に2つのことはできない.

at óne tìme **1** かつて, 昔は, 以前は (once): *At one time* my father's business was flourishing. かつて父の商売は繁盛していた. **2** 同時に, 一斉に: The pupils raised their hands *at one time*. 生徒たちは一斉に手を挙げた.

at thát tìme = at the time その時(には), その頃(には): *At that time* she was a high school student. 当時彼女は高校生だった.

at the sáme tìme **1** 同時に: She was singing and dancing *at the same time*. 彼女は歌いながら踊っていた. **2** それでもやはり, しかし(ながら): I don't like it very much, but *at the same time* I can't part with it. 私はあまりそれが好きではないが, それでもやはり手放せない.

at the tíme ... (接続詞的に) …するとき[頃]に.

at tímes 時々, たまに: *At times* my father comes home early. 父はたまに早く帰宅する.

befòre ...'s tíme …が生まれる前に, …が関係する前に; まだその時が来ないうちに.

behìnd the tímes 時代遅れで.

behìnd tíme (定刻・期限などに)遅れて (↔ ahead of time): You are *behind time* with your rent. あなたは家賃が滞っている.

búy tíme 時間稼ぎをする.

by the tíme ... …するときまでに, …する時分にはもう: *By the time* he was sixteen, he had acquired four languages. 16歳の頃には彼はすでに4か国語を習得していた.

by thís tìme この時までには, 今時分は.

for a lóng tìme [通例, 肯定文で]長い間 (◇否定文・疑問文では通例 for long を用いる): I've wanted to read this book *for a long time*. 私は長い間この本を読みたいと思っていた.

for a [sóme] tìme しばらく(の間): The man stood there *for a time*. 男はしばらくそこに立っていた.

for the tíme bèing 今のところは, 当座は, 当分の間: This sum will do *for the time being*. これだけの金があればここしばらくはしのげるだろう.

from tìme to tíme 時々, 時折: We see them jogging together *from time to time*. 彼らが一緒にジョギングするのを時々見かけます.

gáin tíme **1** （時計が）進む (↔ lose time). **2** 時間稼ぎをする.

hálf the tìme しょっちゅう, ほとんどいつも.

hàve nó tíme for ... …に時間をかけない; …を嫌う.

hàve the tíme of one's lífe 《口語》この上なく楽しい思いをする.

in góod tìme **1** 時間通りに (on time), ちょうどよい時に. **2** (定刻より)早めに.

in nó tìme (at áll) = *in lèss than nó tíme* すぐに, あっという間に: The medicine removed the pain *in no time*. その薬を飲んだらすぐに痛みが消えた.

in one's ówn (góod) tìme 《口語》暇なときに; 自分のペースで.

in tíme **1** […に]間に合って, 遅れずに [*for*]: He arrived *in time* for the train. 彼は電車に間に合った. **2** やがて, そのうち, 早晩: *In time* you will regret your decision. やがてあなたは自分の決定を後悔することになる. **3** […に]調子を合わせて [*to, with*]: They marched *in time* to [with] the music. 彼らは音楽に合わせて行進した.

kèep góod [bád] tíme 正確である[ない]; (人が) きちょうめん[ルーズ]な: My watch *keeps good time*. 私の時計は正確です.

kèep tíme **1** […に合わせて]拍子を取る [*to, with*]. **2** 時間を記録する.

kíll tíme 時間[暇]をつぶす: On Sundays he *kills time* watching television. 彼は日曜日はテレビを見て暇をつぶす.

lóse tíme **1** （時計が）遅れる (↔ gain time). **2** 時間をむだにする.

màke góod [bád, póor] tíme 思ったより早く進む[進まない].

màke tíme **1** （速度を上げて）遅れを取り戻す, 急いで行く (go fast). **2** 時間をつくる[都合する].

màny a tíme 《古風》何度も.

... of the tíme 現代 [当節] の…; 当時の…: The writers *of the time* mostly wore a moustache. 当時の作家はたいてい口ひげを生やしていた.
ónce upòn a tíme 昔々 (→ ONCE 成句).
on tíme 1 時間通りに (punctually): The train arrived *on time*. 列車は定刻に着いた. **2**《米》分割払いで.
óut of tíme 1 季節 [時期] 外れで, 時ならぬ時に: The cherry tree blossomed *out of time* this year. 今年その桜の木は季節外れに開花した. **2** 調子外れに (↔ in time): He sang *out of time*. 彼は調子外れに歌った. **3** (テストなどで) 時間切れで.
páss the tíme of dáy […と] あいさつ [短い言葉] を交わす [*with*].
pláy for tíme 時間稼ぎをする, 引き延ばしを図る.
sòme óther tíme いつかまた.
sóme tìme (or óther) (未来の) いつか, そのうち.
táke one's tíme (時間をかけて) ゆっくりやる, 急がずにやる: Please *take your time*. どうぞごゆっくり.
tàke tíme […するのに] 時間がかかる [*to do, doing*]: It *took time to* finish the project. そのプロジェクトを終えるのに時間がかかった.
táke (the) tíme òff [òut] […するのに / …に] 時間を割く, […する / …の] 暇を見つける [空き /...] [*to do / for*]: They *take time off* at about ten *to* have a cup of coffee. 彼らはコーヒーを飲むために10時頃休憩を取る.
téll (the) tíme (子供などが) 時計を見て時間がわかる.
tíme àfter tíme = **tíme and (tìme) agáin** 何度も何度も, 繰り返し.

— 動 他 **1** …にふさわしい時機を選ぶ; […するよう] …の時間を決める [セットする] [*to do*]: The shortstop *timed* his jump perfectly and caught the ball. ショートは完ぺきなタイミングでジャンプしてボールを捕った. / I have *timed* the rice cooker *to* switch on at 6 a.m. 午前6時に炊飯器のスイッチが入るように時間をセットしてある.
2 (競技などで) …の時間を測定する: The trainer *timed* the racehorse. その調教師は競走馬のタイムを計った. **3** […に] …の調子 [拍子] を合わせる [*to*]. **4** (ボールなどを) タイミングよく打つ.

◆ **tíme bòmb** C **1** 時限爆弾. **2** 危険をはらむ状態.
tíme càpsule C タイムカプセル.
tíme clòck C (出退勤を記録する) タイムレコーダー; タイマー (timer).
tíme expòsure U C タイム露出 (による写真).
tíme làg C 時間 [時代] のずれ.
tíme lìmit C 期限, タイムリミット.
tíme machìne C タイムマシーン.
tíme shàring U **1**【コンピュータ】タイムシェアリング《1台のコンピュータを複数の端末で同時に利用すること》. **2** (別荘などの) 共同所有.
tíme shèet = TIMECARD (↓).
tíme sìgnal C (テレビ・ラジオの) 時報.
tíme sìgnature C【音楽】拍子記号.
tíme swìtch C タイムスイッチ.
tíme trìal U C タイムトライアル《自転車レースなどで個別スタートによって時間を測定する競技》.

tíme zòne C (同一標準時を用いる) 時間帯.
tíme·card [táimkɑːrd] 名 C 勤務時間記録票, タイムカード.
tíme-con·sùm·ing 形 時間がかかる, 時間を食う.
tíme-hòn·ored,《英》**tíme-hòn·oured** 形 (特に慣習などが) 昔ながらの, 由緒ある.
tíme·keep·er [táimkìːpər] 名 C **1** (競技・作業などの) 時間記録係, 計時係. **2** [形容詞を伴って] 時間に…な [もの] の: a good [bad] *timekeeper* 時間に正確 [いい加減] な人; 正確 [不正確] な時計.
tíme·keep·ing [táimkìːpiŋ] 名 U 計時; 時間を守ること.
tíme-làpse 形【映画】低速度撮影 [コマ落とし] の.
tíme·less [táimləs] 形 **1**《文語》永久の, 無限の; 不滅の. **2** 特定の時間 [時代] に限らない.
tíme·less·ly [~li] 副 永久に.
tíme·less·ness [~nəs] 名 U 永久, 不滅.
*****tíme·ly** [táimli] 形 (比較 **tíme·li·er** [~ər]; 最上 **tíme·li·est** [~ist]) 時宜を得た, 適時の, タイムリーな: a *timely* reminder 折よく思い出させてくれるもの [人] / a *timely* hit〖野球〗タイムリーヒット.
tíme·óut 名 C U **1** (競技の) タイム (アウト), 中断時間. **2**《口語》(仕事などでの) 休憩時間.
tíme·piece [táimpìːs] 名 C 計時器; 時計.
tim·er [táimər] 名 C **1** (競技・作業などの) 時間記録係, 計時係 (timekeeper). **2** タイマー.
Times [táimz] 名 **1** [The ~] タイムズ《London で発行されている高級紙》. **2** [複合語で] …新聞, …タイムズ《◇新聞名に用いる》: "The Japan *Times*" ジャパンタイムズ.

◆ **Tímes Squáre** 名 タイムズスクエア《米国 New York 市の中心にある広場》.

tíme·serv·er [táimsəːrvər] 名 C《口語》最低限の仕事しかしない人; 日和見 (ひよりみ) 主義者.
*****tíme·ta·ble** [táimtèibl] 名 C **1**《主に英》(交通機関などの) 時刻表 (→ STATION **PICTURE BOX**);《英》(学校の) 時間割は (主に米) schedule).
2 (計画などの) 予定表 (schedule).
— 動 他《通例, 受け身で》《主に英》…を […時に / …するように] 予定する [*for / to do*].
tíme·worn [táimwɔːrn] 形 **1** 使い古した, 古びた; (表現などが) 陳腐な, 古臭い.
*****tim·id** [tímid] 形 (比較 **tim·id·er** [~ər]; 最上 **tim·id·est** [~ist]) [人に対して / …に] 憶病な, 内気な (shy), 小心の [*with / about, of*]: (as) *timid* as a rabbit (ウサギのように) 憶病な.
ti·mid·i·ty [timídəti] 名 U 憶病, 内気.
tim·id·ly [tímidli] 副 憶病に, おずおずと.
tim·ing [táimiŋ] 名 U タイミング, 時機を選ぶこと; (演奏・スポーツなどの) 間の取り方; 時間調節.
Ti·mor [tíːmɔːr] 名 ティモール《インドネシア東部の島. インドネシア領西ティモールと独立国の東ティモール (East Timor) から成る》.
tim·or·ous [tímərəs] 形《格式》憶病な, 弱気な.
tim·or·ous·ly [~li] 副 憶病に, おずおずと.
tim·pa·ni [tímpəni]【イタリア】名 U《通例, 複数扱い》ティンパニ《オーケストラの打楽器; → ORCHESTRA **PICTURE BOX**》.
tim·pa·nist [tímpənist] 名 C ティンパニ奏者.
*****tin** [tín] 名 **1** U【化】すず (錫)《◇金属元素;《元素

tincture

記号) Sn. ラテン語 stannum から).
2 ⓤ =tín pláte ブリキ(板).
3 ⓒ《英》缶, 缶詰(《米》can): a tin of salmon サケ缶.
4 ⓒブリキ[すず]製の容器. **5** ⓒ《英》(ケーキなどを焼く)金属製の型 [《米》pan). **6** [形容詞的に]すずの, ブリキ製の: a tin box [can] ブリキ缶.
— 動 (三単現 tins [〜z]; 過去・過分 tinned [〜d]; 現分 tin·ning [〜iŋ]) 他 **1**《英》…を缶詰にする(《米》can). **2** …にすずめっきを施す.
◆ tín hát ⓒ《口語》鉄かぶと.
tín òpener ⓒ《英》缶切り(《米》can opener).
tín wédding ⓒ 錫(すず)婚式《結婚10周年; → WEDDING 表》.

tinc·ture [tíŋktʃər] 图 **1** ⓒⓤ《薬》チンキ剤: tincture of iodine ヨードチンキ. **2** [a 〜]《格式》[…の]気味, 色あい [of]. **3** [a 〜]《格式》[…の]気味 [of]: with a tincture of snobbery ちょっと気取った.

tin·der [tíndər] 图 ⓤ 火口(ほくち), たきつけ.
tin·der·box [tíndərbàks / -bɔ̀ks] 图 ⓒ **1** 火口(ほくち)箱《火打ち石などの点火用品を入れる》.
2 [通例, 単数形で] (一触即発の) 危険な状況.

tine [táin] 图 ⓒ (フォーク・くしなどの) 歯; (シカなどの)枝角, 叉(また).

tin·foil [tínfɔ̀il] 图 ⓤ すず[アルミ]箔(はく).

ting [tíŋ] 图 ⓒ ちりん (と鳴る音) 《◇鈴などの音》.
— 動 自 ちりんと鳴る. — 他 …をちりんと鳴らす.

***tinge** [tíndʒ] 图 ⓒ **1** 淡い色 [色合い]: red with a blue tinge 青味がかった赤色. **2** [a 〜][…の]染みたところ, […の]気味 [of]: He said so with a tinge of irony. 彼は皮肉を込めてそう言った.
— 動 他 **1** …に […で] 薄く色を付ける; …を […で] 染める [with]. **2** [通例, 受け身で] …に […の] 気味を帯びさせる [with]: Her respect for him is tinged with love. 彼に対する彼女の敬意には多少の愛情が込められている.

tin·gle [tíŋgl] 動 自 **1** (体が) […で] ひりひり [ちくちく] 痛む, うずく [with]. **2** 《興奮などで》 (人・体が) ぞくぞくする, わくわくする [with].
— 图 ⓒ [通例, 単数形で] ひりひり [ちくちく] する痛み, うずき; ぞくぞく [わくわく] する興奮.

tin·ker [tíŋkər] 图 ⓒ **1** 鋳掛(いか)け屋《なべ・かまなどを修理する》. **2** [a 〜] 下手な修理, いじり回すこと. **3** 《英口語・古風》いたずらっ子, きかん坊.
— 動 自 […を] 下手に修理する, いじり回す [with].

tin·kle [tíŋkl] 動 自 (鈴などが) ちりんちりんと鳴る.
— 他 〈鈴など〉をちりんちりんと鳴らす.
— 图 ⓒ [通例, 単数形で] **1** (鈴などの) ちりんちりん (と鳴る音); 《英口語》電話: I'll give you a tinkle tomorrow morning. 明朝あなたに電話します. **2** おしっこ《◇主に子供に向かって用いる》.

tinned [tínd] 形 **1**《英》缶詰にした (canned): tinned sardine イワシの缶詰. **2** すず[ブリキ]を張った, すずめっきを施した.

tin·ni·tus [tínitəs] 图 ⓤ《医》耳鳴り.

tin·ny [tíni] 形 (比較 tin·ni·er [〜ər]; 最上 tin·ni·est [〜ist]) **1** すず(錫)の(ような); すずを(多く)含む. **2** 《軽蔑》(音が) かん高い; 金属的な.
3 (金属製のものが) 安っぽい, ちゃちな.

tin·pot [tínpàt / -pɔ̀t] 形《限定用法》《主に英》質の悪い, お粗末な.

tin·sel [tínsəl] 图 ⓤ **1** (衣装飾り用の) ぴかぴか光る金属片 [糸]. **2** 金ぴかの安物; 虚飾.

***tint** [tínt] 图 ⓒ **1** 色合い, 色の配合 [濃淡]; 淡い [ほのかな] 色: the eyes with a blue tint 青味がかった目. **2** (淡い色の) 毛髪用染料 (で染めること).
— 動 他 […で] …に淡い色を付ける; 〈毛髪〉を淡く染める [with].

‡ti·ny [táini] (☆発音に注意)
— 形 (比較 ti·ni·er [〜ər]; 最上 ti·ni·est [〜ist]) **とても小さい**, ちっちゃな, ちっぽけな (↔ huge)(→ SMALL 類義語): a tiny little girl ちっちゃな女の子 / Elephants have tiny eyes. 象はちっちゃな目をしている.

-tion [ʃən]《接尾》動詞に付けて「動作・状態・結果」などを表す名詞を作る: construction 建造.

‡tip¹ [típ] 图 動
— 图 (複 tips [〜s]) ⓒ **1 先**, 先端: the tip of one's finger 指先 / the tip of a pen ペン先 / the tip of the iceberg《比喩》氷山の一角.
2 先端に付けるもの: white shoes with red tips 赤い先皮の付いた白い靴 / the tip of a hose ホースの口金.
■ on the típ of one's tóngue (言葉が) 喉まで出かかって.
— 動 (三単現 tips [〜s]; 過去・過分 tipped [〜t]; 現分 tip·ping [〜iŋ]) 他 …に先を付ける; …の先端に […を] 付ける [かぶせる] [with]: tipped cigarettes フィルター付きの紙巻きたばこ / The hunter tipped his arrow with poison. そのハンターは矢の先に毒を付けた.

‡tip² 图 動
— 图 (複 tips [〜s]) ⓒ **1 チップ**, 心づけ, 祝儀: give a tip 祝儀を出す / a good [small] tip 多額の [わずかな] チップ / Here's a tip for you. これはチップです《◇相手に渡すときの言葉》.
2 (賭(か)け・相場などの) 内々の情報; […の] 助言, 秘けつ [on, about]: give the police a tip 警察に内報する / I gave him a tip on the races. 私は彼に競馬の情報を教えた.
— 動 (三単現 tips [〜s]; 過去・過分 tipped [〜t]; 現分 tip·ping [〜iŋ]) 他 **1** [tip+O]〈ボーイなど〉にチップをやる; [tip+O+O]〈人〉に …の (金額の) チップをやる: tip the bellhop ボーイにチップをやる / I tipped the waitress a dollar. 私はウエートレスにチップを1ドル与えた.
2 [通例, 受け身で] …に […になる] と […すると] 予想する [as / to do]: He is tipped as the next president. 彼が次期社長と目されている.
— 自 チップをやる.
■ típ óff 他《警察など》に内報する;〈人〉に […について / …だと] 警告する [about / that 節].

tip³ 動 (三単現 tips [〜s]; 過去・過分 tipped [〜t]; 現分 tip·ping [〜iŋ]) 他 **1** …を傾ける (up): She tipped her head to one side. 彼女は首をかしげた. **2** …をひっくり返す, 倒す (over, up): tip a glass over グラスをひっくり返す. **3** 〈帽子〉をちょ

っと上げて [触って] あいさつする: He *tipped* his hat. 彼は帽子をちょっと上げてあいさつした. **4** 《英》〈ごみなど〉を捨てる. **5** 《飲物など〉を注ぐ.
― 《自》**1** 傾く (*up*); ひっくり返る (*over*, *up*).
― 《名》 Ⓒ **1** 傾くこと, 傾斜. **2** 《英》ごみ捨て場 (《米》dump).

tip⁴ 《名》Ⓒ **1** 軽くたたくこと (pat). **2** 【野球】チップ: hit a foul *tip* ボールをファウルチップする.
― 《動》(三単現 **tips** [~s]; 過去・過分 **tipped** [~t]; 現分 **tip·ping** [~iŋ]) 《他》**1** を軽くたたく.
2 【野球】〈ボール〉をチップする.

típ-òff 《名》Ⓒ《口語》(防犯上の) 秘密情報; 警告.
tip·ple [típl] 《名》Ⓒ《主に英口語》酒.
― 《自》《主に英口語》酒びたりになる.
tip·ster [típstər] 《名》Ⓒ (競馬などの) 予想屋.
tip·sy [típsi] 《形》(比較 **tip·si·er** [~ər]; 最上 **tip·si·est** [~ist]) 《口語》ほろ酔いの.
tip·toe [típtòu] 《名》Ⓒ つま先.
■ **on típtóe 1** つま先立ち [歩き] で, 抜き足さし足で. **2** 〈…を〉大いに期待して [*for*].
― 《動》《自》つま先 [抜き足さし足] で歩く.
tip-top [típtɑ̀p / -tɔ̀p] 《形》《口語》最高の: in *tiptop* condition [shape] 絶好調で.
― 《名》《the ~》頂上; 《口語》絶頂, 最高.
ti·rade [táireid / taiŕeid] 《名》Ⓒ 長広舌 (ちょうこうぜつ); 〈…に対する〉長い非難演説 [*against*].
ti·ra·mi·su [tìrəmí:su:, -mísú:] 【イタリア】《名》Ⓤ ティラミス 《コーヒーなどに漬けたスポンジケーキとチーズを重ねたケーキ》.

‡tire¹ [táiər] 《動》《他》**1** 〈人・体など〉を疲れさせる (*out*). The baby *tired* her *out*. 赤ん坊の世話で彼女はくたくたになった.
2 〈人〉を飽き飽きさせる, うんざりさせる: His long speech *tired* us. 彼の長い演説に私たちはうんざりした.
― 《自》**1** 疲れる: He began to *tire* after driving for five hours. 5時間も運転したので彼は疲れてきた. **2** [...で] 飽きる, うんざりする: I never *tire* of talking about films. 私は映画の話となると一向に飽きが来ない. (▷ 《形》*tiresome*).

‡tire², 《英》tyre [táiər] 《名》Ⓒ (車の) タイヤ (⇒ CAR **PICTURE BOX**) (⇒ BICYCLE 図): pump up a *tire* タイヤに空気を入れる / I've got a flat *tire*. (車の) タイヤがパンクした.

‡tired [táiərd]
― 《形》(比較 **more tired**; 最上 **most tired**)
1 疲れた, くたびれた; [...で] 疲れている [*from*] (→ 類義語): a *tired* look 疲れた顔つき / Carol was *tired* out after her long walk. ずいぶん歩いたのでキャロルは疲れ果ててしまった / I'm *tired* from working hard today. きょうは忙しく働いたので疲れている.
2 《叙述用法》[...に] 飽きた, うんざりした [*of*]: I am *tired* of his complaints. 私は彼の泣き言にうんざりしている / I am *tired* (*of*) doing the same things day after day. 私は来る日も来る日も同じことをするのに飽きた.
3 《文句などが》陳腐な, 古臭い: a *tired* subject 古臭い話題. (▷ 《動》*tire¹*)

tired·ly [~li] 《副》疲れて; 飽き飽きして.

類義語 **tired, weary, exhausted**
共通する意味▶疲れた (feeling weak and lacking power in the body or mind)
tired は「疲れた」の意を表す最も一般的な語. 肉体的疲労のほか「飽きた」という精神的疲労をも表す: My eyes are *tired* from reading in this poor light. この薄暗い所で読書をして目が疲れた / We got *tired* of his long speech. 私たちは彼の長い演説に飽きてしまった. **weary** は *tired* よりも 《格式》で, 体力の消耗や興味の喪失のために「続ける意欲がなくなった」状態を表す: He is always *weary* after work. 仕事のあと彼はいつもへとへとだ. **exhausted** は *tired* よりもはるかに「体力の消耗が激しくて疲れ切った」状態を表す: I was *exhausted* from cleaning windows. 私は窓拭きで疲れ切っていた.

tired·ness [táiərdnəs] 《名》Ⓤ 疲労, 倦怠 (けんたい).
tire·less [táiərləs] 《形》疲れを知らない, 精力的な; 不断の, たゆみない.
tire·less·ly [~li] 《副》疲れずに; たゆみなく.
*tire·some [táiərsəm] 《形》**1** やっかいな, 面倒な; 骨の折れる: *tiresome* work 面倒な仕事. **2** (長たらしくて) 退屈な, うんざりする: a *tiresome* ceremony 退屈な儀式. (▷ 《動》*tire¹*)
tire·some·ly [~li] 《副》うんざりするほどに.
tir·ing [táiəriŋ] 《形》(人を) 疲れさせる; 退屈な: It has been a long and *tiring* day. (きょうは) 長くて疲れる1日だった.
ti·ro [táiərou] 《名》(複 **ti·ros** [~z]) = TYRO 初心者.
Ti·rol, Ty·rol [tiróul] 《名》《the ~》チロル地方 《オーストリア西部・イタリア北部のアルプス山間部》.
Ti·ro·le·an, Ty·ro·le·an [tiróuliən] 《形》チロル (の); チロル人の.
'tis [tíz] 《短縮》《詩語》it is の短縮形.

‡tis·sue [tíʃu:]
【原義は「織られたもの」】
― 《名》(複 **tis·sues** [~z]) **1** ⓊⒸ 【生物】(動植物の細胞からなる) 組織: muscular [fatty] *tissue* 筋肉 [脂肪] 組織 / nerve *tissue* 神経組織.
2 ⒸⓊ ティッシュペーパー, ちり紙: toilet *tissue* トイレットペーパー / a box of *tissues* ティッシュペーパー1箱. **3** Ⓤ = tissue páper 薄葉紙 (はくようし) 《壊れやすいものなどを包むのに用いる》. **4** ⓊⒸ 薄い織物; 薄絹. **5** Ⓒ [a ~]《文語》《うそなどの》連続 [*of*]: a *tissue* of lies うそ八百.
tit¹ [tít] 《名》Ⓒ 【鳥】シジュウカラ (titmouse).
tit² [tít] 《名》**1** 《口語》《女性の》乳首; 乳房. **2** 《英俗語》愚か者, 間抜け.
■ **gèt on ...'s títs** 《英俗語》...をひどく悩ます.
tit³ [tít] 《次の成句で》
■ **tít for tát** 《口語》しっぺ返し, 仕返し.
Ti·tan [táitən] 《名》Ⓒ **1** 【ギ神】タイタン 《巨人族の1人で天の神ウラノスと地の神ガイアとの子》.
2 [t-] 巨人; 怪力の持ち主; 巨匠, 天才.
Ti·tan·ic [taitǽnik] 《形》**1** タイタン (Titan) (のような). **2** [t-] 巨大な, 強力な, 怪力無双の.
― 《名》《the ~》タイタニック号 《1912年北大西

洋上で氷山に衝突して沈没した英国の豪華客船》.
ti・ta・ni・um [taitéiniəm] 名 U《化》チタン《金属元素;《元素記号》Ti》.
tit・bit [títbit] 名《英》= TIDBIT おいしい食べ物.
tithe [táið] 名 C《通例 ~s》《史》十分の一税《昔、収入の10分の1を教会に納めた》.
Ti・tian [tíʃən] 名 固 ティツィアーノ《1477?–1576; イタリアのベネチア派画家》.
◆ **Títian réd** U（髪の毛の）赤褐色、ティチアン（ゴールド）.
tit・il・late [títəlèit] 動 他 …を（性的に）刺激する、いい気持ちにする;〈人〉の興味をそそる、くすぐる.
tit・il・la・tion [titəléiʃən] 名 U 快い（性的）刺激.
tit・i・vate [títəvèit] 動 他《口語》着飾る、めかす.
—他 …を着飾らせる: *titivate* oneself めかす.

ti・tle [táitl]
名 動【原義は「（刻まれた）銘」】
—名（複 **ti・tles** [~z]）**1** C **題名**, 書名, 表題; 本, 出版物: the *title* of a book 本の題名 / What's the *title* of the play? その劇の題名は何ですか.
2 C 肩書; 称号, 敬称（◇ Dr., Mr., Professor, Lord, Lady など）; 爵位: a man with a *title* 肩書のある男性.
3 C【スポーツ】選手権, タイトル（championship）: a *title* fight（ボクシングの）選手権試合 / He won [lost] the tennis *title*. 彼はテニスの選手権を獲得した[失った].
4 U［または a ~]《法》（土地・財産などの）所有権;［…の］所有権を請求する権利［*to*］: He has [holds] *title* **to** the land. 彼はその土地の所有権を持っている.
5 C《通例 ~s》（映画・テレビの）字幕スーパー.
—動 他《通例, 受け身で》〈書物・映画など〉にタイトルをつける.
◆ **títle déed** C（不動産）権利証書.
títle pàge C 本の扉, 表題紙.
títle ròle C 主題役《演劇・オペラで題名の人物を演じる主役》.
ti・tled [táitld] 形 肩書［爵位］を持っている.
ti・tle・hold・er [táitlhòuldər] 名 C《スポーツ》選手権保持者《チーム》.
tit・mouse [títmàus] 名（複 **tit・mice** [-màis]）C【鳥】シジュウカラ（tit¹）.
tit・ter [títər] 動 自 くすくす笑う, 忍び笑いをする.
—名 C くすくす笑い, 忍び笑い.
tit・tle-tat・tle [títltæ̀tl] 名 U 雑談, うわさ話.
—動 自 雑談する, うわさ話をする.
tit・u・lar [títʃulər] 形《限定用法》**1** 名ばかりの, 有名無実の. **2** 肩書［称号］の（ある）.
tiz・zy [tízi] 名《単数形で》《口語》取り乱した状態: in [into] a *tizzy* 取り乱して.
T-jùnc・tion [-dʒʌ̀ŋ(k)ʃən] 名 C《英》T字路;（パイプなどの）T型継手.
TKO《略語》= *technical knockout*《ボクシング》テクニカルノックアウト.
TM《略語》= *trademark* トレードマーク.
TN《郵略語》= *Tennessee*.
tn.《略語》= *ton; town; train*.
TNT [tí:èntí:] 名 U《化》ティーエヌティー, トリニトロトルエン（◇ *trinitrotoluene* の略）.

*****to** [（弱）(子音の前で) tə,（母音の前で) tu,（文・節の終わりで) tu:;（強) tú:] 前 副

❶ 前置詞
■ 到着点「…へ, …まで」（→ 前 **1**）
A lot of letters came to her.
（たくさんの手紙が彼女に届いた）
How far is it from here to the hall?
（ここから会館まではどのくらいありますか）

■ 方向・方角「…の方へ」（→ 前 **2**）
She threw some apples to us.
（彼女は私たちの方へリンゴをいくつか投げた）

■ 接触・結合「…に」（→ 前 **3**）
He tied his dog to a pole.
（彼は犬を柱につないだ）

■ 対象・適用範囲「…に対して」（→ 前 **4, 5**）
They were friendly to me.
（彼らは私に好意的だった）

❷ to 不定詞
■ 名詞的用法「…すること」（→ 前 **15**）
He likes to collect foreign stamps.
（彼は外国の切手を集めるのが好きです）
Her wish is to be a singer.
（彼女の望みは歌手になることです）

■ 形容詞的用法「…するための」（→ 前 **16**）
There is no chair to sit on.
（座るいすがない）

■ 副詞的用法「…するために」「…して」「（そして）…となる」（→ 前 **17(a)~(c)**）
She went to see him.
目的（彼女は彼に会いに行った）
He was surprised to hear it.
（彼はそれを聞いて驚いた）原因
He grew up to be a doctor.
（彼は成長して医師になった）結果

■ 形容詞の適用範囲を表して「…するのに」（→ 前 **17(e)**）
He is easy to deceive.
（彼はだましやすい）

■［**too ... to do**］「~するには…すぎる」（→ 前 **17(f)**）
This tea is too hot to drink.
（このお茶は熱すぎて飲めない）

—前 **I**［一般的な前置詞用法］
1［到着点］…へ, …まで（↔ from）（→ FOR 前 **5** 語法）: She went *to* Florence via Rome. 彼女はローマ経由でフィレンツェに行った / I'll see you *to* your home. あなたを家まで送りましょう / Her hair comes *to* her waist. 彼女の髪は腰まである / We took the shortcut *to* the station. 私たちは近道をして駅へ行った / How far is it from

London *to* Paris? ロンドンからパリまで(距離は)どのくらいありますか.
2 [方向・方角] …の方へ, …(の方)に向かって: Turn *to* the right. 右へ曲がりなさい / I came across him on my way *to* school. 学校へ行く途中私は偶然彼に出会った / Hokkaido is *to* the north of Honshu. 北海道は本州の北方にある.
3 [接触・結合・付着] …に, …へ: They were sleeping back *to* back. 彼らは背中合わせで眠っていた / He held *to* his opinion to the last. 彼は最後まで自分の意見に固執した / The notice was stuck *to* the wall. 掲示が壁にはられた.
4 [対象] …に対して: Listen *to* him carefully. 彼の話をよく聞きなさい / She sent a long email *to* her boyfriend. 彼女はボーイフレンドに長いEメールを送った.
5 [適用範囲] …に対して, …にとって: Be kind *to* elderly people. お年寄りに親切にしなさい / Fresh air is necessary *to* our health. 私たちの健康には新鮮な空気が必要です / That actor is known *to* everyone. あの俳優はだれでも知っている.
6 [関係・関連] …について, …に関して: I have no objection *to* the plan. 私はその計画に関して異議はない / Please reply *to* this email in a week. このEメールに対する返事を1週間以内にください / I'm a stranger *to* Paris. 私はパリに不案内です.
7 [時間] …まで (↔ from); …(分)前 (↔ past): work from morning *to* night 朝から晩まで働く / That shop is open from Monday *to* Saturday. あの店は月曜日から土曜日まで開いている(◇土曜日を含む; → UNTIL 勔 **1**[語法](2)) / It is ten *to* five. 5時10分前です.
8 [範囲・程度] …まで, …に至るまで: Did you read the novel from beginning *to* end? その小説を始めから終わりまで読みましたか / It will take four *to* five hours to finish this work. この仕事を終えるには4,5時間かかるだろう / This apple is rotten *to* the core. このリンゴは芯(しん)まで腐っている / His profit amounts *to* two million dollars. 彼の利益は200万ドルになる.
9 [結果] …になるまで: The poor bird was frozen *to* death. かわいそうにその鳥は凍死した / He tore the newspaper *to* pieces. 彼は新聞紙をずたずたに引き裂いた / His story moved us *to* tears. 彼の話に感動して私たちは涙を流した.
10 [所属・関与] …に属して, …の: My brother belongs *to* a swimming club. 弟はスイミングクラブの会員です / She was once a secretary *to* the president. かつて彼女は社長の秘書だった / Where is the key *to* the bicycle? 自転車のかぎはどこにありますか.
11 [目的] …のために: I hurried *to* his rescue. 私は彼を救助するために急いだ / Let's sit down *to* dinner. 席に着いてディナーにしよう / *To* our good health! 私たちの健康を祝して(乾杯).
12 [適合・一致] …に合わせて, …に合って: This wine is not *to* my taste. このワインは私の口に合わない / They danced *to* the piano. 彼らはピアノに合わせて踊った.
13 [比較・対比] …と比較して, …に対して: I rather prefer music *to* painting. 私は絵よりもむしろ音楽のほうが好きです / The final score was ten *to* three. 最終スコアは10対3だった.
14 [喜び・悲しみなどの表現] …したことには(◇ one's … の形で感情を表す名詞と共に用いる): *To* our relief [delight], our mother recovered quickly from her illness. 私たちがほっとした[うれしかった]ことに, 母はたちまち病気から回復した / Much *to* my regret, she refused my proposal. とても残念なことに, 彼女は私のプロポーズを断った.

II [**to** 不定詞を作る用法]
[語法] (1) to 不定詞は動詞の原形の前に to を付けて作る. 否定形は to の直前に not, never などを付ける.
(2) 受け身形は to be done, 完了形は to have done, 進行形は to be doing で表す.

15 [名詞的用法] …する[…である]こと.
(a) [主語として]: *To* play the flute is his hobby. フルートを吹くことが彼の趣味です / *To* become a singer is her dream. 歌手になることが彼女の夢です(◇英語では主語が長い文を嫌うため, 形式主語 It を用いるほうが口語的; → (b)).
(b) [形式主語の **It** のあとで]: *It* is a great pleasure *to* ride a bicycle on a sunny day. 晴れた日に自転車に乗るのはとても楽しい / *It* is impossible for me *to* swim a hundred meter at a stretch. 一気に100メートル泳ぐなんて私には不可能です. (c) [動詞の目的語として]: I want *to* travel abroad alone. 私は1人で海外旅行がしてみたい / He told me not *to* stay up late. 彼は私に夜ふかしをしないようにと言った / You can stay here if you want *to* (stay here). ここにいたいならいてもよろしい(◇前後関係から明らかな場合は to のあとの動詞を省略することがある). (d) [形式目的語の **It** のあとで]: I found *it* hard *to* live in Los Angeles without having my own car. 自分の車を持たずにロサンゼルスで生活するのは難しいとわかった / I thought *it* easy *to* solve the problem. その問題を解くのは簡単だと思った. (e) [主格補語として]: To teach is *to* learn. 教えることは学ぶことである / All you have to do is (*to*) call me. 私に電話をかけてくれるだけでよいのです(◇主語に all, best, least などがある場合, 《米》ではしばしば to を省略する). (f) [目的格補語として]: I believe him *to* be a reliable man. 彼は信用できる人物だと思う.

16 [形容詞的用法] (◇前の名詞を修飾する).
(a) [名詞が to 不定詞の意味上の目的語の場合] **するための**, …すべき: All I want is a good friend *to* talk with. 私が欲しいのは話し合えるよき友人です / Give me something *to* drink. 何か飲み物をください. (b) [名詞が to 不定詞の意味上の主語の場合] **する(ような)**: There was no one *to* talk to him. 彼に話しかける人はだれもいなかった. (c) [名詞と同格の場合] **するという**: My parents approved my plan *to* study art. 両親は絵の勉強をするという私の計画を認めてくれた.

17 [副詞的用法] (a) [目的] …**するために**: I am studying hard *to* be a doctor. 私は医師になろうと一生懸命勉強している / Every year she goes to Hawaii *to* enjoy the beautiful beaches. 彼女は美しい砂浜を楽しむために毎年ハワイに行く / She hurried not *to* be late for school. 彼女は学校に遅刻しないよう急いだ.
(b) [原因・理由・判断の根拠] …して; …するとは: I am very happy *to* see you again. またお会いできてとてもうれしいです / How careless of you *to* take the wrong bus! 間違ったバスに乗るとはあなたはなんて不注意なんだろう. (c) [結果] (そして) …となる: Both his grandparents lived *to* be over ninety. 彼の祖父母は2人とも90歳以上まで生きた / She did her best only *to* fail again. 彼女はベストをつくしたが結局再び失敗した. (d) [条件・仮定] …するとすれば: My parents would be pleased *to* hear it. それを聞いたら私の両親は喜ぶだろう / You would be surprised *to* know how much it is. それがいくらかを知ったらあなたは驚くでしょう. (e) [形容詞の適用範囲を表して] …するのに: This book is easy *to* understand. この本はわかりやすい / These problems are very hard *to* deal with. これらの問題に対処するのはとても難しい. (f) [too ... to do] ~するには (…すぎる); [... enough to do] ~するほど (…) (→ TOO **3** (b), ENOUGH **2**): That tree is *too* high *to* climb. あの木は高すぎて登れない / This computer is light *enough to* carry. このパソコンは軽いので持ち運べます.

18 [「疑問詞+to do」の形で] どのように [どこに, いつ] …すべきか: She did not know *what to* buy. 彼女は何を買ったらよいかわからなかった / He taught me *how to* swim. 彼は私に泳ぎ方を教えてくれた.

19 [独立用法] …すれば (◇ to 不定詞が独立的に用いられて文全体を修飾する): *to* be brief 要するに / *to* make matters worse さらに悪いことに / *so to* speak いわば / *needless to* say 言うまでもなく / *To* be frank with you, I can't support you this time. 率直に申し上げますと,今回はあなたを支持できません / *To* begin with, she is still too young. まず第一に彼女はまだ年が若すぎる.

20 [「助動詞 + 不定詞」の形で] (◇ be to do, have to do, ought to do など): He *is to* reach Sydney this afternoon. 彼はきょうの午後シドニーに到着することになっている / I *have to* finish my homework before dinner. 私は夕食までに宿題を終えなければならない.

21 [完了不定詞: to have + 過分]
(a) [述語動詞より前の時を表す] …であった: He seems *to have been* busy. 彼は忙しかったようだ (= It seems that he was [has been] busy.) / I was sorry not *to have called* you. あなたに電話しなかったことをすまないと思いました.
(b) [意図・希望・期待などを表す動詞の過去形のあとに用いて] …だったのだが (実現しなかった): She meant *to have written* him a Christmas card. 彼女は彼にクリスマスカードを書くつもりだった (が実際には書かなかった).

— 副 [túː] **1** いつもの状態へ, 意識が戻って: She came *to* immediately. 彼女はすぐに意識を取り戻した. **2** (窓・戸などが) 閉まって; (船などが) 停止して: Please pull the window *to*. 窓はきちんと閉めてください.

toad [tóud] 名 C 〖動物〗ヒキガエル (→ FROG).
toad·stool [tóudstùːl] 名 C (食用でない) キノコ; (特に) 毒キノコ.
toad·y [tóudi] 名 (複 **toad·ies** [~z]) C 《口語》おべっか使い, ごますり (◇人). — 動 (三単現 **toad·ies** [~z]; 過去・過分 **toad·ied** [~d]; 現分 **toad·y·ing** [~iŋ]) 自 […に] おべっかを使う, へつらう [*to*].
tó-and-fró 形 [限定用法] 前後 [左右] 左右に: the *to-and-fro* movement of a boat 前後左右に揺れる船の動き. — 名 U 《口語》行き交うこと.
tó and fró あちらこちらへ (→ FRO 成句).

**toast[1] [tóust] 名 動 【原義は「焼ける, あぶる」】
— 名 U **トースト**: a slice of buttered [dry] *toast* バターを塗った [何も塗らない] トースト1枚 / French *toast* フレンチトースト.
— 動 他 **1** 〈パンなど〉をきつね色に焼く, 火であぶる: a *toasted* sandwich トーストしたサンドイッチ. **2** 《口語》〈体〉を十分に温める.
— 自 こんがり焼ける.
◆ **tóasting fòrk** C (パン焼き用) 長柄フォーク.
tóast ràck C (卓上用の) トースト立て.

*toast[2] 名 **1** 乾杯, 乾杯のあいさつ: Ladies and gentlemen, I'd like to propose a *toast* to the bride and groom. 皆さん, 新郎新婦のために乾杯しましょう. **2** [the ~] 称賛の的, 人気者.
— 動 他 …のために乾杯する.
toast·er [tóustər] 名 C トースター (→ KITCHEN PICTURE BOX).
toast·mas·ter [tóustmǽstər / -màːs-] 名 C 乾杯の音頭をとる人; (宴会の) 司会者.
toast·y [tóusti] 形 (比較 **toast·i·er** [~ər]; 最上 **toast·i·est** [~ist]) 《口語》暖かくて快適な.

**to·bac·co [təbǽkou]
— 名 (複 **to·bac·cos** [~z]) **1** U C (パイプ・キセル用の) (刻み) **たばこ** (→ CIGARETTE 類義語): pipe *tobacco* パイプ用のたばこ / a strong [weak, mild] *tobacco* 強い [弱い, 軽い] たばこ. **2** U 〖植〗タバコ (ナス科). **3** U 喫煙 (の習慣).
to·bac·co·nist [təbǽkənist] 名 C 《英》 たばこ屋 (◇人): a *tobacconist's* (shop) たばこ店.
-to-be [təbi] 結合 名詞に付けて「将来…する人」の意を表す: a bride-*to-be* 未来の花嫁.
to·bog·gan [təbɑ́gən / -bɔ́g-] 名 C トボガン 《遊戯・競技 (**tobogganing**) 用の平底そり》.
— 動 自 トボガンで滑る [滑り降りる].
toc·ca·ta [təkɑ́ːtə] 名 C 《イタリア》 〖音楽〗トッカータ 《ピアノ・オルガン独奏用の即興的な曲》.
toc·sin [tɑ́ksin / tɔ́k-] 名 C 《文語》警鐘, 警報.

***to·day [tədéi] 副 名 【「to (…に) + day (日)」から】
— 副 **1 きょう (は)**, 本日 (は), きょうじゅうに: I don't have to go to school *today*. きょうは登校しなくてよい / What's the date *today*? きょう

は何日ですか / *Today*, I met an old friend of mine in town. 私はきょう町で旧友に会った / Clean your room *today*. きょうじゅうに部屋を片づけなさい.
2 現代(だ), 現代; 現在(は): artists *today* 現代の芸術家 / *Today* a lot of people are starving in Africa. 今日アフリカでは多くの人が飢えている.
■ *todáy wéek* = *a wéek todáy*《英》先週[来週]《語法》(4).
── 名 U[無冠詞で] **1 きょう**, 本日: *Today* is Monday. きょうは月曜日です / I haven't read *today*'s paper yet. きょうの新聞をまだ読んでいない. **2** 現代, 現在(は): the young people of *today* 現代の若者 / *today*'s fashion 現代の流行.

tod·dle [tádl / tódl] 動 自 **1**(幼児が)よちよち歩く. **2**[副詞(句)を伴って]《口語》ぶらぶら歩く.

tod·dler [tádlər / tód-] 名 C よちよち歩きの幼児.

tod·dy [tádi / tódi] 名(複 tod·dies [~z])U C トディー《お湯割りのウイスキーに砂糖や果汁を入れた飲み物》.

to-do [tədúː] 名(複 to-dos [~z]) C[通例, 単数形で]《口語》大騒ぎ, 混乱 (fuss).

***toe** [tóu] 名 動
── 名(複 toes [~z]) C **1 足の指** (cf. finger 手の指; → LEG 図): the big *toe* 足の親指. **2**(足・靴・靴下などの)つま先 (→ BODY 図): There's a hole in the *toe* of his sock. 彼の靴下はつま先に穴があいている. **3**(…の)先端.
■ *on one's tóes* **1** つま先立ちで[歩きで]で: She stood *on her toes* and reached for the flower. 彼女はその花を取ろうとつま先立ちになって手を伸ばした. **2** 待ち構えて, 気を張り詰めて: Keep *on your toes*. 油断をするな.
stép [tréad] on ...'s tóes **1**〈人〉の足を踏む. **2**《口語》〈人〉を怒らせる,〈人〉の感情を害する.
── 動 他 **1** …につま先で触れる; …をつま先でける[押す]. **2**〈靴など〉に新しいつま革を付ける.
■ *tóe the líne* → LINE¹ 成句.

TOEFL [tóufl] 名《商標》トーフル《米国留学を希望する外国人に対する英語能力試験》; *T*est of *E*nglish as a *F*oreign *L*anguage の略》.

toe·hold [tóuhòuld] 名 C **1**(登山)足がかり《つま先をかける岩場》. **2**(…への)足がかり: get [gain] a *toehold* in ... ...への足がかりをつかむ.

TOEIC [tóuik] 名《商標》トーイック《英語によるコミュニケーション能力を測る試験》; *T*est of *E*nglish for *I*nternational *C*ommunication の略》.

toe·nail [tóunèil] 名 C 足指のつめ.

toe·shoe [tóuʃùː] 名 C[通例 ~s] トウシューズ《バレエ用の靴》.

tof·fee [táfi, tɔ́ːfi / tɔ́fi] 名 C U《英》タフィー (taffy)《砂糖・バターなどを煮詰めたキャンディー》.
■ *càn't dó for tóffee*《英口語》まったく…できない.
◆ *tóffee àpple* C《英》タフィーアップル《糖衣を薄く付けてくしに刺したリンゴ》.

tog [tág, tɔ́ːg / tɔ́g] 動(三単現 togs [~z]; 過去

過分 togged [~d]; 現分 tog·ging [~iŋ])他《口語》…を着飾らせる (*up*, *out*): *tog* oneself *up* [*out*] 盛装する.
── 名 C **1**[通例 ~s]《口語》服, 着物. **2** トグ《織物などの断熱度を表す単位》.

to·ga [tóugə] 名 C トーガ《古代ローマのゆったりした外衣》.

to·geth·er [təgéðər]【「to(…に向かって)+gether(集まる)」から】
── 副[比較なし] **1 一緒に**, 共に: Let's have lunch *together*. 一緒にお昼を食べよう / Harry and Sally live *together*. ハリーとサリーは一緒に住んでいる.
2 一緒にして, 全部まとめて, 合わせて; 互いに: I called my friends *together*. 私は仲間を呼び集めた / How much is it all *together*? 合計でいくらですか.
3 同時に, 一斉に: Why do misfortunes always come *together*? なぜいつも不幸は重なるのだろうか / They stood up *together*. 彼らは一斉に立ち上がった. **4** 続けて, 連続して: It rained for 10 days *together*. 10日も続けて雨が降った.
■ *togéther with* ... …に加えて, …と共に: The teachers, *together with* the students, joined the dance. 生徒に加えて先生方もダンスパーティーに参加した.

to·geth·er·ness [təgéðərnəs] 名 U 連帯(感), 一体(感); 親しみ.

tog·gle [tágl / tɔ́gl] 名 C トグル《ダッフルコートなどの留め木式ボタン》.
◆ *tóggle switch* C《電気》トグルスイッチ《つまみを上下に動かすスイッチ》.

***toil** [tɔ́il] 動 自 **1**[…に]骨を折る, せっせと働く (*away*)[*at*, *over*]: She *toiled at* the work for her living. 彼女は生活のために仕事に励んだ.
2[副詞(句)を伴って]苦労して進む: *toil* up the mountain 苦労して山を登る.
── 名 U《格式》骨折り, 苦労; 骨の折れる仕事.

‡**toi·let** [tɔ́ilət] 名 C **1**《便器》《英》便所, トイレ, 洗面所 (➔ BATHROOM [PICTURE BOX]): go to the *toilet* 用を足す. **2**《古風》身支度, 化粧: make one's *toilet* 化粧をする. **3**[形容詞的に] 化粧の: a *toilet* bag 化粧品入れ.
《参考》トイレの呼び方は《英》では toilet が一般的で, lavatory なども用いる.《米》では遠回しに bathroom, restroom, washroom などを用いることが多い. 欧米では bathroom (浴室) にトイレがあるので, Where is the bathroom? は「トイレはどこですか」の意となる (➔ MEN《参考》).
◆ *tóilet pàper* U トイレットペーパー.
tóilet ròll C《主に英》トイレットペーパーのひと巻.
tóilet tràining U (幼児に対する)用便のしつけ.
tóilet wàter U オーデコロン.

toi·let·ries [tɔ́ilətriz] 名[複数扱い]化粧品類, 洗面用具.

toil·some [tɔ́ilsəm] 形 骨の折れる, つらい.

tó·ing and fró·ing 名 U 右往左往, 行ったり来たり(すること).

***to·ken** [tóukən] 名 C **1** しるし, 証拠: a *token* of good luck 幸運の象徴. **2**《格式》記念品, 形

見. **3** 《英》商品(引換)券《米》gift certificate): a book *token* 図書券. **4** (地下鉄・バスなどの) トークン, 代用貨幣.

■ *as a tóken of ...* = *in tóken of ...* …のしるしとして, …の記念に: She gave me a French doll *as a token of* farewell. 彼女は別れの記念にフランス人形を私にくれた.

by the sàme tóken [前の言葉を受けて]《文語》(それと) 同様に; そのうえ.

——形 [限定用法] しるし [形] ばかりの, わずかな; 名目上の: with a *token* resistance 形ばかりの抵抗をして.

◆ tóken páyment ⓤ 形だけの(わずかな)支払い; 内金, 手付金.

to·ken·ism [tóukənìzəm] 名 ⓤ 形だけの努力で応じる)名目主義; 建前だけの人種[性]差別撤廃.

✱told [tóuld] 動 tell の過去形・過去分詞.

*tol·er·a·ble [tálərəbl / tól-] 形 **1** 我慢できる; *tolerable* cold 耐えられる寒さ. **2** かなりよい; まずまずの: a *tolerable* income かなりの収入.

tol·er·a·bly [tálərəbli / tól-] 副 我慢できる程度に; かなり, まずまず.

*tol·er·ance [tálərəns / tól-] 名 **1** ⓤ …に対する) 寛容, 寛大さ [*for, toward*]: the *tolerance toward* the minority 少数派への寛容. **2** ⓤⓒ [苦痛などに対する] 忍耐(力), 抵抗(力); (…に対する) a *tolerance to* cold 寒さに耐える力. **3** ⓤⓒ [生物・医] [環境・薬品などに対する] 耐性 [*to*]; [数学] 許容誤差 [限度]. (▷ 動 tólerate)

*tol·er·ant [tálərənt / tól-] 形 **1** [...に] 寛容な, 寛大な; [...を] 黙認する [*toward, of*]: He isn't *tolerant of* the slightest mistake. 彼はどんなささいなミスも許さない. **2** [生物・医] [...に] 耐性のある [*of*]; (機械などに) 耐久性のある. (▷ 動 tólerate)

tol·er·ant·ly [-li] 副 寛大に.

*tol·er·ate [tálərèit / tól-] 動 **1** …を許容する, 大目に見る. **2** 我慢する (put up with); I cannot *tolerate* his way of saying. 私は彼のものの言い方が許せない. **3** [生物・医] …に耐性がある. (▷ 名 tólerance; 形 tólerant)

tol·er·a·tion [tàləréiʃən / tòl-] 名 ⓤ **1** (宗教などへの) 許容, 容認, 大目に見ること; 信仰の自由. **2** 忍耐, 我慢.

✱**toll**¹ [tóul] 名 ⓒ **1** (道路・橋などの) 通行料(金), (港湾などの) 使用料(金); [形容詞的に] 有料の: pay a *toll* for the expressway 高速道路料金を払う. **2** 《米》 長距離電話料金: How much is the *toll* to Chicago? シカゴまでの長距離電話料金はいくらですか. **3** (通例, 単数形で) […による] 犠牲(者), 死傷者(数) [*from*]: the *toll from* the earthquake その地震による死傷者の数.

■ *tàke its [their] tóll on [of] ...* = *tàke a (héavy) tóll on [of] ...* …に(大きな)損失[犠牲]をもたらす; (人命などを)大量に奪う.

◆ tóll càll 《米》 長距離通話 (↔ local call).
tóll ròad ⓒ 有料道路《米》 tollway).

toll² 動 **1** 〈弔鐘(ちょう)〉をゆっくりと鳴らす.
2 〈鐘が〉〈時刻・死などを〉知らせる.
——自 〈鐘が〉(ゆっくりと) 鳴る: Church bells *tolled*. 教会の鐘が鳴った.
——名 [単数形で] (ゆっくりとした) 鐘の音.

toll·booth [tóulbù:θ] ⓒ 《米》 (有料道路などの) 通行料金徴収所, 料金所 (tollgate).

toll-frée 形 《米》 (電話が) 料金不要の, フリーダイヤルの: a *toll-free* number フリーダイヤル (の電話番号). (比較) 日本語の「フリーダイヤル」は和製英語)
——副 《米》 料金不要で, フリーダイヤルで.

toll·gate 名 ⓒ 《米》 (有料道路などの) 通行料金徴収所, 料金所 (《米》 tollbooth).

toll·way [tóulwèi] 名 ⓒ 《米》 (長距離の) 有料道路 (toll road).

Tol·stoy [tóulstɔi, tál- / tól-] 名 トルストイ Leo [líːou] Tolstoy 《1828–1910; ロシアの小説家》.

tol·u·ene [táljuiːn / tól-] 名 ⓤ [化] トルエン《火薬・染料などの原料となる無色の可燃性液体》.

tom [tám / tóm] 名 ⓒ (動物の) 雄; 《口語》 雄ネコ (tomcat): a *tom* turkey 雄のシチメンチョウ.

Tom [tám / tóm] 名 男 トム 《◇男性の名; Thomas の愛称》.

■ *(évery [ány]) Tóm, Díck, and Hárry* 《通例, 軽蔑》 だれもかれも.

tom·a·hawk [táməhɔːk / tóm-] 名 ⓒ トマホーク 《北米先住民の斧(おの)》.

■ *búry the tómahawk* 停戦する, 和睦(ぼく)する.

✱✱✱**to·ma·to** [təméitou / -máː-] [☆ 発音に注意]
——名 (複 **to·ma·toes** [~z])
1 ⓒⓤ トマト (の実), トマト色: *tomato* juice トマトジュース. **2** ⓒ [植] トマト (の木).

✱**tomb** [túːm] [☆ 発音に注意] 名 (複 **tombs** [~z]) ⓒ 墓, (墓石付きの) 墓所 (→ GRAVE¹ 類義語): the *Tomb* of the Unknowns 《米国 Virginia 州にある》 無名戦士の墓.

tom·boy [támbɔi / tóm-] 名 ⓒ おてんば娘.

tomb·stone [túːmstòun] 名 ⓒ 墓石, 墓標.

tom·cat [támkæt / tóm-] 名 ⓒ 雄ネコ.

tome [tóum] 名 ⓒ 《文語》 大きな (重い) 本.

tom·fool·er·y [tàmfúːləri / tòm-] 名 (複 **tom·fool·er·ies** [~z]) 《口語》 ⓤ ばかなまね; ⓒ [通例, 複数形で] ばかげた行為 [冗談].

Tom·my [támi / tómi] 名 男 トミー 《◇男性の名; Thomas の愛称》.

✱✱✱**to·mor·row** [təmɔ́(ː)rou, -már- / -mɔ́r-] 副 名
【「to (…に) + morrow (朝)」から】
——副 **1** あす (は), あした (は): John leaves Japan *tomorrow*. ジョンはあす日本をたつ / We are going there *tomorrow*. 私たちはあすそこへ行きます / See you *tomorrow*. またあした 《◇別れのあいさつ》. **2** (近い) 将来に, いずれ.

■ *the dáy àfter tomórrow* あさって.
tomórrow wéek = *a wéek tomórrow* 《英》 来週 [先週] のあす (→ WEEK 語法 (4)).

——名 ⓤ [無冠詞で] あす, あした: *Tomorrow* is the anniversary of the foundation of our school. あすは学校の創立記念日です / Don't put off till *tomorrow* what you can do today. 《ことわざ》 きょうできることをあすに延ばすな.

tom-tom

2 [形容詞的に] あすの, あしたの: I'll see you *tomorrow* morning. あすの朝お会いします.
3 [U] [または a ～] 未来, (近い)将来: The computers of *tomorrow* will be better. 未来のコンピュータはもっとよくなるだろう.

tóm-tòm [名] トムトム《アフリカや北米の先住民が平手で打つ胴長の太鼓》.

ton [tʌ́n] [☆ 発音に注意]
【原義は「酒だる」】
— [名] (複 **tons** [～z], **ton**) [C] **1** トン《◇重量の単位;(略記) t., tn.): 10 *ton(s)* of garbage 10 トンのごみ / Coal is sold by the *ton*. 石炭はトン単位で売られる.

語法 次の3つがある (→巻末「度量衡」).
(1) メートルトン (metric ton) 《◇1トン=1,000 kg》. (2)《米》小トン (short ton) 《◇1トン＝907.184 kg》. (3)《英》大トン (long ton) 《◇1トン＝1016.046 kg》.

2【海】トン《◇船の大きさを表す単位》: a 10,000 *ton* ship 1万トンの船. **3** トン (freight ton)《◇船荷の容積単位》. (cf. displacement ton 排水トン) **4** [a ～ / ～s]《口語》たくさん[の…], 多量[多数][の…] [of]: a *ton* of homework たくさんの宿題 / He has *tons* of money. 彼は大金持ちだ.

■ *còme dówn on ... líke a tón of brícks* …を激しくしかる, どなりつける.
wéigh a tón 《口語》ばかに重い.

ton·al [tóunəl] [形] **1**【音楽】調性の, 音色の.
2【絵】色調の, 色合いの. (▷[名] tóne)

to·nal·i·ty [tounǽləti] [名] (複 **to·nal·i·ties** [～z]) [U][C] **1**【音楽】調性. **2**【絵】色調, 配色.

tone [tóun] [名][動]【原義は「引っぱること」】
— [名] (複 **tones** [～z]) **1** [C] 調子, 音色 (→ SOUND 類語): adjust the *tone* of the radio ラジオの音を調節する / That violin has a beautiful *tone*. あのバイオリンは音色が美しい.
2 [C] 語調, 口調;《談話・文章の》論調: the *tone* of the press 新聞の論調 / speak in an angry [impatient] *tone* 怒った[いらいらした]口調で話す / He softened his *tone*. 彼は口調を和らげた.
3 [U] 雰囲気; 風潮, 傾向; 気風: the low moral *tone* 道徳的退廃の風潮 / the *tone* of the market 市況 / Their hearty smiles set the *tone* for the store. 彼らの心からの笑顔が店の雰囲気をつくり上げていた. **4** [U]《身体・精神の》正常な調子, 健康: recover mental *tone* 平静に戻る.
5 [C] 色調, 色合い, 濃淡: a picture painted in various *tones* of blue 濃淡さまざまな青でかかれた絵 / red with a yellowish *tone* 黄色味がかった赤. **6** [C]《電話の》信号音: the dial *tone* (電話の)発信音. **7** [C]【音楽】楽音; 全音, 全音程; 【音声】音の高低, (音節の)抑揚.

— [動] 他 …の調子[色調]を変える; …に調子[色調]をつける. ― 自 ある調子[色調]になる; 調和する.

■ *tóne dówn* 他《談話・文章などを》調子を落とす; 〈音・色〉を抑える.
tóne ín […と]調和する [with].
tóne úp …の調子を高める;〈筋肉など〉を引きしめる. (▷[形] tónal).

◆ **tóne làn·guage** [C] 音調言語《中国語のように音調によって語の意味の違いを表す言語》.

tóne-déaf [形] 音痴の.
tone·less [tóunləs] [形] **1**《声が》抑揚のない, 単調な;《色調が》はっきりしない. **2** 生気のない.
tone·less·ly [～li] [副] 単調に; 退屈に.

Ton·ga [tɑ́ŋgə / tɔ́ŋ-] [名] トンガ《南太平洋にある王国; 首都ヌクアロファ (Nuku'alofa)》.

tongs [tɑ́ŋz, tɔ́ːŋz / tɔ́ŋz] [名] 《複数扱い》ものをはさむ[つまむ]道具, トング;《複合語で》…はさみ: a pair of ice [sugar] *tongs* 氷[角砂糖]ばさみ 1 つ.

tongue [tʌ́ŋ] [☆ 発音に注意]
— [名] (複 **tongues** [～z]) **1** [C] 舌: the tip of the *tongue* 舌先 / click one's *tongue* 舌打ちする / stick one's *tongue* out at ... …に向かって舌を出す《◇軽蔑を表すしぐさ》.
2 [C] 話し方, 言葉づかい; 発言: He has a gentle [long] *tongue*. 彼は穏やかに話す[多弁である] / We often judge a person by his or her *tongue*. 私たちはしばしば話しぶりで人を判断する.
3 [C]《文語》《特定の》国語, 言語 (language); 《特定の言語を話す》国民: the Japanese *tongue* 日本語 / His mother [native] *tongue* is Chinese. 彼の母国語は中国語です.
4 [U][C]【料理】《牛・羊などの》舌, タン: ox *tongue* 牛の舌 / stewed *tongue* タンシチュー. **5** [C] 舌状のもの, 《炎・管楽器などの》舌; 《靴の》舌革 (→ SHOE 図): *tongues* of flame めらめらと燃える炎.

■ *a slíp of the tóngue* 失言, 言い損ない.
bíte one's tóngue 発言を控える.
bíte one's tóngue òff 言ったあとで後悔する.
fínd one's tóngue 《ショックを受けたあとなどに》再び口が利けるようになる.
gèt one's tóngue aróund ... 《口語》《発音しにくい語・名前などを》正確に発音する.
hóld one's tóngue [しばしば命令形で] 黙っている.
lóse one's tóngue 《驚きなどで》口が利けなくなる.
on [at] the típ of one's [the] tóngue《名前などが》のどまで出かかって《思い出せなくて》.
sèt tóngues wágging 話題に上る, 評判になる.
with one's tóngue in one's chéek = tóngue in chéek 冗談で, 皮肉に.

◆ **tóngue twister** [C] 早口言葉 《◇例: She sells seashells on the seashore. 彼女は海岸で貝殻を売る》.

tóngue-in-chéek [形] ひやかし[からかい]半分の.
tóngue-tíed [形] 口ごもる; 口が利けない.

ton·ic [tɑ́nik / tɔ́n-] [名] **1** [U][C]【医】強壮剤; 養毛剤. **2** [C] [通例, 単数形で] 《英》 […を]元気づけるもの [to, for]. **3** [C] = tónic wàter トニックウオーター《ジンなどを割る炭酸水》. **4** [C]【音楽】主調音, 基音《音階の最初の音》.
— [形] **1**《格式》《治療・薬などが》活力を与える, 元気づける. **2**【音楽】主調音の, 調の.

to·night [tənáit] [副][名]【「to (…に) + night (夜) 」から】
— [副] 今夜(は): Are you going to the party *tonight*? 今夜のパーティーに行きますか / I'll call

you around 10 *tonight*. 今夜10時頃に電話します.

— 名 U [無冠詞で] 今夜, 今晩: *Tonight*'s TV programs are not interesting. 今夜のテレビ番組は面白くない / *Tonight* is the opening night of the ballet in Japan. 今夜はそのバレエの日本公演の初日です.

ton・nage [tʌ́nidʒ] 名 U C **1** (積み荷の) 積載トン数; (船舶の) 排水トン数. **2** (船舶による輸送量や産出量の) 総トン数. **3** [商] (積み荷にトン単位で課す) トン税.

tonne [tʌ́n] 名 C [英] メートルトン (metric ton).

ton・sil [tánsəl / tón-] 名 C [通例 ～s] [解剖] 扁桃腺(へんとうせん).

ton・sil・li・tis [tànsəláitis / tòn-] 名 U [医] 扁桃腺(へんとうせん)炎.

ton・sure [tánʃər / tón-] 名 **1** U 《キリスト教》剃髪(ていはつ)(式)《修道士になるために頭頂部をそること》. **2** C 頭頂部のそった部分.

★★★too [túː] (☆[同音] two)

— 副 [比較なし] **1** [通例, 肯定文で] (…も) また (◇ also よりも口語的): I think he's a genius. — I think so, *too*. 彼は天才だと思います — 私もそう思います / Be careful. — You, *too*. 彼はもちろん気をつけて — あなたもね / If you go, I will go, *too*. あなたが行くなら私も行こう.

[語法] (1)通例, 文尾に置く. ただし, 意味があいまいになったり, 誤解を招く恐れがある場合には修飾する語の直後に置くこともある: I, *too*, climbed Mt. Fuji. 私も富士山に登った.
(2) 会話では, どの語を強く発音するかによって意味が異なる: I climbed Mt. Fuji, *too*. 私は富士山にも登った (◇ Mt. Fuji を強く発音する); 私も富士山に登った (◇ I を強く発音する).
(3) 否定文では, 通例 either を用いる. ただし, 次のような場合は否定文でも too を用いる: (a) 否定を表す語より前に置かれる場合: I, *too*, didn't go there. 私もそこへは行かなかった. (b) 勧誘を表す否定疑問文: Why don't you jog with us, *too*? あなたも一緒にジョギングしませんか.

2 [言葉を追加するとき] …でもある (moreover): Lisa is pretty, and kind *too*. リサはかわいく, それに親切でもある.

3 [形容詞・副詞の前に付けて] (a) […にとって] あまりにも (…すぎる) [*for*]: That movie was *too* boring and I fell asleep. その映画はあまりにもつまらなく, 私は眠ってしまった / *Too* much TV is bad *for* your eyes. テレビの見すぎは目に悪い / It's *too* difficult a book *for* him. それは彼には難しすぎる本です (◇「too + 形容詞 + a [an] + 名詞」の語順に注意; → A [語法] (4)(a)).
(b) [too ... (for ～)+to do] (～が) …するには …すぎる: He was *too* old *to* work anymore. 彼は年を取りすぎていてもう働けなかった / The situation is *too* serious *for* me *to* ignore. 状況は私には無視できないほど深刻である.

4 非常に, とても, すごく (very); [否定文で] あまり (…でない), とても (…わけではない): I'll be only *too* pleased to help you. お役に立てれば大変うれしく存じます / I'm not *too* sure if it is legal. それが合法的かどうかあまり自信がありません.

5 [相手の否定を受けて] [米口語] (いや, それどころか) 本当に, 実に: I don't like her so much. — You do *too*. 私は彼女があまり好きじゃないんだ — 本当は大好きなんだよ.

■ *áll tòo ...* (残念ながら) まったく …すぎる: The summer vacation flew by *all too* quickly. 夏休みは実にあっけなく終わってしまった.

be tóo múch → MUCH 形 成句.

cannót ... tòo ～ → CAN¹ 成句.

nóne tòo ... → NONE 副 成句.

ònly tóo ... → ONLY 副 成句.

★★★took [túk] 動 take の過去形.

★★★tool [túːl] 名

— 名 (複 **tools** [～z]) C **1** (主に手仕事に使う) 道具, 工具: carpenter's *tools* 大工道具 / an edged *tool* 刃物.

[関連語] appliance 家電製品 / gadget (缶切り・栓抜きなどの) 小道具 / implement (農耕や園芸用の) 道具 / instrument (精巧な) 器具 / utensil 家庭用品, 台所用品

2 仕事に必要なもの, 手段: Words are the *tools* of his trade. 言葉は彼の商売道具です.

3 (人の) 手先, 使い走り.

— 動 他 **1** …に道具を使う, …を道具で細工する. **2** 〈工場など〉に機器を設置する (*up*). — 自 [米口語] […を] 車で走る [乗り回す] [*along, around*].

tool・box [túːlbàks / -bòks] 名 C 道具箱.

toot [túːt] 動 自 〈らっぱなどが〉鳴る; 〈人が〉 [笛などを] 鳴らす [*on*]. — 他 〈笛など〉を (ぷーぷー) 鳴らす.
— 名 C (らっぱ・笛などの) ぷーっぷーっ (という音).

★★★tooth [túːθ]

— 名 (複 **teeth** [tíːθ]) C **1** 歯: bare one's *teeth* (動物が怒って) 歯をむき出す / cut one's *teeth* (赤ん坊が) 歯が生える / You should brush [clean, do] your *teeth* every day. 歯は毎日磨かないといけない / I had a decayed *tooth* pulled out. 私は虫歯を抜いてもらった.

2 歯の形のもの; (くし・歯車・のこぎりなどの) 歯.

3 [通例, 複数形で] [口語] 威力, 猛威: the *teeth* of a snowstorm 吹雪の猛威.

4 [通例 a ～] (食べ物の) 好み, 嗜好(しこう): I have a sweet *tooth*. 私は甘い物が好きです.

■ *clénch* [*grít, sét*] *one's téeth* (怒り・困難に耐えて) 歯を食いしばる.

cút one's téeth on ... [口語] 手始めに …をやる.

gèt one's téeth ìnto ... [口語] 〈食べ物〉にかぶりつく; 〈仕事〉に熱中する, 精力的に取り組む.

in the téeth of ... …にもかかわらず; …に面と向かって逆らって.

lóng in the tóoth 年を取った.

sét ...'s téeth on édge 〈人〉をいら立たせる.

shów one's téeth 歯をむき出す; 敵意を示す.

to the téeth 寸分のすきもなく, 完璧(かんぺき)に.

★tooth・ache [túːθèik] 名 C U 歯痛 (→ ACHE

tooth・brush [túːθbrÀʃ] 名C 歯ブラシ.
toothed [túːt, túːðd] 形《限定用法》歯のある, のこぎり歯状の;《複合語で》歯が…の: a *toothed* wheel 歯車 / big-*toothed* 大きな歯がある.
tooth・less 形 **1** 歯のない. **2**(法律などが)効力のない, 無力な.
*tooth・paste [túːθpèist] 名U 練り歯磨き.
tooth・pick [túːθpìk] 名C つまようじ (pick).
tooth・some [túːθsəm] 形《こっけい》(食べ物が)おいしい; 気持ちよい, 快い.
tooth・y [túːθi] 形(比較 tooth・i・er [~ər]; 最上 tooth・i・est [~ist])(笑いなどで)歯を出した.
too・tle [túːtl] 形《口語》⾃ **1**《副詞(句)を伴って》(車などで)のんびり行く. **2**《笛などを》ゆっくり吹く [on]. ― 他《笛など》をゆっくり吹く.

***top¹ [táp / tɔ́p] 名 形【基本的意味は「最上部 (the highest part of something)」】
―名(複 tops [~s]) **1** C《通例 the ~》最上部, 頂上;C(ページの)上部 (↔ bottom): at the *top* of the page ページの上のほうに / a spectacular view from the *top* of the hill 丘の頂上からのすばらしい眺め / He climbed to the *top* of the ladder. 彼ははしごのてっぺんまで登った.
2 C《通例 the ~》(テーブルなどの)上面, 表面;《英》(食卓の)上座: I polished the *top* of the table. 私はテーブルの上を磨いた / He sat at the *top* of the table. 彼は上座に座った.
3 [the ~]最上位, 首位, トップ (↔ bottom); [しばしば the ~s]《口語》最高の人[もの]: She is at the *top* of her class. 彼女はクラスでトップです.
4 [the ~]極点, 極度; 最高限度 (↔ bottom): at the *top* of one's voice 声を限りに.
5 C[通例 the ~](植物の)先端部; [通例 ~s](ニンジンなどの)葉. **6** C(びんなどの)ふた, 栓;(自動車などの)屋根, ほろ: a bottle *top* びんのふた.
7 C《時に ~s》上着: a check *top* チェックの上着. **8** C《英》(回の)表 (↔ bottom).
9 UC《英》= tóp géar トップギア, 最高速ギア.
■ **blów one's tóp**《口語》[…に]すごく怒る [at].
còme to the tóp 表面に出る; 成功する.
from tóp to bóttom すっかり, 完全に, 徹底的に.
from tóp to tóe 頭のてっぺんから足のつま先まで; 完全に.
gèt on the tóp of … …の手に負えなくなる.
gó òver the tóp《口語》度を越す, 度がすぎる.
óff the tóp of one's héad《英》深く考えずに.
on tóp 1 上に; さらに. **2** 成功して.
on tóp of … 1 …の上に. **2** …に加えて: On *top of* it, he had his pocket picked. それに加えて, 彼はすりにあってしまった. **3** …を知りつくして.
on tóp of the wórld《口語》とても幸せで.
―形《比較なし》**1**(位置が)最上の: on the *top* shelf 一番上の棚に. **2** 首位 [首席] の, 最上位の. **3**(程度が)最高の, 最大の; 最も重要な: at *top* speed 全速力で.

―動(三単現 **tops** [~s]; 過去・過去分詞 **topped**

[~t]; 現分 **top・ping** [~iŋ])他 **1** …よりまさる, すぐれる, …を超える; …のトップになる: Their profits *topped* $100 million last year. 昨年の彼らの収益は1億ドルを超えた / His CD *topped* the charts. 彼のCDはヒットチャートの1位になった.
2 […で]…の頂上を覆う [*with*]; …にふた[屋根]を付ける: a cake *topped with* a lot of fruit 果物をたくさんのせたケーキ. **3**《山など》の頂上に達する.
4《野菜・果物など》の上部を切り取る. **5**《ゴルフ》《ボール》の中心より上を打つ, トップスピンをかける.
■ *tóp óff* …を […で] 締めくくる, 終える [*with*].
tóp óut 他《建物》の落成式を行う.
tóp úp 他《英》《グラスなどの容器》を[液体で]いっぱいにする [*with*].
to tóp it áll《口語》(よくないことが続くなどして)あげくの果てに.

◆ **tóp bráss** [U]《集合的に; 単数・複数扱い》《英口語》高級将校, 幹部.
tóp dóg [U]《口語》勝利者 (↔ underdog).
tóp hàt C シルクハット.
top² 名C こま: spin a *top* こまを回す.
■ *sléep like a tóp* ぐっすり眠る.
to・paz [tóupæz] 名UC《鉱》黄玉(ぉぅぎょく); トパーズ《黄玉を磨いた宝石. 11月の誕生石; → BIRTHSTONE 表》.
tóp-cláss 形 トップクラスの, 一流の.
top・coat [tápkòut / tɔ́p-] 名 **1** C《古風》オーバー(コート). **2** C U (ペンキなどの)仕上げ塗り.
tóp-dówn 形 **1** 上意下達式の. **2**《英》《デザインなどが》全体から始めて細部に至る方式の.
tóp-dráw・er 形《口語》上流階級の; 最上級の.
to・pee, to・pi [toupíː / tóupi] 名C (インドの)日よけ帽, トーピー.
tóp-flíght 形 一流の, 最高の, ずば抜けて優秀な.
tóp-héav・y 形 **1** 頭でっかちの; 不安定な. **2**(企業などが)幹部 [管理職] が多すぎる.

*top・ic [tápik / tɔ́p-]【原義は「ありふれたこと」】
―名(複 **top・ics** [~s]) C 話題, 論題, 題目 ≒ SUBJECT 類義語: discuss current *topics* [the *topics* of the day] 時事問題を論じる / We decided on a *topic* for our class debate. 私たちはクラス討議の題目を決めた.

*top・i・cal [tápikəl / tɔ́p-] 形 話題の; 時事問題の: discuss *topical* issues 時事問題を論じる.
top・i・cal・i・ty [tàpikǽləti / tɔ̀p-] 名 U 話題になること, 話題性; 時事性.
top・knot [tápnàt / tɔ́pnɔ̀t] 名 C **1**(鳥の)冠毛. **2**(頭のてっぺんの)髪の房; まげ.
top・less [tápləs / tɔ́p-] 形《女性用衣服が》トップレスの, 胸を露出した; 《女性が》トップレスの.
tóp-lév・el 形《限定用法》トップレベルの, 最高首脳の: a *top-level* conference 首脳会議.
top・most [tápmòust / tɔ́p-] 形《限定用法》(位置などが)一番上の, 一番高い, 最高の.
tóp-nótch 形《米口語・古風》最高の, 一流の.
to・pog・ra・pher [təpágrəfər / -pɔ́g-] 名 C 地形学者, 地誌学者.
top・o・graph・i・cal [tàpəgrǽfikəl / tɔ̀p-] 形 地形上の; 地形学の.

to‧pog‧ra‧phy [təpágrəfi / -pɔ́g-] 图(複 **to‧pog‧ra‧phies** [~z]) U 地形学, 地誌; U C (ある地域の) 地形, 地勢.

to‧pol‧o‧gy [təpάlədʒi / -pɔ́l-] 图 U **1**《数学》位相幾何学, トポロジー. **2** 地誌研究.

top‧per [tάpər / tɔ́pə] 图 C **1**《口語》シルクハット (top hat). **2** トッパー (軽い女性用オーバー).

top‧ping [tάpiŋ / tɔ́p-] 图 C U トッピング《食物に風味をそえるために上に載せるもの. ソース・チーズなど》. ── 形《英・古風》すばらしい (excellent).

top‧ple [tάpl / tɔ́pl] 動 (自) ぐらつく; よろけて倒れる (over).
── 他 **1** …をぐらつかせる; 倒す. **2** …を [権力の座から] 引きずり降ろす, 没落させる [from].

tóp‧ránk‧ing 形 最高位の.

tóp‧rát‧ed 形《口語》とても人気のある.

tops [tάps / tɔ́ps] 形《通例, 叙述用法》《古風・口語》最高の, 一流の.

tóp‧sé‧cret 形《情報などが》極秘の, 機密扱いの.

top‧side [tάpsàid / tɔ́p-] 图 **1** U《英》トップサイド《牛のもも上部の上等な肉》. **2** C [通例~s]《海》乾舷(なん)《喫水線より上の舷側》; 上甲板.
── 副《海》乾舷で [へ]; 上甲板で [へ].

top‧soil [tάpsòil / tɔ́p-] 图 U《農》表土《土壌の表面または上部; cf. subsoil 底土(たう)》.

top‧spin [tάpspìn / tɔ́p-] 图 U トップスピン《球の上部を打つことで生じる前回転》.

top‧sy‧tur‧vy [tάpsitə́ːrvi / tɔ́p-] 形 副《口語》逆さの [に], 逆に [に]; めちゃくちゃの [に].

tor [tɔ́ːr] 图 C《英》岩山; 岩のごつごつした頂上.

***torch** [tɔ́ːrtʃ] 图 C **1**《英》懐中電灯《《米》flashlight》: turn on [off] a *torch* 懐中電灯をつける [消す]. **2** たいまつ, トーチ: the Olympic *torch* オリンピックの聖火. **3**《比喩》《文化・学問・知識などの》光, 光明. **4**《米》《溶接などに用いる》ブローランプ(《英》blowlamp). **5**《米口語》放火犯 (arsonist).
■ *cárry a tórch for ...*《古風》…に愛の炎を燃やす, (特に) 片思いをする.
── 動 他《口語》…に放火する.

torch‧bear‧er [tɔ́ːrtʃbɛ̀ərər] 图 C **1** たいまつ持ち; 聖火走者. **2** (運動などの) 指導者.

torch‧light [tɔ́ːrtʃlàit] 图 U たいまつの明かり.

***tore** [tɔ́ːr] 動 tear¹ の過去形.

tor‧e‧a‧dor [tɔ́ːriədɔ̀ːr, tɑ́r- / tɔ́r-]《スペイン》图 C (騎馬) 闘牛士, トレアドール.

***tor‧ment** [tɔ́ːrmənt] (☆ 動 との発音の違いに注意) 图 **1** U (精神的・肉体的な) 苦痛, 苦悩: be in *torment* with ... …で苦しんでいる. **2** C《人にとっての》苦痛 [苦悩] の種, やっかいもの [to].
── 動 [tɔːrmént] 他 …を […で] ひどく苦しめる, 悩ます [by, with]; …をいじめる: be *tormented* by [with] a stomachache 腹痛に苦しむ.

tor‧men‧tor [tɔːrméntər] 图 C 苦しめる人 [もの], 悩ませる人 [もの].

***torn** [tɔ́ːrn] 動 tear¹ の過去分詞.

tor‧na‧do [tɔːrnéidou] 图 (複 **tor‧na‧does**, **tor‧na‧dos** [~z]) C《主に米国中西部》の竜巻, トルネード;《主にアフリカ西海岸の》雷雨; 暴風雨.

To‧ron‧to [tərántou / -rɔ́n-] 图 固 トロント《カナダ Ontario 州の州都》.

tor‧pe‧do [tɔːrpíːdou] 图 (複 **tor‧pe‧does** [~z]) C 魚雷. ── 動 **1** …を魚雷で攻撃 [破壊] する. **2**《計画など》を挫折(ざっ)させる, つぶす.

tor‧pid [tɔ́ːrpid] 形《格式》**1** 不活発 [無気力] な; 無感覚な, 鈍い. **2** 休眠 [冬眠] している.

tor‧por [tɔ́ːrpər] 图 U [または a-]《格式》**1** 不活発, 無気力; 無感覚. **2** 休眠, 冬眠.

torque [tɔ́ːrk] 图 U《機械》トルク, (軸の) 回転力.

***tor‧rent** [tɔ́ːrənt, tάr- / tɔ́r-] 图 C **1** 急流, 奔流; [通例~s] どしゃ降り: a raging *torrent* 激流 / The rain poured down in *torrents*. どしゃ降りだった. **2** ほとばしり;《言葉などの》連発: a *torrent* of questions 質問攻め.

tor‧ren‧tial [tɔːrénʃəl / tər-] 形 急流 [奔流] の (ような); 激しい: a *torrential* rain 滝のような雨.

tor‧rid [tɔ́ːrid, tάr- / tɔ́r-] 形 **1**《文語》焼けつくように暑い, 炎熱の. **2**《恋愛などが》熱烈な.
◆ Tórrid Zòne [the ~; 時に t‑ z‑] 熱帯.

tor‧sion [tɔ́ːrʃən] 图 U **1** ねじること, ねじれ. **2**《機械》ねじり力.

tor‧so [tɔ́ːrsou] 图 (複 **tor‧sos** [~z]) C **1** (人の) 胴 (trunk). **2** トルソー《胴だけの彫像》.

tort [tɔ́ːrt] 图 C《法》(補償請求できる) 不法行為.

tor‧til‧la [tɔːrtíːjə]《スペイン》图 C トルティーヤ《トウモロコシの粉で作ったメキシコの薄いパンケーキ》.

***tor‧toise** [tɔ́ːrtəs] (☆ 発音に注意) 图 C《動物》(特に陸生・淡水の) カメ (cf. turtle ウミガメ).

tor‧toise‧shell [tɔ́ːrtəsʃèl] 图 **1** U べっ甲; [形容詞的に] べっ甲で作られた. **2** C 三毛猫. **3** C《昆》ヒオドシチョウ.

tor‧tu‧ous [tɔ́ːrtʃuəs] 形 **1** 曲がりくねった. **2** 率直でない, 回りくどい.
tor‧tu‧ous‧ly [~li] 副 曲がりくねって.

***tor‧ture** [tɔ́ːrtʃər] 图 U C **1** 拷問(ごう): put ... to *torture*〈人〉を拷問にかける. **2** (精神的・肉体的な) ひどい苦痛, 苦悩: be in *torture* 苦悩している.
── 動 他 **1** …を拷問にかける: be *tortured* to death 拷問で死ぬ. **2** …を […で] ひどく苦しめる, 悩ます [by, with]: be *tortured* by [with] a headache 頭痛に苦しむ.

tor‧tur‧er [tɔ́ːrtʃərər] 图 C ひどく苦しめる人 [もの]; 拷問(ごう)する人.

To‧ry [tɔ́ːri] 图 (複 **To‧ries** [~z]) **1** C《英史》トーリー党 [王党] 員;《米史》(独立戦争に反対した) 英国派. **2** C《英国》保守党員 (Conservative); [しばしば t‑] 保守主義者. **3** [the Tories] = the Tóry Pàrty《英国》保守党, トーリー党.
4 [形容詞的に]《英国》保守党 (員) の;《英史》トーリー党 (員) の.

***toss** [tɔ́ːs / tɔ́s]
動 图《原義は「まき散らす」》
── 動 (三単現 **toss‧es** [~iz]; 過去・過分 **tossed** [~t]; 現分 **toss‧ing** [~iŋ])
── 他 **1** (a) [**toss + O**] …を (無造作に) ぽいと投げる, (軽く) 投げ上げる (→ THROW 類義語): *toss* a ball in [into] the air ボールを空中にぽいと投げる / *toss* a pancake パンケーキを (フライパン

で)ひっくり返す / She *tossed* her bag on to the sofa. 彼女はバッグをソファーの上に投げた. (b) [toss＋O＋O / toss＋O＋to ...]〈人〉に〈もの〉を軽く投げる: He *tossed* me an eraser. ＝ He *tossed* an eraser *to* me. 彼は私に消しゴムを投げて渡してくれた.
2 〈頭〉を急に上げる[ぐいと反らす](back)(◇いら立ちなどを表すしぐさ): She *tossed* her head (*back*). 彼女は頭をつんと反らした.
3 (順番などを決めるために)〈硬貨〉を投げる;[…のために]〈人〉とコイン投げをする [*for*]: We *tossed* a coin to decide who should do the dishes. 私たちはだれが皿洗いをするかをコイン投げで決めた. / I *tossed* him *for* the window seat. 私はどちらが窓側の席に座るかで彼とコイン投げをした.
4 …を激しく揺り動かす,上下に揺する;《比喩》〈心〉をかき乱す (*around*, *about*): The boat was *tossed* up and down in the storm. 船はあらしの中で激しく揺れた. **5**《料理》…を[調味料・バターなどと]軽く混ぜ合わせる,あえる (*in*, *with*): *toss* the salad *in* [*with*] a dressing サラダをドレッシングであえる. **6**《球技》〈ボール〉をトスする.
— (自) **1** (船などが)揺れる,上下に動く;(人が)寝返りをうつ,のたうち回る (*around*, *about*): *toss* and turn in bed ベッドで何度も寝返りを打つ.
2（順番などを決めるために)硬貨を投げる;[順番などを]コインを投げて決める (*up*) [*for*].
■ *tóss óff* **1**〈仕事など〉をさっとやり終える: *toss off* a report 報告書をさっと書き上げる.
2《古風》〈酒など〉を一気に飲み干す.
— 名 **1** C [通例 a ~] 投げ上げ, トス. **2** C 揺れ, (頭などを)上げる[反らす]行為: with a *toss* of one's head 頭をうしろに反らして.
3 [the ~] (何かを決めるための)コイン投げ: win [lose] the *toss* コイン投げで勝つ[負ける].
■ *árgue the tóss*《英口語》(すでに決まったことに)言いがかりをつける, 議論を蒸し返す.

toss・up [tɔ́ːsʌ̀p / tɔ́s-] 名 **1** C [通例, 単数形で](表か裏かで決める)コイン投げ. **2** [a ~]《口語》五分五分の見込み.

tot¹ [tɑ́t / tɔ́t] 名 C **1**《口語》小児, 幼児.
2 [a ~]《主に英》[ブランデーやウィスキーなどの酒の] 1杯, ひと口 (shot) [*of*].

tot² (三単現 **tots** [tɑ́ts / tɔ́ts]; 過去・過分 **tot・ted** [~id]; 現分 **tot・ting** [~iŋ]) 他 《口語》 …を加える, 合計する (*up*).

‡**to・tal** [tóutl] 名 形 動【原義は「すべての」】
— 名（複 **to・tals** [~z]) C 総計, 合計; 総額: the grand *total* 総計 / A *total* of four million people visited Japan last year. 合計400万人が昨年日本を訪れた.
■ *in tótal* 全部で, 合計で: *In total*, ninety people came. 合計で90名の人が来た.
— 形 [比較なし; 限定用法] **1** 総計の (↔ *partial*): the *total* number [cost] 総数 [費用].
2 まったくの, 完全な (→ COMPLETE 類義語): *total* darkness 真っ暗やみ / a *total* failure 完全な失敗 / *total* confidence 絶対の自信.
— 動（過去・過分《英》**to・talled**; 現分《英》

to・tal・ling) 他 **1** 合計…となる, 総計が…に上る (amount to): Expenditures *total* fifty pounds. 支出は総額50ポンドに達する. **2** …を合計する (*up*): *total* all the expenses すべての費用を合計する. **3**《米口語》〈車など〉を(修理不可能なほど)めちゃめちゃに壊す.
— 自 合計 […と] なる (*to*, *up to*): It *totals* to 20 dollars. 合計20ドルになる.

to・tal・i・tar・i・an [toutæ̀lətéəriən] 形 全体主義の. — 名 C 全体主義者.

to・tal・i・tar・i・an・ism [toutæ̀lətéəriənìzəm] 名 U 全体主義.

to・tal・i・ty [toutǽləti] 名（複 **to・tal・i・ties** [~z]）《格式》 **1** U 全体(性), 完全(性). **2** C 合計, 総計.

‡**to・tal・ly** [tóutəli] 副 まったく, すっかり, 完全に (completely): I *totally* forgot to mail the letter. 私は手紙を出すのをすっかり忘れてしまった.

tote [tóut] 動 他《主に米口語》…を運ぶ;〈ピストルなど〉を携帯する (*around*).
◆ **tóte bàg** C《米》トートバッグ, 大型手さげ袋 (→ BAG 図).

to・tem [tóutəm] 名 C **1** トーテム《北米先住民などが崇拝する動植物など》. **2** トーテム像.
◆ **tótem pòle** C トーテムポール《北米先住民などがトーテム像を描いたり彫ったりした柱》.

tot・ter [tɑ́tər / tɔ́tə] 動 自 **1** よちよち[よろよろ]歩く, よろめく. **2** (建物などが)揺れる, ぐらつく.
— 名 C よろめき.

tou・can [túːkæn] 名 C〈鳥〉オオハシ《南米産》.

‡**touch** [tʌ́tʃ] 動 名

①さわる, 触れる; 軽く打つ. 他 **1**, **4**; 自
②接する; 届く. 他 **2**, **3**; 自
③関係する; 手をつける. 他 **5**, **6**
④(問題などに)触れる, 言及する. 他 **7**

— 動 （三単現 **touch・es** [~iz]; 過去・過分 **touched** [~t]; 現分 **touch・ing** [~iŋ]）
— 他 **1**〈もの・人〉に[…で]さわる, 触れる [*with*];〈人〉の[…]にさわる, 手を置く [*on*]; …を[…に]触れさせる [*to*]: He *touched* her face with his hand. 彼は手で彼女の顔に触れた / She *touched* me *on* the shoulder. ＝ She *touched* my shoulder. 彼女は私の肩に触れた. / The man *touched* his hand *to* his hat. その男は(会釈するために)帽子に手をやった.
2 …に接する, 隣接する: The road winds along and at some places *touches* the river. 道路は曲がりくねって延び, 何か所かで川に接している.
3 …に届く, 達する: He was so tall that his head almost *touched* the ceiling. 彼は背が高いので頭が天井に届きそうだった / The thermometer *touched* 38.8°C. 温度計は℃38.8度に達していた.
4 …を軽く打つ[たたく],〈楽器の鍵(%)・弦など〉を弾く: She *touched* the strings of the harp lightly. 彼女は軽やかにハープを奏でた.
5 [否定文・疑問文で] …に関係する, かかわる, 手を出

す (concern): I'll never *touch* a deal like that. 私はそんな取引には一切かかわらない.
6 [通例, 否定文で]〈食べ物など〉に手をつける: He didn't *touch* his dinner. 彼は夕食に手をつけなかった.
7〈問題など〉に触れる, 言及する (◇ touch on [upon] ... のほうが一般的; →成句): He *touches* various topics in his new book. 新著の中で彼はさまざまな問題に言及している.
8 …を害する, 傷める;〈人〉の感情を害する: The young shoots were *touched* by the unseasonable frost. 若芽が季節外れの霜で傷んだ.
9〈人〉を感動させる,〈人〉の心を動かす (→ IMPRESS 類義語): His kindness *touched* her to the heart. 彼の親切は彼女を深く感動させた.
10 [通例, 否定文で][口語]〈人・もの〉に[…の点で] 匹敵する [*at, for, in*]: Nobody can *touch* him in English. 英語で彼にかなう者はいない.
— 自 触れる, さわる; 隣接する: Don't *touch*. 触れるな / Their hands *touched* accidentally. 彼らの手は偶然触れ合った.

■ *tóuch dówn* 自 **1** (飛行機[船]が) 着陸[着岸]する. **2**【アメフト】タッチダウンする;【ラグビー】トライをあげる.
tóuch ... for ~《口語》…から〈金など〉を借りる, せしめる.
tóuch óff 他 **1**〈事件など〉を引き起こす. **2**〈鉄砲〉を発射する.
tóuch on [upòn] ... **1** …に触れる, 言及する: The professor *touched on* the matter in his talk. 教授は講演の中でその問題について触れた.
2 …に接近する.
tóuch úp 他〈絵など〉を修正する.

— 名 **1** C 接触, 触れること: Mines explode at a *touch*. 地雷はちょっとでもさわると爆発する.
2 U 感触, 手ざわり; 触覚: The fabric is soft to the *touch*. その織物は手ざわりが柔らかい / Blind people have a keen *touch*. 目が不自由な人は触覚が鋭い.
3 C 仕上げ, 一筆: The painter gave the finishing *touches*. 画家は仕上げの筆を入れた.
4 C 筆致, 手法;(楽器・キーボードのキーの)調子, タッチ; 演奏ぶり: a light *touch* 軽いタッチ.
5 C [通例 a 〜] 少量 [の…], […] 気味 [*of*]; [副詞的に] 少しだけ, わずかに: with a *touch of* irritation ちょっといらついた様子で / Raise it a *touch* higher. もう少し高くしてください. **6** U【ラグビー・サッカー】タッチ《タッチラインの外側》.

■ *be in tóuch with ...* …について知っている; …と接触している: He *is in touch with* the company. 彼はその会社と接触している.
be òut of tóuch with ... …について知らない; …と接触がなくなっている: He *is out of touch with* the ways of the world. 彼は世情にうとい.
gèt in tóuch [...と] 連絡を取る [*with*]: Mike wants to *get in touch with* you. マイクがあなたと連絡を取りたがっている.
kèep in tóuch […と] 接触[交際]を続ける [*with*]: I *keep in touch with* my former classmates. 私は昔の級友と連絡を取り合っている.
lóse tóuch with ... …と接触がなくなる.

tóuch-and-gó 形《口語》きわどい, 一触即発の;(飛行訓練が)タッチアンドゴーの.
touch·down [tʌ́tʃdàun] 名 C **1**(飛行機などの)着陸, 着地. **2**【アメフト】タッチダウン;【ラグビー】トライ.
tou·ché [tuːʃéi, túːʃei]【フランス】間 **1**【フェンシング】トゥシェ《「1本」の宣告》. **2** 参った《◇討論などで相手の的を射た反論に対して言う》.
touched [tʌ́tʃt] 形 [叙述用法] **1** 感動した, 心を動かされた. **2**《口語》少し気が変な.
*touch·ing [tʌ́tʃiŋ] 形(人を)感動させる, 感動的な; いたいたしい, 哀しい.
— 前《格式》…に関して (concerning).
touch·ing·ly [〜li] 副 感動的に; いじらしいほど.
touch·line [tʌ́tʃlàin] 名 C (ラグビー・サッカーなどの)タッチライン, 側線 (→ SOCCER PICTURE BOX).
touch·pa·per [tʌ́tʃpèipər] 名 U (爆薬・花火の)導火紙.
touch·stone [tʌ́tʃstòun] 名 C **1** 試金石《黒色の石英. 昔, 金・銀の純度を調べた》. **2** […の]価値を決めるもの, 基準, 標準 [*of, for*].
tóuch-tóne 形(電話が)プッシュボタン[プッシュホン]式の.
tóuch-týpe 動 自 キーを見ないで[ブラインドタッチで]タイプを打つ.
touch·y [tʌ́tʃi] 形(比較 **touch·i·er** [〜ər]; 最上 **touch·i·est** [〜ist]) **1** 怒りっぽい, 短気な; 神経過敏な. **2**(問題などが)扱いにくい, 面倒な.

***tough** [tʌ́f] 形 名 動
— 形(比較 **tough·er** [〜ər]; 最上 **tough·est** [〜ist]) **1**(精神・性格などが)屈強な, ねばり強い, タフな; 頑固な, 不屈の: a *tough* rival 手ごわいライバル / a *tough* guy《米》たくましい男.
2《米》乱暴な, 荒っぽい;(場所・地域が)物騒な, 無法者の出入りする: a *tough* area 物騒な地域.
3《口語》耐えがたい, ひどい, 不愉快な: *tough* luck 不運 / have a *tough* time 苦労にあう / That's *tough*. そりゃひどいね, お気の毒さま.
4 難しい, 骨の折れる (difficult): a *tough* job [problem] 難しい仕事[問題] / It must be *tough* for her to raise a family by herself. 1人で子供を育てるのは彼女にとって大変に違いない.
5(法・政策などが)厳しい, 強硬な: take a *tough* line 強硬路線をとる / We should get *tough* with reckless drivers. 私たちは無謀運転をする人たちに対して強硬な態度をとるべきです.
6(ものが)丈夫な, 壊れにくい;(肉などが)堅い (↔ tender): *tough* meat 堅い肉 / *tough* leather 丈夫な革.
— 名 C《古風》無法者, 乱暴者, ごろつき, よた者.
— 動 [次の成句で]
■ *tóugh óut* 他《困難など》に耐え抜く, 頑張り抜く.
tough·en [tʌ́fən] 動 他 **1** …を堅くする, 強く[丈夫に]する (*up*): *toughened* glass 強化ガラス.
2 …を困難にする.
— 自 **1** 堅く[強く]なる (*up*). **2** 困難になる.
tough·ness [tʌ́fnəs] 名 U 丈夫さ, 堅さ; 粘り強さ; 厳しさ.

tou·pee [tuːpéi / túːpei] 名C 男性用かつら.

tour 名動【原義は「回る」】
— 名（複 tours [~z]）C **1** （観光・商用などの）**旅行**, 周遊旅行（→ TRIP 類義語）: a *tour* around the world 世界一周旅行 / a *tour* of inspection 視察旅行 / a package *tour* パックツアー / go on a *tour* 旅行に出かける / Meg made a *tour* of Japan. メグは日本を旅行して回った.
2 見学, 見物: We took a guided *tour* of the museum. 私たちは博物館をガイド付きで回った.
3 （劇団）巡業; スポーツチームなどの遠征旅行; [the 〜]（プロ選手の）年間ツアー（トーナメント）.
4 （軍人・外交官の）海外在任期間.
■ **on tóur** （劇団などが）巡業中で;（人が）旅行中で.
— 動他 …を旅行する, 周遊する, 見学する;〈地方など〉を巡業する: *tour* the provinces 地方を巡業する / We *toured* the steel works. 私たちは製鋼所を見学した.
— 自 […を] 旅行する, 周遊する, 見学する [*in, around, through*]; 巡業する: *tour in* [*around*] Canada カナダを旅行する.

tour de force [túər də fɔ́ːrs]《フランス》名（複 **tours de force** [〜]）C（通例, 単数形で）力作; 離れ技.

tour·ism [túərizəm] 名U 観光事業; 観光旅行.

tour·ist [túərist]
— 名（複 **tour·ists** [-rists]）C **1 観光客**, 旅行者: Oxford is full of *tourists* in summer. オックスフォードは夏の間観光客でいっぱいです.
2 [形容詞的に] 観光用の: the *tourist* industry 観光産業 / the *tourist* season 観光シーズン.
◆ **tóurist attráction** C 観光名所.
tóurist cláss U（旅客機・船の最も安い）ツーリストクラス, 普通席.
tour·ist·y [túəristi] 形《口語・軽蔑》観光客であふれている; 観光客目あての.
tour·ma·line [túərmələn, -lìːn] 名 C U《鉱》トルマリン, 電気石（10月の誕生石; → BIRTHSTONE 表）.

tour·na·ment [túərnəmənt, tɔ́ːr- / túə-, tɔ́ː-] 名 C トーナメント, 勝ち抜き戦: a tennis [golf] *tournament* テニス[ゴルフ]トーナメント.

tour·ni·quet [túərnəkət, tɔ́ːr- / túːnikèi, tɔ́ː-]《フランス》名 C《医》止血帯.

tou·sle [táuzl] 動他〈髪など〉を乱す.

tou·sled [táuzld] 形〈髪などが〉乱れた.

tout [táut] 動自 **1**《主に英》[…を] しつこく勧誘する [*for*]: *tout for* business 客引きする.
2《米》競馬の予想屋をする.
— 他 **1**《主に英》…をしつこく勧誘する. **2**《米》〈競馬〉の予想屋をする. **3**《英》〈チケット〉を高く売りつける（《米》scalp）.
— 名 C **1**《英》ダフ屋（《米》scalper） **2**《米》（競馬の）予想屋.

tow [tóu] 動他〈船・車など〉をロープ[鎖]で引く, 牽引(けんいん)[曳航(えいこう)]する.
— 名 C ロープ[鎖]で引くこと, 牽引, 曳航.
■ **in tów 1** ロープ[鎖]で引かれて: take a car *in tow* 車を牽引する. **2**《口語》従えて, 引き連れて.
◆ **tów trùck** C《米》レッカー車（wrecker,《英》breakdown truck）.

to·ward [tɔ́ːrd, təwɔ́ːrd]【to（…の）+ ward（方へ）から】
— 前 **1** [方向]（動作が）**…の方へ**, …に向かって;（位置が）…の方を向いて, …に面して: The train was running *toward* Boston. 列車はボストンに向かって走っていた / His villa faces *toward* the sea. 彼の別荘は海に面している.
語法 *to* が到着点を表すのに対し, *toward* は単に方向を表す: They walked *toward* the station. 彼らは駅の方に向かって歩いた（◇実際に「駅へ到着したかどうか」は問わない）/ They walked *to* the station. 彼らは駅まで歩いた（◇実際に「駅に到着した」ことを表す）.
2 [目的・寄与など] …に向けて, …のために: We must do something *toward* world peace. 私たちは世界平和のために何かをしなければならない / Let's make an effort *toward* better understanding of other countries. 他の国をよりよく理解するために努力しよう.
3 [対象・関連] …に対して, …に関して: The people were friendly *toward* the traveler. 人々は旅人に好意的だった / Their attitude *toward* air pollution is quite clear. 大気汚染に対する彼らの態度は実にはっきりしている.
4 [時間・数量の接近] …近くの[に], …頃（near）: The typhoon hit our town *toward* midnight. 台風は真夜中頃私たちの町を襲った.

to·wards [tɔ́ːrdz, təwɔ́ːrdz] 前《主に英》= TOWARD（↑）.

tów·a·way zòne [tóuəwèi-] C《米》駐車違反車撤去区域.

tow·el [táuəl] 名動
— 名（複 **tow·els** [~z]）C **タオル**, 手ぬぐい, ふきん: a dish [《英》tea] *towel*（食器用）ふきん / a paper *towel* ペーパータオル / dry oneself with [on] a bath *towel* バスタオルで体をふく.
■ **thrów** [**tóss**] **ín the tówel**《口語》降参する, 負けを認める.
— 動（過去・過分《英》**tow·elled**; 現分《英》**tow·el·ling**）他 …をタオルでふく[ぬぐう]（*down, off*）.
◆ **tówel ràck** [ràil] C タオル掛け.

tow·el·ing,《英》**tow·el·ling** [táuəliŋ] 名 U タオル地.

tow·er [táuər] 名動
— 名（複 **tow·ers** [~z]）C **1 塔**, やぐら; タワー: a bell *tower* 鐘楼 / a church *tower* 教会の塔 / a clock *tower* 時計台 / a control *tower*《航空》管制塔. **2**（塔になっている）要塞(ようさい).
3 [the T-] = **Tówer of Lóndon** ロンドン塔《London on Thames 川北岸にある博物館. 古くは王宮や牢獄(ろうごく)として使われていた》.
■ **a tówer of stréngth**（困った時に）頼りになる人.

towering

— 動 圓 1 [...の上に] そびえる [above, over]: The tall building *towers over* the central part of the town. 高層ビルが町の中心部にそびえ建っている. 2 [...より] 抜きんでている [above, over]: The giant company *towers over* its rivals. その会社はライバル会社を圧倒している.

◆ tówer blòck C 《英》高層ビル, 高層住宅.

Tówer Brídge 固 [the 〜] タワーブリッジ《London の Thames 川にかかる開閉橋》.

tow·er·ing [táuəriŋ] 形 [限定用法] 1 高くそびえる, 非常に高い. 2 (人・業績などが) 傑出した, 偉大な: *towering* abilities 非凡な才能. 3 (怒りなどが) 激しい: a *towering* rage 激怒.

***town** [táun]
【原義は「囲まれた場所」】

— 名 (複 towns [〜z]) 1 C 町 (◇ village (村) より大きく city (市) よりも小さい行政区分): I am from a small *town* in the western part of Japan. 私は西日本の小さな町の出身です.

2 U [通例, 無冠詞で] (自分が住んでいる) 町: Bill is back in *town*. ビルは街に戻って来た / She left *town*. 彼女は故郷を出た.

3 U [通例, 無冠詞で] 都心部, 商業地区 (town center); 中心都市, 首都 (◇《英》では London をさすことが多い): He commutes to his office in *town*. 彼は都心の会社に通勤している.

4 [通例 the 〜] (田舎に対する) 都会, 町 (↔ country): live in (the) *town* 都会に住む.

5 [the 〜; 集合的に] 町民, 市民.

6 [形容詞的に] 都会の, 町の: *town* life 都会生活.

■ gò óut on the tówn 《口語》(夜, 繁華街へ行って) 遊び回る; 大いに羽を伸ばす.

gò to tówn 1 繁華街へ行く; 町へ行く. 2 《口語》浮かれ騒ぐ; [...を] 徹底的にやる [on].

◆ tówn cóuncil C 《英》町議会.

tówn háll C 町役場, 市役所; 町公会堂.

tówn hòuse C 1 《米》テラスハウス《長屋式に連続した住宅の1軒》. 2 (田舎の本邸に対し) 都会にある別邸.

tówn plánning U 《英》都市計画 (《米》city planning).

town·ie [táuni] 名 C 《口語・軽蔑》(田舎に無知な) 都会の人間.

towns·folk [táunzfòuk] 名 = TOWNSPEOPLE.

town·ship [táunʃip] 名 C 1 《米・カナダ》郡区 《郡 (county) の下の行政区分》. 2 (南アフリカのかつての) 非白人居住地域.

towns·peo·ple [táunzpìːpl] 名 [集合的に; 複数扱い] 1 市民, 町民. 2 都会人.

tow·path [tóupæθ / -pɑːθ] 名 (複 tow·paths [-pæðz / -pɑːðz]) C (運河・川沿いの) 引き船道.

tow·rope [tóuròup] 名 C (船・自動車などを引くための) 引き綱.

***tox·ic** [táksik / tɔ́k-] 形 1 有毒な (poisonous). 2 毒 (性) の; 毒 (素) による, 中毒の.

◆ tóxic wáste C U 有毒 (産業) 廃棄物.

tox·ic·i·ty [taksísəti / tɔk-] 名 U 毒性 (度).

tox·i·col·o·gist [tàksikálədʒist / tɔ̀ksikɔ́l-] 名 C 毒物学者.

tox·i·col·o·gy [tàksikálədʒi / tɔ̀ksikɔ́l-] 名 U 毒物学.

tox·in [táksin / tɔ́k-] 名 C 毒素.

***toy** [tɔ́i] 名 動

— 名 (複 toys [〜z]) 1 C おもちゃ, 玩具 (がん): play with *toys* おもちゃで遊ぶ. 2 [形容詞的に] おもちゃの; 愛玩用の: a *toy* telephone おもちゃの電話 / a *toy* poodle 愛玩用の小型のプードル.

■ máke a tóy of ... ...をもてあそぶ.

— 動 圓 1 [...を] しようかと思う, [考えなどを] ぼんやりと抱く [with]: He *toyed* with the idea of studying abroad. 彼は留学しようかと思った. 2 [...を] もてあそぶ, いじくる [with]: She *toyed* with a pencil. 彼女は鉛筆をいじくっていた.

toy·shop [tɔ́iʃɑ̀p / -ʃɔ̀p] 名 C おもちゃ屋.

tr. 《略記》= *transitive* 【文法】他動詞 (の).

***trace¹** [tréis]
動 名 【原義は「線を引く」】

— 動 (三単現 trac·es [〜iz]; 過去・過分 traced [〜t]; 現分 trac·ing [〜iŋ])

— 動 他 1 〈犯人などを〉追跡する, ...の跡をつける, ...を捜す; 〈電話を〉逆探知する: *trace* the footprints of the thief どろぼうの足跡をたどる / *trace* a missing person 行方不明の人を捜す / The police tried to *trace* the telephone call. 警察は電話を逆探知しようとした.

2 ...の起源を [...まで] 調べる; ...を [...まで] 明らかにする (back) [to]: My descent can be *traced back* to the 10th century. 私の家系は10世紀までさかのぼることができる / The police *traced* the gun *to* a weapons shop in town. 警察はその銃の町の銃砲店から出たことを突き止めた.

3 ...を敷き写す, トレースする (over).

4 ...の輪郭 [線, 図] をかく, ...を計画する (out).

— 名 1 U C (動物・人・ものなどの通った) 足跡; 痕 (こん) 跡, 形跡: the *traces* of a fox キツネの足跡 / disappear without (a) *trace* 跡形もなく消える / We've lost all *trace* of our daughter. 私たちは娘の行方がまったくわからなくなった.

2 C 少量 [の...], ほんのわずか [の...] [of]: They found *traces of* poison in the body. 彼らは死体から微量の毒物を発見した.

3 C (電話などの) 逆探知; (自動記録装置による) 記録. 4 C 線, 図形.

trace² 名 C 引き綱 [革]《馬が車を引くためのもの》.

■ kíck òver the tráces (人が) 手に負えなくなる, 反抗する.

trace·a·ble [tréisəbl] 形 [...まで] 跡をたどれる, 由来のわかる [to]; [...に] 帰せられる, 起因する [to].

trac·er [tréisər] 名 C 1 追跡者; (紛失物・行方不明者などの) 捜索係. 2 転写 [透写] する用具 [人]. 3 【軍】曳光 (えいこう) 弾. 4 【医】トレーサー《体内での化学物質の動きを追跡するための放射性物質》.

trac·er·y [tréisəri] 名 (複 trac·er·ies [〜z]) U C 1 【建】はざま飾り《ゴシック建築の窓上方の網目装飾》. 2 《文語》(一般に) 網目模様.

tra·che·a [tréikiə / trəkíːə] 名 (複 tra·che·as [〜z], tra·che·ae [tréikiìː / trəkíːiː]) C 【解剖】気管 (windpipe); (昆虫の) 呼吸管; (植物の) 導管.

tra·cho·ma [trəkóumə] 名 U 【医】トラコーマ, ト

ラホーム《伝染性のある慢性結膜炎》.

trac·ing [tréisiŋ] 名 U 1 追跡, 捜索. 2 U (図面・地図などの) 透写, 転写; C 写し, 透写図.
◆ trácing pàper U トレーシングペーパー, 透写紙.

*track [trǽk]
— 名 (複 tracks [~s]) C 1 (踏みならされた) 小道: a narrow mountain *track* 狭い山道.
2 [しばしば~s] (人・動物・車などの) 通った跡, 足跡; [スキーシュプール: tyre *tracks* on the road 道に付いたタイヤの跡 / We followed the fox's *tracks*. 私たちはキツネの足跡を追った.
3 (競技場の) トラック, (自動車レース・競馬などの) 競走路; [the ~; 集合的に] トラック競技; 陸上競技 (track and field): a cinder *track* (細かい石炭殻を敷いた) 競走用トラック.
4 鉄道線路, 軌道; 《米》(鉄道の) プラットホーム, …番線: a single[double] *track* 単[複]線 / leave the *track* 脱線する / The next train leaves on[from] *Track* No. 10. 次の列車は10番線から発車します. 5 (CDなどに録音された) 曲, トラック, (レコード・テープの) 録音帯: a title *track* (アルバムの) タイトル曲. 6 決まったやり方, 常道: go along in the same *track* every year 毎年同じやり方を続ける. 7 《米》能力別学級(《主に英》stream).
8 (トラクターなどの) キャタピラー.
■ cóver [híde] one's trácks 1 行方をくらます. 2 証拠を隠す.
in one's trácks 《口語》その場で, すぐさま.
kèep [lòse] tráck of ... …の跡をたどる [見失う]; …を意識している [忘れる].
màke trácks 《口語》[…に向かって] 急いで立ち去る [*for*].
òff the tráck 本題から離れて; 誤って.
on the right [wróng] tráck (考え方などが) 正しく [間違って], 出世コースに乗って [から外れて].
on the tráck of ... = *on* ...'*s tráck* …を追跡して, …の手がかりをつかんで.
on tráck 順調に進んで, 軌道に乗って.
— 動 他 1 〈人・動物などの〉跡を […まで] 追う [*to*]; 〈レーダーなどで〉 …を追跡する (*out*); …を突きとめる, 探知する. 2 《米》…に足跡をつける.
— 自 (カメラなどが) 移動して撮影する.
■ tráck dówn 他 …を追い詰める; 突き止める.
◆ tráck and fíeld U 《米》陸上競技 (《英》athletics).
tráck evènts C (陸上の) トラック競技.
trácking stàtion C (人工衛星などの) 追跡基地.
tráck mèet C 《米》陸上競技大会.
tráck rècord C (人・会社などの過去の) 実績.
tráck sùit C トラックスーツ《運動選手の保温着》.

track·ball [trǽkbɔ̀ːl] 名 C コンピュータトラックボール《画面上のカーソルを移動させる装置》.

track·er [trǽkər] 名 C 追跡者.
◆ trácker dòg C 警察犬, 捜索犬.

track·less [trǽkləs] 形 1 道[足跡]のない, 人跡未踏の. 2 (電車などが) 無軌道の.

***tract**[1] [trǽkt] 名 C 1 (土地・海などの) 広がり, 広い面積, 地域: a wooded *tract* 森林地帯. 2『解剖』管, 系統: the digestive *tract* 消化管.

tract[2] 名 C 《格式》(特に宗教・政治関係の) 小冊子.

trac·ta·ble [trǽktəbl] 形 《格式》 1 (人・動物が) 扱いやすい, 従順な. 2 (問題などが) 扱いやすい.

trac·tion [trǽkʃən] 名 U 1 引っ張ること, 牽引(以)(力): a *traction* engine 牽引車. 2 (路面に対するタイヤなどの) 摩擦.

#trac·tor [trǽktər] 名 C 1 トラクター, 牽引(以)車: a farm *tractor* 耕作用トラクター. 2 《米》トレーラー牽引トラック (truck tractor).

trad [trǽd] (◇ traditional の略) 形 伝統的な. — 名 U = trád jázz トラッド《1920年代に New Orleans に起こった演奏スタイル》.

*trade [tréid]
名 動【原義は「道, 航路」】
— 名 (複 trades [tréidz]) 1 U C 貿易, 商業; 商売; 小売業: domestic *trade* 国内取引 / foreign [international] *trade* 外国貿易 / free *trade* 自由貿易 / Mike is in the retail *trade* business. マイクは小売業を営んでいる / Japan has expanded *trade* with China these days. 最近日本は中国との貿易を拡大させてきている.
2 U [通例 the ~] 業界, 同業者仲間; 得意先, 顧客: the building *trade* 建築業界[業者] / members of the *trade* 同業者.
3 C 職業, 職, 仕事 (◇主に手を使う技術的なものをさす): What is your *trade*? お仕事は何ですか / He is a plumber by *trade*. 彼の職業は配管工です / Jack of all *trades*, (and) master of none. (ことわざ) いろいろなことに手を出す人は何もものにできない ⇒ 器用貧乏.
4 C 交換, (プロ野球の) トレード: make a *trade* 交換する. 5 C [the ~s] = tráde wìnd 《熱帯地方に特有の赤道寄りに吹く東風. 昔, 貿易船がこの風を利用して航海した》.
— 動 他 1 〈商品を〉売買する, 商う [*in, for*]; と〉貿易する [*with*]: Jessie *trades* in pottery. ジェシーは陶器類を商っている / We *trade* with the US. わが国はアメリカと貿易をしている.
2 […と] 〈ものを〉交換する [*with*].
3 《米口語》[行きつけの店で] 買い物をする [*at*].
— 他 1 〈人と〉〈ものと〉〈ものを〉取り換える, 交換する [*with / for*]: They *traded* their seats. 彼らは席を取り換えた / I *traded* my watch *with* them *for* food. 私は彼らと腕時計と食料を交換した. 2 〈選手を〉トレードする.
■ tráde ín 他 〈車・電気製品など〉を下取りに出す.
tráde óff 1 (妥協して) …を […と] 交換する [*for*]. 2 …を […と] うまく調整する [*against*].
tráde on [*upòn*] ... …につけ込む.
◆ tráde dèficit [gàp] C 貿易赤字, 輸入超過.
tráde fàir C 見本市.
tráde fríction U 貿易摩擦.
tráde nàme C 商品名, 商標名.
tráde prìce C 卸値.
tráde schóol C 《米》実業学校.
tráde sécret C 企業秘密.
tráde shòw C = trade fair (↑).
tráde sùrplus C 貿易黒字.
tráde únion [《英》trádes] C 労働組合 (《米》labor union).

tráde [《英》tródes] únionist C 労働組合員.
tráde-in 名 C《米》下取り(品).
trade·mark [tréɪdmɑːrk] 名 C 1 商標, トレードマーク(《略語》TM). 2 (人・言動などの)特徴.
tráde-òff 名 (複 trade-offs [~s]) C (妥協するための)交換; (2つのものの)兼ね合い; 二律背反, 矛盾.
****trad·er** [tréɪdər] 名 C 1 貿易業者, 商人. 2 貿易船, 商船. 3 トレーダー, 証券業者.
****trades·man** [tréɪdzmən] 名 (複 **trades·men** [-mən]) C 1 《主に英》小売商人; (商店の)御用聞き, 配達人. 2 《主に米》職人.
trad·ing [tréɪdɪŋ] 名 U 売買; 貿易.
◆ tráding estàte C《英》工業団地.
tráding pòst C 交易所, (証券の)取引ポスト.
tráding stàmp C 景品引換券.

tra·di·tion [trədíʃən]
【原義は「引き渡すこと」】
— 名 (複 tra·di·tions [~z]) U C 1 伝統, 慣習, しきたり: keep up the family *traditions* 家のしきたりを守る / follow [break with] *tradition* 伝統に従う[を捨てる] / That university has a long *tradition*. その大学は長い伝統がある.
2 […という]伝説, 言い伝え; 伝承《*that* 節》: be handed down by *tradition* 言い伝えられている / *Tradition* says that ... 伝説では….
■ be in the tradítion of ... (絵画などが) …の伝統を受け継いでいる. (▷ 形 traditional)
tra·di·tion·al [trədíʃənəl] 形 1 伝統的な, 慣例の; 従来の; 因襲的な: *traditional* festivities 伝統的な祝祭 / It's *traditional* to eat turkey on Thanksgiving Day. 感謝祭の日には七面鳥を食べるしきたりがある. 2 伝説の, 伝承に基づく: *traditional* folk tales 伝承民話.
(▷ 名 tradition)
tra·di·tion·al·ism [trədíʃənəlɪzm] 名 U 伝統(尊重)主義.
tra·di·tion·al·ist [trədíʃənəlɪst] 名 C 伝統主義者. — 形 伝統主義(者)の.
tra·di·tion·al·ly [trədíʃənəli] 副 1 伝統的に, 慣例では. 2 伝承によって.
tra·duce [trədjúːs / -djúːs] 動 他 《格式》…を中傷する.
Tra·fal·gar [trəfǽlɡər] 名 固 トラファルガー《スペイン南西岸の岬. 1805年にその沖合で英国のネルソン提督がスペイン・フランス連合艦隊を撃破した》.
◆ Trafálgar Squáre 固 トラファルガー広場《London 中心部の広場》.

traf·fic [trǽfɪk]
【原義は「向こう側へ押す」】
名 動【原義は「向こう側へ押す」】
— 名 U 1 (人・車などの)交通, 往来, 通行; 交通量; [形容詞的に]交通の: control *traffic* 交通整理をする / a *traffic* policeman [accident] 交通巡査[事故] / *traffic* regulations 交通規則 / *Traffic* is usually heavy [light] on this street. この通りはたいてい交通量が多い[少ない] / There's a lot of [little] *traffic* on this street. この通りは人や車の往来が多い[あまりない].
2 〈客・貨物の〉輸送; 輸送量; 運輸業: air *traffic* 空輸(量) / long-distance passenger *traffic* 長距離旅客輸送. 3 […の](不正な)取引, やみ取引, 密売(取引)[*in*]: *traffic in* guns 銃の売買.
— 動 (三単現 **traf·fics** [~s]; 過去・過分 **traf·ficked** [~t]; 現分 **traf·fick·ing** [~ɪŋ]) 自 [不正な品を]取引する, 不正売買する[*in*]: *traffic in* arms 武器を取引する.
◆ tráffic cìrcle C《米》ロータリー, 円形交差点(《英》roundabout).
tráffic còne C (道路工事の現場などに置かれる)コーン, 円すい形標識.
tráffic còurt C 交通裁判所.
tráffic ìsland C《英》(道路中央の) 安全地帯(《米》safety island).
tráffic jàm C 交通渋滞, 交通マヒ.
tráffic lìght [sìgnal] C [しばしば ~s] 交通信号灯(light, signal).
tráffic sìgn C 交通標識.
tráffic wàrden C《英》(違法駐車を取り締まる)交通監視員.
traf·fick·er [trǽfɪkər] 名 C […の](不正な取引を行う)商人, 密売人[*in*].
traf·fick·ing [trǽfɪkɪŋ] 名 U (麻薬などの)密売.
****trag·e·dy** [trǽdʒədi] 名 (複 **trag·e·dies** [~z])
1 C (1編の)悲劇(作品); U (演劇の1部門としての)悲劇(↔ comedy): classical Greek *tragedy* ギリシャ古典悲劇 / "King Lear" is one of Shakespeare's famous *tragedies*. 『リア王』はシェイクスピアの有名な悲劇の1つです.
2 C U 悲劇的な事件, 惨事: *Tragedy* struck the family. 悲劇がその家族を襲った.
(▷ 形 trágic)
****trag·ic** [trǽdʒɪk] 形 1 悲惨な, 痛ましい: a *tragic* accident 悲惨な事故. 2 [限定用法]悲劇の(↔ comic): a *tragic* actor 悲劇俳優.
(▷ 名 trágedy)
trag·i·cal·ly [trǽdʒɪkəli] 副 1 悲惨に, 悲劇的に. 2 [文修飾]悲惨なことに, 悲劇的にも.
trag·i·com·e·dy [trædʒɪkɑ́mədi / -kɔ́m-] 名 (複 **trag·i·com·e·dies** [~z]) U C 悲喜劇.
trag·i·com·ic [trædʒɪkɑ́mɪk / -kɔ́m-] 形 悲喜劇的な.

trail [treɪl]
名 動【原義は「うしろに引く」】
— 名 (複 trails [~z]) C 1 (人・動物が通ってできた)道: The *trail* led us to a small pond. その小道をたどると私たちは小さな池に出た.
2 (人・動物の通った)跡, 形跡; (獲物・犯人を捕まえる)手がかり: The hunter followed the bear's *trail* [the *trail* of the bear]. ハンターはクマの通った跡をたどって行った.
3 (ほこり・煙などの)たなびき; (人・車などの)列, 行列: The steam locomotive left a *trail* of smoke. 蒸気機関車は一筋の煙を残した.
■ on ...'s tráil = on the tráil of ... …を追跡して, 追って.
— 動 他 1 […まで]〈人・動物〉の跡を追う, …のあとについて行く(follow)[*to*]: The hunter *trailed* the deer. ハンターはシカの跡を追った / The police *trailed* the murderer *to* his house. 警察は殺人犯の行方を追って家を突き止めた.
2 〈軽いもの〉を引きずる: An oil truck *trails* a

chain to reduce static electricity. 石油のタンクローリーは静電気を逃がすためにチェーンを垂らしている. **3** (通例, 進行形で)(ゲーム・競争・選挙などで)〈人・チーム〉にリードされる, 遅れをとる.
— ⓐ **1** (衣服のすそなどが)**引きずられる**, (髪などが)垂れ下がる (*along*, *behind*, *down*): Her coat was *trailing along* on the ground. 彼女のコートは地面を引きずっていた.
2 足を引きずって歩く; […のあとを]のろのろ歩く [*behind*]: Ben *trailed behind* his mother. ベンは母親のあとをのろのろとついて行った.
3 (通例, 進行形で)(ゲーム・競争・選挙などで)[…の差で]リードされる [*by*]: The Giants *are trailing by* 3 points. ジャイアンツは3点リードされている.
■ *tráil óff* [*awáy*] ⓐ (声が)次第に小さくなる.

trail·blaz·er [tréilblèizər] 图 **1** 先駆者, 草分け. **2** (木などに目印を付けて)道順を示す人.

*__trail·er__ [tréilər] 图 C **1** (牽引(%%)車に引かれる)トレーラー, 付随車. **2** = tráiler hòuse《米》(自動車で引く)トレーラーハウス《英》 caravan).
3 《主に英》(映画・テレビ番組などの)予告編 (preview).
◆ tráiler pàrk [cóurt] C 《米》(森林・公園などに設けた)トレーラーハウス用の駐車場.
tráiler trúck C《米》トレーラートラック(《英》 articulated lorry).

trail·ing [tréilinɡ] 形 (植物が)地をはう, つる性の.

*****train** [tréin] 图 動 【原義は「引っ張られるもの」】
— 图 (複 **trains** [~z]) C **1** **列車**, 電車, 汽車 (◇個々の車両は(英) car, (英) carriage): travel by [on a] *train* 列車で旅をする / I go to work by *train*. 私は電車で通勤している / We took a *train* to the airport. 私たちは空港まで列車に乗って行った.
[関連語] local train 普通列車 / rapid train 快速列車 / express train 急行列車 / limited express train 特急列車 / through train 直通列車 / the first [last] train 始発[最終]列車 / commuter train 通勤列車 / passenger train 旅客列車 / freight [《英》 goods] train 貨物列車

コロケーション	列車から [を, に] …
列車から降りる:	*get off a train*
列車を乗り換える:	*change trains*
列車に乗り遅れる:	*miss a train*
列車に乗る:	*get on a train*

2 (人・車・動物などの)(長い)列, 行列: There was a *train* of cars at the gate of the parking lot. 駐車場の入り口に車の列ができていた.
3 (出来事・思考などの)連続; (出来事の)結果: a *train* of unlucky events 一連の不運な出来事 / His telephone call interrupted my *train* of thought. 彼からの電話のせいで考えがまとまらなくなってしまった.
4 近(一団の)従者. **5** (衣服の)すそ.
■ *in tráin* (計画などが)準備ができて: Everything is *in train* now. 今や準備万端整っている.
— 動 他 **1** (a) [train + O] …を […のために/…として/…について]**訓練する**, 養成する, 仕込む; 教育する, しつける [*for* / *as* / *in*] (→ TEACH 類義語): *train* a horse *for* a race レースに備えて馬を調教する / I was *trained as* a fire fighter [*in* first aid]. 私は消防士として[応急手当について]訓練を受けた. (b) [train + O + to do] …を～するように訓練する: She *trained* her puppy *to* sit. 彼女は子犬にお座りをするように訓練した.
2 [... に][銃・カメラなど]を向ける [*on*, *upon*]: He *trained* his camera on the building. 彼はその建物にカメラを向けた. **3** 〈枝ぶりなど〉を好みの形に整える.
— ⓐ 訓練を受ける; [… に備えて] 訓練する [*for*]: *train for* a race レースに備えて練習する.
■ *tráin dòwn* ⓐ 体を鍛えながらダイエットして減量する.

train·a·ble [tréinəbl] 形 訓練 [教育] できる.
train·bear·er [tréinbɛ̀ərər] 图 C (結婚式などの)ドレスのすそ持ち.
trained [tréind] 形 訓練された; 熟練した.
train·ee [treiníː] 图 C 訓練を受けている人 [動物]; 職業 [軍事] 訓練の見習い, 実習 [研修] 生.
train·er [tréinər] 图 C **1** 訓練する人; (馬などの)調教師, (スポーツチームなどの)トレーナー. (比較) 日本語の衣類の「トレーナー」は sweat shirt と言う).
2 (通例 ~s)《英》運動靴 (training shoe, 《米》 sneaker).

*****train·ing** [tréiniŋ]
— 图 U **1** (時にa ~)**訓練**, 養成; 練習 (→ PRACTICE 類義語): a *training* camp (軍隊などの)訓練キャンプ / The challenger is in *training* for the match. 挑戦者は試合に向けてトレーニングしている / I had a *training* as a referee. 私はレフェリーとしての訓練を受けた.
2 (競技者の)体調, コンディション: be in [out of] *training* 体調がよい[悪い].
◆ tráining còllege C《英》専門職養成所.
tráining pànts [複数扱い] トレーニングパンツ(幼児に用便のしつけをするためのパンツ).
tráining shòe C (通例 ~s)運動靴.

traipse [tréips] 動 ⓐ 《口語》だらだら歩く.
***trait** [tréit, tréi] 图 【フランス】 C《格式》(性格・習慣などの)**特色**, 特徴, 特性
***trai·tor** [tréitər] 图 C […に対する]**反逆者**, 裏切り者 [*to*]: turn *traitor to* … …を裏切る (◇無冠詞).
trai·tor·ous [tréitərəs] 形 《主に文語》裏切りの.
trai·tor·ous·ly [~li] 副 裏切って.

tra·jec·to·ry [trədʒéktəri] 图 (複 **tra·jec·to·ries** [~z]) C (弾丸・ロケットなどの)弾道(惑星などの)軌道; (一般に)通った道筋.

***tram** [trǽm] 图 C《英》**路面電車**, 市街電車(《米》 streetcar): by *tram* 市電で.
tram·car [trǽmkɑːr] 图 = TRAM (↑).
tram·lines [trǽmlàinz] 图 [複数扱い] **1** 《英》路面 [市街] 電車の線路 [軌道]. **2** 《口語》(テニスコートの)2本の側線, サイドライン.
tram·mel [trǽməl] 图 C (通例 ~s)《文語》拘束物, 束縛, 障害.
***tramp** [trǽmp] 動 ⓐ **1** [副詞(句)を伴って]**どしんどしん歩く**, 重い足取りで歩く: *tramp* over the

floor 床の上をどしんどしんと歩く. **2** てくてく[とぼとぼ]歩く; 徒歩で旅する.
── 他 …をてくてく歩く; …を踏みつける.
── 名 **1** C 浮浪者, 放浪者. **2** U (通例 the ~) 重い足音. **3** C 長距離の歩行, 徒歩旅行.
4 C (主に米・軽蔑) ふしだらな女; 売春婦.

*tram・ple [trǽmpl] 動 **1** …を踏みつける[つぶす] (*down*): The flowers were *trampled*. 花は踏みつぶされていた. **2** (権利・感情などを)踏みにじる, 無視する (*down*).
── 自 […を]踏みつける; [権利・感情などを]踏みにじる [*on, upon, over*]: *trample on* human rights = *trample* human rights underfoot 人権を蹂躙(じゅうりん)する.

tram・po・line [trǽmpəlìːn, træmpəlìːn] 名 C トランポリン 《跳躍用の運動具》.

tram・way [trǽmwèi] 名 C 《英》= TRAMLINES **1** (↑).

trance [træns / trɑːns] 名 C **1** 夢うつつ, 恍惚(こうこつ): in a *trance* われを忘れて. **2** 失神, 昏睡(こんすい)状態: fall into a *trance* 失神する.

*tran・quil [trǽŋkwəl] 形 **1** (場所・環境などが)静かな, 穏やかな (quiet): a *tranquil* lake 静かな湖. **2** (心などが)平静な, 落ち着いた, 安らかな (peaceful).

tran・quil・i・ty, 《英》**tran・quil・li・ty** [træŋkwíləti] 名 U 静けさ, 平穏; 平静, 落ち着き.

tran・quil・ize, 《主に英》**tran・quil・lize** [trǽŋkwəlàiz] 動 他 …を(薬などで)静める, 落ち着かせる.

tran・quil・iz・er, 《主に英》**tran・quil・liz・er** [trǽŋkwəlàizər] 名 C (薬) 精神安定剤, トランキライザー.

tran・quil・ly [trǽŋkwəli] 副 静かに; 落ち着いて.

trans- [trænz, trænz] 接頭「越えて」「貫いて」「完全に」「別の場所[状態]へ」などの意を表す: *trans*continental 大陸横断の / *trans*late 翻訳する.

trans. 《略語》= *trans*itive 『文法』他動詞 (の); *trans*lated …訳.

trans・act [trænsǽkt, trænz-] 動 他 《格式》(業務・取引などを)処理する, 行う.

*trans・ac・tion [trænsǽkʃən, trænz-] 名 《格式》**1** U (業務の)処理, 処置. **2** C 取引, 売買: financial *transactions* 金銭上の取引.
3 [~s] (学会・会議などの)紀要, 会報, 議事録.

trans・at・lan・tic [trænsətlǽntik, trænz-] 形 [限定用法] **1** 大西洋横断の: a *transatlantic* liner 大西洋航路定期船. **2** 大西洋の向こうの; 《米》ヨーロッパの; 《英》アメリカの. **3** 大西洋沿岸諸国の.

trans・ceiv・er [trænsíːvər] 名 C トランシーバー.

tran・scend [trænsénd] 動 他 《格式》**1** (経験・理解力などの限界)を超える, 超越する.
2 […の点で] …をしのぐ, …にまさる (*in*).

tran・scend・ence [trænséndəns] 名 U 《格式》超越; 卓越.

tran・scend・ent [trænséndənt] 形 《格式》(才能・知識などが)卓越した, 抜群の, すぐれた.

tran・scen・den・tal [trænséndéntəl] 形 [通例, 限定用法] 超越的な, 先験的な.

◆ **transcendéntal meditátion** U 超越瞑想(めいそう)(法)《ヒンドゥー教の教えに基づく瞑想法;《略語》TM》.

trans・con・ti・nen・tal [trænskɑntənéntəl, trænz-/-kɔn-] 形 大陸横断の: a *transcontinental* railroad 大陸横断鉄道.

tran・scribe [trænskráib] 動 他 《格式》**1** …を書き写す, 筆写する. **2** 〈速記・外国文字などを〉普通の文字に書き換える; 〈テープを〉文字に起こす.
3 『放送』 …を録音[録画]する. **4** 『音楽』 …を[他の楽器用などに]編曲する [*for*]. **5** 『音声』 …を発音記号に書き換える; …を[他言語文字に]書き換える [*into*].

tran・script [trǽnskript] 名 C **1** 写し, 複写, コピー. **2** 《米》学業成績証明書.

tran・scrip・tion [trænskrípʃən] 名 **1** U 書き写すこと, 転写; C 写し, コピー. **2** U 発音記号への書き換え; C 発音記号表記したもの. **3** U 『放送』 録音, 録画; C 録音[録画]したもの. **4** U C 『音楽』編曲.

tran・sept [trǽnsept] 名 C 『建』 (十字形教会堂の左右の)翼廊.

****trans・fer** 動 名 「trans (向こう側へ) + fer (運ぶ)」から

── 動 [trænsfə́ːr] (☆ 名 とのアクセントの違いに注意) (三単現 **trans・fers** [~z]; 過去・過分 **trans・ferred** [~d]; 現分 **trans・fer・ring** [-fə́ːrɪŋ])
── 他 **1** […から / …へ] …を移動させる, 移す; 〈人を〉転任[転校]させる, 移籍させる [*from / to*]: The company *transferred* its head office *from* Tokyo *to* Osaka. その会社は本社を東京から大阪へ移転した / He has been *transferred to* the Rome branch. 彼はローマ支店に転勤になった.
2 〈財産・権利など〉を[…から / …に]譲渡する, 移す [*from / to*]; […へ]〈愛情など〉を移す; 〈責任など〉を転嫁する [*to*]: The man *transferred* his property *to* his son [his son's name]. その人は自分の財産を息子に譲渡した[息子名義にした] / I think she has *transferred* her love *to* another man. 彼女はだれか他の人が好きになったのだと思う.
3 […に] 〈絵・図案などを〉転写する, かき写す [*to*].
4 〈金を〉[銀行口座などに] 振り込む [*into*].
5 〈電話〉を転送する.
── 自 **1** […へ] 転任[転校]する, 移籍する [*to*]: I am hoping to *transfer to* another department. 私は別の部署に移動したいのです.
2 [別のバス・電車などに] 乗り換える [*to*]: We have to *transfer to* another bus here. 私たちはここで別のバスに乗り換えなければならない.
── 名 [trǽnsfəːr] **1** U C […から / …への] 移動, 転居; 転任, 転校; 移籍 (《米》trade) [*from / to*]: ask for a *transfer to* another job 配置換えを願い出る. **2** C 転任者, 転校生. **3** U C 乗り換え; C (主に米)乗り継ぎ切符: a bus *transfer* バスの乗り継ぎ切符. **4** U C (財産・権利などの)譲渡; C 譲渡証明. **5** U C (金の)振込. **6** C 《英》 (Tシャツなどにプリントする)写し絵 (《米》decal).
(▷ 名 transférence)

trans・fer・a・ble [trænsfə́ːrəbl] 形 移動[移転]

のできる; 譲渡できる; 転写できる.
trans・fer・ence [trǽnsfə(ː)rəns / trænsfə́r-] 图 U《格式》 **1** 移動, 移転; 転任; 譲渡. **2**《心理》(感情)転移. (▷ 動 transfér)

trans・fig・u・ra・tion [trænsfìgjəréiʃən, -gər-] 图 **1** UC《文語》変形; 変容. **2** [the T-]型キリストの変容《キリストが光り輝く姿に変貌(ᵉⁿ)したこと》; 変容の祝日《8月6日》.

trans・fig・ure [trænsfígjər / -gə] 動 他《文語》…を(より美しく)変貌(ᵉⁿ)させる.

trans・fix [trænsfíks] 動 他《文語》 **1** …を[…で]突き刺す, 突き通す[*with*]. **2**〈人〉を《恐怖などで》くぎづけにする, すくませる[*with*].

‡**trans・form** [trænsfɔ́ːrm] 動 他 **1**〈外見・性質など〉を[…に]**変える, 変形[変質, 変換]させる**[*into*] (→ CHANGE 類義語): Wealth has *transformed* his character. 富は彼の性格を一変させた / The snow *transformed* the town *into* a white plain. 雪で町は銀世界に一変した.
2《物理》〈エネルギー〉を変換する; 〈電気〉〈電流〉を変圧する. (▷ 图 tràsnformátion)

*__trans・for・ma・tion__ [trænsfərméiʃən] 图 UC […への]**変化, 変形, 変質, 変換**[*into*]: Her attitude underwent a complete [total] *transformation*. 彼女の態度は一変した.
2《物理》変換; 《電気》変圧. (▷ 動 transfórm)

trans・for・ma・tion・al grámmar [trænsfərméiʃənəl-] 图 U《言》変形文法.

trans・form・er [trænsfɔ́ːrmər] 图 C《電気》変圧器, トランス.

trans・fuse [trænsfjúːz] 動 他《格式》…に輸血[輸液]する.

*__trans・fu・sion__ [trænsfjúːʒən] 图 C U 輸血 (blood transfusion), 輸液.

trans・gress [trænsgrés, trænz-] 動 他 **1**〈限界など〉を超える, 逸脱する. **2**〈法律など〉を犯す, 〈規則など〉に違反する. ─ 自〈法律・規則〉に違反する [*against*]; 《宗教・道徳上の》罪を犯す.

trans・gres・sion [trænsgréʃən, trænz-] 图 U C《格式》違反, 犯罪; 《宗教・道徳上の》罪.

trans・gres・sor [trænsgrésər, trænz-] 图 C《格式》違反者; 《宗教・道徳上の》罪人.

tran・sience [trǽnʃəns/-ziəns], **tran・sien・cy** [-ʃənsi/-ziən-] 图 U《格式》つかの間のこと, はかなさ.

tran・sient [trǽnʃənt/-ziənt] 形《格式》 **1** 一時的な, つかの間の, はかない: *transient* fashions 一時的な流行. **2**〈客など〉短期滞在の. ─ 图 **1** C《米》(ホテルなどの)短期滞在者[客]. **2**《米》渡り労働者; 放浪者.

tran・sis・tor [trænzístər, -sís-] 图 C **1**《電子》トランジスター. **2** =transístor rádio トランジスタラジオ.

*__trans・it__ [trǽnzit, -sit] 图 **1** U 通過, 通行; 《空港での》乗り継ぎ; 推移, 変化; [形容詞的に] 通過の. **2** U 輸送, 運送: mass [rapid] *transit* 大量 [高速] 輸送 / in *transit* 輸送中に. **3** CU《天文》《天体の》子午線通過, 《小天体の》他の天体面通過.
◆ tránsit càmp C《難民・兵士などの》一時滞在用キャンプ.

tránsit lòunge C《空港の》乗り継ぎ客用待合室.
tránsit pàssenger C《旅客機の》乗り継ぎ客.
tránsit vìsa C トランジットビザ, 通過査証.

*__tran・si・tion__ [trænzíʃən, -síʃən] 图 CU《格式》移り変わり, 変遷; 過渡期, 移行期, 変わり目: make a *transition* (from …) to … 《…から》…へ移行する / a period of *transition* 過渡期.

tran・si・tion・al [trænzíʃənəl, -síʃ-] 形《通例, 限定用法》移り変わる; 過渡期の, 過渡的な.

tran・si・tive [trǽnsətiv, -zə-] 形《文法》他動詞の 《略記》t., tr.》(↔ intransitive).
─ 图 C =tránsitive vérb《文法》他動詞(→巻末「文型について」).

tran・si・to・ry [trǽnsətɔ̀ːri / -təri] 形 一時的な, つかの間の, はかない (transient).

‡**trans・late** [trænsléit, trænz-]
─ 動《三単現 **trans・lates** [-léits]; 過去・過分 **trans・lat・ed** [~id]; 現分 **trans・lat・ing** [~iŋ]》
─ 他 **1**〈文章など〉を[…から/…に]**翻訳する**, 訳す[*from/into, to*]: *translate* a novel *from* French *into* English 小説をフランス語から英語に翻訳する / *Translate* this sentence *into* Japanese. この文を日本語に訳しなさい.
2〈難解な言葉など〉をやさしい言葉に直す, […に]わかりやすく解説する [*to, for*]: The professor *translated* the theory *for* his students. 教授はその理論を学生にかみくだいて説明した.
3〈行為など〉を[…と]解釈する (interpret) [*as*]: I *translated* his silence *as* hostility. 私は彼の沈黙を敵意と解釈した. **4**〈物事〉を[形の形に]変える, 変形させる [*into*]: *translate* possibility *into* reality 可能性を現実へと変える. **5**《他の場所・状態に》移す.
─ 自 **1** 翻訳(の仕事)をする; 翻訳できる: She *translated* for me. 彼女は私のために翻訳してくれた / Humor doesn't *translate* well. ユーモアはうまく翻訳できない. **2**《物事が》[別の形に]変わる [*into*]. (▷ 图 translátion)

‡**trans・la・tion** [trænsléiʃən, trænz-] 图 U 翻訳; C 翻訳書, 翻訳したもの; 訳文: a Japanese *translation* of Shakespeare シェイクスピアの日本語訳 / make [do] a *translation* of the poem into French 詩をフランス語に訳す / I have read Dickens in *translation*. 私はディケンズを翻訳で読んだことがある. (▷ 動 transláte)

trans・la・tor [trænsléitər, trænz-] 图 C 翻訳家, 訳者.

trans・lu・cent [trænslúːsənt, trænz-] 形 半透明の.

trans・mi・gra・tion [trænsmaigréiʃən, trænz-] 图 U《輪廻(ⁿⁿ), 転生.

*__trans・mis・sion__ [trænsmíʃən, trænz-] 图 **1** U 送る《伝える》こと, 伝達, 伝送; 《病気の》伝染: the *transmission* of skills 技術の継承. **2** U 放送, 送信番組. **3** CU《自動車の》伝動[変速] 装置, トランスミッション: an automatic *transmission* 自動変速装置. (▷ 動 transmít)

*__trans・mit__ [trænsmít, trænz-] 動《三単現 **trans・mits** [-míts]; 過去・過分 **trans・mit・ted**

transmitter

[~id]; 現分 **trans·mit·ting** [~iŋ] 他 **1**《…を》〈知識・ニュースなど〉を伝える, 伝達[伝送]する;〈品物など〉を送る, 渡す[to]: *transmit* news ニュースを伝える / *transmit* a tradition *to* posterity 伝統を後世に伝える. **2**《放送局などが》…を[…に]放送する, 送信する[to]: The game was *transmitted* by satellite. その試合は衛星中継された. **3**〈病気など〉を[…に]伝染させる[to]. **4**〈熱・光・電気など〉を伝導[伝播(でんぱ)]する. ── 自 伝える; 送信する.
(▷ 名 transmíssion)

trans·mit·ter [trænsmítɚr, trænz-] 名 C
1 伝達する[伝える]人[もの]. **2**(無線などの)送信機.

trans·mu·ta·tion [træ̀nsmjutéiʃən, træ̀nz-] 名 UC《格式》変化, 変形, 変質.

trans·mute [trænsmjúːt, trænz-] 動 他《格式》…を[…に]変える, 変形[変質]させる[into].

trans·o·ce·an·ic [træ̀nsouʃiǽnik, træ̀nz-] 形 **1** 大洋横断の. **2** 大洋のかなたの, 海外の.

tran·som [trǽnsəm] 名 C **1**《建》欄(らん)間(ま)《ドアと上部の明かり取り窓を仕切る横材》. **2**《米》《ドアの上部などの》明かり取り窓 (《英》fanlight).

trans·pa·cif·ic [træ̀nspəsífik, træ̀nz-] 形 **1** 太平洋横断の. **2** 太平洋の向こう側の.

trans·par·en·cy [trænspǽrənsi, -péər-] 名 (複 **trans·par·en·cies** [~z]) **1** U 透明; 透明度. **2** C 透明なもの;（カラー写真の）スライド.

***trans·par·ent** [trænspǽrənt, -péər-] 形
1 透明な, 透き通った (↔ opaque).
2《格式》〈文体などが〉わかりやすい, 平明な; 率直な.
3（うそなどが）見え透いた: *transparent* excuses 見え透いた言い訳.
trans·par·ent·ly [~li] 副 透明に; 平明に.

tran·spire [trænspáiɚr] 動 自 **1**〔通例 It ~s that …〕《格式》(…ということが)漏れる, 明るみに出る: *It transpired that* he had received bribes. 彼はわいろを受け取ったことが判明した.
2〈事件などが〉起こる (happen). **3**〈植物などが〉水分を発散する, 蒸散する.
── 他〈植物などが〉〈水分など〉を発散する.

***trans·plant** [trænsplǽnt / -plάːnt] (☆ 名 とのアクセントの違いに注意) 動 他 **1**〈臓器・組織〉を[…に]移植する[to, into]: *transplant* a heart *into* him 彼に心臓移植をする. **2**〈植物〉を[…に]移植する[to]: *transplant* flowers *to* the garden 庭に花を植え換える. **3**《格式》〈人・もの〉を移住[移動]させる.
── 名 [trǽnsplænt / -plὰːnt]《医》UC 移植; C 移植された臓器[組織]: a kidney *transplant* operation 腎臓(じんぞう)移植手術.

trans·plan·ta·tion [træ̀nsplæntéiʃən, -plɑːn-] 名 U《医》（臓器などの）移植.

tran·spon·der [trænspɑ́ndɚr, -pɔ́n-] 名 C トランスポンダー, 自動応答無線装置.

*****trans·port**
[名 動【「trans (向こうへ) ＋ port (運ぶ)」から】

── 名 [trǽnspɔːrt] (☆ 動 とのアクセントの違いに注意) (複 **trans·ports** [-pɔːrts]) **1** U《主に英》輸送, 運送; 輸送機関; 交通手段,「足」(《主に米》 transportation): public *transport* 公共輸送機関 / air *transport* 空輸 / a *transport* plane 輸送機 / the Department [Minister] of *Transport*《英》運輸省[大臣].
2 C《主に軍用の》輸送船[機]. **3** C〔しばしば ~s〕《文語》夢中になれること: be in *transports* of delight 有頂天になっている.

── 動 [trænspɔ́ːrt] 他 **1** …を[…から / …へ]輸送する, 運送する, 運ぶ[from / to] (→ CARRY 類義語): These cars are *transported* by ship. これらの車は船で運ばれる.
2〔通例, 受け身で〕《文語》…を〔強い感情で〕夢中にさせる; 圧倒する[with]: be *transported with* joy 喜びで有頂天になる / be *transported with* grief 悲しみのあまりぼう然とする. **3**《史》…を追放する, 流刑に処する. (▷ 名 trànsportátion)

◆ **tránsport càfe** C《英》《幹線道路沿いの》長距離運転手用の軽食堂 (《米》 truck stop).

trans·port·a·ble [trænspɔ́ːrtəbl] 形 輸送できる, 運送できる;《史》流刑に値する.

***trans·por·ta·tion** [træ̀nspɚrtéiʃən, -pɔː-] 名 U **1**《主に米》輸送, 運送; 輸送機関; 交通手段, 乗り物 (《主に英》 transport): surface *transportation* 陸上輸送 / public *transportation* 公共交通機関 / the Department of *Transportation*《米》運輸省. **2**《米》輸送料, 運賃; 交通費: a *transportation* allowance 通勤手当. **3**《史》流刑(るけい). (▷ 動 transpórt)

trans·port·er [trænspɔ́ːrtɚr] 名 C **1**《主に英》自動車などの運送用の》大型トラック. **2** 運送業者.

trans·pose [trænspóuz] 動 他 **1**《格式》…を置き換える, 入れ換える. **2**《音楽》…を移調する.

trans·po·si·tion [træ̀nspəzíʃən] 名 UC
1《格式》置き換え, 入れ換え. **2**《音楽》移調.

trans·sex·u·al [træ̀nssékʃuəl] 名 C 性転換願望者; 性転換者.

tran·sub·stan·ti·a·tion [træ̀nsəbstæ̀nʃiéiʃən] 名 U《神学》全実体[実質]変化(説)《聖体のパンとブドウ酒がキリストの血と肉に変わるという説》.

Trans·vaal [trænsvάːl / træ̀nzvɑːl] 名 固〔しばしば the ~〕トランスバール《南アフリカ共和国の州. 金の産出地》.

trans·verse [trænsvɚ́ːrs, trænz-] 形〔比較なし〕横の; 横切る, 横断した.

trans·ves·tism [trænsvéstizəm, trænz-] 名 U 服装倒錯《異性の服を着たがること》.

*****trap**
[trǽp] 名 動

── 名 (複 **traps** [~s]) C **1**《獲物を捕るための》わな, 落とし穴[for]: set a *trap for* mice ネズミ捕りを仕掛ける / a fox caught in a *trap* わなにかかったキツネ. (〔関連語〕 mousetrap ネズミ捕り / speed trap スピード違反監視区域).
2《人に対する》計略, 策謀, わな[for]: fall [walk] into a *trap* わなにかかる, 術中に落ちる / The police set a *trap* to catch the thief. 警察はどろぼうを捕らえようとわなを仕掛けた.
3《俗語》口 (mouth): Shut your *trap*! 黙れ.
4《史》(2輪の) 軽馬車. **5**《排水管などの》防臭弁, トラップ《常時水がたまっていて臭気の逆入を防ぐU

[S] 字型部分). **6** (ドッグレースで) スタート直前の犬を入れておく囲い.
— 動 (三単現 **traps** [~s]; 過去・過分 **trapped** [~t]; 現分 **trap·ping** [~iŋ]) 他 **1** 〈動物を〉わなで捕らえる(→ CATCH [類義語]): *trap* a hare ノウサギをわなで捕らえる. **2** 「…するように」〈人を〉計略にかける, だます [*into*]: She was *trapped into* an unhappy marriage. 彼女はだまされて不幸な結婚をした. **3** 〈水・ガスなど〉の流れを止める.
trap·door [trǽpdɔ̀ːr] 名 © (天井・屋根などの)はね上げ戸, 落とし戸; (床・舞台などの)上げぶた.
tra·peze [træpíːz] 名 © 曲芸用ぶらんこ.
tra·pe·zi·um [trəpíːziəm] 名 (複 **tra·pe·zi·ums** [~z], **tra·pe·zi·a** [-ziə]) © 〖数学〗(米) 不等辺四辺形 (〖英〗台形.
trap·e·zoid [trǽpəzɔ̀id] 名 © 〖数学〗(米) 台形 (〖英〗trapezium), (英) 不等辺四辺形.
trap·per [trǽpər] 名 © わなを仕掛ける人.
trap·pings [trǽpiŋz] 名 〖複数扱い〗(官位を示す)美しい衣裳; 装飾; 虚飾.
Trap·pist [trǽpist] 名 〖カトリック〗 **1** © トラピスト会の修道士. **2** 〖the ~s〗トラピスト(修道)会.
trap·shoot·ing [trǽpʃùːtiŋ] 名 Ⓤ クレー射撃 (clay pigeon shooting).
*__trash__ [trǽʃ] 名 Ⓤ **1** (米) ごみ, くず, がらくた (〖英〗rubbish). **2** dispose of (the) *trash* ごみを捨てる. **2** (口語) つまらないもの; 駄作; くだらない考え. **3** 〖集合的に; 単数・複数扱い〗(主に米口語・軽蔑) くだらない人(たち), 無能な連中.
— 動 他 (口語) …をぶち壊す.
◆ **trásh càn** © (米) ごみ入れ (〖英〗dustbin).
trásh compàctor © (米) ごみ圧縮器.
trash·y [trǽʃi] 形 (比較 **trash·i·er** [~ər]; 最上 **trash·i·est** [~ist]) くずの, くだらない, 無価値の.
trat·to·ri·a [trɑ̀ːtəríːə / trǽt-] 〖イタリア〗名 © イタリア料理店, トラットリア.
trau·ma [tráumə, trɔ́ː-] 名 (複 **trau·ma·ta** [-mətə], **trau·mas** [~z]) © Ⓤ **1** 〖心理〗精神的外傷, トラウマ; つらい経験, ショック. **2** 〖医〗外傷.
trau·mat·ic [trəmǽtik, trɔː-] 形 **1** 〖心理〗(経験の)精神的外傷の. **2** 〖医〗外傷(用)の.
trau·ma·tize, (英) **trau·ma·tise** [tráumətàiz, trɔ́ː-] 動 他 〖心理〗…に精神的外傷を与える.
trav·ail [trəvéil, trəvéil] 名 Ⓤ (文語) **1** 〖しばしば~s〗労苦, 骨折り; 苦痛, 苦悩. **2** 陣痛.

****trav·el [trǽvəl] 〖原義は「苦労して働く」〗
— 動 (三単現 **trav·els** [~z]; 過去・過分 **trav·eled**, (英) **trav·elled** [~d]; 現分 **trav·el·ing**, (英) **trav·el·ling** [~iŋ])
— 自 **1** (遠く・海外へ) 旅行する, 旅をする: *travel* light 身軽に旅行する / *travel* in Africa アフリカを旅行する / They *traveled* around Europe. 彼らはヨーロッパをあちこち旅した / I like *traveling* by train. 私は列車で旅するのが好きです.
2 (車などが)進む, 動いて行く; (光・音などが)伝わる: Sound *travels* through air 331.5 meters in a second. 音は空気中を1秒に331.5メートル進む / Foreign news *travels* faster these days. 海外のニュースは近頃は(以前)より早く伝わる.
3 〖副詞(句)を伴って〗(酒などの品質/容器が)輸送に耐える: This type of bottle *travels* well [badly]. この手のびんは輸送中壊れにくい[壊れやすい].
4 (口語) (車などが)速度が出る: This car really *travels*. この車は本当に速く走る. **5** (視線などが)移る; […を] 次々と思い出す [*over*]: His eyes *traveled* around. 彼はあたりをぐるりと見渡した.
6 (古風) セールスをして回る.
— 他 〈国・地方〉を[…から/…まで]旅行する [*from* / *to*]: *travel* the world 世界じゅうを旅する.
— 名 **1** Ⓤ 旅行 (→ TRIP [類義語]): air *travel* 空の旅 / space *travel* 宇宙旅行 / He is fond of foreign *travel*. 彼は外国旅行が好きです.
2 〖~s〗(複数の所を訪れる)長い旅行, 海外旅行: I extended my *travels* to Key West. 私は旅行でキーウエストまで足を伸ばした. **3** 〖~s〗旅行記: "Gulliver's *Travels*"『ガリバー旅行記』.
◆ **trável àgency** © 旅行案内所, 旅行代理店.
trável àgent © 旅行(案内)業者.
trável bùreau © = travel agency (↑).
trável sìckness Ⓤ 乗り物酔い.
trav·eled, (英) **trav·elled** [trǽvəld] 形 [well, much などを伴って] **1** 広く旅をした, 見聞の広い. **2** (地域・道などが)旅行者の多い.

***trav·el·er, (英) trav·el·ler [trǽvələr]
— 名 (複 **trav·el·ers**, (英) **trav·el·lers** [~z]) © **1** 旅行者, 旅人; 旅行好きな人: a *traveler's* tale 旅行者の話; いいかげんな話 / He was a *traveler* from Canada. 彼はカナダからの旅行者だった. **2** (英) (会社の) 外交員, 巡回販売員 (traveling salesman). **3** (英) 定住地を持たず, 車などで各地を渡り住む人.
◆ **tráveler's chèck**, (英) **tráveller's chèque** © 旅行者用小切手, トラベラーズチェック.
trav·el·ing, (英) **tra·vel·ling** [trǽvəliŋ] 形 旅行する; 巡業する; 旅行(用)の: a *traveling* bag 旅行用かばん / a *traveling* circus 巡業サーカス.
— 名 Ⓤ 旅行(すること); 巡業; 移動.
◆ **tráveling sálesman** © (会社の) 外交員, 外回りのセールスマン.

*trav·el·ler [trǽvələr] 名 (英) = TRAVELER (↑).
trav·e·log, trav·e·logue [trǽvəlɔ̀ːg / -lɔ̀g] 名 © (映画などを用いて行う) 旅行談; 紀行映画.
trável-sìck 形 乗り物酔いした.
*__tra·verse__ [trəvə́ːrs] (☆名との発音の違いに注意) 動 他 〖格式〗…を横切る, 横断する, 通り抜ける.
— 名 [trǽvərs] © **1** 横切ること, 横断. **2** (登山などで) ジグザグに登ること [場所], トラバース; 〖スキー〗斜滑降.
trav·es·ty [trǽvəsti] 名 (複 **trav·es·ties** [~z]) © (作品のひどい) 茶化したもの, パロディー.
trawl [trɔ́ːl] 名 © **1** (記録などを) 徹底的に調べること. **2** = **trául nèt** トロール網, 底引き網.
3 = **trául lìne** (米) はえなわ (setline).
— 動 自 **1** トロール網 [はえなわ] 漁で […を] 捕

[for]. **2** [記録などを]徹底的に調べる [through].
— 他 **1** 〈魚〉をトロール網[はえなわ]で捕る;〈場所〉にトロール網を底引きする,はえなわを垂らす. **2** …を徹底的に調べる.

trawl・er [trɔ́ːlər] 名 C トロール船.

‡**tray** [tréi] 名 C **1** 盆, 盛り皿: a tea *tray* 茶盆. **2** (机上の) 書類用整理箱, トレー; 浅皿: a pen *tray* ペン皿. **3** ひと皿[盆]分〈の…〉[*of*]: a *tray of* fruit 皿ひと盛りの果物.

*****treach・er・ous** [trétʃərəs] 形 **1** 〈…を〉裏切る, 〈…に〉反逆する [*to*] (↔ loyal): a *treacherous* act *to* the king 王への反逆行為. **2** (天候などが) あてにならない, 危険をはらんでいる.
treach・er・ous・ly [~li] 副 裏切って.

*****treach・er・y** [trétʃəri] 名 (複 **treach・er・ies** [~z]) **1** U 裏切り, 背信: an act of *treachery* 背信行為. **2** C (通例, 複数形で) 裏切り行為.

trea・cle [tríːkl] 名 U (英) 糖みつ ((米) molasses).

‡**tread** [tréd] 動 (三単現 **treads** [trédz]; 過去 **trod** [trád / tród]; 過分 **trod・den** [trádən / tród-], **trod**; 現分 **tread・ing** [~iŋ]) 他 **1** …を踏む, 踏みつける, 踏みならす;〈感情など〉を踏みにじる (*down*);〈道などに〉踏みつけて作る: *tread* grapes (ワインを作るために) ブドウを踏みつぶす.
2 《格式》…を歩く, 行く.
— 自 **1** …を踏む, 踏みつける [*on*]: *tread on* …'s foot〈人〉の足を踏む. **2** 《文語》歩く, 行く.
3 事を運ぶ: *tread* carefully 慎重に事を運ぶ.
■ *tréad on* …'*s héels* …のすぐあとに続く.
tread on …'*s tóes*〈人〉の気分を害する.
tréad the bóards [*stáge*] (こっけい) 舞台を踏む; 俳優である.
tréad wáter 立ち泳ぎをする; 停滞している (◇この成句では過去形・過去分詞は **treaded**).
— 名 **1** [単数形で] 踏むこと; 歩き方; 足音: walk with a light *tread* 軽やかに歩く. **2** C (階段の) 踏み板; (はしごの) 横木. **3** U C (タイヤなどの) 接地面, トレッド; トレッドの刻み模様.

trea・dle [trédl] 名 C (機械の) 踏み板, ペダル.
— 動 自 踏み板[ペダル]を踏む.

tread・mill [trédmil] 名 **1** C 足踏み車, トレッドミル《かつて囚人の刑罰に用いた. 現在ではトレーニング器具をさすことが多い》. **2** U 単調な仕事.

*****trea・son** [tríːzən] 名 U (国家などに対する) 反逆(罪), 謀反(ﾑﾎﾝ): commit *treason* 国を売る.

trea・son・a・ble [tríːzənəbl] 形 (国家などに対する) 反逆の, 謀反(ﾑﾎﾝ)の.

treas・ure [tréʒər] 名 動
— 名 (複 **treas・ures** [~z]) **1** U C 宝物, 財宝: dig for buried *treasure* 埋蔵された宝物を探して地面を掘る. **2** C (通例 ~s) 貴重品, 重要品: art *treasures* 貴重な美術品 / national *treasures* 国宝. **3** C 《口語》最愛の人; 貴重な人: He is one of our company's *treasures*. 彼はわが社にとってなくてはならない人材です.
— 動 他 …を宝として蓄える, 秘蔵する; 大事にする;〈思い出など〉を心にしまっておく (*up*) (→ APPRECIATE 類義語): *treasure up* jewels 宝石を蓄える / Statesmen must *treasure* public opinion. 政治家は世論を大切にしなくてはならない.
◆ tréasure hòuse C 宝庫, 宝物庫.
tréasure hùnt C 宝探し.
Tréasure Stàte [the ~] 宝の州《米国 Montana 州の愛称; → AMERICA 表》.
tréasure tròve **1** U C 《法》(持ち主不明の) 埋蔵物[金]. **2** C 貴重な発見(物), 掘り出し物.

*****treas・ur・er** [tréʒərər] 名 C 会計[出納(ｽｲﾄｳ)]係, 収入役.

‡**treas・ur・y** [tréʒəri] 名 (複 **treas・ur・ies** [~z]) **1** [the T-] 《米》財務省《◇正式名は the Department of the Treasury》; 《英》大蔵省 the Secretary of the *Treasury* 財務長官. **2** C 公庫, 国庫; 基金. **3** C [… の] 宝庫; 宝物庫 [*of*]: a *treasury* of wisdom 知恵の宝庫.

‡**treat** [tríːt] 動 名【原義は「(重いものを)引く」】
— 動 (三単現 **treats** [tríːts]; 過去・過分 **treat・ed** [~id]; 現分 **treat・ing** [~iŋ]) 他 **1** (a) [treat+O]〈人・動物〉を扱う, 待遇する;〈ものごと・事柄〉を取り扱う: She *treated* her pupils very strictly. 彼女は生徒をとても厳しく扱った / A habit is not to be lightly *treated*. 習慣を軽んじてはいけない. (b) [treat+O+as ~] …を~として扱う: They *treat* their pet *as* one of the family. 彼らはペットを家族の一員として扱っている. **2** [treat+O+as ~] …を~とみなす: She didn't *treat* my proposal *as* serious. 彼女は私のプロポーズを本気にとってくれなかった.
3〈問題など〉を論じる, 扱う: We will *treat* this problem later. この問題は後ほど論じよう.
4〈病気・人〉を[…で] 治療する [*with*];〈人〉の[病気を] 治療する [*for*]: *treat* a scrape my 擦り傷を治療する / The doctor *treated* me *for* a cold *with* medicine. 医師は私のかぜを薬で治療した.
5〈人〉に[…を] おごる [*to*] (→ GUEST [LET'S TALK]): I'll *treat* you to lunch. 昼食をおごろう.
6〈もの〉を[…で] 処理する [*with*]: *treat* … *with* a chemical …を化学薬品で処理する.
— 自 **1** (本・話などが) […を] 扱う, 論じる [*of*].
2 おごる; 供応する: It's my turn to *treat*. 今度は私がおごる番です.
3 [… と / …に関して] 交渉する [*with* / *for*].
■ *tréat onesèlf to* … 奮発して…を買う[する]: I *treated* myself to an expensive purse. 私は奮発して高いハンドバッグを買った.
— 名 **1** C (思いがけない) うれしいこと, 楽しみ, とてもよいもの: I've got a *treat* for you. あなたにすばらしいものを持って来ました / It's a *treat* to hear from you. お便りをいただけてうれしい.
2 [my ~] おごること, ごちそう; おごる番: It is *my treat* today. きょうは私のおごりです.
■ *a tréat*《英口語》非常に, 満足のゆくほど.

treat・a・ble [tríːtəbl] 形 取り扱える; 治療可能な.

*****trea・tise** [tríːtis, -tiz] 名 C 《学術》論文, 専門書.

‡**treat・ment** [tríːtmənt] 名 (複 **treat・ments** [-mənts]) **1** U 取り扱い, 待遇: fair *treatment* 公平な取り扱い / pref-

erential *treatment* 特別待遇, 優待 / He got unkind *treatment*. 彼は冷たくあしらわれた. **2** ⓤ 治療; ⓒ「…の」治療法 [*for*]: a surgical *treatment for* cancer 癌(がん)の外科治療 (法) / My wife is under (medical) *treatment* in (the) hospital. 私の妻は入院治療中です. **3** ⓤⓒ (問題などの) 論じ方, 扱い方; 論述: The problem requires a thorough *treatment*. その問題は徹底的に論じる必要がある. **4** ⓤ (薬品などによる化学的) 処理.

‡**trea·ty** [tríːti] 图 (複 **trea·ties** [~z]) **1** ⓒ (国家間の) 条約 (文書), 協定: sign a *treaty* 条約に調印する / conclude [make] a peace *treaty* with … …と平和条約を締結する. **2** ⓤ (特に個人間の) 取り決め, 契約: by private *treaty* 個人交渉で.

tre·ble [trébl] 圏 **1** 3倍の, 3重の (triple). **2** 〖音楽〗 高音部の, ソプラノの; (声で) かん高い.
— 图 **1** ⓤⓒ 3倍, 3重 (のもの). **2** ⓤ 〖音楽〗 高音部, ソプラノ; ⓒ 高音部の声 [歌手, 楽器].
— 動 ― を3倍にする. ― 3倍になる.
◆ tréble cléf ⓒ 〖音楽〗 ト音記号 (G clef).

‡**tree** [tríː]
— 图 (複 **trees** [~z]) ⓒ **1** 木, 樹木, 立木 (cf. wood (材料としての) 木; → ARBOR²): trim [cut down] a *tree* 木を刈り込む [切り倒す] / There are cherry *trees* around our school. 私たちの学校は桜の木に囲まれている / A *tree* is known by its fruit. 《ことわざ》木はその実でわかる ⇨ 人の価値はその行為でわかる.
2 (通例, 複合語で) 木製の物, 木製品: a shoe *tree* (型崩れを防ぐための) 靴型.
3 木の枝状のもの; 系統図: a family *tree* 家系図.
■ **ùp a (gúm) trée** 《口語》木に追い上げられて, 進退きわまって.
◆ trée líne ⓒ (高山・極地の) 樹木限界線 (timber line).
trée súrgeon ⓒ 樹木外科医.

tree·less [tríːləs] 圏 樹木のない.
tree·top [tríːtàp / -tɔ̀p] 图 ⓒ (通例 ~s) こずえ.
trek [trék] 動 (三単現 **treks** [~s]; 過去・過分 **trekked** [~t]; 現分 **trek·king** [~iŋ]) (副詞 (句) を伴って) **1** (徒歩で) 長旅をする; トレッキングをする. **2** 《口語》てくてく歩いて行く.
— 图 ⓒ 骨の折れる長旅, (特に) 徒歩旅行: go on a *trek* トレッキングに行く.

trel·lis [trélis] 图 ⓒⓤ (つる草・ブドウなどつる植物をはわせる) 格子棚 [垣根], ラティス.

‡**trem·ble** [trémbl]
— 動 (三単現 **trem·bles** [~z]; 過去・過分 **trem·bled** [~d]; 現分 **trem·bling** [~iŋ])
— 圓 **1** (人・手足などが)「恐怖・怒り・寒さなどで」震える, 身ぶるいする [*with*] (→ SHAKE [類義語]): He was *trembling with* cold [fear]. 彼は寒さ [恐怖] のあまり震えていた.
2 (地面・建物などが) 揺れる, 振動する; (声が) 震える: The house *trembles* every time a train passes by. 家は列車がそばを通るたびに揺れる.
3 「…を」心配する, 気づかう [*for*]: She *trembled for* her husband's safety. 彼女は夫の安否を気づかった.
■ **trémble to thínk** …を思うと心配になる: I *tremble to think* of another war. また戦争が起こるかもしれないと思うと非常に心配である.
— 图 [a ~] 震え, おののき; 振動: There was a *tremble* in his voice. 彼の声は震えていた.

trem·bling·ly [trémbliŋli] 副 震えて, おののいて.

‡**tre·men·dous** [triméndəs] 〖原義は「震えさせるような」〗
— 圏 **1** 《口語》巨大な, ばかでかい (→ HUGE [類義語]); 途方もない, ものすごい, 恐ろしい: a *tremendous* wave 巨大な波 / a *tremendous* crowd ものすごい人出 / at a *tremendous* speed ものすごいスピードで.
2 《口語》非常にすばらしい; すてきな (excellent): a *tremendous* performance すばらしい演奏 / You've got a job? That's *tremendous*. 仕事が決まったんだって. それはすごい.

tre·men·dous·ly [triméndəsli] 副 **1** 非常に, とても; すさまじく. **2** 《口語》すばらしく.

trem·o·lo [tréməlòu] 图 〖イタリア〗 (複 **trem·o·los** [~z]) ⓒ 〖音楽〗 トレモロ 《同じ高さの音を細かく振動させる弦楽器の奏法や歌唱法》.

trem·or [trémər] 图 ⓒ **1** (大地・樹木などの) 揺れ (quiver); 微動: an earth *tremor* 余震.
2 (緊張・恐怖などによる) 身震い, (声の) 震え.

trem·u·lous [trémjuləs] 圏 〖文語〗 **1** 身震いする, 震える. **2** 臆病な, 不安な.

trem·u·lous·ly [~li] 副 震えて, びくびくして.

*****trench** [tréntʃ] 图 ⓒ **1** 溝, 堀; 海溝: dig a *trench* 溝を掘る.
2 (しばしば ~es) 〖軍〗 塹壕(ざんごう).
◆ trénch còat ⓒ トレンチコート.

trench·ant [tréntʃənt] 圏 (批評などが) 痛烈な, 鋭い (sharp); (政策などが) 強力な, 効果的な.

‡**trend** [trénd] 〖原義は「回る, 回す」〗
— 图 (複 **trends** [tréndz]) ⓒ […への / …の点での] 傾向, 趨勢(すうせい); 流行, はやり, トレンド [*toward / in*]: the *trend toward* bright patterns in women's wear 女性服における明るい柄の流行 / the *trend* of public opinion 世論の動向 / set a *trend* 流行を作り出す.

trend·set·ter [tréndsètər] 图 ⓒ 流行を作り出す人 [はやらせる] 人.

trend·y [tréndi] 圏 (比較 **trend·i·er** [~ər]; 最上 **trend·i·est** [~ist]) 《口語》最新流行の, 流行の先端を行く; 最新の流行を追う: *trendy* clothes はやりの服.
— 图 (複 **trend·i·es** [~z]) ⓒ 《英口語》最新の流行 [トレンド] を追う人.

trep·i·da·tion [trèpədéiʃən] 图 ⓤ 恐怖; 不安.

*****tres·pass** [tréspəs] 動 圓 **1** 〖法〗 [土地などに] 不法侵入する, No Trespassing 《掲示》立入禁止. **2** [他人の生活・時間などに] じゃまする; [他人の好意などに] つけ込む [*on, upon*]: Sorry to *trespass on* your valuable time. 貴重なお時間におじゃまして申し訳ありません.

— 名 1 UC【法】(土地などへの) 不法侵入.
2 C (他人の生活・時間などへの) じゃま, 迷惑.
tres·pass·er [tréspəsər] 名 C 不法侵入者.
tress [trés] 名 C (通例 ~es) 【文語】(女性の) 長くたらした髪.
tres·tle [trésl] 名 C 架台 (2つ並べて板を載せてテーブルなどにするために用いる台).
◆ tréstle tàble C 架台テーブル.
tri- [trai] 接頭 「3の, 3倍の, 3重の」などの意を表す: *tri*angle 三角形 / *tri*cycle 三輪車.
tri·ad [tráiæd, -əd] 名 C 3つ [3人] 組.
tri·age [triáːʒ / tríːɑːʒ] 名 U (緊急時の医療などの) 優先順位の選別 (法), トリアージ.

tri·al [tráiəl]

— 名 (複 tri·als [~z]) 1 UC【法】裁判, 審理: a public *trial* 公判 / a criminal [civil] *trial* 刑事 [民事] 裁判 / come to *trial* 裁判にかけられる / He is standing *trial* on charges of murder. 彼は殺人の容疑で裁判を受けている.
2 UC 試験 (test); C 試み, 企て (attempt): put a new drug to *trial* 新薬の治験を行う / drive a new car as a *trial* 新車を試しに運転する / My first *trial* was a complete failure. 私の最初の企ては完全な失敗だった.
3 [形容詞的に] 試験的な, 試しの: a *trial* flight 試験飛行 / *trial* period 試用期間.
4 UC 試練, 苦難: Life is full of *trials*. 人生は試練の連続である. 5 [a ~] [...にとっての] 困りもの, やっかい者 [*to*]: He is a great *trial to* all his family. 彼は家族全員にとって困り者である.
6 C [通例 ~s]【スポーツ】トライアル, 予選, 選考会.
■ *on tríal* 1 裁判にかけられて: put him *on trial* 彼を裁判にかける. 2 試しに, 試験的に; 試験の結果では: He will be hired *on trial* for three months. 彼は3か月間試験的に雇われる.
tríal and érror 試行錯誤.
tríals and tribulátions 試練, つらく苦しい思い. (▷ 動 trý)
◆ tríal rún C (乗り物などの) 試運転, 試乗.

*tri·an·gle [tráiæŋgl] 名 C 1 三角形 (→ FIGURE 図): a regular [an equilateral] *triangle* 正三角形 / an isosceles *triangle* 二等辺三角形 / a right(-angled) *triangle* 直角三角形.
2 三角形のもの. 3【音楽】トライアングル.
4 《米》三角定規 (《英》setsquare). 5 3つ [3人] 組; (男女の) 三角関係: a love *triangle* 三角関係.
*tri·an·gu·lar [traiǽŋgjulər] 形 1 三角 (形) の: a *triangular* pyramid 三角錐(ﾋﾞ). 2 3者 (間) の; 三角関係の.
Tri·as·sic [traiǽsik] 【地質】形 三畳紀 (系) の.
— 名 [the ~] 三畳紀 (系).
tri·ath·lon [traiǽθlən] 名 C トライアスロン《遠泳・自転車走行・マラソンを連続して行う競技》.
trib·al [tráibəl] 形 部族の. (▷ 名 tríbe)
trib·al·ism [tráibəlìzm] 名 U 1 部族制 [組織, 社会]. 2 部族意識; 部族への忠誠心.
*tribe [tráib] 名 C 【集合的に】単数・複数扱い】
1 部族 (→ RACE 類義語): native American *tribes* アメリカ先住民の部族. 2 【生物】(動植物の) 族, 連. 3 大家族;《口語》(同じことをしている) 仲間, 連中. (▷ 形 tríbal)
tribes·man [tráibzmən] 名 (複 tribes·men [-mən]) C 部族の一員, 部族民 (◇女性形は tribeswoman).
trib·u·la·tion [trìbjuléiʃən] 名 UC 《格式》苦難, 困難; 悩み事: trials and *tribulations* 試練.
tri·bu·nal [traibjúːnəl, tri-] 名 C 裁判所, 法廷.
trib·une [tríbjuːn] 名 1 【史】(古代ローマの) 護民官. 2 人民の保護者; 民衆の指導者.
3 [The ... Tribune; 新聞名で] ...トリビューン.
trib·u·tar·y [tríbjutèri -təri] 名 (複 trib·u·tar·ies [~z]) C (川の) 支流. 2 属国.
— 形 1 [...の] 支流の [*to*]. 2 《格式》[...に] 貢(ﾐ)ぎ物を納める; [...の] 属国の [*to*].
***trib·ute** [tríbjuːt] 名 1 C U [...への] 賛辞; 感謝 [尊敬] のしるし, 贈り物 [*to*]: pay (a) *tribute to* ... ...に敬意を表す / a floral *tribute* 花の贈り物; (葬式の) 供花. 2 [a ~] [価値・長所などの] 表れ, 証拠 [*to*]. 3 UC 貢(ﾐ)ぎ物; 年貢, 租税.
trice [tráis] 名 [次の成句で]
■ *in a tríce*《英・文語》またたく間に, たちまち.
tri·ceps [tráiseps] 名 (複 tri·ceps, tri·ceps·es [~iz]) C 【解剖】(上腕の) 三頭筋.

****trick** [trík]

名 形 動 [原義は「欺くこと」]
— 名 (複 tricks [~s])
C 1 たくらみ, 策略, ごまかし (deception): obtain money by a *trick* 金をだまし取る / They thought of a *trick* to cover up the scandal. 彼らはその不祥事を隠す策略を思いついた.
2 [...に対する] (悪意のない) いたずら, 悪さ, 冗談 [*on, upon*]: the *tricks* of fortune 運命のいたずら / play a *trick on* ... ...にいたずらをする.
3 芸当, 手品, トリック; 妙技(ｷﾞ): a conjurer's *trick* 奇術 / card *tricks* トランプ手品 / You can't teach an old dog new *tricks*. 《ことわざ》老犬に新しい芸は教えられない ⇨ 老人は頭が固い.
4 こつ, 秘けつ, 要領: the *tricks* of the trade 商売の秘けつ / The lecturer knew the *trick* of making his audience listen to him. その講師は聴衆に耳を傾けさせるこつを知っていた.
5 [...する] 癖 (habit) [*of doing*]: He has a *trick of scratching* his head. 彼は頭をかく癖がある. 6【トランプ】ひと巡り; 1回の得点. 7 幻覚: a *trick* of the light 光による錯覚, 光のいたずら.
■ *dò the tríck*《口語》目的を果たす.
évery tríck in the bóok あらゆる方法.
Hòw's trícks?《口語》景気はどうだい, 元気かい (How are you?).
nót [néver] miss a tríck《口語》どんな小さなことも見逃さない; 決してチャンスを見逃さない.
Trìck or tréat!《米》お菓子をくれないといたずらするよ (◇ Halloween のときに子供たちが言う決まり文句; → HALLOWEEN 背景).
— 形 [比較なし; 限定用法] 1 奇術 [手品, トリック] の: *trick* art だまし絵. 2 (質問などが) ひっかけのある. 3《米》(ひざなどが) すぐに調子が悪くなる, すぐにカクンとなる.
— 動 他 1 〈人〉を […するように〉だます, かつぐ

[*into*]；〈人〉から［…を〕だまし取る［*out of*］: He *tricked* me *into* consenting to his proposal. 彼は私をだまして彼の提案を承諾させた / That man *tricked* me *out of* money. その男は私をだまして金を巻き上げた． **2** ［通例，受け身で］…を［…で］飾り立てる（*out*, *up*）［*in*］． （▷ 形 trícky）

trick・er・y [tríkəri] 名 U いんちき，詐欺；策略．

trick・i・ly [tríkili] 副 こうかつに．

trick・i・ness [tríkinəs] 名 U こうかつ；扱いにくさ．

trick・le [tríkl] 動 自 ［副詞(句)を伴って］ **1** 〈液体が〉ちょろちょろ流れる，ぽたぽた落ちる，したたる: Tears *trickled* down her cheeks. 涙がはらはらと彼女の頬を伝った． **2** 〈人・行動などが〉ぽつぽつ来る［行く］；〈情報などが〉少しずつ伝わる．
— 他 〈液体〉をしたたらせる；少しずつ流す．
— 名 C ［通例，単数形で］ **1** したたり，しずく；細流． **2** 〈人・車などの〉ゆっくりとした動き［流れ］．

trick・ster [tríkstər] 名 C 詐欺師，ペテン師．

***trick・y** [tríki] 形 (比較 **trick・i・er** [〜ər]; 最上 **trick・i・est** [〜ist]) **1** 〈人・行動などが〉こうかつな，ずるい，油断ならない: a *tricky* politician こうかつな政治家． **2** 〈仕事・問題などが〉扱いにくい，やっかいな: a *tricky* problem 微妙な［難しい］問題．
（▷ 名 tríck）

tri・col・or, 《英》**tri・col・our** [tráikʌlər / trí-kələ] 名 **1** C 三色旗． **2** ［the T-］フランス国旗．

tri・cot [tríːkou / trík-] 名 U 《フランス》トリコット《縦方向に細い畝(うね)のある編み方の生地》．

tri・cy・cle [tráisikl] 名 C 〈子供用の〉三輪車；三輪自転車；オート三輪（《口語》trike）．

tri・dent [tráidənt] 名 C **1** 〈魚を突くための〉三つまたのやす． **2** 〔ギ神・ロ神〕三つまたのほこ《海神の制海権の象徴》．

***tried** [tráid] 動 try の過去形・過去分詞．
— 形 ［限定用法］試験済みの，本物になる: a *tried* and tested method 信頼のおける方法．

tri・en・ni・al [traiéniəl] 形 **1** 3年ごとの，3年に1回の． **2** 3年続く．

tri・er [tráiər] 名 C 《口語》努力家，頑張り屋．

***tries** [tráiz] 動 try の3人称単数現在形．
— 名 try の複数形．

***tri・fle** [tráifl] 名 **1** C ［しばしば複数形で］つまらない［くだらない］もの；ささいなこと: Don't quarrel over *trifles*. つまらないことでけんかしないで． **2** C 少量；わずかなお金: a *trifle* of money わずかなお金．
3 C U 《英》トライフル《洋酒に浸したスポンジケーキと果物にカスタードクリームなどをかけたデザート》．
■ *a trifle* ［副詞的に］《格式》少し (a little): I feel *a trifle* sad. 私はちょっぴり悲しい．
— 動 自 ［人・ものを〕いいかげんに扱う［*with*］: He is not a man to be *trifled with*. 彼は軽々しく扱えるような人ではない．

tri・fler [tráiflər] 名 C いいかげんな人，軽薄な人．

***tri・fling** [tráifliŋ] 形 **1** くだらない，取るに足らない: a *trifling* error ささいな誤り． **2** わずかな，少しの: a *trifling* sum (of money) わずかな金額．

***trig・ger** [trígər] 名 C **1** 〈銃砲の〉引き金: pull the *trigger* 引き金を引く． **2** きっかけ，「引き金」．
■ *quick on the trigger* **1** 早撃ちの． **2** 《口語》反応［動作］がすばやい，抜け目ない．
— 動 他 **1** 〈事件など〉を起こす，誘発する，…のきっかけとなる (*off*)． **2** …の引き金を引く (*off*)．

tríg・ger-hàp・py 形 《口語》やたらに銃を撃ちたがる；好戦［攻撃］的な．

trig・o・nom・e・try [trìɡənɑ́mətri / -nɔ́m-] 名 U 〔数学〕三角法．

trike [tráik] 名 《口語》＝TRICYCLE（↑）．

tri・lin・gual [tràilíŋɡwəl] 形 3言語を話せる；3言語で書かれた． （→ BILINGUAL 関連語）

trill [tríl] 動 自 **1** 震え声で歌う［話す］；〈鳥などが〉さえずる． **2** 〔音楽〕トリルで歌う［演奏する］．
— 他 **1** …を震え声で歌う［話す］． **2** 〔音楽〕…をトリルで歌う［演奏する］．
— 名 **1** 震え声；〈鳥の〉さえずり． **2** 〔音楽〕トリル，顫音(せんおん)． **3** 〔音声〕顫動音．

tril・lion [tríljən] 名 C **1** 1兆 (→ MILLION 関連語)． **2** ［しばしば 〜s］《口語》無数の…［*of*］．

tri・lo・bite [tráiləbàit] 名 C 〔古生〕三葉虫．

tril・o・gy [tríləʤi] 名 (複 **tril・o・gies** [〜z]) C 〈小説・劇・オペラなどの〉3部作．

***trim** [trím] 動 (三単現 **trims** [〜z]; 過去・過分 **trimmed** [〜d]; 現分 **trim・ming** [〜iŋ]) 他
1 〈芝・髪など〉を刈り込む，手入れをする: *trim* a hedge 生け垣を刈り込む / have one's hair *trimmed* 散髪してもらう．
2 ［…から］〈余分なもの〉を切り取る (*off*, *away*)；〈経費など〉を削る，〈体重〉を落とす (*down*) [*from*, *off*]: *trim* away the edges of a photo 写真の端をトリミングする．
3 ［通例，受け身で］…を［…で〕飾る，…に［…で〕飾り付けをする［*with*］: *trim* a hat *with* a ribbon 帽子をリボンで飾る． **4** 〈帆〉を調節する．
— 形 (比較 **trim・mer** [〜ər]; 最上 **trim・mest** [〜ist]) **1** きちんとした，手入れのよい (neat): a *trim* garden 手入れのよい庭． **2** 〈人が〉すらっとした，スリムな．
— 名 **1** U きちんとした状態，準備の整った状態；〈体などの〉調子: be in good *trim* 調子がよい．
2 C ［通例，単数形で］刈り込み，手入れ；散髪: His hair needs a *trim*. 彼は散髪が必要です．
3 U ［または a 〜］装飾，飾り．

trim・ly [trímli] 副 きちんとして，整然として．

tri・ma・ran [tráimərӕn] 名 C トライマラン，(高速)三胴船 (cf. catamaran 双胴船)．

tri・mes・ter [traiméstər] 名 C **1** 《米》〈3学期制の〉学期（《主に英》term）; cf. semester（2学期制の〉学期）． **2** 〈妊娠などの〉3か月の期間．

trim・mer [trímər] 名 C **1** 刈り込む［手入れする］人． **2** 刈り取る道具《はさみ・小刀など》．

trim・ming [trímiŋ] 名 **1** U C 整トンすること，刈り込み，手入れ，〔写真〕トリミング． **2** C ［通例 〜s］〈服の〉飾り，装飾． **3** ［〜s］切り［裁ち］くず． **4** ［〜s］《英口語》〈料理の〉付け合わせ，つけ合わせ料理．

Trin・i・dad and To・ba・go [tríniːdæd ən təbéiɡou] 名 固 トリニダード・トバゴ《ベネズエラの沖のカリブ海上にある共和国；首都ポートオブスペイン (Port-of-Spain)》．

tri・ni・tro・tol・u・ene [trainàitroutáljuìːn / -tɔ́l-] 名 U 〔化〕トリニトロトルエン《強力な爆薬；《略語》TNT》．

trin・i・ty [trínəti] 名(複 **trin・i・ties** [~z])
1 [the T-]【キリスト】三位(ぷ)一体《神・キリスト・聖霊を一体とすること》. **2** C[集合的に; 単数・複数扱い]《文語》3つ[3人]組.

trin・ket [tríŋkit] 名 C (安物の)小さな装身具.

tri・o [trí:ou] 名(複 **tri・os** [~z]) C **1**【音楽】三重奏[唱]曲; [単数・複数扱い]三重奏[唱]団, トリオ. (関連語 solo 独奏曲 / soloist 独奏者 / duet 二重奏曲 / duo 二重奏者) **2** [集合的に; 単数・複数扱い]3人[3つ]組.

***trip** [tríp] 名 動【原義は「軽く踏む」】
— 名(複 **trips** [~s]) C **1** […への]旅行[to] (→ 類義語): a day *trip* 日帰り旅行 / a school *trip* 修学旅行, 遠足 / a honeymoon *trip* to Tahiti タヒチ島への新婚旅行 / take [go on] a business *trip* to Tokyo 東京へ出張する / Have a nice *trip*. よい旅を.
2 (仕事・用事のための)[…への]移動, 外出[to]: a *trip* to the office 通勤 / make a *trip* to the drugstore ドラッグストアへ行く.
3 つまずき, 踏み外し.
4《俗語》(薬物などによる)幻覚体験, トリップ.
5 (機械の)掛け外し装置, 安全装置.
— 動 (三単現 **trips** [~s]; 過去・過分 **tripped** [~t]; 現分 **trip・ping** [~iŋ]) 自 **1** […に]つまずく, よろめく(up)[on, over]: I *tripped* over the dog lying on the porch. 玄関で寝ている犬につまずいた. **2** […で]間違える, 言い損なう(up)[on, over]. **3** [副詞(句)を伴って]《文語》軽快に歩く[踊る]. **4**《俗語》(麻薬で)幻覚体験をする(out).
— 他 **1**〈人〉をつまずかせる(up). **2**〈人〉に […で]失敗させる(up)[with, over]. **3**〈機械などの止め金〉をはずす;〈機械など〉を作動させる.

類義語 **trip, travel, journey, tour**
共通する意味▶旅行 (going from one place to another for pleasure or for a particular purpose)
trip は通例, 時間的にも距離的にも「短い旅行」をさし, 出発点に戻って来ることを含意する.《米》では「長い旅行」にも用いる: They went on a *trip* to a hot-spring resort. 彼らは温泉保養地へ旅行に行った. **travel** は広く「旅行」の意を表す: He is fond of foreign *travel*. 彼は海外旅行が好きです. **journey** は通例,「陸路のかなり長距離の旅行」をさし, 必ずしも出発点に戻ることは含意しない: He made a *journey* across America. 彼はアメリカ横断の旅をした. **tour** は観光・視察などのために「いくつもの場所を巡る旅行」の意: They went on a circular *tour* of Kyushu. 彼らは九州周遊旅行に行った.

tri・par・tite [traipɑ́ːrtait] 形《通例, 限定用法》《格式》**1** 3つに分かれた, 3部から成る. **2** (協定・条約などが) 3者[国]間の.

tripe [tráip] 名 U **1** 牛[豚]の胃《食用となる部分》. **2**《口語》くだらない話[もの]; 駄作.

***tri・ple** [trípl] 形《限定用法》**1** 3重の(関連語 single 一重の / double 二重の). **2** 3倍の: a *triple* income 3倍の収入. **3** 3つの部分[3者]から成る;《音楽》3拍子の.
— 名 **1** U 3倍の数[量]. **2** C【野球】三塁打. **3**【ボウリング】トリプル《3連続ストライク》.
— 動 自 3倍になる. — 他 …を3倍にする.
◆ **Tríple Crówn**
tríple jùmp《スポーツ》[the ~] 三段跳び; C (スケートの) 3回転ジャンプ.
tríple pláy C【野球】三重殺, トリプルプレー.

tri・plet [tríplət] 名 C **1** 三つ子の1人; [~s] 三つ子 (→ TWIN 関連語). **2** 三つぞろい, 3つ組. **3**【音楽】三連音符.

tri・plex [trípleks] 形 3重[3倍]の, 3部から成る.
— 名 C《米》3階建てのメゾネット《上下3階の部屋を1世帯で使う》.

trip・li・cate [tríplikət] 形 (書類などが) 3通作成の《正本と写し2通》.
— 名 C 3つ組の1つ, 3通書類の1通.
■ **in tríplicate** (正本と写し2通で) 3通にして.

tri・pod [tráipɑd / -pɔd] 名 C **1**《古》三脚台, 三脚テーブル. **2** (カメラなどの)三脚.

Trip・o・li [trípəli] 名 固 トリポリ《リビアの首都》.

trip・per [trípər] 名 C《口語》(特に日帰りの)行楽客, 観光客: a day *tripper* 1日帰り旅行者.

trip・tych [tríptik] 名 C 三部作の絵[彫刻].

trip・wire [trípwàiər] 名 C (警報・爆発物などと連動する)仕掛け線.

trite [tráit] 形 (言葉・考えなどが)ありふれた, 使い古された, 陳腐な.

Tri・ton [tráitən] 名 固【ギ神】トリトン《ポセイドンの息子で半人半魚の海神》.

‡tri・umph [tráiəmf] 名 **1** C […に対する]大勝利[over]; 大成功: score [achieve] a *triumph* over ... …に大勝利を収める / Our campaign ended in *triumph*. 私たちの運動は大成功だった. **2** U 勝ち誇ること, 勝利の喜び: in *triumph* 意気揚々と.
— 動 自 勝利を収める; 大成功する; […を]打ち負かす[over]: *triumph* over one's illness 病気に打ち勝つ. (▷ 形 **triúmphal, triúmphant**)

tri・um・phal [traiʌ́mfəl] 形《限定用法》勝利の; 凱旋(灬)(式)の. (▷ 名 **tríumph**)
◆ **triúmphal árch** C 凱旋門.

tri・umph・al・ism [traiʌ́mfəlìzm] 名 U《主に英》勝利主義; 勝ち誇ること[様子].

***tri・um・phant** [traiʌ́mfənt] 形 **1** 勝利を得た, 成功した. **2** 勝ち誇った, 意気揚々とした: He spoke in *triumphant* tones. 彼は得意気に話した. (▷ 名 **tríumph**)

tri・um・phant・ly [~li] 副 勝ち誇って.

tri・um・vi・rate [traiʌ́mvərət] 名 C [単数・複数扱い]《格式》(支配的地位にある) 3人組; 3つ組.

triv・i・a [tríviə] 名 U [複数扱い]つまらない[ささいな]こと.

***triv・i・al** [tríviəl] 形 **1** ささいな, つまらない: *trivial* matters ささいなこと. **2** ありふれた, 平凡な, あたり前の: *trivial* duties 平凡な仕事.

triv・i・al・i・ty [trìviǽləti] 名 (複 **triv・i・al・i・ties** [~z]) **1** U つまらないこと; 平凡さ. **2** C つまらないもの[考え, 作品].

triv·i·al·ize, 《英》**triv·i·al·ise** [tríviəlàiz]《動》《他》…をつまらなくする; …を軽視する.

tro·che [tróuki / tróuʃ]《名》《C》《薬》トローチ(剤).

tro·chee [tróuki:]《名》《C》《詩学》強弱格.

*__trod__ [trád / trɔ́d]《動》tread の過去形・過去分詞.

*__trod·den__ [trádən / trɔ́dən]《動》tread の過去分詞の1つ.

trog·lo·dyte [tráglədàit / trɔ́g-]《名》《C》 **1** (主に)先史時代の)穴居人. **2** 世事にうとい人.

troi·ka [trɔ́ikə]《ロシア》《名》《C》 **1** トロイカ《ロシアの3頭立ての馬車(そり)》. **2** [単数・複数扱い]《集団指導体制の》3人組; 三頭制.

Tro·jan [tróudʒən]《形》トロイの; トロイ人の.
— 《名》《C》トロイ人.
■ ***wórk like a Trójan*** 必死に働く.
(▷ 《名》**Tróy**)

◆ **Trójan hórse** **1** [the T- H-]《ギ神》トロイの木馬《トロイ戦争でギリシャ軍がトロイ人を欺くために用いた木馬》. **2** 《C》(敵陣営に潜入する)破壊工作団(員). **3** 《C》《コンピュータ》トロイの木馬《システム破壊プログラムの一種》.

Trójan Wár [the ～]《ギ神》トロイ戦争.

troll¹ [tróul]《動》《自》《魚》を流し釣りする《for》.

troll² [tróul]《名》《C》《北欧伝説》トロール《ほら穴や地下に住む巨人[小人]》.

*__trol·ley__ [tráli / trɔ́li]《名》《複 trol·leys [～z]》《C》 **1** =**trólley càr**《米》路面電車《英》tram); =**trólley bùs** トロリーバス. **2** トロリー, 触輪《電車・トロリーバスのポールの先端にあって架線に接する輪》. **3** 手押しカート《《米》cart》. **4** 《英》(食事などを運ぶ)ワゴン《《米》wagon》.

trol·lop [trάləp / trɔ́l-]《名》《C》《古風・軽蔑》だらしない女, 身持ちの悪い女; 売春婦.

trom·bone [trɑmbóun / trɔm-]《名》《C》《音楽》トロンボーン《金管楽器》.

trom·bon·ist [trɑmbóunist / trɔm-]《名》《C》トロンボーン奏者.

‡troop [trú:p]《名》《動》[原義は「群れ」]
— 《名》《複 troops [～s]》《C》 **1** [通例 ～s]**軍隊**, 軍勢; 《軍》騎兵[戦車]中隊(cf. squadron 大隊): regular *troops* 常備軍 / The general sent in *troops*. 将軍は軍隊を投入した.
2 (特に移動中の人・動物の)**群れ**, 集団: a *troop* of children [ants] 子供[アリ]の1群 / in *troops* 群れを成して. **3** (ボーイ[ガール]スカウトの)隊.
— 《動》《自》[副詞(句)を伴って]群れを成して進む, ぞろぞろ集まる[立ち去る]: The students *trooped* into [out of] the hall. 生徒たちはぞろぞろとホールに入った [ホールから出て来た].

◆ **tróop càrrier** 《C》軍隊輸送機[船].

troop·er [trú:pər]《名》《C》 **1** 騎兵. **2** 《米》州警察官; 騎馬警官.
■ ***swéar like a tróoper*** ひどくののしる.

troop·ship [trú:pʃip]《名》《C》軍隊輸送船.

trope [tróup]《名》《C》《修辞》比喩, 言葉のあや.

*__tro·phy__ [tróufi]《名》《複 tro·phies [～z]》《C》 **1** トロフィー, 優勝記念品《カップ・盾など》: win a *trophy* トロフィーを獲得する, 優勝する. **2** (戦勝・狩猟などの)記念品, 戦利品: hunting *trophies* 狩猟記念品《獣の頭や毛皮, シカの角など》.

*__trop·ic__ [trápik / trɔ́p-]《名》 **1** [the ～s]熱帯地方. **2** 《C》[しばしば T-]《天文・地理》回帰線.

◆ **Trópic of Cáncer** [the ～]北回帰線, 夏至線《北緯23度27分》.

Trópic of Cápricorn [the ～]南回帰線, 冬至線《南緯23度27分》.

‡**trop·i·cal** [trápikəl / trɔ́p-]《形》 **1** 熱帯(地方)の, 熱帯性の: *tropical* fish 熱帯魚 / *tropical* rain forests 熱帯雨林. **2** 熱帯のような, とても暑い.

‡**trot** [trát / trɔ́t]《動》(三単現 **trots** [tráts / trɔ́ts]; 過去・過去分詞 **trot·ted** [～id]; 現分 **trot·ting** [～iŋ])
《自》 **1** (馬などが)速足[トロット]で駆ける. **2** [副詞(句)を伴って](人が)小走りで行く, 急ぎ足で行く; 《口語》(歩いて)行く.
— 《他》〈馬など〉を速足[トロット]で駆けさせる.
■ ***trót óut*** 《他》《口語》…を見せびらかす; 〈すでによく知られたこと〉を口にする[書く].
— 《名》 **1** [単数形で](馬などの)**速足**, だく足, トロット(→ GALLOP 図); (人の)早足, 小走り: at a *trot* 速足で. **2** 《C》速足での騎乗; 早足での散歩. **3** 《C》《米口語》とらの巻. **4** [the ～s]《口語》下痢.
■ ***on the trót*** **1** 《英》連続して, 立て続けに. **2** 《口語》絶えず働いていて, いつも忙しくして.

troth [tráθ, trɔ́:θ / tróuθ]《名》《U》《古》 **1** 忠実, 誠実; 真実: by my *troth* 誓って. **2** 約束; 結婚の誓い.

trot·ter [trátər / trɔ́t-]《名》《C》 **1** 速足の調教を受けた馬. **2** [通例 ～s]《食用としての》豚[羊]の足.

trou·ba·dour [trú:bədɔ:r / -dùə]《フランス》《名》《C》トルバドゥール《中世ヨーロッパの吟遊詩人》.

‡**trou·ble** [trʌ́bl]《名》《動》[原義は「混乱させる」]
— 《名》《複 trou·bles [～z]》 **1** 《U》迷惑, 面倒, やっかい: I'm sorry I gave you *trouble* last night. 昨晩はご迷惑をおかけして申し訳ありません / It is no *trouble* for me to drive you home. あなたを家まで車でお送りするのは何でもありません / I really appreciate all the *trouble* you have taken for me. 大変でやっかいになり心からお礼を申し上げます.
2 《U》**困難**, 苦労, 骨折り: We had *trouble* getting there. 私たちはそこにたどり着くのに苦労した / She passed the test without any *trouble*. 彼女はその試験に何の苦もなくパスした / Do you have any *trouble* with your homework? 宿題で何か困ったことはありませんか.
3 《U》心配; 《C》心配事, 悩みの種; 欠点, 短所: I talked with him about my *troubles*. 私は彼に心配事を相談した / Mary's bad habit was a great *trouble* to her parents. メアリーの困った習慣は両親にとって大きな悩みの種だった / What's the *trouble* with you? 何かお困りですか.
4 《U》病気: He has heart *trouble*. 彼は心臓が悪い / She has *trouble* with her stomach. 彼女は胃が悪い. **5** 《U》《C》もめ事, 争い事, トラブル: family *troubles* 家庭内のいざこざ / labor *trouble* 労働争議. **6** (機械などの)故障: develop engine *trouble* エンジントラブルを起こす.
■ ***ásk*** [***lóok***] ***for tróuble*** 《口語》わざわざ災難を

be in trouble 困っている: He *is in* big *trouble*. 彼は大変困っている. **2**［…と］問題［ごたごた］を起こしている［*with*］: He *is in trouble with* his creditors. 彼は債権者と問題を起こしている.

be more trouble than it is worth《口語》手間がかかるわりに成果が上がらない.

get into trouble 困ったことになる；［…と］問題を起こす［*with*］: He often *gets into trouble with* the police. 彼はよく警察のやっかいになる.

get ... into trouble …をやっかいなことに巻き込む, …に迷惑をかける: Don't *get* me *into trouble*. 私をトラブルに巻き込まないでくれ.

go to trouble 手間をかける, 人のために骨を折る.

make trouble 騒ぎ［もめ事］を起こす.

put ... to trouble〈人〉に面倒［迷惑］をかける: I did not want to *put* you *to* such *trouble*. あなたにこんなど迷惑をおかけしたくはなかった.

run into trouble 困ったことになる.

take the trouble to do 面倒がらずに…する: She took the *trouble* to drive me home. 彼女はわざわざ私を車で家まで送ってくれた.

take trouble over［*about*, *with*］**...** …で骨を折る, 苦労する.

The trouble is(**that**)**....** 困ったことに［問題は］…である: *The trouble is* we don't have enough money. 問題は十分な金がないことです.

The trouble with ... is(**that**)**~.** …の欠点［困ったところ］は…である.

— 動 (三単現 **trou・bles**［~z］; 過去・過分 **troubled**［~d］; 現分 **trou・bling**［~iŋ］)

— 他 **1**［trouble＋O］〈人〉を［…で］心配させる, 悩ます［*with*, *about*］(病気などが)〈人〉を苦しめる: I don't know what's *troubling* him. 彼が何を気に病んでいるのか私にはわからない / Don't *trouble* your parents *with* such a thing. そんなことで両親に心配をかけるな / She was *troubled about* her future. 彼女は将来のことで悩んでいた / She is often *troubled by*［*with*］a toothache. 彼女は歯痛で苦しむことがくある.

2 (a)［trouble＋O］…に［…で］迷惑［面倒］をかける［*with*, *about*］: I'm sorry to *trouble* you, but would you help me carry this upstairs? ご面倒でしょうが, これを2階まで運ぶのを手伝っていただけませんか / He *troubled* me *with* questions. 彼は質問をして私を困らせた.

(b)［trouble＋O＋for ...］〈人〉に…を貸して［取って］もらう: May I *trouble* you *for* the salt? すみませんが塩を取っていただけませんか.

(c)［trouble＋O＋to do］〈人〉に…してもらう: May I *trouble* you *to* shut the window? すみませんが窓を閉めていただけませんか.

3《文語》〈水面・空気などを〉騒がせる, 波立てる.

— 自［通例, 否定文・疑問文で］［…で］心配する［*about*, *over*］; わざわざ［…］する［*to do*］: Don't *trouble about* it. そのことは心配いらない / Don't *trouble* to see me off at the station. わざわざ駅まで見送りに来てくださらなくても結構です.

■ ***trouble onesélf abóut***［*òver*］**...** …のことを心配する.

trouble onesèlf to dó 骨身を惜しまず［わざわざ］…する. (▷形 **tróublesome**)

trou・bled［trʌ́bld］形 **1** 悩んだ, 困った(ような).
2（時代・事態などが）問題の多い, 騒然とした.

tróu・ble-frée［…frí:］形 問題のない, 故障のない.

trou・ble-mak・er［trʌ́blmèikər］名Cもめ事を起こす人, トラブルメーカー.

tróu・ble-shòot・er［…］名C（機械の故障原因を見つけて修理する）修理係；（紛争の）解決者, 調停者.

***trou・ble・some**［trʌ́blsəm］形 **1** やっかいな, 扱いにくい: a *troublesome* job 骨の折れる仕事.
2 うるさい, 迷惑をかける. (▷名 **trouble**)

trough［trɔ́:f / trɔ́f］名C **1**（浅くて細長い）かいばおけ. **2**（波間・山あいの）谷；トラフ（海底の谷）.
3（景気の）谷間, 底. **4**《気象》気圧の谷. **5**（屋根の）雨どい.

trounce［tráuns］動 他 **1**（試合などで）…を完全に負かす. **2**《古風》…をひどく殴る；懲らしめる.

troupe［trú:p］名C［単数・複数扱い］（歌手・踊り手などの）一座, 一団.

troup・er［trú:pər］名C 劇団員, 座員；《口語》老練な俳優.

****trou・ser**［tráuzər］

— 名（複 **trou・sers**［~z］) **1**［~s; 複数扱い］《主に英》ズボン（《主に米》pants）: a pair of *trousers* ズボン1着. **2**［形容詞的に］ズボンの: a *trouser* press ズボンプレッサー / a *trouser* suit《英》(女性用の)パンツスーツ(《米》pantsuit).

■ ***wèar the tróusers***《英口語》夫をしりに敷く (《米口語》wear the pants).

trous・seau［trú:sou］名（複 **trous・seaux**［~z］, **trous・seaus**［~z］)C《古風》嫁入り道具［衣装］.

***trout**［tráut］名（複 **trout**, **trouts**［tráuts］) **1** C《魚》マス. **2** U マスの肉.

trove［tróuv］名U 掘り出し物（treasure trove）.

trow・el［tráuəl］名C（左官などの）こて；（園芸用）移植ごて.

Troy［trói］名固 トロイ, トロイア《小アジア北西部の古代都市. トロイ戦争があった》. (▷形 **Trójan**)

tru・an・cy［trú:ənsi］名U ずる休み, 無断欠席.

tru・ant［trú:ənt］名C **1** 無断欠席者［生徒］.
2 仕事を怠ける人.

■ ***pláy trúant***《英》学校［仕事］をずる休み［無断欠席］する（《米》play hooky）.

— 動自 ずる休み［無断欠席 欠勤］する.

truce［trú:s］名C（一時的）休戦；休戦協定: make［call］a *truce* 休戦する.

*****truck**[1]　［trʌ́k］

名 動【原義は「車輪」】

— 名（複 **trucks**［~s］) C **1**《米》トラック, 貨物自動車（《英》lorry）: a delivery *truck* 配達用トラック / carry goods by *truck* トラックで商品を運ぶ.

2《英》屋根のない貨車. **3** 手押し車；運搬車.

— 動 他（通例, 受け身で）…をトラックで運ぶ. — 自（気楽に）行く, 進む（*along*, *down*）.

◆ **trúck stòp** C《米》(特に長距離トラック運転者用の)ドライブイン（《英》transport café）.

truck² [名] ⓤ 1 物々交換 (の品物); 取引, 関係.
2 《米》市場向け野菜 [果物]. 3 《口語》つまらない小物; くず, がらくた. 4 《賃金に代わる》現物支給.
■ *hàve nó trúck with* ... …と取引 [交際] しない, …と関係がない.
◆ **trúck fàrm** ⓒ 《米》市場向け野菜 [果物] 農園 (《英》market garden).

truck·er [trÁkər] 名 ⓒ 《米》トラック運転手; トラック運送業者.

truck·ing [trÁkiŋ] 名 ⓤ 《米》トラック運送 (業).

truck·le [trÁkl] 名 ⓒ = **trúckle bèd** 《英》キャスター付きベッド (《米》trundle).

truck·load [trÁkloùd] 名 ⓒ トラック1台分の荷.

truc·u·lence [trÁkjuləns] 名 ⓤ 残忍さ, 好戦性.

truc·u·lent [trÁkjulənt] 形 残忍な, 好戦的な.

trudge [trÁdʒ] 動 ⓘ 《副詞 (句) を伴って》(重い足取りで) とぼとぼ歩く.
— 名 ⓒ 《通例, 単数形で》 とぼとぼ歩き, 重い足どり.

***true** [trúː]

形 副 名 《原義は「忠実な」》
— 形 《比較 **tru·er** [~ər]; 最上 **tru·est** [~ist]》
1 本当の, 真実の (↔ false, untrue): a *true* story 実話 / That's *true*. その通りです / Her story sounds *true*. 彼女の話はどうやら本当らしい / Is it *true* that he is going to resign? 彼が辞めるというのは本当ですか.
2 《通例, 限定用法》本物の, 正真正銘の; 純粋の (→ REAL 類義語): a *true* diamond 本物のダイヤモンド / The couple were tied to each other by *true* love. 2人は正真正銘の愛で結ばれていた / He is a *true* gentleman. 彼は本物の紳士だ.
3 《叙述用法》《…に》あてはまる 《*of, for*》: The statement is *true of* our country. その見解はわが国にあてはまる / Getting proper nourishment is necessary for us, and this is especially *true for* babies. 適切な栄養をとることは私たちに不可欠であり, このことは特に赤ちゃんにあてはまります.
4 《…に》誠実な, 忠実な 《*to*》: a *true* friend 誠実な友人 / You must be *true to* your conscience. 良心に忠実でなければならない / He is not *true to* his word. 彼は約束を守らない.
5 正確な; 《…と》一致した 《*to*》: This is a *true* copy of "Macbeth." これは『マクベス』の正確な写本です / His translation is always *true to* the original. 彼の翻訳はいつも原文に忠実だ.
6 正当な, 合法的な: a *true* heir 正当な後継者.
7 (器具などが) 狂っていない, 正しい位置にある; (声などが) 正しい調子の.
■ *còme trúe* (夢などが) かなう, 本当になる: a dream *come true* 正夢 / His dream *came true*. 彼の夢がかなった.
hòld trúe 《…に》あてはまる 《*of, for*》: This *holds true of* [*for*] almost everything. このことはほとんどすべてにあてはまる.
It is trúe (*that*) …, *but* ~. = *Trúe, …, but* ~. なるほど…だが~だ: *It is true* (*that*) she is pretty, *but* I don't like her. 確かに彼女は綺麗な女性だが私は好きではない.
Tóo trúe! 《口語》(残念ながら) まったくその通り.

trúe to fórm [*týpe*] 典型的な, 型通りの.
trúe to lífe 真に迫った, 本物そっくりの.
— 副 本当に, 正直に; 注意深く, 正確に: He speaks *true*. 彼は正直に話す.
— 名 **1** 《the ~》《文語》真実であること, 真理.
2 ⓤ (物事が) 正確であること: *be out of the true* (調子が) 狂っている. (▷ 名 **trúth**).

trúe-blúe 形 **1** 《米》(主義・人などに) 忠実な, 信念を曲げない. **2** 《英口語》こちこちの保守派の.

true-heart·ed [trúːhάːrtid] 形 《文語》誠実な, 忠実な; 正直な.

trúe-lífe 形 《限定用法》事実に基づく, 現実に生じた.

truf·fle [trÁfl] 名 **1** 《植》トリュフ, フランスショウロ (地中に生じる高価な食用キノコ). **2** トリュフ (ココアをまぶした球形のチョコレート菓子).

tru·ism [trúːizəm] 名 ⓒ わかり切ったこと, 自明の理; 陳腐な決まり文句.

tru·ly [trúːli]

— 副 **1** 正確に, 偽りなく, 真の意味で: He is *truly* a great artist. 彼は真の意味で偉大な芸術家です / It is *truly* said that good medicine tastes bitter. 良薬は口に苦しとはよく言ったものだ.
2 本当に, 真に, まったく (really): This is a *truly* beautiful garden. ここは本当に美しい庭園です.
3 心から, 誠実に (sincerely): I *truly* appreciate your kindness. あなたのご親切に心から感謝しております.
4 《文修飾》正直言って, 実際は (in fact): *Truly*, child rearing is a wonderful experience. 正直な話, 子育てはすばらしい経験です.
■ *Trúly yóurs,* = *Yóurs trúly,* 敬具 《◇ 手紙の結び文句》.

Tru·man [trúːmən] 名 圖 トルーマン Harry S. Truman (1884–1972; 米国の政治家; → PRESIDENT 表).

trump [trÁmp] 名 ⓒ (トランプの) 切り札 (trump card); 《しばしば ~s》切り札の組. 《比較》日本語の「トランプ」は (playing) cards にあたる.
■ *tùrn* [*còme*] *úp trúmps* 《口語》予想以上にうまくいく, ついている; 親切に [気前よく] ふるまう.
— 動 ⓘ 《トランプ》(札を) 切り札で取る.
2 …に勝つ, …を負かす.
■ *trúmp úp* 《通例, 受け身で》(口実・うその話など) ででっち上げる, 捏造(ﾈﾂｿﾞｳ)する.
◆ **trúmp càrd** ⓒ 切り札; 奥の手: play one's *trump card* 奥の手を使う.

trúmped-úp 形 でっち上げの, 捏造(ﾈﾂｿﾞｳ)した.

trump·er·y [trÁmpəri] 形 《古》見かけ倒しの, くだらない.

***trum·pet** [trÁmpit] 名 ⓒ **1** 《音楽》トランペット, らっぱ (→ ORCHESTRA **PICTURE BOX**): play (the) *trumpet* トランペットを吹く. **2** らっぱ形のもの [拡声器]. **3** 《単数形で》らっぱの (ような) 音; 象の鳴き声.
■ *blów one's ówn trúmpet* 《主に英口語》自慢する, 自画自賛する.
— 動 ⓘ **1** トランペット [らっぱ] を吹く. **2** (象などが) かん高い鳴き声を出す.
— ⓣ …を吹聴する.

trum・pet・er [trʌ́mpitər] 名 C トランペット奏者[吹き], らっぱ手.

trun・cate [trʌ́ŋkeit / trʌŋkéit] 動 他《格式》1 〈樹木・円錐(だ)などの〉先端[頭]を切る. 2〈長い引用文などを〉切り詰める.

trun・cheon [trʌ́ntʃən] 名 C 1 (主に英) (巡査の) 警棒 (《米》nightstick). 2 (権威を象徴する)職杖(じょう).

trun・dle [trʌ́ndl] 動 他〈手押し車などを〉転がして[押して]行く. ― 自 転がる, ゆっくり動く.
― 名 C =trúndle bèd 《米》キャスター付きベッド《不用時はほかのベッドの下に入れておくことのできる低いベッド》(truckle bed).

***trunk [trʌ́ŋk] 【基本的意味は「(木の)幹 (the main stem of a tree)」】
― 名 (複 **trunks** [~s]) C 1 (木の) 幹: He tied the dog around the *trunk* of a tree. 彼は犬を木の幹につないだ.
2 (人の) 胴体; 〈ものの〉本体: a *trunk* line (鉄道・道路の) 本線, (ガス・水道などの) 本管. He has a long *trunk* and short legs. 彼は胴長短足です.
3 トランク, 大型旅行用かばん (◇ suitcase より大きく頑丈なもの): carry a *trunk* トランクを運ぶ.
4 象の鼻: An elephant was picking the leaves off the tree with its *trunk*. 象が鼻を使って木の葉を取っていた. 5 (《米》(車の) トランク, 荷物入れ (《英》boot) (➡ CAR **PICTURE BOX**).
6 [~s] (男子の水泳・競技用の) パンツ, トランクス.
◆ trúnk càll C 《英・古風》長距離電話 (long-distance call).
trúnk ròad C 《英》幹線道路.

truss [trʌ́s] 名 C 1【建】トラス, 桁(ほた)組, 腕木. 2【医】ヘルニア [脱腸] 帯.
― 動 1 (ひもなどで)〈人を〉きつく縛る (*up*).
2 (料理の準備のために) 〈鳥の翼[脚]を〉胴体に固定する (*up*). 3 (通例, 受け身で)【建】〈橋・屋根などを〉トラスで支える [強化する].

**trust [trʌ́st] 動 名 【基本的意味は「…を信頼する (be confident in someone)」】
― 動 (三単現 **trusts** [trʌ́sts]; 過去・過分 **trust・ed** [~id]; 現分 **trust・ing** [~iŋ])
― 他 1 (a) [trust +O] 〈人・言葉などを〉信頼する, 信用する; 〈記憶などを〉頼りにする: She *trusted* and loved her husband. 彼女は夫を信頼し, 愛していた / Nobody *trusted* what he had said. だれも彼の言葉を信用しなかった.
(b) [trust +O+to do] 〈人を〉信頼して…させる, 〈人に〉安心して…させておく: I can't *trust* him *to* do anything for me. 彼には安心して頼み事はできない / She can be *trusted to* do the work. 彼女なら安心してその仕事を任せられます.
2 [trust + that 節]…だと確信する, 期待する; [trust +O+to do]…が~すると確信する: I *trust that* you'll come home early today. きょうはあなたがきっと早く帰って来ると思っています / You can't *trust* the buses *to* run on time. バスが時間通りに来るなんてことはだめとれません.
3 〈人〉に [〈…を〉預ける [*with*]; …を [人に] 預ける [*to*]: He *trusted* me *with* his property. = He *trusted* his property *to* me. 彼は私に彼の財産

を預けた.
― 自 1 《格式》[…を] 信頼する, 信じる [*in*]: In God we *trust*. 私たちは神を信じる《米国の貨幣に刻まれている標語》. 2 [に] 頼る [*to*]: *trust to* luck 運に任せる. 3 期待する, 確信する.

― 名 1 U […に対する] 信頼, 信用 (confidence) [*in*]: She felt her father's *trust in* her. 彼女は自分に対する父親の信頼を感じた / Why don't you have [place, put] your *trust in* me? 私を信頼してくれたらどうなんだい.
2 U [または a ~][…という] 期待, 確信 [*that* 節]: I have a *trust that* he will agree to this plan. 彼はこの計画にきっと同意してくれると思う.
3 U 委託, 保管, 管理; C 委託物: She left her son in her parents' *trust*. = She left her son in *trust* with her parents. 彼女は息子を自分の両親に預けた. 4 U (相手の信頼にこたえる) 責任, 義務 (responsibility): a position of great *trust* 非常に責任ある立場. 5 【法】U 信託; C 信託財産. 6 C【経済】企業合同, トラスト.
■ *tàke ... on trúst*〈人の言うことなどを〉頭から信用する, うのみにする.
◆ trúst fùnd C 信託資金.
trúst tèrritory C (国連による) 信託統治地域.

trust・ed [trʌ́stid] 形 信頼される, あてにされている.
trust・ee [trʌstíː] 名 C 1 (他人の財産の) 受託者, 保管人, 管財人. 2 (大学などの) 評議員, 理事. 3 (国連の) 信託統治地域管理国.

trust・ee・ship [trʌstíːʃip] 名 1 U C 受託者 [評議員, 理事] の職 [地位]. 2 U (国連の) 信託統治; C (国連の) 信託統治地域.

trust・ful [trʌ́stfəl] 形 (人を) すぐ信用 [信頼] する, 信じやすい.

trust・ing [trʌ́stiŋ] 形 すぐ信用する (trustful).
trust・wor・thi・ness [trʌ́stwə̀ːrðinəs] 名 U 頼もしさ.

*trust・wor・thy [trʌ́stwə̀ːrði] 形 信用 [信頼] できる, あてになる.

trust・y [trʌ́sti] 形 (比較 **trust・i・er** [~ər]; 最上 **trust・i・est** [~ist]) [限定用法] 《古・こっけい》信用 [信頼] できる, あてになる.
― 名 (複 **trust・ies** [~z]) C 模範囚.

***truth [trúːθ]
― 名 (複 **truths** [trúːðz, trúːθs]) 1 U 真実, 真相, 事実: the absolute *truth* 絶対的真実 / the *truth*, the whole *truth*, and nothing but the *truth* 真実, すべての真実, そして真実だけ (◇法廷における証人の宣誓の言葉の一部).

コロケーション	真実を…
真実を明らかにする: *reveal* [*expose*] *the truth*
真実を探求する: *seek* [*search for*] *the truth*
真実を話す: *tell* [*speak*] *the truth*
真実をゆがめる: *distort the truth*

2 U 真実味, 真実 [本当] であること: I'm not certain of the *truth* of his story. 彼の話が本当かどうか確信がない / There is some *truth* in what he says. 彼の言葉には真実もある.
3 C 立証された事実, 真理: tell plain *truths* あ

のままの事実を話す / It is a general *truth* that time and tide wait for no man. 歳月人を待たずというのは一般的な真理です.
4 Ⓤ 誠実, 誠意 (sincerity); 正直 (honesty).
■ *in trúth*《古風》本当は, 実は.
The trúth (of the mátter) is (that) .... 実は…である: *The truth is that* I don't want to go. 実は私は行きたくないのです.
to téll (you) the trúth = trúth to téll = if trúth be tóld 本当のことを言うと: *To tell you the truth*, I can't agree with him. 実を言うと私は彼の意見に同意できない. (▷ 形 trúe)

truth·ful [trúːθfəl] 形 **1**(人が)正直[誠実]な, うそを言わない. **2**(話などが)真実[事実]の(true).
truth·ful·ness [〜nəs] 名 Ⓤ 正直さ, 誠実さ; 真実.
truth·ful·ly [trúːθfəli] 副 **1** 正直に, 誠実に.
2 [文修飾] 正しく, 真に; 正直に言えば.

*try [trái] 動 名 [原義は「選別する」]
— 動 (三単現 **tries** [〜z]; 過去・過分 **tried** [〜d]; 現分 **try·ing** [〜iŋ])
— 他 **1** (a) [try+O] …を試みる, 努力する: *try* one's best 全力をつくす / Let's *try* another method. 別な方法でやってみよう.
(b) [try + to do] …しようと努力する: She *tried* to be calm. 彼女は平静を保つように努めた / Please *try* not to be late. どうか遅れないように(努力)してください.
2 (a) [try+O] …を試してみる, 食べて[飲んで]みる, 着てみる: I don't want to *try* "natto" at all. 私は納豆なんて食べてみようとも思わない / May I *try* this hat? この帽子をかぶってもいいですか / Have you ever *tried* parasailing? 今までにパラセーリングをしたことがありますか.
(b) [try + 動名](実際に)試しに…してみる: I *tried* writing with my left hand. 私は試しに左手で書いてみた.
(c) [try + 疑問詞節] …かどうか試してみる: She *tried* how long she could hold her breath. 彼女はどのくらい息を止めていられるか試してみた.
3【法】…を審理する, 裁く: *try* a case 事件を審理する / He is being *tried* for robbery. 彼は強盗の罪で裁判にかけられている.
4 …を苦しめる, 疲れさせる: He often *tries* my patience. 彼はしばしば私をいらいらさせる.
— 自 やってみる; 努力する: *Try* again. もう一度やってごらん / *Try* harder. もっと努力せよ.
■ *trý and dó*《口語》…するように努める(◇ try to do より口語的. 原形でのみ用いる): Today, let's *try and* drive on the expressway. きょうは高速道路を走ってみよう.
trý for ... 他 《英》= try out for ... (↓).
trý it ón《英口語》(相手にどこまで許されるか試すために) ずうずうしくふるまう.
trý ón 他〈服・手袋・靴など〉を試しに着て[はめて, はいて]みる: Can I *try* the dress *on*? そのドレスを試着してもいいですか.
trý óut 他〈新しい機械・企画など〉を試しで使う: *try out* a new car 新車の試走をする.
trý óut for ...《米》〈資格・賞など〉を得ようと努力する, 求める.
— 名(複 **tries** [〜z]) Ⓒ **1** […の]試み; 努力[at, for]: I'll give it another *try*. それをもう1回やってみます / Why don't you have a *try* at something new? 何か新しいことをやってみたらどうですか. **2**《ラグビー》トライ. (▷ 動 trial)

*try·ing [tráiiŋ] 形 **1** つらい, 苦しい, 骨の折れる: a *trying* situation 苦境. **2** しゃくな, 腹が立つ.
trý·òn 名 Ⓒ **1**(衣服の)試着. **2**《英口語》だまそうとすること.
try·out [tráiàut] 名 Ⓒ **1**《米》(スポーツ選手・俳優などの)適性試験; 予選. **2**(劇などの)試演興行.
tsar, tzar [záːr, tsáːr] 名 Ⓒ ロシア皇帝 (czar).
tsa·ri·na, tza·ri·na [zɑːríːnə, tsɑː-] 名 Ⓒ ロシア皇后 (czarina).
Tschai·kov·sky [tʃaikɔ́fski / -kɔ́f-] = TCHAIKOVSKY.
tsét·se flỳ [tzétə-] 名 Ⓒ【昆】ツェツェバエ《熱帯アフリカの吸血性イエバエ》.
T-shirt [tíːʃəːrt] 名 Ⓒ Tシャツ (tee shirt).
tsp., tsp《略語》= *teaspoon*; *teaspoonful* 茶さじ1杯.

*tub [tʌ́b] 名 Ⓒ **1**(しばしば複合語で)おけ, たらい: washtub 洗濯だらい (cf. bathtub).
2《米》風呂おけ, 浴槽 (bathtub): fill [empty] the *tub* 浴槽を満たす[空にする]. **3**《口語》入浴 (bath). **4** おけ[たらい]1杯(の量)(tubful).
5(食品用)小型容器. **6**《こっけい》ぼろ船.
7《米口語》太った人.
tu·ba [tjúːbə / tjuː-] 名 Ⓒ【音楽】チューバ《低音の大型金管楽器》.
tub·by [tʌ́bi] 形 (比較 **tub·bi·er** [〜ər]; 最上 **tub·bi·est** [〜ist])《口語》(人が)ずんぐりした.

*tube [tjúːb / tjúːb]
— 名 (複 **tubes** [〜z]) Ⓒ **1** (金属・ガラスなどの) 管, 筒: a test *tube* 試験管 / a glass [rubber] *tube* ガラス[ゴム]管 / the inner *tube* of a tire タイヤのチューブ.
2(絵の具・歯磨きなどの)チューブ: a *tube* of paint [toothpaste] チューブ入り絵の具[歯磨き].
3(通例 the 〜)《英》(ロンドンの)地下鉄 (underground, 《米》subway): take the *tube* 地下鉄に乗る / go to the stadium by *tube* [on the *tube*] スタジアムに地下鉄で行く.
4《米》真空管《英》valve); ブラウン管; (the 〜)《米口語》テレビ (television).
5【生物・解剖】管状器官: the bronchial *tubes* 気管支.
■ *gò dòwn the túbes* [túbe]《口語》(事業・経済などが) だめになる, つぶれる. (▷ 形 túbular)
tube·less [tjúːbləs / tjúːb-] 形 (タイヤが)チューブのない.
tu·ber [tjúːbər / tjúː-] 名 Ⓒ **1**【植】(ジャガイモなどの)塊茎(かいけい). **2**【解剖】結節, 隆起.
tu·ber·cu·lar [tjubə́ːrkjulər / tjuː-], **tu·ber·cu·lous** [-kjuləs] 形 結核(性)の, 結核にかかった.
tu·ber·cu·lin [tjubə́ːrkjulin / tjuː-] 名 Ⓤ【医】ツベルクリン《結核感染診断用の注射液》.

tu·ber·cu·lo·sis [tjubə:rkjulóusis / tju:-] 名 U《医》結核、(特に)肺結核《略語》TB).

tub·ing [tjú:biŋ / tjú:biŋ] 名 U 管材；[集合的に] 管類.

tu·bu·lar [tjú:bjulər / tjú:-] 形 1 管(状)の. 2《米》すばらしい. (▷ 名 tube)

TUC《略語》= Trades Union Congress (英国の労働組合会議.

‡**tuck** [tʌ́k] 動 他 1 …を[狭い所・安全な所に]押し込む, しまい込む [in, into]: He tucked the letter into his pocket. 彼は手紙をポケットにしまい込んだ. 2 […に]〈衣服・シーツなど〉の端を入れ込む, はさみ込む [in, under]: He tucked his shirt into his pants. 彼はシャツの端をズボンにたくし込んだ. 3〈服〉にひだ[タック]を付ける.
 ■ **túck awáy** 他 1〈金など〉を(安全な場所に)しまい込む. 2 [通例, 受け身で] …を人目のつかない場所に置く[建てる]. 3 大食する.
 túck ín 他 〈衣服・シーツなど〉の端を入れ込む, はさみ込む. 2〈人〉を[毛布などで]包み込む.
 ─ 自《主に英口語》[…を]がつがつ食う [to].
 túck ínto ...《主に英口語》…をがつがつ食う.
 túck úp 他 1〈そでなど〉をまくり上げる, はしょる. 2〈人〉を[毛布などで]包んでやる, くるんで寝かしつける: She tucked her baby up in bed. 彼女は赤ん坊を毛布でくるんで寝かしつけた.
 ─ 名 1 C タック, 縫いひだ；縫い上げ. 2 U《英・古風》(子供向きの)菓子, 甘物. 3 C [しわを伸ばしたり, ぜい肉を取る] 美容整形手術.

tuck·er [tʌ́kər] 動 他 [通例, 受け身で]《米口語》ひどく疲れさせる (out).

-tude [tju:d / tju:d] 接尾 性質・状態を表す抽象名詞を作る: attitude 態度 / solitude 孤独.

Tu·dor [tjú:dər / tjú:-] 名 1 国 チューダー《英国の王朝 (1485-1603)》. 2 C チューダー王家の人. ─ 形 1 チューダー王家[王朝]の. 2《建》チューダー様式の.

Tues., Tue.《略語》= Tuesday.

‡‡‡**Tues·day** [tjú:zdèi, -di / tjú:z-]【→ WEEK 表】
 ─ 名 (複 **Tues·days** [~z]) 1 UC [通例, 無冠詞で] 火曜日《略語》Tue., Tues.) (▷ SUNDAY 語法). 2 [形容詞的に] 火曜日の. 3 [副詞的に]《口語》火曜日に；[~s]《米口語》火曜日ごとに.

tuft [tʌ́ft] 名 C (髪・糸・草などの) ふさ, 束.

tuft·ed [tʌ́ftid] 形 ふさのついた, ふさの付いた.

‡**tug** [tʌ́g] 動 (三単現 **tugs** [~z]; 過去・過分 **tugged** [~d]; 現分 **tug·ging** [~iŋ]) 他 1 …を強く引く, ぐいと引っ張る；[…から] 引っ張り出す (away) [from, out of] (→ PULL 類義語): We tugged the boat out of the river. 私たちはボートを川から引き上げた. 2〈船〉を引き船で引く.
 ─ 自 […を] 強く引く, ぐいぐい引っ張る [at]: He tugged at the rope. 彼はロープを強く引いた.
 ─ 名 C 1 [通例, 単数形で] 強く引くこと: He gave a tug at the cord. 彼はコードをぐいっと引っ張った. 2 引き船, タグボート (tugboat).
 ◆ **túg of wár**(複 **tugs of war** [tʌ́gz-]) C
 1 綱引き. 2 主導権争い, 攻防, 決戦.

tug·boat [tʌ́gbòut] 名 C 引き船 (tug).

tu·i·tion [tjuíʃən / tju-] 名 1 (特に小集団・個人への)教授, 授業. 2 = tuítion fèe《米》(主に大学の) 授業科, 月謝.

‡**tu·lip** [tjú:lip / tjú:-] 名 C《植》チューリップ (の花球根).

tulle [tjú:l / tjú:l] 名 U チュール《網状の薄布》.

tum·ble [tʌ́mbl] 動 自 1 倒れる；[…につまずいて] 転ぶ (over)；[…を / …から] 転がり落ちる (down / off, from): tumble over the stone 石につまずいて転ぶ / She tumbled down the stairs. 彼女は階段を転がり落ちた. 2 […を] 転げ[のたうち] 回る (about)[in, on]；(水などが)揺れ動く, 渦巻く: tumble restlessly in bed ベッドで絶えず寝返りを打つ. 3 […の中へ / …の外へ] 転がるように移動する (into / out of): tumble out of the house 家から飛び出す. 4 (物価などが)急落する. 5《口語》[…に] はっと気づく, 悟る (to). 6《米》宙返り [とんぼ返り] をする.
 ─ 他 1 …を倒す；ひっくり返す, 投げ出す: He was tumbled out of the wagon. 彼は荷馬車から放り出された. 2 …を […の中へ / …の外へ] 投げ散らかす (into / out of)；ぐちゃぐちゃにする.
 ■ **túmble dówn** 自 (建物などが)崩れ落ちる.
 ─ 名 1 C 転倒, 転落；(物価などの)急落: take a tumble 転ぶ. 2 [a~] 混乱, 乱雑, 無秩序. 3 C 宙返り.
 ◆ túmble drýer [drɑ́iər] C《英》回転式乾燥機.

tum·ble-down [tʌ́mbldàun] 形 [限定用法] (建物などが) 今にも倒れそうな；荒れ果てた.

tum·bler [tʌ́mblər] 名 C 1 タンブラー《平底で取っ手のないコップ》. 2《古風》曲芸師, 軽業師.

tu·mid [tjú:mid / tjú:-] 形 1 (身体の一部が)腫(は)れ上がった. 2 (文体などが) 誇張した, 大仰な.

tum·my [tʌ́mi] 名 (複 **tum·mies** [~z]) C《幼児・口語》ぽんぽん, おなか.

tu·mor《英》**tu·mour** [tjú:mər / tjú:-] 名 C《医》腫瘍(しゅよう)(◇ cancer の婉曲語にもなる).

*‡**tu·mult** [tjú:mʌlt / tjú:-] 名 UC《格式》1 騒動, 大騒ぎ: cause a tumult 騒ぎを引き起こす. 2 心の乱れ, 精神的動揺, 興奮: be in (a) tumult 興奮 [動揺] している.

tu·mul·tu·ous [tjumʌ́ltʃuəs / tju-] 形 1 騒がしい. 2 (心が)動揺した, ひどく乱れた.

tu·na [tjú:nə / tjú:-] 名 (複 **tu·na, tu·nas** [~z]) 1 C《魚》マグロ. 2 U = túna fish マグロの身.

tun·dra [tʌ́ndrə] 《ロシア》名 UC (北シベリアなどの) ツンドラ, 凍土帯.

‡**tune** [tjú:n / tjú:n] 名 動
 ─ 名 (複 **tunes** [~z]) 1 C 曲, 歌曲；旋律, メロディー: a theme tune 主題曲 / What is your favorite tune? あなたの好きな曲は何ですか / She was humming a cheerful tune. 彼女は軽快なメロディーを口ずさんでいた.
 2 U (音の)正しい調子；調和.
 3 U (ラジオ・テレビなどの) 同調, 整調.
 ■ **cáll the túne**《口語》決定権を持する, 指揮する.
 chánge one's túne 態度 [気分] が変わる, おとなしくなる. (《由来》「曲 [音] を変える」ことから)
 in túne 1 調子が合って: The piano is in

tuneful

tune. そのピアノは調子が合っている. **2**〔…と〕仲がよくて〔*with*〕.
òut of túne **1** 調子が外れて. **2**〔…と〕仲が悪くて〔*with*〕.
to the túne of ... **1** …の曲に合わせて. **2**《口語》…もの大金で, 総額…も: He was in debt *to the tune of* $10,000. 彼は1万ドルもの借金があった.
—— 動 他 **1**〈楽器〉の調子を合わせる, …を調律する: *tune* a piano ピアノを調律する. **2**〈エンジン〉の調子を整える, …を調整する. **3**〈テレビ・ラジオ〉を〔局・番組〕に合わせる〔*to*〕;〈無線〉〈波長など〉を〔…に〕合わせる〔*to*〕: *Tune* the television *to* Channel 3. テレビを3チャンネルに合わせなさい / Stay *tuned* (*to* this station). 引き続き (この局を) お聞き [ご覧] ください.

■ **túne ín** 他 **1**〔放送局・番組などに〕チャンネル [ダイヤル] を合わせる〔*to*〕. **2**〔感情などに〕気づく, 理解を示す〔*to*〕.—— 他〈ラジオ・テレビなど〉を〔チャンネル・ダイヤルに〕合わせる〔*to*〕.
túne óut 他 **1**〈放送・番組〉の視聴をやめる. **2**《主に米口語》…を無視する, …に耳を貸さない.—— 自《主に米口語》無視する.
túne úp 自 **1**〈楽器などの〉調子を合わせる. **2**〈エンジンなど〉の調子を整える, …を調整する.—— 自 (オーケストラなどが) 音合わせをする.

tune·ful [tjúːnfəl / tjúːn-] 形 美しい旋律の; 音楽的な.
tune·ful·ly [-fəli] 副 美しい旋律で; 音楽的に.
tune·less [tjúːnləs / tjúːn-] 形 調子外れの, 音楽的でない; 耳ざわりな.
tune·less·ly [~li] 副 調子外れで; 耳ざわりに.
tun·er [tjúːnər / tjúːnə] 名 C **1** (ステレオなどの) チューナー, 同調器. **2** (ピアノなどの) 調律師.
tune-up [tjúːnʌp / tjúːn-] 名 C 〈エンジンなどの〉調整;〈運動選手の〉準備運動.
tung·sten [tʌ́ŋstən] 名 U 《化》 タングステン (wolfram)《金属元素; 元素記号》 W》.
tu·nic [tjúːnik / tjúː-] 名 C **1** チュニック《古代ギリシャ人・ローマ人のそでなし上着》. **2** チュニック《ゆったりした婦人用上着》. **3**《英》(軍人・警官の) 制服の上着.
tun·ing [tjúːniŋ / tjúːn-] 名 U 調律; 同調.
◆ **túning fòrk** C 〔音楽〕音叉(ぎ).
túning pèg C〔音楽〕(弦楽器の) 糸巻き.
Tu·nis [tjúːnis / tjúː-] 名 固 チュニス《チュニジアの首都》.
Tu·ni·sia [tjuːníːʒə / tjuːníːziə] 名 固 チュニジア《北アフリカの共和国; 首都チュニス (Tunis)》.

*****tun·nel** [tʌ́nl] 名 動
—— 名 (複 **tun·nels** [~z]) C **1** トンネル, 地下道,(鉱山の)坑道: an underwater *tunnel* 海底トンネル / a street *tunnel* 地下道 / dig [build] a *tunnel* トンネルを掘る.
2 (動物の) 穴.
—— 動 (過去・過分《英》**tun·nelled**; 現分《英》**tun·nel·ling**) 他 …にトンネルを掘る; …を掘る: *tunnel* one's way トンネルを掘って進む.—— 自 トンネルを掘る.

◆ **túnnel vìsion** U 〔医〕視野狭さく症.
2《口語》偏狭さ, 視野の狭さ.
tun·ny [tʌ́ni] 名 (複 **tun·ny, tun·nies** [~z]) C U 《英》《魚》マグロ, ツナ (tuna).
tup·pence [tʌ́pəns] 名 C U 《英口語》2ペンス (twopence).
tup·pen·ny [tʌ́pəni] 形 《限定用法》《英口語》2ペンスの (twopenny).
Tup·per·ware [tʌ́pərwèər] 名 U 《商標》タッパーウェア《プラスチック製の食品保存密封容器》.
tur·ban [təːrbən] 名 C **1** ターバン. **2** ターバン風の女性用帽子.
tur·bid [təːrbid] 形《格式》**1** 〈液体が〉濁った, 不透明な. **2** (思考などが) 混乱した, 不明瞭(½%)な.
tur·bine [təːrbin, -bain / -bain] 名 C 《機械》タービン《水力・ガス・蒸気などで回転するモーター》.
tur·bo [təːrbou] 名 (複 **tur·bos** [~z]) C 《機械》ターボチャージャー (◇ *turbo*charger の略).
tur·bo·charg·er [təːrboutʃɑ̀ːrdʒər] 名 C 《機械》ターボチャージャー, 過給器 (turbo).
tur·bo·jet [təːrboudʒèt] 名 C **1** =*tur*bojet èngine ターボジェットエンジン. **2** ターボジェット(航空)機.
tur·bo·prop [təːrbouprɑ̀p / -prɔ̀p] 名 C
1 =**túrboprop èngine** ターボプロップエンジン.
2 ターボプロップ(航空)機.
tur·bot [təːrbət] 名 (複 **tur·bot, tur·bots** [-bəts]) C《魚》ターボット《ヨーロッパ産の大型のヒラメ・カレイ》; U ターボットの身.
tur·bu·lence [təːrbjuləns] 名 U **1** 大荒れ, (社会的)動乱, 騒乱. **2**《気象》乱気流.
tur·bu·lent [təːrbjulənt] 形 **1** 〈天候・風・波などが〉荒れ狂う: *turbulent* winds 暴風. **2** (感情などが) かき乱された, 混乱した. **3** (時代などが) 動乱の, 不穏な, 〈群衆などが〉騒々しい; 乱暴な.
turd [təːrd] 名 C《人前で使わないタブー語》
1《口語》ふん(のかたまり), くそ. **2** くそたれ.
tu·reen [tərín / tjuər-] 名 C ふた付きの深皿《これからスープ・野菜などを各自の皿に取る》.
***turf** [təːrf] 名 (複 **turfs** [~s], **turves** [təːrvz])
1 U 芝生, 芝地: artificial *turf* 人工芝.
2 C《英》(移植用の四角い) 芝の一片 (《米》sod).
3 U《米口語》縄張り: a *turf* war [battle] 縄張り争い. **4** [the ~] 競馬; 競馬場.
—— 動 他 **1** 〈土地など〉を芝で覆う, …に芝をはる.
2《英口語》…を〔…から〕追い出す〔*out of*〕.
◆ **túrf accòuntant** C《英·格式》(競馬などの) 賭元(ぱ), ブックメーカー (bookmaker).
tur·gid [təːrdʒid] 形 **1** (言葉·文体などが) 大げさで退屈な. **2**《格式》腫(は)れ[ふくれ]上がった.
Turk [təːrk] 名 C トルコ人; [the ~s; 集合的に] トルコ国民. (▷ 形 Túrkish)
Turk. (略語) = *Turk*ey; *Turk*ish.

*****tur·key** [təːrki]
—— 名 (複 **tur·keys** [~z]) **1** C シチメンチョウ (七面鳥); U シチメンチョウの肉 (→ MEAT 表):
We eat *turkey* and bread sauce at Christmas dinner. クリスマスの夕食にはブレッドソースをかけたシチメンチョウを食べます.

Turkey

2 C《米口語》(映画・演劇などの)失敗作;だめな奴.
3 C《ボウリング》ターキー, 3連続ストライク.
■ **tálk túrkey**《米口語》(商談などで)率直に[真剣に]話す.

Tur·key [tə́ːrki] 名 固 トルコ《アジア西部とヨーロッパ南東部にわたる共和国; 首都アンカラ (Ankara);《略語》Turk.》. (▷ 形 Túrkish)

Turk·ish [tə́ːrkiʃ] 形 トルコの; トルコ人[語]の;トルコ風の(《略語》Turk.). ― 名 **1** C トルコ人.
2 U トルコ語. (▷ Túrkey, Túrk)
◆ **Túrkish báth** C トルコ風呂, 蒸し風呂.
Túrkish cóffee U C トルココーヒー《小さなカップで飲む甘くて濃いコーヒー》.
Túrkish delíght U トルコ菓子《砂糖をまぶしたゼリー》.
Túrkish Émpire 固 [the 〜] トルコ帝国 (the Ottoman Empire).

tur·mer·ic [tə́ːrmərik] 名 U《植》ウコン《ショウガ科, インド産》; ターメリック《ウコンの根の粉末. 染料・カレー粉などに用いる》.

tur·moil [tə́ːrmɔil] 名 U [または a 〜] 騒ぎ, 動乱, 混乱: be in (a) *turmoil* 混乱状態にある.

**** turn [tə́ːrn] 動 名

動	① 回す; 回る.	他1; 自1
	② 方向を変える; 曲がる.	他2, 4; 自2
	③ ひっくり返す.	他3
	④ (注意などを)向ける.	他5
	⑤ 変えて…にする; 変わる.	他6; 自3, 4
名	① 回すこと, 回転.	1
	② 方向を変えること, 曲がること.	2
	③ 曲がり角.	3

― 動 (三単現 **turns** [〜z]; 過去・過分 **turned** [〜d]; 現分 **turn·ing** [〜iŋ])

― 他 **1** [turn+O] …を**回す**, 回転させる;〈スイッチ・栓などを〉ひねる: *turn* the wheel to the left ハンドルを左に切る / I *turned* the doorknob and opened the door. 私は取っ手を回してドアを開けた.

2 [turn+O]〈車など〉の**方向[進路] を変える**; …を[…の方向に]向ける [*to, toward, at*]: He *turned* his car *toward* the gas station. 彼はガソリンスタンドの方へ車の進路を変えた / She *turned* her face *to* us. 彼女は私たちの方へ顔を向けた / Suddenly the robber *turned* his gun *at* her. 強盗は突然銃を彼女に向けた.

3 [turn+O] …を**ひっくり返す**, 裏返しにする;〈ページを〉めくる: *turn* the pages of a book 本のページをめくる / The big waves *turned* our boat upside down. 大波が私たちのボートをひっくり返した / She *turned* her pants inside out. 彼女はズボンを裏返した.

4 [turn+O]〈人・車などが〉〈角などを〉**曲がる**, 回る: *Turn* that corner to the right. あの角を右折しなさい.

5 [turn+O]〈注意・心などを〉[…に]**向ける** [*to*];〈考えなどを〉[…から]変えさせる [*from*]: Let's *turn* our attention *to* the air pollution problems. 大気汚染問題に注意を向けよう / Nothing will *turn* them *from* their faith. どんなことがあろうと彼らは信念を変えない.

6 (a) [turn+O+into [to] …]〈もの・こと〉を変えて…にする;〜を…に訳す: *turn* seawater *into* fresh water 海水を淡水に変える / *Turn* the following Japanese passage *into* English. 次の日本文を英訳しなさい.
(b) [turn+O+C] …を〜に変える (◇ C は状態を表す形容詞): He *turned* his face white. その知らせを聞いて彼の顔が青ざめた.

7《進行形不可》〈一定の年齢・時刻・額などに〉達する, なる: It has already *turned* eleven. 時刻はすでに 11 時を回っている / He has just *turned* twenty. 彼は20歳になったばかりです.

8〈足〉をくじく;〈胃〉をむかむかさせる;〈頭〉を混乱させる: He *turned* his ankle while playing football. 彼はフットボールをやっているときに足首をくじいた / The bad smell *turns* my stomach. 悪臭で私は胃がむかむかする.

9〈宙返りなど〉の回転運動をする: He *turned* a somersault. 彼は宙返りをした.

10《米》〈利益〉を上げる (make): *turn* a profit 利益を得る. **11** ろくろを回して[旋盤で]…を作る. **12**〈文など〉を上手に作る, 巧みに表現する.

― 自 **1 回る**, 回転する; 転がる, 寝返りを打つ: How well will this top *turns*! このコマはなんてよく回るのだろう / I *turned* many times in bed. 私はベッドで何度も寝返りを打った.

2 […へ](進路・方向などの)**向きを変える**, 曲がる; 振り向く [*to, toward*]: The ship *turned* north. 船は北に進路を取った / *Turn* left at the corner. その角を左に曲がりなさい / He *turned* to me and asked the way to the post office. 彼は私の方を向いて郵便局への道を尋ねた.

3〈天気・流れなどが〉**変わる**;〈考え・関心などが〉[…に]向かう, 変わる [*to*]: The tide has *turned* completely. 潮の流れが完全に変わった / I used to watch movies, but I *turn* now to plays. 私は以前は映画をよく見たが今では演劇に関心が向いている.

4 (a) […から / …に] (変化して) **なる** [*from* / *to, into*]: The rain *turned* to snow. 雨は雪に変わった / The caterpillar *turned into* a beautiful butterfly. いも虫は美しいチョウに変身した.
(b) [turn+C]〈性質・状態・形などが〉…になる, 変わる; …に転向する (◇ C は形容詞・無冠詞の単数名詞): The milk *turned* bad [sour]. 牛乳が腐った[すっぱくなった] / He *turned* traitor. 彼は裏切った.

5 (秋に木の葉が) 紅葉する: The leaves *turned* red. 木の葉が紅葉した

6 (ページが) めくれる;(本をめくって)[…ページを]開く [*to*]; 裏返しになる: Please *turn* to page 10. 10ページを開いてください.

7 (胃が) むかつく,(頭が) くらくらする: My stomach [head] *turned*. 胃がむかむかした[頭がくらくらした]. **8** ろくろ [旋盤] を回す.

句動詞 **tùrn abóut** = turn around (↓).
|| **tùrn agàinst** … 他 …に反抗する, 背く.

túrn ... agàinst ~ 他 …を~に反抗させる.
tùrn aróund 自 **1** ぐるりと向きを変える; 振り向く: Though I called to her, she didn't ***turn around***. 私が声をかけたのに，彼女は振り向かなかった. **2** 回転する: The windmill is ***turning around***. 風車が回っている. **3** (経済などが) 好転する. — 他 [turn around + O / turn + O + around] **1** …の向きを変えさせる; 振り向かせる: ***Turn*** your car ***around***. 車の向きを変えなさい. **2** 〈経済など〉を好転させる. **3** 〈質問・言葉などの〉意味 [表現] を変える.

tùrn awáy 自 **1** […から] 顔をそむける [*from*]. **2** […から] 離れる, […を] 見捨てる [*from*]: The company has ***turned away*** *from* the trade division. その会社は貿易部門から撤退した. — 他 [turn away + O / turn + O + away] **1** 〈顔など〉をそむける: I ***turned*** my eyes *away* from him. 私は彼から視線をそらした. **2** …を […から] 追い払う [*from*]; …の入場を断る.

tùrn báck 自 引き返す (return). — 他 [turn back + O / turn + O + back] **1** …を追い返す, 引き返させる. **2** 〈時計の〉〈針〉を逆に戻す. **3** 〈ページ〉を折り返す.

tùrn dówn [turn down + O / turn + O + down] **1** 〈ガスなど〉を弱くする; 〈テレビ・ラジオなどの〉音を小さくする (↔ turn up): ***turn down*** the radio ラジオの音を小さくする. **2** 〈申し込み・提案 (者) など〉を断る: Meg ***turned down*** his proposal. メグは彼のプロポーズを断った. **3** 〈寝具などの〉端を折り返す, 折り曲げる.

tùrn dòwn … 〈角〉を曲がって〈路地など〉に入る.

tùrn ín 他 [turn in + O / turn + O + in] **1** 《米》〈書類など〉を […に] 提出する [*to*]: When you've finished your examination, turn it *in* to me. 答案を書き終えたら私に提出しなさい. **2** 《米口語》〈不要になったもの〉を返す. **3** 《口語》〈犯人〉を〈警察など〉に引き渡す. **4** …を内側に曲げる, 折り曲げる. **5** 《口語》ベッドに入る (↔ turn out). — 自 **1** 中に入る, 立ち寄る. **3** 〈足の指などが〉内側に曲がる.

tùrn óff 他 [turn off + O / turn + O + off] **1** 〈栓〉をひねって 〈ガス・水など〉を止める; 〈明かり・テレビ・ラジオなど〉を消す (↔ turn on): ***Turn off*** the television. テレビを消しなさい. **2** 《口語》〈こと・人が〉…をうんざりさせる: Their bad manners ***turned*** her ***off***. 彼らのマナーの悪さに彼女はうんざりした. **3** 《英》〈人〉を解雇する. — 自 **1** (わき道などへ) それる, 方向を変える: Soon the road ***turns off*** to the right. まもなく道は右に折れる. **2** 《口語》興味を失う, うんざりする.

túrn òff … 他 〈幹線など〉からわき道に入る.

tùrn ... óff ~ 他 〈人〉を~に対してうんざりさせる, 嫌いにさせる.

tùrn ón 他 [turn on + O / turn + O + on] **1** 〈栓などをひねって〉〈ガス・水など〉を出す; 〈明かり・テレビ・ラジオなど〉をつける (↔ turn off): Please ***turn*** the light ***on***. 明かりをつけてください. **2** 《口語》〈人〉を (性的に) 興奮させる, 熱狂させる;

〈人〉に […に対して] 興味を抱かせる [*to*]. **3** 〈表情などで〉〈…〉を急に見せる. **4** 〈人〉を 〈麻薬などに〉誘い込む [*to*]. — 自 《口語》興奮する, 熱狂する.

túrn on [upòn] … 他 **1** (人・動物などが急に) …を襲う: Bears may ***turn on*** you. クマがあなたたちを襲うかもしれない. **2** 次第で決まる: The success of our sports day simply ***turns on*** the weather. 運動会が成功するかどうかはもっぱら天気次第です. **3** 〈考えなどが〉…を軸 [中心] として回る.

túrn ... on [upòn] ~ 他 〈銃・光・視線などを〉~に向ける: She ***turned*** her sad eyes *on* [*upon*] him. 彼女は悲しそうな目で彼を見た.

tùrn óut [turn out + O / turn + O + out] **1** 〈明かり・ガスなど〉を消す: Kate forgot to ***turn out*** the lights. ケートは明かりを消し忘れた. **2** 〈もの・人材など〉を作り出す, 生産する: Our factory ***turns out*** small cars. 私たちの工場では小型車を作っている. **3** 〈人〉を […から] 追い出す, 解雇する [*from*]. **4** 〈容器など〉を空にする; 〈中身〉を出す; 〈部屋〉をきれいにする. **5** [通例, 受け身で]〈人〉を盛装させる. — 自 **1** (a) [turn out (to be) + C] (結局) …であることがわかる, …となる: His new business ***turned out*** a big success. 彼の新事業は大成功だった / It has ***turned out*** fine. 天気がよくなった.
(b) [It turns out + that 節] …ということがわかる: It ***turned out*** (*that*) the rumor was false. そのうわさは誤りであることがわかった (= The rumor ***turned out*** to be false.).
2 […のために] 出かける, 集まる [*for / to do*]. **3** 《口語》ベッドから起き出す (↔ turn in). **4** 〈足の指などが〉外側に曲がる.

túrn ... òut of ~ …を~から追い出す, 除名する.

tùrn óver [turn over + O / turn + O + over] **1** …をひっくり返す; 〈ページ〉をめくる: ***turn over*** the pages ページをめくる. **2** …をじっくり考える: She ***turned*** the problem *over* in her mind. 彼女はその問題をじっくり考えた. **3** … (の額の) 取引 [売り上げ] がある; 〈商品〉を売りさばく: He ***turns over*** $30,000 a week. 彼には週3万ドルの売り上げがある. **4** 〈仕事など〉を […に] 譲る [*to*]: He ***turned*** the business *over* to his son. 彼は商売を息子に譲った. **5** 〈犯人〉を 〈警察などに〉引き渡す [*to*]. **6** 〈エンジン〉を始動させる. **7** 〈書類など〉をひっくり返して調べる. — 自 **1** ひっくり返る, 寝返りを打つ; ページをめくる: His car slipped on the snowy road and ***turned over***. 彼の車は雪道で滑ってひっくり返った. **2** 〈テレビの〉チャンネルを変える. **3** 〈エンジンが〉始動する, かかる.

tùrn róund = turn around (↑).

tùrn to … 他 **1** (助言・情報などを求めて) 〈人など〉に頼る: I have no one to ***turn to***. 私には頼る人がいない. **2** 〈辞書など〉を参照する: ***turn to*** an English dictionary 英英辞典を参照する. **3** 〈仕事など〉に取り組む (話・文章などで) …に移る: Now let's ***turn to*** the next topic. さあ次の話題に移りましょう.

tùrn úp [turn up + O / turn + O + up]

1 〈ガスなど〉を強くする; 〈テレビ・ラジオなど〉の音を大きくする (↔ turn down): *turn up* the radio ラジオの音を大きくする. **2** …を上に向ける; まくり上げる. **3** …を発掘する, 発見する. **4** 《口語》〈人〉をむかむかさせる.
— ⓐ **1** 《口語》(人が ひょっこり) 姿を現す, 現れる: He didn't *turn up*. 彼は現れなかった. **2** (探し物が) 偶然出てくる, 見つかる. **3** (思いがけない事件などが) 起こる. **4** 上に向く [曲がる]; (景気などが) 上り坂 [上向き] になる.

■ *as it tùrned óut* 結局のところ: *As it turned out*, she didn't come to the party. 結局のところ, 彼女はパーティーに来なかった.

—图 (複 turns [~z]) **1** ⓒ 回ること, 回すこと, 回転: make a full *turn* 1回転する / First give a *turn* to the left. それをまず左に回しなさい.
2 ⓒ 方向を変えること, 曲がること; 折り返し: No Right *Turn*. 《掲示》右折禁止 / Take [Make] a *turn* to the left at the next corner, please. 次の角で左に曲がってください.
3 ⓒ 曲がり角, 曲がり目: This river has a lot of *turns*. この川には曲がりくねった部分がたくさんある / Don't stop your car at a *turn* in the road. 道の曲がり角で車を止めてはいけない.
4 ⓒ [a ~] (状況の)変化; [通例 the ~] 変わり目, 転換期: Our discussion took a lively *turn* with his proposal. 私たちの討論は彼の提案で活発になった / We've experienced the *turn* of the century. 私たちは世紀の変わり目を体験した / She took a *turn* for the better. 彼女は快方に向かった.
5 ⓒ [通例 one's ~] 順番, 番: It's your *turn* to do the dishes. あなたが食器を洗う番です.
6 [a ~] 性向, 性質; 能力, 才能: a romantic *turn* of mind ロマンチックな気質.
7 [a ~] 《古風》(徒歩・車などでの) ひと回り, ドライブ; ひと仕事; ひと勝負: He often takes a *turn* in the park. 彼はよく公園を散歩する.
8 ⓒ [形容詞を伴って] 行為, 仕打ち: He did me a bad [good] *turn*. 彼は私にひどい仕打ちをした [親切にしてくれた].
9 ⓒ 《口語》(病気・めまいなどの) 発作.
10 [a ~] 《口語》ぎょっとすること, 驚き: give ... a *turn* …を驚かす. **11** ⓒ (寄席・芝居・テレビ番組などの) 出し物. **12** ⓒ 言い回し, 言い方: a difficult *turn* of phrase 難しい言い回し.

■ *at èvery tùrn* 至る所で; いつでも.
by túrns **1** 代わる代わる, 交替で: Let's drive *by turns*. 交替で運転しよう. **2** 次々に.
in ...'s túrn **1** …の順番になって: I spoke *in my turn*. 私は自分の番になって発言した. **2** 今度は自分が, 自分もまた.
in túrn **1** (3人以上の間で) 順々に; (2人の間で) 代わる代わる: The girls sang *in turn*. 少女たちは順番に歌った. **2** (代わって) 今度は: If you are unkind to others, you will be treated unkindly *in turn*. 人に親切にしないと, 次はあなたが人から親切にしてもらえないことになる.
on the túrn まさに変わろうとして, 変わり目で; 《主に英》(牛乳などが) 腐りかけて.

òut of túrn **1** 順番でないのに: speak *out of turn* 順番でないのに話す. **2** 軽率に.
sérve ...'s túrn …の役に立つ.
tàke túrns [… を / …するのを] 交替で行う [*at*, *in* / *doing, to do*]: We took turns (*at*) driving. 私たちは交替で運転した.
to a túrn 《口語》(料理が) 申し分なく, ほどよく: This roast beef is done *to a turn*. このローストビーフは申し分ない焼き具合だ.
túrn (and túrn) abóut 代わる代わる, 交替で.

◆ *túrn sìgnal* ⓒ 《米》(車の) 方向指示器 (《英》indicator).

turn・a・bout [tə́ːrnəbàut] 图 ⓒ 《主に英》**1** 方向転換. **2** (思想・主義などの) 転向, 変節.

turn・a・round [tə́ːrnəràund] 图 《主に米》ⓒ **1** (通例, 単数形で) 方向転換. **2** (通例, 単数形で) (主義・思想などの) 転向, 変節. **3** (通例, 単数形で) (経済・業績などの) 急速な改善 [好転]. **4** (飛行機・船などの) 折り返し便準備 (時間).

turn・coat [tə́ːrnkòut] 图 ⓒ 裏切り者, 変節 [背教] 者.

turn・down [tə́ːrndàun] 形 [限定用法] (襟(ﾖ)などが) 折り返しの (↔ stand-up).
— 图 ⓒ **1** (襟などの) 折り返し. **2** 《米》拒否.

Tur・ner [tə́ːrnər] 图 圊 ターナー Joseph Mallord [mǽlərd] William Turner 《1775–1851; 英国の画家》.

turn・er [tə́ːrnər] 图 ⓒ **1** 物を回す人 [もの]; 施盤 [ろくろ] 工; フライ返し (《英》fish slice).

‡**turn・ing** [tə́ːrniŋ] 图 **1** ⓒ 回転, 旋回; 方向転換. **2** ⓒ 《英》曲がり角; 分岐点 (turn): Take the next *turning* to the left. 次の角を左へ曲がりなさい.

◆ *túrning cìrcle* ⓒ (車などの) 最小回転円.
túrning pòint ⓒ 転換点, 転機, 変わり目.

tur・nip [tə́ːrnip] 图 ⓒ 《植》カブ; ⓤ ⓒ カブ (の根) 《食用・飼料用》.

turn・key [tə́ːrnkìː] 形 [限定用法] すぐに使える [住める] 状態の, (建物などが) 完成後引き渡し方式の.

turn・off [tə́ːrnɔ̀ːf, -ɑ̀f] 图 (複 turn-offs [~s]) ⓒ **1** (幹線道路の) 分岐点, (分岐した) わき道. **2** [単数形で] 《口語》興ざめな人 [もの].

túrn-òn ⓒ [通例, 単数形で] 《口語》(性的に) 興奮させる人 [もの], 刺激.

turn・out [tə́ːrnàut] 图 ⓒ **1** [通例, 単数形で; 修飾語を伴って] 人出, 出席者 (数); 投票者実数: There was a high *turnout* at the polls. 投票率は非常に高かった. **2** 《米》(車の) 待避所, (鉄道の) 待避線. **3** [通例, 単数形で] 身支度, 着こなし, 服装. **4** [通例, 単数形で] 《主に英》(引き出し・部屋などを) からにすること; 大掃除.

turn・o・ver [tə́ːrnòuvər] 图 **1** ⓒ 転倒; 転換. **2** [単数形で] (一定期間の) 総売上高, 取引高; (商品・資金の) 回転率. **3** [単数形で] (一定期間の) 労働移動率, 転職率. **4** ⓒ 《アメフト・バスケ》ターンオーバー (相手チームにボールが渡ること). **5** ⓒ (果実などが入った) 折り重ねパイ.

turn・pike [tə́ːrnpàik] 图 ⓒ = *túrnpike róad* 《米》有料高速道路 (pike) (《略語》tpk., tpke.).

turn・round [tə́ːrnràund] 图 《英》= TURN-

turn·stile [tə́ːrnstàil] 名 C 回転式改札[出入]口.

turn·ta·ble [tə́ːrntèibl] 名 C **1** (レコードプレーヤーの)回転盤; 回転テーブル. **2** 転車台《機関車などの方向を変える台》.

turn·up [tə́ːrnʌ̀p] 名 C **1** (しばしば ~s) 《英》(ズボンの)折り返し(《米》cuff). **2** 《英口語》思いがけないこと: a *turnup* for the book(s) 予期しないこと, 思いがけないこと.

tur·pen·tine [tə́ːrpəntàin] 名 U テレビン油(《英口語》turps)《塗料の溶剤などに用いる》.

tur·pi·tude [tə́ːrpətjùːd / -tjùːd] 名 U 《格式》邪悪, 卑劣; 堕落.

turps [tə́ːrps] 名 U 《英口語》= TURPENTINE (↑).

tur·quoise [tə́ːrkɔiz, -kwɔiz / -kwɔiz] **1** U C トルコ石, ターコイズ《青緑色の宝石. 12月の誕生石; → BIRTHSTONE 表》. **2** U 青緑色.
— 形 青緑色の, ターコイズ色の.

tur·ret [tə́ːrət, tʌ́r-] 名 C **1** (城壁の角などに付いた)小塔, やぐら. **2** (戦車などの)回転砲塔.

*__tur·tle__ [tə́ːrtl] 名 C 【動物】カメ;《特に》ウミガメ(cf. **tortoise** 陸棲のカメ).
■ **tùrn túrtle** (船が)転覆する.

tur·tle·dove [tə́ːrtldʌ̀v] 名 C 【鳥】コキジバト.

tur·tle·neck [tə́ːrtlnèk] 名 C 《米》タートルネック(のセーター)(《英》polo neck).

turves [tə́ːrvz] 名 turf の複数形.

Tus·can [tʌ́skən] 形 **1** トスカーナの; トスカーナ人[語]の. **2** 【建】トスカーナ様式の.
— 名 **1** C トスカーナ人. **2** U トスカーナ語《イタリアの標準語文語》.

Tus·ca·ny [tʌ́skəni] 名 固 トスカーナ《イタリア中部の州; 州都フィレンツェ(Florence)》.

tusk [tʌ́sk] 名 C (象・イノシシなどの)きば.

tus·sle [tʌ́sl] 《口語》動 自 […と]取っ組み合う [*with*]. — 名 C 取っ組み合い, 格闘.

tus·sock [tʌ́sək] 名 C 草むら, 茂み.

tut [t, tʌ́t] 間 ちぇっ《◇軽蔑・非難・いら立ち・困惑などを表す舌打ちの音. 通例, Tut, tut! と 2 重ねる》.
— 名 [tʌ́t] (三単現 **tuts** [tʌ́ts]; 過去・過分 **tut·ted** [~id]; 現分 **tut·ting** [~iŋ]) (ちょっと)舌打ちする.

Tut·ankh·a·men [tùːtəŋkɑ́ːmən] 名 固 ツタンカーメン《紀元前14世紀の古代エジプト王》.

tu·te·lage [tjúːtəlidʒ / tjúː-] 名 U 《格式》**1** 保護, 後見, 監督. **2** 指導, 教授.

*__tu·tor__ [tjúːtər / tjúː-] 名 C **1** 家庭教師, 個人教師. **2** 《米》大学講師(**instructor** より下位)《英》(大学生の)個別指導教員.
— 動 他 〈人〉に […について](家庭教師として)教える [*in*]: She once *tutored* me *in* English. 彼女はかつて私の英語の家庭教師だった.
— 自 […の]学科の]家庭教師をする [*in*].

tu·to·ri·al [tjuːtɔ́ːriəl / tjuː-] 形 家庭教師の; 《英》(大学での)個別指導の.
— 名 C 《英》(大学での)個別指導時間.

tut-tut [tʌ́ttʌ́t] 間 動 (三単現 **tut-tuts** [-tʌ́ts]; 過去・過分 **tut-tut·ted** [~id]; 現分 **tut-tut·ting** [~iŋ]) = TUT (↑).

tu·tu [túːtuː] 【フランス】名 C チュチュ《バレリーナのスカート》.

tu-whit tu-whoo [təhwít təhwúː] 名 C ほーほー《◇フクロウの鳴き声》.

tux [tʌ́ks] 名 C 《口語》= TUXEDO.

tux·e·do [tʌksíːdou] 名 C (複 **tux·e·dos** [~z]) タキシード(《口語》tux;《英》dinner jacket).

***__TV__** [tíːvíː] (◇ *television* の略)
— 名 (複 **TVs, TV's** [~z]) **1** C = TV sét テレビ(受像機): a 29-inch *TV* 29インチのテレビ / turn on [off] a *TV* テレビをつける [消す].
2 U テレビ(放送): watch *TV* テレビを見る / What's on *TV* this afternoon? きょうの午後はテレビでどんな番組がありますか.
3 [形容詞的に] テレビの, テレビ放送の: a *TV* program テレビ番組 / a *TV* station テレビ局.
◆ **TV dínner** C テレビ食《◇アルミの皿などに入った調理の簡単な冷凍食品. 加熱の間にもテレビが見られることから》.

TVA《略語》= *T*ennessee *V*alley *A*uthority テネシー川流域開発公社.

TVP《略語》= *t*extured *v*egetable *p*rotein 植物性たんぱく質.

twad·dle [twádl / twɔ́dl] 名 U 《口語》むだ口, くだらない話; 駄作.

twain [twéin] 名 形 《古》= TWO.

Twain [twéin] 名 → MARK TWAIN.

twang [twǽŋ] 名 C 《通例, 単数形で》**1** (弦楽器・弓の弦などの)ぶーんと鳴る音. **2** 鼻声.
— 動 他 …をぶーんと鳴らす. — 自 ぶーんと鳴る.

tweak [twíːk] 動 他 (耳・鼻など)をつまむ, つねる; ひねる;《口語》微調整する.
— 名 C つまむ [ひねる] こと.

twee [twíː] 形 《英・軽蔑》いやに小ぎれいな.

tweed [twíːd] 名 **1** U ツイード《目の粗い毛織物》. **2** [~s] ツイード製の服.

tweed·y [twíːdi] 形 (比較 **tweed·i·er** [~ər]; 最上 **tweed·i·est** [~ist]) **1** 《英口語》ツイードを好む. **2** ツイードの. **3** 《口語》洗練された, 上流階級風の.

'tween [twíːn] 前 《詩語》= BETWEEN.

tweet [twíːt] 名 C (小鳥の)さえずり(声).
— 動 自 (小鳥が)ちっちっと鳴く, さえずる.

tweet·er [twíːtər] 名 C ツイーター, 高音用(小)スピーカー(cf. **woofer** 低音用スピーカー).

tweez·ers [twíːzərz] 名 [複数扱い] 毛抜き, ピンセット: a pair of *tweezers* ピンセット1本.

***__twelfth__** [twélfθ] 形
(◇ **12th** ともつづる; → NUMBER 表)
— 形 **1** [通例 the ~] 12番目の, 第12の; 12位の. **2** 12分の1の (→ FOURTH 形 2).
— 名 (複 **twelfths** [~s]) **1** U [通例 the ~] 12番目の人 [もの]. **2** U [通例 the ~] (月の) 12日 (→ FOURTH 名 2). **3** C 12分の1 (→ FOURTH 名 3 語法).

***__twelve__** [twélv] 名 形
— 名 (複 **twelves** [~z]) **1** U (基数の) 12 (→

NUMBER 表). **2** [C] 12を表す記号 (12, xii, XII など). **3** [代名詞的に; 複数扱い] 12個, 12人. **4** [U] 12時, 12分; 12歳; 12ドル[セント, ポンド, ペンスなど]; 12フィート, 12インチ. **5** [C] 12個[12人]ひと組のもの. ― the T-] キリストの十二使徒.
― 形 **1** [限定用法] 12の, 12個の, 12人の.
2 [叙述用法] 12歳で.

twen·ti·eth [twéntiəθ] 形 名 (◇ 20th ともつづる; → NUMBER 表)
― 形 **1** [通例 the ~] 20番目の, 第20の; 20位の. **2** 20分の1の (→ FOURTH 形 **2**).
― 名 (複 twen·ti·eths [~s]) **1** [U] [通例 the ~] 20番目の人[もの]. **2** [U] [通例 the ~] (月の) 20日(はつ) (→ FOURTH 名 **2**). **3** [C] 20分の1 (→ FOURTH 名 **3**) [語法]).

twen·ty [twénti] 名 形
― 名 (複 twen·ties [~z]) **1** [U] (基数の) 20 (→ NUMBER 表): *Twenty* divided by ten is [equals] two. 20割る10は2です [20÷10=2].
2 [C] 20を表す記号 (20, xx, XXなど).
3 [代名詞的に; 複数扱い] 20個, 20人: *Twenty* were killed in the railroad accident. その鉄道事故で20人が死んだ.
4 [U] (24時間制の) 20時; 20分; 20歳; 20ドル[セント, ポンド, ペンスなど]; 20フィート, 20インチ: a man of *twenty* 20歳の男 / What's the time? - Seven *twenty*. 何時ですか―7時20分です.
5 [C] 20人] ひと組のもの: The hundred men started to work in *twenties*. その100人の男たちは20人ずつの組になって作業を開始した.
6 [one's twenties] 20歳代; [the twenties] (世紀の) 20年代: in the *twenties* 20年代に / She is still in her *twenties*. 彼女はまだ20(歳)代です.
[語法] (1) 21-29の数字は twenty-one (21), twenty-two (22) のようにハイフンを付けてつづる. 30-90台の数字も同様につづる.
(2) 何世紀の20年代をさすかは文脈で判断するが, 1920年代とはっきり示したいときは the nineteen twenties のようにつづる.
(3) 数字を用いて 20s, 30s, ..., または 20's, 30's, ..., と書くこともある: in the 1920*s* 1920年代《1920-1929年の間》.
― 形 **1** [限定用法] **20**の, 20個の, 20人の: a group of *twenty* tourists 20人の旅行者のグループ / Tom is *twenty* years old. トムは20歳です.
2 [叙述用法] 20歳で: I'm *twenty*. 私は20歳です.
twén·ty-óne 名 [U] **1** 21. **2** [米] 『トランプ』21 (blackjack).
twén·ty-twèn·ty ví·sion 名 [U] 正常視力.
twerp [twə́ːrp] 名 [C] 《口語》愚か者; いやなやつ.

twice [twáis]
― 副 **1** **2度**, 2回 (two times) (cf. once 1度): He called her *twice*. 彼は彼女に2回電話した / She goes to the hospital *twice* a week. 彼女は週に2回通院している / I have been there once or *twice*. 私はそこへ1, 2回行ったことがある.
2 2倍 (◇「3倍, 4倍…」は three times, four times, ..., と言う): He is *twice* as old as you. = He is *twice* your age. 彼はあなたの2倍の年齢です / My sister has *twice* as many books as I do. = My sister has *twice* the number of books that I do. 姉は私の2倍の数の本を持っている / *Twice* three is [equals, makes] six. 3の2倍は6です.
■ **thínk twíce** (行動する前に) よく考える, 再考する.
twíce óver 2度続けて.

twid·dle [twídl] 動 他 **1** …をいじくる, (指などで) ひねくり回す; くるくる回す.
― 自 [...を] いじくる, もてあそぶ [*with*].
■ *twíddle one's thúmbs* → THUMB 成句.
― 名 [C] ひねり (回し).

twig[1] [twíɡ] 名 [C] (通例, 葉のない) **小枝**, 細枝.

twig[2] 動 (三単現 **twigs** [~z]; 過去・過分 **twigged** [~d]; 現分 **twig·ging** [~iŋ]) 《英口語》他 …が (突然) わかる, …に気づく. ― 自 わかる, 気づく.

twig·gy [twíɡi] 形 (比較 **twig·gi·er** [~ər]; 最上 **twig·gi·est** [~ist]) **1** 小枝の多い [付いた].
2 小枝のような; ほっそりした.

twi·light [twáilàit] 名 [U] **1** (日の出前・日没後の) **薄明かり**; たそがれ時; たそがれ時に: at *twilight* = in the *twilight* たそがれ時に. **2** [the ~] (全盛期後の) 衰退期, 下り坂: in the *twilight* of one's life 生涯 [人生] の晩年に.
― 形 たそがれの, 薄明の; ぼんやりした (dim).
◆ **twílight zòne** [C] (あいまいな) 中間領域 [状態].

twill [twíl] 名 [U] あや織, あや織物.

twin [twín] 名 [C] **1** 双子の1人; [~s] 双子, 双生児 《関連語》triplet 三つ子 / quadruplet 四つ子 / quintuplet 五つ子》: identical [fraternal] *twins* 一卵性 [二卵性] 双生児 / Tom is my *twin*. トムは私と双子です / They are *twins*. 彼らは双子です.
2 [...と] 非常によく似た人 [もの]; 対(つい)になっている一方 [*to*]; [~s] 対. **3** [the Twins; 単数扱い] 『天文・占星』双子座 (Gemini).
― 形 [限定用法] **1** 双子の: *twin* sisters 双子の姉妹. **2** 対になった, 一対の; よく似た, うり二つの; ツインの: *twin* volumes 上下2巻本.
― 動 (三単現 **twins** [~z]; 過去・過分 **twinned** [~d]; 現分 **twin·ning** [~iŋ]) 他 [通例, 受け身で] …を [...と] 対にする; 《英》(都市) を [...と] 姉妹都市にする [*with*].
◆ **twín béd** [C] [通例 ~s] ツインベッド.
twín tówn [C] 《英》(外国の) 姉妹都市 (の一方).

twín-béd·ded 形 (ホテルの客室などが) ツインの, ツインベッドの (入れてある).

twine [twáin] 動 他 **1** …を [...に] からませる, 巻き付ける [*about, around*]. **2** 〈糸〉をよる; 〈織物など〉を編んで [...に] [...を] 作る [*into*].
― 自 (植物などが) [...に] 巻き付く, からまる [*about, around*].
― 名 [U] より糸; (特に包装用の) 麻ひも.

twín-én·gine(d) 形 (航空機が) 双発の.

twinge [twíndʒ] 名 [C] **1** 刺すような痛み, (歯痛などの局所的な) 激痛, うずき. **2** 心の痛み, 苦痛.
― 動 自 (局所的に) 痛む.

twin·kle [twíŋkl] 動 自 **1** (星・光などが) **ぴかぴか**

twinkling

か[きらきら]光る, きらめく: The stars are *twinkling* in the sky. 星が空にまたたいている.
2 (目などが)[喜びなどで]輝く[*with*].
── 名 C 通例, 単数形に **1** (光・星などの)きらめき, またたき. **2** (生き生きとした目の)輝き.
■ *in a twínkle* あっという間に, 一瞬のうちに.

twin‧kling [twíŋkliŋ] 名 [単数形で](星・光などの)きらめき; またたき; 閃光, 瞬間.
■ *in the twínkling of an éye* またたく間に, 一瞬のうちに (in a twinkle).

twín sèt [C]《英》ツインセット《女性用のセーターとカーディガンなどの組み合わせ》.

twirl [twə́ːrl] 動 他 **1** 〈棒など〉を振り回す (*around, about*); くるくる回す. **2**【野球】〈ボール〉を投げる.
── 自 くるくる回る.
── 名 C くるくる回る[回す]こと, ひねり; 回転.

twirl‧er [twə́ːrlər] 名 C バトントワラー (baton twirler).

‡**twist** [twíst] 動 他 **1** 〈糸など〉をよる, より合わせる (*together*), よって[編んで]〈…〉を作る (*into*): *twist* a rope 縄をなう / *twist* threads *together* *into* a string 糸をより合わせてひもを作る.
2 […の周りに]〈糸〉を巻く, 巻き付ける, からませる [*round, around*]: *twist* a rope *round* [*around*] a tree 縄を木に巻き付ける.
3 …を(無理に)ねじる, ひねる; …を[…から]ねじり取る[*off*]: *twist* the knob to the left ドアノブを左に回す / *twist* the cap *off* the bottle びんのキャップをねじって外す. **4** 〈顔など〉をゆがめる; 〈心・性格〉をゆがめる, ひねくれさせる. **5** 〈足首など〉をくじく, ねんざする. **6** 〈意味・意図など〉をこじつける, 曲解する.
── 自 **1** ねじれる, よれる; […に]からまる, 巻き付く [*around, about*]. **2** 身をよじる; 体をくねらす; もがいて […から]離れる [*from, out of*]: The boy *twisted out of* the man's arms and got away. 男の子はもがいて男の腕から逃れた. **3** 〈道路・川など〉曲がりくねる: The road *twists* and turns through the fields. 道は野原を曲がりくねって延びている. **4**【ダンス】ツイストを踊る.
■ *twist ... aróund* [*róund*] *one's líttle fínger* 〈人〉を意のままに操る, 丸め込む.
twist ...'s árm **1** 〈人〉の腕をねじる. **2**《口語》〈人〉に無理強いする.
── 名 **1** [C]より, ねじれ, ゆがみ; ねんざ.
2 [C][U]よった[ねじった]もの《より糸・ねじりパンなど》.
3 [C](道などの)曲がり, カーブ. **4** [C](事件などの)意外な[予期せぬ]展開. **5** [C][U]《球技》(投球時の)ひねり, カーブ. **6** [C](意味などの)こじつけ, 曲解.
7 [the ~]【ダンス】ツイスト.
■ *róund the twíst*《英口語》**1** 頭がおかしくなって (crazy). **2** かっとなって, 怒って (angry).
twists and túrns 曲がりくねり; 紆余曲折.

twist‧ed [twístid] 形 **1** (性格が)ねじれた, ひねくれた. **2** (ものが)ねじれた, よじれた.

twist‧er [twístər] 名 C **1**《英口語》(心の)ひねくれた人, 不正直者. **2**《米口語》つむじ風, 竜巻 (tornado). **3** 糸をよる人, より糸機; ねじる人; ツイストを踊る人. **4**【球技】ひねり球, カーブ. **5** 難問, 難事, 早口言葉 (tongue twister).

twist‧y [twísti] 形 (比較 **twist‧i‧er** [~ər]; 最上 **twist‧i‧est** [~ist])(道・川などが)曲がりくねった.

twit[1] [twít] 動 (三単現 **twits** [twíts]; 過去・過分 **twit‧ted** [~id]; 現分 **twit‧ting** [~iŋ])他《古風》…を[…の理由で]からかう [*with, about*].

twit[2] 名《英口語》ばか, 間抜け.

twitch [twítʃ] 動 他 **1** 〈体の一部〉をぴくぴく動かす, 引きつらせる.
2 …をぐいと引く[引っ張る].
── 自 **1** (筋肉などが)ぴくぴく動く, けいれんする. **2** […を]ぐいと引く[引っ張る] [*at*].
── 名 C **1** (筋肉などが)ぴくぴく動くこと, けいれん, 引きつり. **2** ぐいと引くこと.

twitch‧y [twítʃi] 形 (比較 **twitch‧i‧er** [~ər]; 最上 **twitch‧i‧est** [~ist])いらいらした; ぴくぴく動く.

twit‧ter [twítər] 動 自 **1** (小鳥などが)さえずる.
2 (興奮して)[…について]ぺちゃくちゃしゃべる [*on, about*].
── 名 **1** [U]通例 the ~](小鳥などの)さえずり.
2 [C][a ~]《口語》興奮, 身震い: be all of a *twitter* 非常に興奮している.

‡**two** [túː](☆同音 too)
名 形
── 名 (複 **twos** [~z]) **1** [U] (基数の) 2 (→ NUMBER 表): Chapter *Two* 第2章 / the picture on page *two* 2ページに掲載されている絵 / *Two* and [plus] three makes [is, equals] five. 2足す3は5 [2+3=5] / *Two* from ten is [leaves] eight. ― Ten minus *two* is [equals] eight. 10引く2は8 [10-2=8].
2 [C]2を表す記号 (2, ii, II など).
3 [代名詞的に; 複数扱い]2つ, 2個, 2人: Only *two* of them passed the examination. 彼らのうち2人だけが試験に合格した / Beth cut the cake in *two*. ベスはケーキを2つに切った / It takes *two* to make a quarrel.《ことわざ》けんかをするには2人いる⇒1人でけんかはできない.
4 [U] 2時, 2分; 2歳; 2ドル[セント, ポンド, ペンスなど]; 2フィート, 2インチ: Ken arrived at five past *two*. ケンは2時5分に着いた / They have a boy of *two*. 彼らには2歳の男の子がいる.
5 [C]2つ[2個, 2人]ひと組のもの, 対(ﾂｲ): They sat on the benches in *twos*. 彼らは2人ずつになってベンチに座っていた.
6 [C][トランプ]2の札; (さいころの)2の目.
■ *by* [*in*] *twós and thrées* 2人3人と, 三々五々と, ちらほら.
pùt twó and twó togéther《口語》事情を考え合わせて判断する, 思い当たる節を考え合わせる.
Thát màkes twó of us. 私もそうです.
── 形 **1** [限定用法] 2の, 2個の, 2人の: *two* fifths 5分の2 / I have *two* sisters. 私には女のきょうだいが2人いる / *Two* heads are better than one.《ことわざ》2つの頭は1つにまさる⇒3人寄れば文殊の知恵.
2 [叙述用法] 2歳で: He was *two* when his parents died. 両親が死んだとき彼は2歳だった.

twó‧bàse hít 名 [C]【野球】二塁打.

twó-bít 形《口語》**1** 25セント (two bits) の. **2** 安物の,つまらない,くだらない.

twó bits 名[単数・複数扱い]《米口語》**1** 25セント. **2** つまらない人[もの].

twó-by-fòur 名[C]【建】ツーバイフォー材《厚さ2インチ,幅4インチ.北米での木造建築の規格材》.
—— 形【建】ツーバイフォー工法の.

twó-di·mén·sion·al 形 **1** 二次元の,平面の. **2**《登場人物などが》深み[現実味]のない.

twó-édged 形 **1**《剣が》両刃の. **2** 両義的な.

twó-fáced 形 **1** 2つの面がある,両面の. **2** 二心[表裏]のある,偽善的な.

two·fold 形 **1** 2倍[2重]の. **2** 2つの要素から成る. —— 副 2倍[2重]に.

twó-hánd·ed 形 **1**《刀などが》両手で扱う,両手用の. **2**《ゲームなどが》2人用の,2人で行う.

two·pence [tápəns, tú:pèns]《☆発音に注意》名[U]《英》2ペンス《の金額》《《口語》tuppence.
■ *nót cáre twópence*《英・古風》気にしない.

two·pen·ny [tápəni, tú:pèni] 形[限定用法]《英・古風》2ペンスの《《口語》tuppenny.

twó-píece 形[限定用法]《服・水着などが》ツーピースの. —— 名[C] ツーピースの服[水着].

twó-séat·er 名[C] 2人乗りの自動車[飛行機].

two·some [tú:səm] 名[C][通例 単数形で]
1 2人[2個]組,ペア. **2**【ゴルフ】2人でする試合.

twó-stèp 名[C][単数形で] ツーステップ《2拍子の社交ダンス》;ツーステップのダンス曲.

twó-tìme 動他《口語》《恋人・配偶者など》を《浮気などで》裏切る.

twó-tòne 形 2色の;2音から成る.

twó-wáy 形 **1**《道路などが》両面[対面]通行の (cf. one-way 一方通行の). **2**《通信》双方向の;【ラジオ】送受信兼用の.
◆ twó-wày mírror [C] マジックミラー.

TX《郵略語》= *Texas*.

-ty [ti] 接尾 **1** 形容詞に付けて,「性質・状態」などを表す抽象名詞を作る:beau*ty* 美しさ / safe*ty* 安全の. **2** 10の倍数の数詞を作る:twen*ty* 20 / for*ty* 40.

ty·coon [taikú:n]《日本語の「大君」から》名[C]《政界などの》大物,実力者 (→ MOGUL **2**関連語).

ty·ing [táiiŋ] 動名
—— 動 tie の現在分詞・動名詞.
—— 名[C] 結び目.

tyke [táik] 名[C] **1**《口語》小さな子供;いたずら[わんぱく]小僧. **2** 雑種犬.

tym·pa·num [tímpənəm] 名《複 **tym·pa·nums** [~z], **tym·pa·na** [-nə]》[C]【解剖】鼓膜;中耳 (eardrum).

type [táip] 名動《原義は「打つこと」》
—— 名《複 *types* [~s]》**1** [C] 型,タイプ,種類 (sort, kind): blood *type* 血液型 / *type* B blood B型の血液 / a new *type* of virus = a virus of a new *type* 新種のウイルス / I like a car of this *type* [this *type* (of) car]. 私はこの型の車が好きです《◇《米口語》では of を省くことが多い》.

2 [C][…の] 典型,見本;典型的なもの [*of*]: She is a perfect *type of* good wife and wise mother. 彼女は典型的な良妻賢母です.

3 [C][複合語で] …タイプの人;[通例,否定文で]《口語》(好みの) タイプ: Jim is a sporty *type*. ジムはスポーツマンタイプです / He wasn't my *type*. 彼は私の好みのタイプではなかった.

4 [U][集合的に][印刷] 活字,字体;[C](1個の) 活字: set *type* 活字を組む / a book in large *type* 大きな活字の本.

—— 動 他 **1**《文字・手紙など》をタイプライター[ワープロ]で打つ,タイプする (*out*, *up*): I *typed* this report on my personal computer. 私はこの報告書をパソコンで打った / Please *type* this letter *up* by ten. この手紙を10時までにタイプしてください.
2【医】《病気・血液など》の型を決める.
—— 自 タイプライター[ワープロ]を打つ,タイプする.
■ *týpe ín* 他《文字・情報など》を入力する,打ち込む.
(▷ 形 týpical; 動 týpify)

type·cast [táipkæst | -kà:st] 動《三単現 **type·casts** [-kæsts | -kà:sts];過去・過分 **type·cast**;現分 **type·cast·ing** [~iŋ]》他 **1**《俳優》に当たり役を《続けて》演じさせる. **2**《人》を固定観念でタイプ分けする.

type·face [táipfèis] 名[C][印刷] 活字の字面(じづら);字体,活字書体 (face).

type·script [táipskrìpt] 名[U][C] タイプライター[ワープロ]で打った原稿[文書].

type·set·ter [táipsètər] 名[C][印刷] 植字工 (compositor);植字機.

*type·writ·er [táipràitər] 名[C] タイプライター: write [do] a letter on [with] a *typewriter* タイプライターで手紙を書く.

type·writ·ten [táiprìtən] 形 タイプライター[ワープロ]で打った (typed).

ty·phoid [táifɔid] 名[U] = *týphoid féver*【医】腸チフス.

*ty·phoon [taifú:n] 名[C]【気象】台風《北太平洋西部に発生する熱帯性低気圧で強い暴風雨を伴うもの》: The *typhoon* hit [struck] Kyushu. 台風は九州を襲った.

ty·phus [táifəs] 名[U]【医】= *týphus féver* 発疹(ほっしん)チフス.

typ·i·cal [típikəl]
—— 形 **1**[…の] 典型的な,代表的な [*of*]: a *typical* businessman 典型的なビジネスマン / a *typical* British dish 代表的なイギリス料理 / This novel is *typical* of her later works. この小説は彼女の後期の代表作です.
2 (a)[…に] 独特[特有]な [*of*]: his *typical* way of speaking 彼独特の話し方 / The witty answer was *typical of* her. いかにも彼女らしい機知に富んだ返事だった. (b)[It is typical of …+ to do] ~するとはいかにも…らしい: It was *typical of* Jim *to* forget to bring the present. プレゼントを持って来るのを忘れるとはいかにもジムらしかった.
(▷ 名 týpe)

*typ·i·cal·ly [típikəli] 副 **1** 典型的に,代表的に: The breakfast was *typically* American. 朝

食は典型的なアメリカ式だった.
2 [文修飾] 例によって; 一般(的)に, 概して: *Typically*, he came late. 例によって彼は遅れて来た.

typ·i·fy [típəfài] 動 (三単現 **typ·i·fies** [~z]; 過去・過分 **typ·i·fied** [~d]; 現分 **typ·i·fy·ing** [~iŋ]) 他 [進行形不可] …の典型になる, …を代表[象徴]する; …の特徴を表す. (▷ 名 týpe)

typ·ing [táipiŋ] 名 U タイプライター[ワープロ]を打つこと; タイピング技術.

*__typ·ist__ [táipist] 名 C **タイピスト**, タイプを打つ人.

ty·po [táipou] 名 (複 **ty·pos** [~z]) C 《口語》誤植, ミスタイプ, 入力ミス (**typographical error**).

ty·pog·ra·pher [taipágrəfər / -pɔ́g-] 名 C 【印刷】印刷[植字]工, 活版[印刷]技術者.

ty·po·graph·i·cal [tàipəgræfikəl], **ty·po·graph·ic** [-fik] 形 印刷上の.
◆ **typográphical érror** C 誤植 (《口語》typo).

ty·pog·ra·phy [taipágrəfi / -pɔ́g-] 名 U 活版印刷(術); 印刷の体裁, 刷り具合.

ty·ran·ni·cal [tiránikəl] 形 専制君主[暴君]のような, 圧制的な; 非道な.

tyr·an·nize, 《英》**tyr·an·nise** [tírənàiz] 動 自 […に] 暴政を行う, 専制君主として君臨する; […を] しいたげる [*over*].
— 他 …に暴政をふるう; …をしいたげる.

ty·ran·no·saur [təránəsɔ̀ːr], **ty·ran·no·saur·us** [tərænəsɔ́ːrəs] 名 C 【古生】ティラノサウルス《白亜紀の肉食恐竜》.

tyr·an·nous [tírənəs] 形 《古風》暴君のような, 圧制的な; 非道な (**tyrannical**).

*__tyr·an·ny__ [tírəni] 名 (複 **tyr·an·nies** [~z])
1 U C 暴政; 専制政治; 圧制.
2 U 暴虐; C [しばしば複数形で] 暴虐行為.

*__ty·rant__ [táiərənt] 名 C 暴君; 専制君主, 圧制者.

‡**tyre** [táiər] 名 《英》 = TIRE².

ty·ro, ti·ro [táiərou] 名 (複 **ty·ros, ti·ros** [~z]) C 初心者, 新参者.

tzar [záːr, tsáːr] 名 = CZAR ロシア皇帝.

tza·ri·na [zɑːríːnə, tsɑː-] 名 = CZARINA ロシア皇后.

tzét·ze flỳ [tsétsi-, tétsi-] 名 = TSETSE FLY ツェツェバエ.

U u

u, U [júː] [名] (複 **u's, us, U's, Us** [～z]) **1** [C][U] ユー《英語アルファベットの21番目の文字》.
2 [C] [大文字で] U字形のもの.

U[1] [júː] [形]《英口語・古風》(言葉づかいなどが) 上流階級らしい (◇ *u*pper-class の略).

U[2] 《記号》《英》(映画で) 一般向き (◇ *u*niversal の略) (→ FILM 表).

U[3] 《元素記号》= uranium ウラニウム.

U[4], **U.** 《略語》= *u*nion, 《米・古風》*u*niversity.

UAE 《略語》= *U*nited *A*rab *E*mirates アラブ首長国連邦.

u·biq·ui·tous [juːbíkwətəs] [形]《格式》同時にどこにでもある [いる], よく見られる.

U-boat [júːbòut] [名] [C] Uボート《特に第2次世界大戦中に使用されたドイツの軍用潜水艦》.

UCLA 《略語》= *U*niversity of *C*alifornia at *L*os *A*ngeles カリフォルニア大学ロサンゼルス校.

ud·der [ʌ́dər] [名] [C] (牛・ヤギなどの) 乳房, 乳腺(にゅうせん).

UFO [júːèfóu, júːfou] [名] (複 **UFO's, UFOs** [～z]) [C] ユーフォー, 未確認飛行物体《空飛ぶ円盤 (flying saucer) など. *u*nidentified *f*lying *o*bject の略》.

U·gan·da [j*u*ːgǽndə / juː-] [名] [固] ウガンダ《アフリカ東部の共和国; 首都カンパラ (**Kampala**)》.

ugh [úh, ʌ́h, ʌ́g] [間] うえっ, うっ, わっ (◇不快・嫌悪・軽蔑・恐怖などを表す).

ug·li·ness [ʌ́glinəs] [名] [U] 醜いこと, 見苦しさ.

***ug·ly** [ʌ́gli]
【原義は「恐ろしい」】

— [形] (比較 **ug·li·er** [～ər]; 最上 **ug·li·est** [～ist]) **1** 醜い, 不格好な; 見苦しい (↔ beautiful) (◇ (女性の) 容貌・外見について用いると侮辱になるので, 普通 plain, 《米》homely を用いる): an *ugly* building 不格好な建物 / I think this dress is *ugly*. このドレスは格好が悪いと思う.
2 不快な, いやな: *ugly* talk [rumor] いやな話 [うわさ] / *ugly* smell [colors] いやなにおい [色] / an *ugly* temper いやな性格.
3 (事態などが) 物騒な, 険悪な; (天候などが) 荒れ模様の: *ugly* situation 物騒 [険悪] な事態 / The weather is *ugly*. 天候はひどい荒れ模様です.
4 (道徳的に) 悪い, ひんしゅくを買う: an *ugly* act 邪悪な行為.
◆ **úgly dúckling** [C] 醜いアヒルの子《初めは役立たずとされていても, のちにすぐれた才能を発揮するようになる人. アンデルセンの童話から》.

uh [ə, ʌ] [間] えー, あー (◇次の言葉がすぐに出てこなかったり, 考えをまとめたりしているときの声).

UHF, uhf 《略語》= *u*ltra*h*igh *f*requency 極超短波.

uh-huh [əhʌ́] (☆ 鼻にかけて発音する) [間]《口語》
1 なるほど, そう (◇肯定・賛成などを表す).
2 [ʌ́hʌ́] = UH-UH (↓).

uh-uh [ʌ́ʌ́] [間] (☆ 鼻にかけて発音する)《口語》いや, ううん (uh-huh) (◇否定・不賛成などを表す).

***UK, U.K.** 《略語》[the ～] = *U*nited *K*ingdom 連合王国, 英国.

U·kraine [juːkréin] [名] [固] [the ～] ウクライナ《ヨーロッパ東部の共和国; 首都キエフ (**Kiev**)》.

U·krain·i·an [juːkréiniən] [形] ウクライナの; ウクライナ人 [語] の.
— [名] **1** [C] ウクライナ人. **2** [U] ウクライナ語.

u·ku·le·le [jùːkəléili] [名] [C]【音楽】ウクレレ《4弦の小型のギターに似た楽器》.

U·lan Ba·tor [úːlaːn bɑ́ːtɔːr] [名] [固] ウランバートル《モンゴルの首都》.

ul·cer [ʌ́lsər] [名] [C]【医】潰瘍(かいよう): a stomach [gastric] *ulcer* 胃潰瘍.

ul·cer·ate [ʌ́lsərèit] [動]【医】[自] 潰瘍(かいよう)になる.
— [他] …に潰瘍を生じさせる.

Ul·ster [ʌ́lstər] [名] [固] **1** アルスター地方《英国領北アイルランドとアイルランド共和国の北部を含む地域》. **2** アルスター《英国領北アイルランドの別称》.

ul·te·ri·or [ʌltíəriər] [形] [限定用法] **1** (目的・理由などが) 明らかにされていない, 隠された: an *ulterior* motive 隠された動機. **2** 向こう側の, かけ離れた. **3** 今後の, 将来の.

***ul·ti·mate** [ʌ́ltəmət] [形] [限定用法] **1** 最後の (final), 究極の: the *ultimate* weapon 最終兵器《核兵器など》/ the *ultimate* goal 究極の目標.
2 根本の, 基本的な (◇ basic より《格式》): the *ultimate* principles 根本原理.
3 極限の, 最大限の.
— [名] [the ～] [...での] 最高 [究極] のもの [*in*]; 最終段階: the *ultimate in* luxury 最高のぜいたく / the *ultimate* in stupidity 愚かさの極致.

***ul·ti·mate·ly** [ʌ́ltəmətli] [副] [文修飾] 最終的に (は), 結局; 根本的には: *Ultimately*, you will have to decide for yourself. 最終的には君自身が決めなければならない.

ul·ti·ma·tum [ʌ̀ltəméitəm] [名] (複 **ul·ti·ma·tums** [～z], **ul·ti·ma·ta** [-tə]) [C] 最終的提案 [申し入れ]; 最後通告 [通牒(つうちょう)], 通達].

ul·tra- [ʌltrə] (☆ 発音に注意) [接頭]「範囲を越えた, 超…」「極端な」などの意を表す: *ultra*miniature 超小型の.

úl·tra·high fréquency [ʌ́ltrəhài-] [名] [U] 極超短波《周波数300–3,000メガヘルツ. 放送・通信用; 《略語》UHF, uhf》.

ul·tra·ma·rine [ʌ̀ltrəməríːn] [名] [U] ウルトラマリン, 群青(ぐんじょう) (色).
— [形] ウルトラマリン [群青色] の.

ul·tra·son·ic [ʌ̀ltrəsɑ́nik / -sɔ́n-] [形] 超音波の.

ul·tra·sound [ʌ́ltrəsàund] 名 U C 【物理】超音波; 超音波を用いる検査.

ul·tra·vi·o·let [ʌ̀ltrəváiəlɪt] 形 【物理】紫外線の;[限定用法] 紫外線を利用した(《略語》UV; cf. infrared 赤外線の).

◆ **últraviolet ráys** [複数扱い] 紫外線.

U·lys·ses [julíːsiːz] 名 【神】ユリシーズ(◇叙事詩『オデュッセイア』(*The Odyssey*)の主人公オデュッセウス(Odysseus)のラテン語名).

um [ʌm, əm] 間 うーん、いや (uh)(◇ためらい・確信のなさなどを表す).

um·ber [ʌ́mbər] 名 U 1 こげ茶色, 黄[赤]褐色, アンバー. 2 アンバー《褐色の天然鉱物顔料》.
— 形 こげ茶色の, 黄[赤] 褐色の, アンバーの.

um·bil·i·cal [ʌmbílikəl] 形 【解剖】へその.
◆ **umbílical córd** C 1 【解剖】臍帯(ぐん), へその緒. 2 (潜水作業員・宇宙飛行士などの)命綱.

um·brage [ʌ́mbridʒ] 名 [次の成句で]
■ **tàke úmbrage** […に] 腹を立てる [*at*].

***um·brel·la [ʌmbrélə]

【原義「小さな陰」から「日よけ」の意】
— 名 (複 **um·brel·las** [~z]) C 1 傘, 雨傘; 日傘 (《日傘》は通例 sunshade, parasol): a beach *umbrella* ビーチパラソル / a folding *umbrella* 折りたたみ傘 / open [put up] an *umbrella* 傘をさす / close [fold up] an *umbrella* 傘をたたむ / leave an *umbrella* on the train 電車に傘を置き忘れる.
2 包括的組織 [団体]; [形容詞的に] (comprehensive); an *umbrella* organization 包括的組織; 上部組織.
3 《比喩》(政治的・軍事的な) 保護(物), 擁護(物): under the nuclear *umbrella* of the U.S. 合衆国の核の傘 [保護] 下で.

◆ **umbrélla stànd** C 傘立て.

um·laut [úːmlàut, úm-] 名 [言] 1 U ウムラウト (特に後続音の影響によって起こる母音変化). 2 U ウムラウト記号(¨) (ä, ö, ü など).

ump [ʌmp] 名 動 《口語》 = UMPIRE (↓).

*um·pire [ʌ́mpaiər] 名 C 1 審判員(◇野球・テニスなど); → JUDGE 類義語): the chief *umpire* 主審. 2 (紛争などの) 仲裁者, 裁定者.
— 動 他 …の審判 [仲裁] をする: *umpire* a baseball game 野球の審判をする.
— 自 […の] 審判 [仲裁] 役を務める [*for*].

ump·teen [ʌmptíːn] 形 [限定用法] 《口語》 大変な数の, ものすごく多い.

ump·teenth [ʌmptíːnθ] 形 [限定用法; 通例 the ~]《口語》何度目かの, 何十番目かの.

un, 'un [ən, ən] 代 [修飾語を伴って] 《英口語》 やつ, もの (one): He's a good *un*. 彼はいいやつだ.

*UN, U.N. 《略語》= United Nations 国際連合.

un- [ʌn] 接頭 1 形容詞・分詞・副詞・名詞に付けて「…ではない」の意を表す (◇ un- は否定を表す最も一般的な接頭辞. in- は主な変化形で, 特にラテン語系の語以外, たいていの語に用いることができる): *un*happy 不幸な. 2 動詞に付けて反対・逆の動作を表す: *un*clothe 衣服を脱がせる.
3 名詞に付けて「奪う, 解放する」の意を表す動詞を作る: *un*hand 手を放す.

un·a·bashed [ʌnəbǽʃt] 形 厚顔な, 厚かましい.

un·a·bat·ed [ʌnəbéitid] 形 [しばしば副詞的に] (人の力・風の強さなどが) 衰えない, 弱まらない.

*un·a·ble [ʌnéibl]
— 形 [比較なし; 叙述用法]《格式》[be *un*able + to do] …できない (cannot): I *was unable to* catch the train. 私はその列車に乗ることができなかった (= I couldn't catch the train.) / We have *been unable to* visit their new home. 私たちはまだ彼らの新居を訪れることができないでいる / She seems *unable to* understand me. 彼女は私の言うことがわからないらしい (◇ be 以外の動詞に伴うこともある).

un·a·bridged [ʌnəbrídʒd] 形 (本・記事などが) 省略していない, 縮約 [要約] していない, 完全な.

un·ac·cept·a·ble [ʌnəkséptəbl] 形 受け入れられない, 認められない.

un·ac·com·pa·nied [ʌnəkʌ́mpənid] 形 1 同伴者のない; […に] 伴われない [*by*]; (荷物などが) 別送の. 2 【音楽】無伴奏の.

un·ac·count·a·ble [ʌnəkáuntəbl] 形 《格式》 1 説明のできない; 不可解な. 2 […に対して] 責任がない [*to*].

un·ac·count·a·bly [ʌnəkáuntəbli] 副 1 説明できぬほど. 2 【文修飾】奇妙なことに.

*un·ac·cus·tomed [ʌnəkʌ́stəmd] 形 《格式》
1 [叙述用法] […に] 慣れていない, 不慣れの [*to*]: She is *unaccustomed to* entertaining guests. 彼女は客をもてなすことに慣れていない.
2 [限定用法] 見 [聞き] 慣れない, 普通でない: the *unaccustomed* heat いつにない暑さ.

un·a·dul·ter·at·ed [ʌnədʌ́ltəreitid] 形 1 (食べ物などが) 混ぜものでない, 純粋な. 2 [限定用法] 完全な, 完璧(党)な.

un·af·fect·ed [ʌnəféktid] 形 1 […によって] 影響されない, 変わらない [*by*]. 2 《ほめ言葉》(態度・様子が) 自然の, 気取らない.

un·aid·ed [ʌnéidid] 形 [しばしば副詞的に] 助けなしの, 自力の: She can now walk *unaided*. 彼女は今では自力で歩くことができる.

un·al·loyed [ʌnəlɔ́id] 形 (金属が) 合金でない, 純粋の; 《文語》(感情などが) 混じりけのない.

un·al·ter·a·ble [ʌnɔ́ːltərəbl] 形 《格式》変更できない, 不変の.

ùn-A·mér·i·can 形 (習慣・主張などが) アメリカ的でない; 反米の: *un-American* activities 反米活動.

u·na·nim·i·ty [jùːnənímə ti] 名 U《格式》全員の合意; 満場一致: with *unanimity* 満場一致で.

*u·nan·i·mous [juːnǽnəməs] 形 […に] (人々が) 満場一致の, 同意見の [*in*]: a *unanimous* resolution 満場一致の決議 / We are *unanimous in* our views that he is innocent. 私たちは彼が無罪だという点で見解が一致している.

u·nan·i·mous·ly [juːnǽnəməsli] 副 全員一致して, 満場一致で.

un·an·nounced [ʌnənáunst] 形 [しばしば副詞的に] 予告なしの, 前ぶれのない, 不意の.

un·an·swer·a·ble [ʌ̀nænsərəbl / -áːn-] 形 答えられない, 返答できない; 反論できない.

un·an·swered [ʌ̀nǽnsərd / -áːn-] 形 返事[答え]のない; 反論のない.

un·ap·proach·a·ble [ʌ̀nəpróutʃəbl] 形 (人が)近づきにくい;(態度などが)よそよそしい;(場所などが)近づけない.

un·armed [ʌ̀náːrmd] 形 非武装の, 武器を持たない; 無防備の, 素手の: *unarmed* neutrality 非武装中立.

un·a·shamed [ʌ̀nəʃéimd] 形 恥知らずの.

un·asked [ʌ̀nǽskt / -áːskt] 形 [しばしば副詞的に](質問が)発せられない, 問われていない;(…するよう)頼まれていない, 求められていない.

un·as·sail·a·ble [ʌ̀nəséiləbl] 形《格式》攻撃できない, 難攻不落の;(主張などが)論破できない.

un·as·sum·ing [ʌ̀nəsúːmiŋ / -sjúːm-] 形 気取らない; 出しゃばらない, 謙虚な (modest).

un·at·tached [ʌ̀nətǽtʃt] 形 **1** […に]結び付いて[所属して]いない [*to*]. **2** 結婚[婚約]していない, 独身の, 恋人のいない.

un·at·tend·ed [ʌ̀nəténdid] 形 **1** 放置された, 世話をされていない. **2** 付き添い[供]のいない.

un·at·trac·tive [ʌ̀nətrǽktiv] 形 魅力のない, 人を引きつけない; つまらない.

un·au·thor·ized [ʌ̀nɔ́ːθəràizd] 形 正式な許可[認可]を得ていない, 権限のない.

un·a·vail·a·ble [ʌ̀nəvéiləbl] 形 [叙述的用法]利用できない; 入手できない;(人が)面会できない.

un·a·vail·ing [ʌ̀nəvéiliŋ] 形《文語》無効の; 無益の, かいのない.

un·a·void·a·ble [ʌ̀nəvɔ́idəbl] 形 避けられない, やむをえない.

un·a·void·a·bly [-bli] 副 やむをえず.

*__un·a·ware__ [ʌ̀nəwéər] 形 […に]気づかない, […を]知らない [*of*]; […と]気づかない, 知らない [*that* 節]: I was *unaware of* the accident. 私は(その)事故に気づかなかった / She was *unaware that* her passport was missing. 彼女はパスポートがなくなっていることに気づかなかった.

un·a·wares [ʌ̀nəwéərz] 副 **1** 不意に, 思いがけずに: take [catch] … *unawares* …の不意を襲う [捕らえる]. **2**《格式》知らずに, うっかり.

un·bal·ance [ʌ̀nbǽləns] 動 他(心など)の均衡[落ち着き]を失わせる; …を動揺させる.《比較》日本語の「アンバランス」は英語では imbalance と言う).

un·bal·anced [ʌ̀nbǽlənst] 形 **1** 不均衡な, 不安定な;(心が)乱れた. **2**(報道などが)偏った, 不公平な.

*__un·bear·a·ble__ [ʌ̀nbéərəbl] 形 耐えられない, 我慢できない: *unbearable* pain 耐えられない苦痛 / His rudeness is *unbearable* to me. 私には彼の無礼さは我慢がならない.

un·bear·a·bly [ʌ̀nbéərəbli] 副 耐えられないほどに: *unbearably* arrogant 耐えがたいほど高慢な.

un·beat·a·ble [ʌ̀nbíːtəbl] 形 打ち負かせない, 太刀打ちできない; 抜群の, 卓越した.

un·beat·en [ʌ̀nbíːtən] 形 不敗の, 無敵の.

un·be·com·ing [ʌ̀nbikʌ́miŋ] 形《古風》 **1**(服装などが)似合わない. **2**(行為・発言などが)[人に]似つかわしくない [*to, for*]; 下品[不作法]な.

un·be·known [ʌ̀nbinóun] 形 […に]知られずに, 気づかれずに [*to*].

un·be·lief [ʌ̀nbəlíːf] 名 U《格式》(特に宗教上の)不信仰, 不信心.

*__un·be·liev·a·ble__ [ʌ̀nbəlíːvəbl] 形 信じられない(ほどの), 驚くべき, 途方もないほどの (◇強調表現としてよいことにも悪いことにも用いる).

un·be·liev·a·bly [-bli] 副 信じられないほど.

un·be·liev·er [ʌ̀nbəlíːvər] 名 C 不信仰者, 不信心者; 懐疑家.

un·be·liev·ing [ʌ̀nbəlíːviŋ] 形 信じない, 疑い深い; 信仰しない, 不信心な.

un·bend [ʌ̀nbénd] 動 (三単現 **un·bends** [-béndz]; 過去・過分 **un·bent** [-bént]; 現分 **un·bend·ing** [~iŋ]) 他(曲がったもの)をまっすぐにする;〈体・心〉をくつろがせる.
— 自 まっすぐになる; くつろぐ.

un·bend·ing [ʌ̀nbéndiŋ] 形(精神などが)確固たる, 不屈の;(態度などが)柔軟性に欠ける.

un·bi·ased, un·bi·assed [ʌ̀nbáiəst] 形 偏見[先入観]のない, 公正な.

un·bid·den [ʌ̀nbídən] 形《文語》 **1** 命じられていない, 自発的な. **2** 頼まれていない; 期待されていない; 招かれていない.

un·bind [ʌ̀nbáind] 動 (三単現 **un·binds** [-báindz]; 過去・過分 **un·bound** [-báund]; 現分 **un·bind·ing** [~iŋ]) 他(ひも・縄など)をほどく, 解く;〈人など〉を解放[釈放]する.

un·born [ʌ̀nbɔ́ːrn] 形 [通例, 限定的用法]まだ生まれていない; 将来の: an *unborn* baby 胎児.

un·bos·om [ʌ̀nbúzəm] 動《文語》[…に]〈胸中・秘密など〉を打ち明ける, 告白する [*to*]: *unbosom* oneself *to* … …に意中を明かす[打ち明ける].

un·bound [ʌ̀nbáund] 動 unbind の過去形・過去分詞. — 形 **1**(人・動物が)解放された. **2**(本などが)とじていない, 未製本の.

un·bound·ed [ʌ̀nbáundid] 形《格式》無限の, 果てしない; 制限されない (boundless).

un·break·a·ble [ʌ̀nbréikəbl] 形 壊れにくい;(規則・絆(きずな)などが)簡単には破れ[解け]ない.

un·bri·dled [ʌ̀nbráidld] 形《文語》(言動・感情などが)抑制の利かない, 乱暴な, 非常に激しい.

un·bro·ken [ʌ̀nbróukən] 形 **1** 途切れない, 連続した; 壊れていない; 完全な: long *unbroken* traditions 脈々と続く伝統. **2**(記録などが)破られていない;(規則・法などが)犯されていない, 守られている.

un·buck·le [ʌ̀nbʌ́kl] 動 他 …の留め金を外す.

un·bur·den [ʌ̀nbə́ːrdən] 動 他 **1**〈心〉の重荷を下ろす,〈心〉を軽くする;[人に]〈本心・秘密など〉を打ち明ける [*to*]: I *unburdened* myself *to* my mother. 私は母に気持ちを打ち明けた. **2**《文語》…の荷を降ろす; …から[荷物などを]降ろす [*of*].

un·but·ton [ʌ̀nbʌ́tən] 動 他 …のボタンを外す.

un·called-for [ʌ̀nkɔ́ːldfɔ̀ːr] 形《口語》(ふるまいや発言などが)不必要な, 余計な; 根拠[いわれ]のない.

un·can·ny [ʌ̀nkǽni] 形 (比較 **un·can·ni·er** [~ər], 最上 **un·can·ni·est** [~ist]) 異様な, 不気味な; 神秘的な, 不思議な, 説明しようのない.

un·can·ni·ly [~li] 副 薄気味悪く.

un·cared-for [ʌnkéərdfɚr] 形 ほったらかしの, 手入れ[世話]されていない.

un·ceas·ing [ʌnsíːsiŋ] 形 絶え間ない, 不断の.
un·ceas·ing·ly [〜li] 副 絶え間なく.

un·cer·e·mo·ni·ous [ʌnsèrəmóuniəs] 形
1 形式ばらない, 打ち解けた. **2** 無礼な, 無遠慮な.
un·cer·e·mo·ni·ous·ly [〜li] 副 形式ばらずに.

*__un·cer·tain__ [ʌnsə́ːrtən] 形 **1** [叙述用法]
(a) [be uncertain of [about]] (人が) …に確信[自信]がない: She is uncertain about her future. 彼女は自分の将来に確信が持てない / I'm uncertain of her real intention. 私は彼女の本心がわからない.
(b) [be uncertain (about) + 疑問詞節] (人が) …かどうかよくわからない (◇ about は通例, 省略する): I am uncertain who will win. だれが勝つか私にはよくわからない.
2 (物事が)不確実な, 明確でない, はっきりしない; (ものの形などが)ぼんやりした, あやふやな: an uncertain shape ぼんやりした形[姿].
3 不安定な, 変わりやすい; あてにならない.
(▷ 名 úncértainty)

un·cer·tain·ly [ʌnsə́ːrtənli] 副 不確実に; 頼りなく, 不安げに.

*__un·cer·tain·ty__ [ʌnsə́ːrtənti] 名 (複 un·cer·tain·ties [〜z]) **1** U 不確実(性), 不確かな状態, 頼りなさ, 不安定: There is some uncertainty (about) whether he will attend the conference. 彼が会議に出席するかどうかはやや不確定です.
2 C [しばしば複数形で]不確実な[あてにならない]こと[もの]: the uncertainties of life 人生の不確実[無常]. (◁ 形 úncértain)

un·chal·lenged [ʌntʃǽlindʒd] 形 **1** 挑戦されない. **2** 問題にされていない, 異議[文句]なしの.

un·change·a·ble [ʌntʃéindʒəbl] 形 変えることのできない; 不変の.

*__un·changed__ [ʌntʃéindʒd] 形 不変の, 元のままの: Our ideas remain unchanged. 私たちの考えは変わらない.

un·char·ac·ter·is·tic [ʌ̀nkæriktərístik] 形 (言動などが) […に]らしくない, […には珍しい [of].

un·char·i·ta·ble [ʌntʃǽrətəbl] 形 無慈悲な, 厳しい, 情け容赦のない.

un·chart·ed [ʌntʃɑ́ːrtid] 形 《文語》地図に載っていない; 未踏の, 未知の.

un·checked [ʌntʃékt] 形 **1** 抑制されない, 野放しの: go [remain] unchecked 野放し(のまま)になる. **2** 検査されていない, 試されていない.

un·civ·il [ʌnsívəl] 形 不作法な, ぞんざいな.
un·civ·i·lized [ʌnsívəlàizd] 形 未開の, 野蛮な.

un·claimed [ʌnkléimd] 形 請求者がいない; (特定の)個人の所有物だと主張されない; 持ち主不明の.

***un·cle** [ʌ́ŋkl]
—名 (複 un·cles [〜z]) C **1** [しばしば U-] おじ
(◇ 父母の兄弟; おばの夫; → FAMILY 図): my uncle on my father's [mother's] side 私の父方[母方]のおじ / become an uncle おじになる[甥(おい)[姪(めい)]ができる].
2 [しばしば U-]おじさん(◇ 親しい年配の男性に対する敬称): Uncle Jack ジャックおじさん.

■ *say uncle* 《米口語》参ったと言う, 降参する.

◆ **Úncle Sám** [単数形で] 《口語》米国 (政府); 米国民; 典型的アメリカ人. (由来) 米国を表す US をもじって擬人化したとされる; → JOHN BULL

Úncle Tóm C 《口語·軽蔑》白人に迎合する[忠実な]黒人. (由来) ストウ夫人の小説『アンクル=トムの小屋』の主人公の名前から.

un·clean [ʌnklíːn] 形 **1** 汚れた, 不潔な. **2** (道徳的に) 汚(けが)れた, 不純な; (食べ物·動物などが宗教教義上) 不浄な, けがらわしい.

un·clear [ʌnklíər] 形 (物事が) はっきりしない, 不明瞭(めい)な; (人が) […に] 確信がない [about].

un·coil [ʌnkɔ́il] 他 〈巻いたもの〉をほどく, 解く.
— 自 (巻いたものが) 解ける, ほどける.

*__un·com·fort·a·ble__ [ʌnkʌ́mfərtəbl] 形
1 (物事が) 心地よくない, 不快な; 厄介(ホネ)な: an uncomfortable sofa 座り心地の悪いソファー.
2 (人·気持ちが) 落ち着かない, 不安な: feel uncomfortable 居心地が悪い.

un·com·fort·a·bly [ʌnkʌ́mfərtəbli] 副 居心地悪く; 落ち着かないで, 気づまりで.

un·com·mit·ted [ʌnkəmítid] 形 **1** 中立的な; 関与していない. **2** 言質(咳)を与えていない.

*__un·com·mon__ [ʌnkɑ́mən / -kɔ́m-] 形 **1** 珍しい, めったにない: It's not uncommon for students to go abroad. 学生が外国に行くのは珍しいことでは ない; すばらしい.

un·com·mon·ly [ʌnkɑ́mənli / -kɔ́m-] 副 《古風》まれに; 並外れて, 非常に; すばらしく.

un·com·mu·ni·ca·tive [ʌ̀nkəmjúːnikèitiv, -kət-] 形 《軽蔑》打ち解けない, 無口な.

un·com·pro·mis·ing [ʌnkɑ́mprəmàiziŋ / -kɔ́m-] 形 妥協しない, 頑固な, 融通の利かない.

un·con·cern [ʌ̀nkənsə́ːrn] 名 U 無関心, 無頓着(ちゃく); 平然としていること.

un·con·cerned [ʌ̀nkənsə́ːrnd] 形 **1** […と]無関係な [with]. **2** […について] 平気な, 気にしていない [about, for]; […に] 無関係な [with]: be unconcerned with politics 政治に無関心な.
un·con·cern·ed·ly [ʌ̀nkənsə́ːrnidli] 副 無関心に; 平気で.

un·con·di·tion·al [ʌ̀nkəndíʃənəl] 形 無条件の, 無制限の; 絶対的な: unconditional surrender 無条件降伏.
un·con·di·tion·al·ly [-nəli] 副 無条件で[に].

un·con·firmed [ʌ̀nkənfə́ːrmd] 形 (事実関係が)確認されていない, 未確認の.

un·con·nect·ed [ʌ̀nkənéktid] 形 つながりのない, 無関係な, 個別の.

un·con·scion·a·ble [ʌnkɑ́nʃənəbl / -kɔ́n-] 形 《格式》不条理な; 法外な, ひどい.

*__un·con·scious__ [ʌnkɑ́nʃəs / -kɔ́n-] 形 **1** 意識を失った, 失神した: become unconscious 意識を失う. **2** […に] 気づかない, 知らない [of]: He was unconscious of my presence. 彼は私がいることに気づかなかった. **3** 無意識の, 自覚していない: an unconscious habit 無意識の癖.
— 名 [the 〜 / one's 〜] 《心理》無意識; 潜在意識.

un·con·scious·ly [〜li] 副 気づかずに, 無意識に.

un·con·scious·ness [～nəs] 图 U 無意識; 意識不明.

un·con·sid·ered [ʌ̀nkənsídərd] 形 **1**《言動などが》配慮の足りない, 軽率な. **2**《格式》無視されている; 取るに足らない.

un·con·sti·tu·tion·al [ʌ̀nkɑnstətjúːʃənəl / -kɔnstitjúː-] 形 憲法違反の, 違憲の.

un·con·trol·la·ble [ʌ̀nkəntróuləbl] 形 手に負えない, 制御できない.

un·con·trolled [ʌ̀nkəntróuld] 形 制御されていない, 自由な, 規制のない.

un·con·ven·tion·al [ʌ̀nkənvénʃənəl] 形 型にはまらない, 自由奔放な; 因習にとらわれない.

un·con·vinced [ʌ̀nkənvínst] 形《叙述用法》確信のない.

un·con·vinc·ing [ʌ̀nkənvínsiŋ] 形 疑問のある; 納得のいかない, 説得力のない.

un·cooked [ʌ̀nkúkt] 形 生の, 料理していない.

un·cork [ʌ̀nkɔ́ːrk] 動 他 …のコルク栓を抜く.

un·count·a·ble [ʌ̀nkáuntəbl] 形 **1** 数えられない; 無数の. **2**《文法》不可算の.
— 图 C = **úncountable nóun**《文法》不可算名詞 (→ NOUN 〈文法〉).

un·couth [ʌ̀nkúːθ] 形《人が》粗野な, 荒っぽい;《言葉・行動などが》洗練されていない.

*un·cov·er [ʌ̀nkʌ́vər] 動 他 **1**〈秘密など〉を暴露する, 明らかにする: *uncover* an illegal trade 闇〈の〉取引を暴露する.
2〈容器〉のふた[覆い]を取る.

un·cov·ered [ʌ̀nkʌ́vərd] 形 **1** ふた[覆い]のない, むき出しの. 2 保険がかけられていない.

un·crit·i·cal [ʌ̀nkrítikəl] 形 […に] 無批判の; 批判[判断]力のない [*of*].

un·crit·i·cal·ly [-kəli] 副 無批判に.

un·crowned [ʌ̀nkráund] 形 まだ戴冠式を挙げていない, 無冠の; 王さながらの権力を有する: the *uncrowned* king [queen] 無冠の帝王[女帝].

un·crush·a·ble [ʌ̀nkrʌ́ʃəbl] 形 **1**《布が》しわにならない. **2**《人・意志が》不屈の, くじけない.

UNCTAD [ʌ́ŋktæd]《略語》= *U*nited *N*ations *C*onference on *T*rade *a*nd *D*evelopment 国連貿易開発会議.

unc·tu·ous [ʌ́ŋktʃuəs] 形《格式》口先[うわべ]だけの, お世辞たらたらの.

un·curl [ʌ̀nkə́ːrl] 動 他〈巻いてあるもの〉をまっすぐにする, 伸ばす.
— 自《巻いてあるものが》まっすぐになる, 伸びる.

un·cut [ʌ̀nkʌ́t] 形 **1** 切られて[刈られて]いない;《本の》へりが切りそろえてない. **2**《映画などが》ノーカットの. **3**《宝石などが》カット加工されていない.

un·daunt·ed [ʌ̀ndɔ́ːntid] 形《失敗などに》くじけない, […を]恐れない [*by*]; […の点で]大胆な [*in*].

un·de·ceive [ʌ̀ndisíːv] 動 他《格式》…に真実を悟らせる, 誤りを知らせる.

un·de·cid·ed [ʌ̀ndisáidid] 形 **1**《叙述用法》[…について …かどうか]決心がつかない [*about* / 疑問詞節 [句]]; はっきりしない. **2** 未決定[決着]の.

un·dem·o·crat·ic [ʌ̀ndèməkrǽtik] 形 民主的でない, 非民主的な.

un·de·mon·stra·tive [ʌ̀ndimánstrətiv /-mɔ́n-] 形 内気な, 控えめな; 感情を表に出さない.

un·de·ni·a·ble [ʌ̀ndináiəbl] 形 否定できない, 疑いの余地のない, 明白な.

un·de·ni·a·bly [ʌ̀ndináiəbli] 副 紛れもなく, 間違いなく; [文修飾] 確かに, 明白なことだが.

***un·der** [ʌ́ndər] 前 副 形

① [位置] (…の)下に, 内側に. 前 1, 2; 副 1
② [数量・程度] (…) 未満で. 前 3; 副 2
③ [圧迫・影響] …を背負って. 前 4
④ [支配・監督・保護] …のもとで. 前 5
⑤ [条件・基準] …によって. 前 6

— 前 **1** [位置] **…の下に**, …の真下に (↔ *over*) (→ ON 前 **1** 〈類義〉): a hut *under* a tree 木の下の小屋 / *under* one's eyes 目の前で / He lived downstairs *under* my room. 彼は私の部屋の階下に住んでいた / Why don't you come *under* my umbrella? 私の傘に入りませんか.
2 [内側の位置] **…の内側に**, …に覆われて: wear a shirt *under* a sweater セーターの下にシャツを着ている / He curled up *under* a blanket and fell asleep. 彼は毛布にくるまって眠り込んだ / Seven-eighths of an iceberg is *under* the water. 氷山の8分の7は水面下にある.
3 [数量・程度]《数量などが》**…未満で**;《地位などが》…より下位で (↔ *over*, *above*): a monthly salary *under* 2,000 dollars 2千ドル未満の月給 / those 16 or [and] over and *under* 20 years of age 16歳以上20歳未満の人たち / You must drive *under* the speed limit. 制限速度内で運転しなければいけない.
4 [圧迫・影響] **…を背負って**,〈試練・圧迫など〉を受けて; …の〈影響〉を受けて: *under* the influence of alcohol 酒に酔った勢いで / We were *under* pressure not to announce the results. 私たちは結果を発表しないようにとの圧力を受けていた / My back ached *under* the heavy load. 重い荷物を背負って私の背中は痛んだ.
5 [支配・監督・保護] **…のもとで**[に], …に従って: keep … *under* strict observation …をきちんと監視する / *under* the guidance of the doctors 医師の指導のもと / Everything's *under* control. 万事は管理下にある.
6 [条件・基準] **…のもとで**[に], …によって[従って]: I'm sorry we always meet *under* these circumstances. いつもこんな状況でお会いするのは残念です / We're all equal *under* the law. 私たちは法のもとでみな平等である.
7 [過程] …中で[の]: *under* study [repair, construction] 検討[修理, 建設]中で / The matter is now *under* consideration. その問題は現在考慮中です / Our project has just got *under* way. 私たちの事業はちょうど始まったところです.
8 [口実・偽装] …《の名》のもとに, …に隠れて: *under* the pretense of friendship 友情を装って《の名のもとに》/ He checked in at the hotel *under* a false name. 彼は偽名を使ってホテルにチェックインした.

9 [分類・区分] …に属して, …の中に: Books of this kind are classified *under* history. この種の本は歴史の項目に分類されている.
— 副 [比較なし] **1** [位置] 下に, 下へ; 水面下に: The Titanic *went under* on her first voyage. タイタニック号は処女航海で沈没した.
2 [数量・程度] より少なくて, 未満で: Admission is free for children of twelve and *under*. 12歳以下の子供は入場無料です.
3 支配されて, 従属して: The police brought the mob *under*. 警察は暴徒を鎮圧した.
— 形 [比較なし] 限定用法] 下の, 下部の; 下位の: the *under* jaw 下あご.

un·der- [ˈʌndər] 接頭 「下の[に], 下から」「下位の」「不十分に」などの意を表す (↔ over-): *under*ground 地下の / *under*pay 賃金を少なく払う.

un·der·a·chieve [ʌ̀ndərtʃíːv] 自 (婉曲)(期待したほど) 成績が上がらない [よくない].

un·der·a·chiev·er [ʌ̀ndərtʃíːvər] 名 C (婉曲) 成績不振児, 劣等生.

un·der·age [ʌ̀ndəréidʒ] 形 法定年齢に達していない, 未成年の: *underage* drive 未成年運転.

un·der·arm [ʌ́ndərɑ̀ːrm] (☆副 とのアクセントの違いに注意) **1** わきの下の. **2** (英) 下手投げの (underhand). — 名 C わきの下 (armpit).
— 副 [ʌ̀ndərɑ́ːrm] (英) 下手投げで (underhand).

un·der·bel·ly [ʌ́ndərbèli] 名 (複 **un·der·bel·lies** [~z]) C (文語) **1** 下腹(部). **2** 無防備の地域; 一番の弱点, 急所.

un·der·brush [ʌ́ndərbrʌ̀ʃ] 名 U (米) (森林の) 下ばえ, やぶ ((英) undergrowth).

un·der·car·riage [ʌ́ndərkæ̀ridʒ] 名 C [航空] (主に英) 着陸装置 ((米) landing gear).

un·der·charge [ʌ̀ndərtʃɑ́ːrdʒ] 他 …に代価 [正当な料金] 以下の金額を請求する.
— 自 […に] 代価以下の請求をする [for].

un·der·class [ʌ́ndərklæ̀s / -klɑ̀ːs] 名 [単数形で] (社会の) 最下層, 貧困層.

un·der·class·man [ʌ̀ndərklǽsmən / -klɑ́ːs-] 名 (複 **un·der·class·men** [-mən]) C (米) (大学・高校の) 下級生 (1年生 (freshman) または2年生 (sophomore) をさす; cf. upperclassman 上級生).

un·der·clothes [ʌ́ndərklòuðz] 名 [複数扱い] 下着, 肌着 (underwear).

un·der·cloth·ing [ʌ́ndərklòuðiŋ] 名 U [単数扱い] (格式) 下着類, 肌着類.

un·der·coat [ʌ́ndərkòut] 名 C U (ペンキ・マニキュアの仕上げ前の) 下塗り (cf. topcoat 上塗り).

un·der·cov·er [ʌ̀ndərkʌ́vər] 形 [限定用法] 内密の; スパイ活動の: an *undercover* agent スパイ.

un·der·cur·rent [ʌ́ndərkə̀ːrənt / -kʌ̀r-] 名 C **1** 下層流, 底流. **2** (感情・思想などの) 底流.

un·der·cut [ʌ̀ndərkʌ́t] 動 (三単現 **un·der·cuts** [-kʌ́ts], 過去・過分 **un·der·cut**; 現分 **un·der·cut·ting** [~iŋ]) 他 **1** 〈他の人・店〉より安く売る; 安い賃金で働く. **2** …のもつ力 [効果] を弱める, 不利な方へ作用する, じゃまする.

un·der·de·vel·oped [ʌ̀ndərdivéləpt] 形 **1** 発育不全の, 発達不十分の. **2** (国・地域などが) 低開発の: an *underdeveloped* country 低開発国 (◇現在では developing country (発展途上国) を用いるのが普通).

un·der·dog [ʌ́ndərdɔ̀(ː)g / -dɔ̀g] 名 C **1** [the ~] 勝ち目のない選手 [チーム]. **2** (生存競争の) 敗北者, 弱者, 負け犬 (cf. topdog 勝者).

un·der·done [ʌ̀ndərdʌ́n] 形 (肉などが) 生煮えの, 生焼けの (⇔ overdone).

un·der·em·ployed [ʌ̀ndərimplɔ́id] 形 力を発揮できる仕事がない, 仕事不足の, 雇用が不完全の.

*****un·der·es·ti·mate** [ʌ̀ndəréstəmèit] (☆名 との発音の違いに注意) 動 〈費用など〉を安く見積もる; 〈人の能力など〉を過小評価する, 見くびる: Don't *underestimate* him. 彼を見くびってはいけない.
— 自 安く見積もる; 過小評価する.
— 名 [-éstəmət] C 安い見積もり; 過小評価.

un·der·ex·posed [ʌ̀ndərikspóuzd] 形 [写真] 露出不足の.

un·der·fed [ʌ̀ndərféd] 形 栄養不良 [不足] の, 食物を十分に与えられていない.

un·der·foot [ʌ̀ndərfút] **1** 足の下に [で], 踏みつけて. **2** じゃまになって.

un·der·gar·ment [ʌ́ndərgɑ̀ːrmənt] 名 C (古風) 下着, 肌着.

*****un·der·go** [ʌ̀ndərgóu] 動 (三単現 **un·der·goes** [~z]; 過去 **un·der·went** [-wént]; 過分 **un·der·gone** [-gɔ́(ː)n / -gɔ́n]; 現分 **un·der·go·ing** [~iŋ]) 他 [進行形不可] **1** 〈苦しみなど〉を経験する: The country *underwent* a rapid change after the war. その国は戦後急速な変化を遂げた.
2 〈検査・手術・試験など〉を受ける: *undergo* a liver operation 肝臓の手術を受ける. **3** 〈苦痛・困難など〉に耐える, …を忍ぶ: *undergo* hardships 苦難に耐える.

*****un·der·gone** [ʌ̀ndərgɔ́(ː)n / -gɔ́n] 動 undergo の過去分詞.

*****un·der·grad·u·ate** [ʌ̀ndərgrǽdʒuət] 名 C **1** (大学院生・卒業生と区別して) 学部学生, 大学生. (関連語) graduate 卒業生; (米) 大学院生 / postgraduate (主に英) 大学院生) **2** [形容詞的に] 学部学生の, 大学生の.

‡**un·der·ground** [ʌ́ndərgràund] (☆副 とのアクセントの違いに注意) 形 **1** 地下の: an *underground* passage 地下道 / an *underground* railroad ((英) railway) 地下鉄.
2 [限定用法] 秘密の; 反体制 [非合法] の: an *underground* organization 地下組織.
3 前衛的の, アングラの: an *underground* theater アングラ劇場.
— 名 **1** [the ~] (英) 地下鉄 ((米) subway; (英口語) tube); [the U-] ロンドンの地下鉄: by *underground* = on the *underground* (英) 地下鉄で. **2** [the ~; 単数・複数扱い] 地下組織, 秘密 (抵抗) 組織. **3** U (米) 地下 (道).
— 副 [ʌ̀ndərgráund] **1** 地下で [に]. **2** 隠れて, 内密に, 潜(ひそ)んで: go *underground* 地下に潜る, 秘密活動を始める.

un·der·growth [ʌ́ndərgròuθ] 名 U (英) (森林の) 下ばえ, やぶ ((米) underbrush).

un·der·hand [ʌ́ndərhæ̀nd] 形 **1** 《球技》アンダースローの, 下手投げの (↔ overhand). **2** 秘密の, 不正の. — 副 《米》下手投げで.

un·der·hand·ed [ʌ̀ndərhǽndid] 形 **1** 秘密の, 不正の (underhand). **2** 人手不足の.

*__un·der·lain__ [ʌ̀ndərléin] 動 underlie の過去分詞.

*__un·der·lay__[1] [ʌ̀ndərléi] 動 underlie の過去形.

un·der·lay[2] [ʌ̀ndərléi] 動 (三単現 **un·der·lays** [~z]; 過去·過分 **un·der·laid** [-léid]; 現分 **un·der·lay·ing** [~ɪŋ]) 他 …の下に […を] 置く [敷く]; …を […で] 裏打ちする [**with**].
— 名 [ʌ́ndərlèi] U C (じゅうたんなどの) 下敷き.

*__un·der·lie__ [ʌ̀ndərlái] 動 (三単現 **un·der·lies** [~z]; 過去·過分 **un·der·lay** [-léi]; 過去分 **un·der·lain** [-léin]; 現分 **un·der·ly·ing** [~ɪŋ]) 他 《格式》
1 〈理論·行動などの〉基礎となる;〈感情の〉底にある: This principle *underlies* the policy. 政策の基盤にあるのはこの原則である. **2** …の下にある.

*un·der·line [ʌ́ndərlàin, ʌ̀ndərláin] 動名

— 動 [ʌ́ndərlàin, ʌ̀ndərláin] (三単現 **un·der·lines** [~z]; 過去·過分 **un·der·lined** [~d]; 現分 **un·der·lin·ing** [~ɪŋ]) 他 **1** (強調またはイタリック体指定のために)〈語句などに〉下線を引く, アンダーラインを引く: He *underlined* the topic sentence of the paragraph. 彼はその段落の主題文に下線を引いた.
2 …を強調する (emphasize): She *underlined* the importance of equality between the sexes. 彼女は男女平等の重要性を強調した.
— 名 [ʌ́ndərlàin] C 下線, アンダーライン.

un·der·ling [ʌ́ndərlɪŋ] 名 C 下っ端(*は*), 手下.

*__un·der·ly·ing__ [ʌ̀ndərláiɪŋ] 形 《限定用法》
1 基礎を成す, 基本的な; 底 [裏] にある, 隠れた, 暗黙の: an *underlying* motive [reason] 根底にある (真の) 動機 [理由] / the *underlying* meaning 隠された意味. **2** (ものの) 下にある, 横たわる.

un·der·manned [ʌ̀ndərmǽnd] 形 (工場などが) 人手不足の (↔ overmanned).

un·der·men·tioned [ʌ̀ndərménʃənd] 形 《格式》下記の, 次に述べる, 後述する.

un·der·mine [ʌ̀ndərmáin] 動 他 **1** 〈健康などを〉徐々に害する, むしばむ;〈名声·地位などを〉じわじわと傷つける. **2** …の下に穴 [坑道] を掘る, …の下を掘る;〈水などが〉…の土台 [底部] を侵食する.

*__un·der·neath__ [ʌ̀ndərníːθ] 前 …のすぐ下に [へ], …の下面 [下側] に (beneath): He wore a T-shirt *underneath* [under] his jacket. 彼は上着の下にTシャツを着ていた.
— 副 (すぐ) 下に [へ, を]; 下面 [下側] に; 実は.
— 名 [the~ / one's ~] 《口語》下部; 底.

un·der·nour·ished [ʌ̀ndərnə́ːriʃt, -nʌ́r-, -nʌ́r-] 形 栄養不足 [不良] の.

un·der·nour·ish·ment [ʌ̀ndərnə́ːriʃmənt, -nʌ́r-, -nʌ́r-] 名 U 栄養不良 [不足].

un·der·paid [ʌ̀ndərpéid] 動 underpay の過去形·過去分詞. — 形 給料の少ない, 薄給の.

un·der·pants [ʌ́ndərpæ̀nts] 名 《複数扱い》 (下着の) パンツ, ショーツ(《口語》pants) (《英》では特に男性用のものをさす).

un·der·pass [ʌ́ndərpæ̀s / -pὰːs] 名 C **1** ガード下. **2** 《米》横断地下道.

un·der·pay [ʌ̀ndərpéi] 動 (三単現 **un·der·pays** [~z]; 過去·過分 **un·der·paid** [~d]; 現分 **un·der·pay·ing** [~ɪŋ]) 他 …に給料 [賃金] を (不当に) 少なく払う (↔ overpay).

un·der·pin [ʌ̀ndərpín] 動 (三単現 **un·der·pins** [~z]; 過去·過分 **un·der·pinned** [~d]; 現分 **un·der·pin·ning** [~ɪŋ]) 他 **1** 〈壁などを〉下から支える. **2** 〈議論などを〉支持する.

un·der·play [ʌ̀ndərpléi] 動 **1** …を(実際より重要でないように) 控えめに見せる: *underplay* one's hand 手の内をさらけ出さず(控えめに)行動する. **2** 〈役などを〉控えめに演じる.

un·der·pop·u·lat·ed [ʌ̀ndərpápjulèitid / -pɔ́p-] 形 人口が少ない, 過疎の (↔ overpopulated).

un·der·priv·i·leged [ʌ̀ndərprívəlidʒd] 形
1 社会的 [経済的] に恵まれない (◇しばしば poor の婉曲語として用いる). **2** [the ~; 名詞的に; 複数扱い] 恵まれない人々.

un·der·rate [ʌ̀ndərréit] 動 他 …を低く見積もりすぎる; 過少評価する, 見くびる (↔ overrate).

un·der·score [ʌ́ndərskɔ̀ːr / ʌ̀ndərskɔ́ː] 動 他 《主に米》…に下線を引く; 強調する (underline).

un·der·sea [ʌ́ndərsìː] 形 《限定用法》海底 [海中] の: *undersea* exploration 海底探検.

un·der·sec·re·tar·y [ʌ̀ndərsékrətèri / -tərī] 名 (複 **un·der·sec·re·tar·ies** [~z]) C (各省の) 次官: a parliamentary *undersecretary* 《英》政務次官.

un·der·sell [ʌ̀ndərsél] 動 (三単現 **un·der·sells** [~z]; 過去·過分 **un·der·sold** [-sóuld]; 現分 **un·der·sell·ing** [~ɪŋ]) 他〈相手〉より安値で売る; …を (相手より) 安値で売る.

un·der·shirt [ʌ́ndərʃə̀ːrt] 名 C 《米》(特に男性用の) アンダーシャツ, 肌着(《英》vest).

un·der·side [ʌ́ndərsàid] 名 C [通例 the ~] 下側, 底面; (物事の) 裏面.

un·der·signed [ʌ̀ndərsáind] 形 《格式》**1** 《限定用法》(文書の終わりに) 署名した. **2** [the ~; 名詞的に; 単数·複数扱い] 署名者 [人].

un·der·sized [ʌ̀ndərsáizd], **un·der·size** [-sáiz] 形 普通より小さい, 小型の, 小柄な.

un·der·staffed [ʌ̀ndərstǽft / -stὰːft] 形 (組織が) 人員 [職員, 人手] 不足の (↔ overstaffed).

***un·der·stand [ʌ̀ndərstǽnd]

【「under (…の下に)+stand (立つ)」から】

— 動 (三単現 **un·der·stands** [-stǽndz]; 過去·過分 **un·der·stood** [-stúd]; 現分 **un·der·stand·ing** [~ɪŋ])
— 他 [通例, 進行形不可] **1** (a) [*understand*+O]〈人·考え·言葉などを〉理解する, わかる: He *understands* me very well. 彼は私の言うこと [気持ち] がとてもよくわかっている / It's difficult for me to *understand* the theory of relativity. 私には相対性理論を理解するのは難しい / Do you *understand* Japanese? 日本語

がわかりますか. (b)［understand＋疑問詞節［句］］…かを理解する: He doesn't *understand why* she is angry. 彼女がなぜ怒っているのか彼はわかっていない / Do you *understand how* to use this computer? このコンピュータの使い方を知っていますか. (c)［understand＋動名］…することを理解する: I cannot *understand* your [you] *giving* up the plan halfway. 私にはあなたが途中でその計画をあきらめることが理解できない.
2 (a)［understand＋that 節］(当然)…(の意味)だと思う, 解釈する: Am I to *understand that* you cannot accompany us? あなたは私たちに同行できないとおっしゃるのですね / I *understand (that)* you have something to do with this matter. あなたはこの件と何らかの関係があるということですね. ［understand＋O＋to do］…は(当然)～すると考えている: We *understand* her *to* be quite innocent. 私たちは彼女がまったく潔白だと考えている.
3［understand＋that 節］《丁寧》…であると聞いている（◇ that 節を so で受けることもある）: I *understand (that)* he will retire next year. 彼は来年退職すると私は聞いています / Jack and Rose got married last month. ―*So* I *understand*. ジャックとローズは先月結婚しました―そのように聞いています. **4** (通例, 受け身で)〈語・句〉を補って解釈する; 省略する.
―⾃ 理解する, わかる；［…について］よく知っている [*about*]: Do you *understand*? わかりましたか / I can't help you. I hope you *understand*. お助けできません. わかってください / He *understands about* computers. 彼はコンピュータに詳しい.

■ *gìve ... to understánd (that)* ～《格式》…ということを…にそれとなく[はっきりと]わからせる.
màke onesélf understóod 自分の言うこと[気持ち]を相手にわからせる: I was able to *make* myself *understood* in English. 私は英語で自分の言うことをわかってもらうことができた.
(Nòw,) Understánd me. (さあ) よく聞きなさい, いいですか.《◇警告・脅しの前置きに用いる》.
understánd each óther [one anóther] お互いに気持ちが通じ合っている; 共謀する.

*un・der・stand・a・ble [ʌ̀ndərstǽndəbl]形 理解［納得］できる, わかる, もっともな: in an *understandable* way わかりやすい方法で.

un・der・stand・a・bly [ʌ̀ndərstǽndəbli]副 理解できるように; 〔文修飾〕当然だが, もっともなことだが: *Understandably*, she got upset. 当然ながら, 彼女は腹を立てた.

***un・der・stand・ing

[ʌ̀ndərstǽndiŋ]名形
―名 **1** U［時に an ～]［…の］理解; 知識; 解釈 [*of*]: He has a basic *understanding of* biotechnology. 彼は生物工学について理解がある / Your *understanding of* the current topics is sharp. あなたは時事問題を的確にとらえている / My *understanding* was that John would meet me at the airport. 私はジョンが空

港に迎えに来てくれるものと思っていた. **2** U 理解力, 知力 (intelligence); 思慮: This is a matter beyond our *understanding*. これは私たちにとっても理解できない問題です. **3** U［時に an ～] 思いやり, 共感 (sympathy); 相互理解: a mutual *understanding* 相互理解 / He showed an *understanding* of my hardships. 彼は私の苦難に同情を示してくれた. **4** C［通例 an ～] 意見の一致, 了解; (非公式の)取り決め: a tacit *understanding* 暗黙の了解 / The management has finally reached [come to] an *understanding* with the employees. 経営側はやっと従業員側と合意に達した.

■ *on the understánding that ...* …という了解の下で, …という条件で.
―形 理解力がある, 分別がある; 思いやりのある: an *understanding* person 物わかりのいい人; 思いやりのある人.

un・der・state [ʌ̀ndərstéit]動 他 …を控えめに述べる;〈数・程度など〉を少なく言う (↔ overstate).

un・der・stat・ed [ʌ̀ndərstéitid]形 (装飾・表現などが) 控えめな, 落ち着いた.

un・der・state・ment [ʌ̀ndərstéitmənt]名 U 控えめに言うこと; C 控えめな表現[言葉] (↔ overstatement).

‡un・der・stood [ʌ̀ndərstúd]動 understand の過去形・過去分詞.

un・der・stud・y [ʌ̀ndərstʌ́di]名（複 un・der・stud・ies [～z]）C 代役俳優; (一般に) 代役.
―（三単現 un・der・stud・ies [～z]; 過去・過分 un・der・stud・ied [～d]; 現分 un・der・stud・y・ing [～iŋ]）他 …の代役としてけいこをする; 代役をする.

**un・der・take [ʌ̀ndərtéik]

【「under (…の下を)＋take (取る)」から】
―動（三単現 un・der・takes [～s]; 過去 un・der・took [-túk]; 過分 un・der・tak・en [-téikən]; 現分 un・der・tak・ing [～iŋ]）
―他《格式》**1** (a)［undertake＋O］…を引き受ける, 請け負う;〈重い責任など〉を背負う: *undertake* a task 仕事を引き受ける / He *undertook* the responsibility for the planning. 彼はその企画の責任者になった. (b)［undertake＋to do］…することを引き受ける, 約束する: She *undertook* (with me) *to* submit the paper by tomorrow. 彼女はあすまでにレポートを提出すると(私に)約束した.
2 …に着手する, …を始める; …を企てる: *undertake* four investigations 4件の調査に乗り出す.

‡un・der・tak・en [ʌ̀ndərtéikən]動 undertake の過去分詞.

un・der・tak・er [ʌ̀ndərtéikər]名 C 葬儀屋.

*un・der・tak・ing [ʌ̀ndərtéikiŋ]名 **1** C［通例, 単数形で] 事業,（努力のいる）仕事: a difficult *undertaking* 困難な事業 / a joint *undertaking* 合弁事業. **2** C［格式］［…する／…という］約束, 保証 [*to do / that* 節]: an *undertaking to* pay the debt within a month 1か月以内に借金を返すという約束. **3** [ʌ́ndərtèikiŋ] U 葬儀業.

un・der・tone [ʌ́ndərtòun]名 C **1** 小声, 低音,

静かな口調: in an *undertone* = in *undertones* 小声で. **2** 根底にある性質［要素］,（感情などの）底流. **3** 基調となる（薄い）色.

‡**un·der·took** [ʌ̀ndərtúk] 動 undertake の過去形.

un·der·tow [ʌ́ndərtòu] 名 [単数形で]（岸から返す）引き波,（水面下の）逆流;（感情の）底流.

un·der·used [ʌ̀ndərjúːzd] 形 十分に利用されていない.

un·der·val·ue [ʌ̀ndərvǽljuː] 動 …を過小評価する, 安く見積もる; …を軽視する.

un·der·wa·ter [ʌ̀ndərwɔ́ːtər] 形 [限定用法] 水面下の, 水中（用）の: an *underwater* camera 水中カメラ. ── 副 水面下で, 水中で.

un·der·way [ʌ̀ndərwéi] 形 [叙述用法] 進行中の（◇ under way とも書く; → WAY¹ 成句）;（船が）航海中の.

un·der·wear [ʌ́ndərwèər] 名 U [集合的に] 下着類, 肌着類.

un·der·weight [ʌ̀ndərwéit] 形 [標準または規定より] 重量不足の (↔ overweight).

***un·der·went** [ʌ̀ndərwént] 動 undergo の過去形.

un·der·world [ʌ́ndərwə̀ːrld] 名 **1** [the ~] 暗黒街, 犯罪社会. **2** [通例 the U-][ギリ・ロ神] あの世, 黄泉の国.

un·der·write [ʌ̀ndərráit] 動（三現 un·der·writes [~s]; 過去 un·der·wrote [-róut]; 過分 un·der·writ·ten [-rítən]; 現分 un·der·writ·ing [~iŋ]) 他 **1** …の保険を引き受ける. **2**（証券会社が）〈株式など〉を（一括して）引き受ける. **3** …を資金[財政]面で支援する.

un·der·writ·er [ʌ́ndərràitər] 名 C **1**（海上）保険業者. **2**（株式などの）引受業者.

un·de·served [ʌ̀ndizə́ːrvd] 形（称賛・批判などが）受けるに値しない, 不相応 [不当] な.

un·de·sir·a·ble [ʌ̀ndizáiərəbl] 形《格式》好ましく[望ましく]ない, 不快な (unpleasant). ── 名 C [通例 ~s] 好ましくない人,（政治的に）好ましくない人物.

un·de·vel·oped [ʌ̀ndivéləpt] 形（地域・国家などが）未開（発）の; 未発達［未熟］の; 現像前の.

‡**un·did** [ʌ̀ndíd] 動 undo の過去形.

un·dies [ʌ́ndiz] 名 [複数扱い]《口語》(特に女性・子供用の) 下着類.

un·dis·charged [ʌ̀ndistʃɑ́ːrdʒd] 形（勘定・借金が）未払いの; [法] 債務免除されていない.

un·dis·ci·plined [ʌ̀ndísəplind] 形 規律のない, 態度が悪い, 甘やかされた, しつけのできていない（悪い）.

un·dis·cov·ered [ʌ̀ndiskʌ́vərd] 形 発見されない（ままの）, 未発見の; 未知の.

un·dis·guised [ʌ̀ndisgáizd] 形（感情などが）あからさまな, 隠さない.

un·dis·put·ed [ʌ̀ndispjúːtid] 形 議論の余地［異議］のない; 当然の; だれもが認める.

un·dis·turbed [ʌ̀ndistə́ːrbd] 形（だれも）触っていない, 動かさない; 乱されない, じゃまされない; 平穏な.

un·di·vid·ed [ʌ̀ndiváidid] 形 **1** 分けられていない, 分割されていない; 連続した. **2** 専念［集中］した.

3（政治的に）分裂していない.

‡**un·do** [ʌ̀ndúː] 動（三現 un·does [-dʌ́z]; 過去 un·did [-díd]; 過分 un·done [-dʌ́n]; 現分 un·do·ing [~iŋ]) 他 **1** 〈包み・ひもなど〉をほどく, ゆるめる;〈衣服〉を脱ぐ;〈ボタンなど〉を外す: He *undid* the package. 彼は包みをほどいた. **2** …を元通りにする, 取り消す;〈効果など〉をなくす: What is done cannot be *undone*.《ことわざ》してしまったことは元へは戻らない ◇ 覆水盆に返らず. **3**【コンピュータ】〈直前のキー操作〉を取り消す, アンドゥーする. **4** [通例, 受け身で]〈人〉を破滅させる.

un·do·ing [ʌ̀ndúːiŋ] 名 U **1** [通例 one's ~] 破滅; 破滅の原因. **2** 元へ戻すこと, 取り消し. **3**（小包・ひもなどを）解くこと, ほどくこと.

‡**un·done** [ʌ̀ndʌ́n] 動 undo の過去分詞. ── 形 [叙述用法] **1**（仕事などが）未完成の, なされていない: leave ... *undone* …を中途でやめる. **2** ほどけた, 解けた. **3**《古風》破滅した.

un·doubt·ed [ʌ̀ndáutid] 形 疑う余地がない, 確かな; 本物の.

‡**un·doubt·ed·ly** [ʌ̀ndáutidli] 副 疑う余地なく, 確かに; [文修飾] 明らかに: The diamond is *undoubtedly* false [true]. そのダイヤは明らかに偽物[本物] です.

un·dreamed-òf [ʌ̀ndríːmd-, -drémt-], **un·dreamt-òf** [-drémt-] 形 夢にも思わない, 予想もしない, まったく意外な.

***un·dress** [ʌ̀ndrés] 動 自 服を脱ぐ. ── 他 …の服を脱がせる: *undress* oneself 裸になる. ── 名 U **1** [格式] 裸（同然）. **2** 平服, 普段着.

un·dressed [ʌ̀ndrést] 形 **1** [叙述用法] 服を着ていない, 裸（同然）の: get *undressed* 服を脱ぐ. **2** パジャマ姿の. **3** ドレッシングのかかっていない: an *undressed* salad ドレッシングなしのサラダ. **4**（傷が）包帯をしていない.

un·due [ʌ̀ndjúː / -djúː] 形 [限定用法]《格式》**1** 不当な, 不適当な; 不法な: put *undue* pressure on … …に不当な圧力をかける. **2** 過度の, はなはだしい: *undue* expenses 過度の支出.

un·du·late [ʌ́ndʒulèit / -dju-] 動 自《格式》**1**（水面などが）波打つ, 波立つ;（草原などが）波のようにそよぐ. **2**（土地などが）起伏する, うねる.

un·du·la·tion [ʌ̀ndʒuléiʃən / -dju-] 名 [格式] U C 波動; 起伏, うねり.

un·du·ly [ʌ̀ndjúːli / -djúː-] 副 不当に, 過度に; はなはだしく.

un·dy·ing [ʌ̀ndáiiŋ] 形 [限定用法] 不滅の, 永遠の, 不朽の: an *undying* love 永遠の愛.

un·earned [ʌ̀nə́ːrnd] 形 **1** 労せずして得た; 受けるに値しない, 分不相応な: *unearned* income 不労所得. **2** [野球] 自責点でない, 野手のエラーによる: an *unearned* run 野選による進塁.

un·earth [ʌ̀nə́ːrθ] 他 **1** …を掘り出す, 発掘する. **2** …を明るみに出す, 暴く, 見つける.

un·earth·ly [ʌ̀nə́ːrθli] 形 **1** 不気味な; 超自然的［神秘的］な: an *unearthly* silence 不気味な静けさ. **2** [限定用法]《口語》(時刻が) 非常識の: at an *unearthly* time of night とんでもなく夜遅くに.

un·ease [ʌ̀níːz] 名 U 不安, 心配 (uneasiness).

un·eas·i·ly [ʌníːzəli] 副 不安[心配]そうに; 落ち着かずに, 窮屈そうに.

un·eas·i·ness [ʌníːzinəs] 名 U 不安, 心配; 窮屈, ぎこちなさ.

*__un·eas·y__ [ʌníːzi] 形 (比較 **un·eas·i·er** [~ər]; 最上 **un·eas·i·est** [~ist]) **1** [...のことで] 不安[心配]な, 気にかかる (anxious) [*about*]: He was *uneasy about* the results of his exam. 彼は試験の結果が気になっていた / She grew *uneasy* at his silence. 彼から連絡がないので彼女は不安になった. **2** (状態・関係などが) 不安定な, (人を) 不安にする; 心地よくない: an *uneasy* relationship 不安定な関係. **3** ぎこちない, 窮屈な: She felt *uneasy* in her dress. 彼女はドレスを着て窮屈に感じた.

un·e·co·nom·ic [ʌnèkənámik, -ìːk- / -nɔ́m-] 形 **1** 利益の上がらない, 採算の取れない. **2** =UNECONOMICAL (↓).

un·e·co·nom·i·cal [ʌnèkənámikəl, -ìːk- / -nɔ́m-] 形 不経済な, むだの多い.

un·ed·u·cat·ed [ʌnédʒukèitid / -édju-] 形 教育を受けていない, 無学の.

un·e·mo·tion·al [ʌnimóuʃənəl] 形 感情的でない; 冷静な, 非情な.

un·em·ploy·a·ble [ʌnimplɔ́iəbl] 形 (人が) (技能などがないために) 雇うのに適さない, 雇用できない.

*__un·em·ployed__ [ʌnimplɔ́id] 形 **1** 失業した, 仕事のない. **2** [the ~; 名詞的に; 複数扱い] 失業者たち. **3** 利用[活用] されていない, 遊休の: *unemployed* capital 遊休資本.

*__un·em·ploy·ment__ [ʌnimplɔ́imənt] 名 U **1** 失業 (状態): *unemployment* insurance 雇用[失業] 保険. **2** 失業者数. **3** (米口語) 失業手当.
 ♦ **unemployment compensàtion** [(英)**bènefit**] U 失業手当.

un·end·ing [ʌnéndiŋ] 形 終わりのない, 果てしない, (endless); (口語) 何度も繰り返される.

un·en·dur·a·ble [ʌnindjúərəbl / -djúər-] 形 (格式) 耐えられない, 我慢できない.

un·en·vi·a·ble [ʌnénviəbl] 形 うらやむほどではない, (仕事などが) うれしくない, いやな.

*__un·e·qual__ [ʌníːkwəl] 形 **1** [...と / 数量・価値などの点で] 等しくない, 同等でない [*to* / *in*]: These rooms are *unequal* in size. これらの部屋は大きさが同じではない. **2** つり合いの取れていない, 一方的な; 一様でない, ふぞろいの: *unequal* pay 格差のある賃金. **3** [叙述用法] (人が) [仕事などに] 耐えられない, 不向きの [*to*]: Mary felt herself *unequal to* the task. メアリーは自分がその仕事に向いていないと思った.

un·e·qualed, (英) **un·e·qualled** [ʌníːkwəld] 形 無比の, 匹敵するものがない.

un·e·qual·ly [ʌníːkwəli] 副 同等でなく; 不平等に.

un·e·quiv·o·cal [ʌnikwívəkəl] 形 (格式) あいまいでない, 紛らわしくない; 明瞭(ﾒｲﾘｮｳ)な.

un·e·quiv·o·cal·ly [-kəli] 副 明瞭に.

un·err·ing [ʌnə́ːriŋ, ʌnéəriŋ / -ə́ːr-] 形 誤りを犯さない; 的確な; 正確な.

un·err·ing·ly [~li] 副 誤らないで; 的確に.

U·NES·CO [juːnéskou] 名 固 ユネスコ, 国連教育科学文化機関 (◇ *United Nations Educational, Scientific and Cultural Organization* の略).

un·eth·i·cal [ʌnéθikəl] 形 非倫理的な; (職業などの) 倫理 [道義, ルール] に反する.

*__un·e·ven__ [ʌníːvən] 形 **1** 平らでない: an *uneven* road でこぼこ道. **2** 一様 [等質] でない, むらのある. **3** つり合わない, 一方的な. **4** 奇数の (odd).

un·e·ven·ly [~li] 副 でこぼこして; つり合わずに.

un·e·vent·ful [ʌnivéntfəl] 形 事件のない, 平穏無事な; 平凡な.

un·e·vent·ful·ly [-fəli] 副 平穏無事に.

un·ex·cep·tion·a·ble [ʌniksépʃənəbl] 形 (格式) 非の打ちどころがない, 申し分ない.

un·ex·cep·tion·al [ʌniksépʃənəl] 形 例外でない, 普通の, ありきたりの.

un·ex·cit·ing [ʌniksáitiŋ] 形 味気ない, 平凡な.

*__un·ex·pect·ed__ [ʌnikspéktid] 形 **1** 思いがけない, 意外な: an *unexpected* guest 不意の来客 / Her success was quite *unexpected*. 彼女の成功はまったく思いがけないものだった. **2** [the ~; 名詞的に; 単数扱い] 予期せぬこと.

*__un·ex·pect·ed·ly__ [ʌnikspéktidli] 副 思いがけなく, 突然に; [文修飾] 意外なことに: My friend came *unexpectedly*. 不意に友達が訪ねて来た.

un·fail·ing [ʌnféiliŋ] 形 **1** (特によいものが) つきない, 絶えることのない: with *unfailing* efforts 不断の努力で. **2** 確かな, 信頼できる.

un·fail·ing·ly [~li] 副 絶えることなく; 確かに.

*__un·fair__ [ʌnféər] 形 **1** 不公平な, 不当な: *unfair* treatment 不公平な扱い / *unfair* dismissal 不当解雇 / It's *unfair* to expect women to do all the housework. 女性が家事をすべてこなすことを期待するのはおかしい. **2** 不正な, 不正直な, ずるい: an *unfair* competition 不正な競争.

un·fair·ly [~li] 副 不公平 [不当] に; 不正に.

un·fair·ness [~nəs] 名 U 不公平さ; 不正.

un·faith·ful [ʌnféiθfəl] 形 **1** (夫・妻に対して) 不貞な [*to*]. **2** [...に対して] 忠実 [誠実] でない [*to*].

un·faith·ful·ness [~nəs] 名 U 不貞; 不誠実.

*__un·fa·mil·iar__ [ʌnfəmíljər] 形 **1** (物事が) [...に] よく知られていない, 未知の [*to*]: The music is *unfamiliar to* me. その音楽は私にはなじみがない. **2** (人が) [...を] よく知らない, [...に] なじみがない [*with*]: I am *unfamiliar with* politics. 私は政治には明るくない.

un·fa·mil·i·ar·i·ty [ʌnfəmìljǽrəti] 名 U よく知ら(れてい)ないこと, なじみのないこと.

un·fas·ten [ʌnfǽsən / -fáːsən] 動 他 ...をゆるめる; 外す, ほどく (↔ fasten).

un·fath·om·a·ble [ʌnfǽðəməbl] 形 (文語) 測れない, 底知れない; 深遠な, 不可解な.

*__un·fa·vor·a·ble__, (英) **un·fa·vour·a·ble** [ʌnféivərəbl] 形 **1** [...に] 都合の悪い, 不利な [*for, to*]: The weather is *unfavorable for* baseball. 野球にはあいにくの天気だ. **2** 好意的でない: an *unfavorable* review 悪評.

un·fa·vor·a·bly [-əbli] 副 不利に; 好意的でなく.
un·feel·ing [ʌnfíːliŋ] 形 (他人に対する言動などが)思いやりのない, 冷酷な, 無情な.
un·fet·tered [ʌnfétərd] 形《格式》足かせを外された; 束縛されない, 自由な.
un·fin·ished [ʌnfíniʃt] 形 **1** 終わっていない, 未完成の. **2** 仕上げ[加工(処理)]が済んでいない.
un·fit [ʌnfít] 形 (比較 **un·fit·ter** [~ər]; 最上 **un·fit·test** [~ist]) **1** […に / …するのに] 不適当な, 不適任の, 不向きの, […の / …する]能力に欠ける [*for* / *to do*]: This water is *unfit for* drinking [*to* drink]. この水は飲めない. **2** (人・動物などが)不健康な, 体調不十分な.
un·flag·ging [ʌnflǽgiŋ] 形 衰えない, 疲れを知らない, 不断の.
un·flap·pa·ble [ʌnflǽpəbl] 形《口語》動じない, 落ち着いた, 冷静沈着な.
un·flinch·ing [ʌnflíntʃiŋ] 形 ひるまない, 屈することのない; 断固とした.
un·flinch·ing·ly [~li] 副 ひるまずに; 断固として.
***un·fold** [ʌnfóuld] 動 他 **1** 〈折りたたんだものを〉広げる, 開く: *unfold* an umbrella 傘を開く[さす]. **2** 〈計画・秘密など〉を明らかにする, 知らせる: *unfold* one's future plan 将来の計画を打ち明ける.
— 自 **1** (計画・物語などが)明らかになる. **2** (つぼみなどが)開く, 広がる.
un·fore·seen [ʌnfɔːrsíːn] 形 (事態・出来事が)予期しない, 意外な.
un·for·get·ta·ble [ʌnfərgétəbl] 形 忘れられない, いつまでも記憶に残る (memorable).
un·for·get·ta·bly [-əbli] 副 忘れられないで.
un·for·giv·a·ble [ʌnfərgívəbl] 形 許すことのできない, 容赦できない.
un·for·giv·ing [ʌnfərgíviŋ] 形 許そうとしない, 容赦しない.
un·formed [ʌnfɔːrmd] 形《格式》形を成していない; 未発達な, 未熟な.
***un·for·tu·nate** [ʌnfɔːrtʃənət] 形 **1** 不運な, 不幸な: an *unfortunate* event 不運な出来事 / It was *unfortunate* that you had a traffic accident. あなたが交通事故にあったのは不運なことだった. **2**《格式》不適当な, 適切でない, 遺憾(いかん)な, 残念な: an *unfortunate* expression 適切でない表現. **3** 不成功の.
— [C]《文語》不運[不幸]な人; (社会的に)恵まれない人.
***un·for·tu·nate·ly** [ʌnfɔːrtʃənətli] 副《文修飾》不運[不幸]にも, あいにく: *Unfortunately*, I missed the bus. あいにくそのバスに乗り損ねた.
un·found·ed [ʌnfáundid] 形 事実無根の, 根拠のない: *unfounded* reports 事実無根の報道.
un·freeze [ʌnfríːz] 動 他 〈雪・氷など〉を溶かす; 〈冷凍したもの〉を解凍する.
un·friend·ly [ʌnfréndli] 形 (比較 **un·friend·li·er** [~ər]; 最上 **un·friend·li·est** [~ist]) **1** […に対して] 友好的でない, 不親切な, 敵意ある [*to*]. **2** […に対して] 都合の悪い, 不利な [*to*]. [複合語で] 不親切な, 有害な: environmentally-*unfriendly* 環境によくない.

un·furl [ʌnfɚːrl] 動 他 〈帆・旗など〉を広げる.
— 自 (帆・旗などが)広がる.
un·fur·nished [ʌnfɚːrniʃt] 形 (部屋・アパートなどが)家具を備えていない, 家具付きでない.
un·gain·ly [ʌngéinli] 形 (比較 **un·gain·li·er** [~ər]; 最上 **un·gain·li·est** [~ist]) (動作などが)見苦しい, 不格好な, ぎこちない, ぎさつな.
un·god·ly [ʌngádli / -gɔ́d-] 形 (比較 **un·god·li·er** [~ər]; 最上 **un·god·li·est** [~ist]) **1**《文語》不信心な, 罪深い. **2**《限定用法》《口語》ひどい; (時刻が)とんでもなく早い[遅い].
un·gov·ern·a·ble [ʌngʌ́vərnəbl] 形《格式》抑制[制御]できない, 手に負えない.
un·gra·cious [ʌngréiʃəs] 形 不作法な[無礼]な.
un·grad·ed [ʌngréidid] 形《文法》(形容詞が)比較変化しない.
***un·grate·ful** [ʌngréitfəl] 形 **1** […に対して]感謝しない, 恩知らずの [*to, for*]: Don't be *ungrateful to* your parents. 親への感謝の念を忘れないように.
2 不愉快な; (仕事などが)骨折り損の.
un·guard·ed [ʌngɑ́ːrdid] 形 **1** (言葉などが)不用意[軽率]な, 油断した: in an *unguarded* moment うっかりして. **2** 無防備な.
un·hap·pi·ly [ʌnhǽpili] 副 **1** 不幸に, 不運に, みじめに. **2** [文修飾]《古風》不幸にも, 不運にも (◇この意味では unfortunately が普通).
un·hap·pi·ness [ʌnhǽpinəs] 名 U 不幸, 不運.

*****un·hap·py** [ʌnhǽpi]
— 形 (比較 **un·hap·pi·er** [~ər]; 最上 **un·hap·pi·est** [~ist]) **1** (a)(人が)[…で]不幸な, 悲しい, みじめな [*about, at, with*] (↔ happy): Don't be *unhappy about* your failure. 失敗したからといってくよくよするな / Lucy seemed *unhappy at* the news. ルーシーはその知らせを聞いて落ちこんだ様子だった.
(b)[be *unhappy* + to *do*] …して悲しい, [be *unhappy* + *that* 節] …ということが悲しい: He *was unhappy to* hear that. 彼はそれを聞いて悲しかった / We *are unhappy that* he left. 彼が去ってしまったので私たちは悲しい.
2 (出来事が)不運な, 悲惨な: an *unhappy* accident [outcome] 不運な事故[結果].
3 […に] 不満な [*about, at, with*]: She is *unhappy at* the result of the test. 彼女は試験の結果に不満である.
4《格式》(言葉などが)適切でない, まずい: *unhappy* words 不適切な言葉.
un·harmed [ʌnhɑ́ːrmd] 形《叙述用法》損なわれていない, 傷を受けていない, 無事な.
UNHCR《略語》= United Nations High Commissioner for Refugees 国連難民高等弁務官.
un·health·i·ly [ʌnhélθili] 副 不健康に[不健全]に.
***un·health·y** [ʌnhélθi] 形 (比較 **un·health·i·er** [~ər]; 最上 **un·health·i·est** [~ist]) **1** 健康でない, 病弱な; (顔色などが)病的な, 不健康そうな: an *unhealthy* complexion 不健康そうな顔色.
2 (環境・習慣などが)健康によくない, 有害な: an

un·heard [ʌnhə́ːrd] 形 [叙述用法] 聞こえない; 聞いてもらえない, (特に法廷で) 弁明を許されない: go *unheard* 無視される, 聞き流される.

un·héard-òf 形 前例のない, 前代未聞の; 奇妙な.

un·heed·ed [ʌnhíːdid] 形 《文語》注意されていない, 顧みられない: go *unheeded* 無視される.

un·help·ful [ʌnhélpfəl] 形 助けにならない.

un·her·ald·ed [ʌnhérəldid] 形 《格式》 **1** (才能を) 世に知られていない, 無名の. **2** 予告なしの.

un·hes·i·tat·ing·ly [ʌnhézətèitiŋli] 副 ためらうことなく, 遠慮なしに.

un·hinge [ʌnhíndʒ] 動 他 **1** (通例, 受け身で)〈人・精神》を動揺 [錯乱] させる. **2**〈戸〉のちょうつがいを外す.

un·ho·ly [ʌnhóuli] 形 (比較 **un·ho·li·er** [~ər]; 最上 **un·ho·li·est** [~ist]) **1** 不浄な, 汚(けが)れた. **2** 罪深い, 邪悪な. **3** [限定用法]《口語》ひどい, とんでもない: at an *unholy* price 法外な値段で.

un·hook [ʌnhúk] 動 他 …のかぎ [掛け金(がね)] を外す, 〈衣服などの〉ホックを外す.

un·hoped-for [ʌnhóuptfɔ̀ːr] 形 思いがけない, 意外な; とても望めないような.

un·hur·ried [ʌnhə́ːrid] 形 急がない, 落ち着いた.

un·hurt [ʌnhə́ːrt] 形 [叙述用法] けがのない, 無傷の; 損なわれていない.

u·ni- [juːni]《結合》「単一の, 1つから成る」などの意を表す: *uniformity* 均一 / *unify* 統合する.

u·ni·cam·er·al [jùːnikǽmərəl] 形 (議会が) 一院制の (cf. bicameral 二院制の).

U·NI·CEF [júːnisèf] 名 略 ユニセフ, 国連児童基金 (◇ *United Nations International Children's Emergency Fund* の略. 現在の正式名称は United Nations Children's Fund).

u·ni·corn [júːnikɔ̀ːrn] 名 C ユニコン, 一角獣《額に1本の角がある想像上の動物で, 体は馬に似せて描かれることが多い. 英国の紋章ではライオンと共に盾を支えている. 純潔の象徴》.

u·ni·cy·cle [júːnisàikl] 名 C 一輪車.

*****un·i·den·ti·fied** [ʌ̀naidéntəfàid] 形 未確認の, 正体 [身元, 国籍] 不明の.

◆ **unidéntified flýing óbject** C ユーフォー, 未確認飛行物体 (《略語》UFO).

*****u·ni·fi·ca·tion** [jùːnifikéiʃən] 名 U 統一, 単一化, 統合: achieve [bring about] *unification* of … …の統一をもたらす. (▷ 名 únify)

***ú·ni·form** [júːnifɔ̀ːrm] 名 形【「uni (1つの) + form (形)」から】

— 名 (複 **u·ni·forms** [~z]) C U 制服, ユニフォーム; 軍服: a school *uniform* 学校の制服 / soldiers in *uniform* 軍服を着た兵士.

— 形 [比較なし] **1** (形・性質などが)〔…の点で / …と〕同じの, 一様な, 均質の〔*in* / *with*〕: dresses *uniform in* size and shape サイズと形が同じドレス / We have *uniform* tastes in music. 私たちは音楽の趣味が同じだ.

2 不変の, 一定の (constant): run at a *uniform* pace 一定のペースで走る. (▷ 名 ùnifórmity)

u·ni·formed [júːnifɔ̀ːrmd] 形 制服を着た.

*****u·ni·form·i·ty** [jùːnifɔ́ːrməti] 名 U **1** 一様性, 均一, 画一性. **2** 一定. (▷ 形 únifòrm)

u·ni·form·ly [júːnifɔ̀ːrmli] 副 一様に, 均一 [均等] に; 一定して.

*****u·ni·fy** [júːnifài] 動 (三単現 **u·ni·fies** [~z]; 過去・過分 **u·ni·fied** [~d]; 現分 **u·ni·fy·ing** [~iŋ]) 他 **1** …を […と] 統合する, 1つにする〔*with*〕; …を […に] 統一する〔*into*〕: be *unified into* one nation 一国に統一される. **2** 同一 [一様] にする.

— 自〔…と〕1つになる, 一体化する〔*with*〕. (▷ 名 ùnificátion)

u·ni·lat·er·al [jùːnilǽtərəl] 形 《格式》 一面, 一方だけの;《法》片務的な: *unilateral* disarmament 一方的軍縮. (関連語) bilateral 二面の / multilateral 多面的な)

un·i·mag·i·na·ble [ʌ̀nimǽdʒənəbl] 形 想像できない, 思いもつかない.

un·im·peach·a·ble [ʌ̀nimpíːtʃəbl] 形 《格式》 **1** 非の打ちどころのない, 疑う余地のない. **2** (心から) 信頼できる.

*****un·im·por·tant** [ʌ̀nimpɔ́ːrtənt] 形 重要でない, つまらない, ささいな.

un·im·pressed [ʌ̀nimprést] 形 〔…に〕感動しない, 感銘を受けない〔*by, with*〕.

un·in·formed [ʌ̀ninfɔ́ːrmd] 形 **1** (情報を) 知らされていない; 不十分な情報による. **2** 無知な.

un·in·hab·it·a·ble [ʌ̀ninhǽbitəbl] 形 居住に適さない, (人の) 住めない.

un·in·hab·it·ed [ʌ̀ninhǽbitid] 形 住民のいない, 無人の.

un·in·hib·it·ed [ʌ̀ninhíbitid] 形 (言動などが) 抑制されていない, のびのびした, 奔放な.

un·in·i·ti·at·ed [ʌ̀niníʃièitid] 形 経験 [知識] の乏しい, 未経験な [初心] の.

— 名 (the ~; 複数扱い) 初心者, 新米.

un·in·jured [ʌ̀níndʒərd] 形 無傷の, 傷のない.

un·in·spired [ʌ̀ninspáiərd] 形 ひらめきのない; 平凡な, 退屈な.

un·in·tel·li·gi·ble [ʌ̀nintélədʒəbl] 形 理解できない, わけ [意味] のわからない.

un·in·ten·tion·al [ʌ̀ninténʃənəl] 形 故意 [意図的] でない, 何げなくやった.

un·in·ten·tion·al·ly [-nəli] 副 何げなく.

un·in·ter·est·ed [ʌ̀níntərəstid] 形 **1**〔…に〕冷淡な, 無関心の〔*in*〕. **2** 利害関係のない.

*****un·in·ter·est·ing** [ʌ̀níntərəstiŋ] 形 面白くない, 退屈な.

un·in·ter·rupt·ed [ʌ̀nintərʌ́ptid] 形 **1** 途切れない, 連続した, 絶え間ない. **2** [通例, 限定用法] (風景などが) さえぎられていない, じゃまされない.

un·in·vit·ed [ʌ̀ninváitid] 形 招かれない, 押しかけの, 余計な: an *uninvited* guest 招かれざる客.

***ún·ion** [júːnjən]【原義は「1つであること」】

— 名 (複 **un·ions** [~z]) **1** C (共通目的のための) 組合, 同盟, 連合; 労働組合 (《米》 labor union, 《英》 trade union): a student *union* 学生自治会 / the European *Union* 欧州連合 (《略語》EU) / join a *union* 組合に加入する.

2 ⓤ 結合, 合同; 団結: the *union* of England and Scotland イングランドとスコットランドの統一 / The *union* of hydrogen and oxygen forms water. 水素と酸素が結合して水になる.
3 ⓒ[しばしばU-]連合国家, 連邦; [the U-](南北戦争時の)北部諸州; アメリカ合衆国;【英史】イギリス連合王国: the former Soviet *Union* 旧ソ連.
4 ⓒⓤ《文語》結婚 (marriage); ⓤ 一致, 和合.
(▷ 動 uníte).

◆ Únion Jáck [Flág] 名 [the ～] 英国国旗, ユニオンジャック《イングランドの St. George, スコットランドの St. Andrew, アイルランドの St. Patrick の3守護聖人を表す3つの十字を組み合わせた図柄》.

únion shóp ⓒ ユニオンショップ《従業員が労働組合へ加入することになっている事業所》.

un·ion·ism [júːnjənìzəm] 名 ⓤ **1** 労働組合主義 (trade unionism). **2** [U-]【米史】(南北戦争時の)連邦主義. **3** [U-]《英》統一主義《北アイルランドは現状通り英国に所属すべきであると主張した》.

un·ion·ist [júːnjənist] 名 ⓒ **1** 労働組合員; 労働組合主義者. **2** [U-]【米史】(南北戦争時の)連邦主義者. **3** [U-]《英》統一主義政党員.

un·ion·ize, 《英》**un·ion·ise** [júːnjənàiz] 動 他 …を組織して労働組合とする; …を労働組合に加入させる. ― 自 労働組合を結成[組織]する.

***u·nique** [juːníːk]

― 形 **1** [比較なし]唯一の, ただ1つしかない;[に]特有の[*to, with*]: An emerald of this size is *unique*. この大きさのエメラルドは1つしかない / This problem is not *unique* to Japan. この問題は日本特有のものではない.
2 《口語》珍しい, ユニークな; 特異な: The trip was a *unique* experience for us. その旅行は私たちにとってめったにない体験だった / Her style is *unique*. 彼女の文体は独特である.
3 [比較なし][…の点で]比類のない, 無比の; すばらしい[*in*]: a *unique* idea すばらしい考え.

u·nique·ly [～li] 副 比類なく, 独特に.
u·nique·ness [～nəs] 名 ⓤ 独特さ.

u·ni·sex [júːnisèks] 形《服装などが》男女の区別がない, 男女両用の, ユニセックスの.

u·ni·son [júːnisən, -zən] 名 ⓤ **1** 一致, 調和.
2 【音楽】ユニゾン, 同音; 斉唱, 斉奏.
■ *in únison* **1** […と]一致して, 調和して[*with*].
2 【音楽】同音で, 斉唱[斉奏]で.

***u·nit** [júːnit]

― 名 (複 **u·nits** [-nits]) **1** ⓒ 構成単位;《人・ものを》1団: 1つ, 1個, 1人: an administrative *unit* 行政単位 / a pediatric *unit* 小児科 / The family is the smallest *unit* of society. 家族は社会の最小単位です.
2 ⓒ(計量などの)単位: a *unit* of energy エネルギーの単位 / The monetary *unit* of Japan is the yen. 日本の通貨単位は円です.
3 ⓒ(器具などの)ひとそろい, 設備一式; (設備・器具などを構成するひとまとまりの)部品.
4 ⓒ(学習のまとまりの)単元, 単位: This text-

book consists of nine *units*. この教科書は9単元から成っている.
5 [形容詞的に] 単位となる, ひとそろいの: a *unit* price 単価 / *unit* furniture (材質・デザインなどが同一でユニット式の)ユニット家具.
6 ⓒ【数学】最小の整数 (1); 1桁(½)の自然数.
◆ únit trúst ⓤ《英》ユニット型投資信託(会社)(《米》mutual fund).

U·ni·tar·i·an [jùːnitéəriən] 名 ⓒ 【キリスト】ユニテリアン派信者《三位(½)一体を認めない》.
― 形 ユニテリアン派の.

***u·nite** [juːnáit]

《原義は「1つにする」》
― 動 (三単現 **u·nites** [-náits]; 過去・過分 **u·nit·ed** [～id]; 現分 **u·nit·ing** [～iŋ])
― 他 **1** 〈もの〉を[…と]結合する, 合体させる, 統合する[*with*]; に JOIN【類義語】: *unite* two pipes 2本のパイプを接合する / An international airport *unites* a country *with* other countries in the world. 国際空港によってある1つの国が世界の国々とつながりを持てるようになる.
2 〈人など〉を団結させる, 結び付ける; 結婚させる: His leadership *united* all the players on the team. チーム内の選手全員が彼のリーダーシップで団結した / They were *united* by Father Webber. 2人はウェバー神父の司式で結婚した.
3 〈2つ以上の性質など〉をあわせ持つ, 兼ね備える: She *unites* beauty and intelligence. 彼女は才色兼備である.
― 自 **1** 〈ものが〉[…と]結合する, 合体する, 統合する[*with*]: East and West Germany *united* in 1990. 東西ドイツは1990年に統一された / Water and oil will not *unite*. = Water will not *unite with* oil. 水と油は融合しない.
2 〈人が〉[…において / …するために]団結する, 結束する[*in* / *to do*]: They *united* in protesting [*to* protest] against racial discrimination. 彼らは団結して人種差別に抗議した. (▷ 名 únion)

***u·nit·ed** [juːnáitid]

― 形 (通例, 限定用法) **1** [比較なし] (同じ目的などで)団結した, 協力した: a *united* effort 一致協力 / in one *united* body 一体となって.
2 ⓤ 連合した, 結合した, 合体した: the *united* forces [countries] 連合軍[国] / a *united* front 統一戦線.
3 〈家族などが〉まとまった, (精神的に)結ばれた, 和合した: a *united* family 仲のよい家族.

Uníted Árab Emirátes 名 圈 [the ～] アラブ首長国連邦《ペルシア湾南岸にある7つの首長国から成る連邦; 首都アブダビ (Abu Dhabi);《略語》UAE》.

United Kingdom [juː(ː)náitid kíŋdəm]

― 名 圈 [the ～] 連合王国, イギリス, 英国《England, Scotland, Wales, Northern Ireland から成る王国; 首都ロンドン (London);《略語》UK, U.K.; 公式名は the United Kingdom of Great Britain and Northern Ireland (グレートブリテンおよび北部アイルランド連合王国)》.

United Nations [ju(ː)náitid néiʃənz]
―名 ⓢ [the ~; 単数扱い] 国際連合, 国連《国際平和などを目的として1945年に発足した国際機構. 本部ニューヨーク (New York);《略語》UN, U.N.》.

United States (of America)
[ju(ː)náitid stéits (əv əmérikə)]
―名 ⓢ [the ~; 単数扱い] アメリカ合衆国, 米国, アメリカ合衆国《50の州と Washington, D.C. から成る合衆国; 首都ワシントン (Washington, D.C.);《略語》US, U.S., USA, U.S.A.》《アメリカ人は自国を the States と言う場合が多い》.

‡u‧ni‧ty [júːnəti] 名 (複 u‧ni‧ties [~z]) 1 Ⓤ 単一(性), 統一(性), まとまり; Ⓒ 単一[統一]体: His novel lacks *unity*. 彼の小説には統一感がない.
2 Ⓤ (目的・行動の)一貫性; 一致, 調和: national *unity* 挙国一致 / The family lives together in *unity*. その家族はむつまじく仲よく暮らしている.

Univ., univ.《略語》= *university* (↓).

‡u‧ni‧ver‧sal [jùːnivə́ːrsəl]
―形 [比較なし] **1** 全世界の; 万人共通の; すべての人々の: *universal* agreement 全員一致 / a *universal* language 世界共通語; 世界共通の表現 / Global warming is a *universal* problem. 地球温暖化は世界全体の問題である.
2 普遍的な, 一般的な: *universal* gravitation 万有引力 / His address [speech] was received with *universal* favor. 彼の演説は世間一般から好意的に受け取られた. **3** 万能の; 自在の: a *universal* genius 万能の天才. (▷ 名 únivèrse)

◆ univérsal jóint Ⓒ 自在継手.
Univérsal Próduct Còde Ⓒ《米》統一商品コード《バーコードと数字を組み合わせた商品コード;《略語》UPC》.

u‧ni‧ver‧sal‧i‧ty [jùːnivəːrsǽləti] 名 Ⓤ 一般性, 普遍性; (知識・能力などの)多方面なこと.
u‧ni‧ver‧sal‧ly [jùːnivə́ːrsəli] 副 普遍的に; 至る所に, 広範囲に; 世界的に.

‡u‧ni‧verse [júːnivə̀ːrs] [「uni (1つに) + verse (回転する)」から]
―名 (複 u‧ni‧vers‧es [~iz]) **1** [the ~ / the U-] 宇宙 (cosmos); 万物, 森羅万象: the origin of the *universe* 宇宙の起源 / Does any life exist elsewhere in the *universe*? 宇宙のどこかほかの所に生命体が存在するのだろうか.
2 [the ~; 集合的に] (全)世界, (全)人類: The whole *universe* knows the truth. 全人類がその真理を知っている.
3 Ⓒ (ある)世界, 分野, 領域. (▷ 形 ùnivérsal)

‡u‧ni‧ver‧si‧ty [jùːnivə́ːrsəti] [原義は「1つになったもの」]
―名 (複 u‧ni‧ver‧si‧ties [~z]) **1** Ⓒ 総合大学 (《略語》Univ.; → 類義語): go to a (the) *university* 大学に行く (《英》では無冠詞が普通) / Tokyo *University* = the *University* of Tokyo 東京大学 / She is now at Yale *University*. 彼女は現在エール大学に在学中です.
2 [形容詞的に] 大学の, 大学に関する: a *university* student [professor] 大学生[大学教授] / He has completed the *university* course. 彼は大学の課程を終えた. **3** [the ~; 集合的に] (教職員・学生など)大学の構成員; 大学当局, 大学生.

◆ univérsity exténsion Ⓒ 大学の公開講座.

[類義語] **university, college, institute**
共通な意味▶大学 (an institution for higher education that grants degrees)
university はいくつかの学部・大学院から成る「総合大学」をさす: She is a professor at Stanford *University*. 彼女はスタンフォード大学の教授です. **college** は「一般教養学科を主とする大学」「高等専門学校」「単科大学」または「総合大学の学部」をさす.《米》ではしばしば *university* と同じ意で用いる: a teachers *college* 教員養成大学 / a *college* of science (総合大学の)理学部, (独立した)理科大学. **institute** は「理工系の大学」「高等専門学校」の名前にしばしば用いる: the Massachusetts *Institute* of Technology マサチューセッツ工科大学.

UNIX, U‧nix [júːniks] 名 Ⓤ《商標》ユニックス《米国 AT&T 社の開発したコンピュータ OS》.

*‧**un‧just** [ʌ̀ndʒʌ́st] 形 不当な, 不公平な; 不正な, 不法な: receive *unjust* treatment 不当な扱いを受ける.

un‧jus‧ti‧fi‧a‧ble [ʌ̀ndʒʌ́stəfàiəbl] 形 道理に合わない, 言い訳できない.
un‧jus‧ti‧fi‧a‧bly [-əbli] 副 道理に反して.
un‧jus‧ti‧fied [ʌ̀ndʒʌ́stəfàid] 形 筋の通らない, 不当な.
un‧just‧ly [ʌ̀ndʒʌ́stli] 副 不公平にも; 不正に.
un‧kempt [ʌ̀nkémpt] 形 (髪の)くしを入れていない; (服装・外見などが)だらしない.

‡**un‧kind** [ʌ̀nkáind] 形 **1** [...に対して] 不親切な, 思いやりのない [to]: He was *unkind to* me. 彼は私に不親切だった. **2** (天候などが)厳しい.
un‧kind‧ly [ʌ̀nkáindli] 副 不親切に; 悪意をもって: Don't take my remark so *unkindly*. 私の言葉をそんなふうに悪くとらないでください.
un‧kind‧ness [ʌ̀nkáindnəs] 名 Ⓤ 不親切;Ⓒ 不親切な行為[態度].

un‧know‧ing [ʌ̀nnóuiŋ] 形 [限定用法]《格式》知らない, 気づかない.
un‧know‧ing‧ly [-li] 副 知らずに, 気づかずに.

un‧known [ʌ̀nnóun]
―形 [比較なし] **1** [...に] 知られていない [to], 未確認の, 不明の; 無名の: an *unknown* land 未知の国 / an *unknown* playwright 無名の劇作家 / The plan is still *unknown to* others. その計画はまだほかの人たちに知られていない.
2 はかり知れない, 数え切れない: *unknown* wealth ばく大な財産.
―名 **1** Ⓤ 無名の人; [通例 the ~] 未知の人[もの], 未知の世界. **2**《数学》未知数.

◆ únknown quántity Ⓒ《数学》未知数;《比喩》未知数の人[もの].

Únknown Sóldier [《英》Wárrior] [the ~] 無名戦士《第1次世界大戦で戦死した身元未確認兵士の代表として葬られた1兵士. 無名戦士の墓は米国ではアーリントン(**Arlington**)国立墓地に,英国ではウエストミンスター(**Westminster**)寺院にある》.

*un·law·ful [ʌnlɔ́ːfəl] 形 不法な,違法な.
un·law·ful·ly [-fəli] 副 不法に,非合法に.
un·lead·ed [ʌnlédid] 形 (ガソリンが)無鉛の.
un·learn [ʌnláːrn] 動 (三単現 un·learns [~z]; 過去・過分 un·learned [~d, ~t], un·learnt [~t]; 現分 un·learn·ing [~iŋ]) 他《口語》〈学んだことなど〉を(意識的に)忘れ去る,悪いことだとして捨てる.
un·leash [ʌnlíːʃ] 動 他 1 …の革ひも[綱]を解く; …を解放する. 2〈感情など〉を爆発させる.
un·leav·ened [ʌnlévənd] 形 (パンに)パン種(ᛞ)を使って[入れて]いない,発酵させていない.

***un·less [ənlés]
— 接 もし…しなければ, …しない限り (if ... not): *Unless* you approve, I won't go either. あなたが認めない限り,私も行きません / *Unless* you leave right away, you'll miss your bus. 今すぐ出発しないとバスに乗り遅れますよ / I won't call you *unless* something unexpected happens. 何かか予期しないことでも起きない限り,私からあなたに電話しません.
語法 (1) if ... not より《格式》. if ... not と異なり,除外の唯一の条件を表す: I'll stay *unless* he comes. 彼が来なければここにとどまります(◇来ない場合のみとどまる) / I'll stay *if* he doesn't come. 彼が来なければ[来なくても]ここにとどまります(◇来る場合もとどまる意味になる).
(2) 通例,現実の可能性に関して用い,仮定法では用いない.

un·let·tered [ʌnlétərd] 形《格式》無学な; 読み書きのできない,文盲.

***un·like [ʌnláik]
— 前 1 …に似ていない, …と(は)違って,異なって: *Unlike* his brother, he is very industrious. 彼はお兄さんとは違って非常に勤勉です / She is *unlike* her parents in all points. 彼女はあらゆる点で両親とは似ていない.
2 …らしくない, …にふさわしくない: It is *unlike* him to be late. 遅刻するなんて彼らしくない.
— 形 似ていない,異なる: The two sisters are quite *unlike* in appearance. その2人の姉妹は顔立ちがまったく似ていない.

*un·like·ly [ʌnláikli] 形 (比較 un·like·li·er [~ər], more un·like·ly; 最上 un·like·li·est [~ist], most un·like·ly) 1 ありそうに[も]ない, […]しそうもない [to do]; [It is unlikely + that 節]…ということはありそうもない: Tom is *unlikely* to come today. = It is *unlikely* that Tom will come today. トムはきょうは来そうもない. 2 [限定用法] ありえない: an *unlikely* story ありえない[ありそうもない]話. 3 成功する見込みのない: an *unlikely* couple まとまりそうもないカップル.

*un·lim·it·ed [ʌnlímitid] 形 1 無限の, 果てしない: an *unlimited* amount of time 果てしない時間. 2 無制限の, 無条件の: We provide you with *unlimited* access to the Internet. 私どもではインターネットへの常時接続をご提供しています.
un·list·ed [ʌnlístid] 形 1《米》(電話番号が)電話帳に載っていない《英》ex-directory). 2【経済】(株式が)上場されていない,非上場の.
un·lit [ʌnlít] 形 (たばこなどが)火がついていない; 明かりがついていない,暗い.
*un·load [ʌnlóud] 動 他 1〈車・船など〉の荷を降ろす; [...から]〈荷〉を降ろす [from]: *unload* a ship 船の荷を降ろす / They *unloaded* goods *from* the car. 彼らは車から荷物を降ろした.
2〈カメラ〉のフィルムを抜く,〈銃〉の弾を抜く.
3《口語》…を取り除く;〈秘密・悩み〉を打ち明ける;〈負担・責任〉を[…に]押しつける [on, onto].
4《口語》〈株など〉を処分する.
— 自 1 (船・車が)荷を降ろされる. 2 (カメラから)フィルムを出す; (銃から)弾を抜き取る.
*un·lock [ʌnlák / -lɔ́k] 動 他〈戸などの〉錠[鍵(⚿)]を開ける [外す];〈錠〉を開ける,外す: *unlock* the car door 車のドアのロックを外す.
un·looked-for [ʌnlúktfɔːr] 形《口語》思いがけない,予期しない,意外な.
un·loose [ʌnlúːs] 動 他《格式》…をゆるめる,ほどく;〈犬など〉を解き放つ,解放する.
un·loos·en [ʌnlúːsən] 動 他 = UNLOOSE (↑).
un·luck·i·ly [ʌnlʌ́kili] 副 不運にも, あいにく; 残念なことに (unfortunately).
*un·luck·y [ʌnlʌ́ki] 形 (比較 un·luck·i·er [~ər]; 最上 un·luck·i·est [~ist]) 1 …で / …するとは]運が悪い,ついてない [at, in, with / to do]; うまくいかない: He was *unlucky* at chess. 彼はチェスで運に見放された / You are *unlucky* to have lost your wallet. 財布をなくすとはついてないですね. 2 不吉な,縁起の悪い: Thirteen is an *unlucky* number for Westerners. 13は西洋人にとって不吉な数(字)である. 3 あいにくの,期待外れの: an *unlucky* result あいにくの結果.
un·made [ʌnméid] 形 (ベッドが)整えられていない; まだ作られていない,でき上がっていない.
un·man·age·a·ble [ʌnmǽnidʒəbl] 形 手に負えない,扱いにくい.
un·man·ly [ʌnmǽnli] 形 (比較 un·man·li·er [~ər]; 最上 un·man·li·est [~ist])《軽蔑》男らしくない,憶病な.
un·manned [ʌnmǽnd] 形 人が乗り組んでいない, (自動操縦で)無人の.
un·man·ner·ly [ʌnmǽnərli] 形《格式》不作法 [無礼]な, 下品な.
un·marked [ʌnmáːrkt] 形 1 印のない; 汚れ[傷]のない: an *unmarked* police car 覆面パトカー. 2《英》《スポーツ》ノーマークの. 3 注目されないままである.
un·mar·ried [ʌnmǽrid] 形 結婚していない,未婚 [独身]の (single).
un·mask [ʌnmǽsk / -máːsk] 動 他 …の仮面をはぐ,正体を暴く; …を暴露する.
un·matched [ʌnmǽtʃt] 形《文語》比類のない,

匹敵するものがない, 無比の.
un·men·tion·a·ble [ʌnménʃənəbl] 形 口にすべきでない, (下品で) 口に出せない.
un·mind·ful [ʌnmáindfəl] 形 [叙述用法] 《格式》[…を] 気にかけない; […に] 気づかない [of].
un·mis·tak·a·ble [ʌnmistéikəbl] 形 間違えようのない, 明白な.
un·mis·tak·a·bly [-bli] 副 紛れもなく, 明らかに.
un·mit·i·gat·ed [ʌnmítəgeitid] 形 [限定用法] **1** まったくの, 紛れもない; 救いようのない. **2** 軽減されない: *unmitigated* pain しつこい痛み.
un·moved [ʌnmúːvd] 形 [叙述用法] 心を動かされない, 哀れみのない; 平然とした, 冷静な.
un·named [ʌnnéimd] 形 名のない, 無名の; 名前のわからない, 不特定の.
***un·nat·u·ral** [ʌnnǽtʃərəl] 形 **1** 不自然な, 普通でない: die an *unnatural* death 不自然な死に方をする / It isn't *unnatural* for her to feel embarrassed. 彼女がどぎまぎするのも無理はない. **2** わざとらしい, 人為的な: an *unnatural* smile 作り笑い. **3** 不人情な; 残忍な; 不道徳な.
un·nat·u·ral·ly [ʌnnǽtʃərəli] 副 不自然に; わざとらしく: not *unnaturally* 当然のことだが, 無理もないことだが.
un·nec·es·sar·i·ly [ʌnnèsəsérəli / ʌnnésəsərəli] 副 不必要に, むだに, いたずらに.
***un·nec·es·sar·y** [ʌnnésəsèri / -səri] 形 不必要な, むだな, 余計な, 無用な: an *unnecessary* remark 余計な言葉.
un·nerve [ʌnnə́ːrv] 動 他 〈人〉の勇気 [気力, 自信] を失わせる; 〈人〉を動揺させる.
un·no·ticed [ʌnnóutist] 形 気づかれない; 注目されない; [副詞的に] 気づかれずに: go [pass] *unnoticed* 気づかれないままである.
un·num·bered [ʌnnʌ́mbərd] 形 **1** 番号の付いていない. **2** 《文語》数え切れないほど多い.
un·ob·served [ʌnəbzə́ːrvd] 形 **1** 気づかれない; [副詞的に] 気づかれずに. **2** (規則・慣習などが) 守られていない.
un·ob·tain·a·ble [ʌnəbtéinəbl] 形 手に入らない, 入手できない.
un·ob·tru·sive [ʌnəbtrúːsiv] 形 控えめな, 出しゃばらない, 目立たない.
un·oc·cu·pied [ʌnɑ́kjupaid / -ɔ́k-] 形 **1** (家・土地などが) 住む人がいない, 空いている (empty). **2** 占領されていない. **3** 手があいている, 暇な.
un·of·fi·cial [ʌnəfíʃəl] 形 非公式の, 私的な; 非公認の: *unofficial* news 未確認のニュース.
un·of·fi·cial·ly [-ʃəli] 副 非公式に, 非公認で.
un·or·gan·ized [ʌnɔ́ːrgənaizd] 形 組織 [整理] されていない; 労働組合に加入していない.
un·or·tho·dox [ʌnɔ́ːrθədɑks / -dɔks] 形 正統 (伝統) 的でない, 型破りの; 異端の.
un·pack [ʌnpǽk] 動 他 **1** 〈包み・荷など〉を解く, 開いて中身を出す; [バッグなどから] 〈中身〉を出す [*from*]. **2** 【コンピュータ】〈圧縮データ〉を解凍する (cf. pack データを圧縮する).
— 自 包み [荷] を解く.
***un·paid** [ʌnpéid] 形 **1** (勘定・借金などが) 未払

い [未納] の: an *unpaid* bill 不渡り手形. **2** 無給 [無報酬] の: an *unpaid* job 無給の仕事.
un·pal·at·a·ble [ʌnpǽlətəbl] 形 《格式》**1** (食べ物が) まずい. **2** (物事・考えなどが) 不快で, ものたりない, 無比な [無趣] の.
un·par·al·leled [ʌnpǽrəlèld] 形 《格式》並ぶもののない, 無比の [無類] の.
un·pick [ʌnpík] 動 他 …の縫い目をほどく.
un·placed [ʌnpléist] 形 《英》(競技・競走などで 3 位以内に) 入賞しない, 等外 [着外] の.
un·play·a·ble [ʌnpléiəbl] 形 **1** 【球技】(ボールなどが) 打てない, 打ち返せない; 【ゴルフ】アンプレアブルの. **2** (場所が) 競技に適さない. **3** (曲が) (難しくて) 演奏できない.
***un·pleas·ant** [ʌnplézənt] 形 不愉快な, いやな; 不親切な: an *unpleasant* sight 不快な光景 / The weather is terribly *unpleasant* here. この天気は不快この上ない.
un·pleas·ant·ly [~li] 副 不愉快に; いやいやに.
un·pleas·ant·ness [ʌnplézəntnəs] 名 [U] 不愉快さ, 不快感; [C] 不愉快なこと; (言い) 争い.
un·plugged [ʌnplʌ́gd] 形 (ロック音楽などの演奏が) アンプラグドの, アンプを用いない.
un·pop·u·lar [ʌnpɑ́pjulər / -pɔ́p-] 形 […の間で] 人気がない, 不評の, はやらない [*with*, *among*].
un·pop·u·lar·i·ty [ʌnpɑ̀pjulǽrəti / -pɔ̀p-] 名 [U] 不人気, 評判の悪さ.
***un·prec·e·dent·ed** [ʌnprésədèntid] 形 前例 [先例] のない, 空前の: an *unprecedented* depression 空前の大不況.
un·pre·dict·a·ble [ʌnpridíktəbl] 形 **1** 予測 [予想] できない. **2** (人が) 何をするかわからない.
un·prej·u·diced [ʌnprédʒudist] 形 偏見 [先入観] のない, 公平な.
un·pre·pared [ʌnpripéərd] 形 **1** 準備をしていない, 即席の. **2** […の/…する] 準備 [覚悟] のできていない [*for / to do*]: We were *unprepared* for snow. まさか雪になるとは思っていなかった.
un·pre·ten·tious [ʌnpriténʃəs] 形 《ほめ言葉》もったいぶらない, 見栄を張らない; 謙そんした.
un·prin·ci·pled [ʌnprínsəpld] 形 《格式》節操のない, 恥知らずの.
un·print·a·ble [ʌnpríntəbl] 形 (わいせつなどの理由で) 出版に適さない, 活字にできない.
un·pro·duc·tive [ʌnprədʌ́ktiv] 形 非生産的な, 不毛な, 実のない; 利益を生まない.
un·pro·fes·sion·al [ʌnprəféʃənəl] 形 **1** (行為などが) 職業倫理 [慣習] に反する. **2** 専門家でない; 素人臭い.
un·prof·it·a·ble [ʌnprɑ́fitəbl / -prɔ́f-] 形 **1** 利益にならない. **2** 《格式》無益である, むだな.
un·prompt·ed [ʌnprɑ́mptid / -prɔ́mpt-] 形 《格式》(言動が) 人に促されたものでない, 自発的な.
un·pro·tect·ed [ʌnprətéktid] 形 **1** 保護されていない; 無防備の. **2** (機械に) 安全装置が付いていない. **3** (セックスで) コンドームなしの.
un·pro·voked [ʌnprəvóukt] 形 (敵意ある言動・攻撃が) 挑発によるものでない.
un·pub·lished [ʌnpʌ́bliʃt] 形 未発表 [未刊] の; 公にされていない; (作家が) 公表作品のない.

un·qual·i·fied [ʌ̀nkwɑ́ləfàid / -kwɔ́l-] 形 1 […の／…する] 資格がない [as／to do], 無資格の; [職業などに] 不適任の [for]: He was *unqualified for* the job. 彼はその仕事に適していなかった. 2 [通例, 限定用法] 無条件の, 無制限の; 絶対的な, 完全な: *unqualified* praise 絶賛.

un·ques·tion·a·ble [ʌ̀nkwéstʃənəbl] 形 疑問 [議論] の余地のない, 確かな.

un·ques·tion·a·bly [ʌ̀nkwéstʃənəbli] 副 疑うまでもなく, 確かに.

un·ques·tioned [ʌ̀nkwéstʃənd] 形 だれもが異議なく認める, 問題にされない, 疑いのない.

un·ques·tion·ing [ʌ̀nkwéstʃəniŋ] 形 疑わない, 信頼し切った; 無条件の.

un·quote [ʌ̀nkwóut] 動 自 引用を終える (◇ 口述で引用を始めることを示す quote と対で用いる).

un·rav·el [ʌ̀nrǽvəl] 動 (過去・過去分 «英» **un·rav·elled**; 現分 «英» **un·rav·el·ling**) 他 1 〈もつれた糸・編み物などを〉ほどく, ほぐす. 2 〈なぞ・疑問などを〉解明する.
— 自 1 ほどける, 解ける. 2 〈計画などが〉だめになる, 破綻(はたん)する.

un·read·a·ble [ʌ̀nríːdəbl] 形 1 〈本などが〉読んでつまらない, 読む価値がない. 2 〈筆跡などが〉判読できない.

un·re·al [ʌ̀nríːəl / -ríəl] 形 1 非現実的な; 実在しない, 架空の. 2 《口語》(信じられないほど) すばらしい.

un·re·al·is·tic [ʌ̀nrìːəlístik / -rìəl-] 形 非現実的な; 非現実 [非写実] 主義の.

*****un·rea·son·a·ble** [ʌ̀nríːzənəbl] 形 1 〈人・行動などが〉理性的でない, 無分別な: an *unreasonable* child 聞き分けのない子供. 2 〈物事が〉不合理な, 筋の通らない, 不当な; 〈料金・要求などが〉過度の, 法外な, べらぼうな: Your demands are *unreasonable*. あなたの要求は法外なものです.

un·rea·son·a·bly [ʌ̀nríːzənəbli] 副 無分別に(も); 不合理に; 不当に, 法外に.

un·rea·son·ing [ʌ̀nríːzəniŋ] 形 《格式》理性を働かさない, 思慮のない; 不合理な.

un·rec·og·niz·a·ble [ʌ̀nrékəgnàizəbl] 形 見分けがつかない, 判別できない.

un·rec·og·nized [ʌ̀nrékəgnàizd] 形 1 気づかれていない. 2 (十分に)評価されない, 認識されていない.

un·re·lat·ed [ʌ̀nriléitid] 形 関係 [関連] のない, 親戚(しんせき)でない.

un·re·lent·ing [ʌ̀nriléntiŋ] 形 《格式》 1 〈勢い・努力などが〉衰えることのない, たゆみない, 不屈の. 2 〈人・行動などが〉容赦ない, 厳しい.

un·re·li·a·ble [ʌ̀nriláiəbl] 形 信頼できない, 頼りにならない.

un·re·lieved [ʌ̀nrilíːvd] 形 相変わらずの, 変化のない; 〈困難・心配などが〉緩和されない, 救われない.

un·re·mark·a·ble [ʌ̀nrimɑ́ːrkəbl] 形 《格式》注意を引かない, 目立たない, つまらない.

un·re·mit·ting [ʌ̀nrimítiŋ] 形 《格式》〈行動・努力などが〉絶え間なく続く, 不断の, 根気強い.

un·re·quit·ed [ʌ̀nrikwáitid] 形 報われない, 一方的な: *unrequited* love 片思い.

un·re·served [ʌ̀nrizə́ːrvd] 形 1 遠慮のない, 率直な. 2 制限のない, 無条件の; 完全な, まったくの. 3 〈座席・部屋などが〉予約してない.

un·re·serv·ed·ly [ʌ̀nrizə́ːrvidli] 副 1 遠慮なく, 率直に. 2 無制限に, 無条件で; 完全に.

un·re·solved [ʌ̀nrizɑ́lvd / -zɔ́lvd] 形 未解決の, 未決着の.

un·re·spon·sive [ʌ̀nrispɑ́nsiv / -spɔ́n-] 形 […に] 敏感でない, 反応しない; 影響されない [to].

un·rest [ʌ̀nrést] 名 U 社会的な不安 [動揺], 不穏; (精神的な) 不安, 心配.

un·re·strained [ʌ̀nristréind] 形 抑制されない, 抑制が利かない, 遠慮のない.

un·re·strict·ed [ʌ̀nristríktid] 形 制限されていない; 自由な.

un·ripe [ʌ̀nráip] 形 未熟な, 機の熟していない.

un·ri·valed, 《英》 **un·ri·valled** [ʌ̀nráivəld] 形 《格式》 無比 [無類] の, 競争相手のいない.

un·roll [ʌ̀nróul] 動 他 〈巻いてあるものを〉広げる, 開く.
— 自 〈巻いたものが〉広がる, 開く.

un·ruf·fled [ʌ̀nrʌ́fld] 形 1 〈ほめ言葉〉(困難な状況で) 冷静な, 混乱 [動揺] しない. 2 静かな; 〈水面などが〉波立っていない.

un·ru·ly [ʌ̀nrúːli] 形 (比較 **un·ru·li·er** [~ər]; 最上 **un·ru·li·est** [~ist]) 1 規則に従わない; 手に負えない. 2 〈髪などが〉扱いにくい, 乱れがちな.

un·safe [ʌ̀nséif] 形 安全でない, 危険な.

un·said [ʌ̀nséd] 形 [叙述用法] (思っていても) 口に出さない. 《ことわざ》 Some things are better left *unsaid*. 言わないでおくほうがよいこともある ⇒ 言わぬが花.

un·san·i·tar·y [ʌ̀nsǽnətèri / -təri] 形 不潔な, 不衛生な.

*****un·sat·is·fac·to·ry** [ʌ̀nsæ̀tisfǽktəri] 形 〈物事が〉不満足な, 不十分な, もの足りない: *unsatisfactory* results 不満足な結果.

un·sat·is·fied [ʌ̀nsǽtisfàid] 形 […に] 満足していない, 不満足な [with].

un·sa·vor·y, 《英》 **un·sa·vour·y** [ʌ̀nséivəri] 形 (道徳的に) 好ましくない; 味 [香り] の悪い: an *unsavory* character いかがわしい人物.

un·scathed [ʌ̀nskéiðd] 形 [叙述用法] 無傷で.

un·sci·en·tif·ic [ʌ̀nsàiəntífik] 形 非科学的な; 系統立ってない.

un·scram·ble [ʌ̀nskrǽmbl] 動 他 1 〈混乱〉を元に戻す, 〈雑雑なものを〉整理する. 2 〈暗号などを〉解読する (decode).

un·screw [ʌ̀nskrúː] 動 他 …のねじを抜く, 回して〔ゆるめて〕外す; 〈ふたなどを〉回して開ける.

un·script·ed [ʌ̀nskríptid] 形 〈演説・放送などが〉原稿 [台本] なしの, 即席の.

un·scru·pu·lous [ʌ̀nskrúːpjuləs] 形 あくどい, 良心的でない.

un·scru·pu·lous·ly [~li] 副 厚顔にも, あくどく.

un·seal [ʌ̀nsíːl] 動 他 〈手紙などを〉開封する.

un·sea·son·a·ble [ʌ̀nsíːzənəbl] 形 季節外れの; 〈天候などが〉不順な.

un·seat [ʌ̀nsíːt] 動 他 1 …を失職させる; 〈議

un·seed·ed [ʌnsíːdid] 形 ノーシードの.
un·seem·ly [ʌnsíːmli] 形《格式》(行為・態度などが)みっともない, 見苦しい; 場違いの.
*__un·seen__ [ʌnsíːn] 形《格式》目に見えない; 気づかれない; [副詞的]気づかれずに: *unseen* danger 目に見えない危険 / They stole into the room *unseen*. 彼らは気づかれずに部屋に忍び込んだ.
*__un·self·ish__ [ʌnsélfiʃ] 形 利己的でない, わがままでない, 無私の.
un·set·tle [ʌnsétl] 動 他 **1** …を不安定にする. **2** 〈人・心など〉を混乱させる, 動揺させる.
*__un·set·tled__ [ʌnsétld] 形 **1** 〈世情などが〉不安定な, 混乱した; 〈人・心が〉落ち着きを失った; 〈天候などが〉定まらない: *unsettled* weather 不順な天候 / be in an *unsettled* condition 不安定[不安]な状態にある.
2 未解決の; 未払いの: The problem still remains *unsettled*. その問題は依然未解決のままです.
3 (人が)定住しない.
un·set·tling [ʌnsétliŋ] 形 (人を)混乱させるような, 不安にさせる.
un·shak·a·ble, un·shake·a·ble [ʌnʃéikəbl] 形 (信念などが)揺るぎない, 不動の, 確固たる.
un·shak·en [ʌnʃéikən] 形 動揺しない; 確固たる.
un·sight·ly [ʌnsáitli] 形 (比較 **un·sight·li·er** [~ər]; 最上 **un·sight·li·est** [~ist]) 見苦しい, 目ざわりな, 醜い (ugly).
un·skilled [ʌnskíld] 形 **1** (人が)[…に]未熟な [*in, at*]. **2** 特別な技術[訓練]を必要としない.
un·skill·ful, 《主に英》**un·skil·ful** [ʌnskílfəl] 形 不器用な, 下手な, 未熟な.
un·so·cia·ble [ʌnsóuʃəbl] 形 人づき合いの悪い, 非社交的な, 無愛想な.
un·so·cial [ʌnsóuʃəl] 形 **1** 反社会[非社会]的な. **2**《英》(労働時間が)社会(生活)と合わない.
un·sold [ʌnsóuld] 形 売れ残りの.
un·so·lic·i·ted [ʌnsəlísitid] 形 頼みもしないのに与えられる, 要求したのではない.
un·solved [ʌnsάlvd / -sɔ́lvd] 形 未解決の.
un·so·phis·ti·cat·ed [ʌnsəfístəkèitid] 形 **1** 世間ずれしていない, うぶ[純粋]な. **2** (機械・方法・理論などが)複雑[精密]でない.
un·sound [ʌnsáund] 形 **1** (学説・考え・議論などが)根拠の薄弱な, 筋の通らない. **2** (体・精神が)健全でない, 不健康な; (建物などが)堅固でない: be of *unsound* mind 精神がさんでいる.
un·spar·ing [ʌnspéəriŋ] 形 **1** […に]容赦のない, 厳しい [*in*]. **2** 気前のよい.
un·speak·a·ble [ʌnspíːkəbl] 形 **1**《文語》(感情などが)言葉に表せない, 言いようのない.
2 (人・ことが)口にするのもいやな, ひどく悪い.
un·speak·a·bly [-əbli] 副 口にできないほど (ひどく).
un·spec·i·fied [ʌnspésəfàid] 形 不特定の.
un·spoiled [ʌnspɔ́ild],《主に英》**un·spoilt** [-spɔ́ilt] 形 **1**《ほめ言葉》(場所が)損なわれていない. **2** (人が)甘やかされていない.
un·spo·ken [ʌnspóukən] 形 口にされない, 言葉に表されない; (了解などが)暗黙の.
un·sta·ble [ʌnstéibl] 形 **1** (状況・天候などが)変わりやすい. **2** 不安定な, 座りの悪い;《化》分解しやすい. **3** 気が変わりやすい, 落ち着きのない.
un·stead·y [ʌnstédi] 形 (比較 **un·stead·i·er** [~ər]; 最上 **un·stead·i·est** [~ist]) **1** (ものが)不安定な, 座りが悪い; (歩き方などが)ふらつく.
2 変わりやすい, 一定でない, 一様でない, 不規則な.
un·stead·i·ly [~li] 副 不安定に; 変わりやすく.
un·stop·pa·ble [ʌnstάpəbl / -stɔ́p-] 形 止められない, 阻止できない.
un·stuck [ʌnstʌ́k] 形《叙述用法》(はったものなどが)はがれた, 外れた, くっついていない.
■ **còme** [*becòme*] **unstúck** **1** はがれる, 外れる. **2**《口語》失敗する, だめになる.
un·stud·ied [ʌnstʌ́did] 形《格式》自然に会得した[備わった]; 自然な, わざとらしくない.
un·suc·cess·ful [ʌnsəksésfəl] 形 […に]不成功の, 失敗した [*in*].
un·suc·cess·ful·ly [-fəli] 副 不成功で, 失敗して.
*__un·suit·a·ble__ [ʌnsúːtəbl / -sjúːt-] 形 […に]不適当な, 適さない, 不向きな; 好ましくない [*for*].
un·suit·ed [ʌnsúːtid / -sjúːt-] 形 **1** […に/…するのに]適さない, 不向きな [*for, to / to do*].
2 (人が)[人と]つり合わない, 相性がよくない [*to*].
un·sung [ʌnsʌ́ŋ] 形 (詩などに)歌われていない, 地味な; (しかるべき)称賛を受けていない.
un·sure [ʌnʃúər / -ʃɔ́ː, -ʃúə] 形 **1** […に]自信[確信]がない [*of, about*]: be *unsure of* oneself 自信がない.
2 不確かな; あてにならない.
un·sur·passed [ʌnsərpǽst / -pάːst] 形 何ものにもまさる, 卓越した.
un·sur·pris·ing [ʌnsərpráiziŋ] 形 驚くほどではない.
un·sus·pect·ed [ʌnsəspéktid] 形 **1** 疑われて[怪しまれて]いない. **2** 思いがけない, 意外な.
un·sus·pect·ing [ʌnsəspéktiŋ] 形 疑わない, 怪しまない.
un·swerv·ing [ʌnswə́ːrviŋ] 形 (目標・意志などが)ぐらつかない, 確固とした, 変わらない.
un·tan·gle [ʌntǽŋgl] 動 他 **1** …のもつれをほどく, 解く. **2**〈もめ事など〉を解決する.
un·tapped [ʌntǽpt] 形 (資源・知識などが)利用[活用]されていない, 未開発の.
un·ten·a·ble [ʌnténəbl] 形 (理論・立場などが)支持できない; (批判・攻撃に)耐えられない.
un·think·a·ble [ʌnθíŋkəbl] 形 思いもよらない; [the ~; 名詞的に] 思いもよらないこと.
un·think·ing [ʌnθíŋkiŋ] 形 思慮のない, 軽率な.
un·think·ing·ly [~li] 副 軽率に.
*__un·ti·dy__ [ʌntáidi] 形 (比較 **un·ti·di·er** [~ər]; 最上 **un·ti·di·est** [~ist]) (服装・人などが)だらしのない, きちんとしていない; (部屋などが) 乱雑な: an *untidy* room 散らかった部屋 / He appeared with his hair *untidy*. 彼はぼさぼさの髪で現れた.
un·tie [ʌntái] 動 (三単現 **un·ties** [~z]; 過去・過分 **un·tied** [~d]; 現分 **un·ty·ing** [~iŋ])
1〈結んだものなど〉をほどく, 解く. **2**〈つないだ動物など〉を放す, 自由にする.

un･til [əntíl] 前接

語法 till とほぼ同意だが, till よりもやや《格式》. 文頭や長い句・節の前では until のほうが好まれる.

— 前 **1** [動作・状態の継続] …まで(ずっと)(↔ from)(◇動作・状態の継続を表す動詞と共に用いる): **I'll stay in London *until* the end of this month.** 私は今月末までロンドンに滞在します / **I lived in Hokkaido *until* quite recently.** 私はごく最近まで北海道に住んでいた / **He was alone with Beth *until* after three o'clock.** 彼は3時過ぎまでベスと2人きりだった.

語法 (1) until [till] は「…まで」ずっと動作・状態が継続することを示すのに対し, by は「…までに」と動作がある期限までに完了することを示す: **I'll be here *until* tomorrow.** 私はあすまでここにいます / **I'll be back *by* tomorrow.** 私はあすまでに戻って来ます.

(2)「…から～まで」という時間の起点と終点は「from … until [till] ～」または「from … to ～」で表す. ただし from … がないときには until [till] しか用いない: **I waited *from* nine in the morning *until* [*to*] four in the afternoon.** 私は朝9時から午後4時まで待っていた / **She worked *until* ten last night.** きのう彼女は夜10時まで働いた.

2 [否定文で] …まで(…ない), …になって初めて(…する […である]): **He didn't come back *until* midnight.** 彼は夜の12時まで戻って来なかった / **Not *until* the next morning did I hear the news. = It was not *until* the next morning that I heard the news.** 私は翌朝になって初めてそのニュースを耳にした.

— 接 [従属接続詞] **1** [動作・状態の継続] …まで(ずっと), …するほどまで: **Will you wait right here *until* I get back?** 私が戻って来るまでを動かずに待っていてくれますか / **Go straight on *until* you get to the station.** 駅までまっすぐに進みなさい / **She laughed *until* she choked.** 彼女はむせてしまうほど笑った.

2 [否定文の主節のあとで] …まで(…しない), …して初めて(…する): **Don't open the box *until* you get home.** 家に着くまではその箱を開けてはいけない / **It was not *until* I reached home that I found I had lost my umbrella.** 帰宅して初めて傘をなくしたことに気がついた. **3** (…して)とうとう, ついに(◇ until の前にコンマを付けることが多い): **I ran on and on, *until* I was exhausted.** 私は走りに走って, ついにへとへとになってしまった.

un･time･ly [ʌntáimli] 形 (比較 **un･time･li･er** [～ər]; 最上 **un･time･li･est** [～ist]) **1** 早すぎる, 時期尚早の: **come to an *untimely* end** あまりにも早く終わる. **2** 時機を失した; 時期 [季節] 外れの.

un･tir･ing [ʌntáiəriŋ] 形 《ほめ言葉》疲れを知らない; たゆみない, 不屈の.

un･to [(子音の前) ʌ́ntə; (母音の前) ʌ́ntu] 前《古》…へ, …に, …まで (to).

un･told [ʌntóuld] 形 **1** 数え切れない, 無数の; 測り知れない: *untold* suffering 測り知れない苦しみ. **2** 話されない, 明かされない.

un･touch･a･ble [ʌntʌ́tʃəbl] 形 **1** 手の届かない; 手出しできない, 攻撃できない, 非難する余地のない. **2** 触れてはならない; 汚(穢)らわしい.
— 名 C 不可触賤民(裟) (かつてインドで行われていたカースト制度での最下層の人).

un･touched [ʌntʌ́tʃt] 形 **1** (飲食物などが)手をつけていない; 元のままの: **Nature remains *untouched* here.** ここでは自然が荒らされていない. **2** [叙述用法] 影響されない; 心を動かされない.

un･to･ward [ʌntɔ́ːrd / ʌntəwɔ́ːd] 形《格式》都合の悪い; 運の悪い.

un･treat･ed [ʌntríːtid] 形 **1** 治療[手当て]を受けていない. **2** (有害物などが)未処理の.

un･tried [ʌntráid] 形 **1** 試されていない, 確かめられていない. **2** (法廷で)未審理の.

un･trou･bled [ʌntrʌ́bld] 形 悩まされていない, 困惑していない.

un･true [ʌntrúː] 形 **1** 真実でない, 偽りの, 事実に反する. **2**《文語》[…に] 忠実 [誠実] でない [to].

un･trust･wor･thy [ʌntrʌ́stwə̀ːrði] 形 信用[信頼]できない.

un･truth [ʌntrúːθ] 名 (複 **un･truths** [-trúːðz, -trúːθs])《格式》U 虚偽; C《婉曲》うそ (lie), 虚言.

un･truth･ful [ʌntrúːθfəl] 形 (人が)うそをつく, 不正直な; うその, 偽りの.

un･tu･tored [ʌntjúːtərd / -tjúː-] 形《格式》(正式な)教育を受けていない; 素朴な.

un･used[1] [ʌnjúːzd] 形 使われていない; 未使用の.

un･used[2] [ʌnjúːst] 形 [叙述用法] […に] 慣れていない [to]: **I'm *unused* to going to bed so early.** 私はこんなに早く寝ることに慣れていない.

***un･u･su･al** [ʌnjúːʒuəl, -ʒəl]

— 形 **1** 普通でない, 異常な; 独特の; まれな, 珍しい: **We received an *unusual* visit from her.** 珍しく私たちは彼女の訪問を受けた / **It is *unusual* for him to get up early.** 彼が早起きするなんて珍しい / **The shape of this building is *unusual*.** この建物の形は独特です.

2 並外れた, 驚くほどの: **He has a daughter of *unusual* intelligence.** 彼には並外れて頭のよい娘さんがいる.

***un･u･su･al･ly** [ʌnjúːʒuəli, -ʒəli] 副 **1** 異常に, めったにないほど, 珍しく: **He is *unusually* cool for his age.** 彼は年に似合わず冷静です.

2 非常に, ひどく.

un･ut･ter･a･ble [ʌnʌ́tərəbl] 形《格式》(感情などが)言いようのない, 言語に絶した.

un･var･nished [ʌnvɑ́ːrniʃt] 形 [限定用法]
1 ニスを塗っていない. **2** 飾りのない, ありのままの.

un･veil [ʌnvéil] 動 他 **1** …のベール [覆い] を取る;〈像など〉の除幕式を行う. **2**〈秘密など〉を明かす;〈新製品など〉を公表する.

un･voiced [ʌnvɔ́ist] 形 **1** 言葉 [口] に出さない.
2 [音声] 無声の (voiceless).

un･waged [ʌnwéidʒd] 形《英》失業している, 職のない; [the ～; 名詞的に] 失業者たち.

un･want･ed [ʌnwɑ́ntid, -wɔ́ːnt- / -wɔ́nt-] 形 望まれていない, 求められていない; 不必要な.

un･war･rant･ed [ʌnwɑ́ːrəntid / -wɔ́r-] 形 正

un·war·y [ʌnwéəri] 形 (比較 **un·war·i·er** [~ər]; 最上 **un·war·i·est** [~ist]) 不注意な, 軽はずみな.

un·wel·come [ʌnwélkəm] 形 歓迎されない; ありがたくない, いやな.

un·well [ʌnwél] 形 〘叙述用法〙《格式》(一時的に)体の具合が悪い, 気分がすぐれない, 病気の.

un·whole·some [ʌnhóulsəm] 形 **1** 健康に悪い. **2** (道徳的・精神的に)不健全な; (顔色などが)不健康そうな.

un·wield·y [ʌnwíːldi] 形 **1** (大きさ・重さなどが)扱いにくい, 運びにくい. **2** (組織などが)うまく機能しない, 非能率的な; 使いにくい.

***un·will·ing** [ʌnwíliŋ] 形 **1** 〘限定用法〙いやいやながらの, 不承不承の, 不本意な (reluctant): *unwilling* consent 不承不承の同意. **2** [...する]気がしない, 気が進まない[*to do*]: He was *unwilling to go* to school. 彼は登校をしぶった.

un·will·ing·ly [~li] 副 いやいやながら, 不承不承.

un·will·ing·ness [~nəs] 名 U 不本意.

un·wind [ʌnwáind] 動 (三単現 **un·winds** [-wáindz]; 過去・過分 **un·wound** [-wáund]; 現分 **un·wind·ing** [~iŋ]) 他 **1** (巻いたものを)ほどく, 巻き戻す. ― 自 **1** (巻いたものが)ほどける, 巻き戻る. **2** 緊張がほぐれる, くつろぐ.

un·wise [ʌnwáiz] 形 (比較 **un·wis·er** [~ər]; 最上 **un·wis·est** [~ist]) 思慮のない, 愚か[浅はか]な.

un·wise·ly [~li] 副 愚かにも(も), 浅はかに(も).

un·wit·ting [ʌnwítiŋ] 形 〘限定用法〙知らずの, 無意識の, 覚えのない; 故意でない.

un·wit·ting·ly [~li] 副 意識[意図]しないで.

un·wont·ed [ʌnwɔ́ːntid / -wóunt-] 形 〘限定用法〙《格式》いつにない, 珍しい.

un·work·a·ble [ʌnwə́ːrkəbl] 形 (計画などが)うまくいきそうにない, 実行できない, 実用的でない.

un·world·ly [ʌnwə́ːrldli] 形 世俗的でない; 世慣れていない, 素朴な.

***un·wor·thy** [ʌnwə́ːrði] 形 (比較 **un·wor·thi·er** [~ər]; 最上 **un·wor·thi·est** [~ist])
1 [...に / ...するに]値しない [*of* / *to do*]: I'm *unworthy of* the honor. 私はその栄誉に値しない.
2 [人・地位などに]ふさわしくない, 不相応な [*of*]: His remarks are *unworthy of* a leader. 彼の発言は指導者としてふさわしくないものだ.
3 (通例, 限定用法) 価値のない; 卑劣な, 恥ずべき.

un·wound [ʌnwáund] 動 unwind の過去形・過去分詞.

un·wrap [ʌnrǽp] 動 (三単現 **un·wraps** [~s]; 過去・過分 **un·wrapped** [~t]; 現分 **un·wrap·ping** [~iŋ]) 他 (包みを)開ける, ...の包装を解く.

un·writ·ten [ʌnrítən] 形 書かれて[記録されて]いない; 成文化されていない.

◆ unwritten láw [rúle] C 不文律, 慣習法.

un·yield·ing [ʌnjíːldiŋ] 形 **1** (人が)強情な, 頑固な, 屈しない. **2** 曲がらない, (ベッドなどが)堅い.

un·zip [ʌnzíp] 動 (三単現 **un·zips** [~s]; 過去・過分 **un·zipped** [~t]; 現分 **un·zip·ping** [~iŋ]) 他 ...のジッパー[ファスナー]を開ける.

******up** [ʌ́p] 副 前 形 名 動【基本的な意味は「高い方へ (toward a higher place or level)」】

― 副 [比較なし] (↔ down) **1** [移動・運動] (低い所から) 上(の方)へ, 高い方へ, 上がって; (座って[横になって]いる人・ものが)立って, 起きて: The birds flew *up* suddenly. 鳥は急に飛び立った / I saw the moon come *up*. 月が出るのを見た / They succeeded in climbing *up* to the top of Mt. Everest. 彼らはエベレスト登頂に成功した / Stand *up* and pick up this litter. 立ち上がってこのごみを拾いなさい / She was too tired to get *up* from her bed. 彼女は疲れ切っていたのでベッドから起き上がれなかった.

2 [位置・状態] 上(の方)に, 高い所に, 上がって; 上空に; 起きて, 立って: a house *up* in the hill 山の上の方にある家 / The airplane was already high *up* in the air. 飛行機はすでに空高く飛んでいた / My parents live three floors *up*. 私の両親は3階上に住んでいる / I stayed *up* late last night. 私はきのう夜遅くまで起きていた.

3 上流へ, 奥地(内陸)へ; (地図上で)上の方へ, 北へ[に]: I rowed *up* struggling against the current. 私は流れに逆らってボートをこいで上流へ向かった / They settled about a hundred miles *up* from the coast. 彼らは海岸から100マイルほど入った所に居を定めた / Go as far *up* as Fairbanks. フェアバンクスまで北上しなさい / He lives *up* north. 彼は北の方に住んでいる.

4 (話し手に)近寄って, (話題などの)中心の方へ; 《英》(地方から)都会へ: The boy walked *up* to me and shook my hand. その少年は私に歩み寄って握手をした / She hurried *up* to the door. 彼女はドアの所に急いで行った / He came *up* to London to find a job. 彼は仕事を探しにロンドンにやって来た.

5 (質・値段・気温などが)上がって; (小さいものから大きいものへ): Count *up* to fifty. 50まで数えなさい / Prices are going *up*. 物価が上昇しつつある / He has come *up* in the world recently. 彼は最近出世した.

6 (力・勢いが)高まって, 元気よく; 興奮して; (戦いに)立ち上がって: His speech stirred *up* the soldiers' morale. 彼の演説は兵士の士気を鼓舞した / Speak *up*! 大きな声を出しなさい.

7 [完成・終結の状態] すっかり, 完全に; ...しつくして: drink *up* 飲み干す / clean *up* the room 部屋を片づける / Let's finish *up* the work before dark. 暗くならないうちに仕事を仕上げてしまおう.

8 (人が)現れて; (物事が)出現して; (話題などに)上って: He will soon turn *up*. 彼はまもなく姿を現すだろう / The subject will come *up* again at the meeting tomorrow. その話はあすの会議でまた出るだろう.

9 きっちりと, しっかりと: Tie *up* the parcel. 小包をしっかり縛りなさい / Don't forget to lock *up* when you park your car. 駐車するときは車をロックするのを忘れるな. **10** [野球] (打者が)打席に立って, (チームが)攻撃中で. **11** [動詞を省略した命令文で] *Up*! 立て(= Stand *up*!) / Hands up!

手を上げろ (= Put your hands *up*!).
■ *úp and dówn* **1** 上がったり下がったり: The children jumped *up and down* on the trampoline. 子供たちはトランポリンでぴょんぴょん跳びはねた. **2** 行ったり来たり: I strolled *up and down* in the park. 私は公園の中をあちこちと散策した.

úp to ... **1** (数量が)…まで, (時間が)…に至るまで (ずっと): read *up to* page 50 50ページまで読む / *up to* now 今まで / *up to* the breaking point 極限まで. **2**〈人〉の責任で,〈人〉次第で: It is *up to* you to decide. 決めるのはあなたです. **3** (通例, 否定文で) …することができて, …に耐えられて: I'm afraid he is not *up to* the job. 彼にはその仕事は無理ではないかと思う. **4**〈よくないこと〉をして: The child is *up to* no good again. あの子はまた悪さをしている.

—前 **1** [移動・運動] *…の上 (の方) へ*, …を上がって, …を登って; …の上流へ: go *up* the mountain 山に登る / sail *up* the river (船で)川をさかのぼる / I walked *up* the steps and knocked on the door. 私は階段を上がってドアをノックした. **2** [位置・状態] …の上 (の方) に, …の上手(ﾃ)に: live *up* the hill 丘の上に住む / There is a gas station half a mile *up* this road. この道を半マイル上った所にガソリンスタンドがある.

3 …に沿って: Look! Our children are running *up* the street. ほら, 子供たちが道路を走って(こっちへ)やって来るよ.

4 …の奥地[内陸]に: travel *up* the country 奥地まで旅をする.

■ *úp and dówn ...* **1** …を上がったり下がったり: Cross-country runners have to run *up and down* the slopes. クロスカントリーの走者は斜面を上ったり下ったりして走らなくてはならない.

2 …を行きつ戻りつして: She was walking *up and down* the corridor. 彼女は廊下を行ったり来たりしていた.

Up yóurs!《俗語》くそったれ (◇人前では使ってはいけない言い回し).

—形 [比較なし] **1** 上 (の方) への, 上に向かう; 昇って; 起きて: an *up* elevator 上りのエレベーター / The sun is already *up*. 太陽はすでに昇っている / Is she *up* yet? 彼女はもう起きていますか. **2** [限定的法] (交通機関が) 上りの (◇《米》では北部または郊外へ向かうもの,《英》では地方から都会に向かうものをさす): an *up* train《米》北行きの列車,《英》上り列車. **3** [叙述的法] 終わって, (時間が) つきて: Time is *up*. (終了の) 時間です. **4** [叙述的法] (程度・値段などが) 上がって, 高まって; 意気盛んで: The people were *up*, ready to fight against the invaders. 人々は侵略者と戦おうと気力が高まっていた. **5**《英》(道路などが) 工事中で: Road *Up*《掲示》工事中. **6** 【スポーツ】(…点) リードして: Our team is two runs *up*. 私たちのチームが2点リードしている. **7** (コンピュータなどが) 作動して.

■ *be úp agàinst ...*《口語》〈困難など〉に直面している: We're *up against* a difficult problem now. 私たちは今困難な問題に直面している.

be úp and abóut [*aróund*]《口語》(病気が回復して) 起きて動き回っている.

be úp and dóing 大いに活躍している, せっせと働いている.

be úp for ... **1** …の対象となっている: The luxurious mansion *is up for* sale. その豪邸は売りに出されている. **2** …で裁かれる.

be úp on ... …に精通している.

Whát's úp?《口語》どうしたの; 調子はどうだい, 元気かい.

—名 **1** [C] 上り, 上り坂; 上昇. **2** [~s] 幸運, 繁栄: *ups* and downs of life 人生の浮き沈み.

■ *on the úp and úp* **1**《米口語》正直に, 率直に. **2**《英口語》うまくいって, 成功して.

—動 (三単現 *ups* [~s]; 過去・過分 *upped* [~t]; 現分 *up·ping* [~ɪŋ]) 他《口語》〈値段などを〉上げる. —自《口語》立ち [起き] 上がる.

■ *úp and dó*《口語》いきなり…する (◇ up を変化させずに過去形として用いることもある): She *up* (*ped*) *and* left without saying anything. 彼女は何も言わずにいきなり出て行った.

up- [ʌp]《結合》動詞・副詞・形容詞・名詞に付けて「上に, 上方に」「よりよい」などの意を表す: *upgrade* 昇格させる, (品) 質を上げる / *uplift* 持ち上げる.

úp-and-cóm·ing 形 [限定的法] 将来性のある, 前途有望な, やり手の.

up·beat [ʌ́pbiːt] 名 [C] (通例 the ~) 【音楽】上拍, アップビート [主強拍に入る前の弱い拍子]; (指揮者の) 上拍の指示 (↔ downbeat).

—形 陽気な, 楽しい; 楽天的な.

up·braid [ʌpbréɪd] 動 他《格式》…を […のことで] ひどくしかる, とがめる, 非難する [*for*, *with*].

up·bring·ing [ʌ́pbrɪŋɪŋ] 名 [U] [または an ~] 養育, しつけ, (子供に対する) 教育.

up·chuck [ʌ́ptʃʌ̀k] 動《米口語》吐く, 戻す.

up·com·ing [ʌ́pkʌ̀mɪŋ] 形 [限定的法] まもなく始まる; 近く開催 [公開] 予定の.

up·coun·try [ʌ́pkʌ́ntri] 形 内陸の, 奥地の.

—副 [ʌ̀pkʌ́ntri] 内陸 [奥地] に [へ, で].

**up·date* [ʌ̀pdéɪt, ʌ́pdèɪt] 動 他 …を最新のものにする; 【コンピュータ】〈ファイルなどを〉更新する: The information *is updated* daily. その情報は毎日更新されている.

—名 [ʌ́pdèɪt] [C] 最新情報; 最新版; [U] 最新化.

up·end [ʌ̀pénd] 動 他 **1** …を逆さまにする [立てる]; ひっくり返す. **2**《口語》…を打ち負かす.

up·front, up-front [ʌ̀pfrʌ́nt] 形 **1** [叙述的法] 率直な, 正直な. **2** 前払いの.

up·grade [ʌ̀pgréɪd, ʌ́pgrèɪd] 動 他 **1** …を昇格させる, 格上げする; …の品質を向上させる (↔ downgrade). **2** 【コンピュータ】…をバージョンアップする. —自 格上げする; 【コンピュータ】バージョンアップする.

—名 [ʌ́pgrèɪd] [C] **1**《米》上り坂. **2** (品質などの) 向上; 【コンピュータ】バージョンアップ.

up·heav·al [ʌphíːvəl] 名 [C][U] **1** 大変動, 激変. **2**【地質】隆起.

up·held [ʌphéld] 動 uphold の過去形・過去分詞.

**up·hill* [ʌ́phíl] 副 坂を上って, 坂の上へ (↔ downhill).

—形 **1** 上り (坂) の; 坂 [丘] の上の: an *uphill*

road 上り坂の道. **2** 骨の折れる: an *uphill* job 困難な仕事.

****up・hold** [ʌphóuld] 動 (三単現 **up・holds** [-hóuldz]; 過去・過分 **up・held** [-héld]; 現分 **up・hold・ing** [~iŋ]) 他 **1** 〈決定・判決など〉を支持する, 確認する, 擁護〔賛成〕する: They *upheld* my opinion. 彼らは私の意見を支持した. **2** …を(下から)支える, 持ち上げる.

up・hold・er [ʌphóuldər] 名 C 支持者, 後援者.

up・hol・stered [ʌphóulstərd] 形 〈いすなど〉に詰めものをした, 布張りした.

up・hol・ster・er [ʌphóulstərər] 名 C 室内装飾業者; いす張り職人.

up・hol・ster・y [ʌphóulstəri] 名 U **1** (集合的に) 室内装飾品 (カーテン・じゅうたんなど); いす張り用品 (詰め物・スプリング・布など). **2** 室内装飾業.

UPI (略語) = *U*nited *P*ress *I*nternational UPI通信社.

up・keep [ʌ́pkìːp] 名 U (土地・家屋などの) 維持, 保存; 維持費.

****up・land** [ʌ́plənd] 名 U (または〜s) 高地, 台地.
—— 形 高地の; 高地に住む〔生える〕.

****up・lift** [ʌplíft] (☆ 名 とのアクセントの違いに注意) 動 他 (格式) **1** …の精神を高揚させる, 士気を高める; (社会的・道徳的に) …を向上させる. **2** …を持ち上げる; 〈声など〉を高くする.
—— 名 [ʌ́plìft] U **1** 精神の高揚, 幸福感; (道徳的・社会的) 向上. **2** 持ち上げること.

up・load [ʌ́plòud] 動 他 (コンピュータ) (プログラム・ファイルなど) をアップロードすること (パソコンからネットワーク上のサーバーに送信すること) (↔ download).

úp-màr・ket 形 (英) (商品などが) 高所得層向けの; 高級な ((米) upscale) (↔ downmarket).

up・most [ʌ́pmòust] 形 副 = UPPERMOST (↓).

*****up・on** [əpán, əpɔ́ːn / əpɔ́n]
—— 前 = ON: Let's go *upon* this rule. このルールでいこう / I came *upon* the misplaced documents. 行方不明だった書類を見つけた / Everybody looks *upon* him as a great leader. だれもが彼を偉大な指導者と思っている.

[語法] (1) on とほぼ同意だが, upon のほうが文語的.
(2) 慣用的に on と upon のどちらを用いるか決まっている場合もある: *on* the whole だいたいにおいて / once *upon* a time 昔々.
(3) 動詞の直後や文尾では upon が好まれる.

*****up・per** [ʌ́pər]
形 [もとは up の比較級]
—— 形 **1** (高さ・位置が)**上の方の**, 上部の, 高地の: the *upper* lip 上唇 / an *upper* story [(英) storey] 上の階 / Put this dictionary back on the *upper* shelf. この辞書を上の棚に戻してください.
2 (限定用法) (程度・割合・地位などが) 上位の, 上級の: an *upper* grade 上級 / the *upper* school 上級学校. **3** (限定用法) (川の) 上流の; 北部の; 奥地の: the *upper* Nile ナイル川の上流.
—— 名 C **1** (〜s) 靴の甲皮(こうひ). **2** (口語) (寝台車などの) 上段の寝台.

3 (〜s) (俗語) 覚醒(かくせい)剤.

◆ **úpper árm** C 上腕, 二の腕 (→ ARM¹ 図).
úpper crúst [the 〜] (口語) 上流〔貴族〕階級.
úpper hánd [the 〜] 優位, 支配: gain [get, have, win] the *upper hand* of [over] … …より優勢になる, …を支配する.
Úpper Hóuse [the 〜] (二院制議会の) 上院 (↔ Lower House) (→ CONGRESS 表).

up・per・case [ʌ́pərkéis] 形 U (印刷) 大文字(活字)の (cf. lowercase 小文字(活字)).
—— 動 他 (印刷) 大文字(活字)の.

úp・per-cláss 形 **1** 上流階級〔社会〕の. **2** (米) (高校・大学の) 上級生の.

úp・per cláss 名 (the 〜(es); 単数・複数扱い) 上流階級〔社会〕 (↔ lower class 下層階級).

up・per・class・man [ʌ́pərklǽsmən / -klɑ́ːs-] (複 **up・per・class・men** [-mən]) C (米) (大学・高校の) 上級生 (3年生 (junior), 4年生 (senior) をさす; cf. underclassman 下級生).

up・per・cut [ʌ́pərkʌ̀t] 名 C (ボクシング) アッパー(カット).

****up・per・most** [ʌ́pərmòust] 形 (位置・地位などが) 最も高い, 一番上の; 最高位の.
—— 副 最も高く; 最高位に; 真っ先に.
■ **còme [be] úppermost in …'s mínd** …の心に真っ先に浮かぶ.

up・pi・ty [ʌ́pəti], (英) **up・pish** [ʌ́piʃ] 形 (口語) うぬぼれた, 思い上がった, 生意気な.

*‡***up・right** [ʌ́pràit] 形 **1** (位置・姿勢が) 真っすぐな, 直立した, 垂直の; (人が) 背筋の伸びた: an *upright* posture 直立不動の姿勢. **2** 正直な, 高潔な; 公正な: an *upright* citizen 立派な市民.
—— 副 真っすぐに, 直立して.
—— 名 C **1** (柱などが) 真っすぐなもの; 支柱; (サッカーなどの) ゴールポスト. **2** = **úpright piáno** アップライトピアノ.

****up・ris・ing** [ʌ́pràiziŋ] 名 C 反乱, 暴動, 蜂起.

up・riv・er [ʌ́prívər] 副 川上へ, 上流へ.
—— 形 川上の, 上流の.

****up・roar** [ʌ́prɔ̀ːr] 名 U (または a 〜) 大騒ぎ, 騒動; わめき叫ぶ声; 騒音: The meeting ended in (an) *uproar*. 会議はしまいには大騒動になった.

up・roar・i・ous [ʌprɔ́ːriəs] 形 **1** 騒々しい, にぎやかな. **2** ひどくおかしい.
up・roar・i・ous・ly [〜li] 副 騒々しく.

up・root [ʌprúːt] 動 他 **1** 〈木などを〉根こそぎにする; 引き抜く. **2** 〈人を〉 (住み慣れた所・職業から) 追い立てる, 立ち退かせる (*from*). **3** 〈悪習・貧困など〉を根絶する.

up・scale [ʌ́pskèil] 形 (米) (商品などが) 高所得層向けの ((英) up-market).

*****up・set** 動 形 名
—— 動 [ʌpsét] (☆ 名 とのアクセントの違いに注意) (三単現 **up・sets** [-séts]; 過去・過分 **up・set**; 現分 **up・set・ting** [~iŋ])
—— 他 **1** 〈人を〉**うろたえさせる**, 動転させる: The bad news *upset* him. その悪い知らせを聞いて彼ははすっかり取り乱した / She was terribly *upset* by her score on the English test. 彼女は英語

のテストの点にひどくショックを受けた.
2 〈計画など〉を**だめにする**, 台なしにする: The hurricane *upset* my holiday plans. ハリケーンのせいで私の休暇の予定が狂った / The supply of water was *upset* by low rainfall in July. 7月の少雨のために水の供給に混乱が生じた.
3 …を**ひっくり返す**, 〈船など〉を転覆させる; (ひっくり返して)〈中身〉をこぼす: He *upset* the cup. 彼はカップをひっくり返した / The boat was *upset* by the gusty wind. 船は強風によって転覆した.
4 〈胃など〉の調子を悪くする.
5 《米》(競技で)〈敵〉を番狂わせで負かす.
— [自] ひっくり返る, 転覆する.
— [形] [ʌ̀psét] **1** 〔…に〕狼狽(ろうばい)した, 気分を害した〔*about, over, with*〕: He was *upset with* me *about* [*over*] what I said. 彼は私が言ったことに憤慨していた.
2 ひっくり返った, 転覆した. **3** (胃などが) 不調の.
— [名] [ʌ́psèt] **1** [C][U] 転覆, 転倒. **2** [C][U] (計画などの) 混乱; (心の) 乱れ. **3** [C] (胃などの) 不調: I had a stomach *upset* yesterday. きのうは胃の調子が悪かった. **4** [C] (試合などでの) 番狂わせ.
◆ **úpset príce** [C] 《米》(競売の) 売却最低価格 (《英》reserve price).

up·shot [ʌ́pʃɑ̀t / -ʃɔ̀t] [名] [the ~] (最後の) 結果, 結末; (議論などの) 結論.

***up·side** [ʌ́psàid] [名] **1** [C] 上側, 上部. **2** [単数形で] 《主に米》(悪い状況での) よい面.

úp·side-dówn [形] **1** 逆さまの, ひっくり返った, 転倒した. **2** 混乱した, めちゃくちゃの.

úp·side dówn [副] **1** 逆さまに, ひっくり返って (◇「本来の状態に」なら right side up): turn a desk *upside down* 机をひっくり返す. **2** 混乱して, 乱雑に: He has turned the room *upside down*. 彼は部屋をめちゃくちゃに散らかした.

up·si·lon [júːpsəlɑ̀n, -sələn / juːpsáilən] [名] [C][U] イプシロン (υ, Υ) 《ギリシャ語アルファベットの20番目の文字; → GREEK 表》.

up·stage [ʌ̀pstéidʒ] [副] 舞台の奥 [後方] へ [で] (↔ downstage).
— [形] 舞台の奥 [後方] の (↔ downstage).
— [動] [他] (役者が)〈共演者〉より舞台の奥に動く《共演者が観客に背を向け, 注目が自分にだけ集まる結果となる》; …から人の注目 [関心] を奪う, 人気をさらう.

***up·stairs [ʌ́pstéərz]

[副][形][名] (↔ downstairs)
— [副] [比較なし] **上の階へ [に]**; (特に) 2階へ [に]: go *upstairs* 上の階 [2階] へ行く / My room is *upstairs*. 私の部屋はこの上の階 [2階] です.
■ ***kíck … upstáirs*** 《口語》〈人〉を (名目上は地位の高い) 閑職に祭り上げる, 追い払う.
— [形] [限定用法] 上の階の; (特に) 2階の: the *upstairs* bedroom 2階の寝室.
— [名] [the ~; 単数・複数扱い] 上の階; (特に) 2階.

up·stand·ing [ʌ̀pstǽndiŋ] [形] 《格式》 **1** 正直な, 立派な. **2** 直立した; 背が高くがっしりした.

up·start [ʌ́pstɑ̀ːrt] [名] [C] 成り上がり者, 成り金.
— [形] 成り上がりの; 思い上がった.

up·state [ʌ́pstèit] [形] [限定用法] 《米》 州北部の, 州の中心都市から離れた.
— [副] 《米》 州北部に [へ], 州の中心都市から離れて.
— [名] [U] 州の北部地方《特に New York 州の北部をさす》; 田舎.

up·stream [ʌ́pstríːm] (↔ downstream) [副] 上流へ [に, で].
— [形] 上流 (へ) の, 流れをさかのぼる.

up·surge [ʌ́psə̀ːrdʒ] [名] [C] 〔…の〕急増〔*in*〕; 〔感情などの〕急激な高まり〔*of*〕.

up·swing [ʌ́pswìŋ] [名] [C] 〔景気・人気などの〕急激な上昇 [増加, 向上]〔*in*〕.

up·take [ʌ́ptèik] [名] [the ~] 《口語》(主に新しいことに対する) 理解 (力).
■ ***be quick*** [***slów***] ***on the úptake*** 《口語》のみ込み [理解] が早い [遅い].

úp·tém·po [形] テンポの速い, アップテンポの.

up·tight [ʌ́ptáit] [形] 《口語》〔…に〕緊張した; ひどくいら立った, ぴりぴりした〔*about*〕.

***up-to-date** [ʌ̀ptədéit] [形] **最新 (式) の**; 最新情報 [事実] を含んだ; 当世風の, 現代的な (↔ out-of-date) (◇叙述用法では up to date を用いる): an *up-to-date* model 最新型 [モデル].

úp-to-the-mín·ute [形] 最新の; 最新情報を取り込んだ.

up·town [ʌ́ptáun] (↔ downtown) 《米》 [副] (都市の) 山の手へ [で], 住宅地区へ [で].
— [形] 山の手 [住宅地区] の [にある].
— [名] [ʌ́ptàun] [U] 山の手, 住宅地区.

up·trend [ʌ́ptrènd] [名] [C] (経済などの) 上昇傾向.

up·turn [ʌ́ptə̀ːrn] [名] [C] 〔景気・株価などの〕上昇, 好転〔*in*〕(↔ downturn).

up·turned [ʌ̀ptə́ːrnd] [形] (先が) 上に向いた; ひっくり返った.

***up·ward, 《英》 up·wards

[ʌ́pwərd] [副][形] (↔ downward)
— [副] [比較なし] **1** **上の方へ**, 上向きに: look *upward* 見上げる / Prices are moving *upward*. 物価が上昇しつつある.
2 …以上, …より上; …以来: children of ten and *upward* 10歳以上の子供 / It will cost *upward* of $100. それは100ドル以上かかるだろう.
— [形] [通例, 限定用法] **上への**, 上向きの: an *upward* current of air 上昇気流 / the *upward* trend in oil prices 石油価格の上昇傾向.

***up·wards [ʌ́pwərdz]

[副] 《英》 = UPWARD (↑).

up·wind [ʌ́pwínd] [形] 風上の, 逆風の.
— [副] 〔…の〕風上に [へ]〔*of*〕; 逆風で.

U·ral [júərəl] [名] [固] **1** [the ~] ウラル川《ウラル山脈に発し, カスピ海に注ぐ川》. **2** [the ~s] = **Úral Móuntains** ウラル山脈《ロシアの中央を南北に走る山脈. ヨーロッパとアジアを分ける》.

***u·ra·ni·um** [juəréiniəm] [名] [U] 【化】 **ウラン**, ウラニウム《放射性金属元素; 《元素記号》 U》.

U·ra·nus [júərənəs] [名] [固] **1** 【天文】 天王星. **2** 【ギ神】 ウラノス《宇宙を支配した最古の神》.

***ur·ban [ə́ːrbən]

— [形] [限定用法] **都市 [都会] の**; 都会に住む; 都市特有の (↔ rural): *urban* life 都会生活 / the

U

urban population 都市人口.
◆ úrban renéwal ⓊU 都市再開発, 都市改造.
úrban spráwl Ⓤ スプロール現象《都市計画なしに宅地が郊外へ無秩序に広がっていくこと》.
ur·bane [əːrbéin] 形 都会風の, 洗練された.
ur·ban·i·ty [əːrbǽnəti] 名 (複 **ur·ban·i·ties** [~z]) **1** Ⓤ 都会風なこと, 洗練. **2** Ⓒ 《複数形で》洗練されたふるまい〔言葉づかい〕.
ur·ban·i·za·tion [əːrbənizéiʃən / -naiz-] 名 Ⓤ 都市化, 都会化.
ur·ban·ize, 《英》 **ur·ban·ise** [əːrbənàiz] 動 他 《主に受け身で》…を都市化する; 都会風にする.
ur·chin [əːrtʃin] 名 Ⓒ **1** 《古風》悪がき, いたずら小僧; 浮浪児. **2** 《動物》ウニ (sea urchin).
Ur·du [úərdu, -] 名 Ⓤ ウルドゥー語《パキスタンの公用語. インドでも主にイスラム教徒が用いる》.
-ure [ər] 接尾 **1** 動詞に付けて「動作・過程・結果」を表す名詞を作る: clos*ure* 閉鎖 / fail*ure* 失敗. **2** 動詞・名詞に付けて「機関・集合体」を表す名詞を作る: legislat*ure* 立法機関.
u·re·a [juəríːə, júəriə] 名 Ⓤ 《化》尿素.
u·re·thane [júərəθèin] 名 Ⓤ 《化》ウレタン.

***urge** [əːrdʒ] 動 名 〔原義は「強く押す」〕
— 動 (三単現 **urg·es** [~iz]; 過去・過分 **urged** [~d]; **urg·ing** [~iŋ])
— 他 **1** (a) [urge+O+to do] 〈人〉に…するよう**強く勧める**, 強く迫る: His parents *urged* him *to* go on to college. 両親は彼に大学に進むよう強く勧めた / She *urged* her father *to* quit smoking. 彼女は父親に喫煙をやめるよう強く迫った.
(b) [urge+that 節] …となるよう強く促す: He *urged that* we (should) follow his advice. 彼は私たちに自分の助言に従うよう強く促した 《◇ should を用いるのは《主に英》》.
2 (a) [urge+O] …を**主張する**, 力説する (stress) [*on, upon*]: The priest *urged on* [*upon*] us the importance of love in the mass. 神父はミサの中で私たちに愛の大切さを力説した. (b) [urge+that 節] …ということを主張する: The politician *urged that* the bill (should) be passed during the present session. その政治家は法案を今会期中に成立させるべきだと主張した 《◇ should を用いるのは《主に英》》.
3 《通例, 方向を表す副詞(句)を伴って》〈人・動物など〉をせき立てる, 駆り立てる: The man *urged* the horse *on* [*forward, along*] with a stick. 男はむちで馬を追い立てた.
■ **úrge ón** 他 〈人〉を励ます.
— 名 Ⓒ […したいという] 強い衝動, 欲望 [*to do*]: sexual *urges* 性的欲望 / I had an *urge to* read that novel again. 私はあの小説をもう一度読んでみたいという衝動に駆られた.

ur·gen·cy [əːrdʒənsi] 名 Ⓤ **1** 緊急, 切迫. **2** 強要, しつこさ; 力説. (▷ 形 úrgent)
‡**ur·gent** [əːrdʒənt] 形 **1** 緊急の, 《事態が》急を要する; 《声などが》切迫した, せき立てるような: an *urgent* statement 緊急声明 / an *urgent* operation 緊急手術 / It is *urgent* that you (should) decide your future plans. あなたは早急に将来の計画を決めなければならない 《◇ should を用いるのは《主に英》》. **2** 《格式》しつこく催促するうるさくせがむ: She was *urgent* with me for the details. 彼女は私に詳しい話をするよう執ように迫った. (▷ 名 úrgency)
ur·gent·ly [əːrdʒəntli] 副 **1** 緊急に; 切迫して. **2** しつこく, せがんで.
u·ric [júərik] 形 尿の, 尿に含まれている: *uric* acid 《生化》尿酸.
u·ri·nal [júərənəl / juərái-] 名 Ⓒ **1** 《男性用の》小便器, 小便所. **2** 尿器, しびん.
u·ri·nar·y [júərənèri / -nəri] 形 《医》泌尿器の; 尿の: *urinary* organs 泌尿器.
u·ri·nate [júərənèit] 動 自 排尿する, 小便をする.
u·rine [júərin] 名 Ⓤ 尿, 小便.
URL 《略語》=*uniform resource locator*《インターネット URL《ウェブサイトのアドレス》》.
urn [əːrn] 名 Ⓒ **1** 《脚・台座などの付いた》かめ, つぼ; 骨つぼ. **2** 《大型》コーヒー 〔紅茶〕沸かし.
Úr·sa Má·jor [əːrsə-] 名 固 《天文》大ぐま座 (the Great Bear).
Úr·sa Mí·nor 名 固 《天文》小ぐま座 (the Little Bear).
U·ru·guay [júərəgwài] 名 固 ウルグアイ《南米南東部の共和国; 首都モンテビデオ (Montevideo)》.

***us** [(弱) əs; (強) ʌs]
— 代 〔人称代名詞〕《◇ we の目的格; → PERSONAL 文法》
1 [目的格] (a) 〔動詞の目的語として〕**私たちを[に]**: The news made *us* happy. その知らせに私たちは喜んだ / Will you inform *us* of your schedule? 私たちにあなたの予定を教えてくれませんか. (b) 〔前置詞の目的語として〕**私たちを[に]**: Will you go with *us*? 私たちと一緒に行きませんか.
2 〔主格補語 we の代わりに〕《口語》私たち (→ ME **2** 語法): It's *us* who are wrong. 間違っているのは私たちです.
3 [as, than のあとで; 主格 we の代わりに〕《口語》私たち (→ ME **3** 語法): She is as old *as us*. 彼女は私たちと同じくらいの年齢です / Bob speaks Japanese better *than us*. ボブは私たちより日本語を話すのがうまい.
4 〔動名詞の意味上の主語として; 所有格 our の代わりに〕《口語》私たちが: Do you remember *us* singing a song at his party? 彼のパーティーで私たちが歌を歌ったのを覚えていますか.
5 〔独立的に we の代わりに用いて〕《口語》私たち: Who cleaned this room?—*Us*. この部屋を掃除したのはだれですか—私たちです.

***U.S., US** 《略語》〔通例 the ~〕=*United States* アメリカ合衆国; 〔形容詞的に〕合衆国の.

***U.S.A., USA** 《略語》〔通例 the ~〕=*United States of America* アメリカ合衆国.
us·a·ble [júːzəbl] 形 使用できる; 使用に適した.
USAF 《略語》=*United States Air Force* 米国空軍.

us・age [júːsidʒ, júːz-] **1** C U (言語の)慣用法, 語法: modern English *usage* 現代英語の用法. **2** U 用法, 使い方; 取り扱い(方), 待遇(のしかた): The tool was broken by rough *usage*. その道具は乱暴に使ったために壊れた. (▷ 動 úse)

*use 動名

— 動 [júːz] (☆ 名 との発音の違いに注意) (三単現 **us・es** [〜iz], 過去・過分 **used** [〜d]; 分詞 **us・ing** [〜iŋ])

— 他 **1** …を使う, 利用する;〈電話など〉を(一時的に)借りる (→ BORROW 類義語): Telescopes are *used* for bird-watching. 野鳥観察には望遠鏡が使われる / I'll teach you how to *use* chopsticks. あなたに箸(はし)の使い方を教えてあげよう / I *use* the library once a week. 私は週に1度は図書館を利用する / Can I *use* the bathroom? トイレをお借りしてもよろしいですか.
2〈頭・体など〉を働かせる, 使う: *use* one's eyes 見る / *Use* your head before you act. 行動する前に頭を使いなさい.
3〈燃料・金など〉を費す, 消費する; 使い果たす: The new engine *uses* less fuel. 新しいエンジンは燃料の消費が少ない.
4〈人・物など〉を利用する; 悪用する: He may be *using* her for his own ends. 彼は自分の目的のために彼女を利用しているのかもしれない.
5 …を取り扱う, 遇する, あしらう: She *used* him well [badly]. 彼女は彼を優遇[冷遇]した.
6《口語》〈麻薬など〉を常用する.
■ **could** [**can**] **úse ...** 《口語》…が欲しい, …があればありがたい: I *could use* a drink. 何か飲み物が欲しいなあ.
úse úp 他 **1** …を使い果たす: How foolish he is to *use up* all his savings! 貯金を全部使い果たすなんて彼はなんというばか者だ. **2** (通例, 受け身で)《口語》〈人〉を疲れ果てさせる.

— 名 [júːs] (複 **us・es** [〜iz]) **1** U 使用, 使うこと, 利用; 使用法: He needs to reduce his *use* of salt. 彼は塩の使用を減らす必要がある / The *use* of violence should be stopped immediately. 暴力の行使は即刻やめさせなければならない / At first the *use* of a knife and fork is difficult. 最初はナイフとフォークを使うのは難しい.
2 U 効用, 役に立つこと, 利益: What is the *use* of learning foreign languages? 外国語を習得することは何の役に立つのですか / Is there any *use* (in) advising her? 彼女に忠告することが何になるというのか.
3 U C [...の]用途, 使いみち, 使用目的 [*for*]: There should be many peaceful *uses* for atomic energy. 原子力の平和利用の道はたくさんあるはずです / These shoes are designed for every *use*. この靴はどんな使用目的にもかなうようにデザインされている.
4 U 使用の自由[権利]; 使用する能力: He lost the *use* of his legs in the car accident. 彼は車の事故で両足の自由を失った.
■ **còme ìnto úse** 使用されるようになる: Automobiles *came into* common *use* in the early 20th century. 自動車は20世紀初めに一般に使われるようになった.
gò [*fàll*] *òut of úse* 使用されなくなる.
hàve nó úse for ... **1** …はいらない, …の必要がない. **2**《口語》…は大嫌いだ, …に我慢ならない.
in úse 使用されて (↔ out of use): The old grandfather's clock is still *in use*. その古い大時計は今でも使われている.
It is nó úse dóing [*to dó*] **... = There is nó úse* (*in*) *dóing ...*《口語》…してもむだである: *It is no use crying* over spilt milk.《ことわざ》こぼれた牛乳を嘆いてもしかたがない ⇒ 覆水盆に返らず.
màke úse of ... …を利用する (◇ use はしばしば形容詞を伴う): You must *make* the best *use of* your limited time. 限られた時間を最大限に利用しなければならない.
of úse 役に立つ, 有用な (useful) (◇ use はしばしば形容詞を伴う): This dictionary is *of great use*. この辞書は大変役に立つ / It looks *of no use* now, but it will be *of* some *use* in the near future. それは今は役に立たないように見えるが近い将来何かの役に立つだろう.
òut of úse 使用されないで, すたれて (↔ in use).
pùt ... to úse …を使う, 利用する: Who was the first to *put* the theory *to* practical *use*? その理論を実践した最初の人はだれですか.
(▷ 名 úsage)

úse-by dàte [júːz-] 名 C 賞味期限.

*used[1] [júːst] (☆ 発音に注意) 形 [比較 **more used**; 最上 **most used**] [**be used to ...**] …に慣れている (◇ used to は [júːstə] (母音の前では [júːstu]) と発音する): I am *used to* hard work. 私は重労働には慣れている / She *isn't used to* using a PC. 彼女はパソコンの扱いに慣れていない / You will soon get [become] *used to* the new school. きみはすぐに新しい学校に慣れるでしょう (◇ be 動詞以外の動詞を用いることもある).

*used[2] [júːzd] 形 使用済みの; 中古の (↔ brand new): a *used* car 中古車 / a *used* stamp 使用済みの切手.

used・n't, use・n't [júːsnt] (☆ 発音に注意)《短縮》《英・古風》*used not* の短縮形.

***used to** [(子音の前) júːstə, (母音の前) júːstu] (☆ d は発音しない)

— 助動 **1** [過去の状態] 昔[以前]は…であった: Jean *used to* be cheerful and lively. 以前ジーンは陽気で活発だった / There *used to* be a big statue in the center of the square. 昔はその広場の中央に大きな(彫)像があった / It *used to* be believed that something supernatural lived in these woods. 昔はこの森に何か超自然的なものが住んでいると信じられていた.
2 [過去の習慣] 昔[以前]はよく…した(ものだった): When I was a child, my mother *used to* read me fairy tales. 子供の頃, 母は私におとぎ話を読んでくれたものでした / My son doesn't call me as often as he *used to*. 息子は以前ほど私に電話をかけてくれない / Father *used to* go fishing every weekend. 以前父は週末ごとに釣りに行っていました.

useful 1640 **utility**

[語法] (1) 否定文には didn't use to を用いる. 《英》では used not to, use(d)n't to を用いることもあるが, 今は《まれ》.
(2) 疑問文には Did+主語+use to ...? を用いる.《英》では Used+主語+to ...? を用いることもあるが, 今は《まれ》.
(3) 過去の習慣的な行為を表す used to は would と置き換えることができる. ただし, used to は過去の長期間の規則的な習慣を表すのに対して, would は短期間の習慣や反復行為にも用いることができる.

＊＊use・ful [júːsfəl]
— 形 **1** […に] 役に立つ, 有用な, 便利な (↔useless) [to, for]: a useful tool 役に立つ[便利な]道具 / Bees are very useful to us. ミツバチは大いに私たちの役に立つ / His advice was useful for the attainment of our project. 私たちの計画の実現に彼の助言が役立った.
2《英口語》満足のいく, 有能な: a useful football player 動きのいいサッカー選手.
■ cóme in úseful 役に立つ, 便利である.
use・ful・ly [júːsfəli] 副 役に立つように, 有効に.
＊**use・ful・ness** [júːsfəlnəs] 名 U 役立つこと, 有用性. The tool has lost its usefulness. その道具は役に立たなくなった.
■ outlíve one's úsefulness 役に立たなくなってもまだ存在して[生きて]いる, 使いものにならなくなる.

＊＊use・less [júːsləs]
— 形 **1** […に] 役に立たない, 無用な (↔useful) [to, for]: a useless suggestion 役に立たない提案 / This book is useless to us. この本は私たちの役に立たない / This knife is useless for cutting metal. このナイフは金属を切るのには役立たない.
2[比較なし] 無益な, むだな: a useless effort むだな努力 / It is useless to do[doing] such a thing. そんなことをしてもむだです.
3《口語》(人が) 何もできない, 役に立たない.
use・less・ly [～li] 副 無益に, むだに.
use・less・ness [～nəs] 名 U 無益, 無用.

＊**us・er** [júːzər] 名 C 使用者, 利用者, ユーザー: a users' guide[manual] 取扱説明書.
◆ úser ínterface C《コンピュータ》ユーザーインタフェース《命令・情報のやり取りにかかわる仕組みで, 操作者とコンピュータとの接点》.
ús・er-fríend・ly 形《装置などが》使いやすい, 操作しやすい, (利用者に) わかりやすい.

＊**ush・er** [ʌ́ʃər] 名 C **1** 《劇場・教会などの》案内係.
2《英》《法廷の》廷吏, 守衛.
— 動〈人を〉[…へ]案内する [to, into], …の案内役を務める: She ushered me into the living room. 彼女は私を居間に案内した.
■ úsher ín 他 **1** …を案内して通す. **2** …の前触れ[先がけ]となる, 始まりを告げる.
ush・er・ette [ʌ̀ʃərét] 名 C《主に英》《劇場などの》女性の《座席》案内係.
USMC《略語》= United States Marine Corps 米国海兵隊.

USN《略語》= United States Navy 米国海軍.
USS, U.S.S.《略語》= United States Ship 米国艦船.
USSR, U.S.S.R.《略語》《通例 the ～》= Union of Soviet Socialist Republics (旧) ソビエト社会主義共和国連邦 (→ SOVIET UNION).
usu.《略語》= usually.

＊u・su・al [júːʒuəl, -ʒəl]
— 形 **1** いつもの, 通例の, お決まりの (→ COMMON [類義語]): at the usual time いつもの時間に / Such remarks are usual with her. そのような発言は彼女ならお決まりのことです / It is usual for him to come home so late at night. 彼がこんなに夜遅く帰宅するのは普通ではありません.
2[the ～ / one's ～; 名詞的に]《口語》いつも[お決まり]のこと[もの, 言葉]: I'll have the usual. いつものをお願いします.
■ as is úsual with ... …にはいつものことだが: As is usual with him, Ben fell asleep in class. いつものことだが, ベンは授業中に居眠りをした.
as úsual いつもの通りに, 例の通り: Tom went to bed early as usual. トムはいつもの通り早く寝た.
than úsual[比較級のあとで] いつもより: I got up later than usual that morning. その日の朝私はいつもより遅く起きた.

＊u・su・al・ly [júːʒuəli, -ʒəli]
— 副 普通は, いつもは; たいてい (→ ALWAYS [語法]): I usually go to bed around eleven o'clock. 私は普通 11 時頃に床につく / He is usually quiet in class. 彼は授業中はいつも静かです / She usually doesn't wear makeup. 彼女はふだん化粧をしない.

u・su・rer [júːʒərər] 名 C《格式》高利貸し.
u・su・ri・ous [juːʒúəriəs] 形《格式》高利貸しの; 高利の; 暴利の.
u・surp [jusə́ːrp, -zə́ːrp] 動 他《格式》〈権力・地位など〉を (不法に) 奪う, 強奪する.
u・surp・er [jusə́ːrpər, -zə́ːpə] 名 C《格式》強奪者, 侵害者.
u・su・ry [júːʒəri] 名 U《格式》高利貸し; 高利.
UT《郵略語》= Utah.
Ut.《略語》= Utah.
U・tah [júːtɔː, júːtɑː] 名 固 ユタ《米国西部の州;《郵略語》UT; → AMERICA 表》.
＊**u・ten・sil** [juːténsəl] 名 C《調理》用具, 器具; 家庭用品 (→ TOOL [関連語]): kitchen utensils 台所用品 / cooking utensils 調理器具 / writing utensils 筆記用具.
u・ter・ine [júːtəràin] 形《解剖》子宮の.
u・ter・us [júːtərəs] 名 (複 u・ter・i [júːtəràɪ], u・ter・us・es [～iz])《解剖》子宮 (womb).
u・til・i・tar・i・an [juːtìlətéəriən] 形 **1**《格式》実用的, 実用的の. **2** 功利主義 (者) の.
— 名 C 功利主義者.
u・til・i・tar・i・an・ism [juːtìlətéəriənìzəm] 名 U《哲》功利主義, 功利説.
＊**u・til・i・ty** [juːtíləti] 名 (複 u・til・i・ties [～z])

utilizable

1 ⓤ《格式》有用(性), 実用(性), 役立つこと: be of considerable *utility* 結構役に立つ / be of no *utility* まったく役に立たない / the *utility* of those teaching materials その教材の有用性. **2** ⓒ[通例,複数形で]《主に米》諸設備《電気・水道・ガスなど》; 公共[公益]事業(体) (public utility); 公共料金.
3 [形容詞的に]実用本位の; 多用途[万能]の: a *utility* knife 万能ナイフ.
◆ utility pòle ⓒ《米》電柱.
utílity ròom ⓒユーティリティールーム, 家事室《洗濯機・冷蔵庫などが置いてある部屋》.

u·ti·liz·a·ble [júːtəlàizəbl]形《格式》利用できる.
u·ti·li·za·tion [jùːtəlizéiʃən / -laiz-]名ⓤ《格式》利用[活用]すること.
*__u·ti·lize,__ 《英》__u·ti·lise__ [júːtəlàiz]他《格式》…を利用[活用]する, 役立たせる: *utilize* the sun as a source of energy 太陽をエネルギー源として利用する.

*__ut·most__ [Átmòust]形[限定用法]《数・量・程度などが》最大(限)の, 最高の, 極度[極限]の: a matter of the *utmost* importance 最も重要な事柄.
 — 名 [the ~ / one's ~]最大限, 極限, 極度.
 ■ *dó* [*trý*] *one's útmost* […しようと]最善をつくす [*to do*]: Andy *did* [*tried*] *his utmost to* satisfy the audience. アンディーは観客を満足させようと全力をつくした.
to the útmost できる限り, 極度に, 極限まで.

*__U·to·pi·a__ [juːtóupiə]名 **1** ⓒ[しばしば u-]理想郷, 理想的社会. **2** 名ユートピア《トマス=モア作『ユートピア』(*Utopia*)の中に描かれた理想郷》.
U·to·pi·an [juːtóupiən]形[しばしば u-]ユートピアの, 理想郷の; 空想的[非現実的]な.
 — 名ⓒ[しばしば u-]理想主義者, 空想的改革者.

‡**ut·ter**¹ [Átər]動他《格式》 **1**〈声・言葉など〉を発する, 口に出す: *utter* a cry of joy [pain] 喜び[苦痛]の叫び声を上げる. **2**〈考え・気持ちなど〉を言葉にする, 表現する: *utter* one's thoughts [mind] 考え[心情]を口に出す.　　　(▷名 útterance)
‡**ut·ter**² 形[限定用法]まったくの, 完全な《◇通例, 否定的意味を強調する》: *utter* darkness 真っ暗やみ / in *utter* confusion まったく混乱して.
*__ut·ter·ance__ [Átərəns]名 **1** ⓤ言葉を発すること, 発声, 発話. **2** ⓤ[または an ~]話し方, 話しぶり. **3** ⓒ言葉, 発言.
 ■ *gìve útterance to* ... …を言葉に表す.
　　　(▷動 útter¹)
*__ut·ter·ly__ [Átərli]副 まったく, すっかり, 完全に《◇通例, 否定的意味を強調する》: It is *utterly* impossible. それはまったく不可能です.
ut·ter·most [Átərmòust]形 名《文語》= UTMOST (↑).
U-turn [júːtəːrn]名 ⓒ **1**《自動車などの》Uターン: No *U-turn*《掲示》Uターン禁止. **2**《口語》《政策などの》180度の方向転換.
UV《略語》= ultraviolet 紫外線の.
u·vu·la [júːvjulə]名《複 u·vu·las [~z], u·vu·lae [-liː]》ⓒ《解剖》口蓋(こうがい)垂, のどびこ.
u·vu·lar [júːvjulər]形《解剖》口蓋垂の;《音声》口蓋垂音の.
 — 名ⓒ《音声》口蓋垂音.
Uz·bek·i·stan [uzbèkistǽn / ùzbekistáːn]名ウズベキスタン《中央アジアの共和国; 首都タシケント (Tashkent)》.

《米》のUターン禁止標識

V v

v, V [víː] 名 (複 v's, vs, V's, Vs [~z]) **1** ⓒⓤ ヴィー, ブイ《英語アルファベットの22番目の文字》. **2** ⓒ [大文字で] V字形のもの. **3** ⓤ《ローマ数字の》 5. **4** ⓒ《米口語》5ドル紙幣.
◆ V́ sign ⓒ Vサイン《人さし指と中指でV字形を作り「勝利 (victory)」を表す. 《英》では手の甲を外に向けると侮蔑や怒りを表す》.

v (略語) = velocity 速度; volt(s) [電気] ボルト.
V (略語) = velocity 速度; victory 勝利; volt(s) [電気] ボルト.
v. (略語) = verb [文法] 動詞; version …版; versus …対～.
VA (郵略号) = Virginia.
Va. (略語) = Virginia.

vac [vǽk] 名 ⓒ **1** (通例, 単数形で)《英口語》(大学の)休暇 (◇ vacation の略). **2**《口語》電気掃除機 (◇ vacuum cleaner の略).

*__va·can·cy__ [véikənsi] 名 (複 __va·can·cies__ [~z])
1 ⓒ (ホテルなどの)空室, (乗り物などの)空席; 空き家, 空き地: No Vacancy《掲示》満室. **2** ⓒ (役職などの)空席, 空位, 欠員 (for): We have a vacancy for a clerk. 事務の欠員1名あり. **3** ⓤ ぼんやりしていること, 放心(状態). (▷ 形 vácant)

*__va·cant__ [véikənt] 形 **1**〈家・席・トイレなどが〉あいている, 使用されていない (↔《米》occupied,《英》engaged) (→ EMPTY [類義語]): Vacant《掲示》(トイレなどが)空き / a vacant house [lot] 空き家 [地] / Is the bathroom vacant yet? トイレはもうあきましたか. **2**《格式》(役職などが)空席の, 欠員のある: a vacant position 欠員のあるポスト. **3** 暇な, (時間などが)あいている. **4**〈心・頭・表情などが〉ぼんやりした, うつろな; 間の抜けた.
(▷ 名 vácancy; 動 vácate)

va·cant·ly [~li] 副 ぼんやりと, うつろに.

va·cate [véikeit / vəkéit] 動 他 **1**〈家・場所など〉をあける, 立ち退く (↔ occupy). **2**〈役職など〉を退く, 辞任する (resign). (▷ 形 vácant)

*__va·ca·tion__ [veikéiʃən, və- / və-]
名 動 原義は「からの状態」
—名 (複 __va·ca·tions__ [~z]) ⓤⓒ **1**《米》休暇, 休日, 休み (《英》holiday)《◇ 日数に関係なく1回の休暇をさす》: a two-week vacation 2週間の休暇 / take a vacation 休暇を取る / She made a vacation trip to Hawaii. 彼女は休暇を取ってハワイ旅行に行った.
2 (学校の)休暇 (《◇ 英》では大学のみ); (法廷の)休廷期間: the summer vacation 夏休み / Christmas vacation クリスマス休暇 / the Easter vacation 復活祭休暇《◇ 学校の春休み》.
3《格式》立ち退き, 明け渡し; 辞職.

■ **on vacátion**《米》休暇を取って, 休んで (《英》on holiday): She is on vacation this week. 彼女は今週休暇中です.
—動 自《米》休暇を取る, 休暇を過ごす (《英》holiday).

va·ca·tion·er [veikéiʃənər, və- / və-] 名 ⓒ《米》観光 [行楽] 客 (《英》holidaymaker).

*__vac·ci·nate__ [vǽksinèit] 動 他 (通例, 受け身で)〈人・動物〉に [〈…の〉予防注射 [接種] をする, ワクチンを注射する [against]: She was vaccinated against influenza. 彼女はインフルエンザの予防接種を受けた.

*__vac·ci·na·tion__ [væksinéiʃən] 名 (複 __vac·ci·na·tions__ [~z]) ⓤⓒ [医] (病気に対する) 予防接種, ワクチン注射 [against]; 種痘: have a vaccination against typhus 発疹チフスの予防注射を受ける.

*__vac·cine__ [væksíːn / vǽksiːn] 名 ⓤⓒ **1** [医] (一般に)ワクチン; (予防接種用の)痘苗. **2** [コンピュータ](ウイルス感染を予防する)ワクチン.

vac·il·late [vǽsilèit] 動 (人が)[〈…の〉間で]ためらう, 心 [考え] が動揺する [between]: His mood vacillated between hope and despair. 彼の心は希望と絶望の間を揺れ動いた.

vac·il·la·tion [væsiléiʃən] 名 ⓤⓒ 迷い, 動揺, 優柔不断.

va·cu·i·ty [vækjúːəti] 名 ⓤ《格式》から, 真空; 心の空虚, 放心.

vac·u·ous [vǽkjuəs] 形《格式》 **1** 〈人・意見が〉知性のない, 愚かな; 〈表情などが〉うつろな, ぼんやりした. **2** 〈生活などが〉目的のない.

*__vac·u·um__ [vǽkjuəm] 名 (複 __vac·u·ums__ [~z], **vac·u·a** [-kjuə]) ⓒ **1** 真空(状態): Sound does not travel through a vacuum. 音は真空を伝わらない. **2** (通例 a ~) (心の)空虚, 虚無; 孤立状態: in a vacuum (外界から)孤立して.
3 (複 __vac·u·ums__) = vácuum clèaner 電気掃除機.
—動 他 自 (…に)電気掃除機をかける (out).
◆ vácuum bòttle [《英》flàsk] ⓒ 魔法びん.
vácuum pùmp (水を吸い上げる)真空ポンプ.
vácuum tùbe [《英》vàlve] ⓒ 真空管.

vác·u·um-pácked 形 (食品が)真空パックの.

vag·a·bond [vǽgəbànd / -bɔ̀nd] 名 ⓒ《主に文語》放浪者, 浮浪者.

va·ga·ry [véigəri] 名 (複 __va·ga·ries__ [~z]) ⓒ (通例, 複数形で)《格式》とっぴな行動, 気まぐれ.

va·gi·na [vədʒáinə] 名 (複 __va·gi·nas__ [~z], **va·gi·nae** [-niː]) ⓒ [解剖] 膣(ちつ); 女性器.

va·gran·cy [véigrənsi] 名 ⓤ 放浪 (生活), 浮浪 (状態); [法] 浮浪罪.

va·grant [véigrənt] 名 ⓒ **1**《格式》放浪 [浮浪] 者. **2** [法] (生活手段を持たない)住所不定者.

‡**vague** [véig] (☆ 発音に注意) [形] **1** (言葉・考え・記憶などが) **はっきりしない,** あいまいな; (表情などが) ぼんやりした, うつろな: a *vague* impression 漠然とした印象 / *vague* memories あいまいな記憶.
2 (人が) 〔…について〕 **明言しない,** ぼかしている 〔*about*〕: She was *vague about* her opinion. 彼女は自分の意見を明言しなかった. **3** (形・色・輪郭などが) ぼんやりした, はっきりしない: I made out a *vague* figure in the dark. 暗やみの中にぼんやりと人影が見えた.
vague·ness [~nəs] [名] [U] あいまいさ, 漠然.

vague·ly [véigli] [副] ぼんやりと, あいまいに, 漠然と.

‡**vain** [véin] (☆ [同音] vane, vein) [形] **1** (結果的に) **むだ** [**無益**] **な,** 効果のない: make *vain* efforts むだ骨を折る. **2** **虚栄心** [**うぬぼれ**] **の強い;** 〔…を〕 鼻にかける 〔*of, about*〕: (as) *vain* as a peacock とてもうぬぼれの強い / She is *vain about* her looks. 彼女は自分の容貌(ぼう)を鼻にかけている.
3 [限定用法] 《文語》 **空虚な,** むなしい: *vain* hopes はかない望み.
■ ***in váin*** **1** [文修飾] (結果的に) **むだに,** むなしく (vainly): I tried *in vain* to fix the flat tire. = I tried to fix the flat tire(, but) *in vain*. 私はパンクしたタイヤを直そうとしたがだめだった. **2** むだな, むなしい: All our efforts were *in vain*. 私たちの努力はすべて水の泡となった. **3** 軽々しく, みだりに: Don't take God's name *in vain*. 神の名をみだりに唱えてはならない. (▷ [名] vánity)

vain·glo·ri·ous [vèinglɔ́:riəs] [形] 《文語》 うぬぼれの強い, 高慢な.

***vain·ly** [véinli] [副] **1** [文修飾] **むだ** [**無益**] **に,** むなしく (in vain): I *vainly* tried to sleep. 眠ろうとしたが眠れなかった. **2** うぬぼれて, 得意になって.

val·ance [vǽləns] [名] [C] **1** 垂れ布 《ベッド周りなどの装飾用の短い布》. **2** 《米》 (カーテンの) 金具隠し (《英》 pelmet).

vale [véil] [名] [C] 《主に文語》 谷, 谷間 (valley).

val·e·dic·tion [væ̀lidíkʃən] [名] 《格式》 **1** [U] 告別, 別れ. **2** [C] 告別の辞, 別れの言葉.

val·e·dic·to·ri·an [væ̀lidiktɔ́:riən] [名] [C] 《米》 (卒業式で告別の辞を述べる) 卒業生総代.

val·e·dic·to·ry [væ̀lidíktəri] [形] 《格式》 告別の, 別れの. — [名] (複 **val·e·dic·to·ries** [~z]) [C] 《米》 (卒業生総代の) 告別の辞.

va·lence [véiləns] [名] [C] 《主に米》 【化】 原子価.

va·len·cy [véilənsi] [名] (複 **va·len·cies** [~z]) [C] 《主に英》 【化】 原子価 (《主に米》 valence).

val·en·tine [vǽləntàin] [名] [C] **1** バレンタインカード [プレゼント] 《バレンタインデー (Saint Valentine's Day) に通例, 匿名で恋人に送る》. **2** バレンタインカード [プレゼント] を受ける人 [恋人] (◇男女を問わない): Will you be my *valentine*? 私のバレンタインデーの恋人になってくれませんか 《バレンタインカードの一般的な文句》.
◆ **Válentine's Dày** = Saint Valentine's Day (→ SAINT 複合語).

val·et [vǽlei / vǽlit] [名] [C] **1** (身の回りの世話をする男性の) 従者. **2** 《英》 (ホテルなどの) ボーイ.

***val·iant** [vǽliənt] [形] (人・行為が) **勇敢な** (brave); 英雄的な: *valiant* deeds 英雄的な行為.
val·iant·ly [~li] [副] 勇敢に; 英雄的に.

***val·id** [vǽlid] [形] **1** (議論・理由などが) **妥当な,** 十分な根拠のある: a *valid* argument 妥当な議論.
2 (契約・書類・切符などが) **有効な,** 効力のある; 合法的な: a *valid* contract 法的に有効な契約 / This ticket is *valid* for two days. この切符は2日間有効です. **3** (方法などが) 役に立つ, 効果的な.
val·id·ly [~li] [副] 妥当なやり方で; 合法的に.

val·i·date [vǽlidèit] [動] [他] 《格式》 **1** 〈契約・条約など〉を (法的に) 有効にする; 合法化する. **2** 〈主張・議論など〉を正当と認める.

val·i·da·tion [væ̀lidéiʃən] [名] [U] [C] 《格式》 有効にすること; 批准(ひじゅん); 合法化.

va·lid·i·ty [vəlídəti] [名] [U] **1** (議論・理論などの) 妥当性, 正当性. **2** 有効性; 【法】 合法性, 効力.

va·lise [vəlí:s / -lí:z] [名] [C] 《古風》 スーツケース.

‡val·ley [vǽli]

— [名] (複 **val·leys** [~z]) [C] **1** **谷,** 谷間, 渓谷; 谷のようなもの: a *valley* between steep cliffs 険しいがけに囲まれた渓谷 / go up [down] the *valley* 谷を上る [下る]. ([関連語] canyon 深い峡谷 / gorge 切り立った狭い谷 / gully 小峡谷)
2 [通例 the ~] (大河の) 流域; 平野: the Nile *valley* ナイル川流域.

val·or, 《英》 **val·our** [vǽlər] [名] [U] 《文語》 (特に戦闘上の) 勇敢さ, 武勇.

‡val·u·a·ble [vǽljuəbl] [形] [名]

— [形] **1** **価値のある,** 貴重な; 〔…に〕 役立つ 〔*for, to*〕 (→ [類義語]): a *valuable* discovery [experience] 貴重な発見 [体験] / This book is *valuable for* [*to*] medical students. この本は医学生の役に立つ / This medicine is *valuable for* curing pneumonia. この薬は肺炎の治療に有効です.
2 **高価な,** 金銭的価値の高い (↔ valueless).
— [名] [C] [通例 ~s] (宝石などの) **貴重品:** Beth keeps her *valuables* in a safe. ベスは貴重品を金庫に入れている. (▷ [名] válue)

> **[類義語] valuable, precious, priceless, invaluable**
> 共通する意味▶価値のある, 貴重な (having great value)
> **valuable** は有用性・便利さ・効果などの点で「価値がある, 貴重な」の意: Thank you for your *valuable* advice. 貴重なご助言をありがとうございました. **precious** は特にある人にとって「金銭で計れないほど価値のある」の意: This watch is cheap, but it is *precious* to me. この時計は安物ですが私にとっては貴重です. **priceless** は「値段を付けられないほど貴重な」の意で, valuable よりも意味が強い: He owns many *priceless* antiques. 彼は貴重な骨とう品を多数所有している. **invaluable** は「計り知れない価値がある」の意: an *invaluable* piece of advice 極めて貴重な助言.

val·u·a·tion [væ̀ljuéiʃən] [名] **1** [U] [C] (財産・能

V

力などの)評価, 査定; 価値判断. **2** C[(…の)評価 [査定]額, 見積もり価格 *of, on*].

val・ue [vǽljuː] 名 動
— 名 (複 **val・ues** [~z]) **1** UC (貨幣・金銭的な) **価値**, 価格, 値段: market *value* 市場価格 [価値] / go up [rise, increase] in *value* 価格が上がる / go down [fall, drop] in *value* 価格が下がる / The dollar has a present *value* of 130 yen. 現在のドルの価値は130円です / We have arranged the articles in order of *value*. 私たちは物件を価格順に並べた.
2 U (物事の相対的な) **価値**, 値打ち; 重要性: the *value* of exercise 運動の重要性 / This article has academic *value*. この論文は学術的価値がある / Our society places a high *value* on education. 私たちの社会は教育を重視している.
3 U [出資・努力などに対する] 代償, 対価 [*for*]: You will get good *value for* your money. 決して損はさせません / I paid him the *value* of the wrecked car. 私は彼に壊した車の弁償をした.
4 [~s] 価値観: family *values* 家庭の価値観 / traditional *values* 伝統的価値観.
5 U (言葉などの) 意味, 意義.
6 C [数学] 数値; [音楽] (音符の) 長さ; [絵] 明暗度.
■ *of válue* 価値がある, 貴重な: We found his advice *of* great *value*. 私たちは彼の忠告がとても貴重であることがわかった.
— 動 (通例, 進行形不可) **1** (もの・労力などを) (金銭的に) (…と) 評価する, 見積もる [*at*]: The bookseller *valued* the old book *at* 500 pounds. 本屋はその古書に500ポンドの値を付けた.
2 (人・ものを) […として / …で] 尊重する, 高く評価する [*as / for*] (→ APPRECIATE [類義語]): I *value* Jim *for* his accuracy. 私はジムの正確さを買っている.
(▷ 形 **váluable**).
◆ **válue jùdgment** C (主観的な) 価値判断.
val・ue-ád・ded tàx 名 U 付加価値税 《日本の消費税に相当する》, (略語) VAT.
val・ued [vǽljuːd] 形 貴重 [大切] な; (金銭的に) 高く評価 [査定] された.
val・ue・less [vǽljuːləs] 形 価値のない, 役に立たない, 取るに足らない (↔ valuable).
val・u・er [vǽljuər] 名 C 評価する人; (不動産などの) 鑑定人.
valve [vǽlv] 名 C **1** (機械・管楽器の) **バルブ**, 弁: a safety *valve* 安全弁.
2 [解剖] (心臓・血管などの) 弁 (膜).
3 [生物] (二枚貝などの) 貝殻 (の1片).
4 (英) 真空管 (米) vacuum tube.
vamp [vǽmp] 名 C (靴の) つま革 (→ SHOE 図).
— 動 (口語) [音楽] …に即興で伴奏をつける.
■ *vámp úp* 動 (口語) (うそ・口実などを) でっち上げる; (手を加えて) (物語・曲などを) 新しく見せる.
vam・pire [vǽmpaiər] 名 C **1** 吸血鬼 《夜に死体からよみがえり, 人の生血を吸う悪霊》. **2** 他人を食いものにする悪者; 妖婦 (ふ). **3** [動物] = **vám・pire bàt** 吸血コウモリ.
‡**van**[1] [vǽn] (caravan から) 名 C **1** (しばしば複合語

で) **1** (通例, 屋根の付いた) 小型トラック, バン: a police *van* 警官護送車; 囚人護送車 / a delivery *van* ライトバン. (比較) 日本語の「ライトバン」は和製英語.
2 (英) 有蓋 (がい) 貨車 (米) boxcar.

van[2] 名 U [the ~] (文語) (軍隊・艦隊などの) 前衛, 先陣; (社会運動などの) 先頭; [集合的に] 先駆者 (◇ **vanguard** の略): in the *van* of … …の先頭に立って.

VAN [vǽn] (略語) = *v*alue-*a*dded *n*etwork 付加価値通信網.

va・na・di・um [vənéidiəm] 名 U [化] バナジウム 《金属元素; 元素記号》 V).

Van・cou・ver [vænkúːvər] 名 固 バンクーバー 《カナダの British Columbia 州にある港湾都市》.

van・dal [vǽndəl] 名 C (意図的な) 公共物の破壊者, 文化 [芸術] 破壊者.

van・dal・ism [vǽndəlizəm] 名 U (意図的な) 公共物 [芸術品] の破壊; (非文化的) 蛮行.

van・dal・ize, (英) **van・dal・ise** [vǽndəlaiz] 動 他 (公共物・芸術品などを) (意図的に) 破壊する.

Van・dyke [vændáik] 名 **1** 固 バンダイク Sir Anthony Vandyke (1599–1641; オランダの肖像画家). **2** C [しばしば v-] = **Vandýke béard** バンダイクひげ 《先がとがった短いあごひげ》.

vane [véin] 名 **1** [同義語] vain, vein) C **1** 風向計, 風見 (weather vane). **2** (タービン・扇風機などの) 翼板, 羽根.

van Gogh [væn góu / - góf] 名 → **GOGH**.

van・guard [vǽngɑːrd] 名 **1** [the ~; 集合的に] [軍] 先兵, 前衛兵. **2** [the ~] (軍隊・艦隊などの) 先頭, 先陣 (van) (↔ **rear guard**). **3** [the ~] (運動などの) 指導的地位 [役割]; [集合的に] 先駆者: in the *vanguard* of … …の先頭に立って.

va・nil・la [vənílə] 名 **1** C [植] バニラ 《熱帯アメリカ原産のつる性植物》. **2** U バニラエッセンス 《バニラの実からとる香料. アイスクリームなどに入れる》.

‡**van・ish** [vǽniʃ]
— 動 (三単現 **van・ish・es** [~iz]; 過去・過分 **van・ished** [~t]; 現分 **van・ish・ing** [~iŋ])
— 自 **1** […から] (突然) **消える**, 姿を消す; 見えなくなる (*away*) [*from*] (→ DISAPPEAR [類義語]): The car *vanished from* sight. その車は視界から消えた / The fox *vanished away* into the forest. キツネは森の中へ消えた.
2 (存在していたものが) […から] なくなる, 消滅する, 絶滅する (*away*) [*from*]: This animal has *vanished from* the face of the earth. この動物は地上から絶滅してしまった.
◆ **vánishing póint** C [通例 the ~] [美] (透視画法の) 消点; (体力・我慢などの) 限界.

*****van・i・ty** [vǽnəti] 名 (複 **van・i・ties** [~z]) **1** U うぬぼれ, 虚栄心 (↔ **modesty**): flatter [tickle] …'s *vanity* (人) の虚栄心をくすぐる. **2** U (文語) むなしさ, 空虚さ; 無意味, 無価値; [複数形で] むなしい [無価値な] もの [行為]. **3** C (米) = **vánity càse** [bàg] (女性用) 携帯用化粧品入れ.
(▷ 形 **váin**).

van・quish [vǽŋkwiʃ] 動 他 (文語) (戦争で) …

van・tage [væntidʒ/vάːn-]名 **1** U(競争などでの)有利(な立場), 優越, 優勢. **2** U《英》『テニス』アドバンテージ (advantage).
◆ **vántage pòint** C **1** (攻撃などに)有利な位置[条件], 見通しのよい地点. **2** (有利な)立場.

vap・id [vǽpid]形《格式》**1** (飲み物が)気の抜けた. **2** (話などが)退屈な, つまらない.

*va・por, 《英》va・pour [véipər]名 U **1** (目に見える)大気中の)蒸気, 湯気; もや (cf. steam 水蒸気); U〖物理〗蒸気, 気体: water *vapor* 水蒸気 / emit *vapor* 蒸気を発する / turn into *vapor* 蒸気になる.
◆ **vápor tràil** C 飛行機雲 (《米》contrail).

va・por・ize,《英》va・por・ise [véipəràiz]動他〈液体〉を蒸発[気化]させる.
—自 蒸発[気化]する.

va・por・ous [véipərəs]形 蒸気のような; もや[霧]がかかった; 蒸気の多い.

va・pour [véipər]動《英》= VAPOR(↑).

var・i・a・bil・i・ty [vèəriəbíləti]名 U (状態などが)変わりやすいこと, 流動性, 可変性.

‡**var・i・a・ble** [véəriəbl] (☆発音に注意)形 **1** (状態などが)**変わりやすい**, 変化しやすい; (気持ち・考えなどが)気まぐれな: *variable* weather 変わりやすい天候 / *variable* temper 気まぐれな性格.
2 (日時などが)変更可能な; (高さなどが)調節できる: a *variable* date 変更可能な日時.
—名 C **1** 変わりやすい[変化する]もの; 可変[変動]要素. **2**〖数学〗変数. (▷動 váry)

var・i・a・bly [véəriəbli]副 変わりやすく, 不定に.

var・i・ance [véəriəns]名《格式》**1** U 可変性; 変動. **2** UC (意見などの)相違, 不一致; 不和.
■ *be at váriance* **1** (意見などが)[…と]異なっている [*with*]. **2** (人が)[…と]仲が悪い [*with*].

var・i・ant [véəriənt]形 **1** (同種や標準と)異なった, 違った: "Vapour" is a *variant* spelling of "vapor". vapour は vapor の異つづりである.
2 変わりやすい, 一定しない; さまざまの.
—名 C **1** 変体, 変形. **2**〖言〗異形(◇同一語の発音・つづりの変体. favor と favour など).

‡**var・i・a・tion** [vèəriéiʃən]名 **1** UC (温度・色などの)変化, 変動: *variation*(s) of weather 天候の変化. **2** UC 違い, 差異; 変化の程度, 変化量: There was a big *variation* in stock prices this week. 今週は株価が乱高下した. **3** C 変形(物), 変種;〖生物〗変異体. **4** C〖音楽〗変奏曲. (▷動 váry)

var・i・cose [vǽrəkòus]形〖医〗静脈が異常にふくれた.
◆ **váricose véins** [複数扱い]〖医〗静脈瘤(ﾘｭｳ).

*var・ied [véərid]形 **1** さまざまな, 種々の (various): *varied* cultures さまざまな文化. **2** 変化に富んだ, 多様な: She led a *varied* life. 彼女は変化に富んだ人生を送った.

var・i・e・gat・ed [véəriəgèitid]形 **1** (花・葉などが)斑(ﾌ)入り [まだら] の. **2**《格式》変化に富んだ, 多様な.

var・i・e・ga・tion [vèəriəgéiʃən]名 U(特に植物の)まだら, 色とりどり.

va・ri・e・ty [vəráiəti] (☆発音に注意)
—名(複 **va・ri・e・ties** [~z]) **1** U **変化**(に富むこと), 多様(性) (diversity): *variety* in tastes 味の多様性 / She complains of lack of *variety* in her daily work. 彼女は毎日の仕事に変化がないと不平をもらしている.
2 [a ~]いろいろ[な…] [*of*](◇ of のあとは複数名詞): a large *variety* of postage stamps 多種多様な郵便切手 / He has a *variety* of topics. 彼は話題が豊富です.
3 C[同類のものの]種類(kind) [*of*](◇ of のあとは通例, 無冠詞の単数名詞);〖生物〗変種, 亜種: tulips *of* every *variety* あらゆる種類のチューリップ / a new *variety of* orange 新種のオレンジ.
4 C《英》= variety show バラエティーショー (《米》vaudeville).
◆ **variéty stòre** C《米》雑貨店 (dime store).

*var・i・ous [véəriəs] 【原義は「まだらな」】
—形 **1**[複数名詞を伴って]**いろいろな**, さまざまな; 異なった, 別種の (→類義語): *various* occupations さまざまな職業 / *various* foreign languages さまざまな外国語 / We met a lot of people from *various* countries. 私たちはさまざまな国の人に多数出会った.
2[比較なし; 限定用法で]**いくつかの** (several); 多くの (many): for *various* reasons いくつかの理由で / *Various* people disagreed to his proposal. 多くの人が彼の提案に異議を唱えた.
(▷動 váry)

【類義語】 **various, different**
共通する意味▶いろいろな (not alike in kind or character)
various は同類のもののなかで種類・型などが異なっている多様性を強調する: *Various* types of cars are on display there. そこにはさまざまなタイプの車が展示されている. **different** は「異なっている」の意を表し, ほかとの相異性を強調する: He tried to solve the problem in *different* ways. 彼はその問題をいろいろな方法で解こうとした.

var・i・ous・ly [véəriəsli]副 いろいろに, さまざまに.

*var・nish [váːrniʃ]名 **1** UC ニス, ワニス, うわ薬: oil *varnish* 油性ニス. **2** [the ~] ニスを塗った表面, ニスの光沢面.
—動他〈家具など〉にニスを塗る.

var・si・ty [váːrsəti]名(複 **var・si・ties** [~z]) C
1《米》(大学などの, 特にスポーツの)代表チーム.
2[しばしば the V-]《英・古風》大学 (university)《特に Oxford 大学, Cambridge 大学をさす》.

‡**var・y** [véəri]
—動(三単現 **var・ies** [~z]; 過去・過分 **var・ied** [~d]; 現分 **var・y・ing** [~iŋ])
—自 **1**[…において](さまざまに)**異なる**, 違う [*in*]: Our opinions on this matter *vary*. この件に関する私たちの意見はさまざまである / These

products *vary in* size. これらの製品は大きさが異なる / The admission fees *vary* from college to college. 大学によって入学金(の額)は異なる.
2 〔…によって〕(部分的に)**変化する, 変わる**〔*with*〕(→ CHANGE [類義語]): Her moods *vary* from day to day. 彼女は気分が日ごとに変化する / Prices for farm products *vary with* the seasons. 農産物の価格は季節によって変動する.
— [他] **1** …を(部分的に)**変更する, 変える** (alter): The actor *varied* the way he spoke according to the situation. その俳優は場面に応じて話し方を変えた. **2** …に変化をつける, …を多様にする: *vary* one's diet 食事に変化をつける.
(▷ [形] várious, váriable; [名] vàriátion)

Vas·co da Ga·ma [vǽskou də gǽmə / -gáːmə] [名] → GAMA.

vas·cu·lar [vǽskjulə*r*] [形]【解剖·生物】(血液·リンパ液·樹液などを運ぶ) 脈管[導管]の, 血管の.

✱vase [véis, véiz / váːz] [名] [C] **花びん**; (装飾用の) つぼ, びん: a *vase* filled with flowers 花でいっぱいの花びん.

Vas·e·line [vǽsəlìːn] [名] [U]《商標》ワセリン《軟こう·潤滑剤》.

vas·sal [vǽsəl] [名] [C] **1**【欧史】(封建時代の) 家臣《領地を与えられて君主に忠誠を誓う》.
2《格式》(一般に) 家来, 召使い; 奴隷.

✱✱✱vast [vǽst / váːst]
【原義は「人の住んでいない」】

— [形] (比較 **vast·er** [~ə*r*]; 最上 **vast·est** [~ist])
1 [限定用法] **広大な**, 巨大な (→ HUGE [類義語]): a *vast* stretch of ocean 果てしなく広がる海 / The Sahara is a *vast* desert in Africa. サハラ砂漠はアフリカにある広大な砂漠である.
2 (数量·程度などが) **ばく大な**; 大変な, すごい: a *vast* amount of money 巨額の金 / the *vast* majority of students 生徒の大多数.

vast·ly [vǽstli / váːst-] [副] **1** 広大に, 広々と. **2** 大いに, 非常に. **3** [比較を表す形容詞を強めて] ずっと, はるかに: This car is *vastly* superior to that one. この車はあれよりずっと高級です.

vast·ness [vǽstnəs / váːst-] [名] [U] 広大 (なこと); ばく大 (なこと), 膨大.

vat [vǽt] [名] [C] (醸造·染色用などの) 大おけ, 大だる.

VAT [víːèitíː, vǽt]《略語》= *v*alue-*a*dded *t*ax 付加価値税.

Vat·i·can [vǽtikən] [名] [固] [the ~] **1** バチカン宮殿. **2** [単数·複数扱い] ローマ教皇庁.

Vátican Cíty [名] [固] [the ~] バチカン市国《ローマ市内にある世界最小の国. ローマ教皇庁がある》.

vau·de·ville [vɔ́ːdəvil, vóud-] [名] [U]《米》ボードビル(《英》variety (show))《20世紀前半に流行した歌·踊り·曲芸·寸劇などのバラエティーショー》.
◆ **váudeville thèater** [C]《米》演芸場 (《英》music hall).

vau·de·vil·lian [vɔ̀ːdəvíljən, vòud-] [名] [C] ボードビリアン《ボードビルの出演者》.

***vault**[1] [vɔ́ːlt] [名] **1** [C]【建】**アーチ形天井** [屋根]. **2** [C] (特に地下の) アーチ形天井の部屋; (銀行の) 地下金庫室; (食料品·ワインなどの) 地下貯蔵室.
3 [C] (教会·墓地の) 地下納骨所 [埋葬室].
4 [the ~]《詩語》大空.

vault[2] [動] [自] (手·棒などを支えに) 跳ぶ; 〔…を〕跳び越す〔*over*〕; 〔乗り物などに〕跳び乗る〔*into, onto*〕.
— [他] …を跳び越える [越す].
— [名] [C] 跳ぶこと, 跳躍: the pole *vault* 棒高跳び.

vault·ed [vɔ́ːltid] [形]【建】アーチ形の, 丸天井の.

vault·ing[1] [vɔ́ːltiŋ] [名] [U] [集合的に]【建】アーチ形天井 [屋根], 丸天井.

vault·ing[2] [形] **1** 跳躍 (用) の. **2**《文語》(野心などが) だいそれた.
◆ **váulting hòrse** [C]【体操】跳馬 (◇用具).

vaunt·ed [vɔ́ːntid] [形] 激賞された; ご自慢の.

vb.《略語》= *v*er*b* 動詞; *v*er*b*al 口頭の.

V-chìp [名] [C] Vチップ《暴力的·性的なテレビ映像を子供に見せないようにする装置; → TELEVISION【背景】》.

VCR《略語》《主に米》= *v*ideo*c*assette *r*ecorder ビデオデッキ, ビデオカセットレコーダー.

VD《略語》= *v*enereal *d*isease 性病.

VDT《略語》= *v*ideo *d*isplay *t*erminal 画像表示端末, モニター.

-'ve [v]《短縮》《口語》have の短縮形: I'*ve* just finished my task. ちょうど仕事が終わりました.

veal [víːl] [名] [U] 子牛 (calf) の肉 (→ MEAT 表).

vec·tor [véktə*r*] [名] [C] **1**【数学】ベクトル, 方向量. **2**【生物】病原菌媒介生物《ハエ·蚊など》.
3【航空】(航空機·ミサイルなどの) 針路, 方向.

veep [víːp] [名] [C]《米口語》副大統領, 副社長 (vice-president); [V-] 米国副大統領.

veer [víə*r*] [動] [自] **1** (車などが) 急に方向を変える, 曲がる (*away, off*): The car *veered off* to the right. 車は右折した. **2** (話·意見などが)〔…に〕急に変わる (*around, round*)〔*to*〕; (人が) 方針 [意見] を変える, 転向する: The topic *veered* (*a*)*round to* tennis. 話題は急にテニスのことに移った. **3** (風が) 右回りにゆっくりと向きを変える.

veg [védʒ] (☆ 発音に注意) [名] (複 **veg**) [U] [C]《英口語》野菜 (◇ *veg*etable の略).

Ve·ga [víːgə] [名] [固]【天文】ベガ, 織女星《琴座の一等星》.

ve·gan [víːgən] [名] [C] 完全菜食主義者《牛乳·バター·卵などもとらない; cf. vegetarian 菜食主義者》.

✱✱✱veg·e·ta·ble [védʒətəbl] [名] [形]

— [名] (複 **veg·e·ta·bles** [~z]) **1** [C] [通例 ~s] **野菜**: green *vegetables* 青物野菜 (cf. roots 根菜) / a salad of raw *vegetables* 生野菜のサラダ / grow *vegetables* 野菜を栽培する / He lives on *vegetables*. 彼は菜食主義者です.
2 [C] [U] (動物·鉱物に対して) 植物 (plant).
3 [C]《口語》植物人間《脳の機能が失われ, 医療介護によってしか生きられない状態の患者》.
— [形] [限定用法] **野菜の**; 植物の; 単調な: a *vegetable* garden 菜園 / *vegetable* oil 植物油.
◆ **végetable kìngdom** [the ~] 植物界.
végetable márrow [C]【植】セイヨウカボチャ.

veg·e·tar·i·an [vèdʒətéəriən] [名] [C] 菜食主義者《肉食をしないが, 通例, 牛乳·バター·卵などはとる》.
— [形] 菜食主義 (者) の; (食事·料理などが) 野菜だけの: be on a *vegetarian* diet 菜食している.

veg·e·tar·i·an·ism [vèdʒətéəriənìzəm] 名 U 菜食主義.

veg·e·tate [védʒətèit] 動 (自) (植物のように) 単調な [無気力な] 生活を送る.

*__veg·e·ta·tion__ [vèdʒətéiʃən] 名 U《集合的に》植物, 草木; ある地域(特有)の植物全体, 植生.

veg·e·ta·tive [védʒətèitiv, -tə-] 形 植物の, 植物に関する; (人が)植物状態の, 意識のない.

veg·gie [védʒi] 名 C《口語》 **1**《英》= VEGETARIAN (↑). **2**《米》= VEGETABLE (↑).

ve·he·mence [víːəməns] 名 U 《☆ 発音に注意》 **1** 激しさ, 激烈さ. **2** 熱烈, 熱心.

*__ve·he·ment__ [víːəmənt]《☆ 発音に注意》形 **1** (感情・主張などが)激しい; 熱心な: a *vehement* protest 激しい抗議. **2** (風などが)激しい.

ve·he·ment·ly [〜li] 副 激しく, 熱心に.

***ve·hi·cle** [víːikl]《☆ 発音に注意》【原義は「運ぶこと」】
— 名 (複 〜s) C **1** 乗り物, 車; 輸送機関: a motor *vehicle* 自動車 / public *vehicles* 公共輸送機関 / a space *vehicle* 宇宙船 / drive a *vehicle* 車を運転する / No thoroughfare for *vehicles*.《掲示》全面通行止め.
2《文語》[…の]方法, 媒体, 伝達[表現]手段 [*of, for*]: Language is the *vehicle of* thought. 言葉は思想の伝達手段である / Effort is the only *vehicle for* success. 努力することが成功への唯一の方法です.
(▷ 形 vehícular)

ve·hic·u·lar [viːhíkjələr] 形 《格式》乗り物の; (特に) 自動車の. (▷ 形 véhicle)

*__veil__ [véil] 名 C **1** (顔を覆うための) ベール: a bridal *veil* 花嫁のベール.

veil 1

2 覆い, 幕, とばり: a *veil* of mist 霧のベール.
3 (事実などを) 覆い隠すもの; 見せかけ: under the *veil* of innocence 無邪気を装って / The facts are hidden in a *veil* of mystery. 事実は神秘のベールに隠されている.
■ ***dráw a véil òver ...*** 〈不快なことなどを〉秘密にしておく, 言わずに隠しておく.
— 動 (他) **1** を […で] 覆う, 隠す [*under, in, with*]: Clouds *veiled* the moon. 雲が月を覆った / The affair is *veiled in* mystery. 事件はなぞに包まれている.
2 〈顔などを〉ベールで覆う, …にベールをかける.

veiled [véild] 形 **1** ベールで覆われた. **2** 覆い隠された; (音・声などが) 不明瞭(めい)な.

*__vein__ [véin] 名 (同音 vain, vane) C **1**《解剖》静脈 (↔ artery); (一般に) 血管: the jugular *vein* 頸(けい)静脈 / the main *vein* 大静脈.
2 [単数形で] (一時的な) […に対する] 気分, 気持ち, 調子 [*for*]: I'm not in the *vein for* work

now. 今は仕事をする気になれない. **3** [単数形で] (人の) 気質, 傾向; (作品などの) 特徴; […の] 気味 [*of*]: She has a *vein of* humor. 彼女にはユーモアのセンスがある. **4** 《植》葉脈; 《動物》(昆虫の羽の) 翅脈(しみゃく); 木目(もく); 《地質》鉱脈. (▷ 形 vénous)

veined [véind] 形 静脈の; 葉脈[翅脈(しみゃく)]のある; 筋[しま模様, 木目(もく)]のある.

ve·lar [víːlər] 形 **1** 《解剖》軟口蓋(がい)の.
2 《音声》軟口蓋音の.
— 名 C《音声》軟口蓋(子)音 (◇ [k] [g] など).

Vel·cro [vélkrou] 名 U 《時に v-》《商標》ベルクロ《衣服などをとめるのに用いるマジックテープ》.

veld, veldt [vélt] 名 C (南アフリカの) 高地の草原.

vel·lum [véləm] 名 U **1** 上質皮紙《子牛・子羊などの皮で作り, 本の表紙などに用いる; cf. parchment 羊皮紙》. **2** 模造皮紙.

*__ve·loc·i·ty__ [vəlάsəti / -lɔ́s-] 名 (複 **ve·loc·i·ties** [〜z]) **1** U C 《物理》(方向性を持った) 速度: the *velocity* of sound 音速 / muzzle *velocity* 銃口速度.
2 U [または a 〜]《格式》(運動・動作などの) 速度, 速さ (speed); 高速度: at a *velocity* of 10 meters per second 秒速10メートルで.

ve·lour, ve·lours [vəlúər] 名 U ベロア《ビロード状の布地. 帽子・ソファーなどに用いる》.

*__vel·vet__ [vélvit] 名 **1** U C ビロード, ベルベット: cotton *velvet* 綿ビロード / (as) smooth as *velvet* (ビロードのように) とても滑らかな.
2 [形容詞的に] ビロード(製)の, ビロードのような.

vel·vet·een [vèlvətíːn] 名 U ベッチン, 綿ビロード. **2** [〜s] ベッチン製のズボン.

vel·vet·y [vélvəti] 形 **1** (ビロードのように) 手ざわりが滑らかな, 柔らかい. **2** (色・音・声などが) 柔らかい; (ワインなどが) まろやかな (mild).

ve·nal [víːnəl] 形《格式》 **1** (人が) 金で動く, 買収されやすい. **2** (行為・地位などが) 金次第の.

ve·nal·i·ty [viːnǽləti] 名 U 《格式》金で動く[わいろの利く] こと.

vend [vénd] 動 (他) **1** 《格式》(街頭などで) 〈小物〉を売る, 売り歩く, 行商する. **2**《法》〈不動産などを〉売却する.
◆ **vénding machìne** C 自動販売機 (vendor).

vend·er [véndər] 名 = VENDOR (↓).

ven·det·ta [vendétə] 名 C (2家族間などの) 流血を伴う長期間の抗争; 根の深い争い.

ven·dor [véndər] 名 C **1** [しばしば複合語で] (街頭などでの) 物売り, 行商人, 露店商人: an ice-cream *vendor* アイスクリーム売り.
2《法》売り主. **3** 自動販売機 (vending machine).

ve·neer [vəníər] 名 U C **1** (家具などに張る) 化粧板. **2** (合板用の) 薄板.《比較》日本語の「ベニヤ板」は veneer を張り合わせた plywood (合板) のこと》 **3** [通例 a 〜]《格式》うわべを飾ること, 見せかけ: a *veneer* of sincerity うわべだけの誠意.
— 動 (他) **1** に化粧張りをする, 薄板を張る.
2 […で] のうわべを飾る [*with*].

*__ven·er·a·ble__ [vénərəbl] 《格式・こっけい》形
1 (年齢・人格・地位などから) 尊敬すべき, 立派な.
2 (歴史的・宗教的に) 由緒ある, 古びて荘厳な.

3 [the V-;限定用法][英国教] …師《大執事(archdeacon)の尊称》;《略語》Ven.;【カトリック】…尊者《聖人・福者に次ぐ》.

ven·er·ate [vénərèit] 動 他《格式》〈有徳者・高齢者・由緒あるものなどを〉尊敬[崇拝]する.

ven·er·a·tion [vènəréiʃən] 名 U《格式》〈…への〉尊敬, 崇拝 [for].

ve·ne·re·al [vəníəriəl] 形 [限定用法][医] **1**《病気が》性交で感染する. **2** 性病の;性病に感染した.
◆ venéreal disèase U C 性病《略語》VD).

Ve·ne·tian [vəníːʃən] 《☆発音に注意》形 ベネチア[ベニス](人)の;ベネチア[ベニス]風の.
—— 名 C ベネチア[ベニス]人. (▷ 名 Venice).
◆ Venétian blínd C [しばしば v-] ベネチアンブラインド《日よけ用》.
Venétian gláss U C [しばしば v-] ベネチアングラス《ベネチア産の装飾ガラス器》.

Ven·e·zue·la [vènəzwéilə] 名 ⓖ ベネズエラ《南米北部にある共和国;首都カラカス(Caracas)》.

*__venge·ance__ [véndʒəns] 名 U《…に/…に対する》復讐(ふく), 仇(あだ);《人に》かたきを討ち: wreak [inflict] vengeance かたきを討つ / swear [vow] vengeance on 〈人〉に復讐することを誓う.
■ **tàke véngeance on [upòn] ...** 〈人〉に〈…の理由で〉復讐する [for].
with a véngeance《口語》激しく, ひどく;極端に: It started raining with a vengeance. 雨が激しく降り出した.

venge·ful [véndʒfəl] 形《文語》復讐(ふく)心に燃えた, 執念深い;執念深げな.
venge·ful·ly [-fəli] 副 執念深く.

ve·ni·al [víːniəl] 形《格式》《過失・罪・誤りなどが》軽い, 許される: a venial sin ささいな罪.

Ven·ice [vénis] 名 ⓖ ベネチア, ベニス《イタリア北東部の港湾都市》. (▷ 形 Venétian).

ven·i·son [vénəsən, -zən / -zən] 名 U シカ(deer)の肉(→ MEAT 表).

ven·om [vénəm] 名 U **1**《蛇・ハチなどの》毒(液). **2** 悪意, 憎悪;毒舌.

ven·om·ous [vénəməs] 形 **1** 毒液を分泌する, 有毒な. **2**《言葉・行為などが》悪意[毒]のある: a venomous look 悪意に満ちた目[顔]つき.
ven·om·ous·ly [~li] 副 悪意を込めて.

ve·nous [víːnəs] 形 **1**[解剖] 静脈の(↔ arterial). **2**[植] 葉脈のはっきりした;[動物] 翅(はね)の多い. (▷ 名 véin).

vent¹ [vént] 名 **1** C《気体・液体などの》はけ口, 抜け穴;《煙・蒸気などの》通気[排気]孔: an air vent 通気孔. **2** U [または a ~]《感情などの》表出 [for]. **3** C《動物》《鳥・魚などの》肛門(こう).
■ **gíve vént to ...**《格式》《激しい感情など》を[…して / …で] 表に出す [by doing / in]: He gave vent to his anger by shouting at his friends. 彼は友人をどなりつけて怒りをあらわにした.
—— 動 他《激しい感情など》を[…に / …に] ぶつける [on, upon]: She vented her fury on her husband. 彼女は夫に怒りをぶつけた.

vent² 名 C スリット, ベンツ《上着・コートなどの背や両わきのすそに入れる切り込み》.

*__ven·ti·late__ [véntəlèit] 動 他 **1**《部屋・建物など》を換気する, …に風を通す: ventilate a room 部屋の換気をする.
2《格式》《問題など》を自由に論議する, 公開で討議する;《意見・苦情など》を表明する.

*__ven·ti·la·tion__ [vèntəléiʃən] 名 U **1** 換気, 風通し;換気装置.
2《格式》《問題などの》自由な論議, 公開討論;《意見・苦情などの》表明.

*__ven·ti·la·tor__ [véntəlèitər] 名 C **1**《心臓の》心室. **2**《脳髄・喉頭などの》空洞(くう), 室.

ven·tri·cle [véntrikl] 名 C [解剖] **1**《心臓の》心室. **2**《脳髄・喉頭などの》空洞(くう), 室.

ven·tril·o·quism [ventríləkwìzəm] 名 U 腹話術.

ven·tril·o·quist [-kwist] 名 C 腹話術師.

*__ven·ture__ [véntʃər] 名 C **1**《特に危険な》冒険;《リスクを伴う》投機的な事業(cf. adventure《一般に》冒険): a joint venture 合弁事業 / They undertook a venture. 彼らはベンチャービジネスに乗り出した. **2** 投機《の対象》, やま, 思惑.
■ **at a vénture** 運まかせに, 思いつきで.
—— 動《格式》〈生命など〉を危険にさらす;〈財産・金銭など〉を[事業に] 賭ける [on, upon]: She ventured her fortune on [upon] a new enterprise. 彼女は新事業に財産を賭けた / Nothing ventured, nothing gained.《ことわざ》危険を冒さなければ何も得られない ⇒ 虎穴(こけつ)に入らずんば虎児を得ず.
2〈意見・考えなど〉を思い切って言う, …を危険を冒してやってみる;思い切って […] する [to do]: I'll venture an opposite opinion. 私はあえて反対意見を述べよう / May I venture to ask for your help? 援助をお願いしてもよろしいでしょうか.
—— 自 **1**《副詞(句)を伴って》思い切って行く, 危険を冒して進む: They ventured out in the blizzard. 彼らは危険を冒して猛吹雪の中に出た.
2《事業・旅などに》思い切って賭する, 危険を冒してやってみる [on, upon]: venture on [upon] a new enterprise 思い切って新事業に乗り出す.
◆ vénture bùsiness U C ベンチャービジネス《独自の技術・サービスなどで新しい市場を開拓する, リスクは大きいが成長性の高い新規企業》.
vénture càpital U [経済] ベンチャーキャピタル《ベンチャービジネスへの投下資本》.

ven·ture·some [véntʃərsəm] 形《主に文語》
1《人が》冒険好きな, 向こう見ずな(adventurous). **2**《行為などが》危険な.

*__ven·ue__ [vénjuː] 名 C **1**《競技・催し物などの》開催地 [for]: the venue for the meeting 会合の開催地. **2**[法]《陪審裁判が開かれる》裁判地.

*__Ve·nus__ [víːnəs] 名 **1**[ロ神] ビーナス《美と愛の女神;→ GODDESS 表》. **2**[天文] 金星.
■ **the Vénus of Mílo** [míːlou] ミロのビーナス(像).

ve·rac·i·ty [vəræsəti] 名 U《格式》正直さ, 誠実さ;《話・言葉などの》真実, 正確さ.

*__ve·ran·da, ve·ran·dah__ [vərǽndə] 名 C ベランダ, 縁側《《米》porch》.《比較》日本語の「ベランダ」と違って, 1階の張り出し部分を言う)

*** verb** [vˊəːrb]

— 名 (複 **verbs** [~z]) C 【文法】動詞 (《略語》v., vb.; → 文法)

***ver·bal** [vˊəːrbəl] 形 **1** 口頭の, 口で言った (spoken) (↔ written); 言葉の上 [口先] だけの: a *verbal* protest 口頭による抗議 / a *verbal* promise 口約束. **2** 言葉の, 言葉による: non-verbal communication 言葉によらないコミュニケーション. **3** 文字通りの (literal): a *verbal* translation 逐語訳. **4** 【文法】動詞の; 動詞から派生した. — 名 C 【文法】準動詞 (→ 文法).

◆ **vérbal nóun** C 【文法】動詞的名詞 (◇動詞から派生した名詞); (特に) 動名詞 (gerund).

文法 準動詞 (verbal)

不定詞・分詞・動名詞を準動詞と言います。

■ **不定詞** (詳しくは → INFINITIVE 文法)

❶ **to 不定詞**:「to+動詞の原形」. 名詞・形容詞・副詞と同じ働きをします.

❷ **原形不定詞**:「動詞の原形」. 助動詞と共に述語動詞を作ったりします.

■ **分詞** (詳しくは → PARTICIPLE 文法)

❶ **現在分詞**:「動詞の原形＋-ing」. 進行形などを作ります.

❷ **過去分詞**: 受け身・完了形などを作ります.
規則変化のもの:「動詞の原形＋-(e)d」
不規則変化のもの: → 巻末「不規則動詞活用表」

■ **動名詞** (詳しくは → GERUND 文法)

「動詞の原形＋-ing」. 名詞と同じ働きをします.

ver·bal·ize,《英》**ver·bal·ise** [vˊəːrbəlàiz] 動 他《格式》〈考え・感情など〉を言葉で表す, 言語化する.

ver·bal·ly [vˊəːrbəli] 副 **1** 言葉で; 口頭で. **2**【文法】動詞として.

ver·ba·tim [vəːrbéitim] 副 逐語的に, 一言一句そのまま. — 形 逐語的な, 一言一句の.

ver·bi·age [vˊəːrbiidʒ] 名 U《格式》(文章などで) むだな言葉が多いこと, 冗長.

ver·bose [vəːrbóus] 形《格式》(人・文章などが) 言葉数の多い, くどい; 冗長な.

ver·bos·i·ty [vəːrbɑ́səti, -bɔ́s-] 名 U《格式》言葉数が多いこと, くどいこと; 冗長, 冗漫.

ver·dant [vˊəːrdənt] 形《文語》(場所が) 緑で覆われた; (草木が) 青々と茂った.

***ver·dict** [vˊəːrdikt] 名 C **1**【法】(陪審員の) 評決, 答申《英米では通例, 陪審員の評決に基づいて裁判官が判決を下す》: reach [arrive at] a *verdict* 評決に達する / sustain [overturn] the *verdict* 評決を支持する [くつがえす] / The jury returned [brought in] a *verdict* of guilty. 陪審は有罪の評決を下した.

2《口語》[… についての] 判断, 意見 [on].

ver·di·gris [vˊəːrdəɡriːs, -ɡriː] 名 U【化】緑青 (ろくしょう)《銅などに生じる青緑色のさび》.

ver·dure [vˊəːrdʒər] 名 U《文語》**1** 緑, (草木の) 新緑. **2** 新緑の草木 [若葉].

***verge** [vˊəːrdʒ] 名 C **1** 端, 縁 (ふち), へり;《主に英》(草・芝生などの生えた) 道路べり, 花壇の縁.

2 [the ~]《破滅などの》間際, 瀬戸際 [of]: I was driven [brought] to the *verge of* bankruptcy. 私は破産寸前まで追い詰められた.

■ **be on the vérge of ...**〈通例, 好ましくない状態〉の寸前である, …の瀬戸際にいる.

— 動 自 [ある状態・性質に], …の寸前 [瀬戸際] にいる [on, upon]: His behavior *verges on* madness. 彼の行動は狂気と紙一重です.

verg·er [vˊəːrdʒər] 名 C《主に英》教会の番人.

ver·i·fi·a·ble [vérəfàiəbl] 形 証明 [立証] できる, 確認できる.

ver·i·fi·ca·tion [vèrəfikéiʃən] 名 U **1** (事実

文法 動詞 (verb)

動詞は, 主語の動作や状態を表す語です.

【動詞の種類】

■ **自動詞と他動詞** (詳しくは → 巻末「文型について」)

❶ **他動詞**: あとに目的語を必要とします.
❷ **自動詞**: あとに目的語を必要としません.

■ **動作動詞と状態動詞**

❶ **動作動詞**: 主語の動作を表します. 進行形にすることができます.
❷ **状態動詞**: 主語の状態を表します. 進行形にすることはできません.
[例] be, like, know, hear

【動詞の活用】

動詞には, 次のような変化形があります.

❶ **原形** 動詞のもとの形です.

❷ **3人称単数現在形** 主語が3人称単数で, 現在時制の文で用います.
「動詞の原形＋-(e)s」

❸ **過去形** 過去時制の文で用います.
規則変化のもの:「動詞の原形＋-(e)d」
不規則変化のもの: → 巻末「不規則動詞活用表」

❹ **現在分詞** 進行形を作るときなどに用います.
「動詞の原形＋-ing」

❺ **過去分詞** 受け身・完了形を作るときなどに用います.
規則変化のもの:「動詞の原形＋-(e)d」
不規則変化のもの: → 巻末「不規則動詞活用表」

の) 証明, 立証; 確証. **2** 証拠, 根拠.

*__ver‧i‧fy__ [vérəfài] 動 (三単現 **ver‧i‧fies** [~z]; 過去・過分 **ver‧i‧fied** [~d]; 現分 **ver‧i‧fy‧ing** [~ɪŋ]) 他 **1** …(が事実であることを) [立証]する: He *verified* the theory by experiment. 彼は実験によってその理論を証明した.
2 …が真実であることを確かめる; […ということを] 確認する [*that* 節]: He *verified* the figures in the papers. 彼は書類の数字をチェックした / The police *verified that* he had an alibi. 警察は彼にはアリバイがあることを確認した.

__ver‧i‧ly__ [vérəli] 副《古》まことに, 確かに.

__ver‧i‧si‧mil‧i‧tude__ [vèrəsɪmɪ́lət(j)ùːd / -tjùːd] 名《格式》 **1** Ⓤ (話などの) 真実味, 迫真性, 本当らしさ. **2** Ⓒ 本当らしいもの [こと].

__ver‧i‧ta‧ble__ [vérətəbl] 形《格式》真の, 真実の, 紛れもない, 正真正銘の.

__ver‧i‧ty__ [vérəti] 名 (複 **ver‧i‧ties** [~z]) **1** Ⓒ (通例, 複数形で)《格式》(宗教・科学などの) 真理: the eternal *verities* 永遠の真理. **2** Ⓤ《古風》(陳述などの) 真実 (性).

__ver‧mi‧cel‧li__ [və̀ːrməséli, -tʃéli]《イタリア》名 Ⓤ バーミセリ《スパゲッティより細いパスタ》.

__ver‧mil‧ion__ [vərmíljən] 名 Ⓤ 朱; 朱色.
—形 朱の; 朱色の; 朱塗りの.

__ver‧min__ [vɚ́ːrmɪn] 名 Ⓤ (通例, 複数扱い) **1** 害獣《キツネ・イタチ・ネズミ・モグラなど》; 害虫, 害鳥.
2 社会の害になる連中.

__ver‧min‧ous__ [vɚ́ːrmənəs] 形 **1** (ノミ・シラミなど) 害虫のたかった, 寄生虫のわいた. **2** (人が) 有害な, 社会の害になる; 不愉快な.

__Ver‧mont__ [vərmɑ́nt / -mɔ́nt] 名 圐 バーモント《米国北東部の New England 地方にある州》;《略語》Vt.;《郵略語》VT;→ AMERICA 表》.

__ver‧mouth__ [vərmúːθ / vɚ́ːməθ] 名 Ⓤ ベルモット《ハーブで風味を加えた白ワイン》.

__ver‧nac‧u‧lar__ [vərnǽkjulər] 名 Ⓒ (通例 the ~) その土地固有の言葉, (話し言葉としての) 母語.
—形 **1** (言語が標準語・共通語に対して) その土地固有の; 母語の: one's *vernacular* tongue お国言葉. **2** (作品・作者などが) その土地の言葉を用いた.

__ver‧nal__ [vɚ́ːrnl] 形《限定用法》《文語》 **1** 春の, 春らしい;《植》春咲きの (cf. autumnal 秋の): the *vernal* equinox 春分. **2** 青春の, 若々しい.

__ver‧ru‧ca__ [vərúːkə] 名 (複 **ver‧ru‧cas** [~z], **ver‧ru‧cae** [-kiː]) Ⓒ《医》いぼ (wart).

__Ver‧sailles__ [vərséɪ / veə-] 名 圐 ベルサイユ《パリ近郊の都市, ベルサイユ宮殿の所在地》.

*__ver‧sa‧tile__ [vɚ́ːrsətəl / -tàɪl] 形《ほめ言葉》
1 (人が) 多才な, 多芸の. **2** (道具などが) 用途の広い, 万能の: a digital *versatile* disc DVD.

__ver‧sa‧til‧i‧ty__ [vɚ̀ːrsətíləti] 名 Ⓤ 多芸多才; 用途の広さ, 万能性.

‡__verse__ [vɚ́ːrs] 名 **1** Ⓤ 韻文《韻律 (rhythm) や韻 (rhyme) を持つ詩歌; cf. prose 散文》: works written in *verse* 韻文作品, 詩作品. **2** Ⓤ《集合的に》(ある国・国・時代などの) 詩, 詩歌: lyrical *verse* 叙情詩. **3** Ⓒ 詩行《詩の1行》: quote a few *verses* from Keats キーツの詩から数行を引用する. **4** Ⓒ《詩・歌》の節, 連 (stanza): a poem of five *verses* 5連から成る1編の詩. **5** Ⓒ《聖書》の節《chapter (章) の下位;《略語》v.》.
■ *chapter and vérse* → CHAPTER 成句.

*__versed__ [vɚ́ːrst] 形《叙述用法》しばしば well ~ […に] 精通した, 熟達した [*in*]: She is well *versed in* British history. 彼女は英国史に詳しい.

__ver‧si‧fi‧ca‧tion__ [vɚ̀ːrsəfɪkéɪʃən] 名 Ⓤ《格式》**1** 作詩 (法). **2** 詩形, 韻律.

*__ver‧sion__ [vɚ́ːrʒən, -ʃən] 名 Ⓒ **1** (原型に対する) 別形式;(原作・同一製品に対する) 改訂, ...版, バージョン(《略語》v.): an abridged [a condensed] *version* 縮約版 / a movie [stage] *version* of a novel 小説の映画 [舞台] 化作品. **2** 翻訳, 訳文;《通例 the V-》(聖書の) ...訳: the Authorized *Version* of the Bible 欽定(ῐ₇ᴳ)訳聖書. **3** (特定の立場からの) 説明, 解釈, 見解: an official *version* 公式見解.

*__ver‧sus__ [vɚ́ːrsəs]《ラテン》前 **1** (訴訟・競技などで) ...対ー 《《略語》vs., v.》: the case of Johnson *versus* Smith ジョンソン (原告) 対スミス (被告) の訴訟事件《◇原告の名が先に来る》/ the Mariners *versus* the Yankees マリナーズ対ヤンキース (の試合). **2** (二者択一で) …か～か, …に対して, …と対比して (in contrast with): capitalism *versus* socialism 資本主義か社会主義か.

__ver‧te‧bra__ [vɚ́ːrtəbrə] 名 (複 **ver‧te‧bras** [~z], **ver‧te‧brae** [-briː]) Ⓒ《解剖》脊椎(ῐᴳᴵ)骨;《複数形で》脊椎, 背骨 (backbone).

__ver‧te‧bral__ [vɚ́ːrtəbrəl] 形《解剖》脊椎(ῐᴳᴵ)の; 脊椎骨から成る.

__ver‧te‧brate__ [vɚ́ːrtəbrət, -brèɪt] 名 Ⓒ《動物》脊椎動物.
—形《動物》脊椎(ῐᴳᴵ)[背骨] のある; 脊椎動物の: *vertebrate* animals 脊椎動物.

__ver‧tex__ [vɚ́ːrteks] 名 (複 **ver‧tex‧es** [~ɪz], **ver‧ti‧ces** [-təsìːz]) Ⓒ **1** 頂点, 最高点.
2《数学》(多角形などの) 頂点, 角頂.

‡__ver‧ti‧cal__ [vɚ́ːrtɪkəl] 形 **1** 垂直の, 縦の, 直立した (↔ horizontal): a *vertical* line 垂直線 / *vertical* motion 上下運動. **2** (社会・組織などが) 縦型の, (身分的に) 上下の: a *vertical* society 縦型 [縦割り] 社会. **3**《数学》頂点の.
—名 Ⓒ 垂直線 [面]; (the ～) 垂直な位置.

__ver‧ti‧cal‧ly__ [vɚ́ːrtɪkəli] 副 垂直に, 縦に.

__ver‧tig‧i‧nous__ [vərtídʒənəs] 形《格式》(特に高所が) めまいを起こさせる (ような); 目が回る.

__ver‧ti‧go__ [vɚ́ːrtɪgòu] 名 Ⓤ《医》(特に高所による) めまい (cf. dizziness くらくらする).

__verve__ [vɚ́ːrv] 名 Ⓤ (特に芸術などにおける) 気迫, 情熱; (一般に) 活気, 活力.

***__ver‧y__ [véri]
副 形《原義は「本当の」》
—副 **1** [形容詞・副詞を強めて] **とても**, 大変, 非常に: a *very* deep well とても深い井戸 / My little son is *very* (much) afraid of the darkness. 私の幼い息子は暗やみをとても怖がります / The old man sat down *very* slowly. 老人は非常にゆっくりと腰を下ろした / Thank you *very* much. どうもありがとうございます.

語法 (1) 比較級・最上級を強めるのには much, far などを用いる (→ MUCH 圖 2). ただし, 最上級に very を用いる用法もある (→ 3).
(2) 形容詞化した現在分詞を強めるのには very を用いる: *very* interesting [charming, surprising] とても面白い [魅力的な, 驚くべき].
(3) 過去分詞を強めるのには much を用いる (→ MUCH 圖 1 (b)). ただし, 形容詞化した過去分詞には通例 very を用いる [surprised, pleased, tired] とても興味がある [驚いている, 喜んでいる, 疲れている].
(4) 叙述用法の形容詞や比較の意味を含む形容詞を強めるのには通例 much を用いる (→ MUCH 圖 1 (c)).

2 [否定文で] あまり, たいして, それほど (…ない); 少しも, 決して (…ない): It was not *very* hard to solve this problem. この問題を解くのはそれほど難しくなかった / Sam can't speak Japanese *very* well. サムは日本語をあまりうまく話せない / Are you tired? — Not *very*. お疲れですか — それほどでもありません.

3 [the 〜] まったく, まさしく, 本当に, 確かに (◇形容詞の最上級や first, last, own, same, opposite, next などを強める): the *very* opposite result まったく逆の結果 / the *very* best vase まさに極上の花びん / He is the *very* last person I want to see. 彼には私が会いたいと思うまさに最後の人だ → 私は彼には絶対会いたくない / John and Mary got married the *very* next day. ジョンとメアリーはすぐ次の日に結婚した.

■ *vèry góod* **1** (大変) 結構です, かしこまりました (◇同意・承諾を丁寧に表す): Would you hold the door? – *Very good*, sir. 扉を押さえていてもらえますか — かしこまりました. **2** わかりました (very well).

vèry wéll いいでしょう, わかりました (◇不本意な同意・承諾を表す).

— 形 [限定用法] **1** [比較なし; the, one's などと共に用いて] まさに, ぴったりの, ほかならぬ, まったく同じの: That's the *very* man I told you about. あの男がお話しした当の男です / Three similar accidents happened on this *very* spot last month. 先月ちょうどどの場所で似たような事故が3件あった / It happened before my *very* eyes. それは私のすぐ目の前で起こった.

2 [比較なし; 通例 the 〜] ただ…だけで, 単なる (mere); …でさえ: I shudder at the *very* thought of the terrible event. その恐ろしい事件は思い出すだけで身震いする / The *very* onlookers were moved to tears. そばで見ていただけの人々も感動して涙を流した.

3 [通例 the 〜] まったくの, 本当の; 最も…の: She was at the *very* end of the line. 彼女は行列の最後尾にいた.

◆ **véry hìgh fréquency** U [無線] 超短波 [周波数30−300メガヘルツ; 短距離通信・テレビ・レーダー用; 略語] VHF, vhf].

ves・pers [véspərz] 名 [複数扱い] [キリスト] 夕べの祈り [礼拝].

Ves・puc・ci [vespúːtʃi] 名 圖 ベスプッチ Ame-rigo [àːmeríːgou] Vespucci 《1454−1512; イタリアの航海者. America の名は彼に由来する》.

‡ves・sel [vésəl] 名 C **1** (格式) (大型の) 船: a merchant *vessel* 商船 / launch a *vessel* 船を進水させる. **2** (格式) (液体を入れる) 容器, うつわ. **3** [解剖] 脈管, 管; [植] 導管: a blood *vessel* 血管.

‡vest [vést] 名 C **1** (米) ベスト, チョッキ ((英) waistcoat): a bulletproof *vest* 防弾チョッキ. **2** (英) アンダーシャツ, 肌着 ((米) undershirt).
— 動 他 〈人〉に〈財産・権利などを〉与える, 授ける [*with*]; 〈人に〉〈財産・権利などを〉与える, 授ける [*in*]: *vest* the chair *with* authority = *vest* authority *in* the chair 議長に権限を与える.

Ves・ta [véstə] 名 圖 [ロ神] ウェスタ, ベスタ 《かまどの女神; → GODDESS 表》.

ves・tal [véstəl] 形 [ロ神] 女神ウェスタ [ベスタ] (Vesta) の; 処女の, 貞淑な.
— 名 C **1** *véstal vírgin* ウェスタ [ベスタ] の処女 《聖火を守る女祭司》. **2** (口語) 貞淑な女性; 処女.

vest・ed [véstid] 形 [法] (財産・権利などが) 既得の, 所有 [帰属] の確定した.
◆ **vésted ínterest 1** C 利権, 既得; 強い利害関係. **2** [〜s] [時に軽蔑] 利益団体, 利権屋.

ves・ti・bule [véstəbjùːl] 名 C **1** (格式) **1** 玄関 (ホール), ロビー. **2** (米) (客車の) デッキ, 連結部.

ves・tige [véstidʒ] 名 C (格式) **1** (消滅したもの の) 跡, 痕跡 (%&'&); 名残, 面影. **2** [通例 a 〜; 否定文で] ほんの少し, 少量: He does not have a *vestige* of common sense. 彼には良識のかけらもない. **3** [生物] 退化器官, 痕跡器官.

ves・tig・i・al [vestídʒiəl] 形 **1** (格式) 痕跡の, 名残の. **2** [生物] 退化した.

vest・ment [véstmənt] 名 C [しばしば 〜s] 礼服, 式服; [宗教] 祭服, 法衣.

ves・try [véstri] 名 (複 *ves・tries* [〜z]) C **1** (教会の) 祭服 [聖具] 室. **2** 教会付属室.

Ve・su・vi・us [vəsúːviəs] 名 圖 [Mount 〜] ベスビオ山 《イタリア南西部, ナポリ近くにある活火山》.

vet[1] [vét] 名 C (口語) 獣医 ((米) veterinarian, (英・格式) veterinary surgeon).
— 動 (三単現 *vets* [véts]; 過去・過分 *vet・ted* [〜id]; 現分 *vet・ting* [〜iŋ]) 他 **1** (動物) を診察する. **2** (英) 〈経歴・資格などを〉調査する [審査] する.

vet[2] 名 C (米口語) 退役軍人 (◇ *veteran* の略).

vetch [vétʃ] 名 C [植] ヤハズエンドウ, カラスノエンドウ 《主に家畜の飼料・緑肥用》.

‡vet・er・an [vétərən] 名 C **1** 退役軍人, 元軍人; 古参兵 ((米口語) vet).
2 経験豊富な人, ベテラン: a ten-year *veteran* 十年選手. — 形 [形容詞的に] 老練な, ベテランの: a *veteran* lawyer 老練な弁護士.
◆ **véteran càr** C (英) ベテランカー 《特に1905年以前に製造されたクラシックカー》.

Véterans Dày C (米) 復員軍人の日 《11月11日; 第1次・第2次世界大戦の終戦を記念する日; → HOLIDAY 表》.

vet・er・i・nar・i・an [vètərənéəriən] 名 C (米) 獣医 ((口語) vet, (英・格式) veterinary surgeon).

vet·er·i·nar·y [vétərənèri / -nəri] 形 [限定用法] 獣医 (学) の, 家畜 [ペット] の治療に関する: a *veterinary* hospital 動物 [家畜] 病院.
◆ **véterinary súrgeon** C [英・格式] 獣医 ((米)) veterinarian ((口語)) vet).

*****ve·to** [ví:tou] 名 (複 **ve·toes** [~z]) **1** UC [⋯に対する] 拒否権 [*over*] ((大統領・政府などが行使する)): exercise [use] the (power of) *veto over* ... ⋯に拒否権を行使する. **2** C (一般に) [提案などに対する] 拒否, 否認 [*on*, *upon*]: put a [one's] *veto on* [*upon*] ... ⋯を拒否する.
— 動 他 **1** 〈法案など〉に拒否権を行使する, ⋯を拒否 [否認] する. **2** ⋯を禁止する, 認めない.

vex [véks] 動 他 《古風》 **1** ⋯を [⋯のことで / 人に対して] いら立たせる, 怒らせる [*at*, *about* / *with*]. **2** 〈人〉を悩ませる, 困らせる.

vex·a·tion [vekséiʃən] 名 **1** U 《格式》 腹立たしさ, いら立たしさ: To my *vexation*, I wasn't invited to the party. しゃくなことに私はパーティーに招待されなかった. **2** C [しばしば ~s] 《古風》 悩み [いら立ち] の種, 腹の立つこと.

vex·a·tious [vekséiʃəs] 形 《古風》 腹立たしい; やっかい [面倒] な.

vexed [vékst] 形 **1** (問題などが) やっかいな, 困った. **2** 《古風》 いらいらした, 立腹した.

VHF, vhf 《略語》= very high frequency 超短波.

VHS 《略語》《商標》= video home system 家庭用ビデオシステム, VHS.

vi., v.i. 《略語》= verb intransitive 自動詞.

*****vi·a** [váiə, ví:ə] 前 **1** ⋯経由で, ⋯を経て (by way of): go to Paris *via* London ロンドン経由でパリへ行く. **2** ⋯によって; ⋯の媒介で, ⋯を通して (by means of): *via* airmail 航空便で / send a message to the director *via* the secretary 秘書を通じて部長に伝言する.

vi·a·bil·i·ty [vàiəbíləti] 名 U **1** (計画などの) 実行可能性. **2** (胎児・種子などの) 生存 [生育] 能力.

vi·a·ble [váiəbl] 形 **1** (計画・考え方などが) 実行 [実現] 可能な (feasible). **2** (胎児・種子などが) 生育できる, 生きていける. **3** (国・企業などが経済的に) 独立 [存続] できる, やっていける.

vi·a·duct [váiədʌkt] 名 C 陸橋; 高架道路.

vi·al [váiəl] 名 C (ガラスの) 小びん (phial).

vibes [váibz] 名 《口語》 **1** [単数・複数扱い] 【音楽】ビブラホン (vibraphone). **2** [複数扱い] 印象, 感じ (vibrations).

vi·brant [váibrənt] 形 **1** (音・声が) 響き渡る, よく響く. **2** (場所などが) 活気に満ちた, 活気に満ちた [*with*].

vi·bra·phone [váibrəfòun] 名 C 【音楽】ビブラホン (《英》共鳴装置の付いた鉄琴).

*****vi·brate** [váibreit / vaibréit] 動 自 **1** (ものが) [⋯で] 振動する, 揺れる, 震える [*to*, *with*]: The building *vibrates* to [*with*] the passing train. ビルは列車の通過で揺れる. **2** (音・声が) [⋯で] 震える; (建物が) [⋯で] 反響する, 響き渡る [*with*]: The hall *vibrated with* their cheers. ホールは彼らのかっさいでどよめいた. **3** [⋯で] わくわく (どきどき) する [*with*, *to*]: Her heart *vibrated with* anticipation. 彼女の心は期待で踊った.
— 他 ⋯を揺り動かす, 振動させる.

vi·bra·tion [vaibréiʃən] 名 **1** UC 振動, 震動. **2** C [通例 ~s] (人・ものが与える) 印象, 感じ (《口語》 vibes).

vi·bra·to [vibrá:tou] 《イタリア》 名 (複 **vi·bra·tos** [~z]) UC 【音楽】ビブラート 《声・音を上下にわずかに震わすこと》.

vi·bra·tor [váibreitər / vaibréitə] 名 C 電気マッサージ器, バイブレーター.

vic·ar [víkər] 名 C **1** 【英国教】教区牧師 (教区司祭 (rector) と同じ職務を行う). **2** C 【英国教】会堂牧師 《教区教会の付属礼拝堂を管理する》. **3** 【カトリック】教皇 [司教] 代理.

vic·ar·age [víkəridʒ] 名 C 教区牧師宅, 牧師館.

vi·car·i·ous [vaikéəriəs, vi-] 形 [限定用法] **1** 代理経験の, 他人の身になって経験する: His son's success gave him *vicarious* pleasure. 彼は息子の成功をわがごとのように喜んだ. **2** 《格式》身代わりの; 代理 (役) の.

*****vice**¹ [váis] 名 **1** U 悪, 不道徳, 悪徳 (↔ virtue): virtue and *vice* 美徳と悪徳 / The big city is full of *vice*. 大都会は悪に満ちている. **2** C 悪習, 悪癖; (性格・制度上の) 欠点, 欠陥: Mischievousness is his *vice*. いたずら好きなのが彼の欠点です. **3** CU 非行, 悪行, (反社会的な) 不道徳行為 《売春・麻薬常用など》. (▷ 形 vicious).
◆ **více squád** C (警察の) 風俗犯罪取締班.

vice² [váis] C 《英》 万力 (《米》 vise).

vice- [váis] 接頭 「肩書の前に付けて」「副⋯, 次⋯」の意を表す: *vice*-president 副大統領 [社長].

více-cháir·man 名 (複 **vice-chair·men**) C 副議長, 副委員長, 副会長.

více-chán·cel·lor 名 C (大学の) 副学長.

více-prés·i·dent 名 C (《米口語》 veep; 《略語》 VP) **1** [しばしば Vice-President] 副大統領. **2** 《米》副社長, 副会長, 副総裁.

vice·roy [váisrɔi] 名 C 総督, 太守 《国王の代理として植民地・属領などを統治する》.

ví·ce vér·sa [váisə və́:rsə] 《ラテン》 副 逆もまた同じ; 逆に, 反対に (◇ 通例, 前に and が来る;《略語》 v.v.): Tom blamed Bob, and *vice versa*. トムはボブを非難し, ボブはトムを非難した.

vi·cin·i·ty [vəsínəti] 名 **1** [単数形で] 近所, 付近 (neighborhood): Is there a dentist's in this *vicinity*? この近くに歯科医院はありますか. **2** U [⋯に] 近いこと, 近接 [*to*, *of*].
■ **in the vicinity of ...** **1** ⋯の近くに [で]: The fire broke out *in the vicinity of* the station. その火事は駅の近くで起きた. **2** (数量などが) およそ⋯で [の], 約⋯: The price of the painting was *in the vicinity of* ten thousand dollars. その絵はおよそ1万ドルだった.

*****vi·cious** [víʃəs] 形 **1** 悪意 [敵意] ある, 意地の悪い; 冷酷な: *vicious* criticism 意地の悪い批評. **2** (痛みなどが) 激しい, ひどい; (天候などが) 厳しい: a *vicious* headache 激しい頭痛. **3** (動物が) 凶暴 [危険] な. (▷ 名 vice¹).
◆ **vícious círcle [cýcle]** C 悪循環.

vi·cious·ness [~nəs] 名 U 意地悪さ.

vi·cious·ly [víʃəsli] 副 意地悪そうに; 凶暴に.
vi·cis·si·tude [vəsísətjùːd / -tjùːd] 名C《通例 ~s》《形式》(人生などの) 移り変わり, 浮き沈み: the *vicissitudes* of life 人生の浮き沈み.

***vic·tim** [víktim] 【原義は「いけにえの動物」】
— 名 (複 **vic·tims** [~z]) C **1** (戦争・迫害などの) 犠牲者, 被害者; 難病患者: *victims* of war ＝war *victims* 戦争の犠牲者 / *victims* of an earthquake 地震の被災者 / a *victim* of AIDS エイズ患者. **2** (宗教)(神にささげる) いけにえ, 犠牲: offer *victims* いけにえをささげる.
■ *fall* (*a*) *víctim to* ... …の犠牲になる, …のとりこになる: The poor child *fell victim to* a traffic accident. 気の毒にもその子は交通事故の犠牲者となった. (▷ 動 *víctimìze*)
vic·tim·i·za·tion [vìktəmizéiʃən / -maiz-] 名 U 犠牲にする [なる] こと; だます [だまされる] こと.
vic·tim·ize,《英》**vic·tim·ise** [víktəmàiz] 他 …を犠牲にする; だます, 欺く. (▷ 名 *víctim*)
vic·tor [víktər] 名 C《格式》(戦いの)勝者, 征服 [勝利] 者; (試合の)勝者, 優勝者 (winner).
Vic·to·ri·a [viktɔ́ːriə] 名 固 **1** ビクトリア女王 Queen Victoria《1819-1901; 英国の女王 (1837-1901)》.
2 ビクトリア《オーストラリア南東部の州》.
3 《ロ神》ビクトリア《勝利の女神; → GODDESS 表》.
◆ **Victória Cróss** [the ~]《英》ビクトリア十字勲章《軍人に対する最高の勲章;《略語》VC》.
Vic·to·ri·an [viktɔ́ːriən] 形 **1** ビクトリア女王時代の. **2** (ビクトリア女王時代の中産階級のように) 考え方が堅苦しい; お上品ぶった.
— 名 C ビクトリア女王時代の人 [作家].
***vic·to·ri·ous** [viktɔ́ːriəs] 形 **1** […に対して／…で] 勝利を得た, 勝った [*over* / *in*]: the *victorious* team 優勝チーム / We were *victorious* over the rival team. 私たちはライバルチームに勝った. **2** [限定用法] 勝利の, 勝利を示す: *victorious* cheers 勝利のかっさい. (▷ 名 *víctory*)

***vic·to·ry** [víktəri]
— 名 (複 **vic·to·ries** [~z]) U C **1** […に対する／…での] 勝利, 戦勝; 優勝 [*over* / *in*] (↔ defeat): an overwhelming *victory* 圧勝 / win [gain, obtain] a *victory* over the enemy 敵に勝つ / We were excited about the *victory* in the championship. 私たちは選手権大会での優勝に興奮していた.
2 […の] 克服, 征服 (conquest) [*over*]: His *victory* over cancer was remarkable. 彼が癌(がん)を克服したとはすごいことです. (▷ 形 *victórious*)
vict·ual [vítl]《☆ 発音に注意》動 (過去・過分《英》**vict·ualled**; 現分《英》**vict·ual·ling**) 他 (多くの人)に食料を供給する.
— 名 [~s]《古》食料, 飲食物.
✽vid·e·o [vídiòu] 名 (複 **vid·e·os** [~z]) **1** C U (録画した) ビデオ; ビデオテープ; C《英》ビデオ (デッキ) (videocassette recorder): a blank *video* 生のビデオテープ / play a *video* ビデオを再生する / make a *video* ビデオに録画する / He recorded the TV program on *video*. 彼はテレビ番組をビデオに録画した. **2** U (テレビの) 映像, 画像.
3 C U《主に米》テレビ.
— 形 [限定用法] **1** ビデオ (テープ) の: a *video* store ビデオ店. **2** テレビ (映像) の (cf. audio 音声の): a *video* drama テレビドラマ.
◆ **vídeo àrcade** C《米》ゲームセンター.
vídeo càmera C ビデオカメラ.
vídeo gàme C テレビゲーム.
vídeo jóckey C ビデオジョッキー《テレビ番組などでビデオテープをかけながら解説をする人》.
vídeo násty C《英口語》ホラー [ポルノ] ビデオ.
vídeo recòrder C ビデオデッキ (videocassette recorder).
vid·e·o·cas·sette [vìdioukəsét, -kæsét] 名 C ビデオカセット, ビデオテープ.
◆ **videocassétte recòrder** C ビデオ (カセット レコーダー), ビデオデッキ《英》video;《略語・主に米》VCR)(→ LIVING [PICTURE BOX]).
vid·e·o·con·fer·ence [vídioukànfərəns / -kɔ̀n-] 名 C テレビ会議.
vid·e·o·disc, vid·e·o·disk [vídioudìsk] 名 C ビデオディスク (→ DVD).
víd·e·o-on-de·mánd 名 U ビデオオンデマンド《要求に応じて映像を常時配信するシステム》.
vid·e·o·phone [vídioufòun] 名 C テレビ電話.
vid·e·o·tape [vídioutèip] 名 U C ビデオテープ; (録画した) ビデオ (video): make a *videotape* of a TV program テレビ番組をビデオテープに録画する. — 動 他 …をビデオテープに録画する.
vie [vái] 動 (三単現 **vies** [~z]; 過去・過分 **vied** [~d]; 現分 **vy·ing** [~iŋ]) 自 [人と・…を得ようと] 競争する, 張り合う (compete) [*with* / *for*]: They *vied for* the prize. 彼らは賞を争った.
Vi·en·na [viénə] 名 固 ウィーン《オーストリアの首都》.
◆ **Viénna sáusage** C U ウインナーソーセージ.
Vi·en·nese [vìːəníːz] 形 ウィーン (風) の; ウィーン市民の. — 名 (複 **Vi·en·nese**) C ウィーン市民.
Vien·tiane [vjentjáːn] 名 固 ビエンチャン《ラオスの首都》.
Vi·et·nam [viːetnáːm, vjèt- / -nǽm] 名 固 ベトナム《インドシナ半島にある共和国; 首都ハノイ (Hanoi)》.
◆ **Vietnám Wár** [the ~] ベトナム戦争《1954-75》.
Vi·et·nam·ese [viːètnəmíːz, vjèt-] 形 ベトナムの; ベトナム人 [語] の.
— 名 (複 **Vi·et·nam·ese**) **1** C ベトナム人.
2 U ベトナム語.

***view** [vjúː] 名

原義は「見る」.	
① 意見; 見方.	名 **1**
② 眺め, 景色.	名 **2**
③ 見ること; 検閲.	名 **3**
④ 視界, 視野.	名 **4**

viewer

— 名 (複 views [~z]) **1** C [...についての／...という] 意見, 見解, 考え [*about, on / that* 節]; (ものの)見方: an optimistic [a pessimistic] *view* 楽観的[悲観的]な見方 / a cynical *view* 皮肉のある見方 / in my *view* 私の考えでは / His *view* of life is quite unique. 彼の人生観はとてもユニークです / Please let me know your *views* on the film. 映画をご覧になった感想をお聞かせください / She took the *view that* educational reform should be carried out. 彼女は教育改革を断行すべきだという意見だった.

コロケーション 意見を…
意見を言う: *express* [*present*] *a view*
意見を交換する: *exchange views*
意見を共にする: *share a view*
意見を持つ: *hold a view*

2 C 眺め, 景色: a night *view* 夜景 / a superb *view* of the lake 湖のすばらしい眺め / I'd have a room with a *view* of the sea. 海が見える部屋がいいのですが.

3 U [または a ~] 見ること, 見えること; 視察; 検閲: get a *view* of letters on the blackboard 黒板の文字が見える / At first *view* the rock looked like a human face. その岩は一見したところ人の顔に見えた.

4 U 視界, 視野; 視力 (sight): a field of *view* 視野 / block …'s *view* …の視界をさえぎる / The helicopter has passed from our *view*. ヘリコプターは見えなくなった.

5 C 考察, 見通し; 考慮: take the long *view* 長い目で見る / You should take a sensible *view* of the position you are in. あなたは自分の置かれた立場をわきまえて考えるべきです.

6 C 計画, 意図, 意向: meet …'s *view* …の意向にそう. **7** C 風景画 [写真], 展望図.

■ *cóme ìnto víew* (ものが)見えてくる.
in fúll víew of … …の目の前で全部が見えて.
in view **1** 見えるところに: Our boat sailed with Mt. Fuji *in view*. 私たちの船が航行するあいだ, ずっと富士山が見えた. **2** 考慮して: Simon has only victory *in view*. サイモンは勝つことしか頭にない.
in view of … **1** …の見えるところに: Soon we will come *in view of* the Tower. まもなくロンドン塔が見えてきます. **2** …を考慮すると: *In view of* the situation, we had to cancel the trip. 状況を考慮して, 私たちは旅行をキャンセルしなければならなかった.
on view 公開[展示, 展覧]されて.
point of view 観点, 見地 (viewpoint): From a public *point of view*, bikes left on the roadside are a great problem. 公共的見地からすると道端の放置自転車は大問題です.
with a víew to dóing …する目的で.

— 動 他 **1** …を考察する; […と]判断する, 見なす [*as*]: I am going to *view* the incident historically. その事件を歴史的に考察してみるつもりです / Nobody *viewed* his advice *as* helpful. だれも彼の忠告をありがたいとは思わなかった.

2 〈風景・もの〉を眺める; …を検分する, 詳しく調べる: Let's *view* the records as minutely as possible. 記録をできるだけ詳しく調べよう.
3 《格式》〈テレビ〉を見る (watch).
— 自 《格式》テレビを見る.

view·er [vjúːər] 名 C **1** (テレビの)視聴者 (cf. listener (ラジオの)聴取者). **2** (絵などを)見る人, 見物人, 観察者. **3** ビューアー《スライドなどの簡易拡大装置》. **4** [コンピュータ] ビューア《ファイルの中身を閲覧するプログラム》.

view·find·er [vjúːfàɪndər] 名 C (カメラの)ファインダー (finder).

*****view·point** [vjúːpɔ̀ɪnt] 名 C **1** 見地, 観点, 立場, 見解 (point of view): from the *viewpoint* of doctors = from the doctors' *viewpoint* 医師の立場からすると / We have different *viewpoints* on the problem. 私たちはその問題に関して見解が異なる. **2** 観察する位置 [地点].

vig·il [vídʒəl] 名 U C (祈り・抗議などのための)徹夜, 寝ずの番; (死者のための)通夜.
■ *kèep vígil* 徹夜で看病 [警戒] する.

vig·i·lance [vídʒələns] 名 U 警戒, 用心; 寝ずの番: with *vigilance* 油断なく.

vig·i·lant [vídʒələnt] 形 絶えず気を配っている; 油断のない, 用心深い.

vig·i·lan·te [vìdʒəlǽnti] 名 C 自警団員.

vi·gnette [vɪnjét] 《フランス》 名 C **1** (本の扉などの)小さな飾り模様 [カット]. **2** ビネット《背景郭》をぼかした絵・写真》. **3** (文芸などの)小品.

*****vig·or**, 《英》**vig·our** [vígər] 名 U **1** 活力, 精力; 元気, 体力, 気力 (vitality): a man of *vigor* 精力旺盛(おうせい)な男 / with *vigor* 勢いよく / regain [lose] one's *vigor* 元気を回復する [失う]. **2** (言葉・態度などの)力強さ, 迫力. (▷ 形 vígorous)

*****vig·or·ous** [vígərəs] 形 **1** 精力的な, 元気な: a *vigorous* old man 元気はつらつとした老人.
2 (活動などが) 力強い, 激しい; 体力を要する: a *vigorous* argument 活発な議論. (▷ 名 vígor)

vig·or·ous·ly [vígərəsli] 副 精力的に; 活発に.

*****vig·our** [vígər] 《英》名 U = VIGOR (↑).

Vik·ing [váɪkɪŋ] 名 C **1** [時に v-] バイキング《8-10世紀にヨーロッパ北西沿岸部で略奪行為や植民を行ったスカンジナビア人》; (一般に) 海賊. (比較) 料理の「バイキング」は和製英語. 英語では smorgasbord と言う.

*****vile** [váɪl] 形 **1** 《口語》(天気・味などが)ひどい, いやな; 非常に悪い: a *vile* smell [odor] いやなにおい / in a *vile* temper ひどい気分で. **2** 恥ずべき, 下劣な, 不道徳な: a *vile* slander 下劣な中傷.

vil·i·fi·ca·tion [vìləfɪkéɪʃən] 名 C U 《格式》悪口, 中傷.

vil·i·fy [víləfàɪ] 動 (三単現 **vil·i·fies** [~z]; 過去・過分 **vil·i·fied** [~d]; 現分 **vil·i·fy·ing** [~ɪŋ]) 他 《格式》…の悪口を言う, …を中傷する.

*****vil·la** [vílə] 名 C **1** 《豪華な》別荘, 別邸; 田舎の大邸宅. **2** [しばしば V-]《英》(庭付きの)郊外住宅.

********vil·lage** [vílɪdʒ] 《原義は「田舎家, 農家」》
— 名 (複 **vil·lag·es** [~ɪz]) **1** C 村, 村落 (◇ hamlet より大きく, town より小さい): He

villager

was born in a small farming [fishing] *village* in New Zealand. 彼はニュージーランドの小さな農[漁]村に生まれた(◇通例,《米》では village を地名に用いない).
2 [形容詞的に] 村の, 町の: the *village* school [church, square] 村の学校[教会, 広場].
3 [the ~; 集合的に] 村民, 村人たち: Now the whole *village* knows her. 今や村じゅうの人が彼女のことを知っている.

‡**vil・lag・er** [vílidʒər] 名 C 村人, 村民.

vil・lain [vílən] (☆発音に注意) 名 C **1** 悪者, 悪党; 《英口語》犯罪者. **2** (映画などの) 悪役, 敵役.
■ *the villain of the piece*《口語・しばしばこっけい》(もめ事などの) 張本人.

vil・lain・ous [vílənəs] 形 **1**《文語》極悪非道の; 悪人の. **2**《口語》いやな, ひどい.

vil・lain・y [víləni] 名 (複 **vil・lain・ies** [~z])
1 U 極悪(非道);[集合的に] 極悪非道な行為.
2 C (通例, 複数形で) (個々の) 悪行, 悪事.

vim [vím] 名 U《古風》精力, 活力, 元気: *vim* and vigor 元気いっぱい, 活力旺盛(恭).

vin・ai・grette [vìnigrét] 名 U = vinaigrétte sáuce ビネグレットソース《油・酢・赤ワイン・パセリ・タマネギなどで作るドレッシング》.

Vin・ci [víntʃi] 名 → LEONARDO DA VINCI.

vin・di・cate [víndəkèit] 動 他《格式》**1** …に対する疑惑[嫌疑]を晴らす. **2** …の正しさを立証する.

vin・di・ca・tion [vìndəkéiʃən] 名《格式》**1** U (主張・行動などの) 弁護, 弁明; 擁護; 正当性の立証 [証明]: speak in *vindication* of …を弁護する. **2** [a ~] 正当性を立証[擁護]するもの.

vin・dic・tive [vindíktiv] 形 (人が) 復讐(ふく)心に燃えた, 執念深い; 報復的な: be *vindictive* toward … …に対して復讐心を抱く.

vin・dic・tive・ly [~li] 副 復讐心に燃えて.

vin・dic・tive・ness [~nəs] 名 U 復讐心, 執念深さ.

‡**vine** [váin] 名 C **1** ブドウの木〔つる〕(grapevine): a *vine* with a lot of grapes たわわに実ったブドウの木. **2** [植] つる性植物, つる草; つる: Melons grow on *vines*. メロンはつるに実る.

***vin・e・gar** [vínigər] 名 U (食用) 酢, ビネガー: pickle onions in *vinegar* タマネギを酢に漬ける.

vin・e・gar・y [vínigəri] 形 **1** (味・においが) 酢の(ような), すっぱい. **2** 不機嫌な, 意地悪な.

***vine・yard** [vínjərd] (☆発音に注意) 名 C ブドウ園[畑]《主にワイン用のブドウを栽培する》.

***vin・tage** [víntidʒ] 名 **1** C (通例, 単数形で) (ワイン用の) ブドウの収穫(期); ワインの醸造(期); ワイン[ブドウ] の生産高. **2** U C (特定の年に作られた) ワイン; = víntage wíne ビンテージワイン《良質のブドウが収穫された年に醸造された極上ワイン》: What *vintage* is this wine? — It's of 1997 *vintage*. このワインは何年ものですか—97年ものです. **3** U C (自動車などの) …年型, …型.
— 形 **1** (ワインが) 極上の, 年代物の. **2** 特に傑出した年代[時期]に生産された; 典型的な. **3** 古い, 年代物の.
◆ víntage càr C《英》ビンテージカー《1919-30年に生産された乗用車》.
víntage yéar C (ブドウの) 当たり年.

vint・ner [víntnər] 名《格式》ワイン商人[卸商]; ワイン醸造業者.

***vi・nyl** [váinəl] (☆発音に注意) 名 U **1** 〖化〗塩化ビニール; = vínyl plástic [résin] ビニール樹脂.
2 レコード(盤).

vi・o・la [vióulə] 《イタリア》名 C ビオラ《バイオリンとチェロの中間の大きさの4弦楽器》.

‡**vi・o・late** [váiəlèit] 動 他《格式》**1** 〈法律・規則など〉を破る, 〈協定など〉に違反する; 〈良心など〉に背(ばむ)く: *violate* a promise 約束を破る / The country has *violated* the treaty of commerce. その国は通商条約に違反した. **2**《文語》〈平和など〉を乱す, 妨害する; 〈権利など〉を侵害する: *violate* …'s privacy …のプライバシーを侵害する. **3**《格式》〈神聖な場所・ものなど〉を汚(けが)す, 冒(おか)す: *violate* a grave 墓を暴く. **4**《文語》〈女性〉に暴行する(rape). (▷ 名 violátion)

***vi・o・la・tion** [vàiəléiʃən] 名《格式》**1** U (法律・約束などの) 違反; C 違反行為: in *violation* of the regulations 規則に違反して / commit a *violation* 違反する. **2** U C《文語》妨害; (権利・プライバシーなどの) 侵害. **3** U C《格式》(神聖なものに対する) 冒とく. (▷ 動 víolate)

vi・o・la・tor [váiəlèitər] 名 C 違反者; 妨害[侵害]者; 冒とく者.

vi・o・lence [váiələns]

— 名 U **1** 暴力, 乱暴, 暴行(outrage): domestic *violence* 家庭内暴力 / Never resort to *violence*. 決して暴力に訴えてはいけない / Too much *violence* on television may have a bad influence on children. テレビの暴力シーンが多すぎると子供に悪影響を与えることがある.
2 (自然現象などの) 激しさ, 猛烈さ; (感情などの) 激しさ, 激怒: The *violence* of the storm was beyond imagination. あらしの激しさは想像を絶するものだった /"That's enough!" he said with *violence*.「もうたくさんだ」と彼は声を荒げた.
3 (事実・字句などの) 改ざん, 歪曲(かい).
■ dò *violence* to … 《格式》**1** …に暴行を加える; 〈感情など〉を損なう, 害する: His speech *did violence to* my feeling. 彼の話は私の感情を害した. **2** …を改ざんする. (▷ 形 víolent)

vi・o・lent [váiələnt]

— 形 **1** 乱暴な, 暴力的な: a *violent* action 乱暴な行為 / a *violent* crime 凶悪犯罪 / a *violent* movie 暴力シーンの多い映画 / John has a *violent* nature. ジョンは暴力的な性格です.
2 (自然現象などが) 激しい, 猛烈な, すさまじい: a *violent* thunderstorm 激しい雷雨 / a *violent* attack 猛攻撃 / have a *violent* headache 激しい頭痛がする.
3 (感情などが) 激しい, 激情的な: a person with a *violent* temper 気性の激しい人 / a *violent* dislike 強い嫌悪.
4 [限定用法] 〈死〉が暴力[事故] による: die [meet] a *violent* death 非業(ごう)の死を遂げる. (▷ 名 víolence; 動 víolate)

***vi・o・lent・ly** [váiələntli] 副 **1** 激しく, 猛烈に:

We were *violently* opposed to his proposal. 私たちは彼の提案に猛烈に反対していた. **2** 乱暴に, 手荒に: The door was thrown open *violently*. ドアが乱暴に押し開けられた.

vi・o・let [váiəlit] 图 **1** [C] 〖植〗 スミレ (の花): *Violets* came out one after another. スミレの花が次々に咲いた. **2** [U] スミレ色.
—形 スミレ色の.

vi・o・lin [vàiəlín]
—图 (複 vi・o・lins [~z]) [C] **1** バイオリン (→ ORCHESTRA [PICTURE BOX]): play the *violin* バイオリンを弾く / the bow of a *violin* バイオリンの弓. **2** (オーケストラの) バイオリン奏者 (violinist): the first [second] *violin* 第1 [第2] バイオリン奏者.

*vi・o・lin・ist [vàiəlínist] 图 [C] バイオリン奏者, バイオリニスト.

vi・o・lon・cel・lo [vàiələntʃélou] 图 (複 vi・o・lon・cel・los [~z]) [C] チェロ (cello).

VIP [víːàipíː] (☆ [víp] とは発音しない) 图 (複 VIPs [~z]) [C] 重要人物, 要人 (◇ *very important person* の略).

vi・per [váipər] 图 [C] **1** 〖動物〗毒ヘビ (マムシ・ハブ・ガラガラヘビなどクサリヘビ科の毒ヘビをさす). **2** 〖文語〗腹黒い人物, 意地悪な人間.

vi・ral [váiərəl] 形 (病気が) ウイルス(性)の.

Vir・gil [vɚ́ːrdʒəl] 图 圇 ヴェルギリウス, バージル (70–19 B.C.; ローマの詩人).

vir・gin [vɚ́ːrdʒin] 图形
—图 (複 vir・gins [~z]) **1** [C] 処女, 乙女, 未婚の女性; 童貞の男性. **2** [the V-] 聖母マリア (the Virgin Mary). **3** [C] 〖キリスト〗修道女. **4** [the V-] 〖天文・占星〗乙女座, 処女宮 (Virgo).
—形 (比較なし) **1** [限定用法] 処女の, 慎ましい, 純潔な. **2** 人跡未踏の, 最初の (first); 汚れのない: a *virgin* peak 未踏峰 / *virgin* snow 新雪.
◆ vírgin bírth [the ~] 〖キリスト〗処女降誕 (イエスが処女マリアから生まれたという信仰).
Vírgin Íslands [the ~] バージン諸島 (西インド諸島の北東の群島; 米領と英領に分かれる).
Vírgin Máry [the ~] 〖キリスト〗聖母マリア.
Vírgin Quéen [the ~] 処女王 (英国の女王エリザベス1世の通称).

vir・gin・al [vɚ́ːrdʒinəl] 形 処女の; 処女らしい. **2** 純潔な [清純] な, 汚れのない事を知らない.

Vir・gin・ia [vərdʒínjə] 图 圇 **1** バージニア (米国南東部の州; 《略語》Va.; 《郵略語》VA; → AMERICA 表). **2** バージニア (◇女性の名).
◆ Virgínia créeper [C][U] 〖植〗アメリカヅタ (《米》woodbine).

vir・gin・i・ty [vərdʒínəti] 图 [U] **1** 処女であること, 童貞; 処女性: lose one's *virginity* 処女 [童貞] を失う. **2** 純潔, 清純, 汚れのないこと.

Vir・go [vɚ́ːrgou] 图 圇 (複 Vir・gos [~z]) **1** 圇 〖天文〗乙女座 (the Virgin). **2** 圇 〖占星〗処女宮, 乙女座 (→ ZODIAC 図). **3** [C] 乙女座生まれの人 (8月23日–9月22日生まれ).

vir・ile [vírəl / -rail] 形 **1** 男性的な, 男らしい; 性的能力のある. **2** (文体などが) 力強い, 雄々しい.

vi・ril・i・ty [vəríləti] 图 [U] **1** 男らしさ; (男性の) 性的能力. **2** 力強さ, 力感, 活気.

vi・rol・o・gy [vairálədʒi / -ról-] 图 [U] ウイルス学.

*vir・tu・al [vɚ́ːrtʃuəl] 形 **1** [限定用法] 事実 [実質] 上の, 実際上の: He is the *virtual* ruler of the country. 彼は国の事実上の支配者です. **2** 〖コンピュータ〗仮想の; ネット上の; 〖光〗虚像の (↔ real).
◆ vírtual commúnity [C] バーチャルコミュニティー (ネット上の仮想空間を介した共同体).
vírtual reálity [U] バーチャルリアリティー, 仮想現実 (コンピュータによって生み出される現実そっくりな環境).

*vir・tu・al・ly [vɚ́ːrtʃuəli] 副 事実上, 実質的に; ほとんど: She was *virtually* unknown then. 彼女は当時無名同然だった.

vir・tue [vɚ́ːrtʃuː] 【原義は「男らしさ」】
—图 (複 vir・tues [~z]) **1** [U] 〖格式〗徳, 美徳, 善, 高潔 (↔ vice): a person of *virtue* 有徳の人 / a paragon of *virtue* 美徳の鑑 / *Virtue* is its own reward. 《ことわざ》徳はそれ自体が報いである. **2** [C] (人の性格の) 道徳的美点, 徳目; 善行: His *virtue* is being honest. 彼の美点は正直さです. **3** [C][U] (ものの) 長所, 利点 (advantage): This car has the *virtue* of not burning a lot of gas. この車の長所はあまりガソリンを食わないことです. **4** [U] 〖文語〗(女性の) 貞操 (chastity). **5** [U][C] (薬などの) 効力, 効き目.
■ *by vírtue of* … …によって, …のおかげで: *By virtue of* his hard work he managed to get the position. 勤勉のおかげで彼はその地位を手に入れることができた.
màke a vírtue of necéssity しなければならないことを進んで [積極的に] やる. (▷ 形 vírtuous)

vir・tu・os・i・ty [vɚ̀ːrtʃuásəti / -ɔ́s-] 图 [U] 〖格式〗(芸術家, 特に音楽家の) 妙技, 技巧.

vir・tu・o・so [vɚ̀ːrtʃuóusou] 【イタリア】 图 (複 vir・tu・o・sos [~z], vir・tu・o・si [-siː]) [C] (芸術, 特に音楽の) 巨匠, 名手, 名演奏家.

*vir・tu・ous [vɚ́ːrtʃuəs] 形 **1** 〖格式〗徳の高い, 高潔な. **2** 〖古風〗(女性が) 貞節な. **3** 有徳者 [高潔] ぶった, 偽善的な. (▷ 图 vírtue)
vir・tu・ous・ly [~li] 副 高潔に; 有徳者ぶって.

vir・u・lence [vírjuləns] 图 [U] 〖格式〗はなはだしい悪意 [敵意], 憎悪; ひどい辛らつさ. **2** 有毒, 毒性; 悪性 (伝染力).

vir・u・lent [vírjulənt] 形 **1** 〖格式〗(人・言葉などが) 敵意 [憎悪, 悪意] に満ちた; とても辛らつな. **2** 毒性の強い; 致命的な. **3** 〖医〗(病気の) 悪性の, 伝染力の強い.
vir・u・lent・ly [~li] 副 敵意 [憎悪] に満ちて.

*vi・rus [váiərəs] 图 (☆ 発音に注意) 图 [C] **1** 〖医〗ウイルス: an influenza *virus* インフルエンザウイルス. **2** 〖口語〗= vírus disèase 〖医〗ウイルス性疾患. **3** 〖コンピュータ〗ウイルス (computer virus).

4 《軽蔑》(精神・道徳上の)害毒, 悪影響.

***vi·sa** [víːzə] 名 C ビザ, (出入国)査証, (旅券などの)裏書き: an entry [exit] visa 入国 [出国] ビザ / a tourist [student] visa 観光 [留学] ビザ / apply for a U.S. visa 米国へのビザを申請する.
— 動 他 **1** 《旅券》を査証する, 裏書きする.
2 〈人〉にビザ [査証] を与える.

vis·age [vízidʒ] 名 C 《文語》顔, 顔つき, 容貌(ﾖﾎﾞｳ).

vis-à-vis [vìːzəvíː / vìːzɑːvíː] 【フランス】前 《格式》**1** …に関して. **2** …と比較して, …に対して.

vis·cer·a [vísərə] 名 (通例 複 ~s; 複数扱い)【解剖】内臓; 《口語》はらわた, 腸 (bowels).

vis·cer·al [vísərəl] 形 **1** 【解剖】内臓の, 腸の.
2 《文語》本能的な, 直感の.

vis·cos·i·ty [viskásəti, -kɔ́s-] 名 U **1** 粘着性, ねばねばすること. **2** 【物理】粘性; 粘度.

vis·count [váikàunt] (☆発音に注意) 名 C 子爵.

vis·count·ess [váikàuntəs] 名 C 子爵夫人; (女性の)子爵.

vis·cous [vískəs] 形 粘着性の, ねばねばした.

vise, 《英》**vice**[2] [váis] 名 C 万力(ﾏﾝﾘｷ): tighten [loosen] a vise 万力を締める [ゆるめる].

Vish·nu [víʃnuː] 名 C ビシュヌ 《ヒンドゥー教三大神の第2神で保存の神; → BRAHMA》.

vis·i·bil·i·ty [vìzəbíləti] 名 (複 **vis·i·bil·i·ties** [~z]) **1** U C 見渡せる範囲, 視界; 可視性; 【気象】視程. **2** U 目に見えること [状態].
(▷ 形 vísible)

***vis·i·ble** [vízəbl]
— 形 **1** 目に見える (↔ invisible): a visible object 目に見えるもの / The star is visible to the naked eye. その星は肉眼で見える / The river is visible from the next room. その川は隣の部屋から見える.
2 明白な, はっきりした: a visible increase in bankruptcy 倒産(件数)の顕著な増加 / She showed visible annoyance. 彼女は明らかないら立ちの表情を見せた.
3 《テレビ・新聞などで》目にする: highly visible comedians よく目にするコメディアン.
(▷ 名 visibílity)

vis·i·bly [vízəbli] 副 目に見えて; ありありと.

***vi·sion** [víʒən] 【原義は「見ること」】
— 名 (複 **vi·sions** [~z]) **1** U 視力, 視覚 (sight): have good [poor] vision 視力がよい [悪い] / the field of vision 視野, 視界 / He has lost his vision in his left eye. 彼は左目の視力を失った.
2 C 未来像, 理想像, 心に描く像: a vision of the future 未来像 / have a high vision 崇高な理想を抱く.
3 U 《未来を》見通す力, 洞察力 (foresight); 想像力: a person of great vision 洞察力にすぐれた人物 / She had the vision to buy the artist's works before he became famous. 彼女にはその画家がのちに有名になる前に作品を買う先見の明があった.
4 C 幻, 幻想; 夢想. **5** C 《通例 a ~》光景, 有様; 美しい光景.
(▷ 形 vísionàry)

vi·sion·ar·y [víʒənèri / -nəri] 名 (複 **vi·sion·ar·ies** [~z]) C **1** 予見 [洞察] 力のある人.
2 夢想家, 空想家.
— 形 **1** 予見力のある, ビジョン [洞察] 力を持った.
2 〈人が〉空想にふける, 夢想的な. (▷ 名 vision)

****vis·it** [vízit]
— 動 (三単現 **vis·its** [vízits]; 過去・過分 **vis·it·ed** [~id]; 現分 **vis·it·ing** [~iŋ])
— 他 **1** 〈人〉を**訪問する**, 〈人〉の所に遊びに行く; 〈病人〉を見舞う: I will visit my grandparents tomorrow. 私はあす祖父母の家に遊びに行く / She visited me when I was in the hospital. 私が入院していたとき彼女が見舞いに来てくれた.
2 〈土地・場所〉を**訪れる**, 見物に行く: Are you going to Europe? Then you should visit Italy by all means. ヨーロッパへ行くのですか. それならイタリアは必見ですよ / I have long wanted to visit the Louvre. 私はずっと前からルーブル美術館に行きたいと思っている.
3 〈人〉の所に(客として)泊まる, 滞在する: I visited my uncle for a week. おじの家に1週間泊まった.
4 〈医師・弁護士など〉の所に診察 [相談] に行く; (医師が)〈病人〉を往診する; 〈場所〉を視察する: You should visit a dentist as soon as possible. できるだけ早く歯医者に行ったほうがいい / The mayor visited the earthquake-stricken area. 市長は地震の被災地を視察した.
5 《通例, 受け身で》《格式》〈災難・災害などが〉〈人・場所〉を襲う.
— 自 **1** [土地・場所 / 人を] 訪問する, 訪れる [at, in / with]: visit at his house 彼の家を訪れる / She has not visited with her parents for ten years. 彼女は10年間両親に会っていない.
2 [土地・場所に / 人の所に] 泊まる, 滞在する [at, in / with]: They are visiting in Kyoto now. 彼らは今京都に滞在中です / My uncle visited with us last month. 先月おじがうちに泊まった.
3 《米》〈人と〉おしゃべりする [with]: I enjoyed visiting with her for about an hour. 私は彼女と1時間ほどおしゃべりを楽しんだ.
■ **vísit ... on ~** 《古》〈怒り・罰など〉を~に向ける.
— 名 (複 **vis·its** [-zits]) C **1** [人からの / 人への] **訪問**; 見舞い [from / to]: I had [received] a visit from one of my old friends. 私は古い友人の訪問を受けた / I made a visit to my aunt's. 私はおばの家を訪問した.
2 [場所の] 見物, 観光; 滞在 [to]: We enjoyed the first visit to Thailand. 私たちは初めてのタイでの滞在を楽しんだ.
3 《米》滞在. **4** (医師の)往診, 回診; 視察. **5** 《米》〈人との〉おしゃべり, 雑談 [with].
■ **gó on a vísit to ...** を(長期間)訪れる.
on a vísit to ... ~を訪問 [見物, 滞在] 中で: While I was on a visit to Beijing, I went to see the Great Wall. 私は北京滞在中に万里の長城を見に行った.
pày a vísit to ... = páy ... a vísit 〈人・場所〉を訪問する, 見物する; 見舞う: I paid a visit to my friend in the hospital. 私は入院中の友人の見舞

いに行った. (▷ 名 visitátion)
vis·it·a·tion [vìzətéiʃən] 名 C 1 《格式》(職務上の)公式訪問; 視察. 2 《文語》災難, 災害; 超自然現象の出現. 3 《こっけい》迷惑な長居, 長逗留(%%%). (▷ 動 visit)
vis·it·ing [vízitiŋ] 名 U 訪問, 見舞い; 視察.
——形 [限定用法] 訪問[見舞い]の; 視察の; (スポーツで) 遠征(中)の: be on *visiting* terms with ...〈人〉と行き来するほど親しい間柄である / a *visiting* team 遠征チーム, ビジター.
◆ vísiting cárd C 《英》名刺 (《米》calling card).
vísiting hóurs [複数扱い] (病院などの) 面会時間.
vísiting proféssor C 客員[派遣]教授.
vísiting téacher C 《米》家庭訪問教員 《病気の生徒などに出張授業をする》.

***vis·i·tor** [vízitər]
——名 (複 **vis·i·tors** [~z]) C 1 […からの / …への] 訪問者, 来客; 見舞い客 [from / to] (→類義語): a prison *visitor* 囚人面会者 / No *Visitors* 《掲示》(病室などで)面会謝絶.
2 […からの / …への] 観光客, 見物人, 参観者 [from / to]: They are the *visitors* from London to Kyoto. 彼らはロンドンから京都にやって来た観光客です / The number of *visitors* to this theme park last year was over ten million. 昨年のこのテーマパークの入場者数は1千万人を超えた.
3 滞在客, 泊まり客: The hotel is full of *visitors* in summer. そのホテルは夏は宿泊客でいっぱいです. 4 渡り鳥.
◆ vísitors' bóok C (ホテルなどの) 宿泊者名簿; 訪問者名簿.

類義語 visitor, guest, caller
共通する意味▶客, 訪問者 (someone who comes to stay for a social visit or other reason)
visitor は「客, 訪問者」の意を表す最も一般的な語: She showed the *visitor* into the parlor. 彼女は来客を応接室に通した. **guest** は招待に応じてやって来て「もてなしを受ける客」をさす. ホテル・レストランなどで「サービスを受ける客」をさすこともある: How many *guests* are coming to the wedding reception? 結婚披露宴には何人の客が来る予定ですか. **caller** は社交上・商用などの目的で, 家庭・事務所などにちょっと立ち寄る「短期訪問者」をさす: We had an unexpected *caller* this morning. けさ突然の来客があった.

---

vi·sor [váizər] 名 C 1 バイザー 《ヘルメットの顔面を保護する部分》. 2 《主に米》(帽子の) まびさし, つば. 3 (車の) サンバイザー, 日よけ板.
vis·ta [vístə] 《イタリア》名 C 1 《文語》展望, 眺望; (並木・建物などが両側に並んだ) 眺め. 2 (未来への) 展望, 見通し; (過去の) 回想, 追憶: open up new *vistas* 新しい展望を切り開く.

‡**vis·u·al** [víʒuəl] 形 1 [限定用法] 視覚の, 視覚に関する: *visual* acuity 視力 / *visual* organs 視覚

器官. 2 視覚による, 目に見える, 視覚に訴える: *visual* flight 有視界飛行. (▷ 動 vísualize)
◆ vísual áid C 視覚教材 [教具] 《スライド・地図・映画など》.
vísual árts [the ～] 視覚芸術 《絵画・写真など》.
vis·u·al·i·za·tion [vìʒuəlizéiʃən / -laiz-] 名 U 目に見えるようにすること; 思い浮かべること, 想像.
vis·u·al·ize, 《英》**vis·u·al·ise** [víʒuəlàiz] 動 他 …を […として] 心に思い浮かべる [*as*]; […することを] 心に描く [*doing*]; […かを] 想像する [疑問節]: Emily *visualized winning* the race. エミリーはレースで優勝する場面を想像した / Can you *visualize what* he is like? 彼がどんな人物か想像できますか. (▷ 形 vísual)
vis·u·al·ly [víʒuəli] 副 見た目には, 外見は; 視覚的に, 目で見て: *visually* handicapped 目が不自由な.

vi·tal [váitl] 《原義は「生命の」》
——形 1 […にとって] **きわめて重要な**, 不可欠な (crucial) [*to, for*]: a *vital* problem きわめて重要な問題 / It is *vital* to [*for*] my plan. それは私の計画に欠かせない / It is *vital* that you (should) practice more earnestly. あなたはもっと真剣に練習することが不可欠です (◇ should を用いるのは《主に英》).
2 活気のある, 生き生きとした: a *vital* painting 生き生きとした絵 / I have never seen such a strong, *vital* man. 私はこれまでこんなに力持ちで, 快活な男を見たことがない.
3 [比較なし; 限定用法] 生命の, 生命に必要な, 生命に関する: the *vital* force 生命力 / Sleeping is one of the *vital* functions. 眠ることは生命に必要な機能の1つです.
4 [比較なし] 致命的な, 生死にかかわる: a *vital* wound 致命傷 / a *vital* failure 致命的な失敗. (▷ 名 vitálity)
◆ vítal statístics [複数扱い] 1 人口動態統計 《出生・死亡・結婚などの統計》. 2 《英・こっけい》(女性の体の) スリーサイズ.

*vi·tal·i·ty [vaitǽləti] 名 U 1 活気, 生気, 元気: economic *vitality* 経済的活力. 2 生命力, 生活力: the *vitality* of a plant 植物の生命力.
3 (制度などの) 持続 [存続] 力. (▷ 形 vítal)
vi·tal·ize, 《英》**vi·tal·ise** [váitlàiz] 動 他 《格式》…に生命 [活力] を与える; …を元気づける.
vi·tal·ly [váitli] 副 1 生命にかかわるほど, 致命的に. 2 きわめて (重大に); 絶対に, この上なく.
‡**vi·ta·min** [váitəmin / vít-, váit-] [☆発音に注意] 名 1 C U [通例 ～s] ビタミン: *vitamin* A ビタミンA / Oranges are rich in *vitamins*. オレンジはビタミンが豊富です. 2 [形容詞的に] ビタミンの: *vitamin* deficiency ビタミン不足 / *vitamin* pills [tablets] ビタミン錠剤.
vi·ti·ate [víʃièit] 動 他 1 《通例, 受け身で》《格式》…の価値 [質] を損なう; 〈空気など〉を汚染する.
2 …を無効にする.
vit·i·cul·ture [vítəkλltʃər] 名 U 《ワイン醸造のための》ブドウ栽培 (学, 術).
vit·re·ous [vítriəs] 形 《通例, 限定用法》ガラスの

vit・ri・ol [vítriəl] 名 U **1**《文語》辛らつな批評, ひどい皮肉. **2**《古風》《化》硫酸; 硫酸塩.

vit・ri・ol・ic [vìtriálik / -ól-] 形 辛らつな, 痛烈な.

vi・tro [víːtrou] → IN VITRO.

vi・tu・per・a・tion [vaitjùːpəréiʃən, vi- / -tjùː-] 名 U《格式》罵倒(ば̇)), 非難, 叱責(ば̇).

vi・tu・per・a・tive [vaitjúːpərətiv, vi- / -tjúː-] 形《格式》口汚い, 非難の, 叱責の.

vi・va [víːvə]【イタリア】間 万歳.
— 名 C 万歳の叫び声.

vi・va・ce [viváːtʃei, -tʃi]【イタリア】副 形《音楽》活発に[な], 生き生きと[とした].

vi・va・cious [vivéiʃəs] 形《ほめ言葉》(特に女性が)快活な, 陽気な, はつらつとした.

vi・va・cious・ly [~li] 副 快活に, はつらつと.

vi・vac・i・ty [vivǽsəti] 名 U 快活, 陽気, 元気.

Vi・val・di [viváːldi] 名 ビバルディ Antonio [æntóuniòu] Vivaldi (1678–1741; イタリアの作曲家).

vi・va vo・ce [váivə vóusi]【ラテン】名 C《英》(大学の) 口頭試験 [試問].
— 形 口頭の (oral).

‡viv・id [vívid] 形 **1** (表現・記憶などが) 生き生きした, 生々しい, 真に迫った: a *vivid* description 生き生きとした描写 / I don't have *vivid* memories of my childhood. 私は子供の頃のことははっきり覚えていない.
2 (色・光などが) 鮮やかな, 強烈な, 鮮明な: *vivid* red 鮮やかな赤 / *vivid* coloring 鮮やかな彩色.
3 (人・性格などが) 活気 [生気] にあふれた, はつらつとした.

viv・id・ly [~li] 副 生き生きと; 鮮やかに.

viv・id・ness [~nəs] 名 U はつらつさ; 鮮やかさ.

viv・i・fy [vívəfài] 動 (三単現 **viv・i・fies** [~z]; 過去・過分 **viv・i・fied** [~d]; 現分 **viv・i・fy・ing** [~iŋ]) 他 …に活気 [生気] を与える, …を生き生きさせる; 鮮明にする.

viv・i・sec・tion [vìvəsékʃən] 名 U《医》生体解剖.

vix・en [víksən] 名 C **1** 雌ギツネ (cf. fox 雄ギツネ). **2**《古風》意地悪な女, 口やかましい女.

viz [víz] 副《格式》すなわち (◇ 通例 [néimli] と読む. 現在では namely を用いるのが一般的).

Vla・di・vos・tok [vlædivástak / -vóstɔk] 名 ウラジオストク《シベリア南東部の港湾都市》.

V-neck 名 C V字型の襟(えり), Vネック.

VOA《略語》= Voice of America ボイスオブアメリカ (→ VOICE 複合語).

vo・cab [vóukæb] 名 U《口語》単語集 (◇ *vocabulary* の略).

‡vo・cab・u・lar・y [vəkǽbjulèri, vou- / -ləri] 名 (複 **vo・cab・u・lar・ies** [~z]) **1** U C (通例単数形で) 語彙(い)(◇ ある言語・職業・階級・個人などが用いる語の全体); 用語数, 用語範囲: the *vocabulary* of chemistry 化学用語 / increase [build up, extend] one's *vocabulary* 語彙を増やす / She has a large [small] *vocabulary*. 彼女は語彙が豊富 [貧困] だ. **2** C 単語集 [表], 用語集, 語彙集 (《口語》vocab).

‡vo・cal [vóukəl] 形 **1**《限定用法》声 [音声] の, 声

に関する; 発声の: the *vocal* organs 音声器官 / a *vocal* range 声域. **2** 口頭の, 声に出した; 《音楽》声楽 (用) の: *vocal* communication 口頭伝達 / *vocal* music 声楽. **3**〔…について〕思うことを自由に口に出す, 主張する [*in, about*]: They were *vocal* about workers' rights. 彼らは労働者の権利を主張した.
— 名 C [しばしば ~s]《音楽》ボーカル《バンド演奏の中の歌唱部》. (▷ 名 vócify)

♦ **vócal còrds [chòrds]** [the ~ / one's ~; 複数扱い]《解剖》声帯.

*****vo・cal・ist** [vóukəlist] 名 C (ジャズ・ロックなどの) 歌手, ボーカリスト (➡ ROCK **PICTURE BOX**).

vo・cal・ize,《英》**vo・cal・ise** [vóukəlàiz] 動 他 **1** …を声 [口] に出す; 発音する; 歌う. **2**《音声》〈無声音〉を有声化する. — 自 声を出す; 歌う.

vo・cal・ly [vóukəli] 副 声に出して, 口頭で; 大声で.

‡vo・ca・tion [voukéiʃən] 名 **1** C [しばしば one's ~] 天職, 使命 (感): find [miss] one's *vocation* 自分に向いた [不向きな] 仕事につく.
2 C [通例, 単数形で] (一般に) 仕事, 職業, 業務.
3 C U〔職業に対する〕適性, 素質 [*for*]: have a [no] *vocation for* ... …に向いている [向いていない]. **4** C U《聖職への》神のお召し.

‡vo・ca・tion・al [voukéiʃənəl] 形 職業 (上) の, 職業に関する; 職業訓練 (のため) の: *vocational* education 職業教育 / *vocational* training [guidance] 職業訓練 [指導].

♦ **vocátional schòol** C 職業 (訓練) 学校.

voc・a・tive [vákətiv / vók-] 名 C《文法》呼格.
— 形《文法》呼格の; 呼びかけの.

vo・cif・er・ate [vousífərèit] 動 自《格式》(不平・怒りなどで) 絶叫する, わめく.

vo・cif・er・ous [vousífərəs] 形《格式》大声で叫ぶ, やかましい;〈抗議・要求などが〉声高な, うるさい.

vo・cif・er・ous・ly [~li] 副 やかましく, うるさく.

vod・ka [vádkə / vód-] 名《ロシア》名 U ウオッカ《ライ麦などを原料とするロシア産の強い蒸留酒》.

‡vogue [vóug] 名 [単数形で] **1** [しばしば the ~]〔…の〕(一時的な) 流行, はやり [*for*]: Boots are the latest *vogue*. ブーツが最近の流行だ.
2 [しばしば a ~] 人気, 受け: The film had a great *vogue*. その映画は非常に受けた.

■ **be áll the vógue** 大流行である.

be in vógue 流行している, はやっている.

♦ **vógue wòrd** C 流行語.

***voice** [vóis] 名 動【原義は「呼ぶこと」】
— 名 (複 **voic・es** [~iz]) **1** U C (人の) 声, 音声; I heard *voices* in the distance. 遠くから声が聞こえた / He has a hoarse [sweet] *voice*. 彼はしわがれた [美しい] 声をしている / She lowered [raised] her *voice*. 彼女は声をひそめた [大声を出した] / Wendy replied in a trembling *voice*. ウェンディーは震えた声で答えた.
2 U 声を出す能力: He lost [recovered] his *voice*. 彼は声が出なくなった [出るようになった].
3 C 意見, 意志: dissenting *voices* 反対意見, 異論 / the *voice* of the people 世論 / They were all of one *voice*. 彼らは皆同じ意見だった.

4 [U]（または a ～）[…での]発言権, 投票権 [*in*]: They have no *voice in* this matter. 彼らはこの件での発言権を持っていない. **5** [C][U]〖音楽〗(声楽の)声; [C]歌手: a male [female] *voice* 男[女]声. **6** [C]（通例 the ～）(自然・動物などの)音;（神・天・良心などの）声: the *voice* of the sea 海の音 / the *voice* of Heaven [reason] 天[理性]の声. **7** [U][C]（通例 the ～）〖文法〗(動詞の)態（→文法）. **8** [U]〖音声〗有声音 (cf. breath 無声音).

■ *at the tóp of one's vóice* 声を限りに.
be in góod vóice 声がよく出る, 声の調子がよい.
find one's vóice (驚きなどのあとで)声が出るようになる.
give vóice to ... 〈感情など〉を声に出す.
with óne vóice 異口同音に.

— 動 他 **1** [...に対する]〈考えなど〉を言葉に表す, 表明する [*to*]: She *voiced* her complaint *to* us. 彼女は私たちに対する不満を口にした.
2 〖音声〗...を有声音化する. (▷ 形 *vócal*)

◆ *voice bòx* [C] 喉頭(ミミ) (larynx).
vóice màil [U] **1** 〖コンピュータ〗ボイスメール《音声による電子メール》. **2** 留守番電話.
Vóice of América [the ～] ボイスオブアメリカ《米国情報局の海外向けラジオ放送;《略記》VOA》.
voiced [vɔ́ist] 形 **1** 〖音声〗有声(音)の (↔ *voiceless*). **2** 声に出した[表した].
voice·less [vɔ́ɪsləs] 形 **1** 〖音声〗無声(音)の (↔ *voiced*). **2** 無言[無声]の; 口が利けない.
vóice-ò·ver 名 [C] (姿が画面に出ない)ナレーター[解説者]の声[語り], ナレーション.
voice·print [vɔ́ɪsprìnt] 名 [C] 声紋.
***void** [vɔ́ɪd] 形 **1** 〖格式〗からの (empty);〖叙述用法〗[...を]欠いた, [...が]ない [*of*]: He is *void of*

common sense. 彼には常識がない. **2** 〖法〗無効の: null and *void* 無効の.
— 名 **1** [the ～]（宇宙）空間; 虚空(ミル); 真空.
2 [C]（通例, 単数形で)(あるべきもの)がないこと, 欠如; 空虚感, むなしさ: Her husband's death left a profound *void* in her. 夫が死んで彼女の心にはぽっかりと穴があいた.
— 動 他 **1** 〖法〗〈契約など〉を無効にする.
2 〖格式〗〈便〉を排泄(法)する;〈中身〉をからにする.
voile [vɔ́ɪl] 名 [U] ボイル《絹などの薄い生地》.
vol. 《略記》＝*volume*（書物などの)巻《◇複数形は vols.》.
***vol·a·tile** [vɑ́lətəl / vɔ́lətàɪl] 形 **1** （情勢などが)不安定な, 一触即発の; 変動の激しい. **2** (人・性格などが)気まぐれ[移り気]な. **3** (液体が)揮発性の.
vol·a·til·i·ty [vɑ̀lətɪ́ləti / vɔ̀l-] 名 [U] **1** 不安定さ; 乱高下. **2** 気まぐれ, 移り気. **3** 揮発性.
***vol·can·ic** [vɑlkǽnɪk / vɔl-] 形 **1** 火山(性)の; 火山のある[多い]: *volcanic* activity 火山活動 / *volcanic* eruptions 噴火. **2** (感情・気質などが)非常に激しい, 激烈な. (▷ 名 *volcáno*)
‡**vol·ca·no** [vɑlkéɪnoʊ / vɔl-] 名（複 **vol·ca·no(e)s** [～z]）[C] 火山; 噴火口: an active [a live] *volcano* 活火山 / a dormant *volcano* 休火山 / an extinct [a dead] *volcano* 死火山 / The *volcano* erupted fifteen years ago. その火山は15年前に噴火した. (▷ 形 *volcánic*)
vole [vóʊl] 名 [C] 〖動物〗ハタネズミ《尾が短く体が丸い. 草原や畑地でトンネルを掘ってすむ》.
Vol·ga [vɑ́lɡə / vɔ́l-] 名 固 [the ～] ボルガ川《ロシア西部を流れカスピ海に注ぐヨーロッパ最長の川》.
vo·li·tion [voʊlíʃən, və-] 名 [U] 〖格式〗意志作用, 意欲; 意志, 決断力.

■ *of one's ówn volítion* 自分の意志で, 自発的

文法 態 (voice)

[態の種類]

❶ 能動態: 行為者 [動作を行うもの] を主語にした文に用いられる述語動詞の形です.

The teacher praised him.
　行為者　　　能動態　　　　　(先生は彼をほめた)

❷ 受動態: 「be動詞＋過去分詞」
動作を受けるものを主語にした文に用いられる述語動詞の形です. 受け身とも言います. この場合の述語動詞は他動詞に限ります.

He was praised by the teacher.
　　受動態　　　　行為者
　動作を受けるもの　　(彼は先生にほめられた)

[能動態から受動態への書き換え]

❶ 能動態の文の目的語を主語にする

❷ 述語動詞を「be動詞＋過去分詞」にする. be動詞の形は能動態の時制, 新しい主語の人称・数（単数か複数か）に合わせる

❸ 能動態の文の主語を「by...」の形で文末に置く

The teacher praised him.
　　↓❶　　　↓❷　　↓❸
He was praised by the teacher.

[受動態が好まれる場合]

行為者よりも動作を受けるものに関心がある場合は受動態が好んで用いられます. 次の場合, by... をしばしば省略します.

■ **行為者を示す必要がない場合**
Our team was defeated yesterday.
　　(私たちのチームはきのう負けた)

■ **行為者が不明, または特定できない場合**
Five people were killed in the train accident.
　　(その列車事故で5人が亡くなった)

■ **行為者が前後関係から明らかな場合**
Most of his work was done early in the morning.　(彼の仕事の大部分は朝早くにされた)

■ **行為者が漠然とした一般の人の場合**
English is spoken in Australia.
　　(オーストラリアでは英語が話される)

vol・ley [váli / vóli] 名C **1**〖弾丸・矢などの〗一斉射撃〘*of*〙.**2**〖質問などの〗連発〘*of*〙: a *volley of* questions 質問の雨. **3**〖球技〗ボレー《テニス・サッカーなどで球が地面につく前に打ち返す[ける]こと》.
― 動 他 **1**〈弾丸など〉を一斉に撃つ;〈質問など〉を連発する,浴びせる. **2**〖球技〗〈球〉をボレーで打ち返す[ける].
― 自 **1**(銃などが)一斉に発射される.
2〖球技〗ボレーをする.
*__**vol・ley・ball**__ [válibɔːl / vóli-] 名 **1** U〖球技〗バレーボール. **2** C バレーボール用のボール.
*__**volt**__ [vóult] 名 C〖電気〗ボルト《◇電圧の単位;《略語》V, v》.
*__**volt・age**__ [vóultidʒ] 名 UC〖電気〗電圧,ボルト数: high [low] *voltage* 高[低]電圧.
Vol・taire [vɑltéɚ, voul- / vɔl-] 名 固 ボルテール(1694-1778;フランスの啓蒙思想家).
volte-face [vɔːltfɑ́ːs / vɔlt-]【フランス】名 C 〖通例,単数形で〗《格式》(意見・態度などの)急変.
volt・me・ter [vóultmìːtɚ] 名 C〖電気〗電圧計.
vol・u・ble [váljubl / vɔ́l-] 形《格式・時に軽蔑》(人が)多弁な,口達者な;(話などが)流暢(%$%)な.
vol・u・bly [-bli] 副 多弁に,口達者に.

***__**vol・ume**__** [váljəm, -ljuːm / vɔ́ljuːm]
【原義は「巻いたもの」】
― 名(複 **vol・umes** [~z]) **1** CU 容量;体積,容積: the *volume* of a cask たるの容量 / molecular *volume*〖化〗分子容量,モル体積 / The food is decreasing in *volume* day by day. 食料は日々少なくなっている.
2 C(続き物の本や雑誌の)1巻,1冊《《略語》vol.》;《格式》(特に大型の)本: *Vol.* I 第1巻 / This encyclopedia consists of five *volumes*. この百科事典は5巻から成る / Our school library has more than fifty thousand *volumes*. 私たちの学校の図書館は5万冊以上の蔵書がある.
3 U 音量,ボリューム: Turn up [down] the *volume* on the TV. テレビの音量を上げ[下げ]なさい. **4** C〖a ~ / ~s〗たくさん(の…)〘*of*〙: a *volume of* smoke もうもうとした煙 / a large *volume of* data 大量の資料.
■ *spéak vólumes* **1** 大いに意味がある. **2**〖…を〗明白に証明する〘*for*〙.　(▷ 形 volúminous)
vo・lu・mi・nous [vəlúːminəs] 形《格式》**1**多量の;(書物などが)大部の,巻数の多い: *voluminous* information おびただしい情報. **2**(衣服が)ゆったりした(loose). **3**(容器などが)大きい,たくさん入る.　(▷ 名 vólume)
vol・un・tar・i・ly [vɑ̀ləntérəli / vɔ́ləntərəli] 副 自発的に,自分から進んで.
*__**vol・un・tar・y**__ [vɑ́ləntèri / vɔ́ləntəri] 形
1(人・行動が)自発的な,自由意志による,志願の(↔ obligatory);無償の: a *voluntary* worker ボランティア,無償の奉仕者 / make a *voluntary* contribution to … に自発的に寄付する.
2〖限定用法〗(学校・病院などが)(任意の)寄付で運営される.
3〖生理〗随意の: *voluntary* muscles 随意筋.
― 名(複 **vol・un・tar・ies** [~z]) C オルガン独奏(曲)《礼拝時に演奏する》.　(▷ 名 vòluntéer)
*__**vol・un・teer**__ [vɑ̀ləntíɚ / vɔ̀l-](☆アクセントに注意) 名 C **1**〖…の〗志願者,ボランティア,奉仕者〘*for*〙: Are there any *volunteers for* this job? この仕事を進んで引き受けてくれる人はいませんか. **2**志願〖義勇〗兵. **3**〖形容詞的に〗志願〖有志〗の,自発的な;志願兵の: *volunteer* activities 奉仕活動 / a *volunteer* army 義勇軍.
― 動 自 **1**〖…を〗進んで申し出る〖引き受ける〗〘*for*〙: *volunteer for* the job 進んで仕事にあたる.**2**〖兵役に〗志願する〘*for*〙;志願兵になる.
― 他 …を進んで申し出る[引き受ける];〖…しようと〗進んで申し出る〖*to do*〙;〈情報・話など〉を進んで与える〖言う〗: *volunteer* help 支援を申し出る / *volunteer to* clean the room 部屋の掃除を買って出る.　(▷ 形 vóluntàry)
◆ **Volunteer Stàte** 固〖the ~〗義勇軍州(Tennessee 州の愛称;→ AMERICA 表).
【背景】 アメリカ人は行政に頼らず,自分たちでよりよい社会を作っていこうという気持ちが強く,高校生も多くがボランティア活動をしている.小学生の遠足の付き添いをしたり,洗車や手作り菓子の即売で集めた金を寄付するなどの活動を通じて地域社会や学校に貢献している.

vo・lup・tu・ous [vəláptʃuəs] 形 **1**(女性が)肉感的な,色っぽい,官能的な. **2** 酒色〖快楽〗にふける(おぼれる). **3**《文語》官能的で心地よい.
vo・lup・tu・ous・ly [~li] 副 官能的に;心地よく.
vom・it [vámit / vɔ́mit] 動 自 **1** 嘔吐(%)する,もどす(throw up). **2**(溶岩・煙などが)噴き出す,流れ出る(*out*).
― 他 **1**〈胃の中のもの〉を吐く,もどす(*up*).
2(火山・煙突などが)〈溶岩・煙など〉を噴出[流出]する,吐き出す(*out, forth*).
― 名 U 嘔吐物,へど.
voo・doo [vúːduː] 名 U 〖しばしば V-〗ブードゥー教《西インド諸島などに残る呪術(%)的な原始宗教》.
vo・ra・cious [vɔːréiʃəs, və-] 形 がつがつ食べる,大食の;(食欲などが)旺盛(%)な,貪欲(%)な.
vo・ra・cious・ly [~li] 副 がつがつと;貪欲に.
vo・rac・i・ty [vɔːrǽsəti, və-] 名 U 大食,暴飲暴食;貪欲(%).
vor・tex [vɔ́ːɚteks](複 **vor・tex・es** [~iz], **vor・ti・ces** [vɔ́ːɚtəsìːz]) 名 C《文語》**1**(水・風などの)渦,渦巻き,旋風. **2**〖通例,単数形で〗《誇張》〖戦争・革命などの〗渦〘*of*〙: be drawn into the *vortex of* war 戦乱の渦中に巻き込まれる.
vo・ta・ry [vóutəri] 名(複 **vo・ta・ries** [~z]) C《格式》修道士[女];信者,信心家.

***__**vote**__** [vóut]
名 動【原義は「誓い」】
― 名(複 **votes** [vóuts]) **1** C〖…に賛成の / …に反対の〗票〘*for / against*〙;投票用紙: cast [give] a *vote for* [*against*] the proposal 提案に賛成[反対]の票を投じる / spoil one's *vote* 無効投票をする / How many *votes* did he get? 彼は何票獲得しましたか.
2 C〖…についての〗投票(で選ぶこと),票決,採決〖*on, about*〗: a *vote* of confidence [censure] 信任[不信任]投票 / an open [a secret] *vote* 記

voter / **VTOL**

名[無記名]投票 / *a vote* by raising hands 挙手採決 / *a vote on* [*about*] building a dumping place ごみ処分場建設の是非を問う投票. **3** [通例 the ～] 投票総数, 得票数; [単数形で] 投票結果: He won a last seat by a close *vote*. 彼は僅差(ホッムホ)で最後の議席を得た / The *vote* was 200. 総得票数は200だった. **4** [the ～] 投票権, 選挙権: Women did not have the *vote* in those days. 当時女性には選挙権がなかった.

■ *gò* [*còme*] *to the vóte* 票決に付される.
pút [*bríng*] ... *to the vóte* ...を票決に付す, ...の採決を行う.
tàke a vóte on ... ...について採決をとる.

— 動 (三単現 **votes** [vóuts]; 過去・過分 **vot·ed** [～id]; 現分 **vot·ing** [～iŋ])
— 圓 [...について] 投票する, 票決する [*on*]; [...に賛成の / ...に反対の投票をする [*for* / *against*]: *vote* [*against*] the bill 法案に賛成 [反対] の投票をする / *vote on* the problem その問題について投票する / You are too young to *vote*. あなたはまだ若くて投票できません.
— 他 **1** [vote+O] 《政党・候補者など》に投票する: *vote* the Republican [Democratic] ticket 共和党 [民主党] に投票する.
2 (a) [vote+O] ...を投票で決める[選ぶ]; 可決する: The committee *voted* the bill by a large majority. 委員会は法案を大差で可決した. (b) [vote+that 節 [to do]] ...ということ[...すること] を可決する: The House *voted* that all the trade restrictions (should) be lifted. =The House *voted to* lift all the trade restrictions. 下院は貿易制限の全廃を議決した (◇ should を用いるのは《主に英》). (c) [vote+O+O / vote+O+to ...] 《権限・資金など》を票決によって与える: They *voted* the town money for a new bridge. = They *voted* money for a new bridge *to* the town. 新しい橋の建設資金を町に与えることが票決された.
3 [vote+O+C] [しばしば受け身で](多くの人が)...を ... と認める, みなす (◇ C には名詞): The party *was voted* a great success. だれもがパーティーは大成功だったと認めた.
4 [vote+that 節] (suggest) ...ということを提案する (◇通例 I を主語にする): I *vote that* we (should) go on fishing next week. 来週釣りに行こうじゃないか (◇ should を用いるのは《主に英》).

■ *vóte dówn* 《他》《議案など》を否決する.
vóte ín 《他》(投票で)...を選出する.
vóte óut 《他》(投票で)...を[...から]辞めさせる, 解職する [*of*].
vóte thróugh 《他》《議案など》を可決する.

***vot·er** [vóutər] 名 C 投票者, 選挙人; 有権者: an absentee *voter* 不在投票者 / a floating *voter* 浮動票層の選挙人.

vot·ing [vóutiŋ] 名 U **1** 投票, 選挙. **2** [形容詞的に] 投票(用)の: *voting* rights 投票権.
◆ *vóting bóoth* C 《米》投票用紙記入所 (《英》polling booth).
vóting machìne C (自動)投票記録機.

vo·tive [vóutiv] 形 奉納された, 願かけの.

vouch [váutʃ] 動 圓 **1** [人柄などを] 保証する, 請け合う; [...の] 保証人となる [*for*]. **2** [...と] 断言する [*for*]. **2** (真実・信頼などの) 証拠 [裏付け] となる [*for*].

***vouch·er** [váutʃər] 名 C **1** クーポン券, 商品引換券; 割引券: a travel *voucher* 旅行用クーポン券 / a luncheon *voucher* 昼食(補助)券.
2 [法] 証書, 領収書: a sales *voucher* 領収書, 売上票.

vouch·safe [vautʃséif] 動 他《格式》...を(目下の者に)与える, 授ける; [...して] くださる [*to do*].

***vow** [váu] 名 C [...の / ...するという] 誓い, 誓約 [*of* / *to do*]: make [take] a *vow* 誓いを立てる / keep [break] a *vow* 誓いを守る [破る] / The couple exchanged marriage *vows*. 2人は結婚の誓いを交わした / They are under a *vow to* be silent. 彼らは秘密を守るという誓約をさせられている.

■ *tàke vóws* 修道院に入る, 修道士[女]になる.
— 動 他 **1** 《格式》...を誓う; [...すると ... ということを] 誓う, 誓約する [*to do* / *that* 節]: *vow* revenge 復讐(ポレ゙ゥ)を誓う / He vowed to give up smoking. = He *vowed that* he would give up smoking. 彼は禁煙を誓った.
2 《格式》...を [神などに] 献上すると誓う [*to*].

***vow·el** [váuəl] 名 C [音声] 母音 (↔ consonant); 母音字 (《 a, e, i, o, u をさす. y を加えることもある》).

vox [váks / vóks] 【ラテン】 名 (複 **vo·ces** [vóusi:z]) C 声, 音声.
◆ **vóx póp** U C 《英口語》 (メディアのインタビューでの)街の声, 街頭インタビュー.
vox pópuli [-pápjulài / -póp-] [the ～] 民衆の声, 世論 (◇ vox populi, vox Dei [díːai] (民の声は神の声, 天声人語) というラテン語から).

*****voy·age** [vɔ́iidʒ] 名 動《原義は「旅の費用」》
— 名 (複 **voy·ag·es** [～iz]) C **1** 航海, 航行 (◇比較的長い「船旅」をさす): a maiden *voyage* 処女航海 / a *voyage* around the world 世界一周の船旅 / make [go on] a *voyage* across the Pacific 太平洋を船で横断する / I wish you a happy *voyage*. 航海の無事を祈ります.
2 空の旅; 宇宙旅行: a *voyage* to the moon [in space] 月[宇宙]旅行.
■ *bòn voyáge* →見出し.
— 動 圓《文語》航海する, 長い旅行をする.

voy·ag·er [vɔ́iidʒər] 名 C **1** 《文語》(特に長くて危険な旅の)旅行者, 航海者. **2** [V-] ボイジャー《米国の無人惑星探査機》.

voy·eur [vwɑːjə́ːr] 《フランス》 名 C 《性的な》のぞき見の人; 詮索(ホツ)好きな人.

VP, V.P. (略語)=*V*ice-*P*resident 副大統領.
vs, vs. (略語)=*v*ersu*s* ...対～.
VT (郵略語)=*V*ermon*t*.
vt., v.t. (略語)=*v*erb *t*ransitive 他動詞.
Vt. (略語)=*V*ermon*t*.
VTOL [víːtɔːl / -tɒl] 名【航空】垂直離着陸; C 垂直離着陸機 (◇ *v*ertical *t*akeoff and *l*anding の略; cf. STOL 短距離離着陸(機)).

Vul・can [vʌ́lkən] 名 【ロ神】ウルカヌス, バルカン 《火と鍛冶(饣)の神; → GOD 表》.

*__vul・gar__ [vʌ́lgər] 形 **1** (人・言動などが) 下品な, 野卑な (↔ refined); 俗悪な, 低俗な: *vulgar* manners 無作法 / Don't use such *vulgar* language. そんな下品な言葉を使うのはやめなさい.
2 [通例, 限定用法]《主に文語》大衆[庶民]の; 通俗的な, 一般の.
◆ **vúlgar fráction** C《英》【数学】分数 (《主に米》common fraction).
vul・gar・ly [~li] 副 下品に, 俗悪に; 一般に.

vul・gar・ism [vʌ́lgərìzəm] 名 **1** C 下品な言葉(づかい), 卑語. **2** U 下品, 低俗 (vulgarity).

vul・gar・i・ty [vʌlgǽrəti] 名 (複 **vul・gar・i・ties** [~z]) **1** U 下品; 俗悪, 低俗. **2** C [しばしば複数形で] 下品な[野卑な]行動[言葉].

vul・gar・ize,《英》**vul・gar・ise** [vʌ́lgəràiz] 動 他《格式》…を下品[低俗]にする; 通俗化する.

Vul・gate [vʌ́lgeit, -gət] 名 [the ~] ウルガタ聖書 《ローマカトリック教会公認のラテン語訳聖書》.

vul・ner・a・bil・i・ty [vʌ̀lnərəbíləti] 名 U 傷つきやすいこと, もろさ, 弱み.　　(▷ 形 vúlnerable)

*__vul・ner・a・ble__ [vʌ́lnərəbl] 形 **1** (感情・身体などが)[…に]傷つきやすい, もろい, 弱い;[病気に]なりやすい [*to*]: *vulnerable to* criticism 批判に弱い / Children are *vulnerable to* influenza. 子供はインフルエンザにかかりやすい.
2 (場所などが)[…の]攻撃を受けやすい, [攻撃などに]もろい, 無防備な [*to*]: spots *vulnerable to* missile attacks ミサイル攻撃を受けやすい地点.
　　(▷ 名 vùlnerabílity)

vul・ture [vʌ́ltʃər] 名 C **1** 【鳥】ハゲワシ, コンドル. **2** (他人を食い物にする)悪人.

vul・va [vʌ́lvə] 名 (複 **vul・vae** [-viː], **vul・vas** [~z]) C 【解剖】(女性の)外陰部.

vy・ing [váiiŋ] 動 vie の現在分詞.

W w

w, W [dʌ́blju:] 名 (複 **w's, ws, W's, Ws** [~z])
 1 CU ダブリュー《英語アルファベットの23番目の文字》. **2** C [大文字で] W字形のもの.
W, W.《略語》= *W*ales ウェールズ; *w*att(s)《電気》ワット; *W*ednesday; *W*elsh ウェールズの; *w*est; *w*estern.
w.《略語》= *w*eek; *w*eight 重さ; *w*est; *w*estern; *w*ide; *w*idth 幅.
WA《郵略語》= *W*ashington.
wack·y, whack·o [wǽkou] 形 = WACKY.
wack·y [wǽki] 形 (比較 **wack·i·er** [~ər]; 最上 **wack·i·est** [~ist])《米口語》(人・言動などが)風変わりな.
wad [wád / wɔ́d] 名 C **1** (紙・綿・毛など柔らかいものを丸めた)小さなかたまり; 詰め物. **2** (紙幣・書類などの)束. **3** [~s]《米口語》大量; 多額(の金).
 ── 動 (三単現 **wads** [wádz / wɔ́dz]; 過去・過分 **wad·ded** [~id]; 現分 **wad·ding** [~iŋ]) 他
 1《米》〈紙・綿などを〉丸める, かたまりにする (*up*).
 2 …に […で] 詰め物をする (*with*).
wad·ding [wádiŋ / wɔ́diŋ] 名 U 詰め物(綿).
wad·dle [wádl / wɔ́dl] 動 (自) (アヒルのように)よたよた[よちよち]歩く (*along*).
 ── 名 [単数形で] よたよた[よちよち]歩き.

*****wade** [wéid] 動 (自) **1** 〈水・ぬかるみの中などを〉歩く; 苦労して進む (*through*); 〈川などを〉歩いて渡る (*across*): *wade across* the stream 川を歩いて渡る. **2** 〈…を〉苦労して進む; 苦労してやり通す (*through*): *wade through* a difficult book 難解な本を読み通す. ── 他 〈川などを〉歩いて渡る.
 ■ **wáde ín**《口語》勢いよく始める; 干渉する.
 wáde ínto ...《口語》…を勢いよく始める; …を猛烈に攻める.

◆ **wáding bird** C 渉禽(しょうきん)類の鳥 (wader)《◇浅い水中を歩いてえさをとるツル・サギ・シギなど》.
 wáding pòol C 《米》(公園などの子供・幼児用の)水遊び場《《英》paddling pool》(子供・幼児用のビニールプール).
wad·er [wéidər] 名 **1** C (川・ぬかるみなどを)歩いて渡る人. **2** = wading bird (↑). **3** [~s] (釣り人などがはく)防水長靴.
wa·di [wádi / wɔ́di] 名 C ワジ, かれ谷《アラビア・北アフリカなどの雨期以外は水がかれた川》.
wa·fer [wéifər] 名 C **1** ウエハース《薄い軽焼きの菓子》. **2**《カト》聖餅(せいへい)《聖体拝領で用いる薄く丸いパン》. **3** 封緘(ふうかん)紙. **4**《電子》ウエハー《集積回路の基盤となるシリコンなどの薄い板》.
wá·fer-thín 形 非常に薄い.
waf·fle[1] [wɔ́fl / wɔ́fl] 名 C《菓子》のワッフル.
 ◆ **wáffle ìron** C ワッフルの焼き型.
waf·fle[2]《口語》動 (自) **1**《主に英》口先をたたく; 言い逃れをする. **2**《米》ぐずぐずする.

waft [wáft, wǽft / wɔ́:ft, wɔ́ft] 動 他 〈におい・音などを〉漂わせる,〈葉・花粉などを〉浮動させる.
 ── 自 漂う, ふわふわと飛ぶ, 浮動する (*along*).
 ── 名 C **1** (風に乗ってくる)におい, 音; ひと吹きの風. **2** 漂うこと, 浮動.

*****wag** [wǽg] 動 (三単現 **wags** [~z]; 過去・過分 **wagged** [~d]; 現分 **wag·ging** [~iŋ]) 他 〈動物が〉〈尾などを〉振る, 揺らす; 〈人が〉〈指・頭などを〉左右に振る: *wag* one's finger at ... …の鼻先で(上に向けて)指を振る《◇非難・軽蔑の動作》/ The dog *wagged* its tail with pleasure. 犬はうれしそうに尾を振った. ── 自〈尾・頭などが〉揺れる.
 ■ **sèt tóngues wágging** → TONGUE 成句.
 ── 名 C [通例, 単数形で] 振ること, ひと振り.

*****wage** [wéidʒ] 《原義は「担保, 質(しち)」》
 ── 名 (複 **wag·es** [~iz]) C [しばしば ~s](通例, 肉体労働に払われる) 賃金, 給料 (→ PAY 類義語):
 high [low] *wages* 高[低]賃金 / a weekly *wage* of $200 200ドルの週給 / a *wage* increase [rise] of 5% 5パーセントの賃上げ / demand higher *wages* 賃上げを要求する.

コロケーション 賃金を…

| 賃金を上げる: *raise* [*increase*] *wages* |
| 賃金を稼ぐ: *earn wages* |
| 賃金を下げる: *cut* [*reduce*] *wages* |
| 賃金を払う: *pay wages* |

 ── 動 他 〈…に対して〉〈戦争・運動などを〉行う, 遂行する [*against*]: *wage* war *against* terrorism テロリズムと戦う.

◆ **wáge èarner** C 賃金労働者.
 wáge frèeze C (特に政府による)賃金凍結.
 wáge pàcket C《英》給料袋 (pay envelope).
 wáge scàle C 賃金体系, 給与表.
wa·ger [wéidʒər] 名《古風》 **1** C 〈金など〉を […に] 賭(か)ける (bet) [*on*]. **2** […ということを]請け合う, 断言する [*that* 節]: I'll *wager that* he'll win the race. 彼は間違いなく競走に勝つよ.
 ── 自 […に]賭ける; […を]請け合う [*on*].
 ── 名 C《古風》賭け, 賭け事 (bet).
wage·work·er [wéidʒwə̀:rkər] 名 C《米》賃金労働者 (wage earner).
wag·gle [wǽgl] 動 他 〈尾などを〉振る (wag).
 ── 自 振れる, 揺れる. ── 名 C 振ること, 揺れ.
wag·gon [wǽgən] 名《英》= WAGON (↓).
Wag·ner [vá:gnər] 名 ワーグナー Richard [ríka:rt] Wagner《1813-83; ドイツの作曲家》.

*****wag·on** [wǽgən]
 ── 名 (複 **wag·ons** [~z]) C **1** (四輪の)荷馬車 (cf. cart 二輪の荷馬車): a covered *wagon*

幌(ほろ)馬車. **2** 《米》(荷物配達用の)小型トラック; ステーションワゴン (station wagon): a milk *wagon* 牛乳運搬車 / a water *wagon* 給水車. **3** 《米》(料理・飲み物を運ぶ)ワゴン(《英》trolley): a dinner *wagon* ディナーワゴン, (キャスター付きの)食器台 / a tea *wagon* ティーワゴン. **4** 《英》無蓋(むがい)貨車.

■ *be on the wágon* 《口語》禁酒している.
fáll off the wágon 《口語》禁酒をやめる.
◆ **wágon tràin** [C]《米》(西部開拓時代の)幌馬車隊.

wag・tail [wǽgtèil] 名[C][鳥]セキレイ.

waif [wéif] 名(複 **waifs** [~s]) [C] 浮浪児[者]; 野良犬[猫]; 持ち主不明のもの.

■ *wáifs and stráys* 浮浪児; 宿なしの動物.

Wai・ki・ki [wàikikíː] 名固 ワイキキ《米国 Hawaii 州 Oahu 島 Honolulu 湾の海浜地帯》.

***wail** [wéil] 動自 **1** [痛み・悲しみで]泣き叫ぶ [*with*]: *wail with* pain 痛くて泣きわめく. **2** (風・サイレンなどが)物悲しい音を出す. **3** [...について]不平を言う; 嘆き悲しむ [*about, over*].
— 他 ...を嘆き悲しむ; [...と]泣き叫ぶ [*that* 節].
— 名[C] **1** 嘆き悲しむこと; 泣き叫ぶ声. **2** (風・サイレンなどの)物悲しい音.
◆ **Wáiling Wáll** 名[the ~] 嘆きの壁《エルサレムにある城壁の一部. ユダヤ人がここで祈る》.

wain・scot [wéinskət] 名[U][C][建築](室内の)板張り, 羽目板.

*****waist** [wéist] [☆同音 waste]
【原義は「体の成長」】
— 名(複 **waists** [wéists]) [C] **1 ウエスト**, 腰(のくびれ部)《→ BODY 図》: have no *waist* ずん胴である / She has a narrow [slender] *waist*. 彼女はウエストがほっそりしている.
2 (衣服の)ウエスト, 胴回り寸法: The *waist* is a bit tight for me. ウエストが私にはちょっときつい / Her *waist* is [measures] 55 centimeters. 彼女のウエストは55cmです.
3 (バイオリン・靴などの)中央のくびれた部分.
4 (飛行機の)中央部, 胴体; (船の)上甲板中央部.

waist・band [wéistbænd] 名[C] ウエストバンド《スカート・ズボンのウエストに付ける帯状の布》.

waist・coat [wéskət / wéstkòut, wéskət] 名[C] 《英》ベスト, チョッキ(《米》vest).

wáist-déep 形副 腰までの深さの[に].

waist・ed [wéistid] 形 **1** (衣服の)ウエストのくびれた. **2** [複合語で] ウエストが...な: a high-*waisted* dress ハイウエストのドレス.

wáist-hígh 形副 腰までの高さの[に].

waist・line [wéistlàin] 名[C] **1** 腰のくびれ: watch one's *waistline* 太らないよう気をつける. **2** (婦人服の)胴回り, ウエストライン.

*****wait** [wéit] [☆同音 weight]
動名【原義は「見張る」】
— 動 (三単現 **waits** [wéits]; 過去・過分 **wait・ed** [~id]; 現分 **wait・ing** [~iŋ])
— 自 (a) [...を]待つ, 待ち受ける [*for*]: *Wait* a minute [moment, second], please. 少々お待ちください / I *waited for* her more than an hour. 私は彼女を1時間以上待った / I can't *wait*

for my trip. 旅行が待ち遠しい. **(b)** [*wait* (for ...)+to do] (...が)...するのを待つ, 期待する: I was *waiting to* use a pay phone. 私は公衆電話の順番待ちをしていた / I'm *waiting for* him *to* come. 私は彼が来るのを待っている.
2 [通例, 進行形で](もの・ことが)[人に]用意されている, 準備ができている [*for*]: Breakfast *is waiting for* you. 朝食の準備ができています.
3 [通例 can を伴って](もの・ことが)延ばせる, 後回しにできる: It *can wait*. それは後でもよい.
— 他 **1** 〈機会・指示・順番など〉を(期待して)待つ: You must *wait* your turn. あなたは自分の番が来るまで待たなければならない.
2 《主に米口語》〈食事・会合など〉を[人のために]延ばす, 遅らせる [*for*]: Don't *wait* the meeting *for* me if I don't come in time. 私が間に合わなくても会議を先に始めていてください.

句動詞 *wáit aróund* [*abóut*] 自 (何もせずに)ぶらぶらして待つ.
wáit behínd 自 (他の人が去ったあとに)残る.
wáit ín 自 《英》(人の到着などを)家で待つ.
wáit on [*upón*] ... 自 **1** 〈人〉に仕える, 世話をする. **2** 〈人〉に(食事の)給仕をする,(飲食店などで)〈人〉に応対する: Have you been *waited on*? ご注文をうかがいますでしょうか. **3** 〈行事・結果など〉を待つ; 〈人〉を待つ.
・*wáit on ... hánd and fóot* こまめに〈人〉の面倒を見る [世話をする].
wáit óut 自 [wait out + O / wait + O + out] 〈災害など〉が過ぎ去るのを待つ.
wáit úp 自 [人を]寝ずに待つ [*for*]; 遅れて来る人を待つ(のをゆっくり行く).

■ *kéep ... wáiting* ...を待たせる: I'm very sorry to have *kept* you *waiting* so long. こんなに長くお待たせしてしまい申し訳ありません.
wáit and sée 《口語》成り行きを見守る.
wáit for it 《口語》 **1** ちょっと待って《◇人が何かをしようとするのを制するときに用いる》. **2** なんと, 驚くなよ《◇人が驚くようなことを言う前に用いる》.
wáit on [*at*] *táble* 《英・格式》食事の給仕をする.
Whát are we wáiting fòr? 《口語》さっさとやろう, さっさと先に進もう.
Whát are you wáiting fòr? 《口語》何をぐずぐずしているんだ, さっさとやりなさい.
You wáit! 《口語》覚えていろ, 今に見ていろ《◇人を脅すときの言葉》.

— 名 [単数形で] [...を]待つこと, 待機 [*for*]; 待ち時間: She had a long *wait for* your arrival. 彼女はあなたの到着を長いこと待っていた.
■ *líe in wáit* [...を]待ち伏せる [*for*].

***wait・er** [wéitər] 名[C] (レストランなどの)ウエーター, (男の)給仕, ボーイ《◇呼びかけにも用いる. 女性形は waitress》: call the *waiter* to pay the bill 勘定を払うためにウエーターを呼ぶ.

***wait・ing** [wéitiŋ] 名[U] **1** 待つこと; 待ち時間. **2** 給仕すること. **3** 仕えること.
■ *in wáiting* (王族などに)仕えて, かしずいて.
◆ **wáiting gàme** [C] 待機戦術: play a *waiting game* 待機作戦をとる.
wáiting lìst [C] 順番待ち [キャンセル待ち] 名簿.

wáiting ròom [C]（駅・病院などの）待合室.

*wait・ress [wéitrəs] [名]（レストランなどの）ウエートレス,（女性の）給仕（◇呼びかけにも用いる．男性形は waiter）.

waive [wéiv] [動][他] **1**《法》〈権利・主張など〉を放棄する. **2**〈規則の適用〉を一時的に免除する.

waiv・er [wéivər] [名]《法》[U]権利放棄; [C]権利放棄証書.

*wake¹ [wéik] [動]【基本的意味は「目が覚める (stop sleeping)」】
—— [動]（三単現 **wakes** [~s]; 過去 **woke** [wóuk], **waked** [~t]; 過分 **wok・en** [wóukən], **waked**; 現分 **wak・ing** [~iŋ]）
—— [自] **1** (a)〈眠り・昏睡(ﾁﾝｽｲ)などから〉…で目が覚める, 起きる (up) [from, out of / to] (↔sleep): Has Annie *woken* up yet? アニーはもう目を覚ましましたか / Karen *woke* up *from* sleep. カレンは眠りから目覚めた / I *woke to* the sound of heavy rain. 私は雨が激しく降る音で目が覚めた.
(b) [wake+to do] 目が覚めて…する: He *woke* up *to* find himself in a strange place. 目が覚めると彼は見覚えのない場所にいた.
2《比喩》（精神的に）目覚める; （物事が）活気づく; 〈問題点・危険など〉に気づく (up) [to]: Her conscience *woke* up. 彼女は良心が目覚めた / You have to *wake* up *to* the gravity of the situation. あなたは状況の重大さに気づくべきです.
—— [他] **1**〈眠りなどから〉〈人〉の目を覚まさせる, …を起こす (up) [from, out of]: *Wake* me *up* at seven, please. 7時に起こしてください / A loud noise *woke* me *from* sleep. 私は大きな物音で眠りから目覚めた. **2**《比喩》…を（精神的に）目覚めさせる; 活気づかせる; 〈記憶など〉をよみがえらせる (up): The photograph *woke* the memories of the past. その写真が過去の記憶がよみがえった.
■ *Wáke úp!* 起きろ, よく聞きなさい.
—— [名][U]《アイルランド》通夜. (▷[形] wákeful).

wake² [名]〇船の通った跡, 航跡; （ものの通った）跡.
■ *in the wake of ...* = *in ...'s wáke* …のすぐあとを追って; …の結果として.

wake・ful [wéikfəl] [形] **1**（夜などが）眠れない, 不眠の; （人が）目覚めている, 起きている: spend a *wakeful* night 眠れない夜を過ごす. **2**《格式》油断のない, 用心深い. (▷[動] wáke)

wake・ful・ness [~nəs] [名]眠れないこと, 不眠.

*wak・en [wéikən] [動]《格式》[他] **1**〈人〉の目を覚まさせる, 〈人〉を起こす (up): I was *wakened* by an earthquake. 私は地震で目が覚めた. **2** …を奮起させる（この意味では awaken が一般的）. —— [自] 目を覚ます, 起きる (up).

wáke-up cáll [wéikʌp-] [名][C]（ホテルで客を起こすための）モーニングコール; （ある事態への）警鐘.

wak・ey-wak・ey [wéikiwéiki] [間]《英口語》起きろ.

wak・ing [wéikiŋ] [形]《限定用法》目覚めている, 起きている: *waking* or sleeping 寝ても覚めても.

*Wales [wéilz] [名][固] ウェールズ《英国グレートブリテン島南西部地域》: the Prince [Princess] of *Wales* 英国皇太子［皇太子妃］. (▷[形] Wélsh)

---

*walk [wɔ́ːk] [動]【原義は「転げ回る」】
—— [動]（三単現 **walks** [~s]; 過去・過分 **walked** [~t]; 現分 **walk・ing** [~iŋ]）
—— [自] **1** […から] […まで] 歩く, 歩いて行く [from / to]: *walk* fast [slow] 足早に［ゆっくり］歩く / *walk* home 歩いて家に帰る / *walk* along a street 通りを歩いて行く / The baby will soon learn to *walk*. 赤ちゃんはすぐ歩けるようになるだろう / I *walk from* my house *to* school every day. 私は毎日家から学校まで歩いて行く.
2 散歩する: go *walking* 散歩に行く.
3《野球》〈四球で〉1塁へ〉出塁する, 歩く. **4**（馬が）並足で歩く. **5**《文語》（幽霊などが）出る, うろつく.
—— [他] **1**〈道・場所・距離など〉を歩く, 歩いて行く: I *walk* two miles every morning. 私は毎朝2マイル散歩します / I had to *walk* a dark and lonely path to get there. そこに行くのに私は暗くてさびしい小道を歩かなければならなかった.
2 …を連れて歩く, 歩いて連れて行く; 散歩させる: Let me *walk* you home. お宅まで（歩いて）お送りしましょう / He was kind enough to *walk* me around the city. 彼は親切にも街を（歩いて）案内してくれた / I *walk* my dog every morning. 私は毎朝犬を散歩に連れて行く.
3《野球》〈打者〉を〈四球で〉出塁させる, 歩かせる.

[句動詞] *wálk awáy* [自] **1** […から] 歩いて立ち去る [from]. **2**〈困難・苦労など〉から逃げる [from]. **3**〈事故など〉に（ほとんど）無傷で切り抜ける [from]; （悪いことをして）うまく逃げ切る.
4 […に] 楽勝する [from].

・wálk awáy with ... [他]《口語》 **1** …をたやすく手に入れる［勝ち取る］, 〈賞〉をさらう. **2** 盗む.

wálk ín [自] 中に入る.

・wálk in on ... 〈人〉のいる所へ無断で入る.

wálk ínto ... [他] **1** …に入る (enter). **2** …にぶつかる. **3**〈わななど〉に引っかかる, うっかりはまる. **4**〈仕事など〉を楽々と手に入れる.

wálk óff [自] 急に立ち去る. —— [他] [walk off+O / walk+O+off]〈感情の高ぶり・頭痛など〉を歩いて鎮める; 〈体重〉を歩いて減らす: She tried to *walk off* her excitement. 彼女は興奮した気持ちを歩いて静めようとした.

・wálk óff with ... [他]《口語》 **1**〈人のもの〉を黙って持って行く. **2**〈賞など〉をさらう; …に楽勝する (walk away with ...).

wálk óut [自] **1**（不満を表して）［…から］急に出て行く [of]: She *walked out* without saying goodbye. 彼女はさようならも言わずに出て行った. **2** ストライキをする.

・wálk óut on ... 〈親しい人など〉を見捨てる; 〈仕事など〉を途中でやめる.

wálk óver [他]《口語》 **1**〈相手〉に楽勝する; 不戦勝となる（《略語》 w.o., w/o）. **2** …をしいたげる, こき使う.

wálk úp [自] **1** […に] 歩いて近づく [to]. **2** 階上に歩いて上がる.

■ *wálk it*《口語》 **1** 歩いて行く. **2** 楽勝する.
wálk ... óff ...'s féet [légs]《口語》〈人〉を足が棒になるまで歩かせる.

wálk one's tálk = **wálk the wálk** 自分の言葉を実行に移す, 有言実行する.
wálk táll (自分に) 誇り [自信] を持つ, 胸を張る.
— 名 (複 **walks** [~s]) C **1** 散歩, 歩行, 歩み: go for a *walk* 散歩に出かける / take [have] a *walk* 散歩する / I take my dog for a *walk* every morning. 私は毎朝犬を散歩に連れて行く.
2 (歩いて行く) 道のり, 歩く距離 [時間]: The park is a five-minute *walk* from my house. 公園は私の家から歩いて5分のところにある. **3** 歩道, 遊歩道; 歩く道筋: There are many good *walks* in this town. この街にはよい遊歩道がたくさんある.
4 歩き方: He has a brisk *walk*. 彼はきびきびした歩き方をする. **5**《野球》フォアボール《四球による出塁》. **6**(馬の)並足; 平常歩.
■ *a wálk of lífe* 社会的地位, 職業, 階層: people from all *walks of life* あらゆる階層の人々.
walk·a·bout [wɔ́ːkəbàut] 名 C《英》(要人の)民情視察: go (on a) *walkabout* 民情視察する.
walk·a·way [wɔ́ːkəwèi] 名 C《米口語》楽勝《口語》walkover).
walk·er [wɔ́ːkər] 名 C **1** 歩く [散歩する] 人; 散歩好きな人. **2** (幼児·老人などの) 歩行器.
walk·ie-talk·ie [wɔ́ːkitɔ́ːki] 名 C トランシーバー.
wálk-in 形 [限定用法] **1** (家具などが) 立って入れる大きさの: a *walk-in* closet ウォークインクローゼット. **2**《米》(アパートなどが) 通りから直接自分の部屋である.
***walk·ing** [wɔ́ːkiŋ] 名 **1** U 歩くこと, 歩行; 徒歩旅行, ウォーキング. **2** (形容詞的に) 歩行用の, 散歩用の; (歩行などに) 適した: *walking* shoes 散歩用の靴. — 形 [限定用法] 歩く, 歩ける; (こっけいに) 生きている: a *walking* dictionary [encyclopedia] 生き字引, 物知り.
◆ **wálking hòliday** C《主に英》徒歩旅行をして過ごす休暇.
wálking pàpers [複数扱い]《米口語》解雇通知《英口語》marching orders).
wálking stìck C つえ, ステッキ.
wálking tòur [trìp] C《主に英》徒歩旅行.
Walk·man [wɔ́ːkmən] 名 C《商標》ウォークマン《携帯用ヘッドホンステレオ》.
wálk-òn 名 C (せりふのない) 端役; 端役の俳優. — 形 (役が) せりふのない, 端役の.
walk·out [wɔ́ːkàut] 名 C **1** (労働者の) ストライキ. **2** (抗議を表す) 退場, 退席; 脱出.
walk·o·ver [wɔ́ːkòuvər] 名 C《口語》楽勝, 楽勝の試合《米口語》walkaway); 不戦勝《略語》w.o., w/o).
wálk·thròugh 名 C **1**《劇》立ち稽古(ゖ); 端役. **2** [形容詞的に] 歩いて通り抜けられる.
wálk·ùp 名 C《米口語》エレベーターのない建物 [アパート] (の部屋).
walk·way [wɔ́ːkwèi] 名 C **1** (公園·庭園などの) 歩道, 散歩道. **2** (建物をつなぐ) 連絡通路; (工場内などの) 通路.
****wall** [wɔ́ːl]
名 C 【原義は「柵(ᆾ)」】
— 名 (複 **walls** [~z]) C **1** 壁, 壁面: a thick [thin] *wall* 厚い [薄い] 壁 / There is a picture hanging on the *wall*. 壁に絵がかかっている / *Walls* have ears.《ことわざ》壁に耳あり.
2 塀; 城壁: the Great *Wall* (of China) 万里の長城 / The house is surrounded by a high brick *wall*. その家は高いれんがの壁に囲まれている. **3** (容器·器官などの) 内壁, 体壁: the *wall* of a blood vessel 血管の内壁 / the abdominal *wall* 腹壁. **4** 壁のようなもの: a *wall* of men 人垣 / a *wall* of fire 火の壁. **5** 障壁, 障害: a *wall* of silence 沈黙の壁.
■ *drìve* [*sénd*] ... *úp the wáll*《口語》…をいらいらさせる.
gò to the wáll《口語》窮地に陥る; (試合などに) 負ける; (事業などで) 失敗する, 破産する.
gò úp the wáll《口語》頭にくる, 逆上する.
— 動 他 **1** …を壁 [塀] で囲う, …に城壁を巡らせる (*in*); (壁などで) …を仕切る (*off*).
2 (窓·入り口などを) 壁 [塀] でふさぐ (*up*).
3 (人を) (部屋などに) 閉じ込める (*up*, *in*).
◆ **wáll pàinting** C U 壁画 (法), フレスコ画 (法).
Wáll Strèet C U ウォール街《New York 市の証券取引所の所在地. 米国金融業の中心地》. **2** U 米国金融市場 [金融界].
wal·la·by [wɔ́ləbi / wɔ́l-] 名 (複 **wal·la·bies** [~z]) C《動物》ワラビー《小型のカンガルー》.
wall·board [wɔ́ːlbɔ̀ːrd] 名 U C 壁ボード.
walled [wɔ́ːld] 形 [限定用法] 壁 [塀] に囲まれた.
***wal·let** [wɔ́lit / wɔ́l-] 名 C **1** 札入れ, 財布《米》billfold)(→ BAG 図)(cf. purse 小銭入れ).
2 (革製の) 書類入れ.
wall·flow·er [wɔ́ːlflàuər] 名 C **1**《植》ニオイアラセイトウ. **2**《口語》「壁の花」《パーティーでダンスや話をする相手がなくて壁際に立っている人》.
wal·lop [wɔ́ləp / wɔ́l-] 動 他《口語》**1** …をひどく殴る, 打ちのめす. **2** (試合で) …をてんぱんにやっつける. — 名 C《口語》ひどく打つこと, 強打.
wal·low [wɔ́lou / wɔ́l-] 動 自 **1** (泥·水の中で) 転げ回る; (船が) 荒波にもまれる. **2** 【快楽などに】ふける; 【悲しみなどに】沈む (*in*): *wallow* in self-pity 自己憐憫(ฺ)にひたる.
— 名 C **1** 転げ回ること. **2** 動物が転げ回る場所《泥地·砂地·池など》.
wall·pa·per [wɔ́ːlpèipər] 名 U C 壁紙.
— 動 他 …に壁紙をはる.
wáll-to-wáll 形 **1** [限定用法] (じゅうたんなどが) 床いっぱいに敷き詰められた, 床一面の. **2**《口語》(空間的·時間的に) びっしりの; ひっきりなしの.
wal·ly [wɔ́li / wɔ́l-] 名 (複 **wal·lies** [~z]) C《英口語》ばか, 間抜け.
***wal·nut** [wɔ́ːlnʌ̀t] 名 **1** C《植》クルミ (→ NUT 図); = **wálnut trèe** クルミの木. **2** U クルミ材. **3** U クルミ色, 赤褐色.
wal·rus [wɔ́ːlrəs] 名 (複 **wal·rus·es** [~iz], **wal·rus**) C《動物》セイウチ.
Wal·ter [wɔ́ːltər] 名 固 ウォールター《◇男性の名; 《愛称》Wally, Walt, Wat》.
waltz [wɔ́ːlts] 名 C 【ドイツ】 **1** ワルツ《2人で踊る3拍子の優雅なダンス》. **2** ワルツ [円舞] 曲.
— 動 自 **1** ワルツを踊る. **2**《口語》軽快に歩く. **3**《口語》「…を」楽にやってのける [*through*].

—[他] **1** 〈人〉をワルツでリードする. **2** 《口語》〈人〉を〔…へ〕有無を言わせず連れて行く〔*to*〕.
■***wáltz óff with ...*** 《口語》…を黙って持って行く.

wam·pum [wámpəm / wɔ́m-] [名][U] **1** 貝殻玉《貝殻を糸などに通したもの. 北米先住民が貨幣・装飾に用いた》. **2** 《米口語》金(かね) (money).

wan [wán / wɔ́n] [形] (比較 **wan·ner** [〜ər]; 最上 **wan·nest** [〜ist]) 《主に文語》 **1** (顔などが) 青ざめた, 血の気のない (pale). **2** 病弱な, やつれた; 弱々しい: a *wan* smile 弱々しいほほ笑み. **3** (光などが) かすかな.

wan·ly [〜li] [副] 青ざめて; 弱々しく.

wand [wánd / wɔ́nd] [名][C] **1** (魔法使い・手品師などの) 杖(つえ) (magic wand). **2** (職権を示す) 職杖(しょくじょう). **3** ライトペン (light pen).

***wan·der** [wándər / wɔ́ndə] [動][名]

—[動] (三単現 **wan·ders** [〜z]; 過去・過分 **wan·dered** [〜d]; 現分 **wan·der·ing** [-dəriŋ])
—[自] **1** [通例, 副詞(句)を伴って] 歩き回る, さまよう, 放浪する: *wander* along the street 通りをさまよい歩く / He *wandered* around [about] the world. 彼は世界じゅうを放浪した / We *wandered* through the woods. 私たちは森の中をさまよい歩いた.
2 道に迷う, 迷子になる (*away, off*): The child *wandered away* [*off*]. その子は迷子になった.
3 (人・話などが)〔…から〕横道にそれる, 脱線する; (行動などが) 逸脱する, 道を踏み外す〔*from, off*〕: The lecturer *wandered from* [*off*] the subject. 講演者の話は本題からそれた. **4** (考え・気持ちなどが) まとまらない, とりとめがなくなる: The man *wandered* in his talk. 男の話はとりとめがなかった. **5** (川・道などが) 曲がりくねって続く [流れる].
—[他] …を歩き回る, さまよう, ぶらつく, 放浪する: He *wandered* the New York streets. 彼はニューヨークの街を歩き回った.
—[名] [a 〜] ぶらつくこと, ぶらぶら歩くこと; 散歩: Shall we take [go for] a little *wander* around the town? 町をちょっとぶらつきませんか.

wan·der·er [wándərər / wɔ́n-] [名][C] 歩き回る人 [動物]; さまよう人, 放浪者.

wan·der·ing [wándəriŋ / wɔ́n-] [形] [限定用法] 《文語》 **1** 歩き回る; 放浪する; 遊牧の. **2** (川・道などが) 曲がりくねった.
—[名] [〜s] 《文語》 放浪の旅; [U] 放浪.

wan·der·lust [wándərlʌ̀st / wɔ́ndə-] [名][U] [または a 〜] 旅心, 旅行熱; 放浪癖.

wane [wéin] [動][自] **1** (月が) 欠ける (↔ wax). **2** (力・人気などが) 衰える, 弱まる.
—[名] [the 〜] (月の) 欠け; 衰退, 減少.
■***on the wáne*** **1** (月が) 欠け始めて. **2** (力・人気などが) 衰えかけて, 落ち目になって.

wan·gle [wǽŋgl] [動][他] 《口語》 (策略などで) …を〔…から〕うまくせしめる, だまし取る〔*out of*〕; 〈人〉をだまして〔…〕させる〔*into*〕: *wangle* oneself [one's way] *out of* ... 〈困難など〉をうまく切り抜ける. —[名][C] 《口語》 ごまかし, ずるい手 [策略].

wan·na [wánə, wɔ́:nə / wɔ́nə] [動] 《口語》 **1** =want to. **2** =want a.

wan·na·be [wánəbì: / wɔ́n-] [名][C] 《口語》 (アイドルの服装などをまねる) 熱烈なファン; (何かに) なりたがっている人, …志願の人.

****want** [wánt, wɔ́:nt / wɔ́nt] [動][名] 【原義は「欠けている」】

—[動] (三単現 **wants** [wánts, wɔ́:nts / wɔ́nts]; 過去・過分 **want·ed** [〜id]; 現分 **want·ing** [〜iŋ])
—[他] [通例, 進行形不可] **1** [want+O] …が欲しい; …を欲しがる, 望む: I *want* a cup of coffee. 1杯のコーヒーが欲しい / What do you *want*? 何が欲しいですか; 何の用ですか / Do you *want* some dessert? デザートはいかがですか.

[語法] (1) 一時的な願望や必要を表したり, 表現を和らげたい場合には進行形を用いることがある: What *are* you *wanting*? 何が欲しいのですか.
(2) 完了進行形は, 長い間待ち望んでいたことを表すときなどに用いる: **I've *been wanting* this watch for a long time.** 私はこの時計がずっと前から欲しかった.
(3) 丁寧または控えめな言い方にするときは would like を用いる (→ LIKE[1] **2**).

2 [want+to do] …したい, …したがる: I *want to* eat pizza. ピザが食べたい / She *wanted to* be an actress, but she couldn't. 彼女は女優になりたかったが, なれなかった / Do you *want to* go for a drive? ドライブに行きませんか (◇親しい間柄で用いる勧誘の表現).
3 (a) [want+O+to do] …に〜してほしいと思う, …が〜することを望む: I *want* my son *to* succeed me. 私は息子に私の跡を継いでほしい.
(b) [want+O+過分] …が〜されることを望む: I *want* the work *done* as soon as possible. その仕事はできるだけ早く終わらせてほしい.
(c) [want+O+C] …が〜であってほしいと思う (◇ C は形容詞): I always *want* you honest. 私はあなたに正直であってほしいといつも思っている.
(d) [want+O+doing] [通例, 否定文で] …に〜してほしいと思う: I don't *want* my daughter *going* to such a place. 私は娘にはそんな場所に行ってほしくない.
4 (a) [want+O] …が必要である (need): This problem *wants* some specification. この問題はもう少し詰める必要がある. (b) [want+動名] …することが必要である: Your hair *wants cutting*. あなたは髪を切る必要がある.
5 [want+to do] 《口語》 …したほうがいい: You *want to* be there as early as possible. できるだけ早くそこに行ったほうがいいよ / You don't *want to* know. 知らないほうがいいよ.
6 [しばしば受け身で] 〈人〉に用がある, 〈人〉を (用事で) 呼ぶ; (警察が) 〈人〉を捜している: You *are wanted* on the phone. あなたに電話です / The man *is wanted* for murder. 男は殺人で警察に追われている. **7** 《格式》 …が欠けている, 足りない (lack): She *wants* generosity. 彼女は寛容さに欠ける.
—[自] [通例, 否定文・疑問文で] 《格式》〔…が〕欠けている, 足りない〔*for*〕: I don't *want for* money right now. 私は今のところはお金に困っていない / I *want for* nothing. 私は何の不自由もない.

wanted 1669 **warfare**

■ **wánt ín**《米口語》中に入りたがる;(計画などに)参加したがる.
wánt óut《米口語》外に出たがる;(計画などから)身を引きたがる.
── 名《格式》 **1** U[または a ～]欠けていること,欠乏,不足: a want of food 食糧不足 / There is a want of imagination in him. 彼には想像力が欠けている. **2** U 困窮,貧困. **3** U 必要,入用. **4** C[通例～s]必要なもの,欲しいもの;欲望.
■ **for wánt of ...** …が不足なので: The harvest of rice was not good *for want of* sunshine. 米の収穫は日照不足のせいでよくなかった.
nót for wánt of dóing …するのが足りなかったからではなく.
in wánt of ...《格式》…が必要である: This fax machine is *in want of* repair. このファックスは修理が必要です.
◆ **wánt àd**《米》= CLASSIFIED AD 三行広告.

want・ed [wάntid, wɔ́ːn-/wɔ́nt-]形 **1**(広告で)を求める. **2** 指名手配の.

*__want・ing__ [wάntiŋ, wɔ́ːnt-/wɔ́nt-]形《叙述用法》《格式》[…が]欠けている,足りない,ない(lacking)[in]: He was *wanting in* courtesy. 彼は礼儀礼に欠けていた.

wan・ton [wάntən, wɔ́ːn-/wɔ́nt-]形 **1** 理不尽[むちゃ]な. **2**《格式》奔放な,(植物が)伸び放題の. **3**《古》(女性が)ふしだらな.
wan・ton・ly [～li] 副 理不尽に,気ままに.

*__war__ [wɔ́ːr] 名
── (複 **wars** [～z]) **1** U 戦争,戦争状態(↔ peace): a prisoner of *war* 戦争捕虜 / declare *war* on ... …に対して宣戦布告する / fight [conduct] *war* against ... …と戦争をする.
2[形容詞的に]戦争の: a *war* memorial 戦没者慰霊碑 / a *war* baby 戦争私生児.
3 C (個々の)戦争,戦い(→ 類義語): a civil *war* 内乱(→ CIVIL 複合語)/ a cold *war* 冷戦 / a nuclear *war* 核戦争 / an aggressive [a defensive] *war* 侵略[防衛]戦争 / the First [Second] World *War* = World *War* I [II] 第1次[2次]世界大戦 / A *war* broke out between the two countries. 両国の間で戦争が勃発した.
4 C U […との]戦い,争い,闘争[*against*]: a *war* of words [nerves] 舌[神経]戦 / a *war against* crime 犯罪との戦い.
5 U 軍事;戦略,戦術: the art of *war* 戦術.
■ **at wár** […と]戦争状態[中]で,不和で(↔ at peace)[*with*]: Japan was *at war with* Russia then. 当時日本はロシアと戦争状態にあった.
cárry the wár ínto the énemy's cámp 攻勢に転じる,逆襲する.
have béen in [thróugh] the wárs《口語》(事故・けんかなどで)けがをしている.
máke [wáge] wár on [agáinst] ... …と戦争を始める;(病気などと)戦う.
── 動 (三単現 **wars** [～z]; 過去・過分 **warred** [～d]; 現分 **war・ring** [wɔ́ːriŋ]) 自《文語》[…と・…を求めて]戦う,戦争する[*with, against*/*for*].
◆ **wár chèst** C《米》軍資金;運動資金.

wár crìme C 戦争犯罪.
wár crìminal C 戦争犯罪人,戦犯.
wár crỳ C **1** ときの声. **2**(政党などの)標語,スローガン.
wár dànce C (先住民などの)出陣[戦勝]の踊り.
wár gàme C 戦争ゲーム;(机上の)作戦演習.
wár pàint U **1** (先住民が戦闘前に顔や体に塗る)絵の具. **2**《こっけい》化粧.
wár wìdow C 戦争未亡人.

[類義語] war, battle, warfare
共通する意味▶戦争 (military activity against an enemy)
war は特に「国家間の戦争」をさす: the Sino-Japanese *War* 日中[日清]戦争. **battle** は大規模な戦争における「個々の戦闘」をさす: the *Battle* of Waterloo ワーテルローの戦い. **warfare** は特に「特定の戦闘状態」をさす: nuclear *warfare* 核戦争 / air [sea, land] *warfare* 空中[海,陸]戦.

war・ble [wɔ́ːrbl]動 自 (小鳥が)さえずる,(人が)声を震わせて歌う. ── 他 …を声を震わせて歌う(*out*).
── 名[単数形で]さえずり;さえずるような歌声.
war・bler [wɔ́ːrblər] 名 C **1** さえずる鳥,鳴鳥《特にムシクイ科の鳥》. **2** 声を震わせて歌う人;《こっけい》(下手な)歌手.

*__ward__ [wɔ́ːrd] 名 C **1** 病棟,共同病室;(刑務所の)監房: a surgical *ward* 外科病棟. **2** 区《市・町の下位区域》: a *ward* office 区役所.
3《法》被後見人,被保護者(↔ guardian).
── 動[次の成句で]
■ **wárd óff** 他《攻撃・病気など》をかわす,撃退する.

-ward [wɔ́ːrd] 接尾 空間的・時間的な方向性として「…の方へ」の意を表す形容詞・副詞を作る(◇副詞の場合,《英》では通例 -wards を用いる): back*ward* 後方へ / after*ward* のちに.

war・den [wɔ́ːrdən] 名 C **1** 管理人,監督者;監視員: a traffic *warden*《英》交通監視員.
2《米》刑務所長《英》governor). **3**《英》(大学・学校の)学寮長,校長.

ward・er [wɔ́ːrdər] 名 C **1**《主に米》監視人,警備員. **2**《英》(刑務所の)看守.

*__ward・robe__ [wɔ́ːrdròub] 名 **1** C 洋服だんす,衣装戸棚(→ BEDROOM [PICTURE BOX]). **2** [集合的に](個人・劇団の)衣類,持ち衣装: an autumnal *wardrobe* 秋物衣類.

ward・room [wɔ́ːrdrù(ː)m] 名 C (軍艦内の)上級士官室.

*__ware__ [wéər]《☆同音 wear》名 **1** U (通例,複合語で)…製品,…器,…用品;『コンピュータ』…ウェア,…器材《産地名を付けて》…焼き: glass*ware* ガラス製品 / kitchen*ware* 台所用品 / Arita *ware* 有田焼き. **2** [one's ～s](露天商・行商などの)商品,売り物.

*__ware・house__ [wéərhàus] 名 (複 **ware・hous・es** [-hàuziz]) C 倉庫,商品保管所;卸売店,問屋.

*__war・fare__ [wɔ́ːrfèər] 名 U 戦争;交戦状態;戦闘行為(→ WAR [類義語]): nuclear *warfare* 核戦争 /

economic *warfare* 経済戦争 / engage in *warfare* 交戦する.

war·head [wɔ́ːrhèd] 名 C (ミサイル・魚雷などの) 弾頭: a nuclear *warhead* 核弾頭.

war·horse [wɔ́ːrhɔ̀ːrs] 名 C **1** 軍馬. **2** 《口語》老兵, 古つわもの; (政界などの) 老練の士.

war·i·ly [wéərəli] 副 用心深く, 油断なく, 慎重に.

war·i·ness [wéərinəs] 名 U 用心深さ, 慎重さ.

war·like [wɔ́ːrlàik] 形 **1** 好戦的な; 挑戦的な. **2** 戦争の(ための), 軍事の.

war·lock [wɔ́ːrlɑ̀k / -lɔ̀k] 名 C (男の)魔法使い.

war·lord [wɔ́ːrlɔ̀ːrd] 名 C (一地方を支配する) 軍事的指導者, 将軍, 地方軍閥(⁻).

*warm [wɔ́ːrm] 形 動 名

— 形 (比較 **warm·er** [~ər]; 最上 **warm·est** [~ist]) **1 暖かい**, 温かい, 温暖な; (やや) 暑い 《◇心地よい暖かさを表す; cf. hot 熱い, 暑い》; (体が) (運動・仕事などで) 暑くなった, ほてった: *warm* milk 温かいミルク / a *warm* pair of socks 1足の暖かい靴下 / Keep the room *warm*. 部屋を暖かくしておきなさい / We got *warm* next to the fire. 私たちは火のそばで暖まった.
2 思いやりのある, 親切な, (心が) 温かい (↔ cold, cool): a *warm* friendship 温かい友情 / *warm* thanks 心からの感謝 / She was given a *warm* reception. 彼女は温かい歓迎を受けた.
3 (議論などが) 活発な, 熱心[熱烈]な; 興奮した (↔ cool): a *warm* argument 白熱した議論 / a *warm* encouragement 熱烈な激励.
4 (色・音が) 暖かさを感じさせる; 暖色の (↔ cool): *warm* colors 暖色.
5 (獲物の臭跡が) 新しい; (正解・目標などに) 近い.
■ *máke it [thíngs] wárm for ...*《口語》〈人〉を不愉快にする, つらい状況に追い込む.

— 動 他 **1** …を暖める, 温かくする; 適温まで上げる (→成句 warm up): She *warmed* her hands on the radiator. 彼女は片手を暖房器で暖めた.
2 …を興奮させる, 熱狂[熱中]させる.
3〈人・心〉を温かい感情で満たす.
— 自 **1** 暖まる, 温かくなる (→成句 warm up).
2 […に] 興奮する, 熱狂[熱中]する [*to*].
3 […に] 優しくなる, 親切になる, 好意的になる [*to*].
■ *wárm úp* 自 **1** 暖まる, 温かくなる: The stew is *warming up*. シチューが温まるところです.
2 (競技などの前に) ウォーミングアップする, 準備運動をする. **3** (機械などが) 暖まる. **4** (人・パーティーなどが) 活発[元気]になる. — 他 **1** …を暖める, 温かくする;〈料理など〉を温め直す: *Warm* yourself up by the fireside. 暖炉で暖まりなさい. **2**〈機械など〉を暖める. **3**〈人・パーティーなど〉を活発[元気]にする.

— 名《主に英》**1** [the ~] 暖かい場所: Come into the *warm*. 暖かい所に入りなさい. **2** [a ~] 暖かくする[暖まる]こと. (▷ 名 **wármth**)

◆ **wárm frònt** C《気象》温暖前線 (↔ cold front).

warm·blood·ed [wɔ́ːrmblʌ́did] 形 **1** (動物が) 温血の, 定温の. **2** 激しやすい.

wármed-ó·ver 形《米》**1** (料理などが) 温め直された. **2** (作品・意見などが) 焼き直しの.

warm·er [wɔ́ːrmər] 名 C 暖める人[もの]; 加温[加熱]器: a leg *warmer* レッグウォーマー.

warm·heart·ed [wɔ́ːrmhɑ́ːrtid] 形 心の温かい, 思いやりのある, 親切な.

warm·ing [wɔ́ːrmiŋ] 形 (体などを) 暖める. — 名 U 暖める[暖まる]こと: global *warming* 地球温暖化.

*warm·ly [wɔ́ːrmli] 副 **1** 暖かく, 温かく に: dress *warmly* 暖かい服装をする. **2** 心から, 心を込めて, 温かく: They received her *warmly*. 彼らは彼女を温かく迎えた. **3** 熱心[熱烈]に; 興奮して.

war·mon·ger [wɔ́ːrmʌ̀ŋgər] 名 C 戦争挑発者, 戦争屋, 主戦論者.

*warmth [wɔ́ːrmθ]

— 名 U **1 暖かさ**, 温かさ, 温暖: body *warmth* 体温 / the *warmth* of the sun 太陽の暖かさ. **2** 思いやり, 親切, 温情, (心の) 温かさ: They entertained us with *warmth*. 彼らは私たちを暖かくもてなしてくれた. **3** 熱心(さ), 熱烈; 興奮. (▷ 形 **wárm**)

wárm-ùp 名 C 準備運動, ウォーミングアップ.

*warn [wɔ́ːrn] 〖原義は「用心する」〗

— 動 (三単現 **warns** [~z]; 過去・過分 **warned** [~d]; 現分 **warn·ing** [~iŋ])
— 他 **1** (a) [warn + O]〈人〉に […について] 警告する, 忠告する, 注意する [*of*, *against*, *about*]: I *warned* him *of* the danger of falling rocks. 私は彼に落石の危険を知らせた / I *warned* her *against* pickpockets [swimming in the river]. 私は彼女にすりに気をつける[川で泳がない]ように言った. (b) [warn (+O) + that 節](…に) …ということを警告する: They *warn that* the typhoon is approaching. 予報では台風が接近していると警告している / I *warned* him *(that)* there was danger ahead. 私は彼に前方に危険があると知らせた.
(c) [warn + O + to do]〈人〉に …するように警告する: I *warned* him *not to* be late for school. 私は彼に学校に遅刻しないようにと注意した. **2**〈人〉に […について / …だと] 予告する, 前もって知らせる [*of* / *that* 節]: Those clouds *warned* us *of* a thunderstorm. あの雲は雷雨の到来を告げていた / I *warn* you *(that)* I cannot give you any more money. 前もって言っておきますが, 私はこれ以上あなたにお金をあげることはできません.
— 自 […を] 警告する, 注意する [*of*].
■ *wárn awáy* 他 = warn off.
wárn óff 他〈人〉に近づかない[退去する]ように警告する: The police *warned off* the demonstrators. 警察はデモ隊に退去するよう警告した.

*warn·ing [wɔ́ːrniŋ] 名 **1** UC […への / …するようにとの] 警告, 警報, 注意; 戒め(の言葉) [*to* / *to do*]: a storm *warning* 暴風雨警報 / give … (a) *warning* …に警告[予告]する / without *warning* 警告[予告]なしに, 前触れもなく, いきなり / He shouted a *warning to* the children not *to* run out into the street. 彼は子供たちに通りに飛

び出すなと叫んだ. **2** [C][…への]警告[戒め]となるもの[*to*]: Let this loss be a *warning to* you. この損失を今後の戒めとしなさい.
—[形][限定用法]警告の;戒めの: a *warning* shot 威嚇(いかく)射撃 / a *warning* coloration (動物の)警戒色.

warp [wɔ́ːrp] [動] [他] **1** (熱・水などで)〈板など〉を反(そ)らせる, ねじる, 曲げる. **2** 〈心・判断など〉をゆがめる. —[自] **1** 〈板などが〉反る, ねじれる, 曲がる. **2** 〈心・判断などが〉ゆがむ, 偏る.
—[名] **1** [単数形で]〈板などの〉反り, ひずみ, ねじれ;〈心・判断の〉ゆがみ, ひがみ. **2** [the ~;集合的に]〈織物の〉たて糸(↔ weft, woof).

war·path [wɔ́ːrpæ̀θ / -pɑ̀ːθ] [名] [C] (北米先住民の)戦いに行く道, 出陣の道.
■ **on the wárpath** 戦おうとして;《口語》けんか腰で, 怒って.

warped [wɔ́ːrpt] [形] 〈心が〉ひねくれた, ひがんだ;〈板などが〉反(そ)った, ねじれた.

war·plane [wɔ́ːrplèin] [名] [C] 軍用(飛行)機.

*__war·rant__ [wɔ́ːrənt / wɔ́rənt] (☆ 発音に注意)
[名] **1** [C][法](逮捕などの)令状: an arrest *warrant* 逮捕令状 / The court issued a search *warrant*. 裁判所は家宅捜索令状を出した.
2 [U]《格式》[…の]正当な理由, 根拠[*for*]: There is no *warrant for* … は正当化できない.
—[動][他] **1** 正当であるとする, 是認する: Nothing can *warrant* nuclear tests. 核実験はいかなる理由があろうと許されない.
2 …を保証する, 請け合う (guarantee); [warrant+O(+to be)+C]…が〜であると保証する; [warrant(+O)+C that 節]…(に)…ということを保証する: *warrant* the quality of the product 製品の品質を保証する / This pearl is *warranted (to be)* genuine. この真珠は本物と保証されている.
■ *I'll wárrant (you).*[挿入的に]《古風》…は確かだ, 請け合う.
◆ **wárrant òfficer** [C][軍] 准尉, 准士官.

war·rant·ee [wɔ̀ːrəntíː / wɔ̀r-] [名] [C] [法] 被証人.

war·ran·tor [wɔ́ːrəntɔ̀ːr / wɔ̀r-] [名] [C] [法] 保証人.

war·ran·ty [wɔ́ːrənti / wɔ́r-] [名] (複 **war·ran·ties** [~z]) [C][U] (商品などの)品質の)保証, 保証書[*on*]: The watch is still under *warranty*. その時計はまだ保証期間中です.

war·ren [wɔ́ːrən / wɔ́r-] [名] [C] **1** ウサギの飼育場[繁殖地]. **2** ごみごみした地域[建物].

war·ring [wɔ́ːriŋ] [形][限定用法]闘争[交戦]中の;〈意見などが〉相いれない.

*__war·ri·or__ [wɔ́ːriər / wɔ́r-] [名] [C] 戦士;闘士.

War·saw [wɔ́ːrsɔː] [名] ワルシャワ《ポーランドの首都》.

*__war·ship__ [wɔ́ːrʃip] [名] [C] 軍艦.

wart [wɔ́ːrt] [名] [C] **1** いぼ;(木の)こぶ. **2** 欠点.
■ *wárts and áll*《口語》欠点も含めて, ありのまま.
◆ **wárt hòg** [C][動物]イボイノシシ《アフリカ産》.

*__war·time__ [wɔ́ːrtàim] [名] [U] 戦時 (↔ peacetime);[形容詞的に]戦時下の: in *wartime* 戦時

中に.

*__war·y__ [wéəri] [形] (比較 **war·i·er** [~ər];最上 **war·i·est** [~ist])[…に]用心深い, 油断のない;細心の, 慎重な[*of*] (cf. weary うんざりした): Be *wary of* strangers. 見知らぬ人に注意しなさい.

***was** [(弱) wəz; (強) wɑ́z, wʌ́z / wɔ́z]
[助動](◇ be の1人称・3人称単数過去形;→ BE 表)
—[動] **1** [was+C]…であった, …だった(◇ C は名詞・代名詞・形容詞;→ BE [動][自]**1**): He *was* a good student. 彼はいい生徒だった / It *was* cold yesterday. きのうは寒かった.
2 [副詞(句)を伴って]…にいた, あった, 存在した(→ BE [動][自]**2**): I called him, but he *was* out. 彼に電話したが外出中だった.
3 [仮定法過去]もし…であるとしたら, もし…にいるとしたら(◇ 現在の事実に反することを仮定するときに用いる.《口語》では, 主語が1人称単数または3人称単数の場合, were の代わりに was を用いることが多い;→ SUBJUNCTIVE (文法)): If I *was* much younger, I would climb Mt. Everest. もし私がもっと若ければエベレスト山に登るのだが.
—[助動] **1** [過去進行形: was+doing]…していた(→ BE [助動]**1**): I *was watching* TV when he telephoned me. 彼が電話してきたとき私はテレビを見ていた / She *was leaving* for America the next week. 彼女は翌週米国へ向けて出発することになっていた.
2 [過去形の受け身: was+過分]…された, …されていた(→ BE [助動]**2**): The game *was called* off. 試合は(雨などで)中止になった.
3 [was+to do]…することになっていた, …すべきだった(→ BE [助動]**3**): She *was to* come by eight. 彼女は8時までに来ることになっていた.

***wash** [wɑ́ʃ, wɔ́ːʃ / wɔ́ʃ]
[動]
—[動] (三単現 **wash·es** [~iz];過去・過分 **washed** [~t];現分 **wash·ing** [~iŋ])
—[他] **1** (a) [wash+O]〈もの・体・手・顔など〉を[…で]洗う, 洗濯する;洗い落とす[*with*]: *wash* the dishes 皿を洗う / *wash* oneself 体[手, 顔]を洗う / I *washed* my face *with* soap. 私はせっけんで顔を洗った. (b) [wash+O+C]…を洗って〜にする(◇ C は形容詞): I *washed* my shirt clean. 私はシャツを洗ってきれいにした.
2 [副詞(句)を伴って]〈流れなどが〉…を押し流す, さらう: They were *washed* overboard by a big wave. 彼らは大波で船外へさらわれた. **3** 〈波などが〉〈岸など〉に打ち寄せる: The waves were *washing* the shore. 波が岸に打ち寄せていた.
—[自] **1** 体[手, 顔など]を洗う: I have to *wash*. 手を洗わなければならない.
2 [副詞を伴って]〈布地・衣類が〉洗濯が利く, 洗っても色落ちしない: These shirts *wash* well [easily]. これらのシャツは洗濯が利く[簡単に洗える].
3 洗濯する: These clothes need *washing*. これらの服は洗濯の必要がある. **4** 〈波などが〉[…に]打ち寄せる[*against*]: Waves *washed against* the cliff. 波が絶壁に打ち寄せていた.
5 [通例, 疑問文・否定文で]《口語》(話・言い訳など

が)[…に]信じられる[with]: Such a lie won't *wash* with me. そんなうそは私には通用しないよ.

句動詞 **wásh awáy** (他) [wash away＋O ／ wash＋O＋away] **1**〈波などが〉〈建物など〉を押し流す. **2**〈汚れ・においなど〉を洗い流す, 洗い落とす.

wásh dówn (他) [wash down＋O ／ wash down＋O＋down] **1**〈食べ物・薬など〉を[水などで](無理に)のみ込む[*with*]. **2**〈ものの表面〉を(水で)きれいに洗い流す.

wásh óff (他) [wash off＋O ／ wash＋O＋off]〈汚れなど〉を洗い落とす. ─(自)〈汚れなど〉落ちる.

wásh óut (他) [wash out＋O ／ wash＋O＋out] **1**〈しみ・汚れ〉を洗い落とす;〈容器〉の中を洗ってきれいにする: *Wash* this stain *out*. このしみを洗って落としなさい. **2**〈雨・あらしなどが〉…を押し流す;〈希望・計画・試合など〉を流す, だめにする: The game was *washed out* by the typhoon. 試合は台風で流れた. ─(自) **1**〈しみ・汚れなど〉洗って落とせる. **2**〈波などが〉押し流される.

wásh òver ... (他) **1**〈波などが〉…に打ち寄せる. **2**〈感情などが〉…に押し寄せる. **3**〈話などが〉…の気持ちをとらえない, 耳に入らない.

wásh úp (他) [wash up＋O ／ wash＋O＋up] **1**〈主に英〉〈食器など〉を洗って片付ける. **2**〈波などが〉…を打ち上げる: A lot of bottles were *washed up* on the shore. たくさんのびんが海岸に打ち上げられた. ─(自) **1**《英》食器を洗って片付ける. **2**《米》手[顔]を洗う.

■ *wásh one's hánds of ...* …から手を引く.

─名(複 **wash·es** [∼iz]) **1** [単数形で] 洗うこと; 洗濯: do the *wash* 洗濯をする ／ give ... a *wash* …を洗う.

2 U [または a 〜]《米》(1回分の)洗濯物; 洗い物: hang out the *wash* 洗濯物を干す.

3 [the 〜] (波などが)打ち寄せること, 打ち寄せる音; 打ち寄せる波[流れ]. **4** [the 〜] (船のあとの)白波; (飛行機の)気流の渦. **5** C U [通例, 複合語で] 洗剤; 洗い薬: a face *wash* 洗顔料.

6 C (塗料などの)薄いひと塗り.

■ *còme óut in the wásh*《口語》**1** (好ましくないことが)世間に知れ渡る. **2** (最後には)うまくいく, 好転する.

in the wásh (衣類が)洗濯中で.

Wash. (略語) = *Wash*ington.

wash·a·ble [wɑ́ʃəbl, wɔ́ːʃ-／wɔ́ʃ-] 形 (生地・衣類などの)洗える, 水洗いできる.

wásh-and-wéar 形 洗ってすぐ着られる, ノーアイロン[アイロン不要]の.

wash·ba·sin [wɑ́ʃbèisən, wɔ́ːʃ-／wɔ́ʃ-] 名 C 《英》= WASHBOWL (↓).

wash·board [wɑ́ʃbɔ̀ːrd, wɔ́ːʃ-／wɔ́ʃ-] 名 C 洗濯板.

wash·bowl [wɑ́ʃbòul, wɔ́ːʃ-／wɔ́ʃ-] 名 C 《米》洗面器; 洗面台 (《米》washbasin).

wash·cloth [wɑ́ʃklɔ̀θ, wɔ́ːʃ-／wɔ́ʃklɔ̀θ] 名 C 《米》洗面用タオル (《英》facecloth).

wáshed-óut 形 **1** (日光にさらされて, 洗濯しす

ぎて) 色のあせた. **2** 疲れ切った (worn-out).

wáshed-úp 形 《口語》 **1** 波で打ち上げられた. **2** (人・企画などが)だめになった, 成功の見込みのない.

wash·er [wɑ́ʃər, wɔ́ːʃər／wɔ́ʃə] 名 C **1** [機械] (ボルトの)座金, ワッシャー. **2** 《口語》洗濯機 (washing machine).

wásh·er-drý·er, 《英》**wásh·er-drí·er** 名 C 乾燥機付洗濯機.

****wash·ing** [wɑ́ʃiŋ, wɔ́ːʃ-／wɔ́ʃ-] 名 **1** U C 洗うこと, 洗濯: do the *washing* 洗濯をする.

2 U [集合的に] 洗濯物: put [hang] the *washing* out 洗濯物を干す.

◆ wáshing dày C《古風》(家庭の)洗濯日.
wáshing machìne C 洗濯機.
wáshing pòwder C U《英》(合成) 粉末洗剤.
wáshing sòda U 洗濯ソーダ.

*******Wash·ing·ton** [wɑ́ʃiŋtən, wɔ́ːʃ-／wɔ́ʃ-]

─名 固 **1** ワシントン《米国の首都. 正式には Washington, D.C. と言う. 市域はコロンビア特別区 (District of Columbia と同一)》; 米国政府. **2** ワシントン《米国北西部の州; 《略語》Wash., 《郵略語》WA; → AMERICA 表》. **3** ワシントン George Washington《1732−99; 米国独立戦争時の総司令官で米国初代大統領; → PRESIDENT 表》.

◆ Wáshington's Bírthday U《米》ワシントン誕生日《2月22日. 法定休日としては2月の第3月曜日; → HOLIDAY 表》.

wásh·ing-úp 名 U 《英》 **1** (食後の)食器洗い: do the *washing-up* 食器洗いをする. **2** (洗う前の)汚れた食器(類).

◆ wáshing-úp lìquid U《英》食器用液体洗剤.

wash·out [wɑ́ʃàut, wɔ́ːʃ-／wɔ́ʃ-] 名 C 《口語》 **1** 雨で台なしになったイベント. **2** 大失敗, うま; 失敗者, 落後者. **3** (堤防・道路などの)土砂流失; 決壊箇所.

wash·room [wɑ́ʃrùːm, wɔ́ːʃ-／wɔ́ʃ-] 名 C 《米・婉曲》トイレ, お手洗い (→ TOILET 参考).

wash·stand [wɑ́ʃstænd, wɔ́ːʃ-／wɔ́ʃ-] 名 C (寝室に置く)洗面(用具)台.

wash·tub [wɑ́ʃtʌ̀b, wɔ́ːʃ-／wɔ́ʃ-] 名 C 洗濯だらい, 洗い おけ.

*******was·n't** [wɑ́znt, wʌ́z-／wɔ́z-]

─(短縮) 《口語》**was not** の短縮形: It *wasn't* cold yesterday. きのうは寒くなかった (◇ was は助動詞) ／ I *wasn't* listening. 聞いていませんでした (◇ was は助動詞).

wasp [wɑ́sp／wɔ́sp] 名 C [昆] スズメバチ, ジガバチ (cf. bee ミツバチ).

WASP, Wasp [wɑ́sp／wɔ́sp] 名 C 《主に米・しばしば軽蔑》ワスプ《米国のアングロサクソン系白人新教徒; *W*hite *A*nglo-*S*axon *P*rotestant の略》.

wasp·ish [wɑ́spiʃ／wɔ́sp-] 形 **1** 怒りっぽい; 意地の悪い. **2** (言葉が)嫌みな.

wast·age [wéistidʒ] 名 U **1** 消耗, 損失; 消耗度[高]. **2**《英》(会社の従業員数などの)減少.

*******waste** [wéist] 《☆同音 waist》

─動 名 形《原義は「荒廃させる」》

─動 (三単現 **wastes** [wéists]; 過去・過分 **wast**-

ed [～id]; 現分 **wast·ing** [～iŋ])
— [他] **1** 〈金・時間・労力など〉を**むだに使う**, 浪費する; 〈能力など〉をむだにする, 十分に活用しない: *waste* money on trifles つまらないものにお金をむだ使いする / Don't *waste* your energy. 精力を浪費してはいけない / My education is *wasted* in my present job. 今の仕事では私の知識が生かせない.
2 [受け身で]〈忠告・冗談など〉を〔人にとって〕むだにする, 活用［理解］されない〔*on*〕: My advice *was wasted on* him. 私の忠告は彼に言うだけむだだった.
3 《米俗語》〈人〉を殺す. **4** 〈機会など〉を逃がす.
5 《詩》[通例, 受け身で]〈土地・国など〉を荒らす, 荒廃させる; 《古》〈人・体力〉を衰えさせる: Battle after battle *wasted* the fields. 戦いに次ぐ戦いが畑を荒廃させた.
— [自] **1** むだ使いする, 浪費する: *Waste* not, want not. 《ことわざ》むだがなければ不足もない.
2 (人・体力が) 衰える (*away*); (ものが) 消耗する, すり減る: He *wasted away* with his illness. 彼は病気ですっかりやせ衰えた.
■ ***wáste one's bréath*** 《口語》むだなことを言う.
— [名] **1** [U] [または a ～] **浪費**, 空費: It's a *waste* of time talking with him. 彼と話し合っても時間のむだです / What a *waste* of taxpayers' money! なんという税金のむだ使いだろう.
2 [U][C] [しばしば～s] **くず**, ぼろ (布), 廃棄物, 廃液; 排泄物: household *waste* 家庭ごみ / industrial [radioactive] *wastes* 産業［放射性］廃棄物.
3 [C] [しばしば～s] 《文語》荒地, 荒野: sandy *wastes* 砂漠.
■ ***a wáste of spáce*** 《口語》役立たず, だめな人.
gò to wáste むだになる.
— [形] [比較なし; 限定用法] **1** **廃物の**, 不用の, 無益な: *waste* materials 廃物 / *waste* water 廃水. **2** (土地が) 荒れ果てた, 不毛の.
■ ***láy wáste*** [他] 《格式》〈土地など〉を荒廃させる.
◆ **wáste dispòsal** [U] 廃棄物の処理; [C] 生ごみ処理機 (disposer).
wáste pìpe [C] 排水管.
wáste pròduct [C] (工場などから出る) 廃棄物; 【生物】老廃物.

waste·bas·ket [wéis*t*bæ̀skit / -bɑ̀ːs-] [名] [C] 《主に米》くずかご (《英》wastepaper basket).

wast·ed [wéistid] [形] **1** 役に立たない. **2** 衰弱した; 疲れた. **3** 《俗語》麻薬中毒の; 酒びたりの.

***waste·ful** [wéistfəl] [形] **むだの多い**, 不経済な; 〔…を〕浪費［むだ使い］する〔*of*〕: Don't be *wasteful of* scarce resources. 乏しい資源をむだ使いしてはならない.
waste·ful·ly [-fəli] [副] むだに, 不経済に.

waste·land [wéis*t*læ̀nd] [名] **1** [C][U] 荒れ地, 不毛［未開墾］の土地. **2** [C] [通例, 単数形で] 不毛の［荒廃した］社会［時代, 生活].

waste·pa·per [wéis*t*pèipər] [名] [U] 紙くず.
◆ **wástepaper bàsket** [C] 《英》くずかご, くず入れ (《主に米》wastebasket).

wast·er [wéistər] [名] [C] [しばしば複合語で] (時間・金などを) 浪費［むだ使い］する人［もの・こと］: This lesson is a time *waster*. この授業は時間のむだだ.

wast·ing [wéistiŋ] [形] [限定用法] (病気などが) 人を徐々に弱らせる, 消耗性の, 体力を消耗させる.

******watch** [wɑ́tʃ / wɔ́tʃ]
[動] [名] 【原義は「目が覚めている」】
— [動] (三単現 **watch·es** [～iz]; 過去・過分 **watched** [～t]; 現分 **watch·ing** [～iŋ])
— [他] **1** (a) [watch＋O] …を**じっと見る**, 見守る; 観察する (→ SEE [類義語]): *watch* TV テレビを見る / We *watched* a baseball game on TV. 私たちはテレビで野球の試合を見た.
(b) [watch＋O＋do [doing]] …が～する［～している］のを見る: I *watched* the old man cross [*crossing*] the street. 老人が通りを横断する［横断している］のを見た (◇ cross は横断する姿を始めから終わりまで, crossing は渡っている途中を見たことを表す).
(c) [watch ＋ 疑問詞節] …かをよく見る: *Watch what* I'm going to do. 私がこれからやることをよく見ていなさい.
2 …を**見張る**, 監視する; …に**気をつける**, 用心する; …の世話［看護］をする: Will you *watch* my bag? バッグを見ていてくれませんか / *Watch* your head [step]. 《掲示》頭上［足元］に注意.
3 〈機会など〉を待つ, うかがう: *Watch* your chance. 機会をじっくり待て.
— [自] **1** **じっと見る**, 見守る: *Watch* while I am cooking. 私が料理している間よく見ていなさい.
2 **見張りをする**, 監視をする; 注意［期待］して待つ: I *watched* to see where the man would go. 私はその男がどこに行くのかを見ようと注意していた.
■ ***wátch for ...*** 〈機会など〉をうかがう, 待ち構える.
Wátch it! 《口語》気をつけろ.
Wátch óut! 《口語》注意しろ.
wátch óut for ... …に注意する; …を見張る: *Watch out for* cars when you cross the street. 道路を渡るときには車に注意しなさい.
wátch óver ... …を見守る; 見張る.
wátch yoursèlf 自重する, 言動に気をつける.
— [名] (複 **watch·es** [～iz]) **1** [C] **腕時計** (wrist watch), 懐中時計 (pocket watch) (◇携帯用の時計をさす; cf. clock 置き時計): a digital [an analog] *watch* デジタル式［アナログ式］の腕時計 / a waterproof *watch* 防水時計 / adjust a *watch* 時計の時刻を合わせる / My *watch* is three minutes fast [slow]. 私の時計は3分進んでいる［遅れている］.
2 [C][U] 〔…に対する〕**見張り**, 警戒, 監視〔*on*〕: keep a careful [close] *watch on* ... …を厳重に監視する. **3** [C] 番人, 警備員: the night *watch* 夜警 (団). **4** [C][U] 【海】(通例4時間交替制の) 当直, 寝ずの番: on [off] *watch* 当直［非番］で.
■ ***be on the wátch for ...*** …を警戒している.
ùnder wátch 警備［監視］されて.

watch·band [wɑ́tʃbæ̀nd, wɔ́ːtʃ- / wɔ́tʃ-] [名] [C] 《米》腕時計のバンド (《英》watchstrap).

watch·dog [wɑ́tʃdɔ̀ːg, wɔ́ːtʃ- / wɔ́tʃdɔ̀g] [名] [C] **1** 番人, 監視人, 見張り役. **2** 番犬.

watch·er [wɑ́tʃər, wɔ́ːtʃər / wɔ́tʃə] [名] [C]

W

watch·ful [wɑ́tʃfəl, wɔ́ːtʃ-/wɔ́tʃ-] 形 […に]用心深い, 油断のない[of, for, against]; […を]見張って[on, over]: She is *watchful of* her children's health. 彼女は子供たちの健康をとても気づかっている / He is *watchful for* stock prices. 彼は株価を注意深く見守っている.
watch·ful·ly [～li] 副 用心深く, 警戒して.
watch·ful·ness [～nəs] 名 用心深いこと.

watch·mak·er [wɑ́tʃmèikər, wɔ́ːtʃ-/wɔ́tʃ-] 名 C 時計屋《時計の製造・修理をする人》.

watch·man [wɑ́tʃmən, wɔ́ːtʃ-/wɔ́tʃ-] 名 (複 **watch·men** [-mən]) C 《古風》《建物などの》警備員, 夜警, ガードマン (night watchman).
《比較》「ガードマン」は和製英語

watch·strap [wɑ́tʃstræp, wɔ́ːtʃ-/wɔ́tʃ-] 名 C 《英》腕時計のバンド (《米》watchband).

watch·tow·er [wɑ́tʃtàuər, wɔ́ːtʃ-/wɔ́tʃ-] 名 C 《城などの》望楼, 物見やぐら, 監視塔.

watch·word [wɑ́tʃwə̀ːrd, wɔ́ːtʃ-/wɔ́tʃ-] 名 C 《政党などの》標語, スローガン; 合言葉.

****wa·ter** [wɔ́ːtər, wɑ́t-/wɔ́ːtə] 名 動

— 名 (複 **wa·ters** [～z]) **1** U **水**《◇温度に関係なく用いるので, 日本語の「湯」も含まれる》: fresh [salt] *water* 真[塩]水 / sea *water* 海水 / mineral *water* 鉱水, ミネラルウォーター / drinking *water* 飲料水 / running *water* 水道水 / boiling *water* 沸騰している湯 / Can I have a glass of *water*? 水を1杯いただけますか.

▶コロケーション 水(湯)を—
水を出す: *turn on* the *water*
水を止める: *turn off* the *water*
《蛇口から》水を流す: *run water*
水を飲む: *drink water*
お湯を沸かす: *boil water*

2 [the ～]《陸地・空中に対して》水, 水中: She fell in the *water*. 彼女は水の中に落ちた / Human beings cannot live in the *water* like fish. 人間は魚のように水中に住むことはできない.
3 U [しばしば (the) ～s]《河川・湖・海などの》多量の水; 川, 湖, 海; 洪水: the blue *waters* of the Danube ドナウ川の青い流れ / Still *waters* run deep.《ことわざ》静かな流れは深い⇒能あるタカはつめを隠す. **4** [～s]《1国の》水域, 海域, 領海: The tanker accident occurred in Japanese *waters*. そのタンカー事故は日本の領海で起きた.
5 U 水面, 水位: high [low] *water* 満[干]潮 / float on *water* 水面に浮かぶ. **6** [the ～s]鉱泉水: take the *waters* 鉱泉水を飲む. **7** U 分泌液, 体液《汗・唾液・尿・羊水など》;《医》水腫(ﾆ): *water* on the knee ひざにたまった水. **8** U 溶液; [複合語で] …液[water] ソーダ水.

■ *above water* 水面上に;《口語》《財政上の》困難を免れて: keep one's head *above water*《頭を海面に出して》おぼれずにいる; 借金がない.
by water 船で, 水路で: *By water* the journey will take a year. 船だと旅行は1年かかるだろう.
hold water **1**《容器が》水を漏らさない **2**《通例, 否定文・疑問文で》《説明などが》理にかなっている.
in deep water 苦境に立たされて.
in hot water 面倒なことになって.
like water《口語》惜しげもなく, 湯水のように.
... of the first water 最良の…, 第一級の….
on the water 水上に; 船に乗って.
pass [*make*] *water* 小便[排尿]する.
throw [*pour*] *cold water on ...* …に水をさす, けちをつける.
under water 水中に; 浸水して.
water under the bridge 過ぎ去ってしまったこと, 済んでしまったこと.

— 動 他 **1**《地面など》に水をまく, 水をかける;《船・エンジンなど》に給水する: She is *watering* the garden. 彼女は庭に水をまいている. **2**《動物》に水を飲ませる: *water* a horse 馬に水を飲ませる.
3《通例, 受け身で》《土地》を灌漑(ﾆ)する;《陸地》に水を引く: Egypt *is watered* by the Nile. エジプトはナイル川から水を引いている.
4《薄めるために》…に水を加える; …を薄める.
— 自 **1**《器官が》分泌液を出す;《涙》を流す;《唾液で》いっぱいになる, よだれが垂れる: The onions made her eyes *water*. 彼女はタマネギのせいで涙が出た / His mouth *watered* at the sight of the steak. 彼はステーキを見てよだれが出てきた.
2 水をまく[かける];《船・エンジンなどが》給水を受ける. **3**《動物が》水を飲む.
■ *water down* [通例, 受け身で] **1**〈食べ物など〉を水で薄める. **2**〈発言・報告など〉を弱める, 和らげる. (▷ 形 wátery)

◆ **Wáter Bèarer** 名 [the ～]《天文》水瓶(ﾐ)座 (Aquarius).
wáter bèd C ウォーターベッド《中に水の入ったマットレスを用いたベッド》.
wáter bìrd C 水鳥.
wáter bòttle C 水差し; 水筒 (canteen).
wáter bùffalo C《動物》水牛.
wáter cànnon C《デモ鎮圧などのための》放水砲.
wáter chèstnut C《植》ヒシ(の実).
wáter clòset C《古風》洗面所, 水洗便所《《略語》《しばしば掲示》W.C., WC, w.c.》.
wáter fòuntain C 噴水式水飲み器 (drinking fountain).
wáter gàte C 水門.
wáter hòle C《動物が水を飲みに来る》水たまり.
wátering càn [**pòt**] C じょうろ.
wátering hòle **1** = water hole (↑).
2《口語》酒場, バー.
wátering plàce C 温泉場.
wáter lèvel C 水位.
wáter lìly C《植》スイレン.
wáter màin C 水道《給水》本管.
wáter mèter C 量水計.
wáter mìll C 水車(小屋);《水車のある》製粉所.
wáter nýmph C《ギ神・ロ神》水の精.
wáter pìpe C **1** 水道管, 送水管. **2** 水ぎせる.
wáter pìstol C《おもちゃの》水鉄砲.

wáter pòlo [U]【スポーツ】水球.
wáter pòwer [U] 水力.
wáter ràt [C]【動物】ミズネズミ.
wáter ràte [C]《英》水道料金.
wáter sòftener [U][C] 硬水軟化剤〖装置〗.
wáter supplỳ [C] 給水《設備》; 上水道.
wáter tàble [C] 地下水面.
wáter tòwer [C] 給水塔.
wáter vàpor [U] 水蒸気 (vapor).
wáter wàgon [C]《主に米》給水車; 散水車.
wáter whèel [C]《動力用の》水車.

wa·ter·borne [wɔ́ːtərbɔ̀ːrn]【形】 **1** 水に浮かぶ; 水上輸送の. **2**《伝染病が》飲料水を媒介とする.

wa·ter·col·or,《英》 **wa·ter·col·our**
[wɔ́ːtərkʌ̀lər]【名】 **1** [U][C]《通例 ~s》水彩絵の具. **2** [C] 水彩画. **3** [U] 水彩画法.

wá·ter-cóoled【形】《エンジンが》水冷式の (cf. air-cooled 空冷式の).

wa·ter·course [wɔ́ːtərkɔ̀ːrs] [C]《川などの》水流; 水路, 運河.

wa·ter·cress [wɔ́ːtərkrès] [名][U]【植】クレソン, オランダガラシ《葉・茎を食用にする》.

wá·tered-dówn【形】 **1**《声明・計画などが》調子〖効果〗を弱めた, 骨抜きの. **2** 水で薄めた.

*****wa·ter·fall** [wɔ́ːtərfɔ̀ːl] [名][C] 滝 (fall).

wa·ter·fowl [wɔ́ːtərfàul] [名]《複 wa·ter·fowls [~z], wa·ter·fowl》[C] 水鳥; [集合的に]《狩猟用の》水鳥《カモなど》.

wa·ter·front [wɔ́ːtərfrʌ̀nt] [名][C]《通例, 単数形で》海〖川, 湖〗沿いの土地, 海岸〖河岸, 湖岸〗通り.

Wa·ter·gate [wɔ́ːtərgèit] [名] ウォーターゲート事件《1972年, 民主党本部に共和党側の人物が侵入して盗聴器を仕掛けようとした事件. 結果として1974年に Nixon 大統領が引責辞任に追い込まれた》.

wa·ter·line [wɔ́ːtərlàin] [名][C]《the ~》【海】《船の舷側〖ﾑﾈ〗に示す》喫水線.

wá·ter·lògged【形】《船・土地などが》水びたしの, 浸水した; 《材木などが》水を吸いすぎて浮かばない.

Wa·ter·loo [wɔ̀ːtərlúː] [名] **1** ワーテルロー《ベルギー中部の村. 1815年, ナポレオンが大敗した戦跡》. **2** [C]《通例, 単数形で》大敗北, 大失敗: meet one's *Waterloo* 大敗を喫する.

wa·ter·mark [wɔ́ːtərmɑ̀ːrk] [名][C] **1**《紙幣などの》すかし模様. **2**《川・湖などの》水位標.

wa·ter·mel·on [wɔ́ːtərmèlən] [名][C]【植】スイカ; [U] スイカの果肉.

*****wa·ter·proof** [wɔ́ːtərprùːf] [形] 防水〖耐水〗性の, 防水加工された: a *waterproof* watch 耐水時計. —[名]《複 wa·ter·proofs [~s]》 **1** [U] 防水布, 防水材. **2** [C]《通例 ~s》《英》防水服, 防水レインコート. —[動][他] …に防水加工する.

wá·ter-re·pél·lent【形】《衣服などが》水をはじく, 撥水性の.

wá·ter-re·sís·tant【形】防水〖耐水〗性の.

wa·ter·shed [wɔ́ːtərʃèd] [名][C] **1** 分水線, 分水嶺〖ﾚｲ〗; 《米》divide). **2**《人生・歴史の》転機.

wa·ter·side [wɔ́ːtərsàid] [名]《the ~》《湖・川などの》水辺, 水際; [形容詞的に] 水辺の.

wá·ter·skì [動][自] 水上スキーをする.

wáter skì [名][C]《通例 ~s》水上スキー用の板.

wá·ter·skì·ing [名][U] 水上スキー《競技》.

wa·ter·spout [wɔ́ːtərspàut] [名][C] **1**【気象】《海上の》竜巻. **2**《縦の》雨どい, 排水口; 放水口.

wa·ter·tight [wɔ́ːtərtáit] [形] **1**《密閉されて》水を通さない, 防水の. **2**《契約・議論・計画などが》すきのない, 完全無欠な: a *watertight* alibi 完ぺきなアリバイ.

wa·ter·way [wɔ́ːtərwèi] [名][C] 水路, 航路; 運河.

wa·ter·works [wɔ́ːtərwɔ̀ːrks] [名]
1 [単数・複数扱い] 給水〖水道〗設備; [単数扱い] 給水所.
2 [複数扱い]《口語・こっけい》泌尿器.
■ **tùrn ón the wáterworks**《口語》泣きだす; 泣き落としに出る.

wa·ter·y [wɔ́ːtəri] [形] **1**《コーヒー・スープなどが》水っぽい, 薄い. **2**《光線などが》弱々しい; 《色が》青白い:a *watery* smile 弱々しい微笑. **3** 水《のよう》な; 水を含んだ, 湿っぽい; 雨模様の. **4** 涙ぐんだ.
■ **a wátery gráve**《文語》溺死〖ﾃﾞｷ〗: go to *a watery grave* 水死〖溺死〗する. (▷ [名] wáter)

watt [wát / wɔ́t] [名]【電気】ワット《 ◇電力の単位; 《略記》W, w). 【関連語】ampere アンペア / volt ボルト》.

Watt [wát / wɔ́t] [名] ワット James Watt (1736–1819; Scotland の技師. 蒸気機関を発明).

watt·age [wátidʒ / wɔ́t-] [名][U] 《または a~》【電気】ワット数.

wat·tle [wátl / wɔ́tl] [名] **1** [U] 編み枝〖細工〗《垣根・壁・草ぶき屋根などの骨組みに使う》. **2** [C]《豪》【植】《オーストラリア産の》アカシア《花はオーストラリアの国花》. **3** [C]《鶏などののどに垂れ下がっている》肉垂〖ﾆｸｽｲ〗, 《魚の》ひげ.

***** **wave** [wéiv]
[名][動]《原義は「揺れ動くもの」》
—[名]《複 **waves** [~z]》 **1 波**, 波浪: a tidal *wave* 津波 / a high [tall] *wave* 高波 / The *waves* were beating against the rocks. 波が岩に打ち寄せていた.
2《合図・あいさつのために》手〖旗〗を振ること: Mary gave me a *wave* when she caught sight of me. メアリーは私を見つけると手を振った.
3《人から人へと伝わる感情・行動などの》波, 高まり; 急増: a crime *wave* 犯罪の急増 / a *wave* of depression [prosperity] 不景気〖好景気〗の波.
4《地形などの》起伏, うねり; 《米》《競技場などで観客が行う》ウェーブ; 《頭髪などの》ウェーブ: a permanent *wave* パーマ. **5**【物理】《熱・光・音などの》波, 波動: light *waves* 光波 / radio *waves* 電波 / sound *waves* 音波. **6**【気象】《気圧などの》波: a cold [heat] *wave* 寒〖熱〗波.
■ **in wáves** 波が寄せるように, 波状的に.
màke wáves《口語》事を荒立てる, 問題を起こす.
—[動]《三単現 **waves** [~z]; 過去・過分 **waved** [~d]; 現分 **wav·ing** [~iŋ]》
—[自] **1**《合図・あいさつのために》《…に対して》 **手〖旗〗を振る** [at, to]: She *waved* to [at] me when the train started. 列車が動き出すと彼女は私に手を振った. **2**《旗・枝などが》 **揺れる**, 翻〖ﾎﾝ〗る; 波立つ: The branches were *waving* in the strong wind. 木の枝が強風に揺れていた. **3**《道などが》起伏する; 波打つ, うねる; 《頭髪が》ウェーブが

かかっている: a *waving* line of mountains (波のように連なる) 山並み / His hair *waves* naturally. 彼の髪は生まれつきウェーブがかかっている.

—[他] **1** [wave＋O]〈手・旗など〉を〔…に〕振る〔*at, to*〕: *wave* a handkerchief ハンカチを振る / The students *waved* their hands *to* the teacher. 生徒たちは先生に手を振った.

2 (a) [wave＋O] [方向を表す副詞(句)を伴って]〈人〉に**手などを振って合図する**: The teacher *waved* me to the seat. 先生は私に席に着くよう手で指示された. (b) [wave＋O＋O / wave＋O＋to ...]〈人など〉に手などを振って〈あいさつなど〉をする: Mary *waved* me goodbye.＝Mary *waved* goodbye *to* me. メアリーは私に手を振って別れのあいさつをした. (c) [wave＋O＋to do]〈人〉に…するように手[ハンカチなど]を振って合図する: The old man *waved* the boy *to* go away. 老人は少年に手を振ってあっちへ行けと合図した.

3 …を波打たせる, うねらせる;〈頭髪〉にウェーブをかける: have *one's* hair *waved* 髪にウェーブをかけてもらう.

■ ***wáve asíde*** [他]〈人など〉を払いのける;〈提案など〉を退ける.

wáve awáy＝wave aside.

wáve dówn [他] 手を振って〈車など〉を止める.

wáve óff [他] 手を振って〈人〉を見送る.

(▷ [形] wávy)

◆ wáve bànd [C] (テレビ・ラジオの) 周波数帯 (band).

wave·length [wéivlèŋkθ] [名] [C]【物理】(音波・電波などの) 波長; (ラジオの) 周波数: be on the same [a different] *wavelength*《口語》調子[考え方] が合う [合わない].

wave·let [wéivlət] [名] [C] 小波, さざ波.

***wa·ver** [wéivər] [動] [自] **1** (光・炎などが) **揺れ動く, ゆらめく**; (声などが) 震える; (物価などが) 絶えず変動する: The flame *wavered* and went out. 炎はゆらめいて消えた / His voice *wavered* with anger. 彼の声は怒りで震えた. **2** (人・信念などが) **揺れ動く**, ぐらつく;〔…の間で〕ためらう, 判断に迷う〔*between*〕: My choice *wavered between* the red tie and the blue one. 私は赤と青のどちらのネクタイを選ぼうか迷った.

wav·y [wéivi] [形] (比較 **wav·i·er** [～ər]; 最上 **wav·i·est** [～ist]) 波状の, うねる; 波の多い, 波立つ: *wavy* hair ウエーブのかかった髪. (▷ [名] wáve)

****wax**[1] [wǽks] [名] [U] **1** ろう (蠟); みつろう (beeswax); [形容詞的に] ろう (製) の: a *wax* doll ろう人形. **2** ろう状の物質: paraffin *wax* パラフィンろう / sealing *wax* 封ろう. **3** (車・家具などを磨く) ワックス. **4** 耳あか. **—** [動] [他] …にろう[ワックス]を塗る; …をワックスで磨く.

◆ wáx(ed) pàper [U]《米》ろう紙, パラフィン紙.

wáx musèum [C]《米》ろう人形館 (《英》waxworks).

wax[2] [動] [自] **1** (月が) 満ちる (↔ wane).

2《文語》(人が) 次第に…になる: *wax* indignant 憤慨する / *wax* eloquent 雄弁になる.

■ ***wáx and wáne*** (月が) 満ち欠けする;《文語》(物事が) 盛衰する, 増減する.

wax·en [wǽksən] [形]《文語》 **1** (顔色が) 青白い (pale). **2** ろう製の, ろう引きの.

wax·work [wǽkswə̀ːrk] [名] **1** [C] ろう人形, ろう細工 (品). **2** [～s; 単数・複数扱い]《英》ろう人形館 (《米》wax museum).

wax·y [wǽksi] [形] (比較 **wax·i·er** [～ər]; 最上 **wax·i·est** [～ist]) ろうのような; (顔色がろうのように) 青白い (pale).

*****way**[1] [wéi] (☆ [同音] weigh)

① 方法; 手段.	**1**
② (…へ行く) 道.	**2**
③ 点, 面.	**3**
④ 道のり, 距離.	**4**
⑤ 方向, 方角.	**5**

— [名] (複 **ways** [～z]) **1** [C]〔…する / …の〕**方法**, やり方〔*to do* / *of doing*〕(→ METHOD [類義語]); 手段 (means): Cut the carrots in this *way*. ニンジンをこのように切ってください / I like her *way of smiling*. 私は彼女の笑い方が好きです / That's the *way*. そうそう, その調子 / She showed me the *way to* lock the door. 彼女は私にドアの鍵(かぎ)のかけ方を教えてくれた / I like the *way* he speaks. 私は彼の話し方が好きです (◇ way のあとの関係詞はしばしば省略される).

2 [C] [しばしば the ～]〔…へ行く〕**道**, 通路, 道筋, 通り道 (route)〔*to*〕; [しばしば複合語で] …道: lose one's *way* 道に迷う / clear the *way* 道をあける / Can you tell me the *way to* the library? 図書館へ行く道を教えてくださいませんか / The longest *way* round is the shortest *way* home.《ことわざ》一番遠い回り道が一番近い帰り道 ⇨ 急がば回れ.

3 [C] 点, 面, 方面, 範囲: I respect my teacher in many *ways*. 私は多くの点で先生を尊敬している.

4 [通例, 単数形で; 修飾語句を伴って] **道のり**, 距離 (distance); (時間的な) 隔たり: It's only a little *way* to the museum. 博物館までほんのわずかな道のりです / His performance is still a long *way* from perfect. 彼の演技は完璧(かんぺき)からはまだほど遠い / Her birthday is a long *way* off [away]. 彼女の誕生日はまだ遠い先のことです.

5 [C] [修飾語句を伴って; 副詞的に] **方向**, **方角** (direction); [単数形で] 近所, 付近: (Come) This *way*, please. どうぞこちらへおいでください / Which *way* is South? 南はどちらの方向ですか / Look both *ways*. (道路を横断するときは) 左右を見なさい / I know the man from Dublin *way*. 私はダブリンのあたりから来た男を知っている.

6 [C] (人の) 習慣, 癖; [しばしば ～s] (社会などの) 風習, しきたり (custom): be used to French *ways* of living フランスの生活様式に慣れている / She has a *way* of biting her nails. 彼女にはつめをかむ癖がある / It is not his *way* to be false to his friends. 彼は友人を裏切るような男ではない.

7 [a ～]《口語》(健康・景気などの) 状態, 具合: He is in a good [bad] *way*. 彼は具合がよい [悪い].

W

■ áll the wáy 1 途中ずっと: run *all the way* to the station 駅までずっと行く. **2**(遠くから)はるばる: Thank you for coming *all the way* from Chicago. はるばるシカゴから来てくださってありがとうございます. **3** 完全に, 全面的に: I support you *all the way*. 私は全面的にあなたを支持します.

by the wáy [通例, 文頭で][《口語》ところで; ついでながら]: *By the way*, do you know Jill Smith? ところで, ジル=スミスをご存じですか.

by wày of ... **1** …を通って, …経由で (via): I flew to London *by way of* Bangkok. 私はバンコク経由の飛行機でロンドンに行った. **2** …として, …のつもりで: I sent her roses *by way of* congratulations. 私はお祝いとして彼女にバラを贈った.

cóme ...'s wáy …の手に入る; …の身に起こる.

cút bóth wáys (行動・議論などが)一長一短である, 両刃(ﾘｮｳﾊﾞ)の剣である.

éither wáy 《口語》いずれにしても.

évery whìch wày 《米口語》四方八方に.

fínd one's wáy 何とかして進む.

gèt in the wáy of ... …のじゃまをする, 妨げになる.

gèt [hàve] one's (ówn) wáy 思い通りにする.

gíve wáy **1** […に]取って代わられる [to]: The clear sky *gave way to* dark clouds. 晴れ渡った空に代わって黒い雲が立ち込めた. **2** 崩れる, 壊れる; (健康・勢力などが)衰える. **3** […に]屈する, 譲歩する; [感情などに]身を任せる;《英》 […に]道を譲る(《米》yield)[to]: We shall not *give way to* the terrorists' demands. 私たちはテロリストたちの要求には屈しない.

gó a lóng wáy (ものが)[…に]大いに役立つ, 効果がある [toward].

gò one's (ówn) wáy 自分の思い通りにする.

gò òut of one's [the] wáy わざわざ[故意に][…]する [to do]: He *went out of his way to* help us. 彼はわざわざ私たちの手助けをしてくれた.

hàve a wáy with ... 〈人・物事など〉の扱いがうまい.

hàve it bóth wáys [通例, 否定文で](矛盾する)2つのことを同時にする, ふたまたをかける.

Hàve it your (ówn) wáy. 勝手にしなさい.

in a bíg [smáll] wáy 派手に [地味に].

in a [óne] wáy = in sóme wàys ある点では, ある程度: The work was well done *in a way*. その仕事はある意味では上出来でした.

in áll wáys = in évery wáy あらゆる点で.

in nó way 決して…でない (not at all): He is *in no way* helpless. 彼は決して無力ではない.

in one's (ówn) wáy (十分とは言えないが)その人なりに; 自己流に.

in the [...'s] wáy じゃまになって: Am I *in your way?* おじゃまですか.

in the wáy of ... [否定文・疑問文で]…としては, …の点では.

léad the wáy 先頭に立って行く, 指導的地位に立つ; 案案内をする.

lóok the óther wáy 見て見ぬふりをする.

màke one's wáy **1** 進む, 前進する: He *made his way* along the road for a while. 彼はしばらくその道を進んだ. **2** 成功する, 出世する: *make one's way* in life 出世する.

màke wáy […に]道をあける, 席を譲る [for].

Nó wáy! いやだ, とんでもない: Could you lend me some money? — *No way!* 少し金を貸していただけませんか — いやです.

on one's [the] wáy **1** 途中で; 進行中で, 近づいて: I met her *on the way* home. 私は帰宅途中で彼女に会った. **2** (胎児が)お腹にいて.

on one's [the] wáy óut **1** 出かけるところで. **2** (流行などが)すたれかかって, 消滅しかかって.

óne wày or anóther [the óther] どうにかして, いずれにせよ: You have to finish your homework *one way or another*. あなたはいずれにせよ宿題を終わらせなければならない.

òut of the wáy **1** […の]じゃまにならないで [of]: Please keep *out of the way* of the parade. パレードのじゃまにならないように願います. **2** 人里離れた [離れて]. **3** [通例, 否定文で]異常な, 変わった.

sée one's wáy (cléar) to dóing …する見通しがつく, …できそうに思う: They could not *see their way to finishing* the job. 彼らはその仕事を仕上げる見通しがつかなかった.

stánd in the wáy of ... = stánd in ...'s wáy …のじゃまをする, 行く手に立ちふさがる: We must conquer whoever *stands in our way*. 私たちのじゃまをする者がだれであれ征服しなければならない.

the óther wày aróund [abóut, róund] あべこべに, 逆に (→ OTHER 形 成句).

ùnder wáy **1** (計画などが)進行中で; (船が)航行中で: get *under way* (計画などが)始まる; (船が)出航する / Our project is *under way* little by little. 私たちの企画は徐々に進行しつつある.

wáys and méans 方法, 手段; 財源.

Wáy to gó! 《米口語》いいぞ, よくやった.

◆ **wáy ín** (複 **ways in**)[C] 入り口 (entrance).

wáy óut (複 **ways out**)[C] 出口 (exit); 解決策.

way² [副詞・前置詞を強めて]はるかに, ずっと: *way* down the street 通りをずっと下って / She finished her work *way* ahead of the others. 彼女は他の人よりもずっと早く仕事を終えた.

way·far·er [wéifèərər] [名][C]《文語》(徒歩)旅行者.

way·lay [wèiléi] [動] (三単現 **way·lays** [~z]; 過去・過分 **way·laid** [-léid]; 現分 **way·lay·ing** [~iŋ]) [他] を待ち伏せする; (いきなり)呼び止める.

wáy-óut [形]《口語》斬新(ｻﾞﾝｼﾝ)で奇抜な, 風変わりな.

-ways [weiz] [接尾]「様態・方向・位置」などを表す副詞を作る: side*ways* 横に.

way·side [wéisàid] [名][通例 the ~]《文語》道端, 路傍.

■ *fáll by the wáyside* 中途で挫折(ｻﾞｾﾂ)する.

way·ward [wéiwərd] [形](人・言動が)気まぐれな.

W.C., WC, w.c.《略語》《しばしば掲示》= water closet 洗面所 (→ TOILET [参考]).

we [(弱) wi; (強) wíː]

— [代] [人称代名詞] (◇ 1 人称代名詞の主格; → PERSONAL 文法) **1** [主語として; 話し手と聞き手,

さらに第三者も含めて] 私たちは [が]: *We* are good friends. 私たちは仲よしです / Shall *we* have a cup of tea? 一緒にお茶を飲んでいきませんか / *We* need your help. 私たちはあなたの助けが必要です (◇聞き手を含まない).

2 [主格補語として] 私たちです (◇ [wíː] と発音する; → ME **2** [語法]): It is *we* who will make the decision. 決断するのは私たちです.

3 [自分を含めた人々をさして] 人は, 私たちは (皆) (◇日本語に訳さないことが多い): *We* are born free. 人は皆, 生まれながらにして自由である.

4 [自分を含めたある地域, 自分の所属する会社などをさして] 当地[店, 社など]では (◇日本語に訳さないことが多い): *We've* had a lot of snow this winter. (当地では) この冬は雪が多かった / *We* don't sell alcohol. 当店ではアルコールは販売しておりません.

5 [新聞・雑誌の論説などで] 筆者は, 本紙[誌]は (◇ I を用いるよりもへりくだった言い方となる): as *we* saw in Chapter 2 第2章で考察した通り / *We* do not favor either of the parties. 本紙はどちら党も支持しない.

6 [教師が生徒に, 医師が患者に共感を表して] あなたは (you): How are *we* feeling today? きょうは気分はどうですか. **7** [君主が自分をさして] 《格式》朕(ちん)は [が], 余(よ)は [が].

‡**weak** [wíːk] (☆[同音] week)

— 形 (比較 **weak·er** [〜ər]; 最上 **weak·est** [〜ist]) 【原義は「屈しやすい」】 **1** (人が体力的に) 弱い, 虚弱な, 病身の (↔ strong): She has a *weak* heart [eyes]. 彼女は心臓 [視力] が弱い / Tim got *weaker* with his illness. ティムは病気で体が弱くなった.

2 (ものが) もろい, 壊れやすい: a *weak* bridge 壊れやすい橋 / The legs of this table are *weak*. このテーブルの脚は弱い.

3 (意志などが) 弱い, 薄弱な (↔ strong): a man of a *weak* character 気の弱い人 / He was too *weak* to argue against the scheme. 彼は気弱すぎてその計画に反論できなかった.

4 (政府・指導者などが) 弱小の, 支配力のない; (会社などが財務的に) 弱体化した: a *weak* economy 弱体化した経済 / The yen is getting *weaker* against the dollar. 対ドル円安が進んでいる.

5 [ある分野・点で] 劣っている, 弱点のある; [学科などが] 苦手な (↔ strong) [*in*]: a *weak* point 弱点 / *weak in* the head 頭が弱い, ばかな / I am *weak in* mathematics. 私は数学が弱い[苦手です].

6 (論拠などが) 不十分な, 説得力がない (↔ strong): a *weak* argument 根拠の薄い議論.

7 (アルコール分・薬の成分が) 弱い; (お茶・コーヒーなどが) 薄い (↔ strong): I prefer *weak* coffee to strong. 私は濃いコーヒーより薄いのが好きです.

8 (光・色・香りなどが) 弱い, かすかな: a *weak* light 弱々しい光.

9 [比較なし] 【文法】 (動詞が) 規則変化の, 弱変化の (↔ strong).

■ ***weak at the knees*** 《口語》 (恐怖・病気などで) ひざががくがくして. (▷ 動 wéaken)

‡**weak·en** [wíːkən] 動 他 **1** …を弱める, 弱くする (↔ strengthen): The disease *weakened* him. 病気で彼の体は弱った. **2** 〈決心・考えなど〉をぐらつかせる: *weaken* ...'s confidence …の自信をぐらつかせる. **3** 〈酒・スープなど〉を薄くする.

— 自 **1** 弱る, 弱まる, 衰える: He *weakened* with the disease. 彼は病気で衰弱した.

2 (決心・考えなどが) ぐらつく. (▷ 形 wéak).

wéak-knéed 形 《口語》弱腰の, 優柔不断の.

weak·ling [wíːklɪŋ] 名 C (体の) 弱い人 [動物]; 意気地なし, 憶病者.

weak·ly [wíːkli] 副 (比較 **weak·li·er** [〜ər]; 最上 **weak·li·est** [〜ist]) 弱く, 弱々しく; 優柔不断で.

wéak-mínd·ed 形 優柔不断の; 知能が劣った.

‡**weak·ness** [wíːknəs] 名 **1** U 弱さ, もろさ; 病弱, 虚弱: physical *weakness* 身体の弱さ / *weakness* of character 性格の弱さ.

2 C 弱点, 欠点, 短所: a structural *weakness* of the economy 経済の構造的欠陥 / You should know your own *weaknesses*. あなたは自分の短所を知るべきだ. **3** C [通例 a 〜] […が] 非常に好きなこと [*for*]: have a *weakness for* sweets 甘いものに目がない.

weal [wíːl] 名 C 《英》みみずばれ, むちの跡 (welt).

wealth [wélθ] 【原義は「よいこと, 幸せなこと」】

— 名 **1** U 富, 財産, 資産; [集合的に] 資産階級: a person of *wealth* 資産家 / He obtained vast *wealth* by working hard. 彼は懸命に働いてばく大な財産を築いた / Health is better than *wealth*. 《ことわざ》健康は富にまさる.

2 U [しばしば a 〜] 豊富 [な…], 多量 [の…] [*of*]: have a *wealth of* knowledge 豊富な知識を持っている. (▷ 形 wéalthy)

‡**wealth·y** [wélθi] 形 (比較 **wealth·i·er** [〜ər]; 最上 **wealth·i·est** [〜ist]) **1** 富裕な, 金持ちの (→ RICH [類義語]): a *wealthy* family 裕福な家族.

2 [the 〜; 名詞的に; 複数扱い] 富裕な人々.

3 [に] 富んでいる, 豊富な [に]: a fishery zone *wealthy in* marine produce 水産資源の豊かな漁業水域. (▷ 名 wéalth)

wean [wíːn] 動 他 **1** 〈人・動物の子〉を離乳させる. **2** [悪友などから] …を引き離す; [悪い習慣などを] 捨てさせる (*away*) [*from, off*]. **3** [しばしば受け身で] […の影響の下で] 〈人〉を成長させる [*on*].

‡**weap·on** [wépən] (☆発音に注意)

— 名 (複 **weap·ons** [〜z]) C **1** (一般に) 武器, 兵器; (動植物の) 攻撃用器官 (つめ・角・とげなど): chemical [nuclear] *weapons* 化学[核]兵器 / a lethal *weapon* 凶器.

2 [比喩] 対抗手段, 武器; 効力: This new medicine will be a strong *weapon* against colds. この新薬はかぜに対して強い効き目があるだろう.

weap·on·ry [wépənri] 名 U [集合的に] 兵器 [武器] 類.

‡**wear** [wéər] (☆[同音] ware)

— 動 (三単現 **wears** [〜z]; 過去 **wore** [wɔːr]; 過分 **worn** [wɔːrn]; 現分 **wear·ing** [wéərɪŋ])

━ 他 **1** [wear＋O] …を**身に着けている**, 着ている: wear a uniform 制服を着ている / wear a hat 帽子をかぶっている / wear glasses 眼鏡をかけている / wear a ring 指輪をはめている / wear shoes 靴を履いている / wear perfume 香水を付けている / You can't wear jeans to the theater. ジーンズで劇場に行ってはいけない / She wears no make-up. 彼女はノーメークです.

[語法] (1)日本語では身に着けているものの種類によって「着ている」「履いている」などと言い方を変えるが, 英語ではすべて wear を用いる.
(2) put on は「身に着ける」という動作を表すのに対し, wear は「身に着けている」という状態を表す. ただし, be wearing の形で, 一時的な状態を表す場合もある: She wasn't wearing a seat belt then. 彼女はその時シートベルトをしていなかった.

2 [wear＋O]〈髪の毛・ひげ〉を生やす; [wear＋O＋C]〈髪の毛・ひげ〉を…の状態に生やす(◇ C は形容詞): He wears whiskers. 彼はほおひげを生やしている / She wears her hair long [short]. 彼女は髪を長く[短く]している.

3 [wear＋O]〈表情・態度など〉を**表している**, 示している: You wear a bored look. 退屈そうな顔をしていますね / His face wore a look of surprise. 彼の顔は驚いた表情をしていた.

4 [wear＋O]〈絶えず使うことで〉[…に]〈穴・道など〉を掘る, あける [in]: wear a hole in one's sock 靴下に穴があく / The rain wore a groove in the stone. 雨に浸食されて石に溝ができた.

5 [しばしば受け身で] [wear＋O]〈衣類など〉を**すり減らす**, 使い古す; [wear＋O＋C]〈衣類など〉を(身に着けることで)…の状態にする(◇ C は形容詞): This T-shirt is worn now. このTシャツはだいぶ着たので古くなった / These socks are worn thin. この靴下はすり切って薄くなった.

6〈人〉を疲れさせる, やつれさせる: He was worn because of the hard training. 彼は激しいトレーニングのために疲れ切っていた.

7 (通例, 否定文・疑問文で) [(英)口語] …を認める.

━ 自 **1** (衣類などが)**すり切れる**, (ものが)使い古される; [wear＋C] すり減って…(の状態)になる: My pants have worn. 私のズボンはすり切れてしまった / This curtain has worn thin. このカーテンはすり減って薄くなっている.

2 (ものが) 使用に耐える: This temple has worn well. この寺はよく持ちこたえている.

3 (時が) ゆっくり過ぎる, 経過する; 進行する.

[句動詞] **wéar awáy** 他 [wear away＋O / wear＋O＋away] **1** …をすり減らす: The pavement has been worn away. 歩道はすり減ってしまった. **2** (通例, 受け身で) …を弱らせる.
━ 自 **1** すり減る. **2** (時が) ゆっくり過ぎる.

wéar dówn 他 [wear down＋O / wear＋O＋down] **1** …をすり減らす: These tires have been worn down. これらのタイヤはすり減ってしまった. **2** …を**疲れさせる**: He always looks worn down. 彼はいつも疲れて見える.
━ 自 すり減る.

wéar óff 自 **1** すり減る, はげる: The painting has worn off. 塗装は完全にはげてしまった.

2 なくなる, 消える: The pain soon wore off. 痛みはほどなくに消えた.

wéar ón 自 (時が) ゆっくり過ぎていく.

wéar óut 他 [wear out＋O / wear＋O＋out] **1** …をすり減らす, (すり減らして) 使えなくする: These shoes are worn out. この靴はすり減ってもう履けない. **2** [しばしば受け身で] …を**疲れさせる**: I'm worn out. もうくたくただ.
━ 自 すり減る, (すり減って) 使えなくなる.

━ 名 U **1** (衣類などを) 身に着けること, 着用, 使用: clothes for everyday wear 普段着 / These shoes are still good for wear. この靴はまだ履ける.

2 [集合的に]**衣類**, 衣服; [複合語で] …着: men's [ladies', children's] wear 紳士[婦人, 子供]服 / casual wear カジュアルウェア. [関連語] skiwear スキーウェア / sportswear 運動着 / underwear (下着). **3** すり切れ, 着古した状態; 磨滅. **4** (衣服などの) 耐久性.

■ **be the wórse for wéar**《口語》着古されている; (仕事などで) くたびれている; 酔っている.

wéar and téar すり切れ, 消耗.

wear·a·ble [wéərəbl] 形 (衣服などが) 着用に適する; 身に着けられる.

wear·er [wéərər] 名 C 着用者; 利用者.

***wea·ri·ly** [wíərəli] 副 疲れて; うんざりして.

wea·ri·ness [wíərinəs] 名 U 疲労; 退屈.

wear·ing [wéəriŋ] 形 (人を) 疲れさせる, 消耗させる; うんざりさせる.

***wea·ri·some** [wíərisəm] 形《格式》疲れさせる; 退屈な, うんざりする.

‡**wea·ry** [wíəri] 形 (比較 **wea·ri·er** [~ər]; 最上 **wea·ri·est** [~ist]) **1** 疲れた, 疲れ果てている (→ TIRED [類義語]): a weary look 疲れ切った表情.

2 [叙述用法][…に] うんざりした, 飽き飽きした [of]: He grew weary of her long talk. 彼は彼女の長話にうんざりしてきた.

3《主に文語》疲れさせる; 退屈な, 飽き飽きさせる.
━ 動 (三単現 **wea·ries** [~z]; 過去・過分 **wea·ried** [~d]; 現分 **wea·ry·ing** [~iŋ])《格式》自
1 […に] 飽きる, 退屈する [of]: He will soon weary of working there. 彼はすぐにそこで働くのに飽きるだろう. **2** 疲れる.
━ 他 **1** [しばしば受け身で] …を […で] **疲れさせる** (tire) [with]: I was wearied with the work. = The work wearied me. 私はその仕事で疲れた. **2** …を退屈させる; うんざりさせる, いらいらさせる.

wea·sel [wíːzəl] 名 C **1** 【動物】イタチ (イタチのように). **2**《口語》ずるい人, こそこそする人.
━ 動 (過去・過分《英》**wea·selled**; 現分《英》**wea·sel·ling**) [次の成句で]

■ **wéasel óut of ...**《義務など》を回避する, うまく免れる.

◆ **wéasel wòrd** C [通例, 複数形で]《米口語》逃げ口上, わざとあいまいにした言葉.

weath·er [wéðər]
【原義は「風が吹くこと」】
━ 名 **1** U [しばしば the ～] (特定の日の) **天気**, 天候, 気象状況, 空模様 (cf. climate (年間を通じて

の)気候): good [bad] *weather* 好天(悪天候) / sunny [rainy] *weather* 晴天[雨天] / warm [hot, cold] *weather* 暖かい[暑い, 寒い]天候 / The *weather* is fine [nice]. 天気がよい / What was the *weather* like in London? = How was the *weather* in London? ロンドンの天気はどうでしたか / The *weather* will clear up in the afternoon. 天気は午後には回復するでしょう.
2 [the ~]《口語》(テレビ・ラジオ・新聞などの) 天気予報(欄).
3 ⓤ悪天候, 荒れ模様, 荒天.
■ *in áll wéathers* どんな天気でも; 順調でも逆風でも.
kéep a wéather èye on ... …をいつも警戒[注意]している.
màke héavy wéather of ... …を大げさに考える.
ùnder the wéather《口語》体の具合が悪く, 気分[健康]がすぐれない.
wéather permítting もし天気がよければ: The race will take place tomorrow, *weather permitting*. 天気がよければレースはあす行われよう.
—動 ⑯ **1** …を外気にさらす, 風雨にさらす;〈岩石など〉を風化させる: *weather* wood 木材を風化させる. **2**〈あらし・困難など〉をうまく乗り越える, 切り抜ける: *weather* a storm [crisis] あらし[危機]をしのぐ[切り抜ける]. **3**《海》…の風上を航走する.
— ⑮ (外気にさらされて)変色する;〈岩石などが〉風化する.
◆ wéather fòrecast ⓒ 天気予報.
wéather fòrecaster ⓒ 気象予報官, (テレビ・ラジオの)天気予報係 (weatherman).
wéather màp [chàrt] ⓒ 天気図.
wéather repòrt [the ~] 天気予報.
wéather sàtellite ⓒ 気象衛星.
wéather shíp ⓒ 気象観測船.
wéather stàtion ⓒ 気象台, 測候所.
wéather vàne ⓒ 風向計, 風見 (vane).
wéath·er-béat·en 形 風雨にさらされた;〈顔・肌などが〉日焼けした (weathered).
wéath·er·bòard [wéðərbɔ̀ːrd] 名 ⓤ《英》下見板, 羽目板《米》clapboard).
wéath·er·bòund 形 (飛行機・船などが)悪天候のため出発[出航]できない.
wéath·er·còck [wéðərkɑ̀k / -kɔ̀k] 名 ⓒ **1** 風見鶏(どり), 風向計. **2**《比喩》気まぐれな人, (考えなどの)変わりやすい人.
wéath·ered [wéðərd] 形 = WEATHER-BEATEN (↑).
wéath·er·man [wéðərmæ̀n] 名 (複 **weath·er·men** [-mèn]) ⓒ (テレビ・ラジオの) 天気予報係 (weather forecaster); 気象学者.
wéath·er·pròof [wéðərprùːf] 形 (建物・衣服が) 風雨に耐える.
—動 ⑯ …を風雨に耐えるようにする.
‡**weave** [wíːv] 動 (三単現 **weaves** [~z]; 過去 **wove** [wóuv], 過分 **wo·ven** [wóuvən], **wove**; 現分 **weav·ing** [~iŋ]) ⑯ **1**〈布〉を織る;〈ひも・糸・竹など〉を編む, 編み合わせる: *weave* woolen fabrics 毛織物を織る / *weave* the twigs and feathers into a nest〈鳥が〉木の小枝や羽根を集めて巣を作る.
2 …を[…に]組み込む, 織り込む [*into*]: *weave* several anecdotes *into* the speech スピーチに逸話をいくつか織り交ぜる. **3**《計画・物語など》を作り上げる, 組み立てる. **4**〈クモが〉〈巣〉を張る.
—⑮ **1** 織物[布]を織る. **2** (過去・過分 **weaved** [~d]) (副詞(句)を伴って) (人・車が) 縫うように進む; (道が) 曲がりくねる: *weave* one's way (群衆の中を) 縫って進む.
■ *gèt wéaving*《英口語》(仕事などに) さっさと取りかかる [*on*].
—名 ⓒ 織り(方), 編み(方); …織り[編み]: a fine *weave* 目の細かい織り方.
weav·er [wíːvər] 名 ⓒ 織る人; 織工.
‡**web** [wéb] 名 ⓒ **1** クモの巣 (cobweb): spin a *web* (クモが) 巣を張る.
2《比喩》クモの巣状のもの, 網状に張り巡らされたもの (network): a *web* of railroads 鉄道網 / a *web* of lies うそ八百. **3**〈鳥〉(水鳥などの) 水かき. **4** [the W-]《コンピュータ》ウェブ, インターネット (World Wide Web).
◆ **Wéb bròwser** ⓒ《インターネット》(ウェブ) ブラウザ《閲覧ソフト》.
webbed [wébd] 形 水かきのある; クモの巣状の.
web·bing [wébiŋ] 名 ⓤ (馬の腹帯・座席ベルトなどの) 帯ひも.
wéb-fóot·ed 形 足に水かきの付いた.
Wéb·site [wébsàit] 名 ⓒ《インターネット》ウェブサイト, ホームページ《ウェブ上の情報サイト》.
Web·ster [wébstər] 名 **1** 姓 ウェブスター Noah Webster《1758–1843; 米国の辞書編集者》. **2** ウェブスターの辞書;《米》(一般に) 英語辞書.
wed [wéd] 動 (三単現 **weds** [wédz]; 過去・過分 **wed·ded** [~id], **wed**; 現分 **wed·ding** [~iŋ]) (進行形不可)《文語》⑯ …と結婚する; …を […と] 結婚させる [*to*]. —⑮ 結婚する《◇主に新聞用語》.

we'd
[(弱) wid; (強) wíːd]
《短縮》《口語》
1 we would [should]の短縮形: He said *we'd* succeed. 私たちは成功するだろうと彼は言った / *We'd* like to see your teacher. あなたの先生にお会いしたいのですが.
2 we had の短縮形: *We'd* finished the work when you came. あなたが来たとき私たちは仕事を終えていました.
Wed.《略語》= *Wed*nesday (↓).
wed·ded [wédid] 形 **1**《限定用法》《格式》正式に結婚した[している]. **2**《叙述用法》〈考えなどに〉熱心な, 固執している [*to*].

wed·ding
[wédiŋ]
—名 (複 **wed·dings** [~z]) ⓒ **1** = wédding cèremony 結婚式, 婚礼《◇日本で言う「披露宴」も含む》: attend a *wedding* 結婚式に出席する / a *wedding* reception 結婚披露宴 / We will have [hold] a *wedding* in June. 私たちは 6月に結婚式を挙げます.
2 (通例, 複合語で) = wédding annivèrsary 結婚記念日, …婚式 (→ 次ページ表).

結婚記念日		
1周年	paper wedding	紙婚式
5周年	wooden wedding	木婚式
10周年	tin wedding	錫(すず)婚式
15周年	crystal wedding	水晶婚式
20周年	china wedding	陶器婚式
25周年	silver wedding	銀婚式
30周年	pearl wedding	真珠婚式
35周年	coral wedding	サンゴ婚式
40周年	ruby wedding	ルビー婚式
45周年	sapphire wedding	サファイア婚式
50周年	golden wedding	金婚式
55周年	emerald wedding	エメラルド婚式
60[75]周年	diamond wedding	ダイヤモンド婚式

◆ wédding bréakfast C U《英》結婚披露宴《結婚式を終えて新婚旅行へ出発する前に行う会食》.
wédding càke C U ウエディングケーキ.
wédding drèss C ウエディングドレス.
wédding rìng C 結婚指輪.

*wedge [wédʒ] 名 C 1 (木製の)くさび; (ドアを固定する)ストッパー: drive a wedge between …
…の間にくさびを打つ; …の仲を裂く. 2 くさび状[V字形]のもの: a wedge of pie V字形のパイ1切れ. 3 〖ゴルフ〗ウェッジ《頭部がくさび状のアイアン》.
■ the thín énd of the wédge 一見ささいに見えるが将来重大な結果をもたらしそうなこと[もの].
— 動 他 1 …をくさびで固定する[止める]: wedge a door open ストッパーでドアを開けておく.
2 …を[…に]押し込み, 詰め込み, 割り込ませる《in, into, between》: wedge oneself into the crowded train 込み合う列車に割り込む.

Wedg·wood [wédʒwùd] 名 U 《商標》ウェッジウッド《英国の代表的な陶器》.

wed·lock [wédlàk / -lɔ̀k] 名 U 《古》(合法的に)結婚している状態, 婚姻.
■ bórn in (òut of) wédlock 嫡出(ちゃくしゅつ)[庶出(しょしゅつ)]の.

****Wednes·day [wénzdèi, -di]
【→ WEEK 表】
— 名 (複 Wednes·days [~z]) 1 C U《通例, 無冠詞で》水曜日《略題》Wed., W.)(→ SUNDAY 語法). 2 《形容詞的に》水曜日の. 3 《副詞的に》《口語》水曜日に; 《~s》《米口語》水曜日ごとに.

wee [wiː] 形《限定用法》 1 《スコット・口語》小さい.
2 《スコット・米》(時刻が)早い: the wee hours 夜更け, 真夜中《午前1-3時頃》.
■ a wée bít 《口語》少し, ちょっと《a little》.

*weed [wiːd] 名 1 C 雑草; U 水草, 海草《sea-weed》: pull out the weeds in the garden 庭の草を取る / Ill weeds grow apace. 《ことわざ》雑草は伸びるのが早い ⇒ 憎まれっ子世にはばかる.
2 C《英口語》ひょろ長くて弱々しい人.
3 〘the ~〙《口語》たばこ; U《古風》マリファナ.
— 動 他 (庭などの)雑草を除く, 草取りをする.
■ wéed óut 他 ⟨無用な人・もの⟩を取り除く.
(▷ 形 wéedy)

weed·kill·er [wiːdkìlər] 名 C U 除草剤.

weed·y [wiːdi] 形 (比較 weed·i·er [~ər]; 最上 weed·i·est [~ist])《口語》 1 雑草の生い茂った.
2 《英》貧弱な体の, ひ弱そうな. (▷ 名 wéed)

****week [wiːk] 〈☆ 同音 weak〉【原義は「変化の期間」】
— 名 (複 weeks [~s]) 1 C 週《略語》w., wk.; →表》: last [this, next] week 先週[今週, 来週] / the week before last 先々週 / the week after next 再来週 / I go shopping once a week. 私は週に1回買い物に行く / What day of the week is it today? きょうは何曜日ですか.
語法 (1)通例, 《米》では日曜日から土曜日までを, 《英》では月曜日から日曜日までをさす.
(2) every, this, last, next などと共に前置詞を伴わない副詞句を作る: He goes to church every week. 彼は毎週教会に行く / See you next week. 来週お会いしましょう.
(3)「…週に」の場合は前置詞 in を用いる: in the second week of August 8月の第2週に.
(4)「先週[来週]の…」という表現には, 次のようなものがある: a week ago today [Sunday]《米》先週のきょう[1週間前の日曜日] / a week from today [Sunday]《米》来週のきょう[1週間後の日曜日] / today [Sunday] week = a week today [Sunday]《英》[先週]のきょう[1週間後の日曜日].

曜日名の由来	
Sunday (日曜日)	「太陽(sun)の日」の意.
Monday (月曜日)	「月(moon)の日」の意.
Tuesday (火曜日)	「ティーウ(Tiu)の日」の意. ティーウは北欧神話の戦争の神.
Wednesday (水曜日)	「ウォーデン(Woden)の日」の意. ウォーデンはアングロサクソン民族の主神.
Thursday (木曜日)	「トール(Thor)の日」の意. トールは北欧神話の雷神.
Friday (金曜日)	「フリッグ(Frigg)の日」の意. フリッグは北欧神話の愛の女神.
Saturday (土曜日)	「サトゥルヌス(Saturn)の日」の意. サトゥルヌスはローマ神話の農耕の神.

2 C (時の長さとしての)1週間: He has been absent from school for a week. 彼は1週間学校を休んでいる / It took me three weeks to read this book. この本を読むのに3週間かかった.
3 C (土日を除く)就業[授業]日; 週あたり労働時間(workweek, 《英》working week): a five-day (school) week (学校)週5日制.
4 U《しばしば W-》(祝祭日・行事などのある)週, …週間: Christmas week クリスマス週間.
■ by the wéek 週ぎめで, 週あたりいくらで: I work by the week. 私は週給で働いている.
wéek àfter wéek = wèek ín, wèek óut 《口語》毎週.
wéek by wéek 1週ごとに.

*week·day [wiːkdèi] 名 1 C 平日, 週日, ウィークデー《◇通例, 土日以外の日; cf. weekend 週

week・end [wíːkènd] 名

— 名 (複 week・ends [-èndz]) **1** C 週末 (◇金曜日の夜または土曜日から日曜日の夜まで): I spent the *weekend* with my family. 私は週末を家族と過ごした / The museum is open on 〖《英》at〗 *weekends*. その博物館は週末も開館している / I'll go skiing this *weekend*. 今の週末はスキーに行きます / Have a nice *weekend*! 楽しい週末を! (◇週末に入る前のあいさつ).
2 [形容詞的に] 週末の, 週末用の: a *weekend* visit to the country 週末の田舎への旅行.
3 [〜s; 副詞的に]《米口語》週末ごとに: I get up late *weekends*. 私は週末はいつも朝寝する.
— 動 自 週末を過ごす; 週末に旅行をする.

week・end・er [wíːkèndər] 名 C 週末の旅行者.

week・ly [wíːkli] 形 毎週の, 週1回の; 週刊の: a *weekly* magazine 週刊誌 / a *weekly* wage of $300 週給300ドル.
— 副 毎週, 週1回: do the room *weekly* 週1回部屋の掃除をする / I'm paid *weekly*. 私は週給払いです.
— 名 (複 week・lies [〜z]) C 週刊誌, 週報.

wee・ny [wíːni] 形 (比較 wee・ni・er [〜ər]; 最上 wee・ni・est [〜ist])《口語》ちっちゃな, ちっぽけな.

weep [wíːp] 動 名【原義は「泣き叫ぶ」】
— 動 (三単現 weeps [〜s]; 過去・過分 wept [wépt]; 現分 weep・ing [〜iŋ])
— 自 **1** 《格式》[…して／…に／…に対して] 泣く, 涙を流す (→ 類義語); 〈泣いて〉嘆く, 悲しむ [*at, for, over, with / to do*]: Mary *wept at* [*to*] hear the news. メアリーはその知らせを聞いて泣いた / She *wept for* [*with*] joy. 彼女はうれしさのあまり泣いた / He *wept over* his misfortunes. 彼はわが身の不幸を嘆いて泣いた.
2〈傷口などが〉液体を分泌する〔しみ出す〕.
— 他《格式》〈涙を〉流す; 〜を涙を流して嘆く〔悲しむ〕: *weep* oneself out 思う存分泣く / Beth *wept* tears of joy. ベスはうれし涙を流した.
— 名 [単数形で] 泣くこと.

類義語 weep, cry, sob
共通する意味 ▶ 泣く (produce tears from one's eyes)
weep は「涙を流して泣く」の意で涙に重点がある: She *wept* at the sad news. 彼女はその悲報を聞いて涙を流した. **cry** は「声を出して泣く」の意だが, 「黙って涙を流す」の意で用いることもある: The child *cried* loudly. その子供はわあわあ泣いた / She *cried* into a handkerchief. 彼女はハンカチに顔をうずめて泣いた. **sob** は息を詰まらせるように「むせび泣く, すすり泣く」の意: She *sobbed*. 彼女はすすり泣いた.

weep・ing [wíːpiŋ] 形 **1** 涙を流す, 泣いている. **2**〈枝が〉垂れ下がる.
◆ wéeping wíllow C〖植〗シダレヤナギ.

weep・y [wíːpi] 形 (比較 weep・i・er [〜ər]; 最上 weep・i・est [〜ist])《口語》 **1** 涙もろい, すぐに泣く.
— 名 (複 weep・ies [〜z]) C《口語》お涙ちょうだい物 (tearjerker).

wee・vil [wíːv(ə)l] 名 C〖昆〗ゾウムシ《コクゾウムシなどゾウムシ科の甲虫の総称》.

wee-wee 名 U [または a 〜]《幼児》おしっこ (urine): have [do] a *wee-wee* おしっこをする.
— 動 自《幼児》おしっこする (urinate).

weft [wéft] 名 [the 〜; 集合的に]《織物の》よこ糸 (woof) (↔ warp).

weigh [wéi] (☆同音 way)
【原義は「運ぶ」】
— 動 (三単現 weighs [〜z]; 過去・過分 weighed [〜d]; 現分 weigh・ing [〜iŋ])
— 他 **1** …の重さを量る; 〈ある重さ〉を計量する: *weigh* a pound of butter バター1ポンドを量る / She *weighed* the package. 彼女は小包の重さを量った / He *weighed* himself on the scales. 彼ははかりに乗って体重を量った.
2〔…と比べて〕…をよく考える, 熟慮する [*against, with*]: *weigh* one's words 言葉を選ぶ / He *weighed* his plan *against* [*with*] hers. 彼は自分のプランを彼女のと比較検討した.
3〖海〗〈船が〉〈いかり〉を上げる.
— 自 **1** [weigh+C] 重さが…である: How much does the medal *weigh*? そのメダルはどのくらいの重さがありますか / My brother *weighs* 90 kilograms. 私の弟は体重が90キロある.
2《格式》[…にとって] 重要である, 強い影響力がある [*with*]: His remark will *weigh* a great deal *with* the government policy. 彼の発言は政府の政策に極めて重要な意味を持つことになろう.

句動詞 **wéigh dówn** 他 [weigh down+O / weigh+O+down] [通例, 受け身で] **1** 〜を押し下げる [*with*]: The horse was *weighed down with* the load. 馬は荷で背が沈んでいた. **2** […で] 〈人〉の気を重くさせる, 〈人〉を悩ませる [*with*].
wéigh ín 自 **1** (ボクサーなどが) 試合前の計量を受ける. **2** 《口語》[…を持ち出して](議論などに) 加わる, 加勢する [*with*].
wéigh on ... 他 …に重くのしかかる, 負担になる.
wéigh óut 他 [weigh out+O / weigh+O+out] …を量る, 量り分ける.
wéigh úp 他 [weigh up+O / weigh+O+up] …を比較してよく考える; 〈人〉を評価する.
(▷ 名 wéight)

weight [wéit] (☆同音 wait) 名
— 名 (複 weights [wéits]) **1** UC 重さ, 重量; 体重;〖物理〗重力 (《略記》wt.): gross *weight* 総重量 / net *weight* 正味重量 / lose [gain, put on] *weight* 体重が減る [増える] / watch one's *weight* 体重に気をつける / sell ... by *weight* …を量り売りする / This parcel is 30 pounds in

weight. この小包は重さが30ポンドある.
2 [単数形で] 重荷, 重圧; 責任, (心の) 負担: The *weight* of responsibility fell upon me. 責任の重みが私にのしかかった / It was a *weight* off my mind. それで気が楽になった.
3 ⓤ 重要さ, 重要性, 重み (importance): a problem of great *weight* とても重要な問題 / a person of *weight* 実力者 / attach [give, lend] *weight* to ... に重きを置く.
4 ⓒ 分銅, おもり; 文鎮 (paperweight); (重量挙げなどの) ウエート: lift *weights* バーベルを挙げる.
5 ⓒ [ボクシング・レスリングなど] (体重による) 階級.
6 ⓤ 度量衡 (制度); ⓒ 重量の単位: *weights* and measures 度量衡 (→巻末「度量衡」).
■ *cárry* [*háve*] *wéight* […にとって] 重要である; […に対して] 影響力を持つ [*with*].
óver [*únder*] *wéight* 重量超過 [不足] で.
púll one's wéight 自分の役目を果たす.
táke the wéight off one's féet 《口語》座る.
thrów one's wéight abòut [*aróund*] 《口語》いばり散らす; 権力を振り回す.
thrów one's wéight behìnd ... 〈人〉を支援する.
—動 他 **1** …を重くする, …に重みを加える, 重い荷を積む: The rope was *weighted* with a two-pound weight. ロープには2ポンドのおもりが付けられた. **2** (通例, 受け身で) 〈人〉に [重荷を] 負わせる; 〈人〉を […で] 苦しめる, 悩ませる (*down*) [*with*]: He *was weighted down* with a lot of pressure. 彼は多くのプレッシャーで苦しんだ.
(▷ 動 wéigh; 形 wéighty)
◆ wéight lìfter ⓒ 重量挙げ選手.
wéight lìfting ⓤ 「スポーツ」重量挙げ.

weight·ed [wéitid] 形 〔叙述用法〕 […に有利に / …に不利に] 傾く, 偏る [*in favor of* / *against*]: This voting system is *weighted against* the opposition. この選挙制度は野党に不利である.

weight·less [wéitləs] 形 重量がない; 無重力の.
weight·less·ness [〜nəs] 名 ⓤ 無重量; 無重力状態.

weight·y [wéiti] 形 (比較 **weight·i·er** [〜ər]; 最上 **weight·i·est** [〜ist]) **1** (問題などが) 重要 [重大] な; 深刻な, 〈人〉が有力な, 影響力がある.
2 〔主に文語〕重い.
(▷ 名 weight)

weir [wíər] 名 ⓒ (川の) せき; (魚を捕るための) やな.

weird [wíərd] 形 **1** 《口語》一風変わった, 変な, 理解に苦しむ: *weird* clothes 変わった服. **2** 異様な, 不気味な, ぞっとする.
weird·ly [〜li] 副 異様に, 不気味に.
weird·ness [〜nəs] 名 ⓤ 異様さ, 不気味さ.
weird·ie [wíərdi] 名 = WEIRDO (↓).
weird·o [wíərdou] 名 (複 **weird·os** [〜z]) ⓒ 《口語》変な人, 奇人.

***wel·come** [wélkəm]
動 名 間 形
—動 (三単現 **wel·comes** [〜z]; 過去・過分 **wel·comed** [〜d]; 現分 **wel·com·ing** [〜iŋ])
—他 **1** 〈人〉を […に] 歓迎する, 喜んで迎える [*to*, *into*]: *welcome* ... with open arms ...を大歓迎する / Her family *welcomed* me *to* their house. 彼女の家族は喜んで私を家に迎えてくれた.
2 〈もの・こと〉を喜んで受け入れる: We *welcomed* his kind offer. 私たちは彼の親切な申し出を喜んで受けた.
—間 ようこそ, いらっしゃい: *Welcome* home! お帰りなさい / *Welcome* to London! ロンドンへようこそ.
—形 **1** (人が) 歓迎される, 喜んで迎えられる: a *welcome* guest 歓迎される客 / make ... *welcome* to the party 〈人〉をパーティーに歓迎する [呼ぶ] / Anyone who is interested is *welcome*. 興味のある方はどなたでも歓迎です [いらしてください].
2 (もの・ことが) うれしい, 喜ばしい, ありがたい: a *welcome* offer ありがたい申し出.
3 〔叙述用法〕 自由 [勝手] に […して] よい (*to do*); […を自由に使える [*to*]: You are *welcome to* use my bicycle. 私の自転車は自由に使っていいですよ / He is *welcome to* any of my books. 彼なら私の本を何でも自由に利用してよい.
■ *You're wélcome.* 《米》 (お礼の言葉に対して) どういたしまして (➡ THANK [LET'S TALK]): Thank you for your help. — *You're welcome*. 手伝ってくれてありがとう—どういたしまして.
—名 ⓒ 歓迎, 歓待; 歓迎のあいさつ: We received [were given] a warm *welcome*. 私たちは温かい歓迎を受けた.
■ *bíd* ... *wélcome* = *sày wélcome to* ... …を歓迎する.
outstáy [*overstáy*, *wéar óut*] *one's wélcome* (歓迎をいいことに長居して) いやな顔をされる.

wel·com·ing [wélkəmiŋ] 形 歓迎する; (部屋・建物などが) 快適な: a *welcoming* party 歓迎会.

weld [wéld] 動 他 **1** …を […に] 溶接する (*together*) [*to*, *onto*]. **2** …を [グループなどに] まとめる, 結合させる (*together*) [*into*].
—自 溶接される.
—名 ⓒ 溶接部 [点]; 結合点.

weld·er [wéldər] 名 ⓒ 溶接工.

***wel·fare** [wélfèər]
〔原義は「うまくいくこと」〕
—名 ⓤ **1** 幸福, 繁栄, 福祉: child [social] *welfare* 児童 [社会] 福祉 / promote the public *welfare* 公共の福祉を増進する.
2 = wélfare wòrk 福祉活動 [事業], 厚生事業.
3 《米》生活保護 (手当), 福祉援助 (《英》 social security): be on *welfare* 生活保護を受けている.
◆ wélfare stàte ⓒ 〔しばしば the 〜〕福祉国家 《社会保障制度の整った国》.

***well¹** [wél]
副 形 間 〔原義は「意志通りに」〕
—副 (比較 **bet·ter** [bétər]; 最上 **best** [bést])
1 上手に, よく, うまく, 申し分なく, 適切に (↔ *badly*, *ill*): Tom plays tennis *well*. トムはテニスがうまい / The engine doesn't work *well*. エンジンがうまく動かない / Everything went *well*. すべてがうまくいった.
2 十分に, よく, 完全に: I slept *well* last night. 昨夜はよく眠った / The book is *well* worth reading. その本は十分に読む価値がある.
3 かなり, はるかに: He was *well* over fifty. 彼は50歳をとうに過ぎていた / You must prepare for

the exam *well* in advance. あなたは十分に余裕をもって試験の準備をしなければなりません. **4** [can, could, may, might のあとに付けて] もっともだ, 当然に; おそらく, たぶん: Our team could *well* be thought to be weak. 私たちのチームはたぶん弱小だと思われているだろう. **5** 親切に, 好意的に: They treated me *well*. 彼らは私に親切にしてくれた.

■ *as wéll* **1** そのうえ, (…も) また: I want to eat cheesecake, and apple pie *as well*. 私はチーズケーキはもちろんアップルパイも食べたい. **2** (…と) 同様によく [上手に]: Tom is a good guitar player, and John is *as well*. トムはギターの演奏がうまいがジョンも同じくらいうまい.
as wéll as ... …と同じくらい上手に, …に劣らず上手に: Betty plays tennis *as well as* Meg (does). ベティーはメグと同じくらいテニスがうまい.
... as wéll as ~ ~はもちろん…も, ~と同様に…も: Billy is working *as well as* going to school. ビリーは学校に通いながら働いている.
[語法] (1) …と~には文法的に同等の語句が入る. (2) 主語になる場合, 述語動詞の人称・数は通例…に一致させる: I *as well as* Jim am going there. ジムと同様私も~へ行きます.
be wéll ín with ... 《口語》〈人〉と親しい, つき合いがある.
be wéll óff 裕福である (→ WELL-OFF).
be wéll óut of ... 《口語》〈やっかいなことなど〉からうまく逃れる.
be wéll úp in [on] ... 《口語》…によく通じている, 精通している.
dó oneself wéll ぜいたくに暮らす.
dò wéll **1** うまくやる, 立派にやる; 順調にいく: Tom is always *doing well* at school. トムは学校の成績はいつもよい. **2** [進行形で]〈病気などから〉順調に回復する: Father *is doing well* after his operation. 父は手術後順調に回復している.
dò wéll to dó《格式》…するのがよい.
màv [mìght] (jùst) as wéll dó **1** (どちらでもよいが) …してもよい (かまわない): You may as *well* go home. あなたは家に帰ってもよい. **2** [… するくらいなら, …するほうがよい [*as do*]: You may [might] (just) as well throw your money away *as* spend it on gambling. ギャンブルに金を使うくらいなら金を捨てたほうがましです.
màv [mìght] wéll dó **1** …するのももっともである (◇ might well do のほうが丁寧な表現): He *may well* be angry. 彼が怒るのも無理はない. **2** …するかもしれない, たぶん…だろう: It *may well* snow tomorrow. あすは雪が降るかもしれない.
spéak wéll of ... …をよく言う (→ SPEAK 成句).
stánd wéll with ... …に評判 [受け] がよい.
thínk wéll of ... …をよく思う (→ THINK 成句).
wéll and trúly 《口語》まったく, すっかり, 完全に.
Wéll dóne! うまいぞ, でかした, よくやった (➡ CONGRATULATION [LET'S TALK]).

— 形 (比較 *bet·ter* [bétər]; 最上 *best* [bést]) [通例, 叙述用法] **1** 健康な, 丈夫な (↔ ill, sick) (→ HEALTHY [類義語]): a *well* person《米》健康な人 / I'm very *well* today. きょうは体の調子がい

い / You don't look *well*. 具合が悪そうだよ / He'll get *well* soon. 彼はすぐによくなるだろう. **2** [比較なし]《文語》[…にとって] 満足すべき, うまくいっている, 都合がいい [*with*]: All is not *well with* her. 彼女にとって万事うまくいっているわけではない / All's *well* that ends well.《ことわざ》終わりよければすべてよし (◇ 2番目の well は副詞). **3** [比較なし] 適切な, 望ましい, 目的にかなった: It would be *well* to leave for London at once. すぐにロンドンに向かうほうがよいだろう.

■ *(áll) wéll and góod*《口語》よろしい, 結構である (が…) (◇ あとに but ... と続く).
It [That] is (áll) vèry wéll (enòugh), (but ...)《口語》それはまことに結構だし (しかし…) (◇ 不満を示す反語的表現).
It wóuld [míght] be (jùst) as wèll to dó …したほうがよい: *It would be (just) as well to* consent. 同意したほうがよいだろう.
jùst as wéll ちょうどよい, それはよかった.

— 間 **1** [ためらい・同意を表して] えーと, そうですねえ: How was the play? — *Well*, it was so-so. 劇はどうでした — ええ, まあまあでしたよ. **2** [話の続行・変更などを表して] さて, ところで: *Well*, it's time to leave. さて, もうおいとまする時間です / *Well*, what do you want? ところで, 何の用ですか. **3** [驚き・怒り・疑問などを表して] おや, まあ, えっ: *Well*, well! It's you. やあ, あなただったのか. **4** [安心・あきらめ・譲歩などを表して] やれやれ, まあ: Oh *well*, we can't help it. まあ, しかたない. **5** [相手の発言を促して] それで, それからで: *Well*? Did you see it? どうなんだ. それを見たのか. **6** [発言を訂正して] いや, そうではなくて: The dress cost 300 dollars, *well*, nearly 400. そのドレスは300ドル, いや, 400ドル近くしました.

■ *Wéll I néver!* おやまあ, (これは) 驚いた.

well² [wél] 名 C **1** 井戸: dig [sink] a *well* 井戸を掘る. **2** (石油・天然ガスなどを採掘するための) 井(ʲ). (oil well). **3** 井戸状のくぼみ, (エレベーターの) 縦穴 (elevator well); (階段の) 吹き抜け (stairwell). **4**《古風》泉 (spring);《比喩》(知識などの) 源, 源泉.

— 動 自 (水などが) […から] わき出る, 噴出する (*up*) [*from, out of*];《文語》(感情が) 込み上げてくる (*up*): Tears *welled up from* his eyes. 彼の目から涙があふれ出た.

we'll [(弱) wil; (強) wíːl] 《短縮》《口語》 **1** we will の短縮形: *We'll* have an exam in math next week. 来週数学の試験がある. **2** we shall の短縮形.

wéll-ad·júst·ed 形 〈人が〉社会に適応した.
wéll-ad·vísed 形 思慮 [分別] のある, 慎重な.
wéll-ap·póint·ed 形《格式》(住宅・ホテルなどが) 設備がよく整っている.
wéll-bál·anced 形 **1** (人・性格などが) 分別のある, 良識のある. **2** (栄養などが) バランスのとれた.
wéll-be·háved 形 しつけ [行儀] のよい.
*wéll-bé·ing 名 U 幸福, 福利, 安楽 (な生活): material *well-being* 物質的豊かさ.
wéll-bórn 形《格式》生まれ [家柄] のよい.

wéll-bréd 形《古風》育ち［しつけ］のよい.
wéll-bròught-úp 形 育ち［しつけ］のよい.
wéll-búilt 形 (人が)体格がよい,均整のとれた;(建物が)しっかりした,頑丈な.
wéll-chó·sen 形 (語句などを)精選した;適切な.
wéll-con·néct·ed 形 よい縁故[血統]関係の.
wéll-de·fíned 形 輪郭のはっきりした,明確な.
wéll-dis·pósed 形 1 […に]好意的な,同情的な(*to, toward*). 2 気立てのよい,親切な.
wéll-dóne 形 (肉などが)よく火の通った,ウェルダンの(→ STEAK).
wéll-dréssed 形 身なりのよい.
wéll-éarned 形 自力で獲得した,努力して得た;十分に値する.
wéll-es·táb·lished 形 定着した;定評ある.
wéll-fá·vored 形《古風》器量[顔立ち]のよい.
wéll-féd 形 (人が)栄養十分な;太った.
wéll-fóund·ed 形 (主張などが)事実に基づいた,十分根拠のある.
wéll-gróomed 形 (馬・芝生などが)手入れの行き届いた;(人が)身なりの整った.
wéll-gróund·ed 形 1 […の]教育[訓練]を十分に受けた[*in*]. 2 十分根拠のある.
wéll-héeled 形《口語》金持ちの.
wéll-in·fórmed 形 […を]よく知っている,［…に］精通している[*in, about*];博識の.
Wel·ling·ton [wélɪŋtən]名 1 圖 ウェリントン (ニュージーランドの首都). 2 圖 ウェリントン公 Duke of Wellington《1769–1852; 1815年にナポレオンを破った英国の将軍》. 3 [C] (通例~s)《英》= **Wéllington bòot** ウェリントンブーツ(ひざまであるゴム長靴)(《米》rubber boot).
wéll-in·tén·tioned 形 善意の,善意から行った (well-meaning)(◇しばしば不本意な結果を伴う).
wéll-képt 形 1 手入れの行き届いた. 2 (秘密などが)固く守られた.
＊**wéll-knówn** 形 (比較 more well-known, bét·ter-known; 最上 most well-known, bést-known)［…で／…として］有名な,よく知られている[*for / as*](↔ little-known): a *well-known* fact 周知の事実 / She is *well-known for* her honesty. 彼女は正直なことで有名です.
wéll-mán·nered 形 行儀のよい,礼儀正しい.
wéll-mátched 形 似合いの;(力が)互角の.
wéll-méan·ing 形 善意(から)の(well-intentioned)(◇しばしば不本意な結果を伴う).
wéll-méant 形 善意(から)の(well-meaning).
well·ness [wélnəs]名 [U]《米》(ダイエットや運動による)健康,ウエルネス.
wéll-nígh 副《格式》ほとんど(almost).
wéll-óff 形 (比較 bét·ter-óff; 最上 bést-óff)(↔ badly-off) 1 金持ちの,裕福な;[the ~; 名詞的に;複数扱い] 富裕階級(の人たち). 2 ［叙述用法］［…に］不自由しない,[…が]たっぷりある[*for*];《口語》うまくいっている.
wéll-páid 形 給料のよい;(人が)高給取りの.
wéll-pre·sérved 形 1 保存(状態)のよい.
2《こっけい》(年齢の割に)若々しい,若く見える.
wéll-réad [-réd]形 多読の;［…に］博識の[*in*].
wéll-róund·ed 形 1 (人が)丸々とした. 2 (知識・経験などが)多方面にわたる,幅広い. 3 (文体・構想などが)均整[つり合い]のとれた.

Wells [wélz]名 圖 ウェルズ Herbert [hə́ːrbərt] George Wells《1866–1946; 英国の小説家・批評家》.
wéll-spó·ken 形 1 言葉づかい[話し方]が上品な[洗練された]. 2 話上手な,(表現が)適切な.
well·spring [wélsprɪŋ]名 [C]《文語》(知識などのつきることのない)源,源泉.
wéll-thóught-òf 形 評判のよい,尊敬されている.
wéll-tímed 形 時宜を得た,適時の.
wéll-to-dó 形 裕福な;[the ~; 名詞的に;複数扱い] 富裕階級(の人たち).
wéll-tríed 形 何度も試された,(効果が)実証済みの.
wéll-túrned 形 優美な形の;表現の巧みな.
wéll-vérsed 形 […に］精通した,通じている[*in*].
wéll-wísh·er [-wìʃər]名 [C] 他人の幸福を祈る人;(主義などの)支持者;(到着などを)歓迎する人.
wéll-wórn 形 1 (表現が)使い古された,月並みな. 2 着古した,使い古した.
Welsh [wélʃ]形 ウェールズの;ウェールズ人[語]の.
— 名 1 [the ~; 集合的に] ウェールズ人.
2 [U] ウェールズ語. (名 **Wáles**)
◆ **Wélsh rábbit** [rǽbɪt][réərbɪt] [C][U] チーズトースト.
Welsh·man [wélʃmən]名 (複 **Welsh·men** [-mən]) [C] ウェールズ人,ウェールズ人の男性.
Welsh·wom·an [wélʃwùmən]名 (複 **Welsh·wom·en** [-wìmɪn]) [C] ウェールズ人の女性.
welt [wélt]名 [C] 1 みみずばれ,むち打ちの跡(《英》weal). 2 (靴底と甲皮との)継ぎ目革.
wel·ter [wéltər]名 [単数形で] 混乱, ごた混ぜ.
wel·ter·weight [wéltərwèɪt]名 [C] (ボクシング・レスリングの)ウェルター級の選手.
wench [wéntʃ]名 [C]《古・こっけい》少女, 娘.
wend [wénd]動 [次の成句で]
■ *wénd one's wáy*《文語》(ゆっくり)進む.
Wend·y [wéndi]名 圖 ウェンディー《女性の名》.
◆ **Wéndy hòuse** [C]《英》(中に子供が入って遊ぶ)おもちゃの家(playhouse).

＊**went** [wént] 動 go の過去形.

＊**wept** [wépt] 動 weep の過去形・過去分詞.

＊**were** [(弱) wər; (強) wə́ːr]
— 動 圓 (◇ be の 2 人称単数過去形, 1 人称・2 人称・3 人称複数過去形; → BE 表)
1 [were + C]…であった,…だった(◇C は名詞・代名詞・形容詞; → BE 動 圓 **1**): You *were* a little boy when I saw you last. 私がこの前会ったときあなたは小さな男の子でした ／ They *were* happy. 彼らは幸せだった.
2 ［副詞(句)を伴って]…にいた, あった, 存在した(→ BE 動 圓 **2**): They *were* not at home then. その時彼らは家にいなかった.
3 《仮定法過去で》…であるとしたら,もし…にいるとしたら(◇現在の事実に反することを仮定するときに用いる;→ SUBJUNCTIVE 文法): If I *were* you, I would accept the offer. もし私があなただったら,その申し出を受けるのだが.

語法 (1) 一般に, 仮定法過去では人称や単数・複数に関係なく were が用いられる.
(2)《口語》では, 主語が1人称単数または3人称単数の場合 were の代わりに was を用いることが多い: If it *were* [*was*] not rainy, we would go for a drive. もし雨が降っていなければ, ドライブに行くのだが.

■ **as it wére**〘挿入語句として〙いわば, まるで (so to speak): She is, *as it were*, an "iron woman." 彼女はいわば「鉄の女」です.

— 助動 **1** [過去進行形; were + 現分] …していた; …する予定だった (→ BE 助動 **1**): We *were watching* a movie at that time. その時私たちは映画を見ていた / They *were leaving* for their honeymoon the next day. 2人は次の日新婚旅行に出かけることになっていた.
2 [受け身; were + 過分] …された, …されていた (→ BE 助動 **2**): Many trees *were blown* down by the typhoon. たくさんの木が台風で倒された. **3** [were + to do] …することになっていた; …するべきだった; …できた (→ BE 助動 **3**): We *were to* attend the meeting. 私たちはその会議に出席することになっていた.

we're [wíər]
《短縮》《口語》**we are** の短縮形: *We're* Japanese. 私たちは日本人です (◇ are は動詞) / *We're* now studying Chinese. 私たちは今中国語を勉強しています (◇ are は助動詞).

weren't [wə́ːrnt]
《短縮》《口語》**were not** の短縮形: We *weren't* at home yesterday. 私たちはきのう家にいませんでした (◇ were は動詞) / They *weren't* sleeping at that time. その時彼らは眠っていなかった (◇ were は助動詞).

were·wolf [wéərwùlf] 名 (複 **were·wolves** [-wùlvz]) C (伝説上の) 狼(おおかみ)人間.

wert [(弱) wərt; (強) wə́ːrt] 助 《古》 be の2人称単数直説法過去形および仮定法過去形.

Wes·ley·an [wéslien, wéz-] 形 メソジスト派の, ウェスレー(教派)の. — 名 C メソジスト教徒.

Wes·sex [wésiks] 名 〘英史〙ウェセックス《中世 England 南西部にあったアングロサクソンの王国》.

west [wést]
— 名 **1** U《通例 the ~; しばしば W-》西, 西方, 西部 (↔ east)《略語》W, W., w.): The sun sets in the *west*. 太陽は西に沈む / The park is in [to] the *west* of the city. その公園は市の西部[西方]にある / The lake is on the *west* of the village. その湖は村の西にある.
2 [the W-] 西洋, 西欧, 欧米.
3 [the W-]《米》西部諸州《従来はミシシッピ川より西の州; cf. Northwest 米国北西部, Southwest 米国南西部》.
4 [the W-] (旧共産圏に対して) 西側諸国〔陣営〕.
— 形 [比較なし; 限定用法; しばしば W-] **1** 西の, 西部の, 西方の; 西への (→ EAST 形 **語法**): the *west* coast of the island 島の西海岸.
2 (風が) 西からの: a *west* wind 西風.
— 副 [比較なし; しばしば W-] 西に, 西へ: go *west* 西へ行く;《口語・こっけい》死ぬ / My room faces *west*. 私の部屋は西向きです.
(▷ 形 wéstern)

◆ **Wést Cóast** 名 [the ~]《米国の》西海岸.
Wést Còuntry 名 [the ~]《英》イングランド南西部地方.
Wést Énd 名 ウエストエンド《London 中央部の西側の地区. 高級店・劇場・諸官庁などが集中》.
Wést Índian C 西インド諸島の人;〔形容詞的に〕西インド諸島の.
Wést Índies 名 [the ~] 西インド諸島.
Wést Póint 名 ウエストポイント《New York 州南東部にある軍用地; そこにある陸軍士官学校》.

west·bound [wéstbàund] 形 (乗り物が) 西へ向かう.

west·er·ly [wéstərli] 形 西の; 西方への; (風が) 西からの.

west·ern [wéstərn]
名 形
— 形 [比較なし; 通例, 限定用法] **1** 西の, 西にある; 西向きの, 西への; (風が) 西からの (↔ eastern) (→ EAST 形 **語法**): *Western* Europe 西ヨーロッパ / a *western* wind 西風.
2 [W-] 西洋の, 西欧の (↔ Eastern): *Western* civilization [culture] 西洋文明[文化].
3 [W-]《米》米国西部の (↔ Eastern): a *Western* film 西部劇映画 / the *Western* states 西部諸州. **4** [W-] (旧共産圏に対して) 西側(諸国)の.
— 名 C [しばしば W-]《米》(西部開拓時代を扱った) 西部劇, ウエスタン. (▷ 名 wést)

◆ **Wéstern Austrália** 名 ウエスタンオーストラリア《オーストラリア西部の州》
Wéstern Hémisphere [the ~] 西半球.
Wéstern Róman Émpire 名 [the ~]〘史〙西ローマ帝国《395-476》.

west·ern·er [wéstərnər] 名 C **1** [しばしば W-] 西部地方の住民[出身者]. **2** [W-] 西洋人.
west·ern·i·za·tion [wèstərnəzéiʃən / -naiz-] 名 U 西洋[欧米]化.
west·ern·ize,《英》**west·ern·ise** [wéstərnàiz] 動 他 …を西洋化する, 欧米風にする.
west·ern·most [wéstərnmòust] 形 最西端の.

West·min·ster [wéstmìnstər] 名 **1** ウエストミンスター《英国 London 中央部の自治区. ウエストミンスター寺院・バッキンガム宮殿・国会議事堂などがある》. **2** 英国国会議事堂; 英国議会 (cf. Capitol Hill 米国議会).

◆ **Wéstminster Ábbey** 名 ウエストミンスター寺院《Westminster にあるゴシック様式の教会. 国王戴冠(たいかん)式が行われる》.
Wéstminster Cathédral 名 ウエストミンスター大聖堂《英国ローマカトリックの大聖堂》.

wést-nòrth·wést 名 U [the ~] 西北西 (《略語》WNW). — 形 西北西の; (風が) 西北西からの.

wést-sòuth·wést 名 U [the ~] 西南西 (《略語》WSW). — 形 西南西の; (風が) 西南西からの.

Wést Virgínia 名 ウエストバージニア《米国東部の州;《略語》W.Va.;《郵便略語》WV; → AMERICA 表》.

westward

*__west・ward__ [wéstwərd] 副 西の方へ, 西向きに: travel *westward* 西の方へ旅行する.
— 形 西の方への, 西向きの.

__west・wards__ [wéstwərdz] 副 = WESTWARD.

***__wet__** [wét]
形 動 名
— 形 (比較 __wet・ter__ [~ər]; 最上 __wet・test__ [~ist]) __1__ 《…で / …のために》 ぬれた, 湿った (↔ dry)《with / from》(→ 類義語): *wet* grass ぬれた草 / Her face was *wet* with sweat. 彼女の顔は汗でぬれていた / She got soaking *wet* in the rain. 彼女は雨でびしょぬれになった.
__2__ 雨(降り)の; (気候が)雨の多い (↔ dry): *wet* weather 雨天 / the *wet* season 雨期.
__3__ (ペンキ・セメントなどが)塗りたての, 乾いていない: *Wet* Paint! 《掲示》ペンキ塗りたて.
__4__《口語》(国・州などが)飲酒を禁じていない.
__5__《英口語・軽蔑》意気地のない, 弱虫の.
■ *áll wét*《米口語》完全に間違った, 見当外れの.
wét behínd the éars《口語》未熟な, 青二才で.
wét thróugh = *wét to the skín* ずぶぬれになって.
— 動 (三単現 __wets__ [wéts]; 過去・過分 __wet__, __wet・ted__ [~id]; 現分 __wet・ting__ [~iŋ]) 他
__1__ …をぬらす, 湿らせる (↔ dry): *wet* a sponge スポンジを湿らせる.
__2__ (子供・赤ん坊が)…に小便をする, もらす: *wet* the [one's] bed = *wet* oneself おねしょをする.
— 名 __1__ [the ~] 雨降り, 雨天; 雨: keep out of the *wet* 雨にぬれないようにする. __2__ [the ~] 湿った地面. __3__ C《英口語》弱気な人; 穏健な政治家.
◆ **wét blánket** C (楽しみなどに)水をさす人, 座をしらけさせる人.
wét dréam C (夢精を伴う)性的な夢.
wét súit C ウエットスーツ《ゴム製の潜水用服》.

類義語 __wet, damp, moist__
共通する意味▶ぬれた (covered or soaked with water or other liquid)
__wet__ は「ぬれた」の意を表す最も一般的な語.「まだ乾いていない」ことも表す: Take off that *wet* shirt. そのぬれたシャツを脱ぎなさい. __damp__ は「湿っぽい, じめじめした」の意. 通例, 不快な湿りを表す: It was a *damp* day. じめじめした日だった. __moist__ は damp よりも湿り気が少なく,「適度に湿っている」の意: tender, *moist* skin 柔らかく潤いのある肌 / *moist* air 湿った空気.

__wet・back__ [wétbæk] 名 C《米口語・軽蔑》米国に不法入国するメキシコ人.
__wet・lands__ [wétlændz] 名《複数扱い》沼地, 湿地.
__wet・ness__ [wétnəs] 名 U 湿気, ぬれていること.
__wét・nùrse__ 動 他 __1__ …の乳母(ばば)になる. __2__《口語》…を過保護に甘やかす.
__wét nùrse__ 名 C __1__ 甘やかす人. __2__ 乳母(ばば).

***__we've__** [(弱) wiv; (強) wíːv]《短縮》《口語》__we have__ の短縮形: *We've* just eaten lunch. 私たちはちょうど昼食をとったところです.

__whack__ [hwǽk] 動 他《口語》(つえなどで)…をびしゃりと打つ, 強く打つ.
— 名 C __1__《主に口語》__1__ びしゃりと打つこと[音]; 強打. __2__《英》分け前, 分配 (share). __3__ 試み, 試行: have [take] a *whack* at … …を試みる.
■ *at [in] óne wháck*《米口語》一度に.
òut of wháck《口語》調子が悪い, 故障した.
__whacked__ [hwǽkt] 形《叙述用法》《口語》ひどく疲れた, 疲れ切った (out); 薬で(体が)ふらふらの.
__whack・ing__ [hwǽkiŋ]《英口語》形 すごく大きい, すごく多い.
***__whale__**[1] [hwéil] 名 (複 __whales__ [~z], __whale__) C 鯨, クジラ: a blue *whale* シロナガスクジラ / a sperm *whale* マッコウクジラ.
■ *hàve a whále of a tíme*《古風》とても楽しい時を過ごす.
— 動 ⓘ 捕鯨に従事する, 鯨を捕る.
__whale__[2] 動 他《米》…を殴る, むち打つ.
__whale・bone__ [hwéilbòun] 名 U 鯨のひげ《歯の退化したもの. 以前はコルセットなどに使った》.
__whal・er__ [hwéilər] 名 C 捕鯨者 (船員); 捕鯨船.
__whal・ing__ [hwéiliŋ] 名 U 捕鯨(業).
__wham__ [hwǽm] 間 どかん, ばたん《◇強い衝撃音などを表す》. — 名 C どかん[ばたん](という音).
__wham・my__ [hwǽmi] 名 (複 __wham・mies__ [~z]) C 縁起の悪いもの; のろい.
*__wharf__ [hwɔ́ːrf] 名 (複 __wharfs__ [~s], __wharves__ [hwɔ́ːrvz]) C 波止場, 埠頭(ふとう).

***__what__** [hwát, hwʌ́t / wɔ́t]
代 形 間

❶ 疑問代名詞 「何」(→ 代 1)
What do you want to eat?
(あなたは何を食べたいですか)
What is that building?
(あの建物は何ですか)

❷ 関係代名詞「…するもの[こと]」(→ 代 4)
Show me <u>what you are hiding in your hand.</u>
(手の中に隠しているものを私に見せなさい)
He told us <u>what was on his mind.</u>
(彼は気にかかっていることを私たちに話した)

❸ 疑問形容詞「何の」(→ 形 1)
What <u>fruits</u> do you like best?
　　　↑ (どんな果物が一番好きですか)

❹ 感嘆「なんという」(→ 形 2)
What a beautiful flower this is!
感嘆文「what+a[an]+形容詞+名詞」
(これはなんて美しい花だろう)

— 代 Ⅰ [疑問代名詞]
__1__ 何, どんなもの[こと]; 何をする[どんな]人.
(a) [主語として; 単数扱い]《◇語順は平叙文と同じ》: *What* happened? どうしたのですか / *What* makes you think so? どうしてそう思うのですか.
(b) [補語として]: *What* is that? あれは何ですか / *What* is your father? — He is an office worker. あなたのお父さんは何をなさっていますか — 会社員です / *What* did they name the baby?

彼らは赤ちゃんに何という名前を付けたのですか.
(c) [動詞の目的語として]: ***What*** did you have for lunch? 昼食に何を食べましたか / ***What*** do you do? お仕事は何ですか.
(d) [前置詞の目的語として]: ***What*** are they talking about? 彼らは何を話しているのですか.
2 〔数量・金額が〕どのくらい, いくら: ***What***'s the price of this shirt? このシャツはいくらですか / ***What*** did you pay for it? それはいくらしましたか / Do you know ***what*** the population of the world is? 世界の人口はどのくらいか知っていますか. **3** [相手の発言を聞き返して] 何ですって, 何 (◇上昇調で発音する): He broke your personal computer. – He did ***what***? 彼があなたのパソコンを壊してしまったよ – 彼がどうしたって.
II [関係代名詞] (◇先行詞を中に含み名詞節を導く; 単数・複数扱い)
4 [関係詞節の中で] …**するもの**[**こと**], …**であるもの**[**こと**]. (a) [主語として]: ***What*** is needed now is money. 今必要なものはお金です / Skiing is ***what*** interests him most. スキーは彼が最も興味を持っていることです. (b) [補語として]: Tokyo is not ***what*** it was fifty years ago. 今の東京は50年前の東京とは違う / Lucy looks different from ***what*** she did. ルーシーは容姿が変わったように見える. (c) [動詞の目的語として]: ***What*** he said was a lie. 彼が言ったことはうそだった / Don't put off till tomorrow ***what*** you can do today. きょうできることをあすまで延ばすな. (d) [前置詞の目的語として]: ***What*** Bill is most proud of is his new car. ビルが一番自慢しているものは彼の新車である / You'd better keep a record of ***what*** you read. 読んだものについては記録をとるほうがよい. **5** [挿入節を導いて] (さらに)…なことに: He failed in his business, and ***what*** was worse, he fell ill. 彼は事業に失敗し, さらに悪いことに病気になった.
■ ***A*** *is to* ***B*** ***what*** ***C*** *is to* ***D***. AのBに対する関係はCのDに対する関係と同じである: Leaves *are to* the plant ***what*** lungs *are to* the animal. 植物にとって葉が果たす役割は動物にとって肺が果たす役割と同じである.
… *and* ***whát*** *nòt* = … *and* [*or*] ***whàt*** ***háve*** ***you*** 《口語》…その他いろいろ, …など.
Whát? 《口語》 **1** [相手の発言を聞き返して] 何と言いましたか: ***What?*** I didn't hear you. 何て言ったの. 聞こえませんでした. **2** [相手の呼びかけに答えて] 何ですか: Hey, you! – ***What?*** おい, 君 – 何ですか. **3** [驚き・怒りなどを表して] 何だって, えっ: You're fired. – ***What?*** 君は首だ – 何だって?
Whát abòut* ...? 1** [相手の意向を尋ねて] …はどうですか, …はいかがですか (◇…は名詞・動名詞) : ***What about going to the movies with me? 私と映画に行きませんか. **2** [相手の意見を尋ねて] …についてどう思いますか, …はどうするのですか.
***Whát do you sày to* ...?** → SAY 成句.
Whàt* (...) *fór? 《口語》何のために, なぜ, どうして: ***What*** did you do such a foolish thing *for?* あなたはなぜそんなばかげたことをしたのですか.
Whát if* ...? 1** (もし)…だったらどうなるだろう [どうしよう]; …したらどうか (◇仮定・提案を表す): ***What *if* I should fail again? また失敗したらどうしよう. **2** …であってもかまうものか.
whàt is cálled* = *whàt you* [*we, they*] *cáll いわゆる (→ CALL 動 成句).
Whát of* ...?** …はどうしたのか: ***What *of* your dog? あなたの犬はどうしたのですか.
Whát óf it? それがどうしたというのだ (So what?).
Whát's úp? 《口語》どうしたのですか, 変わりはないですか (What's the matter?) (◇しばしばだけたあいさつの表現としても用いる).
whát's whát 《口語》大切なもの, 便利なもの.

— 形 **1** [疑問形容詞] **何の, どんな**; どれほどの: ***What*** day (of the week) is it today? きょうは何曜日ですか / ***What*** kind of music do you like best? あなたはどんな種類の音楽が一番好きですか / ***What*** size shoes do you need? あなたはどのサイズの靴が必要ですか. **2** [感嘆] **なんという**, なんて: ***What*** a beautiful picture this is! これはなんて美しい絵だろう / ***What*** lovely cats they are! なんてかわいい猫たちなんだろう.
[語法] (1) 「***What*** + (a [an] +) 形容詞 + 名詞 + 主語 + 動詞!」の形で用いる. ただし, 「主語 + 動詞」は省略することも多い: ***What*** a pity (it is)! かわいそうに!
(2) 文脈から明らかな場合, 形容詞を省略することもある: ***What*** a (great / disgusting) man! なんて (偉大な / いやな) 男なんだろう.
3 [関係形容詞] …する [である] どんな…でも; …する [である]…全部: I'll lend you ***what*** books you need. あなたの必要な本ならどんな本でも貸します / I gave her ***what*** help I could. 私は彼女にできる限りの援助を与えた.

— 副 [疑問・感嘆を表す文で] どれほど, いかに (how) [だいたい]: ***What*** does it help to cry over your failure? 失敗を嘆いて泣いたところで何になるというのだ / ***What*** does it matter? そんなことはかまうものか / ***What*** has the widow suffered! その未亡人はどれほど苦しんだことだろう.
■ ***whàt with* ... *and* (*whàt with*) ~** …や~のために, …やら~やらで: ***What*** with bad weather *and* the lack of money, he had a miserable trip. 悪天候やら資金不足やらで彼の旅行はみじめなものになった.

what・cha・ma・call・it [hwátʃəməkɔ̀ːlit, hwʌ́tʃ- / wɔ́t-] 名 《口語》 = WHAT-D'YOU-CALL-IT (↓).

what-d'you-call-it [hwátdʒukɔ̀ːlit, hwʌ́t- / wɔ́t-] 名 C 《口語》あの何とかいうもの (◇名前を思い出せない, 知らない, 言いたくないときに使う. 人には it の代わりに男性には him, 女性には her を使う).

*****what・ev・er** [hwətévər, hwʌt- / wɔt-] 代 形

— 代 **I** [関係代名詞] **1** (…する) **こと** [**もの**] **は何でも** (anything that): You can take ***what****ever* you like. あなたの好きなものを何でも取ってよい / Do ***whatever*** you want. 何でもしたいことをしなさい / I believe ***whatever*** he says is right. 彼の言うことはすべて正しいと思う.

2 [譲歩節を導いて] たとえ何が…でも, 何を…しようとも (no matter what): *Whatever* may happen, I'll go my way. たとえ何が起ころうとも私はわが道を行く / *Whatever* you see in front of you, you must not utter a word. たとえ目の前に何を見ようとも口を利いてはいけない.

【語法】(1)《口語》では -ever を用いた譲歩節の中の may は省くことが多い: What*ever* happens [*may* go], I'll go. 何が起ころうとも私は行きます / He made friends easily, wher*ever* he went [*might* go]. どこへ行っても彼はすぐ友達ができた.
(2)《口語》では -ever よりも「no matter + 疑問詞」のほうが好まれる: *No matter what* you say, I won't change my mind. あなたが何と言おうと私は考えを変えるつもりはない.

3《主に米口語》何でもいい: What do you want for your birthday gift [《英》present]? — *Whatever*. 誕生日のプレゼントには何が欲しいですか-何でもいい.

II [疑問代名詞] **4**《口語》いったい何が[を]《◇ what の強意形; what ever とつづるほうが一般的》: *Whatever* do you mean by that remark? その発言はいったいどういう意味なんだい.

■ *... or whatéver*《口語》…そのほか何でも, …など: You can buy food, wine, *or whatever* online. あなたは食べ物やワインなど何でもインターネットで買うことができます.

whatéver you dò どんなことがあっても.

— 形 **1** [関係形容詞] ～するどんな…でも (any ... that): *Whatever* decision you make is fine with me. あなたがどのような決断をしても私は OK ですよ / You must grasp *whatever* situation you are in. あなたは自分がどんな状況に置かれているか把握しなければならない.

2 [譲歩節を導いて] たとえどんな…が[を]～しようとも (no matter what): *Whatever* problem arises, I'm ready for it. たとえどんな問題が起きようとも私は覚悟ができています.

— 副 《通例, 否定文・疑問文で; no, any を伴う名詞に続けて》少しの, 少しでも (at all): I don't have any doubt *whatever*. 私は少しの疑いも持っていない / There is nothing *whatever* to do. まったく何もすることがない.

what'll [hwʌtl, hwʌ́tl / wɔ́tl]《短縮》《口語》**what will** の短縮形: *What'll* you do first? あなたはまず何をしますか.

what・not [hwʌ́tnɑ̀t, hwʌ́t- / wɔ́tnɔ̀t] 名 **1** U《口語》いろんなもの, 何やかや《◇通例 ... and [or] whatnot の形で用いる》. **2** C 飾り棚.

what're [hwʌ́tər, hwʌ́tə / wɔ́tə]《短縮》《口語》 what are の短縮形.

what's [hwʌ́ts, hwʌ́ts / wɔ́ts]《短縮》《口語》 **1 what is** の短縮形: *What's* wrong with you? どうしたのですか《◇ is は助動詞》/ Tell me *what's* worrying you. 何で悩んでいるのか私に言いなさい《◇ is は助動詞》. **2 what has** の短縮形: *What's* caused the trouble? この問題はどうして生じたのか《◇ has は現在完了形を作る助動詞》.

whát's-his-nàme 名 U《口語》あの何とかいう人《◇男性の名前を思い出せない, 知らない, 言いたくないときに使う. 女性なら his の代わりに her, ものなら its を使う》.

whats・it [hwʌ́tsit, hwʌ́ts- / wɔ́ts-] 名《口語》 = WHAT-D'YOU-CALL-IT (↑).

what・so・ev・er [hwʌ̀tsouévər, hwʌ̀t- / wɔ̀t-] 代 形《文語》= WHATEVER (↑).

***wheat** 【原義は「白い種」から】
— 名 U 小麦, 小麦の粒 (《英》corn): a field of *wheat* 小麦畑 / grind *wheat* into flour 小麦をひいて小麦粉にする / Bread is made from *wheat*. パンは小麦から作られる.《関連語》barley 大麦 / oats カラス麦 / rye ライ麦.
■ *séparate the whéat from the cháff* 小麦を脱穀する; 価値のあるものとないものとを分ける.
◆ whéat gèrm C 麦芽.

wheat・en [hwíːtən] 形 《限定用法》《特にパンが》小麦の, 小麦で作った; 小麦色の.

whee [hwíː] 間 わーい《◇喜び・興奮を表す声》.

whee・dle [hwíːdl] 動 他 **1**〈人〉を甘い言葉で誘惑 [説得] する;〈人〉にうまいことを言って […] させる [*into doing*]. **2** 甘い言葉で [だまして] [人から]〈もの〉を巻き上げる [*from, out of*].
— 自 甘い言葉で誘惑 [説得] する.

***wheel** [hwíːl]
名 動 【原義は「回転するもの」】
— 名 (複 *wheels* [~z]) C **1** 車輪, 輪, 車: the front [rear, back] *wheels* of a car 自動車の前 [後] 輪 / The worst member of the cart creaks most.《ことわざ》荷車の中の最も悪い車輪が一番きしむ ⇨ 無能な者ほど不平を言う.
《関連語》cartwheel 荷車の車輪 / cogwheel 歯車 / driving wheel (車の) 駆動輪 / Ferris wheel 観覧車 / paddle wheel (外輪船の) 外輪 / potter's wheel (製陶用の) ろくろ / spinning wheel 紡ぎ車 / water wheel 水車.

2 (the ~) (自動車の) ハンドル, (船の) 舵輪(だりん) (steering wheel) (cf. handlebars (オートバイ・自転車の) ハンドル): take the *wheel* 車を運転する, 船を操縦する / turn the *wheel* to the right [left] ハンドルを右 [左] へ切る.

3《米口語》自転車;[~s]《口語》自動車.

4 回転, 旋回 (運動): a right [left] *wheel* 右 [左] 旋回. **5** [通例 the ~ of ... で]《比喩》輪転, 繰り返し: the *wheel* of fortune 運命の女神の歯車, 栄枯盛衰 / the *wheel* of life 輪廻(りんね). **6** [通例 ~s] 機構, 原動力, 推進力.

■ *at* [*behìnd*] *the whéel* 運転して, かじを取って; […を] 支配して [*of*]: fall asleep *at the wheel* 運転中に居眠りする.
gò on (*óiled*) *whéels* (物事が) 順調に運ぶ.
óil the whéels 物事を円滑に運ばせる.
whéels withìn whéels《口語》複雑な事情 [構造].
— 自 **1** 急に向きを変える (*around, round*): The car *wheeled around* and drove away. 車は急に方向転換をして走り去った. **2** (鳥・飛行機などが) 旋回する (*around, round*): a bird *wheeling around* [*round*] ぐるぐる飛び

回っている鳥.
― 他 **1** 〈車輪の付いたもの〉を動かす: *wheel* a handcart 手押し車を押す. **2** 〈もの〉を(車輪の付いたもので)運ぶ: *wheel* the baggage on a cart 手押し車で荷物を運ぶ.
■ **whéel and déal** 《口語》(商売・政治などで)策略を巡らす, 手練手管(マン)を使う (→ WHEELER-DEALER).
whéel óut 他〈同じこと〉を何度も持ち出す.

wheel・bar・row [*h*wíːlbèroʊ] 名 C (土砂などを運ぶ)手押し車, 一輪車 (**barrow**).
wheel・base [*h*wíːlbèis] 名 C ホイールベース, 軸距《自動車の前後の車軸間の距離》.
wheel・chair [*h*wíːltʃèər] 名 C 車いす.
wheeled [*h*wíːld] 形〔しばしば複合語で〕〈…個の〉車輪の付いた: a two-*wheeled* cart 2輪の荷馬車.
wheel・er-deal・er [*h*wíːlərdíːlər] 名 C (政治・商売などの)やり手, 策士.
wheel・house [*h*wíːlhàus] 名 (複 **wheel・hous・es** [-ziz]) C《海》操舵(タ)室.
wheel・ie [*h*wíːli] 名 C《口語》(オートバイなどの)後輪走行, ウィーリー《前輪を宙に浮かせて走ること》.
◆ **whéelie bìn**《英》車輪付き大型ごみ容器.
wheel・wright [*h*wíːlràit] 名 C 車大工, 《馬車の》車輪製造〔修理〕人.
wheeze [*h*wíːz] 動 自 (ぜんそくなどで)ぜいぜいする. ― 他 …をぜいぜい息をしながら言う (*out*).
― 名 C **1** ぜいぜいいう音〔こと〕. **2**《古風・こっけい》うまい思いつき〔冗談〕.
wheez・y [*h*wíːzi] 形 (比較 **wheez・i・er** [-ər]; 最 **wheez・i・est** [-ist]) ぜいぜいいう音を立てる.
whelk [*h*wélk] 名 C ヨーロッパバイ《食用貝》.
whelp [*h*wélp] 名 C 子犬 (**puppy**); (ライオン・トラ・オオカミなどの)子; 若造, 小僧.
― 動 自 他《古風》(動物が)〈子〉を産む.

****when** [*h*wén] 副 接 代 名

❶ [疑問副詞]「いつ」(→ 副 1)
When did the accident happen?
(事故はいつ起きたのですか)

❷ [関係副詞]「…する〔である〕(日・時など)」(→ 副 2)
I remember the day when I first met her.
(私は彼女に初めて会った日を覚えている)

❸ [従属接続詞]「…するときに」(→ 接)
It was already dark when I arrived there. (そこに着いたときはもう暗かった)

― 副 **I** [疑問副詞] **1** いつ, どんな場合に (◇ *when* で始まる疑問文には通例, 現在完了は用いない): *When* is your birthday? あなたの誕生日はいつですか / *When* did he leave? 彼はいつ帰ったのですか / *When* are you coming back? いつ戻って来るのですか / Ask your doctor *when* you should take [*when* to take] the medicine. いつその薬を飲めばいいか医師に尋ねなさい.

II [関係副詞] (◇時間を表す語を先行詞にとる; → RELATIVE《文法》)
2 [制限用法] …する (日・時など): Summer vacation is the time *when* we are free from school. 夏休みは私たちが学校から解放されるときです / The year *when* I visited Rome was 2000. 私がローマを訪れた年は2000年です.

[語法] 制限用法の when はしばしば省略される. ただし, 次のように先行詞と離れている場合は省略できない: The day will come *when* you regret it. それを後悔するときが来るだろう.

3 [非制限用法] その時, そして (◇通例, 前にコンマを置く): Please visit us tomorrow, *when* we will have more time. あす来てください. その時にはもっと時間がありますから / I was just going to bed, *when* the telephone rang. 私が寝ようとしていたちょうどその時に電話が鳴った.

4 …する時 (◇先行詞を中に含み名詞節を導く): Christmas Day is *when* Christ was born. クリスマスはキリストの生まれた日です.

■ **Sày whén!**《口語》(人に酒などをつぐときに)適量になったら言ってください (◇返事は **When**.).

― 接 [従属接続詞] **1** …するときに, …するとぐに: *When* you go to bed, turn off the TV. 寝るときはテレビを消しなさい / I could not swim *when* I was a child. 子供の頃私は泳げなかった.

[語法] (1) *when* で始まる副詞節の主語が同じで, 副詞節中の動詞が be 動詞である場合, 副詞節中の主語と be 動詞は省略されることがある: I don't want to be disturbed *when* (*I am*) studying. 私は勉強中にじゃまされたくない.
(2) *when* で始まる副詞節では, 未来のことでも現在時制で表す: Give him this letter *when* he *comes*. 彼が来たらこの手紙を渡してください.

2 …のあとに, …したら (**after**): Call me *when* you're finished. 終わったら呼んで (◇相手が用事をしているときの声かけ).

3 …するときはいつも (**whenever**): You may come *when* you want to. 来たいときにはいつでも来てよい.

4 …する場合は, …ならば (◇ **if** よりも確実性が高い): You have to leave the field *when* the referee shows you the red card. 審判にレッドカードを出されたらピッチを去らなければならない.

5 …であるのに (**although**); …を思えば: Why do you lie *when* you know it's bad? 悪いとわかっていてなぜうそをつくのですか.

― 代 [前置詞の目的語として] **1** [疑問代名詞] Since *when* has your dog been sick? おたくの犬はいつから病気なのですか / Until *when* will you stay there? いつまでそこに滞在しますか.

2 [関係代名詞] その時: He came to Japan in 1995, since *when* he has lived in Kyoto. 彼は1995年に日本に来て, その時以来京都に住んでいる.

― 名 [the ~] 時, 日時: the *when* and where of the party パーティーの開かれる日時と場所.

whence [*h*wéns] 副《古》**1** [疑問副詞] どこから (**from where**)(cf. **whither** どこへ). **2** [関係副詞] そこから (…する): He returned to the village *whence* he came. 彼は元いた村へ帰った.

when・ev・er [hwènévər] 接副

—接 [従属接続詞] **1** [時を表す副詞節を導いて] **…するときはいつでも**, どんなときでも, …するたびに: Jack helped them *whenever* he could. ジャックはできるときはいつでも彼らを手伝った / *Whenever* he comes, he pesters his mother for money. 彼は来るたびに母親に金をせびっている / I try to walk *whenever* possible. 私はできるだけ歩くようにしている.

2 [譲歩節を導いて] **いつ…でも** (no matter when) (→ WHATEVER [語法]): *Whenever* you (may) go, you will find her at her desk. いつ行っても彼女は机に向かっています.

■ *... or whenéver* 《口語》…かそのようなとき.

—副 [疑問副詞] 《when の強意形. when ever とつづるほうが一般的》: *Whenever* will she be back? 彼女はいったいいつ帰って来るのだろうか.

when'll [hwénl]《短縮》《口語》when will の短縮形.

when's [hwénz]《短縮》《口語》when is, when has の短縮形.

where [hwéər] 副接代名

❶ 疑問副詞「**どこに**」(→ 副**1**)
Where is my cap?
(私の帽子はどこにありますか)

❷ 関係副詞
■ 制限用法「**…する(場所)**」(→ 副**2**)
That is the house *where* he was born.
(あれは彼が生まれた家です)

■ 非制限用法「**(そして)そこで**」(→ 副**4**)
I went to Sydney, *where* I stayed for a week. =and there
(私はシドニーに行き, そこに1週間滞在した)

❸ 従属接続詞「**…するところに**」(→ 接)
You may stay *where* you are.
(あなたは今いるところにいてよろしい)

—副 I [疑問副詞] **1 どこに**, どこで; どこへ; …の点[立場]で: *Where* do you live? どちらにお住まいですか / *Where* will that play be held? その劇はどこで上演されるのですか / I don't know *where* my father is going. 父がどこへ行くつもりなのか私は知らない / Please tell me *where* to buy a ticket. どこで切符を買うのか教えてください. II [関係副詞]《◇場所などを表す語を先行詞にとる; → RELATIVE (文法)》 **2** [制限用法] **…する(場所)**: That is the house *where* Shakespeare was born. あれがシェイクスピアの生家です / The hotel *where* the President was staying was guarded by the police. 大統領が宿泊していたホテルは警察が警備していた / There are some cases *where* honesty is not always the best policy. 正直が最良の策とは限らない場合もある.

[語法] 制限用法の where は意味が混乱しない限り,《口語》ではしばしば省略される: This is the house (*where*) I lived five years ago. これが私が5年間住んでいた家です.

3 …する所[に]《◇先行詞を中に含み名詞節を導く》: This is *where* I used to live. ここが私が以前住んでいた所です / That is *where* I like her. 私が彼女を好きなのはそこなのです.

4 [非制限用法] **(そして)そこで[へ], そこで[に]…だが**《◇通例, 前にコンマを置く》: We went to Paris, *where* we stayed for a week. 私たちはパリに行き, そこに1週間滞在した / Izu, *where* we often spend our holidays, has a lot of hot springs. 伊豆は私たちがよく休暇を過ごす所で, そこにはたくさんの温泉がある.

—接 [従属接続詞] **1** …する所に[へ]; …する場合に: Stay *where* you are. 今いる所にいなさい / *Where* there's a will, there's a way. 《ことわざ》意志がある所には道がある ⇒ 精神一到何事か成らざらん.

2 …する所はどこに[へ]でも (wherever): Go *where* you like. どこでも好きな所へ行きなさい.

3 …であるのに反して (whereas): *Where* Bob is shy, Ted is sociable. ボブははにかみ屋であるのに対し, テッドは社交的です.

4 [that 節と同じ用法]《口語》: It is you *where* are to blame. あなたが責められるべきだ.

—代 [疑問代名詞][前置詞の目的語として] どこ: *Where* are you calling from? あなたはどこから電話しているのですか / *Where* are you going to? あなたはどこへ行くところですか.

—名 [the ~] 場所: the *where* and when of the game 試合が行われる場所と時刻.

where・a・bouts [hwéərəbàuts] 名 [単数・複数扱い](人・ものの) いる[ある]場所, 所在; 行方.
—副 [疑問副詞]《口語》どのあたりに[で].

*where・as [hwèəréz] 接 **1** [比較・対照などを表して] **…であるのに, ところが…, 一方で…** (while): He drives to school, *whereas* I always walk. 彼は車で通学しているが, 私はいつも歩きです. **2** [文頭で]《法》…であるので, …という事実により.

where・by [hwèərbái] 副 [関係副詞]《格式》それによって (…する) (by which): I know a way *whereby* you can solve the problem. 私はあなたが問題を解決できる方法を知っている.

where'd [hwéərd]《短縮》《口語》where did, where would, where had の短縮形.

where・fore [hwéərfɔ̀ːr] 名 理由, 原因.
—副《古》 **1** [関係副詞] …という理由で…する. **2** [疑問副詞] どんな理由[原因]で.

where・in [hwèərín] 副《格式》 **1** [疑問副詞] どこで[に], どの点で. **2** [関係副詞] そこで [その点で] (…する) (in which).

where・of [hwèəráv, -ʌ́v / -ɔ́v] 副《古》 **1** [疑問副詞] 何の, 何について. **2** [関係副詞] それについて (…する) (of which).

***where's [hwéərz]
《短縮》《口語》 **1** where is の短縮形: *Where's* your house? お宅はどちらですか

(◇ is は動詞) / **Where's** Jim living? ジムはどこに住んでいますか (◇ is は助動詞). **2 where has** の短縮形: **Where's** Tom gone? トムはどこへ行ってしまったのだろう (◇ has は助動詞).

where·so·ev·er [*hwèərsouévər*] 接 副《文語》
= WHEREVER (↓).

where·to [*hwèərtúː*] 副《古》 **1** [疑問副詞] どこへ; 何の目的で. **2** [関係副詞] そこへ (…する) (to which).

where·up·on [*hwèərəpán, -əpɔ́ːn / -əpɔ́n*] 接 その (すぐ) あとで, そこで.

where've [*hwéərv*]《短縮》《口語》where have の短縮形.

wher·ev·er [*hwèərévər*] 接 副

—接 [従属接続詞] **1** [場所を表す副詞節を導いて] …するところはどこ (へ) でも: Sit *wherever* you like. どこでも好きな所に座りなさい. **2** [譲歩を導いて] どこへ [どこに] …でも (no matter where) (→ WHATEVER): *Wherever* she goes [may go], she is loved by everybody. どこへ行っても彼女はみんなに好かれる.
■ **... or wherever**《口語》…かどこかそんな所に [へ].

—副 [疑問副詞] いったいどこに [へ, で] (◇ where の強意形. 驚きや混乱を表す; where ever とつづるほうが一般的): *Wherever* are you going? いったいどこへ行くつもりなのですか.

where·with·al [*hwéərwiðɔ̀ːl*] 名 [the ~] […するのに] 必要な金 [手段], 資金 (*to do*).

whet [*hwét*] 動 (三単現 **whets** [*hwéts*]; 過去・過分 **whet·ted** [*~id*]; 現分 **whet·ting** [*~iŋ*]) 他 **1**《文語》〈刃物〉を研ぐ. **2**〈興味・食欲など〉をそそる, 刺激する: *whet* ...'s appetite for … …に対する〈人〉の食欲 [興味, 欲望] をそそる.

wheth·er [*hwéðər*]

—接 [従属接続詞] (◇ whether ... or not または whether ... or ~ の形で用いる. or not はしばしば省略される)
1 …かどうか (a) [動詞の目的語として]: Tell me *whether* I should go *or not*. 私が行くべきか否か教えてください. / I wonder *whether* she is free now. 彼女は今, 暇だろうか. (b) [間接話法で] (◇ 一般に疑問の語を伴わない疑問文を間接話法にする場合に用いる; → NARRATION 文法): He asked me *whether* I knew his address. 彼は私に彼の住所を知っているかどうか尋ねた (= He said to me, "Do you know my address?"). (c) [前置詞の目的語として]: It depends upon *whether* you are willing to try *or not*. それはあなたがやろうという気があるか否かにかかっている / I am not sure (as to) *whether* I have made the right choice. 私が正しい選択をしたのかどうか確信が持てない. (d) [主語または主格補語として]: *Whether* he is lying (*or not*) is hard to judge. 彼がうそを言っているかどうかを決める [判定する] のが難しい / The question is *whether* the voters are wise *or not*. 問題は有権者が賢明であるか否かである. (e) [同格として]: I have no idea *whether* he will be elected President. 彼が大統領に選出されるかどうか私にはわからない. (f) [to 不定詞を導いて]: She wondered *whether to* marry him. 彼女は彼と結婚しようかどうか迷った.

語法 (a), (b), 《口語》ではしばしば whether の代わりに if を用いる. (c)~(f) では if を用いることはできない.

2 [譲歩を表す副詞節を導いて] …であろうと~であろうと; …であろうとなかろうと: *Whether* it rains *or* snows, we will still go there. 雨が降っても雪が降っても, 私たちはそこに行くつもりです / You must do the work *whether* you like it *or not*. あなたは好むと好まざるとにかかわらずその仕事をしなくてはならない.

■ **whèther or nót** ... …かどうか; …であろうとなかろうと (◇ ... が長い場合, この成句を用いることが多い): Please advise me *whether or not* I should study abroad. 留学すべきかどうか私にアドバイスをください.

whet·stone [*hwétstòun*] 名 C 砥石 (いし).

whew [*hwjúː, fjúː*] 間 ひゅう, ふうっ (phew) (◇ 驚き・失望・安心などを表す口笛を吹くような音).

whey [*hwéi*] 名 U 乳清〈牛乳から凝лат (curd) を除いたあとに残る液体〉.

which [*hwítʃ*] 代 形

❶ 疑問代名詞「どちら」(→ 代 **1**)
 Which is higher, Mt. Fuji or Mt. Usu?
 (富士山と有珠山ではどちらが高いですか)

❷ 関係代名詞
 ■ 制限用法「…するところの」(→ 代 **2**)
 This is the train which arrived just now.
 (これがたった今到着したばかりの列車です)
 ■ 非制限用法「そしてそれは[を]」(→ 代 **3**)
 She wrote me a letter, which I read again and again.
 /彼女は私に手紙をくれた.\
 \私はそれを何度も読んだ/

❸ 疑問形容詞「どちらの」(→ 形 **1**)
 Which cell phone is yours?
 (どちらの携帯電話があなたのですか)

—代 **I** [疑問代名詞]
1 どちら, どれ; どの人 [もの] (◇ 特定の人・もののうちから選ぶ場合に用いる). (a) [主語として; 単数・複数扱い]: *Which* are more useful, cows or horses? 牛と馬とではどちらのほうが役に立ちますか / *Which* of the two girls skates better? 女の子2人のうちどっちがスケートがうまいですか / *Which* are Bill's parents? ビルのご両親はどちらの方ですか. (b) [動詞の目的語として]: *Which* do you like better, apples or oranges? リンゴとオレンジのどちらが好きですか / Tell me *which* of those cakes you would like. どっちのケーキが好きです

か. (c) [前置詞の目的語として]: *Which* are you more interested in, math or art? 数学と美術とではどちらにより興味がありますか.

II [関係代名詞]

語法 (1) もの・こと・動物を表す語を先行詞にとる (→ RELATIVE **文法**).
(2) that のほうが口語的. that のみを用いる場合については → THAT 代 **語法** (3).
(3) 強調構文で, It is ... that 〜の代わりに It is ... which 〜を用いることがある (→ THAT 代 **7**).

2 [制限用法] **…する[である]ところの**(もの・こと・動物). (a) [関係詞節の中で主語として]: I know a restaurant *which* serves good steak. 私はおいしいステーキを出すレストランを知っています / Those birds (*which* are) swimming on the lake are swans. 湖上を泳いでいる鳥は白鳥です (◇ which で始まる節の動詞が be 動詞の場合,「which + be 動詞」は省略できる). (b) [関係詞節の中で動詞の目的語として] (◇ which はしばしば省略される): The cat (*which*) Kate keeps has blue eyes. ケートの飼っている猫は目が青い / Those are the flowers (*which*) he gave me. あれは彼が私にくれた花です. (c) [関係詞節の中で前置詞の目的語として] (◇[口語]では which はしばしば省略され, 前置詞は which で始まる節の中の動詞のあとに置かれる): The house in *which* they live is near here. = The house (*which*) they live in is near here. 彼らが住んでいる家はこの近くです. (d) [of 〜 で所有格として] 《格式》: The book the cover *of which* is torn is mine. = The book *of which* the cover is torn is mine. 表紙の破れている本が私のです.

語法 上の用例は whose を用いて The book *whose* cover is torn is mine. のように言い換えられるが, whose は本来, 人を先行詞とする語なので of which のほうが好まれる. ただし, The book with the torn cover is mine. のように関係代名詞を用いずに表現するほうが一般的.

3 [非制限用法]《文語》**そしてそれは[を]…; ところで**それは…だが.

語法 (1) 通例 which の前にコンマを置く.
(2) この場合, which を that に置き換えることはできない. また, which を省略することはできない.

(a) [関係詞節の中で主語として]: Yesterday I went to the museum, *which* was closed. きのう私は美術館に行ったが, 閉まっていた / Kyoto, *which* is famous for old temples and shrines, used to be the capital of Japan. 京都は古い社寺で有名だが, かつては日本の都であった. (b) [関係詞節の中で動詞の目的語として]: I bought a book, *which* I read in a day. 私は本を買ってそれを1日で読んでしまった. (c) [関係詞節の中で前置詞の目的語として]: Curling, about *which* I know very little, is a popular sport in Canada. カーリングは, 私はほとんど知らないのだが, カナダでは人気のあるスポーツです / He suggested two plans, neither of *which* was satisfactory. 彼は2つの案を出したが, どちらも満足できるものではなかった. (d) [関係詞節の中で補語として]: He looked like an actor, *which* he really was. 彼は俳優のように見えたが, 実際そうであった. (e) [先に出た句・節・文などを先行詞として]: They tried to solve the question, *which* was impossible. 彼らはその問題を解こうとしたが, 解けなかった / I said that I had seen a UFO, *which* nobody believed. 私はUFOを見たことがあると言ったが, だれも信じなかった.

4 (…の中から) どちらでも (whichever) (◇先行詞を中に含み, 人を導く).

■ *thát which* 《格式》…である[する]もの.

— 形 **1** [疑問形容詞] どちらの, どの: *Which* dictionary is yours? どちらの辞書があなたのですか / *Which* shoes would you like to buy? どちらの靴をお求めになりますか / She couldn't decide *which* dress she should wear [*which* dress to wear]. 彼女はどちらのドレスを着ればよいか決められなかった.

2 [関係形容詞] [非制限用法] そして[ところが] その…は[を] 〜: We were asleep, during *which* time our house was broken into. 私たちは眠っていたが, その間にどろぼうに入られた.

‡**which·ev·er** [hwitʃévər] 代 I [関係代名詞]

1 [先行詞を中に含み, 名詞節を作る] **…する[である]どちら[どれ]でも, どちらの[どの]…でも**: Take *whichever* you want. どちら[どれ]でも欲しいものを取りなさい.

2 [譲歩節を導く] **どちら[どれ]が…しようとも**, たとえどちらが[に, を]…しても (no matter which) (→ WHATEVER **語法**): *Whichever* (of the two paths) you take, you will come to the river. (2つの道の)どちらを行っても川へ出ます.

II [疑問代名詞] **3**《口語》いったいどちらが[を] (◇ which の強意形; which ever のほうが一般的): *Whichever* do you prefer? いったいどちらのほうが好きなんですか.

— 形 [関係形容詞] **1** 〜**する[である]どちらの…でも, どの…でも**: Take *whichever* course you like. どちら[どれ]でも好きなコースを取りなさい.

2 [譲歩節を導く] **どちらの…でも, どの…でも** (no matter which): *Whichever* route you choose, you will get to the same place. どちらの道を選んでも, 同じ場所へ着きます.

whiff [hwíf] 名 [C] [通例 a 〜] **1** (香水などの) かすかな香り; (風などの) ひと吹き; (たばこの) 一服.
2 (危険などの) 気配, 兆候.

Whig [hwíɡ] 名 **1** [the 〜s] 《英史》 ホイッグ党《17–18世紀にトーリー党 (the Tories) と対立した政党》; [C] ホイッグ党員. **2** 《米史》 [the 〜s] (独立戦争当時の) 独立党; [C] 独立党員.

***while** [hwáil]
接 名 動

— 接 [従属接続詞] **1** **…する[である]間に; …する[している]限り(は)**: A man came to see you *while* you were out for lunch. あなたが昼食に出ている間に男の人があなたを訪ねて来ました / *While* the baby is sleeping, she does the housework. 彼女は赤ちゃんが眠っている間に家事をする / *While* there is life, there is hope. 《ことわざ》命がある限りは望みがある ⇒ 生きているうちが花.

whilst

語法 主節と while で始まる副詞節の主語が同じで，副詞節中の動詞が be 動詞である場合，副詞節中の主語と be 動詞は省略されることがある: *While (I was) in London, I studied economics.* 私はロンドン滞在中に経済学を勉強した．

2 一方…，他方では…．なのに対し (whereas)（◇ while で始まる節は主節のあとが多い）: *Tom has a car, while Bill doesn't have one.* トムは車を持っているが，ビルは持っていない / *Some are lucky, while others are unlucky.* 運のいい人もいれば運の悪い人もいる．

3 …であるが (although)（◇ while で始まる節は主節の前に置かれる）: *While there are some mistakes, I think his paper is good.* いくつかの間違いはあるが，彼の論文はよい出来だと思う．

4 …と同時に；…しながら: *While* he is the ace pitcher of our team, he is also a good guitarist. 彼は私たちのチームのエースピッチャーであると同時に上手なギタリストでもある．

— **名**〔単数形で〕(特に短い) 時間；しばらくの間；[the 〜]同時に (at the same time): *He left a while ago.* 彼はちょっと前に帰った / *She has been sick in bed quite a while.* 彼女はかなりの期間病床についている．

■ **áfter a whíle** しばらくして．
áll the whíle その間ずっと，始終．
for a whíle しばらくの間 (◇ for はしばしば省略される): *Just wait (for) a while.* ちょっと待って．
in a (líttle) whíle まもなく，すぐに．
ónce in a whíle 時々 (→ ONCE **成句**).
wórth while 価値がある (→ WORTH **成句**).

— **動**〔次の成句で〕
■ **while awáy 他**〈時間〉をのんびりと過ごす．

whilst [hwáilst] **接**《主に英・格式》= WHILE (↑).

***whim** [hwím] **名C**気まぐれな思いつき，ふとした出来心；移り気: *on a whim* 思いつきで / *a passing whim* 一時の気まぐれ．

whim·per [hwímpər] **動自 1**（低く）しくしく泣く；〈犬などが〉くんくん鳴く（◇低い声; cf. whine 高いピッチで泣く[鳴く]）．**2** 泣き声で話す．
— **他**…を泣き声で言う．
— **名C** すすり泣き（の声），くんくん鳴く声．

whim·sey [hwímzi] **名** = WHIMSY (↓).

whim·si·cal [hwímzikəl] **形** 気まぐれな［移り気］な；風変わりな，奇妙な．

whim·sy, -sey [hwímzi] **名**（複 **whim·sies** [〜z]）
1 U気まぐれ，もの好き．**2 C**奇妙な行為［考え］．

whine [hwáin] **動自 1**〈子供などが〉ヒステリックに〔きいきい〕泣く；〈犬などが〉きゃんきゃん鳴く．**2** 泣き言を言う，ぐちをこぼす．**3**〈エンジンなどが〉ひゅーと音を立てる，うなる．— **名C** 哀れっぽい泣き声；くんくん鳴く声；泣き言，ぐち；うなる音．

whinge [hwíndʒ] **動自**《英口語》〈延々と〉ぶうぶう泣き言を言う．— **名C** 泣き言，不平．

whin·ny [hwíni] **動**（三単現 **whin·nies** [〜z]; 過去・過分 **whin·nied** [〜d]; 現分 **whin·ny·ing** [〜iŋ]）**自**〈馬が〉静かに低く〔ひんひんと〕いななく．
— **名**（複 **whin·nies** [〜z]）**C** いななき．

***whip** [hwíp] **名 1 C**（棒の先に皮ひもなどを付けた）むち (cf. rod, cane 棒状のむち): *crack the whip* むちを鳴らす．**2 C**（議会の）院内幹事《党員の登院督励のにあたる》；《英》（議会の）登院督励令．**3 C U**ホイップ《卵・クリームなどを泡立てた菓子》．**4** 泡立てに使う道具．**5**〔単数形で〕たたく［打つ］動き．

— **動**（三単現 **whips** [〜s]; 過去・過分 **whipped** [〜t]; 現分 **whip·ping** [〜iŋ]）**他 1** …をむちで打つ（→ BEAT **類義語**）; …をせっかんする; むち打って駆り立てる (*on*): *whip a horse on* 馬にむちを当てて走らせる．**2**（雨・風などが）…に強く当たる: *The wind whipped her face.* 風が彼女の顔に激しく吹きつけた．**3**〔副詞（句）を伴って〕…をさっと（すばやく）動かす，ひったくる: *She whipped out a handkerchief.* 彼女はハンカチをさっと取り出した．**4**〈卵・クリームなど〉を泡立てる，強くかき混ぜる (*up*): *whipped cream* 泡立てたクリーム．**5**《口語》をとてんぱんにやっつける: *The Dodgers whipped the Giants 5-0.* ドジャースは5対0でジャイアンツに完勝した．**6** …を糸［ひも］で巻いてほぐれないようにする；〈縫い目・へり〉をかがる．

— **自 1**〔副詞（句）を伴って〕急に動く，突進する: *She whipped in, got her purse, and whipped out.* 彼女はさっと部屋に入り，ハンドバッグを取ると飛び出して行った．**2**（雨・風などが）激しく当たる．**3**（旗などが）はためく．

■ ***whíp úp* 他 1**〈感情など〉をかき立てる；〈興味など〉を刺激する．**2**〈料理など〉を手早く作る．
◆ **whip hánd** [the 〜] 優位，優勢: *get [have] the whip hand over ...* …を支配する．

whip·lash [hwíplæʃ] **名 1 C** むちひも《むち先のしなやかな部分》; むち (lash). **2 C U** = whíplash ínjury むち打ち症．

whip·per·snap·per [hwípərsnæpər] **名C**《口語》生意気な若僧，思い上がっているやつ．

whip·ping [hwípiŋ] **名 1 C** むちで打つこと，**C**むち打ち（刑）．**2 U**（ロープなどの）端止め．**3 U C** 敗北．
◆ **whípping bòy C**（他人の罪や失敗の責任などを負う）身代わり (scapegoat).

whípping crèam Uホイップクリーム．

whip·round **名C**《口語》（慶事時などに仲間・会員間などで行う）募金，寄付集め．

whir, whirr [hwə́:r] **動**（三単現 **whirs, whirrs** [〜z]; 過去・過分 **whirred** [〜d]; 現分 **whir·ring** [hwə́:riŋ]）**自**（鳥・昆虫などが）ひゅー［ぶーん］と音を立てて飛ぶ；（機械が）ぶんぶん音を立てて回転する．
— **名C**〔通例，単数形で〕ひゅー［ぶーん］という音．

***whirl** [hwə́:rl] **動自 1**（激しい速さで）ぐるぐる回る，回転［旋回］する；渦巻く: *The dancer whirled around the room.* 踊り手は部屋の中をぐるぐる回った．**2**（人・車などが）疾走する，（車など）急行する (*away, off*): *The car whirled off to the woods.* その車は森に向かって疾走した．**3**目まいがする，（頭が）くらくらする，混乱する．**4**（考え・イメージなどが）次々にわき出る，頭の中を駆け巡る．
— **他 1** …をぐるぐる回す; 渦巻かせる: *whirl a baton* バトンをくるくる回す．**2**（車など）をすばやく運ぶ；（風などが）渦巻いて…をさっと運び去る (*away, off*).
— **名C**〔通例，単数形で〕**1** 回転，旋回；渦巻き

give the steering wheel a *whirl* ハンドル[舵輪(だ)]をくるりと回す / a *whirl* of dust [snow] ほこり[雪]の渦巻き. **2** 出来事などの目まぐるしい連続: the *whirl* of modern life 現代生活のあわただしさ / a *whirl* of parties パーティーの連続. **3** (精神的)混乱, 動揺: in a *whirl* 混乱, [興奮]して. **4** 《口語》試み: give it a *whirl* …を試す.

whirl·pool [hwə́:rlpùːl]名©（水流などの）渦巻き,渦. **2** 《比喩》混乱,渦. **3** =whírlpool báth 渦巻き風呂, ジャクジー.

whirl·wind [hwə́:rlwìnd]名 **1** ©つむじ風, 旋風, 竜巻. **2** ©《比喩》(旋風のように)急激な行動[出来事];（感情などの)めまぐるしさ. **3** [形容詞的に]急激な, あわただしい.

whirr [hwə́:r]動=WHIR(↑).

*****whisk** [hwísk]他 **1** …をさっと運ぶ, 連れ去る; …を[へ]さっと動かす[移す](*away, off*)[*to*]: He *whisked* the books *away*. 彼は本をさっと片づけた. **2** 〈卵・クリームなど〉をかき混ぜる, 泡立てる. **3** 〈ちり・ハエなど〉をさっと払う[はたく](*away, off*).
— 名© **1**（卵・クリームなどの）泡立て器 (→ COOKING 図). **2** [通例, 単数形で]（ちり・ハエなどを）さっと払う[はたく]こと; （尾などの）ひと振り[はけ].
◆ whísk bròom ©《米》(ほうき形の)洋服ブラシ.

*****whisk·er** [hwískər]名© **1** 〈猫・ネズミなどの〉ひげ. **2** [a 〜]《口語》ほんの少し (の量).
■ **by a whísker** 《口語》間一髪で, かろうじて. **còme withìn a whísker of ...** 《口語》もう少しで…になるところである.

whisk·ered [hwískərd]形 ほおひげの生えた.
whisk·er·y [hwískəri]形 ほおひげのある.

*****whis·key, whis·ky** [hwíski]名 (複 **whis·keys, whis·kies** [〜z]) **1** ⓤウイスキー: *whiskey* and water ウイスキーの水割り / a shot of *whiskey* ウイスキー1杯.
語法 (1)《米・アイル》では whiskey, 《英・カナダ・豪》では whisky とつづることが多い.
(2) 種類を言うときには © となる: They sell over a hundred *whiskeys* at that store. あの店では百種類以上のウイスキーを売っている.
2 ©ウイスキー1杯: Two *whiskeys*, please. ウイスキーを2杯ください.

*****whis·per** [hwíspər]名動【原義は「ひゅーと鳴る」】
— 動 (三単現 **whis·pers** [〜z]; 過去・過分 **whis·pered** [〜d]; 現分 **whis·per·ing** [-pəriŋ])
—⊜ **1** […に]ささやく, ひそひそ話す, そっと話す [*to*]: She *whispered* to me [in my ear]. 彼女は私にささやいた[耳打ちした] / Stop *whispering* while I'm speaking. 私が話している間は私語はやめなさい. **2** […について]こっそりしゃべる, 内緒話をする[*about*]: Everyone *whispered about* it. みんながそのことをうわさした. **3** 《文語》(風・木の葉・流れなどが)さわさわ[さらさら]音を立てる.
— ⊕ **1** (a) [whisper+O][人に]…をささやく, ひそひそ言う[*to*]: He *whispered* the words *to* her. 彼はひそひそ声で彼女に話した.
(b) [whisper+O+to do]〈人〉に…するよう耳打ちする: Jim *whispered* me *to* be quiet. ジムは静かにするように私に耳打ちした. (c) [whisper (to ...)+that 節] 〜だと (人に) ささやく: Tom *whispered to* me *that* he was very hungry. トムは私にお腹がぺこぺこだとささやいた. **2** (a) [whisper+O] …をこっそり言いふらす: Shameful things were *whispered* about him. 彼についての醜聞(しゅうぶん)がうわさされた.
(b) [It is whispered+that 節] …とうわさされている: *It is whispered that* the minister will resign. その大臣は辞任のうわさが流れている.
— 名© **1** ささやき, 小声: say [speak, talk] in *whispers* 小声で言う. **2** [〜について]うわさ, ひそひそ話, 陰口[*about/that* 節]: I heard a *whisper that* Beth was going to marry. 私はベスが近く結婚するといううわさを聞いた. **3** [通例, 単数形で]《文語》(風・木・水流などの)さわさわ[さらさら]いう音. **4** [通例, 単数形で]わずか.

whist [hwíst]名ⓤホイスト《2人ずつ組んで4人で行うトランプゲーム. ブリッジの前身》.

*****whis·tle** [hwísl](☆発音に注意) 動名
— 動 (三単現 **whis·tles** [〜z]; 過去・過分 **whis·tled** [〜d]; 現分 **whis·tling** [-iŋ])
—⊜ **1** 口笛を吹く《驚き・感嘆・嘲笑などの感情を口笛で表現する》: He *whistled* and smiled when he heard the news. その知らせを聞くと彼は口笛を吹いてにっこりした. **2** 口笛[笛]を吹いて合図する; 警笛[汽笛]を鳴らす: The referee *whistled* and the player was ordered out of the game. 審判が笛を吹いて, その選手は退場させられた. **3** [副詞(句)を伴って](風などが)ひゅうと鳴る; (弾丸などが)ひゅうと(うなって)飛ぶ: The arrow *whistled* past my ear. 矢がひゅっと音を立てて耳元をかすめた. **4** 〈鳥が〉さえずる, びいびい鳴く.
— ⊕ **1** 〈曲など〉を口笛で吹く: *whistle* a melody メロディーを口笛で吹く. **2** [副詞(句)を伴って] …に口笛[笛]で合図する: He *whistled* his dog back. 彼は口笛を吹いて犬を呼び戻した.
■ *whistle for ...* **1** 口笛を吹いて…を呼ぶ. **2**《口語》…を望んでもむだである, …を空しく願う.
whistle in the dárk《口語》(本当は怖いにもかかわらず)強がって見せる.
— 名 **1** ©汽笛, 警笛, ホイッスル: blow a *whistle* 汽笛を鳴らす. **2** © 口笛: give a *whistle* 口笛を吹く. **3** ⓤ©(風などの)ひゅうひゅうという音; (鳥の)鋭い鳴き声.
■ *blów the whístle on ...*《口語》…を暴露する.
whís·tle-blòw·er [hwíslblòuər]名©告発者, 密告者.
whís·tle-stòp [hwíslstɑ̀p]名 **1** ©《米》(合図がある時だけ列車がとまる)信号停車駅; (信号停車駅のある)小さな町. **2**（選挙候補者の)地方遊説 (での演説).
◆ whístle-stop tóur © (政治家の)地方遊説.

whit [hwít]名 [a 〜; 通例, 否定文で]《古》ほんのわずか, 少し.
Whit [hwít]名《主に英》=WHITSUNDAY(↓).

*****white** [hwáit] 形名
— 形 (比較 **whit·er** [〜ər]; 最上 **whit·est** [〜ist]) **1** 白い, 白色の (↔ black): a *white*

shirt 白いシャツ / *white* teeth 白い歯 / The yard was *white* with snow. 庭は雪で真っ白だった. **2** [比較なし](皮膚の色が)白い, 白人の, 白色人種の: the *white* races 白色人種. **3** (顔などが)[…で]青白い, 青ざめた, 血の気がない (pale)[*with*]: (as) *white* as a sheet (顔色が)真っ青で / His face went [turned] *white* with fear. 彼の顔は恐怖で真っ青になった. **4** (髪が)白い, 銀色の (silver) (cf. gray 白髪交じりの): His black hair was turning *white*. 彼の黒髪は白くなりかけていた. **5** (水・ガラスなどが)無色の, *white* glass [crystal] 透明なガラス [水晶]. **6** [比較なし](英)(紅茶・コーヒーが)ミルク [クリーム]入りの (↔ black): *white* coffee ミルク入りのコーヒー. **7** 雪の積もった, 雪のある (↔ green): a *white* Christmas 雪の積もったクリスマス. **8** 心が無垢の, モラルのある.
——名 (複 **whites** [*hwáits*]) **1** U 白, 白色 (↔ black): black and *white* 白黒 (○語順に注意). **2** C [しばしば W-] 白人. **3** C 白衣, 白い服; [~s] (主に英) 白の運動着. **4** UC 白の染料 [絵の具, ペンキ]. **5** CU (卵の)白身 (cf. yolk 黄身). **6** C (目の)白目. **7** UC 白ワイン (*white* wine).
(▷ **whiten**).
◆ *white* ánt C [昆] シロアリ (termite).
white béar C [動物] シロクマ.
white blóod cèll C 白血球.
white bóok C (米) 白書《政府が発表する実態報告書. 表紙が白いことから》.
white córpuscle = white blood cell (↑).
white élephant C 白象(維持管理にお金のかかる) やっかいなもの, 無用の長物.
white flág C (降伏・敗北を示す) 白旗, 降伏旗.
white héat U 白熱.
Whíte Hòuse 圓 [the ~] ホワイトハウス《Washington, D.C. にある米国大統領官邸》; 米国政府.
white líe C 罪のない [善意の] うそ.
white mágic U 白魔術 (cf. black magic 黒魔術).
white méat U 白身の肉《鶏肉・豚肉・子牛の肉など; cf. red meat 赤身の肉》.
white páper C (英) 白書《政府発行の報告書》.
white pépper U 白しょう.
white potáto CU (米) ジャガイモ.
white sàuce U [料理] ホワイトソース《牛乳・バター・小麦粉などから作るソース》.
white suprémacy U 白人優越主義.
white wáter U (波頭・急流などの) 白く泡立つ水: *white* water rafting いかだによる急流下り.
white wédding C (花嫁が白いウエディングドレスを着る) 結婚式.
white・bait [*hwáitbèit*] 名 C [魚] シラス《ニシン・イワシなどの稚魚. 食用》; シラウオ.
white・board [*hwáitbɔ̀ːrd*] 名 C 白板, ホワイトボード (cf. blackboard 黒板).
white-bréad 形 (米口語) 常識的な; つまらない.
white bréad 名 U 白パン.
white-cóllar 形 ホワイトカラーの, 事務 [頭脳] 労働 (者) の (cf. blue-collar ブルーカラーの): a *white-collar* worker 事務職員.
◆ *white-còllar* críme C ホワイトカラー犯罪《脱税・横領・使い込み・贈収賄など》.
White・hall [*hwáithɔ̀ːl*] 名 **1** 圓 ホワイトホール《London の官庁街》. **2** 圓 [集合的に; 単数・複数扱い] 英国政府 (の政策); 英国の官庁.
white-hót 形 **1** (金属が) 白熱した (cf. red-hot 赤熱した). **2** [比喩] 熱烈な, 激しい.
whit・en [*hwáitən*] 動 圓 白くなる.
——他 …を白くする; 漂白する.
whit・en・er [*hwáitənər*] 名 CU 漂白剤.
***whit・en・ness** [*hwáitnəs*] 名 U **1** 白さ; 青白さ. **2** 潔白, 純潔.
whit・en・ing [*hwáitəniŋ*] 名 CU **1** 漂白剤. **2** 白亜, 胡粉(ごふん).
white・out [*hwáitàut*] 名 C **1** [気象] ホワイトアウト《一面の雪で方向・距離がわからなくなる現象》. **2** 修正液. **3** (気絶直前に) 目の前が白くなる状態.
white-tíe 形 (パーティーなどが) 正装の必要な, 正式な《男性は白の蝶(ちょう)ネクタイと燕尾(えんび)服を着用する; cf. black-tie 準正装の》.
whíte tíe 名 **1** C 白の蝶(ちょう)ネクタイ《燕尾(えんび)服に用いる男性の正装用ネクタイ》. **2** U 燕尾服.
white・wash [*hwáitwɔ̀ʃ, -wɑ̀ʃ / -wɔ̀ʃ*] 名 **1** U 水しっくい《壁などの上塗り用塗料》. **2** CU (過失などの) ごまかし, 粉飾. **3** C (競技での) 零敗.
——動 **1** …に水しっくいを塗る. **2** (過失など) を取り繕う. **3** (競技で) …を完封する.
with・er [*hwíðər*] (古) **1** [疑問副詞] どこへ, いずこへ (where) (◇新聞の見出しなどで使う); (未来は) どんなふうに. **2** [関係副詞] そこへ (…する) (to which); どこへでも.
whit・ing [*hwáitiŋ*] 名 (複 **whit・ing, whit・ings** [~z]) C [魚] (ヨーロッパ産の) タラ; (北米産の) ニベ.
whit・ish [*hwáitiʃ*] 形 白っぽい, 白みがかった.
Whit・man [*hwítmən*] 名 ホイットマン Walt [wɔ́ːlt] Whitman (1819-92) 《米国の詩人》.
Whit・sun [*hwítsən*] 名 = WHITSUNDAY (↓).
Whit・sun・day [*hwítsʌ́ndèi, -di, hwítsəndèi*] 名 CU [キリスト] 聖霊降臨祭 (復活祭 (Easter) 後の第7日曜日).
Whit・sun・tide [*hwítsəntàid*] 名 UC [キリスト] 聖霊降臨節《聖霊降臨祭 (Whitsunday) からの1週間, 特に最初の3日間》.
whit・tle [*hwítl*] 動 他 **1** 〈木など〉を少しずつ削る; …を [木などを] 削って作る [*from, out of*]: *whittle* the wood into a statue = *whittle* a statue *from* the wood 木を削って像を作る.
2 …を徐々に減らす, 削減する (*down, away*).
——圓 [木などを] 少しずつ削る [*at*].
whizz, (主に米) whiz [*hwíz*] 動 (三単現 **whiz・zes** [~iz]) 過去・過分 **whizzed** [~d]; 現分 **whiz・zing** [~iŋ]) 圓 **1** (口語) ひゅーっと飛ぶ [鳴る], (音を立てて) すばやく動く. **2** (仕事などを) さっとやる (through).
——名 (複 **whiz・zes** [~iz])
1 C (通例, 単数形で) (口語) […の] 名人, 達人 [*at*].
2 UC ひゅーっと飛ぶ [鳴る] 音.
◆ *whízz* kíd C (口語) 天才児; すご腕の青年.

who [húː]

❶ 疑問代名詞

■**主語として**「だれが」(→代1(a))
Who arrived here first?
(だれが最初にここに着きましたか)

■**動詞の目的語として**「だれを」(→代1(c))
Who [Whom] did you invite to the party? (だれをパーティーに招きましたか)

■**前置詞の目的語として** (→代1(d))
With whom do you live?
=Who [Whom] do you live with?
(あなたはだれと一緒に住んでいますか)

❷ 関係代名詞

■**制限用法**「…する(人)」(→代2)
This is the girl who painted this picture.
(こちらがこの絵をかいた少女です)
The family who [whom] I met on the train was kind.
(列車で会った家族は親切にしてくれた)

■**非制限用法**「そしてその人(たち)は」(→代3)
There were few passengers, who were all rescued.
(乗客は少ししかいなくて、全員救助された)
He married Mary, who [whom] he took to Paris. =and he took her...
(彼はメアリーと結婚して、彼女をパリに連れて行った)

— 代 (◇主格;所有格 whose;目的格 whom,《口語》who)

I [疑問代名詞] **1** (a)[主語として;単数・複数扱い] **だれが**: *Who* broke the window? だれが窓ガラスを割ったのか / *Who* is calling, please? どちら様でしょうか(◇電話で相手の名前を尋ねるときの言い方. Who are you? とは言わない) / I don't know *who* cleaned my room. だれが私の部屋を掃除したのかわからない / *Who* do you think will win? だれが勝つと思いますか. (b)[補語として] **だれ**: *Who* is the girl sitting under the tree? 木の下に座っている女の子はだれですか / *Who* are you? お前はだれだ(◇無礼な聞き方) / *Who* is it? — It's me. どなた — 私です. (c)[動詞の目的語として]《口語》**だれを** [に]: *Who* did you meet? だれに会ったのですか. (d)[前置詞の目的語として]《口語》**だれ**: *Who* are you looking for? だれを探しているのですか.

語法 (1)《口語》では who を目的語にも用い、whom を用いるのは《格式》.
(2)ただし、前置詞を直前に置く場合は「前置詞+whom」のほうが普通: *Who* [*Whom*] are you talking about? =*About whom* are you talking? あなたはだれの話をしているのですか.

II [関係代名詞]

語法 (1)人を先行詞にとる(→ RELATIVE **文法**).
(2)強調構文で It is ... that ~ に代えて It is ... who ~ を用いることがある(→ THAT 代 **7**).

2 [制限用法] **…する[である]**(人). (a)[関係詞節の中で主語として]: The writer *who* wrote this novel lives in this town. この小説を書いた作家はこの町に住んでいる / I'm looking for a person *who* can speak Spanish. 私はスペイン語を話せる人を探しています / The girl (*who* is) singing now is Betty. 今歌っている少女がベティーです(◇ who で始まる節の動詞が be 動詞の場合、「who + be 動詞」は省略できる).

語法 《口語》では there is, it is に続く文中で who が省略されることがある: Is there anyone (*who*) wants to go with me? だれか私と一緒に行きたい人はいますか.

(b)[関係詞節の中で動詞の目的語として](◇この用法の who はしばしば省略される): I fell in love with the girl (*who*) I saw at the flower shop. 私は花屋で見かけた女の子を好きになった. (c)[関係詞節の中で前置詞の目的語として](◇この用法の who はしばしば省略する. 前置詞を who の前に置くことはできない; → WHOM **2 [語法]**): That is the girl (*who*) I had a date with. あの子が私がデートした女の子です.

3 [非制限用法]《文語》**そしてその人(たち)は[を]**.

語法 (1)通例 who の前にコンマを置く.
(2)この場合、who を that に置き換えることはできない. また、who を省略することはできない.

(a)[関係詞節の中で主語として]: My brother, *who* studies biology, gave me this book. 兄は生物学を研究しているが、私にこの本をくれた / I have two sons, *who* are both doctors. 私は息子が2人いて、2人とも医者をしている. (b)[関係詞節の中で動詞の目的語として]: Andy, *who* I know well, made his debut as a singer. アンディーは私がよく知っている人ですが、歌手としてデビューしました. (c)[関係詞節の中で前置詞の目的語として]: Judy, *who* I talked to you about before, has had an accident. 前に私が話したジュディーだけど、事故にあったのです.

WHO《略記》[the ~]= *W*orld *H*ealth *O*rganization 世界保健機関.

whoa (*h*wóu, hóu)**間** どうどう(◇馬を止めるときのかけ声).

who'd [húːd]

《短縮》《口語》 **1** who would の短縮形: *Who'd* believe him? だれが彼を信じるだろうか / Do you know anyone *who'd* help me? 私の手伝いをしてくれる人を知りませんか.

2 who had の短縮形: He asked *who'd* called him. だれが電話をくれたのかと彼は尋ねた.

who·dun·it [hùːdʌ́nit] **名** C 《口語》推理小説 [映画, 劇] (◇ Who done it? から (文法的には Who did it? (だれがやったのか) が正しい形)).

who·ev·er [huːévər]

— 代 (◇所有格 whoever [hùːzévər]; 目的格 whomever,《口語》whoever)

I [関係代名詞] **1**(…する人は)だれでも (anyone who), どんな人でも (whatever person): *Whoever* wants this picture may have it. この写真が欲しい人にはだれにでもあげます / I'll invite *whoever* wants to come to the party. パーティーに来たい人はだれでも歓迎します.

2 [譲歩節を導いて] だれが…しても (no matter who) (→ WHATEVER 代 **2** 語法): *Whoever* it is [may be], I don't want to see him or her. 私はだれにも会いたくない.

II [疑問代名詞] **3** 《口語》(驚きや混乱を表して)いったいだれが (◇ who の強意形; who ever とつづるほうが一般的): *Whoever* told you such a thing? いったいだれがそんなことを言ったのですか.

whole [hóul] (☆ 同音 hole)

形名【原義は「健康な, 無傷の」】

— 形 [比較なし] **1** [限定用法; 通例 the ~/ one's ~] 全体の, 全部の: The *whole* school welcomed the new teacher. 学校を挙げて新任の先生を出迎えた / Tell me the *whole* story. 一部始終を話しなさい / His *whole* life was devoted to art. 彼の生涯は芸術にささげられた / He gulped down a *whole* bottle of coke. 彼はコーラ丸1びんを一気に飲んだ.

語法 固有名詞や the の付いた複数名詞を修飾することはできない. その場合は all を用いる: *all* Europe 全ヨーロッパ / *all* the computers すべてのコンピュータ.

2 完全な, 欠けるところのない, 丸ごとの (→ COMPLETE 類義語); 無傷の, 健康な: a *whole* set of Maugham's works モームの作品全集 / They serve fish *whole* at the restaurant. そのレストランでは魚を1匹丸ごと出す / He returned *whole* after the accident. 彼は事故にあったが無事に戻って来た.

3 [限定用法] (時間・距離などが) 丸…, …じゅう: a *whole* night ひと晩じゅう / for three *whole* years =for the whole three years 丸3年の間.

■ *a whóle lót* 《口語》大いに, たしかに.

a whóle lót of … 《口語》たくさんの….

— 名 **1** U [通例 the ~] 全体, 全部: the *whole* of Africa アフリカ全土 / This is the *whole* of her belongings. これが彼女の持ち物すべてです / She stayed in Hawaii through the *whole* of her vacation. 彼女は休暇中ずっとハワイに滞在していた.

2 C [通例 a ~] 有機的統一体, 完成体系: Nature is a *whole*. 自然は1つの有機体である.

■ *as a whóle* 全体として: Our team *as a whole* is in good condition. 私たちのチームは全体としていい状態にある.

on the whóle 全体から見て, 概して: *On the whole*, I'm for that plan. 私はその計画におおむね賛成です.

◆ whóle nòte C 《音楽》《米》全音符 《英》 semibreve).

whóle númber C 《数学》整数.

whole·food [hóulfùːd] 名 U C 自然食品.

whole·grain [hóulgrèin] 形 (小麦などの) 全粒の.

whole·grains [hóulgréinz] 名 [複数扱い] (小麦などの) 全粒.

whole·heart·ed [hóuháːrtid] 形 心からの, 真心 [熱意] を込めた, 誠心誠意の.

whole·heart·ed·ly [~li] 副 心から.

whole·meal [hóulmìːl] 形 《英》= WHOLE-WHEAT (↓).

*whole·sale [hóulsèil] 名 U 卸売り, 卸し (cf. retail 小売り): at [by] *wholesale* 卸売りで.

— 形 **1** 卸売りの, 卸しの: *wholesale* prices 卸値. **2** 大規模な, 大量の; 無差別の.

— 副 **1** 卸売りで: buy goods *wholesale* 商品を卸しで買う. **2** 大規模に, 大量に; 無差別に.

whole·sal·er [hóulsèilər] 名 C 卸売り業者.

*whole·some [hóulsəm] 形 **1** (道徳的・精神的に) 健全な, 有益な: *wholesome* videos for children 子供向けの健全なビデオ. **2** (食べ物などが) 健康によい (healthy): *wholesome* food 健康食品. **3** (人・顔などが) 健康そうな.

whóle-whéat 形 《米》(ふすまを取り除かずにひいた) 全粒小麦粉の 《英》 wholemeal).

who'll [húːl]

[短縮] 《口語》 who will の短縮形: *Who'll* come? だれが来るのか.

whol·ly [hóulli] 副 [しばしば否定文で] 《格式》まったく, すっかり, 完全に (completely): I don't *wholly* trust him. 私は完全には彼を信用していない (◇ 否定文では部分否定を表す).

whom [húːm]

— 代 (◇ who の目的格)

I [疑問代名詞] (◇ whom を用いるのは 《格式》で, 《口語》では who を用いる).

1 (a)[動詞の目的語として] だれを [に]: *Whom* did he love most? 彼はだれを一番愛していましたか / She didn't know *whom* to ask that. 彼女はだれにそのことを聞けばよいかわからなかった. (b)[前置詞の目的語として] だれ (◇ 通例, 「前置詞+ whom」の形で用いる; → WHO **1** (d) 語法): For *whom* did they fight? = *Whom* did they fight for? だれのために彼らは戦ったのか / He asked me with *whom* to do the work. 彼は私にだれと一緒に仕事をするのか尋ねた.

II [関係代名詞] (◇ 人を先行詞にとる; → RELATIVE 文法)

2 [制限用法] …する [である] (人). (a)[関係詞節の中で動詞の目的語として] (◇ この用法の whom はしばしば省略する. 《口語》では who, that を用いる): The boy (*whom*) Kate likes best is Bob. ケートが一番好きな少年はボブです / That is the man (*whom*) my sister is going to marry. あの人が私の姉が結婚する相手です. (b)[関係詞節の中で前置詞の目的語として]: The girl to *whom* I wrote is a Canadian. = The girl *whom* [《口語》who] I wrote to is a Canadian. 私が手紙を書いた少女はカナダ人です.

語法 《口語》では whom の代わりに who を用いることが多い. しかし前置詞を関係代名詞の前で用いる場合は, 必ず whom を用い, who, that に置き換えることはできない.

3 [非制限用法]《文語》そしてその人(たち)を[に].

語法 (1) whom を用いるのは who よりも《格式》.
(2) 通例 whom の前にコンマを置く.
(3) この場合, whom を that に置き換えることはできない. また, whom を省略することもできない.

(a) [関係詞節の中で動詞の目的語として]: I went to see my aunt, *whom* I found sick in bed. 私がおばに会いに行ったところ, おばは病気で寝込んでいた / Jim, *whom* I met the other day, has already gone back to America. 私はジムに先日会ったが, 彼はもうアメリカへ帰ってしまった.
(b) [関係詞節の中で前置詞の目的語として] (◇通例,「前置詞 + whom」の形で用いる): Keats is a famous poet, about *whom* many books have been written. キーツは有名な詩人で, (彼について)多くの本が書かれている.

whom·ev·er [hùːmévər] 代 (◇ whoever の目的格;《口語》whoever) **1** [関係代名詞] …する人はだれでも (anyone whom). **2** [譲歩節を導く]たとえだれを…しようと (no matter whom).

whoop [húːp, hwúːp] 動 ⑥ **1** (喜び・興奮などで)歓声を上げる, 大声で叫ぶ. **2** (フクロウなどが)ホーホーと鳴く.
■ *whóop it úp*《口語》騒ぎ立てる, はしゃぐ.
—— 名 ⓒ **1** (喜び・興奮などの)わーっ[うわっ]という叫び声, 歓声: *whoops* of victory 勝ちどき.
2 (フクロウなどの)ホーホーという鳴き声.
3 サイレンなどの音
◆ *whóoping còugh* ⓤ[医]百日ぜき.

whoop·ee [hwúːpiː / wúpiː] 間 わーっ, やったー (◇喜び・興奮の叫び).
◆ *whóopee cùshion* ⓒ ぶーぶークッション《座るとおならの音がするいたずら用のクッション》.

whoops [hwúps] 間 = OOPS おっと.

whoosh [hwúːʃ / wúʃ] 名 ⓒ [通例, 単数形で]しゅーっ[ひゅーっ]という音. —— 間 ひゃー, やれやれ (◇驚き・疲れなどを表す) —— 動 ⓘ《口語》しゅーっ[ひゅーっ]と音を立てて速く飛ぶ[動く].

whop [hwáp / wɔ́p] 動 (三単現 **whops** [~s]; 過去・過分 **whopped** [~t]; 現分 **whop·ping** [~ɪŋ]) ⓣ《主に米口語》…を強打する; たたきのめす.

whop·per [hwápər / wɔ́pə] 名 ⓒ《口語》
1 ひどく大きいもの. **2** 大ぼら, 大うそ.

whop·ping [hwápɪŋ / wɔ́p-] 形 ひどく大きい, 途方もない. —— 副 途方もなく.

whore [hɔ́ːr] 名 ⓒ《軽蔑》売春婦.

***who're** [húːər]《短縮》《口語》**who are** の短縮形: *Who're* those girls? あの少女たちはだれですか (◇ are は助動詞) / I have some friends *who're* studying Chinese. 私には中国語を勉強している友人が数人いる (◇ are は助動詞).

whorl [hwɔ́ːrl, hwɔːrl / wɔ́ːrl] 名 ⓒ **1** (巻き貝・指紋などの)渦巻き. **2** [植](花・葉の)輪生.

***who's** [húːz] (☆[同音] whose)《短縮》《口語》**1 who is** の短縮形: *Who's* that girl? あの少女はだれですか (◇ is は助動詞) / *Who's* she playing tennis with? 彼女はだれとテニスをしているのですか (◇ is は助動詞).
2 who has の短縮形: *Who's* come back? だれが帰って来たのですか (◇ has は助動詞).

***whose** [húːz]

❶ 疑問代名詞
■ [Whose+名詞]「だれの…」(→ 代 **1**)
Whose umbrella is that?
(あれはだれの傘ですか)

■ 名詞的に「だれのもの」(→ 代 **2**)
Whose is this umbrella?
(この傘はだれのですか)

❷ 関係代名詞
■ 制限用法「その…が[を, に]〜する(人・もの・こと)」(→ 代 **3**)
There are some members whose names I don't know.
(私が名前を知らない会員が何人かいる)
I have a pen whose cap is gold.
(私はキャップが金のペンを持っている)

■ 非制限用法「そしてその人の」(→ 代 **4**)
Mr. Smith, whose father was a lawyer, is himself a judge.
(スミスさんは, お父さんが弁護士でしたが, 彼自身は判事です)

—— 代 (◇ who の所有格)
I [疑問代名詞]
1 [形容詞的に; 名詞の前に付けて] **だれの**: *Whose* pen is this? これはだれのペンですか / Do you know *whose* car this is? これはだれの車か知っていますか.
2 [名詞的に; 単数・複数扱い] **だれのもの**: *Whose* is this bicycle? この自転車はだれのですか / I don't know *whose* those shoes are. あの靴はだれのものか私は知らない.
II [関係代名詞] (◇名詞の前に付けて形容詞的に用いる; → RELATIVE **文法**)
3 [制限用法] **その…が〜する[である]**(人・もの・こと). (a) [人を先行詞として]: This is the lady *whose* bag has been stolen. この人がバッグを盗まれた女性です / The players *whose* names are on this list take part in the game. この表に名前の載っている選手が試合に出場します.
(b) [もの・ことを先行詞として] (◇ which の所有格として of which の代わりに用いる; → WHICH 代 **2**)
語法: That building *whose* roof is red is a hospital. あの赤い屋根の建物は病院です / Mars is a planet *whose* mysteries have yet to be discovered. 火星はそのなぞがこれから解明されるべき惑星である. **4** [非制限用法]《文語》そしてその人[それ]の (◇通例 whose の前にコンマを置く): Mr. Jones, *whose* wife is a famous pianist, dislikes music. ジョーンズ氏は, 奥さんが有名なピアニストですが, 音楽が嫌いです.

who·so·ev·er [hùːsouévər] 代《古》= WHOEVER **1**.

who've [húːv]
《短縮》《口語》who have の短縮
形: *Who've* come? だれが来たのですか / I know many people *who've* studied abroad. 私は留学経験のある人をたくさん知っている.

why [hwái] 副 名 間

❶ 疑問副詞 「なぜ」(→ 副 **1,2**)
Why were you absent yesterday?
(なぜあなたはきのう欠席したのですか)

❷ 関係副詞
■ [the reason why...]「…する(理由)」
(→ 副 **3**)
Tell me the reason *why* she is angry with me.
(彼女が私に腹を立てている理由を教えてくれ)

■ 名詞節を導いて 「…する理由」(→ 副 **4**)
That is *why* I oppose your proposal.
(それが私があなたの提案に反対する理由です)

── 副 [比較なし] **I** [疑問副詞] **1** なぜ, どうして, どういう理由(目的)で: *Why* did she get angry? どうして彼女は怒ったのだろうか / *Why* ever [on earth] did you go there? 何でまたそんな所に行ったのですか (◇ ever, on earth は why を強調する表現) / Tell me *why* she did it. 彼女がなぜそうしたのか教えてください / He likes you. ― I can't imagine *why*. 彼はあなたが好きなのよ ― どうしてかわからないわ / Will you answer the phone? ― *Why* me? 電話に出てよ ― どうして私が.

[語法] (1) Why ...? には, 通例 because で始まる文で答える. 目的を尋ねられた場合は to 不定詞を用いることもある: *Why* are you late? ― *Because* I overslept. なぜ遅れたのですか ― 寝坊してしまったからです / *Why* are you in such a hurry? ― *To* catch the first train. なぜそんなに急いでいるの ― 始発電車に乗るのです.
(2) 目的を強調するときには Why ...? の代わりに What ... for? を用いる: *What* did you buy a saw *for*? 何の目的でのこぎりを買ったのですか.

2 〔動詞の原形の前に付けて〕《口語》なぜ [どうして] …するのか (◇ 相手への異議・不賛成・忠告などを表す): *Why* pay right now? どうして今すぐ払わないといけないの (その必要はないのに) / *Why* change the subject? どうして話をそらすの.

II [関係副詞] (→ RELATIVE [文法])
3 …する [である] (理由) の (◇ 理由・原因を表す語を先行詞にとる. 《口語》では why をしばしば省略する): I don't know the reason *why* he is absent. 彼が欠席している理由は知りません / There are some reasons (*why*) I don't have a TV. 私がテレビを持っていない理由はいくつかある.
4 …する [である] 理由 (the reason why) (◇ 先行詞の意味を含み, 名詞節を導く): That is *why* she has gone. そういうわけで [こうして] 彼女は行ってしまった.

■ *Whỳ dòn't we dó?* 《口語》…しようよ, しない

か (◇ 勧誘・提案などを表す): *Why don't we* watch a (base)ball game? 野球の試合を見ようよ.

Whỳ dòn't you dó? = *Whỳ nòt dó?* 《口語》…したらどうか, …すれば; …しないか (◇ 提案・勧告などを表す): *Why not do* it right now? すぐやったらどうだい / *Why don't you* go with us? 私たちと一緒に行きましょうよ.

Whỳ nót?《口語》**1** 〔提案などに対する賛成・同意を表して〕いいとも, 結構です: How about a cup of tea? ― *Why not?* お茶でもどう ― いいね.
2 〔相手の否定・禁止などに対する異議などを表して〕どうしていけないのか: Don't sit there. ― *Why not?* そこに座ってはいけません ― なぜいけないの.

── 名 (複 whys [~z]) [C] 〔通例 ~s〕 **1** 理由, 原因, 動機 (reason). **2** どうしてという質問.
■ *the whỳs and (the) whèrefores* 理由, わけ.

── 間 **1** おや, なに, まあ (◇ 驚き・いら立ち・憤りなどを表す): *Why*, it's you! あら, あなたですか.
2 だって, もちろん, えーと (◇ 何かを言い出す前に間をとるときなどに用いる): How was the movie? ― *Why*, it wasn't too bad. 映画はどうだった ― そうだね, 悪くなかったよ.

■ *whý thèn*《口語》さて, ところで.

why's [hwáiz]《短縮》《口語》why is, why has の短縮形.

WI《郵略語》 = Wisconsin.

W.I.《略語》 = West Indies 西インド諸島.

wick [wík] 名 [C] (ろうそく・ランプなどの) 芯(しん).
■ *gèt on ...'s wíck*《英口語》〈人〉をいら立たせる.

wick·ed [wíkid] (☆ 発音に注意)
《原義は「魔法使いの」》
── 形 (比較 **wick·ed·er** [~ər]; 最上 **wick·ed·est** [~ist]) **1** (性格・行為などが) [...するとは] 意地悪い, 不正な, 邪悪な (to do) (→ BAD [類義語]); [the ~; 名詞的に] 悪人たち: a *wicked* man 悪人 / It is *wicked* of you to tell lies. = You are *wicked* to tell lies. うそをつくとはあなたは悪い人ですね.
2 《口語》いたずらな (mischievous): a *wicked* look いたずらっぽい表情. **3** 《口語》いやな, ひどく不快な: a *wicked* snowstorm ひどい吹雪.
4 《口語》巧みな, うまい; すばらしい.

wick·ed·ly [wíkidli] 副 意地悪く; いたずらっぽく.
wick·ed·ness [wíkidnəs] 名 [U] 邪悪; 意地悪.
wick·er [wíkər] 名 [U] (柳などの) 枝編み細工 (◇かごや家具などを作る). [形容詞的に] 枝編み細工の.
wick·er·work [wíkərwə̀ːrk] 名 [U] 枝編み細工.
wick·et [wíkit] 名 [C] **1** wícket gàte 小門, くぐり戸. **2** (駅の) 改札口; 《米》 (銀行などの) 窓口. **3** 〔クリケット〕 三柱門 (の間); 打撃番.
wick·et·keep·er [wíkitkìːpər] 名 [C] クリケットウィケットキーパー, 捕手《三柱門後方でボールを止める選手》; → CRICKET 図.

wide [wáid] 形 副 《原義は「遠く離れた」》
── 形 (比較 **wid·er** [~ər]; 最上 **wid·est** [~ist])
1 幅の広い (↔ narrow) (→ BROAD [類義語]): a *wide* street 広い通り / The mouth of a river is *wide*. 河口は幅が広い.

2 [通例, 長さの単位を表す語のあとで] 幅が…ある: How *wide* is the bridge? — It is 10 meters *wide*. その橋は幅がどのくらいありますか—10メートルです / This table is 7 feet long and 4 feet *wide*. このテーブルは縦7フィート, 横4フィートある. **3** (面積などの) 広々とした, 広大な: the *wide* world 広い世界 / the *wide* view 広々とした眺め. **4** (視野・知識などが) 広い, 広範な; (思想などが) 自由な: a person of *wide* reading 博識な人 / have a *wide* acquaintance 交際範囲が広い. **5** (口・目などが) 大きく開いた: stare at ... with *wide* eyes 目を大きく開けて…を見つめる. **6** [標的などから] 遠く離れた, 見当違いの [*of*]: a *wide* ball 暴投 / His story was *wide* of the truth. 彼の話は真実からほど遠かった.
7 (衣服などが) ゆったりした, ぶかぶかの.
— 副 **1** 広く, 広範囲に: The rumor spread far and *wide*. そのうわさはあちこちに広まった.
2 (目・口などを) 大きく開けて; すっかり, 十分に: Please don't leave the door *wide* open. ドアを大きく開けたままにしないでください / The child was *wide* awake. その子供はすっかり目を覚ましていた. **3** [的から] 外れて, 見当違いに [*of*]: The shell fell *wide* of the target. 砲弾は標的から外れた. (▷ 名 width, 動 widen)
wide-án・gle 形 [限定用法] (レンズが) 広角の.
◆ wíde-àngle léns 名 C [写] 広角レンズ.
wíde-a・wáke 形 **1** すっかり目覚めた. **2** 《ほめ言葉》油断 [抜け目] のない, すきのない.
wíde-éyed 形 **1** (驚きなどで) 目を大きく見開いた; びっくりした. **2** 純真な, 素朴な.
wide・ly [wáidli] 副 **1** 広く; 広範囲に: The fact is *widely* known. その事実は広く知られている / I have traveled *widely* in Asia. 私はアジア各地を旅行した. **2** 非常に, 大いに, はなはだしく: Her opinion is *widely* different from mine. 彼女の意見は私と大いに異なる. **3** 多くの人によって, 多くの場所で.
*****wid・en** [wáidən] 動 他 …を広くする (broaden): *widen* the road 道路の幅を広げる / You can *widen* your experience by traveling abroad. 外国旅行で経験を豊かにできる.
— 自 広くなる, 大きくなる. (▷ 形 wide)
wíde-ó・pen 形 **1** 広く開いた. **2** 《米口語》(犯罪の) 取り締まりがゆるい.
wíde-ráng・ing 形 広範囲にわたる.
*****wide・spread** [wáidsprèd] 形 広範囲にわたる; 広く行き渡った, 普及した: *widespread* damage from a typhoon 広範囲な台風の被害 / a *widespread* superstition 広く信じられている迷信.
*****wid・ow** [wídou] 名 C **1** 未亡人, やもめ, 寡婦(ﾌﾞ) (cf. widower 男やもめ): a war *widow* 戦争未亡人. **2** [修飾語を伴って] …未亡人, …ウィドー 《夫が趣味などに熱中していて相手にされない妻》: a golf *widow* ゴルフウィドー.
— 動 他 [通例, 受け身で] 未亡人 [男やもめ] にする: She was *widowed* by the war. 彼女は戦争で (夫を失い) 未亡人になった.
wid・owed [wídoud] 形 未亡人 [男やもめ] の.
wid・ow・er [wídouər] 名 C 男やもめ (cf. widow 未亡人).

wid・ow・hood [wídouhùd] 名 U 未亡人 [男やもめ] の状態 [期間], やもめ暮らし.

*****width** [wídθ, wítθ] (☆ 発音に注意)
— 名 (複 widths [~s]) **1** U C 幅, (幅の) 広さ (《略語》w.): a desk four feet in *width* 幅が4フィートの机 / What is the *width* of the road? その道路の幅はどれくらいですか.
2 U (心・知識などの) 広いこと: the *width* of his mind [vision] 彼の心 [視野] の広さ.
3 C 一定の幅の織物. (▷ 形 wide)
wield [wí:ld] 動 他 **1** (武器・道具などを) 使う, 扱う: *wield* a weapon 武器を振るう. **2** (権力などを) 振るう, 行使する; (影響) を及ぼす.
wie・ner [wí:nər], **wie・nie** [wí:ni] 名 U C 《米》ウインナ [フランクフルト] ソーセージ.

*****wife** [wáif] 【原義は「女」】
— 名 (複 wives [wáivz]) C 妻, 奥さん, 女房 (→ FAMILY 図): a good *wife* and mother 良妻賢母 / They lived a happy life as husband [man] and *wife*. 彼らは夫婦として幸せに暮らした.
wife・ly [wáifli] 形 wife・li・er [~ər]; 最上 wife・li・est [~ist]) 《古風》妻らしい [にふさわしい].
wig [wíg] 名 C かつら, (裁判官・弁護士の) 髪飾り 《英国の法廷では今でも着ける》: wear a *wig* かつらを着ける.
wig・gle [wígl] 動 他 〈体 (の一部) など〉を小刻みに動かす [揺する]. — 自 小刻みに動く [揺れる].
— 名 C 小刻みに動かすこと, 身動き.
■ **Gèt a wíggle ón!** 《米口語》急げ, さっさとやれ.
wig・wam [wígwɑm / -wæm] 名 C **1** ウィグワム 《北米先住民の高い円形のテント小屋》.
2 《米》(政治的集会用の) 仮設の大きな建物.

*****wild** [wáild]
形 名 【原義は「自然のままの」】
— 形 (比較 wild・er [~ər]; 最上 wild・est [~ist]) **1** [比較なし] (動植物が) 野生の, 人慣れしていない; (人が) 未開の, 野蛮な: *wild* animals [plants] 野生動物 [植物] / There grow *wild* pineapples around here. このあたりにはパイナップルが自生している. **2** (土地などが) 荒れ果てた; 自然のままの; 人の住んでいない, 未開の: *wild* land 荒野 / a *wild* landscape 荒涼とした風景.
3 (天候・時代などが) 荒れた, 激しい, 騒々しい: *wild* waves 荒れ狂う波 / a *wild* night あらしの夜.
4 《口語》[… で] 狂気じみた, ひどく興奮した [*with*]; 激怒した: She was *wild* with excitement. 彼女は興奮して気も狂わんばかりだった / The *wild* look in her eyes made me upset. 彼女のただならぬまなざしに私は動揺した. **5** (人・行為などが) 乱暴な, 手に負えない, わがままな: a *wild* boy 乱暴で手に負えない男の子 / a *wild* mob 暴徒.
6 無謀な; 的(ﾃｷ)外れの, 見当違いの: a *wild* plan 無謀な計画 / a *wild* guess あて推量 / a *wild* rumor でたらめなうわさ. **7** [叙述用法] 《口語》[… を / … することを] 熱望して [*for* / *to do*]; [… に] 夢中になって [*about*]: Tom is *wild* to see her. トムはしきりに彼女に会いたがっている / John is *wild*

about skateboarding. ジョンはスケートボードに夢中です. **8** 《口語》(パーティーなどが)楽しい, すばらしい.

■ **beyònd ...'s wíldest dréams** 〈人〉の思いもよらぬほど, 想像以上に.
gò wíld [...で] 狂乱する, ひどく怒る; 大喜びする [*with, over*]: *go wild with* joy 狂喜する.
rùn wíld 1 (植物などが)やたらにはびこる.
2 (人が)勝手気ままにふるまう.
sów one's wíld óats → OAT 成句.

— 名 **1** [the ~s] 荒れ地, 荒野, 大自然. **2** [the ~] 野生の状態.
■ *in the wíld* 野生で[の]: animals *in the wild* 野生の動物.

◆ **wíld bóar** |C| 《動物》イノシシ (boar).
wíld càrd |C| **1** 《トランプ》ワイルドカード《どの札の代わりにもなる万能札. ジョーカーなど》. **2** 《競技》ワイルドカード《主催者の裁量で決まる出場枠》. **3** (何をするか)予測のつかない人[もの]. **4** 《コンピュータ》ワイルドカード《検索などの際に用いる任意の文字・文字列を表す記号. *など》.
wíld góose |C|《鳥》ガン (goose).
wíld pítch |C|《野球》暴投, ワイルドピッチ.
Wíld Wést [the ~] 《開拓時代の》米国西部地方.
wild·cat [wáildkæt] 名 |C| **1** 《動物》ヤマネコ. **2** 《口語》短気な人, 怒りっぽい人.
— 形《限定用法》(事業・計画などが)無謀な, 危険な.
◆ **wildcat strike** |C| 山猫スト《一部の労働組合が労働組合の指令なしで行うストライキ》.
Wilde [wáild] 名 ⑱ ワイルド Oscar Wilde《1854-1900; アイルランド生まれの英国の劇作家・小説家》.
wil·de·beest [wíldəbìːst] 名 (複 **wil·de·beest, wil·de·beests** [-bìːsts]) |C|《動物》ヌー (gnu).
*wil·der·ness [wíldərnəs]《☆発音に注意》名 |C| **1** (通例, 単数形で) [人の住まない]荒野, 荒れ地, 原野. **2** [a~] (海・平原などの)果てしない広がり: a watery *wilderness* = a *wilderness* of waters 大海原. **3** [...の]雑然とした集まり; 無数 [の~] [*of*]: a *wilderness* of houses ごたごた立て込んだ家並み.
■ *a vóice* (*crýing*) *in the wílderness* 荒野に呼ばわる者の声; 世に入れられない人の叫び《◇聖書から》.
in the wílderness 政権を離れて, 野に下って.
◆ **wílderness àrea** |C|《米》自然環境保護地域.
wild·fire [wáildfàiər] 名 **1** 《人の住まない》野火, 鬼火.
■ *spréad like wíldfire* (うわさ・病気などが)《野火のように》またたく間に広がる.
wild·flow·er [wáildflàuər] 名 |C| 野生の草花.
wild·fowl [wáildfaul] 名《集合的に; 複数扱い》猟鳥《カモ・ガン・キジなど》.
wíld-góose chàse 名 |C| 見込みのない捜索[探究].
‡**wild·life** [wáildlàif] 名 |U|《集合的に》野生動物[生物]: *wildlife* conservation 野生生物保護.
*wild·ly [wáildli] 副 **1** 乱暴に, 荒々しく, 激しく; 野生的に, 野生状態で: behave *wildly* 乱暴にふるまう. **2** むやみに, でたらめに.
wild·ness [wáildnəs] 名 |U| **1** 野生. **2** 荒廃, 荒れ果てた状態. **3** 乱暴; 無謀; 狂気.

wile [wáil] 名 [~s] 策略, 計略, たくらみ (tricks).
wil·ful [wílfəl] 形 《英》=WILLFUL(↓).

***will**¹ [(弱) wəl, əl, l; (強) wíl]

❶ 単純未来「...だろう」(→**1**)
I will [I'll] be seventeen this April.
(私はこの4月で17歳になる)

❷ 意志未来
■ **主語の意志**「...するつもりである」(→**2**)
I will [I'll] try it again.
(私はもう一度それをやってみるつもりです)
She says she will come at once.
(彼女はすぐに来ると言っている)

■ **[Will you ...?] 相手の意志**「...するつもりですか」(→**3(a)**)
Will you take this one?
(これをお求めになりますか)

■ **[Will you ...?] 依頼・勧誘**「...してくれませんか」(→**3(b)**)
Will you help me? — Sure.
(手伝ってくれませんか — いいとも)

❸ 固執「どうしても...しようとする」(→**4**)
The door won't [will not] open.
(ドアがどうしても開かない)

❹ 推量「たぶん...だろう」(→**7**)
This will be his house.
(たぶんここが彼の家だろう)

— 助動 (過去 **would** [(弱) wəd, əd, d; (強) wúd]; 否定形 **will not**, 《短縮》 **won't** [wóunt])《◇《口語》ではしばしば I'll, you'll, they'll などの短縮形を用いる》 **1** [単純未来] (a) ...**だろう**, ...でしょう: My son *will* be free in July. 息子は7月で5歳になります / *Will* you be free next Sunday? 今度の日曜日は暇ですか / He *won't* be able to come. 彼は来られないだろう / It *will* snow tomorrow. あすは雪が降るだろう.
[語法] (1) 単純未来を表す場合, 《英》では1人称に **shall** を用いることがあるが, 現在では **will** を用いるほうが一般的.
(2) 時・条件などを表す副詞節の中では, 未来のことでも現在時制で表す: If the weather is fine tomorrow, they *will* go on a school trip. あす天気がよければ, 彼らは遠足に行きます.
(b) [未来進行形; will be+現分] (その時には)...しているだろう[でしょう]; ...することだろう《◇未来において進行中の動作を表すほか, 近い未来の予定を表すことがある》: We *will be playing* tennis about this time tomorrow. 私たちはあすの今頃はテニスをしているだろう / I'll *be seeing* you tomorrow. あすまた会いましょう.
(c) [will have+ 過分] ...してしまっているだろう[でしょう], ...したことになる (→HAVE 助動): I *will have read* this book by tomorrow. あすまでにはこの本を読み終えているだろう《◇時・条件を表す

副詞節の中では未来完了の代わりに現在完了を用いる; → HAVE 助動 1 (e)).

2 [意志未来] **(a)** [主語の意志] **…するつもりである**, …したい (◇通例, 1人称の主語と共に用いる): We *will* come by all means. 私たちは何が何でも来ます / I *will* never do it again. そんなことは二度としません / I'*ll* tell him about that. 私が彼にそのことを伝えよう / I'*ll* have a cup of tea. 紅茶をいただきます.

[語法] 2人称・3人称の主語は, if で始まる条件節や間接話法の文の中で用いることが多い: *If you will* wait a minute, I'*ll* drive you home. 少しお待ちいただけばお宅まで車でお送りします / She says (that) *she will* come at once. 彼女はすぐに来ると言っています.

(b) [話し手の意志] …しなさい; …させます (◇通例, 2人称・3人称の主語と共に用い, 話し手の命令・要求を表す): You *will* do what you are told. するように言われていることをしなさい / Freshmen *will* gather in the lecture hall at nine. 1年生は9時に講堂へ集合のこと.

3 [疑問文; Will you …?] **(a)** [相手の意志] **…するつもりですか**: *Will you* attend the meeting? 会議には出席なさいますか. **(b)** [依頼・勧誘] **…してくれませんか**, **…しませんか** (◇ Would you …? のほうが丁寧): *Will you* shut the door? ドアを閉めてくれませんか / *Will you* have some tea? お茶をいかがですか. **(c)** [命令] …しなさい: *Will you* stop here? ここで止まってくれ.

4 [固執・拒絶] どうしても…しようとする (◇通例, 2人称・3人称の主語と共に用いる. 肯定文では主語の固執・強い意志を, 否定文では拒絶を表す): He *will* do everything in his own way. 彼は何事もあくまで自分のやり方でやろうとする / The engine *won't* start. エンジンがどうしてもかからない.

5 [習性・習慣] よく…する (◇通例, 人称・3人称の主語と共に用いる): He *will* watch TV all day long. 彼はよく1日じゅうテレビを見ています.

6 [必然・不可避] **…するものである**: Accidents *will* happen. 事故はとかく起こるものである.

7 [推量] たぶん…だろう (→ MIGHT¹ **6** [語法]): He *will* be tired after his long walk. 長い間歩いたので彼は疲れていることだろう / She *will* be at school now. 彼女は今頃は学校にいるだろう.

8 [能力] …するに十分である, …できる (◇通例, 無生物の主語と共に用いる): This theater *will* hold five hundred people. この劇場は500人収容できる.

■ **…, will you?** …しませんか; …してください.

[語法] (1) 付加疑問として命令文のあとに付けて意味を和らげる.
(2) 上昇調で言う場合は, 依頼・勧誘の意を表し, 下降調で言う場合は「…しなさい」という軽い命令の意を表す: Come and see me next Sunday, *will you* (ノ)? 今度の日曜日に遊びに来ませんか / Come and see me next Sunday, *will you*? 今度の日曜日に遊びに来てください.

*****will**² [wíl] 名 動
— 名 (複 **wills** [~z]) **1** [U][C] [しばしば単数形で] **意志(力)**, 意欲: a man of iron *will* 鉄の意志を持った男 / have a strong *will* 意志が強い / Where there is a *will*, there is a way. 《ことわざ》意志のあるところには道が開ける ⇒ 精神—到何事かならざらん.

2 [U] […したいという] **願望**, 意向; 気持ち [*to do*]: the *will* to live 生きる希望 / He imposed his *will* on us. 彼は自分の意向を私たちに押しつけた.

3 [C] **遺言**, 遺言状: make [draw up] a *will* 遺言状を書く.

■ *against one's will* 自分の意志に反して, いやいや: He was taken to the hospital *against his will*. 彼は意志に反して病院に連れて行かれた.

at will 自由に, 好きなように: You can walk around here *at will*. この辺は自由に歩いていい.

with a will 熱心に, 一生懸命に, 本気で.

— 動 **1** …を [意志の力で] …させようとする, …に […することを] 決心させる [*to do*]: I *willed* myself not *to* sleep. 私は何とかして眠らないようにしようとした.

2 遺言で […に] 〈ものを〉残す [*to*]; 〈人に〉〈ものを〉残す: *will* good fortune *to* one's children = *will* one's children good fortune 子供にかなりの財産を残す.

3 《古》 …を望む, 欲しいと思う, 意図する.

-willed [wíld] 結合 「意志が…の」の意を表す形容詞を作る: strong-*willed* 意志の強い.

***will·ful**, 《英》**wil·ful** [wílfəl] 形 **1** わがままな, 頑固な, 強情な: a *willful* child わがままな子供.

2 [通例, 限定用法] 故意の, 意図的な, わざとした: *willful* murder 謀殺.

will·ful·ly [-fəli] 副 わがままに, 頑固に; 故意に.

will·ful·ness [~nəs] 名 U わがまま, 頑固; 故意.

Wil·liam [wíljəm] 名 固 **1** ウィリアム (◇男性の名; 《愛称》Bill, Billy, Will). **2** ウィリアム1世 William I [ðəfəˈːrst] 《1027–87; England を征服して王となった (1066–87); William the Conqueror (ウィリアム征服王) と呼ばれる》.

Wil·liams [wíljəmz] 名 固 ウィリアムズ Tennessee Williams 《1911–83; 米国の劇作家》.

****will·ing** [wíliŋ]
— 形 **1** [be willing + to do] **…する用意がある**, …してもかまわない, …するのをいとわない (◇自発性・積極性は含意されない): I *am willing to* help you. 私は (言ってくれれば) いつでもあなたのお手伝いをします / Our team *is willing to* allow his transfer. 私たちのチームは彼の移籍を認める用意がある.

2 [限定用法] 自発的な, 進んでする: *willing* help 自発的な援助 / a *willing* worker 自発的に仕事をする人.

***will·ing·ly** [wíliŋli] 副 (強制されなくても) 進んで (…する), 喜んで, 快く: Will you help me with the bags? — *Willingly*. かばんを運ぶのを手伝ってくれませんか — 喜んで.

will·ing·ness [wíliŋnəs] 名 U 進んで [快く] […] すること [*to do*]; 進んでする気持ち.

will-o'-the-wisp [wíləðəwísp] 名 C [通例, 単数形で] **1** 鬼火, きつね火 (jack-o'-lantern).

2 《比喩》見つける[つかまえる]ことのできない[難しい]もの[人].

wil・low [wíloʊ] 名 **1** C = wíllow trèe 《植》柳: a weeping *willow* シダレヤナギ. **2** U 柳材.
◆ **wíllow pàttern** U 《白地にあい色の》柳模様.

wil・low・y [wíloʊi] 形 《比較 **wil・low・i・er** [~ər]; 最上 **wil・low・i・est** [~ist]》(人が)(柳のように)すらっとした, しなやかで優美な.

will・pow・er [wílpàʊər] 名 U 意志力, 自制心.

wil・ly [wíli] 名 《複 **wil・lies** [~z]》C 《英口語》おちんちん (penis).

wil・ly-nil・ly [-níli] 副 有無を言わせず; 無計画に.

Wil・son [wílsən] 名 ウィルソン Thomas Woodrow [wúdroʊ] Wilson (1856-1924; 米国の政治家; → PRESIDENT 表》.

wilt [wílt] 動 自 **1** (植物が)しおれる, しぼむ. **2** 《口語》(人が)弱る, ぐったりする, しょげる.
— 他 **1** 《植物》をしおれさせる. **2** 《口語》〈人〉を弱らせる, しょげさせる.

wil・y [wáili] 形 《比較 **wil・i・er** [~ər]; 最上 **wil・i・est** [~ist]》ずる賢い, 狡猾(ぶ)な, 悪知恵の働く.

Wim・ble・don [wímbldən] 名 ウィンブルドン《英国の London 郊外の町. 全英テニス選手権大会が行われる》.

wimp [wímp] 名 C 《口語》弱虫, 意気地なし.

★win [wín]

— 動 《三単現 **wins** [~z]; 過去・過分 **won** [wán]; 現分 **win・ning** [~iŋ]》
— 他 **1** [win + O] 〈戦い・競技など〉に**勝つ**(↔ lose)(cf. defeat, beat〈人・相手〉に勝つ): *win* a race [battle, bet] レース[戦闘, 賭(か)け]に勝つ / We *won* the football game 2-1 [two to one]. 私たちは2対1でサッカーの試合に勝った. / Who will *win* the election? 選挙ではだれが勝つだろうか.
2 (a) [win + O] 〈勝利・賞など〉を**勝ち取る**, 〈くじなどで〉〈賞金・賞品〉が当たる: *win* a scholarship 奨学金を獲得する / *win* the first prize in the lottery 宝くじで1等賞を取る.
(b) [win + O + O / win + O + for ...] 〈人など〉に〈勝利・賞など〉を勝ち取らせる: His goal *won* the team the victory. = His goal *won* the victory *for* the team. 彼のゴールがチームに勝利をもたらした.
3 (a) [win + O] (努力・才能などによって)〈名声・信頼・愛情など〉を**得る**, 〈人〉を説得する, 〈人の心〉をつかむ: *win* fame 名声を得る / I want to *win* her heart. 彼女の心を射止めたい.
(b) [win + O + O / win + O + for ...] 〈人〉に〈名声など〉を得させる: The novel *won* her fame. = The novel *won* fame *for* her. その小説で彼女は名声を得た.
4 (困難を排して)〈目標・場所〉に達する: Finally, the climbing team *won* the summit. ついに登山隊は山頂を極めた.
— 自 **1** (試合などで)〔相手などに〕**勝つ**, 優勝する: *win* in a contest [at the game] コンテストで[試合に]勝つ / *win* by a nose 鼻の差で勝つ / The Tigers *won* against the Giants 3-1 [three to one]. タイガースはジャイアンツに3対1で勝った.
2 [win + C] (努力して) …となる: *win* free from poverty 努力の末に貧困から抜け出す.

■ **wín báck** 他 〈失ったものなど〉を(努力して)取り戻す: He *won* his confidence *back*. 彼は自信を取り戻した.
wín one's wáy 勝ち進む.
wín or lóse 勝っても負けても.
wín óut 自《口語》(努力して)勝利を得る, ついに成功する.
wín óver 他 〈人〉を説得して[味方に]つける[to].
wín the dáy 勝利を収める, 成功する.
wín thróugh 自 = win out (↑).
You cán't wín. 《口語》どうしようもない, 何を言ってもむだだ.
You cán't wín thèm áll. 《口語》うまくいかないときってある(◇失敗した人などへの慰めの言葉).
— 名 C 勝利, 成功 (↔ loss): They had 5 *wins* and 2 losses [defeats]. 彼らは5勝2敗だった.

wince [wíns] 動 自 (苦痛・恐怖などに)顔をしかめる, 体が縮こまる; […に]たじろぐ, ひるむ [at].
— 名 C 《通例, 単数形で》たじろぎ, ひるみ.

winch [wíntʃ] 名 C ウインチ, 巻き[引き]上げ機.

Win・ches・ter [wíntʃèstər, -tʃəs-/-tʃəs-] 名 **1** ウィンチェスター《England 南部の都市》. **2** 《商標》**Wínchester rífle** ウィンチェスター銃《連発式ライフル銃》.

★wind¹ [wínd] 《☆ wind² との発音の違いに注意》名 動 《原義は「吹く」》
— 名《複 **winds** [wíndz]》 **1** C U 風(→ [類義語])《◇形容詞を伴わないときは通例 the を付ける》: a north *wind* 北風 / a trade *wind* 貿易風 / a gust of *wind* 一陣の風 / A fierce *wind* is blowing from the south. 南から激しい風が吹いている / The *wind* is rising [getting up]. 風が出てきた / The *wind* dropped. 風が弱まった / It's an ill wind that blows nobody (any) good. 《ことわざ》だれにも利益を与えない風は悪い風である ⇒ 甲の損は乙の得.

[関連語] いろいろな風
cold [icy] wind 寒風 / gentle [light] wind 弱風 / head wind 向かい風 / strong [heavy] wind 強風 / tail wind 追い風

2 U C 《世論などの》動向, 風向き; U 気配, 暗示; うわさ: the *winds* of change 変革への動き / I got *wind* that she would go to Sydney in September. 私は彼女が9月にシドニーへ行くといううわさを聞いた. **3** U 息, 呼吸 (breath); 肺活量: regain one's *wind* 息を整える.
4 U《主に英》(胃・腸内の)ガス. **5** [the ~(-s)] (オーケストラの)吹奏楽器奏者, 吹奏楽器部. **6** U《口語・軽蔑》むだ話, ばか話; うぬぼれ.

■ *agàinst the wínd* 風に逆らって.
bréak wínd 《婉曲》おならをする.
dòwn the wínd 風下に (↔ up the wind).
gèt one's sécond wínd (ひどい疲れから)回復する, 盛り返す, 息をつく.
gèt [hàve] the wínd úp 《口語》どきっとする, 怖がる.

wind²

gèt [hàve] wínd of ... 《口語》〈情報・うわさ・秘密など〉をかぎつける.
in the wínd (ひそかに)起こっている;起きつつある,計画されている: There was something *in the wind*. 何かが起こりつつあった.
like the wínd 疾風のごとく;非常に速く.
pùt the wínd ùp ... 《口語》〈人〉をどきっとさせる,怖がらせる.
sáil clóse to the wínd **1** 風上に向かってできるだけまっすぐに航海する[進む]. **2** 法律[道徳]無視のことをする;危ない橋を渡る.
sée hów [whích wáy] the wínd is blówing [blóws, líes] 世論[情勢など]の動向をうかがう.
tàke the wínd òut of ...'s sáils 《口語》…の出鼻をくじく.
thrów ... to the wínd 〈用心・恐怖など〉をかなぐり捨てる.
ùp the wínd 風上に向かって.
with the wínd **1** 風と共に,風の吹くままに. **2** 順風に乗って.
— 動 他 **1** [通例,受け身で]…の息を切らす;…を呼吸困難にする: He *was winded* by a long run. 彼は長距離走で息を切らしていた. **2**〈猟犬などが〉〈獲物など〉のにおいをかぎつける. (▷ 形 **wíndy**)

◆ **wínd gàuge** C 風力計, 風速計.
wind instrument C 管楽器, 吹奏楽器.
wínd scàle C 【気象】風力階級.
wínd tùrbine C (発電用の)風力タービン.

[類義語] **wind, breeze, gale, blast, gust**
共通する意味▶風 (natural or artificial movement of air)
wind は「風」の意を表す最も一般的な語: There isn't enough *wind* to fly a kite today. きょうは凧(なた)を揚げるだけの風がない. **breeze** は比較的弱い「さわやかな風, 微風」の意: A pleasant *breeze* was blowing from the west. 西から心地よい風が吹いていた. **gale** は「強く激しい風」の意: The ship was driven on the rock in a *gale*. その船は烈風で座礁した. **blast** は「突然瞬間的に吹く強風, 強い突風」をさす: A *blast* of wind shook the house. 強い突風で家が揺れた. **gust** は blast よりも弱い「軽い突風」をさす: A *gust* of wind scattered the leaves. 一陣の風が木の葉をまき散らした.

wind² [wáind](☆ **wind¹** との発音の違いに注意)動 名 [原義は「巻く」]
— 動 (三単現 **winds** [wáindz]; 過去・過分 **wound** [wáund]; 現分 **wínd·ing** [~ɪŋ])
— 自 **1** (しばしば副詞(句)を伴って)〈道・川などが〉**曲がりくねる**, うねる; 曲がりくねって進む: The river *winds* down to the sea. その川は海まで蛇行(ぎょ)しながら流れている.
2〈つるなどが〉[…に]巻きつく, からみつく[*about, around*]: The snake *wound* around him. 蛇が彼に巻きついた.
3 (時計のねじなどが)巻くことができる: The watch *winds* easily. その時計は簡単に巻ける.
— 他 **1** [**wind** + O]…を[…に]巻きつける

[*on, around, round*]; …に[…を]巻きつける; …を[…で]包む, 覆う[*with*]: *wind* thread *around* a spool = *wind* a spool *with* thread 糸を糸巻きに巻く / Her thumb was *wound* with the plaster. 彼女の親指はばんそうこうで覆われていた.
2〈時計のねじ・ぜんまいなど〉を巻く;〈ハンドルなど〉を回す: *wind* a watch 時計のねじを巻く. **3**〈糸・リボンなど〉を[球状に]ぐるぐる巻く(*up*) [*into*]: *wind* wool *up into* a ball 毛糸を巻いて玉にする.
4〈巻き上げ機で〉〈ロープなど〉を巻き上げる(*up*).

■ **wínd báck [fórward]** 他〈フィルム・テープなど〉を巻き戻す[早送りする].
wind dówn 自 **1** (時計などが)徐々に止まる. **2**《口語》〈人が〉緊張を解く, くつろぐ. — 他 **1**〈車の窓ガラスなど〉をハンドルを回して下げる. **2**〈事業など〉を徐々に縮小する.
wind óff 他 をほどく.
wind one's wáy〈道・川・人などが〉うねって進む.
wind úp 他 **1**《口語》〈話など〉を**終わらせる**, 終了する;〈会社など〉を解散する. **2**〈車の窓ガラスなど〉をハンドルを回して上げる. **3**《英口語》〈人〉を緊張させる, 怒らせる, 当惑させる. — 自 **1**《口語》〈話などが〉終わる. **2** (結局は)…するはめになる. **3** 【野球】〈ピッチャーが〉ワインドアップする.

— 名 U C **1**〈時計・時計のねじなどの〉ひと巻き; 巻くこと: Give the clock another *wind*. 時計をもう1回巻きなさい. **2** 曲がり, 曲折, うねり.

wind·bag [wíndbæg] 名 C《口語》むだ口をたたく人, おしゃべりな人.
wind·break [wíndbrèik] 名 C 防風林, 防風壁, 風よけ.
wind·break·er [wíndbrèikər] 名 C《米》ウインドブレーカー《風雨よけのスポーツ用ジャンパー》.
wind·ed [wíndid] 形 **1** 息を切らした. **2** [複合語で] 息が…の: short-*winded* 息が続かない.
wind·fall [wíndfɔ̀ːl] 名 C **1** 風で落ちた(リンゴなどの)果実. **2** 意外な授かり物, 思いがけない幸運.
*****wind·ing** [wáindɪŋ] 形〈川・道などが〉**曲がりくねった**;〈階段が〉らせん状の: a *winding* road 曲がりくねった道.
— 名 **1** U C (曲がり)くねり, らせん状の動き[動作]. **2** [~s] (川などの)曲がりくねり. **3** [~s] (何かに)巻きつけられたもの.
wind·lass [wíndləs] 名 C 巻き上げ機《winch より簡単で手回しのもの》.
wind·less [wíndləs] 形 風のない, 穏やかな.
*****wind·mill** [wíndmɪl] 名 C **1** 風車, 風車小屋. **2**《英》(おもちゃの)風車(鳶);《米》pinwheel.
■ **fíght [tílt at] wíndmills** 架空の敵と戦う; 独り相撲をとる. (由来 風車を敵と思い込んで戦ったドン=キホーテ(Don Quixote)の物語から)

*****win·dow** [wíndou] [原義は「風の入る穴」]
— 名 (複 **win·dows** [~z]) C **1** 窓; 窓枠《◇英米の家では上げ下げ窓 (sash window) か開き窓 (casement (window)) が多い》: I saw her through the *window*. 窓越しに彼女が見えた / She was standing at the *window*. 彼女は窓辺に立っていた / I'd like a seat by the *window*. 窓際の席をお願いします.

関連語 いろいろな窓
bay window 出窓 / bow window 弓形の張り出し窓 / French windows フランス窓 / picture window 見晴らし窓 / shop [store] window (商店の) 陳列窓, ショーウインドー

コロケーション 窓を…
窓を開ける: ***open*** *a window*
窓を閉める: ***close*** [***shut***] *a window*
窓をふく: ***clean*** *a window*

2 窓ガラス (windowpane): The ball smashed a *window*. ボールが当たって窓ガラスが粉々に割れた. **3** (銀行・切符売り場などの) 窓口: a ticket *window* 発券窓口. **4** 陳列窓, ショーウインドー (show window). **5** 【コンピュータ】ウィンドウ《あるシステムの別のデータを表示するために画面上に設けられる枠》. **6** 窓状のもの; (窓付き封筒の) 窓, あて名窓.
■ ***flý*** [***gó***] ***òut of the wíndow*** 《口語》《望み・自信などが》消え去る, なくなる.

◆ wíndow bòx ⓒ (窓の外側や出窓などに置く) 植木箱, プランター.
window drèssing Ⓤ **1** (ショーウインドーの) 飾り付け, ディスプレー. **2** 《軽蔑》見せかけ, 体裁.
window ènvelope ⓒ 窓付き封筒《中の名が見えるように透明な窓を付けた封筒》.
window fràme ⓒ 窓枠.
window sàsh ⓒ 窓枠サッシ (sash).
window sèat ⓒ **1** 窓の下に取り付けたベンチ. **2** (乗り物の) 窓側座席 (cf. aisle seat 通路側席).
window shàde ⓒ 《米》ブラインド, 日よけ.
win·dow·pane [wíndoupèin] 图 ⓒ 窓ガラス.
Win·dows [wíndouz] 图《商標》ウィンドウズ《米国マイクロソフト社の開発したパソコン用OS》.
wín·dow·shòp·ping 图 Ⓤ ウインドーショッピング.
win·dow·sill [wíndousìl] 图 ⓒ 窓の下枠, 窓台.
wind·pipe [wíndpàip] 图 ⓒ 【解剖】気管.
wind·screen [wíndskrì:n] 图《英》= WINDSHIELD (↓).
◆ wíndscreen wìper 《英》= windshield wiper (→ WINDSHIELD 複合語).
wind·shield [wíndʃì:ld] 图 ⓒ 《米》(車などのフロントガラス, 風防ガラス (《英》windscreen) (➡ CAR [PICTURE BOX]). **比較**「フロントガラス」は和製英語.
◆ wíndshield wìper ⓒ (車の) ワイパー (《英》windscreen wiper).
wind·sock [wíndsàk / -sɔ̀k] 图 ⓒ (飛行場などの) 風見用円錐筒, 吹き流し.
Wind·sor [wínzər] 图 圃 **1** ウィンザー《London 西方の町. ウィンザー城 (Windsor Castle) がある》. **2** [the House of ~] ウィンザー家《英国の現在の王室 (1917-)》.
◆ Wíndsor cháir ⓒ ウィンザーチェア.
Wíndsor knót ⓒ ウィンザーノット《結び目が幅広く逆三角形になるネクタイの結び方》.
Wíndsor tíe ⓒ ウィンザータイ《幅広の蝶(ちょう)ネクタイ》.
wind·surf·er [wíndsə̀:rfər] 图 ⓒ **1** ウインドサーフィンをする人. **2** [W-] 《米·商標》ウインドサーフィン用ボード.
wind·surf·ing [wíndsə̀:rfiŋ] 图 Ⓤ ウインドサーフィン.
wind·swept 形 **1** 風にさらされた, 吹きさらしの. **2**《髪·服などが》風で乱れた.
wind·up [wáindʌp] 图 ⓒ **1** 終り, 結末, 仕上げ. **2** 【野球】(投手の) ワインドアップ. **3** 《英語》わざと人を怒らせる[心配させる] こと, 挑発. — 形《限定用法》(時計などが) 手巻き(式) の.
wind·ward [wíndwərd] 形 風上の. — 副 風上に[で]. — 图 Ⓤ 風上: sail to *windward* (船が) 風上に向かって帆走する.
※**wind·y** [wíndi] 形 (比較 **wind·i·er** [~ər]; 最上 **wind·i·est** [~ist]) **1** 風の強い, 風のある; (場所が) 風の当たる, 吹きさらしの: a *windy* day 風の強い日. **2** 《人・言葉が》実質[内容] のない; 口先ばかりの. **3**《英》腸にガスがたまる. (▷ 图 wind¹)

※**wine** [wáin] 图 動
— 图 (複 **wines** [~z]) **1** Ⓤⓒ ワイン, ぶどう酒: red *wine* 赤ワイン / white *wine* 白ワイン / rosé *wine* ロゼワイン / dry [sweet] *wine* 辛口[甘口] のワイン / a bottle [glass] of *wine* ワインひとびん [1杯] / make [produce] *wine* ワインを作る. **2** Ⓤⓒ 果実酒《ブドウ以外の果実で作った酒》: apple *wine* りんご酒. **3** Ⓤ = wine réd ワインレッド, 暗赤色.
■ **néw wìne in óld bóttles** 《聖》古い革袋に入れた新しい酒 ⇒ 古い形式では律しえない新しい考え方.
— 動《次の成句で》
■ ***wine and dine*** (...) 酒食をとる; 〈人〉を酒や食事でもてなす.

◆ wíne bàr ⓒ ワインバー《主にワインを飲ませるバーや小さなレストラン》.
wine cèllar **1** ⓒ (地下の) ワイン貯蔵室. **2** Ⓤ (地下の貯蔵室に) 貯蔵されたワイン (の量).
wine còoler **1** ⓒ ワインクーラー《ワインを冷却する容器》. **2** Ⓤⓒ ワインクーラー《ワインと果汁·炭酸·水を混ぜて作るカクテル》.
wine vínegar Ⓤ ワインビネガー《ワインから作る食用酢》.
wine·glass [wáinglæs / -glà:s] 图 ⓒ ワイングラス; ワイングラス1杯 (の量).
win·er·y [wáinəri] 图 (複 **win·er·ies** [~z]) ⓒ 《主に米》ワイン醸造所, ワイナリー.

※**wing** [wíŋ] 图 動
— 图 (複 **wings** [~z]) ⓒ **1** (鳥などの) 翼, (昆虫などの) 羽, 翅(はね); (鶏肉などの) 手羽先: The sea gull spread its *wings*. カモメは翼を広げた. **2** (飛行機·ヘリコプター·風車などの) 翼 (→ AIRCRAFT 図): the *wings* of a jet ジェット機の翼. **3** 【建】(建物の) 翼(よく), 袖(そで) 《中央から左右に出ている部分》: the south *wing* of the hospital [airport] 病院の南病棟[空港の南ウィング]. **4** 【政治】(右翼·左翼の) 翼; 党派: the left [right] *wing* 左[右] 翼, 左·右派. **5** [the ~s] 《舞台の》袖《舞台の両端にある客席からは見えない部分》. **6** 【競技】(サッカー·ホッケーなどの) ウイング; ウイングの選手 (winger). **7**《英》(自動車の) フェン

ダー, 泥よけ《米》fender). **8**《軍》(本隊の左右の)翼; [~s]《英》空軍記章, 航空記章《2枚の羽の形をしている》.

■ **clíp ...'s wíngs** = **clíp the wíngs of ...**〈人〉の活動を抑制[制限]する;〈人〉の予算を削る.

in the wíngs 舞台の袖(²)に隠れて; (後継などとして)待機して, あとに控えて.

on the wíng 1《文語》(鳥などが)飛んで, 飛行中で. **2** 旅行中で; 活動して, 動き回って.

spréad [trý] one's wíngs 全能力を発揮する, 新たな活動を始める.

tàke ... ùnder one's wíng〈人〉を保護する, かばう;〈人〉の面倒を見る.

tàke wíng《文語》(鳥などが)飛び立つ, 飛び去る; (活動などが)軌道に乗る, 活発になる.

— 動 他 **1** ...を[...に向かって](腕で)投げる, 飛ばす[at]: **wing** a stone *at* a tree 木に向かって石を投げる. **2** を駆り立てる, 速く進める: Fear *winged* his steps. 彼は恐怖に駆られて足を速めた. **3**〈鳥〉の翼を傷つける,《口語》〈人〉の腕を傷つける. — 自《文語》飛んで行く.

■ **wíng it**《米口語》(計画・準備をしないで)物事を進める, 即興で演じる[話す].

◆ **wíng cháir** C 翼状の背もたれとひじ付きの安楽いす.

wíng còllar C (男性の正装用の)ウイングカラー.
wíng commànder C《英空軍》中佐.
wíng mìrror C《英》サイドミラー《米》side mirror)(→ CAR **PICTURE BOX**).
wíng nùt C[機械] ちょうナット(butterfly nut).

winged [wíŋd] 形 [しばしば複合語で]《羽》のある; 翼が...の: **winged** insects 羽で飛ぶ昆虫.

wing・er [wíŋər] 名 **1** C《競技》(サッカー・ラグビーなどの)ウイングの選手(wing). **2** [複合語で](政治的に)...翼の人: a right-*winger* 右翼の人.

wing・less [wíŋləs] 形 翼のない, 羽のない.

wing・span [wíŋspæn] 名 C (鳥・飛行機などの)翼幅《両翼の端から端までの長さ》.

*****wink** [wíŋk] 動 自 **1** C **ウインクする** [at]; まばたきする: She *winked* at me. 彼女は私にウインクした. **2** (星・光などが)きらめく, (ライト・明かりなどが)点滅する(blink): The stars are *winking* up above. 星が頭上でまたたいている.
— 他 **1** をまばたきさせる. **2**〈ライト・明かりなど〉を点滅させる(blink).

■ **wínk at ...**〈過失・不正行為など〉を見逃す.
— 名 **1** C ウインク, 目くばせ; まばたき: give her a *wink* 彼女に目くばせする. **2** [a ~; 通例, 否定文で] まばたきする間, ほんの一瞬: I couldn't sleep a *wink* last night. = I couldn't get a *wink* of sleep last night. 昨夜は一睡もできなかった.
3 C (星・光などの)きらめき, またたき.

■ **típ ... the wínk**〈人〉にこっそり知らせる[警告する], 重要な情報を提供する.

wink・er [wíŋkər] 名 **1** C ウインク[まばたき]する人; 点滅するもの. **2** [~s]《英》(車の)ウインカー, 方向指示器 (《米》blinkers).

win・kle [wíŋkl] 名 C タマキビガイ《巻き貝の一種. 食用》. — 動 他《情報など》を[人から] 探り出す;〈人〉を[...から]引っ張り出す [*out of*].

‡**win・ner** [wínər] 名 C **1** 勝利者, 優勝者; (競馬の)勝ち馬(↔ loser): a Derby *winner* ダービーの優勝馬 / He is a *winner* of the New York City Marathon. 彼はニューヨークマラソンの優勝者です. **2** 受賞者, 入賞者; 受賞[入賞]作品: a Nobel prize *winner* ノーベル賞受賞者. **3**《口語》成功しそうな人[もの], 成功した人[もの].

***win・ning** [wíniŋ] 形 [限定用法] **1** 勝利を収めた, 勝った, (くじなどに)当たった: the *winning* team 勝利チーム. **2** 勝利を決する, 決勝の: the *winning* run 決勝点. **3** 人を引きつける, 魅力的な. — 名 **1** U 勝利, 成功; 獲得. **2** [~s](競技・賭け)かけなどの)獲得金, 賞金.

win・now [wínou] 動 他 **1**〈穀物など〉を吹き分ける;〈もみがら・ごみなど〉を[穀物から]吹き分ける, 吹き飛ばす(*away, out*)[*from*].
2 を[...から]選び出す, ふるいにかける(*out*)[*from*].

win・o [wáinou] 名 (複 **win・os** [~z]) C《口語》(特にワインの)アルコール中毒者.

win・some [wínsəm] 形《文語》(人・容姿・態度などが)人を引きつける, 魅力[愛嬌(誹)]のある.

*****win・ter** [wíntər] 名
— 名 (複 **win・ters** [~z]) **1** U C **冬** (→ SPRING **語法**): in the dead [depths] of *winter* 冬の最も寒い時期に, 真冬に / It is very cold here in *winter*. ここの冬は非常に寒い / I will go to Hawaii this *winter*. この冬はハワイに行くつもりです / The war broke out in the *winter* of 1941. その戦争は1941年の冬に起こった / We have had a mild [severe, harsh, cold] *winter* this year. 今年の冬は穏やかだった[厳しかった]. **2** [形容詞的に]冬の, 冬用の: *winter* sleep 冬眠 / a *winter* garden 温室. **3** 衰え期, 衰退期, 末期. **4** C [通例 ~s]《詩語》年, 歳.
— 動 自 冬を過ごす, 避寒する. (▷ 形 wintry)

◆ **wínter sólstice** [the ~] 冬至(cf. summer solstice 夏至).
wínter spórts [複数扱い]ウインタースポーツ《スキー・スケートなど》.

win・ter・ize [wíntəràiz] 動 他 [通例, 受け身で]《米》〈家・車など〉に防寒装備をする, 冬支度を施す.

win・ter・time [wíntərtàim] 名 U [しばしば the ~] 冬季, 冬の時期.

win・ter・y [wíntəri] 形 = WINTRY (↓).

win・try [wíntri] 形 (比較 **win・tri・er** [~ər]; 最上 **win・tri・est** [~ist]) **1** 冬(特有)の, 冬のような; 寒い, 荒涼とした. **2** (表情・態度などが)冷たい, 冷ややかな. (▷ 名 **winter**)

*****wipe** [wáip] 動 名 【原義は「(布などを)動かす」】
— 動 (三単現 **wipes** [~s]; 過去・過分 **wiped** [~t]; 現分 **wip・ing** [~iŋ])
— 他 **1** (a) [**wipe**+O]〈...で〉〈ものの表面・場所など〉を**ふく**, ぬぐう [*on, with*]: **wipe** one's face *with* [*on*] a towel タオルで顔をふく / He *wiped* his shoes *on* the mat. 彼はドアマットで靴の泥を落とした. (b) [**wipe**+O+C]〈ものの表面など〉をふいて...にする(◇C は形容詞): *Wipe*

your nose clean. 鼻をふいてきれいにしなさい.
2 [...から]〈汚れなど〉をふき取る, ぬぐい去る〔*from*〕: She *wiped* the mud *from* her shoes. 彼女は靴の泥を落とした. **3** [...に]〈布など〉をこすりつける〔*over, across*〕: *wipe* a cloth *over* the table 布でテーブルをごしごしふく. **4** [...に]...を塗りつける〔*on, over, into*〕: *wipe* wax *on* a car 車にワックスを塗る. **5** 〈情報・音声など〉を[テープなどから]消す, 消去する;《比喩》〈笑顔など〉を消す〔*from, off*〕: *wipe* the smile *off* one's face 笑顔を消す.

句動詞 *wipe awáy* 他 [wipe away＋O / wipe ＋O＋away] …をふき取る, ぬぐい去る: *Wipe away* your tears. ＝ *Wipe* your tears *away*. 涙をぬぐいなさい.

wipe dówn 他 [wipe down＋O / wipe down＋O＋down] …を(布で)ふいてきれいにする.

wipe óff 他 [wipe off＋O / wipe off＋O＋off] **1** …をふき取る: *Wipe off* the scribbles on the blackboard. 黒板の落書きを消しなさい. **2** 〈負債〉を清算する.

wipe óut 他 [wipe out＋O / wipe out＋O＋out] **1** 〈容器など〉をふいてきれいにする: She *wiped out* the bathtub. 彼女は浴槽の中を掃除した. **2** [しばしば受け身で] …を全滅させる; 一掃する: The town *was wiped out* by the earthquake. 地震でその町は全滅した. **3** [しばしば受け身で]《口語》…をへとへとにする; 酔っ払わせる.

wipe úp 他 [wipe up＋O / wipe up＋O＋up] 〈液体など〉をふき取る;〈食器〉をふいて乾かす.

■ *wipe the flóor with ...* → FLOOR 成句.
wipe the sláte cléan 過去を清算して出直す.
— 名 C **1** ふくこと, ぬぐうこと, ぬぐい取ること: give the desk a *wipe* 机をふく.
2《使い捨ての》ウエットティッシュ.

wip・er [wáipər] 名 C **1**《車の》ワイパー(《米》windshield wiper,《英》windscreen wiper)(➡ CAR [PICTURE BOX]). **2** ふく〔ぬぐう〕もの《タオル・ハンカチなど》.

★★★ **wire** [wáiər]
— 名 動〔原義は「より合わせたもの」〕
— 名《複 *wires* [～z]》 **1** U C 針金《ワイヤー《針金を編んだもの》; 電線; 《楽器の》金属弦: a (piece of) *wire* 針金1本 / iron [copper] *wire* 鉄[銅]線 / barbed *wire* 有刺鉄線 / telephone *wires* 電話線. **2** C《米口語》電信(telegram); C 電信, 通信: send [receive] a *wire* 電報を打つ[受け取る]. **3** C 盗聴器, 隠しマイク.

■ *by wire*《米口語》電報で(by telegram): Let me know *by wire* when you will arrive. あなたがいつ着くか電報で知らせてください.
dówn to the wire《口語》最後の最後まで, 時間ぎりぎりまで;《優勝の行方が》最終戦までもつれて.
gèt one's wíres cróssed《口語》《人の話などを》誤解する.
púll (the) wíres《米》**1**《人形を》糸で操る.
2《黒幕となって》陰で操る, 裏面工作をする.
ùnder the wire《米》時間ぎりぎりに; 最後の機会に.

— 動 他 **1**《主に米口語》**(a)** [wire＋O] 〈人〉に電報を打つ;…を電報で知らせる(telegram);〈金〉を電信為替で送る(*off*): I'll *wire* you when I arrive there. そこに着いたら電報を打ちます. **(b)** [wire＋O＋O / wire＋O＋to ...] 〈人〉に～を電報で知らせる: She *wired* him the result. ＝She *wired* the result *to* him. 彼女は結果を電報で彼に伝えた.
(c) [wire＋O＋to do]〈人〉に…するよう電報で知らせる: I *wired* my father to come home at once. 父にすぐに帰宅するよう電報で知らせた.
2〈建物〉に電線を引く, 電気配線を施す(*up*).
3 …を針金で結ぶ.
— 自 …を求めて [...に] 電報を打つ〔*for / to*〕: He *wired to* his mother *for* money. 母親に電報を打って送金を頼んだ. (▷ 形 wiry)

◆ *wíre cùtters*《複数扱い》針金切り, ペンチ.
wíre nétting U 金網.
wíre rópe C ワイヤーロープ, 鋼索.
wíre sèrvice C《主に米》通信社.
wíre wóol U《英》鉄綿製わし (steel wool).

wired [wáiərd] 形 **1**《米口語》興奮した, 緊張した. **2** 針金で作った; 電線を設置した. **3** 盗聴装置の仕掛けられた. **4** ネットワーク指向の.

★ **wire・less** [wáiərləs] 形《限定用法》無線[ワイヤレス]の, 無線通信の: a *wireless* mouse《コンピュータ》ワイヤレスマウス.
— 名 **1** U 無線電信. **2**《主に英・古風》U ラジオ (放送);C ラジオ(受信機)(radio).

wire・tap [wáiərtæp] 動《三単現 *wire・taps* [～s]; 過去・過分 *wire・tapped* [～t]; 現分 *wire・tap・ping* [～iŋ]》〈電話・情報など〉を盗聴する.
— 名 C **1** 盗聴. **2** 電話盗聴器.

wire・tap・ping [wáiərtæpiŋ] 名 U 盗聴.
wir・ing [wáiəriŋ] 名 U《建物内の》電気配線.
wir・y [wáiəri] 形《比較 wir・i・er [～ər]; 最上 wir・i・est [～ist]》**1**〈人・体が〉やせ型で強じんな. **2** 針金のような;〈髪などが〉硬い. (▷ 名 wire)

Wis., Wisc.《略語》＝ Wisconsin.
Wis・con・sin [wiskάnsin, -kón-] 名 ウィスコンシン《米国中北部の州;《略語》Wis., Wisc.;《郵略語》WI; → AMERICA 表》.

★★★ **wis・dom** [wízdəm]
— 名 U **1** 賢さ, 賢明さ, 知恵; 分別: a person of *wisdom* 知恵のある人 / Experience is the mother of *wisdom*.《ことわざ》経験は英知の母.
2 知識, 学問; 良識: the received [conventional] *wisdom* 社会一般の良識, 社会通念.
3 [集合的に]《文語》名言, 金言. (▷ 形 wise)

◆ *wísdom tóoth* C 親知らず, 知恵歯.

★★★ **wise** [wáiz]
— 形 動〔原義は「知っている」〕
— 形《比較 wis・er [～ər]; 最上 wis・est [～ist]》
1 (a) 賢い, 思慮分別のある (↔ foolish, stupid)(→ CLEVER 類義語): a *wise* saying 名言, 金言 / a *wise* choice 賢明な選択 / older and *wiser* 経験を積んだ. **(b)** [It is *wise* of ...＋to do / be *wise* to do]〈人〉が～するのは賢明である: *It was wise of* him *to* refuse the offer. ＝He *was wise to* refuse the offer. 彼

がその申し出を断ったのは賢明だった. **2** 博識の, 知識豊富な;〔事情に〕よく通じた〔*in*〕: a *wise* professor 学識豊かな教授 / My father is *wise* in the law. 私の父は法律に明るい.

■ *be nòne the wíser* = *be nò wíser*《口語》(説明されても)なおかつわからない.

be wíse àfter the evént《しばしば軽蔑》あとで気がつく, あとの祭り.

be [*gèt*] *wíse to ...*《口語》(経験から)...を知っている[知る], ...に気づいている[気づく].

pùt ... wíse to ~《口語》〈人〉に~を知らせる.

――動《次の成句で》

■ *wíse úp* ⑲《口語》〈人〉に〔...を〕気づかせる, 知らせる〔*to*〕.　(▷ 名 **wisdom**).

◆ **wíse gùy** C《口語・軽蔑》知ったかぶりする人.

-wise [waɪz]《接尾》 **1**「...の位置[方向]に」「...のように」の意を表す副詞・形容詞を作る: clock*wise* 時計回りに[の] / like*wise* 同様に. **2**《口語》「...に関して, ...の点で」の意を表す副詞を作る: cost-*wise* 費用の点で.

wise-crack [wáɪzkræk] 名 C 気の利いた言葉[返事]; 皮肉, 軽口, 冗談.

――動 ⑲ 気の利いたことを言う; 皮肉を言う.

*wise・ly [wáɪzli] 副 **1** 賢く, 賢明に, 分別を持って: choose *wisely* 賢い選択をする. **2**〔文修飾〕賢明にも, 分別のあることに: He *wisely* gave up smoking. 彼は賢明にも禁煙した.

*****wish [wɪʃ]《原義は「渇望する」》

――動(三単現 wish・es [~ɪz]; 過去・過分 wished [~t]; 現分 wish・ing [~ɪŋ])

――⑲ **1 [wish + that 節] ...であればよいのにと思う; ...であったらよかったのにと思う.**

語法 (1) that 節内の動詞に仮定法過去または仮定法過去完了を用いて, 現在または過去の事実に反する願望などを表す.
(2) この that は通例, 省略される.

(a) 〔仮定法過去〕...であれば[...すれば]よいのにと思う《◇現在の事実に反する願望》: I *wish* she *were* [《口語》*was*] here. 彼女がここにいればいいのに(実際にはいなくて残念だ) / I *wish* I *had* my own room. 自分の部屋があればいいのに / I *wish* I *could* play the guitar. ギターが弾けたらいいのに.
(b) 〔仮定法過去完了〕...であったら[...していれば]よかったのにと思う《◇過去の事実に反する願望》: I *wish* my wife *had been* there yesterday. 妻がきのうそこにいたらよかったのだが / I *wished* I *had studied* English harder. 私はもっと英語を勉強しておけばよかったと思った. (c) 〔仮定法過去; 未来の事柄に対する願望・軽い命令を表して〕...であれば[...してくれれば]よいのにと思う《◇ that 節内に「would + 動詞の原形」を用いる》: I *wish* it *would* snow. 雪が降ればいいのだけれど / I *wish* you *would* clear the snow off the sidewalk. あなたが歩道の雪かきをしてくれるとうれしいのですが.

2 [wish + O + O] 〈人〉に〈幸運・成功などを〉祈る,〈人〉に〈あいさつの言葉などを〉言う: *Wish* me luck. 私の幸運を祈ってください / I *wish* you a Merry Christmas [a Happy New Year]. クリスマス[新年]おめでとう.

3 (a) **[wish + to do]**《格式》(どうしても)...したいと思う《◇ want よりも丁寧な表現》: I *wish to* see him. 私は彼に彼に会いたい / Bill *wished to* gain that position. ビルはその地位を得たいと思った. (b) **[wish + O + to do]**〈人〉に...してほしいと思う: Ben *wished* May *to* marry him. ベンはメイに自分と結婚してほしいと思った / I *wish* you *to* do this job. あなたにこの仕事をしてもらいたい. (c) **[wish + O + C]**...に~であってほしいと思う: I really *wish* you happy. 私は心からあなたに幸せになってほしいと思っている.

――⑪ 望む (→成句 wish for); 〔...に〕願いをかける〔*on*〕: as you *wish* お望み通りに / if you *wish* お望みなら / *wish on* a star 星に願いをかける.

■ *Hów I wísh ...!*(本当に)...であればいいのだが《◇事実に反することや実現がまず不可能なことなどを願望する表現》: *How I wish* I were a bird! 鳥であればどんなにいいことか.

wish ... awáy ...がなくなればと願う.

wish for ... ...を望む《◇通例, 実現の可能性が低いことなどを望む場合に用いる》: Skiers are *wishing for* snow. スキーヤーたちは雪が降ることを願っている / The weather was the finest that we could *wish for*. 天気は申し分なかった.

wish ... on [*upòn*] ~《口語》〈いやな仕事・義務など〉を~に押しつける.

wish ... wéll [*íll*]〈人〉の幸運[不運]を祈る: I *wish* you *well* on the test. 試験での幸運をお祈りします.

――名(複 wish・es [~ɪz]) **1** C 〔...を求める / ...したいという / ...という〕願い, 望み〔*for / to do / that* 節〕: make a *wish* 願いをする / The mayor expressed his *wish for* peace. 市長は平和への願いを述べた / He has a [no] *wish to* travel the world. 彼は世界を旅したいと思っている[いない].

2 〔通例 ~es〕(人が幸せであるようにという)願い, 祈りの言葉《◇あいさつなどに用いる》: With best *wishes*, ご多幸を祈って《◇手紙の結びの文句》/ Please give [send] my best [kind] *wishes* to your parents. ご両親にくれぐれもよろしくお伝えください.

3 C 望みのもの, 願っていること: Finally, I have got my *wish*. やっと欲しいものが手に入った.

wish・bone [wɪ́ʃbòun] 名 C (鳥の胸の)叉骨(さこつ)《V字形の骨. 食後に残ったこの骨の両端を2人で引っ張り, 長い方を取ると願い事がかなうと言われる》.

wish・ful [wɪ́ʃfəl] 形 切望している, 望んでいる; (人・表情が)もの欲しそうな.

◆ **wíshful thínking** U 希望的観測.

wish・y-wash・y [wɪ́ʃiwɑ̀ʃi, -wɔ̀ːʃi / -wɔ̀ʃi] 形《口語》 **1**(人・態度などが)優柔不断の, 煮え切らない. **2**(色が)薄い, 淡い. **3**(飲み物が)水っぽい;(話などが)中身のない.

wisp [wɪ́sp] 名 C **1**(わらなどの)小さい束;〔毛髪などの〕房〔*of*〕. **2** ひと筋(の煙・蒸気・雲など).

wisp・y [wɪ́spi] 形(比較 wisp・i・er [~ɚ]; 最上 wisp・i・est [~ɪst]) 小さく細い, 小さな房になった; 小さく細い;(髪などが)ほんの少しの.

wis・te・ri・a [wɪstɪ́əriə] 名 C U《植》フジ.

wistful

*wist・ful [wístfəl] 形 **1** あきらめ切れない; もの欲しそうな: a *wistful* dream 見果てぬ夢. **2** もの思いに沈んだ, 悲しげな.

wist・ful・ly [wístfəli] 副 **1** あきらめ切れずに; もの欲しそうに. **2** もの思いに沈んで.

***wit [wít] 【原義は「知っていること, 知性」】
— 名 (複 **wits** [wíts]) **1** U[または a ～] 機知, とんち, ウイット (→ 類義語): a person of *wit* 機知に富んだ人 / She has a ready [sharp] *wit*. 彼女はすばやい [鋭い] 機知を働かせる / His writings are full of *wit* and humor. 彼の書くものはウイットとユーモアに富んでいる.
2 U[または ～s; 単数扱い] 知力, 理解力: have quick [slow] *wits* 頭の回転が早い [遅い], 機転が利く [利かない] / He should have the *wit* to appreciate the situation. 彼は状況を正しく認識する力をつけなければならない.
3 C 機知に富む人, ウィットのある人: Churchill was a famous *wit*. チャーチルは機知に富む人物として有名だった.
4 [～s] 正気: lose [regain] one's *wits* 正気を失う [取り戻す] / out of one's *wits* 正気を失って, 気が動転して.

■ *at one's wits' énd* 途方に暮れて: Mary was *at her wits' end* about what to say. メアリーは何と言ってよいのかわからず途方に暮れた.
hàve [kèep] one's wíts abòut one 冷静さを保つ; 抜かりなくする.
líve by one's wíts (まともに働かずに) 処世術だけで暮らす. (▷ 形 **witty**)

> **類義語 wit, humor**
> 共通する意味▶機知 (a mode of expression intended to amuse or evoke laughter)
> **wit** は知性のひらめきで当意即妙のことを言って人を笑わせる「機知, とんち」の意: A good after-dinner speech contains some *wit*. すぐれたテーブルスピーチにはウイットがある.
> **humor** はこっけいなこと, ばかげたことなどを「面白おかしく表現すること」の意. 人を笑わせるだけでなく, 思いやりの心や哀愁などを含む: His story was full of *humor*. 彼の話はユーモアに満ちていた.

*witch [wítʃ] 名 C **1** 魔女, 女の魔法使い 《黒いマントにとんがり帽子をかぶり, ほうきの柄にまたがって夜空を飛ぶとされた; cf. **wizard** 男の魔法使い》.
2 《口語》醜い老女; いやな女.
◆ **witch dòctor** C (アフリカの部族などの) 祈とう師 《祈とうや呪術で病気治療を行う》.
witch hàzel C 《植》アメリカマンサク《樹皮と葉を薬にする》.
witch hùnt C **1** 《史》(中世の) 魔女狩り.
2 《口語》政治的敵対者 [反体制派など] の弾圧.

witch・craft [wítʃkræft / -krɑ̀ːft] 名 U 魔法, 魔術, 妖術(ょぅ…).
witch・ing [wítʃiŋ] 形 [限定用法] 魔法 [魔術] の, 魔力のある; 魅力のある.
◆ **witching hòur** [the ～] 《文語》(魔女が横行するという) 真夜中.

with

***with [(弱) wið, wiθ; (強) wíð, wíθ]

① [同伴・同居] …と一緒に.	**1**
② [付属・所有] …を持っている.	**2**
③ [手段・材料] …を使って, …で.	**3, 4**
④ [様態] …で.	**5**
⑤ [包含・所属] …を含めて.	**6**
⑥ [関連・関係] …について.	**7**

— 前 **1** [同伴・同居] **…と一緒に**, …を連れて (↔ **without**), …の所 [家] に; …を加えて: She came to school *with* her friends. 彼女は友達と一緒に学校に来た / I go for a walk *with* my dog every morning. 私は毎朝犬を連れて散歩する / Are you going to stay *with* your uncle? あなたはおじさんの所に滞在するつもりですか / I usually drink coffee *with* milk. 私はたいていコーヒーにミルクを入れて飲む.
2 [付属・所有] **を持っている**, …が付いている (↔ **without**), 〈人〉の身に着けて: a dog *with* long ears 耳の長い犬 / a book *with* a leather cover 皮表紙の付いた本 / Take a coat *with* you in case it gets cold. 寒くなるといけないからコートを持って行きなさい / I have no money *with* me now. 私は今お金を持っていない.
3 [手段・道具] **…を使って**, …で: I peeled an apple *with* a knife. 私はナイフでリンゴの皮をむいた / I took a photo of her *with* my new camera. 私は新しいカメラで彼女の写真を撮った.
4 [材料・内容] …で: My mother made this cake *with* milk and flour. このケーキは母がミルクと小麦粉で作った / The bucket is filled *with* water. そのバケツには水がいっぱい入っている / This book will provide you *with* a lot of information about Korea. この本を読めば韓国についての情報がたくさん得られます.
5 [様態] …で, …をもって 《◇「with ＋ 抽象名詞」で副詞句として用いる》: I will help you *with* pleasure. 私は喜んであなたを援助しよう / She solved this problem *with* ease. 彼女はこの問題を楽々と解いた / Handle the package *with* care. その小包は注意して扱ってください.
6 [包含・所属] **…を含めて**; …の一員で: Every article is sold *with* 10% tax. 商品はすべて10パーセントの税込みです / He has been *with* the Tigers for ten years. 彼は10年間タイガースでプレーしている.
7 [関連・関係] **…について**, …に関して, …にとって: I'm afraid something is wrong *with* my watch. 私の時計は故障しているようです / Be careful *with* drinking water in that country. その国では飲み水に注意しなさい / What's the matter *with* you? どうしましたか.
8 [対立・対象] …と, …を相手に; …に対して, …を: Monica often quarrels *with* her brother. モニカはよく兄とけんかする / I had an argument *with* my father. 私は父と口論になった / Up *with* the flag! 旗を上げよ 《◇ **down**, **up** など方向

を表す副詞のあとに付けて, 命令文の形で用いる).
9 [付帯状況] …しながら, …したままで, …の状態で: Don't speak *with* your mouth full. 口に食べ物を入れたまましゃべってはいけない / I kept standing *with* my arms folded. 私は腕組みをしたまま立ち続けた / She read the letter *with* tears in her eyes. 彼女は目に涙を浮かべながらその手紙を読んだ.

[語法] (1) 通例「with + 名詞 + 形容詞・分詞・副詞(句)」の形で付帯状況を表す.
(2) この with は省略されることがある. その場合, 冠詞・所有格の代名詞も省略される: He spoke *with* a pipe in his mouth. = He spoke pipe in mouth. 彼は口にパイプをくわえたままでしゃべった.

10 [原因・理由] …によって, …のために: He has been in bed *with* a bad cold for a week. 彼はひどいかぜを引いて1週間も寝込んでいる / Her eyes turned bright *with* joy. 彼女の目は喜びで輝いた.
11 [同時・方向] …と同時に, …につれて; …と同じ方向へ: Birds begin to sing *with* the rise of the sun. 小鳥たちは日の出とともにさえずり始める / The boat drifted away *with* the current. ボートは潮に流されて行った.
12 [一致・調和] …と一致して, …と調和して; …の味方で: I agree *with* you. 私はあなたのご意見に賛成します / Will this tie go *with* that shirt? このネクタイはあのシャツに合いますか.
13 [比較] …に, …と: Compared *with* Americans, Japanese are said to be conservative. アメリカ人に比べて日本人は保守的だと言われている.
14 [委託・責任] …の手元に, …に預けて; …にかかって: I left my bag *with* the clerk. 私はフロント係にかばんを預けた / It rests *with* you to decide whether you will go there or not. そこに行くも行かないも決めるのはあなたです.
15 [分離] …と(離れて): He has parted *with* his house. 彼は自宅を手放した.
16 [譲歩] …があるのに: *With* so many troubles he has, he has never failed to smile. 多くの悩みを抱えながらも彼は決して笑顔を絶やさなかった.
17 [条件] …があれば (→ WITHOUT 劂 4): *With* a little more money, I could buy that bicycle. もう少しお金があればあの自転車が買えるのに (◇仮定法過去).

■ *be with* ... **1** …といっしょである; …(のところ)に勤めて[所属して]いる: My father *is with* an insurance company. 父は保険会社に勤めている.
2 [通例, 否定文・疑問文で]《口語》〈人〉の話がわかる[理解できる]: *Are* you *with* me? 私の言っていることがわかりますか. **3** …に賛成 [同調] している.
with áll …があるのに: *With all* his faults, she still loves him. 彼にはいろいろ欠点があるにもかかわらず, それでも彼女は彼が大好きです.
2 …があるので: *With all* his faults, she dislikes him. 彼にはいろいろ欠点があるので, 彼女は彼が嫌いです.
with it《口語》 **1** 流行[時代]の先端をいって.

2 [通例, 否定文で] 理解が早くて, 頭が働いて.
with thát そう言って, そうやって: "I'll be back by nine o'clock." *With that,* my husband went out. 夫は「9時までに戻るよ」と言って出かけました.

‡**with・draw** [wiðdrɔ́ː, wiθ-] 劂 (三単現 **with・draws** [～z]; 過去 **with・drew** [-drúː]; 過分 **with・drawn** [-drɔ́ːn]; 現分 **with・draw・ing** [～iŋ])劂
1 […から]を引っ込める, 引き抜く [*from*]: *withdraw* one's hand *from* the hot pan 熱いなべから手を引っ込める.
2 〈預金〉を […から] 引き出す (↔ deposit); …を [...から] 回収する [*from*]: *withdraw* one's savings *from* the bank 銀行の預金を下ろす / *withdraw* defective cars *from* the market 欠陥車を市場から回収する.
3 …を […から] 撤退させる, 退かす [*from*]: *withdraw* the troops *from* the border area 軍隊を国境地帯から撤退させる.
4 〈陳述・約束など〉を取り消す, 撤回する;〈訴訟〉を取り下げる.
— 劂 **1** […から / …に] 引き下がる, 引っ込む, 退出する; 〈軍隊が〉撤退する [*from / to, into*]: *withdraw into* one's room 自室に引っ込む.
2 […から] 脱退 [引退] する [*from*]: *withdraw from* the club 会から脱退する.
3 (精神的に) 閉じこもる [*into*]: *withdraw into* oneself [one's shell] 自分の中 [殻] に閉じこもる.
(▷ 名 withdrawal)

*with・draw・al [wiðdrɔ́ːəl, wiθ-] 名ⓒⓊ **1** 引っ込める [引っ込む] こと, 引きこもり.
2 〈預金の〉引き出し; 回収: make a *withdrawal* from one's account 口座から預金を引き出す.
3 […からの] 撤退, 撤兵; 脱退, 退学 [*from*]: the *withdrawal* of support 援助の停止.
4 撤回, 取り消し; (訴訟などの) 取り下げ.
(▷ 劂 withdráw)

◆ withdrawal sỳmptoms [複数扱い][医](麻薬などの) 禁断症状.

‡**with・drawn** [wiðdrɔ́ːn, wiθ-] 劂 withdraw の過去分詞.
— 形 〈人が〉内向的な, 引っ込み思案の.

‡**with・drew** [wiðdrúː, wiθ-] 劂 withdraw の過去形.

*with・er [wíðər] 劂 ⓘ **1** 〈植物などが〉しおれる, 枯れる; 〈体力が〉弱くなる (*up*): The only maple in the garden *withered*. 庭でただ1本のカエデの木が枯れてしまった.
2 〈愛情・美しさなどが〉衰える, 弱まる (*away*).
— 劂 **1** …をしおれさせる, 枯らす (*up*): The cold has *withered* (*up*) the flowers. 寒さのために花がしおれてしまった.
2 〈愛情・美しさなど〉を衰えさせる.
3 〈人〉を委縮させる, ひるませる, たじろがせる.

with・ered [wíðərd] 形 **1** しおれた, 枯れた.
2 衰弱した; しなびた.

with・er・ing [wíðəriŋ] 形 **1** (言葉・目つきなどが)(人を)ひるませる. **2** しおれさせる, 枯らす.

‡**with・held** [wiðhéld, wiθ-] 劂 withhold の過去形・過去分詞.

*with·hold [wiðhóuld, wiθ-] [動] (三単現 with·holds [-hóuldz]; 過去·過分 with·held [-héld]; 現分 with·hold·ing [~iŋ]) [他] 1 〈許可·承諾など〉を[…に]保留する,〈情報など〉を与えずにおく[from]: withhold one's consent 承諾を与えずにおく / He withheld the information from the police. 彼はその情報を警察に知らせなかった.
2 〈感情など〉を抑える, 抑制する.
◆ withhólding tàx [C][U]《米》源泉課税 (額).

****with·in [wiðín] [前][副]
— [前] 1 [時間·距離] …以内に[で], …のうちで (→ IN [前] 4 [語法]): within a week 1週間以内に / My uncle lives within three miles of my house. おじは私の家から3マイルも離れていない所に住んでいる (◇ within ... of 〜 で「〜から…以内に」の意) / Those books were sold out within a week of arrival. あれらの本は入荷してから1週間で売り切れた.
2 [程度] …の範囲内に[で], …を越えずに: We should live within our income. 収入の範囲内で暮らすべきです / I'm afraid such an investigation isn't within my power. そのような調査は私の手に負えないと思う.
3 …の内部に[で] (inside): I heard her laughing within the house. 家の中で彼女の笑い声が聞こえた / He kept his feelings within himself. 彼は自分の気持ちを心の中に秘めておいた.
— [副] [比較なし]《格式》中に, 内に, 内側に; 心の中では (inside): go within 中へ入る / He was afraid of his parents within. 彼は内心両親を恐れていた.

****with·out [wiðáut] [前][副]
— [前] 1 …なしで, …を持たずに; …を使わないで; …のない (↔ with): a world without wars 戦争のない世界 / the mail without stamps 切手をはってない郵便物 / without any difficulty 何の苦もなく / I can't drink coffee without sugar. 私は砂糖を入れないとコーヒーが飲めない.
2 [動名詞を伴って] …しないで, …せずに: Betty went out without saying goodbye. ベティーはさようならも言わずに出て行った / Tom passed without my seeing him. トムは私が気づかないうちに通り過ぎた (◇ my は動名詞の意味上の主語).
3 [付帯状況] …しないままで, …しないで (↔ with) (◇通例「without + 名詞 + 形容詞·分詞·副詞(句)」の形で用いる): Don't go out in the sun without a hat on. 帽子をかぶらずに直射日光を浴びてはいけない.
4 [条件] …がなければ; [仮定法と共に用いて] もし…がなかったとしたら (◇現在の事実に反する仮定を表す場合は仮定法過去と, 過去の事実に反する仮定を表す場合は仮定法過去完了と共に用いる; → SUBJUNCTIVE [文法]): Without water, we can't live. 私たちは水なしでは生きられない (◇仮定法過去) / Without your help, I would have failed. 君の助けがなかったら私は失敗しただろう (◇仮定法過去完了).
5《古》…の外部に[で] (outside).
■ nót [néver] dó withòut dóing 〜しないで…することは(決して)ない, …すれば必ず〜する (◇二重否定; → NEGATION [文法]): My son never goes out without losing something. うちの息子は出かけると決まって何かをなくしてくる.
— [副] [比較なし] 1 それなしで, 欠いたままで (◇前置詞の目的語が省略された用法): I had no coat and had to spend this winter without. 私はコートを持っていなかったので, コートなしでこの冬を過ごさなければならなかった. 2《古·文語》外に, 外側に, 外部に; 屋外では (outside): It is chilly without [out there]. 外は凍える寒さだ.

*with·stand [wiðstǽnd, wiθ-] [動] (三単現 with·stands [-stǽndz]; 過去·過分 with·stood [-stúd]; 現分 with·stand·ing [~iŋ]) [他] …に抵抗する, 逆らう; よく耐える: withstand an attack 攻撃に抵抗する / withstand the test of time 時がたっても朽ちない[傷まない]; 時の試練に耐える.

wit·less [wítləs] [形]《軽蔑》知恵のない, 無分別な, 愚かな.
■ scáre ... wítless 〈人〉をひどく怖がらせる.

****wit·ness [wítnəs] [名][動]【基本的意味は「目撃者 (a person who sees something happen)」】
— [名] (複 wit·ness·es [~iz]) 1 [C][…の]目撃者 (eyewitness)[to]: The police had trouble finding witnesses to the accident. 警察はその事故の目撃者を捜し出すのに苦労した.
2 [C] [しばしば無冠詞]【法】(法廷などでの) 証人, 参考人: She will be [stand] witness for the defense. 彼女は弁護側の証人になります.
3 [U][C]《格式》証拠, 証明; 証言: bear [give] false witness 偽証する / Her gaunt look was (a) witness to her great concern. 彼女のやつれた顔つきは彼女が非常に心配したことを物語っていた.
4 [C] [文書などの] 連署人, 立会人 [to]: You have to have two witnesses to this contract. この契約書には連署人が2名必要である.
■ bèar wítness to ...《格式》…の証言をする; 証拠[証人]となる.
cáll [tàke] ... to wítness《古風》〈人〉に証明してもらう, …を証人として呼ぶ.
— [動] [他] 1 …を目撃する; …の場所に居合わせる, …に立ち会う: witness an accident 事件を目撃する / We witnessed the turn of the century. 私たちは世紀の変わり目に立ち合った.
2 …を証言する, 立証する; …の証拠となる: Mary's trembling hands witnessed her anger. メアリーの震える手は彼女が怒っていることを物語っていた.
3 (連署人として)〈文書〉に署名する.
— [自] [… を] 証言する, 証明する [to]; [人に有利な / 不利な] 証言をする [for / against]: witness for [against] the suspect 容疑者に有利[不利]な証言をする / She witnessed to having seen the accident. 彼女はその事故を見たと証言した.
◆ wítness stànd [《英》bòx] [C]《米》証人席.

wit·ti·cism [wítəsìzəm] [名] [C]《格式》機知に富んだ言葉, 名文句, 警句.
wit·ti·ly [wítəli] [副] 機転を利かせて, 当意即妙に.
wit·ting·ly [wítiŋli] [副]《格式》わざと, 故意に.

wit・ty [wíti] 形 (比較 **wit・ti・er** [~ər]; 最上 **wit・ti・est** [~ist]) 機知に富んだ, 気の利いた: a *witty* remark 機知に富んだ発言. (▷ 名 wit)

wives [wáivz] 名 **wife** の複数形.

*__wiz・ard__ [wízərd] 名 © **1** (男の) 魔法使い (cf. witch 女の魔法使い): "The Wonderful *Wizard* of Oz"『オズの魔法使い』《米国の作家 L.F. ボーム作の童話》. **2** [ほめ言葉][…の] 名人, 天才, 鬼才 [*at*]: a *wizard at* chess = a chess *wizard* チェスの名人.

wiz・ard・ry [wízərdri] 名 U **1** 魔術, 魔法 (magic). **2** 妙技, 驚くべき技術.

wiz・ened [wízənd] 形 (人・顔などが) しわくちゃの, やせこけた; (果物などが) しなびた, 干からびた.

wk. 《略語》 = week; work.

w.o. 《略語》 = walk over 不戦勝となる; *walkover* 不戦勝.

w/o 《略語》 = without; walk over 不戦勝となる; *walkover* 不戦勝.

woad [wóud] 名 U **1** 〖植〗 ホソバタイセイ. **2** 大青(たいせい) 《ホソバタイセイの葉からとる青色染料》.

wob・ble [wábl / wóbl] 動 圓 **1** (人が) よろよろする; (テーブルなどが) ぐらつく; (声が) 震える.
2 (意見・気持ちなどが) ぐらつく, 動揺する.
── 他 …をぐらつかせる, よろめかせる.
── 名 © (通例, 単数形で) よろめき, ぐらつき; (声などの) 震え; 動揺.

wob・bly [wábli / wób-] 形 (比較 **wob・bli・er** [~ər]; 最上 **wob・bli・est** [~ist]) **1** ぐらぐらする, 不安定な; (意見・組織などが) ぐらつきやすい. **2** 《口語》 (人が) ふらつく. **3** (声などが) 震える.

Wo・den [wóudən] 名 固 ウォーデン 《アングロサクソン神話の主神. 北欧神話の Odin にあたる》.

*__woe__ [wóu] 名 **1** U 《文語》 悲哀, 悲しみ; 悩み: a tale of *woe* 悲しい (身の上) 話.
2 © (通例~s) (格式) 不運, 災難, 苦難.

woe・be・gone [wóubigɔ̀ːn, -gɑ̀n / -gɔ̀n] 形 (主に文語) 悲嘆に暮れた, 憂いに満ちた.

woe・ful [wóufəl] 形 **1** 悲惨な, 悲痛な.
2 《文語》 悲しむべき, 嘆かわしい; ひどい, 恥ずべき.

woe・ful・ly [-fəli] 副 悲しげに, 痛ましく; ひどく.

wok [wák / wɔ́k] 名 © 中華鍋(なべ).

woke [wóuk] 動 wake¹ の過去形.

wok・en [wóukən] 動 wake¹ の過去分詞.

wold [wóuld] 名 U © 《英》 **1** (通例~s) (不毛の) 高原. **2** [Wolds; 地名につけて] …高原, …丘陵.

wolf [wúlf] 名 動
── 名 (複 **wolves** [wúlvz]) © **1** 〖動物〗 オオカミ: a pack of *wolves* オオカミの群 / A *wolf* howled. オオカミが吠えた.
2 (オオカミのように) 残忍 [貪欲(どんよく)] な人.
■ *a wólf in shéep's clóthing* 《聖》 羊の皮を着たオオカミ, 偽善者.
crý wólf うそを言って人を騒がせる, 虚報を伝える. 《由来》『イソップ物語』の中の話から》

kèep the wólf from the dóor 飢えをしのぐだけの収入を得る.
── 動 他 《口語》 …をがつがつ食べる, むさぼり食う (*down*).
◆ **wólf whìstle** © (男性が魅力的な女性を見かけたときに) 吹く口笛.

wolf・ish [wúlfiʃ] 形 オオカミのような; 残忍な; 貪欲(どんよく)な.

wolf・ram [wúlfrəm] 名 = TUNGSTEN.

wol・ver・ine [wùlvəríːn / wúlvəriːn] 名 ©
1 〖動物〗 クズリ 《北米・北欧産のイタチ科の動物》.
2 Michigan 州の人の愛称.
◆ **Wólverine Stàte** 固 [the ~] クズリ州 《米国 Michigan 州の愛称; → AMERICA 表》.

*__wolves__ [wúlvz] 名 **wolf** の複数形.

wom・an [wúmən]
── 名 (複 **wom・en** [wímin]) **1** © (大人の) 女性, 女, 婦人; [無冠詞で; 集合的に] (男性に対して) 女性 (というもの) (↔ man): a career *woman* キャリアウーマン / a married [single] *woman* 既婚 [独身] 女性 / *women*'s clothes 婦人服 / She has grown up to be an attractive *woman*. 彼女は成長して魅力的な女性になった.
2 [形容詞的に] 女性の, 女の (→ LADY 語法): a *woman* doctor 女医 / a *woman* teacher 女性教師.
3 © 《時に軽蔑》 妻; 愛人, 恋人.
4 [呼びかけ] 《口語》 ねえ, ちょっと 《◇女性に対して, 怒り・いら立ちなどを表すときに用いる》: Be quiet, *woman*! おい, 静かにしろよ. **5** [複 ~s] 女らしさ.
6 © (女性の) 使用人, 家政婦, お手伝い.
■ *be one's ówn wóman* [ほめ言葉] (女性が支配を受けたり従属したりせずに) 自立している.
wóman to wóman (女性同士が) 率直に.
◆ **wómen's líb** [または W- L-] = women's liberation (↓).
wómen's liberátion [または W- L-] U 《古風》 ウーマンリブ, 女性解放運動 《◇今は feminism と言う》.
wómen's mòvement [the ~] 女性 (解放) 運動; [集合的に] 女性 (解放) 運動参加者.
wómen's ròom [the ~] 《米》 女性用公衆トイレ (ladies' room) (→ MEN 参考).
wóman stùdies [通例, 単数扱い] 女性学.

-wom・an [wumən] 結合 **(複 -wom・en** [wimin]) 「…に住む女性」「…国 [民族] の女性」「…を職業とする女性」の意を表す (→ -MAN 解説): a police-*woman* 婦人警官.

wom・an・hood [wúmənhùd] 名 U **1** (成人) 女性であること; 女性の成年期 (→ CHILDHOOD 関連語). **2** 女らしさ. **3** [集合的に] (格式) 女性: American *womanhood* アメリカの女性 (たち).

wom・an・ish [wúməniʃ] 形 (男性が) 女のような, 女々しい, 男らしくない.

wom・an・iz・er, 《英》 **wom・an・is・er** [wúmənàizər] 名 © 女遊びをする人, 女たらし.

wom・an・kind [wúmənkàind] 名 U [集合的に] 女性, 女.

*__wom・an・ly__ [wúmənli] 形 [ほめ言葉] 女らしい, 優

しい: **womanly** feelings 女性的な感情.
womb [wúːm] 图 [C] **1** [解剖] 子宮 (uterus). **2** (物事の)発生場所, 成長する所.
wom·bat [wámbæt / wɔ́m-] 图 [C] [動物] ウォンバット《オーストラリア産の有袋類》.

***wom·en** [wímin] (☆ 発音に注意)
图 **woman** の複数形.
wom·en·folk [wíminfòuk] 图 [集合的に; 複数扱い] 女性, 女; (一家・一族の) 女たち.

‡**won** [wán] 動 **win** の過去形・過去分詞.

***won·der** [wʌ́ndər]
—動 (三単現 **won·ders** [~z]; 過去・過分 **won·dered** [~d]; 現分 **won·der·ing** [-dəriŋ])
—他 **1** [wonder + 疑問詞節 [句]] …かしらと思う, 思案する; …か知りたいと思う: I *wonder why* she left. 彼女はなぜ行ってしまったのだろう / Tom *wondered what* to do. トムはどうしたらいのか思案した / I *wonder where* he is now. 彼は今頃どこにいるのだろうか / I *wonder if* [*whether*] it will be fine tomorrow. あすは晴れるかしら.
2 [wonder + that 節] [進行形不可] …ということを不思議に思う, …に驚く 《◇ that は口語, 省略する》: I *wonder* (*that*) you didn't ask her about it. あなたがそれについて彼女に尋ねなかったのが不思議です / I don't *wonder* he failed the examination. 彼が試験に落ちたのは当然です.
—自 **1** […について] 疑う, 怪しむ; 思いを巡らす [*about*]: A lot of people *wondered about* the politician's remark. 多くの人がその政治家の発言に疑念を抱いた / I'm sure she will come. — I *wonder*. 彼女はきっと来ると思いますーさあどうかな.
2 [進行形不可] […を] 不思議に思う, 驚く, 驚嘆する (be surprised) [*at*]: I *wondered at* the beautiful scenery. 私はその美しい景色に驚嘆した.
■ …, *I wónder*? [通例, 疑問文のあとに付けて] …かしら, *I wonder*? What is he going to do now, *I wonder*? 彼は今何をしようとしているのだろうか.
I wónder if [*whéther*] … **1** …をしてもよろしいですか《◇許可を求める丁寧な表現》: *I'm wondering if* I could take tomorrow off. あす休んでもよろしいでしょうか. **2** …をお願いできませんか《◇丁寧な依頼・勧誘の表現》: *I wonder if* you could come with me there. そこに一緒に行っていただけませんか.
I wòuldn't [*shòuldn't*] *wónder* (*if* …) 《主に英口語》 (…としても) 驚きはしない, (…でも) 当然だ.
—图 **1** [U] 驚き, 驚異 (の念), 感嘆: to my *wonder* (私が)驚いたことに / They watched his performance in *wonder*. 彼らは彼の演技を感嘆の念を抱いて見ていた / She was filled with *wonder* when she saw it. それを見たとき彼女は驚きの念でいっぱいになった. **2** [C] 不思議なもの [人], 驚くべきもの [人]: the Seven *Wonders* of the World 世界の七不思議 / It is a *wonder* (that) the mountaineers survived. その登山家たちが生存していたとは驚きです / What a *won-der*! なんて不思議なことだろう / A *wonder* lasts but nine days. 《ことわざ》不思議なことも9日しか続かない ⇒ 人のうわさも七十五日《◇「すぐに忘れられる事件・人」は a nine-day wonder, ninety-day [thirty-day] wonder などとも言う》.
3 [形容詞的に] 驚異的な, すばらしい: a *wonder* boy 神童 / a *wonder* drug 特効薬.
■ …, *and nò* [*líttle*] *wónder* [前文の内容を受けて] それもそのはず, 何の不思議もない: He has been elected governor, *and no* [*little*] *wonder*. 彼が知事に選ばれたのも当然です.
dò [*wórk*] *wónders* 奇跡を行う; すばらしい成果を上げる, (薬などが)驚くほどよく効く.
(*It is*) *nó* [*líttle*, *smáll*] *wónder* … …なのは少しも不思議ではない, 無理もない.
(▷ 形 **wónderful**, **wóndrous**)

***won·der·ful** [wʌ́ndərfəl]
—形 **1** すばらしい, すてきな: a *wonderful* idea [view] すばらしいアイディア [景色] / have a *wonderful* time すばらしいひとときを過ごす / Tom has a *wonderful* memory for figures. トムの数字に関する記憶は大したものだ / It's *wonderful* of you to ask me out. 私を誘ってくれたことに感謝します.
2 驚くべき, 不思議な: a *wonderful* story 不思議な物語 / It is *wonderful* that the boy has solved this problem. その少年がこの問題を解いたのは驚きだ. (▷ 名 **wónder**)

*won·der·ful·ly [wʌ́ndərfəli] 副 **1** すばらしく: I am *wonderfully* happy to see you again. あなたにまた会えて私はとてもうれしい. **2** 驚くほど, 不思議にも: She is *wonderfully* active for her age. 彼女は年の割には驚くほど活発だ.

won·der·ing·ly [wʌ́ndəriŋli] 副 不思議そうに; 驚いて.

won·der·land [wʌ́ndərlænd] 图 **1** [U] 不思議の国, おとぎの国: "*Alice's Adventures in Wonderland*" 『不思議の国のアリス』《英国の作家ルイス=キャロル作の童話》. **2** [C] (通例, 単数形で) (景色などのよい)すばらしい場所.

won·der·ment [wʌ́ndərmənt] 图 [U] 《文語》驚き, 驚嘆, 驚異: in [with] *wonderment* 驚いて.

won·drous [wʌ́ndrəs] 形 《詩語》驚くべき, 不思議な (wonderful). (▷ 名 **wónder**)

won·ky [wáŋki / wɔ́ŋ-] 形 [比較 **won·ki·er** [~ər]; 最上 **won·ki·est** [~ist]] 《英口語》ぐらぐらした, 不安定な.

wont [wɔ́ːnt, wóunt / wóunt] 形 [叙述用法] 《文語》 […し] 慣れた, […するのを] 常とする [*to do*]: as she is *wont to* say 彼女がよく言うように.
—图 [U] (通例 one's ~) 《格式》 習慣: as is one's *wont* いつものように.

***won't [wóunt]
《短縮》《口語》 **will not** の短縮形: You *won't* pass the examination if you don't study hard. 一生懸命勉強しないと試験に合格しないよ《◇ 単純未来》 / I *won't* work here any longer. 私はこれ以上ここでは働きません《◇ 意志未来》 / That boy *won't* be his son. あの少年

は彼の息子ではないでしょう (◇推量).

■ ***Wòn't you ...?*** [勧誘] …しませんか (◇ Will you ...? より親しみのある表現): *Won't you* have some cake? ケーキはいかがですか.

..., wòn't you? …しませんか; …してくれませんか (◇ ..., will you? より親しみのある表現): Dance with me, *won't you?* 私と一緒に踊りませんか.

wont·ed [wɔ́ːntid, wóunt- / wóunt-] [形] [限定用法]《文語》慣れた; いつもの, 例の.

woo [wúː] [動] [他] **1** …の支持を求める; 〈名誉・財産・支持など〉を得ようと努める. **2**《古風》〈女性〉に求愛[求婚]する, 言い寄る.

***wood [wúd]

— [名] (複 **woods** [wúdz]) **1** [U][C] 木材, 材木, (材質としての) 木: a piece of *wood* 1本の材木 / cut *wood* 材木を切る / Our house is made of *wood*. わが家は木造です.

2 [C] [しばしば ～s] 森, 林: We went for a walk in the *woods*. 私たちは森へ散歩に行った.

[語法] (1) 通例 wood(s) は forest よりも小さく grove よりも大きいものをさす.
(2)「1つの (特定の) 森」は wood とも woods とも言う. この woods は《米》ではしばしば単数扱いとなる: a large *wood(s)* 大きな森.

3 [U] まき, たきぎ (firewood): They gathered *wood* to build a fire. 彼らは火をおこすためにたきぎを集めた.

4 [形容詞的に] 木の, 木製の: a *wood* floor 木の床. **5** [C] [ゴルフ] ウッド《通例, 木製のヘッドが付いた大型クラブ》. **6** [the ～] (酒の) たる.

■ ***knóck (on) wóod***《米》(幸運が続くように) 木製品をたたく《自慢話などをしたあとにするまじない》.

nòt sée the wóod for the trées 木を見て森を見ず, 細かい点にこだわって大局を見失う.

òut of the wóod(s) [通例, 否定文で]《口語》危機を脱して: The situation is not *out of the woods* yet. 事態はまだ危機を脱していない.

tóuch wóod《英》= knock (on) wood (↑).

(▷ [形] wóoden, wóody)

◆ **wóod blòck** [C] **1** 版木, 木版 (画). **2** (床用の) 木れんが.

wóod ìnstrument [C] 木管楽器.

wóod lòuse [C] [動物] ワラジムシ, ダンゴムシ.

wóod pùlp [U] 木材パルプ《紙の原料》.

wood·bine [wúdbàin] [名] [U] [植] **1**《詩語》スイカズラ (honeysuckle). **2**《米》アメリカヅタ (Virginia creeper).

wood·carv·ing [wúdkàːrviŋ] [名] [U] 木彫り, 木彫(ちょう); 木彫術; [C] 木彫品.

wood·chuck [wúdtʃʌ̀k] [名] [C] [動物] ウッドチャック《北米産のマーモットの一種》.

wood·cock [wúdkɑ̀k / -kɔ̀k] [名] (複 **wood·cock, wood·cocks** [～s]) [C] [鳥] ヤマシギ.

wood·craft [wúdkræ̀ft / -krɑ̀ːft] [名] [U] **1** (狩りなどの) 山林技術, 森林の知識. **2** 木彫(ちょう) (術).

wood·cut [wúdkʌ̀t] [名] [C] 木版; 木版画.

wood·cut·ter [wúdkʌ̀tər] [名] [C] きこり; 木版彫刻師.

wood·ed [wúdid] [形] 木の茂った; 森の多い.

***wood·en [wúdn]

— [形] **1** [比較なし; 限定用法] 木製の, 木造の: a *wooden* table 木製のテーブル / a *wooden* house 木造の家. **2** (行動などが) 硬い, ぎこちない; (表情などが) 生気のない, 無表情な: a *wooden* manners ぎこちない物腰 / a *wooden* expression 生気のない表情. (▷ [名] wóod)

◆ **wóoden spóon** **1** [C] 木のスプーン. **2** [the ～]《英口語》最下位賞.

wóoden wédding [C] 木婚式《結婚5周年; → WEDDING 表》.

***wood·land** [wúdlənd, -lænd] [名] **1** [U] [または ～s] 森林地帯, 森林 (地). **2** [形容詞的に] 森林 (地) の, 森林にすむ: *woodland* birds 森にすむ鳥.

***wood·peck·er** [wúdpèkər] [名] [C] [鳥] キツツキ.

wood·pile [wúdpàil] [名] [C] まき [材木] の山.

wood·shed [wúdʃèd] [名] [C] まき小屋 [置き場].

woods·man [wúdzmən] [名] (複 **woods·men** [-mən]) [C] 森で働く人《森林伐採業者・猟師など》.

wood·sy [wúdzi] [形] (比較 **wood·si·er** [～ər]; 最上 **wood·si·est** [～ist])《米口語》森林の (ような).

wood·wind [wúdwìnd] [名] [C] 木管楽器; [the ～s; 集合的に] (オーケストラの) 木管部 (の奏者).

wood·work [wúdwə̀ːrk] [名] [U] **1** (階段・ドア・窓枠など建物内部の) 木造部分. **2**《英》(家具などの) 木工技術. **3** 木工品, 木工細工.

■ ***cóme [cráwl] òut of the wóodwork*** 突然 (ぞろぞろ) 現れる.

wood·worm [wúdwə̀ːrm] [名] **1** [C] (木を食害する) 木食い虫. **2** [U] 木食い虫による害.

wood·y [wúdi] [形] (比較 **wood·i·er** [～ər]; 最上 **wood·i·est** [～ist]) **1** 木の茂った; 森の多い. **2** 木質の; 木のような. (▷ [名] wóod)

woof[1] [wú(ː)f] [名] (複 **woofs** [～s]) **1** [the ～] (織物の) 横糸 (weft) (↔ warp). **2** [C] 織物.

woof[2] [wúf] [動] [自]《口語》(犬が) うーとうなる.
— [間] うー《犬の低いうなり声》.

woof·er [wúfər / wúːfə] [名] [C] ウーファー, 低音用スピーカー (cf. tweeter 高音用スピーカー).

***wool [wúl] (☆ 発音に注意)

【原義は「もじゃもじゃの毛」】

— [名] **1** [U] 羊毛, ウール《ヤギ・ラクダなどの毛も含む》: cloth made of *wool* 羊毛で織った布地.

2 [U] 毛糸: knitting *wool* (編み物用の) 毛糸.

3 [U] 毛織物, 羊毛製品: We feel warm in *wool* in winter. 冬はウールの服を着ると暖かい.

4 [形容詞的に] 羊毛の, ウールの: a *wool* muffler ウールのマフラー. **5** [U] 羊毛状のもの; 縮れ毛.

■ ***púll the wóol òver ...'s éyes*** …をだます.

(▷ [形] wóolen)

***wool·en,**《英》**wool·len** [wúlən] [形] **1** [通例, 限定用法] 羊毛 (製) の, ウールの: *woolen* goods 羊毛製品. **2** [限定用法] 毛織物 [羊毛] を扱う.
— [名] [～s] 毛織りの衣類; 毛織物. (▷ [名] wóol)

wool·ly [wúli] [形] (比較 **wool·li·er** [～ər]; 最上 **wool·li·est** [～ist]) **1** ウールの, 羊毛製の; ウールのような: a *woolly* hat ウールの帽子 / *woolly* clouds ふんわりした雲. **2** (考えなどが) 混乱した,

W

ぼんやりした.
— 名 (複 **wool·lies** [~z]) C《通例,複数形で》《英口語》毛織物用の衣類《セーター・下着など》.

wool·y [wúli] 形 (比較 **wool·i·er** [~ər]; 最上 **wool·i·est** [~ist]) 名 (複 **wool·ies**) 《米》= WOOLLY(↑).

wooz·y [wúːzi] 形 (比較 **wooz·i·er** [~ər]; 最上 **wooz·i·est** [~ist]) 《口語》(頭が)ぼんやりした; めまいがする (dizzy).

Wórces·ter·shire sàuce [wústər(ʃiər)-(ʃə)-] 《☆発音に注意》名 U ウスターソース《もともと英国のウスターシャー地方で作られた》.

****word [wə́ːrd]
名 動【原義は「話す」】
— 名 (複 **words** [wə́ːrdz]) **1** C 語, 単語: a native [foreign] *word* 固有 [外来] 語 / a compound *word* 複合語 / look up a *word* in a dictionary 辞書で単語を調べる / What is the English *word* for "neko"? = What is the *word* for "neko" in English?「猫」は英語で何と言いますか / He does not know a *word* of French. 彼はフランス語をまったく知らない / Write a paragraph of about 80 *words*. 1段落に80語ぐらいで書きなさい.

2 C《しばしば~s》(短い) 言葉, ひと言; 話, 会話: a man of few *words* 口数が少ない男 / He went away without a *word*. 彼はひと言も言わずに立ち去った / I have no *words* to express my thanks. 感謝を表す言葉もありません / Please explain it in your own *words*. 自分自身の言葉でそれを説明してください.

3 U《~の / ~という》知らせ, 便り; 伝言; うわさ《about, of / that 節》: spread [pass] the *word* about his situation 彼の身の上に関するうわさを広める / He had no *word* from his son for ten years. 彼のもとには10年間息子から音沙汰(監)がなかった / He sent *word* *that* he could not attend the meeting. 彼は会合には出られないと伝言した / The *word* is that he will go abroad next month. 彼は来月外国へ行くといううわさです.

4《one's ~》《…という》約束, 保証《*that* 節》: a man of his *word* 約束を守る男 / keep [break] one's *word* 約束を守る [破る] / I'll give my *word* for it. それは保証します / I took his *word* *that* he would come by nine. 私は9時までに来るという彼の言葉を信じた.

5《one's ~ / the ~》命令, 指示: He gave the *word* to stop. 彼は止まれという指示を出した.

6 [~s] 議論, 口論: hot *words* 激論 / come to *words* 口論になる. **7** [~s] 歌詞. **8** [the W-] 神の言葉, 福音; 聖書, 福音書.

■ *at a wórd* ひと言で; すぐに (でも).
be as góod as one's wórd 約束を果たす.
beyònd wórds 言葉に表せない, 言いようのない.
by wórd of móuth 口頭で, 口伝えで.
éat one's wórds 前言の誤りを認める, 前言を撤回する [取り消す].
from the wòrd gó《口語》最初から.
gèt a wórd in édgeways [édgewise]《通例, 否定文で》《口語》口をはさむ.
háng on ...'s wórds [évery wórd]《人》の言うことを注意深く聞く.
hàve a wórd 《…と》ちょっと話をする; 密談する《with》.
hàve a wórd in ...'s éar《英》…に耳打ちする, ひそかに話しかける.
hàve wórds《…と》口論する《with》.
in a [óne] wórd ひと言で言えば, 要するに.
in óther wórds 言い換えれば, つまり (➡ MEAN
LET'S TALK)): You are an adult, *in other words*, you have to be responsible for your actions. あなたは大人です. つまり, 自分の行動に責任を取らなければなりません.
in sò màny wórds《しばしば否定文で》そのままの言葉で, はっきりと: He did not tell me *in so many words*. 彼は私にはっきりとは言わなかった.
nòt [néver] hàve a góod wórd (to sáy) for ...《口語》…を決してほめない.
pùt ín [sáy] a (góod) wórd for ...《就職の世話などで》《人》をほめる, 《人》を推せんする.
pùt ... into wórds《感情など》を言葉で表す: I couldn't *put* the fear *into words*. その恐怖を言葉で言い表すことはできなかった.
pùt wórds in [into] ...'s móuth《口語》…が(言いもしないことを)言ったことにする.
sáy the wórd《口語》命令する; そのように言う.
tàke ... at ...'s wórd …の言葉を真(*)に受ける.
tàke ...'s wórd for it《口語》…の言葉を信用する, 約束を信じる.
tàke the wórds òut of ...'s móuth《口語》…の言おうとしていたことを先取りする.
upòn my wórd《古風》誓って言うが, 本当に.
(Upòn) My wórd!《古風》いやはや, これは驚いた《◇驚きを表す》.
wéigh one's wórds 言葉を選びながら話す.
wórd by wórd = word for word **2** (↓).
wórd for wórd **1** まったく同じ言葉で, 一字一句たがえずに: He told me *word for word* what she had said. 彼は彼女が言ったことを同じ言葉で私に話してくれた. **2** 逐語的に, 一語一語.
— 動 他《副詞(句)を伴って》…を言葉で表現する: You have to *word* your answer carefully. 答えは注意深く書かなければならない.

◆ **wórd blìndness** U 【医】失読症.
wórd clàss C 【文法】品詞 (part of speech).
wórd òrder U 【文法】語順.
wórd pròcessing U ワードプロセシング《ワープロによる文書作成・編集》.
wórd pròcessor C ワードプロセッサ, ワープロ《略語》WP).

word·book [wə́ːrdbùk] 名 C 単語集; (簡単な) 辞書.

word·ed [wə́ːrdid] 形《通例, 複合語で》言葉(づかい)が…の: a strongly-*worded* speech 強い口調の演説.

word·ing [wə́ːrdiŋ] 名 U 言葉づかい, 用語法; 言い回し, 表現.

word·less [wə́ːrdləs] 形 **1** 無言の. **2** 言葉に表せない, 口[言葉]にできない.

wórd-pér·fect 形《英》せりふ[言葉]を完全に覚え

word・play [wə́ːrdplèi] 名 U 軽妙な言葉のやり取り, 言葉遊び; しゃれ.

Words・worth [wə́ːrdzwə̀ːrθ / -wə̀θ] 名 ワーズワース William Wordsworth《1770-1850; 英国のロマン派の詩人》.

word・y [wə́ːrdi] 形 (比較 **word・i・er** [~ər]; 最上 **word・i・est** [~ist]) 言葉数の多い, くどい.

****wore** [wɔ́ːr] (☆同音語 war) 動 wear の過去形.

****work** [wə́ːrk] 名 動

原義は「行動する」.

名 ① 仕事; 職業. 1, 2
② 勉強; 努力. 3
③ 勤め先, 職場. 4
④ 作品; 細工. 5, 6

動 ① 働く; 働かせる. 自 1; 他 2
② 勤めている. 自 2
③ 勉強する; 努力する. 自 3

— 名 (複 **works** [~s]) **1** U **仕事**, 労働, 業務 (→ 類義語): light [heavy] *work* 軽作業 [重労働] / physical [intellectual] *work* 肉体 [知的] 労働 / clerical *work* 事務 / Let's begin our *work* for the day. 1日の仕事を始めよう / I returned to *work* after a short break. 私は少し休んでから仕事を再開した / We start *work* at nine in the morning. 私たちは午前9時に仕事を始める / We have a lot of *work* to do this week. 今週はしなければならない仕事がたくさんある.

2 U [無冠詞で] (生計を立てる) **職業**, 仕事, 勤め (→ OCCUPATION 類義語): look for [find] *work* 職を探す [見つける] / I have been doing legal *work* for five years. 私は法律関係の仕事を5年間している / She started *work* as a salesperson. 彼女は売り子として勤め出した.

3 U 勉強, 研究; 努力: Hard *work* enabled him to be a doctor. 懸命に勉強したおかげで彼は医師になれた / All *work* and no play makes Jack a dull boy. 《ことわざ》勉強ばかりして遊ばないとジャックはだめな子になる ⇒ よく学びよく遊べ.

4 U [無冠詞で] 勤め先, 職場: She goes to *work* by car. 彼女は車で通勤している / I always leave *work* at seven. 私はいつも7時に会社を出る.

5 C [しばしば ~s] (芸術などの) 作品, 著作物: the complete [collected] *works* of Hemingway ヘミングウェーの全集.

6 U [しばしば複合語で] 細工, 手作業; 細工品, 手芸品: glass*work* ガラス細工 / patch*work* パッチワーク / She wears a necklace of her own *work*. 彼女は手作りのネックレスを着けている.

7 [~s; 単数・複数扱い; しばしば複合語で] 工場, 製作所: a recycling *works* リサイクル工場 / a gas*works* ガス工場.

8 U C 仕事ぶり; 仕業(ばじ), 行為: skillful *work* of excusing 巧みな言い訳のしかた / This broken window must be the *work* of the boys over there. この窓が割れているのは向こうにいる少年たちの仕業に違いない. **9** [~s; しばしば複合語で] 土木工事: public *works* 公共 (土木) 事業. **10** [the ~s] (時計などの) 仕掛け, 機械. **11** [the (whole) ~s] (口語) (関係する) すべてのもの, 一切合財. **12** U 〖物理〗作用, 仕事 (量).

■ *áll in a* [*the*] *dáy's wórk* 《口語》よくあることで, あたり前で, 日常茶飯事で.

at wórk **1** 仕事中で, 働いていて; 職場にいて: My husband is *at work* right now. 夫は今仕事中です / Men *at work*. 《掲示》工事中. **2** (機械などが) 動いて, 作動中で. **3** (効果・影響などが) 出て, 作用して.

fàll to wórk = set to work (↓).

gèt to wórk = set to work (↓).

gìve ... the wórks 《口語》 **1** 〈人〉をひどい目にあわせる. **2** 〈人〉にすべてを打ち明ける; 〈人〉に十分なことをしてやる.

gò to wórk = set to work (↓).

hàve one's wórk cùt óut (*for one*) 《口語》難しい仕事をたくさん抱えている.

in the wórks 《口語》計画中で; 進行中で.

in wórk 職について (↔ out of work).

màke shórt [*líght, quíck*] *wórk of ...* 《口語》...をてきぱきと片づける, すばやく済ませる.

òff wórk 仕事を休んで.

òut of wórk 失業して (↔ in work): He's been *out of work* for years. 彼は何年も失業している.

pùt ... to wórk = set ... to work (↓).

sèt [*gò*] *abòut one's wórk* 仕事に取りかかる.

sèt to wórk 仕事を始める, [...に] 取りかかる [*on*]: I'll *set to work on* the new job next week. 私は来週新しい仕事に取りかかる予定です.

sèt ... to wórk 〈人〉に仕事を始めさせる.

shóot the wórks 《口語》全力をつくす; イチカバチかやってみる.

— 動 (三単現 **works** [~s]; 過去・過分 **worked** [~t]; 現分 **work・ing** [~iŋ])

— 自 **1 働く**, 仕事をする: My mother is *working* in the kitchen. 母は台所で家事をしています / I *work* from ten to six. 私は10時から6時まで働く / He *worked* part-time during summer vacation. 彼は夏休みの間アルバイトをした.

2 [...に / ...として] **勤めている**, 勤務する [*for, in, at / as*]: I will *work* after graduation. 私は卒業したら就職するつもりです / My father *works for* a trading company. 父は貿易会社に勤めている / He is *working in* publishing. 彼は出版業界で働いている / She's been *working as* a lawyer for five years. 彼女は5年間弁護士として働いてきた.

3 [...を] **勉強する**, 研究する, 取り組む; 努力する [*at*]: He *worked* hard *at* the homework. 彼は宿題に一生懸命取り組んだ / She has been *working* for world peace. 彼女は世界平和のために尽力してきた.

4 (機械などが) 動く, 作動する; (頭・器官などが) 働く: My computer doesn't *work* well. 私のコンピュータは調子がよくない / This toy *works* by a spring. このおもちゃはぜんまい仕掛けで動く / My

work

mind is *working* well now. 私は今すごく頭がさえている. **5**(計画などが)うまくいく;(薬などが)[…に]効く,効果がある [*on*]: I don't think the project will *work*. 私は計画がうまくいくとは思わない / This medicine doesn't *work on* me at all. この薬は私には全然効かない. **6**(a)[副詞(句)を伴って]徐々に[少しずつ]動く: The wreck *worked* down to the bottom of the sea. 難破船は徐々に海底へ沈んでいった. (b)[work+C]少しずつ動いて…になる(◇ C は形容詞): The dog's collar *worked* loose. 犬の首輪はだんだんゆるんできた. **7**《文語》(表情などが)ひきつる;(心が)動揺する;(海が)波立つ. **8**(素材・材料を使って)作る,仕事する;(材料などが)加工[細工]できる. **9**(酒などが)発酵する.
— 他 **1**[work+O]〈機械など〉を操作する,動かす: Do you know how to *work* this machine? この機械の操作方法を知っていますか / This car is *worked* by electricity. この車は電気で動く. **2**[work+O]…を働かせる;勉強させる;[work+O+C]…を働かせて~にする(◇ C は形容詞): My boss *works* me so hard these days. 最近上司は私をこき使う / He *worked* himself *sick*. 彼は働きすぎて体をこわした. **3**[work+O]〈効果・作用〉をもたらす,引き起こす: This medicine is sure to *work* a cure for the disease. この薬はこの病気に必ず効果がある. **4**[work+O]〈土地〉を耕す;〈鉱山・油田など〉を掘る;〈農場・事業など〉を経営する;(セールスマンなどが)〈区域・場所〉を受け持つ: The company has decided to stop *working* this mine. 会社はその鉱山で採掘する[経営する]のをやめることにした / He *works* this area of the city. 彼は市のこの区域を受け持っている. **5**[work+O][副詞(句)を伴って]…を徐々に[少しずつ]動かす;[work+O+C]…を少しずつ動かして~にする(◇ C は形容詞): He *worked* his legs into cold water. 彼は足を少しずつ冷たい水の中に入れた / I *worked* the screw *loose* with the screwdriver. 私はドライバーでねじをゆるめた. **6**〈人・感情など〉を[…の状態に]する,動かす[*into*]: *work* oneself *into* a rage 怒り出す. **7**〈材料〉を加工する: *work* iron 鉄を加工する. **8**〈模様・文字など〉を[…に]縫い込む,刺しゅうする [*on*].

句動詞 wórk agàinst ... 他 …の不利になる;…に反対する.

wórk aróund to ... 他 **1**《口語》〈問題など〉に手が回る,やっと取りかかる. **2**(風などが)徐々に…に向きを変える.

wórk awáy 自 [しばしば進行形で][…に]せっせと取り組む,勉強し続ける [*at, on*].

wórk ín 他 [work in+O / work+O+in] **1**〈言葉など〉を盛り込む;(予定などに)…を(うまく)入れる,組み込む: He advised me to *work in* at least one joke. 彼は私に少なくとも1つジョークを盛り込むようにと言った. **2**…を混ぜ合わせる,塗り込む.

wórk ... ìnto ~ 他 **1**…を~に入れる,組み込む;〈表現など〉を~に盛り込む. **2**〈材料〉を…に混ぜ合わせる,加工する.

wórk óff 他 [work off+O / work+O+off] **1**〈ストレスなど〉を発散する;(努力して)取り除く: I tried to *work* the pain *off*. 何とかして痛みを止めようとした. **2**〈借金〉を働いて返す.
— 自 (痛みなどが)徐々になくなる;(ねじなどが)外れる,とれる.

wórk on ... **1**…に従事する,(の製作・修理など)に取り組む;…を勉強[研究]する: He is *working on* his new theory. 彼は新しい理論に取り組んでいる. **2**〈考えなど〉に基づいて行動する. **3**[…するよう]〈人・感情〉に働きかける,影響を与える;…を説得する [*to do*].

wórk óut 他 [work out+O / work+O+out] **1**〈解決法・計画〉を考え出す,見つけ出す: They *worked out* the best solution. 彼らは最善の解決策を考え出した. **2**〈問題など〉を解く,解決する;〈数・答え〉を導く: I cannot *work* the problem *out* by myself. その問題は私1人では解決できない. **3**…を理解する,〈人の性格など〉を見抜く. **4**〈任務など〉を果たす,やり通す;〈目標など〉を達成する. **5**〈鉱山など〉を掘りつくす.
— 自 **1**(計画などが)うまくいく;[副詞(句)を伴って]結果が…となる: Don't worry; everything will *work out* in the end. 心配しないで. 最後には万事うまくいくよ. **2**(問題などが)解ける,解決する;(計算の結果などが)[…に]なる [*at, to*]: The sum *worked out* to $100. 合計は100ドルになった. **3**運動する,トレーニングをする: She *works out* regularly. 彼女は定期的に運動をしている.

wórk óver 他 [work over+O / work+O+over] **1**…に手を加える,…をやり直す. **2**《口語》…をたたきのめす.

wórk róund to ... = work around to ... (↑).

wórk thróugh 他 [work through+O / work+O+through]〈困難など〉にうまく対処する,…を乗り越える.

wórk úp 他 [work up+O / work+O+up] **1**〈人〉を(徐々に)興奮させる;興奮させて[…の状態に]する [*into*]: She *worked* him *up into* anger. 彼女は彼を刺激して怒らせた. **2**〈感情・意欲など〉を盛り上げる;(運動して)〈食欲など〉を起こす: My careless words *worked* his anger *up*. 私は不用意な発言で彼をますます怒らせてしまった. **3**…を作り上げる,まとめる.

・wórk úp to ... …まで気持ちが高ぶる;(努力して)…まで出世する.

■ **wórk it [thìngs]**《口語》うまくやる,取り計らう: She *worked* it so that I could get on the plane. 彼女の取り計らいで私はその飛行機に乗ることができた.

wórk one's wáy (苦労して)進んで行く,やり通す.

◆ **wórk fòrce** [the ~]労働力;労働人口.

wórk of árt C (複 **works of art**) **1**(絵画などの)芸術作品. **2**すばらしい出来栄えのもの.

wórk shèet C 作業票,(会計用)精算表;練習帳.

[類義語] **work, job, business**
共通する意味▶仕事 (a task or duty that one must perform)
work は「仕事」の意を表す最も一般的な語: There's plenty of *work* to be done today. きょうじゅうにやらなければならない仕事がたくさんある. **job** は通例, 人から課せられる「しなくてはならないこと, 務め」の意: Filling in an income tax return is a troublesome *job*. 所得税申告書の記入は面倒な仕事です.
business は「本分, 務め, 役目」の意: It is a parent's *business* to look after his or her child. 子供の面倒を見るのは親の務めです.

work・a・ble [wə́ːrkəbl] 形 **1** (計画などが) 実行できる. **2** (機械などが) 動かすことができる, 運転できる. **3** (材料などが) 加工 [細工] できる.

work・a・day [wə́ːrkədèi] 形 [限定用法] **1** 平凡な, つまらない. **2** 平日の, 仕事日の.

work・a・hol・ic [wə̀ːrkəhɔ́ːlik / -hɔ́l-] 名 C 《口語》仕事中毒の人, 仕事の虫, ワーカホリック.

work・bas・ket [wə́ːrkbæ̀skit / -bàːs-] 名 C 裁縫道具入れ.

work・bench [wə́ːrkbèntʃ] 名 C 仕事 [作業] 台.

work・book [wə́ːrkbùk] 名 C **1** 練習 [学習] 帳, ワークブック. **2** 取扱説明書.

work・day [wə́ːrkdèi] 名 C **1** 1日の労働 [勤務] 時間. **2** 《米》仕事 [就業] 日, 平日 (↔ holiday).

***work・er** [wə́ːrkər]

— 名 (複 **work・ers** [~z]) C **1** [しばしば複合語で] 労働者, 勤労者; [the ~s; 集合的に] 労働者階級 (の人): a factory *worker* 工員 / an office *worker* (事務系の) 会社員 / a part-time *worker* パートタイムの労働者.
2 仕事 [勉強] をする人; 研究者; [形容詞を付けて] 仕事 [勉強] をするのが…な人: a hard *worker* 勤勉家 / a quick [slow] *worker* 仕事が速い [遅い] 人. **3** 《口語》働き者: He is quite a *worker*. 彼は本当に働き者です. **4** [昆] 働きバチ; 働きアリ.

work・horse [wə́ːrkhɔ̀ːrs] 名 C **1** (乗馬用に対して) 使役用の馬. **2** 働き者.

work・house [wə́ːrkhàus] 名 C **1** 《米》 教護院, (軽犯罪人用の) 収容施設. **2** 《英史》救貧院.

*work・ing** [wə́ːrkiŋ] 形 [限定用法] **1** 働く, 労働に従事する; 仕事 [作業] 用の: the *working* population 労働人口 / *working* hours 労働 [勤務] 時間 / *working* clothes 作業服. **2** 実際に役立つ, 実用的な: a *working* knowledge of English 英語の実用的な知識.
— 名 **1** U 仕事, 労働. **2** C [しばしば ~s] (組織・体の一部などの) 働き, 作用; (機械などの) 動き方, 動かし方: the *workings* of the brain 脳の働き. **3** [~s] (石切り場・鉱山などの) 作業 [採掘] 場.
◆ wórking cápital U 運転 [営業] 資本.
wórking dày = WORKDAY (↑).
wórking gròup 名 特別調査委員会, 作業部会.
wórking òrder U (機械などの) 正常運転 [操業]: in *working* order 正常に作動して; 順調で.

wórking pàpers [複数扱い]《米》(未成年・外国人などの) 就業調書.
wórking pàrty《英》= working group (↑).
wórking wèek C《英》週 (間) 労働 [勤務] 時間 [日数]《米》workweek].

wórk・ing-cláss 形 [限定用法] 労働者階級の.
wórk・ing cláss 名 [the ~(es); 集合的に]《主に英》労働者階級.

work・ing・man [wə́ːrkiŋmæ̀n] 名 (複 **work・ing・men** [-mèn]) C 労働者, 職人, 工員.

work・load [wə́ːrklòud] 名 C (人・機械の) 作業負担, 標準仕事量.

*****work・man** [wə́ːrkmən] 名 (複 **work・men** [-mən]) C 労働者, 職人, 工員; [形容詞を伴って] 仕事が…な人: a skilled *workman* 熟練工 / A bad *workman* blames his tools. 《ことわざ》下手な職人は道具に難癖をつける ⇒ 弘法(こうぼう)筆を選ばず.

work・man・like [wə́ːrkmənlàik] 形 職人らしい; 腕 [手際] のいい.

work・man・ship [wə́ːrkmənʃìp] 名 U《格式》**1** (職人の) 技量, 腕前; 出来栄え. **2** 細工物, (工芸) 作品.

work・mate [wə́ːrkmèit] 名 C《主に英口語》仕事仲間, 同僚.

work・out [wə́ːrkàut] 名 C (運動の) 練習, トレーニング (期間).

work・peo・ple [wə́ːrkpìːpl] 名 [集合的に; 複数扱い]《主に英》労働者, (特に) 工員.

work・place [wə́ːrkplèis] 名 C 仕事 [作業] 場.
work・room [wə́ːrkrù(ː)m] 名 C 仕事部屋, 作業室.

#**work・shop** [wə́ːrkʃàp / -ʃɔ̀p] 名 C **1** 仕事場, 作業場; (手工業の) 小工場. **2** 研究会, 研修会, ワークショップ: a history *workshop* 歴史研究会.

wórk・shỳ 形 仕事嫌いの, なまけものの.
work・sta・tion [wə́ːrkstèiʃən] 名 C【コンピュータ】ワークステーション《ネットワーク機能を持つ高機能コンピュータ》.

work・ta・ble [wə́ːrktèibl] 名 C 仕事台; (引き出し付きの) 裁縫台.

work・top [wə́ːrktàp / -tɔ̀p] 名 C《主に英》(台所の) 調理台 (《米》counter).

wórk-to-rúle 名 C [通例, 単数形で] 順法闘争.

work・week [wə́ːrkwìːk] 名 C《米》週労働時間 [日数] (《英》working week): a five-day *workweek* 週5日 (勤務) 制.

*world** [wə́ːrld] 【原義は「人の一生」】
— 名 (複 **worlds** [wə́ːrldz]) **1** [the ~] 世界, 地球 (earth): a map of the *world* 世界地図 / all over the *world* = the (whole) *world* over 世界じゅうで / He traveled around the *world*. 彼は世界を一周した / I'm the happiest man in the *world*. 私は世界で一番幸せな男です.

2 [the ~] (特定の地域・時代の) 世界, 地域: the Arab *world* アラブ世界 / the ancient [modern] *world* 古代 [現代] の世界 / the New *World* 新世界《アメリカ大陸》/ the Old *World* 旧世界《ヨーロッパ・アジア・アフリカ》/ the Third *World* 第三

世界《アジア・アフリカ・ラテンアメリカなどの発展途上国の総称》.
3 [the ～; 単数扱い] 世界じゅうの人々, 人類, 世間の人々: The whole [All the] *world* will know the fact presently. やがては世界じゅうの人々がこの事実を知るだろう. **4** [形容詞的に] 世界の, 万国の; 世界的な: *world* affairs 世界情勢 / *world* peace 世界平和 / a *world* record 世界記録.
5 [単数形で; しばしば the ～] 世の中, 世間; 世事; この世, 浮き世: a person of the *world* 世慣れた人 / this *world* and the next 現世と来世, この世とあの世 / come into the *world* 生れる (cf. go out into the world 世の中に出る) / She has little experience of the *world*. 彼女はまだ世間をよく知らない.
6 C [通例 the ～; 通例, 修飾語句を伴って] …界, …の世界: the literary *world* 文学界 / the *world* of art 芸術の世界 / the animal [mineral, vegetable] *world* 動物 [鉱物, 植物]界.
7 C [しばしば所有格を伴って] (個人の経験する)世界, 世間, 国: a child's *world* 子供の世界 / the *world* of dreams 夢の世界 / He seems to be living in a *world* of his own. 彼は自分だけの世界に生きているようだ.
8 [the ～] 宇宙, 万物; C (地球以外の)天体, 惑星: I wonder if there is life on other *worlds*. 地球以外の惑星に生物はいるのだろうか.
9 [単数形で] 多量 (の…), 多数 (の…) [*of*]: a *world* of difference 格段の差 [違い].
■ *be* [*mean*] *áll the wórld to ...* …にとってかけがえのないものである, すべてである.
bríng ... ìnto the [*this*] *wórld*《格式》**1**〈子供〉を産む. **2** (医師などが)〈子供〉を取り上げる.
for (*áll*) *the wórld* [否定文で] どんなことがあっても, 決して: I wouldn't leave you on your own *for the world*. 私は決してあなたを1人にはしない.
for áll the wórld like [*as if*] *...*《文語》まるで…のように: She looked *for all the world like* my sister. ＝ She looked *for all the world as if* she were my sister. どう見ても彼女は私の姉そっくりだった.
háve [*gèt*] *the bést of bóth wórlds* (対立する2つのものの) 要求を満たす, 2つともうまくやる.
in the wórld **1** [疑問詞を強めて] 一体全体: How *in the world* did you come here? いったいどうやってここに来たのですか. **2** [否定を強めて] 全然, 少しも: No one *in the world* wants to live a poor life. だれ1人として貧しい生活を望む者はいない. **3** [最上級を強めて] 世界じゅうで: the greatest person *in the world* 世界じゅうで最も偉大な人.
on tóp of the wórld《口語》幸せの絶頂で, 有頂天で.
òut of this [*the*] *wórld*《口語》(この世のものとは思えないほど) 飛び切り上等の, すばらしい.
sée the wórld (旅行によって) 世界 [世間] を知る.
sèt the wórld on fíre [通例, 否定文で]《口語》評判をとる.
thínk the wórld of ... …を非常に尊敬する [大切にする].

wórlds apárt ひどく違って [正反対で]: Jane and Henry are *worlds apart* in their food preferences. ジェーンとヘンリーは食べ物の好みが正反対です.
wórld withòut énd《格式》永久に, 永遠に.
◆ **Wórld Bánk** [the ～] 世界銀行《◇正式名は「国際復興開発銀行 (International Bank for Reconstruction and Development)」》.
Wórld Cóurt [the ～] 国際司法裁判所《◇正式名は International Court of Justice》.
Wórld Cúp [the ～] ワールドカップ《サッカー・ラグビーなど各種スポーツの世界選手権試合》.
Wórld Environméntal Dày [the ～] 世界環境デー《6月5日》.
Wórld Héalth Organizàtion [the ～] (国連の) 世界保健機関《《略語》WHO》.
Wórld Héritage Site [the ～] 世界遺産 (史跡)《ユネスコ指定》.
wórld lánguage C **1** 世界語《英語のように多くの国で通用する言語》. **2** (人工の) 国際語《エスペラントなど》.
Wórld No-Tobácco Dày [the ～] 世界禁煙デー《5月31日》.
wórld pówer C 列強, 大国《軍事・経済などで影響力の大きい国》.
Wórld Séries [the ～]《米》〖野球〗ワールドシリーズ《アメリカンリーグ, ナショナルリーグの各優勝チームによって争われる王座決定戦》.
wórld's fáir C 万国博覧会.
Wórld Tráde Cènter [the ～] 世界貿易センター《New York 市の超高層ビル群. 2001年9月11日にツインタワー (Twin Towers) がテロで倒壊》.
Wórld Tráde Organizàtion [the ～] 世界貿易機関《《略語》WTO》.
wórld wár C 世界大戦 (↓).
Wórld Wàr I [-wán] [無冠詞で] 第1次世界大戦 (the First World War)《1914–18》.
Wórld Wàr II [-túː] [無冠詞で] 第2次世界大戦 (the Second World War)《1939–45》.
Wórld Wide Fúnd for Náture [the ～] 世界自然保護基金《国際的な自然保護団体;《略語》WWF》.
Wórld Wide Wéb [the ～]〖コンピュータ〗ワールドワイドウェブ《インターネット上の情報を相互にリンクさせたシステム;《略語》WWW》.
world-beat-er [wə́ːrldbìːtər] 名 C ずば抜けた人 [もの], 第一人者; 最高級品.
wórld-cláss 形 世界で一流の, 国際的な.
wórld-fá-mous 形 世界的に有名な.
world-ly [wə́ːrldli] 形 (比較 **world-li-er** [～ər]; 最上 **world-li-est** [～ist]) **1** [限定用法] 現世の, この世 [世間] の; 世間の: *worldly* affairs 俗事. **2** 世情れた, 世渡りのうまい; 世俗的な, 名利欲の強い: *worldly* wisdom 世渡りの知恵.
world-li-ness [～nəs] 名 U 世俗的なこと.
wórld-ly-wíse 形 世慣れた, 世渡りのうまい.
wórld-view [wə́ːrldvjùː] 名 C 世界観.
wórld-wéa-ry 形 世の中 [人生] がいやになった, 厭世(えん)的な.
world-wide [wə́ːrldwáid] 形 (名声・評判などが)

世界的な, 世界じゅうに広まった: a *worldwide* shortage of oil 世界的な石油不足 / The pianist has *worldwide* fame. そのピアニストは世界的名声がある ⇨ 世界じゅうに知れ渡っている.
— 副 世界じゅうに(広まって): AIDS has spread *worldwide*. エイズは世界じゅうに広まった.

*****worm** [wə́ːrm] 名 動

—名 (複 **worms** [~z]) **1** C **虫**《ミミズ・毛虫など骨・足などのないもの; → INSECT 類義語》: Even a *worm* will turn. 《ことわざ》虫でも反撃してくるのだ ⇨ 一寸の虫にも五分の魂. **2** [~s] (腸内の)寄生虫; [単数扱い] 医 寄生虫病. **3** C (口語)(虫けら同様の)弱々しい人; いやな人, 軽蔑される人.
4 C 機械 ウォーム《ねじなどのらせん部》.

—動 他 **1**〈秘密・情報などを[人から]〉時間をかけて引き出す《*out of*》: He *wormed* the information *out of* the suspect. 彼はようやく容疑者からその情報を聞き出した. **2**〈家畜など〉から寄生虫を駆除する.

■ *wórm* onesélf [*one's wáy*] **1** [副詞(句)を伴って] (はうように)徐々に進む: He *wormed* his *way* across the muddy field. 彼はぬかるんだ野原をのろのろと進んだ. **2** 《通例, 軽蔑》〈愛情・信頼などを〉得るために巧みに取り入る《*into*》.

◆ **wórm gèar** [**whèel**] C 機械 ウォーム歯車.

wórm·èat·en 形 **1** (樹木・果実などが)虫に食われた, むしばまれた. **2** 古臭い, 時代遅れの.

worm·wood [wə́ːrmwùd] 名 U 植 ヨモギ, (特に)ニガヨモギ《◇実を酒類の香味付けに用いる》.

worm·y [wə́ːrmi] 形 (比較 **worm·i·er** [~ər]; 最上 **worm·i·est** [~ist]) **1** 虫だらけの; 虫の食った. **2** (口語)(虫けら同様の)みじめな, 実にいやな.

*****worn** [wɔ́ːrn] 動 形

—動 wear の過去分詞.

—形 **1** すり切れた; 使い古した: a *worn* rug すり切れた敷物. **2** (人・表情などが)疲れ切った, やつれた: He looked *worn* yesterday. きのう彼は疲れ切った顔をしていた.

wórn-óut 形 **1** (衣服・道具などが)すり切れた, 使い古した. **2** [通例, 叙述用法] (人が)疲れはてた, 弱り切った. **3** (言葉・考えなどが)陳腐な, 古臭い.

***wor·ried** [wə́ːrid / wʌ́r-] 形 […について / …というので] 心配している, 困っている《*about*, *over* / *that* 節》; (表情などが)心配そうな: look *worried* 当惑した顔をしている / I'm *worried about* his health. 彼の健康が心配です / He *was worried that* she might be late. 彼女が遅刻するかもしれないと彼は心配だった.

wor·ri·er [wə́ːriər / wʌ́r-] 名 C 心配性の人.
wor·ri·some [wə́ːrisəm / wʌ́r-] 形《格式》
1 (事態などが)気にかかる, 心配な; やっかいな.
2 苦労性の, くよくよする (*worrying*).

*****wor·ry** [wə́ːri / wʌ́ri] 動 名
〖原義は「(精神的に)苦しめる」〗

—動 (三単現 **wor·ries** [~z]; 過去・過分 **wor·ried** [~d]; 現分 **wor·ry·ing** [~iŋ])
— 自 […のことで] **悩む**, くよくよする, 心配する《*about*, *over*》: Don't *worry*. くよくよ[心配]しないで (➡ LET'S TALK) / You don't have to *worry about* the results of the test. あなたはテストの結果を心配する必要はない / Don't *worry* (*about*) returning this book so soon. この本は急いで返してくれなくてもいいですよ《◇動名詞の前の前置詞はしばしば省略される》.

—他 **1** (a) [worry + O] …を[…で]悩ませる, 心配させる《*about*, *over*, *with*》(→ 類義語; → WORRIED): My wife's health *worries* me. 私は妻の健康が心配です / Don't *worry* yourself *about* the past. 過去のことでくよくよするな / It *worried* me that he did not answer the telephone. 彼が電話に出なかったので私は心配になった. (b) [worry + that 節] …ではないかと心配する: We *worried that* she would be late for school. 彼女が学校に遅刻するのではないかと私

LET'S TALK 励ましの言葉

[基本] **Don't worry.**

Kenji: **Oh, I haven't finished my assignment yet.**
(ああ, 宿題がまだ終わらないよ)

Bill: **Don't worry. We have a lot of time.**
(心配しないで. 十分に時間はあります)

落ち込んでいる人を「心配しないで」と励ますには, Don't worry. と言いましょう. Cheer up! (元気出して) または Take it easy. (くよくよするな) と言うこともできます. これらの言葉のあとには, 相手に希望を持たせる言葉を言うとよいでしょう.

試合・試験などに挑戦する人を励ますには, Good luck. (幸運を祈ります) または Keep trying. (その調子でやり続けなさい) と言います. どちらも日本語の「頑張れ」に相当する言葉です.

[類例] A: Our team has a soccer match this weekend.
(私たちのチームは今週末にサッカーの試合があります)
B: Good luck! (頑張ってください)

たちは心配した. (c) [worry oneself+C] [...について] くよくよ [心配] するあまりに…(の状態) になる [about, over, with]: She worried herself sick over the entrance exam. 彼女は入試のことで気をもんでいた.

2 [...で] …をいらいらさせる, うるさがらせる [with]: The dog's barking always worries me. 私は犬のほえる声にいつも悩まされている / The students worried the teacher with their questions. 生徒たちは先生にうるさく質問した.

3 […に […を / …するように] うるさくせがむ [for / to do]: Jim is worrying his father for a bicycle. ジムは父親に自転車をせがんでいる.

4 (犬などが) …をくわえて振り回す, いじくり回す.

■ *Nót to wórry.* 《主に英口語》 ご心配なく (Don't worry.).

wórry at ... **1** 〈人〉にしつこく食い下がる;〈物事〉に挑戦する. **2** 〈犬などが〉…をくわえて振り回す.

—— 名 (複 wor·ries [~z]) **1** ⓤ 心配, 悩み, (精神的な) 苦労 (→ CARE) [類義語]: I could travel without worry because he took me around. 彼が案内してくれたおかげで私は何の心配もなく旅行することができた / Worry kept him awake. 彼は心配で眠れなかった.

2 ⓒ (通例, 複数形で) […についての / …にとっての] 心配事, 心配 [悩み, 苦労] の種 [about, over / to]: financial worries 財政上の悩み / Worries never leave me. 私には心配事が絶えない / Not having enough physical strength is a worry to him. 体力不足が彼の悩みの種です.

> [類義語] **worry, annoy, bother**
> 共通する意味 悩ませる, いらいらさせる (make someone feel anxious or impatient)
> **worry** は絶え間ない刺激や攻撃によって人を「悩ませる, いらいらさせる」の意: Lack of rain *worries* farmers. 雨不足が農民を悩ませている. **annoy** は繰り返し人を「不愉快な目にあわせて悩ます, 困らす」の意: Don't *annoy* me by following me around all day long. 一日じゅう付きまとって私をいらいらさせないでくれ. **bother** は何かに集中しようとしているときなどにじゃまをして「心の平穏をかき乱していらいらさせる」の意: Don't *bother* me while I'm studying. 私が勉強中はじゃましないでくれ.

wor·ry·ing [wə́ːriiŋ / wʌ́riiŋ] 形 心配な, 気にかかる; やっかいな: a *worrying* report about the environment 環境に関する憂慮すべき報告.

worse [wə́ːrs] 形 副 名

—— 形 **1** [bad の比較級] もっと悪い [劣った] (↔ better): I'm a *worse* tennis player than she (is). 私は彼女よりテニスが下手です / The weather has been getting *worse* and *worse*. 天気はどんどん悪くなってきている / My score on the math exam was much *worse* than I had expected. 数学の試験の点数は私が予想していたよりずっと悪かった.

2 [ill の比較級; 叙述用法] (病状などが) もっと悪い, さらに悪化した: The patient seems even *worse*. 患者の容体はさらに悪化したようだ.

■ *be nóne [néver] the wórse for ...* …にもかかわらず同じ状態で [平気で] ある: He *was none the worse for* the hard training. 彼は激しいトレーニングをしたのに何でもない顔をしていた.

be the wórse for wéar 《口語》 **1** (服などが) 使い古されて傷んでいる, 着古されている. **2** へとへとに疲れている; (酒を飲みすぎて) 気分が悪い.

to máke mátters [thíngs] wórse = (*and*) *whàt is wórse* [文修飾] さらに悪い [困った] ことには: It was getting dark, *and what was worse*, it began to snow. だんだん暗くなってきて, さらに困ったことには雪が降り出した.

—— 副 [badly, ill の比較級] **1** もっと悪く, もっと下手に (↔ better): Tom sang *worse* than Jim. トムはジムよりも歌が下手だった. **2** いっそうひどく; より激しく: It's snowing *worse* than before. さっきよりも激しく雪が降っている.

■ *can [could] dò wórse than ...* 《口語》 …するのも悪くない: You *could do worse than* live alone. あなたが1人で住むのも悪くないだろう.

nòne the wórse for ... …にもかかわらず, やはり: I like her *none the worse for* her many faults. 彼女には多くの欠点があるがそれでも私は彼女が好きだ.

—— 名 ⓤ さらに悪いこと [もの], いっそう悪い状態; もっとひどい人: I have *worse* to report. もっと悪い知らせがある.

■ *for the wórse* いっそう悪いほうへ.
gò from bád to wórse ますます悪化する.

wor·sen [wə́ːrsən] 動 他 …を悪化させる.
—— 自 悪化する (↔ better).

wor·ship [wə́ːrʃip] 名 動
【原義は「価値のある状態」】

—— 名 ⓤ **1** (神・神聖なものへの) 崇拝: the *worship* of God 神への崇拝 / idol *worship* 偶像崇拝 / nature *worship* 自然崇拝. **2** (一般に人・ものなどへの) 崇拝, 尊敬, 賛美: hero *worship* 英雄崇拝 / the *worship* of machines 機械崇拝. **3** 礼拝, 参拝: a place of *worship* 礼拝所, 教会 / attend *worship* 礼拝に参列する. **4** [W-] 《英・格式》 閣下 (◇大臣・市長などの敬称): Your *Worship* 閣下 (◇本人に直接呼びかける場合) / His [Her] *Worship* 閣下 (◇間接的にさす場合).

—— 動 (三単現 wor·ships [~s]; 過去・過分 wor·shiped, 《主に英》 wor·shipped [~t]; 現分 wor·ship·ing, 《主に英》 wor·ship·ping [~iŋ])

1 〈神など〉を崇拝する: *worship* idols 偶像を崇拝する. **2** (一般に) …を崇拝する, 尊敬する; 熱愛する: John *worships* his father. ジョンは父親を尊敬している. **3** …を礼拝する, 参拝する.
—— 自 崇拝する; 礼拝する, 礼拝に参加する.

■ *wórship the gróund ... wálks òn* 〈人〉を非常に尊敬 [熱愛] している.

wor·ship·er, 《主に英》 **wor·ship·per** [wə́ːrʃipər] 名 ⓒ 崇拝者; 礼拝 [参拝] 者.

wor·ship·ful [wə́ːrʃipfəl] 形 《格式》 崇拝する, 信心深い, 敬虔(ケイ)な.

worst [wə́ːrst] 形副名

— 形 **1** [bad の最上級] 最も悪い [劣った], 一番ひどい (↔ best): the *worst* earthquake we experienced 私たちが経験した中で最もひどい地震 / This is the *worst* game I've ever played. これは私がプレーした中で一番出来の悪いゲームです / His behavior was (the) *worst*. 彼のふるまいが最もひどかった。

2 [ill の最上級; 叙述用法] (病状などが) 最も悪い, 最も悪化した: The patient was (the) *worst* last night. 患者の容体は昨夜が最も悪かった。

■ (*in*) the wórst wáy《米口語》大いに, 非常に, とても: Tom wants a new car (*in*) *the worst way*. トムは新車が欲しくてたまらない。

— 副 [badly, ill の最上級] 最も悪く, 一番ひどく, 一番下手で (↔ best): Susie swam *the worst* of all the girls. 女の子たちの中でスージーは一番泳ぎが下手だった。

■ wórst of áll [文修飾] 何よりも悪いことには, 一番困るのは。

— 名 [the ~] 最も悪いこと [もの, 人], 最悪の状態 [事態]: You must be prepared for the *worst*. あなたは最悪の事態に備えていなければならない / The *worst* of the storm is over now. あらしは峠を越した。

■ *at* (*the*) *wórst* 最悪の場合には [でも], いくら悪くても (↔ at (the) best): *At* (*the*) *worst* you will have to give up. 最悪の場合, あなたはあきらめなければならないだろう。

dó one's wórst 最低 [最悪] のことをする, したいだけ悪いことをする。

gèt [*hàve*] *the wórst of it*《口語》ひどい目にあう; (争いなどに) 負ける。

if wórst còmes to wórst =《英》*if the wórst còmes to the wórst* 最悪 [万一] の場合には。

màke [*thìnk*] *the wórst of* ... …の最悪の面だけを考える, …を悲観する。

The wórst (*of it*) *is* (*that*) ... 最も悪い [困った] ことは…ということである。

wor·sted [wústid] (☆発音に注意) 名 U 梳毛 (そもう) 糸 [長い羊毛をよった糸]; 梳毛織物, ウーステッド.

worth [wə́ːrθ] 形名

— 形 [叙述用法]《◇前置詞と同様, 名詞・動名詞を目的語にとる》**1** (金額的に) …の価値がある, 値打ちのある《◇目的語は金額を表す語》: be *worth* much [little] 大変値打ちがある [値打ちがほとんどない] / This watch is *worth* one million yen. この時計は 100 万円の価値がある / What is this china *worth*? この磁器の値打ちはどれほどですか.

2 …に値する, …する (だけの) 価値がある《◇目的語は主に動作を表す名詞や動名詞》: The party was *worth* attending. そのパーティーは参加するだけの価値があった / Rome is well *worth* visiting [a visit]. ローマは訪れるだけの価値が十分にあります《◇ well は *worth* ... を修飾する》/ A bird in the hand is *worth* two in the bush.《ことわざ》手の中の1羽はやぶの中の2羽の価値がある ⇒ あすの百よりきょうの五十。**3** …だけの財産がある, 財産が…で: What do you think that man is *worth*? あの人にはどれくらいの財産があると思いますか.

■ *be wórth one's wéight in góld* (人・物事が) 大いに役立つ, 非常に貴重である, 値千金である.

for áll one is wórth《口語》全力をつくして, 懸命に: They ran *for all they were worth*. 彼らは必死で走った.

for whàt it is wórth《口語》真偽はともかく, 役に立つかどうかわからないが.

it is wórth ...'s while to dó〈人〉が …するだけの価値がある: *It* will *be worth your while to* go and see his works. 彼の作品は見に行く価値があるだろう.

it is wórth while dóing [*to dó*] …するだけの価値がある: *It is worth while visiting* [*to* visit] the place. そこは訪れてみるだけの価値がある.

wórth (*...'s*) *while* (人) が (時間・手間をかけて) するだけの価値がある, やりがいがある: This work is *worth our while*. 私たちにとってこの仕事はやりがいがある. / This magazine is *worth while*. この雑誌は読むだけの価値がある《◇この場合 *worthwhile* とつづるほうが一般的》.

— 名 U **1** (人・ものの本質的な) 価値, 値打ち, 真価: a book of great *worth* 大いに価値のある本 / What is the *worth* of this curio? この骨とう品の値打ちはどれくらいですか. **2** …だけの分量: several days' *worth* of newspapers 数日分の新聞 / Give me $5 *worth* of gas. 5 ドル分のガソリンを入れてください. **3** 財産, 富 (wealth).
(▷形 wórthy)

wor·thi·ly [wə́ːrðili] 副 立派に, 相応に.
wor·thi·ness [wə́ːrðinəs] 名 U 価値のあること; 立派さ, 相応.
*worth·less** [wə́ːrθləs] 形 **1** 価値のない, つまらない; 役立たない.
2 (人が) 取りえのない; 下劣な.
worth·less·ness [~nəs] 名 U 無価値; 無益.
‡**worth·while** [wə́ːrθhwáil] 形 やりがいのある, 時間 [金] をかけるに値する: a *worthwhile* movie 見る価値のある映画 / It is *worthwhile* visiting [to visit] the Taj Mahal. タージマハルは訪れる価値がある.

wor·thy [wə́ːrði] (☆発音に注意) 形名

— 形 (比較 **wor·thi·er** [~ər]; 最上 **wor·thi·est** [~ist]) **1** [叙述用法] (…の / …するに) 値する, ふさわしい (*of* / *to do*): a person *worthy of* that position その地位にふさわしい人 / His bravery is *worthy of* praise. = His bravery is *worthy to* be praised. 彼の勇気は称賛に値する / She is *worthy to* play the leading part. 彼女は主役を演じるのにふさわしい.

2 [通例, 限定用法] 価値のある, 尊敬すべき; 《しばしば皮肉》(ご) 立派な; 相応の, 相当な: *worthy* subjects of study 研究価値のある課題 / a *worthy* gentleman 立派な紳士, ご偉方 / a *worthy* reward 十分な報酬.

— 名 (複 **wor·thies** [~z]) C《しばしばこっけい》お偉方, 名士, 立派な人. (▷名 wórth)

would [(弱) wəd, əd, d; (強) wúd]

❶ 時制の一致
■単純未来「…だろう」(→**1**)
I thought that it would rain the next day. (翌日は雨になるだろうと思った)
■意志未来「…するつもりである」(→**2**)
He told me that he would be back soon. (彼はじきに戻ると私に言った)

❷ 固執・拒絶「どうしても…しようとした」(→**3**)
She would not accept my proposal.
(彼女はどうしても私の提案を受け入れようとしなかった)

❸ 過去の習慣「よく…したものだ」(→**4**)
She would often take a walk before going to bed.
(彼女は寝る前によく散歩したものです)

❹ 仮定法「…であろうに」(→**6**)
If I were a bird, I would fly to her.
(もし私が鳥だったら, 彼女の所へ飛んでいくのだが)

— [助動] (◇ will の過去形;《口語》ではしばしば I'd, you'd, they'd などの短縮形を用いる)

I [直説法過去]

1 [単純未来] …**だろう**, …でしょう (◇時制の一致による過去; 従属節の中で用いる; → MIGHT¹ **6** [語法]): She said (that) it *would* rain the next day. 彼女は翌日は雨になるだろうと言った (= She said, "It will rain tomorrow.") / I thought (that) he *would* be reelected. 私は彼が再選されるだろうと思った / He told me (that) I *would* succeed if I did my best. 彼は私に最善をつくせば成功すると言った.

2 [意志未来] …**するつもりである**, …したい (◇時制の一致による過去; 従属節の中で用いる): She said (that) she *would* return home soon. 彼女はすぐ帰宅するつもりだと言った (= She said, "I will return home soon.") / He told us (that) he *would* never make the same mistake again. 同じ過ちは二度と繰り返さないつもりですと彼は私たちに言った.

3 [固執・拒絶] どうしても…しようとした (→ WILL¹ **4**): In spite of the heavy rain he *would* go at once. 大雨にもかかわらず彼はすぐに行くと言ってきかなかった / The window *would*n't open. 窓はどうしても開かなかった.

4 [過去の習慣] よく…したものだ (った) (◇通例 often, usually などと共に用いる; → WILL¹ **5**; USED TO [語法] (3)): My father *would* often scold me. 父はよく私をしかったものでした / She *would* usually take care of her sister. 彼女はよく妹の面倒を見たものだった.

5 [能力] …するに十分であった, …することができた (→ WILL¹ **8**): This stadium *would* once hold one hundred thousand people. かつてこの競技場は10万人を収容できた.

II [仮定法] (→ SUBJUNCTIVE [文法])

6 [条件文の帰結節で] (a) [仮定法過去; would do] (仮に…だとすれば) …**であろうに**, …するのに (◇現在の事実とは反対のこと, 未来のありそうもないことを表す): If he lived near me, I *would* go and see him. もし彼が私の近くに住んでいるなら会いに行くのだが / If I could take a vacation, I *would* go to Australia. もし休暇が取れるならオーストラリアに行くのだが.
(b) [仮定法過去完了; would have + 過分] (仮に…だったとしたら) …であったろうに, …したであろうに (◇過去の事実とは反対のことを表す. しばしば後悔の気持ちが込められる): If he had heard the

---

LET'S TALK 依頼の表現

[基本] Would [Could] you...?

Miho: Would you send this letter for me?
(この手紙を出してくださいませんか)

Jenny: Sure, I'd be happy to.
(いいですよ, 喜んで)

何かを依頼するときは, Would [Could] you ...? (…していただけませんか) と言いましょう. Will [Can] you...? よりも丁寧な言い方で, 誰に対しても使うことができます. 家族や親しい友達などに対しては, Drive me to the station, please. (駅まで送ってくれない？) のように言うこともできます.

依頼されたときに,「いいですよ」と承諾する場合は, Sure. と言いましょう. Certainly. / OK. / All right. / No problem. などと言ってもかまいません. 断る場合は, sorry (すみません) のあとに, 断る理由を付け加えると丁寧になります.

[類例] A: Could you tell me which train is for Boston?
(どれがボストン行きの列車が教えていただけませんか)
B: Sorry, I'm a tourist here, too. (すみません, 私もここには観光で来たのです)

news, he *would have been* very pleased. もし彼がその知らせを聞いたら大喜びしただろうに.
(c) [仮定・条件などを表す節を伴わない文で] **…であろうに, …するのに**(◇主語・補語などに仮定・条件などの意が含まれる): A gentleman *would* never get angry in that situation. 紳士ならあの状況で決して怒らないだろう(= If you were a gentleman, you *would* never get angry in that situation.) / Without you, a party *wouldn't* be any fun. あなた抜きのパーティーなんて少しも楽しくないだろう.

7 [I wish …, If only … などと共に用いて] **…してくれれば[…してくれさえすれば]**(よのだが): *I wish* she *would* be more friendly to them. 彼女が彼らにもっと親切にしてくれるとよいのだが / *If only* he *would* be quiet for a minute. 少しの間でも彼が静かにしていてくれればいいのに.

8 [主語の強い意志] **…するつもりならば**(◇条件を表す副詞節の中で): You could easily learn how to use a computer if you *would* only try. やる気さえあればコンピュータの使い方などすぐに覚えられるだろう / If you *would* come, everybody would be delighted. もしおいでくださればみんな喜ぶでしょう.

9 [丁寧な疑問] [Would you …?] **…していただけませんか, …しませんか**(➡前ページ [LET'S TALK]): *Would you* put the light on? すみませんが明かりをつけていただけませんか / *Would you* have another cup of tea? お茶をもう1杯召し上がりませんか.

10 [推量] [would do] **たぶん…だろう**(→ MIGHT[1] **6** [語法]); [控えめな表現] **…だろうと思う**(◇ think, guess, say などの動詞と共に用いる): He would turn down the offer. 彼は申し出を断るだろう / I *would* think it is wrong. たぶんそれは間違っていると思う.

11 [願望] **(できれば)…したいと思う**(◇ like, love, prefer などの動詞と共に用いる): *Would* you like some apples? りんごを召し上がりますか / I'd like to see you again. あなたにまたお目にかかりたい / I *would* prefer to stay here. できればここにいたい.

12 [助言] [I would …] **私なら…するけど, …したらどうですか**: *I would* take on that work. 私ならその仕事を引き受けるけど(あなたも引き受けたらどうですか) / *I would* not agree to their plan. 私だったら彼らの計画には賛成しません.

■ *would ráther ...(than ~)* → RATHER 成句.
Wóuld that ... 《文語》**…であればよいのに; …だったらよいのに**(◇ that 節には仮定法が入る): *Would that* he were more optimistic. 彼がもっと楽観的だといいのだが.

wóuld-bè 形 [限定用法] …志望の, …になるつもりの: a *would-be* singer 歌手志望者.

******would·n't** [wúdnt] 《短縮》《口語》would not の短縮形: Susie said she *wouldn't* attend the meeting. スージーはその会合には出席しないと言った(◇意志未来) / If I were you, I *wouldn't* go there. もし私があなたならそこへは行かないだろう

(◇仮定法過去) / If she had caught the bus, she *wouldn't* have been late for school. そのバスに間に合っていたら彼女は学校に遅れなかった(◇仮定法過去完了).

wouldst [(弱) wədst; (強) wúdst] 助動《古》will の2人称単数過去形 《◇主語が thou のとき》.

would've [wúdəv] 《短縮》《口語》would have の短縮形.

****wound**[1] [wáund] 《☆ wound[2] との発音の違いに注意》
動 wind[2] の過去形・過去分詞.

****wound**[2] [wúːnd]
― 名 (複 **wounds** [wúːndz]) C **1** (銃・刀剣などによる)**傷**, 負傷, けが: a knife [sword, bullet] *wound* 切り傷[刀傷, 弾傷(於)] / His father suffered [received, got] a fatal [mortal] *wound*. 彼の父親は致命傷を負った.
2 (感情・名声などに対する)**痛手, 傷; 感情を害すること, 侮辱**: His criticism was a *wound* to the writer's fame. 彼の批評はその作家の名声を傷つけた.
■ *ópen (úp) óld wóunds* 古傷に触れる, いやなこと[経験]を思い出させる.
― 動 他 **1** (銃・刀剣などで)**…を負傷させる**(→ INJURE [類義語]): The soldier was *wounded* in the head. その兵士は頭を負傷した.
2 〈感情・名声を〉**傷つける, 害する**: His cruel words deeply *wounded* her. 彼の残酷な言葉は彼女(の心)を深く傷つけた.

wound·ed [wúːndid] 形 **1** 負傷した; [the ~; 名詞的に; 複数扱い] 負傷者: a *wounded* soldier 負傷兵. **2** (感情・誇りなどが)傷つけられた.

wóund-úp [wáund-] 形 緊張した, 興奮した.

***wove** [wóuv] 動 weave の過去形.

***wo·ven** [wóuvən] 動 weave の過去分詞.

wow [wáu] 間《口語》わあ, うわー(◇驚き・喜びなどの表現; ➡ GOODNESS [LET'S TALK]): *Wow!* You look great! わあ. すてき.
― 動 他《口語》〈人〉を熱狂させる, …に大受けする.
― 名 [単数形で]《口語》大成功, 大当たり.

WP《略語》= word *p*rocessing; word *p*rocessor ワープロ.

WPC, W.P.C.《略語》= *w*oman *p*olice *c*onstable《英》婦人警官.

wpm《略語》= *w*ords *p*er *m*inute 毎分…語(◇タイピング・速記の速さを表す).

wrack [rǽk] 名 U **1** 破滅, 荒廃. **2** 波打ち際に生えている海草.

wraith [réiθ] 名 C《文語》(臨終直後に現れる)亡霊.

wran·gle [rǽŋgl] 動 自 […と / …のことで] 口論する, 論争する [*with* / *about, over*].
― 名 C 口論, 論争, 口げんか.

wran·gler [rǽŋglər] 名 C **1** 口論[論争]する人. **2**《米》カウボーイ; 乗用馬の世話をする人.

*****wrap** [rǽp] 《☆発音に注意》
動 名
― 動 (三単現 **wraps** [~s]; 過去・過分 **wrapped** [~t]; 現分 **wrap·ping** [~iŋ])

wraparound

―⦿ **1** 〈人・ものなど〉を […で] **包む**, くるむ; 《比喩》…を […で] 包み隠す, 覆い隠す (*up*) [*in*]: She *wrapped* herself *in* a blanket. 彼女は毛布にくるまった / Kate *wrapped up* the sandwiches *in* white paper. ケートはサンドイッチを白い紙で包んだ / The case was still *wrapped in* mystery. その事件は依然としてなぞに包まれていた.
2 [人・ものに] 〈衣類・包帯などを〉巻き付ける, かける [*around, about*]: The clerk *wrapped* a ribbon *around* the parcel. 店員は包みにリボンをかけた / She *wrapped* her arms *around* her daughter. 彼女は娘を腕に抱きかかえた.
― ⦾ (暖かい服に) くるまる (*up*): *wrap up* well 十分に着込む.
■ *be wrápped úp in* ... **1** …にすっぽり包まれて [くるまって] いる. **2** …に心を奪われている, 没頭 [熱中] している: He *is wrapped up in* football. 彼はサッカーに夢中です. **3** …と深くかかわっている, 切っても切れない関係にある.
wráp úp **1** 〈人・ものなど〉を包む, くるむ.
2 《口語》〈仕事・会合などを〉終える, 〈商談などを〉まとめる: He *wrapped up* his business for the day. 彼はその日の仕事を終えた. ― ⦾ 《命令文で》《俗語》黙る.

―名 **1** ⓊⒸ 《米》 (食品用) ラップ; 包装紙 (*wrapping*). **2** Ⓒ 《主に米》体を覆うもの, ラップ 《スカーフ・ショール・ストールなど》.

■ *kéep* ... *ùnder wráps* …を秘密にしておく; 〈感情など〉をひた隠しにする.

wrap·a·round [rǽpəràund] 形 **1** (衣服が) 体に巻き付ける: a *wraparound* skirt 巻きスカート **2** (ワープロソフトなどが) 自動改行の.
wrap·per [rǽpər] 名 Ⓒ **1** 包むもの, 包装紙. **2** (雑誌・新聞などの) 帯封; 《英》書物のカバー (jacket). **3** (女性用の) 部屋着.
wrap·ping [rǽpiŋ] 名 ⓊⒸ 包装材料, 包装[布].
◆ wrápping pàper Ⓤ 包装紙, 包み紙.
wráp-úp 名 Ⓒ 《口語》ニュースの要約.
wrath [rǽθ / rɔ́θ] 名 Ⓤ《格式》激怒, 憤り; 復讐(しゅう): the *wrath* of God 天罰.
wrath·ful [rǽθfəl / rɔ́θ-] 形 《格式》怒り狂った.
wrath·ful·ly [-fəli] 副 激怒して.
wreak [ríːk] ⦿ 《文語》〈怒りなどを〉 […に] 浴びせる; […に] 〈復讐(しゅう)などを〉する [*on, upon*].

*‍**wreath** [ríːθ] (☆ 発音に注意) 名 (複 *wreaths* [ríːðz]) Ⓒ **1** 花輪, 花冠, リース 《クリスマス・葬儀などに飾る》: an olive *wreath* オリーブの葉の冠 / a Christmas *wreath* クリスマスのリース / lay a *wreath* 花輪を供える.
2 《主に文語》(雲・煙などの) 渦巻き, 輪.
wreathe [ríːð] 動 《文語》⦿ **1** …を […で] 取り囲む, 覆う [*in*]; …を巻き付ける: hills *wreathed in* mist [smoke] 霧 [煙] に取り巻かれた丘 / be *wreathed in* smiles (満面に) 笑みを

wreath 1

たたえている. **2** …を [花輪などで] 飾る [*with*].
― ⦾ (煙・霧などが) 輪になる, 渦巻く; […に] からみつく [*around, round*].

*‍**wreck** [rék] 名 **1** Ⓒ (破壊された) 残骸(がい); 難破船, 事故車 [機]; 《口語》ぽんこつ (車): the *wreck* of an airplane 事故機の残骸.
2 Ⓒ 《米》(自動車・列車などの) 衝突 (事故) (*crash*).
3 Ⓒ 《通例, 単数形で》《口語》(精神的・肉体的に) 弱った人; やせ衰えた人. **4** Ⓤ 破滅, 破壊; 挫折(ざつ).
― 動 ⦿ **1** 《通例, 受け身で》…を難破させる; 〈乗り物など〉を破壊する (→ DESTROY [類義語]); 〈船員など〉を遭難させる: The ship *was wrecked* off the coast. 船はその海岸の沖で難破した. **2** 〈計画・関係などを〉だめにする, 挫折させる; 《米》〈建物〉を取り壊す, 解体する. (▷ 名 wréckage)
wreck·age [rékidʒ] 名 Ⓤ **1** (乗り物・建物などの) 残骸(がい); 破壊 (の跡). **2** (計画などの) 挫折(ざつ). (▷ 動 wréck)
wreck·er [rékər] 名 Ⓒ **1** 壊す人, 台無しにする人; (略奪の目的で) 船を難破させる人. **2** 《米》レッカー車 (《英》breakdown truck [van]). **3** 《主に米》(建物の) 解体業者 (《英》housebreaker). **4** 海難救助船員.
wren [rén] 名 Ⓒ [鳥] ミソサザイ.

*‍**wrench** [réntʃ] 動 ⦿ **1** …をねじる, ひねる; […から] ねじり [もぎ] 取る [*from, off*]; ねじって (…の状態) にする: *wrench* a knife *from* [*off*] ...'s hand 〈人〉の手からナイフをもぎ取る / *wrench* a lid open ふたをねじって開ける.
2 …をねんざする, くじく.
― 名 Ⓒ **1** 《通例, 単数形で》ねじること, ひねり; ねんざ. **2** 《比喩》《単数形で》(別れの) 悲しみ, 苦痛. **3** 《米》《機械》レンチ, スパナ (《英》spanner).
wrest [rést] 動 ⦿ 《文語》**1** …を […から] ねじり [もぎ] 取る [*from, out of*]. **2** …を […から] 苦労して取る, 獲得する [*from*].

*‍**wres·tle** [résl] 動 ⦿ **1** […と] 格闘する, レスリングをする [*with*]: He began to *wrestle with* his friend. 彼は友達と取っ組み合いを始めた. **2** [問題・困難などと] 取り組む, 戦う [*with*]: *wrestle with* a difficult problem 難問に取り組む.
― ⦿ …と格闘をする; …をねじ伏せる.
wres·tler [réslər] 名 Ⓒ レスリング選手, レスラー: a sumo *wrestler* (相撲の) 力士.
wres·tling [résliŋ] 名 Ⓤ レスリング; 格闘 (技).
wretch [rétʃ] 名 Ⓒ **1** 不運な人, 哀れな [みじめな] 人. **2** 《しばしばこっけいに》ひどいやつ, 恥知らず.
*‍**wretch·ed** [rétʃid] (☆ 発音に注意) 形 (比較 wretch·ed·er [~ər]; 最上 wretch·ed·est [~ist])
1 哀れな, 不幸な, みじめな (*miserable*): feel *wretched* みじめな思いをする / live a *wretched* life 不幸な人生を送る. **2** 《限定用法》《口語》ひどい, 不快な: What a *wretched* meal! なんてひどい食事なんだ. **3** 《文語》劣った, 質の悪い, 粗末な.
wretch·ed·ly [-li] 副 みじめに; ひどく.
wretch·ed·ness [~nəs] 名 Ⓤ みじめさ, 悲惨.
wrig·gle [rígl] 動 ⦾ **1** 体をくねらせる, のたくる; 身をよじって進む: He *wriggled* under the

fence. 彼は柵(￥)の下を(体をよじって)くぐり抜けた.
2〖口語〗(困難などを) 何とかして切り抜ける [*out of*]. ─ ⦅体・尾など⦆をくねらせる.
─ 图 © のたうち回ること, のたうり.

Wright [ráit] 图 圆 ライト **1** Orville [ɔ́ːrvəl] Wright (1871-1948; 1903年に世界初の動力飛行に成功したライト兄弟 (the Wright brothers) の弟). **2** Wilbur [wílbər] Wright (1867-1912; ライト兄弟の兄).

***wring** [ríŋ] (☆ 同音語 ring) 動 (三単現 **wrings** [~z]; 過去・過分 **wrung** [rʌ́ŋ]; 現分 **wring·ing** [~iŋ]) 他 **1**〈洗濯物・布など〉を絞る (*out*); [wring + O + C]…を絞って~にする: *wring* (*out*) *a wet shirt* ぬれたシャツを絞る.
2〈水など〉を […から] 絞り出す;〈比喩〉〈金銭・情報・承諾など〉を […から] (強引に) 引き出す, (苦労して) 得る [*from*, *out of*]: I *wrung* information about her *from* my friend. 私は友人から彼女についての情報を強引に聞き出した.
3〈鳥の首など〉をひねる;〈手〉を堅く握る: The boy *wrung* his hands in fear. その少年は怖くて両手を握り締めた.
4〘文語〙 (精神的に) …を苦しめる, 悲しませる.
■ *be wrínging* (*wét*) ずぶぬれである.
─ 图 © 〘単数形で〙絞ること, ねじり.

wring·er [ríŋər] 图 © ローラー式脱水機.
■ *gó* [*pùt* ...] *thròugh the wrínger* 〘口語〙つらい目にあう [合わせる], 苦境に立たされる [立たせる], 試練を受ける [経験させる].

***wrin·kle** [ríŋkl] 图 © **1** (皮膚・衣服などの) しわ, ひだ: iron out the *wrinkles* アイロンをかけてしわを伸ばす; 小さな問題を解決する / That gives you *wrinkles*. それではしわが寄るぞ.
2〖口語〗欠点.
3〖口語〗うまい考え, 忠告.
─ 動 他 〈鼻・額など〉にしわを寄せる;〈衣類〉にひだを付ける (*up*): *wrinkle* (*up*) one's nose 鼻にしわを寄せる.
─ 自 〈衣類など〉にしわが寄る;〈鼻・額など〉にしわが寄る.

wrin·kled [ríŋkld] 形 しわの寄った, しわくちゃの.
wrin·kly [ríŋkli] 形 (比較 **wrin·kli·er** [~ər]; 最上 **wrin·kli·est** [~ist]) しわの寄った, しわだらけの; しわになりやすい.
─ 图 (複 **wrin·klies** [~z]) © 〖英口語〗年寄り.

‡**wrist** [ríst] 图 © 手首, (衣服の) 手首の部分 (→ARM¹ 図): sprain one's *wrist* 手首をくじく.

wrist·band [rístbæ̀nd] 图 © (テニスなどの) リストバンド; (衣服の) そで口; (腕時計の) バンド.

wrist·watch [rístwàtʃ, -wɔ̀ːtʃ / -wɔ̀tʃ] 图 © 腕時計 (watch).

writ¹ [rít] 图 © 〘法〙令状.
writ² [rít] ◇もとは write の過去分詞] [次の成句で]
■ *wrìt lárge* 〘文語〙明白な; 強調 [誇張] された.

******write** [ráit]
[原義は「(固いもので表面を)ひっかく」]
─ 動 (三単現 **writes** [ráits]; 過去 **wrote** [róut]; 過分 **writ·ten** [rítn]; 現分 **writ·ing** [~iŋ])
─ 他 **1** [write + O]〈文字・名前など〉を書く; (ワープロなどで) 打つ: My five-year-old brother can already *write* his own name. 私の5歳の弟はもう自分の名前が書ける / Would [Could] you *write* your address here? ここにあなたの住所を書いていただけますか [くれますか] / His letter was *written* in blue ink. 彼の手紙は青インクで書かれていた. ❰関連語❱ draw (鉛筆などで) 絵 [図形] をかく / paint (絵の具で) 絵をかく; ペンキを塗る.
2 [write + O]〈書物・記事など〉を […について / …向けに] 書く, 著す, 執筆する [*on*, *about* / *for*];〈曲〉を作る, 作曲する: *write* a novel 小説を書く / *write* a column *for* a weekly 週刊誌にコラムを書く / *write* a sonata [symphony] ソナタ [シンフォニー] を作曲する / He *wrote* a book *about* herbs [*on* politics]. 彼はハーブ [政治] についての本を書いた.
3 (a) [write + O] 〘主に米〙〈人〉に手紙を書く (〘主に英〙: write to): I *write* my mother every month. 私は母に毎月手紙を書く.
(b) [write + O + O / write + O + to ...]〈人〉に〈手紙など〉を書く, 書き送る: My friend *wrote* me a long letter. = My friend *wrote* a long letter *to* me. 友人が長い手紙を書いてよこした.
(c) [write + *that* 節] 手紙で…と知らせる; [write + O + *that* 節] 〘主に米〙〈人〉に手紙で…と知らせる: My uncle *wrote* (me) *that* he would meet me at the airport. おじは空港で私を出迎えると (私に) 手紙で知らせてきた.
4 [write + *that* 節] …と (本文の中で) 書いている, 述べている: In her latest book, she *writes that* women have not found their identity yet. 彼女は近著の中で女性はまだ自分たちのアイデンティティーを見いだしていないと書いている.
5〈小切手・書類など〉に (必要事項など) を書き入れる;〈文書・書類など〉を作成する (→ ❰句動詞❱ write out): *write* an application form 申込書に必要事項を記入する / These days most students *write* their papers with a personal computer. 今日ではたいていの学生がパソコンでレポートを作成している.
6 〘コンピュータ〙〈データ〉を書き込む, 記憶させる.
─ 自 **1** […で] 字を書く [*in*, *with*]: *write in* pen [*with a pen*] ペンで書く / He *writes* well [badly]. 彼は字が上手 [下手] です / Do you have something to *write with*? 何か書くものを持っていませんか.
2 […について / …向けに] 文章を書く, 執筆する; 作曲する [*about*, *on* / *for*]: Susan *writes on* economics *for* a monthly journal. スーザンはある月刊誌に経済記事を寄稿している.
3 (a) […に / …を求めて] 手紙を書く [*to* / *for*]: I *wrote for* an application form. 私は手紙で願書を請求した / I'll *write* (*to*) you as soon as I arrive there. 向こうに着いたらすぐあなたに手紙を書きます (◇ 〘米〙では通例 to を省略する; → 他 3 (a)). (b) [write + to do [doing]] […に] …する (ように) と手紙を書く [*to*]: He *wrote to attend* [*attending*] the wedding reception. 彼は結婚披露宴に出席すると手紙で知らせてきた.
4 (筆記具が) 書ける: This pen doesn't *write* well. このペンはよく書けない.

write-down

句動詞) write awáy 圓 […に / …を]手紙で申し込む[請求する, 注文する][to / for].
write báck 圓[人に][(返事を書く[to]: I wrote back to her as soon as I received her letter. 私は彼女の手紙を受け取るとすぐに返事を書いた. — 他[write + O + back]《米》〈人〉に〈手紙の〉返事を書く.
write dówn 他[write down + O / write + O + down] …を書きとめる, 記録する: Write my address *down*, please. 私の住所を書きとめてください.
write ín 圓 [会社などに]手紙を出す, 投書する[to]; [に手紙で請求する[注文する][for]. — 他[write in + O / write + O + in] **1** …を書き込む, 書き入れる. **2** 《米》〈候補者名簿に記載されていない人の名前〉を書き入れて投票する.
write …ínto ～ 他〈条項など〉を〈契約書など〉に書き入れる.
write óff 圓 = write away (↑).
— 他[write off + O / write + O + off]
1 〈負債など〉を(回収不能として)帳消しにする. **2** …を失敗[無用]とみなす, 無視する; …を[…と]みなす[as]. **3** 《英》〈車など〉を徹底的に壊す.
write óut 他[write out + O / write + O + out] **1** 〈書類など〉を(略さずに)詳しく[完全に]書く: Would [Could] you *write out* your name, please? 名前を略さずに書いていただけますか[くれますか]. **2** 〈小切手・書類など〉に(必要事項を)書き入れる. **3** …を清書する. **4** [通例, 受け身で]〈ドラマの役〉を削る.
write úp 他[write up + O / write + O + up] **1** 〈メモ・出来事など〉を(改めて)きちんと書く, 書き直す. **2** 〈新聞・雑誌に〉…についての記事を書く; …をほめて書く. **3** 〈日記・帳簿など〉をきちんと整理する.
■ **nòthing (múch) to wríte hóme abòut** 《口語》たいしたことのないもの.

write-dówn 名[C]《会計》〈資産の〉評価額の引き下げ.
write-ín 名[C]《米》記名投票.
write-óff 名(複 write-offs)[C] **1** 《会計》〈帳簿からの〉削除, 帳消し. **2** 《英》壊れて修理できないもの《自動車・航空機など》; ぽんこつ《車》.

writ·er [ráitər]
— 名(複 writ·ers [~z])[C] **1** 作家, 著者(author); 記者, ライター: a great *writer* 文豪 / a science fiction *writer* SF作家 / a freelance *writer* フリーライター. (関連語 copywriter コピーライター / scriptwriter 台本作家 / sportswriter スポーツ記者.
2 書き手, 筆者; [形容詞を伴って] …な筆跡の人[書き手]: the *writer* of this paper この論文を書いた人 / He is a good *writer*. 彼は文章がうまい.
◆ **wríter's crámp** [C]《医》書痙(ハンス)《書きすぎによる手・指のけいれん》.

write-úp 名[C] **1** (特に好意的な新聞などの)記事. **2** 《会計》〈資産の〉評価額の引き上げ.
writhe [ráið] 動 圓 (痛みなどで)身もだえする; 苦悩する.

writ·ing [ráitiŋ]
— 名(複 writ·ings [~z]) **1** [U]書くこと, 執筆; 著述(業): He made a living by *writing*. 彼は著述で生計を立てた / She turned to *writing* at middle age. 彼女は中年になってから作家生活に入った.
2 [U]書き物; 文書, 書類, 書物: two pieces of *writing* 文書2通 / travel *writing* 旅行記.
3 [～s](小説などの)作品集, 著作集: the *writings* of Hemingway ヘミングウェーの作品集.
4 [U]筆跡 (handwriting), 書体; 書き方 (penmanship): I have a poor hand at *writing*. 私は字が下手です / Her *writing* is neat and legible. 彼女の筆跡はきれいで読みやすい.
■ **in wríting** 文書で, 書面で: Please let us know *in writing*. どうぞ書面でお知らせください.
◆ **wríting dèsk** [C]書き物机.
wríting matèrials [複数扱い]筆記用具, 文房具.
wríting pàper [U]筆記用紙, 便箋(ﾋﾞﾝ)(note paper).

writ·ten [rítn]
— 動 write の過去分詞.
— 形[比較なし; 限定用法]書かれた, 書いた, 筆記の (↔ spoken, oral); 文書にした, 成文の: a *written* test [examination] 筆記試験 / *written* language 書き言葉, 文語 / a *written* agreement 文書による協定.

wrong [rɔ́ːŋ / rɔ́ŋ] (☆発音に注意)
形 副 名 動【原義は「ねじ曲げる」】
— 形(比較級 more wrong, wrong·er [~ər]; 最上級 most wrong, wrong·est [~ist]) **1** (答えなどが)間違った, 誤った, 事実と異なった (↔ right, correct): the *wrong* choice [answer] 誤った選択[答え] / That is the *wrong* way to treat pets. それは間違ったペットの扱い方です / He took the *wrong* train [way]. 彼は乗る電車[行く道]を間違えた / Can I speak to Mr. Jones, please? – Sorry, you have the *wrong* number. ジョーンズさんをお願いします – 失礼ですが, 番号が違います《電話での会話》.
2 (人・判断・行動などが)[…について / …するとは]間違っている, 正しくない[about / to do]: You were *wrong* to scold her. = Your scolding her was *wrong*. あなたが彼女をしかったのは間違いだった / He was *wrong* about her age. 彼は彼女の年を間違えていた.
3 (a)(道徳的に)悪い, 不正な (unjust, immoral): Stealing is *wrong*. = It is *wrong* to steal. 盗むのは悪いことです / I believe she has done nothing *wrong*. 私は彼女が何も悪いことをしていないと信じている. (b)[It is wrong of … + to do / be wrong + to do] …が～するのは(道徳的に)間違っている: It is *wrong of* you *to* lay the blame on him. = You *are wrong to* lay the blame on him. 彼に責任を負わせるなんて許されることではない.
4 [通例, 叙述用法](人などが)調子[具合]が悪い; (機械などが)故障した; […の]具合が悪くて, 不調で

[*with*]: Your watch is *wrong*. あなたの時計は時間が狂っている / Something is *wrong* with the motor. モーターの調子が悪い / There is nothing *wrong* with this TV. このテレビはどこも悪くない / Is anything *wrong*? どうかしたのですか(→ MATTER [LET'S TALK]) / What's *wrong* with you? You look ill. どうしたのですか. 顔色が悪いですね.

5 [通例, 限定用法][…に / …するには]不適切な, ふさわしくない[*for* / *to do*](↔ right, suitable): This is the *wrong* season *to* visit Kyoto. 今は京都を訪れるのに適当な時期ではない / She was wearing quite the *wrong* clothes *for* the meeting. 彼女はその会合にまったくふさわしくない服装をしていた.

6 裏側の, 逆の, 内側の: the *wrong* side of a jacket 上着の内側 / wear a sweater *wrong* side out セーターを裏返しに着る.

■ **gèt (hóld of) the wróng énd of the stíck** → STICK 名 成句.

gèt on the wróng síde of ... 〈人〉に嫌われる(ようなことをする).

on the wróng síde of ... 《口語》…歳を越えて (↔ on the right side of ...).

― 副 [通例, 動詞のあとで]間違えて, 誤って(incorrectly); 不正に: a package addressed *wrong* 送り先を間違えた荷物 / right or wrong よかれ悪しかれ / answer *wrong* 間違った答えをする.

■ **gèt ... wróng** …を誤解する; 間違える: Don't *get* me *wrong*. 私が言うことを誤解しないでください.

gò wróng 1 (計画などが)うまくいかない, 失敗する; (人が)間違える: Everything *went wrong* during the rehearsal. けいこではすべてがうまくいかなかった. **2** (機械などの)調子が狂う, 故障する. **3** 身を持ち崩す, 堕落する.

― 名 **1** ⒰ 悪, 邪悪; 不正: know right from *wrong* 正邪の区別がつく, 正邪をわきまえる / do *wrong* 罪を犯す. **2** ⒞ 悪事; 不当な待遇, 虐待: You have to right his *wrongs*. あなたは彼の不正を正さなければならない / Two *wrongs* don't make a right. 《ことわざ》悪いこと2つあっても善事を正当化することはできない ⇒ ほかの人が悪いことをしているからといって, あなたも悪いことをしていいことにはならない, 不正は不正. **3** ⒞ 《法》不法行為.

■ **be in the wróng** 間違っている, 誤っている(↔ be in the right): According to the evidence, there is no doubt he *is in the wrong*. その証拠からすると彼に非があることは疑いない.

dò ... wróng = dò wróng to ... 〈人〉を不当に扱う; 〈人〉を誤解する.

― 動 ⦿ 〈人〉を不当に扱う, 虐待する; 不当に評価する: As you *wrong* others knowingly, so shall you be *wronged* in turn. わざと他人を傷つけたら今度はあなたがその報いを受ける.

wrong·do·er [rɔ́ːŋdùːər / rɔ́ŋ-] 名 ⒞ 《格式》悪事を働く人, 犯罪者, 加害者.

wrong·do·ing [rɔ́ːŋdùːiŋ / rɔ́ŋ-] 名 ⓊⒸ 《格式》悪事を働くこと, 非行, 犯罪.

wrong·foot [rɔ́ːŋfùt / rɔ́ŋ-] 動 ⦿ **1** (予期しない質問などで)〈人〉を面食らわせる, あわてさせる. **2** 《英》(テニスなどで)〈相手〉のバランスを崩すような[逆をつく]ショットを打つ.

wrong·ful [rɔ́ːŋfəl / rɔ́ŋ-] 形 [通例, 限定用法]不正な, 不当な; 不当な, 違法な.

wrong·ful·ly [-fəli] 副 不正に; 不当に; 違法に.

wrong·head·ed [rɔ́ːŋhédid / rɔ́ŋ-] 形 **1** 頑固な; 間違っていても改めようとしない. **2** 間違った.

***wrong·ly** [rɔ́ːŋli / rɔ́ŋ-] 副 **1** [通例, 過去分詞の前で]誤って, 間違って; 不当に; 不正に: The package was *wrongly* delivered. その小包は誤配された. **2** [文修飾]誤って: *Wrongly*, I disregarded your advice. あなたの忠告を無視したのは間違いでした.

*****wrote** [róut] 動 write の過去形.

wrought [rɔ́ːt] 動 《古》work の過去形・過去分詞.
― 形 《古》[…で]作られた[*of*]; 精錬された.
◆ **wróught íron** Ⓤ 錬鉄.

wróught-úp 形 […で]興奮[いらいら]した[*over*].

***wrung** [rʌ́ŋ] 動 wring の過去形・過去分詞.

wry [rái] 形 (比較 **wry·er, wri·er** [~ər]; 最上 **wry·est, wri·est** [~ist]) **1** [限定用法](顔などを)しかめた; とまどった: a *wry* smile 苦笑. **2** 皮肉ったっぷりの; こじつけの.

wry·ly [~li] 副 (顔などを)しかめて; 皮肉っぽく.

WSW, W.S.W. 《略語》= *w*est-*s*outh*w*est 西南西.

wt. 《略語》= *w*eigh*t* 重量.

WTO 《略語》= *W*orld *T*rade *O*rganization 世界貿易機関.

wuss [wús] 名 ⒞ 《俗語》意気地なし.

WV 《郵略語》= *W*est *V*irginia.

W.Va. 《略語》= *W*est *V*irgini*a*.

WWF 《略語》= *W*orld *W*ide *F*und for Nature 世界自然保護基金.

WWW 《略語》= *W*orld *W*ide *W*eb ワールドワイドウェブ.

WY 《郵略語》= *Wy*oming.

Wy., Wyo. 《略語》= *Wy*oming.

Wy·o·ming [waióumiŋ] 名 圏 ワイオミング《米国の西部山岳地帯にある州; 《略語》Wy., Wyo.; 《郵略語》WY; → AMERICA 表》.

WYSIWYG [wíziwìg] 名 Ⓤ 《コンピュータ》ウィジウィグ《画面表示と印刷結果が同じになっていること; *W*hat *Y*ou *S*ee *I*s *W*hat *Y*ou *G*et. の略》.

wy·vern [wáivərn] 名 ⒞ 《紋》ワイバン, 飛竜《翼のある2本脚の架空の動物. 紋章に用いる》.

X x

x, X [éks] 名 (複 **x's, xs, X's, Xs** [~iz]) **1** [C][U] エックス《英語アルファベットの24番目の文字》. **2** [C]《大文字で》X字形のもの; ×印《手紙でキスを表す印, テストの誤りの印, 投票用紙の選択の印, 読み書きのできない人の署名代わりの記号, (地図などに) 特定の地点を示す印など》. **3** [U]《ローマ数字の》10: *XV* 15. **4** [U][C]《数学》第1未知数; 〔通例, 小文字で〕**x** 軸 (x-axis); 未知なもの〔人〕: Mr. *X* 某氏.
── 動《三単現 **X's** [~iz]; 過去・過分 **X-ed, X'd, Xed** [~t]; 現分 **X-ing, X'ing** [~iŋ]》他《米》…にX [×] 印を付ける; …をバツで消す.

◆ X chrómosome [C]《生物》X染色体 (cf. Y chromosome Y染色体).

X[1] 《記号》《米》(映画で) 成人向き《◇現在はNC-17に変更されている; → FILM 表》.

X[2] 《略語》= *Christ* (→ XMAS); *Christian*; *cross*; *crossing* 踏切; 横断歩道; *experimental* 実験の; *extra*; *extreme*; *extended*.

X[3] 名 [U]《米俗語》エクスタシー《麻薬》.

Xan·a·du [zǽnədjùː / -dùː] 名 固 夢のような所, 桃源郷.

Xan·thip·pe [zænθípi, -típi] 名 **1** 固 クサンティッペ《ギリシャの哲学者ソクラテスのロやかましい妻》. **2** [C]《一般に》ロやかましい女; 悪妻.

Xa·vi·er [zéiviər] 名 固 ザビエル Saint Francis [frǽnsis / fránː] *Xavier*《1506–52; 日本にキリスト教を初めて伝えたスペイン人宣教師》.

Xc, x-c《略語》《米・カナダ》= *cross-country* クロスカントリー (の).

xe·non [zíːnan / zénɔn] 名 [U]《化》キセノン《希ガス元素;《元素記号》Xe》.

xen·o·pho·bi·a [zènəfóubiə] 名 [U]《極端な》外国人嫌い, 外国人恐怖症.

xen·o·phobe [zénəfòub] 名 [C] 外国人嫌い〔恐怖症〕の人.

xen·o·pho·bic [zènəfóubik] 形 外国人嫌いの, 外国人恐怖症の.

xen·o·trans·plant [zénətrænsplænt / -plɑːnt] 名 [C] 異種間移植《人間以外の動物の臓器を人間に移植すること》.

*Xe·rox [zíərɑks / -rɔks] 名 [U][C]《しばしば x-》《商標》ゼロックス (複写機); コピー; コピーしたもの.
── 動 他 自《しばしば x-》(書類などを) コピーする.

Xho·sa [kɔ́ːsə / kóusə] 名 (複 **Xho·sa, Xho·sas** [~z]) **1** 〔the ~(s)〕コーサ族《南アフリカのCape州東部に住む部族》. **2** [C] コーサ族の人. **3** [U] コーサ語, ホサ語.

xi [zái / sái] 名 [C][U] クシー, サイ (Ξ, ξ) 《ギリシャ語アルファベットの14番目の文字; → GREEK 表》.

xing, Xing, XING [krɔ́ːsiŋ / krɔ́s-] 名 [U] **1**《米》横断歩道. **2**《野生動物の》横断地点《標識》《◇ X で cross を表す》.

XL《略語》= *extra large*《主に衣類が》特大の.

*X·mas [krísməs, éksməs] 名 [C][U]《口語》クリスマス《◇通例, カードなどに用いる. X'mas は誤り》.

XML《略語》= *Extensible Markup Language*《コンピュータ》XML《インターネット上のコンテンツを記述するプログラミング言語》.

XMS《略語》= *extended memory system* [*specification*]《コンピュータ》XMS《拡張メモリを利用するための仕様》.

x-ra·di·a·tion [èksreidiéiʃən] 名 エックス線照射.

X-rat·ed [éksreitid] 形《映画が》成人向きの.

*X-ray, x-ray [éksrèi] 名 [C] **1**〔通例 ~s〕エックス線, レントゲン線;〔形容詞的に〕エックス線の, レントゲンの: have an *X-ray* examination レントゲン検査を受ける. **2** レントゲン写真: take an *X-ray* of …'s stomach …の胃のレントゲン写真を撮る. **3** レントゲン検査.
── 動 他 …のレントゲン写真を撮る; …をエックス線で検査する〔治療する〕.

XXL《略語》= *extra extra large* LL超の.

xy·li·tol [záilətɔ̀ːl, -tàl / tɔ̀l] 名 [C] キシリトール《甘味料の一種. 虫歯予防効果がある》.

xy·lo·phone [záiləfòun] 名 [C] 木琴, シロフォン.

xy·lo·phon·ist [záiləfòunist / zailɔ́fən-] 名 [C] 木琴 [シロフォン] 奏者.

Y y

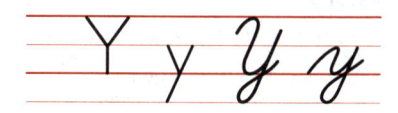

y, Y [wái] 名 (複 **y's, ys, Y's, Ys** [~z]) **1** [C][U] ワイ《英語アルファベットの25番目の文字》.
2 [C] [大文字で] Y字形のもの. **3** [U][C] 【数学】第2未知数; [通例, 小文字で]y軸 (y-axis); (x, X に対して第2の) 未知のもの [人].
◆ **Ý chrómosome** [C] 【生物】Y染色体 (cf. X chromosome X染色体).
Y[1] 《略語》 [the ~] 《米口語》 = YMCA; YWCA.
Y[2], **¥** [jén] 《略語》 = yen (日本) 円.

-y [i] 接尾 **1** 名詞に付けて「…の(多い)」「やや…な」「…色がかった」「…を好む」などの意を表す形容詞を作る: clou**d**y 曇った / drea**m**y 夢のような / chill**y** 冷え冷えとした / whit**y** 白っぽい. **2** 動詞・形容詞などに付けて「状態・性質」「動作・過程」などを表す抽象名詞を作る: discover**y** 発見 / honest**y** 正直 / entr**y** 入ること. **3** 名詞に付けて親愛の気持ちを表す名詞を作る: dadd**y** パパ / Bill**y** ビリー.

y. 《略語》 = yard(s); year(s); yen.

***yacht** [ját / jót]
— 名 (複 **yachts** [játs / jóts]) [C] **1** ヨット, 小型帆船《甲板の付いた主にレース用の小型ボート. 《米》では sailboat, 《英》では sailing boat のほうが一般的; → SHIP 図》: a *yacht* harbor ヨットハーバー / a *yacht* race ヨットレース.
2 (大型) ヨット, クルーザー《主に遊覧用の豪華な快走船. しばしばエンジン付き》: sail on a *yacht* ヨットで航海する / by *yacht* ヨットで.
— 動 (自) ヨットに乗る, ヨットを走らせる, ヨットで競走する: go *yachting* ヨット乗りに行く.
◆ **yácht clùb** [C] ヨットクラブ.

yacht·ing [játiŋ / jót-] 名 [U] ヨット遊び [レース]; ヨット操縦(術).
yachts·man [játsmən / jóts-] 名 (複 **yachts·men** [-mən]) [C] ヨット操縦者; ヨット愛好家 [所有者].
yachts·wom·an [játswùmən / jóts-] 名 (複 **yachts·wom·en** [-wìmin]) [C] 女性のヨット操縦者 [愛好家, 所有者].
yad·a yad·a yad·a [jædə jædə jædə] 間 《米口語》などなど (and so on).
yad·da yad·da yad·da [jædə jædə jædə] 名 《米口語》とか何とか《◇だらだら続く話を, 長々と話したり書いたりする代わりに用いる》.
yah[1] [já:] 間 やーい 《◇あざけりや挑戦を表す》.
yah[2] 間 《米口語》 = YES.
Ya·hoo [jéihu: / ja:hú:] 名 (複 **Ya·hoos** [~z]) **1** [C][~!]【コンピュータ】ヤフー《検索機能を備えたインターネットの代表的なサイト》. **2** [C][y-]《古風》粗野な人. **3** ヤフー《スウィフト作『ガリバー旅行記』に出てくる人間の姿をした獣》.
— 間 やった—! 《◇歓喜・興奮を表す》.

Yah·weh [já:wei], **Yah·veh** [-vei] 名 固 【聖】ヤハウェ, ヤーウェ (Jehovah) 《旧約聖書での神の呼称》.
yak[1] [jǽk] 名 [C] 【動物】ヤク《チベット産の長毛野牛》.
yak[2] 動 (三単現 **yaks** [~s]; 過去・過分 **yakked** [~t]; 現分 **yak·king** [~iŋ]) (自) 《口語》ぺちゃくちゃむだ話をする.
Yale [jéil] 名 固 エール (大学) 《米国 Connecticut 州 New Haven にある名門私立大学》.
y'all [jó:l] 代 《米口語》 = YOU-ALL.
Yal·ta [jó:ltə / jǽltə] 名 固 ヤルタ《ウクライナの黒海沿岸の港湾都市. 1945年にヤルタ会談 (the Yalta Conference) が開かれた地》.
yam [jǽm] 名 [C] 【植】 **1** ヤムイモ. **2** 《米》サツマイモ (sweet potato).
yam·mer [jǽmər] 動 (自) 《英口語》不平がましく言う, ぐちをこぼす; まくし立てる (on).
Yan·gon [ja:ŋgóun / jæŋgón] 名 固 ヤンゴン《ミャンマーの首都; 旧称ラングーン (Rangoon)》.
Yang·tze [jǽŋtsi] 名 固 [the ~] 揚子江(ﾖｳｽｺｳ), 長江《中国最長の川》.
yank [jǽŋk] 動 (他) 《口語》…を[…から] ぐいと引く [引っ張る] (*out of, off, from*).
— (自) […を] ぐいと引く [引っ張る] (*at, on*).
— 名 [C] 《口語》ぐいと引くこと, 引っ張り: give a *yank* at [on] the rope ロープをぐいと引く.
Yank [jǽŋk] 名 = YANKEE 2.
***Yan·kee** [jǽŋki] 名 [C] **1** 《米口語》米国北部の人 《◇特に New England の人》. **2** 《口語》ヤンキー《◇主にイギリス人がアメリカ人をさす俗称》.
3 《米》(南北戦争時の) 北軍の兵士.
yap [jǽp] 動 (三単現 **yaps** [~s]; 過去・過分 **yapped** [~t]; 現分 **yap·ping** [~iŋ]) (自) **1** (小犬が) [...に] きゃんきゃんほえる (*at*). **2** 《口語》[...に / ...について] うるさく文句を言う (*at / about*).
— 名 [C] **1** きゃんきゃん (というほえ声). **2** 《口語》くだらないおしゃべり. **3** 《米俗》口 (mouth).

***yard**[1] [já:rd]
【原義は「棒, さお」】
— 名 (複 **yards** [já:rdz]) [C] **1** ヤード, (布地の単位としての) ヤール 《◇長さの単位. 1ヤード = 91.4cm; 《略語》y., yd.; → 巻末「度量衡」》: by the *yard* ヤード単位で / The lawn is thirty *yards* across. 芝生の幅は30ヤードある.
2 【建】1立方ヤード. **3** 【船舶】帆げた.
■ *if a yárd* 確かに (→ IF 成句).
◆ **yárd gòods** [複数扱い] ヤード単位の布, 反物.

***yard**[2] [já:rd]
【原義は「囲い地」】
— 名 (複 **yards** [já:rdz]) **1** [C] (建物に隣接した) 庭, 囲い地; 中庭《通例, 《英》ではコンクリートなどで

舗装されている); 《米》(家に付属し, 芝生などが植えてある) 庭 ((英)) garden) (→ GARDEN [類義語]): a front yard 前庭 (cf. backyard 裏庭).
2 [C] 《しばしば複合語で》…場, 仕事場, …置き場; (鉄道の) 操車場.
[関連語] brickyard レンガ製造場 / churchyard 教会の境内, 墓地 / dockyard 造船所 / graveyard 墓地 / lumberyard 貯木場 / schoolyard (学校の) 運動場 / vineyard ブドウ園
3 [the Y-] 《英口語》ロンドン警視庁 (Scotland Yard).
◆ **yárd sàle** [C] 《米》(自宅の庭などでの) 不用品セール (→ garage sale [背景]).

yard・age [jáːrdidʒ] 名 [U][C] ヤードで測った長さ [面積, 体積].

yard・arm [jáːrdɑ̀ːrm] 名 [C] 《海》桁端(けたん).

*__yard・stick__ [jáːrdstìk] 名 [C] **1** 判断 [比較] の基準, 尺度. **2** ヤード尺.

*__yarn__ [jáːrn] 名 **1** [U] 《主に米》(紡ぎ) 糸, 織り糸, より糸 (cf. thread 縫い糸): woolen yarn 毛糸.
2 [C] 《口語》(あまり信用できない) みやげ話, 冒険談.
■ **spín a yárn** 冒険談 [ほら話など] を長々とする.

yaw [jɔ́ː] 動 ⊜ 《海・航空》《船・航空機などが》針路からそれる; 《船首が》左右に揺れる.
— 名 [C][U] 船首の揺れ; (航空機などの) 偏(へん)揺れ.

yawl [jɔ́ːl] 名 [C] 《海》**1** ヨール (2本マストの小型帆船). **2** (船に積む) 雑用艇.

*__yawn__ [jɔ́ːn] 動 ⊜ **1** あくびをする: yawn with boredom 退屈してあくびをする / His long talk made me yawn. 彼の長話にはあくびが出た.
2 (割れ目・穴などが) 大きく開く. — 名 [C] **1** あくび (を) する: with a yawn あくびをしながら / stifle [smother] a yawn あくびをかみ殺す. **2** 《通例, 単数形で》《口語》退屈な《うんざりさせる》人 [もの].

yd, yd. 《略記》= yard(s) ヤード (↑).

ye¹ [(弱) ji; (強) jíː] 代 [人称代名詞] **1** [2人称単数の主格] 《口語》あなたが [は] (you): How d'ye do? はじめまして; こんにちは (◇ [háudidúː] と読む). **2** [古] [2人称複数の主格] なんじらは; [呼びかけ] なんじら. **3** 《古》[2人称の単数・複数の目的格] なんじ (ら) を [に].

ye² [(子音の前で) jə; (母音の前で) ji] 冠詞 《古》= 《古風な感じを出すために商店名などに用いる》.

yea [jéi] 副 しかり, さよう (yes) (↔ nay) (◇ 口頭による採決で賛成を示すのに用いる以外は《古》).
— 名 [C] 賛成 (投票); 賛成投票者 (↔ nay): the yeas and nays 賛否.

‡**yeah, yeh** [jéə] 副 《口語》ああ, うん (yes) (◇ くだけた響きのある語なので目上の人に使うと失礼になる): Oh, yeah? (疑念を表して) そうかい / Are you going to the concert next week? — Yeah. 来週のコンサートは行きますかーええ.

‡**year** [jíər / jíə, jɔ́ː]
— 名 (複 years [~z]) [C] **1** 年, 暦年 (1月1日から12月31日までの365 [366] 日間;《略記》y., yr.): in the year 2002 2002年に (◇ the year が入るのは正式な言い方です. 2002 is two thousand and two と読む) / a solar [lunar] year 太陽 [太陰] 年 / A leap year has 366 days. 閏(うるう)年は366日です.

[語法] **(1)** this, last, next, every などと共に用いて, 前置詞を伴わずに副詞句を作る: I make five or six trips to Japan every year. 私は毎年5, 6回日本へ行く / The crops are better this year than last (year). 去年より今年のほうが作柄がよい / The road will be completed next year. その道路は来年完成する.
(2) 「…年に」の場合, 前置詞は in を用いる: My son was born in the first year of Heisei. 私の息子は平成元年に生まれた.
(3) next year = the coming year は「(現在を基準に) 来年」, the next year = the following year は「(現在以外を基準に) その翌年」.

2 (時の長さとしての) **1年**, …年間: rent a room by the year 年間契約で部屋を借りる / a ten-year plan 10か年計画 / We have been married for a year. = It's been a year since we got married. = A year has passed since we got married. 私たちは結婚して1年になる / The construction started ten years ago. 工事は10年前に始まった.

3 [数詞と共に用いて] **…歳**: a child of three (years) = a three-year-old child 3歳の子供 / His father died when he was seven years old. 彼の父親は彼が7歳のときに亡くなった / Debby is two years younger than I. デビーは私より2つ年下です / An English child starts school when he or she is five years of age. イングランドの子供は5歳で学校に上がる.

4 年度; 学年; 《英》…学年, 年生: the 2003 fiscal [《英》financial] year 2003 (会計) 年度 / In Japan the school [academic] year begins in April and ends in March. 日本では学校は4月に始まり3月に終わる / I am in the [my] third year of high school. 私は高校3年生です.

5 [~s] 長い間, 長い年月: take years 長い年月を要する / I haven't seen her for years. 私は長いこと彼女を見ていない.

6 [~s] 年(とし), 年齢 (age): be getting on in years (人が) 年を取る / She looks younger than her years. = She looks young for her years. 彼女は年よりも若く見える / Years bring wisdom. 《ことわざ》年を取れば知恵がつく ⇒ 亀の甲より年の功. **7** [~s] 時代: in the years of Queen Victoria ビクトリア女王の時代に.

■ **áll (the) yéar róund** 1年じゅう: We can enjoy skating on this indoor rink all the year round. この屋内リンクで1年じゅうスケートが楽しめる.

èvery óther [sécond] yéar 1年おきに: The music festival is held every other year. その音楽祭は1年おきに催される.

from yéar to yéar **1** 年々 (year by year).
2 来る年も来る年も (year after year).

in the yéar of our Lórd [Chríst, 《古風》**) gráce]…** 西暦…年に: in the year of our Lord 1337 西暦1337年に.

of láte yéars = in recént yéars 近年, ここ数年.

... *of the yéar* (ある分野で)年間最優秀の…: the man *of the year* 今年一番活躍した人, マンオブザイヤー; (雑誌などの)年男.

pùt yéars on ... …を老け込ませる; 年を感じさせる.

tàke yéars òff ... …を若返らせる, 若く見せる.

yéar àfter yéar 来る年も来る年も, 毎年 (→ year by year): He led the same life *year after year*. 彼は来る年も来る年も同じような生活を送った.

yéar by yéar 年々, 年を追って, 年ごとに, 毎年 (◇通例 year after year は同じことの繰り返し, year by year は徐々の変化を表す)

yèar ín, yèar óut = *yèar ín and yèar óut* 年々歳々, 年がら年じゅう, 毎年決まって.

year·book [jíərbùk / jíə-, jə́ː-] 名 C **1** 年鑑, 年報. **2** 《米》卒業記念アルバム.

yèar-énd 名 U 年末. ── 形 [限定用法] 年末の.

year·ling [jíərliŋ / jíə-, jə́ː-] 名 C **1** (動物の)1年子《満1歳以上満2歳未満》. **2**《競馬》1歳馬.

year·long [jíərlɔ́ːŋ / jíəlɔ́ŋ, jə́ː-] 形 [限定用法] 1年間続く, 1年にわたる.

***year·ly** [jíərli / jíə, jə́ː-] 形 **1** 毎年の, 例年の; 年1回の: a *yearly* event 年1回の恒例の行事 / a *yearly* checkup 年1回の健康診断. **2** 1年間の, 1年分の: a *yearly* income 年収 / the *yearly* fee for the gym スポーツクラブの年会費.
── 副 毎年; 年に1度で: The conference is held *yearly*. その会議は年に1度行われている.

yearn [jə́ːrn] 動 自 《文語》 **1** […を]切望する [*for*]; しきりに[…]したがる [*to do*]: We *yearn for* world peace. 私たちは世界平和を希求する / She *yearned to* study abroad. 彼女は留学したがっていた. **2** […に]あこがれる, […を]慕う, 恋しがる [*for*]: She *yearned for* her hometown. 彼女は故郷に思いをはせた.

yearn·ing [jə́ːrniŋ] 名 UC […への / …したいという]切望, 熱望; あこがれ (longing) [*for / to do*]: She always had a *yearning* to be an actor. 彼女は俳優になることにずっとあこがれていた.

yéar-róund 形 1年じゅうの, 年間を通じてある.
── 副 1年じゅう, 年間を通じて.

***yeast** [jíːst] 名 U イースト, パン種《-だね》, 酵母《菌》.

yeast·y [jíːsti] 形 (比較 **yeast·i·er** [~ər]; 最上 **yeast·i·est** [~ist]) イースト [酵母] の(ような).

Yeats [jéits] 名 イェーツ William Butler [bátlər] Yeats《1865-1939; アイルランドの詩人・劇作家》.

yech, yecch [jék, ják] 間 げっ, おぇっ 《◇嫌悪・不快を示す》.

yeh [jéə] 副 = yeah.

***yell** [jél] 動 自 […に向かって / …で] 叫び声を上げる, わめく, どなる (*out*) [*at / with*] (→ SHOUT 類義語): Don't *yell out at* me like that! 私にそんなふうにどならないでください.
── 他 …を叫んで言う, …を大声で叫ぶ (*out*).
── 名 C **1** 叫び声, わめき: let out [give] a *yell* 叫び声を上げる. **2**《米》(応援の)エール, 声援.

******yel·low** [jélou]
── 形 (比較 **yel·low·er** [~ər]; 最上 **yel·low·est** [~ist]) **1** 黄色い, 黄色の: a *yellow* light 黄信号 / Leaves turn *yellow* in autumn. 秋になると葉は黄色になる.

2 [比較なし]《しばしば軽蔑》(皮膚の色が)黄色い, 黄色 [モンゴル] 人種の: the *yellow* peoples 黄色人種.

3《口語》臆病な, 弱虫の.《由来》キリストを裏切ったユダの衣の色から. 欧米では黄色は臆病・卑きょうなどを表す》

4 (新聞が) 扇情的な, センセーショナルな.
── 名 (複 **yel·lows** [~z]) **1** U 黄色: pale *yellow* 淡い黄色. **2** U 黄色の服: He was dressed in *yellow*. 彼は黄色の服を着ていた. **3** UC 黄色の染料 [絵の具, ペンキ]. **4** UC (卵の)黄身 (yolk). **5** C《しばしば軽蔑》黄色い肌の人. **6** U《口語》臆病.
── 動 自 黄色くなる, 黄ばむ.
── 他 …を黄色にする.

◆ **Yéllow Cáb** 商 イエローキャブ《米国のタクシー会社》; C イエローキャブ社のタクシー.

yéllow cárd C イエローカード《サッカーなどで審判が反則した選手に出す警告のカード; cf. red card レッドカード》.

yéllow féver U《医》黄熱病.

yéllow flàg C《自動車レース》イエローフラッグ《走行注意の警告の旗》.

yéllow jácket C《米》《昆》スズメバチ (wasp).

yéllow jòurnalism U イエロージャーナリズム《センセーショナルな暴露記事などを売り物にする新聞・雑誌》.

yéllow líne C《英》駐車禁止区域を示す線.

yéllow páges [the ~; しばしば Y- P-; 複数扱い] 職業別電話帳.

Yéllow Ríver 固 [the ~] 黄河.

Yéllow Séa 固 [the ~] 黄海.

yel·low·ham·mer [jélouhæmər] 名 C《鳥》キアオジ《ヨーロッパ産の鳴鳥》.

◆ **Yéllowhammer Stàte** 固 [the ~] イエローハンマー州《米国 Alabama 州の愛称; → AMERICA 表》.

yel·low·ish [jéloui∫] 形 黄色がかった.

Yel·low·stone [jéloustòun, -ləu-] 固 [the ~] イエローストーン川《米国 Wyoming 州に発し Missouri 川に注ぐ》.

◆ **Yéllowstone Nátional Párk** 固 イエローストーン国立公園《米国北西部のロッキー山脈にある》.

yel·low·y [jéloui] 形 黄色がかった (yellowish).

yelp [jélp] 動 自 (痛み・恐怖などで)(犬が)きゃんきゃん鳴く; (人が)叫び声[悲鳴]を上げる.
── 名 C (犬の)きゃんきゃん鳴く声; (人の)叫び声, 悲鳴.

Yem·en [jémən] 名 固 イエメン《アラビア半島南部の共和国; 首都サヌア (San'a)》.

*****yen**[1] [jén]
── 名 (複 **yen**) **1** C 円《◇日本の通貨単位; 《略語》¥, Y》. **2** [the ~] 円相場.

yen[2] 名 [a ~]《口語》[…への / …したいという]あこがれ, 熱望 [*for / to do*]: have a *yen for* fame 名声にあこがれる.

yeo・man [jóumən] 名 (複 **yeo・men** [-mən]) C
【英史】 **1** 独立自由農民, 郷士(ごう), ヨーマン.
2 (貴族・国王などの) 従者.
◆ **Yéoman of the Guárd** (複 **Yeomen of the Guard**) C《英》(英国王室の) 国王衛士《(国王の護衛隊とロンドン塔の守衛を務める》.

yeo・man・ry [jóumənri] 名 U (the 〜; 集合的に)【英史】自作農階級.

yep [jép] (☆ [p] 音は唇を閉じたままで破裂させない) 副《口語》= YES(↓).

yer [jər] 代《口語》= YOUR あなたの.

★★★yes [jés] 副 名
— 副 **1** (a) [質問に対する肯定の答えとして] **はい, そうです**(《口語》yeah, yep)(↔ no): Are you free this afternoon? – *Yes*, I am. きょうの午後はお暇ですか – はい, 暇です / Can I change my appointment to next week? – *Yes*, you can. 約束の日を来週に変更してもかまいませんか – ええ, 結構です. (b) [否定疑問文に対する答えとして] **いいえ**(→ NO) 語法: Aren't you a member of the tennis club? – *Yes*, I am. あなたはテニスクラブに入っていないのですか – いいえ, 入っています / Don't you think Jim was right? – *Yes*, I do. ジムの言った通りだったと思いませんか – ええ, そう思います.
2 (a) [同意・賛成して] **そうです, その通り**: She is good at speaking French. – *Yes*, indeed. 彼女はフランス語を話すのが上手ですね – その通り(◇ indeed や quite (so), definitely, precisely などを伴うこともある) / Let's go skiing, shall we? – *Yes*, let's. スキーに行こうよ – そうしよう. (b) [否定的な発言に対して] **いいえ, いや**: I'm afraid I have not done a good job today. – *Yes*, you have. きょうは頑張りが足りなかったような気がします – いや, よくやりましたよ / Don't tell him the truth. – *Yes*, I must. 彼には本当のことを言わないでください – いや, 言わなければなりません.
3 [呼びかけ・命令に対する返事として] **はい**: Bill! – *Yes*, sir. ビル – はい / Help me carry this desk upstairs. – *Yes*, sir. この机を2階へ上げるのを手伝ってくれ – はい, 承知しました.
4 [待っている人などに対して] **何ですか, ご用件は**(◇上昇調で発音する): *Yes,*(↗) may I help you? はい, ご用件は何でしょう / *Yes*?(↗) – Two tickets for tonight's movie, please. ご用件は – 今晩の映画の券を2枚ください.
5 [相手に続きを促して] **なるほど, それで**(◇上昇調で発音する): He hit on a new idea yesterday. – *Yes*?(↗) 彼がきのう新しいアイディアを思いついたんだ – それで.
6 [疑いを表して] **そう, へえー, まさか**(◇上昇調で発音する): I have read all of Shakespeare's works. – Oh, *yes*?(↗) シェイクスピアの全作品を読みました – へえー, 本当に. **7** [前出の語句を強調して] **それにまた, いやそれどころか**(◇しばしば and, or を伴う): Eric is a good baseball player, *yes*, and the best on our team. エリックは野球がうまい. いやそれどころか, うちのチームで一番うまい.
■ **yés and nó** どちらとも言えない, そうだと言えばそうだし違うと言えば違う.
— 名 **1** U C **はい** (という返事), 同意, 賛成, 承諾, 肯定 (↔ no): say *yes* はいと言う, 同意する / nod *yes* うなずいて賛成する. **2** C 賛成票, 賛成投票者 (aye) (↔ no, nay).

yés-màn 名 (複 **yes-men**) C イエスマン《何でもはいと目上に従う人》; おべっか使い.

★★★yes・ter・day [jéstərdèi, -di] 副 名 【原義は「前の日」】
— 副 **1 きのう(は), 昨日(は)**: It snowed *yesterday*. きのう雪が降った / I feel much better than I did *yesterday*. きのうよりずっと気分がいい / It was only *yesterday* that the chance came. その機会がやって来たのはついきのうのことでした / She said to me, "I bought this watch *yesterday*." 彼女は私に「きのうこの腕時計を買ったの」と言った (= She told me that she bought that watch the day before.) (◇間接話法では the day before または the previous day を用いる; → NARRATION 文法).
2 つい最近, 近頃: Don't be a fool! I wasn't born *yesterday*. ばかなことを言うな. 私はきのう生まれたわけではない – だまされるほどうぶではない.
— 名 (複 **yes・ter・days** [〜z]) **1** U [無冠詞で] **きのう, 昨日**: the day before *yesterday* おととい, 一昨日 (◇副詞的に用いる場合,《米》では the を省略することがある) / *yesterday*'s paper きのうの新聞 / *Yesterday* was snowy. きのうは雪だった (= It was snowy yesterday.).
2 [形容詞的に] きのうの, 昨日の: Bill suddenly came to see me *yesterday* afternoon. きのうの午後ビルが突然私を訪ねて来た.
3 U《文語》つい最近, 近頃; C [通例 〜s] (遠くない) 過去: The recession of *yesterday* is gone. 昨今の不況は去った.

yes・ter・year [jéstərjìər, -jə̀ː] 名 U《文語》昨年;(遠くない)過去.

★★★yet [jét] 副 接
— 副 **1** [否定文で] **まだ, 今[その時]までのところ**: Are you ready to go? – No, not *yet*. 行く用意ができましたか – いいえ, まだです / I haven't seen that movie *yet*. あの映画はまだ見ていない.
2 [疑問文で] **すでに, もう**: Has she arrived in London *yet*? 彼女はもうロンドンに着きましたか / Is he back *yet*? 彼はもう戻っていますか.
語法 (1) yet は通例, 文尾に置かれるが,《格式》では否定語の直後に置かれることもある: I'm *not yet* strong enough to go back to school. 私はまだ学校に行けるほど元気になっていない.
(2) 通例, 肯定文では「もう」は already,「まだ」は still で表す.
(3) 否定疑問文で用いると,「驚き・じれったさ」などを表す: Aren't you ready *yet*? まだ用意ができていないの(何をぐずぐずしているの).
3 [肯定文で] 今なお, 依然として (◇ still のほうが一般的だが, yet を用いるとより感情のこもった表現になる): Do your homework while it is *yet* light. まだ明るいうちに宿題をやりなさい / There is *yet* a chance that we will win. 私た

yeti

ちが勝つチャンスだってまだある. **4** [助動詞と共に用いて](今までとはとにかく)やがて, いずれは: He may win *yet*. 彼はやがては勝つかもしれない / The mystery will be solved *yet*. なぞはいずれは解けるだろう.
5 [時を表す語句のあとに付けて]またその上に, さらに: There are three days *yet* to go until my vacation. 休暇まであと3日もある / It'll be ages *yet* before I get my driver's license. 私が運転免許証を取れるまでにはまだ何年もある.
6 [比較級, another などを強めて]さらに, なおいっそう (still, even): It will be colder *yet* before spring comes. 春になる前にもっと寒くなるだろう.
7 [最上級と共に用いて]これまでに, 今までのところ (ever): the highest tower *yet* constructed これまでに建てられたうちで最も高い塔 / This is the best museum we've visited *yet*. ここは今まで訪れた中で最高の博物館です.

■ *and yét* それでもなお, しかもなお: He ran as fast as possible, *and yet* he was late for school. 彼は精一杯走ったが, それでも学校に遅れた.
as yét [通例, 否定文で](将来はわからないが)今までのところでは, これまでは (まだ) (◇しばしば完了形の動詞と共に用いる): I have not *as yet* received the package he sent me. 私は彼が送ってくれた小包をまだ受け取っていない.
be yét to dó まだ…していない: The hardest examination *is yet to* come. 一番大変な試験はまだこれからです (= The hardest examination has not come yet.).
have yét to dó まだ…していない, これから…する: I *have yet to* hear the rest of the story. 話の残りはまだ聞いていない (= I have not heard the rest of the story yet.).
nòr yét ... 《文語》また…でもない: He has never read the book, *nor yet* intends to. 彼はその本を読んだこともなければ読むつもりもない.
yèt agáin またしても, さらにもう一度.
─[接]けれども, しかしそれでも (→ BUT [類義語]): The lake looks like a mirror, *yet* there are dangerous undercurrents. 湖は鏡のように見えるが, 危険な底流がある / Our chances of winning are slim, *yet* I think we should participate in the contest. 私たちが勝つチャンスはすくないが, それでもコンテストに出場すべきだと思う.

ye·ti [jéti]【チベット】[名][C][しばしば Y-]イエティ, 雪男 (Abominable Snowman).

yew [júː][名] **1** [C]【植】イチイ, セイヨウイチイ《墓地に植える常緑樹》. **2** [U]イチイ材.

Yid·dish [jídiʃ][名][U]イディッシュ語《東欧などのユダヤ人が用いる言語. ヘブライ文字を用いる》.

*✽**yield** [jíːld][動][他] **1** 〈権利·地位などを〉[…に](譲歩して)与える, 認める [*to*]: He *yielded* his property *to* his nephew. 彼はおいに財産を譲った. **2** 〈農産物·製品などを〉産する, 生じる;〈利益·結果などを〉もたらす, 生む: This land *yields* good [bad] crops. この土地は作物の出来がよい [悪い]. **3** …を […に] 明け渡す, 放棄する (*up*) [*to*]: He had to *yield* (*up*) his house *to* his creditors. 彼は債権者に家を明け渡さなければならなかった.
─[自] **1**《文語》[…に]屈服する, 降参する, [要求などに] 応じる, 従う;[誘惑などに] 負ける [*to*]: They never *yielded to* violence [pressure]. 彼らは決して暴力 [重圧] に屈しなかった. **2**《格式》[…に] 置き換わる, 取って代えられる [*to*]: A lot of farmland has *yielded to* residential development. 多くの農地が宅地造成地に代わった. **3**《米》〈怖かの車に〉道を譲る 《英》give way) [*to*]. **4** (圧力などのために)曲がる, たわむ, へこむ.
■ *yield onesélf* (*úp*) *to* ...〈誘惑など〉に屈する, 負ける;身を任せる, ふける.
yield úp《他》《文語》〈秘密など〉を明かす.
─[名][C] **1** 産出 [収穫] (高), 生産額: a good *yield* of wheat 小麦の豊作. **2** 利回り, 収益.

yield·ing [jíːldiŋ][形] **1** (ものが) 曲がりやすい, 柔軟な, しなやかな. **2** (人が) 従順な, 言いなりになる.

yip·pee [jípi / jipíː][間] わあ 《◇喜び·興奮を表す》.

YMCA《略語》= Young *M*en's *C*hristian *A*ssociation キリスト教青年会.

yo [jóu][間]《主に米俗語》よう, やあ《◇あいさつ·注意を引くときなどの発声》: *Yo* men! オッス!

yob [jáb / jɔ́b]《◇ boy を逆につづったもの》[名][C]《英》チンピラ, よた者.

yo·del [jóudl][名][C]ヨーデル《裏声を混じえて歌うスイスやチロル地方の民謡》. ─[動](過去·過分)《英》**yo·delled**; 現分《英》**yo·del·ling**)[自]ヨーデルを歌う. ─[他]ヨーデル調で歌う.

yo·ga [jóugə][名][U]ヨーガ, ヨガ《ヒンドゥー教の哲学》;ヨーガの行(ぎょう).

*✽**yo·ghurt, yo·ghourt** [jóugərt / jɔ́gət][名] = YOGURT (↓).

yo·gi [jóugi][名][C]ヨーガ行者.

*✽**yo·gurt** [jóugərt / jɔ́gət][名][U][C]ヨーグルト: plain *yogurt* プレーンヨーグルト.

*✽**yoke** [jóuk][名] **1** [C]くびき《1対の牛などの首をつなぐ横木》: put a *yoke* on oxen 牛にくびきをかける. **2** [the ~]《文語》束縛;圧政的支配: cast [throw] off the *yoke* 束縛を脱する. **3** [C]くびき状のもの;てんびん棒. **4** [C][通例 the ~]《文語》きずな, 結合. **5** [C]【服】ヨーク《当て布》.
─[動][他] **1** …にくびきをかける, …をくびきでつなぐ (*together*). **2**《文語》〈人·考えなど〉を結び付ける, 一緒にする (*together*).

yo·kel [jóukəl][名][C]《こっけい》田舎者.

yolk [jóuk][名][C][U](卵の) 黄身, 卵黄 (cf. white 白身).

Yom Kip·pur [jóum kípər / jɔ́m-][名][U]《ユダヤ》贖罪(しょくざい)の日《断食と悔悟の祈りを行う》.

yon [ján / jɔ́n][形][副]《古》= YONDER (↓).

yon·der [jándər / jɔ́n-][形][副]《古》あそこの [に], 向こうの [に].

yore [jɔ́ːr][名][U]《文語》昔: *of yore* 昔の.

York [jɔ́ːrk][名][固] **1** ヨーク《England 北東部の市》. **2**【英史】ヨーク家 (the House of York)《英国の王室 (1461-85). 紋章は白バラ;cf. Lancaster ランカスター家》. **3** = YORKSHIRE.

York·shire [jɔ́ːrkʃiər / -ʃə][名][固]ヨークシャー《England 北東部の旧州》.
◆ **Yórkshire púdding**[U][C]《英》ヨークシャープディング《小麦粉·卵·牛乳に肉汁を加えて焼く》.

Yórkshire térrier [C] 【動物】ヨークシャーテリア《毛の長い小型犬; → DOG 図》.

Yo・sem・i・te [jousémətì] 名 固 《通例 the ～》ヨセミテ《米国 California 州東部のヨセミテ国立公園 (Yosemite National Park) にある大渓谷》.

you [(弱) ju, jə; (強) júː]
— 代 [人称代名詞] 《◇ 2 人称単数・複数の主格・目的格; → PERSONAL》(文法) **1** [主格主語として] **あなた (たち) は [が]**, 君 (たち) は [が]: *You* are very beautiful. あなたはとても美しい / Why have *you* all been so busy? なぜあなたたちはみんなそんなに忙しくしているのですか / *You* didn't do your homework, did *you*? あなたは宿題をしなかったんですね / Are *you* there?(電話で)もしもし. **2** [主格補語として] **あなた (たち) で**, 君 (たち) で: It is *you* who were responsible. 責任があったのはあなたですよ. **3** [目的格] (a) [動詞の目的語として] **あなた (たち) を [に]**, 君 (たち) を [に]: Betty said she knew *you*. ベティーは君を知っていると言った / She'll give *you* some advice. 彼女はあなたにアドバイスをしてくれるだろう. (b) [前置詞の目的語として] あなた (たち), 君 (たち): She wants to be friends with *you*. 彼女はあなたと仲よくしたがっている. **4** [júː] [命令文に付けて] 君 (たち), お前 (たち): *You* come here. 君, こっちへ来なさい / *You* shut up, Billy. ビリー, お前は黙っていろ. **5** [júː] [呼びかけ] 君 (たち), お前 (たち)《◇しばしば名詞の前に置いて同格的に用いる》: *You* boy! おい, そこのぼうや / *You* fool! このばか. **6** [総称的に] 人は, 人はだれでも《◇ 親しみを込めて相手を含めた一般の人々をさす. 日本語に訳さない場合が多い.《格式》では one を使う》: *You* must always be careful when you drive a car. 車を運転するときは常に注意を集中しなければならない / *You* never can tell. 先のことはわからない. **7** (特定の地域・場所の) 人《◇相手を含める. 日本語に訳さない場合が多い》: What language do *you* speak in your country? あなたの国では何語を話しますか / Do *you* sell wine here? ここではワインを売っていますか.

you-all [jùːɔ́ːl, jɔ́ːl] 代《米》君[あなた]たち《◇ you の複数形. 主に米国南部で用いる. y'all ともつづる》.

you'd [(弱) jud, jəd; (強) júːd]
[《短縮》《口語》] **1 you would** の短縮形: I thought *you'd* come. 私はあなたが来るだろうと思った. **2 you had** の短縮形: *You'd* already left for America when I called. 私が電話をかけたときあなたはもうアメリカに向けて出発していた《◇ 過去完了》.

you'll [(弱) jul, jəl; (強) júːl]
[《短縮》] **1 you will** の短縮形: I'm sure *you'll* find what you really want to do someday. いつかきっと本当にやりたいことが見つかりますよ. **2 you shall** の短縮形.

young [jʌ́ŋ] 《☆ 発音に注意》
形
— 形《比較 **young・er** [jʌ́ŋgər]; 最上 **young・est** [jʌ́ŋgɪst]》**1 若い**, 幼い, 年少の (↔ old): a *young* child 幼児 / *young* leaves 若葉 / die *young* 若死にする / He was a teacher when he was *young*. 彼は若いとき教師だった. **2** 若々しい, 元気な, 血気盛んな (youthful): She looks *young* for her age. 彼女は年の割に若く見える / He is over seventy but still *young* at heart. 彼は70を超えているがまだまだ気持ちは若い / They are not so *young* as they used to be. 彼らにはもう以前のような元気はない. **3** (他の人と比べて) 年下の;(同名の兄弟・親子などの) うちの) 年下のほうの, 若いほうの: a *younger* brother [sister] 弟 [妹] / my *youngest* son [daughter] 私の一番下の息子 [娘] / the *younger* Smith = Smith the *younger* 息子 [弟] のほうのスミス / She is five years *younger* than her husband. 彼女は夫より5歳年下です. **4** (人が) 未熟な, 経験の足りない: We are *young* at this type of work. 私たちはこの種の仕事に慣れていない / He is *young* in fishing. 彼は釣りの経験が浅い. **5** (果実・ワインなどが) 熟していない, 熟成していない; (肉などが) 柔らかい: This wine is still *young*. このワインはまだ熟成していない. **6** (国・機関などが) 新しくできた, 新興の (new); (時期・季節が) 早い, 初期の (early): *young* countries in Africa アフリカの新興国 / a *young* university 新設大学. **7** 若者向けの: *young* fashion 若者向けのファッション.
— 名 **1** [the ～; 集合的に; 複数扱い] 若者たち (young people): The rock band on stage captured the attention of the *young*. ステージ上のロックバンドは若者の心をとらえた. **2** [集合的に; 複数扱い] (動物の) 子: The bird returned to its nest to feed its *young*. その鳥はひなにえさを与えるため巣に戻ってきた.
■ **with yóung** (動物が) 子をはらんで.
yóung and óld 老いも若きも, 若い人も年取った人も.《▷ 名 yóuth》
◆ **yóung adúlt** [U] ヤングアダルト《《服飾や雑誌などの分類での「若い大人」;《略記》YA》
yóung blóod [U] [集合的に] 血気盛んな若者(の思想 [行動]).
yóung làdy 若い女性; [呼びかけ] お嬢さん.
yóung mán 若い男性, 青年; [呼びかけ] (そこの) 若いの.
yóung offénder [C] (17–21歳の) 少年犯罪者.

young・ish [jʌ́ŋɪʃ] 形 まだ若い, 中年ではない.

*****young・ster** [jʌ́ŋstər] 名 [C]《古風》若者, 子供 (↔ oldster).

your [(弱) jər; (強) júər, jɔ́ːr]
— 代 [人称代名詞]《◇ you の所有格; → PERSONAL》(文法) **1** (a) [名詞の前に付けて] **あなた (たち) の**, 君 (たち) の: May I have *your* name, please? お名前は何とおっしゃいますか / What is *your* opinion? あなたのご意見はどうですか. (b) [動名詞の前に付けて; 意味上の主語として] あなた (たち) が, 君 (たち) が: Your father won't approve of *your* marrying him. お父さんはあなたが彼と結婚するのを認めないだろう. **2** (一般に) 人の《◇日本語に訳さない場合が多い; →

YOU 6》: The library is on *your* left. 図書館は左手にあります. **3**《口語》例の, いわゆる, 君(たち)の言う《◇通例, 軽蔑・非難の気持ちを含む》: Is this *your* famous restaurant? これがかの有名なレストランなのか. **4**《高貴な人への呼びかけ; 称号の前で》: *Your* Majesty 陛下《◇言及するときは His [Her] Majesty となる》.

you're [(弱) jər; (強) júər, jɔ́:r]
《短縮》《口語》you are の短縮形: *You're* my best friend. あなたは私の一番の友達です / *You're* always complaining. あなたはいつも不平ばかり言っている《◇進行形》.

yours [júərz, jɔ́:rz]
— 代《◇ you の所有代名詞; → PRONOUN 文法》
1《単数・複数扱い》**あなた(たち)のもの**, 君(たち)のもの《◇さすものが単数なら単数扱い, 複数なら複数扱い》: Is this watch *yours*? この時計はあなたのですか / Our town is larger than *yours*. 私たちの町はあなたたちの町より大きい / My shoes are red, and *yours* are black. 私の靴は赤で, あなたのは黒です. **2**《通例 Y-》敬具, 草々《親しい友人に対する手紙の結びの言葉》.
[語法] (1) 手紙の結びの言葉は大文字で始め, あとにコンマを付け, その下に署名する (→ LETTER 図).
(2) 親しい友人に対しては Yours, とだけ書くが, 通例 faithfully, sincerely, ever などの副詞と共に用いる: *Yours* sincerely, = Sincerely *yours*, 敬具.
3 あなたの家族 [手紙, 義理]: Kind regards to you and *yours*. ご家族の皆さまにもよろしく《◇手紙の終わりのあいさつ》.
■ *... of yóurs* あなた(たち)の…《→ MINE¹ 語法》: Is Bob a friend *of yours*? ボブはあなたの友だちですか.

your·self [juərsélf, jɔːr-]
— 代《複 your·selves [-sélvz]》《◇ you の再帰代名詞; 用法・成句例→ ONESELF》
1《再帰用法》(あなたが) 自分自身を [に], (あなたが) 自分の体を: Buy *yourself* some shoes. 自分の靴を買いなさい / You hurt *yourself* playing soccer, didn't you? あなたはサッカーをしていてけがをしたのですね. **2**《強調用法》(あなたが) 自分で, あなた自身で: You said so *yourself*. あなた自身がそう言ったのです《◇主語 you と同格的にそえられ, You *yourself* said so. となることもある》/ Do it *yourself*. 自分でやりなさい.

your·selves [juərsélvz, jɔːr-]
— 代 yourself の複数形《◇用法は yourself に準じ, 複数の you に対して用いる; 成句例→ ONESELF》.

youth [jú:θ]
— 名《複 youths [jú:ðz, jú:θs]》 **1** U《しばしば one's ~》**青春(時代)**, 青年期, 若い頃; (発達・成長などの) 初期: enjoy one's *youth* 青春を楽しむ / in the *youth* of civilization 文明の初期に.
2 U 若さ, 若いこと; 若々しさ, 元気さ: Walking is effective in keeping your *youth*. 歩くことは若さを保つのに効果的です.
3 C《しばしば軽蔑》青年, 若者; (特に) 若い男性: a gang of *youths* 若い連中.
4 [the ~; 集合的に; 単数・複数扱い] 青年男女, 若者たち: the *youth* of today 現代の若者たち.
(▷ 形 yóung, yóuthful)
◆ yóuth clùb C ユースクラブ《主に自治体・教会などが運営する青少年のための娯楽施設・組織》.
yóuth cùlture U 若者文化.
yóuth hòstel C ユースホステル《主に青少年のための会員制の安価な宿泊施設》.

*youth·ful [jú:θfəl] 形
1 若々しい; 元気な: her *youthful* looks 彼女の若々しい容貌(ぼう). **2** 若者の, 若者らしい; 初期の, 早い: *youthful* enthusiasm 若者らしい熱意.
(▷ 名 yóuth)
youth·ful·ly [-fəli] 副 若々しく; 若者らしく.
youth·ful·ness [~nəs] 名 U 若々しさ, 若さ.

you've [(弱) juv, jəv; (強) jú:v]
《短縮》《口語》you have の短縮形: *You've* already finished your homework. あなたはもう宿題を終えた.

yowl [jául] 動 自 (犬・猫などが) 長く悲しそうに鳴く, 遠ぼえする; (人が) 悲痛な声を出す.
— 名 C 長く悲しそうな鳴き声 [叫び声], 遠ぼえ.

yo-yo [jóujou] 名《複 yo-yos [~z]》C **1** ヨーヨー《◇おもちゃ》. **2**《米俗語》のろま, 間抜け.

yr., yr《略語》= year(s); younger; your.

yu·an [juá:n / juén, -á:n] 名《複 yu·an》C 元《中国の通貨単位》.

Yu·ca·tán, Yu·ca·tan [jù:kətǽn / jùkətáːn] 名 固 ユカタン半島《メキシコ南東部の半島》.

yuc·ca [jʌ́kə] 名 C《植》ユッカ, イトラン《米国南西部・中南米産のユリ科の観賞用植物》.

yuck, yuk [ják] 間《口語》げーっ, おえっ《◇不快・嫌悪・拒絶などを表す》.

yuck·y [jʌ́ki] 形《比較 yuck·i·er [~ər]; 最上 yuck·i·est [~ist]》《口語》いやな, ひどくまずい.

Yu·go·slav [jù:gousláːv], Yu·go·slav·i·an [-viən] 形 ユーゴスラビア(人)の.
— 名 C ユーゴスラビア人.

Yu·go·slav·i·a [jù:gousláːviə] 名 固 ユーゴスラビア《バルカン半島の旧連邦共和国. 現在は Serbia and Montenegro; 首都ベオグラード (Belgrade)》.

Yu·kon [jú:kɑn / -kən] 名 固 **1** = Yúkon Térritory ユーコン準州《カナダ北西部にある;《略語》Y.T.》. **2** [the ~] ユーコン川《ユーコン準州からアラスカ中部を経てベーリング海に注ぐ》.

yum·my [jʌ́mi] 形《比較 yum·mi·er [~ər]; 最上 yum·mi·est [~ist]》《口語》おいしい, すてきな.

yup·pie, yup·py [jʌ́pi] 名《複 yup·pies [~z]》C《口語・しばしば軽蔑》ヤッピー《都会に住む高所得層の若手エリート; *y*oung *u*rban *p*rofessional から》.

YWCA《略語》= *Y*oung *W*omen's *C*hristian *A*ssociation キリスト教女子青年会.

Z z

z, Z [zíː / zéd] 名 (複 z's, zs, Z's, Zs [~z]) **1** ⓒ ⓤ ズィー, ゼッド《英語アルファベットの26番目の文字》. **2** ⓒ [大文字で] Z字形のもの. **3** ⓤⓒ 〔数学〕第3未知数.
■ *from A to Z* 初めから終わりまで.

z., Z. 〔略語〕= zero; zone.

za·ba·glio·ne [zὰbəljóuni] 名 ⓤ ザバイオーネ《卵黄・砂糖・ワインで作るイタリア料理のデザート》.

Za·ire [zɑːíər / zɑːíːə] 名 ザイール《コンゴ民主共和国の旧称》.

za·kus·ka [zəkúːskə] 名 (複 **za·kus·ki** [-ki], **za·kus·kas** [~z]) ザクースカ《ロシア料理の前菜》.

Zam·bi·a [zæmbiə] 名 ザンビア《アフリカ中南部の共和国; 首都ルサカ (Lusaka)》.

za·ny [zéini] 形 (比較 **za·ni·er** [~ər]; 最上 **za·ni·est** [~ist])《口語》おどけた, ひょうきんな; ばかげた.

zap [zép] 動 (三単現 **zaps** [~s]; 過去・過分 **zapped** [~t]; 現分 **zap·ping** [~iŋ])《口語》— ⑯ **1** …を攻撃する; (撃ち)殺す; [副詞(句)を伴って] …をすばやく動かす. **2** 〈テレビのチャンネル〉を変える. **3**《米》…を電子レンジで調理する.
— ⑲ **1** すばやく動く; さっと片付ける. **2** チャンネルを変える.
— 名 ⓤ《英口語》元気, 活力.

zap·per [zæpər] 名 ⓒ《米口語》**1** (テレビなどの)リモコン(装置). **2** (マイクロ波を使った)殺虫装置.

*****zeal** [zíːl] 名 ⓤ 〔…への〕熱意, 熱中 [*for, in*]: with great *zeal* とても熱心に / His *zeal for* chess is quite remarkable. 彼のチェスにかける熱意には並々ならぬものがある. (▷ 形 zéalous)

zeal·ot [zélət] 名 ⓒ 熱中[熱狂]する人, 狂信者.

*****zeal·ous** [zéləs] 形 〔…に〕熱心な, 熱望している 〔*for, in*〕: be *zealous for* fame 名声を熱望している / He is always *zealous in* playing baseball. 彼はいつも野球をすることに熱中している.
(▷ 名 zéal)

zeal·ous·ly [~li] 副 熱心に, 熱狂的に.

*****ze·bra** [zíːbrə / zé-, zíː-] 名 (複 **ze·bras** [~z], **ze·bra**) ⓒ 〔動物〕シマウマ, ゼブラ.
◆ **zébra cróssing** ⓒ《英》(白い縞模様の)横断歩道 (pedestrian crossing).

zed [zéd] 名 ⓒ《英》= ZEE.

zee [zíː] 名 ⓒ《米》ズィー《Zの文字名》(《英》zed).

Zeit·geist [tsáitgàist, záit-] 〔ドイツ〕名 [単数形で] 時代精神, 時代思潮.

Zen [zén] 名 ⓤ 禅 (**Zen Buddhism** とも言う).

ze·nith [zíːniθ / zéniθ] 名 ⓒ **1** [通例 the ~]〔天文〕天頂 (↔ nadir)《ある地点の真上の天空》. **2** [通例, 単数形で] (名声・権勢などの)頂点, 絶頂: at one's *zenith* 絶頂[全盛期]で.

zeph·yr [zéfər] 名 ⓒ〔詩語〕そよ風; 西風.

zep·pe·lin [zépəlin] 名 ⓒ [しばしば Z-]〔史〕ツェッペリン(型)飛行船.

*****ze·ro** [zíərou, zíːr- / zíər-] 名 動 〔原義は「からっぽの」〕
— 名 (複 **ze·ros, ze·roes** [~z]) **1** ⓒ (数字の) 0, ゼロ, 零; ⓤ (数値としての) 0, ゼロ (→ NUMBER 表): The figure 100 has two *zeros* in it. 数字の100には0が2つある / Two plus *zero* makes two. 2+0=2.

[語法] **0 の読み方**
(1) 電話番号・住所などでは **oh** [óu] と読む. ただし《米》では **zero** と読むこともある: extension 480 (= four eight *oh*) 内線480番.
(2) スポーツの得点では通例《米》**nothing**,《英》**nil** と読む. また, テニスでは **love** と読む: France beat Brazil 3–0 (=《米》three (to) *nothing*,《英》three *nil*). フランスはブラジルを3対0で破った.
(3) 小数点以下の 0 は **oh** と読むことがある. また,《英》では小数点の前の 0 を **nought** と読むことがある: 3.02 = three point *oh* [*zero*] two / 0.5 = *zero* [*nought*] point five.

2 ⓤ (温度計などの目盛りの)零度, 零点: five degrees below *zero* 零下[氷点下]5度 / The temperature didn't reach above *zero*. 気温は零度以上にならなかった.

3 ⓤ《口語》何もないこと, 空(から), 皆無 (nothing); どん底: His chance of success sank to *zero*. 彼の成功のチャンスはまったくなくなった. We started from *zero*. 私たちは無一文[ゼロ]から始めた.

4 ⓒ ⓤ (試験などの) 0点: He got (a) *zero* in math. 彼は数学で0点を取った. **5** [形容詞的に] ゼロの, 無の: *zero* growth (経済・人口などの)ゼロ成長 / *zero* visibility 視界ゼロ / Water freezes at *zero* degrees. 水は零度で凍る.

— 動 (三単現 **ze·ros, ze·roes**; 過去・過分 **ze·roed** [~d]; 現分 **ze·ro·ing** [~iŋ]) ⑯〈計器などの〉目盛りをゼロに合わせる.

■ *zéro ín on* … **1** …に目標を定める. **2** …に専念する.

◆ **zéro G**〔略語〕= zero gravity.

zéro grávity ⓤ〔物理〕無重力(状態).

zéro grówth ⓤ〔経済〕ゼロ成長.

zéro hòur ⓒ〔軍〕攻撃[行動]開始予定時刻; (ロケットなどの)発射時刻.

zéro populàtion grówth ⓤ 人口ゼロ成長(《略語》ZPG).

zéro tólerance ⓤ ゼロトレランス《法律を厳しく適用して反社会的行為を一切容認しないこと》.

zéro-còu·pon 形 ゼロクーポンの: *Zero-*

coupon bond ゼロクーポン債.
zéro-e・mìs・sion 形 排ガスゼロの (→ ZEV).
zéro-sùm 形【数】ゼロサムの, ゼロ和の: *zero-sum game* ゼロサムゲーム.
*__zest__ [zést] 名 **1** U [...に対する] 熱意, 強い興味 [*for*]: with *zest* 熱心に / lose one's *zest for* running 走ることへの熱意を失う.
2 U [または a ~]面白味, 興趣: Wit gives *zest* to conversation. 機知は会話に趣(おもむき)をそえる.
3 U (風味をそえる) レモン [オレンジなど] の皮.
zest・ful [zéstfəl] 形 **1** 熱心な. **2** 趣のある.
ze・ta [zéitə, zíː- / zíː-] 名 C U ゼータ (ζ, Z) 《ギリシャ語アルファベットの6番目の文字; → GREEK 表》.
Zeus [zúːs / zjúːs] 名 【ギ神】ゼウス《オリンポス山の神々の主神で天の支配者; → GOD 表》.
ZEV《略語》= zero emission vehicle 無排ガス車.
*__zig・zag__ [zígzæg] 名 **1** C ジグザグ (形のもの), Z字形, 稲妻形《電飾・道路など》: walk in a *zigzag* ジグザグに歩く. **2** [形容詞的に] ジグザグの, Z字形の: a *zigzag* line ジグザグの線.
— 動 (三単現 **zig・zags** [~z]; 過去・過分 **zig・zagged** [~d]; 現分 **zig・zag・ging** [~iŋ]) 自 ジグザグに動く [進む], ジグザグになっている.
zilch [zíltʃ] 名 U《口語》ゼロ, 無 (nothing).
zil・lion [zíljən] 名 C《口語》無数, 何億兆.
Zim・ba・bwe [zimbɑ́ːbwi] 名 ジンバブエ《アフリカ南部の共和国; 首都ハラーレ (Harare)》.
*__zinc__ [zíŋk] 名 U【化】亜鉛《元素記号》Zn》.
zing [zíŋ] 名 U《口語》活気, 元気, 活力.
— 動 自《口語》ひゅーんと音を立てる; すばやく動く.
zin・ni・a [zíniə] 名 C【植】ヒャクニチソウ (百日草).
Zi・on [záiən] 名 **1** シオン《イスラエルのエルサレムにある聖なる丘》. **2** U 天国, 神の国. **3** U [集合的に] 神に選ばれた人たち; ユダヤ民族.

Zi・on・ism [záiənìzm] 名 U シオニズム《パレスチナにユダヤ人国家を建設しようとする民族運動》.
*__Zi・on・ist__ [záiənist] 名 C シオニスト, シオン主義者《シオニズム (Zionism) の信奉者》.
*__zip__ [zíp] 名 **1** C《英》ファスナー, ジッパー (zip-fastener,《主に米》zipper): undo [do up] a *zip* ファスナーを開ける [締める].
2 U《口語》活力, 元気. **3** [単数形で] ぴゅー; びりっ《弾丸などの飛ぶ音や布を裂く音》. **4** [単数形で]《米口語》(得点などの) ゼロ.
— 動 (三単現 **zips** [~s]; 過去・過分 **zipped** [~t]; 現分 **zip・ping** [~iŋ]) 他 (通例, 副詞(句)を伴って) **1** ...をファスナーで締める [開ける]: *zip* the bag open かばんのファスナーを開ける. **2** ...を勢いよく動かす, ぴゅーと飛ばす.
— 自 **1** ぴゅーと音を立てて飛ぶ [進む]; 勢いよく行動する. **2** ファスナーで開閉される.
■ *zíp úp* 他 ...のファスナーを締める.
zíp còde, ZÍP còde 名 C《米》郵便番号《《英》postcode)《州名の郵略語のあとにつける5桁の数字から成る. 現在では, 建物・会社などを表す4桁を加えた ZIP + 4 code と呼ばれる9桁の数字も使われる; *z*one *i*mprovement *p*lan の略》.
zíp-fás・ten・er 名《英》= ZIPPER (↓).
zip・per [zípər] 名 C《主に米》ファスナー, ジッパー (《英》zip, zip-fastener).
zir・con [zə́ːrkɑn / -kɔn] 名 U【鉱】ジルコン《12月の誕生石; → BIRTHSTONE 表》.
zit [zít] 名 C《口語》にきび (pimple).
zith・er [zíðər] 名 C【音楽】チター《チロル地方の弦楽器. 30-40弦を持ち, 水平にして琴のように弾く》.
zizz [zíz] 名 [a~]《英口語》うたた寝, 居眠り.
zlo・ty [zlɔ́:ti] 名 (複 **zlo・tys** [~z], **zlo・ty**) ズウォティ, ズロティ《ポーランドの通貨単位》.
Zn《元素記号》= zinc 亜鉛.
zo・di・ac [zóudiæk] 名 **1** [the ~]【天文】黄道

◇左から順に
水瓶座
魚座
牡羊座
牡牛座
双子座
かに座
獅子座
乙女座
天秤座
さそり座
射手座
やぎ座

zodiac 2

帯, 獣帯. **2** [C]【占星】十二宮 (一覧) 図《黄道帯に12の星座を配した図; →前ページ図》.
■ *the signs of the zódiac* 黄道十二宮.

Zo·la [zóulə]名 固 ゾラ Emile [emíːl] Zola《1840-1902; フランスの自然主義作家》.

zom·bie, zom·bi [zámbi / zɔ́m-]名[C] **1** ゾンビ, 魔術で生き返った死体. **2**《口語》(疲れて) ふらふらしている人; でくのぼう.

★★★ **zone** [zóun] 名動

— 名 (複 **zones** [~z]) [C] **1** [しばしば複合語で] 地帯, 地域, 区域: a demilitarized [neutral] *zone* 非武装 [中立] 地帯 / a danger [safety] *zone* 危険 [安全] 地帯 / a no-parking *zone* 駐車禁止区域 / a residential *zone* 住宅地区 / a school *zone* 文教地区.
2【地理】帯(※)《地表を緯度と気温によって5つに分けた地帯》: the north [south] frigid *zone* 北 [南] 寒帯 / the north [south] temperate *zone* 北 [南] 温帯 / the torrid *zone* 熱帯.
3《米》(郵便・電話・交通機関などの) 同一料金区域 [区間], (郵便番号で分けた) 郵便区.

— 動 他 …を地域 [地区] に分ける; (特定の目的別に) …として〔…用に〕区画する《*as / for*》: This area is *zoned for* industrial purposes. この地域は工業地区に指定されている.

■ *be in the zóne*《口語》(スポーツで) 絶好調でプレーしている, 体がよく動く.

◆ **zóne defénse** [U]【球技】ゾーンディフェンス《特定の範囲を分担して相手をマークする防御法》.

zon·ing [zóuniŋ]名[U] (都市計画での) 地区制, 地域区分《商業・住宅などの用途別に区分する》.

zonked [záŋkt / zɔ́ŋkt]形《叙述用法》《口語》疲れ果てた; (酒に) 酔った; (麻薬で) ラリった.

★★★ **ZOO** [zúː]

— 名 (複 **zoos** [~z]) **1** [C] 動物園《《格式》zoological garden》: We went to Ueno *Zoo* to see a giant panda. 私たちはパンダを見に上野動物園へ行った.
2 [a ~]《口語》混乱状態, ごった返している場所.

zoo·keep·er [zúːkiːpər]名[C] (動物園の) 飼育係.

zo·o·log·i·cal [zòuəládʒikəl / -lɔ́dʒ-]形 動物学 (上) の; 動物に関する.

◆ **zóological gárden** [C]《しばしば ~s》《格式》動物園 (zoo) (cf. botanical garden 植物園).

zo·ol·o·gy [zouálədʒi / -ɔ́l-]名[U] 動物学.
zo·ol·o·gist [-dʒist]名[C] 動物学者.

zoom [zúːm]動 自《口語》 **1** [副詞 (句) を伴って] (ぶーんと音を立てて) 猛スピードで進む, 急に動く; (飛行機が) 急上昇する. **2** (物価などが) 急上昇する.
■ *zóom ín* (カメラが) ズームレンズで[…を] 拡大する《*on*》: The camera *zoomed in on* the mayor's face. カメラが市長の顔を大写しした.
zóom óut (カメラが) ズームレンズで[…を] 縮小する《*on*》.
— 名 **1** [単数形で]《口語》(飛行機の) 急上昇; 急上昇 [疾走] のぶーんという音.
2 [C] = zóom lèns【写】ズームレンズ.

zo·on·o·sis [zouánəsis / -ɔ́n-]名[U][C] (複 **zo·on·o·ses** [-siːz])【医】動物性感染症《人に伝染する動物の病気》.

Zo·ro·as·ter [zɔ́ːrouæstər / zɔ̀rouéstə]名 固 ゾロアスター《紀元前6世紀頃のペルシャの宗教家》, ゾロアスター教 [拝火教] の始祖》.

Zo·ro·as·tri·an·ism [zɔ̀rouǽstriənizəm / zɔ̀r-]名[U] ゾロアスター教, 拝火教.

ZPG《略語》= zero *p*opulation *g*rowth 人口ゼロ成長.

zuc·chi·ni [zukíːni]名 (複 **zuc·chi·ni, zuc·chi·nis** [~z]) [C]《米》【植】ズッキーニ (《英》courgette)《キュウリに似た形をしたカボチャの一種》.

Zu·lu [zúːluː]名 (複 **Zu·lus** [~z], **Zu·lu**) **1** [the ~(s)] ズールー族《南アフリカ共和国に住むバンツー族の一部族》; [C] ズールー族の人. **2** [U] ズールー語.
— 形 ズールー族 [語] の.

Zu·rich, Zür·ich [zúərik / zjúərik]名 固 チューリヒ《スイス北部にある州; その州都》.

zwie·back [swíːbæk / zwíː-]【ドイツ】名[C]《米》ズワイバック《卵入りのラスク (rusk) の一種》.

zy·gote [záigout]名[C]【生物】接合子; 接合体.

zzz, ZZZ [zː]間 ぐーぐー《いびきの音》; ぶんぶん《ハチなどの羽音》; ぶるんぶるん《電動のこぎりの音》.

発音解説

1. 母音と子音

声帯の振動によって生じた音が、唇・舌・歯・歯茎などに妨げられず自由に出てくる音を**母音**(vowel)と言います。日本語の「ア・イ・ウ・エ・オ」に相当する音です。

唇・舌・歯・歯茎などで強く息を遮って出す音のことを**子音**(consonant)と言います。

2. 有声音と無声音

声帯が振動するかどうかによって、すべての音声は、**有声音**(voiced sound)と**無声音**(voiceless sound)の2つに分けられます。有声音は声帯の振動によって生じる音、無声音は声帯の振動を伴わない音です。

声帯の振動の有無は、発音の際に、のどぼとけ(のどの固い部分)に指先を当てるか、両手で両耳を覆えばよくわかります。

母音はすべて有声音ですが、子音には有声音と無声音の2種類があります。

母音	有声音	[a] [ʌ] [æ] [ɑː] [i] [uː] [e] [ɔ] など
子音	有声音	[b] [d] [g] [v] [ð] [z] [ʒ] [dʒ] [l] [m] [n] など
	無声音	[p] [t] [k] [f] [θ] [s] [ʃ] [tʃ] など

3. 音節とシラビケーション[分節法]

多くの語は、いくつかの部分に区切って発音できますが、それ以上は区切って発音できないという最小の単位を**音節**(syllable)と言います。音節を形作る強さのある音は母音なので、1つの音節の中には母音があるのが普通です。子音はない場合もありますし、1個ないし数個ある場合もあります。また、子音でも[l], [m], [n]の有声子音が音節の中心となることもあります。

ap・ple [ǽpl] (2音節)　cf. tell [tél] (1音節)

音節に区切ることをシラビケーション(syllabication)と言います。本書の見出し語では、音節の切れ目を示すのに中点(・)を用いています(◇行末で切ってよい音節の切れ目は、大きな中点(・)で示し(例: **pic・nic**)、行末で切らないほうが望ましい切れ目は、小さな中点(·)で示しています(例: **a·gain**))。

■1音節(単音節)から5音節までの語の例
 1音節: ball, cold, glass
 2音節: base・ball, can・dy, fa・mous
 3音節: beau・ti・ful, fam・i・ly, hur・ri・cane
 4音節: cal・lig・ra・phy, e・con・o・my, in・ter・est・ing
 5音節: caf・e・te・ri・a, in・ter・na・tion・al

4. アクセント

(1) 語アクセント(word accent)

英語のアクセント(accent)は、強弱の差によるアクセントで、**強さアクセント**(stress accent)とも言います。

2音節以上の語に2つ(以上)のアクセントがあって、一方が他方よりも強い場合、強いほうを**第1アクセント**(´)(primary accent)、弱いほうを**第2アクセント**(`)(secondary accent)と言います。

head・ache [hédèik]
u・ni・ver・sal [jùːnivə́ːrsəl]
an・ni・ver・sa・ry [æ̀nivə́ːrsəri]

◇1音節の語は単独で発音されると常に第1アクセントを受けるので、本書では1音節の語にも第1アクセントを付けています(例: hat [hǽt])。

(2) 語群[句]アクセント(word group [phrase] accent)

複数の単語で成り立っている語群・句でも、語アクセントと同じように、発音に強弱があります。たとえば、at any rate (とにかく)という語群[句]の場合は、any が最も強く、rate が次に強く、at が最も弱く、at ány ràte のように発音されます。以下は、語群[句]アクセントと複合語(ここでは複合名詞のみ)の比較です。

語群[句]アクセント	複合語のアクセント
[名詞+名詞] a cóuntry wálk (郊外の散歩) a Frénch téacher (フランス人の先生)	a cóuntry clùb (カントリークラブ) a Frénch tèacher (フランス語の先生)
[形容詞+名詞] a bláck bóard (黒い板) a whíte hóuse (白い家)	a bláckbòard (黒板) the Whíte Hòuse (ホワイトハウス)
[現在分詞+名詞] a smóking róom (煙の出ている部屋) a sléeping báby (眠っている赤ん坊)	[動名詞+名詞] a smóking ròom (喫煙室) a sléeping càr (寝台車)

(3) 文アクセント(sentence accent)

① 文アクセントは、名詞・動詞・形容詞・副詞・指示[疑問, 不定]代名詞のうち、文の中で意味上重要な語(**内容語**(content words))に原則として置かれます。文アクセントが置かれた語はゆっくり発音し、それ以外は速く発音します。

　Mr. Jónes is Máry's téacher.

（ジョーンズ先生はメアリーの先生です）
Her fáther lives in the cóuntry.
（彼女の父親は田舎に住んでいます）
② 冠詞・前置詞・接続詞・助動詞・人称［関係，再帰］代名詞のいわゆる「機能語（function words）」には通例，文アクセントは置かれません．
③ 文中のリズムを保ったり，ある語を特に強調したりする場合は，前記の①，②の原則通りではありません．文アクセントは相対的なものであって，語アクセントのように固定しているわけではありません．文の構造や話者の主観，場所，状況によって変わってきます．
以下のような受け答えでは，同じ文であっても，どの語に重点を置くかによって文アクセントも違ってきます．

Did Hélen buy the car yesterday?—No, but Lúcy did.（きのうあの車を買ったのはヘレンですか—いいえ，ルーシーです）
Did Helen búy the car yesterday?—No, but she sóld it.（ヘレンはきのうあの車を買いましたか—いいえ，売ったのです）
Did Helen buy the cár yesterday?—No, but she bought the bícycle.（ヘレンがきのう買ったのはあの車ですか—いいえ，自転車です）
Did Helen buy the car yésterday?—No, but she did the dáy befóre yésterday.
（ヘレンがあの車を買ったのはきのうですか—いいえ，おとといです）

◇名詞が形容詞的に用いられたり，同じ形容詞でも名詞の前に限定的に用いられたりする場合は，音調をよくするためにアクセントが移動する場合があります．
He is Jàpanése. / He is a Jàpanése. / He is a Jápanèse bóy.

■文アクセントの例
［名詞・形容詞］
He is a fást rúnner.（彼は走るのが速い）
We had a góod tíme during the vacátion.（私たちは休暇の間楽しく過ごした）
Árt is lóng, life is shórt.（《ことわざ》芸術は長く，人生は短い）
［動詞］
He wórks hárd at éverything.（彼はあらゆることに一生懸命取り組む）
Cáre kílled a [the] cát.（《ことわざ》命が9つあるという）猫でさえもし心配［苦労］のために死んだ）
◇be 動詞には普通，文アクセントが置かれませんが，文末では文アクセントが置かれます．
I am a déntist.（私は歯医者です）
Are you a déntist?—Yes, I ám.（あなたは歯医者ですか—はい，そうです）
［副詞］
時・場所・様態を表す副詞は文アクセントが置かれます．
He is nów a nátional héro.（彼は今や国民的英雄です）

Gét óut (of hére)!（出て行け）
Cóme hére.（ここへいらっしゃい）
She wórked hárd.（彼女は一生懸命働いた）
Has she nót arríved yét?（彼女はまだ到着していないのですか）
［代名詞］
指示代名詞（this, that など）・疑問代名詞（what, who など）・不定代名詞（all, some など）は文アクセントが置かれます．
Thís is a bállpoint pén.
（これはボールペンです）
Thát is my cóusin.（あの人は私のいとこです）
Whát is thát?（あれは何ですか）
Whó is at the dóor?
（だれが戸口にいますか）
Áll was lóst in the fíre.（すべてのものが火事で失われた）
Sóme of the mílk was spílled.（ミルクがいくらかこぼれた）
◇これらの代名詞でも特に強調しない場合や形容詞用法では文アクセントを置きません：this mórning（けさ）/ that évening（あの晩）/ I wánt some móney.（私は金が少し欲しい）．また，感嘆文の what も文アクセントを置きません：What a bíg cát (it ís)!（（それは）なんと大きな猫だろう）．

■文アクセントを置かない例
［冠詞・前置詞］
He is a góod ártist.（彼は立派な芸術家です）
I gét up éarly in the mórning.（私は朝早く起きます）
I álways éat lúnch at nóon.（私はいつも正午に昼食を食べます）
［接続詞・助動詞］
Màke háy while the sún shínes.（《ことわざ》日の照っているうちに干し草を作れ⇒好機を逃すな）
I do nót háve any móney.（私はお金を持っていない）
Whát are you tálking about?（あなたは何の話をしているのですか）
I will gíve you this bóok.（あなたにこの本をあげます）
◇強調の do では文アクセントを置きます：I dó want it.（ぜひそれが欲しい）．また，文頭では文アクセントを置くことがあります：Dó you understánd it nów?（あなたはもうそれが理解できますね．＝You ought to understand it now.）．
［代名詞］
人称代名詞・関係代名詞・再帰代名詞は文アクセントを置きません．
I will [shall] be glád to sée you ány time.
（いつでも喜んでお目にかかります）
I knów the gírl who cáme here yésterday.
（私はきのうここへ来た少女を知っています）
Hélp yourself to ánything you líke.（好きな

ものは何でも召し上がってください)

■ **文アクセントの例外**
① 強調するときは人称代名詞に文アクセントを置きます.
I líke hím bétter than hér.(私は彼女よりも彼のほうが好きです)
Shé is ríght, and hé is wróng.(彼女は正しくて彼は間違っている)
② 対話では,同じ語を繰り返す場合は名詞や動詞でも文アクセントを置きません.
Hów many ápples do you háve? ─I have twó apples.(リンゴをいくつ持っていますか─2つです)
Whére will he gó? ─He will go to Séndai.(彼はどこへ行くのですか─仙台です)
③ リズムを整えるために文アクセントを置かないことがあります.
Tóm went thére.(トムはそこへ行った)(cf. He wént thére.(彼はそこへ行った))
He tóok it óff.(彼はそれを脱いだ)(cf. He tóok off the cóat.(彼は上着を脱いだ))

5. イントネーション(音調・抑揚)

話したり音読したりするときの,声の高さ(ピッチ(pitch))の変動をイントネーション(intonation)と言います.イントネーションには次のような種類があります.
下降調(falling tone)
上昇調(rising tone)
下降上昇調(falling-rising tone)
上昇下降調(rising-falling tone)

(1) 下降調
[平叙文]
He has a lot of books.↘(彼はたくさん本を持っている)
Nothing is so important as time.↘(時間ほど貴重なものはない)
[命令文]
Be more careful.↘(もっと気をつけなさい)
Don't make such a noise.↘(そんなに騒いではいけません)
[感嘆文]
What a pretty flower (this is)!↘((これは)なんときれいな花だろう)
How far it is!↘(なんと遠いのだろう)
[疑問詞で始まる疑問文]
Who is the boy?↘(その少年はだれですか)
Where is your house?↘(お宅はどちらですか)
◇修辞疑問文は,形は疑問文でも内容的には平叙文と等しく,疑問文の形で反語的に自分の考えを述べる文なので下降調になります:Who knows?↘(だれが知っているのか=No one knows.(だれも知らない))/ Isn't it strange?↘(不思議ではないか=It is very strange.(とても不思議))

(2) 上昇調
[Yes か No で答える一般疑問文]
Are you a lawyer?↗(あなたは弁護士ですか)
[依頼文]
Will you close the door, please?↗(ドアを閉めてくれませんか)
[平叙文で疑問を表すとき]
You are Chinese?↗(あなたは中国人ですか)
(3) 下降上昇調 文末を下降調から上昇調に転じる場合のほか,文の途中を下降調で読み,文末を上昇調にする場合もある.
[言外に含みを持った気持ちを表す文]
I can come on Saturday.↘↗(土曜日なら来られるのですが(ほかの日はだめです))
[質問調の付加疑問文]
You are a policeman,↘ aren't you?↗(あなたは警察官ですか)
(4) 上昇下降調
[選択疑問文]
Is it black↗ or white?↘(それは黒いですか,白いですか)

■ **注意すべきイントネーション**
① 同種のものを列挙するときは,最後だけ下降調.
Tom speaks English,↗ French,↗ and German.↘(トムは英語・フランス語・ドイツ語が話せる)
② 複文・重文などの途中は叙述が完結しない間,軽い上昇調で読み,最後に完結したときに下降調.
If it doesn't rain tomorrow,↗ we will go swimming.↘(あす雨が降らなければ私たちは泳ぎに行きます)
She went to the door,↗ opened it,↗ and entered the room.↘(彼女はドアのところへ行き,開けて,部屋に入った)
③ 付加疑問文
You can swim,↘ can't you?↗(あなたは泳げますか)(◇不明なので質問するとき)
You can swim,↘ can't you?↘(あなたは泳げますね)(◇わかっていて yes の返答を予期するとき)
④ 選択疑問文
Would you like milk,↗ coffee,↗ or tea?↘(ミルクにしますか,コーヒーにしますか,それとも紅茶にしますか[選択])
Would you like milk,↗ or coffee,↗ or tea?↗(ミルク・コーヒー・紅茶とか何か飲み物はいかがですか[列挙])(◇ tea のあとに or something else↗ が省略されているような文で,選択が3つに限らず,まだあることを示唆している)
⑤ その他
I beg your pardon.↘ / Pardon.↘(ごめんなさい)
I beg your pardon?↗ / Pardon?↗(もう一度おっしゃってください)

文型について

1. 動詞の文型

文は, 普通「…は」にあたる**主部**と,「〜する」にあたる**述部**から成り立っています. 主部の中心を**主語**(subject), 述部の中心を**(述語)動詞**(verb)と言います.

動詞には, 1語だけで述部が成り立つものと, **目的語**(object)や**補語**(complement)を付けないと成り立たないものがあります.

主語(S)・**(述語)動詞**(V)・**目的語**(O)・**補語**(C)を文の要素と言い, 英語の文は, この 4 つの要素の配列の仕方によって, 次の 5 つの基本文型に分類されます.

文型	構造	動詞の名称
第1文型	S+V	完全自動詞
第2文型	S+V+C	不完全自動詞
第3文型	S+V+O	完全他動詞
第4文型	S+V+O+O	完全他動詞(授与動詞)
第5文型	S+V+O+C	不完全他動詞

(1) 第1文型「S+V」

修飾語句(modifier)を除くと主語(S)と動詞(V)だけの文型を第1文型と言います. 第1文型の動詞は**完全自動詞**と呼ばれます.

■ **第1文型の例**

Betty *cried*. (ベティーは泣いた)

・修飾語句(M)を伴う場合

The old man *walked* across the street.
(その老人は通りを歩いて渡った)

He *lives* in Paris. (彼はパリに住んでいる)

・[There is [are]....]

There is a book on the desk.
　　V　　S　　　M　(机の上に本が1冊ある)

(◇この There ははっきりした意味は持たず, 内容上は is のあとに来る a book が主語)

(2) 第2文型「S+V+C」

述語動詞が補語を伴う文型を第2文型と言います. この文型の動詞は補語がないと意味が完全にならないので, **不完全自動詞**と呼ばれます.

第2文型の補語は主語を説明する働きをするので**主格補語**と言い, 主語の状態(S=C), または主語の状態の変化(S→C)を表します. 本書では第2文型を「V+C」で表しますが, 補語が名詞・代名詞・形容詞以外の場合は, その要素を具体的に示しています.

■ **第2文型の主な動詞**

・**be**型: be(…である), appear(…のように見える), feel(…と感じる), keep(ずっと…である), lie(…の状態にある), remain(…のままである), stay(…のままである), rest(…のままでいる), seem(…のように見える), smell(…なにおいがする), sound(…のように聞こえる), taste(…な味がする)

・**become**型: become, come, fall, get, go, grow, run(…になる), prove(…と判明する), turn(…に変わる, …になる)

■ **第2文型の例**

・[be+C]

She *is* a pianist. (彼女はピアニストです)

That*'s* it. (その通りだ)

・[become+C]

Jane *became* an actress.
(ジェーンは女優になった)

・[look+C]

He *looks* angry. (彼は怒っているように見える)

・[keep+現分]

She *kept crying* for an hour.
(彼女は1時間泣き続けた)

・[remain+過分]

The door *remains closed*.
(ドアは閉ざされたままだ)

・[come+to do]

She *came to* like this town.
(彼女はこの町が好きになった)

・[be+動名]

Her job *is selling* tickets.
(彼女の仕事は切符を売ることです)

・[be+that 節]

My belief *is that* he is innocent.
(私は彼が無罪だと信じている)

・[be+疑問詞節]

The problem *is who* will do it.
(問題はだれがそれをするかだ)

(3) 第3文型「S+V+O」

述語動詞が目的語を伴う文型を第3文型と言います. この文型の動詞は, 目的語をとるだけで完全な意味を表すので, **完全他動詞**と呼ばれます.

本書では, 第3文型は「V+O」で表しますが, 目的語が名詞・代名詞以外の場合は, その要素を具体的に示しています.

■ **第3文型の例**

・[like+O]

Horses *like* carrots. (馬はニンジンが好きだ)

I *like* him. (私は彼が好きだ)

・[suit+O]

The dress *suits* her well.
(その洋服は彼女によく似合う)

・[want+to do]

She *wants to* dance with you.
(彼女はあなたと踊りたがっている)

・[stop+動名]

Bill *stopped reading* the newspaper.

(ビルは新聞を読むのをやめた)
・[know＋that 節]
She *knows that* he is afraid of frogs.
(彼女は彼がカエルを怖がるのを知っている)
・[know＋疑問詞節]
Do you *know where* he lives?
(彼がどこに住んでいるか知っていますか)
・[wonder＋疑問詞節]
I *wonder if* she is married.
(彼女は結婚しているのかしら)
■ 第2文型と第3文型の区別の仕方
　第2文型のSとCの間にはS＝C(SはCである)、またはS→C(SがCになる)の意味関係がありますが、3文型のSとOの間にはそのような関係はありません。
・We are Japanese. (私たちは日本人です)
(◇We＝Japanese→第2文型)
・We eat rice. (私たちは米を食べる)
(◇We≠rice→第3文型)

(4) 第4文型「S＋V＋O＋O」
　述語動詞が2つの目的語(O)を伴って「…に〜を…する」ということを表す文型を第4文型と言います。「…に」にあたる語を間接目的語、「〜を」にあたる語を直接目的語と言います。この文型の動詞も完全他動詞ですが、第3文型の動詞と区別するために、**授与動詞**と呼ぶこともあります。
　本書では、第4文型は「V＋O＋O」で表しますが、目的語に名詞・代名詞以外が来る場合は、その要素を具体的に示しています。
■ 第4文型の主な動詞
ask(尋ねる)、do(の益や害を与える)、fetch(行って取ってくる)、give(与える)、hand(手渡す)、lend(貸す)、offer(提供する)、pass(手渡す)、pay(支払う)、promise(約束する)、sell(売る)、show(見せる)、teach(教える)、tell(話す)、write((手紙を)書く)
■ 第4文型の例
・[give＋O＋O]
He *gave* me this watch.
(彼は私にこの時計をくれた)
・[buy＋O＋O]
He *bought* me this watch.
(彼は私にこの時計を買ってくれた)
・[find＋O＋O]
I *found* his son a good job.
(私は彼の息子によい仕事を見つけてあげた)
・[promise＋O＋to do]
He *promised* me *to* keep it secret from her.
(彼はそのことは彼女には内緒にしておくと私に約束した)
・[show＋O＋疑問詞句]
I *showed* Jane *how to* use the machine.
(私はその機械の使い方をジェーンに教えてあげた)
・[tell＋O＋疑問詞句]

Tell me *which to* choose.
(どれを選んだらよいか教えてください)
・[advise＋O＋疑問詞句]
Could you *advise* me *whether to* accept the offer? (その申し出を受け入れるべきかどうか助言していただけませんか)
・[tell＋O＋that 節]
He *told* his parents (*that*) he had passed the exam.
(彼は両親に試験に合格したことを伝えた)
・[ask＋O＋疑問詞節]
She *asked* him *what* he was looking for.
(彼女は彼に何を探しているのか尋ねた)
He *asked* me *if* I could help him.
(彼は手伝ってくれるかと私に聞いた)
■ 第4文型と第3文型の書き換え
　第4文型の間接目的語に前置詞 to か for を付け、直接目的語のあとに置いて、同じ内容を第3文型の文で表すことができます。to は動作の及ぶ対象を示すだけですが、for は「〜のために」という利益の意味を含みます。for を使う動詞には buy(買ってやる)、find(見つけてやる)、get(取ってやる、入手してやる)、make(作ってやる)などがあります。
She *brought* me some water. [第4文型]
　　↓
She *brought* some water *to* [*for*] me.
　　　　　　　　　　　　　　　　　　　　[第3文型]
(彼女は私に水を持ってきてくれた)
(◇直接目的語が人称代名詞のときは、通例、間接目的語に前置詞を付けてあとに回します：*Give* it *to* me.(それを私にください。Give me it.としない))

(5) 第5文型「S＋V＋O＋C」
　述語動詞が目的語(O)と補語(C)を伴う文型を第5文型と言います。この文型の動詞は、目的語のほかに補語がないと意味が完結しないので**不完全他動詞**と呼ばれます。
　第2文型の補語を主格補語というのに対し、第5文型の補語は目的語について述べるので、**目的格補語**と呼ばれます。
　本書では、第5文型は「V＋O＋C」で表しますが、補語に名詞・代名詞・形容詞以外が来る場合は、その要素を具体的に示しています。
■ 第5文型の主な動詞
believe(…を〜と信じる)、call(…を〜と呼ぶ)、elect(…を〜に選ぶ)、find(…を〜と知る)、keep(…を〜にしておく)、leave(…を〜のままにしておく)、like(…は〜なのが好きだ)、make(…を〜にする)、name(…を〜と名づける)、paint(…を〜色に塗る)、think(…を〜と思う)、want(…が〜の状態であってほしい)
■ 第5文型の例
・[name＋O＋C]
They *named* the puppy John.
(彼らはその子犬をジョンと名づけた)

- **[like+O+C]**
  I *like* my tea hot.
  (私はお茶が熱いのが好きだ)
- **[make+O+C]**
  The good news *made* him happy.
  (そのよい知らせが彼をうれしがらせた)
- **[want+O+to do]**
  I *want* you *to* help me.
  (私はあなたに手伝ってもらいたい)
- **[make+O+do]**
  I *made* him *change* his plan.
  (私は彼に計画を変えさせた)
- **[keep+O+現分]**
  She *kept* him *waiting* for two hours.
  (彼女は彼を2時間待たせた)
- **[keep+O+過分]**
  He *kept* all the windows *closed*.
  (彼は窓を全部閉めておいた)
- **[make+oneself+過分]**
  I could not *make myself understood*.
  (私の言うことはわかってもらえなかった←私は自分自身が理解されるようにすることができなかった)
- **[regard+O+as ...]**
  They *regarded* him *as* a genius.
  (彼らは彼を天才とみなした)

■ **第4文型と第5文型の区別の仕方**

第5文型の目的語と補語の間には，O＝C(O は C である)，O→C(O が C になる，O が C をする)の意味関係がありますが，第4文型の O と O にはこのような関係はありません．

He made me a box.
(彼は私に箱を作ってくれた)
(◇me≠a box → 第4文型)

She made me her secretary.
(彼女は彼を自分の秘書にした)
(◇him=her secretary → 第5文型)

I promised him to help him.
(私は手伝ってやると彼に約束した)
(◇「彼を手伝う」のは「私」→ 第4文型)

I asked him to help me.
(私は手伝ってくれるよう彼に頼んだ)
(◇「彼が」「私を手伝う」→ 第5文型)

2. 形容詞・名詞の文型

形容詞には「形容詞＋前置詞＋名詞[代名詞，動名詞など]」「形容詞＋to 不定詞」および「形容詞＋that 節[疑問詞節など]」の結び付きがあり，また名詞にも同様のパターンがあります．本書ではこれらのパターンについても必要に応じ，動詞の文型に準じて文型表示をしています．

■ **形容詞の文型の例**
(1) 形容詞＋前置詞＋名詞[代名詞・動名詞など]
- **[be afraid of ...]**
  Most people *are afraid of* death.
  (たいていの人が死を恐れる)
- **[be certain of [about] ...]**
  I *am* not *certain about* the spelling of that word.
  (私はその単語のつづりがよくわからない)

(2) 形容詞＋to 不定詞
- **[be difficult+to do]**
  This word *is difficult to* pronounce.
  (この単語は発音しにくい)
  (◇この文では内容上，主語が不定詞の目的語．ほかに easy(容易な)，hard(困難な)，safe(安全な)，dangerous(危険な)，impossible(不可能な)などがこの文型をとる)
- **[be surprised+to do]**
  He *was surprised to* hear the news.
  (彼はその知らせを聞いてびっくりした)
  (◇この不定詞は感情を起こす原因を表す．ほかに glad(うれしい)，happy(うれしい)，pleased(喜んでいる)，sorry(残念な)，disappointed(がっかりした)などがこの文型をとる)

(3) 形容詞＋that 節[疑問詞節など]
- **[be aware+that 節]**
  She *was aware that* we were running out of fuel.(彼女は私たちの燃料が切れかかっていることに気づいていた)
  (◇ほかに afraid(…ではないかと心配する)，sure(…と確信する)，glad(…であることがうれしい)，sorry(…を残念に思う)などがこの文型をとる)
- **[be uncertain (about) +疑問詞節]**
  I *am uncertain why* she is angry.(=I *am not sure why* she is angry.)(彼女がなぜ怒っているのかよくわからない)

■ **名詞の文型の例**
(1) 名詞＋前置詞＋名詞[代名詞・動名詞など]
You should end your *dependence on* your parents.(あなたは親のすねかじりをやめるべきだ)(◇「自動詞＋前置詞＋…」(depend on your parents)の名詞化)

(2) 名詞＋to 不定詞
He announced his *decision to* resign.(彼は辞意を表明した)(◇「動詞＋to 不定詞」(decide to resign)の名詞化)
I'll tell you the best *way to* do it.(それをする最もよい方法を教えてあげよう)(◇「…する〜」の意を表す)

(3) 名詞＋that 節[疑問詞節など]
She received the *news that* her son had passed the examination.(彼女は息子が試験に合格したという知らせを受けた)(◇「…という〜」の意で，同格の名詞節(that 節)を従える)

句動詞について

動詞と副詞または前置詞から成る語群が, 1語の動詞のような働きをするものを**句動詞** (phrasal verb)と言います.

句動詞には, throw away (離れた所へ…を投げる, …を捨てる)や look into (…をのぞき込む, …を調べる)のように, 構成要素の各語の意味から句動詞としての意味を比較的容易に理解できるものから, put up with (…を我慢する)のように, 構成要素の各語からは想像もつかない意味のものまでさまざまなものがあります.

■句動詞によく使われる語

[動詞] bear, break, bring, call, carry, catch, come, cut, do, draw, drive, drop, get, give, go, have, hold, keep, lay, leave, let, look, make, pick, pull, push, put, run, see, set, shake, show, shut, sit, stand, stay, stick, strike, take, throw, tie, turn, work

[副詞] ahead, apart, aside, away, back, forth, forward, together

[前置詞] after, at, for, from, into, of, with, without

[副詞・前置詞のいずれにも用いられる語] about, across, along, around, behind, by, down, in, off, on, out, over, round, through, under, up

1. 句動詞の型

句動詞の型は, 構成要素の組み合わせによって, 「動詞＋副詞」「動詞＋前置詞」「動詞＋副詞＋前置詞」の3つに大別されます. これに構成要素の動詞が自動詞か他動詞か, 目的語の位置は副詞の前か後ろかの観点が加わると, 次のように細分化されます.

句動詞の型 (…, ～は目的語)	句動詞としての働き
①自動詞＋副詞	自動詞
②自動詞＋前置詞…	他動詞
③自動詞＋副詞＋前置詞…	他動詞
④他動詞＋副詞…	他動詞
⑤他動詞…＋副詞	他動詞
⑥他動詞…＋前置詞～	他動詞

2. 句動詞における副詞と前置詞

句動詞には, 構成要素として, 動詞のほかに前置詞と副詞が含まれます. 同じ語が, 副詞としても前置詞としても用いられる場合に注意しましょう.

He *ran up* the slope. (彼は坂を駆け上った)
(◇前置詞)

He *ran up*. (彼は駆け上った) (◇副詞)
She *walked by* him.
(彼女は彼のそばを通り過ぎた) (◇前置詞)
She *walked by*.
(彼女はそばを通り過ぎた) (◇副詞)
He *looked about* him.
(彼は自分の周りを見回した) (◇前置詞)
He *looked about*.
(彼はあたりを見回した) (◇副詞)

3. 句動詞としての働き

句動詞は1つの動詞(自動詞か他動詞)の働きをします. 前記「1. 句動詞の型」の表の①, ②, ③では, 構成要素の動詞は自動詞ですが, 句動詞全体としては①だけが自動詞の働きで, ②と③は他動詞の働きをします.

① 「自動詞＋副詞」は**自動詞**の働きをします.
How did the accident *come about*? (どうしてその事故は起こったのですか)
He *sat up* late last night. (彼は昨夜遅くまで起きていた)
They *went* straight *on*. (彼らはまっすぐ進んだ)
My commutation ticket will *run out* in three days. (私の定期券はあと3日で切れる)

② 「自動詞＋前置詞…」は**他動詞**の働きをします.
White *stands for* (=represents) purity. (白は純潔を象徴する)
She *takes after* (=resembles) her mother. (彼女は母親に似ている)
We *called on* (=visited) Mr. Smith. (私たちはスミス先生を訪ねた)

③ 「自動詞＋副詞＋前置詞…」は**他動詞**の働きをします.
We *look up to* (=respect) him. (私たちは彼を尊敬している)
I can't *put up with* (=endure) this heat. (この暑さは私には耐えられない)
We should *do away with* these harmful customs. (このような有害な慣習はなくすべきだ)
I want you to *make up for* the loss. (あなたにその損失の埋め合わせをしてもらいたい)

「1. 句動詞の型」の表の④, ⑤, ⑥は, 構成要素の動詞自体が他動詞なので, 句動詞全体としても他動詞の働きをします.

④ 「他動詞＋副詞…」は他動詞の働きをします(→ 4. 句動詞の注意すべき語順).
He *put down* her telephone number. (彼は彼女の電話番号を書きとめた)
She *tore up* all the letters she had read. (彼女は読んでしまった手紙は全部細かく引き裂いた)

⑤「**他動詞…＋副詞**」は他動詞の働きをします
(→**4．句動詞の注意すべき語順**).
He *put* his coat *on*.(彼は上着を着た)
She was wearing sunglasses, but she *took* them *off* when she went into the house.
(彼女はサングラスをかけていたが，家に入るときにそれを外した)(◇目的語 them は代名詞)
They *gave* him *up* for lost.(彼らは彼が死んだものとあきらめた)(◇目的語 him は代名詞)
⑥「**他動詞…＋前置詞～**」は他動詞の働きをします．
They *kept* him *from* his work.(彼らは彼に仕事をさせないようにした)
People often *take* me *for* my twin brother.(人はよく私を私の双子の兄[弟]と間違える)

4．句動詞の注意すべき語順

他動詞と副詞から成る句動詞の目的語の位置は
(A)「**他動詞＋副詞＋目的語**」
(B)「**他動詞＋目的語＋副詞**」
の場合があります．

(1) 目的語が(修飾語句が付いたり節の場合などで)長いときは(A)型になります．
He *brought back* a lot of books on English from London.(彼はロンドンから英語関係の書物をたくさん持ち帰った)
He *took out* something to write with.(彼は筆記用具を取り出した)
She *tore up* the letter (that) I had sent her.(彼女は私が出した手紙を引き裂いた)
Could you *find out* what time the next train leaves?(次の列車が何時に出るのか調べていただけませんか)
He *put down* what she said.(彼は彼女の言うことを書きとめた)

(2) 目的語が代名詞のときは(B)型になります．
Take it *off*.(それを脱ぎなさい)
Will you *pick* me *up* at six?(6時に私を車で迎えに来てくれませんか)
You should not *throw* this *away*.(これは捨てないほうがいいよ)
He wouldn't *let* us *in*.(彼はどうしても私たちを中へ入れてくれなかった)

(3) 目的語が名詞で長くないときは(A)型も(B)型も可能です．

He *took off* his hat. / He *took* his hat *off*.
(彼は帽子を脱いだ)

5．句動詞の受動態

「自動詞＋副詞」以外の句動詞はすべて他動詞の働きをするので，受動態になることがあります．

(1)「**自動詞＋前置詞…**」の受動態
Two burglars *broke into* his house.
→His house *was broken into* by two burglars.(彼の家は2人組の強盗に押し入られた)
Jane *looks after* the baby.
→The baby *is looked after* by Jane.
(その赤ん坊はジェーンに面倒を見てもらっている)
(◇「自動詞＋前置詞」は前置詞があってこそ1つの他動詞と認められるので，受動態の文にも前置詞(上の例では into と after)は欠かせません)

(2)「**自動詞＋副詞＋前置詞…**」の受動態
All the villagers *looked up to* him.
→He *was looked up to* by all the villagers.(彼はすべての村人たちから尊敬されていた)
You have to *put up with* such a slight inconvenience.
→Such a slight inconvenience has to *be put up with*.(そんな小さな不便は我慢しなくてはならない)

(3)「**他動詞＋副詞…**」の受動態
John *threw away* the empty box.
→The empty box *was thrown away* by John.(その空き箱はジョンによって捨てられた)

(4)「**他動詞…＋副詞**」の受動態
My aunt *brought* me *up*.
→I *was brought up* by my aunt.
(私はおばに育てられた)

(5)「**他動詞…＋前置詞～**」の受動態
People often *take* me *for* my cousin.
→I *am* often *taken for* my cousin.
(私はよくいとこと間違えられる)
The secretary *showed* me *into* the president's office.
→I *was shown into* the president's office by the secretary.(私は秘書によって社長室に通された)

変化形の作り方

1. 名詞の複数形（規則変化）／動詞の3人称単数現在形 の作り方: **-s, -es** を付ける

語尾の形・発音		作り方	発音	例
名詞と動詞に共通	大部分の語 [s, z, ʃ, ʒ, tʃ, dʒ] の音	-s, -es を付けて語尾を -es にする	[-iz]	face(顔) → faces freeze(凍る) → freezes dish(皿) → dishes teach(教える) → teaches judge(判断する;裁判官) → judges
	その他の無声音	-s を付ける	[-s]	book(本) → books stop(止まる) → stops
	その他の有声音		[-z]	dog(犬) → dogs swim(泳ぐ) → swims
	子音字+o	-es を付ける	[-z]	hero(英雄) → heroes go(行く) → goes
	子音字+y	y を i に変えて -es を付ける	[-z]	city(都市) → cities try(試みる) → tries
名詞のみ	-f, -fe	f(e) を v に変えて -es を付ける	[-(v)z]	leaf(葉) → leaves knife(ナイフ) → knives wolf(オオカミ) → wolves

[注意] ① 語尾の -ch が [k] と発音される場合は -s を付けて -chs [ks] にします.
　　　　stomach [stʌ́mək] → stomachs [stʌ́məks]
　　　② 「母音字+o」で終わる語は -s を付けます.
　　　　radios, zoos
　　　③ 「子音字+o」で終わる語でも piano, photo など -s を付けるものがあります.
　　　　pianos, photos
　　　④ -f(e) で終わる語は例外が多い: roofs, gulfs, cliffs

2. 規則動詞の過去形・過去分詞の作り方: **-ed, -d** を付ける

語尾の形・発音		作り方	-ed の発音	原形	過去形・過去分詞
大部分の語	-d [-d], -t [-t]	-ed を付ける	[-id]	act(ふるまう)	acted [-tid]
	その他の有声音		[-d]	open(開く)	opened [-nd]
	その他の無声音		[-t]	laugh(笑う)	laughed [-ft]
e で終わる語	-de [-d], -te [-t]	-d を付ける	[-id]	hate(きらう)	hated [-tid]
	その他の有声音		[-d]	raise(上げる)	raised [-zd]
	その他の無声音		[-t]	chase(追う)	chased [-st]
子音字+y		y を i に変えて -ed を付ける	[-d]	cry(泣く) study(学ぶ)	cried [-d] studied [-d]
アクセントのある 1母音字+1子音字	子音が有声音	子音字を重ねて -ed を付ける	[-d]	occur(起こる)	occurred [-ə́ːrd]
	無声音		[-t]	stop(止まる)	stopped [-pt]
	[d][t]		[-id]	nod(うなずく)	nodded [-did]

[注意] ① 「母音字+y」にはそのまま -ed を付けます: play → play**ed**
② 「アクセントのある1母音字+1子音字」では母音の長短に関係なく子音字を重ねます.
　　rob [ráb / rɔ́b] (短母音) → rob**bed**
　　control [kəntróul] (二重母音) → control**led**
　　prefer [prifə́ːr] (長母音) → prefer**red**
ただし, 語尾にアクセントがない場合は, 普通, 子音字を重ねません.
　　listen [lísən] → listen**ed**
　　offer [ɔ́ːfər/ɔ́fə] → offer**ed**
(◇語尾にアクセントがなくても《英》では子音字を重ねるものもあります.
　　travel [trǽvəl] → travel**ed**, 《英》travel**led**
　　quarrel [kwɔ́ːrəl / kwɔ́r-] → quarrel**ed**, 《英》quarrel**led**
なお, 語尾が c で終わる語は, k を加えてから ed を付けます. また, mix のように x で終わる語も例外で, x を重ねません.
　　picnic [píknik] → picnic**ked**
　　mimic [mímik] → mimic**ked**
　　mix [míks] → mix**ed**)

3. 動詞の -ing 形 (現在分詞・動名詞) の作り方

語　尾	作り方	原　形	-ing 形
(大部分の語)	**-ing** を付ける	do(する) sleep(眠る) wait(待つ)	do**ing** sleep**ing** wait**ing**
発音しない e	**e** をとって **-ing** を付ける	use(使う) ride(乗る) smile(ほほ笑む)	us**ing** rid**ing** smil**ing**
アクセントのある 1母音字+1子音字	子音字を重ねて **-ing** を付ける	swim [swím](泳ぐ) stir [stə́ːr](かき回す) patrol [pətróul](巡回する)	swim*m*ing stir*r*ing patrol*l*ing
-ie	**ie** を **y** に変えて **-ing** を付ける	lie(横たわる) die(死ぬ) tie(結び付ける)	l**y**ing d**y**ing t**y**ing

[注意] ① 発音する -e は省きません.
　　be → be*ing*,　see → see*ing*
② 「1母音字+1子音字」であっても母音にアクセントがなければ, 子音字は重ねません.
　　visit → visit*ing* (語尾の母音にアクセントなし)
また, 母音字または子音字が2つ以上の場合も, 子音字は重ねません.
　　look → look*ing* (2母音字で1音)
　　wash → wash*ing* (2子音字で1音)
(◇ travel → traveling, 《英》travell*ing* のように語尾にアクセントがなくても《英》では子音字を重ねるものもあります.
なお, 次のような例外もあります: picnic → picnic*k*ing (k を加えてから ing) / mix → mix*ing* (x を重ねない)
③ -ie を y に変えるのは, 英語が -ii- のつづりをきらうためです. e を省いて -ing を付けると -iing となるので, -ying として -ii- になるのを避けます.
(◇ -es, -ed を付けるときには cry → cries, cried とするのに, -ing を付けるときは y を i に変えずに crying とするのもこのためです)

4. 形容詞・副詞の比較変化

[比較変化の種類]

	音節数	変化の型	原級	比較級 — 最上級
規則変化	単音節	-er, -est	tall(背が高い)	taller — tallest
	2音節の一部		narrow(狭い)	narrower — narrowest
	2音節の大部分	more ～, most ～	useful (役に立つ,有益な)	more useful — most useful
	3音節以上		important (重要な)	more important — most important
不規則変化			bad(悪い) good(よい)	worse — worst better — best など

[注意] ① 2音節語のうち、語尾が -ow, -er, -y, -le となる語は -er, -est 型です.
  shallow → shall*ow*er, shall*ow*est
  tender → tend*er*er, tend*er*est
  busy → bus*i*er, bus*i*est
  noble → nob*l*er, nob*l*est
② 「形容詞＋ly」の副詞は more ～, most ～ 型ですが,「名詞＋ly」の形容詞は -er, -est 型です.
  slowly 副 → *more* slow*ly*, *most* slow*ly*
  friendly 形 → friend*li*er, friend*li*est

[規則変化の -er, -est の付け方]

語尾	変化形の作り方	原級	比較級	最上級
(大部分の語)	-er, -est を付ける	small(小さい) clever(利口な)	smaller cleverer	smallest cleverest
発音しない e	-r, -st を付ける	large(大きい) simple(単純な)	larger simpler	largest simplest
子音字+y	y を i に変えて -er, -est を付ける	easy(容易な) heavy(重い)	easier heavier	easiest heaviest
1母音字+1子音字	子音字を重ねて -er, -est を付ける	hot(熱い) thin(薄い)	hotter thinner	hottest thinnest

[形容詞・副詞の不規則変化]

原級		比較級	最上級
good 形(よい)　well 形副(元気な;うまく)		better	best
bad 形(悪い)　badly 副(悪く)　ill 形(病気の)		worse	worst
little 形 (少し;少しの/小さい)		less lesser(小さいほうの)	least
many 形(多数の)　much 形副(多量の;非常に)		more	most
old 形 (年を取った;古い/年上の)	年齢・新旧 長幼の順序	older older, elder	oldest oldest, eldest
late 形副 (遅い;遅く/あとの)	時間 順序	later latter	latest last
far 形副 (遠く;遠いほうの/ずっと)	(主に)距離 (主に)程度	farther further	farthest furthest

不規則動詞活用表

＊赤字は基本重要語

原　形	過　去　形	過　去　分　詞
abide（我慢する）	abode, abided	abode, abided
alight（降りる）	alighted, alit	alighted, alit
arise（起こる）	arose	arisen
awake（目覚める）	awoke, awaked	awoken, awaked
backslide（逆戻りをする）	backslid	backslid, backslidden
be（**am, is; are**）（…である）	was; were	been
bear（耐える, 生む）	bore	borne, born
beat（負かす, 打つ）	beat	beaten, beat
become（…になる）	became	become
befall（ふりかかる, 起こる）	befell	befallen
beget（生じさせる）	begot	begotten,《米》begot
begin（始まる）	began	begun
behold（見る）	beheld	beheld
bend（曲げる）	bent	bent
bereave（奪う）	bereaved, bereft	bereaved, bereft
beseech（嘆願する）	besought, beseeched	besought, beseeched
beset（つきまとう）	beset	beset
bestride（またがる）	bestrode, bestrid	bestridden, bestrid
bet（賭(*)ける）	bet, betted	bet, betted
bid（値を付ける）	bid, bade	bid, bidden
bind（縛る）	bound	bound
bite（かむ）	bit	bitten, bit
bleed（出血する）	bled	bled
blend（混ぜる）	blended,《文語》blent	blended,《文語》blent
bless（祝福する）	blessed, blest	blessed, blest
blow（吹く）	blew	blown
break（壊す）	broke	broken
breed（飼育する）	bred	bred
bring（持って来る）	brought	brought
broadcast（放送する）	broadcast, broadcasted	broadcast, broadcasted
browbeat（脅す）	browbeat	browbeaten
build（建てる）	built	built
burn（燃える）	burned, burnt	burned, burnt
burst（破裂する）	burst	burst
buy（買う）	bought	bought
cast（投じる）	cast	cast
catch（捕らえる）	caught	caught
chide（しかる）	chided,《古》chid	chided,《古》chidden
choose（選ぶ）	chose	chosen
cleave（裂く）	cleaved, cleft, clove	cleaved, cleft, cloven
cling（しがみつく）	clung	clung
clothe（(衣服を)着せる）	clothed,《文語》clad	clothed,《文語》clad
come（来る）	came	come
cost（(費用が)かかる）	cost	cost
creep（はう）	crept	crept
cut（切る）	cut	cut
deal（分配する）	dealt	dealt
dig（掘る）	dug	dug
dive（水に潜る）	dived,《米》dove	dived
do（**does**）（する）	did	done
draw（引く）	drew	drawn
dream（夢を見る）	dreamed, dreamt	dreamed, dreamt
drink（飲む）	drank	drunk,《米口語》drank

原　形	過去形	過去分詞
drive(運転する)	drove	driven
dwell(住む)	dwelt, dwelled	dwelt, dwelled
eat(食べる)	ate	eaten
fall(落ちる)	fell	fallen
feed(食物を与える)	fed	fed
feel(感じる)	felt	felt
fight(戦う)	fought	fought
find(見つける)	found	found
fit(合う)	fitted, 《米》fit	fitted, 《米》fit
flee(逃げる)	fled	fled
fling(投げる)	flung	flung
fly(飛ぶ)	flew	flown
forbear(控える)	forbore	forborne
forbid(禁じる)	forbade, forbad	forbidden, forbid
forecast(予報する)	forecast, forecasted	forecast, forecasted
foresee(予測する)	foresaw	foreseen
foretell(予告する)	foretold	foretold
forget(忘れる)	forgot	forgotten, forgot
forgive(許す)	forgave	forgiven
forgo, forego(なしで済ませる)	forwent, forewent	forgone, foregone
forsake(見捨てる)	forsook	forsaken
forswear(誓ってやめる)	forswore	forsworn
freeze(凍る)	froze	frozen
gainsay(否定する)	gainsaid	gainsaid
get(得る)	got	got, 《米》gotten
ghostwrite(代作する)	ghostwrote	ghostwritten
gild(金ぱくをかぶせる)	gilded, gilt	gilded, gilt
gird(帯で締める)	girded, girt	girded, girt
give(与える)	gave	given
go(行く)	went	gone
grind(ひいて粉にする)	ground	ground
grow(成長する)	grew	grown
hang(掛ける)	hung	hung
(絞首刑にする)	hanged	hanged
have (**has**)(持っている)	had	had
hear(聞こえる)	heard	heard
hew(たたき切る)	hewed	hewed, hewn
hide(隠れる)	hid	hidden, hid
hit(打つ)	hit	hit
hold(手に持つ)	held	held
hurt(傷つける)	hurt	hurt
inlay(はめ込む)	inlaid	inlaid
input(入力する)	inputted, input	inputted, input
inset(挿入する)	inset, insetted	inset, insetted
interweave(織り交ぜる)	interwove	interwoven
keep(持ち続ける)	kept	kept
kneel(ひざまずく)	knelt, kneeled	knelt, kneeled
knit(編む)	knitted, knit	knitted, knit
know(知っている)	knew	known
lay(横たえる)	laid	laid
lead(導く)	led	led
lean(傾く)	leaned, 《英》leant	leaned, 《英》leant
leap(跳ねる)	leaped, leapt	leaped, leapt
learn(習い覚える)	learned, 《英》learnt	learned, 《英》learnt
leave(去る)	left	left
lend(貸す)	lent	lent
let(…させる)	let	let

不規則動詞活用表

原形	過去形	過去分詞
lie（横になる）	lay	lain
light（火をつける）	lighted, lit	lighted, lit
lose（失う）	lost	lost
make（作る）	made	made
mean（意味する）	meant	meant
meet（会う）	met	met
miscast（不適当な役に当てる）	miscast	miscast
mishear（聞き間違える）	misheard	misheard
mishit（打ち損じる）	mishit	mishit
mislay（置き忘れる）	mislaid	mislaid
mislead（誤った方向に導く）	misled	misled
misread（読み間違える）	misread	misread
misspell（つづりを間違える）	misspelled, misspelt	misspelled, misspelt
misspend（浪費する）	misspent	misspent
mistake（間違える）	mistook	mistaken
misunderstand（誤解する）	misunderstood	misunderstood
mow（刈る）	mowed	mowed, mown
offset（埋め合わせる）	offset	offset
outbid（より高い値をつける）	outbid	outbid
outdo (**outdoes**)（まさる）	outdid	outdone
outgrow（より大きくなる）	outgrew	outgrown
output（出力する）	output, outputted	output, outputted
outrun（より速く走る）	outran	outrun
outshine（より優秀である）	outshone	outshone
overcome（打ち勝つ）	overcame	overcome
overdo (**overdoes**)（やりすぎる）	overdid	overdone
overdraw（超過引き出しする）	overdrew	overdrawn
overeat（食べすぎる）	overate	overeaten
overfly（上空を飛ぶ）	overflew	overflown
overhang（上に突き出る）	overhung	overhung
overhear（ふと耳にする）	overheard	overheard
overlay（薄く覆う）	overlaid	overlaid
overpay（余計に払う）	overpaid	overpaid
override（踏みつける）	overrode	overridden
overrun（はびこる）	overran	overrun
oversee（監督する）	oversaw	overseen
overshoot（(的を)通り越す）	overshot	overshot
oversleep（寝過ごす）	overslept	overslept
overtake（追いつく）	overtook	overtaken
overthrow（ひっくり返す）	overthrew	overthrown
partake（参加する）	partook	partaken
pay（支払う）	paid	paid
plead（代弁[嘆願]する）	pleaded, 《米》pled	pleaded, 《米》pled
prepay（前払いする）	prepaid	prepaid
preset（前もってセットする）	preset	preset
proofread（校正する）	proofread	proofread
prove（証明する）	proved	proved, 《米》proven
put（置く）	put	put
quit（やめる）	quit, 《英》quitted	quit, 《英》quitted
read [ríːd]（読む）	read [réd]	read [réd]
rebuild（建て直す）	rebuilt	rebuilt
recast（作り直す）	recast	recast
redo (**redoes**)（やり直す）	redid	redone
remake（作り直す）	remade	remade
rend（引き裂く）	rent	rent
repay（払い戻す）	repaid	repaid
reset（セットし直す）	reset	reset

不規則動詞活用表

原　形	過　去　形	過　去　分　詞
retake(取り戻す)	retook	retaken
retell(別の形で語り直す)	retold	retold
rethink(考え直す)	rethought	rethought
rewind(巻き戻す)	rewound	rewound
rewrite(書き直す)	rewrote	rewritten
rid(取り除く)	rid, ridded	rid, ridded
ride(乗る)	rode	ridden
ring(鳴る)	rang	rung
rise(昇る)	rose	risen
run(走る)	ran	run
saw(のこぎりで切る)	sawed	sawed,《英》sawn
say(言う)	said	said
see(見る)	saw	seen
seek(探す)	sought	sought
sell(売る)	sold	sold
send(送る)	sent	sent
set(置く)	set	set
sew(縫う)	sewed	sewn, sewed
shake(振る)	shook	shaken
shave(ひげをそる)	shaved	shaved, shaven
shear(刈る)	sheared	sheared, shorn
shed((血・涙を)流す)	shed	shed
shine(輝く)	shone	shone
(磨く)	shined	shined
shit(大便をする)	shit, shitted, shat	shit, shitted, shat
shoe(靴を履かせる)	shod, shoed	shod, shoed
shoot(撃つ)	shot	shot
show(見せる)	showed	shown,《まれ》showed
shrink(縮む)	shrank	shrunk, shrunken
shut(閉じる)	shut	shut
sing(歌う)	sang	sung
sink(沈む)	sank, sunk	sunk
sit(座る)	sat	sat
slay(殺す)	slew	slain
sleep(眠る)	slept	slept
slide(滑る)	slid	slid
sling(投げる)	slung	slung
slink(こそこそ歩く)	slunk	slunk
slit(切り開く)	slit	slit
smell(におう)	smelled,《主に英》smelt	smelled,《主に英》smelt
smite(強く撃つ)	smote	smitten
sneak(忍び歩く)	sneaked,《米》snuck	sneaked,《米》snuck
sow(種をまく)	sowed	sown, sowed
speak(話す)	spoke	spoken
speed(急ぐ)	sped, speeded	sped, speeded
spell(つづる)	spelled,《主に英》spelt	spelled,《主に英》spelt
spend(費やす)	spent	spent
spill(こぼす)	spilled, spilt	spilled, spilt
spin(くるくる回す)	spun	spun
spit(つばを吐く)	spat,《米》spit	spat,《米》spit
split(割る)	split	split
spoil(台なしにする)	spoiled, spoilt	spoiled, spoilt
spread(広がる)	spread	spread
spring(跳ぶ)	sprang,《米》sprung	sprung
stand(立っている)	stood	stood
steal(盗む)	stole	stolen
stick(突き刺す)	stuck	stuck

原形	過去形	過去分詞
sting (刺す)	stung	stung
stink (悪臭を放つ)	stank, stunk	stunk
strew (まき散らす)	strewed	strewed, strewn
stride (大またに歩く)	strode	stridden
strike (打つ)	struck	struck, 《古》stricken
string (ひも[糸]に通す)	strung	strung
strive (努力する)	strove, strived	striven, strived
sublet (また貸しをする)	sublet	sublet
swear (誓う)	swore	sworn
sweat (汗をかく)	sweated, 《米》sweat	sweated, 《米》sweat
sweep (掃(は)く)	swept	swept
swell (ふくらむ)	swelled	swelled, swollen
swim (泳ぐ)	swam	swum
swing (揺らす)	swung	swung
take (取る)	took	taken
teach (教える)	taught	taught
tear (裂く)	tore	torn
tell (伝える)	told	told
think (思う)	thought	thought
thrive (栄える)	throve, thrived	thriven, thrived
throw (投げる)	threw	thrown
thrust (強く押す)	thrust	thrust
tread (踏む)	trod	trodden, trod
unbend (まっすぐにする)	unbent	unbent
unbind (ほどく)	unbound	unbound
undergo (経験する)	underwent	undergone
underlay (下に置く)	underlaid	underlaid
underlie (下にある)	underlay	underlain
underpay (給料を少なく払う)	underpaid	underpaid
undersell (より安値で売る)	undersold	undersold
understand (理解する)	understood	understood
undertake (引き受ける)	undertook	undertaken
underwrite ((株式などを)引き受ける)	underwrote	underwritten
undo (**undoes**) (ほどく)	undid	undone
unwind ((巻いた物を)解く)	unwound	unwound
uphold (支持する)	upheld	upheld
upset (ひっくり返す)	upset	upset
wake (目がさめる)	woke, waked	woken, waked
waylay (待ち伏せする)	waylaid	waylaid
wear (着ている)	wore	worn
weave (織る)	wove	woven, wove
wed (結婚する)	wedded, wed	wedded, wed
weep (泣く)	wept	wept
wet (ぬらす)	wet, wetted	wet, wetted
win (勝つ)	won	won
wind [wáind] (曲がりくねる)	wound [wáund]	wound [wáund]
withdraw (引き出す)	withdrew	withdrawn
withhold (保留する)	withheld	withheld
withstand (抵抗する)	withstood	withstood
wring (絞る)	wrung	wrung
write (書く)	wrote	written

度量衡

■重量 (weight)

(メートル法)		
1 milligram [mg]	=1/1000 g	=0.015 grain
1 centigram [cg]	=1/100 g	=0.154 grain
1 gram [g]		=15.432 grains
1 kilogram [kg]	=1000 g	=2.205 pounds
1 metric ton [m.t.]	=1000 kg	=2204.6 pounds

(ヤード・ポンド法)		
1 grain [gr.]		=0.0648 g
1 dram [dr.]	=27.344 grains	=1.772 g
1 ounce [oz.]	=16 drams	=28.349 g
1 pound [lb]	=16 ounces	=453.592 g
1 hundredweight [cwt]	=((米)) 100 pounds	=45.359 kg
	=((英)) 112 pounds	=50.802 kg
1 ton [t.]	=((米)) 2000 pounds	=907.184 kg
	=((英)) 2240 pounds	=1016.046 kg

■容積 (capacity)

(メートル法)		
1 milliliter [m/]	=1/1000 l	=((米)) 0.00211 pint
		((英)) 0.00176 pint
1 centiliter [c/]	=1/100 l	=((米)) 0.0211 pint
		((英)) 0.0176 pint
1 liter [l]		=((米)) 0.264 gallon
		((英)) 0.220 gallon
1 kiloliter [k/]	=1000 l	=((米)) 264.180 gallons
		((英)) 219.974 gallons

(ヤード・ポンド法)		
1 gill [gi.]		=((米)) 0.118 l
		((英)) 0.142 l
1 pint [pt.]	=4 gills	=((米)) 0.473 l
		((英)) 0.568 l
1 quart [qt.]	=2 pints	=((米)) 0.946 l
		((英)) 1.137 l
1 gallon [gal.]	=4 quarts	=((米)) 3.785 l
		((英)) 4.546 l

■長さ (length)

(メートル法)		
1 millimeter [mm]	=1/1000 m	=0.03937 inch
1 centimeter [cm]	=1/100 m	=0.3937 inch
1 meter [m]		=39.37 inches
1 kilometer [km]	=1000 m	=0.6214 mile

(ヤード・ポンド法)		
1 inch [in.]		=2.54 cm
1 foot [ft.]	=12 inches	=30.48 cm
1 yard [y.,yd.]	=3 feet	=0.9144 m
1 mile [m,mi.]	=1760 yards	=1.6093 km

■面積 (area)

(メートル法)		
1 square centimeter [cm^2]	=1/10000 m^2	=0.155 square inch
1 square meter [m^2]		=1.196 square yards
1 are [a]	=100 m^2	=119.6 square yards
1 hectare [ha]	=100 a	=2.471 acres
1 square kilometer [km^2]	=100 ha	=247.1 acres

(ヤード・ポンド法)		
1 square inch [sq in]		=6.45 cm^2
1 square foot [sq ft]	=144 square inches	=0.093 m^2
1 square yard [sq yd]	=9 square feet	=0.836 m^2
1 acre [a.]	=4840 square yards	=4047 m^2
1 square mile [sq mi]	=640 acres	=2.59 km^2

■体積 (volume)

(メートル法)		
1 cubic centimeter [cm^3]	=1/1000000 m^3	=0.061 cubic inch
1 cubic meter [m^3]		=1.308 cubic yards

(ヤード・ポンド法)		
1 cubic inch [cu in]		=16.387 cm^3
1 cubic foot [cu ft]	=1728 cubic inches	=0.028 m^3
1 cubic yard [cu yd]	=27 cubic feet	=0.765 m^3

■温度 (temperature)

セ氏 (Celsius) → カ氏 (Fahrenheit)	カ氏 (Fahrenheit) → セ氏 (Celsius)
$F = C \times 9/5 + 32$	$C = (F - 32) \times 5/9$

和英索引

(1) よく用いる重要語句を見出し語とし，特に重要な基本語は色付きの文字で示しています．
(2) かな見出しを50音順に配列し，見出し語のあとには訳語(英語)を列記しています．
(3) それぞれの訳語の具体的な使い方は，本文(英和辞典)を参照してください．
(4) ▶のあとには複合語，派生関係にある語，応用表現などを示しています．
(5) ( )は補足説明を示します．また，( )は省略可能な語句を示すのにも用います．
(6) その他の記号は本文の使い方と同様です．

あ

あい 愛 love, affection
▶愛する love
あいかわらず 相変わらず as usual
▶相変わらず…で (as) ... as ever
あいきょう 愛きょう charm
あいさつ a greeting
▶あいさつする greet
あいしょう 愛称 a nickname
あいじょう 愛情 love, affection
▶愛情のこもった loving, affectionate
あいず 合図 a sign, a signal, a cue
あいそう 愛想
▶愛想のよい amiable, friendly, sociable 愛想の悪い unfriendly, unsociable
あいだ(に) 間(に) (二者の) between; (三者以上の) among; (期間) during, for, while
あいて 相手 (試合などの) an opponent; (ダンスの) a partner
あいにく unfortunately, unluckily
▶あいにくの unfavorable
あいまいな ambiguous, vague; uncertain
アイロン an iron
▶アイロンをかける iron, press
あう 合う (寸法などが) fit, suit; (意見が) agree (with)
あう 会う meet, see; (偶然に) run into, come across
あう 遭う encounter; (事故などに) meet (with), have
▶にわか雨にあう be caught in a shower
あえて…する dare to do

あおい 青い blue; (緑の) green; (顔色が) pale
▶青信号 a green light
あおものしょう 青物商 →やおや
あおむけに on one's back
あかい 赤い red
▶顔が赤くなる blush, flush
あかじ 赤字 (損失) a deficit
▶赤字である be in the red
アカデミーしょう アカデミー賞 an Academy Award
あかり 明かり a light
あがる 上がる go up, rise; (緊張で) get nervous
▶雨が上がった It has stopped raining.
あかるい 明るい light, bright; (性格が) cheerful → BRIGHT 類義語
あかんぼう 赤ん坊 a baby
あき 秋 autumn, 《米》 fall
あきらかな 明らかな clear, obvious
▶明らかに clearly, obviously
あきらめる give up, abandon
あきる 飽きる be tired (of)
あきれる (驚く) be astonished; (いやになる) be disgusted
あく 悪 evil, vice
あく 開く open
あく 空く (からである) be empty; (席などが) be vacant; (暇である) be free [available]
あくい 悪意 malice, ill will
▶悪意のある malicious
あくじ 悪事 evil
▶悪事を働く do evil
あくしゅ 握手 a handshake
▶握手する shake hands (with)
アクセサリー an accessory

アクセル an accelerator
あくび a yawn
あくま 悪魔 a demon, a devil
あける 開ける open
あける 空ける empty
あげる give →あたえる
あげる 上げる raise, lift
あげる 揚げる (油で) deep-fry; (旗を) hoist
あげる 挙げる (手を) raise; (式を) hold
あご a jaw; (あごの先) a chin
▶あごひげ a beard
あこがれる yearn (for), long (for)
あさ 朝 (a) morning
あさい 浅い shallow; (傷が) slight; (知識・思慮などが) superficial
あさって the day after tomorrow
あさねぼう 朝寝坊 (人) a late riser
▶朝寝坊する sleep late
あさひ 朝日 the morning sun, the rising sun
あざやかな 鮮やかな (鮮明な) bright, vivid; (見事な) fine, brilliant
あざわらう あざ笑う laugh (at), sneer (at)
あし 足 a foot (複 feet); (脚を) a leg; (犬・猫などの) a paw; (馬などの) a hoof
▶足の裏 a sole 足の指 a toe
あじ 味 taste; (風味) flavor
▶味がいい[悪い] taste good [bad]
味付けする season
アジア Asia
▶アジアの Asian
あしおと 足音 footsteps
アシスタント an assistant
あした tomorrow
▶あしたの朝 tomorrow

あじわう 味わう
(食べ物を) taste; (経験する) go through, experience; (鑑賞する) appreciate
あす →あした
あずかる 預かる keep
あずける 預ける leave; (預金を) deposit
アスファルト asphalt
アスレチック
▶アスレチッククラブ an athletic club
あせ 汗 sweat, perspiration
▶汗をかく sweat, perspire
あせる (色などが) fade
あせる 焦る get impatient
あそこ(に) there, over there
あそび 遊び play, a game
▶また遊びに来てね Please come and see us again.
あそぶ 遊ぶ play
あたいする 値する be worth (doing), be worthy (of), deserve
あたえる 与える give; (賞を) award
あたたかい 暖かい・温かい warm, hot
▶心の温かい warm-hearted
あたためる 暖める・温める warm, heat
アタック (攻撃) an attack; (試み) a try
▶アタックする (試みる) try, 《口語》have a go (at)
あだな あだ名 a nickname
あたま 頭 a head
▶頭がよい[悪い] be bright [stupid]
あたらしい 新しい new; (新鮮な) fresh
あたり
(近辺) a neighborhood; (周囲) surroundings
▶…のあたりに[で] around, about; (およそ) about, around
あたりまえの 当たり前の natural, reasonable
あたる 当たる (ぶつかる) hit; (…に相当する) correspond to; (成功する) be a hit, be successful
▶彼の推測が当たった He guessed right.
あちこち(に) here and there
あちら (あそこ) over there;

(あの方向) that way, in that direction
あつい 暑い・熱い hot
▶暑さ・熱さ heat
あつい 厚い thick
▶厚さ thickness
あつかう 扱う treat, handle, deal with
あつかましい 厚かましい impudent
▶厚かましくも…する have the nerve to do
あっとうする 圧倒する overwhelm
アップする (上がる) go up, rise; (上げる) raise
あつまる 集まる gather, meet, get together
あつめる 集める gather, collect; (注目を) draw
あつりょく 圧力 pressure
あてさき あて先 an address
あてにする 当てにする rely on, count on
▶当てにできる reliable
あてもなく 当てもなく aimlessly
あてる 当てる (ぶつける) hit; (言い当てる) guess; (教師が生徒を指名する) call on
あと 後 (位置) back; (残り) the rest; (追加) more
▶あとに[へ] back, behind
あとで (時間) later …のあとで after
あと 跡 (形跡) a trace, a track; (傷跡) a scar; (遺跡) ruins
あとつぎ 跡継ぎ
a successor; (相続人) an heir, an inheritor
アドバイス advice
▶アドバイスをする advise
アトラクション
(余興) entertainment; (呼びもの) an attraction
アトリエ a studio
アドリブ an ad lib
あな 穴 a hole, an opening
アナウンサー
an announcer
アナウンス
an announcement
▶アナウンスする announce
あなた you; (呼びかけ) dear, darling
▶あなたの your あなたを[に] you あなたのもの yours あなた自身 yourself
アナログの analog

あに 兄 a brother, an older [elder] brother
アニメ(ーション)
an animation, an animated cartoon
あね 姉 a sister, an older [elder] sister
あの that
アパート 《米》an apartment; 《英》a flat
あばれる 暴れる act violently, rampage
アピール an appeal
▶アピールする appeal (to)
あびる 浴びる (ふろを) take [《英》have] (a bath); (日光を) get (sunshine), bask (in the sun)
アフターサービス
after-sales service
あぶない 危ない dangerous, risky
▶危ない! Look out!
あぶら 油・脂 oil; (脂肪) fat
▶油絵 (an) oil painting
あぶらっこい 脂っこい greasy, fatty
アフリカ Africa
▶アフリカの African
あふれる overflow; (満ちる) be filled (with)
アベック a couple
アポ(イント)
an appointment
あまい 甘い sweet; (子供などに) indulgent (to)
アマチュア an amateur
▶アマチュアスポーツ amateur sports
あまのがわ 天の川 the Milky Way
あまやかす 甘やかす spoil, indulge
あまり (過度に) too; (とても) very, so
▶あまり…でない not ... very (much)
あまり 余り the remainder, the rest
あみ 網 a net
▶網棚 a rack 網目 a mesh
あみもの 編み物 knitting
あむ 編む knit
あめ 雨 (a) rain; (降雨) (a) rainfall
▶雨が降る It rains.
あめ 飴 《米》(a) candy, 《英》sweets
アメリカ America; (米国) the United States (of

あやしい 怪しい
　(奇妙な) strange; (疑わしい) doubtful, suspicious
あやしむ 怪しむ suspect, doubt
あやつる 操る manipulate
あやまち 過ち a mistake, an error, a fault
あやまり 誤り an error, a mistake → ERROR 類義語
あやまる 誤る mistake, make a mistake
あやまる 謝る apologize
あらい 荒い (乱暴な・激しい) rough, violent
あらい 粗い (表面の) rough; (きめの) coarse
あらう 洗う wash
あらし a storm
あらそい 争い (闘争) a fight, a struggle; (競争) competition; (論争) (a) ispute; (不和) (a) discord → FIGHT 類義語
あらそう 争う (戦う) fight; (競争する) compete; (口論する) quarrel, dispute
あらためる 改める correct, improve, mend
あらゆる all, every
あらわす 表す (表現する) express; (意味する) mean, represent; (示す) show
あらわれる 現れる appear, show up
アリ (昆虫) an ant
ありがたい be grateful, be thankful
ありがとう Thank you. / Thanks.
ありそうな likely, probable → LIKELY 類義語
アリバイ an alibi
ありふれた common, everyday
ある 有る・在る
　(存在する) be, exist, there is [are] ...; (…である) be; (持っている) have
ある… a, a certain, some
　▶ある日 one day
あるいは or; (ひょっとすると) perhaps, maybe
アルカリ alkali
　▶アルカリ性の alkaline
あるく 歩く walk
アルコール alcohol
　▶アルコール中毒 alcoholism
アルバイト a part-time job
　▶アルバイトをする work part-time
アルバム an album
アルファベット the alphabet
アルミ(ニウム) aluminum
あれ that, those
あれる 荒れる be rough; (天候が) be stormy; (建物などが) be ruined
アレルギー an allergy
　▶アレルギーである be allergic (to)
あわ 泡 a bubble, foam
あわせる 合わせる put together; (合計する) add (up); (適合させる) fit, adjust
あわてる 慌てる (急ぐ) be hurried, be in a hurry; (まごつく) get flustered
あわれな 哀れな poor, pitiful
あわれむ 哀れむ pity
あん 案 (意見) an idea, an opinion; (提案) a proposal; (計画) a plan
あんがい 案外 unexpectedly
あんきする 暗記する learn ... by heart, memorize
アンケート a questionnaire
あんごう 暗号 a cipher, a code
アンコール an encore
あんさつ 暗殺 assassination
　▶暗殺する assassinate
あんじ 暗示 a hint, a suggestion
　▶暗示する hint, suggest
あんしんする 安心する feel [be] relieved
あんぜん 安全 safety, security
　▶安全な safe, secure
　安全地帯 a safety zone
アンダーライン an underline
あんていした 安定した stable, steady
アンテナ an antenna
あんな like that, such
あんないする 案内する guide, show, lead; (知らせる) inform → GUIDE 類義語
アンパイア an umpire
アンモニア ammonia

あんらくな 安楽な comfortable, easy
　▶安楽死 mercy killing

い

い 胃 a stomach
　▶胃が痛い have a stomachache
いい →よい
いいえ no; (否定疑問文に対して) yes
いいかげんな
　(無責任な) irresponsible; (ぞんざいな) sloppy
いいつたえ 言い伝え a legend, tradition
いいとも All right. / Certainly. / Sure.
イーメール (an) email
いいわけ 言い訳 an excuse
　▶言い訳をする make an excuse (for)
いいん 委員 a committee member
　▶委員会 a committee, a commission
　委員長 a chairperson
いう 言う say, speak, tell; (…と呼ぶ) call → SAY 類義語
　▶言うまでもなく needless to say　…と言われている They say ... / It is said that ...
いえ 家 a house, a home → HOUSE 類義語
イカ a squid, a cuttlefish
…いか …以下 below, less than
…いがい …以外 except, other than
いがいな 意外な unexpected
いかが (疑問) how, what; (勧誘) Would you like ...? / How [What] about ...?
いがく 医学 medicine
　▶医学の medical
いかす 生かす let live; (生かしておく) keep ... alive; (活用する) make use of ..., put ... to (good) use
いかり 怒り anger; (激しい) fury
いかり 錨 an anchor
いかん 遺憾 regret
　▶遺憾な regrettable
いき 息 breath
　▶息をする breathe
いぎ 異議 an objection

いぎ 異議を唱える object (to), make [raise] an objection (to)
いぎ 意義 meaning, significance
いきいきした 生き生きした lively, vivid
いきおい 勢い power, force
いきな 粋な fashionable, smart
いきなり suddenly, without notice [warning]
いきのこる 生き残る survive
▶生き残り survival; (人) a survivor
いきもの 生き物 a living thing, a creature; [集合的に] life
イギリス (Great) Britain, the United Kingdom
▶イギリスの British
いきる 生きる live
▶生きている alive, living
いく 行く go; (相手の所へ) come
▶行きます I'm coming.
いくつ (数) how many; (年齢) how old
いくつか some, any
いくら (値段) how much; (いくら…でも) however
いくらか すこし
いけ 池 a pond
いけない (悪い) bad; (…してはいけない) must not, Don't ...; (…なければならない) must, have to
いけばな 生け花 (a) flower arrangement
いけん 意見 an opinion, a comment, a view; (忠告) advice
いげん 威厳 dignity
いご 以後 (今後) from now on
▶…以後 after, since
いさましい 勇ましい brave, courageous
いさん 遺産 an inheritance
いし 石 a stone, 《米》a rock; (小石) a pebble
いし 意志 will
いし 意思 (an) intention
いじ 維持 maintenance
▶維持する maintain
いしき 意識 consciousness
▶意識的に consciously
いじっぱりな 意地っ張りな obstinate, stubborn
いじめる bully, ill-treat, 《口語》pick on
▶いじめ bullying いじめっ子 a bully
いしゃ 医者 a doctor
▶医者にかかる see a doctor
いじゅうする 移住する (他国へ) emigrate; (他国から) immigrate
…いじょう …以上 more than, over
いじょうな 異常な abnormal, unusual
いじわるな 意地悪な nasty, mean, ill-natured
いす a chair; (背もたれのない) a stool; (ソファー) a sofa
→ CHAIR 類義語
いずみ 泉 a spring, a fountain
イスラムきょう イスラム教 Islam
▶イスラム教の Islamic イスラム教徒 a Muslim イスラム教寺院 a mosque
いずれ (そのうち) soon, sometime; (いずれにせよ) anyway; (どちらか) either
いせい 異性 the opposite sex
いせき 遺跡 ruins, remains
いぜん 以前 before; (以前は) formerly, once
▶以前は…であった used to be ...
いぜんとして 依然として still
▶依然として…で as ... as ever
いそがしい 忙しい busy
▶忙しく busily
いそぐ 急ぐ hurry, hasten
▶急いで in a hurry 急げ! Hurry up!
いたい 遺体 a (dead) body
いたい 痛い painful, sore → いたむ (痛む)
▶痛い! Ouch! おなかが痛い have a stomachache
いだいな 偉大な great
いだく 抱く hold; (希望などを) cherish
いたずら mischief, a practical joke
▶いたずらな mischievous
いただく 頂く be given, receive, get → もらう
▶…していただけませんか Would [Could] you ...?
いたましい 痛ましい sad, tragic
いたみ 痛み a pain, an ache → PAIN 類義語
いたみ 傷み (損傷) damage
いたむ 痛む be painful, hurt, ache
いたむ 傷む be damaged; (腐る) go bad
いためる 痛める (体を) injure, hurt; (物を) damage; (精神的に) pain, hurt
いためる 炒める fry
イタリア Italy
▶イタリアの Italian
いたわる take care of
いち 1 one
▶1番目 the first
いち 位置 a position, a location
いちおう 一応 (さしあたり) for the time being; (仮に) tentatively; (ともかく) anyway
いちがつ 1月 January
イチゴ a strawberry
いちじ 一時 (ひと頃は) at one time, once; (しばらく) for a while
イチジク a fig
いちど 1度 once
▶一度に at a time
いちにち 1日 a [one] day
▶1日おきに every other day, every two days 一日じゅう all day (long)
いちねん 1年 a [one] year
▶1年(間)の annual, yearly 一年じゅう all (the) year round 1年生 a first-year pupil [student],《米》(小学) a first grader, (中学) a seventh grader, (高校) a tenth grader; (大学・高校) a freshman
いちば 市場 a market
いちばん 一番 the first, the top; (最も) most
いちぶ 一部 (部分) (a) part; (1冊) a copy
いちまい 1枚 a piece, a sheet; (パンなどの) a slice
いちめん 一面 (一方の面) one side [aspect]; (そのあたり全体) all over
イチョウ a ginkgo
いちりゅうの 一流の first-class, first-rate
いちるい 一塁 first base
▶一塁手 a first baseman
いつ when, what time
▶いつとなく unusually いつ

いつか の間にか before one knows it
いつか sometime; (未来の) someday; (過去の) once, before
いっかい 1回 once
いっかい 1階 《米》the first floor, 《英》the ground floor
いっさくじつ 一昨日 the day before yesterday
いっさくねん 一昨年 the year before last
いっしゅ 一種 a kind (of)
いっしゅう 1周 a round
いっしゅうかん 1週間 (for) a [one] week
いっしょう 一生 (all) one's life, one's lifetime
▶一生の lifelong …に一生をささげる devote one's whole life to …
いっしょうけんめい 一生懸命 very hard, as hard as possible
いっしょに 一緒に together; (…と) with; (そろって) all together
いっせいに 一斉に all together; (同時に) at once, at the same time
いっそう 一層 still, even
いったい (ぜんたい) 一体 (全体) on earth, in the world
いっち 一致 agreement, accord
▶一致する agree (with) → AGREE 類義語
いっとう 1等 (the) first prize; (the) first place; (乗り物などの) (the) first class
いっぱい 1杯 a cup (of), a glass (of)
いっぱいの (充満した) full (of), filled (with); (混雑した) crowded
▶おなかいっぱいです I'm full.
いっぱんてきな 一般的な general
▶一般的に generally, in general
いっぽう 一方 (初めの一つ) one; (残りの一つ) the other
▶一方では on the other hand 一方では…, もう一方では〜 on (the) one hand …, on the other (hand) 〜
いつまでも forever
いつも always, all the time;

(通常) usually
▶いつも…ない never いつも…とは限らない not … always
いてん 移転 removal, move
▶移転する move 移転先 one's new address
いでん 遺伝 heredity
▶遺伝で受け継ぐ inherit 遺伝する be inherited
いでんし 遺伝子 a gene
▶遺伝子工学 genetic engineering
いと 糸 (a) thread, (a) string
いと 意図 an intention
▶意図する intend 意図的に intentionally, on purpose
いど 井戸 a well
いど 緯度 latitude
いとこ a cousin
いとしい dear, loving
いどむ 挑む challenge
…いないに …以内に within…
いなか 田舎 the country; (故郷) (a) home, a hometown
いなずま 稲妻 lightning
イニシャル initials
イヌ 犬 a dog; (子犬) a puppy
▶犬かき the dog paddle 犬小屋 a doghouse, a kennel
いね 稲 rice
いねむり 居眠り a doze, a nap
▶居眠りする doze (off)
イノシシ a wild boar
いのち 命 (a) life
▶命がけで at the risk of one's life
いのり 祈り (a) prayer
いのる 祈る pray
いばる act big; (自慢する) boast
▶いばった arrogant, haughty
いはん 違反 (a) violation
▶違反する violate, break
いびき a snore
▶いびきをかく snore
いふく 衣服 clothes, clothing
いほうな 違法な illegal
いま 今 now, the present
▶今頃は by now 今にも at any moment 今のところ for the moment, for the time being

今まで until now; (これまでに) ever; (今まで一度も…ない) never; (これまでのところは) so far
いま 居間 a living room
いみ 意味 (a) meaning, (a) sense
▶意味する mean 意味のある meaningful, significant
イミテーション (an) imitation
いみん 移民 (外国からの) an immigrant; (外国への) an emigrant
イメージ (an) image
▶イメージアップする improve …'s image
イモ (ジャガイモ) a potato; (サツマイモ) a sweet potato
いもうと 妹 a (younger) sister
いやいや unwillingly, reluctantly
いやがらせ harassment
▶いやがらせをする harass; (困らせる) bother, annoy
いやしい 卑しい (身分が) humble; (下品な) vulgar; (がつがつした) greedy
いやがる dislike, hate
いやす (けが・心を) heal; (病気を) cure
いやな nasty, disgusting, unpleasant
いやらしい dirty, obscene
イヤリング (a pair of) earrings
いよいよ (ついに) at last, finally; (ますます) more and more
いよく 意欲 (a) desire, (a) will
▶意欲的に eagerly, enthusiastically
いらい 依頼 request
▶依頼する request, ask
…いらい …以来 since
いらいら irritation, frustration
▶いらいらする be irritated いらいらさせる (ような) irritating
イラスト (an) illustration
イラストレーター an illustrator
いらっしゃい (ようこそ) Welcome!; (店員が客に) May I help you?
いりぐち 入り口

いりょう

an entrance; (戸口) a door, a doorway
いりょう 医療 medical care
▶医療費 medical expenses
いる (存在・状態) be; (とどまる) stay
▶家にいる be at home, stay home
いる 要る (必要である) need; (費用が) cost; (時間が) take
いるい 衣類 clothes, clothing
イルカ a dolphin
イルミネーション illumination
いれば 入れ歯 a false tooth, dentures
いれもの 入れ物 a case, a container; (箱) a box
いれる 入れる put in, let in; (茶を) make
いろ 色 (a) color
▶色鉛筆 a colored pencil 色紙 colored paper 色眼鏡 (a pair of) sunglasses; (偏見) (a) prejudice
いろいろな various, different, many kinds of → VARIOUS 類義語
いわ 岩 (a) rock
▶岩の多い rocky
いわい 祝い (a) celebration, congratulations; (お祝い品) a gift
いわう 祝う (物事を) celebrate; (人を) congratulate → CELEBRATE 類義語
イワシ a sardine
いわば so to speak, as it were
いわゆる what is called, so-called
いんきな 陰気な gloomy, dismal
インク ink
▶インクで書く write in ink
いんさつ 印刷 printing
▶印刷する print 印刷機 a printer, a printing press
いんしゅ 飲酒 drinking
▶飲酒運転 drunk driving
いんしょう 印象 (an) impression
▶印象的な impressive
いんしょくする 飲食する eat and drink
▶飲食店 a restaurant, an eating house

インスタントの instant
▶インスタント食品 instant food
インストラクター an instructor
インスピレーション (an) inspiration
▶インスピレーションを受ける be inspired
いんそつする 引率する lead
▶引率者 the leader
インターチェンジ an interchange
インターネット the Internet, the Net
インターン an intern
いんたい 引退 retirement
▶引退する retire
インタビュー (an) interview
▶インタビューする interview
インチ an inch
インテリ an intellectual
インテリア (室内装飾) interior design [decoration]
インド India
▶インドの Indian
インドネシア Indonesia
▶インドネシアの Indonesian
インプット(する) input
インフルエンザ influenza, (the) flu
インフレ inflation
いんぼう 陰謀 a plot
いんよう (a) quotation
▶引用する quote 引用符 quotation marks
いんりょう 飲料 (a) drink, a beverage
▶飲料水 drinking water
いんりょく 引力 gravitation

う

ウイークエンド a weekend
ういういしい 初々しい innocent, naive
ウィット wit
▶ウィットに富んだ witty
ウイルス a virus
ウインク a wink
▶ウインクする wink (at)
ウインドー a window
ウインドサーフィン windsurfing
ウインナソーセージ (a) Vienna sausage
ウール wool

うえ 上 (最上部) the top
▶(…の) 上に on, above, over, up 上の upper; (年長) older; (上位) superior その上 besides
うえ 飢え hunger, starvation
▶飢えている starving
ウエーター a waiter
ウエートレス a waitress
うえき 植木 a garden shrub
▶植木鉢 a flowerpot
ウエスト (腰) a waist; (西) west
うえる 植える plant
うえる 飢える go hungry, starve
うお 魚 fish
▶魚座 the Fishes, Pisces 魚の目 a corn
うがい a gargle
▶うがい薬 (a) gargle, (a) mouthwash
うかいする 迂回する make a detour
▶迂回路 a roundabout way, an indirect rout 迂回せよ《掲示》Detour.
うかがう (訪問する) visit; (質問する) ask
うかぶ 浮かぶ float; (心に) occur (to); (表情などが) appear
うかる 受かる (試験に) pass
うき 浮き a float
▶浮き袋 a float
うく 浮く float; (費用などが余る) be saved
ウクレレ a ukulele
うけいれる 受け入れる accept → ACCEPT 類義語
うけつぐ 受け継ぐ (事業などを) succeed (to), take over; (財産・性格などを) inherit
うけつけ 受付 an information desk
▶受付係 a receptionist
うけとり 受取 acceptance; (領収書) a receipt
うけとる 受け取る get, receive, accept; (解釈する) take, interpret
うけみの 受け身の passive
うける 受ける catch, receive, accept; (試験を) take; (被害を) suffer
うごかす 動かす move; (機械などを) operate, run; (心を) move

うごき 動き movement, a move; (変動) a change → MOVEMENT
うごく 動く move; (機能する) run, work
ウサギ a rabbit, a hare
ウシ 牛 (雌) a cow; (雄) a bull, an ox; [集合的に] cattle
うしなう 失う lose, miss
うしろ 後 the back, the rear
▶ (…の) うしろに behind, at the back (of)
うしろへ backward, back
うず 渦 a whirlpool, an eddy
うすい 薄い (厚さが) thin; (濃さが) thin, weak; (色などが) light
うそ a lie
▶うそをつく lie, tell a lie
うそつき a liar
うた 歌 a song
うたう 歌う sing; (ハミングで) hum
うたがい 疑い (a) suspicion; (疑問) doubt
うたがう 疑う suspect, doubt → DOUBT 類義語
うたがわしい 疑わしい doubtful, dubious
うたたね うたた寝 a doze, a nap
▶うたた寝する doze (off), take a nap
うち (家) a house, (a) home; (家族) a family
うち 内 the inside
▶…のうちに (時間を) in; (範囲) of, in
うちあげる 打ち上げる (花火を) set off; (ロケットを) launch
うちあわせ 打ち合わせ arrangements
うちきな 内気な shy, bashful
うちとけた 打ち解けた friendly, familiar
うちみ 打ち身 a bruise
うちゅう 宇宙 the universe, space
▶宇宙時代 the space age
宇宙船 a spaceship
宇宙飛行士 an astronaut
宇宙遊泳 a spacewalk
宇宙旅行 space travel
宇宙ロケット a space rocket
うちわ a fan
うつ 打つ hit, strike; (心を)

move → にゅうりょく
うつ 撃つ shoot
うっかり carelessly, by mistake
うつくしい 美しい beautiful, lovely; (かわいい) pretty → BEAUTIFUL 類義語
▶美しさ beauty
うつす 写す (書き写す) copy; (写真を) take
うつす 映す (映写) project; (反射) reflect
うつす 移す move, remove, shift, transfer
うったえる 訴える appeal (to); (告発を) charge, accuse; (不平を) complain (of)
うつぶせに on one's stomach [face]
うつむく hang [drop] one's head, look down
うつる 移る move, transfer
うつわ 器 (a container, a vessel); (能力) capacity
うで 腕 an arm; (腕前) ability, skill
▶腕を組んで with folded arms; (2人が) arm in arm
うてん 雨天 rainy weather
うどん noodles
うながす 促す urge, press
ウナギ an eel
うなずく nod
うなる groan, growl
うぬぼれる be conceited
うばう 奪う deprive, rob
うばぐるま 乳母車 《米》 a baby carriage, 《英》 a pram; (折りたたみ式)《米》 a stroller, 《英》 a pushchair
ウマ 馬 a horse
▶馬小屋 a stable
うまい (おいしい) good, nice, delicious; (上手な) good, skillful
うまく well, successfully
うまれ 生まれ (出生・家柄) birth; (家系) descent
うまれる 生まれる・産まれる be born
うみ 海 the sea, the ocean
うむ 生む・産む give birth to, bear; (卵を) lay
ウメ 梅 a Japanese apricot
うめる 埋める (地中に) bury; (空白を) fill in
うもう 羽毛 (a) feather; (綿毛) down
うやまう 敬う respect;

(神を) worship
うら 裏 the back; (野球の回の) the bottom
▶…の裏に behind, in back of 裏口 a back door
裏庭 a backyard
うらがえす 裏返す turn over
▶裏返しに inside out
うらぎる 裏切る betray
うらない 占い fortunetelling
▶占い師 a fortuneteller
うらなう 占う tell …'s fortune
うらみ 恨み a grudge
うらむ 恨む have [hold, bear] a grudge
うらやましい envious
うらやむ envy, be envious (of)
ウラン uranium
ウリ (a) melon
▶うり二つで like two peas (in a pod)
うりだし 売り出し a sale
うりだす 売り出す put … on sale [the market]
うる 売る sell
▶売り物の for sale
うるうどし 閏年 a leap year
うるさい (音が) noisy; (好みが) particular
うれしい glad, happy, pleased
うれる 売れる sell
うろたえる be upset
うろつく wander (about), hang around
うわぎ 上着 a coat, a jacket
うわさ (a) rumor
うん 運 luck, fortune
▶運のよい[悪い] lucky [unlucky]
運よく[悪く] fortunately [unfortunately]
うんきゅうする 運休する be canceled
うんざりする be fed up (with), get sick [tired] (of)
うんせい 運勢 fortune
うんちん 運賃 a fare
▶鉄道[タクシー、バス]の運賃 a railroad [taxi, bus] fare
運賃はいくらですか How much is the fare?
うんてん 運転 (車の) driving; (機械の) operation

うんどう

▶運転する drive; operate
運転手 a driver 運転免許証《米》a driver's license, 《英》a driving licence
うんどう 運動 exercise, (a) sport;（社会的な）a movement, a campaign;（物体の）motion
▶運動する take exercise
運動会《米》a field day, 《英》a sports day
運動場 a playground
運動好き a lover of sports
運動選手 an athlete
運動不足 lack of exercise
適度の運動 moderate exercise
軽い運動 light exercise
うんめい 運命 fate, destiny

え

え 絵 a picture;（色彩画）a painting;（線画）a drawing
▶絵をかく paint [draw] a picture
エアコン an air conditioner
エアロビクス aerobics
えいえんに 永遠に forever, eternally, permanently
▶永遠の eternal, everlasting, permanent
えいが 映画《主に米》a movie,《主に英》a film;（総称）《主に米》the movies, 《英》the cinema
▶映画を見に行く go to the movies …主演の映画 a movie starring ...
映画音楽 a soundtrack
映画館《米》a movie theater,《英》a cinema
映画ファン a movie fan
えいかいわ 英会話 English conversation
▶英会話がうまい speak English well
えいきゅうの 永久の permanent, eternal
▶永久に forever, for good, permanently, eternally
えいきょう 影響 (an) influence, (an) effect
▶影響する influence, affect
→ INFLUENCE【類義語】
…に大きな影響を与える have a great effect on ...
えいぎょう 営業 business, sales
▶営業時間 business hours

えいご 英語 English
▶英語（を話す）国民 an English-speaking people
実用英語 practical English
英語が話せるようになる learn to speak English
えいこう 栄光 glory
えいこく 英国 Britain
→イギリス
えいさくぶん 英作文 an English composition
エイズ AIDS ▶エイズ患者 an AIDS victim
えいせい 衛生 sanitation, hygiene
▶衛生的な sanitary
えいせい 衛星 a satellite
▶通信衛星 a communications satellite
衛星（テレビ）放送 satellite (TV) broadcasting
えいびんな 鋭敏な sharp, keen
えいゆう 英雄 a hero;（女性）a heroine
えいよう 栄養 nourishment, nutrition
▶栄養のある nourishing, nutritious
えいり 営利 profit
▶非営利組織 a nonprofit organization, NPO
エース an ace
エープリルフール April Fools' Day, All Fools' Day
えがお 笑顔 a smile
えがく 描く draw, paint; (描写する) describe
えき 駅 a (railroad) station
▶駅長 a stationmaster
各駅停車 a local train
乗り換え [終着] 駅 a transfer [terminal] station 最寄りの駅 the nearest station
エキサイトする get excited
えきしょう 液晶 liquid crystal
▶液晶ディスプレイ a liquid crystal display, an LCD
エキゾチックな exotic
えきたい 液体 liquid
えくぼ a dimple
エゴ egoism, selfishness
▶エゴイスト an egoist
えこひいき favoritism
▶えこひいきする be partial (to), favor
エコロジー ecology
えさ feed;（釣り用の）bait

▶えさをやる feed
えじき (a) prey
▶えじきになる fall (a) prey (to)
エジプト Egypt
▶エジプトの Egyptian
えしゃく 会釈 a nod
▶会釈をする nod, make a bow
エスカレーター an escalator
エスカレートする escalate
エスコートする escort
えだ 枝 a branch; (大枝) a bough; (小枝) a twig
▶枝を刈り取る prune a tree
エチケット etiquette, manners
エックスせん エックス線 X-rays
エッチな dirty, obscene
えつらんしつ 閲覧室 a reading room
エネルギー energy
エネルギッシュな energetic
えのぐ 絵の具 paints; (油絵の具) oil colors, oils; (水彩絵の具) watercolors
えはがき 絵はがき a (picture) postcard
エビ (小エビ) a shrimp; (クルマエビ) a prawn; (イセエビ) a lobster
エピソード an episode, an anecdote
エプロン an apron
えほん 絵本 a picture book
えもの 獲物 game
えら (魚の) a gill
エラー an error
▶エラーをする make an error
えらい 偉い great, important
えらぶ 選ぶ choose, pick, select;（選挙で）elect
→ CHOOSE【類義語】
えり 襟 a collar
▶襟巻き a muffler, a scarf
エリート [集合的に] the elite
える 得る get, gain, acquire, obtain;（勝ち取る）win
エレベーター
《米》an elevator,《英》a lift
えん 円 (円形) a circle;（通貨単位）yen
えん 縁 (関係) (a) relation, (a) connection;

えんかつな 円滑な smooth
えんがん 沿岸 a coast
▶沿岸漁業 coastal fishery
えんき 延期 postponement
▶延期する put off, postpone
えんぎ 演技
(a) performance
▶演技する perform, act;
(ふりをする) put on
えんぎ 縁起 (an) omen
▶縁起のよい［悪い］ lucky［unlucky］
えんげい 園芸 gardening, horticulture
えんげき 演劇 a drama, a play
▶演劇部 a drama club
えんこ 縁故 (a) connection
エンジニア an engineer
えんしの 遠視の farsighted
えんしゅう 円周
(a) circumference
▶円周率 pi
えんしゅう 演習 exercises;
(ゼミ) a seminar;
(軍事) maneuvers
えんしゅつする 演出する direct
▶演出家 a director
えんじょ(する) 援助(する) help, aid
エンジン an engine
えんしんりょく 遠心力 centrifugal force
えんすい 円すい a cone
▶円すい形 conical
えんぜつ 演説 a speech
→ SPEECH 類義語
▶演説する make a speech, speak
えんそ 塩素 chlorine
えんそう 演奏
a (musical) performance
▶演奏する play
演奏会 a concert
えんそく 遠足 an outing, a hike, an excursion
えんちゅう 円柱 a pillar, a column
えんちょう 延長
(an) extension
▶延長する extend, prolong
延長戦 an extended game;
(野球) extra innings;
(バスケなど) 《米》 overtime
えんとつ 煙突 a chimney
えんばん 円盤 a disk
▶円盤投げ the discus throw

えんぴつ 鉛筆 a pencil
えんまんな 円満な
harmonious, peaceful, amicable
えんりょ 遠慮 reserve, modesty
▶遠慮する be reserved;
(控える) refrain (from)
遠慮なく without reserve
遠慮なく…してください Don't hesitate to do ...

お

お 尾 a tail
オアシス an oasis
おい 甥 a nephew
おいかける 追いかける
run after, chase, follow
→ FOLLOW 類義語
おいこす 追い越す pass, overtake
▶追い越し禁止《掲示》
No Passing
おいしい good, delicious, nice
おいだす 追い出す drive out
おいつく 追いつく
catch up (with)
おいまわす 追い回す
follow (about［around］), run after
オイル (an) oil
おう 王 a king
おう 追う run after, chase;
(追求する) pursue
おう 負う (背負う) carry ... on one's back;(責任を) take;(恩恵を受ける) owe
おうえん 応援 cheering
▶応援する cheer, support
応援団 a cheering party
おうかん 王冠 a crown;
(びんの) a bottle cap
おうぎ 扇 a (folding) fan
おうこく 王国 a kingdom
おうごん 黄金 gold
▶黄金時代 a golden age
おうざ 王座 the throne;(スポーツの) a championship
おうじ 王子 a prince
おうしつ 王室
the royal family
おうじる 応じる (申し入れに) accept, agree (to);(要求・必要に) meet, satisfy
おうだん 横断 crossing
▶横断する cross, go across
横断歩道 a (pedestrian) crossing,《米》 a crosswalk

おうとうする 応答する
answer, reply (to)
おうふくする 往復する
go back and forth;
(通勤する) commute
▶往復切符《米》 a round-trip ticket,《英》 a return ticket
おうぼする 応募する
apply (for)
▶応募者 an applicant
オウム a parrot
おうよう 応用 application
▶応用する apply (to)
おうりょうする 横領する
embezzle (from)
おうレンズ 凹レンズ
a concave lens
おえる 終える finish, end
→ END 類義語
おおあめ 大雨 a heavy rain
▶大雨が降る rain heavily
おおい 多い (数) a lot of, many;(量) a lot of, much;(頻度) frequent
おおう 覆う cover
オーエル a female office worker, an office worker
おおきい 大きい big, large, vast;(音・声が) loud
→ LARGE, HUGE 類義語
おおきさ 大きさ size;(音の) loudness, volume
おおげさな 大げさな
exaggerated
オーケストラ an orchestra
おおごえで 大声で in a loud voice, loudly
オーストラリア Australia
▶オーストラリア人
an Australian オーストラリア(人)の Australian
おおぜいの 大勢の many, a lot of, a great number of
オーソドックスな
orthodox
オーダーメードの custom-made, made-to-order
オーディオ audio;
(装置) audio systems
オーディション
an audition
オートバイ a motorcycle, a motorbike
オードブル
an hors d'oeuvre
オートメーション
automation
オービー (卒業生)

オーブン a graduate, 《主に米》an alumnus, 《英》an old boy; (ゴルフで) out of bounds
オーブン an oven
オープンする open
▶オープン戦 an exhibition game
オーボエ an oboe
おおみそか 大みそか New Year's Eve
オオムギ 大麦 barley
おおもじ 大文字 a capital letter
オール an oar
オーロラ an aurora
おか 丘 a hill
おかあさん お母さん a mother; (呼びかけ)《米》mom, mommy, 《英》mum, mummy
おかえしに お返しに in return
おかげ (…のおかげで) thanks to, owing to, due to
おかしい (面白い) funny, amusing; (奇妙な) strange, queer; (調子の悪い) wrong
おかす 犯す (罪を) commit; (法を) break
おかす 侵す invade, violate
おかす 冒す (危険を) run; (病気が) affect
おがむ 拝む pray, worship
おがわ 小川 a stream, a brook
おきあがる 起き上がる get up; (上半身を起こす) sit up
おぎなう 補う make up (for), compensate (for)
おきる 起きる (起床する) get up; (目覚める) wake up; (起き上がる) get up, rise; (生じる) happen, occur
おく 億 a hundred million
おく 置く put, place
▶…にしておく leave, keep
おくがいで 屋外で outdoors
おくじょう 屋上 a roof, a rooftop
おくそくする 憶測する guess, speculate
おくないで 屋内で indoors
おくびょうな 臆病な timid, cowardly
おくりもの 贈り物 a present, a gift
→ PRESENT² 類義語
おくる 送る send; (見送る) see [send] ... off; (時を) spend; (生活を) lead

▶車で家まで送る drive ... home
おくる 贈る give, present; (賞を) award
おくれる 遅れる be late (for); (時計が) lose; (進行などが) be behind
おこす 起こす (目覚めさせる) wake (up); (立てる) set [put] up; (発生させる) cause, bring about
おこたる 怠る neglect
おこない 行い an act, an action, a deed; (品行) conduct, behavior
おこなう 行う do; (調査・実験などを) carry out, conduct; (催す) hold
おこる 怒る get angry [mad]
▶怒りっぽい quick-tempered
おこる 起こる happen, occur
おさえる 抑える (感情などを) control, restrain, suppress
おさえる 押さえる hold, press
おさない 幼い young; (幼稚な) childish; (未熟な) immature
おさななじみ 幼なじみ a childhood friend
おさまる 収まる・納まる (中に入る) fit (into); (解決がつく) be settled
おさまる 治まる (風などが) die down; (痛みなどが) go (away), subside
おさめる 収める・納める (入れる) put (in); (成果などを) gain, win; (お金を) pay
おさめる 治める govern, rule
おじ 叔父・伯父 an uncle
おしい 惜しい (残念な) regrettable, too bad; (大切な) dear
▶惜しいことに …'s regret
おじいさん (祖父) a grandfather, a grandpa; (老人) an old man
おしいる 押し入る break into
おしえる 教える teach, instruct; (道などを) show, tell → TEACH 類義語
おじぎ a bow
▶おじぎする bow, make a bow
おじさん (親類の) an uncle; (よその) a man, Sir, Mister

おしつぶす 押しつぶす crush, smash
おしむ 惜しむ (残念に思う) regret, feel sorry (for); (けちる) spare, grudge
おしゃべり a chat; (人) a chatterbox
▶おしゃべりをする chat, have a chat
おしゃべりな talkative
おしゃれな smart, fashionable
▶おしゃれである be careful about one's clothes
おしょく 汚職 corruption
おす 雄 a male; 《口語》a he
おす 押す push, press
おせじ お世辞 a compliment, (a) flattery
おせん 汚染 pollution
▶汚染する pollute
大気汚染 air pollution
海洋汚染 sea pollution
水質汚染 water pollution
おそい 遅い (時間) late; (速度) slow
▶遅くても at (the) latest
遅かれ早かれ sooner or later
おそう 襲う attack, assault; (災害などが) strike, hit
おそらく maybe, perhaps, probably
おそれ 恐れ (a) fear
→ FEAR 類義語
おそれる 恐れる be afraid (of), fear
おそろしい 恐ろしい terrible, dreadful
おだてる flatter
▶おだて flattery
オタマジャクシ a tadpole
おだやかな 穏やかな (静かな) calm, quiet; (態度などが) gentle; (気候が) mild
おちつく 落ち着く (心が) calm down, relax; (場所などに) settle
▶落ち着いた calm, composed
落ち着かない restless, uneasy
おちば 落ち葉 fallen leaves
おちる 落ちる fall, drop; (落第する) fail
おっと 夫 a husband
おでこ a forehead
おと 音 (a) sound; (騒音) (a) noise
→ SOUND¹ 類義語
▶音を立てる make a sound
おとうさん お父さん

a father; (呼びかけ) dad
おとうと 弟 a (younger) brother
おどかす 脅かす frighten, scare
おとこ 男 a man
▶男の male　男らしい manly　男の子 a boy
おどし 脅し a threat, menace
おとす 落とす drop; (なくす) lose; (汚れなどを) take out, remove; (学習を) fail
おどす 脅す threaten
おとずれる 訪れる visit; (季節が) come
おととい 一昨日 the day before yesterday
おととし 一昨年 the year before last
おとな 大人 an adult, a grown-up
おとなしい gentle, quiet, mild
おどり 踊り dancing, a dance
おどりば 踊り場 (階段の) a landing
おとる 劣る be inferior (to)
おどる 踊る dance
おとろえる 衰える decline, fail
おどろく 驚く be surprised; (ひどく) be astonished [amazed]
→ SURPRISED 類義語
▶驚くべき surprising; (非常にすばらしい) marvelous, remarkable
おなじ 同じ the same
→ SAME 類義語
おに 鬼 an ogre, a devil
▶鬼ごっこ(をする) (play) tag
おのおの 各々 each
おば 叔母・伯母 an aunt
おばあさん (祖母) a grandmother, a grandma; (老人) an old woman
おばけ お化け a monster; (幽霊) a ghost
おばさん (親類の) an aunt; (よその) a woman, Ma'am
おはよう Good morning.
おひとよし お人よし (気立てのよい人) a good-natured person; (だまされやすい人) a dupe
オフィスがい オフィス街 a business district

オペラ an opera
おぼえる 覚える learn by heart, memorize; (習得する) learn
▶覚えている remember
おぼれる 溺れる, be drowned
おまちどうさま お待ちどうさま I'm sorry I've [to have] kept you waiting.
おみやげ →みやげ
おむつ a diaper
オムレツ an omelet
おめでとう Congratulations!
▶誕生日おめでとう Happy Birthday!
おもい 重い heavy; (病気が) serious
おもい 思い (a) thought, feeling; (願い・望み) a dream, a wish; (恋心) love
おもいだす 思い出す remember, recall
おもいつき 思いつき an idea
おもいつく 思いつく think of, hit on
おもいで 思い出 a memory, recollections; (a) remembrance
おもいやり 思いやり consideration
▶思いやりのある considerate, thoughtful
おもう 思う think, expect; (みなす) regard, consider
→ THINK 類義語
おもさ 重さ weight
おもしろい 面白い (興味深い) interesting; (愉快な) amusing; (こっけいな) funny
おもちゃ a toy
おもて 表 the front, the face; (戸外) the outside; (野球の回の) the top
おもな 主な main, chief
▶主に mainly, chiefly, mostly
おもわず 思わず in spite of oneself, unconsciously
おや 親 a parent
おやすみ Good night.
おやゆび 親指 (手の) a thumb; (足の) a big toe
およぐ 泳ぐ swim
▶泳ぎに行く go swimming
およそ about, around, approximately
および 及ぶ (行きつく) extend (to), reach;

(数値が達する) amount to; (匹敵する) equal, match
オリエンテーション (an) orientation
オリジナル the original
おりたたむ 折りたたむ fold
▶折りたたみのいす a folding chair
おりる 下りる・降りる (下へ) go [come] down; (乗り物から) get off
オリンピック the Olympic Games, the Olympics
おる 折る break; (折りたたむ) fold
おれる 折れる break; (折り重なる) be folded; (角を曲がる) turn; (妥協する) give in
おろす 下ろす・降ろす (下へ) take [bring] down; (乗り物から) drop [let] off; (預金を) take out, withdraw
おろす 卸す wholesale
おわり 終わり an end, a close
おわる 終わる finish, end, be over → END
おんがく 音楽 music
▶音楽家 a musician　音楽に合わせて踊る dance to the music
おんしつ 温室 a greenhouse
▶温室効果 the greenhouse effect
おんせい 音声 (a) sound, (a) voice
おんせん 温泉 a hot spring, a spa
おんち 音痴 tone-deaf
▶音痴である have no ear for music
おんど 温度 (a) temperature
▶温度計 a thermometer
おんどくする 音読する read aloud
おんな 女 a woman
▶女の female　女らしい womanly　女の子 a girl
おんぷ 音符 a (musical) note

か

か 科 (分類上の) a family; (大学・病院の) a department
か 課 (教科書の) a lesson; (会社の) a section,

a division
力 蚊 a mosquito
…か （疑問・質問）Is this ...?, Do you ...?, Can you ...?
など，（…か〜）or
ガ 蛾 a moth
…が （しかし）but, though; (そして) and
ガーゼ gauze
カーディガン a cardigan
カーテン a curtain; (厚地の)《米》drapes
カード a card
ガードマン a guard
ガードレール a guardrail
カーブ (道などの) a curve, a bend; (野球の) a curve (ball)
カーペット a carpet
かい 回 (回数) a time; (野球の) an inning
かい 階 a floor, a story
▶上の階へ[で] upstairs
下の階へ[で] downstairs
かい 会 a meeting, (社交的な) a party; (団体) a society, an association
かい 貝 (a) shellfish; (貝殻) (a) shell
がい 害 harm, damage
▶害になる do harm, be harmful (to)
かいいん 会員 a member
かいおうせい 海王星 Neptune
かいが 絵画 a picture, a painting
かいがいの 海外の overseas
▶海外へ abroad, overseas
海外援助 foreign aid 海外事情 foreign affairs 海外投資 foreign investment
海外旅行する travel abroad
かいかく(する) 改革(する) reform
かいかつな 快活な cheerful, lively, vivacious
かいがん 海岸 a seashore, a shore, a coast
がいかん 外観 (an) appearance
かいき 会期 a session
かいぎ 会議 a meeting, a conference
かいきゅう 階級 a class, (a) rank
かいきょう 回教 Islam
→イスラムきょう
かいきょう 海峡 a channel, a strait

かいぎょうする 開業する practice
▶開業医 a (general) practitioner
かいぐん 海軍 the navy
▶海軍の naval
かいけい 会計 accounting
▶会計を済ませる pay the bill
会計係[士] an accountant
かいけつ 解決 solution, settlement
▶解決する solve, settle
がいけん 外見 (an) appearance
かいこ 解雇 discharge, dismissal
▶解雇する dismiss, fire
かいごう 会合 a meeting, a gathering
→MEETING 類義語
がいこう 外交 diplomacy
▶外交官 a diplomat 外交関係 diplomatic relations 外交政策 a foreign policy
かいこうする 開校する found [establish] a school
がいこく 外国 a foreign country
▶外国の[に，へ] foreign, overseas
外国語 a foreign language 外国人 a foreigner
外国貿易 foreign trade
がいこつ 骸骨 a skeleton
かいさいする 開催する hold, give
▶開催国 a host country
かいさん 解散 breakup
▶解散する break up, dissolve
かいさんぶつ 海産物 marine products, seafood
かいし 開始 (an) opening, a beginning, a start
▶開始する open, begin, start
がいして 概して generally, as a rule, on the whole
かいしゃ 会社 a company, an office, a firm, a corporation
かいしゃく 解釈 interpretation
▶解釈する interpret
がいしゅつする 外出する go out
▶外出している be out →るす
かいじょうに 海上に at sea, on the sea
▶海上交通 sea traffic 海上

保険 marine insurance
がいしょくする 外食する eat out
かいすい 海水 seawater
▶海水着 a swimsuit 海水パンツ swimming trunks
海水浴 swimming in the sea, sea bathing
かいせい 改正 (a) revision, (an) amendment
▶改正する revise, amend
かいせつ 解説 a comment, (an) explanation
▶解説する comment, explain
解説者 a commentator
かいぜん 改善 (an) improvement
▶改善する improve
かいそう 回想 recollection
▶回想する reflect (on), look back (on, to)
かいそう 海草 seaweed
かいぞうする 改造する remodel, reorganize; (内閣を) reshuffle
かいぞく 海賊 a pirate
▶海賊版 a pirated edition
かいたく 開拓 reclamation, cultivation, development
▶開拓する reclaim, cultivate, develop
開拓者 a pioneer, a settler
かいだん 階段 stairs, a staircase; (屋外の) steps
→STAIR 類義語
かいだん 怪談 a ghost story
かいだん 会談 talks, a conference
かいちくする 改築する rebuild, remodel
がいちゅう 害虫 a harmful insect
かいちゅうでんとう 懐中電灯 《米》a flashlight, 《英》an electric torch
かいちょう 会長 the president, the chairperson
かいてい 海底 the bottom of the sea, the seabed
▶海底トンネル an undersea tunnel
かいてい 改訂 revision
▶改訂する revise
改訂版 a revised edition
かいてきな 快適な comfortable
かいてん 回転 a turn, (a) revolution, (a) rotation
▶回転する turn, revolve,

ガイド rotate
ガイド a guide
▶ガイドブック a guidebook, a guide
観光ガイド a tourist guide
かいとう 回答 a reply, an answer
▶回答する reply (to), answer
かいとう 解答 an answer, a solution
▶解答する answer, solve
がいとう 街灯 a streetlight
がいねん 概念 a concept, an idea
かいはつ 開発 development
▶開発する develop 開発途上国 a developing country 開発計画 a development plan
かいばつ… 海抜… … above sea level
かいひ 会費 a (membership) fee
かいひする 回避する avoid, evade
がいぶ 外部 the outside
▶外部の outside, external
かいふく 回復 recovery
▶回復する recover, get well, restore
かいぶつ 怪物 a monster
かいほう 解放 release, liberation
▶解放する release, liberate
かいぼう 解剖 dissection, anatomy
▶解剖する dissect
かいほうする 開放する open
がいむ 外務 foreign affairs
▶外務省［大臣］ the Ministry [Minister] of Foreign Affairs
かいもの 買物
（買うこと）shopping; （買ったもの）a purchase
▶買い物をする shop, do one's shopping
がいや 外野 the outfield
▶外野手 an outfielder
がいらいご 外来語 a loanword
かいりょう 改良 improvement
▶改良する improve, reform
かいろ 回路 a circuit
▶集積回路 an integrated circuit, an IC
がいろ 街路 a street
かいわ 会話 (a) conversation, (a) talk; （小説・映画などの）(a) dialogue
▶会話をする talk (with)
かいん 下院 the Lower House
▶下院議員 a representative
かう 買う buy, purchase
かう 飼う have, keep; （家畜を飼育する）raise
ガウン a gown
カウンセラー a counselor
かえす 返す return, give back; （金を）pay back, repay
かえって （それどころか）on the contrary, instead; （むしろ）rather (than); （なおさら）all the more
カエデ a maple
かえり 帰り (a) return
▶帰りに on one's way back [home]
カエル a frog
かえる 帰る return, come [go] back
かえる 返る return (to), be back
かえる 変える change, turn, convert
→ CHANGE 類義語
かえる 替える・換える change, replace, exchange
かえる 孵る （卵が）hatch
かお 顔 a face
▶顔をする take a look
かおり 香り smell, odor; （芳香）perfume, aroma
→ SMELL 類義語
がか 画家 a painter, an artist
かがいかつどう 課外活動 extracurricular activities
かかえる 抱える hold (in one's arms)
かかく 価格 a price
▶卸売［小売］価格 a wholesale [retail] price
かがく 化学 chemistry
▶化学の［的な］ chemical
化学者 a chemist
化学薬品 a chemical
かがく 科学 science
▶科学の［的な］ scientific
科学技術 technology
科学研究 scientific research 科学実験 a scientific experiment
科学者 a scientist 科学知識 scientific knowledge 科学的方法 a scientific method
科学の進歩 the advance [progress] of science
自然［応用］科学 natural [applied] science
文部科学省 the Ministry of Education, Culture, Sports, Science and Technology
かかと a heel
かがみ 鏡 a mirror
かがむ bend, crouch, stoop
かがやく 輝く shine; （きらきら）glitter; （ぴかぴか）twinkle; （宝石などが）sparkle
かかる （絵などが）hang; （費用が）cost; （時間が）take; （病気に）get (sick), fall (ill); （感染する）catch; （医者に）see, consult; （橋が）span, cross
かかわらず （…にもかかわらず）though, in spite of
カキ 柿 a persimmon
カキ 牡蠣 an oyster
かき 夏季・夏期 summer
▶夏期講習 a summer seminar
かき 下記
（下記のもの）the following
かぎ a key
▶かぎをかける lock
かきとめ 書留 （郵便）registered mail [《英》post]
▶書留にする register
かきとめる 書き留める write down, take notes (of)
かきとり 書き取り (a) dictation
かきなおす 書き直す rewrite
かきね 垣根 a fence; （生垣）a hedge
かきまわす かき回す stir
かきゅう 下級の junior, lower
▶下級生 a lower class student
かぎる 限る limit, restrict
かく 角 an angle
かく 核 a nucleus
▶核の nuclear
核家族 a nuclear family
核実験 a nuclear test
核兵器 a nuclear weapon
核保有国 a nuclear power
かく 書く write
かく 描く draw, paint
かく 欠く lack, want
▶欠くことのできない

かく indispensable (to, for)
かく 掻く (かゆいところを) scratch
かく… 各… each, every
かぐ 家具 furniture
▶家具付きの furnished
がく 額 (額縁) a frame; (金額) a sum [an amount] (of money)
がくい 学位 a degree
かくうの 架空の unreal, imaginary
がくえん 学園 a school
▶学園祭 a school festival
かくげん 格言 a proverb, a saying
かくごする 覚悟する make up one's mind, prepare; (観念する) resign oneself
がくしき 学識 scholarship, learning
▶学識のある learned
かくじつな 確実な certain, sure; (信頼できる) reliable
▶確実に certainly, surely
がくしゃ 学者 a scholar
がくしゅう 学習 study, learning
▶学習する study, learn
かくしゅの 各種の various, many [all] kinds of
かくしん 確信 conviction, assurance, belief
▶確信している be sure, be certain, be convinced
確信させる assure
かくしん 革新 innovation, reform
▶革新的な innovative
かくす 隠す hide, conceal
がくせい 学生 a student
▶学生時代に in one's school days
学生寮 a dormitory
がくせつ 学説 a doctrine, a theory
かくだい 拡大 expansion, extension; (レンズによる) magnification
▶拡大する expand, extend; magnify
がくだん 楽団 a band
▶管弦楽団 an orchestra
吹奏楽団 a brass band
かくちょう 拡張 expansion, extension
▶拡張する expand, extend
がくちょう 学長 the president
かくど 角度 an angle

かくとくする 獲得する acquire, get, obtain
かくにん 確認 confirmation
▶確認する confirm, make sure
がくねん 学年 (…学年)《米》a grade,《英》a form; (年度) a school year
がくひ 学費 school expenses,《米》tuition (fee)
がくふ 楽譜 music, a score
がくぶ 学部 a faculty, a department
かくほする 確保する secure
かくめい 革命 a revolution
▶革命の[的な] revolutionary
がくもん 学問 learning, scholarship
▶学問のある learned
学問を鼻にかける be proud of one's learning
がくや 楽屋 a dressing room
かくりつ 確立 establishment
▶確立する establish
がくりょく 学力 scholastic ability; (学業成績) scholastic attainments
がくれき 学歴 academic [educational] background
かくれる 隠れる hide (oneself)
かけ 賭け a bet, gambling
かげ 陰 shade
かげ 影 shadow, a silhouette
がけ 崖 a cliff
▶がけ崩れ a landslide
かけい 家計 household economy ▶家計費 housekeeping money
かけい 家系 the family tree
かげき 歌劇 an opera
かげきな 過激な extreme, radical
かけざん 掛け算 multiplication
▶掛け算をする multiply
かけつする 可決する pass, approve
かける 掛ける (ぶら下げる) hang; (数字を) multiply; (電話を) call
かける 賭ける bet, stake
かこ 過去 the past
かご a basket
かこう 火口 a crater

かこう 河口 the mouth of a river
かこう 加工 processing
▶加工する process
加工食品 processed food
かごう 化合 combination
▶化合する combine (with)
化合物 a compound
かこむ 囲む enclose, surround
かさ 傘 an umbrella; (日傘) a parasol
かさい 火災 a fire
▶火災報知器 a fire alarm
かさなる 重なる be piled (up)
かさばった bulky
かざみどり 風見鶏 a weathercock
かざり 飾り an ornament, a decoration
かざる 飾る decorate, ornament, adorn
かざん 火山 a volcano
かし 菓子 (ケーキ) (a) cake; (総称) confectionery; (キャンディー類)《米》(a) candy,《英》a sweet; (ビスケット類)《米》a cookie,《英》a biscuit
→ CAKE 【類語集】
▶菓子屋 a candy store, a confectionery (shop)
かし ヵ氏 Fahrenheit
かじ (船の) a steering wheel, a rudder
▶かじをとる steer
かじ 火事 a fire
かじ 家事 housekeeping, housework
がし 餓死 starvation
▶餓死する die of hunger, starve to death
かしきりの 貸し切りの chartered, reserved
かしこい 賢い wise, clever, bright, intelligent
かしつ 過失 an error, a mistake, a fault
かじつ 果実 (a) fruit
かしや 貸し家
《米》a house for rent,
《英》a house to let
かしゃ 貨車《米》a freight car,《英》a (goods) wagon
かしゅ 歌手 a singer
かじゅえん 果樹園 an orchard; (かんきつ類の) a grove
かしょ 箇所 a place, a spot,

かじょう

a point

かじょう 過剰 (an) excess, a surplus
▶過剰な excessive

かじょう 箇条 an article, an item
▶箇条書きにする itemize

…かしら (疑問) I wonder (if, why など); (疑念) I doubt (if, whether)

かしらもじ 頭文字 an initial

かじる gnaw, bite

かす 貸す lend, 《米》loan; (有料で家などを) 《米》rent, 《英》let → LEND [類義語]

かす 課す impose

かず 数 a number, a figure

ガス gas
▶ガスレンジ a gas stove, a gas cooker

かすかな faint, dim

かぜ 風 (a) wind; (そよ風) (a) breeze → WIND¹
▶風の強い windy

かぜ 風邪 (a) cold; (インフルエンザ) influenza, (the) flu
▶かぜをひく catch (a) cold

かせい 火星 Mars

かぜい 課税 taxation
▶課税する tax

かせいふ 家政婦 a housekeeper

かせき 化石 a fossil

かせぐ 稼ぐ earn, make money

かせつ 仮説 a hypothesis

カセット a cassette (tape)

かぞえる 数える count
▶数えきれない countless, innumerable

かそく 加速 acceleration
▶加速する accelerate, speed up

かぞく 家族 a family
▶家族会議 a family council
家族制度 the family system
大[小]家族 a large [small] family

ガソリン 《米》gasoline, gas; 《英》petrol
▶ガソリンスタンド a filling station, 《米》a gas station

かた 肩 a shoulder

かた 型 (a) form, a style, a type

かたい 堅い・固い・硬い hard, firm, solid, stiff → FIRM² [類義語]

かだい 課題

(題目) a subject, a theme; (問題) a problem

かだいな 過大な excessive
▶過大評価する overestimate

かたがき 肩書 a title

かたく 堅く・固く・硬く (物が) hard, tightly; (考えなど) firmly, strictly

かたくるしい 堅苦しい formal, stiff

かたち 形 a form, a shape

かたづける 片づける (整とんする) put ... in order; (しまう) put away, clear; (終える) finish

カタツムリ a snail

かたな 刀 a sword

かたまり 塊 a lump, a mass

かたまる 固まる get hard, harden, stiffen

かたみ 形見 a keepsake

かたみち 片道 one way
▶片道切符 《米》a one-way ticket, 《英》a single ticket

かたむき 傾き (傾斜) (a) slope, (a) slant; (傾向) (an) inclination

かたむく 傾く decline, incline, lean

かたむける 傾ける incline, lean, tilt; (努力などを) concentrate

かためる 固める harden, solidify; (決心などを) confirm

かたよった 偏った biased, prejudiced

カタログ a catalog

かだん 花壇 a (flower) bed

かち 価値 value, worth
▶価値のある valuable → VALUABLE [類義語]
…の価値がある be worth, be worthy of 価値のない worthless, valueless

かちく 家畜 a domestic animal, livestock

かちとる 勝ち取る win, gain

かちょう 課長 a section chief, a manager

ガチョウ a goose

かつ 勝つ (試合などに) win; (相手に) beat

がっか 学科 (科目) a subject; (大学の) a department

がっかりする be disappointed, be discouraged

かっき 活気 life, vigor, vitality
▶活気のある lively, vital

がっき 学期 a term, a semester

がっき 楽器 a (musical) instrument

かっきてきな 画期的な epoch-making

がっきゅう 学級 a class
▶学級担任 a class [homeroom] teacher

かつぐ 担ぐ shoulder, carry ... on one's shoulder(s); (だます) make a fool of, take in

かっこ 括弧 (丸かっこ) parentheses; (角かっこ) brackets

かっこう 格好 a shape; (外見) (an) appearance
▶格好がよい smart, stylish

カッコウ (鳥) a cuckoo

がっこう 学校 a school
▶学校教育 school education 学校生活 school life

かっさい cheer, applause
▶かっさいする cheer, applaud

かっしゃ 滑車 a pulley

がっしゅく 合宿 a training camp

がっしょう 合唱 a chorus
▶合唱団 a chorus; (教会の) a choir

かっしょく(の) 褐色(の) brown

かつて ever, once

かってな 勝手な selfish
▶勝手に (好きなように) as one pleases; (許可なく) without permission

カット (切ること) a cut; (さし絵) an illustration; (髪の) a haircut

かつどう 活動 (an) activity
▶活動的な active

かっぱつな 活発な active, lively

カップ a cup
▶優勝カップ a trophy

がっぺい 合併 (企業などの) merger
▶合併する merge
合併症 complications

かつやくする 活躍する be active (in)

かつよう 活用 use, application; (動詞の) conjugation

▶活用する utilize
かつら a wig;
(部分用) a hairpiece
かてい 家庭 (a) home, a family
▶家庭(内)の domestic, home 家庭科 home economics 家庭内暴力 domestic violence 家庭教師 a private teacher, a tutor
かてい 過程 (a) process
かてい 課程 a course
かてい 仮定 a supposition, (an) assumption
▶仮定する suppose, assume
かど 角 a corner
かどう 華道 Japanese flower arrangement
▶華道部 the flower arrangement club
かどの 過度の excessive
カトリック
(教義) Catholicism;
(教徒) a Catholic
▶カトリック教会 the (Roman) Catholic Church
かなう (望みが) come true; (道理に) be reasonable
かなきりごえ 金切り声 a scream, a shriek
かなしい 悲しい sad, sorrowful
かなしみ 悲しみ sorrow, sadness; (深い) grief
→ SORROW 類義語
かなしむ 悲しむ feel sad; (深く) grieve
カナダ Canada
▶カナダの Canadian
かならず 必ず surely, without fail
▶必ず…する never fail to do 必ずしも…ではない not always
かなり considerably, fairly, quite, rather
→ FAIRLY 類義語 ▶かなりの considerable, fair
カナリア a canary
カニ a crab
▶かに座 Cancer, the Crab
かにゅうする 加入する join, enter
カヌー a canoe
かね 金 money
▶金持ちの rich, wealthy
→ RICH 類義語
かね 鐘 a bell, chimes

▶鐘を鳴らす ring a bell
かのうせい 可能性 possibility;
(見込み) (a) chance
かのうな 可能な possible
▶可能にする enable
かのじょ 彼女 she;
(恋人) a girlfriend, a love
▶彼女の her 彼女を[に] her 彼女のもの hers 彼女自身 herself
カバ a hippopotamus, 《口語》a hippo
カバー a cover;
(本の) a jacket
かばう protect, defend
かばん a bag
かはんすう 過半数 a majority
かび mold
かびん 花瓶 a vase
カブ (植物) a turnip
かぶ 株 (株式) (a) stock
▶株価 a stock price 株主 a stockholder, a shareholder
カフェテリア a cafeteria
かぶる (帽子を) put on; (かぶっている) wear
かふん 花粉 pollen
▶花粉症 hay fever
かべ 壁 a wall
かへい 貨幣 money, (a) currency
カボチャ a pumpkin
かまう (心にかける) care, mind; (じゃまする) interfere
がまん 我慢 tolerance, patience
▶我慢する stand, bear, put up with 我慢強い patient
かみ 紙 paper
かみ 神 a god;
(女神) goddess; (キリスト教の) God, the [our] Lord
かみ 髪 (a) hair
かみくず 紙くず wastepaper
かみそり a razor
かみなり 雷 thunder;
(稲妻) lightning
かむ bite, chew
ガム (chewing) gum
カメ (陸ガメ) a tortoise; (海ガメ) a turtle
カメラ a camera
▶カメラマン (写真の) a photographer; (テレビなどの) a cameraman
カモ (鳥) a (wild) duck; (だましやすい人) an easy

mark
かもく 科目 a subject
…かもしれない may, might; (おそらく) perhaps, maybe
かもつ 貨物 (a) cargo, 《米》freight, 《英》goods
▶貨物列車 a freight train
カモメ a (sea) gull
かやく 火薬 gunpowder
かゆい itch, be itchy
かよう 通う go (to), attend; (通勤の) commute
かようきょく 歌謡曲 a Japanese popular song
かようび 火曜日 Tuesday
から 殻
(卵・貝などの) a shell; (穀物などの) a hull, a husk
…から
(場所) from, out of, off; (時間) from, since;
(原因・理由)から, because, since; (原料・材料) from
がら 柄 a design, a pattern
カラー (色) color;
(えり) a collar
▶カラーフィルム a color film
からい 辛い (ぴりっと) hot, spicy; (塩辛い) salty;
(厳しい) severe
からかう make fun (of), tease, play a joke (on)
がらくた junk
からし mustard
カラス a crow
ガラス glass
からだ 体 a body
▶体つき a build, a figure
からの 空の empty
→ EMPTY 類義語
かり 狩り hunting, a hunt
▶狩りをする hunt
かりに 仮に
(…としても) (even) if, granted [granting] that…
かりの 仮の temporary
カリフラワー
(a) cauliflower
かりゅうに 下流に downstream, below
かりる 借りる borrow;
(有料で家・車などを) rent; (使わせてもらう) use
→ BORROW 類義語
かる 刈る (動物の毛を) clip; (髪を) cut; (草を) mow
かるい 軽い (重さが) light; (程度が) mild, slight
かれ 彼 he;

(恋人) a boyfriend
▶彼の his 彼を[に] him
彼のもの his 彼自身 himself
ガレージ a garage
▶ガレージセール a garage sale
かれら 彼ら they
▶彼らの their 彼らを[に] them
彼らのもの theirs
彼ら自身 themselves
カレーライス curry and rice
かれる 枯れる die, wither
▶枯れた dead
カレンダー a calendar
かろう 過労 overwork
▶過労死 a death from overwork
がろう 画廊 a gallery
かろうじて barely, narrowly
かわ 川 a river; (小川) a stream →RIVER 類義語
かわ 皮・革 skin; (果物の) peel; (なめし革) leather →SKIN 類義語
▶皮をむく peel
かわいい cute, pretty
かわいそうな poor, pitiful
▶かわいそうに思う feel sorry (for), pity
かわく 乾く dry
▶乾いた dry
かわく 渇く
(のどが) be [get] thirsty
かわせ 為替 (外国通貨の交換) exchange; (郵便・銀行などの) a money order
▶外国為替 foreign exchange
かわった 変わった odd, strange →ふうがわりな
かわらない 変わらない (一定の) constant, steady
かわりに 代わりに instead (of), in place (of)
▶…の代わりをする take the place of, substitute for
かわる 変わる change, turn →CHANGE 類義語
かわる 代わる・替わる take ...'s place, replace
かん 缶 a can
▶缶入りの canned
かん 巻 a volume
かん 勘 intuition, a hunch
…かん …間 (期間) for; (場所など) between →あいだ(に)
がん 癌 (a) cancer

かんおけ 棺おけ a coffin, 《米》a casket
かんがえ 考え (a) thought, an idea; (意見) an opinion →IDEA 類義語
かんがえる 考える think, consider
かんかく 感覚 (a) feeling, (a) sense
かんかく 間隔 an interval, (a) space
かんきゃく 観客 (見物人) a spectator; (聴衆);[集合的に] an audience
かんきょう 環境 surroundings, (the) environment
▶環境汚染 environmental pollution 環境破壊 environmental destruction
かんけい 関係 (a) relation, (a) relationship
▶関係する be related (to), concern 関係づける connect, relate
かんげい 歓迎 a welcome
▶歓迎する welcome
かんげきする 感激する be moved, be touched, be impressed
かんけつ 完結 completion
▶完結する conclude, complete
かんけつな 簡潔な brief, short, concise
▶簡潔に briefly, shortly
かんげんがくだん 管弦楽団 an orchestra
かんご 看護 nursing
▶看護する nurse, care
看護師 a nurse
かんこう 観光 sightseeing
▶観光する do the sights 観光客 a tourist, a sightseer
かんこく 勧告 advice, recommendation
▶勧告する advise
かんこく 韓国 (South) Korea
▶韓国の Korean
がんこな 頑固な obstinate, stubborn
かんさつ 観察 (an) observation
▶観察する observe
かんし 冠詞 an article
かんじ 感じ a feeling; (印象) an impression; (感触) (a) touch
▶感じのよい agreeable

かんしする 監視する watch, guard
がんじつ 元日 New Year's Day
かんしゃ 感謝 thanks, gratitude
▶感謝する thank, be thankful [grateful] (to, for) →GRATEFUL 類義語
かんじゃ 患者 a patient
かんしゅう 慣習 a custom, (a) convention
かんじゅせい 感受性 sensibility
▶感受性の強い sensitive
がんしょ 願書 an application
かんしょう 干渉 interference
▶干渉する interfere (in)
かんしょう 鑑賞 (an) appreciation
▶鑑賞する appreciate
かんじょう 感情 feelings, an emotion
▶感情の[的な] emotional
…の感情を害する hurt, offend
かんじょう 勘定 (計算) (a) calculation; (支払い) an account; (勘定書き) a bill, a check
▶勘定する calculate, count
勘定を済ます pay a [one's] bill
かんしょうてきな 感傷的な sentimental
がんじょうな 頑丈な firm, solid →FIRM² 類義語
かんしょく 感触 (a) touch
かんしょく 間食 a snack
▶間食をする eat between meals
かんじる 感じる feel; (実感する) realize
かんしん 関心 (an) interest, concern
▶関心事 an affair, a concern 関心がある be interested (in), be concerned (with)
かんしんする 感心する admire, be impressed (with)
かんする 関する (…に関する) about, on, concerning, as to
かんせい 完成 completion
▶完成する finish, complete

かんぜい 関税 customs, a tariff
かんせつ 関節 a joint
かんせつの 間接の indirect
▶間接的に indirectly; (また聞きで) secondhand
かんせんする 感染する catch, be infected (with)
かんぜんな 完全な perfect, complete
→ COMPLETE 類義語
▶完全に perfectly, absolutely, completely
かんそう 感想 an impression
かんぞう 肝臓 a liver
かんそうする 乾燥する dry
▶乾燥した dry, dried
かんそく 観測 (an) observation
▶観測する observe 観測所 an observatory
かんそな 簡素な simple, plain
かんたい 艦隊 a fleet
かんだいな 寛大な generous, liberal
かんたん 感嘆 admiration
▶感嘆する admire 感嘆符 an exclamation mark
かんたんな 簡単な (単純な) simple; (やさしい) easy; (手短な) brief
▶簡単に simply; easily; briefly
かんちがいする 勘違いする misunderstand, mistake
かんつう 貫通 penetration
▶貫通する penetrate, go through
かんづめ 缶詰 a can, 《英》 a tin
▶缶詰にする can
かんていする 鑑定する judge, appraise
▶鑑定家 a judge, a connoisseur
かんてん 観点 a viewpoint, a point of view
かんでん 感電 an electric shock
▶感電する get an electric shock
かんでんち 乾電池 a dry battery [cell]
かんどう 感動 emotion, (an) impression
▶感動させる move, touch, impress → IMPRESS 類義語
感動的な moving,

impressive
かんとうし 間投詞 an interjection
かんとく 監督 (人) a manager, a director, a superintendent
▶監督する direct, supervise
カンニングをする cheat (in an exam)
かんねん 観念 a concept, an idea
▶観念的な ideal, ideological 観念する (覚悟する) decide (to do); (あきらめる) give up
かんぱい 乾杯 a toast
▶乾杯する drink (to) (…に)乾杯! Cheers! / Here's to ...!
カンバス a canvas
がんばる 頑張る (懸命に努力する) work hard, do [try] one's best; (持ちこたえる) hold on; (固執する) persist (in)
▶頑張れ! Come on! / Hang in there!
かんぱん 甲板 a deck
かんびょうする 看病する nurse, attend
かんぺきな 完璧な perfect
がんぼう 願望 a desire, a wish
かんめい 感銘 (an) impression
▶感銘を受ける be impressed
かんようく 慣用句 an idiom
かんような 寛容な tolerant, generous
がんらい 元来 originally
かんり 管理 administration, management
▶管理する administer, manage 管理職 (の人) a director 管理人 《米》 a superintendent, a janitor, 《英》 a caretaker
かんりょうする 完了する complete, finish
かんれい 慣例 (a) custom, (a) convention
かんれん 関連 (a) relation
▶関連のある related, relevant
かんわする 緩和する relax, ease

き

き 木 (樹木) a tree;

(木材) wood
▶木の wooden
き 気 (気持ち) heart, mind; (気質) a temper; (意向) (an) intention
▶気が長い patient 気が短い short-tempered, impatient …する気がある be going to do, would (like to) do → 気がする, 気がつく, 気にいる, 気にする, 気をつける
ギア a gear
きあつ 気圧 atmospheric pressure
キー a key
▶キーホルダー a key ring
キーボード a keyboard
きいろ(の) 黄色(の) yellow
ぎいん 議員 (日本の国会の) a member of the Diet; (米国議会の) a Congressman, a Congresswoman, (英国議会の) a Member of Parliament
きえる 消える (火・明かりが) go out, die; (姿を消す) disappear
→ DISAPPEAR 類義語
きおく 記憶 (a) memory
▶記憶する memorize, remember
きおん 気温 temperature
きかい 機会 a chance, an opportunity
きかい 機械 a machine; [集合的に] machinery
ぎかい 議会 an assembly; (日本の国会) the Diet; (米国の) Congress; (英国の) Parliament
→ PARLIAMENT 類義語
きがえる 着替える change (one's clothes)
きがする 気がする feel
▶…したい気がする feel like doing
きがつく 気がつく (気づく) become aware (of), notice; (意識を回復する) come to (oneself)
きかん 期間 a period, a term
きかん 器官 an organ
きかん 機関 (エンジン) an engine; (政府などの) an organ, an agency
▶報道機関 news media 機関車 a locomotive

きき 危機 a crisis
ききめ 効き目 (an) effect
▶効き目のある effective
ききゅう 気球 a balloon
きぎょう 企業 a business, an enterprise, a company
▶中小企業 minor enterprises 大企業 a big business
ぎきょく 戯曲 a play, a drama
ききん 飢饉 (a) famine
キク 菊 a chrysanthemum
きく 聞く・聴く hear, listen (to); (問う) ask; (聞き入れる) obey, follow
きく 効く (効き目がある) be effective, take effect, be good (for)
きく 利く (作用する) work
きぐ 器具 an appliance
きげき 喜劇 a comedy
▶喜劇的な comic, comical 喜劇俳優 a comedian
きけん 危険 (a) danger, (a) risk → DANGER 類義語
▶危険な dangerous
きげん 起源 an origin, beginnings
きげん 期限 a time limit, a deadline, a term
きげん 機嫌 (a) humor, a mood
▶機嫌がいい［悪い］ be in a good [bad] mood ご機嫌いかが How are you?
きけんする 棄権する (投票を) abstain; (競技を) withdraw (from)
きこう 気候 a climate
きごう 記号 a sign, a symbol
きこえる 聞こえる hear; (響く・音が届く) sound, carry
きこく 帰国する come [go] home, return to one's country
ぎこちない awkward, clumsy
きざな affected
きざむ 刻む cut, chop (up), mince; (彫る) carve, cut
きし 岸 a shore; (川の) a bank; (海岸) a coast, a beach → SHORE[1] 類義語
きし 騎士 a knight
▶騎士道 chivalry
キジ (鳥) a pheasant
きじ 記事 an article, a news item, a story

きじ 生地 (布地) cloth; (服地) (a) material; (織物) (a) fabric
ぎし 技師 an engineer
ぎしき 儀式 a ceremony
きしゃ 記者 a reporter, a newsman
▶記者会見 a press conference
きじゅつ 奇術 magic
▶奇術師 a magician
ぎじゅつ 技術 (a) technique, (an) art; (科学技術) technology
▶技術者 a technician, an engineer
きじゅん 基準 a standard
きしょう 気象 weather
▶気象衛星 a weather satellite 気象情報 a weather report 気象台 a weather station
キス a kiss
▶キスする kiss
きず 傷 an injury, a wound; (切り傷) a cut; (物の) a flaw 傷跡 a scar
きすう 奇数 an odd number
きずく 築く build, construct
きずつける 傷つける injure, hurt, wound
→ INJURE 類義語
ぎせい 犠牲 (a) sacrifice, (a) cost
▶犠牲者 a victim
きせいの 既製の ready-made
▶既製服 ready-made clothes
きせき 奇跡 a miracle
▶奇跡的な miraculous
きせつ 季節 a season
▶季節風 a seasonal wind
きぜつする 気絶する faint
きせる 着せる dress, clothe
きそ 基礎 a base, a basis, a foundation → BASE[1] 類義語
▶基礎的な basic, fundamental
きそく 規則 a rule, a regulation
▶規則的な regular
きぞく 貴族 a nobleman, a noblewoman; ［集合的に］ the nobility
きた 北 the north
▶北の north, northern 北へ［に］ north, northward 北半球 the Northern Hemisphere
ギター a guitar
▶ギタリスト a guitarist
きたい 期待 (an) expectation
▶期待する expect, hope
きたい 気体 gas
ぎだい 議題 a subject, a topic
きたえる 鍛える train
きたない 汚い dirty, filthy; (卑劣な) dirty, foul, mean
きち 基地 a base
きち 機知 (a) wit
→ WIT 類義語
きちょう 機長 the captain
ぎちょう 議長 a chairman, a chairperson
きちょうな 貴重な valuable, precious
→ VALUABLE 類義語
▶貴重品 valuables
きちょうめんな precise, methodical; (時間に) punctual
きちんと (整然と) neatly, tidily; (適切に) properly; (規則的に) regularly
▶きちんとした neat, tidy
きつい (窮屈な) tight; (つらい) hard; (厳しい) severe, harsh
キック a kick
きづく 気づく become aware (of), notice
→ AWARE 類義語
きっさてん 喫茶店 a tearoom, a coffee shop
キツツキ a woodpecker
きって 切手 a stamp
きっと surely, certainly
キツネ a fox
きっぱり flatly, definitely
きっぷ 切符 a ticket
▶切符売場 a ticket office ［booth, window］ 往復切符 a round-trip [《英》 return] ticket 片道切符 a one-way [《英》 single] ticket
きどう 軌道 (an) orbit
きとくの 危篤の critical, serious
きどる 気取る put on airs
▶気取った affected
きにいる 気に入る like
▶お気に入りの favorite
きにする 気にする worry (about), care, mind
きにゅうする 記入する fill out [in]

きぬ 絹 silk
きねん 記念 commemoration, (a) memory
▶…を記念して in memory of 記念碑 a monument 記念日 an anniversary 記念品 a souvenir
きのう yesterday
キノコ a mushroom
きのどくな 気の毒な poor, pitiful
▶気の毒に思う be[feel] sorry (about, for)
きば (象などの) a tusk; (蛇などの) a fang
きばらし 気晴らし (a) recreation, a pastime
▶気晴らしに for a change
きびしい 厳しい (厳格な) severe, strict; (激しい) hard, severe
▶厳しく severely, strictly; hard
きふ 寄付 (a) contribution, (a) donation
▶寄付する contribute (to), donate (to)
きぶん 気分 a feeling, a mood
▶気分転換に for a change
きぼ 規模 a scale
きぼう 希望 (a) hope, a wish
▶希望する hope
きほん 基本 a basis, basics
▶基本的な basic, fundamental
きまえのよい 気前のよい generous
きまぐれな 気まぐれな capricious, changeable
きまり 決まり a rule
▶決まり文句 a set phrase
きまる 決まる be decided, be fixed
きみ 君 you →あなた
きみ 黄身 (卵の) (a) yolk, (a) yellow
…ぎみ …気味 a bit of, a little, slight
きみような 奇妙な strange, odd
▶奇妙にも strangely, oddly
きみわるい 気味悪い eerie, uncanny
ぎむ 義務 (a) duty, (an) obligation
▶義務教育 compulsory education

きめる 決める (決定する) decide, fix, set; (決心する) decide, make up one's mind; (選ぶ) choose
→ DECIDE [類義語]
きもち 気持ち (a) feeling; (気分) a mood
▶気持ちのよい pleasant, comfortable 気持ちの悪い unpleasant, uncomfortable
きもの 着物 (衣服) clothes
ぎもん 疑問 a question; (疑い) (a) doubt
▶疑問に思う doubt 疑問のある doubtful, questionable 疑問文 an interrogative sentence
きゃく 客 (招待客) a guest; (訪問客) a visitor; (顧客) a customer, a client; (宿泊客) a guest, a visitor; (乗客) a passenger
ぎゃく 逆 the reverse, the opposite, the contrary
▶逆の reverse, opposite
きゃくしつ 客室 (応接用) a drawing room; (宿泊用) a guest room; (船・飛行機の) a cabin
▶客室乗務員 (飛行機の) a flight attendant
きゃくほん 脚本 a scenario, a script, a screenplay
▶脚本家 a scriptwriter, a screenwriter
キャスター (ニュースの) a newscaster
キャスト [集合的に] the cast
きゃっかんてきな 客観的な objective
キャッシュカード a bank card, a cash card
キャッチフレーズ a catch phrase
キャッチボール catch
▶キャッチボールをする play catch
キャプテン a captain
キャベツ (a) cabbage
キャンディー 《米》(a) candy, 《英》sweets
キャンパス a campus
キャンプ a camp, camping
▶キャンプ場 a campground, a campsite
キャンペーン a campaign
きゅう 9 nine
▶9番目 the ninth
きゅう 級 (学級) a class;

(学年) a grade; (等級) a degree, a grade
きゅうか 休暇 《米》a vacation, 《英》a holiday, a day off
きゅうぎ 球技 a ball game
きゅうきゅう 救急 emergency
▶救急車 an ambulance 救急箱 a first-aid kit[case] 救急病院 an emergency hospital
きゅうぎょうする 休業する close, be closed
きゅうきょくの 究極の ultimate
きゅうくつな 窮屈な (きつい) tight; (小さい) small; (堅苦しい) rigid
きゅうけい 休憩 a rest, a break, a recess
▶休憩する take a rest [break] 休憩室 a lounge
きゅうこう 急行 an express (train)
きゅうこん 球根 a bulb
きゅうこん 求婚 a proposal
きゅうさい 救済 relief, help
▶救済する relieve, help
きゅうしきな 旧式な old-fashioned, out-of-date
きゅうじつ 休日 a holiday
きゅうしゅう 吸収 absorption
▶吸収する absorb
きゅうじゅう 90 ninety
▶90番目 the ninetieth
きゅうじょ 救助 rescue, help
▶救助する rescue, save
きゅうじょう 球場 a stadium, 《米》a ballpark
きゅうせいの 急性の acute
きゅうせん 休戦 (an) armistice; (一時的) a cease-fire
きゅうでん 宮殿 a palace
きゅうな 急な (カーブが) sharp; (坂が) steep; (流れが) rapid; (突然の) sudden
▶急に sharply; suddenly
ぎゅうにく 牛肉 beef
ぎゅうにゅう 牛乳 milk
きゅうゆう 級友 a classmate
きゅうゆする 給油する refuel
▶給油所 a filling[《米》gas] station
きゅうよう 休養 rest,

relaxation
キュウリ a cucumber
きゅうりょう 給料 pay, (a) salary → PAY 類義語
きょう today
ぎょう 行 a line
きょうい 脅威 (a) menace, (a) threat
きょういく 教育 education, instruction
▸教育的な instructive, educational　教育のある educated　教育する educate, instruct　教育を受ける receive [get] education　義務教育 compulsory education　教育機関 educational facilities　教育制度 an educational system
きょういてきな 驚異的な amazing, marvelous, wonderful
きょういん 教員 a teacher
きょうか 教科 a subject
きょうかい 教会 a church
きょうかい 協会 an association, a society
きょうかい 境界 a border, a boundary
きょうがく 共学 coeducation
▸共学の coeducational
きょうかしょ 教科書 a textbook, a schoolbook
きょうかする 強化する reinforce, strengthen
きょうかん 共感 sympathy
▸共感する sympathize (with)
きょうぎ 競技 (総称) sports; (試合) a game, a match; (種目) an event
▸競技者 a player, an athlete　競技場 a field, a stadium
きょうぎ 協議 (a) conference, (a) consultation
▸協議する talk (with), consult
ぎょうぎ 行儀 manners
▸行儀のよい well-mannered, polite　行儀の悪い ill-mannered, impolite　行儀よくする behave oneself
きょうきゅう 供給 (a) supply
▸供給する provide, supply
きょうぎゅうびょう 狂牛病 BSE, mad cow disease
きょうぐう 境遇 circumstances, surroundings
きょうくん 教訓 a lesson
きょうこう 恐慌 (a) panic; (経済恐慌) a depression
きょうこうな 強硬な firm, strong
きょうこく 峡谷 a canyon, a gorge, a ravine
きょうさく 凶作 a bad crop
きょうさんしゅぎ 共産主義 communism
▸共産主義者 a communist
きょうし 教師 a teacher, an instructor
ぎょうじ 行事 an event
きょうしつ 教室 a classroom, a schoolroom
きょうじゅ 教授 a professor
▸教授陣 《米》the faculty
きょうしゅうじょ 教習所 a (driving) school
きょうしゅくする 恐縮する (感謝する) be grateful (to, for); (すまなく思う) be sorry (for)
ぎょうせい 行政 administration
▸行政改革 administrative reform
きょうせいする 強制する compel, force
▸強制的な compulsory
きょうせいする 矯正する remedy
ぎょうせき 業績 an achievement, results
きょうそう 競争 competition, a contest
▸競争する compete　競争相手 a competitor, a rival　競争率 a competitive rate
きょうそう 競走 a race
きょうぞん 共存 coexistence
きょうだい 兄弟 (兄・弟) a brother; (姉・妹) a sister
きょうだん 教壇 a platform
きょうちょう 強調 emphasis, stress
▸強調する emphasize, stress
きょうちょうする 協調する cooperate (with)
きょうつうの 共通の common
きょうてい 協定 an agreement, an arrangement
きょうどう 共同・協同 cooperation
▸共同の common, joint　協同組合 a cooperative, 《口語》a co-op
きような 器用な handy, skillful
きょうはく 脅迫 a threat
▸脅迫する threaten
きょうはん 共犯 complicity
▸共犯者 an accomplice
きょうふ 恐怖 fear, horror, terror
きょうふう 強風 a gale, a strong wind
きょうぼうする 共謀する conspire (with)
きょうみ 興味 (an) interest
▸興味がある be interested (in)　興味深い interesting
ぎょうむ 業務 business
きょうゆうする 共有する share
▸共有の common
きょうよう 教養 culture
▸教養のある cultured, well-educated　教養課程[学科] the liberal arts
きょうり 郷里 one's hometown, one's home
きょうりょく 協力 cooperation
▸協力する cooperate (with)
きょうりょくな 強力な strong, powerful; (激しい) hard
ぎょうれつ 行列 (順番待ちの) a line; (行進) a parade, a procession
きょうわこく 共和国 a republic
きょうわとう 共和党 (米国の) the Republican Party
きょえいしん 虚栄心 vanity
▸虚栄心の強い vain
きょか 許可 leave, permission
▸許可する permit, allow; (入学など) admit　許可証 a license
ぎょぎょう 漁業 fishery
きょく 曲 a tune, music
きょくせん 曲線 a curve
きょくたんな 極端な extreme
きょくとう 極東 the Far East
きょじゅう 居住

ぎょじゅう (a) residence
▶居住者 a resident
ぎょじょう 漁場 a fishing ground, fisheries
きょぜつする 拒絶する refuse, reject
ぎょそん 漁村 a fishing village
きょだいな 巨大な huge, enormous
きょねん 去年 last year
きょひ 拒否 (a) refusal
▶拒否する refuse, turn down, veto
きよらかな 清らかな clean, pure
きょり 距離 (a) distance
きらう 嫌う dislike; (ひどく) hate
きらきらする twinkle
ぎらぎらする glare
きらくな 気楽な easygoing, comfortable
▶気楽にする make oneself at home
気楽にやる take it easy
きり 霧 (a) fog, (a) mist
ぎり 義理 duty, obligation
▶義理の父 a father-in-law
キリスト (Jesus) Christ
▶キリスト教 Christianity
キリスト教徒 a Christian
きりつ 規律 (規則) a rule, a regulation; (秩序) order, discipline
きりつめる 切り詰める cut down, shorten
きりぬき 切り抜き《主に米》a clipping,《英》a cutting
きりゅう 気流 an air current
きりょう 器量
▶器量のよい good-looking, beautiful
器量の悪い plain, homely
きりょく 気力 (精神力) willpower; (活力) energy
きる 切る cut; (薄く) slice; (細かく) chop; (電話を) hang up; (スイッチを) turn off; (トランプを) shuffle
きる 着る put on
▶着ている wear
きれいな (美しい) beautiful, pretty; (清潔な) clean; (澄んだ) clear
▶きれいにする clean, clear

きれる 切れる cut; (切断される) break; (品切れになる) run out; (期限が) expire; (関係が) be through with
▶よく切れるナイフ a sharp knife
キロ 《口語》a kilo; (キロメートル) a kilometer, km; (キログラム) a kilogram, kg
きろく 記録 a record
▶記録する record　世界新記録 a new world record
記録文書 a document
ぎろん 議論 (an) argument, (a) discussion
▶議論する argue, discuss → DISCUSS 類義語
激しい議論 a heated debate
ぎわく 疑惑 (嫌疑) (a) suspicion; (疑念) (a) doubt
▶疑惑を抱く be suspicious [doubtful] (of)
きわめて very (much), extremely
きをつける 気をつける take care, look out (for)
きん 金 gold
ぎん 銀 silver
きんえん 禁煙 《掲示》No Smoking
▶禁煙する give up [quit] smoking　禁煙席 a non-smoking area [seat]
ぎんが 銀河 the Galaxy, the Milky Way
きんがんの 近眼の《米》nearsighted,《英》shortsighted
きんきゅうの 緊急の urgent, pressing
きんぎょ 金魚 a goldfish
きんこ 金庫 a safe
きんこう 均衡 (a) balance
ぎんこう 銀行 a bank
▶銀行家 a banker
きんし 禁止 prohibition, a ban
▶禁止する forbid, ban, prohibit
きんしの 近視の →きんがんの
きんじょ 近所 one's [the] neighborhood
▶近所の neighboring
近所の人 a neighbor
きんせい 金星 Venus
きんぞく 金属 (a) metal
きんだい 近代 modern times
▶近代の[的な] modern
きんちょう 緊張 (a) strain,

tension
▶緊張する get [be] nervous
緊張をほぐす relax
きんにく 筋肉 a muscle
▶筋肉(質)の muscular
きんぱつの 金髪の blond(e), fair
きんべんな 勤勉な diligent, industrious, hard-working
きんむ 勤務 service, duty
▶勤務する work　勤務時間 office [working] hours　勤務中[外]で on [off] duty
きんゆう 金融 finance
▶金融業者 a financier　金融市場 the money market
きんようび 金曜日 Friday

く

く 区 a ward, a district
く 句 a phrase
ぐあい 具合 (状態) (a) condition; (都合) convenience
▶(体の)具合がよい[悪い] be in good [bad] condition, feel good [bad]
くい a stake, a post
クイズ a quiz
くう 食う eat; (虫が刺す) bite
くうかん 空間 room, space
くうき 空気 air; (雰囲気) (an) atmosphere
▶空気銃 an air gun
くうぐん 空軍 the air force
▶空軍基地 an air base
くうこう 空港 an airport
くうしょ 空所 a blank
ぐうすう 偶数 an even number
ぐうぜん 偶然 chance
▶偶然に by chance [accident], accidentally
偶然の一致 a coincidence
くうそう 空想 (a) fancy, fantasy, a daydream
▶空想する fancy, imagine
ぐうぞう 偶像 an idol
クーデター a coup d'état
くうふく 空腹 hunger
▶空腹な hungry
クーラー an air conditioner
ぐうわ 寓話 a fable
くがつ 9月 September
くき 茎 a stem, a stalk
くぎ 釘 a nail; (掛けくぎ) a peg
▶くぎを打ち込む drive a nail

(into)
- くさ 草 grass; (雑草) a weed
- くさい 臭い (におう) smell (bad), stink; (怪しい) suspicious, fishy
- くさり 鎖 a chain
- くさる 腐る go bad, rot
  ▶腐った bad, rotten
- くし a comb
  ▶くしでとかす comb
- くじ a lot, a lottery
  ▶くじを引く draw lots
- くじく (足などを) sprain; (気を) discourage; (計画などを) frustrate
- クジャク a peacock; (雌) a peahen
- くしゃみ a sneeze
- くじょう 苦情 a complaint
  ▶苦情を言う complain (of)
- クジラ 鯨 a whale
- くしんする 苦心する take pains, work hard
- くずかご a wastebasket
- くすくす
  ▶くすくす笑う giggle, chuckle
- くすぐる tickle
- くずす 崩す tear down, break; (両替する) change
- くすり 薬 (a) medicine; (丸薬) a drug, a pill → MEDICINE 類義語
  ▶薬屋 a pharmacy →やっきょく 薬指 the third [ring] finger
- くずれる 崩れる collapse, fall (down); (形・体調が) be [go] out of shape
- くせ 癖 a habit
- くだ 管 a tube, a pipe
- ぐたいてきな 具体的な concrete
- くだく 砕く break, smash → BREAK 類義語
- …ください Please ... / Will you ...?
  ▶…をください Please give me ... / Can [May] I have ...?
- くだもの 果物 (a) fruit
  ▶果物屋 a fruit shop
- くだらない (取るに足らない) trifling, trivial; (値打ちがない) worthless; (ばかげた) ridiculous; (面白くない) uninteresting
- くだる 下る go down, descend

- くち 口 a mouth
  ▶口をはさむ cut in 口げんか a quarrel 口答えする talk back 口コミで by word of mouth, through the grapevine
- くちばし a beak, a bill
- くちびる 唇 a lip
  ▶上[下]唇 the upper [lower] lip
- くちぶえ 口笛 a whistle
- くつ 靴 shoes; (長靴) boots
  ▶運動靴 sneakers 靴ずれ a shoe sore 靴底 the bottom, the sole 靴ひも a shoelace 靴屋 a shoe shop
- くつう 苦痛 (a) pain, (an) agony
- クッキー a cookie
- くつした 靴下 socks; (長い) stockings
- クッション a cushion
- くっする 屈する give way (to), yield (to)
- くっつく cling (to), stick (to)
- くっつける attach, stick
- ぐっと (ひと飲みに) in one gulp; (一段と) much, even
- くつろぐ relax, be [feel] at home
- くどい wordy
- くとうてん 句読点 punctuation marks
- くに 国 a country, a state, a nation → COUNTRY 類義語
  ▶国の national
- くばる 配る distribute, hand out; (配達する) deliver
- くび 首 a neck; (頭部) a head
  ▶首にする dismiss, fire 首飾り a necklace 首輪 a collar
- くふう 工夫 a device
  ▶工夫する devise
- くべつ 区別 (a) distinction
  ▶区別する distinguish (from), tell (from)
- くぼみ a hollow
- クマ 熊 a bear
- くまで 熊手 a rake
- くみ 組 (学級) a class; (一対) a pair; (ひとそろい) a set
- くみあい 組合 a (labor) union, an association
- くみあわせ 組み合わせ a combination
  ▶組み合わせる combine
- くみたてる 組み立てる assemble, put together
- くむ 組む (脚を) cross; (腕を) fold; (協力する) pair up (with), team up (with)
- くも 雲 a cloud
- クモ a spider
  ▶クモの巣 a web, a cobweb
- くもりの 曇りの cloudy
- くもる 曇る (空が) get [become] cloudy; (ガラス・レンズなど) fog (up); (心・顔が) cloud (over)
- くやしい 悔しい (人が) be frustrated; (出来事が) frustrating, regrettable
- くやむ 悔やむ regret, be sorry (for)
- くよくよする worry (about)
- くらい 暗い dark; (陰気な) gloomy → DARK 類義語
- …くらい (およそ) about, around
  ▶同じくらい…で as ... as ～するくらいに…な so ... that ～, ... enough to do くらい how many [much, long, old など]
- グラウンド (競技場) a ground, a field; (学校の) a playground
- くらし 暮らし (生活) (a) life; (生計) a living
- クラシック (音楽) classical music
- クラス a class
  ▶クラス会 a class reunion
- くらす 暮らす live
- グラス a glass
- クラッカー a cracker
- クラブ a club ▶クラブ活動 extracurricular activities
- グラフ a graph
- くらべる 比べる compare (with, to), contrast (with)
- くらむ be dazzled
- グラム a gram, g
- クリ 栗 a chestnut
- クリーニング cleaning
  ▶クリーニング店 a laundry
- くりかえし 繰り返し (a) repetition
- くりかえす 繰り返す repeat
- クリスチャン a Christian
- クリスマス Christmas
  ▶クリスマスイブ Christmas Eve

クリックする click
▶ダブルクリックする double-click
クリップ a clip
くる 来る come; (着く) arrive
くるう 狂う go [run] mad; (機械などが) go wrong, get [be] out of order; (予定が) be upset
グループ a group
くるしい 苦しい painful; (つらい) hard, trying
くるしみ 苦しみ (苦痛) a pain; (苦悩) agony
くるしむ 苦しむ suffer, be troubled
▶病気で苦しむ suffer from a disease
くるま 車 (自動車) a car, an automobile; (乗り物) a vehicle; (車輪) a wheel
▶…を車に乗せて行く give ... a ride
車いす a wheelchair
クルミ a walnut
▶クルミ割り器 a nutcracker
グルメ a gourmet
くれ 暮れ (年末) the end of the year
グレイハウンド a greyhound
クレジットカード a credit card
くれる (与える) give; (…してくれる) take the trouble to do
くれる 暮れる (日が) get dark
くろい 黒い black; (頭髪・目が) dark
くろう 苦労 trouble, difficulty, hardship
▶苦労する have difficulty, take pains
クローバー a clover
▶四つ葉のクローバー a four-leaf clover
グローブ a glove
クローン a clone
グロテスクな grotesque
くわえる 加える add, apply; (含める) include, count in
くわしい 詳しい detailed, full, minute; (精通している) familiar (with)
▶詳しく in detail
くわだて 企て a plan, a plot; (試み) an attempt
▶企てる attempt

くわわる 加わる join, take part in
ぐん 郡 a county
ぐんじの 軍事の military
▶軍事行動 operations, a campaign 軍事力 military force; (軍備) armaments
ぐんしゅう 群衆 a crowd
ぐんしゅく 軍縮 disarmament
くんしょう 勲章 a decoration, a medal
ぐんじん 軍人 a serviceman, a servicewoman; (陸軍の) a soldier
▶退役軍人 a veteran
ぐんたい 軍隊 the armed forces, the military
ぐんび 軍備 armaments
▶軍備縮小 disarmament
くんれん 訓練 training, discipline
▶訓練する train, drill

け

け 毛 (a) hair; (動物の) fur; (羊毛) wool
げい 芸 (技芸) an art; (芸の) a trick
ゲイ a gay
けいい 敬意 honor
▶…に敬意を表して in honor of ...
けいえい 経営 management
▶経営する run, keep, manage
経営者 a manager
けいか 経過 (時間) passage, a lapse; (事態) progress, course
▶経過する pass
けいかい 警戒 guard, caution
▶警戒する guard, watch
けいかく 計画 a plan, a program, a project
→ PLAN 類義語
▶計画する plan, project
けいかん 警官 a police officer, a policeman
けいき 景気 economy, business (situation)
▶好景気 good times
けいぐ 敬具 Sincerely (yours),
けいけん 経験 (an) experience
▶経験する experience

けいこう 傾向 a tendency; (社会の) a trend
▶傾向がある be apt (to do), tend (to, to do)
けいこうとう 蛍光灯 a fluorescent light
けいこく 警告 (a) warning, (a) caution
▶警告する warn, caution
けいざい 経済 economy
▶経済(上)の economic
経済的な economical
経済学 economics 経済危機 an economic [a financial] crisis 経済成長 economic growth 自由 [統制, 計画] 経済 free [controlled, planned] economy
けいさつ 警察 the police
▶警察官 a police officer
警察署 a police station
けいさん 計算 calculation, figures
▶計算する calculate
計算器 a calculator
けいじ 刑事 a detective
けいじ 掲示 a notice
▶掲示板 a bulletin board
けいしき 形式 a form
▶形式的な formal
けいしゃ 傾斜 (a) slant, (a) slope
げいじゅつ 芸術 art
▶芸術的な artistic
芸術家 an artist
芸術作品 a work of art
芸術の才能 artistic talent
けいしょく 軽食 a snack
けいぞく 継続 continuance
▶継続する continue
継続的な (絶え間ない) continuous; (断続的な) continual
けいそつな 軽率な careless, hasty
けいたいする 携帯する carry
▶携帯用の portable 携帯電話 a cellular [mobile] phone
けいてき 警笛 a horn, a whistle
けいと 毛糸 woolen yarn, wool
けいど 経度 longitude
げいのう 芸能 entertainment
▶芸能界 show business
けいば 競馬 horse racing
▶競馬場 《米》 a racetrack, 《英》 a racecourse

けいひ 経費 expense(s), expenditure
けいび 警備 guard
▶警備員 a (security) guard
けいひん 景品 a gift, a giveaway
けいべつ 軽蔑 contempt, scorn
▶軽蔑する despise, look down on　軽蔑的な contemptuous, scornful
けいほう 警報 an alarm, (a) warning
けいむしょ 刑務所 a jail, a prison
けいやく 契約 a contract
▶契約する contract
…けいゆで …経由で via, by way of
けいようし 形容詞 an adjective
けいり 経理 accounting
けいりゃく 計略 a trap, a trick
けいれき 経歴 a background, a career
けいれん 痙攣 a cramp
ケーキ (a) cake
ゲーム a game
▶ゲームセンター an (《英》amusement) arcade
けが an injury, a hurt; (凶器による) a wound
▶けがをする be injured [wounded], hurt oneself
げか 外科 surgery
▶外科医 a surgeon
けがす 汚す disgrace, dishonor
けがわ 毛皮 (a) fur
げき 劇 a drama, a play
▶劇作家 a playwright
げきじょう 劇場 a theater
げきだん 劇団 a theatrical company, a troupe
げきてきな 劇的な dramatic
げきど 激怒 (a) rage
▶激怒する fly into (a) rage
げきれい 激励 encouragement
▶激励する encourage
げこうする 下校する leave school
けさ this morning
げし 夏至 the summer solstice
けしいん 消印 a postmark
けしき 景色 (眺め) a view, a scene; (地域全体の) scenery

▶…から見た景色 a view from...　景色のよい場所 a scenic spot, a place of scenic beauty
けしゴム 消しゴム 《米》an eraser, 《英》a rubber
げしゅく 下宿 lodging
▶下宿する lodge, board
けしょう 化粧 makeup
▶化粧する make up 化粧品 cosmetics
けす 消す (火を) put out, extinguish; (電灯などを) turn [switch] off; (文字などを) erase, blot out
げすい 下水 drainage, sewage
ゲスト a guest
けずる 削る (鉛筆を) sharpen; (木などを) shave; (費用などを) cut down, reduce
けた 桁 (数の) a place, a figure
けちな stingy
▶けちん坊 a miser
ケチャップ ketchup
けつあつ 血圧 blood pressure
▶高[低] 血圧 high [low] blood pressure
けつい 決意 a resolution
けつえき 血液 blood
▶血液型 a blood type
けっか 結果 a result, an outcome, (an) effect
→ RESULT 類義語
▶その結果 consequently, as a result
けっかん 欠陥 a defect, a fault
▶欠陥のある defective
けっかん 血管 a blood vessel
げっかんし 月刊誌 a monthly (magazine)
けつぎ 決議 a resolution
▶決議する resolve
けっきょく 結局 after all, eventually
けっこう 結構 (かなり) pretty, rather, fairly
▶結構です (同意) All right. / (断り) No, thank you.
けつごう 結合 combination, union
▶結合する combine, unite, join → JOIN 類義語
げっこう 月光 moonlight

けっこん 結婚 (a) marriage
▶結婚する marry, get married (to)　結婚式 a wedding (ceremony)
けっさく 傑作 a masterpiece
けっして…ない 決して…ない never, not ... at all
けっしょう 決勝 the finals
▶決勝で負ける lose the finals
けっしょう 結晶 a crystal
けっしん 決心 (a) decision, (a) determination
▶決心する decide, determine, make up one's mind
けっせき 欠席 (an) absence
▶欠席する be absent (from)
けってい 決定 (a) decision
▶決定する decide
けってん 欠点 a fault, a defect
けつぼう 欠乏 (a) lack, (a) want
▶欠乏する lack, run short (of)
けつまつ 結末 a conclusion, an end
げつようび 月曜日 Monday
けつろん 結論 a conclusion
▶結論を下す conclude
けなす run [put] down, speak ill (of)
げひんな 下品な low, vulgar, coarse
けぶかい 毛深い hairy
けむし 毛虫 a caterpillar
けむり 煙 smoke
げり 下痢 diarrhea
▶下痢をする have diarrhea
ゲリラ a guerrilla
ける 蹴る kick
けれども though, although, but
ゲレンデ a skiing slope
げろ vomit
▶げろを吐く throw up, vomit
けわしい 険しい steep
けん 券 a ticket, a coupon
けん 剣 a sword
けん 県 a prefecture
▶県[県立]の prefectural
げん 弦 a string
▶弦楽器 a stringed instrument, [集合的に] the strings
けんい 権威 authority
▶権威のある authoritative

げんいん 原因 a cause
▶原因となる cause
けんえつ 検閲 censorship, (an) inspection
▶検閲する censor, inspect
けんお 嫌悪 disgust, hatred
▶嫌悪する abhor, hate
けんか （口論）a quarrel; （殴り合い）a fight
▶けんかする quarrel; fight
げんか 原価 the cost (price)
げんかい 限界 a limit
けんがくする 見学する a visit, see
げんかくな 厳格な stern, strict
げんかん 玄関 （戸口）the front door, the entrance; （玄関の間）a hall
げんきな 元気な cheerful, lively; （健康な）fine, well
▶元気づける cheer, encourage
けんきゅう 研究 research, (a) study
▶研究する study
げんきん 現金 cash
▶現金化する cash 現金で払う pay (in) cash 現金自動支払機 a cash machine [dispenser], an ATM
けんげん 権限 authority
▶権限を与える authorize, empower
げんご 言語 (a) language
▶…に共通の言語 a language common to…
言語学 linguistics
言語学者 a linguist
言語障害 a speech defect
けんこう 健康 health
▶健康な healthy, well
→ HEALTHY 類義語 …の健康を害する damage …'s health 健康を回復する recover one's health 健康を増進する promote health 健康食品 (a) health food 健康診断 a physical [medical] checkup 健康保険 health insurance
げんこう 原稿 a manuscript
けんさ 検査 an examination, an inspection, a test
▶検査する examine, inspect, test
げんざい 現在 the present
▶現在の present 現在は at present, now, today

げんさく 原作 the original
けんじ 検事 a prosecutor
げんし 原子 an atom
▶原子の atomic 原子爆弾 an atomic bomb, an A-bomb 原子力 nuclear [atomic] power 原子力発電所 a nuclear power plant [station] 原子炉 a nuclear reactor
げんじつ 現実 reality
▶現実の real, actual
→ REAL 類義語
現実的な realistic, practical
現実主義 realism
けんじつな 堅実な steady, sound
げんしてきな 原始的な primitive
▶原始時代 the primitive age
げんしゅくな 厳粛な grave, solemn
げんしょう 現象 a phenomenon
げんしょう 減少 (a) decrease
▶減少する decrease
げんじょう 現状 the present [existing] condition
けんしん 献身 devotion
▶献身的な devoted
けんせつ 建設 construction
▶建設する build, construct
建設的な constructive
けんぜんな 健全な healthy, sound
げんそ 元素 an element
げんそう 幻想 (a) fantasy, an illusion
▶幻想的な fantastic
げんぞう 現像 development
▶現像する develop
げんそく 原則 a principle
▶原則として in principle
けんそん 謙遜 modesty, humility
▶謙そんする be modest [humble]
げんだい 現代 today, the present age
▶現代の contemporary, modern, present-day
→ MODERN 類義語
けんち 見地 a viewpoint, a standpoint
けんちく 建築 architecture, construction; （建築物）a building

▶建築する build, construct
建築家 an architect
けんちょな 顕著な outstanding, remarkable
げんていする 限定する limit, restrict
げんど 限度 a limit
けんとう 見当 a guess
▶見当をつける guess, estimate
けんとうする 検討する examine, review
げんば 現場 （事故の）a scene; （工事などの）a site
げんばく 原爆 an atomic bomb, an A-bomb
けんびきょう 顕微鏡 a microscope
けんぶつ 見物 sightseeing, a visit
▶見物する see [do] the sights (of), visit
見物人 a visitor; （スポーツなどの）a spectator
げんぶん 原文 the text, the original
けんぽう 憲法 a constitution
▶憲法(上)の constitutional
げんみつな 厳密な exact, strict
▶厳密に言うと strictly (speaking), to be exact
けんめいな 賢明な wise, sensible
けんめいに 懸命に hard, earnestly
げんめつする 幻滅する be disillusioned, be disappointed
けんやく 倹約 thrift
▶倹約する economize, save
倹約家 a thrifty person
げんゆ 原油 crude oil
けんり 権利 a right
▶権利を与える entitle
げんり 原理 a principle
げんりょう 原料 (raw) materials
けんりょく 権力 power, authority
げんろん 言論 speech
▶言論の自由 freedom of speech

こ

こ 子 a child → こども
こ… 故… the late…

ご 5 five
▶5番目 the fifth
ご 語 (単語) a word; (言語) a language
…ご …後 after; (今から…後に) in; (それから…後に) later; (…以来) since
コアラ a koala (bear)
こい 濃い (密な) thick, dense; (色が) dark, deep; (コーヒーなどが) strong
こい 恋 love
▶恋する love, fall in love (with)
コイ 鯉 a carp
こいし 小石 a pebble
こいぬ 子犬 a puppy
こいに 故意に on purpose, intentionally
こいびと 恋人 a love, a lover, a sweetheart
コイン a coin
コインランドリー 《米》a Laundromat, 《英》a launderette
コインロッカー a locker
こう 請う beg, request
こうあんする 考案する devise, invent
こうい 好意 favor, goodwill, kindness
▶好意的な favorable, friendly
こうい 行為 an act, behavior → ACT 類義語
ごうい 合意 agreement, consent
▶合意する agree, consent → どうい
こういしつ 更衣室 a locker room
こういしょう 後遺症 an aftereffect, a trauma
ごういんな 強引な forceful, high-handed, pushy
こううん 幸運 (good) luck, (good) fortune
▶幸運な lucky, fortunate, happy 幸運にも luckily, fortunately, happily
こうえい 光栄 (an) honor
こうえん 公園 a park, a garden
▶国立公園 a national park
こうえん 講演 a lecture
▶講演する lecture, give a lecture 講演者 a lecturer, a speaker
こうえんする 後援する support, sponsor
▶後援会 a supporters' association, a fan club
後援者 a supporter, a sponsor
こうか 効果 an effect
▶効果的な effective
こうかい 後悔 regret, repentance
▶後悔する regret, be sorry (for)
こうかい 航海 a voyage, navigation
▶航海する navigate, sail
こうがい 公害 (environmental) pollution
▶産業公害 industrial pollution 公害対策 antipollution measures 公害抑制 pollution control
こうがい 郊外 suburbs, outskirts
こうかいの 公開の open, public
▶公開する open (... to the public); (映画を) release
こうがく 工学 engineering
ごうかく 合格する pass, succeed (in)
▶合格点を取る get a passing grade
こうかな 高価な expensive, precious → EXPENSIVE 類義語
ごうかな 豪華な gorgeous, luxurious
こうかんする 交換する exchange, trade
▶交換留学生 an exchange student
こうきしん 好奇心 curiosity
▶好奇心が強い curious
こうぎする 抗議する protest
▶抗議文 a letter of protest
こうきな 高貴な noble
▶高貴さ nobility
こうきゅうな 高級な high-class, high-grade
こうきょ 皇居 the Imperial Palace
こうぎょう 工業 industry
▶工業の industrial
工業技術 technology
工業都市 an industrial city
こうくうき 航空機 aircraft, an airplane
こうくうびん 航空便 airmail
▶航空便で by air [airmail]
こうけい 光景 a scene, a sight
こうげい 工芸 industrial arts, a craft
▶工芸家 a craftsman
ごうけい 合計 the sum, a total
▶合計する add up, sum up
こうけいしゃ 後継者 a successor (to)
こうげき 攻撃 an attack, an offense
▶攻撃する attack
こうけん 貢献 contribution
▶貢献する contribute (to)
こうげん 高原 highlands, a plateau
こうご 口語 (the) spoken language
▶口語の spoken, colloquial
こうこう 高校 a (senior) high school
こうごう 皇后 an empress
こうこく 広告 an advertisement, an ad
▶広告する advertise
こうごに 交互に by turns, alternately
こうさ 交差 crossing
▶交差する cross, intersect
交差点 a crossing, an intersection
こうざ 口座 an account
こうさい 交際 association
▶交際する associate (with), keep company (with); (異性と) go out (with)
こうざん 鉱山 a mine
こうざん 高山 a high mountain
▶高山植物 alpine plants
高山病 mountain sickness
こうさんする 降参する give in, surrender
こうし 子牛 a calf
▶子牛肉 veal
こうし 講師 a lecturer, an instructor
こうし 公使 a minister
▶公使館 a legation
こうじ 工事 construction
▶工事中で under construction
こうしき 公式 (数学の) a formula
▶公式化する formulate
公式の formal, official
こうしつ 皇室 the Imperial Family
こうじつ 口実 an excuse

こうしゃ 校舎 a schoolhouse, a school (building)
こうしゃ 後者 the latter
こうしゅう 公衆 the public
▶公衆衛生 public health, sanitation
公衆便所 a public lavatory
公衆電話 a pay phone
こうしゅう 講習 a course, a class
こうしょう 交渉 negotiations
▶交渉する negotiate (with)
こうじょう 工場 a factory, a plant, a mill
▶工場排水 industrial waste water
こうじょう 向上 improvement
▶向上する improve
ごうじょうな 強情な obstinate, stubborn
こうしん 行進 a march, a parade, a procession
▶行進する march, parade
行進曲 a march
こうしん 更新 (a) renewal
▶更新する (契約などを) renew; (記録を) break, better
こうしんりょう 香辛料 spice
こうすい 香水 (a) perfume
こうずい 洪水 a flood; (大洪水) a deluge
こうせい 厚生 welfare
▶厚生労働省 the Ministry of Health, Labour and Welfare
こうせい 構成 composition, constitution
▶構成する compose, make up
こうせいな 公正な fair, just
ごうせいの 合成の compound, synthetic
▶合成する synthesize
こうせいぶっしつ 抗生物質 an antibiotic
こうせき 功績 an achievement, (a) merit
こうせき 鉱石 an ore, a mineral
こうせん 光線 a beam, a ray
こうぜんと 公然と openly, in public
▶公然の秘密 an open secret
こうそ 控訴 an appeal

こうそ 酵素 an enzyme
こうぞう 構造 construction, (a) structure
こうそうビル 高層ビル a high-rise (building); (超高層) a skyscraper
こうそく 拘束する bind, restrain
こうそくどうろ 高速道路 《米》an expressway, a freeway, 《英》a motorway
こうたい 抗体 an antibody
こうたいし 皇太子 the Crown Prince
▶皇太子妃 the Crown Princess
こうたいする 交替する replace, take turns
▶交替で by turns, in turn
こうだいな 広大な vast, immense
こうたく 光沢 (a) luster, (a) gloss
▶光沢のある lustrous, glossy
こうちゃ 紅茶 tea
こうちょう 校長 《米》a principal, 《英》a head teacher
こうちょうで 好調で in good condition [shape]
こうつう 交通 traffic
▶交通機関 《米》transportation, 《英》transport
交通事故 a traffic accident
交通渋滞 a traffic jam
交通を止める hold up traffic
こうつごうな 好都合な favorable, convenient
こうてい 肯定 affirmation
▶肯定する affirm, say yes
肯定的な affirmative, positive
こうてい 工程 a process
こうてい 校庭 a schoolyard
こうてきな 公的な public, official
こうてつ 鋼鉄 steel
こうてんてきな 後天的な acquired, postnatal
こうど 高度 an altitude, a height
▶高度な high, advanced
こうどう 行動 (an) action, behavior
▶行動する act, behave
こうどう 講堂 a hall, an auditorium
ごうとう 強盗 (行為) (a) burglary, (a) robbery;

(人) a burglar, a robber
こうとうな 高等な high, advanced
▶高等学校 a high school
高等動物 a higher animal
こうとうの 口頭の oral
▶口頭試問 an oral (examination)
ごうどうの 合同の joint, combined
こうどくする 購読する subscribe (to), take
こうにゅう 購入 purchase
▶購入する purchase, buy
こうにんの 公認の official
▶公認記録 an official record
こうはい 荒廃 ruin
▶荒廃する go to ruin, fall into ruin
こうはい 後輩 one's junior
こうはん 後半 the latter half
こうばん 交番 a police box
こうはんいな 広範囲な comprehensive, extensive, widespread
こうひょうする 公表する announce, publish
こうぶ 後部 the back, the rear
こうふく 幸福 happiness
▶幸福な happy
こうふく 降伏 (a) surrender
▶降伏する surrender (to)
こうぶつ 好物 a favorite food
こうぶつ 鉱物 a mineral
こうふん 興奮 excitement
▶興奮する get [be] excited
こうへいな 公平な fair, impartial, just
→ FAIR¹ [類義語]
▶公平に fairly, impartially
ごうべんの 合弁の joint
▶合弁会社 a joint corporation [company]
こうほう 広報 publicity; (知らせ) public information
▶広報活動 (企業の) public relations
ごうほうてきな 合法的な lawful, legal
こうほしゃ 候補者 a candidate
こうまんな 高慢な conceited, proud
ごうまんな 傲慢な arrogant, haughty

和英

こうみょうな 巧妙な clever, cunning, slick
こうみんかん 公民館 a public hall
こうみんけん 公民権 civil rights
こうむいん 公務員 a public official, a civil servant
こうもく 項目 an item
コウモリ (動物)a bat
こうもん 校門 a school gate
ごうもん 拷問 torture
こうや 荒野 a wilderness
こうよう 公用 official business
▶公用語 an official language
こうよう 紅葉 colored [red] leaves
こうら 甲羅 a shell
こうらく 行楽 an excursion, a picnic
▶行楽客 《米》a vacationer, 《英》a holidaymaker
こうり 小売り retail
▶小売商 a retailer, 《米》a merchant
こうりつの 公立の public
▶公立学校 《米》a public school, 《英》a state school
ごうりてきな 合理的な rational, reasonable
こうりょする 考慮する consider, take ... into account
こうれい 高齢 an advanced age
▶高齢者 old [elderly] people
高齢化社会 an aging society
ごうれい 号令 an order, a command
こうろ 航路 a route, a course
こうろん 口論 a quarrel, an argument
こえ 声 a voice
▶声の vocal
声を出して aloud
ごえい 護衛 a guard, an escort
こえた 肥えた (人が)fat; (土地が)fertile, rich
こえる 越える go over, cross
▶(…を)越えて over, across
こえる 超える (限度を)exceed
▶…を超えて over, more than

コース (進路)a course; (競走・競泳)a lane; (課程)a course, a program; (料理)a course
コーチ a coach
コート (テニスなどの)a court; (上着)a coat, an overcoat
コード (電気などの)a cord; (符号)a code
コーナー (角・隅)a corner; (売り場)a department, a section
▶コーナーキック a corner kick
コーヒー coffee
コーラス a chorus
こおり 氷 ice
こおる 凍る freeze
▶凍った frozen
ゴール (球技)a goal; (競走)a finish (line)
▶ゴールキーパー a goalkeeper, a goalie
ゴールを入れる score a goal
ゴールデンアワー prime time
コールドゲーム a called game
コオロギ a cricket
こがい 戸外 the open air
▶戸外の open-air, outdoor
戸外で[に]outdoors
ごかい 誤解 (a) misunderstanding
▶誤解する misunderstand
ごがく 語学 (foreign) language study
▶語学学校 a language school
ごかくの 互角の equal, even
ごがつ 5月 May
こがす 焦がす scorch, singe
こぎって 小切手 a check
ゴキブリ a cockroach
こきゅう 呼吸 breath, breathing
▶呼吸する breathe
こきょう 故郷 one's home, one's hometown
こぐ (舟を)row, paddle
こくぎ 国技 a national sport
こくご 国語 (言語)a language; (日本語)Japanese
▶数か国語を自由にこなす[に通じている]have a good command of several

languages 2か国語を話す人 a bilingual (person)
こくさい 国際
▶国際的な international
国際化 internationalization
国際関係 international relations 国際語 an international [a universal] language 国際情勢 the international situation 国際電話 an international call 国際連合 the United Nations
こくさんの 国産の domestic
▶国産品 domestic [home] products
こくじん 黒人 a black; (米国の)an African-American
こくせいちょうさ 国勢調査 a census
こくせき 国籍 nationality
こくそ 告訴 an accusation, a suit
▶告訴する sue
こくはく 告白 (a) confession
▶告白する confess
こくはつ 告発 a charge, an accusation
▶告発する charge, accuse
こくばん 黒板 a blackboard
▶黒板ふき an eraser
ごくひの 極秘の strictly confidential, top-secret
こくひん 国賓 a state [national] guest
こくふくする 克服する overcome, conquer
こくべつしき 告別式 a funeral
こくほう 国宝 a national treasure
こくみん 国民 (全体)a nation, a people; (1人)a citizen
▶国民の national
国民総生産 gross national product, GNP
こくもつ 穀物 grain, cereals
コケ moss
こげる 焦げる burn, scorch
ごげん 語源 an etymology
ここ here, this place
ごご 午後 afternoon
▶午後5時 5:00 p.m.
ここちよい 心地よい comfortable, pleasant
→ COMFORTABLE 類義語

ここの 個々の individual, each
こころ 心 heart, mind → MIND 類義語
▶心から heartily, sincerely
こころがまえ 心構え an attitude →かくごする
こころざす 志す intend, aim
こころぼそい 心細い anxious, helpless, uneasy
こころみ 試み an attempt, a trial
こころみる 試みる try, attempt
こころよい 快い comfortable, pleasant
▶快く comfortably; (進んで) readily
こさめ 小雨 a light rain, a drizzle
こし 腰 (ウエスト) a waist; (ウエストの下) hips; (背中の下の方) the (lower) back
▶腰が曲がる stoop, be bent
こじ 孤児 an orphan
こしつする 固執する stick (to), persist (in), cling (to)
ごじゅう 50 fifty
▶50番目の the fiftieth
こしょう 故障 a breakdown, trouble
▶故障する break down 故障している be out of order, do not work
コショウ pepper
こじん 個人 an individual
▶個人的な personal, private → PERSONAL 類義語
個人的に personally
こじん 故人 the deceased
こす 越す get over, cross, pass; (引っ越す) move
こす 超す (超過する) be over, exceed
こす 濾す filter, strain
こする rub, scrub
こせい 個性 character, personality
こぜに 小銭 (small) change
ごぜん 午前 morning
▶午前7時 7:00 a.m.
こだい 古代 ancient times
▶古代の ancient
こたえ 答え an answer, a reply
こたえる 答える answer, reply (to)
→ ANSWER 類義語
こたえる 応える (応じる) respond (to); (要求などに) meet; (影響する) tell on
こだち 木立 a grove
こだま an echo
ごちそう a spread, a feast; (おごり) a treat
▶ごちそうする treat
こちら here, this way; (話し手) this, I, we
こちょう 誇張 exaggeration
▶誇張する exaggerate
こつ a knack
こっか 国家 a nation, a state, a country
こっか 国歌 a national anthem
こっかい 国会 (日本の) the Diet; (米国の) Congress; (英国の) Parliament
こづかい pocket money; (子供の) an allowance
こっき 国旗 a national flag
こっきょう 国境 a border
コック a cook
▶コック長 a chef
こっけいな humorous, funny, comical
こっせつ 骨折 a fracture
▶骨折する fracture, break a bone
こっそり secretly, in secret
こづつみ 小包 a parcel, a package
こっとうひん 骨董品 an antique, a curio
コップ a glass
こていする 固定する fix, fasten, set
▶固定した fixed
こてん 古典 classics
▶古典の classic
こと 事 (事柄) a matter, a thing, an affair
▶ことによると maybe, perhaps
…ごと every
こどう 鼓動 (a) heartbeat
こどく 孤独 loneliness, solitude
▶孤独な lonely, solitary
ことし 今年 this year
ことなる 異なる differ (from), be different (from)
▶異なった different
ことば 言葉 a word, (a) language, speech
▶言葉のあや a figure of speech
書き言葉 written language
話し言葉 spoken language
こども 子供 a child, a kid
▶子供っぽい childish
子供らしい childlike
子供時代 childhood
ことり 小鳥 a (little) bird
ことわざ a proverb, a saying
ことわる 断る refuse, turn down → REFUSE 類義語
こな 粉 powder
▶粉ミルク dried [powdered] milk
コネ a connection, (a) pull
こねこ 子猫 a kitten, a kitty
こねる knead
この this, these
このあいだ この間 the other day; (最近) recently, lately
このごろ この頃 lately, these days
このへん この辺 around [near] here, in this neighborhood
このまえの この前の last
このましい 好ましい desirable
このみ 好み (a) taste, (a) liking
このみ 木の実 a nut
このむ 好む like; (他より好む) prefer →すきである
このように like this, (in) this way
こばむ 拒む refuse, decline
ごはん ご飯 (米飯) boiled rice; (食事) a meal
コピー a copy
▶コピーする copy, make a copy (of) コピー機 a copier, a copy [copying] machine コピーライター a copywriter
こひつじ 子羊 a lamb
こびと 小人 a dwarf
こぶ a lump, a bump; (ラクダの) a hump
こふうな 古風な old, old-fashioned
こぶし a fist
ごほう 誤報 a false report
ゴボウ a burdock
こぼす spill; (涙を) shed; (不平を言う) complain (of)
こぼれる spill;

(あふれる) overflow
こま 独楽 a top
こま 駒
　(将棋などの) a piece;
　(チェスの) a chessman
ゴマ sesame
こまかい 細かい fine, small;
　(詳しい) detailed
ごまかす deceive, cheat;
　(取り繕う) gloss over
こまく 鼓膜 an eardrum
こまる 困る be troubled,
be at a loss
▶困らせる trouble, bother
ごみ trash, rubbish; (台所の)
garbage, (ほこり) dust
▶ごみ収集車《米》a garbage
truck, 《英》a dustcart ごみ
箱《米》a garbage [trash]
can,《英》a dustbin
こみいった 込み入った
complicated
コミュニケーション
communication
▶…とコミュニケーションをとる
communicate with ...
コミュニケーションギャップ the
communication gap
こむ 込む get [be] crowded
(with), be jammed (with)
ゴム rubber
こむぎ 小麦 wheat
▶小麦粉 flour
こめ 米 rice
ごめんなさい Excuse me
[us]. / I'm sorry. / I beg
your pardon.
こもり 子守
　(人) a baby-sitter
▶子守をする baby-sit
子守歌 a lullaby
こもん 顧問 a consultant,
an adviser
こや 小屋 a cabin, a hut
→ CABIN 類義語
こゆうの 固有の proper,
peculiar
こゆび 小指 a little finger
こよう 雇用 employment
▶雇用する employ, hire
こよみ 暦 a calendar, an
almanac
ごらく 娯楽 (a) recreation,
(an) amusement,
(an) entertainment,
(a) pastime
こりつする 孤立する
be isolated
ゴリラ a gorilla
こる 凝る

(肩などが) become stiff;
(熱中する) be absorbed (in)
コルク (a) cork
ゴルフ golf
これ this; (複数) these
これから after this;
(今後ずっと) from now on;
(将来) in the future
コレクトコール
a collect call
▶コレクトコールをする call
collect
コレステロール cholesterol
これまで so far, up to now
…ころ …頃 about, around
ころがす 転がす roll
ころがる 転がる roll;
(横になる) lie
▶転げ落ちる tumble down
ころす 殺す kill, murder
→ KILL 類義語
ころぶ 転ぶ fall, tumble
こわい 怖い terrible,
fearful; (表情などが) grim
こわがらせる 怖がらせる
frighten, scare
→ FRIGHTEN 類義語
こわがる 怖がる be afraid
(of), fear
▶怖がりの cowardly, timid
こわす 壊す break, destroy
→ BREAK 類義語
こわれる 壊れる break,
be broken, break down
▶壊れた broken
こんき 根気 patience,
endurance
▶根気強い patient,
enduring
こんきゅう 困窮
(貧困) poverty;
(苦しい状態) plight
こんきょ 根拠 ground(s),
a basis
コンクール a contest
コンクリート concrete
こんげつ 今月 this month
こんご 今後 after this,
from now on
こんごう 混合 mixture
▶混合する mix, blend
コンサート a concert
こんざつ 混雑 congestion,
a jam
▶混雑する be crowded,
be jammed
こんしゅう 今週 this week
こんじょう 根性 guts
こんぜつ 絶滅する root out,
exterminate

コンセント《米》a outlet,
《英》a socket
コンタクトレンズ
a contact lens
こんちゅう 昆虫 an insect
コンテナ a container
こんど 今度
(今回) this time, now;
(次回) next time
▶今度の next, this
こんどうする 混同する
confuse, mix up
コンドーム a condom
ゴンドラ a gondola
こんな such, like this
こんなん 困難 (a) difficulty
▶困難な hard, difficult
こんにち 今日 today
こんにちは Hello. / Hi.;
(午後に) Good afternoon.
コンパクトディスク
a compact disc, a CD
こんばん 今晩 this evening,
tonight
こんばんは Good evening.
コンビーフ corned beef
コンビナート
an industrial complex
コンビニ (エンスストア)
a convenience store
コンピュータ a computer
▶…をコンピュータに記憶させる
store ... in the computer
コンプレックス a complex;
(劣等感) an inferiority
complex
こんぽんてきな 根本的な
radical, fundamental
コンマ a comma
こんや 今夜 tonight
こんやく 婚約
an engagement
▶婚約する be engaged (to)
婚約者 a fiancé(e)
こんらん 混乱 confusion,
disorder
▶混乱する be confused
こんわくする 困惑する be
embarrassed, be at a loss

さ

さ 差 (a) difference, a gap
サーカス a circus
サークル (同好会) a club
サード (三塁) third base;
(選手) a third baseman
サービス (接待・世話)
service; (値引き) discount
サーブ a serve, a service

サーファー a surfer
サーフィン surfing
サイ a rhinoceros, 《口語》 a rhino
…さい …歳 ... year(s) old
さいあくの 最悪の the worst
さいがい 災害 a disaster
さいかいする 再会する meet ... again
さいかいする 再開する reopen, start again
ざいがくする 在学する be in school
さいきん 細菌 bacteria
さいきん 最近 lately, recently
▶最近の latest, recent
さいく 細工 (a piece of) work; 《策略》 tactics, a trick
さいけつする 採決する vote
さいご 最後 the last, the end
▶最後の last, final 最後に (at) last, in the end
さいこうの 最高の the best, the highest, supreme
▶最高記録 the best record, a high
さいころ dice
ざいさん 財産 property, a fortune
さいじつ 祭日 a (national) holiday
さいしゅうする 採集する collect, gather
さいしゅうの 最終の last, final
さいしょ 最初 the beginning, the first
▶最初の first, initial 最初に first, firstly 最初は at first
さいしょうの 最小の・最少の the smallest, the least, minimum
さいじょうの 最上の the best
▶最上級 《文法》 the superlative degree
さいしょくしゅぎしゃ 菜食主義者 a vegetarian
さいしんの 最新の the latest, the newest
サイズ a size
さいせい 再生 reproduction; 《テープなどの》 playback
▶再生する reproduce; play back, replay

ざいせい 財政 finance
さいぜんの 最善の the best
さいそくする 催促する press, request, urge
さいだいの 最大の the largest, the greatest, maximum
さいちゅうに 最中に in the middle (of), during
さいていの 最低の the lowest, minimum
さいてんする 採点する grade, mark
さいなん 災難 a misfortune, a disaster
さいのう 才能 (a) talent, (an) ability
さいばいする 栽培する grow, raise
さいばん 裁判 (a) trial
▶裁判官 a judge 裁判所 a (law) court
さいふ 財布 a wallet; 《小銭入れ》 a purse
さいほう 裁縫 sewing, needlework
さいぼう 細胞 a cell
さいまつ 歳末 the end of the year
▶歳末セール a year-end sale
さいみんじゅつ 催眠術 hypnotism
▶催眠術をかける hypnotize
ざいもく 材木 wood, 《米》 lumber, 《英》 timber
さいようする 採用する 《案などを》 adopt; 《雇用する》 employ
ざいりょう 材料 (a) material; 《料理の》 ingredients
さいりようする 再利用する recycle
サイレン a siren
さいわい(にも) 幸い(にも) luckily, fortunately
サイン 《署名》 a signature; 《有名人の》 an autograph; 《野球などの》 a sign
▶サインする sign
サインペン a felt-tip pen
サウスポー a southpaw
サウナ a sauna
…さえ (…だけ) only, just
▶…さえすれば if only
さえぎる 遮る shut out, block; 《話などを》 interrupt
さえずる sing, chirp
さお a pole, a rod

さか 坂 a slope, a hill
さかい 境 a border, a boundary
さかえる 栄える flourish, prosper
さかさまに 逆さまに upside down
さがす 捜す・探す look for, search; 《本などで調べる》 look up
さかだちする 逆立ちする stand on one's hands [head]
さかな 魚 a fish
▶魚釣り fishing 魚屋 《人》 a fishmonger
さかのぼる 《上流へ》 go upstream; 《時代を》 go back (to), date back (to)
さからう 逆らう disobey, oppose, go against
さかり 盛り the height (of), (at) one's best
さがる 下がる go down, fall, drop; 《ぶら下がる》 hang
さかんな 盛んな 《活発》 active; 《流行》 popular; 《繁栄》 prosperous
▶盛んである be popular; prosper
さき 先 《先端》 a point, an end; 《将来》 the future
▶先に ahead, before 先の former →まえ
さぎ 詐欺 a swindle, (a) fraud
▶詐欺師 a swindler
さぎょう 作業 work
▶作業員 a worker
さく 柵 a fence
さく 咲く bloom, blossom, come out
さく 裂く tear, rip
さく 割く 《時間を》 spare
さくいん 索引 an index
さくじつ 昨日 yesterday
さくしゃ 作者 an author, a writer
さくせん 作戦 tactics, strategy; 《軍事行動》 operations
さくねん 昨年 last year
さくばん 昨晩 last night, yesterday evening
さくひん 作品 a work
さくぶん 作文 (a) composition
さくもつ 作物 a crop
さくや 昨夜 last night
サクラ 桜

サクランボ
(木) a cherry (tree);
(花) cherry blossoms
サクランボ a cherry
サケ (魚) a salmon
さけ 酒 liquor, (a) drink, wine
▶酒を飲む drink
さけぶ 叫ぶ cry, shout;
(きゃっと) scream
→ SHOUT 類義語
さけめ 裂け目 a tear, a crack
さける 裂ける tear
さける 避ける avoid
さげる 下げる (低くする) lower; (減らす) reduce; (頭を下げる) bow; (つり下げる) hang
ささいな trivial
ささえる 支える support
ささげる devote, offer
ささやく whisper
ささる 刺さる stick (in)
さじ a spoon
さしえ さし絵 an illustration
さしこむ 差し込む put in, insert
さしず 指図 directions, orders
▶指図する direct, order
さしだす 差し出す (手を) hold out; (送る) send
▶差出人 a sender
さしょう 査証 a visa
さす 刺す (刃物などで) stab, stick; (針で) prick;
(蚊が) bite; (ハチが) sting
さす 差す (日が) shine, come into; (傘を) put up
さす 指す point (to)
サスペンス suspense
ざせき 座席 a seat
…させる (強制的に) make, force; (頼んで) have, get;
(希望どおりに) let
→ FORCE 類義語
さそい 誘い
(招待) (an) invitation;
(誘惑) temptation
さそう 誘う (招く) invite, ask; (誘発する) induce;
(誘惑する) tempt, lure
サソリ a scorpion
▶さそり座 the Scorpion, Scorpio
さつ 札 《米》a bill, 《英》a note
▶札束 a wad [bundle] of bills
さつ 冊 a copy; (巻) a volume

さつえいする 撮影する
(写真を) take; (映画などを) film, shoot
ざつおん 雑音 (a) noise
さっか 作家 a writer, an author; (小説家) a novelist
サッカー 《米》soccer, 《英》football
さっかく 錯覚 an illusion
さっき a little while ago, some time ago
さっきょく 作曲 composition
▶作曲する compose 作曲家 a composer
ざっし 雑誌 a magazine
さつじん 殺人 (a) murder
▶殺人犯 a murderer
さっする 察する guess, suppose; (感じとる) sense;
(想像する) imagine
ざっそう 雑草 a weed
さっそく 早速 at once, right away
ざつだん 雑談 (a) chat, chatter
▶雑談する chat, have a chat
さっちゅうざい 殺虫剤
(an) insecticide
さっと (すばやく) quickly;
(突然) suddenly
ざっと (およそ) about, roughly; (手短に) briefly
さっとうする 殺到する rush
さっぱり
(まったく…ない) not... at all
▶さっぱりした (快適な) refreshed; (味) light, plain; (人柄) frank;
(服装) neat, tidy
サツマイモ a sweet potato
さて now, well
さとう 砂糖 sugar
▶サトウキビ a sugar cane
さどうぶ 茶道部
the tea ceremony club
サバ a mackerel
さばく 砂漠 (a) desert
さばく 裁く judge
さび rust
▶さびた rusty
さびしい lonely, lonesome
▶さびしがる feel lonely;
(人がいなくて) miss
サファイア (a) sapphire
ざぶとん 座布団 a cushion
さべつ 差別 discrimination
▶差別する discriminate
さほう 作法 manners,

etiquette
サポーター a supporter
サボテン a cactus
さぼる
(仕事を) loaf on one's job;
(授業を) cut [skip] (a class), play truant
…さま …様 (男性) Mr.;
(女性・未婚, 既婚, 区別なく) Miss, Mrs., Ms.
さまざまな various, many kinds of
さます 冷ます cool
さます 覚ます wake up, awake
さまたげる 妨げる disturb, prevent
さまよう wander
サミット the summit
さむい 寒い cold
さむけ 寒け a chill
さむさ 寒さ (the) cold
サメ a shark
さめる 冷める get cold, cool (down)
さめる 覚める wake up, awake
さもないと or
さゆう 左右 right and left
さよう 作用 an action, an effect
▶作用する act, affect
さようなら Good-bye. /
《口語》Bye. / So long.
さら 皿 (大皿) a dish;
(取り皿) a plate; (受け皿) a saucer → DISH 類義語
さらいげつ 再来月
the month after next
さらいしゅう 再来週
the week after next
さらいねん 再来年
the year after next
サラダ (a) salad
▶サラダオイル salad oil
さらに (なおいっそう) still, even; (その上) besides, in addition
サラブレッド
a thoroughbred
サラリー (a) salary
▶サラリーマン an office worker
サル 猿 a monkey, an ape
さる 去る leave, go away
さわぎ 騒ぎ
(騒動) a fuss, an uproar;
(騒音) (a) noise
さわぐ 騒ぐ make (a) fuss, make (a) noise

さわやかな refreshing, fresh
さわる 触る touch, feel
さん 3 three
▶3番目 the third
さん 酸 (an) acid
…さん (男性) Mr.; (女性・未婚, 既婚, 区別なく) Miss, Mrs., Ms.
さんかくけい 三角形 a triangle
▶三角形の triangular
さんがくぶ 山岳部 the mountaineering club
さんかする 参加する take part (in), participate (in), join
さんがつ 3月 March
さんぎいん 参議院 the House of Councilors
さんぎょう 産業 (an) industry
▶産業革命 the Industrial Revolution 基幹産業 the key industries
サングラス sunglasses
サンゴ coral
▶サンゴ礁 a coral reef
さんこう 参考 reference
▶参考にする refer (to) 参考書 a reference book, a study aid
ざんこくな 残酷な cruel
さんじげんの 3次元の three-dimensional, 3-D
さんじゅう 30 thirty
▶30番目 the thirtieth
さんしょうする 参照する refer (to)
さんしん 三振 a strikeout
▶三振する be struck out
さんすう 算数 arithmetic
さんせい 賛成 agreement
▶賛成する agree (to, with), be for
さんせいの 酸性の acid
▶酸性雨 acid rain
さんそ 酸素 oxygen
サンタクロース Santa Claus
サンダル sandals
さんだんとび 三段跳び the triple jump
さんちょう 山頂 a mountaintop, a summit
サンドイッチ a sandwich
ざんねんな 残念な regrettable
▶残念である be sorry, regret

さんびか 賛美歌 a hymn
さんぶつ 産物 a product, produce
サンプル a sample
さんぽ 散歩 a walk
▶散歩する walk, take a walk
さんみゃく 山脈 a mountain range
さんりんしゃ 三輪車 a tricycle

し

し 4 four
し 市 a city
▶市役所 a city hall
し 死 death
し 詩 a poem; [集合的に] poetry
じ 字 a letter; (漢字など) a character
…じ …時 o'clock
しあい 試合 a game, a match →MATCH¹ 頻義語
しあげる 仕上げる finish, complete
しあわせ 幸せ happiness
▶幸せな happy
シーズン a season
▶シーズンオフ the off-season
シーソー a seesaw, 《米》a teeter-totter
シーツ a sheet
シーディー a CD, a compact disc
▶シーディーロム a CD-ROM
シート (座席) a seat; (切手の) a sheet; (覆い) a cover
▶シートベルト a seat belt
シードする seed
▶シード選手 [チーム] a seed
ジープ a jeep
シール a seal
シーン a scene
じいん 寺院 a temple
ジーンズ jeans
じえいたい 自衛隊 the Self-Defense Forces
ジェスチャー a gesture
ジェットき ジェット機 a jet (plane)
ジェットコースター a roller coaster
しお 塩 salt
▶塩からい salty
しお 潮 a tide
しおり (本の間にはさむ) a bookmark;

(案内書) a guide
しおれる wither
しか 歯科 dentistry
▶歯科医 a dentist 歯科医院 a dental clinic [office]
シカ 鹿 a deer
…しか only
しかい 視界 sight, view
しがい 市外
▶市外局番 《米》an area code, 《英》a (dialling) code 市外通話 a long-distance call
しかいする 司会する preside, chair
▶司会者 a chairperson; (テレビなどの) an emcee, a master of ceremonies
しがいせん 紫外線 ultraviolet rays
しかく 四角 a square
しかく 資格 a qualification
▶資格のある qualified
じかくする 自覚する be conscious (of), be aware (of)
しかけ 仕掛け (装置) a device; (からくり) a trick
しかける 仕掛ける (わななどを) set; (時限爆弾などを) plant
しかし but, however →BUT 頻義語
しかた a way; (…する方法) how to do
▶しかたがない cannot help (it), be unavoidable
…しがちな apt to do, liable to do
しがつ 4月 April
じかに directly, personally, in person
しがみつく しがみ付く cling (to), stick (to)
しかめる frown, grimace
しかも (その上) moreover, besides; (それでもなお) and yet
しかる scold, tell off
じかん 時間 time;
(1時間) an hour
▶時間通りに on time 時間割 a (class) schedule 時間を尋ねる ask the time, ask what time it is 時間をつぶす kill time
しき 四季 the (four) seasons
▶四季を通して throughout the year

しき 式
(式典) a ceremony; (数式) an expression, a formula
じき 時期 time; (期間) a period; (季節) a season
→ PERIOD 類義語
じき 磁気 magnetism
▶ 磁気の magnetic
しきさい 色彩 color
しきする 指揮する
(音楽) conduct;
(軍隊などを) command
▶ 指揮者 a conductor
じきに soon, before long
しきゅう 至急 right away, as soon as possible, immediately
じぎょう 事業 business, an enterprise, an undertaking
しぎょうしき 始業式 the opening ceremony
しきり 仕切り a partition, a screen
しきりに (何度も) very often, frequently; (繰り返し) repeatedly; (熱心に) eagerly
しきる 仕切る divide, partition
しく 敷く lay, spread
ジグザグ a zigzag
しくじる fail, make a mistake
ジグソーパズル a jigsaw puzzle
しくみ 仕組み (a) structure, (a) mechanism
しけい 死刑 the death penalty
しげき 刺激 stimulation
▶ 刺激する stimulate, excite
しげみ 茂み a thicket, a bush
しげる 茂る grow thick
しけん 試験
an examination, an exam, a test; (小テスト) a quiz
→ EXAMINATION 類義語
▶ 試験する examine, test
試験的に on trial
試験管 a test tube
期末 [中間] 試験 a term [midterm] examination
しげん 資源 resources
じけん 事件
(出来事) an event, an affair; (犯罪) a case
じげん 次元
(数学で) a dimension;

(水準) a level
じげん 時限 (授業時間) a period, a class
▶ 時限爆弾 a time bomb
じこ 事故 an accident
じこ 自己 self
▶ 自己紹介する introduce oneself
じこく 時刻 time
▶ 時刻表 《英》a timetable, 《米》a schedule
じごく 地獄 hell
しごと 仕事 work, a job, business → WORK 類義語
▶ 仕事をする work, do one's job
彼の仕事は何ですか What does he do (for a living)?
じさ 時差 time difference
▶ 時差ぼけ jet lag
しさつ 視察 (an) inspection
▶ 視察する inspect
じさつ 自殺 suicide
▶ 自殺する kill oneself, commit suicide
じさんする 持参する bring (with one), take (with one)
しじ 支持 support
▶ 支持する support, back up
支持者 a supporter
しじ 指示 directions, instructions
▶ 指示する direct, indicate, instruct
ししざ 獅子座 Leo, the Lion
じじつ 事実 a fact, (the) truth
じじもんだい 時事問題 current affairs
ししゃ 死者 a dead person; (特定の) the deceased; [集合的に] the dead
ししゃ 支社 a branch (office)
ししゃかい 試写会 a preview
じしゃく 磁石 a magnet; (方位磁石) a compass
ししゅう 刺しゅう embroidery
▶ 刺しゅうする embroider
しじゅう 始終 always, very often
じしゅうする 自習する study for oneself
ししゅつ 支出 expenses, (an) outgo, (an) expenditure

じしゅてきに 自主的に independently, voluntarily
ししゅんき 思春期 adolescence, puberty
じしょ 辞書 a dictionary
▶ …を辞書で引く look ... up in the dictionary
しじょう 市場 a market
▶ 市場調査 market research
じじょう 事情 circumstances, conditions; (理由) a reason
ししょうしゃ 死傷者 casualties
じしょくする 辞職する resign, quit
しじん 詩人 a poet
じしん 地震 an earthquake
▶ 大地震 a big [great, severe] earthquake
地震国 a country with frequent earthquakes
地震計 a seismograph
じしん 自信 confidence
▶ 自信のある confident
しずかな 静かな quiet, calm, silent → QUIET 類義語
▶ 静かに quietly, calmly
しずく 滴 a drop
しずむ 沈む sink, go down; (太陽が) set
しずめる 静める calm (down)
しせい 姿勢 (a) posture; (態度) an attitude
しせつ 施設 an institution, facilities
しぜん 自然 nature
▶ 自然な natural
自然に naturally; (ひとりでに) by itself
自然食品 natural food
自然保護区 a sanctuary
自然の美 natural beauty
じぜん 慈善 charity
▶ 慈善事業 charitable work, charities
しそう 思想 thought, an idea
▶ 思想家 a thinker
…しそうである be likely to do
じそく 時速 speed per hour
しそん 子孫 a descendant
じそんしん 自尊心 pride, self-respect
▶ 自尊心のある proud
した 下 (下部) the bottom
▶ (…の) 下に below, under, down 下の lower;

(年下の) younger
した 舌 a tongue
したい 死体 a (dead) body, a corpse
…したい want to do, would like to do
…しだい …次第 (…するとすぐに) as soon as …
▶…次第である depend on …, be up to …
じだい 時代 a period, an age, days, times → PERIOD [類義語]
時代遅れの out-of-date
じたいする 辞退する decline
しだいに 次第に gradually, little by little
したがう 従う obey, follow
したがき 下書き a draft; (下絵) a sketch
したがって (だから) therefore, so
▶…にしたがって (…に応じて) according to …; (…につれて) as …
したぎ 下着 underwear; (女性用) lingerie
したく 支度 preparation(s)
▶支度する prepare (for); (身支度する) dress oneself
じたく 自宅 one's (own) home
したしい 親しい close, friendly, familiar
しち 7 seven
じち 自治 self-government
しちがつ 7月 July
しちじゅう 70 seventy
シチメンチョウ a turkey
しちゃくする 試着する try on
▶試着室 a dressing [fitting] room
シチュー (a) stew
しちょう 市長 a mayor
しちょうかくの 視聴覚の audio-visual
▶視聴覚室 an audio-visual room 視聴覚教材 audio-visual aids
しちょうしゃ 視聴者 a viewer, [集合的に] an audience
しちょうりつ 視聴率 the ratings
しつ 質 quality
しっかくする 失格する be disqualified
しっかり firmly, steadily; (堅実に) soundly

▶しっかりした firm, steady; sound
しつぎょう 失業 unemployment
▶失業する lose one's job 失業者 [集合的に] the unemployed 失業率 the unemployment rate
じっきょうほうそう 実況放送 a live broadcast
しつけ discipline; (礼儀作法) manners
しっけ 湿気 moisture, humidity, damp
▶湿気の多い humid, damp
じっけん 実験 an experiment, a test
▶実験する experiment 実験室 a laboratory
じつげんする 実現する (…を) realize; (…が) come true
しつこい persistent, insistent; (食べ物が) heavy
じっこう 実行 practice
▶実行する carry out
じっさいの 実際の real, actual
▶実際に really, actually
しっそな 質素な simple, plain
しっと 嫉妬 jealousy
▶嫉妬する be jealous (of), envy
しつど 湿度 humidity
じっと (動かずに) still; (集中して) fixedly, intently; (辛抱して) patiently
しつないの 室内の indoor
▶室内で indoors 室内楽 chamber music
じつに 実に very, indeed, really
じつは 実は in fact, actually
しっぱい 失敗 failure; (誤り) a mistake
▶失敗する fail; make a mistake
しっぽ a tail
しつぼうする 失望する be disappointed
しつもん 質問 a question
▶質問する ask (a question)
じつようてきな 実用的な practical
じつりょく 実力 ability
▶実力のある able; (有力な) influential 実力テスト an achievement test
じつれい 実例 an example,

an instance
しつれいな 失礼な rude, impolite
▶失礼しました I'm sorry. / Excuse me. 失礼ですが… Excuse me, but …
しつれんした 失恋した broken-hearted
していする 指定する appoint, designate
▶指定席 a reserved seat
…している be doing
してきする 指摘する point out
してん 支店 a branch
してん 視点 a point of view, a viewpoint
しでん 市電 《米》a streetcar, 《英》a tram
じてん 辞典 a dictionary
じてん 事典 an encyclopedia
じでん 自伝 an autobiography
じてんしゃ 自転車 a bicycle, 《口語》a bike
しどう 指導 guidance, direction
▶指導する guide, direct, teach 指導者 a leader 指導力 leadership
じどう 児童 a child; (生徒) a pupil
▶児童文学 children's literature
じどうしゃ 自動車 a car, 《米》an automobile, 《英》a motorcar
▶自動車教習所 a driving school
じどうの 自動の automatic
▶自動的に automatically 自動販売機 a vending machine
しないつうわ 市内通話 a local [city] call
しなもの 品物 an article, goods
シナリオ a scenario; (映画の) a screenplay
しぬ 死ぬ die, 《婉曲》pass away; (事故などで) be killed → DIE¹ [類義語]
▶死んだ dead
しのびこむ 忍び込む steal [sneak] into
しば 芝 grass, a lawn
▶芝刈り機 a lawn mower
しばい 芝居 a play, a drama

- ▶芝居をする act
- しはいする 支配する govern, rule → GOVERN [類義語]
  - ▶支配人 a manager
- じはく 自白 (a) confession
  - ▶自白する confess
- しばしば often
- じはつてきに 自発的に voluntarily, of one's own will
- しばふ 芝生 grass, a lawn
- しはらい 支払い payment
- しはらう 支払う pay
- しばらく for a while; (長い間) for a long time
  - ▶しばらくぶりね《口語》Long time no see.
- しばる 縛る bind, tie → TIE [類義語]
- しびれる be numbed
- しぶい 渋い (味が) bitter, astringent; (色などが) subdued
- しぶき spray, splash
- しぶしぶ 渋々 reluctantly
- じぶん 自分 oneself
  - ▶自分勝手な selfish
- しへい 紙幣《米》a bill, 《英》a note
- しぼう 死亡 death
  - ▶死亡する die
- しぼう 脂肪 fat
- しぼう 志望 (a) wish
  - ▶志望する want, wish, desire
- しほうに 四方に all around, on all sides; (あらゆる方向に) in all directions
- しぼむ (花が) wither; (風船が) deflate
- しぼる squeeze, wring
- しほん 資本 (a) capital
  - ▶資本家 a capitalist
  - 資本主義 capitalism
- しま 島 an island
- しま 縞 a stripe
  - ▶縞の striped
- しまい 姉妹 a sister
  - ▶姉妹都市 a sister city
- しまう put in, keep; (片づける) put away
- シマウマ a zebra
- …しましょうか Shall I …? / Do you want me to do …?
- …しませんか How about …? / Why don't we …? / Shall we …?
- しまつする 始末する dispose (of)

- しまる 閉まる close, shut
- じまんする 自慢する be proud (of), boast
- しみ 染み a stain, a spot
- しみこむ 染み込む soak into, sink into
- じみな 地味な subdued, plain, simple
- しみん 市民 a citizen
  - ▶市民運動 a citizens [grass-roots] movement
  - 市民権 citizenship
- ジム a gym
- じむ 事務 clerical work, desk work
  - ▶事務的な businesslike
  - 事務員 a clerk
  - 事務所 an office
- しめい 氏名 a (full) name
- しめいする 指名する name, nominate
- しめきり 締め切り the deadline
  - ▶締め切り日 the closing day [date]
- しめきる 閉め切る (ドアなどを) close up, shut up
- しめきる 締め切る (応募などを) close (applications)
- じめじめした damp, humid
- しめす 示す (見せる) show; (さし示す) indicate, point (to); (意味する) mean
- しめる 閉める (ドア・店などを) close, shut
- しめる 締める fasten, tighten; (結ぶ) tie
- しめる 湿る become damp, moisten
  - ▶湿った damp, moist
- しめる 占める occupy
- じめん 地面 ground
- しも 霜 frost
  - ▶霜焼け frostbite
- しもん 指紋 a fingerprint
- しや 視野 view, sight
- ジャーナリスト a journalist
- ジャーナリズム journalism
- シャープペンシル a mechanical pencil
- シャーベット《米》a sherbet,《英》(a) sorbet
- しゃいん 社員 an employee
- しゃかい 社会 (a) society
  - ▶社会の social
  - 社会主義 socialism
  - 社会福祉 social welfare
- ジャガイモ a potato
- しゃがむ crouch, squat

- じゃぐち 蛇口《米》a faucet,《英》a tap
- じゃくてん 弱点 a weak point
- しゃくほうする 釈放する release
- しゃくや 借家 a rented house
- しゃくようする 借用する →かりる
  - ▶借用語 a loanword
- しゃげき 射撃 shooting
- ジャケット a jacket
- しゃこ 車庫 a garage
- しゃこうてきな 社交的な sociable
- しゃしょう 車掌 a conductor,《英》a guard
- しゃしん 写真 a picture, a photograph,《口語》a photo
  - ▶写真家 a photographer
  - …の写真を撮る take a photograph [picture] of
  - 写真を写してもらう have [get] one's photograph taken
  - スナップ写真 a snapshot
- ジャズ jazz (music)
- しゃせい 写生 sketching
  - ▶写生する sketch
- しゃせつ 社説 an editorial,《英》a leading article
- しゃちょう 社長 a president
- シャツ (ワイシャツなど) a shirt; (下着) an undershirt
- しゃっきん 借金 a debt
  - ▶借金する borrow money
- しゃっくり a hiccup
- シャッター a shutter
- しゃぶる suck
- シャベル a shovel
- しゃべる talk; (雑談) chat
- シャボンだま シャボン玉 a (soap) bubble
- じゃまする disturb, bother, interfere; (発言を) interrupt
- ジャム jam
- しゃめん 斜面 a slope
- じゃり 砂利 gravel
- しゃりょう 車両 (乗り物) a vehicle; (列車の) a car,《英》a carriage
- しゃりん 車輪 a wheel
- しゃれ a joke, a pun
- しゃれい 謝礼 a reward, a fee
- シャワー a shower

ジャングル a jungle
▶ジャングルジム a jungle gym
シャンソン a chanson
ジャンパー a jacket, 《米》a windbreaker
▶ジャンパースカート a jumper (skirt)
ジャンプ a jump
シャンプー (a) shampoo
ジャンボジェット a jumbo (jet)
しゅう 週 a week
しゅう 州 《米》a state, 《英》a county
じゆう 自由 freedom, liberty
▶自由な free 自由に freely 自由主義 liberalism 自由席 an unreserved seat
じゅう 10 ten
▶10番目 the tenth
じゅう 銃 a gun
…じゅう (期間) all through, throughout; (場所) around, all over
しゅうい 周囲 (a) circumference; (環境) surroundings
▶…の周囲に around
じゅうい 獣医 a veterinarian, a vet
じゅういち 11 eleven
▶11番目 the eleventh
じゅういちがつ 11月 November
しゅうかい 集会 a meeting, a gathering
しゅうかく 収穫 a crop, a harvest
▶収穫する harvest
しゅうがくりょこう 修学旅行 a school excursion [trip]
じゅうがつ 10月 October
しゅうかん 習慣 a habit, a custom → HABIT 類義語
▶…する習慣をつける form the habit of doing
…する習慣がある be in the habit of doing
しゅうかんし 週刊誌 a weekly (magazine)
しゅうぎいん 衆議院 the House of Representatives
じゅうきゅう 19 nineteen
▶19番目 the nineteenth
しゅうきょ 住居 a house, a residence, a dwelling
しゅうきょう 宗教 religion

▶宗教的な religious
しゅうぎょうする 終業する close
▶終業式 a closing ceremony
シュークリーム a cream puff
じゅうご 15 fifteen
▶15番目 the fifteenth
15分 a quarter
しゅうごうする 集合する meet, gather
▶集合時間 [場所] a meeting time [place]
じゅうさん 13 thirteen
▶13番目 the thirteenth
しゅうじ 習字 (毛筆) calligraphy; (ペンの) penmanship
じゅうじか 十字架 a cross
じゅうしする 重視する lay [put] stress (on), attach importance (to)
じゅうしち 17 seventeen
▶17番目 the seventeenth
じゅうじつした 充実した full, fruitful
しゅうしふ 終止符 《米》a period, 《英》a full stop
しゅうしゅう 収集 collection
▶収集する collect
収集家 a collector
じゅうしょ 住所 an address
▶住所録 an address book
じゅうしょう 重傷 a serious injury [wound]
▶重傷を負う be seriously injured [wounded]
しゅうしょくする 就職する get a job
▶就職試験 an employment examination; (面接) a job interview
じゅうじろ 十字路 a crossroads, an intersection
しゅうじん 囚人 a prisoner
じゅうしん 重心 the center of gravity
ジュース (果汁) juice; (清涼飲料) (a) soft drink; (テニスの) deuce
しゅうせい 修正 amendment, revision
▶修正する amend, revise
しゅうぜんする 修繕する mend, repair, fix
じゅうたい 渋滞 a traffic jam, (traffic) congestion

じゅうたい 重体 serious condition
▶重体である be seriously [critically] ill
じゅうだい 10代 (年齢) one's teens
じゅうだいな 重大 important; (深刻な) serious, grave
じゅうたく 住宅 a house, housing
▶住宅地区 a residential area [district]
住宅不足 (a) housing shortage
しゅうだん 集団 a group, a mass
じゅうたん a carpet; (一部に敷く) a rug
しゅうちゅう 集中 concentration
▶集中する concentrate (on)
集中的な intensive
しゅうてん 終点 a terminal, the last station [stop]
しゅうでん 終電 the last train
じゅうてん 重点 stress, emphasis
▶重点的に intensively
重点を置く put stress [emphasis] (on)
シュート a shot; (野球の) a screwball
▶シュートする shoot
じゅうなな 17 →じゅうしち
じゅうなんな 柔軟な flexible
じゅうに 12 twelve
▶12番目 the twelfth
十二宮 a zodiac
じゅうにがつ 12月 December
じゅうにゅう 収入 an income
じゅうはち 18 eighteen
▶18番目 the eighteenth
じゅうぶんな 十分な enough, sufficient
→ ENOUGH 類義語
▶十分に enough, well
しゅうまつ 週末 a weekend
じゅうみん 住民 an inhabitant, a resident
じゅうやく 重役 an executive, a director
しゅうようする 収容する accommodate, hold
じゅうような 重要な important, significant;

じゅうよん

（主要な）major, main
じゅうよん 14 fourteen
▶14番目 the fourteenth
しゅうり 修理 repair
▶修理する fix, repair, mend
→ MEND
じゅうりょう 重量 weight
▶重量挙げ weight lifting
重量制限 a weight limit
しゅうりょうする 終了する
end, finish
しゅうりょうする 修了する
complete, finish
じゅうりょく 重力 gravity, gravitation
じゅうろく 16 sixteen
▶16番目 the sixteenth
しゅえい 守衛 a guard;
（門番）a gatekeeper
しゅえん 主演 （俳優）the leading actor [actress]
▶主演する star
しゅかんてきな 主観的な
subjective
しゅぎ 主義 (a) principle, a cause
じゅぎょう 授業 a lesson, a class
▶授業時間 school hours 授業料 school fees, a tuition
じゅく 塾 a cram school
じゅくご 熟語 an idiom, a (set) phrase
しゅくじ 祝辞
congratulations
しゅくじつ 祝日
a (national) holiday
しゅくしょう 縮小
reduction
▶縮小する reduce, cut down
じゅくす 熟す ripen, mature
▶熟した ripe, mature
→ RIPE
しゅくだい 宿題 homework
▶宿題をする do one's homework
しゅくはくする 宿泊する
stay (at), put up (at)
▶宿泊料 room [hotel] charges
しゅくふく 祝福 a blessing
▶祝福する bless
しゅくめい 宿命 fate, destiny
じゅくれんした 熟練した
skilled, skillful
しゅげい 手芸 handicrafts
▶手芸品 handicrafts

じゅけんする 受験する
take an examination
▶受験科目 subjects of examination
受験者 an examinee
しゅご 主語 a subject
しゅさいする 主催する
sponsor
▶主催者 a sponsor;（大会などの）a host
しゅじゅつ 手術
an operation
▶手術する operate, perform an operation
しゅしょう 主将 a captain
しゅしょう 首相 the prime minister, the premier
じゅしょうする 受賞する
win a prize, be awarded
しゅしょく 主食
the staple food
しゅじん 主人 a master;
（夫）one's husband;
（店の）a storekeeper, an owner;（来客をもてなす）a host, a hostess
しゅじんこう 主人公
a hero,（女性）a heroine
しゅぞく 種族 a race, a tribe
しゅだい 主題 a subject, a theme → SUBJECT
しゅだん 手段 a means, a way
しゅちょうする 主張する
insist (on), assert
しゅつえんする 出演する
appear
▶出演者 a performer
しゅつがん 出願
an application
▶出願する apply (to, for)
しゅっきんする 出勤する
go to work [one's office]
しゅっけつする 出血する
bleed
しゅっこうする 出航する
sail
しゅっさん 出産 birth, childbirth
▶出産する give birth to
しゅつじょうする 出場する
take part (in), participate (in)
▶出場者 a participant
しゅっしん 出身
▶…の出身である come [be] from …
出身校 one's alma mater
出身地 one's hometown

じゅん

しゅっせき 出席
attendance, presence
▶出席する attend, be present (at)
出席をとる call [take] the roll 出席簿 a roll
しゅっせする 出世する
succeed in life
▶出世 success in life, promotion
しゅっちょう 出張
（商用の）a business trip;
（公務の）an official trip
▶…へ出張する go to … on business
しゅっぱつ 出発 departure
▶出発する leave, depart, start, set off 出発ロビー
（空港の）a departure lounge
しゅっぱんする 出版する
publish
▶出版されている be in print
出版社 a publishing company, a publisher
出版物 publications
しゅっぴ 出費 expenses
しゅと 首都 the capital
▶首都圏 the metropolitan area
しゅび 守備 defense;
（野球）fielding
しゅふ 主婦 a housewife, a homemaker
しゅみ 趣味 a hobby;（娯楽）a pastime,（好み）(a) taste
▶趣味を養う cultivate a taste (for)
趣味にかなう suit …'s taste
じゅみょう 寿命
a life, a life span, the length [span] of life
▶平均寿命 the average life span
しゅもく 種目 （競技の）an event;（項目）an item
しゅやく 主役
the leading part [role], the starring role
じゅよう 需要 (a) demand
しゅような 主要な chief, main, major
→ CHIEF
しゅるい 種類 a kind, a sort, a variety
しゅわ 手話 sign language
じゅわき 受話器 a receiver
じゅん 順 （順序）order;
（順番）a turn
▶アルファベット順に

in alphabetical order
じゅんい 順位 ranking
しゅんかん 瞬間 a moment, an instant
じゅんかん 循環 (a) circulation, a cycle
▶循環する circulate
じゅんけっしょう 準決勝 the semifinals
▶準決勝で勝つ win the semifinals
じゅんさ 巡査 a police officer
じゅんじょ 順序 order
じゅんすいな 純粋な pure
じゅんちょうな 順調な smooth, favorable
▶順調に smoothly, favorably, well
じゅんばん 順番 a turn
▶順番に in turn, by turns
じゅんび 準備 preparation(s)
▶準備する prepare (for), get ready (for, to do), arrange 準備運動 warm-up (exercise)
しよう 使用 use
▶使用する use
使用料 (a) rent
…しよう →…よう
しょう 賞 a prize
→ PRIZE 類義語
しょう 省 a department; (日本などの) a ministry
じょう 錠 a lock
じょういん 上院 the Upper House; 《米》the Senate; 《英》the House of Lords
▶上院議員《米》a Senator;《英》a Member of the House of Lords
じょうえん 上演する perform, stage
しょうか 消化 digestion
▶消化する digest 消化不良 indigestion
しょうか 消火 fire fighting
▶消火する put out (the fire), extinguish
消化器 a fire extinguisher
消火栓 a (fire) hydrant
ショウガ ginger
しょうかい 紹介 (an) introduction
▶紹介する introduce
しょうがい 生涯 a life, a lifetime
▶生涯の lifelong

しょうがい 障害 an obstacle; (身体・精神の) a handicap
▶障害のある handicapped; (身体の) disabled
しょうがい 傷害 injury
しょうがくきん 奨学金 a scholarship
▶奨学金を与えられる be awarded a scholarship
しょうがつ 正月 the New Year
しょうがっこう 小学校 《米》an elementary school, 《英》a primary school
じょうき 蒸気 steam, vapor
▶蒸気機関車 a steam locomotive
じょうぎ 定規 a ruler
じょうきゃく 乗客 a passenger
じょうきゅうの 上級の senior, advanced
▶上級生 a senior student
しょうぎょう 商業 commerce, business
▶商業の commercial
じょうきょう 状況 a situation, conditions
しょうきょくてきな 消極的な negative, passive
しょうきん 賞金 a prize, prize money
しょうぐん 将軍 a general
じょうけい 情景 a scene, a sight
しょうげき 衝撃 a shock
▶衝撃的な shocking
じょうけん 条件 a condition
しょうこ 証拠 proof, evidence
しょうご 正午 noon
しょうごうする 照合する check
しょうさい 詳細 details
▶詳細な detailed 詳細に in detail
じょうざい 錠剤 a tablet, a pill
しょうさん 称賛 praise, admiration
▶称賛する praise, admire
じょうし 上司 a boss, one's superior
しょうじき 正直 honesty
▶正直な honest
じょうしき 常識 common sense, common knowledge

しょうしゃ 商社 a trading [business] company
しょうしゃ 勝者 a winner
じょうしゃする 乗車する get on [in], ride
▶乗車券 a ticket
しょうじょ 少女 a girl
しょうしょう 少々 some; (量) a little; (数) a few; (時間) a minute
しょうじょう 賞状 a certificate (of merit)
しょうじょう 症状 a symptom
じょうしょうする 上昇する go up, rise
しょうじる 生じる arise, happen, occur
しょうすう 小数 a decimal
▶小数点 a decimal point
しょうすうの 少数の a few, a small number of
▶少数派 a minority
じょうずな 上手な good
▶上手に well
しょうせつ 小説 a novel, a story; (総称) fiction
▶小説家 a novelist 推理小説 detective story 短編小説 a short story ミステリー小説 a mystery novel
しょうぞう(が) 肖像(画) a portrait
しょうそく 消息 news, information
▶…の消息を聞く hear of …
しょうたい 招待 (an) invitation
▶招待する invite
招待客 a guest
招待状 an invitation (card)
招待に応じる[を断る] accept [decline] an invitation
しょうたい 正体 (身元) an identity
▶正体を現す show one's true colors
じょうたい 状態 a state, condition, a situation; (事情) circumstances
→ SITUATION 類義語
しょうだくする 承諾する (同意する) agree (to), consent (to); (許可する) permit; (受け入れる) accept
じょうたつ 上達 improvement, progress
▶上達する improve
かなり上達する make good progress

じょうだん 冗談 a joke
▶冗談を言う joke, kid
しょうちする 承知する
(知っている) know; (承諾する) consent (to), say yes;
(許可する) permit
しょうちょう 象徴 a symbol
▶象徴する symbolize, represent
しょうてん 商店
《米》a store, 《英》a shop
しょうてん 焦点 a focus
▶焦点を合わせる focus
しょうどう 衝動 impulse
▶衝動的な impulsive
じょうとうな 上等な good, excellent
しょうどくする 消毒する disinfect, sterilize
▶消毒薬 a disinfectant
しょうとつ 衝突 (乗り物などの) a crash, a collision;
(意見の) (a) conflict
▶衝突する crash, collide; conflict
しょうにか 小児科 pediatrics
▶小児科医 a pediatrician
しょうにん 承認 approval, recognition
▶承認する approve, recognize
しょうにん 商人 a merchant
しょうにん 証人 a witness
じょうねつ 情熱 passion
▶情熱的な passionate
しょうねん 少年 a boy
じょうば 乗馬 (horseback) riding
しょうばい 商売 (a) trade, business
じょうはつする 蒸発する evaporate;
(人が) disappear
しょうひ 消費 consumption
▶消費する consume
消費者 consumer
しょうひょう 商標 a trademark
しょうひん 商品 goods, merchandise
▶商品券
《米》a gift certificate,
《英》a gift token
しょうひん 賞品 a prize
じょうひんな 上品な graceful, elegant
じょうぶな 丈夫な

(強い) strong;
(健康な) healthy, sound
しょうべん 小便 urine
じょうほ 譲歩
(a) concession
▶譲歩する concede
しょうぼう 消防 fire fighting
▶消防士 a fire fighter
消防車 a fire engine
消防署 a fire station
じょうほう 情報 information
▶情報技術 information technology, IT
じょうみゃく 静脈 a vein
じょうむいん 乗務員
[集合的に] a crew
しょうめい 証明 (a) proof
▶証明する prove, demonstrate
証明書 a certificate
しょうめい 照明 lighting, illumination
しょうめん 正面 the front
▶正面衝突 a head-on crash
しょうもうする 消耗する exhaust, consume
じょうやく 条約 a treaty
しょうゆ しょう油 soy sauce
しょうよう 商用 business
▶商用で on business
しょうらい 将来 the future
▶将来性のある promising
しょうり 勝利 (a) victory
▶勝利者 a victor, a winner
じょうりくする 上陸する land
しょうりゃくする 省略する omit; (短縮する) shorten;
(語句を) abbreviate
じょうりゅう 上流 upstream
▶上流階級 the upper class
じょうりゅうする 蒸留する distill
しょうりょう 少量 a little, a small amount [quantity]
ショー a show
じょおう 女王 a queen
ジョーカー
(トランプの) a joker
ジョーク a joke
ショート
(野球) a shortstop;
(電気) short circuit
▶ショートパンツ shorts
ショートヘア short hair
しょか 初夏 early summer
しょき 初期 the beginning;

(時代の) the early days [years]
▶初期の early
しょき 書記 a secretary, a clerk
しょきゅうの 初級の elementary, beginners'
ジョギング jogging
▶ジョギングをする jog
しょく 職 a job
→しょくぎょう
▶職を得る get a job, find work 職を失う lose one's position
しょくいん 職員 a staff member;
[集合的に] the staff
▶職員室 a teachers' room
しょくえん 食塩 salt
しょくぎょう 職業 a job, an occupation, a profession
→ OCCUPATION 類義語
しょくたく 食卓 a (dining) table
しょくどう 食堂 (家庭の) a dining room; (学校などの) a lunchroom, a cafeteria;
(レストラン) a restaurant
しょくにん 職人 a craftsman, a craftswoman, an artisan
しょくパン 食パン bread
しょくひん 食品 a food
しょくぶつ 植物 a plant
▶植物園 a botanical garden
植物油 vegetable oil
しょくみんち 植民地 a colony
しょくようの 食用の edible
しょくよく 食欲 (an) appetite
▶食欲がない have no appetite
しょくりょう 食料・食糧 food
▶食料品 foodstuffs
食料品店 a grocery (store)
食糧不足 a food shortage
じょげん 助言 advice
▶助言する advise
じょこうする 徐行する go slow, slow down
しょさい 書斎 a study
じょし 女子 a girl; (女性) a woman
▶女子生徒 a schoolgirl
女子学生 a female [girl] student 女子高校 a girls'

high school 女子大学 a women's college
じょしゅ 助手 an assistant
しょしゅう 初秋 early autumn [《米》fall]
しょしゅん 初春 early spring
しょじょ 処女 a virgin
▶処女作 a maiden work, ...'s first work
じょじょに 徐々に gradually, little by little
しょしんしゃ 初心者 a beginner
じょせい 女性 a woman
▶女性的な feminine, womanly
しょぞくする 所属する belong (to), be a member (of)
しょっき 食器 the dishes, tableware
▶食器棚 a cupboard
ジョッキ a (beer) mug
ショック a shock
▶ショックを受ける be shocked
しょっちゅう (very) often, frequently
しょっぱい salty
ショッピング shopping
▶ショッピングセンター a shopping center [《米》mall]
しょてん 書店 《米》a bookstore, 《英》a bookshop
しょとう 初冬 early winter
じょどうし 助動詞 an auxiliary verb
しょとうの 初等の elementary, primary
しょとく 所得 (an) income
▶所得税 (an) income tax
しょぶんする 処分する dispose (of), get rid (of); (処罰する) punish
しょほ 初歩 the basics, the ABC's
▶初歩の elementary
しょほうせん 処方箋 a prescription
しょみん 庶民 (common) people
しょめい 署名 a signature
▶署名する sign
しょゆう 所有 possession
▶所有する own, possess, have 所有権 ownership 所有者 an owner
じょゆう 女優 an actress

しょりする 処理する (取り扱う) deal with, treat; (処分する) dispose of
しょるい 書類 papers, a document
▶書類ばさみ a file
しらが 白髪 gray hair
しらせ 知らせ news
しらせる 知らせる let ... know, tell, inform
しらべる 調べる examine, investigate; (探す) search; (辞書などで) look up
→ EXAMINE 類義語
しり buttocks
しりあい 知り合い an acquaintance
▶知り合いになる get [come] to know, get acquainted with
シリーズ a series
しりぞく 退く draw back
しりつの 市立の city, municipal
しりつの 私立の private
▶私立高校 a private high school
しりょう 資料 material(s), data
しりょく 視力 eyesight, sight
しる 知る know, learn; (わかる) find, realize
しる 汁 (果物などの) juice; (吸い物) soup
シルエット a silhouette
シルク silk
しるし 印 a mark, a sign
▶印を付ける mark; (チェックの) check
しろ 城 a castle
しろい 白い white; (皮膚などが) fair
しろうと 素人 an amateur
シロクマ 白熊 a polar [white] bear
シロップ syrup
しろみ 白身 (卵の) the white; (魚の) white fish
しわ a wrinkle
しん 芯 (果物の) a core; (鉛筆の) lead; (ろうそくの) a wick
しんあいなる 親愛なる (手紙で) Dear ...
しんか 進化 evolution
▶進化する evolve
シンガー a singer
▶シンガーソングライター a singer-songwriter

じんかく 人格 character, personality
▶二重人格 dual [double] personality
...の人格を尊重 [無視] する respect [disregard] ...'s personality
しんがくする 進学する go on to (college)
しんきゅうする 進級する go (up) to the next grade
しんきろう 蜃気楼 a mirage
しんくう 真空 a vacuum
ジンクス a jinx
シングル (CDなどの) a single; (一人部屋) a single room
▶シングルヒット a single
シングルス (テニスなどの) singles
シンクロナイズドスイミング synchronized swimming
しんけい 神経 a nerve
▶神経症 neurosis
神経痛 neuralgia
しんけいしつな 神経質な nervous
じんけん 人権 human rights
しんけんな 真剣な serious, earnest
▶真剣に seriously, earnestly
しんこう 信仰 faith, belief
▶信仰する believe (in)
しんこう 進行 progress, (an) advance
▶進行する make progress, advance 進行形 (文法) the progressive form
しんごう 信号 a signal
▶交通信号 a traffic light [signal] 信号を無視して横断する jaywalk
じんこう 人口 (a) population
▶人口密度 population density
じんこうの 人工の artificial
▶人工衛星 an artificial satellite 人工芝 artificial turf 人工知能 artificial intelligence
しんこきゅうする 深呼吸する take a deep breath, breathe deeply
しんこくな 深刻な serious
しんこんの 新婚の newlywed
▶新婚旅行 a honeymoon

新婚夫婦 newlyweds
しんさ 審査 judgment
▶審査する judge 審査員 a judge → JUDGE [類義語]
しんさい 震災 an earthquake disaster
しんさつ 診察 examination, consultation
▶診察する examine, see 診察を受ける see [consult] a doctor
診察室 a consulting room
しんし 紳士 a gentleman
▶紳士服 men's wear [clothes]
しんしつ 寝室 a bedroom
しんじつ 真実 truth
▶真実の true
しんじゃ 信者 a believer
じんじゃ 神社 a shrine
ジンジャーエール ginger ale
しんじゅ 真珠 a pearl
じんしゅ 人種 a race → RACE² [類義語]
▶人種差別 racial discrimination
しんしゅつする 進出する advance, expand
しんじる 信じる believe; (信用する) trust
しんじん 新人 a newcomer; (スポーツの) a rookie
しんすいする 浸水する be flooded
しんすいする 進水する be launched
じんせい 人生 (a) life
▶人生観 one's view of life, a philosophy of life 人生航路 the path [journey] of life 人生の目的 [意義] the aim [meaning] of life 人生を楽観 [悲観] する look on the bright [dark] side of life
しんせいな 神聖な sacred, holy
しんせき 親戚 a relative, a relation
シンセサイザー a synthesizer
しんせつ 親切 kindness
▶親切な kind, nice, good → KIND [類義語]
しんぜん 親善 friendship, goodwill
しんせんな 新鮮な fresh, new
しんそう 真相 a fact, the truth
しんぞう 心臓 a heart
▶心臓発作 a heart attack 心臓まひ heart failure
じんぞう 腎臓 a kidney
じんぞうの 人造の artificial, man-made
しんたい 身体 a body
▶身体検査 a physical (examination); (所持品の) a body search
しんだい 寝台
(列車などの) a berth 寝台車 a sleeping car, a sleeper
じんたい 人体 a human body
しんだん 診断 diagnosis
▶診断する diagnose 診断書 a medical certificate
しんちゅう 真鍮 brass
しんちょう 身長 height
▶身長が…センチある be ... centimeters tall
しんちょうな 慎重な careful, cautious, prudent
しんどう 振動 (a) vibration
▶振動する vibrate
しんにゅうする 侵入する invade;
(押し入る) break into
しんにゅうせい 新入生 a new student; (高校・大学の 1年生) a freshman
しんねん 新年 a new year
しんねん 信念 (a) belief, (a) faith
しんの 真の true, real → REAL [類義語]
しんぱい 心配 anxiety, worry, care → CARE [類義語]
▶心配する be anxious (about), worry [be worried] (about)
シンバル cymbals
しんぱん 審判 an umpire, a referee; (審査員) a judge → JUDGE [類義語]
しんぴ 神秘 (a) mystery
▶神秘的な mysterious
しんぷ 神父 a priest, Father
シンフォニー a symphony
じんぶつ 人物 a person, a character
しんぶん 新聞 a newspaper, a paper
▶新聞記事 an article, a news item [story] 新聞記者 a (newspaper) reporter 新聞をとる take a newspaper 新聞を編集 [発行] する edit [publish] a newspaper 新聞によると according to the paper
しんぽ 進歩 progress, (an) advance
▶進歩する make progress (in), advance; (向上する) improve 進歩的な progressive
しんぼう 辛抱 patience
▶辛抱する put up (with) 辛抱強い patient
じんぼう 人望 popularity
しんぼく 親睦 friendship
シンボル a symbol
しんみつな 親密な close, intimate
しんや 深夜 the middle of the night, midnight
しんゆう 親友 a good [close] friend
しんよう 信用 trust, confidence
▶信用する trust 信用できる trustworthy, reliable
しんらい 信頼 trust, reliance
▶信頼する trust, rely (on) 信頼できる reliable, trustworthy 相互の信頼 mutual trust
しんり 心理 mentality, psychology
▶心理的な mental, psychological 心理学 psychology
しんり 真理 (a) truth
しんりゃく 侵略 invasion
▶侵略する invade 侵略者 an invader
しんりん 森林 a forest, woods
▶森林破壊 deforestation
しんるい 親類 a relative
じんるい 人類 humankind, the human race
しんろ 進路 a course
しんわ 神話 a myth; (総称) mythology

す

す 巣 (鳥などの) a nest; (ハチの) a (honey)comb; (クモの) a web
す 酢 vinegar
ず 図 a figure; (さし絵) an illustration;

(線画) a drawing
すあしで 素足で barefoot
ずあん 図案 a design
すいえい 水泳 swimming
▶水泳選手 a swimmer
スイカ a watermelon
すいがい 水害
a flood (disaster)
▶水害をこうむる suffer from
a flood　水害対策 flood
control measures
すいきゅう 水球 water polo
すいぎん 水銀 mercury
すいこむ 吸い込む
(息を) breathe in;
(水分を) absorb, suck
すいさいが 水彩画
a watercolor (painting)
すいさん 水産
▶水産業 fishery
水産物 marine products
すいじ 炊事 cooking
すいしゃ 水車
a water wheel
▶水車小屋 a water mill
すいじゅん 水準
a standard, a level
すいしょう 水晶 crystal
すいじょうき 水蒸気 steam, vapor
すいせい 水星 Mercury
すいせい 彗星 a comet
スイセン a narcissus, a daffodil
すいせん 推薦 recommendation
▶推薦する recommend
推薦状 a (letter of) recommendation
すいそ 水素 hydrogen
▶水素爆弾 a hydrogen bomb, an H-bomb
すいそう 水槽 a water tank; (魚の) an aquarium
すいそう 吹奏
▶吹奏楽団 a brass band
吹奏楽器 a wind instrument
すいそく 推測 a guess
▶推測する guess
すいぞくかん 水族館
an aquarium
すいちゅうで 水中で
under [in] the water, underwater
すいちょくの 垂直の
vertical
スイッチ a switch
▶スイッチを入れる[切る]
switch on [off]

すいてい 推定
(a) presumption;
(見積もり) estimation
▶推定する presume;
estimate
すいでん 水田
a paddy (field)
すいとう 水筒 a canteen
すいどう 水道
water supply, waterworks
▶水道管 a water pipe;
(本管) a water main
水道水 tap water
すいばく 水爆 a hydrogen bomb, an H-bomb
ずいひつ 随筆 an essay
▶随筆家 an essayist
すいぶん 水分 water;
(果物の) juice
ずいぶん (とても)
very (much), a lot;
(かなり) pretty, rather
すいへいな 水平な level, horizontal
▶水平線 the horizon
すいぼくが 水墨画
(an) ink painting
すいみん 睡眠 sleep
▶睡眠薬 a sleeping pill
睡眠不足 want of sleep
十分睡眠をとる have [enjoy] a good sleep
すいようび 水曜日
Wednesday
すいり 推理 a guess;
(論理的な) reasoning
▶推理する guess; reason
推理小説 a detective story, a mystery
スイング a swing
すう 吸う (空気を) breathe, inhale; (液体を) suck;
(たばこを) smoke
すうがく 数学 mathematics, math
すうじ 数字 a number, a figure
ずうずうしい impudent, shameless, cheeky
スーツ a suit
▶スーツケース a suitcase
スーパー(マーケット)
a supermarket
すうはいする 崇拝する
worship
スープ soup
すえ 末 the end
すえっこ 末っ子
the youngest child
すえる 据える set, fix

ずが 図画 (a) drawing, (a) painting
スカート a skirt
スカーフ a scarf
ずかい 図解 an illustration
▶図解する illustrate
ずがいこつ 頭蓋骨 a skull
スカイダイビング
skydiving
▶スカイダイバー a skydiver
すがすがしい fresh, refreshing
すがた 姿 a figure, a shape;
(外見) an appearance
▶姿を現す appear
姿を消す disappear
ずかん 図鑑 an illustrated [a picture] book
スカンク a skunk
すき 隙 (余地) room;
(油断) carelessness;
(乗じる機会) a chance
スギ 杉 a Japanese cedar
…すぎ …過ぎ
(時) after, past;
(年齢など)over;(過度)too
スキー skiing
▶スキーをする ski
スキー板 (a pair of) skis
スキー靴 ski boots　スキー場 (ゲレンデ) a ski slope
スキップ a skip
すきである 好きである like, be fond (of); (大好き) love; (…より) prefer (to)
▶好きな favorite
すきとおった 透き通った
clear, transparent
すぎない (…にすぎない) only
すきま すき間 an opening, a gap
▶すき間風 (a) draft
スキャンダル a scandal
すぎる 過ぎる
(通過・経過) pass, go by;
(終わる) be over
▶過ぎ去った past
…すぎる (過度) too
スキンダイビング
skin diving
すく (腹が) be hungry;
(乗り物が)be not crowded
すぐ →すぐに
スクイズ
(野球) a squeeze play
▶スクイズバント a squeeze bunt
すくう 救う save, rescue, help → SAVE[1] 類義語
すくう 掬う

（水などを） scoop
スクーター a scooter
すくない 少ない （数） few; （量） little; （数・量） small
▶少なくとも at least
すぐに （ただちに） at once, right away; （まもなく） soon
→ SOON 類義語
スクラップ （くず） scrap, （切り抜き） a clipping
スクラム a scrum
スクリーン a screen
スクリュー a screw
すぐれた good, excellent
▶（…より）すぐれている be better (than), be superior (to)
ずけい 図形 a figure
スケート skating
▶スケートをする skate スケート靴 (a pair of) skates スケートリンク a skating rink
スケートボード a skateboard
スケジュール a schedule
スケッチ a sketch
▶スケッチブック a sketchbook
スコア a score
▶スコアボード a scoreboard
すごい （恐ろしい） horrible, dreadful; （激しい） terrible, heavy; （すばらしい） great, wonderful
▶すごく terribly, heavily
すこし 少し some, any; （数） a few; （量・程度） a little
すこしも…ない 少しも…ない not ... at all, not ... in the least
すごす 過ごす spend, pass
スコップ a shovel
すさまじい terrible, horrible
すじ 筋 （線） a line; （話の） a plot; （道理） reason
すす 煤 soot
すず 鈴 a bell
すず 錫 （金属） tin
すすぐ rinse
すずしい 涼しい cool
すすむ 進む （前進） go forward, advance; （進歩） make progress; （時計が） gain
スズメ a sparrow
すすめる 勧める （忠告・勧告） advise; （提案） suggest; （推薦） recommend
▶勧め advice; suggestion; recommendation
すすめる 進める go ahead (with), advance; （時計を） set ... ahead
スズラン a lily of the valley
すすりなく すすり泣く sob
すすんで 進んで willingly, voluntarily
▶進んで…する be ready [willing] to do
すそ （服の） a hem; （山の） a foot
スター a star
スタート a start
▶スタートライン a starting line
スタイル （体の） a figure; （型・文体） a style
スタジアム a stadium
スタジオ a studio
スタッフ ［集合的に］ the staff
スタミナ stamina
すたれる go out of use [fashion]
スタンド （観客席） the stands; （売店） a stand; （電灯） a desk lamp
▶スタンドプレー a grandstand play
スタンプ a stamp
スチュワーデス a flight attendant, a stewardess
…ずつ （それぞれ） each; （…ごとに） every
ずつう 頭痛 a headache
すっかり all, completely, entirely, quite
ずっと （はるかに） much, far; （続けて） all the time, throughout; （道中ずっと） all the way
すっぱい 酸っぱい sour, acid
ステーキ (a) steak
ステージ a stage
すてきな fine, nice, wonderful
ステッカー a sticker
ステッキ a (walking) stick, a cane
すでに （肯定文） already; （疑問文） yet; （以前に） before
すてる 捨てる throw away, get rid of; （見捨てる） give up, abandon, desert
→ DESERT² 類義語
ステレオ a stereo
ステンドグラス stained glass
ステンレス stainless steel
スト a strike
ストーカー a stalker
ストーブ a heater, a stove
ストッキング stockings
ストップウォッチ a stopwatch
ストライキ a strike
ストライク a strike
ストレート （直線） a straight line; （直球） a fastball
▶ストレートに （まっすぐ・続けざまに） straight; （率直に） straightforward
ストレス stress
ストロー a straw
すな 砂 sand
▶砂時計 a sandglass, an hourglass
砂浜 a sandy beach
すなおな 素直な （従順な） obedient; （穏やかな） gentle
スナック （軽食） a snack
すなわち that is (to say), namely
スニーカー sneakers
すね a shin
ずのう 頭脳 brains, a head
スパイ a spy
スパイク （靴底のくぎ） a spike; （靴） spiked shoes, spikes
スパイス spice
スパゲッティ spaghetti
ずばぬけた ずば抜けた outstanding
すばやい quick
▶すばやく quickly
すばらしい wonderful, excellent, fine, 《口語》 great
スピーカー a speaker
スピーチ a speech
スピード speed
▶スピード違反 speeding
スピードスケート speed skating
ずひょう 図表 a chart, a diagram
スプーン a spoon
スプレー a spray
スペアの spare
▶スペアキー a spare key
スペイン Spain
▶スペインの Spanish
スペース room, (a) space
スペースシャトル a space shuttle

スペード （トランプ）a spade
すべて all, everything
すべりだい 滑り台 a slide
すべる 滑る slide, glide, slip
▶滑りやすい slippery
スペル a spelling
スポーツ (a) sport
▶スポーツマン an athlete, a sportsman　スポーツマンシップ sportsmanship　スポーツシャツ a sport(s) shirt　スポーツ欄 a sports section　スポーツ界 the sporting world
ズボン 《主に米》pants, 《主に英》trousers
スポンサー a sponsor
スポンジ a sponge
スマートな （体形）slim, slender; (いきな) smart
すまい 住まい a house, a home, (a) residence
すます 済ます finish, get through (with)
▶…なしで済ます do without ...
スマッシュ a smash
すみ 隅 a corner
▶…を隅々まで知っている know every inch of ...
すみ 炭 charcoal
すみません
I'm sorry. / Excuse me. / (お礼) Thank you.
スミレ a violet;
(三色スミレ) a pansy
すむ 住む live, inhabit
すむ 済む finish, be over
すむ 澄む become clear
▶澄んだ clear
ずめん 図面 a plan
スモッグ smog
スライス a slice
スライド a slide
ずらす
(物を) move, shift, slide;
(時間を) put off, postpone
すらすら smoothly;
(やすやすと) easily
スランプ a slump
すり （人）a pickpocket
スリッパ slippers
スリップ a slip,
(車の) a skid; (下着) a slip
すりへる すり減る
wear (off, out)
すりむく 擦りむく scrape, chafe
スリル a thrill
▶スリルのある thrilling

する do; (球技などを) play;
(…を〜にする) make,
▶…することにしている make it a rule to do　…することになっている be supposed to do
する 刷る print
する 擦る rub;
(マッチを) strike
ずるい sly, cunning;
(不公平な) unfair
するどい 鋭い sharp, keen
ずれ a gap, (a) difference
すれちがう 擦れ違う
pass (each other);
(行き違う) miss each other
スローガン a slogan
すわる 座る sit (down), take a seat, seat oneself
すんぽう 寸法
measurements, size

せ

せ 背 (背中) a back;
(身長) height
▶背が高い[低い]少年 a tall [short] boy
せい （責任）a blame
▶…のせいで due to ..., because of ..., owing to ...
せい 性 sex
▶性差別 sexual discrimination, sexism
せい 姓
a family [last] name
せい 精 （精霊・妖精(ようせい)) a spirit, a sprite
ぜい 税 (a) tax, (a) duty
せいい 誠意 sincerity
▶誠意のある sincere
せいえん 声援 cheering
▶声援する cheer
せいかい 正解
a correct [right] answer
せいかく 性格 (a) character
→ CHARACTER 類義語
せいかくな 正確な correct, exact, accurate
せいかつ 生活 (a) life, (a) living
▶生活する live　生活の糧 daily bread　規則正しい生活 a regular life　生活環境 life environment　生活水準 a standard of living　生活費 living expenses　生活保護 welfare
ぜいかん 税関
(the) customs
せいき 世紀 a century

せいぎ 正義 justice
せいきゅう 請求 a demand, a request
▶請求する （求める）ask, demand; (代金を) charge　請求書 a bill, a check
ぜいきん 税金 (a) tax, (a) duty
せいけい 生計 (a) living
▶生計を立てる make [earn] a living
せいけつな 清潔な clean
せいけん 政権
(政治権力) political power;
(政府) a government,
《主に米》an administration
せいげん 制限 a limit, (a) restriction
▶制限する limit, restrict
せいこう 成功 success
▶成功する succeed (in), be successful (in)
せいざ 星座 a constellation
せいざする 正座する
sit straight
せいさく 政策 a policy
せいさく 製作・制作 production
▶製作［制作]する make, produce　製作者 a maker, a producer
せいさん 生産 production
▶生産する produce　生産者 a producer　生産物 products
せいじ 政治 politics;
(統治) government
▶政治的な political　政治家 a statesman, a politician　政治問題 a political question [issue]　政治的手腕 political ability
せいしきな 正式な formal, official
せいしつ 性質 (a) nature, (a) character
せいじつな 誠実な sincere, honest
せいじゅく 成熟 maturity
▶成熟した mature, ripe
せいしゅん 青春 youth
▶青春の youthful
せいしょ 聖書
the (Holy) Bible
せいじょうな 正常な normal
せいしん 精神 mind, spirit
▶精神的な mental, spiritual　精神病 mental illness
せいじん 成人 an adult,

せいじん
a grown-up
▶成人の日 Coming-of-Age Day
せいじん 聖人 a saint
せいず 製図 drawing
せいぜい
（多くても）at (the) most;
（よくても）at best
せいせいどうどうと 正々堂々と fair (and square), fairly
せいせき 成績
（学業の）a (school) record, 《米》a grade, 《英》a mark; （結果）results
▶成績表 a report card
学校の成績がよい do well at school
せいそう 清掃 cleaning
▶清掃する clean
清掃車 《米》a garbage truck, 《英》a dustcart
せいぞう 製造 production, manufacture
製造する make, produce, manufacture　製造元 a maker, a manufacturer
せいぞん 生存 existence
▶生存する exist, live;（生き残る）survive
生存者 a survivor
生存競争 struggle for life
せいだいな 盛大な grand, magnificent
ぜいたくな luxurious, extravagant
せいちょう 成長 growth
▶成長する grow (up)
せいつうする 精通する be familiar (with)
せいと 生徒 a student, a pupil → PUPIL¹ 類義語
▶生徒会 a student council
せいど 制度 a system
せいとう 政党
a (political) party
せいとうな 正当な
just, right;
（合法の）legal, lawful
▶正当防衛 (lawful) self-defense
せいどく 精読
intensive reading
▶精読する read carefully
せいとんする 整とんする put ... in order, tidy up, arrange
せいねん 青年 a youth, a young person
せいねんがっぴ 生年月日
the date of (one's) birth
せいのう 性能 efficiency, performance
▶性能のよい efficient
せいひん 製品 a product
せいふ 政府
the government
せいぶ 西部 the western part, the west
▶西部劇 a Western
せいふく 制服
a (school) uniform
せいふく 征服 conquest
▶征服する conquer
征服者 a conqueror
せいぶつ 生物
a living thing, a creature;
[集合的に] life
▶生物学 biology
生物学者 a biologist
せいぶん 成分
an ingredient, an element
せいほうけい 正方形
a square
せいみつな 精密な precise, exact;（詳細な）detailed
▶精密検査 a thorough examination
せいめい 生命 (a) life
▶生命保険 life insurance
生命力 vitality
せいめい 姓名 a full name
せいもん 正門
the front [main] gate
せいよう 西洋 the West
▶西洋の Western
西洋画 Western paintings
せいよう 静養 a rest
▶静養する take a rest
せいりする 整理する put ... in order, tidy up, arrange
せいりつする 成立する
be established,
be formed;（取り決められる）be arranged
せいりょういんりょう 清涼飲料 (a) soft drink
せいりょく 勢力 force, power;（影響力）influence
▶勢力のある powerful; influential
せいりょく 精力 energy
▶精力的な energetic
せいれき 西暦 the Christian Era;（年数のあとで）A.D.
せいれつする 整列する line up
セーター a sweater
セール a sale
セールスマン a salesman,
a salesperson
せおよぎ 背泳ぎ
the backstroke
せかい 世界 the world
▶世界的な global, worldwide
世界史 world history
セカンド
（二塁）second base;
（二塁手）a second baseman
せき 席 a seat
▶席につく be seated, seat oneself
せき 咳 a cough
▶せきをする cough, have a cough
せきがいせん 赤外線
infrared rays
せきたん 石炭 coal
せきどう 赤道 the equator
せきにん 責任
responsibility;
（過失の）fault
▶責任のある responsible
責任者 a person in charge
せきゆ 石油 oil, petroleum
▶石油ストーブ an oil heater
せけん 世間 the world, people
せし セ氏 centigrade, Celsius
せだい 世代 a generation
せつ 節 （文章の）a passage, a paragraph;
（文法）a clause
せつ 説 （意見）an opinion;
（学説）a theory
せっかい 石灰 lime
▶石灰岩 limestone
せっかく （わざわざ）all the way;（親切にも）kindly
▶せっかくの機会　a rare chance
せっかちな impatient, hasty
せっきょう 説教 a sermon
▶説教する preach
せっきょくてきな 積極的な positive, active
せっきんする 接近する go [come] near, approach
セックス sex
▶セックスする
make love (to, with), have sex (with)
せっけいする 設計する design, plan
▶設計図 a plan
せっけん soap
せっこう 石こう plaster

ぜっこうする 絶交する break off (with)
ぜっこうの 絶好の the best, perfect; (理想的な) ideal
せつじつな 切実な serious, urgent, acute
せっしょくする 接触する (触れる) touch; (連絡を取る) contact, get in touch (with)
せっする 接する (隣り合う) border (on), adjoin; (接触する) touch; (会う) see, meet
せっせん 接戦 a close game [match]
せつぞく 接続 connection
▶接続する connect, join 接続詞 a conjunction
ぜったいに 絶対に absolutely
▶絶対に…ない never 絶対的な absolute
せっちゃくする 接着する glue
▶接着剤 (a) glue, (an) adhesive
セット a set
せっとくする 説得する persuade
せつび 設備 equipment
ぜっぺき 絶壁 a cliff
ぜつぼう 絶望 despair
▶絶望する despair (of) 絶望的な hopeless
せつめい 説明 (an) explanation, (an) account
▶説明する explain, account for 説明書 a manual, instructions
ぜつめつ 絶滅 extinction
▶絶滅する die out, become extinct, vanish
せつやく 節約 (a) saving, (an) economy
▶節約する save
せつりつする 設立する establish, found, set up
せなか 背中 a back
ぜひ (何としても) at all costs, by all means
▶ぜひ…してください Be sure to do ...
せびろ 背広 a suit
せぼね 背骨 a backbone
せまい 狭い (広さが) small; (幅が) narrow
せまる 迫る (近づく) come [draw] near; (強いる) press, urge

セミ a cicada
ゼミ(ナール) a seminar
セミコロン a semicolon
せめて at least
せめる 攻める attack
せめる 責める blame
セメント cement
ゼリー jelly
せりふ one's lines
セルフサービス self-service
ゼロ zero
セロハン cellophane
▶セロハンテープ (商標) 《米》Scotch tape, 《英》Sellotape
セロリ celery
せろん 世論 public opinion
せわ 世話 care; (助力) help; (手数) trouble
▶世話をする take care of, look after 世話の焼ける troublesome よけいなお世話だ Mind your own business!
せん 1000 a thousand
せん 栓 (びんの) a stopper, a cap; (コルク栓) a cork; (浴槽などの) a plug; (水道・ガスなどの) a cock, a tap
▶栓抜き a bottle opener; (コルク用の) a corkscrew
せん 線 a line; (線路) a track
ぜん 善 good
ぜん 全… all, whole
▶全米(代表)の All-American
せんい 繊維 (a) fiber
▶食物繊維 dietary fiber
ぜんい 善意 goodwill
ぜんいん 全員 all (the members)
ぜんえい 前衛 (スポーツ) a forward
▶前衛的な (芸術で) avant-garde
ぜんき 前期 the first half
せんきょ 選挙 an election
▶選挙する elect 選挙権 the right to vote, suffrage 選挙運動 an election campaign 選挙公約 an election pledge
せんげつ 先月 last month
せんげん 宣言 (a) declaration
▶宣言する declare
せんこう 専攻 a specialty, 《米》a major
▶専攻する specialize (in),

《米》 major (in)
ぜんこく 全国 the whole country
▶全国的な nationwide, national
ぜんごに 前後に back and forth
▶…の前後に before and after; (およそ) about
せんごの 戦後の postwar
せんざい 洗剤 (a) detergent
せんさいな 繊細な delicate, sensitive
せんしつ 船室 a cabin
せんじつ 先日 the other day
ぜんじつ 前日 the day before, the previous day
せんしゃ 戦車 a tank
せんしゃ 前者 the former
せんしゅ 選手 a player, an athlete
せんしゅう 先週 last week
ぜんしゅう 全集 complete works
せんしゅけん 選手権 a championship
ぜんしん 全身 the whole body, every part of the body
ぜんしん 前進 (an) advance, progress
▶前進する go forward, advance, progress
せんしんこく 先進国 a developed country
センス (感覚) (a) sense; (趣味) taste
せんすい 潜水 diving
▶潜水する dive 潜水艦 a submarine 潜水夫 a diver
せんせい 先生 (教師) a teacher; (指導者) an instructor; (医者) a doctor
せんせい 宣誓 an oath
▶宣誓する take an oath, swear
ぜんぜん…でない 全然…でない not ... at all, never
せんぜんの 戦前の prewar
せんぞ 先祖 an ancestor
せんそう 戦争 (a) war
→ WAR 類義語
センター a center; (野球) the center field; (選手) a center fielder
ぜんたい 全体 the whole, all
せんたく 洗濯 washing

せんたく
- ▶洗濯する wash, do the washing 洗濯機 a washing machine 洗濯ばさみ 《米》a clothespin, 《英》a clothes peg

せんたく 選択 a choice
- ▶選択する choose, select 選択科目 an elective subject

ぜんちし 前置詞 a preposition

センチメートル a centimeter, cm

せんちょう 船長 a captain

せんでん 宣伝 an advertisement, an ad
- ▶宣伝する advertise

セント a cent

せんとう 先頭 the head, the lead

せんとう 戦闘 a battle, a combat, a fight
- ▶戦闘機 a fighter

せんねんする 専念する devote oneself (to), concentrate (on)

せんぱい 先輩 one's senior

せんばつ 選抜 (a) selection
- ▶選抜する select

ぜんぶ 全部 all, the whole

せんぷうき 扇風機 an electric fan

ぜんぽうに 前方に ahead, forward

せんめいな 鮮明な clear, vivid

せんめんき 洗面器 《米》a washbowl, 《英》a washbasin

せんめんじょ 洗面所 a bathroom; (劇場などの) a restroom

せんもん 専門 a specialty
- ▶専門の special, professional 専門にする specialize (in),《米》major (in) 専門家 a specialist, an expert

ぜんやさい 前夜祭 an eve

せんりつ 旋律 a melody

せんりょうする 占領する occupy

ぜんりょくで 全力で with all one's strength [might]
- ▶全力をつくす do one's best

せんれい 洗礼 baptism
- ▶洗礼名 a Christian name

せんれんされた 洗練された elegant, refined

せんろ 線路 a (railroad) track

そ

そう (そのように) so, that; (返答) yes, (否定の疑問に対して) no
- ▶そうですね let me see, let's see, well

そう 僧 a priest

そう 沿う go [run] along
- ▶…に沿って (並行して) along; (従って) according to

ぞう 像 an image, a statue

ゾウ 象 an elephant

そういう… such …, … like that

そうおん 騒音 (a) noise
- ▶騒音公害 noise pollution

ぞうか 増加 (an) increase
- ▶増加する increase

そうがく 総額 the (sum) total, the total amount

そうがんきょう 双眼鏡 binoculars

そうぎ 葬儀 a funeral

ぞうき 臓器 internal organs
- ▶臓器移植 an organ transplant

ぞうきん 雑巾 a duster

そうけい 総計 the total, the sum, the sum total

そうげん 草原 grasslands, a meadow

そうこ 倉庫 a warehouse, a storehouse

そうごうする 総合する total, add up, put together
- ▶総合的な general, comprehensive

そうごの 相互の mutual

そうさ 捜査 (an) investigation
- ▶捜査する investigate

そうさ 操作 operation
- ▶操作する operate

そうさく 創作 creation; (作品) a work
- ▶創作する create

そうさく 捜索 a search
- ▶捜索する search

そうじ 掃除 cleaning
- ▶掃除する clean 掃除機 a (vacuum) cleaner

そうしき 葬式 a funeral

そうしゃ 走者 a runner

そうじゅうする 操縦する (飛行機を) fly, pilot; (機械を) operate

- ▶操縦士 a pilot

そうしゅん 早春 early spring

そうしょく 装飾 decoration
- ▶装飾する decorate

ぞうせん 造船 shipbuilding
- ▶造船所 a shipyard

そうぞう 想像 imagination
- ▶想像する imagine 想像上の imaginary 想像力のある imaginative

そうぞう 創造 creation
- ▶創造する create 創造的な creative 創造力 creativity

そうぞうしい 騒々しい noisy

そうぞくする 相続する inherit
- ▶相続人 an heir

…そうだ (伝聞) I hear …, People [They] say …; (様子) seem, look; (可能性) be likely to do

そうたいする 早退する leave early, leave … earlier than usual

そうたいてきな 相対的な relative

そうだんする 相談する talk over, consult

そうち 装置 a device, an apparatus

そうとう(に) 相当(に) pretty, quite, considerably
- ▶相当な considerable 相当する be equal (to), correspond (to)

そうどう 騒動 (a) trouble, (a) disturbance

そうなん 遭難 a disaster; (船の) (a) shipwreck
- ▶遭難する meet with an accident [a disaster] 遭難者 a victim

そうび 装備 equipment
- ▶装備する equip

そうべつ 送別 (a) farewell
- ▶送別会 a farewell party

そうりだいじん 総理大臣 the prime minister

そうりつ 創立 foundation, establishment
- ▶創立する found, establish 創立者 a founder

そうりょう 送料 (郵送料) postage; (運送料) freight

そえる 添える (添付する) attach (to); (付け加える) add (to)

ソース sauce

ソーセージ (a) sausage

ソーダ soda
ソートする a sort
ぞくご 俗語 slang
そくしんする 促進する promote, help
ぞくする 属する belong (to)
そくせきの 即席の instant
そくたつ 速達《米》special ［《英》express］ delivery
そくていする 測定する measure; (重さを) weigh
そくど 速度 (a) speed
▶速度計 a speedometer
制限速度 the speed limit
そくどくする 速読する read rapidly
そくばく 束縛 (a) restraint
▶束縛する restrain
そくほう 速報 a bulletin, 《英》a newsflash
そくりょうする 測量する survey
そこ (場所) there, that place; (その点) that
そこ 底 the bottom; (靴の) a sole
そこく 祖国 one's (own) country
そこで so, therefore
そこなう 損なう injure, spoil, damage
▶…し損なう fail to do
そしき 組織 (an) organization
▶組織する organize
そしつ 素質 the makings; (才能) a gift, talent
そして and, then
そせん 祖先 an ancestor
そそぐ 注ぐ pour
そそっかしい careless, hasty
そそのかす 唆す egg (on), incite
そだつ 育つ grow (up)
そだてる 育てる raise, grow; (子供を) bring up
そちら (そこ) (over) there; (それ・その人) that
そつぎょう 卒業 graduation
▶卒業する graduate (from)
卒業式 a graduation, 《米》a commencement
卒業生 a graduate
ソックス socks
そっくり (全部) all
▶…にそっくりである look just like …, be quite similar to …
そっちょくな 率直な frank,

candid → FRANK [類義語]
▶率直に言って frankly (speaking)
そっと (静かに) quietly; (優しく) gently, softly; (ひそかに) secretly
ぞっとする get the creeps, shudder
そで 袖 a sleeve
そと 外 the outside
▶外に out, outside
(屋外に) outdoors
そとがわ 外側 the outside
そなえる 備える (準備する) prepare (for), provide (for, against); (備え付ける) equip (with), furnish (with)
その the, that
そのうえ besides, what is more, moreover
そのうち soon, before long, someday
そのご その後 since (then), after that
そのた その他 the others, the rest; (…など) and so on, etc.
そのとき その時 then, at that time
そのまま as it is, as they are
そばに by, beside, near
▶そばで nearby
そびえる rise, tower
そふ 祖父 a grandfather
ソファー a sofa
ソフトな soft
▶ソフトウェア software
ソフトボール softball
そふぼ 祖父母 grandparents
ソプラノ soprano
そぼ 祖母 a grandmother
そぼくな 素朴な simple, plain
そまつな 粗末な poor, shabby
▶粗末にする waste
そむく 背く disobey
そめる 染める dye
そよかぜ そよ風 (a) breeze
そら 空 the sky; (空中) the air
▶空色 sky blue
ソラマメ a broad bean
そり a sled, a sleigh
そる (ひげを) shave
それ that, it
それから then, after that; (それ以来) since (then)

それぞれ each, respectively
それだけ that [so] much
それで (それゆえ) so, therefore; (そして) and
それでは so, well
それでも but, still, even so
それに and, besides, moreover
それほど so, that much
それる (ねらいから) miss; (話が) wander (from, off)
そろい a set
そろう (集まる) get together; (完全になる) be complete
そろえる (集める) collect; (整える) arrange
そろそろ (ゆっくり) slowly; (まもなく) soon
そろばん an abacus
そん 損 (a) loss
▶損をする lose
そんがい 損害 damage, (a) loss
そんけいする 尊敬する respect, look up to
そんざい 存在 existence
▶存在する exist
そんしつ 損失 a loss
そんちょうする 尊重する respect
そんな like that, such
そんなに so, that

た

ダース a dozen
タイ Thailand
▶タイの Thai
たい 対 versus, vs
▶4対3で by a score of 4 to 3
たい 隊 a party
…たい want to do, would like to do, hope to do
だい 台 a stand
だい 代 (世代) a generation; (料金) a charge, a rate
▶2000年代に in the 2000's
だい 題 (タイトル) a title; (主題) a subject
だい… 大… big, large; (重大な) serious
▶大規模な large-scale
たいい 大意 an outline, a summary
たいいく 体育 gymnastics, physical education, PE
▶体育館 a gymnasium,

a gym 体育祭 an athletic meet; 《米》a field day, 《英》a sports day
だいいち(の) 第1(の) the first
▶第一に first, first of all, in the first place
第一印象 first impression
たいいんする 退院する leave (the) hospital
ダイエット a diet
▶ダイエット中である be on a diet
たいおうする 対応する (相当する)correspond (to); (対処する)cope (with)
ダイオキシン dioxin
たいおん 体温 (body) temperature
▶体温計 a clinical thermometer
たいか 大家 an authority
たいか 退化 degeneration
▶退化する degenerate
たいかい 大会 (会議) a convention, a (general) meeting; (競技) a tournament
たいがい 大概 →たいてい
だいがく 大学 a college, a university →UNIVERSITY [類義語]
▶大学院 a graduate school
大学生 a college [university] student
たいがくする 退学する leave [quit] school
たいかくせん 対角線 a diagonal (line)
たいか(せい)の 耐火(性)の fireproof
たいき 大気 the atmosphere, the air
▶大気汚染 air pollution
たいきゃくする 退却する retreat, withdraw
たいきゅうせい 耐久性 durability, endurance
▶耐久性のある durable
だいきん 代金 (値段) a price; (料金) a charge
だいく 大工 a carpenter
たいぐう 待遇 treatment
たいくつな 退屈な boring, dull, tiresome
▶退屈する be bored (with)
たいけい 体系 a system
▶体系的な systematic
たいけん 体験 (an) experience

▶体験する experience
たいこ 太鼓 a drum
たいこうする 対抗する oppose, compete (with)
ダイコン 大根 a (Japanese) radish
たいざい 滞在 a stay
▶滞在する stay
たいさく 対策 measures
だいさん(の) 第3(の) the third
▶第三者 the third party
たいし 大使 an ambassador
▶大使館 an embassy
たいした (多くの) much, many; (非常な) very; (偉大な) great
たいしつ 体質 a constitution, a build
たいして 対して (…に向かって) to, toward, against, for; (…に対抗して) against
たいして…でない not very …, not much …
だいじな 大事な (重要な)important; (貴重な) precious, valuable
▶大事にする cherish, take care (of)
たいしゅう 大衆 the public, the masses
▶大衆的な popular
たいじゅう 体重 weight
▶体重が増える[減る] gain [lose] weight
体重計 the scales
たいしょう 対照 contrast
▶対照する contrast (with), compare (with)
たいしょう 対象 an object
たいしょう 対称 symmetry
▶対称的な symmetrical
だいじょうぶな 大丈夫な all right, OK
たいしょくする 退職する (定年で) retire; (中途で) quit, resign
たいしょする 処する deal with, cope with
だいじん 大臣 a minister
▶財務大臣 the Minister of Finance
だいず 大豆 a soybean
だいすう 代数 algebra
だいすきな 大好きな favorite
▶大好きである like very much, love
たいせいよう 大西洋 the Atlantic (Ocean)

たいせき 体積 volume
たいせき 堆積 a heap, a pile, (an) accumulation
たいせつな 大切な precious, important
▶大切にする take care (of), treasure
たいそう 体操 gymnastics, exercises
▶体操選手 a gymnast
たいだ 怠惰 laziness, idleness
▶怠惰な lazy, idle
だいだ 代打 a pinch hitter
だいたい (概して) generally, on the whole; (およそ) about, roughly; (ほとんど) almost
だいだい 代々 for generations, from generation to generation
だいだいいろ だいだい色 orange
だいたすう 大多数 the majority
だいたんな 大胆な bold, daring
▶大胆にも…する dare to do
だいち 台地 a plateau, a tableland
たいてい (多くは) mostly; (普通は) usually, generally; (ほとんど) almost
たいど 態度 an attitude, a manner
たいとうな 対等な equal, even
だいとうりょう 大統領 a president
だいどころ 台所 a kitchen
タイトル a title
だいなしにする 台なしにする spoil, ruin
だいに(の) 第2(の) the second
たいばつ 体罰 (a) physical [corporal] punishment
たいはん 大半 most, the greater part
たいひする 対比する contrast
だいひょう 代表 (人) a representative
▶代表する represent
代表的な typical
タイプ a type
だいぶ very, much, fairly
たいふう 台風 a typhoon
▶台風に襲われる be struck

[hit] by a typhoon
だいぶぶん 大部分
  most (of), the greater part (of);(ほとんど) almost
タイプライター a typewriter
たいへいよう 太平洋 the Pacific (Ocean)
たいへん 大変 very, much, greatly
 ▶大変な (困難な) hard, difficult;(深刻な) serious;(ひどい) terrible
だいべん 大便 stools, feces
 ▶大便をする have a bowel movement
たいほ 逮捕 an arrest
 ▶逮捕する arrest
たいほう 大砲 a cannon, a gun
タイマー a timer
たいまつ a torch
たいまん 怠慢 neglect, negligence
 ▶怠慢な negligent
タイミング timing
 ▶タイミングのよい timely
タイム (時間) time;(試合中の) (a) time-out
だいめい 題名 a title
だいめいし 代名詞 a pronoun
タイヤ a tire, 《英》a tyre
ダイヤ (宝石) a diamond;(列車の) a (train) schedule
ダイヤル a dial
たいよう 太陽 the sun
 ▶太陽の solar
  太陽光線 sunbeams
  太陽系 the solar system
たいよう 大洋 the ocean
だいよう 代用 (a) substitution;(代用品) a substitute
 ▶代用する substitute
たいらな 平らな flat, level
だいり 代理 (人) an agent, a representative
 ▶代理の deputy, acting
  代理をする represent, act for 代理店 an agency, an agent
たいりく 大陸 a continent
 ▶大陸の continental
だいりせき 大理石 marble
たいりつ 対立 opposition
 ▶対立する be opposed (to)
たいりょうの 大量の a large quantity of, a lot of
 ▶大量に in (large) quantities, in bulk
  大量生産 mass production
たいりょく 体力 physical strength, stamina
ダイレクトメール direct mail
たいわ 対話 a dialog, a conversation
ダウン down
 ▶ダウンする fall, drop
  ダウンロードする download
だえき 唾液 saliva
たえず 絶えず continuously, incessantly;(一定して) constantly;(いつも) always
たえまない 絶え間ない continuous, incessant
たえる 耐える bear, endure, stand, put up with
  → BEAR¹ 類義語
 ▶耐えがたい unbearable, unendurable
たえる 絶える die out, become extinct
だえん 楕円 an ellipse, an oval
たおす 倒す (押し倒す) push down;(投げ[殴り]倒す) throw [knock] down;(ひっくり返す) tumble;(負かす) beat, defeat;(打倒する) overthrow
タオル a towel
たおれる 倒れる fall (down), tumble
タカ a hawk
だが but, yet, though, although
たかい 高い high, tall;(値段が) expensive, high;(身分などが) high
 ▶高く high;(評価など) highly
たがいに 互いに each other, one another, mutually
たかさ 高さ height, altitude
たかめる 高める heighten, raise
たがやす 耕す plow, cultivate
たから 宝 a treasure
 ▶宝くじ (public) lottery
…だから because, since, as, (and) so
…たがる want [would like] to do
たき 滝 falls, a waterfall
たきび 焚き火 a bonfire
 ▶たき火をする build a bonfire
だきょう 妥協 (a) compromise
 ▶妥協する compromise
たく 炊く boil, cook
だく 抱く hold in one's arms, hug, embrace
たくえつした 卓越した prominent, excellent
たくさんの a lot of, lots of;(数) many, a (large) number of;(量) much, a good [great] deal of
 ▶…はもうたくさんだ I've had enough of ....
タクシー a taxi, a cab
 ▶タクシー乗り場 a taxi stand
たくじしょ 託児所 a day-care center, a nursery
たくはいびん 宅配便 home [door-to-door] delivery service
 ▶宅配便で…を送る send ... by home delivery service
たくましい strong, tough
たくみな 巧みな skillful; clever
たくらむ plot, scheme
 ▶たくらみ a plot, a scheme, a trick
たくわえ 蓄え a store;(貯金) savings
たくわえる 蓄える store, save
タケ 竹 bamboo
 ▶竹の子 a bamboo shoot
…だけ only, just, nothing but
だげき 打撃 a hit, a blow;(ショック) a shock;(野球で) a batting
だけつする 妥結する reach an agreement
だけど but, though, however
たこ 凧 a kite
 ▶たこを揚げる fly a kite
タコ (動物) an octopus
ださんてきな 打算的な calculating
たしかな 確かな sure, certain;(信頼できる) reliable
 ▶確かに sure(ly), certainly, definitely
たしかめる 確かめる make sure (of, that ...), check, confirm
たしざん 足し算 addition
だしぬく 出し抜く outwit

だしゃ 打者 a batter, a hitter
だじゃれ a pun, a gag
たじゅうの 多重の multiple, multiplex
▶多重放送 multiplex broadcasting
たしょう 多少 some, somewhat, a little
たす 足す add
だす 出す (取り出す) take out; (提出する) submit, hand in; (郵便物を) mail, send; (食事を) serve; (お金を) pay
たすうの 多数の a lot of, lots of, many
▶多数決 decision by majority
たすかる 助かる (救助される) be saved; (助けになる) be helpful
たすけ 助け help, assistance
たすけあう 助け合う help each other; (協力する) cooperate
たすける 助ける help, assist; (救助する) rescue, save
たずねる 訪ねる visit; (人を) call on; (場所を) call at
たずねる 尋ねる ask, inquire; (探す) search (for)
たそがれ dusk, twilight
ただ (単に) only, merely
▶ただの (単なる) mere; (無料の) free
ただで (無料の) for nothing, free (of charge)
ただいま (あいさつ) Hi. / Hello. / I'm home [back] (now)!
ただいま ただ今 (現在) now, at present; (少し前) just (now)
たたかい 戦い a fight, a struggle; (戦争) a war
たたかう 戦う fight, struggle
たたく hit, strike, beat; (軽く) pat, tap; (手を) clap; (ドアなどを) knock; (非難する) criticize → BEAT 類義語
ただし but, however
ただしい 正しい right, correct, right
→ RIGHT¹ 類義語
▶正しく right, rightly, correctly
ただちに at once, immediately
たたむ fold
ただよう 漂う drift, float
たちあがる 立ち上がる get up, stand up, rise to one's feet
たちいりきんし 立ち入り禁止 《掲示》Keep Out
たちさる 立ち去る leave, go away
たちどまる 立ち止まる stop, halt
たちば 立場 a position, a situation; (観点) a standpoint
たちまち at once, instantly, in a moment
ダチョウ an ostrich
たちよる 立ち寄る drop in (at, on), stop by
▶ぜひお立ち寄りください Be sure to call on us.
たつ 立つ stand (up), rise
たつ 発つ (出発する) start, leave, set out
たつ 断つ (習慣などを) give up, abstain (from); (関係を) break off (with)
たつ 経つ pass, go by
たつ 建つ be built, be set up
たっきゅう 卓球 ping-pong, table tennis
タックル a tackle
だっしゅつする 脱出する escape, get out (of)
たつじん 達人 an expert, a master
たっする 達する (達成する) achieve; (場所に) reach, arrive (at, in); (数量が) amount (to)
だつぜい 脱税 tax evasion
▶脱税する evade taxes
たっせいする 達成する achieve, accomplish, fulfill
だっせんする 脱線する (列車が) leave the track [rails], be derailed; (話が) wander (from)
だったいする 脱退する withdraw, leave
たった only, just
▶たった今 just (now)
タッチ a touch; (野球) a tag
だって after all; (なぜなら) because; (…でさえ) even
たづな 手綱 the reins
たっぷり fully; (十分に) enough; (まるまる…) full
たつまき 竜巻 a tornado
たて 縦 length
▶縦の vertical, lengthwise
たて 盾 a shield
たてまえ 建て前 principles
たてもの 建物 a building
たてる 立てる stand, set up, put up; (計画などを) make, form
たてる 建てる build, construct
だとうする 打倒する overthrow, defeat
だとうな 妥当な reasonable, appropriate
たとえ (例) an example; (直喩) a simile; (隠喩) a metaphor
▶たとえ話 an allegory
たとえ…でも even if [though], no matter what [how, who など]
たとえば for example, for instance
たとえる compare (to)
たどく 多読 extensive reading
▶多読する read extensively
たどる trace, follow
たな 棚 a shelf, a rack
たなあげする 棚上げする shelve, put aside
たに 谷 a valley; (深い) a gorge
ダニ a tick
たにん 他人 another person, others
たね 種 a seed; (桃などの) a stone; (リンゴなどの) a pip; (原因) a cause
▶種をまく sow
たの 他の other, another
たのしい 楽しい pleasant, happy, delightful, enjoyable
たのしませる 楽しませる please, entertain
たのしみ 楽しみ pleasure, fun
▶…を楽しみにする look forward to ...
たのしむ 楽しむ enjoy (oneself), have a good time
たのみ 頼み (a) request, (a) favor; (頼り) reliance
たのむ 頼む ask, request; (注文する) order

たのもしい 頼もしい reliable, trustworthy
たば 束 a bundle, a bunch
たばこ (紙巻きたばこ) a cigarette; (パイプ用) (a) tobacco; (葉巻) a cigar
▶たばこを吸う smoke
たび 旅 travel, a trip, a tour →りょこう
たびたび often, frequently
たびに (…するたびに) whenever, every time, each time
ダビングする dub
タブー (a) taboo
ダブル double
たぶん 多分 probably, perhaps, maybe
たべもの 食べ物 food
たべる 食べる eat, have →EAT 頻出語
たま 玉・球 a ball; (電球) a bulb
たま 弾 a bullet, a shot
たまご 卵 an egg
たましい 魂 a soul, a spirit
だます deceive, cheat, trick
たまたま by chance, unexpectedly
▶たまたま…する happen to do
たまに once in a while, occasionally
タマネギ an onion
たまらない (我慢できない) can't stand, can't bear; (…したくて) be dying (to do)
たまる gather, accumulate
だまる 黙る become [fall] silent, stop talking
▶黙っている keep silent 黙って silently
ダム a dam
ため (利益) benefit
▶…のために (利益) for, for the benefit of; (目的) to do, for; (原因・理由) because (of), due to ため になる instructive, useful
だめ no good, no use
▶だめな useless; (絶望的な) hopeless だめにする spoil, ruin …してはだめだ must not do, Don't do …
ためいき ため息 a sigh
▶ため息をつく sigh, give a sigh
ためす 試す try, attempt
ためらう hesitate

ためる store, accumulate; (お金を) save
たもつ 保つ keep, hold, maintain
たやすい easy, simple
たような 多様な various, diverse
たより 便り (手紙) a letter; (知らせ) news
たより 頼り (信頼) reliance; (依存) dependence
▶頼りになる reliable, trustworthy
たよる 頼る depend (on), rely (on)
タラ (魚) a cod
…たら (仮定・条件) if, in case; (願望) I wish
だらく 堕落 corruption
▶堕落した corrupt
だらしない (言動が) loose; (服装などが) untidy, sloppy
だらだらした (冗長な) lengthy; (怠惰な) lazy
ダリア a dahlia
たりない 足りない lack, be short (of)
たりょうの 多量の much, a lot of, lots of
たりる 足りる be sufficient, be enough
たる a barrel, a cask
だるい languid
だれ who
▶だれを[に] whom, who だれの(もの) whose だれか somebody, someone, anybody, anyone だれでも anyone, everyone だれも…ない no one, nobody
たれる 垂れる (布などが) hang (down); (水が) drip, drop
タレント (テレビの) a TV personality
…だろう (…と思う) I think [suppose] (that) …; (未来) will; (おそらく) perhaps, maybe
たわむ bend
だん 段 a step, a stair; (新聞の) a column; (柔道などの) a grade
だんあつ 弾圧 oppression, suppression
▶弾圧する oppress, suppress
たんい 単位 a unit;

(学科の) a credit
たんいつの 単一の single
タンカー a tanker
だんかい 段階 a stage, a step
だんがい 断崖 a cliff, a precipice
たんがん 嘆願 an appeal, a petition
▶嘆願する appeal, petition
だんがん 弾丸 a bullet, a shot
たんきな 短気な short-tempered
▶短気を起こす lose one's temper
たんきの 短期の short-term
▶短期大学 a junior college
たんきゅう 探求 (a) research
▶探求する research
たんきょりの 短距離の short-distance
▶短距離競走 a dash 短距離選手 a sprinter
タンク a tank
だんけつする 団結する unite
たんけん 探検 (an) exploration
▶探検する explore 探検家 an explorer 探検隊 an expedition
だんげんする 断言する assert, affirm, declare
たんご 単語 a word
だんご 団子 a dumpling
たんこう 炭鉱 a coal mine
たんさん 炭酸 carbonic acid
▶炭酸飲料 carbonated drinks 炭酸ガス carbon dioxide
だんし 男子 a boy, a man
▶男子生徒 a schoolboy
だんじき 断食 a fast
だんしゃく 男爵 a baron
▶男爵夫人 a baroness
たんしゅくする 短縮する shorten, reduce, contract
▶短縮形 a contracted form
たんじゅんな 単純な simple
▶単純にする simplify
たんしょ 短所 a fault, a weak point
だんじょ 男女 man and woman, boy and girl
▶男女共学 coeducation
たんじょう 誕生 birth
▶誕生する be born 誕生日 a birthday

たんす (整理だんす) a chest (of drawers); (洋服だんす) a wardrobe
ダンス a dance, dancing
▶ダンスパーティー a dance
たんすうの 単数の singular
だんせい 男性 a man, a male
▶男性の male
男性的な manly
たんそ 炭素 carbon
▶二酸化炭素 carbon dioxide
だんぞくてきな 断続的な intermittent
▶断続的に intermittently, on and off
だんたい 団体 a group, a party; (組織) an organization
だんだん (と) gradually; (少しずつ) little by little
たんちょうな 単調な monotonous, dull
たんてい 探偵 a detective
たんとうする 担当する take charge (of)
▶担当している be in charge (of)
たんどくの 単独の sole, single
▶単独で alone, by oneself
→ ALONE 類義語
たんなる 単なる only, mere, simple
たんに 単に only, just, merely, simply
たんにん 担任 (教師) a homeroom teacher; (担当) charge
だんねんする 断念する give up, abandon
たんぱ 短波 short wave
たんぱくしつ 蛋白質 protein
ダンプカー a dump truck
たんぺん 短編 (小説) a short story
だんぺん 断片 a fragment
▶断片的な fragmentary
だんぼう 暖房 heating
▶暖房する heat
暖房装置 a heater
だんボール 段ボール cardboard
▶段ボール箱 a cardboard box
タンポポ a dandelion
たんまつ 端末 a terminal
だんらく 段落 a paragraph

だんりょく 弾力 elasticity
▶弾力のある elastic
だんろ 暖炉 a fireplace

ち

ち 血 blood
▶血まみれの bloody 血を流す bleed
ちあん 治安 peace, order
ちい 地位 (a) position, a place, (a) status
ちいき 地域 an area, a region
▶地域の regional; (その地域の) local
地域社会 a community
ちいさい 小さい small, little; (ごく小さい) tiny; (音が) low
→ SMALL 類義語
チーズ cheese
チーム a team
▶チームワーク teamwork
ちえ 知恵 wisdom
▶知恵のある wise
チェス chess
チェック (点検) a check; (格子柄) a check
▶チェックイン[アウト]する check in [out]
ちえん 遅延 (a) delay
▶遅延する be delayed
ちか(の) 地下(の) underground
▶地下室 a basement
地下鉄 《米》a subway, 《英》an underground
地下道 《米》an underpass, 《英》a subway
ちかい 近い near, close
→ NEAR 類義語
▶近く near; (まもなく) soon; (およそ) almost, nearly
→ ALMOST 類義語
近くの nearby
ちかい 誓い an oath, a vow, a pledge
ちかい 地階 a basement
ちがい 違い (a) difference
ちがいない 違いない must; (きっと) surely, certainly
ちかう 誓う swear, vow
ちがう 違う (異なる) be different (from), differ (from); (間違っている) be wrong
▶違った different
ちがく 地学 earth science
ちかごろ 近頃 recently, lately, these days
ちかづく 近づく come [draw] near, approach
▶近づかない keep away (from)
近づきやすい accessible
ちかみち 近道 a shortcut
ちかよる 近寄る go [come] near, approach
ちから 力 power, force, strength; (能力) ability
→ POWER 類義語
▶力強い powerful, strong
力ずくで forcibly, by force
ちきゅう 地球 the earth, the globe
▶地球温暖化 global warming 地球儀 a globe
ちく 地区 a district
ちくせき 蓄積 accumulation
▶蓄積する accumulate
ちこくする 遅刻する be late (for)
ちじ 知事 a governor
ちしき 知識 knowledge, learning
▶知識人 an intellectual
知識欲 a desire [thirst] for knowledge
ちじょう 地上 the ground
ちじん 知人 an acquaintance
ちず 地図 a map; (航海・航空用) a chart
→ MAP 類義語
▶地図帳 an atlas 道路地図 a road map [atlas]
ちせい 知性 intellect, intelligence
▶知性的な intellectual
ちそう 地層 a stratum
ちたい 地帯 a belt, a zone
ちち 父 a father
ちち 乳 milk
ちぢむ 縮む shrink, contract
ちぢめる 縮める shorten, cut short
ちちゅうかい 地中海 the Mediterranean (Sea)
ちぢれる 縮れる become curly [wavy]
▶縮れた curly, wavy
ちつじょ 秩序 order
ちっそ 窒素 nitrogen
▶窒素酸化物 nitrogen oxide
ちっそくする 窒息する suffocate, be suffocated, be choked

チップ (心づけ) a tip, a gratuity
ちてきな 知的な intellectual, intelligent
ちてん 地点 a spot, a point
ちのう 知能 intelligence
▶知能の高い intelligent
知能指数 an intelligence quotient
ちぶさ 乳房 a breast
ちへいせん 地平線 the horizon
ちほう 地方
an area, a region; (中央に対して) the country
▶地方の local, regional
地方自治体 a local government
ちほう 痴呆 dementia
ちめいてきな 致命的な fatal, deadly
ちゃ 茶 tea
▶茶を入れる make tea
ちゃいろ(の) 茶色(の) brown
ちゃくじつな 着実な steady
▶着実に steadily
ちゃくしゅする 着手する start, set about
ちゃくしょくする 着色する color
▶着色した colored
着色剤 (a) coloring
ちゃくせきする 着席する sit down, be seated, take a seat
ちゃくりく 着陸 (a) landing
▶着陸する land (on)
チャック a zipper, a zip
チャット (a) chat
▶チャットルーム a chat room
ちゃわん 茶わん (湯飲み) a cup; (ごはん用) a bowl
チャンス a chance, an opportunity
ちゃんと properly, regularly
チャンネル a channel
チャンピオン a champion
ちゅう 注
a note, an annotation; (脚注) a footnote
…ちゅう …中 during, while; (…の中) in, among; (…の最中) under
ちゅうい 注意 (注目) attention; (用心) care, caution; (警告) warning; (忠告) advice
▶注意する pay attention (to); take care (of); warn; advise
注意深い careful, cautious
ちゅうおう 中央 the center, the middle
→ MIDDLE 類義語
▶中央の central, middle
ちゅうがく 中学 a junior high school
▶中学生 a junior high school student
ちゅうかの 中華の Chinese
▶中華料理 Chinese food [dishes]
ちゅうかん 中間 the middle
▶中間の middle, interim
…の中間に in the middle of, between
中間試験 a midterm exam
ちゅうきゅうの 中級の intermediate
ちゅうこく 忠告 advice
▶忠告する advise
ちゅうごく 中国 China
▶中国の Chinese
中国語 Chinese
ちゅうこの 中古の used, secondhand
▶中古車 a used car
ちゅうさい 仲裁 arbitration, mediation
▶仲裁する arbitrate, mediate
ちゅうしする 注視する gaze (at)
ちゅうしする 中止する stop, cancel, call off
ちゅうじつな 忠実な faithful, loyal, true (to)
ちゅうしゃ 注射 a shot, an injection
▶注射する inject
ちゅうしゃ 駐車 parking
▶駐車する park
駐車場 a parking lot
駐車禁止 《掲示》 No Parking
ちゅうじゅんに 中旬に in the middle (of a month)
ちゅうしょうてきな 抽象的な abstract
ちゅうしょく 昼食 lunch
▶昼食時間 lunchtime
ちゅうしん 中心 the center, the heart
▶中心の central
ちゅうせい 中世 the Middle Ages
▶中世の medieval, Middle
ちゅうせい 忠誠 loyalty
ちゅうせいの 中性の neutral
ちゅうぜつ 中絶 (an) abortion
ちゅうせんする 抽選する draw lots
ちゅうたいする 中退する leave [quit] school, drop out
ちゅうだん 中断 a break, (an) interruption
▶中断する break (off), stop, interrupt
ちゅうちょ (a) hesitation
▶ちゅうちょする hesitate
ちゅうとう 中東 the Middle East
ちゅうとで[に] 中途で[に] halfway, midway, unfinished
ちゅうどく 中毒
(毒物の) poisoning; (麻薬の) addiction
中毒者 an addict
ちゅうねん 中年 middle age
▶中年の middle-aged
チューブ a tube
ちゅうもく 注目 attention, notice
▶…に注目する pay attention to …
注目すべき remarkable
ちゅうもん 注文 an order
▶注文する order; (要求する) request
ちゅうりつの 中立の neutral
チューリップ a tulip
ちゅうりゅう 中流
(川の) midstream; (階級) the middle class
ちょう 兆 a trillion
ちょう 腸 the intestines, the bowels
チョウ 蝶 a butterfly
▶蝶ネクタイ a bow tie
ちょう… 超… super-, ultra-
▶超音波 ultrasound
超高層ビル a skyscraper
ちょういんする 調印する sign
ちょうか 超過 an excess
▶超過する exceed
超過料金 an extra charge
ちょうかく 聴覚 (the sense of) hearing
ちょうかん 朝刊 a morning paper
ちょうかん 長官 a chief,

ちょうきの 長期の long, long-term
ちょうきょりの 長距離の long-distance
ちょうこう 徴候 a symptom, a sign
ちょうこうせい 聴講生 《米》an auditor
ちょうこく 彫刻 sculpture, carving
▶彫刻する sculpture, carve
彫刻家 a sculptor
ちょうさ 調査 an investigation, an examination, a survey
▶調査する investigate, examine, survey
ちょうし 調子 (具合) condition, state; (音調) a tone, a tune
▶調子がよい[悪い] be in good [bad] condition
ちょうしゅう 聴衆 an audience
ちょうしゅうする 徴収する collect
ちょうしょ 長所 a merit, a strong point
ちょうじょう 頂上 the summit, the top
ちょうしょうする 嘲笑する sneer, ridicule
ちょうしょく 朝食 breakfast
ちょうせい 調整 adjustment
▶調整する adjust
ちょうせつ 調節 adjustment, control, regulation
▶調節する adjust, control, regulate
ちょうせん 挑戦 a challenge
▶挑戦する challenge; (試みる) try
挑戦者 a challenger
ちょうせん 朝鮮 Korea; (北朝鮮) North Korea
▶朝鮮の Korean
ちょうだい (…してください) please
▶ちょうだいする (もらう) receive, get; (飲食する) have
ちょうちん a (Japanese) lantern
ちょうてい 調停 mediation, arbitration

▶調停する mediate, arbitrate
ちょうてん 頂点 the top, the peak, the climax
ちょうど just, right, exactly
▶ちょうど今 just [right] now
ちょうへい 徴兵 the draft, conscription
ちょうへん 長編 (小説) a (long) novel
ちょうほうけい 長方形 a rectangle
ちょうみりょう 調味料 (a) seasoning
ちょうやくする 跳躍する jump, leap
ちょうり 調理 cooking
▶調理する cook
調理人 a cook
ちょうりゅう 潮流 a tide, a current
ちょうわ 調和 harmony
▶調和する harmonize (with), go well (with)
調和して in harmony (with)
調和のとれた harmonious
チョーク (a piece of) chalk
ちょきん 貯金 savings
▶貯金する save
ちょくせつの 直接の direct
ちょくせん 直線 a straight line
ちょくつうの 直通の direct, through
ちょくめんする 直面する face, confront
ちょくりつした 直立した erect, upright
チョコレート (a) chocolate
ちょしゃ 著者 an author, a writer
ちょすいち 貯水池 a reservoir
ちょぞう 貯蔵 storage, preservation
▶貯蔵する store, preserve
貯蔵庫 a storehouse
ちょっかく 直角 a right angle
ちょっかん 直観・直感 intuition
▶直観的な intuitive
チョッキ 《米》a vest, 《英》a waistcoat
ちょっけい 直径 a diameter
ちょっと (少し) a little, a bit; (少しの間) a moment, a minute
ちょめいな 著名な famous, well-known →ゆうめいな

ちらかす 散らかす scatter, litter
▶散らかって in disorder
ちらし (ビラ) a handbill; (折り込み広告) an insert
ちらっと
▶ちらっと見る glance (at), glimpse
ちり dust
ちり(がく) 地理(学) geography
ちりょう 治療 treatment, cure
▶治療する treat, cure
ちる 散る (葉などが) fall; (散らばる) scatter; (気が) be distracted
ちんあげ 賃上げ 《米》a raise, 《英》a rise
ちんがしする 賃貸しする 《米》rent, 《主に英》let
ちんかする 沈下する sink, subside
ちんがりする 賃借りする rent (from), 《英》hire
ちんぎん 賃金 wages, pay
ちんじゅつ 陳述 a statement
ちんたいする 賃貸する rent
ちんぼつする 沈没する sink, go down
ちんもく 沈黙 silence
▶沈黙する keep silent
ちんれつ 陳列 a display, an exhibition
▶陳列する display, exhibit

つ

ツアー a tour
つい (ほんの) only, just; (うっかり) carelessly, by mistake; (思わず) in spite of oneself
▶ついさっき just a moment ago つい口を滑らす make a slip of the tongue
つい 対 a pair
ついか 追加 an addition, a supplement
▶追加する add
追加の additional
ついきゅう 追求 pursuit
▶追求する pursue
ついしん 追伸 a postscript, P.S.
ついせき 追跡 a chase, pursuit
▶追跡する chase, pursue, run after

ついて (…について) about, on, as to, regarding
ついていく ついて行く follow; (いっしょに行く) go along (with)
ついている lucky
ついでに (…の話のついでに) talking of ...; (…へ行く途中で) on one's way (to) ▶ついでながら by the way, incidentally
ついに at last, finally
ついほう 追放 banishment, exile ▶追放する banish, exile
ついやす 費やす use, spend
ついらく 墜落 a fall; (飛行機の) a crash
つうか 通貨 currency
つうかする 通過する pass, go through
つうがくする 通学する go to school
つうきんする 通勤する go to work [the office], commute ▶車で通勤する drive to work 通勤定期(券) a commutation ticket
つうこう 通行 passage, traffic ▶通行証 a pass 通行人 a passerby 通行料金 a toll 一方通行 one-way traffic
つうじる 通じる (道が) lead (to); (電話が) get through (to); (知っている) be well informed (about), know a lot (about) ▶…を通じて through
つうしん 通信 communication, correspondence ▶通信する communicate 通信員 a correspondent, a reporter 通信衛星 a communications satellite 通信社 a news agency 通信販売 mail order
つうち 通知 (a) notice ▶通知する notify, inform 通知表 a report card
つうやく 通訳 (行為) interpretation; (人) an interpreter ▶通訳する interpret 同時通訳者 a simultaneous interpreter
つうようする 通用する (有効である) be [hold] good; (…で通る) pass; (使われる) be used; (受け入れられる) be accepted
つうれい 通例 usually, ordinarily
つうろ 通路 a passage, a way; (座席間の) an aisle
つえ 杖 a stick, a cane
つかい 使い (使い走り) an errand; (人) a messenger
つかいすての 使い捨ての throwaway, disposable
つかいはたす 使い果たす exhaust, use up
つかう 使う use; (費やす) spend; (人を雇う) employ
つかえる (ふさがる) be stopped (up), be blocked (up)
つかえる 仕える serve, wait on
つかまえる 捕まえる catch, seize, take hold of; (逮捕する) arrest → CATCH 類義語
つかまる 捕まる be caught, be arrested
つかむ catch, grasp, seize → TAKE 類義語
つかれ 疲れ tiredness, fatigue
つかれる 疲れる be tired, be weary; (へとへとに) be exhausted, be worn out → TIRED 類義語
つき (運) luck
つき (…につき・…ごとに) a, per
つき 月 (天体) the moon; (暦の) a month ▶ (天体の) 月の lunar 月1回の monthly
つぎ 次 the next, the following ▶次の next, following, coming …の次に after, next to
つぎ 継ぎ a patch
つきあう つき合う associate (with), keep company (with); (異性と) go (out) with ▶うまくつき合う get along well (with)
つきあたる 突き当たる strike [run] (against)
つきさす 突き刺す pierce, stab
つきすすむ 突き進む push one's way (through)
つきそい 付き添い attendance; (人) an attendant
つきそう 付き添う attend, accompany, go with
つきだす 突き出す push out, thrust out
つぎつぎに 次々に one after another
つきでる 突き出る project, protrude
つきとめる 突き止める locate, trace, pinpoint
…つきの …付きの and, with
つぎめ 継ぎ目 a joint
つきる 尽きる run out
つく 付く stick (to); (汚れなどが) be stained (with)
つく 着く (場所に) arrive (at, in), get to, reach; (席に) take a seat, sit (down)
つく 点く (電気が) light (up); (火が) catch (fire) ▶明かりがついている The light is on.
つく 突く (手で) push, thrust; (刃物で) stab; (針で) prick; (やりで) spear
つく 就く (地位に) take; (職業に) enter, become
つぐ 注ぐ pour
つぐ 継ぐ succeed (to), take over ▶家業を継ぐ succeed to the family business
つくえ 机 a desk
つくす (最善を) do one's best; (献身する) devote oneself (to), serve
つぐなう 償う make up (for), compensate (for)
つくりばなし 作り話 a fiction, a (made-up) story
つくる 作る・造る make; (製造する) produce, manufacture; (形作る) form; (栽培する) grow; (建てる) build, construct
つげぐちする 告げ口する tell on
つけくわえる 付け加える add (to)
つけもの 漬け物 pickles
つける 付ける (取り付ける) put (on), attach (to); (薬を) apply (to); (印などを) mark; (あとを) follow; (日記を) keep
つける 着ける (身に) put on; (着ている) wear

つける 点ける (電気・テレビを) turn [switch] on
つける 浸ける soak, dip
つける 漬ける pickle
つげる 告げる tell, inform
つごう 都合 convenience; (事情) circumstances
▶都合のよい convenient
都合の悪い inconvenient
ツタ ivy
つたえる 伝える
(知らせる) tell, inform;
(伝承する) hand down;
(熱などを) conduct
つたわる 伝わる (うわさなどが) spread; (光・音などが) travel; (伝承される) be handed down
つち 土 soil, earth
つち 槌 a hammer
つちかう 培う cultivate, foster
つつ 筒 a pipe, a tube
つづき 続き a continuation
つつく 突つく (指などで) poke; (鳥が) peck (at)
つづく 続く continue, go on, last; (うしろに) follow
つづける 続ける continue, go on, keep (on)
つっこむ 突っ込む thrust [put] ... into; (車が) run into
つつしむ 慎む (控える) refrain (from), abstain (from); (用心する) be careful (about)
つつましい 慎ましい modest, humble
つつみ 包み a pack, a package, a parcel
→ PACK [類義語]
つつみ 堤 a bank
つつむ 包む wrap (up)
つづり (a) spelling
つづる spell
つとめ 勤め work, a job
つとめ 務め duty
つとめる 勤める work (in, at, for), be employed
つとめる 務める (職務を) serve; (役目を) act
つとめる 努める make efforts, endeavor, try
つな 綱 a rope, a cord; (太い) a cable
▶綱引き a tug of war
つながり a connection, a relation
つながる connect [be connected] (with)
つなぐ (接続する) connect (to, with), link (to); (結ぶ) tie
つねに 常に always
つねる pinch
つの 角 a horn
つば spit, saliva
▶つばを吐く spit
ツバキ (植物) a camellia
つばさ 翼 a wing
ツバメ a swallow
つぶ 粒 a grain; (雨などの) a drop
つぶす crush, squash, smash; (時間を) kill
つぶやく murmur, mutter
つぶれる be crushed, collapse; (倒産して) go bankrupt
つぼ 壺 a pot, a vase
つぼみ a bud
つま 妻 a wife
つまさき つま先 a tiptoe; (靴などの) a toe
▶つま先(立ち)で on tiptoe, on one's toes
つまずく stumble, trip (on, over)
つまむ pick (up), pinch
つまようじ a toothpick
つまらない (退屈な・面白くない) boring, dull, uninteresting; (ささいな) trivial, trifling; (ばかげた) absurd, nonsense
つまり (要するに) in short, in a word; (すなわち) or, that is (to say)
つまる 詰まる be stuffed (up); (管などが) be blocked (up)
つみ 罪 (法律上の) a crime; (宗教・道徳上の) a sin
▶罪のある guilty 罪のない not guilty, innocent
つみかさね 積み重ね a pile, a heap
つみに 積み荷 a load, a cargo,《米》 a freight
つむ 積む (積み上げる) pile up, heap up; (積み込む) load (up)
つむ 摘む pick
つむぐ 紡ぐ spin
つめ a nail; (鳥獣の) a claw
▶つめ切り nail clippers
つめあわせ 詰め合わせ an assortment
▶チョコの詰め合わせ assorted chocolates
つめこむ 詰め込む pack, cram (into)
つめたい 冷たい cold
つめる 詰める pack, stuff, fill; (席を) move over; (丈を) take up, shorten
つもり (…するつもりだ) be going to do, will do; (意図する) intend to do, mean to do
つもる 積もる pile up, accumulate; (雪などが) lie
つや 通夜 a wake
つや 艶 gloss, luster
▶つやのある glossy, lustrous
つゆ 露 dew
つゆ 梅雨 the rainy season
つよい 強い strong, powerful
▶強くする strengthen
つよさ 強さ strength, power
つらい hard, bitter
つらぬく 貫く penetrate, go through
つらら an icicle
つり (釣り銭) change
つり 釣り fishing, angling
▶釣りをする fish 釣り糸 a fishing line 釣りざお a fishing rod 釣り針 a (fish) hook 釣り人 an angler
つりあい つり合い balance, proportion
つりあう つり合う balance, be in harmony (with); (似合う) match (with)
つりかわ つり革 a strap
つりせん 釣り銭 change
ツル 鶴 a crane
つる 蔓 a vine
つる 釣る fish, catch
つるす hang
つるつるする slippery
つれ 連れ a companion
つれだす 連れ出す take out
つれて (…につれて) as, with
つれていく 連れて行く take
つれてくる 連れて来る bring, fetch

(て)

て 手 a hand
…で (場所) at, in; (道具) with; (手段) by; (原因) from, of; (値段) for
であう 出会う meet, come across
てあし 手足 limbs

▶手足を伸ばす
stretch (oneself)
てあたりしだい 手当たり次第
at random
てあて 手当て　（治療）
(medical) treatment;
（報酬）an allowance
▶手当てをする treat
応急手当て first aid
…**である** be
ていあん 提案 a proposal,
a suggestion
▶提案する propose, suggest
ティーシャツ a T-shirt
ていいん 定員（収容力）
(a) capacity
ていえん 庭園 a garden
ていか 低下 a fall, a drop,
a decline
▶低下する fall, decline
ていか 定価
a fixed [set, list] price
▶定価表 a price list
ていがく 停学
suspension from school
ていき 定期
▶定期の regular, periodical
定期的に regularly
定期刊行物 a periodical
定期券 a commutation
ticket, a commuter pass
ていぎ 定義 a definition
▶定義する define
ていきょうする 提供する
offer, give, provide;
（番組を）sponsor
ていけい 提携 cooperation,
《口語》a tie-up
▶提携する cooperate (with,
in), tie up (with)
ていけつ 締結 conclusion
▶締結する conclude
ていこう 抵抗 resistance
▶抵抗する resist
ていこく 帝国 an empire
▶帝国の imperial
帝国主義 imperialism
ていこくに 定刻に
on time [schedule]
ていさい 体裁 appearance
▶体裁のよい good-looking;
（もっともらしい）plausible
ていし 停止 a stop, a halt
▶停止する stop, come to a
stop [halt]
ていじゅうする 定住する
settle (down)
ていしゅつする 提出する
hand in, submit, present
ディスカウント a discount

▶ディスカウントストア
a discount store [shop]
ディスプレー a display
ていせい 訂正
(a) correction
▶訂正する correct
ていせん 停戦 a cease-fire,
a truce
ていたく 邸宅 a residence;
（大きな）a mansion
ていちゃくする 定着する
be firmly established,
take root
ティッシュ（ペーパー）
a tissue
ていでん 停電 a power
failure, a blackout
ていど 程度 (a) degree,
(an) extent;（水準）a level
▶ある程度まで to some [a
certain] degree [extent]
ていねいな 丁寧な
polite, courteous;
（念入りな）careful
ていねん 定年 the age
limit, the retirement age
ていぼう 堤防 a bank,
an embankment
ていぼく 低木 a shrub
でいりぐち 出入り口
a doorway, an entrance
ていりゅうじょ 停留所
a (bus) stop
ていれする 手入れする take
care (of);（修理する）repair
データ data
▶データベース a database
デート a date
▶デートする have a date
(with), date (with)
テープ a tape
▶テープレコーダー
a tape recorder
テーブル a table
てがかり 手掛かり a clue,
a key
てがき 手書き handwriting
▶手書きの handwritten
でかける 出かける go out,
leave
てがみ 手紙 a letter
▶手紙を書く write (a letter)
…から手紙をもらう hear from
…
てき 敵 an enemy;
（試合などの）an opponent;
（競争者）a rival
てきい 敵意 hostility
▶敵意のある hostile
てきおう 適応 adaptation,

adjustment
▶適応する adapt [adjust]
oneself (to)
てきかくな 的確な accurate,
precise
できごと 出来事 an event;
（小さな）an incident;
（偶然の）a happening
→EVENT〔類義語〕
できしする 溺死する
be drowned
テキスト（教科書）
a textbook;（原典）a text
てきする 適する suit, be
suitable (for), be fit (for)
→FIT¹〔類義語〕
てきせい 適性
(an) aptitude
てきせつな 適切な
appropriate, proper
てきとうな 適当な　（適した）
good, suitable, fit;
（いい加減な）irresponsible,
random
てきどの 適度の moderate
…**できない** cannot,
be unable to (do)
てきようする 適用する
apply (to)
できる　（可能）can, be able
to (do);（完成・完了）be
finished, be done;
（すぐれる）be good (at)
▶できるだけ… as … as
possible [one can]
できれば if possible
でぐち 出口 an exit,
a way out
テクニック (a) technique
テクノロジー technology
てくび 手首 a wrist
でくわす 出くわす
come across, meet
でこぼこの rough, bumpy,
uneven
てごろな 手頃な　（値段が）
reasonable, moderate;
（扱いやすい）handy
デザート (a) dessert
デザイナー a designer
デザイン a design
てさき 手先　（指先）one's
fingers [hands];
（手下）a tool, a pawn
てさぐりする 手探りする
feel (for), grope (for)
てざわり 手触り feel, touch
でし 弟子 a pupil, a disciple
デジタルの digital
てじな 手品 magic, a trick

▶手品師 a magician
でしゃばる 出しゃばる intrude, poke one's nose (into)
てじゅん 手順 (a) procedure, a process
てすう 手数 trouble
▶手数料 a charge, (a) commission
お手数ですが… Sorry to trouble you, but ...
テスト an exam, an examination, a test
でたらめ nonsense
▶でたらめの random, haphazard
てちょう 手帳 a notebook
てつ 鉄 iron
てっかいする 撤回する withdraw, take back
てつがく 哲学 philosophy
▶哲学的な philosophical
哲学者 a philosopher
デッキ a deck
てっきょう 鉄橋 (鉄道の) a railroad bridge
てったい 撤退 (a) withdrawal, (a) retreat
▶撤退する withdraw, retreat
てつだい 手伝い help, assistance; (手伝う人) a helper, an assistant
てつだう 手伝う help, assist →HELP [類義語]
でっちあげる でっち上げる make up, invent
てつづき 手続き (a) procedure, formalities
てっていてきな 徹底的な thorough
▶徹底的に thoroughly
てつどう 鉄道 《米》a railroad, 《英》a railway
▶鉄道(便)で by rail
でっぱる 出っ張る stick out, project
てつぼう 鉄棒 an iron bar; (体操用) a horizontal bar
てっぽう 鉄砲 a gun; (ライフル) a rifle
てつやする 徹夜する stay [sit] up all night
でていく 出て行く go out
てにいれる 手に入れる get, obtain →GET [類義語]
てにおえない 手に負えない beyond ...'s control
テニス tennis
▶テニスコート a tennis court

てにもつ 手荷物 baggage,《主に英》luggage
テノール tenor
てのこんだ 手の込んだ elaborate
てのひら 手のひら a palm
では well, now, then
…では (…に関して) in, when it comes to ...; (…から判断して) (judging) from ...; (場所) in, at
デパート a department store
てはい 手配 arrangements, preparation(s)
▶手配する arrange, make arrangements (for)
てばなす 手放す part with, dispose (of); (売る) sell
てびき 手引き a guide (book), a manual
てま 手間 time, labor, trouble
てぶくろ 手袋 gloves
てほん 手本 an example, a model
てま 手間 trouble, labor
てみじかな 手短な brief
▶手短に briefly, in brief [short]
でむかえる 出迎える meet, receive, welcome
…ても (たとえ…としても) even if…; (どんなに…であっても) no matter how [whatなど]; (けれども) though, although
でも but
デモ a demonstration
…でも even, even if; (どんな…でも) any ...
てら 寺 a temple
テラス a terrace
てらす 照らす light (up), illuminate
テリア a terrier
デリケートな delicate, sensitive
てる 照る shine
でる 出る (外へ出る) go out, come out; (出発する) leave, start; (出席する) attend, be present; (出演・出現する) appear; (出場する) join, take part (in); (卒業する) graduate (from); (電話に) answer
テレビ (放送) television, TV; (受像機) a television (set), a TV (set)

▶テレビゲーム a video game
テレビを見る watch TV テレビで…を見る see ... on TV
テロ terrorism
▶テロリスト a terrorist
てわたす 手渡す hand over (to), pass ... (to)
てん 点 a point, a dot; (問題点) a point; (成績) 《米》a grade, 《英》a mark; (得点) a point, a score, a goal, (野球) a run
てん 天 the heaven, the sky
でんあつ 電圧 (a) voltage
てんいん 店員 《米》a clerk, 《英》a shop assistant
でんえん 田園 the countryside, a rural district
▶田園生活 a rural life
てんかする 点火する ignite, light
てんかする 添加する add
▶添加物 an additive
てんかする 転嫁する shift, transfer
てんかん 転換 conversion
▶転換する convert
てんき 天気 weather
▶天気予報 a weather forecast [report]
お天気はどうですか How is the weather? 天気がよければ weather permitting
でんき 電気 electricity; (電灯) a light
▶電気の electric, electrical
電気スタンド (卓上) a desk lamp; (床置き) a floor lamp 電気製品 electrical appliances
でんき 伝記 a biography
でんきゅう 電球 a (light) bulb
てんきょする 転居する move (to)
てんきんする 転勤する be transferred (to)
てんけい 典型, a model
▶典型的な typical
てんけん 点検 a check, (an) inspection
▶点検する check, inspect
てんこう 天候 weather
てんこう 転校 a (school) transfer
▶転校する transfer (to), change one's school
てんごく 天国 heaven;

（楽園）a paradise
てんさい 天才 a genius
てんさい 天災 a natural disaster [calamity]
てんし 天使 an angel
てんじ 展示 (an) exhibition, (a) display
▶展示する exhibit, display 展示会 an exhibition, a show 展示や実演 exhibitions and demonstrations
てんじ 点字 Braille
でんし 電子 an electron
▶電子の electronic 電子工学 electronics 電子メール (an) email 電子レンジ a microwave oven
でんしゃ 電車 a train;（市街電車）《米》a streetcar,《英》a tram
▶電車賃 a train fare
てんじょう 天井 a ceiling
でんしん 電信 telegraph
てんすう 点数 →てん（点）
でんせつ 伝説 a legend
▶伝説的な legendary
てんせん 点線 a dotted line
でんせん 伝染 infection, contagion
▶伝染する infect 伝染病 a contagious [an infectious] disease
てんそうする 転送する forward (to)
▶転送先の住所 a forwarding address
てんたい 天体 a heavenly body
▶天体望遠鏡 an astronomical telescope
でんたく 電卓 a calculator
でんたつ 伝達 communication, transmission
▶伝達する communicate, transmit
でんち 電池 a battery, a cell
▶乾電池 a dry battery [cell]
でんちゅう 電柱 a utility pole
テント a tent
でんとう 伝統 (a) tradition
▶伝統的な traditional
でんとう 電灯 a light, a lamp
てんにんする 転任する be transferred (to)

てんねんの 天然の natural
▶天然資源 natural resources
てんのう 天皇 an emperor
▶天皇陛下 His Majesty the Emperor
てんのうせい 天王星 Uranus
でんぱ 電波 radio waves
でんぴょう 伝票 a slip
てんびん 天秤 a balance
▶てんびん座 Libra, the Balance
てんぷくする 転覆する be overturned, overturn, be overthrown
てんぷする 添付する attach
てんぶん 天分 genius, gift
でんぷん 澱粉 starch
てんぼう 展望 a view, an outlook
▶展望台 an observation tower
でんぽう 電報 a telegram, a wire;（海外電報）a cable
▶電報を打つ wire, send a telegram
てんめつする 点滅する blink
てんもんがく 天文学 astronomy
▶天文学者 an astronomer
てんらんかい 展覧会 an exhibition, a show
▶美術展覧会 an art exhibition
でんりゅう 電流 (electric) current
でんりょく 電力 electric power
でんわ 電話 (a) phone, (a) telephone;（通話）(a) phone call
▶電話で by phone, over [on] the phone 電話をかける call, phone,《英》ring 国際電話をかける make an international call 電話を切る hang up 電話帳 a telephone directory 電話番号 a telephone number

と

と 戸 a door
…と （…と…）and;（…一緒に）with;（…である と）that;（…すると）when;（仮定・条件）if
ど 度 （温度・角度）a degree;（回数）a time, ... times

といあわせ 問い合わせ an inquiry
といあわせる 問い合わせる ask, inquire (about, of), check (at, with)
…という （…という名前の）named [called] ...;（内容を示して）that ...
ドイツ Germany
▶ドイツ語 German ドイツ人 a German ドイツ（語、人）の German
トイレ 《米》a bathroom,《英》a toilet;（公共の場所の）a lavatory,《米》a restroom
▶トイレの水を流す flush the toilet
トイレットペーパー toilet paper
とう 党 a party
とう 塔 a tower
とう 等 （等級）a class, a grade;（順位）a place
▶1等賞 (the) first prize
とう 問う ask, inquire
トウ 藤 a cane, a rattan
…とう …等 and so on [forth], etc.
どう （どのように）how;（何）what;（勧誘・提案）Would you like ...? / How [What] about ...?
どう 胴 a trunk, a body
どう 銅 copper
▶銅メダル a bronze medal
どうい 同意 agreement, consent
▶同意する agree (with, to), consent (to)
→ CONSENT 類義語
同義語 a synonym
どういう what, how
▶どういうわけか somehow
どういたしまして That's all right. / You're welcome. / No problem.
といつ 統一 unity
▶統一する unite, unify
どういつの 同一の the same, identical
▶同一視する identify
どうか （依頼）please;（…かどうか）whether (or not), if
▶どうかしましたか What's the matter?
どうか 銅貨 a copper (coin)
トウガラシ (a) red pepper
とうき 投機 speculation
とうき 陶器 pottery,

earthenware
とうぎ 討議 (a) discussion
▶討議する discuss
どうき 動機 a motive
どうぎ 動議 a motion
▶動議を出す make a motion, move
どうぎご 同義語 a synonym
とうきゅう 等級 a grade
どうきゅうせい 同級生 a classmate
とうきょく 当局 the authorities
どうぐ 道具 a tool, an instrument; (台所の) a utensil; (一式) a kit
どうくつ 洞窟 a cave; (大きな) a cavern
とうげ 峠 a pass
▶峠を越す (病気などの) pass the crisis
とうけい 統計 statistics
▶統計の statistical
とうげい 陶芸 ceramic art
とうこうする 登校する go to school
▶登校拒否〔拒否校〕 refusal to attend school
とうこうする 投稿する contribute (to)
どうこうする 同行する accompany, go with
とうごく 投獄 imprisonment
▶投獄する imprison
どうさ 動作 (an) action, (a) movement, a motion
とうざい east and west
▶東西南北 north, south, east and west
どうさつ(りょく) 洞察(力) (an) insight
とうさん 倒産 (a) bankruptcy
▶倒産する go bankrupt
とうし 投資 (an) investment
▶投資する invest
とうし 闘志 fight, fighting spirit
とうじ 冬至 the winter solstice
とうじ 当時 then, at that time, in those days
どうし 動詞 a verb
どうじ 同時
▶同時に at the same time; (一度に) at a time
同時の simultaneous

とうじき 陶磁器 ceramics
とうじする 凍死する be frozen to death
とうじつ 当日 that day, the appointed day
どうして (なぜ) why; (どうやって) how
どうしても at all costs, by all means, one way or another
▶どうしても…ない will not
とうしゅ 投手 a pitcher
とうしょ 投書 a letter (from a reader), a contribution
とうじょう 登場 an appearance
▶登場する appear
登場人物 a character
とうじょう 搭乗 boarding
▶搭乗する board
搭乗口 a gate 搭乗券 a boarding card [pass]
どうじょう 同情 sympathy, compassion, pity
→ PITY 類義語
▶同情する feel (for), sympathize (with)
どうしようもない (救いようのない) hopeless, helpless; (…する以外にしかたない) have no (other) choice (but to do)
▶それはどうしようもないよ It cannot be helped.
どうせ anyway, after all
とうせいする 統制する control, regulate
とうせんする 当選する be elected
とうぜんの 当然の natural
▶…を当然のことと思う take ... for granted
どうぞ (依頼) please; (承諾) sure, certainly; (物を差し出して) Here it is./ Here you are.
とうそう 逃走 (an) escape
▶逃走する escape, run away
とうそう 闘争 a fight, a struggle
とうだい 灯台 a lighthouse
とうたつする 到達する reach, attain
とうちする 統治する rule, govern
▶統治者 a ruler
とうちゃく 到着 arrival
▶到着する arrive (at, in),

get to, reach
どうてん 同点 a tie
とうとう at last, finally, in the end
どうどうと 堂々と grandly, imposingly
▶堂々とした grand, stately, dignified
どうとうの 同等の equal, equivalent
どうとく 道徳 morality, morals
▶道徳的な moral
道徳的に morally
社会道徳 social morality
公衆道徳 public morality
道徳心 a moral sense
とうとつな 唐突な abrupt, sudden
とうなん 盗難 (a) robbery, (a) theft
どうにか barely, somehow
▶どうにかして by any means
どうにか…する manage to do
どうにゅう 導入 introduction
▶導入する introduce
とうにょうびょう 糖尿病 diabetes
とうばん 当番 (順番) a turn; (義務) duty
▶当番で on duty
とうひょう 投票 a vote, poll, a ballot
▶投票する vote, cast a vote
投票者 a voter
投票所 a polling place
投票用紙 a ballot, a vote
とうふ 豆腐 bean curd
とうぶ 東部 the east
▶東部の eastern …の東部にある be in the east of ...
どうふうする 同封する enclose
どうぶつ 動物 an animal
▶動物園 a zoo
とうぶん 当分 for the time being, for the present
とうぼう 逃亡 (an) escape
▶逃亡する escape, run away
どうみゃく 動脈 an artery
どうめい 同盟 an alliance, a league
とうめいな 透明な transparent
どうも
(どういうわけか) somehow; (まったく) quite, very

どうもうな

▶どうもありがとう Thank you (very much). どうもすみません (I'm) Sorry.

どうもうな 獰猛な fierce, ferocious

トウモロコシ corn

どうやら (…らしい) seem, be likely; (かろうじて) just, barely

とうゆ 灯油 《米》kerosene, 《英》paraffin

とうよう 東洋 the East, the Orient
▶東洋の Eastern, Oriental

どうよう 童謡 a nursery rhyme [song]

どうようする 動揺する (精神的に) be disturbed, be upset

どうような 同様な similar; (同一の) the same (as)

どうり 道理 reason
▶道理にかなった reasonable

どうりょう 同僚 a fellow worker, a colleague

どうろ 道路 a road; (街路) a street
▶道路標識 a road sign
幹線道路 a highway
道路工事 road repairing, road construction

とうろく 登録 registration
▶登録する register

とうろん 討論 (a) discussion, (a) debate
▶討論する discuss, debate

どうわ 童話 a fairy tale, a children's story

とうわくする 当惑する be embarrassed, be puzzled

とおい 遠い distant, far, faraway, remote
→ FAR 類義語
▶遠く(に) far away, in the distance

トーイック TOEIC

とおす 通す (通過させる) pass (through); (部屋へ) show ... in [into]
▶目を通す look over [through]

トースト toast

ドーナツ a doughnut

トーナメント a tournament

トーフル TOEFL

とおり 通り a street, an avenue

…とおり …通り (…のように) as;

(…に従って) according to

とおりすぎる 通り過ぎる go by, pass

とおる 通る (通過する) pass, go through; (試験に) pass

とかい 都会 a city, a town
▶都会の urban
都会化する urbanize
都会生活 an urban life

トカゲ a lizard

とかす 解かす・溶かす (氷・雪などを) melt, thaw; (固体を) dissolve

とかす 梳かす (くしで) comb; (ブラシで) brush

とがった sharp, pointed

とがめる (責める) blame (for); (心が) feel guilty (about, at)

とき 時 time; (時機に) an occasion
▶…するとき when, as
その時 then

ときおりの 時折の occasional

ときどき 時々 sometimes, occasionally, now and then

どきょう 度胸 courage, guts
▶度胸がいい courageous
度胸がない timid, cowardly

とぎれる 途切れる break (off), be interrupted

とく 得 (a) profit, (a) gain, advantage
▶得な profitable, advantageous; (経済的な) economical　得をする profit, make a profit, gain

とく 徳 virtue
▶徳の高い virtuous

とく 解く (問題を) solve; (職務を) relieve; (ほどく) untie, undo

とぐ 研ぐ (刃物を) grind, sharpen; (米を) wash

どく 毒 poison
▶毒のある poisonous

とくい 得意 (自慢) pride; (顧客) a customer
▶…が得意である be good at ..., be strong in ...
…を得意がる be proud of ...
得意になって proudly, triumphantly

とくぎ 特技 a specialty

どくさいしゃ 独裁者 a dictator, an autocrat

とくさん 特産 a special product, a specialty

とくしつ 特質 a characteristic

どくじの 独自の one's own, original, unique
▶独自に originally, in one's own way

どくしゃ 読者 a reader

とくしゅう 特集 (記事) a feature (article)
▶特集号 a special issue

とくしゅな 特殊な special, peculiar

どくしょ 読書 reading
▶広く読書する read widely
読書力を養う cultivate one's reading ability

とくしょく 特色 a characteristic, a feature

どくしんの 独身の single, unmarried

どくせん 独占 monopoly
▶独占する monopolize
独占的な exclusive

どくそう 独奏 a solo

どくそう(せい) 独創(性) originality
▶独創的な original, creative

とくだね 特種 a scoop

どくだんてきな 独断的な dogmatic, arbitrary

とぐち 戸口 a door, a doorway

とくちょう 特徴 a characteristic, a feature
▶特徴的な characteristic, distinctive

とくていの 特定の specific

とくてん 得点 →てん(点)

どくとくの 独特の one's own, peculiar, unique

とくに 特に especially, particularly, in particular

とくばい 特売 a sale
▶特売品 a bargain

とくはいん 特派員 a correspondent

とくべつな 特別な special, particular; (余分な) extra
→ SPECIAL 類義語
▶特別に specially, particularly

とくめいの 匿名の anonymous

とくゆうの 特有の characteristic, unique, peculiar

どくりつ 独立 independence

▶独立した independent
どくりょくで 独力で by [for] oneself
とげ a thorn, a splinter
とけい 時計 (置き・掛け時計) a clock; (腕時計) a watch
▶時計を巻く wind (up) a watch [clock]
とける 解ける (問題が) be solved, be worked out; (ほどける) come untied [undone]; (雪が) thaw (out); (疑いなどが) be cleared
とける 溶ける (固体が) dissolve, melt → MELT 類義語
とこ 床 (a) bed
▶床につく go to bed
どこ where
▶どこかで[に] anywhere, somewhere　どこででも anywhere, everywhere　どことなく somehow　どこにも…ない nowhere　どこまで how far, to what extent
とこや 床屋 (人) a barber; (店) a barbershop
ところ 所 (場所) a place, a spot, a site; (余地) room, space; (住所) an address; (点・部分) a point, a part
…ところだ (…するところだ) be going to do, be (just) about to do; (…したところだ) have done
ところで by the way, incidentally, well
とざん 登山 climbing, mountaineering
▶登山家 a mountaineer, an alpinist
とし 年 (暦の) a year; (年齢) age
▶年をとる get old　年をとった old, aged → OLD 類義語
とし 都市 a city, a town
▶都市の urban　姉妹都市 a sister city (to)
としうえの 年上の older, senior
とじこめる 閉じ込める shut up, lock up
としした 年下の younger, junior
…として as
とじまりする 戸締まりする lock up
どしゃぶり どしゃ降り a heavy rain

としょ 図書 books
▶参考図書 reference books
図書館 a library　図書室 a library, a reading room
図書館学 library science
学校[巡回]図書館 a school [circulating] library
図書館員 a library clerk
としより 年寄り an old [elderly] person; [集合的に] old people, the elderly
とじる 閉じる close, shut
とじる 綴じる file
どせい 土星 Saturn
どそくで 土足で with one's shoes on
どだい 土台 a foundation, a basis
とだな 戸棚 a cupboard, a cabinet
とたんに suddenly; (…したとたんに) as soon as …
どたんばで どたん場で at the last moment
とち 土地 land, ground; (地域) an area, a region; (敷地) a lot
▶(その)土地の local
とちゅうで 途中で on one's [the] way (to), halfway
▶途中下車する stop over (at)
どちら (どれ) which; (どこ)where; (どなた)who
▶どちらか either
どちらも both　どちらも…ない not … either, neither
とっきゅう 特急 a limited express
とっきょ 特許 (a) patent
とっくに long ago, a long time ago
とっけん 特権 (a) privilege
とっさに (突然) suddenly; (すぐ) at once
とっしんする 突進する rush, dash
とつぜん 突然 suddenly, all of a sudden, abruptly
▶突然の sudden
どっち which
とって (…にとって) to, for
とって 取っ手 a handle; (ドアなどの) a knob
とっておく 取っておく keep, save
とってかわる 取って代わる replace, take the place of
とってくる 取って来る (go and) get, fetch

とっぱする 突破する (障害などを) break through, get over; (上回る) exceed
トップ the top, the first
どて 土手 a bank
とても (非常に) very, so
▶とても…ない not … at all, cannot possibly
とどく 届く (達する・着く) reach; (手に入る) get, receive
とどけ 届け a report, a notice
とどける 届ける (送る) send; (配達する) deliver; (持って行く) take; (報告する) report
ととのえる 整える (きちんとする) tidy (up), fix (up); (準備する) get ready, arrange
とどまる stay, remain
トナカイ a reindeer
となり 隣 (家) the next house, next door; (人) a (next-door) neighbor
▶隣の next, next-door, neighboring　隣近所 neighborhood　…の隣に住んでいる live next door to …
どなる 怒鳴る shout
とにかく anyway, anyhow
どの (どちらの) which; (何) what
▶どの…も any, every
どの…も…ない not any, no
どのくらい (数) how many; (量・金額) how much; (時間・長さ) how long; (距離) how far; (高さ) how high
どのように how
とばす 飛ばす fly; (吹き飛ばす) blow (off); (飛ばし読みする) skip
とびあがる 跳び上がる jump (up), leap (up)
とびおりる 飛び降りる jump down
とびこえる 跳び越える jump over
とびこむ 飛び込む dive into, jump into
とびだす 飛び出す jump out (of), run out (of)
とびつく 飛びつく jump at
とびら 扉 a door
とぶ 飛ぶ fly
とぶ 跳ぶ (はねる) jump, hop, leap

とほ 徒歩
▶徒歩で行く go on foot, walk (to)
とぼしい 乏しい poor, scarce
トマト a tomato
とまどう be puzzled
とまる 止まる (停止する) stop; (鳥などが) perch (on) →STOP 類義語
とまる 泊まる stay, put up (at)
とみ 富 riches, wealth
とむ 富む be rich (in)
とめる 止める・留める (停止させる) stop; (ガス・水道を) turn off; (固定する) fix, fasten
とめる 泊める put up, let ... stay
…とも (両方とも) both; (…を含めて) including
ともだち 友達 a friend
▶クラスの友達 a classmate
…と友達になる make friends with ... 親しい友達 a good [close] friend 生涯の友達 a lifelong friend よい[悪い]友達と交わる keep good [bad] company 友達づき合い companionship
ともなう 伴う (人を) go with, take; (人に) accompany; (物事に) accompany
ともに ともに (一緒に) together; (両方とも) both; (…とともに) with; (…につれて) as
どようび 土曜日 Saturday
トラ a tiger
ドライな (現実的・事務的) realistic, businesslike
ドライバー (運転者) a driver; (ねじ回し) a screwdriver
ドライブ a drive
ドライヤー a (hair) drier
とらえる 捕らえる catch, capture
トラック (車)《米》a truck, 《英》a lorry; (競技) a track
ドラッグ (麻薬) drug
▶(マウスで)ドラッグする drag
トラブル (a) trouble
トラベラーズチェック a traveler's check
ドラマ a drama
▶ドラマチックな dramatic

ドラム a drum
トランク (かばん) a trunk, a suitcase; (車の)《米》a trunk, 《英》a boot
トランプ cards
トランペット a trumpet
トランポリン a trampoline
とり 鳥 a bird, a fowl
▶鳥かご a bird cage 鳥肉・鶏肉 chicken
とりあえず (さしあたり) for the time being; (ただちに) right away, at once
とりあげる 取り上げる (手に取る) take up, pick up; (奪う) take away, deprive ... of; (問題を) take up, deal with
とりあつかい 取り扱い (物の) handling; (人の) treatment
▶取り扱い注意《掲示》 Handle with care.
とりあつかう 取り扱う handle, treat; (問題を) deal with; (商品を) deal in, carry
とりいれ 取り入れ a harvest
とりいれる 取り入れる (中に入れる) take in; (収穫する) harvest, gather; (採用する) adopt
とりかえす 取り返す get [take] back, recover
とりかえる 取り換える change, exchange, replace
とりかこむ 取り囲む surround
とりくむ 取り組む tackle, wrestle (with)
とりけす 取り消す (予約などを) cancel, call off; (申し出を) withdraw; (言ったことを) take back
とりしまり 取り締まり control, a crackdown, a clampdown
とりしらべ 取り調べ an investigation, (an) interrogation
とりだす 取り出す take out; (選び出す) pick out; (抽出する) extract
とりちがえる 取り違える mistake [take] (A for B), confuse (A with B); (誤解する) misunderstand
トリック a trick
とりつける 取り付ける (装置などを) install, fit up;

(すえ付ける) fix
とりのぞく 取り除く take away, remove
とりひき 取引 business
▶取引する do business (with), deal with
ドリブルする dribble
とりもどす 取り戻す get [take] back, recover
とりょう 塗料 paint
どりょく 努力 (an) effort, (an) endeavor →EFFORT 類義語
▶努力する make efforts [an effort], work hard
とりよせる 取り寄せる (注文する) order, send for
ドリル a drill
とる 取る・捕る (手に取る) take; (獲得する) get, win; (盗む) steal, rob; (つかまえる) catch; (脱ぐ・外す) take off; (食事を) eat, have; (場所・時間を) take (up) →TAKE 類義語
▶取るに足らない trifling, trivial
とる 撮る (写真を) take; (テープ・ビデオに) record
ドル a dollar
どれ which, what
▶どれでも any, anything どれほど how, however どれも every, all どれも~ない not ... any
どれい 奴隷 a slave
▶奴隷制度 slavery
トレード trade
▶トレードマーク a trademark
トレーナー (人) a trainer; (衣服) a sweat shirt
トレーニング training
▶トレーニングをする train トレーニングウェア a sweat suit
ドレス a dress
ドレッシング (a) dressing
どろ 泥 mud, dirt
▶泥だらけの muddy
トロフィー a trophy
どろぼう (人) a thief, (強盗) a robber, a burglar; (行為) (a) theft, (a) robbery, (a) burglary
トロンボーン a trombone
トン (単位) a ton
どんかんな 鈍感な dull
どんどん (すばやく) quickly, rapidly; (次から次へと) one after another

どんな (どのような) what; (いかなる) any; (どんなものも) anything
▶どんなに…でも however
どんなふうに how
トンネル a tunnel
どんぶり 丼 a bowl
トンボ a dragonfly
とんや 問屋 a wholesale store
どんよりした (陰うつな) gloomy, dull; (灰色の) gray

な

な 名 a name
ない (打ち消し) not, no; (欠いている) lack, be missing; (所有しない) do not have, have no …; (存在しない) be not, there is [are] no...
ないか 内科 internal medicine
▶内科医 an internist, a physician
ないかく 内閣 a cabinet
▶内閣総理大臣 the prime minister
ないしょの 内緒の secret
▶内緒で in secret, secretly
ないせん 内線 an extension
ないせん 内戦 a civil war
ないぞう 内臓 internal organs
ナイター a night game
ナイフ a knife
ないぶ 内部 the inside
ないや 内野 the infield
▶内野手 an infielder
ないよう 内容 content(s)
ナイロン nylon
なえ 苗 a seedling
なお (まだ) still; (ますます) still more, even
なおす 直す (修理する) repair, mend, fix; (訂正する) correct
なおす 治す (治療する) cure, heal → CURE 類義語
なおる 直る (修理される) be repaired, be mended, be fixed
なおる 治る (病気などが) recover, be cured
なか 中 (内部) the inside
▶中に in, inside …の中に in; (内部へ) into; (範囲) in, among …の中から out of …の中を通って through

なか 仲 relationship
▶仲のよい友達 a good friend
ながい 長い long
▶長く long
長くする lengthen
ながいきする 長生きする live long; (…より) outlive
ながぐつ 長靴 boots
ながさ 長さ length
ながし 流し (台所の) a sink
ながす 流す (排水する) drain; (洗い[押し]流す) wash away; (勢いよく) flush; (涙を) shed
なかなおりする 仲直りする make up (with), make friends again (with)
なかなか (たいへん) very, quite, fairly; (なかなか…しない) not readily [easily], will not
なかにわ 中庭 a courtyard, a court
なかば 半ば (真ん中) the middle; (半分) half
なかま 仲間 company, a friend, a mate
なかみ 中身 contents
ながめ 眺め a view
ながめる 眺める look at; (見渡す) look around; (凝視する) watch
なかゆび 中指 (手の) a middle finger
なかよく 仲よく (楽しく) happily ▶仲よくする [なる] be [make] friends (with)
なかよし 仲よし a good friend
…ながら (…しつつ) as …, while …; (…にもかかわらず) in spite of …
ながれ 流れ a flow, a current
▶流れ星 a shooting star
ながれる 流れる (水が) flow, run; (時が) pass; (中止になる) be called off
なきごえ 泣き声 a cry; (すすり泣き) a sob
なきごえ 鳴き声 a cry; (鳥の) a song; (猫の) a meow; (犬の) a bark; (虫の) a chirp
なく 泣く cry; (涙を流して) weep; (すすり泣く) sob → WEEP 類義語
▶わっと泣き出す burst [break] into tears

なく 鳴く cry; (鳥などが) sing
なぐさめ 慰め (a) comfort
なぐさめる 慰める comfort, console
なくす (失う) lose; (廃止する) do away with
なくなる (紛失する) be lost, be missing; (尽きる) run out (of)
なくなる 亡くなる (死ぬ) pass away, die
なぐる 殴る strike, hit, beat
なげく 嘆く grieve
なげだす 投げ出す (放り出す) throw out; (放棄する) give up
なげる 投げる throw, pitch; (あきらめる) give up
→ THROW 類義語
なごやかな 和やかな friendly
なさけ 情け (同情) sympathy; (慈悲) mercy; (哀れみ) pity
なさけない 情けない pitiful; (みじめな) miserable
ナシ 梨 a (Japanese) pear
…なしで without
▶…なしで済ます do without
なしとげる 成し遂げる achieve, attain
→ ACHIEVE 類義語
ナス 《米》an eggplant, 《英》an aubergine
なぜ why
なぜなら because
なぞ 謎 a mystery
なぞなぞ a riddle
なだめる soothe, calm
なだれ 雪崩 an avalanche
なつ 夏 summer
▶夏時間 daylight saving time 夏休み the summer vacation [《英》holidays]
なつかしむ 懐かしむ miss, long [yearn] for
なづける 名づける name, call
なっとくする 納得する understand, be satisfied (with)
なでる stroke, pet
…など and so on, etc.
なな 7 seven
▶7番目 the seventh
ななじゅう 70 seventy
▶70番目 the seventieth
ななめの 斜めの diagonal, slanting
▶斜めに diagonally, aslant
なに 何 what
▶何か something, anything

なにしろ 何しろ
（とにかく）anyway
…なので because, since
…なのに though
ナプキン a napkin
なふだ 名札 a name card
なべ 鍋 a pan;（深い）a pot
なまいきな 生意気な
 impudent, saucy
なまえ 名前 a name
なまける 怠ける be lazy;
（怠る）neglect
ナマズ a catfish
なまの 生の（調理していない）
 raw, uncooked;
（放送などが）live
▶生野菜 fresh vegetables
なまり 鉛 lead
なまり 訛り an accent
なみ 波 a wave;
（さざ波）a ripple
なみ 並 the average
▶並の average, ordinary
なみだ 涙 tears
▶涙を流す shed tears
なめらかな 滑らかな smooth;
（流ちょうな）fluent
なめる lick;（甘くみる）
 make light of
なやます 悩ます trouble;
（不安などで）worry
→ WORRY [類義語]
なやみ 悩み (a) trouble,
(a) worry
なやむ 悩む worry, be
 worried, be troubled
…なら（…に関しては）as for…
ならう 習う learn;（レッスンを
受ける）take lessons
ならす 鳴らす sound;（ベルを）
 ring;（警笛などが）blow
ならす 慣らす accustom;
（訓練する）train;
（動物を）tame
…ならない
▶…しなければならない must,
 have to, should
…してはならない must not,
 should not, Don't do …
ならぶ 並ぶ line up, stand
 in a line
ならべる 並べる arrange;
（1列に）line up;（隣り合わ
せに）put … side by side
なりたつ 成り立つ be made
 up (of), consist (of)
なる（ある状態に）become,

be, get, grow;（変わる）
 turn (into), change (into);
（数量が達する）come to
▶…するようになる come to
 do
なる 成る（成り立つ）be
 made up (of), consist (of)
なる 鳴る sound;（ベルが）
 ring;（警笛などが）blow
なる 生る（実がなる）grow;
（実をつける）bear
なるほど（確かに）indeed;
（わかった）I see.
ナレーター a narrator
なれる 慣れる get used (to),
 get accustomed (to)
なわ 縄 a rope
▶縄跳びをする jump rope
なんかい 何回 how many
 times, how often
なんきょく 南極
 the South Pole
▶南極の antarctic
 南極地方 the Antarctic
なんじ 何時 what time,
 when
ナンセンス nonsense
なんて（感嘆）how, what
なんでも 何でも
（どれでも）anything, any;
（すべて）everything
なんとか 何とか somehow
▶何とか…する manage to
 do
なんとなく 何となく
 somehow
なんとも 何とも very,
 extremely, really
なんにち 何日 What's the
 date …?;（日数）How
 many days …?
なんねん 何年
（年度・学年）What year…? /
 What grade…?;
（年数）How many years…?
なんの 何の（疑問）what;
（何の…もない）not … at all
 [in the least]
ナンバー a number;
（車の）a license number
▶ナンバープレート a license
 plate
なんぱする 難破する
 be wrecked
▶難破船 a wreck
なんばん 何番
 What number …?
なんぶ 南部 the southern
 part, the south
なんみん 難民 a refugee

に

に 2 two
▶2番目 the second
 2位になる win (the) second
 prize
…に（場所）at, in, on;
（方向）to, toward;（時間）
 at, on, in;（目的・対象）to,
 for;（変化の結果）to, into
にあう 似合う become, suit;
（調和する）match, go well
 (with)
▶…によく似合う look good
 in …
ニアミス a near miss
にいさん 兄さん a brother,
 an older brother
にえる 煮える boil;
（火が通る）cook
におい (a) smell;
（悪臭）stink →かおり
におう（においがする）smell
 (of);（怪しい）smell [sound]
 fishy
にかい 2回 twice
にかい 2階《米》the second
 floor,《英》the first floor
▶2階へ[に] upstairs
にがい 苦い bitter
にがす 逃がす（放す）set
 free, let go;（捕らえ損なう）
 miss, fail to catch
にがつ 2月 February
にがてな 苦手な weak, poor
▶…が苦手である be poor
 [not good] at …
にきび a pimple
にぎやかな（通りなどが）
 busy;（活気のある）lively
にぎる 握る hold;
（しっかり）grasp, grip
にく 肉（食用の）meat;
（人間・動物の）flesh
▶肉屋（人）a butcher;
（店）a butcher's (shop),
 a meat shop
にくい 憎い hateful
…にくい（難しい）hard,
 difficult (to do)
にくがん 肉眼
 the naked eye
にくたい 肉体 a body
にくむ 憎む hate
にくらしい 憎らしい hateful
にげる 逃げる run away,
 get away, escape
にこむ 煮込む stew
にごる 濁る get muddy

▶濁った muddy; (汚れた) dirty; (空気が) foul
にさんかたんそ 二酸化炭素 carbon dioxide
にし 西 the west
▶西の west, western
西へ[に] west, westward
にじ 虹 a rainbow
にじゅう 20 twenty
▶20番目 the twentieth
にじゅうの 二重の double
▶二重唱[奏] a duet
ニシン a herring
ニス varnish
にせの 偽の false
▶偽物 a fake, an imitation
にちじょうの 日常の everyday, daily
▶日常生活 daily life
にちぼつ 日没 sunset, 《米》sundown
にちようび 日曜日 Sunday
▶日曜大工 do-it-yourself
にちようひん 日用品 daily necessities
にっかんの 日刊の daily
▶日刊新聞 a daily (newspaper)
にっき 日記 a diary, a journal
▶日記をつける keep a diary
ニックネーム a nickname
にっこう 日光 sunshine, sunlight, the sun
▶日光浴 sunbathing
にっしょく 日食 a solar eclipse
にっちゅう 日中 (昼間に) in the daytime, during the day
にってい 日程 a day's schedule [program]
にている 似ている
→にる (似る)
にど 2度 twice; (再び) again
にとう 2等 the second; (客室など) the second class
にねんせい 2年生 a second-year student [pupil];
(小学校) a second grader;
(中学校) an eighth grader;
(高校) a junior;
(大学) a sophomore
にばい 2倍 twice, double
▶…の2倍の大きさの twice as large as … →ばい
にぶい 鈍い dull;
(動作が) slow
にほん 日本 Japan

▶日本語 Japanese
日本人 a Japanese,
[総合的に] the Japanese
日本(人, 語)の Japanese
日本画 Japanese paintings
にもつ 荷物 (手荷物) 《米》 baggage, 《英》 luggage;
(積み荷) a load
→つつみ (包み)
にゅういん 入院 hospitalization
▶入院する go into (the) hospital, be hospitalized
入院患者 an inpatient
にゅうかいする 入会する join, become a member (of)
にゅうがくする 入学する enter school
▶入学式 an entrance ceremony
にゅうこくする 入国する enter (a country)
にゅうし 入試 an entrance examination
にゅうじょう 入場 entrance, admission
▶入場する enter, go in
入場者 visitors; (観客) spectators, an audience
入場料 an admission fee
にゅうしょうする 入賞する win a prize
ニュース news
▶ニュースキャスター an anchor(person)
ニュース速報 a news bulletin, a newsflash
にゅうもんしょ 入門書 a guide, an introduction
にゅうよくする 入浴する take [have] a bath
にゅうりょく 入力 input
▶入力する input, punch in
にらむ glare (at), look angrily (at)
にる 似る resemble, be [look] like, take after
にる 煮る boil; (料理する) cook; (とろ火で) simmer
にわ 庭 a garden, a yard
→ GARDEN [類義語]
▶庭いじり gardening
にわかあめ にわか雨 a shower
▶にわか雨にあう be caught in a shower
ニワトリ 鶏 a chicken; (おんどり) 《米》 a rooster, 《英》 a cock; (めんどり) a hen

にんき 人気 popularity
▶人気のある popular
人気者 a popular person, a favorite
にんぎょう 人形 a doll
▶人形劇 a puppet show
にんげん 人間 a human (being), man
▶人間の[的な] human
人間味のある humane
人間性 humanity
にんしき 認識 understanding, recognition
▶認識する understand, recognize
にんじょう 人情 human feelings, (warm) heart
▶人情のある humane, warmhearted
にんしん 妊娠 (a) pregnancy
▶妊娠する[している] become [be] pregnant
妊娠中絶 (an) abortion
ニンジン a carrot
にんそう 人相 looks
にんたい 忍耐 patience
▶忍耐強い patient
ニンニク garlic
にんめいする 任命する appoint, name

ぬ

ぬう 縫う sew
▶縫い目 a seam
ぬかす 抜かす (省く) omit, leave out; (とばす) skip
ぬかるみ mud, mire
ぬく 抜く (引き抜く) pull out, draw out;
(追い越す) pass, get ahead (of);
(省く) omit, skip
ぬぐ 脱ぐ take off, remove
ぬぐう wipe
ぬけめない 抜け目ない smart, shrewd
ぬける 抜ける
(取れる) come out [off];
(通る) go through; (あるべきものがない) be missing;
(やめる) leave, quit
ぬすみ 盗み (a) theft, stealing
ぬすむ 盗む steal, rob
ぬの 布 cloth
ぬま 沼 a swamp, a marsh
ぬらす wet
ぬる 塗る (塗料を) paint;

ぬるい lukewarm, tepid
ぬれる get wet
▶ぬれた wet → WET [類義語]

ね

ね 根 a root
▶根づく take root
ねあげする 値上げする raise the price (of)
ねうち 値打ち value, worth
▶値打ちのある valuable
ねえ （呼びかけ）hey, hi, 《米》Say, 《英》I say
ネオン a neon (sign)
ネガ a negative
ねがい 願い （願望）a wish, a hope; （要求）a request
▶お願いがあるのですが Will you do me a favor?
ねがう 願う wish, hope; （依頼する）ask, request
ネギ a leek; （タマネギ）an onion
ネクタイ a tie, a necktie
ネコ 猫 a cat
▶子猫 a kitten, a kitty
ねさげする 値下げする lower [cut down] the price (of)
ねじ a screw
▶ねじ回し a screwdriver
ねじる twist; （回す）turn
ねすごす 寝過ごす oversleep
ネズミ （小型の）a mouse; （大型の）a rat
ねたむ envy, be jealous (of), be envious (of)
ねだる ask, beg
ねだん 値段 a price
ねつ 熱 heat;
 （体温）(a) temperature;
 （病気の）(a) fever
▶熱がある have a fever
ねつい 熱意 eagerness, enthusiasm
ねっきょう 熱狂 enthusiasm
▶熱狂的な enthusiastic 熱狂する get excited, go wild
ネックレス a necklace
ねっしんな 熱心な eager, earnest, hard
▶熱心に eagerly, hard
ねっする 熱する heat (up)
ねったい 熱帯 the tropics
▶熱帯の tropical 熱帯雨林 a (tropical) rain forest
ねっちゅうする 熱中する

be absorbed (in), be crazy (about)
ネット a net;
 （インターネット）the Net
▶ネットサーフィン Net surfing
ねっとう 熱湯 boiling water
ネットワーク a network
ねつぼうした 熱望した eager → EAGER [類義語]
ねつれつな 熱烈な ardent, enthusiastic
ねばねばした sticky
ねばりづよい 粘り強い steady, persistent
ねばる 粘る
 （粘り気がある）be sticky;
 （根気よく続ける）stick (to)
ねぼうする 寝坊する get up late, oversleep
ねまき 寝巻き nightclothes;
 （パジャマ）pajamas;
 （ネグリジェ）a nightgown
ねむい 眠い sleepy, drowsy
ねむり 眠り sleep
ねむる 眠る sleep;
 （寝つく）fall asleep;
 （永眠する）die, pass away;
 （使われていない）lie idle [unused]
ねらい 狙い (an) aim, a purpose
ねらう 狙う aim (at); （機会などをうかがう）watch for
ねる 寝る （床につく）go to bed; （眠る）sleep; （横になる）lie down
ねる 練る （粉などを）knead; （案などを）work out
ねん 年 a year
ねんいりな 念入りな careful; （手の込んだ）elaborate
ねんがじょう 年賀状 a New Year's card
ねんかん 年鑑 an almanac, a yearbook
ねんがん 念願 a dream, a wish
ねんきん 年金 a pension
ねんざ a sprain
ねんじゅう 年中 （一年中）all (the) year round; （いつも）always
ねんど 粘土 clay
ねんのため 念のため to make sure; （用心のため）(just) in case
ねんりょう 燃料 fuel
ねんれい 年齢 age
▶年齢制限 the age limit

の

の 野 a field
…の （所有・所属）...'s, of; （場所・時間）at, on, in; （…のための）for; （部分・分量）of
ノイローゼ neurosis
▶ノイローゼの neurotic
のう 脳 (a) brain
のうか 農家 （人）a farmer; （家）a farmhouse
のうぎょう 農業 agriculture, farming
▶農業の agricultural
のうさくもつ 農作物 crops, farm products
のうし 脳死 (a) brain death
のうじょう 農場 a farm
のうそん 農村 a farming [farm] village
のうみん 農民 a farmer
のうりつ 能率 efficiency
▶能率的な efficient
のうりょく 能力 ability, capacity
▶能力のある able (to do), capable (of doing)
ノー （ゼロの）no-, non-, no; （否定）no
ノート a notebook; （メモ）a note
▶ノートパソコン a notebook (computer), a laptop
のがれる 逃れる run away, escape
のこぎり a saw
のこす 残す leave; （蓄える）save
のこり 残り the rest, the remainder
のこる 残る be left, remain; （とどまる）stay
のせる 乗せる （上に）put (on); （車に）give ... a ride
のせる 載せる （貨物を）load; （記事を）carry
のぞく 除く take off [away], remove
▶…を除いて except
のぞく 覗く look (into); （こっそり）peep (into)
のぞみ 望み a wish, (a) hope
のぞむ 望む want, hope, wish; （期待する）expect
のぞむ 臨む （面する）face; （出席する）attend
ノックアウト a knockout
ノックする knock (on, at)

のっとる 乗っ取る
 (飛行機を) hijack;
 (会社などを) take over
…ので because, since
のど a throat
 ▶のどが渇いた thirsty
のどかな peaceful
…のに (…にもかかわらず)
 although, though,
 in spite of; (一方) while
のばす 伸ばす (長くする)
 make ... longer, extend;
 (真っすぐにする) straighten;
 (能力などを) develop
のばす 延ばす (延期する)
 put off; (期間を) extend
のはら 野原 a field;
 (平原) a plain
のびる 伸びる
 (長くなる) stretch, extend;
 (成長する) grow;
 (進歩する) make progress
のびる 延びる
 (延期される) be put off;
 (期間を) extend
のべる 述べる state, express
のぼりの 上りの (道などが)
 uphill; (列車など) up
のぼる 上る・登る・昇る
 (上に) go up; (山などに)
 climb; (太陽が) rise;
 (達する) amount (to)
ノミ a flea
 ▶のみの市 a flea market
のみこむ 飲み込む swallow;
 (理解する) understand
のみもの 飲み物 a drink
のむ 飲む drink, have;
 (薬を) take
のり (接着剤) paste, glue
のりおくれる 乗り遅れる
 miss
のりかえ 乗り換え
 (a) transfer
のりかえる 乗り換える
 change, transfer
のりくみいん 乗組員
 [集合的に] a crew; (1人)
 a crewman, a crew member
のりこえる 乗り越える get
 over; (克服する) overcome
のりもの 乗り物 (陸上の) a
 vehicle; (空の) an aircraft
のる 乗る (電車・飛行機などに)
 get on, go on board;
 (車などに) get in; (自転車・
 馬などに) ride; (利用する)
 take; (物の上に) get on
のる 載る (記事などが)
 appear, be reported

ノルマ a quota
のんきな easygoing,
 carefree
のんびり(と) leisurely
 ▶のんびりする relax,
 take it easy
ノンフィクション
 nonfiction

は

は 歯 a tooth (複 teeth)
 ▶歯ぐき gums
 歯ブラシ a toothbrush
 歯磨き toothpaste
 歯が痛い have a toothache
は 葉 a leaf
は 刃 an edge;
 (刀などの) a blade
ばあい 場合 a case,
 an occasion → CASE[1] 類義語
 ▶この場合 in this case
 …の場合には in case of ...
バーゲン (セール) a sale
バーコード a bar code
パーセント a percent
パーティー a party
 ▶パーティーを開く give
 [have, hold] a party
パート (パートタイム) a part-
 time job, (パートで働く人)
 a part-time worker, a part-
 timer; (音楽) a part
ハードウェア hardware
ハードル a hurdle
 ▶400m ハードル競走 the 400
 m hurdles
ハーフ (前半・後半) a half;
 (ハーフバック) a halfback
ハープ a harp
バーベキュー (a) barbecue
パーマ (ネント)
 a permanent (wave)
ハーモニカ a harmonica,
 a mouth organ
はい (質問への答え) yes; (出
 欠の返事) Present. / Here. /
 Yes. / (物を手渡すとき) Here
 it is. / Here you are.
はい 灰 ashes
はい 肺 a lung
ばい 倍 (2倍) twice;
 (2倍の数・量) double;
 (…倍) … times →にばい
 ▶倍にする［なる] double
パイ (a) pie
はいいろ(の) 灰色(の)
 gray, (英) grey
はいえい 背泳
 the backstroke

バイオテクノロジー
 biotechnology
バイオリン a violin
 ▶バイオリン奏者 a violinist
はいきガス 排気ガス
 exhaust gas
はいきぶつ 廃棄物 waste
ばいきん ばい菌 a germ
ハイキング hiking, a hike
バイク a motorbike,
 a motorcycle
はいけい 背景
 a background;
 (舞台の) scenery
はいけい 拝啓 Dear ...
はいざら 灰皿 an ashtray
はいしゃ 歯医者 a dentist
ハイジャック a hijack
ばいしょう 賠償
 compensation
 ▶賠償する compensate
ばいしん 陪審 a jury
 ▶陪審員 a juror
はいたつ 配達 (a) delivery
 ▶配達する deliver
ばいてん 売店 a stand;
 (駅などの) a kiosk
バイト
 (コンピュータ) a byte;
 (アルバイト) a part-time job
パイナップル a pineapple
ばいばい 売買 buying and
 selling, trade
バイパス a bypass
ハイヒール high heels,
 high-heeled shoes
ハイフン a hyphen
ハイヤー a specially hired
 car, a limousine taxi
はいやく 配役
 the cast (of a play)
はいゆう 俳優 an actor;
 (女優) an actress
はいりょ 配慮 attention,
 consideration
 ▶配慮する consider
はいる 入る (部屋などに)
 enter, go [come] into;
 (学校などに) enter; (クラブな
 どに) join; (収容する) hold,
 accommodate; (時期になる)
 begin, set in
パイロット a pilot
はう crawl, creep
バウンド a bounce,
 a bound
 ▶バウンドする bound,
 bounce
ハエ a fly

はえる 生える grow
はか 墓 a grave, a tomb → GRAVE¹ 類義語
▶墓石 a gravestone, a tombstone
ばか (人) a fool
▶ばかな foolish, stupid, silly → FOOLISH 類義語
はかい 破壊 destruction
▶破壊する destroy → DESTROY 類義語
はがき 葉書 a postcard
はがす tear off, (皮を) peel (off)
はかせ 博士 a doctor, Dr.
はかどる get along (with), make (good) progress
ばかばかしい absurd
はかり scales, a balance
…ばかり (およそ) about, around; (…だけ) only; (…したばかり) just
はかる 計る・測る・量る (寸法・量を) measure, (重さを) weigh; (時間を) time, (体温などを) take
はがれる come off, peel off
バカンス 《米》a vacation, 《英》holidays
はきもの 履き物 (総称) footwear; (靴) shoes
はく 吐く (息などを) breathe out; (もどす) throw up, vomit
▶吐き気がする feel sick
はく 掃く sweep
はく 履く put on; (履いている) wear
はぐ tear off, strip (off); (皮を) peel (off); (動物の皮を) skin
バグ (コンピュータ) a bug
はくし 白紙 blank paper
はくし 博士 a doctor, Dr.
はくしゅ 拍手 clapping; (拍手かっさい) applause
▶拍手をする clap (one's hands)
はくしょ 白書 a white paper
はくじょうする 白状する confess
はくじょうな 薄情な coldhearted, heartless
はくじん 白人 a white; [集合的に] white people
ばくぜんと 漠然と vaguely
▶漠然とした vague
ばくだいな ばく大な vast, huge, great

ばくだん 爆弾 a bomb
ハクチョウ 白鳥 a swan
バクテリア bacteria
ばくはつ 爆発 an explosion; (火山の) (an) eruption
▶爆発する explode, blow up; erupt
はくぶつかん 博物館 a museum
はくらんかい 博覧会 a fair; (大規模な) an exposition, 《口語》an expo
はくりょく 迫力 force, power
はぐるま 歯車 a gear
はぐれる (…を見失う) lose sight of; (迷子になる) be [get] lost
はけ 刷毛 a brush
はげしい 激しい hard, violent; (量・程度など) heavy; (苦痛など) severe
▶激しく hard, violently; heavily
バケツ a bucket, a pail
はげます 励ます cheer up, encourage
はげむ 励む work hard, concentrate (on)
ばけもの 化け物 (怪物) a monster; (幽霊) a ghost
はげる (ペンキなどが) come off; (頭髪が) become bald
▶ (頭の) はげた bald, thin
はこ 箱 a box, a case
はこぶ 運ぶ (物を) carry; (物事が) go → CARRY 類義語
バザー a bazaar
はさみ scissors
はさむ 挟む put ... between, insert, catch ... in
▶挟まれる get caught
はさん 破産 bankruptcy
▶破産する go bankrupt
はし 橋 a bridge
はし 端 (先端) an end, a tip; (ふち) an edge; (側) a side
はし 箸 (食事用の) chopsticks
はじ 恥 (a) shame
はしか measles
はしご a ladder
はじまり 始まり (開始) the beginning; (起源) origin
はじまる 始まる begin, start
はじめ 初め・始め the beginning

▶初めに at the beginning, first
初め(のうち)は at first
はじめて 初めて first, for the first time
はじめまして 初めまして How do you do? / Nice to meet you.
はじめる 始める begin, start → BEGIN 類義語
ばしゃ 馬車 (4輪の) a carriage; (2輪の荷物用) a cart
はしゃぐ be excited
パジャマ pajamas, 《英》pyjamas
ばしょ 場所 a place; (余地・空間) room, space; (位置) a position, a location
はしら 柱 a pillar, a post, a pole
▶柱時計 a wall clock
はしる 走る run; (ゆっくりと) jog
はず (当然) no wonder; (確信) must, ought to, should; (予定) be (going) to do
▶はずがない cannot
バス (乗り物) a bus; (音楽) bass; (魚) a bass
▶2階建てバス a double-decker バス停 a bus stop バスが通っていない There is no bus service.
パス (球技・トランプ) a pass; (無料入場[乗車]券) a (free) pass
はずかしい 恥ずかしい ashamed; (きまりが悪い) embarrassed; (恥ずべき) shameful; (照れくさい) shy
ハスキーな husky
バスケット (かご) a basket
▶バスケットボール basketball
はずす 外す take off, remove; (席を) leave
パスタ pasta
バスト a bust
パスポート a passport
はずむ 弾む bounce, bound
パズル a puzzle
▶クロスワードパズル a crossword (puzzle)
はずれる 外れる (とれる) come off; (的などを) miss
パセリ parsley
パソコン a personal computer, a PC
はた 旗 a flag

はだ 肌 (a) skin
バター butter
パターン a pattern
はだかの 裸の naked, nude, bare → BARE 類義語
はたけ 畑 a field, a farm
はたす 果たす (成し遂げる) accomplish, achieve; (遂行する) carry out
はだしで barefoot, in bare feet
バタフライ the butterfly
はたらき 働き (労働) work; (機能) a function
はたらく 働く (労働する) work, labor; (作動する) work
はち 8 eight
▶8番目 the eighth
ハチ 蜂 (ミツバチ) a bee; (スズメバチ) a hornet
▶ハチの巣 a honeycomb
はちみつ honey
はちがつ 8月 August
はちじゅう 80 eighty
▶80番目 the eightieth
はちゅうるい 爬虫類 a reptile
ばつ (印) an x
ばつ 罰 (a) punishment, (a) penalty
はつおん 発音 (a) pronunciation
▶発音する pronounce
発音記号 a phonetic sign [symbol]
ハッカ peppermint
ハツカネズミ a mouse
はっきり(と) clearly; (記憶などが) vividly
▶はっきりした clear; vivid
ばっきん 罰金 a fine, a penalty
バック (うしろ) the back; (背景) the background
▶バックネット a backstop
バックミラー a rearview mirror
バッグ a bag
ばつぐんの 抜群の outstanding; (優秀な) excellent
はっけん 発見 (a) discovery
▶発見する discover
発見者 a discoverer
はつげん 発言 a speech, a statement; (意見) a remark
▶発言する speak
はつこい 初恋 one's first love
はっこう 発行 publication, issue
▶発行する publish, issue
発行部数 (a) circulation
バッジ a badge
はっしゃ 発車 departure
▶発車する depart, start, leave
はっしゃする 発射する (ロケットを) launch; (銃を) fire
はっする 発する emit, give off
ばっする 罰する punish
はっせいする 発生する occur, happen; (災害などが) break out
バッタ a grasshopper
バッター a batter
はったつ 発達 development, growth
▶発達する develop, grow
ばったり (偶然) by chance; (突然) suddenly
▶ばったり会う meet ... by chance, come across ばったり倒れる fall flat, drop
バッテリー a battery
はってん 発展 development, growth; (進歩) progress
▶発展する develop, grow; make progress 発展途上国 a developing country
はつでんしょ 発電所 a power station [plant]
バット a bat
ぱっと (突然) suddenly; (急速) quickly
▶ぱっと燃え上がる flare up
ぱっとひらめく flash (across)
はつばいする 発売する sell, put on sale
はっぴょう 発表 announcement
▶発表する announce
はつめい 発明 invention
▶発明する invent
発明家 an inventor
はでな 派手な showy, loud, gaudy
▶…には派手すぎる be too showy for ...
ハト a pigeon, a dove
▶ハト時計 a cuckoo clock
パトカー a police car, a patrol car
バドミントン badminton
パトロール patrol
バトン a baton
はな 花 a flower; (果樹の) a blossom → FLOWER 類義語
▶花束 a bouquet
花屋 (店) a flower shop, a florist('s); (人) a florist
はな 鼻 a nose
▶鼻血 nosebleed
はなうた 鼻歌 (a) humming
▶鼻歌を歌う hum
はなし 話 (談話) a talk; (演説) a speech; (話題) a topic; (物語) a story, a tale; (うわさ) (a) rumor → SPEECH 類義語
▶話をする talk (to, with), have a talk
はなしあい 話し合い a talk; (議論) (a) discussion
はなしあう 話し合う talk; (議論する) discuss; (交渉する) negotiate → DISCUSS 類義語
はなしことば 話し言葉 spoken language
はなす 話す speak, talk, tell → SPEAK 類義語
はなす 離す part, separate
はなす 放す let ... go
バナナ a banana
はなび 花火 fireworks
はなびら 花びら a petal
はなむこ 花婿 a (bride)groom
はなやかな 華やかな gorgeous, brilliant, bright
はなよめ 花嫁 a bride
はなれる 離れる (去る) leave; (別れる) separate, part
パニック (a) panic
はね 羽 (羽毛) a feather; (翼) a wing
ばね a spring
はねる (跳び上がる) jump, leap; (ボールが) bounce; (水が) splash; (車が) hit
はは 母 a mother
▶母の日 Mother's Day
はば 幅 width
▶幅が広い broad, wide → BROAD 類義語
パパ a dad, a daddy
パフォーマンス a performance
はぶく 省く omit
はへん 破片 a (broken) piece, a fragment
ハマグリ a clam
はまべ 浜辺 a beach

はまる fit
ハム （食品） ham; （アマチュア無線家） a (radio) ham
はめる （手袋などを） put on, （はめている） wear; （挿入） put in, insert
はめをはずす 羽目を外す let oneself go
ばめん 場面 a scene
はやい 早い （時刻・時期） early
▶早く early; （すぐに） soon
はやい 速い （速度） fast; （動作）quick;（急速な）rapid → FAST¹ 類義語
▶速く fast; quickly; rapidly
速さ (a) speed
はやし 林 a wood(s), a grove
はやねする 早寝する go to bed early
▶早寝早起きをする keep early hours
はやまる 早まる be hasty, rush
はやり fashion
はやる （流行する） come into fashion, be popular; （病気が） go around
はら 腹 a stomach, a belly
▶腹ばいになる lie on one's stomach　腹を立てる get angry, lose one's temper
バラ a rose
▶バラ色の rosy
はらう 払う （金を） pay; （注意などを） pay, show; （ほこりを） dust (off)
パラシュート a parachute
はらはらする feel nervous; （軽い物が落ちる） flutter
ばらばらに （別々に） apart, separately; （粉々に） to pieces
ばらまく scatter
バランス balance
はり 針 （縫い針） a needle; （留め針） a pin; （時計の） a hand; （釣り針） a hook; （ハチなどの） a sting
はりがね 針金 (a) wire
ばりき 馬力 horsepower
バリケード a barricade
ハリケーン a hurricane
はる 春 spring
はる （くっつける） stick, paste
はる 張る （伸ばす） stretch; （テントなどを） set [put] up, pitch

はるかに （距離） far (away); （程度） (by) far, much
バルコニー a balcony
はるばる all the way
はれ 晴れ fine weather
▶晴れの fine, fair, clear
バレエ （舞踊） (a) ballet
パレード a parade
バレーボール volleyball
はれぎ 晴れ着 Sunday clothes
はれつする 破裂する blow up, burst
パレット a palette
はれる 晴れる （天気が） clear (up); （心が） feel refreshed, cheer up; （疑いが） be dispelled
▶晴れ上がる clear up
はれる 腫れる swell
ばれる come out, be found out
バレンタインデー Saint Valentine's Day
ハロウィーン Halloween
はん 半 (a) half
はん 判 （印鑑） a seal, a stamp
はん 班 a group
ばん 晩 an evening, a night
▶晩ごはん a supper, a dinner
ばん 番 （番号） a number; （順番） a turn; （見張り） a watch
▶番をする watch, keep an eye on
パン bread
▶パン屋 （店） a bakery; （人） a baker
はんい 範囲 a range, an area, an extent
はんえい 繁栄 prosperity
▶繁栄する prosper
はんが 版画 a print; （銅版画） an etching; （石版画） a lithograph
ハンカチ a handkerchief
バンガロー （山小屋） a cabin
パンク （タイヤの） puncture; （音楽） punk (rock)
▶パンクする （タイヤが） go flat; （車などが） have a flat (tire)
ばんぐみ 番組 a program
はんけい 半径 a radius
はんけつ 判決 (a) judgment, (a)sentence,

a decision
ばんけん 番犬 a watchdog
はんこう 反抗 resistance
▶反抗する resist
ばんごう 番号 a number
はんざい 犯罪 (a) crime
▶犯罪者 a criminal
ばんざい 万歳 Cheers! / Hurrah!
ハンサムな good-looking, handsome
ばんさん 晩餐 a dinner
はんしゃ 反射 （光の） reflection; （反射運動） a reflex
▶反射する reflect
反射神経がいい［鈍い］ have good [slow] reflexes
はんじょうする 繁盛する prosper, be prosperous, thrive
はんする 反する （反対である） be contrary (to); （違反する） be against
はんせい 反省 reflection
▶反省する reflect (on)
ばんそうこう a (sticking) plaster, 《米》《商標》a Band-Aid
ばんそうする 伴奏する accompany
はんそく 反則 （競技などでの） a foul
パンダ a (giant) panda
はんたい 反対 （逆） the opposite, the reverse; （異議） (an) objection
▶反対の opposite, reverse
反対する oppose, object (to); （反対である） be opposed to
はんだん 判断 (a) judgment; （決定） a decision
▶判断する judge; decide
パンチ a punch
パンツ （下着） underpants, shorts; →ズボン
パンティー panties
▶パンティーストッキング pantyhose
ハンディキャップ a handicap
バンド （楽団） a band; （ベルト） a belt
はんとう 半島 a peninsula
はんどうたい 半導体 a semiconductor
はんとし 半年 half a year, a half year

ハンドバッグ a handbag, a purse
ハンドル (自動車の) a (steering) wheel; (自転車などの) handlebars; (取っ手) a handle
はんにん 犯人 a criminal
はんのう 反応 (a) reaction, (a) response
▶反応する react, respond
ばんのうの 万能の almighty, 《米》all-around, 《英》all-round
ハンバーガー a hamburger
ハンバーグ (a) hamburger
はんばい 販売 (a) sale
▶販売する sell
はんぱな 半端な odd
パンフレット a brochure, a pamphlet
はんぶん 半分 (a) half
はんらん 反乱 (a) revolt, (a) rebellion
はんらん 氾濫 (川などの) a flood
▶氾濫する flood, overflow

ひ

ひ 日 (1日) a day; (昼間) the day(time); (日付) a date; (太陽・日光) the sun
▶日当たりのよい sunny
ひ 火 fire; (マッチなどの) a light
▶火がつく catch fire
火をつける set fire (to); (たばこなどに) light
火の用心 Beware of fire.
び 美 beauty
ピアノ a piano
▶ピアノ奏者 a pianist
ひいきの favorite
▶ひいきする favor
ピーナッツ a peanut
ビーバー a beaver
ピーマン a green pepper
ビール (a) beer
ヒーロー a hero
ひえる 冷える get cold
ひがい 被害 damage
▶被害者 a victim
ひかえめな 控えめな (慎み深い) modest; (適度な) moderate
ひかえる 控える (慎む) refrain (from); (書き留める) write down
ひかく 比較 comparison
▶比較する compare (with, to) 比較的 comparatively
ひかげ 日陰 shade
ひがし 東 the east
▶東の east, eastern
東へ[に] east, eastward
ひかり 光 light; (光線) a ray
▶光ファイバー (an) optical fiber
ひかる 光る shine; (星などが) twinkle; (ぴかぴか) glitter; (ぴかっと) flash
ひかんてきな 悲観的な pessimistic
ひきあげる 引き上げる (物を) lift up; (値段を) raise
ひきうける 引き受ける take, undertake
ひきおこす 引き起こす cause, bring about
ひきかえす 引き返す get [turn] back, return
ひきざん 引き算 subtraction
▶引き算をする subtract
ひきずる 引きずる drag
ひきだし 引き出し a drawer
ひきだす 引き出す draw [take] out; (預金を) draw, withdraw
ひきつぐ 引き継ぐ take over, succeed
ひきとる 引き取る take back
ひきにく ひき肉 ground meat, 《英》mince
ひきのばす 引き伸ばす (写真を) enlarge
ひきのばす 引き延ばす (期間を) extend; (延期を) put off
ひきょうな 卑きょうな mean, unfair
ひきわける 引き分ける draw
ひく 引く (引っ張る) draw, pull; (線を) draw; (数を) take, subtract; (注意を) attract; (辞書などを) consult; (かぜを) catch
ひく 弾く (楽器を) play
ひく 挽く (のこぎりで) saw; (粉に) grind
ひく 轢く (車が) run over
ひくい 低い (高さ・程度などが) low; (身長が) short
▶低くする lower
ピクニック a picnic
ひげ (あごひげ) a beard; (口ひげ) a mustache; (ほおひげ) whiskers
▶ひげをそる shave
ひげき 悲劇 a tragedy
▶悲劇的な tragic
ひけつ 秘けつ a secret, the key
ひこう 飛行 (a) flight
ひこうき 飛行機 an airplane, a plane
▶飛行機で…へ行く fly to ...
ひこうじょう 飛行場 an airport; (小規模の) an airfield
ひざ a knee; (座ったときのももの上の部分) a lap
ビザ (査証) a visa
ピザ a pizza
ひさしぶりに 久しぶりに for the first time in a long time, after a long time [interval, absence]
▶久しぶりですね It's a long time since I saw you last. / 《口語》Long time no see.
ひざまずく kneel (down)
ひじ an elbow
▶ひじ掛けいす an armchair
ビジネス business
▶ビジネスマン (実業家) a businessman; (会社員) an office worker
びじゅつ 美術 art, the fine arts
▶美術館 an art museum
美術工芸 arts and crafts
ひしょ 秘書 a secretary
ひじょう 非常 (非常時) an emergency
▶非常階段 a fire escape, emergency stairs 非常ベル (火災用) a fire alarm; (防犯用) a burglar alarm
ひじょうに 非常に very, much, very much
ひしょち 避暑地 a summer resort
びしょぬれになる get wet through, get soaked
ビスケット 《米》a cookie, 《英》a biscuit
ヒステリー hysteria
ピストル a pistol, a gun
ひそかに secretly
ひそひそ in whispers
ひたい 額 a forehead, a brow
ひたす 浸す (ちょっと) dip; (どっぷりと) soak
ビタミン (a) vitamin
ひだり 左 the left
▶左の[に, へ] left
左利きの left-handed

ひっかかる 引っ掛かる catch
ひっかく 引っかく scratch
ひっかける 引っ掛ける (くぎなどに) catch; (つるす) hang
ひっきする 筆記する take notes, write down
▶筆記試験 a written exam
筆記用具 writing materials
ひっくりかえす ひっくり返す upset, turn ... upside down
ひっくりかえる ひっくり返る overturn; (倒れる) fall down
びっくりする be surprised, be astonished
▶びっくり箱 a jack-in-the-box
ひづけ 日付 a date
▶日付変更線 the date line
ひっこし 引っ越し a move, (a) removal
ひっこす 引っ越す move (to, into)
ヒツジ 羊 a sheep; (子羊) a lamb
▶羊の肉 mutton; lamb
羊飼い a shepherd
ひっしの 必死の desperate
▶必死に desperately
ひっしゅうの 必修の required
ひつじゅひん 必需品 necessaries, necessities
ひっそり(と) quietly, silently
▶ひっそりした quiet, silent
ぴったり (すき間なく) closely; (完全に) perfectly; (正確に) exactly
ピッチャー a pitcher
▶ピッチャープレート the pitching plate
ヒット a hit
▶ヒットチャートのトップである be at the top of the (hit) charts
ビット a bit
ひっぱる 引っ張る pull, draw → PULL [類義語]
ヒップ (腰) hips; (しり) buttocks
ひつよう 必要 need, necessity
▶必要な necessary
必要である need
ひてい 否定 (a) denial
▶否定する deny
否定的な negative

否定文 a negative sentence
ビデオ (a) video; (装置) a video(cassette) recorder, a VCR
▶ビデオテープ (a) videotape, videocassette …をビデオで見る see ... on video
ひと 人 (1人) a person; (人々) people; (他人) others; (性質) nature
▶人のよい[悪い] good [ill]-natured
ひどい (残酷な) cruel; (つらい・厳しい) hard, severe; (激しい) heavy; (大変な) terrible, awful
▶ひどく heavily; terribly, awfully; badly
ひとがら 人柄 personality
ひとくち ひと口 (食べ物の) a bite; (飲み物の) a sip
ひとこと ひと言 a word
ひとごみ 人込み a crowd
ひとごろし 人殺し (行為) (a) murder; (人) a killer, a murderer
ひとさしゆび 人さし指 a forefinger, an index finger, the first finger
ひとしい 等しい equal
ひとじち 人質 a hostage
ひとつ 1つ one
▶1つの a, an, one; (もう1つの) another, the other; (たった1つの) only, single
1つにつき each
ヒトデ a starfish
ひとで 人手 (働き手) a hand; (手助け) help
▶人手不足 labor shortage
ひとどおり 人通り traffic
ひとびと 人々 people
ひとなみの 人並みの (平均の) average; (まずまずの) decent
ひとまわり ひと回り a round
ひとみ 瞳 a pupil
ひとめで ひと目で at a glance, at first sight
ひとやすみ ひと休み a rest, a break
ひとり 1人・独り one (person); (各人) each
▶1人で alone; (自力で) oneself, by oneself
ひとりでに by itself
独りぼっちの alone, lonely
ひな a chick, a chicken
ひなたで[に] 日なたで[に] in the sun

ひなん 避難 shelter
▶避難する take shelter
避難民 a refugee
ひなん 非難 blame, (a) criticism
▶非難する blame, criticize
ビニール (a) plastic, vinyl
▶ビニール袋 a plastic bag
ひにく 皮肉 (an) irony
ひねる twist; (栓などに) turn
ひのいり 日の入り sunset, 《米》 sundown
ひので 日の出 sunrise, 《米》 sunup
ひばな 火花 a spark
ヒバリ a lark
ひはん 批判 criticism
▶批判する criticize
批判的な critical
ひび a crack
ひびき 響き (音) a sound
ひびく 響く (音が) sound; (反響する) echo; (影響する) affect, tell on
ひひょう 批評 a comment, criticism
▶批評する comment (on), criticize 批評家 a critic
ひふ 皮膚 skin
▶皮膚科医 a dermatologist
ひま 暇 (時間) time; (余暇) free time, leisure
▶暇な free
ヒマワリ a sunflower
ひみつ 秘密 a secret
びみょうな 微妙な delicate
▶微妙に delicately; (わずかに) slightly
ひめい 悲鳴 a scream, a shriek
ひも a string; (太い) a cord
ひやかす 冷やかす tease
ひゃく 100・百 a [one] hundred
ひゃくぶんりつ 百分率 percentage
ひゃくまん 100万・百万 a [one] million
ひやけ 日焼け a (sun)tan; (ひりひりする) a sunburn
▶日焼けする get tanned; get sunburned
ヒヤシンス a hyacinth
ひやす 冷やす cool (down)
ひゃっかじてん 百科事典 an encyclopedia
ひゃっかてん 百貨店 a department store
ヒヤリング (語学の) listening comprehension;

(公聴会) a hearing
ヒューズ a fuse
ビュッフェ a buffet
ヒューマニズム humanitarianism
ひよう 費用 (an) expense, a cost
ヒョウ a leopard; (黒ヒョウ) a panther; (アメリカヒョウ) a jaguar
ひよう 表 a table, a list; (予定表) a schedule
ひよう 票 a vote
ひょう 雹 hail
びよう 美容 beauty
▶美容室 a beauty parlor [《米》shop]
びょう 秒 a second
▶秒読み countdown
びょう 鋲 a tack
びょういん 病院 a hospital
ひょうか 評価 (a) valuation
▶評価する evaluate
ひょうが 氷河 a glacier
びょうき 病気 (a) sickness, (an) illness, (a) disease
→ ILLNESS 類義語
▶病気で[の] sick, ill
病気になる fall sick, be taken ill
病気で死ぬ die of illness
ひょうきんな funny, comical
ひょうけつ 評決 a verdict
ひょうげん 表現 (an) expression
▶表現する express
ひょうご 標語 (学校などの) a motto; (警察・政党などの) a slogan
ひょうざん 氷山 an iceberg
ひょうし 表紙 a cover
ひょうしき 標識 a sign
ひょうじゅん 標準 a standard; (平均) the average
▶標準的な standard; average
標準時 the standard time
ひょうじょう 表情 (an) expression, a look
ひょうしょうする 表彰する honor, award, commend
▶表彰式 an award-giving ceremony
びょうどうな 平等な equal
▶平等に equally
びょうにん 病人 a sick person; (患者) a patient
ひょうばん 評判 (a) reputation;

(人気) popularity
▶評判の (人気のある) popular; (有名な) famous
ひょうほん 標本 a specimen
ひょうめん 表面 the surface
ひょうろん 評論 (a) criticism; (本などの) a review
▶評論家 a critic
ひよけ 日よけ a blind; (店先などの) a sunshade
ひよこ a chick
ビラ (壁などの) a bill; (チラシ) a handbill; (ポスター) a poster
ひらおよぎ 平泳ぎ the breaststroke
ひらく 開く open; (会などを) give, have, hold; (花が) come out
ひらける 開ける (広がる) spread; (発展する) develop; (物事がわかる) be sensible; (開通する) be opened
ひらたい 平たい flat
ピラミッド a pyramid
ひらめく flash
ピリオド a period
ひりつ 比率 a ratio
ビリヤード billiards
ひりょう 肥料 (a) fertilizer
ひる 昼 (昼間) day, daytime; (正午) noon
▶昼ごはん (a) lunch
昼休み a lunch break
ビル a building
ひるね 昼寝 a nap
ひるま 昼間 day, daytime
ひれ (魚の) a fin
ひれい 比例 proportion
ひろい 広い (面積が) large, big, extensive, spacious; (幅が) wide, broad
→ BROAD 類義語
▶広くする enlarge; widen
ヒロイン a heroine
ひろう 拾う pick up; (見つける) find
ひろう 疲労 fatigue, exhaustion, tiredness
ひろがる 広がる spread
ひろげる 広げる (開く) open; (周りに) spread; (規模を) expand, extend; (幅を) widen
ひろさ 広さ extent; (面積) (an) area; (幅) width
ひろま 広間 a hall;

(船・ホテルなどの) a saloon
ひろまる 広まる spread
ひろめる 広める spread, make popular
ひん 品 (上品) elegance, grace, refinement
びん 便 (飛行機の) (a) flight
びん 瓶 a bottle; (広口の) a jar
▶空きびん an empty bottle
ピン a pin
びんかんな 敏感な sensitive
ピンク(の) pink
ひんけつ 貧血 anemia
ひんこん 貧困 poverty
ひんし 品詞 a part of speech
ひんじゃくな 貧弱な (乏しい) poor; (不十分な) meager
びんしょうな 敏捷な quick
ピンセット tweezers
ピンチ a pinch
▶ピンチヒッター a pinch hitter
ヒント a hint
ぴんと (強く張って) tight(ly), tensely
ピント (焦点) a focus; (要点) a point
ひんぱんに 頻繁に frequently, often
びんぼう 貧乏 poverty
▶貧乏な poor

ふ

ぶ 部 (クラブ) a club; (部門) a department; (部分) a part; (冊) a copy
▶部室 a clubroom
ファースト (一塁) first (base); (一塁手) a first baseman
ファーストフード fast food
ファイト fight, fighting spirit
ファイル a file
▶印字するファイル a file to be printed out
ファスナー a zipper
ファックス (a) fax
ファッション (a) fashion
▶ファッションモデル a fashion model
ファミコン (テレビゲーム) a video game
ふあん 不安 uneasiness

▶不安な uneasy
ファン a fan
フィギュアスケート figure skating
フィクション fiction
フィナーレ a finale
ふいに 不意に
(突然) suddenly;
(思いがけず) unexpectedly
▶不意の sudden; unexpected
フィルム (a) film
ぶいん 部員 a member;
(部局員) a staff member
ふう 封 a seal
▶封をする seal
…ふう …風 (様式・型)
(a) style, a manner, a fashion; (やり方) a way
ふうがわりな 風変わりな strange, odd, queer
→ STRANGE 類義語
ふうけい 風景 scenery;
(眺め) a view
▶風景画 a landscape
ふうし 風刺 satire
▶風刺の satirical
ふうしゃ 風車 a windmill
ふうせん 風船 a balloon
ふうぞく 風俗 manners,
(a) custom ▶風俗習慣 manners and customs
ブーツ boots
ふうとう 封筒 an envelope
プードル a poodle
ふうふ 夫婦 a couple, husband and wife
ブーム
(急激な人気) a boom
プール a (swimming) pool
ふうん 不運 bad luck
▶不運な unlucky, unfortunate
不運にも unfortunately
ふえ 笛 (横笛) a flute;
(たて笛) a recorder;
(合図の) a whistle
フェリー (ボート) a ferry, a ferryboat
ふえる 増える (数量が) increase; (重量が) gain
フェンシング fencing
フェンス a fence
フォーク (食事用の) a fork;
(フォークボール) a forkball
フォワード a forward
ふかい 深い deep
▶深く deep, deeply
ふかいな 不快な unpleasant
ふかさ 深さ depth

ふかす 蒸かす steam
ぶかつ 部活 extracurricular activities
ふかのうな 不可能な impossible
ふかんぜんな 不完全な imperfect
ぶき 武器 a weapon, arms
ふきげんな 不機嫌な bad-tempered, cross, grumpy
ふきそくな 不規則な irregular
ふきだす 吹き出す (噴出する) gush out, belch (out); (笑い出す) burst into laughter, burst out laughing
ふきとばす 吹き飛ばす blow
ぶきみな 不気味な weird
ふきゅうする 普及する become popular, spread
ふきょう 不況 a depression, a recession
ぶきような 不器用な clumsy
ふきん 付近 neighborhood
▶付近の nearby, neighboring …の付近に[で] near, around
ふく 服 clothes
▶最新流行の服を着ている be dressed in the latest fashion
ふく 吹く (風が) blow;
(楽器を) play, blow
ふく 拭く wipe; (水気を) dry
ふく… 副… vice-, sub-, co-
▶副社長 a vice-president
副操縦士 a copilot
ふくざつな 複雑な complicated, complex
→ COMPLEX 類義語
ふくさよう 副作用 side effects
ふくさんぶつ 副産物 a by-product
ふくし 福祉 welfare
▶福祉施設 a welfare facility
ふくし 副詞 an adverb
ふくしゅう 復習 (a) review
ふくそう 服装 clothes, dress
ふくつう 腹痛 a stomachache
ふくびき 福引き a lottery
ふくむ 含む contain, include → INCLUDE 類義語
ふくめる 含める include
▶…を含めて including, with
ふくらはぎ a calf
ふくらます

(空気を入れて) blow up
ふくらむ swell;
(パンなどが) rise
ふくれる swell;
(不機嫌になる) get sulky
ふくろ 袋 a bag
フクロウ an owl
ふけいき 不景気 a recession, a depression
ふけいざいな 不経済な uneconomical;
(むだな) wasteful
ふけつな 不潔な dirty
ふける 更ける get [become] late
ふける 老ける grow old
ふける 耽る (熱中する) be absorbed (in)
ふこう 不幸 unhappiness
▶不幸な unhappy;
(運の悪い) unfortunate
不幸にも unfortunately
ふごう 符号 a mark, a sign
ふこうへいな 不公平な unfair
ふさ 房 (糸・毛糸などの) a tuft; (果実の) a bunch
ブザー a buzzer
ふさい 負債 a debt, liabilities
ふさがる (閉じる) close;
(通らない) be blocked;
(使用中) be occupied
ふさぐ close, fill, block
ふざける (からかう) joke, kid; (ばかげて) make a fool (of); (ばかまねをする) fool around
ふさわしい right, suitable (for), appropriate (for, to)
ふし 節 (関節・竹の) a joint;
(木の) a knot;
(音楽の) a melody
ぶじ 無事 (安全) safety;
(健康) good health
▶無事な safe; well
無事に safely; well
ふしぎ 不思議 (a) wonder;
(神秘) a mystery
▶不思議な mysterious
ふしぜんな 不自然な unnatural
▶不自然に unnaturally
ふじゆうな 不自由な
(不便な) inconvenient;
(不足して) short (of)
ふじゅうぶんな 不十分な insufficient, not enough
ふしょうする 負傷する

ぶじょく 侮辱 (an) insult
ふじん 婦人 a woman
ふじん 夫人 a wife
▶…夫人 Mrs. ...
ふしんせつな 不親切な unkind
ふせい 不正 wrong, dishonesty
▶不正な wrong, dishonest
ふせぐ 防ぐ (予防する) prevent; (保護する) protect
ふせる 伏せる put ... face down; (床につく) be sick in bed
ふそく 不足 (a) lack, (a) shortage
▶不足する run short (of), lack
ふぞくする 付属する be attached (to), belong (to)
▶付属品 an attachment, an accessory
ふた (箱・なべなどの) a lid; (びんなどの) a cap
ふだ 札 (荷札) a tag; (名札・カード) a card; (はり札) a label
ブタ 豚 a pig
▶豚肉 pork
ぶたい 舞台 a stage
ふたご 双子 twins
▶双子座 Gemini, the Twins
ふたたび 再び again; (もう一度) once again, once more
ふたつ 2つ two
▶2つとも both 2つひと組 a pair → PAIR 類義語
ふたり 2人 two (people), a pair
ふたん 負担 a burden
ふだん(は) usually
▶ふだんの usual 普段着 casual wear
ふち 縁 an edge; (眼鏡の) a rim
ふちゅういな 不注意な careless
ぶちょう 部長 (組織・チームの) the head, the captain; (会社の) a (general) manager, a director
ぶつ 打つ strike, hit
ふつう(は) 普通(は) usually
▶普通の usual, common, ordinary, average
→ COMMON 類義語
普通列車 a local train
ぶっか 物価 prices
▶物価の上昇[下落] a rise [fall] in prices 物価の引き下げ the reduction of prices
物価対策 price measures
物価抑制 price control
ふっかつ 復活 revival, restoration
▶復活する revive
復活祭 Easter
ぶつかる (衝突する) hit, run into; (遭遇する) meet with; (かち合う) fall on
ふつかよい 二日酔い a hangover
ぶっきょう 仏教 Buddhism
▶仏教徒 a Buddhist
ぶつける (投げつける) throw (at); (当てる) hit (against)
ぶっしつ 物質 matter
▶物質の material
ぶつぞう 仏像 a Buddhist image
ふっとうする 沸騰する boil
ぶつぶついう ぶつぶつ言う (不平を言う) grumble, complain (of); (つぶやく) mumble, murmur
ぶつり(がく) 物理(学) physics
▶物理学者 a physicist
ふで 筆 (毛筆) a calligraphy brush; (絵筆) a paintbrush
▶筆不精 a poor letter writer
ふていし 不定詞 an infinitive
ブティック a boutique
ふと (突然に) suddenly; (偶然に) by chance
ふとい 太い thick, big; (線・文字などが) bold; (声が) deep
ブドウ (実) grapes; (木) a (grape)vine
ふどうさん 不動産 real estate
ふとくいな 不得意な poor, weak
ふとる 太る get fat, gain weight
▶太った fat, overweight
ふとん 布団 (寝具) bedclothes, bedding; (掛け布団) a quilt; (敷き布団) a mattress

ふなのり 船乗り a sailor, a seaman
ふね 船 a ship, a boat
ふひつような 不必要な unnecessary
ぶひん 部品 a part
ふぶき 吹雪 a snowstorm, a blizzard
ぶぶん 部分 (a) part
▶部分的に partly, in parts
ふへい 不平 (a) complaint
▶不平を言う complain, grumble
ふべん 不便 inconvenience
▶不便な inconvenient
ふぼ 父母 one's mother and father, one's parents
ふほうな 不法な illegal
▶不法侵入 (a) trespass
ふまん 不満 dissatisfaction, discontent
▶不満である be dissatisfied [discontented] (with)
ふみきり 踏切 a railroad crossing
ふむ 踏む step on; (踏みつける) trample (on)
ふめいの 不明の unknown, unclear
ふもと the foot (of a mountain)
▶…のふもとに at the foot of ...
ふやす 増やす increase
ふゆ 冬 winter
▶真冬 midwinter
冬休み the winter vacation [《英》holidays]
ふゆかいな 不愉快な unpleasant
ふような 不要な・不用な unnecessary; (役に立たない) useless
フライ (野球) a fly; (料理) a fry
▶フライパン a frying pan, 《米》 a skillet
プライバシー privacy
プライベートな private
ブラインド a blind, 《米》 a window shade
ブラウス a blouse
ブラウンかん ブラウン管 (テレビの) a (television) picture tube, a monitor
プラカード a placard
ぶらさがる ぶら下がる hang
ぶらさげる ぶら下げる (つるす) hang; (持っている) carry
ブラシ a brush

ブラジャー a brassiere, 《口語》a bra
ブラジル Brazil
▶ブラジルの Brazilian
プラス plus
フラスコ a flask
プラスチック plastic
プラスバンド a brass band
プラチナ platinum
ぶらつく stroll, wander
フラッシュ a flashlight, a flash(bulf)
プラネタリウム a planetarium
ふらふらする (めまいがする) feel dizzy; (よろよろ歩く) stagger
プラモデル a plastic model
ぶらんこ a swing
フランス France
▶フランス語 French フランス人 (男性) a Frenchman, (女性) a Frenchwoman フランス(語, 人)の French フランス料理 French cuisine
ブランド a brand
▶ブランド商品 name brands, brand-name goods [products]
ふり 不利 (a) disadvantage
…ぶり (…の後) after; (…以来) since; (…の期間で初めて) for the first time in …; (様子・仕方) a way
フリーの free
▶フリーエージェント a free agent フリーキック a free kick
ふりかえる 振り返る look back
ふりこ 振り子 a pendulum
ふりむく 振り向く turn around, look back
ふりょうの 不良の bad; (欠陥のある) defective
ふりをする pretend
プリント (配布物) a handout; (模様) print
ふる 降る (雨が) rain; (雪が) snow; (落ちてくる) fall
ふる 振る shake, swing, wave
ふるい 古い old; (時代遅れの) old-fashioned
ブルース (the) blues
フルーツ (a) fruit
フルート a flute
ふるえる 震える shake, tremble; (寒さで) shiver
ふるさと 故郷 one's home, one's hometown, one's homeland
ブルドーザー a bulldozer
ブルドッグ a bulldog
プルトニウム plutonium
ふるまい behavior
ふるまう behave; (もてなす) entertain; (おごる) treat
ブレーキ a brake
ブレスレット a bracelet
プレゼント a present
ふれる 触れる (さわる) touch; (言及する) refer (to)
ふろ 風呂 a bath
▶ふろ場 a bathroom
プロ (人) a professional, 《口語》a pro
▶プロ野球 professional baseball プロスポーツ professional sports
ブローチ a brooch
ふろく 付録 (巻末の) an appendix; (追加記事) a supplement; (おまけ) an extra
プログラマー a programmer
プログラム a program
ブロック a block
ブロッコリー broccoli
フロッピーディスク a floppy disk, a diskette
プロデューサー a producer
プロパンガス propane (gas)
プロペラ a propeller
プロポーズ a proposal
▶プロポーズする propose
プロレス professional wrestling
フロント (ホテルなどの) a reception desk
▶フロントガラス 《米》a windshield, 《英》a windscreen
ふん 分 a minute
ぶん 文 a sentence
ぶん 分 (分け前) a share
ふんいき 雰囲気 (an) atmosphere
ふんか 噴火 an eruption
▶噴火する erupt 噴火口 a crater
ぶんか 文化 (a) culture
▶文化の[的な] cultural 文化が進んで[遅れて]いる be at a high [low] level of culture 高度の文化 highly developed culture 文化遺産 cultural heritage 文化交流 cultural exchange 文化祭 a school festival 文化財 cultural properties [assets] 文化水準 a cultural level
ぶんかいする 分解する (機械など) take … apart; (化合物など) resolve
ぶんがく 文学 literature
▶文学の literary 文学作品 a literary work 文学趣味がある have an interest in literature 古典[現代]文学 classical [contemporary] literature 大衆文学 popular literature
ぶんし 分子 a molecule
ぶんしょう 文章 (書いたもの) writing; (文) a sentence
ふんすい 噴水 a fountain
ぶんすう 分数 a fraction
ふんそう 紛争 a conflict, a dispute, a trouble
▶国際紛争 an international dispute
ぶんたんする 分担する share
ぶんつう 文通 (a) correspondence
ぶんぷ 分布 distribution
ふんべつ 分別 (慎重さ) prudence, discretion; (判断力) (good) judgment, (good) sense; (賢明さ) wisdom, wit(s)
ぶんぽう 文法 grammar
ぶんぼうぐ 文房具 stationery
ぶんめい 文明 civilization
▶文明社会[国] a civilized society [country] 文明の遅れた国 an uncivilized [a backward] country 文明の利器 facilities of civilization
ぶんや 分野 a field
ぶんりする 分離する separate
ぶんりょう 分量 a quantity
ぶんるい 分類 classification
▶分類する classify
ぶんれつする 分裂する split

…へ (方向・方角) for, to, toward; (相手・対象) to, for; (中へ) into; (上へ) on, onto
ヘア hair

▶ヘアスタイル a hairstyle
へい 塀 a wall, a fence
へいかいする 閉会する close (a meeting)
▶閉会式 a closing ceremony
へいき 兵器 a weapon, arms
へいきである 平気である (気にかけない) do not care [mind]; (冷静である) keep calm
へいきん 平均 (an) average
▶平均の[的な] average
へいこうな 平行な parallel
▶平行線 parallel lines
べいこく 米国 the United States (of America), America
へいさ 閉鎖 a closedown, a shutdown
▶閉鎖する close [shut] down
へいじつ 平日 a weekday
へいじょうの 平常の normal, usual
へいし 兵士 a soldier
へいてんする 閉店する close
▶閉店時間 closing hour [time]
へいほう 平方 a square
へいぼんな 平凡な ordinary, common
へいめん 平面 a plane
へいや 平野 a plain
へいわ 平和 peace
▶平和(的)な peaceful
ベーコン bacon
ページ a page
ベース (野球) a base; (最低部) bass; (歌手・楽器) a bass
ペース a pace
…べきである must, have to, should
ヘクタール a hectare
ベスト (最善) the best;
→チョッキ
▶ベストセラー a bestseller
ベストをつくす do [try] one's best
へそ a navel
へたな 下手な poor, bad
へだてる 隔てる separate
ペダル a pedal
べっそう 別荘 (小さい) a cottage; (大きな) a villa
ペット a pet
▶ペットを飼う keep a pet
ベッド a bed

▶シングル[ダブル]ベッド a single [double] bed ベッドタウン a bedroom town
ヘッドホン headphones
ヘッドライト a headlight, a headlamp
べつの 別の another, other; (異なる) different
べつべつの 別々の separate; (違った) different
▶別々に separately
ベニヤいた ベニヤ板 plywood
ヘビ a snake
へや 部屋 a room
へらす 減らす reduce, decrease
ベランダ a veranda, 《米》a porch
へり 縁 an edge
ペリカン a pelican
ヘリコプター a helicopter
へる 減る (数量が) decrease; (体重が) lose
ペルシャねこ ペルシャ猫 a Persian cat
ベル a bell; (玄関の) a doorbell
ベルト a belt
ヘルメット a helmet
へん 辺 (あたり) a part, a district
へん(な) 変(な) strange, odd, peculiar, weird
べん 便 (便利) convenience; (交通) service; (設備) a facility; (大便) stools, feces
ペン a pen
▶ペンネーム a pen name
ペンフレンド a pen pal
へんか 変化 (a) change; (多様性) variety
▶変化する change
べんかい 弁解 (an) excuse
▶弁解する make an excuse (for), excuse oneself (for)
ペンキ paint
▶ペンキを塗る paint
べんきょう 勉強 study, work
▶勉強する study, work; (学ぶ) learn
ペンギン a penguin
へんこう 変更 a change
▶変更する change, alter
べんごする 弁護する defend
弁護士 a lawyer
→LAWYER 類義語

へんじ 返事 an answer, a reply
▶返事する answer, reply (to)
へんしゅうする 編集する edit
▶編集者 an editor
編集長 a chief editor
べんじょ 便所 a lavatory, 《英》a bathroom, 《英》a toilet; (劇場などの) 《米》a restroom
べんしょうする 弁償する compensate (for); (支払う) pay (for)
へんそうする 変装する disguise
ベンチ a bench
ペンチ pliers
べんとう 弁当 a lunch
▶弁当箱 a lunch box
べんりな 便利な convenient; (手頃な) handy

ほ

ほ 帆 a sail
ほいくえん 保育園 a nursery (school)
ぼいん 母音 a vowel
ポイント (得点) a point; (要点) the point
ほう 方 (方向) a direction; (方面・部類の) a field; (側) a side
▶…の方へ toward
ほう 法 (a) law
ぼう 棒 a stick; (線) a line
ほうあん 法案 a bill
ぼうえい 防衛 defense
▶防衛する defend
ぼうえき 貿易 trade
▶貿易する trade (with) 貿易黒字[赤字] a trade surplus [deficit]
ぼうえんきょう 望遠鏡 a telescope
ぼうおんの 防音の soundproof
ぼうがい 妨害 disturbance, obstruction
▶妨害する disturb, obstruct
ほうかいする 崩壊する collapse, fall [break] down, be pulled down
ほうがく 方角 a way, a direction
ほうき a broom
ぼうぎょ 防御 defense
▶防御する defend

ほうげん 方言 a dialect
ぼうけん 冒険 (an) adventure
▶冒険する (危険を冒す) run a risk, venture
冒険家 an adventurer
ほうけんてきな 封建的な feudal
ほうこう 方向 a way, a direction
▶方向音痴である have no sense of direction
ぼうこう 暴行 violence; (婦女暴行) (a) rape, (an) assault
▶暴行する do violence (to); rape, assault
ほうこく 報告 a report
▶報告する report, make a report
ほうさく 豊作 a good [rich] harvest, a good crop
ぼうし 帽子 (縁のある) a hat; (縁なしの) a cap
ほうしゃのう 放射能 radioactivity
▶放射能の radioactive
ぼうじゅする 傍受する intercept
ほうしん 方針 a policy, a course
ぼうすいの 防水の waterproof
ほうせき 宝石 a jewel, a gem; [集合的に] jewelry
▶宝石商 a jeweler 宝石店 a jeweler's [jewelry] shop
ほうそう 放送 broadcasting, a broadcast
▶放送する broadcast, air
放送局 a (broadcasting) station 生放送される be broadcast live 2か国語放送 a bilingual broadcast
ほうそうする 包装する wrap
▶包装紙 wrapping paper
ほうそく 法則 a law
ほうたい 包帯 a bandage
ぼうだんチョッキ 防弾チョッキ a bulletproof vest
ほうちょう 包丁 a (kitchen) knife
ぼうちょうする 膨張する expand, swell
ほうてい 法廷 a (law) court
ほうどう 報道 a report
▶報道する report, cover
報道機関 the press
報道写真 a news photo
ぼうどう 暴動 a riot

ほうび 褒美 a reward; (賞品) a prize
ぼうふう 暴風 a storm
▶暴風雨 a rainstorm
ほうふな 豊富な rich, abundant
ほうほう 方法 a method, a way → METHOD 類義語
ほうむる 葬る bury
ぼうめい 亡命 exile
ほうめん 方面 (方向) a direction; (地域) an area, a district; (分野) a field
ほうもん 訪問 a visit, a call
▶訪問する visit; (人を) call on; (家を) call at 訪問者 a visitor → VISITOR 類義語
ほうりつ 法律 a law; (総称) the law
ぼうりょく 暴力 violence
▶暴力団 a gang
暴力団員 a gangster
ボウリング bowling
▶ボウリング場 a bowling alley
ホウレンソウ spinach
ほうろうする 放浪する wander
ほえる (犬が) bark; (ライオンなどが) roar
ほお 頬 a cheek
ボーイ (レストランの)a waiter; (ホテルなどの) a bellhop, a bellboy
▶ボーイスカウト (団体) the Boy Scouts; (個人) a boy scout
ボーイフレンド a boyfriend
ボーカル (歌い手) a vocalist
ホース a hose
ポーズ (姿勢) a pose
ボート a rowboat, a boat
ホーム (駅の) a platform; (野球) the home plate; (家庭) a home
ホームシックの homesick
ホームステイ a homestay
ホームラン a home run, a homer
▶満塁ホームラン a grand slam
ホームルーム (a) homeroom
ホール (会館) a hall
ボール (球) a ball; (入れ物) a bowl
▶ボールペン a ballpoint (pen)
ほか 外・他

▶ほかの other, another, else
ほかに besides, in addition
…のほかは except, but
ほがらかな 朗らかな cheerful, bright, radiant, merry
ほかんする 保管する keep
ほきゅうする 補給する supply
ぼくし 牧師 a clergyman, a minister
ぼくじょう 牧場 a stock farm, a pasture; (大規模な) a ranch
ボクシング boxing
ぼくそう 牧草 grass
ぼくちく 牧畜 stock farming, cattle breeding
ほくとしちせい 北斗七星 the Big Dipper
ほくぶ 北部 the north, the northern part
▶北部の north, northern
ほくろ a mole
ほけつ 補欠 a substitute
ポケット a pocket
▶ポケットベル a pager, a beeper
ぼける (ぼやける) be blurred [blurry]; (高齢で) become [go] senile
ほけん 保健 health
▶保健所 a health center
保健体育 health and physical education
保健室 a medical room
ほけん 保険 insurance
▶生命[傷害]保険 life [casualty] insurance
保険をかける insure
ほご 保護 protection
▶保護する protect
保護貿易主義 protectionism
ぼこう 母校 an alma mater
ほこうしゃ 歩行者 a walker, a pedestrian
▶歩行者天国 a pedestrian precinct
ぼこく 母国 one's home [native] country, one's homeland
▶母国語 one's mother tongue, one's native language 母国語として話す人 a native speaker
ほこり 埃 dust
▶ほこりっぽい dusty
ほこり 誇り pride
ほこる 誇る take pride (in),

ほし

be proud (of)
▶誇らしげに proudly, with pride
ほし 星 a star
▶星占い a horoscope
星空 a starry sky
ほしい 欲しい want, would like
ほしゃく 保釈 bail
ほしゅ 捕手 a catcher
ほしゅう 補習
a supplementary lesson
ほじゅうする 補充する fill (up)
ぼしゅうする 募集する
(会員などを) recruit;
(寄付などを) collect, raise
ほしゅてきな 保守的な conservative
ほじょ(する) 補助(する) help
▶補助金 a subsidy
ほしょう 保証 guarantee
▶保証する guarantee, assure 保証書 a warranty 保証人 a guarantor
ほしょう 保障
(安全の確保) security
ほしょう 補償 compensation
▶補償する compensate (for)
ほす 干す dry
ボス a boss, a head
ポスター a poster
ポスト (郵便ポスト) 《米》a mailbox, 《英》a postbox;
(職) a post
ほそい 細い thin;
(体形) slender, slim;
(幅が狭い) narrow
ほそう 舗装 pavement
▶舗装する pave
ほぞんする 保存する keep, preserve
▶保存食 preserved food
大切に保存されている be carefully preserved
ポタージュ potage
ホタル a firefly
ボタン a button
ぼち 墓地 a graveyard, a cemetery
ホチキス a stapler
ほっきょく 北極
the North Pole
▶北極の arctic 北極星 the Pole [North] Star
ホッケー (ice) hockey
ほっさ 発作 a fit, an attack

1840

ほっそりした slender, slim
ポット (魔法びん)
a thermos, (つぼ) a pot
ホットケーキ a pancake
ほっとする
(安心する) feel relieved;
(くつろぐ) feel relaxed
ホットドッグ a hot dog
ポップコーン popcorn
ポテト a potato
▶ポテトチップ 《米》(potato) chips, 《英》(potato) crisps
ホテル a hotel
…ほど (およそ) about, around
▶…ほど～でない not as [so] ～ as … …するほど～である so ～ that …, too ～ to do …すればするほど～ the (＋比較級), the (＋比較級)
ほどう 歩道 《米》a sidewalk, 《英》a pavement
▶歩道橋 a pedestrian overpass
横断歩道 a crosswalk
ほどく undo, untie
ほとけ 仏 the Buddha
ほどける
come undone [untied]
ほとんど almost, nearly
▶ほとんど…ない hardly;
(量) little; (数) few
ほにゅう 哺乳
▶哺乳動物 a mammal
哺乳びん a nursing bottle
ほね 骨 a bone; (傘の) a rib
▶骨を折る (骨折) break a bone; (苦労) take pains
ほのお 炎 a flame
ほのめかす suggest
→ SUGGEST 類義語
ポピュラーソング a popular [《口語》pop] song
ポプラ a poplar
ほほ 頬 a cheek
ほぼ (おおよそ) almost, nearly, about
ほぼ 保母 a nursery school teacher, a nurse
ほほえましい ほほ笑ましい heart-warming
ほほえむ ほほ笑む smile
ほめる 褒める praise, speak well of
ほら (ほら見て) Look!;
(物を差し出して) Here it is.
ほら 法螺 (自慢話)
(a) brag, big talk
▶ほらを吹く brag, talk big
ほらあな 洞穴 a cave

ま

ボランティア
(人) a volunteer
ほり 堀 a moat;
(用水路) a canal
ほる 掘る dig
ほる 彫る carve
ボルト (電気) a volt
ほれる fall in love (with);
(ひかれる) be attracted
ぼろ (布) (a) rag;
(服) rags
ほろびる 滅びる die out, come [go] to ruin, fall into ruin
ほろぼす 滅ぼす destroy, ruin, overthrow
ほん 本 a book
▶本棚［箱] a bookcase
本屋 (店)
《米》a bookstore,
《英》a bookshop;
(人) a bookseller
ぼん 盆 a tray
ほんきの 本気の serious;
(熱心な) earnest
▶本気で[に] seriously; earnestly
ほんしつ 本質 essence
▶本質的な essential
ほんしゃ 本社 the head office, the headquarters
ぼんち 盆地 a basin, a valley
ほんてん 本店
the main [head] store
ポンド a pound
ほんとうの 本当の true, real
▶本当に truly, really
ほんの just, only
ほんのう 本能 (an) instinct
▶本能的に instinctively, by instinct
ほんぶ 本部 the head [main] office, the headquarters
ポンプ a pump
ほんみょう 本名
a real name
ほんものの 本物の real, genuine
ほんやく 翻訳
(a) translation
▶翻訳する translate
翻訳者 a translator
ぼんやりした (うわの空の) absent-minded; (不注意な) careless; (あいまいな) vague

ま

ま 間 (時間) time; (合間)

interval; (部屋) a room; (空間) room, space
まあ (ちょっと) just; (やや) fairly, rather; (およそ) about; (驚きを示して) oh
マーガリン margarine
マーク (印) a mark; (記号) a symbol
マーケット a market
まあまあ (程度) fair, not so bad, 《口語》so so
まい… 毎…
　(…ごとに) every, each; (…につき) a, per
　▶毎回 every [each] time
…まい …枚 a sheet of, a piece of, a slice of
マイク a microphone, 《口語》a mike
まいつき 毎月 every month
まいご 迷子 a lost child
マイコン a microcomputer
まいしゅう 毎週 every week
まいとし 毎年 every year
　▶毎年の annual, yearly
マイナス minus
まいにち 毎日 every day
　▶毎日の everyday, daily
マイル a mile
まいる 参る go, come; (降参する) give up, can't stand
まうえに 真上に just [right] above
マウス (コンピュータの) a mouse
まえ 前 (前部) the front
　▶前の front; (この前の) last; (以前の) previous, former
　→ PREVIOUS 類義語
　前に ahead of;(以前に)before; (今から…前に) ago
　…の前に (場所) in front of; (時間) before
まえうりけん 前売り券 an advance ticket
まえもって 前もって beforehand, in advance
まかす 負かす beat, defeat
　→ DEFEAT 類義語
まかせる 任せる leave (to, with)
まがりかど 曲がり角 a corner
まがる 曲がる (物が) bend; (道が) curve; (道を) turn
　▶曲がった bent, curved; (くねくねと) winding; (不正な) wrong
マカロニ macaroni

まき 薪 firewood, wood
まきこむ 巻き込む involve (in), entangle
まきつく 巻きつく wind, coil
まきば 牧場 a meadow; (放牧場) a pasture
まぎらわしい 紛らわしい misleading; (間違いやすい) confusing
まぎれる 紛れる get mixed up
まぎわに 間際に just before
まく 幕 (劇の) an act
まく 膜 (粘膜) (a) membrane; (皮膜) (a) film
まく 巻く wind, roll up
まく 蒔く (種を) plant, sow
まく 撒く (水などを) sprinkle; (物を) scatter
マグニチュード magnitude
マグマ magma
まくら 枕 a pillow
まくる roll up
マグロ a tuna
まけ 負け a loss, (a) defeat
まける 負ける
　(敗れる) lose, be beaten; (値引き) cut down
まげる 曲げる bend, curve, crook
まご 孫 a grandchild; (男の) a grandson; (女の) a granddaughter
まごころ 真心 sincerity
まごつく (混乱する) be confused; (どぎまぎする) be embarrassed
まことに 誠に really, truly, very much
まさか (驚き・疑惑・否定の応答) Not really! / You don't say (so)!
まさつ 摩擦 friction, a rub
　▶摩擦する rub
まさる 勝る be better (than), be superior (to)
ましたに 真下に just under
マジック (手品) magic; (ペン) a marker, a felt-tip pen
まして (まして…ない) let alone, much [still] less; (まして…である) much [still] more
まじめな (本気の) serious; (熱心な) earnest; (誠実な) honest → SERIOUS 類義語
　▶まじめに seriously;

earnestly; honestly
まじゅつ 魔術 magic
　▶魔術師 a magician
まじょ 魔女 a witch
まじる 混じる mix
まじわる 交わる cross; (交際する) keep company (with)
マス a trout
ます 増す gain, increase
まず (最初に) first, first of all, to begin with
ますい 麻酔 anesthesia
まずい (味が) bad; (よくない) not good, bad, poor; (都合が悪い) inconvenient
マスク (面) a mask
マスコット a mascot
マスコミ (新聞・テレビなど) mass media
まずしい 貧しい poor
マスター a manager, an owner, a proprietor; (修士) Master
　▶マスターする master, learn
マスト a mast
ますます (多く) more and more; (少なく) less and less
まずまず fair, not so bad; 《口語》so so
まぜる 混ぜる mix, blend → MIX 類義語
…ませんか (勧誘) How about …? / Let's … / Shall we …? / Why don't you …?
また (再び) again; (その上) and →ふたたび
　▶…もまた too, also; (否定文で) either
まだ (いまなお) still; (まだ…ない) yet; (さらに) still, more; (やっと) only
またがる ride (on); (広がる) extend
またせる 待たせる keep … waiting
またたく 瞬く (星が) twinkle; (目を) wink
　▶またたく間に in a moment, in an instant
または or
まだら (はん点) spots
　▶まだらな spotted
まち 町・街 a town, a city; (街路) a street
　▶町役場 a town office [hall]
まちあいしつ 待合室

まちあわせる
　a waiting room
まちあわせる 待ち合わせる
　meet
まちがい 間違い a mistake,
　an error
まちがえる 間違える
　make a mistake [an
　error], mistake;
　(取り違える) mistake (for)
　▶間違って by mistake
まぢかに 間近に near,
　close at hand
まちどおしい 待ち遠しい
　look forward to
まちまちの (異なった)
　different; (様々の) various
マツ 松 a pine
まつ 待つ wait (for);
　(待ち望む) look forward
　to, expect
まっかな 真っ赤な deep red,
　crimson
まっきの 末期の terminal
まっくらな 真っ暗な
　pitch-black, pitch-dark
まっくろな 真っ黒な
　deep black, pitch-black
まつげ まつ毛 an eyelash
マッサージ(する)
　massage
まっさおな 真っ青な deep
　blue; (顔色が) pale, white
まっさかさまに 真っ逆さまに
　headlong, headfirst
まっさきに 真っ先に
　first (of all)
まっしろな 真っ白な
　pure white, snow-white
まっすぐな 真っ直ぐな straight
　▶まっすぐにする straighten
まったく (完全に) quite,
　completely; (実に) really
　▶まったく…ない not ... at all
マッチ a match
　▶マッチ箱 a matchbox
マットレス a mattress
まつばづえ 松葉づえ
　crutches
まつり 祭り a festival
まつる 祭る (神社を建てて)
　dedicate; (神として) deify;
　(崇拝して) worship
…まで (場所) to; (時間) to,
　until, till; (…までに) by,
　before; (程度・強調) even
まと 的 (標的) a mark,
　a target; (対象) an object
まど 窓 a window
　▶窓ガラス a window(pane)
まとまる (集まる)

be collected, get together;
　(考えなどが) take shape;
　(解決する) be settled
まとめ (要約) a summary
まとめる (集める) gather,
　collect; (整える) arrange;
　(決着をつける) settle; (要約
　する) summarize, sum up
まともに (正面から)
　head-on, straight
　▶まともな (きちんとした)
　respectable, decent,
　proper
マナー manners
まなぶ 学ぶ (習得する)
　learn; (勉強する) study
　→LEARN 類義語
マニア a fan; (熱狂的な)
　a maniac
まにあう 間に合う (時間に)
　be in time (for); (乗り物に)
　catch; (用が足りる) do;
　(十分である) be enough
マニキュア (美容法)
　(a) manicure
　▶マニキュア液 nail polish
　[enamel]
マニュアル a manual
まぬけ 間抜け a fool
まね (an) imitation
まねき 招き (an) invitation
マネキン (人形)
　a mannequin
まねく 招く
　(招待する) invite; (もたらす)
　cause, bring about
まねる imitate, copy,
　mimic →もほうする
まばたき 瞬き a blink,
　(意識的な) a wink
　▶まばたきする blink
まばらな sparse, thin
　▶まばらに thinly
まひ 麻痺 paralysis
　▶麻痺する be paralyzed;
　(寒さなどで) become numb
まぶしい dazzling, glaring
まぶた an eyelid
マフラー a muffler, a scarf
まほう 魔法 magic
　▶魔法使い (男) a wizard;
　(女) a witch
まぼろし 幻 a vision,
　a phantom
まま (そのまま) as it is
　▶…のままである remain
　…のままにする keep, leave
ママ a mom, a mommy
ままごとをする play house
まめ 豆 (インゲンなど)

a bean; (エンドウなど) a pea
まめ 肉刺 (手足の) a blister
まもなく 間もなく soon,
　before long
まもり 守り defense
まもる 守る (防御する)
　defend, protect, guard;
　(順守する) observe, obey,
　follow;
　(履行する) keep, stick to
まやく 麻薬 a drug,
　a narcotic
まゆ 眉 an eyebrow
まゆ 繭 a cocoon
まよう 迷う
　(道に) get [be] lost;
　(途方にくれる) be at a loss
まよなか 真夜中 midnight
マヨネーズ mayonnaise
マラソン
　a marathon (race)
まる 丸 a circle
まる… 丸… full, whole
まるい 丸い・円い round
マルク a mark
まるた 丸太 a log
まるで (あたかも) just like,
　as if; (まったく) quite;
　(まるで…ない) not ... at all
まるめる 丸める (円形にする)
　round; (もみくちゃにして)
　crumple; (巻く) roll
まれな rare, uncommon
　▶まれに rarely, seldom
まわす 回す turn, roll; (こま
　などを) spin; (手渡す) pass
まわり 周り
　(外周) circumference;
　(周囲) surroundings
　▶(…の)周りに around,
　round
まわりみち 回り道
　a roundabout route,
　a detour
まわる 回る turn;
　(こまなどが) spin
まん 万 ten thousand
　▶百万 a million
　千万 ten million
まんいち 万一 if ... were to
　～, if ... should ～
まんいんの 満員の full;
　(込んだ) crowded
まんが 漫画 comics;
　(数コマ続きの) a comic
　strip; (風刺漫画) a cartoon
　▶漫画家 a cartoonist
まんかいで 満開で
　in full bloom
まんげつ 満月 a full moon

マンション
 《米》an apartment (house [building]), 《英》a flat;
 (分譲の) a condominium
まんせき 満席
 (劇場など) full house
 ▶満席である be fully booked
まんぞく 満足 satisfaction
 ▶満足な satisfactory
 満足する be satisfied (with)
まんちょう 満潮
 the high [full] tide
まんてん 満点 a perfect score, 《英》full marks
まんなか 真ん中 the center, the middle
まんねんひつ 万年筆
 a (fountain) pen
まんびき 万引き
 (行為) shoplifting;
 (人) a shoplifter
まんぷくする 満腹する eat one's fill, eat to the full

み

み 実 (果実) a fruit;
 (木の実) a nut;
 (イチゴなど) a berry
み 身 (体) a body; (立場・身分) a place, a position;
 (肉) meat; (自分自身) oneself
 ▶身に着ける put on, wear
みあげる 見上げる
 look up (at)
みいだす 見いだす find
ミーティング a meeting
ミイラ a mummy
みうしなう 見失う
 lose sight (of), miss
みうち 身内
 (親類) a relative
みえ 見栄 show;
 (虚栄心) vanity
 ▶見栄を張る show off
みえる 見える see; (…らしく見える) appear, look, seem
 → APPEAR 類義語
みおくる 見送る see ... off
みおとす 見落とす overlook, miss
みおとりする 見劣りする
 be visibly inferior to ...
みおろす 見下ろす
 look down (at)
みかいの 未開の primitive, savage
みがく 磨く

(きれいにする) polish, brush;
 (向上させる) improve
みかけ 見かけ
 an appearance, a look
みかた 味方 a friend
 ▶味方をする take sides (with), support
みかた 見方 a viewpoint, a point of view
みかづき 三日月
 a crescent (moon)
ミカン 蜜柑 a mandarin (orange), a tangerine
みき 幹 a trunk
みぎ 右 the right
 ▶右の [へ, に] right
 右利きの right-handed
ミキサー
 (果汁などの) a blender;
 (食材を混ぜる) a mixer
みぐるしい 見苦しい ugly, shameless
みごとな 見事な fine, wonderful, splendid
みこみ 見込み (望み) (a) hope; (可能性) (a) chance
ミサイル a missile
みさき 岬 a cape
みじかい 短い short
 → SHORT 類義語
 ▶短くする make ... short, shorten
みじめな 惨めな miserable
みじゅくな 未熟な immature;
 (技術的に) unskillful
 ▶未熟児 a premature baby
みしらぬ 見知らぬ strange, unfamiliar
 ▶見知らぬ人 a stranger
ミシン a sewing machine
ミス (間違い) a mistake, an error
みず 水 water
 ▶水色(の) light blue
 水たまり a pool
みずうみ 湖 a lake
みずがめざ 水瓶座
 Aquarius, the Water Bearer [Carrier]
みずから 自ら oneself
みずぎ 水着 a swimsuit, a bathing suit;
 (男性の) swimming trunks
みずさし 水さし a pitcher
ミステリー
 (なぞ) a mystery;
 (推理小説) a mystery
みすてる 見捨てる abandon, desert, leave

みすぼらしい poor, shabby
みせ 店 a store, a shop
みせいねん 未成年 a minor
みせびらかす 見せびらかす
 show off
みせる 見せる show
みぞ 溝 a ditch;
 (道路の側溝) a gutter
みそこなう 見損なう miss;
 (評価を誤る) misjudge
みぞれ sleet
…みたい look, look like, seem
みだし 見出し (新聞の)
 a headline; (標題) a title
 ▶見出し語 a headword
みたす 満たす (いっぱいにする) fill; (満足させる) satisfy
みだす 乱す disturb, put [throw] ... into disorder
みだれる 乱れる (秩序などが) fall into disorder
みち 道 (道路) a road, a street; (道筋) a way; (方法・手段) a way, a means
 → ROAD 類義語
 ▶道案内する guide, show ... the way 我が道を行く go one's own way
みぢかな 身近な familiar, close
みちじゅん 道順 a route, a course
みちの 未知の unknown
みちのり 道のり a distance
みちばた 道端 a roadside
みちびく 導く lead, guide
みちる 満ちる
 (いっぱいである) be full (of), be filled (with)
みつ 蜜 (ハチの) honey;
 (花の) nectar
みつかる 見つかる be found, be discovered
みつける 見つける find, find out, discover
みっせつな 密接な close
ミット a mitt
みつど 密度 density
みっともない shameful;
 (みすぼらしい) shabby
ミツバチ a bee, a honeybee
みつめる 見つめる stare (at)
みつゆする 密輸する smuggle
 ▶密輸者 a smuggler
みつりん 密林 a jungle
みていの 未定の undecided, unfixed

みとおし 見通し
(a) prospect

みとめる 認める (承認する)
admit; (受け入れる) accept;
(許可する) allow;
(高く価値を) appreciate
→ ADMIT, APPRECIATE
[類義語]

みどり(の) 緑(の)
green

みとれる 見とれる
be fascinated (with, by)

みな 皆 (人) everyone,
everybody; (どれも)
everything; (全部・全員) all
▶みな…とはかぎらない
not ... all, not ... every

みなおす 見直す
(もう一度見る) look over
(again); (再検討する) review,
reexamine;
(再評価する) revalue, have
a better opinion (of)

みなす 見なす consider,
regard (as), look on (as)

みなと 港 a harbor, a port
▶港町 a port (town)

みなみ 南 the south
▶南の south, southern 南
へ[に] south, southward
南半球 the Southern
Hemisphere

みなみじゅうじせい 南十字
星 the Southern Cross

みならう 見習う
follow ...'s example

みなり 身なり (服装) dress;
(外見) (an) appearance

みなれた 見慣れた familiar

みにくい 醜い ugly

ミニチュア a miniature

みぬく 見抜く see through

みね 峰 a peak

ミネラル a mineral
▶ミネラルウォーター mineral
water

みのうえ 身の上 (個人的事情) one's personal affairs;
(過去) one's past [life]

みのがす 見逃す (見落とす)
miss; (大目に見る) overlook

みのしろきん 身代金
a ransom

みのる 実る bear fruit

みはらし 見晴らし a view

みはり 見張り
(人) a watch, a guard
見張る watch, guard,
stake out

みぶり 身ぶり a gesture

▶身ぶりで話す communicate
with gestures

みぶん 身分
a (social) position
▶身分証明書
an identification card,
an ID (card)

みほん 見本 a sample;
(手本) an example

みまい 見舞い an inquiry,
a visit

みまう 見舞う visit, inquire
(after); (襲う) hit, strike

みまもる 見守る watch

…みまん …未満 less than,
under

みみ 耳 an ear;
(聴力) hearing
▶耳たぶ an earlobe
耳ざわりな harsh, grating

ミミズ an earthworm

みもと 身元 ...'s identity,
...'s background

みゃく 脈 a pulse

みやげ 土産 a present;
(記念品) a souvenir

みやぶる 見破る
see through;
(正体などを) find out

ミュージカル a musical

みょうな 妙な strange, odd

みらい 未来 future

ミリ(メートル)
a millimeter, mm
▶ミリグラム a milligram

みりょうする 魅了する
attract, charm
→ ATTRACT [類義語]

みりょく 魅力 charm
▶魅力的な attractive,
charming

みる 見る see, look (at);
(じっと) watch; (ちらっと)
glimpse; (調べる) check;
(世話する) take care (of),
look after
→ SEE [類義語]
▶…を見る目がない have no
eye for ...

ミルク milk

みわける 見分ける
distinguish (between),
tell ... (from)

みわたす 見渡す look over,
look around

ミンク a mink

みんげいひん 民芸品
a folk craft

みんしゅ 民主
▶民主的な democratic

民主主義 democracy
民主国家 a democratic
country, a democracy

みんしゅう 民衆 the people

みんぞく 民族 an ethnic
group, a people
▶民族の ethnic
民族学 ethnology

みんな (すべて) all;
(人) everybody, everyone;
(物・事) everything
▶みんなで
(一緒に) all together;
(全部で) altogether, in all

む

む 無 nothing

むいしきの 無意識の
unconscious

むいみ 無意味 nonsense
▶無意味な meaningless,
senseless

ムード (雰囲気, 気分) mood
atmosphere; (気分) mood

むかい 向かい opposite
▶…の向かいに opposite,
across
向かい合って face to face

むがいの 無害の harmless

むかう 向かう (…の方へ進む)
go, head (for);
(面する) face
▶…に向かって (方向) for,
toward; (ねらって) at;
(対して) to, against

むかえる 迎える meet;
(歓迎する) welcome

むかし 昔 old days,
the past
▶ (ずっと)昔に a long time
ago 昔の old;
(大昔の) ancient
昔々 once upon a time

むかんけいな 無関係な
irrelevant

むかんしんな 無関心な
indifferent (to)

むき 向き
(方向) a direction, a way
▶…向きの
(…に適した) (suitable) for;
(…に面した) facing

むぎ 麦 (小麦) wheat;
(大麦) barley
▶麦わら帽子 a straw hat

むきになる become serious

むく 向く (目を向ける) look;
(体を向ける) turn;
(面する) face; (適している)

むく be suitable [fit] (for)
むく 剝く (皮を) peel
むくいる 報いる reward, repay
むくわれる 報われる be rewarded
むける 向ける turn
むける 剝ける
 (皮が) peel off, come off
むげんの 無限の infinite;
 (無制限の) limitless
むこ 婿 (花婿) a groom, a bridegroom;
 (娘の夫) a son-in-law
むこう 向こう
 (別の側) the other side;
 (反対側) the opposite side
 ▶向こうに over there
 …の向こうに across, opposite, beyond
むこうの 無効の invalid
むざい 無罪 innocence
 ▶無罪の innocent, not guilty
むし 虫 a bug; (昆虫) an insect; (足のない) a worm
 → INSECT
むしする 無視する ignore, disregard
むしあつい 蒸し暑い muggy, sultry, hot and humid
むしば 虫歯
 a bad [decayed] tooth
むしめがね 虫眼鏡
 a magnifying glass
むじゃきな 無邪気な innocent
むじゅうりょく 無重力 zero gravity
むじゅんする 矛盾する be against, contradict
むしろ rather (than)
むじんとう 無人島
 an uninhabited island, a desert island
むす 蒸す steam
むすうの 無数の numberless, countless
むずかしい 難しい difficult, hard; (気難しい) cross
むすこ 息子 a son
むすびめ 結び目 a knot
むすぶ 結ぶ (ひもなどを) tie;
 (つなぐ) connect;
 (締結する) conclude
むすめ 娘 a daughter;
 (若い女性) a girl
むせきにんな 無責任な irresponsible
むせん 無線 radio, wireless
 ▶無線で by radio
むだ a waste
 ▶むだな wasteful, useless
 むだに in vain
 …してもむだだ It's no use doing [to do] ...
むだんで 無断で without permission;
 (無届けで) without notice
むち 鞭 a whip
むちな 無知な ignorant
むちゃな
 (道理に合わない) unreasonable;
 (無謀な) reckless
むちゅうである 夢中である
 (熱中) be crazy (about);
 (没頭) be absorbed (in)
むとんちゃくな 無頓着な indifferent (to)
 ▶…に無頓着である do not care about...
むなしい vain, empty
むね 胸 (胸部) a chest; (乳房) a breast; (女性の胸・胸囲) a bust; (心臓) a heart
むら 村 a village
 ▶村人 a villager
むらがる 群がる crowd, flock; (虫が) swarm
むらさき(の) 紫(の)
 (赤みがかった) purple;
 (青みがかった) violet
むりな 無理な
 (不可能な) impossible;
 (筋の通らない) unreasonable
 ▶無理やり by force
むりょうの[で] 無料の[で] free
むれ 群れ (集団) a group;
 (群衆) a crowd; (鳥・羊などの) a flock; (牛・馬などの) a herd; (魚の) a school;
 (虫の) a swarm
 → GROUP 類義語

め

め 目 an eye; (視力) (eye)-sight; (目つき) a look;
 (判断力) judgment;
 (網の) a mesh
 ▶目の見えない blind
め 芽 a bud, a sprout
…め -目 (順序・回数)
 the first, the second, the third など (序数で表す);
 (程度) on the ... side
めあて 目当て (目印)
 a guide; (目的) a purpose
めい 姪 a niece

めいがら 銘柄 a brand
めいさく 名作
 a masterpiece
めいさん 名産 a specialty, a special product
めいし 名刺 a card,
 《米》a calling card,
 《英》a visiting card;
 (仕事用の) a business card
めいし 名詞 a noun
めいしょ 名所 a famous [noted] place, the sights
めいじる 命じる order, command;
 (任命する) appoint, assign
めいしん 迷信
 a superstition
めいじん 名人 an expert, a master
めいちゅうする 命中する hit
めいぶつ 名物 a specialty
めいぼ 名簿 a list
めいめい each
めいよ 名誉 honor
 ▶名誉ある honorable
めいれい 命令 an order
 ▶命令する order
 → ORDER 類義語
めいろ 迷路 a maze
めいろうな 明朗な cheerful;
 (ごまかしのない) fair
めいわく 迷惑 trouble
 ▶迷惑をかける trouble, bother
メインの main
 ▶メインディッシュ a main course
めうえ 目上 (人)
 one's superior [senior]
メーカー a maker, a manufacturer
メーキャップ make-up
メーター a meter
メートル a meter, m
 ▶メートル法 the metric system
メール (郵便) mail;
 (Eメール) (an) email
めかた 目方 weight
 ▶目方をはかる weigh
めがね 眼鏡 glasses
めがみ 女神 a goddess
めぐすり 目薬 eyewash, eye lotion
めぐまれる 恵まれる
 be blessed (with),
 be gifted (with)
めくる turn over
めぐる 巡る go around, travel around; (季節などがや

めざす 目指す aim (at, to)
めざましい 目ざましい remarkable, wonderful
めざましどけい 目覚まし時計 an alarm (clock)
めざめる 目覚める (目が覚める) wake up; (気づく) become aware (of)
めじるし 目印 a mark
めす 雌 a female, 《口語》a she
▶雌の female
めずらしい 珍しい rare, unusual, uncommon
▶珍しく unusually
めそめそする sob
めだった 目立った noticeable, outstanding, striking
めだま 目玉 an eyeball
▶目玉焼き a fried egg, (an egg cooked) sunny-side up
メダル a medal
めちゃくちゃな (混乱した) messy; (法外な) unreasonable, outrageous
めつき 目つき a look
メッセージ a message; (声明書) a statement
めったに…ない seldom, rarely
めでたい happy
メドレー a medley
▶メドレーリレー a medley relay
メニュー a menu
▶メニューを見る see the menu
めまいがする feel dizzy
メモ a memo, a note
▶メモをとる take notes
めもり 目盛り a scale
メロディー a melody
メロン a melon
めん 面 (仮面) a mask; (剣道の) a face guard; (局面) an aspect; (側面) a side
めん 綿 cotton
めんえき 免疫 immunity
めんかいする 面会する see, visit; have an interview (with)
▶面会時間 visiting hours
面会人 a visitor
めんきょ 免許 a license
めんする 面する face
めんぜいの 免税の tax-free, duty-free
めんせき 面積 (an) area
めんせつ 面接 an interview
▶面接する interview
めんどう 面倒 (やっかい) trouble; (世話) care
▶面倒な troublesome
面倒をかける trouble
めんどり a hen
メンバー a member

も

…も (…もまた) too, also, as well, (否定文で) either; (…も〜も) both ... and 〜, not only ... but (also) 〜, 〜 as well as ...; (…さえ) even; (…も (多く) の) as many [much] as ...
もう (今) now; (まもなく) soon; (すでに) already, (疑問文で) yet
もうかる be profitable; (採算がとれる) pay
もうけ (a) profit, gains
もうける make a profit, make money
もうしこみ 申し込み an application; (提案) a proposal
▶申込書 an application (form)
もうしこむ 申し込む apply (to, for), sign up (for); (結婚を) propose (to)
もうしぶんない 申し分ない perfect, ideal
もうしわけ 申し訳 an excuse, an apology
▶申し訳ありません I'm sorry.
もうじゅう 猛獣 a fierce animal
もうすこし もう少し some more
▶もう少しで almost, nearly
もうちょう 盲腸 (虫垂) the appendix
▶盲腸炎 appendicitis
もうふ 毛布 a blanket
もうもく 盲目 blindness
▶盲目の blind
もうれつな 猛烈な violent, fierce, hard
▶猛烈に violently, fiercely, hard
もえる 燃える burn
モーター a motor
もがく struggle
もぎしけん 模擬試験 a trial examination
もくげきする 目撃する witness
▶目撃者 a witness
もくじ 目次 (a table of) contents
もくぞうの 木造の wooden, made of wood
もくてき 目的 a purpose, an aim
▶目的地 a destination
目的語 an object
もくどくする 黙読する read silently
もくひょう 目標 a goal, an aim; (目印) mark
もくようび 木曜日 Thursday
モグラ a mole
もぐる 潜る dive
もくろく 目録 (一覧表) a list; (カタログ) a catalog
もけい 模型 a model; (小型の) a miniature
モザイク mosaic
もし if ▶もし…でなければ unless, if ... not
もじ 文字 a letter; (漢字など) a character
▶文字通り literally
もしかすると maybe, perhaps
もしもし (電話で) Hello.; (呼びかけ) Excuse me.
もたもたする be slow
もたれる lean (against, on)
もちあげる 持ち上げる lift, raise
もちいる 用いる use
もちかえる 持ち帰る take ... home, bring back; (店から食べ物を)《米》take out,《英》take away
もちこむ 持ち込む bring into
もちだす 持ち出す take out
もちぬし 持ち主 an owner
もちはこぶ 持ち運ぶ carry
もちもの 持ち物 one's things, one's belongings
もちろん of course; (返答で) Sure. / Certainly.
もつ 持つ (手で) have, hold; (携行する) carry; (所有する) have, own, possess; (心に抱く) have, hold; (保つ) keep, last
もったいない wasteful
もっていく 持って行く take
もってくる 持って来る bring, get, fetch
→ BRING 類義語

もっと more
モットー a motto
もっとも 最も (the) most
もっともな
 (当然な) natural;
 (道理に合った) reasonable
モップ a mop
もつれる get tangled
もてなし a reception, hospitality
もてなす entertain, receive
モデム a modem
もてる (人気がある) be popular (with)
モデル a model
もと 元 (起源) the origin; (原因) a cause
 ▶元の former
 元は (以前は) formerly, once; (最初に) originally
もどす 戻す return, put back; (吐く) vomit
もとづく 基づく be based (on)
もとめる 求める
 (頼む) ask (for), request;
 (探す) seek, look for
もともと 元々 (初めから) from the beginning;
 (元来) originally
もどる 戻る return, go [come] back
モニター a monitor
もの 物 a thing, an object,
 (a) matter;
 (ある物) something
ものおき 物置
 (建物内の) a storeroom, a closet; (小屋) a shed
ものおと 物音 a sound, a noise
ものがたり 物語 a story, a tale
ものごと 物事 things
ものさし 物差し a ruler, a measure
ものすごい terrible, terrific, awful, tremendous
 ▶ものすごく terribly, awfully
ものたりない もの足りない
 (人が) be not quite satisfied [happy] with; (物事が) be not satisfactory
ものまね 物まね mimicry
 ▶物まねをする mimic
モノレール a monorail
もはや now
 ▶もはや…ない no longer
もはん 模範 an example,

a model
 ▶模範的な model
もほうする 模倣する copy, imitate, mimic
 → IMITATE 類義語
モミジ (カエデ) a maple
もむ massage
もめん 木綿 cotton
モモ 桃 a peach
もも (太もも) a thigh
もや (a) mist, (a) haze
もやす 燃やす burn
もよう 模様 (柄) a pattern, a design; (様子) a look
 ▶模様のある patterned
 しま模様の striped
もよおし 催し an event; (集会) a meeting
もらう (与えられる) be given, get, receive, (賞など を) be awarded; (ものを ～してもらう) get [have] ... done; (人に～してもらう) have ... do, get ... to do
もらす 漏らす leak, let out
もり 森 a wood, a forest
もりあがる 盛り上がる rise, swell
もる 盛る (積む) heap (up); (いっぱいにする) fill
もる 漏る leak
モルタル mortar
モルモット a guinea pig
もれる 漏れる leak
もろい (壊れやすい) fragile
もん 門 a gate
もんく 文句
 (不平) a complaint;
 (語句) words, an expression
 ▶文句を言う complain (about, of)
モンタージュしゃしん モン タージュ写真 a montage (picture)
もんだい 問題 a question, a problem; (事柄) a matter
 ▶問題集 a workbook, an exercise book

や

や 矢 an arrow
やあ (呼びかけ) Hello! / Hi!
ヤード a yard
やおちょう 八百長 a fix, a put-up job
やおや 八百屋 (店)《米》 a vegetable store,
 《主に英》a greengrocer's;
 (人)《英》a greengrocer

やがいの 野外の outdoor, open-air
やがて (間もなく) soon, before long;
 (そのうち) in time
やかましい
 (音・声が) noisy;
 (好みなどが) particular;
 (規則などに) strict
やかん a kettle
やかんに 夜間に at night, in [during] the night
ヤギ a goat; (子ヤギ) a kid
 ▶やぎ座 Capricorn, the Goat
やきもち (しっと) jealousy
 ▶やきもちやきの jealous
やきゅう 野球 baseball
 ▶野球場 a baseball stadium,《米》a ballpark
やく 役 (役割・劇の役) a role, a part;
 (任務) (a) duty, a task
 ▶役に立つ helpful
 役に立たない useless
やく 約 about, around, some
やく 訳 (a) translation
やく 焼く (燃やす) burn;
 (肉などを) broil, grill, roast;
 (パンなどを) bake; (トースト する) toast → BAKE 類義語
やくいん 役員 an official;
 (会社の) an executive
やくしゃ 役者 an actor;
 (女性の) an actress
やくしょ 役所
 a public office
 ▶市役所 a city office [hall]
やくす 訳す translate
やくそく 約束
 a promise; (人と会う) an appointment
 → APPOINTMENT 類義語
 ▶約束する promise;
 make an appointment
 約束の時間に at the appointed time
やくだつ 役立つ be useful (to, for), be helpful
やくだてる 役立てる make use of
やくにん 役人 an official, a public servant
やくひん 薬品
 (a) medicine, a drug;
 (化学薬品) a chemical
やくめ 役目
 (任務) (a) duty; (役割) a part, role; (仕事) a job

やくわり 役割 a part, a role
やけど （火による) a burn; （薬などによる) a scald
▶やけどする burn (oneself)
やける 焼ける （燃える) burn, be burned; （肉などが) be roasted; （日に焼ける) tan
やさい 野菜 a vegetable
▶野菜サラダ a vegetable salad
やさしい 易しい easy, simple; （わかりやすい) plain
やさしい 優しい gentle, kind, soft, tender
→ SOFT 類義語
▶優しく (依然として) gently, kindly, softly, tenderly
ヤシ a palm
▶ヤシの実 a coconut
やじ booing, jeering
▶やじを飛ばす boo, jeer
やしなう 養う （家族などを) support; （子を) bring up; （能力などを) develop
やじるし 矢印 an arrow (sign)
やしん 野心 (an) ambition
▶野心的な ambitious
やすい 安い cheap, inexpensive
▶安く cheap, cheaply
…やすい (…しがち) be apt (to do); （…するのが容易) be easy (to do)
やすみ 休み （休息) a rest; （欠席・欠勤) absence; （休み時間) a break, a recess; （休日) a holiday; （休暇) 《米》 a vacation
やすむ 休む （休息する) rest, take [have] a rest, take a break; （欠席・欠勤する) be absent (from); （寝る) go to bed, sleep
やせいの 野生の wild
▶野生生物 wildlife
野生動物 [植物] a wild animal [plant]
やせた thin; （ほっそりした) slim, slender
→ THIN 類義語
やせる become [get] thin; （体重が減る) lose weight
やちん 家賃 (a) rent
やつ 奴 a fellow, a guy
やっかい 厄介 trouble; （世話) care
▶やっかいな troublesome
やっきょく 薬局 《米》 a pharmacy, 《米》 a drugstore, 《英》 a chemist's
やっていく やって行く get by, get along
やってくる やって来る come (along); （現れる) show up
やってみる try
やっと （ついに) at last, finally; （かろうじて) just, barely
やど 宿 a hotel, an inn; （宿泊) lodging
やとう 雇う employ
ヤナギ 柳 a willow (tree)
やね 屋根 a roof
▶屋根裏部屋 an attic
やはり （依然として) still; （予想通り) as expected; （…もまた) too, also, （否定文で) either
やばんな 野蛮な savage, barbarous
▶野蛮人 a savage, a barbarian
やぶ a thicket, a bush
やぶる 破る （裂く) tear; （壊す) break; （規則・約束などを) break; （負かす) beat
やぶれる 破れる （裂ける) tear; （壊れる) break
やぶれる 敗れる be beaten, lose
やま 山 a mountain; （小山) a hill
▶山火事 a forest fire 山国 a mountainous country [region] 山小屋 a lodge
やまば 山場 a climax
やまびこ 山びこ an echo
やみ 闇 darkness, the dark
やむ stop, be over, cease
やむをえない （避けられない) unavoidable, inevitable
やめる （中止する) stop; （断念する) give up; （取りやめにする) cancel
→ STOP 類義語
やめる 辞める （学校・会社などを) leave, quit; （定年で) retire (from)
やや （少し) a little, a bit
ややこしい （複雑な) complicated; （難しい) difficult
やり 槍 a spear
▶やり投げ （競技) the javelin (throw)
やりかた やり方 a way, how to do
やりとげる やり遂げる accomplish, finish
やりなおす やり直す do … all over again
やる （行う) do; （与える) give; （行かせる) send
やるき やる気 drive, enthusiasm, motivation
やわらかい 柔らかい soft; （肉が) tender
やわらげる 和らげる （声などを) soften; （苦痛などを) ease, relieve
▶和らぐ soften; be eased

ゆ

ゆ 湯 hot water; （ふろ) a bath
ゆいいつの 唯一の only, sole
ゆいごん 遺言 a will, one's last words
ゆう 結う （髪を) do, dress
ゆういぎな 有意義な （意味深い・重要な) meaningful, significant, important; （役立つ) useful
ゆううつな 憂うつな gloomy, depressed
ゆうえきな 有益な useful, helpful, instructive, valuable
ゆうえんち 遊園地 《米》 an amusement park
ゆうかい 誘拐 (a) kidnapping
▶誘拐する kidnap
誘拐犯 a kidnapper
ゆうがいな 有害な harmful, injurious, bad
ゆうがた 夕方 evening
ゆうかん 夕刊 an evening (news)paper
ゆうかんな 勇敢な brave, courageous
→ BRAVE 類義語
ゆうき 勇気 courage, bravery
▶勇気のある courageous, brave
勇気づける encourage
ゆうきゅうきゅうか 有給休暇 a paid vacation [holiday]
ゆうぐれ 夕暮れ dusk, evening
ゆうけんしゃ 有権者 （選挙人) a voter, an elector
ゆうこう 友好 friendship
▶友好的な friendly
ゆうこうな 有効な

ゆうざいの (効果のある) effective; (通用する) valid
ゆうざいの 有罪の guilty
ゆうしゅうな 優秀な excellent
ゆうしょう 優勝 a championship, a victory
▶優勝する win the championships　優勝者 a champion, a winner　全国優勝する win the national championships
ゆうじょう 友情 friendship
▶変わらぬ友情 everlasting friendship　友情に厚い人 a very friendly person
ゆうしょく 夕食 supper, dinner
ゆうじん 友人 a friend → FRIEND 類義語
ゆうぜい 遊説 a canvass, a political campaign
ゆうせいな 優勢な superior (to), dominant
ゆうせん 優先 priority
▶優先させる give priority (to)
ゆうせんテレビ 有線テレビ cable television [TV]
ゆうそうする 郵送する mail, 《英》post, send ... by mail
ユーターン a U-turn
ゆうだいな 雄大な grand, magnificent
ゆうだち 夕立 a shower
ゆうとうな 優等な superior, excellent
▶優等生 an honor student
ゆうどうする 誘導する lead, guide　▶誘導尋問 a leading question
ゆうどくな 有毒な poisonous
ユートピア a utopia
ゆうのうな 有能な able, capable, competent, efficient → ABLE 類義語
ゆうひ 夕日 the setting sun
ゆうびん 郵便 《米》mail, 《英》post
▶郵便受け 《米》a mailbox, 《英》a letter box　郵便局 a post office　郵便配達人 《米》a mailman, a mail carrier, 《英》a postman　郵便はがき a postcard　郵便番号 《米》a zip code, 《英》a postcode　郵便ポスト 《米》a mailbox, 《英》a postbox　郵便料金 postage

ゆうふくな 裕福な rich, wealthy, well-to-do, well-off
ゆうべ 昨夜 last night, yesterday evening
ゆうべん 雄弁 eloquence, fluency
▶雄弁な eloquent, fluent
ゆうぼうな 有望な promising, hopeful
ゆうめいな 有名な famous, well-known; (悪名高い) notorious → FAMOUS 類義語
▶有名人 a celebrity
ユーモア humor
ユーモラスな humorous
ゆうやけ 夕焼け evening glow, (a) sunset
ゆうり 有利 advantage
▶有利な advantageous, profitable
ゆうりょうの 有料の pay
▶有料トイレ a pay toilet　有料道路 a toll road
ゆうりょくな 有力な influential, powerful, strong
ゆうれい 幽霊 a ghost
ユーロ a euro, a Euro
ゆうわく 誘惑 (a) temptation
▶誘惑する tempt
ゆか 床 a floor
ゆかいな 愉快な pleasant, happy, amusing
▶愉快に pleasantly
ゆがむ be twisted, be distorted
ゆがめる distort
ゆき 雪 snow
▶雪が降る snow　雪だるま a snowman　雪解け a thaw　大雪 a heavy snow
ゆくえ 行方
...'s whereabouts
ゆげ 湯気 steam
ゆけつ 輸血 (a) blood transfusion
ゆさぶる 揺さぶる shake
ゆしゅつ 輸出 export
▶輸出する export　輸出業者 an exporter
ゆする 揺する shake, rock
ゆする 強請る blackmail
ゆずる 譲る (与える) give; (売る) sell; (地位・権利などを) yield, hand over; (譲歩する) concede, give in (to)
ゆそう 輸送 《米》transpor-

tation, 《英》transport
▶輸送する transport
ゆたかな 豊かな rich, abundant
ゆだんする 油断する be careless, be off one's guard
ゆっくり slowly; (のんびりと) leisurely; (十分に) well
ゆでる boil
▶ゆで卵 a boiled egg
ゆでん 油田 an oil field
ゆとり (空間の) space, room; (時間の) time
ユニークな unique
ユニフォーム a uniform
ゆにゅう 輸入 import
▶輸入する import　輸入業者 an importer
ユネスコ (国連教育科学文化機関) UNESCO
ゆび 指 (手の) a finger; (足の) a toe
▶親指 (手の) a thumb; (足の) a big toe　指先 a fingertip
ゆびさす 指さす point (at, to)
ゆびわ 指輪 a ring
ゆぶね 湯船 a bathtub
ゆみ 弓 a bow; (弓術) archery
ゆめ 夢 a dream
▶夢を見る dream, have a dream　夢も希望もない have neither dreams nor hope
ユリ a lily
ゆりかご 揺りかご a cradle
ゆるい 緩い loose; (坂などが) gentle
ゆるし 許し (許可) permission, leave; (過ちなどの) pardon
ゆるす 許す (許可する) allow, permit; (勘弁する) forgive, pardon → FORGIVE 類義語
ゆるむ 緩む get loose, loosen; (気が) relax
ゆるめる 緩める loosen; (気を) relax
ゆるやかな 緩やかな (なだらかな) gentle; (遅い) slow
ゆれる 揺れる shake, quiver → SHAKE 類義語

よ

よ 世 (世の中) the world; (時代) (the) times,

よあけ 夜明け dawn, daybreak
▶夜明けに at dawn
よい （良好な）good, fine, nice; （適切な）good, right, suitable
▶…してよい can, may
…するほうがよい had better, should …しなくてもよい do not have to, need not
よう 用 business, an errand; （働き・使用）use
よう 酔う （酒に）get drunk; （乗り物に）get sick
…よう （意志）will; （勧誘）Let's ... / How［What］about ...?; （目的）to do, in order to do, so as to do
ようい 用意 preparation(s)
▶用意する prepare (for), get［make］ready (for)
用意のできた ready
よういな 容易な easy
▶容易に easily
よういん 要因 a factor
ようき 容器 a container, a vessel
ようぎしゃ 容疑者 a suspect
ようきな 陽気な cheerful, merry
ようきゅう 要求 a demand; （要望）a request
▶要求する demand; request
→ DEMAND 類義語
ようこそ Welcome!
ようし 用紙 paper; （書式の印刷された）a form
▶申込用紙 an application form
ようし 養子 an adopted child
ようじ 用事 business, something to do
ようじ 幼児 an infant
ようじ 楊枝 a toothpick
ようしき 様式 (a) style, (a) way
▶生活様式 a way of life
ようしょく 養殖 culture, farming
▶養殖 culture
養殖場 a farm
ようじん 用心 caution
▶用心する take care, be careful, watch out
用心深い cautious, careful
→ CAREFUL 類義語
ようす 様子 （外観）a look, an age
(an) appearance; （状態）condition
→ APPEARANCE 類義語
ようするに 要するに （簡単に言えば）in short, in a word
ようせい 妖精 a fairy
ようせき 容積 capacity
ようそ 要素 an element; （要因）a factor
…ようだ （…らしい）seem, look (like)
ようだい 容体 (a) condition
ようちえん 幼稚園 a kindergarten
ようちな 幼稚な childish
ようてん 要点 the point
…ような （類似）like; （例示）such as
…ように （…のとおり）as, like; （…するために）(in order) to do
ようび 曜日 a day of the week
▶きょうは何曜日ですか What day (of the week) is it today?
ようひん 用品 supplies, an article
▶事務用品 office supplies, stationery
台所用品 kitchen utensils, kitchenware
ようふく 洋服 （衣服）clothes
▶洋服だんす a wardrobe
ようほう 用法 usage, how to use
ようもう 羊毛 wool
▶羊毛の woolen
ようやく at last, finally
ようやく 要約 a summary
▶要約する sum up, summarize
ようりょう 要領 （こつ）(a) knack; （要点）the point
ヨーグルト yogurt
ヨーロッパ Europe
▶ヨーロッパの European
よか 余暇 leisure
ヨガ yoga
よかん 予感 a premonition, a feeling, a hunch
よきする 予期する expect
→ EXPECT 類義語
よきん 預金 a deposit, savings
▶預金する deposit, make a deposit
預金口座 a bank account
よく 欲 (a) desire, greed
▶欲の深い greedy
よく （うまく，十分に，元気で）well; （詳しく）closely; （しばしば）often
▶よくなる improve, 《口語》look up; （体調が）get well
…によくあることだが as is often the case with ...
よくしつ 浴室 a bathroom
よくじつ 翌日 the next day, the following day
よくばりな 欲ばりな greedy
よくぼう 欲望 (a) desire
よけいな 余計な extra; （不必要な）unnecessary
よける （わきへ）step aside; （身をかわす）dodge
よげん 予言 (a) prophecy, (a) prediction
▶予言する prophesy, predict 予言者 a prophet
よこ 横 （わき）the side; （横幅）width
▶横になる lie (down)
横顔 a profile
よこぎる 横切る cross, go across
よこく 予告 notice
▶予告する notice, give notice (of)
よごす 汚す make dirty, soil, stain
よこたえる 横たえる lay
よこたわる 横たわる lie
よこどりする 横取りする snatch, steal
よごれ 汚れ dirt; （染み）a stain, a spot
よごれる 汚れる become ［get］dirty, be stained
▶汚れた dirty, stained
よさん 予算 a budget
▶暫定［補正］予算 a provisional ［supplementary］budget
よじのぼる よじ登る climb (up)
よしゅう 予習 preparation
▶予習する prepare one's lessons, prepare for each lesson
よせる 寄せる （近づける）draw ［move, pull］near (to); （集める）gather; （送る）send in
よせん 予選 （競技の）a preliminary, a heat
よそう 予想 (an) expectation
▶予想する expect

よそみをする　よそ見をする
look away
よつかど　四つ角　a crossing, a crossroads
よって　therefore　→したがって
▶…によって　by, through
ヨット　a yacht
よっぱらい　酔っ払い　(人) a drunken person, 《口語》a drunk
▶酔っ払い運転《米》drunk [《英》drunken] driving
よっぱらう　酔っ払う　get drunk
よてい　予定　a plan, a schedule
▶予定表　a schedule
よとう　与党　the ruling party
よなか　夜中　midnight
よのなか　世の中　the world
よびかける　呼びかける　call (to); (訴える) appeal (to)
よびだす　呼び出す　call (up); (劇場などで) page
よびの　予備の　(余分の) spare; (本番前の) preliminary
▶予備校　a preparatory school
よびりん　呼び鈴　a bell; (玄関の) a doorbell
よぶ　呼ぶ　(声をかける) call; (来てもらう) call, (人に頼んで) send for; (招く) invite; (名づける) call
よぶんな　余分な　extra, spare
よほう　予報　a forecast
▶予報する　forecast　天気予報　a weather forecast
よぼう　予防　prevention
▶予防する　prevent
予防接種　(a) vaccination
よほど　extremely, badly
よみとる　読み取る　read, understand
よみもの　読み物　(本) a book; [集合的に] reading
よむ　読む　read
▶一気に読み切る　read at a stretch　…を読み終える　read through …　むさぼり読む　read greedily　…を原書で読む　read … in the original
よめ　嫁　(花嫁) a bride; (息子の妻) a daughter-in-law
よやく　予約　(部屋・席などの) a reservation,《主に英》(a) booking; (診察などの) an appointment
▶予約する　reserve, 《主に英》

book; make an appointment
予約席　a reserved seat
よゆう　余裕　(余地) room; (時間の) time (to spare)
…より　(…から) from; (…以来)since;(比較)than; (…以外) except
よりかかる　寄りかかる　lean (against, on)
よる　(…次第である) depend on; (起因する) be due (to), be caused (by); (基づく) be based (on)
▶…によると　according to
よる　夜　(a) night, (an) evening
よる　寄る　(近づく) come [draw] near; (立ち寄る) drop in, call in [by]
よろい　armor
よろこばす　喜ばす　please, delight
よろこび　喜び　joy, pleasure, delight → PLEASURE 類義語
よろこぶ　喜ぶ　be glad, be happy, be pleased
▶喜んで…する　be glad [ready] to do
よろしい　(許可) may, can; (適する) all right
よろしく　(依頼) please
▶よろしくお伝えください　give one's (best) regards [wishes] (to), say hello (to)
よろめく　stagger
よろん　世論　public opinion
▶世論調査　an opinion poll
よわい　弱い
(体・力などが)weak,feeble; (不得意な) weak, poor
よわみ　弱み　a weakness, a weak point
よわむし　弱虫　a coward
よわめる　弱める　weaken, turn down
よわる　弱る　grow weak, weaken
よん　4　four
▶4番目　the fourth
よんじゅう　40　forty
▶40番目　the fortieth

ら

らいう　雷雨　a thunderstorm
ライオン　a lion
らいげつ　来月　next month
らいしゅう　来週　next week

ライター　a lighter
ライト　(光) light; (明かり) a light; (野球) right field; (選手) a right fielder
ライナー　(野球) a liner, a line drive
らいねん　来年　next year
ライバル　a rival
ライブの[で]　live
▶ライブコンサート　a live concert
ライフル　a rifle
ラウンド　(試合の) a round
らくえん　楽園　a paradise
らくがき　落書き　scribbles, graffiti
らくせんする　落選する　(選挙で) be defeated; (作品が) be rejected
ラクダ　a camel
らくだいする　落第する　(試験に) fail, flunk
▶落第生　a failure; (再履修者)《米》a repeater
らくてんてきな　楽天的な　optimistic
▶楽天家　an optimist
らくな　楽な　(安楽な) comfortable; (容易な) easy
▶楽に　comfortably; easily, with ease
らくのう　酪農　dairy farming
ラグビー　rugby
ラケット　(テニス・バドミントンの) a racket; (卓球の) a bat, 《米》a paddle
…らしい　(…のようである) look (like), seem
ラジオ　(放送) (the) radio; (装置) a radio (set)
ラジカセ　a radio cassette recorder [player]
らち　拉致　(an) abduction
らっかさん　落下傘　a parachute
ラッキーな　lucky
ラッコ　a sea otter
ラッシュ(アワー)　(the) rush hour
らっぱ　a trumpet; (軍隊の) a bugle
ラップ　(食品包装の) (plastic) wrap; (音楽) rap (music)
ラベル　a label
ラン　(植物) an orchid
らん　欄　a column, a section
らんどくする　乱読する　read at random

ランドセル a satchel
ランプ a lamp
らんぼうな 乱暴な （暴力的な）violent;（荒っぽい）rough;（言葉が）harsh
▶乱暴に violently; roughly

り

リーグ a league
▶大リーグ the major league (baseball)
リーダー （人）a leader;（読本）a reader
▶リーダーシップ leadership
りえき 利益 a profit
→ PROFIT 類義語
りか 理科 science
りかい 理解 (an) understanding
▶理解する understand, comprehend
りがい 利害 an interest
りく 陸 land
リクエスト a request
りくぐん 陸軍 the army
りくじょう 陸上 land
▶陸上競技 《米》track and field;《英》athletics
りくつ 理屈 （道理）reason;（論理）logic
▶理屈に合った reasonable; logical
りこうな 利口な smart, clever, bright
→ CLEVER 類義語
りこてきな 利己的な selfish, egoistic
▶利己主義 egoism
りこん 離婚 (a) divorce
▶離婚する divorce, get divorced
リサイクル recycling
▶リサイクルする recycle
リサイタル a recital
りし 利子 interest
りじ 理事 a director
▶理事会 the board of directors
リス a squirrel
リスト a list
リストラ restructuring;（人員削減）downsizing
リズム rhythm
りせい 理性 reason
▶理性的な rational
りそう 理想 an ideal
▶理想の[的な] ideal
りそく 利息 interest
りつ 率 a rate, a ratio

りっこうほする 立候補する run (for),《英》stand (for)
▶立候補者 a candidate
りったい 立体 a solid (body)
▶立体的な three-dimensional
リットル a liter
りっぱな 立派な good, fine, wonderful
▶りっぱに well, wonderfully
りっぽう 立法 legislation
りっぽうたい 立方体 a cube
リハーサル a rehearsal
リバイバル a revival
りはつてん 理髪店《米》a barbershop,《英》a barber's
リハビリ rehabilitation
リフト （スキー場の）a (ski) lift
リボン a ribbon
リムジン a limousine
リモコン (a) remote control
りゃく 略 （省略）omission;（語の短縮）abbreviation
りゃくご 略語 an abbreviation
りゃくす 略す （省く）omit, leave ... out;（短縮する）shorten, abbreviate
りゆう 理由 (a) reason
りゅう 竜 a dragon
りゅうがくする 留学する study abroad
▶留学生 （外国からの）a foreign student
りゅうかん 流感 influenza, (the) flu
りゅうこう 流行 (a) fashion
▶流行する be in fashion;（病気が）spread, go around
りゅうせい 流星 a shooting star, a meteor
りゅうつう 流通 （商品の）distribution;（貨幣などの）circulation, currency
▶流通させる distribute; circulate
リュックサック《米》a backpack,《英》a rucksack
りよう 利用 use
▶利用する use, make use of
りょう 量 (a) quantity, (an) amount
りょう 漁 fishing
▶漁師 a fisherman

りょう 猟 hunting
▶猟犬 a hound
猟師 a hunter
りょう 寮 a dormitory,《口語》a dorm
寮生 a boarder
りょういき 領域 a field, a territory
りょうかいする 了解する understand
りょうがえ 両替 exchange
▶両替する change, exchange
りょうがわ 両側 both sides
りょうきん 料金 a charge, a fee, a rate;（運賃）a fare
▶料金所（道路の）a tollgate
りょうじ 領事 a consul
りょうしゅうしょ 領収書 a receipt
りょうしん 両親 parents
りょうしん 良心 (a) conscience
▶良心的な conscientious
りょうど 領土 (a) territory
▶領土問題 a territorial issue
りょうほう 両方 both;（両方とも…ない）neither
りょうり 料理 （調理）cooking;（料理の一品）a dish
▶料理する cook, make
料理人 a cook
料理法 a recipe
りょうりつする 両立する do both ... and ...;（一致する）be consistent
りょかく 旅客 a passenger
▶旅客機 a passenger plane;（定期）an airliner
りょかん 旅館 an inn, a hotel
りょけん 旅券 a passport
りょこう 旅行 a trip, travel, a journey;（周遊）a tour
→ TRIP 類義語
▶旅行する travel, make a trip
旅行案内書 a guidebook
旅行案内所 a tourist bureau
旅行者 a traveler, a tourist
旅行代理店 a travel agency
観光旅行 a sightseeing tour
団体旅行 a group tour
リラックスする relax
りりくする 離陸する take off
りりつ 利率 an interest rate

リレー a relay (race)
りろん 理論 (a) theory
▶理論的な theoretical
りんぎょう 林業 forestry
リンク (スケート) a rink; (コンピュータ) a link
リング (ボクシング) a (boxing) ring; (指輪) a ring; (バスケットの) a hoop
リンゴ an apple
りんじの 臨時の extra, special; (一時的な) temporary
▶臨時ニュース a news bulletin
臨時列車 an extra train
リンス (a) rinse
りんり 倫理 morals, ethics

る

るい 塁 a base
▶一[二, 三]塁 first [second, third] base
本塁 home (base)
るい 類 a kind, a sort
るいじした 類似した similar (to), like
▶類似点 a similarity
ルーキー a rookie
ルーズな loose
ルート (道筋) a route; (経路) a channel; (平方根) a root
ルール a rule
るす 留守 absence
▶留守である be out [away], be not in, be not at home
留守番電話 an answering machine
ルックス (容ぼう) looks
ルネサンス the Renaissance
ルビー a ruby

れ

れい 礼 (おじぎ) a bow; (感謝) thanks; (謝礼) a reward; (礼儀) manners
▶礼を言う thank, express one's thanks
れい 例 an example, an instance, a sample
→ EXAMPLE 類義語
れい 零 (a) zero
▶零下5度 five degrees below zero
零点 (a) zero, no score
れいがい 例外 an exception

▶例外なく without exception
れいぎ 礼儀 manners
▶礼儀正しい courteous, polite → POLITE 類義語
れいじょう 礼状 a thank-you letter, a letter of thanks
れいせいな 冷静な calm, cool
れいせん 冷戦 a cold war
れいぞうこ 冷蔵庫 a refrigerator, 《口語》 a fridge
れいたんな 冷淡な cold, indifferent
れいとうする 冷凍する freeze
▶冷凍食品 frozen food
れいはい 礼拝 worship
▶礼拝堂 a chapel
れいふく 礼服 formal wear
れいぶん 例文 an example (sentence)
れいぼう 冷房 air conditioning
レーサー a racer
レーザー a laser
▶レーザーディスク a laser disc
レース (競走) a race; (布) lace
レーダー (a) radar
レール a rail
れきし 歴史 history
▶歴史上の historical
歴史的な historic
歴史家 a historian
レギュラー (正選手) a regular (member)
レゲエ reggae
レコード a record, a disk; (記録) a record
レジ (器械) a (cash) register; (場所) a checkout counter
▶レジ係 a cashier
レシート a receipt
レジャー (余暇の娯楽) recreation; (余暇) leisure
レストラン a restaurant
レスリング wrestling
レタス a lettuce
れつ 列 a line, a row; (順番待ちの)《米》a line, 《英》a queue
レッカーしゃ レッカー車 《米》a wrecker
れっしゃ 列車 a train
▶急行列車 an express

(train)
普通列車 a local train
貨物列車《米》a freight train
通勤列車 a commuter train
レッスン a lesson, (a) practice
れっとう 列島 (a chain of) islands, an archipelago
れっとうかん 劣等感 an inferiority complex
レバー (取っ手) a lever; (肝臓) (a) liver
レパートリー (a) repertory
レフェリー a referee
レフト (野球) left field; (選手) a left fielder
レベル a level
レポート (報告書) a report; (小論文) a paper
レモン a lemon
…れる (受け身) be+過去分詞, have [get]+目的語+過去分詞; (可能) can, be able to (do), be capable of (doing)
れんあい 恋愛 love
れんが (a) brick
れんさはんのう 連鎖反応 a chain reaction
レンジ (調理器具) a range, 《米》a stove, 《英》a cooker
▶電子レンジ a microwave (oven)
れんしゅう 練習 (a) practice, (a) training
→ PRACTICE 類義語
▶練習する practice, train
練習問題 an exercise
練習試合 a practice game [match]
レンズ a lens
▶凸レンズ a convex lens
凹レンズ a concave lens
れんそう 連想 (an) association
▶連想する associate (with); (思い出させる) remind (of)
れんぞく 連続 a series, (a) succession
▶連続的な continuous, successive
連続する continue
レンタカー a rent-a-car, a rental car
レントゲン X-rays
れんぽう 連邦 a federation
▶連邦捜査局 the Federal Bureau of Investigation, the FBI
れんめい 連盟 a league

れんらく 連絡
(人との) contact;
(列車などの) connection
▶連絡する contact, get in touch (with); connect (with)
れんりつ 連立 (a) coalition
▶連立政権 a coalition government

ろ

ろ 炉 (暖炉) a fireplace; (溶鉱炉) a furnace
▶原子炉 a (nuclear) reactor
ろう wax
ろうか 廊下 a corridor, 《米》 a hallway, 《英》 a passage
ろうじん 老人 an old man [woman]; [集合的に] old people, the old, the elderly
▶老人ホーム a retirement home, 《英》 an old people's home
ろうそく a candle
ろうどう 労働 labor, work
▶労働組合 《米》 a labor union, 《英》 a trade union
労働時間 working hours
労働者 a worker, a laborer
ろうどくする 朗読する read aloud, recite
ろうひ 浪費 (a) waste
▶浪費する waste
ろうりょく 労力 (労働力) labor; (骨折り) (an) effort
ロープ a rope
ローマ Rome
▶ローマの Roman
ローマ字 Roman letters
ローマ数字 Roman numerals
ローラー a roller
▶ローラースケート roller-skating; (靴) roller skates
ロールキャベツ a cabbage roll
ロールパン a roll
ローン a loan
ろかする 濾過する filter
ろく 6 six
▶6番目 the sixth
ろくおん 録音 recording
▶録音する record
ろくが 録画
(a) video(tape) recording
▶録画する record (on video), videotape, tape
ろくがつ 6月 June

ろくじゅう 60 sixty
▶60番目 the sixtieth
ろくに (ろくに…ない) hardly, not ... well
ロケ(ーション) location
ロケット a rocket
ろこつな 露骨な open, blatant, explicit
ロシア Russia
▶ロシアの Russian
ろしゅつ 露出 exposure
▶露出する expose
ろせん 路線 a route
ロッカー a locker
▶ロッカー室 a locker room
ロック rock (music)
ろっこつ 肋骨 a rib
ロバ a donkey, an ass
ロビー a lobby
ロボット a robot
▶産業用ロボット an industrial robot
ロマンス a romance
ロマンチックな romantic
ろんじる 論じる
(議論する) discuss;
(意見を言う) comment (on)
ろんそう 論争 (a) dispute, (a) controversy
▶論争する dispute
ろんぶん 論文 a paper;
(評論) an essay;
(新聞・雑誌の) an article;
(卒業・学位の) a thesis
ろんり 論理 logic
▶論理的な logical

わ

わ 和 (調和) (a) harmony;
(合計) the sum, the total
わ 輪 a ring, a circle
▶輪ゴム a rubber band
ワープロ a word processor
ワールドカップ the World Cup
ワールドシリーズ the World Series
ワイシャツ a shirt
ワイパー a wiper
わいろ 賄賂 a bribe
ワイン wine
わかい 若い young;
(若々しい) youthful
わかい 和解
(a) reconciliation,
(a) settlement,
(a) compromise
▶和解する be reconciled, reach a settlement

わかさ 若さ youth
わかす 沸かす boil
わがままな selfish
わかもの 若者 a young man [woman]; [集合的に] young people, the young
わかる (理解する) understand, see; (知る) know, find (out); (…だと判明する) turn out, prove
▶わかりやすい easy (to understand)
わかれ 別れ (a) parting, (a) farewell; (別れの言葉) good-bye, farewells
▶お別れ会 a farewell party
わかれる 分かれる
be divided, divide, split
わかれる 別れる leave, part (from); (離婚する) divorce
わき the side; (わきの下) an armpit
▶…のわきに beside, by
わき見をする look aside
わく 枠 a frame; (限度) a limit
わく 沸く boil
わく 湧く (水などが湧き出す) spring (up)
わくせい 惑星 a planet
ワクチン a vaccine
わくわくする be [get] excited (at, about)
わけ 訳 (理由) (a) reason;
(意味) meaning, sense
わけまえ 分け前 a share
わける 分ける (分割) divide, separate; (分配) share; (分類) classify
→ SEPARATE 類義語
わゴム 輪ゴム a rubber band
わざ 技 (a) technique, (a) skill
わざと on purpose, intentionally
わざわい 災い a misfortune, a disaster
わざわざ
(特別に) specially;
(故意に) deliberately
▶わざわざ…する take the trouble to do
ワシ an eagle
わしょく 和食 Japanese food
わずか (数) a few;
(量) a little
わすれっぽい 忘れっぽい forgetful

わすれもの 忘れ物
 a thing left behind
 ▶忘れ物取扱所
 Lost and Found
わすれる 忘れる forget;
 (置き忘れる)leave (behind)
わた 綿 cotton
わだい 話題 a topic,
 a subject
わたし 私 I
 ▶私の my 私を[に] me
 私のもの mine
 私自身 myself
わたしたち 私たち we
 ▶私たちの our 私たちを[に]
 us 私たちのもの ours
 私たち自身 ourselves
わたす 渡す hand (over)
わたりどり 渡り鳥
 a migratory bird
わたる 渡る (向こうへ)
 cross, go across
わたる 亘る (範囲に及ぶ)
 spread, extend
ワックス wax
ワット a watt
わな a trap
ワニ a crocodile,
 an alligator
わび an apology, an excuse
 ▶わび状 a letter of apology
わびる apologize
わふく 和服 Japanese clothes
わめく shout, yell
わやくする 和訳する
 put [translate] ... into
 Japanese
わら (a) straw
わらい 笑い a laugh,
 laughter; (微笑) a smile
 ▶笑い話 a funny story,
 a joke 笑い者 a laughing-
 stock 笑い者になる make a
 fool of oneself
わらう 笑う laugh; (ほほ笑む)
 smile; (くすくすと) chuckle;
 (にやにやと) grin
 → LAUGH 類義語
わり 割 (a) rate; (百分率)
 a percent
わりあい 割合 (率) a rate;
 (比率) (a) ratio
 ▶割合に relatively
わりあて 割り当て
 (an) allotment;
 (仕事の) an assignment
わりあてる 割り当てる allot,
 assign
わりかんにする 割り勘にする
 split the bill [check];
 (半々に) go halves
わりこむ 割り込む
 (話などに) cut in (on)
わりざん 割算 division
 ▶割算をする divide
わりびき 割引 (a) discount
 ▶割引する discount,
 give a discount
わる 割る (壊す) break;
 (分割する) divide
わるい 悪い bad; (間違った)
 wrong; (具合が) wrong;
 (体調が) sick; (質などが)
 bad, inferior, poor; (すまな
 い) sorry → BAD 類義語
わるがしこい 悪賢い
 cunning
わるくちをいう 悪口を言う
 speak ill [badly] of
ワルツ a waltz
 ▶ワルツを踊る waltz
わるもの 悪者 a bad
 person; (悪漢) a villain
われる 割れる (壊れる)
 break; (割りきれる) be
 divided; (意見が) split
われわれ 我々 →わたしたち
わん 湾 a gulf, a bay
わん 椀 (入れ物) a bowl
わんぱくな naughty,
 mischievous
ワンパターンの
 stereotyped
ワンピース a dress
ワンマン an autocrat
 ▶ワンマンバス a one-man
 bus
わんりょく 腕力 force

© BUN-EIDO Publishing Co., Ltd.
2002, 2003, 2004
Printed in Japan

ユニコン英和辞典

2002年11月1日	初版第1刷発行
2003年 2 月1日	初版第2刷発行
2003年 3 月1日	初版第3刷発行
2004年 3 月1日	初版第4刷発行

編 者	末永國明・山田泰司・川端一男
発行者	益井英博
印 刷	大日本印刷株式会社
製 本	大口製本印刷株式会社
発行所	株式会社 文 英 堂

東京都新宿区岩戸町17 〒162-0832
電話(03)3269-4231(代) 振替 00170-3-82438
京都市南区上鳥羽大物町28 〒600-8691
電話(075)671-3161(代) 振替 01010-1-6824
http://www.bun-eido.co.jp

●落丁・乱丁はおとりかえいたします。

ISBN4-578-12990-X C0582

本書の内容を無断で複写(コピー)・複製・転載をすることは、著作者および出版社の権利の侵害となり、著作権法違反となりますので、転載などを希望される場合は前もって小社あて許諾を求めてください。

THE UNITED STATES

ALASKA

- RUSSIA
- Arctic Ocean
- Alaska Standard Time (−4)
- Nome
- Bering Strait
- Yukon R.
- Fairbanks
- Bering Sea
- Anchorage
- Mt. McKinley 6194m
- ALASKA
- YUKON
- Whitehorse
- Gulf of Alaska
- Juneau
- NORTHWEST TERRITORIES
- Yellowknife
- UNITED STATES OF AMERICA
- CANADA
- BRITISH COLUMBIA
- ALBERTA
- Edmonton
- Calgary
- 0 200 400km

Main Map

- NORTHWEST TERRITORIES
- Hudson Bay
- BRITISH COLUMBIA
- Victoria · Vancouver
- ALBERTA
- Calgary
- SASKATCHEWAN
- Regina
- L. Winnipeg
- Winnipeg
- ONTARIO
- CANADA
- Seattle
- Olympia
- WASHINGTON
- Portland
- Salem
- OREGON
- Boise
- IDAHO
- Helena
- MONTANA
- Missouri R.
- NORTH DAKOTA
- Bismarck
- MINNESOTA
- L. Superior
- St. Paul
- Minneapolis
- WISCONSIN
- L. Huron
- L. Michigan
- Madison
- MICHIGAN
- Milwaukee
- Lansing
- Detroit
- ROCKY MOUNTAINS
- WYOMING
- SOUTH DAKOTA
- Pierre
- Missouri R.
- IOWA
- Chicago
- Cleveland
- WEST
- Sacramento
- Carson City
- Great Salt Lake
- Cheyenne
- NEBRASKA
- Omaha
- Lincoln
- Des Moines
- Mississippi R.
- ILLINOIS
- Springfield
- Indianapolis
- INDIANA
- OHIO
- Columb
- SIERRA NEVADA
- San Francisco
- NEVADA
- Salt Lake City
- UTAH
- Denver
- COLORADO
- Arkansas R.
- KANSAS
- Topeka
- Kansas City
- St. Louis
- Jefferson City
- MISSOURI
- Cincinna
- Frankfort
- KENTUCKY
- CALIFORNIA
- Las Vegas
- UNITED STATES OF AMERICA
- Los Angeles
- San Diego
- ARIZONA
- Santa Fe
- NEW MEXICO
- Phoenix
- OKLAHOMA
- Oklahoma City
- ARKANSAS
- Little Rock
- Memphis
- TENNESSEE
- Nashville
- Atlanta
- APPALACHIAN
- Colorado R.
- El Paso
- Dallas
- MISSISSIPPI
- Montgomery
- ALABAMA
- GE
- Pacific Standard Time (−3)
- Mountain Standard Time (−2)
- TEXAS
- SOUTH
- Brazos R.
- Austin
- Houston
- San Antonio
- Jackson
- Baton Rouge
- LOUISIANA
- New Orleans
- Rio Grande
- MEXICO
- Mississippi R.
- Central Standard Time (−1)
- Tropic of Cancer
- Gulf of Mexico
- Gulf of California
- Pacific Ocean
- 0 500 1000km

HAWAII

- Kauai I.
- Niihau I.
- UNITED STATES OF AMERICA
- Oahu I.
- Honolulu
- Molokai I.
- HAWAII
- Maui I.
- Hawaiian Islands
- Mt. Mauna Kea 4205m
- Hilo
- Hawaii I.
- Pacific Ocean
- 0 100 200km